Das Unterhaltsrecht in der familienrichterlichen Praxis

Die neuere Rechtsprechung des Bundesgerichtshofs und die Leitlinien der Oberlandesgerichte zum Unterhaltsrecht und zum Verfahren in Unterhaltsprozessen

Begründet von
Philipp Wendl und Siegfried Staudigl

von

RiOLG **Hans-Joachim Dose**, Celle;
RiOLG **Dr. Peter Gerhardt**, München;
RiOLG **Werner Gutdeutsch**, München;
RiOLG a. D. **Otto Haußleiter**, München;
RiOLG **Dieter Pauling**, München;
VRiOLG **Harald Scholz**, Düsseldorf und
VRiOLG **Dr. Wolfgang Thalmann**, Karlsruhe

5., überarbeitete Auflage

C. H. Beck'sche Verlagsbuchhandlung
München 2000

Zitiervorschlag:

Wendl/Bearbeiter – z. B.
Wendl / Scholz, Unterhaltsrecht, § 6 Rn 500

Die Deutsche Bibliothek – CIP-Einheitsaufnahme

Wendl, Philipp:
Das Unterhaltsrecht in der familienrichterlichen Praxis :
die neuere Rechtsprechung des Bundesgerichtshofs und die
Leitlinien der Oberlandesgerichte zum Unterhaltsrecht und
zum Verfahren in Unterhaltsprozessen / begr. von Philipp
Wendl und Siegfried Staudigl. Von Hans-Joachim Dose . . .
– 5., überarb. Aufl. – München : Beck, 2000
  4. Aufl. u. d. T.: Wendl, Philipp: Das Unterhaltsrecht in
der familienrichterlichen Praxis
  ISBN 3-406-45518-2

ISBN 3 406 45518 2

© 2000 C. H. Beck'sche Verlagsbuchhandlung Oscar Beck oHG
Wilhelmstraße 9, 80801 München
Druck: C. H. Beck'sche Buchdruckerei Nördlingen
(Adresse wie Verlag)
Satz: Fotosatz Otto Gutfreund GmbH, Darmstadt
Gedruckt auf säurefreiem, alterungsbeständigem Papier

Vorwort zur 5. Auflage

Rechtzeitig zu Beginn des neuen Jahrtausends legen Verlag und Autoren die 5. Auflage dieses unterhaltsrechtlichen Handbuchs vor. Die 4. Auflage hat erfreulicherweise wie die früheren Auflagen eine so gute Aufnahme in der Praxis gefunden, daß sie vergriffen ist. Wegen der vielen Gesetzesreformen kam ein Nachdruck nicht in Betracht. Verlag und Autoren waren sich ferner einig, die Auswirkungen der umfangreichen Änderungen durch das Kindesunterhaltsgesetz und die Kindschaftsreform vom 1. 7. 1998 in der Praxis etwas abzuwarten, um bereits neuere Rechtsprechung hierzu einarbeiten zu können.

Die Neuauflage hat entsprechend der erweiterten Zuständigkeit des Familiengerichts für alle Unterhaltsstreitigkeiten und die Neuerungen durch das Kindesunterhaltsgesetz schwerpunktmäßig vor allem den Verwandtenunterhalt und das Verfahrensrecht völlig überarbeitet. Dies betraf insbesondere beim Kindesunterhalt die Neufassung des Bedarfs mit dynamisierten Beträgen und für alle Altersstufen, die Kindergeldverrechnung und die Behandlung des volljährigen, bei einem Elternteil lebenden Schülers bis 21 Jahre, beim sonstigen Verwandtenunterhalt die Ansprüche der Eltern gegen die Kinder, ferner die Ersatzhaftung sowie Ansprüche der Mutter eines Kindes nichtverheirateter Eltern gegen den Erzeuger, beim Verfahrensrecht die Zuständigkeit, den vorläufigen Rechtsschutz und das vereinfachte Verfahren. Nach Abschluß der Satzarbeiten wurde das Gesetz zur Familienförderung vom 22. 12. 1999 verkündet; die dort geregelte Erhöhung des Kindergeldes und die Einführung eines Betreuungsfreibetrages konnten noch in den Abschnitt „Kindergeld und Kindesunterhalt" (§ 2 Rn 486 ff.) eingearbeitet, in den übrigen Teilen dieser Auflage hingegen nicht mehr berücksichtigt werden.

Die Rechtsprechung des BGH und weitere Gesetzesänderungen führten aber auch in allen übrigen Kapiteln zu umfassenden Überarbeitungen, insbesondere beim Wohnwert, bei der Vermögensverwertung und der Verwertung ausgezahlten Kapitals einer Lebensversicherung, bei der Berücksichtigung von Pflegegeld als Einkommen, bei der Behandlung des Realsplittings, bei der Bildung des bereinigten Nettoeinkommens, bei der Auskunft, bei der Berechnung des Vorsorgeunterhalts und bei der Abänderungsklage. Eingearbeitet wurden ferner neuere Tendenzen in der Rechtsprechung, vor allem zur Behandlung der Kinderbetreuung und Haushaltsführung bei der Berechnung des Ehegattenunterhalts. Im Verfahrensrecht wurde ein neuer Abschnitt über die Widerklage eingeführt und die Abänderungsklage völlig überarbeitet. Das Kapitel Auslandsberührung wurde durch Länderdarstellungen von Dänemark und Tschechien ergänzt.

Aus dem Kreis der Bearbeiter ist auf eigenen Wunsch Dr. Siegfried Staudigl ausgeschieden; an seine Stelle ist Hans-Joachim Dose, Richter am OLG Celle, getreten.

Die Autoren danken für zahlreiche positive und kritische Hinweise, die uns zur Vorauflage erreicht haben. Wir bitten alle Leser auch diese Auflage kritisch zu begleiten.

Unser besonderer Dank gilt unseren Ehefrauen für viel Geduld und großes Verständnis unserer zeitraubenden Autorentätigkeit. Unser Dank gilt außerdem Herrn Tischler und allen weitern Mitarbeiterinnen und Mitarbeitern des Lektorats für vielfältige Unterstützung.

München, im Dezember 1999　　　　　　　　　　　　　　　　　　　　　　　　Die Autoren

Hinweise für die Benutzung der 5. Auflage

Die Gerichtsentscheidungen sind dann mit Doppelfundstellen aus den Zeitschriften FamRZ und NJW zitiert, wenn sie nicht (auszugsweise) im Anhang R abgedruckt wurden; andernfalls ist eine Fundstelle und der Verweis auf die Ziffer im Teil R angegeben. Bei den Seitenangaben erfolgt eine Angabe der Folgeseiten nur dann, wenn sich die konkret zitierte Stelle weder auf der ersten noch auf der zweiten Seite der zitierten Entscheidung befindet.

Rund 500 der wichtigsten Entscheidungen des BGH und des Bundesverfassungsgerichts sind im **Rechtsprechungsanhang R** auszugsweise enthalten. Dieser Anhang bildet eines der konzeptionellen Merkmale des Handbuches und soll es dem Praktiker ermöglichen, zentrale Passagen aus der Judikatur sofort nachzuschlagen. Eine Umfrage unter Beziehern der 3. Auflage hatte ja ergeben, daß dieser Rechtsprechungsteil sehr geschätzt wird. Sein Umfang blieb daher auch in der 5. Auflage etwa gleich; einige ältere, in den Fußnoten nicht mehr zitierte Entscheidungen konnten gestrichen werden, neue wichtige Entscheidungen aus den letzten Jahren wurden nachgetragen. Die Numerierung dieser Entscheidungsauszüge (R 1–R 534) weist deshalb Lücken auf; sie enthält auch zusätzliche Entscheidungen, die innerhalb der fortlaufenden Zählung mit Großbuchstaben gekennzeichnet sind (etwa R 493 A und B) – dies ist dadurch verursacht, daß die Entscheidungen streng nach dem Datum sortiert sind und einige ältere Entscheidungen nachträglich eingefügt wurden. Einen schnellen Überblick bietet die am Ende des Anhangs R abgedruckte Konkordanzliste.

Damit der Umfang der Neuauflage nicht so groß wird, wurde auch bei dieser Auflage auf den Abdruck der meisten unterhaltsrechtlichen Tabellen und Leitlinien verzichtet, zumal diese in einer Beilage zur NJW sowie durch die Veröffentlichungen in der FamRZ allen Praktikern leicht zugängig sind. Der **Anhang L** enthält deshalb nur noch die aktuelle Fassung der Düsseldorfer Tabelle sowie der Berliner Tabelle.

Die Randnummern sind in jedem der 8 Hauptparagraphen durchgezählt. An verschiedenen Stellen, etwa bei § 6 Rn 241, 314, 424 usw., befinden sich Lücken in der Randnummernzählung; diese sollen Platz für Erweiterung der entsprechenden Kommentierungsabschnitte in späteren Auflagen bieten, ohne daß dann die bisher vorhandene Randnummernzählung geändert werden müßte.

Querverweisungen innerhalb eines Hauptkapitels geben nur die jeweilige Randnummer an, bei einer Verweisung auf eine Stelle in einem anderen Hauptkapitel ist zusätzlich auch der Paragraph angegeben (Beispiel: vergleiche eingehend Rn 1/393).

Paragraphen sind grundsätzlich wie folgt zitiert: § 1361 IV 3 BGB – die römischen Ziffern bezeichnen also die Absätze der einzelnen Paragraphen, die arabischen Zahlen die Sätze der einzelnen Absätze.

Da sich dieses Handbuch schon von seiner Konzeption her schwerpunktmäßig mit der Rechtsprechung – insbesondere der des Bundesgerichtshofes – auseinandersetzt, wurde auf ein Literaturverzeichnis bewußt verzichtet. Einschlägige Literatur ist in den Fußnoten nachgewiesen.

Inhaltsübersicht

	Seiten
Inhaltsverzeichnis zu §§ 1–8 (mit Verweisen auf die Randnummern)	XI
Abkürzungsverzeichnis	XLIII
§ 1 Die Ermittlung des unterhaltsrechtlich relevanten Einkommens	1
§ 2 Kindes- und Verwandtenunterhalt	195
§ 3 Familienunterhalt	387
§ 4 Ehegattenunterhalt	407
§ 5 Rangverhältnisse und Mangelfälle	649
§ 6 Sonderfragen	717
§ 7 Auslandsberührung	841
§ 8 Verfahrensrecht	909
Anhang L: Unterhaltsrechtliche Tabellen	1077
Anhang R: Rechtsprechungsauszüge	1083
Register der auszugsweise abgedruckten Entscheidungen	1681
Sachverzeichnis	1689

Inhaltsverzeichnis

Abkürzungsverzeichnis XLIII

§ 1 Die Ermittlung des unterhaltsrechtlich relevanten Einkommens

1. Abschnitt: Überblick und Grundlagen

	Rn
I. Der Unterhaltsanspruch	1
1. Unterhaltsberechtigungen	1
2. Struktur des Unterhaltsanspruchs	1e
3. Prüfungsschema	2
4. Höhe des Unterhalts und Zahlungsweise	2a
5. Härteregelungen	2d
6. Unterhalt und Sozialhilfe	2e
7. Gerichtliches Verfahren	2f
II. Zu den Tabellen und Leitlinien der Oberlandesgerichte	
1. Die Bedeutung von Tabellen und Leitlinien in der Praxis	3
2. Tabellen zum Unterhaltsbedarf	6
3. Oberlandesgerichtliche Leitlinien zum Unterhaltsrecht	7
III. Zum anrechenbaren monatlichen Nettoeinkommen	8
1. Grundsatz der unterschiedslosen Erfassung aller Einkünfte aus allen Einkunftsarten	9
2. Zur Berechnung des anrechenbaren Nettoeinkommens	10
3. Zum monatlichen Nettoeinkommen	11
4. Zur Berücksichtigung von Abfindungen und einmaligen höheren Zuwendungen	16
IV. Unterschiedliche Berücksichtigung der Einkünfte bei der Berechnung des Kindesunterhalts und des Ehegattenunterhalts	
1. Berücksichtigung der Einkünfte beim Kindesunterhalt ..	18
2. Berücksichtigung der Einkünfte beim Ehegattenunterhalt	20
3. Zusammenfassendes Ergebnis	27
V. Ermittlung der unterhaltsrechtlich relevanten Einkünfte anhand steuerrechtlicher Unterlagen	
1. Darlegung der Parteien zum unterhaltsrechtlich relevanten Einkommen	28
2. Richterliche Ermittlung unterhaltsrechtlich relevanter Einkünfte und Vorlage von Unterlagen	31
3. Unterhaltsrechtliche Relevanz steuerrechtlich erfaßter Einkünfte	33
4. Steuerrechtliche und unterhaltsrechtliche Einkunftsarten	37
5. Gliederung der unterhaltsrechtlich relevanten Einkünfte	40

2. Abschnitt: Einkünfte aus abhängiger Arbeit sowie Nebeneinkünfte und Lohnersatzleistungen bei oder nach einem bestehenden Arbeitsverhältnis

I. Überblick	
1. Bruttoeinnahmen und berufsbedingte Aufwendungen	46
2. nicht berufsbedingte Aufwendungen	49

Inhalt

	Rn
II. Der Prüfungszeitraum	50
III. Typische Bruttoeinnahmen	
1. Barbezüge aller Art	55
2. Zweckbestimmte Entgelte für berufsbedingte Mehraufwendungen wie Spesen, Reisekosten und Auslösungen	56
3. Die Leitlinien zu den Spesen, Reisekosten, Auslösen	63
4. Vergütungen und Zuschläge für Überstunden, Mehrarbeit, Urlaubsabgeltung und sonstige überobligationsmäßige Belastungen, wie bei Zuschlägen für Schicht-, Nacht-, Feiertags- und Sonntagsarbeit sowie bei Zulagen für Schmutz-, Schwer- und Schwerstarbeit	64
5. Sachbezüge, d. h. zusätzliche Leistungen des Arbeitgebers, die in einem geldwerten Vorteil bestehen	69
6. Einmalige Zahlungen und Sonderzuwendungen wie z. B. Abfindungen	71
7. Einkünfte aus Nebentätigkeiten und sonstiger Zweitarbeit neben einer hauptberuflichen Tätigkeit	74
8. Sozialleistungen mit Lohnersatzfunktion	80
IV. Berufs- und ausbildungsbedingte Aufwendungen	
1. Berufs- und ausbildungsbedingte Aufwendungen als Abzugsposten	87
2. Zur Pauschalierung berufsbedingter Aufwendungen	89
3. Konkrete Bemessung berufsbedingter Aufwendungen	95
4. Berechnung von Fahrtkosten	96
5. Zusammenstellung weiterer berufsbedingter oder ausbildungsbedingter Aufwendungen	102
6. Berufsbedingte Aufwendungen, für die Zulagen oder ähnliche Entgelte gezahlt werden	109

3. Abschnitt: Einkünfte von Freiberuflern, sonstigen Selbständigen und Gewerbetreibenden, die ihren Gewinn durch eine Einnahmen-Überschußrechnung ermitteln

I. Überblick zum Personenkreis und zur Einkommensermittlung	
1. Zum Personenkreis	110
2. „Verkappte" Freiberufler	111
3. Zur Einnahmen-Überschußrechnung	113
4. Der Prüfungszeitraum	115
5. Die Berechnung	117
6. Zum Betriebsvermögen und zur Abschreibung	118
7. Zu sonstigen Besonderheiten und Fehlerquellen der Einnahmen-Überschußrechnung	125
8. Aufzeichnungspflichten	127
9. Zur Einkommensermittlung und Einkommensschätzung	130
10. Zur Darlegungs- und Beweislast	132
II. Überblick zu typischen Betriebseinnahmen	133
III. Überblick zu typischen Betriebsausgaben	
1. Abzugsfähigkeit	135
2. Alphabetischer Katalog der wichtigsten Betriebsausgaben	136

Inhalt

Rn

4. Abschnitt: Einkünfte von Vollkaufleuten, Gewerbetreibenden und sonstigen Selbständigen, die ihren Gewinn nach § 5 EStG durch Betriebsvermögensvergleich ermitteln

    I. Überblick zum Personenkreis und zur Einkommensermittlung durch Betriebsvermögensvergleich
       1. Zum Personenkreis 142
       2. Zum Gewinn 143
       3. Zu den Jahresabschlußunterlagen 144
       4. Zu unterhaltsrechtlichen Besonderheiten beim Betriebsvermögensvergleich 145
       5. Zu den unterhaltsrechtlichen Darlegungspflichten des bilanzierenden Unternehmers 146
       6. Zur Auswertung von Geschäftsunterlagen und zur Beauftragung eines Sachverständigen 149

    II. Überblick zur einfachen und doppelten Buchführung
       1. Allgemeines zur Buchführung 151
       2. Zur einfachen Buchführung, zu den Grundbüchern und zum „Geschäftsfreundebuch" 152
       3. Zur doppelten Buchführung und zu den verschiedenen Konten 155
       4. Inventarverzeichnis und Anlagenverzeichnis 162
       5. Zu verschiedenen Arten der doppelten Buchführung 163

    III. Überblick zur Gewinn- und Verlustrechnung
       1. Der Aufbau einer Gewinn- und Verlustrechnung 164
       2. Muster einer Gewinn- und Verlustrechnung 165
       3. Zu den Betriebsausgaben 166

    IV. Überblick zur Jahresbilanz
       1. Handelsbilanz und Steuerbilanz 167
       2. Aufbau und Muster einer Jahresbilanz 170
       3. Ermittlung des Unternehmensgewinns 173

    V. Überblick über unterhaltsrechtlich relevante Problembereiche bei dieser Gewinnermittlungsart
       1. Unterhaltsrechtlich relevante Angaben 175
       2. Überprüfung der Angaben 176
       3. Bewertungen, Abschreibungen, stille Reserven und Investitionskosten . 177
       4. Einkommensschätzung 181
       5. Einkommensbemessung nach den Entnahmen 182
       6. Abschließende Beurteilung 185

5. Abschnitt: Einkünfte aus Land- und Forstwirtschaft

    I. Überblick zu den Einkünften aus Land- und Forstwirtschaft
       1. Die Einkünfte 186
       2. Die Gewinnermittlungsarten 187
       3. Betriebseinnahmen 188
       4. Betriebsausgaben 189

    II. Ermittlung des land- und forstwirtschaftlichen Gewinns nach Durchschnittssätzen (§ 13a EStG)
       1. Voraussetzungen 190

Inhalt

Inhaltsverzeichnis § 1

	Rn
2. Die Ermittlung des Durchschnittsgewinns	191
3. Die Unterhaltsrechtliche Bewertung dieser Gewinnermittlungsart	192

6. Abschnitt: Einkünfte aus Vermietung und Verpachtung sowie aus einem Wohnvorteil

I. Einkünfte aus Vermietung und Verpachtung
 1. Zur Einkunfts- und Gewinnermittlungsart ... 193
 2. Einnahmen ... 196
 3. Abziehbare Ausgaben ... 198
 4. Verluste ... 202
 5. Zurechnung von Mieteinnahmen aus einem gemeinsamen Objekt und fiktive Mieteinnahmen aus unterlassener zumutbarer Vermietung ... 203

II. Der Wohnvorteil beim Wohnen im eigenen Haus
 1. Der Wohnvorteil als unterhaltsrechtlich zu berücksichtigender Vermögensvorteil ... 211
 2. Die unterhaltsrechtliche Bewertung des Wohnvorteils beim Ehegattenunterhalt ... 214
 3. Eigenheimzulage ... 231
 4. Abziehbare Hauslasten, Nutzungsentschädigungen und Annuitätsleistungen vom Wohnwert ... 234
 5. Abzug von Hausschulden, die den Wohnwert übersteigen, vom sonstigen Einkommen ... 254
 6. Unterhaltsrechtliche Auswirkungen eines Wohnvorteils beim Ehegattenunterhalt ... 263
 7. Wohnvorteil und Unterhalt nach Veräußerung des Familienheims ... 286
 8. Unterhaltsrechtliche Auswirkungen des Wohnwertes beim Verwandtenunterhalt ... 296

7. Abschnitt: Einkünfte aus Vermögen, Verwertung des Vermögensstammes und fiktive Einkünfte bei unterlassener zumutbarer Vermögensnutzung bzw. unterlassener Verwertung des Vermögensstammes

I. Einkünfte aus Vermögen
 1. Vermögenserträge ... 303
 2. Anrechnung von Vermögenseinkünften ... 304
 3. Ermittlung der Vermögenserträge ... 307
 4. Einkünfte aus Kapitalvermögen ... 309
 5. Einkünfte aus Grundstücken ... 309

II. Zur Verwertung des Vermögensstammes
 1. Obliegenheit zur Verwertung des Vermögensstammes aufgrund einer Billigkeitsabwägung ... 310
 2. Verwertung des Vermögensstammes des Berechtigten beim nachehelichen Unterhalt; § 1577 III BGB ... 311
 3. Verwertung des Vermögensstammes des Berechtigten beim Trennungsunterhalt ... 314
 4. Vermögensverwertung beim Verpflichteten im Rahmen von Ehegattenunterhalt ... 317
 5. Vermögensverwertung beim Kindesunterhalt ... 319
 6. Vermögensverwertung beim Elternunterhalt ... 321
 7. Vermögen dient der lebenslangen Unterhaltssicherung ... 322
 8. Verwertung von Grundstücken ... 323
 9. Verwertung des ausgezahlten Kapitals einer Lebensversicherung ... 324a

	Rn
III. Zurechnung fiktiver Erträge bei unterlassener zumutbarer Vermögensnutzung oder Vermögensverwertung	
1. Fiktive Zurechnung erzielbarer Erträge im Rahmen einer Obliegenheit zur Erzielung von Vermögenserträgen oder zur Vermögensverwertung	325
2. Obliegenheiten bei Immobilien	327
3. Obliegenheiten bei Barvermögen, wie Sparguthaben, Zugewinnausgleichzahlungen oder Veräußerungserlösen	328
4. Obliegenheit zur Vermögensumschichtung	329
5. Obliegenheit zur Einziehung von Forderungen, zur Kreditaufnahme und zur Belastung eines Vermögens	332
6. Obliegenheit zur Verwertung von Erbanteilen und Pflichtteilsrechten	344
7. Höhe der fiktiv zurechenbaren Erträge	336

8. Abschnitt: Einkünfte aus Pensionen, Renten und ähnlich wiederkehrenden Bezügen nicht Erwerbstätiger

1. Allgemeines	338
2. Arten von Versorgungsbezügen und Renten nebst Zulagen und Zuschlägen	339
3. Berücksichtigung von konkretem Mehrbedarf und Mehraufwand	341
4. Berücksichtigung von Nebeneinkünften	347
5. Berücksichtigung eines Rentenanspruchs ab Antragstellung und einer Rentennachzahlung	348

9. Abschnitt: Sonstige Einkünfte aus sozialstaatlichen Zuwendungen, freiwilligen Zuwendungen Dritter, Versorgungsleistungen des Berechtigten für seinen neuen Partner, aus Unterhaltsleistungen, Schmerzensgeld sowie nicht anzurechnende Vermögensvorteile

I. Sozialstaatliche Zuwendungen wie Wohngeld, BAföG, Pflege- und Erziehungsgeld, Kindergeld sowie Ausbildungsbeihilfen und -geld	
1. Allgemeines	351
2. Zur Anrechnung von Wohngeld und Eigenheimzulagen	352
3. Zur Anrechung von BAföG-Leistungen	356
4. Kindergeld	360
5. Pflege- und Erziehungsgeld, Kindergeld für Pflegepersonen, Erziehungsgeld, Leistungen nach dem Stiftungs- und dem Kindererziehungsleistungsgesetz	363
6. Ausbildungsbeihilfe und Ausbildungsgeld nach dem Arbeitsförderungsrecht = SGB III	367
II. Freiwillige unentgeltliche Zuwendungen eines Dritten	368
III. Zuwendungen des neuen Partners an den Berechtigten sowie Gegenleistungen des Berechtigten an den neuen Partner	
1. Allgemeines	371
2. Zur Anrechnung von Leistungen des neuen Partners	372
3. Zur fiktiven Anrechnung einer angemessenen Vergütung für Versorgungsleistungen	374
4. Zur Bemessung der angemessenen Vergütung	376
5. Zur Wohnungsgewährung durch den neuen Partner	378
IV. Unterhaltsleistungen als anrechnungsfähiges Einkommen	
1. Grundsatz	379
2. Ausnahmen	380

Inhalt

	Rn
V. Schmerzensgeld	382
VI. Zu den nicht als Einkommen anzurechnenden Geldeinkünften	383

10. Abschnitt: Fiktives Einkommen aus unterlassener zumutbarer Erwerbstätigkeit

	Rn
I. Zurechnung fiktiver Einkünfte beim Unterhaltsschuldner	
1. Allgemeine Grundsätze	387
2. Leistungsfähigkeit des Verpflichteten bei leichtfertig herbeigeführter Einkommensminderung (oder -verlust) durch Arbeitsaufgabe, Berufswechsel, berufliche Verselbständigung oder sonstige berufliche Veränderung	394
3. Unterhaltsbemessung bei nicht leichtfertig herbeigeführter Einkommensminderung	402
4. Fiktive Zurechnung von Einkünften bei der Bedarfsbemessung	408
5. Arbeitsplatzaufgabe wegen beruflicher Weiterbildung oder Zweitausbildung	413
6. Fiktives Einkommen bei Selbständigen	415
7. Fiktives Einkommen bei Arbeitsplatzverlust infolge von Straftaten, sonstigen Verfehlungen oder Alkoholmißbrauch	416
8. Fiktives Einkommen bei unentgeltlichen oder unterbezahlten Dienstleistungen gegenüber Dritten	418
II. Zurechnung fiktiver Einkünfte beim Berechtigten	
1. Bedürftigkeitsminderung durch Zurechnung fiktiver Einkünfte bei unterlassener zumutbarer Erwerbstätigkeit	419
2. Zumutbare Erwerbstätigkeit des Berechtigten	423
III. Ernsthafte Bemühungen um eine Erwerbstätigkeit und reale Beschäftigungschancen	
1. Ernsthafte Bemühungen um eine Arbeitsstelle	427
2. Reale Beschäftigungschance auf dem Arbeitsmarkt	429
3. Darlegungs- und Beweislast zu den Arbeitsbemühungen und zur Beschäftigungschance	431
IV. Krankheitsbedingte Arbeitsunfähigkeit	
1. Krankheitsbedingte Erwerbsunfähigkeit und Pflicht zur Wiederherstellung der Arbeitskraft	432
2. „Rentenneurose" des Berechtigten	434
V. Bemessung und Dauer der fiktiven Einkünfte	
1. Zur Bemessung fiktiver Einkünfte	436
2. Zur Dauer fiktiver Einkünfte	438
3. Vorsorgeunterhalt	439

11. Abschnitt: Einkommen aus unzumutbarer Erwerbstätigkeit

I. Grundsatz	
1. Abgrenzung zumutbare und unzumutbare Tätigkeit	440
2. Erwerbstätigkeit des Berechtigten trotz Betreuung kleiner Kinder	443
II. Zur Anrechnung von Einkommen aus unzumutbarer Tätigkeit beim Berechtigten	
1. Anrechnung nach § 1577 II BGB beim Ehegattenunterhalt	446

		Rn
2. Anrechnung bei Ehegatten nach altem Recht (§§ 58 ff. EheG)		451
3. Anrechnung bei Kindern		452
III. Anrechnung vom Einkommen aus unzumutbarer Erwerbstätigkeit beim Verpflichteten		
1. Einkünfte des Verpflichteten aus unzumutbarer Erwerbstätigkeit		454
2. Zur Anrechnung solcher Einkünfte		457

12. Abschnitt: Die Berücksichtigung von Steuern

I. Die Ermittlung der Steuerbelastung
  1. Vorbemerkung 458
  2. Die Rechtsprechung 460
  3. Die Kritik an der BGH-Rechtsprechung 467

II. Die Berücksichtigung besonderer Steuervorteile 470
  1. Zum Splittingvorteil bei neuer Ehe des Unterhaltsschuldners 471
  2. Zum begrenzten Realsplitting 473
  3. Mitwirkung bei Zusammenveranlagung und sonstigen Steuervorteilen . 480
  4. Eintragung von Freibeträgen auf der Lohnsteuerkarte 482
  5. Verteilung von Steuererstattungen 485

13. Abschnitt: Berechnung des bereinigten Nettoeinkommens durch unterhaltsrechtlich relevante Abzüge

I. Überblick zu den unterhaltsrechtlich relevanten Abzügen
  1. Das bereinigte Nettoeinkommen 486
  2. Die Abzugsposten im einzelnen 489

II. Abzug von Steuern
  1. Abzug der tatsächlich angefallenen Steuern 491
  2. Nachweise 495

III. Abzug von Vorsorgeaufwendungen
  1. Bei Nichtselbständigen 496
  2. Bei Selbständigen und Gewerbetreibenden 498
  3. Krankenversicherungs- und Vorsorgeunterhalt 499

IV. Berufsbedingte Aufwendungen
  1. Bei Gewinnermittlung 501
  2. Bei Einkünften aus Kapital und Vermietung und Verpachtung 502
  3. Bei Renten, Pensionen 503
  4. Bei Nichtselbständigen 504

V. Berücksichtigung eines Mehrbedarfs für Krankheit, Behinderung und Alter
  1. Mehrbedarf und Mehrbedarfsfälle 505
  2. Berücksichtigung eines Mehrbedarfs 510

VI. Berücksichtigung von Schulden
  1. Zur Problematik der Berücksichtigung von Schulden sowie zu Regelungen in den Leitlinien 514
  2. Abzug ehebedingter Schulden bei der Bedarfsermittlung des Ehegattenunterhalts 522
  3. Kein Vorabzug trennungsbedingter Verbindlichkeiten vom Einkommen 532

Inhalt

		Rn
4.	Berücksichtigungswürdige Schulden im Rahmen der Leistungsfähigkeit	538
5.	Schuldentilgung bei Überschuldung im Rahmen eines vernünftigen Tilgungsplanes	544
6.	Berücksichtigung von Schulden beim Verwandtenunterhalt	549

VII. Nur beim Ehegattenunterhalt und sonstigem Verwandtenunterhalt zu berücksichtigende Abzüge
1. Kindesunterhalt und sonstige vorrangige Unterhaltslasten 555
2. Vermögenswirksame Leistungen des Pflichtigen 559

14. Abschnitt: Der Anspruch auf Auskunft und Vorlage von Belegen

I. Der Auskunftsanspruch
1. Allgemeiner Überblick 561
2. Auskunft beim Ehegattenunterhalt 564
3. Auskunft beim Kindesunterhalt 565

II. Die Auskunftserteilung
1. Die systematische Aufstellung 567
2. Der Zeitraum 572
3. Die Kosten 573
4. Zur Häufigkeit 574
5. Schadensersatzanspruch bei Verstoß gegen die Auskunftspflicht 576

III. Vorlage von Belegen über das Einkommen
1. Allgemeines 577
2. Der Umfang der Vorlegungspflicht 578

IV. Die Vollstreckung von Titeln zur Auskunft und zur Vorlage von Belegen
1. Vollstreckungsfähige Titel 586
2. Die Art der Vollstreckung 589

V. Die eidesstattliche Versicherung
1. Voraussetzungen 592
2. Die Durchsetzung des Anspruchs 595

VI. Die Verpflichtung zu ungefragten Informationen
1. Voraussetzungen 596
2. Die Folgen des Verschweigens 599

§ 2 Kindes- und Verwandtenunterhalt
A. Kindesunterhalt

1. Abschnitt: Grundlagen

I. Entstehung und Dauer des Unterhaltsanspruchs
1. Eltern-Kind-Verhältnis 1
2. Übersicht über die wichtigsten Anspruchsvoraussetzungen und Einwendungen gegen den Anspruch 2
3. Beginn und Ende des Unterhaltsanspruchs 5

	Rn
II. Unterhaltsarten	
1. Bar-, Betreuungs- und Naturalunterhalt	8
2. Gleichwertigkeit von Bar- und Betreuungsunterhalt	11
3. Verhältnis des Minderjährigen- zum Volljährigenunterhalt	17
III. Bestimmungsrecht der Eltern	
1. Bestimmungsrecht	21
2. Bestimmungsberechtigung	27
3. Wirksamkeit der Unterhaltsbestimmung	35
4. Abänderung der Bestimmung durch das Familiengericht	39
5. Prozessuales	41

2. Abschnitt: Bedürftigkeit des Kindes

I. Unvermögen des Kindes, sich selbst zu unterhalten	
1. Nichterwerbspflichtige Kinder	42
2. Ausbildungsbedürftige Kinder	45
3. Erwerbspflichtige Kinder	48
4. Erwerbspflicht des Kindes trotz Schwangerschaft oder Betreuung eines eigenen Kindes	50
II. Ausbildungsunterhalt	
1. Ausbildungsanspruch	56
2. Berufswahl	59
3. Ausbildungsverpflichtungen des Kindes und Ausbildungsdauer	65
4. Finanzierung einer Zweitausbildung	73
5. Weiterbildung, insbesondere Studium nach einer praktischen Ausbildung	78
III. Einkommen und Vermögen des Kindes	
1. Anrechenbare Einkünfte des Kindes	86
2. Anrechnung einer Ausbildungsvergütung	90
3. Anrechnung von Einkommen auf Barunterhalt und auf Betreuungsunterhalt	96
4. Freiwillige Zuwendungen eines Dritten oder eines Elternteils	100
5. Berücksichtigung des Kindesvermögens	106

3. Abschnitt: Barbedarf des Kindes

I. Bedarfsbemessung nach der von den Eltern abgeleiteten Lebensstellung des Kindes	
1. Lebensstellung des Kindes und Unterhaltsbedarf	108
2. Einkommen als Kriterium der Lebensstellung der Eltern	113
3. Einkommensverhältnisse der Eltern im Unterhaltszeitraum	116
4. Bedarfsbemessung bei alleiniger Barunterhaltspflicht eines Elternteils	117
5. Bedarfsbemessung bei Barunterhaltspflicht beider Eltern	119
II. Regelbedarf, regelmäßiger Mehrbedarf und Sonderbedarf	
1. Pauschalierung des Kindesunterhalts nach Tabellen	122
2. Mindestbedarf und Existenzminimum	127
3. Bedarfsbemessung bei besonders günstigen Einkommens- und Vermögensverhältnissen der Eltern	128
4. Regelmäßiger Mehrbedarf	133
5. Sonderbedarf	138

Inhalt   Inhaltsverzeichnis § 2

                                                                                        Rn
4. Abschnitt: Leistungsfähigkeit des Unterhaltspflichtigen

    I. Leistungsfähigkeit und Eigenbedarf des Unterhaltsschuldners   140

   II. Anrechenbare Einkünfte des Schuldners
       1. Tatsächliche Einkünfte   142
       2. Fiktive Einkünfte   144
       3. Unterhaltsleistungen als anrechenbare Einkünfte   148

  III. Berücksichtigung sonstiger Verpflichtungen des Schuldners
       1. Schulden   158
       2. Beeinträchtigung der Leistungsfähigkeit durch Unterhaltsansprüche
          anderer Berechtigter; Mangelfälle   159
       3. Beeinträchtigung der Leistungsfähigkeit durch Betreuung eines anderen
          unterhaltsberechtigten Kleinkindes   166
       4. Minderung der Leistungsfähigkeit durch Umgangskosten   168

  IV. Leistungsfähigkeit eines Elternteils bei Übernahme der Haushaltsführung
      nach Wiederverheiratung oder Begründung einer nichtehelichen Lebens-
      gemeinschaft („Hausmannsrechtsprechung")
       1. Erwerbsobliegenheit des wiederverheirateten, haushaltführenden
          Ehegatten gegenüber gleichrangigen Berechtigten, insbesondere
          gegenüber minderjährigen Kindern aus erster Ehe   172
       2. Umfang der Erwerbsobliegenheit des haushaltführenden Ehegatten;
          Verpflichtungen des neuen Partners   179
       3. Bemessung der dem Verpflichteten anzurechnenden (fiktiven)
          Nebeneinkünfte   184
       4. Unterhaltspflicht des haushaltführenden Elternteils gegenüber einem
          volljährigen Kind   187
       5. Hausmannsrechtsprechung bei Übernahme der Haushaltsführung in
          einer nichtehelichen Lebensgemeinschaft   190

5. Abschnitt: Der Unterhaltsanspruch minderjähriger Kinder

    I. Besonderheiten beim Unterhalt minderjähriger Kinder   193

   II. Grundsätze der Bemessung des Bedarfs minderjähriger Kinder
       1. Der Unterhalt des nichtehelichen Kindes bis zum 30. 6. 1998   203
       2. Die Bedarfsbemessung bei ehelichen und nichtehelichen Kindern seit
          dem 1. 7. 1998   204

  III. Die Düsseldorfer Tabelle
       1. Vorbemerkung   207
       2. Die Düsseldorfer Tabelle, Stand: 1. 7. 1999/1. 7. 1998   209
       3. Allgemeines zur Anwendung der Düsseldorfer Tabelle   211
       4. Zu- oder Abschläge bei den Bedarfssätzen   231
       5. Der Bedarfskontrollbetrag   239

  IV. Dynamischer Unterhalt nach Regelbeträgen 246a

   V. Leistungsfähigkeit der Eltern beim Unterhalt minderjähriger Kinder
       1. Gesteigerte Unterhaltsverpflichtung der Eltern nach § 1603 II 1 BGB . .   247
       2. Notwendiger Selbstbehalt bei gesteigerter Unterhaltspflicht   260
       3. Die Bemessung des notwendigen Selbstbehalts nach den Tabellen und
          Leitlinien der Oberlandesgerichte   263

		Rn
4.	Keine gesteigerte Unterhaltsverpflichtung bei Vorhandensein eines anderen leistungsfähigen Verwandten	271
VI.	Alleinige Barunterhaltspflicht eines Elternteils oder Beteiligung beider Eltern am Barunterhalt	
	1. Alleinige Barunterhaltspflicht eines Elternteils	282
	2. Barunterhaltspflicht des betreuenden Elternteils	287
	3. Anteilige Barunterhaltspflicht beider Eltern nach § 1606 III 1 BGB	289
	4. Unterhalt bei Geschwistertrennung	309
	5. Kindesunterhalt bei gemeinsamer elterlicher Sorge	316
VII.	Mehrbedarf minderjähriger Kinder	
	1. Berechtigung des Mehrbedarfs	317
	2. Berechnung des geschuldeten Unterhalts bei berechtigtem Mehrbedarf	323
	3. Mehrbedarf des behinderten minderjährigen Kindes	326

6. Abschnitt: Der Unterhaltsanspruch volljähriger Kinder

I.	Besonderheiten beim Unterhalt volljähriger Kinder	330
II.	Bedürftigkeit des volljährigen Kindes	
	1. Auswirkungen der Volljährigkeit auf die Bedürftigkeit	342
	2. Unterhalt bei Wehr- oder Ersatzdienst	346
	3. Anrechnung von Einkommen, Vermögen und Kindergeld	349
III.	Bedarf des volljährigen Kindes	
	1. Lebensbedarf und Bedarfsbemessung	360
	2. Bedarf von Studenten und Kindern mit eigenem Haushalt	368
	3. Bedarf von Schülern, Studenten und Auszubildenden, die im Haushalt eines Elternteils leben	383
	4. Regelmäßiger Mehrbedarf des volljährigen Schülers, Studenten oder Auszubildenden	401
	5. Bemessung des Bedarfs des Volljährigen, der sich nicht in einer Ausbildung befindet	405
IV.	Leistungsfähigkeit der Eltern beim Unterhalt volljähriger Kinder	
	1. Grundsätzlich keine gesteigerte Unterhaltspflicht gegenüber volljährigen Kindern	407
	2. Angemessener Eigenbedarf des Verpflichteten nach § 1603 I BGB und eheangemessener Bedarf nach §§ 1361, 1578 I 1, 1581 BGB	416
	3. Bemessung des angemessenen Eigenbedarfs des verpflichteten Elternteils nach den Tabellen und Leitlinien der Oberlandesgerichte	417
	4. Berücksichtigung anderweitiger Verpflichtungen, insbesondere vorrangiger Unterhaltsansprüche	429
V.	Ermittlung des Haftungsanteils der Eltern nach § 1606 III 1 BGB	
	1. Anteilige Haftung der Eltern	433
	2. Vergleichbares Einkommen der Eltern	438
	3. Einzelheiten der Unterhaltsberechnung und wertende Veränderung des Verteilungsschlüssels	448
	4. Darlegungs- und Beweislast für die Haftungsanteile der Eltern	451
VI.	Gleichstellung 18–20jähriger Schüler mit Minderjährigen	
	1. Problematik der Privilegierung volljähriger Kinder während einer Übergangszeit nach Eintritt der Volljährigkeit	452

Inhalt

	Rn
2. Voraussetzungen der Privilegierung volljähriger Schüler nach §§ 1603 II 2, 1609 BGB.	454
3. Unterhaltsbemessung bei privilegiert volljährigen Kindern	462

VII. Rechenbeispiele zur Berechnung des Ausbildungsunterhalts Volljähriger
    1. 21jähriger Student mit eigenem Hausstand bei Barunterhaltspflicht nur eines Elternteils ... 472
    2. Student mit eigenem Haushalt, Barunterhaltspflicht beider Eltern, Berücksichtigung vorrangiger Unterhaltspflichten ... 473
    3. 19jähriger Auszubildender wohnt bei dem nicht barunterhaltspflichtigen Elternteil ... 474
    4. 21jähriger Student wohnt bei der erwerbstätigen Mutter, die ein 12jähriges Kind betreut ... 475

VIII. Verwirkung des Unterhaltsanspruchs des volljährigen Kindes ... 478

7. Abschnitt: Kindergeld und Kindesunterhalt

I. Anspruch auf Kindergeld
    1. Rechtsgrundlagen ... 486
    2. Anspruchsvoraussetzungen ... 487
    3. Ähnliche Sozialleistungen ... 495

II. Kindergeld als anrechnungsfähiges Einkommen beim Kindesunterhalt ... 497

III. Kindergeld und Bemessung des Kindesunterhalts
    1. Halbteilung des Kindergeldes ... 500
    2. Einzelheiten der Anrechnung des Kindergeldes auf den Unterhalt ... 503

IV. Besonderheiten der Kindergeldverrechnung bei volljährigen Kindern ... 513

V. Prozessuales ... 516

8. Abschnitt: Sonderprobleme des Kindesunterhalts

I. Auskunftspflichten ... 517

II. Rangfolge der Unterhaltsberechtigten und Unterhaltsverpflichteten ... 520

III. Verzicht auf Kindesunterhalt und Freistellungsvereinbarungen der Eltern
    1. Kein Verzicht auf zukünftigen Kindesunterhalt ... 521
    2. Freistellungsvereinbarungen der Eltern bezüglich des Kindesunterhalts . 525

IV. Familienrechtlicher Ausgleichsanspruch
    1. Ausgleich zwischen den Eltern ... 529
    2. Erfüllung einer dem anderen Elternteil obliegenden Unterhaltspflicht .. 535
    3. Ausgleich von Kindergeld und anderen staatlichen kinderbezogenen Leistungen ... 539
    4. Einschränkungen des familienrechtlichen Ausgleichsanspruchs ... 541
    5. Verzinsung des Ausgleichsanspruchs ... 544

V. Gesetzlicher Forderungsübergang nach § 1607 BGB ... 545

B. Unterhaltsansprüche sonstiger Verwandter

	Rn
I. Grundlagen	
1. Grundlagen zum geltenden Recht	600
2. Gerichtliche Zuständigkeit	601
3. Unterhaltsansprüche gegen Verwandte und Sozialgesetze	602
II. Rangfolge der Verpflichteten und Bedürftigen	
1. Vorrangige Haftung des Ehegatten	604
2. Rangfolge der unterhaltspflichtigen Verwandten	607
3. Ersatzhaftung bei erschwerter Durchsetzbarkeit des Anspruchs (§ 1607 II BGB)	608
4. Rangfolge der Bedürftigen	609
5. Darlegungs- und Beweislast bei Rangfragen	610
III. Das Unterhaltsverhältnis im einzelnen	
1. Das Maß des Unterhalts	612
2. Bedürftigkeit des Berechtigten	614
3. Leistungsfähigkeit und Eigenbedarf des Pflichtigen	616
4. Beschränkung oder Wegfall der Unterhaltsverpflichtung	626
5. Elternunterhalt im Besonderen	629

§ 3 Familienunterhalt

I. Grundsätzliches	1
II. Voraussetzungen des Familienunterhalts	
1. Eheliche Lebensgemeinschaft, Bedürftigkeit und Leistungsfähigkeit	5
2. Unterhaltsverpflichtung der Ehegatten und Aufgabenverteilung in der Ehe	10
3. Erwerbsobliegenheit der Ehegatten	16
III. Bemessung des Familienunterhalts, Unterhaltsbeiträge der Ehegatten, Wirtschaftsgeld und Taschengeld	
1. Lebensbedarf der Familie und Familienunterhalt	22
2. Bemessung des finanziellen Unterhaltsbedarfs	28
3. Anteilige Beiträge der Ehegatten zum Familienunterhalt	35
4. Wirtschaftsgeld	46
5. Taschengeld	56
IV. Konkurrenz mit anderen Unterhaltsansprüchen, Besonderheiten des Familienunterhalts	
1. Konkurrenz mit anderen Unterhaltsansprüchen	64
2. Keine Identität zwischen Familienunterhalt und Trennungsunterhalt	77
3. Ausgleichsanspruch nach § 1360 b BGB bei Zuvielleistungen	79
4. Unpfändbarkeit des Familienunterhalts	82
5. Sonderfragen	83

Inhalt

§ 4 Ehegattenunterhalt

A. Allgemeines zur Struktur des Anspruchs

	Rn
1. Vorliegen eines Unterhaltstatbestands	1
2. Allgemeine Voraussetzungen beim Berechtigten	1
3. Allgemeine Voraussetzungen beim Pflichtigen	1
4. Prüfung von Einwendungen und Einreden	1

B. Einzelne Ansprüche und Unterhaltsverhältnis

1. Abschnitt: Der Trennungsunterhalt

I. Voraussetzungen, Arten und Dauer des Trennungsunterhalts
  1. Anspruchsvoraussetzungen … 1 a
  2. Arten des Trennungsunterhalts … 7
  3. Beginn und Ende des Trennungsunterhalts … 13
  4. Nichtidentität von Familienunterhalt, Trennungsunterhalt und nachehelichem Unterhalt … 14

II. Erwerbsobliegenheit des bedürftigen Ehegatten nach der Trennung
  1. Die Schutzvorschrift des § 1361 II BGB zugunsten des nicht erwerbstätigen Ehegatten … 16
  2. Bei der Zumutbarkeitsabwägung zu berücksichtigende persönliche und wirtschaftliche Verhältnisse … 19 a
  3. Zumutbarkeitsabwägung bei Fortsetzung, Ausweitung oder Einschränkung einer bei Trennung bereits ausgeübten Erwerbstätigkeit … 26
  4. Fiktive Zurechnung erzielbarer Einkünfte … 29

III. Bedarfsbemessung und Unterhaltsberechnung beim Trennungsunterhalt
  1. „Eheliche Lebensverhältnisse" und Bedarfsbemessung beim Trennungsunterhalt wie beim nachehelichen Unterhalt … 30
  2. Anrechnung nichtprägender Einkünfte des Berechtigten, Leistungsfähigkeit des Verpflichteten und Unterhaltsberechnung … 35
  3. Maßgeblicher Bemessungszeitpunkt bei Trennungsunterhalt und nachehelichem Unterhalt … 36

IV. Anwendung der negativen Härteklausel nach § 1579 BGB und sonstiger Normen auf den Trennungsunterhalt
  1. Anwendung der Härteklausel des § 1579 BGB beim Trennungsunterhalt … 37
  2. Härteklausel und kurze Ehedauer bzw. nur kurzes oder fehlendes Zusammenleben … 38
  3. Unterhalt für Vergangenheit, Unterhaltsverzicht und Erlöschen des Unterhalts durch Tod eines Ehegatten … 39
  4. Rückforderung von Zuvielleistungen und Auskunftsanspruch … 40
  5. Zur Geltendmachung des Trennungsunterhalts … 41
  6. Konkurrenzen … 41 a

2. Abschnitt: Besonderheiten und Anspruchstatbestände des nachehelichen Unterhalts

I. Allgemeine Grundsätze und Besonderheiten des nachehelichen Unterhalts
  1. Allgemeine Grundsätze … 42
  2. Allgemeine Anspruchsvoraussetzungen des nachehelichen Unterhalts … 44

		Rn
	3. Einheitlicher Anspruch auf nachehelichen Unterhalt	46
	4. Einsatzzeitpunkte und Anschlußunterhalt sowie Teilanschlußunterhalt	48
	5. Beginn, Ende und Wiederaufleben des nachehelichen Unterhalts	53
	6. Sonstige materiell-rechtliche Besonderheiten des nachehelichen Unterhalts	57
	7. Sonstige verfahrensrechtliche Besonderheiten des nachehelichen Unterhalts	63
II.	Unterhalt wegen Betreuung eines gemeinschaftlichen Kindes nach § 1570 BGB	
	1. Anspruchsvoraussetzungen nach § 1570 BGB	64
	2. Umstände, die bei Beurteilung einer Erwerbsobliegenheit zu berücksichtigen sind	68
	3. Keine Erwerbsobliegenheit bei Betreuung eines Kindes unter 8 Jahren	72
	4. Erwerbsobliegenheit bei Betreuung eines Kindes zwischen 8 und 11 Jahren	75
	5. Erwerbsobliegenheit bei Betreuung eines Kindes zwischen 11 und 15 Jahren	77
	6. Vollerwerbsobliegenheit bei Kind ab etwa 15 Jahren	78
	7. Erwerbsobliegenheit bei Betreuung mehrerer Kinder	81
	8. Zumutbare Erwerbsobliegenheit bei Fortsetzung einer bereits ausgeübten Erwerbstätigkeit	84
	9. Privilegierter Anspruch nach § 1570 BGB, Konkurrenzen zu § 1573 BGB und Sonstiges	85
III.	Unterhalt wegen Alters nach § 1571 BGB	
	1. Anspruchsvoraussetzungen nach § 1571 BGB	88
	2. Ursächlichkeit des Alters dafür, daß eine angemessene Erwerbstätigkeit nicht mehr erwartet werden kann	90
	3. Das maßgebliche Alter des Berechtigten	92
	4. Maßgebliche Einsatzzeitpunkte	94
	5. Konkurrenzen und Sonstiges	95
IV.	Unterhalt wegen Krankheit nach § 1572 BGB	
	1. Anspruchsvoraussetzungen nach § 1572 BGB	96
	2. Krankheit, Gebrechen oder geistige Schwäche	97
	3. Krankheitsbedingte Erwerbsunfähigkeit	99
	4. Maßgebliche Einsatzzeitpunkte	100
	5. Konkurrenzen und Sonstiges	102
V.	Unterhalt wegen Erwerbslosigkeit nach § 1573 I BGB	
	1. Anspruchsvoraussetzungen nach § 1573 I BGB	104
	2. Fehlen eines Anspruchs nach §§ 1570, 1571 oder 1572 BGB	106
	3. Der Unterhaltsberechtigte findet keine angemessene Erwerbstätigkeit	107
	4. Notwendige Bemühungen um eine angemessene Erwerbstätigkeit	111
	5. Maßgebliche Einsatzzeitpunkte	114
	6. Nachhaltige Unterhaltssicherung durch Erwerbstätigkeit	116
	7. Zeitliche Begrenzung des Unterhalts nach § 1573 V BGB und § 1578 I 2 BGB	120
	8. Sonstiges	121
VI.	Aufstockungsunterhalt nach § 1573 II BGB	
	1. Anspruchsvoraussetzungen nach § 1573 II BGB	122
	2. Verhältnis des Aufstockungsunterhalts zu Ansprüchen nach den §§ 1570, 1571, 1572 oder 1573 I BGB	124

Inhalt

	Rn
3. Ausübung einer angemessenen Erwerbstätigkeit	125
4. Maßgebliche Einsatzzeitpunkte	126
5. Zur Berechnung des Aufstockungsunterhalts	127
6. Zeitliche Begrenzung des Aufstockungsunterhalts nach §§ 1573 V BGB und 1578 I 2 BGB	129
7. Konkurrenzen und Sonstiges	130

VII. Angemessene Erwerbstätigkeit nach § 1574 BGB und Ausbildungsunterhalt nach § 1574 III in Verbindung mit § 1573 I BGB
    1. Bedeutung des § 1574 BGB 131
    2. Zur angemessenen Erwerbstätigkeit nach § 1574 II BGB 133
    3. Die Angemessenheitskriterien nach § 1574 II BGB im einzelnen 137
    4. Ausbildungsunterhalt nach § 1574 III i. V. mit § 1573 I BGB 144

VIII. Ausbildungsunterhalt nach § 1575 BGB
    1. Zweck des Ausbildungsanspruchs nach § 1575 BGB und Verhältnis zum Ausbildungsanspruch nach den §§ 1573 I, 1574 III BGB sowie Bedeutung des § 1575 III BGB 147
    2. Die Voraussetzungen des Ausbildungsunterhalts nach § 1575 I BGB ... 148
    3. Der Anspruch auf Fortbildung oder Umschulung nach § 1575 II BGB .. 157
    4. Ausbildung, Fortbildung, Umschulung 159

IX. Billigkeitsunterhalt nach § 1576 BGB
    1. Anspruchsvoraussetzungen und Normzweck des § 1576 BGB 160
    2. Vorliegen eines sonstigen schwerwiegenden Grundes 161
    3. Bei der Billigkeitsabwägung zu berücksichtigende Umstände 162
    4. Bisher vom BGH entschiedene Fälle zu § 1576 BGB bei Betreuung eines nicht gemeinschaftlichen Kindes 163
    5. Einsatzzeitpunkt, Dauer und Höhe des Unterhaltsanspruchs 164
    6. Konkurrenzen und deren Folgen 165

3. Abschnitt: Unterhaltsbedarf und Bedarfsbemessung beim Ehegattenunterhalt

I. Unterhaltsbedarf nach den ehelichen Lebensverhältnissen
    1. Der Unterhaltsbedarf als gesamter Lebensbedarf 166
    2. Bedarfsbemessung nach den ehelichen Lebensverhältnissen 172
    3. Nachhaltige Prägung der ehelichen Lebensverhältnisse durch Einkommen und andere Umstände 179
    4. Haushaltsführung und Kinderbetreuung in der Ehe 184a
    5. Bedarfsbemessung nur nach dem Teil der prägenden Einkünfte, der zur Deckung des Lebensbedarfs verfügbar ist 185
    6. Vorabzug des Kindesunterhalts vom Nettoeinkommen 188
    7. Aufwendungen zur Vermögensbildung 200
    8. Konsumverhalten und objektiver Maßstab für die Bedarfsbemessung . 210
    9. Trennung und Scheidung als maßgeblicher Zeitpunkt für die Beurteilung des prägenden Charakters ehelicher Lebensverhältnisse beim nachehelichen Unterhalt 214
    10. Maßgeblicher Zeitpunkt für die Beurteilung des prägenden Charakters ehelicher Lebensverhältnisse beim Trennungsunterhalt 225

II. Überblick zu den prägenden und nichtprägenden Einkünften sowie Änderungen der Einkommensverhältnisse zwischen Trennung und Scheidung
    1. Überblick zu den prägenden und nichtprägenden Einkünften 228

	Rn
2. Normale Einkommensänderungen und vom Normalverlauf erheblich abweichende Einkommensänderungen	234
3. Aufnahme oder Ausweitung einer zumutbaren Erwerbstätigkeit durch den Berechtigten nach der Trennung	251
4. Nichtprägende Einkünfte aus unzumutbarer Erwerbstätigkeit	258
5. Prägende und nichtprägende Einkünfte aus Vermögen	261
6. Unterschiedliche Beurteilung des prägenden Charakters fiktiver Einkünfte beim Berechtigten und Verpflichteten nach der Trennung	272
7. Einkommensänderungen nach der Trennung durch freiwillige Disposition (z. B. Arbeitsplatzwechsel, Berufswechsel oder berufliche Verselbständigung)	280
8. Einkommensänderungen beim Arbeitsplatzverlust und Arbeitslosigkeit	284
9. Prägende und nichtprägende Änderungen im Ausgabenbereich	292

III. Einkommensänderungen nach der Scheidung
1. Scheidung als Endpunkt für die Weiterentwicklung prägender ehelicher Lebensverhältnisse und Voraussetzung für die Berücksichtigung späterer Änderungen der Einkommensverhältnisse 299
2. Einkommensänderungen bei Fortsetzung einer bei Scheidung ausgeübten Erwerbstätigkeit nach der Scheidung 314
3. Erstmalige Aufnahme oder Ausweitung einer Erwerbstätigkeit nach der Scheidung 325
4. Einkommensänderungen bei Arbeitsplatzverlust, Arbeitslosigkeit, Arbeitsplatzwechsel, Berufswechsel und beruflicher Verselbständigung nach Scheidung 331
5. Einkünfte aus Vermögen 337
6. Einkommensänderungen infolge erstmaligem Rentenbezug nach der Scheidung 338
7. Änderungen im Ausgabenbereich nach der Scheidung, vor allem durch Wegfall von Unterhaltslasten und Kreditverbindlichkeiten 351

IV. Halbteilungsgrundsatz, konkrete Bedarfsbemessung und Berechnungsmethoden
1. Halbteilungsgrundsatz 359
2. Keine Sättigungsgrenze bei der Bedarfsbemessung 363
3. Konkrete Bedarfsbemessung 366
4. Bedarfsbemessung nach Ehegattenquoten 372
5. Überblick zu den Quoten bei Einkünften aus Erwerbstätigkeit und sonstigen Einkünften und zur Höhe des Erwerbstätigenbonus 380
6. Unterhaltsberechnung nach der Additionsmethode 386
7. Unterhaltsberechnung nach Differenz- und Anrechnungsmethode .. 390
8. Methodenwahl 399
9. Auswirkungen des Vorabzugs von Schulden und Kindesunterhalt auf den Erwerbstätigenbonus bei Mischeinkünften 404
10. Bedarfsmessung bei konkurrierendem Gattenunterhalt 412
11. Quotenunterhalt, voller Unterhalt und trennungsbedingter Mehrbedarf 416
12. Quotenunterhalt und Mindestbedarf 434

V. Unterhaltsrechtliche Berücksichtigung eines regelmäßigen Mehrbedarfs
1. Mehrbedarfsfälle und konkrete Bemessung des Mehrbedarfs 437
2. Unterhaltsberechnung bei Mehrbedarf 443

Inhalt

4. Abschnitt: Vorsorgeunterhalt

Rn

I. Vorsorgeunterhalt wegen Alters, Berufs- und Erwerbsunfähigkeit
1. Voraussetzungen, Beginn und Dauer des Vorsorgeunterhalts beim Trennungs- und nachehelichen Unterhalt sowie Verfassungsmäßigkeit . 453
2. Geltendmachung und Tenorierung des Vorsorgeunterhalts 458
3. Zweckbestimmung und nicht zweckbestimmte Verwendung des Vorsorgeunterhalts 463
4. Berechnung des Vorsorgeunterhalts aus dem Elementarunterhalt nach der Bremer Tabelle 467
5. Zweistufige Berechnung des Elementarunterhalts und Vorrang des Elementarunterhalts gegenüber dem Vorsorgeunterhalt 477
6. Vorsorgeunterhalt bei späteren Abänderungen 489
7. Rechenbeispiele des BGH zum Vorsorgeunterhalt (nach BGH, FamRZ 83/888 = NJW 83/2937) 492
8. Bremer Tabelle zur Berechnung des Altersvorsorgeunterhalts 493
9. Sonstige Vorsorgeunterhaltsberechnungen 495

II. Vorsorgeunterhalt wegen Krankheit
1. Voraussetzungen des Krankheitsvorsorgeunterhalts und Krankenversicherungsschutz bei Trennung oder Scheidung 498
2. Berechnung des Krankheitsvorsorgeunterhalts 504
3. Vorabzug der Krankenversicherungsbeiträge und des Krankheitsvorsorgeunterhalts vom Einkommen sowie mehrstufige Berechnung des Elementarunterhalts 509
4. Geltendmachung des Krankheitsvorsorgeunterhalts 522

III. Pflegevorsorgeunterhalt . . . . 525 a

5. Abschnitt: Bedürftigkeit des Berechtigten

I. Unterhaltsbedürftigkeit
1. Bedürftigkeit als Unterhaltsvoraussetzung 526
2. Bedürftigkeitsmindernde Anrechnung der Einkünfte des Berechtigten . 531
3. Anrechnung auf den vollen Unterhalt unter Berücksichtigung von trennungsbedingtem Mehrbedarf 535
4. Nach § 1577 I BGB in vollem Umfang anzurechnende Einkünfte des Berechtigten 540
5. Abänderungsklage bei späteren Änderungen der Bedürftigkeit 541

II. Anrechnung von Einkünften aus unzumutbarer Erwerbstätigkeit des Berechtigten nach § 1577 II BGB
1. Zur Auslegung und zum Anwendungsbereich des § 1577 II BGB 542
2. Ermittlung des anrechnungsfreien Betrags nach § 1577 II 1 BGB (anrechnungsfreies Defizit) 546
3. Billigkeitsanrechnung nach § 1577 II 2 BGB 550
4. Rechenbeispiele zu § 1577 II BGB 554
5. Anrechnung unzumutbarer Erwerbseinkünfte nach altem Recht 556

III. Vermögensverwertung nach § 1577 III BGB und nachhaltige Unterhaltssicherung durch Vermögen nach § 1577 IV BGB
1. Vermögensverwertung nach § 1577 III BGB 557
2. Nachhaltige Unterhaltssicherung durch Vermögen nach § 1577 IV BGB 562

6. Abschnitt: Zur Leistungsfähigkeit des Verpflichteten

	Rn
I. Leistungsunfähigkeit als Einwendung	564
II. Eigener eheangemessener Bedarf	567
III. Bedarfsquote und Billigkeitsquote, konkreter Bedarf	573
IV. Schuldhaft herbeigeführte Leistungsunfähigkeit, Folgen des Mangelfalls	576

7. Abschnitt: Zeitliche Unterhaltsbegrenzung und Unterhaltsherabsetzung nach den §§ 1573 V, 1578 I 2 BGB

I. Zeitliche Unterhaltsbegrenzung nach § 1573 V BGB
 1. Voraussetzungen und Anwendungsbereich einer zeitlichen Begrenzung nach § 1573 V BGB 578
 2. Rechtsfolgen nach § 1573 V BGB 580
 3. Darlegungs- und Beweislast sowie verfahrensrechtliche Probleme 582

II. Zeitliche Begrenzung und Herabsetzung des eheangemessenen Unterhalts auf den angemessenen Lebensbedarf nach § 1578 I 2 BGB
 1. Voraussetzungen und Anwendungsbereich nach § 1578 I 2 BGB 583
 2. Rechtsfolgen des § 1578 I BGB 586
 3. Kombination der zeitlichen Herabsetzung nach § 1578 I 2 BGB und der zeitlichen Begrenzung nach § 1573 V BGB 589
 4. Darlegungs- und Beweislast sowie verfahrensrechtliche Probleme 590

III. Kriterien zu der nach §§ 1573 V BGB und 1578 I 2 BGB erforderlichen Billigkeitsabwägung
 1. Billigkeitsabwägung zur zeitlichen Herabsetzung und Begrenzung des Unterhalts 591
 2. Dauer der Ehe 592
 3. Gestaltung der Haushaltsführung und Erwerbstätigkeit 593
 4. Betreuung gemeinsamer Kinder 594
 5. Sonstige Umstände 595

IV. Gemeinsame Verfahrensrechtliche Fragen bei Anwendung der §§ 1573 V und 1578 I 2 BGB
 1. Geltendmachung im Erstverfahren .... 595 a
 2. Geltendmachung in einem späteren Abänderungsverfahren .... 595 b

V. Berechnungsbeispiele .... 595 c

8. Abschnitt: Die Härteklausel des § 1579 BGB

I. Normzweck, gesetzliche Regelung und Anwendungsbereich des § 1579 BGB
 1. Normzweck und entstehungsgeschichtliche Entwicklung 596
 2. Voraussetzungen für die Anwendung der Härteklausel 600
 3. Rechtsfolgen der Härteklausel 602
 4. Anwendungsbereich des § 1579 BGB 605
 5. Darlegungs- und Beweislast 609

Inhalt

		Rn
II.	Grobe Unbilligkeit und Zumutbarkeitsabwägung nach § 1579 BGB	
	1. Grobe Unbilligkeit als eigene Anspruchsvoraussetzung bei jedem Härtegrund	614
	2. Umstände, die bei der Interessenabwägung zur Beurteilung einer groben Unbilligkeit zu berücksichtigen sind	617
	3. Vorrangige Berücksichtigung des Kindeswohls bei Betreuung eines gemeinschaftlichen Kindes durch den Berechtigten	625
III.	Ehe von kurzer Dauer (§ 1579 Nr. 1 BGB)	
	1. Härtegrund der kurzen Ehedauer (Nr. 1)	637
	2. Kurze Ehedauer bis zu 2 Jahren	643
	3. Nicht mehr kurze Ehedauer ab ca. 3. Jahren	645
	4. Ehedauer zwischen 2 und 3 Jahren und sonstige Sonderfälle	647
	5. OLG-Entscheidungen mit Billigkeitsabwägungen	652
IV.	Härtegrund eines Verbrechens oder schweren vorsätzlichen Vergehens gegen den Verpflichteten oder einen nahen Angehörigen (§ 1579 Nr. 2 BGB)	
	1. Härtegrund der Nr. 2	657
	2. Beleidigungen, Verleumdungen und falsche Anschuldigungen	664
	3. Betrug und versuchter Prozeßbetrug	665
V.	Mutwillige Herbeiführung der Bedürftigkeit (§ 1579 Nr. 3 BGB)	
	1. Der Härtegrund der Nr. 3	666
	2. Mutwillige Bedürftigkeit infolge Alkohol- oder Drogenabhängigkeit	673
	3. Mutwillige Bedürftigkeit wegen Aufgabe einer Erwerbstätigkeit oder wegen unterlassener Maßnahmen zur Herstellung der Erwerbsfähigkeit	678
	4. Mutwillige Bedürftigkeit wegen Verschwendung oder unwirtschaftliche Vermögensanlage	684
	5. Mutwillige Bedürftigkeit wegen bestimmungswidriger Verwendung des Vorsorgeunterhalts	689
	6. Sonstige Fälle, in denen der BGH eine Mutwilligkeit verneint hat	690
VI.	Mutwillige Verletzung von Vermögensinteressen des Verpflichteten (§ 1579 Nr. 4 BGB)	
	1. Zum Härtegrund der Nr. 4	693
	2. Fälle zu Nr. 4	698
VII.	Gröbliche Verletzung der Pflicht, zum Familienunterhalt beizutragen (§ 1579 Nr. 5 BGB)	
	1. Zum Härtegrund der Nr. 5	702
	2. Fälle einer Pflichtverletzung zu Nr. 5	709
VIII.	Offensichtlich schwerwiegendes, eindeutig beim Berechtigten liegendes Fehlverhalten (§ 1579 Nr. 6 BGB)	
	1. Zum Härtegrund der Nr. 6 BGB	710
	2. Verstöße gegen die eheliche Treuepflicht als offensichtlich schwerwiegendes Fehlverhalten	719
	3. Sonstige Fälle eines schwerwiegenden Fehlverhaltens	724
	4. Fälle, in denen der BGH ein schwerwiegendes Fehlverhalten verneint hat	730
	5. Eindeutig beim Berechtigten liegendes Fehlverhalten	735
IX.	Anderer schwerwiegender Grund nach § 1579 Nr. 7 BGB	
	1. Zum Härtegrund der Nr. 7	742
	2. Härtegrund der Nr. 7, wenn nach der Scheidung ein ehewidriges Verhältnis gemäß Nr. 6 fortgeführt wird	748

	Rn
3. Härtegrund der Nr. 7 bei Zusammenleben mit einem neuen Partner nach der Scheidung, ohne daß vorher die Nr. 6 verwirklicht wurde . . .	751
4. Der Härtegrund der Nr. 7 in sonstigen Fällen	758
5. Kein Härtegrund nach Nr. 7	762

X. Wiederaufleben eines nach § 1579 BGB ausgeschlossenen Anspruchs und endgültiger Ausschluß nach § 1579 BGB
1. Wiederaufleben eines nach Nr. 7 ausgeschlossenen Anspruchs 764
2. Wiederaufleben eines Anspruchs aus Gründen des vorrangigen Kindeswohls 766
3. Wiederaufleben oder endgültiger Unterhaltsausschluß in sonstigen Fällen 768

§ 5 Rangverhältnisse und Mangelfälle

I. Selbstbehalt und Mangelfall
1. Relativität von Eigenbedarf, Selbstbehalt und Mangelfall 1
2. Voraussetzungen eines Mangelfalls nach §§ 1581, 1603 BGB 11
3. Die Bedarfspositionen 14
4. Die Deckungsmasse 19
5. Beachtlichkeit selbstverschuldeter Leistungsunfähigkeit 25
6. Unterschiedliche Mangelfälle nach § 1581 BGB und Beispiele dazu 28
7. Abänderungsklage bei späteren Änderungen der Leistungsfähigkeit . . . 31

II. Rangverhältnisse und Mangelfall
1. Aktualisierung von Rangverhältnissen im Mangelfall 35
2. Die gesetzliche Rangfolge bei mehreren Berechtigten 39
3. Zum Rangverhältnis unter mehreren berechtigten Kindern 40
4. Rangverhältnisse nach § 1582 BGB zwischen mehreren unterhaltsberechtigten Ehegatten 44
5. Rangverhältnis zwischen Ehegatten und Kindern 50
6. Ausscheiden nachrangig Berechtigter in Mangelfällen 54
7. Rechenbeispiele zum Ausscheiden bzw. zur Berechnung des Unterhalts nachrangig Berechtigter 58
8. Rangverhältnis zwischen dem Verpflichteten und leistungsfähigen Verwandten des berechtigten Ehegatten 61
9. Rechenbeispiele bei vorrangiger Unterhaltsverpflichtung von Verwandten des berechtigten Ehegatten im Mangelfall 71

III. Eingeschränkter Selbstbehalt und Billigkeitsunterhalt nach § 1581 BGB
1. Überblick über die Rechtsfolgen eines eingeschränkten Mangelfalls nach § 1581 BGB 73
2. Kindergeld und Zählkindvorteil im Mangelfall, Bedarfskontrollbetrag 83
3. Zurechnung fiktiver Einkünfte wegen gesteigerter Erwerbsobliegenheit und erhöhte Zurechnung von Einkünften aus unzumutbarer Erwerbstätigkeit 94
4. Zurechnung unentgeltlicher freiwilliger Zuwendungen Dritter 100
5. Verschärfte Anforderungen an Abzugsposten vom Bruttoeinkommen bei Berechnung des Nettoeinkommens 103
6. Erhöhung der Deckungsmasse durch eine zumutbare Vermögensverwertung 108
7. Berücksichtigung von Verbindlichkeiten des Verpflichteten 112

Inhalt

		Rn
8.	Bedarfsbemessung bei konkurrierenden prägenden und nichtprägenden Unterhaltsverpflichtungen sowie Nichtberücksichtigung nachrangiger Unterhaltsverpflichtungen im Mangelfall	123
9.	Trennungsbedingter Mehrbedarf im Mangelfall	142
10.	Individuelle oder schematische Kürzung eines verbleibenden Fehlbedarfs nach § 1581 BGB	156
11.	Proportionale Kürzung	159
12.	Begrenzung auf die Billigkeitsquote	165
13.	Beispiele für proportionale Kürzung und Begrenzung auf die Billigkeitsquote nach § 1581 BGB	167

IV. Verstärkter Selbstbehalt des Verpflichteten und verschärfter Mangelfall
1. Allgemeines zum angemessenen und notwendigen Selbstbehalt des Verpflichteten ... 180
2. Der verschärfte Mangelfall ... 192
3. Sozialhilfebedürftigkeit des Verpflichteten als absolute Grenze und Prozeßkostenhilfe ... 196
4. Selbstbehalt und Wohnkosten ... 202
5. Überblick zu den unterschiedlichen Richtsätzen der Oberlandesgerichte zum angemessenen und notwendigen Selbstbehalt des Verpflichteten ... 206

V. Verschärfte Mangelfallrechnungen, Einsatzbeträge für die Berechtigten
1. Vorabzug des Selbstbehalts und proportionale Kürzung der Einsatzbeträge der Berechtigten. Unterschiedliche Lösungswege ... 224
2. Überblick zur Unterhaltsberechnung im verschärften Mangelfall nach den Leitlinien der Oberlandesgerichte ... 232
3. Rechenbeispiele zum verschärften Mangelfall ... 245
4. Mangelfall bei Barunterhaltspflicht beider Elternteile ... 263

§ 6 Sonderfragen

1. Abschnitt: Selbständige Bestandteile des Unterhaltsanspruchs

I. Sonderbedarf
1. Anspruchsvoraussetzungen ... 1
2. Beteiligung des Unterhaltsgläubigers an der Finanzierung des Sonderbedarfs ... 10
3. Einzelfälle ... 14

II. Prozeßkostenvorschuß
1. Anspruchsberechtigte ... 20
2. Anspruchsvoraussetzungen ... 25
3. Inhalt des Anspruchs ... 31
4. Prozessuales, Rückforderung des Prozeßkostenvorschusses ... 33

2. Abschnitt: Unterhalt für die Vergangenheit

I. Anspruchsvoraussetzungen
1. Gesetzliche Grundlagen ... 100
2. Rechtshängigkeit ... 104
3. Auskunft ... 104a
4. Sonderbedarf ... 105
5. Rückwirkender Unterhalt nach § 1613 II Nr. 2 BGB ... 105a

	Rn
6. Übergeleitete und übergangene Unterhaltsansprüche	106
7. Absichtlicher Leistungsentzug beim nachehelichen Unterhalt	110

II. Verzug
  1. Verzug nach § 284 I BGB 115
  2. Verzug nach § 284 II BGB 129
  3. Endgültige Leistungsverweigerung 130
  4. Verschulden des Pflichtigen 131
  5. Verzugszinsen 132
  6. Beseitigung der Verzugsfolgen und Verwirkungen 133

III. Verjährung 138

3. Abschnitt: Rückforderung von zu Unrecht gezahltem Unterhalt

I. Grundsätze
  1. Ausgangslage 200
  2. Anspruchsgrundlagen 203

II. Rückforderungsansprüche aus ungerechtfertigter Bereicherung
  1. Anspruchsgrundlage 204
  2. Entreicherung 207
  3. Verschärfte Haftung 212
  4. Möglichkeiten des Pflichtigen gegen den Entreicherungseinwand 219
  5. Mehrleistung mit Erstattungsabsicht 224

III. Ansprüche aus dem Vollstreckungsrecht
  1. Ansprüche bei vorläufig vollstreckbaren Urteilen 226
  2. Ansprüche bei Notunterhalt 228
  3. Keine Ansprüche bei einstweiligen Anordnungen 229

IV. Ansprüche aus unerlaubter Handlung
  1. Anspruch bei Betrug 230
  2. Vorsätzliche sittenwidrige Ausnützung eines unrichtig gewordenen Vollstreckungstitels 231

V. Sonderfälle
  1. Rückforderung bei Rentennachzahlung 235
  2. Rückforderung von Prozeßkostenvorschuß 238

4. Abschnitt: Aufrechnung mit Gegenforderungen

I. Das Problem 300

II. Aufrechnungen nach § 394 BGB, § 850 b II ZPO 302

III. Der Arglisteinwand 307

IV. Die Aufrechnungserklärung 309

V. Die Aufrechnungsvereinbarung 310

VI. Die Aufrechnung mit Rückforderungsansprüchen aus Unterhaltsüberzahlungen 311

VII. Zusammenfassung 312

Inhalt

Rn

5. Abschnitt: Unterhalt bei Gütergemeinschaft

I. Überblick 400

II. Ehegattenunterhalt
   1. Trennungsunterhalt 402
   2. Familienunterhalt 412
   3. Nachehelicher Unterhalt 413

III. Kindesunterhalt 419
   1. Kindesunterhalt in der Trennungszeit 420
   2. Kindesunterhalt ab Rechtskraft der Scheidung 421

IV. Keine fiktiven Einkünfte 422

V. Eilmaßnahmen 423

6. Abschnitt: Unterhalt und Sozialleistungen

I. Auswirkungen der Sozialhilfe auf den Unterhaltsanspruch
   1. Sozialhilfe als anrechnungsfähiges Einkommen 500
   2. Verwirklichung des Nachrangs der Sozialhilfe 507

II. Geltendmachung des Unterhaltsanspruchs durch den Sozialhilfeträger ... 509

III. Ausschluß des Anspruchsübergangs
   1. Laufende Zahlung des Unterhalts 516
   2. Unterhaltsansprüche in der Bedarfsgemeinschaft 517
   3. Unterhaltsansprüche bestimmter Verwandter 520
   4. Unterhaltsansprüche bei Arbeitsförderungsmaßnahmen ... 522

IV. Öffentlich-rechtliche Vergleichsberechnung
   1. Grundsatz der Meistbegünstigung 523
   2. Einsatz des Einkommens und des Vermögens im Rahmen der öffentlich-rechtlichen Vergleichsberechnung ... 527
   3. Bemessung des sozialhilferechtlichen Bedarfs 539

V. Schuldnerschutz aus Billigkeitsgründen 546

VI. Materiell-rechtliche und prozessuale Konsequenzen des § 91 BSHG
   1. Umfang des Anspruchsübergangs 549
   2. Geltendmachung des Unterhaltsanspruchs im Prozeß .. 551
   3. Rechtslage bei Ausschluß des Anspruchsübergangs ... 565

VII. Sozialhilfe und Unterhaltsvorschuß 574

VIII. Rechenbeispiele zu Sozialhilfe und Unterhaltsvorschuß
   1. Die Sozialhilfe übersteigt den Unterhaltsanspruch. Anspruchsübergang bei mehreren Berechtigten. Aufteilung der Wohnkosten. Unterhaltsvorschuß wird noch nicht gewährt 580
   2. Die Sozialhilfe übersteigt den Unterhaltsanspruch. Anspruchsübergang bei mehreren Beteiligten. Aufteilung der Wohnkosten. Unterhaltsvorschuß wird gewährt 581
   3. Gesamte Sozialhilfe für mehrere Berechtigte unterschreitet die Summe der Unterhaltsansprüche 582

		Rn
	4. Fiktives Einkommen beim Unterhaltsschuldner	583
	5. Sozialhilfe für 2 Kinder, Leistungsfähigkeit bei geringem Einkommen und verhältnismäßig hoher Mietbelastung	584
IX.	Ausbildungsförderung nach dem BAföG	
	1. Voraussetzungen und Dauer der Förderung	585
	2. Das Verhältnis von Ausbildungsförderung und Unterhalt	587
X.	Arbeitslosenhilfe	593

7. Abschnitt: Vereinbarungen zum Ehegattenunterhalt

I.	Allgemeines	600
II.	Vereinbarungen zum Familienunterhalt	603
III.	Vereinbarungen zum Getrenntlebensunterhalt	604
IV.	Vereinbarungen zum Nachscheidungsunterhalt	
	1. Vorsorgende Vereinbarungen	605
	2. Vereinbarungen anläßlich oder nach der Scheidung	606
V.	Vereinbarung eines Unterhaltsverzichts	607
VI.	Vereinbarung einer Wertsicherungsklausel	610
VII.	Vereinbarung einer Kapitalabfindung	614

8. Abschnitt: Neue Bundesländer

I.	Kindesunterhalt	
	1. Anzuwendendes Recht	620
	2. Abweichende Regelsätze der Tabellen und Leitlinien	624
	3. Ost-West-Fälle	636
	4. Überleitungsfragen, Währungsumstellung, Abänderungsklagen	639
II.	Ehegattenunterhalt	
	1. Anwendbares Unterhaltsrecht	650
	2. Die unterhaltsrechtlichen Vorschriften des Familiengesetzbuches der DDR zum nachehelichen Unterhalt	654
	3. Abänderung von Entscheidungen der DDR-Gerichte sowie von nach DDR-Recht getroffenen Vereinbarungen über den nachehelichen Unterhalt	657

9. Abschnitt: Darlegungs- und Beweislast sowie tatrichterliche Ermittlung und Schätzung nach § 287 ZPO

I.	Zur Darlegungs- und Beweislast	
	1. Allgemeiner Überblick	700
	2. Zur Darlegungs- und Beweislast des Unterhaltsberechtigten	703
	3. Zur Darlegungs- und Beweislast des Verpflichteten	710
	4. Zur Regel-Ausnahmesituation	713
	5. Negativtatsachen und substantiiertes Bestreiten von Tatsachen aus dem eigenen Wahrnehmungsbereich	721

Inhalt

	Rn
6. Darlegungs- und Beweislast bei Abänderungsklagen	726
7. Zur Umkehr der Beweislast	727
II. Zur tatrichterlichen Ermittlung und Schätzung nach § 287 ZPO	
1. Zur Anwendung des § 287 ZPO im Unterhaltsverfahren	728
2. Zur Schätzung nach § 287 ZPO	733
3. Zu den Schätzungsvoraussetzungen	736

10. Abschnitt: Ansprüche der Mutter oder des Vaters eines nichtehelichen Kindes gegen den anderen Elternteil und damit zusammenhängende Ansprüche

I. Allgemeines	750
II. Die einzelnen Ansprüche	
1. Der Anspruch auf Erstattung von Entbindungskosten	755
2. Die Ansprüche auf Unterhaltsleistung	759
3. Der Anspruch auf Übernahme von Beerdigungskosten	765
4. Ansprüche bei Totgeburt des Kindes oder Fehlgeburt	766
III. Rangfragen	768
IV. Geltendmachung rückständiger Beträge und Verjährung	
1. Geltendmachung rückständiger Beträge	771
2. Verjährung	773
V. Geltendmachung mittels einstweiliger Verfügung	774

§ 7 Auslandsberührung

1. Abschnitt: Materielles Recht

I. Rechtsquellen	1
II. Definition der Unterhaltspflicht	5
III. Anknüpfung	
1. Gewöhnlicher Aufenthalt	9
2. Gemeinsame Staatsangehörigkeit	11
3. „Kein Unterhalt zu erlangen"	13
4. Anwendung deutschen Rechts	16
5. Folgen einer Scheidung	17
IV. Bemessung des Unterhalts	
1. Bedarfsermittlung	22
2. Bedarfskorrektur mit Hilfe der Verbrauchergeldparität	23
V. Währung	35
VI. Ausgewählte Länder	
Belgien	
1. Kinderunterhalt	36

	Rn
2. Ehegattenunterhalt	37
3. Familienunterhalt	40

Dänemark
1. Kinderunterhalt	41
2. Ehegattenunterhalt	44

Frankreich
1. Kinderunterhalt	49
2. Ehegattenunterhalt	50
3. Familienunterhalt	56

Italien
1. Kinderunterhalt	57
2. Ehegattenunterhalt	58

Niederlande
1. Kinderunterhalt	65
2. Ehegattenunterhalt	68

Norwegen
1. Kinderunterhalt	73
2. Ehegattenunterhalt	76

Österreich
1. Kinderunterhalt	80
2. Ehegattenunterhalt	82

Polen
1. Kinderunterhalt	92
2. Ehegattenunterhalt	97

Portugal
1. Kinderunterhalt	104
2. Ehegattenunterhalt	113
3. Unterhaltsanspruch der Kindesmutter	121

Rumänien
1. Kinderunterhalt	122
2. Ehegattenunterhalt	129

Schweden
1. Kinderunterhalt	134
2. Ehegattenunterhalt	140

Schweiz
1. Kinderunterhalt	145
2. Ehegattenunterhalt	151

Spanien
1. Kinderunterhalt	167
2. Ehegattenunterhalt	173

Tschechien
1. Kinderunterhalt	179
2. Ehegattenunterhalt	184

Inhalt

Inhaltsverzeichnis § 8

Rn

Türkei
1. Kinderunterhalt 191
2. Ehegattenunterhalt 195

Ungarn
1. Kinderunterhalt 210
2. Ehegattenunterhalt 216

Vereinigte Staaten von Nordamerika (USA)
1. Kinderunterhalt 220
2. Ehegattenunterhalt 223

2. Abschnitt: Verfahrensrecht einschließlich Vollstreckung

I. Rechtsquellen 225

II. Klagearten
1. Leistungsklage 228
2. Vollstreckungsklage (§§ 722, 723, 328 ZPO) 237
3. Abänderungsklage 248
4. Einstweiliger Rechtsschutz 258

III. Vollstreckung/Rechtshilfe 259

IV. Beitrittgebiet (ehemalige DDR) 268

§ 8 Verfahrensrecht

1. Abschnitt: Verfahrensgegenstand, Zuständigkeit und Gericht

I. Überblick 1

II. Verfahrensgegenstand
1. Familiensachen der gesetzlichen Unterhaltspflicht 2
2. Die Nichtfamiliensachen 4

III. Bestimmung des zuständigen Gerichts (Kompetenzkonflikt) 6

IV. Das Familiengericht
1. Die sachliche Zuständigkeit 9
2. Die örtliche Zuständigkeit 11
3. Abgabe und Verweisung 12
4. Der Familienrichter 16

2. Abschnitt: Der Unterhaltsprozeß vor dem Familiengericht

I. Die Klageschrift
1. Parteien, gesetzliche und anwaltliche Vertretung 17
2. Der Klagantrag 21
3. Die Klagebegründung 24
4. Subjektive und objektive Klagenhäufung 26
5. „Bedingte Klage" 28

	Rn
II. Prozeßkostenhilfe und Prozeßkostenvorschuß in Unterhaltssachen	
1. Persönlicher Geltungsbereich	30
2. Sachlicher Geltungsbereich	33
3. Die Bedürftigkeit	35
4. Hinreichende Erfolgsaussicht	40
5. Zur Mutwilligkeit	44
6. Prozeßkostenhilfe im Rechtsmittelverfahren	45
7. Der Prozeßkostenhilfeantrag und der amtliche Vordruck	47
8. Die Bewilligung von Prozeßkostenhilfe	50
9. Die Änderung der Prozeßkostenhilfeentscheidung	55
10. Prozeßkostenvorschuß in Unterhaltssachen	63
III. Die mündliche Verhandlung in Unterhaltssachen	
1. Die früheren Feriensachen	67
2. Ladungs- und Einlassungsfrist	68
3. Beweisaufnahme (§§ 284 ff. ZPO)	70
4. Vorzeitige Verfahrensbeendigung	76
5. Verfahrensbeendigung durch Urteil	94
IV. Der Unterhalt im Scheidungsverbund	
1. Die Folgesuche	116
2. Zuständigkeit und Parteien im Verbund	118
3. Der Anwaltszwang im Verbund	123
4. Rücknahme, Abweisung des Scheidungsantrags und Tod einer Partei	124
5. Die Auflösung des Verbundes	129

3. Abschnitt: Schaffung und Abänderung von Unterhaltstiteln

I. Gewöhnliche Leistungsklage	
1. Allgemeines	133
2. Verhältnis zu anderen Titeln	134
3. Rechtsschutzbedürfnis/Titulierungsinteresse	135
II. Zusatzklage, Nachforderungsklage, Teilklage	136
III. Abänderungsklage (§ 323 ZPO)	
1. Allgemeines	138
2. Rechtsnatur	139
3. Streitgegenstand	140
4. Anwendungsbereich	141
5. Die Abgrenzung zwischen Abänderungs- und Vollstreckungsabwehrklage (§ 767 ZPO) bzw. zur Vollstreckungserinnerung (§ 766 ZPO)	145
6. Abgrenzung von Abänderungsklage und negativer Feststellungsklage	150
7. Die Abgrenzung zwischen Abänderungs- und Zusatz- bzw. Nachforderungsklage	151
8. Abgrenzung zwischen Abänderungsklage und Rechtsmittel	153
9. Zulässigkeit der Abänderungsklage	154
10. Begründetheit der Abänderungsklage	158
11. Beweislast im Abänderungsverfahren	166
12. Die Abänderungsentscheidung	167
13. Die Schuldtitel des § 323 IV ZPO	168
14. Grundlagen und Ausmaß der Abänderung von Vergleichen und anderen Titeln	169
15. Abänderungsklage und vereinfachtes Verfahren nach § 655 ZPO	175

Inhalt

	Rn
IV. Vollstreckungsabwehrklage (§ 767 ZPO)	177
1. Gegenstand	177
2. Zuständigkeit gemäß § 767 I ZPO	178
3. Anwendbarkeit auf andere Titel als Urteile	179
4. Einwendungen	181
5. Rechtskraft/Rechtsschutzbedürfnis	183
6. Verzicht auf Klage	184
7. Verbindung der Vollstreckungsabwehrklage mit einer Abänderungsklage	185
8. Abwehrklage und negative Feststellungsklage bzw. Leistungsklage	186
9. Abwehrklage und Berufung	187
10. Abwehrklage und vorausgegangenes Versäumnisurteil	188
11. Vollstreckbarkeit	189
V. Feststellungsklage (§ 256 ZPO)	
1. Allgemeines	190
2. Feststellungsinteresse	191
3. Abgrenzung zu anderen Verfahren	193
4. Prüfungs- und Entscheidungsumfang	194
5. Darlegungs- und Beweislast	195
6. Rechtskraft	196
7. Einstweilige Einstellung der Zwangsvollstreckung	197
8. Streitwert	198
VI. Bereicherungsklage, Schadensersatzklage	199
VII. Drittschuldnerklage	202
VIII. Isolierte Auskunftsklage	203
IX. Stufenklage	213
X. Anpassungsklage bei außergerichtlicher Unterhaltsvereinbarung	221
XI. Mahnverfahren (§§ 688 ff. ZPO)	222
XII. Wiederaufnahmeverfahren (§§ 578 ff. ZPO)	223
XIII. Die Widerklage	
1. Allgemeines	224
2. Erhebung der Widerklage	224 b
3. Die allgemeinen Prozeßvoraussetzungen	224 c
4. Der Zusammenhang des § 33 I ZPO	224 d
5. Der Zusammenhang von Klage und Widerklage	224 e
6. Die Parteien der Widerklage	224 f
7. Identität der Prozeßart von Klage und Widerklage	224 g
8. Sonderformen der Widerklage, Hilfswiderklage	224 h
9. Feststellungswiderklage	224 i
10. Wider-Widerklage	224 j
11. Gerichtsstandsvereinbarungen	224 k

Inhalt

4. Abschnitt: Vorläufige Regelung und Sicherung von Unterhaltsansprüchen

Rn

I. Die einstweilige Anordnung in Unterhaltsverfahren
 1. Gegenstand 225
 2. Voraussetzungen 226
 3. Zuständigkeit 227
 4. Antrag 228
 5. Regelungsbedürfnis 229
 6. Wirkung 230
 7. Anfechtbarkeit 231
 8. Einstweilige Anordnungen gem. § 641 d ZPO 247
 9. Die einstweilige Anordnung des § 644 ZPO 248

II. Die einstweilige Verfügung
 1. Allgemeines 250
 2. Zuständigkeit 251
 3. Voraussetzungen 252

III. Arrest (§§ 916 ff. ZPO) 262

5. Abschnitt: Rechtsmittel in Unterhaltssachen

I. Berufung
 1. Allgemeines 269
 2. Zuständigkeit und Eingang 270
 3. Anwaltszwang 272
 4. Frist 273
 5. Äußere Form der Berufungsschrift 274
 6. Genaue Bezeichnung des Urteils 275
 7. Berufungssumme/Beschwer 276
 8. Berufungsbegründung 277
 9. Berufungserweiterung, Klageerweiterung 287
 10. Klageänderung/Parteiänderung 289
 11. Verbund in zweiter Instanz 290
 12. Prüfungsumfang 291
 13. Das Berufungsurteil 292
 14. Rücknahme/Verzicht 295
 15. Prozeßkostenhilfe in 2. Instanz 300
 16. Wiedereinsetzung in den vorigen Stand 301
 17. Neuere BGH-Rechtsprechung zur Wiedereinsetzung 304

II. Anschlußberufung (§§ 521 ff. ZPO) 305

III. Die Revision 312

6. Abschnitt: Das vereinfachte Verfahren über den Unterhalt Minderjähriger (§§ 645–660 ZPO)

 1. Allgemeines 321
 2. Zulässigkeit des vereinfachten Verfahrens 322
 3. Anpassung von Unterhaltsrenten 324
 4. Erstmalige Unterhaltsfestsetzung i. S. d. § 645 II ZPO 326
 5. Formalien, Kosten, Streitwert und PKH 327
 6. Zurückweisung des Antrags 331

Inhalt

	Rn
7. Verbindung mehrerer Verfahren	332
8. Mitteilung an Antragsgegner	333
9. Einwendungen des Antragsgegners	334
10. Folgen der Einwendungen	338
11. Der Festsetzungsbeschluß gem. § 649 ZPO	339
12. Rechtsmittel	341
13. Der Teilbeschluß gem. § 650 S. 2 ZPO	344
14. Das streitige Verfahren des § 651 ZPO	345
15. Regelbetragsunterhalt bei Vaterschaftsfeststellung	347
16. Die Abänderungsklage des § 654 ZPO	350
17. Die Kindergeldänderung gem. § 655 ZPO	354
18. Die Änderungskorrekturklage des § 656 ZPO	356
19. Übergangsregelungen	358

Abkürzungsverzeichnis

AVAG	Anerkennungs- und Vollstreckungsausführungsgesetz vom 30. 5. 1988 (BGBl. I 662)
AUG	Auslandsunterhaltsgesetz vom 19. 12. 1986 (BGBl. I 2563)
BayL	Bayerische Leitlinien (für die Oberlandesgerichte Bamberg und München sowie den 10. und 11. Familiensenat des OLG Nürnberg)
BL	Unterhaltsrechtliche Leitlinien der Familiensenate des Kammergerichts Berlin
BraL	Unterhaltsleitlinien des OLG Brandenburg
BrL	Leitlinien zum Unterhaltsrecht der Familiensenate des Hanseatischen OLG in Bremen
BrT	Die Düsseldorfer Tabelle nach Bremer Praxis
BT	Berliner Tabelle – als Vortabelle zur Düsseldorfer Tabelle –
CL	Unterhaltsrechtliche Leitlinien des OLG Celle
DrL	Unterhaltsleitlinien des OLG Dresden
DL	Leitlinien zum Unterhalt, herausgegeben von den Senaten für Familiensachen des OLG Düsseldorf
DT	Düsseldorfer Tabelle
EuGVÜ	Europäisches Übereinkommen über die gerichtliche Zuständigkeit und Vollstreckung gerichtlicher Entscheidungen in Zivil- und Handelssachen
FGB	Familiengesetzbuch der ehemaligen DDR
FL	Unterhaltsgrundsätze des OLG Frankfurt am Main
FT	Die Düsseldorfer Tabelle nach Frankfurter Praxis
HaL	Unterhaltsrechtliche Grundsätze des OLG Hamburg
HL	Leitlinien zum Unterhaltsrecht der Familiensenate des OLG Hamm
HÜÜ 73	Haager Übereinkommen über das auf Unterhaltspflichten anwendbare Recht vom 2. 10. 1973
HUVÜ 73	Haager Übereinkommen über die Anerkennung und Vollstreckung von Unterhaltsentscheidungen vom 2. 10. 1973
IPR	Internationales Privatrecht
IZPR	Internationales Zivilprozeßrecht
KL	Unterhaltsrichtlinien der Familiensenate des OLG Köln
NaL	Unterhaltsleitlinien des OLG Naumburg
OL	Unterhaltsrechtliche Leitlinien der Familiensenate des OLG Oldenburg
RL	Unterhaltsrechtliche Grundsätze des OLG Rostock zum Kindesunterhalt
SchL	Unterhaltsrechtliche Leitlinien des Schleswig-Holsteinischen OLG
StL	Unterhaltsrechtliche Hinweise des OLG Stuttgart
ThT	Thüringer Tabelle des OLG Jena zum Unterhaltsrecht

Im übrigen gilt das Abkürzungsverzeichnis der FamRZ.

§ 1 Die Ermittlung des unterhaltsrechtlich relevanten Einkommens

1. Abschnitt: Überblick und Grundlagen

I. Der Unterhaltsanspruch

1. Unterhaltsberechtigungen

Gegenstand des vorliegenden Buches sind die auf Ehe, Verwandtschaft und gemeinsamer Elternschaft beruhenden Unterhaltsansprüche. Wer unfähig ist, für sich selbst aufzukommen, ist auf fremde Hilfe angewiesen. Nach dem Subsidiaritätsprinzip (s. Rn 6/500 f) ist dafür in erster Linie die Familie zuständig. Aber nicht alle Familienangehörigen werden durch das deutsche Unterhaltsrecht geschützt. Es gibt **keine Generalklausel**, die den Kreis der Berechtigten und Verpflichteten festlegt. Ausgehend von drei Grundverhältnissen, nämlich der Ehe, der Verwandtschaft und gemeinsamer Elternschaft regelt das Gesetz bestimmte Notfälle und legt fest, wer und in welchem Umfang unterhaltsberechtigt und unterhaltsverpflichtet ist. **1**

- Der Unterhalt **minderjähriger Kinder** beruht auf §§ 1601 ff BGB. Die Eltern trifft hier nach § 1603 II 1 eine gesteigerte Unterhaltspflicht (Rn 2/247). Der Elternteil, der das Kind betreut, erfüllt bereits dadurch seine Unterhaltspflicht (§ 1606 III 2 BGB). Der Barunterhalt wird daher in der Regel in voller Höhe vom anderen Elternteil geschuldet. Der Unterhalt minderjähriger Kinder wird in § 2 A Abschnitte 1–5, 7 und 8 (Rn 2/1 und 2/486) behandelt. Zu den Besonderheiten des Kindesunterhalts in den neuen Bundesländern s. den 8. Abschnitt in § 6 ab Rn 6/620.
- Der Unterhalt **volljähriger Kinder** richtet sich ebenfalls nach §§ 1601 ff BGB und ist daher mit dem Unterhalt der minderjährigen Kinder identisch (Rn 2/17). Die Eltern haften nach § 1606 III 1 BGB nunmehr gemeinsam für den Barunterhalt. Den Eltern wird ein höherer Selbstbehalt zugestanden (Rn 2/417). Im Mangelfall haben der Ehegatte und minderjährige Kinder nach § 1609 BGB Vorrang (Rn 2/429 f). Der Unterhalt volljähriger Kinder wird in § 2 A Abschnitt 1–4 und 6–8 (Rn 2/1 und 2/330) behandelt. Zu den Besonderheiten in den neuen Bundesländern s. auch hier den 8. Abschnitt in § 6 ab Rn 6/620.
- Auch der Unterhaltsanspruch von **Eltern gegen ihre Kinder** und die Unterhaltsansprüche von Verwandten zweiten oder höheren Grades beruhen auf den §§ 1601 ff BGB. Bei diesen Ansprüchen wird auf den Eigenbedarf des Pflichtigen noch stärker Rücksicht genommen (s. Rn 2/620). Insgesamt s. dazu § 2 B (Rn 2/600).
- Der **Familienunterhalt** nach § 1360 BGB soll den Unterhalt beider Ehegatten und der Kinder bei bestehender Lebensgemeinschaft sichern. Er ist nicht auf eine Geldrente gerichtet, sondern auf Bedarfsbefriedigung durch häusliche Arbeitsleistungen und finanzielle Beiträge. Dieser Anspruch wird in § 3 behandelt (Rn 3/1). **1a**
- Der Unterhalt **getrennt lebender Ehegatten** nach § 1361 BGB ist durch Zahlung einer Geldrente zu leisten (§ 1361 IV 1 BGB), weil jetzt die häusliche Gemeinschaft aufgelöst ist. Der in der Ehe bisher nicht erwerbstätige Ehegatte wird in § 1361 II BGB besonders geschützt. Der Trennungsunterhalt wird in § 4 (Rn 4/1a) im 1. Abschnitt behandelt. **1b**
- Der Unterhalt **geschiedener Ehegatten** nach §§ 1569 ff BGB betrifft die Zeit nach Rechtskraft der Scheidung. Er ist nicht identisch mit dem Anspruch auf Familien- oder Trennungsunterhalt (Rn 4/14). Jetzt wirkt sich aus, daß die Verantwortung der Eheleute füreinander nach der Scheidung nur noch in abgeschwächter Form vorhanden ist. Ein Anspruch besteht nur,

- wenn von dem Bedürftigen wegen
  - - Kinderbetreuung (§ 1570 BGB; Rn 4/64 f),
  - - Alters (§ 1571 BGB; Rn 4/88 f) oder
  - - Krankheit (§ 1572 BGB; Rn 4/96 f)
  eine Erwerbstätigkeit nicht erwartet werden kann,
- wenn der Bedürftige keine Erwerstätigkeit zu finden vermag (Arbeitslosenunterhalt; § 1573 I BGB; Rn 4/104),
- wenn die Einkünfte aus einer angemessenen Erwerbstätigkeit zum vollen Unterhalt nicht ausreichen (Aufstockungsunterhalt; § 1573 II BGB; Rn 4/122),
- wenn der Bedürftige zur Erlangung einer angemessenen Erwerbstätigkeit einen Ausbildungsbedarf hat (§ 1575 BGB; Rn 4/131 f, 144) oder
- wenn aus sonstigen schwerwiegenden Gründen die Versagung von Unterhalt grob unbillig wäre (§ 1576 BGB; Rn 4/160).

Der nacheheliche Unterhalt wird im 2. Abschnitt von § 4 behandelt.

1c • Wurde die Ehe in den alten Bundesländern **vor dem 1. 7. 1977** geschieden, gilt nach Art. 12 Nr. 3 Abs. 2 S. 1 des 1. EheRG noch das frühere verschuldensabhängige Unterhaltsrecht (§§ 58 f EheG). Die Düsseldorfer Tabelle[1] sieht in B II 1 dazu folgende Regeln vor:
- Bei Ansprüchen nach §§ 58, 59 EheG wird Unterhalt in gleicher Höhe geschuldet, wie er nach dem neuen Recht zu zahlen wäre.
- Bei Ansprüchen nach § 60 EheG ist in der Regel ½ des nach den §§ 58, 59 geschuldeten Unterhalts zu zahlen.
- Bei Ansprüchen nach § 61 EheG entscheidet die Billigkeit. Obergrenze ist der nach §§ 59, 60 EheG geschuldete Unterhalt.

Diese Regelung erscheint sachgerecht und wird, soweit ersichtlich, auch überall so praktiziert.
- Bei Ehegatten, die vor dem 3. 10. 1990 in der früheren DDR geschieden worden sind, ist nach Art. 234 § 5 EGBGB noch das FGB-DDR maßgeblich. Diese Ansprüche werden im 8. Abschnitt von § 6 ab Rn 6/650 behandelt.
- Der Unterhalt von Ehegatten, **deren Ehe aufgehoben** wurde. Nach § 1313 BGB kann eine fehlerhaft zustande gekommene Ehe durch ein Gestaltungsurteil mit Wirkung ex nunc aufgehoben werden. Grundsätzlich gelten auch hier die Vorschriften über den nachehelichen Unterhalt. Unterhalt steht nach § 1318 II BGB uneingeschränkt allerdings nur dem hinsichtlich des Aufhebungsanspruchs gutgläubigen Ehegatten zu. Wer die Aufhebbarkeit kannte, kann Unterhalt nur verlangen, wenn auch der andere bösgläubig war. Die Interessen gemeinsamer Kinder haben jedoch Vorrang.

1d • **Elternschaftsunterhalt.** Sind oder waren die Eltern eines Kindes nicht miteinander verheiratet, gewährt § 1615 l BGB Unterhaltsansprüche für den betreuenden Elternteil. Dieser Unterhalt, der im 10. Abschnitt von § 6 (Rn 6/750) näher behandelt wird, hat seine Wurzel in der gemeinsamen Elternschaft.
• Geschwistern, Onkeln, Tanten, Nichten, Neffen, Vettern und Kusinen wird Unterhalt nicht geschuldet.

2. Struktur des Unterhaltsanspruchs

1e Der Unterhaltsanspruch unterscheidet sich grundlegend von allen anderen auf Zahlung einer Geldsumme gerichteten Ansprüchen dadurch, daß beim Verpflichteten immer auch nach der **Leistungsfähigkeit** gefragt werden muß und beim Berechtigten auch nach der **Bedürftigkeit**. Bei schuldrechtlichen Ansprüchen kommt es auf diese Zusatzfragen nicht an. Im Unterhaltsrecht stehen sie im Vordergrund aller Streitigkeiten. Es sind daher stets die Einkommens- und Vermögensverhältnisse auf beiden Seiten sorgfältig zu klären. In der Regel sind sie auch für die Höhe des Unterhalts maßgeblich. Diese wird nur in Ausnahmefällen unabhängig vom Einkommen des Verpflichteten festgelegt (Rn 8).

---

[1] FamRZ 1999, 766 Stand 1. 7. 1999

1. Abschnitt: Überblick und Grundlagen § 1

Der Unterhaltsanspruch wird nicht als Einheit gesehen. Er entsteht vielmehr in jedem Zeitpunkt neu, in dem seine Voraussetzungen vorliegen. Wegen der monatlichen Zahlungsweise (§ 1361 IV 2, § 1612 III 1 BGB) geschieht dies also von Monat zu Monat. Deshalb kann eine Klageabweisung keine Rechtskraft für die Zukunft schaffen, so daß eine neue Leistungsklage für spätere Zeiträume nicht an die Voraussetzungen des § 323 ZPO gebunden ist.[2] Für die einzelnen Unterhaltsrechtsverhältnisse gibt es zum Teil gemeinsame Regeln, etwa auf dem Gebiet der Einkommensermittlung (Rn 8 ff), zum Teil bestehen aber auch ganz verschiedene Sonderregelungen. Das gilt vor allem für die Höhe des Unterhalts, die Dispositionsfreiheit der Parteien, die Verwirkung usw.

3. Prüfungsschema

Die Abhängigkeit des Unterhaltsanspruches von den beiderseitigen Vermögensverhältnissen ergibt ein nicht ganz einfaches **Prüfungsschema**. Bei der rechtlichen Beurteilung sind folgende Fragen zu klären: 2
- Ist der Tatbestand einer **konkreten Anspruchsgrundlage** (Unterhaltsanspruchsnorm, §§ 1601, 1360a, 1361, 1569 ff, 1615 l BGB) erfüllt?
- Wie hoch ist der **Bedarf des Berechtigten** (= Bedarfsstufe)? Die Höhe bestimmt sich nach den konkreten Lebensverhältnissen, wie sie sich aus den Einkommens- und Vermögensverhältnissen der Parteien ergeben.
- Ist der **Berechtigte** in Höhe seines Bedarfs auch bedürftig, d. h. kann er seinen Bedarf nicht auch ganz oder jedenfalls teilweise durch eigene Einkünfte decken (= Stufe der Bedürftigkeit)?
- Ist der **Verpflichtete** in dieser Höhe ohne Beeinträchtigung seines angemessenen eigenen Bedarfs auch leistungsfähig (= Leistungsstufe, Prüfung der Leistungsfähigkeit)?
- Bestehen für den konkreten Fall weitere für oder gegen den Unterhaltsanspruch sprechende Voraussetzungen oder sonstige Besonderheiten? Dabei handelt es sich im wesentlichen um
  - die Verwirkung (vgl. Rn 4/596 f),
  - den Verzug (vgl. Rn 6/115 f),
  - die Rückforderung (vgl. Rn 6/200 f),
  - die Aufrechnung (Rn 6/300 ff),
  - die Mangelverteilung (vgl. Rn 5/11 f),
  - die Rangfolge (vgl. Rn 5/35 f) und
  - den Unterhaltsanspruch bei Gütergemeinschaft (Rn 6/400 ff).

4. Höhe des Unterhalts und Zahlungsweise

- Beim Ehegattenunterhalt richtet sich die Höhe gemäß §§ 1361 I, 1578 BGB nach den ehelichen Lebensverhältnissen. Maßgeblich ist in der Regel eine Quote vom Einkommen, das in der Ehe zur Deckung des Lebensbedarfs zur Verfügung stand (Rn 4/30, 32, 172, 359). 2a
- Beim Kindesunterhalt richtet sich die Höhe nach dem Einkommen des Verpflichteten und den im jeweiligen OLG-Bezirk geltenden Tabellen und Leitlinien (Rn 2/122 f).
- Bei den Unterhaltsansprüchen sonstiger Verwandter richtet sich die Höhe nach der Lebensstellung des Bedürftigen und der Leistungsfähigkeit des Berechtigten (s. Rn 2/612 und 2/616).
- Beim Unterhalt wegen gemeinsamer Elternschaft kommt es auf den Verdienstausfall des Berechtigten an (Rn 6/764), weil § 1615 l III 1 BGB auf den Verwandtenunterhalt verweist.

In der Regel wird eine monatlich im voraus fällige Geldrente – also **Barzahlung** – geschuldet; §§ 1361 IV, 1585 I, 1612 I und III. „Monatlich im voraus" bedeutet nicht, daß der Unterhalt jeweils am Ersten eines jeden Monats zu zahlen wäre. Zahltag ist an sich jeweils

---

[2] BGH, FamRZ 1982, 259 = R 97 b + c

der konkrete Tag, von dem ab Unterhalt geschuldet wird. Beginn für den Familien-, Kindes- und Trennungsunterhalt ist nach der für diese Berechtigungen maßgeblichen neuen Regelung in § 1613 I 2 BGB jedoch stets der Erste des Monats, in dem Auskunft verlangt wurde, Verzug entstand oder Rechtshängigkeit eingetreten ist. Nur beim nachehelichen Unterhalt kommt es nach § 1585 b II BGB noch konkret auf den Tag an, an dem Verzug entstanden oder Rechtshängigkeit eingetreten ist (s. Rn 6/100 a). In der gerichtlichen Praxis wird der erste Monat getrennt nach Tagen abgerechnet, wenn der Unterhaltszeitraum nach dem ersten Tag begann. Der Titel für den weiteren Unterhalt kann sich dann auch beim nachehelichen Unterhalt jeweils auf den Ersten eines jeden Monats beziehen.

Die Zahlung des geschuldeten Geldbetrages richtet sich nach § 270 BGB. Diese Bestimmung gilt auch für Unterhaltsverpflichtungen.[3] Das Geld hat der Schuldner daher auf seine Kosten und seine Gefahr an den Wohnsitz des Gläubigers zu schicken. Leistungsort ist nach § 269 I BGB der Wohnsitz des Schuldners. Für die Rechtzeitigkeit der Leistung kommt es daher ausschließlich darauf an, ob das Geld rechtzeitig **abgesandt** wurde. Ein am Monatsersten fälliger Unterhalt ist daher spätestens an diesem Tag abzusenden.[4]

2 b   Unterhaltszahlungen erfolgen normalerweise durch **Kontoüberweisungen**. Da Barzahlung geschuldet wird, liegt hierin lediglich eine Leistung an Erfüllungs Statt. Dies kann zu Problemen führen, wenn der Unterhalt auf ein überzogenes Konto überwiesen wird und die Bank keine Verfügung über das Guthaben zuläßt. War die Kontenüberweisung nicht vereinbart, muß der Unterhaltsverpflichtete ein zweites Mal zahlen.[5] Überweisungen auf ein Konto müssen daher vorher abgesprochen werden.

2 c   Zum 1. 1. 1999 wurde die deutsche Währung von DM auf den **Euro** umgestellt. Es begann eine Übergangsphase, die spätestens am 31. 12. 2001 endet. In dieser Übergangsphase ist nach Art. 9 EuroVO die DM weiterhin gesetzliches Zahlungsmittel. Erst in der Umstellungsphase, die spätestens am 1. 1. 2002 beginnt und spätestens am 31. 7. 2002 endet (Art. 10, 15 EuroVO) wird der Euro gesetzliches Zahlungsmittel. Alle Verträge und Vollstreckungstitel mit DM-Beträgen werden auf den Euro umgerechnet (Art. 14 EuroVO). Dies ist nur eine **Währungsumstellung**. Die Werte bleiben unverändert, es kann daher nicht zu Äquivalenzänderungen kommen. Die Vertragskontinuität bleibt gewahrt. Unter diesen Umständen genügt es, erst in der Umstellungsphase ab 1. 1. 2002 mit der Unterhaltsberechnung in Euro zu beginnen. Bis dahin kann wie bisher in DM gerechnet, vereinbart und tituliert werden.

5. Härteregelungen

2 d   Bei schuldhaften Verfehlungen des Unterhaltsberechtigten oder grober Unbilligkeit aus anderen Gründen kann der Unterhalt ganz oder jedenfalls zum Teil entfallen. Beim Ehegattenunterhalt richtet sich dies nach §§ 1361 III, 1579 BGB (Rn 4/37 ff, 4/596 ff), beim Verwandtenunterhalt nach § 1611 BGB (Rn 2/478 ff, 2/626 ff).

6. Unterhalt und Sozialhilfe

2 e   Nach § 11 I BSHG ist Hilfe zum Lebensunterhalt „dem zu gewähren, der seinen notwendigen Unterhalt nicht oder nicht ausreichend aus eigenen Kräften und Mitteln, vor allem aus seinem Einkommen und Vermögen, beschaffen kann". Diese Hilfe (= Sozialhilfe) ist jedoch nach § 2 BSHG nachrangig. Gesetzliche Ansprüche auf Unterhalt haben Vorrang. Wird gleichwohl Sozialhilfe geleistet, weil der Unterhaltsschuldner seiner Verpflichtung nicht nachkommt, geht der Unterhaltsanspruch nach § 91 I BSHG auf den Träger der Sozialhilfe über und kann dann von diesem durchgesetzt werden. Das Verhältnis von Unterhalt und Sozialhilfe wird in Rn 6/500 f näher behandelt.

---

[3] OLG Köln FamRZ 1990, 1243.
[4] OLG Köln, FamRZ 1990, 1243; a. A. Palandt-Diederichsen, § 1612 Rn 4 unter Hinweis auf AG Überlingen FamRZ 1985, 1143
[5] Vgl. OLG Hamm, FamRZ 1988, 499

1. Abschnitt: Überblick und Grundlagen   § 1

7. Gerichtliches Verfahren

Alle Unterhaltssachen sind Familiensachen. Nach § 23 a Nr. 2 und 3 GVG, § 23 b I   2 f
Nr. 5, 6 und 13 GVG, § 621 I Nr. 4, 5 und 11 ZPO gehören sie zur ausschließlichen Zuständigkeit des Familiengerichts. Es gilt das Verfahrensrecht der ZPO. Unterhalt für ein minderjähriges Kind kann nach § 645 ZPO neben dem ordentlichen Verfahren wahlweise auch in einem stark vereinfachten Verfahren nach §§ 645 f ZPO geltend gemacht werden (s. Rn 8/321). Das gerichtliche Verfahren wird in § 8 behandelt (Rn 8/1 ff).

II. Zu den Tabellen und Leitlinien der Oberlandesgerichte

1. Die Bedeutung von Tabellen und Leitlinien in der Praxis

Die Unterhaltstabellen und Leitlinien sind von den Oberlandesgerichten entwickelt   3
worden im Interesse einer Einheitlichkeit der Rechtsprechung der Instanzgerichte und im Interesse der Rechtssicherheit (Berechenbarkeit gleichliegender typischer Fälle), weil das Gesetz zur Bestimmung des angemessenen Unterhalts keine festen Maßstäbe, sondern nur ausfüllungsbedürftige unbestimmte Rechtsbegriffe enthält. Die Tabellen und Leitlinien besitzen **keinen Rechtssatzcharakter** und keine einer Rechtsnorm vergleichbare Verbindlichkeit. Es handelt sich um Hilfsmittel, die der Richter zur Ausfüllung des unbestimmten Rechtsbegriffs „angemessener Unterhalt" verwendet, um eine möglichst gleichmäßige Behandlung gleichartiger Lebenssachverhalte zu erreichen. Im Abänderungsverfahren ist das Gericht wegen des fehlenden Rechtssatzcharakters nicht verpflichtet, die im Ersturteil herangezogenen Leitlinien oder Tabellen zugrunde zu legen. Es kann daher beim Ehegattenunterhalt ohne weiteres die Beteiligungsquote geändert oder von der Differenzmethode zur Anrechnungsmethode übergegangen werden, soweit dies sachlich veranlaßt ist.[6]

Die **Leitlinien** enthalten Hinweise zur Rechtsanwendung in Standardsituationen.   4
Den **Tabellen** ist der konkret geschuldete Unterhalt bei feststehendem Einkommen zu entnehmen. Beim Kindesunterhalt hat sich die Düsseldorfer Tabelle (s. Rn 2/209) bundesweit durchgesetzt. Sie beruht auf Abmachungen der Familiensenate an den Oberlandesgerichten Düsseldorf, Hamm und Köln. Ausgangspunkt sind die nach § 1612 a BGB in der RegelbetragVO festgelegten Beträge (näher dazu s. Rn 2/206). Auch die Tabellen der neuen Bundesländer lehnen sich eng an die Düsseldorfer Tabelle an. Abweichungen ergeben sich wegen des wirtschaftlichen Gefälles lediglich bei den Bedarfsbeträgen und den Selbstbehalten (näher dazu s. Rn 6/622).

Nach ständiger Rechtsprechung des BGH ist eine Orientierung des Tatrichters an Tabellen und Leitlinien revisionsrechtlich bedenkenfrei, sofern nicht im Einzelfall besondere Umstände eine Abweichung bedingen.[7] Die Anwendung von Tabellen und Leitlinien obliegt dem tatrichterlichen Ermessen. Revisionsrechtlich kann nur überprüft werden, ob die Richtwerte den anzuwendenden Rechtsvorschriften entsprechen, ob ein entsprechender Lebenserfahrungssatz aufgestellt werden kann, ob besondere Umstände des Einzelfalls hinreichend berücksichtigt sind und ob sich das Gericht an die selbstgesetzten Maßstäbe gehalten hat.[8]

Aus den Vorbemerkungen der Tabellen und Leitlinien ist ersichtlich, daß diese auch   5
von ihren Verfassern nur in diesem Sinn als Orientierungshilfe gemeint sind und so verstanden werden sollen. Auf dieser Basis sind die Tabellen und Leitlinien neben der Rechtsprechung des BGH wichtige Erkenntnisquellen nicht nur für Richter und Rechtsanwälte, sondern auch für die Betroffenen selbst. Die mit der Veröffentlichung der Leitlinien erfolgte Aufdeckung der früher oft nur schwer erkennbaren allgemeinen Maßstäbe

---
[6] BGH, FamRZ 1990, 1085 = R 423 a; FamRZ 1990, 981 = R 416 b
[7] BGH, FamRZ 1985, 354 = R 222 a; FamRZ 1983, 678 = R 168 a
[8] BGH, FamRZ 1983, 678 = R 168 a

Haußleiter   5

2. Tabellen zum Unterhaltsbedarf

6 Am verbreitetsten ist die Düsseldorfer Tabelle, die inzwischen von allen Oberlandesgerichten als Richtschnur genommen und in unterschiedlichem Umfang durch je eigene oberlandesgerichtliche Leitlinien ergänzt bzw. zu einzelnen Punkten abgeändert wird. Derzeit gibt es folgende, in der Praxis verwendete Tabellen zum Unterhalt:
– Die Düsseldorfer Tabelle, Stand 1. 7. 1999,[9] künftig abgekürzt DT. In dieser Auflage des Handbuchs abgedruckt in Rn 2/209 sowie im Anhang L.
– Die Berliner Vortabelle zur Düsseldorfer Tabelle für das Beitrittsgebiet, Stand 1. 7. 1999, abgedruckt im Anhang L.[10]
– Die Düsseldorfer Tabelle nach Bremer Praxis, Stand 1. 7. 1999,[11] künftig abgekürzt BrT.
– Die Düsseldorfer Tabelle nach Frankfurter Praxis, Stand 1. 7. 1999[12] mit einer Abweichung für den Senat in Kassel, der beim Ehegattenunterhalt anstelle von $2/5$ eine Quote von $3/7$ zugrunde legt, künftig abgekürzt FT.
– Thüringer Tabelle des OLG Thüringen zum Unterhaltsrecht, Stand 1. 7. 1999,[13] abgekürzt ThT.

3. Oberlandesgerichtliche Leitlinien zum Unterhaltsrecht

7 Inzwischen haben nahezu alle deutschen Oberlandesgerichte Leitlinien entwickelt. Es liegen vor:
– Unterhaltsrechtliche Leitlinien der Familiensenate in Bayern – Oberlandesgerichte Bamberg, München und Nürnberg –, Stand 1. 7. 1999,[14] abgekürzt BayL. Nur der 7. Senat des OLG Nürnberg weicht hiervon in einzelnen Punkten ab.[15]
– Unterhaltsrechtliche Leitlinien der Familiensenate des Kammergerichts Berlin, Stand 1. 7. 1999,[16] abgekürzt BL.
– Unterhaltsleitlinien des OLG Brandenburg,[17] Stand 1. 7. 1999, abgekürzt BraL.
– Leitlinien zum Unterhaltsrecht der Familiensenate des Hanseatischen Oberlandesgerichts in Bremen, Stand 1. 7. 1999,[18] abgekürzt BrL.
– Unterhaltsrechtliche Leitlinien des Oberlandesgerichts Celle, Stand 1. 7. 1998,[19] abgekürzt CL.
– Unterhaltsleitlinien des OLG Dresden, Stand 1. 8. 1999, abgekürzt DrL.[20]
– Leitlinien der Familiensenate des Oberlandesgerichts Düsseldorf zum Unterhaltsrecht, Stand 1. 7. 1999,[21] abgekürzt DL.
– Unterhaltsgrundsätze des Oberlandesgerichts Frankfurt a. M., Stand 1. 7. 1999,[22] abgekürzt FL.

---

[9] FamRZ 1999, 766. In der NJW sind die Tabellen und Leitlinien in einer eigenen Beilage zu Heft 34/1999 abgedruckt worden, die jedoch nicht zur Einbindung in den Jahrgang vorgesehen war.
[10] FamRZ 1999, 772
[11] FamRZ 1998, 1087, geändert in FamRZ 1999, 1044
[12] FamRZ 1999, 1045
[13] FamRZ 1999, 1258
[14] FamRZ 1999, 773
[15] S. hierzu FamRZ 1999, 915
[16] FamRZ 1998, 1162, ergänzt in FamRZ 1999, 914, ergänzt in FamRZ 1999, 1126
[17] FamRZ 1998, 883, ergänzt in FamRZ 1999, 1043
[18] FamRZ 1998, 1088, ergänzt in FamRZ 1999, 1044
[19] FamRZ 1998, 942
[20] FamRZ 1998, 1224, ergänzt in FamRZ 1999, 913
[21] FamRZ 1999, 768
[22] FamRZ 1999, 1045

1. Abschnitt: Überblick und Grundlagen   § 1

- Unterhaltsrechtliche Grundsätze der Familiensenate des Hanseatischen Oberlandesgerichts Hamburg, Stand 1. 7. 1999,[23] abgekürzt HaL.
- Leitlinien zum Unterhaltsrecht der Familiensenate des Oberlandesgerichts Hamm, Stand 1. 7. 1999,[24] abgekürzt HL.
- Unterhaltsrichtlinien der Familiensenate des Oberlandesgerichts Köln, Stand 1. 7. 1999,[25] abgekürzt KL.
- Unterhaltsleitlinien des OLG Naumburg, Stand 1. 7. 1999,[26] abgekürzt NaL.
- Unterhaltsrechtliche Leitlinien der Familiensenate des OLG Oldenburg, Stand 1. 7. 1998,[27] abgekürzt OL.
- Unterhaltsrechtliche Grundsätze des OLG Rostock, Stand 1. 7. 1999,[28] abgekürzt RL.
- Unterhaltsrechtliche Leitlinien des Saarländischen Oberlandesgerichts, Stand 1. 7. 1999.[28a]
- Unterhaltsrechtliche Leitlinien des Schleswig-Holsteinischen Oberlandesgerichts, Stand 1. 7. 1999,[29] abgekürzt SchL.
- Unterhaltsrechtliche Hinweise des Oberlandesgerichts Stuttgart, Stand 1. 7. 1998,[30] abgekürzt StL.

III. Zum anrechenbaren monatlichen Nettoeinkommen

Die Einkommensermittlung erfolgt für Berechtigte und Verpflichtete nach den **gleichen allgemeinen Grundsätzen**. Es macht auch keinen Unterschied, ob die Höhe von Familienunterhalt, Ehegattenunterhalt oder Kindesunterhalt bestimmt werden soll. Erst bei der später zu prüfenden Bedarfsstufe ist zu entscheiden, ob alle ermittelten Einkünfte für die Unterhaltsbestimmung maßgeblich sein sollen. Dies kann beim Kindes- und Ehegattenunterhalt verschieden sein (vgl. Rn 18 f). Auf eine genaue Einkommensermittlung kann nur in Ausnahmefällen verzichtet werden. Beim **Ehegattenunterhalt** ist dies möglich, wenn das Einkommen des Verpflichteten so hoch ist, daß anstelle des Quotenunterhalts der konkrete Bedarf festgestellt werden muß.[31] Näheres dazu s. Rn 4/366 f. Beim **Kindesunterhalt** kann auf die Einkommensermittlung verzichtet werden, wenn der Verpflichtete seine uneingeschränkte Leistungsfähigkeit einräumt und nur der Bedarf des Berechtigten festzustellen ist.[32]

8

1. Grundsatz der unterschiedslosen Erfassung aller Einkünfte aus allen Einkunftsarten

Bei der Einkunftsermittlung gilt sowohl für den Berechtigten als auch für den Verpflichteten der Grundsatz der unterschiedslosen Erfassung aller unterhaltsrechtlich relevanten Einkünfte, d. h. es sind auf beiden Seiten grundsätzlich **alle zufließenden Einkünfte** anzurechnen, gleichgültig welcher Art sie sind und aus welchem Anlaß sie gezahlt werden.[33] Selbst regelmäßige Gewinne eines Skatspielers sind heranzuziehen.[34] Zu erfassen sind somit alle Einkünfte aus allen Einkunftsarten. Innerhalb jeder Einkunftsart zäh-

9

---

[23] FamRZ 1998, 944, ergänzt in FamRZ 1999, 1257
[24] FamRZ 1998, 804, ergänzt in FamRZ 1999, 914
[25] FamRZ 1999, 1049
[26] FamRZ 1999, 836
[27] FamRZ 1998, 1090
[28] FamRZ 1998, 1017, ergänzt in FamRZ 1999, 982
[28a] FamRZ 1999, 980
[29] FamRZ 1998, 1095, ergänzt in FamRZ 1999, 980
[30] FamRZ 1998, 1017
[31] BGH, FamRZ 1994, 1169 = R 481
[32] BGH, FamRZ 1983, 473 = R 160 a
[33] BGH, FamRZ 1986, 780 = R 301a; FamRZ 1983, 670 = R 149 b; FamRZ 1981, 541 = R 72 e
[34] OLG Düsseldorf FamRZ 1994, 896

§ 1   Die Ermittlung des relevanten Einkommens

len dazu alle aus dieser Einkunftsart zufließenden Einkünfte, z. B. beim Arbeitseinkommen (Rn 55 f) u. a. auch Sonderzuwendungen, Zulagen, Spesen, Prämien, Weihnachtsgeld, Urlaubsgeld, Auslösungen, Überstundenvergütungen sowie sonstige Nebeneinnahmen. Sogar die Tilgungsanteile einer Leibrente sind zu berücksichtigen.[35] Beim Verpflichteten erhöhen diese zusätzlichen Einkünfte sein anrechenbares Einkommen. Beim Berechtigten mindern sie die Bedürftigkeit.

2. Zur Berechnung des anrechenbaren Nettoeinkommens

10 Maßgeblich für die Unterhaltsberechnung ist nur der Teil des Einkommens, der zur Deckung des laufenden Lebensbedarfs zur Verfügung steht und dafür eingesetzt wurde oder bei Anlegung eines objektiven Maßstabs dafür eingesetzt werden könnte.[36] Es ist dies das **unterhaltsrechtlich relevante Nettoeinkommen**. Bei den nicht anzurechnenden Einkommensteilen handelt es sich um folgende typische Abzugsposten vom Bruttoeinkommen (vgl. Rn 486 f):
- Aufwendungen, die zur Erzielung des Einkommens erforderlich sind. Es handelt sich hierbei im wesentlichen um **Werbungskosten**.[37] Bei Einkünften aus abhängiger Arbeit werden die Werbungskosten auch berufsbedingte oder ausbildungsbedingte Aufwendungen genannt (Rn 87). Bei Einkünften von bilanzierenden und nicht bilanzierenden Unternehmern oder Freiberuflern und Landwirten heißen sie Betriebsausgaben (Rn 135, 166, 189). Bei den übrigen Einkunftsarten heißen sie wie im Steuerrecht Werbungskosten.
- Zahlungen für **Lohn- oder Einkommensteuer** und Kirchensteuer (Rn 458).
- **Vorsorgeaufwendungen** für Krankheit, Pflegebedürftigkeit, Invalidität, Alter und Arbeitslosigkeit (Rn 496 f).
- Regelmäßiger Mehrbedarf beim Ehegattenunterhalt (Rn 505 f), mit Ausnahme von trennungsbedingtem Mehrbedarf.
- Berücksichtigungsfähige Zins- und Tilgungsleistungen bei Schulden (Rn 514 f).
- Beim Ehegattenunterhalt zusätzlich:
  – Berücksichtigungsfähige Aufwendungen des Verpflichteten zur Vermögensbildung, soweit unterhaltsrechtlich dem Berechtigten eine Fortsetzung der Vermögensbildung zugemutet werden kann (Rn 4/200 f).
  – Der Kindesunterhalt, soweit er dem Gesetz oder einer Vereinbarung entspricht. Freiwillige Mehrleistungen sind Geschenke, die dem Ehegatten nicht einkommensmindernd entgegengehalten werden dürfen.[38]

3. Zum monatlichen Nettoeinkommen

11 Der geschuldete Unterhalt ist jeweils monatlich im voraus zu zahlen; § 1361 IV S. 2, § 1585 I S. 2, § 1612 I und III BGB. Die unterhaltsrechtlich relevante Zeiteinheit ist somit der Monat. Wegen der Abhängigkeit des Unterhalts von den beiderseitigen Einkünften muß daher vorausschauend geprüft werden, welches Einkommen dem Verpflichteten und dem Berechtigten in Zukunft monatlich zur Verfügung stehen wird. Diese Zukunftsprognose beruht auf den Werten der Vergangenheit. Sie werden in der Regel ohne weiteres der Berechnung auch des zukünftigen Unterhalts zugrunde gelegt. Gab es im Prüfungszeitraum **außerordentliche Einnahmen oder Ausgaben**, mit deren Wiederholung nicht zu rechnen ist, muß das Ergebnis um diese Zahlungsvorgänge jedoch bereinigt werden. Das unbereinigte Ergebnis kann in einem solchen Fall nur für den im Prüfungszeitraum geschuldeten Unterhalt gelten, nicht aber für die Zukunft.

12 Das in der Vergangenheit liegende Monatseinkommen, das zum Ausgangspunkt der

---

[35] BGH, FamRZ 1994, 228 = R 471 c
[36] BGH, FamRZ 1986, 780 = R 301 a
[37] BGH, FamRZ 1988, 159, 161 = R 346 f
[38] OLG Karlsruhe, FamRZ 1985, 286, 288; OLG Zweibrücken, FamRZ 1982, 1016

1. Abschnitt: Überblick und Grundlagen   § 1

Unterhaltsberechnung für die Zukunft werden soll, bemißt sich wegen der Unregelmäßigkeit nahezu aller Einkünfte nach dem Durchschnitt des letzten Jahreseinkommens. Dazu können entweder die letzten 12 Monate vor der Unterhaltsbestimmung herangezogen werden oder **das letzte abgelaufene Kalenderjahr**. Bei im wesentlichen gleichbleibenden Einkünften empfiehlt es sich, von dem letzten abgelaufenen Kalenderjahr auszugehen. Auf diesem Weg können die einzelnen Faktoren des Einkommens am besten berücksichtigt werden. Dies gilt auch bei Arbeitnehmern, denn bei ihnen gibt es ebenfalls unregelmäßige Zahlungen (z. B. Steuererstattungen, Steuernachzahlungen, Sonderzuwendungen), mit denen so problemlos ein Durchschnittseinkommen gebildet werden kann.[39] Die Heranziehung des Kalenderjahres ist bei Arbeitnehmern auch deshalb sinnvoll, weil es dann in der Regel genügt, zur Einkommensermittlung die Lohnsteuerkarte heranzuziehen.

Eine **Korrektur** des nach dem abgelaufenen Kalenderjahr berechneten durchschnittlichen Einkommens hat jedoch zu erfolgen, wenn feststeht, daß sich das Einkommen danach wesentlich und nachhaltig geändert hat.[40] In einem solchen Fall muß auf die neue Situation konkret reagiert werden. Meist wird nichts anderes übrigbleiben, als aufgrund von aktuellen Einkommensbelegen für kurze Zeitabschnitte ein fiktives Durchschnittseinkommen zu errechnen. Wird jedoch nur geltend gemacht, daß Änderungen zu erwarten sind, ist wegen der Unsicherheit von Zukunftsprognosen jeder Art deren Eintritt abzuwarten. Anschließend kann eine Änderung nach § 323 ZPO erfolgen.   13

Bei den jährlich schwankenden Einkünften von **Gewerbetreibenden, Freiberuflern,**   14
bilanzierenden Unternehmern oder bei schwankenden **Miet- oder Kapitaleinkünften** ist ein möglichst zeitnaher Mehrjahresdurchschnitt, im Regelfall ein Durchschnitt aus den letzten drei Jahren zu bilden, damit nicht ein zufällig günstiges oder ungünstiges Jahr als Maßstab für die Zukunft dient[41] (Rn 115 f). Wegen der hier bestehenden Abhängigkeit von den Einnahmen-Überschuß-Rechnungen sind in diesen Fällen stets abgeschlossene Kalenderjahre zugrunde zu legen. Wenn mit einer stetigen Weiterentwicklung der Einkünfte zu rechnen ist, kann im Einzelfall auch das zuletzt erreichte Einkommen der Berechnung zugrunde gelegt werden.[42] Bei Vorliegen besonderer Umstände, vor allem bei sehr schwankenden Einkünften kann auch ein Zeitraum von mehr als drei Jahren herangezogen werden (Fünfjahresdurchschnitt). Wie weit in die Vergangenheit zurückgegangen werden soll, ist Sache des Tatrichters.[43] Ausnahmsweise kann auch bei einem Selbständigen nur vom Einkommen des letzten Jahres ausgegangen werden, wenn nach der Anlaufphase eine stabile Aufwärtsentwicklung eingetreten ist.[44]

Das Jahreseinkommen des Arbeitnehmers wird durch 12 geteilt, beim Freiberufler   15
werden die zusammengerechneten Jahresgewinne durch die Zahl der Monate des Prüfungszeitraumes geteilt. Ein regelmäßiges wöchentliches Einkommen wird auf das Jahr hochgerechnet und durch 12 geteilt. Ein wöchentliches Arbeitslosengeld von DM 300 ergibt somit ein Monatseinkommen von 300 x 52 : 12 = DM 1300. Zum Prüfungszeitraum für Arbeitnehmer s. näher Rn 50 f und bei Freiberuflern Rn 115 f.

4. Zur Berücksichtigung von Abfindungen und einmaligen höheren Zuwendungen

Höhere einmalige Sonderzuwendungen, wie z. B. aus Anlaß eines Jubiläums oder eine   16
Abfindung bei Arbeitsplatzverlust aufgrund eines Sozialplanes oder aus Anlaß der Aufhebung eines Arbeitsvertrages oder die Übergangsbeihilfe der Bundeswehr, sind auf mehrere Jahre zu verteilen.[45] Die **Abfindungssumme selbst**, nicht nur etwaige Zinseinkünfte, ist im Rahmen einer sparsamen Wirtschaftsführung zur Deckung des nach den früheren

---

[39] OLG München FamRZ 1984, 173
[40] OLG München aaO
[41] BGH, FamRZ 1986, 48, 51 = R 275 d; FamRZ 1985, 471 = R 252 a; FamRZ 1985, 357 = R 243 a
[42] BGH, FamRZ 1985, 471 = R 252 a
[43] BGH, FamRZ 1985, 357 = R 243 a
[44] OLG Hamm, FamRZ 1997, 310 bei einem Arzt
[45] BGH, FamRZ 1987, 930 = R 328 a; FamRZ 1987, 359 = R 321 a; FamRZ 1982, 250 = R 98 b + c

ehelichen Lebensverhältnissen bemessenen Unterhaltsbedarfs aller Berechtigten und des Verpflichteten zu verwenden. Der **Verpflichtete** ist aber bei beengten wirtschaftlichen Verhältnissen nicht gehalten, die ihm aus der Abfindung zur Verfügung stehenden Mittel bis zum vollständigen Verbrauch einzusetzen, um die aus dem verminderten laufenden Einkommen nicht mehr finanzierbaren Ansprüche des Berechtigten weiter zu bezahlen, wenn dem Verpflichteten selbst nur ein Betrag in der Größenordnung des sogenannten „billigen Eigenbedarfs" verbleibt.[46] Eine Verteilung auf mehrere Jahre ist auch möglich bei überdurchschnittlich hohen Erträgen aus selbständiger Erwerbstätigkeit.[47]

17   Eine Abfindung dient als Ersatz des fortgefallenen Arbeitseinkommens dazu, daß eine Zeitlang die bisherigen wirtschaftlichen Verhältnisse aufrechterhalten werden können. Sie ist deshalb zeitlich so zu verteilen, daß der angemessene Bedarf des Berechtigten und des Verpflichteten in bisheriger Höhe sichergestellt wird. Erst nach Ablauf dieser Zeit erfolgt eine Anpassung des Unterhalts an die veränderten Verhältnisse.[48] Bei gesteigerter Unterhaltspflicht gegenüber minderjährigen Kindern sind die Mittel für den eigenen Bedarf sparsam einzusetzen, um den notwendigen Unterhalt des minderjährigen Kindes nach Möglichkeit bis zur Volljährigkeit sicherzustellen[49] (s. auch Rn 71 f).

IV. Unterschiedliche Berücksichtigung der Einkünfte bei der Berechnung des Kindesunterhalts und des Ehegattenunterhalts

1. Berücksichtigung der Einkünfte beim Kindesunterhalt

18   Für die Berechnung des **Kindesunterhalts** spielen uneingeschränkt alle Nettoeinkünfte des Verpflichteten und alle Nettoeinkünfte des Kindes eine Rolle. Der Bedarf minderjähriger Kinder ergibt sich aus der maßgeblichen Tabelle (s. Rn 6), wobei für die Einordnung in die unterschiedlichen Einkommensgruppen ohne Einschränkung alle Einkünfte des Verpflichteten maßgeblich sind (Rn 9).
Soweit bei **volljährigen Kindern** der Bedarf aufgrund von unterhaltsrechtlichen Leitlinien nach festen Bedarfssätzen bemessen wird, sind die Einkünfte des Verpflichteten für die Bedarfsfeststellung an sich ohne Bedeutung. Wenn allerdings beide Eltern barunterhaltspflichtig sind, müssen für die Berechnung des jeweiligen Unterhaltsanteils alle Einkünfte beider Eltern ermittelt und berücksichtigt werden (Rn 2/433).

19   Im Rahmen der **Bedürftigkeitsprüfung** sind uneingeschränkt alle Einkünfte des Kindes bedürftigkeitsmindernd mit der Anrechnungsmethode vom Bedarf des Kindes abzuziehen[50] (weiter dazu Rn 2/86). Zur Beurteilung der Leistungsfähigkeit des Verpflichteten sind ebenfalls ohne Einschränkung alle Einkünfte des Verpflichteten bedeutsam.[51] Unterste Opfergrenze ist der Selbstbehalt des Verpflichteten (Rn 5/1).

2. Berücksichtigung der Einkünfte beim Ehegattenunterhalt

20   Beim Ehegattenunterhalt ist zu unterscheiden zwischen den Einkünften, die die ehelichen Lebensverhältnisse geprägt haben, und solchen, die die ehelichen Lebensverhältnisse nicht geprägt haben. Der Begriff **„prägende Einkünfte"** wird zu einem entscheidenden Differenzierungsmerkmal bei der Berechnung des Ehegattenunterhalts. Der Unterhaltsbedarf des Berechtigten bemißt sich sowohl beim Trennungsunterhalt (§ 1361 BGB) als auch beim nachehelichen Unterhalt (§ 1578 BGB) nach den ehelichen Lebensverhältnissen. Nach der Rechtsprechung des BGH sind unter diesen Lebensverhältnissen

---

[46] BGH, FamRZ 1990, 269, 271 = R 405 b
[47] BGH, FamRZ 1982, 250 = R 98 c
[48] BGH, FamRZ 1987, 359 = R 321 a
[49] BGH, FamRZ 1987, 930 = R 328 a
[50] BGH, FamRZ 1988, 159 = R 346 e; FamRZ 1980, 1109 = R 49
[51] BGH, FamRZ 1982, 250 = NJW 1982, 822

1. Abschnitt: Überblick und Grundlagen § 1

allgemein diejenigen Einkommens- und Vermögensverhältnisse zu verstehen, die während der Ehe den Lebensstandard der Ehegatten nachhaltig geprägt haben. Für diese Beurteilung ist der Lebenszuschnitt maßgebend, den die Eheleute während ihres Zusammenlebens in der Ehe – also bis zur Trennung – durch ihre Leistungen begründet haben, wobei eine normale Entwicklung der wirtschaftlichen Verhältnisse bis zur Scheidung grundsätzlich miteinbezogen werden soll.[52] Maßgeblich sind beim Trennungsunterhalt die nachhaltig prägend gewesenen Einkünfte im Zeitpunkt der Entscheidung, beim nachehelichen Unterhalt im Zeitpunkt der Scheidung. Weiter dazu 4/30 f und 4/166 f.

Bei der Bedarfsbemessung sind daher grundsätzlich nur prägende Einkünfte zu berücksichtigen. **21**

– In der sog. **Alleinverdienerehe** sind dies nur die prägenden Einkünfte des Verpflichteten, auch wenn der Berechtigte nach der Trennung selbst Einkünfte erzielt, die er aber ohne die Trennung nicht erzielt hätte. Der Unterhaltsbedarf wird hier berechnet durch Multiplikation des prägenden Einkommens des Verpflichteten mit der Ehegattenquote (vgl. DT B I 1 a).

Beispiel: Erwerbseinkommen des Verpflichteten: 3500;
Unterhaltsbedarf des Berechtigten mit Bonus $1/7$: 3500 x 3 : 7 = 1500.

– In der **Doppelverdienerehe** sind maßgeblich die prägenden Einkünfte beider Ehegatten. Die Bedarfsbemessung bei beiderseits prägenden Erwerbseinkünften erfolgt nach der **Differenzmethode**, d. h. der Unterhaltsbedarf wird berechnet durch Multiplikation der Differenz der beiden prägenden Einkünfte mit der Ehegattenquote, vgl. DT B I 1 b) aa).

Beispiel: Erwerbseinkommen M 3500; Erwerbseinkommen F 700;
Unterhaltsanspruch mit Bonus $1/7$: 3500–700 = 2800 x 3 : 7 = 1200.

Hat der Verpflichtete prägende Erwerbseinkünfte und der Berechtigte prägende Renteneinkünfte, so ist das Erwerbseinkommen des Verpflichteten vor der Unterhaltsberechnung um $1/7$ bzw. $1/10$ (vgl. Rn 4/380) zu bereinigen. Genaueres zu diesem Erwerbstätigenbonus s. Rn. 4/373 f. Der Unterhaltsbedarf beträgt dann $1/2$ aus der Differenz beider Einkünfte.[53]

Beispiel: Nettoeinkommen M 3500 – $1/7$ (= 500) = 3000; prägende Rente F 1000;
Unterhaltsanspruch: 3000–1000 = 2000 : 2 = 1000.

Der berechtigte Ehegatte ist bedürftig, wenn und soweit er seinen Unterhaltsbedarf **23** durch anrechenbare eigene Einkünfte nicht decken kann. Hierzu zählen auf dieser Stufe alle nicht prägenden Einkünfte des Berechtigten, denn prägende Einkünfte wurden bereits auf der Stufe der Bedarfsbemessung (Rn 21) im Weg der Differenzmethode unterhaltsmindernd berücksichtigt. Die Berücksichtigung der nicht prägenden Einkünfte erfolgt nach der **Anrechnungsmethode**, d. h. durch Abzug von dem Unterhaltsbedarf, der auf der Bedarfsstufe errechnet worden ist. Auch nicht prägende Erwerbseinkünfte sind vor Anrechnung um $1/7$ bzw. $1/10$ (als Arbeitsanreiz) zu bereinigen (Rn 4/375).

Beispiel: Prägendes Erwerbseinkommen M 3500;
nicht prägendes Erwerbseinkommen F 1400 – $1/7$ (= 200) = 1200;
Unterhalt: 3500 x 3 : 7 = 1500 – 1200 = 300.

Bei prägenden und nicht prägenden Einkünften des Berechtigten sind die Differenz- **24** methode und die Anrechnungsmethode **nebeneinander** anzuwenden.

Beispiel: Prägendes Erwerbseinkommen M 3500;
prägendes Erwerbseinkommen F 700;
nicht prägendes Erwerbseinkommen F 700 – $1/7$ (100) = 600;
Unterhalt: 3500 – 700 = 2800 x 3 : 7 = 1200 – 600 = 600.

---

[52] BGH, FamRZ 1986, 437 = R 288 a
[53] BGH, FamRZ 1989, 1160, 1162 = R 395 d; DT B I 1a

Bei der abschließenden Beurteilung der **Leistungsfähigkeit** des Verpflichteten sind alle Einkünfte des Verpflichteten, also sowohl prägende wie nicht prägende Einkünfte, heranzuziehen.[54] Die unterste Opfergrenze des Verpflichteten ist sein Selbstbehalt (Rn 5/1).

25 Anstelle der Differenzmethode und der Anrechnungsmethode wird in neuerer Zeit vielfach die **Additionsmethode** zur Unterhaltsberechnung herangezogen.[55] Diese Methode (näher dazu Rn 4/386) unterscheidet sich nur in den einzelnen Rechenschritten von der oben dargestellten Arbeitsweise, führt aber stets zum gleichen Ergebnis. Im zuletzt dargestellten Beispiel rechnet die Additionsmethode 3500 x 6 : 7 + 700 x 6 : 7 = 3000 + 600 = 3600 : 2 (Halbteilungsprinzip) = 1800 (Bedarf) – 1400 (Gesamteinkommen F) x 6 : 7 = 1800 – 1200 = 600 DM.

26 Eine weitere Variante gibt es in **DL B 25**. Danach beträgt der Bedarf des Berechtigten $3/7$ der Erwerbseinkünfte des anderen Ehegatten und $4/7$ der eigenen Einkünfte sowie $1/2$ des sonstigen Einkommens beider Eheleute, soweit die Einkünfte und geldwerten Vorteile prägend waren. Prägendes Erwerbseinkommen des Berechtigten ist hierauf voll anzurechnen, nichtprägendes mit $6/7$. Mit dem hier gegebenen Beispiel wäre daher so zu rechnen: 3500 x 3 : 7 + 700 x 4 : 7 = 1500 + 400 = 1900 – 700 (prägendes Einkommen F) – 600 ($6/7$ nicht prägendes Einkommen F) = 600 DM. Also der gleiche Betrag.

3. Zusammenfassendes Ergebnis

27 Die Einkünfte sind in **unterschiedlichem Umfang** zur Unterhaltsberechnung heranzuziehen, je nachdem, ob es sich um Kindesunterhalt oder Ehegattenunterhalt handelt. Hiergegen wird in der Praxis oft verstoßen, vor allem wenn im gleichen Verfahren sowohl Ehegattenunterhalt und Kindesunterhalt verlangt wird.
– Beim **Kindesunterhalt** sind auf allen Stufen alle Einkünfte des Verpflichteten und des Berechtigten maßgeblich.
– Beim **Ehegattenunterhalt** ist zu differenzieren in prägende und nicht prägende Einkünfte. Auf der Stufe der Bedarfsbemessung dürfen nur prägende Einkünfte des Verpflichteten und des Berechtigten verwendet werden. Prägende Einkünfte des Berechtigten werden auf dieser Stufe mit der Differenzmethode berücksichtigt. Nicht prägende Einkünfte des Berechtigten werden auf der Bedürftigkeitsstufe mit der Anrechnungsmethode auf den festgestellten Bedarf verrechnet. Bei der Prüfung der **Leistungsfähigkeit** sind alle Einkünfte des Verpflichteten, also sowohl prägende wie nicht prägende Einkünfte, bedeutsam. Näher dazu Rn 4/228 f.

V. Ermittlung der unterhaltsrechtlich relevanten Einkünfte anhand steuerrechtlicher Unterlagen

1. Darlegungen der Parteien zum unterhaltsrechtlich relevanten Einkommen

28 Der **Unterhaltsberechtigte** hat die Darlegungs- und Beweislast für das Einkommen des Verpflichteten, nach dem sich die Höhe seines Bedarfs bemißt. Er hat ferner die Darlegungs- und Beweislast für seine Bedürftigkeit sowie für die tatbestandlichen Voraussetzungen einer unterhaltsrechtlichen Anspruchsnorm (Rn 6/703 f). Der **Verpflichtete** hat die Darlegungs- und Beweislast für eine von ihm behauptete Leistungsunfähigkeit (Rn 6/710 f). Da die Unterhaltsbeteiligten die genauen Einkommensverhältnisse des jeweils anderen nicht oder nur teilweise kennen, sind sie rechtlich gegenseitig verpflichtet, vollständige Angaben zu ihren Einkommens- und Vermögensverhältnissen zu machen. Sie können daher zur Vorbereitung eines Unterhaltsverfahrens Auskunft und die Vorlage

---

[54] BGH, FamRZ 1986, 780 = R 301a; FamRZ 1985, 354 = R 222d
[55] Vgl. Mayer, FamRZ 1992, 138; Gerhardt, FamRZ 1993, 261

1. Abschnitt: Überblick und Grundlagen   § 1

entsprechender Unterlagen verlangen (Rn 561f). Der Berechtigte kann seinen Auskunfts- und Unterhaltsanspruch auch mit einer Stufenklage geltend machen (Rn 8/213f). Im Rahmen des Auskunftsanspruchs hat der jeweils Berechtigte gegenüber dem anderen einen Anspruch auf Vorlage einer systematischen Aufstellung der erforderlichen Angaben, die ihm ohne übermäßigen Arbeitsaufwand die Berechnung des Unterhaltsanspruchs ermöglicht.[56] Genaueres s. Rn 561.

Die Einkommensberechnungen erfolgen in aller Regel so, wie auch dem **Finanzamt** gegenüber abgerechnet wird. Häufig werden die Angaben aus den Steuererklärungen oder den für die Finanzverwaltung erstellten Bilanzen einfach übernommen. Im Unterhaltsverfahren muß allerdings in diesen Fällen jeder seine Einnahmen und die behaupteten Aufwendungen im einzelnen so darstellen, daß die allein steuerrechtlich beachtlichen Aufwendungen von solchen, die unterhaltsrechtlich bedeutsam sind, abgegrenzt werden können.[57]   29

Eine nur ziffernmäßige Aneinanderreihung einzelner Kostenarten wie Abschreibungen, allgemeine Kosten, Kosten für Versicherungen usw. genügt solchen Anforderungen nicht.[58] Steuerrechtlich beachtliche Aufwendungen oder Abschreibungen können ganz oder teilweise unberücksichtigt bleiben, wenn ihre unterhaltsrechtliche Abzugsfähigkeit nicht näher dargelegt wird. Das Gericht kann z. B. Bewirtungs- oder Repräsentationskosten unberücksichtigt lassen oder die Abschreibungsbeträge für einen Pkw kürzen und die Abschreibungszeit verlängern.[59]   30

Die erforderlichen Darlegungen können auch nicht durch einen Antrag auf Vernehmung eines Steuerberaters oder Sachverständigen ersetzt werden.[60] Eine Beweiserhebung (Zeugenvernehmung oder Sachverständigengutachten) kommt erst in Betracht, wenn und soweit vom Gegner die Richtigkeit **detailliert** behaupteter Ausgaben bestritten wird.[61]

2. Richterliche Ermittlung unterhaltsrechtlich relevanter Einkünfte und Vorlage von Unterlagen

In der Praxis bereitet die Ermittlung der unterhaltsrechtlich relevanten Einkünfte oft große Schwierigkeiten, weil die Unterhaltsbeteiligten hierzu nur ungenaue, verschleiernde, unvollständige und – nicht selten – auch bewußt falsche Angaben machen. Subjektiv ist dies zwar verstehbar als Auswirkung des „Scheidungskampfes" und der gegensätzlichen Interessen und Erwartungen im „Unterhaltsstreit". In rechtlicher Wertung ist es oft ein versuchter Prozeßbetrug. Dieser Umstand verpflichtet das Gericht zur genauen Nachprüfung unzuverlässiger Angaben. Zuverlässige Feststellungen hierzu lassen sich in der Regel nur anhand **schriftlicher Unterlagen** treffen, deren Beschaffung und unterhaltsrechtliche Auswertung deshalb zu den wichtigsten richterlichen Aufgaben gehört. Zu solchen Unterlagen zählen in der Regel Verdienstbescheinigungen des Arbeitgebers und Steuerbescheide (Einkommensteuer) mit entsprechenden Steuererklärungen nebst dazugehörigen Belegen und Unterlagen, die für die steuerlichen Ermittlungen oder aus wirtschaftlichen Gründen notwendig sind, wie Aufzeichnungen, Gewinn- und Verlustrechnungen, Bilanzen u. ä. Eine Verpflichtung zur Vorlage solcher Belege, auch der Steuerbescheide und Erklärungen, besteht nach den §§ 1361 IV, 1580 S. 2, 1605 I 2 BGB.[62] Dazu näher unter Rn 561.   31

Vom Gericht kann die Vorlage solcher Belege nach § 273 ZPO von Amts wegen oder auf Antrag nach § 421 ZPO angeordnet werden. Die Vorlage von Handelsbüchern (§ 238   32

---

[56] BGH, FamRZ 1983, 996, 998 = R 178 c
[57] BGH, FamRZ 1987, 46, 48 = R 313 b; FamRZ 1980, 770 = R 38
[58] BGH, FamRZ 1980, 770 = R 38
[59] BGH, FamRZ 1987, 46, 48 = R 313 b
[60] BGH, FamRZ 1980, 770 = R 38
[61] BGH, FamRZ 1980, 770 = R 38
[62] BGH, FamRZ 1982, 680, 682 = R 118 a + d; FamRZ 1982, 151 = R 92 c

Haußleiter   13

HGB) kann auch in Unterhaltssachen nach § 258 HGB verlangt werden. Kommt eine Partei einer solchen Anordnung nicht nach, so können entsprechend § 427 ZPO die Behauptungen des Beweisführers über den Inhalt der zurückgehaltenen Unterlagen als bewiesen angesehen werden. Das Gericht kann auch ohne entsprechenden Antrag einer Partei eine Gehaltsauskunft bei einer Behörde einholen, wenn – wie in der Regel – die Einkommensverhältnisse in dem Verfahren eine Rolle spielen.[63] Neben den materiellrechtlichen Verpflichtungen zur Auskunft nach §§ 1361 IV, 1580, 1605 BGB wurde durch das Gesetz zur Vereinheitlichung des Unterhalts minderjähriger Kinder noch eine prozessuale Auskunftspflicht der Parteien und Dritter in § 643 ZPO geschaffen. (s. Rn 561).

3. Unterhaltsrechtliche Relevanz steuerrechtlich erfaßter Einkünfte

33 Das Einkommen wird auch im Steuerrecht regelmäßig genau erfaßt. Es stehen daher meist **steuerrechtliche Unterlagen** zur Überprüfung der unterhaltsrechtlichen Angaben zur Verfügung. Um die Angaben in solchen steuerrechtlichen Unterlagen besser auf ihre unterhaltsrechtliche Relevanz überprüfen und auswerten zu können, ist es hilfreich, wenn man Sinn, Zweck und Bedeutung solcher Angaben im Rahmen der steuerrechtlichen Ermittlungen versteht und wenn man die Positionen kennt, bei denen die entsprechenden Angaben mit besonderer Aufmerksamkeit auf ihre unterhaltsrechtliche Relevanz überprüft werden müssen. Denn das unterhaltsrechtlich relevante Einkommen ist nicht identisch mit dem steuerpflichtigen Einkommen.[64]

34 Die zu versteuernden Einkünfte eines Verpflichteten sind in der Regel wesentlich geringer als das Einkommen, nach dem sich der Unterhalt bemißt.[65] Mit einem Schlagwort läßt sich sagen, daß **das Steuerrecht großzügiger** ist als das Unterhaltsrecht. Unterhaltsrechtlich wird einerseits zusätzlich vieles als Einkommen angerechnet, was nicht versteuert werden muß, z. B. Wohngeld, BAföG-Leistungen, teilweise Renten u. ä. Andererseits liegt es daran, daß nicht alles, was steuerrechtlich als Werbungskosten oder Betriebsausgaben abgezogen werden kann, auch unterhaltsrechtlich als berechtigter Abzugsposten anzuerkennen ist. Es gibt auch eine Vielzahl von steuerspezifischen Absetzungs- und Abschreibungsmöglichkeiten zur Konjunkturbelebung oder Vermögensbildung, die zum Schutz der Unterhaltsberechtigten nicht einkommensmindernd berücksichtigt werden dürfen.[66]

35 Wegen der besonders in bezug auf **Abschreibungen** im Steuerrecht herrschenden Großzügigkeit dürfen unterhaltsrechtlich nur solche Beträge abgeschrieben werden, die für die Erhaltung der Einkommensquelle tatsächlich erforderlich sind bzw. waren. Alles, was darüber hinausgeht und aus wirtschaftspolitischen Gründen auf eine Steuerersparnis hinausläuft, der Vermögensmehrung dient oder in sonstiger Weise zu einer unterhaltsrechtlich nicht zumutbaren Minderung des Unterhaltsanspruchs führt, hat außer Betracht zu bleiben.[67] Näher zu Abschreibungen s. Rn 102, 137 und 177 f.

36 Auch bei **Einkünften aus Vermietung und Verpachtung** wirken sich erfahrungsgemäß Abschreibungen für die Abnutzung von Gebäuden sowie Instandsetzungskosten erheblich zugunsten des Steuerpflichtigen aus, ohne daß diese in gleicher Weise unterhaltsrechtlich berücksichtigt werden dürfen. So berühren z. B. die Abschreibungen für die Abnutzung von Gebäuden das unterhaltsrechtlich maßgebliche Einkommen nicht, weil ihnen lediglich eine pauschal vermutete Wertminderung von Vermögensgegenständen zugrunde liegt. Die zulässigen steuerlichen Pauschalen gehen vielfach über das tatsächliche Ausmaß einer Wertminderung hinaus. Außerdem kann eine solche Wertminderung durch eine günstige Entwicklung des Immobilienmarktes ausgeglichen werden. **Instandsetzungskosten** oder sonstige Investitionen können nur insoweit einkommensmindernd berücksichtigt werden, als es sich um notwendigen Erhaltungsaufwand handelt und

---

[63] BGH, FamRZ 1986, 885 = NJW 1986, 3080
[64] BGH, FamRZ 1998, 357 = R 515 a; FamRZ 1987, 46, 48 = R 313 b; FamRZ 1980, 770 = R 38
[65] BGH, FamRZ 1997, 281, 283 = R 509 g
[66] BGH aaO
[67] BGH, FamRZ 1998, 357 = R 515; FamRZ 1987, 46, 48 = R 313 b; FamRZ 1980, 770 = R 38

1. Abschnitt: Überblick und Grundlagen § 1

nicht um Aufwand für Vermögensbildung, wie er etwa vorliegt, wenn Ausbauten und wertsteigernde Verbesserungen vorgenommen worden sind.[68] Dennoch ist es ratsam, die handelsrechtlichen und steuerrechtlichen Belege wegen ihres meist unersetzlichen informativen Wertes für die Einkommensermittlung heranzuziehen. Es ist aber wichtig, bei der unterhaltsrechtlichen Bewertung jeder einzelnen steuerrechtlichen Einkunftsart immer wieder an die unterschiedlichen steuerrechtlichen Ermittlungsweisen zu denken und dabei aufmerksam die jeweiligen unterhaltsrechtlichen Besonderheiten zu erkennen und korrigierend zu berücksichtigen.

4. Steuerrechtliche und unterhaltsrechtliche Einkunftsarten

Die nahezu lückenlose Einkommenserfassung im Steuerrecht legt es nahe, die hierzu entwickelte Systematik auch für das Unterhaltsrecht heranzuziehen. Das Steuerrecht kennt sieben Einkunftsarten (§ 2 EStG): 37
- Einkünfte aus Land- und Forstwirtschaft.
- Einkünfte aus Gewerbebetrieb.
- Einkünfte aus selbständiger Arbeit.
- Einkünfte aus nichtselbständiger Arbeit.
- Einkünfte aus Kapitalvermögen.
- Einkünfte aus Vermietung und Verpachtung.
- Sonstige Einkünfte im Sinn des § 22 EStG.

Die Einkünfte aus den drei ersten Einkunftsarten werden wegen der Art ihrer Ermittlung als **Gewinn** bezeichnet (§ 2 II Nr. 1 EStG). Die Gewinnermittlung erfolgt je nach Größe und Art des Betriebes im Weg des Betriebsvermögensvergleichs (Bilanzierung; § 4 I EStG) oder auf vereinfachte Weise durch eine Einnahmen-Überschußrechnung (§ 4 III EStG). Gewinn nach der zuletzt genannten Methode ist die Summe der Betriebseinnahmen abzüglich aller Betriebsausgaben. Die Einkünfte aus den vier weiteren Einkunftsarten sind wegen der Art ihrer Ermittlung sogenannte **Überschußeinkünfte**. Überschuß ist die Summe aller Einnahmen abzüglich der Werbungskosten (§ 2 II Nr. 2 EStG). 38

Die steuerrechtlich relevanten Einkünfte sind also in allen Fällen sogenannte **Reineinkünfte**, die sich errechnen aus der Summe aller zugeflossenen, zu versteuernden Bruttoeinnahmen abzüglich Aufwendungen, die zur Erwerbung, Sicherung oder Erhaltung der Einnahmen notwendig waren. Das sind alle Betriebsausgaben und Werbungskosten. Die gleiche Weise der Einkunftsermittlung gilt im Prinzip auch für die unterhaltsrechtlich relevanten Einkünfte. Auch diese sind Reineinkünfte, d. h. Bruttoeinnahmen abzüglich Werbungskosten oder Betriebsausgaben. Beim Arbeitseinkommen werden die Werbungskosten im Unterhaltsrecht als **berufsbedingte Aufwendungen** bezeichnet. Zu den steuerrechtlich relevanten Einkunftsarten kommen unterhaltsrechtlich noch vermögenswerte Vorteile wie z. B. **Wohnvorteile** (Rn 211 f), nicht zu versteuernde Einkommensteile und **fiktives Einkommen** aus unterlassener zumutbarer Erwerbstätigkeit (Rn 386 f) sowie aus nicht verantwortlich genutztem Vermögen (Rn 325 f). Einer besonderen Erörterung bedürfen auch Einkünfte aus **unzumutbarer Erwerbstätigkeit**, weil diese nach den §§ 242 BGB, 1577 II BGB nur teilweise anzurechnen sind (Rn 440 f). 39

5. Gliederung der unterhaltsrechtlich relevanten Einkünfte

Aus Gründen der unterhaltsrechtlichen Praxis hält sich die Gliederung der Einkünfte in § 1 des Buches nicht an die im Steuerrecht vorgegebene Reihenfolge der einzelnen Einkunftsarten. Übereinstimmung besteht jedoch mit der Art und Weise der jeweils im Steuerrecht durchzuführenden Einkommensermittlung bei den verschiedenen Einkunftsarten. Werden die hier zu ermittelnden Einkünfte nach sachlichen Gesichtspunkten geordnet, kann man von Erwerbseinkünften, Vermögenseinkünften, Erwerbsersatzeinkünften sowie sonstigen Einkünften sprechen. 40

---

[68] BGH, FamRZ 1984, 39, 41 = NJW 1984, 303

41 **Erwerbseinkünfte** sind alle Einkünfte, die auf dem Einsatz der Arbeits- und Leistungskraft beruhen. Unterhaltsrechtlich gibt es für Erwerbseinkünfte beim Ehegattenunterhalt als Besonderheit den sogenannten „Erwerbstätigenbonus" (Rn 4/373). Diesen gibt es nicht bei den übrigen Einkünften. Zu den Erwerbseinkünften zählen:
– Einkünfte aus abhängiger Arbeit (siehe Rn 46).
– Einkünfte von Freiberuflern, sonstigen Selbständigen und Gewerbetreibenden, die nicht buchführungspflichtig sind und auch freiwillig keine Bücher führen (siehe Rn 110 f).
– Einkünfte von Vollkaufleuten, Gewerbetreibenden und sonstigen Selbständigen, die ihren Gewinn nach § 5 EStG durch Betriebsvermögensvergleich ermitteln (Rn 142 f). Bei dieser Einkunftsart ist zu berücksichtigen, daß es sich genaugenommen um eine Mischung von Erwerbseinkünften und Vermögenseinkünften handelt, weil der Gewinn auch auf dem investierten Kapital beruht. Diese Einkünfte werden unterhaltsrechtlich zu den Erwerbseinkünften gerechnet, wenn und soweit auch der persönliche Leistungseinsatz für die Gewinnerzielung bedeutsam ist.
– Einkünfte aus Land- und Forstwirtschaft (Rn 186).

42 Bei den **Vermögenseinkünften** handelt es sich im wesentlichen um alle Nutzungen aus einem Vermögen oder Kapital einschließlich der Gebrauchsvorteile eines Vermögens. Unterhaltsrechtlich sind in diesem Zusammenhang auch die Probleme einer zumutbaren, aber unterlassenen Vermögensverwertung zu erörtern.
Die bedeutsamsten Vermögenseinkünfte sind:
– Einkünfte aus Vermietung und Verpachtung (Rn 193).
– Wohnvorteil als Gebrauchsvorteil eines Vermögens (Rn 211).
– Einkünfte aus Kapital (Zinsen oder Dividenden) (Rn 303).
– Zurechenbare Einkünfte aus unterlassener zumutbarer Vermögensverwertung (Rn 325).

43 Bei den **Erwerbsersatzeinkünften** handelt es sich um Einkommen aus einer früheren Erwerbstätigkeit, die wegen Alters oder Invalidität beendet wurde oder wegen Krankheit oder Arbeitslosigkeit vorübergehend unterbrochen ist. Hierzu zählen:
– Einkünfte aus Renten und Pensionen (Rn 338).
– Einkünfte aus vergleichbaren Erwerbsersatzleistungen, wie etwa Arbeitslosengeld, Krankengeld usw. (Rn 80).

44 Zu den **sonstigen Einkünften** zählen insbesondere:
– Alle sozialstaatlichen Zuwendungen wie Wohngeld, BAföG, Kindergeld und Pflegegeld (Rn 351).
– Steuerrechtliche Vorteile (Rn 470).
– Freiwillige unentgeltliche Zuwendungen Dritter (Rn 368).
– Zuwendungen eines neuen Partners an den Berechtigten sowie fiktive Einkünfte für Gegenleistungen des Berechtigten an den neuen Partner (Rn 372).
– Einkünfte aus Unterhaltszahlungen (Rn 379).

45 Abschließend werden noch einige sozialstaatliche Leistungen erwähnt, die unterhaltsrechtlich nicht als Einkommen gewertet werden (Rn 383). Gesondert erörtert wird die unterhaltsrechtlich bedeutsame fiktive Zurechnung erzielbarer Einkünfte bei unterlassener zumutbarer Erwerbstätigkeit (Rn 386 ff) und die Anrechnung von Einkünften aus unzumutbarer Erwerbstätigkeit (Rn 440). Da es sich bei den hier beschriebenen Einkünften um Reineinkünfte und nicht um Nettoeinkünfte handelt, sind diese noch zu vermindern um die Einkommensteile, die für Unterhaltszwecke nicht zur Verfügung standen (Rn 486).

2. Abschnitt: Einkünfte aus abhängiger Arbeit sowie Nebeneinkünfte und Lohnersatzleistungen bei oder nach einem bestehenden Arbeitsverhältnis

I. Überblick

1. Bruttoeinnahmen und berufsbedingte Aufwendungen

Die Einkünfte aus abhängiger Arbeit sind **Überschußeinkünfte** (Rn 38). Sie errechnen sich aus der Summe aller Bruttoeinnahmen eines Kalenderjahres abzüglich aller in dem gleichen Kalenderjahr entstandener Ausgaben, die notwendig waren, um dieses Einkommen zu erwerben oder zu erhalten. Diese Ausgaben werden **berufsbedingte Aufwendungen** oder wie im Steuerrecht Werbungskosten genannt. Zu ermitteln ist somit der Überschuß, der sich nach Abzug der berufsbedingten Aufwendungen ergibt. 46

Zu den Bruttoeinnahmen zählen grundsätzlich alle Einkünfte, die ein Arbeitnehmer aus einem Arbeits- oder Dienstverhältnis laufend, unregelmäßig oder einmalig bezieht, einschließlich Sonderzuwendungen, Zulagen, Zuschlägen, Zuschüssen, Sachbezügen und sonstigen Nebeneinnahmen.[1] Es kommt auch nicht darauf an, ob die Erwerbstätigkeit legal oder als „**Schwarzarbeit**" ausgeübt wird. „Schwarzarbeit" darf allerdings jederzeit folgenlos beendet werden, weil sie gesetzwidrig und damit auch unzumutbar ist. Stammen die „schwarzen" Einkünfte nur aus einer Nebentätigkeit, sind jedoch die in Rn 74 f dazu entwickelten Grundsätze zu beachten. Das laufende Entgelt sowie gesetzliche oder tarifliche Zulagen oder Zuwendungen sind in der Regel anhand der **Verdienstbescheinigungen** des Arbeitgebers, der Lohnsteuerkarte (Rn 579) oder des **Steuerbescheides** nebst **Steuererklärung** festzustellen. Zwischen den Berufseinnahmen und den berufsbedingten Aufwendungen muß ein zweckbedingter wirtschaftlich notwendiger Zusammenhang bestehen. 47

Anders als im Steuerrecht, das Werbungskosten in der Regel anerkennt, wenn der Pflichtige sie als berufsnotwendig bezeichnet, sind **berufsbedingte Aufwendungen** unterhaltsrechtlich stets vom Gericht auf ihre objektive Notwendigkeit und Angemessenheit zu überprüfen und gegebenenfalls nach einer Schätzung gemäß § 287 ZPO (Rn 6/728) herabzusetzen. Deshalb sind genaue Darlegungen zur Notwendigkeit und zur Höhe der berufsbedingten Aufwendungen erforderlich, wenn ein konkreter Abzug über die gängigen Pauschalen hinaus (Rn 94 f) verlangt wird. 48

2. Nicht berufsbedingte Aufwendungen

Nicht zu den berufsbedingten Aufwendungen zählen vor allem die Ausgaben für die **Vermögensbildung** und alle Kosten der **privaten Lebensführung**, wie Aufwendungen für Ernährung, Wohnung, Kleidung, Repräsentation, Kinder und für Wirtschaftsgüter, deren Nutzung im privaten Bereich üblich ist. Betreffen sogenannte gemischte Aufwendungen sowohl die private Lebensführung als auch den beruflichen Bereich, so sind sie grundsätzlich überhaupt nicht absetzbar. Ausnahmsweise ist eine Aufteilung in einen nicht absetzbaren Anteil für die private Lebensführung und einen abziehbaren berufsbedingten Anteil zulässig, wenn objektive Merkmale und Unterlagen eine zutreffende und leicht nachprüfbare Trennung und Anteilsschätzung nach § 287 ZPO (Rn 6/728) ermöglichen. Dies kann der Fall sein bei Kraftfahrzeug-, Telefon- und Reisekosten, wenn genaue und zuverlässige Einzelangaben vorliegen. 49

---

[1] BGH, FamRZ 1986, 780 = R 301 a

II. Der Prüfungszeitraum

50 Vgl. zunächst Rn 11 f. In der Praxis der Instanzgerichte wird aus Gründen der Praktikabilität das jeweils **zuletzt abgelaufene Kalenderjahr** als Beurteilungszeitraum bevorzugt.[2] Dabei werden auch die erst in der Jahresmitte oder am Jahresende bezogenen Sonderzuwendungen in vollem Umfang mit einbezogen.[3] Dieser Weg bietet erhebliche Vorteile. Das Jahreseinkommen läßt sich ohne weiteres entweder der Lohnsteuerkarte (Rn 579) oder der Gehaltsabrechnung für den Dezember entnehmen, wenn darin auch die aufgelaufenen Jahresbeträge ausgewiesen werden. Zusätzlich braucht in der Regel nur nach etwaigen Steuernachzahlungen oder -erstattungen gefragt zu werden. Werden dagegen die vergangenen letzten 12 Monate herangezogen, müssen zunächst alle Monatsabrechnungen beschafft und sodann alle Einzelbeträge jeweils zusammengerechnet werden. Dies kann bei einmaligen Sonderzahlungen zu Schwierigkeiten führen, weil sie normalerweise auf das Kalenderjahr umzulegen sind.

51 Sind nach dem Kalenderjahr, das der Beurteilung zugrunde liegt, durch Lohnerhöhungen oder -ermäßigungen, Änderungen der Steuerklasse u. ä. wesentliche Veränderungen eingetreten, muß den veränderten Einkünften durch Zu- oder Abschläge Rechnung getragen werden. Hat sich etwa ein bisher gut verdienender Verpflichteter kurz vor der mündlichen Verhandlung mit einer bescheidenen Rente zur Ruhe gesetzt, darf für die in der Zukunft liegenden Zeiträume nur von der Rente ausgegangen werden. Für die Zeit bis zur Verrentung ist der Unterhalt dagegen noch nach den Einkünften des vergangenen Kalenderjahres zu bestimmen.

52 Manchmal verändert sich das unterhaltsrechtlich relevante Einkommen mehrmals im Kalenderjahr erheblich. Auch in diesen Fällen sollte in der Regel auf den Jahresdurchschnitt abgestellt werden.

> **Beispiel:** Zu Beginn des Jahres beträgt das relevante Einkommen 3000 DM. Im Mai fällt eine bisher berücksichtigte Verbindlichkeit von 500 DM weg, von September bis November gibt es nur Arbeitslosengeld von monatlich 2000 DM, im Dezember wurden 4000 DM verdient.

53 Vielfach wird in diesen Fällen der Unterhalt für die einzelnen Zeitabschnitte getrennt berechnet, also von Januar bis Mai aus 3000 DM, von Juni bis August aus 3500 DM, von September bis November aus 2000 DM und für die folgende Zeit aus 4000 DM. Dieses umständliche Verfahren bürgt nur scheinbar für größere Gerechtigkeit. Der Berechtigte erhält ständig wechselnde Beträge und kann sich daher nur schlecht auf seine Zukunft einstellen. Das nur in einem Monat erzielte Einkommen von 4000 DM kann nicht ohne weiteres als dauerhaft erzielbar behandelt werden. Sowohl für die Vergangenheit als auch für die Zukunft sollte daher selbst in solchen Fällen von dem **Durchschnittseinkommen** von 3000 x 5 (Januar bis Mai) + 3500 x 3 (Juni bis August) + 2000 x 3 (September bis November) + 4000 (Dezember) = 15 000 + 10 500 + 6000 + 4000 = 35 500 :12 = 2958 DM ausgegangen werden. Eine andere Beurteilung der zukünftigen Unterhaltsansprüche ist nur dann veranlaßt, wenn sich zusätzliche Anhaltspunkte dafür ergeben, daß das im Dezember erzielte Einkommen von 4000 DM nicht mehr absinken kann. Ist etwa der Verpflichtete Beamter mit diesem Einkommen geworden, wäre es richtig, für die ab Januar des folgenden Kalenderjahrs fällig werdenden Unterhaltsansprüche ausschließlich von dem nunmehr erzielten Einkommen von 4000 DM auszugehen.

54 Bei Auseinandersetzungen, die sich in die Länge ziehen, kann es erforderlich werden, den Prüfungszeitraum zu verändern und dem Zeitablauf anzupassen. Wurde etwa im Oktober 1998 Trennungsunterhalt für die Zeit ab der Trennung im Juni 1998 auf der Basis der durchschnittlichen Einkünfte des Jahres 1997 geltend gemacht und kommt es 1998 nicht mehr zum Verfahrensabschluß, so sollte sofort mit Beginn des Jahres 1999 der Unterhalt nach den Einkünften 1998 neu berechnet werden. Die neu berechneten Einkünfte

---

[2] Vgl. etwa OLG München, FamRZ 1984, 173
[3] OLG Hamburg, FuR 1997, 120

2. Abschnitt: Einkünfte aus abhängiger Arbeit, Nebeneinkünfte § 1

sind dann nicht nur für die Zukunft, sondern auch für die Rückstände aus dem Jahr 1998 maßgeblich. Dieses Verfahren führt in der Regel zu gerechteren, weil zeitnäheren Ergebnissen. Wenn sich allerdings nur wenig verändert hat, empfiehlt es sich nicht, den Prüfungszeitraum zu verändern.

III. Typische Bruttoeinnahmen

1. Barbezüge aller Art

- Löhne, Gehälter, Provisionen, Tantiemen, Prämien für besondere Leistungen, Umsatz- und Gewinnbeteiligungen, nebst Zuschlägen, Zulagen und Sonderzuwendungen aller Art[4] sowie der Wehrsold nach dem Wehrsoldgesetz.   55
- Beamtengehalt nebst Ortszuschlag,[5] einschließlich kinderbezogener Bestandteile der Dienstbezüge,[6] auch wenn sie erst durch eine weitere Ehe und daraus hervorgegangene Kinder begründet wurden.[7] Zum Einkommen zählt sogar der Zuschlag zum Ortszuschlag, den der in einer neuen Ehe verheiratete Beamte für ein bei ihm lebendes Stiefkind erhält, auch wenn er nicht unterhaltsverpflichtet ist.[8] Stehen beide Elternteile im öffentlichen Dienst, ist der nur einmal ausbezahlte kindbezogene Teil des Familienzuschlages zwischen den Eltern aufzuteilen.
- Die Haushalts- und Erziehungszulage eines Beamten der Europäischen Kommission.[9]
- Entgelt für Arbeit in einer Behindertenwerkstatt.[10]
- Kinderzuschüsse, die das Kindergeld übersteigen.[11]
- Erhöhte Auslandsdienstbezüge nebst Zuschlägen und Zulagen.[12] Zum Ausgleich für schwierige Lebensbedingungen kann jedoch ein Teil anrechnungsfrei bleiben.[13] In vollem Umfang können der Kaufkraftausgleich und ein Mietzuschuß unberücksichtigt bleiben, wenn schon nach § 287 ZPO angenommen werden kann, daß damit nur ein tatsächlich vorhandener Mehraufwand abgedeckt wird.[14]
- Urlaubs- und Weihnachtsgeld sowie sonstige Sonderzuwendungen.[15] Dabei dürfen nicht die im Monat der Auszahlung einbehaltenen Steuern, sondern nur die aufs ganze Jahr bezogenen Steuern abgesetzt werden. Näheres zu den Steuern s. Rn 458 f.
- Berufsübliche Prämien wie Treue- und Leistungsprämien; Prämien wegen Verbesserungsvorschlägen, Umsatzbeteiligungen u. ä.[16]
- 13. oder 14. Monatsgehalt.[17]
- Monatszulagen.[18]
- Fliegerzulagen und Fliegeraufwandsentschädigungen nach dem Soldatenversorgungsgesetz. Die Mehraufwendungen zum Erhalt der fliegerischen Leistungsfähigkeit können pauschal mit $1/3$ gemäß § 287 ZPO geschätzt werden.[19]

---

[4] BGH, FamRZ 1986, 780 = 301 a; FamRZ 1982, 250 = NJW 1982, 822
[5] OLG Köln, FamRZ 1983, 750; K. L. D I 37
[6] BGH FamRZ 1989, 172 = R 380 a
[7] BGH FamRZ 1990, 981, 983 = R 416 d
[8] BGH, FamRZ 1989, 172 = R 380 a
[9] OLG Koblenz, FamRZ 1995, 1374
[10] Der Auffassung des OLG Oldenburg, FamRZ 1996, 625, eine bedarfsmindernde Anrechnung dürfe nicht erfolgen, weil das Entgelt nur eine Anerkennung darstelle und die Eingliederung in das Erwerbsleben vorbereiten solle, kann nicht gefolgt werden.
[11] BGH, FamRZ 1981, 28 = NJW 1981, 172; FamRZ 1980, 1112 = NJW 1981, 167; s. jetzt auch § 1612 c BGB
[12] BGH, FamRZ 1980, 342, 344 = R 36 a
[13] OLG Köln, FamRZ 1991, 940
[14] OLG Bamberg, FamRZ 1997, 1339
[15] BGH, FamRZ 1982, 250 = NJW 1982, 822; FamRZ 1991, 416, 418 = NJW 1991, 1049
[16] BGH, FamRZ 1970, 636 = NJW 1971, 137; FamRZ 1982, 250 = NJW 1982, 822
[17] BGH, FamRZ 1970, 636 = NJW 1971, 137
[18] BGH, FamRZ 1982, 887 = NJW 1982, 1983
[19] BGH, FamRZ 1994, 21 = R 466a

– Vermögenswirksame Leistungen des Arbeitnehmers mit Ausnahme der Sparzulagen. Diese sind nicht als Einkommen anzurechnen, weil es sich der Sache nach um eine dem Konsum nicht zur Verfügung stehende staatliche Prämie zur Förderung der Vermögensbildung handelt.[20] Beim Ehegattenunterhalt wird allerdings regelmäßig davon auszugehen sein, daß insoweit keine prägenden Einkünfte vorliegen (vgl. Rn 20).
– Arbeitgeberzahlungen für eine als betriebliche Altersversorgung ausgestaltete Direktversicherung.[21]
– Ministerialzulage.[22]
– Heimarbeiterzuschlag.
– Abgeordnetenentschädigungen und Kostenpauschale zur Abgeltung typischer mandatsbedingter Aufwendungen. Der Abgeordnete muß darlegen und belegen, in welchem Umfang er durchschnittlich die Aufwandsentschädigung oder Kostenpauschale für mandatsbedingte Aufwendungen benötigt.[23]
– Sitzungsgelder bei Mitwirkung in kommunalen Gebietsvertretungen.[24]
– Entschädigungen für Schöffentätigkeit und für die Führung einer Vormundschaft[25] sowie für ähnliche ehrenamtliche Tätigkeiten.
– Vergütungen des Krankenhauspersonals aus Liquidationseinnahmen der Chefärzte oder aus einem Mitarbeiterfonds (Liquidationspool).
– Trinkgelder einschließlich der Anteile aus einem Trinkgeldpool. Besteht Streit über die Höhe der Trinkgelder, darf nicht einfach eine Schätzung nach § 287 ZPO erfolgen, wenn konkrete Beweisangebote vorliegen.[26]
– Erfindervergütungen.
– Übergangsbeihilfe der Bundeswehr für einen ausgeschiedenen Soldaten.[27]
– Krankenhaustagegelder aus einem privaten Versicherungsvertrag.
– Steuererstattungen (dazu s. Rn 485 f).

2. Zweckbestimmte Entgelte für berufsbedingte Mehraufwendungen wie Spesen, Reisekosten und Auslösungen

56 Spesen und Reisekosten sind durch Geschäfts- oder Dienstreisen veranlaßte Aufwendungen. Meist sind es Fahrtkosten, zusätzlicher Aufwand für die Verpflegung, Übernachtungskosten sowie sonstige Nebenkosten. Dazu können auch die Kosten für Wochenendheimfahrten bei einer längeren Reise gehören.

57 **Unterhaltsrechtlich** werden Spesen und Reisekosten zunächst als Einkommen behandelt. Die durch die beruflich veranlaßte Reise tatsächlich entstandenen und nachgewiesenen Aufwendungen sind jedoch grundsätzlich in vollem Umfang abzuziehen, etwa die Fahrtkosten bei Sitzungsgeldern.[28] Wenn solche Entgelte im konkreten Fall oder nach der Lebenserfahrung nur einen tatsächlich anfallenden Mehraufwand abdecken, können sie daher unterhaltsrechtlich von vornherein unberücksichtigt bleiben (vgl. Rn 70). Wenn bei bescheiden bemessenen Pauschvergütungen nur geringe Überschüsse verbleiben, können diese Beträge ebenfalls wegen Geringfügigkeit anrechnungsfrei bleiben.[29]

58 **Auslösungen**, manchmal heißt es auch Auslösen, sind Entschädigungen, die private Arbeitgeber ihren Arbeitnehmern zum Ausgleich für Mehraufwendungen infolge auswärtiger Beschäftigung zahlen. Dies gilt auch bei Beschäftigungen im Ausland. Auslö-

---

[20] BGH, FamRZ 1980, 984 = R 42 b. Das OLG Hamburg läßt in FamRZ 1997, 574 nur die staatliche Sparprämie unberücksichtigt, rechnet aber die Arbeitgebersparzulage an.
[21] OLG München, FamRZ 1997, 613
[22] OLG Köln, FamRZ 1982, 706
[23] BGH, FamRZ 1986, 780 = R 301 b
[24] BGH, FamRZ 1983, 670, 672 = R 149 b; FamRZ 1986, 780 = NJW-RR 1986, 1002
[25] BGH, FamRZ 1983, 670, 673 = R 149 d
[26] BGH, FamRZ 1991, 182, 184 = R 430 c
[27] BGH, FamRZ 1987, 930 = R 328 a
[28] BGH, FamRZ 1983, 670, 672 = R 149 b
[29] BGH, FamRZ 1983, 670, 673 = R 149 b

2. Abschnitt: Einkünfte aus abhängiger Arbeit, Nebeneinkünfte §1

sungen sind steuerfrei, soweit sie konkret entstandenen Mehraufwand ausgleichen. Zahlt der Arbeitgeber höhere Auslösungen, als es dem tatsächlichen Mehraufwand entspricht, sind diese insoweit steuerpflichtig. Zahlt er geringere Auslösungen, zählt der Fehlbetrag zu den abziehbaren Werbungskosten des Arbeitnehmers. Unterhaltsrechtlich gilt für die Auslösungen im Prinzip das gleiche wie für Spesen (Rn 56). Sind Auslösungen erkennbar höher als der tatsächliche Mehraufwand, empfiehlt sich eine konkrete Berechnung, wobei der Betrag, der den tatsächlichen Aufwand übersteigt, zum Einkommen gerechnet werden muß.[30] Der anrechenbare Differenzbetrag kann nach § 287 ZPO geschätzt werden (Rn 6/728).

In Einzelfällen haben diese zweckbestimmten Entgelte auch eine **häusliche Ersparnis** 59 bei den privaten Lebenshaltungskosten zur Folge. Diese Ersparnis kann bis zu $1/3$ oder $1/2$ der Aufwandsentschädigung betragen.[31] Sie ist dann ebenfalls nach § 287 ZPO zu schätzen und zum Einkommen zu rechnen. Eine solche **Ersparnisschätzung** wird allerdings in der Regel nur bei Abwesenheitsspesen angebracht sein,[32] wie bei Tagesspesen, Essensspesen, Trennungsentschädigungen, Auslösungen, Montageprämien und Aufwandsentschädigungen. Fraglich ist eine häusliche Ersparnis bei Übernachtungsgeldern, Kleider- und Schmutzzulagen. Allenfalls bei gehäuften häuslichen Abwesenheiten sollte darüber nachgedacht werden, ob sich dadurch Einsparungen an Wasser-, Strom- und Heizkosten ergeben. Im allgemeinen sollte derartiges kleinliches Nachrechnen vermieden werden. Zu den besonderen Problemen beim Ersatz von Fahrtkosten s. Rn 96 f.

In der gerichtlichen Praxis ist festzustellen, daß vielfach erbittert um die Anrechnung 60 von Spesen und Auslösen beim Einkommen gerungen wird. Der damit verbundene Aufwand an Zeit und Energie lohnt sich jedoch nur selten. In der Regel entsprechen die Spesen dem entstandenen Aufwand. Es hat sich daher bei vielen Instanzgerichten eine Faustregel entwickelt, die von der Bewertung im Steuerrecht ausgeht. Handelt es sich um **steuerfreie** Spesen, Reisekosten und Auslösungen, wird vermutet, daß nur entstandener Aufwand abgedeckt wurde. In diesen Fällen erfolgt von vornherein keine Anrechnung. Nur bei **steuerpflichtigem** Unkostenersatz erfolgt eine Zurechnung zum Einkommen mit der Folge, daß der tatsächliche Aufwand geprüft werden muß.

Andere Gerichte sind weniger großzügig. Sie rechnen pauschal $1/3$ der Spesen zum Einkommen. Diese Regelung erscheint bedenklich, weil dabei nicht genügend beachtet wird, daß selbst die nachgewiesene Ersparnis vielfach als Einkommen aus „unzumutbarer Tätigkeit" angesehen werden muß und deshalb nach § 242 BGB nicht angerechnet werden kann (Rn 440 f). Dieser Gesichtspunkt kann in Betracht kommen, wenn eine besonders lästige Reisetätigkeit vorliegt oder wenn ein Fernfahrer, statt sich im Hotel einzuquartieren, die Nacht in seinem Lastzug verbringt.

Wenn der Unterhaltsberechtigte auf einen unter Beweis gestellten substantiierten Tatsachenvortrag des Verpflichteten zu Fahrtkostenerstattungen, Spesen oder Auslösungen nur mit einem allgemeinen Bestreiten reagiert, kann das Gericht diesen Tatsachenvortrag ohne Beweisaufnahme seiner Entscheidung zugrunde legen.[33] Im allgemeinen sollte kleinliches Nachrechnen in diesem Bereich vermieden werden. Dies gilt vor allem, wenn nur der Kindesunterhalt zu bestimmen ist, weil das zusätzlich zu berücksichtigende Einkommen nicht immer zu einer höheren Leistungsgruppe führt. Der mit der Überprüfung verbundene Arbeitsaufwand lohnt sich normalerweise nur bei den oft mit großzügigem Spesenersatz verbundenen Aufenthalten im Ausland.

3. Die Leitlinien zu den Spesen, Reisekosten, Auslösen

– Nach BayL 1 d gelten Spesen und Reisekosten sowie Auslösen in der Regel als Einkommen. Damit zusammenhängende Aufwendungen, vermindert um häusliche Er-

---

[30] BGH, FamRZ 1980, 342 = R 36a zu Auslandsentschädigungen; FamRZ 1986, 780 = R 301b zur Aufwandsentschädigung eines Abgeordneten
[31] BGH, VRS 1960, 801
[32] OLG Bamberg, FamRZ 1982, 519
[33] BGH, FamRZ 1990, 266 = R 389a

sparnisse, sind jedoch abzuziehen. Bei Aufwendungspauschalen (außer Kilometergeld) kann $1/3$ als Einkommen angesetzt werden.
- Nach BL A I 3 sind Auslösungen und Spesen nach den Umständen des Einzelfalls anzurechnen. Soweit solche Zuwendungen geeignet sind, laufende Unterhaltungskosten zu sparen, ist diese Ersparnis nach den Umständen des Einzelfalls zu schätzen und dem Einkommen zuzurechnen.
- Nach BraL I 1. 3 wird im Zweifel davon ausgegangen, daß eine Ersparnis eintritt, die mit $1/3$ der Nettobeträge dem Einkommen zuzurechnen ist.
- Nach CL I 4 werden Spesen und Auslösungen pauschal zu $1/3$ dem Einkommen hinzugerechnet, soweit nicht nachgewiesen wird, daß die Zulagen notwendigerweise in weitergehendem Umfang verbraucht werden.
- Nach DL A I 3 und HL 1. 4 sind Auslösungen und Spesen nach den Umständen des Einzelfalls anzurechnen. Soweit solche Zuwendungen geeignet sind, laufende Lebenshaltungskosten zu ersparen, ist diese Ersparnis in der Regel mit $1/3$ des Nettobetrages zu bewerten und dem anrechenbaren Einkommen zuzurechnen.
- Nach DrL I 1. 3 und NaL I 1. 3 werden Auslösen und Spesen dem Einkommen zugerechnet. Der Aufwand ist, vermindert um häusliche Ersparnisse, abzuziehen.
- Nach FL II 4 ist über die Anrechenbarkeit von Spesen und Auslösungen nach Maßgabe des Einzelfalls zu entscheiden. Als Anhaltspunkt wird man von einer anzurechnenden häuslichen Ersparnis von einem Drittel ausgehen können.
- Nach KL B I 39 sind Spesen voll dem unterhaltpflichtigen Einkommen zuzurechnen, wenn sie tatsächlich verschleiertes Arbeitseinkommen sind. In jedem Fall ist die Eigenersparnis Einkommen. Im übrigen ist für die Nichtanrechnung als Einkommen der konkrete vom Spesenempfänger darzulegende und ggf. nach § 287 ZPO zu schätzende Mehraufwand maßgebend. Für Auslösungen, Trennungsgelder, Trennungsentschädigungen, Montageprämien u. a. gilt Entsprechendes. Auslandszulagen, z. B. im diplomatischen Dienst, sind in Höhe des „Kaufkraftausgleichs" nicht, in Höhe des „Auslandszuschlags" aber dem unterhaltpflichtigen Einkommen zuzurechnen, es sei denn, der Unterhaltsverpflichtete beweist einen Mehrbedarf.
- Nach NL I 3 werden Auslösungen und Spesen pauschal dem Einkommen zugerechnet, soweit dadurch laufende Lebenshaltungskosten erspart werden, im allgemeinen $1/3$.
- Nach OL I 1a werden Auslösungen, Spesen usw. in der Regel zu $1/3$ angerechnet.
- Nach SchlL A I 5 stehen der Zahlung von Spesen und Auslösungen vielfach ersparte häusliche Aufwendungen gegenüber. Die Ersparnis wird in der Regel mit $1/3$ dieser Beträge bewertet und insoweit dem Einkommen hinzugerechnet.

4. Vergütungen und Zuschläge für Überstunden, Mehrarbeit, Urlaubsabgeltung und sonstige überobligationsmäßige Belastungen, wie bei Zuschlägen für Schicht-, Nacht-, Feiertags- und Sonntagsarbeit sowie bei Zulagen für Schmutz-, Schwer- und Schwerstarbeit

64 Solche Vergütungen sind in der Regel, auch wenn sie ganz oder teilweise steuerfrei gewährt werden, voll anzurechnen, wenn sie berufstypisch sind und entweder in geringem Umfang anfallen oder zumindest das im Beruf des Pflichtigen übliche Maß nicht übersteigen.[34] Im Regelfall wird man Überstunden bis zu 10 % der normalen Arbeitszeit als Überstunden in geringem Umfang ansehen können und voll anrechnen. Bei Berufskraftfahrern können in der Regel Überstunden **bis zu 25 %** der normalen Arbeitszeit noch als berufstypisch beurteilt werden.[35]

65 Geht das Überstundenmaß oder die sonstige Mehr- bzw. Sonderarbeit deutlich über diesen üblichen Rahmen hinaus, sind sie wie Einkünfte aus **unzumutbarer Arbeit** zu bewerten und nach Treu und Glauben unter Berücksichtigung der Umstände des Einzelfalls anzurechnen.[36] Beim unterhaltsberechtigten Ehegatten erfolgt eine Anrechnung unzu-

---
[34] BGH, FamRZ 1982, 779 = R 124 c; FamRZ 1980, 984 = R 42 a
[35] OLG Köln, FamRZ 1984, 1109
[36] BGH, FamRZ 1980, 984 = R 42 a; FamRZ 1979, 210

2. Abschnitt: Einkünfte aus abhängiger Arbeit, Nebeneinkünfte   § 1

mutbarer Überstunden nach § 1577 Abs. 2 BGB, sonst nach Billigkeit gemäß § 242 BGB (s. Rn 440 f).

Ähnliches gilt bei Zuschlägen für **Schicht-, Sonntags-, Feiertags- und Nachtarbeit** 66 sowie bei Zuschlägen für sonstige überobligationsmäßige Belastungen. Sie sind voll anzurechnen, wenn sie berufstypisch sind und in geringem Umfang anfallen. Übersteigen sie dieses Maß, können sie ebenfalls wie Einkünfte aus unzumutbarer Erwerbstätigkeit behandelt werden. Es handelt sich dann auch insoweit um Einkünfte aus überobligationsmäßigen Leistungen mit der Folge, daß der Mehrverdienst um einen gewissen „Bonus" vermindert werden kann. Nach OLG München[37] kann in solchen Fällen etwa ein Drittel der Zuschläge als Kompensation für die erheblichen Belastungen anrechnungsfrei verbleiben. Der Pflichtige soll sich hierdurch eine etwas aufwendigere Freizeit und Erholungsgestaltung leisten können und einen Anreiz erhalten, die belastenden Schicht- und Feiertagsarbeiten im Interesse der Unterhaltsberechtigten auch weiterhin auszuüben.

Urlaubsabgeltung: Auch Einkünfte, die durch Verzicht auf den tarifgemäßen Urlaub 67 erzielt werden (sog. Urlaubsabgeltung), sind wie Einkünfte aus unzumutbarer Arbeit (Rn 440 f) zu behandeln. Sie resultieren aus überobligationsmäßigen Anstrengungen, weil einem Arbeitnehmer nach allgemeiner Überzeugung und sozialer Gepflogenheit ein Verzicht auf den Jahresurlaub nicht zugemutet werden kann.[38]

Ist festzustellen, daß es sich um Einkünfte aus überobligationsmäßiger und damit **un-** 68 **zumutbarer Tätigkeit** handelt, können vom Berechtigten und vom Verpflichteten die zum Mehrverdienst führenden belastenden Umstände (hohe Überstunden, Urlaubsverzicht, Schichtarbeit, Schmutzarbeit und dergleichen) jederzeit beendet werden.[39] Aus diesem Grund können solche Einkünfte beim Ehegattenunterhalt auch **nicht als prägend** angesehen werden und sind bei der Bestimmung der ehelichen Lebensverhältnisse vollständig außer Betracht zu lassen.[40] Näher dazu Rn 4/258 und 4/545.

5. Sachbezüge, d. h. zusätzliche Leistungen des Arbeitgebers, die in einem geldwerten Vorteil bestehen

Die Bewertung der Sachbezüge erfolgt mit dem Betrag, der am Verbrauchsort für eine 69 vergleichbare Ware oder Leistung üblicherweise zu zahlen ist. Dieser Wert ist nach § 287 ZPO zu schätzen. Anzurechnen ist die durch die Sachzuwendung eingetretene Ersparnis. Sachbezüge sind:
– Freie Wohnung (oder Unterkunft), Dienstwagen, Zuschüsse zu den Energiekosten, zur Verpflegung und zu den Aufwendungen für Dienstpersonal.[41]
– Verbilligte Dienst- oder Werkswohnung oder sonstige Miet- und Wohnvorteile.
– Verbilligter Warenbezug und sonstige Einkaufs- oder Sonderrabatte.
– Deputate in der Land- und Forstwirtschaft.
– Unentgeltliche Überlassung eines Dienst- oder Geschäftswagens für private Zwecke. Auch wenn der Arbeitgeber einen Betriebs-Pkw nur für die Fahrten zwischen Wohnung und Arbeitsstätte unentgeltlich zur Verfügung stellt, ist dies ein geldwerter Vorteil, der zu schätzen und anzurechnen ist.
– Gewährung von Zuschüssen für private Anschaffungen.
– Privater Anteil der vom Arbeitgeber übernommenen festen und laufenden Kosten eines Telefonanschlusses in der Wohnung des Arbeitnehmers.
– Aufwendungen des Arbeitgebers für Verpflegungsmehraufwendungen und für doppelte Haushaltsführung.
– Verbilligte Überlassung von Aktien zu einem Vorzugskurs.

---

[37] OLG München, NJW 1982, 835
[38] OLG Köln, FamRZ 1984, 1108
[39] BGH, FamRZ 1983 146, 148 = R 142 b + d; OLG Hamburg, FamRZ 1984, 1257
[40] BGH, FamRZ 1985, 360, 362 = R 244 b
[41] BGH, FamRZ 1983, 352 = R 154 e

- Zuschüsse des Arbeitgebers zur freiwilligen Weiterversicherung in der Altersversorgung.
- Freifahrten und Freiflüge für private Zwecke.

70 Bei den Sachbezügen kommt es zunächst darauf an, ob ein tatsächlich entstandener beruflicher Mehraufwand abgegolten werden soll. Wird zB ein beruflicher Mehraufwand für einen Auslandsaufenthalt mit berufsbedingten Repräsentationspflichten durch zusätzliche Sachleistungen des Arbeitgebers wie freie Wohnung, Dienstwagen und sonstige Zuschüsse ausgeglichen, sind die Sachleistungen unterhaltsrechtlich genausowenig zu bewerten wie der Aufwand.[42] Handelt es sich jedoch um zusätzliche Leistungen (z. B. freie Kost und Wohnung), sind sie zu bewerten. Dazu können die Bewertungsrichtlinien des Steuer- und Sozialversicherungsrechts herangezogen werden. Sie sind realistisch und werden jeweils den Marktpreisen angepaßt.

6. Einmalige Zahlungen und Sonderzuwendungen wie z. B. Abfindungen u. ä.

71 Abfindungen (vgl. zunächst Rn 16) haben Lohnersatzfunktion und sind deshalb als Einkommen zu bewerten. Sie sind, wie sonstige einmalige Zuwendungen, je nach Höhe auf einen größeren Zeitraum (ein Jahr und länger) angemessen zu verteilen.[43] Ein verhältnismäßig geringer Einmalbetrag hat keine Auswirkung auf das Folgejahr.[44] Im einzelnen zählen hierzu:
- Gratifikationen und Jubiläumszuwendungen.[45]
- Abfindungen bei Verlust eines Arbeitsplatzes aufgrund eines Sozialplans.[46]
- Austrittsvergütungen, die ein Arbeitnehmer bei vorzeitiger Beendigung seines Arbeitsverhältnisses aus gesundheitlichen Gründen von der Versorgungskasse seines Arbeitgebers erhält.[47]
- Sonstige Abfindungen, Übergangsgelder oder Übergangsbeihilfen bei Entlassung aus einem Dienst- oder Arbeitsverhältnis oder aus der Bundeswehr.

72 Ein **Abfindungsbetrag** wegen Ausscheidens aus dem Erwerbsleben ist auf eine längere Zeit zu verteilen. Ist die Abfindung nicht mehr vorhanden, kann sich der Unterhaltsschuldner insoweit auf Leistungsunfähigkeit nur berufen, wenn er nicht unterhaltsbezogen leichtfertig oder verantwortungslos gehandelt hat.[48] Die Abfindungssumme selbst, nicht nur die Zinseinkünfte, ist im Rahmen einer sparsamen Wirtschaftsführung zur Deckung des nach den früheren ehelichen Lebensverhältnissen bemessenen Unterhaltsbedarfs aller zu verwenden. Die Abfindung dient als Ersatz des fortgefallenen Arbeitseinkommens dazu, daß eine Zeitlang die bisherigen wirtschaftlichen Verhältnisse aufrechterhalten werden können. Sie ist deshalb zeitlich so zu verteilen, daß der angemessene Bedarf des **Berechtigten und des Verpflichteten** in bisheriger Höhe sichergestellt wird. Erst nach Ablauf dieser Zeit erfolgt eine Anpassung des Unterhalts an die veränderten Verhältnisse.[49] Bei älteren Arbeitnehmern ist die Abfindung auf die Zeit bis zum Rentenbeginn zu verteilen.[50] Eine Übergangsbeihilfe der Bundeswehr dient dazu, die Zeit bis zum Erwerb eines neuen Arbeitsplatzes zu überbrücken.

73 Bei beengten wirtschaftlichen Verhältnissen ist der Verpflichtete jedoch nicht gehalten, die ihm aus der Abfindung zur Verfügung stehenden Mittel bis zum vollständigen Verbrauch einzusetzen, um die aus dem verminderten laufenden Einkommen nicht mehr fi-

---

[42] BGH, FamRZ 1983, 352 = R 154e
[43] BGH, FamRZ 1987, 930 = R 328a; FamRZ 1987, 358 = R 321a; FamRZ 1982, 250, 252 = R 98b
[44] BGH, FamRZ 1988, 1039
[45] BGH, FamRZ 1970, 636 = NJW 1971, 137
[46] BGH, FamRZ 1982, 250, 252 = R 98b
[47] OLG Köln, FamRZ 1998, 619
[48] OLG München, FamRZ 1998, 559
[49] BGH, FamRZ 1987, 359 = R 321a
[50] OLG Koblenz, FamRZ 1991, 573: auf 6 Jahre

2. Abschnitt: Einkünfte aus abhängiger Arbeit, Nebeneinkünfte § 1

nanzierbaren Ansprüche des Berechtigten nach dem früheren Erwerbseinkommen weiter zu bezahlen, wenn dem Verpflichteten selbst nur ein Betrag in der Größenordnung des sogenannten „billigen Eigenbedarfs" verbleibt.[51] Bei gesteigerter Unterhaltspflicht gegenüber minderjährigen Kindern sind die Mittel für den eigenen Bedarf sparsam einzusetzen, um den notwendigen Unterhalt des minderjährigen Kindes nach Möglichkeit bis zur Volljährigkeit sicherzustellen.[52]

7. Einkünfte aus Nebentätigkeiten und sonstiger Zweitarbeit neben einer hauptberuflichen Tätigkeit

Bei Einnahmen aus **Nebentätigkeiten** zusätzlich zu einem regulären Arbeitsverhältnis sind in der Regel Zumutbarkeitsgesichtspunkte zu berücksichtigen.[53] Sie sind zumindest teilweise anzurechnen, vor allem, wenn sie die ehelichen Lebensverhältnisse geprägt haben. Besteht die Nebentätigkeit neben einer tarifüblich vollen Haupttätigkeit, handelt es sich um eine überobligationsmäßige zusätzliche Arbeitsbelastung, die mit der Situation eines Überstunden leistenden Arbeitnehmers vergleichbar ist (Rn 64). Prüfungsmaßstab ist der Rechtsgedanke des § 1577 II BGB, der auch im Verwandtenrecht gilt.[54] Der Umfang der Anrechnung richtet sich daher nach Treu und Glauben unter Berücksichtigung der Umstände des Einzelfalls.[55] 74

Was dem einzelnen nach der jeweils geltenden Sozialauffassung an Arbeit zumutbar ist, ist bei abhängiger Arbeit weitgehend durch Tarifverträge oder Gesetze geregelt. Grundsätzlich besteht bei abhängiger Arbeit nur eine Verpflichtung zu tarifgemäßer oder dienstzeitgemäßer Erwerbstätigkeit. Im Einzelfall kann es bei entsprechender tatrichterlicher Würdigung trotz hoher Zusatzbelastungen zumutbar und gerechtfertigt sein, die Einkünfte so lange voll anzurechnen, wie sie tatsächlich erzielt werden.[56] Bei dieser Abwägung ist auch zu berücksichtigen, daß sich eine volle Anrechnung von Einkünften aus einer Nebentätigkeit auf Dauer zuungunsten des Berechtigten als nebentätigkeitshemmend auswirken wird, weil bei voller Anrechnung der Anreiz zu überobligationsmäßigen Leistungen entfällt. Da die Erbringung solcher überobligationsmäßigen Leistungen vom Berechtigten nicht verlangt werden kann, können sie vom Verpflichteten stets eingeschränkt oder aufgegeben werden. Eine dadurch bedingte Minderung des Gesamteinkommens und damit des Unterhalts ist mit der Abänderungsklage geltend zu machen.[57] 75

Hat der Verpflichtete viele Jahre lang bis in die Zeit nach der Trennung der Parteien eine zusätzliche Wochenendarbeit ausgeübt, kann es fraglich sein, ob dies als überobligationsmäßige Nebentätigkeit zu beurteilen ist. Es liegt nahe, davon auszugehen, daß die aus einem derart beständigen Nebenerwerb erzielten Einkünfte die für das Maß des Unterhalts entscheidenden Lebensverhältnisse geprägt haben. Ergibt die tatrichterliche Beurteilung allerdings, daß es sich hierbei um eine unzumutbare überobligationsmäßige Tätigkeit gehandelt hat, dann müssen die daraus erzielten Einkünfte bei der Bestimmung der **ehelichen Lebensverhältnisse** vollständig außer Betracht bleiben.[58] In **Mangelfällen** ist eine Anrechnung (zumindest in größerem Umfang) eher zumutbar.[59] Beim Verpflichteten sind Nebeneinkünfte in der Regel nicht mehr zu berücksichtigen, wenn der Berechtigte nur einer Teilzeitarbeit nachgeht und mit den hieraus erzielten Einkünften den nach dem Haupteinkommen des Verpflichteten berechneten Bedarf decken kann.[60] 76

---

[51] BGH, FamRZ 1990, 269 = R 405 b
[52] BGH, FamRZ 1987, 930 = R 328 a; OLG Hamm, FamRZ 1997, 1169
[53] BGH, FamRZ 1983, 152 = R 132 b
[54] BGH, FamRZ 1995, 475 = R 491 b
[55] FamRZ 1980, 984 = R 42 a
[56] BGH, FamRZ 1983, 152 = R 132 b
[57] BGH, FamRZ 1983, 152 = R 132 b
[58] BGH, FamRZ 1985, 360, 362 = R 244 b; FamRZ 1983, 146, 148 = R 142 d + e; dazu s. auch OLG Hamburg, FamRZ 1996, 217 zu einem Busfahrer, der am Wochenende noch als Schiffsführer tätig war; zur Nebentätigkeit als Discjockey vgl. OLG Stuttgart, FamRZ 1995, 1487
[59] BGH, FamRZ 1983, 569, 571 = R 152 c
[60] OLG Koblenz, FamRZ 1991, 1440

77 Das OLG München hält bei zusätzlichen Einkünften aus Nebentätigkeiten (Kommentatortätigkeit neben Beamtentätigkeit) einen Abschlag von $1/3$ der Nebeneinkünfte nach Treu und Glauben für angemessen.[61] Nach dem OLG Köln in KL D I 38 wird die Erwerbsobliegenheit grundsätzlich durch Arbeit im üblichen Tarifumfang hinreichend erfüllt. Ob und in welchem Umfang tatsächlich erzieltes Einkommen aus unzumutbarer Mehrarbeit, Nebentätigkeit oder Zweitarbeit anrechenbar ist, ist nach Billigkeit entsprechend den Umständen des Einzelfalles (hohe Schuldenbelastung, Sicherung des Mindestbedarfs, übermäßige Arbeitsleistung auch des Berechtigten) zu entscheiden. Nach dem OLG Köln[62] sind Nebeneinkünfte beim Ehegattenunterhalt nicht einkommenserhöhend zu berücksichtigen, wenn sie während des Zusammenlebens nicht zum Familienunterhalt, sondern im wesentlichen zur Vermögensbildung verwendet wurden.

78 Einkünfte aus **Werkstudentenarbeit** oder ähnliche Nebeneinkünfte bei Schülern, Lehrlingen und Studenten: Bei Schülern, Lehrlingen und Studenten besteht eine vergleichbare, sozialadäquate Haupttätigkeit in Schulbesuch, Ausbildung, Fortbildung und Studium. Deshalb sind sie im Prinzip nach den gleichen Grundsätzen wie oben Rn 74 f unter Zumutbarkeitsgesichtspunkten anzurechnen.[63] Es ist im konkreten Einzelfall zu prüfen, ob die Nebentätigkeit im Hinblick auf Art, Ziel, Dauer, Intensität und Stand der Ausbildung oder des Studiums einerseits sowie Art und Umfang der Nebentätigkeit andererseits ohne Gefährdung von Ausbildung oder Studium möglich und zumutbar ist. In der Regel wird die Nebentätigkeit nicht mehr zumutbar sein, wenn sie eine zielstrebige Ausbildung, vor allem einen bevorstehenden Examensabschluß, verzögern oder gefährden würde.[64] Anrechnungsfrei sollte auch der Betrag sein, den sich ein **Schüler** als Taschengeld durch Austragen von Zeitungen verdient.

79 **Andererseits** ist das Entgelt aus einer solchen Nebentätigkeit stets voll anzurechnen, wenn der Student „bummelt" und seiner Ausbildungsverpflichtung nicht in einer von ihm zu erwartenden Weise nachkommt. Nach OLG Köln[65] soll ein Verdienst aus Werkstudenten- und Schülerarbeit weitgehend anrechnungsfrei bleiben. Zu empfehlen ist es jedoch, in allen Fällen bei Einkünften eines Werkstudenten zwischen Art, Ziel und Dauer der Ausbildung einerseits und den Belangen des Berechtigten und des Verpflichteten andererseits abzuwägen. Je nach dem Ergebnis dieser Abwägung können die Einkünfte ganz oder teilweise anrechnungsfrei bleiben, oder aber auch in vollem Umfang angerechnet werden. So kann etwa nach Ablauf der Regelstudienzeit bei einem ausnahmsweise noch unterhaltsberechtigten Studenten das Nebeneinkommen nunmehr voll angerechnet werden.[66] Nicht vertretbar ist es, bei einem Studenten, dem monatlich 950 DM zur Verfügung stehen, Einkünfte von monatlich 350 DM grundsätzlich im Hinblick auf den Selbstbehalt eines Erwerbstätigen anrechnungsfrei zu lassen.[67] Für eine Nichtanrechnung kann auch sprechen, daß die Eltern überdurchschnittlich gut verdienen.[68] S. auch Rn 452 f.

8. Sozialleistungen mit Lohnersatzfunktion

80 Sozialleistungen werden entsprechend ihrem Leistungszweck danach unterschieden, ob sie eine Lohnersatzfunktion haben oder eine Unterhaltsersatzfunktion. Diese Differenzierung ist vor allem bedeutsam für die Beantwortung der Frage, ob und in welchem Umfang Sozialleistungen unterhaltsrechtlich als Einkommen anzurechnen sind. Sozialleistungen mit Lohnersatzfunktion sind unterhaltsrechtlich als Einkommen anzurechnen. Soweit nur eine Unterhaltsersatzfunktion besteht, wie etwa bei der Sozialhilfe, erfolgt

---

[61] OLG München, FamRZ 1982, 801
[62] OLG Köln, FamRZ 1998, 1427
[63] BGH, FamRZ 1995, 475 = R 491b; OLG Hamm, FamRZ 1997, 231
[64] BGH, FamRZ 1983, 140 = R 147b; FamRZ 1980, 126 = R 34a
[65] FamRZ 1996, 1101
[66] LG Hamburg, FamRZ 1997, 1421
[67] BGH, FamRZ 1995, 475 = R 491b
[68] OLG Hamm, FamRZ 1994, 1279

2. Abschnitt: Einkünfte aus abhängiger Arbeit, Nebeneinkünfte § 1

keine Anrechnung (vgl. Rn 383). Zu den Sozialleistungen mit Lohnersatzfunktion zählen:

a) Arbeitslosengeld nach § 117 SGB III.[69] Der Anspruch setzt voraus, daß der Arbeitslose arbeitsfähig ist und sich der Arbeitsvermittlung zur Verfügung stellt, seine Arbeitskraft also dem Arbeitsmarkt anbietet. Das Arbeitslosengeld ist ein Ausgleich für entgangenen Arbeitsverdienst.[70] Es ist auch dann voll anzurechnen, wenn es Ersatz für eine an sich unzumutbar gewesene Tätigkeit ist.[71] Beim Ehegattenunterhalt wird kein Erwerbstätigenbonus vorweg abgezogen.[72] Kosten, die bei der Suche nach einer neuen Stelle entstehen, sind jedoch abzuziehen (Rn 102 Stichwort „Anzeigen"). 81

b) Arbeitslosenhilfe nach § 190 SGB III wird gewährt, wenn auf Arbeitslosengeld kein Anspruch mehr besteht und der Arbeitslose außerdem bedürftig ist. Sie tritt nach Ablauf der Arbeitslosenunterstützung an die Stelle des weggefallenen Verdienstes und hat insofern auch eine **Lohnersatzfunktion**. Andererseits ist sie als subsidiäre Leistung ausgestaltet (§§ 193 f SGB III), auf die Unterhaltsansprüche des Arbeitslosen angerechnet werden können. Insoweit ist die Arbeitslosenhilfe eine Unterhaltsersatzleistung. Auf seiten des Verpflichteten ist Arbeitslosenhilfe daher als Einkommen zu berücksichtigen.[73] 82

Auf seiten des Unterhaltsberechtigten ist die Arbeitslosenhilfe dagegen nur eine subsidiäre Sozialleistung mit Unterhaltsersatzfunktion. Kann der Berechtigte seinen Unterhaltsanspruch noch nicht durchsetzen, kann ihm das Arbeitsamt nach § 203 I 1 SGB III zur Vermeidung von Härten die Arbeitslosenhilfe zahlen. Mit Leistungsanzeige an den Verpflichteten (§ 203 I 3 SGB III) geht der entsprechende Unterhaltsanspruch auf den Bund über. Wegen dieser Subsidiarität und dem Forderungsübergang mindert die Arbeitslosenhilfe nicht die Bedürftigkeit des Berechtigten und zählt daher nicht zu den Einkünften nach § 1577 I BGB.[74] Der BGH hat es in der zuletzt zitierten Entscheidung offengelassen, ob die Arbeitslosenhilfe dann als Einkommen des Berechtigten zu berücksichtigen ist, wenn das Arbeitsamt den Unterhaltsanspruch nicht auf den Bund überleitet. Die Frage dürfte jedenfalls für solche Zeiten zu bejahen sein, für die eine Überleitung und damit ein Forderungsübergang nicht mehr möglich ist, weil sonst der Berechtigte Unterhalt und zuzüglich Arbeitslosenhilfe erhalten würde. Zu Recht weist der BGH allerdings darauf hin, daß ohne einen entsprechenden Sachvortrag der Parteien nicht davon ausgegangen werden kann, das Arbeitsamt werde von einer Überleitung absehen.[75] Nach § 203 I 5 SGB III ist das Arbeitsamt sogar verpflichtet, den Ersatzanspruch geltend zu machen. 83

c) Krankengeld, Krankentagegeld und **Krankenhaustagegeld** sind ebenfalls Lohnersatzleistungen und als Einkommen anzurechnen. Abgezogen werden jedoch krankheitsbedingte Mehrkosten.[76] Gleiches gilt für die Lohnfortzahlung im Krankheitsfall. Auch insoweit ist bei Ehegattenunterhalt der Erwerbstätigenbonus nicht abzuziehen.[77] 84

d) Erziehungsgeld ist in der Regel wegen § 9 S. 1 BErzGG nicht als Einkommen anzurechnen. Dagegen zählt es nach § 9 S. 2 BErzGG als Einkommen bei gesteigerter Unterhaltpflicht gegenüber einem minderjährigen Kind (§ 1603 II BGB)[78] und im Rahmen einer Billigkeitsabwägung nach den §§ 1361, 1579 und 1611 BGB; zum Pflege- und Erziehungsgeld nach §§ 23 III, 39 SGB VIII (KJHG) s. Rn 363. 85

Außerdem sind wegen der **Lohnersatzfunktion** anzurechnen: 86
– Renten aus der gesetzlichen Unfallversicherung.[79]

---

[69] BGH, FamRZ 1987, 456, 458 = R 329a; NJW 1984, 1811 = R 207
[70] BGH, NJW 1984, 1811 = R 207
[71] OLG Hamburg, FamRZ 1992, 1308; OLG Stuttgart, FamRZ 1996, 415
[72] OLG Karlsruhe, FamRZ 1998, 746; OLG Stuttgart, FamRZ 1996, 415
[73] BGH, FamRZ 1996, 1067, 1069; FamRZ 1987, 456, 458 = R 329a; NJW 1984, 1811 = R 207; BSG, FamRZ 1985, 379 = R 221
[74] BGH, FamRZ 1987, 456 = R 329a
[75] BGH, FamRZ 1987, 456 = R 329a
[76] BGH, FamRZ 1987, 36, 38 = R 310b
[77] OLG Hamburg, FamRZ 1992, 1308
[78] OLG Nürnberg, FamRZ 1998, 981
[79] BGH, FamRZ 1982, 252 = R 100

Haußleiter

- Kurzarbeitergeld, Schlechtwettergeld, Streikgeld.[80]
- früheres Konkursausfallgeld nach §§ 141a, 141b AFG; Insolvenzgeld nach §§ 3 Nr. 10, 183ff SGB III.
- Ausbildungsvergütungen sowie Ausbildungsbeihilfen und Anlernzuschüsse sind anrechenbares Einkommen nach Vorabzug ausbildungsbedingter Aufwendungen.[81]
- Unterhaltszuschüsse für Beamte im Vorbereitungsdienst u. ä.
- Stipendien.
- Überbrückungsgeld eines Strafgefangenen für den Entlassungsmonat, in dem das Überbrückungsgeld ausbezahlt wird, das sogenannte Hausgeld bleibt anrechnungsfrei.[82]

Bezüge aus Renten, Pensionen und ähnlichen Leistungen, die genaugenommen auch Lohnersatzleistungen sind, werden in Rn 338 gesondert erörtert.

IV. Berufs- und ausbildungsbedingte Aufwendungen

1. Berufs- und ausbildungsbedingte Aufwendungen als Abzugsposten

87 Berufsbedingte Aufwendungen sind vom Einkommen abziehbare Werbungskosten, weil sie zur Einkommenserzielung notwendig sind.[83] Sie werden in fast allen OLG-Bezirken zusätzlich zum Erwerbstätigenbonus (Rn 4/373, 378), und zwar vor diesem (Rn 486), vom Einkommen abgezogen.[84] Die für berufsbedingte Aufwendungen benötigten Einkünfte können zur Bestreitung der Kosten der allgemeinen Lebensführung nicht verwendet werden und mindern deshalb das unterhaltsrechtlich relevante Einkommen.[85] Erfahrungsgemäß gibt es bei Einkünften aus abhängiger Arbeit berufsbedingte Aufwendungen für Fahrten zur Arbeitsstätte, außerhäusliche Verpflegung, erhöhten Kleiderverschleiß, Beiträge zu Berufsverbänden u. ä. Steuerrechtlich entspricht dem die Zuerkennung der Werbungskostenpauschale nach § 9a EStG in Höhe von jährlich 2000 DM, sofern nicht konkret höhere Aufwendungen geltend gemacht und belegt werden. Bei der unterhaltsrechtlichen Einkommensermittlung sind zu den berufsbedingten Aufwendungen auch **Kinderbetreuungskosten** zu rechnen, wenn die Betreuung durch Dritte infolge der Berufstätigkeit erforderlich wird (Rn 107).

88 Unterhaltsrechtlich sind solche Aufwendungen im einzelnen darzulegen und entweder der Höhe nach pauschaliert (s. Rn 89) geltend zu machen oder konkret aufzuschlüsseln und nachzuweisen (siehe Rn 95). Für ausbildungsbedingte Aufwendungen von Lehrlingen oder Studenten und Schülern mit eigenen Einkünften gilt im Prinzip das gleiche.[86] Genaueres s. Rn 2/91f. Grundsätzlich gilt, daß berufsbedingte Aufwendungen nur dann berücksichtigt werden können, wenn solche tatsächlich erwachsen sind. Der BGH[87] läßt insoweit eine Schätzung nach § 287 ZPO zu. Dazu s. Rn 6/733. Die Pauschalierungen in den Leitlinien sind Orientierungshilfen für solche Schätzungen. Erhält der Arbeitnehmer eine Entschädigung und ist diese etwa gleich hoch wie der nachgewiesene Mehraufwand, kann die Entschädigung unberücksichtigt bleiben, weil sich die Beträge gegenseitig aufheben. Bei nicht Erwerbstätigen, etwa Rentnern und Pensionisten, kann es keine abziehbaren berufsbedingten Aufwendungen geben.[88]

---

[80] KL D I 40
[81] BGH, FamRZ 1988, 159 = R 346b; FamRZ 1981, 541 = R 72c
[82] BGH, FamRZ 1982, 792, 794 = R 121c; FamRZ 1982, 913 = NJW 1982, 2491; vgl. auch OLG Karlsruhe, FamRZ 1998, 45
[83] BGH, FamRZ 1988, 159, 161 = R 346e
[84] Eine Ausnahme bilden nur die OLG-Bezirke Frankfurt/M. und Stuttgart.
[85] BayL 10b; BL A I 1; BrL I 2; CL I 7; DL A 11; FL A 3; HaL I 6; KL II 13 – D I 43; SchL A II 1 u. 2; Ol I 2a
[86] Vgl. z. B. BayL 10d
[87] BGH, FamRZ 1981, 541, 543 = NJW 1981, 2462
[88] BGH, FamRZ 1982, 579, 581 = R 117d

2. Abschnitt: Einkünfte aus abhängiger Arbeit, Nebeneinkünfte § 1

2. Zur Pauschalierung berufsbedingter Aufwendungen

Da es einerseits erfahrungsgemäß in der Regel bei einer Erwerbstätigkeit berufsbedingte Aufwendungen immer gibt und andererseits ein konkreter Nachweis oft mühsam und schwer ist, erkennt die Praxis überwiegend eine Pauschalierung berufsbedingter Aufwendungen an, wenn auch in unterschiedlichem Umfang. Die Oberlandesgerichtlichen Leitlinien sehen teilweise eine solche Pauschalierung vor, wenn keine höheren berufsbedingten Aufwendungen behauptet und nachgewiesen werden. 89
– Nach BayL 10 b kann bei Vorliegen entsprechender Anhaltspunkte eine Pauschale von 5 % des Nettoeinkommens angesetzt werden. Höhere Aufwendungen sind im einzelnen darzulegen.
– Nach BL A 11 kann ohne Nachweis eine Pauschale von 5 %, mindestens 100 DM, bei geringfügiger Teilzeitarbeit auch weniger und höchstens 260 DM monatlich geschätzt werden. Höhere Aufwendungen können auf konkreten Nachweis berücksichtigt werden.
– Nach BraL I 2.7 können berufsbedingte Aufwendungen mit 5 % des Nettoeinkommens angesetzt werden, wenn kein Mangelfall vorliegt und „hinreichende Anhaltspunkte für eine Schätzung bestehen".
– Nach CL I 7 kann ohne Nachweis in der Regel eine Pauschale von 5 % des Netto-(Erwerbs-)Einkommens geschätzt werden.
– Nach DrL I 2.7 können 5 % des Nettoeinkommens ohne betragsmäßige Begrenzung angesetzt werden. Bei höheren Aufwendungen und im **Mangelfall** sind alle Aufwendungen im einzelnen darzulegen und nachzuweisen.
– Nach DT A 3 kann bei entsprechenden Anhaltspunkten ohne Einzelnachweis eine Pauschale von 5 %, mindestens 90 DM, bei geringfügiger Teilzeitarbeit auch weniger, und höchstens 260 DM monatlich des Nettoeinkommens geschätzt werden. Übersteigen die berufsbedingten Aufwendungen die Pauschale, sind sie insgesamt nachzuweisen. Dies gilt für alle Oberlandesgerichte, die die Düsseldorfer Tabelle uneingeschränkt anwenden.
– Nach KL A II 4 und D 43 sind beruflich notwendige Aufwendungen konkret zu belegen. Eine Pauschalierung ist nach A II 9 nur für die Ausbildungsvergütung pauschal mit 150 DM möglich.
– Nach NaL 2.1.1 kann in der Regel eine Pauschale von 5 % ohne betragsmäßige Begrenzung angesetzt werden. Werden höhere Aufwendungen geltend gemacht oder liegt ein Mangelfall vor, sind die Aufwendungen im einzelnen darzulegen.
– Nach OL I 2 a ist das durchschnittliche Nettoeinkommen in der Regel zu bereinigen um die „allgemeine Unkostenpauschale" von 5 % (bei Vollzeittätigkeit mindestens 90 DM, höchstens 260 DM), sofern das Einkommen aus Erwerbstätigkeit erzielt wird. Dies gilt auch im Mangelfall.
– Nach StL II 1 sind beim Ehegattenunterhalt berufsbedingte Aufwendungen als „Erwerbspauschale" ohne Mindest- und Höchstbegrenzung mit 15 % des Nettoeinkommens abzuziehen. Bei Freiberuflern beträgt die „Erwerbspauschale" nur 5 %. Einen zusätzlichen Erwerbstätigenbonus (Rn 4/373, 378) gibt es nicht. Beim Kindesunterhalt wird nach StL I 2 eine Pauschale von 5 % berücksichtigt.

Gegen eine Pauschalierung sind die Oberlandesgerichte Bremen (BL I 2), Frankfurt (FL II 13), Hamburg (HaL 4), Köln mit Ausnahme der Ausbildungsvergütung (siehe oben), Schleswig (SchL A II 1) und wohl auch Hamm (HL I 6). 90

Der BGH[89] hat in einer früheren Entscheidung zu **ausbildungsbedingten** Aufwendungen ausgeführt, daß solche grundsätzlich zum Ausgleich eines erhöhten Bedarfs von der Ausbildungsvergütung abgezogen werden können, jedoch nicht pauschal in Höhe der Hälfte der Vergütung angenommen werden dürfen. Sie sind vielmehr entsprechend den besonderen Verhältnissen des Einzelfalls festzustellen, wobei jedoch Richtsätze, die auf die gegebenen Verhältnisse abgestellt sind und der Lebenserfahrung entsprechen, als An- 91

---

[89] BGH, FamRZ 1981, 541, 543 = NJW 1981, 2462

halt dienen können, falls nicht im Einzelfall besondere Umstände eine Abweichung bedingen. Der BGH hatte damals einen Betrag von 120 DM akzeptiert. In einer weiteren Entscheidung[90] hat der BGH den Abzug einer Pauschale von 145 DM für ausbildungsbedingte Aufwendungen rechtlich für bedenkenfrei gehalten.

92 Der BGH hat zwar bisher noch nicht ausdrücklich darüber entschieden, ob berufsbedingte Aufwendungen pauschal abgezogen werden können oder stets konkret darzulegen und zu berechnen sind.[91] Er hat andererseits in einer Reihe von Entscheidungen die pauschale Kürzung des Nettoeinkommens um 5 % bis 10 % für berufsbedingte Aufwendungen als im Rahmen des tatrichterlichen Ermessens liegend akzeptiert.[92] In einer weiteren Entscheidung[93] hat er eine den Pauschalabzug von 5 % versagende OLG-Entscheidung aufgehoben und ausgeführt, daß der Pauschalabzug berechtigt sei, weil sich die Parteien auf den Pauschalabzug verständigt hätten. Ein entsprechender Parteiwille sei zu beachten.

93 Werden berufsbedingte Aufwendungen nach einer prozentualen Pauschale (etwa 5 %) des Nettoeinkommens bemessen, dann ist vor der Berechnung der Pauschale das Bruttoeinkommen **um Steuern und Vorsorgeaufwendungen zu bereinigen**.

> **Beispiel:** Bruttoeinkommen = 70 564 − 19 331 (Lohnsteuer) − 1546,48 (Kirchensteuer) − 6582,92 (Rentenversicherung) − 1513,74 (Arbeitslosenversicherung) − 512 (Krankenversicherung) = 41 077,86 : 12 = 3423,16 × 5 % = 171,15 DM. Das bereinigte Nettoeinkommen beträgt 3423,16 − 171,15 = 3252,01 DM.

94 Mit der Inanspruchnahme einer Pauschale sind **alle berufsbedingten Aufwendungen** aus abhängiger Arbeit abgegolten. Es kann dann neben der Pauschale nicht auch noch konkret abgerechnet werden. Werden über die Pauschale hinausgehende berufsbedingte Aufwendungen geltend gemacht, sind die gesamten berufsbedingten Aufwendungen konkret darzulegen und in nachgewiesener Höhe abzuziehen. Es geht daher nicht an, neben der Pauschale von 5 % auch noch den Beitrag für die Gewerkschaft als berufsbedingte Aufwendung abzuziehen.

3. Konkrete Bemessung berufsbedingter Aufwendungen

95 Werden berufsbedingte Aufwendungen konkret geltend gemacht, was auch bei den Oberlandesgerichten möglich ist, die eine pauschale Geltendmachung anerkennen (siehe Rn 89), dann müssen alle berufsbedingten Aufwendungen nach Grund und Höhe dargelegt und bei Bestreiten nachgewiesen werden. Die behaupteten Aufwendungen müssen eindeutig von privaten Lebenshaltungskosten abgegrenzt werden können. Es darf sich also nicht um sogenannte Mischaufwendungen handeln. Für eine solche konkrete Geltendmachung gibt es eine Reihe von typischen Einzelpositionen, die in Rn 102 f zusammengestellt und erörtert werden. Bei jeder dieser Positionen sind Grund und Höhe entsprechend den besonderen Verhältnissen des Einzelfalls vom Gericht festzustellen. Dabei können dem Richter Richtsätze, die auf die gegebenen Verhältnisse abgestellt sind und der Lebenserfahrung entsprechen, als Anhalt dienen.[94] Die Höhe eines behaupteten und dem Grunde nach nachgewiesenen Aufwandes kann nach § 287 ZPO (Rn 6/728 f) geschätzt werden. Wenn der Berechtigte auf einen unter Beweis gestellten substantiierten Tatsachenvortrag nur mit einem allgemeinen Bestreiten reagiert, kann das Gericht den Tatsachenvortrag ohne Beweisaufnahme seiner Entscheidung zugrunde legen.[95]

---

[90] BGH, FamRZ 1988, 159 = R 346 b
[91] BGH, FamRZ 1986, 790 = R 297 b
[92] BGH, FamRZ 1984, 151, 153 = NJW 1984, 294, 296; FamRZ 1982, 887 = R 128 a; FamRZ 1982, 579, 581 = R 117 d
[93] BGH, FamRZ 1986, 790 = R 297 b
[94] BGH, FamRZ 1981, 541, 543 = NJW 1981, 2462
[95] BGH, FamRZ 1990, 266 = R 389 a

4. Berechnung von Fahrtkosten

Grundsätzlich besteht die Verpflichtung, für Fahrten zwischen Wohn- und Arbeitsstätte die billigeren **öffentlichen Verkehrsmittel** zu benützen. Die dadurch entstehenden Kosten sind grundsätzlich anzuerkennen.[96] Kann die Arbeitsstätte mit einem billigeren öffentlichen Verkehrsmittel erreicht werden, dürfen daher Kraftfahrzeugkosten nicht als Bedarfsposten geltend gemacht werden.[97] Auch für dienstliche Fahrten muß sich der Pflichtige mit dem Verkehrsmittel begnügen, dessen dienstliche Notwendigkeit vom Dienstherrn anerkannt wird. Wenn der Dienstherr zeitsparende Pkw-Reisen im Dienst nicht nach den Reisekostenvorschriften ersetzt, muß davon ausgegangen werden, daß er die Zeitersparnis dienstlich nicht für notwendig hält.[98] In all diesen Fällen dürfen trotz Benutzung des eigenen Pkw nur die Kosten abgezogen werden, die bei Benutzung öffentlicher Verkehrsmittel entstanden wären.

Der Ersatz von **Kraftfahrzeugkosten** kann nur verlangt werden, wenn die Arbeitsstätte mit öffentlichen Verkehrsmitteln nicht oder nur in verkehrsmäßig nicht zumutbarer Weise erreicht werden kann, wenn das Fahrzeug auch während der Berufstätigkeit beruflich benötigt wird (z. B. im Außendienst oder bei mehreren Beschäftigungsorten) oder wenn der Verpflichtete aus persönlichen Gründen (z. B. Krankheit, Gehbehinderung oder sonstige wesentliche Körperbehinderung) auf die Benutzung eines Pkw dringend angewiesen ist.

Wird ein Pkw – wie meist – auch privat genutzt, sind die Gesamtkosten im Verhältnis der beruflichen und privaten Nutzung aufzuteilen.[99] Dazu ist festzustellen, wie viele Kilometer jährlich gefahren werden und welcher Anteil davon dienstlich veranlaßt ist. Nur die Kosten des beruflichen Anteils können abgezogen werden. Sie sind auf der Grundlage entsprechender Feststellungen nach § 287 ZPO zu schätzen, wenn eine eindeutige Abgrenzung der berufsbedingten Fahrten von den privaten Lebenshaltungskosten nicht möglich ist.[100] Nach BGH[101] ist bei einem Nettoeinkommen des Mannes von 3100 DM und der Frau von 2700 DM die Haltung eines Pkw den ehelichen Lebensverhältnissen zuzurechnen. Für die berufsbedingten Fahrten zur Arbeitsstelle können dann nicht die gesamten Betriebskosten, sondern nur die durch solche Fahrten entstehenden **Mehrkosten** vom Einkommen abgezogen werden.

Bei berechtigter Pkw-Benützung zählen zu den abziehbaren Aufwendungen sowohl die Betriebskosten als auch die **Anschaffungskosten**. Für eine notwendig werdende Neuanschaffung dürfen Rücklagen gebildet werden.[102] Die Anschaffungskosten eines Pkw können aber auch auf die voraussichtliche Laufzeit des Fahrzeugs umgelegt und wie bei Abschreibungen abgesetzt werden. Außerdem sind sie im Verhältnis der beruflichen zur privaten Nutzung aufzuteilen. Die Betriebskosten (Steuer, Versicherung, Treibstoff, Wartung und Reparaturen) sind entweder konkret abzurechnen oder können nach § 287 ZPO geschätzt werden. Nach dem BGH[103] können für Pkw-Kosten „mangels sonstiger konkreter Anhaltspunkte" auch die Kostenansätze nach § 9 III 1 des Gesetzes über die Entschädigung von Zeugen und Sachverständigen von z. Z. 0,40 DM für den einfachen Kilometer herangezogen werden. Wird nach diesen Pauschalen abgerechnet, sind damit alle Pkw-Kosten einschließlich der Anschaffungskosten abgegolten. Nach BayL 10c DL A 11b, BraL I 2. 7, CL I 7 sind 0,40 DM pro gefahrenen Kilometer absetzbar, nach HL I 6 und ThT D 4 ergeben sich 0,42 DM, nach DrL I 7, NaL 2.1.2 und SchlL A II 2 0,45 DM und nach FL II 14 sogar 0,52 DM. Wurde das Fahrzeug mit einem beim Einkommen abgezogenen Kredit angeschafft, sind diese Pauschalen ungeeignet, weil damit die Anschaf-

---

[96] BGH, FamRZ 1998, 1501 = R 521 b
[97] BGH, FamRZ 1984, 988, 990 = R 191 c; FamRZ 1982, 360, 362 = R 101 c
[98] OLG Köln, FamRZ 1982, 707
[99] BGH, FamRZ 1982, 360, 362 = R 101 c
[100] OLG München, FamRZ 1984, 173
[101] BGH, FamRZ 1984, 988, 990 = R 191 c
[102] BGH, FamRZ 1982, 360, 362 = R 101 c
[103] BGH, FamRZ 1994, 87 = R 468 b

fungskosten doppelt berücksichtigt würden. In einem solchen Fall ist auf die reinen Betriebskosten abzustellen.[104]

100 Die berufsbedingt gefahrenen Kilometer sind eingehend darzulegen und zu belegen. Wegen der Wochenenden, der Urlaubs- und Feiertage ist der Jahresdurchschnitt zu errechnen. Bei normaler Arbeitszeit ergeben sich etwa 220 Arbeitstage im Jahr. Liegt die Arbeitsstätte von der Wohnung 15 km entfernt, ergibt sich ein monatlicher Aufwand von 15 x 2 x 220 x 0,40 : 12 = 220 DM. Ergibt sich bei weiten Entfernungen eine unangemessen hohe Belastung, muß darüber nachgedacht werden, ob der Wechsel in eine näher gelegene Wohnung oder Arbeitsstelle zumutbar ist.[105] „Echte" Fahrtkosten von monatlich 443 DM sind nach dem OLG Hamm[106] noch nicht zu beanstanden.

101 Fahrtkosten sind nicht abziehbar, wenn und soweit sie durch **Kilometergeldzahlungen** oder sonstige Fahrtkostenerstattungen des Arbeitgebers gedeckt werden. Werden die Aufwendungen für Anschaffung und Haltung eines Pkw in Anlehnung an ADAC-Tabellen geschätzt, so sind in einer solchen Schätzung in der Regel die vollen Anschaffungs- und Betriebskosten enthalten. Deshalb ist zu beachten, daß Zuschüsse des Arbeitgebers zu den Anschaffungskosten zu berücksichtigen sind.[107]

5. Zusammenstellung weiterer berufsbedingter oder ausbildungsbedingter Aufwendungen

102 • **Abschreibungen** oder AfA (Absetzungen für Abnutzung) bezüglich der Anschaffungskosten von berufsbedingt benötigten Gegenständen. Genaueres zur AfA Rn 119 f. Abschreibungen sind bei Einkünften aus abhängiger Arbeit selten. Ausnahmsweise können z. B. darunterfallen die Anschaffungskosten für ein beruflich benötigtes Auto (Rn 97 f), für notwendige Einrichtungsgegenstände eines beruflich benötigten eigenen Arbeitszimmers (Rn 104) oder für sonstige wichtige Gegenstände oder Werkzeuge wie z. B. für das Musikinstrument eines Musikers. Bei der Abschreibung handelt es sich um die Verteilung der Anschaffungskosten auf die Gesamtzeit der Verwendung. Das kann auch unterhaltsrechtlich sinnvoll und geboten sein, damit der Unterhaltsanspruch nicht zu sehr durch solche einmaligen Ausgaben gemindert wird. Eine Bindung an steuerliche Abschreibungssätze besteht nicht. Die Verteilung ist vielmehr unter unterhaltsrechtlichen Zumutbarkeitsgesichtspunkten bei Berücksichtigung der beiderseitigen Interessen vorzunehmen.

• **Anzeigen** und sonstige Bewerbungskosten eines Arbeitslosen oder Arbeitsuchenden; z. B. auch entsprechende Schreib- und Telefonkosten, Reisekosten für Vorstellungsgespräche u. ä.

103 • **Arbeitsmittel**, wie Aufwendungen für **Fachliteratur**, die nicht dienstlich zur Verfügung steht, oder für spezifische **Berufskleidung**, die von den durchschnittlichen Verhältnissen im Sozialbereich des Pflichtigen erheblich abweicht,[108] oder für Werkzeuge und Gegenstände, die dringend zur Berufsausübung benötigt werden, z. B. das Instrument eines Musikers u. ä. In der Regel sind solche Arbeitsmittel vom Arbeitgeber zu stellen und deshalb nur ausnahmsweise abziehbar.

• **Arbeitsgerichtsprozeß**, z. B. Kosten eines Kündigungsschutzprozesses oder eines Folgeprozesses.

---

[104] OLG Hamm, FamRZ 1997, 835. Das OLG schätzte die reinen Betriebskosten nach § 287 ZPO auf 0,15 DM pro Entfernungskilometer. Dies dürfte zu niedrig sein. Besser wäre es ohnehin gewesen, den Kredit nicht zu berücksichtigen und die Pauschale heranzuziehen. Ein anderer Senat des OLG Hamm – FamRZ 1997, 836 – will festgestellt haben, daß die „festen Kosten bei höherer Fahrleistung anteilig sinken". Dies ist jedenfalls für die dort angegebene Strecke von täglich 84 km nicht nachvollziehbar. Das OLG Naumburg – FamRZ 1998, 558 – hat daher konsequent für eine einfache Strecke von 85 km täglich die dort übliche Pauschale von 0,45 DM/km uneingeschränkt zugestanden.
[105] BGH, FamRZ 1998, 1501 = R 521 b
[106] OLG Hamm, FamRZ 1997, 356
[107] BGH, FamRZ 1982, 579, 581 = R 117 c
[108] OLG Köln, FamRZ 1982, 706

2. Abschnitt: Einkünfte aus abhängiger Arbeit, Nebeneinkünfte § 1

- **Arbeitszimmer.** In der Regel sind Aufwendungen hierfür nur ausnahmsweise abziehbar, wenn der Arbeitgeber ein solches nicht zur Verfügung stellt, obwohl es dringend benötigt wird, wie es z. B. bei Provisionsvertretern und Heimarbeitern möglich sein kann. Bei nur gelegentlichem beruflichem Arbeiten zu Hause entfällt ein zwingendes Erfordernis für ein Arbeitszimmer.[109] Ein Abzug entfällt außerdem, wenn die private Wohnung zum Arbeiten (z. B. bei Heimarbeit) genutzt wird, weil das Arbeitszimmer von der privaten Nutzung klar abgegrenzt sein müßte. Wird die Absetzbarkeit anerkannt, sind auch beruflich dringend benötigte **Einrichtungsgegenstände** absetzbar. 104
- **Beiträge** zu berufswichtigen Verbänden wie Gewerkschaften,[110] Beamtenbund, Richterbund, Ärztekammer u. a.[111]
- **Betriebsrat.** Abziehbar sind Aufwendungen, die notwendig mit einer Betriebsratstätigkeit zusammenhängen.
- **Doppelte Haushaltsführung.** Mehraufwendungen für einen doppelten Haushalt sind unterhaltsrechtlich nur abziehbar, wenn sowohl die Begründung als auch die Aufrechterhaltung einer doppelten Haushaltsführung beruflich notwendig ist und ein Umzug an den Beschäftigungsort nicht möglich oder nicht zumutbar ist. In der Regel wird eine solche Notwendigkeit nur bei verheirateten Ehegatten, die nicht getrennt leben, oder im Interesse von Kindern bejaht werden können. Bei getrennt lebenden oder geschiedenen Ehegatten setzt eine Berücksichtigung voraus, daß die Kosten niedrig sind und besondere persönliche Gründe die doppelte Haushaltsführung gerechtfertigt erscheinen lassen.[112] Bei nachgewiesener berechtigter doppelter Haushaltsführung sind abziehbar die tatsächlichen Kosten der zweiten Unterkunft am Beschäftigungsort, Mehraufwendungen für Verpflegung und Kosten für wöchentliche Familienheimfahrten. Zuschüsse des Arbeitgebers sind anzurechnen. 105
- Fachliteratur (siehe dazu Rn 103).
- **Fehlgelder** bei der Kassenführung durch Arbeitnehmer sind abziehbar, wenn sie nach vertraglicher Vereinbarung vom Arbeitnehmer zu tragen sind und der Fehlbestand nachgewiesen ist.
- **Fernsprechgebühren** sind nur absetzbar, wenn nachgewiesen werden kann, daß Telefongespräche dringend für berufliche Zwecke geführt werden müssen. Im Zweifel handelt es sich um Kosten der privaten Lebensführung. Nur ausnahmsweise wird der berufliche Anteil eindeutig vom privaten Anteil abgegrenzt und geschätzt werden können.
- **Fortbildungskosten** sind Aufwendungen, die erforderlich sind, um in einem bereits ausgeübten Beruf auf dem laufenden zu bleiben und den jeweiligen Anforderungen dieses Berufs gerecht zu werden. Dazu zählt der Besuch von notwendigen Fachtagungen und Fachlehrgängen. Abziehbar sind Lehrgangskosten, Tagungsgebühr, Fahrt-, Verpflegungs- und Übernachtungskosten, abzüglich der vom Arbeitgeber übernommenen oder erstatteten Leistungen sowie einer etwaigen häuslichen Ersparnis (vgl. Rn 59). 106
- **Instandhaltungs- und Reparaturkosten** sind nur abziehbar, wenn sie sich auf berufsnotwendige Arbeitsmittel und sonstige berufsnotwendige Gegenstände beziehen.
- **Kinderbetreuungskosten** können vom Einkommen abgezogen werden, wenn sie dem Sorgeberechtigten für die Betreuung seiner Kinder entstehen, damit er einer Erwerbstätigkeit nachgehen kann (z. B. Kosten einer Ganztagsschule oder Entgelt für Pflege- oder Aufsichtsperson u. ä.). Die Anrechnung solcher Kosten als berufsbedingte Aufwendung wird dem Grundsatz von Treu und Glauben besser gerecht als die Nichtanrechnung eines Teils des Einkommens wegen unzumutbarer Erwerbstätigkeit. Nach der Rechtsprechung des BGH kann sogar ein offenbar pauschaler Betreuungsbonus gewährt werden, wenn die Betreuung zwar ohne konkreten Kostenaufwand, jedoch unter besonderen Erschwernissen erfolgt.[113] Nach BayL 10 e und DL A 11 f sind Kin- 107

---

[109] OLG Köln, FamRZ 1983, 750, 753
[110] OLG Frankfurt, DAV 1983, 92
[111] OLG Köln, FamRZ 1983, 751, 753; KL B II 43
[112] OLG Zweibrücken, FamRZ 1997, 837
[113] BGH, FamRZ 1991, 182, 184 = R 430 b mit weiteren Nachweisen

derbetreuungskosten berufsbedingte Aufwendungen, wenn infolge der Erwerbstätigkeit des Sorgeberechtigten eine entgeltliche Betreuung durch Dritte notwendig wird, nach DL A 11 f kann auch ein Betreuungsbonus anerkannt werden. Ein Freibetrag für Kinderbetreuungskosten kann auch dann gerechtfertigt sein, wenn die neue Ehefrau unentgeltlich Betreuungsleistungen für Kinder aus der 1. Ehe des Verpflichteten erbringt.[114] S. auch Rn 457 und Rn 4/193.
- Prozeßkosten und Rechtsberatungskosten in Arbeitsgerichtsverfahren, z. B. wegen Kündigung.
- Reinigungskosten bei spezieller Berufskleidung, falls nicht vom Arbeitgeber ersetzt.
- **Reisekosten** für beruflich veranlaßte Reisen. Hierzu gehören u. a. Fahrtkosten, Mehraufwendungen für Verpflegung, Übernachtungskosten, Nebenkosten und unter Umständen auch Kosten für Zwischenheimfahrten. Erstattungen durch den Arbeitgeber sind anzurechnen. Im übrigen vgl. Rn 56 f, 97.
- Repräsentations- und Bewirtungskosten sind regelmäßig nicht abziehbare Kosten der privaten Lebensführung. Dies gilt auch, wenn sie der Förderung des Berufs dienen.

108
- Steuerberatungskosten sind anzuerkennen, wenn die Zuziehung eines Steuerberaters zweckdienlich erscheint. Außerdem kommen geringere Steuern auch dem anderen Ehepartner zugute. Das OLG Hamm[115] lehnt die Berücksichtigung dieser Kosten bei Arbeitnehmern grundsätzlich ab, wenn nur eine „ganz normale Steuererklärung" abzugeben war. Dies ist abzulehnen, weil sich immer erst nach der Beratung ergeben kann, ob steuerliche Besonderheiten vorliegen.
- Taxifahrten, wenn sie beruflich unbedingt notwendig waren und nicht als unangemessen anzusehen sind.
- **Umzugskosten** können berücksichtigt werden, wenn und soweit sie beruflich veranlaßt waren, z. B. durch Betriebsverlegung an einen anderen Ort, nicht bei Wohnungswechsel innerhalb desselben Ortes. Die Kosten sind konkret nachzuweisen. Erstattungen durch den Arbeitgeber sind anzurechnen.
- Unfallkosten, wenn der Unfall sich im Beruf oder während einer beruflich veranlaßten Fahrt ereignet, jedoch nur, soweit nicht vom Arbeitgeber oder einem ersatzpflichtigen Dritten ersetzt.
- Verpflegungsmehraufwendungen, wenn sie auf Dienstreisen, anläßlich einer zu berücksichtigenden doppelten Haushaltsführung (siehe oben), anläßlich sonstiger berufsbedingter längerer Abwesenheit von zu Hause oder bei ständig wechselnden Arbeitsstellen entstehen.

6. Berufsbedingte Aufwendungen, für die Zulagen (Auslands-, Kleider-, Schmutzzulagen) oder ähnliche Entgelte (Aufwandsentschädigungen, Spesen, Reisekosten) gezahlt werden

109   Wie bereits in Rn 57 ausgeführt wurde, sind solche Zulagen und Entgelte zunächst unabhängig von ihrer Zweckbestimmung als Entschädigung für berufsbedingte Aufwendungen voll dem Bruttoeinkommen zuzurechnen. Als Ausgleich kann der tatsächlich beruflich entstandene Aufwand vom Gesamteinkommen abgezogen werden, wenn er unbestritten oder nachgewiesen ist.[116] Sind die pauschalen Entschädigungen und die berufsbedingten Aufwendungen – wie in der Regel – der Höhe nach unterschiedlich, so ist die Differenz als Einkommen (wenn die Entschädigung höher ist) oder als Ausgabe (wenn die Aufwendungen höher sind) zu berücksichtigen. Sind die Entschädigungen und der Aufwand im wesentlichen gleich, so können beide Posten unterhaltsrechtlich unberücksichtigt bleiben.[117] Zur Darlegungs- und Beweislast vgl. Rn 62.
Der BGH hat als berücksichtigungsfähige Aufwendungen u. a. anerkannt:

---

[114] BGH, FamRZ 1995, 537 = R 493 b
[115] OLG Hamm, FamRZ 1992, 1177
[116] BGH, FamRZ 1983, 352 = R 154 c; FamRZ 1980, 342, 344
[117] BGH, FamRZ 1983, 670 = R 149 d

3. Abschnitt: Einkünfte von Freiberuflern, sonstigen Selbständigen   § 1

– Bei behaupteten besonderen Repräsentationskosten im Ausland die Kosten für Dienstpersonal, Taxifahrten, Casinobeitrag und Betrag für deutsche Delegation.[118]
– Bei der Mitwirkung an Sitzungen einer kommunalen Bezirksvertretung die Fahrtkosten, Kosten für gelegentliche Stärkungen während der Sitzung und einen an die Partei abzuführenden Geldbetrag.[119]
– Die Entschädigungen für eine Schöffentätigkeit und für die Führung einer Vormundschaft hat der BGH nach Sachlage im Hinblick auf fast gleich hohe konkrete Mehrausgaben unberücksichtigt gelassen.[120]

3. Abschnitt: Einkünfte von Freiberuflern, sonstigen Selbständigen und Gewerbetreibenden, die ihren Gewinn durch eine Einnahmen-Überschußrechnung ermitteln

I. Überblick zum Personenkreis und zur Einkommensermittlung
(= Gewinnermittlung durch Einnahmen-Überschußrechnung)

1. Zum Personenkreis

Zu diesem Personenkreis zählen u. a. alle Freiberufler wie Ärzte, Zahnärzte, Anwälte, **110** Notare, Architekten, Ingenieure, Steuerberater, Wirtschaftsprüfer, Gutachter, Journalisten, freie Rundfunk- und Fernsehschaffende, Übersetzer, Dolmetscher, freie Handelsvertreter und ähnliche Berufsgruppen, selbständig tätige Wissenschaftler, Künstler, Schriftsteller, Abgeordnete, Lehrer, Erzieher sowie Gewerbetreibende aller Art (Handelsgewerbe, Handwerk, Kleinunternehmen). Gewerbetreibende sind nach § 141 AO erst dann buchführungspflichtig, wenn im Kalenderjahr der Umsatz 500 000 DM, ihr Betriebsvermögen 125 000 DM oder ihr Gewinn 48 000 DM übersteigt und wenn sie deshalb vom Finanzamt aufgefordert worden sind, Bücher zu führen. Dann gelten für sie die Ausführungen in Rn 142 f. Freiberufler und Selbständige sind auch bei sehr hohem Einkommen nicht buchführungspflichtig. Sie können aber freiwillig Bücher führen und dann ihren Gewinn durch Betriebsvermögensvergleich ermitteln (Rn 142 f). Wenn diese Personen – wie in der Regel – nicht freiwillig Bücher führen, können sie ihren Unternehmensgewinn oder ihre Berufseinnahmen auf vereinfachte Weise mit einer sogenannten Einnahmen-Überschußrechnung ermitteln (§ 4 Abs. 3 EStG). Zur Einkommensbestimmung nach den **Entnahmen** siehe Rn 182 f. Betreibt der Freiberufler ein Unternehmen zusammen mit seiner zweiten Ehefrau in Form einer BGB-Gesellschaft, ist ihm nach § 722 BGB die Hälfte des Gewinns aus dem Unternehmen zuzurechnen, falls er eine andere Verteilung nicht nachweisen kann.[1]

2. „Verkappte" Freiberufler

Viele Selbständige führen ihren Betrieb in der Rechtsform einer GmbH. Die Gesell- **111** schaftsanteile gehören ihnen entweder allein als alleinigem Gesellschafter oder jedenfalls überwiegend zusammen mit einem nahen Angehörigen. Nach der Trennung kann dies auch der neue Partner sein. In diesen Fällen tritt der Unternehmer meist als Geschäftsführer auf. Im Streit um den Unterhalt beruft er sich dann darauf, daß er nur Angestellter ist und ein mehr oder weniger knapp bemessenes Gehalt aus abhängiger Arbeit bezieht.

---

[118] BGH, FamRZ 1983, 352 = R 154 c
[119] BGH, FamRZ 1983, 670 = R 149 b
[120] BGH, FamRZ 1983, 670 = R 149 d
[1] OLG Brandenburg, FamRZ 1998, 1384

Diese Sichtweise ist zu kurz. Der beherrschende Gesellschafter kann sich nicht ohne weiteres formalrechtlich auf die juristische Person der GmbH und den mit ihr geschlossenen Anstellungsvertrag berufen. In diesen Fällen erfolgt vielmehr eine **wirtschaftliche Betrachtungsweise**, die dazu führt, daß die Einkünfte und das Vermögen der Gesellschaft und des Schuldners als Einheit gesehen werden. Der Jahresabschluß der GmbH wird daher nach den unterhaltsrechtlichen Kriterien genauso überprüft wie die Einnahmen-Überschußrechnung des Freiberuflers.[2] Zur Verpflichtung des Gesellschafters, die entsprechenden Auskünfte zu erteilen und die Belege vorzulegen, siehe Rn 571, 581.

112 Die **unterhaltsrechtliche Überprüfung** kann dazu führen, daß dem beherrschenden Gesellschafter ein höheres Geschäftsführergehalt fiktiv zugerechnet wird, weil er seine Möglichkeiten zur Einkommenserzielung nicht optimal genutzt hat (vgl. Rn 387). Es kann aber auch ein **fiktiver Gewinn** aus Kapital (Rn 309) zum Einkommen gerechnet werden. Voraussetzung ist jedoch stets, daß die Vermögens-, Ertrags- und Finanzlage der Gesellschaft dies zuläßt.[3] Soweit hierüber Streit besteht, ist ein betriebswirtschaftliches Sachverständigengutachten einzuholen. Ist der Verpflichtete nur Minderheitsgesellschafter, können ihm zusätzliche fiktive Einkünfte nur zugerechnet werden, wenn angenommen werden kann, daß der oder die Mehrheitsgesellschafter ihre Anteile nur als Treuhänder für den Verpflichteten innehaben oder wenn kollusives Zusammenwirken mit den Mehrheitsgesellschaftern zum Nachteil des Unterhaltsberechtigten vorliegt.[4] Zur Auskunft s. Rn 569.

3. Zur Einnahmen-Überschußrechnung

113 Die Einkünfte eines Freiberuflers werden in aller Regel mit Hilfe der Einnahmen-Überschußrechnung errechnet. Diese ist eine reine Geldrechnung. Sie erfaßt als Gewinn den jährlichen Überschuß der Betriebseinnahmen über die Betriebsausgaben nach der Formel in § 4 III 1 EStG: **Gewinn oder Überschuß = Betriebseinnahmen abzüglich Betriebsausgaben**. Betriebseinnahmen sind alle eingehenden Entgelte für Leistungen, Waren und sonstige Umsätze (z. B. Sachentnahmen). Betriebsausgaben sind alle zur Aufrechterhaltung und Weiterentwicklung des Betriebes notwendigen Unkosten und sonstige zu diesem Zweck verausgabten Beträge.

114 Die Einnahmen-Überschußrechnung erfaßt nur Beträge, die im laufenden Kalenderjahr zu- oder abgeflossen sind, da für sie nicht die Entstehung, sondern nur die Erfüllung einer Zahlungsverpflichtung maßgeblich ist. Deshalb hat es der Pflichtige in der Hand, Zahlungen in andere Wirtschaftsjahre zu verlagern und dadurch jährlich sehr unterschiedliche und wirtschaftlich unzutreffende oder verzerrte Gewinne zu erzielen. Unterhaltsrechtlich kann sich dies auswirken, wenn der Freiberufler z. B. in dem Jahr, in dem von ihm Unterhalt verlangt wird, vermehrt solche Zahlungen für Anschaffungen, Waren und dergl. leistet, die seinen Gewinn trotz Vermögensvermehrung in diesem Jahr mindern und im nächsten Jahr voraussichtlich erhöhen. Deshalb ist es ratsam, für die Unterhaltsberechnung stets Überschußrechnungen für **die letzten drei Kalenderjahre** zu verlangen. Zum Mehrjahresschnitt s. Rn 115 f. Sachlich entspricht eine Einnahmen-Überschußrechnung im wesentlichen dem in Rn 87 erörterten Prinzip des Abzugs berufsbedingter Aufwendungen (= Werbungskosten oder Betriebsausgaben) von den Einnahmen. Zur Darlegungs- und Beweislast vgl. Rn 132, 148. Zu der Frage, von welchem Zeitpunkt an die Einnahme-Überschuß-Rechnung für das vergangene Jahr verlangt werden kann, vgl. Rn 569.

---

[2] BGH, FamRZ 1982, 680 = R 118 b
[3] Nickel, FamRZ 1988, 132, 135
[4] Fischer-Winkelmann, FamRZ 1996, 1391

3. Abschnitt: Einkünfte von Freiberuflern, sonstigen Selbständigen §1

4. Der Prüfungszeitraum

Wegen der jährlich der Höhe nach meist stark schwankenden Einkünfte von Gewerbetreibenden und Freiberuflern ist ein möglichst zeitnaher Mehrjahresdurchschnitt zu bilden, damit nicht ein zufällig günstiges oder ungünstiges Jahr als Maßstab für die Zukunft dient. Dies gilt vor allem, wenn in der Zukunft mit weiteren Schwankungen zu rechnen ist.[5] Wenn mit einer stetigen Weiterentwicklung der Einkünfte zu rechnen ist, kann im Einzelfall vom Tatrichter allerdings ausnahmsweise auch das zuletzt erreichte Einkommen der Berechnung zugrunde gelegt werden.[6] **115**

In der Regel wird für die Ermittlung des Mehrjahresdurchschnitts ein Zeitraum von **drei Jahren** berücksichtigt. Dabei kann es sich immer nur um volle Kalenderjahre als den üblichen Geschäftsjahren handeln.[7] Bei Vorliegen besonderer Umstände, vor allem bei sehr schwankenden Einkünften kann auch ein Zeitraum von mehr oder weniger als drei Jahren herangezogen werden.[8] Vom Einkommen des letzten Jahres kann z. B. ausgegangen werden, wenn nach einer Anlaufphase eine stabile Aufwärtsentwicklung eingetreten ist.[9] Die Festlegung im Einzelfall ist Sache des Tatrichters. Bei „Anfängern" ist der Zeitraum vom Beginn der freiberuflichen Tätigkeit bis etwa vier Wochen vor der mündlichen Verhandlung heranzuziehen. Unterhaltsrechtlich kann verlangt werden, daß eine eigens für diesen Zweck angefertigte Einnahmen-Überschußrechnung vorgelegt wird. **116**

5. Die Berechnung

Der Mehrjahresdurchschnitt darf nur aus den Jahreseinkünften gebildet werden, die nach Abzug der auf diese Jahre entfallenden **Steuern** verbleiben. Bei einer Berechnung ohne Berücksichtigung der Steuerbelastung würde die Steuerprogression unberücksichtigt bleiben.[10] Eine andere Handhabung ist nur gerechtfertigt, wenn das Einkommen durchgehend nach dem Höchststeuersatz zu versteuern ist. Zu den Steuern im einzelnen siehe Rn 458 ff. Der so errechnete Mehrjahresdurchschnitt aus Bruttoeinkommen abzüglich Steuern wird dann der Unterhaltsberechnung für die folgenden Jahre als Ausgangsbetrag zugrunde gelegt. Von diesem Betrag sind die **Vorsorgeaufwendungen** in der Höhe abzuziehen, wie sie in dem Jahr, für das Unterhalt verlangt wird, entrichtet wurden oder voraussichtlich entrichtet werden müssen. **117**

Beispiel: Gewinn in den Jahren 1994–1996 = 144 000 (1994) + 120 000 (1995) + 108 000 (1996) = 372 000; Bezahlte Steuern = 63 060 (1994) + 48 132 (1995) + 82 984 (1996) = 194 176 DM. Durchschnittsberechnung: 372 000 – 194 176 = 177 824 : 36 = 4939 DM. Von diesem Betrag werden dann die für den Unterhaltszeitraum anzuerkennenden Vorsorgeaufwendungen abgezogen.

6. Zum Betriebsvermögen und zur Abschreibung

Das **Betriebsvermögen** spielt für die Einnahmen-Überschußrechnung unmittelbar keine Rolle. Zwar gibt es ein Betriebsvermögen, es wird aber als solches weder auf der Einnahmen-, noch auf der Ausgabenseite als Verrechnungsposten ausgewiesen. Trotzdem wirken sich Veränderungen auf den Unterhaltsanspruch aus. Mehrungen des abnutzbaren Anlagevermögens vermindern nämlich den Gewinn, weil sie als Betriebsausgaben abgeschrieben werden können. Auf diese Weise finanziert der Unterhaltsberechtigte indirekt **118**

---

[5] BGH, FamRZ 1986, 48, 51 = R 275 d; FamRZ 1985, 357 = R 243 a; FamRZ 1983, 680 = R 167 a; FamRZ 1982, 680 = NJW 1982, 1642
[6] BGH, FamRZ 1985, 471 = R 252 a
[7] OLG München, Familien 1992, 1207
[8] BVerfG, FamRZ 1993, 169
[9] OLG Hamm, FamRZ 1997, 310 bei einem Arzt
[10] BGH, FamRZ 1985, 357 = R 243 a

solche Vermögensmehrungen mit, weil sich sein Unterhaltsanspruch nach dem um die Betriebsausgaben verminderten Überschußgewinn bemißt. Diese Mitfinanzierung ist unterhaltsrechtlich nur vertretbar, weil mit diesem neuen Betriebsvermögen der derzeitige und künftige Gewinn erwirtschaftet wird. Ein wichtiger Gesichtspunkt ist auch, daß es sich nicht um einen dauerhaft verbleibenden, sondern nur um einen durch Zeitablauf sich wieder verringernden Vermögenszuwachs handelt. Es darf daher nur das abnutzbare Anlagevermögen abgeschrieben werden. **Unterhaltsrechtlich** werden aus diesen Gründen Abschreibungen für abnutzbare Gegenstände, verteilt auf den Zeitraum der voraussichtlich objektiven Nutzungsdauer des Abschreibungsgegenstandes, zugelassen, weil der Unterhaltsberechtigte während dieser Zeit einen indirekten Nutzen von solchen betrieblichen Vermögensgegenständen hat.

119 Ausgangspunkt ist die Behandlung von betriebsbedingten Anschaffungen im Steuerrecht. Die dafür erforderlichen Ausgaben durften seit jeher nicht sofort in voller Höhe steuermindernd geltend gemacht werden, weil mit langfristig nutzbaren Gegenständen auch das Einkommen langfristig finanziert wird. Es handelt sich im Grunde daher zunächst auch nur um eine Vermögensumschichtung. Die Anschaffungskosten werden daher nur bei geringwertigen Wirtschaftsgütern als Betriebsausgaben anerkannt. Die Wertgrenze liegt nach § 6 II EStG bei 800 DM. Bei wertvolleren Anschaffungen wird nur der im Veranlagungsjahr eingetretene Wertverlust als Ausgabe behandelt. Dieser Verlust wird „abgeschrieben" und damit als gewinnmindernd anerkannt. Diese **steuerliche Abschreibung** (AfA = Absetzung für Abnutzung) ist eine Verteilungsabschreibung der Anschaffungs- oder Herstellungskosten von abnutzbaren Wirtschaftsgütern auf eine generell festgelegte voraussichtliche Gesamtdauer der Nutzung ohne Rücksicht auf die tatsächliche Inanspruchnahme und Nutzungsmöglichkeit der Wirtschaftsgüter. Für generell festgelegte Zeiträume wird der Verschleiß von Gegenständen des Anlagevermögens pauschal berücksichtigt. Im Steuerrecht gibt es verschiedene Formen der Abschreibung:

- Die **lineare** Abschreibung nach § 7 I S. 1 EStG geht davon aus, daß sich ein Wirtschaftsgut in gleichbleibenden Jahresbeträgen abnutzt.
- Die **degressive** Abschreibung nach § 7 II S. 1 EStG berücksichtigt, daß Wirtschaftsgüter zu Beginn ihrer Nutzung schneller an Wert verlieren als in späteren Jahren. Die Abschreibung erfolgt daher mit zunächst höheren, dann aber fallenden Jahresbeträgen.
- Im Rahmen der Leistungsabschreibung nach § 7 I 4 EStG kann der Werteverlust für jedes Jahr individuell festgestellt werden.

120 In der unterhaltsrechtlichen Praxis ist nur die lineare Abschreibung von Bedeutung. Wegen der dabei vorgenommenen Pauschalierungen entspricht den steuerrechtlichen Abschreibungssätzen oft keine tatsächliche Wertminderung in gleicher Höhe.[11] Das heißt, mit solchen Wirtschaftsgütern kann erfahrungsgemäß auch noch nach Ablauf der steuerlichen Abschreibungszeit wirtschaftlich sinnvoll gearbeitet werden. Bei bilanzierenden Unternehmen entstehen auf diese Weise sogenannte stille Reserven (dazu s. Rn 177). Wird der Gewinn als Einnahmenüberschuß errechnet, hat dies zur Folge, daß der Unterhaltsberechtigte auf ihm nicht zumutbare Weise einen noch längere Zeit anhaltenden Vermögenszuwachs des Pflichtigen vor- und mitfinanziert. Wenn dies nach der Lebenserfahrung bei einzelnen Wirtschaftsgütern vorauszusehen ist, können die steuerrechtlichen Abschreibungssätze angemessen auf die voraussichtliche **tatsächliche Abnutzungszeit** verlängert werden. Die entsprechenden Betriebsausgaben verteilen sich dadurch mit kleineren Abschreibungsbeträgen auf eine längere Zeit, wodurch sich der jährliche Gewinn erhöht.

121 Bei Abschreibungen ist daher stets darzulegen (vgl. Rn 132), zu überprüfen und bei berechtigtem Zweifel nachzuweisen, ob und warum die fraglichen Investitionen betriebsnotwendig und betriebswirtschaftlich sinnvoll waren, denn **unterhaltsrechtlich** ist es dem Berechtigten nicht zuzumuten, unnötige Investitionen, leichtfertige Risikogeschäfte oder sonstige Fehlspekulationen indirekt mitzufinanzieren, obwohl für ihn daraus voraussehbar kein Nutzen entstehen wird. Maßgeblich für eine solche Beurteilung ist die

---

[11] BGH, FamRZ 1980, 770 = R 38, bestätigt durch BGH, FamRZ 1997, 281, 283 = R 509 g und BGH, FamRZ 1998, 357 = R 515 a

3. Abschnitt: Einkünfte von Freiberuflern, sonstigen Selbständigen § 1

vergleichbare Auffassung und Handlungsweise eines auch im Interesse des Unterhaltsberechtigten vorsichtig überlegenden und vernünftig wirtschaftenden Unternehmers. Abzulehnen ist die Ansicht, wonach Abschreibungen reine Buchungsvorgänge darstellen und deshalb unterhaltsrechtlich generell nicht berücksichtigt werden dürfen. Diese Ansicht trifft keinesfalls zu auf betriebsbedingte Aufwendungen für abnutzbare Wirtschaftsgüter, die sich in einem betriebswirtschaftlich vernünftigen Rahmen halten.

122 Der BGH hat bestätigt, daß der Tatrichter die Abschreibungszeiten verlängern und die Abschreibungsbeträge entsprechend kürzen kann, wenn die unterhaltsrechtliche Abzugsfähigkeit nicht näher dargelegt oder nachgewiesen wird.[12] Auszugehen ist allerdings stets von den steuerlichen AfA-Tabellen.[13] Soweit den dort vorgesehenen Abschreibungsmöglichkeiten kein entsprechender Werteverlust gegenübersteht, kann eine Korrektur erfolgen. Die wichtigsten Anwendungsfälle sind Kraftfahrzeuge und Gebäude. Abschreibungen für die Abnutzung von **Gebäuden**, deren Wert eher steigt als fällt, berühren das unterhaltsrechtlich relevante Einkommen in der Regel nicht. Selbst Instandsetzungskosten können nur insoweit berücksichtigt werden, als es sich um notwendigen Erhaltungsaufwand handelt und nicht etwa um Vermögensbildung durch Ausbauten oder wertsteigernde Verbesserungen.[14] Bei Maschinen und technischen Geräten ist wegen der ständigen Innovationen Zurückhaltung geboten. Zur Steuerersparnis bei Abschreibungsobjekten s. Rn 465.

122 a Abschreibungsprobleme gibt es auch bei den sogenannten **geringwertigen Wirtschaftsgütern** des Anlagevermögens, die steuerlich nach § 6 II EStG sofort in voller Höhe abgesetzt werden können, wenn die Anschaffungs- oder Herstellungskosten des einzelnen Wirtschaftsgutes 800 DM nicht übersteigen. Bei diesen Anschaffungen handelt es sich nicht selten um langlebige Wirtschaftsgüter, so daß unterhaltsrechtlich ebenfalls an eine Verteilung auf einen längeren Zeitraum gedacht werden kann. Eine Korrektur sollte allerdings nur erfolgen, wenn sich dies lohnt. Kleinlichkeit sollte auch hier vermieden werden. Werden aber etwa in einer Arztpraxis in einem Jahr geringwertige Wirtschaftsgüter für 20 000 DM angeschafft, kann es richtig sein, diesen Betrag auf 5 Jahre zu verteilen.[15]

122 b Einmal vorgenommene Abschreibungskorrekturen sind bei späteren Abänderungsklagen entsprechend mitzuberücksichtigen, wenn sie den Abänderungszeitraum noch betreffen. Auf den Umstand, daß sich der Erwerb des Fahrzeugs dann möglicherweise steuerlich gar nicht mehr auswirkt, kommt es nicht an.

> **Beispiel:** Ein Arzt schreibt einen für 40 000 DM angeschafften Kraftwagen in fünf Jahren mit je 8000 DM ab. Im Unterhaltsprozeß wird die Abschreibungszeit auf acht Jahre zu je 5000 DM festgelegt. Wird nach sechs Jahren ein Abänderungsverfahren betrieben, muß dem Arzt auch für das sechste, siebte und achte Jahr nach der Anschaffung noch der Abschreibungsbetrag von je 5000 DM zugestanden werden.

In der Fachliteratur[16] wird neuerdings die Forderung erhoben, auf eine Streckung des Abschreibungszeitraumes ganz zu verzichten. Dafür spricht in der Tat, daß sich der Aufwand mit den verschiedenen Abschreibungslisten für steuerliche und unterhaltsrechtliche Zwecke kaum lohnt. Der stärkere Einkommensrückgang bei kurzen Abschreibungszeiten wird mittelfristig schon bald wieder dadurch ausgeglichen, daß der Pflichtige bei einer kurzen Abschreibungszeit auch sehr viel früher sein ursprüngliches Einkommen wieder erreicht. Da das Einkommen aus einem Mehrjahresdurchschnitt errechnet wird, werden die Unterschiede zwischen einem durch Abschreibung gekürzten und ungekürzten Einkommen ohnehin abgeschwächt. Eine Veränderung der AfA-Fristen sollte daher nur da vorgenommen werden, wo sonst grob unbillige Ergebnisse entstehen.

122 c Die Anschaffung eines abnutzbaren betrieblichen Gegenstandes wird häufig durch **Kreditaufnahme** finanziert. In diesen Fällen ist es erforderlich, die Kreditbedingungen

---

[12] BGH, FamRZ 1987, 46, 48 = R 313 b
[13] OLG Köln, FamRZ 1996, 966; OLG Bremen, FamRZ, 1995, 935; OLG Bamberg, FamRZ 1987, 1181; s. auch SchL A III 1 b
[14] BGH, FamRZ 1997, 281, 283 = R 509 g
[15] OLG Hamm, FamRZ 1991, 1310
[16] Kleinle, FamRZ 1998, 1346

zu beachten. Zusätzlich zu der Abschreibung können die Kreditzinsen abgesetzt werden (s. Rn 141). Die Tilgungsleistungen dagegen werden nicht zusätzlich berücksichtigt,[17] weil sonst der Unterhaltsberechtigte den Vermögenszuwachs indirekt doppelt mitfinanzieren würde. Dieser Grundsatz wird jedoch problematisch, wenn die Tilgungsleistungen höher sind als der Abschreibungsbetrag. In diesen Fällen ist es erforderlich, für die Unterhaltsbestimmung bei den Ausgaben anstelle der Abschreibungen die Tilgungsleistungen zu berücksichtigen.[18] Geschieht dies nicht, wird der Bedarf beim Ehegatten- und beim Kindesunterhalt zu hoch angesetzt, weil die tatsächlich bestehenden Lebensverhältnisse des Verpflichteten durch die hohen Tilgungsleistungen und das entsprechend reduzierte Einkommen bestimmt waren. War z. B. in dem oben gebildeten Beispiel das Fahrzeug mit vier Jahresraten von je 10 000 DM finanziert, kann es nicht auf jährliche Abschreibungen von 5 x 8000 DM oder 8 x 5000 DM ankommen. Es sind vielmehr in vier Jahren je 10 000 DM abzuziehen. Zum Schuldenabzug s. auch Rn 514 f.

123 Zusammenfassend läßt sich somit feststellen, daß zunächst abzuwarten ist, ob die Gegenseite die steuerrechtlichen Abschreibungen akzeptiert. Wenn dies nicht geschieht, sind vom Verpflichteten weitere Darlegungen veranlaßt. Sie können sich auf zwei Kernfragen beschränken:[19]
– Ist die Investition als solche anzuerkennen, weil sie im Rahmen einer verantwortungsbewußten Betriebsführung liegt, die auch die Interessen von Unterhaltsgläubigern angemessen berücksichtigt?
– Entspricht der eingesetzte Abschreibungsbetrag dem tatsächlichen Werteverzehr?

Wurde die Anschaffung mit Krediten finanziert, ist weiter zu klären, ob die Tilgungsleistung im Abschreibungsbetrag enthalten ist. Wird mehr getilgt als abgeschrieben, wird der Tilgungsbetrag anstelle der Abschreibung berücksichtigt.

7. Zu sonstigen Besonderheiten und Fehlerquellen der Einnahmen-Überschußrechnung

125 Bei der Einnahmen-Überschußrechnung bleiben außer dem Betriebsvermögen u. a. auch **Barentnahmen** und **Bareinlagen, durchlaufende Posten** wie im Namen und für Rechnung eines anderen verausgabte Fremdgelder (z. B. Anwalt zahlt für Mandanten den Gerichtskostenvorschuß gegen spätere Erstattung), die Aufnahme oder Rückzahlung betrieblicher Darlehen, Anschaffungskosten für Grundstücke und sonstige nicht abnutzbare Wirtschaftsgüter sowie Aufwendungen für die private Lebensführung unberücksichtigt. Demgegenüber muß die Einnahmen-Überschußrechnung auf der Einnahmenseite den Erlös ausweisen, der bei Veräußerung des Betriebes oder von Teilen des Betriebsvermögens erzielt wird; auf der Ausgabenseite können dann auch die Anschaffungskosten für nicht abnutzbares Anlagevermögen sowie eine noch bestehende Restabschreibung (z. B. Buchwert) bei abnutzbarem Anlagevermögen abgesetzt werden.

126 Problematisch sind bei der Einnahmen-Überschußrechnung neben der Abschreibung verschleierte Ausgaben für private Zwecke, ein zu geringer Privatanteil bei Mischausgaben für Telefon und Pkw sowie sonstige unterhaltsrechtlich nicht anzuerkennende Ausgaben, vor allem aber nicht verbuchte „**Schwarzeinnahmen**". Die Behauptung von nicht verbuchten und nicht ausgewiesenen zusätzlichen Einkünften gehört zum festen Ritual aller Unterhaltsstreitigkeiten mit Freiberuflern. Die damit verbundenen Probleme lassen sich nur auf der Ebene der Darlegungs- und Beweislast lösen (vgl. Rn 132) oder mit den eingeschränkten Möglichkeiten einer Schätzung nach § 287 ZPO (Rn 131). Für die Regel gilt: Wer höhere Einnahmen behauptet, als der Freiberufler zugesteht, muß dies mit prozeßrechtlich zulässigen Mitteln beweisen. Gelingt dies nicht, ist von der vorgelegten Gewinn- und Verlustrechnung auszugehen. Problematisch können auch die **Schuldzinsen** werden. Steigen sie in Zeiten einer Ehekrise kräftig nach oben, kann dies ein Zeichen da-

---

[17] OLG Düsseldorf, FamRZ 1982, 1108
[18] Näher dazu s. Schwab, Handbuch des Scheidungsrechts 3. Auflage Rn IV 768
[19] Vgl. Kleffmann, FuR 1994, 159, 162

3. Abschnitt: Einkünfte von Freiberuflern, sonstigen Selbständigen § 1

für sein, daß der Freiberufler betriebliche Schulden anwachsen läßt, um damit zielgerichtet den Gewinn zu schmälern. Mit dem nicht zur Abdeckung betrieblicher Verpflichtungen verwendeten betrieblichen Einkommen werden dann private Verbindlichkeiten beglichen oder Vermögenswerte angeschafft.[20]

8. Aufzeichnungspflichten

Steuerrechtlich besteht bei der Einnahmen-Überschußrechnung keine ausdrückliche gesetzliche Aufzeichnungspflicht für Betriebseinnahmen und Betriebsausgaben. Das bedeutet jedoch nicht, daß der Steuerpflichtige ohne Belege und Aufzeichnungen auskommt, denn er muß dem Finanzamt auf Anforderung die erklärten Betriebseinnahmen erläutern und die betriebliche Veranlassung der einzelnen, als Betriebsausgaben geltend gemachten Aufwendungen darlegen und auf Verlangen glaubhaft machen. Dafür genügt eine geordnete Ablage von Belegen (sog. offene Posten-Buchhaltung) oder die Speicherung auf Datenträgern. In der Regel ist daher unabdingbare Grundlage für eine Steuererklärung eine Belegsammlung über Betriebseinnahmen und Betriebsausgaben mit jeweils genauer Bezeichnung der Art der Aufwendungen, des Betrags und des Schuldners oder Gläubigers. Bei Nachweisschwierigkeiten hat das Finanzamt die Beweislast für Betriebseinnahmen, der Steuerpflichtige für Betriebsausgaben. 127

Auch bei der Überschußrechnung sind zum Nachweis bestimmter Steuervergünstigungen zusätzlich besondere Aufzeichnungen vorgeschrieben: 128
– Verzeichnis der Wirtschaftsgüter des nicht abnutzbaren Anlagevermögens (§ 4 Abs. 3 S. 5 EStG).
– Verzeichnis der geringwertigen Wirtschaftsgüter (§ 6 Abs. 2 S. 4 EStG).
– Verzeichnis der degressiv abgeschriebenen Wirtschaftsgüter (§ 7 Abs. 2 S. 3 EStG).
– Verzeichnis der Sonderabsetzungen nach § 7 a Abs. 8 EStG.
– Verzeichnis des Gewinns aus der Veräußerung des Grund und Bodens bei Übertragung stiller Reserven nach § 6 c Abs. 2 EStG.
– Aufwendungen für Geschenke, für Bewirtung von Geschäftsfreunden, für Gästehäuser, Jagd usw.; Mehraufwendungen für Verpflegung und andere Mehraufwendungen, die die Lebensführung des Steuerpflichtigen berühren, nach § 4 Abs. 5 Nr. 2 und Abs. 7 EStG.

Alle gewerblichen Unternehmer sind unabhängig von der Art der Gewinnermittlung darüber hinaus verpflichtet, gemäß §§ 143, 144 AO den Wareneingang und in besonderen Fällen auch den Warenausgang gesondert aufzuzeichnen, u. U. in Form einer geordneten Belegablage (§ 146 Abs. 5 AO) mit Ausnahmemöglichkeiten nach § 148 AO. Unabhängig von der Gewinnermittlung haben alle umsatzsteuerpflichtigen Personen (auch Freiberufler) Aufzeichnungspflichten nach § 22 UStG. Danach muß der Unternehmer über seine Umsätze und die Vorsteuer Aufzeichnungen machen. Diese Aufzeichnungen müssen so beschaffen sein, daß sich ein sachverständiger Dritter innerhalb eines angemessenen Zeitraums einen Überblick über die Umsätze sowie die abziehbare Vorsteuer verschaffen und die Grundlagen der Steuerberechnung feststellen kann (§ 63 Abs. 1 UStDV). Aufzuzeichnen sind die vereinnahmten Entgelte (Einnahmen ohne Umsatzsteuer) und bei Eigenverbrauch die Bemessungsgrundlage. Eine besondere Aufzeichnungspflicht (Führung eines Steuerheftes) hat ein Unternehmer, der ohne Begründung einer gewerblichen Niederlassung von Haus zu Haus oder auf öffentlichen Straßen oder anderen öffentlichen Plätzen Umsätze ausführt (§ 22 Abs. 5 UStG). Arbeitgeber haben außerdem lohnsteuerrechtliche Aufzeichnungspflichten nach § 41 EStG. 129

9. Zur Einkommensermittlung und Einkommensschätzung

Da bei dem Personenkreis der Selbständigen und Gewerbetreibenden oftmals korrekte, lückenlose Aufzeichnungen der Betriebseinnahmen fehlen, ist man hierzu auf die schwer 130

---

[20] Eingehend zu diesem Problem Fischer-Winkelmann, FamRZ 1998, 929

überprüfbaren freiwilligen Angaben des Pflichtigen angewiesen. Auch die steuerrechtlichen Angaben zu den Bruttoeinnahmen sind oft nicht wahrheitsgemäß, vor allem wenn – wie bei Kleingewerbetreibenden – Leistungen und Waren ohne Quittungsbelege bar bezahlt werden und deshalb entsprechende Gelder „schwarz" vereinnahmt und verbraucht werden können. Dies mindert das unterhaltspflichtige Einkommen zugunsten erhöhter Lebensstandardmöglichkeiten des Verpflichteten. Bei den behaupteten Betriebsausgaben dürfen sich solche Personen nicht ohne weiteres auf steuerrechtlich beachtliche Aufwendungen und Abschreibungen berufen.[21] Sind einzelne Positionen unklar oder werden sie bestritten, muß die unterhaltsrechtliche Abzugsfähigkeit näher dargelegt und gegebenenfalls nachgewiesen werden. Unterbleiben solche Darlegungen, kann der Tatrichter solche Posten unberücksichtigt lassen oder in freier Schätzung nach § 287 ZPO (s. Rn 6/728 f) berichtigen. Er kann z. B. Bewirtungs- u. Repräsentationskosten streichen und Abschreibungszeiten für einen Pkw verlängern.[22]

131 Bei konkreten Zweifeln an der Zuverlässigkeit der Angaben kann das Einkommen vom Richter nach § 287 ZPO höher als angegeben geschätzt werden. Voraussetzung dafür ist jedoch, daß die weitere Aufklärung konkret aufgetretener Zweifel unverhältnismäßig schwierig ist und zu dem Umfang der Unterhaltsforderung in keinem vertretbaren Verhältnis steht.[23] Solche Zweifel können sich ergeben bei unvollständigen Aufzeichnungen, bei Widersprüchen in den Angaben und vorgelegten Belegen, bei einem auffälligen Mißverhältnis zwischen Umsatz und Gewinn oder bei sonstigem konkreten Nachweis von Unrichtigkeiten. Zweifel können sich auch ergeben, wenn die Einnahmenbelege nicht mit gleicher Sorgfalt gesammelt wurden wie Ausgabenbelege. In allen streitigen Fällen ist es daher wichtig, sich alle erreichbaren Aufzeichnungen und Belege vorlegen zu lassen und die Gewinnangaben anhand dieser Unterlagen notfalls von einem **Sachverständigen** unter Berücksichtigung unterhaltsrechtlicher Gesichtspunkte auf ihre Vollständigkeit und Richtigkeit überprüfen und gegebenenfalls die Einnahmen schätzen zu lassen. Eine solche Schätzung kann auch erfolgen in Anlehnung an die von den Finanzbehörden aus Erfahrungswerten erstellten Richtsatzsammlungen für Umsätze (= Gewinnermittlung aus Umsatzzahlen). Diese Richtsatzsammlungen können im Buchhandel bezogen werden. Vgl. auch Rn 176. Zur Einkommensfeststellung aufgrund von **Entnahmen** vgl. Rn 182 f.

10. Zur Darlegungs- und Beweislast

132 Die Einkünfte von Freiberuflern sind in der Regel nur mühsam zu ermitteln und nachzuweisen. Diesen Schwierigkeiten trägt die Regelung der Darlegungs- und Beweislast Rechnung. Legt der Berechtigte plausibel ein bestimmtes Einkommen dar, etwa anhand des bisherigen Konsumverhaltens, älterer Einkommensunterlagen oder der Entnahmen, darf sich der Verpflichtete nicht auf bloßes Bestreiten beschränken. Er muß vielmehr von sich aus seine Einkommensverhältnisse offenlegen und notfalls beweisen.[24] Entzieht er sich dieser Obliegenheit, kann von einem Geständnis ausgegangen werden.[25] Vgl. auch Rn 148 und 6/722.

II. Überblick zu typischen Betriebseinnahmen

133 Trotz der individuellen Vielfalt und Verschiedenheit von Einnahmemöglichkeiten bei Freiberuflern, Selbständigen und Gewerbetreibenden gibt es doch einige für alle Personen gemeinsame typische Einnahmearten, in welche die oft unterschiedlichen Einkünfte eingeordnet werden können. Es handelt sich um folgende typische Einnahmearten:

---

[21] BGH, FamRZ 1987, 46 = R 313 b; FamRZ 1980, 770 = R 38
[22] BGH, FamRZ 1987, 46 = R 313 b
[23] BGH, FamRZ 1993, 789, 792 = R 460 b
[24] OLG Hamm, NJW-RR 1991, 1286
[25] BGH, FamRZ 1987, 259, 260 = R 312 b

3. Abschnitt: Einkünfte von Freiberuflern, sonstigen Selbständigen § 1

- **Leistungsentgelte**: Eingenommene Entgelte und Honorare für berufliche und gewerbliche Leistungen; alle laufenden Einnahmen für Warenlieferungen oder Dienstleistungen.
- Zuschüsse und **Aufwandsentschädigungen**: In Rechnung gestellte und erhaltene Zuschüsse, Zulagen, Spesen und sonstige Entgelte für Aufwendungsersatzleistungen, Fahrtkosten u. ä., wenn diese höher sind als die tatsächlich entstandenen Aufwendungen und die letzteren als Betriebsausgaben abgesetzt werden (z. B. als Unkosten des Betriebs-Pkw). Auch die Aufwandsentschädigung (z. B. die Kostenpauschale eines Abgeordneten) ist unterhaltsrechtlich als Einkommen anzurechnen, wenn sie zur teilweisen Deckung des Lebensbedarfs tatsächlich zur Verfügung steht. Konkrete Aufwendungen, die im einzelnen darzulegen und evtl. nach § 287 ZPO zu schätzen sind, können abgezogen werden.[26]
- **Sachentnahmen**: Der Wert von Sachentnahmen für den Unternehmer und für Dritte sowie der Eigenverbrauch von Waren und Leistungen auf Kosten der Betriebsausgaben (z. B. privater Anteil bei privater Nutzung eines Betriebs-Pkw oder an den Telefonkosten; Gastwirt verschenkt privat Getränke und Essen oder verwendet betrieblich eingekaufte Waren wie Getränke und Lebensmittel für die private Lebenshaltung). **134**
- **Umsatzerlöse**: Erhaltene Erlöse bei Veräußerung von Umlaufvermögen (z. B. Waren) sowie bei Veräußerung von abnutzbarem und nichtabnutzbarem Anlagevermögen als auch bei Veräußerung des gesamten Betriebes (oder der Praxis).
- Zinsen aus betrieblich gegebenen Darlehen. Nicht zu berücksichtigen ist die Aufnahme oder Rückzahlung eines Betriebsdarlehens, da es sich insoweit – wie bei Barentnahmen – nur um eine vermögensumschichtende Geldbewegung handelt.
- Die vereinnahmte **Mehrwertsteuer**, die vom Finanzamt erstattete Vorsteuer, ferner die Mehrwertsteuer auf den Eigenverbrauch.
- Unterhaltsrechtlich gehören zu den Einkünften auch die **Krankenhaustagegelder**, die aus einer privaten Versicherung fließen,[27] sowie die **Steuererstattungen** (dazu s. Rn 485).

III. Überblick zu typischen Betriebsausgaben

1. Abzugsfähigkeit

Betriebsausgaben sind alle zur Aufrechterhaltung und Weiterentwicklung des Betriebs notwendigen Unkosten und sonstige, zu diesem Zweck verausgabte Beträge. Grundsätzlich sind Betriebsausgaben jeder Art wie Werbungskosten nur abzugsfähig, wenn und soweit sie tatsächlich entstanden sind, betriebsbedingt notwendig waren und im Abrechnungsjahr bezahlt worden sind. Ferner müssen sie sich wegen ihrer Auswirkung auf die Unterhaltsverpflichtung in einem betriebswirtschaftlich vernünftigen, dem Unterhaltsberechtigten zumutbaren und angemessenen Rahmen halten. Besonders unter letzterem Gesichtspunkt ist jede Ausgabe kritisch zu überprüfen. In diesem Zusammenhang kann selbst von einem Abgeordneten die Darlegung aller seiner Aufwendungen verlangt werden. Im einzelnen ist von ihm darzulegen, ob und in welcher Höhe Bürokosten (Mietkosten, Telefonkosten, Porto, Büromaterial, Fachliteratur), Kosten für Wahlkreisbetreuung, Reisekosten (Fahrten zur Wahrnehmung von Mandatspflichten oder anderer mandatsbedingter Reisen), Kosten für Wohnung und Verpflegung am Parlamentsort und bei sonstigen Reisen monatlich im Durchschnitt erwachsen. Dem Abgeordneten ist auch die Vorlage entsprechender Belege zumutbar.[28] Ähnliches gilt erst recht für den übrigen Personenkreis. Eine **Pauschale** von 5 % wie bei den in abhängiger Arbeit Stehenden (vgl. Rn 89 f) kann es nicht geben, weil die Betriebsausgaben beim Freiberufler, der auch Betriebsräume und das gesamte Arbeitsmaterial stellen muß, wesentlich höher sind. Diese Pau- **135**

---

[26] BGH, FamRZ 1986, 780 = R 301 b
[27] OLG Bremen, FamRZ 1991, 86
[28] BGH, FamRZ 1986, 780 = R 301 b

schale darf aber auch nicht zusätzlich gewährt werden, weil alle berufsbedingten Aufwendungen in den Betriebsausgaben mit erfaßt sind.

2. Alphabetischer Katalog der wichtigsten Betriebsausgaben

136 Der Art nach sind Betriebsausgaben bei Freiberuflern, Selbständigen und Gewerbetreibenden ebenso vielfältig und unterschiedlich wie deren Einnahmen. Da die Betriebsausgaben im Prinzip den berufsbedingten Aufwendungen bei Arbeitnehmern oder sonstigen Werbungskosten entsprechen, wird zunächst auf den Katalog der berufsbedingten Aufwendungen in Rn 102 f verwiesen zur Überprüfung, ob im konkreten Fall vergleichbare Positionen auch für den Unternehmer zutreffen. Ergänzend hierzu werden nachfolgend zusätzliche typische Ausgabenpositionen und deren Besonderheiten im Rahmen einer Einnahmen-Überschußrechnung aufgelistet:

137 – **Abschreibungen für in früheren Jahren** angeschaffte oder hergestellte, aber noch nicht vollständig abgeschriebene abnutzbare Wirtschaftsgüter mit dem unterhaltsrechtlich vertretbaren Abschreibungssatz, u. U. in Abweichung vom steuerrechtlichen Buchwert (siehe dazu Rn 119 f).

– **Abschreibungen** für selbständig abnutzbare Wirtschaftsgüter, die im **laufenden Jahr** angeschafft wurden, wenn die Anschaffungs- oder Herstellungskosten 800 DM übersteigen. Meist handelt es sich um Maschinen, maschinelle Anlagen, Gebäude, Gebäudeteile, Umbauten und Anbauten, Gegenstände der Betriebs- und Geschäftsausstattung wie Büromöbel, Betriebs-Pkw; ferner auch Rechte, Patente und Erfindungen. Bei der Ausbeutung von Bodenschätzen gibt es eine eigene Abschreibung der Anschaffungskosten für Substanzverringerung. Steuerrechtlich erfolgt die Abschreibung linear (in gleichen Jahresbeträgen) oder degressiv (in fallenden Steuerbeträgen) entsprechend der betriebsgewöhnlichen Nutzungsdauer des Wirtschaftsgutes, die nach AfA-Tabellen bemessen wird. Danach beträgt die gewöhnliche Nutzungsdauer bei Pkw 4 Jahre, bei Büromaschinen 5 Jahre, bei Ladeneinrichtungen 8 Jahre und bei Büromöbel sowie bei Maschinen der Stoffver- und -bearbeitung 10 Jahre. **Unterhaltsrechtlich** können zumutbare Investitionen entsprechend ihrer voraussichtlichen tatsächlichen Nutzungsdauer im Betrieb auf längere Zeiträume gleichmäßig verteilt werden (vgl. dazu Rn 119 f, 178 f). Dies gilt vor allem bei Sonderabschreibungen für staatlich geförderte Investitionen.

– Abschreibung für sogenannte **geringwertige abnutzbare bewegliche Wirtschaftsgüter** des Anlagevermögens im Abrechnungsjahr, wenn die Anschaffungs- oder Herstellungskosten 800 DM nicht übersteigen. Dabei kann es sich um Werkzeuge, Arbeitsmittel, Bedarfsartikel, spezifische Kleidung, Fachliteratur und sonstige Gegenstände handeln, die im Betrieb benötigt werden. Obwohl solche geringwertigen Wirtschaftsgüter steuerrechtlich nach § 6 Abs. 2 EStG sofort absetzbar sind, können sie **unterhaltsrechtlich** entsprechend ihrer voraussichtlichen Nutzungsdauer auf mehrere Jahre verteilt werden. Da es sich hier meist um Kleinbeträge handelt, sollte im Interesse einer zügigen Erledigung des Unterhaltsrechtsstreits hier jedoch großzügig verfahren werden (vgl. Rn 122 a).

138 – **Anschaffungskosten** für Umlaufvermögen (z. B. Wareneinkauf) sind stets anzuerkennen, wenn der Erwerb und der dafür bezahlte Preis betrieblich sinnvoll war. Handelsbetriebe müssen den Wareneingang und -ausgang gesondert aufzeichnen (§§ 143, 144 AO).

– Beiträge für Berufsverbände und berufsständische Organisationen.

– Betriebliche Steuern und Versicherungen (= nur betriebliche oder berufliche Haftpflichtversicherung). Hier schleichen sich oft auch Privatversicherungen und Privatsteuern (z. B. die Einkommensteuer) ein. Die dafür eingesetzten Beträge sind auszusondern. Betriebliche Steuern sind nur die Gewerbesteuer und die Umsatzsteuer einschließlich einer an andere Unternehmer gezahlten Vorsteuer.

– Betriebsveranstaltungskosten (z. B. für Betriebsausflüge oder betriebliche Weihnachtsfeiern).

3. Abschnitt: Einkünfte von Freiberuflern, sonstigen Selbständigen §1

- Bewachungskosten für Betriebsgebäude oder Betriebsgelände. Dazu kann bei diebstahlsgefährdeten Objekten auch die Haltung eines scharfen Hundes gehören.
- Bewirtungskosten für Geschäftsfreunde oder Kunden unter besonderer Prüfung der unterhaltsrechtlichen Zumutbarkeit. Steuerrechtlich besteht eine Einzelnachweispflicht nach § 4 Abs. 5 Nr. 1 und Abs. 6 EStG.
- Büroausgaben für Porto, Schreibwaren, Kopierkosten u. ä. in durch Belege nachgewiesener Höhe; zuweilen wird in unzulässiger Weise ein Privatbedarf mitabgedeckt.
- Energiekosten (Strom, Öl, Gas, Wasser) für Betriebsräume und für Betriebsgebäude.
- **Fernsprechgebühren.** Bei privater Nebenverwendung des Betriebstelefons ist ein zu schätzender Anteil für die private Nutzung abzuziehen. Wird das private Telefon auch geschäftlich genutzt, erfolgt eine Aufteilung der Grund- und Gesprächsgebühren im Verhältnis der beruflich und privat geführten Gespräche. **139**
- Geldverkehrskosten und Geldbeschaffungskosten, z. B. Bankspesen für Betriebskonto und Schuldzinsen für betrieblich aufgenommene Kredite.
- Geschenke für Geschäftsfreunde, Kunden und Arbeitnehmer sowie Schmiergelder unter besonders sorgfältiger Berücksichtigung der unterhaltsrechtlichen Auswirkung.
- Instandhaltungs- und Reparaturkosten bezüglich betrieblicher Wirtschaftsgüter, Gegenstände, Maschinen u. ä.
- **Kraftfahrzeugaufwendungen** für Betriebs-Pkw (Anschaffungskosten mit AfA und laufende Betriebskosten für Steuer, Versicherung, Wartung und Reparaturen) unter Abzug eines zu schätzenden Privatanteils bei privater Nutzung. Genaueres Rn 96. Je kleiner der Betrieb ist, desto bescheidener hat das Fahrzeug zu sein.
- **Löhne, Gehälter** und Sozialausgaben nebst Zulagen, Zuschlägen und sonstigen Aufwendungen für Arbeitnehmer. Arbeitet die Ehefrau als Mitarbeiterin gegen Entlohnung im Betrieb mit, darf der Unternehmer ihren Unterhalt nicht zusätzlich vom ausgeworfenen Gewinn abziehen, weil sie über eigenes Einkommen verfügt. Wird einem nahen Angehörigen oder dem neuen Partner eine der Arbeitsleistung nicht entsprechende unangemessene Entlohnung gezahlt, ist unterhaltsrechtlich nur ein „angemessenes" Entgelt (§ 287 ZPO) als Ausgabe abzuziehen. Bei Freiberuflern und Kleinunternehmern müssen die Lohnkosten stets unter diesem Gesichtspunkt geprüft werden. Im Zweifel sollten die Namen der Mitarbeiter und ihre Funktion sorgfältig geprüft werden. Die Angemessenheit der Lohnkosten ist auch dann zu prüfen, wenn das Unternehmen in Form einer GmbH geführt wird und der Unterhaltsschuldner als „Unternehmer" nur ein Geschäftsführergehalt bezieht. Dieses Gehalt entspricht häufig weder dem in derartigen Fällen meist nicht ausbezahlten Gewinn noch der erbrachten Arbeitsleistung (vgl. Rn 111). **140**
- **Miete** für Geschäfts-, Büro- oder Praxisräume. Ist der Unternehmer Eigentümer, sind anteilige Hausunkosten wie im Steuerrecht im Verhältnis der betrieblich zu den privat genutzten Flächen abziehbar.
- Prozeß-, Steuerberatungs- und Rechtsberatungskosten bei betriebsbedingten Streitigkeiten. Hier ist darauf zu achten, daß privat veranlaßte Kosten, etwa die Scheidungskosten, nicht mit einbezogen werden. **141**
- Reklamekosten und sonstige Aufwendungen für die betriebliche Werbung.
- Sonstige Betriebsausgaben, die auch beim Arbeitnehmer möglich sind: siehe dortige Stichworte Arbeitsmittel, Arbeitszimmer, doppelte Haushaltsführung, Fachliteratur, Fahrten, Fortbildungskosten, Kinderbetreuungskosten, Mehraufwendungen, Reinigungskosten, Reisekosten, Repräsentationskosten, Taxifahrten, Umzugskosten, Unfallkosten, Verpflegungsmehraufwendungen (Rn 103).
- Sonstige betrieblich veranlaßte Verluste.
- Veräußerung von nicht abnutzbarem Anlagevermögen (z. B. für Grund und Boden, Lizenzen) oder des Betriebes (der Praxis): Vom Veräußerungserlös oder Entnahmegewinn, die als Einnahmen zu verbuchen sind, können die ursprünglichen Anschaffungskosten oder die noch nicht erfolgte Abschreibung (= Restabschreibung) abgezogen werden. Im Ergebnis werden derartige Veräußerungen damit als **Vermögensumschichtungen** behandelt.
- Zinszahlungen, die betriebsbedingte Kredite betreffen; § 9 I S. 3 Nr. 1 EStG. Die

Schuldtilgung selbst gehört nicht zu den Betriebsausgaben,[29] weil sie nur die Ebene des Betriebsvermögens betrifft. Bei Anschaffungskrediten werden Tilgungsleistungen in der Regel über die Abschreibung berücksichtigt (s. Rn 122 b).

4. Abschnitt: Einkünfte von Vollkaufleuten, Gewerbetreibenden und sonstigen Selbständigen, die ihren Gewinn nach § 5 EStG durch Betriebsvermögensvergleich ermitteln

I. Überblick zum Personenkreis und zur Einkommensermittlung durch Betriebsvermögensvergleich

1. Zum Personenkreis

142 Eine Gewinnermittlung durch Betriebsvermögensvergleich erfolgt bei Vollkaufleuten und Gewerbetreibenden, die zur ordnungsgemäßen Buchführung verpflichtet sind (§ 140 AO), und bei Gewerbetreibenden, bei denen im Kalenderjahr der Umsatz 500 000 DM oder der Gewinn 48 000 DM übersteigt und die deshalb vom Finanzamt aufgefordert worden sind, Bücher zu führen (§ 141 AO). Ohne eine solche Aufforderung besteht für sie keine Buchführungspflicht. Ferner Gewerbetreibende, Freiberufler und sonstige Selbständige, die freiwillig entsprechende Bücher führen und regelmäßig Jahresabschlüsse machen. Bevor der Unterhaltsbedarf durch den stets schwierigen Vergleich des Betriebsvermögens ermittelt wird, sollte in allen Fällen geprüft werden, ob dies auch erforderlich ist. Bei erfolgreichen Unternehmern ist die Leistungsfähigkeit häufig unbestritten, so daß beim Ehegattenunterhalt eine konkrete Bedarfsbestimmung vorgenommen werden kann (dazu Rn 4/366 f). Beim Kindesunterhalt bietet sich die oberste Leistungsgruppe der Düsseldorfer Tabelle evtl. mit einem Zuschlag an.

2. Zum Gewinn

143 Beim Betriebsvermögensvergleich gilt als Gewinn der Unterschiedsbetrag zwischen dem Betriebsvermögen am Schluß des Wirtschaftsjahres und dem Betriebsvermögen am Schluß des vergangenen Wirtschaftsjahres, **vermehrt um den Wert der Entnahmen und vermindert um den Wert der Einlagen.** Das jeweilige Betriebsvermögen wird als Bilanzsaldo aus Aktiva (Summe der Vermögenswerte) und Passiva (Schulden und sonstige Ausgaben und Belastungen) ermittelt. Es stimmt überein mit dem in der jeweiligen Bilanz (Eröffnungsbilanz, Jahresabschlußbilanz) zum Bilanzstichtag ausgewiesenen Kapital. Die Zu- und Abrechnung von Entnahmen und Einlagen beim Vermögensvergleich beruht auf dem Grundsatz, daß der Gewinn durch außerbetriebliche (zumeist private Vorgänge) nicht verändert werden darf.

3. Zu den Jahresabschlußunterlagen

144 Um eine Bilanz (Rn 170) erstellen zu können, bedarf es einer geordneten Buchführung mit laufenden Aufzeichnungen der maßgeblichen Geschäftsvorfälle in Büchern, auf Karteien oder Datenträgern. Im Regelfall der heute üblichen doppelten Buchführung (Rn 151) tritt neben die Bilanzen die Gewinn- und Verlustrechnung (Rn 164), mit welcher der Gewinn zusätzlich (doppelt) als Saldo des Gewinn- und Verlustkontos ermittelt

---

[29] Schwab, Handbuch des Scheidungsrechts 3. Auflage Rn IV 768

4. Abschnitt: Einkünfte von Vollkaufleuten, Gewerbetreibenden § 1

wird. Außerdem wird jährlich häufig auch eine Hauptabschlußübersicht erstellt. Diese Hauptabschlußübersicht übernimmt die Summen der einzelnen Konten (= Summenbilanz), zieht aus diesen die Salden (= Saldenbilanz) und nimmt die Abschlußbuchungen auf. Vorbereitet wird der Vermögensvergleich durch eine jährliche Inventur des Vorratsvermögens, d. h. die Aufnahme aller zum Betriebsvermögen gehörenden Wirtschaftsgüter (Vermögensgegenstände und Schulden) in ein Verzeichnis. Zu einem ordnungsgemäßen Jahresabschluß gehört somit in der Regel die **Jahresabschlußbilanz**, das sie vorbereitende Inventarverzeichnis, die **Gewinn- und Verlustrechnung**, die Bilanz und die Hauptabschlußübersicht nebst allen entsprechenden Buchungsunterlagen. Nach den Grundsätzen ordnungsgemäßer Buchführung darf keine Buchung ohne entsprechenden Beleg erfolgen. Für die Bücher und Belege gelten Aufbewahrungspflichten nach § 147 AO. Nach dem Bilanzrichtliniengesetz sind Kapitalgesellschaften in unterschiedlichem Umfang je nach Betriebsgröße verpflichtet, ihre Jahresabschlüsse offenzulegen.

4. Zu unterhaltsrechtlichen Besonderheiten beim Betriebsvermögensvergleich

Sachlich handelt es sich bei der Gewinnermittlung durch Vermögensvergleich zunächst um die gleichen Positionen, die bereits bei der Einnahmen- und Überschußrechnung erörtert worden sind (Rn 113). Sie erscheinen allerdings hier in einem veränderten Ordnungszusammenhang. Außerdem spielt zusätzlich das gesamte notwendige und gewillkürte Betriebsvermögen (auch das nichtabnutzbare Betriebsvermögen) mit speziellen Bewertungs- und Abschreibungsproblemen sowie die Problematik auflösbarer stiller Vermögensreserven eine entscheidende Rolle. Ferner gibt es Sonderprobleme bezüglich der Entnahmen und Einlagen. Bei all diesen Problembereichen können bezüglich der jeweiligen Einzelpositionen unterhaltsrechtliche Abweichungen gerechtfertigt sein, weil unterhaltsrechtlich nicht berücksichtigt werden darf, was der Vermögensmehrung dient oder aus betriebswirtschaftlichen Gründen auf eine Steuerersparnis hinausläuft oder was dem Unterhaltsberechtigten nicht zugemutet zu werden braucht. Genaueres dazu Rn 174. 145

5. Zu den unterhaltsrechtlichen Darlegungspflichten des bilanzierenden Unternehmers

Auch der bilanzierende Unternehmer ist – trotz bestehender Schwierigkeiten – unterhaltsrechtlich verpflichtet, sein Gewinneinkommen im einzelnen so darzustellen, daß die steuerrechtlich und betriebswirtschaftlich beachtlichen Aufwendungen und Vermögensmehrungen von solchen abgegrenzt werden können, die unterhaltsrechtlich bedeutsam sind. Denn auch das steuerrechtlich durch **Vermögensvergleich** ermittelte Einkommen ist nicht identisch mit dem unterhaltsrechtlich relevanten Einkommen. Das Steuerrecht erkennt in bestimmten Zusammenhängen Aufwendungen als steuermindernd an und gewährt Abschreibungen und Absetzungen, die einer tatsächlichen Vermögenseinbuße nicht oder nicht in diesem Umfang entsprechen. Die steuerrechtlichen Absetzungen haben daher auch beim bilanzierenden Unternehmer unterhaltsrechtlich außer Betracht zu bleiben, soweit sie sich nicht mit einem tatsächlich eingetretenen Wertverlust des Betriebsvermögens decken (dazu näher Rn 119). Die in einer Bilanz oder Gewinn- und Verlustrechnung enthaltene, nur ziffernmäßige Aneinanderreihung einzelner Kostenarten wie Abschreibungen, allgemeine Kostenrückstellungen, Entnahmen und dergl. genügt den erforderlichen Angaben nicht. Die erforderlichen Darlegungen können auch nicht durch den Antrag auf Vernehmung des Steuerberaters ersetzt werden.[1] Es gelten insoweit die gleichen Grundsätze wie bei den übrigen Einkunftsarten (s. Rn 6/700). 146

Diesen Anforderungen wird in der Praxis sehr oft nicht oder nicht in ausreichendem Maße entsprochen. Zum Teil geschieht dies, weil den Parteien und ihren Anwälten selbst nicht genau bekannt ist, welche Einzelpositionen der Bilanz oder der Gewinn- und Ver- 147

---
[1] FamRZ 1980, 770 = R 38; so auch OLG Koblenz, FamRZ 1984, 1225

lustrechnung unterhaltsrechtlich anders zu beurteilen sind, zum Teil werden auch bewußt entsprechende Angaben unterlassen. Fehlen solche erforderlichen Angaben oder sind sie unvollständig bzw. nicht ausreichend begründet, so bleiben die entsprechenden Positionen unberücksichtigt, wodurch sich das Bilanzergebnis aus unterhaltsrechtlicher Sicht ändert. Werden solche Angaben von der Gegenseite bestritten, ist darüber auf Antrag entsprechender Beweis zu erheben. In der Regel ist eine Überprüfung auf Zuverlässigkeit und Richtigkeit nur möglich, wenn dazu auch die entsprechenden Bilanzen, Gewinn- und Verlustrechnungen, Inventarliste, Jahresabschlüsse, Bücher und dazugehörige sonstige Belege der letzten drei Jahre oder im Einzelfall auch eines längeren Zeitraums vorgelegt werden.[2]

148 Behauptet der Berechtigte ein Einkommen in bestimmter Höhe, muß der Verpflichtete als bilanzierender Unternehmer dieses substantiiert durch Vortrag konkreter Tatsachen bestreiten, weil die entsprechenden Tatsachen zu seinem Einkommen in seinem Wahrnehmungsbereich liegen und es ihm im Hinblick auf die ihm obliegende unterhaltsrechtliche Auskunftpflicht (§ 1605 BGB) zuzumuten ist, sich zur gegnerischen Behauptung näher zu erklären. Ein bloßes Bestreiten ohne die nach den Umständen zumutbare Substantiierung ist unwirksam und zieht die Geständnisfiktion des § 138 III ZPO nach sich.[3] Der Verpflichtete genügt der ihm obliegenden Darlegungslast, wenn er die Bilanzen sowie Gewinn- und Verlustrechnungen vorlegt. Es ist dann Sache des Berechtigten, einzelne Ausgabenposten zu bestreiten.[4] Zu solchen bestrittenen Positionen ist erneut der Verpflichtete darlegungs- und nachweispflichtig. Das Gericht hat dann solche Positionen im Rahmen einer umfassenden Beweiswürdigung nach § 286 I ZPO zu klären. Dabei ist es dem Richter nicht verwehrt, nach § 286 ZPO eine Parteibehauptung ohne Beweisaufnahme als wahr anzusehen. Dazu s. auch Rn 6/721.

6. Zur Auswertung von Geschäftsunterlagen und zur Beauftragung eines Sachverständigen

149 Die Auswertung und Verwertung solcher Unterlagen im Prozeß erfordert allerdings in der Regel die Überprüfung und Begutachtung durch einen Wirtschaftsprüfer als Sachverständigen. Dabei ist zu bedenken, daß solche **Sachverständige** aufgrund ihrer Wirtschaftsprüfererfahrungen in erster Linie nach betriebswirtschaftlichen und steuerrechtlichen Gesichtspunkten vorgehen. Oftmals ist auch ihnen nicht ausreichend bekannt, wie und bei welchen Positionen sie unterhaltsrechtliche Gesichtspunkte mitberücksichtigen können oder sollen. Deshalb ist es ratsam, wenn ihnen der Richter dazu spezielle Anweisungen erteilt. Generell beinhaltet eine solche Beauftragung in der Regel folgende Fragenbereiche:
– Sind die Unterlagen vollständig?
– Entsprechen sie den Bilanzierungsgrundsätzen und den Grundsätzen einer ordnungsgemäßen Buchführung?
– Wurde nach diesen Unterlagen der Betriebsgewinn ordnungsgemäß ermittelt und sind die Entnahmen ordnungsgemäß erfaßt?
– Sind bei den einzelnen Positionen unter Berücksichtigung unterhaltsrechtlicher Grundsätze die Vermögensbewertungen anders vorzunehmen?
– Sind abweichende Abschreibungszeiten gerechtfertigt?
– Bestehen stille Reserven oder Rückstellungen, die in zumutbarer Weise für Unterhaltszwecke aktiviert und verwertbar gemacht werden können?
– Sind Aufwendungen für Verbindlichkeiten dadurch entstanden, daß mit den Einnahmen nicht die betrieblichen Verbindlichkeiten, sondern private Schulden abgedeckt oder sogar wertvolles Privatvermögen angeschafft wurde?[5]

---

[2] BGH, FamRZ 1985, 357 = R 243a; FamRZ 1983, 680 = R 167a; FamRZ 1982, 680 = NJW 1982, 1642
[3] BGH, FamRZ 1987, 259 = R 312b
[4] BGH, FamRZ 1987, 259 = R 312b
[5] Vgl. dazu eingehend Fischer-Winkelmann, FamRZ 1998, 929

4. Abschnitt: Einkünfte von Vollkaufleuten, Gewerbetreibenden § 1

– Welche Prognosen lassen sich aus den Ergebnissen der letzten drei (oder mehr) Jahre für die durchschnittliche weitere künftige Gewinn- oder Geschäftsentwicklung stellen?

Noch besser ist es, die vorgelegten Unterlagen unter ähnlichen Gesichtspunkten vorzuprüfen und dann dem Sachverständigen bezüglich konkreter Einzelpositionen gezielte Überprüfungsaufträge zu erteilen. Um allerdings solche Vorprüfungen sachdienlich vornehmen zu können und die Ausführungen des Sachverständigen kritisch nachvollziehen zu können, bedarf es einiger Vorkenntnisse des Richters und des Rechtsanwalts in einfacher und doppelter Buchführung sowie ein Wissen darüber, zu welchem Zweck und in welcher Weise Bilanzen, Gewinn- und Verlustrechnungen und sonstige Unterlagen erstellt werden und wie die darin unter steuerrechtlichen und wirtschaftlichen Gesichtspunkten erfaßten Positionen unterhaltsrechtlich zu bewerten sind. Das Notwendigste hierzu soll nachfolgend unter II mit V erörtert werden. 150

II. Überblick zur einfachen und doppelten Buchführung

1. Allgemeines zur Buchführung

Die Buchführung enthält generell die **Dokumentation** aller Geschäftsvorfälle in Büchern, auf Karteikarten oder sonstigen Datenträgern. Auf dieser Grundlage werden die für das Finanzamt und die betriebwirtschaftliche Erfolgskontrolle erforderlichen Jahresabschlüsse erstellt. Dabei sind u. a. folgende Grundsätze einer ordnungsgemäßen Buchführung zu beachten: 151
– Jeder Geschäftsvorfall muß erfaßt werden.
– Jeder Geschäftsvorfall muß sachlich richtig aufgezeichnet sein.
– Die Geschäftsvorfälle müssen zeitgerecht (chronologisch) in Grundaufzeichnungen festgehalten werden.
– Die Geschäftsvorfälle müssen durchgängig in der vorgesehenen Ordnung festgehalten werden.
– Änderungen von Buchungen müssen so vorgenommen werden, daß die Ursprungsbuchung erkennbar bleibt.
– Alle Bücher und sonstigen Unterlagen einschließlich der Belege sind geordnet und zugänglich während bestimmter Zeiträume aufzubewahren (§§ 146, 147 AO).

Bei schweren Verstößen gegen diese Grundsätze kann die Buchführung verworfen und der Gewinn nach § 287 ZPO geschätzt werden (vgl. dazu Rn 6/728 f). Nach steuerrechtlicher Auffassung liegt ein schwerwiegender Mangel dann vor, wenn einem Buchsachverständigen (z. B. Betriebsprüfer) eine Nachprüfung innerhalb angemessener Frist nicht möglich ist.

2. Zur einfachen Buchführung, zu den Grundbüchern und zum „Geschäftsfreundebuch"

Bei der **einfachen Buchführung** werden alle Geschäftsvorfälle nur in zeitlicher Reihenfolge in Grundbüchern (z. B. im Kassen- und Bankbuch) erfaßt. Daneben werden die Kundenforderungen (Debitoren) und Lieferantenschulden (Kreditoren) im Geschäftsfreundebuch (Kontokorrent; Personenbuch) festgehalten, und zwar getrennt nach Geschäftsfreunden. Aufgrund dieser Bücher kann man zusammen mit dem Inventarverzeichnis eine Bilanz erstellen, aber keine Gewinn- und Verlustrechnung. Die einfache Buchführung ist unüblich geworden und wird nur noch ausnahmsweise bei ganz einfach strukturierten Betrieben praktiziert. 152

In den **Grundbüchern** werden alle Geschäftsvorfälle zeitgerecht gebucht, und zwar getrennt nach Entstehung und Abwicklung. Einzutragen ist jeweils die Nummer des maßgeblichen Belegs, des Datums des Vorfalls, der Geschäftsvorfall selbst sowie der Geld- 153 betrag. Solche Grundbücher gibt es vor allem für Kreditgeschäfte mit Lieferanten (= Rechnungseingangsbuch und Tagebuch für Lieferanten), für Kreditgeschäfte mit Kunden (= Rechnungsausgangsbuch und Tagebuch für Kunden), für den Kassenverkehr (= Kassenbuch für alle Bareinnahmen und Barausgaben und alle Geldzu- und -abflüsse aus dem privaten Bereich) und für den Bankverkehr (Bankbuch). Kasseneinnahmen- und -ausgaben sollen täglich festgehalten werden (§ 146 Abs. 1 AO). Einzelhändler können die Tageskasseneinnahmen durch sog. **Tageskassenberichte** ermitteln, wenn sie Waren von geringerem Wert an eine unbestimmte Vielzahl nicht feststellbarer Personen verkaufen. Diese Tageseinnahmen errechnen sich aus der Summe von Betriebsausgaben, Privatentnahmen und Kassenbestand bei Geschäftsschluß abzüglich Privateinlagen und Kassenbestand am Ende des Vortages. Für die grundbuchmäßige Aufzeichnung des Bankverkehrs genügt eine geordnete Ablage der Kontoauszüge, wenn die Überweisungsträger beigefügt sind und wenn sich ein Hinweis auf die jeweilige Eingangs- und Ausgangsrechnung ergibt.

154 Das „**Geschäftsfreundebuch**" ist eine Sammelbezeichnung für alle Personenkonten. Ein gesondertes Personenkonto muß für jeden einzelnen Geschäftspartner (für Kunden und Lieferanten) eingerichtet werden, mit dem der Unternehmer laufend Kreditgeschäfte führt. Auf einem solchen Konto werden jede Warenlieferung, jeder Warenverkauf, die einzelnen Preisnachlässe, die Rücksendungen und die Begleichungen der Rechnungen erfaßt. Der jeweilige Saldo jedes dieser Personenkonten weist also die Höhe der Forderungen und Verbindlichkeiten gegenüber jedem Kunden und Lieferanten aus allen Geschäften aus, die bis zur Feststellung dieses Saldos entstanden sind und abgewickelt wurden. Auf diese Weise kann der Unternehmer jederzeit feststellen, wie hoch seine Forderung gegenüber dem einzelnen Kunden ist. Mit den Personenkonten kann die Begleichung von Forderungen und Verbindlichkeiten überwacht werden. Am Schluß des Wirtschaftsjahres werden die Salden der Kundenpersonenkonten in einer Saldenliste für Kunden und die Salden der Lieferantenpersonenkonten in einer Saldenliste für Lieferanten zusammengestellt. Steuerrechtlich können die Grundbücher für Kreditgeschäfte und die Personenkonten durch eine genau vorgeschriebene Belegablage ersetzt werden.

3. Zur doppelten Buchführung und zu den verschiedenen Konten

155 Die doppelte Buchführung erfaßt einerseits – wie die einfache Buchführung – alle Geschäftsvorfälle in zeitlicher Reihenfolge in Grundbüchern und Personenkonten. Insoweit gelten die Ausführungen zu Rn 152. Darüber hinaus werden alle Geschäftsvorfälle zusätzlich in Sachbücher übertragen (doppelte Buchführung wegen der zeitlichen und sachlichen Verbuchung aller Geschäftsvorfälle). Die Sachbücher enthalten als Sachkonten die Bestandskonten, Erfolgskonten und gemischte Konten. Darüber hinaus gibt es noch spezielle Konten wie das Gewinn- und Verlustkonto, das Privatkonto und das Kapitalkonto.

156 Die **Bestandskonten** weisen die Aktiva und Passiva eines Betriebs aus, sind also bilanzbezogen. Für jeden Bestandsposten ist ein eigenes Bestandskonto eingerichtet (z. B. Grundstückskonto, Gebäudekonto, Maschinenkonto, Kassenkonto, Darlehenskonto usw.). Auf diesen Konten werden alle Zugänge und Abgänge der Bestände im einzelnen gebucht. Der Schlußsaldo jedes Kontos ist der Posten der Schlußbilanz. Aus den Konten kann man daher die Entwicklung und Veränderung jedes einzelnen Bestandspostens von der Anfangsbilanz bis zur Schlußbilanz ersehen. Die Bestände der Aktivseite der Anfangsbilanz bzw. der Vorjahresbilanz werden als Anfangsbestände auf den Sollseiten der Aktivkonten vorgetragen. Die Zugänge auf den Aktivkonten werden auf deren Sollseite, die Abgänge auf ihrer Habenseite gebucht. Die Endbestände der Aktivkonten sind deren Salden. Diese werden als Aktivposten in die Schlußbilanz übernommen. Die Bestände der Passivseite sind als Anfangsbestände auf der Habenseite der Passivkonten vorgetragen. Die Zugänge auf den Passivkonten werden auf deren Habenseite, die Abgänge auf deren Sollseite gebucht. Die Endbestände der Passivkonten werden als Passivposten in die Schlußbilanz übernommen.

4. Abschnitt: Einkünfte von Vollkaufleuten, Gewerbetreibenden § 1

Die **Erfolgskonten** enthalten die Aufwendungen und Erträge eines Wirtschaftsjahres 157 ohne Vorträge aus dem Vorjahr. Ihre Salden werden in die Gewinn- und Verlustrechnung übernommen. Solche Konten sind z. B. das Erlöskonto, Lohnkonto, Mietzinsertragskonto usw. Betriebliche Kapitalveränderungen wirken sich auf den Geschäftserfolg aus. Deshalb werden sie auf solchen Erfolgskonten gegengebucht, und zwar ein Aufwand auf dem Aufwandskonto und ein Ertrag auf dem Ertragskonto. Ein entsprechender Aufwand liegt vor, wenn das Kapital durch einen betrieblichen Vorgang gemindert wird, ein Ertrag liegt vor, wenn sich das Kapital durch einen betrieblichen Vorgang erhöht. Bei der doppelten Buchführung wird also derselbe Vorfall auf mindestens zwei Konten erfaßt, und zwar einerseits im Soll und andererseits im Haben, wobei der Sollbetrag identisch sein muß mit dem Habenbetrag. Die Buchung erfolgt als Buchungsanordnung in Form eines Buchungssatzes. Bei diesem Buchungssatz werden zuerst die Sollkonten und die Beträge genannt, dann nach dem Wort „an" die entsprechenden Habenkonten und die Beträge. Im Unterschied zur Einnahmen-Überschußrechnung (Rn 113 f) werden bei der Gewinnermittlung durch einen Betriebsvermögensvergleich Geschäftserfolge nicht erst beim Zufluß von Einnahmen und Abfluß von Ausgaben gebucht, sondern bereits dann, wenn sich das Betriebsvermögen geändert hat. Die Salden solcher Erfolgskonten werden als Posten auf dem Gewinn- und Verlustkonto gesammelt.

Gemischte Konten weisen Bestände und Erfolge aus, wie z. B. das Warenkonto, die 158 Warenbestände und den Rohgewinn. Auf diesem Konto wird der Warenbestand der Anfangsbilanz oder des Vorjahres vorgetragen. Während des Wirtschaftsjahres werden auf ihm die Warenerlöse als Erträge und die Wareneinkäufe als Aufwendungen gesammelt. Am Jahresende wird der durch die Inventur ermittelte Warenendbestand eingebucht. Dieser wird in die Jahresschlußbilanz übernommen. Als Differenz zwischen Anfangs- und Endbestand bleibt der Rohgewinn, der ebenfalls in die Gewinn- und Verlustrechnung übernommen wird.

Das **Gewinn- und Verlustkonto** enthält als Abschlußkonto die Salden der Erfolgs- 159 konten, und zwar als Posten auf der Habenseite die Salden der Ertragskonten und als Posten auf der Sollseite die Salden der Aufwandskonten mit den jeweiligen Postenbezeichnungen der Erfolgskonten. Auf der Habenseite des Gewinn- und Verlustkontos stehen somit die Summe der Erträge des abgelaufenen Wirtschaftsjahres und auf der Sollseite die Summe der Aufwendungen des abgelaufenen Wirtschaftsjahres. Die Differenz zwischen den Erträgen und Aufwendungen, also der Saldo des Gewinn- und Verlustkontos, ist somit der Geschäftserfolg des Wirtschaftsjahres. Ein Gewinn wurde erwirtschaftet, wenn die Erträge die Aufwendungen übersteigen. Ein Verlust liegt vor, wenn die Aufwendungen höher sind als die Erträge. Da ein Gewinn das Kapital erhöht und ein Verlust das Kapital mindert, wird das Gewinn- und Verlustkonto über das Kapitalkonto abgeschlossen.

Auf dem **Privatkonto** werden privat bedingte Minderungen des Kapitals (= Entnah- 160 men) und privat bedingte Erhöhungen des Kapitals (= Einlagen) gebucht. Dies ist notwendig, weil sich auf den Geschäftserfolg nur betriebliche Vorgänge auswirken dürfen. Deshalb müssen privat bedingte Veränderungen des Betriebsvermögens wieder neutralisiert werden. Dies geschieht dadurch, daß die auf dem Privatkonto gesammelten Summen der Entnahmen dem Kapital in der Bilanz zugerechnet werden, die Summen der auf dem Privatkonto ausgewiesenen Einlagen abgezogen werden. Die Buchungen auf dem Privatkonto erfolgen in der Weise, daß Entnahmen auf der Sollseite und Einlagen auf der Habenseite des Privatkontos gegengebucht werden. Sind die Einlagen höher als die Entnahmen, wird insgesamt das Kapital um den Unterschiedsbetrag, den Saldo des Privatkontos, erhöht. Übersteigen die Entnahmen die Einlagen, wird das Kapital um den Unterschiedsbetrag gemindert. Dieser Saldo des Privatkontos wird auf dem Kapitalkonto gegengebucht.

Das **Kapitalkonto** hat eine Sonderstellung. Es erfaßt als Bestandskonto das jeweilige 161 Eigenkapital (= Betriebsvermögen) des Betriebsinhabers. Es wird erst abgeschlossen, wenn es den Gewinn bzw. Verlust aus dem Gewinn- und Verlustkonto sowie den Saldo von Entnahmen und Einlagen des Privatkontos aufgenommen hat. Dadurch ergibt sich auf diesem Konto im Prinzip folgende Gleichung: Kapital laut Anfangs- oder Vorjahresbilanz zuzüglich Gewinn (bzw. abzüglich Verlust) zuzüglich Einlagen und abzüglich Entnahmen = neues Kapital laut Schlußbilanz.

4. Inventarverzeichnis und Anlagenverzeichnis

162 Neben diesen Konten ist jährlich aufgrund der Inventur ein Inventarverzeichnis zu errichten. Aus diesem ergeben sich die Bestände des Vorratsvermögens zum Jahresende. Das Inventarverzeichnis enthält alle Vermögensgegenstände und Schulden unter Angabe ihrer Werte. Dabei spielt die mengenmäßige Erfassung und Bewertung der einzelnen Wirtschaftsgüter eine besondere Rolle. Inventare und Uraufzeichnungen müssen zehn Jahre lang aufbewahrt werden (§ 147 Abs. 1, Abs. 3 AO). Vor allem durch eine zu hohe oder zu geringe Bewertung kann ein Gewinn oder Verlust zu Lasten des Unterhaltsanspruchs verschleiert werden. Außerdem muß bei jeder Buchführung ein Anlageverzeichnis aller abnutzbaren und nicht abnutzbaren Anlagegegenstände erstellt werden. Bei abnutzbaren Anlagegegenständen werden die Anschaffungs- oder Herstellungskosten auf die Gesamtdauer der Verwendungen oder Nutzungen verteilt. Diese sogenannte betriebsgewöhnliche Nutzungsdauer kann nur geschätzt werden. Schätzungsgrundlage sind meist die auf Erfahrungen der steuerlichen Betriebsprüfung beruhenden **Abschreibungstabellen** (= AfA-Tabellen). Entsprechend diesen Abschreibungen kommt es zu einer jährlich sich verringernden Wertfortschreibung dieser Anlagegüter. Das Anlageverzeichnis dient der Ermittlung des Werts der Bestände des Anlagevermögens. Da die pauschal erfolgenden AfA-Abschreibungen oft nicht dem wirklichen Wertverlust entsprechen, bilden sich faktisch **stille Vermögensreserven**, die buchmäßig nicht erfaßt werden und sich deshalb gewinnmindernd auswirken. Näheres dazu Rn 118 ff.

5. Zu verschiedenen Arten der doppelten Buchführung

163 In der Praxis gibt es verschiedene Arten der doppelten Buchführung wie „Amerikanisches Journal", „Durchschreibebuchführung", „Elektronische Datenverarbeitung" und „Offene Postenbuchhaltung". All diese Arten unterscheiden sich nur in der Buchungstechnik. Das System der doppelten Buchführung (Grund- und Sachbuchungen sowie Buchungssatz) ist bei allen gleich. Gemeinsam ist auch, daß der Gewinn doppelt ermittelt wird, nämlich als Saldo des Gewinn- und Verlustkontos und als Unterschiedsbetrag beim Betriebsvermögensvergleich.

III. Überblick zur Gewinn- und Verlustrechnung

1. Der Aufbau einer Gewinn- und Verlustrechnung

164 Die Gewinn- und Verlustrechnung ist im Prinzip wie die Einnahmen-Überschußrechnung (Rn 113 f) aufgebaut. Sie entnimmt aus den Sachkonten einer doppelten Buchführung die Salden der Erfolgskonten (Rn 157) und die Erfolgsausweise der gemischten Konten (Rn 158), oder, wenn ein Gewinn- und Verlustkonto besteht, deren Salden (Rn 159). Sie ist praktisch eine Abschrift des abgeschlossenen Gewinn- und Verlustkontos in geordneter Form. Der Saldo der Gewinn- und Verlustrechnung ist identisch mit dem Saldo des Gewinn- und Verlustkontos (= Differenz zwischen Erträgen und Aufwendungen). Dieser Saldo kann abschließend erst nach Durchführung der Inventur erstellt werden, weil Wareneinsatz, Verbrauch an Roh-, Hilfs- und Betriebsstoffen und der Ersatz an fertigen und unfertigen Erzeugnissen im Geschäftsjahr nicht laufend gebucht, sondern erst durch die Inventur ermittelt werden. Der Saldo der Gewinn- und Verlustrechnung beinhaltet den Reingewinn oder den Verlust des Unternehmens. Aus der Gewinn- und Verlustrechnung, die die Bilanz ergänzt, kann **am besten das unterhaltsrechtlich rele-**

4. Abschnitt: Einkünfte von Vollkaufleuten, Gewerbetreibenden   § 1

vante Einkommen ermittelt werden. In ihr müssen auch alle Ausgaben aufgeführt werden, so daß regelmäßig auch festgestellt werden kann, welche Ausgaben unterhaltsrechtlich abzugsfähig sind.

2. Muster einer Gewinn- und Verlustrechnung

In der Gewinn- und Verlustrechnung werden auf der linken Seite, der Sollseite, alle **165**
Aufwendungen oder Betriebsausgaben verbucht. Auf der rechten Seite, der Habenseite, erscheinen alle Erträge oder Betriebseinnahmen. Die Differenz der beiden Seiten ist der Gewinn oder Verlust. Als Muster einer gesonderten Gliederung all dieser Posten dient in der Praxis ein Gliederungsschema, das auf ein Einzelunternehmen reduziert im Prinzip so aussieht:

I. *Linke Seite:* **Aufwendungen** (oder Betriebsausgaben)
   1. Wareneinsatz und halbfertige Arbeiten
   2. Löhne, Gehälter, soziale Abgaben
   3. Abschreibungen und Wertberichtigungen
   4. Verluste aus Abgang von Anlagevermögen
   5. Zinsen und ähnliche Aufwendungen
   6. Betriebssteuern
   7. Verlustübernahmen
   8. Sonstige Aufwendungen
   9. Gewinn (alternativ zu II 8)

        II. *Rechte Seite:* **Erträge** (oder Betriebseinnahmen)
   1. Umsatzerlös
   2. Gewinnübernahmen
   3. Beteiligungserträge
   4. Zinserträge
   5. Erträge aus dem Abgang von Anlagevermögen
   6. Erträge aus der Auflösung von Wertberichtigungen, Rückstellungen
   7. Sonstige Erträge
   8. Verlust (alternativ zu I 9)

3. Zu den Betriebsausgaben

Sachlich handelt es sich bei den Aufwendungen im wesentlichen um den gleichen Aus- **166**
gabenkatalog, wie er bei der Einnahmen-Überschußrechnung (Rn 136) in alphabetischer Reihenfolge erörtert worden ist. Auch hinsichtlich der unterhaltsrechtlichen Überprüfung gibt es im wesentlichen ganz ähnliche Probleme wie bei einer Einnahmen-Überschußrechnung (Rn 130 f). Zu beachten ist allerdings, daß beim Vermögensvergleich die Umsatzsteuer als durchlaufender Posten behandelt wird und deshalb weder als Erlös noch als Aufwand erscheint. Ferner erhöhen Betriebseinnahmen ausnahmsweise den Jahresgewinn nicht, wenn eine bereits im Vorjahr bilanzierte Forderung erst im laufenden Jahr, z. B. infolge Stundung, erfüllt wurde.

IV. Überblick zur Jahresbilanz

1. Handelsbilanz und Steuerbilanz

167 Vollkaufleute nach §§ 1 bis 3 HGB, Aktiengesellschaften, Gesellschaften mit beschränkter Haftung und Genossenschaften müssen nach Handelsrecht und Steuerrecht eine Bilanz erstellen, alle übrigen Unternehmer nur nach Steuerrecht (§ 141 AO). Die Handelsbilanz und die Steuerbilanz sind nach dem gleichen Schema aufgebaut. Sie sind nach Bilanzierungsgrundsätzen zu erstellen, die sich aus den Grundsätzen einer ordnungsgemäßen Buchführung ergeben (vgl. Rn 151 f). Eine Bilanz gibt zum Stichtag an, welches Vermögen im Unternehmen vorhanden ist, aus welchen Wirtschaftsgütern es sich zusammensetzt, was die einzelnen Wirtschaftsgüter wert sind, wem das in dem Vermögen steckende Kapital gehört und welcher Bilanzgewinn oder Bilanzverlust erwirtschaftet wurde.

168 Die Handelsbilanz verfolgt im Interesse der Gläubiger und der Erhaltung des haftenden Kapitals das Ziel, Überbewertungen zu verhindern. Dagegen sind Unterbewertungen der Wirtschaftsgüter erlaubt. Solche **Unterbewertungen** des Anlage- und Umlaufvermögens mindern wie ein zu hoher Ansatz der Passiva den Gewinn, was sich unterhaltsrechtlich zum Nachteil des Berechtigten und steuerrechtlich zum Nachteil des Fiskus auswirkt. Deshalb sind bei einer Handelsbilanz aus unterhaltsrechtlichen Gesichtspunkten vor allem **alle Vermögensbewertungen kritisch zu überprüfen** und mit großer Vorsicht zu beurteilen.

169 Die Steuerbilanz versucht mit Hilfe der steuerlichen Bewertungsvorschriften eine solche willkürliche Unterbewertung zu verhindern und ist deshalb unterhaltsrechtlich besser geeignet. Aber auch die Steuerbilanz gibt nicht den wahren Wert des Betriebsvermögens wieder, der regelmäßig über dem ausgewiesenen Wert (Kapital) liegt, denn auch diese Bilanz enthält stille Reserven. Solche stillen Reserven entstehen wegen des Aktivierungsverbots für unentgeltlich erworbene immaterielle Wirtschaftsgüter des Betriebsvermögens (z. B. für einen selbstgeschaffenen Geschäftswert) sowie wegen der zahlreichen steuerrechtlichen Bewertungsfreiheiten, erhöhten Abschreibungsmöglichkeiten und Sonderabschreibungen. Nicht ausgewiesen werden in der Bilanz der noch nicht realisierte Gewinn, der Wertzuwachs von Wirtschaftsgütern (z. B. Immobilien) und die Bildung von stillen Reserven. Die **stillen Reserven** werden erst bei Betriebsveräußerung, Geschäftsübertragung oder Entnahme bzw. Veräußerung einzelner Wirtschaftsgüter ganz oder teilweise aufgedeckt. Viele Unternehmen begnügen sich in der Praxis mit einer Handelsbilanz, die gleichzeitig auch den steuerlichen Bewertungsvorschriften entspricht.

2. Aufbau und Muster einer Jahresbilanz

170 Die Jahresbilanz ist ein Geschäftsabschluß, der zu einem bestimmten Stichtag (Jahresende) in einer übersichtlichen Gliederung das Verhältnis des betrieblich gebundenen Vermögens zu den betrieblichen Schulden und sonstigen Belastungen darstellt. In der Bilanz (lateinisch: doppelte Waage) werden in Balance auf der linken Seite die Vermögenswerte (Aktiva) und auf der rechten Seite die Schulden und sonstigen Belastungen (Passiva) dargestellt, jeweils mit einer Bezeichnung und Wertangabe. Die **Differenz ist das Kapital**. Wenn die Vermögenswerte die Schulden und Belastungen übersteigen, wird das Kapital auf der rechten Seite ausgewiesen und beinhaltet dort ein positives Kapitalkonto, den sogenannten **Bilanzgewinn**. Im umgekehrten Fall erscheint es auf der linken Seite als negatives Kapitalkonto, dem sogenannten **Bilanzverlust**. Auf diese Weise ist die Balance stets ausgeglichen, d. h. die linke (Aktiva) und rechte Seite (Passiva) sind immer gleich groß. Die durch den Differenzbetrag auf der linken oder rechten Seite hergestellte Gleichheit gibt Aufschluß über den Stand des Unternehmens am Jahresende (= Bilanzverlust oder Bilanzgewinn bzw. überschuldet oder kapitalkräftig).

Die Bilanzerstellung setzt voraus, daß das Inventar durch eine Inventur ermittelt wurde 171
und die Konten abgeschlossen werden konnten. Als Schlußbilanz eines Geschäftsjahres
schließt die Bilanz die Buchführung ab. Die Salden der abgeschlossenen Bestandskonten
werden durch Buchungen auf das Schlußbilanzkonto übernommen. Aus Gründen der
Übersichtlichkeit werden Posten des Schlußbilanzkontos in der Bilanz gruppenweise zusammengefaßt, d. h. alle zu einer Gruppe gehörenden Wirtschaftsgüter werden mit dem
Gesamtbetrag als Bilanzposten ausgewiesen. Die Bilanzposten werden aus Gründen der
Klarheit geordnet gegliedert. Im allgemeinen sieht das vereinfachte Schema der Bilanz
etwa so aus:

Aktiva	**Passiva**	172

I. Anlagevermögen
  1. Bebaute Grundstücke
  2. Unbebaute Grundstücke
  3. Maschinen und maschinelle Anlagen
  4. Betriebs- und Geschäftsausstattung
  5. Anlagen im Bau und Anzahlungen auf Anlagen
  6. Konzessionen, gewerbliche Schutzrechte und ähnliche Rechte sowie Lizenzen
	I. Eigenkapital	

II. Umlaufvermögen
  1. Roh-, Hilfs- und Betriebsstoffe
  2. Unfertige Erzeugnisse
  3. Fertige Erzeugnisse
  4. Waren
  5. Forderungen und Lieferungen und sonstige Leistungen
  6. Wechselforderungen
  7. Sonstige Forderungen
  8. Kassenbestand und Postscheckguthaben
  9. Guthaben bei Kreditinstituten
	II. Fremdkapital
	  1. Rückstellungen
	  2. Langfristige Verbindlichkeiten
	  3. Kurzfristige Verbindlichkeiten
	  4. Wechselschulden
	  5. Sonstige Verbindlichkeiten	

III. Rechnungsabgrenzungsposten	III. Rechnungsabgrenzungsposten	
IV. Bilanzverlust	IV. Bilanzgewinn	
Summe der Aktiva	Summe der Passiva	

3. Ermittlung des Unternehmensgewinns

Die Bilanz selbst besagt noch nichts über den **Unternehmensgewinn**. Dieser ist erst 173
noch zu ermitteln als Unterschiedsbetrag zwischen dem Betriebsvermögen am Schluß
des vorangegangenen Geschäftsjahres, ausgewiesen durch die damalige Schlußbilanz
(oder Anfangsbilanz), und dem jetzigen Betriebsvermögen, ausgewiesen durch die neue
Schlußbilanz, **vermindert um den Wert der privaten Einlagen und vermehrt um den
Wert der privaten Entnahmen.** Die Werte hierzu sind aus dem Privatkonto zu entnehmen (Rn 160). Dieser so errechnete Gewinn muß übereinstimmen mit dem Saldo der
Gewinn- und Verlustrechnung (Rn 164 f) bzw. dem Saldo des Gewinn- und Verlustkontos (Rn 159).

Haußleiter

V. Überblick über unterhaltsrechtlich relevante Problembereiche bei dieser Gewinnermittlungsart

174 Aus den bisherigen Ausführungen ist bereits deutlich geworden, daß es ohne Zuziehung eines **Sachverständigen** sehr schwierig ist, das unterhaltsrechtlich relevante Einkommen in Abgrenzung zu dem steuerrechtlich relevanten Gewinn genau festzustellen. Im Zweifel wird es wegen der nahezu immer vorhandenen und nur schwer erkennbaren stillen Reserven höher sein. Besonders wichtig wird eine solche Überprüfung durch Sachverständige, wenn die Jahresabschlüsse nur einen geringen Gewinn oder gar einen größeren Verlust ausweisen. In solchen Fällen wird man die Einkommenserklärungen und die hierzu vorgelegten Unterlagen unter folgenden Gesichtspunkten genauer auf ihre unterhaltsrechtliche Relevanz ansehen und überprüfen:

1. Unterhaltsrechtlich relevante Angaben

175 Auch der bilanzierende Unternehmer, der sich auf sein zu versteuerndes Einkommen bezieht, hat alle (auch nicht zu versteuernden) Einkünfte und die Betriebsausgaben so darzulegen, daß die allein steuerrechtlich beachtlichen Ausgaben von den unterhaltsrechtlich abzugsfähigen Aufwendungen abgegrenzt werden können.[6] Er muß ein vom Berechtigten behauptetes Einkommen substantiiert bestreiten[7] und dazu Bilanzen, Gewinn- und Verlustrechnungen sowie Jahresabschlüsse vorlegen.[8]

2. Überprüfung der Angaben

176 Diese Angaben zu den Betriebseinnahmen und Betriebsausgaben sind zweckmäßigerweise zunächst anhand der Gewinn- und der Verlustrechnung sowie der entsprechenden Konten und Belege zu überprüfen. Insoweit gelten in entsprechender Weise die Ausführungen zur Einnahmen- und Überschußrechnung (Rn 113, 125 f). Auf der Einnahmeseite ist zu klären, ob es nicht verbuchte Einnahmen gibt, vor allem auch in der Form von **Sachentnahmen und Eigenverbrauch** von Waren und Leistungen für sich und Dritte. Oftmals erhält man durch den Unterhaltsberechtigten oder durch Vergleich von Wareneinsatz, Umsatzerlösen und Angaben bei der Umsatzsteuererklärung mit den aus Richtsatzsammlungen bekannten branchenüblichen Erfahrungssätzen Hinweise auf solche Schwarzumsätze, unberechtigte Zuwendungen an Dritte oder verschwiegene Sach- und Leistungsentnahmen für private Zwecke. Auf der Ausgabenseite ist zu überprüfen, ob diese wirklich betriebsbedingt sind und nicht auch verschleierte Aufwendungen für den **privaten Lebensbedarf** enthalten, ob sie der Höhe nach angemessen sind (z. B. der Arbeitslohn für den neuen Lebenspartner), ob bei Mischausgaben der private Anteil zu niedrig angesetzt wurde, ob Neuinvestitionen unterhaltsrechtlich zumutbar oder mißbräuchlich sind, ob Wirtschaftsgüter zu niedrig bewertet wurden, ob die Abschreibungssätze für abnutzbare Wirtschaftsgüter unterhaltsrechtlich der Höhe nach zu ermäßigen und zeitlich zu verlängern sind und ob Rücklagen berechtigt oder der Höhe nach angemessen sind (siehe auch Rn 145–150).

3. Bewertungen, Abschreibungen, stille Reserven und Investitionskosten

177 Anhand der Bilanz in Verbindung mit den zugehörigen Unterlagen können vor allem Bewertungs- und Abschreibungsfragen bezüglich der Wirtschaftsgüter des Anlage- und

---

[6] BGH, FamRZ 1985, 357 = NJW 1985, 909; FamRZ 1980, 770 = R 38
[7] BGH, FamRZ 1987, 259 = R 312 b
[8] BGH, FamRZ 1982, 680 = R 118 d

4. Abschnitt: Einkünfte von Vollkaufleuten, Gewerbetreibenden § 1

Umlaufvermögens genau überprüft werden, und es kann geklärt werden, ob stille Reserven bestehen, die aktiviert und für Unterhaltszwecke verwertbar gemacht werden können. Zu solchen **stillen Reserven** kommt es, weil der Unternehmer bei der Bewertung der Anlagegüter knapp kalkuliert und sie so schnell wie möglich abschreibt. Da der steuerrechtlich legitimen pauschalen Abschreibung sehr oft kein tatsächlich korrespondierender Wertverzehr entspricht, kann das Wirtschaftsgut nach vollzogener Abschreibung noch voll einsatzfähig sein. Es hat dann zwar keinen buchmäßigen, in der Bilanz sich auswirkenden Wert, wohl aber noch einen faktischen Vermögenswert, der allerdings nur bei einer Veräußerung zu einer Gewinnerhöhung führen würde. Unterhaltsrechtlich beinhalten solche stillen Reserven eine unzumutbare Vermögensbildung auf Kosten des Unterhaltsberechtigten. Eine fiktive Auflösung stiller Reserven darf zwar nicht zu Bedarfserhöhungen führen (Rn 408 f), sie kann sich aber auswirken, wenn sich der Unternehmer auf einen Rückgang seiner Leistungsfähigkeit beruft. Bei positiven zukünftigen Gewinnerwartungen kann bei vorhandenen stillen Reserven die Obliegenheit bestehen, den Unterhalt mit einem **Kredit** zu sichern.[9]

Außerdem ist die Bilanz wichtig zur Gegenkontrolle bei strittigen Positionen. In Zweifelsfällen wird man notfalls auch auf die einschlägigen Buchhaltungsunterlagen und Belege zurückgreifen. Der Unterhaltpflichtige hat eine Aufklärungs- und Darlegungslast, wenn sich bei der Überprüfung seiner Angaben und Unterlagen entsprechende Zweifel ergeben. Er muß z. B. aufklären und konkret darlegen, warum der von ihm vorgenommenen pauschalen **Abschreibung** konkret ein Wertverzehr in gleicher Höhe entspricht und warum für ihn die bereits voll abgeschriebenen Wirtschaftsgüter keinen Vermögenswert mehr haben und betrieblich nicht mehr genutzt werden können, bzw. wo sie sich jetzt befinden. In einer Entscheidung zu Einkünften aus Vermietung und Verpachtung, die sachlich auch für Abschreibungen bei unbeweglichem Betriebsvermögen und für betriebliche Instandsetzungskosten zutrifft, hat der BGH[10] ausgeführt, daß das unterhaltsrechtliche Einkommen durch Abschreibungen für die Abnutzung von Gebäuden nicht berührt wird, weil den Abschreibungen lediglich ein Verschleiß von Gegenständen des Vermögens zugrunde liege, wobei die steuerlichen Pauschalen vielfach über das tatsächliche Ausmaß hinausgingen. Auch sei zu berücksichtigen, daß diese Wertminderungen durch eine günstige Entwicklung des Immobilienmarktes ausgeglichen werden können. Instandsetzungskosten dürfen nur insoweit einkommensmindernd berücksichtigt werden, als es sich um einen notwendigen Erhaltungsaufwand handle und nicht um Aufwand für Vermögensbildung, wie er etwa vorliege, wenn Ausbauten und wertsteigernde Verbesserungen vorgenommen worden sind (weiter zur Abschreibung Rn 119 f, 137). **178**

Auch **Investitionskosten** wirken sich unangemessen zu Lasten des Unterhaltsberechtigten aus, solange sie im Betrieb keine zusätzlichen Gewinne bzw. Erträge abwerfen, sich also nicht amortisieren. Das OLG Düsseldorf[11] unterscheidet insoweit zwischen anerkennungsfähigen, zur Bestandserhaltung notwendigen Investitionen und nicht anerkennungsfähigen, bloß zweckmäßigen Investitionen. Unseres Erachtens wird durch diese Unterscheidung der auch im Interesse des Unterhaltsberechtigten einzuräumende unternehmerische Spielraum zu eng gezogen. Da der Unterhaltsberechtigte auch teil hat am wirtschaftlichen Erfolg von Investitionen, sind ihm in der Regel vorübergehende Risiken und Nachteile wirtschaftlich vertretbarer Investitionen zuzumuten. Die Zumutbarkeitsgrenze ist aber überschritten bei leichtfertigen Risikogeschäften, voraussehbaren Fehlspekulationen, „Luxusinvestitionen", aus denen voraussehbar kein Nutzen für den Berechtigten entstehen kann, oder sonstigen mißbräuchlichen Investitionen. Ob ein solcher Mißbrauch zu bejahen ist, wird man danach bemessen können, ob ein vernünftig vorausdenkender, planender und handelnder Unternehmer unter Berücksichtigung der konkreten wirtschaftlichen Verhältnisse und der Interessen des Unterhaltsberechtigten von solchen Investitionen abgesehen hätte. **179**

---

[9] Schwab, Handbuch des Scheidungsrechts 3. Auflage Rn IV 771
[10] BGH, FamRZ 1984, 39, 41 = NJW 1984, 303
[11] DAV 1981, 293, 295

180 Unterhaltsrechtlich problematisch sind auch bilanzierte **Rückstellungen**, weil diese eine Gewinnminderung zur Folge haben. Sie müssen steuerrechtlich zulässig und unterhaltsrechtlich zumutbar sein. Problematisch sind ferner verschleierte Ausgaben für private Zwecke, zu niedrig bewertete Privatentnahmen oder ein zu geringer Privatanteil bei Mischausgaben.

4. Einkommensschätzung

181 Ergeben sich aufgrund sorgfältiger Überprüfung der vorgelegten Unterlagen berechtigte Zweifel an dem behaupteten unterhaltsrechtlich relevanten Einkommen, kann dieses vom Sachverständigen oder vom Gericht nach § 287 ZPO unter Berücksichtigung der konkreten Umstände des Falles erhöht geschätzt werden (siehe auch Rn 130, 146 und 6/728).

5. Einkommensbemessung nach den Entnahmen

182 Unter Entnahmen versteht man die Herausnahme von Wirtschaftsgütern aus dem Betrieb zu betriebsfremden Zwecken. Entnommen werden können **Geld, Waren, Nutzungen und Leistungen**. Die Entnahmen müssen als nicht betriebsbedingte Veränderungen des Betriebsvermögens auf besonderen Entnahmekonten oder dem Privatkonto verbucht werden (Rn 160). Sind die Entnahmen höher als der bilanzmäßig ausgewiesene oder geschätzte Gewinn, so kann der Unterhaltsanspruch statt nach dem Gewinn nach den Entnahmen bemessen werden. In solchen Fällen kann das negative Kapital durch **Kreditaufnahmen** abgedeckt sein mit der Folge, daß der Unterhaltsverpflichtete selbst von der Substanz des Betriebsvermögens lebte und daher auch den Unterhaltsanspruch nur aus der Substanz des Betriebsvermögens durch weitere Kreditaufnahmen finanzieren kann. Ob die Entnahmen den Grundsätzen einer ordnungsgemäßen Wirtschaft entsprochen haben, kann für die Vergangenheit dahingestellt bleiben, denn die Entnahmen haben dem Pflichtigen tatsächlich zur Deckung seines Lebensbedarfs zur Verfügung gestanden.[12] Deshalb muß er den Berechtigten daran auch teilhaben lassen. Außerdem muß er in Ermangelung sonstiger Mittel grundsätzlich auch den Stamm seines Vermögens zur Bestreitung des Unterhalts angreifen (vgl. Rn 310). Ferner kann ihm im Einzelfall zugemutet werden, sich die für den Unterhaltsbeitrag notwendigen Mittel durch Aufnahme eines Kredits zu beschaffen (vgl. Rn 332). Die Einkommensbestimmung nach den Privatnahmen kann auch dann in Betracht kommen, wenn konkrete Hinweise auf Manipulationen der steuerlichen Gewinnermittlung bestehen.[13]

183 Der Unterhalt darf aber dann nicht mehr nach den Privatentnahmen bemessen werden, wenn das Betriebsvermögen schon im wesentlichen durch Kredite belastet oder durch eingetretene Geschäftsverluste erschöpft ist,[14] der Unternehmer aber gleichwohl weitere Gelder von Dritten ausleiht. In einem solchen Fall wird es dem Unternehmer in der Regel zuzumuten sein, seinen auf einen Bankrott zusteuernden Betrieb zu veräußern und eine besser bezahlte abhängige Arbeit anzunehmen. Es ist ihm dann insoweit ein fiktives Einkommen zuzurechnen, wenn er nicht darlegt, daß er sich ernsthaft und mit der nötigen Energie um eine solche Stelle bemüht hat.[15]

184 Wird der Unterhalt nach den Privatentnahmen bemessen, sind vorher für den gleichen Zeitraum geleistete **Privateinlagen** und von den Entnahmen gezahlte **persönliche Steuern** und **Vorsorgeaufwendungen** in angemessener Höhe abzuziehen.[16] Als Ergebnis ist festzuhalten:[17]

---

[12] OLG Dresden, FamRZ 1999, 850
[13] OLG Hamm, FamRZ 1993, 1088
[14] OLG Düsseldorf, FamRZ 1983, 397, 399; OLG Hamm FamRZ 1997, 674
[15] OLG Koblenz, FamRZ 1984, 1225; OLG Köln, FamRZ 1983, 87, 89
[16] OLG Düsseldorf, FamRZ 1983, 397, 399 und DAV 1981, 293, 295
[17] Stein, FamRZ 1989, 343, 346

- Entnahmen beeinflussen nicht den Gewinn, sie stellen sich als Vermögensverwertung dar.
- Unterhaltsrechtlich ist zunächst zu prüfen, ob eine Obliegenheit zur Vermögensverwertung besteht (vgl. Rn 310).
- Muß das Vermögen nicht verwertet werden, kann von den Entnahmen nur ausgegangen werden, wenn keine Überschuldung vorliegt und der Verpflichtete seiner Darlegungslast zur Vermögensoffenbarung nicht genügt.
- Muß das Vermögen verwertet werden, kann ohne weiteres von den Entnahmen ausgegangen werden.

6. Abschließende Beurteilung

185 Die Gewinnermittlung durch Betriebsvermögensvergleich spielt in der Praxis keine große Rolle. Dafür gibt es mehrere Gründe. Zum einen ist sie praktisch nur mit Hilfe von meist teuren Sachverständigen einwandfrei durchzuführen. Hinzu kommt, daß ihr Ergebnis nur schwer vorhersehbar ist. Es ist also sehr riskant, auf diesem Weg Unterhalt geltend zu machen. In den meisten Fällen dieser Art begnügen sich die Beteiligten daher zur Vereinfachung mit der **Gewinn- und Verlustrechnung** wie bei den nicht zur Buchführung verpflichteten Freiberuflern. Im übrigen handelt es sich hier häufig um Spitzenverdiener, bei denen ohnehin auf eine genaue Einkommensermittlung verzichtet werden kann, weil der Unterhalt für den Ehegatten ausnahmsweise konkret zu bestimmen ist (Rn 4/366) und für den Kindesunterhalt eine unbeschränkte Leistungsfähigkeit angenommen werden kann. Eine Unterhaltsbestimmung nach den **Entnahmen** kommt nur in Betracht, wenn es sich der Verpflichtete erlauben kann, von der Substanz zu leben, weil er entweder nur vorübergehend zu wenig Gewinn macht oder weil die Substanz durch die laufenden Entnahmen nur unwesentlich beeinträchtigt wird.

5. Abschnitt: Einkünfte aus Land- und Forstwirtschaft

I. Überblick zu den Einkünften aus Land- und Forstwirtschaft

1. Die Einkünfte

186 Hierzu zählen u. a. Einkünfte aus Ackerbau, Freilandwirtschaft, Tierzucht, Tierhalterei, Forstwirtschaft, Weinbau, Gartenbau, Obstbau, Blumen- und Zierpflanzenanbau, Gemüseanbau, Baumschulen, Gärtnereien, Fischzucht, Binnenfischerei, Teichwirtschaft, Imkerei, Wanderschäferei, Saatzucht, Jagd, Hopfenanbau sowie Einkünfte aus land- und forstwirtschaftlichen Nebenbetrieben. Bei einem einschneidenden Einkommensrückgang kann ein Landwirt verpflichtet sein, den Betrieb aufzugeben und abhängige Arbeit anzunehmen.[1]

2. Die Gewinnermittlungsarten

187 Die Gewinnermittlung bei Land- und Forstwirtschaft erfolgt nach Durchschnittssätzen gemäß § 13 a EStG (Rn 190) oder durch einen Betriebsvermögensvergleich nach § 4 Abs. 1 EStG, wenn der Landwirt selbstbewirtschaftete Flächen mit einem Wirtschaftswert von mehr als 40 000 DM (§ 141 Abs. 1 Nr. 3 AO) oder einen Gewinn von mehr als 36 000 DM (§ 141 Abs. 1 Nr. 5 AO) oder einen Umsatz von mehr als 500 000 DM gehabt

---

[1] BGH, FamRZ 1998, 357 = R 515 b; FamRZ 1993, 1304 = R 364 a

hat und vom Finanzamt aufgefordert worden ist, Bücher zu führen. Für solche Landwirte gelten die Ausführungen zu Rn 142 ff. Der Warenausgang muß gesondert aufgezeichnet werden (§ 144 Abs. 5 AO); zur gesonderten Aufzeichnung des Wareneingangs besteht keine Verpflichtung (§ 143 AO). Durch Einnahmen-Überschußrechnung nach § 4 Abs. 3 EStG in allen sonstigen Fällen. Die Voraussetzung ist, daß entsprechende Aufzeichnungen gemacht werden. Es gelten dann die Ausführungen zu Rn 110 ff. Fehlen solche Aufzeichnungen, kann der Gewinn in Ermangelung sonstiger Erkenntnisquellen nach § 287 ZPO geschätzt werden.

Beim **Gewinnermittlungszeitraum** ist zu beachten, daß nach § 4a I 2 Nr. 1 EStG bei Land- und Forstwirten der Gewinn nach dem Wirtschaftsjahr zu ermitteln ist, das vom 1. Juli bis zum 30. Juni geht. Soll der Gewinn eines Kalenderjahres festgestellt werden, müßten daher an sich jeweils zwei Wirtschaftsjahre herangezogen werden.[2] Für das Kalenderjahr 2000 müßten daher zum Beispiel die letzten sechs Monate aus dem Wirtschaftsjahr 1999/2000 herangezogen werden und die ersten sechs Monate des Wirtschaftsjahres 2000/2001. Wegen der damit verbundenen Schwierigkeiten sollte der **Prüfungszeitraum** für die Einkommensermittlung (Rn 50, 115) sich hier ausnahmsweise nicht auf das Kalenderjahr beziehen, sondern stets auf das Wirtschaftsjahr.

3. Betriebseinnahmen

188 Zu den wichtigsten Einnahmen aus Land- und Forstwirtschaft zählen u. a.:
- Verkaufserlöse von Naturalien, Waren, Tieren und sonstigen land- oder forstwirtschaftlichen Erzeugnissen.
- Der Nutzwert einer Wohnung ist unterhaltsrechtlich wie auch sonst als Wohnvorteil dem Einkommen zuzurechnen (Rn 211 f). Der Mietwert für ein großes Gutshaus oder Schloß zählt zu den Einkünften aus Vermietung (siehe Rn 196 f). Ist dem Landwirt die Vermietung eines Teils der Wohngebäude zuzumuten, können ihm insoweit auch fiktive Einkünfte zugerechnet werden.[3]
- Vereinnahmte Pachtzinsen.
- Entnahmen für den Privatgebrauch (Eigenverbrauch).
- Erlöse aus Grundstücksveräußerungen.
- Verkauf gebrauchter Landmaschinen und ähnlicher Gegenstände.
- Einkünfte nach dem Gesetz über die Gewährung einer Vergütung für die Aufgabe der Milcherzeugung.[4]

4. Betriebsausgaben

189 Zu den wichtigsten Betriebsausgaben zählen u.a.:
- Schuldzinsen.
- Verausgabte Pachtzinsen.
- Dauernde Lasten.
- Kaufpreise für Betriebsmittel, Maschinen und ähnliche Waren und Gegenstände.

---

[2] OLG Düsseldorf, FamRZ 1997, 830
[3] OLG Hamm, FamRZ 1997, 308
[4] OLG Hamm aaO

5. Abschnitt: Einkünfte aus Land- und Forstwirtschaft §1

II. Die Ermittlung des land- und forstwirtschaftlichen Gewinns nach Durchschnittssätzen (§ 13 a EStG)

1. Voraussetzungen

Diese Ermittlungsart ist möglich, wenn der Land- oder Forstwirt nicht buchführungspflichtig ist, der sogenannte Ausgangswert (= der im maßgeblichen Einheitswert ausgewiesene Vergleichswert der Nutzungen) ohne Sondernutzungen und Sonderkulturen nicht höher als 32 000 DM ist, die Tierbestände 30 Vieheinheiten nicht übersteigen und keine andere Art der Gewinnermittlung (Vermögensvergleich oder Überschußrechnung) gewählt wurde. **190**

2. Die Ermittlung des Durchschnittsgewinns

Der Durchschnittsgewinn errechnet sich aus der Summe folgender Einzelpositionen: **191**
– Dem Grundbetrag, das ist $1/6$ des Ausgangswerts bei einem Ausgangswert bis zu 25 000 DM und $1/5$ des Ausgangswertes bei einem Ausgangswert über 25 000 DM.
– Dem Wert der Arbeitsleistungen des Betriebsinhabers und seiner im Betrieb beschäftigten Angehörigen. Dieser Wert ist pauschaliert bei volljährigen Arbeitskräften unter 65 Jahren auf 8000 DM bei einem Ausgangswert bis 8000, auf 10 000 DM bei einem Ausgangswert von 8000 bis 12 000, auf 12 000 DM bei einem Ausgangswert von 12 000 bis 25 000 und auf 14 000 DM bei einem Ausgangswert über 25 000.
– Vereinnahmte Pachtzinsen.
– Nutzungswert der Wohnung des Betriebsinhabers mit $1/18$ des im Einheitswert besonders ausgewiesenen Wohnungswertes.
– Gewinne aus Sonderkulturen, Sondernutzungen und Veräußerung oder Entnahme von Grund und Boden, soweit diese 330 000 DM übersteigen.

3. Die unterhaltsrechtliche Bewertung dieser Gewinnermittlungsart

Diese Gewinnermittlung nach Durchschnittssätzen ist unterhaltsrechtlich nicht verwendbar, weil die zu versteuernden Einkünfte pauschal nach Bruchteilen des verhältnismäßig niedrigen Einheitswertes berechnet werden. Die gleichen Bedenken bestehen gegen die Anwendung der pauschalen Durchschnittssätze, die sich aus der für den Versorgungsausgleich geschaffenen Arbeitseinkommen-Verordnung Landwirtschaft 1995 (AELV 1995; Bundesgesetzblatt I 1994, 3519) ergeben. Deshalb ist unterhaltsrechtlich in der Regel wie bei anderen Freiberuflern auch zunächst zusammen mit der **Auskunft** (vgl. Rn 561 f) eine **Überschußrechnung** zu verlangen (siehe Rn 577 f). Wird sie nicht sorgfältig erstellt, entscheiden die Regeln über die Darlegungs- und Beweislast (s. Rn 148 und 6/722 f). Es kann auch erforderlich sein, den Gewinn nach § 287 ZPO zu schätzen (s. Rn 6/728 f) oder durch einen Sachverständigen zu ermitteln. **192**

6. Abschnitt: Einkünfte aus Vermietung und Verpachtung sowie aus einem Wohnvorteil

I. Einkünfte aus Vermietung und Verpachtung

1. Zur Einkunfts- und Gewinnermittlungsart

193   Miet- und Pachteinnahmen sind Einkünfte aus der Nutzung eines Vermögens (s. Rn 303).

194   Einkünfte aus Vermietung und Verpachtung sind sog. Überschußeinkünfte (§ 2 II Nr. 2 EStG) und werden wie Einkünfte aus abhängiger Arbeit durch Abzug der Werbungskosten von den Bruttoeinnahmen ermittelt (vgl. Rn 46). Zum Nachweis können Überschußrechnungen verlangt werden, die eine genaue Aufstellung der Bruttoeinkünfte und aller sie kürzenden Werbungskosten enthalten (vgl. §§ 8, 9 EStG). Soweit die Mieteinnahmen der Höhe nach schwanken, ist ein möglichst zeitnaher Mehrjahresdurchschnitt zu bilden.[1]

195   Vermietet oder verpachtet werden gegen Miet- oder Pachtzins Grundstücke, Gebäude, Gebäudeteile, möblierte Zimmer, bewegliche Gegenstände, Betriebe, Geschäfte, Praxen, Entnahme von Bodenschätzen (Sand, Kies), vgl. § 21 EStG. Das vermietete oder verpachtete Objekt selbst zählt zum Vermögen. Deshalb können Aufwendungen für den Erwerb des Objekts oder für werterhöhende Maßnahmen nicht als Werbungskosten abgesetzt werden, wohl aber Zinsen und Finanzierungskosten, die für einen Erwerbskredit aufgenommen worden sind und noch laufend gezahlt werden müssen. Andererseits ist der Wertzuwachs, der sich aus der Entwicklung des Immobilienmarktes oder aus sonstigen Gründen ergibt, kein Einkommen. Auch Nießbraucher und Untervermieter erzielen Einkünfte aus Vermietung und Verpachtung.

2. Einnahmen

196   Zu den Einnahmen zählen in der Regel:
- Miet- oder Pachtzinsen.
- Mietvorauszahlungen, Mietzuschüsse und Baukostenzuschüsse.
- Alle Nebenleistungen des Mieters für Strom, Wasser, Müllabfuhr, Straßenreinigung u. ä. sowie sonstige Erstattungen von Werbungskosten durch den Mieter.
- Entschädigungen, die als Ersatz für entgangene Miet- oder Pachtzinsen gezahlt werden.
- Schadensersatzleistungen des Mieters oder Pächters, die auf einer Vertragsverletzung beruhen.
- Wert von Sachleistungen oder Dienstleistungen des Mieters anstelle eines Barzinses.
- Bau- oder Reparaturaufwendungen des Mieters, die mit der Miete verrechnet werden.

197   Steuerrechtlich zählt der Nutzwert eines eigengenutzten Hauses (Wohnung) nur noch als Mieteinnahme, wenn das Haus vor dem 1. 1. 87 errichtet und nicht wahlweise in das Privateigentum übergeführt wurde. Seit 1. 1. 87 wird der Nutzwert einer nach diesem Zeitpunkt errichteten Wohnung oder einer bis 1998 in das Privateigentum übernommenen früher erstellten Wohnung grundsätzlich nicht mehr besteuert (vgl. §§ 21 II 1, 21 a, 52 XXXVIII EStG). **Unterhaltsrechtlich** ist ein solcher Wohnvorteil in jedem Fall als Einkommen anzusetzen (s. unten Rn 211 ff).

---

[1] BGH, FamRZ 1986, 48 = R 275 d

6. Abschnitt: Einkünfte aus Vermietung und Verpachtung § 1

3. Abziehbare Ausgaben

Abziehbare Werbungskosten, jeweils bezogen auf ein konkretes Objekt, für das Einnahmen erzielt werden, soweit sie vom Vermieter bezahlt und nicht auf den Mieter umgelegt wurden:
- Allgemeine **Hausunkosten** als Werbungskosten: Grundsteuer und öffentliche Gebühren für Müllabfuhr, Abwasser, Straßenreinigung, Kaminkehrer, Wasser, Strom, Gas u. ä., Kosten für Zentralheizung, Warmwasserbereitung, Fahrstuhl, Hauslicht, Hausmeister. 198
Ausgaben für Hausverwaltung,
notwendige Reisekosten zum Mietobjekt,
notwendige Prozeßkosten für Miet- und Räumungsprozesse,
Beiträge zum Haus- und Grundbesitzerverein,
Prämien für notwendige Hausversicherungen (Sach-Haftpflicht-, Brand- und sonstige Schadensversicherungen).
- Notwendige **Erhaltungsaufwendungen** (= Kosten für Instandhaltungs- und Schönheitsreparaturen): Instandsetzungskosten können unterhaltsrechtlich nur einkommensmindernd berücksichtigt werden, wenn es sich um einen notwendigen Erhaltungsaufwand handelt, dagegen nicht, wenn sie der Vermögensbildung dienen, z. B. bei Ausbauten und wertsteigernden Verbesserungen.[2] Gegebenenfalls ist durch einen Sachverständigen der Anteil der notwendigen Erhaltungsaufwendungen und der Anteil für wertsteigernde Vermögensverbesserungen festzustellen. Größere notwendige Erhaltungsaufwendungen können nach einem wirtschaftlich sinnvollen Zeitplan auf etwa zwei bis fünf Jahre verteilt werden. 199
- **Abschreibungen** für Gebäudeabnutzungen: Steuerrechtlich sind solche Abschreibungen möglich. Sie betragen üblicherweise bei Gebäuden, die zum Betriebsvermögen gehören und nicht Wohnzwecken dienen, jährlich 4 %, bei nach dem 31. 12. 1924 fertiggestellten Wohngebäuden jährlich 2 % der Anschaffungs- und Herstellungskosten (§ 7 IV 1 EStG), die Abschreibung kann aber im Einzelfall in den ersten Jahren auch höher und dann später niedriger angesetzt werden (vgl. §§ 7 V, 7 b EStG). Außerdem gibt es für bestimmte Gebäude und für bestimmte Instandsetzungs- und Modernisierungsaufwendungen erhöhte Abschreibungsmöglichkeiten (vgl. z. B. § 7 h EStG), ebenso für Baumaßnahmen an Gebäuden zur Schaffung neuer Mietwohnungen (§ 7 c EStG). Solche steuerrechtlich zulässigen Abschreibungen für Gebäudeabnutzung und Instandsetzungskosten **berühren** vor allem bei Einkünften aus Vermietung und Verpachtung das **unterhaltsrechtlich maßgebliche Einkommen nicht**, weil diesen lediglich ein pauschal angerechneter Verschleiß von Vermögensgegenständen zugrunde liegt, der erfahrungsgemäß entweder konkret nicht vorliegt oder zumindest über das tatsächliche Ausmaß der Wertminderung hinausgeht und in der Regel ausgeglichen sein kann durch eine günstige Entwicklung des Immobilienmarktes.[3] Auch eine Abschreibung nach § 10e EStG, bzw. für vor dem 1. 7. 1987 gebaute Häuser nach § 7b EStG, ist unterhaltsrechtlich unbeachtlich.[4] Ähnliches gilt für sonstige Sonderabschreibungen. Im Zweifel wird der Vermieter einen durch gleichzeitige Werterhöhungen nicht ausgeglichenen konkreten Wertverlust behaupten und nachweisen müssen. 200
- Laufend noch zu zahlende **Kredit- und Finanzierungskosten** (z. B. Zinsen für Darlehen u. ä.): **Nicht abziehbar** sind Tilgungsbeträge, da diese der Vermögensbildung dienen. 201

---

[2] BGH, FamRZ 1997, 281, 283 = R 509 g
[3] BGH, FamRZ 1997, 281, 283 = R 509 g
[4] BGH, FamRZ 1986, 48

4. Verluste

202 Anders als im Steuerrecht kürzen Verluste aus Vermietung und Verpachtung unterhaltsrechtlich das sonstige Einkommen nicht. Die Verluste sind vielmehr mit Null anzusetzen. Bei Verlusten aus der Beteiligung an einem sog. **Bauherrnmodell oder ähnlichen Abschreibungsmodellen** handelt es sich um Aufwendungen zur **Vermögensbildung**, die der Verpflichtete zu Lasten des Unterhalts nicht mehr fortsetzen darf. Deshalb dürfen hierfür anfallende **Zins- und Tilgungsleistungen** nicht einkommensmindernd berücksichtigt werden. Der Berechtigte kann allerdings verlangen, so gestellt zu werden, als hätten die vermögensbildenden Aufwendungen nicht stattgefunden. Die **Steuervorteile** aus den Verlusten **verbleiben** dem Verpflichteten daher allein.[5] Dies führt ausnahmsweise zu einer **fiktiven** Steuerberechnung (vgl. Rn 465). Sie erfolgt in der Weise, daß das zu versteuernde Einkommen um den in dem Steuerbescheid ausgewiesenen Verlustabzug aus Vermietung erhöht wird. Aus dem erhöhten Einkommen wird eine fiktiv zu zahlende Steuer nach der Steuertabelle ermittelt. Von dem unterhaltsrechtlich relevanten Bruttoeinkommen (ohne Berücksichtigung eines Verlustabzuges) ist anstelle der tatsächlich gezahlten Steuer die fiktiv ermittelte Steuerlast in Abzug zu bringen.

5. Zurechnung von Mieteinnahmen aus einem gemeinsamen Objekt und fiktive Mieteinnahmen aus unterlassener zumutbarer Vermietung

203 Sind beide Eheleute Miteigentümer des Mietobjektes, stehen im Regelfall die Mieteinnahmen nach § 743 I BGB jedem zur Hälfte zu. Etwas anderes gilt nur dann, wenn sich die Parteien ausdrücklich oder stillschweigend geeinigt haben, daß die Einkünfte einem Beteiligten allein gehören sollen.[6]

204 Vermietbarer Grundbesitz ist, wie sonstiges Vermögen, unterhaltsrechtlich in zumutbarer, ertragbringender Weise zu nutzen (vgl. auch Rn 325).

Für den berechtigten Ehegatten ergibt sich dabei aus § 1577 I BGB die Obliegenheit, vorhandenes Vermögen so ertragreich wie möglich anzulegen und zu nutzen, weil auch solche Einkünfte seine Bedürftigkeit mindern, die zwar tatsächlich nicht gezogen werden, aber in zumutbarer Weise gezogen werden könnten.[7] Dies gilt auch für vermietbare Garagen.[8] Wer eine zumutbare Nutzung durch Vermietung unterläßt, dem ist der durchschnittlich erzielbare Ertrag (Mietzins) als **fiktives Einkommen** zuzurechnen. Die gleichen Grundsätze gelten, wenn es um die Leistungsfähigkeit des Pflichtigen geht.[9] Als Orientierung für eine Schätzung (§ 287 ZPO) dient der voraussichtlich erzielbare Mietzins für ein nach Ortslage, Zuschnitt und Bequemlichkeit vergleichbares, qualitativ gleichwertiges Objekt.[10]

205 Bei einem gemieteten großen Haus kann **ab Scheidung** eine **Teilvermietung** zumutbar sein, falls dies nach den Umständen möglich ist. Bei Wohnungseigentum ist zu prüfen, ob es dem Benutzer zugemutet werden kann, künftig anderweitig eine Wohnung zu nehmen, um auf diese Weise u. U. eine wirtschaftlich günstigere Verwertung des Hauses zu ermöglichen[11] und überschüssige Mieteinnahmen zur Deckung des Unterhaltsbedarfs einzusetzen. Zumutbar kann es auch sein, durch Vermietung einzelner Räume des Hauses Mieteinnahmen zu erzielen.[12] Entsprechende Einkünfte können dann fiktiv zugerechnet werden. In der Regel löst sich dieses Problem jedoch bereits durch Ansatz der objektiven Marktmiete beim nachehelichen Unterhalt für den Wohnvorteil (vgl. Rn 220).

---

[5] BGH, FamRZ 1987, 36 = R 310 a; FamRZ 1987, 913, 915
[6] BGH, FamRZ 1986, 434
[7] BGH, FamRZ 1998, 87, 89 = R 516 a; FamRZ 1990, 269, 270 = R 405 a; FamRZ 1990, 283, 288 = R 400 g; FamRZ 1988, 145, 149 = R 347 h
[8] BGH, FamRZ 1990, 283, 288 = R 400 g
[9] BGH, FamRZ 1990, 269 = R 405 a; FamRZ 1990, 283, 288 = R 400 g
[10] BGH, FamRZ 1985, 89 = R 224
[11] BGH, FamRZ 1984, 358, 360 = R 197 b
[12] BGH, FamRZ 1988, 145, 149 = R 347 h

6. Abschnitt: Einkünfte aus Vermietung und Verpachtung § 1

Während der **Trennungszeit** ist eine Vermietung oder Teilvermietung des Familienheimes in der Regel nicht zumutbar, weil eine mögliche Wiederherstellung der ehelichen Lebensgemeinschaft nicht erschwert werden darf. Dagegen ist die Verpachtung eines Wochenendgrundstückes oder eines Ferienheimes zumutbar.[13] 206

Von einem **volljährigen Kind mit eigenem Einkommen** muß der Berechtigte allerdings nach der Trennung für die Wohnungsüberlassung ein entsprechendes Entgelt verlangen und im Fall seiner Weigerung die Wohnung anderweitig vermieten. Denn insoweit liegt bereits eine Vermögensnutzung vor, die nach der Trennung nicht mehr zu Lasten des Unterhaltspflichtigen kostenlos fortgeführt werden darf. Unterläßt dies der Berechtigte, können ihm bedarfsmindernd fiktive Einkünfte für die unterlassene Teilvermietung zugerechnet werden, wenn und soweit das Kind nicht mehr auf mietfreie Überlassung der Wohnung angewiesen ist.[14] 207

In allen Fällen einer fiktiven Zurechnung von Einkünften wegen unterlassener Vermietung oder Teilvermietung müssen im Rahmen einer Zumutbarkeitsprüfung die Belange des Berechtigten und des Verpflichteten unter Berücksichtigung der Umstände des Einzelfalls angemessen gegeneinander abgewogen werden.[15] 208

Soweit fiktive Einkünfte angesetzt werden, **erhöhen** sie den **Bedarf** nach den ehelichen Lebensverhältnissen **nicht**, da sie in der Ehe nicht erzielt wurden und damit nicht prägend sind.[16] Sie reduzieren nach § 1577 I BGB lediglich die **Bedürftigkeit** des Berechtigten,[17] bzw. erhöhen die **Leistungsfähigkeit** des Pflichtigen.[18] 209

Bei **Gütergemeinschaft** dürfen auch nach der Scheidung keine erzielbaren Zinsen als fiktives Einkommen zugerechnet werden, weil alle erzielbaren Einnahmen bis zur vollzogenen Auseinandersetzung in das Gesamtgut fallen und bei der Auseinandersetzung beide Eheleute an solchen Einnahmen zu gleichen Teilen partizipieren (§§ 1474 ff BGB). Deshalb dürfen faktische oder fiktive Mieteinnahmen nicht nochmals einseitig einem Ehegatten zugerechnet werden[19] (vgl. auch Rn 227a und insgesamt Rn 6/400 ff). 210

II. Der Wohnvorteil beim Wohnen im eigenen Haus

1. Der Wohnvorteil als unterhaltsrechtlich zu berücksichtigender Vermögensvorteil

- Unterhaltsrechtlich zu berücksichtigende Einkünfte sind auch Vermögenserträge und sonstige wirtschaftliche Nutzungen, die aus einem Vermögen gezogen werden. Zu solchen Nutzungen des Vermögens zählen die Vorteile des mietfreien Wohnens im eigenen Haus. Es handelt sich insoweit um Nutzungen des Grundstückseigentums i. S. von § 100 BGB in Form von Gebrauchsvorteilen.[20] 211
- Der Nutzen besteht im wesentlichen darin, daß der Eigentümer für das Wohnen keine Mietzinszahlungen leisten muß, die in der Regel einen Teil des allgemeinen Lebensbedarfs ausmachen. Soweit diese ersparten Mietaufwendungen höher sind als die mit dem Eigentum verbundenen Unkosten, ist die Differenz, d. h. **der Betrag, um den der Eigentümer billiger als der Mieter lebt**, als Einkommen anzusetzen.[21] Der Wohn- 212

---

[13] BGH, FamRZ 1989, 1160 = R 395 b
[14] BGH, FamRZ 1990, 269, 271 = R 405 a
[15] BGH, FamRZ 1988, 145, 149 = R 347 h; FamRZ 1990, 269, 271 = R 405 a
[16] BGH, FamRZ 1990, 269, 271 = R 405 a
[17] BGH aaO
[18] BGH, FamRZ 1990, 283, 288 = R 400 g
[19] BGH, FamRZ 1984, 559, 561 = R 201
[20] BGH, FamRZ 1998, 87 = R 516a; NJW 1998, 2821 = R 525e; FamRZ 1995, 869 = R 494; FamRZ 1990, 283, 288 = R 400f; NJW-RR 1988, 1093, 1095 = R 373e; FamRZ 1986, 434 = R 282a; FamRZ 1986, 437 = R 288 a; FamRZ 1986, 441 = R 289 a
[21] BGH, FamRZ 1998, 87 = R 516a; FamRZ 1995, 869 = R 494; FamRZ 1994, 1100, 1102 = R 482b; FamRZ 1990, 283, 288 = R 400f

wert besteht dabei sowohl bei Allein- als auch bei Miteigentum der Immobilie, ebenso bei Gütergemeinschaft, Nießbrauch oder einem unentgeltlichen dinglichen oder schuldrechtlichen Wohnrecht. Da es um die Nutzung und nicht um die Verwertung des Vermögens geht, kommt es auf die Herkunft der Mittel zur Schaffung des Wohneigetums nicht an, ein Wohnwert ist daher auch anzusetzen bei Erwerb eines dinglichen Wohnrechts aus einer Schmerzensgeldzahlung,[22] bei Kauf eines Reihenhauses aus ererbten Mitteln[23] oder aus dem Zugewinn bzw. Erlös aus der Vermögensauseinandersetzung (vgl. insoweit Rn 286 ff). Bei **freiwilligen Zuwendungen Dritter**, z. B. der Eltern, kommt es auf die Willensrichtung des Zuwendenden an (s. näher Rn 368 ff). Soweit die Eltern ihrem Kind während der Ehe und/oder nach der Trennung/Scheidung ohne Gegenleistung kostenlos eine Wohnung zur Verfügung stellten, handelt es sich um eine freiwillige Leistung ohne Einkommenscharakter, so daß kein Wohnwert anzusetzen ist.[24] Anders ist die Sachlage, wenn für das mietfreie Wohnen Gegenleistungen zu erbringen sind, z. B. Pflege und Betreuung[25] oder ein Leibgeding. Eine freiwillige Leistung Dritter liegt auch vor, wenn die Eltern dem Unterhaltspflichtigen Geld schenken, mit dem er ein Eigenheim kauft.[26]

213 • Ist ein Teil des Grundstücks, z. B. eine Garage, vermietet, handelt es sich bei dem Mietzins um „Früchte" des Grundstücks i. S. von § 99 III BGB. Unterbleibt die Teilvermietung, rechnet die Möglichkeit zur Nutzung der Garage ebenfalls zu den Gebrauchsvorteilen i. S. von § 100 BGB.[27]

2. Die unterhaltsrechtliche Bewertung des Wohnvorteils beim Ehegattenunterhalt

214 **a)** Der Wert des Wohnens als Vermögensnutzung kann objektiv festgestellt werden. Es bedarf dazu der Ermittlung des objektiven Mietwertes auf der einen und der mit dem Grundeigentum verbundenen Lasten auf der anderen Seite. Die steuerrechtliche Behandlung ist für diese Bewertung unbeachtlich.[28]

215 Der Wohnwert entspricht damit grundsätzlich der **objektiven Marktmiete** ohne Mietnebenkosten, d. h. der sog. Kaltmiete für eine nach Ortslage, Größe, Beschaffenheit, Zuschnitt und Bequemlichkeit vergleichbare Wohnung.[29] Nur die Marktmiete bewertet den Gebrauchsvorteil entsprechend dem Mietobjekt. Nach BGH kürzen dabei die allgemeinen Grundstückskosten und -lasten als verbrauchsunabhängige Nebenkosten die Nutzung des Grundeigentums,[30] nicht dagegen die vom jeweiligen individuellen Verhalten bestimmten verbrauchsabhängigen Nebenkosten (s. hierzu Rn 234 ff). Der Begriff der objektiven Marktmiete entspricht dann aber nicht der sog. Grundmiete nach § 2 MHG, in der Betriebs-, Modernisierungs- und Kapitalkosten gemäß §§ 3–5 MHG nicht enthalten sind, da auch ein Teil der verbrauchsunabhängigen Nebenkosten Betriebskosten sind (vgl. näher Rn 234 ff). Unter **Marktmiete** ist daher die Miete ohne die auf einen Mieter umlegbaren Nebenkosten zu verstehen (eingehend Rn 235 ff).[31] Der objektive Mietwert ist tatrichterlich festzustellen. Ein mit Ort und Mietpreisen vertrauter Richter oder Anwalt wird ihn in der Regel nach § 287 ZPO schätzen können, wobei zu berücksichtigen ist, daß die Eheleute regelmäßig schon längere Zeit das Eigenheim bewohnten, es also

---

[22] BGH, FamRZ 1988, 1031, 1033 = R 373 b
[23] BGH, FamRZ 1986, 560, 562
[24] OLG München, FamRZ 1996, 169
[25] BGH, FamRZ 1995, 537 = R 492 b
[26] OLG Saarbrücken FamRZ 1999, 396
[27] BGH, FamRZ 1986, 434 = R 282 a
[28] BGH, FamRZ 1995, 869 = R 482b; FamRZ 1990, 283, 288 = R 400f
[29] BGH, NJW 1985, 49 = R 224
[30] BGH, FamRZ 1998, 899 = R 525; FamRZ 1995, 869 = R 492 b; FamRZ 1994, 1100, 1102 = R 482b; FamRZ 1990, 989 = R 418 a; FamRZ 1990, 283, 288 = R 400f; FamRZ 1986, 434 = R 282 a
[31] So jetzt auch BayL 4

6. Abschnitt: Einkünfte aus Vermietung und Verpachtung §1

nicht um eine maximal erzielbare Miete wie bei einer Neuvermietung geht. Die mit erheblichen Kosten und Zeitverlust verbundene Einschaltung eines Sachverständigen erscheint in den meisten Fällen entbehrlich. Um schätzen zu können, muß der Anwalt aber immer die hierfür **wertbildenden Faktoren vortragen**, d. h. insbesondere die qm, Anzahl der Räume, Baujahr des Objekts, Einzelhaus mit Garten oder Eigentumswohnanlage usw.

Eine Wohnwertermittlung kann unterbleiben, wenn sich die Parteien auf einen bestimmten Wohnwert geeinigt haben oder einen behaupteten Wohnwert etwa zur Vermeidung von Sachverständigenkosten außer Streit stellen.[32] 216

b) Bei der **Bewertung des Wohnvorteils** ist jedoch zu beachten, daß Wohnkosten zu den allgemeinen Lebenshaltungskosten zählen und deshalb einen Teil des Unterhaltsbedarfs des Berechtigten sowie des Eigenbedarfs des Verpflichteten beinhalten. Diese Bedarfspositionen ändern sich mit der Zurechnung eines Wohnwertes, dem als Rechnungsposten ein verfügbares Einkommen nicht entspricht, so daß ein Ausgleich nur durch Einsparungen bei den übrigen Lebenshaltungskosten möglich wird. Gebrauchsvorteile sind kein Bargeld. In sehr vielen Fällen ist das Haus, das als Heim für die ganze Familie angelegt war, nach der Trennung für den zurückbleibenden Ehegatten und dessen neuen Lebenszuschnitt zu groß, zu aufwendig und auch zu kostspielig. Es ist wie mit einem zu großen Gewand, das von ihm nicht mehr ausgefüllt werden kann. Graba spricht deshalb zu Recht von einem „**toten Kapital**".[33] Der BGH hat diesen Begriff übernommen.[34] Maßgebend ist unterhaltsrechtlich, ob nach Treu und Glauben eine Verwertung oder (Unter-)Vermietung des Familienheims zumutbar ist. In der Trennungszeit ist das regelmäßig nicht der Fall[35] (vgl. Rn 206). Denn es dürfen keine Fakten geschaffen werden, die eine mögliche Wiederherstellung der ehelichen Lebensgemeinschaft erschweren.[36] Diese „aufgedrängte Bereicherung" hat zur Folge, daß in der **Trennungszeit** in der Regel nicht der objektiv erzielbare, sondern aus Billigkeitsgründen nur ein **unterhaltsrechtlich angemessener Betrag** als Wohnwert anzusetzen ist.[37] Dieser angemessene Betrag ist so zu bewerten, daß den Parteien noch ausreichende Mittel für ihre sonstige Lebensführung zur Verfügung bleiben. Nach BGH muß der Wert aber objektbezogen bemessen werden.[38] 217

c) **Trennungsunterhalt**. Nach der allgemeinen Lebenserfahrung wird ein vernünftiger Mensch von den zu Bestreitung aller Lebenshaltungskosten zur Verfügung stehenden Mitteln etwa $1/5$ bis höchstens $1/3$ für seinen Wohnbedarf (Miete ohne Mietnebenkosten) ausgeben und den Rest zur Deckung seines sonstigen Aufwands und seiner übrigen Bedürfnisse verwenden. Der **angemessene Wohnwert** wurde deshalb nach der sog. Drittelobergrenze ermittelt,[39] die sich an den Einkommensverhältnissen der Parteien orientierte. In seiner grundlegenden Entscheidung vom 22. 4. 1998[40] hat der BGH demgegenüber ausgeführt, daß der angemessene Wohnwert als eingeschränkter Wohnvorteil unter Berücksichtigung des durch den Auszug eines Ehepartners entstehenden „toten Kapitals" nur noch in einer Höhe in Rechnung zu stellen ist, wie er sich als angemessene Wohnungsnutzung durch den Zurückbleibenden allein darstellt. Die ehelichen Lebensverhältnisse verwirklichen sich damit nach der Trennung in Form eines entsprechend geringer anzusetzenden Gebrauchsvorteils als bedarfsprägender Wohnwert. Der verbleibende Gebrauchswert ist dabei in der Regel danach zu bestimmen, welchen Mietzins der Ehegatte auf dem örtlichen Wohnungsmarkt für eine **dem ehelichen Lebensstandard entsprechende kleinere Wohnung** zahlen müßte, nach oben begrenzt durch die objektive 218

---

[32] BGH, FamRZ 1986, 434 = R 282 b
[33] Graba NJW 1987, 1721
[34] BGH, NJW 1998, 2821 = R 525 e; FamRZ 1989, 1160 = R 395 d
[35] Gerhardt, FamRZ 1993, 1139
[36] BGH, FamRZ 1989, 1160 = R 395 b
[37] BGH, NJW 1998, 2821 = R 525 e; FamRZ 1990, 989, 991 = R 418 b; FamRZ 1990, 283, 288 = R 400 f; FamRZ 1989, 1160, 1163 = R 395 d; FamRZ 1986, 434 = R 282 b
[38] BGH, NJW 1998, 2821 = R 525 e
[39] Vgl. Vorauflage 1/229 ff
[40] BGH, NJW 1998, 2821 = R 525 e

Marktmiete. Haben die Eheleute im Einzelfall, gemessen an ihren sonstigen wirtschaftlichen Verhältnissen, zu aufwendig gewohnt, kann dies berücksichtigt und der verbleibende Wohnwert auf einen angemessenen Betrag zurückgeführt werden.

218 a Der in der Trennungszeit anzusetzende **angemessene Wohnwert** richtet sich damit nicht mehr wie bisher nach den Einkommensverhältnissen der Eheleute, sondern nach der Marktmiete unter Berücksichtigung des durch den Auszug eines Ehegatten entstehenden „toten Kapitals".[41] Diese Bewertung ist grundsätzlich dem Tatrichter vorbehalten. Im Ergebnis ist die Reduzierung der Marktmiete auf einen angemessenen Betrag vom Tatrichter zu **schätzen**. Ein Anhaltspunkt können die Mietkosten des ausziehenden Ehegatten sein,[42] soweit er eine dem ehelichen Lebensstandard entsprechende kleinere Wohnung anmietet, die er mit seinen ihm nach Abzug des Unterhalts verbleibenden Mitteln bezahlen kann. In den meisten Fällen wird man zu einem sachgerechten Ergebnis kommen, wenn man die objektive Marktmiete um etwa ein Drittel reduziert und den dann rechnerisch ermittelten Unterhalt nochmals auf seine Angemessenheit überprüft.

219 Etwas anderes gilt beim **Trennungsunterhalt**, wenn das Wohnungseigentum bereits in der Trennungszeit durch Veräußerung verwertet wurde, durch Aufnahme eines neuen Lebensgefährten oder Untervermietung voll genutzt wird oder bei einer außergewöhnlich langen Ehezeit die Ehe nur noch aus formalen Gründen fortbesteht. In diesen Fällen wird das Wohnungseigentum wie bei einer Weitervermietung bereits voll genutzt, bzw. es besteht eine Obliegenheit, das Vermögen so ertragreich wie möglich anzulegen.[43] Der Wohnwert ist dann auch in der Trennungszeit nach der objektiven Marktmiete zu bemessen und nicht auf einen angemessenen Betrag zu begrenzen.[44]

220 d) Beim **nachehelichen Unterhalt** besteht in der Regel keine Veranlassung, für die Wohnwertberechnung vom Grundsatz der objektiven Marktmiete abzuweichen. Die unterhaltsrechtliche Obliegenheit, vorhandenes Vermögen so ertragreich wie möglich anzulegen, um die Bedürftigkeit zu mindern, bzw. die Leistungsfähigkeit zu erhöhen,[45] bedeutet, daß der erzielbare Wohnwert, d. h. die objektive Marktmiete als Vermögensnutzung heranzuziehen ist.[46] **Ab Scheidung** besteht keine Veranlassung mehr, eine zu große Wohnung beizubehalten. Will der Berechtigte auf den bisherigen Wohnkomfort nicht verzichten, muß er sich den entsprechenden „Mehrwert" als Einkommen anrechnen lassen.[47] Seltene Ausnahmefälle, in denen auch beim nachehelichen Unterhalt nur ein angemessener Wohnwert anzusetzen ist, liegen nur vor, wenn unter Abwägung aller Umstände des Einzelfalls nach Treu und Glauben eine Weiter- oder Untervermietung unzumutbar ist. Ein derartiger Ausnahmefall ist nicht gegeben, wenn sich ein Ehepartner weigert, das gemeinsame Wohnungseigentum zu veräußern.[48] Zum Teil wird vertreten, der angemessene Wohnwert kann auch nach der Scheidung noch angesetzt werden, wenn sich die Eheleute eine der Marktmiete entsprechende Mietwohnung nicht geleistet hätten.[49] Diese Auffassung erscheint problematisch, weil man in der Regel nicht weiß und wissen kann, welche Miete die Eheleute gezahlt hätten, wenn sie sich kein Wohnungseigentum angeschafft hätten. Im übrigen orientieren sich die ehelichen Lebensverhältnisse nach einem objektiven Maßstab (s. näher Rn 4/210 ff), dem als Nutzung des Vermögens allein die Marktmiete entspricht.

Soweit ein Ehegatte nach der Trennung oder nach der Scheidung eine **neue Immobilie** erwirbt und dadurch mietfrei wohnt, z. B. aus dem Verkaufserlös des Familienheimes

---

[41] BGH, aaO
[42] BGH, aaO
[43] BGH, FamRZ 1990, 989, 991 = R 418 b; FamRZ 1988, 145, 149 = R 347 h
[44] Gerhardt, FamRZ 1993, 1139
[45] BGH, FamRZ 1992, 423 = R 442 c, e; FamRZ 1990, 269 R = 405 a; FamRZ 1988, 145, 149 = R 347 h; FamRZ 1984, 358, 360 = R 197 b
[46] BGH, FamRZ 1998, 87 = R 516 a; FamRZ 1995, 869 = R 494; FamRZ 1994, 1100, 1102 = R 482 b; FamRZ 1992, 423, 425 = R 442 c, e
[47] OLG Hamm, FamRZ 1999, 233; FamRZ 1995, 1418; OLG Karlsruhe, FamRZ 1993, 1091
[48] BGH, FamRZ 1994, 1100, 1102 = R 482 b
[49] OLG München (4. Senat) FamRZ 1999, 509

6. Abschnitt: Einkünfte aus Vermietung und Verpachtung § 1

(vgl. näher Rn 267, 294) oder aus einer Erbschaft, ist aus den oben genannten Gründen ebenfalls die objektive Marktmiete als Wohnwert anzusetzen.

e) Der Wohnwert bestimmt sich somit grundsätzlich nach der **objektiven Marktmiete**. Beim **Trennungsunterhalt** ist aus Billigkeitsgründen nur ein **angemessener** Wohnwert anzusetzen, damit den Parteien ausreichende Mittel für ihre sonstigen Lebenshaltungskosten verbleiben, es sei denn, das Wohneigentum wurde bereits anderweitig verwertet, z. B. durch Veräußerung, Untervermietung oder Aufnahme eines neuen Lebensgefährten, bzw. eine Verwertung ist bereits in der Trennungszeit wegen langer Trennungsdauer zumutbar. Beim **nachehelichen Unterhalt** ist als Wohnwert regelmäßig die objektive Marktmiete anzusetzen, ebenso bei einem neuen, erst nach der Trennung der Parteien entstandenen Wohnwert. 221

Nachdem Trennungs- und nachehelicher Unterhalt verschiedene Streitgegenstände sind, bereitet die unterschiedliche Bewertung des Wohnwertes beim Trennungs- und nachehelichen Unterhalt keine Probleme.

f) Die Leitlinien der Oberlandesgerichte differenzieren, soweit sie den Wohnwert behandeln, überwiegend entsprechend der Rechtsprechung des BGH seit 1. 7. 1999 zwischen dem angemessenen Wohnwert in der Trennungszeit und der objektiven Marktmiete beim nachehelichen Unterhalt. Zum Teil nehmen sie dabei noch auf die Dritteloberhöhe Bezug. 222

- Nach den **Bayerischen Leitlinien** ist der Wohnvorteil durch mietfreies Wohnen im eigenen Heim als wirtschaftliche Nutzung des Vermögens unterhaltsrechtlich wie Einkommen zu behandeln. Auszugehen ist vom vollen Mietwert. Wenn es nicht möglich oder nicht zumutbar ist, die Wohnung aufzugeben und das Objekt zu vermieten oder zu veräußern, kann statt dessen die ersparte Miete angesetzt werden, die angesichts der wirtschaftlichen Verhältnisse angemessen wäre. Dies kommt insbesondere für die Zeit bis zur Scheidung in Betracht, wenn ein Ehegatte das Eigenheim allein bewohnt.[50] 223

- Die **Düsseldorfer Leitlinien** enthalten eine fast identische Formulierung. Der Wohnvorteil durch mietfreies Wohnen im eigenen Heim ist als wirtschaftliche Nutzung des Vermögens wie Einkommen zu behandeln, wenn sein Wert die Belastungen übersteigt, die unter Berücksichtigung der staatlichen Eigenheimförderung durch die allgemeinen Grundstückskosten und -lasten, durch Annuitäten und durch sonstige verbrauchsunabhängige Kosten entstehen. Auszugehen ist vom vollen Mietwert. Wenn es nicht möglich oder nicht zumutbar ist, die Wohnung aufzugeben und das Objekt zu vermieten oder zu veräußern, kann statt dessen die ersparte Miete angesetzt werden, die angesichts der wirtschaftlichen Verhältnisse angemessen wäre. Dies kommt insbesondere für die Zeit bis zur Scheidung in Betracht, wenn ein Ehegatte das Eigenheim allein bewohnt.[51] 223 a

- Nach **OLG Dresden** zählt mietfreies Wohnen beim Verpflichteten und beim Berechtigten zum Einkommen. Die Mietersparnis errechnet sich regelmäßig unter Zugrundelegung des üblichen Entgelts für ein vergleichbares Objekt. Der Wohnwert kann nach den Umständen des Einzelfalls geringer angesetzt werden.[52] 223 b

- Das **OLG Naumburg** führt aus, daß zur Berechnung des Wohnvorteils verbrauchsunabhängige Kosten bis zur Höhe der angemessenen und ortsüblichen Miete zu berücksichtigen sind, wenn der Unterhaltsberechtigte oder der Unterhaltspflichtige im eigenen Haus oder der eigenen Eigentumswohnung wohnt.[53] 224

- Nach dem **Kammergericht** ist der Wohnwert beim Kindesunterhalt dem Einkommen des Pflichtigen hinzuzurechnen, wenn er im eigenen Haus wohnt. Hierbei ist in der Regel davon auszugehen, daß der Verpflichtete bis zu einem Drittel seines Einkommens für seinen Wohnbedarf aufwenden würde.[54] 224 a

---

[50] BayL 4
[51] DL A 8
[52] Dr L I 6
[53] NaL 1.6
[54] BL A I 9

224b • Das **OLG Schleswig** führt aus, daß das Wohnen im eigenen Haus zu einer Ersparnis von Kosten der allgemeinen Lebenshaltung führen kann. Dies ist dann der Fall, wenn die tatsächlichen Wohnkosten (ohne die laufenden Verbrauchsabgaben) den sonst erforderlichen angemessenen wohnkostenaufwand deutlich unterschreiten. Der Unterschiedsbetrag wird dem Einkommen hinzugerechnet (Vorteil eines – teilweise – „mietfreien" Wohnens).[55]

225 • Nach **OLG Frankfurt** ist beim Wohnwert grundsätzlich vom Verkehrswert auszugehen, in der Trennungszeit kann für einen begrenzten Zeitraum auch ein niedrigerer Wert zum Ansatz kommen, bemessen an der dadurch ersparten Miete für eine kleinere Wohnung entsprechend dem ehelichen Lebensstandard, wobei hierbei ein im Verhältnis zu der sonstigen wirtschaftlichen Situation unangemessener Aufwand unberücksichtigt bleibt. Als Untergrenze ist der Kaltmietanteil im kleinen Selbstbehalt anzusetzen. Bei höherem Einkommen ist der Wohnwert angemessen zu erhöhen.[56]

225a • Nach **OLG Köln**[57] entspricht der Wohnvorteil nicht ohne weiteres der Marktmiete. Angemessen ist vielfach eine ersparte Miete von etwa einem Drittel der zum Lebensunterhalt zur Verfügung stehenden Kosten (nach Abzug des Schuldendienstes und der üblicherweise nicht auf den Mieter umgelegten Nebenkosten).

225b • Nach **OLG Celle** wird der Vorteil des mietfreien Wohnens im eigenen oder dem anderen Ehegatten gehörenden Haus (Eigentumswohnung), das bisher Ehewohnung war, während der Trennungszeit nur in Höhe einer den Einkommensverhältnissen angemessenen ersparten Miete angerechnet, wobei die mit dem Grundstückseigentum in Verbindung stehenden Belastungen abzuziehen sind. Nach langer Trennungszeit und nach Ehescheidung ist es im allgemeinen zumutbar, das Haus anderweitig zu verwerten und den vollen Mietwert anzurechnen.[58]

226 • Nach dem **Brandenburgischen OLG**[59] ist die Mietersparnis bei Wohnen im eigenen Haus unter Berücksichtigung verbrauchsunabhängiger Hauskosten als Einkommen anzurechnen. Der Wohnwert errechnet sich regelmäßig unter Zugrundelegung des üblichen Entgelts für ein vergleichbares Objekt. Er kann im Einzelfall auch darunter liegen.

227 g) Eine **Erhöhung** des angemessenen Wohnwerts hat zu erfolgen, wenn **gemeinsame Kinder** im Eigenheim wohnen, für die Unterhalt geleistet wird, weil im Kindesunterhalt ein Wohnkostenbeitrag enthalten ist.[60] Dies erfolgt am einfachsten, indem man bei der Bemessung der angemessenen Wohnungsgröße für den im Familienheim zurückbleibenden Ehegatten auch das Kinderzimmer berücksichtigt (vgl. näher Rn 299).

227a h) Bei einer **Gütergemeinschaft** kann bis zur endgültigen Auseinandersetzung des Gesamtgutes, d. h. auch über die Scheidung hinaus, regelmäßig nur ein angemessener Wohnwert angesetzt werden, soweit noch ein Ehegatte das Familienheim bewohnt. Ab Scheidung verwalten die Eheleute bei der Auseinandersetzung das Gesamtgut gemeinsam, auch wenn vorher ein Alleinverwaltungsrecht eines Ehegatten bestand (§§ 1471, 1472 BGB). Die Eheleute können das Eigenheim daher nur gemeinsam anderweitig (unter-)vermieten oder veräußern, der Erlös fließt nach § 1473 BGB ins Gesamtgut.[61] Der Ansatz eines fiktiven Einkommens wegen unterlassener anderweitiger (Unter-)Vermietung oder Veräußerung scheidet somit aus.[62] Ist das Gesamtgut dagegen auseinandergesetzt und hat einer der Eheleute das Familienheim übernommen oder wurde es an einen Dritten verkauft, ist der Wohnwert mit der Marktmiete zu bewerten.

228 i) Soweit bei der Unterhaltsberechnung ein Wohnwert anzusetzen ist, empfiehlt es sich, die **Additionsmethode** heranzuziehen (hierzu näher Rn 4/386 ff). Um zu sachgerechten Ergebnissen zu kommen, ist nämlich in vielen Fällen exakt zwischen dem Bedarf

---

[55] SchL A III 2
[56] FL II 12
[57] KL 31
[58] CL I 9
[59] BraL I 6
[60] BGH, FamRZ 1992/423 = R 442 a, e; FamRZ 1989/1160, 1163 = R 395 d
[61] BGH, FamRZ 1984/559 = R 201
[62] OLG Nürnberg FamRZ 1997, 1217; OLG Karlsruhe, FamRZ 1996/1414

6. Abschnitt: Einkünfte aus Vermietung und Verpachtung §1

nach den ehelichen Lebensverhältnissen und dem hierauf anzurechnenden Einkommen des Berechtigten zu trennen, insbesondere wenn es um die Anrechnung von Hauslasten auf den Wohnwert (s. näher Rn 234 ff) oder um den eheprägenden Wohnwert und nichtprägendes Zinseinkommen aus dem Verkaufserlös des Familienheims geht (s. näher Rn 286 ff).

Wird der Unterhalt nach der **Additionsmethode** errechnet (vgl näher Rn 4/386 ff), ist der Wohnwert sowohl bei der Ermittlung des Unterhaltsbedarfs als auch bei der Feststellung der Unterhaltshöhe mit der gleichen Bezugsgröße, d. h. nach dem angemessenen Wohnwert oder der objektiven Marktmiete, anzusetzen, da es sich um einen einheitlichen Rechenvorgang handelt.[63] Würde man anders vorgehen und den Wohnwert z. B. bei der Bedarfsermittlung nach der objektiven Marktmiete, bei der Bedürftigkeit nach dem angemessenen Wohnwert ansetzen, wäre die Leistungsfähigkeit des Pflichtigen nicht mehr gewahrt, weil ihm nicht mehr die Hälfte des Bedarfs verbleiben würde. **229**

Rechenbeispiele zur Berechnung des Unterhalts bei mietfreiem Wohnen im Familienheim, wenn das Ehepaar ein Haus bewohnt, für das eine ortsübliche Marktmiete von 1800 DM bezahlt werden müßte und der angemessene Wohnwert auf 1200 DM zu schätzen ist. Bei dieser Berechnung ist zu berücksichtigen, daß es sich bei der Zurechnung eines Wohnvorteils nicht um Erwerbseinkünfte handelt, sondern um sonstige Einkünfte, bei denen ein **Erwerbstätigenbonus nicht berücksichtigt** werden darf[64] (s. auch Rn 4/373, 384). Der Wohnwert der **Ehewohnung** ist stets **prägend**[65] (s. näher Rn 263 ff). Die Berechnung erfolgt nach der Additionsmethode, wobei die Beispiele jeweils mit einem Erwerbstätigenbonus von $1/7$ (DT) und $1/10$ (BayL) gerechnet werden. **230**

Beispiel 1: Erwerbseinkommen M: 4200 DM; F 1400 DM (prägend); M und F trennen sich.
a) M bleibt in Ehewohnung
b) F bleibt in Ehewohnung

Lösung:
Beim Trennungsunterhalt ist der angemessene Wohnwert, d. h. 1200 DM, anzusetzen.

a) M bleibt in Ehewohnung:
Nach DT mit $1/7$
Bedarf: $1/2$ x ($6/7$ x 4200 + 1200 + $6/7$ x 1400) = 3000;
Höhe: 3000 − $6/7$ x 1400 = 1800

Nach BayL mit $1/10$
Bedarf: $1/2$ x ($9/10$ x 4200 + 1200 + $9/10$ x 1400) = 3120;
Höhe: 3120 − $9/10$ x 1400 = 1860

b) F bleibt in Ehewohnung
Nach DT mit $1/7$
Bedarf: $1/2$ x ($6/7$ x 4200 + 1200 + $6/7$ x 1400) = 3000;
Höhe: 3000 − ($6/7$ x 1400 + 1200) = 600

Nach BayL mit $1/10$
Bedarf: $1/2$ x ($9/10$ x 4200 + 1200 + $9/10$ x 1400) = 3120;
Höhe: 3120 − ($9/10$ x 1400 + 1200) = 660

Beispiel 2: Wie 1, aber M und F lassen sich scheiden.
a) M bleibt in Ehewohnung
b) F bleibt in Ehewohnung

Lösung:
Beim nachehelichen Unterhalt ist die objektive Marktmiete, d. h. 1800 DM, als Wohnwert anzusetzen.

---

[63] BGH, NJW 1998, 2821 = R 525 e
[64] BGH, FamRZ 1991, 1163 = R 437 c; FamRZ 1990, 989, 991 = R 418 b; FamRZ 1989, 1160, 1163 = R 395 d
[65] BGH, FamRZ 1990, 989 = R 418 a; FamRZ 1989, 1160, 1162 = R 395 d; FamRZ 1986, 437 = R 288 a

a) M bleibt in Ehewohnung:
Nach DT mit $1/7$
Bedarf: $1/2 \times (6/7 \times 4200 + 1800 + 6/7 \times 1400) = 3300$;
Höhe: $3300 - 6/7 \times 1400 = 2100$

Nach BayL mit $1/10$
Bedarf: $1/2 \times (9/10 \times 4200 + 1800 + 9/10 \times 1400) = 3420$;
Höhe: $3420 - 9/10 \times 1400 = 2160$

b) F bleibt in Ehewohnung:
Nach DT mit $1/7$
Bedarf: $1/2 \times (6/7 \times 4200 + 1800 + 6/7 \times 1400) = 3300$;
Höhe: $3300 - (6/7 \times 1400 + 1800) = 300$

Nach BayL mit $1/10$
Bedarf: $1/2 \times (9/10 \times 4200 + 1800 + 9/10 \times 1400) = 3420$;
Höhe: $3420 - (9/10 \times 1400 + 1800) = 360$

Beispiel 3: Wie 2, aber das Einkommen von F ist nicht prägend.
a) M bleibt in Wohnung
b) F bleibt in Wohnung

Lösung:
a) M bleibt in Wohnung:
Nach DT mit $1/7$
Bedarf: $1/2 \times (6/7 \times 4200 + 1800) = 2700$;
Höhe: $2700 - 6/7 \times 1400 = 1500$

Nach BayL mit $1/10$
Bedarf: $1/2 \times (9/10 \times 4200 + 1800) = 2790$;
Höhe: $2790 - 9/10 \times 1400 = 1530$

b) F bleibt in Wohnung:
Nach DT mit $1/7$
Bedarf: $1/2 \times (6/7 \times 4200 + 1800) = 2700$;
Höhe: $2700 - (6/7 \times 1400 + 1800) = 0$

Nach BayL mit $1/10$
Bedarf: $1/2 \times (9/10 \times 4200 + 1800 + 9/10 \times 1400) = 2790$;
Höhe: $2790 - (9/10 \times 1400 + 1800) = 0$

3. Eigenheimzulage

231   Bei Errichtung und Kauf eines im Inland gelegenen Eigenheims können staatliche Fördermittel nach dem Eigenheimzulagengesetz (EigZulG) beansprucht werden. Dies gilt auch bei Ausbauten und Erweiterung der Wohnung, nicht dagegen bei Anschaffung einer Ferien- oder Wochenendwohnung (§ 2 EigZulG). Eine Eigenheimzulage entfällt, wenn eine erhöhte Absetzung nach § 7b EStG oder § 10e EStG geltend gemacht wird (§ 6 III EigZulG). Jeder Ehegatte kann sie nur jeweils für ein Objekt in Anspruch nehmen (§ 6 I EigZulG).

232   Die Fördermittel werden ab Fertigstellung oder Anschaffung für 8 Jahre gewährt (§ 3 EigZulG). Die Höhe der Eigenheimzulage beträgt pro Jahr für Neubauten 5000 DM, für die Anschaffung von Gebäuden, die 2 Jahre und älter sind, 2500 DM, die Kinderzulage 1500 DM pro Kind (§ 9 EigZulG) bei Einkommensgrenzen von 240 000 DM Einkünften bei gemeinsamer und von 120 000 DM bei getrennter Veranlagung (§ 5 EigZulG).

233   Die Eigenheimzulage ist unterhaltsrechtliches Einkommen.[66] Sie erhöht entweder den Wohnwert oder kürzt die Abzahlungen.[67] Für die Praxis ist zu beachten, daß die Eigenheimzulage zwar vom Finanzamt ausbezahlt wird, aber nicht im Steuerbescheid auftaucht, sondern hierzu ein gesonderter Bescheid ergeht. Ein Auskunftsverlangen hat

---

[66] BayL 4; DL I 8
[67] OLG München, FamRZ 1999, 251

4. Abziehbare Hauslasten, Nutzungsentschädigungen und Annuitätsleistungen vom Wohnwert

Nach der Rechtsprechung des BGH ist dem Eigentümer ein Wohnvorteil nur insoweit zuzurechnen, als der Wohnwert die mit dem Grundeigentum verbundenen Unkosten übersteigt.[68] Ein Wohnwert besteht nämlich nur, soweit der Eigentümer billiger lebt als der Mieter. Er soll bei der Unterhaltsbemessung weder besser noch schlechter gestellt werden als ein Mieter. Es wird ihm daher nur die Differenz aus Wohnwert und dem Mietzins vergleichbarem Aufwand als Einkommen zugerechnet. 234

a) **Verbrauchsunabhängige und verbrauchsabhängige Nebenkosten.** Abziehbar sind nach BGH nur die mit dem Grundeigentum verbundenen allgemeinen Grundstückskosten und -lasten.[69] Die Leitlinien der meisten Oberlandesgerichte unterscheiden, soweit sie zum Wohnwert Ausführungen machen, entsprechend der Rechtsprechung des BGH zwischen verbrauchsunabhängigen und verbrauchsabhängigen Nebenkosten und ziehen die verbrauchsunabhängigen Nebenkosten ab.[70] Die Leitlinien des Kammergerichts sprechen nur von abzugsfähigen Betriebskosten als tatsächliche Aufwendungen.[71] Nach den Bayerischen Leitlinien und den Kölner Leitlinien kürzen nur die verbrauchsunabhängigen Nebenkosten, mit denen üblicherweise ein Mieter nicht belastet wird, den Wohnwert.[72] 235

Verbrauchsabhängige Nebenkosten, d. h. insbesondere die Kosten für Heizung, Strom, Gas, Müllabfuhr, Wasser, Abwasser u. ä., sind generell nicht abzugsfähig. Sie zählen zu den allgemeinen Lebenshaltungskosten und werden regelmäßig auf den Mieter umgelegt (vgl. Anl 3 zu § 27 I der II. BV), der Eigentümer lebt also insoweit nicht billiger als der Mieter, worauf der BGH zu Recht abstellt.[73] Außerdem können sie sich je nach wechselndem Verbrauch laufend ändern und individuell gesteuert werden. Auch der marktübliche Wohnwert wird nach der Kaltmiete ohne Mietnebenkosten bemessen. 236

Demgegenüber knüpfen die in der Regel fixen **verbrauchsunabhängigen Lasten** nur an das Grundstückseigentum an und sind damit echte Kosten des Eigentums. Der BGH spricht insoweit von allgemeinen Grundstückskosten und -lasten und sonstigen verbrauchsunabhängigen Nebenkosten,[74] ohne im einzelnen darzulegen, welche Kosten damit gemeint sind. Allgemeine Grundstückskosten und -lasten sind z. B. Grundsteuer, Brandversicherung, Haushaftpflicht, Kaminkehrer, Aufzug, Hausreinigung usw. Auch diese Kosten können aber gemäß § 4 MHG als Betriebskosten auf den Mieter umgelegt werden, da sie in der Anlage 3 zu § 27 I der II. BV aufgeführt sind. In der Vorauflage wurde bereits darauf hingewiesen, daß sich im letzten Jahrzehnt in diesem Punkt der Inhalt der Mietverträge geändert hat.[75] Während der BGH u. U. noch davon ausgeht, daß nach wie vor wie früher vom Mieter lediglich die verbrauchsabhängigen Nebenkosten zu tragen sind, zeigt die tägliche Praxis, daß heute regelmäßig Formularmietverträge zur Anwendung kommen, in denen alle nach der Anlage 3 zu § 27 I der II. BV umlegbaren Betriebskosten vom Mieter zu zahlen sind. Nachdem bei der Bemessung des Wohnwerts maßgebend ist, inwieweit der Eigentümer billiger als der Mieter lebt, ist dem Rechnung zu tragen. Gemäß den seit 1. 7. 1999 geltenden Bayerischen und Kölner Leitlinien[76] sind 236 a

---

[68] BGH, FamRZ 1998, 87 = R 516 a; NJW 1998, 2821, 2824 = R 525 e; FamRZ 1995, 869 = R 494; FamRZ 1994, 1100, 1102 = R 482 b; FamRZ 1990, 283, 287 = R 400 f; FamRZ 1989, 1160, 1162 = R 395 d; FamRZ 1988, 145, 150 = R 282 a; FamRZ 1986, 434 = R 282 a; FamRZ 1986, 437 = R 288 a; FamRZ 1986, 441 = R 323 e
[69] BGH aaO
[70] Vgl. BraL I 6; CL I 9; DL A 8; DrL I 6; NaL I 6
[71] BL A I 9
[72] BayL 4; KL 31
[73] BGH aaO
[74] BGH, NJW 1998, 2821, 2824 = R 525 e
[75] Vgl. 4. Aufl. Rn 1/236 a
[76] BayL 4; KL 31

damit nur noch die verbrauchsunabhängigen Nebenkosten vom Wohnwert abziehbar, mit denen ein Mieter üblicherweise nicht belastet wird. Auf den Mieter nach der Anlage 3 zu § 27 I der II. BV **umlegbare Betriebskosten** sind neben den verbrauchsabhängigen Nebenkosten wie Heizung, Wasser und Warmwasser einschließlich der damit verbundenen Wartungskosten, Abwasser, Straßenreinigung und Müllabfuhr **auch** Grundsteuer, Aufzug, Hausreinigung, Gartenpflege, Beleuchtung, Kaminkehrer, Antennenanlage, Sach- und Haftpflichtversicherung sowie Hauswart. Nicht erfaßt werden im Ergebnis bei Wohnanlagen lediglich die Kosten der Hausverwaltung. Von den sog. **verbrauchsunabhängigen Nebenkosten** sind damit nur eventuell entstandene Verwalterkosten vom Wohnwert abzugsfähig, **alle sonstigen Kosten** dagegen **nicht**. Nur auf diese Weise wird erreicht, daß der im Unterhaltsrecht verwendete Mietbegriff als Anhaltspunkt für die Bemessung des Wohnwerts mit dem mietrechtlichen Mietbegriff gemäß § 2 MHG übereinstimmt.

237   b) **Instandhaltungskosten.** Abziehbar sind in der Regel auch notwendige Instandhaltungsaufwendungen,[77] soweit sie konkret anfallen, bei Wohnanlagen Rücklagen für unaufschiebbar werdende notwendige Instandhaltungsaufwendungen oder Zins- und Tilgungsleistungen für Kredite, die zur Finanzierung notwendiger Instandhaltungskosten aufgenommen werden mußten. Es handelt sich insoweit um allgemeine Grundstückslasten (vgl. Rn 236 a). Nicht abziehbar sind dagegen entsprechende Ausgaben für wertsteigernde Verbesserungen wie für Ausbauten und Modernisierungsaufwendungen.[78]

238   c) **Nutzungsentschädigung.** Abzuziehen ist auch eine Nutzungsentschädigung, die auf Grund einer richterlichen Entscheidung oder auf Grund einer Vereinbarung an den anderen Ehegatten bezahlt wird, der Miteigentümer des Hauses ist. Sie entspricht einem Mietzins für einen Teil des Anwesens. Sie spielt aber keine Rolle bei der Ermittlung des eheprägenden Wohnwerts für den Bedarf nach den ehelichen Lebensverhältnissen, da sie erst nach der Trennung geleistet wird, also **nichtprägend** ist. Zu berücksichtigen ist sie vielmehr nur bei dem auf den Bedarf anzurechnenden Einkommen des Berechtigten, bzw. der Leistungsfähigkeit des Pflichtigen.

239   Bei einem Streit der Eheleute, wer von ihnen zur alleinigen Benutzung einer im Miteigentum oder Alleineigentum stehenden Ehewohnung berechtigt ist, entscheidet der Familienrichter nach § 3 HausratsVO in einem Hausratsverfahren oder nach § 1361b BGB. Er kann bei der Zuweisung an einen Ehegatten wegen des Alleineigentums oder Miteigentumsteils des anderen Ehegatten ein Nutzungs- oder Mietverhältnis begründen sowie eine Nutzungsentschädigung festlegen.

240   Gibt es kein Verfahren nach § 1361b BGB oder nach der HausratsVO, weil sich die Eheleute über die alleinige Weiterbenützung der Ehewohnung einig sind, kann bei Miteigentum am Haus der die Wohnung nicht benutzende Ehegatte spätestens ab dem Zeitpunkt, ab dem die Trennung endgültig erscheint, nach § 745 II BGB eine Neuregelung der Verwaltung und Benutzung wegen veränderter Umstände (Aufhebung der Lebensgemeinschaft) verlangen.[79] Kommt der andere Teil diesem Verlangen nicht nach, kann Klage auf Neuregelung beim Prozeßgericht – nicht Familiengericht – erhoben werden.[80]
Dies geschieht entweder durch Klage auf Zustimmung zu einer bestimmt zu bezeichnenden Art der Verwaltung und Nutzung oder auf Zahlung einer bestimmten Nutzungsentschädigung. Der Anspruch kann auch einredeweise geltend gemacht werden.[81]
Im Rahmen des § 745 II BGB kann eine billigem Ermessen entsprechende Regelung verlangt werden.[82]
Ein angemessener Ausgleich für die alleinige Benutzung kann darin bestehen, daß der das Haus bewohnende Ehegatte die Kosten des Hauses einschließlich aller Annuitätszahlungen übernimmt.[83]

---

[77] BGH, FamRZ 1997, 281, 283 = R 509 g
[78] BGH aaO
[79] BGH, FamRZ 1995, 216 = R 485B a
[80] BGH, FamRZ 1983, 795
[81] BGH, FamRZ 1983/795; FamRZ 1982/355
[82] BGH, FamRZ 1986, 434; FamRZ 1986, 436 = R 283
[83] BGH, FamRZ 1986, 436 = R 283; FamRZ 1986, 881 = R 304

6. Abschnitt: Einkünfte aus Vermietung und Verpachtung § 1

Eine Neuregelung nach § 745 II BGB wird erst ab dem Zeitpunkt wirksam, ab dem sie erstmals mit Nachdrücklichkeit verlangt wurde.[84] Eine bloße Zahlungsaufforderung reicht dazu nicht aus. Verlangt ein Ehegatte, der nach der Trennung der Parteien in der beiden gehörenden Ehewohnung allein weiter lebt und wie bisher die Hauskredite weiter bedient, später rückwirkend einen Gesamtschuldnerausgleich nach § 426 I BGB, kann der andere Ehegatte rückwirkend mit einem Anspruch auf Nutzungsentschädigung aufrechnen.[85]

Bei der Entscheidung über die Höhe der Nutzungsentschädigung sind vom Prozeßgericht u. a. zu berücksichtigen der Mietwert des Hauses, Lasten und Kosten nach § 748 BGB, Zins- und Tilgungsleistungen sowie etwaige zufließende Mieteinnahmen.

Ein entsprechendes Nutzungsentgelt kann auch ohne gerichtliche Entscheidung vereinbart werden.

Vereinbaren die Parteien bei einem im gemeinsamen Eigentum stehenden Familienheim neben dem Barunterhalt, daß ein Ehegatte auch nach der Scheidung mit den Kindern **weiterhin das Eigenheim bewohnen darf**, handelt es sich bei der zur Verfügung gestellten Nutzung der gemeinsamen Immobilie um einen neben der Geldrente geleisteten Naturalunterhalt.[86] Auch wenn § 1585 BGB beim nachehelichen Unterhalt grundsätzlich eine Geldrente vorsieht, kann nach § 1585 c BGB diese Art der Unterhaltsleistung vereinbart werden.[87] Darin liegt zugleich eine Neuregelung der Nutzung und Verwaltung gemäß § 745 II BGB, wobei ein an sich höherer Unterhaltsanspruch durch die alleinige Nutzung der gemeinsamen Immobilie kompensiert wird. Veräußert der Ausziehende später seinen Miteigentumsanteil an einen Dritten, und muß der im Anwesen Verbleibende an den Dritten eine Nutzungsentschädigung zahlen, muß ihn der Ausziehende unterhaltsrechtlich von dieser Nutzungsentschädigung freistellen.[88]

Soweit im **Unterhaltsverfahren** ein Wohnwert einkommenserhöhend berücksichtigt wurde, kommt daneben keine Nutzungsentschädigung mehr nach §§ 745 II, 1361 b BGB, 3 HausrVO in Betracht.[89] Wie oben bereits ausgeführt wurde, ist die Nutzungsentschädigung insoweit unterhaltsrechtlich bereits kompensiert.[90] Denn der im Unterhaltsverfahren angesetzte Wohnwert beinhaltet bereits eine Regelung über den Nutzungswert des dem Ausziehenden gehörenden, aber vom anderen Ehegatten genutzten Miteigentums. Dies gilt nicht nur bei einem Wohnwert nach der objektiven Marktmiete, sondern auch bei Ansatz des angemessenen Wohnwertes in der Trennungszeit, da auch insoweit über den Gebrauchswert der gesamten Wohnung entschieden wurde.[91] Der ausziehende Ehegatte wird dadurch nicht schlechter gestellt, da sich bei Zahlung einer die ehelichen Lebensverhältnisse nicht prägenden Nutzungsentschädigung der Unterhalt entsprechend ändert.

241

Rechenbeispiele:

M und F werden geschieden. Erwerbseinkommen M 4000 DM, F 2000 DM (prägend). Der Mietwert der gemeinsamen Ehewohnung beträgt 1400 DM. F beantragt nachehelichen Unterhalt.
a) M bleibt in der Ehewohnung.
b) M bleibt in der Ehewohnung und zahlt F eine Nutzungsentschädigung von 600 DM.
c) F bleibt in der Ehewohnung.
d) F bleibt in der Ehewohnung und zahlt M eine Nutzungsentschädigung von 600 DM.

---

[84] BGH, FamRZ 1995, 216 = R 485B a; FamRZ 1993, 676 = R 459
[85] BGH, FamRZ 1993, 676 = R 459
[86] BGH, FamRZ 1997, 484, 486 = R 508
[87] BGB aaO
[88] BGH aaO
[89] BGH, FamRZ 1994, 1100, 1102 = R 482b; FamRZ 1986, 436 = R 283
[90] BGH, FamRZ 1997, 484, 486 = R 508
[91] Gerhardt, FamRZ 1993, 1139, 1141

Lösung (nach der Additionsmethode):

a) M bleibt in Ehewohnung:
Berechnung nach DT mit $^1/_7$
Bedarf: $^1/_2$ x ($^6/_7$ x 4000 + $^6/_7$ x 2000 + 1400) = 3271
Höhe: 3271 ./. ($^6/_7$ x 2000) = 1558
M verbleiben damit einschließlich des Wohnwertes 3842 DM (4000 + 1400 ./. 1558), F 3558 DM (2000 + 1558).

Berechnung nach BayL mit $^1/_{10}$
Bedarf: $^1/_2$ x ($^9/_{10}$ x 4000 + $^9/_{10}$ x 2000 + 1400) = 3400
Höhe: 3400 ./. $^9/_{10}$ x 2000 = 1600
M verbleiben damit einschließlich des Wohnwertes 3800 DM (4000 + 1400 ./. 1600), F 3600 DM (2000 + 1600).

b) M bleibt in Ehewohnung und zahlt Nutzungsentschädigung:
Berechnung nach DT mit $^1/_7$
Bedarf: $^1/_2$ x ($^6/_7$ x 4000 + $^6/_7$ x 2000 + 1400) = 3271
Höhe: 3271 ./. ($^6/_7$ x 2000 + 600) = 958
M verbleiben damit einschließlich des Wohnwertes weiterhin 3842 DM (4000 + 1400 ./. 600 ./. 958), F 3558 DM (2000 + 600 + 958).

Berechnung nach BayL mit $^1/_{10}$
Bedarf: $^1/_2$ x ($^9/_{10}$ x 4000 + $^9/_{10}$ x 2000 + 1400) = 3400
Höhe: 3400 ./. ($^9/_{10}$ x 2000 + 600) = 1000
M verbleiben damit einschließlich des Wohnwertes 3800 DM (4000 + 1400 ./. 600 ./. 1000), F 3600 DM (2000 + 600 + 1000).

c) F bleibt in Ehewohnung:
Berechnung nach DT mit $^1/_7$
Bedarf: $^1/_2$ x ($^6/_7$ x 4000 + $^6/_7$ x 2000 + 1400) = 3271
Höhe: 3271 ./. ($^6/_7$ x 2000 + 1400) = 158
M verbleiben damit einschließlich des Wohnwertes weiterhin 3842 DM (4000 ./. 158), F 3558 DM (2000 + 1400 + 158).

Berechnung nach BayL mit $^1/_{10}$
Bedarf: $^1/_2$ x ($^9/_{10}$ x 4000 + $^9/_{10}$ x 2000 + 1400) = 3400
Höhe: 3400 ./. ($^9/_{10}$ x 2000 + 1400) = 200
M verbleiben damit einschließlich des Wohnwertes 3800 DM (4000 ./. 200), F 3600 DM (2000 + 1400 + 200).

d) F bleibt in Ehewohnung und zahlt Nutzungsentschädigung:
Beim Bedarf verbleibt es beim Wohnwert von 1400, bei der Bedürftigkeitsstufe (= Höhe) ist bei F dagegen nur der um die Nutzungsentschädigung als Belastung gekürzte Wohnwert von 800 DM (1400 ./. 600) anzusetzen.

Berechnung nach DT mit $^1/_7$
Bedarf: $^1/_2$ x ($^6/_7$ x 4000 + $^6/_7$ x 2000 + 1400) = 3271
Höhe: 3271 ./. ($^6/_7$ x 2000 + 800) = 758
M verbleiben damit weiterhin 3842 DM (4000 + 600 ./. 758), F 3558 DM (2000 + 800 + 758).

Berechnung nach BayL mit $^1/_{10}$
Bedarf: $^1/_2$ x ($^9/_{10}$ x 4000 + $^9/_{10}$ x 2000 + 1400) = 3400
Höhe: 3400 ./. ($^9/_{10}$ x 2000 + 800) = 800
M verbleiben damit weiterhin 3800 DM (4000 + 600 ./. 800), F 3600 DM (2000 + 800 + 800).

242 Bei Nutzung eines Hauses, das dem anderen Ehegatten **allein gehört**, besteht außerhalb eines Verfahrens auf Zuweisung der Ehewohnung nach § 1361 b BGB oder nach § 3 der HausratsVO kein Anspruch gegen den Eigentümer auf Nutzungsregelung. Der andere ist gegen den Willen des Eigentümers zur alleinigen Nutzung nicht berechtigt. Eine solche Nutzung und ein entsprechendes Nutzungsentgelt kann aber einvernehmlich vereinbart und bezahlt werden mit der Folge, daß kein mietfreies Wohnen mehr vorliegt.

243 **d) Zins und Tilgung.** Bei Zins- und Tilgungsleistung ist zu **differenzieren**, ob es sich um einen prägenden oder nichtprägenden Wohnwert handelt (vgl. insoweit Rn 263 ff),

6. Abschnitt: Einkünfte aus Vermietung und Verpachtung §1

beim prägenden Wohnwert ferner, ob es um den Bedarf oder die Bedürftigkeit/Leistungsfähigkeit geht.

Abzuziehen sind **Kreditzinsen** für Hausschulden eines **prägenden Wohnwertes**,[92] 244
d. h. Zinsen, die bei Trennung noch zu bezahlen waren. Sie sind wie Nutzungsentschädigungen am direktesten mit Mietzinsen vergleichbar. Bei der Bedürftigkeit/Leistungsfähigkeit ist jedoch zu beachten, wer den Kredit abzahlt.

Abziehbar sind nach der Rechtsprechung des BGH bei der **Bedarfsermittlung** auch 245
Tilgungsleistungen für einen Hauskredit eines **prägenden** Wohnwertes,[93] unabhängig davon, wem die Haushälfte gehört.[94] Bei Alleineigentum ist nur die Einschränkung zu machen, daß die Abzahlung nach einem objektiven Maßstab wirtschaftlich vertretbar ist (s. unten Rn 246). Bei der **Bedürftigkeit/Leistungsfähigkeit** ist jedoch zu differenzieren, ob die Ehewohnung beiden Eheleuten gemeinsam oder nur einem von ihnen gehört, weil es sich bei der Tilgung um Vermögensbildung handelt. Außerdem ist zu beachten, wer das Darlehen abzahlt. Unter Tilgung fällt auch eine gesonderte Abzahlung durch monatliche Einzahlungen in eine sog. Tilgungslebensversicherung.

Waren für einen **eheprägenden Wohnwert** bei der Trennung **noch Abzahlungen** zu leisten, gilt daher folgendes:

- Für die **Ermittlung des Bedarfs nach den ehelichen Lebensverhältnissen** kürzen Zins 246
und Tilgung den eheprägenden Wohnwert. Soweit das Ehepaar während des Zusammenlebens auf das Eigenheim Kredite (= Zins und Tilgung) leistete, wohnte es nicht billiger als ein Mieter. Deshalb kommt es nicht darauf an, ob es sich bei der Immobilie um gemeinsames Eigentum beider Eheleute oder Alleineigentum eines Ehegatten handelt. Maßgebend ist nur, daß die Abzahlung nach einem objektiven Maßstab wirtschaftlich vertretbar ist,[95] da dann auch die Tilgung als Vermögensbildung als Abzugsposten zu berücksichtigen ist (vgl. Rn 560; 4/200). Ein objektiver Maßstab wird stets zu bejahen sein, wenn die Abzahlung den Wohnwert nicht übersteigt und der objektive Wohnwert in einem vertretbaren Verhältnis zum Einkommen der Eheleute steht. Denn bei der Prüfung des objektiven Maßstabes ist immer zu berücksichtigen, daß durch die Abzahlungen ein Gegenwert in Form des mietfreien Wohnens geschaffen wird. Der Umstand, daß bei Alleineigentum nur einer der Eheleute mit der Tilgung Vermögen bildet, spielt für den Bedarf nach den ehelichen Lebensverhältnissen keine Rolle, sondern ist im Rahmen der Güterrechtsauseinandersetzung zu prüfen.[96] Bei Miteigentum ist die Frage der Vermögensbildung unproblematisch, da es sich um eine gemeinsame Vermögensbildung handelt und bei richtiger Behandlung der Abzahlungen im Rahmen der Unterhaltsberechnung diese beiden Eheleuten zugute kommt (s. unten Rn 248).

- Bei der Berechnung der **Unterhaltshöhe** (= Bedürftigkeitsstufe) unter Berücksichti- 247
gung aller prägenden und nichtprägenden Einkünfte des Bedürftigen nach § 1577 I BGB sowie bei der **Leistungsfähigkeit** des Pflichtigen ist dagegen zu unterscheiden, ob es sich um **Allein- oder Miteigentum** handelt. Die Zinsen eines Hauskredits sind weiterhin voll abziehbar (s. oben Rn 244), es handelt sich insoweit um eine in der Ehe aufgenommene, dh prägende Verbindlichkeit (vgl. näher Rn 522 ff). Bei der Tilgung ist dagegen zu beachten, daß sie der Vermögensbildung des Eigentümers dient, weil durch die Tilgung das Haus auf lange Sicht zum lastenfrei verwertbaren Vermögensobjekt wird. Dieser Vermögenszuwachs ist ein Vorteil, den ein Mieter mit seinen Miet-

---

[92] BGH, FamRZ 1995, 869 = R 494; FamRZ 1994, 1100, 1102 = R 482 b; FamRZ 1990, 283, 287 = R 400 f; FamRZ 1989, 1160, 1162 = R 395 d; FamRZ 1988, 145, 150; FamRZ 1986, 434 = R 282 a; FamRZ 1986, 437 = R 288 a; FamRZ 1986, 441 = R 289 a; FamRZ 1984, 358 = R 197 a

[93] BGH, FamRZ 1995, 869 = R 494; FamRZ 1995, 291, 295 = R 487 b; FamRZ 1994, 1100, 1102 = R 482 b; FamRZ 1990, 283, 287 = R 400 f; FamRZ 1989, 1160, 1162 = R 395 d; FamRZ 1987, 572, 575 = R 323 e; FamRZ 1986, 434 = R 282 a; FamRZ 1986, 437 = R 288 a; FamRZ 1986, 2439; FamRZ 1984, 358 = R 197 a

[94] BGH, FamRZ 1995, 869 = R 494

[95] BGH, FamRZ 1995, 869 = R 494

[96] BGH aaO

zinszahlungen nicht in vergleichbarer Weise hat. Beim Bedürftigen, der weiterhin im Familienheim wohnt, würde der Abzug von Tilgungsleistungen beim Wohnwert den unterhaltsrechtlich anzurechnenden Wohnvorteil mindern mit der Folge, daß der andere Ehepartner über den sich dadurch erhöhenden Unterhaltsanspruch indirekt diese Vermögensbildung des Eigentümers bezahlt. Der Unterhalt dient aber nur zur Abgeltung der Lebenshaltungskosten, nicht zur Finanzierung der Vermögensbildung.[97] Bewohnt der Pflichtige nach der Trennung das Familienheim weiter, ist zu beachten, daß die Vermögensbildung dem Unterhalt nicht vorgeht, dh vermögensbildende Ausgaben nicht angesetzt werden dürfen, soweit dadurch die Leistungsfähigkeit beeinträchtigt würde (vgl. Rn 540).[98]

248 • Handelt es sich um **Miteigentum**, kommt die Vermögensbildung allerdings beiden Eheleuten zugute. Bei Miteigentum handelt es sich regelmäßig auch um gemeinsame Schulden der Eheleute, deren Fortzahlung im gemeinsamen Interesse liegt, um hohe Verzugszinsen oder eine Zwangsversteigerung durch den Darlehensgläubiger zu vermeiden. Hinzu kommt, daß die unterhaltsrechtliche Berücksichtigung einer gemeinsamen Schuld einen Gesamtschuldnerausgleich nach § 426 I 1 BGB entfallen läßt, da bereits eine anderweitige Regelung vorliegt.[99] Etwas anderes gilt nur, wenn die Parteien in einem Unterhaltsvergleich ausdrücklich vereinbaren, daß die Frage von Ausgleichsansprüchen ausgeklammert und offengehalten bleiben soll,[100] wovon jedoch im Hinblick auf die nachfolgenden Ausführungen abzuraten ist. Es empfiehlt sich daher, nicht nur die Zinsen, sondern auch die Tilgung bis zur Verwertung des Objekts, d. h. auch über die Scheidung hinaus, als Abzugsposten beim nach § 1577 I BGB anzurechnenden Wohnwert des Bedürftigen zu berücksichtigen, soweit er nach der Trennung weiterhin mietfrei in der Ehewohnung lebt.[101] Das gleiche gilt bei der Prüfung der Leistungsfähigkeit, wenn der Verpflichtete nach der Trennung in der Ehewohnung bleibt. Voraussetzung für die Anrechnung von Zins und Tilgung auf den Wohnwert ist allerdings in beiden Fällen, daß der **mietfrei Wohnende** auch die **Abzahlungen leistet**. Zahlt der mietfrei wohnende Bedürftige sie nur **zur Hälfte**, während die andere Hälfte vom Pflichtigen getilgt wird, kürzt sie den nach § 1577 I BGB auf den Bedarf anzurechnenden Wohnwert nur in dieser Höhe, während sich gleichzeitig der von ihm übernommenen Anteil der Schuld mindert.[102] Zahlt hingegen der **Pflichtige allein** die Hausschulden ab, während der **Bedürftige** weiterhin **mietfrei** im Eigenheim lebt, ist der nach § 1577 I BGB bedarfsmindernde Wohnwert ohne Kürzung durch Hausschulden anzusetzen; als berücksichtigungswürdige Schuld kürzt die Abzahlung dagegen die Leistungsfähigkeit des Pflichtigen. Rechnerisch führt dies jeweils dazu, daß durch die Berücksichtigung der Abzahlung bei der Bedürftigkeit/Leistungsfähigkeit der Unterhalt so verändert wird, wie wenn beide Eheleute je die Hälfte des Kredits zahlen würden (vgl. Beispiele Rn 253).

248a • Ein Sonderfall besteht, wenn der **Pflichtige** seine **Zahlungen** auf Zins und Tilgung **einstellt** und auch der weiterhin im Familienheim lebende Bedürftige nichts abbezahlt. Für die Bedarfsermittlung entfällt bei dieser Sachlage die Anrechnung eines prägenden Wohnvorteils in Höhe der Schuld, da mietfreies Wohnen unterhaltsrechtlich nur zu berücksichtigen ist, soweit der Wohnwert nicht durch damit verbundene Belastungen und Unkosten aufgezehrt wird.[103] Haftet der Berechtigte wie üblich bei Miteigentum als Gesamtschuldner, kann nach BGH auch nicht von einem nach § 1577 I BGB auf den Bedarf anzurechnenden ungekürzten Mietvorteil, d. h. einem Wohnwert ohne Schuldenabzug des weiterhin im gemeinsamen Eigentum lebenden Bedürftigen

---

[97] BGH, FamRZ 1998, 87 = R 516b; FamRZ 1992, 423 = R 442b
[98] BGH, FamRZ 1987, 36 = R 310a; FamRZ 1984, 353, 360 = R 197a
[99] BGH, FamRZ 1988, 264; FamRZ 1986, 881 = R 304; OLG Köln, FamRZ 1994, 961; FamRZ 1995, 1149
[100] BGH, FamRZ 1995, 216, 218 = R 485B b
[101] Gerhardt, FamRZ 1993, 1039, 1041
[102] BGH, FamRZ 1994, 1100, 1102 = R 482 b
[103] BGH, FamRZ 1995, 291 = R 487b

6. Abschnitt: Einkünfte aus Vermietung und Verpachtung § 1

ausgegangen werden, obwohl auch er nichts abzahlt. Denn auch der Berechtigte schuldet gegenüber dem Darlehensgläubiger die Zahlung, so daß der Fall nicht anders liegt als bei einem Mieter, der die geschuldete Miete nicht zahlt.[104] Der Auffassung des BGH ist zu folgen, da ansonsten die Zahlungseinstellung durch den Pflichtigen privilegiert würde, er es außerdem jederzeit in der Hand hat, durch Wiederaufnahme der Abzahlung zu erreichen, daß ab diesem Zeitpunkt im Rahmen der Anrechnung des Eigeneinkommens des Bedürftigen nach § 1577 I BGB der ungekürzte Wohnwert den Unterhalt reduziert (s. oben und Beispiel Rn 253).

- Bei **Alleineigentum** ist bei dem auf den Bedarf anzurechnenden Einkommen des Berechtigten, bzw. bei der Leistungsfähigkeit des Pflichtigen zu beachten, daß Tilgungsleistungen, die der Vermögensbildung dienen, ab Klärung der Vermögensverhältnisse nicht mehr abzuziehen sind. Das kann im gesetzlichen Güterstand bereits ab **Rechtshängigkeit der Scheidung** der Fall sein, wenn die Eheleute in guten wirtschaftlichen Verhältnissen leben und feststeht, daß die Ehe geschieden werden wird. In einem solchen Fall kommen die Tilgungsleistungen bereits ab Rechtshängigkeit der Vermögensbildung des Alleineigentümers zugute, weil die Zugewinnausgleichsauseinandersetzung nach den Verhältnissen bei Rechtshängigkeit erfolgt (§ 1384 BGB). Ein Abzug bis zur Scheidung bleibt möglich, wenn dies unter Abwägung der Umstände des Einzelfalls, vor allem der beiderseitigen wirtschaftlichen Verhältnisse, der Billigkeit entspricht. 249

- Zinsen und Tilgungsleistungen werden im allgemeinen zusammen in festen Raten (Annuitäten) an Banken und Bausparkassen bezahlt. Obige Ausführungen gelten aber auch, wenn es sich um getrennte Verträge handelt und für das Darlehen nur die Zinsen gezahlt werden, während die Tilgung durch Beitragszahlung auf eine Lebensversicherung erfolgt, die nach Auszahlung den Kredit ablöst. Wegen der differenzierten Beurteilung der Tilgungsleistungen ist es meist notwendig, daß der auf die Annuitäten entfallende Zins- und Tilgungsanteil getrennt beziffert wird. 249a

- Läuft die Darlehensrückzahlung, die auf den eheprägenden Wohnwert geleistet wird, bei Beibehaltung des bisherigen Zahlungsmodus bereits vor oder in unmittelbarem zeitlichen Zusammenhang mit der Scheidung aus, ist ab diesem Zeitpunkt ausnahmsweise weder Zins noch Tilgung abzuziehen, weil die ehelichen Lebensverhältnisse bereits durch die sichere Erwartung des baldigen Wegfalls der Schulden geprägt wurden.[105] 250

- Bei einem **nichtprägenden Wohnwert** (vgl. Rn 267, 270), d. h. einem Wohnwert, der erst nach der Trennung durch Kauf einer Immobilie entstanden ist und der teilweise mit Krediten finanziert wurde, sind nach BGH **nur die Zinsen, nicht** aber die **Tilgung** als Vermögensbildung berücksichtigungsfähig,[106] da der andere Ehegatte sonst über den Unterhalt die nichtprägende Schuld und damit die Vermögensbildung mitfinanzieren müßte. Der Unterhalt dient aber nur zur Bezahlung der Lebenshaltungskosten, nicht zur Bezahlung von vermögensbildenden Aufwendungen.[107] Der Auffassung des BGH ist zuzustimmen, obwohl die Berücksichtigung der Zinsen dazu führt, daß der Pflichtige über den Unterhalt eine nichtprägende Schuld des Bedürftigen mitfinanzieren muß. Andererseits führte die Schuldenaufnahme aber zu einem höheren Wohnwert. Außerdem ist nach BGH in diesen Fällen immer zu prüfen, ob bei dem Erwerb der Immobilie mit Krediten unter Berücksichtigung von Zins und Tilgung bei der Abzahlung eine höhere Rendite als bei einer Anlage des Geldes ohne Schuldenaufnahme erzielt wurde.[108] Ansonsten ist der Wohnwert nicht in voller Höhe, sondern durch **Vermögensumschichtung** nur mit einem Betrag anzusetzen, den man bei Kauf einer Immobilie ohne Schuld erzielt hätte (s. näher Rn 294). 251

Sind verbrauchsunabhängige Nebenkosten, Instandhaltungskosten sowie Zins und Tilgung abzugsfähig oder ist eine Nutzungsentschädigung zu berücksichtigen, ist genau 252

---

[104] BGH aaO
[105] BGH, FamRZ 1995, 869 = R 494
[106] BGH, FamRZ 1998, 87, 88 = R 516 b; FamRZ 1992, 423 = R 442 b
[107] BGH FamRZ 1998, 87, 88 = R 516 b; FamRZ 1992, 423, 425 = R 442 b
[108] BGH FamRZ 1998, 87, 89 = R 516 c

zwischen Bedarf und Unterhaltshöhe zu trennen. Die Unterhaltsberechnung kann dann nur nach der Additionsmethode erfolgen (vgl. hierzu ausführlich Rn 4/386 ff), weil die Differenzmethode den Bedarf nach den ehelichen Lebensverhältnissen nicht ermittelt.

e) Zusammenfassung:

253 (1) Verbrauchsunabhängige Nebenkosten, die üblicherweise nicht auf einen Mieter umgelegt werden, und notwendige Instandhaltungsaufwendungen kürzen den Wohnwert. Sonstige Nebenkosten sind dagegen nicht zu berücksichtigen.
(2) Bei einem prägenden Wohnwert kürzen bis zur Trennung angefallene Abzahlungen (Zins und Tilgung) das für den Bedarf nach den ehelichen Lebensverhältnissen anzusetzende Einkommen für mietfreies Wohnen, auch wenn die Zahlungen nach der Trennung eingestellt werden. Dies gilt auch bei Alleineigentum eines Ehegatten, außer die Abzahlung ist nach einem objektiven Maßstab unwirtschaftlich.
(3) Bei der Anrechnung des Eigeneinkommens des Berechtigten auf diesen Bedarf, bzw. bei der Feststellung der Leistungsfähigkeit des Pflichtigen, ist dagegen zu differenzieren:
- Zinsen kürzen weiterhin den Wohnwert, soweit der mietfrei Wohnende sie bezahlt.
- Tilgungen kürzen ihn nur, soweit es sich um Miteigentum handelt und der mietfrei Wohnende den Kredit abzahlt.
- Soweit der nicht mietfrei Wohnende für die Hausschulden aufkommt, kürzen sie nur sein Einkommen als berücksichtigungswürdige Schuld.
- Soweit vom Pflichtigen Zahlungen auf einen prägenden Wohnwert eingestellt werden, kürzen sie bei einer Gesamtschuld den nach § 1577 I BGB auf den Bedarf anzurechnenden Wohnwert des Berechtigten in Höhe der Schuld.
- Bei Alleineigentum sind Tilgungsleistungen als Vermögensbildung nur bis zur Rechtshängigkeit des Scheidungsverfahrens, bei beengten Einkommensverhältnissen u. U. bis zur Scheidung als Abzugsposten zu berücksichtigen.

(4) Zahlt der Berechtigte bei einem in Miteigentum stehenden Eigenheim an den Pflichtigen eine Nutzungsentschädigung, kürzt sie ebenfalls nur den auf den Bedarf anzurechnenden Wohnwert des Berechtigten, nicht dagegen den Wohnwert für die Ermittlung des Bedarfs nach den ehelichen Lebensverhältnissen.
(5) Bei einem nichtprägenden Wohnwert sind nur die Zinsen, nicht aber die Tilgung für neue Schulden zu berücksichtigen. Als Wohnwert ist nach Vermögensumschichtung regelmäßig nur ein ohne Schuldenaufnahme erzielbarer Wert anzusetzen, bzw. eine entsprechende Rendite bei Anlage des Kapitals.

Rechenbeispiele:
Fall 1:
M und F trennen sich, Erwerbseinkommen M 5000 DM; F 1500 DM (prägend); M zahlt für in gemeinsamem Eigentum stehende Ehewohnung mit Mietwert 2000 DM Zinsen von 600 DM und Tilgung von 100 DM. Der Wert einer angemessenen kleineren Wohnung für eine Person ($2^1/_2$ Zimmer) beläuft sich auf 1400 DM.
a) M bleibt in Wohnung
b) F bleibt in Wohnung

Lösung (nach Additionsmethode):
Da Trennungsunterhalt, ist der angemessene Wohnwert von 1400 DM und nicht die objektive Marktmiete anzusetzen. Für die Bedarfsermittlung ist dieser Wohnwert jeweils um 600 DM Zinsen und 100 DM Tilgung auf 700 DM zu kürzen.

a) M bleibt in Ehewohnung:
Nach DT mit $^1/_7$
1) Bedarf: $^1/_2$ x ($^6/_7$ x 5000 + 700 + $^6/_7$ x 1500) = 3136
2) Höhe: 3136 − $^6/_7$ x 1500 = 1850
Leistungsfähigkeit M gegeben, da mietfrei = 700 DM wohnt und ihm 3850 DM verbleiben (5000 + 700 − 1850)

6. Abschnitt: Einkünfte aus Vermietung und Verpachtung §1

Nach BayL mit $^1/_{10}$
1) Bedarf: $^1/_2$ x ($^9/_{10}$ x 5000 + 700 + $^9/_{10}$ x 1500) = 3275
2) Höhe: 3275 – $^9/_{10}$ x 1500 = 1925
Leistungsfähigkeit M gegeben, da mietfrei = 700 DM wohnt und ihm 3775 DM verbleiben (5000 + 700 – 1925).

b) F bleibt in Ehewohnung:
Wohnwert für Bedarf 700 DM, für Bedürftigkeit (= Höhe) 1400 DM, da M Kredit zahlt

Nach DT mit $^1/_7$
1) Bedarf: $^1/_2$ x ($^6/_7$ x 5000 + 700 + $^6/_7$ x 1500) = 3136
2) Höhe: 3136 – ($^6/_7$ x 1500 + 1400) = 450
Leistungsfähigkeit M gegeben, da ihm 3850 DM (5000 – 700 – 450) bleiben. Im Ergebnis wird die Abzahlung des Kredits so gewertet, wie wenn er von beiden Eheleuten zu gleichen Teilen geleistet wurde.

Nach BayL mit $^1/_{10}$
1) Bedarf: $^1/_2$ x ($^9/_{10}$ x 5000 + 700 + $^9/_{10}$ x 1500) = 3275
2) Höhe: 3275 – ($^9/_{10}$ x 1500 + 1400) = 525
Leistungsfähigkeit M gegeben, da ihm 3775 DM (5000 – 700 – 525) bleiben. (S. oben)

Fall 2:
M und F werden geschieden. M hat ein Erwerbseinkommen von 4900 DM, F von 1400 DM. Die objektive Marktmiete beträgt 1500 DM, die Zinsen 400 DM und die Tilgung 100 DM.
a) M bleibt in der Ehewohnung (Miteigentum) und zahlt Zins und Tilgung
b) F bleibt in Ehewohnung und zahlt alles ab
c) F bleibt in Ehewohnung, M zahlt Zins und Tilgung
d) F bleibt in der Ehewohnung und zahlt $^1/_2$ Zins und Tilgung, M zahlt die andere Hälfte des Kredits.
e) M bleibt in Ehewohnung, die ihm allein gehört, und zahlt Zins und Tilgung.

Lösung:
Wohnwert jeweils nach objektiver Marktmiete

a) M bleibt in Ehewohnung:
Wohnwert: 1500 – 400 – 100 = 1000
Unterhalt:

Lösung nach DT mit $^1/_7$
1) Bedarf: $^1/_2$ x ($^6/_7$ x 4900 + 1000 + $^6/_7$ x 1400) = 3200
2) Höhe: 3200 – $^6/_7$ x 1400 = 2000
Leistungsfähigkeit M gegeben, da mietfrei (= 1000 DM) wohnt und ihm daher 3900 DM verbleiben (4900 + 1000 – 2000).

Lösung nach BayL mit $^1/_{10}$
1) Bedarf: $^1/_2$ x ($^9/_{10}$ x 4900 + 1000 + $^9/_{10}$ x 1400) = 3335
2) Höhe: 3335 – $^9/_{10}$ x 1400 = 2075
Leistungsfähigkeit M gegeben, da mietfrei (= 1000 DM) wohnt und ihm daher 3825 DM verbleiben (4900 + 1000 – 2075)

b) F bleibt in Ehewohnung:
Wohnwert wie a
Unterhalt:

Lösung nach DT mit $^1/_7$
1) Bedarf: $^1/_2$ x ($^6/_7$ x 4900 + 1000 + $^6/_7$ x 1400) = 3200
2) Höhe: 3200 – ($^6/_7$ x 1400 + 1000) = 1000
Leistungsfähigkeit M gegeben, da ihm 3900 DM verbleiben (4900 – 1000)

Lösung nach BayL mit $^1/_{10}$
1) Bedarf: $^1/_2$ x ($^9/_{10}$ x 4900 + 1000 + $^9/_{10}$ x 1400) = 3335
2) Höhe: 3335 – ($^9/_{10}$ x 1400 + 1000) = 1075
Leistungsfähigkeit M gegeben, da ihm 3825 DM verbleiben (4900 – 1075).

c) F bleibt in Ehewohnung, M zahlt ab:
Wohnwert für Bedarf 1000, für Höhe 1500
Unterhalt:

Lösung nach DT mit $1/7$
1) Bedarf: $1/2 \times (6/7 \times 4900 + 1000 + 6/7 \times 1400) = 3200$
2) Höhe: $3200 - (6/7 \times 1400 + 1500) = 500$
Leistungsfähigkeit M gegeben, da ihm 3900 DM verbleiben (4900 – 400 – 100 – 500). Der Unterhalt der F kürzt sich genau in Höhe der von M übernommenen Abzahlung der gemeinsamen Schuld (vgl. b)

Lösung nach BayL mit $1/10$
1) Bedarf: $1/2 \times (9/10 \times 4900 + 1000 + 9/10 \times 1400) = 3335$
2) Höhe: $3335 - (9/10 \times 1400 + 1500) = 575$
Leistungsfähigkeit M gegeben, da ihm 3825 DM verbleiben (4900 – 400 – 100 – 575).

d) F bleibt in Ehewohnung zahlt $1/2$ Zins + $1/2$ Tilgung:
Wohnwert für Bedarf 1000, für Höhe 1500 – 200 – 50 = 1250
Unterhalt:

Lösung nach DT mit $1/7$
1) Bedarf: $1/2 \times (6/7 \times 4900 + 1000 + 6/7 \times 1400) = 3200$
2) Höhe: $3200 - (6/7 \times 1400 + 1250) = 750$
Leistungsfähigkeit M gegeben, da ihm weiterhin 3900 DM verbleiben (4900 – 750 – 250). Der Unterhalt der F kürzt sich wiederum im Verhältnis der von M weiterhin geleisteten Abzahlung (vgl. b)

Lösung nach BayL mit $1/10$
1) Bedarf: $1/2 \times (9/10 \times 4900 + 1000 + 9/10 \times 1400) = 3335$
2) Höhe: $3335 - (9/10 \times 1400 + 1250) = 825$
Leistungsfähigkeit M gegeben, da ihm weiterhin 3825 DM verbleiben (4900 – 825 – 250)

e) M bleibt in der ihm allein gehörenden Wohnung:
Lösung wie a; auch hier beträgt für den Bedarf der Wohnwert 1000 DM, d. h., sowohl Zinsen als auch Tilgung kürzen den Wohnwert, da die Abzahlung nach einem objektiven Maßstab angemessen ist. Leistungsfähigkeit M gegeben, da mietfrei wohnt, wobei insoweit Wohnwert abzüglich Zinsen (= 1100 DM) zu berücksichtigen ist, da die Tilgung einseitige Vermögensbildung ist.

5. Abzug von Hausschulden, die den Wohnwert übersteigen, vom sonstigen Einkommen

254 Sind die berücksichtigungswürdigen Hausschulden höher als der prägende Wohnwert, so entfällt für die Bedarfsermittlung die Zurechnung eines Wohnvorteils.[109] Der Hausbewohner erbringt für das Wohnen eine höhere Gegenleistung als der Mieter eines vergleichbaren Wohnobjektes.
Es ist dann zusätzlich zu prüfen, ob und in welchem Umfang der den Wohnwert übersteigende Mehrbetrag der Hausschulden als berücksichtigungsfähige Verbindlichkeit vom Einkommen des Hausbewohners abgezogen werden kann. Bis zur Höhe des Wohnwertes erfolgt kein einkommensmindernder Abzug.[110]

255 Die Frage, ob der Mehrbetrag eine berücksichtigungsfähige Verbindlichkeit beinhaltet, ist nach allgemeinen Grundsätzen im Rahmen einer umfassenden Interessenabwägung nach billigem Ermessen zu beurteilen.[111] Dabei ist zu unterscheiden, ob das Familienheim im Eigentum beider Eheleute steht oder nur einem von ihnen gehört. Zur Überschuldung vgl. auch Rn 543 ff.

Im einzelnen sind folgende Umstände bedeutsam:

256 • Die Verbindlichkeiten müssen **ehebedingt** sein, d. h. aus der Zeit des ehelichen Zusammenlebens stammen und für das Haus verwendet worden sein.[112]

257 • Die Tilgung berücksichtigungswürdiger Schulden hat im Rahmen eines **vernünftigen**

---

[109] BGH, FamRZ 1995, 291 = R 487 b; FamRZ 1987, 572, 575 = R 323 e
[110] BGH, FamRZ 1987, 572, 575 = R 323 e; FamRZ 1984, 358 = R 197 a
[111] BGH, FamRZ 1984, 358 = R 197 a; FamRZ 1982, 157; FamRZ 1982, 23
[112] BGH, FamRZ 1984, 358 = R 197 a; FamRZ 1982, 157; FamRZ 1982, 23

- **Tilgungsplanes** in angemessenen Raten zu erfolgen.[113] Soweit möglich, ist die Abzahlung durch Kreditverlängerung zu reduzieren.
- Bei einem in **Miteigentum** stehenden Eigenheim und einer gemeinsamen Schuld der Eheleute können auch über den Wohnwert hinausgehende Zins- und Tilgungsleistungen aus den oben bereits genannten Gründen beim Bedarf und der Bedürftigkeit/Leistungsfähigkeit berücksichtigt werden (vgl. Rn 246 ff). Der Bedarf nach den ehelichen Lebensverhältnissen ist dann ohne Wohnwert und gekürzt um den über den Wohnwert hinausgehenden Schuldenanteil anzusetzen. Die Berücksichtigung der Abzahlung bewirkt, daß kein Gesamtschuldnerausgleich erfolgt, es sich also weiter um eine gemeinsame Zahlung und gemeinsame Vermögensbildung handelt. Um im Hinblick auf die Gesamtschuld eine Gleichbehandlung der Eheleute zu erreichen, ist die den Wohnwert übersteigende Schuld nicht beim Erwerbseinkommen (und damit bonusmindernd, vgl. Rn 4/377), sondern als negativer Wohnwert anzusetzen. Würde man hingegen die den Wohnwert übersteigende Schuld, wie z. T. vertreten wird, beim Erwerbseinkommen des Pflichtigen abziehen, würde sich dessen Erwerbstätigenbonus entsprechend reduzieren und der Unterhalt des Bedürftigen erhöhen. Dies erscheint aber nicht gerechtfertigt, nachdem es um eine gemeinsame Schuldentilgung und Vermögensbildung geht, ferner Abzüge bei der Einkommensart vorzunehmen sind, zu der sie gehören. 258
- Bei **Alleineigentum** entfällt für die Bedarfsermittlung ein Wohnwert (s. oben Rn 254). Den Wohnwert übersteigende Zinsen sind als negativer Wohnwert zu berücksichtigen, die Tilgung beim nachehelichen Unterhalt als vermögensbildende Leistungen grundsätzlich nicht,[114] beim Trennungsunterhalt bis zur Rechtshängigkeit des Scheidungsverfahrens, darüber hinaus nur, wenn dies der Billigkeit entspricht. Bei der Bedürftigkeit/Leistungsfähigkeit gelten die bei Rn 249 abgehandelten Grundsätze. 259
- Wurde das **Anwesen** nach Trennung und Scheidung **veräußert** und dabei alle Schulden getilgt, entfällt zwar weiterhin für die Bedarfsermittlung ein prägender Wohnwert (vgl. Rn 265). Die nicht mehr bestehenden, den Wohnwert übersteigenden Schulden werden aber für die künftige Unterhaltsberechnung nicht mehr berücksichtigt. Bei den Wohnwert übersteigenden Schulden handelt es sich wie bei Konsumkrediten um Verbindlichkeiten, deren Wegfall die ehelichen Lebensverhältnisse prägt (vgl. Rn 4/293). Die Ablösung der über den Wohnwert hinausgehenden Schuld entspricht wirtschaftlich vernünftigen Erwägungen, um nach der Trennung die beiderseitigen finanziellen Verhältnisse zu bereinigen.[115] 260
- Bei einem **nichtprägenden Wohnwert** können nur die Zinsen, nicht die Tilgung abgezogen werden (vgl. näher Rn 251). Übersteigen die Zinsen den Wohnwert, sind sie nur bis zur Höhe des Wohnwertes berücksichtigungsfähig. 261
- **Nicht abgezogen** werden darf aus den gleichen Gründen ein Kredit zur Finanzierung des Zugewinns, durch den die vom Gesetz zugemutete Verwertung des Hauses zum Verkauf abgewendet wurde. Es handelt sich auch insoweit um eine nichtprägende Schuld. Der Unterhalt darf durch diese Art des Vermögenserhalts (= Vermögensbildung) nicht zu Lasten des anderen Partners verkürzt werden.[116] 262

Rechenbeispiel:
Fall:
M und F trennen sich. Erwerbseinkommen M 6000 DM netto, F 2000 DM. M zahlt für die im gemeinsamen Eigentum stehende Ehewohnung mit Mietwert 1500 DM die Zinsen von 1400 DM sowie die Tilgung von 300 DM ab. Die geschätzten Wohnkosten für eine angemessenere kleinere Wohnung betragen 1100 DM. F will Trennungsunterhalt.
a) F bleibt in Wohnung
b) M bleibt in Wohnung

---

[113] BGH, FamRZ 1982, 355; FamRZ 1982, 23
[114] BGH, FamRZ 1987, 572, 575 = R 323 e
[115] BGH, NJW 1998, 2821, 2822 = R 525 a
[116] OLG Frankfurt, FamRZ 1984, 281; OLG Hamm, FamRZ 1995, 1418

Lösung:

Für den Trennungsunterhalt ist als Wohnwert nur ein angemessener Betrag, hier 1100 DM, anzusetzen. Die Abzahlungen sind unter Berücksichtigung des mietfreien Wohnens bei den gegebenen Einkommensverhältnissen nach einem objektiven Maßstab angemessen, zumal es sich um eine gemeinsame und nicht um eine einseitige Vermögensbildung handelt. Da es um die Hausschulden geht, ist der Lösung der Vorzug zu geben, sie beim Wohnwert abzuziehen und insoweit einen negativen Wohnwert zu bilden, und nicht beim Erwerbseinkommen des M. Der Wohnwert beträgt damit für den Bedarf minus 600 DM (1100 DM − 1400 DM − 300 DM). Bei der Unterhaltshöhe ist er, soweit F in der Wohnung verbleibt, in Höhe von 1100 DM anzusetzen, da F nichts abzahlt

a) F bleibt in Ehewohnung:
Berechnung nach DT mit $^1/_7$
Bedarf: $^1/_2$ x ($^6/_7$ x 6000 DM + $^6/_7$ x 2000 DM − 600 DM) = 3129 DM
Höhe: 3129 DM − ($^6/_7$ x 2000 DM + 1100 DM) = 314
Leistungsfähigkeit M gegeben, da M trotz Abzahlung sein eheangemessener Selbstbehalt von 3986 DM (= Bedarf 3129 DM + Bonus 857 DM, vgl. DL 27) verbleibt (6000 DM − 1400 DM − 300 DM − 314 DM)

Berechnung nach BayL mit $^1/_{10}$
Bedarf: $^1/_2$ ($^9/_{10}$ x 6000 DM + $^9/_{10}$ x 2000 DM − 600 DM) = 3300 DM
Höhe: 3300 DM − ($^9/_{10}$ x 2000 DM + 1100 DM) = 400
Leistungsfähigkeit M gegeben, da M trotz Abzahlung sein eheangemessener Selbstbehalt von 3900 DM (= Bedarf 3300 DM + Bonus 600 DM, vgl. BayL 20 f) verbleibt (6000 DM − 1400 DM − 300 DM − 400 DM).

b) M bleibt in Ehewohnung:
Berechnung nach DT mit $^1/_7$
1. Stufe: $^1/_2$ x ($^6/_7$ x 6000 DM + $^6/_7$ x 2000 DM − 600 DM) = 3129 DM
2. Stufe: 3129 DM − $^6/_7$ x 2000 DM = 1414 DM
Leistungsfähigkeit M gegeben, da M auch hier durch das mietfreie Wohnen sein Selbstbehalt von 3986 DM (vgl. a) verbleibt (6000 DM + 1100 DM − 1400 DM − 300 DM − 1414 DM)

Berechnung nach BayL mit $^1/_{10}$
1. Stufe: $^1/_2$ ($^9/_{10}$ x 6000 DM + $^9/_{10}$ x 2000 DM − 600 DM) = 3300 DM
2. Stufe: 3300 DM − $^9/_{10}$ x 2000 DM = 1500 DM
Leistungsfähigkeit M gegeben, da M auch hier durch das mietfreie Wohnen sein Selbstbehalt von 3900 DM (vgl. a) verbleibt (6000 DM + 1100 DM − 1400 DM − 300 DM − 1500 DM).

6. Unterhaltsrechtliche Auswirkung eines Wohnvorteils beim Ehegattenunterhalt

263 a) **Wohnvorteil und Bedarfsbemessung.** Im Rahmen der Bedarfsbemessung (§§ 1361, 1578 BGB) zählt der Wohnvorteil (= Differenz zwischen Wohnwert und Hauskosten) zu den die ehelichen Lebensverhältnisse nachhaltig **prägenden Einkünften**, wenn die Eheleute bis zur Trennung ein eigenes Haus oder eine Eigentumswohnung (Allein- oder Miteigentum) bewohnt haben.[117]

264 • Für diese Beurteilung als nachhaltig prägend ist der Lebenszuschnitt maßgeblich, den die Eheleute während der Zeit des Zusammenlebens in der Ehe (= bis zur Trennung) durch ihre Leistungen begründet haben.[118]

265 • **Prägend** ist dabei der Wohnwert, der nach Abzug von verbrauchsunabhängigen Nebenkosten, die üblicherweise nicht auf einen Mieter umgelegt werden, sowie bei Trennung noch zu zahlenden Abzahlungen (Zins und Tilgung) verbleibt, da die Eheleute

---

[117] BGH, FamRZ 1998, 87 = R 516a; NJW 1998, 2821, 2823 = R 525e; FamRZ 1995, 869 = R 494; FamRZ 1990, 989 = R 418b; FamRZ 1990, 283, 288 = R 400f; FamRZ 1989, 1160, 1162 = R 395d; FamRZ 1986, 434 = R 282a; FamRZ 1986, 437 = R 288a; FamRZ 1986, 439; FamRZ 1986, 441 = R 289a

[118] FamRZ 1995, 869 = R 494; BGH, FamRZ 1986, 437 = R 288a; FamRZ 1984, 358 = R 197a

6. Abschnitt: Einkünfte aus Vermietung und Verpachtung § 1

nur in dieser Höhe billiger als ein Mieter wohnten[119] (vgl. Rn 234 ff). Er bemißt sich in der Trennungszeit in der Regel nach einem angemessenen Wert, nach der Scheidung nach der objektiven Marktmiete (vgl. Rn 221 ff). Auch wenn durch den Ansatz eines angemessenen Wohnwertes der Bedarf während der Trennungszeit dadurch aus Billigkeitsgründen niedriger ausfällt als bei Ansatz der objektiven Marktmiete, ist dies hinzunehmen. Denn die ehelichen Lebensverhältnisse verwirklichen sich nach der Trennung der Parteien in Form eines entsprechend geringer anzusetzenden Gebrauchsvorteils als bedarfsprägend.[120] Im Ergebnis geht es insoweit nur um eine Bewertungsfrage unter Berücksichtigung der vorhandenen Barmittel für einen Zeitraum, in dem eine Vermögensverwertung/-umschichtung noch nicht verlangt werden kann, um eine Versöhnung der Eheleute nicht zu erschweren. Es bleibt aber beim Grundsatz, daß die ehelichen Lebensverhältnisse durch mietfreies Wohnen geprägt wurden. Die Beschränkung des Bedarfs in der Trennungszeit aus Billigkeitsgründen ist nicht anders zu sehen als beim trennungsbedingten Mehrbedarf des Berechtigten, der erst zugesprochen werden darf, wenn zusätzliche Mittel vorhanden sind (vgl. Rn 4/284).

- Die ehelichen Lebensverhältnisse werden **nicht geprägt** durch ein Haus, das von den Eheleuten zwar als Ehewohnung geplant, aber nicht gemeinsam bewohnt wurde, weil es bei Trennung erst im Rohbau fertiggestellt war.[121]   266
- Ein Wohnvorteil ist **nichtprägend**, wenn ein Ehegatte das Haus oder die Ehewohnung erst **nach der Trennung** erworben und bezogen hat.[122]   267

Wohnen beide Eheleute nach der Trennung zunächst noch **weiter im Eigenheim**, ist   267a
der Wohnwert beim Bedarf als eheprägend zu berücksichtigen, auch wenn er sich bei der Unterhaltsberechnung im Ergebnis als wertneutral auswirkt, da er dann auf der Bedürftigkeitsstufe zur Hälfte anzurechnen ist. Es ist jedoch zu beachten, daß sich der Bedarf dadurch erhöht. Außerdem wird dadurch berücksichtigt, wer Hausschulden abzahlt (vgl. Rn 246 ff).

Entfallen für einen Ehepartner infolge seines Auszugs bei Trennung die **Nutzungen**   268
des Hauses, so hat dieser Ausfall der Nutzungen **keinen Einfluß** auf die Beurteilung der prägenden ehelichen Lebensverhältnisse, weil der bedürftige Ehegatte nach der Intention des Gesetzes vor einem sozialen Abstieg infolge der Scheidung bewahrt werden soll.[123]
Nutzungen der Ehewohnung, die der ausziehende Ehegatte nicht mehr ziehen kann, bleiben bei dem **auf den Bedarf** nach den ehelichen Lebensverhältnissen **anzurechnenden Einkommen** des Berechtigten, bzw. der Leistungsfähigkeit des Pflichtigen **außer Betracht**, d. h. dem **Ausziehenden** ist nach §§ 1577 I, 1581 BGB **kein Wohnvorteil** zuzurechnen. Dabei kommt es auf die Gründe der Trennung nicht an. Ein Ehegatte führt nicht dadurch mutwillig seine Bedürftigkeit herbei, daß er aus der Ehewohnung auszieht. Das gilt in gleicher Weise für den Verpflichteten und den Berechtigten.[124]

b) Wohnvorteil und Bedürftigkeit des Berechtigten. Hat der **Berechtigte** nach der   269
Trennung weiterhin einen **prägenden Wohnvorteil**, weil er in der Ehewohnung verbleibt, **kürzt** dieser seinen sich aus den ehelichen Lebensverhältnissen ergebenden **Bedarf** (§ 1577 I BGB). Er ist beim Trennungsunterhalt in der Regel auf einen angemessenen Wert zu begrenzen, soweit er auch bei der Bedarfsermittlung nur mit einem angemessenen Wert angesetzt wurde,[125] beim nachehelichen Unterhalt richtet er sich nach der objektiven Marktmiete (vgl. Rn 221 ff). Der **prägende Wohnwert** ist also vom **Wertansatz** bei der Ermittlung des Bedarfs und des auf diesen Bedarf anzurechnenden Einkommens

---

[119] BGH, FamRZ 1998, 87 = R 516 a; NJW 1998, 2821, 2823 = R 525 e; FamRZ 1995, 869 = R 494; FamRZ 1995, 291 = R 487 b; FamRZ 1994, 1100, 1102 = R 482 b; FamRZ 1990, 283, 287 = R 400 f; FamRZ 1989, 1160, 1162 = R 395 d; FamRZ 1987, 572, 575 = R 323 e; FamRZ 1986, 439; FamRZ 1986, 437 = R 288 a; FamRZ 1986, 434 = R 282 a
[120] BGH, NJW 1998, 2821, 2823 = R 525 e
[121] BGH, FamRZ 1988, 145 = R 347 d
[122] BGH, FamRZ 1998, 87 = R 516 b; FamRZ 1992, 423, 425 = R 442 e; FamRZ 1986, 439
[123] BGH, FamRZ 1998, 87 = R 516 b; FamRZ 1986, 437 = R 288 a
[124] BGH, FamRZ 1989, 1160, 1162 = R 395 d
[125] BGH, NJW 1998, 2821, 2823 = R 525 e

des Berechtigten (= Unterhaltshöhe) stets **identisch**[126] (vgl. Rn 229, 265). Die **tatsächlich anzurechnende Wohnwerthöhe** kann jedoch differieren. Denn bei den zum Zeitpunkt der Trennung auf das Eigenheim noch zu leistenden Abzahlungen ist zwischen Bedarfsermittlung und anzurechnendem Einkommen zu unterscheiden. Bei der Ermittlung des Bedarfs sind sie in vollem Umfang zu berücksichtigen (s. oben Rn 243 ff), beim anzurechnenden Einkommen kommt es darauf an, ob und in welcher Höhe sie der Berechtigte nach der Trennung weiterbezahlt, wenn ja ferner, ob es sich um Allein- oder Miteigentum handelt (vgl. Rn 247 ff).

270 Hat der Berechtigte einen **nichtprägenden Wohnvorteil**, z. B. durch Eigentumserwerb aus Mitteln des Zugewinnausgleichs, aus Vermögensauseinandersetzung, aus Erbschaft, aus Übernahme des Miteigentumsanteils des Ehepartners oder aus einem neuen dinglichen Wohnrecht, dann mindert dieser Wohnvorteil die Bedürftigkeit ebenfalls, weil der Berechtigte nach § 1577 I BGB alle prägenden und nichtprägenden Einkünfte bedarfsmindernd heranziehen muß.[127] Der nichtprägende neue Wohnwert ist stets mit der **objektiven Marktmiete** anzusetzen. Werden zum Erwerb der neuen Immobilie Schulden aufgenommen, kürzen nach BGH zwar die **Zinsen**, nicht aber die **Tilgung** den Wohnwert, da der Unterhalt nicht der Vermögensbildung dient.[128] Durch Vermögensumschichtung ist dann aber regelmäßig nur ein ohne Aufnahme von Schulden erzielbarer Wohnwert anzusetzen, bzw. soweit dieser neue Wohnwert im Verhältnis zum eingesetzten Kapital eine zu geringe Rendite erbringt, Zinsen aus dem eingesetzten Kapital (vgl. näher Rn 294).

271 Wenn die Parteien in einem früheren Vergleich einen prägenden Wohnvorteil bei der Bedarfsbemessung völlig unberücksichtigt gelassen haben, dann ist auch in einem **Abänderungsverfahren** (§ 323 ZPO) kein Wohnvorteil zu berücksichtigen. Die sich daraus ergebende Einschränkung der Abänderbarkeit ist im Verfahren nach § 323 ZPO zu beachten.[129] Wurde in einem Vorverfahren der eheangemessene Bedarf konkret mit DM 6700,– ermittelt und dabei der Wohnbedarf auf DM 1000,– bemessen, so ist ein späterer, **nichtprägender** Wohnvorteil des Berechtigten in voller Höhe auf den Bedarf anzurechnen, wobei der nach Maßgabe der gestiegenen Lebenshaltungskosten fortgeschriebene Wohnbedarf insoweit lediglich eine Mindestgrenze darstellt.[130]

272 Die Bedürftigkeit des Berechtigten wird nicht gemindert, wenn ihm die Eltern oder ein naher Angehöriger **freiwillig und kostenlos** als Sachleistung eine Wohnung zur Verfügung stellen oder ihn in ihre Wohnung unentgeltlich aufnehmen (vgl. Rn 212). Die Anrechenbarkeit solcher Leistungen hängt in solchen Fällen grundsätzlich vom Willen des Zuwendenden ab. Geht dieser Wille, wie in der Regel, dahin, den Berechtigten zu unterstützen, ohne den Verpflichteten von seiner Unterhaltspflicht zu entlasten, ist die Zuwendung nicht mit dem Unterhaltsanspruch zu verrechnen.[131]

Erfolgt die Wohnungsgewährung im Rahmen der **Haushaltsführung für einen neuen Lebensgefährten**, ist in dem für die Haushaltsführung bedürftigkeitsmindernd anzusetzenden Einkommen das kostenlose Wohnen mit enthalten.[132]

273 Erhält der Berechtigte für die Nutzung seines Miteigentumsanteils oder seines Alleineigentums gemäß einer Vereinbarung oder einer richterlichen Entscheidung ein Nutzungsentgelt, so mindert diese Zahlung seine Bedürftigkeit und ist auf seinen Bedarf nach den ehelichen Lebensverhältnissen anzurechnen (vgl. Rn 238).

274 **c) Wohnvorteil und Leistungsfähigkeit des Verpflichteten.** Bei der Ermittlung der **Leistungsfähigkeit** des Verpflichteten sind wie beim Bedürftigen **alle Einkünfte** heranzuziehen, die diesem zufließen, gleich welcher Art sie sind und auf welcher Grundlage er

---

[126] BGH aaO
[127] BGH, FamRZ 1998, 87 = R 516 b; FamRZ 1992, 423, 425 = R 442 b; FamRZ 1990, 269, 272 = R 405 b; NJW-RR 1988, 1093, 1095 = R 373 e; FamRZ 1985, 354, 356 = R 222 b
[128] BGH, FamRZ 1998, 87 = R 516 b; FamRZ 1992, 423 = R 442 b
[129] FamRZ 1990, 269, 272 = R 405 d
[130] BGH, FamRZ 1986, 560, 562
[131] BGH, FamRZ 1980, 40, 42 = R 32; FamRZ 1980, 879; FamRZ 1985, 584 = R 254 b sowie BayL 7
[132] BGH, FamRZ 1995, 343 = R 489; BayL 6

6. Abschnitt: Einkünfte aus Vermietung und Verpachtung § 1

sie bezieht[133] (vgl. auch Rn 4/570). Dazu zählen sowohl alle prägenden Einkünfte, z. B. ein prägender Wohnvorteil, als auch alle nichtprägenden Einkünfte, z. B. Erträge aus dem Erlös eines nach der Scheidung veräußerten Familienheimes oder ein Wohnvorteil aus einem erst nach der Trennung erworbenen Haus. Zu den nichtprägenden Einkünften, welche die Leistungsfähigkeit erhöhen, zählt auch eine Nutzungsentschädigung, die der Verpflichtete vom Berechtigten für die Nutzung seines Allein- oder Miteigentums vereinbarungsgemäß oder auf Grund richterlicher Entscheidung erhält, weil eine entsprechende Zahlung auch auf seiten des Berechtigten auf den Unterhalt verrechnet wird[134] (vgl. Rn 238 ff).

Zur Höhe eines prägenden oder nichtprägenden Wohnwertes gelten die bereits beim Bedürftigen gemachten Ausführungen (s. oben Rn 269 ff).

Nichtprägende Einkünfte des Verpflichteten sind unterhaltsrechtlich vor allem dann heranzuziehen, wenn ein trennungsbedingter Mehrbedarf anfällt (s. näher Rn 4/427 ff) oder zusätzliche Verbindlichkeiten, insbesondere Unterhaltspflichten gegenüber Kindern aus einer neuen Ehe (vgl. Rn 538 ff; 4/191, 571, 5/112 ff, 131).

Im Rahmen der Leistungsfähigkeit darf dem Verpflichteten – wie beim Berechtigten – nicht leistungserhöhend zugerechnet werden, daß ihn die Eltern oder ein naher Angehöriger unentgeltlich in der Wohnung aufnehmen oder ihm als Sachleistung kostenlos eine Wohnung zur Verfügung stellen. Seine Leistungsfähigkeit erhöht sich dadurch nur, wenn es sich um eine Gegenleistung handelt (s. näher Rn 212, 368 ff). Nimmt ein neuer Lebensgefährte den Pflichtigen mietfrei bei sich auf, kann es angemessen sein, ein Einkommen aus Haushaltsführung für einen neuen Partner anzusetzen, da der Pflichtige insoweit nicht anders behandelt werden kann als der Bedürftige (s. oben Rn 273). Naheliegender wäre es in diesem Fall entgegen BGH,[135] von einem nichtprägenden Einkommen wegen ersparter Aufwendungen auszugehen. Selbst wenn man aber auch in diesem Fall das mietfreie Wohnen nur als freiwillige Zuwendung eines Dritten ansieht, ist zu beachten, daß im **Mangelfall** nach Billigkeitsabwägung solche freiwilligen Zuwendungen gemäß § 1581 BGB auf der Leistungsstufe anrechenbar sind (s. Rn 5/100 ff).

Im Rahmen des § 1581 BGB können bei einer Billigkeitsabwägung auch Kosten, die der Verpflichtete für eine Eigentumswohnung seiner neuen Freundin zahlt, leistungsmindernd berücksichtigt werden, soweit der Verpflichtete in dieser Höhe einen Gegenwert in Form des freien Wohnens erlangt.[136]

d) Wohnvorteil und trennungsbedingter Mehrbedarf. Durch Trennung und Auszug 276 eines Partners aus dem Familienheim kann ein trennungsbedingter Mehrbedarf entstehen. Neben den allgemeinen Grundsätzen zum trennungsbedingten Mehrbedarf, die zum besseren Verständnis der Problematik nachfolgend kurz dargestellt werden (vgl. insoweit eingehend Rn 4/418 ff, 570, 5/142 ff), sind dabei die Besonderheiten durch das mietfreie Wohnen zu beachten: volle Anrechnung des während des Zusammenlebens auf beide Eheleute fallenden Wohnwertes auf den nach der Trennung im Familienheim verbleibenden Miteigentümer sowie Reduzierung der Marktmiete in der Trennungszeit aus Billigkeitsgründen auf einen angemessenen Wert. Da einem Ehepartner der Wohnwert nach dem Auszug des Ehegatten allein verbleibt, der Ausziehende dagegen regelmäßig Mietkosten entsprechend dem angemessenen Wohnwert hat, zeigt sich gerade beim Wohnwert die Problematik des trennungsbedingten Mehrbedarfs. Beide Ehepartner haben durch die Trennung erhöhte Kosten, die sich vielfach aufheben, so daß es problematisch erscheint, einen trennungsbedingten Mehrbedarf zuzusprechen.

275

Nach der Rechtsprechung des BGH ist ein **trennungsbedingter Mehrbedarf des Be-** 277 **dürftigen** unterhaltsrechtlich bei der Bedarfsbemessung nur zu berücksichtigen, wenn er geltend gemacht wird. Seine Höhe darf nicht pauschal nach einer Quote des Einkommens bemessen werden, sondern ist unter Berücksichtigung der Umstände des Einzelfalls

---

[133] BGH, FamRZ 1986, 780 = R 301a; FamRZ 1985, 354, 356 = R 222d; FamRZ 1980, 342; FamRZ 1982, 250 = R 98a; FamRZ 1981, 338
[134] BGH, FamRZ 1986, 434; FamRZ 1986, 436 = R 283
[135] BGH, FamRZ 1995, 343 = R 489
[136] BGH, FamRZ 1982, 898 = R 107a

tatrichterlich zu ermitteln oder nach § 287 ZPO zu schätzen (vgl. Rn 4/422). Da der volle Unterhalt durch die Auswirkungen der Trennung nicht beeinträchtigt werden darf, kann ein trennungsbedingter Mehrbedarf **nicht** durch einen **Vorabzug** vom Einkommen berücksichtigt werden.[137] Wird der Ehegattenunterhalt – wie in der Regel – nach einer Quote der prägenden Einkünfte bemessen, weil von den Erwerbseinkünften ein Erwerbstätigenbonus abgezogen wird, bleibt der errechnete Unterhalt wegen des dabei nicht berücksichtigten trennungsbedingten Mehrbedarfs hinter dem sog. vollen eheangemessenen Unterhalt (§§ 1361, 1578 BGB) zurück und beinhaltet einen Billigkeitsunterhalt nach § 1581 BGB.[138] Soweit **nur prägende Einkünfte** vorhanden sind, wird mit dem sog. Quotenunterhalt aber alles verteilt, so daß **kein zusätzlicher trennungsbedingter Mehrbedarf** zugesprochen werden kann.[139] Ein geltend gemachter trennungsbedingter Mehrbedarf des Bedürftigen kann deshalb nur erfüllt werden, wenn **zusätzliche Mittel des Bedürftigen oder Pflichtigen vorhanden sind**, die bei der Bedarfsbemessung nicht berücksichtigt werden, weil sie die ehelichen Lebensverhältnisse nicht geprägt haben[140] (s. auch Rn 4/200 ff und 427 ff). Zusätzliche Mittel sind zum einen nichtprägende Einkünfte des Berechtigten oder des Verpflichteten, z. B. ein nichtprägender Eigenverdienst, ein nichtprägender Wohnvorteil oder nichtprägende Zinsen aus Zugewinn oder Veräußerungserlös, auf seiten des **Verpflichteten** ferner Aufwendungen zur Vermögensbildung, die nach objektiven Maßstäben als Abzugsposten berücksichtigt und deshalb zur Unterhaltsberechnung nicht herangezogen wurden (vgl. Rn 4/200 ff). Denn der Verpflichtete darf eine solche Vermögensbildung nicht auf Kosten des vollen eheangemessenen Unterhalts fortsetzen.[141] Soweit derartige zusätzliche Mittel vorhanden sind, erhöht sich der Quotenunterhalt um den konkret nachgewiesenen trennungsbedingten Mehrbedarf.

278   In einem späteren **Abänderungsverfahren** kann der unter Nichtberücksichtigung von trennungsbedingtem Mehrbedarf gemäß § 1581 BGB nur nach einer Quote des Einkommens bemessene Unterhalt bis zum eheangemessenen Unterhalt angehoben werden, wenn die nunmehr zur Verfügung stehenden zusätzlichen Mittel hierzu ausreichen.[142] Sind in dem abzuändernden Urteil die ehelichen Lebensverhältnisse (und der eheangemessene volle Unterhalt) nicht festgestellt worden, hat der Richter im Abänderungsverfahren den angemessenen Unterhalt neu zu bestimmen. Kann infolge verbesserter Einkommensverhältnisse nunmehr der volle angemessene Unterhalt bezahlt werden, besteht kein Grund, die Parteien an einer früheren Beschränkung (§ 1581 BGB) festzuhalten. Eine Bindung an den damals beschrittenen Berechnungsweg besteht nicht.[143]

279   **Beim Pflichtigen** gelten zunächst die gleichen Grundsätze. Soweit sich seine Unterhaltslast durch nichtprägende Einkünfte des Bedürftigen herabsetzt oder er selbst über nichtprägende Einkünfte verfügt bzw. bei der Bedarfsermittlung nicht berücksichtigte Aufwendungen zur Vermögensbildung tätigte, ist jedoch zu beachten, daß er seinen trennungsbedingten Mehrbedarf erst aus diesen Mitteln decken muß. Sein trennungsbedingter Mehrbedarf wirkt sich daher regelmäßig nur aus, wenn keine zusätzlichen Mittel vorhanden sind und es dadurch zum Mangelfall kommt (s. näher Rn 5/142 ff).

280   Soweit ein **eheprägender Wohnwert** zu berücksichtigen ist, ist beim **trennungsbedingten Mehrbedarf** durch erhöhte Wohnkosten zunächst zu unterscheiden zwischen dem im Eigenheim Bleibenden und dem Ausziehenden.

281   Der weiterhin **im Eigenheim Lebende** hat durch die Anrechnung des gesamten Wohnwertes bei der Bedürftigkeit/Leistungsfähigkeit an sich bereits dadurch einen Mehrbedarf, da auf ihn während des Zusammenlebens nur der halbe Wohnwert traf. Das

---

[137] BGH, FamRZ 1986, 437 = R 288 a
[138] BGH, FamRZ 1984, 358 = R 197 a
[139] BGH, FamRZ 1995, 343 = R 489 c; FamRZ 1984, 358 = R 197 a
[140] BGH, FamRZ 1995, 343 = R 489 c; FamRZ 1987, 913, 916 = R 339 d; FamRZ 1987, 36, 39 = R 310 b; FamRZ 1984, 149, 151 = R 187 f; FamRZ 1982, 255, 257 = R 93 c
[141] BGH, FamRZ 1987, 36, 39 = R 310 d; FamRZ 1987, 913, 916 = R 339 d
[142] BGH, FamRZ 1986, 783, 786 = R 299 b
[143] BGH, FamRZ 1994, 1100 = R 482 b; FamRZ 1987, 257 = R 316

6. Abschnitt: Einkünfte aus Vermietung und Verpachtung §1

folgende Beispiel soll dies verdeutlichen, wobei aus Vereinfachungsgründen davon ausgegangen wird, daß M und F Rentner sind.

Beispiel:

M hat ein Nettoeinkommen von 3000 DM, F von 1000 DM, der Wohnwert beträgt 2000 DM (Marktmiete).
Solange M und F in der Ehewohnung leben, würde auf jeden die Hälfte des Wohnwertes fallen und sich der Unterhalt der F daher wie folgt berechnen:
Bedarf: $1/2$ (3000 + 1000 + 2000) = 3000
Höhe: 3000 ./. (1000 + 1000) = 1000
Durch einen Auszug von M und F ändert sich am festgestellten Bedarf nichts, da aber dem in der Wohnung Verbleibenden der Wohnwert jetzt voll angerechnet wird, ändert sich die Unterhaltshöhe.
M bleibt in der Wohnung:
Höhe: 3000 ./. 1000 = 2000
F bleibt in der Wohnung:
Höhe: 3000 ./. (1000 + 2000) = 0
Der Unterhalt verschiebt sich damit durch den Auszug jeweils in Höhe des halben Wohnwertes; im Ergebnis ist dieser Teil des Unterhalts (im Beispiel 1000 DM) bei gemeinsamem Eigentum eine Nutzungsentschädigung, die über den Unterhalt verrechnet wird, die aber für den im Eigenheim Verbleibenden zugleich einen entsprechenden Mehrbedarf ergibt.

Bei dem im Eigenheim Verbleibenden ist jedoch in der Trennungszeit aus Billigkeitsgründen nicht die Marktmiete, sondern nur ein angemessener Wohnwert anzusetzen. Dieser wird so berechnet, daß unter Berücksichtigung des toten Kapitals die Miete für eine entsprechend kleinere Wohnung herangezogen wird (vgl. Rn 218). **282**
Geht man vom obigen Beispiel aus und setzt den angemessenen Wohnwert mit 1300 DM an, ist die Unterhaltsberechnung daher zu korrigieren, da der eheprägende Wohnwert aus Billigkeitsgründen niedriger angesetzt wird.

F bleibt in der Wohnung:
Bedarf: $1/2$ (3000 + 1000 + 1300) = 2650 (statt 3000)
Höhe: 2650 ./. (1000 + 1300) = 350

M bleibt in der Wohnung:
Bedarf: wie oben
Höhe: 2650 ./. 1000 = 1650

Der trennungsbedingte Mehrbedarf des **in der Wohnung Verbleibenden** wird damit zum Teil bereits durch den aus Billigkeitsgründen reduzierten Wohnwert und die sich daraus ergebende Erhöhung des Unterhalts, wenn der Bedürftige im Eigenheim verbleibt, bzw. Senkung des Unterhalts, wenn der Pflichtige das Familienheim weiter bewohnt, ausgeglichen. Der darüber hinausgehende Betrag kann nicht zugesprochen werden, weil der Wohnwert aus Billigkeitsgründen so angesetzt wurde, daß der ausziehende Ehegatte in gleicher Höhe eine Wohnung anmieten kann. **283**
Sind **zusätzliche Mittel** vorhanden, z. B. nichtprägende Einkünfte des Bedürftigen, kann ein trennungsbedingter Mehrbedarf aus Billigkeitsgründen dagegen zugesprochen werden, wenn der Pflichtige aus den ihm zusätzlich verbleibenden Mitteln die beiderseitigen Mehrkosten tragen kann. Dies gilt insbesondere dann, wenn auf dem Eigenheim noch Schulden lasteten, da der dann entsprechend gekürzte Wohnwert unter den Kosten für die Anmietung einer kleineren Wohnung liegt. Zu vergleichen sind dann die um die Verbindlichkeiten gekürzte halbe Marktmiete mit dem angemessenen Wohnwert. Wird der Wohnwert nach der Scheidung mit der objektiven Marktmiete bemessen, ist zu beachten, daß ein trennungsbedingter Mehrbedarf nur zur Deckung von angemessenen Mehrkosten dient. Dem weiterhin im Eigenheim Lebenden ist daher eine Unter- oder Weitervermietung zuzumuten, so daß er sich nur in Höhe der Differenz des angemessenen Wohnwertes und der halben Marktmiete auf einen Mehrbedarf berufen kann.

Beim trennungsbedingten Mehrbedarf **des Ausziehenden** ist zu beachten, daß bei dem in der Wohnung verbleibenden Berechtigten/Verpflichteten auf der Bedürftigkeits/ **284**

§ 1   Die Ermittlung des relevanten Einkommens

Leistungsfähigkeitsstufe der gesamte Wohnwert angesetzt wurde, der Unterhalt sich also entsprechend erhöht bzw. ermäßigt hat (vgl. Beispiel oben). Es gelten daher die oben bereits dargestellten Grundsätze, wobei ein trennungsbedingter Mehrbedarf beim Bedürftigen nur zum Tragen kommt, wenn zusätzliche Mittel vorhanden sind (s. oben Rn 277). Der Pflichtige muß ihn zunächst aus zusätzlich vorhandenen Mitteln begleichen, sind diese nicht vorhanden, kann der trennungsbedingte Mehrbedarf u. U. im Mangelfall berücksichtigt werden (s. oben Rn 279).

285   Zusammenfassend ist damit zu sagen, daß ein **trennungsbedingter Mehrbedarf** wegen erhöhter Wohnkosten nur berücksichtigt werden kann, wenn zusätzliche Mittel, insbesondere nichtprägende Einkünfte des Bedürftigen vorhanden sind. Zur Feststellung des Mehrbedarfs sind dabei der angemessene Wohnwert, der den Kosten einer angemessenen Miete für den Ausziehenden entspricht, mit dem halben Wert der Marktmiete zu vergleichen. Wurde der Wohnwert durch Belastungen reduziert, ist die um die Schulden reduzierte halbe Marktmiete heranzuziehen.

Rechenbeispiele:
Fall 1:
M und F trennen sich. Sie bewohnten in der Ehe ein beiden gehörendes Eigenheim mit einem objektiven Wohnwert von 1500 DM. Der ausziehende Ehegatte hat neue angemessene Mietkosten von 1000 DM. M hat ein prägendes Erwerbseinkommen von 4000 DM, F ein Erwerbseinkommen von 1500 DM. F will Unterhalt mit trennungsbedingtem Mehrbedarf.
a) M bleibt in der Wohnung, das Einkommen von F ist prägend
b) M bleibt in der Wohnung, das Einkommen von F ist nichtprägend
c) M bleibt in der Wohnung, der Wohnwert kürzt sich noch um 800 DM Zins und Tilgung, sonst wie b)
d) M und F werden geschieden, M bleibt in der Wohnung, sonst wie b
e) F bleibt in der Wohnung, sonst wie b.

Lösung (nach Additionsmethode):
Wohnwert: Berechnung beim Trennungsunterhalt nach dem angemessenen Wohnwert, beim nachehelichen Unterhalt nach der Marktmiete.
Die Berechnung erfolgt nach der Additionsmethode und einem Erwerbstätigenbonus von $^1/_{10}$

a) M bleibt in Wohnung, das Einkommen von F ist prägend:
Es kann kein trennungsbedingter Mehrbedarf zugesprochen werden, da keine zusätzlichen Mittel vorhanden sind. Im übrigen wären die beiderseitigen Mehrkosten gleich hoch.

b) M bleibt in Wohnung, das Einkommen von F ist nichtprägend:
Ein trennungsbedingter Mehrbedarf kommt in Betracht, da durch das nichtprägende Einkommen von F ausreichend zusätzliche Mittel vorhanden sind, daß M die beiderseitigen Mehrkosten tragen kann.
Bedarf: $^1/_2$ x ($^9/_{10}$ x 4000 + 1000) = 2300
Trennungsbedingter Mehrbedarf F: 1000 − $^1/_2$ 1500 = 250
Voller Bedarf: 2300 + 250 = 2550
Höhe: 2550 − $^9/_{10}$ x 1500 = 1200
Leistungsfähigkeit M: gegeben, da ihm wegen Wohnwert 3800 verbleiben (4000 + 1000 − 1200) und sein eheangemessener Selbstbehalt 2700 beträgt (2300 = Bedarf + 400 = Bonus)

c) M bleibt in Wohnung, der Wohnwert kürzt sich um Abzahlungen:
Wohnwert wie Fall b): 1000; 1000 − 800 = 200
Unterhalt:
Bedarf: $^1/_2$ x ($^9/_{10}$ x 4000 + 200) = 1900
Trennungsbedingter Mehrbedarf F: 1000 − $^1/_2$ (1500 − 800) = 650
Voller Bedarf: 1900 + 650 = 2550
Höhe: 2550 − $^9/_{10}$ x 1500 = 1200
Leistungsfähigkeit M: gegeben, da ihm wegen Wohnwert 3800 verbleiben (4000 + 1000 − 1200) und sein eheangemessener Selbstbehalt 2300 beträgt (1900 = Bedarf + 400 = Bonus)

d) F bleibt in Wohnung, M und F werden geschieden:
Wohnwert: 1500
Unterhalt:
Bedarf: $^1/_2$ x ($^9/_{10}$ x 4000 + 1500) = 2550
Trennungsbedingter Mehrbedarf F: 1000 − $^1/_2$ 1500 = 250

6. Abschnitt: Einkünfte aus Vermietung und Verpachtung   § 1

Voller Bedarf: 2550 + 250 = 2800
Höhe: 2800 − $^9/_{10}$ x 1500 = 1450
Leistungsfähigkeit M: gegeben, da ihm wegen Wohnwert 4050 verbleiben (4000 + 1500 − 1450) und sein eheangemessener Selbstbehalt 2950 beträgt (2550 = Bedarf + 400 = Bonus)

e) F bleibt in Wohnung, sonst wie b):
Wohnwert: 1000
Unterhalt:
Bedarf: $^1/_2$ x ($^9/_{10}$ x 4000 + 1000) = 2300
Trennungsbedingter Mehrbedarf F: 1000 − $^1/_2$ 1500 = 250
Voller Bedarf: 2300 + 250 = 2550
Höhe: 2550 − ($^9/_{10}$ x 1500 + 1000) = 200
Leistungsfähigkeit M: gegeben, da ihm wie im Fall b) 3800 verbleiben (4000 − 200) und sein eheangemessener Selbstbehalt 2700 beträgt (2300 = Bedarf + 400 = Bonus)

7. Wohnvorteil und Unterhalt nach Veräußerung des Familienheims

a) Prägender Wohnwert, nichtprägender Erlös. Nach der Rechtsprechung des BGH 286 ist bei Veräußerung des Familienheims nach Trennung oder Scheidung der **Wohnvorteil**, der die ehelichen Lebensverhältnisse **geprägt hat**, festzustellen und als Bestandteil der ehelichen Lebensverhältnisse bei der Ermittlung des Bedarfs fiktiv mit in die Bemessungsgrundlage für den Unterhaltsanspruch einzubeziehen.[144] Auf diese Weise soll ein sozialer Abstieg des Bedürftigen durch die Veräußerung des Familienheims vermieden werden. Dabei kommt es nicht darauf an, ob der Verkauf während der Trennungszeit oder nach der Scheidung erfolgte, maßgebend ist allein, daß die Eheleute bei der Trennung im Eigenheim lebten. Wie bereits ausgeführt, richtet sich der Wohnwert bei Veräußerung des Familienheimes auch in der Trennungszeit nach der objektiven Marktmiete (vgl. Rn 219) und kürzt sich um die zu diesem Zeitpunkt noch bestehenden Hausschulden (Zins und Tilgung) (vgl. Rn 246, 253). Ein Schuldenabzug entfällt nur ausnahmsweise, wenn der Kredit bereits in unmittelbarem zeitlichen Zusammenhang mit der Scheidung auslaufen würde,[145] wobei nur auf die üblichen (eheprägenden) Rückzahlungen, nicht auf eine wegen der Trennung erfolgte (nichtprägende) vorzeitige Schuldenrückführung abzustellen ist.

Der **Veräußerungserlös** sowie Erträge aus diesem **prägen** dagegen die ehelichen Lebensverhältnisse **nicht**, weder beim Berechtigten noch beim Verpflichteten, wenn − wie in der Regel − das Haus ohne die Trennung oder Scheidung nicht veräußert worden wäre.[146] Dies gilt auch, wenn die Zinsen aus dem Verkaufserlös den Wohnwert übersteigen[147] oder mit dem Erlös neues Wohneigentum gebildet wird.[148] 287

Nichtprägende Zinsen aus einem im Weg des Zugewinnausgleichs oder der sonstigen Vermögensauseinandersetzung der Ehegatten erlangten Kapitalvermögen sind **beim Berechtigten** nach § 1577 I BGB bedürftigkeitsmindernd auf den Unterhaltsanspruch anzurechnen.[149]

Auch der **Verpflichtete** muß solche **nichtprägenden Zinserträge** im Rahmen seiner 288 **Leistungsfähigkeit** zur Bezahlung des vollen eheangemessenen Unterhalts verwenden. Laufende Erträge aus dem Veräußerungserlös sind hiervon nicht ausgeschlossen.[150]

Soweit die Ehegatten den **Verkaufserlös hälftig aufteilen**, wird in der Praxis vielfach 289 bei der Unterhaltsberechnung der zwar naheliegende, aber fehlerhafte Schluß gezogen, die Vermögensumschichtung als wertneutral anzusehen, weil sie das Einkommen beider Ehegatten in gleicher Höhe verändert hat. Dabei wird übersehen, daß es sich um nicht-

---

[144] BGH, FamRZ 1998, 87 = R 516 b; FamRZ 1994, 1100, 1102 = R 482 b; FamRZ 1990, 989 = R 418 a; FamRZ 1986, 437 = R 288 a; FamRZ 1985, 354, 356 = R 222 b
[145] BGH, FamRZ 1995, 869 = R 494
[146] BGH, FamRZ 1998, 87 = R 516 b; FamRZ 1990, 269, 272 = R 405 d; FamRZ 1986, 439 = R 290 a; FamRZ 1985, 354, 356 = R 222 b
[147] BGH, FamRZ 1985, 471
[148] BGH, FamRZ 1998, 87 = R 516 b; FamRZ 1992, 423, 425 = R 442 c, d
[149] BGH, FamRZ 1986, 437, 439
[150] BGH, FamRZ 1985, 354, 356 = R 222 b, d

prägende Einkünfte handelt, die der Berechtigte nach § 1577 I BGB voll bedarfsdeckend ansetzen muß, der Pflichtige dagegen nur, wenn seine prägenden Einkünfte zur Leistungsfähigkeit nicht ausreichen, z. B. wegen eines trennungsbedingten Mehrbedarfs. Zu vergleichen sind damit nicht die jeweiligen Zinseinkünfte der Parteien aus dem Erlös, sondern die Hälfte des eheprägenden Wohnwertes mit den neuen Zinseinkünften. Diese beiden Einkünfte sind jedoch in der Regel nicht wertneutral, vor allem dann nicht, wenn wie in der Praxis häufig durch Abzahlungen der eheprägende Wohnwert niedrig ist, unter Umständen sogar Null beträgt, durch die teilweise sehr gestiegenen Grundstückspreise dagegen ein hoher Veräußerungserlös vorliegt. Sie kompensieren sich nur, wenn der halbe eheprägende Wohnwert zufällig genausoviel wert ist wie die Zinsen aus dem Erlös oder ein aus dem Erlös geschaffener neuer Wohnwert.[151]

290   Wurden die Zinseinkünfte im Unterhaltsverfahren trotzdem nicht als Einkommen angesetzt, kann dieser Fehler wegen der Bindungswirkung an unverändert gebliebene Tatsachen mit einer späteren **Abänderungsklage** nicht korrigiert werden.[152] Das gleiche gilt, wenn über den Unterhalt ein gerichtlicher Vergleich geschlossen wurde. Die sich dann nach den Grundsätzen des Fehlens oder Wegfalls der Geschäftsgrundlage richtende Anpassung[153] entfällt mangels eingetretener Änderung.

291   **b) Verwendung des Erlöses.** Bei den **nichtprägenden Einkünften des Berechtigten** aus dem Erlös ist zu prüfen, wie er die Mittel verwendet hat.

292   • Soweit der Berechtigte das Geld **angelegt** hat, hat er die Obliegenheit, sein Vermögen so ertragreich wie möglich zu nutzen.[154] Niedrige Sparbuchzinsen reichen hierfür regelmäßig nicht aus. Im Einzelfall wird aber zuzubilligen sein, daß ein Teil des Geldes so angelegt wird, daß es schnell verfügbar bleibt, z. B. über Festgeld. Höhere Zinseinkünfte sind vor ihrer Anrechnung auf den Bedarf um die Zinsabschlagsteuer von derzeit 30 % (§§ 43, 43 a EStG), ggf. auch um eine darüber hinausgehende Einkommen- und Kirchensteuer, zu kürzen,[155] wobei der Freibetrag bei Einzelveranlagung bis zum Veranlagungszeitraum 1999 6000 DM und ab dem Veranlagungszeitraum 2000 3000 DM (bei gemeinsamer Veranlagung jeweils der doppelte Betrag) zuzüglich 100 DM pauschale Werbungskosten beträgt (§§ 9 a I Nr. 1 b, 20 IV EStG).

293   • Wurde das Geld ganz oder teilweise **verbraucht**, ohne Nutzungen zu ziehen, können fiktive Zinseinkünfte nur angesetzt werden, wenn der Bedürftige unwirtschaftlich handelte und dadurch eine mutwillige Herbeiführung der Bedürftigkeit nach § 1579 Nr. 3 BGB vorliegt.[156] Dies ist der Fall, wenn sich der Berechtigte unter grober Mißachtung dessen, was jedem einleuchten muß, oder in Verantwortungs- und Rücksichtslosigkeit gegen den Unterhaltspflichtigen über die erkannte Möglichkeit nachteiliger Folgen für seine Bedürftigkeit hinweggesetzt hat.[157] Letzteres entfällt, soweit der Berechtigte das Geld für Verfahrenskosten, notwendige neue Einrichtungsgegenstände oder Fahrzeuge oder für seine unzureichende Altersversorgung ausgegeben hat.[158] Betreut der Bedürftige gemeinschaftliche minderjährige Kinder, entfällt ein Ansatz fiktiver Zinsen bei Verbrauch des Verkaufserlöses von vornherein, wenn der Mindestbedarf nicht gesichert ist.[159]

294   • Wurde mit dem Erlös neues Wohneigentum gebildet, kürzt dieser **neue Wohnwert** den Bedarf des Berechtigten. Er richtet sich regelmäßig nach der **objektiven Marktmiete** (vgl. Rn 220 a). Abzugsposten sind, falls für den Erwerb Kredite aufgenommen wurden, nach BGH nur die Zinsen, nicht aber die Tilgung, da sie der Vermögensbildung dient.[160] Denn anders als in der Ehezeit, in der Schulden das Familienbudget

---

[151] BGH, FamRZ 1998, 87 = R 516 b
[152] BGH, FamRZ 1990, 269, 272 = R 405 d
[153] BGH, FamRZ 1992, 539 = R 444 a; FamRZ 1991, 542 = R 433; FamRZ 1983, 22 = R 137
[154] BGH, FamRZ 1992, 423, 425 = R 442 c; FamRZ 1990, 267, 270 = R 405 a
[155] OLG München, FamRZ 1994, 1459
[156] BGH, FamRZ 1997, 873, 875 = R 513 c; FamRZ 1990, 989, 991 = R 418 d
[157] BGH FamRZ 1990, 989, 991 = R 418 d
[158] BGH aaO
[159] BGH FamRZ 1997, 873, 875 = R 513 c
[160] FamRZ 1998, 87, 88 = R 516 b; FamRZ 1992, 423, 425 = R 442 c

6. Abschnitt: Einkünfte aus Vermietung und Verpachtung § 1

kürzten, dienen diese neuen Schulden allein der Vermögensbildung des Bedürftigen. Der Unterhalt dient aber nicht dazu, Vermögensbildung zu ermöglichen.[161] Ergibt der neue Wohnwert im Verhältnis zum eingesetzten Kapital keine ertragreiche Rendite, ist im Einzelfall zu prüfen, ob eine Verpflichtung zur **Vermögensumschichtung** besteht.[162] Dabei sind alle Umstände des Einzelfalls unter Berücksichtigung der Belange des Berechtigten und Pflichtigen gegeneinander abzuwägen. Es wird deshalb regelmäßig angemessen sein, durch Vermögensumschichtung für die Unterhaltsberechnung nur die objektive Marktmiete einer ohne Schulden angeschafften Immobilie bzw. Zinsen aus dem vorhanden gewesenen Kapital als Einkommen anzusetzen.[163] Zu vergleichen ist dabei der neue Wohnwert abzüglich Zins und Tilgung mit einem ohne Schuldenaufnahme gebildeten neuen Wohnwert, bzw. die Zinsen aus einer Kapitalanlage.[164]

Die **unterhaltsrechtliche Auswirkung** des Verkaufs des Familienheimes wegen Trennung der Eheleute läßt sich damit nach der Rechtsprechung des BGH nur zutreffend errechnen, wenn der Unterhalt nach der Additionsmethode in zwei Stufen ermittelt wird.[165] 295

(1) Bei der Feststellung des Bedarfs nach den ehelichen Lebensverhältnissen ist als prägendes Einkommen fiktiv der frühere Wohnwert des Familienheimes anzusetzen. Er richtet sich nach der objektiven Marktmiete und ist um die bei Trennung noch zu leistenden Abzahlungen (Zins und Tilgung) zu kürzen.

(2) Auf diesen Bedarf sind als neues, nichtprägendes Einkommen des Berechtigten seine aus dem Erlös gezogenen Nutzungen, d. h. in der Regel die Zinseinkünfte aus dem Kapital, anzurechnen. Soweit das Geld verbraucht wurde, dürfen fiktive Zinseinkünfte nur angesetzt werden, wenn eine mutwillige Herbeiführung der Bedürftigkeit i. S. des § 1579 Nr. 3 BGB vorliegt. Wurde neues Wohneigentum angeschafft, kürzen nach BGH nur die Zinsen, für neue Kredite den Wohnwert. Durch Vermögensumschichtung ist dann aber nur der Wohnwert einer ohne Kredite angeschafften Immobilie bzw. Zinsen aus dem vorhandenen Kapital als Einkommen anzusetzen, da die Rendite bei Ansatz des neuen, um die Zinsen und die Tilgung gekürzten Wohnwertes regelmäßig schlechter sein wird als bei Kauf einer Immobilie ohne Schulden, bzw. dem Zinserlös bei Anlage des Geldes.

Rechenbeispiele:

Fall:
M hat ein bereinigtes Nettoeinkommen von 7000 DM; Wohnwert 2000 DM (objektive Marktmiete) bei 400 DM Zins und 100 DM Tilgung. F ist Hausfrau. Nach Trennung Verkauf des Eigenheimes, jeder Ehegatte erhielt 340 000 DM. F verbraucht hiervon 40 000 DM für Scheidungskosten und notwendige Wohnungseinrichtung. F arbeitet seit der Scheidung und verdient netto 2000 DM. Welchen Unterhaltsanspruch hat F, wenn sie
a) aus dem restlichen Erlös von 300 000 DM monatliche Zinseinkünfte von 800 DM erzielt (ca. 4 % ./. Steuer)
b) sich aus dem restlichen Erlös von 300 000 DM eine Eigentumswohnung kauft, für die sie eine Hypothek von 100 000 DM aufnahm, die sie mit monatlich 700 DM (500 Zins und 200 Tilgung) abbezahlt). Der neue Wohnwert beträgt 1200 DM für eine Wohnung für 400 000 DM und fiktiv 800 DM für eine Wohnung für 300 000 DM

Lösung:
zu a):
Eheprägender (fiktiver) Wohnwert: 1500 (= 2000 − 400 − 100); das Einkommen von F aus Erwerbstätigkeit und Zinsen ist nichtprägend;
kein fiktives Einkommen F wegen Verbrauchs von 40 000 DM, da Voraussetzungen des § 1579 Nr. 3 BGB nicht vorliegen

---

[161] BGH aaO
[162] BGH, FamRZ 1998, 87, 89 = R 516 c; FamRZ 1992, 423 = R 442 c
[163] BGH, FamRZ 1998, 87, 89 = R 516 c; OLG Hamm, FamRZ 1995, 1418, 1421
[164] BGH aaO
[165] Gerhardt, FamRZ 1992, 1123

Berechnung nach DT mit $^1/_7$
Bedarf: $^1/_2$ x ($^6/_7$ 7000 + 1500) = 3750
Höhe: 3750 – ($^6/_7$ 2000 + 800) = 1235

Berechnung nach BayL mit $^1/_{10}$
Bedarf: $^1/_2$ ($^9/_{10}$ 7000 + 1500) = 3900
Höhe: 3900 – ($^9/_{10}$ 2000 + 800) = 1300

zu b):
Nichtprägender Wohnwert 700 DM (1200 – 500 Zinsen); aber Vermögensumschichtung durchzuführen, da durch einen Wohnwert ohne Schuldenaufnahme 800 DM zu erzielen sind, beim Wohnwert mit Kreditaufnahme dagegen die Rendite unter Berücksichtigung von Zins und Tilgung nur 500 DM (1200 – 500 – 200) beträgt. Als nichtprägendes Einkommen ist damit ein fiktiver Wohnwert von 800 DM anzusetzen.

Berechnung nach DT mit $^1/_7$
Bedarf: $^1/_2$ ($^6/_7$ 7000 + 1500) = 3750
Höhe: 3750 – ($^6/_7$ 2000 + 800) = 1235

Berechnung nach BayL mit $^1/_{10}$
Bedarf: $^1/_2$ ($^9/_{10}$ 7000 + 1500) = 3900
Höhe: 3900 – ($^9/_{10}$ 2000 + 800) = 1300

8. Unterhaltsrechtliche Auswirkungen des Wohnwertes beim Verwandtenunterhalt

296 a) **Kindesunterhalt.** Beim Kindesunterhalt ist zu unterscheiden, ob der barunterhaltspflichtige oder der das Kind betreuende Elternteil mietfrei wohnt.

297 • **Mietfreies Wohnen des Pflichtigen.** Für die Bedarfsbemessung und für die Leistungsfähigkeit des Verpflichteten zählt jedes Einkommen. Wohnt der Pflichtige mietfrei, ist daher vor der Einordnung in eine Einkommensgruppe nach der Düsseldorfer Tabelle ein Wohnvorteil einkommenserhöhend zuzurechnen, weil für die Einkommensgruppen der Tabelle das gesamte Einkommen des Unterhaltsschuldners heranzuziehen ist. Anders als beim Ehegattenunterhalt, der nach einer Quote der prägenden Einkünfte bemessen wird, spielt es beim Kindesunterhalt keine Rolle, ob der Wohnvorteil prägend war, weil das Kind ohne jede Einschränkung an der Entwicklung des Lebensstandards des barunterhaltspflichtigen Elternteils in ähnlicher Weise weiterhin teilnimmt wie während intakter Ehe.[166] Bewohnen neben dem Pflichtigen weitere Familienangehörige das Eigenheim, z. B. bei Wiederverheiratung der neue Ehegatte oder bei Kindern nichtverheirateter Eltern dessen Ehefrau, kann der Wohnwert nur anteilig angesetzt werden. Bei Erwachsenen ist der Wohnwert nach Köpfen zu verteilen,[167] Kinder sind geringer, z. B. mit $^1/_5$ des Tabellenbetrags des Unterhalts nach der Düsseldorfer Tabelle, anzusetzen.[168]

298 • **Mietfreies Wohnen des betreuenden Elternteils.** Beim **minderjährigen Kind** wird durch den Barunterhalt dessen gesamter Lebensbedarf abgedeckt mit Ausnahme des Betreuungsbedarfs, den der sorgeberechtigte Elternteil bis zur Volljährigkeit gleichwertig erbringt. Durch die Bedarfssätze der Düsseldorfer Tabelle wird daher auch ein Wohnbedarf des Kindes mit abgegolten, d. h. in dem geleisteten Barunterhalt ist ein Teil für den Wohnbedarf bestimmt.[169]

Wenn – wie in der Regel – das **Kind mietfrei** in Wohn- und Haushaltsgemeinschaft mit dem Sorgeberechtigten lebt, wird dadurch die Bedürftigkeit des Kindes **nicht gemindert**. Der Sorgeberechtigte darf eigenverantwortlich den Unterhalt für den Gesamtbedarf des Kindes verwenden. Außerdem will er nach der Lebenserfahrung

---

[166] BGH, FamRZ 1985/371, 373 = R 251c; FamRZ 1993/1304 = R 464; NJW-RR 1995/129 = R 482A
[167] OLG München, FamRZ 1999, 251
[168] Vgl. BayL 20 g
[169] BGH, FamRZ 1992, 425 = R 442a, e; FamRZ 1989, 1160, 1163 = R 395 d

6. Abschnitt: Einkünfte aus Vermietung und Verpachtung § 1

mit einer Wohnungsgewährung nicht den barunterhaltspflichtigen Elternteil entlasten. Das mietfreie Wohnen des betreuenden Elternteils führt damit **nicht zu einer Kürzung des Barunterhalts** des Kindes.[170] Eine Ausnahme kann nach Treu und Glauben angebracht sein, wenn zwar der betreuende Elternteil weiterhin mietfrei im Familienheim wohnt, der Barunterhaltspflichtige nach Absprache aber alle Hausschulden abzahlt,[171] ferner im Mangelfall.

Der für das Kind geleistete Barunterhalt **erhöht** aber beim Trennungsunterhalt 299 durch den darin enthaltenen Mietkostenzuschuß den Wohnwert des mietfrei wohnenden, das Kind **betreuenden Elternteils**.[172] Bei der Berechnung des Ehegattenunterhalts ist der Wohnwert daher in diesen Fällen angemessen zu erhöhen. Beim angemessenen Wohnwert, der in der Trennungszeit herangezogen wird (vgl. Rn 217), geschieht das am einfachsten, indem man bei der Abwägung, welche Wohnungsgröße unter Berücksichtigung des sog. toten Kapitals angemessen ist, das Kinderzimmer mitberücksichtigt und bewertet; also z. B. bei einer Wohnungsgröße von 4 Zimmern mit einer Marktmiete von 2000 DM als angemessenen Wohnwert nicht eine 2–2$^{1}/_{2}$ Zimmer große Wohnung mit einem Wohnwert von 1300 DM, sondern eine 3 Zimmer große Wohnung mit einem Wohnwert von 1500 DM ansetzt. Ist beim Ehegattenunterhalt dagegen die objektive Marktmiete heranzuziehen, entfällt eine Erhöhung, da der Wert des mietfreien Wohnens bereits voll ausgeschöpft ist.

- **Eigener Wohnvorteil des Kindes.** Ein Wohnvorteil mindert die Bedürftigkeit des Kindes nur, wenn die Wohnung dem Kind selbst gehört, wenn also z. B. das Kind durch Erbfolge oder Schenkung eine eigene Wohnung erhalten hat, die vom Sorgeberechtigten verwaltet und mitbenutzt wird. In einem solchen Fall ist der Barunterhalt des minderjährigen Kindes um den Wohnkostenanteil im Tabellenunterhalt von 20 % zu kürzen (s. oben), regelmäßig dagegen nicht um einen höheren Betrag, da eine Vermögensverwertung des Eigenheimes durch das Kind nach § 1602 II BGB nicht in Betracht kommt und dem Kind ein angemessener Betrag für die allgemeinen Lebenshaltungskosten verbleiben muß. 300

- **Wohnvorteil beim volljährigen Kind.** Bei volljährigen Kindern wird in der Regel 301 ebenfalls mit festen Bedarfssätzen oder den Sätzen der Düsseldorfer Tabelle der gesamte Lebensbedarf des Kindes, also auch ein Wohnbedarf, mitabgegolten. Deshalb mindert ein Wohnvorteil des Kindes (z. B. Wohnen in einer eigenen Eigentumswohnung) dessen Bedürftigkeit. Lebt ein noch in Ausbildung befindlicher Volljähriger mit eigenem Hausstand im Eigenheim, wird man seinen Bedarf von derzeit 1120 DM[173] um einen Wohnvorteil für die ersparte Kaltmiete von ca 400 DM kürzen.

  Lebt das Kind in der Wohnung eines leistungsfähigen Elternteils, kürzt dieses Wohnen dagegen seinen Bedarf nicht. Nach Berechnung des Haftungsanteils nach § 1606 III BGB kann der die Unterkunft gewährende Elternteil jedoch diese Naturalleistung auf den anteiligen Unterhaltsanspruch verrechnen.

  Lebt das Kind in Haushalts- und Wohngemeinschaft mit einem nicht leistungsfähigen Elternteil, so mindert dieser Vorteil den Barunterhaltsanspruch gegen den anderen Elternteil ebenfalls nicht, weil der nicht barunterhaltspflichtige Elternteil in der Regel mit seiner freiwilligen unentgeltlichen Zuwendung nicht den barunterhaltspflichtigen Elternteil von dessen Unterhaltsverpflichtung entlasten will. Im Einzelfall kann es gerechtfertigt sein, in solchen Fällen im Hinblick auf Ersparnisse durch das Zusammenleben in Haushalts- und Wohngemeinschaft von einem geminderten Gesamtbedarf des Kindes auszugehen.

- **Wohnwertberechnung beim Kindesunterhalt.** Vom BGH noch nicht entschieden 302 wurde die Frage, ob als Wohnwert beim barunterhaltspflichtigen Elternteil stets die objektive Marktmiete oder nur ein angemessener Wohnwert anzusetzen ist. Die Gründe, die beim Trennungsunterhalt aus Billigkeitsgründen zur Begrenzung auf den sog.

---

[170] BGH aaO
[171] OLG Düsseldorf, FamRZ 1994, 1049, 1053
[172] BGH aaO
[173] DT I 7, Stand 1. 7. 1999

angemessenen Wohnwert führten, weil eine sofortige Unter- oder Weitervermietung nicht zumutbar ist, treffen an sich auch auf den Kindesunterhalt ehelicher Kinder zu. Der **Wohnwert** wird sich dann zumindest bei beengten finanziellen Verhältnissen während der **Trennung nach** dem **angemessenen** Wert richten. **Ab Scheidung**, bei Kauf eines neuen Eigenheimes, bei sehr guten Einkommensverhältnissen und bei Kindern nichtverheirateter Eltern wird dagegen regelmäßig die **objektive Marktmiete** anzusetzen sein.[174] Der Wohnwert ist wie beim Ehegattenunterhalt um auf den Mieter nicht umlegbare verbrauchsunabhängige Nebenkosten und Instandhaltungskosten zu kürzen (vgl. Rn 235, 237). Auch die Frage, inwieweit Hausschulden zu berücksichtigen sind, richtet sich regelmäßig nach den bereits beim Ehegattenunterhalt geschilderten Grundsätzen. Beim minderjährigen Kind muß aber zumindest der Regelunterhalt gesichert sein. Der Kredit muß deshalb im angemessenen Rahmen zum Wohnwert stehen.[175] In Ausnahmefällen kann bei zu hoher Belastung des Eigenheims oder bei Kenntnis der Unterhaltsschuld bei einem erst nach der Trennung der Eltern neugeschaffenen Wohnungseigentum eine Vermögensumschichtung in Betracht kommen, wenn dies bei Abwägung der beiderseitigen Belange aus der Sicht des Unterhaltsberechtigten notwendig und für den Pflichtigen zumutbar erscheint.[176] Kommt eine Vermögensumschichtung nicht in Betracht, kann es im Einzelfall angebracht sein, die Tilgungsrate für den Hauskredit als Vermögensbildung außer Ansatz zu lassen.[177]

Rechenbeispiel:
Fall:
M und F wohnen im 4 Zimmer großen Eigenheim und trennen sich. M hat ein prägendes bereinigtes Nettoeinkommen von 3800 DM, F hat kein Einkommen. Sie betreut die gemeinsamen Kinder K 1 (3) und K 2 (7) und erhält das Kindergeld von 500 DM. Die Marktmiete für das Eigenheim beträgt 1500 DM, der angemessene Wohnwert für eine kleinere 2-Zimmer-Wohnung für eine Person 1000 DM, für eine kleinere 3-Zimmer-Wohnung für eine Person mit 2 Kindern 1200 DM. F begehrt Kindes- und Trennungsunterhalt.
a) M wohnt mietfrei in der Ehewohnung
b) F wohnt mietfrei in der Ehewohnung

Lösung:
a) M wohnt mietfrei:
Anzusetzen ist nach der Trennung der angemessene Wohnwert, da M allein im Familienheim lebt, von 1000 DM.
Kindesunterhalt:
Einkommen M: 3800 + 1000 = 4800
K 1: DT Gr 8 St 1 = 533 (= 150 % des Regelbetrags); 533 − 125 ($^1/_2$ Kindergeld) = 408
K 2: DT Gr 8 St 2 = 647 (= 150 % des Regelbetrags); 647 − 125 ($^1/_2$ Kindergeld) = 522
Trennungsunterhalt:
Bereinigtes Nettoerwerbseinkommen M: 3800 − 533 − 647 = 2620
Nach DT mit $^1/_7$:
$^1/_2$ ($^6/_7$ × 2620 + 1000) = 1623
Nach BayL mit $^1/_{10}$:
$^1/_2$ ($^9/_{10}$ × 2620 + 1000) = 1679
Leistungsfähigkeit M ist jeweils gegeben, da mietfrei wohnt.
b) F wohnt mietfrei:
1. Kindesunterhalt:
K 1: DT Gr 5 St 1 = 455 (= 128 % des Regelbetrags); keine Reduzierung wegen mietfreien Wohnens; 455 − 125 = 330
K 2: DT Gr 5 St 2 = 552 (= 128 % des Regelbetrags); 552 − 125 = 427

2. Trennungsunterhalt:
Anzusetzen ist nach der Trennung der angemessene Wohnwert mit Kind, da F mit den Kindern im Familienheim lebt, von 1200 DM.
Bereinigtes Nettoeinkommen M: 3800 − 455 − 522 = 2793

---

[174] Gerhardt, FamRZ 1993, 1139
[175] BGH, FamRZ 1984, 358 = R 197 b; NJW-RR 1995, 129 = R 482A
[176] BGH, NJW-RR 1995, 129 = R 482A
[177] BGH aaO

7. Abschnitt: Einkünfte aus Vermögen § 1

Nach DT mit $^1/_7$:
Bedarf: $^1/_2$ ($^6/_7$ x 2793 + 1200) = 1797
Höhe: 1797 – 1200 = 597

Nach BayL mit $^1/_{10}$:
Bedarf: $^1/_2$ ($^9/_{10}$ x 2793 + 1200) = 1857
Höhe: 1857 – 1200 = 657

b) Sonstiger Verwandtenunterhalt. Der Wohnwert wird hier regelmäßig mit der objektiven Marktmiete anzusetzen sein. Nur in Ausnahmefällen wird man lediglich einen angemessenen Wert ansetzen können, wenn aus Billigkeitsgründen Härtefälle zu vermeiden sind, z. B. eine bei Ansatz der objektiven Marktmiete notwendige Veräußerung des Eigenheims. Bewohnen mehrere Familienangehörige das Eigenheim, wird man den Wohnwert nach Köpfen verteilen (vgl. näher Rn 297). Ansonsten gelten die bereits beim Kindesunterhalt dargelegten Grundsätze (vgl. Rn 297 ff), d. h. der Wohnwert erhöht das Einkommen des Pflichtigen, bzw. reduziert den Bedarf des Berechtigten. Abzahlungen werden regelmäßig auch bezüglich der Tilgung wohnwertmindernd zu berücksichtigen sein, soweit ein Restwohnwert verbleibt. 302 a

7. Abschnitt: Einkünfte aus Vermögen, Verwertung des Vermögensstammes und fiktive Einkünfte bei unterlassener zumutbarer Vermögensnutzung bzw. unterlassener Verwertung des Vermögensstammes

I. Einkünfte aus Vermögen

1. Vermögenserträge

Zu den Vermögenserträgen zählen vor allem: 303
– Zinsen aus Kapitalvermögen (Rn 309).
– Einkünfte aus Kapitalbeteiligungen an Handelsgesellschaften (z. B. Kommanditbeteiligung) oder an einer GmbH oder Aktiengesellschaft (Rn 309).
– Einkünfte aus Vermietung und Verpachtung (Rn 193 f).
– Einkünfte aus Gebrauchsvorteilen, insbesondere Wohnvorteilen (Rn 211).
– Einkünfte einer mittels Veräußerung von Vermögen erlangten Leibrente (Rn 338).
– Erbansprüche und Pflichtteilsforderungen (Rn 334).
– Einkünfte aus sonstigem Vermögen jeder Art. Ein anzurechnender Vermögensertrag ist auch eine monatliche Haftungsentschädigung, die für die Bereitstellung eines Grundstücks als Sicherheitsleistung bezahlt wird,[1] oder Erträge aus der Anlage von Schmerzensgeld.[2]

2. Anrechnung von Vermögenseinkünften

Vermögenseinkünfte erhöhen als Erträge des Vermögens das unterhaltsrechtlich relevante Einkommen des jeweiligen Vermögensinhabers, also sowohl das des Berechtigten als auch das des Verpflichteten. Auf die Herkunft des ertragbringenden Vermögens kommt es nicht an.[3] Das Vermögen und die Zinserträge aus diesem Vermögen können aus einer Erbschaft, aus erarbeitetem Vermögen, einem Zugewinnausgleich, aus einer Grund- 304

---

[1] BGH, FamRZ 1987, 36, 38
[2] BGH, NJW-RR 1988, 1093, 1095
[3] BGH, FamRZ 1985, 471 = R 252 d; FamRZ 1985, 582 = R 246 b; FamRZ 1985, 357, 359 = R 243 d

stücksveräußerung oder -versteigerung oder auch aus einem Kapital stammen, das mit Mitteln des Unterhalts angespart worden ist.[4] Bei Vermögenserträgen darf kein Abzug für einen inflationsbedingten Wertverlust des Vermögensstammes gemacht werden.[5]

305 Beim **Kindesunterhalt**, auch bei Ansprüchen von Minderjährigen, sind sowohl beim Berechtigten als auch beim Verpflichteten ohne Einschränkung alle Vermögenserträge bedeutsam für die Bedarfsbemessung, die Bedürftigkeit und die Leistungsfähigkeit.

306 Beim **Ehegattenunterhalt** dürfen bei der Bedarfsbemessung nur solche Vermögenserträge berücksichtigt werden, die bereits während des Zusammenlebens der Eheleute die ehelichen Lebensverhältnisse nachhaltig geprägt haben, d. h. bereits während des Zusammenlebens der Eheleute zum Verbrauch zur Verfügung gestanden haben.[6] Näher s. Rn 20 f. Dazu zählen auch Erträge aus einem während des Zusammenlebens durch Erbfall erworbenen Vermögen eines der Ehegatten.[7] Prägende Erträge des Berechtigten sind in die Differenzrechnung (vgl. Rn 21) einzustellen. Nichtprägende Erträge und Nutzungen des Berechtigten mindern dessen Bedürftigkeit und sind mittels der Anrechnungsmethode (vgl. Rn 23) auf den Unterhaltsanspruch zu verrechnen. Zu beachten ist, daß bei Vermögenserträgen der sog. „Ehegattenbonus" als Erwerbsanreiz entfällt und daß die Ehegattenquote insoweit in der Regel 50 % beträgt (Rn 4/384). Im Rahmen der Leistungsfähigkeit des Verpflichteten sind sowohl prägende wie nichtprägende Erträge und Nutzungen des Verpflichteten zu berücksichtigen. Auch nichtprägende Erträge und Nutzungen erhöhen die Leistungsfähigkeit des Verpflichteten, was bei trennungsbedingtem Mehrbedarf (Rn 4/418 f) bis zur Höhe des vollen ehebangemessenen Unterhalts bedeutsam werden kann.

3. Ermittlung der Vermögenserträge

307 Die Ermittlung der Vermögenserträge erfolgt als **Überschußrechnung** durch Abzug der Werbungskosten von den Bruttoeinnahmen; § 2 II Nr. 2 EStG. Bei solchen Einkünften (z. B. aus Kommanditbeteiligung) gibt es – wie bei Freiberuflern – oft erhebliche Einkommensschwankungen. Deshalb ist unterhaltsrechtlich auch hier in der Regel der Durchschnittswert aus einem **längeren Zeitraum** zugrunde zu legen (Rn 115 f). Wer Kapitaleinkünfte bezieht, die vom Gewinn einer Kapitalgesellschaft abhängen (z. B. der Gesellschafter und Geschäftsführer einer GmbH), ist verpflichtet, auf Verlangen die Bilanzen nebst Gewinn- und Verlustrechnung sowie sonstige Belege, aus denen der Unternehmensgewinn ermittelt werden kann, vorzulegen (Rn 581).

Zumeist sind die Einkünfte aus Kapital Zinseinkünfte. Es kann insoweit die Vorlage der entsprechenden Bankbelege, Sparbücher, Darlehensverträge und sonstiger Verträge verlangt werden. Über den Vermögensstamm kann nach § 1605 I 3, § 1361 IV, § 1580, § 260 I BGB Auskunft und Vorlage eines Bestandsverzeichnisses verlangt werden, dessen Richtigkeit ebenfalls nach § 260 II BGB auf Verlangen an Eides Statt zu versichern ist, wenn der begründete Verdacht einer Sorgfaltspflichtverletzung besteht. Mehr zur Auskunft und Abgabe der eidesstattlichen Versicherung siehe Rn 561 f, 592).

4. Einkünfte aus Kapitalvermögen

308 Zu den Einnahmen aus Kapitalvermögen zählen u. a. Sparzinsen, Bausparzinsen, Darlehenszinsen, Hypothekenzinsen, Zinsen aus Anleihen, Einlagen und Konten bei Kreditinstituten, Diskonterträge bei Wechselgeschäften, Ausschüttungen von Investmentgesellschaften, Stückzinsen, Gewinnanteile aus Beteiligung an Kapitalgesellschaften, Dividenden, Einkünfte aus stiller Gesellschaft und aus sonstigen Wertpapieren. Nach neuester Rechtsprechung[7a] können auch **Wertzuwächse von Papieren ohne Ausschüttung** darun-

---

[4] BGH, FamRZ 1986, 441 = R 289 b; ferner R 252 d, 246 b, 243 d
[5] BGH, FamRZ 1986, 441 = R 289 b
[6] BGH, FamRZ 1988, 1145 = R 372 a
[7] BGH, FamRZ 1988, 1145, 1147 = R 372 a
[7a] Vgl. BVerwG, FamRZ 1999, 1653

7. Abschnitt: Einkünfte aus Vermögen § 1

terfallen. Auf die Herkunft des Kapitals kommt es nicht an. Es kann insbesondere auf einer Erbschaft beruhen[8] oder auf Zahlungen aus dem Zugewinnausgleich.[9] Bei Gewinnanteilen an Kapitalgesellschaften gehören auch die anzurechnenden Körperschaftsteuern zu den Einkünften; § 20 I Nr. 1 und 3 EStG. Bei einem **Mehrheitsgesellschafter** ist unterhaltsrechtlich zu prüfen, ob der Gewinn korrekt ermittelt wurde. Bei einem Minderheitsgesellschafter sind keine Korrekturen vorzunehmen.[10] Bei der Kapitalbeteiligung an einer Handelsgesellschaft ist auch der Umfang des zustehenden Entnahmerechts zu berücksichtigen.[11]

- **Abziehbare Werbungskosten** sind: Depotgebühren, Bankspesen für Verwaltung, Schließfachmiete, Kosten für Teilnahme an Hauptversammlung, einschlägige Versicherungsbeiträge, Kosten für einen notwendigen Vermögensverwalter sowie anteilige Steuern (Kapitalertragsteuer und persönliche Steuern).
- **Nicht abziehbar** sind Aufwendungen für das Kapital oder das sonstige Vermögen selbst sowie der Verlust des Kapitals oder des Vermögens; ferner Aufwendungen zur Wertverbesserung. Auch ein Ausgleich für zukünftige Kaufkraftverluste kann nicht abgezogen werden.[12]

5. Einkünfte aus Grundstücken

Grundstücke können vermietet oder verpachtet werden. Die hierauf beruhenden Einkünfte werden in Rn 193 f behandelt. Bewohnt der Eigentümer sein Haus oder seine Eigentumswohnung selbst, kann ihm ein geldwerter Wohnvorteil zugerechnet werden. Dazu s. Rn 211 f. Diese Regeln gelten für den Berechtigten und für den Verpflichteten. Werden Grundstücke weder vermietet oder verpachtet, noch vom Eigentümer genutzt oder verkauft, können fiktive Einkünfte angesetzt werden. Ist der Eigentümer verpflichtet, auch den Stamm seines Vermögens einzusetzen (Rn 310 f), muß die Immobilie verkauft werden. Der Erlös ist bei der Unterhaltsberechnung wie das Kapital einer ausbezahlten Lebensversicherung einzusetzen (s. Rn 321a). Muß der Stamm nicht verwertet werden, kommt es auf den bei einer Vermietung oder Verpachtung zu erzielenden Erlös an. 309

II. Zur Verwertung des Vermögensstammes

1. Obliegenheit zur Verwertung des Vermögensstammes aufgrund einer Billigkeitsabwägung

In Ermangelung sonstiger Mittel müssen unterhaltsbedürftige Ehegatten und volljährige Kinder ebenso wie der Unterhaltsverpflichtete bei beschränkter Leistungsfähigkeit den Vermögensstamm verwerten, soweit die Verwertung nicht unwirtschaftlich oder unter Berücksichtigung der beiderseitigen wirtschaftlichen Verhältnisse nicht unbillig ist; §§ 1577 I, III, 1602 I, 1581 S. 2, 1603 II 2 BGB. Die danach gebotene Billigkeitsabwägung ist Sache des Tatrichters. Sie erfordert eine umfassende Beurteilung der Umstände des Einzelfalls. Diese Beurteilung kann vom Revisionsgericht nur darauf überprüft werden, ob sie von zutreffenden rechtlichen Vorstellungen ausgeht und die wesentlichen Gesichtspunkte berücksichtigt.[13] Die Obliegenheit zur Vermögensverwertung findet grundsätzlich dort ihre Grenze, wo dem Verpflichteten nicht mehr die Mittel zur Bestreitung des eigenen unentbehrlichen Lebensbedarfs (Selbstbehalt) verbleiben würden. Dies gilt auch, wenn der Unterhalt nur aus dem Stamm des Vermögens aufgebracht werden kann.[14] 310

---

[8] OLG Hamm, FamRZ 1998, 620
[9] BGH, FamRZ 1985, 357 = R 243 e
[10] Im einzelnen s. hierzu Fischer-Winkelmann, FamRZ 1996, 1391
[11] BGH, VersR 1968/770
[12] BGH, FamRZ 1986, 441 = R 289 b
[13] BGH, FamRZ 1987, 912 = NJW-RR 1987, 962; FamRZ 1986, 560 = R 292 a
[14] BGH, FamRZ 1989, 170, 172 = R 379 a

Zum Stamm des Vermögens gehören auch die stillen Reserven eines Unternehmers. Dazu s. Rn 177.

Je größer das Vermögen ist, um so größer ist die Obliegenheit zur Verwertung. Kleinere Vermögen können geschont werden, damit eine Reserve für Notfälle erhalten bleibt. Der Auffassung, daß eine Verwertung schon dann nicht in Betracht kommt, wenn der Erlös nicht für einen lebenslangen Unterhalt ausreicht,[15] kann nicht gefolgt werden, weil es auch wirtschaftlich sein kann, wenn nur ein Teil des Bedarfs langfristig durch die Verwertung von Vermögen abgedeckt wird. Besteht eine Pflicht zur Verwertung des Vermögensstammes, so hat ein Affektionsinteresse an bestimmten Gegenständen um so weniger Gewicht, je höher der Wert ist.[16]

2. Verwertung des Vermögensstammes des Berechtigten beim nachehelichen Unterhalt; § 1577 III BGB

311 Zu verwerten ist grundsätzlich Vermögen jeder Art. Auch Vermögen, das aus der Veräußerung eines früher gemeinsam benutzten Anwesens herrührt, soll, wie alle Vermögenswerte eines Unterhaltsberechtigten, dazu dienen, ergänzend dessen Unterhaltsbedarf auf Lebenszeit zu sichern.[17] Zu verwerten ist u. a. auch ein
– Versteigerungserlös,[18]
– Vermögen aus Zugewinnausgleich,[19]
– Kapital aus einer ausbezahlten Lebensversicherung (s. Rn 324 a und Rn 4/350 a)
– Miteigentumsanteil am Haus,[20]
– Erbanteil an einem Baugrundstück[21] sowie
– Sparguthaben.[22]

312 Bei der Billigkeitsabwägung nach § 1577 III BGB sind vor allem folgende Umstände zu berücksichtigen:
- Voraussichtliche Dauer der Unterhaltsbedürftigkeit des Berechtigten und dauerhafte Ertragsmöglichkeit des zur Verfügung stehenden Vermögens.[23]
- Belange naher Angehöriger wie Eltern und Kinder.[24]
- Der Umstand, daß ein Vermögenswert aus dem Verkauf eines gemeinsamen Hauses stammt und daß auch der Verpflichtete einen entsprechenden Erlösanteil zur freien Verfügung erhalten hat.[25]
- In welcher Höhe der Berechtigte sonstiges Vermögen besitzt.[26]
- Das Ausmaß der Belastung des Verpflichteten durch eine Unterhaltsgewährung aus seinem Einkommen sowie Verlust eines Wohnvorteils.[27]

313 Besteht der Vermögensstamm aus einem Barvermögen (Sparguthaben), so ist dessen Verwertung nicht unwirtschaftlich.[28] Erzielt der Berechtigte keine laufenden Erwerbseinkünfte, so ist ihm zumindest eine „Reserve" als **Notgroschen** für Fälle plötzlich auftretenden Sonderbedarfs zu belassen.[29] Bei solchen Rücklagen darf in der Regel nur die Rendite für kurzfristig verfügbare Sparguthaben in Ansatz gebracht werden.[30]

---

[15] OLG Hamm, FamRZ 1997, 1537
[16] BGH, FamRZ 1998, 367, 369 = R 517 c
[17] BGH, FamRZ 1985, 354, 356 = R 222 c
[18] BGH, FamRZ 1985, 582 = NJW 1985, 1343
[19] BGH, FamRZ 1985, 357, 359 = R 243 e
[20] BGH, FamRZ 1984, 662 = NJW 1984, 2358
[21] BGH, FamRZ 1980, 43 = NJW 1980, 340
[22] BGH, FamRZ 1985, 582 = NJW 1985, 1343; FamRZ 1985, 360 = R 244 a
[23] BGH, FamRZ 1985, 354, 356 = R 222 c
[24] BGH, FamRZ 1980, 126, 128 = R 34 b
[25] BGH, FamRZ 1985, 354, 356 = R 222 c; FamRZ 1985, 357, 359 = R 243 e
[26] BGH, FamRZ 1985, 360 = R 244 a
[27] BGH, FamRZ 1985, 360 = R 244 a
[28] BGH, FamRZ 1985, 360 = R 244 a
[29] BGH, FamRZ 1986, 439 = R 290 b; FamRZ 1985, 354, 356 = R 222 c; FamRZ 1985, 360 = R 244 a
[30] BGH, FamRZ 1986, 439 = R 290 b

7. Abschnitt: Einkünfte aus Vermögen § 1

Der Miteigentumsanteil an einem Einfamilienhaus macht eine solche Rücklage nicht entbehrlich, weil er erfahrungsgemäß nur unter Schwierigkeiten, daher nicht kurzfristig und häufig nur unwirtschaftlich zu verwerten ist.[31] Hat der Verpflichtete seinerseits kein Vermögen, das er zur Deckung plötzlich auftretenden Sonderbedarfs verwenden könnte, wäre es unbillig, dem Berechtigten zu gestatten, einen Teil seines Vermögens auf Kosten des Verpflichteten als „Notgroschen" unangegriffen zu lassen; s. auch Rn 4/557 f.[32]

3. Verwertung des Vermögensstammes des Berechtigten beim Trennungsunterhalt

Beim **Trennungsunterhalt** fehlt eine den §§ 1577 III, 1581 BGB entsprechende Bestimmung. Eine Verwertungspflicht ergibt sich nach BGH[33] jedoch aus § 1361 BGB, wenn der Unterhalt des Berechtigten aus dem Stamm seines Vermögens bestritten werden kann. Diese Verpflichtung geht allerdings beim Trennungsunterhalt weniger weit als beim Scheidungsunterhalt, bei dem jeder der beiden Scheidungspartner im Grundsatz wirtschaftlich auf eigenen Füßen stehen soll, während beim Trennungsunterhalt die wirtschaftliche Grundlage der ehelichen Gemeinschaft nicht beeinträchtigt und offengehalten werden soll, daß die Ehegatten nach Möglichkeit zur ehelichen Gemeinschaft wieder zurückfinden. Außerdem haben die Eheleute während der Trennungszeit noch eine stärkere Verantwortung füreinander als nach der Scheidung, was auch gegen eine Verwertung des Vermögens des Berechtigten sprechen kann.[34] 314

Eine Verpflichtung, den Vermögensstamm zu verwerten, besteht vor allem dann, wenn die Eheleute dies schon **während der bestehenden Ehe** zur Unterhaltsdeckung getan haben. Sie kann aber auch bestehen, wenn die Ehegatten nach ihrem gemeinsamen Lebensplan während intakter Ehe den Vermögensstamm nicht oder nur in besonderen Fällen angegriffen haben. Mit der Aufgabe der häuslichen Gemeinschaft tritt nämlich eine wesentliche Änderung der Verhältnisse ein. Nunmehr sind nicht mehr beide Ehegatten einander gemäß § 1360 BGB verpflichtet, die Familie angemessen zu unterhalten. Es handelt sich beim Anspruch auf Trennungsunterhalt nach § 1361 BGB vielmehr um einen Anspruch des einen Ehegatten gegen den anderen, wobei vielfach ein trennungsbedürftiger Mehrbedarf zusätzlich zu berücksichtigen ist. Deshalb kann ein entsprechender früherer gemeinsamer Lebensplan bezüglich der Nichtverwertung des Vermögensstammes nur als ein Umstand unter mehreren anderen bei der Billigkeitsabwägung bedeutsam werden. 315

Als weitere zu berücksichtigende Umstände kommen neben der Höhe des dem Unterhaltsberechtigten zur Verfügung stehenden Vermögens besonders die **Einkommens- und Vermögensverhältnisse des Verpflichteten** in Betracht. Auch die Dauer des Getrenntlebens kann bedeutsam sein, weil bei kurzer Trennung noch eher eine Aussicht auf eine Wiederaufnahme der ehelichen Lebensgemeinschaft besteht. Je länger die Trennung währt, desto eher kann eine Verpflichtung zur Verwertung des Vermögensstammes bejaht werden.[35] Von Bedeutung kann aber auch sein, daß die Ehegatten nur wenige Monate zusammengelebt haben und daß dem Berechtigten neben Grundvermögen auch ein größeres Wertpapierdepot zusteht.[36] 316

4. Vermögensverwertung beim Verpflichteten im Rahmen von Ehegattenunterhalt

Beim **nachehelichen Unterhalt** muß der Verpflichtete nach § 1581 S. 2 BGB bei beschränkter Leistungsfähigkeit den Stamm seines Vermögens verwerten, wenn die Ver- 317

---

[31] BGH, FamRZ 1985, 360 = R 244 a
[32] BGH, FamRZ 1984, 364, 367 = R 192 d
[33] BGH, FamRZ 1985, 360 = R 244 a
[34] BGH, FamRZ 1986, 556 = R 284
[35] BGH, FamRZ 1985, 360 = R 244 a
[36] OLG Hamm, FamRZ 1993, 1085, 1087

wertung nicht unwirtschaftlich oder unter Berücksichtigung der beiderseitigen wirtschaftlichen Verhältnisse nicht unbillig ist. Zu dieser Billigkeitsabwägung siehe Rn 312.

318 Beim **Trennungsunterhalt** sind die Grundsätze zu § 1581 S. 2 BGB (Rn 317) im Rahmen des § 1361 BGB mit heranzuziehen unter Berücksichtigung der Besonderheiten, die das Verhältnis der Ehegatten zueinander während des Getrenntlebens zu denjenigen nach der Scheidung kennzeichnen.[37] Die in §§ 1577 III, 1581 S. 2 BGB festgelegten Billigkeits- und Wirtschaftlichkeitsmaßstäbe setzen eine äußerste Grenze, bis zu der vom Berechtigten oder vom Verpflichteten eine Vermögensverwertung verlangt werden kann. Wichtig sind in diesem Zusammenhang vor allem die noch bestehende stärkere Verantwortung der Eheleute füreinander, das höhere Maß an Rücksichtnahme auf die beiderseitigen Interessen und der Umstand, daß Eheleute bei der Regelung ihrer unterhaltsrechtlichen Beziehungen im Interesse der Aufrechterhaltung ihrer Ehe möglichst nicht zu Änderungen ihrer Lebensverhältnisse gedrängt werden sollen, die sich zerrüttungsfördernd auswirken könnten. Deshalb ist dem Verpflichteten eine Vermögensverwertung, die ihm die Grundlage seiner beruflichen Existenz entziehen und die gemeinsame Lebensplanung und -grundlage im Fall einer Fortsetzung der ehelichen Lebensgemeinschaft gefährden würde, grundsätzlich nicht zuzumuten. Er braucht insbesondere einen landwirtschaftlichen Betrieb während der Trennungszeit nicht zu veräußern, wohl aber kann ihm eine Teilverwertung durch Veräußerung oder Belastung einzelner Grundstücke zugemutet werden.[38]

5. Vermögensverwertung beim Kindesunterhalt

319 **Vermögen des Verpflichteten.** Im Verhältnis zu Kindern hat der Verpflichtete im Rahmen des § 1603 I BGB grundsätzlich auch den Stamm seines Vermögens zur Bestreitung des Unterhalts einzusetzen, solange sein eigener angemessener Unterhalt nicht gefährdet wird. Daraus folgt, daß eine Verwertung des Vermögensstammes nicht verlangt werden kann, wenn sie den Verpflichteten von fortlaufenden Einkünften abschneiden würde, die dieser zur Erfüllung weiterer Unterhaltsansprüche oder anderer berücksichtigungswürdiger Verbindlichkeiten oder zur Bestreitung seines eigenen Unterhalts benötigt. Außerdem muß der Verpflichtete den Vermögensstamm nicht verwerten, wenn dies für ihn mit einem wirtschaftlich nicht mehr vertretbaren Nachteil verbunden ist.[39] Da das Gesetz eine allgemeine Billigkeitsgrenze nicht vorsieht, sind umfassende Zumutbarkeitsabwägungen erforderlich, in deren Rahmen auch Zuwendungen an nachrangig berechtigte Angehörige berücksichtigt werden können.[40] Danach ist dem Verpflichteten die Verwertung eines Ferienhauses nur zumutbar, wenn dieses weder als Einkunftsquelle noch zur Befriedigung des Wohnbedarfs der Familie benötigt wird.[41]

320 Bei **minderjährigen Kindern** hat der verpflichtete Elternteil nach § 1603 II 1 BGB alle verfügbaren Mittel, d. h. auch den Vermögensstamm, zu seinem und der Kinder Unterhalt gleichmäßig zu verwenden. Im Rahmen dieser erweiterten Unterhaltspflicht darf allerdings der Vermögensstamm auch zur Befriedigung des Mindestbedarfs des Kindes nur dann herangezogen werden, wenn der notwendige Eigenbedarf des Verpflichteten (notwendiger Selbstbehalt) unter Berücksichtigung seiner voraussichtlichen Lebensdauer sowie unter Einbeziehung zu erwartender künftiger Erwerbsmöglichkeiten bis an sein Lebensende gesichert bleibt.[42] Bei minderjährigen Kindern wird dem verpflichteten Elternteil im Rahmen des § 1603 II 1 BGB selbst der Einsatz von Schmerzensgeldzahlungen zugemutet. Hat der Verpflichtete allerdings während des Unterhaltszeitraums unter fortwirkenden schwerwiegenden Behinderungen zu leiden, so kann solchen Belastungen im Hinblick auf die besondere Ausgleichsfunktion des Schmerzensgeldes bei der Unter-

---

[37] BGH, FamRZ 1986, 556 = R 284
[38] BGH, FamRZ 1986, 556 = R 284
[39] BGH, FamRZ 1988, 604, 607 = R 361c; FamRZ 1986, 48, 50 = R 275 c
[40] BGH, FamRZ 1998, 367, 369 = R 517 c
[41] BGH, FamRZ 1986, 48, 50 = R 275 c
[42] BGH, FamRZ 1989, 170 = R 379 a

7. Abschnitt: Einkünfte aus Vermögen § 1

haltsbemessung dadurch Rechnung getragen werden, daß der dem Verpflichteten zu belassende Betrag des notwendigen Selbstbehalts angehoben wird.[43] Eine weitere Grenze besteht, sobald dem Verpflichteten wegen der Stammverwertung bedarfsnotwendige Einkünfte verlorengehen.[44]

Vermögen der Kinder. Volljährige Kinder müssen zunächst ihr eigenes Vermögen verwerten, soweit dies nicht unwirtschaftlich ist.[45] Hat etwa ein volljähriges Kind von seiner Großmutter Investmentanteile im Wert von 50 000 DM geerbt, sind diese vorrangig bis zu einem Schonbetrag für den Unterhalt zu verwenden.[46] Bei gutverdienenden Eltern kann ein Schonbetrag von 10 000 DM zugestanden werden.[47] Gehört dem volljährigen Kind mit Anspruch auf Ausbildungsunterhalt ein mit einem Nießbrauch belastetes Grundstück, ist u. U. ein Kredit aufzunehmen, bei dem die Rückzahlungsraten bis zum Eintritt ins Erwerbsleben gestundet werden.[48] Minderjährige Kinder brauchen ihren eigenen Vermögensstamm im Verhältnis zu ihren Eltern nicht zu verwerten, solange die Eltern leistungsfähig sind (§ 1602 II BGB). Die Eltern können aber nach § 1603 II S. 2 BGB das Kind auf den Stamm seines Vermögens verweisen, wenn andernfalls ihr eigener angemessener Unterhalt gefährdet wäre.[49] Das Vermögen ist vom Vormundschaftsgericht in einem solchen Fall freizugeben. Bei der Verwertung von Kindesvermögen brauchen keine unwirtschaftlichen Maßnahmen getroffen zu werden. S. auch Rn 2/106 f.

321

6. Vermögensverwertung beim Elternunterhalt

Die Rechtsprechung hat sich zunehmend mit Unterhaltsansprüchen von unterhaltsbedürftigen Eltern gegen ihre erwachsenen Kinder zu befassen.[50] Diese Ansprüche gehören genauso zum Verwandtenunterhalt nach §§ 1601 f BGB wie die Ansprüche der Kinder gegen die Eltern. Hinsichtlich der Opfergrenze für den Unterhaltspflichtigen werden jedoch Unterschiede gemacht, die sich vor allem in einem „maßvollen Zuschlag" beim Selbstbehalt auswirken.[51] Hinsichtlich der Verwertung des Vermögensstammes trifft es zwar zu, daß es im Verwandtenunterhalt an einer allgemeinen gesetzlichen Billigkeitsgrenze im Unterschied zur Regelung in § 1577 III BGB für den nachehelichen Unterhalt fehlt,[52] gleichwohl ist es im Rahmen einer umfassenden Zumutbarkeitsabwägung zulässig, der besonderen Lage von erwachsenen Unterhaltspflichtigen gegenüber ihren Eltern Rechnung zu tragen. Im einzelnen s. hierzu Rn 2/623 f. Die Verwertung des Miteigentumsanteils an einem **Familienwohnheim** zugunsten der Unterhaltsansprüche der Eltern des Miteigentümers wäre auch unwirtschaftlich und kann daher nicht verlangt werden.[53]

321a

7. Vermögen dient der lebenslangen Unterhaltssicherung

Ganz allgemein dient Vermögen, zusammen mit Einkünften, der lebenslangen Unterhaltssicherung. **Es soll nicht den Erben erhalten werden**, wenn davon zu Lebzeiten der Unterhalt bestritten werden kann. Das Vermögen ist daher so zu verwerten, daß bei Berücksichtigung der überschaubaren wirtschaftlichen Entwicklung der Unterhaltsbedarf während der voraussichtlichen Lebensdauer erfüllt werden kann.[54] Auch bei der Bestim-

322

---

[43] BGH, FamRZ 1989, 170 = R 379 a
[44] OLG Hamburg, FamRZ 1991, 472
[45] OLG Düsseldorf, FamRZ 1990, 1137
[46] OLG München, FamRZ 1996, 1433
[47] OLG Karlsruhe, FamRZ 1996, 1235
[48] OLG Bamberg, FamRZ 1999, 876
[49] BGH, FamRZ 1985, 360 = R 244 a
[50] Vgl. die Zusammenfassung bei Duderstadt FamRZ 1998, 273, 275
[51] BGH, FramRZ 1992, 795 = R 445
[52] BGH, FamRZ 1998, 367, 369 = R 517 c
[53] LG Heidelberg, FamRZ 1998, 164
[54] BGH, FamRZ 1985, 354 = R 222 c; FamRZ 1966, 28

mung des Vermögens, das zur Sicherung des eigenen Unterhaltsbedarfs des Verpflichteten (Selbstbehalt) zu schonen ist, ist die voraussichtlich gesamte Lebensdauer des Verpflichteten zu berücksichtigen.[55] Die Umrechnung eines vorhandenen Kapitals in eine **lebenslange Rente** ist wegen der unbekannten individuellen Lebenserwartung und wegen der sich ständig ändernden Ertragsmöglichkeiten schwierig. Es wird daher im Einzelfall empfohlen, bei einer Bank oder einem größeren Versicherungsunternehmen nachzufragen, in welcher Höhe sich eine lebenslange Rente ergibt, wenn das einzusetzende Kapital sofort in einem Betrag einbezahlt wird. Da den Erben nichts erhalten zu werden braucht, ist von den möglichen Vertragsvarianten diejenige maßgeblich, die ohne Rückzahlung eines nicht verbrauchten Kapitalrestes im Todesfall an die Erben eine größere Rente ergibt. Bei Lebensversicherungen auf Kapitalbasis braucht nur gefragt zu werden, welche Rente sich **bei Ausübung des Rentenwahlrechts** ergeben würde. Auch hier wäre die Variante maßgeblich, die den Erben nichts oder jedenfalls möglichst wenig zukommen läßt;[56] s. dazu auch Rn 4/350 c.

8. Verwertung von Grundstücken

323   Grundvermögen kann durch Veräußerung, Belastung oder Versteigerung verwertet werden. Die Tatsache, daß bei sofortiger Verwertung **künftige Preissteigerungen** nicht ausgenützt werden können, beinhaltet keine Unzumutbarkeit oder Unwirtschaftlichkeit. Dies gilt vor allem bei der Verwertung von Erbanteilen an einem Baugrundstück.[57] Gestaltet sich der an sich veranlaßte Verkauf einer Eigentumswohnung schwierig und zeitraubend, kann es wirtschaftlich sinnvoller sein, eine Vermietung vorzunehmen.[58] Möglicherweise kann der Erbanteil auch zur Kreditbeschaffung für den Unterhalt verwendet werden. Wenn wirtschaftlich vertretbare Rückzahlungsmöglichkeiten bestehen, kann auch die Inanspruchnahme eines Real- oder Personalkredits für Unterhaltszwecke sowie eine entsprechende Vermögensbelastung zugemutet werden.

324   Sind der Berechtigte und der Verpflichtete **Miteigentümer** eines gemeinsamen Hauses, blockieren sich häufig gegenseitig bei der Verwertung.

Beispiel:
F ist ausgezogen und verlangt von M Unterhalt. Das Haus ist schuldenfrei. M bietet F für ihren Hälfteanteil 250 000 DM und erklärt, daß sie von diesem Kapital ihren Unterhalt bestreiten könne. F möchte jedoch 300 000 DM. Dazu ist M nicht bereit und verlangt nun, daß F ihren Hälfteanteil beleiht und davon lebt. F beantragt hierauf lediglich die Teilungsversteigerung und verlangt erneut Unterhalt.

Es liegt kein Verstoß gegen unterhaltsrechtliche Obliegenheiten vor, wenn sich ein Miteigentümer auf die Aufhebung der Gemeinschaft durch Teilungsversteigerung und anschließende Erlösteilung (§ 753 BGB) beschränkt, weil die Wirtschaftlichkeit am ehesten durch Verwertung im Weg der Aufhebung der Miteigentumsgemeinschaft gewährleistet ist. Bei einem Verkauf oder einer Beleihung des Miteigentumsanteils ist demgegenüber erfahrungsgemäß ein geringerer Erlös zu erwarten.[59] Einer Teilungsversteigerung können allerdings in der Regel nicht unerhebliche rechtliche Hindernisse entgegenstehen. Nach § 1365 BGB bedarf der Antrag sowohl vor als auch nach einer Scheidung der Zustimmung des anderen Ehegatten, wenn die Ehegatten im gesetzlichen Güterstand leben und der Grundstücksanteil des Antragstellers dessen ganzes Vermögen darstellt. Die Zustimmung kann verweigert werden, wenn durch sie der Zugewinnausgleichsanspruch konkret gefährdet wäre oder wenn voraussichtlich nach Beendigung des Güterstandes ge-

---
[55] BGH, FamRZ 1989, 170 = R 379 a
[56] Vgl. den vom OLG Hamm in FamRZ 1998, 1520 behandelten Fall mit kritischer Anmerkung Bienko, FamRZ 1999, 512; zur Verwendung von Sterbetafeln zur Ermittlung von Schätzwerten beim Zugewinnausgleich vgl. BGH, FamRZ 1992, 1155, 1159
[57] BGH, FamRZ 1980, 43 = NJW 1980, 340
[58] OLG Karlsruhe, FuR 1998, 361
[59] BGH, FamRZ 1984, 662 = NJW 1984/2358

7. Abschnitt: Einkünfte aus Vermögen § 1

mäß § 242 BGB ein Anspruch auf Übereignung des Grundstücksanteils selbst bestehen wird.[60] Hinderlich kann auch eine auf § 1353 I BGB gestützte Klage nach § 771 ZPO sein.[61] Auch das Interesse der Kinder kann entgegenstehen; § 180 III ZVG.[62]

9. Verwertung des ausgezahlten Kapitals einer Lebensversicherung

Lebensversicherungen dienen der Altersvorsorge und/oder der Kapitalbildung. Im Fall der Scheidung unterliegen Lebensversicherungen auf Rentenbasis nach § 1587a II Nr. 5 BGB dem Versorgungsausgleich.[63] Lebensversicherungen auf Kapitalbasis sind beim gesetzlichen Güterstand in den Zugewinnausgleich einzubeziehen.[64] Bei Gütertrennung erfolgt kein Ausgleich des in der Ehe angesammelten Kapitals. Die laufenden Zahlungen des Versicherungsnehmers werden bei der Unterhaltsberechnung vom Einkommen vorweg abgezogen, soweit es sich um eine angemessene Altersvorsorge handelt (s. Rn 497a, 498) oder soweit beim Ehegattenunterhalt prägende Aufwendungen zur Vermögensbildung vorliegen (Rn 4/30, 200). Diese unterschiedlichen Ausgangspunkte lassen keine einheitliche Beantwortung der Frage zu, ob das ausbezahlte Kapital verwertet werden muß. **324 a**

Beim **nachehelichen Ehegattenunterhalt** ist für den **Verpflichteten** zunächst von § 1581 S. 2 BGB auszugehen. Danach braucht das Kapital nicht eingesetzt zu werden, soweit es unwirtschaftlich oder unter Berücksichtigung der beiderseitigen wirtschaftlichen Verhältnisse unbillig wäre. Die danach geforderte Billigkeitsabwägung verlangt eine umfassende Bewertung aller Umstände eines Einzelfalles. Folgende Gesichtspunkte können sich auswirken: **324 b**

– Kann der Unterhaltsbedarf auch ohne Kapitalverwertung gesichert werden?
– Verbleibt dem Vermögensinhaber, der ebenfalls vom Vermögen leben muß, genug für den eigenen lebenslangen Bedarf?[65]
– Wie sind die Vermögensverhältnisse des anderen?[66]
– Wurden die Versicherungsprämien bei der Unterhaltsberechnung einkommensmindernd berücksichtigt?[67]
– Wirkte sich die Lebensversicherung beim Zugewinnausgleich auf die Ausgleichsforderung aus?[68]
– Liegt eine Einkommensänderung vor, die eine Bedarfsverringerung rechtfertigen kann (vgl. Rn 4/299, 338).

Daneben muß aber immer auch gefragt werden, ob es den ehelichen Lebensverhältnissen gemäß § 1578 BGB entspricht, daß auch das Kapital verbraucht wird.

Fall: Der Arzt M zahlt seit 1980 für eine Lebensversicherung monatlich 2000 DM. 1995 wird er geschieden. Unter Berücksichtigung des Aufwands für die Lebensversicherung wurden der kranken Ehefrau F als Unterhalt monatlich 3500 DM zugesprochen. Im Jahr 2000 beendet M seine Tätigkeit. Er erhält von der Lebensversicherung 1 000 000 DM. Davon kauft er Pfandbriefe zu 6% und hat deshalb monatlich nur noch 5000 DM zur Verfügung. F wehrt sich gegen eine Herabsetzung der Unterhaltszahlungen.

Die Lebensversicherung war hier als alleinige Altersvorsorge gedacht, sollte also im Alter die Aufrechterhaltung der ehelichen Lebensverhältnisse ermöglichen. Bei dem Fehlen zusätzlicher Einkünfte war abzusehen, daß dazu auch das Kapital verbraucht werden mußte. Dafür spricht schon, daß F durch eine langjährige Unterhaltsschmälerung die Lebensversicherung mitfinanziert hatte. S. dazu auch Rn 4/350a.

---

[60] BayObLG, FamRZ 1981, 46
[61] BGH, FamRZ 1972, 363
[62] Näher zur Verwertung des Miteigentumsanteils siehe Haußleiter/Schulz, Vermögensauseinandersetzung 2. Auflage Kap 2 Rn 25
[63] BGH, FamRZ 1984, 156
[64] BGH, FamRZ 1995, 1270
[65] OLG München, FamRZ 1994, 1459
[66] BGH, FamRZ 1986, 560 = R 292a
[67] OLG Hamm, FamRZ 1998, 1520
[68] OLG Düsseldorf, FamRZ 1998, 621

Die Umrechnung des Kapitals in Monatsbeträge geschieht nach den in Rn 322 mitgeteilten Grundsätzen.

Die gleiche Regelung gilt nach § 1577 III BGB beim nachehelichen Unterhalt für den **Berechtigten**. Wird ihm eine Lebensversicherung ausbezahlt, ist nach ähnlichen Kriterien zu prüfen, ob auch das Kapital in die Unterhaltsberechnung einzubeziehen ist. Nicht anders ist beim Trennungsunterhalt (s. Rn 314, 318) und beim Verwandtenunterhalt (s. Rn 319, 321) zu verfahren. Maßgeblich sind stets Gesichtspunkte der Billigkeit; s. dazu auch Rn 4/350 a.

III. Zurechnung fiktiver Erträge bei unterlassener zumutbarer Vermögensnutzung oder Vermögensverwertung

1. Fiktive Zurechnung erzielbarer Erträge im Rahmen einer Obliegenheit zur Erzielung von Vermögenserträgen oder zur Vermögensverwertung

325   Dem Berechtigten und dem Verpflichteten sind fiktive Erträge als Einkommen zuzurechnen, wenn sie es unterlassen, ihr Vermögen in zumutbarer ertragbringender Weise zu nutzen oder zu verwerten. Die Bejahung einer entsprechenden Obliegenheit setzt stets eine **Zumutbarkeitsprüfung** voraus, bei der die Belange des Berechtigten und Verpflichteten unter Berücksichtigung der Umstände des Einzelfalls gegeneinander abzuwägen sind.[69] Für den berechtigten Ehegatten ergibt sich aus § 1577 I BGB grundsätzlich die Obliegenheit, vorhandenes Vermögen **so ertragreich wie möglich** anzulegen und zu nutzen, weil auch solche Einkünfte seine Bedürftigkeit mindern, die er in zumutbarer Weise ziehen könnte, aber nicht zieht.[70] Es handelt sich hierbei um eine aus § 242 BGB abgeleitete Obliegenheit,[71] deren Bejahung im Einzelfall eine Zumutbarkeitsprüfung erfordert.[72] Zu beachten ist jedoch, daß sich beim Unterhaltsverpflichteten fiktive Einkünfte nur bei der Prüfung der Leistungsfähigkeit auswirken können, aber **nicht bei der Bedarfsermittlung** (vgl. Rn 408). Wer ein größeres Vermögen noch nie wirtschaftlich genutzt hat, darf daher aufgrund fiktiver Einkünfte aus diesem Vermögen nicht zu höherem Unterhalt verurteilt werden, als es dem bisherigen Bedarf entsprach.[73]

326   Nach § 1577 III BGB kann für den Berechtigten beim nachehelichen Unterhalt aufgrund einer Billigkeitsabwägung eine Obliegenheit zur Verwertung des Vermögensstammes bestehen (siehe Rn 311). Ähnliche Obliegenheiten bestehen beim Trennungsunterhalt im Rahmen des § 1361 BGB.[74] Auch den Verpflichteten trifft unterhaltsrechtlich die Obliegenheit, alle ihm zumutbaren Einkünfte zu erzielen.[75] Unterläßt er dieses, muß er sich insoweit als leistungsfähig behandeln lassen. Einen Anhalt für die Obliegenheit zur Vermögensverwertung bietet § 1581 BGB, der auch im Rahmen des § 1361 BGB mitheranzuziehen ist.[76] Auch beim Kindesunterhalt muß sich der Verpflichtete fiktiv Vermögenserträge zurechnen lassen, die er zumutbarerweise erzielen könnte. Er muß nach § 1603 I BGB den Vermögensstamm verwerten, wenn dies nicht mit einem wirtschaftlich nicht mehr vertretbaren Nachteil für ihn verbunden ist.[77]

---

[69] BGH, FamRZ 1990, 269 = R 405 a; FamRZ 1988, 145, 149 = R 347 h; FamRZ 1986, 560 = R 292 a; FamRZ 1986, 439 = R 290 b
[70] BGH, FamRZ 1990, 269 = R 405 a; FamRZ 1988, 145, 149 = R 347 h; FamRZ 1986, 439 = R 290 b; FamRZ 1986, 560 = R 292 a; FamRZ 1986, 441 = R 289 b + c
[71] BGH, FamRZ 1986, 439 = R 290 b
[72] BGH, FamRZ 1998, 87, 89 = R 516 c
[73] BGH, FamRZ 1997, 281 = R 509 i
[74] BGH, FamRZ 1986, 556 = R 284; FamRZ 1985, 360 = R 244 a
[75] BGH, FamRZ 1988, 604, 607 = R 361 c; FamRZ 1986, 556 = R 284
[76] BGH, FamRZ 1986, 556 = R 284
[77] BGH, FamRZ 1988, 604, 607 = R 361 c; FamRZ 1986, 48, 50 = R 275 c

7. Abschnitt: Einkünfte aus Vermögen § 1

2. Obliegenheiten bei Immobilien

- Vermietung eines großen luxuriösen Hauses und Anmietung einer weniger kostspieligen Wohnung.[78]   327
- Vermietung einzelner Räume eines Hauses.[79] Im allgemeinen wird die Vermietung von Einzelräumen an Fremde wegen der damit verbundenen Unbequemlichkeiten bei der Benutzung der sanitären Einrichtungen und der Küche unzumutbar sein. Für Räume, die während der Ehe volljährigen Kindern unentgeltlich überlassen waren, ist jedoch ein Entgelt zu fordern, wenn diese ein eigenes Einkommen haben und nicht mehr auf die kostenlose Überlassung angewiesen sind.[80] Auch von einem aufgenommenen neuen Lebenspartner ist Miete zu verlangen.
- Veräußerung eines Hauses und Deckung des Unterhaltsbedarfs aus den Erträgen des anzulegenden Kapitals.[81]
- Veräußerung einzelner Grundstücke eines landwirtschaftlichen Anwesens[82] oder eines Baugrundstücks.[83]
- Kreditaufnahme und Belastung des Grundvermögens unter Berücksichtigung der Tilgungsmöglichkeiten.[84]
- Mitwirkung bei der Verwertung der in Miteigentum stehenden Familienwohnung.[85] Dazu Rn 324. Wer sich dagegen sträubt, läuft Gefahr, daß ihm fiktive Einkünfte zugerechnet werden.

3. Obliegenheiten bei Barvermögen, wie Sparguthaben, Zugewinnausgleichszahlungen oder Veräußerungserlösen

Bei **Barmitteln** besteht die Verpflichtung, sie möglichst nutzbringend anzulegen.[86]   328
Bei erstmaligem Zufluß von Barmitteln z. B. aus der Vermögensauseinandersetzung oder aus einer Unterhaltsabfindung besteht eine angemessene Überlegungsfrist zu Art und Zeitpunkt der Anlage. Fiktive Einkünfte dürfen erst nach Verstreichen dieser Frist zugerechnet werden.[87] Eine solche Zurechnung kommt in Betracht, wenn das Geld vergeudet, verspielt[88] oder so angelegt wird, daß es keinen Ertrag bringt (s. Rn 330).

4. Obliegenheit zur Vermögensumschichtung

Wenn der Berechtigte ertragloses Vermögen besitzt, z. B. eine Münzsammlung, wird   329
ihm die Umschichtung in ein Erträge abwerfendes Vermögen in der Regel zuzumuten sein.[89] Zurückhaltung ist allerdings geboten, wenn es nur darum geht, ob in einer anderen Anlageform eine höhere Rendite erzielbar ist. Insoweit verbleibt dem Vermögensinhaber eine **gewisse Entscheidungsfreiheit**. Ihm kann nicht angesonnen werden, wegen möglicherweise höherer Erträge die Sicherheit der Vermögensanlage zu vernachlässigen oder eine im Verkehr ungewöhnliche Anlageform zu wählen. Grundlegende Veränderungen der Vermögensanlage werden nur unter besonderen Umständen und nicht kurzfristi-

---

[78] BGH, FamRZ 1988, 145, 149 = R 347 h; FamRZ 1984, 358, 360 = R 197 b; FamRZ 1984, 358 = R 197 a
[79] BGH, FamRZ 1988, 145, 149 = R 347 h; FamRZ 1984, 358 = R 197 a; FamRZ 1986, 439 = R 290 b
[80] BGH, FamRZ 1990, 269 = R 405 a; s. auch OLG Bamberg, FamRZ 1999, 849
[81] BGH, FamRZ 1988, 145, 149 = R 347 h
[82] BGH, FamRZ 1986, 556 = R 284
[83] BGH, FamRZ 1982, 23, 25 = R 87 b
[84] BGH, FamRZ 1988, 259, 263 = R 352 d; FamRZ 1982, 678 = R 119 b
[85] OLG Frankfurt/Main, FamRZ 1992, 823
[86] BGH, FamRZ 1988, 145, 149 = R 347 h; FamRZ 1986, 439 = R 290 b
[87] BGH, FamRZ 1986, 441, 443 = R 289 c
[88] OLG Hamm, FamRZ 1999, 516
[89] Unveröffentlichtes Urteil des BGH vom 29. 6. 1983 – IV b ZR 395/81

§ 1   Die Ermittlung des relevanten Einkommens

ger Vorteile wegen verlangt werden können. Stets muß sich die bisherige Vermögensanlage als eindeutig unwirtschaftlich darstellen, ehe vom Vermögensinhaber eine Umschichtung verlangt werden kann.[90]

330   Wer jedoch aus der Vermögensauseinandersetzung im Rahmen der Ehescheidung 300 000 DM erhält, zusätzlich 200 000 DM aufnimmt, für 500 000 DM ein Haus kauft und wegen der Kreditverbindlichkeiten fast keinen anrechenbaren Wohnwert erzielt, muß sich den Vorwurf der Unwirtschaftlichkeit gefallen lassen.[91] Bei dem Vergleich des Mietwerts mit einem möglichen Kapitalertrag sind vom Mietwert vorab die gesamten Finanzierungskosten, aber nicht die Kapitalrückzahlung, abzuziehen.[92] Das OLG Bamberg[93] geht in diesen Fällen davon aus, daß der Betrag bedarfsdeckend anzurechnen ist, der bei verzinslicher Anlage „unschwer" zu erlangen wäre. Eine andere Lösung wäre, davon auszugehen, daß der Wohnbedarf auch mit einer Eigentumswohnung im Wert von etwa 300 000 DM angemessen hätte befriedigt werden können. Als Einkommen wäre dann der Wohnwert dieser – unbelasteten – Wohnung anzurechnen. Das OLG Koblenz[94] hält es für unwirtschaftlich, wenn ein Barvermögen von rund 70 000 DM zum Kauf einer Eigentumswohnung verwendet wird, die insgesamt 200 000 DM kostet. Dem kann nicht gefolgt werden. Die Wohnung war nach dem mitgeteilten Sachverhalt weder zu groß, noch zu teuer. Der Erwerb entsprach den ehelichen Lebensverhältnissen, weil die Eheleute zuvor in einem ihnen gehörenden Haus gewohnt hatten. Dem anderen Ehegatten war diese Verwendung des Geldes auch zuzumuten, weil er auf die Anrechnung von Zinsen aus dem Betrag von 70 000 DM nicht angewiesen war. Wer als alleinstehende Person ein wertvolles Haus bewohnt, aber gleichwohl Unterhalt verlangt, wird sich stets auf eine nutzbringendere Anlage seines Vermögens hinweisen lassen müssen.[95]

331   Wichtig ist, ob die wirtschaftlichen Verhältnisse des Verpflichteten es erfordern, aus dem Vermögen des Berechtigten einen bestmöglichen Ertrag zu erzielen.[96] Bei der Umschichtung von Immobilien in eine Kapitalanlage muß auch der **Kaufkraftverlust** von Geldvermögen im Verhältnis zu Immobilienwerten mitbedacht werden.[97] Der Grundsatz, daß beim Trennungsunterhalt die Obliegenheit zur Verwertung des Vermögensstammes nicht so weit geht wie beim nachehelichen Unterhalt, gilt auch für die Obliegenheit zur Vermögensumschichtung.[98]

5. Obliegenheit zur Einziehung von Forderungen, zur Kreditaufnahme und zur Belastung eines Vermögens

332   Der Unterhaltsschuldner kann auch verpflichtet sein, sich im Weg der **Beleihung** seines Vermögens Mittel für den Unterhalt zu verschaffen.[99] Selbst eine Kreditbeschaffung durch Beleihung eines Erbteils kann zugemutet werden.[100] Auch der Unterhaltsberechtigte hat die Möglichkeiten einer Kreditaufnahme auszunutzen, um nicht unterhaltsbedürftig zu werden. Eine solche Obliegenheit zur Selbsthilfe besteht allerdings nur im Rahmen des Zumutbaren.[101] Ist der Verpflichtete bereits so sehr überschuldet, daß die Kreditrückzahlung seine finanziellen Möglichkeiten übersteigt, kann ihm eine weitere Erhöhung der Schulden nicht zugemutet werden.[102] Die Verpflichtung, Mittel für den Unterhalt durch Inanspruchnahme eines Real- oder Personalkredits flüssig zu machen,

---

[90] BGH, FamRZ 1986, 560 = R 292 a; FamRZ 1986, 439 = R 290 b
[91] BGH, FamRZ 1992, 423 = R 442 c + d
[92] Vgl. dazu BGH, FamRZ 1998, 87, 89 = R 516 c
[93] OLG Bamberg, FamRZ 1992, 1305
[94] OLG Koblenz, FamRZ 1997, 371
[95] Vgl. dazu OLG Düsseldorf, FamRZ 1996, 1418, 1420
[96] BGH, FamRZ 1986, 560 = R 292 a
[97] BGH, FamRZ 1986, 560 = R 292 a; FamRZ 1986, 439 = R 290 b
[98] BGH, FamRZ 1986, 556 = R 284
[99] BGH, FamRZ 1985, 916 = R 265; FamRZ 1982, 678 = R 119 b
[100] BGH, FamRZ 1980, 43 = NJW 1980, 340
[101] BGH, FamRZ 1988, 259, 263 = R 352 d; FamRZ 1985, 916 = R 365
[102] BGH, FamRZ 1982, 678 = R 119 b

7. Abschnitt: Einkünfte aus Vermögen §1

ist stets begrenzt durch die Möglichkeit, Zins- und Tilgungszahlungen für Darlehen aufbringen zu können.[103] **Minderjährige Kinder** sind wegen § 1602 II BGB nicht zur Kreditaufnahme verpflichtet.[104]

Wer in Kenntnis der Unterhaltspflicht oder Bedürftigkeit erhebliche Vermögenswerte verschenkt, verschleiert oder sonst in unverantwortlicher Weise verbraucht und dadurch Einkünfte verliert, ist ebenfalls fiktiv so zu behandeln, als hätte er die Vermögenswerte und die daraus zu erzielenden Erträge noch. **333**

6. Obliegenheit zur Verwertung von Erbanteilen und Pflichtteilsrechten

Den Parteien eines Unterhalts-Rechtsstreits stehen manchmal Beteiligungen an noch nicht auseinandergesetzten Erbengemeinschaften oder Pflichtteilsrechte nach einem verstorbenen Elternteil zu. Häufig ist es „totes Kapital" ohne jeden Ertrag und wird dadurch einer Berücksichtigung bei der Leistungsfähigkeit oder bei der Bedürftigkeit entzogen. Grundsätzlich sind derartige Rechte, die zum Stammvermögen gehören, rasch und konsequent zu realisieren. Es gibt jedoch Einschränkungen: **334**
- Es darf sich nicht um relativ geringe unsichere Beträge handeln.[105]
- Auf seiten des **Unterhaltsberechtigten** sind bei Pflichtteilsrechten Zumutbarkeitsgesichtspunkte zu berücksichtigen.[106] Pflichtteilsansprüche entstehen meist beim Tod des zuerst versterbenden Elternteils, wenn der überlebende Elternteil Vollerbe wird. Werden in dieser Situation gegen den Vollerben Pflichtteilsansprüche durchgesetzt, besteht die Gefahr einer Enterbung. Diese Gefahr darf dem Verpflichteten aber nicht „ohne weiteres" entgegengehalten werden. Maßgeblich ist die Höhe des Pflichtteilsanspruches, die Erberwartung sowie die wirtschaftliche Situation des Pflichtteilsschuldners und des Unterhaltsschuldners. In der Regel wird dem Unterhaltsberechtigten die Verwertung des Pflichtteilsanspruches zur Behebung seiner Bedürftigkeit zugemutet werden müssen.
- Steht dem **Verpflichteten** ein Erbanteil oder Pflichtteilsrecht zu, ist beim **Ehegattenunterhalt** zu prüfen, ob es bei intakter Ehe zu einer Verwertung gekommen wäre. Nur wenn dies zutrifft und wenn damit eine Anhebung der ehelichen Lebensverhältnisse verbunden gewesen wäre, dürfen bei einer späteren Unterhaltsberechnung insoweit fiktive Einkünfte herangezogen werden.[107] Beim **Kindesunterhalt**, der an die ehelichen Lebensverhältnisse nicht gebunden ist, entscheiden Zumutbarkeitsgesichtspunkte wie beim Berechtigten. Entscheidend wird hier vor allem sein, in welchem Umfang das übrige Vermögen und Einkommen zur Unterhaltsleistung herangezogen werden kann. Es können aber auch Gesichtspunkte der Pietät gegenüber dem überlebenden Elternteil wirksam werden. **335**

7. Höhe der fiktiv zurechenbaren Erträge

Fiktiv zuzurechnen ist der durchschnittlich erzielbare Ertrag einer zumutbaren Nutzung oder Verwertung, z. B. eine angemessene Verzinsung eines Kapitals. **336**
- Bei der Zurechnung fiktiver Zinsen kann eine Orientierung an den langfristig erzielbaren Renditen öffentlicher Anleihen, etwa der Bundesschatzbriefe oder, wenn dies günstiger ist, an den Zinssätzen für Festgelder erfolgen. Zinsen dürfen nicht sofort vom Kapitalzufluß an zugerechnet werden, sondern erst von einer Überlegungsfrist an.[108] Der Zeitraum bis zu einer gedachten ersten Auszahlung muß, soweit nicht der Einsatz des Vermögensstammes zumutbar ist, durch Kredit überbrückt werden.

---

[103] BGH, FamRZ 1966, 28
[104] BGH, FamRZ 1985, 916 = R 265
[105] OLG Hamm, FamRZ 1997, 1537
[106] BGH, FamRZ 1993, 1065 = R 461 a + b
[107] BGH, FamRZ 1982, 996 = R 136 für einen Pflichtteil, OLG München, FamRZ 1993, 62 für einen Erbteil
[108] BGH, FamRZ 1986, 441, 443 = R 289 b

- Bei leerstehenden Wohnungen ist von dem angemessenen ortsüblichen Mietzins auszugehen.
- Bei der Verwertung des Stammvermögens ist auf den Verkehrswert abzustellen.

337 Bei fiktiven Vermögenseinkünften aus Kapital oder Vermietung ist trotz der oft nicht einfachen Beurteilung von steuerrechtlichen Abzugsmöglichkeiten die anfallende **Steuerlast** jedenfalls nach § 287 ZPO in groben Zügen zu schätzen und vom fiktiven Ertrag abzuziehen. Bei den Einkünften aus Kapital sind die auch jetzt noch hohen Freibeträge nach § 20 IV EStG zu berücksichtigen. Der gedachte Ertrag darf auch nicht zum Ausgleich eines inflationsbedingten Kaufkraftschwundes gemindert werden.[109]

8. Abschnitt: Einkünfte aus Pensionen, Renten und ähnlichen wiederkehrenden Bezügen Nichterwerbstätiger

1. Allgemeines

338 Laufende Einkünfte aus Pensionen und Renten aller Art nebst Zuschlägen und Zulagen sind unterhaltsrechtlich wie Erwerbseinkommen zu berücksichtigen. Das gilt auch für andere Bezüge, Vorteile und Zulagen, die wegen Erreichens der Altersgrenze, Berufsunfähigkeit, Erwerbsunfähigkeit oder für Witwen und Waisen gewährt werden, für Leibrenten und sonstige private Rentenzahlungen aus Anlaß von Vermögensübertragungen, für private Versorgungsrenten und Schadensrenten aus Versicherungsverträgen, für betriebliche Renten und andere wiederkehrende Leistungen wie Altenleistungen in der Landwirtschaft u. ä. Bei diesen Einkommensersatzleistungen gibt es **keine berufsbedingten Aufwendungen** (Werbungskosten) und deshalb auch keinen entsprechenden pauschalen oder konkreten Abzug.[1] Dafür kann ein nachgewiesener konkreter Mehrbedarf abgezogen werden (Rn 341).

2. Arten von Versorgungsbezügen und Renten nebst Zulagen und Zuschlägen

339
- Pensionen und kinderbezogene Bestandteile der Bezüge eines Beamten oder Ruhestandsbeamten.[2]
- Renten und Kinderzuschuß zu Renten, abzüglich eines Betrages in Höhe des fiktiven Kindergeldes. Der Zuschuß dient der Deckung des Bedürfnisses des Rentenempfängers und nicht – wie das Kindergeld – ausschließlich der Erleichterung der Unterhaltslast aller Unterhaltspflichtigen gegenüber Kindern.[3]
- Grundrente nach § 31 BVG. Diese gilt als Teil der Kriegsopferversorgung, zwar nach der Zielsetzung des BVG als Entschädigung für den Verlust der körperlichen Integrität und als Ausgleich für Mehraufwendungen wegen der Schädigung. Sie steht dem Beschädigten aber auch tatsächlich zur Deckung seines Lebensbedarfs zur Verfügung, und zwar je nach den Verhältnissen des Einzelfalls sowohl des schädigungsbedingten besonderen als auch seines normalen Bedarfs. Deshalb ist sie grundsätzlich geeignet, auch den möglicherweise erhöhten Lebensbedarf des Beschädigten zu befriedigen.[4]
- Schwerstbeschädigten- und Pflegezulage nach §§ 31 und 35 b BVG. Sie wird, wie die

---

[109] BGH, FamRZ 1986, 441 = R 289 b
[1] BGH, FamRZ 1982, 579, 581 = R 117 d
[2] BGH, FamRZ 1989, 172 = R 380 a
[3] BGH, FamRZ 1980, 1112 = NJW 1981, 167, 168
[4] BGH, FamRZ 1983, 674 = R 166 c; FamRZ 1982, 252 = R 100; FamRZ 1982, 579; FamRZ 1981, 1165 = R 84 a

8. Abschnitt: Einkünfte aus Pensionen, Renten   § 1

Grundrente, als pauschaler Ausgleich für die Beeinträchtigung der körperlichen Unversehrtheit und für Mehraufwendungen gewährt.[5]
- Ausgleichsrente nach § 32 BVG. Diese hat Einkommensersatzfunktion.[6]
- Leibrenten. Soweit sie aus der Veräußerung von Vermögen herrühren, sind auch die Tilgungsanteile heranzuziehen.[7]
- Berufsschadensausgleichsrente nach § 30 BVG. Diese hat Einkommensersatzfunktion.[8]   340
- Ehegattenzuschlag nach § 33 a BVG. Dieser soll die Erfüllung einer Unterhaltspflicht erleichtern.[9]
- Kleiderzulage nach § 15 BVG. Diese deckt einen erhöhten Bedarf und befriedigt, wie die Grundrente, allgemeine Unterhaltsbedürfnisse.[10]
- Verletztenrente aus der gesetzlichen Unfallversicherung. Diese hat Einkommensersatzfunktion.[11]
- Renten nach dem BEG wegen Schadens an Körper und Gesundheit (§§ 28 ff BEG) und wegen Schadens im beruflichen Fortkommen (§§ 64 ff BEG), weil sie Einkommensersatzfunktion haben.[12]
- Waisenrente und Halbwaisenrente. Diese sind als eigenes Einkommen des Kindes anzurechnen. Sie kommen beiden „Eltern" im Verhältnis ihrer Haftungsanteile zugute, weil sich der Unterhalt um den Rentenbetrag mindert und die Haftung der „Eltern" für den Restbetrag bestehen bleibt. Die Halbwaisenrente kommt dem überlebenden Elternteil in voller Höhe zugute. Wird die Halbwaisenrente nach dem Tod des Stiefvaters gewährt, kommt die Entlastung durch die Halbwaisenrente wie sonstiges Kindesvermögen beiden „Eltern" im Verhältnis ihrer Haftungsanteile zugute. Im Verhältnis zwischen Kind und betreuendem Elternteil bleibt die Handhabung dem Einzelfall überlassen.[13]
- Blindengeld ist ebenfalls unterhaltsrelevantes Einkommen.[14]
- Zur wiederaufgelebten Witwenrente s. Rn 385.
- Zu Lebensversicherungen s. Rn 324 a f.

3. Berücksichtigung von konkretem Mehrbedarf und Mehraufwand

a) Die allgemeine Regelung. Ein Teil der hier zu behandelnden Einkünfte wird wegen **körperlicher Behinderungen** und der dadurch bedingten zusätzlichen Aufwendungen gewährt. Nach der Rechtsprechung des BGH ist der Mehrbedarf aber nur in dem Umfang zu berücksichtigen, wie er tatsächlich entsteht. Der Betroffene muß also den konkreten Mehrbedarf substantiiert darlegen. Die Feststellung des Mehrbedarfs muß in jedem Einzelfall den besonderen Bedürfnissen des Betroffenen entsprechen. Das Gericht kann allerdings den Aufwand, der mit bestimmten vermehrten Bedürfnissen eines Beschädigten üblicherweise verbunden ist, nach § 287 ZPO schätzen (vgl. Rn 6/728), wobei auch der ideelle Zweck der Renten in billiger Weise berücksichtigt werden kann. Je nach den Umständen des Einzelfalls kann eine großzügigere Beurteilung geboten sein, wenn und soweit es dem Beschädigten nicht zumutbar ist, seine Mehraufwendungen in allen Einzelheiten spezifiziert darzulegen.[15]   341

---

[5] BGH, FamRZ 1983, 674 = R 166 c; FamRZ 1982, 252 = R 100; FamRZ 1981, 1165 = R 84 a
[6] BGH, FamRZ 1983, 674 = R 166 c; FamRZ 1982, 252 = R 100
[7] BGH, FamRZ 1994, 228 = R 471 c
[8] BGH, FamRZ 1983, 674 = R 166 c; BGH vom 6. 10. 1982 — IV b / ZR 313/81, unveröffentlicht
[9] BGH, FamRZ 1982, 252 = R 100
[10] BGH, FamRZ 1983, 674 = R 275 d; FamRZ 1982, 579 = R 117 a
[11] BGH, FamRZ 1983, 674 = R 166 c; FamRZ 1982, 252 = R 100
[12] BGH, FamRZ 1983, 674 = R 166 c
[13] BGH, FamRZ 1980, 1109 = R 49
[14] BayL 2 f, DL A 9 g, FL II 5
[15] BGH, FamRZ 1982, 898 = NJW 1982, 1999; FamRZ 1981, 1165 = R 84 a; FamRZ 1981, 338 = R 66

342 Ist nach den konkreten Umständen wegen der Art der Beschädigung eine genaue Trennung zwischen allgemeinem Lebensbedarf und schädigungsbedingtem Mehrbedarf nur sehr schwer möglich, kann der Aufwand für beides einheitlich bemessen werden, indem z. B. die Kosten einer Heimunterbringung um einen angemessenen Zuschlag erhöht werden.[16] Ist der Beschädigte, etwa weil er beiderseits oberschenkelamputiert ist, auf die Benutzung eines Pkw angewiesen, sind seine Aufwendungen für die Anschaffung, Umrüstung und Benützung des Pkw sowie für eine Pflegekraft und eine Haushaltshilfe als schädigungsbedingter Mehrbedarf zu berücksichtigen. Zuschüsse Dritter, auf die Rechtsanspruch besteht, sind auf den Mehrbedarf anzurechnen.[17] Die Berücksichtigung des Mehraufwands erfolgt dadurch, daß er in festgestellter Höhe von der Rente abgezogen wird. Ein solcher Abzug unterbleibt, wenn ein Mehrbedarf nicht konkret geltend gemacht wird oder nicht vorhanden ist.[18] Die Kosten einer objektiv erforderlichen Hilfskraft können ausnahmsweise auch dann berücksichtigt werden, wenn eine Hilfskraft nicht beschäftigt wird und der Behinderte statt dessen „in einer schlicht unzumutbaren häuslichen Situation dahinlebt".[19]

343 **b) Die Sonderregelung der §§ 1610 a, 1578 a, 1361 I HS 2 BGB.** Durch die Einfügung der §§ 1610 a, 1578 a, 1361 I HS 2 in das BGB im Jahr 1990 wurde bei bestimmten Sozialleistungen die Darlegungs- und Beweislast verändert. Im Geltungsbereich dieser Vorschriften wird gesetzlich vermutet, daß ein Behinderter die wegen der Behinderung empfangenen Sozialleistungen auch tatsächlich für den mit der Behinderung verbundenen Mehraufwand benötigt. Diese Regelung gilt für den **Berechtigten** ebenso wie für den **Verpflichteten**. Es macht auch keinen Unterschied, ob es um Kindesunterhalt, Trennungsunterhalt oder nachehelichen Unterhalt geht. Damit wird eine Vereinfachung des Unterhaltsverfahrens und eine Besserstellung des Behinderten erreicht. Er braucht insoweit keinen Verwendungsnachweis mehr zu führen. Wenn der Gegner den vollständigen Verbrauch dieser Sozialleistungen anzweifeln will, muß er nunmehr seinerseits den Beweis dafür erbringen. Da dies kaum je gelingen wird, kann als Grundregel festgehalten werden, daß diese Sozialleistungen unterhaltsrechtlich nicht relevant sind.

344 Die Vermutung der unterhaltsrechtlichen Bedarfserfüllung von Sozialleistungen gilt nach dem gesetzlichen Wortlaut aber nur für diejenigen Sozialleistungen, die ihren Leistungsgrund in **Körper- und Gesundheitsschäden** haben. Damit sind alle Sozialleistungen im Sinn von § 5 SGB I gemeint. Sozialleistungen mit Einkommensersatzfunktion (Rn 80 f: Arbeitslosengeld, Krankengeld, Unfallrente u. ä.) scheiden aus. Für sie bleibt es bei einem behinderungsbedingten Mehraufwand bei der in Rn 341 beschriebenen Darlegungs- und Beweislast.[20]

345 Unter die Regelung der §§ 1610 a, 1578 a, 1361 I HS 2 BGB fallen Sozialleistungen wie
– Leistungen nach der Pflegeversicherung,[21]
– Blindengeld, das nach landesrechtlichen Vorschriften gewährt wird,
– orthopädische Hilfsmittel nach § 13 BVG,
– Führungshundezulage für Blinde nach § 14 BVG,
– Kleider- und Wäschezuschuß nach 15 BVG,
– Kosten von Krankenbehandlung und Badekuren nach § 18 BVG,
– Grundrente nach § 31 I BVG,
– Schwerstbeschädigtenzulage nach § 31 V BVG,
– Pflegezulagen nach § 35 BVG,
– Leistungen nach § 80 Soldatenversorgungsgesetz, nach §§ 47, 47 a und 50 Zivildienstgesetz, nach § 59 Bundesgrenzschutzgesetz, nach § 51 Bundesseuchengesetz, nach § 1

---

[16] BGH, FamRZ 1981, 1165 = R 84 a
[17] BGH, FamRZ 1982, 579 = R 117 b
[18] BGH, FamRZ 1982, 579 = R 117 b
[19] OLG Karlsruhe, FamRZ 1998, 479
[20] BGH, FamRZ 1994, 21 = R 466 b; für eine differenzierende Betrachtungsweise bei der Unfallrente sprechen sich Brudermüller/Klattenhoff in FuR 1993, 333 aus
[21] S. dazu Büttner, FamRZ 1995, 193, 195; OLG Hamm, FamRZ 1994, 1193; zur Behandlung als Einkommen der Pflegeperson s. Rn 363

Opferentschädigungsgesetz, nach §§ 28, 31 Bundesentschädigungsgesetz und ähnlichen Rechtsvorschriften.

Nach diesen Vorschriften ist es nunmehr Sache des Gegners, darzulegen, daß die Sozialleistungen den behinderungsbedingten Mehrbedarf übersteigen. Dazu genügt es nicht, geltend zu machen, daß während des Zusammenlebens ein Teil der Sozialleistungen dem allgemeinen Konsum zugeführt wurde. Denn durch die Trennung und den damit verbundenen Ausfall der Betreuungsleistungen des Partners entstehen in der Regel erhebliche zusätzliche **Aufwendungen für Hilfspersonen**. Die gesetzliche Vermutung kann daher nur durch den Nachweis entkräftet werden, daß in dem Zeitraum, für den Unterhalt beansprucht wird, mit den Sozialleistungen entweder der allgemeine Konsum oder eine Vermögensbildung finanziert wird. Geschieht die Pflege kostenlos durch einen Dritten, gelten die für unentgeltliche Zuwendungen Dritter entwickelten Grundsätze. Dazu s. Rn 368 f. 346

4. Berücksichtigung von Nebeneinkünften

Nebeneinkünfte von Rentnern und Pensionisten sind in der Regel anrechnungsfrei oder nur unter Billigkeitsgesichtspunkten teilweise anzurechnen. Nach dem Erreichen des 65. Lebensjahres entfällt nach den sozialen Gepflogenheiten eine Verpflichtung zu weiterer Erwerbstätigkeit. Kein Ehegatte kann vom anderen erwarten, daß er nach Erreichen des Ruhestandsalters weiterarbeiten wird. Deshalb bleiben Einkünfte, die aus Erwerbstätigkeit nach dem 65. Lebensjahr noch erzielt werden, unterhaltsrechtlich weitgehend unberücksichtigt, es sei denn, eine solche Tätigkeit ist ausnahmsweise aus besonderen Gründen geboten. Dies kann z. B. im Mangelfall oder bei Freiberuflern der Fall sein, die auch bei fortgesetzter Ehe nach Erreichen des 65. Lebensjahres weitergearbeitet hätten. Eine Verpflichtung zur Weiterarbeit kann daraus allerdings nicht hergeleitet werden. Entsprechende Einkünfte können wie bei **unzumutbarer Tätigkeit** nach Treu und Glauben unter besonderer Berücksichtigung des Einzelfalls angerechnet werden.[22] 347

5. Berücksichtigung eines Rentenanspruchs ab Antragstellung und einer Rentennachzahlung

Eine Rentennachzahlung, die der **Unterhaltsverpflichtete** für einen längeren zurückliegenden Zeitraum erhält, ist nicht auf die zurückliegenden Monate aufzuteilen, sondern für einen entsprechenden zukünftigen Zeitraum den laufenden Bezügen für Zwecke der Unterhaltsberechnung hinzuzurechnen. Auch bei Fortbestand der Ehe hätte die Nachzahlung nur für künftige Unterhaltszwecke zur Verfügung gestanden. Ein bereits bestehender Titel kann nach § 323 ZPO entsprechend abgeändert werden.[23] Der Verpflichtete, der eine Rente beantragt hat und auf diese Rente noch keine Vorschüsse erhält, kann sich möglicherweise mit Blick auf die erwartete Bewilligung anderweitig einen Kredit verschaffen. Läßt er den Berechtigten an seiner auf diese Weise verbesserten Leistungsfähigkeit nicht teilhaben, kann er ihm auch die Verpflichtungen aus einem solchen Kredit nicht einkommensmindernd entgegenhalten.[24] 348

Erhält der **Unterhaltsberechtigte** eine Rentennachzahlung, mindert sich dessen Bedürftigkeit ebenfalls erst ab Zugang der Nachzahlung, nicht rückwirkend.[25] Der Bedarf kann für eine Übergangszeit ganz entfallen. Zur Vermeidung einer Benachteiligung des Unterhaltsverpflichteten kann dieser dem Berechtigten ab Stellung des Rentenantrags zur Abwendung der Bedürftigkeit ein zins- und tilgungsfreies Darlehen mit der Verpflichtung anbieten, im Fall einer endgültigen Ablehnung des Rentenantrags auf dessen Rückzahlung zu verzichten. Zur Sicherung eines solchen Darlehens kann der Anspruch 349

---

[22] OLG Köln, FamRZ 1984, 269
[23] BGH, FamRZ 1985, 155 = R 232 a
[24] BGH, FamRZ 1985, 155 = R 232 a
[25] BGH, FamRZ 1990, 269 = R 405 e

auf Rentennachzahlung abgetreten werden. Dem Berechtigten obliegt es, einen solchen Kredit zur Minderung seiner Bedürftigkeit anzunehmen und in eine Sicherungsabtretung einzuwilligen. Tut er dies nicht, muß er sich unterhaltsrechtlich so behandeln lassen, als hätte er der ihm zuzumutenden Obliegenheit genügt.[26] Denn es verstößt gegen Treu und Glauben, wenn der Berechtigte durch die Ablehnung eines solchen Kreditangebots seine Bedürftigkeit zu Lasten des Verpflichteten aufrechtzuerhalten trachtet.

350 Bei einer Rentennachzahlung an den Unterhaltsberechtigten kann nach § 242 BGB ein **Erstattungsanspruch** des Unterhaltsverpflichteten gegen den Berechtigten für die Zeit und in der Höhe bestehen, in der sich der Unterhaltsanspruch ermäßigt hätte, wenn die Rente schon in der fraglichen Zeit gezahlt worden wäre. Wird eine Rente rückwirkend für einen Zeitraum nachgezahlt, in dem der Unterhaltsanspruch bereits durch Leistungen des Verpflichteten erfüllt war, so „verfehlt" die Nachzahlung den mit ihr verfolgten Zweck, den Unterhaltsbedarf zu sichern. Deshalb widerspricht es Treu und Glauben, dem Berechtigten für den Zeitraum, in dem er Unterhalt bezogen hat, auch die nachgezahlte Rente zu Lasten des Verpflichteten in vollem Umfang zu belassen.[27] Ein solcher Erstattungsanspruch besteht nicht nur, wenn die Rentennachzahlung auf einem Versorgungsausgleich beruht und eine Rentenkürzung des Verpflichteten zur Folge hat, sondern auch, wenn sie ganz oder teilweise aufgrund von Anwartschaften gewährt wird, die der Berechtigte durch eine eigene Erwerbstätigkeit erlangt hat.[28] Dieser Erstattungsanspruch steht nicht in Widerspruch zu § 323 ZPO, weil mit der neuen Entscheidung nicht ein rechtskräftiger Unterhaltsanspruch abgeändert wird, es wird vielmehr ein eigenständiger Erstattungsanspruch zugesprochen. Die Entscheidung über den Erstattungsanspruch erfolgt aufgrund einer tatrichterlichen **Billigkeitsabwägung im Rahmen des § 242 BGB**. Sie unterliegt der revisionsrechtlichen Nachprüfung nur im Hinblick darauf, ob sie einen Rechtsirrtum oder einen Verstoß gegen allgemeine Erfahrungssätze enthält oder wesentliches Vorbringen der Parteien ersichtlich unberücksichtigt gelassen hat.[29] Ein solcher Erstattungsanspruch ist vor allem dann berechtigt, wenn die Nachzahlung aus dem Versorgungsausgleich stammt und zu einer Kürzung der laufenden Altersrente des Verpflichteten führt.[30] Er sollte aber auch dann gewährt werden, wenn nicht nach Rn 349 verfahren werden kann, weil wegen der Rentengewährung für die Zukunft kein Unterhaltsanspruch mehr besteht.

---

[26] BGH, FamRZ 1983, 574 = R 163
[27] BGH, FamRZ 1990, 269 = R 405 e + f; FamRZ 1989, 718 = NJW 1989, 1990
[28] BGH, FamRZ 1990, 269 = R 405 e + f
[29] BGH, FamRZ 1990, 269 = R 405 e
[30] BGH, FamRZ 1989, 718 = NJW 1989, 1990

9. Abschnitt: Sonstige Einkünfte aus sozialstaatlichen Zuwendungen, freiwilligen Zuwendungen Dritter, Versorgungsleistungen des Berechtigten für seinen neuen Partner, aus Unterhaltsleistungen, Schmerzensgeld sowie nicht anzurechnende Vermögensvorteile

I. Sozialstaatliche Zuwendungen wie Wohngeld, BAföG, Pflege- und Erziehungsgeld, Kindergeld sowie Ausbildungsbeihilfen und -geld

1. Allgemeines

Nach der Rechtsprechung des BGH sind auch sozialstaatliche Zuwendungen unabhängig von ihrer sozialpolitischen Zweckbestimmung grundsätzlich unterhaltsrechtlich als Einkommen anzurechnen, soweit sie geeignet sind, den allgemeinen Lebensunterhalt des Empfängers zu decken. Dies trifft zu für das Wohngeld, für BAföG-Leistungen und für Pflegegelder. Ferner, wie bereits erörtert, für vermögenswirksame Leistungen (Rn 55), Arbeitslosenhilfe (Rn 82 f) und sozialstaatliche Renten (z. B. nach dem BEG; Rn 340) sowie für das Überbrückungsgeld des Strafgefangenen (Rn 86). Eine Sonderstellung nimmt das Kindergeld ein (Rn 360 f). Nicht als Einkommen anzurechnen sind **subsidiäre Sozialleistungen**[1] wie etwa die Sozialhilfe (Rn 383) sowie wegen sonstiger besonderer Umstände die Sparzulage (Rn 55) und das Hausgeld des Strafgefangenen (Rn 386).

351

2. Zur Anrechnung von Wohngeld und Eigenheimzulagen

Nach der Rechtsprechung des BGH und der Oberlandesgerichte ist **Wohngeld** bei der Unterhaltsbemessung grundsätzlich einkommenserhöhend zu berücksichtigen, soweit es nicht lediglich erhöhte Aufwendungen für den Wohnbedarf ausgleicht.[2] Im allgemeinen kann man annehmen, daß den Wohngeldempfänger Wohnkosten treffen, die unterhaltsrechtlich als erhöht zu bezeichnen sind. Das ist aber nicht stets der Fall.[3] Der Wohngeldempfänger muß daher **darlegen**, daß das Wohngeld im konkreten Fall erhöhte Wohnkosten ausgleicht. Tut er das nicht, ist das Wohngeld als Einkommen anzurechnen.[4]

352

Wohngeld ist danach voll anzurechnen, wenn die tatsächlich gezahlte Miete niedriger ist als der im Unterhaltsanspruch oder Eigenbedarf enthaltene Wohnkostenanteil, weil dann das Wohngeld nicht unvermeidbare erhöhte Aufwendungen für den Wohnbedarf ausgleicht.[5] Ist dagegen die tatsächlich gezahlte Miete höher als der im Unterhaltsanspruch oder Eigenbedarf enthaltene Wohnkostenanteil, so bleibt ein Betrag in Höhe der Differenz zwischen Wohnkostenanteil und tatsächlich gezahlter Miete anrechnungsfrei. Nur der überschießende Rest ist als Einkommen anzurechnen.[6]

353

Um festzustellen, ob und in welcher Höhe Wohngeld als Einkommen anzurechnen ist, sind nach BGH folgende Punkte zu klären:
- Wie hoch ist der tatsächlich gezahlte Mietzins und für wieviel Personen deckt dieser den Mietbedarf? Wird die Wohnung z. B. vom Berechtigten nicht allein bewohnt,

354

---

[1] BGH, FamRZ 1993, 417 = R 458
[2] BGH, FamRZ 1984, 772, 774 = R 213 d; FamRZ 1983, 587 = R 111 d; FamRZ 1982, 898 = R 107 b; vgl. auch BayL I 2 c, DL A 9 d, Dr L I.4, HL 1.10, Na L 1.4
[3] BGH, FamRZ 1984, 772 = R 213 d
[4] BGH, FamRZ 1985, 374
[5] BGH, FamRZ 1982, 898 = R 107 b
[6] BGH, FamRZ 1983, 587, 590 = R 111 d

sondern zusammen mit dem neuen Partner und zwei Kindern, so sind die Wohnkosten anteilig im Verhältnis von $1/3 : 1/3 : 1/6 : 1/6$ umzulegen.[7]
- Wie hoch ist der im Unterhaltsanspruch oder Eigenbedarf enthaltene Wohnkostenanteil? Dieser Anteil am Lebensbedarf, dessen Einsatz für Wohnkosten unterhaltsrechtlich zuzumuten ist, ist an der konkreten Unterhaltshöhe zu orientieren. In der Regel, d. h. bei Fehlen besonderer Umstände, wird dieser Anteil nicht höher als mit $1/3$ des Unterhaltsanspruchs anzusetzen sein, weil nach der Lebenserfahrung für Wohnzwecke nicht mehr als $1/3$ des Unterhalts (= des für den Gesamtlebensbedarf zur Verfügung stehenden Einkommens) ausgegeben werden kann. In der Regel kann man diesen Anteil eher niedriger ansetzen, in Großstädten höher.
- Für welche Personen wird das Wohngeld bezogen? Bei mehreren Personen erfolgt die Aufschlüsselung des Wohngeldes nach den gleichen Grundsätzen wie die Aufteilung der Wohnungsmiete (vgl. oben). Das Wohngeldgesetz selbst sieht keine anteilige Aufschlüsselung des Wohngeldes vor.[8] Ist die Differenz zwischen dem Mietzinsanteil und dem im Bedarf enthaltenen Wohnkostenanteil niedriger als das Wohngeld oder der Wohngeldanteil nach der hier durchzuführenden Berechnung, so bleibt das Wohngeld in Höhe dieser Differenz anrechnungsfrei. Der überschießende Betrag ist anzurechnen. Ergibt sich als Differenz ein Minusbetrag, ist das Wohngeld voll anzurechnen.

355 In der Praxis wird – wohl auch wegen dieser komplizierten Berechnung – das Wohngeld vielfach **von vornherein anrechnungsfrei** gelassen mit der Begründung, nach der Lebenserfahrung könne davon ausgegangen werden, daß den Wohngeldempfänger Wohnkosten treffen, die auch unterhaltsrechtlich als erhöht bezeichnet werden können.[9] Dieser arbeitssparenden Pauschalierung sollte jedoch in den Fällen entgegengetreten werden, in denen die Wohnung von mehreren Personen mit jeweils eigenen Einkünften bewohnt wird, etwa den Kindern mit ihren Unterhaltsansprüchen. Hier kann sich der Mietanteil so verringern, daß letztendlich doch eine Anrechnung des Wohngeldes in Betracht kommt.

Eigenheimzulagen nach dem Eigenheimzulagengesetz gehören in vollem Umfang zum Einkommen. Bei der Berechnung des Wohnwerts wird die Eigenheimzulage von den auf der Immobilie lastenden Abzahlungen abgezogen.[10]

3. Zur Anrechnung von BAföG-Leistungen

356 Leistungen nach dem Bundesausbildungsförderungsgesetz (BAföG) sind als **Einkommen** anzurechnen, soweit sie als Regelleistungen gewährt werden. Dies gilt auch, soweit die Förderung nur **darlehensweise** gewährt wird.[11] Nicht als Einkommen anzurechnen sind jedoch die **Vorausleistungen** nach den §§ 36, 37 BAföG, weil solche Vorausleistungen nur subsidiär gewährt werden und nach Überleitung gemäß § 37 BAföG vom Unterhaltsverpflichteten zurückgefordert werden können.[12] Siehe dazu auch BayL II 15 c, BL A II 21 und DL A 9 e. Subsidiär ist auch eine Ausbildungsbeihilfe nach § 40 AFG[13] bzw. jetzt in §§ 59 ff SGB III. Dazu näher Rn 367.

357 Auch BAföG-Darlehen enthalten wegen ihrer besonders günstigen Konditionen erhebliche unterhaltsrechtlich relevante wirtschaftlichen Vorteile. Sie sind grundsätzlich unverzinslich und nach Maßgabe der §§ 18 ff BAföG nur in einkommensabhängigen Raten nach Abschluß der Ausbildung zurückzuzahlen. Außerdem ist ein leistungsabhängiger Teilerlaß des Darlehens möglich. In vielen Fällen ist die Darlehensrückzahlung un-

---

[7] BGH, FamRZ 1983, 587 = R 111 d
[8] BGH, FamRZ 1983, 587 = R 111 d
[9] Vgl. z. B. OLG Hamburg, FamRZ 1985, 291; OLG Karlsruhe, FamRZ 1985, 286, 288 und FamRZ 1981, 783; OLG Hamm, FamRZ 1984, 783; s. auch BL AI a 7
[10] OLG München, FuR 1998, 265
[11] BGH, NJW-RR 1986, 1262 = R 306; FamRZ 1985, 916 = R 265; NJW-RR 1989, 578
[12] BGH, NJW-RR 1986, 1262 = R 306; FamRZ 1985, 916 = R 265; FamRZ 1980, 126, 128 = NJW 1980, 993, 995
[13] BGH, FamRZ 1986, 151, 153 = NJW-RR 1986, 426

9. Abschnitt: Einkünfte aus sozialstaatlichen Zuwendungen §1

wahrscheinlich. Durch die darlehensweise gewährten Leistungen wird die augenblickliche Bedürftigkeit des Empfängers in gleicher Weise gemindert wie durch endgültig gewährte Leistungen. Würden sie nicht auf den Unterhalt angerechnet, würde sie der Auszubildende zusätzlich zum Unterhalt beziehen, d. h. er würde mehr erhalten, als ihm unterhaltsmäßig zustünde. Da der Beginn und die Art der Rückzahlung von seinen späteren Einkommensverhältnissen und seinem Leistungseinsatz abhängig ist, belastet ihn die Rückzahlungsverpflichtung nicht unangemessen hart. Deshalb sind auch darlehensweise gewährte BAföG-Leistungen auf den Unterhalt anzurechnen.[14]

Wegen dieser günstigen Darlehensbedingungen ist einem Studierenden in der Regel die Kreditaufnahme in Form eines BAföG-Darlehens zumutbar.[15] Bei dieser **Zumutbarkeitsprüfung** sind die beiderseitigen Interessen zu berücksichtigen. Hierbei gelten die Eltern nach dem System der Einkommens- und Vermögensanrechnung (§§ 21 ff und 26 ff BAföG) in Höhe der als Ausbildungsförderung in Betracht kommenden Darlehensbeträge als nicht leistungsverpflichtet, so daß nicht davon ausgegangen werden kann, daß ihnen die Unterhaltsgewährung leichtfällt. Außerdem haben sie im allgemeinen ihre Kinder bereits über die übliche Ausbildungszeit hinaus bis zur Erlangung der Hochschulreife unterhalten.[16] 358

Das Vorliegen besonderer Umstände müßte – als Abweichung vom Regelfall – der Studierende behaupten und nachweisen. Wenn die Zumutbarkeit bejaht wird und der Student bei Antragstellung ein BAföG-Darlehen erhalten könnte, ist ihm bei Unterlassung einer Antragstellung in Höhe der BAföG-Leistungen ein **fiktives Einkommen** zuzurechnen.[17] Der Studierende erfüllt seine Obliegenheit durch Antragstellung. Er ist nicht verpflichtet, gegen einen ablehnenden Bescheid ein Rechtsmittel einzulegen, wenn dies der Unterhaltsverpflichtete nicht ausdrücklich von ihm verlangt.[18] **Rückzahlungsraten** aus einem BAföG-Darlehen sind erst dann vom Einkommen des Unterhaltsberechtigten abzuziehen, wenn bereits eine Rückzahlungsverpflichtung besteht oder zumindest unmittelbar bevorsteht.[19] 359

4. Kindergeld

Das staatliche Kindergeld nach §§ 62 f EStG und nach dem BKGG dient dem allgemeinen Familienlastenausgleich. Es ist eine öffentliche Sozialleistung, die den Eltern gewährt wird, um ihre Unterhaltslast gegenüber den Kindern zu erleichtern. Kindergeld steht beiden Eltern zu. Aus Gründen der Verwaltungsvereinfachung wird es jedoch gemäß § 64 I EStG immer nur an einen Berechtigten ausbezahlt. Ursprünglich erfolgte der interne Ausgleich unter den Eltern mit der Konstruktion eines familienrechtlichen Ausgleichsanspruches. In der Praxis der Gerichte entwickelte sich dann die Übung, das Kindergeld über den Anspruch auf Kindesunterhalt auszugleichen. Mit dem ab 1. 7. 1998 geltenden neuen § 1612 b BGB hat das Gesetz diese Regelung im wesentlichen übernommen. Zu den Einzelheiten s. bei Minderjährigen Rn 2/500 f und bei Volljährigen Rn 2/513 f. Wegen dieser Verrechnung zählt nach den meisten Leitlinien Kindergeld in der Regel nicht als Einkommen des Verpflichteten.[21] Auch nach der neueren Rechtsprechung des BGH bleiben Kindergeldbezüge bei der Bestimmung des Einkommens, nach dem sich der Unterhaltsanspruch des **Kindes** bemißt, unberücksichtigt.[22] Näher dazu Rn 2/497. 360

Bei der Bestimmung des **Ehegattenunterhalts** hat der BGH das Kindergeld verschiedentlich zum Einkommen des Verpflichteten gerechnet. Dabei handelte es sich aber stets 361

---

[14] BGH, R 265, 306
[15] BGH, NJW-RR 1989, 578
[16] BGH, R 265, 306
[17] BGH, FamRZ 1980, 126, 128 = NJW 1980, 393, 395
[18] BGH, NJW-RR 1989, 578
[19] BGH, FamRZ 1986, 148 = NJW 1986, 720
[20] Fn. 20 nicht belegt
[21] So BayL 9, BL A I a) 10, DL A 10 c
[22] BGH, FamRZ 1997, 806 = R 512 f; FamRZ 1988, 607 = R 360 b

um besonders gelagerte Sachverhalte. In einem Fall[23] war der Kindesunterhalt bereits durch Pflegegeld vollständig gesichert, in anderen Fällen[24] handelte es sich um volljährige Kinder, für die ausschließlich der Vater aufkam. Bei einer weiteren Entscheidung[25] handelte es sich um einen Mangelfall. Diese Entscheidungen dürfen daher nicht so verstanden werden, als ob das Kindergeld beim Ehegattenunterhalt stets zum Einkommen beider Eheleute zu rechnen wäre. Im Regelfall wäre dies nämlich ein überflüssiger Rechenschritt, weil bei der gleichmäßigen Verteilung des Kindergeldes auf beide Ehegatten die Zurechnung zu den beiderseitigen Einkünften sich gegenseitig aufhebt.[26]

Beispiel: Verbleiben dem Verpflichteten nach Abzug des Unterhalts für zwei Kinder noch 2800 DM, würden dem einkommenslosen Berechtigten hiervon 2800 x 3 : 7 = 1200 DM zustehen. Wird das Kindergeld von 200 DM jedem Ehegatten zur Hälfte als Einkommen zugerechnet, ergibt sich keine Veränderung. Das Einkommen des Verpflichteten beträgt nunmehr 2800 + 100 = 2900 DM, beim Berechtigten sind es 100 DM. Danach sind unverändert 2900 − 100 = 2800 x 3 : 7 = 1200 DM zu zahlen.

362 In einer neueren Entscheidung[27] lehnt der Bundesgerichtshof nunmehr die Zurechnung von Kindergeld zum Einkommen für die Bedarfsermittlung beim Ehegattenunterhalt selbst dann ab, wenn das Kindergeld für ein nichtgemeinschaftliches Kind gezahlt wird. Das OLG München[28] ist dem BGH für diesen besonderen Fall nicht gefolgt und hat bei der Bedarfsermittlung nach § 1578 BGB für den Ehegattenunterhalt beim Einkommen des Pflichtigen seinen Kindergeldanteil und den Zählkindvorteil für das nichtgemeinsame (Ehebruchs-) Kind zu seinem Einkommen gerechnet. Das erscheint bedenklich, weil es nicht Zweck dieser Sozialleistungen sein kann, daß ein früherer Ehegatte davon profitiert. Zum Kindergeld im Mangelfall s. Rn 5/83 f. Auch der **Zählkindvorteil**, der kindergeldmäßig nicht ausgeglichen werden darf, ist bei einem Empfänger, der für das Zählkind aufkommt, **nicht einkommenserhöhend** zuzurechnen.[29] Zur Verrechnung des Kindergeldes mit dem Unterhalt s. Rn 2/486. Ähnliche Leistungen sind der **Kinderzuschuß** aus der gesetzlichen Rentenversicherung, Kinderzulagen aus der gesetzlichen Unfallversicherung und die Kinderzulagen von zwischen- oder überstaatlichen Einrichtungen.[30] Diese Zuwendungen verdrängen nach § 65 EStG das Kindergeld. Soweit dies der Fall ist, gilt nach § 1612 c BGB die gleiche Regelung wie in § 1612 b BGB. Näher dazu Rn 2/493.

5. Pflege- und Erziehungsgeld, Kindergeld für Pflegepersonen, Erziehungsgeld, Leistungen nach dem Stiftungs- und dem Kindererziehungsleistungsgesetz

363 Pflege- und Erziehungsgeld nach den §§ 23 III, 39 SGB VIII (KJHG) steht rechtlich zwar dem Kind zu, ist aber unterhaltsrechtlich wie die entsprechenden Einkünfte nach dem früheren JWG als **Einkommen der Pflegeperson** zu berücksichtigen, soweit es, wie in der Regel, den für den Unterhalt des Pflegekindes benötigten Betrag übersteigt und als Anerkennung für die Betreuung und erzieherischen Bemühungen der Pflegeperson gezahlt wird. Der Bedarf des Pflegekindes umfaßt alles, was dieses zum Lebensunterhalt benötigt, insbesondere die Aufwendungen für Ernährung, Bekleidung, Reinigung, Körper- und Gesundheitspflege, Hausrat, Unterkunft, Heizung, Beleuchtung, Schulbedarf, Bildung und Unterhaltung.[31] Dieser Bedarf ist festzustellen (§ 287 ZPO). Die Düsseldorfer Tabelle bietet hierfür keinen ausreichenden Anhaltspunkt, weil das Pflege-

---

[23] BGH, FamRZ 1984, 769, 771 = R 214 c
[24] BGH, FamRZ 1990, 979 = R 412 b; FamRZ 1990, 499, 502 = R 407 d
[25] BGH, FamRZ 1992, 539, 541 = R 444 c
[26] Vgl. dazu CL III 2 Satz 2
[27] BGH, FamRZ 1997, 806 = R 512 f
[28] OLG München, FamRZ 1999, 511
[29] BGH, FamRZ 1977, 806 = R 512 f
[30] Vgl. OLG Koblenz, FamRZ 1995, 1374 für die Beamten der Europäischen Kommission
[31] BGH, FamRZ 1984, 769, 771 = R 214 b

9. Abschnitt: Einkünfte aus sozialstaatlichen Zuwendungen § 1

geld unabhängig vom Einkommen gewährt wird. Außerdem enthalten die Sätze der Düsseldorfer Tabelle in der Regel einen zu niedrigen Mietanteil. Der den Bedarf des Kindes übersteigende Teil des Pflegegeldes ist den Pflegeeltern als Einkommen zuzurechnen. Im Zweifel wird man etwa $1/3$ des Pflegegeldes heranziehen können, bei 1200 DM Pflegegeld also 400 DM als Einkommen für die Pflegepersonen.[32] Soweit Pflegegeld als Einkommen der Pflegeperson behandelt wird, ist auch der Erwerbstätigenbonus zu berücksichtigen.[33] Auf den Unterhaltsanspruch des Kindes ist der Rest des Pflegegeldes von ca. $2/3$ als subsidiäre Sozialleistung ohne Einfluß.[34] Zu dem Erziehungsgeld nach dem BErzGG s. Rn 85.

Für die Leistungen der **Pflegeversicherung** nach § 37 I SGB XI gilt folgendes:[35] **363a**
— Wurde mit der Pflegeperson ein Arbeitsvertrag abgeschlossen, handelt es sich bei ihr um Erwerbseinkommen.
— Besteht keine vertragliche Regelung, wird man wie oben $1/3$ des Pflegegeldes als Vergütungsanteil schätzen können.
— Die Person, für die das Pflegegeld bezahlt wird, kann sich auf die Vermutung des § 1610a BGB (vgl. Rn 343) berufen. Die Bedürftigkeit des Gepflegten wird daher durch die Leistungen der Pflegeversicherung nicht berührt. Im Einzelfall kann es sogar unschädlich sein, wenn das Pflegegeld nicht vollständig für Hilfsdienste ausgegeben wird, weil diese zum Teil unentgeltlich erbracht werden.[36]
— Nach dem neugefaßten § 13 VI SGB XI darf ab 1. 8. 1999 das an eine Pflegeperson weitergeleitete Pflegegeld bei der Ermittlung von Unterhaltsansprüchen und Unterhaltsverpflichtungen nur noch in den Fällen
  — — des § 1361 III BGB (Verwirkung von Trennungsunterhalt),
  — — des § 1579 BGB (Verwirkung von nachehelichem Unterhalt),
  — — des § 1603 II BGB (gesteigerte Unterhaltsverpflichtung gegenüber minderjährigen Kindern),
  — — des § 1611 I BGB (Verwirkung von Verwandtenunterhalt) und
  — — bei Unterhaltsansprüchen einer Pflegeperson mit Erwerbsobliegenheit, soweit der Pflegebedürftige mit dem Unterhaltspflichtigen nicht in gerader Linie verwandt ist (Ehefrau betreut gemeinsames behindertes Kind oder die Eltern des Unterhaltspflichtigen)
  als Einkommen berücksichtigt werden.
— Die Pflegeperson braucht ihre Einkünfte nicht zu versteuern, wenn sie zu den Angehörigen zählt oder mit der Pflege auch eine sittliche Pflicht i. S. von § 33 II SGB XI erfüllt; § 3 Nr. 36 EStG.

Pflegegeld nach § 69 BSHG a. F., das für häusliche Pflege durch nahestehende Personen (z. B. Eltern oder Nachbarn) gewährt wurde, ist wie beim Pflegegeld nach §§ 23 III, 39 SGB VIII (siehe Rn 363) der Pflegeperson in Höhe des den Bedarf des Pfleglings übersteigenden Teiles als Einkommen zuzurechnen.[37] Im Zweifel ist wie in Rn 363 etwa ein Drittel anzurechnen. Bezieht die Pflegeperson zusätzlich das staatliche Kindergeld, ist dies unterhaltsrechtlich als ihr Einkommen zu berücksichtigen, wenn die zu einer angemessenen Versorgung des Kindes erforderlichen Mittel bereits anderweitig (z. B. durch das Pflegegeld) gedeckt sind.[38] Geht es jedoch um den Unterhaltsanspruch des Pflege- **364**

---

[32] In einem konkreten Fall hat das OLG Hamm (s. FamRZ 1997, 1216) bei einem Pflegegeld von 1052 DM zunächst einen Mietanteil von 150 DM für das Kind abgezogen und von den verbleibenden 902 DM die Hälfte der betreuenden Großmutter als Einkommen zugerechnet, also insgesamt rund 43 %. Dies dürfte ein zu hoher Anteil sein, weil das Pflegegeld in erster Linie die Bedürfnisse des Kindes so absichern will, daß keine finanziellen Belastungen für die Pflegepersonen eintreten (OLG Hamm aaO). In FamRZ 1999, 852 behandelte das OLG Hamm $1/3$ des Pflegegeldes als Einkommen.
[33] OLG Braunschweig, FamRZ 1996, 1216
[34] BGH, FamRZ 1985, 1243 = NJW 1986, 186
[35] Grundlegend dazu Büttner, FamRZ 1995, 193 f
[36] OLG Hamm, FamRZ 1998, 1431
[37] BGH, FamRZ 1987, 259, 261 = R 312 c
[38] BGH, FamRZ 1984, 769, 771 = R 214 b

Haußleiter

bedürftigen selbst, darf das Pflegegeld gemäß § 69 BSHG a. F. wegen seiner subsidiären Natur nicht zum Einkommen gerechnet werden.[39]

365 Pflegegeld nach dem Berliner ZGHG gilt als Einkommen des Behinderten. Es ist von dessen Unterhaltsbedarf abzuziehen.[40] Pflegegeld nach dem Landespflegegeldgesetz Rheinland/Pfalz gehört nicht zu den subsidiären Sozialleistungen, weil es ohne Rücksicht auf das Einkommen gewährt wird. Es ist daher jedenfalls auf den behinderungsbedingten Mehrbedarf anzurechnen.[41] Der BGH läßt zwar offen, ob das nach Abdeckung des Pflegeaufwandes übrigbleibende Pflegegeld auf den allgemeinen Bedarf anzurechnen ist. Diese Frage dürfte aber zu bejahen sein. Zum Erziehungsgeld s. Rn 85.

366 Die Leistungen nach dem **Kindererziehungsleistungsgesetz** vom 12. 7. 1987, die den vor 1921 geborenen Müttern zustehen, haben versicherungsrentenähnlichen Charakter und sind daher auf den Bedarf eines Berechtigten ohne weiteres **anzurechnen**.[42] Die Leistungen nach dem Gesetz über die Errichtung einer Stiftung „**Hilfswerk für behinderte Kinder**" vom 17. 12. 1971 werden im Sozialrecht nicht angerechnet,[43] weil sie den Behinderten bessere Eingliederungschancen eröffnen und ihnen daher ungeschmälert zugute kommen sollen. Diese besondere Zwecksetzung läßt auch unterhaltsrechtlich eine Anrechnung auf den Bedarf des Behinderten nicht zu. Die Pflegeperson muß sich allerdings auch hier wie beim Pflegegeld in Rn 363 einen nach § 287 ZPO zu schätzenden Anteil der Leistungen als Einkommen zurechnen lassen, wenn sie Unterhalt beansprucht.

366a Wird Pflegegeld einer Pflegeperson als Einkommen zugerechnet, kann wie beim Erwerbseinkommen $1/7$ **anrechnungsfrei** bleiben.[44]

6. Ausbildungsbeihilfe und Ausbildungsgeld nach dem Arbeitsförderungsrecht = SGB III

367 Leistungen im Rahmen der **Berufsausbildungsbeihilfe** nach §§ 59 f SGB III sind subsidiär, weil der Unterhaltsanspruch gegen die Eltern im Umfang der Förderung nach der Anzeige an die Eltern gemäß § 72 II 2 SGB III auf das Arbeitsamt übergeht. Damit wird zum Ausdruck gebracht, daß unterhaltsverpflichtete Eltern durch die Berufsausbildungsbeihilfe nicht entlastet werden sollen. Eine Anrechnung dieser Leistung auf das Einkommen des Kindes scheidet somit aus. Der Gesichtspunkt der Subsidiarität kommt auch in § 72 II 3 SGB III zum Ausdruck. Nach dieser Bestimmung hat der Auszubildende die Ausbildungsbeihilfe sogar zurückzugeben, soweit es ihm trotz des Forderungsübergangs gelungen ist, Unterhalt beizutreiben. In diesen Fällen bleibt also der Unterhaltsanspruch erhalten, anspruchsberechtigt ist jedoch im Umfang der Leistungen nunmehr das Arbeitsamt. Anders verhält es sich beim **Ausbildungsgeld für Behinderte** nach § 104 SGB III. In diesen Fällen gibt es keinen Forderungsübergang. Damit wird eine Entlastung der Eltern angestrebt. Das Ausbildungsgeld ist daher nicht subsidiär, sondern deckt den Unterhaltsbedarf auch im Verhältnis zum Verpflichteten endgültig ab. Es bleibt daher hier bei der Grundregel, daß Einkünfte jeder Art die Bedürftigkeit der Berechtigten mindern.[45] Zu prüfen ist allerdings stets, ob nicht behinderungsbedingter Mehrbedarf vorliegt, der vorweg vom Ausbildungsgeld abzuziehen ist.

---

[39] BGH, FamRZ 1993, 417 = R 458
[40] BGH, FamRZ 1985, 917, 919 = NJW 1985, 2590
[41] BGH, FamRZ 1993, 417 = R 458
[42] BGH, FamRZ 1992, 162 = R 438
[43] BVerwG, FamRZ 1993, 181
[44] OLG Braunschweig, FamRZ 1996, 1216
[45] OLG München, FamRZ 1992, 212, 214 zu der insoweit gleichgebliebenen früheren Regelung in §§ 40, 58 I 3 AFG

II. Freiwillige unentgeltliche Zuwendungen eines Dritten

Freiwillige Zuwendungen eines Dritten (z. B. durch einen nahen Angehörigen) können in Bar- und Sachleistungen (z. B. kostenloser Wohnungsgewährung) bestehen. Solche Leistungen, durch die allenfalls einer nur sittlichen Pflicht entsprochen wird, werden den Zuwendungen aufgrund rechtlicher Verpflichtung nicht gleichgestellt und mindern in der Regel die Bedürftigkeit des Berechtigten nicht. Es ist daher stets zu klären, ob der Berechtigte einen rechtlichen Anspruch auf solche Leistungen hat. Besteht kein solcher rechtlicher Anspruch (wie in der Regel bei freiwilligen Leistungen), hängt die Anrechenbarkeit einer solchen Leistung grundsätzlich **vom Willen des Zuwendenden** ab. Dies ergibt sich aus § 267 BGB. Bei Leistungen eines Dritten wird die Schuld nur getilgt, wenn der Dritte mit dem Willen tilgt, die Verpflichtung des Schuldners zu tilgen.[46] Geht dieser Wille, wie in der Regel, dahin, den Berechtigten zusätzlich zu unterstützen, ohne den Verpflichteten von dessen Unterhaltspflicht zu entlasten, dann ist die Zuwendung unterhaltsrechtlich nicht zu berücksichtigen.[47] Wird größeres Kapital geschenkt, so sind aber die hieraus erzielbaren Zinsen zum Einkommen zu rechnen.[48] Im Mangelfall können allerdings freiwillige unentgeltliche Zuwendungen eines Dritten im Rahmen einer Billigkeitsabwägung auf der Leistungsstufe ganz oder teilweise berücksichtigt werden (Rn 5/100). Wird der Dritte selbst auf Unterhalt in Anspruch genommen, kann er seine freiwilligen Leistungen in keinem Fall unterhaltsmindernd absetzen.

Zuwendungen in diesem Sinn können auch **Naturalleistungen** sein, wie etwa persönliche Dienstleistungen in Form von Pflege und Betreuung, für die der Leistungsempfänger andernfalls bezahlen müßte. Wird z. B. ein unterhaltspflichtiger Behinderter von seiner Ehefrau umsonst gepflegt, steht ihm in Höhe der „eingesparten" Mittel ein Freibetrag zu, wenn der Ehepartner nur ihn unterstützen will.[49] Das gleiche gilt, wenn die neue Ehefrau eines Unterhaltspflichtigen unentgeltlich Kinder aus der ersten Ehe betreut.[50] Auch der geldwerte Vorteil, den der Pflichtige dadurch hat, daß er mietfrei im Haus eines neuen Partners lebt, kann nicht ohne weiteres seinen sonstigen Einkünften hinzugerechnet werden.[51]

Am Merkmal einer unentgeltlichen Zuwendung fehlt es in der Regel, wenn der Berechtigte seinerseits gegenüber dem Dritten unentgeltliche Leistungen (z. B. Versorgungsleistungen) erbringt. Wirtschaftlich gesehen handelt es sich hierbei in Wirklichkeit um **vermögenswerte Gegenleistungen**, die geeignet sein können, die Zuwendungen des Dritten abzugelten. In Höhe des Wertes der Gegenleistungen sind dann die Zuwendungen als Einkommen anzurechnen. Die Höhe des anzurechnenden Betrages hat das Gericht unter Berücksichtigung der Umstände des Einzelfalls zu ermitteln und gegebenenfalls nach § 287 ZPO (dazu s. Rn. 6/728 f) zu schätzen.[52]

Dritter in diesem Sinn kann beim **Kindesunterhalt** auch der andere Elternteil sein. Nach der Lebenserfahrung kann grundsätzlich nicht angenommen werden, daß nach der Trennung der Eheleute ein Elternteil den anderen von dessen gesetzlicher Unterhaltsverpflichtung entlasten will. Näher zu diesem Problemkreis Rn 2/101 f. Bei Zuwendungen eines **Lebensgefährten des Kindes** vgl. Rn 2/105.

---

[46] Palandt/Heinrichs, § 267 Rn 4
[47] BGH, FamRZ 1985, 584 = R 254 b; FamRZ 1980, 40, 42 = R 32
[48] OLG Köln, FamRZ 1993, 711
[49] BGH, FamRZ 1995, 537 = R 493 a
[50] BGH IVb ZR 379/81 vom 29. 6. 1983 zit. in BGH, FamRZ 1995, 537 = R 493 a
[51] OLG Bamberg, FamRZ 1996, 628
[52] BGH, FamRZ 1980, 665, 668 = R 39 b; FamRZ 1980, 40, 42 = R 32

III. Zuwendungen des neuen Partners an den Berechtigten sowie Gegenleistungen des Berechtigten an den neuen Partner

1. Allgemeines

371   Grundsätzlich gelten die Ausführungen zu Rn 368 f auch für das Verhältnis von Personen, die in eheähnlicher Lebensgemeinschaft zusammenleben, da die eheähnliche Lebensgemeinschaft als solche keine Rechtsbeziehungen und gegenseitige Rechtsansprüche zwischen den Partnern schafft. Deshalb mindern an sich Zuwendungen des neuen Partners an den Berechtigten dessen Bedürftigkeit nicht, weil der Berechtigte auf solche Zuwendungen keinen Rechtsanspruch hat und sein neuer Partner nach der Lebenserfahrung nur ihn unterstützen will, aber nicht den früheren Partner von dessen Unterhaltspflicht entlasten will. Dies gilt im Prinzip für alle Leistungen des neuen Partners, vor allem für **Wohnungsgewährung** (s. Rn 378), finanzielle Zuwendungen und ähnliche Leistungen.[53]

2. Zur Anrechnung von Leistungen des neuen Partners

372   Führt der Unterhaltsberechtigte seinem neuen Partner den Haushalt oder erbringt er ihm sonstige Versorgungsleistungen (Wohnungsgewährung u. ä.), so können dessen Bar- und Sachleistungen nicht mehr als unentgeltlich beurteilt werden. Sie beinhalten wirtschaftlich eine Vergütung für die ihm erbrachten Versorgungsleistungen. Dabei kommt es nicht darauf an, ob die beiden Partner insoweit entsprechende Absprachen getroffen haben. Den wirklichen Wert der Leistungen, die der Berechtigte von seinem neuen Partner erhält, muß er sich als angemessene Vergütung bedarfsmindernd auf seinen Unterhaltsanspruch anrechnen lassen.[54] Zur Ermittlung der angemessenen Vergütung ist daher stets zu klären, welche Zuwendungen dem Berechtigten von seinem neuen Partner zufließen und welchen anrechenbaren Wert diese haben.

373   Meist besteht die Zuwendung in der **Bereitstellung der Wohnung** und der (teilweisen) Übernahme von allgemeinen Lebenshaltungskosten, wie Heizung, Strom, Lebensmittel u. ä. Dabei ist ein Abzug in Höhe des Betrages zu machen, der erforderlich ist, um die durch die Versorgung des neuen Partners verursachten (Mehr-)Ausgaben zu bestreiten. Im allgemeinen werden die gesamten Zuwendungen des neuen Partners abzüglich eines solchen Abschlags für Mehraufwendungen zur Abgeltung der hauswirtschaftlichen Tätigkeit und sonstiger Versorgungsleistungen des Berechtigten bestimmt sein, so daß es in der Regel gerechtfertigt sein wird, die Zuwendungen in diesem Umfang beim Berechtigten als Einkommen zu berücksichtigen.[55] Über den Umfang von Betreuungs- und Versorgungsleistungen sind richterliche Feststellungen zu treffen; es sind in der Regel Instandhaltungs- und Pflegearbeiten in der Wohnung, Waschen der Wäsche, Einkaufen, Überlassung von Haushaltsgeräten, Kochen, Betreuung von Kindern des neuen Partners u. ä.[56]

3. Zur fiktiven Anrechnung einer angemessenen Vergütung für Versorgungsleistungen

374   Erbringt der neue Partner seinerseits keine Leistungen oder bleibt sein Beitrag hinter dem tatsächlichen Wert der Versorgungsleistungen zurück, die ihm der Berechtigte ge-

---

[53] BGH, FamRZ 1980, 40, 42 = R 32; FamRZ 1980, 879, 880
[54] BGH, FamRZ 1989, 487 = NJW 1989, 1083; FamRZ 1984, 356 = R 320 a; FamRZ 1980, 40, 42 = R 32 und FamRZ 1980, 665, 668 = R 39 b
[55] BGH, FamRZ 1980, 40, 42 = R 32
[56] BGH, FamRZ 1989, 487 = NJW 1989, 1083

9. Abschnitt: Einkünfte aus sozialstaatlichen Zuwendungen § 1

währt, muß der wirkliche Wert der vom Berechtigten erbrachten Leistungen in entsprechender Anwendung des § 850 h ZPO als maßgeblich angesehen werden. Eine solche kostenlose und verhältnismäßig gering vergütete Leistung für den neuen Partner kann hier ebensowenig zu Lasten des unterhaltspflichtigen Ehegatten gehen, wie im Bereich des § 850 h ZPO zum Nachteil eines Gläubigers. Deshalb muß sich der Berechtigte in derartigen Fällen grundsätzlich eine angemessene Vergütung für seine Dienste anrechnen lassen.[57] Ist der neue Partner zu einer solchen Vergütung nicht in der Lage, muß geprüft werden, ob der Berechtigte nicht zumindest im Umfang einer solchen angemessenen Vergütung anderweitig eine Erwerbstätigkeit finden könnte, wobei dem neuen Partner eine Mithilfe zugemutet werden kann, weil er sonst kostenlos die Leistungen des Berechtigten erhalten würde. Denn Zuwendungen des neuen Partners können nicht angerechnet werden, wenn dieser als leistungsunfähig anzusehen ist.[58] **Der neue Partner muß finanziell imstande sein**, die ihm erbrachten Leistungen zu vergüten.[59] Ein verfügbarer Nettobetrag von 1366 DM erlaubte jedenfalls 1987 die Vergütung solcher Aufwendungen, die der neue Partner, wenn er allein lebte, ebenfalls aus diesem Einkommen finanzieren müßte.[60] Das Einkommen des neuen Partners kann u. U. der Bescheinigung zum Lohnausfall für die Zeugenentschädigung entnommen werden.[61]

Bei einem Unterhaltsanspruch nach § 1570 BGB sind solche Versorgungsleistungen 375 trotz Kindesbetreuung zumutbar und deshalb im Rahmen des § 1577 I BGB voll auf den Unterhaltsanspruch bedarfsmindernd anzurechnen.[62] Bei der zuzurechnenden Vergütung handelt es sich nicht um Einkünfte aus Erwerbstätigkeit, sondern um eine besondere Art anderweitiger Deckung des Unterhaltsbedarfs, den unberücksichtigt zu lassen unbillig wäre.[63] Eine solche Vergütung, die jederzeit wegfallen kann, darf auch nicht einer unterhaltssichernden Erwerbstätigkeit nach § 1573 IV BGB gleichgesetzt werden.[64] Auch wenn bereits im Rahmen einer Erwerbsobliegenheit Einkommen erzielt wird, darf dieses Einkommen nach § 850 h ZPO nicht unberücksichtigt bleiben. Es ist vielmehr nach den zu § 1577 II BGB entwickelten Grundsätzen **mindestens teilweise** anzurechnen.[65] Vgl. hierzu auch Rn 450. Macht der Verpflichtete derartige Versorgungsleistungen geltend, obliegt es dem Bedürftigen, dies zu widerlegen.[66]

4. Zur Bemessung der angemessenen Vergütung

Die Höhe des anzurechnenden Betrages ist vom Gericht zu ermitteln. Dabei ist vor 376 allem auf den objektiven Wert abzustellen, den die Haushaltsführung und die sonstigen Vermögensleistungen für den Partner unter Berücksichtigung von dessen Einkommen haben. Bei dieser Ermittlung können Richtsätze, die auf die angegebenen Verhältnisse abgestimmt sind und der Lebenserfahrung entsprechen, sowie Richtlinien und Erfahrungssätze, die zur Bestimmung von Schadensersatzrenten für die Verletzung oder Tötung von Hausfrauen entwickelt worden sind, als Anhalt dienen, soweit nicht im Einzelfall besondere Umstände eine Abweichung bedingen.[67]

Die Bayerischen Oberlandesgerichte[68] bewerten die Haushaltsführung in der Regel 377 mit einem Betrag von 500 bis 1000 DM. Bei Bestehen einer eheähnlichen Lebens- und Haushaltsgemeinschaft werden vom OLG Oldenburg 800 DM angerechnet.[69] **Gegenlei-**

---

[57] BGH, FamRZ 1980, 665, 668 = R 39 b; FamRZ 1980, 879
[58] BGH, FamRZ 1985, 273 = R 239 a
[59] BGH, FamRZ 1989, 487 = NJW 1989, 1083
[60] BGH, FamRZ 1987, 1011, 1013 = R 338 c
[61] OLG Hamm, FamRZ 1993, 1450
[62] BGH, FamRZ 1987, 1011 = R 338 c
[63] BGH, FamRZ 1988, 259, 263 = R 252 c
[64] BGH, FamRZ 1987, 689 = R 337 c
[65] BGH, FamRZ 1995, 343 = R 489 a
[66] BGH, FamRZ 1995, 291 = R 487 b
[67] BGH, FamRZ 1984, 662 = R 211 a; FamRZ 1980, 40, 42 = R 32
[68] BayL I 6
[69] Ol V 2 b

stungen des neuen Partners gegenüber Kindern des Berechtigten (z. B. Hausaufgabenüberwachung) können bei der Schätzung nicht berücksichtigt werden, weil der Vater des Kindes unterhaltsrechtlich nicht verpflichtet ist, dem neuen Partner die Beaufsichtigung der Kinder zu entgelten. Der Wert der Versorgungsleistungen für den neuen Partner ist daher ohne Abzug wegen dessen Betreuungsleistungen für Kinder des Berechtigten zu ermitteln.[70] Können derartige Versorgungsleistungen nicht angenommen werden, weil etwa jeder Partner den auf ihn entfallenden Anteil selbst trägt, kann dennoch eine **Ersparnis von ca. 20–25 % der Lebenshaltungskosten** zugrunde gelegt werden.[71]

5. Zur Wohnungsgewährung durch den neuen Partner

378   Die hier zu behandelnden Fälle liegen in der Regel so, daß der **Unterhaltsberechtigte** in der Wohnung des neuen Partners aufgenommen wird und dort seine fiktiv zu bewertenden Versorgungsleistungen erbringt. Die Bewertung der Wohnungsgewährung ist davon zu unterscheiden. Trägt der neue Partner die Wohnkosten allein, kann der Berechtigte nicht den vollen Unterhalt verlangen, sondern nur einen solchen, der aufgrund der anderweitigen Deckung seines Wohnbedarfs reduziert ist; auf konkrete Absprachen mit dem Partner zu diesem Punkt oder darauf, ob er den Beklagten zu entlasten gewillt ist, kommt es nicht an.[72] Danach ist zusätzlich zu einer fiktiven Vergütung der Unterhaltsanspruch um den Wohnbedarf, also etwa um 20–30 %, zu verringern. Damit wird allerdings die Abgrenzung zu freiwilligen Leistungen Dritter (vgl. Rn 368 f) problematisch. Richtig dürfte es sein, den Wohnbedarf nur dann unterhaltsmindernd als gedeckt anzusehen, wenn auch fiktiv zu bewertende Versorgungsleistungen erbracht werden.[73]

Anders zu beurteilen ist die kostenlose Wohnungsgewährung des neuen Partners für die **in die Wohnung mitaufgenommenen Kinder** aus der früheren Ehe, da insoweit keine Gegenleistungen der Kinder angenommen werden können und außerdem nach der Lebenserfahrung ein Wille des neuen Partners auf Entlastung des Verpflichteten von dessen Unterhaltspflicht gegenüber den Kindern nicht angenommen werden kann.[74] Der Kindesunterhalt ist somit in diesen Fällen ungekürzt zu zahlen.

IV. Unterhaltsleistungen als anrechnungsfähiges Einkommen

1. Grundsatz

379   Auch Unterhaltsleistungen, die ein Ehegatte erhält, zählen zu dessen Einkommen. Trotzdem ist der Berechtigte nicht verpflichtet, solche Unterhaltsleistungen zum Unterhalt für seine Kinder zu verwenden. Das gilt vor allem, wenn der Ehegattenunterhalt unter Vorwegabzug des Kindesunterhalts berechnet wurde.[75] Der Unterhalt dient der Deckung des angemessenen Bedarfs des Ehegatten. Er ist **nicht dazu bestimmt**, Unterhaltsverpflichtungen gegenüber Kindern zu erfüllen. Der Bedarf wird auch nicht dadurch erhöht, daß der Ehegatte von Kindern auf Unterhalt in Anspruch genommen wird.[76] Dies ist zutreffend in all den Fällen, in denen der Empfänger die Unterhaltsleistungen braucht, um seinen angemessenen Unterhalt decken zu können, und in denen seine Unterhaltsverpflichtung gegenüber Kindern nach § 1603 I BGB davon abhängt, daß durch eine Unterhaltsgewährung sein eigener angemessener Unterhalt nicht gefährdet wird. Für diese Fälle ergibt sich unmittelbar aus § 1603 I BGB, daß aus einem Unter-

---

[70] BGH, FamRZ 1983, 146, 148 = R 142 c
[71] OLG Hamburg, FamRZ 1987, 1044; OLG Frankfurt, FamRZ 1985, 957
[72] BGH, FamRZ 1995, 343 = R 489 b
[73] So auch Büttner, FamRZ 1996, 126, 138
[74] BGH, FamRZ 1980, 665, 669 = R 39 c
[75] OLG Hamm, FamRZ 1992, 91
[76] BGH, FamRZ 1985, 273 = R 239 c

9. Abschnitt: Einkünfte aus sozialstaatlichen Zuwendungen §1

halt, der den angemessenen eigenen Bedarf nicht übersteigt, kein Unterhalt für Kinder bezahlt werden muß.[77] Der berechtigte Ehegatte kann seinen Unterhalt nach Belieben verwenden. Es ist ihm nicht verwehrt, den Unterhalt teilweise auch anzusparen. Durch eine solche freiwillige Einschränkung in der Lebensführung mindert sich seine Bedürftigkeit nicht. Diese mindert sich erst, wenn er seinen Bedarf zumindest teilweise aus eigenen Kräften oder mit eigenen Mitteln, etwa Zinseinkünften aus dem Angesparten decken kann.[78] Näher dazu s. Rn 2/148. Zum **Taschengeld** s. Rn 3/56.

2. Ausnahmen

Im Verhältnis von Eltern zu ihren **minderjährigen Kindern** besteht nach § 1603 II BGB eine gesteigerte Unterhaltsverpflichtung der Eltern, die auf der besonderen familienrechtlichen Verantwortung der Eltern gegenüber minderjährigen Kindern beruht.[79] Die Eltern sind verpflichtet, alle verfügbaren Mittel gleichmäßig zu ihrem Unterhalt und zum Unterhalt der Kinder zu verwenden. Ein Elternteil, der selbst unterhaltsberechtigt ist, muß im Rahmen dieser Verpflichtung auch seinen Unterhalt bis zur Höhe seines notwendigen Selbstbehalts für den Kindesunterhalt verwenden.[80] Diese Verpflichtung nach § 1603 II BGB gilt unabhängig davon, woher die Mittel stammen und worauf die Zuwendung beruht. Sie gilt auch für Unterhaltsleistungen.[81] So können etwa Unterhaltsleistungen eines späteren Ehepartners für den Unterhalt eines minderjährigen Kindes aus einer früheren Ehe herangezogen werden.[82] Voraussetzung ist allerdings, daß das Kind seinen erforderlichen Unterhalt nicht vom anderen Elternteil erlangen kann.[83] Ist dieser in der Lage, als sorgeberechtigter Elternteil auch den Barbedarf des Kindes zu erfüllen, ohne seinen eigenen angemessenen Unterhalt zu gefährden, dann muß der andere Elternteil seinen Unterhalt nicht für den Unterhalt des Kindes verwenden.[84]   380

Erhält der berechtigte Elternteil zusätzlich zu Erwerbseinkünften **Aufstockungsunterhalt nach § 1573 II BGB**, dann ist er zu Unterhaltsleistungen gegenüber seinen minderjährigen und volljährigen Kindern verpflichtet, wenn sein Gesamteinkommen aus Unterhalt und Eigenverdienst höher ist als sein angemessener Unterhalt. Für diese Unterhaltsbemessung werden das Eigeneinkommen und der Aufstockungsunterhalt addiert. In einem solchen Fall wird der Unterhaltsanspruch der Kinder nicht aus seinem eigenen Unterhalt, sondern aus seinem Erwerbseinkommen geleistet. Voraussetzung ist allerdings, daß ihm sein angemessener bzw. notwendiger Selbstbehalt verbleibt (siehe auch Rn 5/1). Auch bei der Berechnung des Haftungsanteils nach § 1606 III 1 BGB bei beiderseitiger Barunterhaltspflicht der Eltern ist ein Aufstockungsunterhalt mit dessen Erwerbseinkommen zusammenzurechnen.[85] Näher dazu s. Rn 2/148.   381

V. Schmerzensgeld

Schmerzensgeld ist jedenfalls bei der Prüfung der Leistungsfähigkeit eines Elternteils gegenüber minderjährigen Kindern als Einkommen zu berücksichtigen. Beim Überschreiten einer Opfergrenze wegen vorliegender Behinderungen kann der Selbstbehalt maßvoll erhöht werden.[86] Handelt es sich um Einkommen eines noch unterhaltsberechtigten Kindes, hat das Schmerzensgeld und die hieraus erzielten Einkünfte selbst dann   382

---

[77] BGH, FamRZ 1980, 555 = R 37 a
[78] BGH, FamRZ 1985, 582 = NJW 1985, 1343
[79] BGH, FamRZ 1989, 170 = R 379 a
[80] BGH, FamRZ 1985, 1243 = R 270 b
[81] BGH, FamRZ 1980, 555 = R 37 a
[82] OLG Nürnberg, FamRZ 1998, 981, 982
[83] BGH, FamRZ 1980, 555 = R 37 a
[84] BGH, FamRZ 1980, 555 = R 37 a
[85] BGH, FamRZ 1986, 153 = R 278 c
[86] BGH, FamRZ 1989, 170 = R 379 b

außer Betracht zu bleiben, wenn das Kind volljährig ist.[87] Voraussetzung ist allerdings, daß dem Verpflichteten der angemessene Unterhalt verbleibt. Beim Ehegattenunterhalt sind dagegen jedenfalls die Einkünfte aus dem Schmerzensgeld voll anzurechnen.[88] Mit dem Kapital selbst darf der Empfänger jedoch frei umgehen, „um sich nach seinen Wünschen und Interessen einen gewissen Ausgleich für den erlittenen immateriellen Schaden zu ermöglichen".

VI. Zu den nicht als Einkommen anzurechnenden Geldeinkünften

383   **Sozialhilfe**, die dem Unterhaltsbedürftigen geleistet wird, hat auf den Unterhaltsanspruch keinen Einfluß. Sie mindert die Bedürftigkeit nicht, da sie wegen ihres subsidiären Charakters den Unterhaltspflichtigen nicht von einer Leistungspflicht befreien soll.[89] Zu beachten sind allerdings die Folgen, die sich aus dem gesetzlichen Forderungsübergang nach § 91 BSHG ergeben. Im einzelnen zu dieser Problematik siehe Rn 6/500. Zur unterhaltsrechtlichen Behandlung der **Arbeitslosenhilfe** vgl. Rn 81.

385   **Die wiederaufgelebte Witwenrente** nach BVersG und AVG einer geschiedenen Frau aus vorangegangener Ehe bleibt unberücksichtigt, weil sie gegenüber dem Unterhaltsanspruch ebenfalls subsidiär ist. Der Unterhaltsanspruch ist so zu berechnen, als existiere diese Rente nicht. Nach Rechtskraft des Unterhaltsurteils wird der Versorgungsträger die Rente entsprechend kürzen.[90] Diese Subsidiarität besteht auch, wenn ein Unterhaltsanspruch nach § 1579 BGB beschränkt wird oder wenn der Anspruch auf den §§ 60 ff EheG beruht.[91] Von dem Grundsatz der Subsidiarität kann nur abgewichen werden, wenn der dem Unterhaltspflichtigen verbleibende Betrag erheblich niedriger ist als die Bezüge des Berechtigten, so daß eine „Schieflage mit unterhaltsrechtlich unvertretbaren Ergebnissen" entsteht.[92]

Die **Arbeitnehmersparzulage** ist nicht anzurechnen.[93]

Das Hausgeld des Strafgefangenen ist auch bei gesteigerter Unterhaltspflicht nach § 1603 Abs. 2 S. 1 BGB nicht anzurechnen, weil dieses der Resozialisierung dienen soll.[94]

10. Abschnitt: Fiktives Einkommen aus unterlassener zumutbarer Erwerbstätigkeit

386   Die tragenden Grundsätze des Unterhaltsrechts, nach denen
– bei Bedürftigkeit Unterhalt verlangt werden kann und
– bei Leistungsunfähigkeit kein Unterhalt geschuldet wird,
gelten nicht uneingeschränkt. Die Rechtsprechung fragt immer auch nach den Ursachen derartiger Gegebenheiten. Im Einzelfall kann dies dazu führen, daß ein an sich Mittelloser keinen Unterhalt verlangen kann oder sogar seinerseits Unterhalt zahlen muß. Dogmatisch werden solche Ergebnisse dadurch abgesichert, daß bei selbstverschuldeter Mittellosigkeit in bestimmten Fällen **fiktive Einkünfte** zugerechnet werden. Fiktive Einkünfte sind bei der Leistungsfähigkeit des Verpflichteten von Bedeutung (Rn 394 f), aber auch bei der Bedürftigkeit des Berechtigten (Rn 419 f). Bei der Bedarfsbemessung spielen

---

[87] OLG Düsseldorf, FamRZ 1992, 1097
[88] BGH, FamRZ 1988, 1031 = R 373 e
[89] BGH, FamRZ 1984, 364, 366 = R 192 c; FamRZ 1983, 574 = NJW 1983, 1481; FamRZ 1981, 30 = NJW 1981, 48
[90] BGH, FamRZ 1986, 889 = R 303; FamRZ 1979, 211 = NJW 1979, 815; FamRZ 1979, 470
[91] BGH, FamRZ 1986, 889 = R 303
[92] OLG Düsseldorf, FamRZ 1998, 743; FamRZ 1996, 947 mit weiteren Nachweisen
[93] BGH, FamRZ 1980, 984 = R 42 b
[94] BGH, FamRZ 1982, 792, 794 = R 121 b; FamRZ 1982, 913 = NJW 1982, 2491

10. Abschnitt: Fiktives Einkommen aus unterlassener zumutbarer Erwerbstätigkeit § 1

sie keine große Rolle (Rn 408 f). Im Rahmen der **Prozeßkostenhilfe** werden fiktive Einkünfte normalerweise nicht zugerechnet. Dies kann allenfalls dann geschehen, wenn es „andernfalls zu einer mißbräuchlichen Inanspruchnahme von Prozeßkostenhilfe durch arbeitsunlustige Personen käme".[1] Die **Sozialhilfe** kennt ebenfalls keine Zurechnung fiktiver Einkünfte. Unterhaltsansprüche, die auf der Zurechnung fiktiver Einkünfte beruhen, gehen daher nicht nach § 91 II 1 BSHG auf den Sozialhilfeträger über.[2] Sie verbleiben dem Berechtigten. Werden sie trotz des Bezugs von Sozialhilfe weiter verfolgt, kann ihm der Verpflichtete u. U. den Einwand unzulässiger Rechtsausübung entgegenhalten. Näher dazu s. Rn 6/568.

Fiktive Einkünfte werden in erster Linie bei Verletzung von Erwerbsobliegenheiten zugerechnet. Damit befaßt sich der vorliegende Abschnitt. Wird das **Vermögen** nicht wirtschaftlich genutzt, können ebenfalls fiktive Einkünfte zugerechnet werden. Dazu s. Rn 325 f. Zu fiktiven Einkommenserhöhungen wegen fiktiver Berücksichtigung von **Steuervorteilen** vgl. Rn 484 a. Fiktives Einkommen kann auch durch einen Verzicht auf öffentlich-rechtliche Hilfe entstehen. Wer als BAföG-Berechtigter aus Nachlässigkeit keinen Antrag stellt, kann so behandelt werden, als ob er BAföG-Leistungen erhielte.[3]

I. Zurechnung fiktiver Einkünfte beim Unterhaltsschuldner

1. Allgemeine Grundsätze

Das Gesetz trifft keine besondere Bestimmung für den Fall, daß der Unterhaltspflichtige seine Leistungsunfähigkeit selbst herbeigeführt hat. Hieraus folgt der BGH, daß dessen Leistungsunfähigkeit grundsätzlich auch dann zu beachten ist, wenn sie von ihm selbst – auch schuldhaft – herbeigeführt wurde. Nur **ausnahmsweise** wird dem Verpflichteten „nach Maßgabe von Treu und Glauben" die Berufung auf seine Leistungsunfähigkeit verwehrt.[4] In der gerichtlichen Praxis werden in diesem Zusammenhang zwei verschiedene Fälle behandelt.[5] 387

Fall 1: M verfügt über erhebliches Einkommen, so daß er gut für seine Angehörigen sorgen kann. Plötzlich vermindern sich seine Einkünfte mit der Folge, daß er nur noch eingeschränkt seinen Unterhaltsverbindlichkeiten nachkommen kann. Die Einkommensverminderung ist endgültig. 388

In diesem Fall steht der Bedarf fest. Es geht nur um die **Leistungsfähigkeit**.
- Bei vorwerfbarem Verhalten wird der Verpflichtete in Höhe des bisherigen Unterhaltsbedarfs weiterhin als leistungsfähig angesehen. Das frühere Einkommen bleibt **auch dann** maßgeblich, wenn der Verpflichtete in Zukunft nicht mehr so viel verdienen kann (Rn 394 f).
- Ist die Einkommensminderung nicht vorwerfbar und darf deshalb an früheres Einkommen nicht angeknüpft werden, so ist der Unterhalt auf der Grundlage der **veränderten Einkünfte** unter Abwägung der beiderseitigen Interessen neu zu bemessen (Rn 402 f).

Fall 2: M hat noch nie gut verdient. Er hat zwar eine ordentliche Ausbildung. Aus Bequemlichkeit geht er jedoch keiner regelmäßigen Arbeit nach und ist deshalb nicht in der Lage, Unterhalt zu leisten. Sein Vermögen ist so festgelegt, daß es keinen Ertrag bringt.

In diesem Fall steht der Bedarf nicht fest, weil nicht an früheres Einkommen angeknüpft werden kann. Zu klären ist daher nicht nur die Leistungsfähigkeit, sondern auch der Bedarf.[6] Dazu näher Rn 408 f.

Die Anrechnung fiktiver Einkünfte beruht auf folgenden Überlegungen: 389
Die Leistungsfähigkeit des Unterhaltsschuldners wird nicht nur durch sein tatsächlich vorhandenes Vermögen und Einkommen bestimmt, sondern auch durch seine Arbeits- und Erwerbsfähigkeit. Unterhaltsrechtlich trifft ihn die Obliegenheit, alle ihm **zumutbaren Einkünfte** zu erzielen. Er ist verpflichtet, seine Arbeitsfähigkeit und sein Vermö-

---

[1] OLG Karlsruhe, FamRZ 1999, 599
[2] BGH, FamRZ 1999, 843 = R 533; FamRZ 1998, 818 = R 524
[3] OLG Hamm, FamRZ 1998, 1612
[4] BGH, FamRZ 1985, 273, 275 = R 239 d
[5] Vgl. die Gegenüberstellung in BGH, FamRZ 1987, 252 = R 317 a; zu dieser Differenzierung s. auch Rn 2/145
[6] Zur Erforderlichkeit der Differenzierung vgl. BGH, FamRZ 1997, 281 = R 509 f

gen so gut wie möglich einzusetzen. Zum unterhaltsrechtlich relevanten Einkommen werden daher auch Einkünfte gerechnet, die der Verpflichtete zumutbarerweise erzielen könnte, aber tatsächlich nicht erzielt.[7] Mit diesen Grundsätzen wird der in Ehekrisen häufig anzutreffenden Tendenz entgegengewirkt, zum Nachteil der Berechtigten vorhandenes Einkommen einzuschränken. Kann dem Verpflichteten ein solcher Vorwurf gemacht werden, kommt es nicht mehr darauf an, ob er seine früheren Einkünfte in Zukunft wieder erzielen kann. Er bleibt vielmehr im bisherigen Umfang leistungsfähig.[8] Verstöße gegen die Erwerbsobliegenheit können aber auch unabhängig von früheren Einkünften dazu führen, daß eine vorhandene Leistungsunfähigkeit nicht berücksichtigt wird (Rn 408 f).

Gegenüber **minderjährigen Kindern** haben Eltern nach § 1603 II BGB eine verstärkte Unterhaltspflicht und daraus folgend eine verstärkte Erwerbsobliegenheit. Sie sind minderjährigen Kindern gegenüber verpflichtet, alle verfügbaren Mittel zu ihrem und der Kinder Unterhalt gleichmäßig zu verwenden. Deshalb müssen Eltern im Verhältnis zu minderjährigen Kindern ihre Arbeitsfähigkeit so gut wie möglich einsetzen und sich Einkünfte anrechnen lassen, die sie durch zumutbare Erwerbstätigkeit erreichen könnten. Diese Verpflichtung legt ihnen nicht nur bei der Wahl ihres Arbeitsplatzes, sondern auch bei der Aufgabe einer Stellung Beschränkungen auf. Den Eltern kann sogar in zumutbaren Grenzen sowohl ein Orts- als auch ein Berufswechsel angesonnen werden, wenn sie auf diese Weise ihre Unterhaltspflicht erfüllen können.[9] Gegenüber dieser, sich als höherwertig erweisenden familienrechtlichen Unterhaltspflicht muß u. U. auch das Recht des pflichtigen Elternteils auf freie Entfaltung seiner Persönlichkeit in und außerhalb einer neuen Ehe sowie auf freie Berufswahl zurücktreten.[10] Von einem Landwirt mit unzureichendem Einkommen kann z. B. verlangt werden, daß er zur Nebenerwerbslandwirtschaft übergeht oder notfalls die Landwirtschaft ganz aufgibt und eine anderweitige volle Erwerbstätigkeit mit höheren Einkünften aufnimmt.[11] Es kann auch eine Verpflichtung zur beruflichen Weiterbildung bestehen, wenn auf diese Weise der Kindesunterhalt gesichert werden kann. Andererseits müssen unterhaltspflichtige Eltern im Interesse der Kinder auf eine Weiterbildung (z. B. weiterführende Schule oder Hochschulstudium) verzichten, wenn sie dadurch früher eine zumutbare Erwerbstätigkeit finden können.[12] Die Erstausbildung hat jedoch Vorrang (s. Rn 397).

390 Es kommt stets auf den Einzelfall an. Einem Oberarzt kann es durchaus gestattet sein, eine eigene Praxis zu gründen, auch wenn dann in der Anlaufphase nur weniger Unterhalt gezahlt werden kann.[13] Der gesteigerte Unterhaltspflichtige muß sich besonders intensiv um Arbeit bemühen und Aushilfstätigkeiten und Gelegenheitsarbeiten annehmen.[14] Wenn er eine Umschulung macht oder ein Studium aufgenommen hat, kann er verpflichtet sein, zeitweilig in dem früher ausgeübten Beruf tätig zu sein, wenn damit der Mindestunterhalt für minderjährige Kinder aufgebracht werden kann.[15] Gleiches gilt

---

[7] BGH, FamRZ 1994, 372 = R 473 c und FamRZ 1987, 252 = R 317 a für Verstöße gegen Erwerbsobliegenheiten; FamRZ 1990, 283, 288 = R 400 g für unterlassene Vermietung von Garagen; FamRZ 1980, 126, 128 = NJW 1980, 393 für nicht geltend gemachte BAföG-Einkünfte

[8] BGH, FamRZ 1994, 372 = R 473 c; FamRZ 1992, 1045, 1047 = R 448 a; FamRZ 1988, 597, 599 = R 363; FamRZ 1987, 930, 932 = R 328 b; FamRZ 1987, 372, 374 = R 336

[9] BGH, FamRZ 1980, 1113 = NJW 1980, 2414. Nach OLG Dresden in FamRZ 1997, 836 besteht die Obliegenheit, aus einem neuen Bundesland in ein altes Bundesland umzusiedeln, aber nur, wenn dort ein Arbeitsplatz konkret in Aussicht steht. Nach der gleichen Entscheidung besteht in der Regel auch keine Obliegenheit zu einer Nebentätigkeit während einer Umschulungsmaßnahme. Nach OLG Hamm FamRZ 1998, 42, 43 muß sich ein arbeitsloser Hilfsarbeiter „bundesweit" um Arbeit bemühen, wenn ihm ein konkreter Rat gegeben werden kann, in welcher anderen Region bessere Chancen für eine Hilfsarbeiterstelle bestehen.

[10] BGH, FamRZ 1981, 341, 344 = R 58 d; FamRZ 1981, 539 = R 73 a; FamRZ 1980, 1113 = NJW 1980, 2414

[11] BGH, FamRZ 1998, 357 = R 515 b

[12] BGH, FamRZ 1981, 539 = R 73 a; FamRZ 1980, 1113 = R 47

[13] OLG Frankfurt/Main, NJW-RR 1990, 1427

[14] OLG Hamburg, FamRZ 1984, 924; OLG Koblenz, FamRZ 1984, 1225

[15] OLG Hamburg, NJW-RR 1991, 773; OLG Koblenz, FamRZ 1991, 1475

10. Abschnitt: Fiktives Einkommen aus unterlassener zumutbarer Erwerbstätigkeit § 1

nach § 1609 I BGB, § 59 I Abs. 1 EheG gegenüber dem **geschiedenen Ehegatten**, der dem minderjährigen unverheirateten Kind im Rang grundsätzlich gleichsteht.[16]

Gegenüber **volljährigen Kindern** besteht keine verstärkte Erwerbsobliegenheit. Ein Volljähriger, der sich nicht in Berufsausbildung befindet, ist in erster Linie für seinen Lebensunterhalt selbst verantwortlich. Er ist verpflichtet, seine Arbeitskraft zur Sicherstellung seines notwendigen Bedarfs zu nutzen. Voraussetzung hiefür ist in der Regel eine abgeschlossene Berufsausbildung.[17] Für die Obliegenheit eines gesunden Volljährigen zur Nutzung seiner Arbeitskraft gelten ähnliche Maßstäbe wie beim Unterhaltsverpflichteten gegenüber minderjährigen Kindern (Rn 389). Er ist gehalten, auch berufsfremde Tätigkeiten aufzunehmen. Es sind ihm sogar Arbeiten unterhalb seiner gewohnten Lebensstellung zuzumuten.[18] Ehe er von seinen Eltern Geldopfer verlangen kann, muß er zunächst selbst Opfer bis zur Zumutbarkeitsgrenze auf sich nehmen und im gesamten Bundesgebiet nach einer Arbeitsstelle als ungelernter Arbeiter suchen.[19] Diese eigene Erwerbsobliegenheit des Volljährigen ist bei der Beurteilung der Erwerbsobliegenheit der Eltern mitzubeachten. Auch gegenüber volljährigen Kindern besteht eine Obliegenheit zur Ganztagsarbeit. Arbeitet die Mutter ohne besonderen Anlaß nur halbtags, kann daher fiktiv ein Einkommen aus Ganztagstätigkeit angenommen werden.[20] 391

Wenn sich der Verpflichtete beruflich unter Aufgabe seiner bisherigen Tätigkeit verändert und diese Veränderung für ihn eine voraussehbare zeitweise rückläufige Einkommensentwicklung zur Folge hat, so muß er vorher sicherstellen, daß er Unterhaltsverpflichtungen auch bei geringeren Einkünften erfüllen kann. Dies kann durch **Kreditaufnahme** oder vorherige **Rücklagenbildung** geschehen. Sonst darf er im Regelfall seine bisherige Tätigkeit nicht aufgeben.[21] Solche beruflichen Veränderungen können u. a. sein: 392
- Arbeitsplatzaufgabe, um sich selbständig zu machen;[22]
- beruflicher Wechsel vom Krankenhausarzt zum frei praktizierenden Arzt;[23]
- Beginn einer weiteren Ausbildung nach Berufstätigkeit;[24]
- jede sonstige berufliche Veränderung. Grundsätzlich hat die Erfüllung von Unterhaltspflichten Vorrang vor beruflichen Interessen des Verpflichteten.[25]

Auch bei fiktiven Erwerbseinkünften ist beim Ehegattenunterhalt der Erwerbstätigenbonus zu berücksichtigen.[26] Kreditraten sind ebenfalls weiterhin vom Einkommen abzuziehen.[27] Zur fiktiven Anrechnung von Einkünften, wenn das **Vermögen** nicht „so ertragreich wie möglich" genutzt wird, vgl. Rn 325 f. Der Verpflichtete hat die **Darlegungs- und Beweislast** für eine Einschränkung oder den Verlust seiner Leistungsfähigkeit (vgl. Rn 6/710 f). Da er sich nur ausnahmsweise nicht auf eine von ihm nachgewiesene Leistungsfähigkeit berufen darf, obliegt dem Berechtigten der Nachweis, daß ein Fall von unterhaltsbezogener Leichtfertigkeit vorliegt.[28] 393

---

[16] BGH, FamRZ 1981, 539 = R 73 a
[17] BGH, FamRZ 1985, 273 = R 239 b; FamRZ 1987, 930, 932 = NJW-RR 1987, 706
[18] BGH, FamRZ 1985, 1245 = R 256; FamRZ 1985, 273 = R 239 b
[19] OLG Zweibrücken, FamRZ 1984, 1250; OLG Köln, FamRZ 1983, 942
[20] OLG Hamm, FamRZ 1998, 42
[21] OLG Hamm, FamRZ 1996, 959; BGH, FamRZ 1988, 145, 147 = R 347 f; FamRZ 1988, 256 = R 355 d; FamRZ 1987, 372, 374 = R 336; OLG Hamm, FamRZ 1996, 959
[22] BGH, FamRZ 1987, 372, 374 = Rn 336
[23] BGH, FamRZ 1988, 256 = R 355 d; FamRZ 1988, 145, 147 = R 347 f; OLG Hamm, FamRZ 1996, 959
[24] BGH, FamRZ 1987, 930, 932 = R 328 a
[25] BGH, FamRZ 1985, 782, 786 = NJW 1985, 1695, 1699; FamRZ 1982, 365 = NJW 1982, 1050
[26] BGH FamRZ 1991, 307, 310 = R 427 c
[27] OLG Hamm, FamRZ 1995, 1203
[28] OLG Düsseldorf, FamRZ 1994, 926; a. A. OLG Hamm, FamRZ 1994, 755

2. Leistungsfähigkeit des Verpflichteten bei leichtfertig herbeigeführter Einkommensminderung (oder -verlust) durch Arbeitsaufgabe, Berufswechsel, berufliche Verselbständigung oder sonstige berufliche Veränderung

394 Bei **freiwilliger Aufgabe seines Arbeitsplatzes** (z. B. durch eigene Kündigung), bei Arbeitgeberkündigung, bei Berufswechsel, beruflicher Verselbständigung oder sonstiger beruflicher Veränderung, die sich nachteilig auf Einkünfte auswirkt, ist stets zu prüfen, ob der Verpflichtete eine sich daraus ergebende Leistungsunfähigkeit oder Leistungsminderung selbst schuldhaft herbeigeführt hat. Im Gegensatz zur Bedürftigkeit enthält das Gesetz keine Regelungen zur selbst herbeigeführten Leistungsunfähigkeit. Der BGH löst diese Lücke mit dem Grundsatz von **Treu und Glauben** (§ 242) unter Berücksichtigung der Regelungen zum Wegfall der Bedürftigkeit. Wer seine Leistungsunfähigkeit freiwillig selbst herbeigeführt hat, kann sich hierauf nicht berufen, wenn dies gegen Treu und Glauben verstoßen würde.

In Anlehnung an die Regelungen zum Wegfall der Bedürftigkeit bejaht der BGH die Anrechnung eines fiktiven Einkommens bei fortbestehender Unterhaltspflicht nur bei schuldhaftem Verhalten,

395
– wenn der Pflichtige seinen Arbeitsplatz aufgibt, um sich der Unterhaltspflicht zu entziehen oder um seine Einkünfte zu vermindern oder zu verschleiern,
– wenn der Pflichtige bewußt seine wirtschaftliche Existenz zerstört oder absichtlich gebummelt hat,
– wenn er seinen Arbeitsplatz infolge eines mutwilligen oder verantwortungslosen oder zumindest leichtfertigen Verhaltens verloren hat.

An früheren Formulierungen, wie Aufgabe des Arbeitsplatzes „ohne zureichenden Grund" oder „ohne vernünftigen Grund" hält der BGH nicht mehr fest. Er verlangt stets eine **„unterhaltsbezogene Leichtfertigkeit"** zumindest in der Schuldform der **bewußten Fahrlässigkeit**, die als Regelfall angesehen wird,[29] also schuldhaftes Verhalten in der Form eines zumindest leichtfertigen Verhaltens.[30]

396 Nach dieser Rechtsprechung des BGH ist eine tatsächlich bestehende Leistungsunfähigkeit **grundsätzlich zu beachten**, und zwar auch dann, wenn der Verpflichtete sie selbst herbeigeführt hat, z. B. durch freiwillige Aufgabe seines Arbeitsplatzes.[31] Nur schwerwiegende Gründe sind geeignet, ihm nach Treu und Glauben im Verhältnis zu Ehegatten und Kindern die Berufung auf seine Leistungsunfähigkeit zu verwehren. Ein solcher Verstoß gegen Treu und Glauben kann im allgemeinen nur angenommen werden, wenn sich der Verpflichtete **verantwortungslos oder zumindest leichtfertig** verhalten hat.[32] Dieser Vorwurf verantwortungslosen Verhaltens setzt voraus, daß dem Verpflichteten die Verantwortungslosigkeit seines Verhaltens nach seinen Erkenntnismöglichkeiten einsichtig war.[33] Ob dies der Fall ist, kann sich vor allem aus dem Bezug seines Verhaltens zur Unterhaltspflicht ergeben.

397 Die Bejahung eines zumindest leichtfertigen Verhaltens erfordert eine genaue Bewertung und Abwägung aller maßgeblichen Umstände des Einzelfalles.[34] Dabei sind vor allem folgende Umstände abzuwägen:
– Bisheriger beruflicher Werdegang des Verpflichteten;
– seine Erfahrungen, Fähigkeiten und Neigungen sowie seine Motivation;
– berechtigte Erwartung auf langfristige Verbesserungen der beruflichen und wirtschaftlichen Situation;
– Ausnutzung von Möglichkeiten einer Unterhaltsvorsorge durch Rücklagenbildung oder Kreditaufnahme bei vorübergehender rückläufiger Einkommensentwicklung;

---

[29] BGH, FamRZ 1994, 240 = R 469
[30] BGH, FamRZ 1985, 158 = NJW 1985, 732; FamRZ 1985, 273, 275 = NJW 1985, 806
[31] BGH, FamRZ 1987, 372, 374 = NJW-RR 1987, 770; FamRZ 1985, 158 = NJW 1985, 732
[32] BGH, FamRZ 1989, 159 = R 377 d
[33] BGH, FamRZ 1985, 158, 160 = NJW 1985, 732
[34] BGH, FamRZ 1988, 597, 599 = R 363; FamRZ 1987, 930, 932 = R 328 c

10. Abschnitt: Fiktives Einkommen aus unterlassener zumutbarer Erwerbstätigkeit § 1

— sonstige wirtschaftliche und persönliche Verhältnisse des Verpflichteten und seiner unterhaltsberechtigten Angehörigen.
— Die Erstausbildung hat jedoch stets Vorrang.[35]

Nicht berücksichtigt werden dürfen später eingetretene Umstände, die im Zeitpunkt der beruflichen Veränderung noch nicht voraussehbar waren. Das Grundrecht auf freie Berufswahl und Berufsausübung (Art. 12 GG) steht zwar in Wechselwirkung zu der aus Art. 6 GG folgenden Verantwortung für die Familie, muß aber im Zweifel dazu führen, daß eine berufliche Entscheidung zu respektieren ist.[36] Zu beachten ist auch das **Elternrecht**. Wem vorläufig das Aufenthaltsbestimmungsrecht über seine Kinder übertragen wurde, darf kein Vorwurf gemacht werden, wenn er zugunsten der Kindesbetreuung seine beruflichen Möglichkeiten einschränkt.[37] Nach anderen Entscheidungen des BGH kann die Erfüllung von Unterhaltspflichten allerdings Vorrang vor beruflichen Interessen des Verpflichteten haben.[38] Diese erörterten Grundsätze sind in entsprechender Weise anzuwenden, wenn der Verpflichtete eine berufliche Entscheidung trifft, die eine gegenüber dem früheren Zustand erheblich eingeschränkte Leistungsfähigkeit zur Folge hat.[39] Dies betrifft die Fälle, in denen nach der Trennung Überstunden abgebaut oder weniger anstrengende und deshalb schlechter bezahlte Tätigkeiten übernommen werden. Generell werden solche Entscheidungen **zu tolerieren sein**, solange eine akzeptable Grundversorgung der Unterhaltsberechtigten verbleibt. Problematisch sind auch **Vorruhestandsvereinbarungen**. Anders kann es allerdings sein, wenn eine größere Abfindung bezahlt wurde, von der auch der Berechtigte profitiert.[40] Grundsätzlich ist jedoch jeder verpflichtet, bis zur Vollendung des 65. Lebensjahres zu arbeiten.[41] Wenn der Arbeitnehmer keine schwerwiegenden Gründe für die Beendigung des Arbeitsverhältnisses hatte und dem Arbeitgeber kein Recht zur Kündigung zustand, kann ein Verstoß gegen die unterhaltsrechtliche Erwerbsobliegenheit angenommen werden.[42]

Der Verzicht eines Arbeitnehmers auf die **Kündigungsschutzklage** kann nur dann leichtfertig sein, wenn die Kündigung offensichtlich unbegründet war.[43] Unschädlich ist es auch, wenn während einer längeren **Arbeitsunfähigkeit** der Arbeitsplatz aufgegeben wird. Ist die Arbeitsunfähigkeit gleichwohl vorübergehend, besteht aber die Obliegenheit, noch zur Zeit des Krankengeldbezugs nach einem neuen Arbeitsplatz zu suchen.[44] Wer in seinen Heimatort in den neuen Bundesländern aus einem alten Bundesland zurückkehrt, soll unterhaltsrechtlich keinen Nachteil haben, wenn er in einem seinen Fähigkeiten voll entsprechenden neuen Arbeitsverhältnis weniger verdient.[45] Eine **nach Erreichen des 65. Lebensjahres** ausgeübte Tätigkeit darf ohne unterhaltsrechtliche Nachteile grundsätzlich jederzeit eingestellt werden.[46] Wird aufgrund einer Zumutbarkeitsabwägung ein zumindest leichtfertiges Verhalten des Verpflichteten bejaht, dann ist es diesem nach Treu und Glauben verwehrt, sich auf seine Leistungsunfähigkeit oder beschränkte Leistungsfähigkeit zu berufen. Er wird unterhaltsrechtlich so behandelt, wie wenn er den Unterhalt **in bisheriger Höhe** weiterzahlen könnte.[47] Der Unterhalt ist dann auf der Grundlage der früheren regelmäßigen Erwerbseinkünfte des Verpflichteten zu berechnen, denn für die Unterhaltsbemessung bleiben die Einkommensverhältnisse vor der leichtfertigen beruflichen Veränderung maßgeblich.[48]

398

399

---

[35] BGH, FamRZ 1994, 372, 375 = R 473 d
[36] BGH, FamRZ 1988, 256 = R 355 c
[37] BVerfG, FamRZ 1996, 343 = R 498
[38] BGH, FamRZ 1985, 782, 786 = NJW 1985, 1695, 1699; FamRZ 1983, 140 = R 147 a
[39] BGH, FamRZ 1987, 930, 932 = R 328 b; FamRZ 1987, 372, 374 = NJW-RR 1987, 770, 771
[40] OLG Hamm, FamRZ 1998, 27
[41] BGH, FamRZ 1999, 708 = R 532 e
[42] Strohal FamRZ 1996, 197
[43] OLG Dresden, FamRZ 1997, 836
[44] OLG Hamm, FamRZ 1997, 1016
[45] OLG Brandenburg, FamRZ 1997, 1073; a. M. OLG Dresden, FamRZ 1998, 979
[46] OLG Hamm, FamRZ 1997, 883
[47] BGH, FamRZ 1987, 930, 932 = R 328 b; FamRZ 1980, 1113 = R 47; FamRZ 1987, 372, 374 = R 336; FamRZ 1981, 539 = R 73 a
[48] BGH, FamRZ 1987, 930, 932 = R 328 b

400 Einem Unterhaltsschuldner, der sich leichtfertig selbständig gemacht hat und der später arbeitsunfähig erkrankt ist, kann die Berufung auf seine Leistungsunfähigkeit selbst dann verschlossen sein, wenn das ihm vorzuwerfende Verhalten dazu geführt hat, daß er im Krankheitsfall keine Lohnfortzahlung und kein anschließendes Krankengeld erhält. Er muß auch den jederzeit möglichen Fall einer Erkrankung bedenken und geeignete Vorsorge treffen, um seiner Unterhaltspflicht auch im Krankheitsfall nachkommen zu können. Ähnliches gilt, wenn er eine ihm angebotene Möglichkeit, eine andere versicherungspflichtige Tätigkeit aufzunehmen, nicht wahrgenommen hat.[49]

401 Fälle, in denen die Rechtsprechung bisher den Verpflichteten wegen treuwidrigen Verhaltens als weiterhin leistungsfähig behandelt bzw. eine Überprüfung der Treuwidrigkeit verlangt hat:
- Leichtfertige Kündigung des Arbeitsplatzes durch den Verpflichteten.[50] Leichtfertig handelt auch, wer seine Arbeit wegen Konflikten am Arbeitsplatz aufgibt, ohne zuvor eine interne Bereinigung anzustreben oder sich einen Ersatzarbeitsplatz zu verschaffen.[51]
- Vom Verpflichteten leichtfertig verschuldete Kündigung durch den Arbeitgeber.[52]
- Leichtfertige weitere Ausbildung nach abgeschlossener Berufsausbildung bzw. nach Berufsausübung, ohne daß der Unterhalt der Angehörigen gesichert war.[53]
- Leichtfertige Arbeitsplatzaufgabe, um sich selbständig zu machen, ohne vorherige Unterhaltssicherung durch Kreditaufnahme oder Rücklagenbildung.[54]
- Unterlassene Vorsorge bei Berufswechsel mit voraussehbarem Einkommensrückgang.[55]
- Fortsetzung eines Studiums, wenn die Regelstudienzeit bereits um drei Semester überschritten und ein Studienabschluß noch nicht absehbar ist.[56]

Siehe dazu auch Rn 4/280. Zu fiktiven Einkünften bei Arbeitsplatzverlust infolge von Straftaten siehe Rn 416 f.

3. Unterhaltsbemessung bei nicht leichtfertig herbeigeführter Einkommensminderung

402 Wird aufgrund einer **Zumutbarkeitsabwägung** (Rn 397) festgestellt, daß der Verpflichtete bei seiner beruflichen Veränderung nicht leichtfertig gehandelt hat, ist zu prüfen, ob und in welcher Höhe nach den gegebenen Umständen der Unterhalt vorübergehend oder auf Dauer neu zu bemessen ist. Dabei kann der ursprünglich maßgeblich gewesene Bedarf **herabgesetzt** werden. Denn grundsätzlich hat in diesem Fall der Berechtigte die berufliche Veränderung und deren Auswirkungen zu akzeptieren.[57] Das bedeutet allerdings nicht, daß jede damit verbundene, vorübergehende Einkommensminderung sofort auch eine Unterhaltsminderung zur Folge hat. Auch in Fällen des nicht treuwidrigen Verhaltens sind ergänzend die Grundsätze heranzuziehen, die allgemein für die Leistungsfähigkeit des Verpflichteten gelten. Führt dieser durch seine berufliche Veränderung freiwillig eine voraussehbar rückläufige Entwicklung seiner Einkünfte herbei, so ist ihm zuzumuten, seinen Plan erst zu verwirklichen, wenn er in geeigneter Weise durch **Rücklagenbildung oder Kreditaufnahme** sichergestellt hat, daß er seine Unterhaltsverpflichtungen in der Übergangszeit auch bei geringeren Einkünften erfüllen kann.[58]

---

[49] BGH, FamRZ 1988, 597, 599 = R 366
[50] BGH, FamRZ 1985, 158 = NJW 1985, 732
[51] OLG Hamm, FamRZ 1997, 357
[52] BGH, FamRZ 1988, 597, 599 = R 363
[53] BGH, FamRZ 1987, 930, 932 = R 328 b; FamRZ 1980, 1113 = R 47
[54] BGH, FamRZ 1987, 930, 932 = R 328 b; FamRZ 1987, 372, 374 = R 336; FamRZ 1980, 1113 = NJW 1980, 2414
[55] BGH, FamRZ 1982, 365 = NJW 1982, 1050
[56] OLG Hamm 1998, 30
[57] BGH, FamRZ 1988, 145, 147 = R 347 f
[58] BGH, FamRZ 1988, 145, 147 = R 347 f

10. Abschnitt: Fiktives Einkommen aus unterlassener zumutbarer Erwerbstätigkeit § 1

Konnte er eine solche Vorsorge treffen, muß er den Unterhalt in unveränderter Höhe weiterzahlen.[59] Die Dauer einer solchen Übergangszeit ist nach den Umständen des Einzelfalles zu bemessen.

Ist eine zeitweilige Absenkung der ehelichen Lebensverhältnisse auch durch eine Kreditaufnahme oder Verwendung von Rücklagen nicht vermeidbar oder stellt sich später heraus, daß die neuen Einkünfte innerhalb der eingeplanten Zeit unter Berücksichtigung einer angemessenen Tilgung für aufgenommene Kredite den früheren Verdienst nicht wieder erreichen, so stellt sich die Frage, ob, in welcher Höhe und für welche Zeit der Unterhalt auf der Grundlage verminderter Einkünfte **neu zu berechnen ist**.[60] Die Beantwortung dieser Frage erfordert eine neue Zumutbarkeitsabwägung. Dabei ist neben den persönlichen und wirtschaftlichen Verhältnissen vor allem zu klären, ob im konkreten Fall das größere Schwergewicht dem Interesse des Verpflichteten an der beruflichen Veränderung oder dem Interesse des Berechtigten an der Beibehaltung des bisherigen Lebensstandards zukommt. Bedeutsam für diese Abwägung kann sein, ob die berufliche Veränderung der **gemeinsamen Lebensplanung** vor der Trennung entsprach. Ferner, daß sich der Berechtigte auch bei Fortbestand der ehelichen Lebensgemeinschaft in seiner Lebensführung vorübergehend wirtschaftliche Beschränkungen auferlegt hätte, um die finanziellen Lasten des anderen in einem gewissen Umfang und für beschränkte Zeit zu erleichtern. 403

Den nach diesen Grundsätzen neu festzulegenden Unterhaltsbedarf wird der Tatrichter im allgemeinen nur im Weg einer Schätzung nach § 287 ZPO ermitteln können.[61] Dabei kann aber der Berechtigte verlangen, daß sein Unterhalt auf das vor der beruflichen Veränderung erreichte Niveau wieder angehoben wird, sobald und soweit die neuen Einkünfte unter Berücksichtigung einer angemessenen Tilgung dies erlauben.[62] Wenn spätere Einkommenssteigerungen als im Rahmen einer normalen beruflichen Entwicklung liegend beurteilt werden können, die den ehelichen Lebensverhältnissen noch entsprechen, ist daher der Unterhalt bei einer Unterhaltsabänderung nach diesen höheren Einkünften zu bemessen. 404

War die berufliche Veränderung (z. B. Beginn einer Zweitausbildung) nicht leichtfertig, weil etwa der Unterhalt zu dieser Zeit gesichert war, und ist der Berechtigte erst später nicht vorhersehbar bedürftig geworden, so kann es diesem zugemutet werden, eine vorübergehende Unterhaltsminderung, u. U. sogar einen **zeitweiligen Wegfall** der Unterhaltszahlungen hinzunehmen, wenn die Ausbildung nur noch eine verhältnismäßig kurze Zeit in Anspruch nimmt, erhöhte Einkommens- und Aufstiegschancen bietet und nicht gegen den Willen des Berechtigten aufgenommen worden war. Denn letztlich steigert die verbesserte berufliche Situation des Verpflichteten auch den späteren Anspruch des Berechtigten.[63] Mit ähnlicher Begründung hat der BGH den zeitweiligen Wegfall von Unterhaltsleistungen für den Berechtigten für zumutbar gehalten im Hinblick auf die zu erwartenden wirtschaftlichen Verbesserungen bei einem Mediziner, der sich nach seiner Ausbildung sofort wirtschaftlich selbständig gemacht und anfangs noch keinen Gewinn erzielt hat.[64] In beiden Fällen partizipieren die Berechtigten später unterhaltsrechtlich auch an den höheren Einkünften. 405

Ein freiwilliger Arbeitsplatzwechsel ist unterhaltsrechtlich auch dann nicht vorwerfbar, wenn bei der neuen Stelle im wesentlichen der gleiche Verdienst erzielt wird. Kommt es später aus nicht vorhersehbaren und vom Verpflichteten nicht zu vertretenden Gründen dennoch zu nachhaltigen Einkommenseinbußen (z. B. durch Währungsverfall bei Arbeit im Ausland), so ist der Unterhalt nach dem tatsächlichen Einkommen neu zu bemessen. Ein fiktives Einkommen darf nicht zugerechnet werden.[65] 406

---

[59] BGH, FamRZ 1988, 256 = R 355 d
[60] BGH, FamRZ 1988, 256 = R 355 d; FamRZ 1988, 145, 147 = R 347 f
[61] BGH, FamRZ 1988, 256 = R 355 d
[62] BGH, FamRZ 1988, 256 = R 355 d
[63] BGH, FamRZ 1983, 140 = R 147 a
[64] BGH, FamRZ 1985, 782, 786 = NJW 1985, 1695, 1699
[65] BGH, FamRZ 1988, 705 = R 364 a

407 Hat der Verpflichtete eine Arbeitgeberkündigung nicht leichtfertig verschuldet, ist der Unterhalt auf der Grundlage des Arbeitslosengeldes neu zu berechnen. Eine unerwartet eintretende unverschuldete Arbeitslosigkeit des Unterhaltspflichtigen beeinflußt nicht nur dessen Leistungsfähigkeit, sondern auch die für die frühere Unterhaltsbemessung maßgeblichen prägenden ehelichen Lebensverhältnisse.[66] Nach Beendigung der Arbeitslosigkeit ist der Unterhalt auf der Grundlage der neuen Erwerbstätigkeit neu zu bemessen. Bei einer Kündigung durch den Arbeitgeber kann dem Pflichtigen aber in der Regel zugemutet werden, die **Kündigungsschutzvorschriften** auszunutzen.[67] Um seinen Arbeitsplatz zu erhalten, darf der Pflichtige eine Gehaltskürzung akzeptieren. Erklärt er sich mit einer wegen schwieriger Auftrags- und Beschäftigungslage beabsichtigten Änderungskündigung (geplante 10 %ige Lohnkürzung) nicht einverstanden und wird ihm deshalb ordnungsgemäß gekündigt, kann ihm ein fiktives Einkommen in um 10 % gekürzter Lohnhöhe zugerechnet werden.[68] Siehe dazu auch Rn 4/284.

407a Im Hinblick auf die **Beendigung einer bestehenden Arbeitslosigkeit** treffen den Verpflichteten die gleichen Pflichten wie den Berechtigten (dazu Rn 427 f). Bei Arbeitslosigkeit muß der Unterhaltsverpflichtete daher nachprüfbar vortragen, was er im einzelnen unternommen hat, um einen neuen Arbeitsplatz zu finden. Dazu gehören Angaben, wann und bei welchem Arbeitgeber er sich beworben hat. Wurde diese Obliegenheit verletzt, ist weiter zu prüfen, ob der Arbeitslose vermittelbar war. Das hängt neben den Verhältnissen am Arbeitsmarkt auch von den persönlichen Eigenschaften des Bewerbers ab (Alter, Ausbildung, Berufserfahrung, Gesundheitszustand).[69] In der Rechtsprechung wird gefordert, daß der Arbeitslose für die Suche nach Arbeit etwa die Zeit aufwendet, die ein Erwerbstätiger für seinen Beruf aufwendet, so daß monatlich 20 Bewerbungen zu verlangen seien.[70] Steht von vornherein fest, daß ein passender Arbeitsplatz nicht gefunden werden kann, kann auf Bewerbungen verzichtet werden.[71] Unterläßt der arbeitslose Unterhaltspflichtige jedoch im Unterhaltszeitraum eine ihm mögliche und zumutbare Erwerbstätigkeit, kann ihm ein fiktives Einkommen auch ohne leichtfertige Verletzung der Erwerbsobliegenheit zugerechnet werden.[72] Näher dazu Rn 2/145. **Die Höhe fiktiver Einkünfte** richtet sich in diesen Fällen nicht nach früher erzielten Einkünften. Maßstab ist das Entgelt, das der Unterhaltspflichtige bei erfolgreichen Bewerbungen hätte erzielen können.[73] Näheres dazu Rn 436.

4. Fiktive Zurechnung von Einkünften bei der Bedarfsbemessung

408 In den bisher behandelten Fällen konnte wegen des früheren Einkommens auf einen konkret bestehenden Unterhaltsanspruch und damit auf eine schon vorhandene Bedarfsbemessung zurückgegriffen werden. Es war daher **nur die Leistungsfähigkeit** zu prüfen. Anders ist es, wenn ein Verpflichteter noch nie entsprechend seinen Möglichkeiten nachhaltig am Wirtschaftsleben teilgenommen hat. Hier ergeben sich Abweichungen, weil wegen des Fehlens früherer Einkünfte der in der Regel vom Einkommen des Verpflichteten abhängige **Unterhaltsbedarf** unbekannt ist. Es muß daher auch ein fiktiver Bedarf gesucht werden. Dies erübrigt sich nur in den Fällen, in denen der Bedarf unabhängig vom Einkommen ist, etwa bei auswärtiger Unterbringung eines minderjährigen Kindes oder wie in vielen OLG-Bezirken bei Volljährigen (vgl. Rn 2/391 f). Auch der Mindestunterhalt nach Leistungsgruppe 1 der Düsseldorfer Tabelle wird als Bedarf immer geschuldet.[74] In diesen Fällen kommt es nur noch auf die Leistungs-

---

[66] BGH, FamRZ 1988, 256 = R 355b
[67] OLG Frankfurt, FamRZ 1983, 392
[68] OLG Celle, FamRZ 1984, 704
[69] BGH FamRZ 1996, 345 = R 497b
[70] OLG Naumburg FamRZ 1997, 311; vgl. dazu auch OLG Hamm FamRZ 1998, 982, 983
[71] OLG Nürnberg, FamRZ 1998, 857
[72] OLG Düsseldorf, FamRZ 1998, 851
[73] OLG Frankfurt/Main, FamRZ 1995, 1217
[74] OLG Hamm, FamRZ 1996, 629, 958; OLG Karlsruhe, FamRZ 1993, 1481

10. Abschnitt: Fiktives Einkommen aus unterlassener zumutbarer Erwerbstätigkeit § 1

fähigkeit an,[75] so daß fiktive Einkünfte uneingeschränkt herangezogen werden können.

Muß der Bedarf anhand fiktiver Einkünfte erst festgelegt werden, dürfen sich keine Widersprüche zu den gesetzlichen Bestimmungen ergeben, nach denen für die Unterhaltsbemessung **konkrete** Lebenssachverhalte, wie etwa die ehelichen Lebensverhältnisse, maßgeblich sein sollen. In einer Entscheidung vom 15. 11. 1989 führte der BGH[76] im Rahmen der Bedarfsmessung zwar noch ganz allgemein aus, den Verpflichteten treffe die Obliegenheit, seine Leistungsfähigkeit nach Möglichkeit zu stärken. Habe er hiergegen in vorwerfbarer Weise verstoßen, seien ihm fiktive Einkünfte in der erzielbaren Höhe zuzurechnen. In der späteren Entscheidung vom 18. 3. 1992 schränkte der BGH[77] jedoch seine Auffassung dahin ein, daß lediglich gedachte wirtschaftliche Verhältnisse, die keine Grundlage in der tatsächlichen Einkommenssituation der Ehegatten während der Ehe haben, die ehelichen Lebensverhältnisse nicht prägen können. Ein **nachehelicher Unterhaltsbedarf** könne daher nicht aus fiktiven Mitteln hergeleitet werden, die den Ehegatten während des Zusammenlebens objektiv nie oder jedenfalls nicht nachhaltig zur Verfügung gestanden hätten. Der BGH gibt dazu folgendes Beispiel: Ein Ehegatte hätte nach seinen Kenntnissen und Fähigkeiten bei zumutbarem Einsatz seiner Arbeitskraft während des Zusammenlebens ein höheres Einkommen erzielen können. Aus Bequemlichkeit habe er dies jedoch unterlassen, so daß sich beide Eheleute von vornherein mit einem niedrigeren Standard begnügen mußten. Liege eine solche Situation vor, dürften zur Bedarfsbestimmung für den nachehelichen Unterhalt die erzielbaren höheren Einkünfte nicht fiktiv herangezogen werden. 409

Auf diese Ausführungen berief sich das OLG Karlsruhe[78] in einer Entscheidung zum **Kindesunterhalt**. Ein Kind könne einen den Mindestunterhalt übersteigenden Barunterhalt nicht aus einem tatsächlich nicht erzielten, vielmehr nur erreichbaren Einkommen herleiten. Das Kind eines Vaters, der im Berufsleben wenig erfolgreich sei und daher nur wenig verdiene, müsse die sich daraus ergebende Situation auch für seinen eigenen Lebenszuschnitt im allgemeinen hinnehmen. Das Kind werde eine gehobene eigene Lebensstellung kaum je daraus ableiten können, daß sein Vater zwar nur eine recht einfache Lebensstellung habe, aber bei ordentlichen Anstrengungen erheblich mehr verdienen könne. Damit würde das Kind einen Lebensstandard beanspruchen, der dem des Vaters gerade nicht entspreche. 409 a

Mit Urteil vom 20. 11. 1996 hat sich der BGH erneut zum Problem der fiktiven Einkünfte bei der Bedarfsbemessung geäußert.[79] Zum Kindesunterhalt führte er unter Berufung auf das OLG Karlsruhe (s. o.) aus, die Höhe eines von der Einkommenssituation des Unterhaltspflichtigen abhängigen Unterhaltsbedarfs könne nicht aus lediglich fiktivem Einkommen hergeleitet werden. Nur gedachte wirtschaftliche Verhältnisse, die keine Grundlage in der tatsächlichen Einkommenssituation des Unterhaltspflichtigen haben, könnten dessen Lebensstellung nicht prägen. Daher könne ein Unterhaltsbedarf nicht aus fiktiven Mitteln hergeleitet werden, die dem Unterhaltspflichtigen nie zur Verfügung gestanden haben.[80] In der gleichen Entscheidung erklärte der BGH auch zum Bedarf beim **Trennungsunterhalt**, dieser könne ebenfalls grundsätzlich nicht aus fiktiven Mitteln hergeleitet werden. Beim Ehegattenunterhalt sei insoweit auch keine Korrektur wegen des zu beachtenden objektiven Maßstabs (vgl. Rn 4/210) möglich. Der objektive Maßstab dürfe ebenfalls nicht dazu führen, daß der Boden der ehelichen Lebensverhältnisse verlassen und Einkünfte als prägend herangezogen würden, die tatsächlich nie vorhanden waren. 409 b

Diese Grundsätze schränken die Heranziehung fiktiver Einkünfte zur Unterhaltsbemessung sehr stark ein. Dies entspricht jedoch dem geltenden Gesetz, weil die Bindung 410

---

[75] OLG Karlsruhe, FamRZ 1993, 1481
[76] BGH, FamRZ 1990, 283, 288 = R 400 g
[77] BGH, FamRZ 1992, 1045, 1047 = R 448 a
[78] OLG Karlsruhe, FamRZ 1993, 1481
[79] BGH, FamRZ 1997, 281 = R 509 f, i
[80] Noch in einem Urteil vom 16. 6. 1993 = FamRZ 1993, 1304 = R 464 b hatte der BGH die fiktive Bemessung von Kindesunterhalt nach einer höheren Einkommensgruppe der Düsseldorfer Tabelle für zulässig gehalten

des Unterhaltsbedarfs an die ehelichen Lebensverhältnisse beim Ehegattenunterhalt (§ 1578 I BGB) und an die Lebensstellung der Eltern beim Kindesunterhalt (§ 1610 I BGB) vorrangig zu beachten ist. In der **Praxis** dürfte die Auswirkung dieser Rechtsprechung allerdings nicht sehr groß sein, weil das hier angesprochene indolente Verhalten in konsequenter Ausprägung nicht allzu häufig anzutreffen ist. In den meisten Fällen werden sich früher erzielte Einkünfte feststellen lassen, so daß hieran entsprechend den in Rn 394, 402 aufgezeigten Regeln angeknüpft werden kann. Fraglich ist auch, ob alle Oberlandesgerichte sich an das Verbot der Bedarfsbemessung mit fiktiven Einkünften halten werden. Insbesondere das OLG Düsseldorf wird wohl bei seiner bisherigen Praxis bleiben, beim Kindesunterhalt fiktive Einkünfte auch für die Bedarfsbestimmung heranzuziehen. Dazu s. Rn 2/114.

411 Bei der Frage nach der Höhe fiktiver Einkünfte muß in diesem Zusammenhang geklärt werden, in welchem Umfang es möglich gewesen wäre, im Unterhaltszeitraum konkrete Einkünfte zu erzielen. Bei Arbeitslosigkeit s. dazu Rn 407a. Wird das Vermögen nicht sinnvoll genutzt, s. Rn 325f. Auf eine unterhaltsbezogene Leichtfertigkeit **kommt es nicht an** (vgl. Rn 2/145). Insoweit ändert sich der Maßstab, an dem das Verhalten des Pflichtigen gemessen wird, zu seinem Nachteil. Zulässig können bei feststehendem Bedarf daher fiktive Zurechnungen schon dann werden, wenn der Verpflichtete es nach Abschluß einer Ausbildung oder nach einem nicht verschuldeten Arbeitsplatzverlust unterläßt, sich ausreichend um eine neue angemessene Erwerbstätigkeit zu bemühen, oder wenn der Verpflichtete nur unzulänglich arbeitet und ihm zugemutet werden kann, entweder durch Ausweitung der Arbeitszeit oder durch Arbeitsplatzwechsel mehr zu verdienen, als er bisher verdient hat. Bestand für den Verpflichteten eine reale Beschäftigungschance mit bestimmten Einkünften, „so stellt sich allein die Frage, ob ihm die dazu erforderliche Erwerbstätigkeit auch zugemutet werden kann".[81]

412 Zusammenfassend lassen sich folgende Feststellungen treffen:
- Als erstes ist zu prüfen, ob zur Bedarfsbestimmung nicht doch an früheres Einkommen angeknüpft werden kann (Rn 394, 402).
- Kann dies nicht geschehen, kommt es beim **Ehegattenunterhalt** hinsichtlich des Bedarfs ausschließlich auf die konkreten ehelichen Lebensverhältnisse an. Fiktive Einkünfte dürfen nicht zu einer Erhöhung des Lebensstandards führen. Soweit allerdings der Verpflichtete erst in der Trennungszeit sein Einkommen leichtfertig vermindert hat, kann auch nach der neueren Rechtsprechung des BGH fiktiv an das frühere Einkommen angeknüpft werden. Ein Landwirt, dessen Betrieb zum Ende der Ehezeit unrentabel wurde, kann daher verpflichtet sein, eine zusätzliche Teilzeitbeschäftigung anzunehmen oder den Betrieb aufzugeben und ganztags in abhängiger Stellung zu arbeiten.[82] Hat sich jedoch ein an sich Leistungsfähiger während der Ehe erfolgreich um Unterhaltsleistungen gedrückt, schuldet er auch keinen nachehelichen Unterhalt. S. dazu auch Rn 4/272f.
- Beim **Kindesunterhalt** kann der Bedarf nur dann nach fiktiven Einkünften bemessen werden, wenn einkommensunabhängige feste Bedarfsbeträge maßgeblich sind. Wer noch nie gut verdient hat, darf daher fiktiv allenfalls zu Kindesunterhalt nach der ersten Leistungsgruppe der Düsseldorfer Tabelle verurteilt werden. Ausnahmen können sich allenfalls bei unterhaltsbezogener Leichtfertigkeit ergeben.[83]

5. Arbeitsplatzaufgabe wegen beruflicher Weiterbildung oder Zweitausbildung

413 Grundsätzlich ist der **Unterhaltspflichtige** nicht berechtigt, seinen Beruf, der der Familie eine auskömmliche Lebensgrundlage bietet, zum Zweck einer weiteren Ausbildung aufzugeben. Tut er es trotzdem ohne Rücksicht auf eine bereits bestehende Bedürftigkeit

---

[81] BGH, FamRZ 1987, 252 = R 317a
[82] BGH, FamRZ 1993, 1304 = R 464a
[83] OLG Karlsruhe, FamRZ 1993, 1481

10. Abschnitt: Fiktives Einkommen aus unterlassener zumutbarer Erwerbstätigkeit § 1

der von ihm abhängenden Familienangehörigen und ohne deren Einverständnis, muß er sie selbst dann abbrechen, wenn sie zwischenzeitlich bereits weiter fortgeschritten ist. Es ist ihm ein fiktives Einkommen zuzurechnen.[84] Hatte der Pflichtige die Zweitausbildung zunächst im Einvernehmen mit seiner Frau aufgenommen und war der Unterhalt durch eine Erwerbstätigkeit der Frau gesichert, dann ist ihm ein Abbruch der Zweitausbildung jedenfalls dann nicht mehr zuzumuten, wenn zwar der Frau wegen der Geburt eines weiteren Kindes eine weitere Erwerbstätigkeit unmöglich geworden ist, aber andererseits der Abschluß der Zweitausbildung alsbald bevorsteht (= ca. 1 bis 2 Jahre), so daß ein Abbruch unwirtschaftlich und unvernünftig wäre.[85] Wer sich allerdings noch in der „Erstausbildung" befindet, braucht sich keine fiktiven Einkünfte zurechnen zu lassen.[86]

Generell ist es einem **Unterhaltsberechtigten** zuzumuten, eine vorübergehende Unterhaltsminderung, u. U. sogar einen zeitweiligen Wegfall von Unterhaltszahlungen hinzunehmen, wenn die Zweitausbildung des Pflichtigen bereits weit fortgeschritten ist und nur noch eine verhältnismäßig kurze Zeit in Anspruch nimmt, erhöhte Einkommens- und Aufstiegschancen bietet und nicht gegen den Willen der Berechtigten aufgenommen wurde. Denn schließlich begünstigt die verbesserte berufliche Situation des Pflichtigen auch den Berechtigten, weil sie ihm seinerseits bessere Ausbildungs- und Berufsaussichten bietet.[87] Die Tatsache, daß eine nach Aufgabe des Arbeitsplatzes beabsichtigte oder durchgeführte Umschulung mit öffentlichen Mitteln gefördert wird, ist unterhaltsrechtlich ohne Bedeutung und hat, bei Vorliegen der sonstigen Voraussetzungen, die Anrechnung eines fiktiven Einkommens nur in früherer Höhe zur Folge.[88] Anders ist es allerdings, wenn das Arbeitsamt einem unverschuldet arbeitslos gewordenen Verpflichteten die Förderung einer Umschulungsmaßnahme aus Gründen besserer Vermittelbarkeit bewilligt hat. Dann kann während der Förderungszeit kein fiktives Einkommen angerechnet werden.[89] Auch unter Berücksichtigung der gesteigerten Unterhaltsverpflichtung nach § 1603 II BGB ist dem Unterhaltsschuldner eine Umschulung zuzubilligen, wenn für ihn sonst praktisch keine Vermittlungchancen bestehen.[90] Wer jedoch bisher nur „ungelernte Tätigkeiten" ausgeübt hat, darf sich nicht auf eine Umschulung berufen, wenn damit nur der Hauptschulabschluß erreicht werden soll.[91] Eine Verpflichtung zur Aufnahme einer Nebentätigkeit besteht bei Umschulungsmaßnahmen nicht, wenn die Umschulung den Schüler wie eine vollschichtige Erwerbstätigkeit beansprucht.[92] 414

6. Fiktives Einkommen bei Selbständigen

Für Selbständige gelten die bereits erörterten Grundsätze mit folgenden Besonderheiten: 415
– Wer sich selbständig machen will und dadurch eine voraussehbare rückläufige Einkommensentwicklung herbeiführt, muß vorher bestehende Unterhaltsverpflichtungen durch **Bildung von Rücklagen** bzw. durch Kreditaufnahme jedenfalls für eine Übergangszeit sicherstellen (siehe Rn 392) oder in sonstiger Weise dafür sorgen, daß er den Unterhalt in bisheriger Höhe weiterzahlen kann. Er muß auch dafür sorgen, daß er bei einem unvorhergesehenen Krankheitsfall leistungsfähig bleibt (siehe Rn 400).
– Der Selbständige ist verpflichtet, seinen Betrieb weiterhin so zu leiten, daß er Unterhalt in bisheriger Höhe weiterzahlen kann.
– Einem selbständigen Unternehmer, der nur Verluste erwirtschaftet, kann die Aufgabe des Unternehmens und die Aufnahme einer abhängigen Arbeit zugemutet werden,

---

[84] BGH, FamRZ 1983, 140 = R 147a
[85] BGH, FamRZ 1983, 140 = R 147a
[86] BGH, FamRZ 1994, 372, 375 = R 473d
[87] BGH, FamRZ 1983, 140 = R 147a
[88] OLG Stuttgart, FamRZ 1983, 1233
[89] OLG Düsseldorf, FamRZ 1984, 392
[90] OLG Hamm, FamRZ 1997, 1168
[91] OLG Hamm, FamRZ 1998, 979 mit ablehnender Anmerkung Struck, FamRZ 1998, 1610
[92] OLG Hamm, FamRZ 1997, 1168

wenn er sonst auf absehbare Zeit zu Unterhaltsleistungen nicht in der Lage ist.[93] Dabei sind alle Umstände des Falles sorgfältig abzuwägen, und es ist ihm eine Karenzzeit zuzubilligen. Diese Überlegungszeit kann zwei Jahre betragen.[94]
– Auch ein Selbständiger darf eine nach Erreichen des **65. Lebensjahres** noch ausgeübte Tätigkeit jederzeit ohne unterhaltsrechtliche Nachteile einstellen.[95]

7. Fiktives Einkommen bei Arbeitsplatzverlust infolge von Straftaten, sonstigen Verfehlungen oder Alkoholmißbrauch

416 Hier handelt es sich regelmäßig um verschuldete, aber nicht gewollte Leistungsunfähigkeiten. Der Dieb will normalerweise seine Leistungsfähigkeit sogar verbessern. Der Alkoholiker verharmlost sein Trinkverhalten und geht in der Regel davon aus, daß er nicht auffällt. Die Regeln, die bei der freiwilligen Aufgabe eines Arbeitsplatzes gelten (Rn 394, 413), können daher für diese Fälle nicht ohne weiteres übernommen werden.[96] Die unterhaltsrechtliche Vorwerfbarkeit einer durch Straftaten bedingten Leistungsunfähigkeit ist auf schwerwiegende Fälle zu beschränken, vor allem solche, in denen sich das strafbare Verhalten **gegen den Unterhaltsberechtigten gewendet hat**. Die Kausalität für den Arbeitsplatzverlust genügt nicht. Wesentlich ist, ob die der Tat zugrundeliegenden Antriebe und Vorstellungen auch auf die Verminderung der Leistungsfähigkeit als Folge der Straftat gerichtet waren, sich zumindest aufgedrängt haben. Dies kann z. B. für den Fall einer Fahnenflucht gelten, weil damit die Einkommensquelle verlorengeht und der Unterhaltsanspruch unmittelbar gefährdet wird.[97] Nach dem OLG Koblenz sollen bei sexuellem Mißbrauch eines minderjährigen Kindes für die Dauer der Haft dem geschädigten Kind gegenüber fiktive Einkünfte herangezogen werden, den Geschwistern gegenüber nicht.[98] Als Schuldform genügt auch hier **bewußte Fahrlässigkeit** (Rn 395). Unterhaltsbezogen leichtfertiges Verhalten kann auch bei schuldhaften Verstößen gegen die Arbeitspflicht vorliegen, wenn sich z. B. ein Arbeitnehmer mit einem Arztattest eine tatsächlich nicht bestehende Arbeitsunfähigkeit bescheinigen läßt und ihm daraufhin gekündigt wird.[99]

417 Wer wegen wiederholten Arbeitsantritts in alkoholisiertem Zustand seinen Arbeitsplatz verloren hat, darf sich jedenfalls dann auf verminderte Leistungsfähigkeit berufen, wenn es sich „ähnlich wie beim Führen eines Kraftfahrzeugs unter Alkoholeinfluß" um ein typisches jugendlich unüberlegtes Vorgehen gehandelt hat, verbunden mit dem Gedanken, schon nicht aufzufallen.[100] Trotz des Krankheitscharakters der Alkoholabhängigkeit kann eine darauf beruhende Kündigung vorwerfbar sein, wenn die Abhängigkeit leichtfertig und unentschuldbar herbeigeführt wurde[101] Unterläßt der alkoholkranke Unterhaltspflichtige eine erfolgversprechende Langzeittherapie, muß er sich so behandeln lassen, als ob die Kur alsbald durchgeführt worden wäre und er danach dem Arbeitsmarkt wieder zur Verfügung stünde.[102]

8. Fiktives Einkommen bei unentgeltlichen oder unterbezahlten Dienstleistungen gegenüber Dritten

418 Leistet der Verpflichtete einem Dritten ständig ganz oder teilweise unentgeltliche oder unterbezahlte Dienste, die normalerweise vergütet werden, so muß er sich, wie im Voll-

---

[93] OLG Koblenz, FamRZ 1984, 1225; OLG Köln, FamRZ 1983, 87
[94] OLG Düsseldorf, FamRZ 1997, 1078
[95] OLG Hamm, FamRZ 1997, 883
[96] BGH, FamRZ 1993, 1055, 1066 = R 451
[97] OLG Bamberg, FamRZ 1997, 1486
[98] OLG Koblenz, FamRZ 1998, 44
[99] OLG Hamm, FamRZ 1998, 979
[100] BGH, FamRZ 1994, 240 = R 469
[101] OLG Hamm, FamRZ 1996, 1017
[102] OLG Hamburg, FamRZ 1998, 182

10. Abschnitt: Fiktives Einkommen aus unterlassener zumutbarer Erwerbstätigkeit **§ 1**

streckungsrecht gemäß § 850h Abs. 2 ZPO, grundsätzlich eine angemessene Vergütung für seine Dienste anrechnen lassen. Der BGH hat dies für den in eheähnlicher Gemeinschaft lebenden Berechtigten entschieden.[103] Siehe dazu Rn 374. Erst recht gilt dieser Rechtsgedanke bei Trennung und Scheidung für den Verpflichteten. Eine in nichtehelicher Lebensgemeinschaft lebende Mutter, die ein aus dieser Verbindung hervorgegangenes Kleinkind betreut, ist jedoch nicht verpflichtet, zur Erfüllung von Unterhaltsansprüchen minderjähriger Kinder aus einer früheren Ehe erwerbstätig zu werden.[104] Insoweit können daher fiktive Einkünfte nicht zugerechnet werden. Wer jedoch anstelle einer Erwerbstätigkeit seine betagten Eltern betreut, muß sich in der Regel jedenfalls gegenüber minderjährigen Kindern als leistungsfähig behandeln lassen, weil diese im Rang vorgehen. In jedem Fall ist das Einkommen und das Vermögen der betreuten Eltern so zu ermitteln, daß ein fiktives Entgelt bestimmt werden kann.

Zur Erwerbsobliegenheit und fiktiven Zurechnungen bei Übernahme der „Hausmanns- oder Hausfrauenrolle" in neuer Ehe vgl. Rn 2/172.

II. Zurechnung fiktiver Einkünfte beim Berechtigten

1. Bedürftigkeitsminderung durch Zurechnung fiktiver Einkünfte bei unterlassener zumutbarer Erwerbstätigkeit

Beim Berechtigten ist die Anrechnung tatsächlicher oder fiktiver Erwerbseinkünfte ein Problem seiner Bedürftigkeit (§§ 1361 II, 1577 I, 1602 BGB). Bezogen auf dieses Bedürftigkeitsproblem gelten für den Berechtigten die gleichen Grundsätze wie für den Verpflichteten in bezug auf dessen Leistungsfähigkeit. Die fortwirkende personale Verantwortung von Ehegatten füreinander verpflichtet den unterhaltsberechtigten Ehegatten zur Minderung seiner Bedürftigkeit. Wie der Leistungsfähige hat er die Obliegenheit, seine Arbeitsfähigkeit so gut wie möglich einzusetzen. Er muß sich Einkünfte anrechnen lassen, die er bei gutem Willen durch eine zumutbare und mögliche Erwerbstätigkeit erzielen könnte.[105] So sind etwa einer beurlaubten Beamtin, deren Kinder 8 und 13 Jahre alt sind, fiktive Einkünfte aus Halbtagstätigkeit in ihrer Beamtenstelle zuzurechnen, wenn sie ihrer Erwerbsobliegenheit nicht nachkommt und statt dessen aus dem Beamtenverhältnis ausscheidet.[106] Wird dem bedürftigen Ehegatten ein fiktives Einkommen zugerechnet, das den Bedarf nicht voll deckt, dann beruht der verbleibende Unterhaltsanspruch auf § 1573 II BGB, nicht auf Erwerbsunfähigkeit.[107] Nach ähnlichen Grundsätzen sind **volljährige Kinder**, die sich nicht in Ausbildung befinden, verpflichtet, durch den Einsatz ihrer Arbeitsfähigkeit für den eigenen Lebensbedarf selbst zu sorgen.[108] Siehe dazu auch Rn 391. Befindet sich der Unterhaltsberechtigte noch in der Ausbildung, ist er verpflichtet, bestehende BAföG-Ansprüche geltend zu machen. Auch die Verletzung dieser Obliegenheit kann zu fiktiven Einkünften führen (Rn 358 f). **419**

Gibt der Berechtigte eine Erwerbstätigkeit leichtfertig auf oder verdient er bei einem freiwilligen Arbeitsplatzwechsel weniger als vorher, ist er unterhaltsrechtlich so zu behandeln, als hätte er die Einkünfte aus seiner bisherigen Tätigkeit noch (wie Rn 394 f). Ein Arbeitsplatzwechsel kann dem Berechtigten in der Regel zugemutet werden, wenn er bei einer anderen Stelle mehr verdienen könnte, ohne berücksichtigungswürdige Nachteile zu haben. Wird ein berechtigter Ehegatte **unverschuldet arbeitslos**, z. B. durch eine nicht leichtfertig verursachte Arbeitgeberkündigung, so ist der Unterhalt – wie bei entsprechender Leistungsunfähigkeit des Verpflichteten (Rn 402 f) – neu zu berechnen. **420**

---

[103] BGH, FamRZ 1984, 683 = R 212 c; FamRZ 1984, 662 = R 211a; FamRZ 1980, 665 = R 39 b
[104] OLG Frankfurt/Main, FamRZ 1992, 979
[105] BGH, FamRZ 1988, 927, 929 = R 358 d; FamRZ 1988, 256, 258 = R 355 c; FamRZ 1988, 159 = R 346 c; FamRZ 1981, 1042 = R 81 b
[106] OLG Celle, FamRZ 1998, 1518
[107] BGH, FamRZ 1988, 927, 929 = R 358 d
[108] BGH, FamRZ 1985, 273 = R 239 b

§ 1　　Die Ermittlung des relevanten Einkommens

Zur Frage des „unverschuldeten Verlustes" s. Rn 4/117. Macht sich der Berechtigte selbständig oder produziert er in seinem Unternehmen nur Verluste, gelten ebenfalls ähnliche Grundsätze wie für den Verpflichteten (Rn 415).

421　Ein Unterhaltsanspruch kann außerdem entfallen oder herabgesetzt werden, wenn der berechtigte Ehegatte seine Bedürftigkeit **mutwillig herbeigeführt hat** (§§ 1361 III, 1579 Nr. 3 BGB). Dazu im einzelnen Rn 4/666. Dies wird vor allem aktuell in den Fällen, in denen der Berechtigte durch sein früheres Verhalten in vorwerfbarer Weise krank und erwerbsunfähig geworden ist oder in vorwerfbarer Weise nicht dafür gesorgt hat, daß er wieder erwerbsfähig wird. Auch der Vorwurf der mutwillig herbeigeführten Bedürftigkeit erfordert eine unterhaltsbezogene Leichtfertigkeit (dazu siehe Rn 394 f). Ähnliches gilt nach § 1611 BGB beim **Kindesunterhalt**, wenn das Kind durch ein sittliches Verschulden bedürftig geworden ist oder die Inanspruchnahme des verpflichteten Elternteils grob unbillig wäre (dazu im einzelnen Rn 2/478 f). Der Bedürftige muß in Vorwerfbarkeit von erheblichem Gewicht, d. h. zumindest mit **unterhaltsbezogener Leichtfertigkeit**, gegen anerkannte Gebote der Sittlichkeit verstoßen haben.[109] Fiktives Einkommen aus Rentenbezügen kann im Rentenalter über § 1579 Nr. 3 BGB zugerechnet werden, wenn der Berechtigte Vorsorgeunterhalt zweckwidrig nicht an einen Versorgungsträger weitergeleitet hat.[110]

422　Der Berechtigte hat die **Darlegungs- und Beweislast** für seine Bedürftigkeit, d. h. für alle Umstände, die für die Bejahung seiner Bedürftigkeit bedeutsam sind, also z. B. für seine Arbeitsunfähigkeit, seine Bemühungen um einen Arbeitsplatz, seine Nichtvermittelbarkeit auf dem Arbeitsmarkt u. ä (vgl. Rn 6/703 f). Zweifel gehen zu seinen Lasten. S. auch Rn 427, 431, 432.

2. Zumutbare Erwerbstätigkeiten des Berechtigten

423　Art und Umfang einer Erwerbstätigkeit, die vom Berechtigten zur Minderung seiner Bedürftigkeit verlangt werden können, sind abhängig von der jeweiligen Anspruchsgrundlage. Beim **Trennungsunterhalt** kann der nicht erwerbstätige Ehegatte darauf verwiesen werden, seinen Unterhalt durch eine Erwerbstätigkeit selbst zu verdienen, wenn dies von ihm nach seinen persönlichen Verhältnissen, insbesondere wegen einer früheren Erwerbstätigkeit unter Berücksichtigung der Ehedauer und nach den wirtschaftlichen Verhältnissen der Ehegatten erwartet werden kann (§ 1361 II BGB; dazu Rn 4/16 f). Wird eine Erwerbsobliegenheit bejaht, muß die zumutbare Erwerbstätigkeit wie bei § 1574 II BGB eheangemessen sein.

424　Beim **nachehelichen Unterhalt** besteht wegen des Prinzips der Eigenverantwortlichkeit nach § 1574 I BGB grundsätzlich die Obliegenheit, eine angemessene Erwerbstätigkeit auszuüben. Angemessen ist eine Erwerbstätigkeit, die der Ausbildung, den Fähigkeiten, dem Lebensalter und dem Gesundheitszustand sowie den ehelichen Lebensverhältnissen unter Berücksichtigung der Ehedauer und der Pflege oder Erziehung gemeinschaftlicher Kinder entspricht (§ 1574 II BGB). Genaueres Rn 4/131 f. Der Berechtigte ist zur beruflichen Ausbildung oder Fortbildung verpflichtet, wenn er nach deren Abschluß voraussichtlich eine geeignete Erwerbstätigkeit aufnehmen oder ausweiten kann (§ 1574 III BGB). Eine approbierte Ärztin ohne Berufserfahrung muß sich z. B. einer Fortbildung unterziehen und darf sich dann nicht nur um Stellen in einer Arztpraxis oder einem Krankenhaus bewerben, sondern auch um Ausbildungstätigkeiten in Alten- oder Krankenpflegeschulen und dergleichen.[111]

425　Ob und inwieweit der Berechtigte nach diesen Bestimmungen zu einer Erwerbstätigkeit verpflichtet ist, ist im konkreten Einzelfall aufgrund einer Zumutbarkeitsabwägung der maßgeblichen Umstände festzustellen.[112] Hat der Verpflichtete nach § 1581 BGB nur nach Billigkeitsgrundsätzen Unterhalt zu leisten, weil sein eigener angemessener Unter-

---

[109] BGH, FamRZ 1985, 273, 275 = R 239 b
[110] OLG Hamm, FamRZ 1991, 1056
[111] OLG Hamm, FamRZ 1998, 243
[112] BGH, FamRZ 1985, 50 = NJW 1985, 429; FamRZ 1982, 148 = R 94

10. Abschnitt: Fiktives Einkommen aus unterlassener zumutbarer Erwerbstätigkeit **§ 1**

halt gefährdet ist, so kann dies zu einer Verschärfung der Anforderungen führen, die an die Erwerbstätigkeit des Berechtigten zu stellen sind.[113]

Für die Erwerbsobliegenheit eines **volljährigen Kindes**, das eine abgeschlossene Berufsausbildung hat und sich nicht in Berufsausbildung befindet, gelten ähnliche Maßstäbe wie bei der verstärkten Unterhaltspflicht der Eltern gegenüber minderjährigen Kindern. Dem Volljährigen sind berufsfremde Tätigkeiten und Arbeiten auch unterhalb seiner gewohnten Lebensstellung zuzumuten.[114] Der Volljährige muß auch eine von einem Elternteil angebotene Stelle annehmen.[115] Einem Studierenden kann während der Semesterferien häufig eine gewisse Erwerbstätigkeit zugemutet werden, wenn durch diese der Examensabschluß nicht verzögert oder gefährdet wird.[116] Zur Einkommensanrechnung bei Studenten und Schülern siehe Rn 78 f. **426**

III. Ernsthafte Bemühungen um eine Erwerbstätigkeit und reale Beschäftigungschancen

1. Ernsthafte Bemühungen um eine Arbeitsstelle

Wer zur Aufnahme einer Erwerbstätigkeit verpflichtet ist, muß sich ernsthaft und intensiv um eine Arbeitsstelle bemühen. Die Meldung beim Arbeitsamt zum Zweck der Arbeitsvermittlung reicht hierzu nicht aus, weil erfahrungsgemäß nicht alle Arbeitsstellen über das Arbeitsamt vermittelt werden.[117] Das Arbeitsamt hat zwar das staatliche Monopol für die Arbeitsvermittlung. Gleichwohl suchen viele Arbeitgeber ohne Einschaltung des Arbeitsamtes Arbeitskräfte über Stellenanzeigen in Tageszeitungen und Anzeigenblättern. Deshalb gehört zu den zumutbaren Arbeitsbemühungen auch, daß Stellenangebote in Zeitungen und Anzeigenblättern, die am Wohnort und in der Region erscheinen, auf entsprechende Anzeigen sorgfältig überprüft werden. In Frage kommen auch sonstige Privatinitiativen wie Erkundigungen im Bekanntenkreis, Nachfrage bei früheren Arbeitsplätzen u. ä. Zu den Bemühungen gehören vor allem rechtzeitige schriftliche oder persönliche und nicht nur telefonische Bewerbungen bei Firmen und Behörden, die für Stellenvergaben in Frage kommen. In der Rechtsprechung wird gefordert, daß der Arbeitslose für die Suche nach Arbeit etwa die Zeit aufwendet, die ein Erwerbstätiger für seinen Beruf aufwendet, so daß monatlich 20 Bewerbungen zu verlangen seien.[118] Der Arbeitsuchende muß ausreichend darlegen, um welche Stellen er sich in der fraglichen Zeit beworben hat, was aus diesen Bewerbungen geworden ist und was er sonst konkret unternommen hat, um Arbeit zu finden. Er muß entsprechende Bewerbungsschreiben und Antwortschreiben vorlegen.[119] **427**

Die Arbeitsbemühungen und die subjektive Arbeitsbereitschaft müssen ernsthaft sein. Wenn Zweifel bestehen, ist dies vom Richter besonders sorgfältig nachzuprüfen. Der Richter muß versuchen, aus der Arbeitsbiographie, dem Parteivortrag und aus sonstigen Umständen Erkenntnisse über die Ernsthaftigkeit der subjektiven Arbeitsbereitschaft zu gewinnen. Zuweilen ergeben sich dazu Anhaltspunkte aus dem Text von Bewerbungsschreiben oder anläßlich einer Beweiserhebung zu Vorstellungsgesprächen. Es ist oft nicht auszuschließen, daß eine fehlende Arbeitswilligkeit dadurch verschleiert wird, daß zwar einerseits umfangreich zu mißglückten Bewerbungen vorgetragen wird, andererseits aber zumutbare **ernsthafte Stellenangebote verschwiegen werden**.[120] Deshalb sind **428**

---

[113] BGH, FamRZ 1983, 569, 571 = R 152 c
[114] BGH, FamRZ 1987, 930, 932 = NJW-RR 1987, 706; FamRZ 1985, 273 = R 239 b
[115] OLG Zweibrücken, FamRZ 1984, 1250
[116] BGH, FamRZ 1983, 140 = R 147 b; FamRZ 1980, 126 = R 34 a
[117] BGH, FamRZ 1986, 1085 = R 305 b; FamRZ 1986, 244, 246 = R 280 b
[118] OLG Naumburg, FamRZ 1997, 311
[119] OLG Hamburg, FamRZ 1984, 1245; OLG Zweibrücken, FamRZ 1984, 1250; OLG Stuttgart, FamRZ 1983, 1233
[120] BGH, FamRZ 1986, 244, 246 = R 280 b

auch 50 Absagen und mehr noch kein in jedem Fall überzeugender Nachweis ausreichender Bemühungen um einen Arbeitsplatz. Zweifel an der Ernsthaftigkeit von Bewerbungsbemühungen gehen zu Lasten des Arbeitsuchenden.

2. Reale Beschäftigungschance auf dem Arbeitsmarkt

429 Ob ein Arbeitsuchender einen geeigneten Arbeitsplatz finden kann, ist auch von objektiven Voraussetzungen abhängig, wie den jeweiligen Verhältnissen auf dem Arbeitsmarkt sowie von den persönlichen Eigenschaften des Arbeitsuchenden wie Alter, Ausbildung, Berufserfahrung, Gesundheitszustand, Geschlecht u. ä.[121] In Zeiten der Vollbeschäftigung sind an den Nachweis vergeblichen Bemühens höhere Anforderungen zu stellen als in Zeiten hoher Arbeitslosigkeit auf dem einschlägigen Arbeitsmarkt. In dichtbesiedelten Gebieten mit hohem Beschäftigungsstand bestehen generell bessere Bedingungen als in strukturschwachen und weniger bevölkerten Landesteilen.[122] Eine absolute Sicherheit, daß bei weiterer Arbeitsuche keine Stelle zu finden ist, gibt es nicht. Dieses Unsicherheitsmoment ist tatrichterlich zu bewältigen. **Der Tatrichter** muß darüber entscheiden, ob die Chance, eine Arbeit zu finden, real oder doch nicht völlig irreal oder nur theoretischer Art ist. Jeder ernsthafte Zweifel daran, ob bei sachgerechten Bemühungen eine nicht ganz von der Hand zu weisende Beschäftigungschance besteht bzw. bestanden hätte, geht zu Lasten des Arbeitsuchenden. Andererseits kann der Nachweis als geführt angesehen werden, wenn nach dem Ergebnis der tatrichterlichen Würdigung eine Beschäftigungschance praktisch nicht bestanden hat.[123]

430 Wird zum Beweis der behaupteten Nichtvermittelbarkeit die Einholung einer **Auskunft des Arbeitsamtes** beantragt, muß diese erhoben werden, denn die amtliche Auskunft einer Behörde ersetzt die Zeugenvernehmung des in Frage kommenden Sachbearbeiters. Der Richter darf sich über einen solchen Beweisantrag nicht hinwegsetzen und ohne weiteres vom Gegenteil ausgehen.[124] Bestätigt das Arbeitsamt, daß die betreffende Person von der Arbeitsverwaltung voraussichtlich nicht vermittelt werden kann, ist aber in jedem Fall weiter zu fragen, ob bei ausreichender Entfaltung von Privatinitiative (Rn 427) nicht gleichwohl ein angemessener Arbeitsplatz gefunden werden könnte. Derartigen Arbeitsamtsbestätigungen kommt daher für die Praxis kaum eine Bedeutung zu. Eine auf der Erfahrung des Gerichts und seiner Kenntnis von den Verhältnissen des örtlichen Arbeitsmarktes beruhende tatrichterliche Beurteilung der Vermittelbarkeit ist aus Rechtsgründen (revisionsrechtlich) nicht zu beanstanden.[125]

3. Darlegungs- und Beweislast zu den Arbeitsbemühungen und zur Beschäftigungschance

431 Wer wegen **Erwerbslosigkeit** Unterhalt beansprucht, hat die Darlegungs- und Beweislast für seine Bedürftigkeit (vgl. Rn 6/707). Er muß in nachprüfbarer Weise vortragen, welche Schritte er im einzelnen unternommen hat, um einen zumutbaren Arbeitsplatz zu finden und sich ergebende Erwerbsmöglichkeiten auszunützen. Er muß außerdem darlegen und nachweisen, daß für ihn objektiv eine reale Beschäftigungschance nicht bestanden hat.[126] Gleiches gilt für den Unterhaltsschuldner, der Leistungsunfähigkeit oder beschränkte Leistungsfähigkeit infolge Arbeitslosigkeit behauptet (vgl. Rn 6/710). Im Rahmen der nach § 1603 II BGB gesteigerten Erwerbsobliegenheit ist der Unterhaltsschuldner darlegungs- und beweispflichtig dafür, daß er die Kündigung seines Arbeits-

---

[121] BGH, FamRZ 1987, 144 = R 314; FamRZ 1986, 885 = R 302b
[122] BGH, FamRZ 1986, 244, 246 = R 280b
[123] BGH, FamRZ 1987, 144 = R 314; FamRZ 1986, 885 = R 302b
[124] BGH, FamRZ 1987, 912 = R 335
[125] BGH, FamRZ 1988, 604 = NJW 1988, 2799
[126] BGH, FamRZ 1996, 345 = R 497a; FamRZ 1987, 144 = R 314; FamRZ 1986, 885 = R 302b; FamRZ 1986, 244, 246 = R 280b

10. Abschnitt: Fiktives Einkommen aus unterlassener zumutbarer Erwerbstätigkeit **§ 1**

verhältnisses nicht zu vertreten hat und trotz intensiver Anspannung aller Kräfte keine neue Erwerbstätigkeit finden konnte.[127] Bei verbleibenden Zweifeln wird er als leistungsfähig behandelt.

IV. Krankheitsbedingte Arbeitsunfähigkeit

1. Krankheitsbedingte Erwerbsunfähigkeit und Pflicht zur Wiederherstellung der Arbeitskraft

Fehlendes oder unzulängliches Erwerbseinkommen wird häufig mit krankheitsbedingter Arbeitsunfähigkeit begründet. Wer behauptet, infolge Krankheit arbeitsunfähig oder nur beschränkt arbeitsfähig zu sein, hat seine gesundheitliche Beeinträchtigung genau anzugeben und das Ausmaß der Minderung seiner Arbeitsfähigkeit nachzuweisen. Das gilt für den Berechtigten und den Verpflichteten. Ein entsprechender Nachweis kann durch die Einholung eines **ärztlichen Sachverständigengutachtens** geführt werden. Empfehlenswert ist es, damit einen Arbeitsmediziner zu beauftragen. Aufgabe des Sachverständigen ist es, zu klären, ob qualitative oder quantitative Leistungseinschränkungen vorliegen. Zu den **qualitativen Leistungseinschränkungen** gehören 432
– die Unfähigkeit zu Arbeiten unter Zeitdruck,
– die Unfähigkeit zu Nacht- oder Wechselschicht,
– die Unfähigkeit, schwer zu heben, schwer zu tragen,
– die Unverträglichkeit von bestimmten Reizstoffen, Hitze oder Kälte
– die Unfähigkeit, in offenen oder in geschlossenen Räumen zu arbeiten, und
– die Unfähigkeit, im Sitzen, Gehen oder Stehen zu arbeiten.

Die **quantitativen Einschränkungen** bringen die Reduktion des Leistungsvermögens in zeitlicher Hinsicht zum Ausdruck, in erster Linie die Unfähigkeit zur Ganztagsarbeit. Ursache können körperliche Beeinträchtigungen sein, aber auch psychische Erkrankungen, die das Durchhaltevermögen, die Leistungsmotivation, die Ausdauer, die nervliche Belastbarkeit, die Anpassungsfähigkeit oder die geistige Beweglichkeit beeinträchtigen.

Im Fall einer Krankheit trifft den Berechtigten wie den Verpflichteten die Obliegenheit, alles zur Wiederherstellung seiner Arbeitskraft Erforderliche zu tun, um seine Unterhaltsbedürftigkeit zu mindern bzw. seine Leistungsfähigkeit wiederherzustellen. Wer leichtfertig oder fahrlässig die Möglichkeit ärztlicher Behandlung und Behebung der der Aufnahme einer Erwerbstätigkeit entgegenstehenden Schwierigkeiten nicht nutzt, muß sich unterhaltsrechtlich so behandeln lassen, als hätte er das Notwendige getan. Der Verpflichtete kann als leistungsfähig angesehen werden. Der Bedürftige kann seinen Unterhaltsanspruch verwirken, weil er seine Bedürftigkeit mutwillig herbeigeführt bzw. aufrechterhalten hat.[128] Das OLG Hamm[129] geht z. B. bei einer neurotischen Depression davon aus, daß bewußtes Vermeiden ärztlicher Hilfe dazu führt, daß der Unterhaltsgläubiger als erfolgreich therapiert anzusehen ist. Siehe dazu auch Rn 4/666.

Bei **Suchtdelikten** wie Alkoholabhängigkeit kann die Bedürftigkeit im Sinne des 433
§ 1579 Nr. 3 BGB auch dadurch mutwillig herbeigeführt sein, daß der Unterhaltsberechtigte es leichtfertig unterlassen hat, durch geeignete und zumutbare Maßnahmen seine Erwerbsfähigkeit wiederherzustellen. Die Frage, von welchem Zeitpunkt an dem Bedürftigen die Erkenntnis über die Art seiner Erkrankung zugerechnet werden kann, und die Beurteilung des Zeitraums, innerhalb dessen er gehalten war, wirksame Maßnahmen zur Wiederherstellung seiner Gesundheit zu ergreifen, sind Gegenstand tatrichterlicher Würdigung. Wer aus nicht vorwerfbarer Labilität und Charakterschwäche nicht in der Lage ist, dem Alkoholmißbrauch entgegenzusteuern und Maßnahmen zu dessen Be-

---

[127] OLG Hamm, FamRZ 1998, 1252
[128] BGH, FamRZ 1988, 375, 377 = R 356 b; FamRZ 1987, 359, 361 = R 321 b; FamRZ 1981, 1042 = R 81 b; OLG Hamburg, FamRZ 1982, 702; OLG Düsseldorf, FamRZ 1982, 518
[129] OLG Hamm, FamRZ 1999, 237

kämpfung zu ergreifen, braucht unterhaltsrechtliche Nachteile nicht zu befürchten.[130] Genaueres dazu Rn 4/673 f.

2. „Rentenneurose" des Berechtigten

434 Bei psychischen Fehlhaltungen, die der sogenannten **„Rentenneurose"** oder „Prozeßneurose" des Haftpflichtrechts und Sozialrechts vergleichbar sind, ist eine Unterhaltsbedürftigkeit zu verneinen, wenn keine Versuche unternommen werden, beruflich tätig zu werden. Zwar ist grundsätzlich auch derjenige bedürftig, der infolge einer seelischen Störung erwerbsunfähig ist. Anders ist die Bedürftigkeit jedoch zu beurteilen, wenn die seelische Störung erst durch das – wenn auch unbewußte – Begehren nach einer Lebenssicherung oder durch die Ausnutzung einer vermeintlichen Rechtsposition ihr Gepräge erhält und der Unterhaltsanspruch zum Anlaß genommen wird, den Mühen des Arbeitslebens auszuweichen. In solchen Fällen wird durch die Bewilligung eines Unterhaltsanspruchs die **„Flucht in die seelische Krankheit"** honoriert und der Krankheitszustand verfestigt. Deshalb ist eine Bedürftigkeit ganz oder teilweise zu verneinen, wenn vorausgesagt werden kann, daß sich bei Ablehnung oder Minderung des Unterhaltsanspruchs der neurotische Zustand infolge der notwendig werdenden Aktivierung eigener Kräfte verändern kann. Ist dagegen die seelische Störung so übermächtig, daß die Arbeitsunfähigkeit auch nach Versagung des Unterhaltsanspruchs bleibt, dann ist die Unterhaltsbedürftigkeit zu bejahen. Wegen der Simulationsmöglichkeiten ist stets Wachsamkeit des Tatrichters und des Sachverständigen geboten. In Grenzfällen obliegt dem Berechtigten die Beweislast dafür, daß bei ihm keine Rentenneurose gegeben ist oder daß seine seelische Abartigkeit so übermächtig ist, daß sie auch nach Aberkennung eines Unterhaltsanspruchs nicht überwunden werden kann.[131]

435 Neurosen haben Krankheitswert und sind durch eine **therapeutische Behandlung** veränderbar. Es besteht daher die unterhaltsrechtliche Verpflichtung, sich zur Wiederherstellung der Arbeitsfähigkeit in eine solche therapeutische Behandlung zu begeben und in dieser aktiv an der Veränderung der psychischen Arbeitsunwilligkeit mitzuarbeiten. Wird dagegen verstoßen, so muß sich der „Kranke" unterhaltsrechtlich so behandeln lassen, als sei eine solche Behandlung erfolgreich gewesen.[132]

V. Bemessung und Dauer der fiktiven Einkünfte

1. Zur Bemessung fiktiver Einkünfte

436 Die Höhe fiktiver Einkünfte kann im allgemeinen nur im Weg einer Schätzung nach § 287 ZPO ermittelt werden.[133] Geschätzt wird ein Nettobetrag, der nach Abzug von Steuern und Vorsorgeaufwendungen erzielt werden könnte. Zur Orientierung dient ein früherer Verdienst, wenn eine Arbeitsstelle aufgegeben worden ist.[134] Sonst ist maßgeblich ein vergleichbares Einkommen, das der Betreffende nach Vorbildung und Fähigkeiten erzielen könnte.[135] Maßgeblich ist stets das **erzielbare Einkommen**. Wenn im Einzelfall verläßliche konkrete Anhaltspunkte für eine Schätzung fehlen, können als vergleichbare Beträge die in den Anlagen zum Fremdrentengesetz (FRG) aufgeführten Bruttojahresentgelte herangezogen werden. Diese Bruttojahresentgelte beruhen auf zuverlässigen, für die gesamte Bundesrepublik geltenden Erhebungen und Feststellungen und sind da-

---

[130] OLG Bamberg, FamRZ 1998, 370
[131] BGH, FamRZ 1984, 660 = R 208; FamRZ 1981, 1042 = R 81b; OLG Hamburg, FamRZ 1982, 702
[132] OLG Düsseldorf, FamRZ 1982, 518
[133] BGH, FamRZ 1986, 885 = R 302a; FamRZ 1984, 662 = R 211a; OLG Köln, FamRZ 1982, 707, 709
[134] OLG Hamburg, FamRZ 1982, 611
[135] BGH, FamRZ 1984, 374, 377 = NJW 1984, 1458, 1460

her für eine vergleichbare Schätzung besonders geeignet.[136] Maßgeblich sollten in keinem Fall nur die untersten beruflichen Möglichkeiten sein.[137]

Bei einer Schätzung ist auf den objektiven Wert der Leistungen abzustellen. Für Versorgungsleistungen und Haushaltsführung können Richtsätze, die auf die gegebenen Verhältnisse abgestimmt sind und der Lebenserfahrung entsprechen, sowie Richtlinien und Erfahrungssätze, die zur Bestimmung von Schadensrenten für die Verletzung oder Tötung von Hausfrauen entwickelt worden sind, als Anhalt dienen, soweit nicht im konkreten Einzelfall besondere Umstände eine Abweichung bedingen.[138] Dazu siehe auch Rn 376. Die fiktive Annahme eines Verdienstes aus wechselnden Aushilfs- und Gelegenheitsarbeiten muß vom Gericht in nachprüfbarer Weise dargelegt und begründet werden. Nötig sind dazu Angaben zur Art der in Betracht kommenden Gelegenheits- und Aushilfstätigkeiten, zum „Markt" für solche Tätigkeiten in dem für den Berechtigten erreichbaren Einzugsgebiet sowie zu dem möglichen persönlichen Zugang des Berechtigten zu diesem „Markt". Häufig wird es sich dabei um Arbeiten in einem **fremden Haushalt** handeln. Das OLG Oldenburg geht in OL V 2 a ee davon aus, daß **ungelernten Frauen oder Frauen ohne Berufserfahrung** bei halbtägiger Erwerbsobliegenheit unter Berücksichtigung der Berufskostenpauschale und der Krankenversicherung monatlich 800 bis 900 DM zuzurechnen sind und bei ganztägiger Erwerbsobliegenheit monatlich 1100 bis 1200 DM. Die Beträge für Ganztagsarbeit müßten eigentlich höher liegen, etwa bei 1500 DM. Der Gesundheitszustand ist in jedem Einzelfall mitzuberücksichtigen.[139] Wird Ehegattenunterhalt geltend gemacht, ist auch der **Erwerbstätigenbonus** von $1/7$ zu berücksichtigen.[140]

Wer sich auf fiktive Einkünfte beruft, hat ein der beruflichen Qualifikation des Gegners entsprechendes erzielbares Einkommen schlüssig vorzutragen. Die **Darlegungs- und Beweislast** dafür, daß dies konkret nicht möglich ist, trifft den Gegner.[141]

2. Zur Dauer fiktiver Einkünfte

Ein fiktives Einkommen ist so lange zuzurechnen, wie sich die maßgeblichen Umstände, die nach § 242 BGB zur Bejahung eines fiktiven Einkommens geführt haben, nicht wesentlich geändert haben.[142] Bei einem Verpflichteten, der seinen Arbeitsplatz leichtfertig aufgegeben hatte, ist daher zu klären, ob ein späterer Verlust aus hinnehmbaren Gründen ausgeschlossen werden kann. Ist dies nicht möglich, dürfen die Einkünfte aus dem früheren Arbeitsverhältnis nicht mehr fiktiv zugerechnet werden. Es kommt dann darauf an, was der Verpflichtete bei zureichenden Bemühungen um eine neue Stelle hätte verdienen können.[143] Das OLG Oldenburg geht davon aus, daß die früheren Einkünfte in der Regel nur für drei Jahre maßgeblich sein können.[144] Erfolgt die Zurechnung wegen fehlender Bemühungen um einen Arbeitsplatz, so kann ein fiktives Einkommen nur so lange angerechnet werden (bzw. eine Bedürftigkeit nur so lange verneint werden), als sich der Betreffende nicht hinreichend um einen neuen Arbeitsplatz bemüht. Dazu s. Rn 407 a. Ein solches ernsthaftes und intensives, wenn auch wegen der augenblicklichen Arbeitsmarktlage, evtl. in Verbindung mit fortgeschrittenem Alter oder verschlechtertem Gesundheitszustand erfolgloses Bemühen kann im Weg einer Abänderungsklage geltend gemacht werden.[145] Das gleiche gilt, wenn wegen leichtfertigen Verlustes des Arbeitsplat-

---

[136] OLG Düsseldorf, FamRZ 1981, 255
[137] OLG Düsseldorf, FamRZ 1991, 220
[138] BGH, FamRZ 1984, 662 = R 211 a; FamRZ 1980, 40, 42 = R 32
[139] BGH, FamRZ 1984, 682, 686 = R 212 c
[140] BGH, FamRZ 1991, 307 = R 427 c
[141] OLG Naumburg, FamRZ 1998, 557
[142] OLG Karlsruhe, FamRZ 1983, 931
[143] OLG Hamm, FamRZ 1995, 1217
[144] Vgl. OL I 3 am Ende
[145] OLG Schleswig, FamRZ 1985, 69; OLG Celle, FamRZ 1983, 717; OLG Karlsruhe, FamRZ 1983, 931

zes das frühere Einkommen fiktiv zugerechnet wurde und später ein Arbeitsplatz gefunden wird, der zwar den **vorliegenden Qualifikationen** entspricht, aber mit geringerem Einkommen verbunden ist.[146] Mit der Abänderungsklage kann auch dann nicht geltend gemacht werden, daß das im Ausgangsverfahren fiktiv zugerechnete Einkommen zu hoch angesetzt wurde, wenn dies im Versäumnisverfahren geschehen ist.[147]

3. Vorsorgeunterhalt

439 Die fiktive Unterstellung eines Einkommens aus Erwerbstätigkeit hat beim Berechtigten grundsätzlich zur Folge, daß insoweit auch kein Vorsorgeunterhalt geschuldet wird.[148] Krankenvorsorgeunterhalt wird schon dann nicht mehr geschuldet, wenn Einkommen aus einer Teilzeitarbeit zuzurechnen ist, weil in der gesetzlichen Krankenversicherung eine Vollversicherung auch bei Teilzeitarbeit besteht.[149]

11. Abschnitt: Einkommen aus unzumutbarer Erwerbstätigkeit

I. Grundsatz

1. Abgrenzung zumutbare und unzumutbare Tätigkeit

440 Das Unterhaltsrecht legt den Parteien wechselnde Obliegenheiten auf. Der Unterhaltsgläubiger hat die Unterhaltslast soweit wie möglich zu verringern, der Unterhaltsschuldner hat sich leistungsfähig zu halten. Bedürftiger wie Pflichtiger müssen daher ihre Arbeitskraft so gut wie möglich einsetzen (s. näher Rn 387 ff und 427 ff).

441 Die Erwerbsobliegenheit bezieht sich aber nur auf **zumutbare Tätigkeiten**. Wird der Berechtigte oder Verpflichtete dagegen **überobligationsmäßig** tätig, z. B. durch Berufstätigkeit nach der Trennung trotz Betreuung kleiner Kinder, durch Nebentätigkeiten oder durch Ferienarbeit als Student, handelt es sich um eine sog. **unzumutbare Erwerbstätigkeit**. Unzumutbar bedeutet, daß für diese Tätigkeit keine Erwerbsobliegenheit besteht, derjenige, der sie ausübt, unterhaltsrechtlich also nicht gehindert ist, sie jederzeit zu beenden, gleichgültig, ob er Unterhaltsschuldner ist und möglicherweise seine Leistungsfähigkeit herabsetzt oder ob er sich in der Rolle des Unterhaltsgläubigers befindet und seine Bedürftigkeit erhöht.[1]

442 Die unterhaltsrechtliche Berücksichtigung des Einkommens aus unzumutbarer Tätigkeit ist im Gesetz nur unvollkommen in dem schwerverständlichen § 1577 II BGB geregelt. Nach der Rechtsprechung wird es nur zum Teil oder überhaupt nicht angerechnet (s. näher Rn 4/542). Im konkreten Einzelfall ist **vorab** aber zunächst **genau zu prüfen**, ob es sich um Einkünfte aus einer nachhaltig erzielten, dauerhaften und damit zumutbaren oder aus einer überobligationsmäßigen, jederzeit beendbaren und damit unzumutbaren Tätigkeit handelt.

2. Erwerbstätigkeit des Berechtigten trotz Betreuung kleiner Kinder

443 Die gemeinschaftliche Verantwortung der Eltern für ihre Kinder bewirkt, daß bei deren Betreuung regelmäßig erst gearbeitet werden muß, wenn die Kinder ein bestimmtes Alter erreicht haben (vgl. näher Rn 4/64 ff). In der Trennungszeit gilt dies auch bei der

---

[146] OLG Hamm, FamRZ 1997, 889
[147] OLG Hamm, FamRZ 1997, 891
[148] OLG Köln, FamRZ 1993, 711
[149] OLG Hamm, FamRZ 1994, 107
[1] BGH, FamRZ 1984, 364 = R 192 a; FamRZ 1983, 146, 149 = R 142 d

11. Abschnitt: Einkommen aus unzumutbarer Erwerbstätigkeit § 1

Betreuung nichtgemeinschaftlicher im Haushalt lebender Kinder (vgl. Rn 4/19 a). Bei der Frage, ab welchem Alter eine Erwerbsobliegenheit beginnt, ist immer auf den Einzelfall abzustellen.[2] Verschiedene Leitlinien der Oberlandesgerichte haben für die Regelfälle Altersgrenzen festgelegt[3] (s. näher Rn 4/72 ff). Der BGH geht davon aus, daß bei Betreuung eines nicht schulpflichtigen[4] sowie eines Kindes unter 8 Jahren regelmäßig keine Erwerbsobliegenheit besteht.[5]

Andererseits ist zu beachten, daß in vielen Fällen beide Eheleute während des Zusammenlebens berufstätig sind, obwohl sie kleine Kinder haben. Zum Teil erfolgt dies **aus Not**, weil der Ehepartner zur Finanzierung des gemeinsamen Haushalts zu wenig verdient, zum Teil beruht dies auf persönlichen Vorstellungen der Eheleute über die Gestaltung ihrer Ehegemeinschaft (vgl. § 1356 BGB) und damit auf **freien Stücken**.[6] Das aus der Erwerbstätigkeit erzielte Einkommen ist nach BGH nur im ersten Fall **überobligatorisch**, im zweiten Fall dagegen nachhaltig und dauerhaft, stammt also aus einer **zumutbaren Tätigkeit**.[7] Soweit durch eine Berufstätigkeit das Kindeswohl nicht gefährdet wird, haben nach § 1356 II BGB beide Eheleute das Recht, erwerbstätig zu sein. Entgegen einer weitverbreiteten Praxis führt die Ausübung eines Berufes nach der Trennung trotz Kinderbetreuung damit nicht automatisch zur Bejahung einer unzumutbaren Tätigkeit. Es liegen vielmehr im Einzelfall Ausnahmen von der Regel vor, daß bei Betreuung eines Kindes unter 8 Jahren mangels Erwerbsobliegenheit eine überobligationsmäßige Tätigkeit anzunehmen ist, weil die Berufsausübung jederzeit beendet werden kann. Dies gilt vor allem, wenn der Berufstätige aus freien Stücken den Willen hat, eine in der Ehe ausgeübte Erwerbstätigkeit trotz Trennung fortzusetzen. Die von der Rechtsprechung entwickelten Grundsätze zur Erwerbsobliegenheit bei Betreuung kleiner Kinder, die in verschiedenen oberlandesgerichtlichen Leitlinien ihren Niederschlag gefunden haben, beziehen sich in erster Linie auf die Berufsaufnahme bzw. -erweiterung nach der Trennung (vgl. insoweit ausführlich Rn 4/68 ff), nicht aber auf die Fortsetzung einer in der Ehe ausgeübten Tätigkeit.[8] Denn die Rechtsprechung kann den einzelnen Eheleuten nicht vorschreiben, wie sie nach Geburt eines Kindes ihre Ehe zu gestalten haben, sie kann nur Grundsätze entwickeln, ob und ab wann bei Kinderbetreuung und Haushaltsführung in der Ehe nach der Trennung/Scheidung eine Erwerbstätigkeit aufzunehmen oder eine Teilzeittätigkeit auszuweiten ist, bzw. ob eine Erwerbstätigkeit nach der Trennung wegen der Kindesbetreuung beendet werden darf Die Frage ist beim Ehegattenunterhalt deshalb von Bedeutung, weil eine **unzumutbare Tätigkeit** die ehelichen Lebensverhältnisse **nicht prägt**, also den Bedarf nicht erhöht[9] (vgl. eingehend Rn 4/258 ff), auch wenn sie bereits in der Ehe ausgeübt wurde.[10] Die Nichtberücksichtigung seines Einkommens bei der Bedarfsermittlung wäre damit für einen Unterhaltsberechtigten, der in der Ehe trotz Kinderbetreuung aus freien Stücken berufstätig war und diese Tätigkeit nach der Trennung fortsetzen will, von erheblichem Nachteil. Es würde sich dann zu Recht, wie Born ausführt,[11] die Frage stellen, ob der Fleißige der Dumme ist. Die Darlegungs- und Beweislast trägt dabei der Ehegatte, der sich auf eine zumutbare Tätigkeit bei Betreuung eines kleinen Kindes beruft.[12]

Bei der Frage, ob bei Ausübung eines Berufs trotz Betreuung kleiner Kinder eine unzumutbare Tätigkeit vorliegt, ist daher nach Einzelfallumständen zu differenzieren.[13]

---

[2] BGH, FamRZ 1997, 671, 673 = R 511 Ac; FamRZ 1990, 283, 285 = R 400 c; FamRZ 1982, 148, 149 = R 94
[3] Vgl. z. B. BayL 18, CL III 4; BL 35; DL 26; KL 23; OL V 2 a, cc
[4] BGH, FamRZ 1998, 1501, 1502 = R 521a
[5] BGH, FamRZ 1989, 487 = R 383 a; FamRZ 1984, 356 = R 198 a; FamRZ 1983, 456, 458 = R 158
[6] BGH, FamRZ 1998, 1501, 1502 = R 521a
[7] BGH aaO
[8] OLG München, FamRZ 1996, 169
[9] BGH, FamRZ 1998, 1501, 1502 = R 521a; FamRZ 1983, 146 = R 142 d, e
[10] BGH, FamRZ 1998, 1501, 1502 = R 521a
[11] FamRZ 1997, 129 ff
[12] BGH, FamRZ 1998, 1501, 1502 = R 521a
[13] Vgl. eingehend Born, FamRZ 1997, 129, 132 ff

- Wird eine **in der Ehe aus freien Stücken ausgeübte Tätigkeit** trotz der Belastung durch die Betreuung kleiner Kinder nach der Trennung **beibehalten** oder nur **in geringem Umfang eingeschränkt**, liegt trotz Kinderbetreuung eine **zumutbare Tätigkeit** vor[14] (s. auch Rn 4/84). Die Fortsetzung der Berufstätigkeit ist hierfür ein bedeutsames Indiz. Soweit eingewandt wird, durch die Trennung sei der Ehepartner als Betreuungsperson für die Kinder entfallen, wodurch die bisherige Tätigkeit überobligatorisch werde, kann dem nicht gefolgt werden, wenn der Wille des Bedürftigen auf die Fortsetzung seiner früheren Tätigkeit gerichtet ist. Das Regulativ sind insoweit die durch Trennung und den Wegfall des Partners als Betreuungsperson im Einzelfall neu entstehenden **Kinderbetreuungskosten**, die als berufsbedingte Aufwendungen das Erwerbseinkommen mindern[15] (s. näher Rn 107, 4/185). Der BGH hat in diesen Fällen z. B. nicht nur die Halbtagstätigkeit einer Lehrerin bei Betreuung zweier Kinder im Alter von 11 und knapp 7 Jahren als zumutbar angesehen,[16] sondern auch die Tätigkeit einer Arztsekretärin, die bis zur Geburt des Kindes voll und nach 6 Monaten Mutterschaftsurlaub wegen der Kindesbetreuung 30 Stunden in der Woche eingeschränkt arbeitete.[17] Im Ergebnis ist es für den Bedürftigen in diesen Fällen auch günstiger, wenn von einer zumutbaren Tätigkeit ausgegangen wird, weil nur diese die ehelichen Lebensverhältnisse **prägt** (vgl. näher Rn 4/260).

- Wird eine **in der Ehe nur aus Not ausgeübte Tätigkeit** trotz Kinderbetreuung nach der Trennung fortgesetzt, handelt es sich hingegen um eine **unzumutbare Tätigkeit**.[18] Aus Not aufgenommen bedeutet, daß die wirtschaftlichen Verhältnisse der Parteien so beengt waren, daß der kinderbetreuende Elternteil auch zur Finanzierung der Haushaltskosten beitragen mußte. Ein Einkommen aus unzumutbarer Tätigkeit **prägt** die ehelichen Lebensverhältnisse **nicht**, auch wenn die Tätigkeit bereits in der Ehe ausgeübt wurde[19] (vgl. näher Rn 4/260).

- Wird **nach der Trennung** eine in der Ehe ausgeübte Tätigkeit wegen Betreuung eines Kindes **beendet**, ist im Einzelfall zu prüfen, ob eine Erwerbsobliegenheit fortbesteht oder nicht. Zu berücksichtigen sind insoweit insbesondere die Belange des Kindes (hoher Betreuungsbedarf, Gesundheitszustand, Entwicklungsstand usw.; vgl. auch Rn 4/70), die Betreuungsumstände während des Zusammenlebens (Betreuung durch beide Eltern oder nur durch den Bedürftigen), ferner beengte wirtschaftliche Verhältnisse.

- Wird **nach der Trennung**, aber **vor der Scheidung** aufgrund eines **gemeinsamen Lebensplanes** vom Bedürftigen eine **Berufstätigkeit** aufgenommen, z. B. weil das Kind in den Kindergarten oder die Schule kam oder von den Großeltern betreut wird, liegt im Einzelfall ebenfalls eine zumutbare Tätigkeit vor.[20] Auch wenn bei Betreuung kleiner Kinder regelmäßig keiner Erwerbstätigkeit nachgegangen werden muß, untersagt dies wie bei der Berufsaufnahme in der Ehe nicht, daß die Eheleute zu dieser Frage andere Vorstellungen haben können und eine Doppelverdienerehe planten. Die Aufnahme der Erwerbstätigkeit zeigt, daß sich der Bedürftige an dem Lebensplan, für den er im Regelfall vortragungs- und beweispflichtig ist[21] (vgl. näher Rn 4/251), festhalten lassen will. Soweit in Unterhaltsleitlinien für den Regelfall Altersgrenzen bei Kindern festgesetzt werden, vor deren Erreichen keine Erwerbsobliegenheit besteht, bedeutet dies nicht, daß die Eltern nach ihrem gemeinsamen Lebensplan keine frühere Erwerbsobliegenheit vereinbaren und damit eine Ausnahme vom Regelfall bestimmen können.

- Nimmt der Erwerbstätige dagegen **wegen und nach der Trennung** trotz Betreuung kleiner Kinder eine Arbeit an, z. B. weil die Geldmittel sonst nicht ausreichen, liegt re-

---

[14] BGH, FamRZ 1998, 1501, 1502 = R 521 a; FamRZ 1990, 492 = R 404 c; FamRZ 1983, 146 = R 142 a
[15] BGH, FamRZ 1991, 182 = Rn 430 b
[16] BGH, FamRZ 1981, 1159 = R 86
[17] BGH, FamRZ 1990, 492 = R 404 c
[18] FamRZ 1998, 1501, 1502 = R 521 a
[19] BGH aaO
[20] OLG Köln, FamRZ 1990, 1241
[21] BGH, FamRZ 1984, 149 = R 187 c; FamRZ 1984, 151 = R 186 a

11. Abschnitt: Einkommen aus unzumutbarer Erwerbstätigkeit § 1

gelmäßig eine **unzumutbare Tätigkeit** vor.[22] Eine nach der Trennung aufgenommene unzumutbare Tätigkeit **prägt** dabei die ehelichen Lebensverhältnisse **nicht**[23] (vgl. näher Rn 4/220; 231; 258 ff).

II. Zur Anrechnung von Einkommen aus unzumutbarer Tätigkeit beim Berechtigten

1. Anrechnung nach § 1577 II BGB beim Ehegattenunterhalt

§ 1577 II BGB beinhaltet eine Spezialregelung für die Anrechnung von Einkünften aus unzumutbarer Erwerbstätigkeit beim nachehelichen Unterhalt. § 1577 II BGB wird auch auf den Trennungsunterhalt angewendet.[24] Zur Anrechnung im einzelnen vgl. Rn 4/542 ff. 446

Eine unzumutbare Tätigkeit liegt dabei insbesondere vor, wenn der Bedürftige nach und wegen der Trennung trotz Betreuung kleiner Kinder erwerbstätig wird[25] (s. oben Rn 445). 447

Eine unzumutbare Tätigkeit ist ferner gegeben, wenn der Bedürftige nach der Verrentung oder Pensionierung **Nebentätigkeiten** verrichtet (vgl. Rn 347). 448

Das gleiche gilt, wenn der Berechtigte nach der Trennung trotz ausreichender Bemühungen keine angemessene Arbeit findet und deshalb eine **untergeordnete Stellung** annimmt.[26] 449

Soweit eine Frau trotz voller Berufstätigkeit einem neuen Lebensgefährten den **Haushalt führt** und für ihn Versorgungsleistungen erbringt, wird die anzusetzende Vergütung regelmäßig ein Einkommen aus zumutbarer Tätigkeit darstellen, da die Haushaltsführung erfahrungsgemäß eher als eine Erwerbstätigkeit mit anderen Verpflichtungen vereinbar ist[27] (vgl. Rn 371 ff). Wird im Einzelfall eine unzumutbare Tätigkeit angenommen, ist die Vergütung nicht nach § 1577 II 1 BGB anrechnungsfrei, sondern es entspricht der Billigkeit, einen Teil dieses Einkommens auf den Bedarf des Berechtigten anzurechnen.[28] 450

Eine in der Ehe bereits seit einem längeren Zeitraum trotz behaupteter **gesundheitlicher Beeinträchtigungen** ausgeübte Erwerbstätigkeit, die nach der Scheidung fortgesetzt wird, ist ebenfalls nicht überobligatorisch.[29] Es gelten insoweit die bereits zur Berufstätigkeit trotz Kinderbetreuung entwickelten Grundsätze entsprechend (vgl. Rn 443 ff).[30]

2. Anrechnung bei Ehegatten nach altem Recht (§§ 58 ff EheG)

Die §§ 58 ff EheG enthalten keine dem § 1577 II BGB entsprechende Regelung. Andererseits kann § 1577 II BGB nicht rückwirkend auf Altfälle angewendet werden. Nach der Rechtsprechung des BGH erfolgt bei solchen Altfällen eine Anrechnung von Erwerbseinkommen nach den Grundsätzen von Treu und Glauben unter Berücksichtigung der besonderen Umstände des Einzelfalls durch den Tatrichter.[31] Der BGH hat es akzeptiert, wenn nach diesen Grundsätzen bei unzumutbarer Arbeit nur der halbe Arbeitsverdienst als Einkommen angerechnet wird.[32] 451

---

[22] BGH, FamRZ 1984, 364 = R 192 a; FamRZ 1983, 146 = R 142 d
[23] BGH, FamRZ 1984, 149 = R 187 c; FamRZ 1984, 151 = R 186 a
[24] BGH, FamRZ 1983, 146 = R 142 b
[25] BGH, FamRZ 1983, 146 = R 142 d, e
[26] BGH, NJW-RR 1992, 1282 = R 454
[27] BGH, FamRZ 1995, 343 = R 489 a
[28] BGH aaO
[29] BGH, NJW 1998, 2821, 2822 = R 525 d
[30] BGH aaO
[31] BGH, FamRZ 1983, 146, 148
[32] BGH aaO

3. Anrechnung bei Kindern

452 Bei **minderjährigen Schülern** besteht keine Erwerbsobliegenheit. Ferienjobs oder Zeitungsaustragen dienen regelmäßig nur der Verbesserung des Taschengeldes und sind daher aus Billigkeitsgründen nicht auf den Kindesunterhalt anzurechnen (vgl. Rn 78 ff, 2/88).

453 Bei **volljährigen Kindern** kommen Einkünfte aus unzumutbarer Tätigkeit vor allem bei Werkstudentenarbeit vor. Vergütungen für Nebentätigkeiten eines Studenten in den Semesterferien sind grundsätzlich Einkommen aus einer überobligationsmäßigen Tätigkeit.[33] Der Student soll sich, auch im Interesse des Unterhaltspflichtigen, mit ganzer Kraft sowie dem gehörigen Fleiß und der gebotenen Zielstrebigkeit dem Studium widmen, um dieses innerhalb angemessener Zeit und üblicher Dauer zu beenden. Die Semesterferien dienen daher neben der Erholung der Vertiefung und Wiederholung des Stoffes, soweit sie nicht ohnehin durch studienbedingte Arbeiten (Praktikum, Hausarbeiten) ausgefüllt sind.[34]

Da eine gesetzliche Regelung fehlt, ist die **Anrechenbarkeit** solcher Leistungen **nach § 1577 II BGB analog** unter Berücksichtigung der Umstände des Einzelfalls zu beurteilen. Danach bleiben Einkünfte anrechnungsfrei, soweit der Verpflichtete nicht den vollen Unterhalt leistet. Darüber hinaus kommt eine Anrechnung in Betracht, soweit dies unter Berücksichtigung der beiderseitigen wirtschaftlichen Verhältnisse der Billigkeit entspricht.[35] Zu berücksichtigen sind dabei u. a. die Lebenshaltungskosten (z. B. Miete über dem BAföG-Satz) und studienbedingte Mehraufwendungen. Soweit ein entsprechender Mehrbedarf besteht, wird das insoweit erzielte Einkommen anrechnungsfrei zu belassen sein. Das gleiche gilt, wenn der Unterhalt nicht freiwillig bezahlt, sondern im Wege der Zwangsvollstreckung beigetrieben werden muß.[36] Ein pauschaler anrechnungsfreier Betrag z. B. in Höhe der Differenz des Bedarfs eines Studenten und des notwendigen Selbstbehalts des Pflichtigen als Existenzminimum ist dagegen ohne nähere Prüfung des Einzelfalls abzulehnen[37] (s. auch Rn 78 ff, 2/88).

III. Anrechnung von Einkommen aus unzumutbarer Erwerbstätigkeit beim Verpflichteten

1. Einkünfte des Verpflichteten aus unzumutbarer Erwerbstätigkeit

454 Beim Verpflichteten ist ein Erwerbseinkommen aus unzumutbarer Tätigkeit u. a. möglich in folgenden Fällen:
- Bei Überstunden, Urlaubsabgeltung und sonstigen überobligationsmäßigen, unüblichen Mehrarbeiten und Belastungen[38] (vgl. näher Rn 64 ff).
- Bei Nebentätigkeit und sonstiger unzumutbarer Zweitarbeit[39] (vgl. Ausführungen Rn 74 ff).
- Bei Berufstätigkeit des Verpflichteten trotz Kinderbetreuung.[40]
- Bei Zusatzverdienst bei Renten- und Pensionsempfängern (vgl. Ausführungen Rn 347).

455 Ob in den genannten Fällen von einer vollen oder teilweisen unzumutbaren Tätigkeit auszugehen ist, hängt von den konkreten Umständen des Einzelfalles ab. Ein wesent-

---

[33] BGH, FamRZ 1995, 475 = R 491 b
[34] BGH aaO
[35] BGH aaO
[36] BGH aaO
[37] BGH aaO
[38] BGH, FamRZ 1980, 984 = R 42 a
[39] BGH, FamRZ 1985, 360, 362 = R 244 b; FamRZ 1983, 152 = R 132 b
[40] BGH, FamRZ 1991, 182 = R 430 b; FamRZ 1982, 779 = R 124 b

11. Abschnitt: Einkommen aus unzumutbarer Erwerbstätigkeit §1

liches Kriterium ist das jeweilige Berufsbild. Mehrarbeit, für die keine Erwerbsobliegenheit besteht und die jederzeit beendet werden kann, ist regelmäßig überobligatorisch.[41] Beim Kindesunterhalt Minderjähriger kann wegen der erhöhten Erwerbsobliegenheit eine Nebentätigkeit zur Sicherung des Regelbedarfs zumutbar sein (s. näher Rn 2/251). Beim Ehegattenunterhalt ist eine neben einer vollschichtigen Erwerbstätigkeit ausgeübte Nebentätigkeit oder die Zusatztätigkeit eines Rentners/Pensionärs üblicherweise unzumutbar (s. näher Rn 74ff, 347). Anders ist die Sachlage, wenn bei bestimmten Berufsgruppen oder bei Selbständigen Zusatzarbeiten Bestandteil ihrer Tätigkeit sind (z. B. Gutachter-, Prüfertätigkeit), sich der Beruf aus mehreren Tätigkeiten zusammensetzt (freischaffender Künstler und Hochschullehrer,[42] Arztpraxis und Werksarzt, Abgeordneter und Rechtsanwalt) oder ein Freiberufler mangels ausreichender Versorgung über die Altersgrenze hinaus weiterarbeitet.[43] Nach BGH kann im Einzelfall auch auf die Dauer einer während der Ehe ausgeübten Zusatztätigkeit abgestellt werden, z. B. bei 6- bis 7jähriger Wochenendarbeit während des Zusammenlebens.[44] Bei Überstunden oder Sonntagsarbeit kommt es darauf an, ob die Mehrarbeit berufstypisch ist oder nicht (vgl. im einzelnen Rn 64ff).

In welchem Umfang bei der Bemessung des Ehegattenunterhalts das Mehreinkommen **456** eines Ehegatten aus einer Erwerbstätigkeit zu berücksichtigen ist, die er **neben der Betreuung von Kindern** über das gebotene Maß hinaus ausübt, ist ebenfalls nach den Grundsätzen von Treu und Glauben unter Berücksichtigung der Umstände des Einzelfalls tatrichterlich zu beurteilen. Ob teilweise eine **unzumutbare Tätigkeit** vorliegt, hängt von der Betreuungsbedürftigkeit der Kinder ab,[45] in welchem Umfang der Betreuungsbedarf besteht sowie vom zeitlichen Aufwand einer notwendigen Betreuung.[46] Wird eine in der Ehe ausgeübte Tätigkeit trotz Kinderbetreuung nach Trennung in gleichem Umfang fortgeführt, gelten die beim Bedürftigen dargestellten Grundsätze (s. oben Rn 446). Läßt der Ehegatte die Kinder in dem infolge der Erwerbstätigkeit erforderlichen Umfang gegen Entgelt anderweitig betreuen, können von seinem Einkommen die Betreuungskosten abgezogen werden.[47]

2. Zur Anrechnung solcher Einkünfte

Beim Verpflichteten fehlt wie beim Kindesunterhalt eine dem § 1577 II BGB entsprechende Bestimmung. Deshalb ist bei ihm ein Einkommen aus unzumutbarer Tätigkeit nach den allgemeinen unterhaltsrechtlichen Grundsätzen von **Treu und Glauben** unter Berücksichtigung der besonderen Umstände des Einzelfalls **anzurechnen**.[48] Bei Nebentätigkeiten, Zusatzverdiensten von Rentnern oder über das normale Maß hinausgehenden Überstunden wird man regelmäßig nur einen Teil des Einkommens, z. B. $1/3$ bis $1/2$, der Unterhaltsberechnung zugrunde legen. Diese Grundsätze von Treu und Glauben gelten auch für die Anrechenbarkeit von Erfindervergütungen.[49] **457**

Bei Berufstätigkeit **neben der Betreuung von Kindern** kann bei konkreten Betreuungskosten ein sog. „Betreuungsbonus" zugebilligt werden[50] (s. näher Rn 4/193), so daß das (bereinigte) Nettoeinkommen des Pflichtigen nicht in voller Höhe, sondern nur zum Teil als zumutbares Einkommen angesetzt wird.

Zu beachten ist beim Ehegattenunterhalt, daß auch beim Pflichtigen wie beim Bedürf-

---

[41] Eingehend Born, FamRZ 1997, 129, 136
[42] BGH, FamRZ 1983, 152 = R 132 b
[43] OLG Hamburg, FamRZ 1985, 394
[44] BGH, FamRZ 1985, 360 = R 244 b
[45] BGH, FamRZ 1991, 182, 184 = R 430 b
[46] BGH aaO
[47] BGH, FamRZ 1991, 182 = R 430 b; FamRZ 1983, 689 = R 169 b; FamRZ 1982, 779 = R 124 b
[48] BGH, FamRZ 1991, 182 = R 430 b; FamRZ 1983, 146, 148 = R 142 d; FamRZ 1982, 779 = R 124 b
[49] Nichtveröffentlichte BGH-Entscheidung vom 4. 11. 1984 – IV b ZR 614/80
[50] BGH, FamRZ 1986, 790 = R 297 a

tigen ein als unzumutbar angesehenes Einkommen bzw. der als überobligatorisch angesetzte Teil des Einkommens **die ehelichen Lebensverhältnisse nicht prägt**,[51] also nicht in die Bedarfsermittlung einfließt, sondern nur die Leistungsfähigkeit erhöhen kann.
Weitere Einzelheiten hierzu Rn 4/260 a.

12. Abschnitt: Die Berücksichtigung von Steuern

I. Die Ermittlung der Steuerbelastung

1. Vorbemerkung

458 Die Steuern stellen bei der Einkommensermittlung neben den Vorsorgeaufwendungen in der Regel den wichtigsten Abzugsposten dar. Die Feststellung ihrer konkreten Höhe ist auch dann schwierig, wenn es sich bei dem Prüfungszeitraum (vgl. Rn 50, 115) um abgeschlossene Kalenderjahre handelt. Der Grund dafür ist, daß es sich bei den hier in Betracht kommenden Lohn- und Einkommensteuern, den Kirchensteuern und – bei Selbständigen – u. U. auch den Mehrwertsteuern um Jahressteuern handelt, die zunächst nur als Vorschuß oder mit monatlichen Abzügen vom Arbeitseinkommen erhoben werden. Später wird mit erheblichem zeitlichen Abstand zum jeweiligen Veranlagungszeitraum ein förmliches Veranlagungsverfahren durchgeführt, das mit Nachforderungen oder Rückerstattungen endet.

459 Unter diesen Bedingungen kann die steuerliche Belastung des Einkommens auf verschiedenen Wegen ermittelt werden:
- Es wird vom Gesamtbetrag der Steuern ausgegangen, die im Prüfungszeitraum bezahlt wurden. Danach sind ohne Rücksicht auf die tatsächlich für das betreffende Jahr geschuldeten Steuern nur die einbehaltenen Steuern maßgeblich, die geleisteten Vorschüsse, die Nachzahlungen und die Erstattungen (= **In-Prinzip**).
- Maßgeblich kann aber auch die vom Finanzamt vorgenommene oder noch vorzunehmende Veranlagung sein, ohne Rücksicht darauf, welche Zahlungen im betreffenden Zeitraum konkret geleistet wurden (= **Für-Prinzip**).

Sind **fiktive Einkünfte** für die Unterhaltsbemessung maßgeblich (Rn 325 f., 337, 387 f.), können die Steuern weder nach dem In-Prinzip bemessen werden noch nach dem Für-Prinzip. In diesen Fällen sind stets auch **fiktive Steuerberechnungen** vorzunehmen.

2. Die Rechtsprechung

460 In der veröffentlichten Rechtsprechung herrscht das **In-Prinzip**. Steuern werden danach grundsätzlich in der Höhe angerechnet, in der sie im **Prüfungszeitraum entrichtet** wurden.[1] Ergeben sich bei der späteren Veranlagung zur Einkommensteuer oder beim Lohnsteuerjahresausgleich Erstattungen, wird das Einkommen im Jahr der Erstattung um den Erstattungsbetrag erhöht. Für den erst nach dem Jahr der Erstattung fällig werdenden Unterhalt ist diese Einkommensmehrung aber nur dann zu berücksichtigen, wenn auch künftig mit ihr zu rechnen ist.[2] Bei Nachforderungen vermindert sich das Einkommen um den Nachforderungsbetrag im Jahr der Nachzahlung.[3] Sind sich die

---
[51] BGH, FamRZ 1998, 623; FamRZ 1985, 360 = R 244 b; FamRZ 1983, 146, 148 = R 142 d, e; OLG Hamm, FamRZ 1996, 488; OLG München, FamRZ 1996, 196
[1] BGH, FamRZ 1990, 981 = R 416 c; FamRZ 1989, 172, 174 = R 380 b; FamRZ 1986, 798 = R 298; FamRZ 1983, 152 = R 132 a; FamRZ 1980, 984 = R 42 c
[2] BGH, FamRZ 1989, 817 = R 369 b
[3] BGH, FamRZ 1983, 152 = R 132 a; FamRZ 1980, 984 = R 42 c

12. Abschnitt: Die Berücksichtigung von Steuern § 1

Eheleute nicht einig, wem die Erstattung oder die Nachzahlungspflicht zuzuordnen ist, muß diese Frage vorweg geklärt werden.[4] Genauso ist es, wenn Erstattungen oder Nachzahlungen zu berücksichtigen sind, die den Unterhaltspflichtigen und seinen neuen Ehegatten betreffen. Näheres zu den Aufteilungen s. Rn 485.

Auch bereits erkennbare Veränderungen der Steuerbelastung werden erst dann beachtet, wenn sie sich **konkret ausgewirkt** haben. Während des Zusammenlebens und im Jahr der Trennung bemißt sich die Steuerlast in der Regel nach Steuerklasse III. Im Jahr nach der Trennung sind jedoch nach § 26 I EStG die Einkünfte nach den Steuerklassen I oder II zu versteuern. Gleichwohl wird auch für den zukünftigen Unterhalt das für den maßgeblichen Prüfungszeitraum (Rn 50, 115) errechnete Nettogehalt zugrunde gelegt, auch wenn es die zu erwartende Steuererhöhung noch nicht berücksichtigt. Erst wenn sich das Nettoeinkommen durch die steuerliche Mehrbelastung tatsächlich erheblich vermindert hat, kann der Veränderung Rechnung getragen werden, u. z. durch eine Abänderungsklage.[5] Zu Ausnahmen beim Realsplitting s. Rn 475. 461

Ist bei einem **Nichtselbständigen** etwa die Trennung im Sommer 1995 erfolgt und wird zum Jahresende über den Trennungsunterhalt entschieden, ist daher in der Regel von dem noch nach Steuerklasse III versteuerten Einkommen des Vorjahres auszugehen. Auf den Umstand, daß der Titel auch den zukünftigen Unterhalt umfaßt, der aus einem höher versteuerten Einkommen zu leisten ist, kommt es nicht entscheidend an. Diese Methode ist auch praktikabel, weil die höheren Steuern im Folgejahr häufig schon durch die üblichen Gehaltssteigerungen aufgefangen werden. Die erhöhte Steuerlast eines **Selbständigen** ist bei dieser Methode erst in dem Jahr zu berücksichtigen, in dem sie sich konkret durch Steuernachzahlungen und erhöhte Vorauszahlungen auswirkt. Erfolgte etwa die Trennung 1992, wird die Steuererklärung für 1993 im Jahr 1995 abgegeben und werden 1996 Steuernachzahlungen erbracht, ist die erhöhte Steuerlast erst in diesem Jahr, also 4 Jahre nach der Trennung zu berücksichtigen. Bei **Zinseinkünften** ist wegen der unsicheren Beurteilung steuerrechtlicher Abzugsmöglichkeiten ebenfalls von der tatsächlichen Steuerlast auszugehen und nicht von einer fiktiven Berechnung.[6] 462

Werden für den **Ehegattenunterhalt** die ehelichen Lebensverhältnisse ermittelt, kommt es nicht fiktiv auf die in der Ehe gegebene Steuerbelastung nach Steuerklasse III an. Wird das Einkommen inzwischen nach Steuerklasse I oder II besteuert, sind die danach berechneten Steuern maßgeblich. Das damit verbundene Absinken der Nettoeinkünfte ist, wenn es nachhaltig und erheblich ist, von beiden Eheleuten gleichermaßen zu tragen. Das rechtfertigt es, den so verursachten Rückgang der Einkünfte sowohl bei der **Bedarfsbemessung** nach §§ 1361, 1578 BGB, als auch im Rahmen der **Leistungsfähigkeit** zu berücksichtigen.[7] Die durch die Trennung verursachte steuerliche Mehrbelastung hat zwar nicht mehr die ehelichen Lebensverhältnisse geprägt. Insoweit setzt sich jedoch der in seiner Bedeutung vorrangige Gesichtspunkt durch, daß die ehelichen Lebensverhältnisse und damit der Bemessungsmaßstab für den Unterhaltsanspruch durch das **tatsächliche Einkommen** des Verpflichteten geprägt werden.[8] S. dazu auch Rn 4/294, 356. 463

Selbst bei der mit einem Splittingvorteil verbundenen Wiederverheiratung des Verpflichteten kommt es nur auf die tatsächlich bezahlten Steuern an.[9] Das gleiche gilt, wenn und soweit der Verpflichtete einen Steuervorteil wegen Stiefkindern hat. Maßgeblich ist auch hier nur, welche Steuern den Verpflichteten effektiv belasten und was ihm demgemäß als Nettoeinkommen verbleibt.[10] 464

---

[4] Vgl. dazu Haußleiter/Schulz, Vermögensauseinandersetzung 2. Aufl. Kap 3 Rn 141
[5] BGH, FamRZ 1983 = R 132 a
[6] BGH, FamRZ 1986, 441, 443 = NJW-RR 1986, 682
[7] BGH, FamRZ 1988, 817 = NJW 1988, 2101, 2103; FamRZ 1989, 842, bestätigt in FamRZ 1990, 499 = R 407 e; siehe auch R 413, 425
[8] BGH, FamRZ 1990, 499, 502 = R 407 c
[9] BGH, FamRZ 1990, 981 = R 416 c
[10] BGH, FamRZ 1989, 172, 174 = NJW 1989, 1033; a. A. für den Fall, daß die Stiefkinder auch versorgt werden müssen, OLG Hamm, FamRZ 1997, 26 mit ablehnender Anmerkung Weychardt, FamRZ 1997, 424

465 Ausnahmen vom In-Prinzip werden nur in besonders liegenden Fällen anerkannt:[11]
- Wenn in das versteuerte Einkommen Einkünfte aus einer Erwerbstätigkeit oder einer sonstigen Erwerbsquelle eingeflossen sind, die die ehelichen Lebensverhältnisse nicht geprägt haben und deshalb bei der Berechnung des Unterhaltsbedarfs nach § 1578 I BGB ausgeschieden werden müssen,
- wenn steuerrechtlich mögliche Abschreibungen vorgenommen worden sind, die unterhaltsrechtlich (Rn 119 f.) nicht anerkannt werden können,
- wenn erreichbare Steuervorteile entgegen einer insoweit bestehenden Obliegenheit nicht in Anspruch genommen werden (Rn 470) oder
- bei Negativeinkünften durch **Bauherrenmodelle** und ähnliche Abschreibungsobjekte. Die hier erzielbaren Steuerersparnisse sind als Folge von tatsächlichen Aufwendungen, die der Verpflichtete unter Nutzung der Vorteile etwa eines Bauherrenmodells zur Vermögensbildung erbringt, zu berücksichtigen. Der Verpflichtete ist nicht berechtigt, auf Kosten des Berechtigten Vermögen zu bilden. Deshalb dürfen die hier anfallenden Zins- und Tilgungsleistungen nicht einkommensmindernd berücksichtigt werden. Der Berechtigte ist vielmehr so zu stellen, als ob die vermögensbildenden Aufwendungen nicht stattfänden.[12] Die Steuerersparnis soll ihm daher verbleiben. Die gleichen Grundsätze haben zu gelten, wenn nur steuerrechtlich relevante **außergewöhnliche Belastungen** angefallen sind, die nach § 33 EStG zu erheblichen Steuerermäßigungen geführt haben. Die Steuerersparnis muß bei dem bleiben, der unterhaltsrechtlich nicht anerkannte außergewöhnliche Belastungen zu tragen hatte.

466 Nur in diesen Ausnahmefällen ist nach dem Für-Prinzip vorzugehen. Liegt bereits ein Steuerbescheid vor, wird das vom Finanzamt festgestellte steuerpflichtige Einkommen um die hier in Betracht kommenden Beträge erhöht (bei Abschreibungen oder nur steuerrechtlich relevanten außergewöhnlichen Belastungen) oder ermäßigt (in den übrigen Fällen). Dann wird aus der Steuertabelle der neue Steuerbetrag entnommen. Liegt noch kein Steuerbescheid vor, muß die Steuer insgesamt **fiktiv errechnet** werden. Zu fiktiven Steuerberechnungen s. auch Rn 484 a, 492.

3. Die Kritik an der BGH-Rechtsprechung

467 Die strikte Anwendung des In-Prinzips auch bei den **Selbständigen** ist auf Kritik gestoßen.[13] Sein Vorteil besteht nur in der weitgehenden Vermeidung fiktiver Steuerberechnungen. Die wirkliche Leistungsfähigkeit wird allenfalls für den Prüfungszeitraum zutreffend widergespiegelt. Das In-Prinzip ist in vielen Fällen mit erheblichen Nachteilen verbunden:

468
- Die maßgeblichen Vorschußzahlungen, Erstattungen und Nachforderungen ergeben sich aus Einkünften, die oft lange vor dem Prüfungszeitraum erzielt wurden. Es fehlt ihnen daher der innere Bezug zu dem in der Gegenwart erzielten Einkommen. Bei sinkenden Einnahmen führt dies zur Anerkennung zu hoher Steuerverbindlichkeiten. Bei steigendem Einkommen werden zu wenig Steuern berücksichtigt. Damit ergeben sich je nachdem zu hohe, oder aber auch zu niedrige Unterhaltsverpflichtungen gemessen an dem tatsächlich erzielten Einkommen.
- Das Ist-Prinzip eröffnet auch Möglichkeiten zur Manipulation. Wer in der Krisenzeit Rückstände auflaufen läßt, kann später auf hohe Belastungen verweisen.
- Manchmal fällt es schwer, alle steuerlich bedeutsamen Zahlungsvorgänge zu erfassen. Dies gilt vor allem bei der meist monatlich zu zahlenden Mehrwertsteuer.

469 Wegen dieser Probleme, die allerdings in der Regel nur bei **Freiberuflern und Gewerbetreibenden** auftreten, wird trotz der an sich eindeutigen Rechtsprechung des BGH in der Praxis von den Instanzgerichten weitgehend vom Für-Prinzip ausgegangen. Dieser Weg bietet sich immer dann an, wenn die entsprechenden Steuerbescheide schon vorlie-

---

[11] BGH, FamRZ 1990, 503 = R 413
[12] BGH, FamRZ 1987, 36 = R 310 a; FamRZ 1987, 913, 915 = NJW-RR 1987, 1218
[13] Kleffmann, FuR 1994, 159, 162 f.; Blaese, FamRZ 1994, 216; Fischer-Winkelmann/Maier, FamRZ 1993, 880

gen. Es kann keinem Zweifel unterliegen, daß die für das im Prüfungszeitraum erzielte Einkommen tatsächlich geschuldete Steuerschuld die Leistungsfähigkeit für die Zukunft sehr viel besser widerspiegelt als die oft von Zufälligkeiten abhängigen konkreten Zahlungen während des Prüfungszeitraums. Aus diesem Grund ist es ratsam, auch bei einem **abhängig Beschäftigten** vom Steuerbescheid für den Prüfungszeitraum auszugehen, sobald er vorliegt. Die Korrekturen, die bei Bauherrenmodellen und nicht anerkannten betrieblichen Aufwendungen vorzunehmen sind, lassen sich einfach durchführen (vgl. Rn 466). Sie sind unvermeidlich und fallen auch beim In-Prinzip an. Dieses sollte daher grundsätzlich nur dann zur Feststellung der Steuerbelastung herangezogen werden, wenn ein Steuerbescheid noch fehlt. Steuernachzahlungen aus der Vergangenheit sind dann so zu behandeln wie andere Verbindlichkeiten auch (Rn 486 f.).

II. Die Berücksichtigung besonderer Steuervorteile

Steuervergünstigungen, die der Gesetzgeber aus den verschiedensten Gründen durch 470
Freibeträge und Abschreibungsmöglichkeiten gewährt, sind zu beachten. Sie führen normalerweise zu einer Verringerung der Steuerbelastung und damit zu einer Erhöhung des Einkommens. Bei der Bestimmung des unterhaltsrechtlich maßgeblichen Einkommens dürfen sie in der Regel nicht abgezogen werden.[14] Selbst der Splittingvorteil, den der Unterhaltsverpflichtete durch die Eingehung einer neuen Ehe erwirbt, kann nicht durch die fiktive Heranziehung der Steuerklasse I zu einem niedrigeren Einkommen führen (Rn 464). Ein Unterhaltsverpflichteter muß auch dafür Sorge tragen, daß sein laufendes Arbeitseinkommen nicht durch unnötig hohe Steuerabzüge geschmälert wird. Er ist deshalb verpflichtet, Steuervorteile, die er kennt und die er in zumutbarer Weise erzielen könnte, in Anspruch zu nehmen, indem er rechtzeitig entsprechende Freibeträge auf der Lohnsteuerkarte eintragen läßt (Rn 482 f.). Ein wiederverheirateter Unterhaltsschuldner, dessen Ehefrau eigene Erwerbseinkünfte hat, ist jedoch nicht verpflichtet, für sich die Steuerklasse III in Anspruch zu nehmen.[15]

1. Zum Splittingvorteil bei neuer Ehe des Unterhaltsschuldners

Wenn der neue Ehegatte des wiederverheirateten Unterhaltsschuldners ebenfalls er- 471
werbstätig ist, kann der Unterhaltsschuldner in steuerrechtlich zulässiger Weise erreichen, daß der Splittingvorteil allein seinem neuen Ehegatten zugute kommt, indem er für sich die Steuerklasse V und für den Ehegatten die Steuerklasse III wählt. In einem solchen Fall ist in entsprechender Anwendung der Grundsätze zur Behandlung verschleierter Einkünfte (§ 850 h ZPO) die vom Arbeitslohn des Pflichtigen tatsächlich einbehaltene Lohnsteuer durch einen Abschlag zu korrigieren, durch den die mit der Einstufung in Steuerklasse V verbundene Verschiebung der Steuerbelastung möglichst behoben wird. Diesen Abschlag hat das Gericht in tatrichterlicher Verantwortung unter Berücksichtigung der Einkommen beider Ehegatten zu bemessen.[16] Wählt der Verpflichtete in der neuen Ehe getrennte Veranlagung ohne nachvollziehbare Gründe, ist der Splittingvorteil von den tatsächlich gezahlten höheren Steuern abzuziehen.[17]

Der Splittingvorteil des Verpflichteten aus einer neuen Ehe kommt auch dem geschie- 472

---

[14] BGH, FamRZ 1985, 911 = R 268 b
[15] OLG Bamberg, FamRZ 1996, 628
[16] BGH, FamRZ 1980, 984 = R 42 d; das OLG Hamm hat in FamRZ 1999, 42 bei fehlender Steuerlast des Unterhaltspflichtigen den Splittingvorteil seines neuen Ehepartners dem Pflichtigen zur Hälfte als Einkommen angerechnet. Dem kann nicht gefolgt werden, weil der Splittingvorteil kein verteilungsfähiges Einkommen darstellt.
[17] OLG Hamm, FamRZ 1993, 1089; nach OLG Köln, FamRZ 1989, 65 darf der Unterhaltsschuldner schon dann mit seiner neuen Ehefrau die Steuerklasse IV/IV wählen, wenn diese über ein steuerpflichtiges Gesamteinkommen verfügt.

denen Ehegatten und den Kindern aus der früheren Ehe zugute.[18] Anders kann es für den Steuervorteil sein, der für Stiefkinder gewährt wird. Dieser Vorteil soll nur dem zustehen, der dafür auch aufkommt.[19] Geht der geschiedene Ehegatte dem neuen Ehegatten nach § 1582 II BGB im Rang vor, so kann in einem Mangelfall, d. h. wenn der Pflichtige nicht über genügende Mittel für den Unterhalt des bedürftigen neuen Ehegatten verfügt, der Unterhaltsanspruch des geschiedenen Ehegatten zur Vermeidung eines unbilligen Ergebnisses in Anwendung des § 1579 Nr. 7 BGB auf denjenigen Betrag gekürzt werden, der sich nach dem Einkommen des Pflichtigen ohne den Splittingvorteil ergibt.[20] Das OLG Stuttgart[21] bringt dieses Problem zutreffend auf den Nenner, daß der Splittingvorteil aus der neuen Ehe dem Verpflichteten verbleiben muß, wenn er ihn zur Deckung des Bedarfs des neuen Ehepartners benötigt. Der Unterhalt von Kindern aus der ersten Ehe darf allerdings mit dieser Begründung nicht gekürzt werden.[22] Für den Kindesunterhalt ist daher stets auf die tatsächlich nach Steuerklasse drei bezahlten Steuern abzustellen.

2. Zum begrenzten Realsplitting

473 Nach § 10 I 1 EStG (begrenztes Realsplitting) kann der Verpflichtete jährlich 27 000 DM als Sonderausgaben für tatsächlich bezahlten Ehegattenunterhalt absetzen, wenn der Berechtigte zustimmt, d. h. die Anlage U zur Steuerklärung unterzeichnet. Zu dem hier zu berücksichtigenden Unterhalt gehören nicht nur die unmittelbaren Unterhaltszahlungen. Es kann sich auch um Zahlungen des Unterhaltsschuldners auf die gemeinsamen Hauslasten handeln.[23] Der Berechtigte muß diesen Betrag dann versteuern. Die tatsächliche Steuerersparnis für den Verpflichteten besteht in der Differenz zwischen seiner verminderten Steuerlast und der neuen oder erhöhten Steuerlast des Berechtigten, von der er diesen freizustellen hat. Der Unterhaltsberechtigte ist nach dem **Grundsatz von Treu und Glauben** zur Abgabe der Zustimmungserklärung verpflichtet, weil er damit die finanzielle Belastung des Unterhaltsverpflichteten mindert und so dessen Leistungsfähigkeit erhöht. Hinter dieser unterhaltsrechtlichen Nebenverpflichtung (§ 242 BGB) steht eine sich aus dem Wesen der Ehe ergebende umfassende familienrechtliche Verpflichtung, die finanziellen Lasten des jeweils anderen Teils zu mindern, soweit dies ohne Verletzung eigener Interessen möglich ist. Diese Verpflichtung bleibt als Nachwirkung der Ehe auch nach der Scheidung weiterbestehen.[24] Verstöße gegen solche Verpflichtungen können, soweit sie den rein geschäftsmäßigen vermögensrechtlichen Bereich betreffen, wozu der Unterhalt zählt, Schadensersatzansprüche begründen.[25] Die Mitwirkung beim Realsplitting muß allerdings aus unterhaltsrechtlicher Sicht bei Abwägung der beiderseitigen Interessen auch zumutbar sein.[26]

474 Die Zustimmung ist auch dann zu erteilen, wenn Streit über die Höhe der erbrachten Unterhaltsleistungen besteht, weil diese Frage von den Steuerbehörden zu entscheiden ist.[27] Die Zustimmungserklärung ist formfrei. Die Unterzeichnung der Anlage U zur Einkommensteuer-Erklärung kann daher gerichtlich nicht erzwungen werden.[28] Es genügt, daß die Zustimmung in einer für das Finanzamt nachprüfbaren Form zum Ausdruck gebracht wird. Zur Vermeidung von Beweisschwierigkeiten sollte jedoch gleichwohl die Anlage U stets unterzeichnet werden.

---

[18] BGH, FamRZ 1990, 981 = 416 c; FamRZ 1988, 486 = NJW 1988, 2105; FamRZ 1986, 798 = R 298; FamRZ 1985, 911 = R 268 b; FamRZ 1980, 984 = R 42 d
[19] OLG Hamm, FamRZ 1997, 26 im Gegensatz zu BGH, FamRZ 1989, 172, 174 = NJW 1989, 1033
[20] BGH, FamRZ 1988, 486 = NJW 1988, 2105; FamRZ 1985, 911 = R 268 c
[21] LG Stuttgart, NJW-RR 1991, 69
[22] BGH, FamRZ 1986, 798 = R 298
[23] OLG Köln, FamRZ 1999, 113
[24] BGH, FamRZ 1988, 820 = R 365; FamRZ 1983, 576 = NJW 1983, 1545
[25] BGH, FamRZ 1988, 820 = R 365
[26] BGH, FamRZ 1988, 820 = R 365; FamRZ 1983, 576 = R 164
[27] BGH, FamRZ 1998, 953 = R 527
[28] OLG Stuttgart, FamRZ 1993, 206

12. Abschnitt: Die Berücksichtigung von Steuern §1

Der Verpflichtete hat die Obliegenheit, im Interesse der Belange des Berechtigten den Steuervorteil des begrenzten Realsplittings in Anspruch zu nehmen, wenn der Berechtigte seine Zustimmung erteilt.[29] Wenn der Verpflichtete trotz Zustimmung des Berechtigten die Vorteile des Realsplittings nicht in Anspruch nimmt, ist sein Einkommen **fiktiv** um den Steuervorteil zu erhöhen, den er bei Geltendmachung des Realsplittings erlangt hätte[29a]. Zur konkreten Feststellung vgl. die fiktive Berechnung beim Bauherrnmodell in Rn 465. Auch bei dieser Berechnung ist eine dem Berechtigten zu erstattende Steuer noch nicht zu berücksichtigen.[30] 475

Da der Berechtigte durch die Zustimmung keinen Nachteil erleiden soll, ist die Zustimmungsverpflichtung davon abhängig, daß der Unterhaltspflichtige die **finanziellen Nachteile** ausgleicht, die dem Berechtigten daraus erwachsen. Die Zustimmung kann daher nur Zug um Zug gegen eine bindende Erklärung verlangt werden, durch die sich der Unterhaltsverpflichtete zur Freistellung des Berechtigten von den ihm entstehenden steuerlichen Nachteilen verpflichtet. Von einer Sicherheitsleistung kann der Unterhaltsberechtigte seine Zustimmung nur abhängig machen, wenn zu besorgen ist, daß der Unterhaltspflichtige seine Verpflichtung zum Ausgleich der finanziellen Nachteile nicht oder nicht rechtzeitig erfüllen wird.[31] Die Zustimmung kann nicht davon abhängig gemacht werden, daß der Verpflichtete den Berechtigten an der Steuerersparnis beteiligt, die er als Folge des begrenzten Realsplittings zu erwarten hat. Dessen finanzielle Vorteile sind vielmehr – nach dem tatsächlichen Eintritt der Steuerersparnis – erst im Rahmen einer Unterhaltsneubemessung (§ 323 ZPO) zu berücksichtigen. Die erhöhte steuerliche Belastung, von der der Pflichtige den Bedürftigen freizustellen hat, entsteht erst mit der Festsetzung der neuen Steuer durch den Steuerbescheid, nicht schon mit der Abgabe der Zustimmungserklärung.[32] 476

Zu den **Nachteilen**, die der Verpflichtete dem Berechtigten auszugleichen hat, gehört in erster Linie die Steuerbelastung oder Steuermehrbelastung des Berechtigten, wenn dieser ein eigenes Erwerbseinkommen hat.[33] In dem Jahr, in dem der Verpflichtete diese Steuerlast ersetzt, kann er diesen Betrag von seinem Einkommen als zusätzliche Steuerzahlung absetzen.[34] Vom Ersatz sonstiger Nachteile kann der Berechtigte seine Zustimmung nur abhängig machen, wenn er solche Nachteile im Einzelfall substantiiert darlegt. Dazu zählen u. a. finanzielle Auswirkungen außerhalb des Einkommensteuerrechts, etwa weil diese wegen der veränderten Höhe des zu versteuernden Einkommens eine Kürzung oder den Entzug öffentlicher Leistungen vorsehen. 477

Dies kann der Fall sein, wenn der Berechtigte in der Trennungszeit nicht mehr in der gesetzlichen Krankenkasse des Verpflichteten mitversichert ist, weil sein steuerpflichtiges Gesamteinkommen nunmehr die Grenze des § 10 I Nr. 5 Halbsatz 1 SGB V übersteigt.[35] Im Einzelfall können auch Kosten darunter fallen, die der Berechtigte aus Anlaß der Zustimmung zur sachgerechten Wahrnehmung seiner Interessen aufwendet.[36] Es kann u. a. die Erstattung von Steuerberaterkosten verlangt werden, wenn der Verpflichtete nur eine eingeschränkte Freistellungserklärung abgegeben hat.[37] Nicht zu erstatten sind jedoch die Steuermehrbelastungen, die im letzten Jahr der Unterhaltszahlung entstehen, wenn der Berechtigte sich wieder verheiratet.[38] 478

Der Unterhaltsschuldner ist zum Ersatz steuerlicher und sonstiger Nachteile auch dann verpflichtet, wenn er keine Freistellungserklärung abgegeben hatte, denn die bindende Erklärung des Verpflichteten begründet die Verpflichtung zur Freistellung nicht, sondern 479

---

[29] BGH, FamRZ 1988, 820 = R 365; FamRZ 1983, 576 = NJW 1983, 1545
[29a] BGH, FamRZ 1999, 372 = R 529 c
[30] BGH, FamRZ 1983, 670, 673
[31] OLG Köln, FamRZ 1999, 31
[32] BGH, FamRZ 1984, 1211 = NJW 1985, 195; FamRZ 1983, 576 = R 164; FamRZ 1983, 670, 673
[33] BGH, FamRZ 1988, 820 = R 365
[34] BGH, FamRZ 1983, 670, 673
[35] Vgl. BSG, FamRZ 1984, 1239
[36] BGH, FamRZ 1988, 820 = R 365; FamRZ 1983, 576 = R 164
[37] BGH, FamRZ 1988, 820 = R 365
[38] BGH, FamRZ 1992, 534 = NJW 1992, 1391; FamRZ 1992, 1050

sichert sie lediglich. Da es sich hierbei um einen Anspruch eigener Art aus § 242 BGB handelt, ist § 1585 b III BGB (Jahresfrist) auf diesen Anspruch nicht anzuwenden.[39]

3. Mitwirkung bei Zusammenveranlagung und sonstigen Steuervorteilen

480 Unbeschränkt steuerpflichtige Eheleute können für das Jahr der Trennung noch die Zusammenveranlagung wählen (§§ 26, 26 b EStG). Die Steuer wird dann nach der Splittingtabelle so berechnet, daß das zusammengerechnete steuerliche Einkommen beider Eheleute halbiert und die aus der Hälfte nach der Grundtabelle berechnete Steuer verdoppelt wird. Wegen der Milderung der Progressionswirkung des Grundtarifs ist die Wahl des Splittingtarifs in der Regel vorteilhafter als eine getrennte Veranlagung. Die Eheleute sind während der Ehe und im Jahr der Trennung zu einer Mitwirkung an der Zusammenveranlagung gemäß § 1353 I 2 BGB verpflichtet.[40] Voraussetzung ist allerdings, daß für sie bei einer Gesamtbetrachtung die Zusammenveranlagung günstiger ist und der Zustimmung verlangende Ehegatte sich verpflichtet, den anderen von eventuellen Nachteilen freizustellen.[41] Solche Nachteile können darin bestehen, daß sich infolge der Zusammenveranlagung für den Unterhaltsberechtigten eine höhere Steuerbelastung ergeben würde. Der Unterhaltsschuldner ist dann zu einer Erstattung anfallender Mehrsteuern verpflichtet.[42] Im übrigen gelten ähnliche Grundsätze, wie sie bereits zum Realsplitting (Rn 473 f.) erörtert worden sind.

481 Auch bei sonstigen Steuervorteilen besteht eine familienrechtliche Mitwirkungspflicht, wenn der Verpflichtete sich bereit erklärt, die sich aus der Mitwirkung ergebenden Nachteile zu ersetzen. Hierzu zählen u. a. die Zustimmung zu einer anderen als hälftigen Aufteilung der Freibeträge für Kinder nach §§ 32 VI, 33 a II, 33 b EStG.[43] Wer seine zumutbare Zustimmung verweigert, macht sich schadensersatzpflichtig.[44] Zu den ausgleichspflichtigen Nachteilen gehören nicht die weggefallenen Steuerersparnisse, die nur aufgrund steuerlicher Zusammenveranlagung mit einem neuen Ehepartner erwachsen waren; der Anspruch auf Zustimmung kann nur unter den Voraussetzungen des § 1613 I BGB geltend gemacht werden, er unterliegt der vierjährigen Verjährung analog § 197 BGB.[45] Hierauf beruhende gerichtliche Streitigkeiten gehören nicht vor das Familiengericht (Rn 8/4).

4. Eintragung von Freibeträgen auf der Lohnsteuerkarte

482 Arbeitnehmer können sich während des Kalenderjahres nach § 39 a EStG auf ihrer Lohnsteuerkarte vom Finanzamt bestimmte steuerliche Vergünstigungen, wie z. B. Kinderfreibeträge, einen Pauschbetrag für Körperbehinderte, erhöhte Werbungskosten, Sonderausgaben, Realsplitting, außergewöhnliche Belastungen, negative Einkünfte aus Vermietung und Verpachtung, Gebäude-Abschreibungen u. a. **als Freibetrag** eintragen lassen. Dadurch werden diese Umstände bereits beim laufenden Lohnsteuerabzug während des Kalenderjahres steuerermäßigend berücksichtigt. Diese Eintragung mindert die bestehende Lohnsteuerlast und erhöht dadurch das unterhaltsrechtlich relevante Nettoeinkommen. Die Eintragung des Freibetrages ermöglicht dadurch eine „zeitnahe" Verwirklichung des Unterhaltsanspruchs.[46]

483 Wegen dieser positiven Auswirkungen auf den Unterhalt kann es für einen Arbeitnehmer zumutbar sein, sich einen Freibetrag, wie z. B. den Betrag des Realsplittings, auf der

---

[39] BGH, FamRZ 1985, 1232 = R 273
[40] BGH, FamRZ 1977, 39 = NJW 1977, 378
[41] OLG Hamm, FamRZ 1998, 241; OLG Karlsruhe, FamRZ 1994, 894
[42] BGH, FamRZ 1983, 576 = R 164; FamRZ 1977, 38, 40; zu weiteren Streitigkeiten wegen der Steuern vgl. Haußleiter/Schulz, Vermögensauseinandersetzung 2. Aufl. Kap 3 Rn 139
[43] BGH, FamRZ 1988, 607 = R 360 a
[44] BGH, FamRZ 1977, 38, 40
[45] BGH, FamRZ 1996, 725 = R 502
[46] BGH, FamRZ 1984, 1211 = NJW 1985, 195

12. Abschnitt: Die Berücksichtigung von Steuern §1

Lohnsteuerkarte eintragen zu lassen.[47] Dies gilt auch beim Kauf eines Hauses oder einer Eigentumswohnung, wenn sich durch die Eintragung erhebliche steuerliche Entlastungen erzielen lassen,[48] ferner bei hohen Werbungskosten.[49] Eine Verpflichtung dazu ergibt sich aus der Obliegenheit des Unterhaltsschuldners, im Interesse des Berechtigten Steuervorteile in Anspruch zu nehmen (vgl. Rn 473). Voraussetzung ist natürlich, daß der in Betracht kommende Betrag zweifelsfrei feststeht, z. B. beim Realsplitting die Höhe des geschuldeten Unterhalts. Wird darüber noch gestritten, kann auch kein Eintrag in die Lohnsteuerkarte erfolgen. Gibt es einen unstreitigen Teil des geltend gemachten Unterhaltsanspruchs, obliegt es dem Verpflichteten, in dieser Höhe einen Freibetrag eintragen zu lassen.[50]

Erforderlich ist weiter eine entsprechende **Zumutbarkeitsprüfung**. Der Unterhaltsschuldner kann auch gute Gründe für die Nichteintragung haben, z. B. Ausgleich des Steuervorteils durch zu versteuernde Nebeneinkünfte. Das OLG Bamberg[51] lehnt allerdings die Verpflichtung zur Eintragung eines Freibetrages grundsätzlich ab und berücksichtigt Steuervorteile erst ab dem Zeitpunkt, in dem sie durch Steuererstattung wirksam werden. Das OLG Koblenz[52] lehnt eine Eintragungspflicht jedenfalls bei einer generell gegebenen Leistungsfähigkeit ab. **484**

Wird eine zumutbare Verpflichtung zur Eintragung eines Freibetrages bejaht, so muß sich der Arbeitnehmer unterhaltsrechtlich so behandeln lassen, als hätte er den Freibetrag eintragen lassen. Sein unterhaltsrechtlich maßgebliches Einkommen ist **fiktiv** um den Steuervorteil des Freibetrages zu erhöhen. Dies erfordert eine fiktive Berechnung der Steuer unter Berücksichtigung der Höhe des Freibetrages und anschließend die Berechnung eines fiktiven Nettoeinkommens.[53] Eine solche Korrekturrechnung wird in der Praxis häufig daran scheitern, daß nicht alle steuerrechtlich relevanten Umstände bekannt sind. Verschiedene Gerichte lehnen es daher von vorneherein ab, Steuererstattungen fiktiv anzurechnen.[54] S. dazu auch Rn 492. **484 a**

5. Verteilung von Steuererstattungen

Steuererstattungen gehören zum unterhaltspflichtigen Einkommen.[55] Darüber muß daher auch Auskunft erteilt werden.[56] Bei Doppelverdienern, die nach Steuerklasse drei versteuert wurden, muß bei einer Steuererstattung geklärt werden, wem sie im Innenverhältnis in welcher Höhe zusteht. Die Aufteilung kann zwischen dem Unterhaltspflichtigen und seiner unterhaltsberechtigten Ehefrau vorzunehmen sein, aber auch zwischen dem Unterhaltspflichtigen und seiner zweiten Ehefrau. **485**

Für das Innenverhältnis gemeinsamer Steuerschulden ist § 426 BGB maßgeblich. Halbteilung, also Aufteilung im Verhältnis 1:1 gilt nur, „soweit nicht ein anderes bestimmt ist". Dies ist bei Eheleuten, die im Güterstand der Gütertrennung oder der Zugewinngemeinschaft leben, der Fall. Wegen der hier bestehenden Vermögenstrennung hat die Rechtsprechung den Grundsatz entwickelt, daß jeder Ehegatte für die Steuer haftet, die auf sein Einkommen entfällt.[57] Da sich aber bei einer gemeinsamen Veranlagung nicht ohne weiteres sagen läßt, wieviel Steuern auf die getrennten Einkünfte entfallen, arbeitet die Praxis vielfach mit einer Faustregel, nach der die Steuern im Verhältnis der beiderseitigen steuerpflichtigen Einkünfte aufgeteilt werden.

---

[47] OLG Hamburg, FamRZ 1991, 196
[48] OLG Karlsruhe, FamRZ 1992, 67
[49] OLG Hamburg, FamRZ 1992, 1308
[50] BGH, FamRZ 1999, 372 = R 529 c
[51] OLG Bamberg, FamRZ 1988, 727
[52] OLG Koblenz, FamRZ 1997, 1402
[53] OLG Düsseldorf, FamRZ 1987, 1259; OLG Bamberg, FamRZ 1987, 1083
[54] Z. B. OLG Hamm, FamRZ 1997, 1073.
[55] BGH, FamRZ 1980, 984 = R 42 d; s. auch SchL A I 1
[56] OLG Düsseldorf, FamRZ 1991, 1315
[57] BGH, OLG Düsseldorf, FamRZ 1988, 951; LG Essen, FamRZ 1987, 592; FamRZ 1979, 115, 117 = NJW 1979, 546, 548

485 a **Beispiel:** M und F waren beide berufstätig. M hatte im Jahr der Trennung ein steuerpflichtiges Einkommen von 80 000 DM. Davon waren 15 000 DM Lohnsteuer abgezogen. Bei F war das Einkommen 40 000 DM, als Lohnsteuer waren 10 000 DM abgezogen. Das Finanzamt ermittelte eine gemeinsame Steuerschuld von 20 000 DM und zahlte 5000 DM zurück.

Nach dieser Regel schuldet M von den Steuern 20 000 (gesamte Steuerschuld nach der Splittingtabelle) x 80 000 (Einkommen M) : 120 000 (Summe der Einkünfte von M und F) = rund 13 333 DM. Von der Steuerrückzahlung gebühren ihm daher 15 000 (Lohnsteuerabzug) − 13 333 (im Innenverhältnis geschuldete Steuer) = 1667 DM. F schuldet 20 000 (gesamte Steuerschuld nach der Splittingtabelle) x 40 000 (Einkommen F) : 120 000 (Summe der Einkünfte M und F) = rund 6667 DM. Ihr Anspruch auf die Steuerrückzahlung beträgt daher 10 000 (Lohnsteuerabzug) − 6667 (im Innenverhältnis geschuldete Steuer) = 3333 DM.

Der BGH[58] hat es „auf sich beruhen lassen", ob diese Faustregel in allen Fällen sachgerecht ist. Die Rechtsprechung der Obergerichte hat sich im Anschluß an die Literatur[59] teilweise dagegen ausgesprochen. Eingewendet wird vor allem, daß die Progressionswirkung des Steuertarifs nicht genügend beachtet wird. Nach dieser Meinung sind zunächst bei jedem Einkommen die nach Steuerklasse IV anfallenden Steuern zu berechnen. Erst im Verhältnis dieser Steuern ist dann die bei gemeinsamer Veranlagung angefallene Steuerschuld intern aufzuteilen.[60] Wer so vorgeht, benötigt zusätzlich die Hilfe eines Steuerberaters. Aber auch unabhängig davon entsprechen diese subtilen Regeln nicht der im Unterhaltsverfahren bestehenden Notwendigkeit, das Einkommen rasch und möglichst unkompliziert festzustellen. Es wird daher empfohlen, sich an die oben beschriebene Faustregel zu halten.

Beruht die Steuererstattung auf Verlustzuweisungen, kann eine zumindest konkludent abgeschlossene Vereinbarung angenommen werden, daß der Ehegatte mit dem Verlust den Betrag erhalten soll, den sich der andere an Einkommensteuer erspart. Läßt sich eine solche Vereinbarung nicht feststellen, steht die Steuererstattung dem zu, der die Steuer entrichtet hat.[61]

Streitigkeiten mit dem anderen Ehegatten über die Auszahlung eines Teils der Steuererstattung gehören vor die allgemeinen Zivilgerichte.[62] Anspruchsgrundlage ist § 816 Abs. 2 BGB.[63]

13. Abschnitt: Berechnung des bereinigten Nettoeinkommens durch unterhaltsrechtlich relevante Abzüge

I. Überblick zu den unterhaltsrechtlich relevanten Abzügen

1. Das bereinigte Nettoeinkommen

486 Wie bereits erörtert (s. Rn 10), ist für die Unterhaltsberechnung nur der Teil des Einkommens zugrunde zu legen, der zur Deckung des laufenden Lebensbedarfs zur Verfügung steht und bisher dafür eingesetzt wurde bzw. bei Anlegung eines objektiven

---

[58] BGH, FamRZ 1979, 115, 117 = NJW 1979, 546, 548
[59] Liebelt, FamRZ 1993, 626; Dostmann, FamRZ 1991, 760; Sonnenschein, NJW 1980, 257; s. auch Fischer-Winkelmann, FuR 1997, 189, 232
[60] Vgl. OLG Hamm, FamRZ 1996, 1413; OLG Köln, FamRZ 1995, 55; ähnlich OLG Karlsruhe, FamRZ 1991, 191, OLG Düsseldorf, FamRZ 1993, 70 und OLG Hamm, FamRZ 1996, 1413
[61] OLG Karlsruhe, FamRZ 1991, 191; vertiefend dazu Haußleiter/Schulz, Vermögensauseinandersetzung, 2. Auflage, Kap 3 Rn 146 f
[62] OLG Hamm, FamRZ 1988, 518
[63] OLG Karlsruhe, FamRZ 1991, 191

13. Abschnitt: Berechnung des bereinigten Nettoeinkommens §1

Maßstabs dafür eingesetzt werden könnte.¹ Es ist dies das sog. **bereinigte Nettoeinkommen**.²

Dieses bereinigte Nettoeinkommen wird berechnet, indem von den Bruttoeinkünften aus allen bisher erörterten Einkunftsarten abgezogen wird, was für andere Zwecke als den laufenden Lebensbedarf verwendet werden muß und deshalb unterhaltsrechtlich als zulässiger Abzugsposten anerkannt werden kann.³ **487**

Auch nach den Leitlinien der Oberlandesgerichte ist Grundlage der Unterhaltsberechnung das Nettoeinkommen, d. h. das Bruttoeinkommen abzüglich Steuern und Aufwendungen für Altersvorsorge, Arbeitslosen- und Krankenversicherung, wovon im Einzelfall noch weitere Abzüge wie berufsbedingte Aufwendungen, berücksichtigungswürdige Schulden, Kindesunterhalt vorzunehmen sind.⁴ Der Unterhalt geht also nicht allen sonstigen Ausgaben der Beteiligten vor. **488**

Bei der Bildung des bereinigten Nettoeinkommens ist im Einzelfall zu **differenzieren**, ob es sich um Verwandten- oder Ehegattenunterhalt handelt. Beim **Verwandtenunterhalt** sind stets die aktuellen Einkünfte und die berücksichtigungsfähigen aktuellen Abzugsposten anzusetzen. Beim **Ehegattenunterhalt** ist dagegen zu unterscheiden, ob es um den **Bedarf** oder die **Bedürftigkeit/Leistungsfähigkeit** geht.⁵ Für den **Bedarf** sind nur die eheprägenden Einkünfte und demgemäß die **eheprägenden Abzugsposten** berücksichtigungsfähig, bei der **Bedürftigkeit** sind nichtprägende Abzugsposten nicht anzusetzen, bei der **Leistungsfähigkeit** ist stets eine Einzelfallbetrachtung vorzunehmen. Vgl. im einzelnen Rn 494, 496, 504, 505, 516, 519, 555, 557. **488 a**

2. Die Abzugsposten im einzelnen:

– Lohn- oder Einkommensteuer und Kirchensteuer. **489**
– Vorsorgeaufwendungen für Krankheit, Invalidität, Alter und Arbeitslosigkeit.
– Berufsbedingte Aufwendungen, Werbungskosten oder Betriebsausgaben.
– Im konkreten Einzelfall Aufwendungen für einen berechtigten Mehrbedarf wegen Krankheit, Behinderung oder Alter.
– Berücksichtigungswürdige Schulden.

Beim Ehegattenunterhalt und beim **sonstigen Verwandtenunterhalt** (ohne Kindesunterhalt) außerdem
– Unterhaltsleistungen für Kinder und sonstige vorrangige Unterhaltspflichten sowie berücksichtigungswürdige Aufwendungen des Verpflichteten für die Vermögensbildung.

Nicht abziehbar sind ein trennungsbedingter Mehrbedarf sowie die Kosten des laufenden Lebensbedarfs wie Miete, Haushaltsgeld usw. Der trennungsbedingte Mehrbedarf ist Teil des Unterhalts (vgl. Rn 4/169), die Lebenshaltungskosten sind im eigenen Unterhalt, dem sog. Selbstbehalt enthalten (vgl. Rn 4/567). Kein Abzugsposten ist beim Ehegattenunterhalt ferner der sog. Erwerbstätigenbonus, er kürzt vielmehr bei der Unterhaltsberechnung das bereinigte Nettoeinkommen (vgl. näher Rn 4/377). **490**

II. Abzug von Steuern

1. Abzug der tatsächlich angefallenen Steuern

Abziehbar sind die **Einkommensteuer bzw. Lohnsteuer, der Solidaritätszuschlag und die Kirchensteuer**, und zwar grundsätzlich in der Höhe, in der sie in dem maßgeb- **491**

---
¹ BGH, FamRZ 1997, 806 = R 512b; FamRZ 1986, 780 = R 301a; FamRZ 1985, 471 = R 252b; FamRZ 1985, 357 = R 243b
² BGH, FamRZ 1985, 471 = R 252 b
³ BGH, FamRZ 1985, 357 = R 243 b
⁴ BayL 10; DL 11; SchL A II 1–3, C 3; BrT I 2, 4; CL I 7, 8, III 2; OL I 2, V 1b; BL 11–14; HL 6, 17, 36; KL 4, 5, 43; FL II 13–15; StL II 1; ThT D 5; DrL 7, 8; NaL 2; BraL 7, 8; s. auch DT A 3, 4, BT III
⁵ Vgl. BayL vor 1

lichen Kalenderjahr entrichtet wurden (sog. In-Prinzip). Dies gilt auch bei einem Splittingvorteil aufgrund neuer Ehe. Steuernachforderungen oder Steuererstattungen werden unterhaltsmäßig erst im Jahr der tatsächlichen Leistung berücksichtigt (genauere Einzelheiten und Rechtsprechungshinweise hierzu Rn 460 ff).

492   Eine **fiktive Steuerberechnung** ist nur in Ausnahmefällen durchzuführen, z. B. bei unterhaltsrechtlich nicht zu berücksichtigenden Negativeinkünften zur Vermögensbildung (s. näher Rn 202 und 465) oder nicht eingetragenen Steuervorteilen (vgl. Rn 482). **Ändert sich** nach der Trennung der Eheleute die **Lohnsteuerklasse**, z. B. von III in I (vgl. § 38 b EStG), ist entgegen der früheren Rechtsprechung des BGH eine fiktive Berechnung anhand der aktuellen Steuerklasse durchzuführen, da der Unterhalt aus dem aktuellen Einkommen zu leisten ist und durch die zwischenzeitlich vorhandenen Rechenprogramme fiktive Steuerberechnungen ohne größere Probleme machbar sind. Hierauf deutet die Entscheidung des BGH vom 25. 11. 1998,[6] in der er bei fehlender Eintragung eines Teilfreibetrages eine fiktive Steuerberechnung durchführte, eindeutig hin.

493   Steuervorteile aufgrund des **Realsplittings** (§ 10 I EStG) sind erst im Jahr des Vorteilseintritts unterhaltsrechtlich zu berücksichtigen (genauere Einzelheiten und Rechtsprechungshinweise hierzu Rn 473 ff).

Für Eheleute besteht eine gegenseitige familienrechtliche Verpflichtung, daran mitzuwirken, daß das Bruttoeinkommen nicht durch unnötig hohe Steuerabzüge geschmälert wird, was u. a. durch die **Eintragung von Freibeträgen auf der Lohnsteuerkarte** erreicht werden kann (genauere Einzelheiten und Rechtsprechungshinweise hierzu Rn 482 ff). Die Höhe des Freibetrags muß aber zweifelsfrei feststehen. Wird z. B. nach getrennter Veranlagung der Eheleute über die Höhe des Ehegattenunterhalts in voller Höhe gestritten, ist kein **Freibetrag wegen Realsplittings** einzutragen. Ist hingegen nur der Spitzenbetrag streitig, ein Sockelbetrag dagegen nicht, z. B. durch Teilanerkenntnis, freiwillige Zahlung usw., ist in Höhe des unstreitigen Unterhalts ein (Teil-)Freibetrag auf der Lohnsteuerkarte einzutragen.[7]

494   Beim **Ehegattenunterhalt** ist immer die tatsächliche Steuerlast **eheprägend**. Abzugsposten ist daher auch bei einer Änderung der Steuerklasse sowohl beim Bedarf als auch bei der Bedürftigkeit/Leistungsfähigkeit immer die aktuelle Steuerbelastung (näher Rn 4/185 ff).

2. Nachweise

495   Die Höhe der abziehbaren Steuern ist in der Regel nachprüfbar durch die Vorlage von Jahresverdienstbescheinigungen des Arbeitgebers, welche die steuerlichen Abzüge enthalten, und durch Einkommensteuerbescheide oder Lohnsteuerjahresausgleichsbescheide des Finanzamts oder durch Vorlage der Lohnsteuerkarte.

III. Abzug von Vorsorgeaufwendungen

1. Bei Nichtselbständigen

496   Abziehbar sind Vorsorgeaufwendungen für eine Krankenversicherung, Pflegeversicherung, Unfallversicherung, Rentenversicherung, Arbeitslosenversicherung und betriebliche Altersvorsorge. Wie bei der Steuer kommt es dabei immer auf die **aktuelle Höhe** dieser Aufwendungen an, beim Ehegattenunterhalt ist immer die aktuelle Belastung eheprägend (vgl. Rn 4/185 ff).

Bei Einkünften aus abhängiger Arbeit fallen hierunter alle gesetzlichen Abzüge für Krankheit, Unfall, Alter und Arbeitslosigkeit, soweit sie den Arbeitnehmer treffen. Diese Aufwendungen sind regelmäßig aus der Brutto- und Nettoeinkommensbestätigung des Arbeitgebers zu ersehen.

---

[6] BGH, FamRZ 1999, 372, 375 = R 529 c
[7] BGH aaO

13. Abschnitt: Berechnung des bereinigten Nettoeinkommens § 1

Bei einer **gesetzlichen Krankenversicherung** ist nur der Arbeitnehmeranteil abzusetzen. Umfaßt der ausgewiesene Krankenkassenzahlungsbetrag auch den Arbeitgeberanteil (= voller Krankenkassenbeitrag), so ist vor Abzug des vollen Krankenkassenbeitrags das Bruttoeinkommen um den Arbeitgeberanteil zu erhöhen. Im Ergebnis führt dies auch in solchen Fällen dazu, daß nur der Arbeitnehmeranteil als Abzugsposten berücksichtigt wird.[8] Bei einer **privaten Krankenversicherung** gelten die gleichen Grundsätze (s. näher Rn 4/498). Durch die Leistungseinschränkungen bei der gesetzlichen Krankenversicherung im Zuge der Gesundheitsreform sind auch Zusatzversicherungen, z. B. für Krankenhausaufenthalt, Zahnersatz, berücksichtigungsfähig, soweit sie zu einer ausreichenden Krankheitsvorsorge erforderlich sind und in einem angemessenen Verhältnis zum Einkommen stehen. 497

Seit 1. 1. 1995, dem Inkrafttreten des Pflegeversicherungsgesetzes, sind ferner die Beiträge zur **Pflegeversicherung** abzugsfähig (s. näher Rn 4/525 a).

Unter die **Altersvorsorge** fallen die Rentenversicherung sowie betriebliche Zusatzversorgungen. Betriebliche Zusatzversorgungen sind auch sog. **Direktversicherungen**, selbst wenn es sich um Kapitallebensversicherungen handelt, soweit sie Gehaltsbestandteil sind.[9] Maßgebend ist insoweit allein der vom Arbeitgeber verfolgte Zweck, den Arbeitnehmer zusätzlich für das Alter zu versorgen, was bei kleineren Firmen in der Regel nur über Direktversicherungen möglich ist. Daß es sich im Ergebnis um eine Vermögensbildung handelt, steht dem nicht entgegen. 497a

Neben solchen gesetzlichen und betrieblichen Aufwendungen können dagegen in der Regel keine zusätzlichen freiwilligen Versicherungsleistungen als Altersvorsorge abgezogen werden, vor allem **keine** freiwilligen Beiträge für eine **Lebensversicherung**, weil diese der Vermögensbildung dienen.[10] Eine **Ausnahme** besteht, wenn das Einkommen des Pflichtigen über der Beitragsbemessungsgrenze zur Rentenversicherung liegt (1999: 8500 DM brutto monatlich, in den neuen Bundesländern 7200 DM brutto). Insoweit ist ihm wie beim Selbständigen eine **Gesamtversorgung für das Alter** von ca. 20 % des Bruttoeinkommens zuzubilligen[10a] (s. Rn 498). Ob ansonsten eine Lebensversicherung als vermögensbildende Aufwendung beim Ehegattenunterhalt abzugsfähig ist, ist nach einem objektiven Maßstab unter Berücksichtigung der Einkommensverhältnisse zu prüfen (s. näher Rn 560 und 4/200 ff). Wenn es im Bereich der gesetzlichen Rentenversicherung durch die gestiegene Lebenserwartung zu den geplanten Leistungseinschränkungen kommt, wird man in Zukunft aber auch freiwillige Zusatzversorgungen einschließlich Kapitallebensversicherungen als Altersvorsorge anerkennen müssen, z. B. bis zu einer Gesamtversorgung von 25 % des Bruttoeinkommens.

2. Bei Selbständigen und Gewerbetreibenden

Bei einem Selbständigen oder bei sonstigem Erwerbseinkommen können die Beiträge für eine freiwillige Krankenversicherung, Pflegeversicherung, Unfallversicherung und Altersrentenversicherung abgezogen werden, wenn diese angemessen sind. Bei der **Krankenversicherung** richtet sich dies nach den entsprechenden Kosten einer Privatversicherung einschließlich Zusatzversicherungen. Die Angemessenheit kann für **Altersvorsorgeaufwendungen** bejaht werden, soweit sie sich im Verhältnis zu den erzielten Einkünften an der gesetzlichen Rentenversicherung nach Beitragshöhe oder Anspruchshöhe orientiert. Als Richtmaß bei Selbständigen ist in Anlehnung an die Beitragssätze der gesetzlichen Rentenversicherung (1998 bis 3/1999: 20,3 %; ab 1. 4. 1999: 19,5 %) ein Anteil von bis zu 20 % des erzielten Bruttoeinkommens als angemessen anzusehen. Maßgebend ist, daß die Aufwendungen **tatsächlich geleistet werden**, ein fiktiver Abzug von 20 % des Bruttoeinkommens als Altersvorsorge bei keinen oder niedrigeren Aufwendungen kommt nicht in Betracht. Wenn keine sonstigen Ansprüche auf eine angemessene 498

---

[8] BGH, FamRZ 1982, 887 = R 128 b
[9] OLG München, FamRZ 1997, 613
[10] BGH, FamRZ 1984, 149, 151 = R 187 f
[10a] OLG München FuR 1999, 369

Altersversorgung bestehen, können bei Selbständigen auch Beiträge zu einer freiwilligen Lebensversicherung als Vorsorgeaufwendung anerkannt werden, sofern es sich nicht um Überversicherungen handelt. Ein Indiz für die Angemessenheit von Aufwendungen ist sehr oft, in welcher Höhe bereits während der Ehe entsprechende Aufwendungen getätigt worden sind. Auch beim Ehegattenunterhalt sind die Vorsorgeaufwendungen in der tatsächlich geleisteten Höhe eheprägend (näher § 4 Rn 185 ff). Werden die Beträge nach der Trennung erheblich erhöht, wird man aber im Einzelfall prüfen müssen, ob sie berücksichtigungswürdig sind (vgl. § 4 Rn 186). Vom BGH noch nicht entschieden wurde die Frage, ob auch rein vermögensbildende Aufwendungen wie Kauf von Immobilien, Wertpapieren oder Fondsbeteiligungen in der oben geschilderten Höhe als Altersvorsorge bei Selbständigen anzuerkennen sind. Durch die unsichere Entwicklung der herkömmlichen Altersversorgungen wird man auch diesen Weg anerkennen müssen.

3. Krankenversicherungs- und Vorsorgeunterhalt

499 Macht der berechtigte Ehegatte als Unterhalt auch Vorsorgeaufwendungen für Alter oder Krankheit geltend, so ist das Einkommen des Verpflichteten vor der Berechnung des endgültigen Elementarunterhalts durch Vorabzug um die Beiträge zu bereinigen, die als Altersvorsorgeunterhalt und (oder) Krankheitsvorsorgeunterhalt zugesprochen werden.[11] Etwas anderes gilt, wenn bei sehr guten Einkommensverhältnissen der Unterhalt nach dem konkreten Bedarf ermittelt wird oder der Bedürftige **nichtprägendes Einkommen** hat, weil der Vorsorgebedarf dann neben dem laufenden Unterhaltsbedarf befriedigt werden kann, ohne daß deshalb der Halbteilungsgrundsatz verletzt wird[12] (vgl. näher § 4 Rn 486). Hat der Berechtigte ein eigenes Einkommen, so erfolgt der Abzug von diesem, sofern nicht besondere Umstände vorliegen.[13] Genauere Ausführungen zum Altersvorsorgeunterhalt und Krankheitsvorsorgeunterhalt Rn 4/453 ff, 498 ff.

500 Solange getrennt lebende Ehegatten noch nicht geschieden sind, sind sie bei der Krankenversicherung in der Regel noch bei einem Ehegatten mitversichert, so daß dem Berechtigten kein zusätzlicher eigener Krankheitsvorsorgebedarf erwächst. Nach der Scheidung kann ein solcher Bedarf entstehen, weil die Mitversicherung eine bestehende Ehe voraussetzt[14] (s. näher Rn 4/498 ff). Die Höhe der vom Berechtigten für eine angemessene Krankenversicherung aufzuwendenden Kosten kann danach bemessen werden, was bei einer freiwilligen Weiterversicherung beim gleichen Versicherungsträger und bei einem Einkommen in Höhe des Unterhalts gezahlt werden müßte[15] (s. eingehend Rn 4/498 ff).

Bei der Altersvorsorge endet die Teilhabe an der Versorgung des Partners bereits mit der Rechtshängigkeit des Scheidungsverfahrens als Endstichtag für den Versorgungsausgleich (§ 1587 II BGB). Die Höhe richtet sich nach dem errechneten Unterhalt (s. näher Rn 4/453 ff).

IV. Berufsbedingte Aufwendungen:

1. Bei Gewinnermittlung

501 Bei Einkünften aus selbständiger Tätigkeit, Gewerbebetrieb und Land- und Forstwirtschaft ist nach § 2 II Nr. 1 EStG der Gewinn im Wege der Bilanzierung oder durch eine Einnahmen-Überschußrechnung zu ermitteln (vgl. Rn 110 ff, 186 ff). Sämtliche anfallenden Ausgaben sind als Betriebsausgaben bereits berücksichtigt, so daß daneben **keine zusätzlichen berufsbedingten Ausgaben** anfallen.

---

[11] BGH, FamRZ 1983, 888 = R 175 a
[12] BGH, FamRZ 1999, 372, 374 = R 529 b
[13] BGH, FamRZ 1988, 1145, 1147 = R 372 c
[14] BGH, FamRZ 1982, 887
[15] BGH, FamRZ 1983, 888 = R 175 a

13. Abschnitt: Berechnung des bereinigten Nettoeinkommens　　　　　　§ 1

2. Bei Einkünften aus Kapital und Vermietung und Verpachtung

Nach § 2 II Nr 2 EStG ergibt sich hier das Einkommen aus dem Überschuß der Einnahmen über die Werbungskosten. Diese **Werbungskosten** sind in der Regel abziehbar. Vgl. insoweit näher zum Einkommen aus Vermietung und Verpachtung Rn 198 ff und aus Kapital Rn 309. Weitere berufsbedingte Aufwendungen kommen nicht in Betracht. 502

3. Bei Renten, Pensionen

Bei diesen Einkünften gibt es keine berufsbedingten Aufwendungen und deshalb auch **keinen** entsprechenden **pauschalen oder konkreten Abzug**.[16] 503

4. Bei Nichtselbständigen

Auch bei Nichtselbständigen wird das Einkommen aus dem Überschuß der Einnahmen über die Werbungskosten gebildet (§ 2 II Nr 2 EStG). Unterhaltsrechtlich werden die Werbungskosten als **berufsbedingte Aufwendungen** bezeichnet. Soweit sie zur Erzielung des Einkommens erforderlich sind und vom Arbeitgeber nicht ersetzt werden, sind sie abzugsfähig.[17] Nach der Düsseldorfer Tabelle,[18] den Bayerischen Leitlinien[19] und den Leitlinien der Oberlandesgerichte Brandenburg, Celle, Dresden, Düsseldorf, Naumburg, Oldenburg und dem Kammergericht in Berlin können sie, soweit sie anfallen, pauschal mit 5 % des Nettoeinkommens geltend gemacht werden,[20] nach der Düsseldorfer Tabelle und den Leitlinien des OLG Oldenburg dabei mit einer Unter- und Obergrenze von 90 DM bzw. 260 DM, bzw. den Leitlinien des Kammergerichts von 100 DM, bzw. 260 DM, nach den Bayerischen Leitlinien und den Leitlinien der OLG Brandenburg, Celle, Dresden und Naumburg ohne Ober- und Untergrenze, z.T. mit Einschränkungen im Mangelfall (OLG Brandenburg, Naumburg). Nach dem OLG Stuttgart gilt die Pauschale nur beim Kindesunterhalt,[21] beim Ehegattenunterhalt ist sie bisher im Erwerbstätigenbonus enthalten. Im Gegensatz zum Steuerrecht wird die Pauschale dabei nicht aus dem Brutto-, sondern dem Nettoeinkommen gebildet. Neben der Pauschale können keine Einzelposten, z. B. Gewerkschaftsbeitrag, Kinderbetreuungskosten, gesondert verlangt werden, sondern bei Überschreitung des Pauschalbetrags sind alle Einzelpositionen konkret darzulegen. Nach der Thüringer Tabelle und den Leitlinien der OLG Bremen, Frankfurt, Hamburg, Hamm, Köln, Rostock und Schleswig sind berufsbedingte Aufwendungen generell nur bei konkretem Nachweis abzugsfähig.[22] Zu den genaueren Einzelheiten und Rechtsprechungshinweisen vgl. Rn 87 ff. 504

Berufsbedingte Aufwendungen sind, da sie den steuerlichen Werbungskosten entsprechen, immer in Höhe des berücksichtigungswürdigen Anfalls abziehbar, auch beim Ehegattenunterhalt, da wie bei der Steuer und den Vorsorgeaufwendungen der aktuelle Aufwand **eheprägend** ist (näher Rn 4/185 ff).

Bei **Azubis** sind die berufs- und ausbildungsbedingten Aufwendungen abzugsfähig, nach der Düsseldorfer Tabelle[23] und den Leitlinien der OLG Düsseldorf, Hamm, Köln, Oldenburg und Schleswig mit einem Pauschbetrag von 150 DM,[24] nach den Bayerischen Leitlinien pauschal mit 90 DM,[25] nach dem OLG Brandenburg mit 135 DM,[25a] nach dem

---

[16] BGH, FamRZ 1982, 579, 581 = R 117 d
[17] BGH, FamRZ 1988, 159 = R 346 e
[18] DT A 3
[19] BayL 10
[20] BraL I 7; CL I 7; DrL I 7; DL 11; NaL 2.1; OL I 2a; BL 11
[21] StL I 3
[22] ThT D 4; BrT I 2; FL II 13; HaL 4; HL 6; KL 43; RL III 3; SchL A II 1
[23] DT A 8
[24] DL 11; HL 18; KL 9; OL III 4b; SchL B 6a
[25] BayL 10 d
[25a] BraL 21 d

Kammergericht und den OLG Bremen, Celle, Dresden, Frankfurt, Hamburg, Naumburg, Rostock und der Thüringer Tabelle nur gegen konkreten Nachweis[26] (vgl. eingehend Rn 2/93).

Bei **Arbeitslosen** sind Aufwendungen für die Arbeitsplatzsuche nur bei konkretem Nachweis zu berücksichtigen. Das gleiche gilt für andere Sozialleistungen mit Lohnersatzfunktion (s. näher Rn 80 ff).

V. Berücksichtigung eines Mehrbedarfs für Krankheit, Behinderung und Alter

1. Mehrbedarf und Mehrbedarfsfälle

505   Einen Mehrbedarf kann es sowohl beim Berechtigten als auch beim Verpflichteten geben.

506   Ein Mehrbedarf besteht, wenn aufgrund besonderer Umstände des Einzelfalls zusätzliche Mittel für besondere Aufwendungen benötigt werden, die durch den Elementarbedarf nicht gedeckt werden und deshalb zusätzlich zum Elementarunterhalt als unselbständiger Unterhaltsbestandteil des einheitlichen Lebensbedarfs geleistet werden müssen (s. auch Rn 4/167 und 437 ff). Bei dem Mehrbedarf muß es sich um vorhersehbare regelmäßige Mehraufwendungen handeln. Elementarbedarf und Mehrbedarf zusammen beinhalten den vollen Gesamtunterhalt.

507   Ein solcher unterhaltsrechtlich relevanter Mehrbedarf oder erhöhter Bedarf kann entstehen infolge Krankheit, Unfall, Alter, Pflegebedürftigkeit, Gebrechlichkeit und aufgrund einer Ausbildung, Fortbildung oder Umschulung. Auch Aufwendungen für eine aus gesundheitlichen Gründen benötigte Haushaltshilfe können ein solcher Mehrbedarf sein.[27]

Desgleichen der Eigenanteil für Arzt- und Arzneimittelkosten sowie Aufwendungen für eine Zugehfrau, die aus krankheits- oder altersbedingten Gründen benötigt wird.[28]

Übernimmt die (neue) **Ehefrau Pflegeleistungen** eines Schwerstbehinderten, geht dies über die im Rahmen der gegenseitigen Beistandspflicht der Ehegatten gemäß §§ 1353, 1360 BGB geschuldete übliche Krankenpflege hinaus und stellt eine freiwillige Leistung des Ehegatten dar, die sonstigen Unterhaltsberechtigten, z. B. Kindern, nicht zugute kommen soll. Der Unterhaltspflichtige kann in diesem Fall die **ersparten Fremdpflegekosten als krankheitsbedingten Mehrbedarf** von seinem Einkommen abziehen.[29]

Ähnliche Mehrbedarfsfälle wurden bereits bei den Renteneinkünften erörtert (s. dazu näher Rn 341 ff).

Ein Mehrbedarf ist im Ergebnis auch der Krankheitsvorsorgeunterhalt und der Altersvorsorgeunterhalt eines Ehegatten (s. näher Rn 4/438).

508   Ein Mehrbedarf muß grundsätzlich durch Darlegung **konkreter Tatsachen** vorgetragen und nachgewiesen werden. Eine pauschale Berücksichtigung erkennt der BGH nicht an. Ein konkreter Nachweis nach Art und Höhe des Mehrbedarfs kann in der Regel durch Vorlage von Belegen über Ausgaben geführt werden, die gemacht werden mußten, um den Mehrbedarf zu decken. Die Ausgaben sind unter Berücksichtigung der beiderseitigen wirtschaftlichen und persönlichen Verhältnisse auf ihre Notwendigkeit und Angemessenheit zu überprüfen. Die angemessene Höhe kann erforderlichenfalls nach § 287 ZPO geschätzt werden.

509   **Kein Mehrbedarf** in diesem Sinn ist ein trennungsbedingter Mehrbedarf beim Ehegattenunterhalt (s. dazu Rn 4/418 ff).

---

[26] BL 23; BrL II 6; CL II 6; DrL 24; FL III B 3; HaL 2; NaL 5.6; RL I A 3; ThT D 4
[27] BGH, FamRZ 1984, 151, 154 = R 186 c
[28] BGH, FamRZ 1986, 661, 663 = R 294
[29] BGH, FamRZ 1995, 537 = R 493 b

13. Abschnitt: Berechnung des bereinigten Nettoeinkommens § 1

2. Berücksichtigung eines Mehrbedarfs

Wird bei einem Mehrbedarf für Körper- oder Gesundheitsschäden **eine Sozialleistung** 510
nach § 1610 a BGB erbracht, ist die Sozialleistung in Höhe der Aufwendungskosten kein Einkommen (vgl. näher Rn 343 ff), so daß ein Mehrbedarf nur in Betracht kommt, wenn die tatsächlich anfallenden Kosten die Sozialleistung übersteigen.

Ansonsten ist ein Mehrbedarf nach näherer Prüfung aller Umstände zu berücksichtigen, soweit er angemessen ist.

Beim **Pflichtigen** erfolgt ein Abzug vom Nettoeinkommen. Der Mehrbedarf verbleibt 511
ihm also zusätzlich zu seiner Ehegattenquote (genauere Einzelheiten s. Rn 4/443 ff).

Hat der **Berechtigte** eigenes Einkommen, wird sein Mehrbedarf ebenfalls von seinem 512
Einkommen abgezogen und dann erst der Unterhalt berechnet. Ihm verbleibt sein Mehrbedarf anrechnungsfrei zusätzlich zum Unterhalt. Hat der Berechtigte kein Einkommen, ist der Mehrbedarf zusätzlich zur Ehegattenquote an den Berechtigten zu bezahlen.

Beim Kindesunterhalt gelten die gleichen Grundsätze. Hat das **Kind einen Mehrbe-** 513
darf, haben ihn die zur Unterhaltsleistung verpflichteten Eltern anteilig gemäß § 1606 III BGB bis zur Grenze des Selbstbehalts zusätzlich zum Elementarunterhalt zu bezahlen[30] (s. dazu Rn 2/325).

VI. Berücksichtigung von Schulden

1. Zur Problematik der Berücksichtigung von Schulden sowie zu Regelungen in den Leitlinien

a) **Gesetzliche Regelung.** Nach dem Gesetz sind **Schulden** im Rahmen der **Lei-** 514
stungsfähigkeit des Verpflichteten zu berücksichtigen (§§ 1581, 1603 I BGB).

Nach § 1581 BGB muß der Verpflichtete nur einen Billigkeitsunterhalt leisten, wenn er nach seinen Erwerbs- und Vermögensverhältnissen unter Berücksichtigung seiner sonstigen Verpflichtungen nicht in der Lage ist, dem Berechtigten ohne Gefährdung seines eigenen angemessenen Unterhalts den vollen Unterhalt nach § 1578 BGB zu gewähren.

Nach § 1603 I BGB besteht keine Unterhaltsverpflichtung, wenn der Unterhaltsschuldner bei Berücksichtigung seiner sonstigen Verpflichtungen außerstande ist, ohne Gefährdung seines angemessenen Unterhalts dem Kind dessen angemessenen Unterhalt zu gewähren.

Verpflichtungen im Sinn dieser Bestimmungen sind vor allem Schulden. Der Unter- 515
haltsanspruch des Berechtigten hat auf der Leistungsstufe keinen Vorrang vor anderen regelmäßigen Verbindlichkeiten des Verpflichteten.[31]

Nach den §§ 1581, 1603 I BGB bewirken berücksichtigungswürdige Schulden eine Beschränkung der Leistungsfähigkeit des Verpflichteten und damit, falls keine zusätzlichen Mittel zu ihrer Deckung vorhanden sind (z. B. nichtprägende Einkünfte), einen Mangelfall. Es ist dann nach Mangelfallgrundsätzen im Wege einer Billigkeitsabwägung der gesamten Umstände des Einzelfalls zu beurteilen, ob und inwieweit einerseits die Schulden noch berücksichtigungswürdig sind, und andererseits, inwieweit es angebracht ist, den angemessenen Unterhalt nach Billigkeitsgrundsätzen zu kürzen. Eine solche Mangelfallkürzung hat im Ergebnis nichts mit einem Vorabzug der Schulden vom Einkommen zu tun, d. h. auf der Leistungsstufe gibt es keinen solchen Vorabzug, sondern nur eine Erhöhung des Selbstbehalts. Die Mangelfallkürzung ist das Ergebnis einer Billigkeitsabwägung im Mangelfall und führt zu einem Billigkeitsunterhalt (genaueres Rn 5/112 ff).

b) **Berücksichtigung bei der Bedarfsermittlung für den Ehegattenunterhalt.** Ge- 516
setzlich ist nicht ausdrücklich geregelt, ob und inwieweit auch im Rahmen der **Bedarfs-**

---
[30] BGH, FamRZ 1998, 286 = R 518 a
[31] BGH, FamRZ 1984, 657 = R 216; FamRZ 1982, 678 = R 119 a

bemessung Schulden zu berücksichtigen sind. Dazu gibt es weder in § 1361 BGB noch in § 1578 BGB Anhaltspunkte.

Trotzdem können Schulden nach der Rechtsprechung auch im Rahmen der Bedarfsbemessung eine Rolle spielen, wenn es sich um sogenannte **ehebedingte Verbindlichkeiten** handelt.

Ehebedingte Schulden sind längerfristige Verbindlichkeiten, die noch vor der Trennung mit Einverständnis des anderen Ehegatten entstanden sind und auch bei Fortbestehen der ehelichen Gemeinschaft aus dem Einkommen abzubezahlen gewesen wären (s. näher Rn 522 ff).

Mittel, die zur Bezahlung solcher Verbindlichkeiten benötigt werden, stehen für deren Laufzeit zur Verwendung für den laufenden Lebensunterhalt nicht zur Verfügung. Sie mindern als **prägende Ausgaben** das für Unterhaltszwecke verbrauchbare Einkommen. Auch bei Fortbestand der Ehe hätten solche Mittel zur Deckung des laufenden Lebensbedarfs nicht zur Verfügung gestanden.

Dies rechtfertigt es, die regelmäßig zu zahlenden Raten für solche ehebedingten Verbindlichkeiten vom unterhaltsrechtlich relevanten Nettoeinkommen wie Steuern und Vorsorgeaufwendungen abzuziehen, ehe der Unterhaltsbedarf nach dem verbleibenden Einkommen bemessen wird. Durch einen solchen Vorabzug **mindert** sich der **Unterhaltsbedarf** (Genaueres unten Rn 522 ff und 4/186).

Auch nach der Rechtsprechung des BGH ist im Rahmen der Bedarfsbemessung die Abtragung eines während der Ehezeit aufgenommenen Kredits in der Weise zu berücksichtigen, daß zunächst das **Einkommen** um diese Belastungen **vermindert** und erst dann der Bedarf der Ehegatten mit der Ehegattenquote aus den nach Abzug der Belastungen für Unterhaltszwecke verbleibenden Mitteln errechnet wird.[32]

Dies gilt nicht nur für **Konsumkredite**,[33] z. B. zur Anschaffung von Möbeln, eines PKWs, oder zur Finanzierung einer Urlaubsreise, sondern auch für Verbindlichkeiten zur **Vermögensbildung**, z. B. dem Kauf eines Eigenheims. Bei der Bedarfsermittlung kürzen alle bei der Trennung noch zu leistenden Abzahlungen, soweit sie nach einem objektiven Maßstab wirtschaftlich vertretbar sind, den Wohnwert (genauere Einzelheiten mit Rechtsprechungshinweisen Rn 243 ff). Im Ergebnis gilt auch bei Selbständigen und Gewerbetreibenden für betriebliche Aufwendungen nichts anderes. Darlehen für notwendige Anschaffungen kürzen als Ausgaben den Gewinn, die Zinsen unmittelbar, die Tilgung mittelbar über die Abschreibung (vgl. Rn 122 c).

Bei der Berücksichtigungswürdigkeit der Schuld **kommt es nicht darauf an**, wer mit dem Darlehen angeschaffte **Gegenstände nach der Trennung behält**. Letzteres ist nur eine Frage der Vermögensauseinandersetzung, nicht der Bemessung des Unterhalts.[34]

517 Den **Vorabzug von Verbindlichkeiten** vom Einkommen gibt es auf der **Stufe der Bedarfsbemessung** nur, soweit es sich um **ehebedingte Verbindlichkeiten** handelt, weil die entsprechenden Einkommensteile auch bei weiterem Zusammenleben nicht zur Deckung des laufenden Lebensbedarfs hätten verwendet werden können.[35]

Hat auch der **Berechtigte** ein eigenes Einkommen und **tilgt** er ebenfalls solche **ehebedingten** Verbindlichkeiten, dann ist in gleicher Weise auch dessen Einkommen um solche Verbindlichkeiten zu bereinigen, ehe der Unterhaltsbedarf berechnet wird. Insoweit ist er mit dem Verpflichteten gleich zu behandeln.[36]

518 Dagegen **erhöht** sich der Bedarf des Berechtigten **nicht** dadurch, daß er Mittel für eine **neue Schuldentilgung** benötigt. Sein Unterhaltsanspruch umfaßt nur seinen laufenden Lebensbedarf. Zu diesem Lebensbedarf gehört im unterhaltsrechtlichen Sinn nicht sein Interesse an der Tilgung von Schulden. Die Unterhaltsverpflichtung umfaßt grundsätzlich nicht die Verpflichtung, Schulden des anderen Ehegatten zu tilgen.[37]

---

[32] BGH, FamRZ 1997, 806 = R 512 b; FamRZ 1989, 159 = R 377 c; FamRZ 1985, 911 = R 268 a
[33] BGH, NJW 1998, 2821 = R 525 a
[34] BGH, FamRZ 1995, 869, 870 = R 494; OLG München, FamRZ 1995, 233
[35] BGH, FamRZ 1997, 806 = R 512 b
[36] BGH aaO
[37] BGH, FamRZ 1985, 902 = R 264

13. Abschnitt: Berechnung des bereinigten Nettoeinkommens §1

Nach der Trennung aufgenommene und damit **nichtprägende Schulden** des Berechtigten haben deshalb keinen Einfluß auf dessen **Bedürftigkeit**, d. h. sie können seine Bedürftigkeit, die sich nach seinem ungedeckten Bedarf bemißt, nicht erhöhen. Eine Ausnahme besteht nur, soweit es sich um einen trennungsbedingten Mehrbedarf handelt und ein solcher bedarfserhöhend geltend gemacht werden kann, weil zusätzliche Mittel, z. B. nichtprägende Einkünfte der Parteien, vorhanden sind (vgl. näher Rn 4/418 ff).

c) **Berücksichtigung bei der Bedürftigkeit und Leistungsfähigkeit.** In der Praxis 519 wird sehr oft nicht differenziert genug auseinandergehalten, daß **nur auf der Bedarfsstufe** ehebedingte Verbindlichkeiten vom Einkommen abgezogen werden dürfen, ehe der Unterhaltsbedarf bemessen wird. Das Ergebnis ist der angemessene Unterhaltsbedarf. Der Abzug erfolgt durch **Bereinigung des Nettoeinkommens**.

Auf der **Bedürftigkeitsstufe** (= Höhe des Unterhalts, vgl. Rn 4/388) bleibt es bei der Anrechnung des Einkommens des Berechtigten auf den ermittelten Bedarf beim Abzug der bei der Bildung des bereinigten Nettoeinkommens berücksichtigten ehebedingten Schulden, soweit der Bedürftige sie abzahlt. Eine Ausnahme besteht nur, soweit es sich um eine **einseitige Vermögensbildung** des Berechtigten handelt, z. B. bei Abzahlung von Schulden für die im Eigentum des Bedürftigen stehende Ehewohnung; ab Rechtshängigkeit des Scheidungsverfahrens können insoweit nur noch die Zinsen, nicht mehr die Tilgung berücksichtigt werden, da der Pflichtige sonst die Vermögensbildung des Berechtigten mitfinanzieren müßte (s. oben und näher Rn 253). **Nach der Trennung aufgenommene Kredite** sind generell nicht abzugsfähig (s. oben) und können allenfalls als trennungsbedingter Mehrbedarf eine Rolle spielen (vgl. Rn 532 ff).

Demgegenüber können auf der **Leistungsstufe** nicht nur ehebedingte Verbindlichkeiten, sondern alle berücksichtigungswürdigen Schulden angesetzt werden, also auch solche, die erst nach der Trennung entstanden sind und die ehelichen Lebensverhältnisse nicht geprägt haben (näher Rn 540 ff).

Außerdem darf die Berücksichtigung von Verbindlichkeiten auf der Leistungsstufe nicht verwechselt werden mit einem Vorabzug vom Einkommen. Es handelt sich vielmehr auf der Leistungsstufe, soweit keine zusätzlichen Mittel vorhanden sind (z. B. nichtprägende Einkünfte), nur um die Kürzung des auf der Bedarfsstufe bemessenen vollen Unterhaltsbedarfs unter Billigkeitsgesichtspunkten auf einen Billigkeitsunterhalt. Im Rahmen dieser Billigkeitsabwägung können sowohl prägende als auch nichtprägende Verbindlichkeiten daraufhin überprüft werden, ob sie nach Treu und Glauben voll, teilweise oder gar nicht berücksichtigungswürdig sind.[38]

d) **Berücksichtigung beim Verwandtenunterhalt.** Die vorstehenden Erörterungen 520 gelten dem Grundsatz nach in gleicher Weise für den **Ehegattenunterhalt und den Verwandtenunterhalt**. Auch beim Kindes- und sonstigen Verwandtenunterhalt sind – von schweren Mangelfällen abgesehen – ehebedingte Verbindlichkeiten vom Einkommen abzuziehen, bevor z. B. der Unterhaltsbedarf eines Kindes nach der DT aus dem bereinigten Nettoeinkommen bemessen wird, weil die Eltern auch bei Fortbestand der Ehe zur Deckung des laufenden Lebensbedarfs nicht mehr Mittel zur Verfügung gehabt hätten.[39] Da es beim Kindesunterhalt immer auf das tatsächlich verfügbare Einkommen ankommt, gilt dies auch für erst nach der Trennung der Eheleute aufgenommene Kredite, es ist aber insoweit immer eine Einzelfallprüfung vorzunehmen (näher Rn 549 ff). Beim Kindesunterhalt nichtverheirateter Eltern, beim sonstigen Verwandtenunterhalt und bei Unterhaltsansprüchen nach § 1615 l I, II BGB ist ebenfalls bereits auf der Bedarfsebene die notwendige Einzelfallprüfung vorzunehmen (Genaueres s. Rn 549 ff).

e) **Behandlung der Schulden in den Leitlinien.** In den Leitlinien der Oberlandes- 521 gerichte wird die unterschiedliche Behandlung von Schulden auf der Bedarfs- und Bedürftigkeitsstufe sowie auf der Leistungsstufe nicht immer klar genug auseinandergehalten.

- Die **Bayerischen Leitlinien** trennen genau zwischen Ehegatten- und Verwandtenunterhalt, beim Ehegattenunterhalt ferner zwischen Bedarf und Leistungsfähigkeit/Bedürftigkeit. Bei der Bedarfsermittlung für den Ehegattenunterhalt können grundsätz-

---

[38] BGH, FamRZ 1982, 898 = R 107 a
[39] BGH, FamRZ 1996, 160, 161 = R 496 b

lich nur eheprägende Verbindlichkeiten angesetzt werden. Bei der Leistungsfähigkeit/Bedürftigkeit und beim Verwandtenunterhalt erfolgt jeweils eine Abwägung nach den Umständen des Einzelfalls (BayL 10 f).
- Nach den **Düsseldorfer Leitlinien** können Schulden je nach den Umständen des Einzelfalls (Art, Grund und Zeitpunkt des Entstehens) das anrechenbare Einkommen mindern. Dabei sind die Belange von Unterhaltsgläubiger, Unterhaltsschuldner und Drittgläubiger gegeneinander abzuwägen (DL 11 e). Der Hinweis auf den Zeitpunkt der Entstehung der Schuld zeigt zwar für den Ehegattenunterhalt auf, daß zwischen prägenden und nichtprägenden Verbindlichkeiten zu trennen ist, es fehlt aber ein Hinweis, daß die Berücksichtigungswürdigkeit beim Bedarf und der Leistungsfähigkeit/Bedürftigkeit zu verschiedenen Bewertungen führen kann.
- Das **OLG Bremen** trennt beim Ehegattenunterhalt zutreffend zwischen Bedarf und Leistungsfähigkeit, wobei bei der Bedarfsermittlung nur eheprägende Schulden zu berücksichtigen sind, bei der Leistungsfähigkeit auch sonstige, deren Eingehung notwendig und unausweichlich war. Beim Kindesunterhalt Minderjähriger und bei privilegierten Kindern i. S. des § 1603 II 2 BGB sind berücksichtigungswürdige Schulden bereits bei der Eingruppierung in der Düsseldorfer Tabelle, d. h. bei der Bedarfsermittlung, abzuziehen, wobei eine Interessenabwägung, z. B. nach Zweck der Verbindlichkeit, Dringlichkeit der Bedürfnisse, Möglichkeit der Schuldenreduzierung, vorzunehmen ist und die Berücksichtigung nur ausnahmsweise zur Unterschreitung des Mindestunterhalts führen darf. Bei volljährigen Kindern sind Schulden, soweit feste Bedarfssätze angesetzt werden, nach einer Interessenabwägung gegebenenfalls bei der Prüfung der Leistungsfähigkeit bzw. bei der Ermittlung der Haftungsquote beider Elternteile abzusetzen (BrL I 4).
- Die **Düsseldorfer Tabelle** führt nur aus, daß berücksichtigungswürdige Schulden abzugsfähig sind (DT A 4). Nähere Einzelheiten fehlen.
- Die **Stuttgarter Leitlinien** geben zutreffend an, daß bei der Bedarfsermittlung nach den ehelichen Lebensverhältnissen eheprägende Verbindlichkeiten abzugsfähig sind (StL II 1). Zur Berücksichtigung von Schulden bei der Leistungsfähigkeit werden keine Angaben gemacht.
- Das **Kammergericht** trennt beim Kindesunterhalt zutreffend zwischen bedarfs- und leistungsmindernden Schulden (BL 14, 28). Zum Ehegattenunterhalt fehlen Ausführungen.
- Nach **OLG Celle** (CL I 8) vermindern voreheliche, eheliche oder sonst unumgängliche Schulden das anrechenbare Einkommen.

    Das ist nur insoweit zutreffend, als es sich um ehebedingte Schulden handelt, und zumindest irreführend bezüglich des Ausdrucks „sonst unumgängliche Schulden", weil darunter auch nicht ehebedingte Schulden subsumiert werden können.

    Die anschließenden Sätze beziehen sich auf die Billigkeitsabwägung im Rahmen der Leistungsfähigkeit.

    Sie lauten: „Zins- und Tilgungsraten sind im Rahmen eines vernünftigen Tilgungsplanes vom anrechenbaren Einkommen vorweg abzuziehen. Dabei soll möglichst für minderjährige Kinder mindestens der Regelbedarf und für den unterhaltsberechtigten (früheren) Ehegatten der notwendige Mindestbedarf gesichert bleiben. Notfalls kann eine angemessene Kürzung der Unterhaltsrenten erfolgen."

    Hieraus ist ersichtlich, daß eine Mangelfallkürzung auf der Leistungsstufe gemeint ist.
- Nach **OLG Köln** (KL 43) können Schulden in angemessenen Tilgungsraten (ggf. Tilgungsstreckung) abgezogen werden, insbesondere einvernehmlich während der Ehe begründete und nicht zumutbar abzulösende, z. B. für Hausrat- und Wohnungsbeschaffung. Die Einvernehmlichkeit der Begründung von Schulden in der Zeit ehelichen Zusammenlebens wird vermutet. Abziehbar sind auch notwendige Kosten für Scheidung und Folgesachen des § 621 I Nr. 1 und 6 ZPO.

    Unzutreffend ist, daß vom Einkommen für die Bedarfsermittlung ein trennungsbedingter Mehrbedarf wie notwendige Kosten für Scheidung und Folgesachen abgezogen werden darf. Zutreffend sind die Abzüge ehebedingter Verbindlichkeiten.

13. Abschnitt: Berechnung des bereinigten Nettoeinkommens § 1

- Nach **OLG Hamm** (HL 17) können Schulden das anrechenbare Einkommen vermindern, das des geschiedenen Ehegatten und Elternteils insbesondere dann, wenn die Verbindlichkeiten noch in intakter Ehe eingegangen sind oder ihre Begründung als Folge der Trennung unumgänglich war.

  Auch insoweit ist nur der bedarfsmindernde Abzug der während des Zusammenlebens entstandenen Schulden zutreffend, während Schulden nach der Trennung kein Abzugsposten, sondern nur trennungsbedingter Mehrbedarf sein können.

- Nach dem **OLG Schleswig** (SchL A II 3 a) sind angemessene Tilgungsraten auf Schulden, die auf das eheliche Zusammenleben zurückzuführen sind oder die durch die Auflösung der Ehe unabweisbar entstanden sind, in der Regel einkommensmindernd zu berücksichtigen.

  Dies ist zutreffend bezüglich der Schulden, die auf das eheliche Zusammenleben zurückzuführen sind, und nicht zutreffend bezüglich der Schulden, die durch die Auflösung der Ehe unabweisbar entstanden sind, weil es sich insoweit um trennungsbedingten Mehrbedarf handelt.

  Unter 3 b heißt es weiter: „Soweit der Mindestbedarf der Unterhaltsberechtigten, insbesondere minderjähriger Kinder, nicht gewahrt ist, hat der Schuldendienst soweit als möglich und zumutbar zurückzustehen, damit nicht auf Kosten von Sozialhilfemitteln Schulden getilgt werden. Im Einzelfall sind in einer umfassenden Interessenabwägung unter Billigkeitsgrundsätzen die Belange der Unterhaltsberechtigten, des Unterhaltsschuldners (insbesondere sein Interesse an der Verhinderung einer wachsenden Verschuldung) wie auch der Fremdgläubiger einzubeziehen."

  Diese Ausführungen beziehen sich auf die Billigkeitsabwägung im Mangelfall.

- Nach **OLG Frankfurt** (FL II 15) haben voreheliche und eheliche Schulden die Lebensverhältnisse regelmäßig geprägt. Ansonsten ist eine umfassende Gesamtabwägung (Art, Grund, Zeitpunkt des Entstehens) durchzuführen, ob die Berücksichtigung der Billigkeit entspricht. Beim Mindestbedarf minderjähriger Kinder gilt ein strenger Maßstab.

  Diese Ausführungen beziehen sich zutreffend auf die Bedarfsermittlung.

- Das **OLG Oldenburg** (OL I 2 c) führt aus, Schulden sind im Rahmen eines vernünftigen Tilgungsplanes abzuziehen, soweit sie ehebedingt sind. Bei gemeinsamer Kreditaufnahme der Eheleute ist der Verwendungszweck in der Regel ohne Bedeutung. Es ist nicht allein auf den gemäß § 850 c ZPO pfändbaren Betrag abzustellen, sondern dieser ist angemessen zu erhöhen.

  Während sich der letzte Satz nur auf die Leistungsfähigkeit bezieht, betreffen die vorangehenden Ausführungen die Bedarfsermittlung.

- Nach dem **OLG Naumburg** (NaL 2.2) und dem **Brandenburgischen OLG** (BraL 8) sind angemessene Zinsen und Tilgungsraten auf Schulden, die aus der Zeit des ehelichen Zusammenlebens herrühren oder deren Begründung als Folge der Trennung oder aus sonstigen Gründen unumgänglich war, einkommensmindernd zu berücksichtigen.

  Dies ist nur zutreffend für die Bedarfsermittlung beim Ehegattenunterhalt bezüglich der während des Zusammenlebens entstandenen Schulden, die aus sonstigen Gründen unumgänglichen Schulden betreffen dagegen nur einen trennungsbedingten Mehrbedarf des Berechtigten bzw. die Leistungsfähigkeit des Pflichtigen.

- Nach dem **OLG Dresden** können Zins- und Tilgungsraten für Schulden je nach den Umständen des Einzelfalls das anrechenbare Einkommen vermindern, z. B. wenn die Entstehung als Folge der Trennung unumgänglich war. Bei der Bedarfsermittlung sind nur eheprägende Verbindlichkeiten in der Regel voll absetzbar (DrL 8).

  Der Hinweis auf die für die Bedarfsermittlung beim Ehegattenunterhalt allein berücksichtigungswürdigen prägenden Schulden ist zutreffend, es ist jedoch mißverständlich, wenn zugleich von der Abzugsfähigkeit von trennungsbedingten Schulden gesprochen wird, da es sich insoweit um nichtprägende Schulden und damit trennungsbedingten Mehrbedarf handelt.

2. Abzug ehebedingter Schulden bei der Bedarfsermittlung des Ehegattenunterhalts

522 a) **Eheprägende Schulden.** Wie bereits unter 1. dargelegt, können **ehebedingte Verbindlichkeiten** – und nur solche – im **Rahmen der Bedarfsbemessung** vom anrechenbaren Nettoeinkommen abgezogen werden, ehe der Unterhaltsbedarf errechnet wird.[40]

523 Schulden sind als ehebedingte Verbindlichkeiten abziehbar, wenn sie vor der Trennung mit **ausdrücklicher oder stillschweigender Zustimmung** des anderen Ehepartners begründet wurden und damit die ehelichen Lebensverhältnisse geprägt haben[41] (vgl. Rn 4/185). Wichtig ist, daß die Mittel für die Abzahlung der Schulden auch bei Fortsetzung des ehelichen Zusammenlebens ohne Trennung nicht zur Deckung des laufenden Lebensbedarfs zur Verfügung gestanden hätten. Nicht ausschlaggebend ist, ob im Außenverhältnis beide Ehegatten für diese Verbindlichkeiten haften oder nur ein Ehegatte allein, bzw., wer den Gegenstand nach der Trennung erhält.[42] Letzteres ist allein im Rahmen der Hausrats- oder Vermögensauseinandersetzung und des Zugewinns zu klären.

Ehebedingte Schulden sind auch Annuitätszahlungen für ein gemeinsames Eigenheim (s. näher Rn 243 ff.). Primär sind Hausschulden auf den Wohnwert zu verrechnen. Insoweit unterbleibt ein zusätzlicher Abzug vom Einkommen. Hausschulden, die den Wohnwert übersteigen, können im Einzelfall in Höhe des übersteigenden Mehrbetrags vom Einkommen abgezogen werden (vgl. Rn 254 ff.). Soweit Hausschulden mit dem Wohnwert verrechnet werden, dürfen sie nicht zusätzlich als vermögensbildende Aufwendungen berücksichtigt werden.

523 a Soweit eine gemeinsame Schuld bei der Bildung des bereinigten Nettoeinkommens berücksichtigt wird, **entfällt** ein **Gesamtschuldnerausgleich**, weil es sich insoweit um eine anderweitige Regelung nach § 426 I 2 BGB handelt.[43]

524 **Typische ehebedingte Schulden sind:**
– Voreheliche Schulden, die auch während der Ehe weiter abbezahlt werden mußten.
– Bis zur Trennung begründete eheliche Schulden. Dazu gehören Konsumkredite, Überziehungskredite, Annuitätszahlungen für den Erwerb eines Eigenheims.
– Durch eine Umschuldung nach der Trennung verlieren Verbindlichkeiten nicht ihren Charakter als ehebedingte Verbindlichkeiten. Bei einer Kreditausweitung anläßlich der Umschuldung sind Beträge in Höhe der noch nicht getilgten ehebedingten Verbindlichkeiten weiter als ehebedingt zu berücksichtigen, in darüber hinausgehender Höhe nicht.[44]
– Als eheliche Verbindlichkeiten sind ferner anzusehen Kredite, die nach der Trennung zur Deckung von Ausgaben aus der Zeit des Zusammenlebens aufgenommen wurden, z. B. zur Rückzahlung eines Überziehungskredits.

525 **Nicht berücksichtigungsfähig** sind nach Treu und Glauben Verbindlichkeiten, die während der Ehe von einem der Eheleute leichtfertig, für luxuriöse Zwecke oder ohne verständlichen Grund eingegangen sind.[45]

526 Werden ehebedingte Verbindlichkeiten nach der Trennung ohne Not aufrechterhalten, dürfen sie nicht mehr vom Einkommen abgezogen werden. Der BGH hat dies bejaht bezüglich Bereitstellungszinsen für einen während des Zusammenlebens geplanten Hausbau, nachdem dem Bauvorhaben mit dem Auseinanderbrechen der ehelichen Lebensgemeinschaft der Boden entzogen worden war und der Berechtigte zur Mitwirkung an der möglichen Rückgängigmachung des Projekts bereit war.[46]

527 Ehebedingte Verbindlichkeiten sind so lange einkommensmindernd zu berücksichtigen, solange tatsächliche Zahlungen auf sie geleistet werden. **Entfallen die Zahlungen** wegen Kredittilgung, dann **erhöht sich das anrechenbare Einkommen** und damit der

---

[40] BGH, FamRZ 1997, 806 = R 512 b; FamRZ 1989, 159 = R 377 c; FamRZ 1985, 911 = R 268 a
[41] BGH aaO
[42] BGH, FamRZ 1995, 869 = R 494; OLG München, FamRZ 1995, 233
[43] OLG Köln, FamRZ 1994, 961; FamRZ 1995, 1149
[44] BGH, NJW 1998, 2821, 2822 = R 525 b
[45] BGH, FamRZ 1996, 160 = R 496 c; FamRZ 1984, 358, 360 = R 197 b
[46] BGH, FamRZ 1983, 670, 673 = R 149 c

Bedarf in Höhe der bisher geleisteten Zahlungen. Nach Änderung seiner Rechtsprechung gilt dies nach BGH auch, wenn diese Änderung erst nach der Scheidung eintrat[47] (s. auch Rn 4/293 ff und 4/354). Zu berücksichtigen ist bei Konsumkrediten auch eine **vorzeitige Tilgung** aus dem Erlös eines verkauften Schrebergartens oder sonstigen Gegenstandes, der während der Ehe keine wirtschaftlich meßbaren Vorteile brachte. Denn es handelt sich insoweit um keine vom Normalverlauf abweichende Entwicklung, wenn ein Ehegatte aus wirtschaftlich vernünftigen Überlegungen einen Kapitalwert einsetzt, um damit gemeinsame Schulden abzulösen und dadurch die beiderseitigen finanziellen Verhältnisse zu bereinigen.[48]

Soweit ehebedingte Verbindlichkeiten zu berücksichtigen sind, prägen sie die ehelichen Lebensverhältnisse. Das gleiche gilt, wenn sich das vorhandene Einkommen erhöht, weil die Schulden abgezahlt wurden[49] (vgl. auch R 4/293 und 4/351 ff).

Die **Darlegungs- und Beweislast** für berücksichtigungswürdige Schulden des Pflichtigen trägt der Unterhaltsschuldner, da es im Ergebnis um eine Reduzierung seiner Leistungsfähigkeit geht.[50] **528**

b) Nichtprägende Schulden: Keine ehebedingte Verbindlichkeiten sind trennungsbedingte Verbindlichkeiten (s. nachfolgend Rn 532 ff) und sonstige neue Schulden, die erst nach der Trennung von einem Ehegatten begründet wurden. Nach oder ohne Zusammenhang mit der Trennung aufgenommene Schulden haben die ehelichen Lebensverhältnisse nicht geprägt und können folglich nicht bedarfsmindernd abgezogen werden. Ansonsten müßte der Ehepartner über einen reduzierten Bedarf diese Schulden mitbezahlen. Die Unterhaltsleistung umfaßt aber grundsätzlich nicht die Verpflichtung, Schulden des anderen Ehegatten zu tilgen.[51] Ein Sonderfall liegt vor, wenn es um einen teilweise mit Krediten finanzierten neuen und damit nichtprägenden Wohnwert geht. Abzugsfähig sind insoweit die Zinsen, obwohl sie ein Teil der nichtprägenden Schulden sind, nicht dagegen die Tilgung als Vermögensbildung (vgl. eingehend Rn 251, 294). Die Rechtsprechung des BGH zu dieser Frage ist aber zu billigen, da durch die Kreditaufnahme ein einkommensmäßig höherer Gegenwert in Form eines Wohnwertes geschaffen wurde und außerdem bei dieser Sachlage immer eine Vermögensumschichtung zu prüfen ist.[52] **529**

Auch **trennungsbedingte Verbindlichkeiten** haben die ehelichen Lebensverhältnisse nicht geprägt. Sie können daher nur als trennungsbedingter Mehrbedarf bedarfserhöhend bzw. leistungsmindernd angesetzt werden (s. näher Rn 532 ff). Keine ehebedingten Verbindlichkeiten sind ferner die Kosten der normalen Lebensführung, wie z. B. die laufenden Miet- und Mietnebenkosten. Diese sind aus dem eigenen angemessenen Unterhalt zu bezahlen und dürfen nicht durch Vorwegabzug vom Einkommen doppelt berücksichtigt werden.[53]

Abziehbar sind dagegen Kredite, die bis zur Trennung zur Deckung von Ausgaben für den Lebensbedarf aufgenommen worden sind (z. B. die Rückzahlung eines Überziehungskredits, s. oben Rn 524).

c) Schuldenabzug in angemessener Höhe. Soweit Verbindlichkeiten dem Grunde nach als ehebedingte Verbindlichkeiten abgezogen werden können, ist zusätzlich zu prüfen, ob sie dies unter Anlegung eines objektiven Maßstabs auch der Höhe nach sind. Denn entscheidend für die Bedarfsbemessung ist der Lebensstandard, der nach den von dem Einkommen geprägten ehelichen Lebensverhältnissen vom Standpunkt eines vernünftigen Betrachters aus angemessen erscheint. Damit hat, gemessen am verfügbaren Einkommen, sowohl eine zu dürftige Lebensführung als auch ein übermäßiger Aufwand außer Betracht zu bleiben[54] (s. auch Rn 4/202 und 4/210 ff). **530**

---

[47] BGH, FamRZ 1990, 1085, 1087 = R 423 e; FamRZ 1988, 701, 703 = R 362 c
[48] BGH, NJW 1998, 2821, 2822 = R 525 a
[49] BGH, FamRZ 1988, 701, 703 = R 362 c; FamRZ 1982, 678 = R 119 a
[50] BGH, FamRZ 1990, 283, 287 = R 400 e
[51] BGH, FamRZ 1985, 902 = R 264
[52] BGH, FamRZ 1998, 87 = R 516 c
[53] BGH, FamRZ 1984, 358, 360 = R 197 a
[54] BGH, FamRZ 1995, 869 = R 494; FamRZ 1987, 36, 39 = R 310 d; FamRZ 1984, 358, 360 = R 197 c; FamRZ 1987, 838 = R 341

530a Dies gilt auch für die Berücksichtigung von Schulden im Rahmen der Bedarfsbemessung. Wurde z. B. während des Zusammenlebens ein nach objektiven Umständen unvertretbar geringer Teil des Einkommens zur Rückführung von Verbindlichkeiten aufgewendet, ist zu prüfen, wie sich ein vernünftiger Betrachter bei Fortdauer der ehelichen Lebensgemeinschaft verhalten hätte, und es ist dementsprechend auf einen vernünftigen Tilgungsplan abzustellen. Einkommensmindernd sind dann bereits im Rahmen der Bedarfsbemessung Rückzahlungsbeträge in einer Höhe zu berücksichtigen, die im Fall der Fortdauer der ehelichen Gemeinschaft bei verantwortlicher Abwägung der Unterhaltsbelange und der Gesamtgläubigerinteressen für die Schuldentilgung verwendet worden wären[55] (vgl. auch Rn 544 ff).

Mit ähnlichen Erwägungen kann der Schuldenabzug verringert und auf einen längeren Zeitraum verteilt werden, wenn die Eheleute zugunsten einer raschen Schuldentilgung übermäßig dürftig gelebt haben.[56]

531 Verbleibt trotz solcher unter Anlegung eines objektiven Maßstabs gebotener Änderungen ein Mangelfall, kann der auf der Bedarfsstufe zu bemessende volle Unterhalt auf der Leistungsstufe aufgrund einer Billigkeitsabwägung gekürzt werden. Dabei können auch ehebedingte Verbindlichkeiten anders gewichtet werden, d. h. voll, teilweise oder gar nicht berücksichtigt werden (s. nachfolgend Rn 538 ff).

3. Kein Vorabzug trennungsbedingter Verbindlichkeiten vom Einkommen

532 a) **Trennungsbedingter Mehrbedarf.** Trennungsbedingte Schulden sind der Sache nach ein trennungsbedingter Mehrbedarf. Deshalb dürfen sie nur nach den Grundsätzen eines trennungsbedingten Mehrbedarfs beurteilt werden (s. dazu Rn 4/418 ff).

533 Typische trennungsbedingte Verbindlichkeiten sind **Kredite**, die **nach der Trennung** neu aufgenommen werden mußten, um besondere Aufwendungen, die nur infolge der Trennung entstanden sind und bei weiterem Zusammenleben nicht entstanden wären, zu finanzieren. Dazu zählen u. a. **Umzugskosten, Mietvorauszahlungen** für eine neue Wohnung, angemessene Aufwendungen für dringend benötigten **neuen Hausrat, Scheidungskosten** u. ä. Auch die Kosten des **Umgangsrechts** fallen darunter (s. insoweit näher Rn 542). Nicht darunter fallen Kosten für Überziehungskredite, weil ein Ehegatte mit den ihm für den allgemeinen Lebensunterhalt zur Verfügung stehenden Mitteln nicht auskommt.

534 Ein trennungsbedingter Mehrbedarf darf **nicht** in der Weise berücksichtigt werden, daß er von dem die ehelichen Lebensverhältnisse bestimmenden Einkommen **abgezogen** wird.[57] Die Auswirkungen der Trennung und damit auch trennungsbedingter Mehrbedarf dürfen **keinen Einfluß** auf die Einkünfte haben, nach denen der **Bedarf** bemessen wird[58] (s. auch Rn 4/430).

535 Dem **Berechtigten** kann trennungsbedingter Mehrbedarf nur bedarfserhöhend zugesprochen werden, wenn durch nichtprägende Einkünfte oder anerkannte Ausgaben zur Vermögensbildung zusätzliche Mittel vorhanden sind[59] (vgl. eingehend Rn 4/427 ff). Da der Unterhalt nicht dazu dient, Schulden des Berechtigten zu tilgen,[60] können dabei Verbindlichkeiten nur als trennungsbedingter Mehrbedarf angesetzt werden, wenn sie unumgänglich und ohne Kredit nicht zu finanzieren sind.

Der **Verpflichtete** muß seinen trennungsbedingten Mehrbedarf entweder mit nichtprägenden Einkünften oder durch Einschränkung der Vermögensbildung decken. Kann er dies nicht, besteht ein Mangelfall mit der Folge einer Billigkeitskürzung (vgl. insgesamt Rn 4/570, 5/142 ff).

---

[55] BGH, FamRZ 1982, 678 = R 119 a
[56] BGH, FamRZ 1984, 358, 360 = R 197 c
[57] BGH, FamRZ 1990, 499, 503 = R 407 e; NJW-RR 1989, 1154, 1156 = R 392 c; FamRZ 1982, 255, 257 = R 93 c
[58] BGH, FamRZ 1986, 437 = R 288 a
[59] BGH, FamRZ 1995, 343 = R 489 c; FamRZ 1990, 1085, 1087 = R 423 e; FamRZ 1987, 913, 916 = R 339 d; FamRZ 1982, 255, 257 = R 93 c
[60] BGH, FamRZ 1992, 423 = R 442 b; FamRZ 1985, 902 = R 264

13. Abschnitt: Berechnung des bereinigten Nettoeinkommens § 1

b) Prozeßkosten. Prozeßkosten für Scheidungs- und Folgeverfahren dürfen nur als trennungsbedingter Mehrbedarf, entgegen einer weitverbreiteten Ansicht dagegen nicht bedarfsmindernd berücksichtigt werden[61] (s. auch Rn 4/418, 5/118). Im Zweifel sind Prozeßkosten von jeder Partei in der Höhe, in der sie ihr auferlegt werden, selbst zu tragen. Ist eine Partei dazu nicht in der Lage, kann sie Prozeßkostenhilfe in Anspruch nehmen. **536**

Für den **Berechtigten** sind Prozeßkosten kein Teil des Bedarfs, weil der Verpflichtete grundsätzlich keine Schulden des Berechtigten tilgen muß.[62] Im Verfahren wegen Trennungs- und Familienunterhalt besteht zudem nach §§ 1361 IV4, 1360 a IV BGB ein Anspruch auf Prozeßkostenvorschuß (s. näher Rn 6/20 ff). **536 a**

Bei einem Abzug der Prozeßkosten auf seiten des **Verpflichteten** würde der Berechtigte infolge seines dadurch verminderten Unterhaltsanspruchs indirekt die Hälfte der Prozeßkosten des Verpflichteten mitfinanzieren. Außerdem hätte er aus seinem Unterhalt oder Einkommen noch seine eigenen Prozeßkosten zu bezahlen. Eine Abwägung der beiderseitigen Bedürfnisse spricht daher regelmäßig gegen eine Berücksichtigungswürdigkeit. Deshalb ist bei der Geltendmachung von Prozeßkosten (auch bei Kreditfinanzierung) besonders sorgfältig zu prüfen, ob der Verpflichtete selbst Prozeßkostenhilfe in Anspruch nehmen und die Prozeßkosten oder die Prozeßkostenhilferaten aus dem ihm verbleibenden Einkommensteil bestreiten kann.[63] Vor einer indirekten Mitfinanzierung seiner Prozeßkosten durch den Berechtigten ist ihm die Inanspruchnahme von Prozeßkostenhilfe zuzumuten. Die Prozeßkostenhilferaten können im Einzelfall beim Trennungsunterhalt als Schuld die Leistungsfähigkeit mindern, falls keine zusätzlichen Mittel zur Verfügung stehen, um sie daraus zu tilgen.[64] Wer wegen der Höhe seines Einkommens keine Prozeßkostenhilfe erhält, kann im Zweifel seine Prozeßkosten selbst tragen. Nur wenn dies ausnahmsweise aufgrund besonderer Umstände nicht oder nur teilweise möglich wäre, könnte im Rahmen einer Mangelfallkürzung (§ 1581 BGB) nach Billigkeitsgrundsätzen eine anderweitige Berücksichtigung erfolgen. **536 b**

Ähnliches gilt auch für Kosten anderer Prozesse. Wer zu Unrecht Prozeßkosten verursacht hat, hat sie im Zweifel aus seinem Einkommensteil selbst zu tragen. Er darf sie nicht durch den Berechtigten indirekt über einen reduzierten Unterhalt mittragen lassen, vor allem nicht, wenn solche Kosten leichtfertig verursacht wurden. Nur im Mangelfall kann im Rahmen der Billigkeitsabwägung nach § 1581 BGB eine Berücksichtigung erfolgen (vgl. 5/112 ff). **537**

4. Berücksichtigungswürdige Schulden im Rahmen der Leistungsfähigkeit

a) Grundsatz. Auf der **Leistungsstufe** können an sich alle Verbindlichkeiten berücksichtigt werden, d. h. ehebedingte Verbindlichkeiten, trennungsbedingte Verbindlichkeiten sowie sonstige, erst nach Trennung oder Scheidung entstandene neue Verbindlichkeiten (§§ 1581, 1603 I BGB). **538**

Dies gilt selbst dann, wenn das Einkommen des Verpflichteten nur zur Deckung des notwendigen Unterhalts ausreicht. Den Ansprüchen Unterhaltsberechtigter kommt kein allgemeiner Vorrang vor anderen Verpflichtungen des Unterhaltsschuldners zu.[65]

Schulden in diesem Sinn sind nur längerfristig abzuzahlende Verbindlichkeiten, nicht laufende Ausgaben für den normalen Lebensbedarf. **539**

Solche Verbindlichkeiten müssen bereits zur Zahlung fällig sein, und es müssen **tatsächliche Rückzahlungen** geleistet werden. Zumindest muß die Rückzahlungsverpflichtung unmittelbar bevorstehen.

Nicht ausreichend ist eine noch nicht fällige Rückzahlungsverpflichtung aus einem BAföG-Darlehen.[66]

---

[61] OLG München, FamRZ 1994, 898
[62] BGH, FamRZ 1990, 280 = R 401 b; FamRZ 1985, 902 = R 264
[63] BGH, FamRZ 1982, 250, 252 = NJW 1982, 822 = R 98 e
[64] OLG München aaO
[65] BGH, FamRZ 1984, 657 = R 216
[66] BGH, FamRZ 1986, 148

Die Rückzahlungsverpflichtung muß substantiiert vorgetragen und bei Bestreiten nachgewiesen werden. Besonders bei behaupteten Rückzahlungsverpflichtungen aus Verwandtendarlehen ist eine vorsichtige Beurteilung geboten.[67]

540   **b) Berücksichtigungswürdige Schulden.** Zur Eingrenzung des Umfangs der „sonstigen Verbindlichkeiten" ist nach der Rechtsprechung des BGH im Rahmen der Leistungsfähigkeit zu **differenzieren** zwischen **berücksichtigungswürdigen Verbindlichkeiten und anderen Verbindlichkeiten**, obwohl das Gesetz eine solche Differenzierung nicht vorsieht.

541   Ob im **Einzelfall** nach diesen Grundsätzen eine Schuld ganz oder teilweise oder gar nicht zu berücksichtigen ist, kann nur im Rahmen einer tatrichterlichen umfassenden Interessenabwägung aller konkreten Umstände nach billigem Ermessen beurteilt werden.[68]

Es bedarf eines Ausgleichs der Belange von Unterhaltsgläubiger, Unterhaltsschuldner und Drittgläubiger[69] (vgl. insoweit auch Rn 5/112 ff). Die erforderliche Billigkeitsabwägung ist in erster Linie Sache des Tatrichters.[70]

Bedeutsame Umstände im Rahmen einer solchen Abwägung sind insbesondere der Zweck der Verbindlichkeit, der Zeitpunkt und die Art der Entstehung, die Dringlichkeit der beiderseitigen Bedürfnisse, die Kenntnis des Verpflichteten von Grund und Höhe der Unterhaltsschuld, seine Möglichkeiten, die Leistungsfähigkeit in zumutbarer Weise ganz oder teilweise wiederherzustellen, und gegebenenfalls auch schutzwürdige Belange des Drittgläubigers sowie Erschwernisse für die Rückführung einer Verbindlichkeit.[71]

542   Schulden für **Konsumkredite**, die aus der Zeit der gemeinsamen Lebensführung stammen (**ehebedingte Schulden**), sind grundsätzlich zu berücksichtigen. Der unterhaltsberechtigte Ehegatte soll durch die Trennung nicht schlechter-, aber auch nicht bessergestellt werden, als er bei Fortbestand der ehelichen Gemeinsamkeit stehen würde. Er hätte dann ebenfalls die Folgen der Schulden mittragen müssen.[72] Als prägend wirken sie bereits bedarfsmindernd (vgl. Rn 522 ff).

Abzugsfähig sind ferner **nichtprägende** (trennungsbedingte oder neue) Verbindlichkeiten, soweit die Kreditaufnahme **notwendig und unausweichlich** war,[73] z. B. für einen beruflich benötigten Pkw. Dafür muß der Verpflichtete im Streitfall den vollen Beweis bringen.[74]

Die **Kenntnis einer Unterhaltsverpflichtung** verwehrt es dem Pflichtigen ansonsten, sich auf eine infolge von Schulden eingetretene Verminderung seiner Leistungsfähigkeit zu berufen.

Nicht berücksichtigungswürdig sind regelmäßig ab Rechtshängigkeit des Scheidungsverfahrens Verbindlichkeiten, die der **einseitigen Vermögensbildung** zu Lasten des Berechtigten dienen,[75] z. B. für ein Eigenheim. Dies gilt bei einem eheprägenden Wohnwert für die Tilgung, bei einem nichtprägenden Wohnwert ebenfalls für die Tilgung (s. näher Rn 249, 251).

Die Kosten des **Umgangsrechts** sind nicht zu berücksichtigen, da es sich um Ausgaben handelt, die im eigenen und im Interesse des Kindes grundsätzlich selbst aufzubringen sind, wobei zur Entlastung dieser Kosten der hälftige Anteil des Kindergeldes dient[76] (s. eingehend Rn 2/168 ff). Soweit im Einzelfall aus Billigkeitsgründen eine andere Beurteilung angebracht ist, handelt es sich um trennungsbedingten Mehrbedarf. Nicht berücksichtigungsfähig sind im Regelfall auch Verbindlichkeiten für **Verfahrenskosten** (s. näher Rn 536 b).

---

[67] BGH aaO
[68] BGH, FamRZ 1984, 358 = R 197 a; FamRZ 1984, 657 = R 216
[69] BGH, FamRZ 1986, 254, 256 = R 281
[70] BGH, FamRZ 1986, 254, 256 = R 281
[71] BGH, FamRZ 1996, 160, 161 = R 496 c; FamRZ 1990, 283, 287 = R 400 e; FamRZ 1986, 254, 256 = R 281; FamRZ 1984, 358 = R 197 a; FamRZ 1984, 657 = R 216
[72] BGH, FamRZ 1982, 23, 24
[73] BGH, FamRZ 1998, 1501, 1503 = R 521 c
[74] BGH, FamRZ 1998, 1501, 1503 = R 521 c; FamRZ 1990, 283, 287 = R 400 e
[75] BGH, NJW-RR 1995, 129 = R 482A; FamRZ 1987, 36 = R 310 d; FamRZ 1984, 358 = R 197 a
[76] BGH, FamRZ 1995, 215 = R 483

13. Abschnitt: Berechnung des bereinigten Nettoeinkommens § 1

Da jede Rechtsposition unter dem Vorbehalt von Treu und Glauben steht, kann sich der Verpflichtete nicht auf Verbindlichkeiten berufen, die er leichtfertig, für luxuriöse Zwecke oder ohne verständigen Grund eingegangen ist.[77]

Schulden des Pflichtigen, die nicht bereits bei der Bedarfsermittlung, sondern erst bei **543** der Leistungsfähigkeit abzugsfähig sind, führen aber nur zur Leistungsunfähigkeit und damit zum Mangelfall, wenn keine zusätzlichen Mittel aus nichtprägenden Einkünften oder aus Vermögensbildung vorhanden sind, mit denen die Verbindlichkeiten bezahlt werden können[78] (s. näher Rn 4/570). Denn der Pflichtige muß bei der Leistungsfähigkeit sämtliche Mittel einsetzen, um sich leistungsfähig zu erhalten.

5. Schuldentilgung bei Überschuldung im Rahmen eines vernünftigen Tilgungsplanes

Bei einer Überschuldung des Verpflichteten hat eine Tilgung berücksichtigungswürdi- **544** ger Schulden im Rahmen eines **vernünftigen Tilgungsplanes** zu erfolgen.[79] Bei **ehebedingten Schulden** ist danach zu fragen, wie sich der Verpflichtete ohne die Trennung vernünftigerweise verhalten hätte. Im Rahmen eines vernünftigen Tilgungsplanes sind Beiträge in einer Höhe zu berücksichtigen, wie sie im Fall der Fortdauer der ehelichen Lebensgemeinschaft bei verantwortlicher Abwägung der Unterhaltsbelange und der Fremdgläubigerinteressen für die Schuldentilgung verwendet worden wären. Ihre Höhe ist anhand des verfügbaren oder erzielbaren Einkommens zu schätzen.[80]

Ergibt sich bei einer **Überschuldung**, daß während des Zusammenlebens ein nach ob- **545** jektiven Maßstäben unvertretbar geringer Teil des Einkommens zur Rückführung der Verbindlichkeiten aufgewendet worden ist, kann der Verpflichtete bei der Beurteilung seiner Leistungsfähigkeit für die Zukunft nicht daran festgehalten werden, wenn er nunmehr zur Zahlung angemessener Tilgungsraten im Rahmen eines vernünftigen Tilgungsplans entschlossen ist. Dies ist vor allem dann wichtig, wenn die dem Verpflichteten verbleibenden Beträge nicht ausreichen, um die laufenden Zinsen abzudecken, und damit nicht gegen ein weiteres Anwachsen der Schulden angegangen wird.[81]

Kam es **mit Einverständnis des Berechtigten** oder sogar in dessen Interesse zu einer **546** **Verschuldung** und gelingt es dem Verpflichteten trotz zumutbarer Bemühungen nicht, die getroffenen Dispositionen rückgängig zu machen und seine Leistungsfähigkeit wiederherzustellen, muß sich der Berechtigte mit einer den notwendigen Unterhalt unterschreitenden Alimentierung zufriedengeben und sich fehlende Mittel unter äußerster Anspannung seiner Kräfte durch einen über das im allgemeinen Gebotenen hinausgehenden Einsatz selbst verschaffen. Dies gilt jedenfalls dann, wenn der Verpflichtete nicht einmal zur Begleichung der laufenden Zinsen in der Lage ist und Unterhaltsleistungen daher nur auf Kosten einer weiteren Erhöhung der Schulden möglich wären. Dies kann eine derartige Beeinträchtigung des wirtschaftlichen Fortkommens des Verpflichteten zur Folge haben, daß die Grenze des Zumutbaren überschritten wird.[82]

Beruht die Überschuldung auf einseitig oder gar leichtfertig begründeten **nichtprä- 547 genden** Verbindlichkeiten des Verpflichteten, ist es diesem im Rahmen der Billigkeitsabwägung zuzumuten, die Hauptlast solcher Verbindlichkeiten selbst zu tragen. Dies kann dadurch geschehen, daß diese Schulden nur in eingeschränktem Maß als berücksichtigungswürdig beurteilt werden.

Bei einer Überschuldung muß sich der Verpflichtete bei seinen Gläubigern um **günsti- 548 gere Zahlungsbedingungen** bemühen. Er muß dazu im einzelnen konkret darlegen und nachweisen, was er in dieser Hinsicht unternommen hat. Unterläßt er solche zumutbaren Bemühungen, kann tatrichterlich eine zumutbare Anpassung der Zins- und Tilgungslei-

---

[77] BGH, FamRZ 1984, 358 = R 197 a; FamRZ 1982, 157 = R 88 a; FamRZ 1982, 898 = R 107 a
[78] OLG München, FamRZ 1994, 898
[79] BGH, FamRZ 1982, 23; FamRZ 1982, 250, 252 = R 98 e
[80] BGH, FamRZ 1982, 23
[81] BGH, FamRZ 1982, 678 = R 119 a, b
[82] BGH, FamRZ 1984, 657 = R 216

stungen vorgenommen werden.[83] In der Praxis wird eine sinnvolle Umschuldung oder ein Zahlungsaufschub angesichts der sehr beengten wirtschaftlichen Verhältnisse und der entgegenstehenden Gläubigerinteressen oft schwer zu realisieren sein. Bei solchen erfolglosen Bemühungen kann es im Einzelfall zumutbar sein, es auf eine Vollstreckung durch die Gläubiger ankommen zu lassen.

6. Berücksichtigung von Schulden beim Verwandtenunterhalt

549 Die bisher erörterten Grundsätze (1 mit 5) gelten im wesentlichen auch beim Verwandtenunterhalt. Auch bei diesem sind nach § 1603 I BGB grundsätzlich Schulden des Verpflichteten zu berücksichtigen. Selbst die Ansprüche minderjähriger Kinder haben **keinen allgemeinen Vorrang** vor den sonstigen Verpflichtungen des Unterhaltsschuldners.[84]

550 a) **Kindesunterhalt.** Schulden sind auch beim Kindesunterhalt bereits bei der **Bedarfsermittlung** und nicht erst bei der Prüfung der Leistungsfähigkeit berücksichtigungsfähig.[85] Denn der für die Unterhaltsbemessung maßgebliche Lebensstandard wird durch die tatsächlich verfügbaren Mittel der Eltern geprägt mit der Folge, daß sich auch die abgeleitete Stellung des Kindes nach diesen Verhältnissen richtet.

551 Bei der Prüfung, ob es sich um eine berücksichtigungsfähige Verbindlichkeit handelt, ist der Zweck der eingegangenen Verpflichtung, der Zeitpunkt und die Art ihrer Entstehung, die Dringlichkeit der beiderseitigen Bedürfnisse, die Kenntnis des Unterhaltsschuldners von Grund und Höhe der Unterhaltsschuld und seine Möglichkeit, die Leistungsfähigkeit in zumutbarer Weise ganz oder teilweise wiederherzustellen, sowie gegebenenfalls schutzwürdige Belange des Drittgläubigers zu prüfen.[86]

Die **Darlegungs- und Beweislast** für eine Berücksichtigungsfähigkeit trägt der Schuldner, da es im Ergebnis um eine Herabsetzung seiner Leistungsfähigkeit geht.[87]

552 Handelt es sich um Schulden, die bereits die ehelichen Lebensverhältnisse der Eltern geprägt haben, ist die Schuld in der Regel berücksichtigungswürdig, da die Kinder wirtschaftlich unselbständig und von den Einkommensverhältnissen der Eltern und deren Konsumverhalten abhängig sind.[88] Im Ergebnis gilt dies nicht nur für Konsumkredite, sondern auch für vermögensbildende Schulden, z. B. zum Bau eines Familienheimes (s. näher Rn 302). Soweit sich die Abzahlung im angemessenen Rahmen hält, spricht dies für eine Anerkennung der auf dem Haus liegenden Schuld, selbst wenn das Haus nach der Trennung vorübergehend vermietet wurde.[89] Das gleiche gilt beim Unterhalt von Kindern nichtverheirateter Eltern, soweit die Schuld vor Kenntnis der Barunterhaltspflicht aufgenommen wurde.

Kredite, die allein zur Befriedigung rein persönlicher Bedürfnisse aufgenommen wurden, sind hingegen, auch wenn sie eheprägend waren, beim Kindesunterhalt nicht berücksichtigungsfähig.[90]

552a Zu beachten ist, daß minderjährige Kinder bei Vorhandensein einer erheblichen Verschuldung auf jeden Fall den **Regelbetrag** nach der Regelbetrag-Verordnung erhalten (vgl. auch Rn 2/158), was einem Unterhalt nach der ersten Gruppe der DT entspricht. Insoweit fällt entscheidend ins Gewicht, daß bei minderjährigen Kindern zumindest bis zum Ende der Schulpflicht von vornherein jede Möglichkeit ausscheidet, durch eigene Anstrengungen zur Deckung des notwendigen Unterhaltsbedarfs beizutragen, so daß sie besonders schutzwürdig sind.[91] Außerdem haben Kinder im Gegensatz zu Ehegatten auf

---

[83] BGH, FamRZ 1982, 23
[84] BGH, FamRZ 1986, 254, 256 = R 281
[85] BGH, FamRZ 1996, 160 = R 496 b
[86] BGH, FamRZ 1996, 160 = R 496 c; FamRZ 1992, 797 = R 447a; FamRZ 1986, 254, 256 = R 281
[87] BGH, FamRZ 1990, 283, 287 = R 400 e
[88] BGH, FamRZ 1996, 160, 161 = R 496 b
[89] BGH, NJW-RR 1995, 129 = R 482A
[90] BGH, FamRZ 1992, 797 = R 447 a
[91] BGH, FamRZ 1997, 806 = R 512 d

13. Abschnitt: Berechnung des bereinigten Nettoeinkommens §1

die Entstehung von Schulden selbst keinen Einfluß.[92] Die nach Billigkeitsgrundsätzen vorzunehmende Abwägung der berechtigten Interessen des Verpflichteten und der minderjährigen Kinder wird daher regelmäßig zu keiner Berücksichtigung von Schulden führen, durch die der Regelbetrag nicht mehr erreicht wird.[93] Denn sowohl für die Abwägung im Rahmen der Bedarfsbemessung als auch für die Mangelfallkürzung auf der Leistungsstufe ist bei minderjährigen Kindern zusätzlich zu ihrem Schutz zu berücksichtigen, daß ihnen gegenüber eine gesteigerte Unterhaltsverpflichtung besteht (§ 1603 II BGB).[94] Kann der Verpflichtete den Kindesunterhalt nach Gruppe 1 der DT nur auf Kosten einer durch Zinsen ständig weiterwachsenden Verschuldung leisten, ist allerdings zu prüfen, ob dem Elternteil, der den Betreuungsunterhalt leistet, in Abweichung von der Regel des § 1606 III 2 BGB nicht ein Teil der Barunterhaltsverpflichtung für das minderjährige Kind auferlegt werden kann. Dies ist insbesondere dann angebracht, wenn dieser während bestehender Ehe der Kreditaufnahme zugestimmt und an ihr wirtschaftlich teilgenommen hat. (Vgl auch § 1603 II 3 BGB, näher Rn 2/274).[95]

In der Regel dürfen sich Eltern ferner auf Kreditverbindlichkeiten nicht berufen, die sie **in Kenntnis ihrer Barunterhaltsverpflichtung** gegenüber einem Kind eingegangen sind. Anders ist die Sachlage bei neuen Verbindlichkeiten, die als unumgänglich anzusehen sind. Handelt es sich um vermögensbildende Schulden für ein Eigenheim und kommt keine Vermögensumschichtung in Betracht, kann es aber geboten sein, die Tilgungsrate für den Hauskredit als Vermögensbildung nicht zu berücksichtigen.[96] 553

Auch vom Vater eines studierenden volljährigen Kindes kann im allgemeinen verlangt werden, daß er auf dessen Unterhaltsbedürftigkeit bis zum Abschluß der Ausbildung Rücksicht nimmt, bevor er mit dem Bau eines Eigenheimes beginnt und dadurch seine Leistungsfähigkeit erschöpfende Verbindlichkeiten eingeht.[97] 553a

Bei Vorliegen besonderer Umstände kann in einem verschärften **Mangelfall** aufgrund einer weiteren Billigkeitsabwägung auf der Leistungsstufe (§§ 1603 I, 1581 BGB) der ehebedingte Kredit in angemessenen Raten einkommensmindernd abgezogen werden und der Bedarf des Kindes nach der DT als Einsatzbetrag bei der verschärften Mangelfallrechnung weiter gekürzt werden (Genaueres dazu Rn 5/224 ff).[98] 553b

b) **Sonstiger Verwandtenunterhalt.** Auch beim sonstigen Verwandtenunterhalt ist die Berücksichtigungswürdigkeit von Schulden nach einer umfassenden Abwägung des Einzelfalls zu prüfen. Es gelten insoweit die beim Kindesunterhalt bereits dargestellten Grundsätze (vgl. Rn 551). Das Problem stellt sich regelmäßig erst bei der Prüfung der Leistungsfähigkeit. Zu den näheren Einzelheiten vgl. Rn 2/621. 554

Bei **Ansprüchen nach § 1615 l I, II BGB** gelten die gleichen Grundsätze.

VII. Nur beim Ehegattenunterhalt und sonstigem Verwandtenunterhalt zu berücksichtigende Abzüge

1. Kindesunterhalt und sonstige vorrangige Unterhaltslasten

a) **Ehegattenunterhalt.** Ehebedingte Verbindlichkeiten sind auch Unterhaltszahlungen für eheliche Kinder und für sonstige Unterhaltsberechtigte, für die bereits **während bestehender Ehe** Unterhalt geleistet werden mußte. Auch solche Unterhaltsverpflichtungen werden beim Ehegattenunterhalt vom Einkommen abgezogen, ehe der **Bedarf** nach der Ehegattenquote bemessen wird (s. näher Rn 4/188 ff). Abzuziehen ist bei Minderjährigen jeweils der **Tabellenbetrag** des Kindesunterhalts (vgl. Rn 4/192). 555

---

[92] BGH, FamRZ 1984, 657, 659
[93] BGH, FamRZ 1984, 657, 659
[94] BGH, FamRZ 1986, 254, 256 = R 281
[95] BGH, FamRZ 1986, 254, 256 = R 281
[96] BGH, NJW-RR 1995, 129 = R 482A
[97] BGH, FamRZ 1982, 157 = R 88 b
[98] BGH aaO; FamRZ 1990, 266 = R 389 b

Kein Vorabzug von Unterhaltsleistungen erfolgt dagegen beim Kindesunterhalt, weil die Bedarfsberechnung nach der DT davon ausgeht, daß für weitere Unterhaltsberechtigte Unterhalt geschuldet wird (s. Rn 2/231 ff).

556 Der Vorabzug beim Ehegattenunterhalt gilt für gemeinschaftliche **minderjährige** und **volljährige** Kinder, ferner für **voreheliche** und für **bis zur Rechtskraft der Scheidung** geborene **nichteheliche** Kinder (s. näher mit Rechtsprechungshinweisen Rn 4/189 ff). Nur im Mangelfall müssen die nachrangigen Volljährigen zurücktreten und werden dann nicht berücksichtigt (vgl. Rn 4/190).

557 Kinder aus einer **neuen Ehe** werden dagegen bei der Bildung des bereinigten Nettoeinkommens für die **Bedarfsermittlung** nicht abgezogen, weil sie die ehelichen Lebensverhältnisse nicht geprägt haben (vgl. Rn 4/191). Ihr Unterhalt ist aber bei der **Leistungsfähigkeit** zu berücksichtigen (vgl. näher Rn 4/571; 5/18) und führt, falls keine zusätzlichen Mittel vorhanden sind, zum Mangelfall.

Nicht abziehbar sind Unterhaltsleistungen, für die keine gesetzliche Verpflichtung besteht oder die über den Rahmen des gesetzlichen Unterhalts hinausgehen.

558 **b) Sonstiger Verwandtenunterhalt und Ansprüche nach § 1615 l I, II BGB.** Bei der Bildung des bereinigten Nettoeinkommens sind alle vorrangigen Unterhaltslasten abzugsfähig, z. B. bei Ansprüchen der Eltern gegen ihre Kinder noch bestehende Unterhaltsansprüche der Kindeskinder (Enkel) und des Ehegatten (§ 1609 BGB), bei Ansprüchen nach § 1615 l I, II BGB aller minderjährigen Kinder und des Ehegatten des Erzeugers (§ 1615 l III 3 BGB). Geht es dabei um den Familienunterhalt des Ehegatten, empfiehlt es sich, Festbeträge anzusetzen (vgl. näher Rn 3/64 ff), nachdem im Verwandtenunterhalt generell mit pauschalen Bedarfssätzen gearbeitet wird. So hat die DT bei Ansprüchen Eltern gegen Kind den Bedarf des Ehegatten des Kindes mit 1750 DM angesetzt[99] (= ca. 75 % des Selbstbehalts von 2250 DM). Bei Ansprüchen nach § 1615 l BGB können entsprechend 1400 DM angesetzt werden (= ca. 75 % des Selbstbehalts von 1800 DM).

2. Vermögenswirksame Leistungen des Pflichtigen

559 **a) Ehegattenunterhalt.** Bei einseitig vermögensbildenden Ausgaben ist zu beachten, daß die Vermögensbildung des Pflichtigen nicht zu Lasten des Unterhaltsbedürftigen erfolgen darf, bzw. der Berechtigte den Unterhalt nicht zur Vermögensbildung erhält (vgl. Rn 4/200). Soweit bereits in der Ehe vermögensbildende Aufwendungen getätigt wurden, ist aber zu berücksichtigen, daß dieser Teil des Einkommens für die Lebensführung nicht zur Verfügung stand. Ob diese Ausgaben nach der Trennung weiterhin bedarfsmindernd abgezogen werden dürfen, richtet sich nach ständiger Rechtsprechung des BGH **nach einem objektiven Maßstab** eines vernünftigen Betrachters.[100] Eine aus dieser Sicht zu dürftige Lebensführung bleibt ebenso außer Betracht wie ein übertriebener Aufwand (s. näher Rn 201 ff). Abzustellen ist insoweit immer auf den konkreten Einzelfall, ein genereller Abzug eines prozentual bemessenen Anteils des Einkommens kommt nicht in Betracht.[101]

559a Sind Ausgaben als Vorsorgeaufwendungen anzuerkennen, z. B. Lebensversicherungen, handelt es sich um kein Problem der Vermögensbildung, sondern der Altersvorsorge (vgl. insoweit Rn 496 ff.). Besteht die Vermögensbildung in der Tilgung eines Kredits für ein Eigenheim, handelt es sich in erster Linie um ein Problem, ob die Schuld als Abzugsposten für die Ermittlung des Wohnwertes berücksichtigungsfähig ist (vgl. insoweit Rn 253, 519, 523, 542).

560 • **Bedarfsermittlung:** Nach einem **objektiven Maßstab** sind vermögensbildende Ausgaben, die bereits während des Zusammenlebens anfielen, als Abzugsposten zu berücksichtigen, soweit es sich um einen im Verhältnis zum Einkommen angemessenen Betrag

---

[99] DT D 1; ebenso BayL 20 d
[100] BGH, FamRZ 1995, 869 = R 494; FamRZ 1989, 1160 = R 395c; FamRZ 1987, 36, 39 = R 310d; FamRZ 1984, 358 = R 197c; FamRZ 1982, 151 = R 92 b
[101] BGH, FamRZ 1983, 678 = R 168 a

13. Abschnitt: Berechnung des bereinigten Nettoeinkommens § 1

handelt (s. näher Rn 4/200 ff).[102] So werden Aufwendungen im Zusammenhang mit vermögenswirksamen Leistungen, die mit der Zahlung einer **Sparzulage** durch den Arbeitgeber verbunden sind, vielfach zu berücksichtigen sein, nachdem es sich insoweit um geringfügige Beträge handelt und die Arbeitgebersparzulage selbst nicht als unterhaltsrechtliches Einkommen anzusetzen ist;[103] Voraussetzung ist jedoch, daß noch ausreichende Mittel für die Bedarfsermittlung verbleiben. Bei **guten Einkommensverhältnissen** wird man generell davon ausgehen können, daß das Einkommen während des Zusammenlebens der Eheleute nicht vollständig für den allgemeinen Lebensbedarf verbraucht, sondern teilweise der Vermögensbildung zugeführt wurde. Vermögensbildende Ausgaben sind dann auch in höherem Umfang berücksichtigungswürdig, soweit ein den guten Einkommensverhältnissen entsprechend hoher Bedarf nach den ehelichen Lebensverhältnissen verbleibt. Dies führt regelmäßig zu einer sog. konkreten Bedarfsermittlung (vgl. insoweit eingehend mit Rechtsprechungshinweisen Rn 4/366 ff.). Handelt es sich bei den vermögensbildenden Ausgaben um die **Abzahlung von Krediten** für einen unterhaltsrechtlich relevanten Gegenwert, z. B. einen Wohnwert, sind die Aufwendungen als Abzugsposten beim Wohnwert zu berücksichtigen, wenn sie sich in einem wirtschaftlich vertretbaren Rahmen halten[104] (s. näher Rn 246).

- **Bedürftigkeit:** Der Bedürftige kann bei der Anrechnung seines Eigeneinkommens auf den Bedarf generell keine vermögensbildenden Aufwendungen abziehen, weil der Pflichtige ansonsten über einen höheren Unterhalt die Vermögensbildung mitfinanzieren müßte. Der Unterhalt dient aber nur zur Finanzierung der Lebenshaltungskosten, nicht einer Vermögensbildung.[105] Zur Berücksichtigung von Abzahlungen beim Wohnwert vgl. Rn 253. **560a**

- **Leistungsfähigkeit:** Bei der Leistungsfähigkeit ist zu berücksichtigen, daß die Vermögensbildung dem Unterhalt nicht vorgeht. Ein Abzug von vermögensbildenden Aufwendungen kommt damit nicht in Betracht, wenn der Pflichtige dadurch nicht mehr leistungsfähig wäre.[106] Soweit ein trennungsbedingter Mehrbedarf besteht, sind vermögensbildende Aufwendungen zu dessen Deckung heranzuziehen[107] (s. näher Rn 4/207). Wurden eheprägende vermögensbildende Ausgaben nach einem objektiven Maßstab bei der Ermittlung des Bedarfs nach den ehelichen Lebensverhältnissen berücksichtigt (s. oben), wirkt sich dies allerdings im Ergebnis bei der Leistungsfähigkeit nur aus, soweit ein trennungsbedingter Mehrbedarf oder neue Verbindlichkeiten, z. B. Unterhalt für Kinder aus einer neuen Ehe, bestehen und keine zusätzlichen Mittel des Pflichtigen zur Deckung vorhanden sind. **560b**

b) **Verwandtenunterhalt.** Berücksichtigungsfähig können nur vermögensbildende Aufwendungen des Pflichtigen sein, nie des Bedürftigen. Maßgebend ist insoweit immer eine Einzelfallbetrachtung, wobei es auch hier gerechtfertigt ist, einen objektiven Maßstab anzusetzen. Bei Ansprüchen minderjähriger Kinder wird man generell keine vermögensbildenden Ausgaben anerkennen können, es sei denn, es wird damit ein unterhaltsrechtlich relevanter Gegenwert, z. B. ein Wohnwert, geschaffen (vgl. Rn 302). Beim sonstigen Verwandtenunterhalt wird man zu berücksichtigen haben, ob die Vermögensbildung der eigenen Lebensführung dient, z. B. beim Kauf eines Eigenheims, oder zur Alterssicherung gedacht ist. Ein wesentliches Prüfungskriterium ist auch, ob die vermögensbildende Aufwendung bereits vor Kenntnis der Barunterhaltspflicht getätigt wurde und ob sie ohne größere Verluste rückgängig gemacht werden kann (vgl. auch Rn 2/619).

---

[102] BGH, FamRZ 1984, 149 = R 187 f
[103] BGH, FamRZ 1980, 984 = R 42 b
[104] BGH, FamRZ 1995, 869 = R 494
[105] BGH, FamRZ 1992, 423 = R 442 c
[106] BGH, FamRZ 1987, 36 = R 310 a; FamRZ 1984, 353, 360 = R 197 a
[107] BGH, FamRZ 1987, 36 = R 339 d

14. Abschnitt: Der Anspruch auf Auskunft und Vorlage von Belegen

I. Der Auskunftsanspruch

1. Allgemeiner Überblick

561 Zweck der Auskunft ist es, einer Beweisnot abzuhelfen. Sie soll die Parteien in die Lage versetzen, ihren Anspruch richtig zu bemessen und einen Rechtsstreit durch Abschluß einer gütlichen Unterhaltsvereinbarung zu vermeiden. Neben den im vorliegenden Abschnitt behandelten materiellrechtlichen Verpflichtungen zur Auskunft nach §§ 1361 IV, 1580, 1605 BGB wurde durch das Gesetz zur Vereinheitlichung des Unterhalts minderjähriger Kinder noch eine prozessuale Auskunftspflicht der Parteien und Dritter in § 643 ZPO geschaffen. Diese gilt für alle in § 621 I Nr. 4, 5 und 11 ZPO genannten Unterhaltsverfahren, also für alle auf Verwandtschaft, Ehe und § 1615 l BGB gestützte Unterhaltsklagen. Damit wurde nicht das Amtsermittlungsprinzip für diese Verfahren eingeführt. Es blieb auch insoweit bei der Parteiherrschaft. Mit der neuen Regelung sollen lediglich die bereits nach §§ 139, 142 f, 273, 358 a, 377 III ZPO bestehenden Möglichkeiten zur Prozeßförderung durch das Gericht sachgerecht erweitert werden. Da die materiellrechtlichen Verpflichtungen zur Auskunft vor allem im vorprozessualen Raum zum Tragen kommen, haben sie durch die Einführung der zusätzlichen prozessualen Auskunftspflicht nicht an Bedeutung verloren. Eine vorprozessuale Verpflichtung zur Auskunft besteht auch nach § 6 UnterhaltVG und § 116 BSHG.

561a Der Sache nach wirkt die Auskunft wie eine **Selbstanzeige**. Eine Auskunftspflicht besteht, wenn und soweit die Auskunft für die Unterhaltsbemessung von Bedeutung ist. Es müssen diejenigen materiellen Voraussetzungen eines Unterhaltsanspruchs vorliegen, die von den wirtschaftlichen Verhältnissen der Parteien unabhängig sind. Die Auskunft muß sich auf den jeweils maßgeblichen Prüfungszeitraum (Rn 50 f, 115 f) beziehen. Sie betrifft dem Wortlaut nach zwar nur das Einkommen und Vermögen, gilt aber darüber hinaus sinngemäß als Ausfluß von § 242 BGB[1] für alle Umstände, deren Kenntnis zur Bemessung des Unterhaltsanspruchs notwendig ist, z. B. auch für eine Fortdauer der die Arbeitsunfähigkeit begründenden Beschwerden[2] oder über Steuererstattungen.[3]

562 Die Auskunftspflicht besteht nicht, wenn sie den Unterhaltsanspruch **unter keinem Gesichtspunkt** beeinflussen kann.[4] Dies trifft vor allem dann zu, wenn die Leistungsfähigkeit des Verpflichteten außer Streit steht und ein Quotenunterhalt nicht geschuldet wird, weil der Unterhalt ausnahmsweise konkret zu bestimmen ist.[5] Es besteht auch dann keine Auskunftspflicht, wenn die Leistungsfähigkeit eines Chefarztes für den geltend gemachten Kindesunterhalt außer Frage steht oder wenn auch bei höherem Einkommen kein höherer Unterhalt verlangt werden könnte.[6] Das gleiche gilt, wenn ein Unterhalt infolge der Härteklausel des § 1579 BGB sicher entfällt,[7] oder bezüglich eines Arbeitsentgeltes, das die ehelichen Lebensverhältnisse nicht geprägt hat.[8] Ein nachrangig Unter-

---

[1] BGH, FamRZ 1983, 473 = R 160 a; FamRZ 1982, 680 = R 118 a
[2] OLG Schleswig, FamRZ 1982, 1018
[3] OLG Düsseldorf, FamRZ 1991, 1315
[4] BGH, FamRZ 1985, 791 = R 257 b; FamRZ 1983, 674 = R 166 b; FamRZ 1983, 996, 998 = R 118 a; OLG Düsseldorf, FamRZ 1998, 1191
[5] BGH, FamRZ 1994, 1169 = R 481; OLG Hamm, FamRZ 1996, 736
[6] BGH, FamRZ 1983, 473 = R 160 a
[7] BGH, FamRZ 1983, 996 = NJW 1983, 2243; s. auch OLG Bamberg, FamRZ 1998, 741: „wenn auszuschließen ist, daß ein Unterhaltsanspruch dem Grunde nach überhaupt in Betracht kommt". Weitergehend OLG München, FamRZ 1998, 741: Einwendungen von Härtegründen nach § 1579 BGB können generell nicht zum Verlust des Anspruchs auf Auskunft führen und sind daher im Auskunftsverfahren auch nicht zu prüfen.
[8] BGH, FamRZ 1985, 791 = R 257 b

14. Abschnitt: Der Anspruch auf Auskunft und Vorlage § 1

haltsverpflichteter muß eine Auskunft erst erteilen, wenn feststeht, daß die vorrangig haftenden Kindeseltern ganz oder teilweise leistungsunfähig sind.[9] Der unterhaltsrechtliche Auskunftsanspruch ist kein unselbständiges Nebenrecht, das dem Leistungsanspruch gemäß §§ 412, 401 BGB folgt. Der Sozialhilfeträger konnte daher nach dem früheren Recht mit dem übergegangenen Unterhaltsanspruch nicht auch den Anspruch auf Auskunft erwerben.[10] Seit der ab 1. 8. 96 wirksamen Neufassung von § 91 I BSHG geht kraft Gesetzes bei Sozialhilfegewährung zusammen mit dem Unterhaltsanspruch auch der Anspruch auf Auskunft auf den Träger der Sozialhilfe über.[11]

Die Auskunftsverpflichtung bezieht sich auch auf das **Vermögen**. Diese weitgehende 563 Verpflichtung wird in der Praxis meist nicht genügend beachtet. Wegen der laufenden Veränderungen des Vermögens muß allerdings ein Stichtag festgelegt werden. Ist dies im Urteil übersehen worden, liegt keine vollstreckbare Verpflichtung vor.[12] Über den Verbleib von früheren Vermögensgegenständen braucht keine Auskunft erteilt zu werden.[13] Über den Auskunftsanspruch kann daher auch keine Abrechnung über die während der Ehe erfolgten Geldzuflüsse verlangt werden.[14] Als Stichtag für die Vermögensbewertung sollte regelmäßig der 31. Dezember des Vorjahres herangezogen werden, weil sich auf diesen Tag regelmäßig auch die Bankabrechnungen hinsichtlich der Schulden, Geschäftskonten, Wertpapiere usw. beziehen. Zum Vermögen ist wie beim Zugewinn (§ 1379 BGB) ein Verzeichnis über den Vermögensbestand gemäß § 260 I BGB mit Wertangaben zu fertigen. Die Passiva sind ebenfalls anzugeben, weil sich der Berechtigte sonst kein zutreffendes Bild zur Höhe seines Anspruchs machen kann. Diese Angaben sind gegebenenfalls **eidesstattlich zu versichern** (Rn 592 f). Auskunft muß auch darüber erteilt werden, wie das bei der Vermögensauseinandersetzung erhaltene Kapital angelegt wurde.[15] Zum Klageverfahren s. Rn 8/203 f, zur Stufenklage Rn 8/213, zur Vollstreckung Rn 586 f. Zu den allgemeinen Einschränkungen s. Rn 562.

2. Auskunft beim Ehegattenunterhalt

Ein Auskunftsanspruch über Einkünfte und Vermögen besteht beim **Trennungsunter-** 564 **halt** und beim **nachehelichen Ehegattenunterhalt** gegenseitig für beide Ehegatten (§§ 1580, 1361, 1605 BGB). Sinngemäß gelten diese Bestimmungen auch für Altehen, weil der Auskunftsanspruch eine Ausprägung des durch Treu und Glauben (§ 242 BGB) gebotenen Grundsatzes ist, nachdem innerhalb eines bestehenden Schuldverhältnisses (hier gesetzliches Unterhaltsrechtsverhältnis) derjenige, der entschuldbar über das Bestehen und den Umfang seiner Ansprüche in Unkenntnis ist, von dem Verpflichteten eine entsprechende Auskunft verlangen kann, wenn dieser zur Erteilung unschwer in der Lage ist.[16] Auskunft für den nachehelichen Unterhalt nach § 1580 BGB wird ab **Rechtshängigkeit des Scheidungsantrags** geschuldet.[17] Der Anspruch kann im Verbundverfahren als Auskunftsklage oder als Stufenklage geltend gemacht werden. Im Fall der Stufenklage ist über das Auskunftsbegehren vor Erlaß des Scheidungsurteils vorab durch Teilurteil zu entscheiden.[18]

Nach einem Gesetzentwurf des Bundesrates vom 9. 7. 1999 soll in § 1360 a III BGB auch für den Familienunterhalt eine Auskunftspflicht festgelegt werden.

---

[9] LG Osnabrück, FamRZ 1984, 1032
[10] BGH, FamRZ 1991, 1117 = NJW 1991, 1235
[11] Näheres dazu Künkel, FamRZ 1996, 1509
[12] OLG Karlsruhe, FamRZ 1986, 271
[13] OLG Hamburg, FamRZ 1985, 394; OLG Düsseldorf, FamRZ 1981, 893
[14] BGH, FamRZ 1978, 677 für den insoweit gleichartigen güterrechtlichen Anspruch auf Auskunft
[15] OLG Karlsruhe, FamRZ 1990, 756
[16] BGH, FamRZ 1982, 680 = R 118 a
[17] BGH, FamRZ 1983, 674 = R 166 b
[18] BGH, FamRZ 1982, 151 = R 92 a; FamRZ 1982, 996 = NJW 1982, 2771

3. Auskunft beim Kindesunterhalt

565 Nach § 1605 BGB sind Eltern gegenüber Kindern und Kinder gegenüber den Eltern verpflichtet, auf Verlangen über ihre Einkünfte und ihr Vermögen Auskunft zu erteilen, soweit dies zur Feststellung eines Unterhaltsanspruchs erforderlich ist. Eine solche Erforderlichkeit ist in der Regel zu bejahen, wenn der Unterhalt einkommensabhängig nach bestimmten Tabellen bemessen wird. Eine Auskunft ist in der Regel jedoch nicht erforderlich bei Unterhaltsbemessung **nach festen Bedarfssätzen**, sofern nicht besondere Umstände vorgetragen werden, die eine Abweichung von den festen Regelbedarfssätzen rechtfertigen. Näher dazu Rn 2/518. Die Auskunft kann von jedem Elternteil verlangt werden, der auf Barunterhalt in Anspruch genommen wird. Über die Einkünfte des Ehepartners braucht keine Auskunft erteilt zu werden. Soweit es hierauf ankommt, ist dies nach den allgemeinen Grundsätzen für die Beweis- und Darlegungslast im Hauptsacheverfahren festzustellen.[19]

566 Im Zusammenhang mit dem Kindesunterhalt kann aber auch **ein Elternteil vom anderen** Auskunft über dessen Einkünfte und Vermögen verlangen, wenn er bei beiderseitiger Barunterhaltspflicht von einem gemeinschaftlichen Kind auf Barunterhalt in Anspruch genommen wird und ohne diese Auskunft seinen Haftungsanteil nach § 1606 III BGB nicht errechnen kann. Diese Auskunftspflicht ergibt sich nicht aus einer analogen Anwendung des § 1605 BGB, sondern unmittelbar aus § 242 BGB als Folge der besonderen Rechtsbeziehungen der Eltern, die gegenüber gemeinschaftlichen Kindern gleichrangig unterhaltspflichtig sind. Diesem Auskunftsbegehren steht nicht entgegen, daß das Kind seinen Auskunftsanspruch nach § 1605 BGB gegen beide Eltern geltend machen könnte. Die Auskunftspflicht dem anderen Elternteil gegenüber ergibt sich vielmehr aus § 1618 a BGB, wonach Eltern und Kinder einander Beistand und Rücksicht schuldig sind. Wegen der Leitbildfunktion dieser Bestimmung, die zur Ausfüllung von Lücken im Familienrecht heranzuziehen ist, muß ein Elternteil das gemeinschaftliche Kind wegen der benötigten Informationen nicht auf eine Inanspruchnahme des anderen Elternteils verweisen.[20] Diese Auskunftsverpflichtung der Eltern untereinander kann auch bei minderjährigen Kindern in Betracht kommen, wenn Anhaltspunkte dafür bestehen, daß ausnahmsweise auch der betreuende Elternteil entsprechend den in Rn 2/287 dargestellten Regeln Barunterhalt leisten muß.[21]

II. Die Auskunftserteilung

1. Die systematische Aufstellung

567 Die Auskunft ist nach §§ 260, 261 BGB zu erteilen durch Vorlage einer **systematischen Aufstellung** aller Angaben, die nötig sind, damit der Berechtigte ohne übermäßigen Arbeitsaufwand seinen Unterhaltsanspruch berechnen kann. Dazu gehören Angaben zu allen Bruttoeinnahmen und Aufwendungen bzw. Ausgaben und den sonstigen unterhaltsrechtlich relevanten Abzügen.[22] An einer geordneten systematischen Aufstellung fehlt es, wenn der Verpflichtete nur eine Reihe von Belegen, etwa Lohnabrechnungen und Steuerbescheide, vorlegt. Diese müssen vom Verpflichteten zu einem geschlossenen Werk zusammengefügt werden.[23] Die Auskunft ist eine Wissenserklärung, die – abgesehen von einfachen Fällen – grundsätzlich der **Schriftform** bedarf.[24] Sie ist daher auch

---

[19] OLG Karlsruhe, FamRZ 1993, 1481
[20] BGH, FamRZ 1988, 268 = R 351
[21] OLG Köln, FamRZ 1992, 469
[22] BGH, FamRZ 1983, 996, 998 = R 178c; FamRZ 1980, 770 = R 38; OLG Hamm, FamRZ 1983, 1232
[23] BGH FamRZ 1983, 1232
[24] BGH, FamRZ 1984, 144 = R 190; OLG Stuttgart, FamRZ 1991, 84, 85

14. Abschnitt: Der Anspruch auf Auskunft und Vorlage   § 1

persönlich zu unterschreiben;[25] § 126 I BGB. Auf die schriftliche Zusammenfassung aller Einkünfte in einer Urkunde kann schon deshalb nicht verzichtet werden, weil nur dieses Schriftstück zum Gegenstand einer eidesstattlichen Versicherung (Rn 592) werden kann.

Zu allen Einnahmen sind die damit zusammenhängenden **Ausgaben** mitzuteilen. 568 Gleichartige Ausgaben können zusammengefaßt werden, soweit der Verzicht auf detaillierte Angaben üblich ist und eine Orientierung des Auskunftsberechtigten nicht verhindert. Bei Gewinneinkünften von Freiberuflern genügt es, nur das Endergebnis in der Auskunft anzuführen und auf eine beigefügte Einnahmen-Überschußrechnung Bezug zu nehmen.[26]

Die Auskunft kann von einem **Selbständigen** auch dann verlangt werden, wenn sein 569 Steuerberater die Gewinnermittlung noch nicht fertiggestellt hat. Es ist dann eine angemessene Frist zur Auskunftserteilung zu setzen.[27] In der Praxis verschleppen Freiberufler häufig das Auskunftsverfahren unter Berufung auf ihren Steuerberater. Das kann nicht toleriert werden. Spätestens etwa ab Ende Juni eines jeden Jahres muß unterhaltsrechtlich die Gewinn- und Verlustrechnung für das Vorjahr vorliegen, wenn die nachteiligen Folgen der fehlenden Sachaufklärung (Rn 132, 148) vermieden werden sollen.[28] Zum Klageantrag s. die Beispiele bei Rn 8/205. Im Einzelfall kann es geboten sein, auch konkret Auskunft über Anschaffungen, Abschreibungen, Veräußerungen, private Nutzungsanteile, Aushilfskräfte, staatliche Zuschüsse usw. zu verlangen.[29]

Im Auskunftsverfahren einschließlich des Verfahrens auf Abgabe einer eidesstattlichen 570 Versicherung **ist Kleinlichkeit zu vermeiden** (§§ 259 III, 260 III BGB). Sachgesamtheiten und Inbegriffe von Gegenständen können als solche aufgeführt werden, wenn und soweit der Verzicht auf eine detaillierte Aufschlüsselung im Verkehr üblich ist und eine ausreichende Orientierung des Auskunftsberechtigten nicht verhindert. An die Aufschlüsselung können um so geringere Anforderungen gestellt werden, je eher bei dem Empfänger der Auskunft eine persönliche Kenntnis vorausgesetzt werden kann.[30] In der Praxis ist manchmal festzustellen, daß die Parteien jahrelang über die Auskunft streiten, oft über mehrere Instanzen hinweg. Ein solcher Streit ist wenig sinnvoll. Der Berechtigte sollte unter allen Umständen möglichst **rasch zur Leistungsklage** übergehen. Der Anspruch läßt sich meist auch bei noch nicht voll erfülltem Auskunftsanspruch sicher beziffern. Nur so kann den Verschleppungstendenzen des Verpflichteten wirksam begegnet werden. Bei unvollständiger Aufklärung kommen dem Berechtigten ohnehin in der Regel die Grundsätze über die Darlegungslast zu Hilfe (Rn 132, 148).

Bei Einkünften aus **abhängiger Arbeit** sind das Bruttogehalt, Art und Umfang der 571 Abzüge sowie Sonderzahlungen wie Weihnachts- und Urlaubsgeld, Spesen, Auslösungen, Tantiemen etc. anzugeben. Die Vorlage des Belegs für einen Monat genügt hierzu nicht. Eine insoweit unvollständige Auskunft ist zu ergänzen.[31] Die Auskunft muß sich auf alle Einkunftsarten (Rn 40 f) beziehen. Bei Einkünften als **GmbH-Gesellschafter** ist über Gewinne und Zinsen der Gesellschaft Auskunft zu erteilen.[32] Näher dazu Rn 581.

2. Der Zeitraum

Die Auskunft ist zu erteilen für den Zeitraum, der für die Unterhaltsbemessung maß- 572 geblich ist. Bei Arbeitnehmern also in der Regel für das abgelaufene Kalenderjahr (vgl. Rn 50 f), bei Selbständigen oder bei sonstigen sehr schwankenden Einkünften in der Regel für die drei letzten abgelaufenen Kalenderjahre (vgl. Rn 115 f.) und im Einzelfall

---

[25] OLG München, FamRZ 1996, 738; FamRZ 1995, 737
[26] OLG München, FamRZ 1996, 738
[27] OLG Düsseldorf, DAV 1982, 689; OLG Koblenz, FamRZ 1981, 922
[28] OLG München, FamRZ 1992, 1207
[29] Vgl. KG Berlin, FamRZ 1997, 360
[30] BGH, FamRZ 1984, 144 = R 190
[31] BGH, FamRZ 1983, 996, 998 = R 178 a + c; FamRZ 1982, 250, 252 = R 98 c
[32] BGH, FamRZ 1982, 680 = R 118 b

auch noch länger.[33] Bei Land- und Forstwirten sollte sich die Auskunft nicht auf das Kalenderjahr beziehen, sondern auf das vom 1. Juli bis zum 30. Juni laufende Wirtschaftsjahr (s. Rn 186).

3. Die Kosten

573 Kosten der Auskunftserteilung hat der Auskunftspflichtige als Schuldner zu tragen, soweit sie durch die Erteilung eines Vermögensverzeichnisses oder durch die Ermittlung und die Angabe des Vermögenswertes entstehen. Nur die **Sachverständigenkosten** für eine notwendig werdende Wertermittlung trägt der Auskunftsberechtigte.[34]

4. Zur Häufigkeit

574 Grundsätzlich kann eine Auskunft erst **nach Ablauf von zwei Jahren** erneut verlangt werden; § 1605 II BGB. In kürzeren zeitlichen Abständen gibt es normalerweise keine Änderungen, die so ins Gewicht fallen, daß eine Abänderung nach § 323 ZPO verlangt werden kann. Die Frist beginnt bei einer rechtskräftigen Verurteilung mit dem Tag der letzten mündlichen Verhandlung zu laufen.[35] Haben die Parteien einen Vergleich geschlossen, kommt es auf den Zeitpunkt des Vergleichs an.[36] Kann der Berechtigte glaubhaft machen, daß beim Verpflichteten schon vor Ablauf der Zweijahresfrist erhebliche Einkommenssteigerungen oder Vermögensmehrungen eingetreten sind, kann auch schon früher eine neue Auskunft verlangt werden. Hatte sich der Berechtigte in einem Vergleich verpflichtet, die Aufnahme einer Erwerbstätigkeit von sich aus anzuzeigen, kann der Verpflichtete vor Ablauf von zwei Jahren eine Auskunft nur verlangen, wenn er die Aufnahme einer Erwerbstätigkeit glaubhaft macht.[37] Diente die erste Auskunft nur zur Berechnung des Trennungsunterhalts, braucht für eine Auskunft zum nachehelichen Unterhalt eine Zweijahresfrist nicht beachtet zu werden.[38] Die Frist gilt auch nicht für eine Partei, die zunächst für sich selbst Auskunft verlangt hat und später in Prozeßstandschaft für ein minderjähriges Kind erneut Auskunft begehrt.[39]

575 Bei Stufenklagen gegenüber **Freiberuflern** wird manchmal nach der Auskunftserteilung ein Gutachten zum Einkommen erholt, dessen anschließende Erörterung und Überprüfung das Verfahren so in die Länge zieht, daß die Wiederholungsfrist noch während des Rechtsstreits abläuft. In dieser Situation sollte einer neuen förmlichen Auskunftsklage innerhalb des gleichen Verfahrens mit allen prozessualen Mitteln (§ 263 ZPO) entgegengetreten werden, weil das Verfahren sonst nie zum Abschluß gebracht werden kann. Das Gericht kann aber über § 273 ZPO den Verpflichteten auffordern, die neuen Jahresabschlüsse vorzulegen, und bei einer Verweigerung die entsprechenden Schlüsse daraus ziehen (vgl. Rn 132, 148). Soweit angenommen wird, daß in einem Unterhaltsprozeß sogar schon vor Ablauf der Sperrfrist eine weitere Auskunft für Unterhaltszeiträume verlangt werden kann, die im ersten Auskunftsverlangen nicht enthalten waren,[40] wird verkannt, daß damit die Sperrfrist unzulässigerweise verletzt wird. Wenn die erste Auskunft schon erteilt ist, kann hier nicht mehr von einer zeitlichen Erweiterung des ersten Auskunftsbegehrens gesprochen werden. Es liegt vielmehr ein neues Auskunftsbegehren vor, das an die Einhaltung der Sperrfrist gebunden ist. Im Hinblick auf den neugeschaffenen § 643 ZPO mit der Möglichkeit von Auskunftseinholungen durch das Gericht (Rn 561) dürften derartige Streitigkeiten allerdings nicht mehr oft vorkommen.

---

[33] FamRZ 1985, 471 = R 252a; FamRZ 1985, 357 = R 243a
[34] BGH, FamRZ 1982, 682 = NJW 1982, 1643
[35] OLG Hamburg, FamRZ 1984, 1142; anders OLG Koblenz, FamRZ 1979, 1021: Urteilsverkündung
[36] OLG Düsseldorf, FamRZ 1993, 591; OLG Stuttgart, FamRZ 1978, 717
[37] OLG Bamberg, FamRZ 1990, 75
[38] OLG Hamm, FamRZ 1996, 868; a. A. OLG Thüringen, FamRZ 1997, 1280
[39] OLG Brandenburg, FamRZ 1998, 1192
[40] OLG Düsseldorf, FamRZ 1997, 1271 m.w.N.

5. Schadensersatzanspruch bei Verstoß gegen die Auskunftspflicht

Gerät der Auskunftspflichtige mit der Erteilung der Auskunft in Verzug, so kann er dem Berechtigten zum Ersatz des daraus entstandenen Schadens verpflichtet sein.[41] Der Schaden kann etwa in den Prozeßkosten bestehen, die der Kläger nach § 91 ZPO zu tragen hat, wenn sich in einer Stufenklage aufgrund der verspätet erteilten Auskunft herausstellt, daß ein Unterhaltsanspruch wegen fehlender Leistungsfähigkeit nicht gegeben ist. Dieser Schaden kann im gleichen Verfahren durch Klageänderung geltend gemacht werden.[42] Ein ersatzfähiger Schaden liegt auch dann vor, wenn der Unterhalt wegen einer verzögerten Auskunft erst so spät geltend gemacht werden konnte, daß ein Teil der Rückstände wegen fehlendem Verzug nicht mehr durchgesetzt werden konnte.[43]

576

III. Vorlage von Belegen über das Einkommen

1. Allgemeines

Der Auskunftspflichtige muß auf Verlangen nach § 1580 S. 2, § 1605 I 2 BGB auch Belege über die Höhe seiner Einkünfte vorlegen. Auskunft und Vorlage von Belegen sind **getrennte Ansprüche**, die auch einzeln geltend gemacht werden können.[44] Hinsichtlich des Vermögens besteht keine solche Verpflichtung. Die Belege und Unterlagen, die verlangt werden, müssen im Antrag und im Urteilstenor genau bezeichnet werden. Ein Antrag, „diejenigen Belege beizufügen, aus denen die Richtigkeit des Zahlenmaterials entnommen werden kann", genügt diesen Anforderungen nicht. Er ist nicht hinreichend bestimmt und deshalb unzulässig.[45] In der Praxis kommt es häufig zu Auskunftsurteilen mit derart unbestimmten Vorlageverpflichtungen. Ein solcher Titel ist jedoch wertlos, weil er wegen der fehlenden Bestimmbarkeit nicht vollstreckt werden kann.[46] Klageantrag und Urteilsformel müssen die Belege daher so bestimmt bezeichnen, daß es einem Gerichtsvollzieher möglich ist, sie aus den Unterlagen des Verpflichteten auszusondern und dem Berechtigten zu übergeben.[47] Zur Vollstreckung siehe Rn 586 f.

577

2. Der Umfang der Vorlegungspflicht

Die Verpflichtung zur Vorlage von Belegen findet ihre Grenze in der Zumutbarkeit. Der Berechtigte kann daher nicht die Vorlage der gesamten Buchführung verlangen.[48] Wenn er keinen konkreten Anlaß hat, die Richtigkeit der Bilanz anzuzweifeln, muß er davon ausgehen, daß sie richtig ist. Die Vorlegungspflicht geht nicht über den Auskunftsanspruch hinaus. Es können daher nur solche Belege gefordert werden, die für die Feststellung des Unerhaltsanspruchs benötigt werden. Abzustellen ist somit auf den Informationsbedarf des Berechtigten.[49]

578

Folgende Unterlagen kommen in Betracht:

Verdienstbescheinigungen des Arbeitgebers:[50] Da bei Arbeitnehmern in der Regel vom zuletzt abgelaufenen Kalenderjahr ausgegangen wird (Rn 50), begnügen sich die

579

---

[41] BGH, FamRZ 1984, 163, 165 = NJW 1984, 868
[42] BGH, FamRZ 1995, 348 = R 479
[43] BGH, FamRZ 1985, 155, 158 = R 232c
[44] OLG München, FamRZ 1996, 307; FamRZ 1993, 202
[45] BGH, FamRZ 1983, 454 = R 155; OLG Hamm, FamRZ 1983, 1232 und FamRZ 1979, 1012; OLG Düsseldorf, FamRZ 1978, 717
[46] Vgl. Baumbach, ZPO, 57. Aufl. § 888 Rn 2
[47] OLG Stuttgart, FamRZ 1991, 84
[48] OLG Schleswig, FamRZ 1981, 53
[49] OLG München, FamRZ 1993, 202
[50] BGH, FamRZ 1983, 996, 998 = R 178a + c

Parteien und ihnen dann auch folgend die Gerichte meist mit der **Lohnsteuerkarte**. In der Regel ist dies auch ausreichend. Denn nach § 41b EStG in Verbindung mit A 135, 136 LStR hat der Arbeitgeber bei Beendigung des Arbeitsverhältnisses oder am Ende des Kalenderjahres aufgrund der Eintragungen im Lohnkonto die Dauer des Dienstverhältnisses im Kalenderjahr, den Bruttoarbeitslohn, die Steuerabzüge und die Arbeitgeberleistungen für Fahrten zwischen Arbeitsplatz und Wohnung zu bescheinigen. Eingetragen werden auch die Abgaben für die Sozialversicherung. Dabei darf aber nicht übersehen werden, daß die Lohnsteuerkarte Lücken aufweisen kann, weil sie keine Auskunft über das bezogene Arbeitslosen- und Krankengeld gibt, auch nicht über die steuerfreien Leistungen, wie etwa Spesen, Zuschläge für Feiertags- und Nachtarbeit oder ähnliche steuerfreie Leistungen. Liegen Anhaltspunkte dafür vor, daß der Arbeitnehmer im Beurteilungszeitraum Arbeitslosen- oder Krankengeld, Spesen oder sonstige steuerfreien Leistungen des Arbeitgebers bezog, kann auf die entsprechenden Leistungsbescheide und die monatlichen Einzelabrechnungen nicht verzichtet werden. Diese Belege sind daher in derartigen Fällen zusätzlich anzufordern und dann auch vorzulegen.[51] Der Auffassung von Vogel,[52] die Lohnsteuerkarte eigne sich generell nicht zur Einkommensermittlung, weil sie keinen Aufschluß über die Einkommensentwicklung gebe, kann nicht gefolgt werden. Feststellungen dazu, aus welchen Teilbeträgen sich das Jahreseinkommen im einzelnen zusammensetzt, sind normalerweise entbehrlich.

580 **Einkommensteuerbescheide** und dazugehörende Einkommensteuererklärungen: Dazu ist unbedingt das jeweilige Veranlagungsjahr anzugeben. Der Steuerbescheid ist regelmäßig geeignet, wenigstens das Mindesteinkommen als Grundlage der Unterhaltsbemessung zu belegen. Außerdem kann man aus ihm die Höhe der zu versteuernden Einkünfte und das steuerliche Nettoeinkommen entnehmen.[53] Auf Verlangen muß der Pflichtige auch die dem Steuerbescheid zugrundeliegenden Erklärungen vorlegen. Meist kann aus dem Steuerbescheid erst zusammen mit der **Steuererklärung** erkannt werden, welche Einkommensteile steuerrechtlich unberücksichtigt geblieben sind und inwieweit steuerrechtlich anerkannte Absetzungen vorliegen, die unterhaltsrechtlich möglicherweise nicht als einkommensmindernd hinzunehmen sind.[54] Dies gilt vor allem für die Gewinn- und Verlustrechnung. Es müssen jedoch nicht alle steuerrechtlich relevanten Belege vorgelegt werden.[55] Rechtliche Bedenken gegen die Vorlage von Steuerbescheiden und Erklärungen bestehen nicht. Soweit daraus auch auf die Ertragslage einer Gesellschaft oder auf die Einkommensverhältnisse von Mitgesellschaftern geschlossen werden kann, muß dies hingenommen werden.

581 **Gesellschafter und Geschäftsführer** einer GmbH, die vom Gewinn abhängige Einkünfte beziehen, müssen daher die Bilanzen und die Gewinn- und Verlustrechnungen der GmbH vorlegen.[56] Das gleiche gilt für die Körperschafts- und Umsatzsteuerbescheide. Der unterhaltpflichtige Gesellschafter oder Geschäftsführer kann die Vorlage nicht mit dem Hinweis auf die Belange anderer Beteiligter verweigern.[57] Auch ein selbständiger Gewerbetreibender oder sonstiger Freiberufler hat seine Einkommensteuerbescheide vorzulegen.[58] Der Schutz des Steuergeheimnisses tritt gegenüber den Belangen des Unterhaltsberechtigten zurück. Wird in dem vorzulegenden Steuerbescheid der Pflichtige zusammen mit seinem **neuen Ehegatten** veranlagt, dann darf der Pflichtige in dem Bescheid und den dazugehörenden Steuererklärungen solche Betragsangaben abdecken oder sonst unkenntlich machen, die ausschließlich seinen Ehegatten betreffen oder in denen Werte für ihn und seinen Ehegatten zusammengefaßt sind, ohne daß sein eigener Anteil daraus entnommen werden kann. Beträge, die beide Ehegatten gleichmäßig betreffen,

---

[51] OLG Frankfurt, FamRZ 1987, 1056
[52] Vogel, FuR 1995, 197, 204
[53] BGH, FamRZ 1982, 151 = NJW 1982, 1645 = R 92 c
[54] BGH, FamRZ 1982, 680, 682 = NJW 1982, 1642 = R 118 a
[55] BGH, FamRZ 1998, 357 = R 515 a
[56] BGH, FamRZ 1982, 680 = NJW 1982, 1642 = R 118 d
[57] BGH, FamRZ 1982, 151 = NJW 1982/1645 = R 92 c
[58] BGH, FamRZ 1983, 680, 682 = R 167 b; FamRZ 1982, 680, 682 = R 118 a; FamRZ 1982, 151 = R 92 c

14. Abschnitt: Der Anspruch auf Auskunft und Vorlage § 1

müssen dagegen angegeben werden, weil andernfalls der Anteil des Pflichtigen nicht ersichtlich gemacht werden kann. Wenn und soweit aus dem Steueranteil Schlüsse auf die Verhältnisse der Ehegatten gezogen werden können, muß dies hingenommen werden.[59] Die Steuererklärung braucht nicht vorgelegt zu werden, wenn der Verpflichtete seine Einkünfte bereits in anderer Weise ausreichend belegt hat oder wenn ein schutzwürdiges Interesse des Verpflichteten an der Zurückhaltung bestimmter Angaben entgegensteht, die ihrerseits für den Unterhaltsanspruch ohne Bedeutung sind. Gleiches gilt, wenn aufgrund besonderer Umstände die Gefahr einer mißbräuchlichen Verwendung droht.[60]

Vorlage von Geschäftsunterlagen: Vom bilanzierenden Kaufmann kann die Vorlage von Bilanzen nebst Gewinn- und Verlustrechnung verlangt werden, da hieraus am sichersten seine Einkünfte entnommen werden können. Wenn, wie in der Regel, die Unterhaltshöhe vom Unternehmensgewinn abhängig ist, sind die Belege vorzulegen, aus denen sich dieser Unternehmensgewinn ergibt bzw. ermitteln läßt. Dies gilt auch für Unterlagen einer GmbH, wenn der Auskunftspflichtige als Gesellschafter und Geschäftsführer der GmbH vom Gewinn der Gesellschaft abhängige Einkünfte bezieht. Belange der Gesellschaft oder von Mitgesellschaftern müssen in einem solchen Fall regelmäßig hinter dem Interesse des Unterhaltsberechtigten zurückstehen.[61] Bei Verdacht unvollständiger Angaben kann auch die Vorlage oder Einsicht in sonstige Geschäftsunterlagen (Bücher, Buchhaltungsunterlagen und Konten) verlangt werden. Die gleichen Grundsätze gelten für die Einnahmen- und Überschußrechnung und sonstige Unterlagen bei nicht bilanzierenden Gewerbetreibenden und Freiberuflern. Es handelt sich insoweit nur um eine andere Gewinnermittlungsart. 582

Umsatzsteuerbescheide und die dazugehörenden Erklärungen: Diese ermöglichen eine Überprüfung der Angaben in den Einkommensteuererklärungen sowie in der Gewinn- und Verlustrechnung. Vor allem die Angaben zum Eigenverbrauch und zu Art und Höhe der Umsätze in den Umsatzsteuererklärungen lassen einen Rückschluß auf Geschäftsumfang und Lebensstil des Verpflichteten zu. Umsatzsteuererklärungen haben einen hohen Informationswert für die laufenden Einkünfte eines Freiberuflers oder Unternehmers, weil sie monatlich abzugeben sind und daher den **Zeitraum bis in die Gegenwart** erfassen. Dies gilt vor allem, wenn geltend gemacht wird, daß die nach den zurückliegenden Kalenderjahren berechneten Einkünfte keinen sicheren Schluß auf die künftigen Erträge zulassen. 583

Verlangt werden kann auch die Vorlage von Belegen über den mandatsbedingten Aufwand von Abgeordneten.[62]

Bei sonst nicht aufklärbaren Bezügen kann auch die Vorlage des **Arbeitsvertrages** gefordert werden.[63] Dies gilt vor allem bei unklaren Sonderzuwendungen, Sachbezügen und Spesen. 584

Kontoauszüge von Banken u. ä. werden nicht geschuldet.[64] Sie sind entbehrlich, weil sie zur Sachaufklärung nichts beitragen. Räumt etwa eine Partei bestimmte Zinseinkünfte bei einer bestimmten Bank ein, liegt ein nach § 288 ZPO nicht mehr beweisbedürftiges Geständnis vor. Die weitere Frage, ob die Partei noch aus anderen Quellen zusätzliche Zinseinkünfte bezieht, läßt sich nicht mit einem für die zugegebenen Zinsen ausgestellten Beleg klären. Da Belege nur „über die Höhe" vorzulegen sind, brauchen **keine Negativatteste,** also Bestätigungen über das Nichtvorhandensein bestimmter Einkünfte, vorgelegt zu werden.[65] 585

---

[59] BGH, FamRZ 1983, 680, 682 = R 167 b
[60] BGH, FamRZ 1982, 680, 682 = R 118 a
[61] BGH, FamRZ 1982, 680 = R 118 d
[62] BGH, FamRZ 1986, 780 = R 301 b
[63] BGH, FamRZ 1994, 28 = R 467
[64] Palandt-Diederichsen, § 1605 Rn 16
[65] OLG München, FamRZ 1993, 202

IV. Die Vollstreckung von Titeln zur Auskunft und zur Vorlage von Belegen[66]

1. Vollstreckungsfähige Titel

586 Zuerst ist zu prüfen, ob ein vollstreckungsfähiger Titel vorliegt. Viele Titel sind nicht vollstreckungsfähig, weil sie die geschuldete Leistung **nicht konkret bezeichnen** und daher zu unbestimmt sind. Vor allem der Zeitraum, für den Auskunft zum Unterhalt verlangt wird, und der Zeitpunkt, für den das Vermögen aufgelistet werden soll, müssen genau angegeben sein. Eine allgemeine Verurteilung, Auskünfte über das Einkommen und das Vermögen zu erteilen, läßt sich daher nicht vollstrecken.[67] Die geforderten Belege müssen ebenfalls genau bezeichnet sein.[68] An der Vollstreckungsfähigkeit fehlt es auch dann, wenn die Auskunftserteilung im Titel von einer Zug um Zug zu erbringenden Gegenleistung abhängig gemacht wurde, die nicht eindeutig bestimmt ist.[69]

587 Die Urteilsformel kann aber mit Hilfe des Tatbestands und der Entscheidungsgründe ausgelegt werden. Ist etwa ein Freiberufler zur Vorlage seiner „Geschäftsunterlagen" verurteilt worden, kann die Auslegung ergeben, daß damit die Gewinn- und Verlustrechnung gemeint ist. Die näher nicht eingeschränkte Verurteilung, Auskunft zum Einkommen im Jahr X zu geben, verpflichtet zur Angabe aller im Steuerrecht aufgeführten Einkommensarten.

588 Auch im Vollstreckungsverfahren nach § 888 ZPO ist (noch) zu prüfen, ob die Erfüllung der titulierten Verpflichtung dem Schuldner möglich ist.[70] Wird festgestellt, daß die **titulierte Leistung nicht möglich ist**, weil etwa die vorzulegenden Belege nicht existieren, scheitert die Vollstreckung ebenfalls.[71] Soll ein – noch nicht ergangener – Steuerbescheid vorgelegt werden, kann vollstreckt werden, wenn der Verpflichtete nicht alles ihm Zumutbare getan hat, um die Voraussetzungen für den Erlaß zu schaffen.[72] Durch ein Gesamtvollstreckungsverfahren wird dem Schuldner die Auskunft nicht unmöglich. Denn der Verwalter hat ihm zumindest Kopien der erforderlichen Unterlagen herauszugeben.[73] Die Frage, ob der Vollstreckungstitel der materiellen Rechtslage entspricht, darf im Vollstreckungsverfahren nicht geprüft werden.[74] Anders ist es, wenn Erfüllung eingewendet wird. Dieser Einwand ist nicht im Wege der Vollstreckungsgegenklage nach § 767 ZPO zu verfolgen. Er kann unmittelbar im Vollstreckungsverfahren gemäß § 891 ZPO geltend gemacht werden.[75]

2. Die Art der Vollstreckung

589 a) **Auskünfte** sind Wissenserklärungen.[76] Es handelt sich um **unvertretbare Handlungen**. Die Vollstreckung geschieht daher nach § 888 ZPO. Ohne vorausgegangene Androhung kann daher im Gegensatz zu § 33 FFG sofort Zwangsgeld oder Zwangshaft festgesetzt werden. Dieser Beschluß bildet einen Vollstreckungstitel nach § 794 I Satz 3 ZPO. Er wird nach § 329 III ZPO von Amts wegen zugestellt und ist nach § 793 ZPO mit sofortiger Beschwerde anfechtbar. Die eigentliche Vollstreckung des Zwangsmittels ist mühsam. Sie erfolgt nur auf Antrag des Gläubigers, nicht von Amts wegen. Zuerst muß

---

[66] Grundlegend dazu Büttner, FamRZ 92/629
[67] OLG Frankfurt/Main, FamRZ 1991, 1334
[68] BGH, FamRZ 1989, 731
[69] BGH, FamRZ 1994, 101 = R 465
[70] OLG Hamm, FamRZ 1997, 1094
[71] BGH, FamRZ 1992, 535 = R 443; FamRZ 1989, 731; OLG Düsseldorf, FamRZ 1997, 830
[72] OLG München, OLG-Report 1996, 58
[73] OLG Brandenburg, FamRZ 1998, 178
[74] OLG München, FamRZ 1992, 1207
[75] OLG Bamberg, FamRZ 1993, 581
[76] Vgl. Palandt-Heinrichs, § 261 Rn 20

14. Abschnitt: Der Anspruch auf Auskunft und Vorlage §1

nach § 724 I ZPO eine **Vollstreckungsklausel** erteilt werden. Das Zwangsgeld wird nach den allgemeinen Regeln des Vollstreckungsrechts beigetrieben.[77] Das beigetriebene Geld fällt der Staatskasse an.[78] Zwangshaft wird aufgrund eines Haftbefehls des Prozeßgerichts gemäß §§ 904ff ZPO vollstreckt. Ist der Schuldner prozeßunfähig, wird das Zwangsgeld gleichwohl in sein Vermögen vollstreckt, die Zwangshaft aber gegen seinen gesetzlichen Vertreter.[79] Sobald die Auskunft erteilt ist und die Belege vorliegen, ist die Vollstreckung zu beenden.[80] Ein Zwangsgeld kann wiederholt festgesetzt werden, sobald die Zwangsvollstreckung aus einem vorausgegangenen Beschluß voll durchgeführt wurde.[81]

b) Bei der Verpflichtung, **Belege** vorzulegen, handelt es sich in der Regel um eine vertretbare Handlung. Die Vollstreckung geschieht daher grundsätzlich gemäß § 883 ZPO im Wege der **Wegnahme durch den Gerichtsvollzieher**. Dies ist jedoch sehr unbefriedigend, wenn im gleichen Titel auch eine nach § 888 ZPO zu vollstreckende Auskunft geschuldet wird. Im Interesse einer effektiven Vollstreckung nimmt die Praxis in diesen Fällen daher an, daß es sich bei der Vorlageverpflichtung nur um eine unwesentliche Nebenverpflichtung zur Auskunftspflicht handelt, die zusammen mit dieser durch Zwangsgeld und Zwangshaft vollstreckt werden kann.[82]

590

Der Schuldner ist verpflichtet, die Belege „vorzulegen". Geschuldet wird daher nur eine vorübergehende Überlassung ohne Besitzaufgabe.[83] Der Gläubiger ist jedoch berechtigt, sich vor der Rückgabe **Kopien anzufertigen**.[84] Die Praxis begnügt sich häufig damit, daß bereits der Verpflichtete Kopien anfertigt und übergibt. Bei Verdacht auf Fälschungen sollte der Berechtigte jedoch stets auf der Übergabe der Originale bestehen. Ein bestehender Titel bezieht sich immer auf die Originale.[85]

591

V. Die eidesstattliche Versicherung

1. Voraussetzungen

Nach §§ 259, 260, 261 BGB kann eine eidesstattliche Versicherung verlangt werden, wenn der begründete Verdacht besteht, daß die Auskunft in einzelnen Punkten nicht mit der erforderlichen Sorgfalt erteilt worden ist. Es muß streitig sein, ob in einer äußerlich ordnungsgemäßen Aufstellung einzelne Posten falsch sind oder überhaupt fehlen. Es muß also stets bereits eine Auskunft in der Form eines Bestandsverzeichnisses nach § 260 I BGB erteilt worden sein.[86] Ob der Verpflichtete die Auskunft mit der erforderlichen Sorgfalt erteilt hat, ist im wesentlichen Tatfrage. Revisibel ist nur, ob die Erwägungen des Tatrichters von Rechtsirrtum beeinflußt sind. Für das Vorliegen der Voraussetzungen des § 260 II BGB ist der Auskunftsberechtigte darlegungs- und beweispflichtig.[87]

592

Die Feststellung, daß die Auskunft in einzelnen Punkten **unvollständig oder unrichtig** ist, begründet nicht ohne weiteres die Annahme mangelnder Sorgfalt. Der in solchen Fällen zunächst gegebene Verdachtsgrund ist entkräftet, wenn anzunehmen ist, daß die mangelhafte Auskunft auf unverschuldeter Unkenntnis oder auf einem entschuldbaren Irrtum des Auskunftspflichtigen beruht. In einem solchen Fall besteht nur ein Anspruch

593

---

[77] Thomas-Putzo, ZPO, 21. Aufl. § 888 Rn 15; OLG Stuttgart, FamRZ 1997, 1495
[78] BGH, NJW 1983, 1859
[79] Thomas-Putzo aaO, Rn 16
[80] Thomas-Putzo aaO, Rn 14
[81] OLG Brandenburg, FamRZ 1998, 180
[82] Vgl. Büttner, FamRZ 1992, 629, 632
[83] Vgl. Zöller, ZPO, 19. Aufl. § 883 Rn 2
[84] KG, FamRZ 1982, 614
[85] KG, FamRZ 1982, 1296; der entgegenstehenden Ansicht des OLG Frankfurt/M. in FamRZ 1997, 1296 kann schon wegen der großen Gefahr von Fälschungen beim Ablichten nicht gefolgt werden.
[86] BGH, FamRZ 1984, 144 = R 190; FamRZ 1983, 996, 998 = R 178a + c
[87] BGH, FamRZ 1984, 144 = R 190

auf **ergänzende Auskunft**. Die auf einem inhaltlichen Mangel gegründete Verurteilung zur Abgabe der eidesstattlichen Versicherung setzt deshalb neben der Unvollständigkeit oder Unrichtigkeit des Verzeichnisses die Feststellung voraus, daß sich die Unvollständigkeit oder Unrichtigkeit bei gehöriger Sorgfalt hätte vermeiden lassen.[88]

594 In der Praxis zeigt sich, daß falsche oder unvollständige Auskünfte selten auf einem unverschuldeten Irrtum beruhen. In der Regel liegen grobe Nachlässigkeiten oder sogar **handfeste Betrugsversuche** vor. Besteht eine solche Situation, sollte sofort die eidesstattliche Versicherung verlangt werden. Dies ist die vom Gesetzgeber vorgegebene Reaktion auf unzutreffende Auskünfte. Die eidesstattliche Versicherung ist auch abzugeben, wenn der Auskunftspflichtige nicht mitgeteilt hat, wie er das bei der Vermögensauseinandersetzung erhaltene Kapital angelegt hat.[89] Kleinlichkeit ist jedoch nach §§ 260 III, 259 III stets zu vermeiden.[90]

2. Die Durchsetzung des Anspruchs

595 Die eidesstattliche Versicherung kann freiwillig vor dem Gericht der freiwilligen Gerichtsbarkeit nach §§ 163, 79 FGG abgegeben werden. Zuständig ist der Rechtspfleger; § 3 Nr. 1b RPflG. Wird die eidesstattliche Versicherung verweigert, kann der Anspruch klageweise geltend gemacht werden. Meist empfiehlt sich eine Stufenklage nach § 254 ZPO. Ein Rechtsschutzinteresse kann fehlen, wenn der Berechtigte auf einfachere Weise eine umfassende Klarstellung erreichen kann. Die Urteilsvollstreckung erfolgt nach § 888 ZPO durch das Amtsgericht als Vollstreckungsgericht. Zwangsmittel nach § 888 ZPO dürfen erst festgesetzt werden, wenn das nach § 889 ZPO zuständige Amtsgericht einen Termin zur Abgabe der eidesstattlichen Versicherung bestimmt hat, in dem der Schuldner nicht erschienen ist oder die Abgabe verweigert hat.[91]

VI. Die Verpflichtung zu ungefragten Informationen[92]

1. Voraussetzungen

596 Auskunft wird gemäß § 1605 BGB nur „auf Verlangen" geschuldet. Daneben besteht unter engen[93] Voraussetzungen zusätzlich eine Verpflichtung zu „ungefragten" Informationen nach dem Grundsatz von Treu und Glauben (§ 242 BGB). Eine solche Verpflichtung kann bestehen, wenn der **Berechtigte** eine rechtskräftig zuerkannte Unterhaltsrente weiterhin entgegennimmt, ohne die Aufnahme einer Erwerbstätigkeit zu offenbaren. Dazu genügt es allerdings nicht, daß eine wesentliche Änderung im Sinn von § 323 ZPO eingetreten ist. Es muß dazu kommen, daß sich das Schweigen als „evident unredlich" darstellt, weil der Verpflichtete die Änderung weder erwarten noch erkennen konnte und deshalb von einer förmlichen Auskunft abgesehen hat, während der Berechtigte durch die ständige Annahme der Rente den Irrtum des Verpflichteten noch unterstützt hat.[94] Soll nach einer Unterhaltsvereinbarung ein bestimmtes Einkommen des Berechtigten anrechnungsfrei bleiben, kann sogar vollendeter Betrug vorliegen, wenn der Verpflichtete nicht ungefragt informiert wird, sobald der Verdienst diese Grenze deutlich übersteigt.[95] Entsteht die Pflicht zu ungefragten Informationen während eines laufenden Unterhaltsverfahrens, müssen die Mitteilungen unverzüglich erfolgen.[96]

---

[88] BGH, FamRZ 1984, 144 = R 190
[89] OLG Karlsruhe, FamRZ 1990, 756
[90] BGH, FamRZ 1984, 144 = R 190
[91] OLG Düsseldorf, FamRZ 1997, 1495
[92] Grundlegend dazu Hoppenz, FamRZ 1989, 337 ff
[93] OLG Hamm, FamRZ 1997, 433
[94] BGH, FamRZ 1986, 794 = R 296 a + b; OLG Koblenz, FamRZ 1997, 1338
[95] BGH, FamRZ 1997, 483 = R 510 a
[96] OLG Düsseldorf, FamRZ 1997, 827, 828

14. Abschnitt: Der Anspruch auf Auskunft und Vorlage § 1

Ungefragte Informationen kann auch der **Verpflichtete** schulden. Ein solcher Fall kann 597
gegeben sein, wenn wegen fehlender Leistungsfähigkeit nur ein reduzierter Unterhalt
geschuldet wurde und der Grund für die Kürzung später wegfiel. Voraussetzung ist aber
auch hier, daß das Schweigen über die günstige Entwicklung der wirtschaftlichen Verhältnisse „evident unredlich" erscheint.[97] Soweit der Verpflichtete zunächst berücksichtigte Verbindlichkeiten nicht mehr bedient, besteht schon dann keine Offenbarungspflicht, wenn es sich um Ehegattenunterhalt handelt und die Verbindlichkeiten im Rahmen der Vermögensbildung geleistet wurden.[98]

Eine **Pflicht zur Selbstoffenbarung** besteht somit nur bei mehr oder weniger „betrü- 598
gerischem Verhalten". Eine allgemeine Pflicht zu ungefragter Offenbarung veränderter
Verhältnisse besteht nicht. War mit Veränderungen zu rechnen, konnte vom Gegner
erwartet werden, daß er von seinem Auskunftsanspruch Gebrauch macht. Hat er dies
unterlassen, kann das Verschweigen von Veränderungen nicht als „evident" unredlicher
Verstoß gegen die Grundsätze von Treu und Glauben angesehen werden. Der Auffassung
des OLG Hamm,[99] ein unterhaltsberechtigter Ehegatte sei grundsätzlich verpflichtet,
dem Unterhaltsschuldner die Aufnahme einer eheähnlichen Lebensgemeinschaft zu offenbaren, kann daher nicht gefolgt werden. Eine solche Pflicht kann allenfalls dann
eintreten, wenn der Unterhaltsschuldner wegen früherer Äußerungen oder sonstiger
Umstände keinesfalls mit einer solchen Veränderung rechnen konnte.

2. Die Folgen des Verschweigens

Wer eine bestehende Verpflichtung zur Erteilung von ungefragten Informationen ver- 599
letzt, **schuldet Schadensersatz**. Der Berechtigte kann ohne Rücksicht auf die Vorschriften über die Geltendmachung von rückständigem Unterhalt und auf bereits vorliegende
Verurteilungen oder Vereinbarungen zusätzlichen Unterhalt als Verzugsschaden nach
§ 286 BGB geltend machen. Der Verzug bezieht sich insoweit auf die unterlassene Information.[100] Der Verpflichtete kann bereits Geleistetes ohne die Einschränkungen durch das
Bereicherungsrecht zurückverlangen. Bei einer Verurteilung kann er sogar die Zeitschranke des § 323 III ZPO durchbrechen, wenn die weiteren Voraussetzungen einer sittenwidrigen Schädigung nach § 826 BGB vorliegen. Dazu genügt es, daß derjenige, der
eine Veränderung trotz bestehender Offenbarungspflicht verschwiegen hat, die Tatumstände des Falles gekannt hat und in bezug auf die Schadenszufügung vorsätzlich gehandelt hat.[101] Dazu näher Rn 6/231 f. Als Schadensersatz wegen mißbräuchlicher Vollstreckung kann der Verpflichtete im Wege der Vollstreckungsgegenklage nach § 767 ZPO
auch die Unterlassung der Zwangsvollstreckung und die Herausgabe des Titels verlangen.[102] Die Verletzung der Pflicht zu ungefragten Informationen kann auch zur Verwirkung des noch gegebenen Restanspruches führen.[103] Unter Umständen kann es aber auch
angebracht sein, nur den über den notwendigen Selbstbehalt hinausgehenden Teil des
Unterhaltsanspruchs zu versagen.[104]

---

[97] BGH, FamRZ 1988, 270 = R 350 b
[98] OLG Bamberg, FamRZ 1994, 1178 = NJW-RR 1994, 454
[99] OLG Hamm, FuR 1998, 319
[100] Hoppenz, FamRZ 1989, 337, 341
[101] BGH, FamRZ 1988, 270, 272 = R 350 b
[102] OLG Düsseldorf, FamRZ 1997, 827
[103] BGH, FamRZ 1997, 483 = R 510 b; OLG Koblenz, FamRZ 1997, 371
[104] OLG Koblenz, FamRZ 1997, 1338, 1339

§ 2 Kindes- und Verwandtenunterhalt

A. Kindesunterhalt

1. Abschnitt: Grundlagen

I. Entstehung und Dauer des Unterhaltsanspruchs

1. Eltern-Kind-Verhältnis

Anspruchsgrundlage für den Kindesunterhalt ist § 1601 BGB. Danach sind Verwandte in gerader Linie verpflichtet, einander Unterhalt zu gewähren. Dies gilt besonders für **Eltern** gegenüber ihren Kindern. Die Unterhaltspflicht ist beim minderjährigen Kind Ausdruck der elterlichen Sorge (§§ 1626 ff BGB), beim volljährigen Kind Ausfluß der über die Volljährigkeit hinausgehenden familienrechtlichen Solidarität (§ 1618a BGB).

Nach § 1601 BGB sind aber auch Kinder gegenüber ihren Eltern, Großeltern und ggf. Urgroßeltern unterhaltspflichtig. Ebenso müssen Großeltern und Urgroßeltern ggf. für ihre Enkel und Urenkel Unterhalt leisten. Zum Verwandtenunterhalt vgl. Pauling Rn 600 ff.

Das Eltern-Kind-Verhältnis wird durch das zum 1. 7. 1998 geänderte **Abstammungsrecht** geregelt.[1] Die Fortschritte der Medizin, insbesondere die Möglichkeit der künstlichen Befruchtung, haben den hergebrachten Begriff der Eltern in Frage gestellt. Deshalb hat das Kindschaftsrechtsreformgesetz (KindRG)[2] den Begriff der Mutter und des Vaters neu definiert.

Mutter ist danach die Frau, die das Kind geboren hat (§ 1591 BGB). Bei der in Deutschland verbotenen Leihmutterschaft[3] ist also die Frau, die entgegen dem Verbot oder im Ausland das Ei gespendet hat, nicht Mutter im Sinne des Gesetzes. Sie ist mit dem Kind nicht verwandt. Das Gesetz eröffnet weder ihr noch dem Kind die Möglichkeit, durch Statusklage oder isolierte Feststellungsklage die blutsmäßige Verwandtschaft und die Abstammung festzustellen.[4] Daher sind auch gesetzliche Unterhaltsansprüche des Kindes gegen die Eispenderin ausgeschlossen. Wenn die Eispenderin das Kind nach der Geburt in ihren Haushalt aufgenommen hat, kann wie bei der heterologen **Insemination** (vgl. dazu am Ende der Rn) u. U. ein Unterhaltsanspruch auf vertraglicher Grundlage in Betracht kommen, da die Frau dadurch praktisch die elterliche Verantwortung übernommen hat.[5]

Vater ist der Ehemann oder der innerhalb eines Zeitraums von 300 Tagen vor der Geburt verstorbene Ehemann der Mutter (§§ 1592 Nr. 1, 1593 S. 1 BGB). Bei Wiederheirat der Mutter und Geburt eines Kindes innerhalb von 300 Tagen nach Auflösung der früheren Ehe löst § 1593 S. 3 BGB den Konflikt zwischen den als Vätern in Betracht kommenden Ehemännern. Bei Kindern, die nicht von dem Ehemann der Mutter abstammen, kann die Vaterschaft auf Anerkennung oder auf gerichtlicher Feststellung beruhen (§ 1592 Nr. 2, 3 BGB). Vor Wirksamkeit der Anerkennung oder vor Rechtskraft der Fest-

---

[1] Vgl. zu dem seit 1. 7. 1998 geltenden Abstammungsrecht Eckebrecht in Scholz/Stein, Praxishandbuch Familienrecht, Teil Q; Gaul, FamRZ 1997, 1441, 1447
[2] Vom 16. 12. 1997 – BGBl. I 2942
[3] Vgl. §§ 13c, 13d Adoptionsvermittlungsgesetz vom 27. 11. 1989 – BGBl. I 2014, § 1 Embryonenschutzgesetz vom 13. 12. 1990 – BGBl. I 2746
[4] Eckebrecht in Scholz/Stein (Fn 1) Teil Q Rn 16 ff; Gaul, FamRZ 1997, 1441, 1464
[5] BGH, FamRZ 1995, 861, 865; vgl. auch BGH, FamRZ 1995, 995

stellung dürfen die Rechtswirkungen der Vaterschaft nicht geltend gemacht werden, sofern sich nicht aus dem Gesetz anderes ergibt (§§ 1594 I, 1600 d IV BGB).[6] Deshalb sind nach wie vor **Unterhaltsansprüche nichtehelicher Kinder vor Anerkennung oder gerichtlicher Feststellung der Vaterschaft ausgeschlossen**. Lediglich § 1615 o I BGB läßt die Geltendmachung des Kindesunterhalts für die ersten drei Monate nach der Geburt durch einstweilige Verfügung gegen den Mann zu, der die Vaterschaft anerkannt hat oder der nach § 1600 d II BGB als Vater vermutet wird. Nach § 1615 o III BGB kann dieser Mann durch einstweilige Verfügung auch zur Zahlung des Unterhalts für die Mutter nach § 1615 l I BGB, also für die Dauer von sechs bis acht Wochen nach der Geburt verpflichtet werden. Die Sperrwirkung der §§ 1594 I, 1600 d IV BGB stellt das Kind und die nichteheliche Mutter freilich nicht rechtlos. § 1613 II Nr. 2 a BGB läßt die rückwirkende Geltendmachung des Unterhalts für die Mutter und das Kind vor Anerkennung oder Feststellung der Vaterschaft zu. Vgl. dazu Rn 6/105 a.

Ein Ehemann, der der **heterologen Insemination** mit dem Samen eines anderen Mannes bei seiner Ehefrau zugestimmt hat, kann zwar die Vaterschaft anfechten. Er kann aber gleichwohl auf vertraglicher Grundlage dem Kind zum Unterhalt verpflichtet sein.[7] Zur Auswirkung auf den Familienunterhalt vgl. Rn 3/27.

1 b Das KindRG und das Kindesunterhaltsgesetz (KindUG)[8] haben die Unterschiede zwischen **ehelichen und nichtehelichen Kindern** fast völlig beseitigt. Selbst der Begriff „nichteheliches Kind" wird vom Gesetz vermieden, sondern lediglich in § 1605 a BGB in schwer verständlicher Weise umschrieben. Auch nicht miteinander verheiratete Eltern können seit dem 1. 7. 1998 das Sorgerecht für ein Kind gemeinsam ausüben (§ 1626 a BGB).[9] Für eine Legitimation nichtehelicher Kinder durch Eheschließung der Eltern und für Ehelichkeitserklärung besteht danach kein Bedürfnis mehr. Die entsprechenden Vorschriften (§§ 1719 S. 1, 1736, 1740 BGB a. F.) sind ersatzlos aufgehoben worden. Ähnliches gilt für den Unterhalt nichtehelicher Kinder. Die §§ 1615 b bis 1615 k BGB a. F. sind entfallen. Als „Besondere Vorschriften für das Kind und seine nicht miteinander verheirateten Eltern"[10] sind im Gesetz nur noch §§ 1615 a, 1615 l bis 1615 o BGB verblieben. Diese regeln aber nicht die Bemessung des Kindesunterhalts, sondern vorzugsweise die Rechte der Mutter des nichtehelichen Kindes. Der Kindesunterhalt wird lediglich in § 1615 o I BGB angesprochen (vgl. dazu Rn 1a). Alle übrigen Sondervorschriften für das nichteheliche Kind in der bis 30. 6. 1998 geltenden Fassung des BGB sind entweder aufgehoben oder als für alle Kinder geltendes Recht in die §§ 1601 ff BGB neuer Fassung übernommen worden. Dies bedeutet u. a., daß auch die Düsseldorfer Tabelle (vgl. dazu Rn 209 ff) uneingeschränkt für nichteheliche Kinder anzuwenden ist. Vgl. dazu Rn 204 ff.

1 c Ein Eltern-Kind-Verhältnis kann nach wie vor durch **Adoption** begründet werden (§ 1754 BGB). Durch die Aufnahme als Kind erlischt die Verwandtschaft zu den bisherigen Eltern (§ 1755 I BGB). Unterhaltsrechtlich treten diese Wirkungen teilweise schon ein, sobald die Eltern des Kindes die erforderliche Einwilligung in die Adoption erteilt haben und das Kind in die Obhut des Annehmenden mit dem Ziel der Annahme aufgenommen ist. Von diesem Zeitpunkt an ist der Annehmende vor den Verwandten des Kindes und damit auch vor dessen Eltern zum Unterhalt verpflichtet (§ 1751 IV 1 BGB). Ein vertraglicher Unterhaltsanspruch kann bestehen, wenn ein Mann und eine Frau ein Kind ohne förmliche Annahme zu sich nehmen und es durch mittelbare Falschbeurkundung im Geburtenbuch als ihr eigenes Kind eintragen lassen.[11] Zur Auswirkung dieses Anspruchs auf den Familienunterhalt vgl. Rn 3/27.

1 d Die Unterhaltspflicht der Eltern besteht gegenüber **minderjährigen und volljährigen Kindern**, solange die unter Rn 2 ff dargestellten Anspruchsvoraussetzungen vorliegen, insbesondere solange das Kind sich nicht selbst unterhalten kann (§ 1602 BGB). Der Un-

---

[6] Vgl. dazu Gaul, FamRZ 1997, 1441, 1447
[7] BGH, FamRZ 1995, 861; kritisch dazu Gaul, FamRZ 1997, 1441, 1465
[8] Vom 6. 4. 1998 – BGBl. I 666
[9] Dazu Fröhlich in Scholz/Stein (Fn 1) Teil E Rn 60 ff
[10] So die Überschrift vor § 1615 a BGB
[11] BGH, FamRZ 1995, 995; OLG Bremen, FamRZ 1995, 1291

1. Abschnitt: Grundlagen § 2

terhaltsanspruch des minderjährigen und derjenige des volljährigen Kindes sind identisch. Im einzelnen bestehen manche Unterschiede. Vgl. dazu im einzelnen Rn 330 ff.

2. Übersicht über die wichtigsten Anspruchsvoraussetzungen und Einwendungen gegen den Anspruch

a) Bedürftigkeit. Nach § 1602 BGB sind Kinder nur unterhaltsberechtigt, wenn sie 2 außerstande sind, sich selbst zu unterhalten, d. h., wenn sie bedürftig sind. Das ist in der Regel der Fall, solange sie minderjährig sind und kein eigenes Einkommen haben. Bedürftig sind Kinder auch, solange sie sich noch in einer Berufsausbildung befinden (§ 1610 II BGB). Genaueres dazu Rn 45, 56 ff.

Auf die Ursache der Bedürftigkeit kommt es beim Kindesunterhalt grundsätzlich nicht an. Die gesetzliche Regelung des Verwandtenunterhalts enthält keine dem Ehegattenunterhalt vergleichbare Aufzählung von unterschiedlichen Bedarfsgründen und Einsatzzeitpunkten (vgl. §§ 1570 ff BGB). Das Kind kann auch nach Eintritt der Volljährigkeit erneut bedürftig werden, z. B. durch Arbeitslosigkeit, Krankheit oder nichteheliche Entbindung. Jedoch werden dann an die Obliegenheit des volljährigen Kindes, sich selbst durch jede, auch berufsfremde Arbeit zu unterhalten, strenge Anforderungen zu stellen sein.[12] Genaueres dazu Rn 48, 406. Ist das volljährige Kind durch sittliches Verschulden bedürftig geworden, wird nur Unterhalt nach Billigkeit geschuldet (§ 1611 BGB; vgl. Rn 478, 480).

b) Der Bedarf des Kindes richtet sich im allgemeinen nach den Lebensverhältnissen 3 seiner Eltern, da es in der Regel noch keine selbständige Lebensstellung (vgl. § 1610 I BGB) erreicht hat. Entscheidend sind insbesondere die Einkommens- und Vermögensverhältnisse der Eltern. Genaueres dazu Rn 108 ff. Der Bedarf von Kindern, die im Haushalt der Eltern oder eines Elternteils leben, wird üblicherweise nach Tabellen, vorzugsweise nach der Düsseldorfer Tabelle (Rn 209 ff), im Beitrittsgebiet nach der Berliner Tabelle (Rn 6/622, 625 ff), bemessen. Die Tabellen bauen auf den **Regelbeträgen** auf, die durch die RegelbetragVO[13] festgesetzt werden, erstmals am 1. 7. 1999 angehoben worden sind und künftig zum 1. Juli jedes zweiten Jahres angepaßt werden (§ 1612 a III BGB). Vgl. dazu im einzelnen Rn 205 ff. Das minderjährige Kind kann den Unterhalt als Vomhundertsatz eines oder des jeweiligen Regelbetrages verlangen (§ 1612 a I BGB). Vgl. unten Rn 246 a ff.

c) Leistungsfähigkeit. Nach § 1603 I BGB ist eine weitere Voraussetzung die Lei- 4 stungsfähigkeit der Eltern bzw. des barunterhaltspflichtigen Elternteils. Eltern sind nach dieser Bestimmung nicht unterhaltspflichtig, wenn sie bei Berücksichtigung ihrer sonstigen Verpflichtungen außerstande sind, den Unterhalt ohne Gefährdung ihres eigenen angemessenen Unterhalts zu gewähren. Nach § 1603 II 1 BGB besteht gegenüber **minderjährigen Kindern** eine verstärkte Unterhaltspflicht und damit eine erhöhte Anforderung an das Leistungsvermögen. Die Eltern sind minderjährigen Kindern gegenüber verpflichtet, alle verfügbaren Mittel zu ihrem und der Kinder Unterhalt gleichmäßig zu verwenden. Genaueres dazu Rn 247 ff. Die verschärfte Unterhaltspflicht ist durch das KindUG auch auf volljährige unverheiratete Kinder bis zur Vollendung des 21. Lebensjahres erstreckt worden, solange sie im Haushalt der Eltern oder eines Elternteils leben und sich in der allgemeinen Schulausbildung befinden (sog. **privilegiert volljährige Kinder**; § 1603 II 2 BGB). Dazu Rn 452 ff. Ist der unterhaltspflichtige Elternteil nicht in der Lage, allen gleichrangig Berechtigten Unterhalt zu leisten, liegt ein sog. Mangelfall vor. Dann ist der zur Verfügung stehende Betrag nach Abzug des Selbstbehalts auf die Berechtigten zu verteilen; vgl. Rn 159 ff; Gutdeutsch Rn 5/1 ff.

d) Haftung der Eltern. Nach § 1606 III 1 BGB haften die Eltern für den Barunterhalt 4a anteilig nach ihren Erwerbs- und Vermögensverhältnissen. Jedoch erfüllt der Elternteil, der ein unverheiratetes minderjähriges Kind betreut, seine Unterhaltspflicht in der Regel

---

[12] BGH, FamRZ 1985, 273 = NJW 1985, 806; FamRZ 1985, 1245 = R 256
[13] Art. 2 des KindUG vom 6. 4. 1998 – BGBl. I 666

durch Pflege und Erziehung (§ 1606 III 2 BGB). Zum Bar-, Natural- und Betreuungsunterhalt vgl. Rn 8 ff. Zur Haftung der Eltern auf Bar- und Betreuungsunterhalt beim minderjährigen Kind Rn 282 ff, zur anteiligen Barunterhaltspflicht beim volljährigen Kind Rn 433 ff. Wenn ein Elternteil oder ein Dritter anstelle des eigentlich Verpflichteten Unterhalt leistet, kann ein familienrechtlicher Ausgleichsanspruch begründet sein (Rn 529 ff); ggf. kommt auch ein Übergang des Unterhaltsanspruchs auf den Leistenden in Betracht (§§ 1607 II 2, III; 1608 BGB; dazu Rn 534, 545 ff).

4 b e) **Sonderfragen.**
- **Kindergeld** wird grundsätzlich auf den Unterhaltsanspruch angerechnet und auf diesem Wege zwischen den kindergeldberechtigten Eltern ausgeglichen. Dazu Rn 500 ff.
- Bei mehreren Unterhaltsberechtigten und eingeschränkter Leistungsfähigkeit des Verpflichteten kommt es auf die **Rangverhältnisse** an. Dazu Gutdeutsch Rn 5/35 ff.
- Unterhalt für die **Vergangenheit** wird nur unter bestimmten Voraussetzungen, insbesondere bei Verzug, geschuldet. Dazu Gerhardt Rn 6/100 ff.
- Kindesunterhalt kann wegen illoyalen Verhaltens **verwirkt** werden, nicht jedoch während der Minderjährigkeit des Kindes. Dazu Rn 478 ff.
- Kindesunterhalt unterliegt der vierjährigen **Verjährung** (§ 197 BGB); jedoch ist die Verjährung bis zur Volljährigkeit des Kindes gehemmt (§ 204 BGB). Dazu Gerhardt Rn 6/138.
- Die Geltendmachung von Kindesunterhalt kann **wegen verspäteter Geltendmachung** nach § 242 BGB unzulässig sein. Dazu Gerhardt Rn 6/135.
- **Verzicht** auf künftigen Kindesunterhalt ist nicht zulässig. Dazu Rn 521 ff.
- **Sozialleistungen** haben in vielfältiger Hinsicht Einfluß auf den Unterhaltsanspruch des Kindes. Sozialstaatliche Zuwendungen sind grundsätzlich als Einkommen zu behandeln, nicht dagegen subsidiäre Sozialleistungen. Dazu Haußleiter Rn 1/351 ff. Bei subsidiären Sozialleistungen, insbesondere bei der Sozialhilfe, geht der Unterhaltsanspruch u. U. auf den Sozialleistungsträger über. Dazu im einzelnen Rn 6/500 ff.

3. Beginn und Ende des Unterhaltsanspruchs

5   Die Unterhaltspflicht beginnt mit der Geburt des Kindes und **dauert dem Grunde nach lebenslang** fort, solange das Kind bedürftig ist und die Eltern leistungsfähig sind; sie ist nicht an bestimmte Altersgrenzen gebunden.[14]

Diese Pflicht zur Unterhaltsleistung und zur Finanzierung einer Ausbildung besteht über den Eintritt der Volljährigkeit hinaus für die Dauer normaler Ausbildungs- und Studienzeiten. Das Kind erhält in dieser Zeit den sogenannten Ausbildungsunterhalt (§ 1610 II BGB; vgl. Rn 56 ff).

6   In der Regel **endet der Unterhaltsanspruch**, wenn das Kind nach einer abgeschlossenen Ausbildung in der Lage ist, für seinen Lebensunterhalt selbst zu sorgen. Dies wird meistens erst nach Eintritt der Volljährigkeit der Fall sein. Weigert sich das Kind, sich einer Ausbildung zu unterziehen, muß es seinen Lebensunterhalt selbst durch eigene Arbeit sicherstellen. Dies gilt auch für ein arbeitsfähiges minderjähriges Kind.[15] Unterhaltsansprüche bestehen in einem solchen Fall nicht, solange das Kind keine angemessene Ausbildung beginnt. Genaueres dazu Rn 46 ff.

7   Ein bereits erloschener Unterhaltsanspruch kann **wieder aufleben**, wenn und solange das Kind erneut bedürftig wird. An die Bedürftigkeit eines volljährigen Kindes sind dabei sehr strenge Anforderungen zu stellen (vgl. Rn 48, 406).[16]

7 a   Der Unterhaltsanspruch **erlischt** mit dem Tod des Kindes oder des verpflichteten Elternteils. Für Rückstände und bereits fällige Leistungen gilt dies natürlich nicht (§ 1615 I BGB). Stirbt das Kind während des laufenden Monats, hat der Verpflichtete den Unterhalt für den vollen Monat zu zahlen (§ 1612 III 2 BGB). Er hat auch für die Beerdigungs-

---

[14] BGH, FamRZ 1984, 682 = R 209
[15] OLG Düsseldorf, FamRZ 1990, 194
[16] BGH, FamRZ 1985, 273 = NJW 1985, 806; FamRZ 1985, 1245 = R 256

kosten aufzukommen, soweit ihre Bezahlung nicht von dem Erben zu erlangen ist (vgl. § 1968 BGB). Entgegen der Regelung beim Ehegattenunterhalt (§ 1586 b BGB) geht die Unterhaltspflicht nicht auf die Erben des Verpflichteten über. Dafür besteht kein Bedürfnis, weil das Kind beim Tod eines Elternteils erb- und pflichtteilsberechtigt ist, zudem der nächste Verwandte, in erster Linie der andere Elternteil, Unterhalt zu leisten hat, falls Erbe oder Pflichtteil den Bedarf des Kindes nicht decken (§ 1601 BGB).

II. Unterhaltsarten

1. Bar-, Betreuungs- und Naturalunterhalt

Der Unterhaltsanspruch des Kindes umfaßt nach § 1610 II BGB seinen gesamten Lebensbedarf einschließlich der Kosten für eine angemessene Ausbildung und – bei einem minderjährigen Kind – für die Erziehung. Dazu gehören im wesentlichen Wohnung, Verpflegung, Kleidung, Versorgung, Betreuung, Erziehung, Bildung, Ausbildung, Erholung, Gesundheits- und Krankheitsfürsorge.[17] Zu Recht weist das Bundesverfassungsgericht,[18] allerdings im Rahmen von Ausführungen zum steuerlichen Existenzminimum, darauf hin, daß die Eltern aufgrund ihrer Unterhaltspflicht dem Kind auch eine Entwicklung zu ermöglichen haben, die es zu einem verantwortlichen Leben in der Gesellschaft befähigt, insbesondere durch Mitgliedschaft in Vereinen, durch Erlernen moderner Kommunikationstechniken, von Kultur- und Sprachfertigkeiten und durch die sinnvolle Gestaltung der Freizeit und der Ferien. Erbringen die Eltern diese vielfältigen Leistungen nicht in Natur (vgl. Rn 9), werden die dafür erforderlichen Kosten dem Kind nach § 1612 I 1 BGB als sog. **Barunterhalt** in Form einer Geldrente geschuldet. Dies ist die Regel, wenn die Eltern nicht zusammenleben oder wenn das Kind das Elternhaus verlassen hat.

8

Der Barunterhaltspflichtige kann nach § 1612 I 2 BGB **verlangen**, daß ihm die Gewährung des Unterhalts ganz oder teilweise **in anderer Art**, z. B. in der Form von Sachleistungen, gestattet wird, wenn besondere Gründe dies rechtfertigen. Diese Vorschrift, die beim Kindesunterhalt wegen § 1612 II 1 BGB nur geringe praktische Bedeutung hat, ist immerhin die gesetzliche Grundlage dafür, daß ein erwerbstätiger Elternteil den **Krankenversicherungsschutz** seiner Kinder durch Mitversicherung in der gesetzlichen Krankenkasse sicherstellen kann.[19] Dadurch werden gegenüber einer privaten Krankenversicherung beachtliche Kosten erspart, da Kinder, die sich einer Schul- oder Berufsausbildung unterziehen, bis zum vollendeten 25. Lebensjahr im Rahmen der Familienversicherung beitragsfrei mitversichert sind (§ 10 II Nr. 3 SGB V). Ob der Barunterhaltspflichtige verlangen kann, daß die Kinder weiter in seiner privaten Krankenversicherung versichert bleiben, hängt von den Umständen ab. Im allgemeinen werden keine höheren Kosten entstehen, wenn die Versicherung vom sorgeberechtigten Elternteil für die Kinder fortgeführt wird und der Barunterhaltspflichtige die Kosten des Versicherungsschutzes als Teil des Barunterhalts den Kindern zur Verfügung stellt. Anders kann es sein, wenn der betreuende Ehegatte oder das Kind einen Versicherungsvertrag bei einem anderen Unternehmen abschließen wollen und dadurch höhere Kosten verursachen würden. Dann kann der barunterhaltspflichtige Elternteil nach § 1612 I 2 BGB verlangen, daß die bisherige Mitversicherung im Rahmen seiner Krankenversicherung fortgeführt wird, es sei denn, daß es bei der Erstattung von Krankheitskosten wegen seines Verhaltens (z. B. nicht pünktliche Weiterleitung der erstatteten Beträge) zu Unzuträglichkeiten gekommen ist.[20] Zur Krankenversicherung beim Tabellenunterhalt vgl. Rn 215, 371, 390. Leben die Eltern mit dem Kind – wenn auch getrennt – noch in derselben Wohnung, so kann der Pflich-

---

[17] BGH, FamRZ 1988, 159, 161 = R 346 d; FamRZ 1983, 473 = R 160 c
[18] FamRZ 1999, 285, 290
[19] OLG Düsseldorf, FamRZ 1994, 396 mit Anmerkung van Els, FamRZ 1994, 926, der § 1618a BGB für anwendbar hält
[20] Vgl. OLG Düsseldorf, FamRZ 1992, 981, 983

§ 2 Kindes- und Verwandtenunterhalt

tige nach § 1612 I 2 BGB den **Wohnbedarf** des Kindes dadurch decken, daß er die Miete für die gesamte Wohnung oder die Belastungen des Einfamilienhauses trägt. Dies rechtfertigt dann eine Kürzung des sich aus der Düsseldorfer Tabelle ergebenden Tabellenunterhalts.[21] Seit der beachtlichen Anhebung des Kindesunterhalts durch die Düsseldorfer Tabelle, Stand 1.1.1996 (vgl. Rn 203 ff, 210 a), wird von einer Kürzung des Tabellenunterhalts um 20 % auszugehen sein (vgl. dazu BayL 20 g). Vgl. dazu auch Rn 102, 104.

9   Nach dem Gesetz ist der Barunterhalt nur scheinbar die Regel. Im Gegenteil wird üblicherweise minderjährigen und volljährigen Kindern, die das Elternhaus noch nicht verlassen haben, **Naturalunterhalt** gewährt, wenn die Eltern, ob verheiratet oder nicht, in einem Haushalt zusammenleben (vgl. Rn 8). Der Naturalunterhalt findet seine gesetzliche Grundlage in § 1612 II 1 BGB. Danach können Eltern bei unverheirateten Kindern **bestimmen**, in welcher **Art und** für welche **Zeit** im voraus der Barunterhalt gewährt werden soll. Dieser Naturalunterhalt umfaßt alles, was in Natur zur Befriedigung der Lebensbedürfnisse geleistet wird, wie freie Kost, Wohnung, Versorgung, sonstige Sachaufwendungen und Leistungen, aber auch ein angemessenes Taschengeld. Zum Bestimmungsrecht der Eltern vgl. Rn 21 ff.

Naturalunterhalt ist nicht kostenlos, da Nahrung, Kleidung, Spielzeug, Bücher und Hefte für die Schule gekauft werden müssen und auch der für das Kind bestimmte Wohnraum finanzielle Aufwendungen erfordert. Diese Aufwendungen für das im Haushalt der Eltern lebende Kind sind bei verheirateten Eltern Teil des Familienunterhalts, zu dem beide Ehegatten durch ihre Arbeit und ihr Vermögen beizutragen haben; dabei steht die Haushaltsführung der Erwerbstätigkeit gleich (§ 1360 BGB; vgl. Rn 3/12, 3/35). Dieses gilt auch für das bei den Eltern lebende volljährige, unverheiratete Kind. Es hat, solange die Eltern nichts Gegenteiliges bestimmen, grundsätzlich kein Recht auf Unterhalt in Form einer Geldrente (vgl. Rn 3/10). Andererseits hat ein solches Kind, wenn es den Haushalt der Eltern verlassen hat, keinen Anspruch, dort wieder gegen deren Willen aufgenommen zu werden; die Eltern schulden in diesem Fall dem bedürftigen Kind eine Geldrente (§ 1612 I 2 BGB), allein sie bestimmen, nicht das Kind, ob es Naturalunterhalt erhalten soll.[22] Bei einem minderjährigen Kind ist die Bestimmung Ausfluß der elterlichen Sorge. Steht den Eltern die Sorge gemeinsam zu, dürfte die Bestimmung von beiden zu treffen sein, da sie – ebenso wie die Festlegung des Aufenthalts des Kindes bei dem einen oder anderen Elternteil – keine Angelegenheit des täglichen Lebens ist, die der Elternteil, der das Kind in Obhut hat, allein treffen darf (vgl. § 1687 I 1, 2 BGB). Können sich die Eltern nicht einigen, muß das Familiengericht entscheiden (§ 1628 BGB). Hat ein Elternteil allein das Sorgerecht, so bestimmt er, ob Naturalunterhalt zu gewähren ist. Der nicht sorgeberechtigte Elternteil kann die Bestimmung nur für die Zeit treffen, in der das Kind in seinen Haushalt aufgenommen worden ist (§ 1612 II 3 BGB; vgl. unten Rn 28). Bei einem Volljährigen hat grundsätzlich der von diesem in Anspruch genommene Elternteil das Bestimmungsrecht (vgl. unten Rn 29 ff).

10 Bei minderjährigen Kindern werden außer dem Barunterhalt noch die Versorgung, Betreuung, Erziehung und Haushaltsführung für das Kind geschuldet. Es ist dies ein reiner Leistungsaufwand, der ebenfalls „in Natur" zu erbringen ist. Dieser Teil des Unterhalts für Minderjährige wird **Betreuungsunterhalt** genannt. Er darf nicht mit dem Naturalunterhalt verwechselt werden.[23] Der Naturalunterhalt deckt anstelle des vom Gesetz (§ 1612 I 1 BGB) als Regel vorgesehenen Barunterhalts die materiellen Bedürfnisse des Kindes, während der Betreuungsunterhalt den Anspruch des Kindes auf Pflege und Erziehung, also auf persönliche Zuwendung und Versorgung, befriedigen soll. Der betreuende Elternteil erfüllt seine Verpflichtung, zum Unterhalt des Kindes beizutragen, in der Regel gerade durch dessen Pflege und Erziehung, also durch die Leistung von Betreuungsunterhalt (§ 1606 III 2 BGB). Die Auffassung des BGH,[24] das Recht des Kindes

---

[21] OLG Düsseldorf, FamRZ 1994, 1049, 1053 = NJW-RR 1994, 326, 329: Kürzung um 15 % im mittleren Einkommensbereich der Tabelle
[22] BGH, FamRZ 1994, 1102 = R 480 mit Anm. Scholz, FamRZ 1994, 1314
[23] Ungenau: BGH, FamRZ 1994, 1102 = R 480 mit Anm. Scholz, FamRZ 1994, 1314, 1315
[24] BGH, FamRZ 1994, 1102 = R 480 mit Anm. Scholz, FamRZ 1994, 1314

auf Betreuung beruhe nicht auf seinem Unterhaltsanspruch, trifft daher nicht zu. Richtig ist nur, daß das Kind den Anspruch auf Betreuung nicht einklagen, sondern nur die Verurteilung der Eltern zur Leistung von Barunterhalt gerichtlich durchsetzen kann (§ 1612 I 1 BGB). Anspruch und Klagbarkeit sind jedoch nicht unbedingt miteinander verknüpft.[25]

2. Gleichwertigkeit von Bar- und Betreuungsunterhalt

Bei **Minderjährigen** erfüllt der Elternteil, bei dem das Kind lebt, seinen Anteil an der gesamten Unterhaltsverpflichtung in der Regel durch die Pflege, Betreuung und Erziehung des Kindes (§ 1606 III 2 BGB). Er leistet den **Betreuungsunterhalt** (siehe Rn 10). Bar- und Betreuungsunterhalt sind im Regelfall **gleichwertig**.[26] Dies gilt jedenfalls, wenn sich die Einkommensverhältnisse beider Eltern im mittleren Bereich halten und das Einkommen des barunterhaltspflichtigen Elternteils nicht wesentlich geringer ist als das des betreuenden Elternteils.[27] Nur in Ausnahmefällen kann der betreuende Elternteil auch – ganz oder teilweise – zum Barunterhalt herangezogen werden (vgl. dazu Rn 287 ff).

Der **nicht betreuende Elternteil** ist dem minderjährigen Kind – von den soeben erwähnten Ausnahmefällen (vgl. Rn 11) abgesehen – **allein barunterhaltspflichtig**. Er trägt die Kosten des gesamten Lebensbedarfs (Rn 212 ff) und stellt die dafür benötigten Mittel in Form einer Geldrente (§ 1612 I 1 BGB) als Barunterhalt zur Verfügung. Im Einvernehmen mit dem sorgeberechtigten Elternteil kann er einen Teil des Barunterhalts auch in der Form von Sachleistungen (als Naturalunterhalt nach § 1612 BGB) erbringen.[28]

Mit der **pauschalen Gleichbewertung** von Barleistungen (Rn 12) und Betreuungsleistungen (Rn 11) wird das Gesetz (§ 1606 III 2 BGB) nicht nur der gerade für das Unterhaltsrecht unabwendbaren Notwendigkeit gerecht, die Bemessung der anteilig zu erbringenden Leistungen zu erleichtern, sondern trägt auch der Tatsache Rechnung, daß eine auf den Einzelfall abstellende rechnerische Bewertung des Betreuungsaufwands meist unzulänglich bleibt. Es erscheint bedenklich, den Geldwert der Betreuung, die im Einzelfall sehr unterschiedlich sein kann, durch den Ansatz von Aufwendungen, die für die Besorgung vergleichbarer Dienste durch Hilfskräfte erforderlich wären, oder durch ähnliche Schätzungen zu ermitteln.[29]

Wegen der typisierenden Gleichbewertung von Barleistungen und Betreuungsleistungen scheidet ein Ansatz des Geldwertes für Betreuungsleistungen (sogenannte Monetarisierung der Betreuungsleistungen) aus. Dies schließt es aber nicht aus, bei der Berechnung des Ehegattenunterhalts den Aufwand zu ermitteln, der dem sorgeberechtigten Elternteil dadurch entsteht, daß er infolge seiner Berufstätigkeit die Betreuung des Kindes zum Teil Dritten übertragen muß (= Werbungskosten oder berufsbedingte Aufwendungen), oder einen Betreuungsbonus zu gewähren.[30] Genaueres Rn 275, 283, 295, 321 sowie 1/107.

Der **Grundsatz der Gleichwertigkeit** von Bar- und Naturalunterhalt gilt nach der Rechtsprechung des BGH im Regelfall für **jede Altersstufe** minderjähriger, unverheirateter Kinder bis zum Eintritt der Volljährigkeit. Er trägt auf praktikabel pauschalierende Weise einem nach Art und Umfang unterschiedlichen Betreuungsbedarf des Kindes in den verschiedenen Lebensaltersstufen der Minderjährigkeit Rechnung.[31]

Die Einführung des **gemeinsamen Sorgerechts** durch das KindRG zum 1. 7. 1998 wird voraussichtlich dazu führen, daß etliche Eltern auch nach Trennung und/oder Schei-

---

[25] Scholz, FamRZ 1994, 1314
[26] BGH, FamRZ 1994, 696, 699 = R 477c; FamRZ 1988, 159, 161 = R 346g; FamRZ 1981, 347 = R 67a
[27] BGH, FamRZ 1991, 182 = R 430a; FamRZ 1980, 994 = NJW 1980, 2306
[28] BGH, FamRZ 1987, 58 = R 304A a; FamRZ 1985, 584 = R 254a
[29] BGH, FamRZ 1988, 159, 161 = R 346g
[30] BGH, FamRZ 1991, 182 = R 430b; FamRZ 1982, 779 = R 124b
[31] BGH, FamRZ 1994, 696, 698 = R 477c; FamRZ 1988, 159, 161 = R 346d, g

dung die Verantwortung für ihre minderjährigen Kinder weiter gemeinsam wahrnehmen und die Betreuung unter sich aufteilen. In solchen Fällen wird man nicht stets davon ausgehen können, daß ein Elternteil den gesamten Barunterhalt allein zu tragen hat. Vgl. dazu Rn 316 a.

14 b Während das Gesetz bis zum 30. 6. 1998 davon ausging, daß ein **nichteheliches Kind** von seiner allein sorgeberechtigten Mutter betreut wurde und der Vater lediglich Barunterhalt zu leisten hatte (§§ 1615 f, 1705 BGB a. F.), kann nunmehr der Vater seine Unterhaltspflicht auch durch Betreuung erfüllen. Solange die Eltern in einer nichtehelichen Gemeinschaft zusammenleben, wird dem Kind ohnehin Naturalunterhalt (Rn 9) geleistet. Dies beruht auf einer Bestimmung der sorgeberechtigten Mutter oder der nach § 1626 a BGB gemeinsam sorgeberechtigten Eltern. Trennen die Eltern sich später, so steht es ihnen frei, den Aufenthalt des Kindes beim Vater festzulegen. Dann hat dieser Betreuungs- und die Mutter Barunterhalt zu leisten.

15 Ab Erreichen der **Volljährigkeit** werden **keine Betreuungsleistungen** mehr geschuldet.[32] Die Unterhaltsbemessung erfolgt nur nach § 1606 III 1 BGB, d. h. anteilig nach den Einkommens- und Vermögensverhältnissen beider Eltern. Dies gilt grundsätzlich auch dann, wenn das volljährige Kind weiterhin die Schule besucht und sich an seinen Lebensverhältnissen zunächst nichts ändert, es also weiter im Haushalt der Mutter lebt und von ihr versorgt wird.[33] Das Gegenteil ergibt sich auch nicht aus §§ 1603 II 2, 1609 BGB. Diese Vorschriften stellen sog. **privilegiert volljährige Kinder**, also volljährige unverheiratete Kinder bis zur Vollendung des 21. Lebensjahres, solange sie im Haushalt der Eltern oder eines Elternteils leben und sich in der allgemeinen Schulausbildung befinden, minderjährigen Kindern gleich, aber nur hinsichtlich der Leistungsfähigkeit und des Ranges. Diese Gleichstellung soll aber nach der Begründung des KindUG[34] im Rahmen des § 1606 III 2 BGB gerade nicht gelten. Daher ist für eine entsprechende Anwendung des § 1606 III 2 BGB auf privilegiert volljährige Kinder kein Raum.[35] Vgl. dazu im einzelnen Rn 452 ff. Zur Anwendung des § 1606 III 1 BGB, wenn das volljährige Kind wegen Krankheit oder Behinderung tatsächlich betreuungsbedürftig ist, vgl. Rn 450.

16 Sind **beide Eltern** dem Kind **barunterhaltspflichtig**, so haften sie anteilig nach ihren Erwerbs- und Vermögensverhältnissen (§ 1606 III 1 BGB). Wegen der Einzelheiten vgl. für das minderjährige Kind Rn 289 ff und für das volljährige Kind Rn 433 ff.

3. Verhältnis des Minderjährigen- zum Volljährigenunterhalt

17 Minderjährigen- und Volljährigenunterhalt sind **identisch**.[36] Allerdings ist der Unterhaltsanspruch des minderjährigen Kindes gegenüber dem des volljährigen Kindes bevorzugt ausgestaltet. Eltern haften dem minderjährigen Kind verschärft und haben daher ihre verfügbaren Mittel bis zum notwendigen Selbstbehalt von 1500,– DM bei Erwerbstätigen bzw. 1300,– DM bei Nichterwerbstätigen nach der Düsseldorfer Tabelle (vgl. Rn 264) einzusetzen (§ 1603 II 1 BGB). Während diese verschärfte Haftung früher mit dem Eintritt der Volljährigkeit endete, gilt sie ab 1. 7. 1998 auch zugunsten sog. privilegiert volljähriger Kinder bis zur Vollendung des 21. Lebensjahres, solange sie im Haushalt der Eltern oder eines Elternteils leben und sich in der allgemeinen Schulausbildung befinden (§ 1603 II 2 BGB). Vgl. Rn 15, 452 ff. Im übrigen haften Eltern ihrem volljährigen Kind nur bis zur Grenze ihres eigenen angemessenen Unterhalts (§ 1603 I BGB), der nach der Düsseldorfer Tabelle 1800,– DM (Rn 417) beträgt. Ab Volljährigkeit wird Betreuungsunterhalt nicht mehr geschuldet (vgl. Rn 15). Der Elternteil, der seine Unterhaltsverpflichtung bisher durch Betreuung erfüllte, haftet nun, Leistungsfähigkeit vorausgesetzt, ebenfalls anteilig auf Barunterhalt (§ 1606 III 1 BGB). Volljährigenunterhalt kann

---

[32] BGH, FamRZ 1994, 696, 698 = R 477 c; FamRZ 1988, 1039 = R 366 c
[33] BGH, FamRZ 1994, 696, 698 = R 477 c
[34] BT-Drucks. 13/7338 S. 22
[35] Schumacher/Grün, FamRZ 1998, 778, 786; anders Johannsen/Henrich/Graba, Eherecht, 3. Aufl., § 1606 Rn 9
[36] BGH, FamRZ 1994, 696 = R 477 a

verwirkt werden, Minderjährigenunterhalt dagegen nicht (§ 1611 II BGB). Diese und weitere Besonderheiten, die für den Unterhalt Minderjähriger bestehen (dazu Rn 193 ff), rechtfertigen es nicht, den Anspruch auf Volljährigenunterhalt als eigenständigen Anspruch aufzufassen. Die unveränderte Fortdauer des die Unterhaltspflicht begründenden Verwandtschaftsverhältnisses über den Eintritt der Volljährigkeit hinaus unterscheidet den Verwandtenunterhalt grundsätzlich vom Ehegattenunterhalt, der für die Zeit vor und nach der Scheidung auf jeweils anderen Anspruchsgrundlagen beruht.[37]

18 Dies hat zur Folge, daß **Unterhaltsurteile** und Vergleiche, die aus der Zeit der Minderjährigkeit des Kindes stammen, über den Zeitpunkt der Vollendung der Volljährigkeit hinaus **weiter gelten**.[38]
— War ein solcher Titel von einem Elternteil in Prozeßstandschaft für das minderjährige Kind nach § 1629 III 1 BGB erwirkt worden, ist nach Eintritt der Volljährigkeit gemäß § 1629 III 2 BGB, § 727 ZPO eine **Titelumschreibung** auf den Volljährigen nötig.
— Wird das Kind während eines noch schwebenden Prozesses, durch den ein Elternteil gegen den anderen Kindesunterhalt in Prozeßstandschaft geltend macht, volljährig, so tritt es durch **Parteiwechsel** an die Stelle des bisher klagenden Elternteils in den Rechtsstreit ein.
— Führt der vertretungsberechtigte Elternteil den Unterhaltsprozeß im Namen des Kindes (vgl. § 1629 I 3, II 2 BGB), so fällt mit Volljährigkeit die gesetzliche Vertretung fort. Der Rechtsstreit muß vom volljährigen Kind selbst weiter betrieben werden.
— Einzelheiten zur Prozeßstandschaft siehe Rn 8/17 ff und 2/316 a, 538.

19 Ein wirksamer Unterhaltstitel aus der Zeit der Minderjährigkeit kann nur im Weg der **Abänderungsklage** (§ 323 ZPO) nach Eintritt der Volljährigkeit abgeändert werden. Eine Leistungsklage auf höheren Unterhalt ist unzulässig.[39]

20 Materiell endet der Unterhalt des Minderjährigen mit dem Tag der Volljährigkeit, nicht erst am Monatsende. Der Volljährigenunterhalt beginnt mit dem 18. Geburtstag des Kindes und nicht am Ersten des Monats, in den der Geburtstag fällt, oder gar erst am Ersten des folgenden Monats (vgl. dazu Rn 202, 218, 340). § 1612 a III 2 BGB i. d. F. des KindUG bezieht sich nur auf den Minderjährigenunterhalt. Dies kann bei Abänderungsklagen wegen erhöhten Bedarfs oder wegen geminderter Leistungsfähigkeit des Verpflichteten infolge des veränderten Selbstbehaltssatzes (angemessener Selbstbehalt von 1800,– DM statt des notwendigen Selbstbehalts von 1500,– DM bzw. 1300,– DM) eine Rolle spielen (vgl. dazu Rn 264, 407 ff, 417 ff). Der anteilige Unterhalt bis zum Tage der Volljährigkeit ist in der Weise zu berechnen, daß die monatliche Unterhaltsrente mit dem Kalendertag multipliziert und durch die Anzahl der Tage im Monat (z. B. 30 oder 31) dividiert wird.[40]

III. Bestimmungsrecht der Eltern

1. Bestimmungsrecht

21 Nach § 1612 II 1 BGB können Eltern gegenüber **unverheirateten** Kindern bestimmen, in welcher Art (Bar- oder Naturalunterhalt) und für welche Zeit im voraus Unterhalt gewährt werden soll. Daher können sie insbesondere festlegen, daß der Unterhalt weiterhin im Elternhaus entgegenzunehmen ist.

22 Dieses Bestimmungsrecht gilt gegenüber **minderjährigen und volljährigen** Kindern.[41] Es ist bei einem Minderjährigen Ausfluß der elterliche Sorge (vgl. dazu Rn 9).
Das KindUG stellt das umstrittene Bestimmungsrecht der Eltern bei einem volljährigen Kind zu Recht nicht in Frage. Könnte das Kind nach Eintritt der Volljährigkeit stets

---

[37] BGH, FamRZ 1984, 682 = R 209
[38] BGH, FamRZ 1983, 582; OLG Hamm, FamRZ 1983, 208
[39] BGH, FamRZ 1988, 1039 = R 366 a; FamRZ 1984, 682 = R 209
[40] BGH, FamRZ 1988, 604 = R 361 a
[41] BGH, FamRZ 1996, 798 = R 501 b; FamRZ 1993, 417, 420 = NJW-RR 1993, 222; FamRZ 1981, 250, 252 = R 59 b

das Elternhaus verlassen und Unterhalt in Form einer Geldrente verlangen, würden die Eltern vielfach wirtschaftlich überfordert. Jedoch wird in § 1612 II 1 BGB seit dem 1. 7. 1998 ausdrücklich klargestellt, daß die Eltern auf die Belange des Kindes die gebotene Rücksicht zu nehmen haben. Dies hat Bedeutung insbesondere für das volljährige Kind[42] und für die Frage, wann das Familiengericht die Bestimmung der Eltern aus besonderen Gründen ändern kann (§ 1612 II 2 BGB; dazu Rn 39 f).

23   Eine wirksame Bestimmung setzt voraus, daß der Unterhaltsanspruch als solcher nicht bestritten wird und nur die Art der Unterhaltsgewährung einseitig geregelt wird.[43]

24   Sachlich muß die Bestimmung, wie sich aus § 1610 II 1 BGB ergibt, den **gesamten Lebensbedarf** des Kindes umfassen. Das schließt nicht aus, eine Bestimmung dahin zu treffen, daß der Unterhalt zu einem abgrenzbaren Teil in Natur (z. B. Wohnung und Verpflegung im Elternhaus) und im übrigen in Geld (z. B. als Taschengeld sowie für sonstige Sachaufwendungen) gewährt wird. In solchen Fällen ist auch die Überlassung von Geldbeträgen ein Teil des in Form von Naturalleistungen gewährten Unterhalts.[44] Es reicht dagegen nicht aus, wenn Eltern einzelne Betreuungs- und Pflegeleistungen anbieten, den übrigen Unterhalt aber offenlassen.[45]

25   Das Bestimmungsrecht der Eltern nach § 1612 I 1 BGB hat auch den Zweck, diesen einen weiter gehenden **Einfluß auf die Lebensführung** des Kindes zu verschaffen, als es bei einer Unterhaltsgewährung in Geld möglich ist. Zwar haben die Eltern bei der Ausübung des Bestimmungsrechts auf die Belange des Kindes die gebotene Rücksicht zu nehmen (§ 1612 II 1 BGB; vgl. Rn 22); auch sind volljährige Kinder zur Selbstbestimmung herangewachsen. Jedoch schulden nicht nur die Eltern, sondern auch die Kinder ihren Eltern Beistand und Rücksicht (§ 1618 a BGB), zumal da sie von ihnen wirtschaftlich abhängig sind.[46] Außerdem werden die Eltern bei einer solchen Bestimmung in der Regel wirtschaftlich – vor allem durch Ersparnisse bei den Wohnkosten – entlastet. Es kann daher Kindern nach wie vor in der Regel zugemutet werden, nach Volljährigkeit noch gewisse Zeit im Elternhaus zu verbleiben. Ihre berechtigten Interessen werden dadurch geschützt, daß das Familiengericht die Bestimmung der Eltern aus besonderen Gründen abändern kann (vgl. Rn 22, 39 f).

26   Das Bestimmungsrecht ist ein **Gestaltungsrecht**. Es ist gegenüber bereits volljährigen Kindern durch eine rechtsgeschäftliche, empfangsbedürftige Willenserklärung auszuüben. Da für die Bestimmung keine besondere Form vorgeschrieben ist, kann sie auch durch schlüssiges Verhalten erfolgen. Letzteres setzt allerdings voraus, daß der Verpflichtete weiß oder wenigstens mit der Möglichkeit rechnet, einer von ihm durch konkludentes Verhalten abgegebenen Willenserklärung könne rechtliche Bedeutung zukommen. Bei der Prüfung, ob im Einzelfall eine den gesetzlichen Anforderungen gerecht werdende Bestimmung vorliegt, gelten die allgemeinen Grundsätze zur Ermittlung des Inhalts empfangsbedürftiger Willenserklärungen. Dabei ist davon auszugehen, wie die Erklärung von dem Empfänger aufgefaßt wurde oder bei unbefangener Würdigung nach Treu und Glauben aufgefaßt werden mußte.[47]

Haben die Eltern vereinbart, der Vater solle Unterhalt in Natur gewähren, so kann in der tatsächlichen Handhabung der Unterhaltsgewährung in der Folgezeit eine dieser Vereinbarung entsprechende elterliche Unterhaltsbestimmung durch schlüssiges Verhalten gesehen werden.[48]

---

[42] Vgl. Beschlußempfehlung und Bericht des Rechtsausschusses, BT-Drucks. 13/9596 S. 32
[43] OLG Stuttgart, FamRZ 1984, 504
[44] BGH, FamRZ 1985, 584 = R 254 a; FamRZ 1984, 37 = NJW 1984, 305; FamRZ 1983, 369 = R 157; FamRZ 1981, 250, 252 = R 59 b
[45] BGH, FamRZ 1993, 417, 420 = NJW-RR 1993, 222
[46] BGH, FamRZ 1981, 250, 252 = R 59 b
[47] BGH, FamRZ 1983, 369 = R 157
[48] BGH, FamRZ 1985, 584 = R 254 a

2. Bestimmungsberechtigung

Das Bestimmungsrecht steht nach § 1612 II 1 BGB den Eltern grundsätzlich gemeinsam zu. Es ist bei minderjährigen unverheirateten Kindern Ausfluß des Sorgerechts (Rn 9). Bei unverheirateten volljährigen Kindern ergibt es sich aus der fortbestehenden gemeinsamen elterlichen Verantwortung (§ 1618a BGB).

Leben die Eltern getrennt oder sind sie geschieden, steht das Bestimmungsrecht **bei minderjährigen Kindern** dem Inhaber des Sorgerechts als Teil der Personensorge zu (§ 1631 I BGB). Bei gemeinsamer elterlicher Sorge üben sie es gemeinsam aus. Bei Meinungsverschiedenheiten müssen sie versuchen, sich zu einigen (§ 1627 S. 2 BGB). Mißlingt das, können sie das Familiengericht anrufen. Dieses kann die Entscheidung einem Elternteil übertragen und die Übertragung mit Beschränkungen und Auflagen verbinden (§ 1628 BGB). Der nicht sorgeberechtigte Elternteil kann eine Bestimmung nur für die Zeit treffen, in der das Kind in seinen Haushalt aufgenommen ist (§ 1612 II 3 BGB). Ein solches Recht hat er jedoch nicht für die üblichen Besuche der Kinder in den Ferien, auch wenn diese einige Wochen dauern. Derartige Besuche ermöglichen nur die **Ausübung des Umgangsrechts;** sie sind nicht unvorhersehbar und geben dem barunterhaltspflichtigen Elternteil deshalb nicht die Befugnis, die pauschalierte monatliche Unterhaltsrente zu kürzen.[49] Bei zeitlich umfangreicherem Aufenthalt des Kindes beim nicht sorgeberechtigten Elternteil wird man ein zeitlich eingeschränktes Recht, die Art des Unterhalts bestimmen zu können, nicht generell ausschließen können; in einem solchen Fall ist jedenfalls der Barunterhalt zu kürzen.[50] Der Vater, der während einer längeren Krankheit der Mutter das Kind in seinen Haushalt aufnimmt, trifft dadurch konkludent die Bestimmung, daß er Unterhalt in Natur gewähren will. Daran ist er auch nicht durch ein Urteil gehindert, das ihn zu einem früheren Zeitpunkt zur Zahlung von Barunterhalt an das Kind verurteilt hatte.[51] Zur Minderung der Leistungsfähigkeit durch Umgangskosten vgl. Rn 168 ff, zum Kindesunterhalt bei gemeinsamer elterlicher Sorge vgl. Rn 316 ff.

Bei **volljährigen Kindern** legt es der unterhaltsrechtliche Zusammenhang nahe, im Regelfall das Bestimmungsrecht **dem Elternteil** zuzubilligen, **der** von dem volljährigen **Kind in Anspruch genommen** wird. Dieser kann das Recht, auch durch Erklärung in einem Unterhaltsrechtsstreit, einseitig ohne Mitwirkung des anderen Elternteils ausüben, hat jedoch dessen Interessen zu berücksichtigen.[52] Vgl. dazu Rn 31.

- **Unterhaltsrechtliche Belange des Kindes** werden in der Regel nicht beeinträchtigt, wenn in Ausübung des Bestimmungsrechts der gesamte Unterhalt angeboten wird. Bei Vorliegen besonderer Gründe kann das Kind nach § 1612 II 2 BGB das Familiengericht einschalten und eine Änderung der elterlichen Bestimmung herbeiführen (vgl. dazu unten Rn 39 f).
- Ein solches einseitiges Bestimmungsrecht des auf Unterhalt in Anspruch Genommenen kann schutzwürdige **Belange des anderen Elternteils** berühren, wenn dieser z. B. auch Unterhalt (Bar- oder Naturalunterhalt) leistet oder wenn das Kind bis zur Volljährigkeit beim anderen Elternteil gewohnt hatte und weiterhin dort wohnen bleiben will.[53]

In einem solchen Fall bedarf es einer **Abwägung der gegenseitigen Interessen der Eltern**. Die einseitige Bestimmung ist nur dann wirksam, wenn die Gründe des bestimmenden Elternteils so schwer wiegen, daß es dem anderen Elternteil unter Berücksichtigung seiner entgegenstehenden Interessen zugemutet werden kann, die beabsichtigte Art der Unterhaltsgewährung hinzunehmen. Bei dieser Abwägung spielen vor allem wirtschaftliche Interessen eine Rolle, aber auch Veränderungen der beiderseitigen Lebensverhältnisse durch die Art der Unterhaltsgewährung. Die Befürchtung, daß der Bestimmende einen familienrechtlichen Ausgleichsanspruch gegen den anderen El-

---

[49] BGH, FamRZ 1984, 470, 472 = R 202 f
[50] So im Ergebnis, aber mit bedenklicher Begründung: OLG Hamm, FamRZ 1994, 529
[51] Bedenklich: BGH, FamRZ 1994, 1102 = R 480 mit Anm. Scholz, FamRZ 1994, 1314
[52] OLG Celle, FamRZ 1997, 966
[53] BGH, FamRZ 1984, 37 = NJW 1984, 305

terntteil geltend machen werde, reicht allein noch nicht aus, um die einseitige Bestimmung als nicht gerechtfertigt zu beurteilen.[54]

32 • Welche Konsequenzen zu ziehen sind, wenn **jeder der Eltern**, die beide erwerbstätig und daher leistungsfähig sind, **die Bestimmung** trifft, daß das Kind den Unterhalt im Haushalt des jeweiligen Elternteils entgegenzunehmen hat, hat der BGH[55] bisher nicht entschieden. Wenn nur eine der Bestimmungen den Interessen der Eltern und des Kindes entspricht, wird man allein sie für wirksam halten müssen; dies hat zur Folge, daß derjenige Elternteil, der die wirksame Bestimmung getroffen hat, Unterhalt in Natur leistet und gegen den anderen ggf. einen familienrechtlichen Ausgleichsanspruch (vgl. dazu Rn 536) geltend machen kann. Andernfalls werden beide Eltern zum Barunterhalt entsprechend ihren Erwerbs- und Vermögensverhältnissen (§ 1606 III 1 BGB) herangezogen werden müssen; bedarfsdeckende Leistungen eines Elternteils in Natur sind ggf. zu verrechnen. Vgl. dazu Rn 433 ff.

33 • Hat ein Elternteil eine wirksame Bestimmung getroffen, **leistet das volljährige Kind ihr aber nicht Folge**, kann es auch den anderen Elternteil nicht auf Barunterhalt in Anspruch nehmen, da es seinen Bedarf dadurch decken kann, daß es den angebotenen Naturalunterhalt annimmt. Leistet der andere Elternteil, weil er es mit dem Kind nicht verderben will, gleichwohl Barunterhalt, kann er gegen seinen (früheren) Ehepartner keinen familienrechtlichen Ausgleichsanspruch geltend machen, da auf diesem Weg dessen Bestimmungsrecht letztlich gegenstandslos würde.

34 Haben getrenntlebende Eltern in einem Unterhaltsvergleich vereinbart, in welcher Art jeder von ihnen dem (minderjährigen oder volljährigen) Kind den Unterhalt gewährt, so kann sich ein Elternteil von dieser Vereinbarung jedenfalls nicht ohne besondere Gründe durch anderweitige Bestimmung der Unterhaltsgewährung lösen. Eine solche Vereinbarung wird auch durch den Eintritt der Volljährigkeit nicht wirkungslos.[56]

3. Wirksamkeit der Unterhaltsbestimmung

35 Eine **wirksame Unterhaltsbestimmung bindet** das Kind und den anderen Elternteil, kann jedoch vom Familiengericht auf Antrag des Kindes aus besonderen Gründen abgeändert werden (§ 1612 II 2 BGB). Vgl. dazu im einzelnen Rn 39 ff. Kommt eine Abänderung nicht in Betracht, muß das Familiengericht die Bestimmung im Unterhaltsprozeß seiner Entscheidung zugrunde legen. Haben die Eltern eine wirksame Naturalunterhaltsbestimmung getroffen, kann das Kind **keinen Barunterhalt** verlangen. Nimmt es den Unterhalt in der bestimmten Art nicht an, kann es weder eine Teilunterhaltsrente noch ein ihm ausgesetztes Taschengeld, noch den Wert des von den Eltern ersparten Unterhalts beanspruchen.[57] Die Bestimmung entfaltet auch gegenüber dem Träger der Ausbildungsförderung Wirkung, führt also bei Ablehnung der Entgegennahme von Naturalunterhalt dazu, daß ein Anspruch auf Unterhalt in Geld, der auf den Träger der Ausbildungsförderung nach § 37 BAföG übergehen könnte, nicht besteht.[58] Dasselbe gilt, wenn einem minderjährigen oder volljährigen Kind, das entgegen einer wirksamen Unterhaltsbestimmung Barunterhalt verlangt, Sozialhilfe, Hilfe nach dem SGB VIII oder Unterhaltsvorschuß gewährt wird. Zum Anspruchsübergang vgl. Rn 6/508 ff, 576, 587 ff.

36 Über eine **unwirksame Unterhaltsbestimmung** kann sich das Prozeßgericht dagegen hinwegsetzen. Es hat entsprechend § 1612 I 1 BGB Barunterhalt zuzusprechen.

37 Eine **Unterhaltsbestimmung ist unwirksam**,
• wenn sie **nicht den gesamten Lebensbedarf** des Kindes umfaßt (vgl. Rn 24),[59]

---

[54] BGH, FamRZ 1988, 831 = R 367
[55] BGH, FamRZ 1988, 831 = R 367
[56] BGH, FamRZ 1983, 892, 895 = R 173 e
[57] BGH, FamRZ 1984, 37 = NJW 1984, 305; FamRZ 1981, 250, 252 = R 59 b
[58] BGH, FamRZ 1996, 798 = R 501 b; FamRZ 1984, 37 = NJW 1984, 305; FamRZ 1981, 250, 252 = R 59 b
[59] BGH, FamRZ 1986, 151 = R 277 b; FamRZ 1983, 369 = R 157 a; FamRZ 1985, 584 = R 254 a; FamRZ 1984, 37 = NJW 1984, 305; FamRZ 1981, 250, 252 = R 59 b

1. Abschnitt: Grundlagen **§ 2**

- wenn sie **rechtlich undurchführbar** ist,[60] insbesondere wenn sie mit der Aufenthaltsbestimmung des gesetzlichen Vertreters, z. B. des Betreuers eines volljährigen Kindes, nicht zu vereinbaren ist. Wenn das Aufenthaltsbestimmungsrecht des Betreuers in seinen Auswirkungen mit dem elterlichen Bestimmungsrecht kollidiert, hat es Vorrang, damit es nicht zum Nachteil des Kindes unterlaufen werden kann.[61] Die von den Eltern gewählte Art der Unterhaltsgewährung kann auch dann rechtlich undurchführbar sein, wenn das Kind wegen der geltenden Zulassungsbeschränkung sein Studium nicht an dem Ort aufnehmen kann, an dem ihm Naturalunterhalt angeboten wird;[62]
- wenn der angebotene Unterhalt für das Kind **tatsächlich unerreichbar** ist.[63] Dies ist der Fall, wenn bei gemeinsamer elterlicher Sorge der Vater seinen minderjährigen Kindern Unterhalt in Natur anbietet, obwohl sie sich bei der Mutter aufhalten. Hier sind die Kinder wegen des entgegenstehenden Willens der Mutter ohne eigenes Verschulden nicht in der Lage, der Unterhaltsbestimmung des Vaters Folge zu leisten; der Streit der Eltern kann zu einer Entscheidung des Familiengerichts nach § 1628 BGB führen (vgl. Rn 28), darf sich aber im Unterhaltsprozeß nicht zu Lasten des Kindes auswirken.[64] Der Grundsatz der Unwirksamkeit einer Bestimmung bei tatsächlicher Undurchführbarkeit ist gerade bei **Streitigkeiten der Eltern** angenommen worden, etwa wenn das Kind den Unterhalt in Natur beim Vater entgegennehmen sollte, die Mutter es diesem aber widerrechtlich vorenthält. Bei einer solchen faktischen Undurchführbarkeit einer Bestimmung lebt der grundsätzlich bestehende Anspruch auf Unterhalt durch Gewährung einer Geldrente nach § 1612 I 1 BGB wieder auf.[65] Bei einem volljährigen Kind kann die Unterhaltsbestimmung aus tatsächlichen Gründen dann undurchführbar sein, wenn es sein Studium aufgrund eines Zuweisungsbescheides der ZVS an einem anderen Ort aufnehmen muß und eine tägliche Rückkehr zum Wohnort der Eltern nicht möglich oder nicht zumutbar ist;[66]
- wenn sie die schutzwürdigen **Interessen des anderen Elternteils mißachtet** (vgl. Rn 31);[67]
- wenn sie **offensichtlich mißbräuchlich** aus sachfremden Erwägungen oder zu sachfremden Zwecken getroffen worden ist.[68] Das Vorliegen besonderer Gründe reicht dazu nicht aus.[69]

Besondere Gründe, die eine Änderung der Bestimmung der Eltern rechtfertigen können (§ 1612 II 2 BGB), führen hingegen nicht zur Unwirksamkeit der Bestimmung. Sie rechtfertigen allein eine Abänderung der elterlichen Entscheidung durch das Familiengericht. **38**

4. Abänderung der Bestimmung durch das Familiengericht

Die von den Eltern gewählte Art der Unterhaltsgewährung kann **nachträglich** rechtlich oder tatsächlich **undurchführbar** (vgl. dazu Rn 37) werden. Das hat zur Folge, daß die zunächst wirksame Unterhaltsbestimmung unwirksam wird und der Anspruch auf Barunterhalt (wieder) entsteht.[70] Eine **wirksame** Unterhaltsbestimmung kann bei besonderen Gründen durch das **Familiengericht** abgeändert werden. Der Antrag kann allein von dem Kind gestellt werden, nicht dagegen von dem anderen Elternteil, dem Träger **39**

---

[60] BGH, FamRZ 1981, 250 = R 59 a
[61] BGH, FamRZ 1985, 917 = R 263 a
[62] BGH, FamRZ 1996, 798 = R 501 b
[63] BGH, FamRZ 1985, 584 = R 254 a
[64] BGH, FamRZ 1992, 426 = R 441
[65] BGH, FamRZ 1988, 386 = R 349; FamRZ 1985, 584 = R 254 a
[66] BGH, FamRZ 1996, 798 = R 501 b
[67] BGH, FamRZ 1988, 831 = R 367
[68] Offengelassen von BGH, FamRZ 1981, 250 = R 59 a
[69] BGH, FamRZ 1985, 584 = R 254 a; FamRZ 1981, 250 = R 59 a
[70] BGH, FamRZ 1996, 798 = R 501 b

der Ausbildungsförderung oder einer sonstigen Person.[71] Das Familiengericht kann die Unterhaltsbestimmung ab Stellung des Antrags durch das Kind ändern.[72]

40 Eine Abänderung der Bestimmung ist aus **besonderen Gründen** gerechtfertigt, wenn Umstände vorliegen, die im Einzelfall schwerer wiegen als diejenigen Gründe, die den Gesetzgeber bewogen haben, den Eltern das Bestimmungsrecht hinsichtlich der Art und Weise des Unterhalts einzuräumen.[73] Das Familiengericht wird allerdings wie die Eltern auf die Belange des Kindes die gebotene Rücksicht zu nehmen haben (§ 1612 II 1 BGB). Das Bedürfnis des volljährigen Kindes, ein eigenes Leben, auch zusammen mit einem Freund oder einer Freundin, zu führen, genügt jedenfalls bei einem Kind, das gerade volljährig geworden ist oder in seiner Berufsausbildung noch keine nennenswerten Fortschritte gemacht hat, nicht. Anders kann es sein, wenn das Kind bereits seit einiger Zeit volljährig ist, vor allem, wenn es schon einige Jahre einen eigenen Hausstand geführt hat und kraft der Unterhaltsbestimmung wieder in den elterlichen Haushalt zurückkehren soll.[74] Ausreichend für eine Änderung der Bestimmung ist eine **tiefgreifende Entfremdung** zwischen dem bestimmenden Elternteil und dem Kind, jedenfalls dann, wenn sie auch auf unangemessene Erziehungsmaßnahmen zurückzuführen ist.[75] Dazu gehören vor allem, aber nicht notwendigerweise, eine erniedrigende Behandlung oder körperliche Züchtigungen.[76] Jedoch darf das Kind die Entfremdung nicht durch eigenes Verhalten provoziert haben.[77] Eine Änderung der Bestimmung kommt auch dann in Betracht, wenn sich das Kind dem anderen Elternteil stärker verbunden fühlt und deshalb in dessen Wohnung umziehen will.[78]

Die Interessen des anderen Elternteils werden vom Prozeßgericht im Rahmen der Prüfung berücksichtigt, ob die Bestimmung selbst wirksam ist (vgl. Rn 31 f, 37).[79]

5. Prozessuales

41 Bis zum Inkrafttreten des KindUG konnte nur das Vormundschaftsgericht eine wirksame Bestimmung der Eltern abändern. Das Familiengericht mußte ggf. den Unterhaltsprozeß bis zur Entscheidung des Vormundschaftsgerichts aussetzen (vgl. die Vorauflage Rn 2/41). Dieses wenig zweckmäßige Verfahren ist seit dem 1. 7. 1998 nicht mehr erforderlich. Seitdem ist auch für die Abänderung der Unterhaltsbestimmung das **Familiengericht** zuständig (§ 1612 II 2 BGB). Zu entscheiden hat grundsätzlich der Rechtspfleger, da § 14 RpflG insoweit keinen Richtervorbehalt enthält. Jedoch hat der Rechtspfleger das Verfahren dem Richter vorzulegen, wenn bei demselben Gericht ein Unterhaltsprozeß zwischen dem Kind und den Eltern oder einem Elternteil anhängig ist (§ 5 I Nr. 2 RpflG). Auch kann der Richter das Verfahren nach § 1612 II 2 BGB an sich ziehen und über den Antrag des Kindes im Rahmen des Unterhaltsprozesses entscheiden (§ 6 RpflG).[80] Wenn diese Möglichkeiten bestehen, wird man dem Kind aus praktischen Gründen von vorn herein die Befugnis einräumen müssen, den Antrag auf Abänderung der Bestimmung als Zwischenfeststellungsantrag (§ 256 II ZPO) im Unterhaltsprozeß zu stellen. Dies ist insbesondere dann von Bedeutung, wenn über einen isolierten Antrag nach § 1612 II 2 BGB und über den Unterhaltsanspruch nicht dasselbe Familiengericht zu entscheiden hätte. Die Zuständigkeiten können beim volljährigen Kind auseinanderfallen, da für den Antrag nach § 1612 II 2 BGB das Familiengericht am Wohnsitz oder Aufenthalt des Kindes zuständig ist (§§ 36 I 1, 43 I, 64 FGG), während der Unterhaltsprozeß

---

[71] BGH, FamRZ 1981, 250, 252 = NJW 1981, 574, 576
[72] OLG Düsseldorf, FamRZ 1996, 235
[73] BayObLG, FamRZ 1991, 1224; KG, FamRZ 1990, 791
[74] OLG Hamburg, FamRZ 1983, 643
[75] OLG Celle, FamRZ 1997, 966
[76] OKG Köln, FamRZ 1996, 963; BayObLG, FamRZ 1986, 930
[77] KG, FamRZ 1990, 791; OLG Hamburg, FamRZ 1990, 1269
[78] OLG Schleswig, FuR 1998, 178
[79] BGH, FamRZ 1988, 831 = R 367
[80] FamRefK/Häußermann, § 1612 Rn 7

am Wohnsitz des beklagten Elternteils zu führen ist (§ 13 ZPO), da § 642 ZPO nur für das minderjährige Kind einen ausschließlichen Gerichtsstand an seinem Wohnsitz begründet.[81]

2. Abschnitt: Bedürftigkeit des Kindes

I. Unvermögen des Kindes, sich selbst zu unterhalten

1. Nichterwerbspflichtige Kinder

Bedürftig ist nur, wer außerstande ist, sich selbst zu unterhalten (§ 1602 BGB). Dies ist der Fall, wenn das Kind nicht erwerbstätig sein darf (Rn 43), nicht erwerbstätig sein kann (Rn 44) oder, insbesondere wegen Schulbesuchs, Studiums oder einer Ausbildung, keiner Erwerbstätigkeit nachgehen muß (Rn 45 ff) und es weder über ausreichendes sonstiges Einkommen (z. B. Waisenrente, Kapitaleinkünfte) oder Vermögen (vgl. Rn 106 ff) verfügt. Nicht bedürftig ist das Kind in der Regel, wenn es den Wehr- oder Ersatzdienst leistet (Rn 346 ff). Dasselbe gilt, wenn es sich in Straf- oder Untersuchungshaft befindet.[1] 42

Minderjährige, die jünger als 15 Jahre alt sind oder noch der Vollzeitschulpflicht unterliegen, dürfen nach §§ 2 III, 5 I, 7 I JugArbSchG nicht beschäftigt werden und können ihren Bedarf daher nicht durch Erwerbstätigkeit decken. Auch soweit Kinder und Jugendliche ausnahmsweise mit leichten Arbeiten beschäftigt werden dürfen, besteht für sie eine Erwerbsobliegenheit nicht, solange sie sich in einer Schul- oder Berufsausbildung befinden (vgl. Rn 46, 48). Gleichwohl erzieltes Einkommen, z. B. **Schülerarbeit**, Nachhilfeunterricht, Austragen von Zeitungen usw., stammt aus **unzumutbarer Tätigkeit** und ist daher in entsprechender Anwendung des § 1577 II BGB nicht anzurechnen, wenn der Unterhaltspflichtige nicht den geschuldeten Unterhalt leistet; im übrigen kann derartiges Einkommen nach Billigkeit teilweise auf den Unterhaltsanspruch angerechnet werden.[2] Näheres Rn 88, 286. 43

Kranke oder behinderte Kinder können erwerbsunfähig sein. Sie sind dann bedürftig und können ihre Eltern auf Unterhalt in Anspruch nehmen, auch wenn sie bereits eine selbständige Lebensstellung erreicht hatten; allerdings sind in diesem Fall nicht ohne weiteres die Bedarfssätze anzuwenden, die für den Unterhalt volljähriger Kinder in der Düsseldorfer Tabelle festgelegt sind; vielmehr wird in der Regel eine konkrete Bemessung des Unterhalts angezeigt sein (vgl. dazu Rn 405).[3] Erwerbsunfähige Kinder trifft die Obliegenheit, sich einer erfolgversprechenden und zumutbaren ärztlichen Behandlung zu unterziehen (vgl. dazu Rn 1/432). Kinder, die aus sittlichem Verschulden krank und dadurch unterhaltsbedürftig geworden sind, können den Unterhaltsanspruch ganz oder teilweise verwirken (§ 1611 I BGB). Dies gilt allerdings grundsätzlich nur für volljährige Kinder (§ 1611 II BGB). Genaueres dazu Rn 478 ff. Bei volljährigen Kindern, die an einer **Unterhaltsneurose** leiden, wird man ein sittliches Verschulden im Sinne des § 1611 I 1 BGB nur schwer bejahen können. Eine dem § 1579 Nr. 7 BGB[4] entsprechende Vorschrift existiert beim Kindesunterhalt nicht. Einen Unterhaltsanspruch wird man daher nur verneinen können, wenn eine Flucht in die seelische Krankheit vorliegt und sich das Kind mit ärztlicher Hilfe aus seiner seelischen Fehlhaltung befreien kann (vgl. dazu Rn 1/434 f). 44

---

[81] OLG Dresden FamRZ 1999, 449 mit eingehender Anmerkung von Els, FamRZ 1999, 1212
[1] AG Stuttgart, FamRZ 1996, 955 f
[2] BGH, FamRZ 1995, 475 = R 491b, c; OLG Köln, FamRZ 1995, 55
[3] OLG Bamberg, FamRZ 1994, 255
[4] OLG Düsseldorf, FamRZ 1990, 68 = NJW-RR 1989, 1157

2. Ausbildungsbedürftige Kinder

45 Jedes Kind hat das **Recht auf** eine angemessene **Ausbildung**, damit es später seinen Unterhalt selbst durch eigene Erwerbstätigkeit sicherstellen kann. Während der Ausbildung ist das Kind unterhaltsbedürftig; sein Bedarf umfaßt nicht nur die Lebenshaltungskosten, sondern auch die Kosten der Ausbildung, z. B. Schulgeld, soweit es nicht von der öffentlichen Hand übernommen wird, Fahrtkosten zur Ausbildungsstätte usw. (§ 1610 II BGB).

46 Das Kind ist **verpflichtet, sich ausbilden zu lassen**. Kommt es dieser Obliegenheit nicht nach, werden die Eltern, solange es minderjährig ist, durch Erziehungsmaßnahmen auf es einwirken müssen. Hat es das Elternhaus zu Recht oder zu Unrecht bereits verlassen, kann es trotz der Minderjährigkeit darauf verwiesen werden, seinen Unterhalt durch eigene Erwerbstätigkeit sicherzustellen, sofern es nicht dem Arbeitsverbot des JugArbSchG unterliegt.[5] Vgl. dazu Rn 43. Volljährige Kinder, die sich keiner Berufsausbildung unterziehen, sind grundsätzlich nicht unterhaltsbedürftig. Dies gilt auch dann, wenn sie ein Praktikum durchlaufen, das für den beabsichtigten Beruf nicht förderlich ist,[6] oder wenn sie zunächst ein Fach studieren, das nicht auf das Berufsziel bezogen ist (sog. Parkstudium; vgl. unten Rn 70).[7]

47 Die Eltern haben keinen Anspruch darauf, daß ein Kind sich ausbilden läßt. Sie können, wenn Erziehungsmaßnahmen nicht mehr in Betracht kommen, lediglich die Zahlung von Unterhalt einstellen, wenn das Kind seiner Ausbildungsobliegenheit nicht nachkommt.

3. Erwerbspflichtige Kinder

48 Ein **Volljähriger**, der sich **nicht in Berufsausbildung** befindet oder der nach Ausbildungsabschluß arbeitslos ist, muß primär für seinen Lebensunterhalt selbst aufkommen. An die Beurteilung seiner Bedürftigkeit sind strenge Anforderungen zu stellen. Für die Nutzung seiner Arbeitskraft gelten ähnliche Maßstäbe wie für die Haftung der Eltern gegenüber minderjährigen Kindern. Der gesunde Volljährige muß grundsätzlich **jede Arbeitsmöglichkeit** ausnutzen und auch berufsfremde Tätigkeiten und Arbeiten unter seiner gewohnten Lebensstellung annehmen.[8] Dies gilt nicht nur, wenn er in seinem erlernten Beruf keine Anstellung findet, sondern auch, wenn er seine bisherige Arbeitsstelle verliert.[9] Das volljährige Kind muß ggf. auch eine von seinem Vater in dessen Geschäft angebotene Stelle annehmen.[10] Vgl. auch Rn 1/391. Kommt der Volljährige einer zumutbaren Erwerbsobliegenheit nicht nach, entfällt seine Bedürftigkeit in Höhe eines erzielbaren Erwerbseinkommens.

Zum Bedarf des Kindes, das keine Berufsausbildung absolviert, gleichwohl ausnahmsweise unterhaltsberechtigt ist, vgl. Rn 406.

49 Auch ein **minderjähriges Kind** ist zur Erwerbstätigkeit verpflichtet, wenn es nicht mehr schulpflichtig ist und sich nicht ausbilden läßt (vgl. oben Rn 46).

---

[5] OLG Düsseldorf, FamRZ 1990, 194
[6] OLG Frankfurt, FamRZ 1990, 789 = NJW 1990, 1798
[7] OLG Koblenz, FamRZ 1991, 108
[8] BGH, FamRZ 1987, 930, 932 = NJW-RR 1987, 706; FamRZ 1985, 273 = R 239 b; FamRZ 1985, 1245 = R 256
[9] OLG Zweibrücken, FamRZ 1984, 1250; OLG Hamburg, FamRZ 1984, 607; OLG Köln, FamRZ 1983, 942
[10] OLG Zweibrücken, FamRZ 1984, 1250

4. Erwerbspflicht des Kindes trotz Schwangerschaft oder Betreuung eines eigenen Kindes

Eine Tochter, die schwanger ist oder ein eigenes Kind betreut und deshalb nicht erwerbstätig ist, kann **ausnahmsweise** einen **Unterhaltsanspruch** gegen ihre Eltern haben. Ein solcher Anspruch dient nur der Behebung der eigenen Bedürftigkeit der Mutter, nicht der des (Enkel-)Kindes, für dessen Bedarf zunächst der Kindesvater aufzukommen hat.[11] Ein Unterhaltsanspruch der Tochter wird in erster Linie bei Geburt eines nichtehelichen Kindes in Betracht kommen.[12] Jedoch ist auch ein Unterhaltsanspruch einer verheirateten Tochter infolge der Geburt eines ehelichen Kindes nicht ausgeschlossen, z. B. wenn der vorrangig haftende Ehemann (§ 1608 S. 1 BGB) verstorben ist oder Unterhaltsansprüche gegen ihn aus §§ 1361, 1570 BGB nicht realisiert werden können. Schließlich kommt auch ein Anspruch des Vaters, der sein eigenes (nichteheliches) Kind betreut, gegen seine Eltern in Betracht, wenn er einen Unterhaltsanspruch gegen die Kindesmutter nicht realisieren kann (vgl. § 1615 l V BGB). 50

Eltern sind ihrem Kind, wenn dieses ein eigenes (Enkel-)Kind betreut, nur dann unterhaltspflichtig, falls der andere Elternteil des (Enkel-)Kindes nicht leistungsfähig ist. Volljährige Kinder, die selbst Kinder haben, sind für sich und das Kind grundsätzlich selbst verantwortlich. Vgl. Rn 48. Der Unterhaltsanspruch gegen die Eltern ist nachrangig. Vorrangig haften der Ehemann für den Unterhalt der verheirateten Mutter und der nicht verheiratete Vater für denjenigen der nichtehelichen Mutter (§§ 1608 S. 1, 1615 l III 2 BGB). Die Unterhaltspflicht des Vaters des nichtehelichen Kindes beginnt frühestens vier Monate vor der Entbindung und endet in der Regel drei Jahre danach, in Ausnahmefällen auch später (§ 1615 l II 3 BGB). Vgl. dazu im einzelnen Rn 6/761 ff. 51

In der Praxis kommt fast nur der Anspruch der Mutter eines nichtehelichen Kindes gegen ihre Eltern vor. Diese haften – anders als der Kindesvater nach § 1615 l II 3 BGB[13] – nur dann auf Unterhalt, wenn die Mutter alle Erwerbsmöglichkeiten ausgeschöpft hat. Im Verhältnis zu ihren Eltern steht es nicht im Belieben der Kindesmutter, ob sie ihr Kind selbst versorgen möchte. Voraussetzung ist vielmehr, daß die **Betreuung** und Versorgung des Kindes durch die Mutter in dessen Interesse **erforderlich** ist, weil eine Möglichkeit zu anderweitiger Versorgung, z. B. in einer Tagesheimstätte oder durch Verwandte, bzw. durch den Kindesvater und jetzigen Lebenspartner nicht besteht.[14] Der **Lebensgefährte** der Mutter ist jedenfalls dann zur Betreuung des Kindes verpflichtet, wenn er dessen Vater ist.[15] Er trägt mindestens seit dem 1. 7. 1998, also seit Inkrafttreten des KindRG und des KindUG, Verantwortung für das Kind, selbst wenn er die elterliche Sorge nicht gemäß § 1626 a BGB gemeinsam mit der Mutter ausübt, da diese Gesetze nahezu alle Unterschiede zwischen ehelichen und nichtehelichen Kindern abgeschafft haben.[16] Vgl. dazu Rn 1 b. Die Grundsätze, die der BGH[17] im Rahmen der Hausmannsrechtsprechung zur Betreuung des Kindes aus erster Ehe entwickelt hat (vgl. dazu Rn 192), dürften hier nicht anwendbar sein. Die Tochter kann daher ihren Eltern nicht entgegenhalten, die Betreuung des nichtehelichen Kindes durch den Kindesvater sei eine freiwillige Leistung eines Dritten, die ihre Bedürftigkeit nicht beseitige. Führt die Mutter des Kindes dem Kindesvater den Haushalt, so mindern Leistungen, die sie von ihm für die gemeinsame Lebenshaltung entgegennimmt, ihre Bedürftigkeit.[18] Vergütet der Kindesvater die Haushaltsführung durch die Mutter nicht, kann ihr ein fiktives Entgelt für die Versor- 52

---

[11] BGH, FamRZ 1985, 273 = R 239 b
[12] BGH, FamRZ 1985, 273 = R 239 b
[13] OLG Hamm, FamRZ 1996, 1493
[14] BGH, FamRZ 1985, 273 = R 239 b
[15] So im Ergebnis mit Recht OLG Oldenburg, FamRZ 1991, 1090
[16] Die Vorauflage (Rn 2/52) hat diese Verpflichtung bereits nach dem bis zum 30. 6. 1998 geltenden Recht bejaht
[17] FamRZ 1995, 598
[18] So OLG Koblenz, FamRZ 1991, 1469, jedenfalls dann, wenn die Partner seit Jahren in einem „festgefügten sozialen Verbund" leben

gung ihres Partners zugerechnet werden (vgl. Rn 89, 1/372 f). Zu Ansprüchen des Kindes gegen die Mutter, die ein eheliches oder nichteheliches Kind aus einer neuen Verbindung betreut, vgl. Rn 166, 172 ff.

53 Wegen der verstärkten eigenen Erwerbsobliegenheit der Kindesmutter hindert die **Betreuung eines** schulpflichtigen siebenjährigen und eines sechzehnjährigen **Kindes** jedenfalls eine Teilerwerbstätigkeit nicht.[19] Auch die Betreuung eines weiteren zweijährigen Kindes steht nur dann einer Teilerwerbstätigkeit entgegen, wenn die ganztägige Betreuung und Versorgung des Kindes durch die Kindesmutter selbst in dessen objektivem Interesse erforderlich ist, weil eine Möglichkeit zu einer Teilzeitversorgung, z. B. in einer Tagesheimstätte, einem Kindergarten oder bei Verwandten nicht besteht.[20] Dasselbe gilt, wenn die Kinder durch den Lebensgefährten der Mutter betreut werden können, jedenfalls dann, wenn dieser der Vater eines der Kinder ist (s. Rn 52).[21]

54 Die – im Regelfall wohl beste – vollständige Selbstbetreuung der Kinder zu wählen, steht der Mutter zwar kraft ihres Sorgerechts frei, aber sie kann die Entscheidung nicht auf Kosten ihrer Eltern treffen. Die Verpflichtung der Eltern gegenüber ihrer Tochter wird auch nicht nach § 1603 II 1, 2 BGB erweitert. Auch möglicherweise auftretende versorgungstechnische Probleme bei Teilerwerbstätigkeit im Krankheitsfall, etwaige Entfernungs- und Verkehrsprobleme, fehlende Koordinierung von Betriebs- und Kindergartenferien, sind nicht geeignet, die Kindesmutter von vornherein davon zu entbinden, sich um Arbeitsstellen zu bemühen.[22]

55 Sollte ausnahmsweise die Bedürftigkeit der Kindesmutter bejaht werden können, kommt eine **Verwirkung** des Unterhaltsanspruchs nach § 1611 I BGB in der Regel nicht in Betracht. Die Herbeiführung der eigenen Bedürftigkeit durch einfaches Verschulden berührt den Unterhaltsanspruch nicht, sondern nur ein vorwerfbares sittliches Verschulden von erheblichem Gewicht. Infolge gewandelter gesellschaftlicher Auffassung wird heute der intime Umgang zwischen erwachsenen Partnern auch im Rahmen einer nur flüchtigen Verbindung nicht mehr sittlich mißbilligt. Gleichwohl kann in Ausnahmefällen, die allerdings in der Praxis kaum vorkommen werden, eine durch nichteheliche Mutterschaft verursachte Bedürftigkeit auf einem sittlichen Verschulden beruhen, wenn z. B. eine gesunde volljährige Tochter den Mühen des Erwerbslebens zu entgehen trachtet und zu diesem Zweck über eine nichteheliche Mutterschaft und dadurch ausgelöste Unterhaltsansprüche weiter auf Kosten der Eltern zu leben beabsichtigt. Ein schrankenloses Recht auf Selbstverwirklichung durch Mutterschaft auf Kosten Dritter (Eltern) kann nicht anerkannt werden.[23] War die Kindesmutter bei der Zeugung noch minderjährig, scheidet eine Anwendung des § 1611 BGB ohnehin aus. Diese Vorschrift ist nicht anwendbar, wenn eine sittenwidrige Handlung während der Minderjährigkeit begangen wurde (§ 1611 II BGB).[24] Zur Verwirkung des Unterhaltsanspruchs des Kindes vgl. Rn 478 ff.

II. Ausbildungsunterhalt

1. Ausbildungsanspruch

56 Eltern schulden ihren minderjährigen wie ihren volljährigen Kindern,[25] ihren Söhnen wie ihren Töchtern nach § 1610 II BGB eine angemessene Vorbildung für einen Beruf. Dies gilt selbstverständlich auch dann, wenn die Eltern nie miteinander verheiratet waren, das Kind also nicht ehelich ist.

---

[19] BGH, FamRZ 1985, 1245 = R 256
[20] BGH, FamRZ 1985, 1245 = R 256
[21] OLG Oldenburg, FamRZ 1991, 1090
[22] BGH, FamRZ 1985, 1245 = R 256
[23] BGH, FamRZ 1985, 273 = NJW 1985, 806
[24] BGH, FamRZ 1988, 159, 163 = R 346j
[25] BGH, FamRZ 1977, 629 = NJW 1977, 1774

2. Abschnitt: Bedürftigkeit des Kindes § 2

"**Angemessen**" ist eine Ausbildung, die der Begabung und den Fähigkeiten, dem Lei- 57
stungswillen und den beachtenswerten, nicht nur vorübergehenden Neigungen des einzelnen Kindes am besten entspricht. Geschuldet wird die den Eltern **wirtschaftlich zumutbare Finanzierung einer optimalen begabungsbezogenen Berufsausbildung** ihres Kindes, die dessen Neigungen entspricht, ohne daß sämtliche Neigungen und Wünsche berücksichtigt werden müssen, insbesondere nicht solche, die sich nur als flüchtig oder vorübergehend erweisen oder mit den Anlagen und Fähigkeiten des Kindes oder den wirtschaftlichen Verhältnissen der Eltern nicht zu vereinbaren sind.[26]

Auf den Beruf oder die gesellschaftliche Stellung der Eltern kommt es nicht an, wohl aber auf deren wirtschaftliche Leistungsfähigkeit.

Kinder haben grundsätzlich nur Anspruch auf **eine Ausbildung**, nicht auf mehrere. 58
Haben Eltern die ihnen obliegende Pflicht, ihrem Kind eine angemessene Ausbildung zu gewähren, in rechter Weise erfüllt und hat das Kind einen Abschluß seiner Ausbildung erlangt, sind sie ihrer Unterhaltspflicht aus § 1610 II BGB in ausreichender Weise nachgekommen. Sie sind unter diesen Umständen grundsätzlich nicht verpflichtet, noch eine weitere zweite Ausbildung zu finanzieren, der sich das Kind nachträglich nach Beendigung der ersten Ausbildung unterziehen will.[27] Dieser Grundsatz ist jedoch durch zahlreiche Ausnahmen durchlöchert (vgl. unten Rn 73 ff, 78 ff).

2. Berufswahl

Bei **Minderjährigen** bestimmen die Eltern oder der sorgeberechtigte Elternteil im In- 59
teresse des Kindes unter Berücksichtigung der Kriterien zu Rn 57 zunächst die Schule, nach Beendigung des Schulbesuchs den Beruf, in dem das Kind ausgebildet werden soll. An dem Entscheidungsprozeß ist das Kind entsprechend seinem Entwicklungsstand zu beteiligen (§ 1626 II 2 BGB). Die Eltern haben auf Eignung und Neigung des Kindes Rücksicht zu nehmen (§ 1631a I 1 BGB) und aufgrund ihrer Erfahrungen mit dem Kind eine Prognose anzustellen. Dabei müssen nur solche Neigungen und Begabungen berücksichtigt werden, deren Vorhandensein über einen längeren Zeitraum hinweg beobachtet werden konnte und die nicht auf einer flüchtigen Laune des Augenblicks beruhen.[28] Leben die Eltern getrennt, ist die Entscheidung des sorgeberechtigten Elternteils von dem anderen grundsätzlich hinzunehmen, auch wenn die gewählte Ausbildung mit Mehrkosten verbunden ist.[29]

Volljährige können ihre Berufswahl in selbstverantwortlicher Entscheidung allein 60
treffen, insbesondere das Studienfach wählen,[30] ggf. auch gegen den Willen ihrer Eltern. Sie müssen allerdings bei dieser Entscheidung ebenfalls die Kriterien zu Rn 57 beachten. Vgl. dazu auch Rn 342 ff.

Eltern in wirtschaftlich beengten Verhältnissen sind nicht zur Finanzierung einer 61
aufwendigen Ausbildung verpflichtet, auch wenn sie den Fähigkeiten des Kindes entsprechen würde. Das Ausbildungsverhältnis zwischen Eltern und Kindern ist nach § 1618a BGB von gegenseitiger Rücksicht geprägt. Aus diesem **Gegenseitigkeitsprinzip**[31] (vgl. dazu näher Rn 65) folgt, daß sich der Berechtigte bei Verschlechterung der wirtschaftlichen Verhältnisse seiner Eltern oder bei eigenen Verstößen gegen die Obliegenheit zur zielstrebigen Ausbildung auf eine weniger kostspielige Ausbildung oder einen weniger kostspieligen Ausbildungsort verweisen lassen muß (vgl. Rn 343). In solchen Fällen hat die staatliche Ausbildungsförderung einzugreifen. Zu berücksichtigen ist allerdings, daß in Deutschland in aller Regel weder Schulgeld noch Studiengebühren erhoben werden. Zudem verbleibt den Eltern gegenüber volljährigen Kindern, die das

---

[26] BGH, FamRZ 1993, 1057 = NJW 1993, 2238; FamRZ 1992, 170 = R 439; FamRZ 1989, 853 = R 391a
[27] BGH, FamRZ 1993, 1057 = R 462b; FamRZ 1992, 170 = R 439; FamRZ 1989, 853 = R 391a
[28] OLG Stuttgart, NJW 1979, 1166
[29] OLG Nürnberg, FamRZ 1993, 837
[30] Vgl. BGH, FamRZ 1996, 798 = R 501a
[31] BGH, FamRZ 1995, 416 = R 486

Elternhaus verlassen oder die allgemeine Schulausbildung beendet haben, der große Selbstbehalt (§ 1603 I, II 2 BGB), der nach der Düsseldorfer Tabelle (A 5 II) und den meisten Leitlinien der Oberlandesgerichte in den alten Bundesländern 1800,– DM beträgt (vgl. Rn 417 ff). Eltern werden sich daher der Finanzierung einer Ausbildung nur in seltenen Fällen entziehen können. Besondere Bedeutung gewinnt die **Zumutbarkeit** der weiteren Unterhaltszahlung dagegen bei Verletzung der Ausbildungsobliegenheit (Rn 65) und in den Fällen der Weiterbildung, insbesondere bei dem Ausbildungsgang Abitur – Lehre – Studium (vgl. dazu unten Rn 78 ff).

62 Bei ernsthaften Zweifeln an der **Eignung** und am Leistungswillen des Kindes für eine beabsichtigte Ausbildung, insbesondere für ein anspruchsvolles Studium, sind die Eltern nicht gehalten, Unterhalt zu gewähren. Vgl. dazu Rn 65. Sie sind nicht verpflichtet, begabungsmäßig abwegige Berufswünsche und damit eine offensichtliche Fehlentwicklung zu finanzieren, die voraussehbar zu Enttäuschungen führen wird. Dies gilt vor allem bei mehrfachem Scheitern im Rahmen der bisherigen Ausbildung. Vgl. Rn 68. Die Eignung des Kindes ist aus der Sicht eines objektiven Beobachters bei Aufnahme der Ausbildung zu beurteilen. Dies schließt allerdings nicht aus, zur Bestätigung des gewonnenen Ergebnisses die spätere Entwicklung des Kindes heranzuziehen.[32] Hat das Kind die Hochschulreife erworben, wird nur in seltenen Ausnahmefällen seine Eignung für ein Studium verneint werden können.

63 Ein Berufswunsch kann von den Eltern dagegen nicht mit der Begründung abgelehnt werden, daß später ungünstige Anstellungsaussichten bestünden, weil die Eltern nach Ausbildungsabschluß grundsätzlich **kein Arbeitsplatzrisiko** tragen müssen. Vielmehr ist das Kind dann verpflichtet, selbst für seinen Lebensunterhalt zu sorgen und jede Arbeitsstelle, auch außerhalb des erlernten Berufs, notfalls Hilfsarbeiten, anzunehmen (vgl. Rn 48).

64 Besteht zwischen Eltern und Kindern **Streit um die Angemessenheit eines Berufswunsches**, ist hierüber bei Volljährigen vom Familienrichter im Rahmen eines Unterhaltsprozesses selbst zu entscheiden. Bei Minderjährigen kann das Familiengericht die erforderlichen Maßnahmen nach § 1666 BGB treffen. Die frühere Sondervorschrift des § 1631a II BGB ist durch Art. 1 Nr. 48 KindRG als überflüssig gestrichen worden.[33]

3. Ausbildungsverpflichtungen des Kindes und Ausbildungsdauer

65 **a) Beginn und Durchführung der Ausbildung.** Nach dem **Gegenseitigkeitsprinzip** (Rn 61) steht der Verpflichtung der Eltern, dem Kind eine angemessene Berufsausbildung zu ermöglichen (§ 1610 II BGB), die **Ausbildungsobliegenheit** des Kindes gegenüber. Dieses ist gehalten, alsbald nach der Schule oder der Beendigung des letzten Ausbildungsabschnitts eine Berufsausbildung zu beginnen oder fortzusetzen und sie mit Fleiß und der gebotenen Zielstrebigkeit in angemessener und üblicher Zeit zu beenden. Ausbildungsunterhalt wird nur insoweit geschuldet, als er für eine angemessene Vorbildung zu einem Beruf erforderlich ist. Verletzt das Kind nachhaltig seine Obliegenheit, die Ausbildung planvoll und zielstrebig aufzunehmen und durchzuführen, so büßt es den Unterhaltsanspruch ein und ist darauf zu verweisen, seinen Unterhalt selbst durch Erwerbstätigkeit sicherzustellen (vgl. Rn 48). Die Voraussetzungen für eine Verwirkung des Unterhaltsanspruchs (§ 1611 I BGB; vgl. Rn 478 ff) brauchen nicht vorzuliegen.[34] Dies gilt auch dann, wenn das Kind nach Beendigung der Schule zunächst **überhaupt keine Ausbildung** beginnt. Nach Ablauf einer Orientierungsphase (vgl. dazu auch Rn 71), deren Dauer unterschiedlich ist und sich nach Alter, Entwicklungsstand und den gesamten Lebensumständen richtet, hat das Kind seinen Berufs- und Lebensweg eigenverantwortlich zu gestalten. Zu lange Verzögerungen der Aufnahme einer Berufsausbildung können zum Verlust des Ausbildungs- und damit des Unterhaltsanspruchs führen.[35]

---

[32] BGH, FamRZ 1991, 322 = R 429
[33] BT-Drucks. 13/4899 S. 64 f, 115
[34] BGH, FamRZ 1998, 671 = R 523
[35] BGH, FamRZ 1998, 671 = R 523

2. Abschnitt: Bedürftigkeit des Kindes § 2

Die Konsequenzen der zitierten Entscheidung des BGH dürfen freilich nicht überschätzt werden. Es bleibt dabei, daß jedes Kind grundsätzlich Anspruch auf eine Berufsausbildung hat (Rn 56 ff). Der Ausbildungsanspruch kann daher nur dann versagt werden, wenn das Kind nachhaltig während eines längeren Zeitraums seine Ausbildungsobliegenheit verletzt und den Eltern deshalb weiterer Unterhalt **nicht mehr zugemutet** werden kann (vgl. dazu auch Rn 83). Dabei sind alle Umstände des Falles, insbesondere die schulischen Leistungen und der bisherige Ausbildungsgang des Kindes zu würdigen. Danach brauchen die Eltern unter Umständen nicht mehr damit zu rechnen, daß das Kind die Hochschulreife nachholt und ein Studium beginnt.[36] Es kann auch ins Gewicht fallen, daß aufgrund des Alters des Kindes steuerliche Erleichterungen, Kindergeld und kindbezogene Gehaltsbestandteile unabhängig vom Ausbildungsstand entfallen.[37] Schließlich können auch das Alter der Eltern und die von ihnen im Vertrauen auf das Verhalten des Kindes getroffenen Dispositionen eine Rolle spielen (vgl. Rn 83).[38]

Nach diesen Grundsätzen verliert ein Kind, das nach dem Schulabschluß nicht sogleich eine Ausbildung begonnen, sondern eine ungelernte Arbeit ausgeübt hat oder keiner Berufstätigkeit nachgegangen ist, nicht ohne weiteres den Anspruch auf eine angemessene Ausbildung. So kann auch ein 24jähriges Kind jedenfalls dann ein Studium beginnen, wenn die Eltern noch damit rechnen mußten, auf Unterhalt in Anspruch genommen zu werden.[39] Jedoch ist in einem solchen Fall besonders zu prüfen, ob angesichts der Entwicklung des Kindes Zweifel an seiner Eignung und seinem Leistungswillen bestehen (vgl. dazu Rn 62) und ob mit einem erfolgreichen Abschluß des Studiums gerechnet werden kann.[40] Die Eltern werden aber dem Kind, wenn es seine Begabung zuläßt, in aller Regel den Besuch der Sekundarstufe II ermöglichen müssen, damit es die Hochschulreife erlangen kann.[41] Dies gilt auch dann, wenn es – wie viele Kinder – vor Ende des Schulbesuchs noch keine genauen Vorstellungen über das Studienfach hat. Ein mäßiger Hauptschulabschluß schließt eine praktische Ausbildung nicht aus; auch beim Scheitern des Kindes in dieser Ausbildung kann der Wechsel zu einer anderen gerechtfertigt sein.[42] Jedoch endet die Unterhaltspflicht der Eltern, wenn das Kind aus einer Verweigerungshaltung unzureichende Leistungen, z. B. an einer Fachschule, erbringt. Dann muß es die Ausbildung abbrechen und seinen Unterhalt durch ungelernte Arbeit sicherstellen.[43] Auch wenn eine Berufsausbildung nicht abgeschlossen oder nicht einmal begonnen wurde, kann der Anspruch des Kindes auf eine angemessene Ausbildung mit der Zeit vollständig zurücktreten, wenn das Kind eine selbständige Lebensstellung erlangt hat und seinen Bedarf aufgrund bislang ausgeübter Tätigkeiten oder sonst erworbener Fähigkeiten selbst decken kann.[44] Vgl. Rn 6/46 ff. Voraussetzung des Ausbildungsunterhalts ist, daß das Kind seine Ausbildung **zielstrebig** und ohne wesentliche Verzögerungen, die in seinen Verantwortungsbereich fallen, betreibt. Vgl. dazu auch Rn 68. Dies bedeutet aber nicht, daß das Kind auf Möglichkeiten weiteren Kenntniserwerbs, der einer angemessenen Berufsausbildung dient, zu verzichten hat, um den Unterhaltspflichtigen zu entlasten.[45]

b) Studienverlauf. Ein Studierender hat grundsätzlich den für seinen Studiengang maßgeblichen Studienplan einzuhalten.[46] Ihm ist allerdings ein **gewisser Spielraum** für die selbständige Auswahl der angebotenen Lehrveranstaltungen und für den eigenverantwortlichen Aufbau des Studiums zuzugestehen, sofern dadurch nicht der ordnungsgemäße Abschluß des Studiums innerhalb angemessener Frist gefährdet wird. Allein die

---

[36] BGH, FamRZ 1998, 671 = R 523
[37] BGH, FamRZ 1998, 671 = R 523
[38] BGH, FamRZ 1989, 853 = R 391 b
[39] OLG Stuttgart, FamRZ 1996, 181
[40] So mit Recht OLG Hamm, FamRZ 1995, 1007
[41] OLG Karlsruhe, NJW-FER 1998, 148
[42] OLG Hamm, FamRZ 1997, 695
[43] OLG Hamm, FamRZ 1997, 695
[44] OLG Hamm, FamRZ 1995, 1007
[45] BGH, FamRZ 1992, 1064 = R 446
[46] BGH, FamRZ 1992, 1064 = R 446

Tatsache, daß eine vorgeschriebene Zwischenprüfung nicht rechtzeitig absolviert wurde, führt noch nicht zum Verlust des Anspruchs auf Ausbildungsunterhalt, wenn es auch sonst üblich ist, die Zwischenprüfung entgegen dem Wortlaut der Prüfungsordnung erst später abzulegen, und wenn ein ordnungsgemäßer Abschluß des Studiums innerhalb angemessener und üblicher Zeit möglich bleibt.[47] Vgl. auch Rn 68.

67 c) **Studienort, Auslandsstudium.** Innerhalb des ihm zustehenden Spielraums kann das Kind den Studienort wechseln oder zeitweise im Ausland studieren, wenn dadurch Kenntnisse erworben, vertieft oder erweitert werden, die seine fachliche Qualifikation und seine Berufsaussichten fördern. Soweit hierdurch ein erhöhter Unterhaltsbedarf besteht, ist dieser regelmäßig vom Verpflichteten zu tragen, sofern sich die Finanzierung in den Grenzen seiner wirtschaftlichen Leistungsfähigkeit hält und sie für ihn nicht wirtschaftlich unzumutbar ist; vgl. dazu Rn 83. Voraussetzung ist allerdings, daß der ordnungsgemäße Abschluß des Studiums innerhalb angemessener Frist nicht gefährdet wird.[48]

68 d) **Ausbildungsdauer, Überschreitung der Regelstudienzeit.** Unterhalt muß grundsätzlich nur **bis zum Regelabschluß** einer üblichen Ausbildung (Abschlußprüfung nach einer Lehre oder einem Studium, inbesondere Diplom) gezahlt werden. Auf die Mindeststudienzeit kann nicht abgestellt werden. Eine **Promotion** ist nur ausnahmsweise der Regelabschluß eines Studiums. Zudem ist der Doktorand in der Regel gehalten, einer Teilzeitarbeit nachzugehen und hierdurch seinen Bedarf zu decken, so daß eine Unterhaltspflicht der Eltern im allgemeinen nicht in Betracht kommt.[49] Unterhalt für ein Zusatzstudium nach der Abschlußprüfung für das Lehramt zum Erwerb der Lehrbefähigung für ein weiteres Unterrichtsfach wird von den Eltern auch dann nicht geschuldet, wenn sich dadurch die Anstellungschancen erhöhen.[50] Vgl. aber hierzu Rn 78 ff. Auch die Vorbereitung auf die **Meisterprüfung** gehört im allgemeinen nicht zur Berufsausbildung; jedoch kann sich eine Verpflichtung der Eltern zur Fortzahlung des Unterhalts aus den Grundsätzen über die Weiterbildung ergeben.[51] Vgl. unten Rn 78 ff.

Unterhalt wird nur während der üblichen Ausbildungsdauer geschuldet. Einen Anhalt für die Zeit, innerhalb deren ein durchschnittlicher Student bei gehöriger Anstrengung den Studienabschluß erreichen kann, wird in der Regel die **Höchstförderungsdauer nach § 15 a BAföG** bieten.[52] Vgl. dazu Rn 6/586. Eine **Verlängerung** dieser Zeit kann in Betracht kommen:
- bei **Krankheit**,[53]
- bei **leichterem**, nur vorübergehendem **Versagen** des Kindes,[54] z. B. einmaligem Nichtbestehen einer Prüfung oder bei Hinauszögern des Examens, wenn dadurch der Abschluß der gesamten Ausbildung in angemessener Zeit nicht gefährdet wird,
- bei **erheblichen Schwierigkeiten** bei der Materialsuche für die Examensarbeit, insbesondere wegen der unzureichenden Ausstattung vieler Hochschulen mit Fachliteratur,[55]
- bei **Auslandsstudium**, Wechsel des Studienorts (vgl. Rn 67),[56]
- bei sonstigen **zwingenden Umständen**, die eine Unterbrechung oder eine Verzögerung des Studiums zur Folge haben. Solche Verhältnisse können vorliegen, wenn der Student seinen Lebensunterhalt durch **Nebenarbeit** verdienen muß, weil die Eltern ihren Unterhaltspflichten trotz Mahnung nicht nachkommen. Vgl. auch Rn 88.

Vom Kind ist zu verlangen, daß es die Gründe für die Verzögerung des Studiums substantiiert **darlegt und ggf. beweist**. Im allgemeinen wird man eine Überschreitung der

---

[47] BGH, FamRZ 1992, 1064 = R 446; FamRZ 1987, 470 = R 326; FamRZ 1984, 777 = R 218
[48] BGH, FamRZ 1992, 1064 = R 446
[49] OLG Hamm, FamRZ 1990, 904; OLG Karlsruhe, OLGZ 1980, 209
[50] OLG Stuttgart, FamRZ 1996, 1434
[51] OLG Stuttgart, FamRZ 1996, 1435
[52] OLG Hamm, FamRZ 1994, 387
[53] OLG Hamm, FamRZ 1990, 904
[54] BGH, FamRZ 1990, 149 = R 397 c
[55] OLG Hamm, FamRZ 1990, 904
[56] BGH, FamRZ 1992, 1064 = R 446

üblichen Studiendauer um ein bis zwei Semester tolerieren können. Nach nicht bestandener Prüfung muß einem Studierenden grundsätzlich ein, nur in seltenen Ausnahmefällen ein zweiter Wiederholungsversuch zugestanden werden, bevor Rückschlüsse auf fehlende Eignung für den angestrebten Beruf gezogen werden können. Anders kann es liegen, wenn Zweifel an der psychischen Belastbarkeit und damit an der Prüfungsfähigkeit des Kindes bestehen.[57] Ferner ist Unterhalt für die Zeit des Examens zu gewähren und für einen Zeitraum von etwa drei Monaten, innerhalb dessen sich das Kind um eine Arbeitsstelle bewerben kann.[58]

e) **Bummelstudium.** Die Grundsätze zu Rn 68 bedeuten nicht, daß die Eltern ein 69 „Bummelstudium" finanzieren müssen. Wenn der Student nachhaltig seine Obliegenheit verletzt, dem Studium pflichtbewußt und zielstrebig nachzugehen, dann büßt er seinen Anspruch auf Ausbildungsunterhalt ein und muß sich darauf verweisen lassen, seinen Lebensunterhalt durch Erwerbstätigkeit selbst zu verdienen.[59]

f) **Parkstudium.** Die Eltern sind unterhaltsrechtlich nicht verpflichtet, ein nicht berufszielbezogenes Parkstudium zu finanzieren.[60] Vielmehr hat das Kind während der Wartezeit bis zur Zulassung zum gewünschten Studienfach seinen Bedarf durch eigene Erwerbstätigkeit sicherzustellen.[61] Wird während eines von den Eltern tolerierten Parkstudiums Unterhalt bezahlt, muß sich das Kind bereits während der Wartezeit intensiv mit den angestrebten Fächern befassen.[62] Haben Eltern ohne rechtliche Verpflichtung ein Parkstudium finanziert oder hat sich die Ausbildung aus sonstigen Gründen verzögert, darf der Unterhalt für ein dann aufgenommenes, zielstrebig betriebenes Studium nicht um die letztlich nutzlos verstrichene Zeit gekürzt werden. Unterhalt für ein wertloses **Teilstudium** wird nicht geschuldet. Die Unterhaltspflicht für das jetzt aufgenommene Studium kann nur insgesamt bejaht oder verneint werden.[63]

g) **Wechsel oder Abbruch der Ausbildung.** Ein Studienwechsel an der Universität 71 wird ohne Einverständnis des Verpflichteten in der Regel nur bis zum 2., allenfalls 3. Semester in Frage kommen, keinesfalls mehr in der zweiten Studienhälfte. Dasselbe gilt für den Wechsel des Ausbildungsplatzes oder einer Fach(ober-)schule, wenn bereits ein beachtlicher Teil der Ausbildungszeit verstrichen ist. Der Berechtigte hat ohne Zustimmung des Verpflichteten dann nur die Wahl zwischen Fortsetzung der begonnenen oder Selbstfinanzierung einer anderen Ausbildung. Ein nach fortgeschrittener Ausbildung behaupteter ernsthafter Neigungswandel ist vor allem dann kein wichtiger Grund für einen Fachrichtungswechsel, wenn es dem Auszubildenden möglich und zumutbar war, die gegen die zuerst gewählte Fachrichtung sprechenden Gründe vorher zu erkennen.[64] In der Regel ist es mit den schutzwürdigen Belangen des Verpflichteten nicht vereinbar, einem Studenten vor dem Studienabbruch wegen mangelnder Eignung eine „Überlegungs- und Erfahrungszeit" von drei Semestern zuzugestehen.[65] Vgl. dazu auch Rn 75.

h) **Kontrollrechte der Eltern.** Dem Grundsatz der Gegenseitigkeit (vgl. Rn 61, 65) 72 widerspricht es, wenn der Berechtigte den zu Ausbildungszwecken gezahlten Unterhalt zu anderen Zwecken (Reisen, Bummeln) verwendet. Der Verpflichtete ist deshalb zu einer gewissen Kontrolle der Ausbildung berechtigt und kann die **Vorlage von Zeugnissen** über Zwischenprüfungen, erfolgreiche Teilnahme an Übungen, Studienbescheinigungen usw. verlangen.[66] Besucht das Kind berechtigterweise eine Privatschule (vgl. Rn 317 ff), so kann der Pflichtige den Nachweis des Schulbesuchs und der Höhe des Schulgeldes jedenfalls dann fordern, wenn das Kind im Ausland lebt oder der unterhaltspflichtige Elternteil keine Möglichkeit hat, sich von dem Wohlergehen und der Entwicklung des

---

[57] OLG Hamm, FamRZ 1997, 767
[58] OLG Hamm, FamRZ 1990, 904
[59] BGH, FamRZ 1987, 470 = R 326; OLG Hamm, FamRZ 1995, 1006
[60] OLG Koblenz, FamRZ 1991, 108
[61] OLG Frankfurt, FamRZ 1990, 789
[62] OLG Celle, FamRZ 1983, 641
[63] BGH, FamRZ 1990, 149 = NJW-RR 1990, 327
[64] OLG Frankfurt, FamRZ 1997, 694
[65] BGH, FamRZ 1987, 470 = R 326
[66] OLG Celle, FamRZ 1980, 914

Kindes zu überzeugen.⁶⁷ Solche Kontrollrechte der Eltern ergeben sich aus § 242 BGB.⁶⁸ Weigert sich das Kind, die zu Recht geforderten Belege vorzulegen, sind die Eltern berechtigt, den Unterhalt bis zur Beibringung der Nachweise zurückzubehalten (§ 273 I BGB). Das Aufrechnungsverbot der §§ 393, 400 BGB (vgl. Rn 6/300 ff) steht der Ausübung des Zurückbehaltungsrechts nicht entgegen, da die Zurückhaltung des Unterhalts keinen der Aufrechnung gleichkommenden Erfolg hat.⁶⁹ Legt das Kind ordnungsgemäße Studiennachweise vor, ist der Unterhalt nachzuzahlen. Kann es den Nachweis nicht erbringen, ist der Unterhalt dagegen zu versagen, weil das Kind nicht nachgewiesen hat, die Ausbildung ordnungsgemäß betrieben zu haben.⁷⁰

4. Finanzierung einer Zweitausbildung

73   Haben Eltern ihre Pflicht zur Gewährung einer Ausbildung in rechter Weise erfüllt, sind sie im allgemeinen zur Finanzierung einer Zweitausbildung nicht verpflichtet (vgl. Rn 58).⁷¹ Es ist unerheblich, ob und in welchem Umfang sie finanziell zur Erstausbildung beigetragen haben; denn § 1610 II BGB verfolgt nur das Ziel, dem Kind eine angemessene Ausbildung zu verschaffen, verlangt aber nicht unter allen Umständen, daß die Eltern diese Ausbildung bezahlt haben.⁷²

Unerheblich ist auch, ob die Richtlinien der staatlichen Ausbildungsförderung die Förderung der zweiten Ausbildung vorsehen und ob das Kind die Studienberechtigung für die Zweitausbildung erlangt hat.⁷³ Entscheidend ist allein, ob die Erstausbildung angemessen war, d. h. der Begabung und den Fähigkeiten des Kindes, seinem Leistungswillen und beachtenswerten Neigungen entsprochen hat.⁷⁴

74   Eine **Verpflichtung** der Eltern **zur Finanzierung einer Zweitausbildung** (zur Weiterbildung vgl. Rn 78 ff) besteht **ausnahmsweise**,
- wenn die Eltern das Kind gegen dessen Willen **in eine unbefriedigende Ausbildung gedrängt** hatten, die seiner damaligen Neigung und Begabung nicht entsprach.⁷⁵ Das ist insbesondere der Fall, wenn die Eltern dem Kind ein Studium aus Kostengründen verweigert haben und es deshalb eine Lehre absolviert hat⁷⁶ oder wenn sie einen während der Ausbildung rechtzeitig vorgebrachten Wunsch nach einem Ausbildungswechsel abgelehnt haben;⁷⁷
- wenn bei der Berufswahl entweder die eigentliche **Begabung** des Kindes **von den Eltern falsch eingeschätzt** oder infolge einer Entwicklungsstörung nicht rechtzeitig entdeckt und erst später erkennbar geworden ist. Eine Fehleinschätzung durch das Kind allein reicht nicht;⁷⁸
- wenn die Voraussetzungen des Ausbildungsgangs Abitur – Lehre – Studium nicht vorliegen (vgl. Rn 80 ff), aber die bisherige Ausbildung die **Begabungen** und Fertigkeiten des Kindes **nicht voll ausgeschöpft hat** (z. B. die Ausbildung zum Industriekaufmann bei einem Abiturienten mit einem im oberen Bereich liegenden Notendurchschnitt) **und** die **Verzögerung** des Studienabschlusses durch die vorgeschaltete praktische Ausbildung **auf einem leichteren vorübergehenden Versagen** des Kindes beruht, z. B. weil es auf den Rat einer fachkundigen Behörde vertraut hat;⁷⁹

---

⁶⁷ Vgl. hierzu OLG Hamm, FamRZ 1996, 49
⁶⁸ BGH, FamRZ 1987, 470 = R 326; OLG Hamm, FamRZ 1996, 49
⁶⁹ BGH, NJW 1987, 3254
⁷⁰ BGH, FamRZ 1987, 470 = R 326
⁷¹ BGH, FamRZ 1993, 1057 = R 462 a; FamRZ 1991, 322 = R 429; FamRZ 1989, 853 = R 391 b
⁷² BGH, FamRZ 1989, 853 = R 391 b
⁷³ BGH, FamRZ 1977, 629 ff = R 7 b; OLG Frankfurt, FamRZ 1984, 926
⁷⁴ OLG Frankfurt, FamRZ 1984, 926
⁷⁵ BGH, FamRZ 1995, 416 = R 486; FamRZ 1989, 853 = R 391 b; FamRZ 1980, 1115
⁷⁶ BGH, FamRZ 1991, 322 = R 429
⁷⁷ BGH, FamRZ 1991, 931 = NJW-RR 1991, 770
⁷⁸ BGH, FamRZ 1992, 1407 = R 453
⁷⁹ BGH, FamRZ 1993, 1057 = R 462 b

2. Abschnitt: Bedürftigkeit des Kindes § 2

- wenn sich **schwierige häusliche Verhältnisse**, insbesondere Trennung und Scheidung der Eltern nachteilig auf die Entwicklung und Ausbildung des Kindes ausgewirkt haben;[80]
- wenn sich die **Notwendigkeit eines Berufswechsels** herausstellt, weil der erlernte Beruf aus gesundheitlichen Gründen, z. B. einer Allergie bei einer Friseuse, oder aus Gründen, die bei Beginn der Ausbildung nicht vorhersehbar waren, keine Lebensgrundlage mehr bietet.[81] Die Notwendigkeit muß sich jedoch während oder unmittelbar nach Abschluß der Ausbildung herausstellen, da das Kind, das durch Ausübung des erlernten Berufs bereits eine selbständige Lebensstellung erlangt hat, das Arbeitsplatzrisiko allein trägt (vgl. Rn 63).

Ein Anspruch auf **Ausbildungsunterhalt** besteht vor allem dann **nicht** mehr, wenn 75 das Kind nach einer abgeschlossenen Lehre **bereits im Ausbildungsberuf gearbeitet** hat,[82] insbesondere wenn die Neigung des Kindes zu einer weiteren Ausbildung oder einem Studium ersichtlich erst in einem späteren Zeitpunkt (im entschiedenen Fall nach Beendigung einer Erstausbildung) hervorgetreten ist. Eine derartige spätere Entwicklung mußten die Eltern bei ihrer Entscheidung über die ihrem Kind zu gewährende angemessene Ausbildung nicht in ihre Überlegung einbeziehen.[83] Vgl. auch Rn 65 a. Nach einer nicht unbedenklichen Entscheidung des OLG Frankfurt[84] soll das Kind Unterhalt während einer zweiten Ausbildung nicht verlangen können, wenn es die ungeliebte Erstausbildung auf Wunsch der Mutter und des Stiefvaters aufgenommen und zu Ende geführt hat. Das ist jedenfalls dann nicht zutreffend, wenn das Kind bei Beginn der Erstausbildung noch minderjährig war und sich dem Willen seiner gesetzlichen Vertreter gebeugt hat.

Allein der **Sinneswandel** eines Kindes, das sich seit längerer Zeit im allseitigen Einverständnis in der Ausbildung zu einem Beamten des gehobenen Dienstes befindet, soll die Eltern nach einer älteren Entscheidung des BGH[85] nicht dazu verpflichten, nach Abbruch des Vorbereitungsdienstes ein Hochschulstudium zu finanzieren, das das Kind nach Aufgabe der Ausbildung eigenmächtig aufgenommen hat. Ob diese Auffassung nach den Grundsätzen zum Studienwechsel und Studienabbruch (Rn 71) noch aufrechterhalten werden kann, ist fraglich. Wenn die Ausbildung abgeschlossen ist, kann das Kind unter Umständen nach den Grundsätzen der Abitur-Lehre-Studium-Fälle zu einem Studium berechtigt sein (vgl. Rn 80 ff).

Eine Verpflichtung zur Finanzierung eines Psychologiestudiums besteht jedenfalls nicht mehr, wenn sich die Fähigkeit zum neuen Beruf erst gezeigt hat, nachdem das Kind für einen praktischen Beruf (z. B. Kfz-Mechaniker) ausgebildet worden ist, der seinen damals erkennbaren Fähigkeiten und Anlagen entsprach, und es diesen Beruf zunächst auch ausgeübt hat. Die Berücksichtigung einer sog. intellektuellen **Spätentwicklung** würde zu uferlosen Ansprüchen auf Ausbildungsfinanzierung führen. Die Vorschrift des § 1610 II BGB hat nicht den Sinn, Eltern in unübersehbarem und daher unangemessenem Umfang mit Unterhaltspflichten zu belasten.[86] Etwas anderes kann bei sachlichem Zusammenhang zwischen Ausbildung und Studium auch hier nach den Grundsätzen der Abitur-Lehre-Studium-Fälle gelten (vgl. Rn 80 ff).

Durch den zweijährigen Dienst als **Zeitsoldat** hat ein Kind dagegen keine angemessene 76 Berufsausbildung erlangt. Dies gilt jedenfalls für einen Abiturienten,[87] aber auch für ein Kind mit Haupt- oder Realschulabschluß, da die allenfalls erlangte Eignung zum Unteroffizier das Kind einseitig auf die Laufbahn eines Berufssoldaten festlegt und ein wesentlicher Teil des Dienstes des Zeitsoldaten der Erfüllung der Wehrpflicht dient.[88]

---

[80] BGH, FamRZ 1981, 437, 439
[81] BGH, FamRZ 1995, 416 = R 486; OLG Frankfurt, FamRZ 1994, 257
[82] OLG Frankfurt, FamRZ 1994, 257
[83] BGH, FamRZ 1980, 1115
[84] FamRZ 1997, 694
[85] BGH, FamRZ 1981, 344, 346
[86] BGH, FamRZ 1995, 416 = R 486; FamRZ 1981, 346, 347
[87] BGH, FamRZ 1992, 170 = R 439
[88] BGH, FamRZ 1992, 170 = R 439

77 Eine auf einer Regelschule neben dem Schulabschluß erworbene berufliche Qualifikation (z. B. Facharbeiter mit Abitur in der früheren DDR) ist in der Regel keine angemessene Berufsausbildung. Eine weitere Ausbildung, insbesondere ein Studium, ist daher nicht ausgeschlossen.[89] Es ist nicht erforderlich, daß zwischen der mit dem Abitur erworbenen beruflichen Qualifikation und dem anschließenden Studium ein sachlicher Bezug besteht.[90] Das Berufsgrundschuljahr, das vor allem Kindern, die keine Lehrstelle erhalten haben, eine berufliche Grundbildung für eine nachfolgende Berufsausbildung vermitteln soll, reicht als angemessene Ausbildung im Sinne des § 1610 II BGB nicht aus. Vgl. dazu auch Rn 459.

5. Weiterbildung, insbesondere Studium nach einer praktischen Ausbildung

78 Ein Anspruch auf Ausbildungsunterhalt kann ausnahmsweise auch dann in Betracht kommen, wenn die weitere Ausbildung als eine bloße **Weiterbildung** anzusehen ist und **von vornherein angestrebt** war. Dann haben die Eltern ihre Verpflichtung noch nicht erfüllt, weil die geplante Ausbildung noch nicht beendet ist. Gleiches gilt, wenn während der ersten Ausbildung eine **besondere**, die Weiterbildung erfordernde **Begabung** des Kindes deutlich geworden ist[91] oder wenn sich herausstellt, daß der zunächst erlernte Beruf ohne die Weiterbildung aus nicht vorhersehbaren Gründen keine ausreichende Lebensgrundlage bietet.[92]

79 Im allgemeinen kann nicht darauf abgestellt werden, ob die weitere Ausbildung als Weiterbildung oder Zweitausbildung zu qualifizieren ist, zumal insoweit nicht selten erhebliche Abgrenzungsschwierigkeiten bestehen. Es genügt auch nicht, daß mit der Erstausbildung die formelle Berechtigung zum Studium erlangt wurde. Mit dieser Begründung würde sonst bereits jede im ersten oder zweiten Bildungsweg erlangte förmliche Studienberechtigung die Verpflichtung der Eltern zur Finanzierung des Studiums nach sich ziehen. Die Entscheidung, ob eine zu finanzierende Weiterbildung vorliegt, ist im Rahmen einer **Zumutbarkeitsabwägung** in tatrichterlicher Verantwortung aufgrund der Sachlage des konkreten Einzelfalls zu treffen.[93]

Die angestrebte Weiterbildung wird meist ein Studium sein. Jedoch kann auch die Vorbereitung auf die **Meisterprüfung** ein Teil einer einheitlichen Ausbildung sein, die nach den unter Rn 80 ff dargestellten Grundsätzen von den Eltern zu finanzieren ist.[94] Vgl. oben Rn 68.

80 Die Abgrenzungsschwierigkeiten zwischen Zweitausbildung und Weiterbildung sind durch die neuere Rechtsprechung des BGH weitgehend gegenstandslos geworden. Nachdem sich aufgrund veränderten Verhaltens der Schulabgänger die Ausbildung **Abitur – Lehre – Studium** zu einem eigenen und durchgehenden Ausbildungsweg entwickelt hat, sind die obigen Grundsätze (vgl. Rn 78 f) vom BGH präzisiert worden. Der BGH hat diesen Weg unterhaltsrechtlich als **eine** mehrstufige Ausbildung gewertet, wenn die einzelnen Abschnitte in einem engen sachlichen und zeitlichen Zusammenhang stehen.[95] Dies dürfte auch für den Ausbildungsgang Abitur – Lehre – Fachhochschulstudium gelten. Zur Ausbildung Haupt-(Real)schule, Lehre, Fachoberschule, Fachhochschule vgl. Rn 84.

81 Der **enge sachliche Zusammenhang** erfordert, daß praktische Ausbildung und Studium derselben Berufssparte angehören oder jedenfalls so zusammenhängen, daß das eine für das andere eine fachliche Ergänzung, Weiterführung oder Vertiefung bedeutet oder daß die praktische Ausbildung eine sinnvolle Vorbereitung für das Studium darstellt.[96]

---

[89] KG, FamRZ 1994, 1055
[90] OLG Brandenburg, FamRZ 1997, 1107
[91] BGH, FamRZ 1995, 416 = R 486; FamRZ 1989, 853 = R 391 b
[92] BGH, FamRZ 1977, 629 = R 7
[93] BGH, FamRZ 1977, 629 = R 7
[94] OLG Stuttgart, FamRZ 1996, 1435
[95] BGH, FamRZ 1995, 416 = R 486; FamRZ 1993, 1057 = R 462 a; FamRZ 1992, 170, 172 = R 439; FamRZ 1989, 853 = R 391 b
[96] BGH, FamRZ 1989, 853 = R 391 b

2. Abschnitt: Bedürftigkeit des Kindes § 2

- Dieser enge sachliche Zusammenhang ist **bejaht** worden bei
  - Ausbildung zur Bauzeichnerin und Studium der Architektur,[97]
  - Banklehre und Studium der Rechtswissenschaft,[98]
  - kaufmännischer Lehre und Studium der Betriebswirtschaft,[99]
  - landwirtschaftlicher Lehre und Studium der Agrarwissenschaft.[100]
- Der enge sachliche Zusammenhang ist **verneint** worden bei
  - kaufmännischer Lehre und Studium des Maschinenbaus,[101]
  - kaufmännischer Lehre und Medizinstudium,[102]
  - Ausbildung zum Speditionskaufmann und Studium der Rechtswissenschaft.[103]

Der **enge zeitliche Zusammenhang** erfordert, daß der Auszubildende nach dem Abschluß der Lehre das Studium mit der gebotenen Zielstrebigkeit aufnimmt. Übt er zunächst den erlernten Beruf aus, obwohl er mit dem Studium beginnen könnte, und wird der Entschluß zum Studium auch sonst nicht erkennbar, so wird der Zusammenhang und damit die Einheitlichkeit des Ausbildungsweges aufgehoben.[104] Die Ableistung des Wehr- oder Ersatzdienstes nach der Lehre, aber vor Aufnahme des Studiums ist unschädlich.[105] Vgl. auch Rn 76. 82

Der **Studienentschluß** muß nicht von vornherein, sondern kann **erst nach** Beendigung **der Lehre** gefaßt werden. Es entspricht gerade der Eigenart dieses Ausbildungsweges, daß die praktische Ausbildung vielfach aufgenommen wird, ohne daß sich der Auszubildende endgültig schlüssig wird, ob er nach deren Abschluß ein Studium anschließen soll.[106] Demgemäß brauchen die Eltern nicht schon vor Aufnahme des Studiums von der Absicht, die Ausbildung fortzusetzen, informiert zu werden.[107]

Eine **kurzfristige Ausübung des erlernten Berufs** schließt den engen zeitlichen Zusammenhang nicht aus, wenn das Studium zum frühestmöglichen Zeitpunkt nach Ende der Ausbildung aufgenommen wird, die Berufstätigkeit also im wesentlichen die Zeit bis zum Studium überbrückt.[108]

Die Finanzierung des Studiums muß für die Eltern wie der Ausbildungsunterhalt allgemein (vgl. dazu Rn 65) **zumutbar** sein. Die Zumutbarkeit wird nicht nur durch die wirtschaftliche Leistungsfähigkeit der Eltern, sondern auch durch die Frage bestimmt, ob und inwieweit sie damit rechnen müssen, daß ihr Kind nach dem Schulabschluß und nach einer Lehre noch weitere Ausbildungsstufen anstrebt. Je älter das Kind bei Abschluß der praktischen Ausbildung ist, um so weniger wird eine weitere Unterhaltspflicht der Eltern in Betracht kommen.[109]

Ob sich das Studium im Rahmen der wirtschaftlichen Leistungsfähigkeit der Eltern 83
hält, ob es ihnen **zumutbar** ist, muß sorgfältig geprüft werden.[110] Zu berücksichtigen ist:
- ob die Eltern während der praktischen Ausbildung finanziell durch die vom Kind bezogene Ausbildungsvergütung, durch steuerliche Vorteile und durch Kindergeld entlastet waren,[111]
- ob das Kind mit dem Abschluß der Lehre bereits ein Alter erreicht hat, in dem die

---

[97] BGH, FamRZ 1989, 853 = R 391 b
[98] BGH, FamRZ 1992, 170 = R 439
[99] So offenbar BGH, FamRZ 1993, 1057, 1059 = R 462 a
[100] BGH, FamRZ 1990, 149 = R 397 a
[101] BGH, FamRZ 1993, 1057 = R 462 a
[102] BGH, FamRZ 1991, 1044 = NJW-RR 1991, 1156
[103] BGH, FamRZ 1992, 1407 = R 453
[104] BGH, FamRZ 1989, 853 = R 391 b
[105] So offenbar BGH, FamRZ 1993, 1057 = NJW 1993, 2238; vgl. auch BGH, FamRZ 1992, 170 = R 439
[106] BGH, FamRZ 1989, 853 = R 391 b
[107] BGH, FamRZ 1992, 170 ff = R 439
[108] BGH, FamRZ 1989, 853 = R 391 b
[109] BGH, FamRZ 1998, 671 = R 523
[110] BGH, FamRZ 1989, 853 = R 391 b; vgl. auch BGH FamRZ 1998, 671 = R 523
[111] BGH, FamRZ 1989, 853 = R 391 b

Eltern nicht mehr damit rechnen mußten, daß es noch ein Studium aufnehmen werde,[112]
- ob die Eltern in der gerechtfertigten Erwartung eines früheren Ausbildungsabschlusses anderweitige finanzielle Dispositionen getroffen haben, die ihre Leistungsfähigkeit in Anspruch nehmen und sich nur unter Einbußen rückgängig machen lassen,[113] sich z. B. ein Elternteil aus wichtigem Grund einer Umschulung unterzieht (vgl. Rn 412, auch Rn 252),
- ob sich die Eltern bereits der Altersgrenze nähern und ihnen ein besonderes Interesse zugestanden werden muß, ihre Geldmittel frei von Unterhaltsansprüchen zur eigenen Verfügung zu haben.[114]

84 Die Grundsätze zum Ausbildungsgang Abitur – Lehre – Studium sind nicht anwendbar, wenn das Kind **erst nach** Abschluß **der Lehre** durch weiteren Schulbesuch die (Fach-)**Hochschulreife** erwirbt und dann ein Studium aufnimmt. Dies gilt insbesondere beim Ausbildungsgang **Haupt-(Real)schule, Lehre, Fachoberschule, Fachhochschule**. Der BGH neigt dazu, in diesen Fällen die Einheitlichkeit der Ausbildung zu verneinen, weil anders als in den Abitur-Lehre-Studium-Fällen die Eltern nicht mit der Aufnahme eines Studiums nach der Lehre rechnen müßten. Er hat aber dann eine einheitliche Ausbildung und damit einen Unterhaltsanspruch bejaht, wenn das Kind **von vornherein die Absicht** hatte, nach der Lehre die Fachoberschule zu besuchen und anschließend **zu studieren**.[115] Im Jahre 1990 hatte der BGH es dagegen noch für möglich gehalten, daß der Entschluß zum Studium erst während der praktischen Ausbildung gefaßt wird.[116] Notwendig ist, daß das Studium als Weiterbildung anzusehen ist, die beiden Ausbildungen also in einem engen sachlichen und zeitlichen Zusammenhang stehen (vgl. Rn 81 f).[117] Dieser Zusammenhang fehlt, wenn das Kind **auf der Schule zunächst scheitert** und beim Beginn der praktischen Berufsausbildung weder die Absicht besteht, nach deren Abschluß die Fachhochschule zu besuchen und zu studieren, noch nach Begabung, Leistungsbereitschaft und Leistungsverhalten eine Weiterbildung nach Abschluß der praktischen Ausbildung zu erwarten ist.[118]

Der Verpflichtete braucht über den Plan, nach Abschluß der Lehre die Ausbildung fortzusetzen, **nicht informiert** zu werden. Es reicht aus, wenn diese Absicht in einem ernsthaften Gespräch mit dem nicht barunterhaltspflichtigen Elternteil geäußert worden ist. Wenn der Unterhaltspflichtige hiervon allerdings erst nachträglich erfährt, kann dies im Rahmen der Zumutbarkeitsprüfung von Bedeutung sein.[119] Genaueres zur Zumutbarkeit Rn 83. Zum Ausbildungsgang Abitur – Lehre – Fachhochschulstudium vgl. Rn 80.

85 Fehlt es an einem engen sachlichen Zusammenhang zwischen **zwei Ausbildungen**, wird eine Unterhaltspflicht der Eltern nicht allein dadurch begründet, daß das Kind von vornherein die Ausbildung in zwei verschiedenen Berufen anstrebt. Notwendig ist stets, daß die zweite Ausbildung sich als bloße Weiterbildung darstellt. Dies ist bei fehlendem engem sachlichem Zusammenhang ausgeschlossen.[120] Eine Unterhaltsberechtigung des Kindes kann dann nur bejaht werden, wenn die Eltern ausnahmsweise eine Zweitausbildung finanzieren müssen (oben Rn 73 ff).

---

[112] BGH, FamRZ 1989, 853 = R 391 b
[113] BGH, FamRZ 1989, 853 = R 391 b
[114] BGH, FamRZ 1989, 853 = R 391 b
[115] BGH, FamRZ 1995, 416 = R 486; OLG Bamberg, FamRZ 1998, 315; OLG Köln, NJW-FER 1999, 178
[116] BGH, FamRZ 1991, 320 = R 428
[117] BGH, FamRZ 1995, 416 = R 486
[118] BGH, FamRZ 1995, 416 = R 486
[119] BGH, FamRZ 1991, 320 = R 428
[120] BGH, FamRZ 1992, 1407 = R 453; FamRZ 1991, 1044 = NJW-RR 1991, 1156

III. Einkommen und Vermögen des Kindes

1. Anrechenbare Einkünfte des Kindes

Einkünfte des Kindes sind bei der Ermittlung seiner Bedürftigkeit genauso umfassend zu berücksichtigen wie beim Verpflichteten. Deshalb mindert **eigenes Einkommen** des Kindes jeder Art dessen Bedürftigkeit.[121] Solche Einkünfte sind auf den Unterhaltsanspruch des Kindes gegen seine Eltern anzurechnen. Dies gilt nicht bei **subsidiären Sozialleistungen** (vgl. 1/351 ff), insbesondere bei Sozialhilfe (Rn 1/383, 6/500 ff), Leistungen nach dem Unterhaltsvorschußgesetz (Rn 6/574 ff), Vorausleistungen nach dem BAföG (Rn 1/356 ff, 6/587 ff) und Arbeitslosenhilfe (Rn 1/82, 6/593 ff). **Kindergeld** ist grundsätzlich nicht als Einkommen des Kindes zu berücksichtigen. Es steht vielmehr – von Ausnahmen abgesehen – den Eltern zu, wird aber mit dem Anspruch auf Kindesunterhalt verrechnet (§ 1612 b BGB). Vgl. dazu im einzelnen Rn 497 f, 501 ff.

Als **anrechenbare Einkünfte** kommen vor allem in Betracht:
- Ausbildungsvergütungen (Rn 90 ff.);
- Einkünfte aus Vermietung (Rn 1/193 ff.), ein Wohnvorteil (Rn 1/211), Zinsen sowie sonstige Erträge aus Kapital und Vermögen (Rn 1/303 ff.);
- Waisenrente[122] (Rn 1/340);
- endgültige BAföG-Leistungen, auch soweit sie darlehensweise gewährt werden[123] (Rn 1/356 ff, Rn 6/587); zu Vorausleistungen vgl. Rn 86;
- nicht subsidiäre Sozialleistungen, insbesondere solche, die der Berechtigte durch Beiträge erkauft hat, wie z. B. Leistungen der gesetzlichen Renten-, Kranken-, Pflege-, Arbeitslosen- oder Unfallversicherung; bei Sozialleistungen infolge eines Körper- oder Gesundheitsschadens wird vermutet, daß die schadensbedingten Aufwendungen nicht geringer sind als die Sozialleistungen (§ 1610 a BGB; Näheres dazu Rn 1/343 f);
- Einkünfte aus Erwerbstätigkeit und fiktives Einkommen aus unterlassener zumutbarer Erwerbstätigkeit[124] (Rn 144 ff, 1/387 ff).

Einkünfte aus **Werkstudentenarbeit und Ferienjobs** sowie ähnliches Nebeneinkommen von Schülern und Studenten sind nicht oder nur teilweise anrechenbar (vgl. Rn 286, 350, 1/452 f). Da ein Schüler oder Student – auch während der Schul- bzw. Semesterferien – zu einer Erwerbstätigkeit neben dem Schulbesuch oder dem Studium nicht verpflichtet ist, stammt gleichwohl erzieltes **Einkommen aus überobligationsmäßiger Tätigkeit**. Derartige Einkünfte sind in entsprechender Anwendung des § 1577 II 1 BGB nicht anzurechnen, wenn der Verpflichtete nicht den vollen Unterhalt leistet, z. B. weil er die Zahlungen eingestellt hatte, das Kind also die Erwerbstätigkeit aufnehmen mußte, um seinen Lebensunterhalt bestreiten zu können.[125] Von einer Anrechnung wird auch abzusehen sein, wenn der Student durch seinen Verdienst Sonderbedarf, z. B. Umzugskosten, decken will, für den die laufenden Unterhaltszahlungen nicht ausreichen. Man wird dem Schüler und Studenten ebenfalls nicht verwehren können, sich durch Nebentätigkeit in angemessenem Umfang einen besseren Lebensstandard zu ermöglichen, als der nach Tabellensätzen bemessene Unterhalt zulassen würde. Zu beachten ist aber, daß die Ausbildung unter der Erwerbstätigkeit nicht leiden darf.[126] Danach können insbesondere Einkünfte eines Studenten aus geringfügiger Nebentätigkeit in den Anfangssemestern anrechnungsfrei bleiben.[127] Im übrigen kommt analog § 1577 II 2 BGB eine Anrechnung

---

[121] BGH, FamRZ 1981, 541 = NJW 1981, 2462; FamRZ 1980, 771 = NJW 1980, 2081; FamRZ 1980, 1109 = R 49
[122] BGH, FamRZ 1980, 1109 = R 49
[123] BGH, FamRZ 1989, 499 = NJW-RR 1989, 578
[124] BGH, FamRZ 1988, 159 = R 346 c
[125] OLG Hamm, FamRZ 1997, 231
[126] So mit Recht OLG Hamm, FamRZ 1997, 1497
[127] BGH, FamRZ 1995, 475, 477 = R 491 b, c

insoweit in Betracht, als dies unter Berücksichtigung der beiderseitigen wirtschaftlichen Verhältnisse der Billigkeit entspricht.[128] Steht ein Student in einem festen Anstellungsverhältnis, z. B. weil er in den Labors eines Wirtschaftsunternehmens Versuche für seine Diplomarbeit durchführt, wird man seinen Bedarf höher als den Studentenunterhalt nach der Düsseldorfer Tabelle von derzeit 1120,– DM (vgl. Rn 369) ansetzen und ihm jedenfalls den Mindestbedarf eines Erwerbstätigen von 1500,– DM zubilligen müssen; darauf kann eine etwaige Vergütung teilweise angerechnet werden.[129]

Bei Schülern wird die Nichtanrechnung geringer Einkünfte, auch wenn sie für Luxusanschaffungen, z. B. ein gebrauchtes Motorrad, verwendet werden, in der Regel der Billigkeit entsprechen, wenn schutzwürdige Interessen des Pflichtigen nicht verletzt werden, insbesondere wenn das Kind seine schulischen Pflichten erfüllt und dem Verpflichteten durch die Erwerbstätigkeit des Kindes keine unterhaltsbezogenen Vorteile (Kindergeld, Ausbildungsfreibeträge usw.) verlorengehen.[130]

Zu überobligationsmäßigen Einkünften eines volljährigen, in einem Heim lebenden Kindes aus Arbeit in einer Behindertenwerkstatt vgl. Rn 405.

89 Beim Zusammenleben des Kindes mit einem anderen Partner in **nichtehelicher Lebensgemeinschaft** ist die Rechtsprechung des BGH zum Ehegattenunterhalt grundsätzlich heranzuziehen, soweit sie die Bedürftigkeit des Ehegatten betrifft, nicht dagegen, soweit sie auf § 1579 Nr. 7 BGB beruht.[131] Dem Kind kann daher ein fiktives Einkommen zugerechnet werden, wenn es dem Lebensgefährten den Haushalt führt und ihn versorgt (vgl. Rn 1/369). Auch werden im Rahmen einer auf Dauer angelegten nichtehelichen Lebensgemeinschaft finanzielle Mittel, die das Kind von seinem Partner für die gemeinsame Lebenshaltung entgegennimmt, seine Bedürftigkeit grundsätzlich mindern, auch wenn es nicht den Haushalt führt (vgl. Rn 52).[132] Jedoch wird stets geprüft werden müssen, ob wirklich eine nichteheliche Lebensgemeinschaft vorliegt. Zwei Studenten leben im Zweifel in einer **Wohngemeinschaft** und nicht in einer Lebensgemeinschaft. Solange sich das unterhaltsberechtigte Kind zielstrebig einer Ausbildung unterzieht, wird ein fiktives Einkommen für die Versorgung des Partners kaum angesetzt werden können, selbst wenn sexuelle Beziehungen bestehen. In einem solchen Fall werden beide Partner sich die Haushaltsführung teilen. Zudem trifft ein Kind, das sich ausbilden läßt, keine Erwerbsobliegenheit. Dann fehlt die Rechtfertigung dafür, ein fiktives Versorgungsentgelt zuzurechnen.

2. Anrechnung einer Ausbildungsvergütung

90 Ausbildungsvergütungen, Ausbildungsbeihilfen, Zuschüsse während eines Praktikums und ähnliche Bezüge sind **anrechenbare Einkünfte** des Auszubildenden. Vor der Anrechnung sind sie um ausbildungsbedingte Aufwendungen (Werbungskosten) oder ausbildungsbedingten Mehrbedarf (vgl. Rn 1/87 ff) zu bereinigen.[133] Solche Aufwendungen können entstehen für Fahrtkosten, Lernmittel, besonderen Kleidungsaufwand u. ä.

91 Die Höhe der ausbildungsbedingten Aufwendungen kann nicht pauschal mit der Hälfte der Ausbildungsvergütung angenommen werden, sondern ist grundsätzlich entsprechend den besonderen Verhältnissen des Einzelfalles vom Gericht festzustellen. Dabei ist eine Anlehnung an Richtsätze und Leitlinien möglich, die auf die gegebenen Verhältnisse abgestellt sind und der Lebenserfahrung entsprechen.[134]

92 Die Tabellen und Leitlinien der Oberlandesgerichte pauschalieren z. T. den ausbildungsbedingten Mehrbedarf, z. T. verlangen sie eine konkrete Darlegung der Mehrauf-

---

[128] BGH, FamRZ 1995, 475, 477 = R 491b, c
[129] OLG Hamm, FamRZ 1997, 231
[130] OLG Köln, FamRZ 1996, 1101
[131] BGH, FamRZ 1989, 487 = R 383 d
[132] OLG Koblenz, FamRZ 1991, 1469 f; a. A. OLG Celle, FamRZ 1993, 352, das eine freiwillige Leistung eines Dritten annimmt
[133] BGH, FamRZ 1988, 159 = R 346 b; FamRZ 1981, 541 = NJW 1981, 2462
[134] BGH, FamRZ 1981, 541, 543 = NJW 1981, 2462

2. Abschnitt: Bedürftigkeit des Kindes § 2

wendungen, die dem Gericht eine Schätzung nach § 287 ZPO ermöglicht (vgl. dazu Rn 6/728 ff).

Pauschalen für ausbildungsbedingten Mehrbedarf werden von den meisten Oberlandesgerichten von der Ausbildungsvergütung abgezogen. 93

- Die Oberlandesgerichte **Düsseldorf** (DT A 8), **Hamm** (HL 18 III), **Köln** (KL 9) und **Oldenburg** (OL III 4 b) sowie die **sonstigen Oberlandesgerichte**, die die **Düsseldorfer Tabelle** zugrunde legen, setzen eine Pauschale von 150,– DM an. Die Oberlandesgerichte Düsseldorf und Hamm gewähren die Pauschale nur, wenn das Kind im Haushalt eines Elternteils lebt. Dies findet – jedenfalls nach dem Verständnis des OLG Düsseldorf – seine Rechtfertigung darin, daß die Beträge der Tabelle Kindesunterhalt im wesentlichen auf den Bedarf eines Schülers zugeschnitten sind, der Auszubildende, der bereits am Berufsleben teilnimmt, dagegen einen höheren, nur schwer bezifferbaren Bedarf hat, der neben den üblichen berufsbedingten Aufwendungen (Fahrgeld, Berufskleidung usw.) durch die Pauschale abgegolten werden soll.[135]
Der BGH hat den pauschalierten Abzug eines ausbildungsbedingten Mehrbedarfs in Höhe von 145,– DM für rechtlich bedenkenfrei gehalten.[136] Gegen den seit 1. 1. 1989 in den Tabellen angesetzten Betrag von 150,– DM dürften danach gleichfalls keine Bedenken bestehen.
- Die OLGe **Bamberg, München und Nürnberg** ziehen mindestens 90,– DM als ausbildungsbedingten Aufwand ab (BayL 10 d).
- Nach den Leitlinien des OLG **Schleswig** (SchL B 6 a) beträgt der ausbildungsbedingte Mehrbedarf ebenfalls 150,– DM. Durch ihn wird in der Regel der ausbildungsbedingte und allgemeine Mehrbedarf des Kindes mit Ausnahme der Fahrtkosten abgedeckt.
- Zu den **Pauschalen in den neuen Bundesländern** vgl. Rn 6/633.
- Hat der minderjährige oder volljährige Auszubildende bereits einen eigenen Haushalt 94 und wird deshalb der Bedarf nach der Düsseldorfer Tabelle (A 7 II 2) mit 1120,– DM angesetzt (vgl. Rn 226, 368 ff), kann nicht die Pauschale von 150,– DM gewährt werden. Die Berücksichtigung ausbildungsbedingten Mehrbedarfs wird vielfach abgelehnt, weil im Richtsatz von 1120,– DM derartige Mehrkosten bereits enthalten seien (vgl. dazu im einzelnen Rn 382). Es erscheint jedoch angemessen, statt des Pauschbetrags von 150,– DM wenigstens die Mindestpauschale für berufsbedingte Aufwendungen, die nach A 3 der Düsseldorfer Tabelle jedem zusteht, der einer abhängigen Erwerbstätigkeit nachgeht, abzusetzen.[137] So ausdrücklich DL 11 c.

Die **konkrete Darlegung des ausbildungsbedingten Mehrbedarfs** wird von den 95 Oberlandesgerichten **Bremen** (BrL II 6), **Celle** (CL II 6), **Frankfurt** (FL III B 3, C 3), **Hamburg** (HaL 4), **Jena** (ThT A II 4), **Rostock** (RL I A 3) und dem **KG** (BL 23) gefordert.

3. Anrechnung von Einkommen auf Barunterhalt und auf Betreuungsunterhalt

Einkünfte des Kindes kommen grundsätzlich beiden Eltern zugute, wenn jeder von 96 ihnen Unterhalt leistet.

Leistet, wie bei **Minderjährigen** im Regelfall, ein Elternteil den **Barunterhalt** und er- 97 bringt der andere Elternteil die **Betreuungsleistungen,** dann werden wegen der Gleichwertigkeit von Bar- und Betreuungsunterhalt nach § 1606 III 2 BGB beide Eltern je zur Hälfte durch Einkommen des Kindes entlastet. Das heißt, das Kindeseinkommen ist nur **zur Hälfte auf den Barunterhalt** zu verrechnen, zur anderen Hälfte dient es als Ausgleich für die Betreuungsleistungen des anderen Elternteils.[138] Vgl. Rn 286.

---

[135] Scholz, FamRZ 1993, 125, 133
[136] BGH, FamRZ 1988, 159 = R 346 b
[137] OLG Düsseldorf, FamRZ 1994, 1610
[138] BGH, FamRZ 1988, 159, 161 = R 346 h; FamRZ 1980, 1109, 1111 = NJW 1981, 168, 170

Beispiel:
Nettoeinkommen des Vaters = 2500,– DM. Der 16jährige Sohn S bezieht eine Ausbildungsvergütung von 600,– DM. Er lebt bei der Mutter, die das Kindergeld von 250,– DM erhält. Unterhalt nach DT 1999 2/3 = 546,– DM; jedoch Höhergruppierung um drei Einkommensgruppen nach DT A 1 wegen unterdurchschnittlicher Unterhaltsbelastung (zur Höhergruppierung nach den Tabellen und Leitlinien vgl. Rn 233). Daher Unterhalt nach DT 5/3: 653,– DM. Anrechenbare Ausbildungsvergütung (vgl. Rn 90 ff) 600,– DM; ausbildungsbedingte Aufwendungen 150,– DM (Pauschale nach DT A 8; vgl. Rn 93). Bereinigte Vergütung: 600 – 150 = 450,– DM. Anzurechnender hälftiger Anteil: 225,– DM.
Restbedarf: 653 – 225 = 428,– DM. V verbleiben 2500 – 428 = 2072,– DM und damit mehr als der Bedarfskontrollbetrag der 5. Einkommensgruppe von 1900,– DM. Zur Bedarfskontrolle vgl. Rn 239 ff.
Anzurechnender hälftiger Anteil des Kindergeldes: 250 : 2 = 125,– DM.
Der Unterhalt beträgt danach 428 – 125 = 303,– DM. Erhält der Verpflichtete ausnahmsweise noch das Kindergeld, erhöht sich der Unterhalt um 125,– DM auf 553,– DM. Zur Verrechnung des Kindergeldes vgl. Rn 503 ff.

98 Besteht **bei Minderjährigen** ausnahmsweise eine **Barunterhaltspflicht beider Eltern**, z. B. weil das Kind in einem Lehrlingsheim lebt (siehe Rn 289), ist grundsätzlich wie bei Volljährigen das Einkommen des Kindes in voller Höhe vom Bedarf abzuziehen und erst der Restbedarf anteilig nach § 1606 III 1 BGB zu verteilen. Vgl. dazu Rn 289 ff, 296. Das Kindergeld wird dagegen in einem solchen Fall nicht mehr bedarfsdeckend angerechnet. Vgl. Rn 297, 504.

99 Bei **Volljährigen** entfällt ein gleichwertiger Betreuungsunterhalt.[139] Deshalb sind grundsätzlich beide Eltern im Rahmen ihrer Leistungsfähigkeit barunterhaltspflichtig (vgl. Rn 15, 433 ff).

Einkommen des Kindes ist auf den nach den Tabellen und Leitlinien ermittelten Bedarf anzurechnen; der Restbedarf ist anteilig nach § 1606 III 1 BGB von den Eltern zu tragen. Vgl. dazu Rn 433 ff und Beispiel Rn 462.

Ist ein Elternteil nicht leistungsfähig (Rn 407 ff, 417 ff), schuldet der andere Elternteil allein den Unterhalt in Höhe des Restbedarfs. Vgl. dazu das Beispiel Rn 466.

Wie der BGH[140] bereits vor dem Inkrafttreten des KindUG klargestellt hat, kann auch dann nicht ausnahmsweise für eine gewisse **Übergangszeit nach Eintritt der Volljährigkeit** noch von einer Gleichwertigkeit von Barunterhalt und Naturalunterhalt ausgegangen werden, wenn sich an den bisherigen Ausbildungs- und Wohnverhältnissen durch die Volljährigkeit nichts geändert hat und der Barbedarf sich nicht erhöht hat.

Das KindUG hat zwar seit dem 1. 7. 1998 die volljährigen unverheirateten Kinder bis zur Vollendung des 21. Lebensjahres minderjährigen unverheirateten Kindern gleichgestellt, solange sie im Haushalt der Eltern oder eines Elternteils leben und sich in der allgemeinen Schulausbildung befinden. Dies betrifft aber nur die verschärfte Haftung der Eltern und den Rang der privilegierten volljährigen Kinder (§§ 1603 II 2, 1609 II 1 BGB). § 1606 III 2 BGB gilt jedoch für ein solches Kind nicht. Daher hat sich an der grundsätzlichen Barunterhaltspflicht beider Eltern für volljährige Kinder nichts geändert. Vgl. dazu im einzelnen Rn 452 ff, 467 ff.

4. Freiwillige Zuwendungen eines Dritten oder eines Elternteils

100 Bei freiwilligen Zuwendungen eines Dritten, auf die das Kind keinen rechtlichen Anspruch hat, hängt die Anrechenbarkeit als Einkommen des Kindes grundsätzlich vom **Willen des zuwendenden Dritten** ab.[141] Vgl. hierzu eingehend Rn 1/368 ff. Hier geht es vielfach um Zuwendungen, die das Kind von Verwandten des Elternteils, bei dem es lebt, oder von dessen neuem Partner erhält. Da diese Personen in der Regel das Kind zusätzlich unterstützen und nicht den anderen unterhaltspflichtigen Elternteil entlasten wollen,

---

[139] BGH, FamRZ 1994, 696, 698 = R 477 b; FamRZ 1988, 159, 161 = R 346 d, g
[140] BGH, FamRZ 1994, 696, 698 = R 477 c
[141] BGH, FamRZ 1993, 417, 419 = R 458

2. Abschnitt: Bedürftigkeit des Kindes § 2

zählen solche Leistungen im Normalfall nicht als anrechenbares Einkommen des Kindes.[142] Eine Entlastung des barunterhaltspflichtigen Elternteils kann dagegen beabsichtigt sein, wenn einer seiner Verwandten, z. B. die Mutter des Kindesvaters, das Kind in ihren Haushalt aufnimmt und versorgt oder es in sonstiger Weise unterstützt.[143] Freiwillige Leistungen können einmalige oder regelmäßige Geldgeschenke sein oder sonstige geldwerte Sach- oder Naturalleistungen, wie z. B. unentgeltliche Wohnungsgewährung, Verköstigung und die Pflege eines hilflosen Ehegatten.[144] Ererbtes Vermögen, das dem Kind ohne Zweckbindung zugewendet worden ist, kann dagegen nicht als freiwillige Leistung des Erblassers in dem hier erörterten Sinn angesehen werden.[145] Vgl. dazu auch Rn 107.

Im **Mangelfall** ist es dagegen nicht ausgeschlossen, aus Billigkeitserwägungen die freiwilligen Leistungen des Dritten, die dieser ohne Rückforderungsabsicht, aber nicht zur Entlastung des Pflichtigen erbracht hat, ganz oder teilweise auf den Unterhaltsbedarf des Berechtigten anzurechnen.[146] Vgl. dazu Rn 5/101.

Dritter im Sinn der Ausführungen zu Rn 100 kann **auch ein Elternteil** sein. Deshalb sind freiwillige und überobligationsmäßige Leistungen eines Elternteils in der Regel keine auf den Barunterhaltsanspruch gegen den anderen Elternteil anrechenbaren Einkünfte des Kindes. Es kann im allgemeinen nach der Lebenserfahrung nicht angenommen werden, daß der zuwendende Elternteil mit seiner Leistung den anderen Elternteil von dessen Unterhaltsverpflichtung entlasten will; vielmehr ist eher das Gegenteil anzunehmen, nämlich daß ausschließlich eine Unterstützung des Kindes beabsichtigt war.[147] 101

Bei Barunterhaltspflicht beider Eltern (Rn 289 ff, 433 ff) wird der anteilige Anspruch des Kindes gegen einen Elternteil nicht dadurch erfüllt, daß der andere Elternteil überobligationsmäßige Leistungen erbringt, d. h. dem Kind mehr zuwendet, als es seinem Haftungsanteil entspricht.[148]

Gleiches gilt im Prinzip bei Barunterhaltspflicht nur eines Elternteils (Rn 282 ff), wenn der nicht barunterhaltspflichtige Elternteil dem Kind trotzdem Geld oder geldwerte Leistungen (z. B. Wohnungsgewährung) zuwendet und dafür vom Kind keine Gegenleistung verlangt.

Um eine solche nicht anrechenbare Zuwendung handelt es sich auch, wenn ein Elternteil dem bei ihm wohnenden, in Ausbildung befindlichen Kind die Ausbildungsvergütung voll beläßt und vom Kind nichts für die Wohnungsgewährung, Verköstigung und sonstige materielle Versorgung verlangt. Solche Mehrleistungen des Elternteils entlasten nicht den anderen Elternteil.[149] Vielmehr ist der vom anderen Elternteil zu zahlende Unterhalt nach den allgemeinen Regeln zu bemessen (vgl. dazu Rn 286, 448 f). Es bleibt dem Elternteil, bei dem das Kind wohnt, überlassen, dessen Bedarf bei Minderjährigkeit aus dem vom anderen Elternteil geschuldeten Unterhalt zu decken oder sich mit dem volljährigen Kind hinsichtlich der Leistungen, die er noch erbringt (Wohnungsgewährung, Verpflegung usw.), auseinanderzusetzen und sie mit dem anteiligen Anspruch des Kindes auf Barunterhalt zu verrechnen. Vgl. auch Rn 104.

Wird bei einem **minderjährigen Kind** dessen **Barbedarf** nach den Tabellensätzen der Düsseldorfer Tabelle bemessen, so deckt der danach zu zahlende Barunterhalt den **gesamten Lebensbedarf** des Kindes ab, insbesondere alle Aufwendungen für Wohnung, Verpflegung, Kleidung, sonstige Versorgung, Ausbildung, Erholung und Gesundheitsfürsorge. Ausgenommen ist jedoch regelmäßiger Mehrbedarf und Sonderbedarf (vgl. Rn 133 ff, 138, 317 ff, 6/1 ff). Mit den Bedarfssätzen der Düsseldorfer Tabelle ist berücksichtigt, daß das Kind einerseits einen **Wohnbedarf** hat und daß andererseits durch das Zusammen- 102

---

[142] BGH, FamRZ 1995, 537 = R 493 b; FamRZ 1985, 584 = R 254 b
[143] BGH, FamRZ 1993, 417, 419 = R 458
[144] BGH, FamRZ 1995, 537 = R 493 b; OLG Hamm, FamRZ 1999, 166
[145] OLG München, FamRZ 1996, 1433
[146] Soergel/Häberle, 12. Aufl., § 1581 Rn 16; BGH, FamRZ 1999, 843, 847 = R 533 c
[147] BGH, FamRZ 1988, 159, 161 = R 346 h; FamRZ 1986, 151 = NJW-RR 1986, 426; FamRZ 1985, 584 = R 254 b
[148] BGH, FamRZ 1988, 159, 161 = R 346 h; FamRZ 1986, 151 = NJW-RR 1986, 426; FamRZ 1985, 584 = R 254 b
[149] BGH, FamRZ 1988, 159, 161 = R 346 h

leben und Zusammenwohnen mit einem Elternteil eine Ersparnis eintritt (Rn 214). Wenn daher – wie in der Regel – das Kind mit einem Elternteil in dessen Wohnung zusammenlebt, sind dessen Aufwendungen für das Kind durch den Barunterhalt nach der Düsseldorfer Tabelle abgegolten. Dieser Elternteil kann den Barunterhalt eigenverantwortlich für das Zusammenwohnen und Zusammenwirtschaften mitverwenden. Er ermöglicht daher dem Kind kein kostenfreies Wohnen, das bei der Bemessung des Barunterhalts zu berücksichtigen wäre.

Der BGH meinte zwar in seiner Entscheidung vom 4. 11. 1987, es sei zusätzlich zum Barbedarf ein Wohnbedarf anzusetzen, wenn das Kind bei dem betreuenden Elternteil frei wohnt, weil dann mit den zur Befriedigung des Bedarfs erforderlichen Mitteln nicht auch die Kosten des Wohnbedarfs des Kindes gedeckt würden.[150] Es handelt sich jedoch um einen Einzelfall, in dem bei besonders günstigen wirtschaftlichen Verhältnissen der Gesamtunterhalt des volljährigen Kindes nicht nach der Düsseldorfer Tabelle bemessen worden ist. Vielmehr hielt es der BGH im konkreten Fall für angezeigt, neben dem Barbedarf, der in Anlehnung an die Düsseldorfer Tabelle ermittelt wurde, einen besonderen Wohnbedarf zu berücksichtigen.[151]

103 Bei **volljährigen Kindern** gelten im Prinzip ähnliche Grundsätze wie in Rn 101 und Rn 102 erörtert. Wird der Bedarf des Volljährigen nach festen Regelbedarfssätzen oder nach der 4. Altersstufe der Düsseldorfer Tabelle bemessen, so wird im Normalfall mit den entsprechenden Beträgen der gesamte Lebensbedarf des Volljährigen einschließlich des Wohnbedarfs abgegolten (Rn 372, 389).

- Ohne Probleme ist dies, wenn der Volljährige nicht bei einem Elternteil wohnt. Sind beide Eltern barunterhaltspflichtig und wendet ihm ein Elternteil mehr zu, als es dessen Haftungsanteil entspricht, so entlastet dies als freiwillige überobligationsmäßige Leistung nicht den anderen Elternteil. Gleiches gilt, wenn bei alleiniger Barunterhaltspflicht eines Elternteils der andere Elternteil dem Kind freiwillige Zusatzleistungen erbringt.

- Wohnt bei Barunterhaltspflicht beider Eltern der Volljährige bei einem Elternteil, so erfüllt dieser seine anteilige Barunterhaltspflicht in der Regel als Naturalunterhalt, d. h. durch Wohnungsgewährung und sonstige geldwerte Leistungen (vgl. Rn 9). Sind seine gesamten Leistungen mehr wert, als es seinem Haftungsanteil entspricht, so wird dadurch der Haftungsanteil des anderen Elternteils nicht gemindert. Wird der Haftungsanteil nicht durch die Naturalleistungen gedeckt, so ist der Differenzbetrag als Barunterhalt auszugleichen.

- Wohnt der Volljährige wohnkostenfrei bei einem nicht leistungsfähigen Elternteil, so wird der allein barunterhaltspflichtige Elternteil nicht entlastet, weil es sich um eine freiwillige Zuwendung des anderen Elternteils handelt. Andererseits kann bei der Bedarfsbemessung berücksichtigt werden, daß das Miteinanderwohnen und Zusammenwirtschaften Ersparnisse bei den Lebenshaltungskosten mit sich bringt, was sich bedarfsmindernd auswirken kann.[152] Die Düsseldorfer Tabelle trägt diesen Ersparnissen dadurch Rechnung, daß sie den Unterhalt des im Haushalt eines Elternteils lebenden volljährigen Kindes einkommensabhängig in einer 4. Altersstufe ausweist und niedriger als den Unterhalt des Kindes mit eigenem Haushalt ansetzt, der in der Regel mit einem Festbetrag von 1120,– DM (DT 1999 A 7 II) angenommen wird. Genaueres zur Bemessung des Unterhalts volljähriger Kinder und zur Berücksichtigung des Wohnbedarfs vgl. Rn 368 ff, 372, 383 ff, 391 ff.

104 **Zuwendungen des barunterhaltspflichtigen Elternteils** bewirken in der Regel eine Erfüllung des Barunterhaltsanspruchs, soweit sie für den jeweils aktuellen Lebensbedarf verwendet werden können.

Dies gilt in der Regel nicht für **Raten**, die der barunterhaltspflichtige Elternteil zugunsten des Kindes auf einen Spar- oder Ausbildungsvertrag regelmäßig einzahlt, weil mit solchen Leistungen der aktuelle Lebensbedarf nicht gedeckt werden kann.

---

[150] BGH, FamRZ 1988, 159, 161 = R 346 d
[151] BGH, FamRZ 1988, 159, 161 = R 346 i
[152] BGH, FamRZ 1988, 1039 = R 366 b

2. Abschnitt: Bedürftigkeit des Kindes § 2

Auch der normale **Ferienaufenthalt** des Kindes beim barunterhaltspflichtigen Elternteil in Ausübung eines Umgangsrechts berechtigt nicht zu einer Kürzung des Barunterhalts. Nimmt der barunterhaltspflichtige Elternteil das Kind in **Ausübung des Umgangsrechts** zeitweise, z. B. während der Schulferien, bei sich auf, so berechtigen die Aufwendungen, die er in dieser Zeit für dessen Unterhalt tätigt, nicht zur Kürzung des Barunterhalts, weil die Richtsätze der Düsseldorfer Tabelle für den monatlichen Unterhalt von einem pauschalierten Bedarf ausgehen und das übliche Umgangsrecht des barunterhaltspflichtigen Elternteils bereits berücksichtigen.[153] Vgl. dazu Rn 126, 171. Anders liegt es freilich, wenn die Eltern trotz Trennung die Betreuung des Kindes weiter unter sich aufteilen, was im Rahmen des gemeinsamen Sorgerechts bei entsprechenden Absprachen durchaus möglich ist (vgl. Rn 316 ff).

Demgegenüber handelt es sich um eine echte teilweise Unterhaltserfüllung, wenn der Verpflichtete z. B. das Kind und den sorgeberechtigten Elternteil wohnkostenfrei in seinem Haus wohnen läßt. Er kann den Barunterhaltsanspruch des Kindes um den Wohnkostenanteil mindern, der im Unterhaltsbedarf für das Wohnen berücksichtigt ist, bei Unterhaltssätzen im mittleren Einkommensbereich der DT um etwa 20 % (vgl. BayL 20 g und Rn 214) des jeweiligen Bedarfssatzes.[154]

Nimmt der Unterhaltsverpflichtete allein das Kind vollständig in seinen Haushalt auf, gewährt er ihm im Zweifel aufgrund einer Bestimmung nach § 1612 II 1 BGB Naturalunterhalt. Dann hat auch das volljährige Kind keinen Anspruch auf Barunterhalt. Vgl. dazu Rn 21 ff, 35.

Auch Zuwendungen eines **Lebensgefährten** eines Elternteils oder des Kindes können **105** freiwillige Leistungen eines Dritten sein, in Ausnahmefällen dagegen auch auf den Unterhaltsanspruch angerechnet werden (Rn 52, 89).[155]

5. Berücksichtigung des Kindesvermögens

Ein **minderjähriges**, unterhaltsbedürftiges **Kind** muß nach § 1602 II BGB den Stamm **106** des eigenen Vermögens **nicht** für Unterhaltszwecke verwenden. Diese Freistellung bezieht sich allerdings nur auf den Vermögensstamm, nicht auf Einkünfte aus dem Vermögen. Eine Ausnahme kann sich nach § 1603 II 2 BGB ergeben, wenn die Eltern bei Berücksichtigung ihrer sonstigen Verpflichtungen außerstande sind, Unterhalt ohne Gefährdung ihres eigenen angemessenen Bedarfs zu gewähren, dagegen der Kindesunterhalt aus dem Stamm des Kindesvermögens bestritten werden kann.[156]

Das **volljährige Kind** hat – im Gegensatz zum minderjährigen Kind – vorrangig den **Ver- 107 mögensstamm** zu **verwerten**, bevor es seine Eltern auf Unterhalt in Anspruch nimmt.[157] Dies gilt auch für das privilegiert volljährige Kind im Sinne des § 1603 II 2 BGB (vgl. dazu Rn 452 ff), da § 1602 II BGB nicht entsprechend anwendbar ist (Rn 458 c).

Das volljährige Kind ist nicht bedürftig, wenn es die Einziehung einer Forderung unterläßt, die es in zumutbarer Weise einziehen könnte. Dies gilt auch für eine Forderung gegen einen Elternteil, wenn dieser einen dem Kind zustehenden namhaften Geldbetrag für sich verwendet hat und ihm ein Ersatzanspruch nach § 1648 BGB nicht zusteht.[158] Auch ererbtes Vermögen ist zu verwerten, jedenfalls wenn es dem Kind ohne Zweckbindung zugewendet worden ist.[159] § 1577 III BGB, nach dem beim Ehegattenunterhalt die Verwertung des Vermögens nicht unwirtschaftlich und unter Berücksichtigung der beiderseitigen Vermögensverhältnisse nicht unbillig sein darf, ist nicht entsprechend anzuwenden. Das Gesetz sieht vielmehr beim Verwandten- und damit beim Kindesunterhalt eine allgemeine Billigkeitsgrenze für die Verwertung des Vermögens nicht vor. Andere-

---

[153] BGH, FamRZ 1984, 470, 471 = R 209
[154] OLG Düsseldorf, FamRZ 1994, 1049, 1053 = NJW-RR 1994, 326
[155] BGH, FamRZ 1993, 417 = R 458
[156] BGH, FamRZ 1984, 682 = R 209
[157] OLG Düsseldorf, FamRZ 1990, 1137; OLG München, FamRZ 1996, 1433
[158] BGH, FamRZ 1998, 367, 368 = R 517 a, b
[159] OLG München, FamRZ 1996, 1433; vgl. auch BGH, FamRZ 1998, 367, 368 = R 517 c

seits können Billigkeitserwägungen nicht gänzlich außer Betracht bleiben. Die Grenze der Unzumutbarkeit wird daher etwas enger als bei § 1577 III BGB zu ziehen sein, angenähert etwa dem Rahmen der groben Unbilligkeit. In einer umfassenden Zumutbarkeitsabwägung sind alle bedeutsamen Umstände, insbesondere auch die Lage des Unterhaltsverpflichteten zu berücksichtigen. Hierbei können auch nachhaltige Unterhaltsansprüche der Großeltern des Kindes gegen den Kindesvater eine Rolle spielen.[160]

Ein Sparguthaben ist grundsätzlich für den Unterhalt zu verbrauchen; jedoch muß dem Volljährigen, wenn nicht auf seiten des Verpflichteten enge wirtschaftliche Verhältnisse vorliegen, jedenfalls ein Notgroschen verbleiben, der in Anlehnung an die Sätze des BSHG (§ 1 I Nr. 1b VO zu § 88 BSHG) mit 4500,– DM angesetzt werden kann.[161] Der BGH erwähnt in diesem Zusammenhang Schonbeträge zwischen 2500,– DM bis 8000,– DM, läßt die Höhe des „Notgroschens" letztlich offen, weist jedoch darauf hin, daß dem Kind daneben nicht ohne weiteres vom Großvater ererbte Goldmünzen als Erinnerungsstücke unter dem Gesichtspunkt des Affektionsinteresses belassen werden können.[162] Der Verkauf eines gebrauchten Kraftfahrzeugs, insbesondere eines PKWs, ist wegen des raschen Wertverfalls gebrauchter Fahrzeuge häufig unwirtschaftlich und dann dem Kind nicht zuzumuten.[163]

Ein Kind ist nicht gehalten, das vorhandene und grundsätzlich für den Unterhalt zu verwertende Vermögen vollständig zu verbrauchen, ehe es von seinen Eltern Unterhalt verlangt. Es liegt vielmehr nahe, die für den eigenen Unterhalt einzusetzenden Mittel auf die voraussichtliche Ausbildungszeit umzulegen. Dies gilt jedenfalls dann, wenn die Mittel dem Kind zur Finanzierung seiner Ausbildung zugewendet worden sind.[164]

Nach der allgemein für den Verwandtenunterhalt geltenden Vorschrift des § 1610 I BGB bestimmt sich das Maß des zu leistenden Unterhalts nach der Lebensstellung des Berechtigten (angemessener Unterhalt).

Unwirtschaftlichkeit kann vorliegen, wenn das Kind aus dem Vermögensstamm angemessene Einkünfte erzielt, auf die es jetzt und in Zukunft angewiesen ist und die bei Verwertung des Vermögens fortfallen würden. Das gleiche gilt, wenn z. B. bei Bauerwartungsland erhebliche Wertsteigerungen bevorstehen. Unter diesen Umständen kann das Kind ggf. auf die Möglichkeit der Kreditaufnahme verwiesen werden.[165]

Zur Verwertung des Vermögensstammes vgl. auch Rn 1/321.

3. Abschnitt: Barbedarf des Kindes

I. Bedarfsbemessung nach der von den Eltern abgeleiteten Lebensstellung des Kindes

1. Lebensstellung des Kindes und Unterhaltsbedarf

108 Nach der allgemein für den Verwandtenunterhalt geltenden Vorschrift des § 1610 I BGB bestimmt sich das Maß des zu leistenden Unterhalts nach der Lebensstellung des Berechtigten (angemessener Unterhalt). Kriterien einer eigenen Lebensstellung sind im allgemeinen der ausgeübte Beruf, die berufliche Stellung, die Vorbildung zu einem Beruf

---

[160] BGH, FamRZ 1998, 367, 369 = R 517 c
[161] OLG Düsseldorf, FamRZ 1990, 1137; ebenso OLG Koblenz, FamRZ 1996, 382; zu weitgehend OLG Karlsruhe, FamRZ 1996, 1235
[162] BGH, FamRZ 1998, 367, 369 = R 517 c
[163] BGH, FamRZ 1998, 367, 369 = R 517 c; OLG Düsseldorf, FamRZ 1994, 767, 770
[164] Vgl. BGH, FamRZ 1998, 367, 369 = R 517 c; dazu im einzelnen OLG Köln, NJW-FER 1999, 176
[165] BGH, VersR 1966, 283; OLG Hamburg, FamRZ 1980, 912

sowie vor allem die Einkommens- und Vermögensverhältnisse. Ein Kind hat bis zum Abschluß der Ausbildung noch keine Lebensstellung in diesem Sinn. Es ist wirtschaftlich unselbständig und von seinen Eltern abhängig. Deshalb muß die Lebensstellung des Kindes von der seiner Eltern abgeleitet werden. Dabei kommt es vor allem auf die **Einkommens- und Vermögensverhältnisse der Eltern** an.[1] Dies gilt insbesondere für das minderjährige Kind, da die Berufsausbildung in aller Regel vor dem 18. Geburtstag nicht abgeschlossen werden kann.

Zur Lebensstellung des Kindes aus einer zerbrochenen Familie gehört die Tatsache 109 der Trennung und Scheidung der Eltern mit den sich daraus oft ergebenden ungünstigen persönlichen und wirtschaftlichen Folgen.[2] Das Kind muß daher hinnehmen, daß sein Unterhalt nach dem jetzigen Einkommen des baruntersthaltspflichtigen Elternteils bemessen wird, auch wenn dessen Einkünfte infolge der trennungsbedingten Einstufung in eine ungünstigere Steuerklasse gesunken sind. Vgl. auch unten Rn 116.

Neben dieser Verknüpfung mit den wirtschaftlichen Verhältnissen seiner Eltern ist die 110 Lebensstellung des Kindes außerdem geprägt durch das „**Kindsein**", durch den Schulbesuch oder durch die Ausbildung.[3]

Der Kindesunterhalt soll dem Kind vor allem während der Ausbildung (vgl. Rn 56 ff) kein Leben im Luxus ermöglichen (Rn 128 ff). Er bezweckt vielmehr das Hineinwachsen des Kindes in eine seiner Begabung und Ausbildung entsprechende persönliche und wirtschaftliche Selbständigkeit. Aufgabe des Kindes ist es, mit zunehmendem Alter sich unter Entfaltung der eigenen Kräfte und Fähigkeiten eine eigene Lebensstellung zu schaffen und von seinen Eltern sowohl persönlich als auch wirtschaftlich unabhängig zu werden. Dies schließt freilich nicht aus, daß dieser Zweck, z. B. bei einem kranken oder behinderten Kind, nicht stets verwirklicht werden kann.

Auch bei einem **volljährigen,** in der Ausbildung befindlichen **Kind** kommt es unter- 111 haltsrechtlich nur darauf an, daß es während der Ausbildungszeit noch keine wirtschaftliche Selbständigkeit erreicht hat. Die Lebensstellung eines Studenten oder Auszubildenden, der – wie regelmäßig – keine oder keine ausreichenden eigenen Einkünfte hat, bleibt daher von der seiner Eltern abgeleitet, solange er noch auf die ihm von diesen zur Verfügung gestellten Mittel angewiesen ist. Deshalb richtet sich auch während des Studiums oder der Ausbildung nach den wirtschaftlichen Verhältnissen der Eltern.[4]

Die **Lebensstellung** und damit der Unterhalt des Kindes bemißt sich aber auch nach 112 der Zahl der unterhaltsberechtigten Geschwister und etwaigen **Unterhaltsansprüchen** des oder der (früheren) Ehegatten des Verpflichteten. Dem trägt die Düsseldorfer Tabelle durch eine grundsätzlich vom Einkommen des Schuldners abhängige Unterhaltsbemessung, durch Zu- und Abschläge bei unter- oder überdurchschnittlicher Unterhaltslast (DT A 1; vgl. Rn 231 ff) und durch das System der Bedarfskontrollbeträge (DT A 6; vgl. Rn 239 ff) Rechnung. Das Kind muß sich also mit dem begnügen, was der verpflichtete Elternteil billigerweise an Unterhalt leisten kann. Daher ist der Unterhalt des Kindes auch von der **Leistungsfähigkeit** des Schuldners abhängig. Jedoch ist auch beim Kindesunterhalt streng zwischen Bedarf und Leistungsfähigkeit zu unterscheiden.[5] Vgl. dazu Rn 127 b, 158.

2. Einkommen als Kriterium der Lebensstellung der Eltern

Die Lebensstellung der Eltern wird vorzugsweise durch ihre Einkünfte bestimmt, 113 und zwar unabhängig davon, aus welcher Quelle sie stammen und zu welchem Zweck sie bestimmt sind. Die Eltern haben deshalb, soweit sie baruntersthaltspflichtig sind (vgl. dazu Rn 117, 119 ff), grundsätzlich ihr **gesamtes anrechenbares Nettoeinkommen** zur Unter-

---

[1] BGH, FamRZ 1996, 160 = R 496 a; FamRZ 1987, 58 = R 304 A a; FamRZ 1986, 151 = R 277 a; FamRZ 1984, 39 = R 180 c; FamRZ 1983, 473 = R 160 b
[2] BGH, FamRZ 1981, 543 = NJW 1981, 1559
[3] BGH, FamRZ 1987, 58 = R 304 A a; FamRZ 1984, 39 = R 180 c; FamRZ 1983, 473 = R 160 b
[4] BGH, FamRZ 1987, 58 = R 304 A a; FamRZ 1986, 151 = R 277 b
[5] BGH, FamRZ 1997, 281, 283 = R 509 f

haltsleistung heranzuziehen. Dazu gehören alle Einkünfte und geldwerten Vorteile, z. B. Arbeitsverdienst, Renten, Zinsen, Wohnvorteil (Rn 1/8 ff). Vom Einkommen sind Steuern und Vorsorgeaufwendungen abzuziehen (Rn 1/491 ff, 1/496 ff). Dazu zählen Aufwendungen für die gesetzliche Kranken-, Renten- und Arbeitslosenversicherung oder die angemessene private Kranken- und Altersvorsorge (DL 11a). Seit dem 1. 1. 1995 sind ferner die Beiträge zur gesetzlichen Pflegeversicherung abzuziehen, die entweder bei einer gesetzlichen Krankenkasse, aber auch bei einem privaten Versicherungsunternehmen bestehen kann.

114 Die Lebensstellung der Eltern wird nicht nur durch ihre tatsächlichen Einkünfte, sondern auch durch die Erwerbsmöglichkeiten bestimmt, die sie nutzen könnten. Ist dem arbeitsfähigen Schuldner wegen unzureichender Bemühungen um eine Arbeitsstelle ein **fiktives Einkommen** zuzurechnen, ist dieses für die Bemessung des Unterhalts maßgebend (vgl. dazu Rn 1/387 ff; 1/408 ff). Zwar ist die Zurechnung fiktiver Einkünfte in erster Linie ein Problem der Leistungsfähigkeit des Schuldners (vgl. dazu Rn 2/144, 1/387). Gleichwohl können fiktiv zuzurechnende Einkünfte bei der Bemessung des Unterhalts und damit des Bedarfs nicht unberücksichtigt bleiben (vgl. Rn 1/408 und Rn 256). Daher ist fiktives Einkommen des barunterhaltspflichtigen Elternteils für die Eingruppierung in das System der Düsseldorfer Tabelle maßgebend. Dies gilt auch dann, wenn es über dem Bereich der ersten Einkommensgruppe der Düsseldorfer Tabelle liegt.[6] Die gegenteilige Auffassung des OLG Karlsruhe[7] überzeugt nicht. Sicher muß das Kind hinnehmen, daß der Vater nur ein geringes Einkommen erzielen kann; es braucht sich aber nicht damit abzufinden, daß er sich nicht um eine seinem Alter, seiner Vorbildung und seinen Fähigkeiten entsprechende Arbeitsstelle bemüht.[8] Damit soll nicht ausgeschlossen werden, daß ein Unterhaltspflichtiger aus achtenswerten Gründen eine ihm mögliche, besser bezahlte Arbeit ablehnen darf. Dies kann der Fall sein, wenn er eine bestimmte Tätigkeit, z. B. Tierversuche, nicht mit seinem Gewissen vereinbaren kann. Auch wird man dem Schuldner, der sich seit Jahren mit geringen Bezügen begnügt hat, nicht ohne weiteres ansinnen dürfen, eine andere, höher vergütete Arbeit anzunehmen, wenn die Ehe zerbricht und nunmehr Kindesunterhalt zu zahlen ist. Eine solche Großzügigkeit kann aber im allgemeinen nur dann am Platze sein, wenn das Existenzminimum des unterhaltsberechtigten Ehegatten, der minderjährigen und der privilegiert volljährigen Kinder im Sinne des § 1603 II 2 BGB gesichert ist. Auf den Mindestunterhalt nach der ersten Einkommensgruppe der Düsseldorfer Tabelle, der mit dem Regelbetrag im Sinne des § 1612a BGB identisch ist, wird man nach dem 1. 7. 1998, dem Inkrafttreten des KindUG, nicht mehr ohne weiteres abstellen können. Vgl. zum Mindestunterhalt und zum Existenzminimum Rn 127 a, b. Keine Schonung verdient dagegen der Schuldner, der bislang gut verdient hat, arbeitslos geworden ist und sich nicht um eine neue Arbeit bemüht.

Diese Auffassung deckt sich mit der Rechtsprechung des BGH.[9] Zu Recht betont der BGH, daß lediglich gedachte wirtschaftliche Verhältnisse, die keine Grundlage in der tatsächlichen Einkommenssituation des Pflichtigen haben, dessen Lebensstellung nicht prägen und daher die Höhe des Bedarfs des Kindes nicht lediglich aus fiktivem Einkommen hergeleitet werden darf. Hat der Pflichtige zusammen mit seiner Familie von einer Rente und den Erträgen von Mietgrundstücken gelebt, so dürfen der Unterhaltsbemessung nicht ohne weiteres wesentlich höhere Einkünfte zugrunde gelegt werden, die erst durch Verwertung des Vermögens und durch Kapitalverzehr erzielt werden können.[10]

114a **Freiwillige Leistungen Dritter** erhöhen das anrechnungsfähige Einkommen des Pflichtigen und damit den Bedarf des Kindes – vom Mangelfall abgesehen[11] (vgl. dazu Rn 5/100 ff) – nicht. Insoweit kann zunächst auf die entsprechenden Ausführungen im

---

[6] BGH, FamRZ 1993, 1304, 1306 = R 464b; OLG Zweibrücken, FuR 1998, 321
[7] FamRZ 1993, 1481
[8] So mit Recht OLG Düsseldorf, FamRZ 1991, 220
[9] FamRZ 1997, 281, 283 = R 509f
[10] FamRZ 1997, 281, 283 = R 509f, g
[11] BGH, FamRZ 1999, 843, 847 = R 533c

3. Abschnitt: Barbedarf des Kindes § 2

Rahmen der Bedürftigkeit des Kindes verwiesen werden (vgl. Rn 100 ff). Daher schuldet der barunterhaltspflichtige Elternteil grundsätzlich keinen höheren Unterhalt als seinem laufenden Einkommen entspricht, wenn er bei seiner jetzigen Ehefrau, seiner Lebensgefährtin oder seinen eigenen Eltern mietfrei wohnt (vgl. Rn 1/212). Anders ist es jedoch, wenn dem Unterhaltspflichtigen ein Vermögenswert geschenkt wird (vgl. Rn 1/368). Die hieraus gezogenen Nutzungen, z. B. der Wohnwert des geschenkten Grundstücks, sind anrechenbares Einkommen. Allerdings wird der Wohnwert in der Regel nicht nach der Marktmiete, sondern nach der ersparten Miete für eine den Einkommensverhältnissen angemessene Wohnung festzusetzen sein, da die Veräußerung des geschenkten Grundstücks kaum zumutbar sein dürfte (vgl. BayL 4 III, DL 8 II und oben Rn 1/302). Wird ein Geldbetrag für einen bestimmten Zweck geschenkt, wird der Pflichtige in der Regel nicht gehalten sein, diesen Betrag entgegen dem Willen des Zuwendenden möglichst ertragreich anzulegen. Die Zurechnung fiktiver Einkünfte scheidet danach jedenfalls dann aus, wenn kein Mangelfall vorliegt. Der Pflichtige kann vielmehr den Betrag entsprechend den Absichten des Schenkers verwenden, muß sich allerdings tatsächlich gezogene Nutzungen als Einkommen bei der Unterhaltsbemessung anrechnen lassen.[12]

Schulden können die Leistungsfähigkeit des Schuldners beeinflussen.[13] Vgl. dazu Rn 1/514 ff, 1/538 ff. Beim Bedarf des unterhaltsbedürftigen Kindes sind Verbindlichkeiten nur ausnahmsweise zu berücksichtigen, vor allem bei einer erheblichen dauernden Verschuldung, die aus der Zeit des Zusammenlebens der Eltern stammt und damit den Lebensstandard der damals noch intakten Familie geprägt hat.[14] In aller Regel ist es auch in einem solchen Fall aber nicht angezeigt, den Bedarf des Kindes, insbesondere des minderjährigen Kindes, niedriger festzusetzen, als der ersten Einkommensgruppe der Düsseldorfer Tabelle entspricht. Vgl. dazu Rn 1/552 a. Die Frage, ob Schulden bereits bei der Bedarfsbemessung oder erst im Rahmen der Leistungsfähigkeit zu berücksichtigen sind, kann von erheblicher praktischer Bedeutung sein. Vgl. dazu Rn 158. **115**

3. Einkommensverhältnisse der Eltern im Unterhaltszeitraum

Der Unterhalt des Kindes wird, anders als der nacheheliche Unterhalt von Ehegatten, nicht durch die Einkommens- und Vermögensverhältnisse der Eltern zum Zeitpunkt der Auflösung ihrer Ehe oder zu einem anderen Einsatzzeitpunkt bestimmt.[15] Deshalb nimmt das Kind am weiter steigenden Lebensstandard des barunterhaltspflichtigen Elternteils in ähnlicher Weise teil wie während der Zeit der intakten Ehe der Eltern. Ebenso muß es hinnehmen, daß das Einkommen des barunterhaltspflichtigen Elternteils sinkt (Rn 109), es sei denn, dieser hat infolge leichtfertigen, unterhaltsbezogenen Verhaltens eine Einkommensquelle verloren (vgl. Rn 1/394 ff). Das Kind partizipiert damit grundsätzlich an allen Einkommensveränderungen des barunterhaltspflichtigen Elternteils, auch wenn diese nicht vorauszusehen waren und auf einer vom Normalverlauf abweichenden Entwicklung beruhen.[16] Voraussetzung ist allerdings, daß der Schuldner seine Arbeitskraft und sonstige ihm zu Gebote stehende Einnahmequellen in ausreichendem Maße einsetzt. Ist dies nicht der Fall, wird der Unterhalt nach einem fiktiven Einkommen des Schuldners bemessen (vgl. dazu Rn 1/399 ff; 2/114). **116**

Maßgeblich sind daher stets die **jeweiligen Einkommens- und Vermögensverhältnisse** des Barunterhaltspflichtigen in den Zeiträumen, für die Unterhalt gefordert wird.[17]

---

[12] Vgl. dazu OLG Saarbrücken, FamRZ 1999, 396, dem ich nur teilweise folgen kann
[13] BGH, FamRZ 1992, 797 = R 447 a
[14] BGH, FamRZ 1996, 160, 162 = R 496 b
[15] BGH, FamRZ 1993, 1304, 1306 = R 464 b
[16] BGH, FamRZ 1993, 1304, 1306 = R 464 b
[17] BGH, FamRZ 1985, 371, 373 = NJW 1985, 1340, 1343

4. Bedarfsbemessung bei alleiniger Barunterhaltspflicht eines Elternteils

117 Eine **alleinige Barunterhaltspflicht** eines Elternteils besteht **gegenüber minderjährigen Kindern**, wenn – wie im Regelfall – Barunterhalt und Betreuungsunterhalt gleichwertig sind und der andere daher seine Unterhaltspflicht durch Betreuung der Kinder erfüllt (§ 1606 III 2 BGB; Genaueres dazu Rn 11 ff).

Ein Elternteil kann ferner allein barunterhaltspflichtig sein, wenn der andere Elternteil bei Berücksichtigung seiner sonstigen Verpflichtungen außerstande ist, ohne **Gefährdung seines eigenen angemessenen Unterhalts** den Unterhalt zu gewähren (§ 1603 I BGB). Das gilt im Grundsatz sowohl für minderjährige als auch für volljährige Kinder. Bei minderjährigen Kindern ist jedoch zu beachten, daß der nicht betreuende Elternteil verpflichtet ist, alle verfügbaren Mittel für den Kindesunterhalt einzusetzen, soweit nicht sein **notwendiger Selbstbehalt** gefährdet ist (§ 1603 II 1 BGB; vgl. dazu Rn 260, 263 ff). Ist allerdings der eigene angemessene Unterhalt des barunterhaltspflichtigen Elternteils nicht gewahrt, muß ausnahmsweise, allerdings nur bei erheblich höheren eigenen Einkünften,[18] der betreuende Elternteil den Barunterhalt ganz oder teilweise mit übernehmen (§§ 1603 II 2, 1606 III 1 und 2 BGB; vgl. Rn 274 ff).

118 Bei alleiniger Barunterhaltspflicht eines Elternteils **bemißt sich** der **Unterhalt nur nach dem Einkommen des barunterhaltspflichtigen Elternteils** (vgl. Rn 284), nicht nach dem Einkommen des anderen Elternteils oder nach einem Mittelwert der Einkünfte beider Eltern. Dies gilt bei minderjährigen Kindern jedenfalls dann, wenn sich die Einkünfte der Eltern im mittleren Bereich halten und das Einkommen des betreuenden Elternteils nicht höher ist als das des barunterhaltspflichtigen Elternteils.[19]

5. Bedarfsbemessung bei Barunterhaltspflicht beider Eltern

119 Beide Eltern sind barunterhaltspflichtig
– bei **volljährigen Kindern**, auch privilegiert volljährigen Kindern (Rn 467 ff), wenn beide leistungsfähig sind (§ 1603 I BGB),
– bei **minderjährigen Kindern**, wenn eine Ausnahme vom Regelfall bejaht wird, z. B. wenn ein Ehegatte durch die Betreuung allein seine Unterhaltspflicht gegenüber dem Kind nicht oder nicht in vollem Umfang erfüllt (§ 1606 III 2 BGB; Genaueres Rn 289 ff).

120 Bei beiderseitiger Barunterhaltspflicht ist für die Bemessung des Bedarfs **volljähriger Kinder** die **Summe des Nettoeinkommens beider Eltern** maßgeblich, weil in diesem Fall das Einkommen beider Einfluß auf die Lebensstellung des Kindes hat (§ 1606 III 1 BGB).[20] Jedoch hat ein Elternteil höchstens den Unterhalt zu leisten, der sich allein nach seinem Einkommen aus der Unterhaltstabelle ergibt (vgl. dazu Rn 388). Das zusammengerechnete Einkommen der Eltern kann allerdings nur dann maßgeblich sein, wenn der Bedarf auch des volljährigen Kindes einkommensabhängig nach der Tabelle Kindesunterhalt bemessen wird. Diese Berechnungsweise, die von der Düsseldorfer Tabelle und den Leitlinien der meisten Oberlandesgerichte für den Fall empfohlen wird, daß das volljährige Kind noch im Haushalt eines Elternteils lebt (vgl. dazu im einzelnen Rn 383 ff), ist vom BGH[21] gebilligt worden.

Eine Bemessung des Unterhalts nach dem zusammengerechneten Einkommen beider Eltern kommt dagegen nicht in Betracht, wenn die Tabellen und Leitlinien den Bedarf mit festen Beträgen ansetzen. Dies ist nach der Düsseldorfer Tabelle der Fall bei volljährigen Kindern mit eigenem Hausstand, vor allem Studierenden (vgl. DT A 7: 1120,– DM). Demgegenüber sehen andere Oberlandesgerichte zum Teil feste Bedarfssätze auch bei

---

[18] BGH, FamRZ 1991, 182 = R 430 a; OLG Düsseldorf, FamRZ 1992, 92 = NJW-RR 1992, 2
[19] BGH, FamRZ 1986, 151 = R 277 b; FamRZ 1981, 543 = NJW 1981, 1559
[20] BGH, FamRZ 1994, 696, 698 = R 477 b; FamRZ 1988, 1039 = R 366 b; FamRZ 1986, 151 = R 277 b
[21] BGH, FamRZ 1994, 696, 698 = R 477 b; FamRZ 1986, 151 = R 277 b

volljährigen Kindern vor, die bei einem Elternteil leben. Zur Bemessung des Volljährigenunterhalts im einzelnen muß auf Rn 391 ff, zur Problematik fester Bedarfssätze auf Rn 366 verwiesen werden.

Eine Bemessung des Bedarfs **minderjähriger Kinder** nach dem zusammengerechneten Einkommen beider Eltern wird man dann in Betracht ziehen können, wenn das Kind nicht von einem Elternteil, sondern von Dritten betreut wird, sich also z. B. in einem Heim befindet. Dann kommt überdies eine anteilige Barunterhaltspflicht beider Eltern in Frage (vgl. Rn 289 ff). Anders liegt es dagegen, wenn der betreuende Elternteil auf Barunterhalt haftet, weil seine Einkünfte wesentlich höher sind als die des anderen Elternteils und dieser seinen eigenen angemessenen Bedarf gefährden würde, wenn er den Barunterhalt entrichten würde (vgl. Rn 274 ff).[22] Dann wird der Unterhalt des Kindes nach den besonderen Umständen des Einzelfalls zu bemessen sein (vgl. auch Rn 277). Bei besonders günstigen Einkommens- und Vermögensverhältnissen des betreuenden Elternteils kommt eine konkrete Berechnung des Unterhalts nach den berechtigten Bedürfnissen des Kindes in Betracht (Genaueres Rn 128 ff).[23] Unter Umständen kann es auch angemessen sein, daß jeder Elternteil den allein nach seinem Einkommen aus der Tabelle errechneten Kindesunterhalt zahlt, wobei ggf. bei beiderseits hohen Einkünften die errechneten Beträge zu ermäßigen sind.[24] 121

II. Regelbedarf, regelmäßiger Mehrbedarf und Sonderbedarf

1. Pauschalierung des Kindesunterhalts nach Tabellen

In Durchschnittsfällen wird in der Praxis der Regelbedarf eines Kindes, vor allem eines minderjährigen Kindes, als normaler durchschnittlicher Lebensbedarf einkommensabhängig nach **Tabellen und Leitlinien** bemessen. Die Tabellen und Leitlinien sind mit Fundstellen[25] in Rn 1/6 f aufgeführt. Die wichtigste Tabelle ist die **Düsseldorfer Tabelle** (abgedruckt im Anhang L; vgl. dazu im einzelnen Rn 203 ff). Sie wird beim Kindesunterhalt von allen Oberlandesgerichten des alten Bundesgebiets angewendet, jedoch in zahlreichen Einzelpunkten modifiziert. Das OLG Nürnberg gab bis zum 30. 6. 1998 eine eigene Tabelle, die sog. Nürnberger Tabelle, heraus.[26] Seit dem 1. 7. 1998 wendet auch das OLG Nürnberg die Unterhaltsrechtlichen Leitlinien der Familiensenate in Bayern (BayL)[27] an, der 7. Familiensenat des OLG Nürnberg jedoch nur mit Modifikationen.[28] Die Gerichte in den neuen Bundesländern legen Tabellen zugrunde, die für Einkommen unterhalb des Bereichs der Düsseldorfer Tabelle, also für Einkommen bis zu 2400,– DM, geringere Bedarfssätze ausweisen (vgl. dazu Rn 6/625). 122

Die Tabellen und Leitlinien bemessen den Unterhalt des Kindes nach Altersstufen und nach dem **Einkommen** des barunterhaltspflichtigen Elternteils. Dies gilt uneingeschränkt für minderjährige Kinder und nach der Düsseldorfer Tabelle und den meisten anderen Tabellen und Leitlinien auch für volljährige Kinder, die im Haushalt eines Elternteils leben. Für volljährige Kinder mit eigenem Haushalt, insbesondere Studierende, werden generell feste Bedarfssätze ausgewiesen. Die Einzelheiten des Tabellenunterhalts werden für minderjährige Kinder in Rn 203 ff und für volljährige Kinder in Rn 362, 368 ff, 383 ff dargestellt. 123

---

[22] BGH, FamRZ 1984, 39 = R 180 c
[23] OLG Düsseldorf, FamRZ 1994, 767; FamRZ 1992, 981; OLG Koblenz, FamRZ 1992, 1217
[24] BGH, FamRZ 1984, 39 = R 180 c
[25] Die bis Anfang 1999 veröffentlichten Leitlinien sind in der Beilage zur NJW 1999 Heft 34 abgedruckt. Die neueste Zusammenstellung findet sich in Kemnade/Scholz/Zieroth, Daten und Tabellen zum Familienrecht, FamRZ-Buch 1, 3. Auflage, 1999.
[26] Vgl. hierzu Riegner, Die Grundzüge der Nürnberger Tabelle, FamRZ 1996, 988
[27] Stand: 1. 7. 1999, FamRZ 1999, 773
[28] Stand: 1. 7. 1999, FamRZ 1999, 915

124 Die Düsseldorfer Tabelle regelt den Kindesunterhalt bis in den Bereich der gehobenen und guten Einkommen hinein. Derzeit reicht die Tabelle bis zu einem Einkommen des barunterhaltspflichtigen Elternteils von 8000,– DM. Sie erfaßt dagegen nicht besonders günstige Einkommens- und Vermögensverhältnisse (vgl. dazu Rn 128 ff, 229). Im Bereich der Düsseldorfer Tabelle, also in Durchschnittsfällen, sind Tabellen und Leitlinien ein anerkanntes **Hilfsmittel** für die Unterhaltsbemessung. Der Richter verwendet sie zur Ausfüllung des unbestimmten Rechtsbegriffs „angemessener Unterhalt", um eine möglichst gleichmäßige Behandlung gleichartiger Lebenssachverhalte zu erreichen.[29] Sie enthalten Regeln, die auf der allgemeinen Lebenserfahrung beruhen, und ermöglichen daher eine Vereinfachung der Unterhaltsbemessung, eine gleichmäßige konkrete Rechtsanwendung und eine Vereinheitlichung der Rechtsprechung im Regelfall. Von ihnen kann abgewichen werden, wenn besondere Umstände dies im Einzelfall erfordern.[30] Das mit Hilfe der Tabelle gewonnene Ergebnis ist stets **auf seine Angemessenheit** für den zu entscheidenden Einzelfall **zu überprüfen**.[31] Hierfür enthält die DT die Institute der Höher- und Herabgruppierung bei unterdurchschnittlicher bzw. überdurchschnittlicher Unterhaltslast (DT A 1; vgl. Rn 231 ff) und des Bedarfskontrollbetrages (DT A 6; vgl. Rn 239 ff), der allerdings nur von einem Teil der Oberlandesgerichte anerkannt wird.

125 Bei den Regelbedarfssätzen der Tabellen und Leitlinien handelt es sich um **Pauschalen,** die den gesamten Lebensbedarf abdecken (Rn 214, 217, 362, 370). Durch eine solche Unterhaltspauschalierung wird aus praktischen Gründen im allgemeinen die Berücksichtigung von bedarfserhöhenden oder bedarfsmindernden Einzelumständen vermieden. Dies liegt im Interesse der Befriedung und Beruhigung des Unterhaltsrechtsverhältnisses, das sonst durch häufige Einzelanforderungen in unerwünschter Weise belastet würde.[32] Daher scheidet eine Anhebung des Tabellenunterhalts wegen besonderer Ausgaben z. B. für Kleidung, für Feste und Geburtstage aus. Derartige Mehrausgaben werden durch Minderausgaben zu anderen Zeiten ausgeglichen. Anders liegt es bei regelmäßigem Mehrbedarf (Rn 133 ff) und Sonderbedarf (Rn 133, 138 ff, 6/1 ff).

126 Eine Kürzung des Tabellenunterhalts kommt nicht in Betracht, wenn der nichtsorgeberechtigte Elternteil das Kind im Rahmen seines üblichen Umgangsrechts während der **Ferien** einige Wochen bei sich hat und in dieser Zeit betreut und versorgt. Solche Teildeckungen des Unterhalts durch Naturalleistungen sind vorhersehbar und berechtigen nicht zu einer Unterhaltskürzung.[33] Vgl. Rn 104.

2. Mindestbedarf und Existenzminimum

127 Nach § 1615 f I BGB a. F. hatte der Vater eines nichtehelichen Kindes bis zum 30. 6. 1998 den Regelunterhalt zu zahlen. Dieser Regelbedarf wurde von der Bundesregierung durch Rechtsverordnung mit Zustimmung des Bundesrates festgelegt.[34] Vgl. dazu Rn 203. Der Regelunterhalt war nach § 1610 III 1 BGB a. F. zugleich der Mindestbedarf eines minderjährigen ehelichen Kindes, das in den Haushalt eines geschiedenen Elternteils aufgenommen war und vom anderen Elternteil Unterhalt verlangte. Zur Zahlung dieses Mindestbedarfs konnte der Unterhaltspflichtige freilich nur verurteilt werden, wenn er leistungsfähig, insbesondere wenn sein notwendiger Selbstbehalt (Rn 260 ff) gewahrt war. Da die 1. Einkommensgruppe der Düsseldorfer Tabelle dem Regelunterhalt entsprach, konnte bis zum 30. 6. 1998 davon ausgegangen werden, daß der nach der Tabelle bemessene Unterhalt jedenfalls den Mindestbedarf des Kindes deckte.

---

[29] BGH, FamRZ 1984, 374 = NJW 1984, 1458
[30] BGH, FamRZ 1986, 151 = R 277 a; FamRZ 1983, 678 = NJW 1983, 1733; FamRZ 1983, 473 = NJW 1983, 1429
[31] BGH, FamRZ 1992, 539, 541 = R 444 b; FamRZ 1990, 266, 269 = NJW-RR 1989, 900
[32] BGH, FamRZ 1984, 470, 472 = R 202 f
[33] BGH, FamRZ 1984, 470, 472 = R 202 f
[34] Verordnung zur Berechnung des Regelunterhalts vom 27. 6. 1970 – BGBl. I 1010, zuletzt geändert durch VO vom 25. 9. 1995 – BGBl. I 1990 = FamRZ 1995, 1327

3. Abschnitt: Barbedarf des Kindes § 2

Das KindUG hat §§ 1610 III, 1615 f BGB a. F. ersatzlos aufgehoben. Seitdem hat das eheliche wie das nichteheliche Kind Anspruch auf einen seinen Verhältnissen entsprechenden **(Individual-)Unterhalt**,[35] der sich aus § 1610 I BGB ergibt und sich im wesentlichen nach den Einkommensverhältnissen des barunterhaltspflichtigen Elternteils richtet (Rn 116 ff). Dieser Unterhalt kann nach § 1612 a I BGB auch als Vomhundertsatz eines Regelbetrages verlangt werden. Der **Regelbetrag** wird wie der frühere Regelunterhalt durch Rechtsverordnung festgelegt; es genügt nunmehr eine Verordnung des Bundesministeriums der Justiz, die der Zustimmung des Bundesrates nicht bedarf (§ 1612 a IV 3 BGB). Wegen der Einzelheiten vgl. Rn 205 ff. Es entsprach der erklärten Absicht des Gesetzgebers, daß die durch das KindUG eingeführten Regelbeträge nicht als bedarfsdeckend angesehen werden dürfen, da sie hinter dem Existenzminimum zurückbleiben, wie es in dem Bericht über die Höhe des Existenzminimums von Kindern vom Jahr 1996[36] dargestellt war. Dieses betrug im Jahr 1996 für alle minderjährigen Kinder 524,– DM, ab 1999 558,– DM pro Monat, umgerechnet auf die Altersstufen nach § 1612 a III BGB 431,– DM (ab 1999: 461,– DM) in der ersten, 510,– DM (ab 1999: 544,– DM) in der zweiten und 631,– DM (ab 1999: 670,– DM) in der dritten Altersstufe.[37] In dieser Höhe konnten die Regelbeträge vor allem wegen der Kosten für die öffentliche Hand (vgl. § 8 II UVG) nicht festgesetzt werden. Zudem hätte sich die Mehrzahl der Verpflichteten auf ihre eingeschränkte Leistungsfähigkeit berufen.[38] Die Regelbeträge nach § 1612 a I BGB sind danach nicht mit dem Mindestbedarf eines minderjährigen Kindes identisch. Sie sind nur Bezugsgrößen für die Bemessung des dynamisierten Unterhalts nach § 1612 a I BGB und für die Zulässigkeit des Vereinfachten Verfahrens über den Unterhalt Minderjähriger nach § 645 I ZPO. **127 a**

Die Frage, ob seit dem 1. 7. 1998 von einem gesetzlichen **Mindestbedarf** auszugehen und wie hoch dieser ggf. anzusetzen ist, hat der Gesetzgeber **nicht geregelt**, da er § 1610 III BGB a. F. ersatzlos gestrichen hat (Rn 127). Es liegt auf den ersten Blick nahe, Mindesbedarf und Existenzminimums gleichzusetzen, zumal da das BVerfG[39] den Staat zur Sicherstellung des Existenzminimums gerade auch für Kinder, verpflichtet hat. Es darf jedoch nicht übersehen werden, daß die Entscheidung des BVerfG nicht das Unterhalts-, sondern das Steuerrecht betrifft. Im Steuerrecht geht es darum, in welchem Umfang der Staat den Bürger zur Deckung der Staatsausgaben heranziehen darf und wieviel dem Steuerschuldner von seinem Einkommen zur Deckung seines Unterhalts und desjenigen seiner Familie verbleiben muß. Wird der Bürger übermäßig belastet, muß der Staat auf andere Finanzquellen zurückgreifen und ggf. die Steuerlast anders verteilen. Im Unterhaltsrecht ist dagegen die Frage zu entscheiden, ob und in welcher Höhe ein Anspruch zwischen Familienmitgliedern besteht, ob also der Unterhaltsbedürftige einen Anspruch auf Teilhabe am notwendigerweise beschränkten Einkommen und Vermögen des Pflichtigen hat. Dabei müßte auch festgelegt werden, welchen Unterhaltsberechtigten (minderjährige und volljährige Kinder, getrennt lebende oder geschiedene Ehegatten) ein Mindestbedarf in Höhe des Existenzminimums zugebilligt werden soll. Schon dies zeigt, daß die Grundsätze des BVerfG zum Steuerrecht nicht unbesehen auf das Unterhaltsrecht übertragen werden dürfen. Würde man dies tun und das Existenzminimum, das im Jahre 1999 geringfügig über den Richtsätzen der 5. Einkommensgruppe der Düsseldorfer Tabelle 1999 liegt (Rn 127 a), mit dem Mindestbedarf jedenfalls des minderjährigen Kindes gleichsetzen, wären die Sätze der ersten fünf Gruppen der Tabelle als nicht bedarfsdeckend überflüssig. Die Düsseldorfer Tabelle könnte mit der 6. Einkommensgruppe beginnen. Ob der Schuldner den sich dann ergebenden Unterhalt zahlen müßte, würde sich allein nach seiner Leistungsfähigkeit richten, d. h. danach, ob sein Einkommen die Zahlung bei Wahrung des (notwendigen) Selbstbehalts (Rn 263 ff) zuließe. Dies zeigt, daß die Gleichsetzung von Existenzminimum und Mindestbedarf des Kindes mit Konsequenzen verbunden wäre, die das Gefüge des Kindesunterhalts in Frage stellen würden. **127 b**

---

[35] Rühl/Greßmann, Kindesunterhaltsgesetz 1998, Rn 54; Strauß, FamRZ 1998, 993
[36] BT-Drucks. 13/381
[37] Vgl. Bericht über das Existenzminimum 1999 BT-Drucks. 13/9561 S. 4; Rühl/Greßmann Rn 60
[38] BT-Drucks. 13/9596, S. 31
[39] BVerfG, FamRZ 1999, 291

Die Rechtsprechung würde mit einer solchen Umgestaltung ihre Kompetenzen, aber auch ihre Möglichkeiten überschreiten. Vielmehr bleibt der Gesetzgeber aufgerufen, die von ihm durch Aufhebung des § 1610 III BGB a. F. geschaffene Lücke zu schließen.

127 c Die Rechtsprechung wird andererseits an der Tatsache, daß die Regelbeträge nicht bedarfsdeckend sind, nicht gänzlich vorbeigehen können. Die gesetzliche Grundlage ergibt sich aus § 1610 II BGB, nach dem der Unterhalt den gesamten Lebensbedarf und damit auch das Existenzminimum umfaßt, und zwar auch dann, wenn allein das Einkommen des Pflichtigen einen Unterhalt in dieser Höhe nicht rechtfertigen würde. Dies bedeutet nun freilich nicht, daß der Schuldner mindestens Unterhalt in Höhe des Existenzminimums zu leisten hat. Für die Eingruppierung in die Düsseldorfer Tabelle ist weiterhin die Leistungsfähigkeit des Schuldners und damit sein anrechenbares Einkommen von Bedeutung (vgl. Rn 213). Jedoch wird zu erwägen sein, ob der Schuldner, wenn sein Einkommen streitig ist, die **Beweislast** dafür zu tragen hat, daß seine Einkünfte nicht in eine Einkommensgruppe fallen, die die Zahlung des (Existenzminimums) des (minderjährigen) Kindes zuläßt. Auch werden bei der **Erwerbsobliegenheit** des Schuldners und der Berücksichtigungsfähigkeit von **Schulden** schärfere Anforderungen gestellt werden müssen, wenn das Existenzminimum des Kindes nicht gedeckt ist. Vgl. dazu Rn 114, 115, 230.

3. Bedarfsbemessung bei besonders günstigen Einkommens- und Vermögensverhältnissen der Eltern

128 Für besonders günstige Einkommens- und Vermögensverhältnisse der Eltern enthält die Düsseldorfer Tabelle, die sich auf den Unterhalt bei Einkommen bis zu 8000,– DM monatlich beschränkt, keine Empfehlungen. Sie enthält nur den Hinweis, daß dann der Unterhalt „nach den Umständen des Falles" zu bemessen ist. Grundsätzlich gibt es beim Kindesunterhalt **keine** allgemein gültige obere Grenze (sog. **Sättigungsgrenze**), die nicht überschritten werden dürfte. Andererseits bedeutet die Ableitung des Kindesunterhalts von der Lebensstellung der Eltern nicht, daß bei überdurchschnittlich guten wirtschaftlichen Verhältnissen der Eltern den Kindern eine entsprechende Lebensgestaltung ermöglicht werden muß.[40]

129 Eine **Unterhaltsbegrenzung** ergibt sich vor allem aus der besonderen Lage, in der sich minderjährige Kinder während ihrer Schul- und Ausbildungszeit sowie während des Heranwachsens befinden. Trotz der Verknüpfung mit den wirtschaftlichen Verhältnissen der Eltern oder eines Elternteils ist ihre Lebensstellung in erster Linie **durch** ihr **Kindsein** geprägt (Rn 110). Anders als Ehegatten, für die jedenfalls in dem noch nicht der Vermögensbildung zuzurechnenden Einkommensbereich der Grundsatz der gleichmäßigen Teilhabe gilt, können Kinder nicht einen bestimmten Anteil an dem Einkommen des Unterhaltspflichtigen verlangen. Unterhaltsgewährung für Kinder bedeutet stets Befriedigung ihres gesamten, auch eines gehobenen Lebensbedarfs, nicht aber Teilhabe am Luxus (§ 1610 II BGB). Auch in besten Verhältnissen lebende Eltern schulden dem Kind nicht, was es wünscht, sondern was es braucht. Außerdem darf die Unterhaltsbemessung weder einem gedeihlichen Eltern-Kind-Verhältnis entgegenwirken noch dazu führen, die Lebensstellung des Elternteils anzuheben, bei dem das Kind lebt.[41]

Bemerkungen des BGH[42] sprechen dafür, daß bei minderjährigen Kindern, deren Eltern in überdurchschnittlich wirtschaftlichen Verhältnissen leben, ein Unterhaltsbedarf über die Höchstsätze der Düsseldorfer Tabelle hinaus in der Regel nicht angenommen werden soll. In einer anderen Entscheidung hat der BGH dagegen, wenn auch bei einem volljährigen Kind, einen Unterhalt gebilligt, der deutlich über die Sätze der Düsseldorfer Tabelle hinausging.[43] Richtig ist, daß man bei einer Erhöhung des Unterhalts des minderjährigen Kindes über die **Höchstsätze der Düsseldorfer Tabelle** hinaus vorsichtig sein muß. Insbesondere ist eine automatische Fortschreibung der Tabelle über den Bereich ei-

---

[40] BGH, FamRZ 1987, 58 = R 304 A a; FamRZ 1983, 473 = R 160 b
[41] BGH, FamRZ 1987, 58 = R 304 A a; FamRZ 1983, 473 = R 160 b
[42] BGH, FamRZ 1988, 159 = R 346 a
[43] BGH, FamRZ 1987, 58 = R 304 A a

3. Abschnitt: Barbedarf des Kindes § 2

nes monatlichen Einkommens von 8000,– DM hinaus nicht zulässig.[44] Vielmehr ist auf die **Umstände des Einzelfalls** abzustellen und der Unterhalt auch bei Einkünften deutlich über dem Einkommensbereich der Düsseldorfer Tabelle nur maßvoll anzuheben; diese Auffassung hat der BGH jüngst bestätigt.[44a] Vgl. dazu im einzelnen Rn 229.

Der **Unterhalt des Studierenden** oder des volljährigen Kindes mit eigenem Haushalt **130** wird nahezu von allen Tabellen und Leitlinien des alten Bundesgebiets mit einem Festbetrag von 1120,– DM angesetzt (DT A 7; vgl. dazu Rn 368 ff; zu den Richtsätzen im Beitrittsgebiet vgl. Rn 6/628). Dieser Betrag ist angesichts der Mietkosten in Universitätsstädten knapp bemessen, da bereits die Höchstförderung nach dem BAföG ab Juli 1999 rund 1030,– DM beträgt. Daher wird man den Bedarfssatz von 1120,– DM für den Studierenden eher überschreiten dürfen als die Tabellensätze für minderjährige Kinder. Eine Anhebung des Regelunterhalts von 1120,– DM wird bereits im oberen Einkommensbereich der Tabelle in Betracht kommen, da schon bei einem Einkommen des Barunterhaltspflichtigen von über 7200,– DM der Unterhalt für das minderjährige Kind 969,– DM und für das volljährige im Haushalt eines Elternteils lebende Kind aufgrund der allerdings nicht von allen Oberlandesgerichten anerkannten Altersstufe 4 der Düsseldorfer Tabelle (DT A 7 II) 1120,– DM beträgt; vgl. dazu Rn 383 ff. Da das Leben außerhalb des Elternhauses teurer ist und sich das studierende Kind mit eigenem Haushalt nicht schlechter stehen darf, als wenn es weiterhin bei einem Elternteil wohnen würde, wird man in solchen Fällen den Bedarfssatz von 1120,– DM angemessen erhöhen müssen.

Bei **volljährigen Kindern**, die noch **im Haushalt eines Elternteils** leben, gelten die **131** Grundsätze unter Rn 129 f entsprechend, jedenfalls dann, wenn man nach der Düsseldorfer Tabelle den Unterhalt der 4. Altersstufe entnimmt und damit einen einkommensabhängigen Volljährigkeitszuschlag gewährt (DT A 7 I; Rn 383 ff).[45] Sehr großzügig hat das OLG Düsseldorf[46] bereits nach der DT von 1992 bei allerdings überaus günstig situierten Eltern den Bedarf des bei der Mutter lebenden Kindes mit 1400,– DM angenommen. Setzt man dagegen mit einigen Oberlandesgerichten für den bei einem Elternteil lebenden Volljährigen einen Festbetrag als Unterhalt an (vgl. Rn 391 ff), so wird man eher gemäß den Ausführungen zu Rn 130 eine Überschreitung des Festbetrages in den höheren Einkommensgruppen der Tabelle rechtfertigen können.

Im übrigen ist auch bei volljährigen Kindern der **Unterhalt nach oben zu begrenzen.** **132** Unterhaltsgewährung bedeutet auch bei Volljährigen Befriedigung des gesamten Lebensbedarfs, nicht aber Teilhabe am Luxus.[47] Anhebungen des Unterhalts über den Betrag von 1120,– DM hinaus sind nicht unbegrenzt zulässig. Es ist stets zu berücksichtigen, daß der Unterhalt auch eines Studenten deutlich unter den Nettoeinkünften eines angehenden Akademikers liegen muß. Ein Betrag von 2000,– DM, der das Nettogehalt eines Referendars deutlich übersteigt, sollte nicht überschritten werden. Derartige Beträge sind bisher kaum zuerkannt worden. Der BGH hat allerdings bereits im Jahre 1987 einen Unterhalt von 1700,– DM für die studierende Tochter eines vielfachen Millionärs gebilligt.[48] Das OLG Düsseldorf hat den Bedarf einer Studentin, deren Eltern ein Einkommen von je 12 000,– DM hatten, auf 1400,– DM,[49] das OLG Köln[50] bei ähnlichen Verhältnissen auf 1500,– DM begrenzt. Einige Leitlinien beschränken die Erhöhung des Unterhalts bei guten wirtschaftlichen Verhältnissen auf das Doppelte des Regelsatzes eines nicht im Haushalt eines Elternteils lebenden volljährigen Kindes (BraL 26 II, DrL 27 II, NaL 27 II).

Wenn das Kind einen besonders hohen Unterhaltsbedarf geltend macht, insbesondere **132 a** Unterhalt über den Höchstsätzen der Düsseldorfer Tabelle verlangt, muß es im einzelnen

---

[44] BGH, FamRZ 1980, 665, 669 = NJW 1980, 1686, 1689; OLG Frankfurt/M., FamRZ 1992, 98
[44a] BGH v. 13. 10. 1999 – XII ZR 16/98 – unmittelbar vor dem Druck dieser Aufl. bekanntgeworden
[45] OLG Karlsruhe, FamRZ 1992, 1217
[46] FamRZ 1994, 767
[47] BGH, FamRZ 1988, 1039 = R 366 b; FamRZ 1987, 58 = R 304 A a; FamRZ 1986, 151 = R 277 b; KG, FamRZ 1998, 1386
[48] BGH, FamRZ 1987, 58 = R 304 A a
[49] OLG Düsseldorf, FamRZ 1992, 981
[50] NJW-FER 1999, 176

4. Regelmäßiger Mehrbedarf

133 **Mehrbedarf** ist derjenige Teil des Lebensbedarfs (§ 1610 II BGB), der regelmäßig, jedenfalls während eines längeren Zeitraums, anfällt und das Übliche derart übersteigt, daß er mit Regelsätzen nicht erfaßt werden kann, aber kalkulierbar ist und deshalb bei der Bemessung des laufenden Unterhalts berücksichtigt werden kann. **Sonderbedarf** ist dagegen ein unregelmäßig auftretender, außergewöhnlich hoher Bedarf (§ 1613 II BGB), der nicht auf Dauer besteht und daher zu einem einmaligen, jedenfalls aber zeitlich begrenzten Ausgleich neben dem regelmäßig geschuldeten Barunterhalt führen kann (vgl. dazu Rn 138 ff; 6/1 ff).

134 Der typische Fall des regelmäßigen Mehrbedarfs, der durch den Regelunterhalt nach der Düsseldorfer Tabelle nicht gedeckt wird, ist der **krankheitsbedingte Mehrbedarf** des dauernd pflegebedürftigen, behinderten Kindes.[52] Nicht durch den Tabellenunterhalt erfaßte Mehrkosten können auch durch den **Besuch von Privatschulen**, Tagesheimschulen, Internaten oder durch notwendigen Sonderunterricht entstehen.[53] Vgl. Rn 317 ff, 401 ff.

135 Ein solcher Mehrbedarf ist **zusätzlich** zum Regelbedarf als laufender Unterhalt zu zahlen, wenn es sich um vorhersehbare, regelmäßig anfallende Mehraufwendungen handelt **und** die kostenverursachenden **Mehraufwendungen** im Interesse des Kindes zu Lasten des Unterhaltsschuldners **berechtigt** sind. Der Gesamtunterhaltsanspruch besteht dann aus der Summe von Regelbedarf und regelmäßigem Mehrbedarf, abzüglich etwaiger Einsparungen. Vgl. dazu Rn 321, 323, 401 ff.

136 Am Mehrbedarf muß sich unter Umständen der **Elternteil, der ein minderjähriges Kind betreut** und dadurch normalerweise nach § 1606 III 2 BGB seine Unterhaltspflicht erfüllen würde, **beteiligen**, wenn er über Einkünfte verfügt, insbesondere wenn er erwerbstätig ist oder ihn eine Erwerbsobliegenheit trifft. § 1606 III 2 BGB gibt bei (erheblichem) Mehrbedarf insbesondere eines behinderten Kindes keine Grundlage dafür ab, den betreuenden Elternteil von Mehrbedarf gänzlich freizustellen.[53a] Vielmehr ist unabhängig von dieser Bestimmung nach einer den Interessen der Beteiligten gerecht werdenden Lösung zu suchen. Dabei muß auch berücksichtigt werden, daß das behinderte Kind, das bei einem Elternteil lebt, besonderen Betreuungsaufwand erfordern kann.[54] Zur Verteilung der Unterhaltslast bei regelmäßigem Mehrbedarf auf beide Eltern vgl. im einzelnen Rn 323 ff.

137 Muß sich der andere Elternteil nicht am Mehrbedarf beteiligen, hat der Unterhaltsschuldner für den gesamten Bedarf (Regelbedarf und Mehrbedarf) aufzukommen, soweit ihm dies ohne Gefährdung seines eigenen angemessenen Unterhalts möglich ist (§ 1603 I BGB). Solange sein **Selbstbehalt** nicht berührt wird, hat er den Bedarf des Berechtigten selbst dann zu befriedigen, wenn dieser Bedarf höher ist als sein eigener. Diese Situation kommt gerade bei Krankheit und dadurch bedingtem Mehrbedarf häufiger vor.[55] Bei minderjährigen Kindern ist zudem die erweiterte Unterhaltspflicht nach § 1603 II 1 BGB, die ggf. bis zum notwendigen Selbstbehalt geht, zu beachten. Dem Pflichtigen wird allerdings in vielen Fällen die Unterhaltslast (teilweise) durch staatliche Leistungen abgenommen (vgl. dazu Rn 327 f).

5. Sonderbedarf

138 Nach der Legaldefinition des § 1613 II 1 BGB ist Sonderbedarf im Gegensatz zum Regelbedarf (Rn 122 ff) oder Mehrbedarf (Rn 133) ein unregelmäßiger außerordentlich

---

[51] BGH, FamRZ 1983, 473 = R 160 c
[52] BGH, FamRZ 1983, 689 = R 169 a
[53] BGH, FamRZ 1983, 48 = R 141
[53a] BGH, FamRZ 1998, 286 = R 518 a; FamRZ 1983, 689 = R 169 a
[54] BGH, FamRZ 1983, 689 = R 169 a
[55] BGH, FamRZ 1986, 48 = R 275 a

hoher Bedarf, der nicht auf Dauer besteht und daher zu einem einmaligen, jedenfalls aber zeitlich begrenzten Ausgleich neben dem regelmäßig geschuldeten Barunterhalt führen kann. Vgl. Rn 133.

Sonderbedarf muß überraschend und der Höhe nach nicht abschätzbar sein. Nur wenn er nicht mit Wahrscheinlichkeit voraussehbar war und deshalb bei der Bemessung der laufenden Unterhaltsrente nicht berücksichtigt werden konnte, ist das Kind berechtigt, ihn neben der Geldrente geltend zu machen. Da das Gesetz nur einen „außergewöhnlich" hohen Bedarf als Sonderbedarf gelten läßt, hat es im Zweifel bei der laufenden Unterhaltsrente sein Bewenden. Nur in Ausnahmefällen soll eine gesonderte Ausgleichung zusätzlicher unvorhergesehener Ausgaben erfolgen.[56] Wenn sich der Berechtigte auf eine voraussehbare Ausgabe einrichten kann, gehört diese im Zweifel zum laufenden Unterhalt.

Ob ein Sonderbedarf zu bejahen ist, kann nicht nach allgemein gültigen Maßstäben **139** festgelegt werden. Es kann grundsätzlich nur von Fall zu Fall für die jeweils in Frage stehende Aufwendung entschieden werden, ob sie als Sonderbedarf zu behandeln ist.[57] Ein typischer Sonderbedarf sind unvorhergesehene Krankheits-, Operations- und ähnliche Kosten.[58]

Zum Sonderbedarf im einzelnen siehe Rn 6/1 ff.

4. Abschnitt: Leistungsfähigkeit des Unterhaltspflichtigen

I. Leistungsfähigkeit und Eigenbedarf des Unterhaltsschuldners

Die Leistungsfähigkeit des Schuldners ist nach § 1603 BGB zu beurteilen. Entschei- **140** dend ist, ob der Schuldner imstande ist, dem Kind Unterhalt zu gewähren, ob er also den Bedarf des Kindes befriedigen kann. Dabei kommt es auf den sog. **Restbedarf** an, also den Bedarf, der nach Anrechnung etwaigen Einkommens oder Vermögens des Kindes (Rn 86 ff) verbleibt.

Leistungsfähig ist derjenige Elternteil, der den Restbedarf des Kindes decken kann, ohne daß bei Berücksichtigung seiner sonstigen Verpflichtungen sein eigener angemessener Unterhalt, also sein eigener angemessener Bedarf gefährdet ist (§ 1603 I BGB). Gegenüber dem minderjährigen Kind wird die Leistungsfähigkeit allerdings erweitert (§ 1603 II BGB). Vgl. dazu Rn 247 ff. Die verschärfte Unterhaltspflicht gilt seit dem 1. 7. 1998 auch gegenüber volljährigen unverheirateten Kindern bis zur Vollendung des 21. Lebensjahres, die sich in der allgemeinen Schulausbildung befinden und im Haushalt der Eltern oder eines Elternteils leben. Vgl. Rn 452 ff. Der Eigenbedarf, der dem pflichtigen Elternteil belassen werden kann, wird gerade auch durch das Vorhandensein unterhaltsberechtigter Kinder bestimmt. Dem Pflichtigen wird zugemutet, sein Einkommen und ggf. sein Vermögen[1] mit den unterhaltsberechtigten Kindern und etwaigen anderen Unterhaltsberechtigten zu teilen und ggf. mit Beträgen auszukommen, die unter dem Lebensstandard seiner Berufsgruppe liegen. Zum Selbstbehalt vgl. sogleich Rn 141, 260 ff, zur Verwertung des Vermögensstammes Rn 1/319 f und 2/262.

Die **Opfergrenze** ist gegenüber Kindern der eigene angemessene Bedarf im Sinne des **141** § 1603 I BGB. Diese Vorschrift gewährleistet jedem Unterhaltspflichtigen vorrangig die Sicherung seines eigenen angemessenen Unterhalts; ihm sollen grundsätzlich die Mittel bleiben, die er zur Deckung des seiner Lebensstellung entsprechenden allgemeinen Bedarfs benötigt.[2] Die Düsseldorfer Tabelle (A 5 II) setzt diesen zur Deckung des allgemei-

---

[56] BGH, FamRZ 1984, 470, 472 = R 202 f
[57] BGH, FamRZ 1983, 29 = R 138; FamRZ 1982, 145 = R 95
[58] BGH, FamRZ 1983, 29 = R 138
[1] BGH, FamRZ 1986, 48 = R 275 c; OLG Düsseldorf, FamRZ 1994, 767, 769
[2] BGH, FamRZ 1992, 795, 797 = R 445

nen Bedarfs erforderlichen Betrag seit dem 1. 1. 1996 mit 1800,– DM an (vgl. dazu und zu abweichenden Regelsätzen Rn 417 ff). Gegenüber minderjährigen und privilegiert volljährigen Kindern besteht eine gesteigerte Unterhaltspflicht, wenn nicht ein anderer unterhaltspflichtiger Verwandter vorhanden ist oder das Kind über Vermögen verfügt (§ 1603 II BGB). Der Schuldner ist dann verpflichtet, alle verfügbaren Mittel zu seinem und der Kinder Unterhalt gleichmäßig zu verwenden (vgl. dazu im einzelnen Rn 247 ff). Ihm verbleibt grundsätzlich nur der **notwendige Selbstbehalt**, der nach A 5 I der Düsseldorfer Tabelle bei erwerbstätigen Schuldnern 1500,– DM, bei nichterwerbstätigen 1300,– DM beträgt (Rn 264). Auch in einem solchen Fall darf der Pflichtige aber seinen eigenen unabweisbaren Bedarf vorab befriedigen. Der Schuldner ist daher nur dann nicht leistungsfähig, wenn seine Einkünfte und ggf. sein Vermögen – allerdings unter Anlegung eines strengen Maßstabs – nicht zur Deckung seiner eigenen angemessenen, bei Unterhaltspflichten gegenüber minderjährigen Kindern zur Deckung seiner notwendigen Bedürfnisse ausreichen.

II. Anrechenbare Einkünfte des Schuldners

1. Tatsächliche Einkünfte

142   Für die Beurteilung der Leistungsfähigkeit ist wie beim Bedarf des berechtigten Kindes (vgl. Rn 113) das **gesamte Einkommen** des Schuldners maßgebend.
Die Einzelheiten der Einkommensermittlung sind in § 1 (Rn 1/8 ff) dargestellt. Darauf kann verwiesen werden.

143   **Ersparnisse**, die ein Schuldner erzielt, weil ihm ein Dritter ohne Rechtspflicht **freiwillige Leistungen** erbringt, die dem unterhaltsberechtigten Kind nicht zugute kommen sollen, stehen nicht für den Unterhalt des Kindes zur Verfügung (vgl. Rn 100 ff, 1/368 ff). Der BGH hat es deshalb gebilligt, daß das Einkommen eines schwerstbehinderten Vaters, der auf dauernde Hilfe angewiesen ist, um die Beträge gekürzt wird, die er dadurch erspart, daß ihn seine Ehefrau über das nach § 1360 BGB gebotene Maß hinaus pflegt und versorgt.[3] Geht der Beistand eines Ehegatten über dieses Maß nicht hinaus, ist er unterhaltsrechtlich nicht zu beachten. Dies gilt auch dann, wenn die Ehegatten eine Vergütung vertraglich vereinbaren.[4] Anders kann es dagegen liegen, wenn die Ehefrau ihre Arbeitsstelle oder ihr Studium aufgegeben hat, um ihren behinderten Ehemann pflegen zu können.[5]

2. Fiktive Einkünfte

144   **Leistungsunfähigkeit** ist im Unterhaltsprozeß grundsätzlich **auch dann** zu beachten, **wenn** der Schuldner sie selbst **schuldhaft** herbeigeführt hat. Nur schwerwiegende Gründe, die sich aus einem verantwortungslosen, zumindest leichtfertigen und unterhaltsbezogenen Verhalten ergeben, verwehren dem Schuldner nach Treu und Glauben die Berufung auf die Leistungsunfähigkeit.[6] Dies kann z. B. bei Bummelei am Arbeitsplatz in Betracht kommen. Der BGH hat allerdings die Anforderungen an ein **verantwortungsloses, zumindest leichtfertiges und unterhaltsbezogenes Verhalten** des Pflichtigen hoch angesetzt. So reichen weder alhoholbedingter Verlust des Arbeitsplatzes noch die fristlose Kündigung des Arbeitsverhältnisses durch den Arbeitgeber wegen eines Diebstahls des Schuldners im Betrieb ohne weiteres aus.[7] Der Unterhaltsschuldner kann sich auch nicht auf Leistungsunfähigkeit berufen, wenn er diese durch schwerste vorsätzliche Verfehlun-

---

[3] BGH, FamRZ 1995, 537, 539 = R 493 b
[4] OLG Hamm, FamRZ 1999, 166
[5] BGH, FamRZ 1995, 537, 539 = R 493 b
[6] BGH, FamRZ 1994, 373, 375 = R 473 c
[7] BGH, FamRZ 1994, 240 = R 469; FamRZ 1993, 1055 = NJW 1993, 1974; vgl. auch OLG Düsseldorf, FamRZ 1994, 1049 ff = NJW-RR 1994, 327 ff

4. Abschnitt: Leistungsfähigkeit des Unterhaltspflichtigen § 2

gen gegen das Leben oder die körperliche Integrität des Berechtigten herbeigeführt hat, z. B. wenn er wegen sexuellen Mißbrauchs seines Kindes inhaftiert worden ist.[8] Er wird sich entgegen der Auffassung des BGH[9] nicht nur gegenüber dem berechtigten Kind, sondern auch gegenüber der Kindesmutter und einem anderen Kind aus dieser Verbindung als leistungsfähig behandeln lassen müssen, jedenfalls wenn ihm erhebliche, sich über lange Zeit erstreckende Verfehlungen zur Last fallen. Vgl. dazu auch Rn 1/387 ff.

In der Regel wird man auch die Aufgabe des Arbeitsplatzes nicht als leichtfertig ansehen können, wenn der Vater nach Trennung der Eltern sich ganz der Betreuung kleiner Kinder widmen will, deren elterliche Sorge ihm zeitweise durch einstweilige Anordnung des Gerichts anvertraut worden war.[10] Eine Zurechnung fiktiver Einkünfte für die Zeit nach der Betreuung der Kinder ist erst möglich, wenn eine Übergangsfrist verstrichen ist, innerhalb der sich der Vater um eine neue Stelle hat bemühen können. Vgl. dazu unten Rn 146.

Dies bedeutet aber nicht, daß fiktives Einkommen dem Schuldner nur dann zugerechnet werden darf, wenn ihm leichtfertiges, unterhaltsbezogenes Verhalten zur Last fällt. Vielmehr wird die **Leistungsfähigkeit** des Schuldners nicht nur durch tatsächlich vorhandenes Einkommen, sondern **auch durch seine Erwerbsfähigkeit** und seine Erwerbsmöglichkeiten bestimmt.[11] Verfügt er über keine Einkünfte oder reicht vorhandenes Einkommen zur Erfüllung der Unterhaltspflichten nicht aus, trifft ihn unterhaltsrechtlich die Obliegenheit, die ihm zumutbaren Einkünfte zu erzielen, insbesondere seine Arbeitskraft so gut wie möglich einzusetzen und eine einträgliche Erwerbstätigkeit auszuüben. Insbesondere legt ihm die verschärfte Unterhaltspflicht gegenüber minderjährigen Kindern eine erhöhte Arbeitspflicht unter gesteigerter Ausnutzung seiner Arbeitskraft auf. Kommt er dieser Erwerbsobliegenheit nicht nach, muß er sich so behandeln lassen, als ob er ein Einkommen, das er bei gutem Willen erzielen könnte, auch tatsächlich hätte.[12]

145

Diese Einkommensfiktion setzt nur voraus, daß der Schuldner eine ihm mögliche und zumutbare **Erwerbstätigkeit im Unterhaltszeitraum unterläßt**, obwohl er sie tatsächlich ausüben könnte. Ein unterhaltsbezogenes, zumindest leichtfertiges Verhalten des Pflichtigen ist insoweit nicht erforderlich.[12a] Dies gilt auch dann, wenn dem Pflichtigen ein Einkommen zugerechnet werden soll, das die erste Einkommensgruppe der Düsseldorfer Tabelle übersteigt.[12b] Ein unterhaltsbezogenes Verhalten, das die Leistungsunfähigkeit herbeigeführt hat, ist nur Voraussetzung für die Einkommensfiktion, wenn der Pflichtige durch früheres Verhalten eine Einkommensquelle, insbesondere eine einträgliche Arbeitsstelle, verloren hat und deshalb im Unterhaltszeitraum die früheren Einkünfte nicht mehr erzielen kann. Notwendig ist freilich stets, daß der Pflichtige bei ausreichenden Bemühungen tatsächlich einen Arbeitsplatz gefunden hätte, daß also für ihn nach seinen persönlichen Eigenschaften und Fähigkeiten (Alter, Ausbildung, Berufserfahrung, Gesundheit) angesichts der Verhältnisse auf dem Arbeitsmarkt eine reale Erwerbsmöglichkeit besteht.[13] Vgl. auch Rn 1/411.

Zur Zurechnung fiktiven Erwerbseinkommens bei der Bemessung des Bedarfs vgl. oben Rn 114.

Hat der Schuldner durch ein vorwerfbares Verhalten, das noch nicht als leichtfertig oder als unterhaltsbezogen bezeichnet werden kann, seine Arbeitsstelle verloren, kann ihm sein früheres Einkommen nicht zugerechnet werden. Dies bedeutet aber nicht, daß er auf Dauer leistungsunfähig ist. Vielmehr ist er verpflichtet, sich entsprechend seinen Fähigkeiten und seinen Erwerbsmöglichkeiten mit Nachdruck um einen neuen Arbeitsplatz zu bemühen. Unterläßt er das, sind ihm erzielbare Einkünfte fiktiv zuzurechnen.

146

---

[8] BGH, FamRZ 1982, 913 = R 130 b; OLG Koblenz, FamRZ 1998, 44
[9] FamRZ 1982, 913 = R 130 b; ebenso OLG Koblenz, FamRZ 1998, 44
[10] BVerfG, FamRZ 1996, 343 = R 498
[11] BGH, FamRZ 1996, 345 = R 497 a, b
[12] BGH, FamRZ 1996, 345 = R 497 a, b; FamRZ 1994, 373, 375 = R 473 c
[12a] OLG Düsseldorf, FamRZ 1998, 851
[12b] So auch BGH, FamRZ 1993, 1304, 1306 = R 464 b; FamRZ 1997, 281, 283 = R 509 f; anders zu Unrecht OLG Karlsruhe, FamRZ 1993, 1481
[13] BGH, FamRZ 1996, 345 = R 497 a, b

Dabei ist allerdings zu berücksichtigen, daß er insbesondere bei einer Straftat gegenüber dem Arbeitgeber auf dem allgemeinen Arbeitsmarkt für gutbezahlte Vertrauensstellungen nicht mehr vermittelbar sein kann und daß ihm nach Verlust des Arbeitsplatzes, vor allem wenn er bereits älter ist, eine angemessene **Übergangszeit zur Suche einer neuen Stelle** zuzubilligen ist.[14]

Beispiel:
Der bei einer Bank in gehobener Position beschäftigte Schuldner verliert wegen eines nicht unterhaltsbezogenen Diebstahls eines Computers seines Arbeitgebers fristlos seine Arbeitsstelle. Für eine Übergangszeit, während der sich der Pflichtige nachhaltig um einen anderen Arbeitsplatz zu bewerben hat, können nur die tatsächlichen Bezüge (zunächst kein Einkommen wegen der vom Arbeitsamt verhängten Sperrzeit, danach Arbeitslosengeld) als anrechenbares Einkommen angesetzt werden. Falls der Pflichtige sich ihm bietende Arbeitschancen nicht ausgenutzt hat, kann nach dieser Zeit davon ausgegangen werden, daß der Schuldner deutlich niedrigere Bezüge aus einer handwerklichen Tätigkeit erzielen könnte.

147 Weitere Einzelheiten zum Ansatz fiktiver Einkünfte vgl. Rn 1/387 ff. Zur Erwerbsobliegenheit bei gesteigerter Unterhaltspflicht nach § 1603 II 1 BGB vgl. unten Rn 247 ff.

3. Unterhaltsleistungen als anrechenbare Einkünfte

148 Die in der 2. Auflage[15] vertretene Auffassung, daß Unterhaltsleistungen, die ein Elternteil von einem Dritten erhält, nicht für den Unterhalt von Kindern zu verwenden seien, kann m. E. nicht aufrechterhalten werden. Als anrechenbares Einkommen kommt praktisch nur vom getrenntlebenden oder geschiedenen Ehegatten gezahlter Unterhalt in Betracht. Zahlungen, die ein Elternteil von einem anderen, insbesondere seinen eigenen Eltern erhält, sind in der Regel freiwillige Leistungen Dritter und bei der Bemessung des Kindesunterhalts daher nicht zu berücksichtigen (vgl. dazu Rn 1/368 ff, 2/100 ff). Richtig ist allerdings, daß der Ehegattenunterhalt nur den eigenen Bedarf umfaßt und nicht auch denjenigen der Kinder.[16] Dies schließt aber eine Unterhaltspflicht des Elternteils, der seinerseits Ehegattenunterhalt bezieht, nicht von vornherein aus (so wohl auch Haußleiter Rn 1/379 ff).[17] Denn der **eheangemessene Bedarf**, den ein Elternteil von seinem Ehegatten als Unterhalt erhält (§§ 1361 I 1, 1578 I 1 BGB), kann höher sein als der **Eigenbedarf**, der ihm **gegenüber seinem Kind** nach § 1603 BGB verbleiben muß. Der Ehegattenunterhalt wird von den ehelichen Lebensverhältnissen bestimmt und besteht in der Regel in einer Quote des für Unterhaltszwecke verteilbaren prägenden Einkommens, das um den Kindesunterhalt bereinigt ist (vgl. Rn 4/188 ff, 372 ff). Der notwendige oder angemessene Selbstbehalt gegenüber dem Kind wird dagegen in festen Geldbeträgen ausgedrückt und beträgt nach der Düsseldorfer Tabelle 1300,- bzw. 1500,- DM gegenüber dem minderjährigen und 1800,- DM gegenüber dem volljährigen Kind (vgl. unten Rn 264 ff, 417 ff).
Praktisch wird die Problematik, ob Ehegattenunterhalt zur Deckung des Kindesunterhalts herangezogen werden kann, in der Regel nur dann, wenn der Ehegattenunterhalt ohne Vorwegabzug des Kindesunterhalts berechnet worden ist, z. B. wenn der bedürftige Ehegatte Unterhalt nicht vom anderen Elternteil, sondern von seinem (zweiten) Ehegatten zu beanspruchen hat. Vgl. dazu Rn 1/379. Zu Unterhaltsansprüchen gegen den anderen Elternteil und zum Vorwegabzug des Kindesunterhalts vgl. unten Rn 150 ff.
Ist der Vorwegabzug des Kindesunterhalts unterblieben, so hat der seinerseits unterhaltsberechtigte Elternteil, den gegenüber seinem minderjährigen oder privilegiert volljährigen Kind eine gesteigerte Unterhaltspflicht im Sinne des § 1603 II BGB trifft, alles Einkommen, das über seinem notwendigen Selbstbehalt von 1300,- DM bzw. von 1500,- DM liegt (vgl. DT A 5 I), für den Unterhalt des Kindes einzusetzen.[18] Aber auch

---
[14] OLG Düsseldorf, FamRZ 1998, 851, 853; FamRZ 1994, 1049 ff = NJW-RR 1994, 327 ff
[15] Wendl/Staudigl, 2. Aufl., S. 98
[16] BGH, FamRZ 1985, 273 = R 239 c; vgl. auch BGH, FamRZ 1980, 555 = R 37 a
[17] BGH, FamRZ 1980, 555 = R 37 a
[18] BGH, FamRZ 1985, 273 = R 239 c; FamRZ 1980, 555 = R 37 a

4. Abschnitt: Leistungsfähigkeit des Unterhaltspflichtigen §2

einem volljährigen Kind schuldet ein Elternteil, der seinerseits auf Ehegattenunterhalt angewiesen ist, Unterhalt, wenn ihm sein eigener angemessener Unterhalt bleibt (§ 1603 I BGB). Denn der angemessene Bedarf im Sinne des § 1603 I BGB, der nach der Düsseldorfer Tabelle (A 5 II) und den meisten anderen Tabellen und Leitlinien 1800,– DM beträgt (vgl. Rn 417 f), kann geringer sein als der eheangemessene Unterhalt im Sinne des § 1578 I 1 BGB. Entgegen der 2. Auflage[19] sind die Bedarfsbeträge nach §§ 1361 I 1, 1578 I 1 BGB einerseits und nach § 1603 I BGB andererseits **nicht identisch**.[20] Vgl. dazu unten Rn 272, 416 und 5/2 ff, 5/16 f.

> **Beispiel:**
> Die Mutter erhält von ihrem zweiten Ehemann 2300,– DM Ehegattenunterhalt. Hiervon stehen für den Unterhalt des volljährigen Kindes aus erster Ehe 2300 – 1800 = 500,– DM zur Verfügung. Ist der Vater leistungsunfähig, schuldet die Mutter 500,– DM Kindesunterhalt.

Unterhalt ist daher anrechenbares Einkommen. Er ist insoweit für den Kindesunterhalt einzusetzen, als er die Selbstbehaltssätze gegenüber dem minderjährigen oder volljährigen Kind nach den Tabellen und Leitlinien übersteigt.

Auch der **Aufstockungsunterhalt**, den ein Elternteil bezieht, der nur über Erwerbseinkünfte verfügt, die seinen eheangemessenen Bedarf nicht decken, ist für den Kindesunterhalt heranzuziehen. Bei der Bemessung des Kindesunterhalts ist von dem Erwerbseinkommen und dem Aufstockungsunterhalt auszugehen, soweit die Gesamteinkünfte die Selbstbehaltssätze übersteigen. Vgl. aber Rn 150 ff. **149**

In der Praxis spielt die Unterhaltspflicht des seinerseits unterhaltsberechtigten Ehegatten nur eine untergeordnete Rolle, wenn sich der **Unterhaltsanspruch gegen den anderen Elternteil** des unterhaltsbedürftigen Kindes richtet (vgl. dazu auch Rn 1/379). **150**

Bei richtiger Bemessung des Kindes- und des Ehegattenunterhalts kann die Problematik nicht auftreten, weil der **Kindesunterhalt** – abgesehen von Mangelfällen (Rn 159 ff) – **zunächst berechnet** und vor Ermittlung des Ehegattenunterhalts vom Einkommen des beiden Berechtigten unterhaltspflichtigen Ehegatten abgezogen wird. Dies gilt nicht nur für den Unterhalt minderjähriger und ihnen gleichgestellter volljähriger Kinder im Sinne des § 1603 II 2 BGB (so ausdrücklich B III der Düsseldorfer Tabelle), sondern bei guten wirtschaftlichen Verhältnissen auch für den Unterhalt sonstiger volljähriger und daher nachrangiger Kinder (vgl. Rn 416, 439).[21] Der Vorwegabzug des Unterhalts des nachrangigen volljährigen Kindes kommt aber nur in Betracht, wenn dem berechtigten Ehegatten mindestens ein Unterhalt in Höhe des angemessenen Eigenbedarfs von 1800,– DM nach der Düsseldorfer Tabelle (A 5 II) verbleibt (Rn 152). Wird so verfahren, zahlt allein ein Ehegatte sowohl Ehegatten- als auch den gesamten Kindesunterhalt. Durch Vorwegabzug des Kindesunterhalts vom anrechnungsfähigen Einkommen vermindert sich jedoch der Ehegattenunterhalt. Vgl. dazu im einzelnen Rn 4/188 ff und unten die Beispiele Rn 154 f. Beteiligt sich der berechtigte Ehegatte in dieser Weise am Kindesunterhalt, so scheidet seine Inanspruchnahme durch das Kind aus, da er sonst doppelt zu dessen Unterhalt beitragen würde.[22] Ist der Kindesunterhalt bei der Berechnung des Ehegattenunterhalts nicht vorweg abgezogen worden, z. B. weil das Kind später geboren worden ist, muß die Bemessung des Ehegattenunterhalts korrigiert und bei Vorliegen eines Vollstreckungstitels Abänderungsklage erhoben werden.[23] Der offenbar abweichenden Auffassung des OLG Nürnberg[24] kann nicht gefolgt werden. Vgl. auch oben Rn 148. **151**

In einem **Mangelfall** kann die Unterhaltspflicht des seinerseits unterhaltsberechtigten Elternteils ohnehin nicht praktisch werden, da ihm bei einem minderjährigen oder einem privilegiert volljährigen Kind sein notwendiger, bei einem volljährigen Kind sein angemessener Selbstbehalt verbleiben muß. Dann findet zwischen dem gleichrangigen min- **152**

---

[19] Wendl/Staudigl, 2. Aufl., S. 172
[20] BGH, FamRZ 1990, 260, 262 = R 399 b
[21] BGH, FamRZ 1986, 553, 555 = R 276 c
[22] OLG Hamm, FamRZ 1996, 1234
[23] BGH, FamRZ 1992, 797, 798 = R 447 b
[24] FamRZ 1996, 45 f.

derjährigen Kind (vgl. § 1609 II 1 BGB) und dem Ehegatten eine Mangelverteilung statt; gegenüber dem volljährigen Kind setzt sich der Vorrang des Ehegattenunterhalts durch.[25] Vgl. dazu Rn 159 ff, 165, 429 ff und 5/58, 5/132.

153 Nur in seltenen Ausnahmefällen, insbesondere wenn der **Ehegattenunterhalt tituliert** ist,[26] kann es auf die Frage ankommen, ob der Elternteil, der von seinem Ehegatten Unterhalt erhält, seinerseits zur Zahlung von Unterhalt an ein Kind herangezogen werden muß. Ein Urteil, das die Eltern untereinander über den Ehegattenunterhalt erwirkt haben, bindet das unterhaltsberechtigte Kind nicht. Der Unterhalt ist so zu berechnen, als ob ein Titel nicht bestünde und über alle Ansprüche zugleich entschieden würde. Dem Verpflichteten muß es überlassen bleiben, durch eine Abänderungsklage den Titel an die veränderten Verhältnisse anzupassen. Ist dies, insbesondere wegen der für den Schuldner weiterhin geltenden Sperrwirkung des § 323 III ZPO, nicht möglich, kann der titulierte Anspruch für die Übergangszeit zwischen Eintritt des Abänderungsgrundes und Erhebung der Abänderungsklage in einem angemessenen Umfang bei der Berechnung des noch nicht titulierten Unterhalts als Schuld berücksichtigt werden.[27] Vgl. dazu Rn 228, 5/55. Diese Grundsätze gelten auch für den Fall, daß ein Elternteil Aufstockungsunterhalt bezieht. Vgl. dazu das Beispiel Rn 155.

154 Beispiel 1:
Einkommen des Vaters (V) 4550,– DM. Titulierter Unterhaltsanspruch der schwangeren Mutter (M) 1950,– DM ($^3/_7$ von 4550). Nach der Geburt des Kindes, das wegen Krankheit von M von der Großmutter versorgt werden muß, verlangt das Jugendamt als Pfleger von beiden Eltern Unterhalt. Das Kindergeld von 250,– DM erhält die Großmutter (§ 63 I 3 EStG). Allein V schuldet nach der Düsseldorfer Tabelle (Stand: 1. 7. 1999) 8/1 (unter einmaliger Höhergruppierung nach A 1 der Tabelle; vgl. Rn 223) dem Kind Unterhalt von 533,– DM – 125,– DM Kindergeldanteil = 408,– DM (§ 1612b I BGB; vgl. dazu Rn 503). V muß es überlassen bleiben, den Ehegattenunterhalt durch Abänderungsklage auf den zutreffenden Betrag von 4550 – 533 x $^3/_7$ = 1722,– DM reduzieren zu lassen.
Lediglich für die Zeit zwischen Geburt des Kindes und Erhebung der Abänderungsklage kann eine Berücksichtigung des Ehegattenunterhalts bei der Berechnung des Unterhaltsanspruchs des Kindes in Betracht kommen. Für diese Zeit ist zu rechnen:
Vergleichbares Einkommen des V: 4550 – 1950 – 1800 (angemessener Eigenbedarf) = 800,– DM. Vergleichbares Einkommen der M: 1950 – 1800 = 150,– DM; vergleichbares Gesamteinkommen der Eltern 950,– DM.
Unterhaltsanteil des V: 533 x 800 : 950 = 449,– DM – 125,– DM anteiliges Kindergeld = 324,– DM.
Unterhaltsanteil der M: 533 x 150 : 950 = 84,– DM + 125,– DM anteiliges Kindergeld = 209,– DM.
Zur Berechnung des Unterhalts eines minderjährigen Kindes bei Barunterhaltspflicht beider Elternteile vgl. Rn 289 ff, zur Kindergeldverrechnung Rn 504.

155 Beispiel 2:
Einkommen des Vaters (V) 4550,– DM, Einkommen der wegen Krankheit nur beschränkt arbeitsfähigen Mutter (M) 700,– DM. Titulierter Aufstockungsunterhalt nach der Differenzmethode 4550 – 700 x $^3/_7$ = 1650,– DM.
Der volljährige, in einer eigenen Wohnung lebende Sohn, der bislang wegen des Wehrdienstes nicht unterhaltsbedürftig war, verlangt nunmehr Unterhalt von 1120,– DM nach der Düsseldorfer Tabelle Stand: 1. 7. 1999 (A 7 II). M bezieht das Kindergeld von 250,– DM. V zahlt den gesamten Kindesunterhalt von 1120,– DM – 125,– DM Kindergeldanteil = 995,– DM. Zur Verrechnung des Kindergeldes beim volljährigen Kind vgl. 2/357, 513, 515.
Der Unterhalt der M ist auf 4550 – 1120 – 700 x $^3/_7$ = 1170,– DM zu kürzen, ggf. im Wege der **Abänderungsklage**. M verfügt zusammen mit dem Unterhalt über ein Einkommen von 700 + 1170 = 1870,– DM und damit über mehr als über den angemessenen Eigenbedarf von 1800,– DM gegenüber dem volljährigen Kind (vgl. Rn 151).
Berechnung des Kindesunterhalts für die **Übergangszeit** zwischen Ende des Wehrdienstes und Erhebung der Abänderungsklage (Berücksichtigung des titulierten Aufstockungsunterhalts als Schuld; vgl. oben Rn 153):

---

[25] BGH, FamRZ 1984, 683, 685 = R 212 b; FamRZ 1980, 555 = R 37 c
[26] Vgl. z. B. BGH, FamRZ 1986, 153 = R 278 c
[27] BGH, FamRZ 1992, 797 = R 447 b

Vergleichbares Einkommen des V: 4550 − 1650 (titulierter Aufstockungsunterhalt) − 1800 (angemessener Eigenbedarf) = 1100,− DM. Vergleichbares Einkommen der M: 700 + 1650 − 1800 = 550,− DM. Vergleichbares Einkommen beider Eltern: 1650,− DM.
Unterhaltsanteil des V: 1120 x 1100 : 1650 = 747,− DM − 125,− DM Kindergeldanteil = 622,− DM.
Unterhaltsanteil der M: 1120 x 550 : 1650 = 373,− DM + 125,− DM Kindergeldanteil = 498,− DM.

Übernimmt ein unterhaltspflichtiger **wiederverheirateter Elternteil** in der neuen Ehe die **Haushaltsführung** und bezieht er von seinem neuen Ehegatten im Rahmen des Familienunterhalts (§ 1360 BGB) Wirtschaftsgeld (Rn 3/46 ff), ist dieses nicht für den Kindesunterhalt heranzuziehen. Eine Unterhaltspflicht kann sich jedoch nach Maßgabe der sog. Hausmannsrechtsprechung ergeben. Vgl. dazu Rn 172 ff. **156**

Ein wiederverheirateter Elternteil kann jedoch für ein Kind aus erster Ehe unterhaltspflichtig sein, wenn er sich **von seinem zweiten Ehegatten getrennt** hat oder von ihm geschieden ist und von ihm Ehegattenunterhalt erhält. Der Unterhalt ist anrechenbares Einkommen. Dem Elternteil muß aber gegenüber dem minderjährigen und dem privilegiert volljährigen Kind der notwendige, gegenüber dem sonstigen volljährigen Kind der angemessene Unterhalt verbleiben. Vgl. dazu oben Rn 148 und das dortige Beispiel. **157**

III. Berücksichtigung sonstiger Verpflichtungen des Schuldners

1. Schulden

Berücksichtigungsfähige Schulden beeinflussen in der Regel nicht den Bedarf des Kindes, sondern mindern die Leistungsfähigkeit des pflichtigen Elternteils (vgl. oben Rn 115 und 1/549 ff).[28] Unterhaltsansprüchen kommt kein allgemeiner Vorrang vor Forderungen anderer Gläubiger zu. Andererseits dürfen Verbindlichkeiten nur unter Berücksichtigung von Unterhaltsinteressen getilgt werden. Vielmehr bedarf es, insbesondere wenn der Mindestunterhalt minderjähriger Kinder beeinträchtigt würde, einer umfassenden **Interessenabwägung**. Dabei sind vor allem der Zweck der eingegangenen Verpflichtungen, der Zeitpunkt und die Art ihrer Entstehung, die Dringlichkeit der beiderseitigen Bedürfnisse, die Kenntnis des Schuldners vom Bestehen der Unterhaltsschuld und seine Möglichkeiten, die Leistungsfähigkeit in zumutbarer Weise wiederherzustellen, von Bedeutung.[29] Zu berücksichtigen ist auch, daß minderjährige, unverheiratete Kinder zu ihrem Unterhalt in aller Regel nicht durch eigene Anstrengungen beitragen können.[30] Diese Interessenabwägung führt in der Regel dazu, daß der unterhaltspflichtige Elternteil dem minderjährigen Kind wenigstens den Mindestunterhalt nach der Düsseldorfer Tabelle zu zahlen hat, zumal ihm die Bedürftigkeit des Kindes und damit das Bestehen der Unterhaltsschuld bekannt ist. Eine Unterschreitung des Mindestunterhalts kommt nur in Ausnahmefällen in Betracht, insbesondere dann, wenn der Schuldner bei voller Berücksichtigung des Kindesunterhalts nur die Zinsen der anderen Forderungen (teilweise) aufbringen, nicht aber die Schulden selbst tilgen könnte.[31] Nach Inkrafttreten (teilweise) des KindUG am 1. 7. 1998 wird man auch zu berücksichtigen haben, daß die Mindestsätze der Düsseldorfer Tabelle nicht einmal das Existenzminimum decken. Vgl. dazu Rn 115, 127 a ff. **158**

Die Berücksichtigung von Schulden nur auf der Leistungsstufe, nicht dagegen bei der Bedarfsbemessung hat praktische Bedeutung vor allem dann, wenn das Kind über eigene Einkünfte verfügt. Diese sind auf seinen Bedarf, nicht dagegen auf den Betrag anzurechnen, den der Schuldner nach seinem Einkommen leisten kann.

---

[28] Zur Unterscheidung von Bedarf und Leistungsfähigkeit beim Kindesunterhalt vgl. BGH, FamRZ 1997, 281, 283 = R 509 f und oben Rn 112, 114 f
[29] BGH, FamRZ 1996, 160 ff = R 496 c; FamRZ 1992, 797 = R 447 a
[30] BGH, FamRZ 1996, 160, 162 = R 496 c
[31] BGH, FamRZ 1986, 254, 256 = NJW-RR 1986, 428

Beispiel:
Einkommen des Vaters (V) 2400,– DM. Das 17jährige Kind lebt bei der Mutter, die nur über Erwerbseinkünfte von 1300,– DM verfügt und das Kindergeld von 250,– DM bezieht. Es verfügt über eine Ausbildungsvergütung von 450,– DM (nach Abzug ausbildungsbedingten Mehrbedarfs; vgl. Rn 93 ff).
Wenn V berücksichtigungsfähige Schulden von 700,– DM monatlich (z. B. ein Darlehen wegen eines Hochwasserschadens) verzinst und in geringem Umfang tilgt, ist er wegen des notwendigen Selbstbehalts von 1500,– DM nur in Höhe von 200,– DM leistungsfähig.
Die Ausbildungsvergütung ist nicht auf den Betrag von 200,– DM, sondern auf den Bedarf des Kindes wie folgt anzurechnen:
Bedarf nach DT 1/3: 510,– DM. Die Ausbildungsvergütung ist zur Hälfte, also mit 225,– DM, auf den Bar- und zur Hälfte auf den Betreuungsunterhalt zu verrechnen (vgl. Rn 97, 286).
Unterhaltsanspruch des Kindes: 510,– DM − 225,– DM ($^1/_2$ der Ausbildungsvergütung) − 125,– DM (Kindergeldanteil) = 160,– DM.

2. Beeinträchtigung der Leistungsfähigkeit durch Unterhaltsansprüche anderer Berechtigter; Mangelfälle

159 Ein Elternteil ist **leistungsfähig**, wenn sein Einkommen ausreicht, den **Restbedarf aller Unterhaltsberechtigten** und seinen eigenen angemessenen Bedarf zu decken. Zum Restbedarf vgl. Rn 140. Zum Einkommen gehört im Mangelfall nach einer verbreiteten Auffassung auch das **Kindergeld** (vgl. die 4. Aufl., Rn 2/496 f). Dieser Ansicht folgte auch der BGH.[32] Seit 1997 berücksichtigte er auch im Mangelfall das Kindergeld weder bei der Bemessung des Einkommens noch der Berechnung der Einsatzbeträge der Berechtigten, beließ aber das Kindergeld den Berechtigten anrechnungsfrei, wenn und soweit ihr im Mangelfall anzusetzender Bedarf nicht gedeckt wird.[33] Durch den am 1. 7. 1998 in Kraft getretenen § 1612 b BGB, insbesondere durch **§ 1612 b V BGB**, hat der Gesetzgeber klargestellt, daß Kindergeld bei der Bemessung des Unterhalts nicht zu berücksichtigen ist, sondern hälftig auf den errechneten Unterhalt anzurechnen ist. Die Anrechnung unterbleibt jedoch, soweit der Unterhaltspflichtige außerstande ist, Unterhalt in Höhe des Regelbetrages (vgl. dazu Rn 127 a, 509 ff, 5/83 ff) zu zahlen.

Die Höhe des Bedarfs der Berechtigten kann nach dem System der Düsseldorfer Tabelle, die je nach der Zahl der Unterhaltsberechtigten Höher- und Herabgruppierungen kennt (DT A 1; vgl. dazu Rn 231 ff, 387), von der Zahl der Unterhaltsberechtigten abhängig sein. Erst für den Fall, daß der Pflichtige aus seinem Einkommen nicht den Bedarf aller Unterhaltsberechtigten befriedigen kann, also im Mangelfall, greift die vom Gesetzgeber (§ 1609 BGB) festgelegte Rangfolge der Unterhaltsberechtigten ein.[34] Vgl. auch Rn 5/37 f

160 **Vorrangig** zu berücksichtigen sind die Unterhaltsansprüche minderjähriger und privilegiert volljähriger Kinder und des jetzigen oder früheren Ehegatten. Diese Ansprüche haben untereinander den gleichen Rang (§ 1609 II 1 BGB). Danach folgen die Unterhaltsansprüche der volljährigen Kinder, alsdann die der Enkel und zum Schluß diejenigen der Verwandten der aufsteigenden Linie, insbesondere der Eltern und Großeltern (§ 1609 I BGB). Vgl. dazu Rn 429 ff und Rn 5/39.

161 Reicht das Einkommen des Schuldners nicht aus, um **gleichrangige Ansprüche** mehrerer Berechtigter zu befriedigen, ist das für Unterhaltszwecke zur Verfügung stehende Einkommen bei Ansprüchen minderjähriger und privilegiert volljähriger Kinder sowie des Ehegatten nach Abzug des notwendigen Selbstbehalts (vgl. dazu Rn 263 ff), bei Ansprüchen volljähriger Kinder nach Abzug des angemessenen Eigenbedarfs (vgl. dazu Rn 417 ff) auf die Berechtigten zu verteilen. Es findet also eine **Mangelverteilung**[35] statt. Dies gilt auch dann, wenn die Unterhaltsberechtigten, die mit dem Schuldner in einer Haushaltsgemeinschaft zusammenleben, durch die Leistung von Unterhalt an einen anderen

---

[32] BGH, FamRZ 1992, 539 = R 444 b
[33] BGH, FamRZ 1997, 806 = R 512 h
[34] BGH, FamRZ 1984, 683, 685 = R 212 b; FamRZ 1980, 555 = R 37 c
[35] Zur Unterhaltsberechnung in Mangelfällen nach der Düsseldorfer Tabelle vgl. Scholz, FamRZ 1993, 125, 144 ff und Familienrecht '96 S. 511 ff

4. Abschnitt: Leistungsfähigkeit des Unterhaltspflichtigen § 2

Berechtigten, insbesondere ein Kind aus einer früheren Ehe, sozialhilfebedürftig würden.[36] Zur Unterhaltsberechnung in Mangelfällen sowie zu abweichenden Auffassungen vgl. im einzelnen Rn 5/123 ff, 5/224 ff.

Eine **Mangelverteilung** ist bei nicht ausreichendem Einkommen des Pflichtigen vorzunehmen,

- wenn ein Elternteil **mehreren minderjährigen oder privilegiert volljährigen Kindern** Unterhalt schuldet; 162

  Beispiel:
  Einkommen des allein baruntherhaltspflichtigen Vaters: 2100,– DM. Die Mutter, die über Einkünfte von 1500,– DM verfügt und daher nicht unterhaltsbedürftig ist, betreut ein 11- und ein 17jähriges Kind. Sie bezieht das Kindergeld von je 250,– DM.
  Bedarf der Kinder nach DT 1/2 bzw. 1/3 431,– DM und 510,– DM, Gesamtbedarf 941,– DM.
  Für den Kindesunterhalt stehen zur Verfügung 2100 – 1500 (notwendiger Selbstbehalt nach DT A 5 I) = 600,– DM.
  Anspruch des 11jährigen Kindes: 431 x 600 : 941 = 275,– DM
  Anspruch des 17jährigen Kindes: 510 x 600 : 941 = 325,– DM
  Die Unterhaltsbeträge sind nicht um den Kindergeldanteil des Vaters von 250,– DM zu kürzen. Der Kindergeldanteil des Vaters ist nach § 1612b V BGB nicht anzurechnen, da er weniger als den Regelbetrag von 431 – 125 = 306,– DM bzw. von 510 – 125 = 385,– DM zahlen kann (vgl. dazu Rn 509, 5/83 ff). Im Gegenteil muß die Mutter auch ihren eigenen Kindergeldanteil teilweise einsetzen, um den am Mindestunterhalt nach der Düsseldorfer Tabelle fehlenden Betrag zu decken.[37]

- wenn ein Elternteil seinem **minderjährigen oder privilegiert volljährigen Kind und einem Ehegatten** Unterhalt schuldet. 163

  Im einzelnen ist die Unterhaltsberechnung in diesem Fall höchst umstritten. Insbesondere besteht keine Einigkeit darüber, in welcher Weise (Quote von $3/7$ zuzüglich konkret zu berechnenden trennungsbedingten Mehrbedarfs oder Mindestbetrag nach B V der Düsseldorfer Tabelle oder Abzug eines Erwerbstätigenbonus von $1/10$ nach BayL 16 b) der Bedarf des Ehegatten in die Mangelverteilung einzusetzen ist.[38] Auch die Entscheidung des BGH vom 11. 1. 1995[39] ließ ausdrücklich offen, ob im Mangelfall der Bedarf auf einen „tabellarischen Mindestsatz" angehoben werden darf. Inzwischen hat der BGH[40] allerdings klargestellt, daß in einem Mangelfall, der durch die fehlende Fähigkeit des Unterhaltspflichtigen gekennzeichnet sei, den Unterhaltsbedarf eines oder mehrerer Unterhaltsberechtigter zu befriedigen, kein Anlaß bestehe, vor einer verhältnismäßigen Kürzung aller Unterhaltsansprüche den Einsatzbetrag für den berechtigten Ehegatten auf einen Mindestbedarfssatz deswegen zu erhöhen, weil die Ansprüche der Kinder mit Tabellenwerten in die Ausgangsberechnung eingestellt würden. Der BGH hat dies in einem Urteil vom 16. 4. 1997[41] bekräftigt, aber die Auffassung des Tatrichters gebilligt, daß der Einsatzbetrag (Bedarf) des berechtigten Ehegatten angesichts der engen wirtschaftlichen Verhältnisse unter Vorwegabzug von $1/9$ statt $1/7$ zu berechnen sei, also $4/9$ des Einkommens des Verpflichteten nach Abzug der berufsbedingten Aufwendungen, zu berücksichtigender Schulden und des Kindesunterhalts betrage. Nach Auffassung des BGH kann es auch ausreichen, pauschal 5 % als berufsbedingte Aufwendungen vom Einkommen des Pflichtigen abzuziehen und auf einen Erwerbstätigenbonus zu verzichten.[42] Demgemäß kann der Bedarf des unterhaltsberechtigten Ehegatten mit einem höheren Betrag als $3/7$ des anrechenbaren Einkommens des Pflichtigen, ggf. auch mit dem Existenzminimum nach B V der Düsseldorfer Tabelle von 1300,– DM bei einem Nichterwerbstätigen angesetzt werden,[43]

---

[36] BGH, FamRZ 1996, 1272 = R 507 b
[37] BGH, FamRZ 1992, 539, 542 mit Anm. Graba = R 444 b
[38] Scholz, FamRZ 1993, 125, 144 ff
[39] FamRZ 1995, 346, 347 = R 490 a
[40] FamRZ 1996, 345, 346 = R 497 c; dagegen Luthin, FamRZ 1996, 328
[41] BGH, FamRZ 1997, 806 = R 512 e; vgl. auch BGH, FamRZ 1998, 1501 = R 521 c
[42] BGH, FamRZ 1992, 539, 541 = R 444 c
[43] Vgl. dazu im einzelnen Scholz, Familienrecht '96, S. 446, 515 ff

– wenn konkret dargelegter trennungsbedingter Mehrbedarf dies rechtfertigt[44] (zum trennungsbedingten Mehrbedarf vgl. Rn 4/418 ff);
– wenn dem Verpflichteten nur ein pauschaler Abzug von 5 % seines Einkommens gewährt wird, nicht dagegen der Erwerbstätigenbonus von $1/7$[45]
– wenn der Einsatzbetrag für den Ehegatten ohne Vorwegabzug des Kindesunterhalts berechnet wird.[46] Vgl. dazu im einzelnen unten Rn 241, 3/75, 4/189 a, 5/231 a, 253.

Beispiel:
Einkommen des allein barunterhaltspflichtigen Vaters (V): 2526 – 5 % = 2400,– DM.
Die getrenntlebende Mutter betreut ein 3jähriges Kind. Sie ist nicht erwerbstätig und bezieht das Kindergeld von 250,– DM.
Bedarf des Kindes nach DT 1/1 355,– DM; Bedarf der M nach obigen Ausführungen: 2400 – 355 = 2045 : 2 = 1023,– DM zuzüglich trennungsbedingten Mehrbedarfs (Mehrkosten der Wohnung, von Strom, Heizung usw.) von rund 275,– DM = 1300,– DM (= Existenzminimum nach B V der Düsseldorfer Tabelle). Gesamtbedarf der Berechtigten 1300 + 355 = 1655,– DM.
Für den Unterhalt stehen zur Verfügung: 2400 – 1500 (notwendiger Selbstbehalt) = 900,– DM.
Anspruch der M: 1300 x 900 : 1655 = 707,– DM
Anspruch des Kindes: 355 x 900 : 1655 = 193,– DM
Das Kindergeld bleibt nach § 1612 V BGB in voller Höhe anrechnungsfrei. Vgl. Rn 509.

Zum Einsatzbetrag des Ehegatten bei der Mangelverteilung und zu abweichenden Meinungen vgl. im einzelnen 5/224 ff und 3/74 ff.

164 • wenn ein Elternteil **mehreren volljährigen Kindern** Unterhalt schuldet.

Beispiel:
Die 20- und 22jährigen Kinder studieren und leben in einem Studentenheim.
Einkommen des Vaters (V): 3200,– DM. Die Mutter ist wiederverheiratet und daher nicht unterhaltsberechtigt. Sie bezieht das Kindergeld von je 250,– DM, das sie für die Kinder verwendet.
Bedarf der Kinder nach der Düsseldorfer Tabelle (A 7 I): jeweils 1120,– DM.
Für Unterhaltszwecke stehen zur Verfügung: 3200 – 1800 (angemessener Eigenbedarf nach A 5 II der Düsseldorfer Tabelle) = 1400,– DM.
Jedes der Kinder erhält 700,– DM.
Das Kindergeld wird nach § 1612 b I, V BGB in Höhe von 125,– DM angerechnet, da die Kinder mehr als ihren Mindestbedarf nach der Düsseldorfer Tabelle von 589,– DM erhalten. Vgl. dazu Rn 510, 515. V hat daher jeweils 575,– DM zu zahlen.

165 Reicht das Einkommen des Pflichtigen nach Abzug des angemessenen Selbstbehalts von 1800,– DM nicht aus, um außer den vorrangigen auch **nachrangige Unterhaltsansprüche** zu befriedigen, fallen die nachrangig Berechtigten ganz oder teilweise aus.[47] Vgl. Rn 152, 430.

Beispiel:
Einkommen des Vaters (V): 2450,– DM. Die wiederverheiratete Mutter (M) betreut ein 8jähriges Kind aus der Ehe mit V und ist daher zu einer Erwerbstätigkeit nicht verpflichtet. Ein 20jähriges gemeinsames Kind studiert. Es lebt in einem eigenen Haushalt.
M bezieht das Kindergeld von je 250,– DM.
Bedarf des minderjährigen Kindes nach DT 1/2 431,– DM, des volljährigen Kindes nach A 7 II der Düsseldorfer Tabelle 1120,– DM.
Das 8jährige Kind erhält wegen des Vorrangs nach § 1609 I BGB den vollen Unterhalt von 431 – 125 Kindergeldanteil = 306,– DM.
Für das volljährige Kind bleiben nur 2450 – 306 – 1800 = 344,– DM. Hierauf ist der Kindergeldanteil für das studierende Kind nicht anzurechnen. Vgl. Rn 510.
Den Kindergeldanteil für das 8jährige Kind hat V für den Studenten einzusetzen, auch wenn dieser kein privilegiert volljähriges Kind ist. Vgl. auch Rn 511 f.

---

[44] FamRZ 1996, 345, 346 = R 497 c; vgl. dazu Luthin, FamRZ 1996, 328
[45] So BGH, FamRZ 1992, 539, 541 = R 444 c
[46] OLG Düsseldorf, FamRZ 1998, 851 mit Anm. Gutdeutsch, FamRZ 1998, 1611
[47] BGH, FamRZ 1984, 683, 685 = R 212 b; FamRZ 1980, 555 = R 37 c

3. Beeinträchtigung der Leistungsfähigkeit durch Betreuung eines anderen unterhaltsberechtigten Kleinkindes

Nach Trennung oder Scheidung kann sich die Mutter eines minderjährigen Kindes aus erster Ehe, das vom Vater versorgt wird, nicht ohne weiteres auf Leistungsunfähigkeit berufen, wenn sie wegen der Geburt eines **nichtehelichen Kindes** keiner Erwerbstätigkeit nachgeht. Der Vater erfüllt seine Unterhaltspflicht grundsätzlich durch die Betreuung des minderjährigen Kindes aus erster Ehe (§ 1606 III 1 BGB). **166**

Die Mutter, die nach § 1570 BGB von ihrem früheren Ehemann keinen Ehegattenunterhalt verlangen kann, weil sie kein gemeinsames Kind pflegt oder erzieht, darf sich auch im Verhältnis zu ihrem minderjährigen Kind aus erster Ehe nicht auf die Betreuung ihres nichtehelichen Kindes beschränken. Die Auffassung, daß die Betreuung des Kleinkindes vorgehe und von ihr die Aufnahme einer Erwerbstätigkeit nicht verlangt werden könne,[48] findet im Gesetz keine Stütze. Die Unterhaltsansprüche der beiden Kinder sind gleichrangig. Es ist daher Aufgabe der Mutter, die Betreuung des Kleinkindes durch Dritte, z. B. eine Tagesmutter, durch Verwandte, durch ihren Lebensgefährten (vgl. Rn 52, 192) oder durch einen Hort sicherzustellen.[49] Die dadurch entstehenden Kosten mindern allerdings ihr anrechenbares Einkommen. Dies führt vielfach dazu, daß die Mutter mangels Leistungsfähigkeit für das Kind aus der früheren Ehe keinen Barunterhalt zu leisten hat.

Beispiel:
Die Mutter (M) verdient durch vollschichtige Tätigkeit 2400,– DM. Sie erhält für das nichteheliche Kind von dessen Vater Unterhalt. Die Betreuung des Kindes stellt sie durch eine Tagesmutter sicher, die 700,– DM verlangt. Da ihr der notwendige Selbstbehalt von 1500,– DM nach A 5 I der Düsseldorfer Tabelle verbleiben muß, kann sie für das minderjährige Kind aus ihrer früheren Ehe nur 2400 – 700 – 1500 = 200,– DM Unterhalt zahlen.

Ist die Mutter wiederverheiratet, greifen die Grundsätze der sog. Hausmannsrechtsprechung ein (vgl. Rn 172 ff). Lebt sie in einer nichtehelichen Lebensgemeinschaft, kann auf Rn 190 ff verwiesen werden. Dieselben Grundsätze gelten, wenn sich der Vater, der einem Kind aus einer früheren Ehe Unterhalt zu leisten hat, auf die Betreuung eines Kindes aus einer Verbindung mit einer anderen Partnerin beschränkt.[50] Ähnliche Probleme wie die hier erörterten können sich ergeben, wenn jeder Elternteil nach Trennung oder Scheidung ein Kind aus der gescheiterten Ehe betreut. Vgl. dazu Rn 309 ff.

Zum Unterhaltsanspruch der Mutter eines nichtehelichen Kindes gegen ihre eigenen Eltern vgl. oben Rn 50 ff, zum Betreuungsunterhalt gegen den Kindesvater nach § 1615 l BGB vgl. Rn 6/750 ff. **167**

4. Minderung der Leistungsfähigkeit durch Umgangskosten

Das Recht des nicht betreuenden Elternteils zum persönlichen Kontakt mit dem Kind ist Ausfluß seiner Verantwortung für dessen Wohl (§§ 1618 a, 1626, 1631 BGB) oder seines Umgangsrechts (§ 1684 BGB). Die dabei anfallenden Belastungen sind Kosten, die er im eigenen und im Interesse des Kindes grundsätzlich selbst aufzubringen hat. Er kann grundsätzlich weder vom anderen Elternteil Erstattung verlangen noch sie dem Unterhaltsanspruch des früheren Ehegatten oder gar dem Unterhaltsanspruch des minderjährigen Kindes entgegensetzen. Dadurch würde insbesondere die Lebenshaltung des unterhaltsberechtigten Kindes beeinträchtigt werden. Nur in eng begrenzten **Ausnahmefällen** kann daher eine einkommensmindernde Berücksichtigung von Umgangskosten in Erwägung gezogen werden. Der BGH hat deshalb den Abzug von Umgangskosten bei Berechnung des Anspruchs des Ehegatten auf Trennungsunterhalt versagt, wenn dem berechtigten Ehegatten nur das Existenzminimum verbleibt, während der notwendige **168**

---

[48] OLG Frankfurt, FamRZ 1992, 979, 981; OLG Stuttgart, FamRZ 1984, 611
[49] OLG Düsseldorf, FamRZ 1996, 167
[50] OLG Düsseldorf, FamRZ 1996, 167

Selbstbehalt des Pflichtigen nach der Düsseldorfer Tabelle von derzeit 1500,– DM gewahrt ist.[51]

169 Beim Kindesunterhalt scheidet eine Minderung des anrechenbaren Einkommens um die Kosten des Umgangs aus, wenn nicht der **Mindestunterhalt des Kindes** nach der Düsseldorfer Tabelle gesichert ist. Bei einem Einkommen des barunterhaltspflichtigen Elternteils, das höhere Unterhaltszahlungen erlauben würde, wird man ggf. eine sonst mögliche Höhergruppierung des Kindes nach A 1 der Düsseldorfer Tabelle unterlassen können (vgl. dazu Rn 231 ff). Im übrigen wird man den umgangsberechtigten Elternteil grundsätzlich darauf verweisen müssen, die **Umgangskosten** ohne Schmälerung des Kindesunterhalts **allein zu tragen**, selbst wenn ihm dann nur sein notwendiger Selbstbehalt verbleibt. **Ausnahmen** sind denkbar, wenn das Kind beim Sorgeberechtigten in einem weit entfernten Ort lebt und deshalb durch die Ausübung des Umgangs beachtliche Kosten entstehen, die vom Berechtigten angesichts seiner wirtschaftlichen Verhältnisse nicht in zumutbarer Weise aufgebracht werden können.[52] Jedoch muß der Umgangsberechtigte alle Möglichkeiten nutzen, um diese Kosten so niedrig wie möglich zu halten.[53] So ist er ggf. auf die Benutzung öffentlicher Verkehrsmittel zu verweisen; auch kann von ihm verlangt werden, hohe Fahrtkosten dadurch zu vermeiden, daß er die Häufigkeit des Umgangs einschränkt und dafür die einzelnen Besuche verlängert.[54]

Beispiel:
Einkommen des umgangsberechtigten Vaters (V): 2300,– DM. Das 7jährige Kind lebt bei der nicht unterhaltsbedürftigen Mutter in einem 300 km entfernten Ort.
Unterhaltsanspruch des Kindes nach DT 1/2 431,– DM. Die nach A 1 der Düsseldorfer Tabelle mögliche Höhergruppierung um drei Einkommensgruppen (vgl. Rn 233) kann angesichts der beachtlichen Fahrtkosten und des geringen Einkommens des V unterbleiben. Eine Unterschreitung des Mindestunterhalts nach der Tabelle scheidet aus.

170 Die obigen Grundsätze gelten auch dann, wenn beide Eltern das **Sorgerecht gemeinsam** ausüben, das Kind aber im Haushalt eines Elternteils lebt und von ihm betreut wird.[55]

171 Der nicht betreuende Elternteil kann die **Kosten**, die er **für den Unterhalt** des Kindes **während der Ausübung des Umgangsrechts**, z. B. für dessen Ernährung, aufwendet, nicht vom Barunterhalt abziehen.[56] Vgl. oben Rn 104, 126.

IV. Leistungsfähigkeit eines Elternteils bei Übernahme der Haushaltsführung nach Wiederverheiratung oder Begründung einer nichtehelichen Lebensgemeinschaft („Hausmannsrechtsprechung")

1. Erwerbsobliegenheit des wiederverheirateten, haushaltführenden Ehegatten gegenüber gleichrangigen Berechtigten, insbesondere gegenüber minderjährigen Kindern aus erster Ehe

172 Bei Wiederverheiratung kann ein Ehegatte, der einem minderjährigen Kind aus erster Ehe barunterhaltspflichtig ist, weil es vom anderen Elternteil betreut wird (§ 1606 III 2 BGB), im Einvernehmen mit dem neuen Partner die Haushaltsführung und ggf. die Kindesbetreuung übernehmen. Damit erfüllt er seine Unterhaltspflicht gegenüber dem neuen Ehegatten und ggf. gegenüber dem Kind aus der neuen Ehe (§§ 1360 S. 2, 1606 III 2 BGB), dagegen nicht gegenüber dem minderjährigen Kind aus erster Ehe.[57] Dies führt zu einem Konflikt zwischen den Unterhaltsinteressen der gemeinsamen Kinder aus der alten

---

[51] BGH, FamRZ 1995, 215 mit ablehnender Anm. Weychardt, FamRZ 1995, 539 = R 483
[52] OLG Karlsruhe, FamRZ 1992, 58; KG, FamRZ 1998, 1386
[53] BGH, FamRZ 1995, 215 mit ablehnender Anm. Weychardt, FamRZ 1995, 539 = R 483; OLG Karlsruhe, FamRZ 1992, 58
[54] OLG Karlsruhe, FamRZ 1992, 58
[55] BGH, FamRZ 1995, 215 mit ablehnender Anm. Weychardt, FamRZ 1995, 539 = R 483
[56] BGH, FamRZ 1984, 473 = R 202 f
[57] BGH, FamRZ 1996, 796 = R 500 a

Familie, dem bedürftigen früheren Ehegatten und den bedürftigen Angehörigen aus der neuen Familie. Da mit Ausnahme etwaiger volljähriger Kinder alle Berechtigten unterhaltsrechtlich den **gleichen Rang** haben (§ 1609 BGB), darf sich der barunterhaltspflichtige Ehegatte nicht ohne weiteres auf die Sorge für die Angehörigen aus der neuen Familie beschränken. Er muß auch für die minderjährigen und privilegiert volljährigen Kinder sowie ggf. für den unterhaltsbedürftigen Ehegatten aus der ersten Ehe (vgl. dazu Rn 173) sorgen. Er ist allerdings nicht verpflichtet, das Haushalts- oder Wirtschaftsgeld, das er von seinem neuen Ehegatten erhält, für den Unterhalt der minderjährigen Kinder aus erster Ehe einzusetzen, weil dieses nur treuhänderisch zur Verwendung für Bedürfnisse der Familie überlassen wird.[58] Er ist jedoch gehalten, Taschengeld für den Barunterhalt zu verwenden.[59] Zum Wirtschaftsgeld und zum Taschengeld vgl. Rn 3/46 ff, 3/56 ff. Kann er aus dem Taschengeld, wie es die Regel ist, keinen oder keinen ausreichenden Unterhalt zahlen, muß er wenigstens teilweise erwerbstätig sein, um zum Ausgleich einen entsprechenden Barunterhalt zahlen zu können. Trotz der Wahl der Rollen des Hausmanns oder der Hausfrau bleibt für den unterhaltspflichtigen Elternteil im Verhältnis zu den minderjährigen Kindern aus erster Ehe eine Erwerbsobliegenheit bestehen.[60]

Die Erwerbsobliegenheit des „Hausmanns" oder der „Hausfrau" besteht vor allen Dingen gegenüber **minderjährigen Kindern aus erster Ehe.**[61] Seit dem 1. 7. 1998 ist sie auch zugunsten **privilegiert volljähriger Kinder** bis zur Vollendung des 21. Lebensjahres anwendbar, solange diese im Haushalt der Eltern oder eines Elternteils leben und sich in der allgemeinen Schulausbildung befinden, da diese Kinder denselben Rang wie minderjährige Kinder haben (§ 1609 I BGB); vgl. dazu Rn 452 ff. Dieselben Grundsätze müssen aber ausnahmsweise auch gegenüber dem unterhaltsbedürftigen **früheren Ehegatten** gelten, jedenfalls dann, wenn dessen Unterhaltsberechtigung auf § 1570 BGB beruht.[62] **173**

Die Grundsätze der Hausmannsrechtsprechung sind auch **zugunsten eines nichtehelichen Kindes** anzuwenden, wenn der Kindesvater verheiratet ist, keine Erwerbstätigkeit ausübt, sich vielmehr auf die Betreuung eines Kindes aus dieser Ehe beschränkt, da die Ansprüche nichtehelicher und ehelicher Kinder denselben Rang haben (§ 1609 I BGB). Dagegen sind Unterhaltsansprüche der **Mutter des nichtehelichen Kindes** nachrangig (§ 1615 l III 3 BGB; vgl. dazu Rn 5/39) und daher in der Regel nicht zu berücksichtigen. Zudem muß dem Vater des nichtehelichen Kindes gegenüber der Mutter des angemessene Selbstbehalt von 1800,– DM verbleiben (§§ 1615 l III 1, 1603 I BGB; D 2 der Düsseldorfer Tabelle; vgl. dazu Rn 6/759 a). Es kann hier auf die ähnliche Problematik bei der Unterhaltspflicht des haushaltführenden Ehegatten gegenüber einem volljährigen Kind (vgl. Rn 187) verwiesen werden. **173 a**

Der haushaltführende Ehegatte ist nach Maßgabe der nachfolgenden Ausführungen (Rn 179–183) verpflichtet, eine **(Neben-)Erwerbstätigkeit** auszuüben, **174**
– wenn aus der neuen Ehe keine Kinder hervorgegangen sind, er vielmehr nur den Haushalt für den berufstätigen neuen Ehegatten führt; vgl. dazu Rn 180;
– wenn er in der neuen Ehe eigene Kinder zu betreuen hat.

Der BGH gestattet dem haushaltführenden Elternteil nur in eingeschränktem Umfang die Berufung darauf, daß sein eigener notwendiger Bedarf, der nach der Düsseldorfer Tabelle bei Ausübung einer Erwerbstätigkeit 1500,– DM beträgt (vgl. Rn 264), nicht gewahrt sei. Vielmehr ist der **Verdienst** des haushaltführenden Ehegatten aus einer Nebentätigkeit voll anzurechnen, auch wenn er **unter dem Selbstbehalt** bleibt, soweit sein Eigenbedarf bereits durch den Unterhalt gesichert ist, den sein gut verdienender Ehegatte nach §§ 1360, 1360 a BGB schuldet.[63] Der haushaltführende Ehegatte ist daher grundsätzlich verpflichtet, den Barunterhalt des minderjährigen Kindes aus erster Ehe zu tragen oder sich mindestens daran zu beteiligen. Voraussetzung ist allerdings, daß sich eine Un- **175**

---

[58] BGH, FamRZ 1986, 668 = R 293 a
[59] BGH, FamRZ 1986, 668 = R 293 a; BVerfG, FamRZ 1985, 143, 145 = NJW 1985, 1211
[60] BVerfG, FamRZ 1985, 143, 145 = NJW 1985, 1211; BGH, FamRZ 1996, 796 = R 500 a
[61] BGH, FamRZ 1996, 796 = R 500 a
[62] BGH, FamRZ 1996, 796 = R 500 a
[63] BGH, FamRZ 1987, 472 = R 327 a; FamRZ 1982, 590 = R 116 b

terhaltspflicht auch dann ergäbe, wenn der haushaltführende Ehegatte durch Erwerbstätigkeit den Unterhalt der Angehörigen der neuen Familie, allerdings mit Ausnahme des nachrangigen zweiten Ehegatten, allein sicherzustellen hätte.[64] Vgl. dazu Rn 186. Erst in diesem Rahmen ist zu prüfen, ob der Vater als anderer unterhaltspflichtiger Verwandter im Sinne des § 1603 II 3 BGB ohne Beeinträchtigung seines eigenen angemessenen Bedarfs auch den Barunterhalt für das Kind aufzubringen hat, weil das (fiktive) Einkommen des haushaltführenden Ehegatten nicht ausreicht, um seinen angemessenen Bedarf zu decken.[65] Vgl. dazu Rn 186, zur Problematik des § 1603 II BGB im allgemeinen Rn 271f, 274 ff.

176 Voraussetzung für die Anwendung dieser „Hausmannsrechtsprechung" ist, daß die Unterhaltsberechtigten der alten Familie die **Rollenwahl** in der neuen Familie hinnehmen müssen. Während der BGH[66] zunächst offengelassen hatte, ob die Rollenverteilung auch bei einem etwa gleichbleibenden Familieneinkommen zu tolerieren wäre, hat er inzwischen eindeutig klargestellt, daß die Übernahme der Haushaltsführung durch den Unterhaltspflichtigen, dagegen einer Erwerbstätigkeit durch den neuen Ehegatten mindestens zu einer **wesentlich günstigeren Einkommenssituation der neuen Familie** führen muß.[67] Er hat zu Recht darauf hingewiesen, daß allein die Möglichkeit, durch den Rollentausch eine Verbesserung des Lebensstandards zu erreichen, jedenfalls dann nicht ohne weiteres hingenommen werden kann, wenn sie mit der Leistungsunfähigkeit des Verpflichteten und infolgedessen mit einer Verschlechterung des Lebensstandards des Berechtigten verbunden ist. Der BGH hat offengelassen, ob in einem solchen Fall ähnlich wie bei einem zulässigen Berufswechsel zumutbare Vorsorgemaßnahmen zur Sicherstellung des Unterhalts des Berechtigten zu treffen seien. Es reicht danach nicht allein aus, daß die Rollenwahl wirtschaftlich oder aus sonstigen Gründen vernünftig ist. Sie kann keinesfalls geduldet werden, wenn es der neuen Familie dadurch wirtschaftlich schlechter geht als bei umgekehrter Aufgabenverteilung, da in einem solchen Fall die Absicht des Unterhaltspflichtigen, die alte Familie zu benachteiligen, offen zutage liegt.

Stellt der Tatrichter fest, daß die Rollenwahl nicht hinzunehmen ist, bleibt der haushaltführende Ehegatte zu einer Erwerbstätigkeit in früherem Umfang verpflichtet. Ihm wird ein Einkommen aus einer solchen Tätigkeit fiktiv zugerechnet. Entsprechend diesen fiktiven Einkünften hat er Unterhalt zu leisten. Dabei sind allerdings dann bestehende Unterhaltsansprüche der Angehörigen der neuen Familie zu berücksichtigen.[68] Vgl. dazu Rn 186.

177 Die Pflicht zur Aufnahme einer Erwerbstätigkeit besteht in der Regel nicht, solange der haushaltführende Ehegatte in der Zeit nach der Geburt eines Kindes aus der neuen Ehe **Erziehungsgeld** bezieht. Er ist allerdings verpflichtet, dieses auch für den Unterhalt des minderjährigen Kindes aus erster Ehe einzusetzen. Zwar werden Unterhaltspflichten durch den Bezug des Erziehungsgeldes grundsätzlich nicht berührt. Dies gilt jedoch nicht im Falle der gesteigerten Unterhaltspflicht nach § 1603 II BGB (§ 9 BErzGG).[69]

178 Das BVerfG hält diese Hausmannsrechtsprechung des BGH für **verfassungsgemäß**.[70]

2. Umfang der Erwerbsobliegenheit des haushaltführenden Ehegatten; Verpflichtungen des neuen Partners

179 Der **Umfang der Erwerbstätigkeit**, die dem haushaltführenden Ehegatten zugemutet wird, hängt von den Aufgaben ab, die er in der neuen Ehe zu erfüllen hat.

---

[64] BGH, FamRZ 1996, 796, 798 = R 500 b; NJW 1985, 318 = R 229
[65] BGH, FamRZ 1987, 472, 474 = R 327 b; NJW 1985, 318 = R 229
[66] BGH, FamRZ 1987, 472 = R 327 a; FamRZ 1987, 252 = NJW-RR 1987, 514; FamRZ 1980, 43 = R 130 b
[67] BGH, FamRZ 1996, 796 = R 500 a
[68] BGH, FamRZ 1996, 796 = R 500 b
[69] OLG Nürnberg, FamRZ 1994, 1402; OLG Düsseldorf, FamRZ 1991, 592
[70] BVerfG, FamRZ 1985, 143, 145 = NJW 1985, 1211

4. Abschnitt: Leistungsfähigkeit des Unterhaltspflichtigen § 2

Sind aus der neuen Verbindung **keine betreuungsbedürftigen Kinder** hervorgegangen, kann eine Beschränkung des unterhaltspflichtigen Elternteils auf die Haushaltsführung im allgemeinen nicht hingenommen werden; vgl. dazu Rn 176. Vielmehr wird man von dem Elternteil in der Regel eine vollschichtige Erwerbstätigkeit verlangen können. Hat er früher eine verantwortungsvolle und ausreichend dotierte Erwerbstätigkeit ausgeübt, wird er Unterhalt in bisheriger Höhe weiterzahlen müssen. Die Eheschließung und die Aufgabenverteilung in der neuen Ehe entbinden ihn nicht von der Unterhaltsverpflichtung gegenüber seinen Kindern und dem früheren Ehegatten.[71] Im Gegenteil kann sein notwendiger Selbstbehalt niedriger angesetzt werden als nach der Düsseldorfer Tabelle oder den Leitlinien des zuständigen OLGs (in der Regel 1500,– DM; vgl. dazu Rn 264), weil der Bedarf des Unterhaltspflichtigen durch die gemeinsame Haushaltsführung mit dem ebenfalls erwerbstätigen Ehegatten geringer ist.[72] Eine eingeschränkte Erwerbstätigkeit kann hingenommen werden, wenn der neue Ehegatte behindert, gleichwohl noch berufstätig ist, jedoch besonderer Zuwendung bedarf.[73] Ist ausnahmsweise die Aufgabenverteilung in der neuen Ehe hinzunehmen, so ist vom haushaltführenden Elternteil mindestens eine umfangreiche Nebentätigkeit zu verlangen, die es ihm erlaubt, für seine minderjährigen Kinder jedenfalls den Mindestunterhalt nach der Düsseldorfer Tabelle aufzubringen.

180

Sind in der neuen Ehe **gleichrangige kleine Kinder** zu betreuen, können die minderjährigen Kinder der früheren Familie nicht verlangen, daß der ihnen zur Leistung verpflichtete Elternteil in gleichem Umfang wie bisher erwerbstätig bleibt. Derartige Konflikte sind nach Zumutbarkeitsgesichtspunkten zu lösen. Es ist zu prüfen, inwieweit dem Pflichtigen trotz einer ihm obliegenden Betreuung der Kinder aus zweiter Ehe zugemutet werden kann, einer Erwerbstätigkeit nachzugehen, aus deren Ertrag die Ansprüche der erstehelichen Kinder gedeckt werden können. Der Unterhaltspflichtige muß die Haushaltsführung und Betreuung der Kinder in der neuen Ehe auf das unbedingt notwendige Maß beschränken, damit er durch die Nebentätigkeit den Unterhaltsbedarf seiner unterhaltsberechtigten Kinder aus der früheren Ehe soweit wie möglich sicherstellen kann.[74] Die Erwerbsobliegenheit kann allerdings nur so weit reichen, daß die unterhaltsberechtigten Kinder aus der früheren Ehe nicht schlechter gestellt werden, als sie ohne die Rollenwahl stehen würden.[75] Vgl. unten Rn 186.

181

Dem barunterhaltspflichtigen Elternteil können neben seiner Hausmannsrolle **Teilzeitbeschäftigungen,**[76] häusliche Erledigung einfacher Lohnarbeiten,[77] Putztätigkeiten in den Abendstunden[78] und leichtere Arbeiten in einem fremden Haushalt,[79] auch eine zeitweise Tätigkeit als Nachtpförtner u. ä. zugemutet werden, selbst wenn er qualifiziert ausgebildet ist (z. B. als Amtmann).[80]

182

Der neue Ehegatte kann selbst bei einer förmlichen Vereinbarung über die Aufgabenverteilung in der Ehe im Verhältnis zu den minderjährigen Kindern aus der ersten Ehe nicht verlangen, daß der Pflichtige in der neuen Ehe unter Verzicht auf eine Erwerbstätigkeit nur die Haushaltsführung und Kinderbetreuung übernimmt. **Der zweite Ehegatte** ist vielmehr gehalten, dem Unterhaltspflichtigen durch eine **Teilübernahme häuslicher Aufgaben** die erforderliche Zeit und damit die Möglichkeit zu verschaffen, seine Arbeitskraft nicht vollständig für Mitglieder der neuen Familie, sondern auch für den Unterhalt minderjähriger Kinder aus der ersten Ehe zu verwenden. Gegebenenfalls ist es dem Un-

183

---

[71] Vgl. BGH, FamRZ 1996, 796 = R 500 a
[72] BGH, FamRZ 1998, 287 = R 518 a
[73] Vgl. dazu BGH, FamRZ 1980, 43 = NJW 1980, 340, der für den Fall, daß minderjährige Kinder aus der neuen Ehe nicht vorhanden sind, nur von einer nicht völligen Entlastung vom Unterhalt gegenüber Kindern aus erster Ehe ausgeht.
[74] BGH, FamRZ 1981, 341, 343
[75] BGH, FamRZ 1987, 270 = R 315 b; FamRZ 1982, 590 = R 116 b
[76] BGH, FamRZ 1980, 43 = NJW 1980, 340
[77] BGH, FamRZ 1986, 668 = R 293 a; FamRZ 1982, 25 = NJW 1982, 175
[78] BGH, FamRZ 1987, 270
[79] BGH, FamRZ 1986, 668 = R 293 a
[80] BGH, FamRZ 1982, 590 = R 116 b

terhaltspflichtigen zuzumuten, sich die Erwerbsmöglichkeit durch den zeitlich eng begrenzten Einsatz einer Hilfskraft zu verschaffen.[81]

3. Bemessung der dem Verpflichteten anzurechnenden (fiktiven) Nebeneinkünfte

184 Ist die Rollenverteilung hinzunehmen und erzielt der Verpflichtete **tatsächlich Nebeneinkünfte**, muß er sie für den Unterhalt der minderjährigen Kinder aus erster Ehe einsetzen: Dies gilt aber nur dann, wenn sein eigener Bedarf durch das Einkommen des zweiten Ehegatten gedeckt ist.[82] Der zweite Ehegatte muß also in der Lage sein, seinen Eigenbedarf, den Bedarf seines haushaltführenden Partners, der Kindern aus erster Ehe unterhaltspflichtig ist, und den Bedarf minderjähriger Kinder aus der neuen Ehe aufzubringen. Wegen der Berechnung der konkurrierenden Ansprüche kann zunächst auf Rn 3/64 ff verwiesen werden. Jedoch sind hier Besonderheiten zu beachten. Der Eigenbedarf des zweiten Ehegatten, der ihm zu belassen ist, kann nicht aus §§ 1578, 1581 BGB entnommen werden, da nicht zu beurteilen ist, welcher Betrag dem zweiten Ehegatten gegenüber dem Unterhaltsberechtigten zu verbleiben hat, es vielmehr um das Konkurrenzverhältnis zwischen Unterhaltsberechtigten aus verschiedenen ehelichen oder auch nichtehelichen Verbindungen geht (vgl. Rn 173 a). Daher sollte § 1603 I BGB mindestens entsprechend angewendet werden. Dies ist deshalb gerechtfertigt, weil der zweite Ehegatte zu den Kindern seines Partners aus erster Ehe (oder zu dessen nichtehelichen Kindern) in keinem Unterhaltsverhältnis steht und die Voraussetzungen des § 1603 II BGB daher nicht vorliegen. Der Bedarf des zweiten Ehegatten ist also in entsprechender Anwendung von A 5 II der Düsseldorfer Tabelle mit 1800,– DM anzusetzen, nicht dagegen mit dem notwendigen Selbstbehalt von 1500,– DM. Der verpflichtete Elternteil selbst muß sich wegen der Ersparnis infolge gemeinsamer Haushaltführung mit seinem Ehegatten auf den notwendigen Selbstbehalt von 950,– DM nach B VI 2 der Düsseldorfer Tabelle verweisen lassen (vgl. auch Rn 163, 3/74 f, 5/226 ff). Für das eigene Kind hat der zweite Ehegatte den Richtsatz der ersten Einkommensgruppe der Tabelle aufzubringen, da der haushaltführende Partner diesem Kind gegenüber seine Unterhaltspflicht durch Betreuung erfüllt (§ 1606 III 2 BGB). Erst wenn der zweite Ehegatte diese Beträge durch sein Einkommen sicherstellen kann, muß der Verpflichtete den Ertrag einer Nebentätigkeit jedenfalls teilweise für den Unterhalt des Kindes aus erster Ehe verwenden. Reicht das Einkommen des zweiten Ehegatten dagegen zur Deckung des Bedarfs der neuen Familie nicht aus, darf der haushaltführende Partner sein Nebeneinkommen zunächst zur Deckung seines eigenen Bedarfs verwenden, bevor er Unterhalt an ein minderjähriges Kind aus seiner ersten Ehe zu zahlen hat.

> **Beispiel:**
> Das 10jährige Kind aus erster Ehe wird vom Vater betreut. Die Mutter (M) ist wiederverheiratet und versorgt ein 2jähriges Kind aus der neuen Ehe. Sie verdient durch eine zumutbare Nebentätigkeit am Wochenende 400,– DM. Das Einkommen des zweiten Ehegatten beläuft sich auf 2400,– DM. Die Rollenwahl ist hinzunehmen, da M bei vollschichtiger Tätigkeit nur 1400,– DM verdienen könnte. Gesamteinkommen der neuen Familie einschließlich des Kindergeldes für das 2jährige von nun 250,– DM daher 2650,– DM. Der Bedarf der neuen Familie beträgt dagegen 1800 (Ehemann) + 950 (Existenzminimum der M nach B VI 2 der Düsseldorfer Tabelle) + 355 (Kind) = 3105,– DM. Da somit der Eigenbedarf der M durch das Einkommen ihres Ehemannes und ihre eigenen Einkünfte von 400,– DM nicht gedeckt ist, kommt eine Unterhaltspflicht gegenüber dem Kind aus erster Ehe nicht in Betracht.

185 Unterläßt der Verpflichtete eine ihm zumutbare Erwerbstätigkeit, so ist ihm ein **fiktives Einkommen** zuzurechnen. Dieses ist dann für die Beurteilung seiner Leistungsfähigkeit maßgebend.[83] Vgl. dazu Rn 145.

---

[81] BGH, FamRZ 1986, 668 = R 293 a; NJW 1985, 318 = R 229; FamRZ 1982, 25 = NJW 1982, 175; FamRZ 1982, 590 = R 116 b
[82] BGH, FamRZ 1987, 472 = R 327 a
[83] BVerfG, FamRZ 1985, 143, 145 = NJW 1985, 1211; BGH, NJW 1985, 318 = R 229

4. Abschnitt: Leistungsfähigkeit des Unterhaltspflichtigen § 2

Selbst wenn der Bedarf der neuen Familie durch das Einkommen des zweiten Ehemannes voll gedeckt wird, ist bei der Bemessung des anzurechnenden Nebeneinkommens zu berücksichtigen, daß die **Erwerbsobliegenheit** zu einem Nebenerwerb **nur so weit** reicht, **daß die Unterhaltsberechtigten** aus der früheren Ehe **nicht schlechter gestellt** werden, als sie ständen, wenn der Verpflichtete erwerbstätig wäre.[84] Dann könnte – jedenfalls bei Vorhandensein eines Kleinkindes in der zweiten Ehe – der neue Partner nicht ohne weiteres erwerbstätig sein und nicht zum Unterhalt der neuen Familie beitragen. Der Verpflichtete müßte dann von seinem früheren Erwerbseinkommen in der Regel auch die neue Familie unterhalten. Vor einer dadurch bedingten Schmälerung des Barunterhalts wären die Berechtigten aus der früheren Ehe nicht geschützt. Die insoweit aufgrund von Annäherungswerten anzustellende fiktive Bestimmung der Höchstgrenze der Nebenerwerbsobliegenheit müßte außerdem den bei Fortführung der Vollerwerbstätigkeit in Betracht kommenden **notwendigen Selbstbehalt** des Verpflichteten in die Berechnung einbeziehen.[85] Zusammenfassend ist die **Obergrenze fiktiver Einkünfte** hypothetisch danach zu bestimmen, wie der Unterhaltsanspruch bestehen würde, wenn der „Hausmann" voll erwerbstätig geblieben wäre und von seinem Einkommen die alte und die neue Familie zu unterhalten hätte.[86] Dabei ist allerdings, wenn zwei unterhaltsberechtigte Ehegatten konkurrieren, der Bedarf des zweiten Ehegatten nicht zu berücksichtigen, wenn dieser – wie in der Regel – im Range nachgeht (§ 1582 BGB).[87]

Wenn der haushaltführende Ehegatte nur ein Einkommen erzielen könnte, das zwar den Bedarf der Angehörigen der neuen Familie decken und – wenn auch unter Gefährdung seines eigenen angemessenen Bedarfs – die Zahlung von Unterhalt an das minderjährige Kind aus erster Ehe erlauben würde, ist zu prüfen, ob der **frühere Ehegatte als anderer unterhaltspflichtiger Verwandter** in der Lage ist, neben der Betreuung des Kindes auch dessen Barunterhalt ganz oder teilweise sicherzustellen (§ 1603 II 2 BGB).[88] Vgl. dazu Rn 175 und zur Problematik des § 1603 II 2 BGB Rn 271 f, 274 ff.

4. Unterhaltspflicht des haushaltführenden Elternteils gegenüber einem volljährigen Kind

Die bisher dargestellten Grundsätze (Rn 172–186) gelten, wie bereits Rn 173 erwähnt, auch gegenüber **privilegiert volljährigen Kindern** bis zur Vollendung des 21. Lebensjahres, solange diese im Haushalt der Eltern oder eines Elternteils leben und sich in der allgemeinen Schulausbildung befinden. Diese Kinder haben denselben Rang wie minderjährige Kinder und wie der Ehegatte (§ 1609 I BGB); vgl. dazu Rn 452 ff.

Die Hausmannsrechtsprechung kann dagegen nicht ohne weiteres auf **Unterhaltsansprüche anderer volljähriger Kinder** angewendet werden, auch wenn diese ihre Ausbildung noch nicht abgeschlossen haben. Es handelt sich hier um Kinder, die entweder bereits das 21. Lebensjahr vollendet, als 18–20jährige bereits das Elternhaus verlassen haben oder sich nicht mehr in der allgemeinen Schulausbildung befinden, sondern z. B. bereits in einem Lehrverhältnis stehen, studieren oder eine Fachschule besuchen. Vgl. dazu Rn 452 ff. Diese volljährigen Kinder sind gegenüber minderjährigen und privilegiert volljährigen Kindern sowie gegenüber dem Ehegatten nachrangig (§ 1609 I, II BGB). Ein Elternteil kann sich ihnen gegenüber grundsätzlich darauf berufen, daß er wegen Übernahme der häuslichen Aufgaben in seiner zweiten Ehe zu Unterhaltsleistungen ohne Gefährdung des eigenen Unterhalts nicht in der Lage ist (§ 1603 I BGB). Seine Unterhaltspflicht beginnt regelmäßig erst bei Einkünften oberhalb des angemessenen Selbstbehalts. Dieser beträgt nach den meisten Tabellen und Leitlinien im alten Bundesgebiet derzeit 1800,– DM (vgl. dazu Rn 417 ff; zu den Sätzen im Beitrittsgebiet vgl. Rn 6/632).

---

[84] BGH, FamRZ 1987, 472, 474 = NJW 1987, 1549, 1551 = R 327 b; NJW 1985, 318 = R 229
[85] BGH, FamRZ 1998, 286, 288 = R 518 b (der in der FamRZ abgedruckte Leitsatz ist irreführend); BGH, NJW 1985, 318 = R 229
[86] BGH, FamRZ 1987, 472, 474 = NJW 1987, 1549, 1551 = R 327 b; NJW 1985, 318 = R 229
[87] BGH, FamRZ 1996, 796, 798 = NJW 1996, 1815, 1817 = R 500 b
[88] BGH, NJW 1985, 318 = R 229

Bis zu dieser Höhe benötigt er Einkünfte zur Deckung seines eigenen Lebensbedarfs. Soweit er allerdings Geldmittel zur Bestreitung seines eigenen angemessenen Lebensbedarfs nicht benötigt, weil z. B. der vom neuen Partner geleistete **Familienunterhalt** (§§ 1360, 1360 a BGB) so **auskömmlich** ist, daß er daraus im Sinn des § 1603 I BGB angemessen unterhalten wird, hat er die Einkünfte aus der Nebentätigkeit auch Volljährigen gegenüber für Unterhaltszwecke zu verwenden.[89]

Zu unterscheiden sind danach folgende Fallgruppen:

188 • Der wiederverheiratete **Elternteil** ist neben der Haushaltsführung in geringem Umfang **erwerbstätig** und erzielt daraus effektiv Einkünfte. Diese Nebentätigkeit kann überobligationsmäßig sein, vor allem wenn er ein minderjähriges Kind aus der zweiten Ehe betreut. Das in dieser Weise erzielte Einkommen ist nur nach Maßgabe von Treu und Glauben anzurechnen.[90] Stammt das Einkommen nicht aus überobligationsmäßiger Tätigkeit, ist es zwar voll für die Unterhaltsberechnung anzurechnen. Es steht aber für den Unterhalt des volljährigen Kindes nur dann zur Verfügung, wenn die Einkünfte des zweiten Ehegatten so auskömmlich sind, daß er daraus den angemessenen Bedarf des Elternteils im Sinne des § 1603 I BGB decken kann. Eine Unterhaltspflicht scheidet dagegen aus, wenn dies nicht der Fall ist und der Elternteil daher sein Nebeneinkommen für seinen eigenen Bedarf benötigt.[91] Vgl. auch zur ähnlichen Problematik der Unterhaltspflicht gegenüber den Eltern Rn 645.

Der Bedarf des zweiten Ehemannes ist mit mindestens 1800,– DM anzusetzen (vgl. Rn 184), der Bedarf des unterhaltspflichtigen Elternteils wegen Zusammenlebens mit seinem neuen Partner nur mit 1400,– DM (vgl. dazu Rn 3/69), der Bedarf eines minderjährigen Kindes aus zweiter Ehe, dessen Barunterhalt der zweite Ehemann sicherzustellen hat (§ 1606 III 2 BGB), mit den Richtsätzen der Düsseldorfer Tabelle.

Beispiel:
Einkommen der wiederverheirateten Mutter (M), die ein zweijähriges Kind aus ihrer zweiten Ehe betreut, 500,– DM. Ein volljähriges, auswärts studierendes Kind aus erster Ehe verlangt Unterhalt. Der Vater des Kindes ist arbeitslos und daher nicht leistungsfähig.
Einkommen des zweiten Ehemannes 3150,– DM; Kindergeld für das zweijährige Kind 250,– DM; Gesamteinkommen also 3400,– DM.
Bedarf des zweiten Ehemannes 1800,– DM, der M 1400,– DM, des Kindes nach DT 4/1 430,– DM, insgesamt also 3630,– DM. Bedarf eines 19jährigen studierenden Kindes aus erster Ehe mit eigenem Haushalt nach DT A 7 II 1120,– DM.
Da der Gesamtbedarf der neuen Familie von 3630,– DM durch das Einkommen des zweiten Ehemannes und das Kindergeld von 3400,– DM in Höhe von (3630 – 3400 =) 230,– DM nicht gedeckt ist, benötigt M ihr Nebeneinkommen in Höhe von 230,– DM zur Deckung ihres eigenen Bedarfs. Für den Unterhalt des volljährigen Kindes aus erster Ehe stehen daher höchstens (500 – 230 =) 270,– DM zur Verfügung.

In obigem Beispiel hängt die Unterhaltspflicht in Höhe von 270,– DM allerdings davon ab, daß M Unterhalt in dieser Höhe auch schulden würde, wenn sie voll erwerbstätig wäre und ihr zweiter Ehemann die Betreuung des Kleinkindes übernähme. Die entsprechende Rechtsprechung des BGH[92] zur Beschränkung des Unterhalts des minderjährigen Kindes aus erster Ehe muß (vgl. oben Rn 186) auch dann gelten, wenn es um den Unterhalt eines volljährigen Kindes geht. Könnte im letzten Beispiel die Mutter aus vollschichtiger Berufstätigkeit nur ein Einkommen von 2800,– DM erzielen, würde sie ihrem volljährigen Kind keinen Unterhalt schulden, da mit diesem Betrag und dem Kindergeld (insgesamt 3050,– DM) die vorrangigen Unterhaltsansprüche ihres zweiten Ehemannes von 1400,– DM (vgl. 3/69), des zweijährigen Kindes nach DT 3/1 von 405,– DM und ihr angemessener Eigenbedarf von 1800,– DM (insgesamt 3605,– DM) nicht gedeckt wären.

189 • Erzielt der wiederverheiratete Ehegatte **keine Einkünfte**, kommt es darauf an, ob er trotz der in der neuen Ehe übernommenen Aufgaben zu einer Nebentätigkeit gegen-

---

[89] BGH, FamRZ 1987, 472 = R 327 a
[90] BGH, FamRZ 1987, 472 = R 327 a
[91] BGH, FamRZ 1987, 472 = R 327 a
[92] NJW 1985, 318 = R 229; vgl. auch FamRZ 1998, 286, 288 = R 518 b

über dem volljährigen Kind verpflichtet ist. Eine Erwerbsobliegenheit ist schon wegen des Vorrangs des Minderjährigenunterhalts (§ 1609 I BGB), der auch durch Betreuung erbracht werden kann (Rn 10), in der Regel zu verneinen, wenn der wiederverheiratete Elternteil ein Kleinkind aus der zweiten Ehe betreut. Ich halte es dagegen nicht für richtig, dem Anspruch des zweiten Ehegatten einen unbeschränkten Vorrang in der Art einzuräumen, daß der einem volljährigen Kind barunterhaltspflichtige Elternteil sich in jedem Fall nur auf die Haushaltsführung beschränken darf. Vielmehr läßt sich die Führung eines kinderlosen Haushalts oder eines Haushalts mit einem Kind, das eine weiterführende Schule besucht, in der Regel mit einer teilschichtigen Erwerbstätigkeit oder einer Aushilfsarbeit vereinbaren, wie die Praxis zahlreicher Ehepaare belegt. Das Recht der in zweiter Ehe verheirateten Partner, nach § 1356 BGB zu bestimmen, daß einer von ihnen sich allein auf die Haushaltsführung beschränkt, wird durch den Unterhaltsanspruch des volljährigen Kindes eingeschränkt. Dem entspricht m. E. auch die Auffassung des BGH,[93] der eine Unterhaltspflicht des haushaltführenden Elternteils aufgrund eines Einkommens aus einer Nebentätigkeit für möglich hält, wenn der zweite Ehegatte durch auskömmlichen Familienunterhalt den angemessenen Unterhalt des Elternteils sicherstellt.

Inwieweit einem Ehegatten, der in der neuen Ehe den Haushalt führt, aber nicht für ein Grundschulkind sorgt, im Verhältnis zu einem volljährigen Kind aus erster Ehe eine (teilschichtige) Erwerbstätigkeit zugemutet werden kann, ist nach den Maßstäben des § 1574 II BGB (analog) zu beurteilen.[94] Danach ist entscheidend, ob eine berufliche Tätigkeit seiner Ausbildung, seinen Fähigkeiten, seinem Lebensalter und seinem Gesundheitszustand sowie den ehelichen Lebensverhältnissen entspricht; dabei sind auch die Dauer beider Ehen sowie die Dauer der Pflege und Erziehung minderjähriger Kinder zu berücksichtigen. Ist das in der zweiten Ehe zu betreuende Kind dem Grundschulalter bereits entwachsen oder ist die zweite Ehe kinderlos, kann eine Teilzeitarbeit zumutbar sein. Zu bedenken ist allerdings, daß einem Elternteil, der jahrzehntelang den Haushalt geführt hat, in vielen Fällen nicht zugemutet werden kann, in vorgerücktem Alter in das Erwerbsleben zurückzukehren und mit dem Ertrag einer Nebentätigkeit zum Unterhalt eines volljährigen Kindes beizutragen.

Verfügt der andere Elternteil des volljährigen Kindes über Einkommen, wird eine Unterhaltspflicht des wiederverheirateten Elternteils, der nur ein Kind aus der neuen Verbindung betreut, vielfach ausscheiden. Im übrigen ist bei der Verteilung der Unterhaltslast § 1606 III 1 BGB zu beachten. Der sich aufgrund der Einkommensverhältnisse ergebende Verteilungsschlüssel kann wertend verändert werden.[95] Vgl. dazu Rn 450. **189a**

5. Hausmannsrechtsprechung bei Übernahme der Haushaltsführung in einer nichtehelichen Lebensgemeinschaft

Eindeutig ist, daß sich ein Elternteil, der für ein minderjähriges Kind barunterhaltspflichtig ist und erwerbstätig sein könnte, **nicht allein durch Übernahme der Haushaltsführung** in einer nichtehelichen Lebensgemeinschaft der Unterhaltspflicht gegenüber dem Kind entziehen kann. **190**

Dieser Grundsatz gilt auch, wenn **aus der Lebensgemeinschaft** ein **Kind** hervorgegangen ist. Die Sachlage ist mindestens so zu beurteilen, als ob die Mutter des (nichtehelichen) Kindes für die Betreuung allein zuständig wäre.[96] Die Mutter wird aber gegenüber einem minderjährigen Kind aus ihrer früheren Ehe vielfach nicht oder nur eingeschränkt leistungsfähig sein, weil ihr Einkommen zunächst um die Kosten für die Betreuung des Kindes während ihrer Erwerbstätigkeit zu bereinigen ist (vgl. dazu Rn 166). **191**

---

[93] BGH, FamRZ 1987, 472 = R 327 a
[94] BGH, FamRZ 1980, 555 = R 37 d; OLG Hamburg, FamRZ 1998, 41
[95] OLG Hamm, FamRZ 1997, 835
[96] Insoweit mit Recht OLG Frankfurt, FamRZ 1992, 979, 981; hinsichtlich der Bedenken gegen diese Entscheidung im übrigen vgl. oben Rn 166

192 Damit stellt sich die Frage, ob die Grundsätze der **Hausmannsrechtsprechung** auch im Rahmen einer **nichtehelichen Lebensgemeinschaft** anzuwenden sind. Dies wird zum Teil in der Rechtsprechung[97] im Gegensatz zu im Schrifttum vertretenen Ansichten[98] verneint, weil der Lebensgefährte nicht verpflichtet sei, auf finanzielle Belastungen der Mutter in irgendeiner Form Rücksicht zu nehmen.[99] Diese mit dem Rechtsgefühl nicht zu vereinbarende Auffassung[100] vermag ich nicht zu teilen. Zwar ist der Lebensgefährte als solcher nicht wie der Ehegatte zur ehelichen Lebensgemeinschaft verpflichtet und daher nicht ohne weiteres gehalten, seiner Partnerin durch Teilbetreuung des gemeinsamen Kindes eine (teilschichtige) Erwerbstätigkeit zu ermöglichen. Er ist aber zugleich Vater des gemeinsamen Kindes, dessen Betreuung die Mutter an der Erfüllung ihrer Unterhaltspflichten gegenüber dem Kind aus ihrer früheren Ehe oder ihrer früheren Partnerschaft hindert. Die Zeit, in der man die Auffassung vertreten konnte, daß zwischen nicht miteinander verheirateten Eltern keine Rechtsbeziehungen bestehen, gehört der Vergangenheit an. Nach § 1615 l II 3 BGB ist der Vater eines nichtehelichen Kindes der Mutter bis zum dritten Geburtstag des Kindes, in Ausnahmefällen auch darüber hinaus, zum Unterhalt verpflichtet (vgl. dazu Rn 52 und 6/759 ff). Er kann seit dem 1. 7. 1998 im Einverständnis mit der Mutter zusammen mit ihr die gemeinsame elterliche Sorge ausüben (§ 1626 a I Nr. 1 BGB). Er hat wie ein mit der Mutter verheirateter Vater ein Recht auf Umgang mit dem Kind (§ 1684 BGB). Auch wenn es nicht zur gemeinsamen elterlichen Sorge kommt, kümmert sich der Kindesvater, der mit der Mutter zusammenlebt, in aller Regel mit um die Erziehung und Versorgung des Kindes, zumal viele Väter – im Gegensatz zu den Gepflogenheiten früherer Zeiten – am Wohl ihrer nichtehelichen Kinder sehr interessiert sind und häufig Lebensgemeinschaften die Vorstufe zur Ehe sind. Dazu ist er im übrigen dem Kind gegenüber nach § 1618 a BGB verpflichtet.[101] Man wird jedenfalls nach der Gleichstellung der ehelichen und der nichtehelichen Kinder und nach der Stärkung der Rechte des Vaters des nichtehelichen Kindes durch das KindUG § **1618 a BGB** nicht auf das Verhältnis zwischen den Eltern einerseits und den Kindern andererseits beschränken dürfen. Zu Recht leitet man auch bisher aus dieser Vorschrift Pflichten der Geschwister untereinander her.[102] Es bestehen daher jedenfalls seit dem 1. 7. 1998 keine Bedenken, mit Hilfe des § 1618 a BGB auch Rechte und Pflichten der Eltern untereinander zu begründen, wenn sich diese (bei verheirateten Eltern) nicht ohnehin aus § 1353 BGB ergeben. Die Beziehungen zwischen den Eltern auf das Eherecht zu beschränken,[103] wird den heutigen gesellschaftlichen Gegebenheiten nicht mehr gerecht. Freilich wird bei Zusammenleben mehr Beistand und Rücksicht gefordert, als wenn die nicht verheirateten Eltern nie einen gemeinsamen Haushalt geführt oder als wenn sie sich nach zeitweiser Lebensgemeinschaft wieder getrennt haben. Was an Beistand und Rücksicht gefordert ist, richtet sich nach den konkreten Beziehungen.[104] Jedenfalls dann, wenn der nichteheliche Vater im Einvernehmen mit der Mutter einen Teil der Erziehungsaufgaben übernimmt, ist er verpflichtet, für die Mutter einzuspringen, wenn und soweit diese zur Erfüllung ihrer Unterhaltspflicht gegenüber einem Kind aus erster Ehe einer teilschichtigen Erwerbstätigkeit nachgehen muß. Der Umstand, daß er nicht zur Übernahme dieser Teilbetreuung gezwungen werden kann, ist unerheblich.

---

[97] So BGH, FamRZ 1995, 598 im Anschluß an OLG Frankfurt, FamRZ 1992, 979, 981; OLG Düsseldorf, FamRZ 1991, 592; anders aber für den Unterhaltsanspruch der volljährigen Tochter, die ein nichteheliches Kind zu versorgen hat, gegen ihre eigenen Eltern: BGH, FamRZ 1985, 1245 = R 256 und OLG Oldenburg, FamRZ 1991, 1090

[98] Schwab-Borth, 3. Aufl., V Rn 144; Kalthoener/Büttner, 6. Aufl., Rn 667

[99] So insbesondere OLG Frankfurt, FamRZ 1992, 979, 981

[100] So auch OLG Frankfurt, FamRZ 1992, 979, 981

[101] Es war schon nach dem bis 30. 6. 1998 geltenden Recht weitgehend anerkannt, daß § 1618 a BGB auch das Verhältnis des nichtehelichen Kindes zu seinem Vater betrifft. Vgl. dazu Staudinger/Coester, § 1618 a BGB Rn 21

[102] MüKo/Hinz, § 1618 a Rn 5, 6; Staudinger/Coester, § 1618 a Rn 24

[103] So anscheinend Staudinger/Coester, § 1618 a Rn 25

[104] So mit Recht Staudinger/Coester, § 1618 a Rn 21 für das Verhältnis des nichtehelichen Kindes zu seinem Vater

Auch in der Ehe sind Betreuungspflichten gegenüber dem Kind nicht einklagbar. Es ist Aufgabe der Mutter, die auf Unterhalt für ein Kind aus ihrer früheren Ehe in Anspruch genommen wird, die Haushaltsführung und Kinderbetreuung mit Hilfe ihres Lebensgefährten so zu organisieren, daß sie durch Nebenarbeit zum Unterhalt eines Kindes aus ihrer früheren Ehe beitragen kann. Sie hat darzulegen und zu beweisen, daß sie dazu nicht in der Lage ist und daß ihr Lebensgefährte aus wichtigen Gründen,[105] z. B. wegen einer Behinderung oder wegen ungewöhnlicher beruflicher Beanspruchung, zu der eine normale 40-Stunden-Woche nicht ausreicht, die Übernahme häuslicher Aufgaben ablehnt.[106]

5. Abschnitt: Der Unterhaltsanspruch minderjähriger Kinder

I. Besonderheiten beim Unterhalt minderjähriger Kinder

Der Unterhalt minderjähriger und volljähriger Kinder beruht auf derselben Anspruchsgrundlage. Minderjährigen- und Volljährigenunterhalt sind daher **identisch**[1] (vgl. Rn 17). Dennoch bestehen zahlreiche Unterschiede: 193

- Während bei volljährigen Kindern die Bedürftigkeit besonderer Begründung bedarf (z. B. Fortdauer einer Berufsausbildung), sind minderjährige Kinder – bis auf seltene Ausnahmen – **bedürftig**, da sie entweder eine Schule (zum Schulsystem vgl. Rn 457 ff) besuchen oder für einen Beruf ausgebildet werden und daher nicht in der Lage sind, sich selbst zu unterhalten (vgl. Rn 43).   194
- Der **Bedarf** richtet sich nach den Lebensverhältnissen der Eltern (vgl. Rn 108). Er wird von der ganz einhelligen Praxis entsprechend dem Alter der Kinder und dem Einkommen des barunterhaltspflichtigen Elternteils **nach Unterhaltstabellen**, insbesondere der Düsseldorfer Tabelle (vgl. Rn 209 ff), in den neuen Bundesländern nach Vortabellen zur Düsseldorfer Tabelle (vgl. Rn 6/622), bemessen. Der Unterhalt erhöht sich ausnahmsweise um etwaigen Mehrbedarf (vgl. Rn 133 ff, 317 ff) oder Sonderbedarf (vgl. Rn 133, 138 ff, 6/1 ff).   195
- Auch beim minderjährigen Kind wird die Unterhaltspflicht der Eltern durch deren **Leistungsfähigkeit** beschränkt. Der barunterhaltspflichtige Elternteil braucht grundsätzlich keinen Unterhalt zu leisten, wenn dadurch sein eigener angemessener Unterhalt gefährdet ist (§ 1603 I BGB). Dieser Grundsatz wird allerdings – vor allem für Unterhaltspflichtige, die in engen wirtschaftlichen Verhältnissen leben – weitgehend außer Kraft gesetzt. Die Eltern trifft, wenn kein anderer unterhaltspflichtiger Verwandter vorhanden ist, nach § 1603 II 1 BGB eine **gesteigerte Unterhaltspflicht** (vgl. Rn 247 ff). Ihnen verbleibt dann nur der sog. notwendige Selbstbehalt (vgl. Rn 260 ff, 263 ff).   196
- Der Unterhalt des minderjährigen Kindes kann **dynamisiert** und in einem bestimmten Prozentsatz des Regelbetrages ausgedrückt werden (§ 1612a I BGB). Vgl. dazu im einzelnen Rn 246a ff.   197
- Der Elternteil, der ein gemeinsames minderjähriges Kind **betreut**, erfüllt dadurch in der Regel seine Unterhaltspflicht (§ 1606 III 2 BGB) und ist daher nicht zur Leistung von Barunterhalt verpflichtet (vgl. Rn 11). Eine Barunterhaltspflicht beider Eltern besteht bei minderjährigen Kindern nur ausnahmsweise (vgl. Rn 289). Das **Bestimmungsrecht** nach § 1612 II 1 BGB steht grundsätzlich dem Sorgeberechtigten, bei gemeinsamer Sorge beiden Elternteilen zu (vgl. Rn 27 f).   198
- Der Unterhaltsanspruch des minderjährigen Kindes ist mit dem des Ehegatten gleichrangig und **geht dem Anspruch des volljährigen Kindes vor**. Privilegiert volljährige   199

---

[105] OLG Oldenburg, FamRZ 1991, 1090
[106] Anders OLG Hamm, FamRZ 1998, 1250
[1] BGH, FamRZ 1994, 696 = R 477a

Kinder im Sinne des § 1603 II 2 BGB, also Kinder bis zur Vollendung des 21. Lebensjahres, die bei den Eltern oder bei einem Elternteil leben und sich in der allgemeinen Schulausbildung befinden, stehen rangmäßig minderjährigen Kindern gleich (§ 1609 BGB).

200 • **Eigenes Einkommen des Kindes**, insbesondere eine Ausbildungsvergütung, wird sowohl auf den Barunterhalt als auch auf den Betreuungsunterhalt angerechnet, und zwar in der Regel je zur Hälfte (vgl. Rn 96 ff, 286). **Kindergeld** ist im Zweifel hälftig mit dem Kindesunterhalt zu verrechnen (§ 1612b I BGB). Die früher bestehenden Unterschiede zur Verrechnung des Kindergeldes mit dem Unterhalt volljähriger Kinder sind seit dem 1. 7. 1998 weitgehend beseitigt. Vgl. dazu Rn 499 f, 513 ff.

201 • Der Unterhaltsanspruch eines minderjährigen Kindes kann grundsätzlich **nicht verwirkt** werden. Nur Fehlverhalten eines minderjährigen verheirateten Kindes kann zu einer Herabsetzung oder einem Ausschluß des Unterhalts führen (§ 1611 II BGB; vgl. Rn 479).

202 • Der Unterhalt eines Kindes als Minderjähriger **endet** mit dem Tag des Eintritts der Volljährigkeit, nicht erst am Monatsende.[2] Dies ist seit dem 1. 7. 1998 nicht mehr zweifelsfrei, weil nach § 1612a III 2 BGB der Regelbetrag einer höheren Altersstufe ab dem Ersten des Monats zu zahlen ist, in dem das Kind das betreffende Lebensjahr vollendet. Es liegt nahe, diese Vorschrift analog heranzuziehen und das Ende des Minderjährigenunterhalts auf den Letzten des Monats vor dem 18. Geburtstag festzulegen. Dagegen spricht jedoch, daß der Unterhalt des volljährigen Kindes, wenn es sich nicht um ein privilegiert volljähriges Kind handelt (vgl. Rn 452 ff), an andere und schwerer zu erfüllende Voraussetzungen geknüpft ist als der Minderjährigenunterhalt (höherer Selbstbehalt; Unanwendbarkeit des § 1606 III, Nachrangigkeit). Deshalb sollte weiterhin auf den Tag abgestellt werden, an dem die Volljährigkeit eintritt.

II. Grundsätze der Bemessung des Bedarfs minderjähriger Kinder

1. Der Unterhalt des nichtehelichen Kindes bis zum 30. 6. 1998

203   Das eheliche und das nichteheliche Kind wurden bis zum 30. 6. 1998 bei der Bemessung des Unterhaltsbedarfs nicht gleich behandelt. Der Gesetzgeber ordnete zwar in § 1615a BGB a. F. die Anwendung der für eheliche Kinder geltenden Vorschriften der §§ 1601 ff BGB an, sah sich aber in § 1615c BGB a. F. zu der Regelung veranlaßt, daß bei der Bemessung des Unterhalts des nichtehelichen Kindes die Lebensstellung beider Eltern zu berücksichtigen sei. Diese Vorschrift wurde teilweise dahin verstanden, daß auf den Mittelwert der Einkünfte der Eltern abzustellen sei, teilweise wurde wie beim ehelichen Kind das Einkommen des allein barunterhaltspflichtigen Vaters für maßgebend gehalten.[3] Nach § 1615f BGB a. F. hatte der Vater des nichtehelichen Kindes mindestens den Regelunterhalt zu zahlen. Dieser wurde in § 1615f I 2 BGB a. F. definiert als der zum Unterhalt eines Kindes, das sich in der Pflege seiner Mutter befindet, bei einfacher Lebenshaltung im Regelfall erforderliche Betrag. Der Vater konnte mit der Klage auf Zahlung des Regelunterhalts in Anspruch genommen werden; die Angabe eines bestimmten Betrages war nicht erforderlich (§ 642 ZPO a. F.). Bei höheren Einkommen des Vaters konnte das Kind einen Zuschlag zum Regelunterhalt verlangen; bei unzureichender Leistungsfähigkeit war ein Abschlag festzusetzen (§ 642d ZPO a. F., § 1615h BGB a. F.). Der Regelunterhalt wurde durch die Verordnung zur Berechnung des Regelunterhalts vom 27. 6. 1970[4] bestimmt, die in regelmäßigen Abständen an die Lohn- und Preisentwicklung angepaßt wurde, zuletzt zum 1. 1. 1996.[5]

---

[2] BGH, FamRZ 1988, 604 = R 361a
[3] Göppinger/Maurer, Unterhaltsrecht, 6. Aufl., Rn 809 ff mit weiteren Nachweisen
[4] BGBl. 1970 I 1010
[5] Art. 2 der VO über die Anpassung und Erhöhung von Unterhaltsrenten für Minderjährige vom 25. 9. 1995 – BGBl. I 1190 = FamRZ 1995, 1327

5. Abschnitt: Der Unterhaltsanspruch minderjähriger Kinder § 2

Der Regelbedarf eines minderjährigen Kindes war nach § 1610 III 1 BGB a. F. zugleich der Mindestbedarf eines ehelichen Kindes, das in den Haushalt eines geschiedenen Elternteils aufgenommen war und vom anderen Elternteil Unterhalt verlangte. Dieser Mindestbedarf (= Regelunterhalt) war der Unterhalt, der in der ersten Einkommensgruppe der Düsseldorfer Tabelle ausgewiesen war. Die Tabelle war gleichwohl bis zum 30. 6. 1998 nicht unmittelbar auf nichteheliche Kinder anwendbar, da deren Unterhalt, wie dargelegt, nach anderen Grundsätzen als der Unterhalt ehelicher Kinder zu bemessen war. Allerdings wurde vielfach die Düsseldorfer Tabelle als Anhaltspunkt für die Bemessung des Unterhalts des nichtehelichen Kindes herangezogen.

2. Die Bedarfsbemessung bei ehelichen und nichtehelichen Kindern seit dem 1. 7. 1998

Zum 1. 7. 1998 wurden zunächst durch das Kindschaftsrechtsreformgesetz[6] die ehelichen und die nichtehelichen Kinder in ihrem Status gleichgestellt (§§ 1591 ff, 1626 ff BGB n. F.). Auch das Verfahrensrecht wurde vereinheitlicht. Alle Streitigkeiten, die den Status und den Unterhalt ehelicher und nichtehelicher Kinder betreffen, sind nunmehr von den Familiengerichten, im zweiten Rechtszug von den Familiensenaten der Oberlandesgerichte zu entscheiden (§§ 23 b, 119 I Nr. 1 GVG n. F.). **204**

Auf dem Gebiet des Unterhaltsrechts wurden **die Unterschiede zwischen ehelichen und nichtehelichen Kindern durch das Kindesunterhaltsgesetz**[7] fast vollständig beseitigt. Vgl. dazu Rn 1 b. Der Unterhalt des minderjährigen Kindes richtet sich seit dem 1. 7. 1998 nach der Lebensstellung der Eltern (Rn 108), mögen diese miteinander verheiratet sein, sich getrennt haben, geschieden sein, in nichtehelicher Lebensgemeinschaft verbunden sein oder nie miteinander zusammengelebt haben. Bei verheirateten oder nicht verheirateten Eltern, die mit ihren gemeinsamen Kindern zusammenleben, stellt sich die Frage, ob sie ihnen unterhaltspflichtig sind, in der Praxis kaum. Zur entsprechenden Problematik beim Familienunterhalt vgl. Rn 3/10. Leben dagegen die Eltern getrennt, so erfüllt derjenige, der das Kind betreut, seine Unterhaltspflicht durch Pflege und Erziehung (§ 1606 III 2 BGB). Für den Barunterhalt hat grundsätzlich allein der andere Elternteil aufzukommen (Rn 11). Seine Lebensstellung, also seine Einkommens- und Vermögensverhältnisse, bestimmen den Bedarf des Kindes (Rn 118). Entscheidend für die Höhe des Kindesunterhalts ist daher in der Regel das Einkommen des barunterhaltspflichtigen Elternteils. Die verfahrensrechtlichen Vorschriften über den Regelunterhalt nichtehelicher Kinder (§§ 642 ff ZPO a. F.) wurden durch das KindUG aufgehoben und durch einen neuen „Sechsten Abschnitt – Verfahren über den Unterhalt" ersetzt;[8] damit entfällt die Bemessung des Unterhalts nichtehelicher Kinder durch Zuschläge oder Abschläge beim Regelunterhalt (§ 642 d ZPO a. F.).

Demgemäß rechtfertigt das Gesetz eine unterschiedliche Bemessung des Unterhalts ehelicher und nichtehelicher Kinder nicht mehr. Der Bedarf des nichtehelichen Kindes und die Leistungsfähigkeit seiner Eltern richten sich künftig ausschließlich nach §§ 1601 ff BGB.

Der Bedarf des ehelichen wie des nichtehelichen Kindes ist nach den individuellen Verhältnissen, also nach dem Einkommen des barunterhaltspflichtigen Elternteils zu bemessen. Dies geschieht üblicherweise mit Hilfe der **Düsseldorfer Tabelle**. Vgl. dazu Rn 207. Der so ermittelte Unterhalt kann vom Kind wie bisher beziffert und damit als **statischer** Geldbetrag gefordert und ggf. eingeklagt werden. Aus dem früheren Recht des nichtehelichen Kindes (§§ 642 ff ZPO a. F.) hat das Gesetz aber die Möglichkeit übernommen, den Unterhalt nach einem durch Rechtsverordnung in bestimmten Abständen anzupassenden, also **dynamischen Betrag** zu bemessen. Vgl. dazu Rn 246 a ff. Dieses Recht haben nunmehr alle minderjährigen Kinder, die mit dem barunterhaltspflichtigen Elternteil nicht in einem Haushalt leben (§ 1612 a I BGB). Das Gesetz verwendet jedoch **205**

---
[6] Vom 16. 12. 1997 – BGBl. I 2942
[7] Vom 6. 4. 1998 – BGBl. I 666
[8] Art. 3 Nr. 9 KindUG

nicht mehr den Begriff „Regelunterhalt", sondern den Ausdruck **„Regelbetrag".** Damit soll klargestellt werden, daß die Regelbeträge nicht bedarfsdeckend sind, sondern deutlich hinter dem Existenzminimum zurückbleiben. Der Regelbetrag ist daher eine reine Bezugsgröße.[9] Er ist **nicht** mit dem Existenzminimum oder **dem Mindestbedarf** des Kindes **identisch.** Vgl. dazu näher Rn 127 b.

206 Die Regelbeträge werden durch die Regelbetrag-Verordnung[10] entsprechend dem Alter des Kindes für bestimmte **Altersstufen** festgesetzt, und zwar für die Zeit bis zur Vollendung des 6. Lebensjahres (1. Altersstufe), für die Zeit bis zur Vollendung des 12. Lebensjahres (2. Altersstufe) und für die Zeit vom 13. Lebensjahr an (3. Altersstufe). Die **Regelbeträge** entsprachen in der Zeit vom 1. 7. 1998 bis zum 30. 6. 1999 dem Regelunterhalt nach der letzten Regelunterhalt-Verordnung.[11] Sie sind **zum 1. Juli jeden zweiten Jahres,** erstmals zum 1. 7. 1999, durch Rechtsverordnung des Bundesministeriums der Justiz, die nicht der Zustimmung des Bundesrates bedarf, **anzupassen.** Maßstab ist nach § 1612 a IV 1 BGB der Vomhundertsatz, um den „die Renten der gesetzlichen Rentenversicherung nach § 68 SGB VI im laufenden und im vergangenen Kalenderjahr ohne Berücksichtigung der Veränderung der Belastung bei Renten und der Veränderung der durchschnittlichen Lebenserwartung der 65jährigen", also ohne die sog. demographische Komponente, anzupassen gewesen wären. Die Begrenzung des Rentenanstiegs durch die sog. demographische Komponente ist allerdings vom 14. Deutschen Bundestag vorerst ausgesetzt worden.[12]

Die erste Anpassung der Regelbeträge ist durch die Erste Verordnung zur Änderung der Regelbetrag-Verordnung vom 28. 5. 1999[13] erfolgt. Danach beträgt der für das alte Bundesgebiet geltende Regelbetrag für den Unterhalt eines minderjährigen ehelichen wie nichtehelichen Kindes ab 1. 7. 1999
– bis zur Vollendung des 6. Lebensjahres (1. Altersstufe) 355,– DM statt bisher 349,– DM,
– bis zur Vollendung des 12. Lebensjahres (2. Altersstufe) 431,– DM statt bisher 424,– DM,
– vom 13. bis zur Vollendung des 18. Lebensjahres (3. Altersstufe) 510,– DM statt bisher 502,– DM.

206a Für die **neuen Bundesländer** gelten bis zur Angleichung der Lebensverhältnisse im Osten und Westen der Bundesrepublik geringere Regelbeträge (§ 2 Regelbetrag-VO, Art. 5 § 1 KindUG). Sie betrugen vom 1. 1. 1996 bis zum 30. 6. 1998 etwa 90 % der Beträge für das alte Bundesgebiet. Da die Renten und damit auch die Regelbeträge im Beitrittsgebiet stärker angestiegen sind als in der alten Bundesrepublik, belaufen sich die Regelbeträge Ost seit 1. 7. 1999 auf etwa 91,3 % der Regelbeträge West. Vgl. dazu Rn 6/ 620 ff.

206b Das minderjährige Kind hat das Recht, als **dynamischen Unterhalt** nicht nur den Regelbetrag selbst zu verlangen, sondern einen bestimmten **Vomhundertsatz** eines oder des jeweiligen Regelbetrages (§ 1612 a I BGB). Damit kann das Kind der jeweiligen Leistungsfähigkeit des barunterhaltspflichtigen Elternteils Rechnung tragen. Vgl. dazu Rn 246 a ff.

Auch wenn das Kind von dieser Möglichkeit Gebrauch macht, ist zunächst der Unterhalt mit Hilfe der Düsseldorfer Tabelle (vgl. dazu Rn 207 ff) zu errechnen. Der Schuldner ist je nach der Zahl der Unterhaltsberechtigten unter Wahrung des Bedarfskontrollbetrages in eine andere Einkommensgruppe der Tabelle höher oder herab zu gruppieren (vgl. Rn 231 ff, 239 ff). Seine Leistungsfähigkeit ist zu berücksichtigen (Rn 247 ff). Erst der so ermittelte individuelle Unterhalt darf in einen Vomhundertsatz des Regelbetrages umgerechnet werden. Vgl. dazu Rn 246 d. Die individuelle **Bemessung des Kindesunterhalts mit Hilfe der Düsseldorfer Tabelle** ist daher stets **vorrangig.**

---

[9] BT-Drucks. 13/9596 S. 32; vgl. auch Strauß, FamRZ 1998, 994
[10] Die Verordnung ist als Art. 2 in das KindUG aufgenommen worden, kann aber durch Verordnung geändert werden (Art. 7 KindUG)
[11] VO über die Anpassung und Erhöhung von Unterhaltsrenten für Minderjährige vom 25. 9. 1995 – BGBl. I 1190 = FamRZ 1995, 1327
[12] Art. 1 § 1 des Gesetzes zu Korrekturen in der Sozialversicherung und zur Sicherung der Arbeitnehmerrechte vom 19. 12. 1998 – BGBl. I 3843
[13] BGBl. I 1100

5. Abschnitt: Der Unterhaltsanspruch minderjähriger Kinder § 2

III. Die Düsseldorfer Tabelle[14]

1. Vorbemerkung

Die Düsseldorfer Tabelle[15] wird von allen Oberlandesgerichten des alten Bundesgebietes, z. T. mit gewissen Modifikationen, zur Bemessung des Unterhalts minderjähriger Kinder verwendet und ggf. in die eigenen Tabellen oder Leitlinien der Oberlandesgerichte integriert. Auch das OLG Nürnberg, das bis zum 30. 6. 1998 eine eigene Tabelle anwendete,[16] hat sich den Unterhaltsleitlinien der Familiensenate in Bayern (BayL)[17] angeschlossen, die beim Kindesunterhalt auf der Düsseldorfer Tabelle beruhen. Lediglich der 7. Familiensenat des OLG Nürnberg wendet die BayL nur mit Modifikationen an.[18] Zu den Fundstellen der Tabellen und Leitlinien der Oberlandesgerichte vgl. Rn 1/6 f. 207

Die Düsseldorfer Tabelle wird seit dem 1. 1. 1979 vom OLG Düsseldorf herausgegeben.[19] Sie hat derzeit den **Stand vom 1. 7. 1999**.[20] Sie baut auf der **Regelbetrag-Verordnung** auf, so wie die früheren Tabellen ihre Grundlage in den Regelunterhalt-Verordnungen hatten (vgl. dazu Rn 203). Die Richtsätze der ersten Einkommensgruppe der Tabelle entsprechen den Regelbeträgen der Regelbetrag-Verordnung.

Die Oberlandesgerichte des **Beitrittsgebiets** veröffentlichen eigene Tabellen und Leitlinien. Sie beruhen auf den niedrigeren Regelbeträgen Ost und weisen dort zwei zusätzliche Einkommensgruppen auf. Für Einkommen des barunterhaltspflichtigen Elternteils ab 2100,– DM gilt die Düsseldorfer Tabelle. Vgl. dazu Rn 6/620 ff. 207a

Die Düsseldorfer Tabelle gilt ab 1. 7. 1998 **auch für nichteheliche Kinder**. Vgl. dazu Rn 204 f. 207b

Die Düsseldorfer Tabelle ist **kein Gewohnheitsrecht**.[21] Ohnehin ist nur die eigentliche Tabelle mit den Zahlenwerten für den Unterhalt minderjähriger Kinder unumstritten. Bereits die Anmerkungen zur Tabelle Kindesunterhalt werden von den anderen Oberlandesgerichten nur zum Teil übernommen. Die Düsseldorfer Tabelle ist daher – wie die anderen Unterhaltstabellen und Leitlinien – nur eine **Richtlinie**.[22] Daher ist jedes mit Hilfe der Tabelle gewonnene Ergebnis im Einzelfall stets auf seine Angemessenheit zu überprüfen. Diese **Angemessenheitskontrolle** geschieht vor allem mit Hilfe des Bedarfskontrollbetrages und durch Höher- und Herabgruppierung. Vgl. dazu Rn 231 ff, 239 ff. 208

Die Richtsätze der Düsseldorfer Tabelle sind nach wie vor in Deutscher Mark und nicht in **Euro** ausgewiesen, da die Zahlung in Euro nicht vorgeschrieben und bisher nicht üblich ist. Zwar ist der Euro nach Art. 2 der VO 974/98 des Rates der EU[23] seit 1. 1. 1999 die Währung aller Mitgliedstaaten der Europäischen Union, die den Euro eingeführt haben. Die Deutsche Mark ist nur noch eine nicht dezimale Untereinheit des Euro (Art. 6 208a

---

[14] Vgl. dazu Scholz, FamRZ 1993, 125; zu den Änderungen der Tabelle zum 1. 7. 1998 vgl. Scholz, FamRZ 1998, 797
[15] Stand 1. 7. 1999, FamRZ 1999, 766 = NJW 1999, 1845; vgl. auch Anhang L
[16] Vgl. Rieger, Grundzüge der Nürnberger Tabelle 1996, FamRZ 1996, 988
[17] FamRZ 1999, 773 = NJW 1999, Beil. zu Heft 34, S. 9
[18] FamRZ 1999, 915 = NJW 1999, Beil. zu Heft 34, S. 37
[19] Die früheren Tabellen sind abgedruckt:
Stand 1. 1. 1979: FamRZ 1978, 854 = NJW 1979, 25
Stand 1. 1. 1980: FamRZ 1980, 19 = NJW 1980, 107
Stand 1. 1. 1982: FamRZ 1981, 1207 = NJW 1982, 19
Stand 1. 1. 1985: FamRZ 1984, 961 = NJW 1984, 2330
Stand 1. 1. 1989: FamRZ 1988, 911 = NJW 1989, 2352
Stand 1. 7. 1992: FamRZ 1992, 398 = NJW 1992, 1367
Stand 1. 1. 1996: FamRZ 1995, 1223 = NJW 1995, 2972
Stand 1. 7. 1998: FamRZ 1998, 534 = NJW 1998, 1469
[20] FamRZ 1999, 766 = NJW 1999, 1845
[21] Anders Klingelhöffer, ZRP 1994, 383, 385
[22] Scholz, FamRZ 1993, 125, 127; Familienrecht '96 S. 445, 452 f
[23] Vom 3. 5. 1998, Amtsblatt der Europäischen Gemeinschaften L 139 S. 1

§ 2   Kindes- und Verwandtenunterhalt

der VO). Jedoch können Rechtsinstrumente, dazu gehört auch die Düsseldorfer Tabelle (vgl. Art. 1 Spiegelstrich der VO), bis zum 31. 12. 2001 weiter die Verwendung der Mark vorschreiben. Daher hat der Unterhaltsgläubiger den Unterhalt in Mark zu fordern und ggf. einzuklagen (Art. 8 I der VO). Der Schuldner zahlt wie bisher in Mark, kann aber bargeldlos auch in Euro zum amtlichen Umrechnungskurs von 1,95583 DM = 1 Euro zahlen, soweit die Zahlung auf ein Konto zulässig ist (vgl. Art. 8 III der VO). Unterhaltsvereinbarungen, insbesondere Vergleiche, können auf Euro lauten (Art. 8 II der VO).

2. Die Düsseldorfer Tabelle, Stand: 1. 7. 1999 / 1. 7. 1998

209   *Düsseldorfer Tabelle, Stand: 1. 7. 1999*[24]

Nettoeinkommen des Barunterhaltspflichtigen (Anm. 3, 4)	Altersstufen in Jahren (§ 1612a Abs. 3 BGB)				Vomhundertsatz	Bedarfskontrollbetrag (Anm. 6)
	0–5	6–11	12–17	ab 18		
1. bis 2400	355	431	510	589	100	1300/1500
2. 2400–2700	380	462	546	631	107	1600
3. 2700–3100	405	492	582	672	114	1700
4. 3100–3500	430	522	618	713	121	1800
5. 3500–3900	455	552	653	754	128	1900
6. 3900–4300	480	582	689	796	135	2000
7. 4300–4700	505	613	725	837	142	2100
8. 4700–5100	533	647	765	884	150	2200
9. 5100–5800	568	690	816	943	160	2350
10. 5800–6500	604	733	867	1002	170	2500
11. 6500–7200	639	776	918	1061	180	2650
12. 7200–8000	675	819	969	1120	190	2800
über 8000	nach den Umständen des Falles					

210   *Düsseldorfer Tabelle, Stand: 1. 7. 1998*[25]

Nettoeinkommen des Barunterhaltspflichtigen (Anm. 3, 4)	Altersstufen in Jahren (§ 1612a Abs. 3 BGB)				Vomhundertsatz	Bedarfskontrollbetrag (Anm. 6)
	0–5	6–11	12–17	ab 18		
1. bis 2400	349	424	502	580	100	1300/1500
2. 2400–2700	374	454	538	621	107	1600
3. 2700–3100	398	484	573	662	114	1700
4. 3100–3500	423	514	608	702	121	1800
5. 3500–3900	447	543	643	743	128	1900
6. 3900–4300	471	570	677	783	135	2000
7. 4300–4700	496	603	713	824	142	2100
8. 4700–5100	524	636	753	870	150	2200
9. 5100–5800	559	679	804	928	160	2350
10. 5800–6500	594	721	854	986	170	2500
11. 6500–7200	629	764	904	1044	180	2650
12. 7200–8000	664	806	954	1102	190	2800
13. über 8000	nach den Umständen des Falles					

[24] FamRZ 1999, 766
[25] FamRZ 1998, 534 = NJW 1998, 1469

5. Abschnitt: Der Unterhaltsanspruch minderjähriger Kinder § 2

Die Bedarfssätze der Düsseldorfer Tabelle für den Unterhalt minderjähriger Kinder 210 a
mußten mit Wirkung ab 1. 1. 1996 deutlich angehoben werden, da der Regelunterhalt
durch Art. 3 der Fünften VO über die Anpassung und Erhöhung von Unterhaltsrenten
für Minderjährige von 25. 9. 1995 um 20 % erhöht worden war und die Richtsätze der
1. Einkommensgruppe mit dem Regelunterhalt identisch waren (vgl. Rn 205). Dies war
durch die kräftige Erhöhung des Kindergeldes durch das Jahressteuergesetz 1996 bedingt.
Zur Düsseldorfer Tabelle, Stand: 1. 1. 1996 im einzelnen vgl. die 4. Auflage Rn 2/210 a.

Die Änderungen der Düsseldorfer Tabelle zum **1. 7. 1998** beruhen nicht auf einer Anhe- 210 b
bung der Regelbeträge, da diese mit dem seit dem 1. 1. 1996 geltenden Regelunterhalt
identisch waren (vgl. Rn 206). Jedoch mußte die Struktur der Tabelle geändert werden,
um die weitgehende Übereinstimmung mit den Tabellen und Leitlinien für das Beitrittsgebiet aufrechterhalten zu können. Ferner erforderte die in § 1612 a BGB vorgesehene
Möglichkeit, den Unterhalt minderjähriger Kinder als Vomhundertsatz eines Regelbetrages verlangen zu können (vgl. dazu Rn 246 a ff), eine Umgestaltung der Düsseldorfer Tabelle. Die Zahl der Einkommensgruppen wurde von neun auf zwölf erhöht. Dies bedingte naturgemäß einen anderen Zuschnitt der Einkommensgruppen. Es wurde eine
neue Spalte „Vomhundertsatz" geschaffen, aus der abgelesen werden kann, um wieviel
Prozent die Richtsätze der jeweiligen Einkommensgruppe gegenüber dem Regelbetrag,
also dem Unterhalt der ersten Einkommensgruppe, steigen.[26]

Die Änderungen der Düsseldorfer Tabelle, Stand **1. 7. 1999** wurden erforderlich, weil 210 c
die Regelbeträge zu diesem Zeitpunkt für das alte Bundesgebiet um rund 1,5 % angehoben wurden. Vgl. dazu Rn 206 a. Demgemäß wurden die Richtsätze aller Einkommensgruppen um rund 1,5 % erhöht und nach § 1612 a II 2 BGB aufgerundet.[27]

3. Allgemeines zur Anwendung der Düsseldorfer Tabelle

a) Barunterhalt. Der gesamte Unterhaltsbedarf eines Minderjährigen besteht aus 211
dem Barunterhalt, der vom barunterhaltspflichtigen Elternteil geschuldet wird, und dem
Betreuungsunterhalt, den der betreuende Elternteil zu leisten hat (Rn 8, 10).

Beide Unterhaltsteile sind nach § 1606 III 2 BGB im Regelfall **gleichwertig**. Der betreuende Elternteil erfüllt in der Regel seine Unterhaltsverpflichtung vollständig dadurch, daß er das Kind versorgt, betreut, erzieht und beaufsichtigt. Demgegenüber
kommt der barunterhaltspflichtige Elternteil seiner Unterhaltsverpflichtung dadurch
nach, daß er die zur Befriedigung des gesamten sonstigen Lebensbedarfs des Kindes
erforderlichen Barmittel in Form einer angemessenen Unterhaltsrente bereitstellt.[28] Genaueres zur Gleichwertigkeit der beiden Unterhaltsteile vgl. Rn 11 ff und zu Abweichungen von diesem Grundsatz vgl. Rn 287, 289 ff.

Die Richtsätze der Düsseldorfer Tabelle weisen **nur** den **Barunterhalt** aus, d. h. den
gesamten durchschnittlichen Barbedarf eines minderjährigen Kindes. Erbringen beide
Eltern keine Betreuungsleistungen, z. B. weil die Mutter krank oder verstorben ist und
der berufstätige Vater das Kind nicht betreuen kann, muß er bei hinreichender Leistungsfähigkeit nicht nur die Kosten des Barunterhalts sicherstellen, sondern auch für die Kosten der Betreuung des Kindes, z. B. in einer Pflegefamilie, aufkommen.[29]

Die Regelbedarfssätze der Düsseldorfer Tabelle berücksichtigen aufgrund richterlicher 212
Erfahrung **alle durchschnittlichen Lebenshaltungskosten** des Minderjährigen, der im
Haushalt eines Elternteils lebt. Maßgeblich sind das Lohn- und Preisniveau im alten
Bundesgebiet. Zu den Unterhaltstabellen für die neuen Bundesländer vgl. Rn 6/620 ff,
zu Unterhaltsansprüchen von Kindern, die im Ausland leben, vgl. Rn 7/1 ff.

- Die Richtsätze der Tabelle orientieren sich in den unteren Einkommensgruppen an der 213
geringen Leistungsfähigkeit des barunterhaltspflichtigen Elternteils. Sie sind nach wie

---

[26] Zu weiteren Einzelheiten der Düsseldorfer Tabelle, Stand: 1. 7. 1998 vgl. Scholz, FamRZ 1998, 797
[27] Zur Düsseldorfer Tabelle Stand: 1. 7. 1999 vgl. Scholz, FamRZ 1999, 1177
[28] BGH, FamRZ 1988, 159, 161 = R 346 d
[29] OLG Hamm, FamRZ 1991, 107

vor gering bemessen, übersteigen aber seit 1. 1. 1996 zusammen mit der Hälfte des Kindergeldes, das dem betreuenden Elternteil und mittelbar dem Kind in Höhe von jetzt mindestens 125,– DM zugute kommt (vgl. Rn 491), im wesentlichen die für Kinder geltenden Regelsätze der Sozialhilfe.[30] Zu den Regelsätzen vgl. Rn 6/539 ff. Kommen Wohnkosten hinzu, kann ein Kind, das Unterhalt nach der ersten Einkommensgruppe erhält, insbesondere wegen der Wohnkosten Anspruch auf **ergänzende Sozialhilfe** haben.[31] Allerdings erreichen die Richtsätze der 1. bis 4. Einkommensgruppe das Existenzminimum nicht. Zu der sich daraus ergebenden Problematik vgl. Rn 127 ff.

214 • Im übrigen sind in den Sätzen der Tabelle **alle Lebenshaltungskosten**, insbesondere die Kosten für Nahrung, Wohnung, Kleidung, Körperpflege, Schulausbildung, Unterrichtsmaterial (soweit die Kosten nicht von der öffentlichen Hand getragen werden), Ferien, musische und sportliche Interessen sowie Taschengeld **pauschal** enthalten.[32] Vgl. dazu Rn 125. Nicht von der Pauschalierung erfaßt werden regelmäßiger Mehrbedarf (dazu Rn 133 ff, 317 ff) und Sonderbedarf (Rn 138, 6/1 ff). Die weitverbreitete Übung, **Wohnkosten** nur beim Ehegattenunterhalt zu berücksichtigen, ist verfehlt. Vielmehr dient ein Teil des Tabellenunterhalts zur Deckung des Wohnbedarfs des Kindes.[33] Der Ansatz für Wohnkosten ist wegen der Ersparnis durch das Zusammenwohnen mit dem betreuenden Elternteil nur gering (vgl. Rn 102) und reicht in den unteren Einkommensgruppen für ein eigenes Zimmer nicht aus. Im mittleren Bereich, also etwa ab der 4. Einkommensgruppe, können die im Tabellenunterhalt enthaltenen Wohnkosten nach der deutlichen Anhebung der Tabellensätze zum 1. 1. 1996, auch nach Umgestaltung der Tabelle zum 1. 7. 1998 (vgl. Rn 210 a), mit etwa 20 % angesetzt werden.[34] Das bedeutet freilich nicht, daß der Kindesunterhalt um 20 % zu kürzen ist, wenn das Kind auf Kosten des sorgeberechtigten Elternteils in dessen Wohnung lebt. Vielmehr kann der betreuende Elternteil den Wohnanteil im Tabellenunterhalt zur Deckung der Wohnkosten heranziehen. Vgl. dazu Rn 1/299 und 2/102. Eine Kürzung des Kindesunterhalts kommt dagegen in Betracht, wenn der Barunterhaltspflichtige die Kosten der Wohnung trägt, in der der betreuende Elternteil mit dem Kind lebt.[35] In einem solchen Fall wird ein Teil des Bedarfs des Kindes durch Naturalunterhalt (vgl. Rn 9) gedeckt. Vgl. dazu auch Rn 1/298 f.

215 • Die Tabellensätze gehen davon aus, daß das Kind gemäß § 1612 I 2 BGB (vgl. Rn 8) in der gesetzlichen Familienversicherung gegen Krankheit mitversichert ist (§ 10 II SGB V). Ist dies ausnahmsweise nicht der Fall, z. B. bei Richtern, Beamten, Soldaten und Selbständigen, hat der Barunterhaltsschuldner zusätzlich auch für die Kosten der **Krankenversicherung des Kindes** aufzukommen. Dies wird in der Düsseldorfer Tabelle seit dem 1. 7. 1992 ausdrücklich klargestellt (A 9). Dem sind zahlreiche Oberlandesgerichte in ihren Leitlinien gefolgt (BayL 12, BL 16, BraL 20 S. 1, DrL 23 S. 1, FT III B 1, HL 18 S. 1, KL 11, NaL 5.3, SchL B 2 c). Dementsprechend ist das Nettoeinkommen des Pflichtigen vor Anwendung der Tabelle auch um die Kosten der Krankenversicherung für das Kind zu bereinigen (so mit Recht: BraL 20 S. 2). Vgl. das Beispiel Rn 216.

216 • Minderjährige Kinder sind bei ihren Eltern beitragsfrei in der **Pflegeversicherung** mitversichert, gleichgültig ob diese Versicherung bei einer gesetzlichen Krankenkasse oder einem privaten Versicherungsunternehmen besteht (§§ 25 I, 110 I 2 f SGB XI). Ein zusätzlicher Bedarf in Höhe der Beiträge zu einer Pflegeversicherung kann daher bei minderjährigen Kindern in aller Regel nicht anfallen. Zur Pflegeversicherung beim volljährigen Kind vgl. Rn 371, 390.

---

[30] Vgl. die Übersicht über die in den Bundesländern geltenden Regelsätze nach Stand vom 1. 7. 1999, FamRZ 1999, 1196
[31] Scholz, FamRZ 1993, 125, 128 ff; Familienrecht '96 S. 445, 458
[32] BGH, FamRZ 1983, 473 = R 160 c
[33] BGH, FamRZ 1989, 1160, 1163 = R 395 d; FamRZ 1992, 423 = R 442 a
[34] So jetzt mit Recht BayL 20 g; die 3. Auflage (Rn 214) ging im Anschluß an OLG Düsseldorf, FamRZ 1994, 1049, 1053 = NJW-RR 1994, 326 von einem Wohnkostenanteil von 15 % aus.
[35] OLG Düsseldorf, FamRZ 1994, 1049, 1053 = NJW-RR 1994, 326; z. T. anders OLG München, FamRZ 1998, 824

5. Abschnitt: Der Unterhaltsanspruch minderjähriger Kinder § 2

Beispiel:
Einkommen des Vaters, eines Beamten, nach Abzug der Lohn- und Kirchensteuer und des Solidaritätszuschlages 2600,- DM. Abzusetzen sind ferner Beiträge von 180,- DM (eigene Krankenversicherung), 20,- DM (eigene Pflegeversicherung) und 50,- DM (Krankenversicherung für das Kind). Anrechnungsfähiges Einkommen daher 2350,- DM (nicht: 2400,- DM). Der Unterhalt ist also grundsätzlich der 1. Einkommensgruppe zu entnehmen und beträgt z. B. für ein 13jähriges Kind 510,- DM zuzüglich 50,- DM Krankenkassenbeitrag = 560,- DM (vorbehaltlich einer etwaigen Höhergruppierung wegen unterdurchschnittlicher Unterhaltspflicht nach DT A 1 – vgl. dazu Rn 231 ff – und vorbehaltlich der Verrechnung des Kindergeldes – vgl. Rn 500 ff, 503 ff).

- Die Tabellenwerte weisen nicht den objektiven Barbedarf des Minderjährigen gerade während des laufenden Monats aus, sondern einen **über einen längeren Zeitraum pauschalierten Unterhaltsbedarf**, mit dem alle durchschnittlichen Lebenshaltungskosten des Minderjährigen befriedigt werden müssen. Durch die Pauschalierung sind auch zeitweilige Bedarfserhöhungen oder Bedarfsminderungen mitabgegolten, sofern kein Sonderbedarf oder Mehrbedarf geltend gemacht werden kann. Dies liegt im Interesse einer Befriedung des Verhältnisses von Unterhaltsgläubiger und Unterhaltsschuldner, das nicht durch häufige Einzelanforderungen in unerwünschter Weise belastet werden soll.[36] Genaueres zum Mehrbedarf Rn 133, 317 ff und zum Sonderbedarf Rn 133, 138 f und 6/1 ff. 217

b) Altersstufen. Die Düsseldorfer Tabelle bestimmt den Kindesunterhalt zunächst nach dem **Alter** des Kindes. Sie teilt die minderjährigen Kinder in drei Altersstufen ein: bis zur Vollendung des 6. Lebensjahres, vom Beginn des 7. bis zur Vollendung des 12. Lebensjahres und vom Beginn des 13. bis zur Vollendung des 18. Lebensjahres. Seit dem 1. 7. 1998 ist maßgebend der Erste des Monats, in dem das Kind 6 oder 12 Jahre alt wird. § 1612 a III 2 BGB ordnet dies zwar nur für den Regelbetrag an. Für den Unterhalt höherer Einkommensgruppen kann aber nichts anderes gelten, da ein minderjähriges Kind nach § 1612a I BGB den Unterhalt in einem Vomhundertsatz eines oder des jeweiligen Regelbetrages verlangen kann. Der höhere Unterhalt wird also vom Ersten des Monats geschuldet, in den der 6. oder der 12. Geburtstag fällt. Um einem immer wieder vorkommenden Mißverständnis vorzubeugen, ist in der Düsseldorfer Tabelle seit dem 1. 7. 1998 klargestellt worden, daß die erste Altersstufe für ein Kind von 0–5, die zweite von 6–11 und die dritte von 12–18 Jahren gilt. 218

Dem Gesetz ist nicht zu entnehmen, ab wann der Volljährigenunterhalt beginnt, da § 1612a III 2 BGB sich nur auf den Regelbetrag bezieht, der nur für das minderjährige Kind maßgebend ist. Da das minderjährige Kind unterhaltsrechtlich in vielfältiger Weise begünstigt wird, spricht vieles dafür, den Minderjährigenunterhalt erst am Tage vor dem 18. Geburtstag und nicht am Monatsersten enden zu lassen. Vgl. dazu Rn 20, 202.

c) Einkommen. Die Höhe des Kindesunterhalts hängt ferner vom Einkommen des barunterhaltspflichtigen Elternteils, bei Barunterhaltspflicht beider Eltern grundsätzlich vom zusammengerechneten Einkommen der Eltern ab. 219

Die Tabelle versteht unter dem Einkommen die um berufsbedingte Aufwendungen und berücksichtigungsfähige Schulden **bereinigten Nettoeinkünfte** des Unterhaltspflichtigen (DT A 3 und A 4). Die berufsbedingten Aufwendungen werden bei Einkünften aus abhängiger Tätigkeit pauschaliert. Sie betragen in der Regel 5 % des Einkommens, mindestens 90,- DM, höchstens 260,- DM. Übersteigen die anzuerkennenden Aufwendungen die Pauschale, sind sie insgesamt nachzuweisen.[37] Vgl. zum Abzug berufsbedingter Aufwendungen Rn 1/87 ff und zur Berücksichtigung von Schulden Rn 1/514 ff, 549 ff; 2/115, 158. 220

Maßgeblich für die Einordnung in eine der Einkommensgruppen ist das anrechenbare **Einkommen des barunterhaltspflichtigen Elternteils**. Der Elternteil, der das Kind betreut, erfüllt hierdurch grundsätzlich seine Unterhaltspflicht (§ 1606 III 2 BGB). Genaueres hierzu Rn 10. 221

---

[36] BGH, FamRZ 1984, 470, 472 = R 202 f
[37] Scholz, FamRZ 1993, 125, 131 f

222 Sind ausnahmsweise beide Eltern barunterhaltspflichtig, erfolgt die Einordnung nach der Summe der Einkünfte beider Eltern (vgl. Rn 292).

223 Das **Kindergeld** bleibt bei der Eingruppierung in die Tabelle unberücksichtigt (BayL 9, BL 10, DL10 c, FL 9, SL A I 6). Zwar hat der BGH in seiner früheren, allerdings nicht eindeutigen Rechtsprechung den Kindergeldanteil jedes Elternteils als Teil seines Einkommens angesehen.[38] Diese Auffassung hat der BGH[39] jedoch 1997 aufgegeben. Da das Kindergeld zwischen den Eltern nach § 1612 b BGB über den Kindesunterhalt ausgeglichen wird (vgl. dazu im einzelnen Rn 500 ff), ist es nicht angemessen, das Kindergeld bei der Eingruppierung des Pflichtigen in die Düsseldorfer Tabelle als Einkommen heranzuziehen und dem Kind dadurch zu einem höheren Unterhalt zu verhelfen. Auch bei der Bemessung des Ehegattenunterhalts wird das Kindergeld nicht als Einkommen berücksichtigt.[40] Vgl. zur Behandlung des Kindergeldes als Einkommen Rn 477 ff, zur Verrechnung des Kindergeldes im Mangelfall Rn 225, 509 ff.

224 **Beispiel:**
Bereinigtes Nettoeinkommen des Vaters (V) 2360,– DM. Unterhaltspflicht für 2 Kinder im Alter von 2 und 5 Jahren. V bezieht vorübergehend entgegen dem Obhutsprinzip (Rn 490) das Kindergeld von 500,– DM. Der Kindergeldanteil des V von insgesamt 250,– DM bleibt bei der Eingruppierung in die Tabelle unberücksichtigt. Das Einkommen des V entspricht daher der 1. Einkommensgruppe. Der Unterhalt ist jedoch wegen unterdurchschnittlicher Unterhaltslast nach A 1 der Tabelle der 2. Einkommensgruppe zu entnehmen. Das Kindergeld wird wie üblich über den Kindesunterhalt ausgeglichen. Er beträgt daher jeweils 380,– DM zuzüglich 125,– DM Kindergeldanteil = je 505,– DM. Vgl. Rn 503. Der Bedarfskontrollbetrag (Rn 239 ff) der 2. Einkommensgruppe von 1600,– DM ist gewahrt (2360 – 380 – 380 = 1600).

225 Im **Mangelfall** unterbleibt eine Anrechnung des Kindergeldes, soweit der Unterhaltspflichtige außerstande ist, Unterhalt in Höhe des Regelbetrages nach der Regelbetrag-VO zu zahlen (§ 1612 b V BGB).

Beispiel:
Der Vater verfügt über ein bereinigtes Erwerbseinkommen von 1800,– DM. Er schuldet seinem 13jährigen Kind Unterhalt. Da er unter Wahrung des notwendigen Selbstbehalts von 1500,– DM nach Anm. A 5 zur Düsseldorfer Tabelle nur 300,– DM und damit weniger als den Regelbetrag von 510,– DM abzüglich der Hälfte des Kindergeldes (125,– DM), also weniger als 385,– DM zahlen kann, ist auf den Betrag von 300,– DM Kindergeld nicht anzurechnen.

Die Nichtanrechnung des Kindergeldanteils des barunterhaltspflichtigen Vaters bedeutet in diesem Beispiel, daß die Mutter diesen Betrag verwenden kann, damit wenigstens der Mindestunterhalt des Kindes nach der Tabelle (= Regelbetrag) gedeckt wird. Sie steht damit allerdings deutlich schlechter, als wenn der Vater z. B. bei einem Einkommen von 2050,– DM in Höhe des Regelbetrages von 510,– DM leistungsfähig wäre. Dann bekäme sie von V 510 – 125 = 385,– DM und hätte daher einschließlich des von ihr bezogenen Kindergeldes von 250,– DM insgesamt 635,– DM und damit in etwa das Existenzminimum des Jahres 1999 von 670,– DM (vgl. Rn 127 a) für das Kind zur Verfügung, während sie im Beispielsfall einschließlich des Kindergeldes nur (300 + 250 =) 550,– DM erhält.
Näher zur Verrechnung des Kindergeldes im Mangelfall Rn 509 ff.

226 **d) Aufenthalt und Betreuung des Kindes.** Die Tabelle geht davon aus, daß die Eltern getrennt leben, das Kind bei einem Elternteil wohnt, von diesem betreut wird und wegen dieses Zusammenlebens verminderte Bedürfnisse, insbesondere für Wohnraum hat (vgl. Rn 214). Der andere Elternteil leistet demgegenüber den Barunterhalt (vgl. Rn 211 ff). Trifft dieses Betreuungsmodell nicht zu, muß der **Tabellenunterhalt** unter Umständen **erhöht** werden.

Dies kommt vor allem bei **Fremdbetreuung**, z. B. in einer Pflegefamilie, in Betracht, aber nur dann, wenn die Betreuung aus Gründen erforderlich wird, die in der Person des Kindes liegen (z. B. Schwererziehbarkeit, körperliche oder geistige Behinderung), nicht

---

[38] BGH, FamRZ 1992, 539, 541 = R 444 b; FamRZ 1990, 979 = NJW-RR 1990, 578
[39] FamRZ 1997, 806 = R 512 f
[40] FamRZ 1997, 806 = R 512 f

5. Abschnitt: Der Unterhaltsanspruch minderjähriger Kinder § 2

dagegen, wenn die Fremdbetreuung notwendig ist, weil der sorgeberechtigte Elternteil einer Erwerbstätigkeit nachgeht. Vgl. dazu im einzelnen Rn 275, 294 f, 317 ff, 321. Betreuen die Eltern ein minderjähriges Kind, insbesondere beim gemeinsamen Sorgerecht, etwa zu gleichen Teilen, kann es angezeigt sein, den Tabellensatz wegen der dadurch entstehenden Mehrkosten, z. B. durch die Vorhaltung eines Kinderzimmers in den Wohnungen beider Eltern, angemessen zu erhöhen.[41] Vgl. dazu auch Rn 316.

Wohnt das **Kind** berechtigterweise nicht mehr bei einem Elternteil, sondern führt es mit Einverständnis des Sorgeberechtigten einen **eigenen Haushalt**, z. B. weil es nur in einer anderen Stadt einen Ausbildungsplatz gefunden hat, kann der Unterhalt nicht ohne weiteres nach der Tabelle Kindesunterhalt bemessen werden. Wenn das Kind selbständig lebt und nennenswerte Betreuungsleistungen eines Elternteils nicht mehr erbracht werden, kann es angezeigt sein, den Bedarf entsprechend dem Ansatz für ein volljähriges Kind mit eigenem Haushalt mit 1120,– DM anzunehmen (DT A 7 II). Näheres dazu und zu teilweise abweichenden Sätzen anderer Oberlandesgerichte Rn 368 ff. In diesem Fall haften beide Elternteile entsprechend ihren Einkommens- und Vermögensverhältnissen anteilig für den Kindesunterhalt. Vgl. dazu Rn 289 ff. **226 a**

Ist das minderjährige Kind noch nicht selbständig, sondern kehrt es am Wochenende und in den Ferien zu dem sorgeberechtigten Elternteil zurück, kümmert dieser sich um Wäsche, Kleidung und sonstige Bedürfnisse des Kindes, so erbringt er weiterhin nennenswerte Betreuungsleistungen. Dann kann es angezeigt sein, den Unterhalt der Tabelle Kindesunterhalt zu entnehmen und allein den nicht betreuenden Elternteil zum Barunterhalt heranzuziehen. Vgl. dazu Rn 283. In diesem Fall muß allerdings die anzurechnende Ausbildungsvergütung nicht nur um ausbildungsbedingten Mehrbedarf (vgl. dazu Rn 93 ff), sondern auch um die Kosten der Wohnung am Ausbildungsplatz und etwaige Fahrtkosten zum betreuenden Elternteil gekürzt werden.

Ist die Restbetreuung nur geringfügig, kann es bei dem Ansatz von 1120,– DM und der beiderseitigen Barunterhaltspflicht verbleiben. Der Mehrbelastung eines Elternteils durch die Restbetreuung kann dadurch Rechnung getragen werden, daß die sich nach den Einkommens- und Vermögensverhältnissen der Eltern ergebende Verteilung der Unterhaltslast wertend zugunsten dieses Elternteils verändert wird (vgl. dazu Rn 306 f).

Wenn die Eltern mit dem Kind zusammenleben, ist der dem Kind geschuldete Unterhalt Teil des Familienunterhalts. Ein eigener Unterhaltsanspruch des Kindes kommt nur ausnahmsweise in Betracht (vgl. dazu Rn 3/10). **226 b**

e) **Inkrafttreten der Tabelle. Geltungsdauer.** Die Düsseldorfer Tabelle gilt jeweils von einem bestimmten **Stichtag** an, die jetzt gültige ab 1. 7. 1999. Für Unterhaltszeiträume bis zum 30. 6. 1999 ist die Tabelle Stand: 1. 7. 1998 anzuwenden.[42] Dies gilt auch dann, wenn sich die allgemeinwirtschaftlichen Verhältnisse bereits geändert haben und mit der baldigen Neufassung der Tabelle zu rechnen ist.[43] Diese Schematisierung führt dazu, daß ein **Unterhaltsurteil**, das kurz vor der Neufassung der Tabelle ergangen ist, nach deren Inkrafttreten trotz der Sperrwirkung des § 323 II ZPO **abgeändert** werden kann, auch wenn die Änderung der wirtschaftlichen Verhältnisse, die ihren Niederschlag in den neuen Tabellensätzen gefunden hat, teilweise bereits vor der letzten mündlichen Verhandlung im Vorprozeß eingetreten war.[44] **227**

Der Unterhaltsbedarf eines minderjährigen Kindes nach der Düsseldorfer Tabelle wird – vorbehaltlich der Höher- bzw. Herabgruppierung nach A 1 der Düsseldorfer Tabelle (vgl. dazu Rn 231 ff) – grundsätzlich nicht dadurch beeinträchtigt, daß ein anderer Unterhaltsberechtigter vorhanden ist. Dies gilt auch dann, wenn dieser bereits einen **vollstreckbaren Titel** erwirkt hat. Die Unterhaltsansprüche sind grundsätzlich so zu errechnen, als ob über alle Ansprüche zugleich entschieden würde. Lediglich wenn der Vollstreckungstitel des anderen Berechtigten für die Vergangenheit wegen der Vorschrift des § 323 III ZPO nicht mehr abänderbar ist, kann dessen Unterhaltsanspruch in einem angemessenen **228**

---

[41] OLG Düsseldorf vom 12. 2. 1999 – 3 UF 102/98, OLG-Report 1999, 313
[42] Fn 2 zur Düsseldorfer Tabelle Stand: 1. 7. 1999, FamRZ 1999, 766 = NJW 1999, 1845
[43] BGH, FamRZ 1995, 221, 223 = R 485 b, c
[44] BGH, FamRZ 1995, 221, 224 = R 485 c

Rahmen als Schuld berücksichtigt werden. Im übrigen muß es dem Verpflichteten überlassen bleiben, die Abänderung des Titels zu betreiben.[45] Ist eine Abänderung nicht möglich, z. B. weil sich der Schuldner gegenüber einem anderen Unterhaltsberechtigten, insbesondere einem nichtehelichen Kind, zu einem von vornherein überhöhten Unterhalt verpflichtet hat, scheidet auch eine Berücksichtigung der Unterhaltslast als Schuld aus.

229   f) **Hohes Einkommen des Unterhaltspflichtigen.** Die Tabellensätze beinhalten entgegen der Auffassung der 2. Auflage[46] nicht den Höchstbetrag dessen, was nach den jeweiligen Einkommensgruppen als Barunterhalt verlangt werden kann. Bei Einkünften, die über den Bereich der 12. Einkommensgruppe (7200,– DM bis 8000,– DM) hinausgehen, also **bei besonders günstigen wirtschaftlichen Verhältnissen**, sieht die Düsseldorfer Tabelle vor, daß sich der Kindesunterhalt „nach den Umständen des Falles" richtet (vgl. Rn 128 ff). Dies bedeutet, daß die Bedarfssätze der Tabelle nicht automatisch entsprechend dem höheren Einkommen des barunterhaltspflichtigen Elternteils fortgeschrieben werden dürfen.[47] Vielmehr ist entsprechend den Umständen des Einzelfalles der Unterhalt auch bei Einkünften deutlich über dem Bereich der Tabelle nur maßvoll anzuheben.[48] So hat das OLG Düsseldorf[49] bei einem Einkommen des barunterhaltspflichtigen Vaters von 14 000,– DM den Höchstsatz nach der Düsseldorfer Tabelle Stand: 1. 1. 1989 von 785,– DM um 115,– DM auf 900,– DM erhöht. Bei ähnlichen Einkommensverhältnissen wird man den Höchstbetrag des Minderjährigenunterhalts nach der Düsseldorfer Tabelle Stand: 1. 7. 1999 von 969,– DM (DT 12/3) wegen der gestiegenen Lebenshaltungskosten inzwischen um 150,– DM bis 200,– DM erhöhen können. Dagegen ist es selbst bei noch deutlich günstigeren wirtschaftlichen Verhältnissen der Eltern nicht angezeigt, 13- und 15jährigen Kindern einen Unterhalt von je 1740,– DM zuzubilligen, in dem für Kleidung 300,– DM, Urlaub 400,– DM, Tennis 300,– DM und Klavierunterricht 140,– DM enthalten sind.[50] Vielmehr wird man einem Kind die Aufnahme besonders teurer Aktivitäten, die es bisher nicht ausgeübt hat, nicht schon deshalb zugestehen und den Unterhalt erhöhen dürfen, nur weil die Eltern in besonders günstigen wirtschaftlichen Verhältnissen leben.[51] Bei fast volljährigen Kindern wird man eher eine Überschreitung des Höchstunterhalts nach der Tabelle rechtfertigen können als bei Kleinkindern.

> **Beispiel:**
> Bereinigtes Nettoeinkommen des Vaters (V) 9000,– DM, der Mutter 4000,– DM. Zinseinkünfte des 10jährigen Kindes monatlich 100,– DM; das Kindergeld von 250,– DM erhält die Mutter.
> Der Unterhaltsbedarf des Kindes beträgt nach dem Nettoeinkommen des allein barunterhaltspflichtigen V gemäß der höchsten Einkommensgruppe der Tabelle (DT 12/2) 819,– DM.
> Keine Höherstufung wegen Unterhalts für nur 1 Kind und keine Erhöhung wegen des Nettoeinkommens des V von 9000,– DM, weil nicht dargelegt ist, worin der erhöhte Bedarf besteht (vgl. dazu unten Rn 230). Das Einkommen des V, das die 12. Einkommensgruppe der Tabelle nicht erheblich übersteigt, reicht dazu allein nicht aus.
> Anrechnung von 100,– DM Zinsen und 250,– DM Kindergeld (vgl. § 1612b I BGB) zur Hälfte auf den Bar- und auf den Betreuungsunterhalt (vgl. dazu Rn 97, 503).
> Unterhaltsanspruch: 819 – 50 (Zinsanteil) – 125 (Kindergeldanteil) = 644,– DM.

230   Solange kein höherer Barbedarf geltend gemacht wird, werden an die **Darlegungslast** im Prozeß keine besonderen Anforderungen gestellt. Das Kind hat lediglich das anrechnungsfähige Nettoeinkommen des Barunterhaltspflichtigen für die jeweilige Einkom-

---

[45] BGH, FamRZ 1992, 797 = R 447 b
[46] Wendl/Staudigl, 2. Aufl., S. 175
[47] BGH, FamRZ 1980, 665, 669 = NJW 1980, 1686, 1689; OLG Düsseldorf, FamRZ 1998, 1191
[48] In der unmittelbar vor Druck dieser Aufl. bekanntgewordenen Entsch. des BGH v. 13. 10. 1999 – XII ZR 16/98 verlangt der BGH eine konkrete Ermittlung eines höheren Unterhaltsbedarfs auch bei nur geringfügiger Überschreitung der Einkommensgrenze. Ähnlich KG, FamRZ 1998, 1388
[49] FamRZ 1991, 806
[50] So aber OLG Köln, FamRZ 1994, 1323
[51] OLG Düsseldorf, FamRZ 1994, 767; vgl. auch OLG Düsseldorf, FamRZ 1992, 981, beide allerdings für volljährige Kinder

5. Abschnitt: Der Unterhaltsanspruch minderjähriger Kinder § 2

mensgruppe darzulegen und eventuell nachzuweisen.[52] Wird nur der Unterhaltsbedarf nach Gruppe 1 verlangt, muß der Verpflichtete seine behauptete Leistungsunfähigkeit nachweisen. Zur Beweislast bei Unterschreitung des Existenzminimums des Kindes vgl. Rn 127 c.

Verlangt der Berechtigte wegen einer weiter gehenden Leistungsfähigkeit des Verpflichteten einen höheren Unterhalt als nach Gruppe 9, so muß er im einzelnen darlegen, worin sein erhöhter Bedarf besteht und welche Mittel zu seiner Deckung erforderlich sind.[53] Allerdings werden keine übertriebenen Anforderungen an die Darlegungslast gestellt werden dürfen. Bei Einkünften deutlich über dem Höchsteinkommen der Düsseldorfer Tabelle von 8000,– DM wird man in der Regel davon ausgehen können, daß das Kind an dem höheren Lebensstandard der Familie teilgenommen hat und deshalb auch nach der Trennung weiter teilnehmen muß. Allerdings bleibt es dem Verpflichteten unbenommen, dies substantiiert zu bestreiten und z. B. darauf hinzuweisen, daß die Eltern aus erzieherischen Gründen ihren Lebenszuschnitt eingeschränkt und wesentliche Teile des Einkommens zur Vermögensbildung verwendet haben. Dann ist es Aufgabe des Kindes, diesen Vortrag zu widerlegen und die Notwendigkeit eines über den Höchstbetrag der Tabelle hinausgehenden Unterhalts darzulegen und zu beweisen. Vgl. dazu oben Rn 229.

4. Zu- oder Abschläge bei den Bedarfssätzen

Die Regelbedarfssätze der Düsseldorfer Tabelle sind auf den Fall zugeschnitten, daß der Unterhaltspflichtige einem Ehegatten und zwei Kindern Unterhalt zu gewähren hat. Bei einer größeren Anzahl von Unterhaltsberechtigten können Abschläge, bei einer geringeren Anzahl Zuschläge in Höhe eines Zwischenbetrages oder die Einstufung in höhere (niedrigere) Gruppen angemessen sein (DT A 1). Die Praxis spricht hier auch von **Höher- bzw. Herabgruppierung**. 231

Bis zum 30. 6. 1998 war weitgehend anerkannt, daß bei Unterhaltspflicht nur gegenüber einem Kind in der Regel eine Höhergruppierung um zwei Einkommensgruppen vorzunehmen war. Dies entsprach der Rechtsprechung des BGH[54] und der meisten Oberlandesgerichte.[55] Voraussetzung war freilich auch hier, daß der Bedarfskontrollbetrag der höheren Einkommensgruppe gewahrt war. Vgl. dazu Rn 240. 232

Seit 1. 7. 1998 führt eine Höhergruppierung um zwei Einkommensgruppen in vielen Fällen nicht mehr zu angemessenen Ergebnissen. Dies ist durch die Vermehrung der Einkommensgruppen von neun auf zwölf und den anderen Zuschnitt der Einkommensgruppen bedingt. Die Gruppen decken seit dem 1. 7. 1998 einen deutlich kleineren Einkommensbereich als früher ab. Vgl. dazu Rn 210 b. Bei Höhergruppierung um nur zwei Gruppen gelangt man daher nach den Tabellen, Stand: 1. 7. 1998 und 1. 7. 1999 teilweise zu deutlich niedrigeren Unterhaltsbeträgen als nach der Tabelle, Stand: 1. 1. 1996. Es erscheint daher angezeigt, ab 1. 7. 1998 grundsätzlich **um drei Einkommensgruppen höherzugruppieren**, wenn der Schuldner **nur einem Kind** unterhaltspflichtig ist und sonstige Unterhaltspflichten nicht bestehen.[56] 233

Eine Höhergruppierung um eine oder zwei Gruppen kommt in Betracht, wenn der Pflichtige Unterhalt für zwei Kinder oder für einen Ehegatten und ein Kind aufzubringen hat. Das Ausmaß der Höhergruppierung muß der Entscheidung im Einzelfall vorbehalten bleiben. So kann sich der Kindesunterhalt durch Anrechnung einer Vergütung als Auszubildender (Rn 96 ff) oder der Ehegattenunterhalt durch Anrechnung von nichtprägenden Einkünften (Rn 4/535 ff) verringern. Dann kommt naturgemäß eher eine Höhergruppierung in Frage, als wenn der Schuldner seinem Kind den vollen Unterhalt nach der Tabelle und seinem Ehegatten den vollen Quotenunterhalt schuldet. Vorausset-

---

[52] BGH, FamRZ 1998, 357, 359
[53] BGH, FamRZ 1983, 473 = R 160 c; OLG Düsseldorf, FamRZ 1998, 1191
[54] FamRZ 1994, 696 = R 477 a
[55] OLG Hamm, FamRZ 1993, 353; OLG Frankfurt, FamRZ 1990, 658; vgl. auch die in der Vorauflage Rn 233 ff aufgeführten Tabellen und Leitlinien
[56] Vgl. dazu eingehend Scholz, FamRZ 1998, 797, 800

zung jeder Höhergruppierung ist, daß der **Bedarfskontrollbetrag** derjenigen Einkommensgruppe gewahrt ist, aus der der Unterhalt entnommen werden soll. Ist dies nicht der Fall, hat die Höhergruppierung ganz oder teilweise zu unterbleiben. Vgl. dazu Rn 240. Oberlandesgerichte, die den Bedarfskontrollbetrag nicht kennen, sind auf die allgemeine Angemessenheitskontrolle angewiesen, die bei jeder Unterhaltsbemessung vorzunehmen ist. Vgl. dazu Rn 124, 208, 242.

234 Eine **Herabgruppierung** ist geboten, wenn der Schuldner Unterhalt für mehr als einen Ehegatten und als zwei Kinder schuldet. Vgl. Rn 231. Auch hier ist der Bedarfskontrollbetrag zu beachten. Vgl. Rn 240.

235 Die Leitlinien der Oberlandesgerichte übernehmen vielfach die oben Rn 231 wiedergegebene Formulierung der Anm. A 1 der Düsseldorfer Tabelle. So die OLGe **Bamberg**, **München** und **Nürnberg** (BayL 13), **Bremen** (BrL II 3), **Dresden** (DrL 21), **Hamm** (HL 19), **Jena** (ThT D 3 a), **Köln** (KL 2), **Schleswig** (SchL B 2) und mit etwas abweichender Formulierung das OLG **Oldenburg** (OL III 2).

Das OLG **Frankfurt** (FL III B 1) und das OLG **Naumburg** (NaL 5.4) halten bei Unterhaltspflicht für nur ein Kind eine Höhergruppierung um zwei Gruppen für angezeigt.

Dagegen beschränkt sich das KG **Berlin** (BL 15) grundsätzlich auf eine Höhergruppierung um eine Gruppe, wobei die Regelbegrenzung bei Unterhaltspflicht für nur ein Kind allerdings nicht gelten soll. Ähnlich ist die Auffassung des OLG **Brandenburg** (BraL 18).

236 Die Einstufung in eine andere Gruppe der Tabelle wegen des Vorhandenseins einer geringeren oder größeren Anzahl von Unterhaltsberechtigten, als sie den Tabellensätzen für den Regelfall zugrunde liegt, begegnet revisionsrechtlich keinen Bedenken. Der **BGH** hat bei einer Unterhaltspflicht nur gegenüber einem Kind eine Höhergruppierung um zwei Gruppen für angemessen gehalten.[57] Andererseits hat er bei Unterhaltspflichten gegenüber einer Ehefrau und vier Kindern die Herabgruppierung von der zweiten in die erste Einkommensgruppe gebilligt.[58]

237 Im konkreten Einzelfall können die Zu- oder Abschläge auch individuell nach § 287 II ZPO geschätzt werden.

238 Der Umfang des Ehegattenunterhalts (Elementar- und Vorsorgeunterhalt) beeinflußt die Einstufung des Kindes in eine Gruppe nicht, weil der **Ehegattenunterhalt** in der Regel erst **nach Abzug des Kindesunterhalts** vom Nettoeinkommen errechnet wird.[59] Anders kann es sein, wenn bei Höhergruppierung und Vorwegabzug des Ehegattenunterhalts der Bedarfskontrollbetrag nicht gewahrt bleibt oder das Ergebnis der Berechnung nach der Tabelle im Einzelfall aus besonderen Gründen unangemessen erscheint.[60] Genaueres zum Bedarfskontrollbetrag unten Rn 239 ff.

5. Der Bedarfskontrollbetrag

239 Der Bedarfskontrollbetrag des Unterhaltspflichtigen ist eine Rechengröße. Er ist ab Gruppe 2 **nicht identisch mit dem Eigenbedarf oder dem Selbstbehalt** des Unterhaltspflichtigen. Er soll vielmehr eine ausgewogene Verteilung des Einkommens zwischen dem Unterhaltspflichtigen und den unterhaltsberechtigten Kindern gewährleisten. Wird der Bedarfskontrollbetrag der eigentlich in Betracht kommenden Einkommensgruppe unterschritten – wobei auch der Ehegattenunterhalt zu berücksichtigen ist –, muß der Tabellenbetrag der nächstniedrigeren Gruppe, deren Bedarfskontrollbetrag nicht unterschritten wird, oder ein Zwischenbetrag angesetzt werden (DT A 6). Dann ist also eine Herabgruppierung vorzunehmen.

Die Düsseldorfer Tabelle läßt auch die Ansetzung eines Betrages zwischen zwei Einkommensgruppen (Zwischenbetrag) zu. Nachdem aber die Zahl der Gruppen von neun

---

[57] BGH, FamRZ 1994, 696 = R 477 a
[58] BGH, FamRZ 1992, 539 = NJW 1992, 1621
[59] BGH, FamRZ 1999, 367 = R 530 b, c
[60] BGH, FamRZ 1992, 539, 541 mit Anm. Graba S. 541 = R 444 b

5. Abschnitt: Der Unterhaltsanspruch minderjähriger Kinder § 2

auf zwölf erhöht (vgl. Rn 210a) und damit der Einkommensbereich, den die Gruppen abdecken, kleiner geworden ist, wird ein Zwischenbetrag nur selten angemessen sein.[61]

Die Kontrollrechnung wird mit dem **Tabellenunterhalt** durchgeführt, nicht mit dem um das hälftige **Kindergeld** gekürzten Zahlbetrag. Die Verrechnung des Kindergeldes nach § 1612b BGB (vgl. dazu Rn 500ff) erfolgt erst, wenn der Unterhalt mit Hilfe des Bedarfskontrollbetrages abschließend ermittelt worden ist.

Beispiel:
Einkommen des Pflichtigen 2950,– DM; Unterhalt für 3 Kinder im Alter von 13, 5 und 4 Jahren. Das Kindergeld von 250 + 250 + 300 = 800,– DM erhält die betreuende Mutter.
Kindesunterhalt nach DT 3/3 und 3/1: 582 + 405 + 405 = 1392,– DM
Dem Schuldner bleiben 2950 – 1392 = 1558,– DM und damit weniger als der Bedarfskontrollbetrag der 3. Einkommensgruppe von 1700,– DM.
Daher ist der Kindesunterhalt der 2. Gruppe zu entnehmen. Er beträgt 546 + 380 + 380 = 1306,– DM. Dem Schuldner bleiben (2950 – 1306 =) 1644,– DM und damit mehr als der Bedarfskontrollbetrag der 2. Einkommensgruppe von 1600,– DM.
Zu zahlen sind nach Kindergeldverrechnung für K 1 (546 – 125 =) 421,– DM, für K 2 (380 – 125 =) 255,– DM, für K 3 (380 – 150 =) 230,– DM.

Die **Eingruppierung in eine höhere Einkommensgruppe** setzt voraus, daß dem **240** Pflichtigen nach Abzug des Kindes- und Ehegattenunterhalts der für die höhere Einkommensgruppe maßgebende Bedarfskontrollbetrag (nicht nur der notwendige Eigenbedarf) verbleibt. Unterschreitet der verbleibende Betrag den Bedarfskontrollbetrag, ist der Kindesunterhalt nach einer niedrigeren Einkommensgruppe zu bestimmen (so mit Recht HL 19). Die bei einem Einzelkind nach Rn 233 gebotene Höhergruppierung hat daher ganz oder teilweise zu unterbleiben, wenn der Bedarfskontrollbetrag der höheren Einkommensgruppe nicht gewahrt ist.

Beispiel:
Einkommen des Schuldners 2200,– DM. Unterhaltspflicht nur gegenüber einem 16jährigen Kind. Die nach Rn 233 eigentlich gebotene Höhergruppierung um drei Gruppen scheidet aus, weil weder bei einem Unterhalt von 618,– DM nach DT 4/3 der Bedarfskontrollbetrag von 1800,– DM noch bei einem Unterhalt von 582,– DM nach DT 3/3 der Bedarfskontrollbetrag von 1700,– DM gewahrt ist. Jedoch verbleibt dem Schuldner bei einem Unterhalt von 546,– DM nach DT 2/3 der dann maßgebende Bedarfskontrollbetrag der 2. Einkommensgruppe von 1600,–. Daher wird ein Unterhalt von 546,– DM abzüglich 125,– DM anteiliges Kindergeld, also von 421,– DM geschuldet.

Der Bedarfskontrollbetrag hat seine besondere Bedeutung, wenn neben dem Kindes- **241** auch **Ehegattenunterhalt** geschuldet wird. Ehegatten- und Kindesunterhalt sind gleichrangig (§ 1609 II 1 BGB). Es geht daher **nicht** an, den Ehegattenunterhalt **stets unter Vorwegabzug des Kindesunterhalts** zu berechnen. Zu Recht hält das OLG Düsseldorf[62] den Vorwegabzug des Unterhalts minderjähriger Kinder im Mangelfall nicht für angezeigt. Der Einsatzbetrag für den Ehegattenunterhalt wird dann ohne Berücksichtigung des Kindesunterhalts bestimmt. Dieser wird dann dem Unterhalt der Kinder nach Maßgabe der ersten Einkommensgruppe der Düsseldorfer Tabelle gegenübergestellt. Die eingestellten Beträge werden dann nach Maßgabe der zur Verfügung stehenden Verteilungsmasse anteilig gekürzt. Vgl. dazu Abschnitt C der Düsseldorfer Tabelle und Rn 5/234. Nach meiner Auffassung[63] (ebenso Gerhardt Rn 4/189a) ist der Vorwegabzug des Kindesunterhalts bei Berechnung des Ehegattenunterhalts dann bedenklich, wenn der getrenntlebende Ehegatte infolge des Vorwegabzugs des Kindesunterhalts weniger als das Existenzminimum nach BV der Düsseldorfer Tabelle (für den Nichterwerbstätigen

---

[61] Anders Steymann, FuR 1999, 63, der bei Unterschreiten des Bedarfskontrollbetrages eine Art Mangelfallberechnung durchführen will. Dies führt aber zu komplizierten Berechnungen, die die Gerichte unnötig belasten würden
[62] Nicht rechtskräftiges Urteil vom 28.11.1997 – 6 UF 35/97, FamRZ 1998, 852 mit Anm. Gutdeutsch, FamRZ 1998, 1611; ebenso OLG Düsseldorf, OLG-Report 1996, 210; OLG Bamberg, FamRZ 1993, 1093; OLG Oldenburg, NJWE-FER 1996, 25; Scholz in Kemnade/Scholz/Zieroth, Familienrecht '96, 516
[63] Vgl. auch Scholz, Familienrecht '96, S. 445, 518

1300,– DM, für den Erwerbstätigen 1500,– DM) erhält, da der berechtigte Ehegatte nach §§ 1361 IV 4, 1360a III, 1614 I BGB nicht auf Unterhalt für die Zukunft verzichten darf. Daß der Pflichtige lieber für die Kinder als für den getrenntlebenden Ehegatten Unterhalt zahlt, die Ehegatten im Prozeß vielfach vom Vorrang des Kindesunterhalts ausgehen oder den Richter durch prozessuales Verhalten, z. B. Anerkenntnis eines zu hohen Kindesunterhalts, dazu zwingen, einen eigentlich zu niedrigen Trennungsunterhalt zuzusprechen, ändert an der Richtigkeit dieses Grundsatzes nichts. Unbedenklich ist es dagegen, wenn geschiedene Ehegatten dem Kindesunterhalt den Vorrang einräumen, da sie über nachehelichen Unterhalt disponieren können (§ 1585 c BGB). Fehlt es dagegen an einer derartigen Vereinbarung, muß der Richter auch beim nachehelichen Unterhalt auf ein angemessenes Verhältnis zwischen Ehegatten- und Kindesunterhalt achten (§ 1609 II 1 BGB).

Die Auffassung des **BGH** zu dieser Problematik überzeugt nicht. Bereits in der Südafrikaentscheidung[64] hat er den Kindesunterhalt vorweg vom Einkommen des Pflichtigen abgezogen, mit Hilfe der $^3/_7$-Quote einen Ehegattenunterhalt deutlich unterhalb des Existenzminimums nach der Düsseldorfer Tabelle errechnet und den Ansatz eines Mindestbedarfs für den berechtigten Ehegatten ausdrücklich abgelehnt. Nachdem er in weiteren Entscheidungen[65] die Frage, ob der Bedarf des Ehegatten mit festen Mindestbeträgen angesetzt werden dürfe, letztlich offengelassen hatte, hat er inzwischen klargestellt, daß auch dann kein Anlaß bestehe, beim Ehegatten von einem Mindestbedarf auszugehen, wenn im Mangelfall die Ansprüche der Kinder mit Tabellenwerten in die Ausgangsberechnung eingestellt würden.[66]

Zur Unterhaltsberechnung in Mangelfällen vgl. näher oben Rn 162 ff, 3/74 f, 5/224 ff.

242 Abgemildert wird diese Auffassung des BGH (vgl. Rn 241) dadurch, daß nach seiner ständigen Rechtsprechung[67] das mit Hilfe von Tabellen und Leitlinien gewonnene Ergebnis, also auch das Verhältnis von Ehegatten- und Kindesunterhalt, im Einzelfall stets auf seine Angemessenheit zu überprüfen ist (vgl. Rn 124, 208). Immerhin hat der BGH in einem Urteil vom 25. 11. 1998[68] darauf hingewiesen, daß die Handhabung der Eltern, zuerst den Unterhalt ihrer Kinder zu decken, sich gegenüber dem getrenntlebenden oder geschiedenen Ehegatten (nur?) dann fortsetze, wenn sich daraus nicht ein Mißverständnis zum wechselseitigen Lebensbedarf der Beteiligten ergibt. Der Bedarfskontrollbetrag ermöglicht diese vom BGH geforderte **Angemessenheitskontrolle** gerade dann, wenn nach diesen Grundsätzen auf ein ausgewogenes Verhältnis von Ehegatten- und Kindesunterhalt geachtet werden muß. Ist das Existenzminimum des Ehegatten nicht gewahrt, ist ggf. eine **Herabgruppierung** bis in die unterste Tabellengruppe vorzunehmen. Reicht das Einkommen auch dann nicht aus, erfolgt eine Mangelfallberechnung. Der BGH hat im Urteil vom 16. 4. 1997[69] den Kindesunterhalt der 2. Einkommensgruppe der Düsseldorfer Tabelle entnommen; dies beruht offenbar darauf, daß das OLG in der Berufungsinstanz ohne Erörterung des Bedarfskontrollbetrages von einem entsprechenden Unterhalt ausgegangen war.

Beispiel:
Einkommen des Vaters (V) 3350,– DM. Ehegattenunterhalt und Unterhalt für zwei 3- und 4jährige Kinder. Die nicht erwerbstätige Mutter (M) bezieht das Kindergeld von je 250,– DM.
Kindesunterhalt nach DT 4/1: 430 + 430 = 860,– DM.
Ehegattenunterhalt: $(3350 - 860) \times ^3/_7 = 1067$,– DM.
V behält 3350 − 860 − 1067 = 1423, also weniger als den notwendigen Selbstbehalt von 1500,– DM.
Da weder der notwendige Selbstbehalt des V noch das Existenzminimum der M von 1300,– DM gewahrt sind, muß der Kindesunterhalt der ersten Einkommensgruppe entnommen werden.

---

[64] FamRZ 1988, 705, 708 = B 180 c
[65] BGH, FamRZ 1995, 346 = R 490 a; FamRZ 1992, 539, 541 mit Anm. Graba S. 541 = R 444 b
[66] BGH, FamRZ 1997, 806 = R 512 c; FamRZ 1996, 345 = R 497 c
[67] BGH, FamRZ 1992, 539, 541 mit Anm. Graba S. 541 = R 444 b; FamRZ 1990, 266, 269 = NJW-RR 1990, 900
[68] FamRZ 1999, 367, 368
[69] FamRZ 1997, 806 = R 512 c

5. Abschnitt: Der Unterhaltsanspruch minderjähriger Kinder § 2

Kindesunterhalt also jeweils 355,– DM abzüglich 125,– DM Kindergeldanteil, also 230,– DM.
Ehegattenunterhalt: $3350 - 355 - 355 \times 3/7 = 1131$,– DM.
V behält dann $3350 - 355 - 355 - 1131 = 1509$,– DM und damit mehr als den notwendigen Selbstbehalt von 1500,– DM, der zugleich der Bedarfskontrollbetrag der ersten Einkommensgruppe der Düsseldorfer Tabelle ist.

Die Bedarfskontrollbeträge der Düsseldorfer Tabelle werden, nachdem die bayrischen Oberlandesgerichte gemeinsam die Bayrischen Leitlinien anwenden, von der weit überwiegenden Mehrheit der Oberlandesgerichte, insbesondere den Oberlandesgerichten **Bamberg, München, Nürnberg** (BayL 11), **Bremen** (BrL II 3), **Hamburg** (HaL 1 IV), **Hamm** (HL 19), **Köln** (KL 7), **Schleswig** (SchL B 3) und **Stuttgart** (StL A 1) anerkannt, ebenso vom OLG **Brandenburg** (BraL 16, 19) und OLG **Dresden** (DrL 19, 22) mit z. T. geringeren Kontrollbeträgen wegen der generell geringeren Richtsätze im Beitrittsgebiet. Zu den Tabellen und Leitlinien im Beitrittsgebiet vgl. Rn 6/620 ff. 243

Die Anwendung der Bedarfskontrollbeträge wird abgelehnt von den Oberlandesgerichten **Frankfurt** (FL III A), **Jena** (ThT A 1), **Naumburg** (NaL 5.2) und **Rostock** (RL I A 2). 244

Die Leitlinien der anderen Oberlandesgerichte äußern sich zu den Bedarfskontrollbeträgen nicht. 245

Es ist nicht zu verkennen, daß die Bedarfskontrollberechnung verschiedene Rechengänge erfordern kann, bevor der endgültige Tabellenunterhalt ermittelt worden ist. Der Vorwurf, daß die Berechnungen mit dem Bedarfskontrollbetrag zu umständlich seien, geht gleichwohl fehl. Einmal muß stets eine Kontrollrechnung vorgenommen werden, um feststellen zu können, ob das Ergebnis angemessen ist (vgl. Rn 124, 208, 224). Zum anderen erkennt der Praktiker bei einiger Übung alsbald, ob er nur eine oder zwei Gruppen herabgruppieren oder ob er den Unterhalt, weil ohnehin nur der Selbstbehalt gewahrt sein kann, sogleich der ersten Einkommensgruppe zu entnehmen hat. Zudem erleichtern Rechenmaschinen, Taschenrechner und Computerprogramme die Berechnung.[70] 246

IV. Dynamischer Unterhalt nach Regelbeträgen

Nach dem KindUG hat das minderjährige Kind ein **Wahlrecht zwischen statischem und dynamischem Unterhalt**.[71] Es kann einmal Unterhalt in Form eines statischen Betrages begehren, der der Düsseldorfer Tabelle entnommen wird und der bei Änderung der Verhältnisse neu festgesetzt werden muß, sei es durch Parteivereinbarung, sei es auf Abänderungsklage durch Urteil. Zum anderen kann es nach § 1612a I BGB den Unterhalt als Vomhundertsatz eines oder des jeweiligen **Regelbetrages** verlangen, wenn es mit dem pflichtigen Elternteil nicht in einem Haushalt lebt. Hierfür steht insbesondere das **Vereinfachte Verfahren** über den Unterhalt Minderjähriger (§§ 645 ff ZPO) zur Verfügung. Vgl. dazu eingehend Rn 8/321 ff. Die Regelbeträge werden durch Rechtsverordnung des Bundesjustizministeriums für drei verschiedene Altersstufen festgesetzt und zum 1. Juli jeden zweiten Jahres angepaßt (§ 1612a IV BGB). Vgl. dazu, auch zur Höhe der Regelbeträge, Rn 206. Die Bemessung des Unterhalts auf der Basis der Regelbeträge führt dazu, daß der Unterhalt bei Änderung der Regelbeträge durch Verordnung des Bundesjustizministeriums entsprechend den wirtschaftlichen Verhältnissen und bei Erreichen einer höheren Altersstufe automatisch angepaßt wird, ohne daß es einer Vereinbarung oder einer Abänderungsklage bedarf. 246a

Das Wahlrecht zwischen statischem und dynamischem Unterhalt kann sowohl bei der erstmaligen Festsetzung des Unterhalts als auch im Rahmen einer **Abänderungsklage** ausgeübt werden.[72] Allein der Wunsch, nunmehr statt des statischen dynamischen Unter-

---

[70] So das Berechnungsprogramm von Gutdeutsch, Familienrechtliche Berechnungen (Beck'sche Beratungssysteme)
[71] Vgl. dazu eingehend Schumacher/Grün, FamRZ 1998, 778; Strauß, FamRZ 1998, 993
[72] Schumacher/Grün, FamRZ 1998, 778, 781

halt zu erhalten, reicht jedoch nicht aus. Vielmehr muß die Abänderungsklage aus anderen Gründen eröffnet sein; es müssen sich also die Verhältnisse, die dem Titel zugrunde liegen, wesentlich geändert haben (§ 323 I ZPO).[73]

246b Das minderjährige Kind kann zunächst Unterhalt als **Vomhundertsatz eines Regelbetrages** verlangen. Dies ist nicht ein beliebiger Regelbetrag, sondern der für das Kind nach der Regelbetrag-VO derzeit geltende Regelbetrag West bzw. Ost der erreichten Altersstufe. Das im alten Bundesgebiet lebende Kind kann nicht statt des Regelbetrages West den Regelbetrag Ost seiner Unterhaltsforderung zugrunde legen, ebenso wie das in Ostdeutschland lebende Kind nicht den Regelbetrag West statt des Regelbetrages Ost verlangen kann.[74] Wenn das Gesetz die Geltendmachung eines oder des jeweiligen Regelbetrages zuläßt, so ist damit gemeint, daß das Kind sich auf den Unterhalt der derzeit erreichten Altersstufe beschränken, aber auch schon vor Erreichen des 6. oder 12. Lebensjahres einen bestimmten Vomhundertsatz des Regelbetrages der dann geltenden Altersstufe einklagen kann. Es kann daher nunmehr auch sog. **Staffelunterhalt** zugesprochen werden.[75] Die Geltendmachung des Unterhalts als Vomhundertsatz nur **eines** Regelbetrages, und zwar desjenigen der 3. Altersstufe, empfiehlt sich vor allem dann, wenn das Kind bereits das 12. Lebensjahr vollendet hat. Dagegen sollte das Kind Unterhalt als Vomhundertsatz des **jeweiligen Regelbetrages** begehren, wenn es derzeit noch der 1. oder 2. Altersstufe angehört. Das Kind hat dann mit dem Ersten des Monats, in dem es das 6. oder 12. Lebensjahr vollendet (vgl. Rn 218), Anspruch auf den Regelbetrag der 2. bzw. 3. Altersstufe, vervielfältigt mit dem im Titel festgelegten Vomhundertsatz (§ 1612a III 2 BGB).

246c Erreicht das Kind das 18. Lebensjahr, so steigt es nicht in die 4. Altersstufe der Düsseldorfer Tabelle auf, da der § 1612a III BGB nur drei Altersstufen kennt. Andererseits wird der Titel nicht unwirksam, wenn das Kind **volljährig** wird (§ 798a ZPO). Es behält zunächst den Unterhalt der 3. Altersstufe. Dem Kind bzw. dem bisher allein barunterhaltspflichtigen Elternteil bleibt es überlassen, eine Abänderung des Titels nach § 323 ZPO zu betreiben, wenn sie eine anderweitige Festsetzung des Kindesunterhalts für angezeigt halten. Zu den Unterschieden zwischen Minderjährigen- und Volljährigenunterhalt vgl. Rn 330 ff. Es ist angesichts dieser Rechtslage fehlerhaft, ein Urteil über dynamischen Unterhalt nach § 1612a I BGB bis zur Vollendung des 18. Lebensjahres zu begrenzen.

246d Die Regelbeträge sind **nicht** mit dem **Existenzminimum** oder dem Mindestunterhalt des Kindes identisch. Es handelt sich vielmehr beim Regelbetrag um eine reine **Bezugsgröße**, die multipliziert mit dem maßgebenden Vomhundertsatz den geschuldeten dynamischen Unterhalt festlegen soll. Vgl. Rn 127a, 205. Um den Vomhundertsatz ermitteln zu können, muß zunächst der betragsmäßig geschuldete Unterhalt mit Hilfe der Düsseldorfer Tabelle festgelegt werden. Dabei reicht es nicht aus, den Unterhalt der jeweiligen Einkommensgruppe der Düsseldorfer Tabelle zu entnehmen. Es ist vielmehr zu prüfen, ob eine Höher- oder Herabgruppierung vorzunehmen (Rn 231 ff), ob der Bedarfskontrollbetrag (Rn 239 ff) und der Selbstbehalt gewahrt (Rn 247 ff) sind und ob sich ggf. der Elternteil, bei dem das Kind lebt, am Barunterhalt zu beteiligen hat (Rn 287 ff). Die **individuelle Bemessung des Unterhalts** nach Düsseldorfer Tabelle ist daher auch bei Zubilligung dynamischen Unterhalts nach § 1612a I BGB unerläßlich. Vgl. Rn 206b.

246e Der nach Rn 246d ermittelte Unterhalt der maßgebenden Einkommensgruppe ist in einem **Vomhundertsatz** des Regelbetrages der maßgebenden Altersstufe auszudrücken. Der Vomhundertsatz ist auf eine Dezimalstelle zu begrenzen; jede weitere Dezimalstelle wird nicht berücksichtigt (§ 1612a II 1 BGB). Eine Auf- oder Abrundung findet also nicht statt. Erst der mit Hilfe des Vomhundertsatzes errechnete Unterhalt wird auf die nächst volle Deutsche Mark aufgerundet (§ 1612a II 2 BGB).

Die **Düsseldorfer Tabelle** weist seit dem 1.7.1998 auf ganze Zahlen gerundete Prozentsätze auf, damit in allen drei Altersstufen dieselben Vomhundertsätze der Dynamisierung zugrunde gelegt werden. Wird der Vomhundertsatz dagegen individuell errechnet, so ergeben sich in den drei Altersstufen derselben Einkommensgruppe u. U. unterschiedliche

---

[73] AaO
[74] Diwell, FPR 1998, 159, 161
[75] Johannsen/Henrich/Graba, § 1612a Rn 3

5. Abschnitt: Der Unterhaltsanspruch minderjähriger Kinder   § 2

Vomhundertsätze im Verhältnis zum jeweiligen Regelbetrag. So errechnet sich in der 1. und 3. Altersstufe der 2. Einkommensgruppe der Düsseldorfer Tabelle ein Vomhundertsatz von 107,0, in der 2. Altersstufe dagegen von 107,1 des Regelbetrages. Dies führt im Laufe der Zeit bei Errechnung des dynamischen Unterhalts zu Unterhaltsbeträgen, die von den Richtsätzen der dann gültigen Düsseldorfer Tabelle geringfügig abweichen können. Bei mehreren Kindern können sich auch dann abweichende Unterhaltsbeträge ergeben, wenn der Unterhalt eines Kindes dynamisch, derjenige des anderen Kindes statisch verlangt wird. Dies ist jedenfalls bei Kindern aus verschiedenen Ehen nicht auszuschließen. Durch die Rundung der Vomhundertsätze auf ganze Zahlen wird demgegenüber erreicht, daß bei Änderung der Regelbeträge sich jeweils der Unterhalt ergibt, der in der auf den neuen Regelbeträgen aufbauenden Düsseldorfer Tabelle für die jeweilige Einkommensgruppe ausgewiesen ist. Dagegen dürften aus praktischen Erwägungen keine Bedenken bestehen.[76]

Beispiel:
Der Vater schuldet dem 13jährigen Kind Unterhalt nach der 2. Einkommensgruppe der Düsseldorfer Tabelle, Stand: 1. 7. 1998, also in Höhe von 538,– DM. Dies sind 107,1 % des Regelbetrages der 3. Altersstufe von 502,– DM. Ab 1. 7. 1999 ergäbe sich ein Unterhalt von 107,1 % des dann maßgebenden Regelbetrages von 510,– DM, also ein Unterhalt von 546,21 DM, aufgerundet nach § 1612a II 2 BGB von 547,– DM. Der Richtsatz der Düsseldorfer Tabelle, Stand: 1. 7. 1999 beträgt jedoch 546,– DM. Geht man entsprechend dem Vorschlag der Tabelle von einem Vomhundertsatz von 114 aus, so entspricht der dynamische Unterhalt ab 1. 7. 1999 genau 114 % des maßgebenden Regelbetrages von 431,– DM, also 546,– DM und damit dem ab 1. 7. 1999 geltenden Tabellenunterhalt.

Das Gesetz sieht keinen Höchstbetrag vor, bis zu dem der Unterhalt in einem Vomhundertsatz verlangt werden kann. Es kann also durchaus Unterhalt nach der höchsten Einkommensgruppe der Düsseldorfer Tabelle in Form eines Vomhundertsatzes von 190 des Regelbetrages begehrt und eingeklagt werden. Dagegen ist der Unterhalt, der im Vereinfachten Verfahren geltend gemacht werden kann, auf das Eineinhalbfache des Regelbetrages beschränkt (§ 645 II ZPO). Vgl. dazu Rn 8/321 ff. 150 % des Regelbetrages entsprechen den Richtsätzen der 6. Einkommensgruppe der Düsseldorfer Tabelle. Zum Beitrittsgebiet vgl. Rn 6/620 ff, 8/322. **246f**

Es ist auch nicht ausgeschlossen, bei eingeschränkter Leistungsfähigkeit des Schuldners, also im Mangelfall, einen Unterhalt von weniger als 100 %, z. B. 80 % des Regelbetrages zu verlangen. Allerdings ist dies in der Regel nicht empfehlenswert. Vgl. dazu Rn 246i.

Das **Kindergeld** ist auch auf den dynamischen Unterhalt nach Maßgabe des § 1612b BGB anzurechnen. Es ist zu beziffern (§ 253 II Nr. 2 ZPO). Ein Klageantrag „abzüglich der Hälfte des jeweiligen Kindergeldes" ist unzulässig. Dies ergibt sich schon daraus, daß § 655 ZPO ein besonderes Abänderungsverfahren vorsieht, wenn sich die anzurechnenden Leistungen nach §§ 1612b, c BGB geändert haben. Vgl. dazu Rn 8/354f. **246g**

Im Klageantrag und in der Urteilsformel, aber auch in einem sonstigen Vollstreckungstitel, z. B. in einer Urkunde nach § 59 I Nr. 3 SGB VIII, ist der dynamische Unterhalt betragsmäßig anzugeben, soweit dies möglich ist. § 1612a BGB soll nur eine leichtere Anpassung des Unterhaltstitels für die Zukunft ermöglichen und Abänderungsklagen möglichst entbehrlich machen, nicht aber entgegen den allgemeinen Grundsätzen der ZPO (vgl. § 253 II Nr. 2 ZPO) Kläger und Gericht von der **Bezifferung des** beantragten bzw. zugesprochenen **Unterhalts** entbinden. Erst der künftige Unterhalt, der ab dem nächsten Anpassungszeitpunkt (vgl. dazu Rn 206, 246a) zu zahlen ist, kann in der Weise beantragt und tenoriert werden, daß ein bestimmter Vomhundertsatz eines oder des jeweiligen Regelbetrages zu zahlen ist.[77] Im übrigen sprechen auch praktische Gründe für eine Beziffe- **246h**

---

[76] So mit Recht Johannsen/Henrich/Graba, § 1612a Rn 4; eingehend zu den Vomhundertsätzen der Düsseldorfer Tabelle Scholz, FamRZ 1998, 797
[77] Johannsen/Henrich/Graba, § 1612a Rn 11; Strauß, FamRZ 1998, 993, 997; Diwell, FPR 1998, 161; Gießler, FPR 1998, 177; so auch der Regierungsentwurf zum KindUG, BT-Drucks. 13/7338 S. 23

rung. Ob jeder Arbeitgeber, der eine Lohnpfändung zu bearbeiten hat, im Besitz der maßgebenden Regelbetrag-VO ist, erscheint durchaus fraglich. Zur Klarstellung sollte im Antrag und im Vollstreckungstitel zum Ausdruck gebracht werden, ob der **Regelbetrag West oder Ost** als Bezugsgröße heranzuziehen ist. Dies ist jedenfalls dann unerläßlich, wenn zweifelhaft sein kann, welcher Regelbetrag gemeint ist,[78] z. B. bei Unterhaltsprozessen im Land Berlin und in den angrenzenden Gebieten, aber auch dann, wenn einer der Beteiligten in den alten Bundesländern, der andere im Beitrittsgebiet lebt. Zu den sog. Ost-West-Fällen vgl. Rn 6/636 ff.

Im Klageantrag und im Vollstreckungstitel muß auch angegeben werden, ab welchem Tag Unterhalt nach der nächsten Altersstufe zu zahlen ist, wann die nächste Änderung der Regelbeträge durch Verordnung des Bundesjustizministeriums ansteht (Rn 206, 246 a) und ab wann demgemäß nicht mehr bezifferter, sondern unbezifferter in einem Vomhundertsatz des Regelbetrages ausgedrückter Kindesunterhalt zu zahlen ist.

Beispiel:
Der geschiedene Vater (V), der über ein bereinigtes Nettoeinkommen von 3000,– DM verfügt, schuldet allein dem am 10. 2. 1994 geborenen und im alten Bundesgebiet lebenden Kind Unterhalt, der mit Schreiben vom 12. 2. 1999 angemahnt wird. Das Kindergeld von 250,– DM bezieht die das Kind allein betreuende Mutter. Die Klage wird im August 1999 zugestellt. V hat Unterhalt nach 6. Einkommensgruppe der Düsseldorfer Tabelle, Stand: 1. 7. 1998 bzw. 1999 zu zahlen (Höhergruppierung um drei Gruppen, vgl. Rn 233). Es ist folgender Antrag zu stellen:
Der Beklagte wird verurteilt, an das klagende Kind folgenden Unterhalt zu zahlen, für die Zeit
– vom 1. 2. bis 30. 6. 1999 471,– DM abzüglich 125,– DM Kindergeldanteil
– vom 1. 7. 1999 bis 31. 1. 2000 480,– DM abzüglich 125,– DM Kindergeldanteil
– vom 1. 2. 2000 bis 30. 6. 2001 582,– DM abzüglich 125,– DM Kindergeldanteil
– vom 1. 7. 2001 bis 31. 1 2006 135 % des jeweiligen Regelbetrages West der 2. Altersstufe abzüglich 125,– DM Kindergeldanteil
– ab dem 1. 2. 2006 135 % des jeweiligen Regelbetrages West der 3. Altersstufe abzüglich 125,– DM Kindergeldanteil.

246i Die Praxis wird zeigen, ob sich die nicht gerade einfache Dynamisierung des Minderjährigenunterhalts bewähren wird. Zu empfehlen ist die Geltendmachung dynamischen Unterhalts, wenn nur ein oder zwei Kinder Unterhalt begehren und mit wesentlichen Veränderungen des Einkommens des Schuldners und anderer unterhaltsrechtlich bedeutsamer Umstände in absehbarer Zeit nicht zu rechnen ist. Abzuraten ist von einer Dynamisierung
– wenn neben dem Kind der betreuende Elternteil **Ehegattenunterhalt** begehrt, da die Ansprüche voneinander abhängig sind,
– wenn sich die Grundlagen der Unterhaltsbemessung voraussichtlich ändern werden, also wenn **Einkommensänderungen** bevorstehen, z. B. die Veränderung der Steuerklasse im Jahr nach der Trennung, oder wenn mit dem Hinzutreten weiterer Unterhaltsberechtigter (Kinder aus zweiter Ehe) zu rechnen ist,
– in **Mangelfällen**, weil dann bereits geringe Veränderungen des Einkommens die Leistungsfähigkeit und damit die Unterhaltshöhe beeinflussen und sich bei Anrechnung des Kindergeldes beachtliche Schwierigkeiten ergeben können (§ 1612 b V BGB; vgl. dazu Rn 509 ff); zudem ändert sich das „Verteilungsgefüge",[79] wenn ein Kind in die nächste Altersstufe gelangt und bei ihm ein höherer Einsatzbetrag zu berücksichtigen ist.

In allen diesen Fällen, die sich sicher noch vermehren lassen, ist wahrscheinlich in Kürze eine Neufestsetzung des Unterhalts erforderlich. Dann können sich die Vorteile der Dynamisierung, die gerade in der Vermeidung von Abänderungsklagen bestehen, nicht auswirken.

---

[78] Vgl. Bischof, FuR 1998, 390
[79] Strauß, FamRZ 1998, 993, 997

5. Abschnitt: Der Unterhaltsanspruch minderjähriger Kinder § 2

V. Leistungsfähigkeit der Eltern beim Unterhalt minderjähriger Kinder

1. Gesteigerte Unterhaltsverpflichtung der Eltern nach § 1603 II 1 BGB

Nach § 1603 II 1 und 3 BGB sind Eltern gegenüber minderjährigen Kindern verpflichtet, alle verfügbaren Mittel gleichmäßig zu ihrem Unterhalt und zum Unterhalt der Kinder zu verwenden, wenn kein anderer unterhaltspflichtiger Verwandter vorhanden ist, der den Unterhalt der Kinder ohne Gefährdung seines eigenen angemessenen Bedarfs (§ 1603 I BGB) aufbringen könnte (vgl. Rn 271 ff). Dies gilt nur für die Unterhaltspflicht gegenüber unverheirateten Kindern, nicht dagegen, wenn das Kind verheiratet war und die Ehe durch Tod, Scheidung oder Aufhebung aufgelöst worden ist.[80] Durch § 1603 II 1 BGB wird die Leistungsfähigkeit der Eltern über die Grenze der Gefährdung des eigenen angemessenen Unterhalts hinaus erweitert.[81] Die Eltern trifft also eine **gesteigerte Unterhaltsverpflichtung**.[82] Sie beruht auf ihrer besonderen familienrechtlichen Verantwortung gegenüber ihren minderjährigen Kindern. Seit dem 1. 7. 1998 gilt die gesteigerte Unterhaltspflicht nach § 1603 II 2 BGB auch gegenüber volljährigen unverheirateten Kindern bis zur Vollendung des 21. Lebensjahres, solange sie im Haushalt der Eltern oder eines Elternteils leben und sich in der allgemeinen Schulausbildung befinden. Vgl. zu diesen **privilegiert volljährigen Kindern** im einzelnen Rn 452 ff. 247

Für die Eltern besteht insbesondere eine Pflicht zur **gesteigerten Ausnutzung ihrer Arbeitskraft**, d. h. eine verstärkte Erwerbsobliegenheit. Die Eltern sind verpflichtet, alle zumutbaren Erwerbsmöglichkeiten auszuschöpfen.[83] 248

Der gesteigert Unterhaltspflichtige muß sich besonders intensiv um eine Erwerbstätigkeit bemühen. Es sind ihm auch **Gelegenheitsarbeiten sowie berufsfremde Tätigkeiten** oder Arbeiten unterhalb seiner gewohnten Lebensstellung zuzumuten.[84] 249

Die Eltern sind in zumutbaren Grenzen sowohl zu einem **Ortswechsel** als auch zu einem **Berufswechsel** verpflichtet.[85] Jedoch sind derartige Anstrengungen nur zumutbar, wenn sie Erfolg versprechen, also an anderem Ort oder in einem anderen Beruf bessere Arbeitschancen bestehen.[86] Zur Darlegungs- und Beweislast vgl. Rn 259 a. Geht ein Elternteil einer selbständigen landwirtschaftlichen Tätigkeit nach, die unzureichende Erträge abwirft, ist er gehalten, zur Nebenerwerbswirtschaft überzugehen und notfalls die Landwirtschaft ganz aufzugeben und eine höhere Einkünfte versprechende anderweitige volle Erwerbstätigkeit aufzunehmen.[87] 250

Den Eltern werden zusätzliche Anstrengungen zugemutet. Sie müssen notfalls **Überstunden** leisten oder **Nebenbeschäftigungen** aufnehmen, um den Mindestunterhalt ihrer minderjährigen Kinder zu decken.[88] Allerdings wird den Eltern nicht jeder zeitlich mögliche, sondern nur ein zumutbarer Einsatz über die übliche Arbeitszeit hinaus abverlangt. Auch Eltern minderjähriger Kinder haben Anspruch auf Erholung.[89] Zu prüfen ist stets, ob der Schuldner überhaupt die Möglichkeit hat, eine Nebenbeschäftigung auszuüben oder Überstunden zu leisten. Dies ist bei dem gegenwärtig angespannten Arbeitsmarkt nicht selbstverständlich. Die Anforderungen, die die Gerichte in diesem Zusammenhang an den Unterhaltsschuldner stellen, gehen mir teilweise zu weit.[90] 251

Die Eltern müssen grundsätzlich **auf eigene Aus- und Fortbildungswünsche verzich-** 252

---

[80] Palandt/Diederichsen, BGB, 58. Aufl., § 1602 Rn 22
[81] BGH, FamRZ 1984, 682 = R 209
[82] BGH, FamRZ 1994, 372 ff = R 473 c; FamRZ 1989, 170 = R 379 a
[83] BGH, FamRZ 1994, 372 ff = R 473 c
[84] BGH, FamRZ 1994, 372 ff = R 473 c; OLG Koblenz, FamRZ 1997, 1104
[85] BGH, FamRZ 1994, 372 = R 473 c
[86] OLG Hamm, FamRZ 1998, 43; OLG Dresden, FamRZ 1997, 836
[87] BGH, FamRZ 1998, 357, 359 = R 515 b
[88] OLG Hamm, FamRZ 1996, 303
[89] OLG Hamburg, FamRZ 1990, 784
[90] Zu weitgehend im Einzelfall m. E.: OLG Koblenz, FamRZ 1991, 1475; OLG Hamburg, FamRZ 1990, 784

ten. Dies gilt vor allem dann, wenn der Unterhaltspflichtige bereits über eine Berufsausbildung verfügt und ihm die Erwerbsmöglichkeiten in dem erlernten Beruf, wenn auch möglicherweise nach einem zumutbaren Ortswechsel, eine ausreichende Lebensgrundlage bieten. Dann muß er in der Regel die angestrebte zusätzliche Ausbildung so lange verschieben, bis die Kinder nicht mehr unterhaltsbedürftig sind.[91] Anders kann es dagegen sein, wenn der Schuldner noch über keine abgeschlossene Berufsausbildung verfügt, die bisher ausgeübte Tätigkeit als ungelernte oder angelernte Hilfskraft fortgefallen ist und reale Arbeitsmöglichkeiten in diesem Bereich nicht mehr bestehen. Denn die Erlangung einer angemessenen Berufsausbildung gehört zum eigenen Lebensbedarf des Pflichtigen, den dieser grundsätzlich vorrangig befriedigen darf. Der BGH hat daher einem ungelernten Arbeiter, der als solcher weder in den neuen noch in den alten Bundesländern eine reale Erwerbschance hatte, gestattet, eine Ausbildung zu absolvieren.[92]

253   Die verstärkte Erwerbsobliegenheit legt den Eltern nicht nur bei der Wahl ihres Arbeitsplatzes, sondern auch bei der **Aufgabe einer Erwerbstätigkeit** Beschränkungen auf. Dies ändert allerdings nichts daran, daß sich der Schuldner auch dann auf den Verlust einer Arbeitsstelle berufen darf, wenn er ihn selbst – auch schuldhaft – herbeigeführt hat. Nur verantwortungsloses, zumindest **leichtfertiges** und **unterhaltsbezogenes Verhalten** rechtfertigt es, dem Schuldner die Berufung auf seine Leistungsunfähigkeit zu versagen.[93] Die Nichterhebung einer **Kündigungsschutzklage** ist jedenfalls dem Pflichtigen nicht vorzuwerfen, wenn der Erfolg der Klage zweifelhaft, die Kündigung also nicht eindeutig unwirksam ist.[94] Man wird allerdings gerade bei Unterhaltsansprüchen minderjähriger Kinder die Anforderungen an die Leichtfertigkeit nicht überspannen dürfen. Ein Elternteil, der ein minderjähriges Kind zu unterhalten hat, handelt in der Regel leichtfertig, wenn er ohne wichtige Gründe (z. B. Krankheit) eine Arbeitsstelle aufgibt, obwohl eine hinreichend sichere Aussicht auf einen anderen im wesentlichen gleichwertigen Arbeitsplatz nicht besteht. Dasselbe gilt, wenn er **sich selbständig macht**, ohne jedenfalls für eine Übergangszeit dafür zu sorgen, daß der Unterhalt des Kindes sichergestellt ist. Näheres Rn 1/387 ff, 1/394 ff, 1/405.

Hat der Pflichtige seine Arbeitsstelle schuldlos verloren, so kann ihm gleichwohl fiktives Einkommen zugerechnet werden, wenn er im Unterhaltszeitraum eine ihm mögliche und zumutbare Erwerbstätigkeit unterläßt.[95] Vgl. dazu auch Rn 145.

254   Ein Elternteil, der ein minderjähriges Kind aus einer neuen Ehe versorgt, muß jedenfalls eine geringfügige Tätigkeit ausüben, um den Unterhalt eines minderjährigen Kindes aus einer früheren Ehe mindestens teilweise zu decken.[96] Genaueres zu den sogenannten „**Hausmannsfällen**" Rn 172 ff, 281.

255   Gegenüber dieser aus Art. 6 I und II GG herzuleitenden verstärkten Unterhaltsverpflichtung müssen das Recht der Eltern auf **freie Entfaltung der Persönlichkeit** (Art. 2 I GG) sowie das Recht auf **freie Berufswahl** (Art. 12 I 1 GG) grundsätzlich zurücktreten.[97] Die Abwägung der grundrechtlich geschützten Interessen führt jedoch nicht in jedem Fall zu einem Vorrang des Unterhaltsanspruchs des minderjährigen Kindes vor den Belangen der Eltern. Die gesteigerte Unterhaltspflicht verpflichtet die Eltern vor allem, **das Existenzminimum des Kindes** sicherzustellen. Vgl. dazu Rn 127. Ist dies der Fall, kann unter Umständen auch ein Wechsel in eine geringer bezahlte Arbeitsstelle und damit eine Herabsetzung des Unterhalts hingenommen werden, z. B. wenn der Pflichtige mit dem Wechsel der Arbeitsstelle gesundheitsgefährdenden Schichtdienst vermeiden kann.[98] Vgl. auch zu der vergleichbaren Problematik einer Berufsausbildung des Unterhaltsschuldners oben Rn 252 und der Aufgabe einer Erwerbstätigkeit oben Rn 253.

---

[91] BGH, FamRZ 1994, 372, 374 f = NJW 1994, 1002 = R 473 d; OLG Hamm, FamRZ 1998, 979 mit Anm. Born
[92] BGH, FamRZ 1994, 372, 374 f = R 473 c, d
[93] BGH, FamRZ 1994, 372, 374 f = R 473 c
[94] BGH, FamRZ 1994, 372, 374 f = R 473 c
[95] OLG Düsseldorf, FamRZ 1998, 851
[96] BGH, FamRZ 1996, 796 = R 500 a; FamRZ 1987, 270
[97] BGH, FamRZ 1981, 341, 344 = R 58 d; FamRZ 1981, 539 = R 73 a
[98] OLG Karlsruhe, FamRZ 1993, 836

5. Abschnitt: Der Unterhaltsanspruch minderjähriger Kinder §2

Kommen die Eltern ihren gesteigerten Erwerbspflichten nicht nach, werden sie unterhaltsrechtlich so behandelt, als würden sie über die Einkünfte, die sie bei gutem Willen durch eine zumutbare Erwerbstätigkeit erzielen könnten, auch tatsächlich verfügen. Es wird ihnen ein entsprechendes **Einkommen fiktiv zugerechnet**,[99] und zwar sowohl für die Bedarfsbemessung als auch für die Beurteilung der Leistungsfähigkeit. Es muß allerdings feststehen oder zumindest nicht auszuschließen sein, daß bei genügenden Bemühungen eine reale Erwerbschance bestanden hätte.[100] Näheres Rn 1/429 ff, 2/114, 144 ff. Bei entsprechenden Erwerbschancen kann dem Schuldner auch ein Einkommen fiktiv zugerechnet werden, das über der ersten Einkommensgruppe der Düsseldorfer Tabelle liegt.[101] Dies ist auch Praxis des BGH.[102] Die Auffassung des OLG Karlsruhe,[103] aufgrund fiktiven Einkommens könne nur der Mindestunterhalt nach der Tabelle zugesprochen werden, ist unzutreffend. Vgl. dazu eingehend Rn 114 und 1/408 ff. 256

Wer als Unterhaltsverpflichteter nach dem Ausscheiden aus der Bundeswehr eine **Übergangsbeihilfe** erhält, muß diese im Rahmen einer sparsamen Wirtschaftsführung auch zur Deckung des Unterhaltsbedarfs eines minderjährigen Kindes verwenden. Mit Rücksicht auf die gesteigerte Unterhaltspflicht darf er diese Mittel – ähnlich wie eine **Abfindung** bei Ausscheiden aus einem Arbeitsverhältnis (vgl. dazu Rn 1/71 ff) – für seinen eigenen Bedarf nur sparsam einsetzen, um den notwendigen Unterhalt des Minderjährigen möglichst bis zur Volljährigkeit sicherstellen zu können.[104] 257

Ein Elternteil, der selbst unterhaltsberechtigt ist und Ehegattenunterhalt erhält, muß u. U. auch diesen **Unterhalt** bis zur Höhe seines notwendigen Selbstbehalts für den Unterhalt eines minderjährigen Kindes verwenden, wenn und soweit die gesteigerte Unterhaltspflicht nach § 1603 II 1 BGB besteht.[105] Näheres dazu vgl. Rn 148 ff, 172 ff. 258

Die erweiterte Unterhaltsverpflichtung gebietet es, die Leistungsfähigkeit unabhängig davon zu beurteilen, woher die zur Verfügung stehenden Mittel stammen. Dies rechtfertigt es, auch ein **Schmerzensgeld**, das der unterhaltspflichtige Elternteil erhalten hat, zu den Mitteln zu rechnen, deren Einsatz ihm nach § 1603 II 1 BGB zugemutet wird. Wenn der Verpflichtete während des Unterhaltszeitraumes noch unter fortdauernden schweren Behinderungen zu leiden hat, kann der Ausgleichsfunktion des Schmerzensgeldes durch eine maßvolle, die Belange des Kindes mitberücksichtigende Anhebung des notwendigen Selbstbehalts Rechnung getragen werden.[106] Zum Einsatz des Vermögens vgl. Rn 262. 259

Das minderjährige Kind, das nur den Mindestunterhalt nach der Düsseldorfer Tabelle verlangt, braucht seinen Bedarf nicht weiter darzulegen. Der Barunterhaltspflichtige hat demgegenüber **darzulegen und zu beweisen**, daß er trotz der gebotenen Anstrengungen (vgl. Rn 248 ff) nicht in der Lage ist, den Mindestbedarf zu befriedigen.[107] Seit dem 1. 7. 1998 dürfte dieser Grundsatz dahin zu erweitern sein, daß der Schuldner darzulegen und zu beweisen hat, daß er das Existenzminimum des Kindes nicht decken kann. Vgl. dazu Rn 127 c. 259a

2. Notwendiger Selbstbehalt bei gesteigerter Unterhaltspflicht

Im Rahmen der gesteigerten Unterhaltspflicht nach § 1603 II 1 BGB haben Eltern gleichsam das „Letzte" mit ihren minderjährigen Kindern zu teilen. Dasselbe gilt hinsichtlich der privilegiert volljährigen Kinder im Sinne des § 1603 II 2 BGB (vgl. dazu Rn 452 ff). Die Unterhaltsverpflichtung der Eltern findet erst dort ihre Grenze, wo die Möglichkeit der eigenen Fortexistenz in Frage gestellt wäre und ihnen nicht mehr die 260

---

[99] BGH, FamRZ 1994, 372 ff = R 473 c
[100] BGH, FamRZ 1994, 372 ff = R 473 c
[101] OLG Düsseldorf, FamRZ 1991, 220
[102] FamRZ 1997, 281, 283 = R 509 f; FamRZ 1993, 1304, 1306 = R 464 b
[103] FamRZ 1993, 1481
[104] BGH, FamRZ 1987, 930 = R 328 a
[105] BGH, FamRZ 1985, 1243 = NJW 1986, 186
[106] BGH, FamRZ 1989, 170, 172 = R 379 b
[107] BGH, FamRZ 1998, 357, 359

Mittel zur Bestreitung des unentbehrlichen Lebensbedarfs, also des **Existenzminimums**, verbleiben würden.[108] Den Eltern dürfen also die Mittel für ihren eigenen notwendigen Lebensbedarf nicht genommen werden. Die Düsseldorfer Tabelle spricht in diesem Zusammenhang vom **notwendigen Eigenbedarf (Selbstbehalt)** des Verpflichteten (DT A 5 I). Gebräuchlich ist auch die Bezeichnung „kleiner Selbstbehalt". Diese „untere Opfergrenze" wird weniger durch die individuellen Lebensumstände des Verpflichteten als vielmehr durch das Erfordernis bestimmt, die Grenze seiner Inanspruchnahme generalisierend festzulegen.[109] Zur Bemessung des notwendigen Selbstbehalts vgl. Rn 263 ff.

261 Das **Existenzminimum** wird im wesentlichen durch den **Sozialhilfebedarf** bestimmt. Hiervon geht auch der Bericht der Bundesregierung über die Höhe des steuerfrei zu lassenden Existenzminimums von Kindern und Familien für das Jahr 1999[110] aus. Der dort angenommene Betrag von 12 624,– DM pro Jahr, also von rund 1050,– DM pro Monat, für eine Einzelperson kann gleichwohl nicht für das Unterhaltsrecht übernommen werden, da der Bericht offensichtlich zu niedrige Wohnkosten zugrunde legt.[111] Zu den Wohnkosten vgl. Rn 268, zum Existenzminimum für das unterhaltsberechtigte Kind Rn 127 a. Abzustellen ist also für die Bemessung des Existenzminimums im Unterhaltsrecht auf die Sozialhilfe, die der Unterhaltspflichtige erhalten könnte. Daher kann niemand unterhaltspflichtig sein, der bei Zahlung von Unterhalt selbst Sozialhilfe in Anspruch nehmen müßte.[112] Dieser schon früher geltende Grundsatz findet seinen Niederschlag in der sich gerade an den Familienrichter wendenden Neufassung des § 91 II 1 BSHG durch Art. 7 Nr. 22 des Gesetzes zur Umsetzung des Föderalen Konsolidierungsprogramms vom 23. 6. 1993 – BGBl. I 944, 952. Genaueres dazu Rn 6/506, 523 ff. In den in der Praxis verwendeten Unterhaltstabellen und Leitlinien wird deshalb der notwendige Selbstbehalt mit einem Betrag angesetzt, der die Sätze der Sozialhilfe maßvoll übersteigt.[113] Liegt die Sozialhilfe, die der Unterhaltsschuldner erhalten könnte, wenn er selbst bedürftig wäre, unter dem notwendigen Selbstbehalt, der ihm nach den Tabellen und Leitlinien verbleibt, muß dieser Selbstbehalt im Einzelfall angemessen erhöht werden.[114] Dies gilt jedoch nur zugunsten des Unterhaltspflichtigen selbst, nicht auch zugunsten weiterer Unterhaltsberechtigter, die mit ihm in einer Haushaltsgemeinschaft leben. Das Verhältnis mehrerer Berechtigter untereinander wird allein durch die Rangvorschriften (§§ 1582, 1609 BGB) bestimmt.[115] Vgl. auch unten Rn 269, 6/570, 573. Damit weicht das Unterhaltsrecht in einem wichtigen Punkt vom Sozialhilferecht ab, das die Mitglieder der sogenannten Bedarfsgemeinschaft bei der Bemessung des sozialhilferechtlichen Bedarfs des Hilfeempfängers mit berücksichtigt (vgl. Rn 6/543, auch 6/517 f, 573).

261a Ist der Schuldner in einem Heim untergebracht und wird sein Einkommen vom Sozialhilfeträger bis unter den notwendigen Selbstbehalt für die Unterbringungs- und Pflegekosten in Anspruch genommen, so kann er vom Sozialhilfeträger die teilweise Freistellung seiner Einkünfte nach § 85 I Nr. 3 BSHG verlangen, damit er seiner Unterhaltspflicht nachkommen kann (vgl. Rn 6/538). Nach Auffassung des BSG[116] kann der Schuldner zu einem solchen Antrag unterhaltsrechtlich verpflichtet und damit ganz oder teilweise leistungsfähig sein. Der BGH[117] hat demgegenüber eine solche unterhaltsrechtliche Verpflichtung verneint. Sie kann entgegen der Meinung des BSG allenfalls unter ganz besonderen Umständen vorliegen.

262 Der barunterhaltspflichtige Elternteil ist verpflichtet, den **Stamm seines Vermögens** einzusetzen, wenn er den Unterhalt des Kindes nicht durch Erwerbstätigkeit aufbringen

---

[108] BGH, FamRZ 1994, 372 ff = R 473 c
[109] BGH, FamRZ 1982, 365 = NJW 1982, 1050
[110] BT-Drs. 13/9561 S. 2
[111] AaO, S. 4
[112] BGH, FamRZ 1996, 1272 = R 507 b; FamRZ 1990, 849 = R 419
[113] BGH, FamRZ 1984, 1000 = R 210
[114] Seetzen, NJW 1994, 2505, 2508 m.w.N.; Hampel, Bemessung des Unterhalts an Hand von Unterhaltstabellen und Leitlinien der Oberlandesgerichte, 1994, Rn 95
[115] BGH, FamRZ 1996, 1272 = R 507 b
[116] FamRZ 1996, 1404
[117] FamRZ 1990, 849 = R 419

5. Abschnitt: Der Unterhaltsanspruch minderjähriger Kinder § 2

kann. Eine Verwertung des Vermögensstammes kann allerdings nicht verlangt werden, wenn diese den Unterhaltsverpflichteten von fortlaufenden Einkünften abschneiden würde, die er zur Bestreitung seines eigenen Unterhalts benötigt. Auch im Rahmen der erweiterten Unterhaltspflicht darf der Vermögensstamm zur Befriedigung des Mindestbedarfs eines Kindes nur dann herangezogen werden, wenn unter Berücksichtigung der voraussichtlichen Lebensdauer und unter Einbeziehung etwa zu erwartender künftiger Erwerbsmöglichkeiten der notwendige Eigenbedarf des Verpflichteten bis an dessen Lebensende gesichert bleibt.[118] Vgl. auch Rn 1/320. Zur Verpflichtung, im Rahmen der gesteigerten Unterhaltspflicht auch erhaltenes Schmerzensgeld einzusetzen, vgl. Rn 259 und 1/382.

Nach diesen Grundsätzen muß der Schuldner auch Grundeigentum durch Verkauf oder Belastung verwerten, um den Unterhalt des minderjährigen Kindes zu sichern. Der Plan, auf dem Grundstück ein Wohngebäude zu errichten, muß demgegenüber zurücktreten.[119]

3. Die Bemessung des notwendigen Selbstbehalts nach den Tabellen und Leitlinien der Oberlandesgerichte

Nach der Rechtsprechung des BGH[120] ist die Bemessung des notwendigen Selbstbehalts Sache des Tatrichters. Diesem ist es nicht verwehrt, sich dabei an Erfahrungs- und Richtwerte in Unterhaltsleitlinien anzulehnen, sofern nicht im Einzelfall besondere Umstände eine Abweichung bedingen (vgl. auch Rn 1/3 ff). **263**

Die Oberlandesgerichte des alten Bundesgebiets gehen bis auf wenige Ausnahmen (vgl. unten Rn 266) von den Beträgen der **Düsseldorfer Tabelle** für den **notwendigen Selbstbehalt** aus. Sie unterscheiden zwischen dem notwendigen Selbstbehalt des erwerbstätigen und des nicht erwerbstätigen Unterhaltsschuldners. **264**

Die Sätze für den notwendigen Selbstbehalt betragen:
- **ab 1. 1. 1996:**
  - 1500,– DM als notwendiger Selbstbehalt eines **Erwerbstätigen**.
  - 1300,– DM als notwendiger Eigenbedarf eines **Nichterwerbstätigen**.

  Diese Beträge sind bei den Änderungen der Tabelle zum 1. 7. 1998 und 1. 7. 1999 nicht verändert worden.[121] So die Tabellen und Leitlinien folgender Oberlandesgerichte: OLG Düsseldorf (DT A 5 I), OLG Bamberg, OLG München, OLG Nürnberg (BayL 11), KG Berlin (BL E), OLG Bremen (BrL II 7), OLG Celle (CL IV 1), OLG Hamburg (HaL 3 II), OLG Hamm (HL 20), OLG Köln (KL 46) und alle Oberlandesgerichte, die die DT anwenden.
- **vom 1. 7. 1992 bis 31. 12. 1995:**
  - 1300,– DM als notwendiger Selbstbehalt eines Erwerbstätigen.
  - 1150,– DM als notwendiger Eigenbedarf eines Nichterwerbstätigen.

  Vgl. dazu die Zitate Rn 264.

Abweichende Beträge für den notwendigen Selbstbehalt setzen an: **265**
- das OLG **Frankfurt** einheitlich für erwerbstätige und nicht erwerbstätige Schuldner ab 1. 1. 1996 1500,– DM (FL E 1),[122] vom 1. 7. 1992 bis 31. 12. 1995 1250,– DM (FT A 5),
- das OLG **Oldenburg** einheitlich für erwerbstätige und nicht erwerbstätige Schuldner ab 1. 1. 1996 1300,– DM, vom 1. 7. 1992 bis 31. 12. 1995 1150,– DM (OL VI 1),
- das OLG **Schleswig** einheitlich für erwerbstätige und nicht erwerbstätige Schuldner ab 1. 1. 1996 1400,– DM, vom 1. 7. 1992 bis 31. 12. 1995 1300,– DM (SchL D 2).
- Die **Oberlandesgerichte der neuen Bundesländer** legen niedrigere Selbstbehaltssätze zugrunde. Vgl. dazu Rn 6/626.

---

[118] BGH, FamRZ 1989, 170 = R 379 a; OLG Karlsruhe, NJW-FER 1999, 23
[119] OLG Dresden, FamRZ 1999, 396
[120] FamRZ 1982, 365 = NJW 1982, 1050
[121] Vgl. dazu Scholz, FamRZ 1998, 797; 1999, 1177
[122] Der 6. Familiensenat des OLG Frankfurt in Darmstadt geht einheitlich von einem notwendigen Selbstbehalt von 1600,– DM aus (vgl. FamRZ 1999, 1049).

266 Der höhere notwendige Selbstbehalt eines Erwerbstätigen steht auch einem **Umschüler** zu, wenn die Umschulung seine volle Arbeitskraft in Anspruch nimmt und er etwa den gleichen Aufwand wie ein Erwerbstätiger hat, z. B. weil er günstige Einkaufsangebote aus Zeitmangel nicht nutzen kann oder er sich besser als ein Nichterwerbstätiger kleiden muß.[123] Auch ein **Arbeitsloser**, der sich intensiv um eine neue Stelle bewirbt, kann in derselben Lage sein, wenn sein Bemühungen wirklich intensiv sind und er sich bei Vorstellungsgesprächen wie ein Berufstätiger verhalten muß. Dann wird man ihm den notwendigen Selbstbehalt von 1500,– DM nicht verwehren können.

267 Der um 200,– DM höhere Selbstbehalt für einen erwerbstätigen Schuldner (vgl. die unter Rn 264 aufgeführten Tabellen und Leitlinien) ist in erster Linie ein **Anreiz**, seine Erwerbstätigkeit nicht aufzugeben und sich statt dessen mit Sozialhilfe zu begnügen.[124] Dagegen werden konkret bezifferbare berufsbedingte Aufwendungen nicht durch den Zuschlag von 200,– DM berücksichtigt. Vielmehr werden beim Pflichtigen, der sein Einkommen aus unselbständiger Arbeit bezieht, bezifferbare berufsbedingte Aufwendungen von diesen Einkünften vorab abgezogen, und zwar entweder pauschal 5 %, mindestens 90,– DM, höchstens aber 260,– DM (so die Düsseldorfer Tabelle – DT A 3 – und die ihr folgenden Tabellen und Leitlinien).[125] Genaueres zu den berufsbedingten Ausgaben vgl. Rn 1/87 ff.

> **Beispiel:**
> Erwerbseinkommen des Schuldners 2000,– DM. Anrechenbar sind 2000,– DM – 5 % = 1900,– DM. Unter Berücksichtigung des Selbstbehalts von 1500,– DM stehen 400,– DM für den Kindesunterhalt zur Verfügung.

Der Trennung zwischen berufsbedingten Ausgaben und Erwerbstätigenzuschlag, wie sie die Düsseldorfer Tabelle vorsieht, entspricht die Einkommensermittlung nach § 76 BSHG. Nach § 76 II Nr. 4 BSHG sind die mit der Erzielung des Einkommens verbundenen notwendigen Ausgaben, in der Systematik der Düsseldorfer Tabelle (A 3) also die berufsbedingten Ausgaben, abzusetzen. Weiter sind nach § 76 II a Nr. 1 BSHG für Erwerbstätige Beträge in jeweils angemessener Höhe vom Einkommen abzuziehen. Dieser Abzug für Erwerbstätige, der in den meisten Fällen 273,50 DM beträgt (Rn 6/532), entspricht in seiner Funktion dem Zuschlag von 200,– DM, der nach A 5 I der Düsseldorfer Tabelle dem Erwerbstätigen beim Selbstbehalt gewährt wird. Er wird allerdings im Rahmen der sozialhilferechtlichen Vergleichsberechnung seit dem 1. 8. 1996 nicht mehr zugunsten des Schuldners berücksichtigt. Genaueres zur Einkommensermittlung nach dem BSHG vgl. Rn 6/527 ff.

267 a Der Schuldner hat keinen Anspruch darauf, daß ihm neben dem notwendigen Selbstbehalt auch die ihm zustehende Kindergeldhälfte (§ 1612 b I BGB) verbleibt. Vielmehr hat er das **Kindergeld** ganz oder teilweise einzusetzen, wenn er nur auf diese Weise den Regelbetrag, der dem Richtsatz der ersten Einkommensgruppe der Düsseldorfer Tabelle entspricht, aufbringen kann. Dies folgt aus § 1612 b V BGB. Vgl. dazu Rn 509.

> **Beispiel:**
> V verfügt über ein bereinigtes Einkommen von 1885,– DM. Er ist nur einem 15jährigen Kind unterhaltspflichtig. Da ihm 1500,– DM verbleiben, kann er den Regelbetrag von 510,– DM – 125,– DM anteiliges Kindergeld = 385,– DM aufbringen. Eine Höhergruppierung kommt trotz der Unterhaltspflicht nur gegenüber einem Kind nicht in Betracht, da der Bedarfskontrollbetrag einer höheren Einkommensgruppe nicht gewahrt ist. Vgl. dazu Rn 239 f.

268 In den Selbstbehaltssätzen sind **Wohnkosten** enthalten. Diese wurden früher nur in den Leitlinien einiger Oberlandesgerichte, zudem mit unterschiedlichen Beträgen, nicht dagegen in der Düsseldorfer Tabelle offen ausgewiesen.[126] Dies wurde bei der Neufassung der Tabelle zum 1. 1. 1996 geändert. Nunmehr sind im Selbstbehalt von 1500,– DM bzw. 1300,– (Rn 264) bis **650,– DM** Miete einschließlich umlagefähiger Nebenkosten und

---

[123] OLG Hamm, FamRZ 1999, 1015; anders OLG Dresden, FamRZ 1999, 1015
[124] Scholz, FamRZ 1993, 125, 132; vgl. auch BGH, FamRZ 1997, 806 = R 512 g
[125] Scholz, FamRZ 1993, 125, 131
[126] Vgl. 3. Aufl., Rn 2/268

5. Abschnitt: Der Unterhaltsanspruch minderjähriger Kinder §2

Heizung (**Warmmiete**) enthalten. Der Selbstbehalt kann angemessen erhöht werden, wenn dieser Betrag im Einzelfall erheblich überschritten wird und dies nicht vermeidbar ist (DT A 5; DL 27). Dem sind die Oberlandesgerichte Bamberg, München und Nürnberg (BayL 20 g), Bremen (BrL II 7), Frankfurt (FL III E 1), Hamburg (HaL 3 II), Hamm (HL 20) sowie Köln (KL 6) gefolgt.

Zu den Wohnkosten im Beitrittsgebiet vgl. Rn 6/627.

Eine **Erhöhung der Selbstbehaltssätze** kommt vor allem dann in Betracht, 269
- wenn die **Wohnkosten** des Schuldners **überhöht sind,** also über dem im Selbstbehalt enthaltenen Ansatz von 650,– DM liegen (vgl. dazu soeben Rn 268).[127] Allerdings ist, wie sich aus der Formulierung in der Düsseldorfer Tabelle (A 5) ergibt, Zurückhaltung geboten. Die Überschreitung des Betrages von 650,– DM monatlich für Warmmiete muß erheblich und unvermeidbar sein. Der Schuldner ist gehalten, sich um eine preisgünstigere Wohnung zu bemühen und die Wohnkosten durch die Inanspruchnahme von Wohngeld zu senken.[128] Er hat darzulegen und zu beweisen, daß er dieser Obliegenheit nachgekommen ist. Als Anhalt für einen noch angemessenen Mietpreis können die Bestimmungen des Wohngeldgesetzes dienen. Die Wohnkosten dürfen auf Dauer nicht höher sein als die nach dem Wohngeldgesetz zu berücksichtigenden Aufwendungen;[129]
- wenn die **Sozialhilfe**, die der Schuldner erhalten könnte, **über dem notwendigen Selbstbehalt** nach den Unterhaltstabellen und Leitlinien liegt (vgl. dazu oben Rn 261, 264, 266 und 6/571). Dies kann insbesondere in Betracht kommen, wenn die Wohnkosten zu hoch sind. Aber auch im Sozialhilferecht werden auf Dauer nur Wohnkosten anerkannt, die sich im Rahmen der durch das Wohngeldgesetz zu berücksichtigenden Aufwendungen halten.[130]

Eine **Herabsetzung des notwendigen Selbstbehalts** ist möglich, wenn der Schuldner 270 im Einzelfall deutlich geringere Kosten hat, als in den Tabellensätzen berücksichtigt sind. Dies kann der Fall sein, wenn er mit einem neuen Partner in einer ehelichen oder nichtehelichen Gemeinschaft lebt und dadurch **Ersparnisse durch eine gemeinsame Haushaltsführung** entstehen.[131] Dagegen kommt eine Herabsetzung des Selbstbehalts nicht schon dann in Betracht, wenn der Schuldner in einem bescheidenen Zimmer wohnt und deshalb weniger als 650,– DM im Monat für die Warmmiete aufwenden muß. Es muß dem Pflichtigen überlassen bleiben, wie er sich innerhalb des ohnehin kargen notwendigen Selbstbehalts arrangiert. Ihm kann nicht verwehrt werden, für die Wohnung wenig auszugeben, sich dafür aber andere Annehmlichkeiten zu verschaffen. Auch ist eine pauschale Herabsetzung des notwendigen Selbstbehalts unter Hinweis auf den ländlichen Lebensbereich des Schuldners unzulässig.[132]

Ist der Schuldner auf Dauer in einem **Pflegeheim** untergebracht und werden die Kosten durch Leistungen der Pflegeversicherung und sein Einkommen gedeckt, so braucht ihm nicht der notwendige Selbstbehalt in vollem Umfang belassen zu werden. Es genügt, wenn er einen Betrag behält, der seine restlichen Bedürfnisse im Heim deckt.

Beispiel:
Der schwerst pflegebedürftige Vater (V), der 2 Kindern von 13 und 17 Jahren unterhaltspflichtig ist, verfügt über eine Rente von 4000,– DM. Leistungen der Pflegeversicherung 3000,– DM. Heimkosten 5500,– DM. V bleiben 1500,– DM, die er angesichts des weitgehend gedeckten Lebensbedarfs und seiner höchst eingeschränkten sonstigen Bedürfnisse nicht in Höhe des notwendigen Selbstbehalts von 1300,– DM, sondern z. B. nur noch in Höhe von 500,– DM benötigt. V kann daher den Kindern unter teilweisem Einsatz seines Kindergeldanteils (vgl. Rn 267 a, 509) den Mindestunterhalt von je 510,– DM abzüglich 125,– DM Kindergeldanteil zahlen.

---

[127] BGH, FamRZ 1984, 1000 L = NJW 1984, 1614 = R 210; OLG Bamberg, FamRZ 1993, 66
[128] OLG Bamberg, FamRZ 1993, 66
[129] KG, FamRZ 1994, 1047
[130] KG, FamRZ 1994, 1047
[131] BGH, FamRZ 1998, 286, 288 = R 518 a; vgl. auch BGH, FamRZ 1995, 344 = R 488 c; FamRZ 1995, 343 = R 489 b, c; FamRZ 1991, 182 = R 430 d
[132] OLG Düsseldorf, FamRZ 1999, 1020; anders OLG Dresden, FamRZ 1999, 1015; KL 6

4. Keine gesteigerte Unterhaltsverpflichtung bei Vorhandensein eines anderen leistungsfähigen Verwandten

271 **a) Angemessener Bedarf der Eltern als Haftungsgrenze.** Die gesteigerte Haftung tritt nicht ein, wenn weitere leistungsfähige unterhaltspflichtige Verwandte (z. B. Großeltern) vorhanden sind, denen auch bei Unterhaltsleistung ihr eigener angemessener Unterhalt verbleibt (§ 1603 II 3 BGB). Die Eltern haften in diesem Fall nur dann ihrem minderjährigen Kind auf Barunterhalt, wenn und soweit ihr Einkommen ihren eigenen angemessenen Unterhalt übersteigt.

272 Der angemessene Bedarf der Eltern ist nach § 1603 I BGB, nicht dagegen nach § 1578 BGB zu bemessen. Er ist daher entgegen der 2. Auflage[133] nicht mit dem eheangemessenen Unterhalt identisch.[134] Vgl. dazu auch Rn 148, 416, 5/62a. Dies geht schon deshalb nicht an, weil der eheangemessene Bedarf – vom Mangelfall abgesehen (Rn 241, 4/189a) – durch die Unterhaltspflicht gegenüber minderjährigen Kindern bestimmt wird und der Kindesunterhalt daher in der Regel vor Bemessung des Bedarfs vom bedarfsprägenden Einkommen abgezogen wird (vgl. dazu Rn 241, 4/188ff). Der angemessene Bedarf gegenüber minderjährigen Kindern wird daher nach der Düsseldorfer Tabelle analog DT A 5 II, der ausdrücklich nur den großen Selbstbehalt gegenüber dem volljährigen Kind festlegt, auf **1800,– DM** festzulegen sein.[135] Zu den abweichenden Selbstbehaltssätzen verschiedener Oberlandesgerichte vgl. Rn 419f.

273 **b) Großeltern als andere unterhaltspflichtige Verwandte.** Sind Eltern außerstande, ohne Gefährdung ihres eigenen angemessenen Bedarfs von 1800,– DM den Unterhalt des Kindes zu decken, kommt in der Praxis vor allem eine Haftung der Großeltern, in der Regel des Großvaters, nach § 1603 II 3 BGB in Betracht. Der Umfang des Unterhaltsanspruchs des Kindes richtet sich auch in diesem Fall nach der Lebensstellung der Eltern, nicht nach den möglicherweise deutlich besseren Einkommens- und Vermögensverhältnissen des Großvaters (vgl. Rn 108ff, 612). Sind die Eltern nicht leistungsfähig, wird der Unterhalt des Enkelkindes in der Regel nicht über den Regelbetrag hinausgehen.[136] Naturgemäß muß auch dem Großvater sein eigener angemessener Bedarf verbleiben. Eine unterschiedslose Festsetzung des angemessenen Selbstbehalts der Eltern und der Großeltern würde dazu führen, daß ein minderjähriges Kind schon dann seinen leistungsfähigen **Großvater** in Anspruch nehmen könnte, wenn seinem Vater bei Erfüllung der Unterhaltspflicht weniger als 1800,– DM verbleiben würden (und die Mutter nicht über Einkommen verfügt). Unbillige Ergebnisse können dadurch vermieden werden, daß der angemessene Selbstbehalt anderer unterhaltspflichtiger Verwandter, insbesondere der Großeltern, die ohnehin ihren Enkeln nicht verschärft haften und im allgemeinen nicht damit rechnen müssen, von diesen auf Unterhalt in Anspruch genommen zu werden, über den Tabellensatz von 1800,– DM hinaus erhöht wird. Es spricht viel dafür, die Sätze heranzuziehen, die seit dem 1. 7. 1998 in Abschnitt D 1 der Düsseldorfer Tabelle für den angemessenen Selbstbehalt der Kinder gegenüber ihren bedürftigen Eltern aufgeführt sind. Entgegen Pauling (Rn 620) sollte dies auch dann gelten, wenn die Enkel minderjährig sind und sich nicht selbst helfen können. Gegen eine Erhöhung des angemessenen Selbstbehalts der Großeltern bestehen keine Bedenken, da der BGH[137] schon eine maßvolle Anhebung des angemessenen Bedarfs volljähriger Kinder für zulässig erachtet hat, wenn sie von ihren betagten und pflegebedürftigen Eltern auf Unterhalt in Anspruch genommen werden. Dem entspricht die Praxis der Sozialämter.[138] Der **angemessene Selbstbehalt**

---

[133] Wendl/Staudigl, 2. Aufl., S. 172
[134] BGH, FamRZ 1990, 260, 264 = R 399b
[135] Vgl. OLG Düsseldorf, FamRZ 1992, 92 = NJW-RR 1992, 2, das den angemessenen Bedarf eines Elternteils nach der Düsseldorfer Tabelle Stand: 1. 1. 1989 mit 1400,– DM angenommen hat.
[136] Erdrich in Scholz/Stein, Praxishandbuch Familienrecht, Teil J Rn 25
[137] FamRZ 1992, 795, 797 = NJW 1992, 1393, allerdings ohne Nennung eines bestimmten höheren Selbstgehalts
[138] Nr. 114 der Empfehlungen des Deutschen Vereins für öffentliche und private Fürsorge für die Heranziehung Unterhaltspflichtiger in der Sozialhilfe, FamRZ 1995, 1327, die den Selbstbehalt von 1600,– DM nach der Düsseldorfer Tabelle, Stand: 1. 7. 1992 um 20 % auf 1920,– DM erhöhen.

anderer unterhaltspflichtiger Verwandter (mit Ausnahme der Eltern) sollte daher auf 2250,– DM festgesetzt werden. So auch Pauling Rn 620. Im erhöhten Selbstbehalt von 2250,– DM ist ebenfalls ein Betrag von bis zu 800,– DM als Warmmiete enthalten. Darüber hinausgehende Mietkosten sind in der Regel anzuerkennen (vgl. dazu Rn 620). Dies gilt jedenfalls dann, wenn der andere unterhaltspflichtige Verwandte den Mietvertrag unterschrieben oder das Eigenheim erworben hat, bevor er von seinem Enkelkind auf Unterhalt in Anspruch genommen worden ist.

Die Haftung der anderen Verwandten, insbesondere des Großvaters, wird auch dadurch eingeschränkt, daß dem Unterhaltsanspruch des Enkels der Anspruch des Ehegatten, also der Großmutter, vorgeht (§ 1609 II 1 BGB). Wenn beim Volljährigenunterhalt der angemessene Unterhalt des Ehegatten des Vaters des Kindes mit 1400,– DM angenommen wird (vgl. Rn 3/69, auch 2/188),[139] dann erscheint es angezeigt, den angemessenen Unterhalt der Ehefrau des nur aushilfsweise haftenden Großvaters analog Abschnitt D der Düsseldorfer Tabelle mit 1750,– DM anzusetzen. Auch darin ist ein Wohnkostenanteil enthalten, der 600,– DM beträgt. Vgl. im übrigen auch zur ähnlichen Problematik des Unterhaltsanspruchs der Eltern gegen ihre verheirateten Kinder Rn 2/625.

Beispiel:
Pension des Großvaters netto 4200,– DM. Unterhaltspflicht gegenüber der Ehefrau (Großmutter). Schuldendienst für ein Einfamilienhaus 1400,– DM. Der Enkel fordert Unterhalt, weil die Mutter verstorben und der erwerbsunfähige Vater seinen eigenen angemessenen Bedarf von 1800,– DM nicht decken kann.
Der Großvater darf zunächst seinen angemessenen Bedarf von 2250,– DM und denjenigen seiner Ehefrau von 1750,– DM decken. Da in diesen Beträgen Wohnkosten bereits mit rund 800,– DM bzw. 600,– DM enthalten sind, können weitere Kosten nicht berücksichtigt werden.
Der Großvater ist also nur in Höhe von 4200 – 2250 (angemessener Eigenbedarf) – 1750 (angemessener Bedarf seiner Ehefrau) = 200,– DM leistungsfähig.

c) Haftung des betreuenden Elternteils. Ein anderer unterhaltspflichtiger Verwandter i. S. des § 1603 II 3 BGB kann auch der **andere Elternteil** sein, sofern dieser bei Berücksichtigung seiner sonstigen Verpflichtungen in der Lage ist, den Barunterhalt des Kindes ohne Gefährdung seines eigenen angemessenen Unterhalts zu leisten.[140] Dann kann die verschärfte Unterhaltspflicht des nicht betreuenden Elternteils entfallen. Der andere Elternteil erfüllt zwar bei minderjährigen Kindern in der Regel seine Unterhaltspflicht in vollem Umfang durch deren Pflege und Erziehung (zur Gleichwertigkeit von Betreuungs- und Barunterhalt vgl. Rn 11 ff). Dies gilt aber nicht, wenn die Inanspruchnahme des grundsätzlich barunterhaltspflichtigen Elternteils zu einem **erheblichen finanziellen Ungleichgewicht** zwischen den Eltern führen würde, weil er wesentlich geringere Einkünfte hat als der betreuende Elternteil, der in deutlich günstigeren wirtschaftlichen Verhältnissen lebt. In einem solchen Fall kann die Barunterhaltspflicht des nicht betreuenden Elternteils insbesondere dann entfallen oder sich ermäßigen, wenn er zur Unterhaltszahlung nicht ohne Beeinträchtigung seines eigenen angemessenen Unterhalts in der Lage wäre, während der andere Elternteil neben der Betreuung des Kindes auch den Barunterhalt leisten könnte, ohne daß dadurch sein eigener angemessener Unterhalt gefährdet würde.[141] Dies entspricht auch den Leitlinien zahlreicher Oberlandesgerichte, so der OLGe Bamberg, München und Nürnberg (BayL 14 b), des OLG Celle (CL II 1), des OLG Düsseldorf (DL 15), des OLG Frankfurt (FL III B 2), des OLG Hamm (HL 23 S. 2), des OLG Köln (KL 12) und des OLG Schleswig (SchL B 7 a). Vgl. dazu Beispiel Rn 280.

---

[139] Scholz, FamRZ 1993, 125, 134; Familienrecht '96 S. 445, 476 f.
[140] BGH, FamRZ 1999, 286, 288 = R 518 a; FamRZ 1991, 182 = R 430 a; OLG Bamberg, FamRZ 1995, 566; OLG Düsseldorf, FamRZ 1992, 92 = NJW-RR 1992, 2
[141] BGH, FamRZ 1999, 286, 288 = R 518 a; FamRZ 1991, 182 = R 430 a

Beispiel:
Einkommen des betreuenden Vaters (V) 2160,– DM, der Mutter (M) 1800,– DM. Bedarf des 5jährigen Kindes nach DT I/1 355,– DM. V könnte den Barunterhalt ohne Beeinträchtigung seines angemessenen Bedarfs von 1800,– DM zahlen und behielte dann nur 5,– DM mehr als M.

In einem solchen Fall kommt eine Beteiligung des betreuenden Elternteils am Barunterhalt nur dann in Betracht, wenn ein erheblicher Unterschied zwischen den Einkünften der Eltern besteht.[142] Im Beispielsfall scheidet mithin eine Beteiligung des Vaters am Barunterhalt aus. Die Mutter hat daher 355,-- DM abzüglich 125,-- DM (Kindergeldanteil) = 230,-- DM zu zahlen, wenn der Vater das Kindergeld bezieht. Ihr verbleiben 1570,-- DM.

Der **angemessene Eigenbedarf der Eltern** ist grundsätzlich mit 1800,– DM anzusetzen (vgl. Rn 272), nicht dagegen mit dem notwendigen Selbstbehalt von 1500,– DM,[143] wie es ausnahmsweise bei beiderseitiger Barunterhaltspflicht infolge Fremdbetreuung in Betracht kommt (vgl. Rn 299). Der angemessene Selbstbehalt kann ermäßigt werden, wenn der Bedarf des Elternteils durch gemeinsame Haushaltsführung mit seinem erwerbstätigen (Ehe-)Partner geringer ist als bei einer Einzelperson.[144] Vgl. dazu auch Rn 270. Eine Erhöhung des angemessenen Eigenbedarfs von 1800,– DM für den betreuenden Ehegatten, wie oben Rn 273 für die Großeltern vorgeschlagen, kommt dagegen nicht in Betracht. Zu Recht hat der BGH[145] darauf hingewiesen, daß sich der betreuende Elternteil auch im Rahmen des § 1603 I BGB Einschränkungen zugunsten seiner minderjährigen Kinder gefallen lassen muß, sofern das Einkommen des nicht betreuenden Elternteils nicht ausreicht, um seinen eigenen angemessenen Bedarf von ebenfalls 1800,– DM zu befriedigen.

275   d) **Betreuungskosten.** Das Einkommen des betreuenden Elternteils, der auch zum Barunterhalt herangezogen werden soll, ist ggf. vor Vergleich der beiderseitigen Einkünfte um die Kosten der Betreuung des Kindes zu bereinigen. Dabei ist zu unterscheiden zwischen dem Betreuungsaufwand, der als Mehrbedarf Teil des Kindesunterhalts ist, z. B. dem Aufwand, der durch die Heranziehung von Pflegepersonen bei einem behinderten Kind entsteht, und den Kosten für die Betreuung, die der betreuende Ehegatte aufwendet, um selbst berufstätig sein zu können. Dazu gehören z. B. die Vergütung für eine Tagesmutter, deren Heranziehung ohne die Berufstätigkeit des betreuenden Elternteils nicht erforderlich wäre (vgl. Rn 1/107, 4/193), oder die Betreuung des Kindes in einer Kindertagesstätte oder einem Hort während der Arbeitszeit.[146] Da **Kindergartenkosten** sich nach dem Einkommen des betreuenden Elternteils richten[147] und daher in der Regel nur anfallen, wenn dieser über nennenswertes Einkommen aus Berufstätigkeit verfügt, sind sie im allgemeinen nicht Mehrbedarf des Kindes, sondern Betreuungsaufwand des betreuenden Elternteils. Nur die letztgenannten Kosten sind vom Einkommen des betreuenden Ehegatten abzuziehen. Dagegen ist der Aufwand für die Betreuung eines behinderten Kindes Mehrbedarf des Kindes und daher Teil des Kindesunterhalts.[148] Näheres zum Mehrbedarf des Kindes Rn 133 ff, 226, 294 f, 317 ff, 321 und 1/505 ff.

Das Einkommen des betreuenden Elternteils kann, wenn sich die Betreuung zwar ohne konkreten Kostenaufwand, aber nur unter besonderen Erschwernissen bewerkstelligen läßt, um einen **Betreuungsbonus** (vgl. Rn 13 und 4/193) gemindert werden.[149] Schließlich kann das Einkommen des betreuenden Elternteils zum Teil aus **unzumutbarer Erwerbstätigkeit** (vgl. Rn 1/443 ff) stammen und dann nur teilweise anzurechnen

---

[142] OLG Düsseldorf, FamRZ 1992, 92 = NJW-RR 1992, 2 im Anschluß an BGH, FamRZ 1991, 182 = R 430 a, b; anderer Ansicht offenbar Hampel, Bemessung des Unterhalts, Rn 496
[143] Anders OLG Bamberg, FamRZ 1995, 566
[144] BGH, FamRZ 1999, 286, 288 = R 518 a
[145] BGH, FamRZ 1991, 182, 184 = R 430 b
[146] OLG Karlsruhe, NJW-RR 1999, 4; OLG Brandenburg, FamRZ 1996, 866
[147] § 17 I 2, IV des nordrhein-westfälischen Gesetzes über Tageseinrichtungen für Kinder vom 29. 10. 1991 – GV NW 380, zuletzt geändert durch Gesetz vom 16. 12. 1998 – GV NW 704
[148] BGH, FamRZ 1983, 689 = R 169 b
[149] BGH, FamRZ 1991, 182 = R 430 b; OLG Zweibrücken, FuR 1998, 423

sein. Dies bedarf allerdings besonderer Feststellungen im Einzelfall.[150] Eine generelle Anrechnung von Einkünften aus unzumutbarer Arbeit nur zur Hälfte[151] wäre gerade bei der Haftung gegenüber einem weiteren Kind, das sich bei dem anderen Elternteil oder in einem Heim befindet oder das aus einer anderen Verbindung stammt, offenbar unangemessen (vgl. zum Unterhalt bei Geschwistertrennung Rn 309 ff). In der Regel empfiehlt es sich daher, den besonderen Belastungen des betreuenden Ehegatten entweder durch Abzug der tatsächlich entstehenden Betreuungskosten oder durch einen Betreuungsbonus Rechnung zu tragen. Dabei wird man allerdings nicht kleinlich verfahren dürfen, nachdem das BVerfG,[152] wenn auch zum Einkommensteuerrecht, die Betreuungskosten als Teil des Existenzminimums des Kindes anerkannt hat. Vgl. dazu Rn 127 ff.

e) Kindergeld. Nach der bis zum 30. 6. 1998 geltenden Rechtslage war Kindergeld in den Vergleich der beiderseitigen Einkünfte einzubeziehen. Leistete ein Elternteil sowohl Betreuungs- als auch ganz oder teilweise Barunterhalt, war das Kindergeld nicht hälftig zwischen den Eltern auszugleichen. Vielmehr stand dem betreuenden Elternteil das Kindergeld ganz oder zu einem höheren Anteil als der Hälfte zu, da es zwischen den Eltern im Verhältnis ihrer Unterhaltsleistungen zu verteilen war.[153] Diese Rechtsauffassung kann seit dem 1. 7. 1998 nicht mehr aufrechterhalten werden, da nach § 1612b I BGB das Kindergeld, das der betreuende Elternteil bezieht, hälftig auf den Kindesunterhalt anzurechnen ist. Vgl. auch Rn 297, 503. Dies gilt auch dann, wenn der betreuende Elternteil neben der Betreuung zum Barunterhalt herangezogen wird (vgl. Rn 274), was allerdings zu beachtlichen Schwierigkeiten bei der Berechnung des Unterhalts führt. Vgl. dazu Rn 277, 278. **276**

f) Berechnung des Unterhalts. In den Fällen des § 1603 II 3 BGB muß die Unterhaltsbemessung letztlich dem **Einzelfall** vorbehalten bleiben. § 1606 III 1 BGB, der allein auf das Verhältnis der Einkommens- und Vermögensverhältnisse der Eltern abstellt, kann nicht herangezogen werden (vgl. dazu Rn 289 ff). Zu Recht hat der BGH[154] in einem vergleichbaren Fall die **Verteilungsquote** im Hinblick auf die doppelte Belastung des betreuenden Ehegatten, der auch noch Barunterhalt aufbringen soll, **wertend verändert**. Dies ist auch deshalb notwendig, damit nicht allein die Anrechnung des Kindergeldes (Rn 276) zu dem unerwünschten Ergebnis führt, daß keinerlei Unterhalt zu zahlen ist. Auch der BGH[155] stellt nicht in erster Linie auf die beiderseitigen Einkommens- und Vermögensverhältnisse, sondern auf Billigkeitserwägungen (§ 242 BGB) ab. **277**

Beispiel 1:
Einkommen der Mutter (M) 1950,– DM, des Vaters (V) 3200,– DM.
Ehegattenunterhalt wird nicht geschuldet. V bezieht das Kindergeld von 250,– DM. Bedarf des von V versorgten 16jährigen Kindes 510,– DM nach DT 1/3. Würde M verschärft auf Unterhalt haften, dürfte der Kindergeldanteil von 125,– DM gemäß § 1612b V BGB (vgl. dazu Rn 509 ff) nicht voll auf den Betrag von 450,– DM angerechnet werden, den sie unter Wahrung ihres notwendigen Selbstbehalts von 1500,– DM höchstens leisten könnte. Sie müßte 450,– – 65,– DM Kindergeldanteil = 385,– DM zahlen, was 510 – 125 = 385,– DM entspricht. Da ein 16jähriges Kind keine besondere Betreuung mehr erfordert und ein erhebliches Einkommensgefälle besteht, dürfte es der Billigkeit entsprechen, daß M ihren angemessenen Bedarf von 1800,– DM behält und 150,– DM zum Unterhalt beiträgt, während V den Rest von 360,– DM aufbringt. Auf den von M zu zahlenden Betrag von 150,– DM ist Kindergeld in entsprechender Anwendung des § 1612b V BGB nicht anzurechnen, da M nicht einmal zur Zahlung des Regelbetrages von 510,– DM herangezogen wird. **278**

Beispiel 2:
Einkommen der Mutter (M) 2100,– DM, des Vaters (V) 2800,– DM. V betreut die 4- und 5jährigen Kinder. Er bezieht das Kindergeld von je 250,– DM.
Ehegattenunterhalt wird nicht geschuldet. Barbedarf der Kinder nach DT 1/1 je 355,– DM, ins- **279**

---
[150] BGH, FamRZ 1991, 182 = R 430 b
[151] So OLG Hamm, FamRZ 1996, 488; Born, FamRZ 1997, 129, 137; dagegen mit Recht OLG Zweibrücken, FuR 1998, 423
[152] FamRZ 1999, 285, 287
[153] BGH, FamRZ 1997, 806 = R 512 f; vgl. dazu die Vorauflage Rn 2/276
[154] BGH, FamRZ 1983, 689 = R 169 a; vgl. auch OLG Bamberg, FamRZ 1995, 566, 568
[155] BGH, FamRZ 1991, 182 = R 430 b

gesamt also 710,– DM. Kosten für gelegentliche Beaufsichtigung der Kinder durch eine Tagesmutter 600,– DM. Einkommen des Vaters daher: 2800 – 600 = 2200,– DM. Daher kein erheblicher Einkommensunterschied.[156] M zahlt nach § 1612b V BGB (vgl. dazu Rn 509) je Kind 300,– DM – 70,– DM Kindergeldanteil = 230,– DM, insgesamt 460,– DM. Dies entspricht 355 – 125 = 230. M behält also 1640,– DM.

280 **Beispiel 3:**
Bereinigtes Einkommen des Vaters (V), der ein 7jähriges Kind versorgt, 5000,– DM; Einkommen der nicht selbst unterhaltsberechtigten Mutter (M) 1800,– DM. V bezieht des Kindergeld von 250,– DM. M kann ohne Gefährdung ihres angemessenen Unterhalts von 1800,– DM den nach ihrem Einkommen berechneten Kindesunterhalt nach DT 1/2 von 431,– DM auch nicht teilweise decken, während der große Selbstbehalt des V von 1800,– DM selbst dann nicht berührt wird, wenn von seinem Einkommen angemessene Betreuungskosten abgezogen werden. V muß daher den Bar- und den Betreuungsunterhalt allein sicherstellen. Er behält das gesamte Kindergeld.

281 g) **Hausmannsfälle.** Aus § 1603 II 3 BGB ergeben sich unbefriedigende Konsequenzen in all den Fällen, in denen ein wiederverheirateter sorgeberechtigter Elternteil in einer neuen Ehe die „**Hausmanns- oder Hausfrauenrolle**" übernimmt und sich deshalb zur Zahlung von Unterhalt an ein gemeinschaftliches Kind aus erster Ehe, das sich beim früheren Ehegatten, der das Sorgerecht hat, befindet, nicht für verpflichtet hält. Der BGH[157] vermeidet solche Konsequenzen, indem er aus dem Grundsatz der Gleichrangigkeit der Unterhaltsansprüche minderjähriger Kinder aus erster und zweiter Ehe (§ 1609 II 1 BGB) im Interesse der gemeinsamen Kinder eine Erwerbspflicht und damit auch eine Unterhaltspflicht des wiederverheirateten Ehegatten ableitet. Der neue Ehegatte muß es ihm ermöglichen, einer solchen Erwerbsverpflichtung nachzugehen. Genaueres zu dieser „Hausmannsrechtsprechung" und den entsprechenden BGH-Entscheidungen Rn 172 ff.

281a h) **Beweislast.** Beruft sich im Falle des § 1603 II 3 BGB der vom Kind auf Barunterhalt in Anspruch genommene Elternteil darauf, daß der andere, das Kind betreuende Elternteil im Hinblick auf seine günstigen wirtschaftlichen Verhältnisse zum Barunterhalt beizutragen habe, so hat er darzulegen und zu beweisen, daß sein angemessener Bedarf bei Leistung des Barunterhalts gefährdet wäre und daß die Einkommens- und Vermögensverhältnisse des anderen Elternteils dessen Heranziehung zum Barunterhalt rechtfertigen.[158] Vgl. dazu näher Rn 6/718.

VI. Alleinige Barunterhaltspflicht eines Elternteils oder Beteiligung beider Eltern am Barunterhalt

1. Alleinige Barunterhaltspflicht eines Elternteils

282 Im Regelfall besteht eine **Barunterhaltspflicht nur für den nicht betreuenden Elternteil**, weil der andere Elternteil nach § 1606 III 2 BGB wegen der grundsätzlichen Gleichwertigkeit von Barunterhalt und Betreuungsunterhalt mit der Betreuung und Erziehung des minderjährigen Kindes seine Unterhaltspflicht erfüllt (vgl. Rn 10).

283 An dieser Gleichwertigkeit ändert sich grundsätzlich auch nichts durch eine **Erwerbstätigkeit des betreuenden Elternteils**. Bei der Betreuung des Kindes kann er sich durchaus zeitweise der Hilfe Verwandter (oder sonstiger Dritter) bedienen. In welcher Weise und zu welcher Zeit die Kindesbetreuung wahrgenommen wird, ist weder für die Frage der Erfüllung der Unterhaltspflicht noch der Gleichwertigkeit ausschlaggebend.[159] Jedoch muß stets ein nennenswerter Teil der Betreuung selbst wahrgenommen werden. Überläßt ein Elternteil die Pflege und Erziehung des Kindes (nahezu) völlig Dritten, z. B. der Großmutter, erfüllt er seine Unterhaltspflicht nicht durch Betreuung (§ 1606 III 2 BGB);

---

[156] Anders offenbar Hampel, Bemessung des Unterhalts, Rn 496
[157] FamRZ 1996, 796 = R 500a; FamRZ 1987, 472 = R 327a
[158] BGH, FamRZ 1981, 347 = R 67a; OLG Köln, FamRZ 1983, 714
[159] BGH, FamRZ 1981, 347 = NJW 1981, 923; FamRZ 1980, 994 = NJW 1980, 2306; vgl. auch BVerfG FamRZ 1999, 285, 287; Rn 127 ff

5. Abschnitt: Der Unterhaltsanspruch minderjähriger Kinder   § 2

er ist dann zu anteiligem Barunterhalt verpflichtet.[160] Vgl. dazu Rn 295 und das Beispiel
Rn 305.

Der Unterhalt des Kindes bemißt sich bei Barunterhaltspflicht nur eines Elternteils al- 284
lein nach dessen **anrechenbarem Nettoeinkommen**. Vom Bruttoeinkommen sind Einkommen- bzw. Lohnsteuer, Kirchensteuer, Solidaritätszuschlag, Sozialversicherungsabgaben einschließlich des Beitrags zur Pflegeversicherung abzuziehen (vgl. dazu Rn 1/
486 ff). Bei Selbständigen sind Krankenversicherungsbeiträge und ebenfalls Beiträge zu
einer Pflegeversicherung sowie Aufwendungen für die Altersvorsorge in angemessener
Höhe zu berücksichtigen. Das Einkommen ist ferner um berufsbedingte Aufwendungen
zu bereinigen. Diese werden bei Einkünften aus abhängiger Tätigkeit vielfach pauschaliert (nach A 5 der Düsseldorfer Tabelle mit 5 % des Einkommens, mindestens 90,– DM,
höchstens 260,– DM) oder konkret berechnet (vgl. dazu Rn 1/87 ff). Der Unterhalt des
Kindes ist gemäß seinem Alter der entsprechenden Einkommensgruppe der Düsseldorfer
Tabelle zu entnehmen (Genaueres Rn 218 ff).

Das **Kindergeld**, das ein Elternteil erhält, wird nach § 1612 b I BGB hälftig mit dem 285
Unterhaltsanspruch verrechnet (= Kindergeldausgleich). Nach dem Obhutsprinzip wird
das Kindergeld in der Regel an den Elternteil gezahlt, der das Kind in seinen Haushalt
aufgenommen hat (§ 64 II 1 EStG). Dann vermindert sich der Barunterhalt, den der andere Elternteil zu zahlen hat, um das halbe Kindergeld. Wird es ausnahmsweise, insbesondere während einer Übergangszeit nach Trennung der Eltern, an den barunterhaltspflichtigen Elternteil gezahlt, erhöht sich der Unterhaltsanspruch um das halbe Kindergeld
(Genaueres Rn 503).

> **Beispiel:**
> Bereinigtes Nettoeinkommen des Vaters nach Abzug von Steuern und Sozialversicherungsabgaben sowie von berufsbedingten Auslagen 6000,– DM.
> Unterhalt für Frau und 2 Kinder (5 und 8 Jahre).
> Mutter erhält das Kindergeld von 250,– DM je Kind.
> Kindesunterhalt nach DT 10/1 und 2 = 604 + 733 = 1337,– DM.
> Ehegattenunterhalt: 6000 – 1337 = 4663 x $^3/_7$ = 1999,– DM.
> Bedarfskontrolle: 6000 – 1337 – 1991 = 2664,– DM = mehr als 2500,– DM.
> Kindergeldverrechnung durch Abzug von jeweils der Hälfte des Kindergeldes = 125,– DM.
> Unterhalt des 5jährigen Kindes: 604 – 125 = 479,– DM.
> Unterhalt des 8jährigen Kindes: 733 – 125 = 608,– DM.

Eigenes Einkommen des Kindes, z. B. aus einer Ausbildungsvergütung, ist nach Be- 286
reinigung um ausbildungsbedingten Mehrbedarf (vgl. dazu Rn 90 ff) bedürftigkeitsmindernd auf den Unterhaltsanspruch anzurechnen. Da Bar- und Betreuungsunterhalt in der
Regel gleichwertig sind, muß die Ausbildungsvergütung dem betreuenden Elternteil anteilig zugute kommen. Sie ist also im Regelfall nur zur Hälfte auf den Barunterhalt anzurechnen.[161] Genaueres Rn 97.

> **Beispiel:**
> Einkommen des Vaters 3400,– DM, der betreuenden Mutter (M) 2800,– DM. Ausbildungsvergütung des 17jährigen Kindes 600,– DM. Kein Ehegattenunterhalt. M bezieht das Kindergeld von 250,– DM.
> Kindesunterhalt nach DT 7/3 (Höhergruppierung um drei Gruppen wegen Unterhaltspflicht nur gegenüber 1 Kind; vgl. Rn 233): 725,– DM.
> Anzurechnen: 600 – 150 ausbildungsbedingter Mehrbedarf (DT A 8; vgl. dazu Rn 93) = 450 : 2 = 225,– DM.
> Kindesunterhalt: 725 – 225 = 500 – 125 (Kindergeldanteil von M; vgl. Rn 503) = 375,– DM.
> Keine Beteiligung der Mutter am Barunterhalt.

Einkommen aus **Schülerarbeit** stammt in der Regel aus unzumutbarer Tätigkeit und
ist daher in analoger Anwendung des § 1577 II BGB nicht anzurechnen, wenn der Pflichtige nicht den geschuldeten Unterhalt leistet; im übrigen kommt nur eine teilweise An-

---

[160] OLG Hamm, FamRZ 1991, 104; FamRZ 1990, 307
[161] BGH, FamRZ 1988, 159, 161 = R 346 h

2. Barunterhaltspflicht des betreuenden Elternteils

287 Auch wenn das Kind nur von einem Elternteil betreut wird, kann es **Ausnahmen** von der grundsätzlichen Gleichwertigkeit des Bar- und des Betreuungsunterhalts nach § 1606 III 2 BGB geben. Dies hat zur Folge, daß der betreuende Elternteil ganz oder teilweise barunterhaltspflichtig sein kann.

Dies kann der Fall sein,
- wenn und soweit der **andere Elternteil nicht leistungsfähig** ist, z. B. wegen anzuerkennender Schulden[163] (vgl. dazu Rn 115, 158), ihm also bei Erfüllung der Barunterhaltspflicht weniger als sein eigener notwendiger Selbstbehalt verbleibt, der nach der Düsseldorfer Tabelle (A 5 I) 1500,– DM bei einem Erwerbstätigen bzw. 1300,– DM bei einem Nichterwerbstätigen beträgt. Vgl. dazu und zu abweichenden Selbstbehaltssätzen Rn 264, 266. Dann muß der leistungsfähige betreuende Elternteil auch den Barunterhalt decken;
- wenn der **nicht betreuende Elternteil** bei voller Leistung des Barunterhalts **seinen eigenen angemessenen Bedarf gefährden** würde, während der betreuende Elternteil über ein deutlich höheres Einkommen verfügt und deshalb neben der Betreuung auch den Barunterhalt ganz oder zum Teil aufbringen kann. Die Berechnung der Haftungsanteile der Eltern richtet sich nach den Besonderheiten des Einzelfalls. Vgl. dazu Rn 274 ff, 277, 306.

288 Macht der auf Barunterhalt in Anspruch genommene Elternteil einen solchen Ausnahmefall geltend, muß er konkret **darlegen** und nachweisen, daß die Einkommens- und Vermögensverhältnisse des betreuenden Elternteils sowie die sonstigen Umstände dessen – zumindest teilweise – Heranziehung zum Barunterhalt rechtfertigen.[164]

3. Anteilige Barunterhaltspflicht beider Eltern nach § 1606 III 1 BGB

289 Bei einem minderjährigen Kind setzt die alleinige Barunterhaltspflicht nach § 1606 III 2 BGB voraus, daß das Kind (im wesentlichen) bei einem Elternteil lebt und von diesem betreut wird und daß ein Regelfall vorliegt. Sind diese Voraussetzungen nicht gegeben, ist auf die Grundregel des § 1606 III 1 BGB abzustellen, nach der die Eltern entsprechend ihren Erwerbs- und Vermögensverhältnissen für den Kindesunterhalt haften. Im Einzelfall kann es zu schwierigen Abgrenzungsfragen kommen, da zwischen alleiniger Betreuung durch einen Elternteil, genau aufgeteilter Betreuung durch beide Eltern und Fremdbetreuung zahlreiche Mischformen denkbar sind und zunehmend von engagierten Eltern trotz ihrer Konflikte auf der Paarebene praktiziert werden.

Eine anteilige Barunterhaltspflicht beider Eltern kommt danach in Betracht,
- wenn das **Kind von Dritten betreut** wird, z. B. in einer Pflegefamilie oder in einem Heim (BayL 14 c; DL 15);
- **bei gemeinsamer Betreuung** durch die Eltern, wenn diese – insbesondere bei beiderseitiger Berufstätigkeit – die Pflege und Erziehung des Kindes unter sich aufteilen, was vor allem bei nicht verheirateten Lebensgefährten, aber auch bei Ehegatten vorkommt, die nach Trennung oder Scheidung die elterliche Sorge weiterhin gemeinsam ausüben. Vgl. dazu Rn 226, 316. Die zeitweilige Betreuung des Kindes während der Ausübung des Umgangsrechts reicht allerdings nicht aus (Rn 104, 126, 171). Leben verheiratete Eltern noch zusammen, so ist der Kindesunterhalt grundsätzlich Teil des Familienunterhalts, den die Eltern einander schulden. Vgl. dazu Rn 3/10. Bei unverheira-

---

[162] BGH, FamRZ 1995, 475, 477 = R 491 b
[163] BGH, FamRZ 1996, 160 = R 496 b, c
[164] BGH, FamRZ 1981, 347 = R 67 a

5. Abschnitt: Der Unterhaltsanspruch minderjähriger Kinder §2

teten Paaren kann die Mutter, der in der Regel die elterliche Sorge zusteht, den Unterhalt des Kindes gegen den Vater geltend machen. Zur gesetzlichen Vertretung bei gemeinsamer elterlicher Sorge vgl. Rn 316 a, zum Umfang des Unterhaltsanspruchs Rn 306;
- wenn das minderjährige Kind mit Zustimmung des Sorgeberechtigten bereits in einem **eigenen Haushalt** lebt (vgl. Rn 226);
- wenn die wirtschaftlichen **Verhältnisse des sorgeberechtigten Elternteils wesentlich günstiger** sind als die des anderen Elternteils (ohne daß bei Erfüllung der Barunterhaltspflicht dessen angemessener Bedarf gefährdet würde – vgl. dazu Rn 287), so daß die alleinige Barunterhaltspflicht des anderen Elternteils zu einem erheblichen finanziellen Ungleichgewicht der beiderseitigen Belastungen führen würde.[165] Diese Auffassung hat auch in den Leitlinien der Oberlandesgerichte ihren Niederschlag gefunden (so BayL 14 b; BL 25; CL II 1; DL 15; HL 23 S. 2; SchL B 7 a);
- wenn sich Barunterhalt und Betreuungsunterhalt nicht mehr im Rahmen des Üblichen halten, weil sie nur insoweit gleich bewertet werden können. Das kann der Fall sein bei krankheitsbedingtem **Mehrbedarf** eines schwerbehinderten Kindes (vgl. Rn 133 ff).[166] Ähnliches kann auch bei Internatsunterbringung in Frage kommen (Mehrbedarf und verringerter Betreuungsbedarf). Näheres dazu Rn 317 ff, bes. 321, 326.

Müssen sich in den unter Rn 289 aufgeführten Fällen ausnahmsweise beide Eltern am **290** Barunterhalt für das minderjährige Kind beteiligen, so kann nicht ohne weiteres auf die Grundsätze zurückgegriffen werden, die für die Berechnung des Unterhalts des minderjährigen Kindes bei Alleinbetreuung durch einen Elternteil und demgemäß alleiniger Barunterhaltspflicht des anderen Elternteils gelten. Die Haftung der Eltern für den Bedarf des Kindes (Rn 291–297) richtet sich grundsätzlich nach den vergleichbaren Erwerbs- und Vermögensverhältnissen der Eltern (Rn 298 f). Der (Rest-)Betreuung des Kindes durch einen oder beide Elternteile ist ggf. durch Veränderung des Verteilungsschlüssels Rechnung zu tragen. Der jeweilige Unterhaltsanteil wird danach wie folgt berechnet:

Zunächst ist der **gesamte Lebensbedarf** des Kindes zu ermitteln. Dieser besteht aus **291** dem Regelbedarf, der nach der Düsseldorfer Tabelle bemessen wird (vgl. Rn 211 ff). Dazu kann im Einzelfall noch ein Mehrbedarf kommen.

Für die Feststellung des **Regelbedarfs** nach der Düsseldorfer Tabelle ist von der Sum- **292** me der **Einkünfte beider Eltern** auszugehen, weil bei beiderseitiger Barunterhaltspflicht die Lebensstellung des Kindes durch das Einkommen der beiden Eltern geprägt wird. Der BGH[167] hat dies zwar bisher nur für den Unterhalt Volljähriger so entschieden (siehe Rn 388). Die Begründung dazu trifft aber auch auf minderjährige Kinder zu, wenn Bar- und Betreuungsunterhalt nicht gleichwertig sind und sich daher beide Eltern am Barunterhalt beteiligen müssen.[168] So auch DL 15, 19. Jedoch darf die Zusammenrechnung der Einkommen der Eltern nicht dazu führen, daß ein Elternteil höheren Unterhalt zu zahlen hat, als er allein nach seinem Einkommen nach der Düsseldorfer Tabelle zahlen müßte.[169] Diese Beschränkung gilt allerdings in Sonderfällen, insbesondere bei Mehrbedarf eines behinderten Kindes, nicht (vgl. dazu Rn 317 ff, 326 ff).

Haben beide Eltern zusammen ein **höheres Einkommen** als 8000,– DM (= Obergren- **293** ze des Einkommens nach der Düsseldorfer Tabelle), richtet sich der Kindesunterhalt „nach den Umständen des Falles". Vielfach kann es bei den Regelbedarfssätzen der Einkommensgruppe 12 der Tabelle verbleiben (siehe Rn 128 f, 229).

Zusätzlicher **Mehrbedarf** ist konkret darzulegen und nachzuweisen, evtl. nach § 287 **294** II ZPO zu schätzen. Ein solcher Mehrbedarf kann z. B. bestehen bei Unterbringung in einer Pflegefamilie, bei Besuch einer Privatschule, einer Tagesheimschule oder eines Internats, wenn das Kind aus in seiner Person liegenden Gründen (Lernschwäche, körperliche oder geistige Behinderung, Schwererziehbarkeit) ganz oder teilweise von Dritten betreut

---

[165] BGH, FamRZ 1991, 182, 184 = R 430 a
[166] BGH, FamRZ 1998, 286, 288 = R 518 a; FamRZ 1983, 689 = R 169 a
[167] BGH, FamRZ 1994, 696; FamRZ 1986, 151 = R 277 b
[168] BGH, FamRZ 1984, 39 = R 180 c
[169] BGH, FamRZ 1984, 39 = R 180 c

werden muß (vgl. Rn 275). Gibt es gleichzeitig **Einsparungen**, so ist vom Gesamtbedarf (Regelbedarf und Mehrbedarf) eine entsprechende Ersparnis abzuziehen (Genaueres zum Mehrbedarf Rn 317 ff, 321, 323).

295 Entstehen **Betreuungskosten** nicht durch Umstände in der Person des Kindes, also nicht als Mehrbedarf (vgl. dazu Rn 294), sondern deshalb, weil der betreuende Elternteil einer Erwerbstätigkeit nachgeht (vgl. Rn 275, 283, 321), so ist sein Einkommen um diese Kosten, z. B. die Vergütung einer Tagesmutter, zu vermindern.[170] Vgl. ferner Beispiel Rn 305 und zu Kindergartenkosten Rn 275.

296 Von dem Gesamtbedarf ist **eigenes Einkommen des Kindes** jeder Art bedürftigkeitsmindernd **voll abzuziehen** (zum Einkommen vgl. Rn 1/8 ff). Auf diese Weise kommt das Kindereinkommen beiden Eltern entsprechend ihrem Haftungsanteil zugute. Eine Ausbildungsvergütung ist vor der Anrechnung um ausbildungsbedingten Mehrbedarf zu bereinigen (s. Rn 90 ff).

297 **Kindergeld** ist grundsätzlich nach § 1612b BGB mit dem Kindesunterhalt zu verrechnen. Der Unterhalt, den der das Kindergeld nicht beziehende Elternteil zu zahlen hat, ist um die Hälfte des Kindergeldes zu vermindern (§ 1612b I BGB), derjenige des Elternteils, der das Kindergeld erhält, ist um die Hälfte des Kindergeldes zu erhöhen (§ 1612b II BGB). Die bedarfsdeckende Anrechnung des Kindergeldes und damit seine Verteilung entsprechend dem Verhältnis der Unterhaltsleistungen der Eltern[171] ist nach § 1612b I BGB seit dem 1. 7. 1998 nicht mehr zulässig.[171a] Vgl. Rn 504, 513. Allerdings kann Kindergeld wohl auch nach der Einfügung des § 1612b BGB in das Gesetz bedarfsdeckend vom errechneten Tabellenunterhalt abgezogen werden, wenn es bei Drittbetreuung unmittelbar der Betreuungsperson zufließt.[172] Die auf Pflegeeltern grundsätzlich anwendbare Vorschrift des § 1612b I BGB (vgl. Rn 505) paßt bei Barunterhaltspflicht beider Eltern nicht.

298 Die Eltern **haften** gemäß § 1606 III 1 BGB für den verbleibenden **Restbedarf** (Rn 291–297) **anteilig** nach ihren Erwerbs- und Vermögensverhältnissen.[173] Die Unterhaltsquoten sind **nach der Leistungsfähigkeit** der Eltern zu bemessen.[174] Die Leistungsfähigkeit richtet sich nach den ihnen für Unterhaltszwecke tatsächlich zur Verfügung stehenden Mitteln,[175] also nach den **vergleichbaren Einkünften der Eltern**. Von dem jeweiligen Nettoeinkommen sind zunächst **alle notwendig zu erfüllenden Verpflichtungen** für Steuern, Krankheits- und Altersvorsorge, Pflegeversicherung, mit der Berufstätigkeit eines Elternteils zusammenhängende Betreuungskosten (vgl. soeben Rn 295), berücksichtigungswürdige Verbindlichkeiten und Unterhaltszahlungen an andere Berechtigte, insbesondere an gleichrangige Geschwister und Halbgeschwister des unterhaltsberechtigten minderjährigen Kindes, abzuziehen, weil die entsprechenden Gelder zur Bestreitung des eigenen Bedarfs nicht zur Verfügung stehen.[176] Dagegen ist das Einkommen eines Elternteils nicht deshalb zu vermindern, weil er ein anderes Kind betreut, ohne daß dadurch besondere Kosten oder ein besonderer Betreuungsaufwand entstehen, wie dies z. B. bei einem fast volljährigen Kind der Fall ist.[177] Vgl. dazu unten Beispiel Rn 301.

299 Außerdem ist bei den Einkünften beider Eltern der für den eigenen Unterhalt erforderliche Betrag, in der Regel ein gleich hoher **Sockelbetrag**, abzuziehen. Dadurch werden ungleiche Belastungen bei erheblichen Unterschieden der vergleichbaren Einkünfte vermieden. Der BGH sieht in dem Abzug eines solchen Sockelbetrages eine billigenswerte Methode, durch die eine unangemessene Belastung der Bezieher unterschiedlich hoher Einkünfte vermieden werden kann.[178] Der Sockelbetrag kann bei höheren Einkünften

---

[170] BGH, FamRZ 1983, 689 = R 169b
[171] Vgl. dazu die Vorauflage Rn 2/276, 297, 499
[171a] So mit Recht OLG Hamm, NJW 1999, 3274
[172] Vgl. dazu BGH, FamRZ 1986, 151 = NJW-RR 1986, 416
[173] BGH, FamRZ 1988, 159, 161 = R 346f
[174] BGH, FamRZ 1986, 153 = R 278b
[175] BGH, FamRZ 1988, 1039 = R 366c
[176] BGH, FamRZ 1988, 1039 = R 366c
[177] BGH, FamRZ 1988, 1039 = R 366c
[178] BGH, FamRZ 1988, 1039 = R 366c; FamRZ 1986, 153 = R 278c; FamRZ 1986, 151 = NJW-RR 1986, 426

5. Abschnitt: Der Unterhaltsanspruch minderjähriger Kinder §2

der Eltern wie beim Volljährigenunterhalt (vgl. Rn 447) in Höhe des **angemessenen Selbstbehalts von 1800,– DM** nach der Düsseldorfer Tabelle (A 5 II) angesetzt werden (zu abweichenden Selbstbehaltssätzen einiger Oberlandesgerichte Rn 417 ff). Dadurch wird erreicht, daß jeder Elternteil seinen angemessenen Selbstbehalt behält. Vgl. dazu die Beispiele Rn 301, 304. Wird der Kindesunterhalt bei dieser Berechnung nicht gedeckt, müssen die Eltern ihr Einkommen ggf. bis zum **notwendigen Selbstbehalt**, der nach A 5 I der Düsseldorfer Tabelle bei Erwerbstätigen 1500,– DM, bei Nichterwerbstätigen 1300,– DM beträgt (vgl. Rn 264), für den Kindesunterhalt einsetzen. In diesem Fall sind **1500,– DM bzw. 1300,– DM als Sockelbetrag** abzuziehen. Vgl. dazu BayL 15 d, DL 19 und unten Rn 468, 5/265, 266 sowie das Beispiel Rn 2/302.

Die Haftungsquote nach § 1606 III 1 BGB wird nunmehr in der Weise berechnet, daß **300** der Restbedarf des Kindes multipliziert wird mit dem um Verbindlichkeiten und den Sockelbetrag verminderten bereinigten Nettoeinkommen eines Elternteils und geteilt wird durch die Summe der in dieser Weise bereinigten Nettoeinkünfte beider Eltern.

Beispiel 1: **301**
Anrechenbares Einkommen des Vaters (V) 3200,– DM, der Mutter (M) 2200,– DM. Das gemeinsame 4jährige Kind wird in einer Pflegefamilie betreut. Bei M lebt ein nichteheliches 17jähriges Kind, für das sie von dessen Vater Barunterhalt erhält. Kein Ehegattenunterhalt.
Regelbedarf des 4jährigen Kindes entsprechend dem zusammengerechneten Einkommen der Eltern von 5400,– DM nach DT 9/1 568,– DM. Keine Höhergruppierung wegen unterdurchschnittlicher Unterhaltspflicht, da diese bei Zusammenrechnung der Einkommen beider Eltern zu unangemessenen Ergebnissen führt.[179] Keine Kürzung des Einkommens der M wegen Betreuung des 17jährigen Kindes (vgl. Rn 298).
Mehrbedarf für Betreuung in einer Pflegefamilie 500,– DM. Das Kindergeld von 250,– DM wird auf Veranlassung des Jugendamts an die Pflegefamilie ausgezahlt.
Restbedarf des Kindes 568 + 500 − 250 = 818,– DM.
Vergleichbares Einkommen des V: 3200 − 1800 (Sockelbetrag) = 1400,– DM.
Vergleichbares Einkommen der M = 2200 − 1800 = 400,– DM.
Summe der vergleichbaren Einkommen: 1800,– DM.
V schuldet 818 x 1400 : 1800 = 636,– DM.
M schuldet 818 x 400 : 1800 = 182,– DM.
Beide Eltern behalten mehr als ihren angemessenen Selbstbehalt von 1800,– DM.
Keine Kindergeldverrechnung (vgl. Rn 297).

Beispiel 2: **302**
Anrechenbares Einkommen des Vaters (V) 2200,– DM, der Mutter (M) 1800,– DM. Das gemeinsame 4jährige Kind wird in einer Pflegefamilie betreut. M erhält das Kindergeld von 250,– DM. Kein Ehegattenunterhalt.
Regelbedarf des Kindes entsprechend dem zusammengerechneten Einkommen der Eltern von 4000,– DM nach DT 6/1 480,– DM.
Mehrbedarf für Betreuung in der Pflegefamilie 500,– DM.
Bedarf des Kindes 480 + 500 = 980,– DM.
Da bei Vorwegabzug eines Sockelbetrages von 1800,– DM der Kindesunterhalt nicht vollständig gezahlt werden kann, setzt die gesteigerte Unterhaltspflicht der Eltern ein. Abzuziehen ist also ein Sockelbetrag von 1500,– DM. Vgl. oben Rn 299.
Vergleichbares Einkommen nach Abzug des Sockelbetrages von 1500,– DM: des V = 2200 − 1500 = 700,– DM; der M = 1800 − 1500 = 300,– DM, insgesamt 1000,– DM.
V schuldet 980 x 700 : 1000 = 686,– DM.
M schuldet 980 x 300 : 1000 = 294,– DM.
V schuldet 686,– DM − 125,– DM Kindergeldanteil = 561,– DM (§ 1612 b I BGB), M dagegen 294,– DM + 125,– DM Kindergeldanteil = 419,– DM (§ 1612 b II BGB). Vgl. Rn 297.

Beispiel 3: **303**
Anrechenbares Einkommen des Vaters (V) 3200,– DM, der Mutter (M) 1800,– DM. Das gemeinsame 4jährige Kind wird in einer Pflegefamilie betreut. Das Kindergeld von 250,– DM bezieht V. Kein Ehegattenunterhalt.
Regelbedarf des Kindes entsprechend dem zusammengerechneten Einkommen der Eltern von 5000,– DM nach DT 8/1 533,– DM.
Mehrbedarf für Betreuung in einer Pflegefamilie 300,– DM.

---

[179] BGH, FamRZ 1986, 151; Scholz, FamRZ 1993, 125, 135

Da V über ein deutlich höheres Einkommen als M verfügt, die Einkünfte der M zudem ihren angemessenen Bedarf von 1800,– DM nicht überschreiten (vgl. Rn 274, 289), muß V den gesamten Kindesunterhalt von 833,– DM allein tragen. M schuldet keinen Barunterhalt. Das Kindergeld verbleibt in voller Höhe bei V.

304 Beispiel 4:
Anrechenbares Einkommen des Vaters (V) 3300,– DM, der Mutter (M) 2600,– DM. V ist einem 1jährigen Kind K 2 aus zweiter Ehe in Höhe von 455,– DM (DT 5/1 bei einmaliger Höhergruppierung) unterhaltspflichtig. M tilgt berücksichtigungsfähige Schulden von 200,– DM. Kein Ehegattenunterhalt.
Das 5jährige Kind K 1 wird von der Großmutter in deren Haushalt versorgt. Beide Eltern kümmern sich in ihrer Freizeit in etwa gleichem Umfang um das Kind.
Die Großmutter verlangt neben dem Tabellenunterhalt für ihren Aufwand zusätzlich 200,– DM. Das Kindergeld von 250,– DM erhält M.
Regelbedarf des Kindes entsprechend dem zusammengerechneten Einkommen der Eltern (3300 – 455 + 2600 – 200 = 5245,– DM) nach DT 9/1 568,– DM.
Restbedarf des Kindes K 1: 568 + 200 = 768,– DM.
Vergleichbare und um den Sockelbetrag von 1800,– DM gekürzte Einkommen des V = 3300 – 455 – 1800 = 1045,– DM; der M = 2600 – 200 – 1800 = 600,– DM; insgesamt 1645,– DM.
Haftungsanteil des V: 768 x 1045 : 1645 = 488,– DM.
Haftungsanteil der M: 768 x 600 : 1645 = 280,– DM.
Beide Eltern behalten mehr als ihren angemessenen Selbstbehalt von 1800,– DM; sie brauchen nicht mehr für das gemeinsame Kind K 1 zu zahlen, als sie bei alleiniger Unterhaltspflicht aufzubringen hätten (vgl Rn 292).
Nach Verrechnung des Kindergeldes hat V für K 1 zu zahlen: 488 – 125 = 363,– DM, M dagegen 280 + 125 = 405,– DM (vgl. Rn 297).

305 Beispiel 5:
Anrechenbares Einkommen des Vaters (V) 3200,– DM, der Mutter (M) 2800,– DM.
Das 5jährige Kind lebt bei der erwerbstätigen M. Diese läßt es während der Arbeitszeit von einer Tagesmutter versorgen. Die Tagesmutter erhält eine Vergütung von 800,– DM. M hat daher ein anrechenbares Einkommen von 2800 – 800 = 2000,– DM. Sie bezieht das Kindergeld von 250,– DM.
Da M die Betreuung des Kindes allein sicherstellt (vgl. dazu Rn 283), haftet nur V auf Barunterhalt.
Der Bedarf des Kindes richtet sich nur nach dem Einkommen des V von 3200,– DM. Er beträgt, da Ehegattenunterhalt nicht zu zahlen ist und weitere Unterhaltspflichten nicht bestehen, unter dreimaliger Höhergruppierung nach DT 7/1 505,– DM (vgl. Rn 233).
Zu zahlen sind: 505 – 125 (Kindergeldanteil) = 380,– DM.

306 Der so ermittelte **Haftungsanteil** ist **wertend zu verändern**, wenn ein Elternteil neben dem Barunterhalt auch die Betreuung des Kindes ganz oder teilweise sicherstellen muß. Dies kommt insbesondere in Betracht, wenn er über wesentlich günstigere Einkommens- und Vermögensverhältnisse als der andere Elternteil verfügt oder wenn Mehrbedarf, z. B. durch Behinderung des Kindes, zu decken ist. Ein Abweichen von dem errechneten Haftungsanteil kommt auch in Betracht, wenn bei grundsätzlicher Fremdbetreuung ein Elternteil restliche Betreuungsaufgaben erfüllt. Vgl. dazu Rn 289. Das Ausmaß dieser wertenden Veränderung des allein nach den finanziellen Verhältnissen ermittelten Haftungsanteils zugunsten des in dieser Weise doppelt belasteten Elternteils ist abhängig vom Umfang der tatsächlich erforderlichen und zu erbringenden Betreuungsleistungen.[180]

Es muß vermieden werden, daß der Elternteil, der das Kind ganz oder teilweise betreut und daher mehr leisten muß als der andere, durch die zusätzliche Heranziehung zum Barunterhalt im Verhältnis zum anderen Elternteil ungerecht belastet wird. Durch eine entsprechende Veränderung der Haftungsquoten soll die erhöhte Belastung aufgefangen und dem zusätzlich belasteten Elternteil als Ausgleich dafür im Vergleich zum anderen ein größerer Spielraum zur Befriedigung persönlicher Bedürfnisse belassen werden.[181]

---

[180] BGH, FamRZ 1983, 689 = R 169 a
[181] BGH, FamRZ 1983, 689 = R 169 a

5. Abschnitt: Der Unterhaltsanspruch minderjähriger Kinder §2

Das Ausmaß dieser wertenden Veränderung ist Sache tatrichterlicher Beurteilung der Umstände des konkreten Einzelfalls. Dabei kommt es vor allem darauf an, in welchem Umfang der sorgeberechtigte Elternteil erhöhte oder verminderte Betreuungsleistungen zu erbringen hat und worin diese im einzelnen bestehen.[182]

Die wertende Veränderung ist größer bei erhöhten Betreuungs- und Pflegeleistungen (z. B. für ein erheblich behindertes Kind); sie ist geringer bei reduzierter Restbetreuung eines schon fast volljährigen Kindes in einer Tagesheimschule oder in einem Internat.

Beispiel: 307
Nettoeinkommen des Vaters (V) 3700,– DM, der sorgeberechtigten Mutter (M): 5000,– DM; Beteiligung von M am Kindesunterhalt wegen deutlich höheren Einkommens.
10jähriges Kind besucht wegen schlechter schulischer Leistungen eine Tagesheimschule; Mehrkosten 600,– DM; häusliche Ersparnis 100,– DM; Zinseinkünfte des Kindes monatlich 110,– DM. M erhält 250,– DM Kindergeld.
V zahlt für ein weiteres 4jähriges Kind aus einer nichtehelichen Lebensgemeinschaft nach DT 7/1 505,– DM Unterhalt.
Regelbedarf des 10jährigen Kindes nach DT 12/2 (3700 + 5000 = 8700): 819,– DM; eine Erhöhung dieses Satzes „nach den Umständen des Falles" wegen Überschreitung der Gruppe 12/2 ist nicht angebracht (vgl. dazu Rn 229).
Mehrbedarf: 600 (Mehrkosten) – 100 (Ersparnis) = 500,– DM.
Gesamtbedarf: 819 (Tabellenunterhalt) + 500 (Mehrbedarf) = 1319,– DM.
Restbedarf: 1319 – 110 (Zinsen) = 1209,– DM.
Vergleichbares Nettoeinkommen des V: 3700 – 505 (Kindesunterhalt) – 1800 (Sockelbetrag) = 1395,– DM.
Vergleichbares Nettoeinkommen der M: 5000 – 1800 (Sockelbetrag) = 3200,– DM.
Summe der vergleichbaren Beträge: 1395 + 3200 = 4595,– DM.
Anteil des V: 1209 x 1395 : 4595 = 367,– DM.
Anteil der M: 1209 x 3200 : 4595 = 842,– DM.
Da M trotz der Tagesheimschule das Kind nach der Schule, an den Wochenenden und in den Ferien weitgehend zu betreuen hat und sie im Verhältnis zu V allenfalls zu einer Halbtagstätigkeit verpflichtet ist, müssen die Haftungsanteile der Eltern wertend verändert werden. Es ist angemessen, daß M 30 %, also 363,– DM, V 70 % des Unterhalts, also 846,– DM, aufbringt.
Kindergeldverrechnung: V zahlt 846 – 125 = 721,– DM (§ 1612 b I BGB); auf M entfallen rechnerisch 363 + 125 = 488,– DM (§ 1612 b II BGB). Vgl. dazu Rn 297.

Für ihren jeweiligen Unterhaltsanteil haften die Eltern gegenüber dem Kind nicht als 308 Gesamtschuldner, sondern als **Teilschuldner**.[183] Dies gilt auch bei gesetzlichem Forderungsübergang, z. B. nach § 91 BSHG.

4. Unterhalt bei Geschwistertrennung

a) Keine Verrechnung des Kindesunterhalts. Bei Geschwistertrennung erfüllt jeder 309 Elternteil, der mindestens eines von mehreren gemeinsamen minderjährigen Kindern betreut, nur gegenüber dem bei ihm befindlichen Kind seine Unterhaltspflicht durch Pflege und Erziehung (§ 1606 III 2 BGB). Dem anderen Kind ist er grundsätzlich zum Barunterhalt verpflichtet. Jedes Kind hat daher gegen den Elternteil, bei dem es nicht lebt, Anspruch auf Barunterhalt, dessen Höhe sich nach dem anrechenbaren Nettoeinkommen dieses Elternteils richtet. Sind die Einkünfte bei beiden Eltern annähernd gleich hoch, empfiehlt sich eine einvernehmliche Vereinbarung, daß jeder Elternteil in vollem Umfang für den Unterhalt (Bar- und Betreuungsbedarf) des bei ihm lebenden Kindes aufkommt, für das andere Kind dagegen keinen Barunterhalt zu leisten hat. Dies geschieht rechtlich in zulässiger Weise durch eine wechselseitige **Freistellungsvereinbarung** der Eltern, die allerdings nur sie selbst bindet.[184] Der Unterhaltsanspruch der Kinder bleibt unberührt, da die Eltern nicht in deren Namen mit Wirkung für die Zukunft auf Unterhalt verzichten können (§ 1614 I BGB). Vgl. dazu Rn 521 ff.

---

[182] BGH, FamRZ 1983, 689 = R 169 a
[183] BGH, FamRZ 1986, 153 = R 278 b
[184] OLG Zweibrücken, FamRZ 1997, 178

310 **b) Einkünfte der Eltern.** Verfügen beide Eltern über Einkommen, insbesondere aus voll- oder halbschichtiger Erwerbstätigkeit, bemißt sich die Barunterhaltspflicht gegenüber dem nicht betreuten Kind nach den bisher dargestellten Grundsätzen (vgl. Rn 282 ff). Maßgebend ist daher zunächst das anrechenbare Nettoeinkommen des jeweils barunterhaltspflichtigen Elternteils.

311 Vom Bruttoeinkommen können alle Mehrkosten als berufsbedingte Aufwendungen abgezogen werden, die dem Verpflichteten dadurch entstehen, daß er trotz des bei ihm befindlichen betreuungsbedürftigen Kindes einer Erwerbstätigkeit nachgeht. Die Berücksichtigung **konkreter Mehrkosten** wird in der Regel dem Grundsatz von Treu und Glauben besser gerecht als die pauschale Nichtanrechnung eines Teils seines Einkommens[185] (vgl. dazu Rn 275 und 1/107). Abziehbar sind u. a.: Kosten für Betreuungspersonen, insbesondere für eine Tagesmutter, Kosten für den Besuch eines Horts oder einer Tagesheimschule, eines Kindergartens (Rn 275), für zusätzlichen Verpflegungsaufwand, Hausaufgabenüberwachung und sonstige Kosten, die dem betreuenden Elternteil infolge der erhöhten Inanspruchnahme durch Arbeit und Kinder in der allgemeinen Haushalts- und Lebensführung entstehen, z. B. Pkw-Kosten, damit er vor der Arbeit das Kind zum Kinderhort bringen und von dort nach der Arbeit wieder abholen kann, wenn dies nur bei Einsatz eines Pkws, dagegen nicht bei Inanspruchnahme öffentlicher Verkehrsmittel möglich ist.

312 Zu beachten ist, daß das Einkommen je nach dem Alter des Kindes, das beim Barunterhaltspflichtigen lebt, zumindest teilweise aus **unzumutbarer Erwerbstätigkeit** stammen kann. Ein solches Einkommen ist beim Pflichtigen an sich nur mit den Einschränkungen des § 242 BGB anzurechnen (vgl. dazu Rn 275 und 1/443 ff). Bei der Zumutbarkeitsabwägung im Rahmen des § 242 BGB ist allerdings zu berücksichtigen, daß Eltern nach § 1603 II 1 BGB alle verfügbaren Mittel zu ihrem und der minderjährigen Kinder Unterhalt gleichmäßig zu verwenden haben. Dazu gehören auch verfügbare Mittel aus einer überobligationsmäßigen Erwerbstätigkeit. Deshalb wird, wenn eine **gesteigerte Unterhaltspflicht** der Eltern nach § 1603 II 1 BGB in Betracht kommt, der Verdienst in der Regel voll anzurechnen sein.

313 Schließlich kann dem barunterhaltspflichtigen Elternteil wegen Betreuung des bei ihm lebenden Kindes ggf. ein **Betreuungsbonus** gewährt werden, wenn die Betreuung zwar ohne konkret erfaßbare Mehrkosten, aber doch nur unter tatsächlichen Schwierigkeiten möglich ist.[186] Vgl. dazu Rn 275 und 4/193.

314 Es ist stets darauf zu achten, daß bei den Eltern **mit gleichem Maß** gemessen wird. Es geht nicht ohne weiteres an, die Erwerbstätigkeit der Mutter, die ein 6jähriges Kind betreut, für unzumutbar zu halten, beim Vater, in dessen Haushalt der 5jährige Bruder lebt, dagegen das Einkommen voll anzurechnen. Dies kann allenfalls bei gesteigerter Unterhaltspflicht nach § 1603 II 1 BGB in Betracht kommen, wenn die Betreuungsmöglichkeiten, die dem Vater zur Verfügung stehen, wesentlich günstiger sind, z. B. weil er das bei ihm lebende Kind in die Obhut der Großmutter geben kann. Auch hier wird aber vielfach ein Betreuungsbonus zu gewähren sein.

Bei der Berechnung des Ehegattenunterhalts ist der Kindesunterhalt vorweg vom Einkommen des Verpflichteten, aber auch von den Einkünften des Berechtigten abzuziehen.[187] Vgl. dazu Rn 4/188.

315 **c) Erwerbsobliegenheit.** Wenn die Eltern nichts Gegenteiliges vereinbaren, kann ein Elternteil sich dem Unterhaltsanspruch des bei ihm nicht lebenden Kindes grundsätzlich nicht mit der Begründung entziehen, er betreue dessen Bruder oder Schwester (vgl. Rn 309). Er ist verpflichtet, das Existenzminimum (Rn 127 a), jedenfalls aber den **Mindestunterhalt** des vom anderen Elternteil betreuten Kindes sicherzustellen, wenn er dazu nach seinen beruflichen Fähigkeiten ohne Gefährdung seines notwendigen Selbstbehalts in der Lage ist. Er ist daher in der Regel verpflichtet, einer Erwerbstätigkeit nachzugehen

---

[185] BGH, FamRZ 1982, 779 = R 124 b
[186] BGH, FamRZ 1991, 182, 184 = R 430 b
[187] BGH, FamRZ 1992, 1163 = R 437 a; bedenklich KG, NJW-RR 1996, 1287, das den Kindesunterhalt beim unterhaltsberechtigten Ehegatten nur zu $3/7$ abzieht

5. Abschnitt: Der Unterhaltsanspruch minderjähriger Kinder   § 2

und dafür zu sorgen, daß das bei ihm lebende Kind teilweise von Dritten betreut wird. Die dadurch entstehenden Kosten kann er allerdings vom Einkommen absetzen (vgl. Rn 311). Die insbesondere beim Ehegattenunterhalt geltende Regel, daß ein Kleinkind der ständigen Betreuung durch einen Elternteil bedarf (vgl. Rn 4/72 ff), kann nicht ohne weiteres herangezogen werden, da jeder der Eltern für den Unterhalt jedes seiner Kinder zu sorgen hat; vgl. dazu Rn 172 ff. Die Mutter kann sich daher grundsätzlich nicht darauf berufen, sie könne nur einer teilschichtigen Arbeit nachgehen, weil sie eine 12jährige (Halb-)Schwester des unterhaltsberechtigten Kindes betreuen müsse.[188] Eine **Erwerbspflicht** eines Elternteils wird nur unter besonderen Umständen verneint werden können, z. B. wenn er ein Kleinkind zu betreuen hat, eine Fremdbetreuung auch bei Anlegung eines strengen Maßstabs nicht möglich ist,[189] während die Betreuungsmöglichkeiten beim anderen Elternteil deutlich günstiger sind, z. B. weil das bei ihm lebende Kind wesentlich älter und schon weitgehend selbständig ist. Vgl. auch Rn 166. Im übrigen kann eine Barunterhaltspflicht eines Elternteils entfallen, wenn sein eigener angemessener Bedarf bei Leistung von Barunterhalt gefährdet wäre, während die Einkommens- und Vermögensverhältnisse des anderen deutlich günstiger sind (vgl. dazu näher Rn 274 ff, 287).

5. Kindesunterhalt bei gemeinsamer elterlicher Sorge

Die Regelung der elterlichen Sorge ist für die Frage, welcher der Eltern Barunterhalt zu leisten hat, unerheblich. Es kommt auch nicht darauf an, ob die Eltern verheiratet oder geschieden sind, ob sie zeitweilig oder ob sie nie zusammengelebt haben. Entscheidend ist allein, ob und in welchem Umfang ein Elternteil das Kind pflegt und erzieht und dadurch seine Unterhaltspflicht erfüllt (§ 1606 III 1 BGB). Dies gilt auch bei allen Formen der gemeinsamen elterlichen Sorge, gleichgültig, ob sie nach Trennung und Scheidung verheirateter Eltern fortbesteht oder ob sie bei nicht verheirateten Eltern auf einer Sorgeerklärung nach § 1626 a BGB beruht. Ist das Kind in den Haushalt eines Elternteils eingegliedert und beschränkt sich der andere nur auf eine gelegentliche Betreuung, die der Ausübung eines Umgangsrechts nahekommt, so haftet dieser allein auf Barunterhalt. Die Höhe des Unterhalts ergibt sich wie üblich aus der Düsseldorfer Tabelle. Wechseln die Eltern in der Betreuung ab, ist der Unterhalt unter Berücksichtigung der beiderseitigen Betreuungsleistungen zu berechnen.[190] Vgl. dazu Rn 289, 306.   316

Steht die elterliche Sorge den Eltern gemeinsam zu, so kann der Elternteil, in dessen **Obhut** sich das Kind befindet, Unterhaltsansprüche des minderjährigen Kindes gegen den anderen Elternteil geltend machen (§ 1629 II 2 BGB in der seit 1. 7. 1998 geltenden Fassung). Die frühere in der Vorauflage (Rn 2/316 a) erörterte Problematik ist damit weitgehend überholt. Die durch die Obhut begründete gesetzliche Vertretung zur Geltendmachung von Unterhaltsansprüchen gilt für alle Fälle der gemeinsamen Sorge, also auch, wenn sie auf Sorgeerklärungen nach § 1626 a BGB beruht. Betreuen beide Eltern das Kind trotz ihrer Trennung weiter, so kommt es darauf an, bei welchem von ihnen der Schwerpunkt der Pflege und Erziehung des Kindes liegt.[191] Die gegenteilige Auffassung, die Alleinobhut verlangt,[192] ist wenig praktikabel, weil sie in zahlreichen Fällen zur Bestellung eines Ergänzungspflegers zwingt. Dies ist aber nur dann nötig, wenn die Eltern die Betreuung in gleichem Umfang unter sich aufteilen, z. B. wenn sie das Kind jeweils eine Woche versorgen oder wenn das Kind sich tagsüber bei dem einen, nachts dagegen bei dem anderen Elternteil aufhält.   316 a

Bei verheirateten Eltern, die getrennt leben oder zwischen denen eine Ehesache anhängig ist, kann der nach § 1629 a II 2 BGB vertretungsberechtigte Ehegatte die Unterhaltsansprüche des Kindes nur als Prozeßstandschafter im eigenen Namen geltend machen (§ 1629 a III 1 BGB). Vgl. dazu Rn 8/17.

---

[188] Bedenklich insoweit OLG Düsseldorf, FamRZ 1993, 1118
[189] Vgl. OLG Düsseldorf, FamRZ 1996, 167
[190] A I 3.1 der Empfehlungen des 10. Deutschen Familiengerichtstages, FamRZ 1994, 358
[191] Johannsen/Henrich/Jaeger, 3. Aufl., § 1629 a Rn 6; Büttner, FamRZ 1998, 585, 593
[192] Palandt/Diederichsen, 58. Aufl., § 1629 a Rn 43

316 b Wenn die Eltern sich in der Betreuung abwechseln, so daß auf jeden von ihnen etwa die Hälfte der Pflege und Versorgung entfällt, kann eine anteilige Barunterhaltspflicht in Betracht kommen. Vgl. dazu Rn 289. Es wird im Einzelfall zu prüfen sein, ob die Richtsätze der Düsseldorfer Tabelle für den Bedarf ausreichen oder ob der Tabellenunterhalt wegen der Mehrkosten angemessen erhöht werden muß, die durch die Aufteilung der Betreuung entstehen, z. B. durch Vorhaltung eines Kinderzimmers in der Wohnung jedes Elternteils oder durch häufige Fahrten zwischen den beiden Wohnungen.[193] Vgl. dazu Rn 226.

VII. Mehrbedarf minderjähriger Kinder

1. Berechtigung des Mehrbedarfs

317 **Mehrbedarf** ist derjenige Teil des Lebensbedarfs, der regelmäßig, jedenfalls während eines längeren Zeitraums anfällt und das Übliche derart übersteigt, daß er mit Regelsätzen nicht erfaßt werden kann, aber kalkulierbar ist und deshalb bei der Bemessung des laufenden Unterhalts durch Anhebung des Tabellensatzes berücksichtigt werden kann. Vgl. dazu im einzelnen Rn 133 ff.

Bei minderjährigen Kindern entsteht Mehrbedarf z. B. **als krankheitsbedingter Mehrbedarf** für ein behindertes Kind oder als **schulischer Mehrbedarf** für Sonderunterricht, Besuch einer **Privatschule**, Tagesheimschule oder eines **Internats**. Ein solcher Mehrbedarf ist in Abgrenzung zum Sonderbedarf nur dann zu bejahen, wenn es sich um voraussehbare, regelmäßig anfallende laufende Mehrkosten handelt. Insbesondere die Kosten für vorübergehenden Nachhilfeunterricht können Sonderbedarf darstellen. Genaueres Rn 6/3 f, 6/17.

Mehrbedarf kann auch dann entstehen, wenn ein Kind in einem Heim oder bei Pflegeeltern untergebracht werden muß, weil die Eltern das Kind verschuldet oder unverschuldet nicht versorgen können und ihnen daher das Sorgerecht ganz oder teilweise nach § 1666 BGB entzogen worden ist. Neben den Heimkosten kann bei Anordnung einer Vormundschaft auch die **Vergütung des Vormundes** Mehrbedarf oder Sonderbedarf des Kindes sein. Vgl. dazu §§ 1836 c Nr. 1, 1836 d Nr. 2 BGB. Die Vergütung wird in der Regel von der Staatskasse übernommen. In ihrer Höhe geht der Unterhaltsanspruch des Kindes auf die Staatskasse über (§ 1836 I BGB). Vgl. auch Rn 405, 6/14.

Ist der Besuch eines Horts, einer Tagesheimschule oder eines Internats nicht im Interesse des Kindes geboten, sondern nur deshalb erforderlich, damit der **betreuende Elternteil einer Erwerbstätigkeit** nachgehen kann, liegt kein Mehrbedarf des Kindes vor. In einem solchen Fall mindern die durch die Fremdbetreuung entstehenden Kosten das Einkommen des Elternteils. Vgl. dazu Rn 275, 295, 321.

318 Zunächst ist zu klären, ob der Mehrbedarf des Kindes als **berechtigt** anerkannt werden kann und daher vom Verpflichteten (mit-) zu tragen ist.

319 Die Berechtigung **krankheitsbedingten Mehrbedarfs** wird in der Regel nicht angezweifelt, da die Notwendigkeit zusätzlicher Pflege und Versorgung eines behinderten Kindes meist offen zutage liegt. Kommt es dennoch zu einem Streit zwischen den Eltern über die Berechtigung des Mehraufwands, sind die unter Rn 320 ff dargestellten Grundsätze anzuwenden.

320 Dagegen ist die Berechtigung **schulischen Mehrbedarfs** häufig ein Streitpunkt der Eltern. Zu unterscheiden ist zwischen gemeinsamem und alleinigem Sorgerecht.

320 a **Bei gemeinsamem Sorgerecht** gehört die Frage, ob ein Kind eine andere Schule besuchen soll, zu den Angelegenheiten, die für das Kind von erheblicher Bedeutung sind und die daher von beiden Eltern gemeinsam getroffen werden müssen (§ 1687 I 1 BGB). Dies gilt besonders für den oft mit erheblichen Kosten verbundenen Wechsel zu einer Privatschule oder für die Unterbringung des Kindes in einem Internat, in der Regel aber nicht

---

[193] OLG Düsseldorf vom 12. 2. 1999 – 3 UF 102/98, OLG-Report 1999, 313

5. Abschnitt: Der Unterhaltsanspruch minderjähriger Kinder   § 2

für Sonder- oder Nachhilfeunterricht, der zudem meist als Sonderbedarf, nicht als Mehrbedarf zu klassifizieren sein wird (Rn 6/17). Können sich die Eltern in einer wichtigen Frage nicht einigen, kann das Familiengericht auf Antrag die Entscheidung einem Elternteil übertragen (§ 1628 BGB). Trifft dieser die Entscheidung, gelten die Ausführungen in Rn 320 b. Einigen sich die Eltern über einen Schulwechsel, müssen sie beide die dadurch verursachten Mehrkosten unterhaltsrechtlich gegen sich gelten lassen. Vgl. dazu Rn 320 c, 323 ff.

Bei alleinigem Sorgerecht ist der sorgeberechtigte Elternteil nach § 1631 I BGB berechtigt, die Ziele und Wege einer Ausbildung unter Berücksichtigung der Eignung und Neigung des Kindes **verantwortlich** festzulegen. Dasselbe gilt, wenn bei gemeinsamer Sorge ein Elternteil den kostenträchtigen Schulwechsel veranlaßt hat, nachdem ihm die Entscheidung vom Familiengericht übertragen worden ist (§ 1628 BGB). Der barunterhaltspflichtige Elternteil muß solche Entscheidungen hinnehmen, auch wenn sie sich kostensteigernd für ihn auswirken und sie ihm nicht sinnvoll erscheinen. Fehlentscheidungen sind ggf. durch das Familiengericht nach § 1666 BGB zu korrigieren.[194] Deshalb können im Unterhaltsrechtsstreit Maßnahmen des Sorgerechtsinhabers grundsätzlich nicht auf ihre Rechtmäßigkeit oder Zweckmäßigkeit überprüft werden. Das gilt auch bei der Wahl einer Mehrkosten verursachenden Privatschule.[195]   **320 b**

Trotz der generellen Bindung an eine Entscheidung des Sorgeberechtigten kann das Kind **Mehrbedarf nicht unbeschränkt** geltend machen. Dies gilt vor allem dann, wenn die entstehenden Mehrkosten erheblich sind. Die kostenverursachende Maßnahme muß sachlich begründet und wirtschaftlich zumutbar sein. Es müssen – ähnlich wie bei einem Auslandsstudium (vgl. dazu Rn 67) – **wichtige Gründe** vorliegen, die es rechtfertigen, die durch die Wahl einer Privatschule verursachten Mehrkosten zu Lasten des Unterhaltspflichtigen als angemessene Bildungskosten anzuerkennen. Bei dieser Prüfung müssen insbesondere die Einkommens- und Vermögensverhältnisse der Eltern berücksichtigt werden. Zu prüfen ist ferner, ob andere Möglichkeiten der schulischen Förderung des Kindes bestehen, die bei geringeren Kosten zu einem vergleichbaren Erfolg führen würden.[196]

Mehrbedarf ist stets anzuerkennen, wenn der **barunterhaltspflichtige Elternteil** mit der Maßnahme des Sorgeberechtigten **einverstanden** war. Ist der Mehrbedarf **berechtigt**, muß sich unter Umständen der betreuende Elternteil **an seiner Finanzierung beteiligen**.[196a] Vgl. unten Rn 323 ff.   **320 c**

Ergibt die Prüfung, daß die Mehrkosten **nicht berechtigt** sind, verbleibt es beim **Tabellenunterhalt**. Die Mehrkosten muß dann der Elternteil tragen, da er sie veranlaßt hat.

Die **Internatsunterbringung** kann durch Gründe, die in der Person des Kindes liegen, wie z. B. durch Lern- und Erziehungsschwierigkeiten und gesundheitliche Behinderungen, gerechtfertigt sein. Wegen der erheblichen Mehrkosten ist die Berechtigung dieser Maßnahme besonders **sorgfältig zu überprüfen**. Vgl. hierzu oben Rn 320 ff.   **321**

Bei Internatsunterbringung wird in der Regel eine **beiderseitige Barunterhaltspflicht** bestehen, wenn der Sorgeberechtigte auf diese Weise einer eigenen Erwerbstätigkeit nachgehen und deshalb die von ihm veranlaßten Kosten mitfinanzieren kann. Der Verteilungsschlüssel ist im Hinblick auf eine verbleibende Restbetreuung wertend zu verändern. Dabei ist zu berücksichtigen, daß der sorgeberechtigte Elternteil das Kind vielfach in den Schulferien, also etwa während eines Vierteljahres, und an Wochenenden betreuen muß. Die Berechnung des Unterhaltsanteils nach § 1606 III 1 BGB erfolgt gemäß den Ausführungen zu Rn 289 ff.

Der Gesamtbedarf (Regelbedarf und Internatskosten) muß ggf. im Hinblick auf die erheblichen **Einsparungen** bei den laufenden Lebensunterhaltskosten gekürzt werden.[197] Vgl. dazu Rn 294.

---

[194] BGH, FamRZ 1983, 48 = R 141
[195] BGH, FamRZ 1983, 48 = R 141
[196] BGH, FamRZ 1983, 48 = R 141
[196a] BGH, FamRZ 1999, 286 = R 578 a; FamRZ 1983, 689 = R 169 a
[197] OLG Nürnberg, FamRZ 1993, 837

Ist die Internatsunterbringung nicht im Interesse des Kindes gerechtfertigt, sondern wird sie damit begründet, daß der **betreuende Elternteil** auf diese Weise einer **eigenen Erwerbstätigkeit** nachgehen kann (vgl. auch Rn 275, 283, 295), so sind die Internatskosten vom sorgeberechtigten Ehegatten zu tragen.[198] Er kann allerdings unter Umständen bei einem betreuungsbedürftigen Kind gegen den anderen Elternteil einen Anspruch auf Ehegattenunterhalt haben.

> **Beispiel:**
> Einkommen des Vaters (V): 5000,– DM, der Mutter (M), die wegen vieler Dienstreisen das 11jährige Kind nur am Wochenende und in den Ferien selbst versorgen kann: 4000,– DM. Internatskosten 1500,– DM, häusliche Ersparnis 200,– DM. M bezieht das Kindergeld von 250,– DM.
> Da M die Betreuung des Kindes auf eigene Kosten sicherstellt, ist allein V barunterhaltspflichtig (vgl. Rn 283).
> Kindesunterhalt entsprechend dem Einkommen des V nach DT 10/2: 733,– DM (zweimalige Höhergruppierung nach DT A 1; vgl. Rn 233). Zu zahlen sind 733 – 125 (Kindergeldanteil) = 608,– DM.
> Einkommen des V: 5000 – 733 = 4267,– DM.
> Einkommen der M: 4000 – 1500 + 200 = 2700,– DM.
> Ehegattenunterhalt nach der Differenzmethode (wenn die Einkünfte der M in den ehelichen Lebensverhältnissen angelegt waren; vgl. Rn 4/391ff): 4267 – 2700 = 1567 x $3/7$ = 672,– DM.

322 Macht das Kind Mehrbedarf geltend, muß es ebenfalls konkret **darlegen** und nachweisen, worin der Mehrbedarf besteht und warum er unterhaltsrechtlich berechtigt ist.[199] Zu den Kontrollrechten des barunterhaltspflichtigen Elternteils Rn 72.

2. Berechnung des geschuldeten Unterhalts bei berechtigtem Mehrbedarf

323 Ist der Mehrbedarf berechtigt, besteht der **Gesamtbedarf** des Kindes aus dem **Regelbedarf** nach der Düsseldorfer Tabelle **und** dem konkret zu ermittelnden **Mehrbedarf**. Bei der Bemessung des Gesamtbedarfs muß berücksichtigt werden, daß unter Umständen Aufwendungen eingespart werden, die normalerweise aus dem Tabellenunterhalt zu decken wären (Rn 294). Von den Gesamtkosten können dann Abzüge gemacht werden, z. B. für Verpflegung in der Tagesheimschule und bei verringertem Betreuungsaufwand. Die **Einsparung** kann durch Schätzung nach § 287 II ZPO ermittelt werden.

324 Hat der **betreuende Elternteil kein eigenes Einkommen** und ist er, z. B. wegen Erwerbsunfähigkeit, nicht zu einer Berufstätigkeit verpflichtet, trägt der Barunterhaltspflichtige den Gesamtbedarf des Kindes einschließlich der Mehrkosten allein, soweit er dazu im Rahmen seiner Leistungsfähigkeit unter Berücksichtigung seiner gesteigerten Unterhaltspflicht gegenüber minderjährigen Kindern in der Lage ist. Es verbleibt ihm also jedenfalls der notwendige Selbstbehalt.[200]

> **Beispiel:**
> Nettoeinkommen des Vaters (V): 5700,– DM
> Unterhalt für kranke Frau (M) und 2 Kinder im Alter von 10 und 9 Jahren.
> Mehrkosten für Tagesheimschule je 400,– DM, außerdem monatlich 100 DM für notwendigen Sonderunterricht des 10jährigen Kindes; Ersparnis für Verpflegungskosten je 100,– DM. M erhält das Kindergeld von 250,– DM.
> Regelunterhalt nach DT 9/2 = je 690,– DM.
> Gesamtunterhalt des 10jährigen Kindes: 690 + 100 + 400 – 100 = 1090,– DM.
> Gesamtunterhalt des 9jährigen Kindes: 690 + 400 – 100 = 990,– DM.
> Ehegattenunterhalt: 5700 – 1090 – 990 = 3620 x $3/7$ = 1552,– DM.
> V verbleiben 5700 – 1090 – 990 – 1552 = 2068,– DM und damit weniger als der Bedarfskontrollbetrag der 9. Einkommensgruppe von 2350,– DM. Da bei Herabstufung um eine Gruppe

---

[198] BGH, FamRZ 1983, 689 = R 169 b
[199] BGH, FamRZ 1983, 473 = R 160 c
[200] BGH, FamRZ 1986, 48 = R 275 a; FamRZ 1983, 48 = R 141

5. Abschnitt: Der Unterhaltsanspruch minderjähriger Kinder　　　　　　　　　§ 2

der Bedarfskontrollbetrag der 8. Einkommensgruppe von 2200,– DM nicht gewahrt wäre, ist der Kindesunterhalt der 7. Gruppe zu entnehmen (DT Anm. A 6; zum Bedarfskontrollbetrag und zu abweichenden Auffassungen vgl. Rn 239 ff).
Korrigierte Berechnung:
Kindesunterhalt nach DT 7/2 je 613,– DM, einschließlich des Mehrbedarfs daher 1013,– DM bzw. 913,– DM, nach Kindergeldverrechnung 888,– DM bzw. 788,– DM. Ehegattenunterhalt: $5700 - 1013 - 913 = 3774 \times 3/7 = 1618$,– DM. V verbleiben $5700 - 1013 - 913 - 1618 = 2156$,– DM und damit mehr als der Bedarfskontrollbetrag der 7. Gruppe von 2100,– DM.

Hat der **betreuende Elternteil selbst eigenes Einkommen**, so ist zunächst zu klären, **325** ob im Hinblick auf die Höhe der Mehraufwendungen und unter Berücksichtigung der beiderseitigen Einkommensverhältnisse ein Ausnahmefall von der Regel des § 1606 III 2 BGB angenommen werden kann (Ungleichgewicht der Belastungen, s. Rn 289 ff).[200a]
- Wird dies verneint, trägt der Barunterhaltspflichtige allein den Gesamtbedarf des Kindes einschließlich der Mehrkosten im Rahmen seiner Leistungsfähigkeit.
- Wird eine beiderseitige Barunterhaltspflicht bejaht, ist der Gesamtbedarf des Kindes (Regelbedarf und Mehrbedarf) zu ermitteln und nach § 1606 III 1 BGB entsprechend den Ausführungen Rn 289 ff anteilig im Verhältnis des Einkommens beider Eltern zu verteilen. Gegebenenfalls ist der so ermittelte Verteilungsschlüssel zu korrigieren, und zwar zugunsten des Sorgeberechtigten, wenn er für das Kind normale oder erhöhte Betreuungsleistungen erbringt.

3. Mehrbedarf des behinderten minderjährigen Kindes

Der Mehrbedarf eines behinderten Kindes kann erheblich sein und insbesondere bestehen **326**
- in den Mehrkosten der Unterbringung, Erziehung, Pflege und Versorgung des Kindes in einem **Heim,**
- in den Mehrkosten, die durch die **Versorgung des Kindes im Haushalt eines Elternteils** entstehen, insbesondere durch die behindertengerechte Ausstattung der Wohnung (Fahrstuhl, rollstuhlgerechte Türen, behindertengerechte Toilette und Badewanne usw.) oder durch die Pflege und Versorgung des Kindes, sei es durch den betreuenden Elternteil selbst (vgl. unten Rn 329), sei es durch Dritte, vor allem mobile Pflegedienste,
- im Mehraufwand für Kleidung,
- im Mehraufwand für Hilfsmittel, z. B. einen Rollstuhl,
- in den Mehrkosten einer Behindertenfreizeit gegenüber einem normalen Urlaub,
- in den Kosten für Sonderunterricht.

Infolge des Mehrbedarfs erhält das Kind vielfach **subsidiäre Sozialleistungen**. Diese **327** sind kein anrechnungsfähiges Einkommen. Sozialhilfe ist nachrangig (§ 2 BSHG). Zudem steht dem Träger der Sozialleistung vielfach die Möglichkeit des Rückgriffs gegen den Unterhaltspflichtigen offen (vgl. z. B. § 91 BSHG; vgl. dazu Rn 6/500 ff, 507 ff).
Zu den **subsidiären Sozialleistungen** gehört in erster Linie die **Sozialhilfe**, die Mehrbedarf hauptsächlich durch das Pflegegeld nach § 69 a BSHG abdeckt. Dieses Pflegegeld ist von dem Pflegegeld, das seit 1. 4. 1995 durch die Pflegekassen gewährt wird (vgl. unten Rn 328), scharf zu unterscheiden. Das Pflegegeld nach § 69 a BSHG ist als Sozialhilfeleistung nicht bedarfsdeckend (§ 2 II BSHG) und daher grundsätzlich **nicht** auf den Unterhaltsanspruch **anzurechnen** (vgl. Rn 1/351, 1/383). Vielmehr geht es in seinem Umfang des Unterhaltsanspruch auf den Sozialhilfeträger über (§ 91 I 1 BSHG). Hinsichtlich des Umfangs des Anspruchsübergangs sind die Schutzvorschriften der §§ 91 I 3 und 4, II BSHG zu beachten. Genaueres dazu Rn 6/523 ff, 546 ff. Nur ausnahmsweise kann für die Vergangenheit eine Anrechnung des subsidiären Pflegegeldes auf den Unterhalt in Betracht kommen, wenn der gesetzliche Forderungsübergang ausgeschlossen ist.[201] Vgl. dazu Rn 6/565 ff.

[200a] BGH, FamRZ 1998, 286 = R 518 a; FamRZ 1983, 689 = R 169 a
[201] BGH, FamRZ 1999, 843, 847 = R 533 c

328 **Nicht subsidiäre Sozialleistungen** sind vor allem Leistungen, die durch Versicherungsbeiträge erkauft werden, z. B. Leistungen der gesetzlichen Krankenkasse, insbesondere das Pflegegeld nach § 57 I SGB V (bis 31. 3. 1995) oder das im Rahmen der Pflegeversicherung zu zahlende **Pflegegeld nach § 37 I SGB XI** (ab 1. 4. 1995), und Rehabilitationsmaßnahmen der gesetzlichen Rentenversicherung. Zu den nicht subsidiären Sozialleistungen gehört weiter das Blindengeld. Derartige Sozialleistungen, insbesondere Pflegegeld nach § 37 I SGB XI, sind **Einkommen** des Unterhaltsberechtigten. Sie sind daher auf den Unterhaltsanspruch anzurechnen, grundsätzlich aber nicht auf den Elementarunterhalt, sondern auf den Mehrbedarf. Dem steht § 1610 a BGB nicht entgegen.[202] Zu § 1610 a BGB vgl. Rn 1/343 ff.

329 Versorgt der betreuende Elternteil, z. B. die Mutter, das behinderte Kind, so kann sie das **Pflegegeld**, soweit sie es nicht für Sachaufwendungen (häufigerer Wechsel der Wäsche, Bücher in Blindenschrift usw.) benötigt, für sich behalten. Es darf daher an sie „weitergeleitet" werden. Weitergeleitetes Pflegegeld ist seit dem 1. 8. 1999 im Unterhaltsrecht wie im Sozialhilferecht[203] **nicht als Einkommen des betreuenden Elternteils** anzurechnen (§ 13 VI SGB XI[204]) und damit anders als nach der bisherigen Rechtsprechung[205] bei der Ermittlung von Unterhaltsleistungen nicht zu berücksichtigen. Eine Anrechnung findet dagegen bei verschärfter Unterhaltspflicht (§ 1603 II BGB) und in Verwirkungsfällen (§§ 1361 III, 1579, 1611 I BGB) statt, ferner dann, wenn von der Pflegeperson erwartet werden kann, ihren Bedarf ganz oder teilweise durch eigene Einkünfte zu decken, und der Pflegebedürftige mit dem Unterhaltspflichtigen nicht in gerader Linie verwandt ist. Pflegt die unterhaltspflichtige Mutter eines beim Vater wohnenden Kindes ihre eigene Mutter, so wird das weitergeleitete Pflegegeld nicht als Einkommen der Kindesmutter angerechnet, wenn es um den Unterhalt des Kindes geht, da es mit seiner Großmutter in gerader Linie verwandt ist. Verlangt die Kindesmutter dagegen Ehegattenunterhalt vom Kindesvater, ist das weitergeleitete Pflegegeld als ihr Einkommen zu berücksichtigen, weil der unterhaltspflichtige Ehemann mit seiner pflegebedürftigen Schwiegermutter nicht verwandt ist.

6. Abschnitt: Der Unterhaltsanspruch volljähriger Kinder

I. Besonderheiten beim Unterhalt volljähriger Kinder

330 Der Unterhaltsanspruch des volljährigen Kindes folgt grundsätzlich den allgemeinen Regeln des Verwandtenunterhalts. Er ist nicht in gleicher Weise privilegiert wie der Minderjährigenunterhalt. Seit dem 1. 7. 1998 stehen jedoch volljährige Kinder unter bestimmten Voraussetzungen bis zur Vollendung des 21. Lebensjahres hinsichtlich der verschärften Unterhaltspflicht der Eltern (§ 1603 II 2 BGB; Rn 333) und hinsichtlich des Ranges (§ 1609 I 1, II 1 BGB; Rn 341) minderjährigen Kindern gleich. Zu diesen privilegiert volljährigen Kindern vgl. Rn 452 ff.

331 Das volljährige Kind ist **bedürftig**, solange es sich berechtigterweise einer Berufsausbildung unterzieht (§ 1610 II BGB; Genaueres zum Ausbildungsunterhalt Rn 56 ff, 342 ff) oder es bei Anlegung eines strengen Maßstabs, z. B. wegen Krankheit, nicht in der Lage ist, seinen Lebensunterhalt selbst aufzubringen (vgl. Rn 48, 345).

332 Der **Bedarf** des volljährigen Kindes richtet sich, solange es noch wirtschaftlich von seinen Eltern abhängig ist, insbesondere die Berufsausbildung noch nicht beendet hat, nach deren Lebensverhältnissen (vgl. Rn 109, 343). Auch beim Volljährigen werden zur Be-

---

[202] BGH, FamRZ 1993, 417 = R 458
[203] Hess. OVG, FamRZ 1996, 976
[204] I.d.F. des 4. SGB XI-Änderungsgesetzes vom 21. 7. 1999 – BGBl. I 1656
[205] BGH, FamRZ 1993, 417 = R 458

6. Abschnitt: Der Unterhaltsanspruch volljähriger Kinder § 2

messung des Bedarfs Tabellen und Leitlinien herangezogen (vgl. dazu unten Rn 362 ff). Für die neuen Bundesländer gelten abweichende Bedarfssätze (siehe unten Rn 6/628 f). Zu berücksichtigen sind ausnahmsweise auch Mehrbedarf (vgl. Rn 133 ff, 401 ff) und Sonderbedarf (vgl. oben Rn 133 ff, 138, 6/1 ff).

Nach § 1603 I BGB entfällt die **Leistungsfähigkeit** und damit die Unterhaltsverpflichtung eines Elternteils bereits dann, wenn dieser bei Berücksichtigung seiner sonstigen Verpflichtungen außerstande ist, ohne Gefährdung seines eigenen angemessenen Bedarfs dem Volljährigen Unterhalt zu gewähren. Eine gesteigerte Unterhaltspflicht, wie sie gegenüber dem minderjährigen Kind bestehen kann (§ 1603 II 1 BGB; vgl. dazu Rn 247 ff), kommt seit dem 1. 7. 1998 auch bei volljährigen unverheirateten Kindern bis zur Vollendung des 21. Lebensjahres in Betracht, solange sie im Haushalt der Eltern oder eines Elternteils leben und sich in der allgemeinen Schulausbildung befinden (§ 1603 II 2 BGB; vgl. dazu im einzelnen Rn 452 ff). Zur Leistungsfähigkeit beim Volljährigenunterhalt im einzelnen s. Rn 407 ff. **333**

Mit Eintritt der Volljährigkeit erlischt das Sorgerecht (§ 1626 I BGB). Die Eltern verlieren ihre Vertretungs- und Erziehungsbefugnisse (§§ 1626, 1629 BGB), gleichgültig ob gemeinsame oder alleinige elterliche Sorge bestand; sie sind nicht mehr zur Betreuung und Erziehung des Kindes berechtigt oder verpflichtet. **Betreuungsunterhalt** wird **nicht mehr geschuldet** (vgl. Rn 15).[1] Wegen des Wegfalls der Betreuungsverpflichtung wird der bisher betreuende Elternteil ebenfalls barunterhaltspflichtig, sofern er leistungsfähig ist. Beide Eltern haften nach § 1606 III 1 BGB anteilig nach ihren Erwerbs- und Vermögensverhältnissen für den Unterhalt des Kindes.[2] Dies gilt auch gegenüber privilegiert volljährigen Kindern im Sinne des § 1603 II 2 BGB (vgl. Rn 99, 467 ff). Das Kind kann von jedem Elternteil nur den Teil des Unterhalts verlangen, der nach der anteiligen Haftung gemäß § 1606 III 1 BGB auf diesen Elternteil entfällt.[3] Ein Elternteil bleibt nur dann allein barunterhaltspflichtig, wenn der andere Elternteil nicht leistungsfähig ist (§ 1603 I BGB). Zur Berechnung der Haftungsanteile der Eltern vgl. Rn 433 ff. **334**

Trotz der Eigenverantwortlichkeit des Volljährigen können Eltern bei einem unverheirateten Kind bestimmen, in welcher Art und für welche Zeit im voraus Unterhalt gewährt werden soll (§ 1612 II 1 BGB), insbesondere daß das Kind Naturalunterhalt im Elternhaus entgegenzunehmen hat. Dieses **Bestimmungsrecht** steht den Eltern gemeinsam zu, bei getrenntlebenden oder geschiedenen Eltern grundsätzlich demjenigen von ihnen, der von dem volljährigen Kind auf Unterhalt in Anspruch genommen wird. Genaueres dazu oben Rn 21 ff, 29 f. **335**

Eigenes Einkommen, insbesondere eine Ausbildungsvergütung, wird nach Bereinigung um berufsbedingte Aufwendungen oder ausbildungsbedingten Mehrbedarf auf den Bedarf des volljährigen Kindes angerechnet (vgl. Rn 349 ff). Der Barunterhalt wird entsprechend gekürzt. Eine Anrechnung des Einkommens auf fortdauernde Versorgungsleistungen des Elternteils, bei dem das Kind lebt, ist überholt (vgl. Rn 453). **336**

Kindergeld wird seit dem 1. 7. 1998 auch bei volljährigen Kindern hälftig auf den Unterhalt angerechnet (§ 1612 b I BGB); bei Barunterhaltspflicht beider Eltern greift § 1612 b II BGB ein. Vgl. dazu im einzelnen Rn 513 ff. Eine bedarfsdeckende Anrechnung des Kindergeldes auf den Unterhalt kommt grundsätzlich nicht mehr in Betracht. **337**

Der Unterhaltsanspruch des volljährigen Kindes kann ganz oder teilweise **verwirkt** werden, wenn das Kind durch sittliches Verschulden bedürftig geworden ist oder sich einer schweren Verfehlung gegenüber dem unterhaltspflichtigen Elternteil schuldig gemacht hat (§ 1611 I BGB). Genaueres dazu Rn 478 ff. **338**

Der Unterhaltsanspruch des minderjährigen und des volljährigen Kindes sind **identisch**. Die Besonderheiten, die für den Unterhalt Minderjähriger bestehen (dazu oben Rn 193 ff), rechtfertigen es nicht, den Anspruch auf Volljährigenunterhalt als eigenständigen Anspruch aufzufassen.[4] Die unveränderte Fortdauer des die Unterhaltspflicht be- **339**

---

[1] BGH, FamRZ 1988, 159, 162 = R 346 i; FamRZ 1986, 153 = R 278 a
[2] BGH, FamRZ 1988, 1039 = R 366 a, c; FamRZ 1986, 153 = R 278 a
[3] BGH, FamRZ 1988, 1039 = R 366 c
[4] BGH, FamRZ 1994, 696 = R 477 a; FamRZ 1984, 682 = R 209

gründenden Verwandtschaftsverhältnisses über den Eintritt der Volljährigkeit hinaus unterscheidet den Verwandtenunterhalt grundsätzlich vom Ehegattenunterhalt, der für die Zeit vor und nach der Scheidung auf jeweils anderen Anspruchsgrundlagen beruht (Rn 4/14).[5]

Dies hat zur Folge:
- **Unterhaltsurteile** und Vergleiche, die aus der Zeit der Minderjährigkeit des Kindes stammen, gelten über den Zeitpunkt der Vollendung der Volljährigkeit hinaus bis zu einer Abänderung fort.[6] Wird dagegen Unterhalt nicht mehr geschuldet, weil der Bedarf des volljährigen Kindes auf längere Zeit gedeckt ist, so muß der Titel dahin abgeändert werden, daß die Unterhaltspflicht entfällt, selbst wenn nicht ausgeschlossen werden kann, daß später der Unterhaltsanspruch wieder auflebt.[7] Ob allein die Ableistung des Wehr- oder des Ersatzdienstes einen dauernden Fortfall des titulierten Unterhalts[8] rechtfertigt, scheint mir angesichts der Verkürzung der Dienstpflicht fraglich zu sein. Hier wird es auf die Umstände des Einzelfalles, auf die Ernsthaftigkeit der Absicht des Kindes, eine Ausbildung zu beginnen, auf die Höhe des voraussichtlichen Restbedarfs und die Einkommensverhältnisse der Eltern ankommen.
- War ein solcher Titel von einem Elternteil in **Prozeßstandschaft** für das Kind nach § 1629 BGB erwirkt worden, ist nach Eintritt der Volljährigkeit gemäß § 727 ZPO eine Umschreibung des Titels auf den Volljährigen nötig; zur Prozeßstandschaft vgl. Rn 8/17.
- Wird das Kind während eines noch schwebenden Prozesses volljährig, tritt es durch **Parteiwechsel** an die Stelle des bisher klagenden, sorgeberechtigten Elternteils in den Rechtsstreit ein; war das Kind, gesetzlich vertreten durch den betreuenden Elternteil, nach der Scheidung selbst Partei, fällt lediglich die gesetzliche Vertretung fort (vgl. Rn 8/17).
- Ein wirksamer Unterhaltstitel aus der Zeit der Minderjährigkeit kann nach Eintritt der Volljährigkeit nur im Weg der **Abänderungsklage** (§ 323 ZPO) abgeändert werden. Eine Leistungsklage ist unzulässig.[9]
- Die Vollstreckungsgegenklage gegen einen Unterhaltstitel, durch den einem minderjährigen Kind dynamischer Unterhalt im Sinne des § 1612 a I BGB (Rn 246 a ff) zuerkannt worden ist, kann nicht allein darauf gestützt werden, daß Minderjährigkeit nicht mehr bestehe (§ 798 a ZPO).

340 Materiell **beginnt der Unterhalt des volljährigen Kindes** mit dem Tag der Volljährigkeit, nicht bereits am Ersten des laufenden Monats. Dies kann insbesondere bei Abänderungsklagen wegen des höheren Regelbedarfs des Volljährigen nach den Tabellen und Leitlinien oder wegen geminderter Leistungsfähigkeit des Verpflichteten infolge des veränderten Selbstbehaltssatzes (angemessener Selbstbehalt von 1800,– DM statt des notwendigen Selbstbehalts von 1500,– DM bzw. 1300,– DM) eine Rolle spielen (vgl. dazu, auch zu abweichenden Selbstbehaltssätzen einiger Oberlandesgerichte, Rn 417 ff). Der volle Monatsbetrag des infolge der Volljährigkeit höheren Unterhalts kann nicht verlangt werden, weil es insoweit an einer gesetzlichen Regelung fehlt. § 1612 a III 1 BGB, der das Aufsteigen in den Altersstufen betrifft, gilt nur für minderjährige Kinder. Vgl. dazu Rn 20, 218. Die anteilige Berechnung erfolgt in der Weise, daß die monatliche Unterhaltsrente mit dem Kalendertag multipliziert und durch die Anzahl der Tage im Monat (z. B. 30 oder 31) dividiert wird.[10]

341 Unterhaltsansprüche volljähriger Kinder sind gegenüber den Unterhaltsansprüchen minderjähriger Kinder und des früheren sowie des jetzigen Ehegatten des Pflichtigen **nachrangig**. Vgl. dazu Rn 429 ff. Jedoch stehen privilegierte Kinder im Sinne des § 1603

---

[5] BGH, FamRZ 1981, 242 = R 65
[6] BGH, FamRZ 1983, 582; OLG Hamm, FamRZ 1983, 208
[7] OLG Koblenz, FamRZ 1999, 677
[8] So OLG Koblenz, FamRZ 1999, 677
[9] BGH, FamRZ 1988, 1039 = R 366a; FamRZ 1986, 153 = R 278a; FamRZ 1984, 682 = R 209; FamRZ 1983, 582
[10] BGH, FamRZ 1988, 604 = R 361a

6. Abschnitt: Der Unterhaltsanspruch volljähriger Kinder §2

II 2 BGB im Rang ihren minderjährigen (Halb-)Geschwistern und dem Ehegatten des Unterhaltsschuldners gleich (§ 1609 I 1, II 1 BGB). Vgl. dazu im einzelnen Rn 452 ff.

II. Bedürftigkeit des volljährigen Kindes

1. Auswirkungen der Volljährigkeit auf die Bedürftigkeit

Mit Eintritt der Volljährigkeit wird das Kind voll geschäftsfähig. Die Eltern verlieren 342 ihre gesetzliche Vertretungsbefugnis. Der Volljährige kann sein weiteres Leben eigenverantwortlich selbst gestalten und entsprechende Entscheidungen **rechtlich selbständig** treffen.[11] Er kann z. B. seinen Beruf oder eine entsprechende Berufsausbildung, insbesondere das Studienfach,[12] selbst wählen, ggf. auch gegen den Willen seiner Eltern; vgl. auch Rn 60.

Trotz der rechtlichen Selbständigkeit bleibt der Volljährige **wirtschaftlich noch von** 343 **seinen Eltern** abhängig, solange er sich noch in einer Ausbildung befindet oder nach Ende der Berufsausbildung aus sonstigen Gründen unterhaltsbedürftig ist. Er hat während dieser Zeit noch keine eigene originäre Lebensstellung. Seine Lebensstellung im Sinn des § 1610 I BGB ist wegen der wirtschaftlichen Abhängigkeit noch von der seiner Eltern abgeleitet und richtet sich deshalb nach den wirtschaftlichen Verhältnissen seiner Eltern.[13] Deshalb hat er nach dem **Gegenseitigkeitsprinzip** bei seinen Entscheidungen auf die wirtschaftlichen Verhältnisse seiner Eltern Rücksicht zu nehmen. Er ist verpflichtet, seine Lebensplanung so zu gestalten, daß er möglichst bald von seinen Eltern auch wirtschaftlich unabhängig wird. Vgl. dazu auch Rn 60 f, 65.

Daraus ergeben sich für den Volljährigen folgende wichtige Verpflichtungen: 344

- Das volljährige Kind muß seine Ausbildung **zielstrebig**, intensiv und mit Fleiß betreiben und sie innerhalb angemessener und üblicher Dauer beenden.[14] Genaueres dazu Rn 60 ff, 65 ff. Die Eltern haben insoweit nach dem Gegenseitigkeitsprinzip **Kontrollrechte** (vgl. dazu Rn 72). Verletzt der Volljährige seine Obliegenheit, der Ausbildung pflichtbewußt und zielstrebig nachzugehen, muß er sich darauf verweisen lassen, seinen Lebensbedarf durch eigene Erwerbstätigkeit selbst zu verdienen.[15] Allein die darin liegende Verletzung des Gegenseitigkeitsprinzips führt zum Wegfall des Unterhaltsanspruchs, ohne daß die Voraussetzungen der Verwirkung (§ 1611 BGB; dazu Rn 478 ff) vorliegen müßten.[16]
- Der Volljährige muß bei seinen die Ausbildung betreffenden Entscheidungen auf die finanziellen Verhältnisse seiner Eltern **Rücksicht** nehmen. Bei nachhaltiger Verschlechterung der wirtschaftlichen Verhältnisse der Eltern muß er sich, wenn nicht die staatliche Ausbildungsförderung eingreift, auf eine weniger kostspielige Ausbildung oder auf einen weniger kostspieligen Ausbildungsort verweisen lassen (vgl. Rn 61). Nach einer abgeschlossenen Ausbildung sind Eltern in der Regel zur Finanzierung einer Zweitausbildung nicht mehr verpflichtet.[17] Dieser Grundsatz hat allerdings zahlreiche Ausnahmen (vgl. dazu im einzelnen Rn 73 ff, 78 ff). Er hat überdies durch die Rechtsprechung des BGH[18] zur einheitlichen Ausbildung Abitur – Lehre – Studium (vgl. Rn 80 ff) einen großen Teil seiner Bedeutung verloren. Zum Ausbildungsunterhalt im einzelnen s. Rn 56 ff.

Bereits das minderjährige Kind, das nicht die Schule besucht und sich auch keiner Be- 345 rufsausbildung unterzieht, kann auf eine eigene Erwerbstätigkeit verwiesen werden (vgl.

---

[11] BGH, FamRZ 1998, 671 = R 523
[12] BGH, FamRZ 1996, 798 = R 501a
[13] BGH, FamRZ 1987, 58 = R 304 A a; FamRZ 1986, 151 = R 277 b
[14] BGH, FamRZ 1984, 777 = R 218
[15] BGH, FamRZ 1992, 1064 = R 446
[16] BGH, FamRZ 1998, 671 = R 523
[17] BGH, FamRZ 1980, 1115; FamRZ 1977, 629 = R 7
[18] FamRZ 1989, 853 = R 391 b

Rn 46).[19] Die Obliegenheit zur eigenverantwortlichen Sicherung des Lebensunterhalts trifft den Volljährigen stärker als das minderjährige Kind. Ein **Volljähriger**, der sich **nicht in einer berechtigten Ausbildung** befindet, z. B. den Schulbesuch einstellt,[20] oder nach Ausbildungsabschluß arbeitslos ist, muß primär für seinen Lebensunterhalt selbst aufkommen und dazu verstärkt seine eigene Arbeitsfähigkeit einsetzen. Er muß, wenn er gesundheitlich dazu in der Lage ist, jede Arbeit annehmen, auch berufsfremde Tätigkeiten und Arbeiten unterhalb seiner gewohnten Lebensstellung. Für die Nutzung seiner Arbeitskraft gelten ähnliche Maßstäbe wie für die Haftung der Eltern gegenüber minderjährigen Kindern.[21] Kommt der Volljährige dieser Erwerbsobliegenheit nicht nach, entfällt seine Bedürftigkeit in Höhe eines erzielbaren Erwerbseinkommens. Vgl. dazu Rn 48.

Zur Bedarfsbemessung, wenn der Volljährige nach diesen Maßstäben, z. B. wegen Krankheit, unterhaltsberechtigt ist, s. unten Rn 405 f.

345 a   Diese Grundsätze gelten auch für das privilegiert volljährige Kind im Sinne des § 1603 II 2 BGB (vgl. dazu Rn 452 ff). Dieses Kind steht nur hinsichtlich der verschärften Unterhaltspflicht der Eltern (§ 1603 II 2 BGB) und hinsichtlich des Ranges (§ 1609 I 1, II BGB) einem minderjährigen Kind gleich. Gibt ein solches Kind den Schulbesuch auf, so entfällt die Privilegierung; unverschuldete Unterbrechungen der Schulausbildung, z. B. durch Krankheit, sind dagegen unschädlich. Vgl. dazu im einzelnen Rn 452 ff, 461.

2. Unterhalt bei Wehr- oder Ersatzdienst

346   Die umstrittene Frage, ob ein **Wehrpflichtiger**, der den Grundwehrdienst ableistet, unterhaltsbedürftig ist, hat der BGH für die Praxis durch die Entscheidung vom 29. 11. 1989[22] geklärt. Er hat zu Recht darauf hingewiesen, daß heute die Kaserne nicht mehr wie früher der Lebensmittelpunkt der Wehrpflichtigen ist, sondern daß die jungen Soldaten sie häufig nach Dienstschluß verlassen und im Elternhaus übernachten („Heimschläfer") oder jedenfalls am Wochenende nach Hause fahren. Gleichwohl ist der **Bedarf** des wehrpflichtigen Soldaten durch die Zuwendungen der Bundeswehr **in der Regel gedeckt**. Der Wehrpflichtige erhält freie Unterkunft und Verpflegung. Er hat Anspruch auf kostenlose Heilfürsorge. Die Dienstkleidung wird ihm gestellt. Die Kleidung wird gereinigt und instand gesetzt. Er hat Anspruch auf freie Wochenendheimfahrten. Für die Tage, an denen der Soldat von der Gemeinschaftsverpflegung befreit ist, wird ihm ein Verpflegungsgeld gewährt. Für die Dauer des Erholungsurlaubs erhält er den doppelten Satz des Verpflegungsgeldes. Auch der Sohn gutverdienender oder vermögender Eltern hat daneben grundsätzlich keinen Anspruch auf ergänzenden Unterhalt. Ihm stehen durch den Wehrsold zur Befriedigung des verbleibenden Bedarfs für Freizeitgestaltung, Zivilkleidung und zusätzliche Reisekosten bereits Mittel zur Verfügung, wie sie ein auswärts studierendes Kind, das monatlich in der Regel 1120,– DM erhält (vgl. dazu Rn 369), schwerlich für derartige Zwecke erübrigen kann.

347   Andererseits kann im Einzelfall ein **besonderer Unterhaltsbedarf** bestehen, den der Wehrpflichtige aus den Mitteln, die ihm von der Bundeswehr zufließen, nicht befriedigen kann. Derartiges kann in Betracht kommen, wenn die Eltern dem Sohn vor dem Wehrdienst die Eingehung von nicht unbedeutenden, wiederkehrenden Verpflichtungen ermöglicht haben (z. B. den Bezug von periodisch erscheinenden Veröffentlichungen, die Mitgliedschaft in einem Sportverein, Musikunterricht o. ä.) und eine Beendigung der Verpflichtung nicht möglich, wirtschaftlich unvernünftig oder unzumutbar wäre, so daß der Wehrpflichtige die insoweit anfallenden erheblichen Kosten weiter zu tragen hat. Voraussetzung eines solchen Anspruchs ist aber, daß der Wehrpflichtige die besonderen Umstände, auf denen sein Mehrbedarf beruht, konkret vorträgt und bei Bestreiten nachweist.[23]

---

[19] OLG Düsseldorf, FamRZ 1990, 194
[20] OLG Karlsruhe, FamRZ 1992, 1217
[21] BGH, FamRZ 1987, 930, 932 = NJW-RR 1987, 706; FamRZ 1985, 273 = R 239 b; FamRZ 1985, 1245 = R 256
[22] FamRZ 1990, 393 = R 403
[23] FamRZ 1990, 393 = R 403

6. Abschnitt: Der Unterhaltsanspruch volljähriger Kinder § 2

Während des **Ersatzdienstes** gelten dieselben Grundsätze,[24] da auf den Dienstpflichtigen in Fragen der Fürsorge und der Heilfürsorge, der Geld- und Sachbezüge, der Reisekosten und des Urlaubs die Bestimmungen Anwendung finden, die für einen Soldaten des untersten Mannschaftsdienstgrades gelten (§ 35 I ZDG). Auch dem Zivildienstleistenden steht der Sold zur Befriedigung des Freizeitbedarfs zur Verfügung; seine elementaren Lebensbedürfnisse (Verpflegung, Wohnung, eventuelle Dienstkleidung sowie Heilfürsorge) sind durch Leistungen des Bundes gedeckt. Anders kann es jedoch sein, wenn der Ersatzdienstleistende nicht in einer dienstlichen Unterkunft, sondern weiterhin bei einem Elternteil wohnt. Für diesen Fall steht ihm eine Mietbeihilfe nicht zu. Der Dienstpflichtige ist grundsätzlich nicht gehalten, sich um die Einberufung zu einer Dienststelle zu bemühen, die eine dienstliche Unterkunft gewährt. Daher ist der Unterhaltsschuldner verpflichtet, die anteiligen Kosten der Wohnung des Dienstpflichtigen zu tragen. Der Umstand, daß der Elternteil, bei dem das Kind lebt, von diesem keinen Beitrag zu den Wohnkosten verlangt, entlastet den Unterhaltspflichtigen nicht, da die kostenlose Wohnungsgewährung ihm als freiwillige Leistung eines Dritten nicht zugute kommen darf.[25] Vgl. dazu Rn 100 ff. 348

3. Anrechnung von Einkommen, Vermögen und Kindergeld

Grundsätzlich ist **Einkommen jeglicher Art** (vgl. Rn 86 f) auf den Unterhalt des volljährigen Kindes **anzurechnen**. Dies gilt vor allem für Ausbildungsvergütungen (vgl. dazu oben Rn 90 ff) und BAföG-Leistungen, auch soweit sie darlehensweise gewährt werden (vgl. dazu Rn 1/356 ff).[26] Der Einkommensbegriff ist Rn 1/8 ff eingehend erörtert; darauf kann verwiesen werden. 349

Auch ein volljähriger Schüler oder Student ist zu einer **Erwerbstätigkeit** neben dem Schulbesuch oder dem Studium nicht verpflichtet. Gleichwohl erzieltes **Einkommen** stammt **aus überobligationsmäßiger Tätigkeit**. Es ist entsprechend § 1577 II 1 BGB nicht anrechenbar, wenn das Kind nicht den vollen Unterhalt erhält, darüber hinaus nur nach Billigkeit (§ 1577 II 2 BGB).[27] Dies gilt insbesondere auch für ein privilegiert volljähriges Kind im Sinne des § 1603 II 2 BGB. Vgl. dazu Rn 88, 452 ff, 462. 350

Alle Einkünfte aus Erwerbstätigkeit sind vor ihrer Anrechnung um **berufsbedingte Aufwendungen** (vgl. 1/87 ff) zu bereinigen; eine Ausbildungsvergütung ist um ausbildungsbedingten Mehrbedarf (vgl. dazu und zu den abweichenden Auffassungen einiger Oberlandesgerichte oben Rn 92 ff) zu kürzen. Zur Berücksichtigung berufsbedingter Aufwendungen und ausbildungsbedingten Mehrbedarfs beim Unterhalt des Kindes, das in einem eigenen Haushalt lebt, insbesondere beim Studentenunterhalt nach DT Anm. A 7 II vgl. Rn 382. 351

Das bereinigte Einkommen des Volljährigen (vgl. Rn 349–351), auch eines privilegiert volljährigen Kindes im Sinne des § 1603 II 2 BGB (vgl. dazu Rn 452 ff), mindert in voller Höhe dessen Bedürftigkeit und damit den Unterhaltsanspruch. Es ist **auf den Bedarf anzurechnen** (vgl. oben Rn 108 ff), nicht auf den Betrag, den der Schuldner leisten kann (vgl. dazu Rn 158). Da die Eltern volljährigen Kindern keine Betreuung mehr schulden (s. Rn 15, 334), entfällt auch die bei Minderjährigen im Regelfall notwendige hälftige Anrechnung des Einkommens auf den Bar- und den Betreuungsunterhalt gemäß § 1606 III 2 BGB (vgl. dazu Rn 97, 99). Zu Übergangsfällen in der ersten Zeit nach Volljährigkeit vgl. Rn 451 ff. 352

Grundsätzlich sind bei Volljährigen, auch bei volljährigen Kindern im Sinne des § 1603 II 2 BGB (vgl. dazu Rn 452 ff, 467 ff), beide Eltern im Rahmen ihrer Leistungsfähigkeit barunterhaltspflichtig. Sie haften nach § 1606 III 1 BGB **anteilig** nach ihren Erwerbs- und Vermögensverhältnissen für **den Restbedarf**, also den Teil des Bedarfs, der nicht durch eigenes Einkommen des Berechtigten gedeckt ist und dem Kind als Unter- 353

---

[24] BGH, FamRZ 1994, 303 = R 472a
[25] BGH, FamRZ 1994, 303 = NJW 1994, 938
[26] BGH, FamRZ 1989, 499 = NJW-RR 1989, 578
[27] BGH, FamRZ 1995, 475, 477 = R 491b, c

halt geschuldet wird.[28] Auf diese Weise werden die Eltern durch das Kindeseinkommen entsprechend ihrem Haftungsanteil entlastet.

354 Ist nur ein Elternteil barunterhaltspflichtig, weil der andere Elternteil nicht leistungsfähig ist, so schuldet der barunterhaltspflichtige Elternteil allein den Kindesunterhalt in Höhe des Restbedarfs. Einkommen des Kindes ist auch nicht teilweise zugunsten des nichtunterhaltspflichtigen Elternteils zu verrechnen, weil dieser weder Bar- noch Betreuungsunterhalt schuldet und leistet. Soweit er **freiwillig Naturalleistungen** erbringt, zählen diese **nicht als Einkommen** des Kindes, weil er nach der Lebenserfahrung mit seinen Leistungen nicht den anderen Elternteil von dessen Unterhaltsverpflichtung entlasten will.[29] Vgl. dazu im einzelnen Rn 100 ff.

355 **Vermögen** des Kindes mindert ggf. den Unterhaltsanspruch. Vgl. dazu im einzelnen Rn 107.

356 **Kindergeld** steht den Eltern, nicht den Kindern zu und ist deshalb grundsätzlich **kein** anrechenbares **Einkommen des Kindes** (vgl. Rn 495 ff). Zwischen den Eltern besteht ein familienrechtlicher Ausgleichsanspruch in Höhe der anteiligen Unterhaltslast jedes Elternteils. Kindergeld wird, auch bei einem volljährigen Kind, mit dessen Unterhaltsanspruch verrechnet (§ 1612 b BGB). Vgl. dazu Rn 513 ff. Durch eine solche Unterhaltsverrechnung wird der familienrechtliche Ausgleichsanspruch miterledigt (Genaueres Rn 538).

357 Bis zum 30. 6. 1998 wurde Kindergeld auf den Unterhaltsanspruch des volljährigen Kindes – anders als beim minderjährigen Kind – bedarfsdeckend angerechnet, wenn das Kindergeld dem Kind tatsächlich zugewendet wurde. Erst dann wurde der Haftungsanteil jedes Elternteils errechnet.[30] Diese Praxis ist durch die Einführung des § 1612 b BGB in das Gesetz überholt. Nach § 1612 b I BGB ist das auf das Kind entfallende **Kindergeld zur Hälfte** auf den Unterhaltsanspruch anzurechnen, wenn es an den anderen Elternteil ausgezahlt wird. Bei beiderseitiger Unterhaltspflicht erhöht sich der Haftungsanteil des Elternteils, der das Kindergeld erhält, um die Hälfte des auf das Kind entfallenden Kindergeldes (§ 1612 b II BGB). Es ist nicht entscheidend, ob das Kindergeld dem volljährigen Kind tatsächlich zugewendet wird. Das Kind erhält in jedem Fall seinen Bedarf; das Kindergeld kommt den Eltern zugute. Vgl. dazu im einzelnen Rn 513 ff und die Beispiele Rn 388, 449, 464, 468, 470.

Zum familienrechtlichen **Ausgleichsanspruch** in derartigen Fällen vgl. Rn 539.

358, 359 *nicht belegt*

III. Bedarf des volljährigen Kindes

1. Lebensbedarf und Bedarfsbemessung

360 Der Unterhalt Volljähriger umfaßt – wie der Unterhalt Minderjähriger – grundsätzlich den gesamten Lebensbedarf einschließlich der Kosten für eine Berufsausbildung (§ 1610 II BGB). Zu diesem Lebensbedarf zählen im wesentlichen alle Aufwendungen für Wohnung, Verpflegung, Kleidung, Körperpflege, Taschengeld, Ausbildung, Freizeitgestaltung und Erholung (Rn 8).

361 Erziehungs- und Betreuungsleistungen werden von den Eltern seit Eintritt der Volljährigkeit nicht mehr geschuldet.[31] Vgl. oben Rn 15, 334. Auch bei privilegiert volljährigen Kindern im Sine des § 1603 II 2 BGB, die noch im Haushalt der Eltern oder eines Elternteils wohnen, findet eine Betreuung im Rechtssinne nicht mehr statt. Vgl. dazu Rn 452 ff. Ist ein volljähriges **Kind** noch betreuungsbedürftig, z. B. weil es geistig oder

---

[28] BGH, FamRZ 1988, 159, 161 = R 346 f; FamRZ 1985, 917, 919 = R 263 b
[29] BGH, FamRZ 1995, 537 ff = R 493 b; FamRZ 1988, 159, 161 = R 346 h; FamRZ 1986, 151 = NJW-RR 1986, 426; FamRZ 1985, 584 = R 254 b
[30] BGH, FamRZ 1986, 251
[31] BGH, FamRZ 1994, 696, 698 = R 477 b, c; vgl. auch BGH, FamRZ 1988, 159, 162 = R 346 i

6. Abschnitt: Der Unterhaltsanspruch volljähriger Kinder § 2

körperlich **behindert** ist, müssen die Eltern die Kosten der Pflege und der Betreuung grundsätzlich in Form einer Geldrente zur Verfügung stellen (§ 1612 I 1 BGB). Sie können bei einem unverheirateten Kind allerdings bestimmen, daß es den Unterhalt weiterhin in Natur, z. B. im Haushalt der Eltern oder eines Elternteils, entgegenzunehmen hat (§ 1612 II 1 BGB). Dann müssen sie allerdings den gesamten Lebensunterhalt, insbesondere auch die Pflege, durch eigene Arbeit oder durch den Einsatz Verwandter oder berufsmäßiger Pflegekräfte sicherstellen. Einzelheiten zum Bestimmungsrecht der Eltern vgl. Rn 21 ff.

Im Regelfall wird der Gesamtbedarf des Volljährigen mit pauschalierten Regelbedarfssätzen bemessen, die sich für den Ausbildungsunterhalt aus **Tabellen oder Leitlinien** ergeben (s. Rn 364 f, 368 ff, 383 ff). In Durchschnittsfällen sind die Leitlinien und die Unterhaltstabellen der Oberlandesgerichte ein anerkanntes **Hilfsmittel für eine Bedarfsbemessung**. Mit dem Tabellenunterhalt muß der Volljährige selbstverantwortlich seinen gesamten Lebensbedarf, auch den Wohnbedarf, bestreiten. Er muß mit diesen Mitteln auskommen. Die Unterhaltspauschalierung vermeidet aus praktischen Gründen im allgemeinen die Berücksichtigung von bedarfserhöhenden oder bedarfsmindernden Einzelumständen.[32] Näheres dazu oben Rn 124 f. 362

Abweichend hiervon kann bei Vorliegen besonderer Umstände, vor allem bei günstigen Einkommens- und Vermögensverhältnissen der Eltern und bei Heimunterbringung des Kindes, im Einzelfall der **Bedarf** auch **konkret** ermittelt werden nach den notwendigen Aufwendungen für konkrete Einzelpositionen des Gesamtbedarfs. Vgl. hierzu Rn 128, 402. 363

Die **Düsseldorfer Tabelle** unterscheidet bei der Bedarfsbemessung 364
– zwischen **Volljährigen**, die noch **im Haushalt** der Eltern oder **eines Elternteils** leben,
– und Studierenden sowie **Kindern mit eigenem Haushalt**.

Bei im Haushalt der Eltern oder eines Elternteils **lebenden volljährigen Kindern** wird der Unterhalt **einkommensabhängig** in der Weise ermittelt, daß der Bedarf der 4. Altersstufe der Tabelle Kindesunterhalt entnommen wird (vgl. Anm. A 7 I der Düsseldorfer Tabelle). Die Richtsätze dieser Altersstufe entsprechen – von Rundungsdifferenzen abgesehen (vgl. Rn 210 c) – den Tabellenbeträgen der 3. Altersstufe, erhöht um die Differenz zu den Beträgen der 2. Altersstufe. Dies gilt auch für privilegiert volljährige Kinder im Sinne des § 1603 II 2 BGB (Rn 384, 452 ff). Einzelheiten und Beispiele dazu unten Rn 383 ff.

Bei Studenten und volljährigen Kindern mit eigenem Haushalt wird der angemessene Gesamtunterhaltsbedarf in der Regel mit einem Festbetrag von 1120,– DM angesetzt. Einzelheiten dazu unten Rn 368 ff.

Der Düsseldorfer Tabelle folgen die meisten Oberlandesgerichte des Bundesgebiets. Vgl. dazu im einzelnen unten Rn 368 ff, 383 ff; zum Beitrittsgebiet vgl. Rn 6/628.

Einige Oberlandesgerichte setzen dagegen **einheitlich** für volljährige Kinder, die im Haushalt der Eltern oder eines Elternteils wohnen – mit Ausnahme der privilegiert volljährigen Kinder (vgl. dazu Rn 384) –, sowie für Studenten und Kinder mit eigenem Haushalt **feste Unterhaltsbeträge** an. So gehen das Kammergericht Berlin (BL 17) und das OLG Hamburg (HaL 2) einheitlich von einem Bedarf von 1120,– DM aus. Andere Oberlandesgerichte setzen für das im Haushalt eines Elternteils lebende Kind geringere Festbeträge an. Genaueres unten Rn 391 ff. 365

Der **BGH** hat zu der Frage, ob der Volljährigenunterhalt abhängig vom (zusammengerechneten) Einkommen der Eltern nach der Düsseldorfer Tabelle oder nach festen Regelsätzen zu bestimmen sei, noch nicht abschließend Stellung genommen. Er hat eine Berechnung des Unterhalts des bei einem Elternteil lebenden volljährigen Kindes nach dem zusammengerechneten Einkommen entsprechend Nr. 18, 24 der Hammer Leitlinien (= A 7 I der Düsseldorfer Tabelle) ausdrücklich gebilligt.[33] Demgegenüber hat er die Bemessung des Bedarfs auf 950,– DM nach der Düsseldorfer Tabelle Stand 1. 7. 1992 Anm. 7 II (vgl. Rn 368) bei einem volljährigen behinderten Kind, das im selben Haus wie seine 366

---

[32] BGH, FamRZ 1984, 470, 472 = R 202 f
[33] BGH, FamRZ 1994, 696 = R 477 b; FamRZ 1986, 151 = R 277 a

Eltern, jedoch in der Wohnung seiner Schwester lebt und von der Mutter betreut wird, mißbilligt und eine einkommensabhängige Unterhaltsbemessung verlangt.[34] Der BGH hat es dagegen offengelassen, ob auch eine Bedarfsbemessung nach festen Regelsätzen – ggf. gekürzt um eine Wohnkostenersparnis wegen Zusammenlebens mit einem Elternteil – zu angemessenen Ergebnissen führt.[35] Für den Studenten, der einen eigenen Haushalt unterhält, hat der BGH einen festen Regelbedarfssatz für unbedenklich gehalten.[36] M. E. ermöglicht die von den meisten Oberlandesgerichten angewandte Methode, den Unterhalt des im Haushalt eines Elternteils lebenden volljährigen Kindes einkommensabhängig nach der Düsseldorfer Tabelle zu bestimmen (vgl. Rn 383 ff), dagegen bei Kindern, die das Elternhaus bereits verlassen haben, grundsätzlich von einem einheitlichen Regelbedarfssatz auszugehen (vgl. Rn 368 ff), in der Regel eine zutreffende Bemessung des Unterhalts. Man darf jedoch nicht unberücksichtigt lassen, daß auch der Unterhalt eines volljährigen Kindes mit eigenem Haushalt weiter von der Lebensstellung der Eltern abhängt und daher eine Erhöhung des Regelsatzes von 1120,– DM bei guten Einkommensverhältnissen der Eltern nicht ausgeschlossen ist (vgl. dazu Rn 376). Dieser Auffassung scheint auch der BGH zuzuneigen.[37]

367 Die Regelbedarfssätze und die Tabellensätze gelten nur für den Durchschnittsfall. Bei Vorliegen besonderer Umstände kann von ihnen nach oben und unten abgewichen werden. Das gewonnene Ergebnis ist – wie stets bei der Anwendung von Tabellen und Leitlinien – **auf die Angemessenheit zu überprüfen**.[38] Vgl. dazu Rn 124. Macht der Volljährige einen höheren Bedarf geltend, muß er – wie ein Minderjähriger (vgl. Rn 230) – **darlegen und nachweisen**, worin der erhöhte Bedarf besteht und welche Mittel zur Bedarfsdeckung im einzelnen erforderlich sind.[39] Hält dagegen der Verpflichtete den sich aus den Tabellen und Leitlinien ergebenden Bedarf für überhöht, muß er dartun und ggf. beweisen, aufgrund welcher besonderen Umstände ein niedrigerer Bedarf gerechtfertigt ist.

2. Bedarf von Studenten und Kindern mit eigenem Haushalt

368 Wohnt der Volljährige nicht bei einem Elternteil, wenden **alle Oberlandesgerichte feste Bedarfssätze** an.

369 a) **Studentenunterhalt**. Bei Studenten, die nicht bei einem Elternteil leben und einen eigenen Haushalt führen (zu sonstigen Kindern mit eigenem Haushalt vgl. Rn 377 ff), beträgt der Gesamtunterhaltsbedarf nach der **Düsseldorfer Tabelle** (A 7 II) seit dem 1. 7. 1999 in der Regel **1120,– DM** (vorher 1100,– DM). Dem folgen die weitaus meisten Oberlandesgerichte des alten Bundesgebiets. So ausdrücklich die Leitlinien der **OLGe Bamberg, München** und **Nürnberg** (BayL 15 b), des Kammergerichts **Berlin** (BL 17) sowie der Oberlandesgerichte **Bremen** (BrL II 4), **Frankfurt** (FL III C 2), **Hamm** (HL 26), **Köln** (KL 8) und **Schleswig** (SchL B 5 b). Auch die Oberlandesgerichte Braunschweig, Karlsruhe, Koblenz, Saarbrücken und Zweibrücken, die keine eigenen Leitlinien herausgeben, setzen den Studentenunterhalt mit 1120,– DM an. Die Oberlandesgerichte Celle, Oldenburg und Stuttgart hatten bei Redaktionsschluß ihre Leitlinien nach dem Stand: 1. 7. 1998 noch nicht angepaßt, so daß in den Bezirken dieser Gerichte jedenfalls vorerst noch von einem Bedarf von 1100,– DM auszugehen ist.

Zum Studentenunterhalt im **Beitrittsgebiet** vgl. Rn 6/628.

370 Der Richtsatz von 1120,– DM liegt derzeit (Herbst 1999) etwas über dem Höchstsatz der Leistungen nach dem BAföG, die im alten Bundesgebiet 1030,– DM betragen. Er **deckt** den **gesamten Bedarf** des Studenten ab, also vor allem Verpflegung, Wohnen, Stu-

---

[34] BGH, FamRZ 1997, 281, 283 f = R 509 h
[35] BGH, FamRZ 1986, 151 = R 277 a
[36] BGH, FamRZ 1985, 916 = NJW 1985, 2331
[37] BGH, FamRZ 1997, 281, 283 f = R 509 h; FamRZ 1985, 916 = NJW 1985, 2331
[38] BGH, FamRZ 1986, 151 = R 277 b
[39] BGH, FamRZ 1983, 473 = R 160 c

dienkosten, Fachliteratur, Fahrten am Studienort und Heimfahrten zu den Eltern oder einem Elternteil, nach Auffassung einiger Oberlandesgerichte auch ausbildungsbedingte Mehrkosten. Vgl. dazu Rn 382.

Die Kosten einer **Krankenversicherung** und Pflegeversicherung sind zusätzlich zum Regelsatz von 1120,– DM zu zahlen, wenn das Kind nicht in der Familienversicherung eines Elternteils beitragsfrei mitversichert ist. Diese Mitversicherung ist in der gesetzlichen Krankenversicherung und Pflegeversicherung bis zum vollendeten 25. Lebensjahr des Kindes möglich, wenn es sich in Schul- oder Berufsausbildung befindet, darüber hinaus, wenn die Ausbildung durch Erfüllung einer gesetzlichen Dienstpflicht, insbesondere Wehr- und Ersatzdienst, unterbrochen oder verzögert worden ist (§ 10 II Nr. 3 SGB V, § 25 II Nr. 3 SGB XI). Die private Krankenversicherung, die Selbständige, Richter, Beamte und Soldaten abschließen müssen, bietet in aller Regel keine beitragsfreie Mitversicherung von Kindern an. Daß der Unterhaltspflichtige auch die Krankenversicherung des Kindes – ggf. durch Zahlung eines zusätzlichen Beitrags neben dem Richtsatz der Tabellen – sicherzustellen hat, wird von den meisten Leitlinien anerkannt, seitdem in die Düsseldorfer Tabelle ein entsprechender Vermerk (A 9) aufgenommen worden ist (so BayL 12; BL 16; BrL II 5; CL II 4; FL IV B 1; HaL 2; HL 26; KL 11; RL I A 4; SchL B 2 c). 371

Wohnkosten sind Teil des Regelbedarfs. Sie werden nur in den Leitlinien der Oberlandesgerichte Hamburg und Köln offen ausgewiesen. 372

- Nach den **Hamburger Leitlinien** (HaL 2) ist in dem Pauschalbedarfssatz von 1120,– DM (vgl. Rn 365, 369) ein Anteil von 400,– DM für die Kosten der Unterkunft (warme Miete) enthalten. 373
- Nach den **Kölner Leitlinien** (KL 8) enthält der Bedarfssatz von 1120,– DM 470,– DM Warmmiete. 374
- Nach meiner Ansicht wird der Betrag des OLG Köln von **470,– DM für die Warmmiete**, der etwa 42 % des Regelsatzes ausmacht und daher der üblichen Relation zwischen Wohnkosten und Bedarf entspricht, den Gegebenheiten auf dem studentischen Wohnungsmarkt der westlichen Bundesländer gerecht; er sollte daher, wenn es auf die Wohnkosten ankommt, angesetzt werden. 375

Der Richtsatz für das studierende Kind mit eigenem Haushalt kann bei **guten Einkommensverhältnissen der Eltern erhöht** werden (vgl. Rn 128 ff). Nach Auffassung des **Kammergerichts** kommt dies regelmäßig bei einem Nettoeinkommen der Eltern von über 8000,– DM in Betracht (BL 18). Das OLG **Bremen** hält eine Steigerung des Richtsatzes von 1120,– DM bei entsprechenden Einkommensverhältnissen der Eltern für denkbar (BrL II 4 S. 2). Auch das OLG **Köln** weist auf einen weiter gehenden Bedarf des Kindes mit eigenem Haushalt hin (KL 8 II). Nach Auffassung der Oberlandesgerichte **Brandenburg** (BraL 23) **Dresden** (DrL 27) und **Naumburg** (NaL 5.8) kann bei guten wirtschaftlichen Verhältnissen eine Erhöhung des Regelsatzes (von 1020,– DM im Beitrittsgebiet; vgl. Rn 6/628) gerechtfertigt sein, im allgemeinen aber nicht über das Doppelte des Regelsatzes hinaus. Zu Recht hält das OLG **Jena** (ThT A II 1) eine Erhöhung des Unterhaltsbedarfs über 1020,– DM hinaus für angezeigt, wenn sich aus dem zusammengerechneten Einkommen der Eltern unter Anwendung der Düsseldorfer Tabelle ein höherer Satz ergäbe. Das OLG Düsseldorf hat z. B. bei Eltern, die beide über ein Einkommen von jeweils 12 000,– DM monatlich verfügten, einen Unterhalt von 1400,– DM für angemessen gehalten.[40] In Ausnahmefällen kann auch eine Ermäßigung des Bedarfssatzes von 1120,– DM möglich sein. 376

b) Volljährige Kinder mit eigenem Haushalt. Der Richtsatz von 1120,– DM kann auch für einen volljährigen Schüler oder Auszubildenden angesetzt werden, der das Elternhaus verlassen und einen eigenen Hausstand begründet hat. Dazu gehört auch das Leben in einer Wohngemeinschaft. Es reicht aber nicht aus, wenn ein volljähriges behindertes Kind in die Wohnung seiner Schwester umgezogen ist, aber noch im selben Haus wie seine Eltern lebt und von seiner Mutter betreut wird. In einem solchen Fall ist der Unterhalt einkommensabhängig nach der Düsseldorfer Tabelle zu bemessen.[41] 377

---

[40] OLG Düsseldorf, FamRZ 1992, 981 ff
[41] BGH, FamRZ 1997, 281, 283 f = R 509 h

378 Der entsprechenden Empfehlung der **Düsseldorfer Tabelle** (DT A 7 II) folgen alle in Rn 369 aufgeführten Tabellen und Leitlinien.

379 Das OLG München hat seine frühere Auffassung,[42] daß bei Schülern und Auszubildenden mit eigenem Hausstand geringere Richtsätze anzuwenden seien, aufgegeben. Die BayL (15 b) gehen einheitlich von einem Bedarfssatz von 1120,– DM für alle außerhalb des Elternhauses lebenden Kindern aus.

380 Zu den Tabellen und Leitlinien des Beitrittsgebiets vgl. unten Rn 6/628 ff.

381 Die obigen Ausführungen zum Studentenunterhalt (vgl. Rn 369 ff) gelten sinngemäß für den Unterhalt des volljährigen Kindes mit eigenem Haushalt.

382 Nicht einheitlich wird die Frage beantwortet, in welchem Umfang in dem Bedarfssatz von in der Regel 1120,– DM **ausbildungsbedingter Mehrbedarf** enthalten ist. Nach den Leitlinien der Oberlandesgerichte Celle (CL II 3), Hamburg (HaL 2 II) und Schleswig (SchL B 5 b) umfaßt der Betrag von 1120,– bzw. 1100,– DM auch die üblichen ausbildungsbedingten Kosten; deshalb scheidet ein Abzug derartiger Kosten vom Einkommen aus. Dasselbe gilt nach den Leitlinien der Oberlandesgerichte Dresden (DrL 27 I 2), Naumburg (NaL 5.8) und Rostock (RL I A 4) für den von ihnen angesetzten Bedarfssatz (vgl. Rn 6/628). Das OLG Brandenburg (BraL 23 S. 3 i. V. m. 21 S. 3) bereinigt demgegenüber eine Ausbildungsvergütung um ausbildungsbedingten Mehrbedarf von 135,– DM. Die BayL (10 b, d) kürzen die Ausbildungsvergütung nur um eine Pauschale von 5 %, mindestens aber um 90,– DM. Das OLG Düsseldorf[43] vermindert die Ausbildungsvergütung, wenn der Bedarf nach A 7 II der Tabelle mit 1120,– DM angesetzt wird, nicht um die Pauschale von 150,– DM für ausbildungsbedingten Mehrbedarf (vgl. A 8 der Tabelle), sondern um die Mindestpauschale von 90,– DM nach A 3 der Tabelle (DL 11 c; vgl. Rn 94).

3. Bedarf von Schülern, Studenten und Auszubildenden, die im Haushalt eines Elternteils leben

383 a) **Unterhaltsbemessung nach der Düsseldorfer Tabelle.** Nach der Düsseldorfer Tabelle (A 7 I) wird der Unterhalt volljähriger Kinder, die noch im Haushalt der Eltern oder eines Elternteils wohnen, seit 1. 1. 1996 nach den Richtsätzen der Altersstufe 4 bemessen. Zur Errechnung der Richtsätze dieser Altersstufe vgl. Rn 364. Die Altersstufe 4 haben inzwischen die meisten Oberlandesgerichte übernommen, so **Bamberg, München** und **Nürnberg** (BayL 11), **Brandenburg** (BraL 16, 22), **Bremen** (BTA), **Celle** (CL II 2), **Dresden** (DrL 19), **Frankfurt** (FL III A, III C), **Hamm** (HL 18), **Köln** (KL 1), **Oldenburg** (OL IV 2), **Schleswig** (SchL B 1, B 5 a) und **Stuttgart** (StL I 1 Anm. 7 a). Hinzu kommen die Oberlandesgerichte, die ohne Herausgabe eigener Leitlinien die Düsseldorfer Tabelle anwenden. Die Altersstufe 4 ist allerdings nicht bundesweit anerkannt, insbesondere nicht bei den Oberlandesgerichten, die den Volljährigenunterhalt nach festen Regelsätzen bestimmen (Rn 365, 391 ff, 398 f).

384 Die Richtsätze der Altersstufe 4 gelten gerade auch für **privilegiert volljährige Kinder** im Sinne des § 1603 II 2 BGB (zu diesen Kindern im einzelnen Rn 452 ff). Von der Altersstufe 4 gehen die Tabellen und Leitlinien der Oberlandesgerichte überwiegend aus (so BayL 15 a, BraL 22, BrL II 2, CL II 2, DL 16, DrL 19, FL III C 1, HaL 1, HL 18, KL 8, OL IV 2, SchL B 1, 5 a, StL I 1 Anm. 7 a, ThL A II 2). Dagegen entnehmen das KG (BL 15 III) sowie die Oberlandesgerichte Naumburg (NaL 5.2, 5.7.1) und Rostock (RL I A) den Unterhalt für solche Kinder nur der Altersstufe 3. Dies trägt aber nicht dem Erfahrungssatz Rechnung, daß volljährige Kinder bei pauschaler Betrachtung einen höheren Bedarf haben als minderjährige Kinder im Alter von 12–17 Jahren. Sie verlangen, auch wenn sie noch im Elternhaus leben, die Gleichbehandlung mit Erwachsenen, haben demgemäß – nicht zu Unrecht – höhere Ansprüche an Kleidung und Lebenshaltung und beanspruchen vielfach höheres Taschengeld. Demgemäß war es bis 30. 6. 1998 allgemeine Praxis, einem volljährigen Kind, auch wenn es bei seinen Eltern verblieb, einen höheren Unter-

---

[42] Vgl. die Vorauflage Rn 2/379
[43] FamRZ 1994, 1610

6. Abschnitt: Der Unterhaltsanspruch volljähriger Kinder §2

haltsbedarf zuzubilligen. Durch die Gleichstellung der privilegiert volljährigen Kinder mit Minderjährigen hat sich daran nichts geändert, da sich diese Gleichstellung nur auf die Leistungsfähigkeit des Schuldners und den Rang des Kindes bezieht (§§ 1603 II 2, 1609 I 1, II BGB).

Die Anwendung der Altersstufe 4 setzt auch und gerade bei nicht privilegiert volljährigen Kindern voraus, daß das Kind noch im Haushalt der Eltern oder eines Elternteils lebt, sich also die **Lebensverhältnisse** durch die Volljährigkeit **nicht wesentlich geändert** haben. Sie ist daher vor allem bei Schülern oder Auszubildenden angebracht, aber auch bei Studenten, die am Wohnort der Eltern studieren. Jedoch kann gerade bei Studenten der nach der Tabelle errechnete Bedarf zu niedrig sein, z. B. für einen **Studenten**, der weiter im Elternhaus wohnt, aber durch Fahrten zum Studienort, Literatur, Repetitor, Mensaessen usw. besondere Aufwendungen hat, die in dem in erster Linie auf Schüler zugeschnittenen Tabellenunterhalt nicht berücksichtigt sind.[44] Studierende Kinder, deren Wohnort in einiger Entfernung von der Universitätsstadt liegt, bleiben häufig bei einem Elternteil wohnen, obwohl dies unterhaltsrechtlich nicht ohne weiteres von ihnen verlangt werden kann, sparen sich einen Kleinwagen zusammen und nehmen beachtliche Fahrzeiten und Fahrtkosten auf sich. Hier kann es sich empfehlen, das Kind so zu behandeln, als wohne es am Studienort, und den Bedarf mit 1120,– DM nach A 7 II der Tabelle anzusetzen. 385

Die Ermittlung des Unterhalts des volljährigen Kindes nach der Altersstufe 4 der Düsseldorfer Tabelle ist insbesondere dann angezeigt, wenn nur ein Elternteil barunterhaltspflichtig ist, also z. B. die Mutter, bei der das Kind lebt, nicht erwerbstätig zu sein braucht oder sie durch ihr Einkommen den angemessenen Selbstbehalt von 1800,– DM (vgl. dazu und zu abweichenden Sätzen für den angemessenen Eigenbedarf Rn 417 ff) nicht deckt. Auf einen solchen Fall ist die Düsseldorfer Tabelle in erster Linie zugeschnitten.[45] Zur Bedarfsbemessung bei beiderseitiger Barunterhaltspflicht der Eltern vgl. Rn 388. 386

Bei unterdurchschnittlicher Unterhaltslast des allein barunterhaltspflichtigen Elternteils ist eine **Höhergruppierung**, bei überdurchschnittlicher Belastung des Schuldners mit Unterhaltspflichten ist eine **Herabgruppierung** nach A1 der Düsseldorfer Tabelle möglich. Vgl. Rn 231 ff. Bestimmt sich der Bedarf des volljährigen Kindes nach den zusammengerechneten Einkünften der Eltern, ist dagegen in der Regel von einer Höhergruppierung abzusehen.[46] Vgl. Rn 388. 387

Beispiel:
Einkommen des allein barunterhaltspflichtigen Vaters 4000,– DM. Die wiederverheiratete Mutter (M) ist erwerbsunfähig. Da der Vater nur dem volljährigen, bei M lebenden Kind barunterhaltspflichtig ist, ergibt sich der Unterhalt unter dreimaliger Höhergruppierung nach A 1 der Tabelle aus der 9. Einkommensgruppe. Vgl. dazu Rn 233. Der von V geschuldete Unterhalt beträgt also 943,– DM und ist um den hälftigen Kindergeldanteil zu kürzen, wenn M das Kindergeld von 250,– DM bezieht. Vgl. dazu Rn 515.

Sind **beide Eltern** einem volljährigen Kind, das bei einem von ihnen lebt, barunterhaltspflichtig, ist der Bedarf nach den **zusammengerechneten Einkünften** der Eltern zu bemessen und der entsprechenden Einkommensgruppe der Tabelle zu entnehmen. Ein Elternteil hat aber höchstens den Unterhalt zu leisten, der sich bei Zugrundelegung allein seines Einkommens aus der Tabelle ergeben würde.[47] So auch mit Recht die Bayerischen Leitlinien (BayL 15 a II) und die Leitlinien der Oberlandesgerichte Düsseldorf (DL 16), Frankfurt (FL III C 4 S. 3), Hamm (HL 24), Köln (KL 13 II) und Oldenburg (OL IV 4 c). Jedoch ist zu berücksichtigen, daß die Eltern dadurch besonders belastet sind, daß jeder von ihnen einen eigenen Haushalt führen muß. Deshalb ist eine Höhergruppierung nach 388

---

[44] Scholz, FamRZ 1993, 125, 135; Familienrecht '96 S. 445, 479. Generell für eine Kürzung des Festbetrages um eine Wohnkostenersparnis: OLG Koblenz, FamRZ 1996, 382
[45] Scholz, FamRZ 1993, 125, 135; Familienrecht '96 S. 445, 479
[46] BGH, FamRZ 1986, 151 = NJW-RR 1986, 426; Scholz, FamRZ 1993, 125, 135
[47] BGH, FamRZ 1988, 1039 = R 366 b; FamRZ 1986, 151 = R 277 b

A 1 der Düsseldorfer Tabelle in der Regel nicht angebracht (BayL 15 a II, DL 16).[48] Eine Herabstufung wegen doppelter Haushaltsführung wird, soweit ersichtlich, nur noch vom OLG Schleswig (SchL B 7 b I) befürwortet. Das OLG Oldenburg (OL IV 4 a II) kürzt das zusammengerechnete Einkommen der Eltern um anerkennenswerte Mehrkosten der doppelten Haushaltsführung.

Beispiel:
Einkommen des Vaters (V) 3400,– DM, der Mutter (M) 1950,– DM, insgesamt 5350,– DM. Das studierende volljährige Kind (K) lebt bei M, die das Kindergeld von 250,– DM bezieht. Keine weiteren Unterhaltspflichten. Zur Berechnung vgl. Rn 438 ff.
Der Bedarf des Kindes beträgt bei dreimaliger Höhergruppierung (Rn 233) nach der 9. Einkommensgruppe der Düsseldorfer Tabelle 943,– DM.
Vergleichbares Einkommen des V: 3400 – 1800 = 1600,– DM.
Vergleichbares Einkommen der M: 1950 – 1800 = 150,– DM.
Vergleichbares Einkommen beider Eltern: 1600 + 150 = 1750,– DM.
Haftungsanteil des V: 943 x 1600 : 1700 = 862,– DM.
Haftungsanteil der M: 943 x 100 : 1750 = 81,– DM.
Wäre V allein barunterhaltspflichtig, schuldete er bei dreimaliger Höhergruppierung nach Anm. A 1 der Düsseldorfer Tabelle (Rn 233) Unterhalt nach der 7. Einkommensgruppe von 837,– DM. Auf diesen Betrag ist seine Unterhaltspflicht zu begrenzen. V zahlt also 837 – 125 (Kindergeldanteil) = 712,– DM. M muß dagegen den von V nicht zu erlangenden Fehlbetrag von 862 – 837 = 25,– DM zusätzlich aufbringen. Sie zahlt 81 + 25 + 125 (Kindergeldanteil) = 231,– DM. K erhält also insgesamt 943,– DM.

389 Der Tabellenunterhalt des volljährigen Kindes enthält wie beim Minderjährigen den **gesamten Lebensbedarf**, also auch die Wohnkosten. Diese sind jedoch wegen der Ersparnis infolge des Zusammenlebens mit einem Elternteil geringer als beim Studentenunterhalt (vgl. Rn 372 ff, auch Rn 214).

390 Der Unterhaltspflichtige hat neben dem Elementarunterhalt auch den **Krankenversicherungsschutz** und die Pflegeversicherung sicherzustellen, wenn das Kind nicht bei einem Elternteil in die Versicherung eingeschlossen ist. Auf die obigen Ausführungen wird verwiesen (vgl. Rn 371).

391 **b) Unterhaltsbemessung nach festen Regelbedarfssätzen.** Einige Oberlandesgerichte setzen auch den Unterhalt des im Haushalt eines Elternteils lebenden nicht privilegierten volljährigen Kindes mit festen Regelbedarfssätzen an. Die Praxis dieser Gerichte ist jedoch nicht einheitlich.

392 • Nach Auffassung des Kammergerichts **Berlin** (BL 18) beträgt der Bedarf des im Haushalt eines Elternteils lebenden Kindes 1120,– DM. Das Zusammenleben mit einem Elternteil führt nicht zur Verringerung des Regelbedarfs. Ob die Wohnungsgewährung durch den Elternteil als Erfüllungsleistung anzusehen ist, muß nach den Umständen des Einzelfalles entschieden werden (BL 19).

393 • Das OLG **Bremen** (BrL II 4) geht bei einem in der Ausbildung befindlichen volljährigen Kind, das nicht bei den Eltern wohnt, von einem Bedarf von 1120,– DM, bei einem noch im Haushalt der Eltern oder eines Elternteils lebenden Kind in der Regel von 970,– DM aus.

394 • Das OLG **Hamburg** (HaL 2) bewertet unabhängig davon, ob das Kind in einer eigenen Wohnung, einer Wohngemeinschaft oder bei einem Elternteil wohnt, den angemessenen Unterhaltsbedarf eines in Ausbildung befindlichen volljährigen Kindes pauschal mit monatlich 1120,– DM. In diesem Betrag sind die üblichen Werbungskosten eines Auszubildenden einschließlich des Fahrgeldes enthalten.

395 • Das OLG **München** hat mit Einführung der Bayerischen Leitlinien seine frühere Praxis, beim Unterhalt volljähriger im Haushalt eines Elternteils lebender Kinder zwischen Schülern und Auszubildenden einerseits und Studenten andererseits zu differenzieren, aufgegeben. Vgl. dazu die Vorauflage Rn 2/395.

396 Nach allen Leitlinien sind **Krankenversicherungsbeiträge** zusätzlich zum Elementarunterhalt zu zahlen. Vgl. Rn 371, 390.

397 *entfällt*

---

[48] BGH, FamRZ 1986, 151 = NJW-RR 1986, 426; Scholz, FamRZ 1993, 125, 135

c) **Unterhaltsbemessung teilweise nach der Düsseldorfer Tabelle, teilweise nach festen Regelbedarfssätzen.** Das OLG **Frankfurt** (FL III C 1, 3) setzt für den im Haushalt eines Elternteils lebenden Volljährigen, der über kein Erwerbseinkommen verfügt, den Tabellenbetrag der 4. Altersstufe der Düsseldorfer Tabelle an. Dabei ist vom zusammengerechneten Einkommen der Eltern auszugehen. Erzielt der bei einem Elternteil lebende Volljährige dagegen eigenes Erwerbseinkommen, so ist wegen der sich anbahnenden Gewinnung einer eigenen Lebensstellung von einem festen Bedarfsbetrag auszugehen, der wegen der wirtschaftlichen Vorteile des Zusammenlebens mit dem Elternteil auf 950,– DM monatlich zu bemessen ist, soweit sich nicht nach der Tabelle unter Hinzurechnung des Volljährigenzuschlags ein höherer Betrag ergibt (FL III C 3). 398

Dieser Berechnung folgt das OLG **Jena** (ThT A II 3), nimmt allerdings nur einen wegen der Verhältnisse im Beitrittsgebiet (vgl. dazu Rn 6/620, 6/629) ermäßigten Bedarfssatz von 850,– DM an. 399

d) **Konkrete Unterhaltsbemessung.** Auch der Unterhalt eines im Haushalt eines Elternteils lebenden Schülers, Studenten oder Auszubildenden kann **bei günstigen Einkommensverhältnissen der Eltern** über die Richtsätze der Tabellen und Leitlinien (vgl. Rn 383 ff, 391 ff, 398 ff) hinaus erhöht werden. Genaueres dazu Rn 128 ff, 376. 400

4. Regelmäßiger Mehrbedarf des volljährigen Schülers, Studenten oder Auszubildenden

Bei den Bedarfssätzen nach den Tabellen und Leitlinien handelt es sich um eine **pauschalierte Bemessung des** gesamten durchschnittlichen **Normalbedarfs** des Volljährigen. Im Einzelfall kann dieser Normalbedarf auch bei Volljährigen erhöht werden, wenn infolge besonderer Umstände ein Mehrbedarf besteht und dieser regelmäßig anfällt (vgl. oben Rn 133 ff). 401

So kann z. B. bei einem behinderten volljährigen Kind, das sich einer Ausbildung unterzieht und dessen Bedarf daher nach den Regelsätzen der Tabellen und Leitlinien bemessen wird, der Normalbedarf um **behinderungsbedingte** regelmäßige **Mehrkosten** erhöht werden.[49] Ergänzend kann auf die obigen Ausführungen zum behinderungsbedingten Mehrbedarf bei Minderjährigen und zu seiner teilweisen Deckung durch Sozialleistungen hingewiesen werden (Rn 326 ff). Zum Bedarf behinderter volljähriger Kinder, die sich in keiner Ausbildung befinden, vgl. unten Rn 405. 402

Regelmäßiger Mehrbedarf kann u. U. bejaht werden, wenn für ein **Studium im Ausland**[50] (vgl. dazu oben Rn 67), für eine **Privatschule**[51] oder für eine sonstige entgeltliche Ausbildung, z. B. für Klavierunterricht zur Vorbereitung auf die Aufnahmeprüfung eines Konservatoriums,[52] zusätzliche Kosten anfallen. Voraussetzung ist allerdings, daß die kostenverursachende Maßnahme sachlich berechtigt ist und die sich daraus ergebenden Mehrkosten dem Unterhaltsverpflichteten nach dessen Einkommens- und Vermögensverhältnissen wirtschaftlich **zumutbar** sind. Es gelten auch hier sinngemäß die Ausführungen zum Minderjährigenunterhalt (vgl. oben Rn 317 ff). Bei derartigen Zusatzkosten für die Ausbildung handelt es sich nicht um Sonderbedarf, weil sie nicht überraschend auftreten und weil sie der Höhe nach bei vorausschauender Planung abschätzbar sind.[53] Zum Sonderbedarf vgl. Rn 138 f, 6/1 ff. 403

Wer über den Normalbedarf hinausgehenden **Mehrbedarf** geltend macht, muß im einzelnen **darlegen** und bei Bestreiten **beweisen**, worin dieser Mehrbedarf besteht und warum er berechtigt ist. Die Höhe berechtigter regelmäßiger Mehrkosten ist konkret zu ermitteln. Sie kann nach § 287 II ZPO geschätzt werden, wenn ein ausreichender entsprechender Sachvortrag besteht. Der Richter kann zu einem festen Betrag auf rechtlich 404

---

[49] BGH, FamRZ 1985, 917, 919 = R 263 b
[50] BGH, FamRZ 1992, 1064 = R 446
[51] OLG Hamm, FamRZ 1997, 960
[52] OLG München, FamRZ 1992, 595
[53] OLG Hamm, FamRZ 1994, 1281

5. Bemessung des Bedarfs des Volljährigen, der sich nicht in einer Ausbildung befindet

405 Die **Unterhaltstabellen** und die Regelbedarfssätze gelten bei einem volljährigen Kind vor allem, wenn und soweit es noch ausgebildet wird oder es sich noch einer **Ausbildung** unterziehen will, sei es auf einer Schule oder Hochschule, sei es in Form einer Lehre. Sie passen nicht oder allenfalls bedingt auf volljährige Kinder, die z. B. wegen einer Behinderung geistiger oder körperlicher Art eine Ausbildung nicht absolvieren können (vgl. Rn 44, 345). Hier wird vielfach eine konkrete Bemessung des Bedarfs angebracht sein. So wird der Bedarf eines in einem Heim untergebrachten Kindes häufig den Unterbringungskosten und einem angemessenen Taschengeld entsprechen.[55] Eine Vergütung für die Arbeit in einer Behindertenwerkstatt wird in der Regel Einkommen aus unzumutbarer Tätigkeit sein (vgl. 1/440 ff, 2/88), weil in einem Heim lebende volljährige Kinder oft arbeitsunfähig und nicht zu einer Erwerbstätigkeit verpflichtet sind; sie kann daher allenfalls zur teilweisen Deckung des Taschengeldes herangezogen werden. Es geht allerdings nicht an, diese Entlohnung deshalb nicht zu berücksichtigen, weil sie mehr als Anerkennung und als Versuch einer Eingliederung in das Erwerbsleben diene;[56] dies widerspricht dem Grundsatz, daß grundsätzlich jedes Einkommen zur Bedarfsdeckung heranzuziehen ist; vgl. oben Rn 86, auch Rn 1/351 ff. Möglich ist auch, vor allem bei jüngeren volljährigen Kindern, der Ansatz des Tabellenunterhalts – sei es des Volljährigenunterhalts der Düsseldorfer Tabelle (Rn 383 ff), sei es eines festen Regelbedarfs (Rn 391 ff) – und die Erhöhung um behinderungsbedingten Mehrbedarf (vgl. Rn 402). Steht ein volljähriges Kind unter **Betreuung**, so kann die Vergütung, die es dem Betreuer nach § 1836 BGB schuldet, Teil seines Unterhaltsbedarfs sein. Allerdings wird es sich unter Umständen nicht um Mehrbedarf, sondern um Sonderbedarf handeln.[57] Vgl. dazu auch Rn 317, 6/14.

406 Hat ein Volljähriger bereits durch eine Berufsausbildung oder durch längere Ausübung einer ungelernten Tätigkeit eine **eigene Lebensstellung** erlangt (vgl. oben Rn 109 ff), so ist diese für die Bemessung des Bedarfs maßgebend, wenn das Kind, z. B. durch Arbeitslosigkeit oder Krankheit, wieder bedürftig wird. Das Kind muß dann für seinen Unterhalt selbst aufkommen und grundsätzlich jede Erwerbsmöglichkeit auch unterhalb seiner bisherigen Lebensstellung annehmen.[58] Vgl. dazu Rn 44, 48, 345. Der Volljährige muß sich ggf. zunächst mit Arbeitslosen- oder Krankengeld begnügen und eine entsprechende Schmälerung seiner Einkünfte hinnehmen, ohne seine Eltern auf Unterhalt in Anspruch nehmen zu können. Die in diesem Handbuch früher vertretene Auffassung,[59] daß sich die Bedarfsermittlung an den Sätzen des angemessenen Eigenbedarfs Erwachsener von derzeit 1800,– DM (vgl. Rn 417 ff) orientieren könne, wenn der Volljährige bereits ein Nettoeinkommen in mindestens dieser Höhe für die Deckung seines Bedarfs verwendet hatte, teile ich nicht. Vielmehr muß sich das volljährige Kind jedenfalls bei durchschnittlichen Einkommensverhältnissen analog B V der Düsseldorfer Tabelle mit dem Existenzminimum begnügen, das bei Erwerbstätigkeit mit 1500,– DM, bei Nichterwerbstätigkeit mit 1300,– DM angesetzt werden kann.[60]

---

[54] BGH, FamRZ 1985, 917, 919 = R 263 b
[55] OLG Oldenburg, FamRZ 1996, 625
[56] So aber OLG Oldenburg, FamRZ 1996, 625
[57] OLG Nürnberg, MDR 1999, 616
[58] BGH, FamRZ 1987, 930, 932 = NJW 1987, 706; FamRZ 1985, 273 = R 239 b
[59] Wendl/Staudigl, 2. Aufl., S. 194 zu 2 b
[60] OLG Bamberg, FamRZ 1994, 255

IV. Leistungsfähigkeit der Eltern beim Unterhalt volljähriger Kinder

1. Grundsätzlich keine gesteigerte Unterhaltspflicht gegenüber volljährigen Kindern

Nach § 1603 I BGB braucht ein Elternteil einem volljährigen Kind keinen Unterhalt zu zahlen, wenn er unter Berücksichtigung seiner sonstigen Verpflichtungen außerstande ist, ohne Gefährdung seines eigenen angemessenen Unterhalts den Kindesunterhalt zu gewähren. Ihm muß also sein **eigener angemessener Bedarf** oder der sog. **große Selbstbehalt** verbleiben. Zur Höhe des angemessenen Eigenbedarfs vgl. Rn 417 ff. 407

§ 1603 II 1 BGB, nach dem Eltern alle verfügbaren Mittel für ihren und den Unterhalt ihrer minderjährigen Kinder gleichmäßig zu verwenden haben (vgl. oben Rn 247), gilt bei volljährigen Kindern grundsätzlich nicht. Nur sog. privilegierte volljährige Kinder sind den Minderjährigen seit dem 1. 7. 1998 hinsichtlich der Leistungsfähigkeit der Eltern (§ 1603 II 2 BGB) und hinsichtlich des Ranges (§ 1609 I 2, II BGB) gleichgestellt. Es handelt sich um unverheiratete volljährige Kinder bis zur Vollendung des 21. Lebensjahres, die im Haushalt der Eltern oder eines Elternteils leben und sich in der allgemeinen Schulausbildung befinden. Vgl. dazu eingehend Rn 452 ff. 408

Gegenüber nicht privilegierten volljährigen Kindern trifft die Eltern dagegen **keine gesteigerte Unterhaltspflicht**. Dies hat folgende Konsequenzen:

- Die Eltern können nicht auf den notwendigen Eigenbedarf oder den kleinen Selbstbehalt verwiesen werden (vgl. dazu bei minderjährigen Kindern Rn 260 ff, 263 ff). 409

- Die Obliegenheit zur Aufnahme von **Gelegenheitsarbeiten**, berufsfremder Tätigkeiten, zur Vornahme eines **Orts- oder Berufswechsels** (vgl. Rn 248 ff) trifft die Eltern nicht in demselben Umfang wie gegenüber einem minderjährigen Kind. Zu einem Berufs- oder Ortswechsel ist ein Elternteil gegenüber einem volljährigen Kind nur ausnahmsweise gehalten, wenn die Notwendigkeit einer solchen Maßnahme evident ist, z. B. weil der bisherige Beruf oder der bisherige Arbeitsort wegen einer Veränderung der wirtschaftlichen Bedingungen keine langfristige Perspektive mehr bietet. 410

- Grundsätzlich wird ein Elternteil durch Ausübung einer **vollschichtigen Tätigkeit** gegenüber einem volljährigen Kind seiner **Erwerbsobliegenheit** nachkommen. Überstundenvergütungen werden allerdings weiterhin voll dem Einkommen zugerechnet, soweit sie in geringem Umfang anfallen oder berufstypisch sind. Entgelt aus darüber hinausgehenden Überstunden kann aus unzumutbarer Tätigkeit stammen; es ist dann unter Berücksichtigung des Einzelfalles nach Treu und Glauben ganz oder teilweise nicht anzurechnen (vgl. Rn 1/65). Dies gilt sinngemäß auch für Einkünfte aus Nebenbeschäftigungen. 411

- Auch gegenüber einem volljährigen Kind müssen Eltern auf eigene **Aus- und Fortbildungswünsche** grundsätzlich verzichten, solange das Kind noch unterhaltsbedürftig ist. Die Grundsätze, die der BGH[61] für den Minderjährigenunterhalt entwickelt hat (vgl. Rn 252), müssen sinngemäß für den Unterhalt des volljährigen Kindes gelten. Allerdings wird ein volljähriges Kind auf Zusatzausbildungen, wie z. B. ein betriebswirtschaftliches Studium nach einer Banklehre, unter Umständen verzichten müssen, wenn sich ein Elternteil aus einem wichtigen Grund umschulen oder fortbilden lassen will, da es dann für den Elternteil nicht zumutbar sein kann, weiter Unterhalt an das volljährige Kind zu zahlen. Hier müssen die Interessen des Kindes und diejenigen des Elternteils gegeneinander abgewogen werden. Zum Ausbildungsgang Abitur – Lehre – Studium, insbesondere zur Zumutbarkeit, vgl. oben Rn 80 ff, 83. 412

- Ein Elternteil, der gegenüber einem volljährigen Kind unterhaltspflichtig ist, darf sich nicht durch **leichtfertiges, unterhaltsbezogenes Verhalten**, insbesondere durch Aufgabe einer ertragreichen Arbeit, **leistungsunfähig** machen (vgl. oben Rn 144 ff, 253). 413

---

[61] FamRZ 1994, 372, 374 f = R 473 d

414 • Einem Elternteil, der seine **Erwerbsobliegenheit** gegenüber einem volljährigen Kind **nicht erfüllt**, wird ein **Einkommen** aus einer zumutbaren Erwerbstätigkeit, die er tatsächlich ausüben könnte, **fiktiv** zugerechnet (vgl. Rn 145 f, 1/408 ff).

415 • Die **Hausmannsrechtsprechung** gilt beim volljährigen Kind nur in recht eingeschränktem Umfang. Vgl. dazu oben Rn 187 ff.

2. Angemessener Eigenbedarf des Verpflichteten nach § 1603 I BGB und eheangemessener Bedarf nach §§ 1361, 1578 I 1, 1581 BGB.

416   Gegen die Auffassung der 2. Auflage,[62] daß dem angemessenen Unterhalt im Sinne des § 1603 I BGB im Normalfall die eheangemessene Unterhaltsquote entspreche, bestehen Bedenken. Nach der zutreffenden Rechtsprechung des BGH[63] wird – von Mangelfällen abgesehen (vgl. Rn 159 ff, 3/75) – der eheangemessene Bedarf sowohl des unterhaltsberechtigten als auch des unterhaltsverpflichteten Ehegatten durch die Unterhaltspflicht gegenüber einem volljährigen Kind bestimmt. Dies bedeutet, daß nicht nur der Unterhalt minderjähriger, sondern auch volljähriger Kinder vorweg vom Einkommen des unterhaltsverpflichteten Ehegatten abzuziehen ist, bevor der Unterhalt des bedürftigen Ehegatten errechnet wird.[64] Vgl. Rn 151, 4/188, 4/190. Werden Ehegatten- und Kindesunterhalt so berechnet, kann der eheangemessene Bedarf des Pflichtigen, bei dessen Unterschreitung die Billigkeitsabwägung des § 1581 BGB einsetzt, nicht zugleich die Haftungsgrenze gegenüber dem volljährigen Kind sein, da der eheangemessene Bedarf gerade vom Unterhalt auch des volljährigen Kindes bestimmt wird. Zudem halte ich die Gleichsetzung des eheangemessenen Bedarfs und des angemessenen Bedarfs des Elternteils, der einem volljährigen Kind unterhaltspflichtig ist, auch deshalb für verfehlt, weil in etlichen Fällen ein eheangemessener Bedarf nicht festzustellen ist, z. B. bei einem Witwer oder bei einem seit vielen Jahren geschiedenen Elternteil, dessen früherer Ehegatte nie Unterhaltsansprüche geltend gemacht hat oder unbekannten Aufenthalts ist. Es kann nicht angehen, den Unterhaltsprozeß des volljährigen Kindes gegen einen Elternteil mit Fragen nach dessen eheangemessenem Bedarf zu belasten, wenn dieser im Verhältnis zwischen den (früheren) Ehegatten keine Rolle mehr spielt. Zu Recht hat deshalb der BGH[65] die **Gleichsetzung von angemessenem Bedarf im Sinne des § 1603 I BGB und eheangemessenem Bedarf abgelehnt.** Vgl. dazu auch Rn 148 ff.

3. Bemessung des angemessenen Eigenbedarfs des verpflichteten Elternteils nach den Tabellen und Leitlinien der Oberlandesgerichte

417   Nach der **Düsseldorfer Tabelle** (A 5 II) beträgt der angemessene Eigenbedarf gegenüber Volljährigen seit dem 1. 1. 1996 in der Regel mindestens **1800,– DM**, davor 1600,– DM. Dieser Richtsatz gilt auch für einen nicht erwerbstätigen Unterhaltsschuldner, z. B. einen Rentner oder Pensionär. Wer aus dem Erwerbsleben ausgeschieden ist, muß ohnehin gegenüber seinem früheren Erwerbseinkommen eine deutliche Einbuße hinnehmen und seinen Lebensstandard entsprechend einschränken. Es ist unbillig, ihn in stärkerem Umfang als einen Berufstätigen zum Unterhalt für ein volljähriges Kind heranzuziehen, zumal da durch die Berufsausübung entstehende Aufwendungen entweder durch eine Pauschale von 5 % oder jedenfalls auf konkreten Nachweis vom Einkommen abgesetzt werden (vgl. Rn 1/89, 1/95).

418   Den angemessenen Eigenbedarf setzen die Oberlandesgerichte **Bremen** (BrL II 7), **Celle** (CL IV 2), **Frankfurt** (FL III E 2), **Hamm** (HL 20), **Köln** (KL 6) und **Stuttgart** (StL 2 zu Anm. 7 c) gleichfalls einheitlich für den erwerbstätigen und den nicht erwerbstätigen Unterhaltsschuldner seit dem 1. 1. 1996 mit **1800,– DM**, davor mit 1600,– DM an.

---

[62] Wendl/Staudigl, 2. Aufl., S. 187 zu 2 d
[63] FamRZ 1986, 553, 555 = R 276 c
[64] BGH, FamRZ 1986, 553, 555 = R 276 c
[65] FamRZ 1990, 260, 264 = R 399 b

6. Abschnitt: Der Unterhaltsanspruch volljähriger Kinder §2

Dasselbe gilt für die Oberlandesgerichte, die ohne Herausgabe eigener Leitlinien die Düsseldorfer Tabelle anwenden.

Einen angemessenen Eigenbedarf von 1800,– DM für den erwerbstätigen Schuldner, 419 aber einen geringeren Satz für den nicht erwerbstätigen Pflichtigen nehmen an:
– die Oberlandesgerichte **Bamberg, München** und **Nürnberg** (BayL 20 d) beim Erwerbstätigen 1800,– DM, beim Nichterwerbstätigen 1600,– DM,
– das **Kammergericht**: 1600,– DM, wenn das Einkommen nicht in vollem Umfang aus Erwerbstätigkeit herrührt (BL 27),
– das OLG **Hamburg**: 1600,– DM bei endgültig aus dem Erwerbsleben Ausgeschiedenen (HaL 3).

Geringere Richtsätze für den angemessenen Eigenbedarf wenden an, und zwar ein- 420 heitlich für erwerbstätige und nicht erwerbstätige Unterhaltsschuldner:
– das OLG **Oldenburg**: 1500,– DM (OL VI 1),
– das OLG **Schleswig**: 1600,– DM (SchL D 2).

Zu den Richtsätzen für den angemessenen Eigenbedarf in den neuen Bundesländern 421 vgl. Rn 6/632.

Die im angemessenen Eigenbedarf enthaltenen **Wohnkosten** wurden bisher nur in 422 den Leitlinien einiger Oberlandesgerichte, zudem mit unterschiedlichen Beträgen, nicht dagegen in der Düsseldorfer Tabelle offen ausgewiesen.[66] Seit der Neufassung der Tabelle zum 1. 1. 1996 sind im angemessenen Selbstbehalt von 1800,– DM (Rn 417) bis 800,– DM Warmmiete, also Miete einschließlich umlagefähiger Nebenkosten und Heizung, enthalten (DT A 5 II). Auch der angemessene Selbstbehalt kann erhöht werden, wenn dieser Betrag im Einzelfall erheblich überschritten wird und dies nicht vermeidbar ist. Den Betrag von 800,– DM für die Warmmiete haben die Oberlandesgerichte Bamberg, München und Nürnberg (BayL 20 g), Bremen (BrL II 7), Frankfurt (FL III E 2: 650,– DM Kaltmiete, 150,– DM Nebenkosten und Heizung), Hamm (HL 20), Köln (KL 6) und Stuttgart (StL I 1) übernommen. Nach Auffassung des OLG Hamburg (HaL 2 V) beträgt der Anteil der Warmmiete sowohl beim notwendigen als auch beim angemessenen Selbstbehalt einheitlich 650,– DM.

Zu den Wohnkosten im Beitrittsgebiet vgl. Rn 6/632.

Eine **Erhöhung des angemessenen Eigenbedarfs** über den Richtsatz von 1800,– DM 423 (vgl. oben Rn 417) oder die anderen von den Leitlinien aufgestellten Regelsätze (vgl. Rn 419 f) hinaus kommt vor allem in Betracht,
- in den **Abitur-Lehre-Studium-Fällen**, in denen nach der Rechtsprechung des 424 BGH[67] insbesondere zu prüfen ist, ob das Studium für die Eltern oder den unterhaltspflichtigen Elternteil nach seinen wirtschaftlichen Verhältnissen zumutbar ist (vgl. oben Rn 83). Dasselbe gilt in sonstigen Fällen der Weiterbildung (vgl. oben Rn 78, 84, 85);
- wenn das **Kind** nach Abschluß einer Ausbildung, z. B. wegen eines Unfalls, **erneut un-** 425 **terhaltsbedürftig** wird und sich der pflichtige Elternteil bereits auf den Fortfall der Unterhaltspflicht eingestellt hatte und wirtschaftliche Dispositionen getroffen hat, die er bei Fortdauer der Unterhaltspflicht unterlassen hätte. Aus diesem Gesichtspunkt hat der BGH[68] bei Kindern, die ihren betagten Eltern Unterhalt zahlen müssen, eine Erhöhung des Selbstbehalts für erforderlich gehalten. Dieser Grund trifft aber auch für die hier erörterte vergleichbare Situation beim Unterhalt volljähriger Kinder zu;
- wenn die **Wohnkosten des Schuldners überhöht** sind, vor allem wenn der Betrag 426 von 800,– DM warm (vgl. Rn 422) überschritten wird und Bemühungen des Schuldners um eine billigere Wohnung oder um Wohngeld fehlgeschlagen sind oder von vornherein keinen Erfolg versprechen (vgl. auch Rn 269);
- bei **krankheitsbedingtem Mehrbedarf** des unterhaltspflichtigen Elternteils, insbeson- 427 dere wenn er wegen seiner Behinderung auf dauernde Pflege angewiesen ist und die dadurch entstehenden Kosten nicht durch Leistungen der Pflegeversicherung gedeckt sind. Pflegt die Ehefrau den Schuldner unentgeltlich, kommen die dadurch erzielten

---

[66] Vgl. 3. Aufl., Rn 2/422
[67] BGH, FamRZ 1989, 853 = R 391 b
[68] BGH, FamRZ 1992, 795, 797 = R 445

Ersparnisse dem Kind als freiwillige Leistungen eines Dritten (vgl. dazu Rn 100 ff) nicht zugute.[69]

428 Eine **Herabsetzung des angemessenen Eigenbedarfs** ist möglich, wenn der Pflichtige mit einem Partner in einer neuen Ehe oder einer **nichtehelichen Lebensgemeinschaft** zusammenlebt (so mit Recht HaL 2 III 2) und dadurch Kosten, insbesondere Wohnkosten spart, er sich also gegenüber dem allein lebenden Unterhaltsschuldner bessersteht.[70] Vgl. dazu Rn 270.
Dagegen können Leistungen, die der Partner des Unterhaltspflichtigen diesem erbringt, grundsätzlich nicht dem volljährigen Kind zugute kommen, auch nicht über eine Herabsetzung des Selbstbehalts. Der neue Ehegatte des Pflichtigen ist nicht verpflichtet, ihm Geldmittel für die Erfüllung von Unterhaltsansprüchen zur Verfügung zu stellen; vgl. dazu Rn 187. Dasselbe gilt von **Leistungen des Ehegatten oder des Partners** einer nichtehelichen Lebensgemeinschaft; sie sind grundsätzlich als freiwillige Zuwendungen eines Dritten anzusehen und daher nicht dem Einkommen des Pflichtigen zuzurechnen (vgl. oben Rn 100 ff, 1/371).[71] Eine Ausnahme besteht allerdings dann, wenn der Unterhaltsschuldner den Lebensgefährten versorgt, ihm den Haushalt führt und ihm dadurch eine geldwerte Leistung erbringt (vgl. Rn 1/372 ff).[72]

4. Berücksichtigung anderweitiger Verpflichtungen, insbesondere vorrangiger Unterhaltsansprüche

429 Der unterhaltspflichtige Elternteil kann dem nicht privilegierten volljährigen Kind **im Mangelfall vorrangige Unterhaltsansprüche Dritter** entgegensetzen. Durch die Erfüllung dieser Ansprüche wird seine Leistungsfähigkeit gegenüber dem volljährigen Kind gemindert. Vorrangig sind nach § 1609 I und II BGB
- Unterhaltsansprüche minderjähriger Kinder, aber auch privilegiert volljähriger Kinder im Sinne des § 1603 II 2 BGB (vgl. dazu Rn 452 ff, 465), also der Geschwister oder Halbgeschwister des volljährigen Kindes,
- Unterhaltsansprüche des früheren und ggf. des jetzigen Ehegatten des unterhaltspflichtigen Elternteils.

Kann der Pflichtige die Unterhaltsansprüche aller Berechtigten erfüllen, wirkt sich der Vorrang nicht aus. Vgl. dazu Rn 5/36. Dann wird auch der Unterhalt des volljährigen Kindes vom Einkommen des Schuldners abgezogen. Erst von dem verbleibenden Einkommen wird der Ehegattenunterhalt ermittelt (vgl. Rn 151, 416). Dem bedürftigen Ehegatten muß jedoch sein angemessener Unterhalt verbleiben, der im Verhältnis zum volljährigen Kind 1800,– DM beträgt (vgl. Rn 417 ff).
Zum Rangverhältnis der Unterhaltsansprüche im Mangelfall vgl. im einzelnen Rn 5/35 ff.

430 Volljährige erhalten **nur insoweit Unterhalt**, als durch das Einkommen des pflichtigen Elternteils alle **vorrangigen Unterhaltsansprüche gedeckt** sind. Der Volljährige kann nur die Differenz zwischen dem verbleibenden Einkommen und dem angemessenen Selbstbehalt beanspruchen.[73] Vgl. Rn 5/54.
Der Kindergeldanteil des unterhaltspflichtigen Elternteils ist in entsprechender Anwendung des § 1612b V BGB für den Unterhalt des volljährigen Kindes einzusetzen, wenn und soweit der Pflichtige nicht in der Lage ist, den Mindestunterhalt des volljährigen Kindes nach der 1. Einkommensgruppe der Düsseldorfer Tabelle Altersstufe 4 zu decken.[74] Vgl. dazu Rn 510.

---

[69] BGH, FamRZ 1995, 537 = R 493 b
[70] BGH, FamRZ 1998, 287 = R 518 a; vgl. auch BGH, FamRZ 1995, 343 = R 489 b; FamRZ 1995, 344, 346 = R 488 b; FamRZ 1991, 182, 185 = R 430 d; OLG Celle, FamRZ 1993, 1235
[71] BGH, FamRZ 1995, 537 = R 493 b
[72] BGH, FamRZ 1995, 344, 346 = R 488 c
[73] BGH, FamRZ 1986, 48 = R 275 b
[74] Vgl. zum früheren Recht OLG Düsseldorf, FamRZ 1994, 1049, 1053 = NJW-RR 1994, 326, 330

6. Abschnitt: Der Unterhaltsanspruch volljähriger Kinder § 2

Beispiel:
Der Vater (V) ist dem auswärts studierenden volljährigen Kind K 1 und zwei Kindern im Alter von 14 und 15 Jahren (K 2 und K 3) unterhaltspflichtig. Einkommen des Vaters 2900,– DM. Die erwerbsunfähige und wiederverheiratete Mutter (M) bezieht das Kindergeld für K 1 und K 2 von jeweils 250,– DM und für K 3 von 300,– DM. Vgl. dazu Rn 491, 503.
Bedarf des studierenden Kindes K 1: 1120,– DM.
Unterhalt K2 nach DT 3/3: 582 – 125 (Kindergeldanteil) = 457,– DM.
Unterhalt K3 nach DT 3/3: 582 – 150 (Kindergeldanteil) = 432,– DM.
Wenn der Tabellenunterhalt für K 2 und K 3 vom Einkommen des V abgezogen wird, verbleiben nur 2900 – 582 – 582 = 1736,– DM und damit weniger als der angemessene Selbstbehalt von 1800,– DM. Da es sich aber für das volljährige Kind um einen Mangelfall handelt und V nicht einmal den Unterhalt der 1. Einkommensgruppe von 589,– DM zahlen kann (Rn 510), muß V auch seinen Anteil an dem auf K 2 und K 3 entfallenden Kindergeld für den Unterhalt von K 1 verwenden. Vgl. dazu Rn 511. Daher ist nicht der Tabellenunterhalt für die minderjährigen Kinder, sondern der Zahlbetrag vom Einkommen des Vaters abzuziehen. Vgl. dazu Rn 509 ff, 5/83 ff.
K 1 erhält also 2900 – 457 – 432 – 1800 = 211,– DM. Hiervon ist in entsprechender Anwendung des § 1612 b V BGB das auf K 1 entfallende Kindergeld nicht anzurechnen. Vgl. dazu Rn 510.

Der Nachrang des volljährigen Kindes (§ 1609 I BGB) gilt auch, wenn es körperlich **431** oder geistig **behindert** ist. Auf seine Geschäftsfähigkeit kommt es nicht an. Nach Inhalt und Zweck der unterhaltsrechtlichen Normen ist für das Rangverhältnis ausschließlich das Alter des Kindes maßgeblich.[75]

Ist ein Elternteil wiederverheiratet und trägt er in der neuen Ehe ausschließlich durch **432** die Haushaltsführung zum Unterhalt der neuen Familie bei (§ 1360 BGB; vgl. Rn 3/12, 3/27, 3/36), kommen Unterhaltsansprüche eines volljährigen Kindes nach der **Hausmannsrechtsprechung** nur in Ausnahmefällen in Betracht. Im einzelnen dazu Rn 187 ff.

V. Ermittlung des Haftungsanteils der Eltern nach § 1606 III 1 BGB

1. Anteilige Haftung der Eltern

Grundsätzlich sind bei Volljährigen **beide Eltern barunterhaltspflichtig**, Leistungsfä- **433** higkeit allerdings vorausgesetzt (vgl. Rn 440 ff).
- Wohnt das **volljährige Kind im gemeinsamen Haushalt der** nicht getrenntlebenden **Eltern**, erhält es aufgrund einer Bestimmung der Eltern nach § 1612 II 1 BGB (vgl. oben Rn 21 ff) Naturalunterhalt als Teil des **Familienunterhalts**, zu dem beide Eltern nach Maßgabe des § 1360 BGB beizutragen haben. Die Haushaltsführung durch einen Ehegatten gilt auch gegenüber dem volljährigen Kind als Beitrag zum Familienunterhalt; sie und die Erwerbstätigkeit des anderen Elternteils sind gleichwertig (§ 1360 S. 2 BGB). Eine Unterhaltsrente wird vom volljährigen bei seinen Eltern lebenden Kind nur ausnahmsweise geschuldet, wenn ein Elternteil oder beide Eltern ihre Pflicht verletzen, zum Familienunterhalt beizutragen. Vgl. dazu Rn 3/10, 12, 35.
- Lebt das **volljährige Kind nicht** mehr **im Elternhaus** und haben die Eltern eine wirk- **434** same Bestimmung nach § 1612 II 1 BGB nicht getroffen (vgl. Rn 35 ff), so haften beide Eltern entsprechend ihren Erwerbs- und Vermögensverhältnissen auf Barunterhalt (§ 1606 III 1 BGB).
- Die Eltern schulden auch entsprechend ihren Erwerbs- und Vermögensverhältnissen **435** Barunterhalt, wenn sie getrennt leben, das **volljährige Kind** aber **im Haushalt eines Elternteils** bleibt. Betreuungsunterhalt wird ihm nicht mehr geschuldet.[76] Vgl. Rn 15, 334. § 1606 III 2 BGB kann auch nicht während einer Übergangszeit nach Volljährigkeit analog angewendet werden. Vgl. dazu Rn 453. Durch das Kindesunterhaltsgesetz ist klargestellt, daß sich die Privilegierung volljähriger unverheirateter Kinder, die im

---
[75] BGH, FamRZ 1987, 472, 474 = NJW 1987, 1549; FamRZ 1984, 683, 685 = R 212b
[76] BGH, FamRZ 1994, 696, 698 = R 477b, c

Haushalt der Eltern oder eines Elternteils leben und eine allgemeine Schule besuchen, nur auf die Leistungsfähigkeit der Eltern und den Rang bezieht (§§ 1603 II 2, 1609 I, II 1 BGB). Vgl. dazu Rn 452 ff.

436 Die Eltern **haften anteilig** für den **Restbedarf** des volljährigen Kindes (Bedarf abzüglich anzurechnenden Einkommens).
– Zunächst muß der **gesamte Lebensbedarf** festgestellt und beziffert werden (s. Rn 360 ff). Der Unterhaltsbedarf ist nach den anzuwendenden Tabellen und Leitlinien (vgl. dazu oben Rn 368 ff, 383 ff) zu bestimmen.
– Hierauf ist **eigenes Einkommen des Volljährigen** bedarfsmindernd anzurechnen, nachdem es um Werbungskosten bereinigt worden ist (vgl. Rn 349 ff; 1/8 ff).
– Der Differenzbetrag ist der **Restbedarf**, für den **beide Eltern anteilig** haften.[77]

Das **Kindergeld** wird nach § 1612b I, II BGB in der Weise verrechnet, daß es bei dem Elternteil, der es nicht bezieht, zur Hälfte auf den ermittelten Haftungsanteil angerechnet wird, während der Anteil des anderen Elternteils um die Hälfte des Kindergeldes erhöht wird. Vgl. dazu Rn 503 f, 513.

437 Die anteilige Haftung nach § 1606 III 1 BGB begründet **Teilschulden** der Eltern. Von jedem Elternteil kann nur der jeweilige anteilige Unterhaltsbetrag verlangt werden.[78]

2. Vergleichbares Einkommen der Eltern

438 Die Eltern haben für den Unterhalt ihres volljährigen Kindes Einkommen jeder Art einzusetzen. Zum Einkommensbegriff vgl. Rn 1/8 ff.

439 Auch **Unterhalt**, den ein Elternteil von seinem (früheren) Ehegatten erhält, **ist Einkommen**, das für den Unterhalt eines volljährigen Kindes zur Verfügung steht. Vgl. Rn 148, 1/379. Voraussetzung für die Beteiligung am Unterhalt des Kindes ist jedoch, daß dem Elternteil der angemessene Selbstbehalt im Sinne des § 1603 I BGB, der nach den meisten Tabellen und Leitlinien 1800,– DM beträgt (vgl. Rn 417 ff), verbleibt. Entgegen der 2. Auflage[79] ist der angemessene Selbstbehalt nach § 1603 I BGB nicht mit dem eheangemessenen Bedarf im Sinne der §§ 1360, 1578 I 1, 1581 BGB identisch.[80] Vgl. dazu im einzelnen Rn 148, 416.

In der Praxis ist die Unterhaltspflicht des Elternteils, der allein oder auch von Ehegattenunterhalt lebt, allerdings kaum von Bedeutung. Sind sowohl ein volljähriges Kind als auch ein (früherer) Ehegatte unterhaltsbedürftig, muß zunächst – vom Mangelfall abgesehen (vgl. dazu Rn 159 ff, 3/75) – der Kindesunterhalt nach dem Einkommen des unterhaltspflichtigen Ehegatten (Elternteils) bemessen und von den Einkünften des Schuldners abgezogen werden; sodann ist vom verbleibenden Rest die Unterhaltsquote des bedürftigen Ehegatten zu berechnen.[81] Zu einer anteiligen Haftung beider Eltern kann es bei dieser Berechnung nicht kommen. Vgl. im einzelnen Rn 151, auch Rn 4/190.

Beispiel:
Einkommen des Vaters (V) 6300,– DM. Das volljährige auswärts studierende Kind verlangt 1120,– DM Unterhalt, die erwerbsunfähige Mutter (M) Ehegattenunterhalt. M bezieht das Kindergeld von 250,– DM. Sie unterstützt das Kind durch gelegentliche Zuwendungen.
Es ist falsch, zunächst den Ehegattenunterhalt ($3/7$ von 6300 = 2700,– DM) festzulegen und von diesem Betrag einen Anteil zu errechnen, mit dem M zum Unterhalt des Kindes beizutragen hat. Richtig ist allein folgender Rechengang:
Das Kind erhält von V 1120 − 125 (Kindergeldanteil) = 995,– DM. Zum Abzug des hälftigen Kindergeldes vgl. Rn 515.
Unterhaltspflichtiges Einkommen des V gegenüber der M: 6300 − 1120 = 5180,– DM.
Ehegattenunterhalt der M: 5180 × $3/7$ = 2220,– DM.

---

[77] BGH, FamRZ 1988, 159, 161 = R 346 f; FamRZ 1985, 917, 919 = R 263 b
[78] BGH, FamRZ 1989, 499 = NJW-RR 1989, 578; FamRZ 1986, 153 = R 278 b
[79] Wendl/Staudigl, 2. Aufl., S. 187 zu 2 d
[80] FamRZ 1990, 260, 264 = R 399 b
[81] BGH, FamRZ 1986, 553, 555 = NJW 1986, 985; OLG Frankfurt, FamRZ 1993, 231

6. Abschnitt: Der Unterhaltsanspruch volljähriger Kinder § 2

Diese Grundsätze gelten auch, wenn ein Elternteil über ein geringes Nebeneinkommen verfügt und deshalb Aufstockungsunterhalt bezieht. Vgl. dazu Rn 149 ff und das Beispiel Rn 155.

Die **anteilige Haftung** der Eltern nach § 1606 III 1 BGB für den Restbedarf des voll- 440
jährigen Kindes richtet sich **nach** deren **Leistungsfähigkeit**,[82] also nach den für Unterhaltszwecke tatsächlich verfügbaren Mitteln.[83] Vergleichbar in diesem Sinn sind demnach die Einkommensteile, die jedem der Eltern von seinem Einkommen zur Bestreitung des eigenen Lebensbedarfs und für den Unterhalt des Volljährigen verbleiben (vgl. oben Rn 298 ff). In den Vergleich ist ggf. auch der **Stamm des Vermögens** einzubeziehen, falls ihn ein Elternteil für den Unterhalt einzusetzen hat (vgl. Rn 1/319 f).[84] Auf **fiktive Einkünfte** eines Elternteils braucht sich das volljährige Kind nicht verweisen zu lassen. Eine etwaige Verletzung der Erwerbsobliegenheit hat allein der betreffende Elternteil, nicht aber das Kind zu verantworten. Daher kann es den leistungsfähigen Elternteil entsprechend dem Rechtsgedanken des § 1607 II BGB in Anspruch nehmen. Dasselbe gilt, wenn der Aufenthalt des anderen Elternteils unbekannt ist. Auch in einem solchen Fall ist die Rechtsverfolgung gegen den anderen Elternteil erheblich erschwert (§ 1607 II 1 BGB). Dem leistungsfähigen Elternteil bleibt es unbenommen, gegen den anderen Unterhaltspflichtigen Regreß zu nehmen.[85] Vgl. Rn 546 ff.

Das **vergleichbare Einkommen** ist in der Weise zu berechnen, daß von dem Einkom- 441
men jedes Elternteils alles abzuziehen ist, was zur Bestreitung des eigenen Bedarfs und des Unterhaltsbedarfs des Volljährigen nicht zur Verfügung steht.[86] Die Abzüge müssen allerdings unterhaltsrechtlich berechtigt sein.

Dazu zählen im wesentlichen:

- die **gesetzlichen Abzüge** vom Lohn und Einkommen, vor allem die Einkommen- 442
und Kirchensteuer sowie Aufwendungen für die gesetzliche Krankheits- und Altersversicherung und die Pflegeversicherung, bei Privatversicherten für eine angemessene entsprechende Vorsorge (vgl. Rn 1/491 ff, 1/496 ff);
- notwendig zu erfüllende und unterhaltsrechtlich berücksichtigungswürdige **Verbind-** 443
lichkeiten (vgl. Rn 1/514 ff; 2/115, 158). Nicht anzuerkennen ist eine Abzahlungsverpflichtung wegen zeitweiser Heimunterbringung des Kindes, die dadurch entstanden ist, daß der betreffende Elternteil Unterhaltsmittel nicht zur Erfüllung dieser Verpflichtung, sondern zweckfremd verwendet hat.[87]
- Kosten für anzuerkennenden krankheitsbedingten Mehrbedarf eines Elternteils (vgl. 444
Rn 427);
- Kosten für die **Betreuung minderjähriger Geschwister**, wenn derartige Kosten tat- 445
sächlich entstehen, oder ein Betreuungsbonus, wenn die Betreuung zwar ohne konkret faßbaren Aufwand, aber nur unter besonderen Schwierigkeiten möglich ist, wie z. B. bei kleinen Kindern.[88] Vgl. dazu Rn 275. Dagegen kann bei einem größeren Kind, das keiner ständigen Betreuung mehr bedarf, ein dem Barunterhalt entsprechender Betrag nicht vom Einkommen des nicht barunterhaltspflichtigen Elternteils mit der Begründung abgezogen werden, der Betreuungsunterhalt sei dem Barunterhalt gleichwertig (vgl. Rn 298, 311).[89]
- **Unterhaltszahlungen an vorrangige Berechtigte**, insbesondere an minderjährige oder 446
privilegiert volljährige Kinder oder an den geschiedenen Ehegatten (Rn 429 ff). Auch dieser Vorwegabzug ist gerechtfertigt, weil der bezahlte Unterhalt für den eigenen Bedarf und für den Unterhalt des Volljährigen nicht mehr zur Verfügung steht und damit die hierfür verbleibenden Mittel endgültig verringert sind.

---

[82] BGH, FamRZ 1986, 153 = R 278 b
[83] BGH, FamRZ 1988, 1039 = R 366 c
[84] OLG Düsseldorf, FamRZ 1994, 767, 769
[85] OLG Frankfurt, FamRZ 1993, 231
[86] BGH, FamRZ 1988, 1039 = R 366 c
[87] BGH, FamRZ 1988, 1039 = R 366 c
[88] BGH, FamRZ 1991, 182, 184 = R 430 b
[89] BGH, FamRZ 1988, 1039 = R 366 c

447 Abzuziehen ist außerdem bei jedem Elternteil ein gleich hoher **Sockelbetrag in Höhe des angemessenen Selbstbehalts** von derzeit **1800,– DM** (zum angemessenen Selbstbehalt nach den Tabellen und Leitlinien des alten Bundesgebiets vgl. Rn 417 ff). Durch einen solchen Abzug werden bei erheblichen Unterschieden der vergleichbaren Einkünfte die sich daraus ergebenden ungleichen Belastungen relativiert.[90] Der Abzug des Sockelbetrages ist auch in den meisten Leitlinien und Tabellen vorgesehen (BayL 15 d, BL 26, BraL 25, CL II 7 a, DL 19, DrL 29, FL III C 4, HL 25, KL 14, NaL 5.10, OL IV 4 b, SchL B 7 b, StL I 2 Anm. 7 c, ThT A II 5), wobei allerdings in den neuen Bundesländern ein niedrigerer Betrag als 1800,– DM angesetzt wird. Zum angemessenen Selbstbehalt im Beitrittsgebiet s. Rn 6/632.

3. Einzelheiten der Unterhaltsberechnung und wertende Veränderung des Verteilungsschlüssels

448 Die **Haftungsquote** nach § 1606 III 1 BGB wird in der Weise ermittelt, daß der Restbedarf des volljährigen Kindes mit dem um den Sockelbetrag verminderten vergleichbaren Einkommen jedes Elternteils multipliziert und durch die Summe der vergleichbaren Einkünfte beider Eltern geteilt wird.[91] Dies entspricht der allgemeinen Auffassung der Tabellen und Leitlinien (vgl. Rn 447). Der Sockelbetrag deckt sich mit dem angemessenen Eigenbedarf und beträgt nach den meisten Tabellen und Leitlinien 1800,– DM (vgl. Rn 447). Im Beitrittsgebiet gelten niedrigere Selbstbehaltssätze (dazu Rn 6/632).

449 In einer **Formel** ausgedrückt errechnet sich der Haftungsanteil jedes Elternteils wie folgt:

R x V : S
R = Restbedarf des Kindes
V = vergleichbares Einkommen des haftenden Elternteils
S = Summe des vergleichbaren Einkommens beider Eltern

Diese Berechnung führt zum selben Ergebnis wie die Formel der Bayerischen Leitlinien (BayL 15 d).

Beispiel:
Bedarf des studierenden Kindes: 1120,– DM
Nettoeinkommen des Vaters: 3150,– DM
Nettoeinkommen der Mutter: 1950,– DM
Vergleichbares Einkommen des Vaters. 3150 – 1800 = 1350,– DM
Vergleichbares Einkommen der Mutter: 1950 – 1800 = 150,– DM
Vergleichbares Einkommen beider Eltern: 1350 + 150 = 1500,– DM
Quote des Vaters: 1120 x 1350 : 1500 = 1008,– DM
Quote der Mutter: 1120 x 150 : 1500 = 112,– DM
V zahlt 1008 – 125 (Kindergeldanteil) = 883,– DM (§ 1612 b I BGB)
M zahlt 112 + 125 (Kindergeldanteil) = 237,– DM (§ 1612 b II BGB)

450 Das so gewonnene Ergebnis ist stets auf seine Angemessenheit zu überprüfen.[92] Der **Verteilungsschlüssel** ist **wertend zu verändern**, wenn besondere Umstände dies nahelegen, z. B. bei einem besonderen Betreuungsaufwand eines Elternteils gegenüber einem behinderten volljährigen Kind. Es ist unbillig, den betreuenden Elternteil in einem solchen Fall zur Deckung des Unterhaltsbedarfs im Verhältnis der vergleichbaren Einkünfte zu verpflichten. Deshalb ist es geboten, die mit dem erhöhten Einsatz für den Behinderten verbundene Belastung des betreuenden Elternteils durch eine Veränderung des Verteilungsschlüssels zu seinen Gunsten aufzufangen.[93] Das Ausmaß der wertenden Veränderung ist abhängig vom Umfang der erforderlichen zusätzlichen Leistungen. Durch eine entsprechende Veränderung soll erreicht werden, daß der zusätzlich belastete Elternteil

---

[90] BGH, FamRZ 1988, 1039 = R 366 c; FamRZ 1986, 153 = R 278 c; FamRZ 1986, 151 = NJW-RR 1986, 426; FamRZ 1986, 153 = R 278 b
[91] BGH, FamRZ 1988, 1039 = R 366 c
[92] BGH, FamRZ 1986, 153 = R 278 b; FamRZ 1986, 151 = NJW-RR 1986, 426
[93] BGH, FamRZ 1985, 917, 919 = R 263 b; OLG Hamm, FamRZ 1996, 303

zum Ausgleich für seinen besonderen Einsatz einen größeren finanziellen Spielraum zur Befriedigung seiner persönlichen Bedürfnisse als der andere erhält. Es handelt sich hierbei nicht um eine unangebrachte „Monetarisierung" elterlicher Fürsorge, sondern um eine angemessene Verteilung der beiderseitigen Unterhaltslast.[94] Vgl. zur entsprechenden Problematik beim minderjährigen Kind Rn 306 f.

4. Darlegungs- und Beweislast für die Haftungsanteile der Eltern

Nimmt das **volljährige Kind** einen Elternteil auf Unterhalt in Anspruch, hat es dessen Haftungsanteil darzulegen und ggf. zu beweisen. Bei Übergang des Anspruchs auf den Träger der Ausbildungsförderung (§ 37 BAföG) oder den Sozialhilfeträger (§ 91 BSHG) trifft die Darlegungs- und Beweislast den nunmehrigen Anspruchsinhaber.[95] Zur Darlegungs- und Beweislast im allgemeinen vgl. Rn 6/700 ff.

451

Das Kind muß zunächst das **Einkommen des beklagten Elternteils** dartun. Die erforderlichen Angaben muß es sich von diesem notfalls durch die Geltendmachung des **Auskunftsanspruchs** verschaffen. U. U. genügt es jedoch, wenn das Kind die Behauptung aufstellt, das Einkommen sei gegenüber den Feststellungen in einem früheren Rechtsstreit (mindestens) um einen bestimmten Betrag angestiegen. Dann ist es Aufgabe des Elternteils, diese Behauptung substantiiert zu bestreiten. Dazu gehören Angaben über die Höhe seines jetzigen Einkommens.[96]

Bezieht der **andere Elternteil**, z. B. die Mutter, Einkünfte, muß das Kind deren Höhe angeben und bei Bestreiten unter Beweis stellen. Verfügt sie über **kein Einkommen**, genügt der entsprechende Vortrag des Kindes und ein Beweisantritt, z. B. auf Vernehmung der Mutter als Zeugin. Trägt der Vater substantiiert vor, daß die Mutter Einkünfte habe oder daß bei ihr wegen Zusammenlebens mit einem Lebensgefährten ein geringerer angemessener Selbstbehalt anzusetzen sei (vgl. Rn 428), muß das Kind diese Behauptung ausräumen und den Beweis führen, daß sie nicht zutrifft.[97] Das Kind braucht die Mutter dagegen nicht auf Auskunft über ihre unterhaltsrechtlich relevanten Einkünfte in Anspruch zu nehmen. Dies ist ihm nicht zuzumuten.[98] Eine Auskunftsklage gegen die Mutter müßte wegen Erfüllung abgewiesen werden, wenn diese erklären würde, sie verfüge über kein Einkommen.[99] Dem beklagten Vater bleibt es unbenommen, seinerseits die Mutter auf Auskunft in Anspruch zu nehmen.[100] Auf fiktive Einkünfte der Mutter braucht sich das Kind nicht verweisen zu lassen (vgl. Rn 440).[101]

Bei einer **Abänderungsklage** hat der Kläger die Darlegungs- und Beweislast für eine Veränderung der Verhältnisse, die für die Unterhaltsbemessung in dem früheren Titel maßgebend waren. Im übrigen bleibt es dagegen bei der allgemeinen Verteilung der Beweislast. Stammt der Titel aus der Zeit der Minderjährigkeit, muß das nunmehr volljährige Kind dartun und beweisen, daß der Unterhaltsanspruch fortbesteht, insbesondere welche Haftungsquote auf den jeweiligen Elternteil entfällt (§ 1606 III 1 BGB).[102]

---

[94] BGH, FamRZ 1985, 917, 919 = R 263 b; FamRZ 1983, 689 = R 169 a
[95] OLG Celle, FamRZ 1993, 1235
[96] BGH, FamRZ 1987, 259 = NJW 1987, 1201
[97] OLG Celle, FamRZ 1993, 1235
[98] BGH, FamRZ 1988, 268, 270 = R 351
[99] So mit Recht OLG Frankfurt, FamRZ 1993, 231
[100] BGH, FamRZ 1988, 268, 270 = R 351
[101] OLG Frankfurt, FamRZ 1993, 231
[102] KG, FamRZ 1994, 765; vgl. auch BGH, FamRZ 1990, 496 = NJW 1990, 2752

VI. Gleichstellung 18–20jähriger Schüler mit Minderjährigen

1. Problematik der Privilegierung volljähriger Kinder während einer Übergangszeit nach Eintritt der Volljährigkeit

452 a) **Rechtslage bis zum 30. 6. 1998.** Die Herabsetzung des Volljährigkeitsalters vom 21. auf das 18. Lebensjahr und die Verlängerung der Schulausbildung haben dazu geführt, daß kaum ein Jugendlicher seine Ausbildung noch während der Minderjährigkeit abschließt. An den Lebensverhältnissen des jungen Erwachsenen ändert sich daher in vielen Fällen durch die Volljährigkeit – von der rechtlichen Selbständigkeit abgesehen – nichts. Das Kind lebt weiter bei einem Elternteil, meist der Mutter, und wird von ihr wie bisher verköstigt und versorgt. Die Rechtsprechung hat zunächst versucht, diese Lücke durch **analoge Anwendung des § 1606 III 2 BGB** zu schließen. Der BGH hat in einem Urteil vom 8. 4. 1981[103] die entsprechende Anwendung des § 1606 III 2 BGB für eine Übergangszeit nach dem 18. Geburtstag des Kindes für möglich gehalten, da im Einzelfall ausnahmsweise in den ersten Jahren nach Eintritt der Volljährigkeit weiterhin von der Gleichwertigkeit des Barunterhalts und der Betreuungsleistungen ausgegangen werden könne, etwa wenn und solange sich der Barbedarf des Kindes gegenüber den üblichen Werten für minderjährige Kinder nicht wesentlich erhöhe. Deshalb hat der BGH die Ausbildungsvergütung eines volljährigen Kindes nur zur Hälfte auf den Barunterhalt angerechnet und sie im übrigen der Mutter gutgebracht, die nicht erwerbstätig war und ein weiteres minderjähriges Kind betreute. Vgl. dazu Rn 286.

Im Jahre 1994 ist der BGH[104] hiervon weitgehend abgerückt. Er hat zwar offengelassen, ob dem Urteil vom 8. 4. 1981[105] noch gefolgt werden könne, aber eindeutig klargestellt, daß es sich um eine auf die damals gegebenen Umstände bezogene **Ausnahme** gehandelt habe. Er hat die erwerbstätige Mutter für verpflichtet gehalten, zum Barunterhalt entsprechend ihren Einkommens- und Vermögensverhältnissen beizutragen (§ 1606 III 1 BGB), zumal da ihre Betreuungsleistungen in der Regel schon vom Umfang her nicht das Maß einer vollen Unterhaltsgewährung erreichen könnten. Damit war für die Praxis geklärt, daß eine **Fortdauer der Betreuung** und damit eine analoge Anwendung des § 1606 III 1 BGB über die Volljährigkeit hinaus **in der Regel nicht** in Betracht kam. Zu dieser Problematik nach dem bis zum 30. 6. 1998 geltenden Recht vgl. die 4. Auflage Rn 2/451 ff.

453 b) **Gesetzliche Neuregelung zum 1. 7. 1998.** Das KindUG hat volljährige unverheiratete Kinder bis zur Vollendung des 21. Lebensjahrs minderjährigen unverheirateten Kindern teilweise gleichgestellt, solange sie im Haushalt der Eltern oder eines Elternteils leben und sich in der allgemeinen Schulausbildung befinden. Diese **Privilegierung** bezieht sich aber **nur** auf die **Leistungsfähigkeit** der Eltern (§ 1603 II 2 BGB; Rn 464) und auf den **Rang** im Verhältnis zu anderen Unterhaltsberechtigten (§ 1609 I 1, II BGB; Rn 465). Eine allgemeine Gleichstellung der 18–20jährigen Schüler mit Minderjährigen ist dagegen nicht beabsichtigt. Dies gilt insbesondere für die anteilige Haftung der Eltern, die auch gegenüber diesen Kindern eingreift (§ 1606 III 1 BGB), da ein volljähriges Kind nicht mehr betreut wird und daher der Elternteil, bei dem das Kind lebt, seine Unterhaltspflicht nicht mehr gemäß § 1606 III 2 BGB durch Betreuung erfüllen kann.[106] Vgl. dazu Rn 334, 452, 467 ff.

Die Privilegierung bestimmter volljähriger Kinder nach §§ 1603 II 2, 1609 BGB stellt eine **abschließende gesetzliche Regelung** dar, die nicht erweitert werden darf. Die frühere Rechtsprechung zur Gleichstellung volljähriger Kinder mit Minderjährigen während einer Übergangszeit nach Vollendung des 18. Lebensjahres (vgl. Rn 452) ist überholt.

---

[103] BGH, FamRZ 1981, 541 = R 72 e
[104] FamRZ 1994, 696 = R 477 c
[105] BGH, FamRZ 1981, 541 = R 72 e
[106] BR-Drucks. 959/96, S. 26 f; FamRefK/Häußermann, § 1603 Rn 2

6. Abschnitt: Der Unterhaltsanspruch volljähriger Kinder § 2

Auch **behinderte volljährige Kinder** stehen minderjährigen Kindern nicht gleich, selbst dann nicht, wenn sie hilflos sind und einer Betreuung bedürfen. Zu den Unterhaltsansprüchen solcher Kinder vgl. Rn 401, 450.

2. Voraussetzungen der Privilegierung volljähriger Schüler nach §§ 1603 II 2, 1609 BGB

a) **Alter.** Die Privilegierung erstreckt sich nur auf Schüler bis zur Vollendung des 21. Lebensjahres, im allgemeinen Sprachgebrauch ausgedrückt also auf 18–20jährige Kinder. Mit dem 21. Geburtstag sind §§ 1603 II 2, 1609 BGB nicht mehr anwendbar, selbst wenn die allgemeine Schulausbildung noch nicht beendet ist. Der Unterhaltsanspruch des Kindes ist dann uneingeschränkt nach den Regeln des Volljährigenunterhalts zu beurteilen. 454

b) **Unverheiratete Kinder.** Die Privilegierung erfaßt nur ledige Kinder. Sie endet mit der Heirat und entsteht nicht wieder, wenn die Ehe aufgehoben oder geschieden wird oder durch den Tod des anderen Ehegatten endet und das Kind in den elterlichen Haushalt zurückkehrt. Mit der Heirat tritt das Kind in ein anderes Unterhaltssystem ein (§§ 1361, 1569, 1318 BGB). Selbst wenn in diesem Ansprüche nicht bestehen oder nicht durchgesetzt werden können und wenn das Kind in den Haushalt eines Elternteils zurückkehrt, leben die verschärfte Unterhaltspflicht der Eltern und der Vorrang des privilegierten Kindes nicht wieder auf.[107] Wenn ein Kind geheiratet hat, dürfen die Eltern darauf vertrauen, daß sie ihrem Kind nur noch nachrangig unterhaltspflichtig sind (§ 1609 II BGB) und sich ihm gegenüber auf ihren angemessenen Selbstbehalt berufen können (§ 1603 I BGB). Dieses Vertrauen ist schutzbedürftig. 455

c) **Haushaltsgemeinschaft mit den Eltern oder einem Elternteil.** Das volljährige Kind muß im Haushalt wenigstens eines Elternteils leben. Dort muß es seinen Lebensmittelpunkt haben, dort muß sich im wesentlichen seine persönliche Habe befinden, dort muß es überwiegend schlafen. Eine auswärtige Beköstigung, z. B. in einer Schulmensa, schadet nicht. Die Haushaltsgemeinschaft dürfte in der Regel auch dann fortbestehen, wenn das Kind auswärts eine Schule besucht, am Schulort ein Zimmer hat oder in einem Internat lebt, aber am Wochenende und in den Ferien nach Hause zurückkehrt. Es kommt nicht darauf an, ob ein Elternteil Versorgungsleistungen übernimmt, also z. B. für das Kind kocht oder wäscht.[108] Eine Betreuung im Rechtssinne findet nach Volljährigkeit ohnehin nicht mehr statt (vgl. Rn 334, 452 f). 456

Unerheblich ist, ob der Elternteil, bei dem das Kind lebt, allein einen Haushalt unterhält, sich die Wohnung mit einem Lebensgefährten teilt oder eine Wohngemeinschaft mit anderen führt. Dies wird auch dann zu gelten haben, wenn ein Elternteil Unterkunft im Haushalt eines anderen gefunden hat, z. B. die Ehefrau nach der Trennung zu ihren Eltern gezogen ist und dort mit dem volljährigen Kind zusammenlebt.[109]

Vorübergehender Aufenthalt an einem anderen Ort schadet nicht, solange die Absicht der Rückkehr in den elterlichen Haushalt besteht. Dies gilt selbstverständlich für Urlaubsreisen, Krankenhaus- und Heimaufenthalte, aber auch für einen Auslandsaufenthalt während der allgemeinen Schulausbildung, z. B. für ein Schuljahr in den USA. Anders kann es dagegen liegen, wenn sich das Kind emanzipiert und unter Mitnahme seiner Sachen einen eigenen Hausstand begründet hat, z. B. auf Dauer zu einem Lebensgefährten gezogen ist und dort seinen Lebensmittelpunkt gefunden hat. Ob ein solcher endgültiger Auszug gegeben ist, wird sich allerdings erst nach Ablauf einer gewissen Übergangsfrist beurteilen lassen. Diese Übergangsfrist wird vielfach bis zur Vollendung des 21. Lebensjahres noch nicht abgelaufen sein, so daß bei Rückkehr in das Elternhaus die Privilegierung fortbesteht, wenn der Schulbesuch andauert. Macht der Elternteil, bei dem das Kind bislang gelebt hat, zu Recht von seinem Bestimmungsrecht nach § 1612 II

---

[107] Vgl. dazu MüKo/Köhler, § 1602 Rn 32; a. A. FamRefK/Häußermann, § 1603 Rn 4
[108] FamRefK/Häußermann, § 1603 Rn 6
[109] FamRefK/Häußermann, § 1603 Rn 6

1 BGB Gebrauch, wird man einen endgültigen Auszug ohnehin verneinen müssen. Vgl. dazu Rn 21 ff, 35.

457 **d) Allgemeine Schulausbildung.** Was unter diesem Begriff zu verstehen ist, läßt sich weder dem Gesetz noch der Gesetzesbegründung entnehmen. Auch § 2 I 1 Nr. 1 BAföG hilft nicht weiter, da dort nicht von allgemeiner Schulausbildung, sondern von „weiterführenden allgemeinbildenden Schulen" gesprochen wird.

Die allgemeine Schulausbildung ist einerseits von der Berufsausbildung, andererseits vom Hochschulstudium abzugrenzen. Zu ihr gehören danach alle Bildungsgänge, die nicht auf einen bestimmten Beruf vorbereiten, sondern einen anerkannten Schulabschluß ermöglichen, der seinerseits die Grundlage für eine spezielle Berufsausbildung oder ein Studium bildet.

Im einzelnen ist die Rechtslage wegen der Vielzahl der Schulformen und der Schulabschlüsse höchst unübersichtlich. Wegen der **Kulturhoheit der Länder** besteht in der Bundesrepublik kein einheitliches Schulsystem. Einzelne Abschlüsse werden nicht in allen Bundesländern anerkannt. Eine Untersuchung aller Schulformen in sämtlichen Bundesländern daraufhin, ob sie zur allgemeinen Schulausbildung im Sinne des § 1603 II 2 BGB gehören, würde den Rahmen dieses Handbuchs sprengen. Es soll daher der Versuch unternommen werden, an Hand der Verhältnisse in **Nordrhein-Westfalen** die wesentlichen Fragen aufzuzeigen, die bei der Auslegung des Begriffs „allgemeine Schulausbildung" zu bedenken sind.[110]

458 In Nordrhein-Westfalen dauert die **Schulpflicht** zehn Jahre, in anderen Ländern nur neun Jahre. Die Berufsschulpflicht, die Kinder trifft, die keine weiterführende Schule besuchen, endet mit dem 18. Lebensjahr. Nach der hier nicht interessierenden Grundschule können Kinder die Hauptschule, die Realschule, das Gymnasium, die Gesamtschule und Sonderschulen für geistig oder körperlich Behinderte besuchen. Daneben besteht – ohne daß die Aufzählung Anspruch auf Vollständigkeit erhebt – die Möglichkeit zum Besuch von Berufsschulen, Berufsfachschulen, Höheren Berufsfachschulen, Fachschulen, Fachoberschulen, Kollegschulen, Abendgymnasien. Die im Folgenden aufgezählten Abschlüsse können an verschiedenen Schulformen erhoben werden. Im einzelnen gilt Folgendes:

- **Hauptschulabschluß nach der 9. Klasse.** Erwerb an der Hauptschule sowie durch erfolgreichen Abschluß der entsprechenden Klasse an der Realschule, der Gesamtschule und am Gymnasium; Erwerb eines gleichwertigen Abschlusses versuchsweise durch Besuch der Vorklasse zum Berufsgrundschuljahr; die Schulausbildung kann aber erst beendet werden, wenn die zehnjährige Schulpflicht erfüllt ist.
- **Hauptschulabschluß nach der 10. Klasse** (oder ein gleichwertiger Abschluß). Erwerb an der Hauptschule, der Realschule, der Gesamtschule und dem Gymnasium durch erfolgreichen Abschluß der entsprechenden Klasse, ferner an der Berufsschule durch Besuch des Berufsgrundschuljahres.
- **Fachoberschulreife.** Erwerb an der Hauptschule und der Gesamtschule sowie durch Besuch des Berufsgrundschuljahres und der Berufsfachschule (bei diesen Schulformen aber nur bei bestimmten Leistungen), der Realschule und dem Gymnasium (Versetzung in Klasse 11).
- **Berechtigung zum Besuch der gymnasialen Oberstufe.** Erwerb an der Hauptschule und der Gesamtschule, an der Berufsschule durch Besuch des Berufsgrundschuljahres

---

[110] Vgl. dazu die Informationsschriften des Ministeriums für Schule, Weiterbildung, Wissenschaft und Forschung des Landes Nordrhein-Westfalen „Die beste Schule für mein Kind" und „Bildungsgänge im Berufskolleg". In Nordrhein-Westfalen sind die Schulen, die auch eine berufliche Bildung vermitteln, zum Berufskolleg zusammengefaßt worden. Vgl. dazu die Verordnung über die Ausbildung und Prüfung in den Bildungsgängen des Berufskollegs (Ausbildungs- und Prüfungsordnung Berufskolleg) vom 26. 5. 1999 – GV NW S. 240. Ich habe gleichwohl die in anderen Ländern üblichen Bezeichnungen Berufsschule, Berufsfachschule usw. (vgl. Rn 458) beibehalten, damit die Übersichtlichkeit und die Vergleichbarkeit mit anderen Ländern gewahrt bleibt. Im Einzelfall muß an Hand der in den einzelnen Bundesländern geltenden Gesetze und Verordnungen geprüft werden, ob die Schule, die das unterhaltsberechtigte Kind besucht, eine allgemeine Schulausbildung vermittelt.

sowie an der Berufsfachschule, der Realschule (bei diesen Schulformen aber nur bei bestimmten Leistungen) und dem Gymnasium (Versetzung in Klasse 11).
- **Fachhochschulreife** (schulischer Anteil). Erwerb an Fachhochschulen, Höheren Berufsfachschulen, insbesondere Höheren Handelsschulen. Voraussetzung für den Besuch der Fachhochschule sind die Absolvierung bestimmter Praktika oder eine Berufsausbildung. Die Praktika können, wie bei den Beamten des gehobenen Dienstes, in die Fachhochschulausbildung integriert sein.
- **Abitur (allgemeine Hochschulreife).** Erwerb am Gymnasium, der Gesamtschule, an Höheren Berufsfachschulen (insbesondere der Höheren Handelsschule) mit gymnasialer Oberstufe und am Abendgymnasium.

Eine allgemeine Schulausbildung wird danach an allen Schulen vermittelt, die auf direktem Wege zu einem der aufgezählten Abschlüsse führen. Dies ist zweifellos bei der Hauptschule, der Realschule, dem Gymnasium, der Gesamtschule und bei der Sonderschule für körperlich und geistig Behinderte der Fall. Das Studium an Hochschulen, Fachhochschulen oder Gesamthochschulen gehört dagegen nicht zur Schulausbildung, sondern baut auf ihr auf.

459

Die Durchlässigkeit des Schulsystems führt jedoch zu beachtlichen Abgrenzungsschwierigkeiten. Wer einen Hauptschul- oder Realschulabschluß mit der entsprechenden Qualifikation hat, kann den Schulbesuch z. B. auf einem Gymnasium oder einer Gesamtschule, einer Fachoberschule oder einer Höheren Berufsfachschule fortsetzen, um die Hochschul- oder Fachhochschulreife zu erwerben. Ebenso ist der Wechsel zwischen verschiedenen Schulformen zulässig. Hinzu kommt, daß die Berufsschulen, (Höheren) Berufsfachschulen, Fachoberschulen und Kollegschulen jedenfalls auch berufsspezifische Kenntnisse vermitteln, teilweise durch sog. **Doppelqualifikation** sogar eine abgeschlossene Berufsausbildung ermöglichen. Diese Schulen kann man jedoch nicht gänzlich von dem Begriff der allgemeinen Schulausbildung im Sinne des § 1603 II 2 BGB ausnehmen, da die Durchlässigkeit des Schulwesens sowie die Verzahnung von Schul- und Berufsausbildung – bei allen Meinungsverschiedenheiten im Detail – allgemein anerkannt sind. Gleichwohl wird man bei Schulen, die auch berufliche Bildung vermitteln, eine **allgemeine Schulausbildung** nur bejahen können, wenn

– Schwerpunkt der Ausbildung nicht die Ausbildung für einen bestimmten Beruf, sondern die Vermittlung einer allgemeinen Bildung ist,
– Vollzeitunterricht erteilt wird, die Arbeitskraft des Schülers also durch Unterricht und Hausaufgaben ausgefüllt ist,[111] eine Erwerbstätigkeit neben dem Schulbesuch daher nicht möglich oder jedenfalls nicht zumutbar ist (zur Zumutbarkeit von Schülerarbeit vgl. Rn 88),
– Ziel der Ausbildung einer der in Rn 458 erwähnten Schulabschlüsse ist.

Im einzelnen gilt hinsichtlich der Einordnung dieser Schulen in das System der allgemeinen Schulausbildung folgendes:
- **Berufsschule:**
  – ja, im Berufsgrundschuljahr, da dort Schüler, die den Hauptschulabschluß erworben, aber noch keinen Ausbildungsplatz erhalten haben, den Hauptschulabschluß nach Klasse 10 erwerben können und dort nur die Grundbildung für eine nachfolgende Berufsausbildung gelegt wird;[112]
  – ja, in der Vorklasse zum Berufsgrundschuljahr, da dort die Allgemeinbildung der Schüler, die auf der Hauptschule oder einer Sonderschule gescheitert sind, erweitert und sie auf eine Berufsausbildung vorbereitet werden sollen;[113]
  – nein, soweit neben einer Berufsausbildung in Fachklassen des dualen Systems der Berufsausbildung Unterricht in Teilzeitform oder in Unterbrechung der praktischen Ausbildung durch Zusammenfassung des Unterrichts zu Abschnitten Unterricht in Vollzeitform (Blockunterricht) erteilt wird.[114]

---

[111] FamRefK/Häußermann, § 1603 Rn 10
[112] FamRefK/Häußermann, § 1603 Rn 9; vgl. Bildungsgänge im Berufskolleg (Fn 110) S. 4
[113] Vgl. Bildungsgänge im Berufskolleg (Fn 110) S. 3
[114] Vgl. Bildungsgänge im Berufskolleg (Fn 110) S. 5

- **Berufsfachschule:**
  - ja, soweit sie zur Fachoberschulreife führen, eine erweiterte Allgemeinbildung und eine berufliche Grundbildung vermitteln soll;[115]
  - nein, soweit sie neben dem Fachoberschulabschluß einen Berufsabschluß in einem anerkannten Ausbildungsberuf, z. B. als Energieelektroniker oder Werkzeugmechaniker vermittelt.[116]
- **Höhere Berufsfachschule:**
  - ja, soweit sie insbesondere als Höhere Handelsschule zur Fachhochschulreife oder als Höhere Berufsfachschule mit gymnasialer Oberstufe zur allgemeinen Hochschulreife führt;
  - nein, soweit sie, teilweise neben der Fachhochschulreife, einen Berufsabschluß z. B. als staatlich geprüfter Assistent für Technik vermittelt.[117]
- **Fachschule:**
  - nein, da sie eine vertiefte Fachbildung und eine erweiterte Allgemeinbildung bezwecken soll und in der Regel eine Berufsausbildung Voraussetzung für den Besuch ist.[118]
- **Fachoberschule:**
  - ja, soweit sie nach Abschluß der Sekundärstufe I (Fachoberschulreife) zur Fachhochschulreife führen soll, auch wenn in Klasse 11 neben dem Schulbesuch ein berufliches Praktikum zu absolvieren ist;[119]
  - nein, wenn nach einer abgeschlossenen Berufsausbildung in Vollzeit- oder Teilzeitform die Fachhochschulreife erworben werden soll.[120]
- **Kollegschule:**
  - abhängig vom jeweiligen Bildungsgang. An der Kollegschule soll sowohl eine berufliche Qualifikation bis hin zum Berufsabschluß als auch eine vertiefte Allgemeinbildung bis hin zur Studienberechtigung (Doppelqualifikation) vermittelt werden.[121] Die Einordnung ist daher schwierig, zumal da dieser Bildungsgang vom Hauptschulabschluß bis zur Fachoberschulreife alle Abschlüsse ermöglicht. Es wird jeweils auf die konkrete Gestaltung der Ausbildung und darauf ankommen, ob der Schwerpunkt des Unterrichts in der Vermittlung einer Allgemeinbildung oder in der Berufsausbildung liegt.
- **Abendgymnasium:**
  - nein, da es neben der Berufsausübung besucht zu werden pflegt.

460 Ob die erwähnten Ausbildungsgänge vom Staat, der Gemeinde, den Kirchen, von **Privatschulen**, Ersatzschulen oder Ergänzungsschulen angeboten werden, ist nicht entscheidend. Auch der Besuch von Kursen, die erst den Schulbesuch ermöglichen oder ersetzen sollen (z. B. Sprachunterricht bei Kindern von Aussiedlern oder Asylbewerbern), gehört nach dem Zweck des § 1603 II 2 BGB zur allgemeinen Schulausbildung. Notwendig ist allein, daß die Ausbildung staatlich anerkannt oder jedenfalls gefördert wird.[122]

461 Der Schulbesuch wird durch Ferien selbstverständlich nicht unterbrochen. Dasselbe gilt von vorübergehender Krankheit oder Schwangerschaft, soweit die Absicht, den Schulbesuch fortzusetzen, nicht endgültig aufgegeben wird.[123] Das Kind befindet sich bis zum Ablauf des Schuljahres in der allgemeinen Schulausbildung, in dem der Schulabschluß erworben wird.[124] Der Vorschlag von Häußermann, auf die Aushändigung des Abschlußzeugnisses abzustellen, weil das Kind dann nicht mehr aus zwingenden Grün-

---

[115] Vgl. Bildungsgänge im Berufskolleg (Fn 110) S. 7
[116] Vgl. dazu FamRefK/Häußermann, § 1603 Rn 9; Bildungsgänge im Berufskolleg (Fn 110) S. 8
[117] Vgl. Bildungsgänge im Berufskolleg (Fn 110) S. 9
[118] FamRefK/Häußermann, § 1603 Rn 9; Bildungsgänge im Berufskolleg (Fn 110) S. 16
[119] FamRefK/Häußermann, § 1603 Rn 9; Bildungsgänge im Berufskolleg (Fn 110) S. 12
[120] Vgl. Bildungsgänge im Berufskolleg (Fn 110) S. 12
[121] Vgl. Bildungsgänge im Berufskolleg (Fn 110) S. 13
[122] FamRefK/Häußermann, § 1603 Rn 9
[123] FamRefK/Häußermann, § 1603 Rn 12
[124] FamRefK/Häußermann, § 1603 Rn 13

6. Abschnitt: Der Unterhaltsanspruch volljähriger Kinder   § 2

den an einer bedarfsdeckenden Erwerbstätigkeit gehindert sei, befriedigt nicht. Der nächste Ausbildungsabschnitt kann in aller Regel nicht sofort begonnen werden; auch muß dem Kind nach Ende des tatsächlichen Schulbesuchs eine gewisse Erholungsphase zugestanden werden.

3. Unterhaltsbemessung bei privilegiert volljährigen Kindern

a) **Die Bedürftigkeit** des Kindes ist in aller Regel zu bejahen, da es als Schüler über kein Erwerbseinkommen verfügt und nicht zu einer Erwerbstätigkeit verpflichtet ist. Gleichwohl erzieltes Erwerbseinkommen stammt aus unzumutbarer Tätigkeit und ist daher gar nicht oder nur zu einem Teil anzurechnen. Vgl. dazu Rn 88. Zinsen aus Vermögen mindern die Bedürftigkeit. Das Kind ist ggf. auch verpflichtet, den Stamm seines Vermögens zu verwerten. § 1602 II BGB gilt nur für minderjährige Kinder. Vgl. dazu Rn 107. Eine entsprechende Anwendung dieser Vorschrift auf privilegiert volljährige Kinder ist im Gesetz nicht vorgesehen. 462

b) **Der Bedarf** des Kindes ist der 4. Altersstufe der Düsseldorfer Tabelle zu entnehmen.[125] Dies entspricht der Auffassung der meisten Oberlandesgerichte. Vgl. dazu Rn 384. Da grundsätzlich beide Eltern barunterhaltspflichtig sind (Rn 467), bemißt sich der Bedarf des Kindes ohne Höhergruppierung nach ihren zusammengerechneten Einkünften[126] (vgl. Rn 388). Ist dagegen ein Elternteil nicht leistungsfähig, richtet sich die Einstufung in die Düsseldorfer Tabelle nach dem Einkommen des allein barunterhaltspflichtigen Elternteils, da dieser nicht mehr Unterhalt zu zahlen hat, als seinem eigenen Einkommen entspricht. Vgl. dazu Rn 388. Mehrbedarf (Rn 401 ff) kommt ggf. hinzu. Anzurechnendes Einkommen des Kindes (Rn 462), nicht dagegen Kindergeld (dazu Rn 466), kürzt den Bedarf des Kindes. 463

c) **Leistungsfähigkeit.** Gegenüber dem privilegierten Kind besteht die gleiche (verschärfte) Erwerbsobliegenheit wie gegenüber einem minderjährigen Kind (Rn 247 ff). Die barunterhaltspflichtigen Eltern haben alle verfügbaren Mittel für sich und den Unterhalt der minderjährigen und der privilegierten Kinder gleichmäßig zu verwenden (§ 1603 II 1, 2 BGB). Ihnen verbleibt im Mangelfall nur der notwendige Selbstbehalt von 1500,– DM bei Erwerbstätigkeit und von 1300,– DM bei Nichterwerbstätigkeit (vgl. dazu Rn 260 ff), wenn nicht ein anderer unterhaltspflichtiger Verwandter den Unterhalt aufbringen kann und deshalb die verschärfte Unterhaltspflicht nicht eingreift (vgl. Rn 271). Die Hausmannsrechtsprechung gilt auch zugunsten des privilegiert volljährigen Kindes (Rn 173). 464

Beispiel:
Der Vater verfügt über ein bereinigtes Einkommen von 3050,– DM. Der 18jährige Gymnasiast K1 lebt zusammen mit seinen minderjährigen Geschwistern K 2 (15 Jahre) und K 3 (9 Jahre) bei seiner nicht erwerbstätigen Mutter. Der Kindesunterhalt ist der 1. Einkommensgruppe der Düsseldorfer Tabelle zu entnehmen, da V mit (3050 – 589 – 510 – 431 =) 1520,– DM wenig mehr als sein notwendiger Selbstbehalt von 1500,– DM verbleibt und daher der Bedarfskontrollbetrag einer höheren Einkommensgruppe nicht gewahrt sein kann. Vgl. dazu Rn 239 ff.
K 1: 589 – 125 (Kindergeldanteil) = 464,– DM
K 2: 510 – 125 (Kindergeldanteil) = 385,– DM
K 3: 431 – 150 (Kindergeldanteil) = 281,– DM

d) **Rangverhältnis.** Das privilegiert volljährige Kind steht im Rang dem minderjährigen Kind und damit dem Ehegatten des Unterhaltsschuldners gleich (§ 1609 I 1, II BGB). Dies gilt gerade auch im Mangelfall (Rn 159, 162). Macht der geschiedene Ehegatte des Pflichtigen nachehelichen Unterhalt gegen den Pflichtigen geltend, nimmt auch das privilegierte Kind an dessen Vorrang gegenüber dem jetzigen Ehegatten teil.[127] Vgl. dazu Rn 5/52. 465

---

[125] OLG Hamm, FamRZ 1999, 1018; Strauß, FamRZ 1998, 993, 995; FamRefK/Häußermann, § 1610 Rn 4
[126] OLG Hamm, FamRZ 1999, 1018; Strauß, FamRZ 1998, 993, 995
[127] BGH, FamRZ 1988, 705 = R 364 b

466 e) **Kindergeld** ist nach § 1612b I BGB auf den errechneten Unterhalt hälftig anzurechnen, wenn der andere Elternteil das Kindergeld bezieht. Dies gilt auch bei beiderseitiger Barunterhaltspflicht (vgl. dazu Rn 467). Jedoch erhöht sich in diesem Fall der Haftungsanteil des Elternteils, der das Kindergeld erhält, um die Hälfte des Kindergeldes (§ 1612b II BGB). Vgl. dazu die Beispiele Rn 468, 470, ferner Rn 358, 436.

467 f) **Anteilige Haftung der Eltern.** Nach § 1606 III 1 BGB haften die Eltern dem privilegiert volljährigen Kind entsprechend ihren Erwerbs- und Vermögensverhältnissen. § 1606 III 2 BGB, nach dem der betreuende Elternteil seine Unterhaltspflicht gegenüber dem minderjährigen Kind in der Regel durch Pflege und Erziehung erfüllt, gilt für privilegiert volljährige Kinder nicht.[128] Dies ist in der Gesetzesbegründung zum KindUG[129] ausdrücklich festgehalten und im weiteren Gesetzgebungsverfahren nicht in Frage gestellt worden. An diesen eindeutigen Willen des Gesetzgebers hat sich die Rechtsprechung zu halten,[130] obwohl eine entsprechende Anwendung des § 1606 III 2 BGB auf privilegiert volljährige Kinder konsequent gewesen wäre, wenn man sie bei Leistungsfähigkeit und Rang mit minderjährigen Kindern gleichstellt. Im übrigen führt die Lösung des Gesetzgebers zu Problemen, die nur schwer zu lösen sind. Vgl. dazu Rn 470.

468 Anzuwenden sind die Grundsätze, die bei beiderseitiger Unterhaltspflicht der Eltern für ein minderjähriges Kind gelten (vgl. dazu Rn 298ff). Die anrechenbaren Einkünfte der Eltern sind jeweils um einen Sockelbetrag in Höhe des angemessenen Eigenbedarfs zu kürzen, der nach den meisten Tabellen und Leitlinien monatlich 1800,– DM beträgt. Dazu und zu abweichenden Sätzen für den angemessenen Eigenbedarf vgl. Rn 417ff. Nur wenn bei einem Vorwegabzug in dieser Höhe der Bedarf des Kindes (Rn 463) nicht sichergestellt wird, ist der Sockelbetrag bis auf den notwendigen Selbstbehalt von 1500,– DM bzw. 1300,– DM zu ermäßigen (vgl. Rn 229, 302, 5/265, 266).[131] Zu abweichenden Sätzen für den notwendigen Selbstbehalt vgl. Rn 266.

> **Beispiel:**
> Das bei seiner Mutter (M) lebende 19jährige Kind (K), das ein Gymnasium besucht, verlangt Unterhalt. Der Vater (V) hat ein bereinigtes Einkommen von 4500,– DM, M von 2250,– DM. Diese bezieht das Kindergeld von 250,– DM. Kein Ehegattenunterhalt.
> Der Bedarf von K beträgt nach dem zusammengerechneten Einkommen der Eltern von 6750,– DM nach der 11. Einkommensgruppe der Düsseldorfer Tabelle, 4. Altersstufe 1061,– DM.
> Vergleichbares Einkommen des V: 4500 – 1800 = 2700,– DM
> Vergleichbares Einkommen der M: 2250 – 1800 = 450,– DM
> Vergleichbares Einkommen beider Eltern: 2700 + 450 = 3150,– DM
> Haftungsanteil des V: 2700 x 1061 : 3150 = 909,– DM
> Haftungsanteil der M: 450 x 1061 : 3150 = 152,– DM
> V schuldet 909,– DM – 125,– DM Kindergeldanteil (§ 1612b I BGB) = 784,– DM.
> M schuldet 152,– DM + 125,– DM Kindergeldanteil (§ 1612b II BGB) = 277,– DM.

469 Verfügt ein Elternteil nur über Einkommen von mehr als 1500,– DM, aber weniger als 1800,– DM, ist er nach §§ 1603 II 2, 3, 1606 III 1 BGB nicht unterhaltspflichtig, wenn der andere Elternteil ein deutlich höheres Einkommen hat und den Unterhalt des Kindes allein ohne Gefährdung seines angemessenen Bedarfs von 1800,– DM decken kann.[132] Vgl. dazu im einzelnen die entsprechende Problematik beim Minderjährigenunterhalt Rn 274ff.

470 Probleme wirft die Berechnung des Unterhalts auf, wenn minderjährige und privilegiert volljährige Kinder zusammentreffen. Für den Barunterhalt des minderjährigen Kindes haftet der betreuende Elternteil nicht (§ 1606 III 2 BGB), während er sich am Barunterhalt des privilegiert volljährigen Kindes sehr wohl beteiligen muß (Rn 468). Der

---

[128] So auch Strauß, FamRZ 1998, 993, 995
[129] BR-Drucks. 959/96, S. 27
[130] OLG Hamm, FamRZ 1999, 1018
[131] Ebenso Strauß, FamRZ 1998, 993, 995; anders FamRefK/Häußermann, § 1606 Rn 2; vgl. auch OLG Hamm, FamRZ 1999, 1018
[132] Strauß, FamRZ 1998, 993, 995; ebenso für den Unterhalt minderjähriger Kinder BGH, FamRZ 1998, 286, 288 = R 518a

6. Abschnitt: Der Unterhaltsanspruch volljähriger Kinder §2

Bedarf des Minderjährigen richtet sich allein nach dem Einkommen des Barunterhaltspflichtigen (Rn 118), derjenige des volljährigen Schülers nach dem zusammengerechneten Einkommen beider Eltern (Rn 463). Bei der Berechnung des Unterhalts des privilegiert volljährigen Kindes ist das Einkommen des Elternteils, der den Barunterhalt für das minderjährige Kind allein aufzubringen hat, um den entsprechenden Tabellenbetrag zu bereinigen, um die Vergleichbarkeit der beiderseitigen Einkünfte herzustellen.[133] So auch FL III C 4. Das Einkommen des betreuenden Elternteils kann um die effektiv entstehenden Kosten der Betreuung des minderjährigen Kindes gekürzt werden. Um einen Betreuungsbonus kann es nur dann bereinigt werden, wenn das Kind noch betreuungsbedürftig ist und die Betreuung neben der Erwerbstätigkeit besondere Schwierigkeiten bereitet, nicht aber bei einem weitgehend selbständigen Kind. Vgl. dazu Rn 275. Der Vorwegabzug des Unterhalts des minderjährigen Kindes vom Einkommen des insoweit allein barunterhaltspflichtigen Elternteils scheint dem Gleichrang mit dem privilegiert volljährigen Kind (Rn 465) zu widersprechen. Es ist jedoch auch beim Ehegattenunterhalt allgemeine Praxis, den Unterhalt minderjähriger Kinder vorweg vom Einkommen des Unterhaltspflichtigen abzuziehen. Dies ist so lange unbedenklich, als für den Ehegatten ein Mindestunterhalt in Höhe des Existenzminimums nach der Düsseldorfer Tabelle verbleibt. Vgl. dazu im einzelnen Rn 241. Es erscheint mir angezeigt, bei der hier zu entscheidenden Problematik entsprechend vorzugehen und den Vorwegabzug des Unterhalts des minderjährigen Kindes bei Berechnung des Unterhalts des privilegiert volljährigen Kindes so lange zuzulassen, als für beide jedenfalls der Regelbetrag, also der Unterhalt nach der 1. Einkommensgruppe der Düsseldorfer Tabelle, gesichert ist. Dies erscheint mir schon deshalb geboten, weil die gegenteilige Auffassung, die einen Vorwegabzug ablehnt,[134] zu Ergebnissen führen kann, die nicht mehr angemessen sind, weil sie den barunterhaltspflichtigen Elternteil übermäßig belasten, und die deshalb korrigiert werden müssen.

Beispiel:
Der 19jährige Schüler einer Gesamtschule (K 1) lebt mit seinen 16 und 17jährigen Brüdern K 2 und K 3 bei seiner Mutter (M), die das Kindergeld von 250 + 250 + 300 = 800,– DM bezieht. Das bereinigte Einkommen des Vaters (V) beträgt 4500,– DM, das der M 2250,– DM. Kein Ehegattenunterhalt.
Der Bedarf von K2 und K3 beträgt ausgehend allein vom Einkommen des V nach der 7. Einkommensgruppe der Düsseldorfer Tabelle, Altersstufe 3, jeweils 725,– DM. Der Bedarf von K1 beläuft sich entsprechend dem Einkommen beider Eltern von 6750,– DM nach der 11. Einkommensgruppe der Düsseldorfer Tabelle, Altersstufe 4, auf 1061,– DM.
Berechnung des Unterhalts von K 1:
Vergleichbares Einkommen des V: 4500 – 725 – 725 – 1800 = 1250,– DM.
Vergleichbares Einkommen der M: 2250 – 1800 = 450,– DM.
Vergleichbares Einkommen beider Eltern: 1250 + 450 = 1700,– DM.
Haftungsanteil des V: 1250 x 1061 : 1700 = 780,– DM.
Haftungsanteil der M: 450 x 1061 : 1700 = 281,– DM.
V schuldet K 1 780,– DM – 125,– DM Kindergeldanteil = 655,– DM.
M schuldet K 1 281,– DM + 125,– DM Kindergeldanteil = 406,– DM.
V hat für K 2 725,– DM – 125,– DM Kindergeldanteil = 600,– DM, für K3 725,– DM – 150,– DM Kindergeldanteil (vgl. Rn 506) = 575,– DM zu zahlen.
Alternativlösung auf der Basis der Auffassung von Strauß:[135]
Bedarf der Kinder: wie oben
Vergleichbares Einkommen des V: 4500 – 1800 = 2700,– DM.
Vergleichbares Einkommen der M: 2250 – 1800 = 450,– DM.
Vergleichbares Einkommen beider Eltern: 2700 + 450 = 3150,– DM.
Haftungsanteil des V: 2700 x 1061 : 3150 = 909,– DM.
Haftungsanteil der M: 450 x 1061 : 3150 = 152,– DM.
Damit schuldete V aber vor Kindergeldverrechnung mehr als den Unterhalt, den er allein nach seinem Einkommen zahlen müßte (837,– DM nach der 7. Einkommensgruppe der Düsseldor-

---
[133] So wohl für den Regelfall FamRefK/Häußermann, § 1606 Rn 4 sowie OLG Hamm, FamRZ 1999, 1018; anders Strauß, FamRZ 1998, 993, 996. Vgl. auch BGH, FamRZ 1988, 1039 = R 366 c und Rn 298.
[134] Strauß, FamRZ 1998, 993, 996
[135] FamRZ 1998, 993, 996

fer Tabelle, 4. Altersstufe). Daher müßte die Berechnung durch Herabstufung in die 9. Einkommensgruppe korrigiert werden (vgl. Rn 239). Erst dann ergäbe sich ein geringerer Betrag als 837,– DM. Der Haftungsanteil des V betrüge nämlich 2700 x 943 : 3150 = 808,– DM.

471 **g) Verwirkung.** Da die entsprechende Anwendung des § 1611 II BGB auf das privilegiert volljährige Kind nicht angeordnet worden ist, kann dessen Unterhaltsanspruch verwirkt werden. Vgl. dazu Rn 478 ff.

VII. Rechenbeispiele zur Berechnung des Ausbildungsunterhalts Volljähriger

1. 21jähriger Student mit eigenem Hausstand bei Barunterhaltspflicht nur eines Elternteils

472 **Fall:**
Nettoeinkommen des Vaters (V): 2800,– DM; nichtprägendes Nettoeinkommen der Mutter (M): 1600,– DM. Kein Aufstockungsunterhalt.
Der Student erhält 500,– DM BAföG. M stellt ihm das Kindergeld von 250,– DM zur Verfügung.

Lösung:[136]
a) Altes Bundesgebiet (ohne OLGe Celle, Oldenburg und Stuttgart; vgl. unten):
V ist allein barunterhaltspflichtig, weil M nicht mehr als 1800,– DM verdient (= Selbstbehalt gegenüber Volljährigen; vgl. Rn 417 ff).
Fester Bedarf: 1120,– DM (vgl. Rn 369).
500,– DM (BAföG) sind voll auf den Bedarf anzurechnen, das Kindergeld nach § 1612 b I BGB dagegen nur zur Hälfte (vgl. Rn 349, 503, 515).
Restbedarf: 1120 – 500 = 620,– DM.
V ist leistungsfähig, da er 2800 – 620 = 2180,– DM und damit mehr als 1800,– DM behält.
Nach Verrechnung des hälftigen Kindergeldes hat V (620 – 125 =) 495,– DM zu zahlen.
b) OLGe Celle, Oldenburg und Stuttgart:
Bedarf: 1100,– DM (Rn 369). Der geschuldete Unterhalt ermäßigt sich von 495,– DM auf 475,– DM.
c) Beitrittsgebiet:
Die zuständigen Oberlandesgerichte gehen ebenfalls von festen Bedarfssätzen aus, die 1020,– DM bzw. 970,– DM (OLG Rostock) betragen. Vgl. dazu Rn 6/628. Der errechnete Unterhalt von 495,– DM (vgl. oben) ermäßigt sich um 100,– DM bzw. 150,– DM.

2. Student mit eigenem Haushalt, Barunterhaltspflicht beider Eltern, Berücksichtigung vorrangiger Unterhaltspflichten

473 **Fall:**
Einkommen des Vaters (V): 6800,– DM; nichtprägendes Einkommen der Mutter (M): 3500,– DM. Kein Aufstockungsunterhalt der M.
Jedoch schuldet V seiner ersten Ehefrau 400,– DM Unterhalt.
Ein 16jähriges gemeinsames Kind (Schüler) wird von M betreut; ein 21jähriges Kind studiert auswärts.
M bezieht das Kindergeld für beide Kinder von je 250,– DM.

---

[136] Vgl. auch die Berechnungsbeispiele zum Minderjährigenunterhalt Rn 301 ff

6. Abschnitt: Der Unterhaltsanspruch volljähriger Kinder §2

Lösung:

a) **Altes Bundesgebiet** (ohne OLGe Celle, Oldenburg, Schleswig und Stuttgart; vgl. unten)
Unterhalt des 16jährigen Kindes entsprechend dem Einkommen des allein barunterhaltspflichtigen Vaters (§ 1606 III 2 BGB) nach DT 12/3 bei einmaliger Höhergruppierung (vgl. Rn 233): 969 – 125 (hälftiger Kindergeldanteil; vgl. Rn 503) = 844,– DM.
Fester Bedarf des Studenten von 1120,– DM (vgl. Rn 369). Keine Anrechnung des Kindergeldes auf den Bedarf (vgl. Rn 513)
Vergleichbares Einkommen des V: 6800 – 400 (erster Ehegatte) – 969 (16jähriges Kind) = 5431 – 1800 (Sockelbetrag; vgl. Rn 447) = 3631,– DM.
Vergleichbares Einkommen der M: 3500 – 1800 = 1700,– DM (kein Abzug für Betreuung des 16jährigen Kindes; vgl. oben Rn 298, 311, 445).
Gesamtbetrag der vergleichbaren Einkommen: 3631 + 1700 = 5331,– DM.
Haftungsanteil des V: 1120 x 3631 : 5331 = 763,– DM.
Haftungsanteil der M: 1120 x 1700 : 5331 = 357,– DM.
Zahlbeträge nach Kindergeldverrechnung (Rn 504, 513): V zahlt 763 – 125 = 638,– DM, M 357 + 125 = 482,– DM.

b) **OLG Celle und Stuttgart:**
Die obige Berechnung ist mit einem Bedarf von 1100,– DM durchzuführen. Vgl. Rn 369.

c) **OLG Oldenburg:**
Der Bedarf des Studenten beträgt 1100,– DM (Rn 369). Vom Einkommen der Eltern ist ein Sockelbetrag von 1500,– DM vorweg abzuziehen (Rn 420).

d) **OLG Schleswig:**
Der vorweg abzuziehende Sockelbetrag beläuft sich auf 1600,– DM (Rn 420).

e) **Beitrittsgebiet:**
In den neuen Bundesländern wird angesichts des hohen Einkommens des Vaters auf den Unterhaltsanspruch des minderjährigen Kindes die Düsseldorfer Tabelle angewandt. Für das studierende Kind gelten feste Bedarfssätze von 1120,– DM bzw. 970,– DM. Als Sockelbetrag ist bei Erwerbstätigen ein Betrag von 1645,– DM bzw. 1600,– DM (OLG Rostock) anzusetzen. Vgl. dazu Rn 6/625, 6/628.

3. 19jähriger Auszubildender wohnt bei dem nicht barunterhaltspflichtigen Elternteil

Fall: 474
Nettoeinkommen des Vaters (V): 2900,– DM; nichtprägendes Nettoeinkommen der Mutter (M): 1400,– DM. Kein Aufstockungsunterhalt der M (Anrechnungsmethode). Sie erhält das Kindergeld von 250,– DM.
Das 19jährige Kind wohnt bei M; es bezieht eine Ausbildungsvergütung von netto 500,– DM.
Keine Barunterhaltspflicht der M, weil ihr Einkommen nach allen Tabellen und Leitlinien ihren angemessenen Selbstbehalt (in der Regel 1800,– DM) nicht erreicht. Vgl. Rn 417 ff.
Das Kind ist nicht privilegiert (vgl. Rn 452 ff).

Lösung:

a) **Düsseldorfer Tabelle** und die Oberlandesgerichte, die den Volljährigenunterhalt des bei einem Elternteil lebenden Kindes nach der Altersstufe 4 der Tabelle berechnen (vgl. Rn 383 ff):
Bedarf des Kindes entsprechend dem Einkommen des allein barunterhaltspflichtigen V von 2900,– DM nach DT 6/4 (3900 – 4300) unter zweimaliger Höhergruppierung wegen unterdurchschnittlicher Unterhaltsbelastung (DT A 1, A 7 I; vgl. Rn 233): 796,– DM.

§ 2 Kindes- und Verwandtenunterhalt

Volle Anrechnung der nach DT A 8 um pauschalierten ausbildungsbedingten Mehrbedarf von 150,– DM verminderten Ausbildungsvergütung: 500 – 150 = 350,– DM. Vgl. oben Rn 93.
Restbedarf: 796 – 350 = 446,– DM.
Zahlbetrag nach Verrechnung des hälftigen Kindergeldes: 446 – 125 = 321,– DM. Vgl. dazu Rn 515.
Einsparungen durch das Zusammenwohnen mit M werden durch Anwendung der Tabelle (Altersstufe 4) berücksichtigt. M bleibt es unbenommen, vom Kind für Wohnung und Verköstigung einen angemessenen Betrag aus dem Barunterhalt zu verlangen. Wenn sie das unterläßt, erbringt sie dem Kind eine freiwillige Zuwendung, die V nicht entlasten soll und ihm daher nicht zugute kommt (vgl. oben Rn 100 ff).

b) OLGe Bamberg, München und Nürnberg (BayL):
Bedarf nach der Düsseldorfer Tabelle (siehe oben) 796,– DM.
Die Ausbildungsvergütung ist in der Regel nur um eine Pauschale von 90,– DM zu kürzen (BayL 10 d).
V hat daher zu zahlen: 796 – 410 – 125 = 261,– DM.

c) OLG Celle:
Bedarf nach der Düsseldorfer Tabelle (siehe oben) 796,– DM.
Die Ausbildungsvergütung ist nach Abzug ausbildungsbedingter Mehrkosten anzurechnen, die nicht pauschaliert werden und daher konkret darzulegen sind. Mithin können sich geringe Abweichungen von den Berechnungen zu a) und b) ergeben.

d) KG Berlin und OLG Hamburg:
Fester Bedarf einschließlich des Wohnbedarfs von 1120,– DM (BL 17, HaL 2; vgl. Rn 392, 394). Nach BL 19 S. 1 keine Verringerung des Bedarfs wegen Zusammenlebens mit einem Elternteil.
Kein Abzug ausbildungsbedingter Mehrkosten, da diese im Bedarfssatz von 1120,– DM enthalten sind (BL 17, HaL 2).
Unterhalt daher: 1120 – 500 (Ausbildungsvergütung) – 125 (Kindergeldanteil) = 495,– DM.

e) OLG Bremen:
Fester Bedarf von 970,– DM (BrL II 4; Rn 393).
Abzug konkret dargelegten, ggf. geschätzten ausbildungsbedingten Mehraufwandes (BrL II 6) von z. B. 100,– DM: 500 – 100 = 400,– DM. Die Ausbildungsvergütung ist anteilig, z. B. zu $^3/_4$ = 300,– DM, auf den Barunterhalt und den Naturalunterhalt zu verrechnen, da das Kind im Haus der M Naturalunterhalt erhält (BrL II 6).
Unterhalt daher: 970 – 300 – 125 = 545,– DM.

f) OLG Frankfurt:
Fester Bedarf von 950,– DM, da eigenes Einkommen des Volljährigen anzurechnen ist (FL III C 3; Rn 398).
Berufsbedingte Aufwendungen sind konkret zu belegen (FL III B 3 S. 2). Abzuziehen sind daher z. B. nachgewiesene Fahrtkosten von 80,– DM. Anzurechnende Ausbildungsvergütung mithin: 500 – 80 = 420,– DM.
Unterhalt: 950 – 420 – 125 = 405,– DM.

g) Beitrittsgebiet:
Die Bemessung des Unterhalts des im Haushalt eines Elternteils lebenden volljährigen Kindes, das über eigenes Einkommen verfügt, ist unter den Oberlandesgerichten des Beitrittsgebiets umstritten. Vgl. dazu im einzelnen Rn 629 f.

4. 21jähriger Student wohnt bei der erwerbstätigen Mutter, die ein 12jähriges Kind betreut

475 **Fall:**
Einkommen des Vaters (V): 4800,– DM.
Einkommen der vollschichtig erwerbstätigen Mutter (M): 2400,– DM.

6. Abschnitt: Der Unterhaltsanspruch volljähriger Kinder §2

Das studierende, bei M wohnende 21jährige Kind (K 1) hat ein Zinseinkommen von 190,– DM.
M zahlt für die Betreuung und Beaufsichtigung des 12jährigen Kindes (K 2) am Nachmittag 300,– DM. M erhält das Kindergeld von je 250,– DM. Sie hat keinen Anspruch auf Aufstockungsunterhalt (Anrechnungsmethode).

Lösung:
a) **Düsseldorfer Tabelle** und die Oberlandesgerichte, die den Volljährigenunterhalt des bei einem Elternteil lebenden Kindes nach der 4. Altersstufe der Tabelle berechnen (vgl. Rn 383 ff):
– Bedarf des 12jährigen Kindes K2 entsprechend dem Einkommen des allein barunterhaltspflichtigen V (§ 1606 III 2 BGB) unter einmaliger Höhergruppierung nach DT A 1 wegen unterdurchschnittlicher Unterhaltsbelastung (Rn 233) nach Einkommensgruppe 9/3: 816,– DM. Das auf K 2 entfallende Kindergeld von 250,– DM ist zur Hälfte anzurechnen (s. Rn 285, 499 f). Zahlbetrag daher: 816 – 125 = 691,– DM.
– Bedarf des Studenten K 1 nach dem zusammengerechneten Einkommen der Eltern ohne Höhergruppierung (vgl. Rn 388).
– Einkommen des V 4800,– DM.
Vom Einkommen der M sind Betreuungskosten abzuziehen (vgl. Rn 275, 295). Einkommen daher: 2400 – 300 = 2100,– DM.
Gesamteinkommen der Eltern: 6900,– DM.
Unterhaltsbedarf K 1 nach DT 11/4: 1061,– DM.
– Volle Anrechnung des Zinseinkommens von 190,– DM (vgl. Rn 349).
Für den Restbedarf von 1061 – 190 = 871,– DM haften beide Eltern im Verhältnis ihrer vergleichbaren Einkünfte (vgl. oben Rn 438 ff).
Vergleichbares Einkommen des V: 4800 – 816 (Unterhalt K 2) – 1800 (Sockelbetrag; vgl. Rn 447) = 2184,– DM.
Vergleichbares Einkommen der M: 2400 – 300 (Betreuungskosten) – 1800 (Sockelbetrag; vgl. Rn 447) = 300,– DM.
Summe der vergleichbaren Einkünfte: 2484,– DM.
– Anteilsberechnung:
Anteil des V: 871 x 2184 : 2484 = 766,– DM.
Anteil der M: 871 x 300 : 2484 = 105,– DM.
Der Verteilungsschlüssel ist nicht wertend zu verändern (vgl. dazu Rn 450), weil den Schwierigkeiten bei der Betreuung des 12jährigen Kindes durch Ersatz der Betreuungskosten hinreichend Rechnung getragen wird.
Kindergeldverrechnung (vgl. Rn 503 f, 513): V hat an K 1 zu zahlen: 766 – 125 = 641,– DM, M 105 + 125 = 230,– DM.
Auf den Anteil der Mutter werden deren Naturalunterhaltsleistungen (Wohnung und Versorgung) angerechnet. Soweit die Mutter insgesamt mehr leistet, als ihrem Anteil von 230,– DM für K 1 entspricht, ist dies eine freiwillige überobligationsmäßige Mehrleistung, die den Haftungsanteil des Vaters nicht mindert. Sie kann vielmehr von dem volljährigen Kind einen angemessenen Betrag für ihre Leistungen verlangen.

b) **Kammergericht Berlin und OLG Hamburg:** 476
– Der Unterhalt des 12jährigen Kindes sowie die vergleichbaren Einkommen der Eltern bleiben unverändert.
– Bedarf des Studenten (K 1): Fester Regelsatz von 1120,– DM (BL 17; HaL 2; vgl. Rn 391, 394).
– Anzurechnen sind 190,– DM, Restbedarf daher: 1120 – 190 = 930,– DM.
– Haftungsanteil des V: 930 x 2184 : 2484 = 818,– DM.
– Haftungsanteil der M: 930 x 300 : 2484 = 112,– DM.
V hat 818 – 125 = 693,– DM, M 112 + 125 = 237,– DM zu zahlen.

c) **OLG Bremen:** 477
– Der Unterhalt des 12jährigen Kindes K 2 sowie die vergleichbaren Einkommen der Eltern bleiben unverändert.

- Der Bedarf des studierenden Kindes beträgt 970,– DM (BrL II 4; vgl. Rn 393).
- Anzurechnen sind 190,– DM. Restbedarf daher: 970 – 190 = 780,– DM.
- Haftungsanteil des V: 780 x 2184 : 2484 = 686,– DM.
- Haftungsanteil der M: 780 x 300 : 2484 = 94,– DM.

V hat 686 – 125 = 561,– DM, M 94 + 125 = 219,– DM zu zahlen.

d) Beitrittsgebiet:
Zu beachten ist der geringere Bedarf des studierenden Kindes von 1020,– DM (anders nur OLG Rostock), während der Unterhalt des minderjährigen Kindes nach der Düsseldorfer Tabelle berechnet wird und daher unverändert bleibt. Der Sockelbetrag, um den die Einkommen der Eltern gekürzt werden, beträgt 1645,– DM (1600,– DM nach Auffassung des OLG Rostock). Vgl. dazu Rn 6/620 ff.

VIII. Verwirkung des Unterhaltsanspruchs des volljährigen Kindes

478 Nach § 1611 I BGB schulden Eltern nur einen Beitrag zum Unterhalt, der der Billigkeit entspricht,
- wenn der Volljährige durch sittliches Verschulden bedürftig geworden ist,
- wenn er seine eigene Unterhaltspflicht gegenüber dem Pflichtigen gröblich vernachlässigt hat
- oder wenn er sich vorsätzlich einer schweren Verfehlung gegen den Unterhaltsschuldner oder gegen einen nahen Angehörigen des Pflichtigen (Ehegatten, Kind) schuldig gemacht hat.

Die Verpflichtung der Eltern entfällt ganz, wenn deren Inanspruchnahme grob unbillig wäre (§ 1611 I 2 BGB). Als Ausnahmevorschrift ist § 1611 BGB eng auszulegen. Zur Verwirkung des Unterhaltsanspruchs der Eltern gegen ihre Kinder vgl. Rn 626 ff.

Wenn ein volljähriges Kind nachhaltig die Obliegenheit verletzt, seine Ausbildung planvoll und zielstrebig durchzuführen, verliert es seinen Unterhaltsanspruch schon wegen Verstoßes gegen das Gegenseitigkeitsprinzip. Die Voraussetzungen des § 1611 BGB brauchen nicht vorzuliegen.[137]

479 Der Unterhaltsanspruch eines minderjährigen unverheirateten Kindes kann nicht verwirkt werden (§ 1611 II BGB). **Handlungen**, die ein Kind **während der Minderjährigkeit** begangen hat, können diesem auch dann **nicht** entgegengehalten werden, wenn das Kind nach Eintritt der Volljährigkeit noch unterhaltsbedürftig ist. Es kommt nur darauf an, wann der Verwirkungstatbestand eingetreten ist.[138] Der Unterhalt **privilegiert volljähriger Kinder** im Sinne des § 1603 II 2 BGB (vgl. Rn 452 ff) kann dagegen verwirkt werden, da das KindUG die entsprechende Anwendung des § 1611 II BGB auf diese Kinder nicht vorgesehen hat. Vgl. auch Rn 471.

480 Die Herbeiführung der Bedürftigkeit durch **sittliches Verschulden** setzt einen Vorwurf von erheblichem Gewicht voraus.[139] Der Bedürftige muß in vorwerfbarer Weise das anerkannte Gebot der Sittlichkeit außer acht gelassen haben. Ein derartiges Verschulden kann bei Zusammenleben des Kindes mit einem anderen in nichtehelicher Lebensgemeinschaft nicht bejaht werden, weil ein solches Verhalten heute nicht mehr als anstößig empfunden wird.[140] In Ausnahmefällen kann sich ein sittliches Verschulden aus dem Bezug des Verhaltens des Kindes zur Unterhaltsverpflichtung der Eltern ergeben. Dies kann in Betracht kommen, wenn eine gesunde volljährige Tochter den Mühen des Erwerbslebens zu entgehen trachtet, zu diesem Zweck eine nichteheliche Mutterschaft in Kauf nimmt und mittels der dadurch ausgelösten Unterhaltsansprüche gegen ihre Eltern weiter auf deren Kosten zu leben beabsichtigt.[141] Vgl. auch Rn 55.

Eine Unterhaltsverwirkung infolge sittlichen Verschuldens kann u. U. angenommen

---

[137] BGH, FamRZ 1998, 671 = R 523
[138] BGH, FamRZ 1995, 475 = R 491a; FamRZ 1988, 159, 163 = R 346j
[139] BGH, FamRZ 1985, 273 = R 239 d
[140] BGH, FamRZ 1985, 273 = R 239 d
[141] BGH, FamRZ 1985, 273 = R 239 d

werden, wenn das volljährige Kind seine Bedürftigkeit durch übermäßigen **Rauschgift- oder Alkoholkonsum** verursacht hat.[142] Jedoch ist zu beachten, daß Alkohol- und Rauschgiftsucht häufig als eine Krankheit anzusehen sind. Dann kommt eine Verwirkung des Unterhaltsanspruchs nur in Betracht, wenn das einsichtsfähige volljährige Kind sich weigert, sich einer erfolgversprechenden ärztlichen Behandlung zu unterziehen, oder es nach einer solchen Behandlung die ärztlichen Anweisungen nicht beachtet und rückfällig wird.

Die gröbliche **Verletzung der eigenen Unterhaltspflicht** gegenüber den unterhaltspflichtigen Eltern scheidet beim Kindesunterhalt in der Regel aus. Sie kann nur vorkommen, wenn das Kind bereits eine selbständige Lebensstellung erreicht hatte, die bedürftigen Eltern trotz Leistungsfähigkeit nicht unterstützt hat, sich die Verhältnisse aber später umgekehrt haben, das volljährige Kind wieder unterhaltsbedürftig geworden ist (vgl. dazu Rn 48, 345) und die Eltern leistungsfähig geworden sind. **481**

Eine vorsätzlich **schwere Verfehlung** gegen den unterhaltspflichtigen Elternteil kann nur bei einer tiefgreifenden Beeinträchtigung schutzwürdiger wirtschaftlicher Interessen oder persönlicher Belange des Verpflichteten angenommen werden.[143] In Betracht kommen vor allem tätliche Angriffe, wiederholte grobe Beleidigungen oder Bedrohungen, falsche Anschuldigungen gegenüber Behörden oder dem Arbeitgeber oder eine Schädigung des Verpflichteten in seiner beruflichen oder wirtschaftlichen Stellung.[144] Ein Unterlassen reicht nur aus, wenn dadurch eine Rechtspflicht zum Handeln verletzt wird. Deshalb ist die **Ablehnung jeder persönlichen Kontaktaufnahme** zu dem unterhaltsverpflichteten Elternteil allein oder auch in Verbindung mit unhöflichen oder unangemessenen Äußerungen diesem gegenüber nicht als Grund für eine Herabsetzung oder den Ausschluß des Unterhalts nach § 1611 I BGB zu werten.[145] Erst recht reicht das Einschlafenlassen der persönlichen Beziehungen nicht aus,[146] ebensowenig das Siezen oder Nichtgrüßen eines Eltern- oder Großelternteils.[147] Daher kann die Verweigerung des Kontakts zu einem Elternteil allenfalls unter besonderen Umständen als schwere Verfehlung angesehen werden, so wenn sie mit besonders beleidigendem oder verletzendem Verhalten einhergeht oder wenn sie den Verpflichteten, z. B. bei einer lebensgefährlichen Erkrankung, besonders hart trifft.[148] **482**

Das vorwerfbare Verhalten des Kindes muß nur im Fall eines sittlichen Verschuldens für die Bedürftigkeit **ursächlich** sein. Der Kausalzusammenhang ist zu verneinen, wenn der Berechtigte auch unabhängig von dem sittlich zu beanstandenden Verhalten, z. B. durch Krankheit, unterhaltsbedürftig geworden wäre.[149] In einem solchen Fall ist aber stets zu prüfen, ob eine vorsätzlich schwere Verfehlung gegen den Verpflichteten vorliegt. **483**

Voraussetzung einer Herabsetzung des Unterhalts ist, daß die Zahlung des vollen Unterhalts **unbillig** wäre; ein Unterhaltsausschluß kommt nur bei grober Unbilligkeit in Betracht (§ 1611 I 1 und 2 BGB). Die Unterhaltsbeschränkung muß der Schwere und Nachhaltigkeit der Verfehlung angemessen sein. Notwendig ist daher stets eine umfassende **Abwägung aller** maßgeblichen **Umstände**, die auch das eigene Verhalten des Unterhaltsverpflichteten gegenüber dem Kind und dem anderen Elternteil, bei dem es vielfach lange Zeit gelebt hat und zu dem es besondere Beziehungen unterhält, angemessen berücksichtigt.[150] Daher kommt eine Unterhaltsverwirkung in der Regel nicht in Betracht, wenn der Verpflichtete für den Konflikt mitverantwortlich ist und sich seinerseits nicht um Wiederaufnahme des abgerissenen Kontakts bemüht hat. **484**

---

[142] OLG Celle, FamRZ 1990, 1142
[143] OLG Celle, FamRZ 1993, 1235 = NJW-RR 1994, 324; OLG München, FamRZ 1992, 595, 597
[144] OLG München, FamRZ 1992, 595, 597
[145] BGH, FamRZ 1995, 475 = R 491 a
[146] BGH, FamRZ 1995, 475 = R 491 a
[147] OLG Köln, FamRZ 1996, 1101; OLG Hamm, FamRZ 1995, 1439
[148] OLG Bamberg, FamRZ 1992, 717, 719 mit Anm. Ewers, FamRZ 1992, 719 und Schütz, FamRZ 1992, 1338
[149] OLG Köln, FamRZ 1990, 310
[150] BGH, FamRZ 1995, 475 = R 491 a

485 Die **Darlegungs- und Beweislast** für das Vorliegen der Voraussetzungen des § 1611 BGB und das Ausmaß der Verfehlung des Kindes trifft wegen des Ausnahmecharakters der Vorschrift den in Anspruch genommenen Elternteil.

7. Abschnitt: Kindergeld und Kindesunterhalt

I. Anspruch auf Kindergeld

1. Rechtsgrundlagen

486 Der Familienleistungsausgleich ist durch das Jahressteuergesetz 1996[1] auf neue Grundlagen gestellt worden; er wird nunmehr durch das **Einkommensteuerrecht** verwirklicht. Den Entscheidungen des BVerfG vom 10. 11. 1998,[2] nach denen das steuerliche Existenzminimum eines Kindes auch den Betreuungs- und Erziehungsbedarf umfaßt, hat der Gesetzgeber durch das Gesetz zur Familienförderung vom 22. 12. 1999 – BGBl. I 2552, in Kraft getreten am 1. 1. 2000, Rechnung getragen. Dieses Gesetz, das lange nach Abschluß der Manuskriptarbeiten verkündet worden ist, konnte nur noch in diesem Abschnitt, nicht aber in den übrigen Teilen des Handbuchs berücksichtigt werden.

Die Kindergeldberechtigung für Eltern, die im Inland ihren Wohnsitz oder gewöhnlichen Aufenthalt haben, einschließlich der Ausländer, die im Besitz einer Aufenthaltsgenehmigung oder Aufenthaltserlaubnis sind, ergibt sich seit 1. 1. 1996 aus **§§ 62 ff EStG**. Vgl. dazu Rn 487 ff.

Das Bundeskindergeldgesetz[3] gilt nur noch für beschränkt Steuerpflichtige, also für Steuerausländer, die aus besonderen Gründen, z. B. weil sie als Entwicklungshelfer oder Beamte besondere Beziehungen zu Deutschland haben, kindergeldberechtigt sein sollen (§ 1 I BKGG). Ferner erhalten Kinder, die Vollwaisen sind oder den Aufenthalt der Eltern nicht kennen und nicht bei einer anderen Person als Kind berücksichtigt werden, selbst Kindergeld nach § 1 II BKGG. Die Höhe des Kindergeldes entspricht den Beträgen, die nach § 66 EStG gezahlt werden (§§ 6, 20 I BKGG). Vgl. dazu Rn 491. Ferner enthält BKGG in §§ 7 ff Vorschriften über Organisation und Verfahren der Kindergeldgewährung, insbesondere über die **Familienkasse,** die Teil des Arbeitsamts ist, aber die Rechtsstellung einer Bundesfinanzbehörde hat (§ 6 II Nr. 6 AO, § 5 I Nr. 11 S. 4 FVG). Zuständig für Klagen gegen die Bescheide der Familienkassen sind daher die Finanzgerichte.

Die nachfolgenden Ausführungen beschränken sich auf das nach §§ 62 ff EStG gezahlte Kindergeld.

2. Anspruchsvoraussetzungen

487 Der Familienleistungsausgleich wird seit dem 1. 1. 2000 entweder durch das Kindergeld nach §§ 62 ff EStG oder durch die Freibeträge nach § 32 VI EStG (Mindestfreibetrag und Betreuungsfreibetrag) (Rn 492) verwirklicht. Das Kindergeld wird nicht mehr als Sozialleistung, sondern als **vorweggenommene Steuervergütung** monatlich gezahlt (§§ 31 S. 3, 62 ff EStG). Der Kinderfreibetrag wird bei der Lohnsteuer nicht berücksichtigt (§ 38 c EStG), wohl aber bei den sogenannten Annexsteuern, also beim Solidaritätszuschlag und bei der Kirchensteuer (§ 51a II, II a EStG). Jeder Berechtigte erhält zunächst das Kindergeld. **Ein Wahlrecht zwischen Kindergeld und Kinderfreibetrag besteht also nicht.** Erst in der Einkommensteuerveranlagung, also frühestens im folgenden Jahr, prüft

---

[1] 11. 10. 1995 – BGBl. I 1250
[2] FamRB 1999, 285, 291
[3] I. d. F. der Bekanntmachung vom 22. 4. 1999 – BGBl. I 770, geändert durch Art. 2 des Gesetzes zur Familienförderung vom 22. 12. 1999 – BGBl. I 2552

7. Abschnitt: Kindergeld und Kindesunterhalt § 2

das Finanzamt von Amts wegen, ob der Kinderfreibetrag und der Betreuungsfreibetrag günstiger sind (§ 31 S. 4 EStG). Das Kindergeld wird dann mit der Einkommensteuererstattung verrechnet, die sich aufgrund der Freibeträge nach § 32 EStG ergibt. Ist die Entlastung durch das Kindergeld höher als diese Steuererstattung, verbleibt das Kindergeld dem Steuerpflichtigen. Führen die Freibeträge zu einer über das Kindergeld hinausgehenden Steuerentlastung, wird die Steuer entsprechend niedriger unter Verrechnung des Kindergeldes festgesetzt. Zum Vergleich zwischen Kindergeld und den Freibeträgen nach § 32 VI EStG bei Zusammenveranlagung und getrennter Veranlagung verheirateter Eltern vgl. Rn 501.[4]

Die Voraussetzungen für Kinderfreibetrag und Kindergeld sind im wesentlichen identisch, da in § 63 I EStG auf die Regelung des Kinderfreibetrages in § 32 I, III bis V EStG verwiesen wird. Danach wird Kindergeld gewährt für Kinder **488**
– generell bis zur Vollendung des **18. Lebensjahres**,
– bis zur Vollendung des **21. Lebensjahres** bei Arbeitslosigkeit (§ 32 IV 1 Nr. 1 EStG),
– bis zur Vollendung des **27. Lebensjahres** während einer Berufsausbildung, während einer Übergangszeit zwischen zwei Ausbildungsabschnitten bis zu vier Monaten, bei Nichtvorhandensein eines Ausbildungsplatzes oder während eines freiwilligen sozialen oder ökologischen Jahres (§ 32 IV 1 Nr. 2 EStG),
– **ohne Altersbegrenzung** bei körperlicher, geistiger oder seelischer Behinderung und dadurch bedingter Unfähigkeit, sich selbst zu unterhalten, falls die Behinderung bereits vor Vollendung des 27. Lebensjahres bestanden hat (§ 32 IV 1 Nr. 3 EStG in der seit 1. 1. 2000 geltenden Fassung).

Bei Ableistung des Wehr- und des Zivildienstes oder einer statt dessen ausgeübten Tätigkeit als Entwicklungshelfer wird ein Kind über das 21. bzw. 27. Lebensjahr hinaus berücksichtigt (§ 32 V EStG). Während des Wehr- oder Zivildienstes entfällt wie bisher das Kindergeld.

Kindergeld wird nach dem **Monatsprinzip** nur für die Monate gezahlt, in denen die Anspruchsvoraussetzungen vorliegen (§ 66 II EStG). Dasselbe gilt für die Gewährung des Kinderfreibetrages und des Betreuungsfreibetrages (§ 32 III, IV bis VI 6 EStG).

Kinder, die über **Einkünfte** und Bezüge von mehr als 12 000,– DM brutto im Kalenderjahr verfügen, werden beim Kindergeld und beim Kinderfreibetrag nicht berücksichtigt (§ 32 IV 2 EStG). Der Betrag von 12 000,– DM wird für den Veranlagungszeitraum 1998 auf 12 360,– DM, ab 1999 auf 13 020,– DM und ab 2000 auf 13 500,– DM angehoben (§ 52 XXII a EStG 1997 i.d.F. sowie § 32 IV 2 EStG i.d.F. des Steuerentlastungsgesetzes 1999 vom 19. 12. 1998 – BGBl. I 3779 sowie des Familienförderungsgesetzes vom 22. 12. 1999 – BGBl. I 2552). Bezieht das Kind Erwerbseinkommen, erhöht sich die Einkommensgrenze um den Arbeitnehmerpauschbetrag von 2000,– DM (§ 9 a I 1 a EStG). Einkünfte sind Einkünfte im Sinne des § 2 I EStG. Bezüge sind alle Einnahmen in Geld oder Geldeswert, also auch steuerfreie Einnahmen oder pauschal versteuerter Arbeitslohn.[5] Auch Sozialhilfeleistungen können als Bezüge angesehen werden,[6] aber wohl nur dann, wenn das Sozialamt den Steuerpflichtigen (Unterhaltsverpflichteten) nicht gemäß § 91 BSHG in Anspruch nimmt.[7] **489**

Kindergeld und Kinderfreibetrag werden gewährt **490**
– für im ersten Grad mit dem Steuerpflichtigen verwandte Kinder,
– für Pflegekinder,
– für vom Berechtigten in seinen Haushalt aufgenommene Kinder seines Ehegatten,
– für vom Berechtigten in seinen Haushalt aufgenommene Enkel (§ 63 I i.V. m. § 32 I EStG).

---

[4] Eingehend dazu Scholz, Das Jahressteuergesetz und die Düsseldorfer Tabelle, Stand: 1. 1. 1996, FamRZ 1996, 65 ff. Zur steuerrechtlichen Problematik vgl. Tischler in Scholz/Stein, Praxishandbuch Familienrecht, Teil S Rn 174 ff und Schreiben des BMF zum Familienleistungsausgleich vom 9. 3. 1998 (IV B 5 – S 2280 – 45/98), NJW 1998, 3103
[5] BFH, BStBl. 1975 II 139; Tischler in Scholz/Stein, Praxishandbuch Familienrecht, Teil S Rn 208 f
[6] Vgl. dazu FG Baden-Württemberg, FamRZ 1999, 536
[7] Vgl. BFH, BStBl. 1975 II 139

Der Betreuungsfreibetrag wird für Kinder bis zum vollendeten 16. Lebensjahr und für behinderte Kinder gezahlt (§ 32 VI 1 EStG).

Das Kindergeld wird nur an einen Berechtigten gezahlt, bei mehreren Berechtigten nur an denjenigen, der das Kind in seinen Haushalt aufgenommen hat (§ 64 II 1 EStG). Vgl. auch Rn 497, 500. Dieses sogenannte **Obhutsprinzip** bedeutet, daß das Kindergeld in der Regel dem Elternteil zusteht, der das Kind betreut. Der andere Elternteil kann das Kindergeld nur während einer Übergangszeit nach der Trennung erhalten; später wird er im Wege der Verrechnung mit dem Unterhalt oder durch den familienrechtlichen Ausgleichsanspruch am Kindergeld beteiligt. Vgl. dazu Rn 501, 503 ff, 539. Ist das Kind nicht in den Haushalt eines berechtigten Elternteils aufgenommen, so erhält das Kindergeld derjenige, der ihm eine Unterhaltsrente zahlt (§ 64 III 1 EStG). Zahlen beide Eltern Unterhalt, steht das Kindergeld demjenigen zu, der die höchste Unterhaltsrente zahlt (§ 64 III 2 EStG). Bei gemeinsamer Haushaltsführung mehrerer Berechtigter und bei gleich hohen Unterhaltsrenten bestimmen die Berechtigten, wer das Kindergeld erhalten soll. Dasselbe gilt seit dem 1.1. 2000, wenn kein Unterhalt gezahlt wird. Bei Nichteinigung entscheidet das Vormundschaftsgericht (§ 64 II 2, 3, III 4 EStG). Zur Rückforderung des Kindergeldes durch die Familienkasse bei Auszahlung an einen anderen Berechtigten als in § 64 EStG vorgesehen vgl. Rn 539.

491 Bei Arbeitnehmern außerhalb des öffentlichen Dienstes setzt die Familienkasse das Kindergeld durch Bescheid fest und zahlt es auch aus (§§ 67, 70 EStG). Die frühere Auszahlung durch den Arbeitgeber ist seit dem 1. 1. 1999 entfallen, da § 73 EStG durch Art. 1 Nr. 7 des Steuerentlastungsgesetzes 1999 aufgehoben worden ist. Zur Familienkasse vgl. Rn 486. Bei Angehörigen des öffentlichen Dienstes wird das Kindergeld weiterhin von der Anstellungskörperschaft festgesetzt und ausgezahlt (§ 72 I EStG).

492 Das Kindergeld ist durch § 66 EStG zum 1. 1. 1996 kräftig angehoben und für das erste und zweite Kind zum 1. 1. 1997 und 1. 1. 1999 erhöht worden. In den Jahren 1992 bis 1995 wurden für das 1. Kind 70,– DM, für das zweite 130,– DM, für das dritte 220,– DM und für das vierte und jedes weitere 240,– DM monatlich gezahlt, allerdings mit kräftigen Kürzungen auf einen Sockelbetrag ab dem zweiten Kind bei höheren Einkommen. Im Jahr 1996 betrug das Erst- und Zweitkindergeld je 200,– DM, in den Jahren 1997 und 1998 je 220,– DM. Seit 1996 wird das Kindergeld für das 3. Kind in Höhe von 300,– DM und für das 4. und jedes weitere Kind in Höhe von 350,– DM gewährt.[8]

Seit dem 1. 1. 1999 beträgt das **Kindergeld** im Monat
– für das 1. Kind 250,– DM,
– für das 2. Kind 250,– DM,
– für das 3. Kind 300,– DM,
– für das 4. und jedes weitere Kind je 350,– DM.

Zum 1.1. 2000 ist das Kindergeld für das erste und zweite Kind auf 270,– DM im Monat erhöht worden. Für behinderte volljährige Kinder (Rn 488), deren sächliches Existenzminimum bei vollstationärer Unterbringung durch Eingliederungshilfe gedeckt ist, beträgt das Kindergeld 30,– DM im Monat.

Das Kindergeld wird einkommensunabhängig gewährt. Die frühere Kürzung auf einen Sockelbetrag ab dem zweiten Kind ist entfallen.

Der Kinderfreibetrag beläuft sich seit dem 1. 1. 1997 nach §§ 32 VI, 52 XXII a EStG auf 288,– DM (1996: 261,– DM), bei Zusammenveranlagung auf 576,– DM (1996: 522,– DM). Der Betreuungsfreibetrag (Rn 490) beträgt 1512,– DM pro Jahr, bei Zusammenveranlagung 3024,– DM (§ 32 VI 1, 3 EStG).

493 Haben die Eltern Anspruch auf Kinderzulagen aus der gesetzlichen Unfallversicherung oder auf **Kinderzuschüsse aus der gesetzlichen Rentenversicherung,** die ohnehin nur noch bei Altrenten gewährt werden (vgl. § 270 SGB VI),[9] wird Kindergeld nicht gezahlt (§ 65 I Nr. 1 EStG). Jedoch sind diese Leistungen in Höhe des durch sie verdrängten Kindergeldes unterhaltsrechtlich wie Kindergeld, darüber hinaus wie Einkommen zu behan-

---

[8] Zur Entwicklung des Kindergeldes seit 1. 1. 1975 vgl. die Übersicht bei Kemnade/Scholz/Zieroth, Daten und Tabellen zum Familienrecht, 3. Aufl., S. 329
[9] Schmidt-Weber/Grellet, EStG, 18. Aufl., § 65 Rn 2

7. Abschnitt: Kindergeld und Kindesunterhalt § 2

deln.[10] Dasselbe gilt, wenn für das **Kind im Ausland** oder von einer zwischen- oder überstaatlichen Einrichtung Kindergeld oder eine vergleichbare Leistung gewährt wird und deshalb Anspruch auf deutsches Kindergeld nicht besteht (§ 65 I 1 Nr. 2, 3 EStG).[11]

Kindergeld kann aufgrund eines Bescheides der Familienkasse (vgl. Rn 486) an Kinder des Kindergeldberechtigten ausgezahlt werden, wenn dieser seinen gesetzlichen Unterhaltspflichten ihnen gegenüber nicht nachkommt.[11a] Dies gilt auch, wenn der Berechtigte ganz oder teilweise leistungsunfähig ist und deshalb keinen Unterhalt oder nur Unterhalt in Höhe eines Betrages zu zahlen hat, der geringer ist als das in Betracht kommende Kindergeld (§ 74 I 1, 3 EStG). Übersteigt der geschuldete Unterhalt das Kindergeld, greift § 1612b V BGB ein (dazu Rn 509ff), so daß es einer Entscheidung der Familienkasse nicht bedarf. Die Vorschrift des § 74 EStG, die § 48 SGB I entspricht, hat Bedeutung insbesondere dann, wenn ein Elternteil das Kindergeld bezieht, dem (volljährigen) Kind, das nicht mehr bei ihm wohnt, aber keinen Unterhalt leistet und auch das Kindergeld nicht an das Kind weiterleitet. Vgl. dazu Rn 515. 494

Das Kindergeld kann auch an die Person oder die Stelle gezahlt werden, die dem Kind Unterhalt gewährt, also z. B. an das Sozialamt (§ 74 I 4 EStG). Bei Unterbringung des Kindergeldberechtigten in einer Anstalt oder Einrichtung gilt § 74 II EStG.

3. Ähnliche Sozialleistungen

Der frühere Zuschlag zum Kindergeld (§ 11a BKGG a. F.), der gewährt wurde, wenn sich der Kinderfreibetrag wegen geringen Einkommens des Berechtigten nicht steuermindernd auswirkte (vgl. hierzu die 3. Auflage 2/493), ist seit dem 1. 1. 1996 abgeschafft. 495

Kinderbezogene **Teile des Familienzuschlages**, der ab 1. 7. 1997 Beamten, Richtern oder Soldaten gezahlt wird,[12] sind wie die kinderbezogenen Stufen des früheren Ortszuschlags Einkommen; sie gelten nicht als Kindergeld, das ohnehin neben dem Familienzuschlag gewährt wird.[13] Vgl. auch Rn 1/55. Auch Kinderzulagen, die private Arbeitnehmer erhalten, sind kein Kindergeld, sondern anrechenbares Einkommen. Dasselbe gilt für Kinderzulagen nach § 9 V Eigenheimzulagengesetz, das selbstgenutzten Wohnungsbau steuerlich begünstigt.[14] 496

II. Kindergeld als anrechnungsfähiges Einkommen beim Kindesunterhalt

Das Kindergeld dient dem Familienleistungsausgleich, der zu dem Zweck gewährt wird, das Existenzminimum von Kindern von der Steuerlast freizustellen. Die Auszahlung an einen Elternteil beruht vorwiegend auf Gründen verwaltungsmäßiger Vereinfachung.[15] 497

Obwohl Kindergeld den Eltern zusteht, zählt es in der Regel nicht als anrechenbares Einkommen.[16] Der BGH hat Kindergeld zunächst als Einkommen bezeichnet.[17] So hat er im Mangelfall das Kindergeld als anrechenbares Einkommen, das für den Kindesunterhalt einzusetzen sei, angesehen (vgl. Rn 159, 223).[18] Ferner hat er bei Prüfung der Frage, 498

---

[10] BGH, FamRZ 1988, 607 = R 360b; FamRZ 1988, 604, 606 = R 361b
[11] OLG München, FamRZ 1994, 456
[11a] Die Auszahlung an den Ehegatten ist seit 1. 1. 2000 entfallen
[12] § 40 BBesG i. d. F. des Gesetzes vom 24. 2. 1997 – BGBl. I 322, 328
[13] BGH, FamRZ 1989, 172 = R 380b
[14] Vgl. Tischler in Scholz/Stein, Praxishandbuch Familienrecht, Teil S Rn 248 f, 272
[15] BGH, FamRZ 1983, 49; FamRZ 1981, 26 = NJW 1981, 170
[16] Ebenso die Begründung des Entwurfs eines Kinderunterhaltsgesetzes BT-Drucks. 13/7338, S. 28
[17] BGH, FamRZ 1992, 539, 541 mit Anm. Graba S. 543 = R 444b; FamRZ 1990, 979 = R 412b; FamRZ 1988, 604, 606 = R 361b
[18] BGH, FamRZ 1992, 539, 541 mit Anm. Graba S. 543 = R 444b

§ 2   Kindes- und Verwandtenunterhalt

ob der betreuende Elternteil als anderer unterhaltspflichtiger Verwandter im Sinne des § 1603 II 2 BGB auch den Barunterhalt ganz oder teilweise zu tragen hat, in den Vergleich der Einkommen beider Eltern auch das Kindergeld einbezogen (vgl. Rn 276).[19]

499 Der **BGH**[20] vertritt im Gegensatz zu der Rn 498 zitierten Rechtsprechung nunmehr die Auffassung, daß **Kindergeld kein anrechenbares Einkommen** sei. Der Bezug von Kindergeld durch den Barunterhaltspflichtigen erhöht daher dessen Einkommen und damit den Kindesunterhalt nicht.[21] Vgl. dazu Rn 223. Der BGH hat darauf hingewiesen, daß das Kindergeld den Eltern in dem Maße zustehe, in dem sie sich nach Maßgabe des § 1606 III BGB am Unterhalt des Kindes beteiligten; angesichts der Gleichwertigkeit von Betreuungs- und Barunterhalt sei Kindergeld bei minderjährigen Kindern in der Regel hälftig zwischen den Eltern aufzuteilen.[22] Dem entspreche die allgemeine Praxis, die Hälfte des Kindergeldes mit dem Kindesunterhalt zu verrechnen (vgl. Rn 500 ff). Dies ist seit dem 1. 7. 1998 durch § 1612 b BGB auch gesetzlich festgelegt worden. Vgl. dazu Rn 503 ff.

Auch bei der Bemessung des Ehegattenunterhalts berücksichtigt der BGH[23] das Kindergeld nicht mehr als Einkommen. Vgl. dazu auch Rn 1/360 ff, 5/83 ff. Dem Bedürfnis, das Kindergeld in Mangelfällen zur Bedarfsdeckung heranzuziehen (vgl. Rn 159 ff), trägt der BGH jetzt dadurch Rechnung, daß er es dem unterhaltsberechtigten Ehegatten für sich und die gemeinsamen Kinder anrechnungsfrei beläßt, wenn und soweit ihr Bedarf bei der Mangelberechnung nicht gedeckt wird.[24] Hier ist nunmehr § 1612 b V BGB zu beachten. Zu dieser Problematik vgl. Rn 509 ff.

Zu der Frage, ob der Teil des Kindergeldes, der einem Elternteil als **Zählkindervorteil** verbleibt, weil er nach § 1612 b IV BGB kindergeldmäßig nicht ausgeglichen werden darf, unter besonderen Umständen als Einkommen angerechnet werden darf, vgl. Rn 507 f.

III. Kindergeld und Bemessung des Kindesunterhalts

1. Halbteilung des Kindergeldes

500 Das Kindergeld steht **beiden Eltern** zu. Das Kind selbst hat keinen privatrechtlichen Anspruch auf Zahlung des Kindergeldes gegen seine Eltern. Dies gilt auch bei mangelnder Leistungsfähigkeit.[25] Das Kind hat nur Anspruch auf Unterhalt, der bei Leistungsunfähigkeit allerdings entfällt. Es kann jedoch unter den Voraussetzungen des § 74 EStG Auszahlung des Kindergeldes an sich verlangen (Rn 494).

Da Kindergeld zur Verwaltungsvereinfachung nur an einen Elternteil ausgezahlt wird (Rn 490, 497), muß zwischen den Eltern ein Ausgleich stattfinden. Bis zum 30. 6. 1998 hatte der andere Elternteil einen familienrechtlichen Ausgleichsanspruch (vgl. dazu Rn 530, 539 ff) auf den ihm zustehenden Kindergeldanteil. Dieser Ausgleich wurde in der Praxis dadurch verwirklicht, daß der Unterhalt eines minderjährigen Kindes um die Hälfte des Kindergeldes gekürzt wurde, wenn der betreuende Elternteil das Kindergeld bezog, bzw. um die Hälfte des Kindergeldes erhöht wurde, wenn das Kindergeld an den barunterhaltspflichtigen Elternteil ausgezahlt wurde. Damit wurde der Gleichwertigkeit von Bar- und Betreuungsunterhalt Rechnung getragen (vgl. dazu Rn 11 ff). Bei volljährigen Kindern wurde das gesamte Kindergeld bedarfsdeckend angerechnet, wenn es dem Kind tatsächlich zugewendet wurde. Vgl. dazu unten Rn 513.

501 Seit dem 1. 7. 1998 ist die **Anrechnung des Kindergeldes** in § 1612 b BGB geregelt. Soweit die Anrechnung entsprechend dem Gesetz erfolgt, ist ein Ausgleich zwischen den

---

[19] BGH, FamRZ 1991, 182, 184 = R 430 b
[20] FamRZ 1997, 806 = R 512 f
[21] BGH, FamRZ 1997, 806 = R 512 a
[22] BGH, FamRZ 1997, 806 = R 512 f
[23] BGH, FamRZ 1997, 806 = R 512 f
[24] BGH, FamRZ 1997, 806 = R 512 h
[25] BGH, FamRZ 1985, 1243 = NJW 1986, 186

Eltern überflüssig. Vgl. dazu Rn 539. Es wird bei Anrechnung des Kindergeldes nicht mehr zwischen minderjährigen und volljährigen Kindern unterschieden. Das Kindergeld wird in der Weise grundsätzlich ausgeglichen, daß es jedem Elternteil **zur Hälfte** zufließt; mit welchem Anteil der Elternteil tatsächlich zum Unterhalt beiträgt, ist nicht entscheidend. Jedoch unterbleibt die Anrechnung des Kindergeldes, soweit der barunterhaltspflichtige Elternteil einem minderjährigen Kind nicht einmal den Regelbetrag nach der RegelbetragVO zahlt (§ 1612 b V BGB; dazu Rn 509 ff). Ferner kann das Kindergeld von der Familienkasse in angemessener Höhe an das Kind ausgezahlt werden, wenn der Elternteil seine Unterhaltspflicht nicht erfüllt oder er mangels Leistungsfähigkeit entweder gar keinen Unterhalt oder nur einen Betrag unterhalb des Kindergeldes aufbringen kann (§ 74 EStG; dazu Rn 494, 512).

Die strikte Halbteilung des Kindergeldes ist damit zu erklären, daß das Kindergeld seit 1. 1. 1996 eine **vorweggenommene Steuervergütung** ist und nach §§ 31 S. 4, 36 II 1 EStG auf die Einkommensteuer angerechnet wird, die unter Berücksichtigung der Freibeträge nach § 32 VI EStG ermittelt wird (Rn 487). Erweist sich, daß die Steuerermäßigung aufgrund der Freibeträge geringer ist als das Kindergeld für das jeweilige Kind, verbleibt der überschießende Betrag den Eltern. Sind die Freibeträge günstiger als das Kindergeld, wird eine über das Kindergeld hinausgehende Steuerermäßigung gewährt. Diese wird nicht nach § 1612 b BGB ausgeglichen, ist vielmehr Teil des Einkommens.[26] Vgl. dazu Rn 540. Der **Kinderfreibetrag** wird jedem Elternteil in Höhe von 288,– DM, der Betreuungsfreibetrag in Höhe von 126,– DM monatlich gewährt (§ 32 VI 1 EStG; vgl. Rn 492); sie werden bei der Einkommensteuerveranlagung der Hälfte des für das jeweilige Kind gezahlten Kindergeldes gegenübergestellt. Bei Zusammenveranlagung der Eltern werden die Freibeträge verdoppelt und mit dem vollen Kindergeld verglichen. Vgl. dazu Rn 487. Eine Übertragung der Freibeträge auf den anderen Elternteil aufgrund einer Vereinbarung der Eltern ist unzulässig. Auf Antrag eines Elternteils kann aber der Kinderfreibetrag des anderen auf ihn übertragen werden, wenn er, nicht aber der andere Elternteil seiner Unterhaltspflicht gegenüber dem Kind im wesentlichen nachkommt (§ 32 VI 5 EStG). Zur Übertragung des Betreuungsfreibetrages auf Antrag vgl. § 32 VI 7 EStG.

In einem solchen System hat ein anderer als der hälftige Ausgleich des Kindergeldes grundsätzlich keinen Platz. Vielmehr ist § 1612 b BGB als eine **abschließende Regelung** hinsichtlich der Anrechnung des Kindergeldes anzusehen. Beteiligt sich ein Elternteil weder durch Betreuung eines (minderjährigen) Kindes noch durch Zahlung am Unterhalt, greift § 74 EStG ein (dazu Rn 494, 515). Daneben bedarf es eines privatrechtlichen familienrechtlichen Ausgleichsanspruchs grundsätzlich nicht mehr. Vgl. dazu Rn 539 ff.

502 Ein Urteil, in dem auf den Unterhalt des Kindes anteiliges Kindergeld angerechnet wird, entscheidet rechtskräftig auch über den familienrechtlichen Ausgleichsanspruch der Eltern bezüglich des Kindergeldes (vgl. Rn 543). Es kommt nicht darauf an, ob sich der Richter bewußt war, daß das Kind bezüglich des Kindergeldausgleichs als Prozeßstandschafter des betreuenden Elternteils aufgetreten ist. Denn die materielle Rechtskraft tritt unabhängig davon ein, ob das Gericht alle rechtlichen Aspekte gesehen und zutreffend gewürdigt hat. Dies gilt auch dann, wenn im Vorprozeß eine unrichtige Entscheidung ergangen ist.[27]

2. Einzelheiten der Anrechnung des Kindergeldes auf den Unterhalt

503 **a) Regelfall.** Nach § 1612 b I BGB wird Kindergeld zur Hälfte auf den Tabellenbetrag des Kindesunterhalts angerechnet, wenn der barunterhaltspflichtige Elternteil das Kindergeld nicht erhält, weil ein anderer vorrangig berechtigt ist. Die komplizierte Formulierung des Gesetzes deckt zunächst den Regelfall ab, daß bei einem minderjährigen Kind **der betreuende Elternteil das Kindergeld** bezieht. Sie gilt auch, wenn das Kind volljährig geworden ist und weiterhin dem Haushalt des bisher betreuenden Elternteils ange-

---
[26] BT-Drucks. 13/7338 S. 29; Künkel, FPR 1998, 167, 169
[27] BGH, FamRZ 1988, 834 = R 370 b

hört, gleichgültig, ob das Kind im Sinne des § 1603 II 2 BGB privilegiert ist oder nicht. Vgl. dazu Rn 466. Darauf, ob auch der Elternteil, bei dem das Kind lebt, Barunterhalt zu leisten hat, kommt es nicht an. Jedoch ist in diesem Fall ergänzend § 1612b II BGB heranzuziehen. Vgl. dazu Rn 513. § 1612b I BGB greift ferner ein, wenn das Kindergeld einem Großelternteil ausgezahlt wird.[28] Erhält der Verpflichtete ausnahmsweise entgegen dem Obhutsprinzip weiterhin das Kindergeld, ist der Barunterhalt um die Hälfte des Kindergeldes zu erhöhen. Zur Rückforderung des Kindergeldes durch die Familienkasse vgl. Rn 539.

Macht das Kind dynamischen Unterhalt nach § 1612a BGB geltend, so ist das Kindergeld auf den Vomhundertsatz des Regelbetrages anzurechnen.[29] Der sich betragsmäßig ergebende Unterhalt ist naturgemäß von den Parteien oder dem Vollstreckungsorgan auszurechnen, bevor das Kindergeld angerechnet werden kann. Zur Tenorierung des Unterhalts in einem solchen Fall vgl. das Beispiel Rn 246h.

504 **b) Bei beiderseitiger Unterhaltspflicht der Eltern** ist nach § 1612b II BGB der Unterhaltsanspruch gegen den Elternteil, der das Kindergeld bezieht, um die Hälfte des Kindergeldes zu erhöhen. Daneben ist § 1612b I BGB anzuwenden. Die Vorschrift hat insbesondere bei volljährigen Kindern Bedeutung (Rn 513), aber auch bei minderjährigen Kindern, wenn ausnahmsweise beide Eltern barunterhaltspflichtig sind. Vgl. dazu Rn 98, 289 ff, 297.

Beispiel:
Der bei seiner Mutter (M) lebende volljährige Sohn (S) hat einen Unterhaltsbedarf von 1120,– DM nach der 12. Einkommensgruppe der Düsseldorfer Tabelle, 4. Altersstufe. M bezieht das Kindergeld. Nach § 1606 III 1 BGB schuldet der Vater (V) 700,– DM, M 420,– DM. Nach Verrechnung des Kindergeldes hat V 700 − 135 = 565,– DM zu zahlen (§ 1612b I BGB). M hat 420 + 135 = 555,– DM aufzubringen.

505 **c) § 1612b III BGB.** Nach dieser Vorschrift wird Kindergeld in voller Höhe angerechnet, wenn nur der barunterhaltspflichtige Elternteil Anspruch auf Kindergeld hat, es aber nicht an ihn ausgezahlt wird. Diese Norm betrifft nicht, wie man zunächst erwartet, den Fall, daß das volljährige Kind bei einem nicht leistungsfähigen Elternteil lebt und daher der andere allein barunterhaltspflichtig ist. Dann sind nämlich beide Eltern kindergeldberechtigt, jedoch wird das Kindergeld nach dem Vorrangprinzip an den nicht barunterhaltspflichtigen Elternteil ausgezahlt (§ 64 I 1, II 1 EStG). Dieser Fall ist über § 1612b I BGB und § 74 EStG zu lösen. Vgl. dazu Rn 494, 515. Eine alleinige Kindergeldberechtigung des barunterhaltspflichtigen Elternteils besteht insbesondere dann, wenn der andere Elternteil verstorben ist. Lebt das Kind dann bei dem verbliebenen Elternteil und bezieht dieser das Kindergeld, so besteht kein Regelungsbedürfnis, da der überlebende Elternteil Naturalunterhalt gewährt (vgl. Rn 9) und ihm daher zu Recht das Kindergeld zufließt. Hält sich das Kind dagegen in einem Heim auf und erhält der Sozialleistungsträger das Kindergeld nach § 74 I 4 EStG (Rn 494), so ist das Kindergeld voll auf den Bedarf anzurechnen. Dieser wird sich in der Regel nicht nach der Düsseldorfer Tabelle, auch nicht nach dem doppelten Tabellensatz[30] bemessen, sondern nach den konkreten Bedürfnissen des Kindes, also z.B. nach den Heimkosten. Vgl. dazu Rn 317, 323, 326. § 1612b III BGB greift auch in den sonstigen Fällen der Abzweigung nach § 74 EStG ein, nicht aber bei der Pfändung des Kindergeldanspruchs.[31] Beziehen **Großeltern**, Stief- oder Pflegeeltern nach §§ 32 I, 63 I Nr. 3 EStG das Kindergeld, ist § 1612b III BGB nicht einschlägig, sondern § 1612b I BGB.[32] Zur Problematik, wenn in einem solchen Fall beide Eltern barunterhaltspflichtig sind, vgl. Rn 297.

506 **d) Kindergeld für mehrere Kinder.** Während bis zum 30. 6. 1998 das Kindergeld für mehrere Kinder zusammen- und jedem Kind anteilig zugerechnet wurde (vgl. dazu die

---

[28] BT-Drucks. 13/7338 S. 30
[29] BT-Drucks. 13/7338 S. 26
[30] So aber BT-Drucks. 13/7338 S. 30 unter nicht zutreffendem Hinweis auf BGH, FamRZ 1980, 1109, 1111 = R 49
[31] BT-Drucks. 13/7338 S. 30
[32] BT-Drucks. 13/7338 S. 30

7. Abschnitt: Kindergeld und Kindesunterhalt § 2

4. Auflage Rn 2/503), bestimmt § 1612b I, II BGB, daß nur das auf das jeweilige Kind entfallende Kindergeld zur Hälfte zu berücksichtigen ist. Beim ersten und zweiten Kind sind daher je 135,– DM, beim dritten 150,– DM und beim vierten und bei jedem weiteren Kind je 175,– DM auszugleichen. Vgl. Rn 492. Dies gilt sowohl für minderjährige wie für volljährige Kinder. Die Reihenfolge richtet sich nach dem **Alter** des Kindes, nicht nach dem Belieben des den Kindesunterhalt einklagenden Elternteils.

Beispiel:
Der Vater verfügt über ein Einkommen von 7900,– DM. Er schuldet nach der 12. Einkommensgruppe der Düsseldorfer Tabelle Unterhalt für 5 bei der Mutter lebende Kinder. Diese bezieht das Kindergeld von 270 + 270 + 300 + 350 + 350 = 1540,– DM. Kein Ehegattenunterhalt. V hat zu zahlen:
für K 1 (Student, 19 Jahre): 1120,– DM – 135,– DM Kindergeldanteil = 985,– DM
für K 2 (Schüler, 16 Jahre): 969,– DM – 135,– DM Kindergeldanteil = 834,– DM
für K 3 (11 Jahre): 819,– DM – 150,– DM Kindergeldanteil = 669,– DM
für K 4 (5 Jahre): 675,– DM – 175,– DM Kindergeld = 500,– DM
für K 5 (4 Jahre): 675,– DM – 175,– DM Kindergeld = 500,– DM

e) **Zählkindvorteil.** Wie bisher[33] darf auch nach dem 1. 7. 1998 nur Kindergeld für gemeinsame Kinder ausgeglichen werden. Dies ist in § 1612b IV BGB nunmehr ausdrücklich festgelegt. Soweit einem Elternteil wegen der Berücksichtigung eines weiteren nicht gemeinsamen Kindes ein „Zählkindervorteil" erwächst, ist dieser dem Kindergeld für die gemeinsamen Kinder weder ganz noch teilweise zuzurechnen und damit auch nicht in den Ausgleich zwischen den unterhaltsverpflichteten Eltern einzubeziehen. Der Zählkindvorteil steht vielmehr allein dem Elternteil des Zählkindes zu; als Einkommen für die Bemessung des Unterhalts ist er nur zu berücksichtigen, wenn der Elternteil nur den bei ihm lebenden Kindern, nicht aber dem Zählkind Unterhalt gewährt.[34] Auf den Unterhaltsanspruch der gemeinsamen Kinder ist daher jeweils nur die Hälfte des fiktiven Kindergeldes anzurechnen, das der betreffende Elternteil für das jeweilige Kind erhalten würde, wenn es keine Zählkinder gäbe. Ungereimtheiten, die sich aus den besonderen Umständen des Einzelfalles ergeben, müssen nach der Rechtsprechung des BGH hingenommen werden.[35]

507

Beispiel:
Nettoeinkommen des Vaters (V): 3000,– DM.
Unterhalt für 2 Kinder im Alter von 8 und 4 Jahren. Kein Ehegattenunterhalt.
Die Mutter (M) erhält für die gemeinschaftlichen Kinder Kindergeld von je 270,– DM sowie für ein weiteres, nicht gemeinschaftliches einjähriges Kind 300,– DM, insgesamt also 840,– DM.
Tabellenunterhalt nach DT 5/1 und 2 unter zweimaliger Höhergruppierung wegen unterdurchschnittlicher Unterhaltslast (DT A 1; vgl. Rn 233): 552,– DM + 455,– DM.
Nur das Kindergeld für die beiden gemeinschaftlichen Kinder von je 270,– DM pro Kind ist zur Hälfte auf den Kindesunterhalt anzurechnen. Der Zählkindvorteil für das dritte Kind bleibt M allein.
Unterhalt für das 8jährige Kind: 552 – 135 = 417,– DM.
Unterhalt für das 4jährige Kind: 455 – 135 = 320,– DM.

Das Zählkind selbst hat keinen Anspruch auf Auskehrung des Zählkindvorteils an sich, auch nicht bei Leistungsunfähigkeit des Verpflichteten.[36] Ihm steht nur ein Unterhaltsanspruch zu, in dessen Rahmen der Zählkindvorteil zu berücksichtigen ist und die Leistungsfähigkeit des Verpflichteten erhöhen kann. Zur Auszahlung des Kindergeldes durch die Familienkasse an das (Zähl-)Kind bei Leistungsunfähigkeit des Schuldners nach § 74 EStG vgl. Rn 494.

508

f) **Mangelfall.** Eine Anrechnung des Kindergeldes unterbleibt, soweit der Unterhaltspflichtige außerstande ist, Unterhalt in Höhe des Regelbetrages nach der Regelbetrag-

509

---
[33] BGH, FamRZ 1997, 806 = R 512 f
[34] BGH, FamRZ 1997, 806 = R 512 f; FamRZ 1987, 270
[35] BGH, FamRZ 1997, 806 = R 512 f, g
[36] BGH, FamRZ 1985, 1243 = NJW 1986, 186, 187

VO zu zahlen (§ 1612b V BGB). Verbleibt dem Schuldner unter Berücksichtigung seines notwendigen Selbstbehalts nach der Düsseldorfer Tabelle von 1500,– DM bei Erwerbstätigkeit bzw. von 1300,– DM im übrigen (vgl. dazu und zu abweichenden Selbstbehaltssätzen Rn 263) weniger als der Regelbetrag, so hat er jedenfalls den Regelbetrag abzüglich der Hälfte des hälftigen Kindergeldes zu zahlen, also bei minderjährigen (Erst- und Zweit-)Kindern der 1. Altersstufe (355 – 135 =) 220,– DM, der 2. Altersstufe (431 – 135 =) 296,– DM und der 3. Altersstufe (510 – 135 =) 375,– DM. Bei einem dritten Kind sind 150,– DM, bei einem vierten Kind 175,– DM abzusetzen.

Kann der Schuldner weniger als den Regelbetrag, aber mehr als den Regelbetrag abzüglich der Hälfte des Kindergeldes leisten, so ist das Kindergeld nur teilweise anzurechnen. Der Urteilstenor ist nicht dahin zu fassen, daß der Schuldner zum Regelbetrag abzüglich des hälftigen Kindergeldbetrages zu verurteilen ist. Vielmehr ist von dem Betrag auszugehen, den der Schuldner leisten kann, und das Kindergeld in der Weise zu ermäßigen, daß der Pflichtige nicht mehr als den Regelbetrag abzüglich des hälftigen Kindergeldes zu zahlen hat.[37] Diese Art der Tenorierung ist wegen § 655 ZPO erforderlich (vgl. Rn 8/354). Würde man den Schuldner zur Zahlung des Regelbetrages abzüglich des anzurechnenden hälftigen Kindergeldes verurteilen, so könnte bei Einkommenserhöhungen nicht das Abänderungsverfahren nach § 655 ZPO stattfinden, weil sich nicht der Regelbetrag, sondern im Hinblick auf § 1612b V BGB nur das anzurechnende Kindergeld geändert hat.

Beispiel:
Der Vater (V) verfügt über ein bereinigtes Erwerbseinkommen von 1950,– DM. Er schuldet seinem 13jährigen Kind den Regelbetrag von 510,– DM. Das Kind lebt bei der Mutter, die das Kindergeld von 270,– DM bezieht. V ist nur in Höhe von 450,– DM leistungsfähig, da ihm sein notwendiger Selbstbehalt von 1500,– DM zu verbleiben hat. Der Kindergeldanteil von 135,– DM ist nicht von dem Betrag von 450,– DM abzuziehen. Vielmehr unterbleibt der Abzug des Kindergeldes in Höhe von 510,– DM – 450,– DM, also in Höhe von 60,– DM. V ist zur Zahlung von 450,– DM – 75,– DM anteiliges Kindergeld = 375,– DM zu verurteilen.

510 Da § 1612b V BGB vom Regelbetrag spricht, ist die Norm zunächst auf minderjährige Kinder anzuwenden, da das Gesetz Regelbeträge bei Volljährigen nicht kennt. Es bestehen aber keine Bedenken, den Rechtsgedanken der Vorschrift, daß der Schuldner, der nicht einmal einen Mindestunterhalt leisten kann, seinen Kindergeldanteil für den Unterhalt einzusetzen hat, **bei volljährigen Kindern entsprechend** heranzuziehen und von einer Anrechnung des Kindergeldes abzusehen, soweit der Unterhaltspflichtige nicht den Mindestunterhalt nach der 1. Einkommensgruppe, Altersstufe 4 der Düsseldorfer Tabelle decken kann, wenn er also nicht zur Zahlung von 589,– DM in der Lage ist. Er hat dann, wenn dies der notwendige Selbstbehalt zuläßt, einem Erstkind einen Betrag von 454,– DM zu zahlen, der dem Mindestunterhalt von 589,– DM abzüglich des anzurechnenden Kindergeldes von 135,– DM entspricht. Dies hat sowohl für privilegiert volljährige Kinder (Rn 452 ff) als auch für sonstige volljährige Kinder zu gelten. Bei letzteren muß dem Schuldner allerdings der angemessene Selbstbehalt von 1800,– DM (dazu Rn 263) verbleiben. Vgl. dazu das Beispiel Rn 430.

511 Bei mehreren Kindern ist auch im Mangelfall das auf das jeweilige Kind entfallende Kindergeld anzurechnen. Vgl. dazu Rn 506. Da beim dritten und jedem weiteren Kind ein höheres Kindergeld angerechnet wird als beim Erst- und Zweitkind, kann dies dazu führen, daß nicht der gesamte Betrag, der dem Schuldner oberhalb des Selbstbehalts verbleibt, für den Unterhalt der Kinder verwendet wird, obwohl die Kinder, für die das Erst- und Zweitkindergeld gezahlt wird, weniger als den Regelbetrag abzüglich des hälftigen Kindergeldes erhalten. § 1612b V BGB soll dem unterhaltsberechtigten Kind jedenfalls den Regelbetrag sichern. Daher hat der Schuldner den **Kindergeldrest**, der ihm nach Anrechnung des Kindergeldes bei einem dritten oder einem weiteren Kind verbleibt, zur Deckung des Regelbetrages des ersten und zweiten Kindes einzusetzen.[38] Bei entsprechender Anwendung der Vorschrift auf privilegiert volljährige Kinder (vgl. Rn 512) ist

---

[37] Rühl/Greßmann, KindUG, Rn 155
[38] So mit Recht FamRefK/Häußermann, § 1612b Rn 14; Strauß, FamRZ 1998, 993, 999

7. Abschnitt: Kindergeld und Kindesunterhalt § 2

auf die erste Einkommensgruppe der Düsseldorfer Tabelle abzustellen. Auch hier muß dem Schuldner, der Unterhalt für ein nicht privilegiert volljähriges Kind zu zahlen hat, der angemessene Selbstbehalt (Rn 417) belassen werden.

Beispiel:[39]
Bereinigtes Nettoeinkommen des Vaters (V): 2450,– DM. Er hat Unterhalt für K 1 (Schüler 19 Jahre), K 2 (11 Jahre) und K 3 (5 Jahre) zu leisten, die bei der wiederverheirateten Mutter (M) leben. M bezieht das Kindergeld von 250 + 250 + 300 = 800,– DM.
Notwendiger Eigenbedarf des V: 1500,– DM.
Verteilungsmasse: 2450 – 1500 = 950,– DM.
Notwendiger Gesamtbedarf der Kinder: 589,– DM (K 1) + 431,– DM (K 2) + 355,– DM (K 3) = 1375,– DM
Unterhalt:
K 1: 589 x 950 : 1375 = 407,– DM.
K 2: 431 x 950 : 1375 = 298,– DM.
K 3: 355 x 950 : 1375 = 245,– DM.
Zahlbeträge nach Anrechnung des Kindergeldes:
K 1: 407 – 0 = 407,– DM, da weniger als 589,– DM – 125,– Kindergeldanteil = 464,– DM.
K 2: 298 – 0 = 298,– DM, da weniger als 431,– DM – 125,– Kindergeldanteil = 306,– DM.
K 3: 245 – 40 = 205,– DM, da mehr als 355,– DM – 150,– Kindergeldanteil = 205,– DM.
Bei dieser Berechnung würde V 2450 – 407 – 298 – 205 = 1540,– DM behalten und damit 40,– DM mehr als seinen notwendigen Selbstbehalt. Der Betrag von 40,– DM ist entsprechend dem Verhältnis der Fehlbeträge von (464 – 407 =) 57,– DM bei K 1 und von (306 – 298 =) 8,– DM bei K 2 zu verteilen.
K 1 erhält somit weitere 40 x 57 : 65 = 35,– DM, insgesamt 442,– DM.
K 2 erhält somit weitere 8 x 57 : 65 = 5,– DM, insgesamt 303,– DM.
Bei K 3 verbleibt es bei 205,– DM.

Kindergeldanteile, die nicht zur Deckung des Regelbetrages von minderjährigen und privilegiert volljährigen Kindern benötigt werden, können, wenn sie nicht zur Deckung des Regelbetrages anderer Kinder benötigt werden, **nicht** dem bedürftigen **Ehegatten** belassen werden. Das Gegenteil ergab sich bis zum 31. 12. 1999 aus § 74 I 1 EStG, da nach dieser Vorschrift die Familienkasse Kindergeld auch an den Ehegatten auszahlen konnte, wenn der Pflichtige den geschuldeten Unterhalt mangels Leistungsfähigkeit nicht erbringen kann.[40] Die Auszahlung an den Ehegatten ist jedoch zum 1. 1. 2000 entfallen. Eine Zuwendung des Kindergeldrestes an nicht privilegierte volljährige Kinder dürfte ausscheiden. Vgl. auch Rn 165.

512

IV. Besonderheiten der Kindergeldverrechnung bei volljährigen Kindern

Bis zum 30. 6. 1998 minderte Kindergeld die Bedürftigkeit, wenn es dem Kind von dem berechtigten Elternteil zugewendet wurde. Von dem Restbedarf wurde der Haftungsanteil der Eltern berechnet. Dies führte dazu, daß die Eltern entsprechend diesem Haftungsanteil am Kindesunterhalt beteiligt wurden. Vgl. die 4. Auflage Rn 511 ff.

513

Seit dem 1. 7. 1998 erfolgt die Anrechnung des Kindergeldes bei minderjährigen und volljährigen Kindern einheitlich nach § 1612b I, II BGB. Der Bedarf des volljährigen Kindes ist nicht mehr um das Kindergeld, sondern nur um etwa anzurechnendes Einkommen des Kindes zu kürzen. Dieser (Rest-)Bedarf ist Basis für die Errechnung der Haftungsanteile der Eltern. Das Einkommen beider Eltern ist um einen Sockelbetrag in Höhe des angemessenen Selbstbehalts zu ermäßigen (vgl. Rn 447). Bei privilegiert volljährigen Kindern kann auch ein Sockelbetrag in Höhe des notwendigen Selbstbehalts in Betracht kommen (vgl. Rn 468). Der Haftungsanteil des Elternteils, der das Kindergeld

---

[39] Das Beispiel ist Abschnitt C der Düsseldorfer Tabelle nachgebildet. Berechnung noch mit dem bis 31. 12. 1999 gezahlten Kindergeld
[40] Dazu eingehend Strauß, FamRZ 1998, 993, 999; auch FamRefK/Häußermann, § 1612b Rn 14; anders BayL 21 g

nicht bezieht, ist um die Hälfte des auf das Kind entfallenden Kindergeld zu kürzen (§ 1612 b I BGB); der Haftungsanteil des anderen ist um das hälftige Kindergeld zu erhöhen (§ 1612 b II BGB).[41]

Beispiel:
Das auswärts studierende Kind verlangt 1120,– DM monatlichen Unterhalt von seinen Eltern. Bereinigtes Einkommen des Vaters (V) 3600,– DM, der Mutter (M) 3000,– DM. M bezieht das Kindergeld von 270,– DM.
Nach Vorwegabzug von jeweils 1800,– DM beträgt das vergleichbare Einkommen des V 1800,– DM, das der M 1200,– DM.
Haftungsanteil des V: 1120 x 1800 : 3000 = 672,– DM.
Haftungsanteil der M: 1120 x 1200 : 3000 = 448,– DM.
V hat zu zahlen 672,– DM – 135,– DM Kindergeldanteil = 537,– DM.
M hat zu zahlen 448,– DM + 135,– DM Kindergeldanteil = 583,– DM.

514 Die Neuregelung begünstigt den weniger verdienenden Elternteil, da ihm das Kindergeld nunmehr zur Hälfte zusteht, während es ihm bis zum 30. 6. 1998 nur entsprechend seinem niedrigeren Haftungsanteil zugute kam. Verfassungsrechtliche Bedenken bestehen dagegen nicht,[42] da es dem Gesetzgeber freisteht, die Anrechnung zu vereinfachen und das Kindergeld jedem Elternteil pauschal nur zur Hälfte gutzubringen. Dies ist wegen der von ihm gewählten steuerlichen Lösung (Rn 487 ff) kaum zu vermeiden. Zudem ist es dem Gesetzgeber nicht verwehrt, dem Umstand Rechnung zu tragen, daß ein Elternteil, der mangels Leistungsfähigkeit nicht zur Zahlung von Barunterhalt verpflichtet ist, gleichwohl häufig das Kind in überobligationsmäßiger Weise unterstützt. Vgl. dazu Rn 515. Entgegen Weychardt[43] besteht auch kein Grund, wegen der Kindergeldverrechnung nach § 1612 b BGB den Vorwegabzug eines Sockelbetrages zu unterlassen.

515 Im Gesetz nicht ausdrücklich geregelt ist der häufig vorkommende Fall, daß der Elternteil, der das Kindergeld für das volljährige Kind bezieht, nicht barunterhaltspflichtig ist, weil er sein anrechenbares Einkommen den angemessenen Selbstbehalt von 1800,– DM (vgl. Rn 417) unterschreitet. Dies wird häufig auf die Mutter zutreffen, die das Kind während der Minderjährigkeit betreut hat. Der Vater ist dann allein barunterhaltspflichtig und muß den gesamten Bedarf des Kindes decken. Nach dem bis zum 30. 6. 1998 geltenden Recht kam ihm dann in der Regel das Kindergeld voll zugute, weil es bedarfsdeckend anzurechnen war, wenn die Mutter es dem Kind zuwendete. Nach neuem Recht greift dagegen § 1612 b I BGB ein, nach dem das Kindergeld nur zur Hälfte auf den Unterhaltsanspruch anzurechnen ist (vgl. Rn 501).[44] Ich halte dieses Ergebnis für sachgerecht und nicht korrekturbedürftig. Lebt das Kind weiter bei der Mutter, so kommt das Kindergeld ihm zugute, da es Teil des Einkommens der Mutter ist und daher für den gemeinsamen Haushalt verwendet wird, die Mutter zudem auch dem volljährigen Kind geldwerte Dienste durch Kochen, Putzen usw. zu erbringen pflegt. Auch wenn das Kind z. B. als Student auswärts wohnt, kann nach der Lebenserfahrung davon ausgegangen werden, daß die Mutter es weiter unterstützt und es auf diesem Wege am Kindergeld beteiligt. Zwar mögen diese Zuwendungen dogmatisch gesehen freiwillige Leistungen Dritter sein, die grundsätzlich nicht als Unterhalt zu werten sind (vgl. Rn 100 ff). Dem Gesetzgeber steht es aber gleichwohl frei, die Mutter am Kindergeld hälftig zu beteiligen. Für den Fall, daß die Mutter das Kindergeld ausschließlich für sich verwendet, hat der Gesetzgeber in § 74 EStG Vorsorge getroffen. Das Kind kann dann bei der Familienkasse beantragen, daß ihm das Kindergeld ausgezahlt wird. Vgl. dazu Rn 494.

V. Prozessuales

516 Im **Urteil** oder einem sonstigen Vollstreckungstitel ist der anzurechnende Kindergeldanteil betragsmäßig auszuweisen. Vgl. dazu das Beispiel Rn 246 h. Der Urteilsausspruch

---

[41] OLG Hamm, FamRZ 1999, 1018
[42] So aber Künkel, FPR 1998, 167, 171
[43] FamRZ 1999, 828
[44] A. A. OLG Düsseldorf, FamRZ 1999, 1452

darf nicht so gefaßt werden, daß der Schuldner z. B. zu 510,– DM Kindesunterhalt oder zu dem Regelbetrag der 3. Altersstufe „abzüglich der Hälfte des jeweiligen gesetzlichen Kindergeldes" verurteilt wird. Dies widerspricht dem Bestimmtheitsgrundsatz (vgl. § 253 ZPO). Ein hinsichtlich des Kindergeldes nicht bestimmter Urteilstenor stellt insbesondere an die Lohnbuchhaltungen der Arbeitgeber, die aufgrund eines Pfändungs- und Überweisungsbeschlusses gepfändete Beträge an den Gläubiger abführen müssen, unzumutbare Anforderungen, zumal da ihnen nach Aufhebung des § 73 EStG die Auszahlung des Kindergeldes nicht mehr obliegt. Von ihnen kann nicht erwartet werden, daß sie über die Höhe des Kindergeldes, die allein zwischen 1996 bis 2000 viermal geändert worden ist, stets zuverlässig informiert sind. Zudem ergibt sich aus § 655 ZPO, daß der Gesetzgeber von einer betragsmäßigen Ausweisung des Kindergeldes im Vollstreckungstitel ausgeht. Vgl. Rn 8/351.

Zur **Pfändung** vgl. § 76 EStG.

Zur Tenorierung im Mangelfall vgl. Rn 509.

8. Abschnitt: Sonderprobleme des Kindesunterhalts

I. Auskunftspflichten

Nach § 1605 I BGB sind **Eltern gegenüber Kindern**, aber auch **Kinder gegenüber ihren Eltern** verpflichtet, auf Verlangen über ihre Einkünfte und ihr Vermögen Auskunft zu erteilen, soweit dies zur Feststellung eines Unterhaltsanspruchs erforderlich ist. Unter Umständen schulden auch die **Eltern untereinander** Auskunft, wenn dies notwendig ist, um ihre Haftungsanteile nach § 1606 III 1 BGB festzustellen.[1] Wegen der Einzelheiten vgl. Rn 1/565 ff. 517

Eine **Auskunftsverpflichtung** besteht allerdings **nicht**, wenn die begehrte Auskunft den Unterhaltsanspruch oder die Unterhaltsverpflichtung unter keinem Gesichtspunkt beeinflussen kann.[2] Die Auffassung der 2. Auflage,[3] daß eine Auskunft in der Regel bei der Unterhaltsbemessung nach **festen Bedarfssätzen** nicht erforderlich sei, sofern nicht besondere Umstände vorgetragen würden, die eine Abweichung von den festen Unterhaltsbeträgen rechtfertigen würden, vermag ich nicht zu teilen (vgl. auch Rn 1/565). Auch der Unterhalt des Studenten oder des volljährigen Kindes mit eigenem Haushalt, der nach allgemeiner Ansicht in der Regel mit 1120,– DM bemessen wird (vgl. Rn 369; zum Studentenunterhalt im Beitrittsgebiet Rn 6/628), kann bei guten Einkommensverhältnissen der Eltern erhöht werden (vgl. Rn 128 ff, 376). Dem Kind muß daher die Möglichkeit offenstehen, durch Geltendmachung des Auskunftsanspruchs zu prüfen, ob die Eltern in derartig günstigen Verhältnissen leben. Zudem ist die Auskunft bei beiderseits barunterhaltspflichtigen Eltern in aller Regel erforderlich, um die Haftungsanteile der Eltern zu klären (zu den Haftungsanteilen der Eltern beim Volljährigenunterhalt Rn 433 ff). 518

Über die Höhe der Einkünfte sind auf Verlangen Belege, insbesondere **Gehaltsabrechnungen** und/oder Bescheinigungen des Arbeitgebers vorzulegen. Solche Belege müssen bei gerichtlicher Geltendmachung des Auskunftsanspruchs im Antrag genau bezeichnet werden. Die Vorlage der **Lohnsteuerkarte** reicht jedenfalls dann nicht aus, wenn der Auskunftspflichtige nicht lohnsteuerpflichtige Einkünfte, z. B. Überstundenvergütungen, bezogen haben kann. Vgl. auch Rn 1/579. 519

---

[1] BGH, FamRZ 1988, 268 = R 351
[2] BGH, FamRZ 1994, 1169 = R 481
[3] Wendl/Staudigl, 2. Aufl., S. 168

II. Rangfolge der Unterhaltsberechtigten und Unterhaltsverpflichteten

520   Vgl. zur Beeinträchtigung der Leistungsfähigkeit durch Unterhaltsansprüche anderer Berechtigter und zu Mangelfällen beim Kindesunterhalt Rn 159 ff, 429 ff. Allgemein zur Rangproblematik und zu Mangelfällen Rn 5/1 ff, 5/35ff.

III. Verzicht auf Kindesunterhalt und Freistellungsvereinbarungen der Eltern

1. Kein Verzicht auf zukünftigen Kindesunterhalt

521   Auf Kindesunterhalt **kann für die Zukunft nicht verzichtet** werden (§ 1614 I BGB). Dieses Verbot betrifft auch einen teilweisen Unterhaltsverzicht. Deshalb darf eine Vereinbarung über den Kindesunterhalt nicht auf einen vollständigen oder teilweisen Verzicht hinauslaufen. Das gilt auch für eine Beschränkung der Möglichkeit, eine Erhöhung des Kindesunterhalts im Wege der Abänderungsklage (§ 323 ZPO) zu verlangen. Ohne Bedeutung ist, ob die Parteien einen Verzicht ausdrücklich gewollt haben. Es genügt, wenn der Kindesunterhalt objektiv verkürzt würde.[4]

522   Für die Unterhaltsbemessung nach § 1610 BGB besteht ein gewisser **Spielraum**, der von den Parteien ausgeschöpft werden kann. Eine Unterhaltsvereinbarung ist deshalb erst dann unwirksam, wenn und soweit sie diesen Angemessenheitsrahmen unterschreitet. In der Rechtsprechung wird eine Unterschreitung der gebräuchlichen Tabellensätze bis zu 20 % als hinnehmbar erwogen, eine Unterschreitung um $1/3$ dagegen als im Regelfall mit § 1614 I BGB unvereinbar angesehen.[5] Bei Unterschreitung um mehr als 20 % ist im Einzelfall zu prüfen, ob ein gegen § 1614 I BGB verstoßender Verzicht vorliegt.

523   Zulässig ist ein **Verzicht** auf Kindesunterhalt **für die Vergangenheit**. Ein solcher Verzicht erfordert einen Erlaßvertrag (§ 397 BGB), der auch durch schlüssiges Verhalten zustande kommen kann und auf seiten des Gläubigers einen rechtsgeschäftlichen Aufgabewillen voraussetzt. Darin, daß ein Unterhaltsanspruch längere Zeit nicht geltend gemacht worden ist, liegt allein noch kein solcher Verzicht. Es ist vielmehr zu prüfen, ob der Berechtigte einen triftigen Grund für einen solchen Verzicht hatte oder ob nicht eine andere Erklärung für die Unterlassung der Rechtsausübung näherliegt.[6]

524   Die Wirkungen eines Unterhaltsverzichts können teilweise durch eine Freistellungsvereinbarung zwischen den Eltern erreicht werden (vgl. Rn 525 ff). Ein solcher Vertrag hindert das Kind jedoch nicht an der Geltendmachung seines Unterhaltsanspruchs gegen den Elternteil, der nach der Abmachung zwischen seinen Eltern vom Kindesunterhalt freigestellt werden soll. Diesem Elternteil bleibt es vielmehr überlassen, bei dem anderen Rückgriff zu nehmen.

2. Freistellungsvereinbarungen der Eltern bezüglich des Kindesunterhalts

525   Eine Freistellungsvereinbarung der Eltern, durch die ein Elternteil gegenüber dem anderen die Erfüllung der Unterhaltsverpflichtung für ein Kind übernimmt, ist **zulässig**. Durch eine solche Vereinbarung bleibt der Unterhaltsanspruch des Kindes unberührt. Das Kind wird dadurch nicht gehindert, einen höheren Anspruch geltend zu machen, weil die Freistellungsvereinbarung am gesetzlichen Unterhaltsanspruch des Kindes nichts ändert.[7]

---

[4] BGH, FamRZ 1984, 997, 999 = R 223 d
[5] BGH, FamRZ 1984, 997, 999 = R 223 d
[6] BGH, FamRZ 1981, 763 = R 77
[7] BGH, FamRZ 1986, 444 = R 285; vgl. auch OLG Hamm, FamRZ 1999, 163 zur Verbindung einer Freistellungsvereinbarung hinsichtlich des Kindesunterhalts mit einem unwirksamen Verzicht auf Trennungsunterhalt

Die zwischen den Eltern verabredete Freistellung von Unterhaltsansprüchen des Kindes beinhaltet rechtlich eine Erfüllungsübernahme. Aufgrund einer solchen Abrede kann der vom Kind in Anspruch genommene Elternteil vom anderen verlangen, daß dieser den Anspruch des Kindes befriedigt.[8] 526

Eine Unterhaltsfreistellung ist **sittenwidrig** (§ 138 I BGB), wenn sie in einer Scheidungsvereinbarung enthalten ist, die einen Vorschlag zur Regelung der elterlichen Sorge über gemeinschaftliche Kinder enthält, der sich über das Kindeswohl bewußt hinwegsetzt. Die Rechtsordnung kann nicht eine Vereinbarung anerkennen, die nicht dem Wohl des Kindes, sondern materiellen egoistischen Interessen eines Elternteils dient. Dabei kommt es nicht entscheidend darauf an, ob der Richter dem Vorschlag der Eltern gefolgt ist oder ob er erkannt hat, daß zum Wohl des Kindes eine vom Vorschlag abweichende Sorgerechtsentscheidung erforderlich ist.[9] Allein die Verbindung des Elternvorschlags mit einer Unterhaltsfreistellung und mit der Regelung weiterer Scheidungsfolgen in einer notariellen Urkunde oder einem gerichtlichen Vergleich reicht dagegen zur Bejahung der Sittenwidrigkeit nicht aus.[10] Ein Verstoß gegen § 138 I BGB ist jedoch zu bejahen, wenn das Sorgerecht über ein Kind als Tauschobjekt für die Freistellung von Unterhaltspflichten benutzt wurde.[11] Die Frage, ob die Sorgerechtsentscheidung dem Kindeswohl entspricht, ist im Rahmen des § 138 I BGB im Unterhaltsverfahren zu überprüfen. 527

Eine Freistellungsvereinbarung ist regelmäßig sittenwidrig (§ 138 I BGB), wenn sie unzulässigerweise mit einer Verpflichtung gekoppelt wurde, auf Dauer von der Ausübung des **Umgangsrechts** mit einem gemeinsamen Kind abzusehen. Hiervon ist in der Regel auszugehen, wenn die Unterhaltsfreistellungsverpflichtung und der Verzicht auf die Ausübung des Umgangsrechts als gegenseitige, in ihrer Wirksamkeit voneinander abhängige Vereinbarungen getroffen worden sind.[12] 528

IV. Familienrechtlicher Ausgleichsanspruch

1. Ausgleich zwischen den Eltern

Ein familienrechtlicher Ausgleichsanspruch ist in der Rechtsprechung des BGH für Fälle anerkannt, in denen **ein Elternteil allein für den Unterhalt eines gemeinsamen Kindes aufgekommen** ist, obwohl auch der andere dem Kind unterhaltspflichtig war. Er beruht auf der Unterhaltspflicht beider Eltern gegenüber ihrem Kind und ergibt sich aus der Notwendigkeit, die Unterhaltslast im Verhältnis zwischen ihnen entsprechend ihrem Leistungsvermögen gerecht zu verteilen.[13] Bei den mit Hilfe des familienrechtlichen Ausgleichsanspruchs geforderten Ersatzbeträgen handelt es sich wirtschaftlich gesehen um rückständige Unterhaltsleistungen, nämlich um Geldleistungen, die anstelle des Unterhalts den Dritten zu erbringen sind, der die Unterhaltslast zunächst auf sich genommen hat.[14] Der Anspruch ist seiner Rechtsnatur nach kein Unterhalts-, sondern ein Erstattungs-(Ausgleichs-)anspruch.[15] Vom familienrechtlichen Ausgleichsanspruch wird teilweise auch gesprochen, wenn ein Ehegatte dem anderen Teil Leistungen, insbesondere sog. ehebedingte Zuwendungen, erbracht hat[16] oder wenn er unfreiwillig von seinem Einkommen höhere Zahlungen für den Familienunterhalt geleistet hat, als seiner anteilmäßigen Haftung entspricht.[17] Vgl. auch Rn 3/42, 3/55, 3/79 ff. 529

---

[8] BGH, FamRZ 1986, 444 = R 285
[9] BGH, FamRZ 1986, 444 = R 285
[10] BGH, FamRZ 1986, 444 = R 285
[11] BGH, FamRZ 1984, 778 = R 219
[12] BGH, FamRZ 1984, 778 = R 219
[13] BGH, FamRZ 1994, 1102 = R 480; FamRZ 1989, 850 = NJW 1989, 2816; FamRZ 1960, 194 = NJW 1960, 957
[14] BGH, FamRZ 1984, 775 = NJW 1984, 2158
[15] BGH, FamRZ 1984, 775, 777 = NJW 1984, 2158
[16] BGH, FamRZ 1995, 537 = R 493 b; FamRZ 1994, 1167
[17] OLG Celle, FamRZ 1999, 162

530 Der Anspruch eines Elternteils auf **Ausgleich des** dem anderen Elternteil gezahlten **Kindergeldes** (Rn 500 ff) ist ein Unterfall des familienrechtlichen Ausgleichsanspruchs,[18] obwohl hier nicht Ausgleich gezahlten Unterhalts, sondern einer staatlichen Sozialleistung, seit 1. 1. 1996 einer vorweggenommenen Steuervergütung im Rahmen des Familienleistungsausgleichs (Rn 487), begehrt wird. Vgl. dazu näher Rn 539.

531 Die Einordnung des Kindergeldausgleichs in den familienrechtlichen Ausgleichsanspruch bedingt eine **Erweiterung der** obigen **Definition** dieses Anspruchs (vgl. Rn 529). Der familienrechtliche Ausgleichsanspruch dient
– dem Ausgleich von Unterhaltsleistungen, die ein Elternteil anstelle des anderen erbracht und durch die er dessen Unterhaltspflicht gegenüber dem Kind erfüllt hat,
– oder dem Ausgleich von Sozialleistungen oder von Leistungen im Rahmen des Familienleistungsausgleichs, die für beide Eltern zur Erleichterung des Kindesunterhalts bestimmt, aber entgegen § 1612 b BGB nur einem Elternteil zugeflossen sind, obwohl sie auch dem anderen zugute kommen sollen. Vgl. Rn 539.

532 Das Rechtsinstitut des familienrechtlichen Ausgleichsanspruchs ist erforderlich, weil die **Vorschriften des allgemeinen Schuldrechts** nicht stets ausreichen, um der Interessenlage gerecht zu werden.
• Eltern sind nicht Gesamtschuldner des Kindesunterhalts. Auch wenn beide barunterhaltspflichtig sind, haften sie dem Kind nur als Teilschuldner (vgl. Rn 308, 437). Ein Gesamtschuldnerausgleich nach § 426 BGB scheidet daher aus.
• Ein Anspruch auf Aufwendungsersatz nach §§ 683, 670 BGB ist in vielen Fällen fraglich, weil der Elternteil, der den Kindesunterhalt zunächst sicherstellt, selbst unterhaltspflichtig ist und deshalb nicht stets in der Absicht handelt, eine Verpflichtung des anderen Elternteils zu erfüllen.[19]
• Aus demselben Grund kann ein Bereicherungsanspruch nach § 812 BGB ausscheiden. Zudem ist die Anwendung des § 818 III BGB nicht angemessen, wenn ein Elternteil anstelle des anderen für den Unterhalt eines Kindes sorgt.

533 Der BGH hat bisher offengelassen, ob der familienrechtliche Ausgleichsanspruch die Anwendung der schuldrechtlichen Vorschriften, insbesondere der §§ 683, 812 ff BGB, ausschließt.[20] Er hat jedoch die Einschränkungen, denen der familienrechtliche Ausgleichsanspruch unterliegt, vor allem die entsprechende Anwendung der §§ 197, 1613 BGB (vgl. unten Rn 541 f), auch dann eingreifen lassen, wenn der Ausgleich aus Geschäftsführung ohne Auftrag oder ungerechtfertigter Bereicherung hergeleitet wird.[21]

534 Der Forderungsübergang nach § 1607 II BGB erlaubt einen Ausgleich der Unterhaltsleistungen, die ein Elternteil anstelle des anderen für das Kind erbracht hat, nur dann, wenn die Rechtsverfolgung im Inland ausgeschlossen oder erheblich erschwert ist. Auf diese Anspruchsvoraussetzung kann nicht verzichtet werden.[22] Zu § 1607 BGB vgl. Rn 546 ff.

534 a Ein Elternteil kann **Erstattung** geschuldeter Unterhaltsleistungen **von dem Kind** selbstverständlich weder über § 812 BGB noch mit Hilfe des familienrechtlichen Ausgleichsanspruchs verlangen. Nur ausnahmsweise kommt in engen Grenzen ein Ersatzanspruch nach § 1648 BGB hinsichtlich solcher Aufwendungen in Betracht, die ein Elternteil über den Unterhalt hinaus erbracht hat. Entscheidend ist nicht, ob die Aufwendung notwendig war, sondern ob der Elternteil sie nach den Umständen, insbesondere den Vermögensverhältnissen des Kindes entsprechend dem Haftungsmaßstab des § 1664 I BGB subjektiv für erforderlich halten durfte. Anders als im Rahmen des § 685 BGB besteht keine tatsächliche Vermutung dafür, daß dem Elternteil die Absicht fehlt, von dem Kind Ersatz zu verlangen.[23]

---

[18] FamRZ 1997, 806 = R 512 f; BGH, FamRZ 1988, 834 = R 370 a
[19] BGH, FamRZ 1960, 194 = NJW 1960, 957
[20] BGH, FamRZ 1994, 1102, 1104 = R 480; FamRZ 1984, 775, 777 = NJW 1984, 2158
[21] BGH, FamRZ 1994, 1102, 1104 = R 480; FamRZ 1984, 775, 777 = NJW 1984, 2158
[22] BGH, FamRZ 1989, 850 = NJW 1989, 2816
[23] BGH, FamRZ 1998, 367, 368 = R 517 a hinsichtlich des Kaufs eines Pkws für ein vermögendes Kind

8. Abschnitt: Sonderprobleme des Kindesunterhalts § 2

2. Erfüllung einer dem anderen Elternteil obliegenden Unterhaltspflicht

Der Elternteil, der den Unterhalt für das Kind geleistet hat, muß anstelle des anderen 535
Elternteils gehandelt, also mit seiner Leistung eine im Innenverhältnis der Eheleute zueinander **dem anderen Elternteil obliegende Verpflichtung** gegenüber dem Kind **erfüllt**
haben.[24] Im Rahmen des Ausgleichsanspruchs muß also geprüft werden, ob der andere
Elternteil dem Kind unterhaltspflichtig, insbesondere ob er in dem Zeitraum, für den der
Ausgleich verlangt wird, leistungsfähig war.[25] Waren beide Elternteile barunterhaltspflichtig, muß ihr Haftungsanteil nach § 1606 III BGB ermittelt werden (vgl. Rn 289 ff,
433 ff). Der Ausgleichsanspruch ist dann nur insoweit begründet, als der andere Elternteil
sich am Unterhalt zu beteiligen hatte.

Der Elternteil, der anstelle des anderen leistet, erbringt dem Kind in der Regel keinen 536
Barunterhalt, sondern **Naturalunterhalt**, indem er den gesamten Lebensbedarf des Kindes in seinem Haushalt sicherstellt. Die Entscheidungen, in denen der BGH das Institut
des familienrechtlichen Ausgleichsanspruchs entwickelt hat, betrafen gerade derartige
Fallgestaltungen.[26] Nicht verständlich ist daher, daß der BGH – ohne Auseinandersetzung mit diesen Urteilen – nunmehr die Auffassung vertritt, daß ein „Elternteil, der einem gemeinsamen ehelichen Kind Betreuungs- und Barleistungen erbracht hat, ... daher vom anderen Elternteil ... grundsätzlich nur Erstattung geleisteten Barunterhalts, nicht dagegen Ersatz für geleistete Betreuung verlangen" kann.[27] Der BGH übersieht, daß es bei derartigen Fallgestaltungen nicht um Ersatz des Betreuungsunterhalts geht, sondern um die Erstattung des Aufwandes, der dem Elternteil durch die Gewährung des Unterhalts in Natur entstanden ist (zum Bar-, Betreuungs- und Naturalunterhalt vgl. Rn 8 ff).[28] Wäre die Auffassung des BGH richtig, würde das Institut des familienrechtlichen Ausgleichsanspruchs weitgehend gegenstandslos werden. Vgl. auch Rn 543.

Der Elternteil, der für den Kindesunterhalt aufgekommen ist, kann nur Ausgleich verlangen, wenn er zur Zeit der Leistung die **Absicht** hatte, **Ersatz zu verlangen** (§ 1360 b 537
BGB).[29] Dies gilt jedenfalls unter getrenntlebenden Eheleuten (§ 1361 IV 4 BGB).[30] Der
BGH neigt offenbar dazu, § 1360 b BGB nach der Scheidung nicht mehr anzuwenden,
hat dies aber letztlich offengelassen.[31] An die Darlegung und den Beweis, daß der leistende Ehegatte von dem anderen Ersatz zu verlangen beabsichtigte, sind für die Zeit nach
der Trennung der Ehegatten keine hohen Anforderungen zu stellen, da in der Regel nicht
anzunehmen ist, daß ein getrenntlebender Ehegatte den anderen begünstigen will. Zu
§ 1360 b BGB vgl. auch Rn 3/79 ff.

Die Frage, ob das Kind einen Unterhaltsanspruch oder der bisher betreuende Elternteil 538
einen familienrechtlichen Ausgleichsanspruch gegen den anderen Elternteil geltend machen kann, gewinnt praktische Bedeutung insbesondere dann, wenn das Kind während
eines Unterhaltsprozesses **volljährig wird oder zum anderen Elternteil wechselt**. In beiden Fällen erlischt die Vertretungsmacht des bisher betreuenden Elternteils, entweder
durch Eintritt der Volljährigkeit oder durch Obhutswechsel (§ 1629 II 2 BGB). Damit endet auch die gesetzliche Prozeßstandschaft nach § 1629 III 1 BGB (vgl. dazu Rn 8/18).
Ein Prozeß ist von dem volljährigen Kind oder bei einem Minderjährigen von einem Ergänzungspfleger fortzuführen. Vgl. dazu am Ende der Rn.

Das **volljährige Kind** kann den künftigen und den rückständigen Unterhalt allein gegen
den pflichtigen Elternteil geltend machen. Über die Verwendung des künftigen Unterhalts
entscheidet es allein. Der rückständige Unterhalt gebührt dagegen im Innenverhältnis dem
bisher betreuenden Elternteil, wenn und soweit er bisher für den Unterhalt des Kindes in

---

[24] BGH, FamRZ 1981, 761 = NJW 1981, 2348
[25] BGH, FamRZ 1960, 194, 197 = NJW 1960, 957
[26] BGH, FamRZ 1984, 775 = NJW 1984, 2158; FamRZ 1968, 450 = NJW 1968, 1780; FamRZ 1960, 194 = NJW 1960, 957
[27] BGH, FamRZ 1994, 1102 = R 480 mit Anm. Scholz, FamRZ 1994, 1314
[28] Scholz, FamRZ 1994, 1314
[29] BGH, FamRZ 1989, 850, 852 = NJW 1989, 2816
[30] BGH, FamRZ 1968, 450 = NJW 1968, 1780
[31] BGH, FamRZ 1989, 850, 852 = NJW 1989, 2816

Natur aufgekommen ist (vgl. zum Naturalunterhalt Rn 9). Ihm steht ein familienrechtlicher Ausgleichsanspruch gegen den anderen Elternteil zu. Die **Konkurrenz** dieses Anspruchs **zu dem fortbestehenden Unterhaltsanspruch** des Kindes wird am besten über das Institut der Gesamtgläubigerschaft (§ 428 BGB) gelöst.[32] Der Schuldner kann nach Belieben an einen der Gesamtgläubiger leisten. Das volljährige Kind ist gemäß §§ 242, 1618a BGB verpflichtet, vom Pflichtigen eingehende Beträge an den bisher betreuenden Elternteil abzuführen. Darüber hinaus ist es gehalten, den Unterhaltsanspruch für die Zeit der Minderjährigkeit an ihn abzutreten.[33] Ist dagegen der Unterhalt mit Hilfe des Sozialamts sichergestellt worden, ist der Anspruch auf den Sozialhilfeträger übergegangen (§ 91 I BSHG) und kann vom Kind nicht mehr abgetreten werden. Der von Gießler[34] aufgezeigte Weg, daß der betreuende Elternteil gemäß § 267 BGB nachträglich bestimmt, daß mittels des ihm geleisteten Unterhalts der Anspruch des Kindes gegen den Verpflichteten getilgt werden sollte, ist m. E. nicht gangbar. Einmal leistet der betreuende Elternteil entgegen Gießler nicht anstelle des anderen Barunterhalt, sondern Natural- und Betreuungsunterhalt (vgl. dazu Rn 8 ff, 536). Zum anderen bedarf es einer solchen Tilgungsbestimmung nicht, um den familienrechtlichen Ausgleichsanspruch zu begründen. Die Absicht des betreuenden Elternteils, für seine Aufwendungen vom anderen Ersatz zu verlangen, ergibt sich aus der Tatsache, daß er namens des Kindes Unterhalt gefordert hatte.[35] Vgl. dazu Rn 537, 541.

Dieselben Grundsätze gelten für das **minderjährige Kind** nach einem Obhutswechsel. Es wird in der Regel notwendig sein, für das Kind einen Ergänzungspfleger zu bestellen (§ 1909 BGB). Der nunmehr betreuende Elternteil ist nicht befugt, im Namen des Kindes dessen Unterhaltsanspruch gegen sich selbst an den anderen abzutreten (§ 1629 II 1 BGB).[36] Zwar gilt § 1629 III 1 BGB auch für Passivprozesse, z. B. für einen Rechtsstreit, mit dem das Kind auf Abänderung eines Titels über Kindesunterhalt in Anspruch genommen wird.[37] Darum geht es hier aber nicht.

3. Ausgleich von Kindergeld und anderen staatlichen kinderbezogenen Leistungen

539   Der **Ausgleich des Kindergeldes** erfolgt nach § 1612b BGB über den Kindesunterhalt. Nach dem Halbteilungsgrundsatz steht jedem Elternteil grundsätzlich die Hälfte des Kindergeldes zu. Ausnahmen bestehen im Mangelfall. Vgl. dazu Rn 500 ff, 509 ff. Für die **Zukunft** hat die Anrechnung des Kindergeldes **ausschließlich nach § 1612b BGB** zu erfolgen. Ein weiterer Ausgleich zwischen den Eltern findet nicht statt.

Diese Anrechnung des Kindergeldes nach § 1612b BGB, die allerdings kein zwingendes Recht darstellt und durch Parteivereinbarung ersetzt oder abgeändert werden kann, macht auch für die **Vergangenheit** grundsätzlich einen weiteren familienrechtlichen Ausgleich zwischen den Eltern entbehrlich. Dies gilt auch dann, wenn ein Elternteil geltend macht, er habe z. B. für ein volljähriges Kind mehr als den hälftigen Unterhalt geleistet. In einem solchen Fall kommt ein anderer als ein hälftiger Ausgleich des Kindergeldes grundsätzlich nicht in Betracht. Vgl. dazu Rn 501, 515.

Jedoch kann einem Elternteil ein privatrechtlicher familienrechtlicher Ausgleichsanspruch zustehen, wenn das Kindergeld entgegen §§ 62ff EStG an einen anderen Berechtigten ausgezahlt worden ist als dort vorgesehen und deshalb die in § 1612b BGB vorgesehene Anrechnung des Kindergeldes nicht hat durchgeführt werden können. Zu beachten ist aber hier, daß dann die Familienkasse das zu Unrecht bezogene Kindergeld durch Verwaltungsakt zurückfordern kann.[38]

---

[32] A. A. Gießler, FamRZ 1994, 800, 805
[33] Gießler, FamRZ 1994, 800, 805
[34] Gießler, FamRZ 1994, 800, 806
[35] BGH, FamRZ 1989, 850, 852 = NJW 1989, 2816
[36] Gießler, FamRZ 1994, 800, 807
[37] KG, FamRZ 1988, 313
[38] Zur Handhabung der Rückforderung des Kindergeldes durch die Familienkasse, wenn dieses über Verrechnung mit dem Kindesunterhalt an den vorrangig Berechtigten „weitergeleitet" worden ist, vgl. Linderer in Heiß/Born, Unterhaltsrecht, 44 Rn 26

8. Abschnitt: Sonderprobleme des Kindesunterhalts §2

Zum familienrechtlichen Ausgleichsanspruch, wenn nach dem bis zum 30. 6. 1998 geltenden Recht Kindergeld an den nicht berechtigten Elternteil ausgezahlt worden ist, vgl. die 4. Aufl. Rn 538.

Andere Vergünstigungen, die Eltern für das Kind zustehen, sind nicht wie das Kindergeld auszugleichen. Sie erhöhen vielmehr das Einkommen des Empfängers und wirken sich dadurch auf die Höhe des Kindesunterhalts, ggf. auch auf die Höhe des Ehegattenunterhalts aus. Dies gilt zunächst für kinderbezogene Teile des **Familienzuschlags** (früher des Ortszuschlags) zum Gehalt des Beamten, Richters und Soldaten (Rn 496). Auch die **Kinderfreibeträge** des Einkommensteuerrechts, die sich ab 1. 1. 1996 nicht mehr beim Lohnsteuerabzug, wohl aber bei Solidaritätszuschlag und Kirchensteuer auswirken, jedoch nach wie vor bei der Einkommensteuerveranlagung berücksichtigt werden (Rn 487), sowie der Ausbildungsfreibetrag nach § 33a II EStG und der Pauschbetrag für ein behindertes Kind (§ 33b V EStG) erhöhen allein das Einkommen desjenigen Elternteils, dem sie gewährt werden. Steuerrechtlich stehen sie jedem Elternteil zur Hälfte zu. Der hälftige Ausbildungsfreibetrag und der Behindertenpauschbetrag, seit 1996 aber nicht mehr der Kinderfreibetrag, können durch Vereinbarung auf den anderen Elternteil übertragen werden. Vgl. dazu Rn 501. Ein Ehegatte kann von dem anderen, bei dem sich die Freibeträge nicht oder nur unzureichend auswirken, eine Übertragung des Ausbildungsfreibetrages und des Behindertenpauschbetrages verlangen, wenn er ähnlich wie beim Realsplitting (vgl. Rn 1/473, 476, 482ff) zusagt, die entstehenden Nachteile auszugleichen. Zu den ausgleichspflichtigen Nachteilen gehören nicht die Steuerersparnisse, die nur aufgrund der Zusammenveranlagung mit einem neuen Ehepartner erwachsen. Der entsprechende Anspruch auf Übertragung ist ein Unterfall des familienrechtlichen Ausgleichsanspruchs. §§ 197, 1613 I BGB sind daher analog heranzuziehen[39] (vgl. Rn 541f).

Zum Verhältnis von Kindergeld und Kinderfreibeträgen im Rahmen des Familienleistungsausgleichs vgl. Rn 487ff.

4. Einschränkungen des familienrechtlichen Ausgleichsanspruchs

Da es sich bei den mit Hilfe des familienrechtlichen Ausgleichsanspruchs geforderten Beträgen wirtschaftlich um rückständige Unterhaltsleistungen handelt (vgl. Rn 529), besteht der Anspruch für die Vergangenheit nur in den Grenzen des § 1613 I BGB.[40] Er darf also nur unter den Voraussetzungen des § 1613 I, II BGB, grundsätzlich ab **Verzug** oder ab Rechtshängigkeit zugesprochen werden. Es reicht allerdings aus, wenn der verpflichtete Elternteil durch eine Unterhaltsklage des Kindes, gesetzlich vertreten durch den ausgleichsberechtigten Elternteil, von seiner Zahlungsverpflichtung unterrichtet worden ist.[41] Dies hat insbesondere Bedeutung in den Fällen, in denen das Kind von einem Elternteil zum anderen gewechselt und diesem daraufhin das Sorgerecht übertragen worden ist. Zum Wechsel des Kindes zum anderen Elternteil vgl. Rn 538; zum Ausgleichsanspruch des Elternteils, der den Naturalunterhalt des Kindes sichergestellt hat, vgl. Rn 536; zum Unterhalt für die Vergangenheit vgl. Rn 6/100ff.

Beispiel:
Das Kind, gesetzlich vertreten durch die Mutter (M), hat durch Urteil Unterhalt seit 1. 1. 1997 erstritten. Der leistungsfähige Vater (V) zahlt nicht. Am 1. 1. 1999 wechselt das Kind zu V. Diesem wird im März 1999 anstelle von M das Sorgerecht übertragen. M, die aus dem Urteil über Kindesunterhalt mangels Vertretungsbefugnis nicht vollstrecken darf, kann von V Ersatz des von ihr sichergestellten Unterhalts für die Jahre 1997 und 1998 im Weg des familienrechtlichen Ausgleichsanspruchs verlangen.

Der Ausgleichsanspruch richtet sich auf wiederkehrende Leistungen; er unterliegt damit der vierjährigen **Verjährung** nach § 197 BGB.[42] Die Verjährung beginnt mit dem

---
[39] BGH, FamRZ 1996, 725 = R 502
[40] BGH, FamRZ 1984, 775ff = NJW 1984, 2158
[41] BGH, FamRZ 1989, 850, 852 = NJW 1989, 2816
[42] BGH, FamRZ 1960, 194ff = NJW 1960, 957

Schluß des Jahres, in dem der Anspruch entstanden ist (§§ 198, 201 BGB). Solange die Ehe zwischen den Eltern besteht, ist die Verjährung gehemmt (§ 204 BGB).[43]

543 Ein Elternteil darf durch Geltendmachung des familienrechtlichen Ausgleichsanspruchs nicht ein **Urteil** oder einen gerichtlichen Vergleich über den **Kindesunterhalt unterlaufen.** In dem Rechtsstreit über den Kindesunterhalt werden die Leistungsfähigkeit beider Eltern und der Umfang ihrer Haftung geprüft. Dieses Urteil kann daher bei fortbestehender Barunterhaltspflicht nur auf Abänderungsklage veränderten Verhältnissen angepaßt werden.[44] Anders ist es freilich, wenn der titulierte Anspruch auf Barunterhalt erloschen ist, weil das Kind zu dem früher barunterhaltspflichtigen Elternteil gezogen ist und nunmehr von ihm Naturalunterhalt erhält. Dieser kann das Erlöschen der Barunterhaltspflicht und die Gewährung des Unterhalts in Natur gegenüber dem Kind jederzeit durch Vollstreckungsgegenklage (§ 767 ZPO) geltend machen, die nicht der Sperre des § 323 III ZPO unterliegt. Dann besteht aber kein Grund, dem Elternteil, der das Kind in seinen Haushalt aufgenommen und es in Natur unterhalten hat, den familienrechtlichen Ausgleichsanspruch gegen den anderen Elternteil zu versagen.[45] Vgl. dazu oben Rn 536.

5. Verzinsung des Ausgleichsanspruchs

544 Der Ausgleichsanspruch ist ab Verzug oder Rechtshängigkeit zu verzinsen (§§ 288 I, 291 BGB). Die Geltendmachung des Unterhaltsanspruchs des Kindes, gesetzlich vertreten durch den ausgleichsberechtigten Ehegatten, reicht nicht aus (vgl. zur Problematik des § 1360b BGB Rn 537).[46] Eine Verzinsung nach § 256 S. 1 BGB hat der BGH abgelehnt, weil der ausgleichsberechtigte Ehegatte durch Sicherstellung des Kindesunterhalts keine Aufwendungen im Sinne dieser Vorschrift, also keine freiwilligen Vermögensopfer im Interesse eines anderen, erbracht habe.[47] Damit setzt sich der BGH allerdings in Widerspruch zu seiner grundlegenden Entscheidung vom 9. 12. 1959,[48] die unbefangen von Aufwendungen spricht. Gleichwohl ist die Ablehnung des Zinsanspruchs nach § 256 BGB zutreffend, weil die weitgehende Zinspflicht nach dieser Vorschrift nicht vereinbar ist mit der besonderen Natur des familienrechtlichen Ausgleichsanspruchs, der auf der Unterhaltspflicht beider Eltern gegenüber dem Kind und der Notwendigkeit beruht, die Unterhaltslast im Innenverhältnis zwischen den Eltern gerecht zu verteilen.[49]

V. Gesetzlicher Forderungsübergang nach § 1607 BGB

545 **a) Primäre Haftung nachrangig Verpflichteter.** Nach § 1607 I BGB hat ein nachrangig haftender Verwandter Verwandten-, insbesondere Kindesunterhalt zu zahlen, wenn der zunächst Verpflichtete nach § 1603 BGB nicht leistungsfähig und daher nicht unterhaltspflichtig ist. Die Vorschrift greift insbesondere ein, wenn die Eltern den Unterhalt für ein minderjähriges oder privilegiert volljähriges Kind nicht aufbringen können, weil ihr notwendiger Selbstbehalt von 1500,– DM bzw. 1300,– DM (vgl. Rn 264) nicht gewahrt ist, oder wenn bei einem (nicht privilegierten) volljährigen Kind ihr angemessener Selbstbehalt von 1800,– DM (Rn 417) bei Erfüllung der Unterhaltspflicht gefährdet wäre. In einem solchen Fall haften dann nach Maßgabe des § 1606 III 1 BGB die Großeltern, ersatzweise auch die Urgroßeltern, die sich allerdings gegenüber dem (Ur-)Enkel auf einen höheren Selbstbehalt von 2250,– DM für sich selbst und auf einen vorrangigen

---

[43] BGH, FamRZ 1960, 194 ff = NJW 1960, 957
[44] BGH, FamRZ 1994, 1102 = R 480 mit Anm. Scholz, FamRZ 1994, 1314; FamRZ 1981, 761 = NJW 1981, 2348
[45] Scholz, FamRZ 1994, 1314, 1316 gegen BGH, FamRZ 1994, 1102, 1104 = R 480
[46] BGH, FamRZ 1989, 850, 853 = NJW 1989, 2816
[47] BGH, FamRZ 1989, 850, 853 = NJW 1989, 2816
[48] BGH, FamRZ 1960, 194 = NJW 1960, 957
[49] So mit Recht BGH, FamRZ 1989, 850, 853 = NJW 1989, 2816

Unterhaltsanspruch ihres Ehegatten von 1750,– DM berufen können. Vgl. dazu Rn 273, anders aber Pauling Rn 620, der bei Großeltern nur den nicht erhöhten angemessenen Selbstbehalt von 1800,– DM gelten lassen will. § 1607 I BGB ordnet eine originäre Unterhaltspflicht des nachrangig haftenden Verwandten an. Daher besteht **keine Rückgriffsmöglichkeit** gegen den zunächst verpflichteten, aber nicht leistungsfähigen Verwandten. Deshalb geht auch der Unterhaltsanspruch des Kindes, anders als bei § 1607 II BGB (Rn 547), nicht auf den nachrangig haftenden Verwandten über, wenn dieser den Unterhalt des Berechtigten sicherstellt.

§ 1607 I BGB hat im Verhältnis der Eltern zueinander keine Bedeutung. Ein Elternteil, der nicht leistungsfähig ist, haftet schon nach § 1606 III 1 BGB nicht auf Barunterhalt, da seine Erwerbs- und Vermögensverhältnisse dies nicht erlauben.[50]

Die **Beweislast** für mangelnde Leistungsfähigkeit des zunächst Haftenden trifft nicht den in Anspruch genommenen nachrangigen Verwandten, sondern den Berechtigten.[51]

b) Subsidiäre Haftung nachrangig Verpflichteter. § 1607 II BGb sieht eine Aushilfshaftung des gleich- oder nachrangigen Verwandten vor, wenn der Primärschuldner zwar leistungsfähig ist oder sich als leistungsfähig behandeln lassen muß, die Rechtsverfolgung gegen ihn aber im Inland ausgeschlossen oder erheblich erschwert ist. Ausgeschlossen ist die Rechtsverfolgung vor allem, wenn ein nichteheliches Kind vor Feststellung oder Anerkennung der Vaterschaft Unterhaltsansprüche gegen seinen Vater geltend machen will (§§ 1594 I, 1600 d IV BGB).[52] In diesem Fall kann sich das Kind nach § 1607 II BGB an die Mutter, ersatzweise an die mütterlichen Großeltern wenden. Erheblich erschwert ist die Rechtsverfolgung im Inland vor allem bei Auslands- oder bei unbekanntem Aufenthalt des Schuldners, aber auch dann, wenn ein Urteil voraussichtlich nicht wird vollstreckt werden können, weil der Pflichtige nur **aufgrund fiktiven Einkommens** verurteilt worden ist, er aber tatsächlich den Unterhalt nicht leisten kann, z. B. weil er Sozialhilfe bezieht.[53] Vgl. Rn 440. 546

Da § 1607 II BGB nur eine subsidiäre Haftung des nachrangigen Verwandten anordnet, geht der Unterhaltsanspruch des Kindes auf ihn über, soweit er dem Kind Unterhalt geleistet hat (§ 1607 II 2 BGB). Dies gilt auch dann, wenn er Unterhalt in Natur (Rn 9) erbracht hat, z. B. wenn der Großvater das Enkelkind in seinen Haushalt aufgenommen hat, weil die Eltern unbekannten Aufenthalts sind. Zum Ausgleichsanspruch unter Eltern, wenn einer von ihnen dem Kind Naturalunterhalt gewährt, vgl. Rn 537. Voraussetzung für den **Anspruchsübergang** ist aber stets, daß die Rechtsverfolgung im Inland ausgeschlossen oder erheblich erschwert ist.[54] Andernfalls muß das Kind, ggf. gesetzlich durch einen vom Familiengericht nach § 1666 BGB zu bestellenden Pfleger, selbst Klage erheben. 547

§ 1607 II BGB ist auch auf die Teilunterhaltsschulden der **Eltern** gegenüber ihrem Kind nach § 1606 III 1 BGB anwendbar. Jedoch findet auch hier ein gesetzlicher Forderungsübergang nach § 1607 II 2 BGB nur bei Ausschluß oder erheblicher Erschwerung der Rechtsverfolgung im Inland statt. Im übrigen kommt nur ein familienrechtlicher Ausgleichsanspruch (dazu Rn 529 ff) in Betracht, wenn dessen Voraussetzungen vorliegen.[55] 548

c) Unterhaltsleistung durch Dritten. § 1607 III BGB entspricht § 1615 b BGB in der bis zum 30. 6. 1998 geltenden Fassung. Jedoch gilt die Vorschrift anders als § 1615 b BGB nicht nur für nichteheliche, sondern auch für eheliche Kinder. Dadurch soll die Bereitschaft Dritter gefördert werden, statt des eigentlich Verpflichteten vorläufig den Unterhalt von Mutter und Kind sicherzustellen.[56] In erster Linie hat die Vorschrift freilich nach wie vor Bedeutung bei nichtehelichen Kindern. Sie gilt zunächst, wenn **ein anderer nicht unterhaltspflichtiger Verwandter des Kindes**, z. B. ein Onkel, eine Tante, ein älte- 549

---

[50] Ebenso im Ergebnis Johannsen/Henrich/Graba, 3. Aufl., § 1607 Rn 3
[51] BGH, FamRZ 1981, 347 = R 67 a
[52] So zum früheren Recht BGH, FamRZ 1993, 696
[53] OLG Frankfurt, FamRZ 1993, 231
[54] Vgl. dazu BGH, FamRZ 1989, 850 = NJW 1989, 2816
[55] BGH, FamRZ 1989, 850 = NJW 1989, 2816
[56] BT-Drucks. 13/7338, S. 21

rer vermögender Bruder oder eine ältere Schwester, dessen Unterhalt sicherstellt.[57] Bei nachrangig unterhaltspflichtigen Verwandten der aufsteigenden Linie greift dagegen § 1607 I oder II BGB ein. § 1607 III 2 BGB ist auch anwendbar, wenn der **Ehemann der Mutter,** also der Stiefvater, den Unterhalt des Kindes erbringt. Gilt der Ehemann nach § 1592 Nr. 1 BGB **als Vater,** so ist § 1607 III 2 BGB heranzuziehen, der eine entsprechende Anwendung des § 1607 III 1 BGB anordnet. Dasselbe gilt, wenn zunächst die Vaterschaft von einem Mann anerkannt worden ist, später aber von ihm mit Erfolg eine Anfechtungsklage erhoben (§ 1600 BGB) und die Vaterschaft eines anderen Mannes festgestellt wird (§ 1600 d BGB). Es ist freilich nicht notwendig, daß derjenige, der zunächst den Unterhalt für das Kind leistet, sog. **Scheinvater** ist. § 1607 III 2 BGB ist auch dann anzuwenden, wenn sich der Zahlende zu Unrecht für den Vater hält, so weil er mit der Mutter während der gesetzlichen Empfängniszeit geschlechtlich verkehrt hat. Auf das Bestehen einer nichtehelichen Lebensgemeinschaft mit der Mutter kommt es nicht an.[58]

Auch nach § 1607 III BGB geht der Unterhaltsanspruch des Kindes nur dann auf den Leistenden über, wenn die Rechtsverfolgung im Inland ausgeschlossen oder erheblich erschwert ist. Diese Voraussetzung liegt allerdings bei einem nichtehelichen Kind stets vor, da es vor Feststellung oder Anerkennung der Vaterschaft seinen Vater nicht in Anspruch nehmen kann. Eine einschränkende Auslegung des § 1607 III 2 BGB ist nicht erforderlich.[59]

Der Scheinvater, der an Stelle des wahren Vaters Unterhalt für das Kind geleistet hat, kann den auf ihn übergegangenen Unterhaltsanspruch des Kindes auch dann durchsetzen, wenn die Voraussetzungen des § 1613 I BGB, unter denen Unterhalt für die Vergangenheit verlangt werden kann, nicht vorliegen. Nach § 1613 II Nr. 2 a BGB kann der Scheinvater ohne diese Voraussetzungen Unterhalt verlangen, da das Kind vor rechtskräftiger Feststellung der Vaterschaft an seiner Geltendmachung rechtlich gehindert war. Vgl. dazu im einzelnen Rn 6/105 a.

550 **d) Rechtsfolgen des Anspruchsübergangs.** Nach § 412 BGB gelten die Vorschriften der §§ 399–404, 406–410 BGB über die Abtretung einer Forderung entsprechend. Dem Schuldner bleiben insbesondere alle Einwendungen, die er gegen den Unterhaltsanspruch des Kindes oder des sonstigen Verwandten erheben kann, erhalten (§ 404 BGB). Der übergegangene Anspruch kann ohne die Beschränkungen des § 850 d ZPO gepfändet werden. Deshalb sind weder § 394 BGB noch § 400 BGB anwendbar. Es besteht daher weder ein Abtretungs- noch ein Aufrechnungsverbot.[60]

551–599   z. Zt. nicht belegt

---

[57] Palandt/Diederichsen, BGB, 58. Aufl., § 1607 Rn 23
[58] Vgl. Palandt/Diederichsen, BGB, 58. Aufl., § 1607 Rn 28
[59] So aber Palandt/Diederichsen, BGB, 58. Aufl., § 1607 Rn 27
[60] Palandt/Diederichsen, BGB, § 1607 Rn 13; Johannsen/Henrich/Graba, 3. Aufl., § 1607 Rn 5

I. Grundlagen   § 2

B. Unterhaltsansprüche sonstiger Verwandter

I. Grundlagen

1. Grundfragen zum geltenden Recht

Die §§ 1601 ff BGB regeln nicht nur die Unterhaltspflicht der Eltern für ihre Kinder, **600** sondern allgemein die **Unterhaltspflicht zwischen Verwandten in gerader Linie**. Die Verwandtschaft kann auch durch Adoption begründet werden (§ 1754 BGB). Für die Praxis spielen die Ansprüche bedürftiger Eltern gegenüber ihren Kindern und von Enkeln gegen ihre Großeltern die Hauptrolle. Dagegen bestehen **keine Unterhaltsansprüche zwischen Verwandten der Seitenlinie**, z. B. zwischen Geschwistern, **sowie zwischen Verschwägerten**, nämlich zwischen Schwiegereltern und Schwiegerkindern oder zwischen Stiefeltern und Stiefkindern.[1] Obwohl die geltende Regelung, die auf das römische und das gemeine Recht zurückgeht, seitdem unverändert gültig geblieben ist,[2] mehren sich die Stimmen, welche das überkommene System des Verwandtenunterhalts in Frage stellen. **Es wird gefordert, den Verwandtenunterhalt** auf die Unterhaltspflicht der Eltern gegenüber minderjährigen Kindern, ergänzt um Ausbildungsunterhalt für volljährige Kinder bis zu einer bestimmten Altersgrenze, **zu beschränken**[3] oder sonst einzuschränken.[4] Es seien die Probleme der sogenannten „Sandwichgeneration" zu bedenken, die wegen der verlängerten Ausbildungszeiten der Kinder einerseits mit Kindesunterhalt sowie wegen der gestiegenen Lebenserwartung bedürftiger Eltern gleichzeitig mit Elternunterhalt belastet werde und in eben dieser Zeit die Hauptlast der allgemeinen Rentenfinanzierung trage. Auch die **Änderung des § 91 BSHG im Jahr 1974**, mit welcher der Übergang des gesetzlichen Unterhaltsanspruchs gegen Verwandte zweiten oder entfernteren Grades auf den Sozialhilfeträger ausgeschlossen worden sei (§ 91 I 3 BSHG), spreche für die Notwendigkeit einer Neubewertung. Hiergegen hat sich Richter, FamRZ 1996, S. 1245 ff. mit bedenkenswerten Argumenten gewandt und insbesondere darauf, daß trotz aller gesellschaftlichen Veränderungen **weiter bestehende Solidarität zwischen den Generationen** hingewiesen. Diese Solidarität zeige sich z. B. in Vermögensübertragungen und sonstigen Leistungen von Eltern an Kinder zu Lebzeiten der Eltern und an den freiwilligen Leistungen der Großeltern für ihre Enkel. Auch sei nicht zu übersehen, daß es der älteren Generation derzeit in weitem Umfang wirtschaftlich gutgehe.

2. Gerichtliche Zuständigkeit

Für die Unterhaltsansprüche sonstiger Verwandter einschließlich der nichtehelichen **601** Kinder (zwischen ehelichen und nichtehelichen Kindern wird nicht mehr unterschieden) ist seit 1. 7. 1998 nunmehr – wie für die auf einer Ehe oder auf ehelicher Abstammung beruhenden Ansprüche – das **Familiengericht mit Rechtszug zum Oberlandesgericht** zuständig (§§ 23 a Nr. 2, 23 b I Nr. 5, 119 I Nr. 2 u. 3 GVG). Wegen der Übergangsregelung für Verfahren, die bereits vor dem 1. 7. 1998 in erster Instanz anhängig geworden waren, wird auf Art. 15 § 1 des Kindschaftsreformgesetzes vom 16. 12. 1997 (BGBl. I S. 2942) verwiesen.

---

[1] Vgl. zu teilweise anderen Regelungen in europäischen Rechtsordnungen Schwenzer, FamRZ 1989, 685; Brudermüller, FamRZ 1996, 129; Büttner, FamRZ 1996, 1529
[2] Richter, FamRZ 1996, 1245
[3] Schwenzer, FamRZ 1989, 685, 691; Beschlüsse des 59. Deutschen Juristentages, FamRZ 1992, 1275; für die zeitliche Beschränkung des Unterhalts für volljährige Kinder auch Brudermüller, FamRZ 1996, 129, 134
[4] Empfehlungen des 11. Deutschen Familiengerichtstags, FamRZ 1996, 337, 339; Schwab, FamRZ 1997, 521, 526 f; Schlüter/Kemper, FuR 1993, 245, 251

3. Unterhaltsansprüche gegen Verwandte und Sozialgesetze

602 Der Rückgriff auf den nach bürgerlichem Recht Unterhaltspflichtigen ist den Sozialbehörden, wenn der Hilfsbedürftige öffentliche Leistungen erhält, beim Verwandtenunterhalt nur eingeschränkt möglich. **Wenn Sozialhilfe gewährt wird, schließt § 91 I 3 BSHG die Inanspruchnahme** durch Forderungsübergang **bei Verwandten zweiten oder entfernteren Grades** und in bestimmten Fällen auch bei Verwandten ersten Grades **aus** (vgl. Rn 6/520 f). Der **Träger der Sozialhilfe darf** den Hilfsbedürftigen bei dieser Sachlage trotz des Nachrangs der Sozialhilfe (§ 2 BSHG) **nicht auf Selbsthilfe verweisen**, z. B. auf die Geltendmachung von Unterhaltsansprüchen gegen leistungsfähige Großeltern, weil sonst die gesetzliche Schutzvorschrift des § 91 I 3 BSHG unterlaufen und umgangen würde[5] (vgl. auch Rn 6/569). Aus den eingeschränkten Rückgriffsmöglichkeiten ist der Schluß gezogen worden, daß der Unterhaltsberechtigte in den genannten Fällen, soweit er Anspruch auf Sozialhilfe habe, vom Unterhaltspflichtigen auf diesen Anspruch verwiesen werden könne, **da die Bedürftigkeit entfalle**.[6] Dies trifft jedoch nicht zu. Die Einschränkung der Rückgriffsmöglichkeiten hat nicht gleichzeitig den in § 2 BSHG geregelten Grundsatz der Subsidiarität der Sozialhilfe beseitigt,[7] sondern die bürgerlich-rechtlichen Unterhaltsansprüche unberührt gelassen.[8] Es mag unbefriedigend erscheinen, **daß der Hilfsbedürftige** dadurch **wählen kann, ob er Sozialhilfe** in Anspruch nehmen **oder Unterhalt** von einem Verwandten **verlangen will**, gegen den im Rückgriff des Sozialhilfeträgers ausgeschlossen ist.[9] Da § 2 II 1 BSHG, wonach Unterhaltsansprüche durch das Bundessozialhilfegesetz nicht berührt werden, unverändert blieb, kann dem Gesetzgeber nicht unterstellt werden, es sei ein auch nur mittelbarer Eingriff in Unterhaltsansprüche gewollt gewesen. Nach der Gesetzesbegründung sollte einer Neuordnung des bürgerlichen Unterhaltsrechts gerade nicht vorgegriffen werden.[10] Allerdings darf der Berechtigte für denselben Zeitraum nicht sowohl Sozialhilfe als auch Unterhalt in Empfang nehmen, so daß der Pflichtige ihm, soweit er schon Sozialhilfe erhalten hätte, den Einwand unzulässiger Rechtsausübung entgegenhalten könnte (vgl. Rn 6/567 und 569).

603 Anders ist die Sache zu beurteilen, wenn der Hilfsbedürftige **Vorausleistungen nach § 36 BAföG** erhalten könnte, die an sich subsidiär sind (vgl. Rn 1/356) und für welche § 37 BAföG nur einen Anspruchsübergang zu Lasten der Eltern vorsieht. Der allgemeine Grundsatz des Nachrangs der Ausbildungsförderung (§ 1 BAföG) wird durch § 11 Abs. 2 BAföG dahin konkretisiert, daß die Familienabhängigkeit nur bezüglich des nicht dauernd getrenntlebenden Ehegatten und der Eltern besteht.[11] **Entferntere Verwandte**, also z. B. Großeltern, **können**, wenn Ausbildungsunterhalt gegen sie geltend gemacht wird, soweit Anspruch auf BAföG-Leistungen besteht, **auf die fehlende Bedürftigkeit verweisen**.[12] Dasselbe gilt, wenn ein Kind Anspruch auf Unterhaltsvorschuß nach dem **Unterhaltsvorschußgesetz (UVG)** hat. Die Unterhaltsleistung ist nach der gesetzlichen Regelung (§ 7 Abs. 1 UVG) nur gegenüber der Unterhaltspflicht des anderen Elternteils, bei dem das Kind nicht lebt, subsidiär. Eine allgemeine Nachrangregelung enthält das Gesetz darüber hinaus nicht.[13] Wegen der Anrechenbarkeit von **BAföG-Darlehen** vgl. Rn. 1/356.

---

[5] Schellhorn, FuR 1990, 20, 22; Schellhorn/Jirasek/Seipp, BSHG, 14. Aufl., Rn 56 zu § 91; Ullenbruch, FamRZ 1982, 664

[6] Kunz, FamRZ 1977, 291 ff

[7] Überzeugend LG Offenburg, FamRZ 1984, 307 = NJW 1984, 1189, 1190; BGH, FamRZ 1999, 843, 845; BGH, FamRZ 1992, 41, 43 = NJW 1992, 115, 116; OLG Köln, FamRZ 1997, 1101, 1102; Heiß/Born/Hußmann, Unterhaltsrecht 16 Rn 70; vgl. zum ähnlichen Fall der §§ 91 ff., 96 I Nr. 2 SGB VIII: BVerwG FamRZ 1997, 934, 937

[8] Ullenbruch, FamRZ 1982, 664, 665

[9] Schwenzer, FamRZ 1989, 685, 688; Künkel FamRZ 1991, 14, 21; Bedenken gegen ein solches Wahlrecht: Giese, FamRZ 1982, 666 ff

[10] Vgl. Ullenbruch, FamRZ 1982, 664, 665

[11] Ramsauer/Stallbaum, BAföG, 3. Aufl., Rn 7 zu § 11

[12] Vgl. Kunz, FamRZ 1977, 291, 292; Heiß/Born/Hußmann, Unterhaltsrecht 13 Rn 41

[13] Vgl. Heiß/Born/Hußmann, Unterhaltsrecht 13 Rn 40; Gutachten des Deutschen Instituts für Vormundschaftswesen DAVorm 1984/759 ff

II. Rangfolge der Verpflichteten und Bedürftigen

1. Vorrangige Haftung des Ehegatten

Der **Ehegatte** des Bedürftigen **haftet vor** dessen **Verwandten** (§ 1608 S. 1 BGB). Dies **604** gilt auch für den geschiedenen Ehegatten (§ 1584 S. 1 BGB). Bei Aufhebung der Ehe gilt § 1318 II BGB. Voraussetzung für den Vorrang des Ehegatten ist, daß überhaupt ein Unterhaltsanspruch gegen ihn besteht.[14] Dann schließt er die Verwandten, soweit er leistungsfähig ist, von der Haftung aus. § 1608 S. 2 BGB regelt nur eine Rangfrage. Die Bestimmung läßt den Anspruch auf Verwandtenunterhalt nicht entfallen, wenn gegen den Ehegatten aus anderen Gründen als mangelnder Leistungsfähigkeit kein Unterhaltsanspruch gegeben ist.

Bei fehlender Leistungsfähigkeit des Ehegatten tritt die **Ersatzhaftung der Verwandten** ein (§§ 1608 S. 2, 1584 S. 2 BGB). Soweit seine Unterhaltsverpflichtung deswegen entfällt, müssen die Verwandten **ohne Rückgriffsmöglichkeit** nach §§ 1608 S. 3, 1607 II BGB eintreten – siehe dazu näher Finger, FamRZ 1999, 1298.

Die **Leistungsfähigkeit des Ehegatten** ist in diesem Zusammenhang grundsätzlich **605** wie nach § 1603 I BGB zu beurteilen, dessen Wortlaut § 1608 S. 2 BGB wiederholt. Allerdings muß die den Geschiedenenunterhalt betreffende Rechtsprechung des Bundesgerichtshofs zu § 1581 BGB beachtet werden, welche wegen gleicher Interessenlage auf den Trennungsunterhalt zu übertragen ist (vgl. Rn 4/35 und 4/566). Danach ist der in Anspruch genommene Ehegatte einerseits nicht auf den notwendigen Selbstbehalt im Sinne des § 1603 II BGB verwiesen, andererseits gibt aber auch der große oder **angemessene Selbstbehalt** im Sinne des § 1603 I BGB nur einen Anhaltspunkt für die Bemessung und **kann** je nach den Verhältnissen der Ehegatten **unterschritten werden** (vgl. Rn 5/184 f). Man spricht in diesem Zusammenhang beim Ehegatten vielfach vom **billigen Selbstbehalt**. Für die Verwandten bedeutet dies, daß sie auf den Restbedarf haften, wenn der angemessene Selbstbehalt des pflichtigen Ehegatten im Sinne des § 1603 I BGB nicht gesichert ist[15] (vgl. den insoweit übereinstimmenden Wortlaut von § 1581 I 1 und § 1608 S. 1 BGB). Wenn keine Verwandten vorhanden oder wenn diese selbst nicht leistungsfähig sind, tritt die verschärfte Haftung des Ehegatten unter Beschränkung auf den billigen Selbstbehalt ein, nicht allerdings auf notwendigen Selbstbehalt, wie OLG Köln, FamRZ 1990, S. 54, meint. Der Ausfall unterhaltspflichtiger Verwandter ändert nichts daran, daß sich der pflichtige Ehegatte nur **in Ausnahmefällen**, z. B. wenn der bedürftige Ehegatte hilflos und bedürftig wie ein minderjähriges Kind ist, **mit dem notwendigen Selbstbehalt begnügen** muß (vgl. Rn 5/184).

Der Umstand, daß der vorrangig unterhaltspflichtige Ehegatte einkommenslos ist, schließt nicht aus, daß ihm wegen Verletzung seiner Erwerbsobliegenheit **fiktive Einkünfte** zuzurechnen sind mit dem Ergebnis, daß er in diesem Umfang als leistungsfähig zu behandeln ist (vgl. Rn 1/387 f). Eine Inanspruchnahme der Verwandten scheidet insoweit wegen des Vorrangs der Ehegattenhaftung aus.[16]

Soweit der **Unterhaltsanspruch gegen** den **Ehegatten gemäß § 1579 Nr. 2 bis 7 BGB** **606** **ausgeschlossen** ist, besteht auch kein Unterhaltsanspruch gegen die Verwandten. Diese werden durch die entsprechend anzuwendende Vorschrift des § 1611 III BGB geschützt, weil der bedürftige Ehegatte die Folgen seines unterhaltsschädlichen Verhaltens sonst auf seine Verwandten abwälzen könnte.[17] **Hat der** bedürftige **Ehegatte auf** seinen nachehelichen **Unterhaltsanspruch** zu Lasten der Verwandten **verzichtet**, könnte die Verzichtsvereinbarung je nach den Umständen des Einzelfalls gemäß § 138 I BGB sittenwidrig

---

[14] Palandt-Diederichsen, BGB, 58. Aufl., Rn 2 zu § 1608
[15] OLG Zweibrücken, FamRZ 1987, 590; OLG Köln, FamRZ 1990, 54
[16] OLG Oldenburg, FamRZ 1991, 1090
[17] Beckmann, FamRZ 1983, 863, 865; Palandt/Diederichsen, BGB, 58. Aufl., Rn 4 zu § 1579; einschränkend – nur wenn gleichzeitig die Voraussetzungen des § 1611 I BGB für den Ausschluß vorgelegen hatten: Heiß/Born/Hußmann Unterhaltsrecht, 13 Rn 21

sein (vgl. Rn 6/608). Das OLG Frankfurt, FamRZ 1984, S. 395, 396, hat zum gegebenen Fall die Ansicht vertreten, der Unterhaltsverzicht binde nur die Vertragsparteien, nicht aber die am Verzicht nicht beteiligten Verwandten, so daß es – unabhängig von der Wirksamkeit des Verzichts – im Verhältnis zu ihnen beim Vorrang des Anspruchs gegen den Ehegatten verbleibe. Dies erscheint zweifelhaft. Der Verzichtsvertrag stellt, weil er keine unmittelbaren vertraglichen Verpflichtungen der Verwandten begründet, keinen (unwirksamen) Vertrag zu deren Lasten dar.[18] Nach der genannten Auffassung müßten auch einem unerwartet und unverschuldet in Not geratenen bedürftigen Ehegatten Ansprüche auf Verwandtenunterhalt versagt werden, wenn der andere Ehegatte wegen des Verzichts zwar rechtlich frei, aber tatsächlich leistungsfähig wäre. Richtiger dürfte es sein, den in § 162 BGB enthaltenen allgemeinen Rechtsgedanken heranzuziehen, wonach es einer Partei – hier innerhalb des Unterhaltsverhältnisses zu den Verwandten – verwehrt ist, Vorteil aus einer Lage zu ziehen, die sie selbst treuwidrig herbeigeführt hat.[19] Falls der Unterhaltsverzicht nicht ohnehin wegen Sittenwidrigkeit nichtig wäre, käme es damit darauf an, ob der Verzicht, der als Voraussetzung der Verwandtenhaftung zur Beseitigung des Ehegattenvorrangs führen würde, zur Zeit des Vertragsschlusses im Verhältnis zu den unterhaltspflichtigen Verwandten als treuwidrig anzusehen wäre.[20]

Wegen der **gestuften Rangverhältnisse zwischen dem pflichtigen Ehegatten und den Verwandten** vgl. Rn 5/61 bis 63.

2. Rangfolge der unterhaltspflichtigen Verwandten

607 Gemäß § 1606 I BGB haften die Abkömmlinge (**Deszendenten**) **vor** den Verwandten der aufsteigenden Linie (**Aszendenten**). Innerhalb der Linie haften die näheren Verwandten vor den entfernteren (§ 1606 II BGB). Wie beim vorrangig haftenden Ehegatten treten die nachrangig haftenden Verwandten ohne Rückgriffsmöglichkeit an die Stelle des vorrangigen, soweit dieser nicht leistungsfähig im Sinne des § 1603 BGB ist (**Ersatzhaftung nach § 1607 I BGB** – siehe dazu näher Finger, FamRZ 1999, 1298).

Gleich nahe Verwandte haften anteilig, also nicht als Gesamtschuldner,[21] nach ihren Erwerbs- und Vermögensverhältnissen (§ 1606 III 1 BGB). Die Höhe der Teilschuld bestimmt sich jedenfalls im Bereich kleinerer und mittlerer Einkommen nicht aufgrund einer schematischen Quotierung der unterschiedlich hohen Einkünfte. Dies hätte zur Folge, daß der die Eigenbedarfsgrenze überschreitende Einkommensanteil bei dem geringer Verdienenden verhältnismäßig stärker in Anspruch genommen würde als bei dem besser Verdienenden. Die ungleiche Belastung wird dadurch vermieden, daß die **Haftungsquoten erst nach Abzug der für den eigenen Unterhalt erforderlichen Beträge** nach dem Verhältnis der verbleibenden Mittel ermittelt wird.[22] In der Praxis geschieht dies durch den Vorabzug von Sockelbeträgen für den angemessenen Eigenbedarf. Wegen der anteiligen Haftung von Eltern gegenüber ihren Kindern vgl. Rn 2/277, 2/289 ff, 2/433 ff.

Nach einer Entscheidung des LG Kleve[23] soll die Ersatzhaftung der Großmutter nicht eintreten, falls die vorrangig haftende Mutter den vollen Barunterhalt zwar ohne Beeinträchtigung ihres notwendigen Selbstbehalts, jedoch ohne Wahrung ihres angemessenen Selbstbehalts aufbringen kann. Dies dürfte mit § 1603 II 3 BGB nicht vereinbar sein.

3. Ersatzhaftung bei erschwerter Durchsetzbarkeit des Anspruchs (§ 1607 II BGB)

608 Es gibt Fälle, in denen sich der Unterhaltsanspruch gegen den pflichtigen Verwandten, obwohl er leistungsfähig ist oder als leistungsfähig zu behandeln wäre, nicht realisieren

---

[18] Vgl. zum Vertrag zu Lasten Dritter v. Staudinger-Jagmann, BGB, 13. Aufl., Rn 77 vor § 328
[19] Vgl. BGH, NJW 1968, 2051; BGHZ 1988, 240, 248; BGH, NJW-RR 1991, 177
[20] Vgl. zum Ergebnis: Heiß/Born/Hußmann, Unterhaltsrecht 13 Rn 17
[21] BGH, FamRZ 1971, 569, 570 ff = NJW 1971, 1983, 1985
[22] BGH, FamRZ 1986, 153 = R 278 b
[23] LG Kleve, FamRZ 1988, 1085

II. Rangfolge der Verpflichteten und Bedürftigen § 2

läßt. **In** solchen **Fällen erheblich erschwerter Durchsetzbarkeit des Anspruchs müssen die nachrangig haftenden Verwandten einspringen.** Allerdings geht der gegen den vorrangig Haftenden bestehende Unterhaltsanspruch im Umfang der Leistung auf den nachrangig Haftenden im Wege des **gesetzlichen Forderungsübergangs** über (§ 1607 II BGB). So kann ein volljähriges studierendes Kind vom einen der beiden Elternteile den vollen Unterhalt verlangen, wenn es vom anderen Elternteil, welcher wegen der Zurechnung fiktiver Einkünfte ebenfalls als leistungsfähig zu beurteilen ist, selbst mittels eines Vollstreckungstitels keinen Unterhalt erlangen könnte.[24] Die Großeltern müssen den Enkeln Unterhalt gewähren, falls ein Vorgehen gegen den unterhaltspflichtigen Vater, weil dieser ständig den Wohnsitz wechselt und keine Arbeit aufnimmt, praktisch nutzlos erscheint.[25] Zur Ersatzhaftung nach § 1607 II BGB siehe näher Finger, FamRZ 1999, 1298.

4. Rangfolge der Bedürftigen

Die **Rangfolge der Bedürftigen** ist in § 1609 BGB geregelt. Im Mangelfall werden **609** die Ansprüche der vorrangigen Bedürftigen im Rahmen der Leistungsfähigkeit des Verpflichteten, falls möglich, voll befriedigt. Die nachrangigen Berechtigten erhalten gegebenenfalls nichts mehr (vgl. Rn 5/37 f). Soweit **gleichrangige Berechtigte** zusammentreffen und der Pflichtige nicht vollständig leistungsfähig ist, wird eine **zweistufige Mangelfallberechnung** notwendig, wenn der Selbstbehalt des Verpflichteten gegenüber den gleichrangigen Berechtigten nicht in jeweils gleicher Höhe anzusetzen ist. So ist der Selbstbehalt des Pflichtigen gegenüber dem Ehegatten in der Regel höher als derjenige gegenüber den minderjährigen Kindern.[26] Dasselbe dürfte für die Unterhaltspflicht von Großeltern gegenüber minderjährigen bzw. gegenüber volljährigen Enkeln gelten (vgl. Rn 620). Nach der zweistufigen Berechnungsweise wird zunächst der den höheren Selbstbedarf übersteigende Betrag der Verteilungsmasse auf die bedürftigen Berechtigten nach dem Verhältnis ihrer eigenen Mindestbedarfssätze verteilt. Anschließend wird die Differenz zwischen den beiden Selbstbehaltssätzen denjenigen Bedürftigen in entsprechender Weise zusätzlich zugeteilt, denen gegenüber sich der Verpflichtete nur auf den niedrigeren Selbstbehalt berufen kann.[27] Siehe zur zweistufigen Mangelfallberechnung auch Rn 5/231.

Wegen der **Einzelheiten der in § 1609 BGB aufgestellten Rangfolge** der Bedürftigen siehe Rn 5/39.

5. Darlegungs- und Beweislast bei Rangfragen

Sollen **Verwandte statt des Ehegatten** auf Unterhalt in Anspruch genommen werden, **610** muß der Berechtigte darlegen und beweisen, daß gegen den Ehegatten kein Anspruch besteht bzw. daß dieser ohne Gefährdung seines eigenen angemessenen Unterhalts nicht leistungsfähig ist.[28] Kommen **mehrere anteilig haftende Verwandte** in Betracht, erstreckt sich die Darlegungs- und Beweislast auf den Umstand, daß die gleichrangigen Verwandten als Unterhaltsschuldner ausscheiden.[29] Soll der **geschiedene Ehegatte** in Anspruch genommen werden, haftet er nach § 1581 S. 1 BGB zunächst nur bis zu seinem angemessenen Selbstbehalt im Sinne des § 1603 I BGB (vgl. Rn 605). Will der Berechtigte darüber hinaus Unterhalt von ihm, und zwar bis zum billigen Selbstbehalt im Sinne des

---

[24] OLG Koblenz, FamRZ 1989, 307; OLG Karlsruhe, FamRZ 1991, 971, 973 = NJW-RR 1991, 903
[25] AG Alsfeld, DAVorm 1974, 518; vgl. auch AG Bad Homburg, FamRZ 1999, 1450 zur Unterhaltsverweigerung verbunden mit Haftzeiten wegen ständiger Straffälligkeit
[26] BGH, FamRZ 1990, 260, 265 = R 399 b; OLG Braunschweig, FamRZ 1995, 356, 358
[27] Vgl. BGH, FamRZ 1992, 539 mit Anm. Graba S. 541 = R 444 b (gekürzt); OLG Braunschweig, FamRZ 1995, 356, 358
[28] OLG Frankfurt, FamRZ 1984, 395; OLG Hamm, FamRZ 1996, 116
[29] OLG Kiel, FamRZ 1996, 753; OLG Hamm, FamRZ 1996, 116

§ 1581 S. 1 BGB (vgl. Rn 605), hat er darzulegen und zu beweisen, daß die Verwandten zur ergänzenden Unterhaltszahlung nicht leistungsfähig sind.[30]

III. Das Unterhaltsverhältnis im einzelnen

611 In der Praxis geht es um die **Ansprüche von Enkeln gegen** ihre **Großeltern** bzw. **von** bedürftigen **Eltern gegen** ihre **Kinder**. Gerichtshängig werden vor allem Prozesse, welche die Sozialhilfeträger wegen übergegangener Unterhaltsansprüche bedürftiger Eltern, die oft nicht in der Lage sind, die erheblichen Heim- und Pflegekosten aufzubringen, gegen deren Kinder anstrengen.

1. Das Maß des Unterhalts

612 Der **Unterhaltsbedarf** des Berechtigten **umfaßt** seinen **gesamten Lebensbedarf** einschließlich Ausbildungs- und Erziehungskosten, **wie er sich aus der Lebensstellung** des Bedürftigen **ergibt** (§ 1610 I und II BGB). Diese Lebensstellung leitet sich bei minderjährigen Kindern vom barunterhaltspflichtigen Elternteil oder beiden Eltern ab (siehe Rn 2/108 ff, 2/121). Dies gilt auch teilweise für volljährige Kinder, nämlich, solange sie noch keine eigene originäre Lebensstellung erlangt haben, z. B., weil sie sich noch in Ausbildung befinden (siehe Rn 2/111, 2/343). Soweit es für den Bedarf von Kindern auf die Lebensstellung der Eltern ankommt, ändert sich nichts, wenn sie andere Verwandte, z. B. Großeltern in Anspruch nehmen. Sie können sich nicht auf eine etwa gehobenere Lebensstellung der Großeltern berufen.[31] Im übrigen kommt es nach der Grundregel auf die eigene Lebensstellung des Berechtigten an, der über den Unterhaltsanspruch nicht an der möglichen höheren Lebensstellung der Verpflichteten beteiligt werden soll.

Zum nach § 1610 BGB geschuldeten Lebensbedarf gehören die im konkreten Fall angemessenen **Kosten der Kranken- und Pflegeversicherung**, die aus den laufenden Einkünften bestritten werden müssen und allgemeinen Lebensbedarf darstellen (vgl. Büttner, FamRZ 1995, 193, 197; OLG Saarbrücken, FamRZ 1999, 382). Dagegen kann **kein Alters-Vorsorgeunterhalt** verlangt werden, da §§ 1361 I 2, 1578 III BGB eine Sonderregelung für den Ehegattenunterhalt darstellen.

613 Nach der Rechtsprechung des Bundesgerichtshofs[32] ist der Anspruch auf **Leistung eines Prozeßkostenvorschusses** wegen der vom Gesetzgeber insoweit getroffenen Sonderregelungen (§§ 1360 a IV, 1361 IV 4 BGB) nicht generell als Teil des geschuldeten Lebensbedarfs anzusehen. Die entsprechende Anwendung des § 1360 IV BGB auf andere Unterhaltsverhältnisse komme nur in Betracht, wo die unterhaltsrechtliche Beziehung wie beim Familien- und Getrenntlebensunterhalt zwischen Ehegatten Ausdruck einer besonderen Verantwortung des Pflichtigen für den Berechtigten sei, wie z. B. im Verhältnis von Eltern zu ihren minderjährigen unverheirateten Kindern. Nach der überwiegenden Rechtsprechung der Oberlandesgerichte[33] wird diese besondere unterhaltsrechtliche Beziehung zu Eltern auch für volljährige Kinder bejaht, die noch keine selbständige Lebensstellung erreicht haben (vgl. Rn 6/24). Für den Verwandtenunterhalt folgt daraus, daß **kein Anspruch von Eltern gegen Abkömmlinge** auf Prozeßkostenvorschuß besteht.[34] **Dasselbe gilt im Verhältnis von Enkeln gegenüber Großeltern** und entfernteren Verwandten der aufsteigenden Linie. Von Gesetzes wegen ist keine besondere unterhaltsrechtliche Verantwortung von Großeltern gegenüber ihren Enkeln vorhanden. Die Großeltern haften nur nachrangig. § 1603 II 1 BGB gilt für sie nicht. Gerichtlichen Entscheidungen,[35] wonach auch Urgroßeltern bzw. Großeltern Prozeßkostenvorschuß für ihre Urenkel bzw. Enkel leisten mußten, ist daher nicht zuzustimmen.

---

[30] OLG Zweibrücken, FamRZ 1987, 590; OLG Köln, FamRZ 1990, 54
[31] LG München I, FamRZ 1982, 1116
[32] BGH, FamRZ 1984, 148 = NJW 1984, 291 = R 182
[33] Vgl. z. B. OLG München, FamRZ 1993, 821
[34] OLG München, FamRZ 1993, 821
[35] OLG Düsseldorf, DAVorm 1990, 80; OLG Koblenz, NJW-RR 1997, 263 = FamRZ 1997, 681

III. Das Unterhaltsverhältnis im einzelnen   § 2

2. Bedürftigkeit des Berechtigten

Nach § 1602 I BGB setzt der Unterhaltsanspruch die **Bedürftigkeit des Berechtigten** 614
voraus. Es darf also weder einsetzbares Vermögen vorhanden sein, noch dürfen Einkünfte
aus Vermögen oder Erwerbstätigkeit zur Verfügung stehen bzw. wegen Verletzung der
Obliegenheit zu sachgerechter Vermögensanlage oder zur Erwerbstätigkeit fiktiv zuzurechnen sein. Vorhandenes **Vermögen ist** grundsätzlich **zu verwerten** (wegen minderjähriger unverheirateter Kinder siehe § 1602 II BGB). Dies gilt ausnahmsweise nur dann
nicht, wenn die Verwertung unmöglich ist oder ganz unwirtschaftlich wäre[36] – für volljährige Kinder vgl. Rn 107. Eine Billigkeitsklausel wie unter Ehegatten (§ 1577 III BGB
2. Alternative) gilt im Verwandtenunterhalt nicht, so daß die Grenze der Zumutbarkeit
enger zu ziehen ist.[37] Für die erforerliche **umfassende Zumutbarkeitsabwägung**,[38] die
alle bedeutsamen Umstände, insbesondere auch die Lage des Unterhaltsverpflichteten berücksichtigen muß, wird beim Berechtigten ein strengerer Maßstab anzulegen sein als
beim Pflichtigen. So muß ein volljähriger Berechtigter mit beleihungsfähigem Grundbesitz bei vorübergehendem Unterhaltsbedarf, z. B. wegen noch andauernder Ausbildung,
Kredit mit Zins- und Tilgungsaufschub aufnehmen, auch wenn eine Veräußerung unzumutbar wäre.[39] Dagegen müssen für den Berechtigten wertvolle Gebrauchsgegenstände
mit marktbedingt geringem Veräußerungswert nicht verschleudert werden.[40] Bei unvernünftigem Vermögensverbrauch in Kenntnis der (künftigen) Unterhaltsbedürftigkeit
kommt die **fiktive Anrechnung von Vermögenswerten** in Betracht.[41]

Dem Berechtigten ist jedoch je nach Umständen eine gewisse **Vermögensreserve zu
lassen**, z. B. wenn er schon im fortgeschrittenen Alter ist und Rücklage für ungewöhnliche Ausgaben bedarf.[42] Auf jeden Fall wird es angemessen sein, dem Berechtigten
in Anlehnung an die Regelung nach § 88 II Nr. 8 BSHG in Verbindung mit § 1 der DVO
zu dieser Vorschrift (derzeit bis 4500,– DM zuzüglich 500,– DM pro unterhaltene
Person) pauschal eine Reserve von 5000,– DM zu belassen.[43]

Wenn man das Unterhaltsverhältnis zwischen Eltern und minderjährigen unterhalts- 615
berechtigten Kindern außer Betracht läßt, besteht die **Erwerbsobliegenheit des Berechtigten** anders als im Ehegattenunterhalt (vgl. Rn 4/136) in schärferer Intensität als beim
Pflichtigen.[44] Dies ist bei der erforderlichen Zumutbarkeitsprüfung (vgl. zur Zumutbarkeitsprüfung beim Unterhaltsschuldner Rn 622) zu berücksichtigen. So gelten für die
Obliegenheit des erwachsenen Unterhaltsgläubigers, wenn es sich nicht um ein volljähriges Kind in berechtigter Fortführung der Ausbildung handelt, ähnliche **strenge Maßstäbe wie für** den baruntehaltspflichtigen **Elternteil gegenüber** einem bedürftigen **minderjährigen Kind**.[45] Der Berechtigte muß selbst berufsfremde und unterhalb seiner
beruflichen Qualifikation bzw. seiner gewohnten Lebensstellung liegende Tätigkeiten
aufnehmen.[46] Ein Ortswechsel ist vielfach zumutbar.[47] Wegen der Erwerbsobliegenheit
minderjähriger Kinder siehe Rn 2/43 und 2/46. Beim volljährigen Studenten ist eine Erwerbstätigkeit neben dem Studium in der Regel unzumutbar, so daß für die Anrechnung
von Einkünften aus einer derartigen Tätigkeit § 1577 II BGB entsprechend anzuwenden
ist[48] (siehe Rn 2/350).

---

36 OLG Düsseldorf, FamRZ 1990, 1137; BGH, FamRZ 1957, 120
37 BGH, FamRZ 1998, 367, 369 = R 517 c
38 BGH a.a.O
39 Vgl. OLG Bamberg, FamRZ 1999, 876
40 OLG Frankfurt, FamRZ 1987, 1179 f
41 OLG Frankfurt, a.a.O.
42 BGH, FamRZ 1957, 120
43 Vgl. OLG Düsseldorf, FamRZ 1990, 1137; BGH, FamRZ 1998, 367, 369 = R 517 c
44 Anderer Ansicht Kalthoener/Büttner, NJW 1991, 398, 404 = grundsätzlich gleiche Intensität
45 BGH, FamRZ 1985, 273 = R 239 b; OLG Oldenburg, FamRZ 1991, 1090
46 BGH, FamRZ 1985, 273 = R 239 b; OLG Oldenburg, FamRZ 1991, 1090
47 BGH, FamRZ 1994, 372 = R 473 c; FamRZ 1993, 1304, 1306 = R 464 b; FamRZ 1981, 539,
   540 = R 073 a
48 BGH, FamRZ 1995, 475, 477 = R 491 b

3. Leistungsfähigkeit und Eigenbedarf des Pflichtigen

616 a) **Bemessung des Eigenbedarfs.** Nach § 1603 I BGB ist nicht unterhaltspflichtig, wer unter Berücksichtigung seiner sonstigen Verpflichtungen außerstande ist, ohne Gefährdung seines angemessenen Unterhalts den Unterhalt zu gewähren. **Dem Pflichtigen sollen grundsätzlich die Mittel belassen** werden, **die er zur Deckung des seiner eigenen Lebensstellung entsprechenden** allgemeinen **Bedarfs benötigt.**[49]

617 In der Praxis wird der **Eigenbedarf** des Unterhaltsschuldners für die Unterhaltsansprüche von Kindern gegen ihre Eltern und unter Ehegatten **nach** den von den Oberlandesgerichten entwickelten **pauschalierten Selbstbehaltssätzen**[50] bemessen, die allerdings nach der Rechtsprechung des Bundesgerichtshofs unter Ehegatten nur mit Einschränkung gelten (vgl. Rn 605). Bei Eltern mit verschärfter Unterhaltsverpflichtung gegenüber minderjährigen unverheirateten Kindern wird der ihnen zugestandene Eigenbedarf auf den **notwendigen Selbstbehalt gemäß § 1603 II 1 BGB** begrenzt (siehe Rn 2/141, 2/260 f, 5/181). Gegenüber volljährigen Kindern gilt der **angemessene** oder große **Selbstbehalt** gemäß § 1603 I BGB (vgl. Rn 2/407, 2/417 ff, 5/181 f). Für die übrigen Unterhaltsverhältnisse des Verwandtenunterhalts werden derartige Richtlinien entwickelt. Es dient nämlich der Vorausschaubarkeit der Rechtsprechung und der Vereinheitlichung, wenn das Gericht unbeschadet der Einkommensverhältnisse und der gesellschaftlichen Stellung des Verpflichteten von pauschalierten Selbstbehaltsbeträgen ausgeht,[51] solange dies gerechtfertigt ist, weil es sich nicht um durchschnittliche oder jedenfalls nicht besonders gehobene Einkommensverhältnisse handelt (siehe Rn 620).

618 Kommt eine Pauschalierung nicht mehr in Betracht, ist die **konkrete Lebensstellung maßgebend**, die zunächst entscheidend vom Einkommen des Pflichtigen und der mit ihm zusammenlebenden übrigen Familienmitglieder geprägt ist.[52] Danach richtet sich, welche Beträge für die allgemeine Lebensführung, die Vermögensbildung, die Alterssicherung, für Anschaffungen und die Freizeitgestaltung zur Verfügung stehen.[53] Dabei müssen Ausgaben zur langfristig angelegten Vermögensbildung, soweit es um lange bestehende vertragliche Bindungen geht, nur im rechtlich zulässigen Maß angemessenen eingeschränkt werden.[54] Entscheidend ist, ob sich die **Ausgaben** im Verhältnis zum vorhandenen Einkommen **noch im Rahmen einer vernünftigen Lebensführung** halten **oder** ob es sich um nicht anerkennungsfähigen **Luxusaufwand** handelt.[55]

619 Wird das Einkommen – wie auch in schon gehobenen Verhältnissen vielfach üblich – vollständig verbraucht, ist zur Herstellung der Leistungsfähigkeit eine **Zurücknahme einer aufwendigen Lebensführung** auf einen den konkreten Verhältnissen noch entsprechenden Standard grundsätzlich **zumutbar.**[56] So darf entgegen den teilweise feststellbaren Tendenzen in der Rechtsprechung die eine Pflicht und damit eine Last darstellende **Unterhaltspflicht von Kindern gegenüber** bedürftig gewordenen **Eltern nicht** auf **eine Art freiwillige Leistung** oder auf Spendenqualität herabgesetzt werden, indem der angemessene Eigenbedarf durch Anerkennung aller möglichen Aufwendungen im Rahmen der Lebensstellung des Pflichtigen unvertretbar hochgesetzt wird.[57] Wegen Einzelheiten hierzu siehe Rn 639.

---

[49] BGH, FamRZ 1992, 795, 797 = R 445
[50] Kritisch zur Unterhaltsberechnung anhand von Pauschalsätzen der Gerichtspraxis wegen „Unvereinbarkeit mit dem Demokratie- und Rechtsstaatsprinzip": Schlüter/Kemer, FuR 1993, 245, 252
[51] Stoffregen, FamRZ 96/1496 (Anm. zu LG Osnabrück a.a.O. S. 1494 f); Schwab-Borth, Handbuch des Scheidungsrechts, 3. Aufl., Rn IV/1103
[52] OLG Oldenburg, FamRZ 1991, 1347
[53] OLG Oldenburg, a. a. O.
[54] OLG Oldenburg, a. a. O.
[55] OLG Oldenburg, a. a. O.
[56] Anderer Ansicht offenbar: LG Münster, FamRZ 1994, 843, 844 und OLG Oldenburg, FamRZ 1991, 1347 – nicht anzuerkennen seien nur Luxusausgaben außerhalb der allgemeinen Lebensführung; vgl. hierzu auch Rn 639 Fn. 120
[57] Vgl. LG Paderborn, FamRZ 1996, 1497; Meyer, FamRZ 1997, 225 f.

III. Das Unterhaltsverhältnis im einzelnen   § 2

Auch für die **Unterhaltsansprüche sonstiger Verwandter** besteht für die Praxis ein Be- 620
dürfnis, daß im Rahmen der Leistungsfähigkeit des Pflichtigen **von pauschalierten
Selbstbehaltssätzen** ausgegangen werden kann (vgl. Rn 617). Hierbei geht es, da Ansprüche minderjähriger Kinder gegenüber Eltern ausscheiden, immer um den angemessenen
oder großen Selbstbehalt gemäß § 1603 I BGB. Außerdem handelt es sich nicht um Unterhaltsverhältnisse zwischen Eheleuten bzw. zwischen Eltern und bedürftigen volljährigen Kindern, die noch keine selbständige Lebensstellung erlangt haben. Dort wird die
unterhaltsrechtliche Verantwortung speziell begründet, bei Eheleuten durch die Eheschließung und bei Eltern insoweit durch das besondere Pflichtverhältnis von Eltern gegenüber ihren noch nicht selbständigen – wenn auch volljährigen – Kindern. Demgegenüber ist das unterhaltsrechtliche Band des Gesetzes **bei Ansprüchen von volljährigen
Enkeln gegen Großeltern oder** von bedürftig gewordenen **Eltern gegen** ihre **Kinder** als
weniger streng gespannt zu beurteilen. So hat der Bundesgerichtshof in einem Fall, der
zu ihm gelangte, weil in erster Instanz versehentlich das Familiengericht entschieden
hatte (Revisionsentscheidung zu OLG Oldenburg, FamRZ 1991, S. 1347), zum Unterhaltsanspruch von bedürftigen Eltern gegen ihre Kinder ausgeführt, daß es sich bei den
von der familiengerichtlichen Praxis entwickelten **Selbstbehaltssätzen** um **Mindestbeträge** handele, **die** bei durchschnittlichen Einkommensverhältnissen, wenn es um das
Unterhaltsbegehren anderer Verwandter, z. B. von Eltern, gehe, **um** einen **maßvollen
Zuschlag erhöht werden könnten**.[58] Es entspreche der natürlichen Generationenfolge,
daß Eltern regelmäßig damit rechnen müßten, daß sie ihren Kindern ohne abgeschlossene Ausbildung und wirtschaftliche Selbständigkeit auch über das 18. Lebensjahr hinaus
Unterhalt zu gewähren haben. Mit einer solchen Entwicklung sei nicht gleichzusetzen,
daß Eltern nach ihrem Ausscheiden aus dem Erwerbsleben ihre Kinder, die inzwischen
selbst Familien gegründet haben, auf Unterhalt in Anspruch nehmen müßten.[59] In aller
Regel hätten Eltern eine ausreichende Altersversorgung, so daß Kinder allenfalls wegen
einer unerwarteten Hilfsbedürftigkeit mit ihrer Beteiligung an den dafür entstehenden
zusätzlichen Kosten rechnen müßten. Zur Sicherstellung des Ausbildungsunterhalts für
gerade volljährig gewordene Kinder könnten größere Opfer angesonnen werden, als
wenn es um die Heimkosten der Eltern gehe. Die anderen unterhaltsberechtigten Verwandten würden ihre Lebensstellung nicht mehr von der des Pflichtigen ableiten, sondern hätten – oft seit langem – eine eigene Lebensstellung erlangt. Bei der Bestimmung
der Leistungsfähigkeit gestatte das Gesetz ausdrücklich die Berücksichtigung sonstiger
Verpflichtungen, zu denen auch solche gehörten, die sich nicht in einer konkreten Zahlungspflicht ausdrücken würden, sondern auf Vorsorge – etwa der angemessenen Bildung von Rücklagen – beruhten.[60] Diese Überlegungen gelten nicht nur für das Unterhaltsverhältnis zwischen bedürftig gewordenen Eltern und ihren Kindern, sondern auch
für dasjenige zwischen Enkeln und Großeltern. Hiervon ist nur eine **Ausnahme** zu machen, wenn **minderjährige Enkel**, die aufgrund dieser Minderjährigkeit noch hilflos
und bedürftig sind,[61] ihre Großeltern in Anspruch nehmen müssen. In diesem Fall dürfen
sich die Großeltern nur auf den normalen, nicht auf einen erhöhten angemessenen Selbstbehalt berufen, während Eltern bis zum notwendigen Selbstbehalt haften (vgl. Rn 273
zur Gegenansicht).

Der Zuschlag, den die Instanzgerichte auf den normalen angemessenen Selbstbehalt
vorgenommen haben oder der sonst vorgeschlagen wird, reicht von 20 %[62] über 30 %[63]
bis 70 %.[64] In dem Fall, der zur Entscheidung des Bundesgerichtshofs kam und bei dem

---

[58] BGH, FamRZ 1992, 795, 797 = R 445; vgl. auch Stoffregen, FamRZ 1996, 1496; van Els, DAVorm 1995, 268, 270
[59] BGH, FamRZ 1992, 795, 797 = R 445
[60] BGH, FamRZ 1992, 795, 797 = R 445
[61] Vgl. hierzu BGH, FamRZ 1990, 260, 262 = R 399 b
[62] LG Paderborn, FamRZ 1996, 1497; Fischer, FamRZ 1993, 732; Empfehlungen des 11. Deutschen Familiengerichtstags, FamRZ 1996, 337
[63] LG Münster, FamRZ 1994, 843; LG Kiel, FamRZ 1996, 753, 755; im Ergebnis auch etwa 30 % AG Altena, FamRZ 1993, 835
[64] AG Hagen, FamRZ 1988, 755

der Bundesgerichtshof eine maßvolle Erhöhung der Selbstbehaltssätze billigte,[65] hatte das OLG Oldenburg[66] den damals gültigen Selbstbehalt der Düsseldorfer Tabelle von 1300,– DM auf 1500,– DM erhöht, was einer Anhebung von etwa 15 % entspräche. Wegen der dargelegten anders gearteten Natur des Unterhaltsverhältnisses ist für den Verwandtenunterhalt ein **Zuschlag geboten, der** den Unterhaltspflichtigen maßvoll, aber doch **spürbar entlastet.** Insofern dürfte eine **Erhöhung der üblichen Selbstbehaltssätze um 25 %** notwendig sein. Für den angemessenen Selbstbehalt der Düsseldorfer Tabelle (Stand: 1. 1. 1999) von 1800,– DM würde dies bedeuten, daß sich der Selbstbehalt auf 2250,– DM erhöht. Hierin wäre wie beim nicht erhöhten angemessenen Selbstbehalt eine Warmmiete von 800,– DM enthalten. Darüber hinausgehende, nicht vermeidbare Wohnkosten könnten in der Regel zusätzlich geltend gemacht werden.

Wie dem Verfasser mitgeteilt wurde, liegt inzwischen eine **Empfehlung des 13. Deutschen Familiengerichtstags** vor, **beim Elternunterhalt** den Selbstbehalt des unterhaltspflichtigen Kindes sogar auf 2250,– DM zuzüglich 50 % des darüber hinausgehenden Nettoeinkommens zu erhöhen. Hierzu wird auf Rn 619 und 639 verwiesen, wo dargestellt ist, daß die erforderliche Heraufsetzung des Selbstbehalts pflichtiger Kinder auf ein vernünftiges Maß begrenzt werden muß, um die Verwandlung der gesetzlichen Unterhaltspflicht gegenüber bedürftig gewordenen Eltern auf eine Art freiwillige Leistung oder Spendenqualität zu vermeiden. Zu beachten ist, daß die Unterhaltsansprüche der Eltern ohnehin nachrangig sind und den Kindern auch bezüglich der Frage des Vermögenseinsatzes ein großzügigerer Maßstab zugute kommt.

620a Die **Düsseldorfer Tabelle** (Stand: 1. 7. 1999 = Anhang L unter Nr. 5 u. D. Nr. 1) und die **Bayerischen Leitlinien (BayL)** – OLG Bamberg, OLG München und OLG Nürnberg – (Stand: 1. 7. 1999 = FamRZ 1999, 773 ff; unter Nr. 20 d) setzen den angemessenen Selbstbehalt im Verwandtenunterhalt grundsätzlich auf 1800,– DM an, die Bayerischen Leitlinien gehen beim Nichterwerbstätigen auf 1600,– DM herunter. In den Selbstbehaltssätzen sind jeweils Kosten für Unterkunft und Heizung von 800,– DM enthalten. Gegenüber Eltern erhöht sich der entsprechende Selbstbehalt auf 2250,– DM bzw. 2000,– DM (einschließlich 800,– DM Warmmiete). Ist das den Eltern unterhaltspflichtige Kind verheiratet, wird der Bedarf des Ehegatten mit 1750,– DM (einschließlich 600,– DM Warmmiete) angenommen. Nach BayL Nr. 20 g erhöhen sich die Selbstbehaltssätze bei unvermeidbar höheren Wohnkosten entsprechend. Siehe auch: Berliner Tabelle (FamRZ 1999, 772), OLG Brandenburg (FamRZ 1999, 1043), OLG Bremen (FamRZ 1999, 1044 mit 1998, 1088), OLG Celle (FamRZ 1998, 942), OLG Dresden (FamRZ 1999, 913 mit 1998, 1224), OLG Frankfurt (FamRZ 1999, 1045), OLG Hamburg (FamRZ 1999, 1257 mit 1998, 944), OLG Hamm (FamRZ 1999, 914 mit 1998, 1258), OLG Jena (FamRZ 1999, 1258), KG (FamRZ 1999, 914 mit 1998, 1162), OLG Köln (FamRZ 1999, 1049), OLG Rostock (FamRZ 1999, 982 mit 1998, 1016), OLG Schleswig (FamRZ 1999, 980 mit 1998, 1095).

621 b) **Abzug von Verbindlichkeiten.** Abzuziehen sind vorrangige Unterhaltsverpflichtungen (vgl. Rn 2/160). Wegen gleichrangiger Unterhaltsansprüche siehe Rn 2/161.

Berücksichtigungswürdige sonstige Verpflichtungen können auch **Kreditverbindlichkeiten** sein. Die Abgrenzung zwischen berücksichtigungswürdigen und anderen Verbindlichkeiten geschieht im Rahmen einer umfassenden Interessenabwägung nach billigem Ermessen (vgl. hierzu Rn 5/112 ff). Für die Abwägung maßgeblich sind z. B. Zweck, Zeitpunkt und Art der Entstehung, Eingehen der Verbindlichkeiten vor oder nach der Inanspruchnahme auf Unterhalt, die Dringlichkeit der Bedürfnisse von Pflichtigem bzw. Berechtigten, die Kenntnis des Pflichtigen von Grund und Höhe der Unterhaltsschuld, die diesem zumutbare Möglichkeit zur Wiederherstellung seiner Leistungsfähigkeit, schutzwürdige Belange des Drittgläubigers.[67] Im Rahmen der Abwägung ist auch zu entscheiden, ob lediglich der Zinsaufwand oder auch der der Vermögensbildung dienende Tilgungsaufwand zu berücksichtigen ist. Werden **Großeltern von Enkeln** oder Kinder

---

[65] BGH, FamRZ 1992, 795, 797 = R 445
[66] OLG Oldenburg, FamRZ 1991, 1347, 1349
[67] BGH, FamRZ 1982, 157 = R 088 a

III. Das Unterhaltsverhältnis im einzelnen § 2

von bedürftig gewordenen Eltern **in Anspruch genommen,** kann vielfach ein **großzügigerer Maßstab** angebracht sein als zwischen Eheleuten und unterhaltspflichtigen Eltern und Kindern. Hier wird es sich im Regelfall um keine von vornherein voraussehbare Inanspruchnahme handeln, so daß die Pflichtigen in ihrer Finanzplanung freier waren.

Siehe zur Berücksichtigung von Schulden auch Rn 1/514 f, 2/158.

c) Zurechnung fiktiver Einkünfte wegen Verletzung der Erwerbsobliegenheit. 622
Nach Zumutbarkeitsgesichtspunkten entscheidet sich die Frage, ob dem Unterhaltspflichtigen zur Bestimmung seiner Leistungsfähigkeit **fiktive Einkünfte** zuzurechnen sind, **weil** er es unterläßt, eine ihm **mögliche Erwerbstätigkeit** aufzunehmen oder eine ausgeübte Erwerbstätigkeit auszuweiten.[68] Hierbei ist die **Zumutbarkeitsschwelle je nach Unterhaltsverhältnis** höher oder niedriger anzusetzen. Besonders streng sind im Hinblick auf § 1603 II 1 BGB die Anforderungen an Eltern gegenüber ihren minderjährigen unverheirateten Kindern[69] (siehe Rn 615 und 2/145). Im Unterhaltsverhältnis zwischen Eheleuten und zwischen Eltern und bedürftigen volljährigen Kindern, die noch keine selbständige Lebensstellung erlangt haben, gründet sich die Unterhaltsverpflichtung auf der unterhaltsrechtlichen Verantwortung, welche bei Eheleuten durch die Eheschließung übernommen wurde und bei Eltern insoweit auf dem besonderen Pflichtenverhältnis von Eltern gegenüber ihren Kindern beruht (siehe auch oben Rn 620). In den anderen Unterhaltsverhältnissen ohne derartige Besonderheit liegt die Zumutbarkeitsschwelle am höchsten. Grundsätzlich muß der Unterhaltspflichtige, soweit eine reale Beschäftigungschance besteht, seine Arbeitskraft entsprechend seiner Vorbildung, seinen Fähigkeiten und der Arbeitsmarktlage in zumutbarer Weise bestmöglich einsetzen.[70] Im Einzelfall ist ein Arbeitsplatz- oder Berufswechsel vorzunehmen,[71] in zumutbaren Grenzen auch ein Ortswechsel.[72] Dies bedeutet nicht, daß eine Großmutter fortgeschrittenen Alters, die seit langem nur eine Teilzeitarbeit ausübt, diese Tätigkeit ausweiten müßte, um unerwartete Unterhaltsansprüche von Enkeln befriedigen zu können.

d) Verpflichtung zum Einsatz des Vermögens durch Verwertung. Der unterhalts- 623
pflichtige Verwandte muß in Ermangelung sonstiger Mittel grundsätzlich auch **den Stamm seines Vermögens** zur Bestreitung des Unterhalts **einsetzen.** Eine allgemeine Billigkeitsgrenze wie für den Unterhalt zwischen geschiedenen Eheleuten (§ 1581 S. 2 BGB) sieht das Gesetz für den Verwandtenunterhalt nicht vor.[73] Einschränkungen der Obliegenheit zum Einsatz des Vermögensstamms ergeben sich allein daraus, daß nach dem Gesetz (§ 1603 I BGB) auch die sonstigen Verpflichtungen des Unterhaltsschuldners zu berücksichtigen sind und er den **eigenen Unterhalt nicht zu gefährden** braucht. Allgemein muß der Unterhaltsschuldner den Stamm seines Vermögens **nicht verwerten, wenn** dies für ihn mit einem **wirtschaftlich nicht mehr vertretbaren Nachteil** verbunden wäre,[74] z. B. wenn er nur unter Inkaufnahme eines erheblichen Wertverlusts veräußern könnte. Eine Verwertung des Vermögensstamms kann **nicht verlangt** werden, wenn sie den Unterhaltsschuldner **von fortlaufenden Einkünften abschneiden** würde, die er zur Erfüllung weiterer Unterhaltsansprüche oder anderer berücksichtigungswürdiger Verbindlichkeiten oder zur Bestreitung seines eigenen Unterhalts benötigt. Ist das Vermögen zur Sicherung des eigenen Unterhalts zu schonen, muß die gesamte voraussichtliche Lebensdauer des Pflichtigen berücksichtigt werden.[75] Diese Opfergrenze gilt, soweit der notwendige Selbstbehalt berührt wird, auch bei gesteigerter Unterhaltspflicht von Eltern gegenüber minderjährigen Kindern gemäß § 1603 II 1 BGB.[76] Der Tatrichter

---

[68] BGH FamRZ 1984, 374, 377 = R 194; BGH, FamRZ 1980, 43 = R 035
[69] BGH, FamRZ 1994, 372 = R 473 c
[70] Vgl. BGH, FamRZ 1985, 158 = NJW 1985, 732
[71] Vgl. BGH, FamRZ 1981, 539 = R 073 a; BGH, FamRZ 1981, 1042, 1044 = R 081
[72] BGH, FamRZ 1994, 372 = R 473 c; BGH, FamRZ 1981, 539 = R 073 a; OLG Köln, FamRZ 1997, 1104: soweit die Arbeitsplatzchancen anderswo besser und die Umzugskosten tragbar sind
[73] BGH, FamRZ 1998, 367, 369 = R 517 c; BGH, FamRZ 1989, 170 = R 379 a; BGH, FamRZ 1986, 48, 50 = R 275 c
[74] BGH, FamRZ 1986, 48, 50 = R 275 c
[75] BGH, FamRZ 1989, 170 = R 379 a
[76] BGH, FamRZ 1989, 170 = R 379 a; OLG Bamberg, OLGR 1999, 191

hat eine **umfassende Zumutbarkeitsabwägung** vorzunehmen (BGH, FamRZ 1998, 367, 369 = R 517 c). Vgl. wegen weiterer Einzelheiten auch Rn 641 f zum Elternunterhalt.

Dem Pflichtigen ist auf jeden Fall eine gewisse **Vermögensreserve** als Rücklage für unvorhergesehene Ausgaben zu **belassen.** Hierbei sollte ein **großzügigerer Maßstab als beim Bedürftigen** (siehe Rn 614) angelegt werden. In den Fällen des Verwandtenunterhalts (z. B. Ansprüche von Enkeln gegen Großeltern, von Eltern gegen ihre Kinder) erscheint, wenn der konkrete Einzelfall keine höhere Reserve erfordert, eine Pauschale von 20 000,– DM, wie sie teilweise von den Instanzgerichten zugebilligt worden ist,[77] angemessen. Dies wäre der vierfache Betrag wie beim Bedürftigen (Rn 614).

624 Die **Veräußerung eines** nach den übrigen Verhältnissen der Familie angemessenen **Familienheims** wird im allgemeinen nicht verlangt werden können, weil es der Befriedigung des Unterhaltsbedarfs des Schuldners und gegebenenfalls weiterer Familienangehöriger dient und zugleich Mietaufwendungen erspart.[78] Anders ist es, wenn es sich um ein weder als Einkommensquelle noch zur Befriedigung des Wohnbedarfs der Familie nötiges Ferienhaus handelt.[79] Besteht danach keine Veräußerungspflicht, **kann der Sozialhilfeträger**, der ein unterhaltspflichtiges Kind aus übergegangenem Recht (§ 91 BSHG) in Anspruch nimmt, weil er die Kosten für die Heimunterbringung eines Elternteils aufbringt, ein sonst nicht leistungsfähiges Kind u. U. **dazu verpflichten**, in entsprechender Anwendung von § 89 BSHG **ein zinsloses Darlehen anzunehmen**, das bei Tod des Kindes fällig und auf dem zu verwertenden Grundstück durch ein Grundpfandrecht gesichert wird[80] – vgl. Rn 642 ff. Zwar muß der eigene Unterhalt des Pflichtigen bis zu seinem Lebensende sichergestellt sein, er hat jedoch keinen Anspruch darauf, daß der Vermögensstamm seinen Erben erhalten bleibt.[81] Hätte der Unterhaltsschuldner ein von ihm **verschenktes Hausgrundstück** für Unterhaltszwecke verwerten müssen, entsteht für ihn im Hinblick auf seine Unterhaltspflicht der Rückforderungsanspruch des § 528 I BGB (vgl. hierzu Rn 631 ff), welchen der Sozialhilfeträger bei Leistung von Sozialhilfe an den Unterhaltsberechtigten gemäß § 90 BSHG auf sich überleiten kann (vgl. Rn 6/507). Für die Frage, ob bestehende **Lebensversicherungen** – falls dies im Hinblick auf den erzielbaren Rückkaufswert in wirtschaftlicher Weise möglich ist – verwertet werden müssen, kommt es darauf an, ob sie noch einer nach den Verhältnissen des Pflichtigen gebotenen Altersvorsorge dienen oder wegen genügender anderweitiger Alterssicherung als Kapitalanlage anzusehen sind.[82] Kapitalvermögen aus einer **Schmerzensgeldzahlung** oder aus einer von der Unfallversicherung bezahlten **Invaliditätsentschädigung** muß in der Regel nur eingeschränkt eingesetzt werden. Selbst im Rahmen der gesteigerten Unterhaltspflicht (§ 1603 II 1 BGB) von Eltern gegenüber minderjährigen Kindern ist der besonderen Ausgleichsfunktion des Schmerzensgelds bei der Bestimmung der Opfergrenze in billiger Weise Rechnung zu tragen. Andauernde verletzungsbedingte Behinderungen schwerwiegender Natur führen in diesem Fall auch unter Berücksichtigung der Kindesbelange zu einer maßvollen Anhebung dessen, was dem unterhaltpflichtigen Elternteil zu Deckung seines notwendigen Eigenbedarfs zu belassen ist.[83] In anderen Unterhaltsverhältnissen ohne gesteigerte Unterhaltspflicht liegt die Opfergrenze höher. Sind z. B. Kinder Unterhaltsschuldner gegenüber Eltern, kann – wenn schwerwiegende Verletzungsfolgen geblieben sind – der Einsatz der Entschädigung vollständig der Billigkeit widersprechen, so daß die Leistungsfähigkeit insoweit nur durch den Vermögensertrag bestimmt wird.[84]

625 e) **Unterhaltsansprüche von Eltern gegen verheiratete Kinder.** Richtet sich der Unterhaltsanspruch von Eltern gegen ein verheiratetes Kind, ergeben sich aus dem gleichzeitig bestehenden Unterhaltsverhältnis der Ehegatten untereinander Reibungspunkte – siehe hierzu unter Rn 645.

---

[77] AG Höxter, FamRZ 1996, 752; AG Wetter, FamRZ 1991, 852; vgl. Meyer, FamRZ 1997, 225
[78] BGH, FamRZ 1986, 48, 50 = R 275 c
[79] BGH, FamRZ 1986, 48, 50 = R 275 c
[80] LG Duisburg, FamRZ 1996, 1498
[81] LG Duisburg, FamRZ 1996, 1498, 1499
[82] Meyer, FamRZ 1997, 225; vgl. AG Höxter FamRZ 1996, 752 mit Anm. Zieroth
[83] BGH, FamRZ 1989, 170 = R 379 b
[84] Vgl. LG Paderborn, FamRZ 1996, 1497

III. Das Unterhaltsverhältnis im einzelnen § 2

4. Beschränkung oder Wegfall der Unterhaltsverpflichtung

§ 1611 BGB enthält eine dem § 1579 Nr. 2 bis 7 BGB für den Ehegattenunterhalt vergleichbare **negative Härteregelung für den Verwandtenunterhalt**, die als Ausnahmevorschrift eng auszulegen ist und deren Voraussetzungen der **Darlegungs- und Beweislast des Unterhaltspflichtigen** unterliegen. Die Klausel greift bei folgenden Tatbeständen ein: 626

- der Berechtigte ist durch sein sittliches Verschulden bedürftig geworden,
- der Berechtigte hat seine eigene Unterhaltspflicht gegenüber dem Pflichtigen gröblich vernachlässigt,
- der Berechtigte hat sich vorsätzlich einer schweren Verfehlung gegen den Pflichtigen oder einen nahen Angehörigen desselben schuldig gemacht.

Die drei Tatbestände setzen **Verschulden des Bedürftigen** voraus.[85] Die Annahme einer vorsätzlichen schweren Verfehlung erfordert eine **umfasssende Abwägung** aller maßgeblichen Umstände unter Einbeziehung des Verhaltens des Pflichtigen.[86] Für alle Tatbestände kann die Frage eine Rolle spielen, ob dem Bedürftigen seine **Verfehlung** vom Pflichtigen **verziehen** worden ist.[87]

Ist der Tatbestand erfüllt, wird grundsätzlich nur noch der **Unterhaltsbeitrag, welcher der Billigkeit entspricht**, geschuldet. Lediglich **ausnahmsweise**, wenn die Inanspruchnahme des Verpflichteten insgesamt grob unbillig wäre, **entfällt die Unterhaltspflicht vollständig** (§ 1611 I 2 BGB). So müssen Eltern wegen Herbeiführung der Bedürftigkeit durch sittliches Verschulden keinen Unterhalt an den volljährigen Sohn bezahlen, der infolge jahrelanger Alkoholsucht arbeitsunfähig geworden ist, wenn er es zu Zeiten, als er noch nicht schuldunfähig war, vorwerfbar an der notwendigen Therapiebereitschaft fehlen ließ.[88] Hat sich ein Vater um seinen damals 12jährigen Sohn seit der Scheidung von dessen Mutter sowohl in materieller als auch sonst in persönlicher Hinsicht nicht mehr gekümmert, obwohl ihm bekannt wurde, daß der finanzielle Unterhalt nicht mehr gesichert war, sind – falls der Vater nach Jahrzehnten bedürftig wird und Sozialleistungen empfangen muß – Unterhaltsansprüche gegen den Sohn wegen grober Unbilligkeit seiner Heranziehung verwirkt.[89] Dasselbe gilt bei langjähriger Vernachlässigung, Kontaktabbruch und Nichtleistung von Unterhalt gegenüber der Tochter für die unterhaltsbedürftig gewordene Mutter.[90]

Liegen die Voraussetzungen für eine Beschränkung oder für den Wegfall des Unterhaltsanspruchs vor, kann der Berechtigte für seinen deswegen nicht gedeckten Bedarf nicht andere Verwandte in Anspruch nehmen (§ 1611 III BGB). Nach Sinn und Zweck der gesetzlichen Regelung gilt dies für gleichrangig oder nachrangig haftende Verwandte. Andererseits greift die Klausel und damit die **Sperrwirkung des § 1611 III BGB zugunsten anderer Verwandter** nicht ein, wenn unabhängig von § 1611 I BGB ohnehin kein Unterhaltsanspruch wegen mangelnder Leistungsfähigkeit des betreffenden Unterhaltspflichtigen bestand. In diesem Fall kommt es zu keiner Beschränkung, sondern unmittelbar zur Ersatzhaftung der anderen Verwandten nach § 1607 I BGB. Wäre der Anspruch eines Vaters gegen ein Kind verwirkt, das allerdings mangels Leistungsfähigkeit ohnehin nicht unterhaltspflichtig ist, könnten Geschwister (Halbgeschwister), denen gegenüber die Voraussetzungen des § 1611 I BGB nicht erfüllt sind, ungeachtet der Vorschrift des § 1611 III BGB in Anspruch genommen werden. Dieses Ergebnis erscheint auch zweckmäßig, weil vermieden wird, daß sich ein unterhaltspflichtiger Verwandter auf Verwirkung gegenüber einem anderen an sich vor- oder gleichrangigen Verwandten berufen darf, der unstreitig leistungsunfähig und damit aus der Reihe der Pflichtigen ausgeschieden ist. 627

---

[85] Köhler/Luthin, Handbuch des Unterhaltsrechts, 8. Aufl., Rn 224
[86] BGH, FamRZ 1995, 475 = R 491 a
[87] Köhler/Luthin, Handbuch des Unterhaltsrechts, 8. Aufl., Rn 224
[88] Vgl. AG Altena, DAVorm 1995, 265, 267
[89] LG Hannover, NJW-RR 1992, 197 = FamRZ 1991, 1094
[90] AG Leipzig, FamRZ 1997, 965

628 Die Vorschrift ist auf die Unterhaltspflicht von **Eltern gegenüber** ihren **minderjährigen unverheirateten Kindern nicht anzuwenden** (§ 1611 II BGB). Wegen der Anwendung der Klausel auf den Unterhaltsanspruch volljähriger Kinder gegen ihre Eltern und wegen der sich hierzu ergebenden Einzelfälle siehe Rn 2/478 ff.

5. Elternunterhalt im Besonderen

629 a) **Grundsätzliches.** Zu den **Grundfragen der Unterhaltsverpflichtung** von Kindern **gegenüber** ihren **Eltern** vgl. Rn 600, zu dem Umstand, daß Eltern am **Ende der Rangfolge** der Berechtigten stehen, vgl. § 1609 BGB und Rn 609; vorrangig sind auch die Unterhaltsansprüche der Mutter oder des Vaters aus Anlaß der Geburt eines Kindes (§ 1615 l III u. V BGB). Unterhaltsprüche von Eltern gegenüber Kindern kommen bislang offenbar nicht besonders häufig vor Gericht, wenn man die geringe Zahl veröffentlichter Entscheidungen bedenkt. Dennoch dürfte die Zahl betagter Menschen mit geringem Einkommen bzw. zu geringen Pflegeversicherungsansprüchen, so daß die Kosten der notwendigen Pflege nicht gedeckt werden können oder sonst wirtschaftliche Not besteht, nicht klein sein. Eltern machen im Interesse des Familienfriedens trotz wirtschaftlicher Notlage nur selten selbst Unterhaltsansprüche gegen Kinder geltend und scheuen – möglicherweise zur Vermeidung eines Rückgriffs gegen die Kinder – auch die Inanspruchnahme von Sozialhilfe.[91] Nur bei Heimunterbringung, wenn die Kosten vom Sozialhilfeträger übernommen werden müssen, kommt es in gewissem Ausmaß zur gerichtlichen Geltendmachung von Unterhaltsansprüchen aus übergegangenem Recht (§ 91 BSHG) durch den Träger.

630 b) **Bedürftigkeit des Berechtigten.** An Unterhaltsbedürftigkeit des Elternteils fehlt es, soweit **Einkünfte oder verwertbares Vermögen** vorhanden ist – vgl. Rn 614. Verwertbares Vermögen ist zunächst zu verbrauchen, bevor Unterhalt verlangt wird. Die allgemeine Billigkeitsklausel des § 1577 III BGB 2. Alternative gilt im Verwandtenunterhalt nicht, so daß die Grenze der Zumutbarkeit enger zu ziehen ist.[92] Insofern sind bei unterhaltsberechtigten Eltern – abgesehen von dem Notgroschen in Anlehnung an § 88 BSHG (vgl. Rn 614) – geringere Einschränkungen zu machen. Zwar ist auch bei ihnen eine **umfassende Zumutbarkeitsabwägung**, die etwa der Überprüfung nach grober Unbilligkeit entspricht, unter Berücksichtigung der Lage des Verpflichteten erforderlich,[93] es ist aber ein strengerer Maßstab anzulegen als umgekehrt bei den pflichtigen Kindern. Grundsätzlich ist das Vermögen zu verwerten, es sei denn, die Verwertung wäre nicht möglich[94] oder ganz unwirtschaftlich.[95] Anders als bei volljährigen Kindern (vgl. Rn 107), die vielfach noch keine selbständige Lebensstellung erlangt haben, kommen darüber hinausgehende Billigkeitsüberlegungen nur in geringerem Umfang in Betracht. Dagegen geht der BGH (FamRZ 1966, 28, 29) – der Fall betraf allerdings einen Schadensersatzanspruch nach § 844 II BGB wegen Verlust des Unterhaltsanspruchs – auch bei unterhaltsberechtigten Eltern bei der Zumutbarkeitsprüfung verhältnismäßig weit und nimmt Unzumutbarkeit an, wenn der Verbrauch des Vermögens bei Berücksichtigung der voraussichtlichen Lebensdauer des Berechtigten dessen angemessenen Lebensunterhalt beeinträchtigen würde. Hiergegen spricht beim Elternunterhalt, daß der Stamm des Vermögens nicht den Erben zu erhalten ist (BGH aaO) und daß die aufgrund der konkreten gesundheitlichen Verhältnisse oder auch der statistischen Lebenserwartung zu treffende Prognose einer noch erheblichen Lebensdauer, welche wegen Sicherstellung eines Teilunterhalts der Verwertung entgegenstehen würde, zu Lasten des unterhaltspflichtigen Kindes und zugunsten der Erben ginge. Richtig dürfte die Ansicht sein, daß die Verwertung

---

[91] Vgl. Günther, FuR 95, 1
[92] BGH, FamRZ 1998, 367, 368 = R 517 c
[93] BGH aaO
[94] Wegen des Problems, ob eine Vermögensverwertung möglich ist, vgl. BGH, FamRZ 1997, 281, 284 zur Frage einer gegenständlich beschränkten Teilauseinandersetzung einer Erbengemeinschaft
[95] BGH, FamRZ 1957, 120

III. Das Unterhaltsverhältnis im einzelnen §2

nur dann nicht mehr verlangt werden kann, wenn der berechtigte Elternteil einen auch bei Berücksichtigung der Interessen des Unterhaltspflichtigen **wirtschaftlich nicht vertretbaren Nachteil**[96] erleiden würde, z. B. wenn eine Veräußerung aufgrund einer ungewöhnlichen Marktsituation nur zu einem Bruchteil des wirtschaftlichen Werts möglich wäre. Bei einem vom Berechtigten **selbst bewohnten Hausgrundstück** wird die Veräußerung trotz der dadurch vorliegenden langfristigen Deckung und Sicherung des Wohnbedarfs nur dann nicht verlangt werden können, wenn der Unterhaltsbedarf durch den Verbrauch des Erlöses und seiner Erträge nur für eine nicht erhebliche Zeit befriedigt werden könnte. Ist dies für einen ins Gewicht fallenden Anteil der bestehenden Lebenserwartung möglich, muß veräußert werden. Wie ausgeführt, ist die Verwertungspflicht des berechtigten Elternteils strenger zu beurteilen als die entsprechende Verpflichtung des Unterhaltspflichtigen; vgl. hierzu Rn 623, 624 und Rn 641. Der Berechtigte hat in erster Linie seinen gegenwärtigen Unterhaltsbedarf zu decken, so daß seine Bedürftigkeit – soweit sie von der Verwertungsfrage abhängt – nur mit Zurückhaltung aufgrund einer in die Zukunft gerichteten Prognose zu Lasten des Pflichtigen bejaht werden sollte, der seinerseits gegenwärtig lebt und gegenwärtig nicht in Anspruch genommen werden will.

Zum einzusetzenden Vermögen gehört auch der **Herausgabeanspruch nach § 528 I BGB**,[97] wenn ein Elternteil nach Vollziehung einer Schenkung bedürftig geworden ist. Bei dem Anspruch handelt es sich auch dann um **keinen Unterhaltsanspruch**, für den die Familiengerichte zuständig wären, wenn er auf wiederkehrende Leistungen (vgl. Rn 632) gerichtet ist.[98] Der **Anspruch** richtet sich **gegen die Erben** des Beschenkten, falls dieser vorverstorben ist.[99] **631**

Der Anspruch des Schenkers, der die (volle oder teilweise) Unentgeltlichkeit der betreffenden Zuwendung beweisen muß,[100] auf Herausgabe des Geschenks (§ 528 I S. 1 BGB) setzt voraus, daß er **außerstande** ist, seinen **angemessenen Unterhalt (§ 1610 BGB) zu decken** und sich die fehlenden Mittel **auch nicht durch zumutbare Arbeit** zu beschaffen vermag.[101] Dabei geht der **Rückforderungsanspruch** des Schenkers, wenn ein laufender Unterhaltsbedarf besteht, von vornherein **auf wiederkehrende Leistungen** in Höhe des Bedarfs, bis der Wert des Schenkungsgegenstands erschöpft ist.[102] Der Beschenkte darf nämlich nur insoweit nach den **Vorschriften über die ungerechtfertigte Bereicherung** in Anspruch genommen werden, als der Schenker seinen angemessenen Unterhalt nicht zu bestreiten vermag. Nur mit dieser Begrenzung des Rückforderungsanspruchs wird in Fällen eines wiederkehrenden Bedarfs gesichert, daß das Geschenk nur in dem Maße in Anspruch genommen wird, wie dem Bedarf des Schenkers entspricht. Zugleich werden mögliche Rückforderungsansprüche des Beschenkten vermieden, die bei Wegfall des Unterhaltsbedarfs nach Herausgabe des Gesamtwerts entstehen könnten.[103] Für die Anwendung der Ersetzungsbefugnis des § 528 I S. 2 BGB bleibt damit bei wiederkehrendem Bedarf kein Raum.[104] **Mehrere Beschenkte** haften, beschränkt auf den Wert des von ihnen jeweils Empfangenen, wie **Gesamtschuldner** jeder für sich bis zur Obergrenze des angemessenen Unterhaltsbedarfs des Schenkers.[105] Wegen der Frage, inwieweit der Schenker den **Beschenkten in Verzug** setzen muß (§§ 528 I, 3, 1613 BGB) und inwieweit der Anspruch auf die **Erben des Schenkers** übergeht (§§ 528 I 3, 1615 BGB) – vgl. Franzen, FamRZ 1997, 528 ff. **632**

---

[96] Vgl. zu diesem Ergebnis v. Staudinger-Kappe/Engler, BGB, 13. Aufl., Rn 120 zu § 1602
[97] Wegen der rechtlichen Probleme der Vorschrift vgl. auch Franzen, FamRZ 1997, 528 ff.
[98] Vgl. OLG Naumburg, FamRZ 1997, 293
[99] BGH, FamRZ 1991, 1288
[100] BGH, FamRZ 1995, 479, 480 – zur teilweisen Unentgeltlichkeit eines Übergabevertrags in Vorwegnahme der Erbfolge
[101] BGH, FamRZ 1996, 483
[102] BGH, aaO; BVerwG, FamRZ 1993, 184, 185 = NJW 1992, 3312; insoweit mißverständlich formuliert OLG Naumburg, FamRZ 1997, 293
[103] BGH aaO
[104] BGH aaO
[105] BGH, FamRZ 1998, 155

Zum **Ausschluß des Rückforderungsanspruchs** siehe §§ 529, 534 BGB. So kann die Herausgabe des Werts eines geschenkten Grundstücksanteils nach § 529 I u. II BGB ausgeschlossen sein, wenn sich auf dem Grundstück das Familienheim befindet und wenn im Verkaufsfalle trotz des dem Schuldner verbleibenden anteiligen Verkaufserlöses der angemessene Unterhalt des Schuldners und seiner Familie gefährdet wäre.[106]

633 Der Herausgabeanspruch des Schenkers kann vom **Sozialhilfeträger** bis zur Höhe seiner Aufwendungen für den Schenker **nach § 90 BSHG übergeleitet werden**. Die Überleitungsanzeige ist ein privatrechtsgestaltender Verwaltungsakt gegenüber dem Schenker und dem Beschenkten.[107] Sie hat Tatbestandswirkung auch gegenüber den Zivilgerichten.[108] Bei laufenden Leistungen geht der Anspruch aufgrund der Überleitung auf den Sozialhilfeträger über, solange die Sozialhilfe ohne Unterbrechung (als Unterbrechung gilt ein Zeitraum von mehr als 2 Monaten) gewährt wird (§ 90 II BSHG). Die **Überleitung** wirkt immer nur, **soweit** der Sozialhilfeträger bereits **Leistungen erbracht** hat. Der Übergang künftiger Ansprüche steht daher unter der aufschiebenden Bedingung der Sozialhilfegewährung.[109] Die Überleitungswirkung erlischt nicht mit dem **Tod des Schenkers**.[110] Nach Überleitung kann sich der Beschenkte **nicht durch Rückgabe des Geschenks** an den Schenker von der übergeleiteten Zahlungsverpflichtung **befreien**.[111] Der Sozialhilfeträger (oder ein anderer Abtretungsempfänger) darf sich den **Anspruch aus § 528 I S. 1 BGB** auch **abtreten lassen**, soweit er den Unterhalt des Bedürftigen sichergestellt hat und weiterhin sicherstellt.[112]

634 c) **Bedarf des Berechtigten.** Durch die Einführung der **Pflegeversicherung**, Buch XI des Sozialgesetzbuchs (SGB XI), das seit 1. 7. 1996 uneingeschränkt in Kraft getreten ist, ist bis zu bestimmten Höchstsätzen nur das Pflegefallrisiko (pflegebedingte Aufwendungen), nicht aber der sonstige Lebensbedarf, z. B. bei Heimunterbringung Unterkunft und Verpflegung, abgesichert. Kommt es zur Heimunterbringung, reichen u. U. auch die Höchstsätze der Pflegeversicherung (derzeit in Pflegestufe III 2800,– DM, bei Härtefällen auch bis zu 3300,– DM – § 43 V SGB XI) nicht zur Abdeckung des Pflegeaufwands aus, so daß bei Mittellosigkeit des Elternteils auch hier die Sozialhilfe einspringen muß (vgl. § 13 III Nr. 1 SGB XI).[113]

635 Der unterhaltsrechtliche **Bedarf von Eltern** bestimmt sich **nach § 1610 BGB** (vgl. Rn 612). Nicht die etwa gehobene Lebensstellung eines unterhaltspflichtigen Kindes ist maßgebend, sondern die eigene Lebensstellung der Eltern. Allerdings wird der Bedarf auch bei bescheidensten Verhältnissen nicht niedriger angesetzt werden können als gemäß den in unterhaltsrechtlichen Leitlinien angenommenen **Mindestbedarfssätzen** (z. B. nach B. Nr. V. und D. Nr. 2 der Düsseldorfer Tabelle (Stand: 1. 7. 1999) monatlich 1500,– DM beim Erwerbstätigen und 1300,– DM beim Nichterwerbstätigen).[114]

636 Entstehen für pflegebedürftige Eltern ungedeckte **Heim- und/oder Pflegekosten**, handelt es sich um einen von den unterhaltspflichtigen Verwandten, also regelmäßig den Kindern, zu tragenden Unterhaltsbedarf.[115] Die Meinung des AG Hagen (FamRZ 1988, 755, 756), die Aufwendungen für die ständige Unterbringung in einem Pflegeheim stellten einen *regelmäßig auftretenden Sonderbedarf* dar, welcher nicht vom Unterhaltspflichtigen zu tragen sei, ist dogmatisch nicht haltbar. Soweit solche Kosten notwendigerweise ent-

---

[106] Vgl. OLG Hamm, FamRZ, 1993, 1436
[107] Oestreicher/Schelter/Kunz, BSHG, Rn 6–8 zu § 90; BGH, FamRZ 1995, 1123; BVerwG, NJW 1992, 3312
[108] Oestreicher/Schelter/Kunz, BSHG, Rn 106 zu § 90
[109] Oestreicher/Schelter/Kunz, BSHG, Rn 102 zu § 90
[110] BGH, FamRZ 1986, 877 (LS); FamRZ 1994, 103
[111] BGH, FamRZ 1994, 815
[112] BGH, FamRZ 1995, 160, 161; anderer Ansicht OLG München, NJW-RR 1993, 250: Abtretung nur an die in § 528 I S. 1 BGB genannten Unterhaltsgläubiger
[113] Vgl. Menter, FamRZ 1997, 919
[114] Günther, FuR 1995, 1, 2
[115] AG Hamburg, FamRZ 1991, 1086; LG Hagen, FamRZ 1989, 1330; vgl. BGH, FamRZ 1986, 48, 49 = NJW-RR 1986, 66 für die elterliche Unterhaltspflicht gegenüber einem untergebrachten volljährigen Kind

III. Das Unterhaltsverhältnis im einzelnen § 2

stehen, betreffen sie als existenzielle Bedürfnisse des Berechtigten dessen Bedarf, für den der Pflichtige einstehen muß.[116] Solange diesem die Leistung ohne Gefährdung seines angemessenen Unterhalts (§ 1603 I BGB) möglich ist, muß er den Unterhaltsbedarf des Berechtigten selbst dann befriedigen, wenn der abzudeckende Bedarf den ihm als Selbstbehalt zugestandenen eigenen Bedarf übersteigt.[117]

Zur Frage der **Prozeßkostenvorschußpflicht** von Kindern gegenüber Eltern vgl. Rn 613.   637

d) Leistungsfähigkeit des pflichtigen Kindes

aa) Angemessener Eigenbedarf. Wegen des **angemessenen Eigenbedarfs** des pflichtigen Kindes ist zunächst auf die allgemeinen Ausführungen zum Verwandtenunterhalt – Rn 616 ff – zu verweisen. Überwiegend wird in Rechtsprechung und Literatur die Auffassung vertreten, daß die Unterhaltspflicht von Kindern gegenüber Eltern durch eine **Erhöhung des sogenannten Selbstbehalts** und durch eine **großzügigere Anerkennung von Abzugsposten** zu begrenzen sei.[118] Dieser Auffassung ist auch der Bundesgerichtshof[119] gefolgt, weil bei der Unterhaltsverpflichtung von Kindern gegenüber Eltern eine grundlegend andere Lebenssituation vorliege als bei der sich aus der natürlichen Generationenfolge ergebenden Verpflichtung von Eltern gegenüber volljährigen Kindern, die mangels Ausbildungsabschluß noch keine selbständige Lebensstellung erlangt hätten. Insofern gestatte das Gesetz bei Kindern auch die Berücksichtigung sonstiger Verpflichtungen, darunter auch solcher die auf Vorsorge, z. B. auf Bildung angemessener Rücklagen, beruhen würden. Hierfür spreche auch die Entwicklung des Sozialrechts mit der Pflicht zur Abführung von Sozialabgaben durch die berufstätigen Kinder auf der einen Seite und die Einräumung von Schongrenzen durch die Sozialgesetze (vgl. § 92 II BSHG) auf der anderen Seite.   638

Inzwischen liegt eine **Empfehlung des 13. Deutschen Familiengerichtstags** vor, **beim Elternunterhalt** den Selbstbehalt des unterhaltspflichtigen Kindes über den Betrag von 2250,– DM monatlich (vgl. Rn 640) hinaus um weitere 50 % des darüber hinausgehenden Nettoeinkommens zu erhöhen. Hierzu wird auf Rn 619 und nachfolgend Rn 639 sowie auf die Stellungnahme zu diesem Vorschlag in Rn 620 verwiesen.

Wird das Einkommen – wie auch in schon gehobenen Verhältnissen vielfach üblich – vollständig verbraucht, ist auch beim Elternunterhalt zur Herstellung der Leistungsfähigkeit eine **Zurücknahme einer aufwendigen Lebensführung** auf einen den konkreten Verhältnissen noch entsprechenden Standard grundsätzlich **zumutbar**.[120] So darf entgegen den teilweise feststellbaren Tendenzen in der Rechtsprechung die eine Pflicht und damit eine Last darstellende **Unterhaltspflicht von Kindern gegenüber** bedürftig gewordenen **Eltern nicht** auf **eine Art freiwillige Leistung** oder auf Spendenqualität herabgesetzt werden, indem der angemessene Eigenbedarf durch Anerkennung aller möglichen Aufwendungen im Rahmen der Lebensstellung des Pflichtigen unvertretbar hochgesetzt wird.[121] In diesem Sinne haben das Landgericht Münster[122] und ihm folgend das Landgericht Kiel[123] bei **Inanspruchnahme eines Sohnes durch die sozialhilfebedürftige Mutter** es nicht nur für geboten erachtet, den allgemeinen Selbstbehalt des Pflichtigen nach den vorliegenden Tabellen um 30 % zu erhöhen, sondern daneben eine konkrete Eigenbedarfsberechnung[124] vorgenommen, mit der zahlreiche Ausgaben, darunter Auf-   639

---

[116] Vgl. Schwenzer, FamRZ 1989, 685, 688; Günther, FuR 1995, 1, 2
[117] BGH, FamRZ 1986, 48 = R 275 a
[118] Vgl. Menter, FamRZ 1997, 919
[119] BGH, FamRZ 1992/795, 797 = R 445
[120] Anderer Ansicht offenbar: LG Münster, FamRZ 1994, 843, 844 und OLG Oldenburg, FamRZ 1991, 1347 – nicht anzuerkennen seien nur Luxusausgaben außerhalb der allgemeinen Lebensführung; zur konkreten allgemeinen Lebensführung können aber beispielsweise auch eine aufwendige Kfz-Haltung, häufige teure Auslandsurlaube oder ständige kostspielige Restaurantbesuche gehören
[121] Vgl. LG Paderborn, FamRZ 1996, 1497; Meyer, FamRZ 1997, 225 f
[122] LG Münster, FamRZ 1994, 843 ff
[123] LG Kiel, FamRZ 1996, 753, 755
[124] Zur konkreten Eigenbedarfsberechnung vgl. auch LG Osnabrück, FamRZ 1996, 960

wendungen für Vorsorge und Rücklagenbildung[125] als im Rahmen vernünftiger Lebensführung liegend und damit die Leistungsfähigkeit mindernd anerkannt wurden. Im einzelnen waren dies:
- alle Versicherungsaufwendungen (persönliche Haftpflicht, Unfall- und Lebensversicherung, Krankenhaustagegeld- und Rechtsschutzversicherung),
- die halbe Kfz-Versicherung, für das auch beruflich genutzte Fahrzeug,
- eine monatliche Rücklage für die künftige Ersatzbeschaffung eines Neufahrzeugs,
- die Aufwendungen für das Eigenheim (die Frage der Zurechnung eines Wohnvorteils wird nicht aufgeworfen),
- eine Reparatur- und Erhaltungsrücklage für das Eigenheim,
- die vermögenswirksame Leistung,
- ein Pauschbetrag für die Anschaffung neuer Kleidung,
- ein Pauschbetrag zur Bildung einer Urlaubsrücklage,
- ein Pauschbetrag für kulturelle Aktivitäten,
- ein Pauschbetrag für Freizeit und Hobby,
- ein Pauschbetrag zur Rücklagenbildung für eine zusätzliche Alterssicherung.

Erst vom verbleibenden Resteinkommen müßten die Aufwendungen für Verpflegung und tägliche Haushaltsführung, Hygiene, Strom, Wasser, Telefon und die sonstigen kleineren Ausgaben des täglichen Lebens einschließlich der Bildung von Rücklagen für die Anschaffung von Mobiliar oder Haushaltsgeräten bestritten werden. Hierzu hat das LG Osnabrück[126] mit Recht ausgeführt, daß die **Altersversorgung** eines Angestellten grundsätzlich durch die gesetzliche Rentenversicherung gesichert ist, so daß die Aufwendungen für Kapitallebensversicherungen und zur Bildung weiterer Rücklagen für das Alter in der Regel nicht absetzbar seien. Ebensowenig könne, weil der Aufwand innerhalb des Selbstbehalts getragen werden müsse, eine **Bekleidungsrücklage** oder eine **Kulturpauschale** anerkannt werden. Dasselbe gilt nach der hier vertretenen Ansicht bezüglich der übrigen Pauschbeträge zur Bildung von **Rücklagen für Urlaub** oder **Freizeit und Hobby**. Bei der **Kfz-Versicherung** wird es darauf ankommen, ob und in welcher Höhe sie im Rahmen der konkret dargelegten berufsbedingten Aufwendungen zu berücksichtigen ist. Entsprechend dürfte die Frage der Anerkennung eines (vielfach fiktiven) Ansparaufwands zur künftigen **Ersatzbeschaffung eines Kraftfahrzeugs** zu beurteilen sein. Im übrigen ist dem Unterhaltspflichtigen zuzumuten, die Ersatzbeschaffung im Interesse der Unterhaltsberechtigten zu verzögern und sich, falls sie doch nötig wird, je nach Umständen mit einem geringerwertigen oder gebrauchten Fahrzeug zu begnügen. **Aufwand für das Familienheim**, der in Unkenntnis der späteren Unterhaltsverpflichtung eingegangen wurde und auch nicht durch zumutbare Maßnahmen gestreckt werden kann, mag anerkennungsfähig sein. In diesem Fall ist dem Einkommen des Pflichtigen allerdings im Regelfall ein etwa **übersteigender Wohnvorteil** zuzurechnen (vgl. hierzu für den Geschiedenenunterhalt Rn 1/220 f). Weiter ist zu berücksichtigen, daß **in** den sich aus den Unterhaltsrichtlinien der Oberlandesgerichte ergebenden **Eigenbedarfssätzen bereits** ein pauschalierter **Wohnaufwand enthalten** ist, dessen Höhe in einem Teil der neueren Richtlinien ausdrücklich ausgewiesen wird, damit den häufig unabwendbar hohen Wohnkosten in Ballungsgebieten Rechnung getragen werden kann.[127] Die Aufwendungen für das Eigenheim sind deswegen insoweit nicht zusätzlich abzugsfähig, als sie der Höhe des Wohnaufwands entsprechen, der bereits Teil des pauschalierten Selbstbehalts ist. Bei der Frage, ob die Bildung einer **Reparatur- und Erhaltungskostenrücklage** angemessen ist, sollte nicht darauf abgestellt werden, ob dies objektiv vernünftig erscheint, sondern darauf, inwieweit der Pflichtige dies auch vor seiner Inanspruchnahme auf Unterhalt, ohne daß schon ein ausreichender Betrag angespart wäre, in vertretbarem Umfang getan hatte, oder ob erhebliche Reparaturen kurzfristig unabwendbar bevorstehen. Bei den sonstigen nicht der Vermögensbildung dienenden **Vorsorgeaufwendungen** (persönliche Haftpflichtversicherung, Zusatzkrankenversicherung, Unfallversicherung usw.),

---

125 Vgl. auch BGH, FamRZ 1992, 795, 797 = R 445; LG Osnabrück, FamRZ 1996, 960
126 LG Osnabrück, FamRZ 1996, 1494 mit Anm. Stoffregen S. 1496
127 Siehe Scholz, FamRZ 1996, 65, 70

III. Das Unterhaltsverhältnis im einzelnen § 2

die auch steuerlich grundsätzlich als Sonderausgaben abzugsfähig sind, wird eine Anerkennung des Abzugs in Betracht kommen, wenn sie in Unkenntnis der Unterhaltsverpflichtung eingegangen wurden.[128] Soweit allerdings für den Elternunterhalt **erhöhte Selbstbehaltssätze** (vgl. Rn 640 sowie Rn 620, 620 a) zugebilligt werden, welche diejenigen deutlich übersteigen, welche Eltern gegenüber ihren volljährigen Kindern zustehen, dürfte zusätzlicher Vorsorgeaufwand bereits in ausreichendem Maße berücksichtigt sein.

Die **Düsseldorfer Tabelle** (Stand: 1. 7. 1999 – vgl. Anhang unter D. Nr. 1) und die 640 **Bayerischen Leitlinien (BayL)** – OLG Bamberg, OLG München und OLG Nürnberg – (Stand: 1. 7. 1999 – unter Nr. 20 d) setzen den angemessenen **Selbstbehalt gegenüber unterhaltsberechtigten Eltern** auf 2250,– DM an, die Bayerischen Leitlinien gehen beim Nichterwerbstätigen auf 2000,– DM herunter. In den Selbstbehaltssätzen sind jeweils Kosten für Unterkunft und Heizung von 800,– DM enthalten. Nach BayL Nr. 20 g erhöhen sich die Selbstbehaltssätze bei unvermeidbar höheren Wohnkosten entsprechend. Nach den Dresdner Leitlinien (Stand: 1. 7. 1999; unter II. 16 b) beträgt der Selbstbehalt gegenüber Eltern 2025,– DM einschließlich einer Warmmiete von 720,– DM. Wegen der Erhöhung der Selbstbehalte für unterhaltspflichtige Kinder und wegen der Fundstellen für die entsprechenden Leitlinien der Oberlandesgerichte siehe Rn 620 und 620 a.

bb) Pflicht zur Vermögensverwertung. Allgemein zur Frage der **Vermögensverwertung** 641 durch den Pflichtigen beim Verwandtenunterhalt, insbesondere dazu, daß die Verwertungspflicht weniger streng zu beurteilen ist als beim Berechtigten, siehe zunächst Rn 623 und 624.

Zwar müssen auch Kinder zur Befriedigung von Unterhaltsansprüchen der Eltern den Stamm ihres Vermögens einsetzen, zumal – wie allgemein im Verwandtenunterhalt – keine gesetzliche Billigkeitsgrenze für den Einsatz wie beim Geschiedenenunterhalt (§ 1581 S. 2 BGB) besteht. Bei Anwendung der in Rn 623 und 624 dargelegten Grundsätze wird aber zu berücksichtigen sein, daß die Kinder wegen ihrer noch höheren Lebenserwartung noch **für längere Zeitabschnitte** mit Hilfe ihres Vermögens **Vorsorge für** ihr eigenes **Alter** und **für die Sicherung** ihres eigenen Lebensbedarfs bzw. **des Lebensbedarfs** ihrer Familie treffen müssen. Es ist ihnen daher nicht zuzumuten, verwertbares Vermögen in einer kurzen Zeitspanne zu verbrauchen. Die Absicherung der eigenen Existenz und der eigenen vorrangigen Verpflichtungen sowie eine Verwertung nur unter dem Gesichtspunkt wirtschaftlich vernünftigen Handelns gehen vor.[129] Die Erwägungen, welche der Bundesgerichtshof[130] zur Frage Einschränkung des Unterhaltsanspruchs von Eltern wegen erhöhten Eigenbedarfs der Kinder angestellt hat (vgl. Rn 638), lassen sich auf die Bestimmung des Umfangs der Verwertungspflicht übertragen. Deswegen ist bei der Prüfung, ob die Bildung von Rücklagen erforderlich erscheint, großzügig zu verfahren. So ist derjenige, der sich seine Versorgungsansprüche kapitalisiert auszahlen ließ und mit dem Kapital seine Altersversorgung anderweitig sicherstellt, nur in Höhe eines entsprechenden monatlichen Rentenbetrags als leistungsfähig anzusehen.[131]

Zwar darf ein seinen Eltern unterhaltspflichtiges Kind in Kenntnis dieser Verpflichtung **keine Vermögensbildung** beginnen oder aufrechterhalten, die Lösung eines ohne diese Kenntnis begonnenen Engagements kann aber unzumutbar sein, wenn sie nur mit Verlust möglich ist.[131a]

Dem pflichtigen Kind kann **keine unwirtschaftliche Verwertung** von Vermögen an- 642 gesonnen werden, also keine deutlich unter dem wirtschaftlichen Wert des Gegenstands liegende Veräußerung (vgl. Rn 624). Dazu gehört – soweit der Vermögensgegenstand dem notwendigen oder gewillkürten Betriebsvermögen angehört –, daß auch die steuerlichen Folgen einer Veräußerung bedacht werden. Bei einer erheblichen Belastung mit

---

[128] LG Paderborn, FamRZ 1996, 1497
[129] Schibel, NJW 1998, 3449, 3451
[130] BGH, FamRZ 1992, 795, 797 = R 445
[131] LG Lübeck, FamRZ 1996, 961
[131a] OLG München, OLGR 1999, 284

Ertragssteuern könnte dies den Ruin des Betriebs zur Folge haben.[132] Ebenso kann eine **Veräußerung** auch **aus rechtlichen Gründen unmöglich** oder unzumutbar sein. So ist eine gegenständlich beschränkte Teilauseinandersetzung einer Erbengemeinschaft nur unter engen Voraussetzungen möglich.[133] Verweigert beispielsweise der Ehegatte des im gesetzlichen Güterstand lebenden, unterhaltspflichtigen Kindes die nach § 1365 I 1 BGB erforderliche Zustimmung zur Veräußerung des Miteigentumsanteils an der gemeinsamen Eigentumswohnung, steht der Veräußerung zu Unterhaltszwecken ein rechtliches Hindernis entgegen, da auch die Teilungsversteigerung nach § 180 ZVG zustimmungspflichtig wäre.[134] Dem hält Büttner, NJW 1999, 2315, 2318, allerdings entgegen, daß die aus § 1365 BGB resultierende Verfügungsbeschränkung deswegen die Leistungsfähigkeit nicht beschränke, da Gläubiger, also auch die Eltern, hierdurch nicht an der Zwangsvollstreckung gehindert würden. Hier geht es aber nicht um die Frage der Vollstreckung, sondern darum, ob eine Verwertung möglich und zumutbar ist. Ob eine **Beleihung des Miteigentumsanteils** zumutbar wäre, hängt insbesondere davon ab, ob das unterhaltspflichtige Kind aufgrund seines Einkommens überhaupt in der Lage wäre, den Kredit zu bedienen.[135] Im Einzelfall mag auch in Frage kommen, daß der Pflichtige ein im Grundbuch abgesichertes zinsloses Darlehen des Sozialhilfeträgers mit Fälligkeit des Darlehens nach seinem Tod annehmen muß.[136]

643   *cc) Zusätzliche Schutz- und Schongrenzen zu Lasten des Sozialhilfeträgers.* Macht der Sozialhilfeträger einen auf ihn übergegangenen Anspruch auf Elternunterhalt (§ 91 I 1 BSHG) geltend, kommen dem herangezogenen Kind die **Schutz- und Schongrenzen der §§ 92 II, 76 ff BSHG** zugute. Auch insoweit obliegt die Entscheidung dem Familiengericht (§ 92 IV 2 BSHG). Hat der Sozialhilfeträger den übergegangenen **Anspruch** zur gerichtlichen Geltendmachung an den Hilfeempfänger (Elternteil) **zurückübertragen** (§ 92 IV 1 BSHG), kann dies die Qualität des Anspruchs nicht mehr zu Lasten des Pflichtigen verändern, so daß § 91 II BSHG anwendbar bleibt.[137] Zum **Ausschluß** des Anspruchsübergangs **wegen unbilliger Härte** (§ 91 II 2 BSHG) siehe Rn 6/546 ff.

644   Zu der nach § 91 II BSHG vorzunehmenden **sozialhilferechtlichen Vergleichsberechnung**, die auch den Vermögenseinsatz betreffen kann (§§ 91 II 1, 88, 89 BSHG) und zur Gleichbehandlung von Unterhaltsschuldner und Hilfeempfänger führen soll, siehe Rn 6/523 ff sowie Hampel (FamRZ 1996, 513, 516 ff). In der Praxis der Sozialhilfeträger spielen hierzu die **Empfehlungen des Deutschen Vereins** für öffentliche und private Fürsorge (FamRZ 1995, 1327) eine erhebliche Rolle – vgl. Rn 6/542.

645   e) **Besonderheit beim Unterhaltsanspruch gegen ein verheiratetes Kind.** Richtet sich der **Unterhaltsanspruch von Eltern gegen** ein **verheiratetes Kind**, ergeben sich aus dem gleichzeitig bestehenden Unterhaltsverhältnis der Ehegatten untereinander Reibungspunkte. Die Grundsätze der Hausmann-Rechtsprechung sind auf die Unterhaltspflicht von Eltern gegenüber minderjährigen unverheirateten Kindern beschränkt, so daß keine Pflicht zur Aufnahme einer Nebenerwerbstätigkeit besteht, soweit der pflichtige Ehegatten, seine Verpflichtung, zum Familienunterhalt beizutragen, durch Haushaltsführung erfüllt (§ 1360 S. 2 BGB).[138] Eine Inanspruchnahme im Hinblick darauf, daß der andere Ehegatte über ein sehr hohes Einkommen verfügt, scheidet aus, weil **aus Unterhalt** grundsätzlich **kein Unterhalt** zu leisten ist (vgl. Rn 1/379 f). Allenfalls denkbar wäre ein teilweiser Zugriff auf einen nicht nur geringfügigen **Taschengeldanspruch**, welcher der Befriedigung persönlicher Bedürfnisse dient und in gewissem Umfang über den angemessenen Lebensbedarf hinausgehen kann.[139] Hierzu hat, wie der Verfasser informiert wurde, der 13. Deutsche Familiengerichtstag inzwischen die Empfehlung beschlossen,

---

[132] Vgl. hierzu Schibel, NJW 1998, 3449, 3452
[133] Vgl. BGH, FamRZ 1997, 281, 284
[134] LG Heidelberg, NJW 1998, 3502; OLG Frankfurt, NJW-RR 1999, 731
[135] LG Heidelberg aaO
[136] LG Duisburg, FamRZ 1996, 1498
[137] Schibel, NJW 1998, 3449, 3450
[138] Vgl. BGH, FamRZ 1987, 472 = R 327 a;
[139] Vgl. BGH, FamRZ 1987, 472 = R 327 a; Fischer, FamRZ 1996, 732

III. Das Unterhaltsverhältnis im einzelnen §2

daß ein Taschengeldanspruch (5 % des Nettoeinkommens des anderen Ehegatten – vgl. Rn 3/60), soweit er 400,– DM übersteigt, für den Elternunterhalt herangezogen werden kann. Damit beschränkt sich die Pflicht zur Unterhaltsleistung prinzipiell auf diejenigen Fälle, in denen der unterhaltspflichtige Ehegatte **eigene Einkünfte** hat.[140] Diese **stehen dann für Unterhaltszwecke zur Verfügung**, wenn sie **nicht für den Barunterhalt der Familie benötigt** werden, weil der Ehegatte seine eigene Unterhaltspflicht durch Übernahme der Haushaltsführung erfüllt und aufgrund des durch den gut verdienenden anderen Ehegatten zu leistenden Familienunterhalts bereits angemessen versorgt ist.[141] Es handelt sich um Fälle einer Nebentätigkeit, welche die volle Übernahme der Haushaltsführung nicht hindert und deren Ertrag dem Ehegatten nicht für Unterhaltszwecke, sondern für sonstige beliebige Zwecke, z. B. für Luxusaufwendungen, Vermögensbildung usw. verbleibt. Ähnlich wäre es, falls – auch bei anderer Regelung der Haushaltsführung – das Einkommen des anderen Ehegatten ungewöhnlich hoch ist, so daß die Einkünfte des Pflichtigen im Rahmen des Familienunterhalts für die Deckung seines eigenen angemessenen Bedarfs keine Rolle mehr spielen. Problematisch wird es, soweit die Einkünfte des Unterhaltsschuldners auch für den Familienunterhalt verwendet werden müssen. In einer **Doppelverdienerehe** haben beide Ehegatten nach §§ 1360, 1360 a BGB – sowohl durch Beteiligung an der Haushaltsführung als auch durch Geldleistungen – zum vorrangigen Famlienunterhalt und damit zur Sicherung des angemessenen Bedarfs der Familie beizutragen.[142] Es kann daher nicht einfach darauf abgestellt werden, ob der andere Ehegatte seinerseits verpflichtet ist, soviel zur Verfügung zu stellen, wie dem angemessenen Selbstbehalt des pflichtigen Ehegatten entspricht mit der Folge, daß dessen eigener Verdienst für Unterhaltsleistungen zur Verfügung steht.[143] Die **gegenseitige Unterhaltspflicht der Ehegatten** bezieht sich nämlich nicht nur darauf, daß der angemessene Selbstbehalt jedes von ihnen gedeckt wird, sondern der sich aus den ehelichen Verhältnissen ergebende Bedarf, der jeweils den angemessenen Selbstbehalt übersteigen kann. Müßte auch aus dem Einkommensteil des Pflichtigen Unterhalt bezahlt werden, der zur Deckung des (erhöhten) ehelichen Bedarfs beizusteuern ist, würde der Nachrang des Unterhaltsanspruchs der Eltern beseitigt. Damit ist nicht auf einen angemessenen Selbstbehalt des Pflichtigen allein **abzustellen**, sondern **auf den Bedarf der Familie**, der mindestens den addierten angemessenen Selbstbehalten beider Ehegatten entspricht, aber nach den konkreten Verhältnissen auch höher sein kann. Soweit nur der angemessene Selbstbehalt in Betracht kommt, ist es gerechtfertigt, beim pflichtigen Ehegatten den für den Unterhalt sonstiger Verwandter vorgeschlagenen **Zuschlag** (vgl. Rn 620) zu **unterlassen und** bei beiden Ehegatten den **normalen** angemessenen **Selbstbehalt anzusetzen**, weil die Ersparnis berücksichtigt werden kann, die sich aus dem Zusammenleben mit gemeinsamer Haushaltsführung ergibt.[144] Für die Berechnung ist den Vorschlägen von Heinrich und Fischer[145] zu folgen:

Verdienst des pflichtigen Ehegatten = 1000 DM
Verdienst des anderen Ehegatten = 4000 DM
eheangemessener Familienbedarf = 4000 DM
zu leistender Baranteil des pflichtigen Ehegatten = 800 DM ($1/5$)

Für Unterhaltszwecke stünden nach dem Beispielsfall 200,– DM zur Verfügung. Der angemesssene Selbstbehalt des pflichtigen Ehegatten wäre nicht berührt. **Nicht maßgebend ist, daß der pflichtige Ehegatte** einen **geringeren Eigenverdienst hat, als es seinem** angemessenen **Selbstbehalt entspricht**.[146] Dessen Sicherung ist nämlich nicht nur vom eigenen Einkommen, sondern auch von dem vom anderen Ehegatten zu leistenden

---

[140] So auch Renn/Niemann, FamRZ 1994, 473, 477
[141] Vgl. BGH, FamRZ 1987, 472 f. = NJW 1987, 1549 = R 327 a; Fischer, FamRZ 1993, 732
[142] Vgl. Heinrich, FamRZ 1992, 590 in Anm. zu LG Bielefeld, FamRZ 1992, 589
[143] So aber LG Bielefeld, FamRZ 1992, 589
[144] Fischer, FamRZ 1993, 732; vgl. auch BGH, FamRZ 1991, 182, 185 = R 430 d
[145] Heinrich, FamRZ 1992, 590 (Anm. zu LG Bielefeld, FamRZ 1992, 589); Fischer, FamRZ 1993, 732 f. (Anm. zu LG Essen, FamRZ 1993, 731);
[146] Vgl. zu einem solchen Fall: LG Frankfurt, FamRZ 1997, 963

Famlienunterhalt abhängig. Insoweit kann dem LG Bonn (FamRZ 1994, S. 846) nicht gefolgt werden, das für die Frage der Sicherung des angemessenen Selbstbehalts allein auf das Einkommen des Pflichtigen abstellt.[147] Ebensowenig überzeugt die Ansicht von *Renn/Niemann* (FamRZ 1994, 473, 476), welche auf die der freien Vereinbarung der Eheleute unterliegende konkrete Gestaltung der ehelichen Lebensverhältnisse abheben, **insbesondere könne der andere Ehegatten den pflichtigen Ehepartner** zur Deckung seines Bedarfs **auf dessen eigene Einkünfte verweisen**, um eine indirekte Inanspruchnahme auf Leistungen für die Eltern des Partners zu vermeiden. Die Mitwirkung an einer solchen Gestaltung dürfte dem pflichtigen Ehegatten im Verhältnis zu seinen unterhaltsberechtigten Eltern schon nach Treu und Glauben verwehrt sein. Vielmehr ist **nicht auf den tatsächlich geleisteten** Familienunterhalt des anderen Ehegatten, **sondern auf den** von diesem **zu leistenden Familienunterhalt abzustellen**.[148] Der den Eltern unterhaltspflichtige Ehegatte bleibt also leistungsfähig, soweit sein eigenes Einkommen den von ihm zu leistenden Anteil des Familienbedarfs übersteigt. Auf die etwa fehlende Differenz zu seinem angemessenen Selbstbehalt kann er sich nicht berufen, weil diese durch den ihm ungekürzt verbleibenden Anspruch auf „Ergänzungsunterhalt" gegen den anderen Ehegatten abgedeckt ist.[149]

646 Die **Düsseldorfer Tabelle** (Stand: 1. 7. 1999 – vgl. Anhang unter D. Nr. 1) und die **Bayerischen Leitlinien** (**BayL**) – OLG Bamberg, OLG München und OLG Nürnberg – (Stand: 1. 7. 1999 – dort Nr. 20 d) – vgl. hierzu auch Rn 640 – lösen das Problem des verheirateten Unterhaltspflichtigen in der Weise, daß für die Unterhaltsberechnung der **Bedarf des Ehegatten pauschal** auf **1750,– DM** (einschließlich 600,– DM Warmmiete) angesetzt wird.

---

[147] Ebenso Menter, FamRZ 1997, 919, 924
[148] Vgl. BGH, FamRZ 1987, 472, 473 = R 327 a
[149] LG Frankfurt, FamRZ 1997, 963

§ 3 Familienunterhalt

I. Grundsätzliches

Trennungsunterhalt und nachehelicher Unterhalt dienen dazu, dem bedürftigen Ehegatten ein vom (früheren) Ehegatten unabhängiges Leben zu ermöglichen. Dies geschieht in der Regel dadurch, daß der Berechtigte als Unterhalt eine Quote des Einkommens des Verpflichteten oder der Differenz der Einkommen beider Ehegatten erhält (vgl. dazu Rn 4/372 ff). Der **Familienunterhalt** soll dagegen den Lebensunterhalt beider Ehegatten und der Kinder **bei bestehender Lebensgemeinschaft** sichern.[1] § 1360 BGB ist daher ein Ausfluß des § 1353 I 2 BGB, der die Ehegatten zur ehelichen Lebensgemeinschaft verpflichtet. Deshalb sind grundsätzlich beide Ehegatten einander zum Unterhalt verpflichtet. Jeder von ihnen hat seinen Beitrag zum Familienunterhalt entsprechend seiner nach dem individuellen Ehebild übernommenen Funktion zu leisten.[2] Der Familienunterhalt ist, vom Taschen- und Wirtschaftsgeld (Rn 46 ff, 56 ff) abgesehen, **nicht auf eine Geldrente gerichtet**,[3] sondern auf die Befriedigung der Bedürfnisse der Familie durch finanzielle Beiträge und durch Arbeitsleistung, Haushaltsführung, Pflege kranker Angehöriger usw. (vgl. dazu Rn 28, 36). Daher ist der Familienunterhalt konkret nach den jeweiligen Bedürfnissen gerade der Familie zu bestimmen, um die es geht. Dies bedeutet, daß die Vorschriften über Trennungsunterhalt (§ 1361 BGB) und nachehelichen Unterhalt (§§ 1569 ff BGB) nicht anwendbar sind, da diese Bestimmungen von der Unterhaltspflicht eines Ehegatten gegenüber dem anderen ausgehen. Daher haben Begriffe wie Bedürftigkeit, Leistungsfähigkeit, Unterhaltsquote, Selbstbehalt und Verwirkung beim Familienunterhalt grundsätzlich keinen Platz.[4] Auch die Unterhaltstabellen und Leitlinien können nicht herangezogen werden, wenn es um die Bestimmung der Zahlungen geht, mit denen die Ehegatten zum Familienunterhalt beizutragen haben. Sie sind aber von Bedeutung, wenn der Familienunterhalt, z. B. bei der Konkurrenz mit Unterhaltsansprüchen anderer Berechtigter, insgesamt in einem Geldbetrag ausgedrückt werden muß (vgl. Rn 2, 64 ff). 1

Trotz der individuellen Bemessung des Familienunterhalts, insbesondere der von einem Ehegatten zu erbringenden Geldleistungen, muß der **Unterhaltsbedarf** eines oder mehrerer Mitglieder der Familie u. U. **in Geld veranschlagt** werden.[5] Dies ist z. B. der Fall, wenn die **Unterhaltsansprüche Dritter** gegen einen Ehegatten zu berechnen sind. So muß die Unterhaltspflicht gegenüber dem jetzigen Ehegatten und den Kindern aus der neuen Ehe berücksichtigt werden, wenn minderjährige Kinder oder privilegiert volljährige Kinder (vgl. Rn 2/452 ff) aus einer früheren ehelichen oder nichtehelichen Verbindung, die nach § 1609 II 1 BGB grundsätzlich gleichrangig sind, Unterhalt von einem wiederverheirateten Elternteil verlangen. Dasselbe gilt, wenn volljährige (nach § 1609 II 2 BGB nachrangige) Kinder Unterhaltsansprüche geltend machen. Dem verpflichteten Ehegatten muß ermöglicht werden, Unterhaltspflichten gegenüber den Mitgliedern seiner jetzigen Familie nachzukommen, soweit dies sein Einkommen zuläßt. In solchen Fällen ist es unerläßlich, den angemessenen Lebensbedarf der mit dem Verpflichteten zusammenlebenden Familienmitglieder in Geldbeträgen auszudrücken, obwohl dies in der Regel beim Familienunterhalt nicht in Betracht kommt (vgl. Rn 1). Dann können die Ta- 2

---

[1] Zu den Unterschieden zwischen Familien- und Trennungsunterhalt vgl. OLG Düsseldorf, FamRZ 1992, 943
[2] BGH, FamRZ 1995, 537 = R 493 a
[3] OLG Hamm, FamRZ 1989, 947
[4] OLG Düsseldorf, FamRZ 1992, 943
[5] OLG Hamburg, FamRZ 1993, 1453, 1455; der Sache nach auch BGH, FamRZ 1995, 537 = R 493 a

bellen und Leitlinien nicht außer Betracht bleiben. Zur Konkurrenz des Familienunterhalts mit Unterhaltsansprüchen anderer Berechtigter vgl. im einzelnen Rn 64 ff.

3 Beim **Tod** oder bei **Verletzung eines Ehegatten** kann der andere Ehegatte vom Schädiger ggf. Schadensersatz in Form einer Geldrente verlangen (§§ 844 II 1, 845 S.1 BGB). In diesem Fall kommt es darauf an, in welchem Umfang der getötete oder verletzte Ehegatte dem anderen zur Leistung von Familienunterhalt verpflichtet war. Für den Verlust dieses Unterhalts ist der andere Ehegatte zu entschädigen.[6] Auch in einem solchen Fall muß der bisher geleistete Unterhalt in einem Geldbetrag ausgedrückt werden.

4 **Klagen auf Familienunterhalt** sind in der Praxis selten. Sie dokumentieren in der Regel, daß die Ehe sich in einer nachhaltigen Krise befindet und die Trennung kurz bevorsteht. Mit der Klage kann ohnehin nur der Geldanteil des Familienunterhalts, also das Wirtschaftsgeld (Rn 46 ff) oder das Taschengeld (Rn 56 ff) für den haushaltführenden Ehegatten, geltend gemacht werden. Dennoch hat die Vorschrift des § 1360 BGB in der Praxis eine erhebliche Bedeutung. Sie stellt klar – ebenso wie dies bei § 1353 I 2 BGB hinsichtlich der Pflicht zur ehelichen Lebensgemeinschaft der Fall ist –, daß die Unterhaltspflicht zwischen den Ehegatten bei bestehender Ehe nicht nur eine sittliche, sondern eine **Rechtspflicht** ist. Auf diese Pflicht können sich die Ehegatten Dritten gegenüber berufen. Soweit es zur Bezifferung dieser Ansprüche erforderlich ist, kann jeder Ehegatte vom anderen **Auskunft** über dessen Einkommens- und Vermögensverhältnisse verlangen (§§ 242, 1353 BGB).[7]

II. Voraussetzungen des Familienunterhalts

1. Eheliche Lebensgemeinschaft, Bedürftigkeit und Leistungsfähigkeit

5 Familienunterhalt wird nur geschuldet, wenn zwischen den Ehegatten eine **Lebensgemeinschaft** besteht. Die Unterhaltspflicht beginnt frühestens mit der Eheschließung. **Räumliche Trennung** schließt die eheliche Lebensgemeinschaft nicht aus, z. B. bei auswärtiger Arbeit eines Ehegatten oder bei Strafhaft. Vgl. dazu Rn 4/4 ff. So kann die Ehefrau, die einen zu lebenslanger Freiheitsstrafe verurteilten Strafgefangenen geheiratet hat, nach § 1360 BGB verpflichtet sein, ihren Ehemann in bestimmter Weise zu unterstützen, wenn er in der Anstalt bestimmte Dinge nicht erhält, auf die er angewiesen ist, z. B. Diätkost. Andererseits können die Ehegatten in derselben Wohnung getrennt leben (§ 1567 I 2 BGB). Entscheidend ist allein, ob sie an der Ehe festhalten und entsprechend der von ihnen selbst gesetzten Ordnung und der von ihnen vereinbarten Aufgabenverteilung leben. Ein Anspruch auf Familienunterhalt besteht dagegen nicht, wenn von vornherein keine Lebensgemeinschaft geplant war oder eine ursprünglich geplante Lebensgemeinschaft später nicht realisiert wird. Vielmehr wird Trennungsunterhalt geschuldet, wenn dessen Anspruchsvoraussetzungen vorliegen (vgl. dazu Rn 4/6).

6 Keine Anspruchsvoraussetzung ist die **Bedürftigkeit** eines Ehegatten. So hat die Ehefrau, die vereinbarungsgemäß den Haushalt führt, Anspruch auf Wirtschaftsgeld gegen den anderen Ehegatten, selbst wenn sie über ein beachtliches Einkommen und Vermögen verfügt.[8] Zum Umfang des Anspruchs, insbesondere des berufstätigen Ehegatten auf Wirtschaftsgeld vgl. Rn 46 ff, 52. Der Anspruch auf Familienunterhalt dient der Deckung des Bedarfs der gesamten Familie, nicht nur eines Ehegatten. Die Bedürftigkeit einzelner Familienmitglieder, z. B. Pflegebedürftigkeit, kann sich allerdings auf den Umfang des angemessenen Familienunterhalts auswirken.[9]

7 Der Anspruch hängt ferner nicht von der **Leistungsfähigkeit** des Verpflichteten im Sinn der §§ 1581, 1603 I BGB ab, wohl aber davon, daß dieser überhaupt in der Lage ist,

---

[6] BGH, FamRZ 1993, 411 = NJW 1993, 124; BGH, FamRZ 1985, 466 = NJW 1985, 1460
[7] OLG Karlsruhe, FamRZ 1990, 161; Kleffmann in Scholz/Stein, Teil G Rn 179
[8] BGH, NJW 1965, 1710
[9] Vgl. dazu BGH, FamRZ 1993, 411 = NJW 1993, 124

II. Voraussetzungen des Familienunterhalts §3

zum Unterhalt beizutragen. Der Anspruch entfällt daher nur, wenn ein Ehegatte weder durch Erwerbstätigkeit, noch durch Vermögenseinkünfte, noch durch Haushaltsführung zum Familienunterhalt beitragen kann. Auf den notwendigen oder den angemessenen Selbstbehalt nach den Tabellen und Leitlinien der Oberlandesgerichte kann grundsätzlich nicht abgestellt werden (vgl. dazu Rn 1 f, 39).

Die **Abgrenzung zwischen Familien- und Trennungsunterhalt** ist schwierig, wenn 8 die Ehe in eine Krise gerät und die persönlichen Beziehungen so gestört sind, daß jeder Ehegatte weitgehend seine eigenen Wege geht. Familienunterhalt wird nur dann geschuldet, wenn die eheliche Lebensgemeinschaft zumindest noch teilweise, insbesondere in wirtschaftlicher Hinsicht, besteht und mindestens ein Ehegatte Unterhalt in einer durch die eheliche Lebensgemeinschaft gebotenen Weise erhält. So hat der BGH einer Ehefrau, welche nach wie vor Kost und Logis im Handwerksbetrieb ihres Ehemannes erhielt, Kleider- und Taschengeld als Teil des Familienunterhalts zugebilligt, obwohl der Ehemann sich einer anderen Frau zugewandt hatte, mit der er in einer anderen Wohnung zusammenlebte.[10] Vgl. auch Rn 9, 77.

Der Anspruch auf Familienunterhalt **endet mit der Trennung** der Eheleute im Sinn 9 von §§ 1361, 1567 BGB. Vgl. dazu Rn 5, 4/4 f. Auf die Einreichung oder die Zustellung des Scheidungsantrages kommt es nicht an, da die Eheleute ausnahmsweise auch während des Scheidungsverfahrens noch (teilweise) zusammenleben, insbesondere gemeinsam wirtschaften können, was allerdings, wenn nicht die Voraussetzungen des § 1565 II BGB vorliegen, zur Abweisung des Scheidungsbegehrens führen wird. Erst mit der Trennung im Rechtssinne wandelt sich der bisherige Anspruch auf einen Beitrag zum Familienunterhalt nach §§ 1360, 1360 a BGB in einen persönlichen Anspruch des getrenntlebenden bedürftigen Ehegatten auf Trennungsunterhalt nach § 1361 BGB und in einen Anspruch jedes Kindes auf Kindesunterhalt nach §§ 1602 ff BGB. Familien- und Trennungsunterhalt sind nicht identisch. Dies bedeutet, daß aus einem Titel über Familienunterhalt nach der Trennung der Eheleute im Rechtssinne nicht mehr vollstreckt werden darf, ebenso wie der Anspruch auf Trennungsunterhalt erlischt, wenn die Ehegatten die häusliche Gemeinschaft wiederherstellen. Dies kann mit der Vollstreckungsgegenklage gegen einen Titel über Trennungsunterhalt geltend gemacht werden.[11] Vgl. auch Rn 78.

2. Unterhaltsverpflichtung der Ehegatten und Aufgabenverteilung in der Ehe

a) Verpflichtung beider Ehegatten. Nach § 1360 BGB ist jeder Ehegatte zugleich Un- 10 terhaltsberechtigter und Unterhaltsverpflichteter, da die Eheleute einen gegenseitigen Anspruch auf einen Beitrag zum Familienunterhalt haben.[12] Dieser Anspruch umfaßt die Bedürfnisse der gesamten Familie einschließlich der Kinder (vgl. Rn 46).[13] Der Unterhaltsanspruch der **Kinder** ergibt sich ausschließlich aus §§ 1601 ff BGB. Jedoch bestimmen Ehegatten in der Regel nach § 1612 I 2 BGB, daß unverheirateten minderjährigen und volljährigen Kindern **Unterhalt in Natur** im gemeinsamen Haushalt gewährt wird (vgl. Rn 2/8, 2/21 ff). Der Anspruch auf Kindesunterhalt wird also dadurch erfüllt, daß die Eltern ihrer Verpflichtung zur Leistung des Familienunterhalts nachkommen und dadurch auch den Bedarf des Kindes decken. Leistet dagegen der erwerbstätige oder vermögende Elternteil den geschuldeten Familienunterhalt nicht, so kann zunächst der andere Elternteil Leistung des Familienunterhalts, insbesondere Zahlung des Wirtschaftsgeldes, verlangen und damit auch den Bedarf des Kindes sicherstellen (vgl. Rn 22, 46). Das Kind selbst hat keinen Anspruch auf Familienunterhalt nach § 1360 BGB. Jedoch muß auch ihm, insbesondere nach Volljährigkeit, entgegen der Auffassung der 3. Auflage[14] das Recht

---

[10] BGH, FamRZ 1961, 432 = NJW 1961, 1811
[11] OLG Düsseldorf, FamRZ 1992, 943
[12] BGH, FamRZ 1995, 537 = R 493 a
[13] BGH, FamRZ 1997, 281 = R 509 b; FamRZ 1985, 343 = R 242
[14] Rn 3/10

zustehen, selbst nach §§ 1601 ff BGB Unterhalt geltend zu machen,[15] da es andernfalls rechtlos wäre, wenn sich beide Eltern oder ein Elternteil ihrer Unterhaltspflicht entziehen, z. B. das Familieneinkommen vertrinken und nicht ausreichend für das Kind sorgen. In der Praxis werden derartige Fälle kaum vorkommen, da die Vernachlässigung des Kindes in der Regel zum Einschreiten des Familiengerichts nach § 1666 BGB oder bei einem volljährigen Kind zum Auszug aus der elterlichen Wohnung führen wird und dann ohnehin ein Anspruch auf Kindesunterhalt nach § 1601 BGB entsteht.

Ein Titel über Kindesunterhalt wird demgemäß nicht dadurch gegenstandslos, daß die zeitweise getrennt lebenden Eltern die eheliche Lebensgemeinschaft wiederherstellen oder nach Scheidung ihrer ersten Ehe erneut heiraten.[16] Der barunterhaltspflichtige Elternteil kann mit der Vollstreckungsgegenklage nur geltend machen, daß er während des erneuten Zusammenlebens mit dem anderen Elternteil Familienunterhalt geleistet und dadurch den Bedarf des Kindes gedeckt hat. Zum Verhältnis von Familienunterhalt und Trennungsunterhalt vgl. oben Rn 9.

11 **b) Aufgabenverteilung in der Ehe.** Dem Grundgedanken des § 1360 BGB entspricht es, daß die Last des Familienunterhalts von beiden Ehegatten gemeinsam getragen wird.[17] Der Unterhalt ist von jedem Ehegatten unter Verwertung seiner Arbeitskraft und, wenn erforderlich, durch den Einsatz seines Vermögens zu leisten (Rn 16 ff). Auf welche Weise dabei jeder Ehegatte die ihm obliegende Unterhaltsverpflichtung zu erfüllen hat, bestimmt sich nach der konkreten **Aufgabenverteilung in der Ehe**, d. h. nach dem „gegenseitigen Einvernehmen" (§ 1356 I 1 BGB), das die Ehegatten hinsichtlich Haushaltsführung und Berufsausübung erzielt haben.[18] Sie können sowohl die Rollenverteilung in der Ehe als auch die Beschaffung und Verteilung des Unterhalts weitgehend frei gestalten (Rn 6/603). Diese Gestaltungsfreiheit gilt aber nur im Verhältnis der Ehegatten zueinander. Sie darf grundsätzlich nicht zu Lasten minderjähriger Kinder oder privilegiert volljähriger Kinder (Rn 2/452 ff) aus einer früheren Ehe und zu Lasten des in der Regel nach § 1582 BGB vorrangigen früheren Ehegatten gehen.[19] Dasselbe gilt natürlich auch für nichteheliche Kinder. Insoweit kann auf die eingehenden Ausführungen zur sog. Hausmannsrechtsprechung Rn 2/172 ff verwiesen werden; vgl. auch unten Rn 17, 27.

Für die Aufgabenverteilung in der Ehe stehen im wesentlichen drei Leitbilder zur Orientierung zur Verfügung, nämlich die „Haushaltsführungsehe" (Rn 12, 36), die „Doppelverdienerehe" (Rn 13, 37) und die „Zuverdienstehe" (Rn 14, 43). Hinzu kommt in zunehmendem Maße die Ehe, in der kein Ehegatte erwerbstätig ist und die Eheleute von Renten, Pensionen, Zuwendungen aus öffentlichen Kassen (Arbeitslosengeld, Sozialhilfe), selten auch von dem Ertrag eigenen Vermögens leben, die „Nichterwerbstätigenehe" (Rn 15, 45).

12 In der sogenannten **„Haushaltsführungsehe"** führt die „Hausfrau" oder der „Hausmann" den Haushalt und betreut ggf. die Kinder. Der andere Ehegatte geht einer Erwerbstätigkeit nach und verdient die für den Familienbedarf notwendigen Geldmittel. Vgl. auch Rn 36. Nach § 1360 S. 2 BGB sind die **Haushaltsführung** des einen **und** die **Erwerbstätigkeit** des anderen Ehegatten **gleichwertig**. Der haushaltführende Ehegatte leistet regelmäßig einen „gleichwertigen und nicht ergänzungsbedürftigen" Beitrag zum Familienunterhalt.[20] Das heißt freilich nicht, daß der erwerbstätige Ehegatte jede Hilfeleistung im Haushalt ablehnen darf. Im Gegenteil wird er vielfach nach § 1353 I 2 BGB zum Beistand verpflichtet sein. Um die Erziehung der Kinder muß sich ohnehin auch der berufstätige Ehegatte selbst kümmern (§ 1626 I 1 BGB). Der haushaltführende Ehegatte ist ausnahmsweise für die Dauer einer „familiären Notlage" zu einer Erwerbstätigkeit verpflichtet, wenn das Erwerbseinkommen des anderen Ehegatten und die etwaigen Erträge aus (beiderseitigem) Vermögen für den Unterhalt nicht ausreichen (vgl. Rn 17).

---

[15] BGH, FamRZ 1997, 281 = R 509 b
[16] BGH, FamRZ 1997, 281 = R 509 b
[17] BGH, FamRZ 1995, 537 = R 493 a
[18] BGH, FamRZ 1985, 576 = NJW 1985, 1394; vgl. auch BGH, FamRZ 1995, 537 = R 493 a
[19] BGH, FamRZ 1996, 796 = R 500 a
[20] Begründung zum 1. Ges. zur Reform des Ehe- und Familienrechts, BT-Drucks. 7/650 S. 99

II. Voraussetzungen des Familienunterhalts § 3

Dies führt dann dazu, daß der bisher allein erwerbstätige Ehegatte sich an der Haushaltsführung beteiligen muß. Verdient der erwerbstätige Ehegatte mehr, als für den Familienunterhalt benötigt wird, kann er den überschießenden Teil der Erwerbseinkünfte für sich verwenden.

In der „**Doppelverdienerehe**" sind beide Ehegatten erwerbstätig. Zum Ausgleich ist **13** die Haushaltstätigkeit auf beide Ehegatten entsprechend dem jeweiligen Zeitaufwand für die Erwerbstätigkeit zu verteilen, d. h. bei beiderseits vollschichtiger Tätigkeit in der Regel gleichmäßig. Kinder sind von beiden Eltern gemeinsam zu betreuen. Jeder muß sich entsprechend seinem Einkommen finanziell am Familienunterhalt beteiligen. Vgl. Rn 37. Einen Mehrverdienst, der nicht anteilig für den Familienunterhalt benötigt wird, kann jeder für persönliche Zwecke oder absprachegemäß verwenden. Bei einer ungleich größeren Gesamtbelastung eines Ehegatten durch Erwerbstätigkeit, Haushalt und Kinderbetreuung kann ein Ausgleich dadurch geschaffen werden, daß der weniger belastete Ehegatte einen größeren finanziellen Beitrag zum Familienunterhalt zu leisten hat.

In der „**Zuverdienstehe**" ist ein Ehegatte voll erwerbstätig. Der andere Ehegatte führt **14** primär den Haushalt und betreut ggf. die Kinder. Zusätzlich erzielt er durch eine Nebentätigkeit einen Zuverdienst. Wird er im Hinblick auf diesen Nebenverdienst vom voll erwerbstätigen Ehegatten in angemessener Weise bei der Haushaltsführung entlastet oder reicht dessen Einkommen für eine angemessene Lebenshaltung nicht aus, muß er sich mit seinem Zuverdienst anteilig am Familienunterhalt beteiligen. Vgl. Rn 43. Erfolgt keine entsprechende Entlastung, kann er bei ausreichendem Einkommen des anderen Ehegatten einen geringen Zuverdienst in der Regel als Ausgleich für seine Mehrbelastung für eigene Zwecke verwenden. Im übrigen gelten die Ausführungen zu Rn 12f entsprechend.

In der „**Nichterwerbstätigenehe**" sind beide Ehegatten verpflichtet, den Haushalt gemeinsam **15** zu führen. Wie dies im einzelnen geschehen soll, müssen sie im gegenseitigen Einvernehmen festlegen (§ 1356 I 1 BGB). Es geht nicht an, daß der eine Ehegatte nur seinen Hobbys nachgeht, während der andere allein die Last des Haushalts trägt. Zu den finanziellen Lasten des Haushalts müssen sie entsprechend ihren Einkünften beitragen. Vgl. Rn 45.

3. Erwerbsobliegenheit der Ehegatten

In der Haushaltsführungsehe, der Doppelverdienerehe und der Zuverdienstehe muß **16** der voll **erwerbstätige Ehegatte** in der Regel einer Erwerbstätigkeit nachgehen, die seinen Fähigkeiten, insbesondere seiner beruflichen Vorbildung, entspricht und durch die er den finanziellen Bedarf der Familie decken oder zu ihm in angemessener Weise beitragen kann. Wenn dieser durch die ausgeübte Tätigkeit ganz oder teilweise nicht gesichert ist, kann von ihm ein Berufswechsel oder die Aufnahme einer anderen, besser bezahlten Arbeit verlangt werden, sofern ihm dies möglich und zumutbar ist.

Für den **haushaltführenden Ehegatten** besteht in der Haushaltsführungsehe nur ausnahmsweise **17** bei familiärer Notlage eine Erwerbsobliegenheit, d. h. wenn und solange das Erwerbseinkommen des anderen Ehegatten und etwaige Erträge beiderseitigen Vermögens zur Deckung des angemessenen Familienunterhalts nicht ausreichen. Im Normalfall genießt die gleichwertige Funktion des den Haushalt führenden Ehegatten einen erhöhten **Vertrauensschutz**. Dies gilt vor allem, wenn Kinder zu versorgen sind. Es kann vom haushaltführenden Partner nicht verlangt werden, eine Erwerbstätigkeit zur Verbesserung des Lebensstandards aufzunehmen. Eine solche Verpflichtung besteht auch dann nicht, wenn der haushaltführende Ehegatte mehr verdienen könnte, als an seiner Stelle eingesetztes Personal kosten würde. Andererseits kann ihm nach Ende der Kindererziehung die Wiederaufnahme oder die Erweiterung einer Erwerbstätigkeit eher zugemutet werden, wenn er längere Zeit voll erwerbstätig war oder bereits teilweise hinzuverdient hatte. Zur Einschränkung dieser Gestaltungsfreiheit durch die sog. Hausmannsrechtsprechung vgl. Rn 2/172 ff; auch Rn 11, 27, zu § 1582 BGB Rn 5/44 ff.

18	Bei der Zuverdienstehe und bei der Nichterwerbstätigenehe sind die Ausführungen zu Rn 16 f entsprechend anzuwenden.
19	In **Notfällen** sind stets beide Ehegatten zu jeder nicht gesetz- oder sittenwidrigen Arbeit verpflichtet, um die Familie unterhalten zu können. Es gelten ähnliche Maßstäbe wie bei der verschärften Unterhaltsverpflichtung von Eltern gegenüber minderjährigen Kindern (vgl. dazu Rn 2/247 ff).
20	Eine Erwerbsobliegenheit besteht nicht, wenn und solange der Familienunterhalt durch Einkünfte aus dem **Vermögen** gedeckt werden kann. Der **Vermögensstamm** muß nur bei größeren Anschaffungen oder in Notlagen für Unterhaltszwecke verwendet werden, wenn die anderen Einkünfte zur Deckung des Familienunterhalts nicht ausreichen (vgl. auch Rn 30).
21	Wer bei bestehender Erwerbsobliegenheit eine zumutbare Erwerbstätigkeit unterläßt, muß sich **fiktiv** so behandeln lassen, als würde er ein entsprechendes Einkommen erzielen. Zur Anrechnung fiktiver Einkünfte vgl. Rn 1/387 ff, 2/114, 144 ff.

III. Bemessung des Familienunterhalts, Unterhaltsbeiträge der Ehegatten, Wirtschaftsgeld und Taschengeld

1. Lebensbedarf der Familie und Familienunterhalt

22 Der Familienunterhalt dient der Deckung des **gesamten Lebensbedarfs der Familie** einschließlich der Kinder, nicht nur der Ehegatten. Nach § 1360 a I BGB umfaßt der Familienunterhalt alles, was nach den Verhältnissen der Ehegatten und den zwischen ihnen getroffenen Absprachen erforderlich ist, um die Kosten des Haushalts zu bestreiten sowie persönliche Bedürfnisse der Ehegatten und den Lebensbedarf gemeinschaftlicher unterhaltsberechtigter Kinder zu befriedigen.[21] In der intakten Familie wird dieser Bedarf in der Regel nicht nur durch Geldmittel, insbesondere durch den Ertrag einer Erwerbstätigkeit, sondern auch durch Arbeitsleistung, vor allem durch die Arbeit der Hausfrau oder des Hausmanns sichergestellt, aber auch durch häusliche Arbeit des erwerbstätigen Ehegatten, wie z. B. durch Renovierung der Wohnung, Reparaturarbeiten im Haus, Gartenarbeit usw. Zu Ansprüchen der Kinder vgl. Rn 10.

23 Für die rechtliche Betrachtung stehen die **finanziellen Aufwendungen** zur Deckung des Familienbedarfs im Vordergrund. Dazu zählen u. a.:
– Aufwendungen für das **Wohnen**, wie z. B. Miete und Mietnebenkosten, Zahlungen für das Familienheim (Annuitäten, verbrauchsabhängige und verbrauchsunabhängige Hauslasten) und Aufwendungen für Heizung, Wasser, Strom, Telefon, Radio, Fernsehen, Wohnungseinrichtung u. a.;
– **Haushaltskosten**, wie z. B. Aufwendungen für Verpflegung, Kleidung, Reinigung, Körper- und Gesundheitspflege;
– Aufwendungen für **Erholung**, Urlaub, Freizeitgestaltung und gesellschaftliche Verpflichtungen;
– Beiträge zu Verbänden, Organisationen mit religiösen, kulturellen, politischen oder sportlichen Zwecken einschließlich des **Kirchgeldes** (auch in einer Ehe, in der der nicht verdienende Ehegatte keiner Kirche angehört);[22]
– Aufwendungen für eine nach den Verhältnissen der Ehegatten angemessene **Krankheits- und Altersvorsorge**, auch wenn sie über den Schutz der gesetzlichen Sozialversicherung hinausgeht, z. B. eine Krankenhaustagegeldversicherung;
– Aufwendungen für sonstige angemessene **Versicherungen**, z. B. Haftpflicht-, Hausrats- oder Rechtsschutzversicherungen;
– **Fahrtkosten**, insbesondere Aufwendungen für Anschaffung und Betrieb eines Kfz[23]

---

[21] BGH, FamRZ 1998, 608 = R 522 b; FamRZ 1985, 353 = R 242
[22] FG Hamburg, FamRZ 1997, 1155
[23] BGH, FamRZ 1983, 351 = NJW 1983, 1113

III. Bemessung des Familienunterhalts §3

(Steuer, Versicherungen, Benzin, Reparaturen usw.) oder für öffentliche Verkehrsmittel;
- Aufwendungen für nicht von der Krankenversicherung oder sonstigen Kostenträgern gedeckte **Krankheitskosten**, z. B. für Wahlleistungen im Krankenhaus, Zahnersatz, Brillen usw., soweit sie im Rahmen des üblichen Lebenszuschnitts der Familie liegen.[24] Es handelt sich u. U. um **Sonderbedarf**.[25] Zum Sonderbedarf vgl. Rn 6/1ff. Behandlungskosten, deren Höhe die Leistungsfähigkeit der Familie bei weitem übersteigen, sind nicht, jedenfalls nicht vollständig, durch den Familienunterhalt sicherzustellen. Hier kommt ggf. ergänzende Sozialhilfe in Betracht;[26]
- Aufwendungen für die **Pflege** eines kranken oder behinderten Familienmitglieds, die nicht von der Familie selbst geleistet werden kann, sondern durch Dritte, z. B. ambulante Pflegedienste, sichergestellt werden muß.[27] Bei Pflege durch den Ehegatten besteht grundsätzlich keine Vergütungspflicht.[28] Seit dem 1. 4. 1995 wird die Familie hier ggf. durch Leistungen der Pflegeversicherung entlastet;
- Kosten der rechtlichen **Betreuung** eines Familienangehörigen im Sinne des § 1896 BGB oder der Vormundschaft über ein minderjähriges Kind (§§ 1835 ff, 1836 d Nr. 2, 1836 e, 1908 i BGB). Vgl. auch Rn 2/317, 405;
- Aufwendungen für **persönliche Bedürfnisse** der Ehegatten, z. B. Sport, Hobbys;[29] diese Aufwendungen sind in erster Linie aus dem Taschengeld zu decken (vgl. dazu Rn 59);
- vergleichbare Aufwendungen für unterhaltsberechtigte gemeinschaftliche **Kinder** einschließlich der Kosten für Erziehung und Ausbildung. Zum Unterhalt für sonstige im Haushalt lebende Kinder vgl. Rn 27.

Entspricht die **Ausbildung** eines Ehepartners dem gemeinsamen Lebensplan oder, bei 24 objektiver Betrachtung, dem Gebot vernünftiger Lebensgestaltung, sind die Ausbildungskosten im Rahmen des Familienunterhalts aufzubringen.[30] Wenn schon für die Zeit nach der Trennung und Scheidung nach §§ 1361, 1575 BGB ein Anspruch auf Ausbildungsunterhalt besteht (vgl. dazu Rn 4/9 f, 4/147 ff), muß dies aus Gründen der ehelichen Solidarität um so mehr für den Familienunterhalt der Ehegatten in einer intakten Ehe gelten.[31]

Bei einer einvernehmlichen Regelung ist der studierende Ehegatte für die Dauer des 25 **Studiums** von der Pflicht befreit, durch Erwerbstätigkeit zum Familienunterhalt beizutragen (vgl. hierzu auch Rn 6/603). Die Pflicht zur Mithilfe im Haushalt bleibt unberührt. Auch kann der studierende Ehegatte verpflichtet sein, durch sonstige Einkünfte oder den Stamm seines Vermögens zum Familienunterhalt beizutragen. Stehen solche Mittel nicht zur Verfügung, hat der andere Ehegatte die Mittel für den gesamten Familienunterhalt allein aufzubringen. Hierzu zählen auch Aufwendungen des Studierenden für Bücher, Lernmittel, Fahrtkosten u. ä.[32]

Zum Familienunterhalt kann auch die Tilgung und Verzinsung von **Schulden** gehören, 26 insbesondere wenn sie zur Finanzierung eines Familienheims oder größerer für die Familie erforderlicher Anschaffungen eingegangen worden sind. Zu Schulden vgl. im übrigen Rn 32.

Unterhaltsansprüche sonstiger Verwandter gehören nicht zum Lebensbedarf eines 27 Ehegatten im Sinn des § 1360 a I BGB (vgl. Rn 46). Jedoch ist jeder Ehegatte verpflichtet, seinen Partner teilweise von den häuslichen Pflichten freizustellen, um ihm die Möglichkeit zu geben, durch eine Nebentätigkeit zum Unterhalt eines beim anderen Elternteil lebenden Kindes aus einer früheren Verbindung oder eines bedürftigen früheren Ehegatten

---

[24] BGH, FamRZ 1992, 291 = R 440; OLG Stuttgart, FamRZ 1994, 444
[25] BGH, FamRZ 1992, 291 = R 440
[26] BGH, FamRZ 1992, 291 = R 440
[27] BGH, FamRZ 1993, 411 = NJW 1993, 124
[28] BGH, FamRZ 1995, 537 = R 493 b; OLG Hamm, FamRZ 1999, 167
[29] BGH, FamRZ 1983, 351 = NJW 1983, 1113
[30] BGH, FamRZ 1985, 353 = R 242; FamRZ 1981, 439 = R 69 a
[31] OLG Stuttgart, FamRZ 1983, 1030
[32] BGH, FamRZ 1985, 353 = R 242; vgl. auch BGH, FamRZ 1983, 140 = NJW 1983, 814

beizutragen (vgl. dazu Rn 2/183).³³ Zur entsprechenden Problematik bei Geltendmachung von Unterhaltsansprüchen eines volljährigen Kindes vgl. Rn 2/187 ff, von Unterhaltsansprüchen eines bedürftigen Elternteils des Ehegatten vgl. Rn 2/625. Zum Familienunterhalt gehört dagegen auch der Bedarf eines in den Haushalt aufgenommenen Kindes eines Ehegatten aus einer früheren ehelichen oder nichtehelichen Verbindung oder eines Pflegekindes.³⁴ Der Unterhalt für ein solches Kind ist vorzugsweise aus dem Unterhalt, den der andere Elternteil leistet, oder aus dem Pflegegeld zu bestreiten, das für das Kind gezahlt wird. Ggf. muß der Ehegatte, der ein nicht gemeinschaftliches Kind in die Familie gebracht hat, einer Erwerbstätigkeit nachgehen, um für dessen Unterhalt zu sorgen. Zugunsten eines in den Haushalt aufgenommenen **Stiefkindes** kann eine Unterhaltsverpflichtung aufgrund einer ausdrücklichen oder stillschweigenden Übereinkunft bestehen.³⁵ Dasselbe gilt, wenn Eltern ein Kind ohne förmliche Adoption zu sich nehmen und es durch mittelbare Falschbeurkundung im Geburtenbuch als ihr eigenes Kind eintragen lassen.³⁶ Vgl. dazu Rn 2/1c. Der Ehemann, der einer **heterologen Insemination** bei seiner Frau zugestimmt hat, kann auf vertraglicher Grundlage dem daraus hervorgegangenen Kind zum Unterhalt verpflichtet sein, selbst wenn er später dessen Ehelichkeit angefochten hat.³⁷ Der Ehemann muß daher im Rahmen des Familienunterhalts auch für ein solches Kind sorgen, solange die Eheleute noch nicht getrennt leben. Nach der Trennung tritt an die Stelle des Familienunterhalts der vertragliche Unterhaltsanspruch des Kindes. Jedoch kann die Geschäftsgrundlage der vertraglichen Unterhaltszusage entfallen, wenn das Kind selbst durch Klage die Feststellung erreicht hat, daß es nicht von dem Ehemann seiner Mutter abstammt.³⁸

2. Bemessung des finanziellen Unterhaltsbedarfs

28 Zum Lebensbedarf der Familie (Rn 22 ff) haben beide Ehegatten beizutragen (vgl. dazu Rn 35 ff). Zur Deckung des finanziellen Bedarfs haben sie ihre Einkünfte aus Erwerbstätigkeit und Vermögen bereitzustellen. Daneben haben sie entsprechend der Aufgabenverteilung in der Ehe (vgl. dazu Rn 11) persönliche Leistungen (z. B. Haushaltstätigkeit, Betreuung der Kinder, Pflege kranker oder behinderter Familienmitglieder) zu erbringen.

29 Nach § 1360 a II 2 BGB sind Ehegatten verpflichtet, die zur Deckung des **finanziellen Bedarfs** (vgl. Rn 23) erforderlichen Mittel für einen angemessenen Zeitraum im voraus zur Verfügung zu stellen. Dazu ist es nötig, den durchschnittlichen finanziellen Bedarf konkret nach den Bedürfnissen und Verhältnissen der jeweiligen Familie zu bemessen. Die Unterhaltstabellen und Leitlinien der Oberlandesgerichte sind grundsätzlich nicht heranzuziehen, da sie nur den Unterhalt getrenntlebender oder geschiedener Eheleute betreffen und nur als Hilfsmittel benutzt werden können, wenn der Familienunterhalt aus besonderen Gründen insgesamt in Geld veranschlagt werden muß (vgl. dazu Rn 1f). Zum Auskunftsanspruch vgl. Rn 4; zur Berechnung des Familienunterhalts, wenn ein früherer Ehegatte oder Kinder aus anderen Verbindungen Unterhaltsansprüche geltend machen, vgl. unten Rn 64 ff.

30 Maßgebliche Ausgangsbasis für die Bemessung des Familienunterhalts sind die **Einkommens- und Vermögensverhältnisse** der Eheleute.³⁹ Entscheidend sind in erster Linie die laufenden Einkünfte, z. B. aus Erwerbseinkommen, Renten, Pensionen, Zinsen. Der **Stamm des Vermögens** braucht nur angetastet zu werden, wenn die laufenden Einkünfte auch bei sparsamer Lebensführung nicht mehr ausreichen oder wenn größere Anschaffungen nötig werden (Rn 20).

---

[33] BGH, FamRZ 1987, 472 = R 327 a
[34] BGH, FamRZ 1999, 367, 368 = R 530 c
[35] OLG Nürnberg, FamRZ 1965, 217
[36] BGH, FamRZ 1995, 995; OLG Bremen, FamRZ 1995, 1291
[37] BGH, FamRZ 1995, 861 ff = NJW 1995, 2028
[38] BGH, FamRZ 1995, 861 ff = NJW 1995, 2028
[39] BGH, FamRZ 1985, 576 = NJW 1985, 1394; vgl. auch BGH, FamRZ 1992, 291 = R 440

III. Bemessung des Familienunterhalts §3

Sozialleistungen, die **für Körper- oder Gesundheitsschäden** gewährt werden, gehören zum Familieneinkommen, soweit der Berechtigte daraus keinen Mehrbedarf befriedigen muß. Die Vermutung des § 1610 a BGB gilt nur beim Verwandten-, insbesondere beim Kindesunterhalt, und kraft Verweisung auch beim Trennungsunterhalt sowie beim nachehelichen Unterhalt (§§ 1361 I 1 Halbs. 1, 1578 a BGB), nicht dagegen beim Familienunterhalt. Zu dieser Vermutung vgl. Rn 1/343 ff. Auch **Erziehungsgeld** ist trotz der Vorschrift des § 9 S. 1 BErzGG – anders als beim Trennungsunterhalt und beim nachehelichen Unterhalt (vgl. dazu Rn 1/85) – zur Deckung des Bedarfs der gesamten Familie heranzuziehen, da es gerade dazu dient, den erziehenden Elternteil von einer sonst notwendigen Erwerbstätigkeit freizustellen. **Pflegegeld**, das für einen pflegebedürftigen Familienangehörigen gezahlt und für dessen Mehrbedarf nicht benötigt wird, kann für den Familienunterhalt verwendet werden. § 13 VI SGB XI[40] hat keine Bedeutung, solange die häusliche Gemeinschaft der Ehegatten noch besteht. Vgl. dazu auch Rn 2/329. Ist der pflegende Ehegatte nicht erwerbstätig, werden hinsichtlich des weitergeleiteten Pflegegeldes die Grundsätze über die Zuverdienstehe (Rn 14, 43) heranzuziehen sein. 31

Schulden mindern das für die Familie zur Verfügung stehende Einkommen und damit deren Unterhalt, gleichgültig, ob sie vor oder während der Ehe entstanden sind (vgl. dazu auch Rn 1/522 ff). Das gilt grundsätzlich auch dann, wenn sie allein von einem Ehegatten ohne hinreichenden Grund aufgenommen worden sind. Bei bestehender Ehe müssen Ehegatte und Kinder auch wirtschaftlich unvernünftiges Verhalten des Partners bzw. Elternteils mittragen. Allerdings können sie verlangen, daß er besondere Anstrengungen unternimmt, um sein Einkommen, z. B. durch Überstunden, zu erhöhen, oder daß die Schuldtilgung gestreckt wird. Notfalls muß auch der bisher den Haushalt führende Ehegatte ganz oder teilweise einer Erwerbstätigkeit nachgehen (vgl. dazu oben Rn 12, 17). Zu Unterhaltsschulden vgl. Rn 27. 32

Das so berechnete Einkommen und etwa vorhandenes Vermögen begrenzen den finanziellen Gesamtbedarf (Rn 22 ff) nach oben; denn es darf in der Regel zur Bedarfsdeckung nicht mehr Geld ausgegeben werden, als für Unterhaltszwecke vorhanden ist. Der Lebenszuschnitt der Familie richtet sich nach den zur Verfügung stehenden Einkünften und nach den im Rahmen der gemeinsamen Lebensplanung getroffenen Absprachen (vgl. dazu Rn 6/603). **Übertriebener Aufwand** ist nicht zu berücksichtigen. Dagegen bleibt es den Ehegatten unbenommen, gemeinsam eine **sparsame Lebensweise** zu vereinbaren, z. B. um ein Einfamilienhaus erwerben oder Rücklagen für die aufwendige Ausbildung eines Kindes bilden zu können. Derartige Absprachen sind bei Wahrung eines gewissen Mindeststandards grundsätzlich möglich. An einer zu dürftigen Lebensführung muß sich dagegen kein Ehegatte gegen seinen Willen auf Dauer festhalten lassen. Vgl. dazu Rn 4/210. 33

Übersteigt das Einkommen den zur Deckung des Familienbedarfs (Rn 22 ff) erforderlichen und angemessenen finanziellen Aufwand, so verbleibt der unverbrauchte Rest in der „Haushaltsführungsehe" (Rn 12, 36) demjenigen, der die Einkünfte erzielt, bzw. in der „Doppelverdienerehe" (Rn 13, 37), „Zuverdienstehe" (Rn 14, 43) oder „Nichterwerbstätigenehe" (Rn 15, 45) anteilmäßig beiden Ehegatten. Etwaiger Vermögenszuwachs unterliegt bei Scheitern der Ehe dem Zugewinnausgleich. 34

3. Anteilige Beiträge der Ehegatten zum Familienunterhalt

a) Gleichwertigkeit der Haushaltstätigkeit. Wie bereits ausgeführt (Rn 10 ff), müssen beide Ehegatten nach § 1360 S. 1 BGB im Prinzip gleichwertige Beiträge zum Familienunterhalt leisten, wobei der Arbeitseinsatz im Rahmen einer vollen Erwerbstätigkeit und die Haushaltsführung kraft Gesetzes als gleichwertig gelten (§ 1360 S. 2 BGB). Innerhalb einer intakten Ehe spielt die Bewertung der Beiträge zum Familienunterhalt in der Regel keine entscheidende Rolle. Immerhin hat aber die Gleichwertigkeit der Hausarbeit die Stellung der Hausfrau in der Familie entsprechend der Absicht des Gesetzgebers wesent- 35

---

[40] i. d. F. des 4. SGB XI-Änderungsgesetzes vom 21. 7. 1999 – BGBl. I. 1656

lich aufgewertet, während dies bei der Stellung des Hausmanns im Bewußtsein der Allgemeinheit noch nicht in diesem Maße der Fall ist.

36   **b) Haushaltsführungsehe.** Der erwerbstätige Ehegatte hat mit seinem Arbeitseinkommen für den gesamten finanziellen Bedarf der Familie (Rn 22 f) allein aufzukommen, sofern der andere Ehegatte keine Vermögenseinkünfte hat. Der gleichwertige Beitrag des nicht erwerbstätigen Ehegatten besteht in der Führung des Haushalts einschließlich seiner für die Hausarbeit und die Betreuung der Kinder erforderlichen persönlichen Leistungen, ggf. auch in der Pflege eines kranken Familienmitglieds (vgl. Rn 28, 31). Da der haushaltführende Ehegatte zur Erfüllung seiner Aufgabe Geld benötigt, hat er gegen den erwerbstätigen Ehegatten einen eigenen Anspruch auf das sogenannte **Wirtschaftsgeld** (Rn 46 ff) und einen Anspruch auf **Taschengeld** (Rn 56 ff), mit dem er seine persönlichen Bedürfnisse befriedigen kann. Hat er selbst auch Einkünfte aus eigenem Vermögen, mindern sich das Wirtschaftsgeld und Taschengeld anteilig im Verhältnis der dann beiderseitigen Einkünfte. Die Haushaltsführung befreit ihn nur davon, durch Arbeit zum Familienunterhalt beizutragen (§ 1360 S. 2 BGB), nicht aber davon, Erträge seines Vermögens, in Ausnahmefällen auch den Stamm des Vermögens, hierfür einzusetzen (vgl. dazu Rn 20, 30).

37   **c) Doppelverdienerehe.** Der Unterhaltsbeitrag der Ehegatten besteht darin, daß jeder einer vollen Erwerbstätigkeit nachgeht und mit seinem Erwerbseinkommen einen angemessenen Teil des finanziellen Bedarfs bestreitet. Außerdem haben die Eheleute grundsätzlich auch die Aufgabe der Haushaltsführung (Hausarbeit und Betreuung der Kinder) gleichwertig untereinander aufzuteilen. Wird eine solche Aufteilung absprachegemäß praktiziert, was auch unter zeitweiser Zuhilfenahme fremder Personen geschehen kann, ist eine individuelle Anteilsberechnung sowohl bezüglich des erforderlichen Barbedarfs der Familie einschließlich der Kinder als auch des erforderlichen Betreuungsaufwands und der Naturalleistungen nötig. Der Wert des Betreuungsaufwands ist in Bruchteilen des Geldbedarfs zu errechnen. Regelmäßig wird in derartigen Fällen der Anteil am Barunterhalt nach dem Verhältnis des Erwerbseinkommens der Eltern, der Betreuungsaufwand nach der faktischen Betreuung zu bemessen sein. Im Ergebnis sind beide Eltern am Gesamtunterhalt (Bar- und Naturalunterhalt) prinzipiell zu gleichen Teilen beteiligt, so daß für jeden von ihnen ein Mehr an Barunterhalt ein Weniger an Naturalunterhalt bedingt und umgekehrt.[41]

38   Erbringen beide Ehegatten bei gleicher Arbeitszeit auch gleichwertige Leistungen für Haushalt und Kinder, dann ist der finanzielle Unterhaltsbedarf **im Verhältnis der beiderseitigen Einkünfte** (Erwerbseinkünfte einschließlich etwaiger Vermögenserträge) zu verteilen. Bei verschieden hohen Einkünften müssen beide Ehegatten im Verhältnis ihrer Einkünfte einen Unterhaltsbeitrag leisten.[42] Dies gilt auch, wenn ein Ehegatte genügend verdient, um den vollen Unterhalt allein bestreiten zu können.[43]

39   Der Anteil, mit dem jeder Ehegatte zum Familienunterhalt beizutragen hat, wird ähnlich wie bei § 1606 III 1 BGB (siehe dazu Rn 2/300, 2/448 f) in der Weise berechnet, daß der finanzielle Bedarf der Familie mit dem vergleichbaren Nettoeinkommen jedes Ehegatten multipliziert und durch die Summe der vergleichbaren Nettoeinkommen beider Ehegatten geteilt wird. Des Vorwegabzuges eines Sockelbetrages in Höhe des angemessenen Selbstbehalts, der in der Regel mit 1800,– DM angesetzt wird (Rn 2/417 ff, 448 f), bedarf es nicht, da beide Eheleute während des Zusammenlebens gemeinsam wirtschaften und es auf ihre Leistungsfähigkeit grundsätzlich nicht ankommt (vgl. Rn 1, 7). Jedoch erscheint es angemessen, daß jeder Ehegatte zunächst sein Taschengeld (vgl. Rn 56 ff) aus dem ihm zur Verfügung stehenden Einkommen entnimmt[44] und daß demgemäß jeweils 5 bis 7 % des Nettoeinkommens der Familie (vgl. Rn 60) vor Berechnung des Anteils abgezogen werden.[45] Die Auffassung der 4. Auflage (Rn 3/39), nach der von jedem Vorwegabzug abzusehen war, gebe ich auf. Vgl. dazu auch Rn 48.

---

[41] BGH, FamRZ 1985, 466 = NJW 1985, 1460
[42] BGH, FamRZ 1967, 380
[43] BGH, NJW 1974, 1238
[44] BGH, FamRZ 1998, 608 = R 522 b
[45] OLG Celle, FamRZ 1999, 162

III. Bemessung des Familienunterhalts §3

Beispiel:
Einkommen des Mannes (M): 3000,– DM, der Frau (F): 2000,– DM, finanzieller Bedarf der Familie: 4200,– DM. Taschengeldanspruch jedes Ehegatten 5 % von 3000 + 2000 = 5000,– DM, also 250,– DM.
Vergleichbares Einkommen des M: 3000 – 250 = 2750,– DM, der F 2000 – 250 = 1750,– DM.
Anteil M: 2750 x 4200 : 4500 = 2567,– DM.
Anteil F: 1750 x 4200 : 4500 = 1633,– DM.

Sind beide Ehegatten voll berufstätig, leistet aber einer von ihnen erheblich mehr im Haushalt und für die Kinder als der andere, so kann die sich aus dem Verhältnis der beiderseitigen Einkünfte ergebende rechnerische Verteilung (Rn 39) **wertend** zugunsten des Ehegatten **verändert** werden, der durch Hausarbeit und Kinderbetreuung insgesamt mehr zum Familienunterhalt beiträgt. Zur wertenden Veränderung der Anteile vgl. Rn 2/306, 2/450. Die Beitragspflicht dieses Ehegatten verringert sich entsprechend dem Umfang seiner Mehrarbeit im Haushalt oder seiner sonstigen Mehrbelastung.[46] In ähnlicher Weise kann die Verteilung wertend verändert werden, wenn ein Ehegatte durch die Vollerwerbstätigkeit, z. B. wegen ständiger Überstunden, erheblich stärker beansprucht wird als der andere Ehegatte. 40

Zur Orientierung bei einer wertenden Veränderung des Anteils dient der Grundsatz, daß die Leistungen für Erwerbstätigkeit, Haushaltstätigkeit und Betreuung der Kinder im wesentlichen gleichwertig sind (vgl. Rn 10 ff, 35). Für diese Wertung sind die tatsächlichen Verhältnisse maßgeblich. 41

Beispiel:
Einkommen und finanzieller Bedarf der Familie wie im Beispiel Rn 39. Jedoch betreut die Ehefrau nach ihrer Arbeitszeit im wesentlichen allein ein behindertes 16jähriges Kind. Die übrige Hausarbeit wird gleichmäßig aufgeteilt. In einem solchen Fall kann eine wertende Veränderung der rechnerischen Anteile (vgl. Rn 40) angezeigt sein, z. B. in der Weise, daß der Ehemann mit 2800,– DM und die Ehefrau nur mit 1400,– DM zum Familienunterhalt herangezogen wird.

Leistet ein Ehegatte insgesamt einen größeren finanziellen Beitrag zum Familienunterhalt, als er ihn gemäß den Ausführungen zu Rn 37–41 erbringen müßte, hat er gegen den anderen Ehegatten einen dem Wirtschaftsgeld vergleichbaren Anspruch auf Erstattung des Überzahlungsbetrags, wenn bereits zur Zeit der Leistung des Beitrags beabsichtigt war, von dem anderen Ersatz zu verlangen.[47] Bei **freiwilliger Mehrleistung** entspricht ein Erstattungsverzicht der Lebenserfahrung (§ 1360 b BGB). Diese gesetzliche Vermutung ist widerlegbar. Deshalb hat der Ehegatte, der die Erstattung fordert, zu beweisen, daß er höhere Beiträge als geschuldet geleistet hat, daß zur Zeit der Leistung beabsichtigt war, Ersatz zu fordern, und sich diese Absicht auch aus den Umständen ergab (Genaueres Rn 79 ff). 42

d) **Zuverdienstehe.** Zunächst gelten die Ausführungen zu Rn 36 ff entsprechend. Auch ein verhältnismäßig geringfügiger Zuverdienst ist jedenfalls bei einem Familieneinkommen im unteren oder mittleren Bereich zur Deckung des finanziellen Gesamtbedarfs im Verhältnis der beiderseitigen Einkünfte (vgl. Rn 38) anteilig zu verwenden. Dies gilt selbst dann, wenn der haushaltführende Ehegatte berufstätig ist, obwohl er sich mangels gegenteiliger Absprache auf die Haushaltsführung beschränken könnte.[48] Einen Teil des Zuverdienstes kann der haushaltführende Ehegatte als Taschengeld für sich behalten;[49] vgl. auch Rn 58. Das OLG Celle hat z. B. bei einem Nettoeinkommen des Mannes von 2636,– DM von dessen Frau verlangt, daß sie aus ihrem Zuverdienst von netto 600,– DM aus einer Altenbetreuungstätigkeit einen Beitrag zum Wirtschaftsgeld leistet.[50] Das KG Berlin hat bei einem Nettoeinkommen des Mannes von ca. 2000,– 43

---

[46] BGH, NJW 1957, 537
[47] OLG Celle, FamRZ 1999, 162
[48] BGH, FamRZ 1974, 366; FamRZ 1967, 380
[49] BGH, FamRZ 1999, 608 = R 522 b
[50] OLG Celle, FamRZ 1978, 380

DM einen Zuverdienst der Frau von netto 100,– DM auf deren Taschengeldanspruch verrechnet.[51]

44 Auch bei der Zuverdienstehe ist eine **wertende Veränderung des Verteilungsschlüssels** (vgl. Rn 40 f) möglich, wenn bei einem Ehegatten eine erhebliche Mehrbelastung, z. B. infolge Erwerbs- und Haushaltstätigkeit, festzustellen ist.[52]

45 e) **Nichterwerbstätigenehe.** In der Regel werden beide Ehegatten den Haushalt führen. Geschieht dies, müssen beide anteilig mit ihren Einkünften (Renten, Ruhegehalt, Zinsen usw.) zum Familienunterhalt beitragen. Versorgt nur ein Ehegatte den Haushalt ganz oder überwiegend, z. B. wegen Krankheit des anderen Teils, so kann die Verteilung wertend verändert werden. Es gelten sinngemäß dieselben Grundsätze wie bei der Doppelverdienerehe (vgl. Rn 37 ff).

4. Wirtschaftsgeld

46 Aus § 1360 a II 2 BGB ergibt sich der Anspruch des haushaltführenden Ehegatten auf Überlassung des Wirtschaftsgeldes, das er für die ihm nach § 1356 I 2 BGB obliegende **eigenverantwortliche Haushaltsführung** benötigt. Er muß das Wirtschaftsgeld für den Familienunterhalt verwenden, d. h. mit dem Wirtschaftsgeld die notwendigen Haushaltskosten bestreiten sowie die regelmäßigen Bedürfnisse beider Ehegatten und ihrer Kinder befriedigen. Er ist nicht berechtigt, es eigenmächtig für andere Zwecke auszugeben, wie z. B. zur Unterstützung von Verwandten, denen gegenüber keine Unterhaltsverpflichtung besteht (vgl. Rn 27).[53] Ersparnisse aus dem Wirtschaftsgeld darf er nur dann für sich verwenden, wenn der andere Ehegatte damit einverstanden ist und der Unterhalt dadurch nicht beeinträchtigt wird.[54] Erhält er dagegen, wie es häufig der Fall ist, neben dem Wirtschaftsgeld kein Taschengeld, kann er Beträge, die als Taschengeld angemessen wären, für sich behalten.[55]

47 Das Wirtschaftsgeld wird nur **treuhänderisch** zur Verwendung für Bedürfnisse der Familie überlassen.[56] Der Anspruch auf Wirtschaftsgeld ist daher nicht pfändbar (vgl. dazu Rn 82). Wegen der Eigenverantwortlichkeit des Haushaltführenden (Rn 46) für die Wirtschaftsführung besteht zwar keine Abrechnungsverpflichtung im Sinn von § 666 BGB, wohl aber eine familienrechtliche Obliegenheit, dem Partner Einblick in die Ausgabengestaltung zu geben und mit ihm wichtige Angelegenheiten zu besprechen. Eine übertriebene Kontrolle der Haushaltsführung kann ehewidrig sein.[57] Bei einem Streit über die Höhe des Wirtschaftsgeldes ist eine detaillierte Unterrichtung des Partners und eine Abrechnung über die Verwendung des Wirtschaftsgeldes erforderlich.[58]

48 Die **Höhe des Wirtschaftsgeldes** bestimmt sich im allgemeinen nach den zur Deckung des Lebensbedarfs der Familie (vgl. Rn 23, 29) ohne Taschengeld erforderlichen Geldmitteln unter Berücksichtigung des Einkommens und Vermögens beider Ehegatten (Rn 30 ff). Maßgebend sind ferner die Absprachen, die von den Ehegatten getroffen worden sind (vgl. auch Rn 11). Demgemäß erweitert sich der Familienunterhalt, wenn und soweit der haushaltführende Ehegatte nach der tatsächlichen Handhabung in der Ehe Ausgaben zu tragen pflegt, die normalerweise nicht aus dem Wirtschaftsgeld bestritten werden.[59]

49 Soweit der nicht haushaltführende Ehegatte bestimmte laufende **Haushaltskosten** im Einverständnis mit dem anderen Ehegatten von einem Konto selbst direkt begleicht, wie z. B. Aufwendungen für ein Familienheim oder sonstige Wohnkosten, Versicherungsprä-

---

[51] KG, FamRZ 1979, 427
[52] BGH, FamRZ 1974, 366; FamRZ 1967, 380
[53] OLG Hamburg, FamRZ 1984, 583
[54] OLG Hamm, FamRZ 1988, 947; OLG Frankfurt/Main, NJW 1970, 1882
[55] OLG Hamm, FamRZ 1988, 947
[56] BGH, FamRZ 1986, 668 = R 293 a
[57] OLG Nürnberg, FamRZ 1960, 64
[58] OLG Hamm, FamRZ 1988, 947; OLG Hamburg, FamRZ 1984, 583
[59] OLG Celle, FamRZ 1978, 589

III. Bemessung des Familienunterhalts § 3

mien, Telefongebühren usw., ist dies mit dem Wirtschaftsgeld zu **verrechnen**. Der Anspruch auf Wirtschaftsgeld bezieht sich dann nur auf den Differenzbetrag.[60] Wenn der haushaltführende Ehegatte im Prozeß Wirtschaftsgeld verlangt, muß deshalb geklärt werden, welche Ausgaben hiervon zu bestreiten sind und welche Kosten des Haushalts vom erwerbstätigen Ehegatten unmittelbar getragen, z. B. vom Girokonto abgebucht werden.

Einmalige größere Anschaffungen (z. B. Einrichtungsgegenstände oder Pkw) sowie **Sonderbedarf** (§§ 1360 a III, 1613 II BGB; vgl. dazu Rn 6/1 ff) sind im Wirtschaftsgeld, das nur den laufenden Bedarf decken soll, nicht enthalten. Für sie muß der erwerbstätige Ehegatte zusätzlich aufkommen. Verfügen beide Ehegatten über eigene Einkünfte oder Vermögen, kommt eine anteilige Deckung der Kosten in Betracht. Die Ehegatten können für solche Zwecke Rücklagen bilden. 50

In der **Haushaltsführungsehe** steht der Anspruch auf Wirtschaftsgeld dem haushaltführenden Ehegatten allein zu. Hat er selbst Einkünfte aus Vermögen, erfolgt eine anteilige Berechnung. 51

In der **Doppelverdienerehe** sind beide Ehegatten zur Haushaltsführung und zu finanziellen Beiträgen verpflichtet und berechtigt. Deshalb gibt es für sie nur einen anteiligen Wirtschaftsgeldanspruch. Ein Ehegatte hat nur dann einen Ausgleichsanspruch, wenn er unfreiwillig (vgl. dazu Rn 79 f) von seinem Einkommen mehr Zahlungen für den Familienunterhalt leistet, als es seiner anteilmäßigen Haftung entspricht (Genaueres Rn 37 ff). 52

In der **Zuverdienstehe** ist der gesamte finanzielle Bedarf (Rn 48) gemäß den Einkünften beider Eheleute zu verteilen (vgl. Rn 37 ff, 43). Zum Ausgleich besonderer Belastungen kann dieser Verteilungsschlüssel wertend verändert werden (Rn 44). 53

Dieselben Grundsätze wie in der Doppelverdienerehe gelten für die **Nichterwerbstätigenehe** (vgl. Rn 52). 54

Nach der **Trennung** der Eheleute erlischt in der Regel ein Anspruch auf Wirtschaftsgeld. Es kann weder für die Zeit nach der Trennung noch für den davorliegenden Zeitraum verlangt werden, da es nicht mehr für den Bedarf der Familie treuhänderisch verwendet werden kann.[61] Ausnahmsweise kann für die Zeit vor der Trennung ein Anspruch bestehen, wenn der haushaltführende Ehegatte zur Deckung des Familienunterhalts einen Kredit aufgenommen oder eigene Ersparnisse verwendet hat.[62] Dann kann ein familienrechtlicher Ausgleichsanspruch (Rn 2/529) in Betracht kommen, der aber vielfach an den fehlenden Voraussetzungen des § 1360 b BGB scheitern wird (vgl. dazu Rn 79 f). 55

5. Taschengeld

Der **haushaltführende Ehegatte** hat Anspruch auf Taschengeld, das er zur Befriedigung seiner persönlichen Bedürfnisse **frei verwenden** kann.[63] Über diese Verwendung ist er niemandem Rechenschaft schuldig.[64] Deshalb ist Taschengeld im Gegensatz zum Wirtschaftsgeld **pfändbar** (vgl. Rn 82). 56

Wird nur ein einheitlicher Betrag als Familienunterhalt bezahlt, dann ist in diesem Betrag auch das Taschengeld enthalten. Der Berechtigte kann dann einen entsprechenden Teil des Geldes für seine persönlichen Bedürfnisse (Rn 59) verwenden.[65] Dies gilt allerdings nur dann, wenn die wirtschaftlichen Verhältnisse die Zahlung von Taschengeld überhaupt erlauben (vgl. Rn 62). 57

Auch der **verdienende Ehegatte** hat einen Anspruch auf Taschengeld. Dieser Anspruch wird in der Regel dadurch befriedigt, daß er den entsprechenden Betrag von seinem Ver- 58

---

[60] OLG München, FamRZ 1982, 801
[61] OLG Hamm, FamRZ 1988, 947; OLG Köln, FamRZ 1984, 1089; OLG Hamburg, FamRZ 1984, 583
[62] OLG Hamm, FamRZ 1988, 947
[63] BGH, FamRZ 1998, 608 = R 522 b
[64] OLG Hamm, FamRZ 1988, 947; OLG Bamberg, FamRZ 1988, 948
[65] OLG Hamm, FamRZ 1988, 947

dienst zur Verwendung für persönliche Zwecke einbehält.[66] Erzielt der haushaltführende Ehegatte nur einen geringen Zuverdienst, kann er ihn ggf. als Taschengeld behalten (vgl. Rn 43); u. U. kann er vom anderen Ehegatten eine Aufstockung des Taschengeldes verlangen.

59 Das Taschengeld dient zur Befriedigung der **persönlichen Bedürfnisse**, z. B. Hobbys, Sport, Theater, Kino, Gaststättenbesuche usw.

60 Beim Taschengeldanspruch handelt es sich um einen auf Geld gerichteten **Zahlungsanspruch** gegen den anderen mehr verdienenden Ehegatten. Er ist vergleichbar mit dem Barzahlungsanspruch eines getrenntlebenden oder geschiedenen Ehegatten, der seinen eheangemessenen Unterhaltsbedarf ganz oder teilweise nicht durch eigenes Einkommen decken kann. Soweit der Taschengeldbedarf durch Eigenverdienst gedeckt wird, besteht kein Taschengeldanspruch.[67] Die **Höhe des Taschengeldes** richtet sich – wie beim Wirtschaftsgeld (Rn 48) – nach den Einkommens- und Vermögensverhältnissen der Ehegatten und nach dem sich daraus ergebenden Lebenszuschnitt und Lebensstil. In der Regel werden in der Praxis etwa 5 % bis 7 % des Nettoeinkommens der Familie als angemessen angesehen.[68] Wie auch sonst kann nur das bereinigte Nettoeinkommen als Bemessungsgrundlage dienen. Vom Nettoeinkommen sind also berufsbedingte Auslagen, Kindesunterhalt und berücksichtigungsfähige Schulden abzuziehen, bevor der Taschengeldanspruch ermittelt wird. Auch Schulden können das Taschengeld mindern.

61 Taschengeld ist nach den Grundsätzen der **Hausmannsrechtsprechung** bei Wiederverheiratung für den Unterhalt von Kindern aus erster Ehe zu verwenden, wenn der angemessene eigene Unterhalt durch die Familienunterhaltsleistungen des neuen Ehegatten gedeckt ist.[69] Vgl. dazu im einzelnen Rn 2/172.

62 Ein Anspruch auf Taschengeld besteht für beide Eheleute nicht, wenn das Einkommen nur zur Deckung des **notwendigen Familienunterhalts** ausreicht.[70]

63 Nach der **Trennung** der Eheleute kann Taschengeld, sofern sich der andere Ehegatte in Verzug befindet (§§ 1360a III, 1613 I BGB), für einen vor der Trennung liegenden Zeitraum noch zugesprochen werden, weil es zur freien Verwendung bestimmt ist. Der Taschengeldanspruch muß allerdings dann genau beziffert und substantiiert begründet werden.[71]

IV. Konkurrenz mit anderen Unterhaltsansprüchen, Besonderheiten des Familienunterhalts

1. Konkurrenz mit anderen Unterhaltsansprüchen

64 a) **Vergleichbarkeit des Familienunterhalts und anderer Unterhaltsansprüche.** Der Anspruch auf Familienunterhalt richtet sich – vom Taschengeld (Rn 56ff) abgesehen – nicht auf Zahlung eines Geldbetrages, der dem Berechtigten zur freien Verfügung steht. Der (haushaltführende) Ehegatte erhält vielmehr **Naturalleistungen**, z. B. zusammen mit den anderen Familienmitgliedern freies Wohnen in einem Einfamilienhaus, einer Eigentums- oder einer Mietwohnung, sowie **Wirtschaftsgeld**, das treuhänderisch für die gesamte Familie, also beide Ehegatten und die Kinder, zu verwenden ist (Rn 46ff). Auch dem unverheirateten volljährigen Kind wird, solange es im Haushalt der Eltern lebt, Unterhalt in Natur gewährt (§ 1612 II 1 BGB). Vgl. dazu auch Rn 10. Dagegen wird der Unterhalt anderer Berechtigter, vor allem des geschiedenen Ehegatten, von nicht beim Unterhaltspflichtigen lebenden ehelichen oder nichtehelichen Kindern, in Form einer Geldrente geleistet (§§ 1585 I 1, 1612 I 1 BGB). Konkurrieren derartige Ansprüche mit

---

[66] BGH, FamRZ 1998, 608 = R 522 b
[67] BGH, FamRZ 1998, 608 = R 522 b
[68] BGH, FamRZ 1998, 608 = R 522 b
[69] BGH, FamRZ 1986, 668 = R 293 a; BVerfG, FamRZ 1985, 140, 145
[70] BGH, FamRZ 1998, 608 = R 522 b; OLG Hamm, FamRZ 1986, 357
[71] OLG Hamm, FamRZ 1988, 947

IV. Konkurrenz mit anderen Unterhaltsansprüchen §3

dem Familienunterhalt, muß dieser auf die einzelnen Mitglieder der Familie aufgeteilt und in Geld veranschlagt werden.[72] Vgl. dazu auch Rn 2.

b) Konkurrierende Ansprüche von Ehegatten und Kindern. Zu einer derartigen Konkurrenz kommt es vor allem, wenn der Unterhaltspflichtige nach der Scheidung wieder heiratet und eine neue Familie gründet. Konkurrenzprobleme können aber auch dann auftreten, wenn ein volljähriges Kind einen eigenen Haushalt gründet und der vorrangige Unterhaltsanspruch des mit dem Pflichtigen zusammenlebenden Elternteils, in der Regel des jetzigen Ehegatten, zu berechnen ist. 65

Bei der **Berechnung** ist wie folgt zu verfahren:
- Der Naturalunterhalt eines **minderjährigen Kindes aus der jetzigen Ehe** oder eines privilegiert volljährigen Kindes (Rn 2/452 ff) ist in Höhe des Barunterhalts anzusetzen, der sich aufgrund des Einkommens des verpflichteten Elternteils aus der Düsseldorfer Tabelle ergäbe (vgl. Rn 2/209 ff), im Beitrittsgebiet ggf. aus den niedrigeren Sätzen der dortigen Tabellen und Leitlinien (vgl. Rn 6/625). Die Ansprüche der früheren Ehefrau, der Kinder aus der früheren Ehe und des Kindes aus der neuen Familie sind nach den allgemeinen Grundsätzen zu berechnen. Zum Mangelfall vgl. Rn 74 f. 66

Beispiel: 67
Einkommen des wiederverheirateten Mannes (M) 5600.– DM. Die teilweise erwerbstätige 2. Ehefrau (F 2) versorgt ein 5jähriges Kind aus der neuen Ehe; sie ist wegen ihres Eigenverdienstes nicht unterhaltsbedürftig. M hat für die erwerbsunfähige 1. Ehefrau (F 1) und ein 15jähriges Kind aus der früheren Ehe Unterhalt zu zahlen.
Tabellenunterhalt des 15jährigen Kindes nach DT 9/3: 816,– DM.
Tabellenunterhalt des 5jährigen Kindes nach DT 9/1: 568,– DM. Der Unterhalt dieses Kindes beeinflußt zwar den Bedarf von F 1 nicht, mindert aber die Leistungsfähigkeit vom M. Vgl. dazu Rn 4/571.
Unterhaltsanspruch von F 1: $5600 - 816 - 568 = 4216 \times 3/7 = 1807$,– DM.
Für das 15jährige Kind sind $816 - 125$ (Kindergeldanteil) = 691,– DM zu zahlen. Das Zweitkindergeld für das 5jährige Kind von 250,– DM, das M erhält, bleibt bei der Bemessung des Unterhalts der Mitglieder der alten Familie unberücksichtigt (§ 1612 b IV BGB; vgl. Rn 2/507).
Der Bedarfskontrollbetrag der 9. Einkommensgruppe von 2350,– DM ist gewahrt, da M $5600 - 816 - 568 - 1807 = 2409$,– DM behält. Vgl. dazu Rn 2/239 ff.

- Bei einem **volljährigen Kind aus der jetzigen Ehe** des Verpflichteten ist gleichfalls vom Barunterhalt auszugehen, der aus der Düsseldorfer Tabelle oder den Leitlinien des jeweiligen Oberlandesgerichts zu entnehmen ist (vgl. Rn 2/368 ff, 2/383 ff; zu den Richtsätzen im Beitrittsgebiet Rn 6/628 f). Der frühere Ehegatte, der jetzige Ehepartner, etwaige minderjährige sowie privilegiert volljährige Kinder gehen einem volljährigen Kind im Rang vor (§ 1609 I und II 1 BGB). Reicht das Einkommen des Verpflichteten nicht zur Befriedigung aller Unterhaltsansprüche aus, fällt das volljährige Kind ganz oder teilweise aus. Vgl. dazu Rn 2/152, 165, 452 ff, 4/190, 5/35 ff. 68
- Verlangt ein **minderjähriges oder privilegiert volljähriges Kind aus einer früheren Verbindung** Unterhalt, genügt es bei mittlerem oder höherem Einkommen des wiederverheirateten Verpflichteten in der Regel, den Kindesunterhalt der Düsseldorfer Tabelle zu entnehmen, da die Tabelle von Unterhaltspflichten gegenüber einem Ehegatten und zwei Kindern ausgeht (DT A 1). Einer Berechnung des Bedarfs des Ehegatten des Pflichtigen bedarf es – vom Mangelfall abgesehen (vgl. Rn 74 f) – nicht. 69
- Begehrt ein (nicht privilegiert) **volljähriges Kind aus der früheren Ehe** des Verpflichteten Unterhalt, muß dem Schuldner der angemessene Eigenbedarf verbleiben (§ 1603 I BGB), der nach der Düsseldorfer Tabelle (A 5 II) mindestens 1800,– DM beträgt (vgl. dazu und zu abweichenden Selbstbehaltssätzen Rn 2/417 ff, zum angemessenen Selbstbehalt im Beitrittsgebiet Rn 6/632). Der anteilige Familienunterhalt des jetzigen Ehegatten des Schuldners darf mit dem sich aus der Düsseldorfer Tabelle (B VI) ergebenden notwendigen Eigenbedarf (dem Existenzminimum) des nicht getrenntlebenden Ehegatten von 1100,– DM bzw. 950,– DM (vgl. dazu auch Rn 74) angesetzt werden, da dieser einen Anspruch auf angemessenen, nicht nur auf notwendigen Un- 70

---
[72] OLG Hamburg, FamRZ 1993, 1453, 1455

terhalt hat (§ 1360 S. 1 BGB). Es empfiehlt sich daher, den **angemessenen Bedarf des Ehegatten** von dem sich aus der Düsseldorfer Tabelle (A 5) ergebenden angemessenen Eigenbedarf des Schuldners von 1800,– DM abzuleiten und wegen der Ersparnisse infolge gemeinsamer Haushaltsführung auf **1400,– DM** festzusetzen.[73] Dies bedeutet allerdings, daß das volljährige Kind keinen Unterhalt mehr erhält, wenn der Verpflichtete für sich und seine jetzige Ehefrau nicht mehr als 3200,– DM (1800 + 1400) zur Verfügung hat. Nach Auffassung des BGH[74] findet dagegen der eheangemessene Unterhalt auch im Rahmen des § 1360a BGB keine Untergrenze in den Mindestbeträgen von Unterhaltstabellen und Leitlinien. Er kann auch unter derartigen Sätzen liegen. Wie der BGH den Unterhalt des jetzigen Ehegatten des Verpflichteten berechnen will, ergibt sich aus der zitierten Entscheidung nicht. Die Bezugnahme auf § 1578 BGB läßt aber darauf schließen, daß der BGH auch den Unterhalt des Ehegatten nach einer Quote (z. B. von $3/7$) des Einkommens des Schuldners bemessen will. Diese Berechnung führt jedoch nur dann zu einem angemessenen Ergebnis, wenn der Unterhalt des volljährigen Kindes nicht vor Berechnung des Ehegattenunterhalts vom Einkommen des Schuldners abgezogen wird. Der Vorwegabzug ist nicht zulässig, da sich im Mangelfall der Vorrang des Ehegatten gegenüber dem volljährigen Kind durchsetzt (vgl. Rn 2/152, 4/190).

71 **Beispiel:**
Einkommen des Mannes (M): 3200,– DM, Bedarf des studierenden Kindes aus erster Ehe nach der Düsseldorfer Tabelle (A 7 II): 1120,– DM. Die 2. Ehefrau ist erwerbsunfähig und daher unterhaltsbedürftig.
Setzt man den vorrangigen Unterhalt der 2. Ehefrau mit 1400,– DM an (Rn 69), kommt ein Unterhaltsanspruch des volljährigen Kindes mangels Leistungsfähigkeit des M nicht in Betracht. Nach Auffassung des BGH[75] beträgt der Bedarf der 2. Ehefrau wohl $3/7$ von 3200,– DM, also 1371,– DM. Da der Unterhalt der Ehefrau vorrangig ist und M diesen Anspruch bei Wahrung seines angemessenen Selbstbehalts von 1800,– DM gerade decken kann, steht dem Kind auch nach der Rechtsprechung des BGH nur ein Minimalunterhalt von 29,– DM (3200 – 1371 – 1800) zu, den kaum ein Gericht zusprechen würde.
Der Vorwegabzug des Unterhalts des volljährigen Kindes würde dagegen unter Berücksichtigung des notwendigen Selbstbehalts des M von 1500,– DM gegenüber der Ehefrau zu einem Ehegattenunterhalt von 3200 – 1120 – 1500 = 580,– DM führen. Dieses Ergebnis wäre mit dem Vorrang des Ehegattenunterhalts nicht vereinbar.

Das Beispiel Rn 70 zeigt, daß dem volljährigen Kind auch nach Auffassung des BGH[76] erst dann Unterhalt zusteht, wenn das Einkommen des Schuldners 3150,– DM übersteigt. Erst bei diesem Einkommen kann er den Unterhaltsanspruch seiner Ehefrau von (3150 x $3/7$ =) 1350,– DM erfüllen, ohne daß sein eigener angemessener Selbstbehalt von 1800,– DM berührt würde. Dies zeigt, daß die hier vertretene Auffassung (Rn 69) und die Ansicht des BGH an dieser Stelle zu im wesentlichen gleichen Ergebnissen gelangen.

72 • Bei Unterhaltsansprüchen des geschiedenen Ehegatten und minderjähriger Kinder aus der früheren Ehe bleibt der Unterhaltsbedarf des **jetzigen Ehegatten** unberücksichtigt, wenn er dem geschiedenen Ehegatten **im Range nachgeht**.[77] Dies ist nach § 1582 I 1 BGB in der Regel der Fall. Vgl. dazu Rn 5/44, 5/46. Der Vorrang setzt sich auch dann durch, wenn die Unterhaltsberechtigten, die mit dem Schuldner in einer Haushaltsgemeinschaft zusammenleben, durch die Leistung von Unterhalt an die vorrangig Berechtigten sozialhilfebedürftig würden.[78]

73 • Sind die Unterhaltsansprüche des **geschiedenen und des jetzigen Ehegatten** nach § 1582 I BGB oder nach § 59 S. 2 EheG **gleichrangig**, empfiehlt sich eine Berechnung

---

[73] Scholz, FamRZ 1993, 125, 134; Familienrecht '96 S. 445, 477
[74] BGH, FamRZ 1996, 345 = R 497 c; FamRZ 1995, 537 = R 493 a
[75] BGH, FamRZ 1996, 345 = R 497 c; FamRZ 1995, 537 = R 493 a
[76] BGH, FamRZ 1995, 537 = R 493 a
[77] BGH, FamRZ 1988, 705, 707 = R 364 b
[78] BGH, FamRZ 1996, 1272 = R 507 b

IV. Konkurrenz mit anderen Unterhaltsansprüchen § 3

nach den Leitlinien des OLG Hamm.[79] Nach HL 40 erhalten der geschiedene und der zweite Ehegatte grundsätzlich den gleichen Anteil. Das Einkommen des Pflichtigen ist auf ihn und die beiden Ehefrauen im Verhältnis 4:3:3, bei einem nichterwerbstätigen Schuldner im Verhältnis 1:1:1 zu verteilen. Lebt der zweite Ehegatte mit dem Pflichtigen zusammen, so ist wegen der Ersparnis durch gemeinsame Haushaltsführung ein Verteilungsschlüssel von 4:3,3:2,7 anzusetzen, dagegen von 3,3:3,3:2,7, wenn der Pflichtige nicht erwerbstätig ist (HL 41). Hat der frühere Ehegatte eigenes Einkommen, der jetzige dagegen nicht, richtet sich die Berechnung nach HL 42. Danach ist zunächst der Unterhalt des zweiten Ehegatten zu errechnen und vom Einkommen des Pflichtigen abzuziehen. Auf der Basis des so ermittelten Einkommens des Verpflichteten ist der Unterhalt des geschiedenen Ehegatten nach der Differenz- oder Anrechnungsmethode zu ermitteln. Vgl. hierzu eingehend Rn 5/124 ff.

Beispiel:
Nettoeinkommen des Ehemannes: 4000,– DM
prägendes Einkommen der geschiedenen Ehefrau: 1400,– DM
Unterhalt der zweiten Ehefrau: 4000 x 2,7:10 = 1080,– DM
Unterhalt der geschiedenen Ehefrau: 4000 – 1080 = 2920 – 1400 = 1520 x $3/_7$ = 651,– DM

c) **Im verschärften Mangelfall** sind unter Beachtung der Rangverhältnisse die allgemeinen Grundsätze anzuwenden (Rn 5/1 ff). Der Einsatzbetrag für den Unterhalt der mit dem Schuldner zusammenlebenden oder bei dem anderen Elternteil lebenden Kinder entspricht in der Regel dem Regelbetrag, also der ersten Einkommensgruppe der Düsseldorfer Tabelle, da der Bedarfskontrollbetrag einer höheren Einkommensgruppe nicht gewahrt ist (Abschnitt C der Düsseldorfer Tabelle; BayL 21 I; KL 48).[80] Streitig ist insbesondere, ob der Bedarf des jetzigen Ehegatten des Pflichtigen, der mit diesem zusammenlebt, mit einem tabellarischen Mindestsatz angesetzt werden darf. Insoweit kann zunächst auf die im wesentlichen gleichgelagerte Problematik des Bedarfs des getrenntlebenden oder geschiedenen Ehegatten verwiesen werden (vgl. Rn 2/163). Zum Unterhalt im verschärften Mangelfall und zu den verschiedenen Berechnungsmethoden, insbesondere den Einsatzbeträgen für den Ehegatten vgl. auch Rn 5/224 ff.[81] 74

Nach Auffassung des BGH[82] ist der eheangemessene Bedarf des jetzigen Ehegatten des Unterhaltsschuldners an § 1578 BGB auszurichten; er kann dann daher auch unter derartigen Tabellensätzen liegen. Zu derart niedrigen Bedarfssätzen kommt man aber in der Regel nur, wenn im Mangelfall der Kindesunterhalt vor Berechnung des Ehegattenunterhalts vom Einkommen des Pflichtigen abgezogen wird[83] und wenn der Erwerbstätigenbonus neben pauschalierten berufsbedingten Auslagen gewährt wird. Hiergegen bestehen die unter Rn 2/163, 241, 4/189 erörterten Bedenken. Es geht jedenfalls nicht an, den Unterhalt von Kindern aus erster Ehe bei der Bemessung des Unterhalts des zweiten Ehegatten vorweg abzuziehen und auf diese Weise zu einem Bedarf für den Ehegatten zu gelangen, der u. U. weit unter dem Sozialhilfesatz liegt (vgl. dazu Rn 6/539 ff). 75

Für den mit dem Schuldner zusammenlebenden Ehegatten ist nach der Düsseldorfer Tabelle (B VI) im Mangelfall der notwendige Eigenbedarf (das Existenzminimum) mit 1100,– DM bei Erwerbstätigkeit, andernfalls mit 950,– DM zu berücksichtigen. Für den früheren Ehegatten muß ein höherer Betrag angesetzt werden, da er nicht von den Ersparnissen profitiert, die sich durch den gemeinsamen Haushalt mit den Pflichtigen ergeben. Wie Rn 2/163 ausgeführt, kann der Einsatzbetrag für den früheren Ehegatten wei- 76

---

[79] Zur Berechnung des Unterhalts gleichrangiger Ehegatten vgl. Rn 5/124 ff; ferner eingehend Gutdeutsch, FamRZ 1995, 327 ff; Hampel, FamRZ 1995, 1177 ff.
[80] Anders der BGH, FamRZ 1997, 806 = R 512 e
[81] Zur Unterhaltsberechnung und Bedarfsmessung im Mangelfall nach der Düsseldorfer Tabelle vgl. Scholz, FamRZ 1993, 125, 144 ff; Familienrecht '96, S. 445, 513 ff.
[82] BGH, FamRZ 1997, 806 = R 512 d; FamRZ 1995, 537 = R 493 a
[83] So OLG Hamm, FamRZ 1996, 629; vgl. aber BGH, FamRZ 1999, 367 = R 530 b, nach dem der Vorwegabzug nicht zu einem Mißverhältnis zum wechselseitigen Lebensbedarf der Beteiligten führen darf.

terhin mit 1300,– DM angenommen werden, wenn trennungsbedingter Mehrbedarf dies rechtfertigt, der Erwerbstätigenbonus gekürzt oder bei Berücksichtigung pauschalierter oder konkret dargelegter berufsbedingter Aufwendungen gestrichen oder der Einsatzbetrag ohne Vorwegabzug des Kindesunterhalts berechnet wird.[84] Zu weiteren Einzelheiten vgl. Rn 5/224 ff, 232 ff. Die Berechnung des Unterhalts nach der Düsseldorfer Tabelle ergibt sich aus folgendem

Beispiel:
Einkommen des Ehemannes (M): 2300,– DM. Die 2. Ehefrau (F 2) ist erwerbsunfähig und daher unterhaltsbedürftig. M hat für ein 15jähriges Kind (K) aus erster Ehe Unterhalt zu zahlen.
Bedarf F 2 nach B VI der Düsseldorfer Tabelle: 950,– DM.
Bedarf K nach DT 1/3: 510,– DM.
Gesamtbedarf der Berechtigten: (950 + 510 =) 1460,– DM.
Für den Unterhalt stehen zur Verfügung: 2300 – 1500 (notwendiger Selbstbehalt) = 800,– DM.
Unterhaltsberechnung nach Abschnitt C der Düsseldorfer Tabelle:
Unterhalt F 2: 950 x 800 : 1460 = 521,– DM.
Unterhalt K: 510 x 800 : 1460 = 279,– DM.

76a **d) Konkurrierende Ansprüche von Eltern.** Der Familienunterhalt muß auch dann in Geld veranschlagt werden (Rn 2, 64), wenn der Vater oder die Mutter eines Ehegatten bedürftig sind und Unterhalt verlangen. Die Ansprüche der Mitglieder der jetzigen Familie, also des Ehegatten und der minderjährigen oder volljährigen Kinder, gehen im Range dem Elternunterhalt vor (§ 1609 I, II BGB). Der angemessene Selbstbehalt, der dem Pflichtigen gegenüber seinen Eltern verbleiben muß, beträgt nach Abschnitt D 1 der Düsseldorfer Tabelle 2250,– DM. Vgl. dazu Rn 2/620 a, 640.

Der Unterhalt des Ehegatten des unterhaltspflichtigen Kindes kann nicht in einer Quote des Einkommens oder Einkommensdifferenz ausgedrückt werden. Dies würde insbesondere bei hohen Einkommen nicht zu angemessenen Ergebnissen führen.

Beispiel:
Der allein verdienende Ehemann (M) verfügt über ein Einkommen von 5600,– DM. Er muß für den Unterhalt seines 80jährigen Vaters aufkommen. Rechnet man mit einer Quote von $^3/_7$ (vgl. dagegen Rn 70), so beträgt der für die Ehefrau (F) zu veranschlagende Familienunterhalt 2400,– DM. Von den verbleibenden 3200,– müßte M 950,– DM an V zahlen. Er behielte also mit 2250,– DM weniger als F zustehen würde.

Da die ehelichen Lebensverhältnisse durch das Vorhandensein von Eltern und deren latent bestehende Unterhaltsbedürftigkeit geprägt wird, muß der Ehegatte des Pflichtigen die Unterhaltslast trotz seines Vorrangs mittragen, wenn sie sich realisiert. Der Familienunterhalt muß dann auf ein angemessenes Maß reduziert werden. Geht man mit der Düsseldorfer Tabelle davon aus, daß der angemessene Selbstbehalt des Schuldners gegenüber den Eltern 2250,– DM beträgt, so erscheint es angemessen, den Bedarf des Ehegatten hiervon abzuleiten und ihn unter Berücksichtigung der Ersparnisse, die das Zusammenleben mit dem Schuldner gegenüber einem Einzelhaushalt mit sich bringt, auf 1750,– DM festzusetzen (so Teil D 1 der Düsseldorfer Tabelle; vgl. dazu Rn 2/646). Dies bedeutet, daß ein kinderlos Verheirateter seinem Vater oder seiner Mutter erst Unterhalt zahlen muß, wenn sein Einkommen 2250,– DM und das gesamte Familieneinkommen 4000,– DM übersteigt. Sind unterhaltsberechtigte Kinder vorhanden, ist deren Tabellenunterhalt den erwähnten 4000,– DM hinzuzurechnen. Der Selbstbehalt von 2250,– DM enthält eine Warmmiete (vgl. Rn 2/268) von 800,– DM, der Ehegattenunterhalt von 1750,– DM eine Warmmiete von 600,– DM. Bei höherer Miete können die Beträge von 2250,– DM bzw. 1750,– DM angemessen erhöht werden. Zur Berücksichtigung von Schulden beim Elternunterhalt vgl. Rn 2/621.

76b **e) Konkurrierende Ansprüche bei Geburt eines nichtehelichen Kindes.** Macht die Mutter eines nichtehelichen Kindes Unterhalt geltend, so haftet der Kindesvater dem

---

[84] Vgl. dazu OLG Düsseldorf, FamRZ 1998, 851 mit Anm. Gutdeutsch, FamRZ 1998, 1611. Über die Revision gegen dieses Urteil hatte der BGH bei Fertigstellung des Manuskripts noch nicht entschieden.

IV. Konkurrenz mit anderen Unterhaltsansprüchen § 3

Kind bis zum notwendigen Selbstbehalt von 1500,– DM bzw. 1300,– DM (§ 1603 II 1 BGB; vgl. Rn 2/264). Gegenüber der Mutter muß dem Vater dagegen der angemessene Selbstbehalt verbleiben (§§ 1615 l III 1, 1603 I BGB). Dieser beträgt nach Abschnitt D 2 der Düsseldorfer Tabelle 1800,– DM. Der Anspruch des nichtehelichen Kindes hat mit den Ansprüchen der Ehefrau des Kindesvaters und der minderjährigen sowie der privilegiert volljährigen ehelichen Kinder den gleichen Rang (§ 1609 I, II BGB). Der Anspruch der nichtehelichen Mutter geht diesen Unterhaltsberechtigten im Range nach, einem volljährigen Kind jedoch vor (§ 1615 l III 3 BGB). Die Unterhaltslast für das nichteheliche Kind prägt die ehelichen Verhältnisse und ist daher bei der Berechnung des Anteils der Ehefrau am Familienunterhalt vorweg abzuziehen. Vgl. dazu Rn 4/189. Zum Unterhaltsanspruch nach § 1615 l BGB im einzelnen vgl. Rn 6/750 ff.

2. Keine Identität zwischen Familienunterhalt und Trennungsunterhalt

Der Anspruch auf Familienunterhalt ist mit dem Anspruch auf Trennungsunterhalt oder nachehelichen Unterhalt **nicht identisch**.[85] Vgl. auch Rn 4/14. Beim Familienunterhalt sind beide Ehegatten einander zum Unterhalt verpflichtet (§ 1360 S. 1 BGB). Er dient der gesamten Familie einschließlich der beiden Ehegatten und gemeinschaftlicher Kinder (vgl. dazu Rn 10). Diese Familieneinheit zerfällt mit der Trennung. Danach bestehen nur noch ein Anspruch des bedürftigen Ehegatten gegen den anderen auf Trennungsunterhalt (§ 1361 I 1 BGB) und gesonderte Ansprüche der Kinder (§§ 1601 ff BGB), die allerdings von den Eltern, in dessen Obhut sich die Kinder befinden, im eigenen Namen gegen den anderen geltend zu machen sind (§ 1629 II 2, III BGB). Verzug mit Familienunterhalt begründet daher keinen Verzug mit Trennungs- oder Kindesunterhalt. 77

Ein **Urteil** oder ein Vergleich über den Familienunterhalt kann für die Zeit nach der Trennung nicht mehr nach § 323 ZPO abgeändert werden. Vielmehr muß der Pflichtige nach § 767 ZPO Vollstreckungsgegenklage erheben.[86] Ebenso ist die Zwangsvollstreckung aus einem Titel über Trennungsunterhalt unzulässig, wenn die Partner sich versöhnt haben und die eheliche Lebensgemeinschaft wieder aufnehmen. Dies gilt auch bei erneuter Trennung.[87] Zu titulierten Ansprüchen der Kinder nach Versöhnung und erneuter Trennung der Eltern vgl. Rn 10. 78

3. Ausgleichsanspruch nach § 1360 b BGB bei Zuvielleistungen

Nach § 1360 b BGB kann ein Ehegatte, der für den Unterhalt höhere Beiträge geleistet hat, als es seiner Verpflichtung entsprach, solche Zuvielleistungen im Zweifel nicht zurückverlangen, weil nach der Lebenserfahrung bei freiwilligen Mehrleistungen von einem **Verzicht auf Ersatzansprüche** auszugehen ist (vgl. Rn 42). Die gesetzliche Vermutung des § 1360 b BGB gilt sowohl für einmalige und laufende Unterhaltsleistungen als auch für Leistungen aus dem Vermögensstamm, etwa zur Anschaffung eines Pkw.[88] Sie erfaßt auch die Leistungen eines Ehegatten im Rahmen der Haushaltsführung oder Kindesbetreuung sowie die vielfältigen Dienste, die Ehegatten über den eigentlichen Unterhalt hinaus einander leisten.[89] Deshalb wird selbst für überobligationsmäßige Pflegeleistungen, die ein Ehegatte dem anderen erbringt, keine laufende Vergütung geschuldet, wenn eine entsprechende Vereinbarung fehlt.[90] 79

§ 1360 b BGB beinhaltet eine **widerlegbare Vermutung**. Der zurückfordernde Ehegatte muß darlegen und nachweisen, daß er einen höheren Beitrag geleistet hat, als ihm 80

---

[85] OLG Düsseldorf, FamRZ 1992, 943; OLG München, FamRZ 1981, 450 und FamRZ 1982, 801; OLG Hamm, FamRZ 1988, 947 und FamRZ 1980, 249
[86] OLG München, FamRZ 1981, 451
[87] OLG Düsseldorf, FamRZ 1992, 943
[88] BGH, FamRZ 1983, 351 = NJW 1983, 1113
[89] BGH, FamRZ 1992, 300 = NJW 1992, 564
[90] BGH, FamRZ 1995, 537 = R 493 b

oblag, und daß er bereits bei der Zuvielleistung eine Rückforderungsabsicht hatte. Der Vorbehalt der Rückforderung muß für den anderen erkennbar gewesen sein und sich mindestens aus den Umständen ergeben. § 1360 b BGB schließt nicht nur einen familienrechtlichen Ausgleichsanspruch, sondern auch Ansprüche aus Geschäftsführung ohne Auftrag oder ungerechtfertigter Bereicherung aus, wenn der Beweis der Absicht, Erstattung zu verlangen, nicht geführt ist.[91]

81   Überschüssige Unterhaltsleistungen, die nach § 1360 b BGB ausnahmsweise zurückgefordert werden können, sind nicht nach § 1380 I 1 BGB auf die Zugewinnausgleichsforderung des anderen Ehegatten anzurechnen. Dagegen sind derartige Leistungen, wenn sie nach § 1360 b BGB nicht zu erstatten sind, freiwillig und ohne Äquivalent gegeben und deshalb als Zuwendungen im Sinne des § 1380 BGB anzusehen.[92]

4. Unpfändbarkeit des Familienunterhalts

82   Als echter Unterhaltsanspruch ist der Familienunterhalt nicht abtretbar (§ 394 BGB) und nicht pfändbar (§ 850 b I Nr. 2 BGB). Dies gilt jedenfalls für das **Wirtschaftsgeld**, da es nur treuhänderisch für den Unterhalt der gesamten Familie verwendet werden darf.[93] Der Anspruch auf **Taschengeld** ist nicht gemäß § 851 ZPO unpfändbar; er kann vielmehr nach § 850 b I Nr. 2 ZPO im Rahmen einer Billigkeitsprüfung bedingt gepfändet werden.[94] Der Drittschuldner kann sich im Rahmen der Drittschuldnerklage nicht auf Pfändungsverbote oder -beschränkungen berufen.[95]

5. Sonderfragen

83   Nach § 1360 a III BGB sind auf den Familienunterhalt die §§ 1613 bis 1615 BGB entsprechend anzuwenden.

84   Nach § 1613 I BGB kann Familienunterhalt für die **Vergangenheit** nur ab Auskunftsaufforderung, ab Verzug oder Rechtshängigkeit verlangt werden. Sonderbedarf kann dagegen innerhalb eines Jahres nach seinem Entstehen auch ohne diese Voraussetzungen geltend gemacht werden (§ 1613 II Nr. 1 BGB). Diese Ansprüche werden aber vielfach an der Vorschrift des § 1360 b BGB scheitern (vgl. Rn 79). Zum Unterhalt für die Vergangenheit vgl. Rn 6/100 ff.

85   Nach § 1614 I BGB kann auf Familienunterhalt **für die Zukunft nicht verzichtet** werden. Vgl. dazu Rn 6/603.

86   Nach § 1615 I BGB erlischt der Anspruch auf Familienunterhalt mit dem **Tod** eines Ehegatten. Der Verpflichtete muß für die Beerdigungskosten aufkommen, wenn sie nicht vom Erben getragen werden (§ 1615 II BGB).

87   Bei **Vorauszahlungen** handelt der Schuldner auf eigene Gefahr, wenn er für eine längere Zeit als drei Monate im voraus Unterhalt zahlt (§§ 1614 II, 760 II BGB). Leistet er Vorauszahlungen für einen längeren Zeitraum und benötigt der berechtigte Ehegatte nach Ablauf von drei Monaten wieder Mittel für den Unterhalt der Familie, z. B. weil er die Vorauszahlungen nicht richtig eingeteilt hat oder ihm das Geld abhanden gekommen ist, muß der Verpflichtete erneut leisten.[96]

---

[91] BGH, NJW 1968, 1780
[92] BGH, FamRZ 1983, 351 = NJW 1983, 1113
[93] Büttner, FamRZ 1994, 1433, 1439
[94] Eingehend dazu Büttner, FamRZ 1994, 1433, 1439; vgl. auch OLG München, FamRZ 1988, 1161 mit Überblick über die Rechtsprechung; OLG Stuttgart, FamRZ 1997, 1494; OLG Nürnberg, FamRZ 1999, 505; von BGH, FamRZ 1998, 608 = R 522 a offengelassen
[95] BGH, FamRZ 1998, 608 = R 522 a
[96] BGH, FamRZ 1993, 1186 = R 463

§ 4 Ehegattenunterhalt

A. Allgemeines zur Struktur des Anspruchs

Der Anspruch auf Ehegattenunterhalt (Trennungs- bzw. Nachscheidungsunterhalt), der sich auf die durch die Eheschließung von den Ehegatten füreinander übernommene und fortwirkende Verantwortung gründet (Rn 42), ist – ungeachtet fehlender rechtlicher Identität zwischen beiden Unterhaltsarten – jeweils wie folgt strukturiert.
Struktur des Anspruchs auf Ehegattenunterhalt

1. Vorliegen eines Unterhaltstatbestands

Erforderlich ist, daß die **Tatbestandsmerkmale einer gesetzlich definierten Bedürfnislage** erfüllt sind:
- **Bei Getrenntleben** der Eheleute:
  - § 1361 BGB – Bedürfnislage wegen der konkreten Gestaltung der ehelichen Lebensverhältnisse
- **Nach Scheidung** der Eheleute:
  - § 1570 BGB – Bedürfnislage wegen Kindesbetreuung
  - § 1571 BGB – Bedürfnislage wegen Alters
  - § 1572 BGB – Bedürfnislage wegen Krankheit oder Gebrechens
  - § 1573 BGB – Bedürfnislage wegen fehlender angemessener Erwerbstätigkeit
  - § 1575 BGB – Bedürfnislage wegen Inanspruchnahme eines Ausbildungsrechts zur Erlangung oder Verbesserung der Erwerbsfähigkeit
  - § 1576 BGB – Bedürfnislage – im Sinne eines Auffangtatbestands – wegen Fehlens einer Erwerbsobliegenheit aus schwerwiegenden Gründen und weil die Versagung von Unterhalt bei Abwägung der Belange beider Ehegatten grob unbillig wäre.

2. Allgemeine Voraussetzungen beim Berechtigten

- **Bedürftigkeit**
  - Der Berechtigte ist **nicht in der Lage**, aus seinen Einkünften bzw. aus seinem Vermögen **seinen Bedarf** zu decken, der sich nach den ehelichen Lebensverhältnissen bestimmt.
  - Bei **Verletzung der** vorliegenden **Erwerbsobliegenheit** oder **der Obliegenheit zur sachgerechten Vermögensanlage** kann die Bedürftigkeit wegen der **Anrechnung fiktiver Einkünfte** gemindert anzusetzen sein oder entfallen. Bei mutwilliger **Herbeiführung der Bedürftigkeit** (§§ 1361 III, 1579 Nr. 3 BGB), z. B. wegen unverständlichen Vermögensverbrauchs oder wegen zurechenbaren Arbeitsplatzverlusts, kann sich der Berechtigte ggf. ganz oder teilweise nicht auf sie berufen.
- **Bedarf**
  - Der **Bedarf** bestimmt sich in erster Linie **nach dem aktuellen verfügbaren Einkommen** (bereinigtes, nach Abzug von Verbindlichkeiten und von berufsbedingtem Aufwand – dieser wird vielfach mit 5 % vom Nettoverdienst pauschaliert – **verteilungsfähiges Einkommen**) der beiden Eheleute, **soweit** dieses Einkommen **für die ehelichen Verhältnisse prägend** war. Für deren Prägung können nicht vorhanden gewesene **fiktive Einkünfte nicht** herangezogen werden. Haben die Eheleute neue Einkünfte, die nicht prägend waren, scheiden diese bei der Bedarfsbemessung aus. Beim Berechtigten vermindern **nicht prägende Einkünfte als bedarfsdeckendes** anrechenbares **Einkommen** die Bedürftigkeit (sogenannte Berechnung nach der

Anrechnungs- oder Substraktionsmethode). Sind **Unterhaltsleistungen für ein Kind** prägender Aufwand, vermindern sie (in der Regel in der Höhe des – wegen Kindergelds nicht geminderten – Tabellenunterhalts der Düsseldorfer Tabelle, FamRZ 1999, 766, 767) das betreffende verfügbare Einkommen.
- Nach der BGH-Rechtsprechung gibt es **beim Ehegattenunterhalt keinen pauschalierten Mindestbedarf** des bedürftigen Ehegatten, weil die konkreten ehelichen Lebensverhältnisse bedarfsbestimmend sind (anders z. B. die Düsseldorfer Tabelle, FamRZ 1999, 766, 767).
- Bei bescheidenen bis zu schon gehobenen Einkommensverhältnissen wird der **Bedarf** in der Praxis **nach** einer **Quote** des Berechtigten am verfügbaren prägenden Einkommen bestimmt. Maßgebend ist grundsätzlich der **Halbteilungsgrundsatz**. Allerdings erhalten erwerbstätige Ehegatten **bezüglich des verfügbaren** (verteilungsfähigen) **Einkommens aus** prägender oder nicht prägender **Erwerbstätigkeit** einen **Quotenvorteil** wegen der berufsbedingten Aufwendungen und als Arbeitsanreiz. Der entsprechende Bonus beträgt nach der Düsseldorfer Tabelle (FamRZ 1999, 766) $1/7$, nach den Bayerischen Leitlinien (FamRZ 1999, 773) $1/10$.[1] Haben beide Ehegatten lediglich prägende Erwerbseinkünfte, beträgt der unterhaltsrechtliche Bedarf mit Rücksicht auf den beiden Eheleuten zukommenden Quotenvorteil $3/7$ oder $4,5/10$ der Differenz zwischen den beiden verfügbaren Einkommen. Für die auftretenden Fälle gibt es die entsprechenden **Berechnungsmethoden** wie Differenz- oder Additionsmethode.
- Sind die Verhältnisse so gestaltet, daß ein erheblicher Teil des Einkommens nicht zur Aufrechterhaltung des bisherigen Lebensstandards ausgegeben werden muß, sondern anderweitig verwendet werden kann, ist eine **Ermittlung des konkreten Bedarfs** aufgrund gegebener ehelicher VerhältnisseS erforderlich.
- Wird **Unterhalt für die Vergangenheit** gefordert, muß für den Unterhaltszeitraum alternativ vorliegen: Zahlungsverzug, Verzug mit der Pflicht zur Auskunft über Einkommen und Vermögen zum Zwecke der Unterhaltsberechnung – beim Geschiedenenunterhalt begründet durch eine sogenannte Stufenmahnung – (§§ 1613 I 1 bzw. 1585 b II BGB; siehe Rn 6/119). Eine Sonderregelung gilt beim Trennungsunterhalt für Zeiträume, in denen der Berechtigte aus rechtlichen oder tatsächlichen Gründen an der Geltendmachung gehindert war (§ 1613 II Nr. 2 BGB). Beim Geschiedenenunterhalt ist auch die zusätzliche Einschränkung des § 1585 b III BGB für Unterhaltszeiträume von mehr als einem Jahr vor Rechtshängigkeit zu beachten. Wegen Sonderbedarfs siehe unten.
- Wird nicht laufender Bedarf, sondern **Sonderbedarf** (ein unregelmäßiger, nämlich nicht mit Wahrscheinlichkeit voraussehbarer, außergewöhnlich hoher Bedarf) verlangt, ist die Geltendmachung von Unterhalt für die Vergangenheit (siehe oben) erleichtert. Allerdings gibt es beim Trennungsunterhalt Einschränkungen für die Zeit nach Ablauf eines Jahres ab Entstehung des Anspruchs (§ 1613 II Nr. 1 BGB), beim Geschiedenenunterhalt ist die zusätzliche Einschränkung des § 1585 b III BGB zu beachten, wenn der Anspruch auf Sonderbedarf mehr als ein Jahr vor seiner Rechtshängigkeit entstanden ist.

3. Allgemeine Voraussetzung beim Pflichtigen

- **Leistungsfähigkeit**
  - Dem Pflichtigen müssen die Mittel zur Bestreitung seines eigenen angemessenen Lebensbedarfs verbleiben.
  - Liegt die bei der Bedürftigkeit des Berechtigen dargelegte **Verletzung der Erwerbsobliegenheit oder der Obliegenheit zur sachgerechten Vermögensanlage** beim Pflichtigen vor, kann dessen Leistungsfähigkeit aufgrund der **Zurechnung fiktiver**

---

[1] OLG Düsseldorf, NJW 1999, 1721 bleibt bei einem Bonus von $1/7$ nach Vorabzug von 5 % berufsbedingten Aufwendungen; OLG Karlsruhe, NJW 1999, 1722 bemißt den Erwerbstätigenbonus – den Bayerischen Leitlinien folgend – auf $1/10$

A. Allgemeines zur Struktur des Anspruchs §4

Einkünfte ganz oder teilweise als vorhanden anzusetzen sein. Hat der Pflichtige durch verantwortungsloses, zumindest leichtfertiges Verhalten seine **Leistungsunfähigkeit herbeigeführt**, z. B. durch unverständlichen Vermögensverbrauch oder wegen zurechenbaren Arbeitsplatzverlusts, kann ihm die Berufung hierauf ganz oder teilweise versagt sein.

- Die Leistungsfähigkeit wird auch durch **nicht prägende Einkünfte** bestimmt.
- In der Praxis wird die Leistungsfähigkeit durch **pauschalierte Selbstbehaltssätze** begrenzt (nach der Düsseldorfer Tabelle, FamRZ 1999, 766, 767: mindestens 1500,– DM beim Erwerbstätigen, 1300,– DM beim Nichterwerbstätigen, beim geschiedenen Unterhaltspflichtigen u. U. höher; nach den Bayerischen Leitlinien, FamRZ 1999, 773, 776: eheangemessener Selbstbehalt = Unterhaltsbedarf des Berechtigten zuzüglich Erwerbstätigenbonus des Pflichtigen, mindestens aber notwendiger Selbstbehalt in derselben Höhe wie nach der Düsseldorfer Tabelle). Grundsätzlich darf dem Pflichtigen für seinen Bedarf nicht weniger verbleiben als dem Berechtigten.

4. Prüfung von Einwendungen und Einreden

- **Keine** vollständige oder teilweise **Verwirkung des Unterhaltsanspruchs** als grob unbillig (§§ 1361 III, 1579 BGB).
- **Keine** zeitliche **Unterhaltsbegrenzung oder Unterhaltsherabsetzung** beim Geschiedenenunterhalt aus Billigkeitsgründen (§§ 1573 V, 1578 I 2 BGB).
- **Kein Unterhaltsverzicht**, der auf Rückstände immer, beim Nachscheidungsunterhalt auch für die Zukunft möglich ist.
- **Keine Verwirkung nach Treu und Glauben** von Unterhaltsfälligkeiten für die Vergangenheit.
- Bei Erhebung der Einrede **keine Verjährung** von Unterhaltsfälligkeiten für die Vergangenheit (vierjährige Verjährungsfrist gemäß §§ 197, 201, 218 II BGB; siehe aber wegen Verjährungshemmung für den Trennungsunterhalt § 204 1 BGB).

B. Einzelne Ansprüche und Unterhaltsverhältnis

1. Abschnitt: Der Trennungsunterhalt

I. Voraussetzungen, Arten und Dauer des Trennungsunterhalts

1. Anspruchsvoraussetzungen

1a Nach § 1361 I 1 BGB kann bei Trennung ein Ehegatte von dem anderen den nach den Lebensverhältnissen und den Erwerbs- und Vermögensverhältnissen der Ehegatten angemessenen Unterhalt verlangen. Bei diesem Trennungsunterhalt, der durch **Zahlung einer Geldrente** zu gewähren ist (§ 1361 IV BGB), handelt es sich nicht mehr um Familienunterhalt, weil mit der Trennung die häusliche Gemeinschaft und die Familieneinheit aufgelöst wurden. Er ist sowohl **vom Familienunterhalt** als auch **vom nachehelichen Unterhalt** rechtlich verschieden (siehe unten Rn 14).
a) **Voraussetzungen des Trennungsunterhalts:**
- Bestand einer Ehe (ab Heirat bis Rechtskraft der Scheidung).
- Völliges Getrenntleben der Eheleute im Sinn von § 1567 BGB (dazu Rn 4/5).

2 **Bedürftigkeit** des Ehegatten, der Trennungsunterhalt verlangt. Dies ist im Gesetz zwar nicht ausdrücklich erwähnt, ist aber nach der Rechtsprechung – wie beim nachehelichen Unterhalt gemäß § 1577 BGB oder beim Kindesunterhalt gemäß § 1602 BGB – eine selbstverständliche Unterhaltsvoraussetzung. Trennungsunterhalt steht nur demjenigen zu, der sich aus einzusetzenden Eigenmitteln bzw. aus zumutbarer Erwerbstätigkeit nicht nach dem Maßstab des § 1361 I 1 BGB angemessen zu unterhalten vermag, also seinen sich aus den ehelichen Lebensverhältnissen ergebenden Bedarf nicht decken kann. Fehlt es an der Bedürftigkeit, kommt es auf die vorhandene Leistungsfähigkeit des anderen Ehegatten nicht mehr an.[1]

Die Bedürftigkeit entfällt nicht ohne weiteres beim Zusammenleben des Ehegatten mit einem neuen Partner in nichtehelicher Lebensgemeinschaft, weil durch eine eheähnliche Gemeinschaft Unterhaltsansprüche zwischen den neuen Partnern nicht begründet werden. Der Berechtigte muß sich aber u. U. Versorgungsleistungen und Arbeitsleistungen, die er für den neuen Partner erbringt, sowie jedenfalls Vergütungen, die er von diesem erhält, anrechnen lassen.[2] Davon zu unterscheiden ist die Frage, ob in diesem Fall die Inanspruchnahme des Verpflichteten ganz oder teilweise grob unbillig wäre (§§ 1361 III, 1579 Nr. 6 und 7 BGB).

Genaueres zur Bedürftigkeit und zur bedürftigkeitsmindernden Anrechnung eigener Einkünfte des Berechtigten unten Rn 526 ff und 531 ff.

3 **Leistungsfähigkeit** des Unterhaltsverpflichteten. Auch dies ist, obwohl in § 1361 BGB ebenfalls nicht erwähnt, eine selbstverständliche Voraussetzung des Trennungsunterhalts. Der Verpflichtete muß Mittel zur Verfügung haben, die seinen eigenen angemessenen Lebensbedarf übersteigen, also leistungsfähig sein.[3] Unterste Opfergrenze des Verpflichteten ist sein Selbstbehalt. Genaueres zur Leistungsfähigkeit des Verpflichteten siehe Rn 564 ff.

4 b) **Zur Anspruchsvoraussetzung völligen Getrenntlebens.** Gemäß der Legaldefinition des § 1567 BGB liegt **Getrenntleben** vor, wenn zwischen den Ehegatten keine häusliche Gemeinschaft (mehr) besteht und ein Ehegatte sie erkennbar nicht herstellen will, weil er die eheliche Lebensgemeinschaft ablehnt.

---

[1] BGH, FamRZ 1981, 1159 = R 86
[2] BGH, FamRZ 1984, 356 = R 198 b + d
[3] BGH, FamRZ 1981, 1159 = R 86

1. Abschnitt: Der Trennungsunterhalt § 4

- **Objektiv** darf keine häusliche Gemeinschaft bestehen. Erforderlich ist dazu eine vollkommene tatsächliche Trennung, d. h., die Eheleute müssen ihre Gemeinsamkeiten in allen Lebensbereichen aufgehoben haben.
  - Am eindeutigsten ist eine solche Trennung verwirklicht, wenn die Eheleute verschiedene Wohnungen bezogen haben.
  - Beim Wohnen in einer Wohnung kann nach § 1567 I 2 BGB die häusliche Gemeinsamkeit dennoch aufgehoben sein, wenn die Eheleute innerhalb der Wohnung getrennt leben. Sie müssen dazu entsprechend den tatsächlichen Möglichkeiten des Einzelfalls ein **Höchstmaß an Trennung in allen Lebensbereichen** praktizieren. Insbesondere müssen sie ihre Wohn- und Schlafbereiche[4] aufgeteilt haben und sich darüber hinaus soweit meiden, daß verbleibende Gemeinsamkeiten als gelegentliches Zusammentreffen aufgrund bloßen räumlichen Nebeneinanderseins zu beurteilen sind. Auch bei Hilfsbedürftigkeit eines Ehegatten dürfen über die notwendigen Hilfsmaßnahmen hinaus keine wesentlichen Berührungen mehr aufrechterhalten werden.[5] Eine bloß eingeschränkte gemeinsame Haushaltsführung reicht dazu nicht aus. Andererseits sprechen gemeinsame Tätigkeiten, die im Interesse des Wohls der Kinder vorgenommen werden (z. B. gemeinsame Betreuung und Erziehung von Kindern), nicht gegen die Annahme einer Trennung, wenn in allen anderen Bereichen eindeutige Trennungskonturen bestehen.[6] Geringe Gemeinsamkeiten, wie das dem trennungswilligen Teil aufgedrängte Putzen der Wohnung und Waschen der Wäsche, brauchen der Annahme des Getrenntlebens nicht entgegenzustehen, wenn sie sich in einer Gesamtwürdigung als unwesentlich darstellen.[7]
  - Eine objektive häusliche Trennung, auf die das Gesetz abstellt, liegt auch dann vor, wenn die Eheleute von Anfang an getrennt gelebt haben oder sich später aus beruflichen oder sonstigen Gründen wohnungsmäßig getrennt haben.
- **Subjektiv** muß der Ehegatte, der mit dem anderen nicht mehr zusammenleben will, erkennbar keine häusliche Gemeinschaft herstellen wollen, d. h. einen Trennungswillen haben und diesen äußern. Dieser **Trennungswille** muß erkennbar nach außen in Erscheinung treten, was vor allem dann wichtig ist, wenn bereits eine objektive häusliche Trennung besteht und ein Ehegatte erst nachträglich auch eine juristische Trennung beabsichtigt.[8] Gleiches gilt, wenn von Anfang an keine häusliche Gemeinschaft bestanden hat[9] oder bei unfreiwilliger Trennung infolge Strafhaft.[10]

5

In solchen Fällen muß der trennungswillige Partner zweifelsfrei zum Ausdruck bringen, daß er die eheliche Gemeinschaft nicht mehr fortsetzen will. Dies kann z. B. brieflich geschehen oder durch Erteilung einer Prozeßvollmacht zur Einleitung des Scheidungsverfahrens.[11]

c) **Umstände, die keine Anspruchsvoraussetzung darstellen.**

6

- Keine Voraussetzung des Trennungsunterhalts ist es, daß die Eheleute vor der Trennung in häuslicher Gemeinschaft zusammengelebt haben. Ein Anspruch auf Trennungsunterhalt besteht auch, wenn die **Trennung** der Eheleute **von Anfang an** vorgelegen hat[12] oder wenn es zu einem ursprünglich geplanten Umzug in eine gemeinschaftliche Wohnung oder zu einem längeren Zusammenleben nicht mehr gekommen ist.[13] Ob hier im Einzelfall die Inanspruchnahme des Verpflichteten als grob unbillig angesehen werden kann (§§ 1361 III, 1579 Nr. 7 BGB), ist eine andere Frage (siehe hierzu Rn 38).
- Für den Trennungsunterhalt ist es ohne Bedeutung, inwieweit es zu einer Verwirk-

---

[4] OLG Hamm, FamRZ 1999, 723: bei gemeinsamer Benutzung des Schlafzimmers keine Trennung
[5] BGH, FamRZ 9979, 469 = NJW 1979, 1390
[6] OLG Köln, FamRZ 1986, 388; FamRZ 1982, 807
[7] OLG München, FamRZ 1998, 826
[8] BGHZ 4/279
[9] BGHZ 38, 266
[10] OLG Bamberg, FamRZ 1981, 52
[11] KG, NJW 1982, 112
[12] BGH, FamRZ 1982, 573 = R 112
[13] BGH, FamRZ 1980, 876 = NJW 1980, 2349

lichung der Lebensgemeinschaft und zur Verflechtung und Abhängigkeit der Lebenspositionen beider Ehegatten gekommen ist oder daß die Unterhaltsbedürftigkeit ihre Ursache in dem vorherigen Bestehen einer Lebensgemeinschaft hat.[14]
- Der Anspruch auf Trennungsunterhalt ist grundsätzlich nicht davon abhängig, in welcher Weise sich die **Verwendung der beiderseitigen Einkünfte** für den Unterhalt des anderen und für die gemeinsame Lebensführung entwickelt hatte.[15] Dies gilt auch, wenn die Eheleute zu keinem Zeitpunkt ihres Zusammenlebens eine wirtschaftliche Einheit bildeten, sondern stets mit getrennten Kassen lebten, oder wenn ein Ehegatte während des Zusammenlebens seinen Unterhalt im wesentlichen aus seinem eigenen Einkommen bestritten hat und keinen Beitrag zu den Kosten einer gemeinsamen Lebensführung leistete.[16]
- Auch **Trennungsverschulden und sonstige Trennungsgründe** sind keine Anspruchsvoraussetzungen mehr.[17] Trennungsgründe und Trennungsverschulden können allerdings im Rahmen der über § 1361 III BGB entsprechend anwendbaren Härteklausel des § 1579 Nr. 6 BGB Bedeutung erlangen[18] (siehe Rn 37). Die mit der Trennung verbundenen wirtschaftlichen Nachteile sind von beiden Ehegatten grundsätzlich hinzunehmen.

6a d) **Darlegungs- und Beweislast.** Wegen Fragen der Darlegungs- und Beweislast kann auf die Ausführungen zum Geschiedenenunterhalt (Rn 45 a) und auf das Sonderkapitel zur Darlegungs- und Beweislast (Rn 6/700 ff) verwiesen werden.

2. Arten des Trennungsunterhalts

7 a) **Elementarunterhalt, Vorsorgeunterhalt und sonstige unselbständige Unterhaltsteile.** Der Trennungsunterhalt umfaßt – wie der nacheheliche Unterhalt – grundsätzlich den gesamten regelmäßigen Lebensbedarf des bedürftigen Ehegatten. Zu diesem Lebensbedarf zählen im wesentlichen alle regelmäßigen Aufwendungen für Wohnen, Verpflegung, Kleidung, Freizeitgestaltung, Erholung, Gesundheitsfürsorge sowie für sonstige persönliche und gesellschaftliche Bedürfnisse. Die zur Deckung solcher regelmäßigen Aufwendungen erforderlichen Mittel beinhalten den Elementarunterhalt (siehe Rn 167/168). Dieser wird im Regelfall pauschaliert als Quotenunterhalt geschuldet (siehe Rn 372 ff).

Ab Rechtshängigkeit des Scheidungsverfahrens – genau ab Ende der in § 1587 II BGB definierten Ehezeit mit Beginn des Monats[19] des Eintritts der Rechtshängigkeit – kann beim Trennungsunterhalt zusätzlich ein **Vorsorgeunterhalt** für den Fall des Alters und der Berufsunfähigkeit verlangt werden. Dies gilt auch, wenn die Unterhaltsbedürftigkeit durch die berechtigte Aufnahme oder Weiterführung einer Ausbildung bedingt ist.[20] Die **Berechnung des Vorsorgeunterhalts** geschieht wie beim nachehelichen Unterhalt (siehe Rn 467 ff). Vor Berechnung des Quotenunterhalts ist der Vorsorgeunterhalt – außer in besonders günstigen wirtschaftlichen Verhältnissen oder soweit auf den Quotenunterhalt des Berechtigten nicht prägende (auch fiktive) Einkünfte anzurechnen sind – in der Regel vom Einkommen des Verpflichteten abzuziehen (siehe Rn 477 ff/483 ff).

8 Ab Trennung können folgende weitere unselbständige Unterhaltsteile neben dem Elementarunterhalt verlangt werden, auch wenn sie in §1361 BGB (anders als nach § 1578 II BGB) nicht eigens erwähnt sind:
- Kosten für eine **Krankenversicherung** (vgl. Rn 498), wenn eine Mitversicherung mit dem Verpflichteten nicht oder nicht mehr besteht. Die Berechnung der Krankheitsvor-

---

[14] BGH, FamRZ 1989, 838 = R 341; FamRZ 1985, 376, 378 = NJW 1985, 1345, 1347; FamRZ 1982, 573 = R 112
[15] BGH, FamRZ 1989, 838 = R 341; FamRZ 1985, 376, 378 = NJW 1985, 1345, 1347
[16] BGH, FamRZ 1989, 838 = R 341
[17] BGH, FamRZ 1979, 569 = NJW 1979, 1348
[18] BGH, FamRZ 1979, 569 = NJW 1979, 1348
[19] BGH, FamRZ 1981, 442 = R 068
[20] BGH, FamRZ 1988, 1145, 1148 = R 372 e

sorgeaufwendungen geschieht wie beim nachehelichen Unterhalt (siehe Rn 504 ff). Vor der Berechnung des Quotenunterhalts ist der Krankheitsvorsorgeunterhalt in der Regel vom Nettoeinkommen des Verpflichteten abzuziehen (siehe Rn 7 für den Altersvorsorgeunterhalt und Rn 509 ff). Dasselbe gilt für die Aufwendungen für die **Pflegeversicherung**, welche durch das am 1. 7. 1996 uneingeschränkt in Kraft getretene Buch XI des Sozialgesetzbuchs (SGB XI) eingeführt worden ist. Die Kosten der Pflegevorsorge sind ebenso wie die Kosten der Krankenvorsorge Bestandteil des Lebensbedarfs des Unterhaltsberechtigten.[21]

– Regelmäßiger **Mehrbedarf** des Ehegatten aufgrund besonderer Umstände.
Ein solcher regelmäßiger Mehrbedarf kann z. B. bestehen als krankheitsbedingter Mehrbedarf infolge einer chronischen Erkrankung oder als ausbildungsbedingter Mehrbedarf für den kostenverursachenden Besuch einer Ausbildungsstätte. Solche Mehrkosten müssen vorhersehbar und regelmäßig anfallen, sachlich berechtigt und dem Verpflichteten unterhaltsrechtlich zumutbar sein. Sie sind konkret geltend zu machen und bei Bestreiten nachzuweisen. Ihre Höhe kann nach § 287 ZPO geschätzt werden (siehe Rn 169, 437 ff).

Als unselbständiger Unterhaltsteil ist der Mehrbedarf – wie der Vorsorgeunterhalt –, jedenfalls soweit er eheprägend war, vor Berechnung des Quotenunterhalts vom Nettoeinkommen des Verpflichteten abzuziehen (siehe Rn 443 ff, vgl. aber Rn 448 ff bei nichtprägendem Einkommen des Berechtigten).

Davon abweichend ist trennungsbedingter Mehrbedarf in der Regel durch Verrechnung mit nichtprägenden Einkünften oder Aufwendungen für die Vermögensbildung auszugleichen (siehe Rn 418 ff, 427 ff).

b) Ausbildungsunterhalt bei Trennung. Haben die Ehegatten ihre Lebensgemeinschaft vor der Trennung dahin gestaltet, daß einer der Ehegatten einem Studium nachgeht, so ist diesem während der Trennung – bei im übrigen unveränderten Lebensverhältnissen – Ausbildungsunterhalt zu gewähren, wenn die **Ausbildung** dem im Lauf der Ehe einvernehmlich entwickelten, **gemeinsamen Lebensplan** der Eheleute entspricht. Dabei ist es unerheblich, ob es sich um eine Erst- oder Zweitausbildung handelt.[22]

Diese Grundsätze sind nicht anwendbar, wenn die nach Trennung begonnene Ausbildung nach dem gemeinsamen Lebensplan im Zeitraum der Trennungsphase noch gar nicht aufgenommen worden wäre.[23]

Ohne einen solchen gemeinsamen Lebensplan kann ein Anspruch auf Ausbildungsunterhalt nach § 1361 BGB unter **Heranziehung der Grundsätze zum Scheidungsunterhalt** bestehen, weil getrenntlebende Ehegatten im Zweifel unterhaltsrechtlich nicht schlechter gestellt werden dürfen, als sie im Fall der Scheidung stehen würden. Grundsätzlich kommt jedoch während der Trennung ein Anspruch auf **Ausbildungsunterhalt** nur insoweit in Betracht, als er sich nach den Kriterien des § 1573 I i. V. § 1574 III BGB begründen läßt. Der Bedürftige muß nach § 1574 III BGB verpflichtet sein, sich einer zur Erlangung einer angemessenen Erwerbstätigkeit erforderlichen Ausbildung zu unterziehen, damit bei Scheidung eine baldige (Wieder-)Eingliederung in das Erwerbsleben möglich wird. Dies liegt in aller Regel auch im Interesse des Verpflichteten.[24]

9

10

Auf eine entsprechende Anwendung von § 1575 BGB kann während der Trennungszeit ein **Ausbildungsunterhalt** grundsätzlich nicht gestützt werden, weil ein Anspruch **nach § 1575 BGB** nicht der Erhaltung des ehelichen Lebensstandards dient, sondern auch ehebedingte Nachteile ausgleichen soll und gegenüber den ehelichen Lebensverhältnissen Niveausteigerungen ermöglicht. Es kann dem Verpflichteten im Hinblick auf den provisorischen Charakter des Getrenntlebens, d. h. solange die Wiederherstellung der ehelichen Lebensgemeinschaft noch möglich erscheint, in der Regel nicht zugemutet werden, für den Unterhalt des Berechtigten in größerem Maße aufzukommen, als es durch

---

[21] OLG Saarbrücken, FamRZ 1999, 382; Büttner, FamRZ 1995, 193, 197
[22] BGH, FamRZ 1985, 782 = R 262; FamRZ 1981, 439 = NJW 1981, 1214
[23] BGH, FamRZ 1985, 782 = R 262
[24] BGH, FamRZ 1988, 1145 = R 372 b; FamRZ 1985, 782 = R 262

die Aufrechterhaltung des ehelichen Lebensstandards geboten ist. Ein **Anspruch entsprechend § 1575 BGB** kann **während der Trennungszeit** aber bejaht werden – sofern dessen sonstige Voraussetzungen vorliegen[25] –, wenn die Trennung nach den Umständen dergestalt auf eine Scheidung abzielt, daß sich der Berechtigte auf die Endgültigkeit der von seinem Partner vollzogenen Trennung und auf dessen konkret zum Ausdruck gebrachte Scheidungsabsicht einstellen muß. Dann hat der ausbildungswillige Partner ein berechtigtes Interesse daran, seinen Ausbildungsanspruch nach § 1575 BGB sobald als möglich zu verwirklichen. Dieses Interesse zählt dann zu seinen „persönlichen Verhältnissen" im Sinn von § 1361 II BGB und ist geeignet, die Unzumutbarkeit einer Erwerbstätigkeit zu begründen. Dem anderen Ehepartner ist es billigerweise verwehrt, die Zurückstellung des Ausbildungswunsches bis zur Scheidung zu verlangen. In derartigen Fällen ist die Ausbildung während des Getrenntlebens nur eine Vorwegnahme des nachehelichen Ausbildungsbeginns.[26] Genaueres zum Ausbildungsunterhalt nach § 1575 BGB siehe Rn 147 ff.

11 Wegen des möglichen Anspruchs auf **Sonderbedarf** (§§ 1361 IV 4, 1360a III, 1613 II Nr. 1 BGB) siehe Rn 6/1ff, wegen des Anspruchs auf **Prozeßkostenvorschuß** (§§ 1361 IV 4, 1360a IV BGB) siehe Rn 6/20ff.

12 Der Anspruch auf Getrenntlebensunterhalt nach § 1361 BGB besteht grundsätzlich auch, wenn die Eheleute in **Gütergemeinschaft** leben (vgl. für diesen Fall im einzelnen Rn 6/402ff). Allerdings ist die in § 1420 BGB aufgestellte Rangfolge zu beachten, wonach für den Unterhalt in erster Linie die Einkünfte, die in das Gesamtgut fallen, heranzuziehen sind. Bei gemeinschaftlicher Verwaltung des Gesamtguts besteht daher **in der Regel kein Zahlungsanspruch**, sondern ein Anspruch gegen den anderen Ehegatten auf Mitwirkung (§ 1451 BGB) dahin, daß der berechtigte Ehegatte den in bestimmter Höhe monatlich zu leistenden Unterhalt aus dem Gesamtgut erhält.[27] Ein entsprechendes Urteil wäre nach § 888 ZPO zu vollstrecken. Ist der verpflichtete Ehegatte Alleinverwalter des Gesamtguts, muß er die Zahlungen aus dem Gesamtgut im Rahmen seiner Pflicht zur ordnungsgemäßen Verwaltung (§ 1435 1 BGB) bewirken. Auch hier würde das Urteil nicht unmittelbar auf Zahlung, sondern auf Bewirkung der Zahlung aus dem Gesamtgut lauten. Ein Zahlungstitel als solcher kommt bei Gütergemeinschaft nur in Betracht, wenn nach Maßgabe der Rangfolge des § 1420 BGB das gesamte Vermögen des in Anspruch genommenen Ehegatten für den Unterhalt zu verwenden wäre, also – soweit vorhanden – auch sein Vorbehalts- und Sondergut.[28]

Unabhängig von der materiell-rechtlichen Lage muß zum Schutz des mangels Zugriffs faktisch mittellosen Ehegatten aber der **Erlaß einer auf Zahlung lautenden**, zeitlich begrenzten **einstweiligen Verfügung**[29] (§ 940 ZPO) bzw. nach Anhängigkeit der Scheidungssache oder der Unterhaltssache einer entsprechenden **einstweiligen Anordnung** (§§ 620 Nr. 6, 644 ZPO) möglich sein (zur Gegenmeinung siehe Rn 6/423). Die gegenteilige Ansicht des OLG München[30] gibt dem jetzt bedürftigen Berechtigten Steine statt Brot. Die einstweilige Verfügung wird ohnehin auf die Zeit von 6 Monaten befristet (vgl. Rn 8/257). Die einstweilige Anordnung, die das Gericht im übrigen ebenfalls befristen könnte, kann auf Antrag des Pflichtigen jederzeit geändert werden und tritt bei Wirksamwerden einer anderweitigen Regelung, die hier wohl auch in einem negativen Feststellungsurteil über die Mitwirkungspflicht bestehen könnte, außer Kraft. Daß der Weg über eine Vollstreckung nach § 888 ZPO zu langwierig sein kann, zeigt die Ent-

---

[25] OLG München, FamRZ 1998, 553 bejaht einen Anspruch auf Trennungsunterhalt entsprechend § 1575 I BGB, wenn der berechtigte Ehegatte wegen der Geburt eines Kindes eine Ausbildung abgebrochen hatte

[26] BGH, FamRZ 1985, 782 = R 262

[27] BGH, FamRZ 1990, 851 f = R 420; kritisch hierzu Kleinle, FamRZ 1997, 1194

[28] BGH, FamRZ 1990, 851, 853 = R 420; vgl. zu einem solchen Fall OLG Düsseldorf FamRZ 1999, 1348

[29] Vgl. zur Zulässigkeit einer einstweiligen Verfügung, seit gemäß § 644 ZPO einstweilige Anordnungen zum Unterhalt auch außerhalb eines Scheidungsverfahrens möglich sind: OLG Nürnberg NJW 1998, 3787

[30] OLG München, FamRZ 1996, 557

1. Abschnitt: Der Trennungsunterhalt § 4

scheidung des Bayerischen Obersten Landesgerichts,[31] wonach dem Bedürftigen auch der Weg zum Vormundschaftsgericht eröffnet ist, damit die fehlende Mitwirkung (Zustimmung) des Pflichtigen zur Auszahlung von Teilen seines Arbeitslohns an die Berechtigte durch das Vormundschaftsgericht ggf. gemäß § 1452 I BGB ersetzt wird.

3. Beginn und Ende des Trennungsunterhalts

Der Anspruch auf Trennungsunterhalt **beginnt mit der vollständigen Trennung** der 13 Eheleute (siehe oben Rn 4). Bis zur Trennung besteht der wesensverschiedene Anspruch auf Familienunterhalt (Rn 3/1 ff). Der Anspruch auf Trennungsvorsorgeunterhalt beginnt erst ab Rechtshängigkeit des Scheidungsverfahrens (§ 1361 I 2 BGB). Siehe zum genauen Beginn Rn 7.

Der **Trennungsunterhalt** und der **Trennungsvorsorgeunterhalt enden mit dem Tag vor** Eintritt der **Rechtskraft der Scheidung**. Ab dem Tag der Rechtskraft der Scheidung wird der wesensverschiedene nacheheliche Unterhalt geschuldet.[32] Die Auffassung, daß der Trennungsunterhalt nicht nur bis zum Tag der Scheidung, sondern bis zum Ende des Monats geschuldet werde, in welchen die Scheidung fällt, der Nachscheidungsunterhalt also erst mit dem Ersten des der Rechtskraft des Scheidungsurteils folgenden Monats beginne (Luthin, FamRZ 1985, 262), hat der Bundesgerichtshof wegen Unvereinbarkeit mit der Gesetzeslage ausdrücklich abgelehnt.[33]

Der Anspruch auf Trennungsunterhalt **erlischt** auch **bei** nicht ganz kurzfristiger **Beendigung der häuslichen Trennung** infolge Versöhnung wegen der unterschiedlichen Qualität von Trennungs- und Familienunterhalt.[34] Auch soweit der Anspruch vor der Versöhnung tituliert worden war, lebt er bei erneutem Getrenntleben nicht wieder auf, so daß sein Erlöschen mit der Vollstreckungsgegenklage geltend gemacht werden kann.[35]

4. Nichtidentität von Familienunterhalt, Trennungsunterhalt und nachehelichem Unterhalt

Der Anspruch auf **Trennungsunterhalt** ist **nicht identisch mit** dem Anspruch auf **Fa-** 14 **milienunterhalt**[36] (siehe Rn 3/1 ff). Er ist wegen der unterschiedlichen Anspruchsvoraussetzungen auch **nicht identisch mit** dem **nachehelichen Unterhalt**.[37]

Ein **Urteil über** den **Trennungsunterhalt** umfaßt nicht den nachehelichen Unterhalt. Dieser muß bei Erlöschen des Trennungsunterhalts mit einer gesonderten Klage geltend gemacht werden. Der Verpflichtete kann gegen einen erloschenen Titel über den Trennungsunterhalt nach § 767 ZPO vorgehen. Dies kann im Einzelfall nach Treu und Glauben ausgeschlossen sein, wenn die Parteien beiderseits von Identität des Trennungsunterhalts mit dem Geschiedenenunterhalt ausgegangen waren, so daß deswegen eine wegen des Nachscheidungsunterhalts vom Berechtigten eingereichte Klage auf die entsprechende Einwendung des Pflichtigen nicht weiterverfolgt wurde.[38]

Vor Rechtskraft der Scheidung kann der nacheheliche Unterhalt, nicht jedoch der Trennungsunterhalt, als Folgesache im Verbund anhängig gemacht werden.[39] Ein **Titel über** den **Trennungsunterhalt** kann nicht nach § 323 ZPO für die Zeit nach Rechtskraft

---

[31] BayObLG, FamRZ 1997, 422
[32] BGH, FamRZ 1981, 242 = R 65; FamRZ 1981, 441
[33] BGH, FamRZ 1988, 370, 372 = NJW 1988, 1137, 1138
[34] OLG Hamm, FamRZ 1999, 30
[35] OLG Hamm, aaO; OLG Düsseldorf, FamRZ 1992, 943
[36] OLG München, FamRZ 1981, 450 und FamRZ 1982, 801 sowie OLG Hamm, FamRZ 1988, 947 und FamRZ 1980, 249
[37] BGH, FamRZ 1985, 908 = R 266 a; FamRZ 1982, 465 = NJW 1982, 1875; FamRZ 1981, 242 = R 65; FamRZ 1981, 441; die gegenteilige Ansicht wird im Schrifttum teilweise weiter vertreten, vgl. z. B. Göppinger/Wax, Unterhaltsrecht, 6. Aufl., Rn 1336 ff (Kindermann), Rn 2042 (van Els), Rn 2383 (Vogel)
[38] OLG Karlsruhe, FamRZ 1997, 895
[39] BGH, FamRZ 1982, 465 = NJW 1982, 1875; FamRZ 1981, 242 = R 65; FamRZ 1981, 441

der Scheidung abgeändert werden.⁴⁰ Entsprechendes gilt auch für das Verhältnis Familienunterhalt/Trennungsunterhalt (siehe Rn 3/78). Ein **Verfahren über den Trennungsunterhalt**, das über den Zeitpunkt der Rechtskraft der Scheidung hinaus geführt wird, erstreckt sich nicht automatisch – ohne dessen förmliche Geltendmachung – auf den Geschiedenenunterhalt.⁴¹

Auch eine **während der Trennungszeit geschlossene Vereinbarung** gilt in der Regel wegen des Grundsatzes der Nichtidentität nicht für die Zeit nach der Scheidung. Die Eheleute können aber eine solche Weitergeltung ausdrücklich vereinbaren. Wer eine solche Ausnahme von der Regel behauptet, trägt dafür die Behauptungs- und Beweislast.⁴²

15   Im Scheidungsverbund kann per **einstweiliger Anordnung** auch der **Trennungsunterhalt** geregelt werden (§ 620 Nr. 5 ZPO). Eine solche einstweilige Anordnung über den Ehegattenunterhalt **gilt auch für den nachehelichen Unterhalt** so lange weiter, bis eine anderweitige Regelung wirksam wird (§ 620f ZPO). Sie regelt insofern in Abweichung vom Grundsatz der Nichtidentität den nachehelichen Unterhalt mit.⁴³ Anders ist es, wenn die einstweilige Anordnung nach ihrer Formulierung – insoweit atypisch – ausdrücklich nur für die Dauer des Scheidungsverfahrens oder die Zeit des Getrenntlebens erlassen wurde. In diesem Fall fehlt ihr von vornherein die Wirksamkeit für die Zeit nach Rechtskraft der Scheidung.

II. Erwerbsobliegenheit des bedürftigen Ehegatten nach der Trennung

1. Die Schutzvorschrift des § 1361 II BGB zugunsten des nicht erwerbstätigen Ehegatten

16   Nach § 1361 II BGB kann der bei Trennung nicht erwerbstätige Ehegatte nur dann darauf verwiesen werden, seinen Unterhalt durch eine Erwerbstätigkeit ganz oder teilweise selbst zu verdienen, wenn dies von ihm nach seinen persönlichen Verhältnissen, insbesondere wegen einer früheren Erwerbstätigkeit unter Berücksichtigung der Dauer der Ehe und nach den wirtschaftlichen Verhältnissen beider Ehegatten erwartet werden kann. Erforderlich ist dazu eine **Zumutbarkeitsabwägung aller maßgeblichen persönlichen und wirtschaftlichen Umstände** des Einzelfalls. Inwieweit von einem Ehegatten nach seinen persönlichen Verhältnissen eine Erwerbstätigkeit erwartet werden kann und die Abwägung der verschiedenen Gesichtspunkte ist weitgehend Sache tatrichterlicher Beurteilung.⁴⁴ Dabei müssen alle wesentlichen Umstände eingehend gewürdigt werden⁴⁵ (siehe Rn 19 a ff).

17   Für die Auslegung und Konkretisierung der persönlichen Verhältnisse nach § 1361 II BGB sind die §§ 1569 ff BGB ergänzend heranzuziehen, denn im Zweifel dürfen Ehegatten nach der Trennung nicht schlechter gestellt werden, als sie nach einer Scheidung stehen würden. Deshalb können die **Tatbestände des nachehelichen Unterhalts** Maßstäbe für die Anwendung des § 1361 II BGB liefern, insbesondere zur Konkretisierung des Begriffs „persönliche Verhältnisse" dienen.⁴⁶ Andererseits hat die gesteigerte Verantwortung der Ehegatten während des Bestehens der Ehe zur Folge, daß der nicht erwerbstätige Ehegatte gemäß § 1361 II BGB nur unter wesentlich engeren Voraussetzungen darauf verwiesen werden kann, seinen Unterhalt durch eigene Erwerbstätigkeit (ganz oder teilweise) selbst zu verdienen, als dies gemäß § 1574 BGB nach der Scheidung der Fall ist.⁴⁷

---

⁴⁰ BGH, FamRZ 1982, 465 = NJW 1982, 1875
⁴¹ OLG Hamm, FamRZ 1998, 1512
⁴² BGH, FamRZ 1985, 908 = R 266 a
⁴³ BGH, FamRZ 1983, 355 = NJW 1983, 1330
⁴⁴ BGH, FamRZ 1982, 23 = R 87 a; FamRZ 1981, 752, 754 = R 76 a
⁴⁵ BGH, FamRZ 1990, 283, 286 = R 400 c
⁴⁶ BGH, FamRZ 1985, 782 = R 262
⁴⁷ BGH, FamRZ 1991, 416, 418; FamRZ 1990, 283, 285 = R 400 c; FamRZ 1989, 1160 = R 395 a; FamRZ 1981, 242 = R 65

1. Abschnitt: Der Trennungsunterhalt §4

§ 1361 II BGB ist eine **Schutzvorschrift zugunsten des** bei Trennung **nicht erwerbstätigen** (haushaltführenden) **Ehegatten** vor einer vorzeitigen Aufnahme einer Erwerbstätigkeit. Sein bisheriger Status in der vereinbarten Haushaltsführungsehe soll aufgrund der Aufhebung der häuslichen Gemeinschaft infolge der Trennung zumindest für eine Klärungszeit nicht nachhaltig verändert werden. Die getrenntlebenden Ehegatten befinden sich zwar in einer schweren Ehekrise. Es ist aber noch offen, ob die Schwierigkeiten überwunden werden können oder ob sie zum endgültigen Scheitern der Ehe führen.[48] In einem solchen Fall sind einem Ehegatten solche Änderungen seiner Lebensstellung nicht zuzumuten, die sich im Fall einer möglichen Wiederherstellung der ehelichen Lebensgemeinschaft als nachteilig herausstellen würden. Es muß zumindest für eine geraume Zeit der bisherige Status des unterhaltsberechtigten Ehegatten beibehalten werden, schon um nicht das endgültige Scheitern der Ehe zu fördern, indem die Scheidungsfolgen vorweggenommen werden und damit die Trennung vertieft wird.[49]

18

Deshalb wird man **im Regelfall vor Ablauf des Trennungsjahres** vom haushaltführenden Ehegatten noch **keine Aufnahme einer Erwerbstätigkeit** erwarten können (BGH, FamRZ 1990, 283, 286 = R 400 c; so auch Bayerische Leitlinien – FamRZ 1999, 773 – Nr. 19). Der zeitliche Beginn einer Erwerbsobliegenheit ist nach den Umständen des Einzelfalls festzulegen. Der BGH hat in einer Entscheidung eine Erwerbsobliegenheit nach Ablauf von 2 Jahren seit Trennung für berechtigt gehalten.[50] In einer anderen Entscheidung lag die Trennung 15 Monate zurück.[51] Bei kurzer Ehedauer und relativ jungem Alter des Ehegatten kann die Erwerbsobliegenheit schon vor Ablauf des Trennungsjahres einsetzen,[52] insbesondere, wenn die Trennung nach den Umständen als endgültig anzusehen ist. Wäre der Ehegatte bei Fortbestand der ehelichen Lebensgemeinschaft aufgrund der konkreten Verhältnisse der Ehe (z. B. Übernahme der Betreuung des neugeborenen Kindes durch die bisher allein berufstätige und nunmehr beurlaubte Mutter) zur alsbaldigen Arbeitsaufnahme verpflichtet, gilt dies auch für den Fall der Trennung.[53]

Bejaht der Richter aufgrund einer Abwägung der persönlichen und wirtschaftlichen Verhältnisse die Zumutbarkeit einer Erwerbstätigkeit, dann wird insoweit auch dem bisher nicht erwerbstätigen Ehegatten nach der Trennung eine **gesteigerte Eigenverantwortung** dafür auferlegt, seinen Unterhaltsbedarf durch Aufnahme einer Erwerbstätigkeit ganz oder teilweise selbst zu verdienen.[54]

19

Diese Verpflichtung findet nach Maßgabe des § 1361 II BGB ihre Rechtfertigung vor allem darin, daß mit der Trennung die bisherige Funktionsteilung im Rahmen des gemeinschaftlichen Haushalts gegenstandslos geworden ist. Der haushaltführende Ehegatte erbringt für den anderen Ehegatten keine haushaltführenden Leistungen mehr. Deshalb kann einem Ehegatten, insbesondere nach Wegfall der Mitarbeit im Haushalt, eine Erwerbstätigkeit angesonnen werden.[55]

---

[48] BGH, FamRZ 1979, 569 = NJW 1979, 1348
[49] BGH, FamRZ 1981, 439 = NJW 1981, 1214
[50] BGH, NJW 1986, 722, 724
[51] BGH FamRZ 1990, 283, 286 = R 400 b
[52] OLG Köln, FamRZ 1996, 1215; OLG Hamm, FamRZ 1997, 1536
[53] AG Weilburg, FamRZ 1998, 1168
[54] BGH, FamRZ 1984, 149 = R 187 b; ferner FamRZ 1990, 283, 286 = R 400 c
[55] BGH, FamRZ 1981, 439 = NJW 1981, 1214

2. Bei der Zumutbarkeitsabwägung zu berücksichtigende persönliche und wirtschaftliche Verhältnisse

19a a) **Betreuung gemeinschaftlicher Kinder.** Insoweit gelten in vollem Umfang die Ausführungen zu § 1570 BGB, vor allem auch zum Alter der Kinder und zu den im Rahmen des § 1570 BGB zu berücksichtigenden persönlichen Verhältnissen (vgl. Rn 65 ff; wegen einschlägiger BGH-Entscheidungen zum Trennungsunterhalt siehe Fußnote[56]). Soweit die Betreuungssituation für die Kinder nach Trennung der Eheleute nicht entgegensteht (vgl. Rn 24a und 28), kann die Fortführung der schon während des Zusammenlebens ausgeübten, eingeschränkten Berufstätigkeit der Ehefrau, die 2 Kinder betreut, zumutbar sein.[57]

b) **Betreuung eigener, nicht gemeinschaftlicher Kinder oder Pflegekinder.** Zu den persönlichen Verhältnissen im Sinn des § 1361 II zählt jeder allein in der Person des Ehegatten begründete Umstand, der eine Erwerbstätigkeit unzumutbar macht, also auch die Inanspruchnahme durch eigene, nicht gemeinschaftliche Kinder oder die Betreuung von Pflegekindern.[58]

20 c) **Alter, Gesundheitszustand, Krankheit und Gebrechen.** Insoweit gelten die Ausführungen zu §§ 1571 und 1572 BGB (Rn 88 ff und 96 ff). Der bedürftige Ehegatte darf nicht durch Krankheit (oder Alter) an der Aufnahme einer – auch nur zeitweise auszuübenden – Erwerbstätigkeit gehindert sein.[59] Eine Erwerbsobliegenheit entfällt jedenfalls ab dem regulären Rentenalter.

21 d) **Dauer der Ehe.** Diese ist ein in § 1361 II BGB ausdrücklich erwähntes Merkmal. Das Abstellen auf die Ehedauer hat nicht nur die Bedeutung, daß die erleichterte Wiedereingliederung in das Berufsleben nach einer durch die Ehe nur kurz unterbrochenen Berufstätigkeit berücksichtigt werden soll. Es bedeutet darüber hinaus allgemein, daß sich der bedürftige Ehegatte zur Begründung der Unzumutbarkeit einer Erwerbstätigkeit nicht auf einen erst durch die Eheschließung erlangten Status berufen darf, wenn die Ehe nur von kurzer Dauer war. Die Zumutbarkeit ist in einem solchen Fall nur nach den persönlichen Verhältnissen zu beurteilen, die ohne die durch die Eheschließung erlangte Verbesserung dieser Verhältnisse bestanden hätte.[60] Ein Unterhaltsausschluß nach §§ 1361 III, 1579 Nr. 1 BGB ist allerdings bei nur „kurzer Ehedauer" nicht möglich.[61]

22 e) **Dauer der Trennung.** Während im 1. Trennungsjahr in der Regel für den im Zeitpunkt der Trennung längere Zeit nicht erwerbstätigen Ehegatten gemäß § 1361 II BGB keine Erwerbsobliegenheit besteht (vgl. Rn 18), sind mit zunehmender Verfestigung der Trennung die Voraussetzungen einer Erwerbsobliegenheit immer mehr den Maßstäben anzurechnen, die nach den §§ 1569 ff BGB für den nachehelichen Unterhalt gelten.[62]

Die Aufrechterhaltung der bei Trennung bestehenden Verhältnisse und des bisherigen Status des nicht erwerbstätigen Ehegatten erscheint sinnvoll, wenn die Eheleute noch nicht lange getrennt leben und noch eine Hoffnung auf Wiederherstellung der ehelichen Lebensgemeinschaft besteht. Je länger die Trennung dauert, um so eher kann dem nicht erwerbstätigen Ehegatten die Aufnahme einer Erwerbstätigkeit zugemutet werden. Gleiches gilt, wenn beide Ehegatten die Scheidung wollen oder wenn vernünftigerweise eine Wiederherstellung der ehelichen Lebensgemeinschaft nicht mehr erwartet werden kann[63] (siehe auch Rn 18).

---

[56] BGH, FamRZ 1990, 283, 286 = R 400 c; FamRZ 1988, 256, 258 = R 355 e; FamRZ 1987, 356 = NJW 1987, 893; FamRZ 1984, 149 = R 187 b + d; FamRZ 1982, 23 = R 87 a; NJW 1986, 722, 724; FamRZ 1981, 17 = R 55; FamRZ 1981, 1159 = R 86; FamRZ 1979, 571, 573 = NJW 1979, 1452

[57] OLG Köln, NJW-RR 1998, 1300

[58] BGH, FamRZ 1982, 463 = NJW 1982, 1461; FamRZ 1981, 752, 754 = R 76 a; FamRZ 1981, 17 = R 55; FamRZ 1979, 569, 571 = NJW 1979, 1348; FamRZ 1979, 571, 573 = NJW 1979, 1452

[59] BGH, FamRZ 1981, 17 = R 55

[60] BGH, FamRZ 1979, 571 = NJW 1979, 1452

[61] BGH, FamRZ 1982, 573 = R 112; FamRZ 1979, 569 = NJW 1979, 1348

[62] BGH, FamRZ 1990, 283, 286 = R 400 c

[63] OLG Düsseldorf, FamRZ 1980, 2453 f.

f) **Frühere Erwerbstätigkeit und Berufsausbildung.** Auch eine frühere Erwerbstätigkeit ist ein in § 1361 II BGB ausdrücklich erwähntes Merkmal. Der BGH hat einer jungen Frau trotz 15jähriger Arbeitsunterbrechung die Aufnahme einer Erwerbstätigkeit zugemutet mit der Begründung, bei einer ihrer früheren Tätigkeit als Spülerin vergleichbaren Beschäftigung oder einer Betätigung im Bereich der Raumpflege würden erfahrungsgemäß die typischen Probleme einer Wiedereingliederung in das Berufsleben nach längerer Arbeitspause nicht eintreten.[64] Zu einer solchen früheren Erwerbstätigkeit kann auch die Arbeit in der Praxis des Mannes zählen.[65] Bei einer früheren Erwerbstätigkeit ist auch zu berücksichtigen, wie lange sie zurückliegt, ob sie der inzwischen erreichten sozialen Stellung der Ehe noch entspricht und wie lange die Ehe gedauert hat. 23

Eine Berufsausbildung ist zu berücksichtigen, auch wenn dies in § 1361 II BGB nicht erwähnt ist. Fehlt eine Ausbildung, so kann ein Anspruch auf Ausbildungsunterhalt bestehen (siehe Rn 9 und 10).

g) **Eheangemessene Erwerbstätigkeit.** Wie beim nachehelichen Unterhalt (§ 1574 BGB) darf der bedürftige Ehegatte nur auf eine Erwerbstätigkeit verwiesen werden, die den ehelichen Verhältnissen entspricht, d. h., es muß eine eheangemessene Erwerbstätigkeit im Sinn von § 1574 II BGB sein.[66] Auch insoweit gelten die Ausführungen zu § 1574 BGB (siehe Rn 131 ff). Wird dem Berechtigten die Ausübung einer unqualifizierten, berufsfremden Tätigkeit angesonnen, muß außerdem besonders geprüft werden, ob dies nach dem sozialen Status der Ehegatten angemessen ist.[67] Ob und inwieweit ein durch die Eheschließung erlangter Status sich bereits verfestigt hat, hängt wesentlich ab von der Dauer der Ehe (siehe vorher Rn 21). Grundsätzlich steht es dem Ehegatten frei, die Art der ihm zuzumutenden angemessenen Erwerbstätigkeit selbst zu bestimmen. War der Lebensstandard der Eheleute in 20jähriger Ehe durch die Mitarbeit in einem großen Betrieb des Mannes geprägt, ist die Frau berechtigt, nach der Trennung eine selbständige Erwerbstätigkeit anzustreben und sich entsprechend ausbilden zu lassen.[68] 24

h) **Gemeinsamer Lebensplan der Ehegatten.** Nach der Trennung oder Scheidung kann bei Betreuung von Kindern im Alter von 6 und 8 Jahren eine ursprünglich gemeinsame Lebensplanung regelmäßig nicht mehr in der früher vorgesehenen Weise verwirklicht werden, weil die **Mehrbelastung des die Kinder betreuenden Elternteils** nicht wie in intakter Ehe durch den anderen Ehepartner aufgefangen werden kann. Es besteht keine Erwerbsobliegenheit, weil unter den gegebenen Verhältnissen eine Erwerbstätigkeit trotz des früheren gemeinsamen Lebensplanes nicht zumutbar ist.[69] 24a

Haben die Eheleute ihre Lebensgemeinschaft einverständlich dahin gestaltet, daß einer von ihnen einem **Studium** nachgeht, so kann diesem nach der Trennung jedenfalls dann ein Studienabbruch nicht zugemutet werden, wenn das Studium zielstrebig betrieben wird und der Abschluß in absehbarer Zeit zu erwarten ist. Während dieser berechtigten Studienzeit besteht keine Erwerbsobliegenheit[70] (zum Ausbildungsunterhalt siehe Rn 9 und 10).

i) **Wirtschaftliche Verhältnisse beider Ehegatten.** Wenn die Ehegatten nach der Trennung in bedrängten wirtschaftlichen Verhältnissen leben, besteht eine verschärfte Erwerbsobliegenheit. So hat der BGH einer Frau mit zwei schulpflichtigen Kindern eine stundenweise Erwerbstätigkeit zugemutet, weil sie trotz der Kinder bereits während des Zusammenlebens als Kellnerin tätig war und weil die wirtschaftlichen Verhältnisse vor allem wegen erheblicher ehebedingter Schulden beengt waren. Bei einer derartigen Verschuldung hätte auch bei Fortdauer der ehelichen Lebensgemeinschaft eine stundenweise Erwerbstätigkeit der Frau nahegelegen.[71] 25

---

[64] BGH, FamRZ 1981, 17 = R 55
[65] BGH, FamRZ 1982, 892 = R 106 b
[66] BGH, FamRZ 1982, 892 = R 106 b
[67] BGH, FamRZ 1990, 283, 286 = R 400 c
[68] BGH, FamRZ 1988, 1145 = R 372 b
[69] BGH, FamRZ 1988, 145, 148 = R 347 g
[70] BGH, FamRZ 1981, 439 = NJW 1981, 1214
[71] BGH, FamRZ 1982, 23 = R 87 a

Zu berücksichtigen sind auch relativ **günstige Verhältnisse des Verpflichteten**. Dem Berechtigten kann bei solchen Verhältnissen nicht entgegengehalten werden, daß er während einer Zeit beengter wirtschaftlicher Verhältnisse durch Erwerbstätigkeit einen entlastenden Beitrag zum Familieneinkommen geleistet hatte.[72]

Bei günstigen wirtschaftlichen Verhältnissen muß sich eine Frau ungeachtet ihrer qualifizierten Ausbildung nicht alsbald nach Ablauf des 1. Trennungsjahres auf eine sozialversicherungsfreie Beschäftigung verweisen lassen. Es ist vielmehr zu prüfen, ob sie sich nicht etwas länger um qualifizierte Tätigkeiten bemühen darf bzw. bei Erfolglosigkeit dieser Bemühungen das Recht auf Fortbildung oder Umschulung hat, um eine mit ihrer bisherigen Ausbildung vergleichbare berufliche Qualifikation zu erreichen.[73] Allerdings schließen auch sehr gute wirtschaftliche Verhältnisse des Pflichtigen oder ein zu erwartender erheblicher Vermögenserwerb des Berechtigten durch den Zugewinnausgleich die Erwerbsobliegenheit nicht aus. Es ist vielmehr eine Gesamtwürdigung vorzunehmen.[74]

Jahrelange freiwillige Zahlung von Trennungsunterhalt kann beim Berechtigten im Hinblick auf die Beurteilung seiner Erwerbsobliegenheit einen Vertrauenstatbestand schaffen, so daß ihm eine nicht zu kurz bemessene Übergangsfrist für die Suche einer angemessenen Arbeit zuzugestehen ist.[75]

3. Zumutbarkeitsabwägung bei Fortsetzung, Ausweitung oder Einschränkung einer bei Trennung bereits ausgeübten Erwerbstätigkeit

26 Der Schutz des § 1361 II BGB gilt nach dessen Wortlaut nur für den bei Trennung nicht erwerbstätigen Ehegatten, in der Regel den haushaltführenden Ehegatten in der Haushaltsführungsehe oder in der Zuverdienstehe. Der Schutz gilt nicht für die bei Trennung erwerbstätigen Ehegatten einer **Doppelverdienerehe**. Letztere haben grundsätzlich nach der Trennung ihre bisherige Erwerbstätigkeit fortzusetzen.[76]

27 Trotz des einschränkenden Wortlautes gilt die Regelung des § 1361 II BGB auch für solche Fälle, in denen der (haushaltführende) Ehegatte vor der Trennung im Einverständnis des anderen Ehepartners bereits einer eingeschränkten Erwerbstätigkeit nachgegangen war (**Zuverdienstehe**) und bei Fortsetzung des Zusammenlebens in intakter Ehe diese Erwerbstätigkeit nicht ausgeweitet hätte.[77] Die Frage, ob nach Trennung eine Ausweitung dieser Erwerbstätigkeit zugemutet werden kann, ist unter Berücksichtigung und Abwägung der oben (Rn 19 a bis 25) erörterten Umstände zu beantworten. Wird die Frage bejaht, besteht eine entsprechende erweiterte Erwerbsobliegenheit.

28 Unter Berücksichtigung der persönlichen und wirtschaftlichen Verhältnisse der Eheleute kann die **Fortsetzung einer bei Trennung ausgeübten Erwerbstätigkeit** trotz der grundsätzlich dazu bestehenden Verpflichtung im Einzelfall dennoch unzumutbar sein. Dies kann der Fall sein, wenn bei Vorhandensein **gemeinschaftlicher Kinder** während intakter Ehe beide Ehegatten Betreuungs- und Haushaltsführungsaufgaben übernommen hatten und diese notwendige Mithilfe eines Ehegatten infolge der Trennung weggefallen ist. In solchen Fällen ist auch die Obliegenheit zur Fortsetzung einer bei Trennung ausgeübten Erwerbstätigkeit (**bei der Doppelverdienerehe und Zuverdienstehe**) aufgrund einer entsprechenden Zumutbarkeitsabwägung zu beurteilen,[78] mit der Folge, daß die bisherige Erwerbstätigkeit eingeschränkt oder eine Erwerbsobliegenheit ganz verneint werden kann (vgl. Rn 19 a und 24 a). Anders ist es, falls die Mehrbelastung durch die Trennung durch den Betreuenden aufgefangen werden kann.[79] Führt der Pflichtige

---

[72] BGH, FamRZ 1990, 283, 286 = R 400 c
[73] BGH, FamRZ 1990, 283, 286 = R 400 c
[74] KG, U. v. 24. 3. 1992 – 13 U F 6898/90 – nicht veröffentlicht
[75] OLG, Köln FamRZ 1999, 853
[76] BGH, FamRZ 1985, 782 = R 262; FamRZ 1981, 1159 = R 86; OLG München, FamRZ 1982, 270
[77] BGH, FamRZ 1984, 149 = R 187 b
[78] OLG München, FamRZ 1982, 270
[79] OLG Naumburg, FamRZ 1998, 552

1. Abschnitt: Der Trennungsunterhalt § 4

trotz Bezugs von Erwerbsunfähigkeitsrente eine vorher ausgeübte **selbständige Tätigkeit** weiter, können ihm die Einkünfte aus dieser Tätigkeit bei der Bedarfsermittlung nicht mehr zugerechnet werden, da er sie an sich nicht neben der Erwerbsunfähigkeitsrente beziehen darf und die genannte Tätigkeit aus unterhaltsrechtlicher Sicht jederzeit aufgeben kann.[80]

4. Fiktive Zurechnung erzielbarer Einkünfte

Wird gemäß den Ausführungen zu Rn 16 bis 28 eine zumutbare Erwerbsobliegenheit 29 bejaht, können dem Berechtigten erzielbare Nettoeinkünfte aus einer entsprechenden Erwerbstätigkeit fiktiv zugerechnet werden, wenn er sich nicht ernsthaft um eine entsprechende Arbeitsstelle bemüht und bei ernsthaften Bemühungen eine reale Beschäftigungschance bestanden hätte (Genaueres Rn 1/427 ff).
Zur Bemessung und Dauer fiktiver Einkünfte siehe Rn 1/436 ff.
Fiktive Einkünfte des Berechtigten sind auf den Unterhaltsanspruch regelmäßig mit der **Anrechnungsmethode** bedürftigkeitsmindernd anzurechnen, weil sie die für die Unterhaltsbemessung nach § 1361 I 1 BGB maßgeblichen ehelichen Lebensverhältnisse nicht geprägt haben[81] (siehe Rn 272 ff), wenn sie nicht ausnahmsweise anstelle weggefallener, nachhaltig erzielter prägender Einkünfte zuzurechnen sind.
Während des Getrenntlebens ist es einem Ehegatten zunächst nicht zumutbar, die von ihm allein weiter bewohnte, **den Eheleuten** oder einem von ihnen **gehörende frühere Ehewohnung** zur Steigerung seiner Einkünfte anderweitig, etwa durch **Vermietung** (oder Teilvermietung) zu verwerten. Dies gilt vor allem deswegen, weil während der Trennung eine Wiederherstellung der ehelichen Lebensgemeinschaft noch nicht ausgeschlossen ist, die nicht erschwert werden darf;[82] deshalb insoweit keine fiktive Zurechnung von Einkünften. Anders ist es bei lange dauernder oder endgültiger Verfestigung der Trennung. Wegen der einerseits bedarfsbestimmenden, andererseits bedürftigkeitsmindernden Anrechnung eines angemessenen – bei Weiternutzung einer nunmehr zu großen Wohnung nur eingeschränkten[83] – Wohnwerts siehe Rn 1/214 ff.

III. Bedarfsbemessung und Unterhaltsberechnung beim Trennungsunterhalt

1. „Eheliche Lebensverhältnisse" und Bedarfsbemessung beim Trennungsunterhalt wie beim nachehelichen Unterhalt

Nach § 1361 I 1 BGB bestimmt sich das Maß des eheangemessenen Unterhalts nach 30 den „**ehelichen Lebensverhältnissen**", die sich inhaltlich mit den „ehelichen Lebensverhältnissen" nach § 1578 BGB beim nachehelichen Unterhalt decken[84] (siehe Rn 172 ff und 225 ff). **Maßgebend** sind nur **die individuellen**, ggf. sehr begrenzten ehelichen **Lebensverhältnisse**, **nicht** etwa ein höherer **pauschalierter Mindestbedarf**.[85] Hierdurch kann sich ergeben, daß der vorweg abzuziehende Kindesunterhalt nach der niedrigsten Tabellenstufe der Düsseldorfer Tabelle höher ist als der Bedarf des unterhaltsberechtigten Ehegatten. In diesem Fall dürfte das **Verhältnis von Kindes- und Ehegattenunterhalt** einer Angemessenheitsüberprüfung zu unterziehen sein.[86]

---

[80] OLG Hamm, FamRZ 1999, 1169
[81] BGH, FamRZ 1997, 281, 284 = R 509 i; FamRZ 1992, 1045, 1047 = R 448
[82] BGH, FamRZ 1989, 1160 = R 395 b
[83] BGH, FamRZ 1998, 899, 901 = R 525 e + f
[84] BGH, FamRZ 1984, 356 = R 198 c
[85] BGH, FamRZ 1998, 1501, 1503 = R 521 c; OLG Hamm FamRZ 1998, 1428; anders z. B. die Düsseldorfer Tabelle, FamRZ 1999, 766, 767
[86] OLG Hamm, FamRZ 1999, 512

Diese Lebensverhältnisse werden – wie beim nachehelichen Unterhalt – im wesentlichen bestimmt durch das in der Ehe zur Deckung des Lebensbedarfs **verfügbare Einkommen** der Eheleute.[87] Verfügbar in diesem Sinn ist nur der Teil des Einkommens, der nach Abzug von Steuern und sonstiger gesetzlicher Abzüge, berufsbedingtem Aufwand, Vorsorgeaufwendungen, berücksichtigungswürdigen Verbindlichkeiten, Aufwendungen für Vermögensbildung und Barunterhaltsleistungen für den Kindesunterhalt zur Bestreitung des Lebensbedarfs der Eheleute verwendet werden kann[88] (siehe Rn 185 ff).

Im Rahmen der Bedarfsbemessung dürfen nur **nachhaltig prägende Einkünfte** der Eheleute berücksichtigt werden[89] (siehe Rn 179 ff/186). Hierzu gehören keine Einkünfte aus einer – trotz Kindesbetreuung wegen beengter finanzieller Verhältnisse aufgenommenen – **überobligationsmäßigen Erwerbstätigkeit**, welche jederzeit ohne unterhaltsrechtliche Nachteile eingestellt werden könnte, weil hierdurch die Lebensverhältnisse nicht nachhaltig mitbestimmt werden.[90] Dasselbe gilt für eine neben der normalen Erwerbstätigkeit überobligatorisch durchgeführte Zweit(Neben)tätigkeit.[91] Nicht prägend sind grundsätzlich auch **fiktive Einkünfte**,[92] soweit sie nicht ausnahmsweise anstelle von nachhaltig bezogenen, prägenden Einkünften zuzurechnen sind.

Eine nicht überobligationsmäßige Arbeitsaufnahme durch den die Kinder betreuenden Ehegatten nach der Trennung prägt die ehelichen Verhältnisse dann, wenn die **Arbeit auch ohne Trennung aufgenommen** worden wäre[93] – vgl. Rn 31.

30a Da das Eheband **während der Trennung** weiterbesteht, fließen **grundsätzlich alle** in dieser Zeit eintretenden **wirtschaftlichen und persönlichen Entwicklungen** der Ehegatten als **prägend** in die ehelichen Lebensverhältnisse ein[94] – vgl. Rn 36. So ist die **Erbschaft** des pflichtigen Ehegatten, die nach der Trennung, aber vor Scheidung anfällt, dann prägend, wenn der Erbfall absehbar und erwartet war.[95] Nach der Rechtsprechung prägt auch die **Unterhaltslast für das** in der Trennungszeit geborene **nichteheliche Kind** eines Ehegatten[96] mit der Folge, daß der betreffende Kindesunterhalt bei der Bedarfsbemessung vorweg abzuziehen ist. Gegen diese Rechtsprechung werden im Schrifttum mit Recht erhebliche Bedenken vorgebracht.[97] Zumindest, falls das fragliche Kind erst nach der Trennung gezeugt wurde, dürften die konkreten ehelichen Verhältnisse nach der Trennung eine unerwartete und vom Normalablauf abweichende Entwicklung genommen haben (vgl. Rn 36), auch wenn – wegen neuer Partnerbeziehungen getrennter Eheleute – derartige Fallgestaltungen nicht selten sein werden.

31 Der Trennungsunterhalt darf allerdings nicht nach dem vor der Trennung bezahlten Haushaltsgeld oder den vor der Trennung bestehenden wirtschaftlichen Verhältnissen bemessen werden. Maßgeblich sind die **aktuellen Einkommensverhältnisse**, an deren Entwicklung die Eheleute bis zur Scheidung gemeinschaftlich teilhaben,[98] so wenn sich z. B. die Steuerbelastung des Pflichtigen geändert hat.[99]

Bei einer nach Trennung aufgenommenen (oder ausgeweiteten) zumutbaren Erwerbstätigkeit des Berechtigten im Sinn von § 1361 II BGB hängt die Berücksichtigung der Einkünfte aus dieser Tätigkeit bei der Bedarfsbemessung davon ab, ob die Aufnahme (oder Ausweitung) der Erwerbstätigkeit bereits in der Ehe angelegt war und damit auch

---

87 BGH, FamRZ 1984, 356 = R 198 c; FamRZ 1980, 876 = NJW 1980, 2349
88 BGH, FamRZ 1983, 676 = NJW 1983, 1552, 1554
89 BGH, FamRZ 1988, 256 = R 355 b; FamRZ 1986, 244 = R 280 a; FamRZ 1984, 356 = R 198 c; FamRZ 1982, 892 = R 106 b
90 BGH, FamRZ 1998, 1501 = R 521 a
91 OLG München, FamRZ 1998, 623
92 BGH, FamRZ 1997, 281, 284 = R 509 i
93 OLG Köln, NJW-RR 1998, 723
94 BGH, FamRZ 1999, 367, 369 = R 530 a + c
95 OLG Hamm, FamRZ 1999, 620 = NJW-RR 1998, 6
96 BGH, FamRZ 1999, 367, 369 = R 530 c; FamRZ 1994, 87, 89 = R 468 c; OLG Koblenz, FamRZ 1998, 1584
97 Z. B. Ewers, FamRZ 1994, 816; Schuhmacher, FamRZ 1998, 1584; Graba, FamRZ 1999, 370
98 BGH, FamRZ 1990, 283, 285 = R 400 d
99 BGH, FamRZ 1990, 499, 502 = R 407 c; FamRZ 1990, 503 = R 413

1. Abschnitt: Der Trennungsunterhalt §4

ohne die Trennung erfolgt wäre. Ist dies zu bejahen, sind diese Einkünfte als prägend zu berücksichtigen, ohne daß insoweit der Dauer des Getrenntlebens eine Bedeutung beigemessen werden kann[100] (siehe auch Rn 30 und 251 ff).

Bezüglich des „verfügbaren" Einkommensteils (Rn 30 und 31) gilt – wie beim nachehelichen Unterhalt – der **Halbteilungsgrundsatz** (siehe Rn 359 ff). Dem Halbteilungsgrundsatz entspricht der **Quotenunterhalt** mit einem **Quotenvorteil für Einkünfte aus Erwerbstätigkeit** (Rn 372 ff). 32

In der „Alleinverdienerehe" entspricht der Unterhaltsbedarf der Ehegattenquote aus dem „verfügbaren" Einkommen.

In der „Doppelverdienerehe" kann der Unterhaltsbedarf nach der Differenzmethode, d. h. nach der Ehegattenquote (z. B. gemäß Düsseldorfer Tabelle – Stand: 1. 7. 1999 – mit $^3/_7$, gemäß Bayerischen Leitlinien – Stand: 1. 7. 1999 – mit $^{4,5}/_{10}$) aus der Differenz der beiden „verfügbaren" Einkünfte bemessen werden (hierzu und zur Anwendung der Additionsmethode in diesem Fall vgl. Rn 1/21 ff, 386 ff und 394 ff).

Bei überdurchschnittlichen wirtschaftlichen Verhältnissen, in denen erhebliche Teile des Einkommens nicht zur Deckung des allgemeinen Lebensbedarfs verwendet werden, scheidet ein Quotenunterhalt aus; es ist die **Ermittlung des konkreten Bedarfs** geboten[101] – Rn 366 ff.

Werden neben dem Elementarunterhalt noch weitere berechtigte **unselbständige Unterhaltsteile** (z. B. Mehrbedarf, Vorsorgebedarf) geltend gemacht, so sind – wie beim nachehelichen Unterhalt – auch die hierfür erforderlichen Beträge vor Berechnung des Quotenunterhalts von dem „verfügbaren" Einkommen abzuziehen (siehe Rn 8, 443 ff, 477 ff und 509 ff). 33

Da nach der Rechtsprechung des BGH der Unterhaltsbedarf beim **Trennungsunterhalt und nachehelichen Unterhalt** im Prinzip **nach** den **gleichen Grundsätzen** bemessen wird,[102] gelten die genaueren Ausführungen zur Bedarfsbemessung beim Nachscheidungsunterhalt (Rn 172 ff) in vollem Umfang auch für den Trennungsunterhalt. 34

2. Anrechnung nichtprägender Einkünfte des Berechtigten, Leistungsfähigkeit des Verpflichteten und Unterhaltsberechnung

Auch insoweit gelten die gleichen Grundsätze wie beim nachehelichen Unterhalt, weshalb auf die entsprechenden Ausführungen (Rn 532 ff und 540) verwiesen wird. 35

Wie beim nachehelichen Unterhalt sind nichtprägende Einkünfte bedürftigkeitsmindernd mit der **Anrechnungsmethode** auf den Unterhaltsbedarf zu verrechnen.[103]

Dabei sind die Grundsätze des § 1577 BGB, der an und für sich nur für den nachehelichen Unterhalt gilt, auch im Rahmen der Bemessung des Trennungsunterhalts nach § 1361 BGB zu berücksichtigen. Es muß gewährleistet sein, daß bei an sich gleicher Sachlage der Anspruch auf Trennungsunterhalt nicht niedriger ausfällt als der nacheheliche Unterhalt[104] (Genaueres Rn 542 ff).

Beim Trennungsunterhalt sind im Rahmen des § 1361 BGB in gleicher Weise die **Grundsätze des § 1581 BGB** zur Beurteilung der Leistungsfähigkeit des Verpflichteten mitheranzuziehen unter Berücksichtigung der Besonderheiten, die das Verhältnis der Ehegatten zueinander während des Getrenntlebens zu demjenigen nach der Scheidung kennzeichnen[105] (Genaueres Rn 564 ff).

---

[100] BGH, FamRZ 1985, 376, 378 = NJW 1985, 1345, 1347
[101] OLG Frankfurt, FamRZ 1997, 353; das AG München, FamRZ 1998, 1583 hat bei Glaubhaftmachung ganz überdurchschnittlicher Verhältnisse durch einstweilige Anordnung 15 000,– DM monatlich zugesprochen – vgl. hierzu wegen des Problems ausreichender Glaubhaftmachung die Anm. von Bergschneider zu dieser Entscheidung aaO
[102] BGH, FamRZ 1984, 356 = R 198 c
[103] BGH, FamRZ 1988, 256 = R 355 a; FamRZ 1984, 356 = R 198 d; FamRZ 1981, 752, 754 = R 76 c
[104] BGH, FamRZ 1983, 146, 148 = R 142 b
[105] BGH, FamRZ 1986, 556 = R 284

3. Maßgeblicher Bemessungszeitpunkt bei Trennungsunterhalt und nachehelichem Unterhalt

36 Anders als der Anspruch auf nachehelichen Unterhalt, für den die ehelichen Lebensverhältnisse im Zeitpunkt der Scheidung maßgeblich sind (siehe Rn 214 ff), bemißt sich der Anspruch auf Trennungsunterhalt grundsätzlich nach dem jeweiligen Stand der wirtschaftlichen Verhältnisse, an deren Entwicklung bis zur Scheidung die Ehegatten gemeinschaftlich teilhaben[106] (ferner Rn 30 a und 31 sowie 225 ff).

Maßgeblich für die Bedarfsbemessung und die Berechnung des Trennungsunterhalts sind deshalb die „**gegenwärtigen**" **wirtschaftlichen Verhältnisse** der Ehegatten in dem Zeitraum, für den Trennungsunterhalt verlangt wird. In der Regel sind es die wirtschaftlichen Verhältnisse ab Trennung bis zur Rechtskraft der Scheidung. Soweit über den Trennungsunterhalt vor Rechtskraft der Scheidung entschieden wird, sind es die wirtschaftlichen Verhältnisse bis zum Zeitpunkt der Entscheidung über den Trennungsunterhalt.

Wie beim nachehelichen Unterhalt beeinflussen **prägende Veränderungen** die Einkommensverhältnisse **in der Zeit von Trennung bis Scheidung** die für die Unterhaltsbemessung maßgeblichen ehelichen Lebensverhältnisse. Nicht prägende Veränderungen, d. h. solche, die auf einer unerwarteten und vom Normalverlauf abweichenden Entwicklung[107] oder auf trennungsbedingten Einkommenssteigerungen nach der Trennung beruhen,[108] sind bei der Bedarfsbemessung des Trennungsunterhalts nicht zu berücksichtigen, wohl aber im Rahmen der Bedürftigkeit des Berechtigten (siehe Rn 526 ff) und der Leistungsfähigkeit des Verpflichteten (siehe Rn 564 ff). **Prozeßkosten für Scheidungs- und Scheidungsfolgeverfahren** sind trennungsbedingter Mehrbedarf (vgl. Rn 1/532) und mindern den ehelichen Bedarf daher nicht.[109]

IV. Anwendung der negativen Härteklausel des § 1579 BGB und sonstiger Normen auf den Trennungsunterhalt

1. Anwendung der Härteklausel des § 1579 BGB beim Trennungsunterhalt

37 Nach § 1361 III BGB ist § 1579 Nr. 2 bis Nr. 7 BGB entsprechend anzuwenden, d. h., ein Anspruch auf Trennungsunterhalt kann versagt, herabgesetzt oder zeitlich begrenzt werden, soweit die Inanspruchnahme des Verpflichteten auch unter Wahrung der Belange eines dem Berechtigten zur Pflege oder Erziehung anvertrauten gemeinschaftlichen Kindes grob unbillig wäre, weil einer der in § 1579 Nr. 2 mit 7 BGB aufgeführten Gründe tatbestandsmäßig zu bejahen ist.

Erforderlich ist danach – wie beim nachehelichen Unterhalt – **das Vorliegen eines speziellen Härtegrundes im Sinn der Nr. 2 mit 7 des § 1579 BGB**. Insoweit gelten die Ausführungen zum nachehelichen Unterhalt (Rn 596 ff). Besonders bedeutsam ist beim Trennungsunterhalt vor allem § 1579 Nr. 6 BGB (schwerwiegendes, eindeutig beim Berechtigten liegendes Fehlverhalten). Die Entscheidungen des BGH (vgl. wegen der Fundstellen Rn 710 ff) zum einseitigen **Ausbruch aus einer** sogenannten **intakten Ehe**[110] und zum Zusammenleben mit einem neuen Partner sind überwiegend zum Trennungsunter-

---

[106] BGH, FamRZ 1999, 367, 369 = R 530 a + c; FamRZ 1988, 256 = R 355 b; FamRZ 1986, 244 = R 280 a; FamRZ 1986, 437 = R 288 a
[107] BGH, FamRZ 1986, 244 = R 280 a; FamRZ 1982, 892 = R 106 b
[108] BGH, FamRZ 1988, 256 = R 355 b
[109] OLG Karlsruhe, NJW-RR 1998, 578
[110] Zur Problematik des Begriffs „intakte Ehe" vgl. Peschel-Gutzeit, FamRZ 1996, 1446, 1450

halt ergangen. An einem solchen schwerwiegenden und einseitigen Fehlverhalten fehlt es, wenn der Berechtigte eine vorübergehende Beziehung zu einem anderen Partner aus einer nicht mehr intakten Ehe heraus aufnimmt.[111] Hat der Pflichtige im gleichen Zeitraum seinerseits eine entsprechende außereheliche Beziehung aufgenommen, wird das Verhalten des Berechtigten relativiert, so daß es an den Voraussetzungen für die Anwendung von § 1579 Nr. 6 BGB fehlen kann.[112] Der Ausschlußtatbestand des § 1579 Nr. 7 BGB soll beim Trennungsunterhalt auch bei langjährigem Zusammenleben des Berechtigten mit einem anderen Partner nicht in Betracht kommen, weil wegen Fehlens der Scheidung eine Eheschließung mit dem neuen Partner ausscheide.[113] Ist ein getrenntlebender Ehegatte voll erwerbsfähig und hat er eine eheangemessene Stelle, kann er wegen objektiver Unzumutbarkeit von Unterhaltsleistungen (§ 1579 Nr. 7 BGB) nach Jahren, in denen er sich allein unterhalten hat, nicht wegen des niedrigen Einkommensniveaus in seinem Heimatland – auch wenn ihm die Rückkehr nach Deutschland verwehrt ist – Trennungs-Aufstockungsunterhalt verlangen, falls der Pflichtige für seine Rückkehr ins Ausland nicht verantwortlich ist.[114]

Außerdem ist bei jedem dieser Härtegründe besonders zu prüfen, ob und inwieweit hierwegen die **Zumutbarkeitsgrenze** eines schuldunabhängigen Unterhaltsanspruchs überschritten ist, d. h. die Inanspruchnahme des Verpflichteten auch unter Wahrung der Belange eines dem Berechtigten anvertrauten gemeinschaftlichen Kindes grob unbillig ist. Anvertraut ist das Kind bei einer Sorgerechtsübertragung oder wenn sich die Parteien über die Betreuung einig sind. Die wichtigsten Beurteilungsmaßstäbe sind im Rahmen dieser Zumutbarkeitsabwägung die Erfordernisse des Kindeswohls, der Grundsatz der Verhältnismäßigkeit mit Vorrang des Kindeswohls sowie die sonstigen persönlichen und wirtschaftlichen Verhältnisse der Eheleute. Nach Beendigung der Kindesbetreuung kommt der jeweilige Härtegrund uneingeschränkt zum Tragen. Zur Zumutbarkeitsabwägung gelten ebenfalls die Ausführungen zum nachehelichen Unterhalt (Rn 614 ff).

Die negative Härteklausel des § 1579 BGB ist als Einwendung von Amts wegen zu beachten, wenn von den Parteien entsprechende Tatsachen vorgetragen werden. Die Beweislast hat der Unterhaltsverpflichtete (Rn 609 ff).

2. Härteklausel und kurze Ehedauer bzw. nur kurzes oder fehlendes Zusammenleben

Nach § 1361 III BGB ist eine kurze Ehedauer kein Ausschlußgrund für den Trennungsunterhalt, weil § 1579 Nr. 1 BGB in § 1361 III BGB ausdrücklich für nicht anwendbar erklärt wird;[115] auch die Tatsache, daß die Parteien nie zusammengelebt haben, reicht für einen Ausschluß nicht aus.[116] Gleiches gilt bei langjähriger Trennung.[117]   38

Eine **kurze Ehedauer** bzw. ein kurzes oder fehlendes Zusammenleben kann jedoch zusammen mit weiteren Umständen eine Rolle spielen für die Beurteilung der Frage, ob im Sinn von § 1361 II BGB eine Erwerbsobliegenheit des haushaltführenden Ehegatten besteht (Rn 21 und 22). Außerdem **kann** sie bei der **Billigkeitsabwägung** im Rahmen eines Härtegrundes nach § 1579 Nr. 2 mit 7 BGB **mitberücksichtigt werden**. So hat der BGH eine Versagung von Unterhalt für gerechtfertigt gehalten, wenn es nicht zur Aufnahme irgendeiner Gemeinschaft gekommen ist, weil die Ehegatten ihre standesamtliche Heirat wegen einer kirchlich nicht geschiedenen Vorehe des einen von ihnen nach ihrer gemeinsamen Glaubensüberzeugung als irrelevant angesehen haben.[118]

---

[111] KG, FamRZ 1998, 1112
[112] AG München, FamRZ 1998, 1112
[113] OLG München, FamRZ 1998, 1589
[114] OLG Köln, FamRZ 1999, 93
[115] BGH, FamRZ 1979, 569 = NJW 1979, 1348
[116] BGH, FamRZ 1982, 573 = R 112
[117] BGH, FamRZ 1981, 241 = NJW 1981, 753
[118] BGH, FamRZ 1994, 558 = R 476

3. Unterhalt für Vergangenheit, Unterhaltsverzicht und Erlöschen des Unterhalts durch Tod eines Ehegatten

39   Gemäß §§ 1361 IV, 1360 a III sind beim Trennungsunterhalt die **§§ 1613, 1614 und 1615 BGB entsprechend anzuwenden.**
Nach § 1613 I BGB kann rückständiger **Trennungsunterhalt für die Vergangenheit** nur ab Verzug mit der Unterhaltszahlung, ab Verzug mit der Pflicht zur Auskunft über Einkommen und Vermögen zum Zwecke der Unterhaltsberechnung oder ab Rechtshängigkeit verlangt werden. Wegen **Sonderbedarfs** (§ 1613 II Nr. 1 BGB) siehe Rn 6/1 ff.
§ 1614 BGB verbietet, auf Trennungsunterhalt für die Zukunft ganz oder teilweise zu verzichten. Deshalb darf auch eine Unterhaltsvereinbarung nicht auf einen **Verzicht** oder teilweisen Verzicht hinauslaufen. Es genügt allein eine objektive Unterhaltsverkürzung.[119]
Da auch für die Bemessung des Trennungsunterhalts ein gewisser Angemessenheitsrahmen besteht, der von den Eheleuten ausgeschöpft werden kann, ist eine solche **Unterhaltsvereinbarung** erst dann unwirksam, wenn sie diesen **Angemessenheitsrahmen** unterschreitet. Eine solche Unterschreitung wird im Regelfall zu bejahen sein, wenn weniger als $^4/_5$ des berechtigten Trennungsunterhalts vereinbart werden[120] (siehe die Ausführungen zu Unterhaltsvereinbarungen Rn 6/604).
Unwirksam ist auch eine Vereinbarung, den Trennungsunterhalt nicht gerichtlich geltend zu machen.[121]
Ein **Verzicht** auf Trennungsunterhalt **für die Vergangenheit** ist dagegen zulässig. In der Nichtgeltendmachung von Trennungsunterhalt für längere Zeit liegt allerdings noch kein solcher Verzicht. Es ist vielmehr zu prüfen, ob der Berechtigte einen triftigen Grund für einen solchen Verzicht hatte oder ob nicht eine andere Erklärung für die Unterlassung der Rechtsausübung naheliegt.[122]
Nach §§ 1361 IV 4, 1360 a III, 1615 I BGB **erlischt der Trennungsunterhalt mit dem Tod** eines Ehegatten. Der Verpflichtete muß jedoch die Beerdigungskosten zahlen, wenn eine Bezahlung von den Erben nicht zu erlangen ist (§ 1615 II BGB).
Ist das Erbrecht des unterhaltsberechtigten Ehegatten im Hinblick auf das bei Tod des Pflichtigen rechtshängige Scheidungs- oder Aufhebungsverfahren nach § 1933 S. 1 u. 2 BGB ausgeschlossen, tritt an die Stelle des Anspruchs auf Trennungsunterhalt ein **quasi-nachehelicher Unterhaltsanspruch** nach §§ 1569 bis 1586 b BGB, der die Erben **als Nachlaßverbindlichkeit** trifft (§ 1933 S. 3 BGB). Siehe dazu Rn 60 u. 60 a.

4. Rückforderung von Zuvielleistungen und Auskunftsanspruch

40   Der Verpflichtete, der freiwillig zuviel an Trennungsunterhalt bezahlt hat, kann solche Zuvielleistungen im Zweifel nicht zurückverlangen (§ 1361 IV, 1360 b BGB). Gemäß der **Auslegungsregel des § 1360 b BGB** ist nach der Lebenserfahrung bei freiwilligen Mehrleistungen von einem Verzicht auf Ersatzansprüche auszugehen. Das gilt sowohl für laufende als auch für einmalige Unterhaltsleistungen oder für Leistungen aus dem Vermögensstamm.[123]
Die Vermutung des § 1360 b BGB kann jedoch widerlegt werden. Der zurückfordernde Ehegatte muß dann darlegen und nachweisen, daß er zuviel an Trennungsunterhalt bezahlt hat und daß er bereits bei Zahlung eine Rückforderungsabsicht hatte oder daß er nur unter Vorbehalt der Rückforderung bezahlt hat. Ein solcher Vorbehalt kann sich auch aus den Umständen ergeben. Siehe auch Rn 3/80; zur Rückforderung überzahlten Unterhalts im einzelnen: Rn 6/200 ff.

---

[119] BGH, FamRZ 1984, 997, 999 = R 223 d
[120] BGH, FamRZ 1984, 997, 999 = R 223 d; OLG Köln, FamRZ 1983, 750
[121] OLG Karlsruhe, FamRZ 1980, 1117
[122] BGH, FamRZ 1981, 763 = R 77
[123] BGH, NJW 1983, 1113 = FamRZ 1983, 351

1. Abschnitt: Der Trennungsunterhalt § 4

Nach §§ 1361 IV, 1605 BGB besteht für getrenntlebende Ehegatten ein **Auskunftsanspruch** (Genaueres zum Auskunftsanspruch siehe Rn 1/561 ff).

5. Zur Geltendmachung des Trennungsunterhalts

Der Trennungsunterhalt ist grundsätzlich in einem **isolierten Unterhaltsverfahren** 41 geltend zu machen. Im Verbundverfahren (§ 623 ZPO) darf keine Sachentscheidung über den Trennungsunterhalt ergehen. Ein verfahrenswidrig im Verbund anhängig gemachtes Verfahren müßte abgetrennt und gesondert weitergeführt werden[124] (Genaueres Rn 8/117).

Ist bereits ein Scheidungsverfahren anhängig, kann nach § 620 Nr. 6 ZPO auch der Trennungsunterhalt auf Antrag für die Dauer des Scheidungsverfahrens durch **einstweilige Anordnung** geregelt werden. Eine solche Regelung schließt das Rechtsschutzbedürfnis für eine Klage auf Leistung von Trennungsunterhalt nicht aus, weil die einstweilige Anordnung nur aufgrund summarischer Prüfung ergeht.[125] Die unbefristete einstweilige Anordnung wirkt aber – anders als ein Urteil über den Trennungsunterhalt – nach § 620 f ZPO über die Rechtskraft der Scheidung hinaus bis zum Wirksamwerden einer neuen Regelung (Genaueres Rn 15, 8/230 ff).

Der Unterhaltsverpflichtete kann mit einer **negativen Feststellungsklage** feststellen lassen, daß die in der Anordnung geregelte Unterhaltsverpflichtung nicht oder nur in geringerem Umfang besteht[126] (Genaueres Rn 8/234).

Außerhalb des Scheidungsverfahrens kann – wenn die Voraussetzungen einer einstweiligen Anordnung gemäß § 644 ZPO nicht vorliegen – in dringenden Fällen durch **einstweilige Verfügung** der Notunterhalt für die Dauer von höchstens 6 Monaten verlangt werden[127] (Genaueres Rn 8/250 ff). Wegen der in § 644 ZPO eingeführten Möglichkeit, einstweilige Anordnungen auch außerhalb eines Scheidungsverfahrens zu erwirken, ist die Zahl der Fälle, in denen noch eine einstweilige Verfügung in Betracht kommt, beschränkt.[128]

Wegen der **Insolvenz des Unterhaltsschuldners** siehe Rn 61 a.

6. Konkurrenzen

Die getrenntlebende Ehefrau hat wegen eines nichtehelichen Kindes – nach rechts- 41a wirksamer Feststellung oder Anerkennung der Vaterschaft (vgl. Rn 6/752) – auch dann einen **Unterhaltsanspruch** gegen den Kindsvater nach § 1615 l I bzw. II 2 BGB, wenn sie sich wegen der Betreuung ehelicher Kinder an einer Erwerbstätigkeit gehindert ist. Ihr hieraus resultierender Anspruch auf Trennungsunterhalt nach **§ 1361 BGB konkurriert mit** ihrem Anspruch nach **§ 1615 l BGB**, der entgegen der vielfach früher in der Rechtsprechung vertretenen Meinung[129] nicht gegenüber einem Anspruch auf Ehegattenunterhalt vorrangig ist (vgl. Rn 6/769). Der BGH[130] wendet zur Bestimmung der anteiligen Haftung der beiden Verpflichteten über § 1615 l II 1 BGB die Vorschrift des § 1606 III S. 1 BGB entsprechend an, wobei sich die Haftungsquote nicht allein nach den jeweiligen Erwerbs- und Vermögensverhältnissen bestimmt, sondern z. B. auch danach, inwiefern die Mutter aufgrund der unterschiedlichen Betreuungsbedürftigkeit der einzelnen Kinder von einer Erwerbstätigkeit abgehalten wird (vgl. zu den Rangproblemen näher Rn 6/769).

---

[124] BGH, FamRZ 1982, 892, 894; FamRZ 1985, 578
[125] BGH, FamRZ 1984, 356
[126] BGH, FamRZ 1983, 355 = NJW 1983, 1330
[127] OLG Köln, FamRZ 1983, 410; OLG Zweibrücken, FamRZ 1985, 928
[128] OLG Nürnberg, NJW 1998, 3787
[129] KG, FamRZ 1998, 556; OLG Hamm, FamRZ 1997, 1538
[130] BGH, FamRZ 1998, 541, 544 = R 520 c

§ 4 Ehegattenunterhalt

2. Abschnitt: Besonderheiten und Anspruchstatbestände des nachehelichen Unterhalts

I. Allgemeine Grundsätze und Besonderheiten des nachehelichen Unterhalts

1. Allgemeine Grundsätze

42 Der eigentliche Grund, sowohl für die eheliche wie für die nacheheliche Unterhaltspflicht, ist letztlich die **mit der Eheschließung von den Ehegatten füreinander übernommene Verantwortung**. Während des Bestehens der Ehe (bis zur Scheidung) besteht insoweit eine gesteigerte Verantwortung der Eheleute füreinander. Diese beiderseitige Verantwortung ist nach der Scheidung abgeschwächt,[1] wirkt aber weiter in Form einer sich aus Art. 6 I GG ergebenden fortwirkenden nachehelichen Solidarität und Verantwortung.[2] Insofern muß sich der wirtschaftlich stärkere Ehegatte bei Erfüllung der Tatbestände des nachehelichen Unterhalts bis zur Grenze der Unzumutbarkeit mit seiner Unterhaltsbelastung abfinden.[3]

Für die Zeit nach der Scheidung geht das Gesetz (§ 1569 BGB) grundsätzlich von der **Eigenverantwortung** jedes Ehegatten für seinen Lebensunterhalt aus. Es gewährt einen Anspruch auf nachehelichen Unterhalt nur unter besonderen, enumerativ (§§ 1570 bis 1576 BGB) aufgezählten Voraussetzungen.[4]

Die nach der Trennung und Scheidung fortwirkende personale Verantwortung beider Ehegatten reduziert sich im Unterhaltsbereich auf eine einseitige Unterhaltsverpflichtung des wirtschaftlich stärkeren Ehegatten gegenüber dem bedürftigen Partner. In Konsequenz des verschuldensunabhängigen Scheidungsrechts wird hierdurch allerdings der Grundsatz der wirtschaftlichen Eigenverantwortung der Ehegatten eingeschränkt auf den Grundsatz einer **nachwirkenden Mitverantwortung**.[5]

Diese nachwirkende Mitverantwortung soll nach der gesetzlichen Regelung nicht allgemein durch jede schicksalsbedingte Bedürftigkeit stets und auf Lebensdauer ausgelöst werden; vielmehr soll der Grundsatz nur eingreifen, wenn eine Bedürfnislage in Verbindung mit der Ehe steht. Dabei muß es sich aber um **keinen kausalen Zusammenhang zwischen Ehe und Bedürftigkeit** handeln.[6]

43 Die Grundlagen der nachehelichen Unterhaltspflicht, die in den Prinzipien der nachehelichen Solidarität und der in Verbindung mit der Ehe stehenden Bedürftigkeit zu sehen sind, verfestigen sich mit zunehmender Dauer der Ehe. Je länger eine Ehe dauert, um so stärker ist die wirtschaftliche Sicherung der Ehegatten mit dem Bestand der Ehe verbunden. Dem liegt die Erfahrung zugrunde, daß die Lebenssituation der Partner in der Ehe durch die gemeinsame Lebensplanung entscheidend geprägt wird. Mit **zunehmender Ehedauer** kommt es zu einer **wachsenden Verflechtung und Abhängigkeit** der beiderseitigen Lebensdispositionen sowie allgemein zu einer sich steigernden wirtschaftlichen Abhängigkeit des unterhaltsbedürftigen Ehegatten, gegenüber der sich dieser Ehegatte durch die unterhaltsrechtliche Solidarität des anderen Ehepartners abgesichert zu fühlen pflegt.[7]

Trotz der gesetzlichen Tendenz zum Vorrang der Eigenverantwortlichkeit der Ehegatten führen die Unterhaltstatbestände, vor allem der Aufstockungsunterhalt nach § 1573 II

---

[1] BGH, FamRZ 1981, 242 = R 65
[2] BGH, FamRZ 1999, 710, 711 = R 531a
[3] BGH, aaO
[4] BGH, FamRZ 1984, 353 = R 153a; FamRZ 1981, 242 = R 65
[5] BVerfG, FamRZ 1981, 745, 748 = NJW 1981, 1771; BGH, FamRZ 1981, 1163 = NJW 1982, 40
[6] BGH, FamRZ 1983, 800 = R 170a; FamRZ 1982, 28 = R 90; FamRZ 1981, 1163 = NJW 1982, 40
[7] BGH, FamRZ 1999, 710, 711 = R 531a; FamRZ 1981, 140, 142 = NJW 1981, 754

2. Abschnitt: Besonderheiten und Anspruchstatbestände § 4

BGB, dazu, daß die Praxis häufig auf eine **Umkehr des Regel-/Ausnahmeverhältnisses** hinausläuft.

2. Allgemeine Anspruchsvoraussetzungen des nachehelichen Unterhalts

Eine Unterhaltsverpflichtung aufgrund nachehelicher Solidarität besteht nach § 1569 BGB nur, wenn die Voraussetzungen eines der **sieben Unterhaltstatbestände** der §§ 1570 mit 1576 BGB vorliegen. Die §§ 1570 ff. BGB konkretisieren und begrenzen die Unterhaltsberechtigung durch die enumerative Nennung bestimmter Bedürfnislagen, die zu bestimmten Einsatzzeitpunkten vorliegen müssen.[8] Es handelt sich insoweit um enumerativ aufgezählte Ausnahmetatbestände zum Grundsatz der Eigenverantwortung. Ist keiner dieser Tatbestände gegeben, muß der Geschiedene für seinen Unterhalt grundsätzlich selbst aufkommen.[9] 44

Danach besteht ein Anspruch auf nachehelichen Unterhalt nur,
– wenn von dem Bedürftigen keine Erwerbstätigkeit zu erwarten ist, und zwar **wegen Betreuung gemeinschaftlicher Kinder** (§ 1570 BGB), **wegen Alters** (§ 1571 BGB), **wegen Krankheit oder Gebrechen** (§ 1572 BGB) oder aus sonstigen **Billigkeitsgründen** (§ 1576 BGB) oder
– wenn der Bedürftige **keine** seinen Unterhalt deckende **angemessene Erwerbstätigkeit zu finden** vermag (§ 1573 BGB) oder
– wenn der Bedürftige zur Erlangung einer angemessenen Erwerbstätigkeit einen **Ausbildungsbedarf** hat (§ 1575 BGB).

Der Anspruch auf nachehelichen Unterhalt setzt – wie der Trennungsunterhalt und der Kindesunterhalt – außerdem eine konkrete **Bedürftigkeit** (siehe Rn 526 ff) des berechtigten Ehegatten (§ 1577 BGB) und **Leistungsfähigkeit** (siehe Rn 564 ff) des verpflichteten Ehegatten (§ 1581 BGB) voraus. 45

Der Unterhalt begehrende Ehegatte hat die **Darlegungs- und Beweislast** für alle anspruchsbegründenden Tatsachen der Normen, auf die er seinen Anspruch stützt. Dies gilt auch für „doppelt relevante Tatsachen", z. B. für die bedarfsbestimmende Gestaltung der ehelichen Lebensverhältnisse, welche zugleich zum Nachweis der Leistungsfähigkeit des pflichtigen Ehegatten dienen können, obwohl der Berechtigte hierfür weder darlegungs- noch beweispflichtig ist[10] (Genaueres zur Darlegungs- und Beweislast des Berechtigten siehe Rn 6/703 ff). Der Vortrag, der Verpflichtete habe Unterhalt für eine Übergangszeit zugestanden, reicht zur Erfüllung der Darlegungslast nicht aus. Das Gericht muß die entsprechenden Tatsachen feststellen, sofern kein vorbehaltloses wirksames prozessuales Anerkenntnis vorliegt.[11] 45 a

Der Verpflichtete muß u. a. die Tatsachen für eine von ihm behauptete Leistungsunfähigkeit vortragen und nachweisen (Genaueres Rn 6/710 ff).

3. Einheitlicher Anspruch auf nachehelichen Unterhalt

Der Anspruch auf nachehelichen Unterhalt ist stets ein einheitlicher Anspruch. Von den **Einzeltatbeständen** der §§ 1570 bis 1576 BGB können zwei oder **mehrere gleichzeitig** oder auch im zeitlichen Anschluß aneinander **verwirklicht** sein, ohne daß deshalb von ebensoviel Unterhaltsansprüchen die Rede sein könnte. Der Umfang des nachehelichen Unterhalts richtet sich stets inhaltlich nach den ehelichen Lebensverhältnissen (§ 1578 I BGB) und wird ausschließlich nach diesen einheitlich bemessen.[12] 46

Daraus folgt, daß der nacheheliche **Unterhaltsanspruch durch** ein **Urteil** in dem ausgeurteilten Umfang **insgesamt erfaßt** wird, d. h. ohne Rücksicht darauf, welcher der

---

[8] BGH, FamRZ 1984, 353 = R 153 a
[9] BGH, FamRZ 1981, 981 = R 46 a
[10] OLG Karlsruhe, FamRZ 1997, 1011 = NJW-RR 1997, 323
[11] BGH, FamRZ 1985, 912, 915 = NJW 1985, 2713, 2715
[12] BGH, FamRZ 1984, 353 = R 153 a

Tatbestände der §§ 1570 ff BGB in Betracht kommt und vom Gericht geprüft worden ist.[13] Auch ein **klageabweisendes Urteil betrifft alle Einzeltatbestände** der §§ 1570 ff BGB.[14] Ein unerörtert gebliebener Unterhaltstatbestand kann nur unter der Voraussetzung des § 323 ZPO neu geltend gemacht werden. Nur wenn das Unterhaltsverlangen wegen fehlender Bedürftigkeit bzw. Leistungsfähigkeit abgewiesen worden ist, kann nach Eintritt der vormals **fehlenden Bedürftigkeit** bzw. **Leistungsfähigkeit** eine neue Leistungsklage (nicht Abänderungsklage nach § 323 ZPO) erhoben werden.[15] Wenn dagegen der Anspruch auf künftig fällig werdende Unterhaltsleistungen für eine bestimmte Zeit zugesprochen und erst ab einem in der Zukunft liegenden Zeitpunkt aberkannt wurde, so kann mit der Klage nach § 323 ZPO geltend gemacht werden, daß die dem Urteil zugrunde gelegten zukünftigen Verhältnisse tatsächlich anders eingetreten sind, als in der früheren Prognose angenommen worden war.

47 **§ 1576 BGB** ist ein subsidiärer Billigkeitstatbestand gegenüber den §§ 1570 mit 1575 BGB. Auch **§ 1573 BGB** ist **subsidiär** gegenüber den §§ 1570 bis 1572 BGB, da er zur Voraussetzung hat, daß keiner dieser Tatbestände vorliegt.[16] Allerdings gewähren die §§ 1570 bis 1572 BGB **bei einer Teilerwerbstätigkeit** des Berechtigten nur Anspruch auf den Unterhalt bis zur Höhe des Mehreinkommens, das bei einer Vollerwerbstätigkeit erzielt werden könnte, so daß für einen dann noch ungedeckten Bedarf **§ 1573 II BGB als Anspruchsgrundlage heranzuziehen ist**. Die **Differenzierung** ist **nötig**, da § 1573 V BGB anders als die anderen Unterhaltstatbestände die zeitliche Begrenzung der Ansprüche nach § 1573 I bis IV BGB ermöglicht.[17] Grundsätzlich sind die **Anspruchsgrundlagen** daher **genau zu bestimmen**, weil künftige Abänderungsverfahren und die unterschiedlichen Begrenzungsmöglichkeiten berücksichtigt werden müssen. Davon kann nur abgesehen werden, wenn im Einzelfall aus Billigkeitsgründen unter Berücksichtigung von Ehedauer, Kindesbetreuung, Art der Haushaltsführung und Erwerbstätigkeit eine zeitliche Begrenzung nach § 1573 V BGB ohnehin ausscheidet.[18]

4. Einsatzzeitpunkte und Anschlußunterhalt sowie Teilanschlußunterhalt

48 a) **Einsatzzeitpunkt.** In den Fällen der §§ 1571, 1572, 1573 und 1575 BGB besteht ein Unterhaltsanspruch nur, wenn die übrigen **Tatbestandsvoraussetzungen zu bestimmten Einsatzzeitpunkten**, die ihrerseits Tatbestandsmerkmale sind, vorliegen. Nur Ansprüche nach den §§ 1570 und 1576 BGB sind nicht durch Einsatzzeitpunkte beschränkt. Strittig ist, ob zu den Tatbestandsvoraussetzungen, die zum Einsatzzeitpunkt gegeben sein müssen, auch die **Bedürftigkeit** des Berechtigten gehört oder ob diese auch erst **nachträglich eintreten kann**. Dies ist, wie sich aus einer Entscheidung des OLG München[19] ergibt, nicht der Fall. Die Einsatzzeitpunkte der §§ 1571 bis 1573 BGB knüpfen nach ihrem Wortlaut allein an die Erwerbsobliegenheit des Unterhaltsgläubigers an, nicht aber an seine Bedürftigkeit, welche nach §§ 1577 I BGB unabhängig von der Frage des Einsatzzeitpunkts entfällt, „solange" sich der Berechtigte selbst unterhalten kann. Hieraus und aus dem Umstand, daß nur bei Eintritt der Bedürftigkeit wegen Wegfalls einer ursprünglichen Unterhaltssicherung aus Vermögen, nicht aber aus anderweitigen Einkünften (§ 1577 IV 1 BGB), grundsätzlich kein Unterhaltsanspruch mehr entsteht, ist der Schluß zu ziehen, daß der spätere Eintritt der Bedürftigkeit – abgesehen von Sonderregelungen (z. B. § 1573 IV BGB) – nicht schadet.

---

[13] BGH, FamRZ 1984, 353 = R 153 a
[14] OLG Karlsruhe, FamRZ 1980, 1125
[15] BGH, FamRZ 1984, 353 = R 153 a – der erwähnten fehlenden Bedürftigkeit steht die fehlende Leistungsfähigkeit gleich
[16] BGH, FamRZ 1988, 265 = NJW 1988, 2369; FamRZ 1987, 1011 = NJW-RR 1987, 1282; FamRZ 1987, 572 = NJW 1987, 1761
[17] BGH, FamRZ 1999, 708, 709 = R 532b; FamRZ 1994, 228 = R 471 a; FamRZ 1993, 789, 791 = R 460 a; FamRZ 1990, 492 = R 404 a
[18] BGH, FamRZ 1999, 708, 709 = NJW 1999, 1547, 1548; FamRZ 1994, 228 = R 471 a; FamRZ 1993, 789, 791 = R 460 a; FamRZ 1990, 492 = R 404 a
[19] OLG München, FamRZ 1993, 564

b) Anschlußunterhalt. Sind die Tatbestandsvoraussetzungen einer Anspruchsnorm bereits im Zeitpunkt der Scheidung erfüllt, so handelt es sich um einen originären Unterhaltsanspruch, der auf den vollen eheangemessenen Unterhalt (§ 1578 I BGB) geht. 49

Sind die Voraussetzungen der jeweiligen Anspruchsnorm erst zu einem späteren Zeitpunkt, einem maßgeblichen Einsatzzeitpunkt, erfüllt, so besteht ein Anspruch auf **Anschlußunterhalt.** Voraussetzung eines Anschlußunterhalts ist es, daß die einzelnen vorangegangenen Unterhaltsansprüche **ohne zeitliche Lücke** nahtlos aneinander anschließen.[20] Werden die Voraussetzungen für einen Anschlußunterhalt erst später erfüllt, entsteht kein Unterhaltsanspruch mehr.

c) Teilanschlußunterhalt. Bestand bei Beginn eines Anschlußunterhalts aufgrund des weggefallenen früheren Anspruchsgrundes nur ein Teilunterhaltsanspruch, dann bemißt sich auch der Anschlußunterhalt als **Teil-Anschlußunterhalt** umfangmäßig nur nach dem weggefallenen Teilanspruch. Eine andere Auslegung des Wortlauts der Einsatzzeitpunkte, vor allem des Wortes „soweit" stünde im Widerspruch zum Zweck der Einsatzzeitpunkte, die zu den wenigen Schutzvorschriften zugunsten des Verpflichteten gehören. Der Verpflichtete soll möglichst bald nach der Scheidung absehen können, mit welcher Unterhaltslast er zu rechnen hat. Deshalb ist der Anschlußunterhalt nach dem Sinn und Zweck des Gesetzes nur im Umfang des vorausgegangenen Teilanspruchs zu gewähren.[21] Die Verknüpfung mit den Vortatbeständen wahrt den Zusammenhang zwischen Unterhaltsbedürftigkeit und Ehe. Soweit es an dieser Verknüpfung fehlt, weil der Vortatbestand nur einen Teilunterhalt gewährte, hat der Berechtigte das Unterhaltsrisiko zu tragen. 50

d) Beispiel zum Teil-Anschlußunterhalt. Der halbtags erwerbstätige Berechtigte hatte bisher einen Anspruch nach § 1570 BGB wegen Betreuung eines gemeinschaftlichen 13jährigen Kindes. 51

Dieser Anspruch ging auf den durch nicht prägende und daher anrechenbare Einkünfte aus der Teilzeitbeschäftigung ($^6/_7$ aus 700 DM = 600 DM) nicht gedeckten Teil seines vollen Unterhalts (1200 DM), also auf 600 DM. Dabei ist vorausgesetzt, daß eine Vollzeitbeschäftigung an sich zur Abdeckung des vollen Bedarfs ($^6/_7$ aus 1400 DM = 1200 DM) geeignet war, also kein zusätzlicher Anspruch auf Aufstockungsunterhalt (§ 1573 II BGB) vorlag (vgl. dazu BGH[22]).

Der Unterhaltsanspruch nach § 1570 BGB erlischt, wenn der Berechtigte durch die Betreuung des Kindes ab einem Alter von ca. 15 Jahren nicht mehr an einer vollen Erwerbstätigkeit gehindert wird.[23] Wenn er zu diesem Zeitpunkt entweder infolge Alters (§ 1571 BGB) oder Krankheit (§ 1572 BGB) oder aus Gründen der Arbeitsmarktlage (§ 1573 I BGB) seine bisherige Tätigkeit nicht ausweiten kann, entsteht ein Anspruch auf Teil-Anschlußunterhalt, der auf die Höhe beschränkt bleibt, in der der Anspruch aus § 1570 BGB zuletzt bestanden hatte, also auf 600 DM. Daran ändert sich nichts, wenn der Berechtigte zum Einsatzzeitpunkt – z. B. durch eine plötzlich auftretende Krankheit – auch sein bisheriges Einkommen aus Teilzeittätigkeit verloren hat.

Anders ist es ausnahmsweise dann, wenn der Berechtigte im **Zeitpunkt der Scheidung** wegen einer Erkrankung bereits teilweise erwerbsunfähig war **und** infolge **Verschlimmerung desselben Leidens** erst nach geraumer Zeit (z. B. nach zwei Jahren) ganz erwerbsunfähig wurde. Dann handelt es sich um keinen Anspruch auf Anschlußunterhalt, sondern um den originären Anspruch auf Krankheitsunterhalt für den Zeipunkt der Scheidung, der auf den vollen eheangemessenen Unterhalt geht.[24] 52

---

[20] OLG Düsseldorf, FamRZ 1998, 1519; OLG Celle, FamRZ 1997, 1074, 1075; OLG Bamberg, FamRZ 1997, 819, 820; OLG Stuttgart, FamRZ 1982, 1015
[21] OLG Stuttgart, FamRZ 1983, 501
[22] BGH, FamRZ 1990, 492 = R 404 a
[23] BGH, FamRZ 1990, 260, 262 = R 399 a
[24] BGH, FamRZ 1987, 684 = R 331 a; OLG Stuttgart, FamRZ 1983, 501

5. Beginn, Ende und Wiederaufleben des nachehelichen Unterhalts

53 Der nacheheliche **Unterhalt beginnt** mit dem Tag der Rechtskraft des Scheidungsurteils.[25] Die Auffassung, daß der Trennungsunterhalt nicht nur bis zum Tag der Scheidung, sondern bis zum Ende des Monats geschuldet werde, in welchen die Scheidung fällt, der Nachscheidungsunterhalt also erst mit dem Ersten des der Rechtskraft des Scheidungsurteils folgenden Monats beginne (Luthin, FamRZ 1985, 262), hat der Bundesgerichtshof wegen Unvereinbarkeit mit der Gesetzeslage ausdrücklich abgelehnt.[26]

Der Anspruch auf nachehelichen **Unterhalt erlischt** ganz oder teilweise endgültig:
– Wenn die Voraussetzungen eines Anspruchstatbestands entfallen und für einen Anschlußunterhalt die Voraussetzungen eines anderen Unterhaltstatbestands zu dessen maßgeblichem Zeitpunkt nicht gegeben sind.
– Wenn der **Berechtigte wieder heiratet oder stirbt** (§ 1586 I BGB). Nach § 1586 II BGB bleiben allerdings Ansprüche auf Erfüllung oder Schadensersatz für die Vergangenheit bestehen und können von den Erben weiterverfolgt werden. Gleiches gilt für die bei Tod oder Wiederverheiratung fällige Monatsrate.
– Wenn auf den nachehelichen Unterhalt **vertraglich verzichtet** wird. Dies ist nach § 1585 c BGB möglich (siehe hierzu Rn 6/607 ff).
– Wenn der Unterhalt durch eine **Kapitalabfindung** abgegolten wird (§ 1585 II BGB). Der Berechtigte kann eine Kapitalabfindung verlangen, wenn ein wichtiger Grund vorliegt und der Verpflichtete dadurch nicht unbillig belastet wird. Möglich ist auch die Vereinbarung einer Kapitalabfindung.

54 – Wenn ein Anspruch nach § 1573 V BGB **zeitlich begrenzt** wurde mit Ablauf der festgesetzten Zeitgrenze.
– Bei einer zeitlichen Bedarfsbegrenzung nach § 1578 BGB erlischt mit Ablauf der festen Zeitgrenze ein den „angemessenen" Unterhalt übersteigender Anspruch auf den „eheangemessenen" Unterhalt.
– Auch die Unterhaltsversagung aufgrund eines der **Verwirkungstatbestände des § 1579 BGB** führt in der Regel zum endgültigen Verlust des Unterhaltsanspruchs in dem vom Familiengericht angeordneten Umfang, vor allem dann, wenn nur Belange eines Kindes zur Aufrechterhaltung der an sich gänzlich ausgeschlossenen Unterhaltsberechtigung Anlaß gegeben haben. Nach Wegfall der Kindesbetreuung entsteht kein Anspruch auf Anschlußunterhalt mit neuer Billigkeitsprüfung.
Anders ist es, wenn ein Unterhaltsanspruch nach § 1579 Nr. 7 BGB aufgrund des Zusammenlebens in neuer nichtehelicher Lebensgemeinschaft versagt worden war. Nach Beendigung der nichtehelichen Lebensgemeinschaft ist unter Berücksichtigung zwischenzeitlicher Dispositionen des Verpflichteten eine neue Billigkeitsentscheidung gemäß § 1579 BGB zu treffen.[27]

55 Wird ein Unterhaltsanspruch versagt, weil der Verpflichtete nicht leistungsfähig ist, dann kann der zeitweise erloschene Unterhaltsanspruch wieder aktualisiert werden, wenn der **Verpflichtete** ganz oder teilweise **wieder leistungsfähig** wird.

In ähnlicher Weise kann ein Unterhaltsanspruch zeitweise entfallen, wenn der **Berechtigte** seinen eheangemessenen Unterhalt durch eigene Einkünfte decken kann. Wird er **erneut bedürftig**, lebt der Unterhaltsanspruch wieder auf, wenn die Voraussetzungen dieses Unterhaltstatbestandes zu diesem Zeitpunkt noch vorliegen und der Unterhalt durch die eigenen Einkünfte noch nicht nachhaltig gesichert war (siehe Rn 118).

56 Ein infolge **Wiederverheiratung erloschener Unterhaltsanspruch lebt** nach § 1586 a BGB **wieder auf**, wenn die neue Ehe aufgelöst wird und der Berechtigte ein Kind aus der alten Ehe zu pflegen und zu erziehen hat. Auflösungsgründe sind Scheidung, Aufhebung und Tod des neuen Ehegatten.[28] Anspruchsvoraussetzung ist, daß der Berechtigte

---

[25] BGH, FamRZ 1981, 242 = R 65; FamRZ 1981, 441
[26] BGH, FamRZ 1988, 370, 372 = NJW 1988, 1137, 1138
[27] BGH, FamRZ 1987, 689 = R 337 c; FamRZ 1987, 1238 = R 344 a; FamRZ 1986, 443 = R 272
[28] OLG Saarbrücken, FamRZ 1987, 1046

2. Abschnitt: Besonderheiten und Anspruchstatbestände § 4

infolge der Kindesbetreuung im Sinn von § 1570 BGB an einer angemessenen Erwerbstätigkeit gehindert ist. Ein Anspruch nach §§ 1571 bis 1573 oder 1575 kann sich anschließen, wenn deren Voraussetzungen im Zeitpunkt der Beendigung der Kindesbetreuung vorliegen. Nach § 1586 a II BGB haftet bei mehreren Ehen der Ehegatte der später aufgelösten Ehe vor dem Ehegatten der früher aufgelösten Ehe. Dabei spielt es für den Verpflichteten aus der zuletzt aufgelösten Ehe keine Rolle, aus welchem Grund er zum Unterhalt verpflichtet ist.

Anders als beim Familien- und Trennungsunterhalt erlischt der Anspruch beim nachehelichen Unterhalt mit dem **Tod des Verpflichteten** nicht nach § 1615 I BGB (Rn 39), sondern die Unterhaltspflicht geht auf die Erben des Pflichtigen als Nachlaßverbindlichkeit über (§ 1586 b I BGB). Siehe Rn 60. 56a

6. Sonstige materiell-rechtliche Besonderheiten des nachehelichen Unterhalts

a) **Auskunftsanspruch.** Nach den §§ 1580, 1605 BGB besteht für den geschiedenen Ehegatten ein **Auskunftsanspruch** ab Rechtshängigkeit des Scheidungsantrags. Wird der Auskunftsanspruch im Verhandlungsverbund mit einer Stufenklage geltend gemacht, dann kann über das Auskunftsbegehren vor der Entscheidung über den Scheidungsantrag verhandelt und erkannt werden[29] (Genaueres zum Auskunftsanspruch siehe Rn 1/ 561 ff). 57

b) **Haftung.** Nach § 1584 BGB **haftet** der leistungsfähige verpflichtete geschiedene **Ehegatte vor Verwandten** des Berechtigten. Ist er nicht leistungsfähig, haften die Verwandten vorrangig. Eine Ersatzhaftung von Verwandten besteht auch bei erschwerter Durchsetzbarkeit des Unterhaltsanspruchs (§§ 1584 S. 3, 1607 II BGB). Genaueres zur vorrangigen Haftung siehe Rn 2/604 u. 608; 5/61 ff. 57a

c) **Sicherheitsleistung.** Nach § 1585 a BGB hat der Verpflichtete auf Verlangen bis zum Jahresbetrag der Unterhaltsrente **Sicherheit zu leisten**. Die Verpflichtung zur Sicherheitsleistung entfällt, wenn die Unterhaltsleistung nicht gefährdet ist oder wenn der Verpflichtete durch die Sicherheitsleistung unbillig belastet würde.

d) **Sonderbedarf.** Nach § 1585 b I BGB kann **Sonderbedarf** (§ 1613 II Nr. 1 BGB) für die Vergangenheit verlangt werden. Zum Sonderbedarf siehe Rn 6/1 ff. 58

Im übrigen kann nach § 1585 b II BGB **Unterhalt für die Vergangenheit** oder Schadensersatz erst ab Verzug oder Rechtshängigkeit gefordert werden. Hinzu kommt die Möglichkeit der Stufenmahnung (Inverzugsetzung des Pflichtigen mit seiner Auskunftspflicht über Einkommen und Vermögen zum Zwecke der Anspruchsbezifferung, verbunden mit einem unbezifferten Zahlungsbegehren, siehe hierzu Rn 6/119. Beim Trennungsunterhalt, für den anders als für den Geschiedenenunterhalt § 1613 I BGB neuer Fassung anwendbar ist, genügt das Auskunftsbegehren ohne unbestimmte Zahlungsaufforderung.

Bei vertraglich geregeltem nachehelichen Unterhalt kann ein Rückstand allerdings grundsätzlich auch ohne Verzug oder Rechtshängigkeit verlangt werden, und zwar in analoger Anwendung des § 1585 b II BGB,[30] da sich der Schuldner aufgrund des Vertragsschlusses über seine Unterhaltspflicht im klaren ist.

Auch bei Verzug, Rechtshängigkeit oder vereinbartem Unterhalt – auch soweit dieser Sonderbedarf betrifft – kann nach § 1585 b III BGB für eine **mehr als ein Jahr vor Rechtshängigkeit** liegende Zeit Erfüllung oder Schadensersatz nur verlangt werden, wenn sich der Verpflichtete seiner Leistung **absichtlich entzogen** hat. Dazu ist kein aktives Hintertreiben der Unterhaltsverpflichtung erforderlich. Es genügt jedes zweckgerichtete Verhalten (auch Unterlassen) des Schuldners, das eine zeitnahe Realisierung des Anspruchs verhindert oder zumindest erschwert. Der Berechtigte muß dazu im Prozeß nur solche Umstände darlegen und beweisen, die nach der Lebenserfahrung den Schluß auf

---

[29] BGH, FamRZ 1982, 151 = R 92 a
[30] BGH, FamRZ 1989, 150 = R 375

ein Sichentziehen rechtfertigen. Sache des Verpflichteten ist es dann, die gegen ihn sprechende Vermutung dadurch zu entkräften, daß er Tatsachen darlegt und beweist, die jene Schlußfolgerung zu erschüttern vermögen. Bei dem Tatbestandsmerkmal „absichtlich" handelt es sich um eine innere Tatsache, die sich regelmäßig nur indirekt aus dem zutage getretenen Verhalten der Parteien erschließen läßt.[31] Die bloße unangekündigte Einstellung der Zahlung reicht dazu nicht aus, weil es Sache des Berechtigten ist, sich zeitnah um die Durchsetzung seines Anspruchs zu bemühen.[32]

59 **e) Unterhaltsvereinbarungen.** Nach § 1585 c BGB können Ehegatten den nachehelichen Unterhalt vertraglich regeln. Es besteht grundsätzlich volle Vertragsfreiheit.[33] Solche vertragliche Regelungen sind in der Regel konkretisierende und modifizierende **Unterhaltsvereinbarungen**. Diese lassen den Charakter des Anspruchs als gesetzlichen Unterhaltsanspruch unberührt, was bei einem Abänderungsbegehren wichtig werden kann.

Nach Nr. 23 der Bayerischen Leitlinien (FamRZ 1999, 773) beinhaltet der vereinbarte Betrag bei Unterhaltsvereinbarungen im Zweifel lediglich eine Konkretisierung und betragsmäßige Festlegung des gesetzlich geschuldeten Unterhalts.

Der Unterhaltsanspruch kann aber auch unter Verzicht auf einen gesetzlichen Anspruch durch eine novierende Unterhaltsvereinbarung geregelt werden. Auf solche vertraglich begründete Unterhaltsansprüche können die Normen des Unterhaltsrechts dann nur ergänzend zur Auslegung herangezogen werden. Streitigkeiten über solche echten Vertragsansprüche sind keine Familiensachen.

Auf nachehelichen Unterhalt können die Ehegatten nach § 1585 c BGB auch verzichten. Solche **Verzichtsvereinbarungen** können allerdings nach § 138 BGB sittenwidrig und damit nichtig sein (Genaueres zu Unterhaltsvereinbarungen siehe Rn 6/605 ff).

60 **f) Erbenhaftung.** Nach § 1586 b I 1 BGB geht ein Anspruch auf nachehelichen Unterhalt **mit dem Tod des Verpflichteten** als **Nachlaßverbindlichkeit** auf dessen Erben, also ggf. auch auf den Erbeserben[34] über. Ist der Unterhalt durch eine Vereinbarung geregelt, kommt es darauf an, ob es sich – wie regelmäßig – nur um eine Konkretisierung des gesetzlichen Unterhalts handelt (vgl. Rn 59 und 6/600) oder ob es um die Ausgestaltung eines rein vertraglichen, von der gesetzlichen Unterhaltspflicht gelösten Anspruchs geht (vgl. Rn 59 und 6/600). Während es bei der nur konkretisierenden Vereinbarung bei der Anwendung des § 1586 b BGB verbleibt, dürfte es beim rein vertraglichen Anspruch darauf ankommen, ob der Vertrag nach seinem Inhalt dahin auszulegen ist, daß das Leistungsversprechen nicht auch für die Erben des Versprechenden gelten sollte. Im Zweifel haftet der Erbe des Versprechenden aber, da es um kein gesetzliches Unterhaltsverhältnis geht, nach den allgemeinen Vorschriften (§§ 1922, 1967 BGB).[35] **Unterhaltsbeschränkungen wegen fehlender Leistungsfähigkeit** entfallen nach §§ 1581, 1586 b I 2 BGB. Da der Anspruch nach § 1586 b BGB seine unterhaltsrechtliche Natur nicht verliert,[36] hängt er weiterhin von der **Bedürftigkeit des Berechtigten** ab. Allerding kann der Erbe trotz der unterhaltsrechtlichen Natur des Anspruchs wegen der ihm obliegenden Unterhaltsleistungen – mit der Folge der Nichtsteuerbarkeit des Unterhalts beim Empfänger – **nicht das Realsplitting** nach § 10 I Nr. 1 EStG durchführen, weil der Abzugstatbestand an persönliche Eigenschaften des Steuerpflichtigen anknüpft (Wegfall des Ehegattensplittings, Folgen der Eheauflösung), welche beim Erben nicht vorliegen.[37]

§ 1586 b I 3 BGB **begrenzt die Erbenhaftung** auf einen fiktiven Pflichtteil, der dem Berechtigten ohne Ehescheidung zugestanden hätte. Daneben gelten die allgemeinen Beschränkungen der Erbenhaftung nach §§ 1975 ff BGB. Zur **Berechnung des fiktiven Pflichtteils** ist vom Gesamtnachlaß im Zeitpunkt des Todes des Erblassers, nicht der Scheidung auszugehen.[38] Güterrechtliche Besonderheiten sind nicht zu berücksichtigen

---

[31] BGH, FamRZ 1989, 150 = R 375
[32] OLG Köln, FamRZ 1997, 426
[33] OLG Köln, FamRZ 1985, 788 = NJW 1985, 1833
[34] BGH, FamRZ 1985, 164 für § 70 EheG
[35] OLG Köln, FamRZ 1983, 1036, 1038
[36] Diekmann, FamRZ 1992, 633
[37] BFH, DB 1998, 552
[38] Bundestagsdrucksache 7/650, S. 153

(§ 1586 b II BGB). Der gesetzliche Erbteil bestimmt sich daher nur nach § 1931 I und II BGB, die für überlebende Ehegatten günstigeren Regelungen nach §§ 1371 I, 1931 IV BGB scheiden aus.[39]

Hatte der geschiedene Ehegatte auf sein **Erbrecht** (§ 2346 I BGB) **oder** auf sein **Pflichtteilsrecht** § 2346 II BGB) **verzichtet**, setzt sich der Anspruch mit dem Tod des Verpflichteten nicht als Nachlaßverbindlichkeit fort.[40] Beim Erbverzicht stünde der geschiedene Ehegatte besser da als der nicht geschiedene, dem weder ein Erbteil noch – vgl. § 1615 I BGB – ein Unterhaltsanspruch verbliebe. Aber auch der Pflichtteilsverzicht stellt keine einseitige Erklärung des Verzichtenden, sondern einen – vielfach auch mit einer Gegenleistung verbundenen – Vertrag mit dem Erblasser dar, in dessen Interesse der Verzicht in der Regel liegen wird. Es ist daher davon auszugehen, daß er die gewonnene volle Testierfreiheit in der Mehrzahl der Fälle zu Lasten des Ehegatten nutzen wird, so daß der Verzicht auf das Pflichtteilsrecht nicht anders zu behandeln ist als der Erbverzicht. Auch hier wäre der nicht geschiedene Ehegatte, weil er seine gesicherte Erberwartung aufgegeben hat, überwiegend schlechter gestellt als der geschiedene. Im übrigen behandelt § 1586 b BGB den geschiedenen Ehegatten so, als habe er sein Pflichtteilsrecht behalten. Hatte er auf dieses vor der Scheidung verzichtet, erscheint wenig verständlich, daß es über § 1586 b I BGB wieder „aufleben" soll.

g) **Unterhaltsberechtigung nach §§ 1933 S. 3, 1569 ff.** Einen Sonderfall **quasi-nachehelichen** Unterhalts stellt der Unterhaltsanspruch nach §§ 1933 S. 3, 1569 bis 1586 b BGB dar. Der nicht geschiedene überlebende Ehegatte erlangt bei Verlust seines Erbrechts nach § 1933 S. 1 oder 2 BGB, weil der Erblasser im Fall eines rechtshängigen[41] und an sich begründeten Scheidungsantrags diesen entweder eingereicht oder ihm zugestimmt hatte, bzw. seinerseits eine an sich begründete Aufhebungsklage erhoben hatte, einen Unterhaltsanspruch nach Maßgabe des nachehelichen Unterhaltsrechts,[42] der sich gegen die Erben des verstorbenen Ehegatten richtet (§ 1586 b BGB), als wäre er von dem verstorbenen Ehegatten geschieden gewesen (siehe Rn 60). Da der Anspruch auf Geschiedenenunterhalt mit dem Tod des Erblassers erstmals entsteht, tritt – soweit ein Unterhaltsanspruch davon abhängt – dieser Zeitpunkt an die Stelle des Einsatzzeitpunkts der Scheidung.

h) **Pfändbarkeit.** Der Anspruch auf nachehelichen Unterhalt ist wie der Trennungsunterhalt und Familienunterhalt als echter Unterhaltsanspruch grundsätzlich **nicht pfändbar** (§ 850 b I Nr. 2 ZPO) und daher auch grundsätzlich **nicht abtretbar** (§ 400 BGB). Ebenso ist eine **Aufrechnung ausgeschlossen** (§ 394 BGB). Allerdings kann das Vollstreckungsgericht eine Pfändung nach § 850 b II ZPO bei Vorliegen besonderer Umstände ausnahmsweise zulassen.

i) **Insolvenz des Unterhaltsschuldners.** Familienrechtliche Unterhaltsansprüche, welche bis zur Eröffnung des Insolvenzverfahrens fällig geworden waren (**Rückstände**), sind als normale Insolvenzforderungen (vgl. § 40 InsO) beim Insolvenzverwalter zur Eintragung in die Tabelle (§§ 174, 175 InsO) anzumelden. Die **laufenden Unterhaltsforderungen**, welche erst nach Eröffnung des Verfahrens fällig geworden sind, können im Insolvenzverfahren grundsätzlich nicht geltend gemacht werden (§ 40 InsO). Sie lassen sich nur außerhalb des Verfahrens beitreiben. Dabei kann in das nicht zur Insolvenzmasse gehörende Vermögen vollstreckt werden, wobei allerdings in der Regel nur ein eingeschränkter Zugriff auf das Arbeitseinkommen bleibt, auf welches der Unterhaltsgläubiger wegen § 850 d ZPO in weiterem Umfang zugreifen kann als die Insolvenzgläubiger.[43] Der Grund für die Schlechterstellung des Unterhaltsgläubigers ist die familienrechtliche Grundlage des Anspruchs, welche den Berechtigten das wirtschaftliche Schicksal des

---

[39] MünchKomm BGB/Richter Rn 9 zu § 1586 b
[40] Diekmann, FamRZ 1992, 633 ff u. FamRZ 1999, 1029; MünchKomm BGB/Richter Rn 2 zu § 1586 b; Palandt/Brudermüller § 1586 b Rn 8; Palandt/Edenhofer, Rn 9 zu § 1933; anderer Ansicht: Pentz, FamRZ 1998, 1344; Grziwotz, FamRZ 1991, 1258; Schmitz, FamRZ 1999, 1569
[41] BGH, FamRZ 1990, 1109 = NJW 1990, 2382
[42] Bundestagsdrucksache 7/650, S. 274
[43] Vgl. Wimmer-Schulz, InsO, Rn 6 f zu § 40

Pflichtigen teilen läßt.[44] Beruht die Unterhaltsverpflichtung des **Schuldners** auf seiner Stellung **als Erbe des Verpflichteten** (vgl. § 1586 b BGB), sind auch die laufenden Unterhaltsforderungen als normale Insolvenzforderungen zu behandeln (§ 40 InsO), die für das Verfahren auch wegen der künftigen Fälligkeiten als fällig gelten (§ 41 I InsO). Einen Sonderfall stellt der **Unterhalt** dar, welcher dem Schuldner und seiner Familie von der Gläubigerversammlung **aus der Insolvenzmasse** bewilligt werden kann (§ 100 InsO). Dabei kommt die Gewährung notwendigen Unterhalts auch an den getrenntlebenden oder geschiedenen Ehegatten in Betracht (§ 100 II InsO).

62   j) **Prozeßkostenvorschuß.** Im Gegensatz zum Familienunterhalt und Trennungsunterhalt (§§ 1360 a IV und 1361 IV BGB) besteht nach Rechtskraft der Scheidung **kein Anspruch** mehr auf einen Prozeßkostenvorschuß.[46] Dagegen kann für das Scheidungsverfahren selbst und für die Folgesachen im Verbund noch Prozeßkostenvorschuß nach §§ 1361 IV, 1360 a IV BGB verlangt werden. Genaueres dazu siehe Rn 6/20 ff.

7. Sonstige verfahrensrechtliche Besonderheiten des nachehelichen Unterhalts

63   Nichtidentität von Trennungsunterhalt und nachehelichem Unterhalt (dazu Rn 14).

Vor Rechtskraft der Scheidung kann der nacheheliche Unterhalt als **Folgesache im Verbund** anhängig gemacht werden (dazu Rn 14 und 41).

Ergeht im Scheidungsverfahren eine **einstweilige Anordnung** über den Ehegattenunterhalt (§ 620 Nr. 6 ZPO), so wirkt diese **über den Zeitpunkt der Scheidung hinaus** auch für den nachehelichen Unterhalt, bis eine anderweitige Regelung nach § 620 f ZPO wirksam wird (dazu Rn 15 und 41). Wegen der in § 644 ZPO eingeführten **Möglichkeit, einstweilige Anordnungen** auch **außerhalb eines Scheidungsverfahrens** im Rahmen eines – auch nur wegen Prozeßkostenhilfe anhängigen – Unterhaltsverfahrens zu erwirken, ist die Zahl der Fälle, in denen noch eine **einstweilige Verfügung** (vgl. Rn 41) in Betracht kommt, beschränkt.[47]

II. Unterhalt wegen Betreuung eines gemeinschaftlichen Kindes nach § 1570 BGB

1. Anspruchsvoraussetzungen nach § 1570 BGB

64   Nach § 1570 BGB kann ein Ehegatte Betreuungsunterhalt verlangen, solange und soweit von ihm wegen der Pflege und Erziehung eines gemeinschaftlichen Kindes eine Erwerbstätigkeit nicht erwartet werden kann. Der Betreuungsunterhalt ist ein Anspruch im Interesse des Kindeswohls. Ein Kind soll unter der Scheidung seiner Eltern nicht mehr als unvermeidbar leiden, und deshalb soll wenigstens die persönliche Betreuung durch einen Elternteil gewährleistet bleiben, dem dafür eine Unterhaltssicherung gewährt wird. Leider ist gerade diese gesetzliche Unterhaltsregelung nicht selten Mitursache eines erbitterten Streits um die Kinder. **Anspruchsvoraussetzungen** nach § 1570 BGB:
– Gemeinschaftliches betreuungsbedürftiges Kind (Rn 65).
– Berechtigte Betreuung des Kindes (Rn 66).
– Wegen der Pflege und Erziehung des Kindes kann vom betreuenden Elternteil keine oder nur eine zeitlich beschränkte Erwerbstätigkeit erwartet werden.

65   Gemeinschaftlich im Sinn von § 1570 BGB sind leibliche Kinder beider Ehegatten und von den Ehegatten adoptierte Kinder, weil auch diese durch die Adoption jeweils die rechtliche Stellung eines **gemeinschaftlichen ehelichen Kindes** erlangt haben.[48]

---
[44] Jaeger, KO, 9. Aufl., Rn 109 zu § 3
[45] *nicht belegt*
[46] BGH, FamRZ 1984, 148 = R 182
[47] OLG Nürnberg, NJW 1998, 3787
[48] BGH, FamRZ 1984, 361 = R 196 a

2. Abschnitt: Besonderheiten und Anspruchstatbestände § 4

Auch ein scheineheliches Kind gilt als gemeinschaftliches Kind, solange die Vaterschaft nicht wirksam angefochten ist.[49]

Nicht gemeinschaftlich ist ein Pflegekind, auch wenn es von beiden Ehegatten gemeinschaftlich in die Familie aufgenommen worden ist.[50]

Nicht gemeinschaftlich sind außerdem Stiefkinder sowie vor- und außereheliche Kinder eines Ehegatten. Insoweit kann evtl. ein Unterhaltsanspruch nach § 1576 BGB bestehen.[51] Da § 1570 BGB die Pflege und Erziehung gemeinschaftlicher Kinder aus der geschiedenen Ehe sicherstellen will, gilt er nicht, wenn die geschiedenen Ehegatten später ein **gemeinschaftliches nichteheliches** Kind bekommen. Die betreuende Mutter muß sich in diesem Fall mit dem Anspruch nach § 1615 l I u. II BGB begnügen.[52] Zur Frage, ob – ggf. nach Beendigung des befristeten Anspruchs nach § 1615 l I u. II BGB – ein Anspruch auf Billigkeitsunterhalt nach § 1576 BGB in Betracht kommt, hat der BGH den Standpunkt vertreten, daß § 1576 BGB nur nicht ausdrücklich geregelte Fälle nachehelichen Unterhalts auffangen wolle, der Anspruch der Mutter, die ein nichteheliches Kind betreue, werde in § 1615 l BGB darüber hinaus abschließend behandelt. Dies zeige sich auch daran, daß die bisherige zeitliche Begrenzung des Anspruchs der betreuenden Mutter auf 3 Jahre nach der Geburt nach der Neufassung des § 1615 l II S. 3 BGB unter Berücksichtigung der Kindesbelange bei Vorliegen einer groben Unbilligkeit verlängert werden könne.[53]

Das gemeinschaftliche Kind muß **betreuungsbedürftig** sein.[54]

Die **Betreuung** des Kindes muß **rechtmäßig** geschehen, d. h. entweder mit Einverständnis des anderen Elternteils oder aufgrund einer Sorgerechtsentscheidung ausgeübt werden.[55] 66

– Die Berechtigung zur Betreuung eines Kindes kann durch eine spätere Sorgerechtsänderung entfallen mit der Folge, daß auch ein Anspruch nach § 1570 BGB in Wegfall kommt.

– Bei gemeinschaftlichem Sorgerecht der Ehegatten ist die Betreuung stets berechtigt. Unterhaltsrechtlich kann ein Anspruch nach § 1570 BGB dann bestehen, wenn – wie in der Regel – ein Ehegatte aufgrund der getroffenen Vereinbarungen das Kind überwiegend betreut und aus diesem Grund an einer Erwerbstätigkeit gehindert ist.

– Bei einer Geschwistertrennung ist bei jedem Ehegatten unter Anlegung gleicher Maßstäbe zu prüfen, ob und in welchem Umfang diesem trotz der jeweils berechtigten Kindesbetreuung eine Erwerbstätigkeit zugemutet werden kann.

Die **Kindesbetreuung** muß grundsätzlich **ursächlich dafür** sein, daß der betreuende 67
Ehegatte einer **Erwerbstätigkeit nicht oder nur teilweise** nachgehen kann.

Ob und in welchem Umfang einem Ehegatten trotz der Kindesbetreuung eine Erwerbstätigkeit zugemutet werden kann, hängt von den Umständen des Einzelfalls (Rn 68) sowie vor allem von Alter und Zahl der zu betreuenden Kinder (Rn 70) und von der Inanspruchnahme des Sorgeberechtigten durch die Betreuung ab.

Bei einem Einzelkind entfällt ein Anspruch nach § 1570 BGB in der Regel vollständig, wenn das Kind das 15. oder 16. Lebensjahr vollendet.[56]

Die Notwendigkeit der Kindesbetreuung muß **nicht im Zeitpunkt der Scheidung oder zu einem sonstigen Einsatzzeitpunkt** bestehen. Sie kann später eintreten, wieder wegfallen und neu entstehen. Ein Betreuungsunterhalt kann selbst nach abgeschlossener Erziehung neu entstehen, wenn ein Kind infolge Unfalls oder Krankheit pflege- und betreuungsbedürftig wird.

---

[49] BGH, 1985, 51 = R 233 c
[50] BGH, FamRZ 1984, 361 = R 196 a
[51] BGH, FamRZ 1984, 361, 363 = R 196 a; FamRZ 1984, 769 = NJW 1984, 2355
[52] BGH, FamRZ 1998, 426 = R 519 a
[53] BGH, a.a.O.
[54] BGH, FamRZ 1980, 665, 667 = NJW 1980, 1686
[55] BGH, FamRZ 1983, 142 = NJW 1983, 451; FamRZ 1980, 665 = NJW 1980, 1686
[56] BGH, FamRZ 1990, 496 = R 414 a; FamRZ 1990, 260, 262 = R 399 a; Bayerische Leitlinien (FamRZ 1999, 773 = NJW 1999, 2019) Nr. 18

Der Anspruch nach § 1570 BGB besteht auch, wenn ein Dritter (z. B. die Großmutter) das sechsjährige Kind zeitweise betreut, damit die sorgeberechtigte Tochter einer Ausbildung nachgehen kann. Es kann nicht angenommen werden, daß die Großmutter mit der Betreuung des Kindes der Tochter eine den Verpflichteten entlastende Berufsarbeit ermöglichen will.[57] Ist die Berechtigte Schülerin und hätte sie ihre Schulausbildung trotz Kindes ohnehin fortgeführt, gilt dasselbe.[58] Die Verknüpfung zwischen Kindesbetreuung und fehlender Erwerbstätigkeit liegt hier darin, daß wegen der konkreten Betreuung, nicht aber wegen der fortgeführten Ausbildung, keine Erwerbstätigkeit erwartet werden kann.

Ein Anspruch nach § 1570 BGB kann entfallen bei **Heim- oder Internatsunterbringung** des Kindes, weil der Sorgeberechtigte dann nicht mehr durch die Kindesbetreuung an einer Erwerbstätigkeit gehindert ist.

2. Umstände, die bei Beurteilung einer Erwerbsobliegenheit zu berücksichtigen sind

68 Ob und in welchem Umfang eine **Erwerbsobliegenheit trotz Kindesbetreuung** besteht, ist nach objektiven Kriterien zu beurteilen. Bei der vorzunehmenden Abwägung des konkreten Einzelfalls kommt es vor allem auf die persönlichen Verhältnisse des Unterhalt begehrenden Ehegatten, auf das konkrete Ausmaß der Betreuungsbedürftigkeit des Kindes sowie auf die wirtschaftlichen Verhältnisse beider Ehegatten an.[59]

69 Zu den **persönlichen Verhältnissen des** betreuenden **Ehegatten** zählen u. a. vor allem: sein Alter, sein Gesundheitszustand, seine Berufsvorbildung, seine Arbeitsfähigkeit und seine Arbeitsmarktchance, das Vorliegen einer krankheitsbedingten Erwerbsbehinderung, eine frühere berufliche Betätigung, wie lange nicht mehr in dem früheren Beruf gearbeitet worden ist, welche Wiedereingliederungsschwierigkeiten in das frühere Berufsleben bestehen, die Dauer der Ehe, persönliche Schwierigkeiten mit der Erziehung der Kinder sowie sonstige persönliche Verhältnisse.[60]

War die Bedürftige bis wenige Jahre vor der Ehe über längere Zeit stundenweise als Raumpflegerin tätig, ist nicht ohne weiteres ersichtlich, warum ihr bei Betreuung von zwei Kindern im Alter von 11 und 15 Jahren eine solche Tätigkeit nicht auch künftig wieder zugemutet werden könnte, auch wenn diese Tätigkeit schon lange zurückliegt.[61]

Wird dem Berechtigten die Ausübung einer unqualifizierten berufsfremden Tätigkeit angesonnen, muß besonders geprüft werden, ob dies nach dem sozialen Status der Ehegatten angemessen ist.[62]

70 Umstände, die sich aus der Person des oder der zu betreuenden Kinder ergeben, vor allem das **Ausmaß der Betreuungsbedürftigkeit**.

Alter und Anzahl der Kinder, ob und in welchem Umfang die Kinder zeitweise durch den Besuch eines Kindergartens, einer Schule oder eines Internats keiner Betreuung und Versorgung bedürfen, ob und in welchem Umfang die Kinder durch andere Personen ausreichend versorgt und betreut werden, Gesundheitszustand, Entwicklungszustand sowie schulische Probleme und Verhaltensauffälligkeiten oder Verhaltensstörungen des Kindes.[63]

Zu berücksichtigen ist auch ein überdurchschnittlich hoher Betreuungsbedarf bei sogenannten Problemkindern (z. B. besondere psychische Labilität in der Pubertät oder infolge der Scheidung).[64]

---

[57] BGH, FamRZ 1987, 252 = R 317 a
[58] Vgl. OLG Hamm, FamRZ 1997, 632, zum gleichlautenden § 1615 l II 2 BGB
[59] BGH, FamRZ 1990, 283, 286 = R 400 c; FamRZ 1989, 487 = R 383 a; FamRZ 1985, 50 = NJW 1985, 429; FamRZ 1982, 148 = R 94
[60] BGH, FamRZ 1990, 283, 286 = R 400 c; FamRZ 1989, 487 = R 383 a; FamRZ 1982, 148 = R 94; FamRZ 1981, 17 = R 55
[61] BGH, FamRZ 1979, 571, 573 = NJW 1979, 1452
[62] BGH, FamRZ 1990, 283, 286 = R 400 c
[63] BGH, FamRZ 1985, 50 = NJW 1985, 429; FamRZ 1982, 148, 150 = R 94; FamRZ 1981, 17 = R 55
[64] BGH, FamRZ 1984, 769 = R 214 a

Bedeutsam kann außerdem sein, ob es dritte Personen gibt, die im Fall berufsbedingter Abwesenheit bei der Betreuung des Kindes helfend zur Seite stehen können.[65]

Eine vom betreuenden Ehegatten nur aus Not aufgenommene **überobligationsmäßige Erwerbstätigkeit** bleibt auf jeden Fall unzumutbar.[66]

Die Tatsache, daß ein Dritter das Kind freiwillig zeitweise betreut, begründet keine Erwerbsobliegenheit, weil nach der Lebenserfahrung nicht ohne weiteres angenommen werden kann, daß dies geschieht, um dem betreuenden Ehegatten eine den Verpflichteten entlastende Erwerbstätigkeit zu ermöglichen.[67]

Von Gewicht ist auch, daß die Kinder einen Elternteil entbehren müssen und deshalb besonderer Zuwendung und Betreuung durch den anderen Elternteil bedürfen.[68]

Vom Alter der Kinder hängt auch der Umfang einer zu übernehmenden Teilzeitbeschäftigung ab. Das OLG München nimmt z. B. bei Betreuung von ein oder zwei Kindern an, daß ab Beginn des 3. Schulklasse des jüngsten Kindes die Obliegenheit zur **Teilzeittätigkeit** besteht, **die sich** auf eine Obliegenheit **zur Halbtagstätigkeit** ausweitet, wenn für das jüngste Kind die 5. Schulklasse beginnt.[69]

Zu berücksichtigen sind die **wirtschaftlichen Verhältnisse** beider Ehegatten.[70]   **71**

Bei hohen Einkünften des Verpflichteten kann eine Erwerbsobliegenheit eher verneint werden[71] als bei sehr beengten wirtschaftlichen Verhältnissen beider Eheleute.[72]

In Mangelfällen nach § 1581 BGB bestehen verschärfte Anforderungen an die Erwerbsobliegenheit des betreuenden Elternteils.[73]

Nicht zu berücksichtigen ist, daß der betreuende Ehegatte durch eine Erwerbstätigkeit an der Versorgung seines neuen Partners gehindert würde.[74]

Die **Rechtsprechung beurteilt die Frage der Erwerbsobliegenheit** des betreuenden **71a** Ehegatten – ausgehend vom Alter des oder der Kinder – teilweise **nach Erfahrungssätzen** (vgl. Rn 72 ff); z. B. hat der BGH ausgesprochen, daß bei Betreuung eines noch nicht schulpflichtigen Kindes grundsätzlich keine Erwerbsobliegenheit besteht.[75] Wer sich darauf beruft, daß aufgrund der Umstände des konkreten Einzelfalls eine Abweichung von der erfahrungsgemäßen Regel vorliege, trägt für derartige Ausnahmeumstände die **Darlegungs- und Beweislast**.[76] Vgl. Rn 72 zur entsprechenden Situation bei einem schulpflichtigen Kind unter 8 Jahren.

3. Keine Erwerbsobliegenheit bei Betreuung eines Kindes unter 8 Jahren

Der BGH hat bisher regelmäßig eine Erwerbsobliegenheit des betreuenden Elternteils **72** verneint, solange das betreute Kind noch nicht acht Jahre alt ist.[77]

Eine Erwerbsobliegenheit ist nicht zumutbar bei Betreuung eines noch nicht schulpflichtigen Kindes.[78]

Eine generelle **Unzumutbarkeit** ist auch zu bejahen **während der ersten beiden Grundschuljahre**. Dem liegt die Erfahrung zugrunde, daß ein schulpflichtiges Kind in den ersten Schuljahren noch einer verstärkten Beaufsichtigung und Fürsorge bedarf, die nicht auf bestimmte Zeitabschnitte eines Tages beschränkt ist. Die gesunde Entwicklung eines Kindes bis zu acht Jahren erfordete es in der Regel, daß sich ein Elternteil dem

---

65 BGH, FamRZ 1989, 487 = R 383 a
66 BGH, FamRZ 1998, 1501, 1502 = R 521 a; OLG Karlsruhe, FamRZ 1981, 559
67 BGH, FamRZ 1987, 252 = R 317 a
68 BGH, FamRZ 1982, 23 = R 87 a
69 OLG München, OLGR 1999, 92
70 BGH, FamRZ 1984, 364; FamRZ 1982, 148 = R 94
71 BGH, FamRZ 1984, 662 = NJW 1984, 2358
72 BGH, FamRZ 1984, 364; FamRZ 1982, 23 = R 87 a
73 BGH, FamRZ 1983, 569 = R 152 b
74 BGH, FamRZ 1980, 40, 42 = NJW 1980, 124, 126
75 BGH, FamRZ 1998, 1501, 1502 = R 521a; FamRZ 1983, 456, 458 = R 158
76 BGH, FamRZ 1998, 1501, 1502 = R 521a; FamRZ 1983, 456, 458 = R 158
77 BGH, FamRZ 1989, 487 = R 383 a; FamRZ 1984, 356 = R 198 b; FamRZ 1983, 996 = R 178 b; FamRZ 1983, 456, 458 = R 158
78 BGH, FamRZ 1998, 1501, 1502 = R 521a; FamRZ 1983, 456, 458 = R 158

Kind noch jederzeit widmen kann, was einem Erwerbstätigen etwa bei ausfallenden Schulstunden und Erkrankung des Kindes nicht möglich wäre.[79]

Die generelle Verneinung einer Erwerbsobliegenheit bei Betreuung eines Kindes unter acht Jahren beinhaltet nach der Rechtsprechung des BGH einen allgemeinen Erfahrungssatz. Dies hat zur Folge, daß der Verpflichtete, der eine Ausnahme von dieser erfahrungsmäßigen Regel behauptet, die für die Bejahung einer Ausnahmesituation erforderlichen besonderen Umstände des Einzelfalls **darlegen und beweisen muß** – vgl. Rn 71 a.[80]

73 Zur Beurteilung der Frage, ob **ausnahmsweise** eine **zumutbare Erwerbsobliegenheit** bejaht werden kann, sind sämtliche Umstände des Einzelfalls zu berücksichtigen (siehe Rn 68 bis 71). Ein Indiz für die zumutbare Fortsetzung einer trotz Betreuung eines Kindes im Kindergartenalter bereits ausgeübten Erwerbstätigkeit kann sein, daß diese Tätigkeit aus freiem Willen, also nicht aus Not wegen unzureichender Versorgung durch den Verpflichteten, aufgenommen wurde und lediglich in gleichem Umfang fortgesetzt wird.[81] Unterdurchschnittliche wirtschaftliche Verhältnisse sprechen eher für eine frühzeitige Verpflichtung zur Arbeitsaufnahme.[82]

74 Oberlandesgerichtliche Leitlinien:*
– Bayerische Leitlinien – OLG Bamberg, München u. Nürnberg – (Stand: 1. 7. 1999 – FamRZ 1999, 773 = NJW 1999, 2019) Nr. 19:
keine Erwerbsobliegenheit, bis bei einem oder zwei Kindern das jüngste in die 3. Grundschulklasse kommt;
– OLG Bremen (Stand: 1. 7. 1999 – FamRZ 1999, 1044 mit 1998, 1088) Nr. III 3.:
bei einem Kind Teilzeit-Erwerbsobliegenheit ab 3. Schuljahr des Kindes;
– OLG Celle (Stand: 1. 7. 1998 – FamRZ 1998, 942) Nr. III 4.:
keine Erwerbsobliegenheit, solange ein Kind noch die Grundschule besucht;
– OLG Düsseldorf (Stand: 1. 7. 1999 – FamRZ 1999, 768) Nr. 26:
keine Erwerbsobliegenheit bei Versorgung eines Kindes unter 8 Jahren;
– OLG Hamm (Stand: 1. 7. 1999 – FamRZ 1999, 914 mit 1998, 804) Nr. 31:
Erwerbsobliegenheit nach den Umständen des Einzelfalls;
– Kammergericht (Stand: 1. 7. 1999 – FamRZ 1999, 914 mit 1998, 1162) Nr. 35:
keine Erwerbsobliegenheit, bevor das Kind das zweite Grundschuljahr vollendet hat;
– OLG Köln (Stand: 1. 7. 1999 – FamRZ 1999, 1049) Nr. 23:
keine Erwerbsobliegenheit bei einem Kind unter 8 Jahren;
– OLG Oldenburg (Stand: 1. 7. 1998 – FamRZ 1998, 1090) Nr. V 2.a) cc):
keine Erwerbsobliegenheit bis zur Vollendung des 8. Lebensjahres oder bis zum Beginn des 3. Schuljahres eines einzelnen Kindes.

4. Erwerbsobliegenheit bei Betreuung eines Kindes zwischen 8 und 11 Jahren

75 Nach der Rechtsprechung des BGH läßt sich bei Kindern zwischen acht und elf Jahren keine allgemeine Regel aufstellen. Es ist jeweils nach den konkreten Umständen des Einzelfalls zu klären und zu entscheiden, ob und in welchem Umfang bereits eine Erwerbsobliegenheit besteht.[83]

Bei der Zumutbarkeitsabwägung sind u. a. im wesentlichen alle unter Rn 68 bis 71 erwähnten Umstände zu berücksichtigen.

Da bei dieser Altersgruppe **kein Regel-/Ausnahmeverhältnis** besteht, hat der Unter-

---

[79] BGH, FamRZ 1983, 456, 458 = R 158
[80] BGH, FamRZ 1988, 145 = R 347 a; FamRZ 1983, 996 = R 178 b; FamRZ 1983, 456, 458 = R 158
[81] BGH, FamRZ 1983, 146 = R 142 a; FamRZ 1981, 1159 = R 86
[82] OLG Hamm, FamRZ 1997, 1073 (nur Ls) = OLGR 1997, 70
* Die meisten Leitlinien sind mit Stand 1. 7. 1999 in der NJW-Beilage zu Heft 34/99 abgedruckt.
[83] BGH, FamRZ 1989, 487 = R 383 a

2. Abschnitt: Besonderheiten und Anspruchstatbestände　　　　　　　　§ 4

halt begehrende Ehegatte die **Darlegungs- und Beweislast** für alle Umstände, die für eine fehlende Erwerbsobliegenheit sprechen können.
Oberlandesgerichtliche Leitlinien zu dieser Altersgruppe: 76
- Bayerische Leitlinien – OLG Bamberg, München u. Nürnberg – (Stand: 1. 7. 1999 – FamRZ 1999, 773 = NJW 1999, 2019) Nr. 19:
  Obliegenheit zur Teilzeitbeschäftigung ab Beginn der 3. Grundschulklasse für das jüngste von 1 oder 2 Kindern;
- OLG Bremen (Stand: 1. 7. 1999 – FamRZ 1999, 1044 mit 1998, 1088) Nr. III 3.:
  bei einem Kind Teilzeit-Erwerbsobliegenheit ab 3. Schuljahr des Kindes;
- OLG Celle (Stand: 1. 7. 1998 – FamRZ 1998, 942) Nr. III 4.:
  nach den Umständen des Einzelfalls – in der Regel keine Erwerbsobliegenheit, solange ein Kind noch die Grundschule besucht;
- OLG Düsseldorf (Stand: 1. 7. 1999 – FamRZ 1999, 768) Nr. 26:
  nach den Umständen des Einzelfalls – wird nur ein Kind betreut, keine Erwerbsobliegenheit, solange es noch nicht 8 Jahre alt ist;
- OLG Hamm (Stand: 1. 7. 1999 – FamRZ 1999, 914 mit 1998, 804) Nr. 31:
  Erwerbsobliegenheit nach den Umständen des Einzelfalls;
- Kammergericht (Stand: 1. 7. 1999 – FamRZ 1999, 914 mit 1998, 1162) Nr. 35:
  nach den Umständen des Einzelfalls – keine Erwerbsobliegenheit, bevor das Kind das zweite Grundschuljahr vollendet hat;
- OLG Oldenburg (Stand: 1. 7. 1998 – FamRZ 1998, 1090) Nr. V 2.a) cc):
  keine Erwerbsobliegenheit bis zur Vollendung des 8. Lebensjahres oder bis zum Beginn des 3. Schuljahres eines einzelnen Kindes, danach Halbtags-Erwerbsobliegenheit; werden mehrere Kinder betreut, beginnt die Halbtags-Erwerbsobliegenheit, wenn das jüngste Kind 13–14 Jahre alt geworden ist.

5. Erwerbsobliegenheit bei Betreuung eines Kindes zwischen 11 und 15 Jahren

Nach der Rechtsprechung des BGH ist bei Betreuung eines 11- bis 15jährigen Kindes 77 in der Regel eine **Teilzeitbeschäftigung zumutbar**,[84] vor allem in den Vormittagsstunden, wenn das Kind die Schule besucht. Die Mutter ist durch den Schulbesuch und das Alter des Kindes nicht mehr so gebunden, daß sie an der Übernahme einer Teilzeitbeschäftigung gehindert wäre.[85] Die Teilzeitbeschäftigung muß nicht den Umfang einer Halbtagstätigkeit erreichen.[86]

Bei einem 13jährigen Kind kann einem Lehrer die Ausübung des Lehrerberufes mit $^2/_3$ der normalen Pflichtstundenzahl zugemutet werden.[87]

Das Maß der zumutbaren Tätigkeit richtet sich nach den Umständen des Einzelfalls. Dabei ist auch ein überdurchschnittlich hoher Betreuungsbedarf sog. Problemkinder zu berücksichtigen.[88] Bei der Zumutbarkeitsabwägung sind die unter Rn 68 bis 71 erörterten Umstände zu berücksichtigen, z. B. beim Kind (Kränklichkeit, Schulschwierigkeiten, Entwicklungsstörungen) und beim Betreuenden (Alter, Gesundheitszustand, Beschäftigungschancen, anderweitige Betreuungsmöglichkeiten).[89]

Nach allen **oberlandesgerichtlichen Leitlinien**, die zur Erwerbsobliegenheit des betreuenden Elternteils Stellung nehmen, kommt bei Kindern zwischen 11 und 15 Jahren – jedenfalls wenn nur ein Kind betreut wird – eine Teilerwerbsobliegenheit in Betracht.

---

[84] BGH, FamRZ 1997, 671, 673 = R 511A c
[85] BGH, FamRZ 1984, 769 = R 214 a; FamRZ 1982, 148 = R 94; FamRZ 1981, 17 = R 55; FamRZ 1980, 40, 42 = NJW 1980, 124, 126; FamRZ 1979, 571, 573 = NJW 1979, 1452
[86] BGH, FamRZ 1997, 671, 673 = R 511A c; FamRZ 1984, 769 = R 214 a; FamRZ 1981, 17 = NJW 1981, 448 = R 55
[87] BGH, FamRZ 1984, 374, 376 = R 194 g
[88] BGH, FamRZ 1984, 769 = R 214 a
[89] BGH, FamRZ 1997, 671, 673 = R 511 A c

6. Vollerwerbsobliegenheit bei Kind ab etwa 15 Jahren

78 Ein Kind im Alter von ca. 15 bis 16 Jahren ermöglicht es in aller Regel dem betreuenden Elternteil, eine Vollzeitbeschäftigung aufzunehmen. Wenn in diesem Alter eine bisherige **Halbtagstätigkeit zur Ganztagstätigkeit ausgeweitet** wird, ist dies keine unzumutbare Tätigkeit.[90]
Mit $15^{1}/_{2}$ Jahren hat ein Kind ein Alter erreicht, in dem es den betreuenden Elternteil in zeitlicher Hinsicht regelmäßig nicht mehr so beansprucht, daß sich die Pflege und Erziehung des Kindes bei entsprechend erhöhtem Einsatz grundsätzlich nicht auch neben einer Vollerwerbstätigkeit bewältigen läßt.[91] Ein Jugendlicher kann ab diesem Alter weitgehend für sich selbst sorgen. Eine größere Selbständigkeit ist für seine Entwicklung sogar förderlich.[92] Die Betreuung eines 17jährigen Kindes, das im Haushalt lebt und ein Gymnasium besucht, schränkt daher die Erwerbsobliegenheit nicht auf eine Teilzeitarbeit ein.[93]

79 Im Rahmen der Prüfung der Voraussetzungen des § 1570 BGB kann deshalb nach Heranwachsen des Kindes in diese Altersstufe im allgemeinen davon ausgegangen werden, daß ein weiterer Aufschub für die Aufnahme einer vollen Erwerbstätigkeit durch den betreuenden Elternteil nur gerechtfertigt ist, wenn besondere Gründe vorliegen. Falls der betreuende Elternteil eine Ausnahme dieser auf der Lebenserfahrung beruhenden Regel für sich in Anspruch nimmt, hat er im Prozeß die hierfür erforderlichen Voraussetzungen darzulegen und nachzuweisen.[94]

Ob bei einem 15jährigen Kind mehr als eine Halbtagsbeschäftigung zugemutet werden kann, ist weitgehend Sache tatrichterlicher Beurteilung aufgrund einer Abwägung aller Einzelumstände.[95]

Vergleichsweise kann durch eine individuelle Vereinbarung geregelt werden, daß dem betreuenden Elternteil trotz einer 17jährigen Tochter nur eine Halbtagsbeschäftigung zugemutet werden soll. Erweitert der Berechtigte nach Volljährigkeit der Tochter seine Tätigkeit zu einer Ganztagsbeschäftigung, so liegen die Voraussetzungen für einen Unterhaltsanspruch nach § 1570 BGB – auch in der vertraglichen Ausgestaltung durch den Vergleich – nicht mehr vor.[96]

Sobald trotz Kindesbetreuung eine volle Erwerbstätigkeit zumutbar ist, erlischt der Anspruch nach § 1570 BGB. Wenn zu diesem Zeitpunkt die Voraussetzungen eines anderen Anspruchstatbestandes gegeben sind, kann ein Anschlußunterhaltsanspruch oder Teil-Anschlußunterhaltsanspruch bestehen (siehe Rn 48 ff).

80 **Oberlandesgerichtliche Leitlinien:***
– Bayerische Leitlinien – OLG Bamberg, München u. Nürnberg – (Stand: 1. 7. 1999 – FamRZ 1999, 773 = NJW 1999, 2019) Nr. 19:
Obliegenheit zur Ganztagstätigkeit ab Beginn des 16. Lebensjahrs des jüngsten Kindes (wenn es das 15. Lebensjahr vollendet hat);
– OLG Düsseldorf (Stand: 1. 7. 1999 – FamRZ 1999, 768) Nr. 26:
Obliegenheit zur Ganztagstätigkeit ab Beginn des 17. Lebensjahrs des Kindes (wenn es das 16. Lebensjahr vollendet hat);
– Kammergericht (Stand: 1. 7. 1999 – FamRZ 1999, 914 mit 1998, 1162) Nr. 35:
Obliegenheit zur Ganztagstätigkeit ab Beginn des 16. Lebensjahrs des Kindes (wenn es 15 Jahre alt ist);

---

[90] BGH, FamRZ 1997, 671, 673 = R 511A c; FamRZ 1990, 260, 262 = R 399 a; FamRZ 1985, 50 = NJW 1985, 429; FamRZ 1984, 149 = R 187 a
[91] BGH, FamRZ 1983, 569 = R 152 b
[92] BGH, FamRZ 1985, 50 = NJW 1985, 429
[93] BGH, FamRZ 1988, 265 = R 354 b; FamRZ 1985, 50 = NJW 1985, 429; FamRZ 1985, 161 = NJW 1985, 1026; OLG Naumburg, FamRZ 1998, 479
[94] BGH, FamRZ 1985, 50 = NJW 1985, 429
[95] BGH, FamRZ 1981, 752, 754 = R 76 a; FamRZ 1981, 17 = R 55
[96] BGH, FamRZ 1985, 161 = NJW 1985, 1026
* Die meisten Leitlinien sind mit Stand 1. 7. 1999 in der NJW-Beilage zu Heft 34/99 abgedruckt.

– OLG Oldenburg (Stand: 1. 7. 1998 – FamRZ 1998, 1090) Nr. V 2.a) cc): Obliegenheit zur Ganztagstätigkeit ab Beginn des 17. Lebensjahrs des Kindes (wenn es etwa 16 Jahre alt ist).

7. Erwerbsobliegenheit bei Betreuung mehrerer Kinder

Wenn zwei oder mehrere Kinder zu betreuen sind, ist eine eigene **Erwerbstätigkeit** grundsätzlich nur **in geringerem Maße zumutbar**, als wenn nur ein Kind betreut werden muß. Jedes Kind benötigt für seine Versorgung ein durch seine besonderen Bedürfnisse bestimmtes Maß an Arbeitsleistung der betreuenden Person. Auch wenn einzelne dieser Leistungen ohne wesentlichen Zeitaufwand für mehrere Kinder gleichzeitig erbracht werden, nimmt der Arbeitsaufwand mit der Zahl der Kinder unvermeidbar zu. Außerdem ist zu bedenken, daß es zum Gedeihen der Kinder einer auf deren Eigenart eingehenden persönlichen und ungeteilten Zuwendung bedarf. Die besondere und zusätzliche Betreuung, die jedes weitere Kind braucht, schränkt daher in der Regel die Arbeitskraft und Leistungsfähigkeit des betreuenden Elternteils weiter ein.[97] 81

Die Frage der Erwerbsobliegenheit bei Betreuung mehrerer Kinder muß nach den konkreten Umständen des Einzelfalls, vor allem nach den Besonderheiten der persönlichen und ehelichen Verhältnisse beurteilt werden.[98] Sie erfordert eine umfassende Würdigung aller wesentlichen Umstände.[99] Ob und in welchem Ausmaß dem betreuenden Elternteil bei Betreuung mehrerer Kinder eine Erwerbstätigkeit zugemutet werden kann, hängt vor allem vom Alter, der Anzahl und der Betreuungsbedürftigkeit der Kinder ab. Darüber hinaus sind in die Gesamtabwägung alle Umstände umfassend einzubeziehen, die bereits erörtert wurden[100] (siehe Rn 68 bis 71).

Eine **Erwerbsobliegenheit besteht nicht bei zwei kleinen Kindern**.[101] 82

Die Fortsetzung einer bereits ausgeübten Teilzeit-Lehrertätigkeit bei **zwei Kindern unter acht Jahren** kann zumutbar sein, wenn damit eine in der Ehe trotz der Belastung durch die zunächst noch kleinen Kinder beibehaltene Berufstätigkeit lediglich im gleichen Umfang fortgeführt wird. Die Ausübung einer freien Willens, also nicht aus Not wegen unzureichender Versorgung aufgenommenen Tätigkeit kann ein bedeutsames Indiz für eine zumutbare Erwerbstätigkeit sein.[102]

Bei zwei schulpflichtigen **Kindern im Alter von 11 und 15 Jahren** scheidet eine Teilzeitbeschäftigung nicht von vornherein aus, vor allem, wenn die wirtschaftlichen Verhältnisse durch hohe ehebedingte Schulden beengt sind. Es ist zu prüfen, ob zumindest eine stundenweise Aushilfstätigkeit in dem früheren Beruf als Kellnerin zugemutet werden kann.[103] Sind die Kinder **10 und 14 Jahre** alt, kann einer geschiedenen Ehefrau eine teilschichtige Erwerbstätigkeit demnach zumutbar sein, wenn sie ihre Arbeitszeit frei bestimmen kann und die Eheleute in beengten wirtschaftlichen Verhältnissen leben.[104] Bei Kindern von 11 und 14 Jahren und beengten Verhältnissen ist bei Beurteilung der Beschäftigungschancen des betreuenden Ehegatten ggf. auch zu berücksichtigen, daß er sich auf untergeordnete, unqualifizierte Arbeiten verweisen lassen muß.[105]

War die Frau vor der Ehe stundenweise als Raumpflegerin beschäftigt, kann ihr eine solche Tätigkeit trotz der langen Zwischenzeit und der beiden Kinder im Alter von 11 und 15 Jahren wieder zugemutet werden.[106]

Bei Betreuung von zwei **Kindern** im Alter **von 8 und 11 Jahren** kommt möglicherweise noch keine Verpflichtung zu einer Teilzeittätigkeit in Betracht, weil hier die

---

[97] BGH, FamRZ 1982, 148 = R 94
[98] BGH, FamRZ 1984, 662 = NJW 1984, 2358
[99] BGH, FamRZ 1990, 283, 286 = R 400 c
[100] So auch BGH, FamRZ 1984, 662 = NJW 1984, 2358; FamRZ 1982, 148 = R 94
[101] BGH, FamRZ 1982, 463 = NJW 1982, 1461
[102] BGH, FamRZ 1983, 569 = R 152 b; FamRZ 1983, 146 = R 142 a
[103] BGH, FamRZ 1982, 23 = R 87 a
[104] OLG Hamm, FamRZ 1999, 235
[105] KG, FamRZ 1998, 556
[106] BGH, FamRZ 1979, 571, 573 = NJW 1979, 1452

Grundsätze wie bei Betreuung nur eines Kindes nicht entsprechend gelten.[107] Einer lange Jahre beurlaubt gewesenen Beamtin ist bei Kindern von 8 und 13 Jahren aber zuzumuten, eine ihr vom Dienstherrrn angebotene Halbtagstätigkeit anzunehmen, anstatt aus dem Beamtenverhältnis auszuscheiden.[108] In zwei Fällen hat der BGH bei Betreuung von zwei Kindern im Alter von 11 und 12 Jahren sowie von 11 und 13 Jahren nach Abwägung der konkreten Einzelfallumstände eine Erwerbsobliegenheit verneint.[109] Unter Umständen entsteht die Erwerbsobliegenheit erst, **wenn das jüngste Kind das 14. oder 15. Lebensjahr vollendet hat.**[110] Dies gilt jedenfalls dann (Vollendung des 15. Lebensjahrs des jüngsten Kindes), wenn insgesamt vier Kinder betreut werden.[111]

Bei Betreuung **eines Kindes von 9 Jahren und Zwillingen von 17 Jahren** hat der BGH die Zumutbarkeit einer ausgeübten Vollerwerbstätigkeit zwar grundsätzlich verneint, aber eine abweichende Beurteilung unter Berücksichtigung der „einfachen" wirtschaftlichen Verhältnisse der Parteien und des viel höheren Alters des Verpflichteten offengelassen.[112]

Bei zwei Kindern im Alter von 11 und 18 Jahren hält der BGH zumindest eine stundenweise Beschäftigung im Bereich der Alten- und Familienpflege für zumutbar.[113]

Bei Betreuung von **drei schulpflichtigen Kindern** im Alter von acht (Zwillingen) und elf Jahren hat der BGH eine Erwerbsobliegenheit nach Abwägung der konkreten Umstände des Falles verneint.[114] Desgleichen bei Betreuung von vier Kindern im Alter von 7 bis 16 Jahren.[115]

Der BGH[116] hat eine Entscheidung, in der eine Erwerbsobliegenheit bei Betreuung von 3 Kindern im Alter von 9, 13 und 16 Jahren bejaht worden war, wegen Fehlens einer umfassenden Würdigung aller wesentlichen Umstände aufgehoben.

83 Oberlandesgerichtliche Leitlinien:[*]
- Bayerische Leitlinien – OLG Bamberg, München u. Nürnberg – (Stand: 1. 7. 1999 – FamRZ 1999, 773 = NJW 1999, 2019) Nr. 19:
  keine Erwerbsobliegenheit, bis bei einem oder zwei Kindern das jüngste in die 3. Grundschulklasse kommt; davon kann abgewichen werden, vor allem bei mehreren Kindern oder bei Fortsetzung einer bereits vor der Trennung nicht wegen einer Notlage ausgeübten Tätigkeit;
- OLG Bremen (Stand: 1. 7. 1999 – FamRZ 1999, 1044 mit 1998, 1088) Nr. III 3.:
  nach den Umständen des Einzelfalls
- OLG Celle (Stand: 1. 7. 1998 – FamRZ 1998, 942) Nr. III 4.:
  nach den Umständen des Einzelfalls – in der Regel keine Erwerbsobliegenheit, solange ein Kind noch die Grundschule besucht; abzustellen ist auf Zahl und Alter der Kinder, auf etwaige Schulprobleme sowie auf andere Betreuungsmöglichkeiten;
- OLG Düsseldorf (Stand: 1. 7. 1999 – FamRZ 1999, 768) Nr. 26:
  nach den Umständen des Einzelfalls
- OLG Hamm (Stand: 1. 7. 1999 – FamRZ 1999, 914 mit 1998, 804) Nr. 31:
  nach den Umständen des Einzelfalls;
- Kammergericht (Stand: 1. 7. 1999 – FamRZ 1999, 914 mit 1998, 1162) Nr. 35:
  nach den Umständen des Einzelfalls;

---

[107] BGH, FamRZ 1997, 873, 875 = R 513 d
[108] OLG Celle, FamRZ 1998, 1518
[109] BGH, FamRZ 1984, 662 = NJW 1984, 2358; FamRZ 1982, 148 = R 94
[110] BGH, FamRZ 1997, 873, 875 = R 513 d
[111] OLG Hamm, FamRZ 1998, 243
[112] BGH, FamRZ 1984, 364
[113] BGH, FamRZ 1981, 541, 543 = NJW 1981, 2462
[114] BGH, FamRZ 1983, 146 = R 142 a
[115] BGH, FamRZ 1979, 569, 571 = NJW 1979, 1348
[116] BGH, FamRZ 1990, 283, 286 = R 400 c
[*] Die meisten Leitlinien sind mit Stand 1. 7. 1999 in der NJW-Beilage zu Heft 34/99 abgedruckt.

- OLG Köln (Stand: 1. 7. 1999 – FamRZ 1999, 1049) Nr. 23:
  keine Erwerbsobliegenheit bei Betreuung von mehreren Kindern unter 14 Jahren;
- OLG Oldenburg (Stand: 1. 7. 1998 – FamRZ 1998, 1090) Nr. V 2.a) cc):
  bei der Betreuung mehrerer minderjähriger Kinder beginnt die Halbtagserwerbsobliegenheit erst, wenn das jüngste Kind 13 –14 Jahre alt geworden ist.

8. Zumutbare Erwerbsobliegenheit bei Fortsetzung einer bereits ausgeübten Erwerbstätigkeit

Die Zumutbarkeit einer **Erwerbstätigkeit** kann in der Regel bejaht werden, wenn sie bereits während der Ehe **trotz Kindesbetreuung ausgeübt** wurde **und lediglich** im gleichen Umfang **fortgesetzt** wird. Die freiwillige und ohne finanzielle Not fortgesetzte Tätigkeit kann hierzu ein bedeutsames Indiz sein.[117] Bei der Frage, ob eine vor der Trennung der Eheleute trotz Betreuung bereits ausgeübte Tätigkeit fortzuführen ist, kommt es auch darauf an, ob der Betreuende die **Mehrbelastung durch die Trennung** (vgl. Rn 28) auffangen kann.[118]

84

Die Erwerbstätigkeit kann dennoch unzumutbar sein, wenn die Frau während der Ehe im **Betrieb des Mannes** mitgearbeitet hatte und ihre Mitarbeit umfangs- und zeitmäßig selbst gestalten und mit ihren Pflichten als Hausfrau und Mutter abstimmen konnte. Dann ist diese Tätigkeit nicht vergleichbar mit der nach der Trennung aufgenommenen Berufstätigkeit an einem fremden Arbeitsplatz.[119]

Ein **Lehrer**, der seine (12½jährige) Tochter in seinen Haushalt aufnimmt und betreut, ist nicht berechtigt, seine Lehrtätigkeit auf praktisch die Hälfte der Stunden einzuschränken. Als Lehrer hat er gegenüber anderen Berufen Vorteile in der Einteilung der Arbeitszeit und hinsichtlich der Anwesenheit im Haus. Da er wieder verheiratet ist, wird er auch im Haushalt teilweise entlastet. Deshalb muß er alle ihm möglichen und zumutbaren Anstrengungen unternehmen, um seinen Unterhaltspflichten gegenüber drei weiteren noch jüngeren, bei der Mutter lebenden Kindern nachkommen zu können. Er darf sich nicht zu Lasten der barunterhaltsberechtigten Kinder auf die Bevorzugung der betreuungsberechtigten Tochter konzentrieren.[120] Eine Rollenwahl des Unterhaltspflichtigen, der in einer neuen Ehe Haushaltsführung und Kindesbetreuung übernimmt, ist nur sehr eingeschränkt möglich (OLG München, FamRZ 1999, 1076).

In einer weiteren Entscheidung hat es der BGH offengelassen, ob der Unterhaltsverpflichtete im Hinblick auf die Betreuung von **zwei** ehelichen **Kindern** im **Alter von 13 und 14 Jahren** seine Ganztagstätigkeit hätte einschränken dürfen.[121]

Siehe zur Zumutbarkeit einer Fortsetzung der in der Ehe trotz Kindesbetreuung ausgeübten Erwerbstätigkeit auch Rn 1/444 f.

9. Privilegierter Anspruch nach § 1570 BGB, Konkurrenzen zu § 1573 BGB und Sonstiges

a) **Privilegierung.** Der Anspruch nach § 1570 BGB ist in mehrfacher Hinsicht gegenüber anderen Unterhaltsansprüchen privilegiert:

85

- Es gibt **keinen Einsatzzeitpunkt**, d. h., der Anspruch entsteht originär, wenn wegen einer notwendigen Kindesbetreuung eine Erwerbstätigkeit nicht oder nur teilweise ausgeübt werden kann.
- Dem Unterhaltspflichtigen wird teilweise eine **gesteigerte Erwerbsverpflichtung wie gegenüber** den **minderjährigen Kindern** auch bezüglich des Betreuungsunterhalts auferlegt, weil geringere Anforderungen letztlich zu Lasten der Kinder gingen.[122]

---

[117] BGH, FamRZ 1983, 146 = R 142 a; FamRZ 1981, 1159 = R 86
[118] OLG Naumburg, FamRZ 1998, 552
[119] BGH, FamRZ 1983, 146 = R 142 a
[120] BGH, FamRZ 1984, 374, 376 = R 194 f + g
[121] BGH, FamRZ 1982, 779 = R 124 b
[122] OLG Karlsruhe, FamRZ 1998, 560

- Die Verwirkungstatbestände des **§ 1579 Nr. 1 bis 7 BGB greifen** beim Betreuungsunterhalt **nur eingeschränkt**. Der Unterhaltsanspruch des sorgeberechtigten Ehegatten ist nämlich nur zu versagen, herabzusetzen oder zeitlich zu begrenzen, soweit die Inanspruchnahme des Verpflichteten auch unter Wahrung der Belange der dem Berechtigten zur Pflege und Erziehung anvertrauten gemeinschaftlichen Kinder grob unbillig wäre. Der Betreuungsunterhalt nach § 1570 BGB ist danach selbst bei Vorliegen der Härtegründe des § 1579 BGB in dem Sinn privilegiert, daß er im Interesse des Wohles der betreuten Kinder trotz Fehlverhaltens des sorgeberechtigten Ehegatten diesem gleichwohl die Wahrnehmung seiner Elternverantwortung sichern und gewährleisten soll. Dem wird in der Regel dadurch Genüge getan, daß der Unterhaltsanspruch auf das zur Kindesbetreuung notwendige Mindestmaß herabgesetzt wird.[123]
- **Bei** einem wirksamen **Unterhaltsverzicht** kann sich der Unterhaltspflichtige so lange und soweit **nicht auf den Verzicht berufen**, als der für die Kindesbetreuung notwendige Mindestunterhalt erforderlich ist, um aus denselben Gründen wie bei Vorliegen eines Härtegrundes nach § 1579 BGB (siehe oben) die schutzwürdigen Interessen der Kinder zu wahren[124] (vgl. Rn 6/609).
- Bei einem Anspruch nach § 1570 BGB besteht ein **Vorrang gegenüber Unterhaltsansprüchen eines neuen Ehegatten** des Verpflichteten (§ 1582 BGB), selbst wenn dessen Anspruch auch auf § 1570 BGB beruht.
- Bei späterem **Vermögensverfall des Berechtigten** entsteht nach § 1577 IV 2 BGB ein Anspruch auf Betreuungsunterhalt.
- Der Anspruch nach § 1570 BGB **lebt** gemäß § 1586 a BGB **nach Auflösung einer neuen Ehe wieder auf**.
- Im Fall des Todes des Verpflichteten tritt nur beim Anspruch nach § 1570 BGB gegebenenfalls die sog. **Erziehungsrente** an dessen Stelle (§ 47 SGB VI).

86 b) Verhältnis der Ansprüche nach den §§ 1570 und 1573 II BGB sowie zu § 1615 l I u. II S. 2 BGB:

Wenn der Berechtigte durch eine Kindesbetreuung **vollständig an einer Erwerbstätigkeit gehindert** ist, besteht nur ein Anspruch nach § 1570 BGB, der auf den vollen Unterhalt (§ 1578 I 1 BGB) geht. Daneben besteht kein Anspruch nach § 1573 II BGB.[125] Auch ein Anschlußunterhalt (z. B. nach § 1572 BGB wegen Krankheit) geht auf den vollen Unterhalt[126] (siehe Rn 49 und 50).

Bei einer **Teilerwerbstätigkeit** geht der Anspruch nach § 1570 BGB nur bis zur Höhe des Mehreinkommens, das der Berechtigte durch eine Vollerwerbstätigkeit erzielen könnte. Daneben kann ein Anspruch auf Aufstockungsunterhalt (§ 1573 II BGB) bestehen, wenn das durch die volle Erwerbstätigkeit erzielbare Einkommen nicht zur Deckung des vollen Unterhalts ausreicht.[127] Fällt der Teilanspruch aus § 1570 BGB wegen Vollendung des 15. oder 16. Lebensjahrs des Einzelkinds weg (vgl. Rn 78), entsteht – falls eine Ausweitung der Erwerbstätigkeit mißlingt – ein Anspruch auf Teil-Anschlußunterhalt nach § 1573 I, III BGB, in der Höhe, in welcher der Anspruch nach § 1570 BGB zuletzt bestanden hatte (siehe Rn 50 und 51). Soweit Aufstockungsunterhalt weiterzuzahlen wäre, bestünden Teilansprüche nach § 1573 I und § 1573 II BGB, die jeweils nach § 1573 V BGB zeitlich begrenzt werden können, nebeneinander.

86a **Die Ehefrau hat wegen eines nichtehelichen Kindes** – nach rechtswirksamer Feststellung oder Anerkennung der Vaterschaft (vgl. Rn 6/752) – auch dann einen Unterhaltsanspruch gegen den Kindsvater nach § 1615 l I bzw. II 2 BGB, wenn sie schon wegen der Betreuung ehelicher Kinder an einer Erwerbstätigkeit gehindert ist. Ihr hieraus resultierender **Anspruch auf Unterhalt nach § 1570 BGB** konkurriert mit ihrem **Anspruch nach § 1615 l BGB**, der entgegen der vielfach früher in der Rechtsprechung vertretenen

---

[123] BGH, FamRZ 1997, 873, 875 = R 513 c; FamRZ 1997, 671, 672 = R 511A b
[124] BGH, FamRZ 1997, 873, 875 = R 513 b + c
[125] BGH, FamRZ 1990, 492 = R 404 a
[126] BGH, FamRZ 1988, 265 = NJW 1988, 2369; FamRZ 1987, 1011 = NJW-RR 1987, 1282; FamRZ 1987, 572 = NJW 1987, 1761
[127] BGH, FamRZ 1990, 492 = R 404 a

2. Abschnitt: Besonderheiten und Anspruchstatbestände   § 4

Meinung[128] nicht gegenüber einem Anspruch auf Ehegattenunterhalt vorrangig ist (vgl. Rn 6/769). Der BGH[129] wendet zur Bestimmung der anteiligen Haftung der beiden Verpflichteten über § 1615 l II 1 BGB die Vorschrift des § 1606 III 1 BGB entsprechend an, wobei sich die Haftungsquote nicht allein nach den jeweiligen Erwerbs- und Vermögensverhältnissen bestimmt, sondern z. B. auch danach, inwiefern die Mutter aufgrund der unterschiedlichen Betreuungsbedürftigkeit der einzelnen Kinder von einer Erwerbstätigkeit abgehalten wird (vgl. zu den Rangproblemen näher Rn 6/769).

c) Sonstiges. Ansprüche nach § 1570 BGB können überlagert sein durch gleichzeitig bestehende Ansprüche nach §§ 1571, 1572 und 1575 BGB.   87

Besteht auch ein Anspruch nach § 1576 BGB wegen Betreuung weiterer nicht gemeinschaftlicher Kinder, ist wegen der **Subsidiarität des § 1576 BGB** erst der Anspruch nach § 1570 BGB zu beziffern und zuzusprechen. Nur der darüber hinaus geltend gemachte Anspruchsteil, der gesondert zu beziffern ist, kann auch nach § 1576 BGB geprüft werden.[130]

Der Anspruch nach § 1570 BGB kann nach § 1578 I 2 BGB **zeitlich begrenzt und herabgesetzt** werden (siehe Rn 583 ff.), nicht aber nach § 1573 V BGB (siehe Rn 578).

Spätere Abänderungsverfahren und **unterschiedliche Begrenzungsmöglichkeiten** erfordern, die jeweilige **Anspruchsgrundlage** möglichst **genau** zu **bestimmen**.[131]

III. Unterhalt wegen Alters nach § 1571 BGB

1. Anspruchsvoraussetzungen nach § 1571 BGB

Nach § 1571 BGB ist anspruchsberechtigt, wer aus Altersgründen zu bestimmten Einsatzzeitpunkten durch eine angemessene eigene Erwerbstätigkeit seinen Lebensbedarf nicht mehr decken kann. Es bestehen drei **Anspruchsvoraussetzungen**:   88
– Wegen des Alters ist **keine** angemessene **Erwerbstätigkeit mehr zu erwarten**.
– Es muß das im konkreten Einzelfall **maßgebliche Alter erreicht** sein.
– Das **Vorliegen eines Einsatzzeitpunkts** neben dem Vorliegen der übrigen Anspruchsvoraussetzungen.

Für den Anspruch nach § 1571 BGB ist **keine Ehebedingtheit der Unterhaltsbedürf-   89 tigkeit** erforderlich. Der Anspruch besteht auch dann, wenn der Berechtigte im Zeitpunkt der Eheschließung wegen seines Alters keiner Erwerbstätigkeit mehr nachgehen konnte oder bereits Rentenempfänger war.[132]

Der Altersunterhalt knüpft nur an die Voraussetzung an, daß wegen des Alters eine Erwerbstätigkeit nicht mehr erwartet werden kann. Insoweit wirkt der Grundsatz der Mitverantwortung der Ehegatten füreinander über den Zeitpunkt der Scheidung hinaus fort.[133]

Bei **kurzer Ehedauer** (bis ca. 2 Jahren) kann der Anspruch auf Altersunterhalt nach § 1579 Nr. 1 BGB selbst dann herabgesetzt oder ausgeschlossen werden, wenn beide Ehegatten bei Eingehung der Ehe im Rentenalter waren und die ihnen bis dahin zufließenden Altersruhegelder und Pensionen weiterbezogen haben.[134]

---

[128] KG, FamRZ 1998, 556; OLG Hamm, FamRZ 1997, 1538
[129] BGH, FamRZ 1998, 541, 544 = R 520c für den Trennungsunterhalt
[130] BGH, FamRZ 1984, 361 = R 196 b; FamRZ 1984, 769 = NJW 1984, 2355
[131] BGH, FamRZ 1999, 708, 709 = R 532b; FamRZ 1994, 228 = R 471 a; FamRZ 1993, 789, 791 = R 460 a; FamRZ 1990, 492 = R 404 a; FamRZ 1988, 265 = NJW 1988, 2369
[132] BGH, FamRZ 1983, 150 = R 145 a; FamRZ 1982, 28 = R 90
[133] BGH, FamRZ 1982, 28 = R 90
[134] BGH, FamRZ 1981, 140, 142 = NJW 1981, 754

2. Ursächlichkeit des Alters dafür, daß eine angemessene Erwerbstätigkeit nicht mehr erwartet werden kann

90 Ob wegen des Alters noch eine Erwerbstätigkeit erwartet werden kann, ist nicht nur im Blick auf das Lebensalter des Unterhalt begehrenden Ehegatten von Bedeutung, sondern hängt vor allem davon ab, welche Art von entgeltlicher Beschäftigung als angemessene Erwerbstätigkeit im Sinn von **§ 1574 II BGB** in Frage kommt, weil der geschiedene Ehegatte nach § 1574 II BGB nur eine ihm angemessene Erwerbstätigkeit ausüben muß.[135]

Angemessen ist nach der Legaldefinition des § 1574 II BGB eine Erwerbstätigkeit nur, wenn sie der Ausbildung, den Fähigkeiten, dem Lebensalter und dem Gesundheitszustand des geschiedenen Ehegatten sowie den ehelichen Lebensverhältnissen entspricht; bei den ehelichen Lebensverhältnissen sind die Dauer der Ehe und die Dauer der Pflege oder Erziehung eines gemeinschaftlichen Kindes zu berücksichtigen. Die inhaltliche Beschränkung der Erwerbsobliegenheit auf eine **eheangemessene berufliche Beschäftigung** und die gesetzliche Umschreibung der Angemessenheit tragen damit zur Konkretisierung des Anspruchs auf Altersunterhalt bei. Diese Angemessenheit einer nachehelichen Erwerbstätigkeit läßt sich allgemein nur dann zutreffend beurteilen, wenn dazu die gesamte Entwicklung der ehelichen Lebensverhältnisse bis hin zur Scheidung im Rahmen einer dem Tatrichter obliegenden **Gesamtwürdigung aller Umstände** des Einzelfalls berücksichtigt wird. Zu berücksichtigen ist in der Regel der bei Scheidung, d. h. im Zeitpunkt der letzten mündlichen Verhandlung, erreichte berufliche und soziale Status des Verpflichteten. Nur außergewöhnliche, nicht vorhersehbare Veränderungen können außer Betracht bleiben. Wenn aufgrund der Umstände des Einzelfalls allein die Aufnahme solcher beruflicher Tätigkeiten in Betracht kommt, die nach § 1574 II BGB nicht als angemessen anzusehen sind, kann im Sinn von § 1571 BGB wegen Alters eine Erwerbstätigkeit nicht erwartet werden.[136] Zur angemessenen Erwerbstätigkeit siehe auch Rn 131 ff.

Der BGH hat es offengelassen, ob einer 50jährigen Frau ein Altersunterhalt zugesprochen werden kann, weil von ihr eine dem sozialen und beruflichen Status des Mannes als Professor an der Hochschule für Bildende Künste entsprechende eheangemessene Erwerbstätigkeit nicht mehr erwartet werden könne.[137]

In einer anderen Entscheidung hat der BGH den vom OLG bejahten Altersunterhalt bestätigt mit der Begründung, der 53jährigen, in der Ehe nicht berufstätigen Frau könne im Hinblick auf die 20jährige Ehedauer und die berufliche Stellung ihres Mannes, der während der Ehe zum hochbezahlten Betriebsleiter aufgestiegen war, wegen Alters eine Erwerbstätigkeit nicht mehr zugemutet werden.[138]

Ist wegen vorgerückten Alters im erlernten Beruf keine Erwerbstätigkeit mehr zu finden oder entspricht der erlernte Beruf nicht mehr den ehelichen Lebensverhältnissen, so besteht nach § 1574 III BGB eine Verpflichtung des geschiedenen Ehegatten, **sich ausbilden, fortbilden** oder **umschulen** zu lassen, wenn ein erfolgreicher Abschluß der Ausbildung zu erwarten ist. Statt eines Anspruchs auf Ausbildungsunterhalt nach § 1574 III BGB kann aber ein Anspruch auf Altersunterhalt nach § 1571 BGB bestehen, wenn eine solche Ausbildung wegen des Alters (57 Jahre) nicht mehr sinnvoll ist.[139]

91 Aus den bereits zitierten BGH-Entscheidungen ergibt sich auch, daß das **Alter kausal dafür sein muß, daß** eine angemessene **Erwerbstätigkeit nicht** mehr **zu erwarten** ist. Probleme entstehen dann, wenn ein Ehegatte, der während der Ehe nicht berufstätig war, wegen seiner auch altersbedingten Wiedereingliederungsschwierigkeiten in die Arbeitswelt trotz ausreichender Bemühungen keine angemessene Arbeitsstelle findet. Liegt der Schwerpunkt seiner Schwierigkeiten mehr in seinem Alter, besteht ein Anspruch auf Altersunterhalt, liegt er mehr darin, daß wegen der schlechten Arbeitsmarktlage keine reale Beschäftigungschance besteht, kann ein Erwerbslosigkeitsunterhalt nach § 1573 I

---

[135] BGH, FamRZ 1985, 371, 373 = NJW 1985, 1340; FamRZ 1983, 144 = R 144
[136] BGH, FamRZ 1983, 144 = NJW 1983, 1483 = R 144
[137] BGH, FamRZ 1983, 144 = R 144
[138] BGH, FamRZ 1985, 371, 373 = NJW 1985, 1340
[139] BGH, FamRZ 1987, 691 = R 332 a

2. Abschnitt: Besonderheiten und Anspruchstatbestände § 4

BGB in Frage kommen. **Maßgebend ist, ob typischerweise in diesem Alter** und der in Betracht kommenden Berufssparte **keine angemessene Arbeit mehr gefunden werden kann** – dann § 1571 BGB – oder ob die Arbeitsaufnahme nur aufgrund der konkreten Einzelfallumstände aufgrund des Alters scheitert – dann § 1573 I BGB.[140]

3. Das maßgebliche Alter des Berechtigten

Vom Gesetzgeber wurde bewußt **keine feste Altersgrenze** festgelegt. Ob wegen Alters keine Erwerbstätigkeit mehr erwartet werden kann, ist daher ausschließlich aufgrund der konkreten Umstände des Einzelfalls zu entscheiden. Zu diesen Umständen zählen vor allem Berufsvorbildung, frühere Erwerbstätigkeit, Dauer einer Arbeitsunterbrechung, Wiedereingliederungsprobleme in die Arbeitswelt, eheliche Verhältnisse, Ehedauer, Gesundheitszustand und sonstige persönliche und wirtschaftliche Verhältnisse. Bei der Abwägung dieser Umstände spielt gemäß den Ausführungen zu Rn 90 eine besonders wichtige Rolle, welche Art von Erwerbstätigkeit als angemessene Erwerbstätigkeit in Frage kommt, ob eine solche Erwerbstätigkeit aufgrund des konkreten Alters und der sonstigen Umstände noch erwartet werden kann, ob dazu eine Ausbildung erforderlich wäre und ob diese im Hinblick auf das Alter noch sinnvoll ist. So muß auch bei einem 60jährigen Unterhaltsgläubiger geprüft werden, ob sich für eine konkret in Betracht zu ziehende Erwerbstätigkeit gerade aus dem Alter ein Hindernis ergibt.[141] 92

Obwohl gemäß den Ausführungen zu Rn 90 das maßgebliche Alter nur relativ bezogen auf die Umstände des Einzelfalls bestimmt werden kann, wird mit dem **Erreichen des Rentenalters** eine **obere Altersgrenze** überschritten, ab der in der Regel bedenkenfrei ein Altersunterhalt bejaht werden kann.

Maßgeblich dafür ist die in der gesetzlichen Altersversorgung bestehende Regelaltersgrenze von 65 Jahren.[142] Vor Vollendung des 65. Lebensjahrs – also auch wenn aufgrund der flexiblen Altersgrenzen schon mit Vollendung des 63. Lebensjahrs bzw. beim vorgezogenen Altersruhegeld für Frauen schon mit Vollendung des 60. Lebensjahrs Rente bezogen wird – ist die Frage der Erwerbsobliegenheit allein nach unterhaltsrechtlichen Gesichtspunkten zu beurteilen.[143] Die Altersgrenzen für das vorgezogene Altersruhegeld oder für einen vorgezogenen Ruhestand sind nicht maßgebend, weil solche Vergünstigungen unterhaltsrechtlich nicht freiwillig in Anspruch genommen werden dürfen, solange eine Unterhaltsverpflichtung oder eine Unterhaltsberechtigung besteht. Ähnliches gilt bezüglich der Altersgrenzen, die bei besonderen Berufen (z. B. nach § 45 SoldG oder § 5 BPolBG) ausschließlich im öffentlichen Interesse festgelegt sind.

Für **freiberuflich Tätige** gelten an sich keine Altersgrenzen. Trotzdem wird man auch ihnen, soweit sie nicht freiwillig weiterhin einer Erwerbstätigkeit nachgehen, nicht generell über das allgemeine Rentenalter hinaus eine Erwerbstätigkeit zumuten können. 93

Ein ganz anderes Problem ist es, daß ihnen Einkünfte aus einer trotz Rentenalters freiwillig fortgesetzten Erwerbstätigkeit u. U. als Einkünfte aus zumutbarer Erwerbstätigkeit zugerechnet werden können, vor allem wenn nach den ehelichen Lebensverhältnissen eine Erwerbstätigkeit über die üblichen Altersgrenzen hinaus geplant war.[144]

4. Maßgebliche Einsatzzeitpunkte

Ein Anspruch nach § 1571 BGB besteht nur, wenn eine Erwerbstätigkeit wegen Alters zu bestimmten Einsatzzeitpunkten nicht mehr erwartet werden kann. Solche **Einsatzzeitpunkte** sind: 94
– Scheidung.

---

[140] BGH, FamRZ 1999, 708, 709 = R 532a
[141] OLG Hamm, FamRZ 1995, 1416
[142] BGH, FamRZ 1999, 708, 710 = R 532c
[143] BGH, aaO
[144] OLG Frankfurt, FamRZ 1985, 481; OLG Hamburg, FamRZ 1985, 394

– Beendigung der Pflege oder Erziehung eines gemeinschaftlichen Kindes.
– Wegfall der Voraussetzungen eines Anspruchs nach § 1572 BGB.
– Wegfall der Voraussetzungen eines Anspruchs nach § 1573 BGB.

Zeitpunkt der Scheidung ist der Eintritt der Rechtskraft der Scheidung. Beim Verbundurteil sind es die im Zeitpunkt der letzten mündlichen Verhandlung bestehenden Verhältnisse, wenn die bis zum Eintritt der Rechtskraft zu erwartende Entwicklung nicht vorhersehbar ist.[145]

Ist im Zeitpunkt der Scheidung wegen Alters keine Erwerbstätigkeit mehr zu erwarten, handelt es sich um einen originären Anspruch auf Altersunterhalt.

Bezüglich des Zeitpunkts „**Beendigung der Pflege oder Erziehung** eines gemeinschaftlichen Kindes" ist entgegen dem insoweit mißverständlichen Wortlaut dieser Vorschrift nach deren Sinn und Zweck auf den Zeitpunkt abzustellen, in dem die Voraussetzungen für einen auf § 1570 BGB gestützten Anspruch entfallen.[146] Insoweit handelt es sich um einen Anschlußunterhalt.

Der Einsatzzeitpunkt des **Wegfalls eines Anspruchs nach § 1572 BGB** ist zu bejahen, wenn ein Unterhaltsanspruch wegen krankheitsbedingter Erwerbsunfähigkeit entfällt, weil der Berechtigte gesund geworden ist. Auch insoweit handelt es sich um einen Anschlußunterhalt.

Der Einsatzzeitpunkt des **Wegfalls eines Anspruchs nach § 1573 I BGB** liegt vor, wenn der Berechtigte einen Anspruch auf Erwerbslosigkeitsunterhalt hatte, weil er aufgrund der aktuellen Arbeitsmarktlage keine Beschäftigung finden konnte. Findet er später infolge seines Alters keine Beschäftigung, entsteht anstelle des Anspruchs nach § 1573 I BGB ein Anschlußunterhalt wegen Alters.

Gleiches gilt, wenn ein nach § 1573 I BGB ruhender Unterhalt nach § 1573 IV BGB wieder aufgelebt war, weil es trotz Bemühungen nicht gelungen war, den Unterhalt durch eine Erwerbstätigkeit nach der Scheidung nachhaltig zu sichern, und wenn sich an diesen Anspruch nach § 1573 BGB ein Altersunterhalt anschließt. Voraussetzung des Anspruchs nach § 1571 BGB bleibt aber, daß der Berechtigte im Zeitpunkt des Anschlusses einen Anspruch nach § 1573 I, II oder IV hatte. Dies ist nicht der Fall, wenn der Berechtigte eine im Sinn von § 1573 IV BGB seinen Anspruch nachhaltig sichernde Erwerbstätigkeit gefunden hatte, aber diese aus Gründen des allgemeinen Arbeitsplatzrisikos, z. B. durch Arbeitgeberkündigung, verloren hatte und nunmehr infolge seines Alters keine angemessene Erwerbstätigkeit mehr findet.

An einen Aufstockungsunterhalt nach **§ 1573 II BGB** schließt sich ein Altersunterhalt an, wenn der Berechtigte seine bisherigen Erwerbseinkünfte verliert und infolge Alters keine Arbeitsstelle mehr findet, bzw. infolge Erreichen des Rentenalters keine Arbeitsverpflichtung mehr hat.

Beim **Anschlußunterhalt** ist zu beachten, daß dieser nur in dem Umfang weiterbesteht, wie er im Zeitpunkt der weggefallenen früheren Tatbestandsvoraussetzungen bestanden hatte (siehe dazu Rn 50 und 51).

5. Konkurrenzen und Sonstiges

95 Wenn der Berechtigte altersbedingt vollständig an einer Erwerbstätigkeit gehindert ist, besteht nur ein Anspruch nach § 1571 BGB, der auf den vollen Unterhalt (§ 1578 I 1 BGB) geht. Daneben besteht kein Anspruch nach § 1573 BGB.[147]

Bei einer altersbedingten **Teilerwerbstätigkeit** geht der Anspruch nach § 1571 BGB nur bis zur Höhe des Mehreinkommens, das der Berechtigte durch eine Vollerwerbstätigkeit erzielen könnte. Daneben kann ein Anspruch nach § 1573 II BGB bestehen, wenn der Anspruch nach § 1571 BGB zusammen mit den Teilerwerbseinkünften zur Deckung des vollen Unterhalts (§ 1578 I 1 BGB) nicht ausreicht.[148] Diese vom BGH zunächst nur

---
[145] BGH, FamRZ 1983, 144 = R 144; FamRZ 1982, 892 = R 106 a
[146] BGH, FamRZ 1990, 260, 262 = R 399 a für die entsprechende Regelung des § 1572 BGB
[147] BGH, FamRZ 1990, 492 = R 404 a
[148] BGH, FamRZ 1993, 789, 791 = R 460 a; FamRZ 1990, 492 = R 404 a

für §§ 1570 und 1572 BGB entschiedene Auffassung trifft, wie der BGH inzwischen bestätigt hat,[149] auch auf einen Anspruch nach § 1571 BGB zu.

Bezieht ein Berechtigter vorgezogenes Altersruhegeld und ist er wegen Alters sowie wegen der Arbeitsmarktsituation gehindert, vollschichtig zu arbeiten, kommt entweder ein **Anspruch** auf Altersunterhalt **nach § 1571 oder nach § 1573 I BGB** wegen Erwerbslosigkeit in Betracht.[150] § 1571 BGB wäre erfüllt, falls typischerweise in diesem Alter und in der in Frage kommenden Berufssparte keine angemessene Arbeit mehr gefunden werden kann, § 1573 I BGB, wenn und soweit wegen der konkreten Umstände des Einzelfalls aufgrund des Alters die Aufnahme einer angemessenen Arbeit scheitert.[151]

Ansprüche nach § 1571 BGB können überlagert sein durch gleichzeitig bestehende Ansprüche nach §§ 1570 und 1572 BGB.

Der Anspruch nach § 1571 BGB kann nach § 1578 I 2 BGB **der Höhe nach zeitlich begrenzt und danach herabgesetzt** werden, nicht aber nach § 1573 V BGB ausgeschlossen werden. Hierwegen und wegen späterer Abänderungen ist die **Anspruchsgrundlage möglichst genau festzulegen.**[152]

Die negative Härteklausel des **§ 1579 BGB findet Anwendung.** Vor allem kann § 1579 Nr. 1 BGB in Frage kommen, wenn eine in hohem Alter geschlossene Ehe nicht lange gedauert hat und die Ehegatten sich deshalb noch nicht nachhaltig in ihren beiderseitigen persönlichen und wirtschaftlichen Lebensverhältnissen auf eine gemeinsame Lebensführung eingestellt haben.[153]

IV. Unterhalt wegen Krankheit nach § 1572 BGB

1. Anspruchsvoraussetzungen nach § 1572 BGB

Nach § 1572 BGB besteht ein Unterhaltsanspruch wegen Krankheit, wenn und soweit wegen Krankheit oder anderen Gebrechen oder Schwäche der körperlichen oder geistigen Kräfte zu einem maßgeblichen Einsatzzeitpunkt eine Erwerbstätigkeit nicht erwartet werden kann.

Danach ist anspruchsberechtigt, wer zum maßgeblichen Einsatzzeitpunkt nicht oder nur teilweise infolge Krankheit seinen Lebensbedarf durch eine angemessene eigene Erwerbstätigkeit decken kann. Es bestehen drei **Anspruchsvoraussetzungen**:
– **Vorliegen einer Krankheit**, eines anderen Gebrechens oder Schwäche der körperlichen oder geistigen Kräfte.
– Aus krankheitsbedingten Gründen ist eine **angemessene Erwerbstätigkeit nicht** oder nur teilweise **zu erwarten.**
– Das **Vorliegen eines Einsatzzeitpunkts** neben dem Vorliegen der übrigen Anspruchsvoraussetzungen.

Für den Anspruch nach § 1572 BGB ist **keine Ehebedingtheit der Unterhaltsbedürftigkeit** erforderlich. Die von § 1572 BGB erfaßte Bedürfnislage kann auch auf einer bereits vor der Ehe ausgebrochenen und im Zeitpunkt der Scheidung noch bestehenden Erkrankung beruhen. Der Anspruch besteht auch, wenn der Verpflichtete im Zeitpunkt der Eheschließung die bereits bestehende Erkrankung nicht kannte, insbesondere kann er sich deswegen nicht auf die Härteregelung des § 1579 Nr. 7 BGB berufen.[154]

96

---

[149] BGH, FamRZ 1999, 708, 709 = R 532 b
[150] BGH, aaO
[151] BGH, aaO
[152] BGH, FamRZ 1999, 708, 709 = R 532 b; FamRZ 1994, 228 = R 471 a; FamRZ 1993, 789, 791 = R 460 a; FamRZ 1990, 492 = R 404 a; FamRZ 1988, 265 = NJW 1988, 2369
[153] BGH, FamRZ 1982, 28 = R 90
[154] BGH, NJW-RR 1995, 449, 451; FamRZ 1994, 566 = R 475; FamRZ 1988, 930 = NJW-RR 1988, 834; FamRZ 1981, 1163 = NJW 1982, 40

2. Krankheit, Gebrechen oder geistige Schwäche

97 Krankheit ist nach ständiger Rechtsprechung des BSG ein objektiv faßbarer **regelwidriger Körper- oder Geisteszustand**, der ärztlicher Behandlung bedarf und/oder Arbeitsunfähigkeit zur Folge hat.[155] Der Krankheit stehen andere Gebrechen oder Schwächen der körperlichen oder geistigen Kräfte gleich.

Gebrechen sind alle von der Regel abweichenden körperlichen oder geistigen Zustände, mit deren Dauer für nicht absehbare Zeit zu rechnen ist,[156] wie z. B. Blindheit, Taubheit, Lähmungen, Körperbehinderungen u. ä.

Zur körperlichen oder geistigen Schwäche zählen u. a. vorzeitiger Kräfteverbrauch, Altersabbau, Abnutzungserscheinungen, geistige Verkümmerung und Schwachsinn.

Krankheit in diesem Sinn ist auch eine bis zur Krankheit gesteigerte **Alkohol- oder Tablettenabhängigkeit**, die zur Folge hat, daß jemand nicht in der Lage ist, eine Arbeitsstelle einfachster Art über einen nennenswerten Zeitraum hinaus beizubehalten, weil er infolge krankhafter Willensschwäche keine geregelte Erwerbstätigkeit durchhalten kann.[157]

Gleiches gilt für Drogenabhängige sowie für Personen, die infolge einer seelischen Störung (z. B. Neurose) erwerbsunfähig sind. Darunter fallen auch Rentenneurosen oder vergleichbare **Unterhaltsneurosen**. Eine solche Neurose ist als Krankheit anzusehen, wenn die seelische Störung aus eigener Kraft nicht überwindbar ist. Wenn vorhergesagt werden kann, daß eine Rentenablehnung die neurotischen Erscheinungen des Betroffenen verschwinden läßt, muß die Rente versagt werden, weil es mit dem Sinn und Zweck der Rente nicht zu vereinbaren ist, daß gerade die Rente den Zustand aufrechterhält, dessen nachteilige Folgen sie ausgleichen soll. Gleiches gilt für die Unterhaltsneurose. Hier ist ein Krankheitswert im Sinn des § 1572 BGB nur anzuerkennen, wenn die seelische Störung so übermächtig ist, daß auch bei einer Unterhaltsversagung keine Erwerbstätigkeit aufgenommen oder ausgeweitet werden wird und auch keine Therapie eine Veränderung dieses Zustands verspricht. Die Flucht in die neurotische Erkrankung darf nicht rechtlich „honoriert" werden. Wegen der Simulationsnähe von Neurosen ist stets Wachsamkeit des Sachverständigen und des Tatrichters geboten.[158]

In Grenzfällen hat der Unterhalt Begehrende die Beweislast dafür, daß bei ihm keine Rentenneurose vorliegt oder daß seine psychische Abartigkeit so übermächtig ist, daß sie auch bei Anspruchsversagung nicht überwunden werden kann.[159]

Auch eine nur vorübergehende heilbare Erkrankung fällt unter den Krankheitsbegriff. Der krankheitsbedingt Erwerbsunfähige hat die **Pflicht, sich einer** notwendigen ärztlichen **Heilbehandlung zu unterziehen** und aktiv an seiner Genesung mitzuarbeiten. Unterläßt er die notwendigen und zumutbaren therapeutischen Maßnahmen zur Herstellung seiner Erwerbsfähigkeit, so kann darin ein Verhalten liegen, das die **Härteregelung des § 1579 Nr. 3 BGB** erfüllt. Die Bedürftigkeit wird mutwillig herbeigeführt, wenn sich der Kranke in Kenntnis der Unterhaltsfolgen leichtfertig einer sachgemäßen Behandlung entzieht[160] (siehe dazu auch Rn 666ff).

Eine krankheitsbedingte Erwerbsunfähigkeit liegt nicht schon vor bei gewissen verbreiteten körperlichen **Abnutzungserscheinungen und Unpäßlichkeiten**. Insbesondere haben zahlreiche Kriegsverletzte gezeigt, daß auch erheblich Versehrte noch zu einer Erwerbstätigkeit in der Lage sind.[161]

Bei Erkrankung eines Erwerbstätigen besteht soweit und **so lange kein Anspruch nach § 1572 BGB, als** aufgrund der Krankheit noch **Lohnersatzleistungen** wie Krankengeld u. ä. bezahlt werden. Auch Unfallrenten haben neben dem Entschädigungscharakter auch Lohnersatzfunktion, so daß sich ihre Zahlung bedarfsmindernd auswirkt.

---

[155] Z. B. BSGE 35, 10 = NJW 1973, 582 u. a.
[156] BSGE 14, 83 = NJW 1961, 987
[157] BGH, FamRZ 1988, 375, 377 = R 356 a; FamRZ 1981, 1042 = R 81 b
[158] BGH, FamRZ 1984, 660 = R 208
[159] OLG Hamburg, FamRZ 1982, 762
[160] BGH, FamRZ 1981, 1042 = R 81 b
[161] BGH, FamRZ 1984, 353, 356 = R 153 d

Der Richter muß zur Krankheit und krankheitsbedingten Erwerbsunfähigkeit **Feststellungen** treffen.[162] Der Unterhaltsberechtigte hat hierzu die **Darlegungs- und Beweislast**, ihn trifft das Beurteilungsrisiko. Verläßt er sich auf ein privatärztliches Attest und unterläßt er deshalb eine Erwerbstätigkeit, so tut er dies auf eigenes Risiko. Ist ein in erster Instanz erholtes ärztliches Gutachten nicht für den gesamten in Frage stehenden Zeitraum aussagekräftig und liegen auch die im Wege des Urkundenbeweises verwertbaren Bescheinigungen des behandelnden Arztes bereits längere Zeit zurück, so daß eine abschließende sichere Prognose nicht getroffen werden kann, dann muß auf Antrag ein Sachverständigengutachten darüber eingeholt werden, daß sich die Folgen einer Erkrankung nicht kurzfristig beheben oder nachhaltig bessern ließen.[163]

3. Krankheitsbedingte Erwerbsunfähigkeit

Nicht jede Krankheit löst einen Unterhaltsanspruch aus. Die Krankheit muß vielmehr ursächlich dafür sein, daß keine Erwerbstätigkeit ausgeübt werden kann, d. h., es muß eine **krankheitsbedingte Erwerbsunfähigkeit oder Erwerbsbeschränkung** vorliegen. Wegen des Zusatzes „soweit" reicht es aus, daß eine Teilzeitbeschäftigung wegen der Krankheit nicht zu einer Vollerwerbstätigkeit ausgeweitet werden kann.[164]

Der ursächliche Zusammenhang zwischen Krankheit und Nichterwerbstätigkeit **ist sorgfältig zu überprüfen**, denn es ist zu verhindern, daß eine medizinisch in Wahrheit nicht gerechtfertigte Untätigkeit auf Kosten des ehemaligen Partners über einen Unterhaltsanspruch finanziert wird.[165] **Psychische Belastungen** gehen mit Trennung und Ehescheidung vielfach einher und können ggf. durch Behandlung überwunden werden. Sie sind daher nicht generell zur Begründung eines Unterhaltsanspruchs wegen Krankheit geeignet.[166]

Die nicht mögliche Erwerbstätigkeit muß – wie bei den §§ 1570 und 1571 BGB – eheangemessen im Sinn von § 1574 II BGB sein. Die inhaltliche **Beschränkung der Erwerbsobliegenheit auf eine eheangemessene** berufliche **Beschäftigung** und die gesetzliche Umschreibung der Angemessenheit in § 1574 II BGB tragen zur Konkretisierung der Voraussetzungen des Anspruchs wegen Krankheit nach § 1572 BGB bei[167] (siehe auch Rn 131 ff).

Ein Anspruch nach § 1572 BGB entfällt, wenn infolge der bestehenden Leiden zwar der alte Beruf nicht mehr ausgeübt werden kann, aber andere berufliche Tätigkeiten vollschichtig möglich sind, sofern es sich um angemessene Tätigkeiten im Sinn des § 1574 II BGB handelt.

4. Maßgebliche Einsatzzeitpunkte

Ein Anspruch nach § 1572 BGB besteht nur, wenn und soweit eine Erwerbstätigkeit wegen Krankheit zu bestimmten Einsatzzeitpunkten nicht erwartet werden kann. Solche **Einsatzzeitpunkte** sind:
– Scheidung.
– Beendigung der Pflege oder Erziehung eines gemeinschaftlichen Kindes.
– Beendigung der Ausbildung, Fortbildung oder Umschulung.
– Wegfall der Voraussetzungen eines Anspruchs nach § 1573 BGB.

Im **Zeitpunkt der Scheidung** bedeutet eine Erkrankung bei Eintritt der Rechtskraft der Scheidung. Beim Verbundurteil sind es die im Zeitpunkt der letzten mündlichen Verhandlung bestehenden Verhältnisse, wenn die bis zum Eintritt der Rechtskraft zu erwar-

---

[162] BGH, FamRZ 1988, 265 = NJW 1988, 2369
[163] BGH, FamRZ 1985, 50 = NJW 1985, 429; FamRZ 1982, 779, 781 = R 124 d
[164] BGH, FamRZ 1988, 265 = NJW 1988, 2369; FamRZ 1987, 684, 685 = R 331 a; FamRZ 1985, 50 = NJW 1985, 429
[165] BGH, FamRZ 1984, 353, 356 = R 153 d
[166] OLG Hamm, FamRZ 1995, 996
[167] BGH, FamRZ 1983, 144 = R 144

tende Entwicklung nicht voraussehbar ist.¹⁶⁸ **Gesundheitliche Störungen**, welche erst **nach der Scheidung** zur Erwerbsunfähigkeit führen, können nur dann einen Anspruch nach § 1572 BGB begründen, wenn die Beschwerden schon im Zeitpunkt der Scheidung bestanden und sich nachher entsprechend verschlimmert haben.¹⁶⁹ Allerdings dürfte dabei notwendig sein, daß zum Zeitpunkt der Scheidung aufgrund des fraglichen Leidens schon eine teilweise Erwerbsunfähigkeit vorgelegen hatte,¹⁷⁰ auch wenn der Berechtigte davon unabhängig noch erwerbstätig gewesen war. Deshalb kann keine Erhöhung des titulierten Unterhalts verlangt werden, falls 3 Jahre nach Rechtskraft der Scheidung eine neue Erkrankung (Verlust der Funktionsfähigkeit der rechten Hand wegen eines eingeklemmten Nervs) eingetreten ist, obwohl es sich um die Spätfolge einer Nervenschädigung handelt, deretwegen die Berechtigte bereits vor der Scheidung in ärztlicher Behandlung war.¹⁷¹

Ist im Zeitpunkt der Scheidung wegen Krankheit eine Erwerbstätigkeit nicht zu erwarten, besteht ein originärer Krankheitsunterhalt.

War **im Zeitpunkt der Scheidung wegen Krankheit nur eine halbtägige Erwerbstätigkeit möglich** und verschlimmert sich in der Folgezeit die Krankheit so sehr, daß nach zwei weiteren Jahren völlige Erwerbsunfähigkeit eintritt, dann ist der spätere völlige Wegfall der Erwerbsfähigkeit noch dem Einsatzzeitpunkt der Scheidung zuzurechnen. Es besteht nach Eintritt der völligen Erwerbsunfähigkeit ein originärer Anspruch auf den vollen eheangemessenen Unterhalt nach § 1572 BGB.¹⁷²

Bezüglich des Zeitpunkts „**Beendigung der Pflege oder Erziehung** eines gemeinschaftlichen Kindes" ist entgegen dem insoweit mißverständlichen Wortlaut dieser Vorschrift nach deren Sinn und Zweck auf den Zeitpunkt abzustellen, in dem die Voraussetzungen für einen auf § 1570 BGB gestützten Anspruch entfallen.¹⁷³ Es handelt sich um einen Anschlußunterhalt.

Erkrankung im Zeitpunkt der **Beendigung einer Ausbildung**, Fortbildung oder Umschulung nach § 1575 BGB.

Die Voraussetzungen eines Anspruchs nach § 1575 BGB müssen bestanden haben, und die krankheitsbedingte Erwerbsunfähigkeit muß bei Ende der Ausbildung eingetreten sein. Es handelt sich um einen Anschlußunterhalt.

Der Einsatzzeitpunkt des **Wegfalls** der Voraussetzungen **eines Anspruchs nach § 1573 I BGB** wegen Erwerbslosigkeit liegt vor, wenn der Berechtigte bei Ausbruch der Krankheit einen Anspruch auf Erwerbslosigkeitsunterhalt hatte.¹⁷⁴ U. U. kann sich der Verpflichtete allerdings nach § 242 BGB nicht darauf berufen, daß der Berechtigte, während einer Zeit, in der die Pflichtige tatsächlich Unterhalt leistete, die zum Nachweis eines Anspruchs nach § 1573 I BGB erforderlichen Erwerbsbemühungen unterlassen hatte.¹⁷⁵

Bestand im Zeitpunkt der Erkrankung ein Anspruch auf Aufstockungsunterhalt (§ 1573 II BGB) und verliert der Berechtigte infolge der krankheitsbedingten Erwerbsunfähigkeit seine Stelle, **entfällt der Anspruch auf Aufstockungsunterhalt**, der die Ausübung einer angemessenen Erwerbstätigkeit voraussetzt.¹⁷⁶ Anschlußunterhalt wäre nach § 1572 Nr. 4 BGB zu bezahlen.

101 **Beim Anschlußunterhalt ist zu beachten**, daß dieser nur in dem Umfang weiterbesteht, wie er im Zeitpunkt der weggefallenen Tatbestandsvoraussetzungen bestanden hatte (siehe Rn 50 und 51).

Scheitert ein Krankheitsunterhalt nur am Einsatzzeitpunkt, ist auch **§ 1576 BGB** zu **prüfen**.¹⁷⁷

---

168 BGH, FamRZ 1983, 144 = R 144; FamRZ 1982, 892 = R 106 a
169 OLG Hamm, FamRZ 1999, 230
170 Vgl. hierzu BGH, FamRZ 1987, 684 = R 331 a
171 OLG Karlsruhe, FamRZ 1999, 917 (Ls)
172 BGH, FamRZ 1987, 684 = R 331 a; OLG Stuttgart, FamRZ 1983, 501
173 BGH, FamRZ 1990, 260, 262 = R 399 a
174 BGH, FamRZ 1988, 927 = R 358 c
175 BGH, FamRZ 1990, 496, 498 = R 414 b
176 BGH, FamRZ 1988, 701 = R 362 a
177 BGH, FamRZ 1990, 496, 499 = R 414 c

5. Konkurrenzen und Sonstiges

Wenn der Berechtigte **krankheitsbedingt vollständig an einer Erwerbstätigkeit gehindert** ist, besteht nur ein Anspruch nach § 1572 BGB, der auf den vollen eheangemessenen Unterhalt (§ 1578 I 1 BGB) geht,[178] und zwar auch dann, falls der Berechtigte bereits eine Erwerbsunfähigkeitsrente bezieht und ihm daneben ein Wohnwert zuzurechnen ist.[179] 102

Bei einer **krankheitsbedingten Teilerwerbstätigkeit** geht der Anspruch nach § 1572 BGB nur bis zur Höhe des Mehreinkommens, das der Berechtigte durch eine Vollerwerbstätigkeit erzielen könnte. Daneben kann ein Anspruch nach § 1573 II BGB bestehen, wenn der Anspruch nach § 1572 BGB zusammen mit den Teilerwerbseinkünften nicht zur Deckung des vollen Unterhalts (§ 1578 I 1 BGB) ausreicht.[180]

Hindert die krankheitsbedingte Einschränkung nicht die Arbeitsfähigkeit als solche, sondern werden nur die Verwendungsmöglichkeiten an einem Arbeitsplatz eingeschränkt, so daß dennoch eine eheangemessene Tätigkeit möglich wäre, kommt bei Verletzung der Erwerbsobliegenheit wegen der dann erforderlichen Zurechnung fiktiver Einkünfte nur ein Anspruch auf Aufstockungsunterhalt nach § 1573 II BGB, nicht ein Anspruch nach § 1572 BGB in Betracht.[181] Dasselbe gilt, wenn die vorliegende gesundheitliche Beeinträchtigung zwar eine eheangemessene Erwerbstätigkeit nicht hindert, aber bestimmte sonst mögliche Tätigkeiten mit höheren Einkommen ausschließt.[182]

Ansprüche nach § 1572 BGB können überlagert sein durch gleichzeitig bestehende Ansprüche nach den §§ 1570, 1571 und 1575 BGB.

Der Anspruch nach § 1572 BGB kann nach § 1578 I 2 BGB **zeitlich begrenzt und herabgesetzt werden**, nicht aber nach § 1573 V BGB. Hierwegen und wegen späterer Abänderungen ist die Anspruchsgrundlage möglichst genau zu bestimmen.[183] 103

Genaueres zu § 1578 I 2 BGB Rn 583 ff.

Nach § 1579 Nr. 7 BGB kann eventuell eine **Unterhaltsbegrenzung** in Frage kommen, wenn der Berechtigte bereits vor Eingehung der Ehe über gesicherte Erkenntnisse hinsichtlich seiner Erkrankung verfügte und diese Umstände verschwiegen hat. Der BGH hat die Entscheidung dieser Frage ausdrücklich offengelassen.[184] **Keinen objektiven Härtegrund** im Sinne des § 1579 Nr. 7 BGB **stellt der Umstand dar**, daß eine **latent bereits vor Eheschließung vorhandene Erkrankung** sich für die Parteien nicht voraussehbar nach der Trennung chronifiziert hat und zu einer lebenslangen Unterhaltslast führen kann. Wenn diese Erkrankung den Unterhaltsanspruch des § 1572 Nr. 1 BGB auslöst, kann sie nicht gleichzeitig einen „anderen Härtegrund" gemäß § 1579 Nr. 7 BGB darstellen.[185] In einem Fall, in welchem dem Pflichtigen, der nur über bescheidene Einkünfte verfügte, bei Eheschließung Art und Schwere der bereits vorhandenen Erkrankung nicht bekannt war, hat das OLG Karlsruhe dennoch eine zeitliche Begrenzung nach § 1579 Nr. 7 BGB für gerechtfertigt gehalten, obwohl die Berechtigte offenbar nichts verschwiegen hatte.[186]

Der Unterhaltsberechtigte ist auf Verlangen zur **Auskunftserteilung über die Art seiner Beschwerden** verpflichtet sowie darüber, ob die krankheitsbedingte Erwerbsunfähigkeit noch fortdauert.[187]

---

[178] BGH, FamRZ 1993, 789, 791 = R 460 a; FamRZ 1990, 492 = R 404 a
[179] OLG München, FamRZ 1997, 295
[180] BGH, FamRZ 1993, 789, 791 = R 460 a
[181] OLG Dresden, FamRZ 1999, 232
[182] BGH, FamRZ 1991, 170
[183] BGH, FamRZ 1999, 708, 709 = R 532b; FamRZ 1994, 228 = R 471 a; FamRZ 1993, 789, 791 = R 460 a; FamRZ 1990, 492 = R 404 a; FamRZ 1988, 265 = NJW 1988, 2369
[184] BGH, FamRZ 1994, 566 = R 475; FamRZ 1981, 1163 = R 85 b
[185] BGH, FamRZ 1995, 1405, 1407 = R 490A c
[186] OLG Karlsruhe, FamRZ 1998, 751
[187] OLG Schleswig, FamRZ 1982, 1018

V. Unterhalt wegen Erwerbslosigkeit nach § 1573 I BGB

1. Anspruchsvoraussetzungen nach § 1573 I BGB

104   Nach § 1573 I BGB kann Unterhalt wegen Erwerbslosigkeit verlangt werden, soweit kein Unterhaltsanspruch nach den §§ 1570, 1571 und 1572 BGB besteht und soweit der Berechtigte zu einem maßgeblichen Einsatzzeitpunkt keine angemessene Erwerbstätigkeit zu finden vermag. Ein solcher Anspruch besteht nach § 1573 IV BGB auch bei späterem Verlust eines Arbeitsplatzes, wenn trotz ausreichender Bemühungen eine nachhaltige Unterhaltssicherung durch eine angemessene Erwerbstätigkeit noch nicht erreicht worden ist.

Es bestehen danach fünf Anspruchsvoraussetzungen:
– kein Anspruch nach den **§§ 1570, 1571 oder 1572 BGB**,
– der Unterhaltsberechtigte findet **keine angemessene Erwerbstätigkeit**,
– **trotz notwendiger Bemühungen** um eine angemessene Erwerbstätigkeit,
– **zu einem** maßgeblichen **Einsatzzeitpunkt**,
– noch **keine nachhaltige Unterhaltssicherung** durch eine bereits ausgeübte angemessene Erwerbstätigkeit.

105   Der Anspruch nach § 1573 I BGB muß nicht ehebedingt sein. Es ist nicht erforderlich, daß der Anspruchsteller vor oder während der Ehe erwerbstätig war oder gerade wegen der Ehe keiner Erwerbstätigkeit nachging. Zur Begründung der unterhaltsrechtlichen Mitverantwortung des anderen Ehegatten genügt es, wenn die Bedürfnislage irgendwie mit der Ehe in Verbindung steht.[188]

Der Anspruch nach § 1573 I BGB besteht, solange und soweit keine angemessene Erwerbstätigkeit gefunden wird. Der Anspruch findet mit der Aufnahme einer (ersten) angemessenen, zur Deckung des Unterhalts ausreichenden Erwerbstätigkeit nach der Scheidung sein Ende.[189]

Der **Anspruch** nach § 1573 I BGB **lebt wieder auf, wenn** die Einkünfte aus der angemessenen Erwerbstätigkeit wegfallen, weil es dem Betroffenen trotz seiner Bemühungen **nicht gelungen** war, **den Unterhalt** durch die aufgenommene Erwerbstätigkeit nach der Scheidung im Sinn von § 1573 IV BGB **nachhaltig zu sichern**[190] (siehe Rn 118).

Der Anspruch nach § 1573 I BGB wandelt sich in einen Anspruch auf **Aufstockungsunterhalt** (§ 1573 II BGB), wenn durch die Aufnahme einer angemessenen Erwerbstätigkeit der volle ehengemessene Unterhalt (§ 1578 I 1 BGB) nicht gedeckt wird.[191]

2. Fehlen eines Anspruchs nach §§ 1570, 1571 oder 1572 BGB

106   Ein Anspruch nach § 1573 I BGB setzt voraus, daß der Berechtigte keinen **Anspruch wegen Kindesbetreuung** (§ 1570 BGB), **wegen Alters** (§ 1571 BGB) oder wegen Krankheit (§ 1572 BGB) hat, d. h., das Bestehen eines solchen Anspruchs **schließt** einen Anspruch nach **§ 1573 I BGB aus**.[192]

Diese Subsidiarität des § 1573 I BGB hat zur Folge, daß bei Vorliegen der Voraussetzungen einer vorrangigen Norm auch keine Teilansprüche nach § 1573 I BGB bestehen können.

Da § 1573 I BGB stets eine Erwerbsobliegenheit voraussetzt, die bei Ansprüchen nach §§ 1575 und 1576 BGB fehlt, sind auch Ansprüche nach §§ 1575 und 1576 BGB vorrangig gegenüber den Ansprüchen nach § 1573 BGB.

Scheitert ein vorrangiger Anspruch nur daran, daß die Anspruchsvoraussetzungen nicht zum maßgeblichen Einsatzzeitpunkt vorliegen, dann fehlt grundsätzlich auch ein Einsatzzeitpunkt für einen Anspruch nach § 1573 I BGB.

---

[188] BGH, FamRZ 1980, 126 = NJW 1980, 393
[189] BGH, FamRZ 1985, 791 = R 257 a
[190] BGH, FamRZ 1985, 791 = R 257 a
[191] BGH, FamRZ 1988, 265 = R 354 a; FamRZ 1985, 908 = NJW-RR 1986, 68
[192] BGH, FamRZ 1988, 927 = R 358 b + c

2. Abschnitt: Besonderheiten und Anspruchstatbestände § 4

3. Der Unterhaltsberechtigte findet keine angemessene Erwerbstätigkeit

Ein Anspruch nach § 1573 I BGB setzt voraus, daß der Unterhalt Begehrende aus Gründen der Arbeitsmarktlage nach der Scheidung **keine angemessene Erwerbstätigkeit** findet.[193] 107

Ein Anspruch nach § 1573 I BGB besteht nicht, solange der Berechtigte eine angemessene Erwerbstätigkeit ausübt. Dies gilt auch, wenn zwar der künftige Verlust des bisherigen Arbeitsplatzes bereits feststeht, aber der genaue Zeitpunkt des Verlustes noch nicht bekannt ist. Außerdem steht nicht fest, daß der Berechtigte keine angemessene neue Erwerbstätigkeit finden wird. In Fällen, in denen sich die künftige Entwicklung der maßgeblichen Verhältnisse nicht mit hinreichender Sicherheit voraussehen läßt, ist es angemessen, nur die im Zeitpunkt der letzten mündlichen Verhandlung bestehenden Verhältnisse zugrunde zu legen und es den Parteien zu überlassen, bei anderweitiger Entwicklung der Verhältnisse eine Abänderungsklage nach § 323 ZPO zu erheben.[194]

Bei der nach § 1573 I BGB zu suchenden Erwerbstätigkeit muß es sich um eine **eheangemessene Erwerbstätigkeit** im Sinn der Legaldefinition des § 1574 II BGB handeln. Diese inhaltliche Beschränkung der Erwerbsobliegenheit auf eine eheangemessene berufliche Beschäftigung und die gesetzliche Umschreibung tragen damit – wie beim Altersunterhalt – zur Konkretisierung der Voraussetzungen des Erwerbslosigkeitsunterhalts bei.[195] 108

Die Beurteilung, welche Art von Erwerbstätigkeit in diesem Sinn eheangemessen ist, obliegt dem Tatrichter, der dazu alle in Frage kommenden Umstände des konkreten Einzelfalls festzustellen und umfassend abzuwägen hat.[196]

Nach dem Maßstab des § 1574 II BGB ist auch zu beurteilen, ob umfangmäßig – wie in der Regel – eine volle Erwerbstätigkeit angemessen ist oder aufgrund einer Abwägung aller Umstände nur eine Teilerwerbstätigkeit in Frage kommt.[197]

Die ehelichen Lebensverhältnisse, die nach § 1574 II BGB die Angemessenheit einer zumutbaren Erwerbstätigkeit mitbestimmen, sind regelmäßig unter Einbeziehung der gesamten Entwicklung bis zur Rechtskraft der Scheidung zu beurteilen.[198]

Weitere Einzelheiten zur eheangemessenen Erwerbstätigkeit nach § 1574 II BGB siehe Rn 131 ff.

Geht der Berechtigte zwar einer der Art nach angemessenen **Teilzeitbeschäftigung** nach, nicht aber einer ihm zumutbaren Vollzeitbeschäftigung, weil er aus Gründen der Arbeitsmarktlage noch keine vollschichtige Arbeit gefunden hat, so hat er nach § 1573 I BGB einen **Unterhaltsanspruch in Höhe seines** durch die Teilzeitbeschäftigung noch nicht gedeckten **vollen Unterhaltsbedarfs**.[199] Außerdem muß er sich weiterhin laufend um eine angemessene Vollzeitbeschäftigung bemühen. 109

Ein Anspruch nach § 1573 I BGB besteht auch, wenn der Berechtigte zwar einer Erwerbstätigkeit nachgeht, diese aber der Art nach nicht angemessen ist. Die Höhe dieses Anspruchs ist ebenfalls nach der Differenz zwischen dem vollen Bedarf (§ 1578 I 1 BGB) und den anrechenbaren Einkünften aus der nicht angemessenen Erwerbstätigkeit zu bemessen. Gleichzeitig muß der Berechtigte seine Bemühungen um eine angemessene Erwerbstätigkeit fortsetzen.

Statt eines Anspruchs nach § 1573 I BGB besteht ein Anspruch nach § 1573 II BGB, wenn der Berechtigte nach Art und Umfang einer angemessenen Erwerbstätigkeit nachgeht, was im Einzelfall auch eine Teilzeitbeschäftigung sein kann.[200] Der Berechtigte erfüllt dann im vollen Umfang die ihm zumutbare angemessene Erwerbsobliegenheit.

---

[193] BGH, FamRZ 1988, 927 = R 358 b; FamRZ 1988, 265 = R 354 a
[194] BGH, FamRZ 1984, 988 = R 191 a
[195] BGH, FamRZ 1983, 144 = R 144
[196] BGH, FamRZ 1987, 795, 797 = R 333 c; FamRZ 1984, 561 = R 203 a
[197] BGH, FamRZ 1985, 908 = NJW-RR 1986, 68
[198] BGH, FamRZ 1984, 561 = R 203 a
[199] BGH, FamRZ 1988, 265 = R 354 a
[200] BGH, FamRZ 1985, 908 = NJW-RR 1986, 88

Ein **Anspruch auf Aufstockungsunterhalt** (§ 1573 II BGB) besteht auch dann, wenn sich der Berechtigte nicht in ausreichendem Maß um eine angemessene Erwerbstätigkeit bemüht hat und ihm deshalb erzielbare Einkünfte fiktiv zugerechnet werden, die seinen vollen Unterhalt nicht decken.[201]

110 Kommen nach den Umständen des Falles aufgrund der Vorbildung oder aus sonstigen Gründen gegenwärtig nur Erwerbstätigkeiten in Betracht, die nicht eheangemessen sind, dann tritt nach § 1574 III BGB an die Stelle der Erwerbsobliegenheit eine **Obliegenheit** des geschiedenen Ehegatten, **sich ausbilden**, fortbilden oder umschulen **zu lassen**, soweit es zur Aufnahme einer angemessenen Erwerbstätigkeit erforderlich ist und ein erfolgreicher Abschluß der Ausbildung zu erwarten ist.[202]

Für die Regelzeit der Ausbildungsdauer besteht dann keine Erwerbsobliegenheit. Genaueres zur Ausbildungsobliegenheit und zum Ausbildungsunterhalt nach § 1574 III BGB siehe Rn 144 ff.

Ein Ausbildungsanspruch nach §§ 1574 III, 1573 I BGB kann auch bestehen, wenn der Mann während der Ehe nach der internen Aufgabenverteilung in der Ehe einem Studium nachgegangen war, während die Frau (auch weiterhin) das Geld verdiente. Der Anspruch dauert bis zum Abschluß des Studiums (nach Scheidung) innerhalb zumutbarer Zeit.[203]

4. Notwendige Bemühungen um eine angemessene Erwerbstätigkeit

111 Aufgrund der bestehenden Erwerbsobliegenheit muß der Berechtigte genügend **intensive, ernsthafte und nachhaltige Bemühungen zur Erlangung einer angemessenen Erwerbstätigkeit** aufwenden. Er hat die Darlegungs- und Beweislast für seine Bedürftigkeit und muß daher grundsätzlich in nachprüfbarer Weise vortragen, welche Schritte er im einzelnen unternommen hat, um einen Arbeitsplatz zu finden und sich bietende Erwerbsmöglichkeiten zu nutzen, wozu die bloße Meldung beim Arbeitsamt nicht genügt.[204] Zweifel an der Ernsthaftigkeit seiner Arbeitsbemühungen gehen **zu Lasten des Berechtigten**.

Objektiv muß nach den jeweiligen Arbeitsmarktverhältnissen eine reale Beschäftigungschance bestanden haben. Die **objektive Feststellung einer realen Beschäftigungschance** hängt ab von den jeweiligen Verhältnissen auf dem Arbeitsmarkt sowie von den persönlichen Eigenschaften und Verhältnissen des Arbeitsuchenden, wie z. B. Alter, Ausbildung, Berufserfahrung, Gesundheitszustand u. ä. Eine absolute Sicherheit gibt es dazu nicht. Dieses Unsicherheitsmoment ist tatrichterlich zu bewältigen. Jeder ernsthafte **Zweifel** daran, ob bei ernsthaften Bemühungen eine Beschäftigungschance bestanden hätte, geht **zu Lasten des Arbeitsuchenden**.[205]

Genauere Einzelheiten zu den notwendigen Bemühungen und zur realen Beschäftigungschance siehe Rn 1/427 ff.

112 Ein Anspruch nach § 1573 BGB kann aber nicht unbedingt deshalb versagt werden, weil der Berechtigte sich **nicht sofort nach** der **Trennung** intensiv um eine Erwerbstätigkeit im Rahmen seiner beruflichen Vorbildung **bemüht** hat, sondern erst $1/2$ Jahr später eine Ausbildung als Altenpfleger begonnen hat. Für eine Erwerbsobliegenheit während der Ehe bestehen nach § 1361 II BGB andere Voraussetzungen als für eine Erwerbsobliegenheit nach der Scheidung. Außerdem steht es dem Berechtigten grundsätzlich frei, die Art seiner ihm zuzumutenden Erwerbstätigkeit selbst zu bestimmen. Er kann daher –

---

[201] BGH, FamRZ 1988, 927, 929 = R 358 d; FamRZ 1985, 908 = NJW-RR 1986, 68; ferner FamRZ 1986, 553, 555 = R 276 c
[202] BGH, FamRZ 1987, 795, 797 = R 333 b; FamRZ 1986, 1085 = R 305 a; FamRZ 1984, 561 = R 203 a
[203] BGH, FamRZ 1980, 126 = NJW 1980, 393
[204] BGH, FamRZ 1990, 499 = R 407 a; FamRZ 1986, 1085 = R 305 b; FamRZ 1986, 244, 246 = R 280 b; FamRZ 1982, 255 = NJW 1982, 1873
[205] BGH, FamRZ 1988, 604 = NJW 1988, 2799; FamRZ 1987, 912 = NJW-RR 1987, 962; FamRZ 1987, 691 = NJW 1987, 2739; FamRZ 1987, 144 = R 314; FamRZ 1986, 885 = R 302 b; FamRZ 1986, 244, 246 = R 280 b

2. Abschnitt: Besonderheiten und Anspruchstatbestände § 4

auch abgesehen von gesundheitlichen Gesichtspunkten – unterhaltsrechtlich nicht ohne weiteres auf die Wiederaufnahme einer früheren Tätigkeit verwiesen werden. Ergibt die richterliche Prognose, daß der Berechtigte wegen der in die tatrichterliche Würdigung einzubeziehenden Lage auf dem Arbeitsmarkt auf Dauer sicherer eine Anstellung als Altenpfleger finden wird als in seinem früheren Beruf, dann wird die zeitlich begrenzte Fortdauer einer während der Trennung begonnenen Ausbildung nach der Scheidung anstelle einer Erwerbsobliegenheit hinzunehmen sein.[206]

Andererseits können während der Trennungszeit unterlassene Bemühungen um eine zumutbare Erwerbstätigkeit zur Anwendung des § 1579 Nr. 3 BGB führen, wenn sich nämlich der Berechtigte dadurch selbst mutwillig bedürftig gemacht hat und der Verpflichtete die Folgen der leichtfertigen Herbeiführung der Bedürftigkeit unterhaltsrechtlich mittragen müßte.[207]

Fehlt ein ausreichender Tatsachenvortrag zu den Bemühungen um eine Erwerbstätigkeit oder bestehen bzw. **bleiben Zweifel an ernsthaften Bemühungen** und ist nicht auszuschließen, daß bei ausreichenden Bemühungen eine reale Beschäftigungschance bestanden hätte, dann **ist ein Unterhaltsanspruch wegen Erwerbslosigkeit zu versagen**, wenn erzielbare Einkünfte aus dieser Tätigkeit den Unterhaltsbedarf gedeckt hätten. Können nur erzielbare Einkünfte fiktiv zugerechnet werden, die den Bedarf nicht decken, kann ein Anspruch auf Aufstockungsunterhalt nach § 1573 II BGB in Frage kommen.[208] 113

Es gibt keine Beweiserleichterung nach **§ 287 II ZPO**, soweit es nach § 1573 I BGB um die Anspruchsvoraussetzung „keine angemessene Erwerbstätigkeit zu finden vermag" geht. Hierbei handelt es sich nicht um die Ausfüllung eines Unterhaltsanspruchs, sondern darum, ob überhaupt ein Unterhaltstatbestand, nämlich der des § 1573 I BGB, erfüllt ist.[209]

5. Maßgebliche Einsatzzeitpunkte

Ein Anspruch nach § 1573 I BGB besteht nur, wenn der Betroffene zu bestimmten Einsatzzeitpunkten keine eheangemessene Arbeit hat. Solche **Einsatzzeitpunkte** sind: 114
– nach der Scheidung.
– Wegfall eines Anspruchs nach § 1570 BGB.
– Wegfall eines Anspruchs nach § 1571 BGB.
– Wegfall eines Anspruchs nach § 1572 BGB.

Nach dem Gesetzeswortlaut „**nach der Scheidung**" ist der Einsatzzeitpunkt des originären Erwerbslosigkeitsunterhalts nicht so eng an den Zeitpunkt der Scheidung gebunden wie bei den Unterhaltstatbeständen der §§ 1571 Nr. 1 und 1572 Nr. 1 BGB, deren Voraussetzungen „im Zeitpunkt der Scheidung" bzw. „vom Zeitpunkt der Scheidung an" gegeben sein müssen. Andererseits ist „nach der Scheidung" nicht als zeitlich unbegrenzt zu verstehen. Vielmehr muß zumindest noch ein zeitlicher Zusammenhang mit der Scheidung bestehen. Bei etwa eineinhalb Jahren nach der Scheidung besteht keinesfalls ein solcher zeitlicher Zusammenhang mit der Scheidung mehr.[210]

Nach dem OLG Oldenburg ist der **erforderliche zeitliche Zusammenhang** bereits ein Jahr nach der Scheidung unterbrochen. Danach entfällt ein originärer Anspruch nach § 1573 I BGB, wenn sich der Betroffene im ersten Jahr nach der Scheidung nicht ausreichend um eine angemessene Erwerbstätigkeit bemüht hat und der Unterhaltsbedarf durch erzielbare Einkünfte aus einer zumutbaren Erwerbstätigkeit hätte gedeckt werden können. Der weggefallene Anspruch lebt auch nicht wieder auf, wenn sich der Berechtigte später in unterhaltsrechtlich gebotenem Maß um eine Arbeitsstelle bemüht. Solche verspäteten Anstrengungen sind nicht zum Einsatzzeitpunkt „nach der Scheidung" er-

---

[206] BGH, FamRZ 1986, 1085 = R 305 c; FamRZ 1986, 553 = R 276 a
[207] BGH, FamRZ 1986, 1085 = R 305 d
[208] BGH, FamRZ 1988, 927, 929 = R 358 d
[209] BGH, FamRZ 1986, 885 = R 302 a
[210] BGH, FamRZ 1987, 684, 687 = R 331 c

folgt und dienen deshalb nicht mehr der Behebung einer ehebedingten Bedürfnislage, sondern der Beseitigung einer durch langfristige Untätigkeit selbst verursachten Bedürfnissituation.[211]

Ein Sonderproblem stellt sich, wenn der **Unterhalt zum Zeitpunkt der Scheidung** durch eine angemessene Erwerbstätigkeit **nachhaltig gesichert** war, aber der Arbeitsplatz wenige Tage nach der Scheidung verlorengeht. Zum Zeitpunkt der Scheidung bestand dann kein Anspruch nach § 1573 I BGB. Nach Meinung des OLG Bamberg entsteht ein solcher Anspruch auch trotz des wenige Tage nach Scheidung eingetretenen Arbeitsplatzverlustes nicht, weil Anspruchsvoraussetzung vorbehaltlich der besonderen Regelung in § 1573 IV BGB (fehlende nachhaltige Sicherung) sei, daß der geschiedene Ehegatte **zum Zeitpunkt der Scheidung keine angemessene Erwerbstätigkeit** ausgeübt habe.[212] Dies erscheint zweifelhaft, da der erforderliche zeitliche Zusammenhang für den Anspruch § 1573 I BGB jedenfalls wenige Tage nach Scheidung noch vorliegen dürfte. So hat der BGH[213] in einem Fall, bei dem die klagende Ehefrau zum Zeitpunkt der Scheidung bereits berufstätig war, den Anspruch nach § 1573 I BGB allein mit der Begründung verneint, daß die Erwerbslosigkeit erst über 2 Jahre nach der Scheidung eingetreten sei und damit der zeitliche Zusammenhang mit der Scheidung fehle, die Sache aber aufgehoben und Prüfung zurückverwiesen, ob wegen des eventuellen Anspruchs nach § 1573 IV BGB die kurze Zeit vor Scheidung aufgenommene Tätigkeit im Zeitpunkt ihrer Aufnahme bereits eine nachhaltige Unterhaltssicherung dargestellt habe. Allerdings trifft zu, daß der zeitliche Zusammenhang der anschließenden Erwerbslosigkeit mit der Scheidung im Fall nachhaltiger Sicherung des Unterhalts zum Scheidungszeitpunkt nur bei verhältnismäßig kurzen Zeiträumen bestehen kann, weil sonst der Zweck des § 1573 IV BGB verfehlt würde, dem Pflichtigen nicht das Erwerbsrisiko des Berechtigten aufzubürden.

115   Der Einsatzzeitpunkt „Wegfall des Anspruchs nach **§ 1570 BGB**" ist zu bejahen, wenn der Berechtigte wegen des Alters des Kindes durch dessen Betreuung nicht mehr an der Aufnahme einer Vollerwerbstätigkeit gehindert wird, aber wegen der Arbeitsmarktlage keine Erwerbstätigkeit findet. Hierbei handelt es sich um einen Anschlußunterhalt.

Der Einsatzzeitpunkt „Wegfall eines Anspruchs nach **§ 1571 BGB**" spielt praktisch keine Rolle, denn es kann nicht angenommen werden, daß ein berechtigter Anspruch auf Altersunterhalt später nochmals wegfallen wird, wenn der Betreffende noch älter geworden ist. Ein Unterhalt wegen vorzeitigen Alterns, der bei einer späteren Genesung wieder entfallen könnte, ist kein Altersunterhalt, sondern ein Krankheitsunterhalt.

Der Einsatzzeitpunkt „Wegfall eines Anspruchs nach **§ 1572 BGB**" liegt vor, wenn der Berechtigte wieder gesund wird und deshalb erneut arbeiten kann, aber keine angemessene Arbeit findet. Es ist ein Anschlußunterhalt.

Der Einsatzzeitpunkt des „**Wegfalls eines Ausbildungsunterhalts**" liegt vor, wenn der Betreffende nach Beendigung einer berechtigten Ausbildung keine angemessene Erwerbstätigkeit findet. Es ist ein Anschlußunterhalt.

Beim **Anschlußunterhalt** ist zu beachten, daß dieser nur in dem Umfang weiterbesteht, wie er im Zeitpunkt des wegfallenden Vortatbestandes bestanden hatte (Rn 50 und 51).

6. Nachhaltige Unterhaltssicherung durch Erwerbstätigkeit

116   a) **Nachhaltige Sicherung.** Nach § 1573 IV 1 BGB besteht ein Anspruch nach § 1573 BGB auch dann, wenn die Einkünfte aus einer angemessenen Erwerbstätigkeit wegfallen, weil es dem Betroffenen trotz seiner Bemühungen **nicht gelungen** war, seinen **Unterhalt durch** die **Erwerbstätigkeit nach der Scheidung nachhaltig zu sichern**. War der Unterhalt teilweise nachhaltig gesichert, kann nach § 1573 IV 2 BGB der Unterschiedsbetrag zwischen dem nachhaltig gesicherten Teil und dem vollen Unterhalt verlangt werden.

---

[211] OLG Oldenburg, FamRZ 1986, 64
[212] OLG Bamberg, FamRZ 1997, 819 = NJW-RR 1997, 198; der Ansicht angeschlossen hat sich OLG Köln, FamRZ 1998, 1434
[213] BGH, FamRZ 1988, 701 = R 362 a

2. Abschnitt: Besonderheiten und Anspruchstatbestände § 4

Diese Bestimmung stellt auf die Unterhaltssicherung durch die Erwerbstätigkeit ab.[214] Danach kann ein bereits weggefallener Anspruch nach § 1573 I BGB wieder aufleben, wenn und soweit der Unterhalt durch die Erwerbstätigkeit noch nicht nachhaltig gesichert war. Damit eröffnet § 1573 IV BGB praktisch eine **neue Einsatzzeit**, an die sich auch ein Anschlußunterhalt anschließen kann. Diese Einsatzzeit beginnt mit dem Wegfall der ausgeübten Erwerbstätigkeit.

War der Berechtigte im Zeitpunkt der Scheidung erwerbstätig, kann bei einem späteren Verlust der Arbeitsstelle nur über § 1573 IV BGB ein Unterhaltsanspruch entstehen, weil § 1573 I BGB an sich voraussetzt, daß bei Scheidung oder zu einem anderen Einsatzzeitpunkt keine angemessene Erwerbstätigkeit ausgeübt wird (vgl. aber Rn 114 zum Verlust des Arbeitsplatzes wenige Tage nach Scheidung).

War dagegen der Berechtigte in nachhaltig gesicherter Weise bereits in das Erwerbsleben eingegliedert, so trägt er auch die Gefahr unvorhergesehener Ereignisse und Entwicklungen selbst, ohne sich unterhaltsmäßig noch an seinen früheren Ehepartner halten zu können.[215]

b) Voraussetzungen des Wiederauflebens des Unterhaltsanspruchs nach § 1573 IV 1 BGB: **117**
- Ausübung einer angemessenen Erwerbstätigkeit nach der Scheidung.
- Unverschuldeter späterer Wegfall der Einkünfte aus dieser Erwerbstätigkeit.
- Keine nachhaltige Unterhaltssicherung durch die Erwerbstätigkeit.

Der Berechtigte muß **nach der Scheidung** eine **angemessene Erwerbstätigkeit** ausgeübt haben. War die ausgeübte Erwerbstätigkeit nicht angemessen im Sinn von § 1574 II BGB, dann war der Anspruch nach § 1573 I BGB noch nicht weggefallen. **Unerheblich ist, ob** die angemessene **Erwerbstätigkeit** bereits **vor der Scheidung begonnen hatte oder** erst **danach**.[216]

Die **Einkünfte** aus der Erwerbstätigkeit müssen **unverschuldet weggefallen** sein. Diese Voraussetzung ergibt sich aus der Formulierung „trotz seiner Bemühungen".

Ein unverschuldeter Verlust liegt z. B. vor bei Verlust der Arbeitsstelle infolge eines Unfalls, einer Krankheit, infolge Alters, unverschuldeter Arbeitgeberkündigung, Insolvenz des Arbeitgebers, Aufnahme einer zeitlich befristeten Arbeitsbeschaffungsmaßnahme.

Verschuldet ist der Verlust bei Arbeitnehmerkündigung, ohne eine gleichwertige Arbeit zu haben, bei schuldhaft herbeigeführter Arbeitgeberkündigung und wenn nur Gelegenheitsarbeiten übernommen werden, obwohl bei entsprechenden Bemühungen auch eine nachhaltige Tätigkeit hätte gefunden werden können.

Entfällt eine Erwerbstätigkeit durch eigenes Verschulden, so lebt der Unterhaltsanspruch nicht wieder auf.

Durch die weggefallene Tätigkeit darf der Unterhalt noch nicht nachhaltig gesichert **118** gewesen sein.
- Nach § 1573 IV BGB ist auf die **nachhaltige Sicherung des Unterhalts** abzustellen, **nicht** auf die nachhaltige Sicherung **eines bestimmten Arbeitsplatzes**.[217]
- Für die Beurteilung, ob der Unterhalt nachhaltig gesichert erscheint, ist **maßgebend, ob** die **Erwerbstätigkeit im Zeitpunkt ihrer Aufnahme nach objektiven Maßstäben** und allgemeiner Lebenserfahrung mit einer gewissen Sicherheit im Sinne **objektiviert vorausschauender Betrachtung**[218] **als dauerhaft angesehen werden kann** oder ob befürchtet werden muß, daß der Bedürftige sie durch außerhalb seiner Entschließungsfreiheit liegende Umstände in absehbarer Zeit wieder verliert. Dabei sind vom Standpunkt eines optimalen Beobachters auch solche Umstände in die Beurteilung einzubeziehen, die zwar schon zu diesem Zeitpunkt bestehen, aber erst später zutage treten.[219]

---

[214] BGH, FamRZ 1987, 689 = R 337 a
[215] BGH, FamRZ 1988, 701 = R 362 a; FamRZ 1985, 1234 = R 274
[216] BGH, FamRZ 1985, 53, 55 = R 230 a
[217] BGH, FamRZ 1985, 53, 55 = NJW 1985, 430, 432 – insoweit in R 230 a nicht abgedruckt
[218] BGH, FamRZ 1988, 701 = R 362 a; FamRZ 1985, 1234 = R 274
[219] BGH, FamRZ 1988, 701 = R 362 a; FamRZ 1985, 1234 = R 274; FamRZ 1985, 791 = R 257 a

Die ex-ante-Betrachtung zum Zeitpunkt des Beginns der Erwerbstätigkeit hat nicht aufgrund einer subjektiven Vorausschau nach dem Erkenntnisstand der Unterhaltsparteien zu geschehen, sondern es sind bei der gebotenen objektiven Betrachtung (**objektiv vorausschauende Prognose**) Umstände zu berücksichtigen, die schon vorlagen, aber erst später zutage getreten sind. Bei einer Lehrerin betrifft die Prognose neben der fachlicher Qualifikation auch die gesundheitliche Eignung. Wird sie zwei Tage nach Dienstantritt wegen einer Nervenerkrankung dienstunfähig und tritt im Lauf von zwei Jahren keine Besserung ein, dann fehlt schon bei Aufnahme des Dienstes die gesundheitliche Eignung, auch wenn die Symptome der schon bestehenden Krankheit nicht sofort bei Dienstbeginn aufgetreten sind.[220]

- War eine **Erwerbstätigkeit** bereits **vor der Scheidung** aufgenommen worden, **kann die Frage, ob eine nachhaltige Unterhaltssicherung vorliegt, frühestens zum Zeitpunkt der Scheidung** beurteilt werden[221] – vgl. dazu Rn 114. War der Berechtigte bereits während der Ehe einer Erwerbstätigkeit nachgegangen, die seinen Unterhalt nachhaltig zu sichern schien, und verlor er dann diese noch vor der Scheidung, besteht ein Anspruch nach § 1573 I BGB. Gleiches gilt über § 1573 IV BGB, wenn der Verlust der Erwerbstätigkeit zwar erst nach der Scheidung eintritt, aber zum Scheidungszeitpunkt bereits wahrscheinlich oder voraussehbar war.[222]
- War im Zeitpunkt der Scheidung die Aufnahme einer Erwerbstätigkeit noch nicht sicher abzusehen, verschiebt sich der Beurteilungszeitpunkt notwendigerweise auf den Zeitpunkt der Aufnahme der Tätigkeit.[223]
- Auch **bei einer kurzen tatsächlichen Beschäftigungszeit** kann der **Unterhalt nachhaltig gesichert** sein. Dies ist z. B. der Fall, wenn der Bedürftige nach Abschluß eines langfristigen Arbeitsvertrages seine Stelle verliert, weil der Arbeitgeber unerwartet in Konkurs gefallen ist. Andererseits kann im Fall der Vereinbarung einer Probezeit die nachhaltige Sicherung des Arbeitsplatzes bei Antritt der Stellung noch zu verneinen sein, aber zu einem späteren Zeitpunkt, der vor der tatsächlichen Beendigung des Beschäftigungsverhältnisses liegt, zu bejahen sein.[224]
- **Einkünfte**, die dem Berechtigten **wegen Versorgung eines neuen Partners** in nichtehelicher Lebensgemeinschaft zugerechnet werden, sind **keine nachhaltig gesicherten Einkünfte** aus einer angemessenen Erwerbstätigkeit. Auf solche Einkünfte besteht kein Rechtsanspruch, weshalb sie jederzeit wieder wegfallen können.[225] In der Regel bleibt aber die Verpflichtung bestehen, sich auch während des Zusammenlebens in nichtehelicher Lebensgemeinschaft um eine angemessene Erwerbstätigkeit zu bemühen. Bei unterlassenen Bemühungen kann ein Unterhaltsanspruch entfallen.
Sind unterhaltsrechtliche Beziehungen der Parteien – vorbehaltlich des Eingreifens der Härteklausel des § 1579 BGB – durch die vorübergehende Deckung des Lebensbedarfs durch solche zuzurechnende Einkünfte nicht erloschen, kann nach erneutem Eintritt der Bedürftigkeit infolge des Scheiterns der nichtehelichen Lebensgemeinschaft wieder ein Anspruch nach § 1573 I bestehen, wenn der Berechtigte auch bei ausreichenden Bemühungen um eine Erwerbstätigkeit während der Zeit des Zusammenlebens in nichtehelicher Lebensgemeinschaft keine Arbeit gefunden hätte, die seinen Unterhalt nachhaltig gesichert hätte.[226]
- Noch nicht nachhaltig gesichert ist ein Unterhalt, wenn eine Erwerbstätigkeit von vornherein zeitlich begrenzt ist oder wenn sich der Berechtigte in Überschätzung seiner Leistungsfähigkeit trotz Alters oder Krankheit übernimmt und deshalb seine Tätigkeit nach einiger Zeit wieder aufgeben muß.[227]

---

[220] BGH, FamRZ 1985, 791 = R 257 a
[221] Vgl. OLG Bamberg, FamRZ 1997, 819 = NJW-RR 1997, 198; der Ansicht angeschlossen hat sich OLG Köln FamRZ 1998, 1434
[222] BGH, FamRZ 1985, 53, 55 = R 230 a
[223] BGH, FamRZ 1988, 701 = R 362 a
[224] BGH, FamRZ 1985, 1234 = R 274
[225] BGH, FamRZ 1987, 689 = R 337 a
[226] BGH, FamRZ 1987, 689 = R 337 b
[227] OLG Hamm, FamRZ 1997, 26

2. Abschnitt: Besonderheiten und Anspruchstatbestände § 4

- Wer den anderen auf Unterhalt in Anspruch nimmt, hat die **Darlegungs- und Beweislast** dafür, daß eine nachhaltige Sicherung seines Unterhalts nicht zu erreichen war.[228]

War der **Unterhalt** vor Verlust des Arbeitsplatzes wenigstens **teilweise gesichert**, so beschränkt sich der Unterhaltsanspruch nach § 1573 IV 2 BGB auf den Unterschiedsbetrag zwischen dem nachhaltig gesicherten Unterhalt und dem vollen Unterhalt. Betrug der volle Unterhalt 1500 DM und waren davon 1000 DM durch die bisherige Erwerbstätigkeit nachhaltig gesichert, dann besteht bei Verlust des Arbeitsplatzes nur ein Unterhaltsanspruch in Höhe von 500 DM weiter. Auch bei einem Anschlußunterhalt bleibt der Anspruch auf 500 DM begrenzt.

War andererseits der **Unterhalt vollständig** durch die Erwerbstätigkeit nachhaltig **gesichert**, dann ist kein Unterhaltsanspruch nach § 1573 I BGB und kein Anschlußunterhalt nach §§ 1571, 1572, 1575 BGB mehr möglich. Der Unterhaltsanspruch erlischt mit der Aufnahme einer den Unterhalt nachhaltig sichernden Tätigkeit.[229]

7. Zeitliche Begrenzung des Unterhalts nach § 1573 V BGB und § 1578 I 2 BGB

Nur ein Unterhaltsanspruch, der auf § 1573 BGB beruht, kann unter den in Abs. 5 erwähnten Voraussetzungen **zeitlich begrenzt** werden, nicht Ansprüche nach §§ 1570–1572, 1576 BGB. Einzelheiten zur Begrenzung nach § 1573 V BGB: Rn 578 ff.

Bei einem Anspruch nach § 1573 BGB ist außerdem nach § 1578 I 2 BGB eine zeitliche Begrenzung der Bemessung des Unterhalts nach den ehelichen Lebensverhältnissen und seine anschließende Beschränkung auf den angemessenen Lebensbedarf möglich sowie eine gestaffelte zeitliche Begrenzung sowohl nach § 1578 I 2 BGB als auch nach § 1573 V BGB (siehe Rn 589).

8. Sonstiges

Der Anspruch nach **§ 1573 I BGB** geht in der Regel **auf den vollen** ehegemessenen **Unterhalt** (§ 1578 I 1 BGB). Bei Einkünften aus nicht angemessener Erwerbstätigkeit oder sonstigen nicht auf Erwerbstätigkeit beruhenden Einkünften geht er auf den nicht gedeckten Teil des vollen Unterhalts.

Ein Anspruch nach § 1573 I BGB entfällt stets, wenn ein Unterhaltsanspruch nach §§ 1570, 1571, 1572, 1575 oder nach § 1576 BGB bejaht werden kann (dazu Rn 106).

Statt eines Anspruchs nach § 1573 I BGB besteht ein Anspruch nach § 1573 II BGB, wenn Einkünfte aus einer eheangemessenen Erwerbstätigkeit den vollen Unterhaltsbedarf nicht decken (Rn 109 und 122 ff.).

VI. Aufstockungsunterhalt nach § 1573 II BGB

1. Anspruchsvoraussetzungen nach § 1573 II BGB

Nach § 1573 II BGB kann der Bedürftige den **Unterschiedsbetrag zwischen** seinen **tatsächlichen oder fiktiven**[230] **Einkünften** aus einer tatsächlich ausgeübten oder ihm möglichen angemessenen Erwerbstätigkeit **und seinem vollen Unterhalt** verlangen.

Bei diesem Anspruch handelt es sich um eine Art **Lebensstandardgarantie** für die Zeit nach der Scheidung **aufgrund nachwirkender ehelicher Mitverantwortung**.[231]

Der Anspruch gleicht nicht ehebedingte Nachteile aus, sondern sichert ehebedingte Vorteile. Diese Lebensstandardgarantie des § 1573 II BGB ist nicht verfassungswidrig,

---

[228] BGH, FamRZ 1985, 1234 = R 274
[229] BGH, FamRZ 1985, 791 = R 257 a
[230] BGH, FamRZ 1990, 979 = R 412 a
[231] BGH, FamRZ 1982, 892 = R 106 c

auch wenn der Aufstockungsunterhalt ohne Befristung oder anderweitige Reduzierung zugesprochen wird.[232] Der Aufstockungsunterhalt hat vier Anspruchsvoraussetzungen:
- Es darf **kein anderweitiger Anspruch auf den vollen Unterhalt** nach den §§ 1570, 1571, 1572 oder 1573 I BGB bestehen (siehe Rn 124).
- Der Bedürftige muß bereits eine **angemessene Erwerbstätigkeit** ausüben oder zugerechnet erhalten (siehe Rn 125).
- Die tatsächlichen oder fiktiven **Einkünfte** aus der angemessenen Erwerbstätigkeit **decken nicht den vollen Unterhalt** (Rn 127).
- Die Voraussetzungen müssen zu den **maßgeblichen Einsatzzeitpunkten** vorliegen (Rn 126).

Der ergänzende Anspruch auf den Unterschiedsbetrag zwischen den Erwerbseinkünften und dem vollen Unterhalt braucht **nicht ehebedingt** zu sein. Der Aufstockungsunterhalt sichert ehebedingte Vorteile. Es genügt, wenn – wie bei Erwerbslosigkeitsunterhalt – die Bedürfnislage irgendwie mit der Ehe in Verbindung steht.[233]

Der Anspruch besteht auch, wenn die Eheleute während der Ehe keine Wirtschaftsgemeinschaft gebildet haben und auch sonst ihre beiderseitigen, auch wirtschaftlichen Lebenspositionen nicht aufeinander abgestimmt haben.[234]

123 Der **Aufstockungsunterhalt erlischt**, wenn die Einkünfte aus der angemessenen Erwerbstätigkeit den vollen Unterhalt decken. Wenn sich später wieder Unterschiede zwischen dem vollen Unterhalt und den Erwerbseinkünften ergeben, sind diese nicht mehr auszugleichen, wenn der volle Unterhalt inzwischen durch die Erwerbstätigkeit nachhaltig gesichert war (siehe Rn 116 bis 119 und anschließend). **Ein Anspruch** auf Aufstockungsunterhalt **kann** allerdings **neu entstehen als Anschlußunterhalt** nach § 1573 III BGB (siehe Rn 126).

Ein erloschener **Anspruch kann** als Aufstockungsunterhalt oder Erwerbslosigkeitsunterhalt **wieder aufleben**, wenn die Einkünfte aus der angemessenen Erwerbstätigkeit zu einer Zeit wieder entfallen, zu der es dem Berechtigten trotz seiner Bemühungen nicht gelungen war, seinen Unterhalt durch die Erwerbstätigkeit ganz oder teilweise nachhaltig zu sichern. Damit eröffnet § 1573 IV BGB praktisch eine weitere Einsatzzeit, an die sich ein Anschlußunterhalt anschließen kann. Genauere Einzelheiten zur nachhaltigen Unterhaltssicherung durch eine Erwerbstätigkeit: Rn 116 bis 119.

2. Verhältnis des Aufstockungsunterhalts zu Ansprüchen nach den §§ 1570, 1571, 1572 oder 1573 I BGB

124 a) Wenn der Berechtigte aus einem der Anspruchsgründe der §§ 1570, 1571 oder 1572 **vollständig an einer Erwerbstätigkeit gehindert** ist, besteht nur nach dem jeweiligen Unterhaltstatbestand ein Anspruch auf den vollen Unterhalt. Daneben besteht **kein Anspruch nach § 1573 II BGB**.[235] Dies gilt auch, soweit der aus gesundheitlichen Gründen völlig erwerbsunfähige Berechtigte Erwerbsunfähigkeitsrente bezieht.[236]

Ist der Berechtigte wegen Kindesbetreuung, Alter oder Krankheit nur **teilweise** an einer Erwerbstätigkeit gehindert, bestehen die Ansprüche nach den §§ 1570, 1571 oder 1572 BGB jeweils nur bis zur Höhe des Mehreinkommens, das der Berechtigte bei einer Vollerwerbstätigkeit erzielen könnte. Reicht dieser Unterhaltsanspruch zusammen mit dem Teilerwerbseinkommen nicht zur Deckung des vollen Bedarfs (§ 1578 I 1 BGB) aus, besteht **zusätzlich** ein **Anspruch auf Aufstockungsunterhalt** nach § 1573 II BGB.[237] Diese vom BGH zunächst für §§ 1570 und 1572 BGB entschiedene Auffassung trifft, wie der

---

[232] BVerfG, FamRZ 1993, 171 = R 457; FamRZ 1981, 745, 748 = NJW 1981, 1771; BGH FamRZ 1982, 360 = NJW 1982, 1869
[233] BGH, FamRZ 1980, 126 = NJW 1980, 393, 394
[234] OLG Düsseldorf, FamRZ 1983, 1139
[235] BGH, FamRZ 1990, 492 = R 404 a; FamRZ 1988, 265 = NJW 1988, 2369; FamRZ 1987, 1011, 1012 = NJW-RR 1987, 1282
[236] OLG München, FamRZ 1997, 295
[237] BGH, FamRZ 1993, 789, 791 = R 460 a; FamRZ 1990, 492 = R 404 a

2. Abschnitt: Besonderheiten und Anspruchstatbestände § 4

BGH inzwischen bestätigt hat,[238] in gleicher Weise für den Anspruch nach § 1571 BGB zu (siehe hierzu Rn 47).

Ein Anspruch nach § 1573 II BGB setzt außerdem voraus, daß **kein Anspruch nach § 1573 I oder IV BGB** besteht. Deshalb muß in all den Fällen, in denen ein zur Erwerbstätigkeit verpflichteter Berechtigter nicht oder nicht voll erwerbstätig ist, vorweg geklärt werden, ob nicht ein Anspruch nach § 1573 I oder IV BGB bejaht werden kann.[239]

3. Ausübung einer angemessenen Erwerbstätigkeit

Der Berechtigte muß eine **angemessene Erwerbstätigkeit** ausüben, **oder** es müssen ihm wegen der Nichtausübung einer zumutbaren Erwerbstätigkeit **fiktiv erzielbare Einkünfte**[240] zugerechnet werden. Die ausgeübte oder zugemutete Erwerbstätigkeit muß nach Art und Umfang angemessen sein im Sinn von § 1574 II BGB. Genauere Einzelheiten zur angemessenen Erwerbstätigkeit: Rn 108 und 131 ff. 125

In der Regel muß es sich dem Umfang nach um eine **Vollbeschäftigung** handeln.[241]

Geht der Berechtigte, der umfangmäßig zu einer Vollerwerbstätigkeit verpflichtet ist, nur einer **Teilzeitbeschäftigung** nach, weil er aufgrund der Arbeitsmarktlage trotz ausreichender Bemühungen keine angemessene Vollerwerbstätigkeit findet, dann besteht kein Anspruch auf Aufstockungsunterhalt, sondern ein Anspruch nach § 1573 I BGB, weil er umfangmäßig keine angemessene Erwerbstätigkeit ausübt[242] (siehe Rn 109).

Ausnahmsweise kann im Einzelfall aufgrund einer Abwägung aller Umstände als **eheangemessen nur eine Teilzeitbeschäftigung** zumutbar sein. Übt der Berechtigte eine solche angemessene Teilzeitbeschäftigung aus, so besteht ein Anspruch auf Aufstockungsunterhalt, weil er seiner eheangemessenen Erwerbsobliegenheit voll nachkommt.[243]

Ein Anspruch nach § 1573 II BGB besteht auch, wenn dem Berechtigten wegen Verletzung seiner Erwerbsobliegenheit **fiktiv erzielbare Einkünfte** aus einer angemessenen Vollerwerbstätigkeit zugerechnet werden, weil nicht auszuschließen ist, daß er bei ausreichenden Bemühungen eine solche Tätigkeit gefunden hätte.[244]

4. Maßgebliche Einsatzzeitpunkte

§ 1573 II BGB enthält – anders als § 1573 I BGB – nach seinem Wortlaut keine ausdrücklich benannte Einsatzzeit. Trotzdem müssen die **Voraussetzungen des originären Aufstockungsunterhalts** bereits **zur Zeit der Scheidung** vorliegen. Der BGH begründet dies damit, daß die Sonderfälle des § 1573 III und IV BGB sonst nicht verständlich wären, wenn für den Anspruch nach § 1573 II BGB nicht die Zeit der Scheidung als Einsatzzeit gelten würde.[245] 126

Der sehr weitgehende Aufstockungsunterhalt kann nicht ohne eine solche Eingrenzung bleiben.

Nach § 1573 III BGB sind **weitere Einsatzzeitpunkte** für den Aufstockungsunterhalt als Anschlußunterhalt der Wegfall der Voraussetzungen eines Unterhaltsanspruchs nach den §§ 1570, 1571, 1572 und 1575, d. h., zu einem dieser Zeitpunkte schließt sich ein Aufstockungsunterhalt an den wegfallenden und vorrangigen Unterhaltsanspruch an, wenn zu dieser Zeit die Einkünfte aus einer angemessenen Erwerbstätigkeit den vollen Unterhalt nicht decken.

---

[238] BGH, FamRZ 1999, 708, 709 = R 532 b
[239] BGH, FamRZ 1988, 701 = R 362 a
[240] BGH, FamRZ 1990, 979 = R 412 a
[241] BGH, FamRZ 1988, 265 = R 354 a
[242] BGH, FamRZ 1988, 265 = R 354 a
[243] BGH, FamRZ 1985, 908 = NJW 1986, 88
[244] BGH, FamRZ 1990, 979 = R 412 a; FamRZ 1988, 927, 929 = R 358 d; FamRZ 1986, 553, 555 = R 276 c; FamRZ 1985, 911 = R 268 a; FamRZ 1985, 908 = NJW-RR 1986, 68
[245] BGH, FamRZ 1983, 886 = R 176 a

Der **Aufstockungsunterhalt** kann sich – obwohl nicht eigens erwähnt – auch an einen **Erwerbslosigkeitsunterhalt** nach § 1573 I BGB anschließen, wenn der Berechtigte eine angemessene Erwerbstätigkeit aufnimmt, die seinen vollen Unterhalt nicht deckt.

Beim **Anschlußunterhalt** ist zu beachten, daß dieser nur in dem Umfang weiterbesteht, wie er im Zeitpunkt des wegfallenden Vortatbestandes bestanden hatte (dazu Rn 50 und 51).

5. Zur Berechnung des Aufstockungsunterhalts

127 Nach § 1573 II BGB kann der **Unterschiedsbetrag zwischen vollem Unterhalt und den Einkünften aus angemessener Erwerbstätigkeit** als Aufstockungsunterhalt verlangt werden. Dazu ist zunächst der nach den ehelichen Lebensverhältnissen angemessene volle Unterhalt (§ 1578 I 1 BGB) zu bestimmen.[246] Für diese Bedarfsbemessung dürfen nur prägende Einkünfte beider Ehegatten verwendet werden (Rn 175 + 179 ff).

Ist das Einkommen beider Ehegatten **prägend** (**Doppelverdienerehe**), wird die Ehegattenquote aus der Differenz der Einkünfte beider Ehegatten berechnet (zur Differenzmethode: Rn 1/21 ff und 394, zur Additionsmethode Rn 386 ff), wobei ein trennungsbedingter Mehrbedarf mitberücksichtigt werden kann, wenn er berechtigterweise geltend gemacht wird[247] (siehe auch Rn 416 ff).

Diese so berechnete Ehegattenquote beinhaltet sowohl den vollen angemessenen Unterhaltsbedarf nach § 1578 I 1 BGB als auch den Aufstockungsunterhalt nach § 1573 II BGB, weil in diesem Fall bereits auf der Bedarfsstufe die Differenz der unterschiedlichen Einkünfte berücksichtigt wurde. Der BGH hält in einem solchen Fall die Differenzmethode als billigenswerte Methode zur Bemessung des Aufstockungsunterhalts.[248] Der so errechnete Aufstockungsunterhalt kann sich im Einzelfall noch dadurch verringern, daß weitere nichtprägende Einkünfte des Berechtigten bedürftigkeitsmindernd auf den so bemessenen vollen Unterhaltsbedarf angerechnet werden (Rn 532 ff).

Ist das Erwerbseinkommen des Berechtigten **nicht prägend** (in der **Alleinverdienerehe**), wird die Ehegattenquote, eventuell unter Berücksichtigung eines trennungsbedingten Mehrbedarfs, nur aus den prägenden Einkünften des Verpflichteten berechnet. Auf diesen vollen eheangemessenen Unterhalt (§ 1578 I 1 BGB) werden alle nichtprägenden Einkünfte des Berechtigten auf der Bedürftigkeitsstufe bedarfsmindernd angerechnet (siehe Rn 535). Die so ermittelte Differenz zwischen dem vollen Unterhalt und den nichtprägenden Einkünften, d. h. der verbleibende Rest, beinhaltet dann den Aufstockungsunterhalt. Demgemäß ist das Einkommen eines Hausmanns (11 Jahre lang beurlaubter Beamter), wenn er die Beurlaubung trennungsbedingt aufheben läßt und wieder seinen Dienst aufnimmt, nicht eheprägend, so daß er – weil sein Einkommen anzurechnen ist – keinen Aufstockungsunterhalt erhält.[249]

128 Da der Aufstockungsunterhalt ehebedingte Vorteile (Erhaltung des ehelichen Lebensstandards) sichern soll, sind **nicht ganz geringfügige Einkommensunterschiede auszugleichen**. Nach der Rechtsprechung des BGH darf jedenfalls ein Anspruch in Höhe von mehr als 160,– DM nicht vernachlässigt werden.[250] OLG-Entscheidungen[251] halten einen Mindestbetrag des Aufstockungsunterhalts von 100,– DM für erforderlich.

Genauere Einzelheiten zur Berechnung des vollen eheangemessenen Bedarfs aus prägenden Einkünften und zur bedarfsmindernden Anrechnung nichtprägender Einkünfte siehe Rn 179 ff und 540 ff.

---

[246] BGH, FamRZ 1983, 886 = R 176 a; FamRZ 1982, 575 = R 113 a; FamRZ 1982, 892 = R 106 a
[247] BGH, FamRZ 1984, 988, 990 = R 191 b
[248] BGH, FamRZ 1982, 892 = R 106 c
[249] OLG Koblenz, NJW 1997, 1788
[250] BGH, FamRZ 1984, 988, 990 = R 191 b; a. A. wohl KG FamRZ 1981, 156 und OLG Braunschweig FamRZ 1979, 1020
[251] OLG Düsseldorf, FamRZ 1996, 947; OLG München, FamRZ 1997, 425

2. Abschnitt: Besonderheiten und Anspruchstatbestände   § 4

6. Zeitliche Begrenzung des Aufstockungsunterhalts nach §§ 1573 V BGB und 1578 I 2 BGB

Nur ein Anspruch nach § 1573 BGB kann unter den Voraussetzungen des § 1573 V BGB **zeitlich begrenzt** werden.[252] Genauere Einzelheiten hierzu Rn 578 ff. **129**

Bei einem Anspruch nach § 1573 BGB kann außerdem nach § 1578 I 2 BGB der ehegemessene Unterhaltsbedarf nach Ablauf einer Schonfrist zeitlich begrenzt und **auf den angemessenen Lebensbedarf herabgesetzt** werden. Genauere Einzelheiten hierzu Rn 583 ff.

Bei einem Anspruch nach § 1573 BGB können ferner die zeitlichen Begrenzungsmöglichkeiten nach den §§ 1578 I 2 BGB und 1573 V BGB gestaffelt miteinander kombiniert werden (Rn 589).

7. Konkurrenzen und Sonstiges

Zum Verhältnis des Anspruchs nach § 1573 II BGB zu den Ansprüchen nach den §§ 1570, 1571, 1572 oder 1573 I BGB (**eingeschränkte Subsidiarität**) siehe Rn 124. **130**

Auch Ansprüche nach den §§ 1575 und 1576 BGB sind gegenüber Ansprüchen nach § 1573 II BGB vorrangig, weil § 1573 II BGB eine angemessene Erwerbstätigkeit aufgrund einer bestehenden Erwerbsobliegenheit voraussetzt, während die Ansprüche nach den §§ 1575 und 1576 BGB voraussetzen, daß aufgrund der besonderen Umstände eine solche Erwerbsobliegenheit gerade (noch) nicht besteht.

Scheitert ein vorrangiger Anspruch nur daran, daß die Anspruchsvoraussetzungen nicht zum maßgeblichen Einsatzzeitpunkt vorliegen, dann entfällt auch ein Anschlußunterhalt nach § 1573 III und II BGB.

Der Berechtigte hat die **Darlegungs- und Beweislast** für die Anspruchsvoraussetzungen einschließlich der Höhe seines vollen Unterhalts und der Höhe seiner eigenen anrechenbaren Einkünfte.

VII. Angemessene Erwerbstätigkeit nach § 1574 BGB und Ausbildungsunterhalt nach § 1574 III i. V. mit § 1573 I BGB

1. Bedeutung des § 1574 BGB

Das **Prinzip der Eigenverantwortlichkeit erfordert** vom Berechtigten, grundsätzlich nach der Scheidung für seinen Unterhalt durch eine eigene Erwerbstätigkeit selbst aufzukommen[253] (Rn 42). **131**

Ein Anspruch auf nachehelichen Unterhalt besteht nur, wenn der Bedürftige aus Gründen, die in den enumerativen Anspruchstatbeständen der §§ 1570, 1571, 1572, 1573, 1574 III, 1575 und 1576 BGB normiert sind, nach der Scheidung nicht oder nicht ausreichend durch eigene Erwerbstätigkeit selbst für seinen Unterhaltsbedarf sorgen kann[254] (§ 1569 BGB; siehe Rn 44).

Diese **generelle Erwerbsverpflichtung des Bedürftigen** wird von § 1574 I BGB inhaltlich auf eine ihm angemessene Erwerbstätigkeit beschränkt. An dieser Angemessenheit ist die Zumutbarkeit der Aufnahme oder Ausweitung einer Erwerbstätigkeit bei allen Unterhaltstatbeständen zu beurteilen.[255]

Für die Frage, welche Erwerbstätigkeit angemessen ist, zählt § 1574 II BGB die wichtigsten Kriterien im Sinne einer Legaldefinition[256] der zu berücksichtigenden Umstände auf.

---

[252] BGH, FamRZ 1988, 265 = NJW 1988, 2369
[253] BGH, FamRZ 1984, 561 = R 203 a
[254] BGH, FamRZ 1981, 981 = R 46 a
[255] BGH, FamRZ 1983, 144 = R 144
[256] BGH, FamRZ 1985, 371, 373 = NJW 1985, 1340

§ 1574 I und II BGB stellen demgemäß keine eigene Anspruchsgrundlage dar, sondern sind **Hilfsnormen zur Auslegung** des Begriffs „Erwerbstätigkeit", der bei allen Anspruchstatbeständen der §§ 1570, 1571, 1572, 1573, 1575 und 1576 BGB eine wesentliche Rolle spielt. Deshalb sind § 1574 I und II BGB bei jeder dieser Anspruchsnormen ergänzend heranzuziehen. Außerdem trägt die inhaltliche Beschränkung der Erwerbsobliegenheit auf eine angemessene berufliche Beschäftigung (§ 1574 I BGB) und die gesetzliche Umschreibung der Angemessenheit (§ 1574 II BGB) zur Konkretisierung der Voraussetzungen der Unterhaltsansprüche nach den §§ 1571, 1572 und 1573 BGB bei.[257]

132 Nach § 1574 III BGB obliegt es dem Bedürftigen, sich ausbilden, fortbilden oder umschulen zu lassen, soweit dies erforderlich ist, um eine angemessene Erwerbstätigkeit aufnehmen zu können, und wenn ein erfolgreicher Abschluß der Ausbildung zu erwarten ist. Sind diese Voraussetzungen erfüllt, besteht anstelle einer Erwerbsobliegenheit eine **Ausbildungsobliegenheit**.[258] Unterzieht sich der Bedürftige einer solchen Ausbildung, hat er nach § 1574 III i. V. mit § 1573 I BGB für die Regeldauer einer solchen Ausbildung einen **zeitlich begrenzten Anspruch auf Ausbildungsunterhalt**.[259] Insofern beinhaltet § 1574 III BGB i. V. mit § 1573 I BGB neben § 1575 BGB eine weitere Anspruchsgrundlage für einen Ausbildungsunterhalt (Rn 144 ff).

Beim **Trennungsunterhalt** (Rn 16 ff) kann der nicht erwerbstätige Ehegatte nur unter wesentlich engeren Voraussetzungen darauf verwiesen werden, seinen Unterhalt durch eigene Erwerbstätigkeit zu verdienen, als dies gemäß § 1574 II BGB nach der Scheidung der Fall ist.[260]

2. Zur angemessenen Erwerbstätigkeit nach § 1574 II BGB

133 Nach § 1574 II BGB ist eine Erwerbstätigkeit angemessen, die der Ausbildung, den Fähigkeiten, dem Lebensalter und dem Gesundheitszustand des Bedürftigen sowie den ehelichen Lebensverhältnissen entspricht. Bei den ehelichen Lebensverhältnissen sind die Dauer der Ehe und die Dauer der Pflege und Erziehung eines gemeinschaftlichen Kindes zu berücksichtigen. Die **Aufzählung der Kriterien in § 1574 II BGB ist nicht erschöpfend**. Es können auch andere Gesichtspunkte berücksichtigt werden. Im einzelnen werden die Angemessenheitskriterien nachfolgend unter Rn 137 ff erörtert. § 1574 II BGB dient dem Zweck, den nicht erwerbstätig gewesenen Ehegatten vor dem nach der Scheidung drohenden sozialen Abstieg zu bewahren (KG FamRZ 1984, 898).

Unter Abwägung dieser Kriterien sind vom Tatrichter folgende Fragen zu klären:
– Ist vom Bedürftigen überhaupt noch eine angemessene Erwerbstätigkeit zu erwarten?[261]
– Kann dem Berechtigten umfangmäßig als angemessen eine **Vollerwerbstätigkeit oder** nur eine **Teilerwerbstätigkeit** zugemutet werden?[262]
– Welche Arten von Erwerbstätigkeiten können dem Bedürftigen als angemessen zugemutet werden?[263]
– Besteht für den Bedürftigen eine **Ausbildungsobliegenheit**, weil für ihn nach den Umständen des Falles keine oder nur eine nicht angemessene Erwerbstätigkeit in Frage käme oder weil er dann eher eine Arbeitsstelle findet als in seinem früheren Beruf?[264]

---

[257] BGH, FamRZ 1983, 144 = R 144
[258] BGH, FamRZ 1986, 1085 = R 305 a
[259] BGH, FamRZ 1987, 795, 797 = R 333 b; FamRZ 1986, 553 = R 276 a; FamRZ 1984, 561, 563 = R 203 b
[260] BGH, FamRZ 1991, 416, 418 = NJW 1991, 1049, 1051; FamRZ 1989, 1160 = R 395 a; FamRZ 1981, 242 = NJW 1981, 978 = R 65
[261] BGH, FamRZ 1987, 691 = R 332 a; FamRZ 1985, 371, 373 = NJW 1985, 1340; FamRZ 1983, 144 = R 144
[262] BGH, FamRZ 1985, 908 = NJW-RR 1986, 68
[263] BGH, FamRZ 1987, 795, 797 = R 333 c; FamRZ 1986, 1085 = R 305 a + c; FamRZ 1986, 553 = R 276 a
[264] BGH, FamRZ 1987, 795, 797 = R 333 b; FamRZ 1986, 1085 = R 305 a + c

Die Beantwortung dieser Fragen obliegt dem **Tatrichter**. Dieser hat dazu alle Angemessenheitskriterien und sonstigen besonderen Umstände des Einzelfalls festzustellen und umfassend abzuwägen. Rechtsfehlerhaft ist es, wenn die Beurteilung der Angemessenheit z. B. nur auf eines von mehreren zu beachtenden Kriterien gestützt wird[265] oder wenn das Gericht erkennbar keine umfassende und abschließende Angemessenheitsprüfung vornehmen wollte.[266] 134

Die Kriterien (z. B. Lebensalter, Gesundheitszustand und eheliche Lebensverhältnisse) müssen im Hinblick auf die nachehelichen beruflichen Möglichkeiten notwendig aus der **Sicht des Scheidungszeitpunktes** gewürdigt werden unter Beachtung der Entwicklung bis zur Auflösung der Ehe. Bei der dem Tatrichter obliegenden Gesamtwürdigung spielt **auch** die gesamte **weitere Entwicklung der Verhältnisse seit der Trennung bis zur Scheidung** eine wichtige Rolle. Nur außergewöhnliche, nicht vorhersehbare Veränderungen bleiben außer Betracht.[267]

Der Bedürftige kann die Art der ihm zuzumutenden angemessenen Erwerbstätigkeit grundsätzlich **selbst bestimmen**. Hat er während 20jähriger Ehe im selbständigen Betrieb seines Partners mitgearbeitet, ist rechtlich nichts dagegen einzuwenden, wenn er nach der Trennung eine selbständige Erwerbstätigkeit anstrebt und sich zu diesem Zweck in entsprechender Weise ausbilden läßt.[268] 135

Ob eine bestimmte Erwerbstätigkeit als **angemessen** anzusehen ist und dem Bedürftigen eine ausreichende berufliche Entwicklung ermöglicht, ist unter **Zumutbarkeitskriterien** zu beantworten. Eine optimale berufliche Erfüllung durch die Erwerbstätigkeit kann nicht verlangt werden.[269] Die für einen Ehegatten erreichbare Erwerbstätigkeit ist nicht erst dann angemessen, wenn das damit erzielte Einkommen den vollen Unterhalt erreicht.[270] Angemessen ist eine Tätigkeit auch nicht allein deshalb, weil sie vor der Ehe oder während der ersten Ehejahre ausgeübt worden ist.[271]

Die **Angemessenheitskriterien** des § 1574 II BGB gelten in entsprechender Weise auch für eine Erwerbstätigkeit des Verpflichteten. § 1574 BGB steht zwar im Zusammenhang von Bestimmungen, die dem Bedürftigen Ansprüche gewähren. Aber der Grundsatz der Gleichberechtigung und Gleichbehandlung gebietet es, bedürftige und verpflichtete Ehegatten zur Frage der Angemessenheit einer Erwerbstätigkeit gleich zu behandeln. 136

In Mangelfällen besteht für Bedürftige und Verpflichtete eine **verstärkte Erwerbsobliegenheit** mit der Folge, daß sie bis zur Behebung der Mangelsituation auch eine nach § 1574 II BGB nicht angemessene Erwerbstätigkeit aufzunehmen oder auszuweiten haben. Dabei ist, wie auch sonst, auf eine gleichmäßige Belastung beider Ehegatten zu achten. Die in Mangelfällen mit den Unterhaltsleistungen verbundenen Belastungen und Einschränkungen des Verpflichteten scheinen nur zumutbar, wenn auch dem Bedürftigen entsprechende Einschränkungen und Opfer zugemutet werden.[272]

3. Die Angemessenheitskriterien nach § 1574 II BGB im einzelnen

a) Berufliche Ausbildung. Es handelt sich hierbei um eine berufliche Ausbildung, die der Bedürftige vor oder während der Ehe abgeschlossen hat. Vergleichbar ist eine berufliche Tätigkeit, die er vor oder während der Ehe bereits ausgeübt hat, denn die bisherige berufliche Entfaltung ist die selbstgewählte und deshalb im Zweifel auch angemessene Erwerbstätigkeit. 137

---

[265] BGH, FamRZ 1984, 561 = R 203 a
[266] BGH, FamRZ 1987, 795, 797 = R 333 c
[267] BGH, FamRZ 1984, 561 = R 203 a; FamRZ 1983, 144 = R 144
[268] BGH, FamRZ 1988, 1145 = R 372 b; FamRZ 1986, 1085 = R 305 c; FamRZ 1984, 561 = R 203 b
[269] BGH, FamRZ 1985, 782 = R 262; FamRZ 1984, 988 = R 191 a
[270] BGH, FamRZ 1985, 782 = R 262
[271] BGH, FamRZ 1986, 1085 = R 305 a
[272] BGH, FamRZ 1985, 782 = R 262

- Ist eine **Ausbildung nicht abgeschlossen**, ist sie als Kriterium unbeachtlich. Gegebenenfalls ist ihr Abschluß nachzuholen. Es besteht dann für die Dauer der Ausbildung ein Anspruch auf Ausbildungsunterhalt nach § 1574 III i. V. mit § 1573 I BGB oder nach § 1575 BGB.
- Auf eine **der beruflichen Vorbildung entsprechende Erwerbstätigkeit** darf sich der Bedürftige aber nur berufen, wenn eine solche unter Abwägung aller Kriterien **aus objektiven und subjektiven Gründen sinnvoll** ist, d. h., wenn der Bedürftige auch in der Lage ist, eine entsprechende Erwerbstätigkeit auszuüben. Eine approbierte Ärztin, welche nie in ihrem Beruf tätig war, kann sich bei ihren Bemühungen um eine Erwerbstätigkeit nicht auf ärztliche Beschäftigungen beschränken, sondern muß sich auch um anderweitige Tätigkeiten bemühen, z. B. in der Aus- und Weiterbildung.[273] Eine angemessene Berufsfähigkeit beschränkt sich nämlich nicht auf der durch Ausbildung erworbene Berufsbild, sondern umfaßt auch solche Tätigkeiten, die dem Status der erworbenen Ausbildung entsprechen.[274]
- Eine **ausgeübte Beschäftigung** ist in der Regel angemessen, wenn sie der beruflichen Vorbildung oder dem Ausbildungsniveau der Vorbildung oder der selbstgewählten bisherigen beruflichen Entwicklung entspricht. Dagegen ist eine unterqualifizierte Tätigkeit in der Regel nicht angemessen.
- Eine **Vorbildung** ist **unbeachtlich**, wenn sie wegen der Lage auf dem Arbeitsmarkt oder aus anderen Gründen praktisch keine konkrete Erwerbstätigkeit ermöglicht oder wenn die möglichen Berufe nicht geeignet sind, sichere und ausreichende Einkünfte zu erzielen. Sie ist ferner unbeachtlich, wenn die zur Berufsausübung notwendigen Fähigkeiten nicht mehr vorhanden sind oder wenn der Bedürftige entsprechende Berufe aus gesundheitlichen oder altersmäßigen Gründen nicht mehr ausüben kann.

138 b) **Fähigkeiten.** Fähigkeiten sind **persönliche Eigenschaften**, die zur Ausübung eines Berufs benötigt werden. Dazu zählen auch Geschicklichkeiten, **Fertigkeiten** und sonstiges beruflich verwertbares Können. In erster Linie sind solche Fähigkeiten gemeint, die beim Fehlen einer Ausbildung die berufliche Qualifikation ausmachen.

- Solche **Fähigkeiten müssen** im Zeitpunkt der Scheidung **bereits vorhanden** und beruflich verwertbar **sein**. Nicht gemeint sind anlagemäßig angelegte, aber noch nicht entwickelte oder noch nicht in eine berufliche Tätigkeit umsetzbare Fähigkeiten.
- Entsprechende Fähigkeiten werden erworben aufgrund einer Ausbildung oder aufgrund einer bereits ausgeübten Erwerbstätigkeit oder durch Mitarbeit im Betrieb oder Geschäft des Partners. Auch in der Haushaltsführungsehe kann der nicht erwerbstätige Ehegatte beruflich nutzbare Fähigkeiten durch Haushaltstätigkeit und Kindererziehung entwickelt haben, die z. B. in sozialpflegerischen Berufen, eventuell nach einer weiteren Ausbildung, gebraucht werden können.
- **Der Bedürftige ist** grundsätzlich **verpflichtet, seine Fähigkeiten** bestmöglich zur Sicherung seines Unterhaltsbedarfs **einzusetzen** und dazu eine entsprechende Erwerbstätigkeit aufzunehmen. Angemessen ist in der Regel jede anständige Arbeit, die den Fähigkeiten entspricht, sofern nicht die Angemessenheit einer solchen Erwerbstätigkeit nach anderen Kriterien zu verneinen ist.
- Ist zweifelhaft, ob der Bedürftige nach längerer Arbeitspause die Fähigkeiten für einen bestimmten Beruf noch besitzt, obliegt ihm der Versuch mit Vereinbarung einer Probezeit oder er muß sich einer **beruflichen Fortbildung oder Umschulung unterziehen**. Im Alter von 41 Jahren ist es einer Frau möglich, sich die fehlende Berufserfahrung durch eine Fortbildungs- oder Umschulungsmaßnahme zu verschaffen.[275]

139 c) **Lebensalter.** Das Lebensalter ist im wesentlichen in zweierlei Hinsicht bedeutsam:
- Es kann ein **Unterhaltsanspruch** nach § 1571 BGB entstehen, wenn **wegen** des **Alters** keine angemessene Erwerbstätigkeit mehr erwartet werden kann (siehe Rn 90 und 92).
- Eine Erwerbstätigkeit ist nur dann **angemessen, wenn sie dem Lebensalter ent-**

---

[273] OLG Hamm, FamRZ 1998, 243
[274] OLG Hamm, FamRZ 1992, 1184
[275] OLG Schleswig, FamRZ 1994, 1404

2. Abschnitt: Besonderheiten und Anspruchstatbestände § 4

spricht. Im allgemeinen kann dies bis zum Rentenalter angenommen werden, sofern nicht für bestimmte Erwerbstätigkeiten schon früher die dafür bestehenden Voraussetzungen aus Altersgründen entfallen. Bei manchen Berufen scheitert die Wiederaufnahme einer früher ausgeübten Erwerbstätigkeit an der inzwischen nicht mehr vorhandenen Leistungsfähigkeit (z. B. bei Berufssportlern, Krankenpflegern oder Masseuren) oder an den bei einem Beruf bestehenden oder praktizierten Altersbegrenzungen (wie z. B. bei Flugpilot, Mannequin oder Fotomodell). Allgemein kann das Lebensalter auch bei solchen Erwerbstätigkeiten wichtig sein, die so erhebliche körperliche und psychische Kräfte erfordern, daß sie der Berechtigte altersmäßig gar nicht mehr oder nicht mehr voll aufbringen kann.

– Findet eine 57jährige **Nur-Hausfrau ohne Ausbildung** keine angemessene Erwerbstätigkeit, kann ein Anspruch auf Altersunterhalt (§ 1571 BGB) bestehen, wenn die Ausbildung wegen des Alters nicht mehr sinnvoll ist.[276] Für eine 53jährige Ehefrau ohne Berufsausbildung kann nach 20jähriger Ehe dasselbe gelten. Allerdings ist der Altersunterhalt nach § 1579 Nr. 3 BGB zu kürzen, wenn sie sich in der Vergangenheit einer als notwendig erkannten, erfolgversprechenden Ausbildungsmaßnahme i. S. des § 1574 III BGB mutwillig verschlossen hat.[277] Dies ändert nichts am Grundsatz, daß **auch im Alter von 53 Jahren regelmäßig die Aufnahme einer Erwerbstätigkeit zumutbar** ist, selbst wenn die unterhaltsbegehrende Ehefrau seit ihrem 22. Lebensjahr nicht mehr erwerbstätig war.[278]

d) **Gesundheitszustand.** Auch der Gesundheitszustand ist – wie das Lebensalter – **140** im wesentlichen in zweierlei Hinsicht bedeutsam:

– Es kann ein **Unterhaltsanspruch nach § 1572 BGB** bestehen, wenn und soweit aus Krankheitsgründen eine angemessene Erwerbstätigkeit nicht oder nur teilweise erwartet werden kann.

– Eine Erwerbstätigkeit ist nicht zumutbar und damit nicht angemessen, wenn sie wegen des schlechten Gesundheitszustandes nicht ausgeübt werden kann. Ist aus gesundheitlichen Gründen **nur** eine **Teilzeitbeschäftigung möglich**, dann ist nur eine solche angemessen. Auch die Behauptung, aus **psychischen Gründen** einen bestimmten Beruf nicht mehr ausüben zu können, darf nicht übergangen werden.[279] Ist im Hinblick auf den Gesundheitszustand eine Erwerbsobliegenheit zwar grundsätzlich zu bejahen, so kann trotzdem eine **konkrete Erwerbstätigkeit** aus gesundheitlichen Gründen als **unangemessen** ausscheiden, z. B. bei einem Bandscheibenschaden eine Beschäftigung, zu der das Heben und Tragen schwerer Gegenstände gehört.

– In der Regel werden bestrittene krankheitsbedingte Beschränkungen der **Erwerbsfähigkeit** im Rahmen des § 1572 BGB **durch medizinische Gutachten** zu klären sein. Dabei spielt vor allem eine Rolle, welche Krankheiten vorliegen, welche Erwerbstätigkeiten in welchem Umfang trotz einer Erkrankung noch möglich sind, ob und in welchem Umfang therapeutische Heilungschancen bestehen und wie sich die krankheitsbedingte Erwerbsbeschränkung voraussichtlich weiterentwickeln wird (Genaueres Rn 97 bis 99).

e) **Eheliche Lebensverhältnisse.** Bedeutsam sind dazu alle Umstände, die im Zeit- **141** punkt der Scheidung die ehelichen Lebensverhältnisse nachhaltig geprägt haben.

Einzubeziehen ist **die gesamte Entwicklung** der Verhältnisse **seit der Trennung bis zur Scheidung**, sofern es sich nicht um außergewöhnliche, nicht vorhersehbare Veränderungen handelt. Dies gilt auch für die Beurteilung der Angemessenheit einer Erwerbstätigkeit.[280]

Zu den wichtigsten Umständen zählen die **prägenden Einkommens- und Vermögensverhältnisse** und – mit diesen zusammenhängend – die erreichte berufliche und **soziale Stellung des Unterhaltsverpflichteten** sowie der **soziale Zuschnitt der ehelichen**

---

[276] BGH, FamRZ 1987, 691 = R 332 a
[277] OLG Hamburg, FamRZ 1991, 445
[278] OLG Koblenz, 1992, 950
[279] BGH, FamRZ 1986, 1085 = R 305 a
[280] BGH, FamRZ 1984, 561 = R 203 a; FamRZ 1983, 144 = R 144

Lebensgemeinschaft durch die praktizierte Aufgabenverteilung in der Ehe. Die **Stellung des Bedürftigen** wird auch durch sein eigenes Verhalten bei bestehender Ehe gekennzeichnet. Trotz gehobener wirtschaftlicher ehelicher Lebensverhältnisse ist ihm die Arbeit in einem Pflegeberuf jedenfalls dann zumutbar, wenn er bereits bei bestehender Ehe in diesem Beruf gearbeitet hatte.[281] Außerdem steht die **Berücksichtigung** der ehelichen Lebensverhältnisse auch unter dem vorrangig zu beachtenden Gebot **der wirtschaftlichen Eigenverantwortung** (§ 1569 BGB). Da der geschiedene Ehegatte gemäß § 1574 I BGB nur eine ihm angemessene Erwerbstätigkeit auszuüben braucht, kann sich bei langer Ehedauer in gehobenen wirtschaftlichen Verhältnissen zwar der Kreis der als angemessen in Betracht kommenden Erwerbstätigkeiten verengen. Das bedeutet aber nicht, daß für eine Ehefrau von 50 Jahren, deren frühere Ausbildung der heute gesetzlich vorgesehenen Qualifikation für ihren erlernten Beruf nicht mehr entspricht, nach 23jähriger Ehe in guten finanziellen Verhältnissen praktisch keine ihrem sozialen Status entsprechende Erwerbsmöglichkeit auf dem Arbeitsmarkt bestünde. Bei derartigen Verhältnissen kommt z. B. durchaus die Tätigkeit als Verkäuferin in einem entsprechend gehobenen Einrichtungshaus in Betracht.[282]

– Die ehelichen Lebensverhältnisse werden in erster Linie durch das in der Ehe zur Deckung des laufenden Lebensbedarfs **verfügbare Einkommen** eines oder beider Ehegatten geprägt.[283] Hierbei ist ein **objektiver Maßstab anzulegen**, d. h., eine nach den gegebenen Verhältnissen zu dürftige Lebensführung bleibt ebenso außer Betracht wie ein übertriebener Aufwand.[284]
Einkünfte, die auf einer unerwarteten, **vom Normalverlauf erheblich abweichenden Entwicklung** beruhen, prägen die ehelichen Lebensverhältnisse in der Regel nicht. Zur Beurteilung der Angemessenheit einer Erwerbstätigkeit gewinnen die Einkommensverhältnisse auch dann keine ausschlaggebende Bedeutung, wenn sie durch eine unerwartete Entwicklung während der Trennungszeit verbessert worden sind.[285]

– Die soziale Stellung des Bedürftigen hängt vor allem vom beruflichen und **sozialen Status des Unterhaltsverpflichteten** im Zeitpunkt der Scheidung ab, sofern ein zwischenzeitlicher Aufstieg nicht unerwartet und außergewöhnlich war.[286] Nach Scheidung der Ehe kann ein Ehegatte regelmäßig nicht auf seinen **Ausbildungs- und Berufsstatus**, den er **bei Ehebeginn** innehatte, zurückgeworfen werden, wenn er diesen während der Ehe im Sinne einer Statusverbesserung hinter sich gelassen hat.[287]

– Der **soziale Zuschnitt** der ehelichen Lebensgemeinschaft richtet sich **nach der einverständlichen Aufgabenverteilung** in der Ehe. War diese von Anfang an einverständlich so gestaltet, daß einer seinem Studium nachging und der andere einer Erwerbstätigkeit, dann kann eine Erwerbsobliegenheit als nicht angemessen entfallen bis zum Abschluß des erfolgreich begonnenen Studiums innerhalb zumutbarer Zeit.[288]

142 f) **Ehedauer, Kindererziehung.** Nach § 1574 II BGB sind bei den ehelichen Lebensverhältnissen die Dauer der Ehe und die Dauer der Pflege oder Erziehung eines gemeinschaftlichen Kindes zu berücksichtigen.

Eine **lange Ehedauer und nacheheliche Kindesbetreuung**, deren Zeit in § 1574 II BGB der Ehedauer gleichgesetzt wird, **erhöhen das Gewicht der ehelichen Lebensverhältnisse** gegenüber den anderen Angemessenheitskriterien. Mit zunehmender Ehedauer kommt es zu einer wachsenden Verflechtung und Abhängigkeit der beiderseitigen Lebenspositionen sowie allgemein zu einer sich steigernden wirtschaftlichen Abhängigkeit.[289]

---

[281] OLG Hamm, FamRZ 1997, 1075
[282] BGH, FamRZ 1991, 416, 419 = R 435 a
[283] BGH, FamRZ 1984, 988, 990 = R 191 b; FamRZ 1982, 892 = R 106 a
[284] BGH, FamRZ 1985, 371, 373 = NJW 1985, 1340; FamRZ 1982, 151 = R 92 b
[285] BGH, FamRZ 1984, 561 = R 203 a
[286] BGH, FamRZ 1986, 885 = NJW 1986, 3080; FamRZ 1983, 144 = R 144
[287] OLG Hamm, FamRZ 1993, 970
[288] BGH, FamRZ 1980, 126 = NJW 1980, 393
[289] BGH, FamRZ 1981, 140, 142 = NJW 1981, 754

2. Abschnitt: Besonderheiten und Anspruchstatbestände § 4

Die gewichtsverstärkende Wirkung einer längeren Ehedauer und ehelicher oder nachehelicher Kindesbetreuung wird vor allem bedeutsam, wenn bei einem außerordentlichen beruflichen Aufstieg des Unterhaltsverpflichteten der frühere berufliche Status des haushaltführenden Ehegatten so sehr überstiegen wird, daß eine der jetzigen beruflichen Stellung des Unterhaltsverpflichteten entsprechende angemessene Erwerbstätigkeit nicht mehr gefunden werden kann. In einem solchen Fall darf dem geschiedenen Ehegatten nach längerer Ehedauer keine Erwerbstätigkeit mehr angesonnen werden, die im Hinblick auf den bei Scheidung bestehenden Lebenszuschnitt nicht mehr angemessen wäre.[290]

Von einer 53jährigen haushaltführenden Frau kann nach 30jähriger Ehedauer bei einem Aufstieg des Mannes zum kaufmännischen und technischen Leiter eines Unternehmens nicht die Rückkehr in den früheren Beruf als Bürokraft verlangt werden.[291]

Die Ausübung untergeordneter Tätigkeiten als Haushaltshilfe oder als Pflegerin ist einer 57jährigen Hausfrau nach 32jähriger Ehedauer angesichts der Einkünfte des Mannes von 350 000 DM (vor Steuern) nicht zumutbar.[292]

Für die 47jährige Frau eines Oberstudiendirektors sind nach 20jähriger Ehe Erwerbstätigkeiten bei der Presse oder Rundfunk, bei einer Fluggesellschaft, im Touristikgewerbe als Reiseleiterin oder auch als Fremdsprachenkorrespondentin oder Dolmetscherin angemessen, sofern sie eine entsprechende Vor- oder Ausbildung besitzt.[293]

Für die 48jährige Frau eines Dipl.-Ing. mit einem monatlichen Nettoeinkommen von ca. 6000 DM ist nach 22jähriger Ehe eine eigenständige Tätigkeit in einem Unternehmen als Sachbearbeiterin, Buchhalterin, Vorzimmerdame u. ä. selbst dann angemessen, wenn sie damit nur ein Drittel des Manneseinkommens verdient. Die Bürotätigkeit darf sich jedoch nicht in bloßen Hilfstätigkeiten erschöpfen.[294]

In **gehobenen wirtschaftlichen Verhältnissen** kann sich bei einer 50jährigen Ehefrau mit einer inzwischen nicht mehr den Anforderungen entsprechenden Ausbildung der Kreis der in Betracht kommenden Erwerbstätigkeiten zwar verengen, dies bedeutet aber nicht, daß keine angemessene Erwerbsmöglichkeit mehr bestünde, nämlich zwar nicht als einfache Verkaufshilfe, aber z. B. als Verkäuferin in einem gehobenen Einrichtungshaus.[295]

g) **Getrenntleben.** Längeres Getrenntleben **kann** andererseits das **Gewicht der ehelichen Lebensverhältnisse** nach den Umständen des Falles **mindern**. Erforderlich ist hierzu allerdings eine tatrichterliche Prüfung, inwieweit Entwicklungen, die erst nach der Trennung der Parteien innerhalb der langen Trennungszeit eingetreten sind, noch imstande waren, die ehelichen Lebensverhältnisse prägend zu beeinflussen.[296]

Die **Aufzählung der Angemessenheitskriterien** ist **in § 1574 II BGB nicht abschließend**. Deshalb können auch andere Gründe berücksichtigt werden. Den gesetzlich genannten Merkmalen kommt jedoch bei der Gesamtabwägung eine besondere Bedeutung zu. Zu den sonstigen Gesichtspunkten gehören vor allem objektive Merkmale eines Arbeitsplatzes, wie z. B. die Entfernung einer möglichen Arbeitsstelle, die Verkehrsverbindung oder die ungünstige Arbeitsmarktlage für bestimmte Erwerbstätigkeiten.[297]

4. Ausbildungsunterhalt nach § 1574 III i. V. mit § 1573 I BGB

Nach § 1574 III BGB obliegt es dem Bedürftigen, sich ausbilden, fortbilden oder umschulen zu lassen, wenn dies zur Aufnahme einer angemessenen Erwerbstätigkeit erforderlich ist und wenn ein erfolgreicher Ausbildungsabschluß zu erwarten ist.

---

[290] BGH, FamRZ 1983, 144 = R 144
[291] BGH, FamRZ 1985, 371, 373 = NJW 1985, 1340
[292] BGH, FamRZ 1987, 691 = R 332 a
[293] BGH, FamRZ 1986, 553 = R 276 a
[294] OLG Hamburg, FamRZ 1985, 1260
[295] BGH, NJW-RR 1992, 1282 = R 454; FamRZ 1991, 416, 419 f. = R 435 a
[296] BGH, FamRZ 1983, 144 = R 144
[297] BGH, FamRZ 1986, 553 = R 276 a; FamRZ 1985, 908 = NJW-RR 1986, 68

An die Stelle der Erwerbsobliegenheit tritt eine **Ausbildungsobliegenheit**.[298] Diese Ausbildungsobliegenheit beginnt spätestens mit der Scheidung oder einem nach § 1573 III BGB gleichstehenden Einsatzzeitpunkt. Über § 1361 BGB kann sie bereits während der Trennungszeit entstanden sein.[299]

Der Ausbildungsobliegenheit korrespondiert eine Ausbildungsberechtigung und ein Anspruch auf Ausbildungsunterhalt. **Voraussetzungen der Ausbildungsobliegenheit** sind:
- Die Ausbildung muß zur Aufnahme einer angemessenen Erwerbstätigkeit erforderlich sein.
- Ein erfolgreicher Ausbildungsabschluß muß zu erwarten sein.
- Es muß eine realistische Chance bestehen, daß nach Ausbildungsabschluß eine angemessene Erwerbstätigkeit erlangt wird.

Unter dieser Voraussetzung besteht eine Ausbildungsobliegenheit, wenn der Bedürftige derzeit eine nicht angemessene Erwerbstätigkeit ausübt oder wenn nach den Umständen des Falles gegenwärtig nur unangemessene Tätigkeiten in Frage kämen.[300]

Eine Ausbildungsobliegenheit besteht dagegen **nicht**, wenn der Bedürftige bereits eine angemessene Erwerbstätigkeit ausübt, aber diese seinen vollen Unterhalt nicht deckt. Er hat dann einen Anspruch auf Aufstockungsunterhalt,[301] aber **keine Berechtigung zur Ausbildung**.

Eine Ausbildungsobliegenheit besteht auch nicht, wenn eine Ausbildung wegen des Alters des Bedürftigen nicht mehr sinnvoll ist[302] oder wenn keine einigermaßen sichere Aussicht besteht, daß der Bedürftige nach Ausbildungsabschluß wegen der ungünstigen Arbeitsmarktlage eine angemessene Erwerbstätigkeit finden wird.[303]

Die gesetzliche Einschränkung, daß die Ausbildung zu einer angemessenen Erwerbstätigkeit führen muß, stellt sicher, daß der Verpflichtete kein zum bloßen Vergnügen betriebenes Studium finanzieren muß.[304]

145 Der Bedürftige kann die erforderliche Ausbildung selbst wählen. Er kann dabei auf seine Neigungen Rücksicht nehmen.

Kommen mehrere Ausbildungsgänge in Betracht, so darf er sich jedoch einer **besonders zeit- und kostenaufwendigen Ausbildung** höchstens dann unterziehen, wenn außergewöhnliche Gründe vorliegen, die geeignet sind, die hohe Belastung des während der Ausbildungszeit unterhaltspflichtigen Ehegatten zu rechtfertigen. Fehlen solche außergewöhnlichen Gründe, muß eine möglichst kurze und kostengünstige Ausbildung gewählt werden.[305]

Bei der gewählten Ausbildung muß es sich um ein nach einem bestimmten Ausbildungsplan ausgerichtetes Ausbildungsverhältnis zu einem anerkannten Ausbilder, der die Ausbildung leitet, handeln[306] (siehe auch Rn 159).

Bei der Wahl der Ausbildung ist außerdem zu berücksichtigen, ob und inwieweit unter Einschätzung der Lage auf dem Arbeitsmarkt für den Bedürftigen eine konkrete Aussicht auf eine angemessene Erwerbstätigkeit besteht.[307]

Es muß eine einigermaßen sichere Aussicht bestehen, daß die notwendige Ausbildung **erfolgreich abgeschlossen** werden wird.[308]

Dies wird vor allem von der Befähigung, dem Gesundheitszustand, dem Alter, der Einsatzbereitschaft des Bedürftigen und von sonstigen konkreten äußeren Umständen abhängen. Der Bedürftige ist verpflichtet, seine Ausbildung zielstrebig, intensiv und mit Fleiß zu betreiben.

---

[298] BGH, FamRZ 1986, 1085 = R 305 a; FamRZ 1984, 561 = R 203 a
[299] BGH, FamRZ 1985, 782 = R 262
[300] BGH, FamRZ 1984, 561 = R 203 a
[301] BGH, FamRZ 1982, 360 = NJW 1982, 1869
[302] BGH, FamRZ 1987, 691 = R 332 a
[303] BGH, FamRZ 1986, 553 = R 276 a
[304] BGH, FamRZ 1987, 795 = R 333 a
[305] BGH, FamRZ 1984, 561, 563 = R 203 b
[306] BGH, FamRZ 1987, 795 = R 333 a
[307] BGH, FamRZ 1986, 553 = R 276 a
[308] BGH, FamRZ 1986, 553 = R 276 a

2. Abschnitt: Besonderheiten und Anspruchstatbestände § 4

Erfüllt der Bedürftige seine Ausbildungsobliegenheit, so besteht für die Dauer einer durchschnittlichen Ausbildung ein **zeitlich begrenzter Anspruch auf Ausbildungsunterhalt**.[309]
– Dieser Anspruch beruht auf §§ 1573 I i. V. mit 1574 III BGB, nicht auf § 1575 BGB.[310]
– Der Anspruch umfaßt sowohl die **laufenden Lebenshaltungskosten** (§ 1578 I 1 BGB) als auch nach § 1578 II BGB zusätzliche besondere **Ausbildungskosten**.[311]
– Auf den Unterhaltsanspruch sind staatliche Förderungsleistungen nach dem AfG oder nach dem BAföG bedürftigkeitsmindernd anzurechnen.

Kommt der Bedürftige seiner Ausbildungsobliegenheit schuldhaft nicht rechtzeitig nach, so darf er sich nach § 1579 Nr. 3 BGB nicht mehr auf seine Ausbildungsberechtigung berufen, wenn sein bisheriges Verhalten als mutwillige Herbeiführung der Bedürftigkeit im Sinn dieser Vorschrift gewertet werden kann. Dies gilt auch, wenn bereits während der Trennungszeit eine Erwerbs- und Ausbildungsobliegenheit nach § 1361 I BGB bestanden hatte und eine rechtzeitig aufgenommene Ausbildung inzwischen ganz oder teilweise abgeschlossen wäre.[312]

146

In einem solchen Fall erlischt sowohl der Ausbildungsanspruch als auch ein Erwerbslosigkeitsanspruch nach den § 1573 I, III BGB. An deren Stelle kann aber ein Anspruch nach § 1573 II BGB treten. **Wer mutwillig**, d. h. in Kenntnis der Auswirkungen auf den Unterhaltsanspruch, eine ihm obliegende **Ausbildung unterläßt**, kann rechtlich so behandelt werden wie jemand, der sich nicht in ausreichender Weise um eine zumutbare angemessene Erwerbstätigkeit bemüht. Es sind ihm **fiktive Einkünfte zuzurechnen**, die er bei ordnungsgemäßer Ausbildung aus einer angemessenen Erwerbstätigkeit hätte erzielen können. Im Fall der **Verletzung einer Fortbildungsobliegenheit** wird sogar die Ansicht vertreten, daß der unterhaltsbegehrende Ehegatte bei der Beurteilung der Beschäftigungschancen für die Aufnahme einer Erwerbstätigkeit auch auf die Aufnahme einer nicht angemessenen Erwerbstätigkeit verwiesen werden darf, aus der gegebenenfalls fiktive Einkünfte zuzurechnen sind.[313] Decken diese zuzurechnenden fiktiven Einkünfte nicht den Unterhaltsbedarf nach § 1578 I 1 BGB, so besteht in Höhe der verbleibenden Differenz ein Anspruch auf Aufstockungsunterhalt nach § 1573 II BGB.[314] Dasselbe gilt, wenn die Ausbildung nicht mit dem erforderlichen Einsatz intensiv und zielstrebig betrieben wird oder nicht innerhalb einer normalen Ausbildungszeit abgeschlossen wird. Für den Anspruch eines Kindes auf Ausbildungsunterhalt (§ 1610 II BGB) hat der BGH[315] ausgesprochen, daß dem Ausbildungsanspruch ein **Gegenseitigkeitsprinzip** immanent ist, **dessen Verletzung**, weil die Ausbildung nicht mit Fleiß sowie der gebotenen Schnelligkeit und Zielstrebigkeit betrieben wird, **den Anspruch entfallen läßt**. Diese Grundsätze lassen sich auch auf den nachehelichen Ausbildungsunterhalt übertragen.

Der Anspruch nach § 1573 I BGB lebt bei einer **verspätet aufgenommenen Ausbildung** nicht wieder auf. Dies ergibt sich aus dem zeitlichen Zusammenhang der Ausbildungsobliegenheit nach § 1574 III BGB und der Erwerbsobliegenheit nach § 1573 I BGB sowie daraus, daß der Anspruch nach § 1573 I BGB wirksam und endgültig in einen Anspruch aus § 1573 II BGB übergegangen ist.

Findet der Bedürftige trotz ordnungsgemäßen Ausbildungsabschlusses keine angemessene Erwerbstätigkeit i. S. von § 1574 II BGB, dann besteht der Anspruch nach § 1573 I BGB unverändert weiter.

k) Zu den Begriffen Ausbildung, Fortbildung oder Umschulung siehe Rn 159.

---

[309] BGH, FamRZ 1986, 553 = R 276 a
[310] BGH, FamRZ 1985, 782 = R 262; FamRZ 1984, 561, 563 = R 203 b
[311] BGH, FamRZ 1985, 782 = R 262
[312] BGH, FamRZ 1986, 553, 555 = R 276 b
[313] OLG Hamburg, FamRZ 1991, 1298
[314] BGH, FamRZ 1988, 927, 929 = R 358 d; FamRZ 1986, 553, 555 = R 276 b + c
[315] BGH, FamRZ 1998, 671 = R 523

VIII. Ausbildungsunterhalt nach § 1575 BGB

1. Zweck des Ausbildungsanspruchs nach § 1575 BGB und Verhältnis zum Ausbildungsanspruch nach den §§ 1573 I, 1574 III BGB sowie Bedeutung des § 1575 III BGB

147   Der Anspruch nach § 1575 I und II BGB **soll ehebedingte Ausbildungsnachteile ausgleichen** und dem Bedürftigen einen besseren Ausbildungsstand und damit anspruchsvollere Erwerbstätigkeiten ermöglichen, als es angemessene Erwerbstätigkeiten i. S. von § 1574 II BGB wären. Keine Voraussetzung für § 1575 BGB ist, daß der Bedürftige ohne die Ausbildung keine angemessene Erwerbstätigkeit i. S. von § 1574 II BGB finden würde.[316]

Demgegenüber besteht ein Anspruch auf **Ausbildungsfinanzierung** nach den §§ 1574 III, 1573 I BGB nur, wenn die Ausbildung notwendig ist, damit eine angemessene Erwerbstätigkeit i. S. von § 1574 II BGB ausgeübt werden kann (Genaueres Rn 144 ff).

Die Ansprüche nach § 1575 BGB und den §§ 1574 III, 1573 I BGB bestehen nach Voraussetzung und Dauer völlig unabhängig voneinander.

Sie können gleichzeitig vorliegen, wenn z. B. die Ausbildung sowohl erforderlich ist, um ehebedingte Ausbildungsnachteile auszugleichen, als auch, um nach Ausbildungsabschluß eine angemessene Erwerbstätigkeit finden zu können.

Findet der Bedürftige nach Abschluß einer niveausteigernden Ausbildung gemäß § 1575 BGB keine seinem neuen Ausbildungsniveau entsprechende Arbeitsstelle, dann entsteht nach § 1573 I und III BGB ein **Anspruch auf Erwerbslosigkeitsunterhalt als Anschlußunterhalt**. Insoweit kann sich nach §§ 1573 I, 1574 III BGB ein weiterer Anspruch auf Ausbildungsunterhalt ergeben, wenn er ohne zusätzliche Ausbildung keine angemessene Erwerbstätigkeit zu finden vermag. Für den Anschlußunterhalt (§ 1573 I BGB) bleibt bei Bestimmung der angemessenen Erwerbstätigkeit i. S. von § 1574 II BGB der erreichte **höhere Ausbildungsstand** gemäß Ausbildung im Rahmen des § 1575 BGB außer Betracht (§ 1575 III BGB).

Im **Mangelfall** kann es zweifelhaft sein, ob ein Anspruch nach § 1575 BGB besteht, falls der angemessene Lebensbedarf des Pflichtigen infolge des Ausbildungsunterhalts i. S. des § 1581 BGB gefährdet wäre. Der Billigkeitsunterhalt, der bei Anwendung des § 1581 BGB zu leisten ist, setzt stets voraus, daß die mit der Unterhaltsleistung verbundenen Belastungen und Beschränkungen dem Verpflichteten nur zugemutet werden dürfen, wenn auch dem Berechtigten entsprechende Einschränkungen und Opfer zugemutet werden.[317]

2. Die Voraussetzungen des Ausbildungsunterhalts nach § 1575 I BGB

148   Nach § 1575 I BGB besteht für die normale Dauer einer Ausbildung ein Anspruch auf Ausbildungsunterhalt, wenn der Bedürftige, der in Erwartung der Ehe oder während der Ehe eine Schul- oder Berufsausbildung nicht aufgenommen oder abgebrochen hat, diese oder eine entsprechende Ausbildung sobald wie möglich aufnimmt, um eine angemessene Erwerbstätigkeit, die den Unterhalt nachhaltig sichert, zu erlangen, und wenn der erfolgreiche Abschluß der Ausbildung zu erwarten ist. Dabei sind ehebedingte Ausbildungsverzögerungen zu berücksichtigen.

Ein solcher Anspruch kann auch bestehen, wenn der Bedürftige eine nach § 1574 II BGB angemessene Erwerbstätigkeit an sich finden könnte. Der Anspruch hat neben der Erlangung oder Festigung der wirtschaftlichen Selbständigkeit vor allem den Ausgleich von Nachteilen zum Ziel, die ein Ehegatte in seinem beruflichen Fortkommen mit Rücksicht auf die Ehe auf sich genommen hat. Der Anspruch ermöglicht deshalb Niveausteigerungen gegenüber den ehelichen Lebensverhältnissen.[318]

---

[316] BGH, FamRZ 1987, 795 = R 333 a
[317] BGH, FamRZ 1985, 782 = R 262
[318] BGH, FamRZ 1985, 782 = R 262

2. Abschnitt: Besonderheiten und Anspruchstatbestände § 4

Die gesetzliche Einschränkung, daß die Ausbildung zu einer angemessenen Erwerbstätigkeit führen muß, stellt lediglich sicher, daß der Verpflichtete kein Studium finanzieren muß, das lediglich zum bloßen Vergnügen betrieben wird. Dagegen schließt sie den Bedürftigen, der bereits eine angemessene Erwerbstätigkeit aufnehmen könnte, jedoch durch die Ausbildung eine ohne die Ehe schon früher erreichte Verbesserung seines Status im Erwerbsleben anstrebt, nicht von einem Anspruch nach § 1575 BGB aus.[319]

a) Anspruchsvoraussetzungen. Nach § 1575 I BGB bestehen folgende Anspruchsvoraussetzungen:
– Der Bedürftige muß **in Erwartung der Ehe oder während der Ehe** eine Schul- oder Berufsausbildung **nicht aufgenommen oder abgebrochen** haben (Rn 149).
– Der Bedürftige muß diese oder eine entsprechende Ausbildung **sobald wie möglich nach der Scheidung aufgenommen** haben (Rn 150).
– Die Ausbildung muß notwendig sein, um eine angemessene Erwerbstätigkeit zu erlangen, die den Unterhalt nachhaltig sichert (Rn 151).
– Der Ausbildungsabschluß muß **innerhalb normaler Ausbildungszeit** zu erwarten sein, wobei ehebedingte Ausbildungsverzögerungen zu berücksichtigen sind (Rn 152).

Ehebedingte Nichtaufnahme einer Ausbildung oder Abbruch einer Ausbildung. 149

Da der Anspruch nach § 1575 I BGB ehebedingte Ausbildungsnachteile ausgleichen soll, muß ein Ehegatte, der **weder vor noch während der Ehe** eine **Ausbildung begonnen** hat, darlegen und nachweisen, daß er wegen der Ehe eine Ausbildung unterlassen hat. Es müssen bereits feste Berufspläne bestanden haben und zumindest konkrete Maßnahmen getroffen worden sein, wie z. B. die Anmeldung bei einer Ausbildungsstätte u. ä., um diese Pläne zu verwirklichen.[320] Die bloße Äußerung von Berufswünschen reicht hierzu nicht aus.[321] Es kann kein Hochschulstudium begonnen werden, wenn es nicht den ehelichen Lebensverhältnissen und dem Niveau der Ausbildung entspricht, die infolge der Eheschließung und der Kindererziehung nicht zu Ende geführt wurde.[322]

Ist eine **Ausbildung vor der Ehe abgebrochen** worden, muß der Bedürftige die Ehebedingtheit des Abbruchs darlegen und nachweisen.

Wird die **Ausbildung** dagegen erst **während der Ehe abgebrochen**, muß der Abbruch nicht wegen der Ehe erfolgt sein. Das Gesetz nimmt in Kauf, daß ein Anspruch auf Fortsetzung der abgebrochenen Ausbildung auch bei Nichtursächlichkeit besteht.[323]

Dem Abbruch einer Ausbildung kann eine längere **krankheitsbedingte Unterbrechung** der Fortbildung gleichgesetzt werden.[324]

Der Bedürftige muß die unterlassene oder abgebrochene Ausbildung oder eine entsprechende Ausbildung sobald wie möglich aufnehmen. 150

Aufzunehmen ist die konkret unterlassene oder abgebrochene Ausbildung oder eine entsprechende Ausbildung. Entsprechend ist eine im Niveau etwa gleichwertige Ausbildung. Die **Aufnahme einer nicht gleichwertigen Ausbildung** rechtfertigt keinen Anspruch nach § 1575 BGB.[325] Dies gilt z. B., falls eine deutlich höherwertige Ausbildung begonnen wird.[326] Auch die Vorbereitung einer Promotion nach Abschluß eines Hochschulstudiums, die lediglich die Arbeitsmarktchancen verbessern soll, rechtfertigt keinen Ausbildungsunterhalt.[327]

War die abgebrochene **Ausbildung bereits weit fortgeschritten**, muß sie fortgesetzt werden. Es darf dann keine gleichwertige Ausbildung neu aufgenommen werden.

Kommen bei der Wahl einer gleichwertigen Ausbildung mehrere Ausbildungsgänge in Betracht, darf der Bedürftige eine **besonders zeit- und kostenaufwendige Ausbil-**

---

[319] BGH, FamRZ 1985, 782 = R 262
[320] OLG Bamberg, FamRZ 1981, 150
[321] OLG Frankfurt, FamRZ 1985, 712
[322] OLG Frankfurt, FamRZ 1995, 879
[323] BGH, FamRZ 1980, 126 = NJW 1980, 393
[324] BGH, FamRZ 1980, 126 = NJW 1980, 393
[325] OLG Düsseldorf, FamRZ 1980, 585
[326] OLG Frankfurt, FamRZ 1995, 879
[327] OLG Düsseldorf, FamRZ 1987, 708

dung nur dann wählen, wenn außergewöhnliche Gründe vorliegen, die geeignet sind, die hohe Unterhaltsbelastung des Verpflichteten während der Ausbildungszeit zu rechtfertigen. Fehlen solche außergewöhnlichen Gründe, muß eine möglichst kurze und kostengünstige Ausbildung gewählt werden.[328]

Bei der gewählten Ausbildung muß es sich um ein nach einem bestimmten Ausbildungsplan ausgerichtetes **anerkanntes Ausbildungsverhältnis** zu einem die Ausbildung leitenden Ausbilder handeln. Eine selbständige Tätigkeit in einem Buchhandel als Mitunternehmerin ist keine solche Ausbildung.[329]

Die **Ausbildung muß sobald wie möglich** nach der Scheidung **aufgenommen werden**. Ein fester Einsatzzeitpunkt wurde nicht gesetzlich fixiert. Eine gewisse Überlegungszeit ist zuzubilligen. Bei zurechenbaren Verzögerungen entfällt ein Anspruch, nicht dagegen bei Hindernissen, die der Bedürftige nicht zu vertreten hat. Auch eine Zeitspanne von 14 Monaten nach Scheidung kann im Einzelfall noch rechtzeitig sein, wenn der Berechtigte zunächst vergeblich versucht hat, mit Hilfe seiner früheren beruflichen Erfahrungen aus einer abgebrochenen Ausbildung nachhaltig ins Berufsleben einzutreten.[330] Der Unterhaltsanspruch umfaßt auch die Zeit bis zur Aufnahme einer Ausbildung.[331]

Ein **Ausbildungsanspruch** kann auch bereits **vor der Scheidung** nach § 1361 BGB entstehen. Der Anspruch nach § 1575 BGB erfaßt dann die Fortsetzung der Ausbildung nach der Scheidung.[332] Zur Ausbildung bei Trennung siehe Rn 9 und 10.

151 Die Ausbildung muß notwendig und geeignet sein, um eine angemessene Erwerbstätigkeit zu erlangen, die den Unterhalt nachhaltig sichert.

Diese gesetzliche Einschränkung stellt sicher, daß vom Verpflichteten **keine Ausbildung** finanziert werden muß, die **zum bloßen Vergnügen** betrieben wird.[333]

Ziel der Ausbildung bleibt, daß der Bedürftige nach der Ausbildung eine angemessene Erwerbstätigkeit ausüben kann und dadurch wirtschaftlich selbständig wird.

Zur Wahl der Ausbildung ist prognostisch zu berücksichtigen, ob und inwieweit unter Einschätzung der konkreten Lage auf dem Arbeitsmarkt für den Bedürftigen eine berechtigte Aussicht besteht, daß er eine der Ausbildung entsprechende angemessene Erwerbstätigkeit finden wird.[334] Bei negativer Prognose entfällt ein Ausbildungsanspruch. Ein Ausbildungsanspruch kann auch entfallen, wenn die Ausbildung wegen des Alters des Bedürftigen **nicht mehr sinnvoll** ist.[335]

Die anzustrebende angemessene Erwerbstätigkeit i. S. von § 1575 BGB kann ein **höheres Niveau beinhalten** als die angemessene Erwerbstätigkeit nach § 1574 II BGB (siehe Rn 147). Ferner handelt es sich im Rahmen des § 1575 BGB um Anlagen, die durch die Ausbildung erst entwickelt werden können, während § 1574 II BGB von Anlagen ausgeht, die bei Scheidung bereits entwickelt sein müssen (Rn 138).

Zur nachhaltigen Unterhaltssicherung durch eine Erwerbstätigkeit siehe Rn 118.

152 Der erfolgreiche **Abschluß einer Ausbildung** muß **innerhalb normaler Ausbildungszeit** zu erwarten sein. Abzustellen ist dabei auf eine durchschnittlich aufzuwendende Ausbildungszeit, nicht auf eine Mindeststudienzeit.

Für diese Beurteilung kommt es vor allem auf die Befähigung, den Gesundheitszustand, das Alter und die Einsatzbereitschaft des Bedürftigen an, aber auch auf sonstige konkrete äußere Umstände. Der Bedürftige ist verpflichtet, die Ausbildung zielstrebig und fleißig zu betreiben und innerhalb angemessener und üblicher Dauer abzuschließen.

Die Erfolgsaussicht muß sowohl bei Ausbildungsaufnahme als auch während des weiteren Verlaufs der Ausbildung bestehen.

---

[328] BGH, FamRZ 1984, 561, 563 = R 203 b
[329] BGH, FamRZ 1987, 795 = R 333 a
[330] OLG Köln, FamRZ 1996, 867
[331] OLG Hamm, FamRZ 1983, 181
[332] BGH, FamRZ 1985, 782 = R 262
[333] BGH, FamRZ 1987, 795 = R 333 a; FamRZ 1985, 782 = R 262
[334] BGH, FamRZ 1986, 553 = R 276 a
[335] BGH, FamRZ 1987, 691 = R 332 a

2. Abschnitt: Besonderheiten und Anspruchstatbestände § 4

Der Tatrichter hat insoweit eine realistische Prognose zu treffen. Fällt sie negativ aus, besteht kein Anspruch nach § 1575 I BGB. Erbringt der Bedürftige schuldhaft nicht die erforderlichen Ausbildungsleistungen, wie z. B. Zwischenprüfungen, Vordiplom u. ä., verliert er seinen Ausbildungsanspruch. Der Ausbildungsanspruch erlischt ferner mit Ablauf der üblichen Ausbildungszeit.

Ehebedingte Verzögerungen der Ausbildung sind allerdings **zu berücksichtigen** (§ 1575 I 2 BGB), d. h., sie können eine Verlängerung der Ausbildungszeit rechtfertigen. Dazu zählen z. B. Betreuung eines gemeinschaftlichen Kindes oder Umstellungsschwierigkeiten nach der Scheidung. Krankheitsbedingte Verzögerungen der Ausbildung sind, auch wenn die Krankheit selbst mit der Ehe nichts zu tun hat, jedenfalls dann wie ehebedingte Verzögerungen zu behandeln, wenn sie von dem einverständlich aufrechterhaltenen Eheplan gedeckt sind und von den Eheleuten einverständlich in Kauf genommen worden sind.[336] Keine ehebedingten Verzögerungen sind solche, die aus rein persönlichen Gründen des Bedürftigen entstehen.[337]

Ein **Ausbildungswechsel** muß nicht finanziert werden.

b) BGH-Rechtsprechung. Nach der Rechtsprechung des BGH besteht nach § 1575 I oder II BGB **kein Anspruch auf** die Finanzierung einer niveausteigernden **Zweit- oder Drittausbildung**, wenn der Bedürftige bereits über eine abgeschlossene Berufsausbildung verfügt, die ihm die Ausübung einer einträglichen angemessenen Erwerbstätigkeit ermöglicht. Dies ginge über den Bereich der nachehelichen Solidarität hinaus. Unmaßgeblich ist, ob die Erstausbildung vor oder während der Ehe oder erst nach der Scheidung stattgefunden hat. Auch, daß der Ehepartner die mit der Ausbildung verbundenen Nachteile nicht getragen hat, ändert nichts. Vor allem ein Studium scheidet als zulässige weitere Ausbildung aus, weil die in § 1575 II BGB angesprochene Fortbildung oder Umschulung im Sinne des früheren Arbeitsförderungsgesetzes zu verstehen ist, das die Hoch- oder Fachhochschulausbildung aus seinem Förderungsbereich ausgeschlossen hatte[338] – siehe Rn 158. 153

Nach der Rechtsprechung des BGH muß der Bedürftige außerdem wegen der Ausbildung an der Ausübung einer Erwerbstätigkeit gehindert sein. Der Anspruch nach § 1575 I oder II BGB kann danach daran scheitern, daß **der Bedürftige bereits einer angemessenen Erwerbstätigkeit nachgeht**.[339] 154

Dies gilt aber nach den der BGH-Entscheidung (Fn 263) zugrundeliegenden Verhältnissen nur für einen Anspruch nach § 1575 BGB, der in seiner Zielrichtung deckungsgleich ist mit einem Anspruch nach den §§ 1574 III, 1573 I BGB. Es gilt nicht für einen über § 1574 III BGB hinausgehenden niveausteigernden Anspruch nach § 1575 BGB. Wenn z. B. der Berechtigte bereits einer angemessenen Erwerbstätigkeit im Sinn des § 1574 II BGB nachgeht, aber zum Zweck der Niveausteigerung berechtigterweise durch den Besuch eines Abendgymnasiums eine aus ehebedingten Gründen abgebrochene Ausbildung nachholt, besteht trotz der Ausübung einer angemessenen Erwerbstätigkeit ein Anspruch nach § 1575 I BGB, der eine niveauerhöhende Erwerbstätigkeit ermöglichen soll.

Dieser Anspruch geht auf den vollen Unterhalt nach § 1578 I 1 BGB einschließlich zusätzlicher Ausbildungskosten (§ 1578 II BGB). Mit ihm sind die Einkünfte aus der angemessenen Erwerbstätigkeit zu verrechnen, und zwar mittels der Differenzmethode bei prägenden Einkünften und mittels der Anrechnungsmethode bei nichtprägenden Einkünften.

c) Sonstiges. Die Leistung von **Ausbildungsunterhalt muß** dem Verpflichteten im Hinblick auf seine wirtschaftlichen Verhältnisse **zumutbar sein.** Diese Voraussetzung ergibt sich zwar nicht aus dem Gesetz, wohl aber aus dem Gegenseitigkeitsprinzip, das auch dem ehelichen Unterhaltsrecht zugrunde liegt[340] – vgl. auch Rn 146. Insoweit ist auch 155

---

[336] BGH, FamRZ 1980, 126 = NJW 1980, 393
[337] BGH, FamRZ 1980, 126 = NJW 1980, 393
[338] BGH, FamRZ 1985, 782 = R 262
[339] BGH, FamRZ 1987, 795, 797 = R 333 b
[340] BGH, FamRZ 1985, 782 = R 262; FamRZ 1980, 665 = R 39 a

eine Zumutbarkeitsabwägung erforderlich zwischen der Schwere der durch die Ausbildung auszugleichenden ehebedingten Nachteile und der konkreten wirtschaftlichen Belastung des Verpflichteten durch die Zahlung des Ausbildungsunterhalts.

Der für die Dauer der Ausbildung zeitlich begrenzte Ausbildungsunterhalt bemißt sich nach § 1578 I und III BGB (siehe dazu Rn 145).

156 Scheitert die niveauerhöhende **Ausbildung** nach § 1575 I BGB unverschuldet oder findet der Bedürftige nach Ausbildungsabschluß keine der Ausbildung entsprechende Erwerbstätigkeit, dann erlischt der Ausbildungsunterhalt und es entsteht ein Anschlußunterhalt nach § 1573 I, III BGB[341] (siehe dazu Rn 147).

Nach § 1575 III BGB bleibt in diesem Fall **der** durch die Ausbildung gemäß § 1575 I BGB **erreichte höhere Ausbildungsstand** bei der Bestimmung der angemessenen Erwerbstätigkeit nach § 1574 II BGB **außer Betracht**. § 1575 III BGB ist praktisch ohne Bedeutung, wenn die Ausbildung zur Aufnahme einer angemessenen Erwerbstätigkeit i. S. von § 1574 II BGB und nicht zu einer niveausteigernden Erwerbstätigkeit notwendig war.

Kommt der Bedürftige seiner **Ausbildungsobliegenheit** mutwillig, d. h. in Kenntnis der unterhaltsrechtlichen Auswirkungen **nicht nach**, dann erlöschen die Ansprüche nach den §§ 1575, 1573 I BGB – vgl. Rn 146. Der Anspruch nach § 1573 I BGB kann in einen Anspruch auf Ergänzungsunterhalt nach § 1573 II BGB übergehen, wenn fiktiv zuzurechnende Einkünfte, die bei ordnungsgemäßer Ausbildung hätten erzielt werden können, nicht den Bedarf nach § 1578 I 1 BGB decken (Genaueres dazu Rn 146).

Zum Begriff der Ausbildung siehe Rn 159.

3. Der Anspruch auf Fortbildung oder Umschulung nach § 1575 II BGB

157 Nach § 1575 II BGB gilt § 1575 I BGB entsprechend, wenn sich der Bedürftige fortbilden oder umschulen läßt, um Nachteile auszugleichen, die durch die Ehe eingetreten sind.

Dieser Anspruch bezweckt den Ausgleich beruflicher Nachteile, die der Bedürftige kausal durch die Ehe erlitten hat. Er soll es ihm ermöglichen, durch Fortbildung oder Umschulung wieder eine vollwertige Kraft im Berufsleben zu werden. Es muß aber stets ein **Ursachenzusammenhang zwischen den ehebedingten Nachteilen und** der notwendigen **Fortbildung oder Umschulung** bestehen.

Der Anspruch nach § 1575 II BGB hat folgende **Voraussetzungen**, die sich weitgehend mit denen des § 1575 I BGB decken, weshalb insoweit auf die entsprechenden Ausführungen (Rn 148 ff) verwiesen wird:
– Die Fortbildung oder Umschulung muß notwendig sein zum Ausgleich von kausalen ehebedingten Nachteilen (Rn 158).
– Die Fortbildung oder Umschulung muß erforderlich sein, um eine angemessene Erwerbstätigkeit zu erlangen, die den Unterhalt nachhaltig sichert (siehe Rn 151).
– Die Fortbildung oder Umschulung muß sobald wie möglich aufgenommen werden (siehe Rn 150).
– Der erfolgreiche Abschluß muß innerhalb normaler Fortbildungszeit zu erwarten sein (siehe Rn 152).
– Die Fortbildungs- oder Umschulungsmaßnahme darf kein Hochschulstudium sein (Rn 158).

158 Die ehebedingten Nachteile i. S. von § 1575 II BGB können vielfältiger Art sein. Soweit es dabei um berufliche Nachteile geht, ergeben sich solche aus einem Vergleich der beruflichen Stellung, die der Ehegatte voraussichtlich ohne die Eheschließung haben würde, mit der derzeitigen Situation aufgrund der Ehe. Ein solcher Nachteil liegt nicht nur dann vor, wenn die jetzt mögliche berufliche Stellung einen geringeren Lebensstandard ermöglicht als die ohne Eheschließung erreichte berufliche Stellung, sondern auch dann, wenn die jetzt mögliche berufliche Stellung dem Bedürftigen keine angemessene

---

[341] OLG Hamm, FamRZ 1983, 181

2. Abschnitt: Besonderheiten und Anspruchstatbestände § 4

Entfaltung seiner Fähigkeiten und Kenntnisse erlaubt, wobei allerdings eine optimale berufliche Erfüllung nicht verlangt werden kann. Der Bedürftige ist hierzu darlegungs- und beweispflichtig.[342]

Fortbildung oder Umschulung i. S. von § 1575 II BGB setzt eine bereits **abgeschlossene Berufsausbildung oder Berufserfahrung** voraus. Dies ergibt sich daraus, daß für die Begriffe Fortbildung und Umschulung das Verständnis dieser Begriffe nach dem früheren Arbeitsförderungsgesetz maßgebend ist, welches für eine Fortbildung oder Umschulung eine abgeschlossene Berufsausbildung oder angemessene Berufserfahrung verlangte[343] (siehe auch nachfolgend Rn 159).

Nach dem früheren § 34 IV AFG war ein Hochschul- oder Fachhochschulstudium aus dem Förderbereich ausgeschlossen. Durch die gesetzliche Neuregelung (§§ 77 ff SGB III) sollte der Kreis der Fördermaßnahmen weder verengt noch erweitert werden, so daß die Rechtslage sich materiell nicht geändert hat.[344] Deshalb kann nach § 1575 II BGB **keine Finanzierung eines** solchen **Studiums** verlangt werden.[345]

Der Fortbildungs- oder Umschulungsunterhalt ist **zeitlich begrenzt** für die durchschnittliche Dauer der Fortbildung oder Umschulung. Er bemißt sich umfangmäßig nach § 1578 I und III BGB (siehe auch Rn 145).

Zu den Folgen bei einem Scheitern der Fortbildung oder Umschulung oder bei Arbeitslosigkeit nach Abschluß der Fortbildung oder Umschulung gilt Entsprechendes wie zu Rn 146 und 156.

4. Ausbildung, Fortbildung, Umschulung

Ausbildung ist im weitesten Sinn zu verstehen. Es muß sich um ein anerkanntes festes Berufsausbildungsverhältnis zu einem Ausbilder handeln, der die Ausbildung nach einem bestimmten Ausbildungsplan leitet. Eine bereits ausgeübte selbständige berufliche Tätigkeit ist selbst dann keine Ausbildung, wenn sie die Zulassung zu einer berufsqualifizierenden Prüfung ermöglicht.[346] In Hinblick auf die gesetzliche Neuregelung (§ 77 I Nr. 4 SGB III) muß es sich um eine vom Arbeitsamt anerkannte Maßnahme der Weiterbildungsförderung handeln. **159**

Die neue gesetzliche Regelung in § 77 SGB III benutzt nur noch den Oberbegriff „**Berufliche Weiterbildung**", unter welche sowohl berufliche Fortbildung als auch berufliche Umschulung fallen, ohne daß sich deren Definition geändert hätte.[347] Bei ungelernten Arbeitnehmern ist im Gegensatz zum früher geltenden AFG nicht mehr erforderlich, daß sie eine berufliche Qualifikation im Sinne eines anerkannten Berufsabschlusses erwerben konnten. Nach § 77 I Nr. 1 SGB III genügt, daß sie ihre bisherige berufliche Qualifikation zum Zwecke der Wiedereingliederung in den Arbeitsmarkt erweitern.[348]

Unter beruflicher **Fortbildung** ist nach der Legaldefinition des früheren § 41 I AFG die Teilnahme an Maßnahmen zu verstehen, die das Ziel haben, berufliche Kenntnisse und Fertigkeiten festzustellen, zu erhalten und zu erweitern oder der technischen Entwicklung anzupassen oder einen beruflichen Aufstieg zu ermöglichen. Die berufliche Fortbildung setzt eine abgeschlossene Berufsausbildung oder angemessene Berufserfahrung voraus[349] – siehe dazu § 77 II u. III SGB III.

Unter beruflicher **Umschulung** ist nach dem früheren § 47 I AFG die Teilnahme an Maßnahmen zu verstehen, die das Ziel haben, einem Arbeitsuchenden den Übergang in eine andere geeignete berufliche Tätigkeit zu ermöglichen, insbesondere um die berufliche Beweglichkeit zu sichern und zu verbessern. Auch die berufliche Umschulung setzt

---

[342] BGH, FamRZ 1984, 988 = R 191 a
[343] BGH, FamRZ 1987, 795, 797 = R 333 b
[344] Dalichau-Grüner, Arbeitsförderung (SGB III), I. 1. zu § 77 SGB III
[345] BGH, FamRZ 1985, 782, 783 = R 262
[346] BGH, FamRZ 1987, 795 = R 333 a
[347] Dalichau-Grüner, Arbeitsförderung (SGB III), I. 1. zu § 77 SGB III
[348] Dalichau-Grüner, Arbeitsförderung (SGB III), III. zu § 77 SGB III
[349] BGH, FamRZ 1987, 795, 797 = R 333 b

IX. Billigkeitsunterhalt nach § 1576 BGB

1. Anspruchsvoraussetzungen und Normzweck des § 1576 BGB

160 Nach § 1576 BGB besteht ein Anspruch auf Billigkeitsunterhalt, soweit und solange vom Bedürftigen aus sonstigen schwerwiegenden Gründen eine Erwerbstätigkeit nicht erwartet werden kann und eine Versagung von Unterhalt unter Berücksichtigung der Belange beider Ehegatten grob unbillig wäre. Schwerwiegende Gründe dürfen nicht allein deswegen berücksichtigt werden, weil sie zum Scheitern der Ehe geführt haben.

Der Billigkeitsunterhalt hat danach folgende **Voraussetzungen:**
- Es muß ein sonstiger schwerwiegender Grund vorliegen (Rn 161).
- Wegen des schwerwiegenden Grundes ist eine Erwerbstätigkeit nicht oder nur teilweise zu erwarten.
- Die Versagung des Unterhalts wäre unter Berücksichtigung der Belange beider Ehegatten grob unbillig (Rn 162).

Bei § 1576 BGB handelt es sich um eine **Härteklausel für Ausnahmefälle.** Diese Härteklausel oder Billigkeitsklausel ist kein Ersatz für die vom Gesetzgeber abgelehnte unterhaltsrechtliche Generalklausel. Sie soll nach Art eines Auffangtatbestandes Regelungslücken schließen und die **Erfassung jeder ehebedingten Unterhaltsbedürftigkeit** sicherstellen. Ferner soll sie Härten vermeiden, die sich aus dem enumerativen Tatbestandskatalog der §§ 1570 bis 1575 BGB ergeben.[351]

Die §§ 1570 ff BGB dienen zur Orientierung bei der Auslegung des § 1576 BGB. § 1576 BGB soll Lücken bei den §§ 1570 bis 1575 BGB füllen und eingreifen, wenn und soweit nach diesen genau umrissenen Tatbeständen Unterhaltsansprüche nicht bestehen.[352]

§ 1576 BGB soll einerseits sicherstellen, daß jede ehebedingte Unterhaltsbedürftigkeit erfaßt wird. Er ist aber andererseits – wie die Tatbestände der §§ 1570 ff BGB – **nicht auf ehebedingte Bedürfnislagen beschränkt.** Deshalb müssen weder die „schwerwiegenden Gründe" noch die „Unterhaltsbedürftigkeit" ehebedingt sein.[353]

2. Vorliegen eines sonstigen schwerwiegenden Grundes

161 Zur Orientierung für die Auslegung des Begriffs „sonstiger schwerwiegender Grund" dienen vor allem die Gründe, die den Tatbeständen der §§ 1570 bis 1572 BGB zugrunde liegen. Diese sonstigen Gründe müssen in ihrer Bedeutung und ihrem Gewicht den Tatbeständen der §§ 1570 bis 1572 BGB vergleichbar sein.[354]

Ehebedingtheit ist **keine Voraussetzung**, wohl aber ein wichtiger Anhaltspunkt dafür, ob ein sonstiger schwerwiegender Grund nach seinem Gewicht bejaht werden kann (siehe Rn 160). Wird eine geschiedene Ehefrau unterhaltsbedürftig, weil sie mehr als 1 Jahr nach der Scheidung ihre Arbeitsstelle in Polen aufgibt, um sich zu ihren erwachsenen Kindern nach Deutschland zu begeben, fehlt es an einer ehebedingten Bedürftigkeit und damit an einem schwerwiegenden Grund, weswegen keine Erwerbstätigkeit erwartet werden kann.[355]

---

[350] BGH, FamRZ 1987, 795, 797 = R 333 b
[351] BGH, FamRZ 1984, 361 = R 196 b; FamRZ 1983, 800 = R 170 a + b
[352] BGH, FamRZ 1984, 361 = R 196 b; FamRZ 1983, 800 = R 170 a
[353] BGH, FamRZ 1983, 800 = R 170 a
[354] BGH, FamRZ 1983, 800, 802 = R 170 b
[355] OLG Karlsruhe, FamRZ 1991, 1449

2. Abschnitt: Besonderheiten und Anspruchstatbestände § 4

Nach § 1576 S. 2 BGB dürfen schwerwiegende Gründe nicht allein deshalb berücksichtigt werden, weil sie zum Scheitern der Ehe geführt haben. Sie können aber neben anderen Gesichtspunkten einen Unterhaltsanspruch rechtfertigen und vor allem bei der Billigkeitsabwägung (Rn 162) bedeutsam werden.[356] Nach BGH ist **§ 1576 BGB** auch **zu prüfen, wenn ein Krankheitsunterhalt nur am Einsatzzeitpunkt scheitert**.[357]

Der BGH hat bisher einen solchen schwerwiegenden Grund bejaht bei der **Betreuung nicht gemeinschaftlicher Kinder**, wie Pflegekinder und Stiefkinder[358] (Genaueres dazu Rn 163). Haben die Eheleute ein Pflegekind erst kurz vor dem endgültigen Scheitern der Ehe aufgenommen, weil sie sich davon vergeblich eine Stabilisierung der Ehe versprachen, muß sich der pflichtige Ehegatte allerdings nicht an der Aufnahmeentscheidung festhalten lassen.[359] Dies scheint dann zutreffend, wenn sich das Pflegeverhältnis noch nicht so verfestigt hatte, daß die Beendigung der Pflege auch mit Rücksicht auf das betroffene Kind noch ohne weiteres möglich ist.

Nach dem OLG Düsseldorf kann § 1576 BGB auch bejaht werden bei **Betreuung eines pflegebedürftigen nahen Angehörigen**.[360] Ähnlich liegt der Fall bei Pflege und Erziehung eines Enkelkindes der Ehegatten, dessen Eltern für die Betreuung ausscheiden.[361]

Keine Anwendung findet § 1576 BGB bei Betreuung eines behinderten erwachsenen Stiefkindes, wenn sich dieses während der Ehe vereinbarungsgemäß in einem Heim aufgehalten hatte.[362] Betreut der geschiedene Ehegatte ein nach Rechtskraft der Scheidung geborenes **gemeinsames nichteheliches Kind** der Ehegatten, scheidet ein Unterhaltsanspruch nach § 1570 BGB aus (Rn 65). Die betreuende Mutter muß sich in diesem Fall mit dem Anspruch nach § 1615 l I u. II BGB begnügen.[363] Zur Frage, ob – ggf. nach Beendigung des befristeten Anspruchs nach § 1615 l I u. II BGB – ein Anspruch auf Billigkeitsunterhalt nach § 1576 BGB in Betracht kommt, hat der BGH den Standpunkt vertreten, daß § 1576 BGB nur nicht ausdrücklich geregelte Fälle nachehelichen Unterhalts auffangen wolle, der Anspruch der Mutter, die ein nichtehelichen Kind betreue, werde in § 1615 l BGB darüber hinaus abschließend behandelt. Dies zeige sich auch daran, daß die bisherige zeitliche Begrenzung des Anspruchs der betreuenden Mutter auf 3 Jahre nach der Geburt nach der Neufassung des § 1615 l II S. 3 BGB unter Berücksichtigung der Kindesbelange bei Vorliegen einer groben Unbilligkeit verlängert werden könne.[364] Anders liegt der Fall, wenn es sich zwar, belegt durch ein Abstammungsgutachten, um ein biologisch, nicht aber rechtlich gemeinsames Kind handelt (OLG Düsseldorf, FamRZ 1999, 1274).

3. Bei der Billigkeitsabwägung zu berücksichtigende Umstände

Nach § 1576 BGB muß eine Unterhaltsversagung unter Berücksichtigung der Belange beider Ehegatten grob unbillig sein, d. h. dem Gerechtigkeitsempfinden in unerträglicher Weise widersprechen.[365] Dazu ist eine **Billigkeitsprüfung unter Abwägung aller Umstände** des konkreten Falles durchzuführen.[366] Allein die Tatsache einer schicksalhaften Erkrankung genügt nicht, um grobe Unbilligkeit anzunehmen, sondern es müssen weitere besondere Umstände hinzukommen, die nicht unbedingt in der Ehe angelegt zu sein brauchen, die aber einen schutzwürdigen Vertrauenstatbestand schaffen.[367]

162

---

[356] BGH, FamRZ 1984, 361, 363 = R 196 d
[357] BGH, FamRZ 1990, 496, 499 = R 414 c
[358] BGH, FamRZ 1984, 361, 363 = R 196 c; FamRZ 1984, 769 = NJW 1984, 2355; FamRZ 1983, 800, 802 = R 170 a + b
[359] Vgl. OLG Hamm, FamRZ 1996, 1417
[360] OLG Düsseldorf, FamRZ 1980, 56
[361] AG Herne-Wanne, FamRZ 1996, 1016
[362] OLG Köln, FamRZ 1980, 1006
[363] BGH, FamRZ 1998, 426 = R 519 a
[364] BGH, aaO
[365] BGH, FamRZ 1983, 800, 802 = R 170 b
[366] BGH, FamRZ 1984, 361, 363 = R 196 d
[367] OLG Karlsruhe, FamRZ 1994, 104

Nach der Rechtsprechung des BGH sind u. a. folgende **Gesichtspunkte im Rahmen der Billigkeitsprüfung** zu berücksichtigen:[368]
— Ein Zusammenhang der Bedürfnislage mit den ehelichen Lebensverhältnissen.
— Ein Verhalten des Verpflichteten, aufgrund dessen der Bedürftige auf die Mitverantwortung für eine nacheheliche Bedürfnislage vertrauen durfte.
— Besondere Opfer des Bedürftigen für die Lebensgemeinschaft oder den Ehegatten beim Aufbau oder der Sicherung der Existenz oder in Krankheitszeiten und in sonstigen Notlagen.
— Eine lange Ehedauer, weil diese die nachwirkende Mitverantwortung erhöht.
— Alter, Krankheit und sonstige Umstände, die unter die §§ 1571, 1572 BGB fallen.
— Wirtschaftliche Verhältnisse beider Ehegatten, vor allem, wenn der Verpflichtete unschwer Unterhalt bezahlen kann.
— Eheliches Fehlverhalten des Bedürftigen.
— Betreuung nicht gemeinschaftlicher Kinder und Betreuung weiterer gemeinschaftlicher Kinder. Dabei kommt dem Kindeswohl gegenüber einem ehelichen Fehlverhalten oder den sonstigen Umständen ein besonderes Gewicht zu.

Da § 1576 BGB nur Unterhalt aufgrund einer Billigkeitsabwägung gewährt, bei der auch eheliches Fehlverhalten mitzuberücksichtigen ist, wird **§ 1579 BGB** auf einen Anspruch nach § 1576 BGB **nicht zusätzlich angewendet**. Aufgrund einer Abwägung nach § 1576 BGB sind allerdings auch andere Ergebnisse möglich als nach § 1579 BGB.[369]

4. Bisher vom BGH entschiedene Fälle zu § 1576 BGB bei Betreuung eines nicht gemeinschaftlichen Kindes

163 a) **Pflegekind.** Der bedürftige geschiedene Ehegatte betreut ein **Pflegekind**, das die Eheleute **gemeinsam** während der Ehe auf Dauer **aufgenommen** hatten. Hier spricht für die Zubilligung eines Unterhaltsanspruchs in erster Linie der Gesichtspunkt der gemeinschaftlich übernommenen Verantwortung für das Pflegekind. Auch die gesetzgeberische Grundentscheidung in den §§ 1570, 1579 BGB für das Kindeswohl und gegen das Interesse des nicht betreuenden Ehegatten von einer wegen eines Fehlverhaltens des anderen Ehegatten an sich unzumutbaren Unterhaltslast befreit zu werden, muß bei der Abwägung mitberücksichtigt werden. Bei der Abwägung kommt dem Wohl des Kindes gegenüber einem etwaigen Fehlverhalten des Ehegatten ein besonderes Gewicht zu. Ferner ist zu berücksichtigen, in welchem Alter das Kind aufgenommen wurde und wie lange es in den neuen Lebenskreis eingegliedert ist. Unabhängig davon, sind alle für und gegen die Zuerkennung des Anspruchs sprechenden Gründe zu prüfen.[370]

b) **Leibliches Kind.** Betreuung des **leiblichen Kindes eines Elternteils**, das während der Ehe mit Einwilligung des Stiefvaters in den häuslichen Haushalt aufgenommen worden war. Hier genügt die Einwilligung bei Aufnahme noch nicht, um einen Unterhaltsanspruch zu begründen. Es müssen gewichtige besondere Umstände hinzutreten, um einen Anspruch nach § 1576 zu rechtfertigen.[371]

Ähnlich wie bei b) ist der Fall zu beurteilen, wenn das Kind **nicht** von den Eheleuten **gemeinschaftlich**, sondern nur vom bedürftigen Ehegatten **in Pflege genommen** worden war und der andere Ehegatte der Aufnahme lediglich zugestimmt hatte. In diesem Fall hat der auf Unterhalt in Anspruch genommene Ehegatte die Verantwortung für das Kind nicht in gleicher Weise übernommen (wie im Fall a). Deshalb müssen auch hier noch gewichtige weitere Gründe hinzukommen.[372]

c) **Zum gemeinschaftlichen nichtehelichen Kind**, das nach der Scheidung geboren wurde – siehe Rn 161.

---

[368] BGH, FamRZ 1984, 361, 363 = R 196 d; FamRZ 1983, 800, 802 = R 170 b
[369] BGH, FamRZ 1984, 361, 363 = R 196 d
[370] BGH, FamRZ 1984, 361, 363 = R 196 d
[371] BGH, FamRZ 1983, 800, 802 = R 170 b
[372] BGH, FamRZ 1984, 769 = NJW 1984, 2355

3. Abschnitt: Bedarfsbemessung beim Ehegattenunterhalt   § 4

5. Einsatzzeitpunkt, Dauer und Höhe des Unterhaltsanspruchs

Da das Gesetz **keinen Einsatzzeitpunkt** vorsieht, kann der Anspruch grundsätzlich unbeschränkt nach der Scheidung originär entstehen, also nicht als Anschlußunterhalt. Im Rahmen der Billigkeitsprüfung wird mit **zunehmendem zeitlichen Abstand von der Scheidung** ein Unterhaltsanspruch nach § 1576 BGB eher zu versagen sein. Mit zunehmendem Zeitablauf wächst auch das Interesse des Verpflichteten daran und sein Vertrauen darauf, nicht mehr auf Unterhalt in Anspruch genommen zu werden. Insofern wird gefordert, daß der maßgebliche Grund i. S. des § 1576 BGB zumindest in einem zeitlichen oder sachlichen Zusammenhang mit den ehelichen Lebensverhältnissen steht.[373]   164

Billigkeitsgesichtspunkte sind auch bei der Entscheidung über die Höhe und Dauer des Anspruchs zu berücksichtigen. Der volle Unterhalt nach § 1578 I 1 BGB wird deshalb nur ausnahmsweise zuzusprechen sein. Oft wird auch eine **zeitliche Befristung** für eine Übergangszeit in Betracht kommen.[374]

6. Konkurrenzen und deren Folgen

Der Anspruch nach **§ 1576 BGB ist gegenüber** einem Anspruch nach **§ 1570 BGB subsidiär**. Besteht ein Anspruch nach § 1570 BGB wegen Betreuung eines gemeinschaftlichen Kindes und gleichzeitig ein Anspruch nach § 1576 BGB wegen Betreuung eines nicht gemeinschaftlichen Kindes, so ist wegen der Subsidiarität der nach § 1570 BGB bestehende Anspruch zu beziffern. Nur der darüber hinaus geltend gemachte Anspruchsteil wegen der Betreuung des nicht gemeinschaftlichen Kindes kann auch nach § 1576 BGB unter Billigkeitsgesichtspunkten geprüft werden.[375] § 1576 BGB darf daher erst dann geprüft werden, wenn der vorrangige Anspruch ganz oder teilweise verneint wird.   165

Eine **Subsidiarität** dürfte auch bestehen gegenüber Ansprüchen nach den **§§ 1571 und 1572 BGB**. Der BGH hat dies zwar noch nicht ausdrücklich entschieden, tendiert aber wohl in diese Richtung.[376] Bei Bejahung der Subsidiarität gelten die obigen Ausführungen entsprechend.

Ausbildungsunterhalt kann nach § 1576 BGB nicht zugesprochen werden, weil die §§ 1575 und 1574 III, 1573 I BGB im Verhältnis zu § 1576 BGB eine abschließende Regelung beinhalten.[377]

3. Abschnitt: Unterhaltsbedarf und Bedarfsbemessung beim Ehegattenunterhalt

I. Unterhaltsbedarf nach den ehelichen Lebensverhältnissen

1. Der Unterhaltsbedarf als gesamter Lebensbedarf

Der nacheheliche Unterhalt umfaßt den **gesamten Lebensbedarf** (§ 1578 I 4 BGB). Zu diesem Lebensbedarf gehören auch die Kosten einer angemessenen Versicherung für den Fall der Krankheit sowie die Kosten einer Schul- oder Berufsausbildung, einer Fort-   166

---

[373] OLG Karlsruhe, FamRZ 1996, 948
[374] BGH, FamRZ 1984, 769 = NJW 1984, 2355
[375] BGH, FamRZ 1984, 361 = R 196 b; FamRZ 1984, 769 = NJW 1984, 2355
[376] BGH, FamRZ 1984, 361 = R 196 b
[377] OLG Düsseldorf, FamRZ 1980, 585

bildung oder Umschulung nach den §§ 1574, 1575 BGB (§ 1578 II BGB). Bei einem Unterhaltsanspruch nach den §§ 1570 bis 1573 oder 1576 BGB gehören zum Lebensbedarf ferner die Kosten einer angemessenen Versicherung für den Fall des Alters sowie der Berufs- oder Erwerbsunfähigkeit (§ 1578 III BGB).

167 Dieser Lebensbedarf oder **Gesamtbedarf umfaßt** somit den laufenden **Elementarbedarf** (s. Rn 168) und bei Vorliegen besonderer Umstände einen **regelmäßigen Mehrbedarf** (s. Rn 169). Hinzu kommen kann als eigener Anspruch ein **unregelmäßiger Sonderbedarf** (vgl. ausführlich Rn 6/1 ff).

Der regelmäßige Elementar- und Mehrbedarf wird unter Berücksichtigung von Bedürftigkeit und Leistungsfähigkeit als laufender Unterhalt nach § 1585 I BGB in Form einer monatlich im voraus zu zahlenden Geldrente geschuldet. Da die Parteien beim nachehelichen Unterhalt gemäß § 1585 c BGB eine andere Art der Unterhaltsgewährung vereinbaren können, kann ein Teil auch durch Naturalleistung, z. B. Zurverfügungstellung des Miteigentumsanteils der gemeinsamen Wohnung, geleistet werden[1] (s. auch Rn 1/240). Bewohnt ein Ehegatte nach der Trennung weiterhin das gemeinsame Eigenheim und wird bei der Unterhaltsberechnung das mietfreie Wohnen berücksichtigt (vgl. Rn 1/211 ff), liegt im Ergebnis bezüglich der Nutzung des Miteigentumsanteils des Ausziehenden immer eine Naturalleistung vor, die als Unterhaltsleistung bei getrennter steuerlicher Veranlagung im Rahmen des Realsplittings neben dem geleisteten Baruntehalt nach § 10 I Nr. 1 EStG angesetzt werden kann. Ein Sonderbedarf kann nach § 1585 b I BGB zusätzlich zum Regelbedarf verlangt werden, und zwar auch für die Vergangenheit.

Die Bedarfsbemessung ist nicht gleichbedeutend mit dem endgültigen Unterhalt, denn die Höhe des konkreten Unterhalts wird wesentlich mitbestimmt durch die Bedürftigkeit des Berechtigten, d. h. sein nach § 1577 I BGB auf den Bedarf anzurechnendes Einkommen (vgl. Rn 526 ff), und die Leistungsfähigkeit des Verpflichteten (vgl. näher Rn 564 ff).

Elementarbedarf:

168 Zum Elementarbedarf zählen im wesentlichen alle regelmäßigen Aufwendungen für Wohnung, Ernährung, Kleidung, Bildung, Erholung, Freizeitgestaltung, Gesundheitsfürsorge, geistige und kulturelle Interessen und sonstige persönliche und gesellschaftliche Bedürfnisse.

Mehrbedarf:

169 Bei Vorliegen besonderer Umstände kann zusätzlich ein regelmäßiger Mehrbedarf bestehen, der durch den Elementarbedarf noch nicht abgedeckt ist. Zur Abgrenzung vom Sonderbedarf muß es sich hierbei um regelmäßig anfallende Mehraufwendungen aufgrund besonderer Umstände handeln.

Typische Mehrbedarfsfälle:
- Mehrbedarf für einen angemessenen **Krankenversicherungsschutz** (§ 1578 II BGB).
- Mehrbedarf für eine eheangemessene **Alters-** und **Invaliditätsversicherungsvorsorge** (§ 1578 III BGB).
- **Ausbildungsbedingter** Mehrbedarf, wenn für die Ausbildung als solche zusätzliche Kosten anfallen (§ 1578 II BGB).
- **Altersbedingter** Mehrbedarf.
- **Krankheitsbedingter** Mehrbedarf.
- **Trennungsbedingter** Mehrbedarf.

Zur Bedarfsbemessung bei regelmäßigem Mehrbedarf s. Rn 437 ff, zum Krankheitsvorsorgeunterhalt s. Rn 498 ff und zum Vorsorgeunterhalt für Alter und Invalidität s. Rn 453 ff, zum trennungsbedingten Mehrbedarf s. Rn 416 ff.

Sonderbedarf:

170 Nach den §§ 1585 b I, 1613 II Nr. 1 BGB kann auch ein Sonderbedarf als Unterhalt verlangt werden. Nach der Legaldefinition des § 1613 II Nr. 1 BGB ist Sonderbedarf ein nicht vorhersehbarer, unregelmäßiger außerordentlich hoher Bedarf. Er muß überraschend und der Höhe nach nicht abschätzbar sein. Er ist unregelmäßig, wenn er nicht mit Wahrscheinlichkeit vorausgesehen und deshalb bei der laufenden Unterhaltsrente nicht

---

[1] BGH, FamRZ 1997, 484, 486 = R 508

3. Abschnitt: Bedarfsbemessung beim Ehegattenunterhalt § 4

berücksichtigt werden kann. Er ist deshalb als selbständiger Anspruch geltend zu machen. Genaueres zum Sonderbedarf Rn 6/1 ff.

Diese Ausführungen gelten in gleicher Weise für den **Trennungsunterhalt** nach 171
§ 1361 BGB (s. Rn 7 ff) und für den Unterhalt **nach altem Recht**.

2. Bedarfsbemessung nach den ehelichen Lebensverhältnissen

Nach § 1578 I 1 BGB bestimmt sich das Maß des Unterhalts nach den **ehelichen Le-** 172
bensverhältnissen.

Nach § 1361 I 1 BGB kann ein Ehegatte von dem anderen den nach den Erwerbs- und Vermögensverhältnissen der Eheleute angemessenen Unterhalt verlangen.

Auch nach § 58 I EheG bestand ein Anspruch auf den „nach den ehelichen Lebensverhältnissen" angemessenen Unterhalt.

Der BGH sieht in diesen Bestimmungen eine inhaltsgleiche Regelung der „ehelichen 173
Lebensverhältnisse", die für die Unterhaltsbemessung nach den §§ 1361, 1578 BGB und den §§ 58, 59 EheG maßgebend sind.[2]

Die ehelichen Lebensverhältnisse werden damit zum zentralen Maßstab für die Höhe jedes Anspruchs auf Ehegattenunterhalt. Deshalb kann die Höhe des Unterhaltsbedarfs sowohl beim nachehelichen Unterhalt als auch beim Trennungsunterhalt wie auch bei einem Anspruch gemäß den §§ 58, 59 BGB nach den gleichen Maßstäben bemessen werden.

Ein **Unterschied** zwischen dem **Trennungsunterhalt** und dem **nachehelichen Unter-** 174
halt besteht allerdings hinsichtlich des **Zeitpunktes**, der für die Beurteilung und Feststellung der ehelichen Lebensverhältnisse maßgeblich ist.
- Beim **nachehelichen** Unterhalt sind es die ehelichen Lebensverhältnisse im Zeitpunkt der Scheidung (Genaueres Rn 214 ff).
- Beim **Trennungsunterhalt** sind es die gegenwärtigen Verhältnisse in dem Zeitraum, für den Trennungsunterhalt verlangt wird (s. näher Rn 225 ff).

Der zentrale Begriff „**eheliche Lebensverhältnisse**" ist im Gesetz nicht näher defi- 175
niert.[3] Nach Auffassung des BGH sind mit diesem Begriff erkennbar diejenigen Verhältnisse gemeint, die für den Lebenszuschnitt in der Ehe und damit für den ehelichen Lebensstandard bestimmend, d. h. **prägend** waren.[4] Dazu gehören die den Lebensstandard bestimmenden wirtschaftlichen Verhältnisse, also Einkommen und Vermögen, soweit es in die Bedarfsdeckung eingeflossen ist, sowie Belastungen.[5] **Nichtprägende** Einkünfte haben hingegen keinen Einfluß auf die ehelichen Lebensverhältnisse.[6] Die ehelichen Lebensverhältnisse können dabei nur aus einem in der Ehe vorhandenen Einkommen, nicht aus lediglich gedachten fiktiven Einkünften hergeleitet werden.[7]

Für die Beurteilung der Frage, ob die ehelichen Lebensverhältnisse den Lebensstandard beider Ehegatten bis zur Scheidung nachhaltig geprägt haben, ist der Lebenszuschnitt maßgebend, den die Eheleute während ihres **Zusammenlebens in der Ehe** durch ihre Leistungen begründet haben, wobei eine **normale Weiterentwicklung** der wirtschaftlichen Verhältnisse nach der Trennung bis zur Scheidung grundsätzlich in diese Beurteilung miteinzubeziehen ist.[8] Problematisch ist, ob entsprechend der bisherigen Rechtsprechung nur die in der Ehe vorhandenen Geldmittel und geldwerten Vorteile in die Bewertung miteinfließen können, oder auch die Kinderbetreuung und Haushaltsführung als geldwerte Leistung (vgl. näher Rn 184 a ff).

---

[2] BGH, FamRZ 1990, 250 = R 392 a; FamRZ 1987, 257, 259 = R 316; FamRZ 1984, 356 = R 198 c
[3] BGH, FamRZ 1999, 367, 368 = R 530 a
[4] BGH, FamRZ 1984, 149 = R 187 a; FamRZ 1982, 576 = R 114 a
[5] BGH, FamRZ 1999, 367, 368 = R 530 a
[6] BGH, FamRZ 1994, 87 = R 468 a, c; FamRZ 1992, 1045 = R 448 a; FamRZ 1984, 149 = R 187 a; FamRZ 1984, 151 = R 186 a; FamRZ 1984, 364 = R 192 a, b
[7] BGH, FamRZ 1997, 281 = R 509 f; FamRZ 1992, 1045, 1047 = R 448 a, c
[8] BGH, FamRZ 1992, 1045, 1047 = R 448 a; FamRZ 1986, 437 = R 288 a

Die Frage, welcher Zeitpunkt für die Beurteilung und Feststellung der ehelichen Lebensverhältnisse beim Trennungs- und nachehelichen Unterhalt maßgebend ist, ist von der Frage **zu unterscheiden, welche Einkünfte** die ehelichen Lebensverhältnisse **geprägt** haben. Beim nachehelichen Unterhalt sind Einkommensveränderungen nach der Trennung, die ohne Trennung nicht eingetreten wären und damit keiner normalen Weiterentwicklung entsprechen, nach der Rechtsprechung des BGH nicht zu berücksichtigen,[9] so daß **beim nachehelichen Unterhalt** bei der Prüfung der Prägung eines Einkommens **auch auf die Trennung** und nicht nur auf die Scheidung abzustellen ist (s. näher Rn 216; vgl. aber auch Rn 184 a ff, 224 a ff).

176 Der nach den ehelichen Lebensverhältnissen zu bemessende eheangemessene Unterhalt ist identisch mit dem in den §§ 1573 II, 1577 II BGB genannten **vollen Unterhalt**.

177 Durch die Anknüpfung des vollen eheangemessenen Unterhalts (§ 1578 I 1 BGB) an die ehelichen Lebensverhältnisse wollte der Gesetzgeber vermeiden, daß der bedürftige Ehegatte einen **sozialen Abstieg** erleidet, obwohl das erreichte eheliche Lebensniveau als das Ergebnis der Leistung beider Ehegatten anzusehen ist. Dem entspricht auch der Ergänzungsanspruch des § 1573 II BGB, der insoweit eine **Lebensstandardgarantie** beinhaltet.[10]

178 Bei der nach objektiven Kriterien vorzunehmenden Bestimmung der ehelichen Lebensverhältnisse dürfen **keine Billigkeitserwägungen** herangezogen werden, weil § 1578 BGB die Berücksichtigung von Billigkeitsgesichtspunkten nicht vorsieht.[11]

3. Nachhaltige Prägung der ehelichen Lebensverhältnisse durch Einkommen und andere Umstände

179 Die ehelichen Lebensverhältnisse werden in erster Linie **geprägt** durch die wirtschaftlichen Grundlagen des Lebensstandards der Eheleute. Das sind die **Einkünfte beider Ehegatten**, mit denen sie sich ihren Lebenszuschnitt geschaffen haben und weiterhin aufrechterhalten können. Deshalb gehören nach ständiger Rechtsprechung des BGH zu den die ehelichen Lebensverhältnisse prägenden Umständen vor allem die Einkommensverhältnisse der Eheleute, die während der Ehe ihren Lebensstandard geprägt haben.[12]
Es sind dies die jeweils **aktuellen Einkommensverhältnisse**, an deren Weiterentwicklung die Eheleute nicht nur bis zur Scheidung,[13] sondern auch darüber hinaus teilhaben.[14]
- In der **Doppelverdienerehe**, in der beide Ehegatten einer Erwerbstätigkeit nachgehen, sind es regelmäßig die **zusammengerechneten Einkünfte** beider Ehegatten.[15]
Gleiches gilt, wenn beide Ehegatten **sonstige prägende Einkünfte** haben.
Verschieden hohe Einkünfte aus beiderseitiger Erwerbstätigkeit der Ehegatten führen nicht zu einer unterschiedlichen Beurteilung der ehelichen Lebensverhältnisse. Beide Eheleute nehmen **in gleicher Weise** an dem durch ihre beiderseitigen Einkünfte geprägten Lebensstandard teil.[16]
Auch aus der Tatsache, daß in der Doppelverdienerehe der besser verdienende Ehegatte dem anderen bisher keinen Ergänzungsunterhalt bezahlt hat, so daß sich dadurch die konkrete Lebensstellung der beiden Eheleute während der Trennung unterschiedlich entwickelte, kann keine Beschränkung des Unterhaltsbedarfs des Ehegatten mit dem geringeren Einkommen hergeleitet werden.[17]

---

[9] BGH, FamRZ 1994, 87 = R 468 a, c; FamRZ 1992, 1045 = R 448 a; FamRZ 1984, 149 = R 187 a; FamRZ 1984, 151 = R 186 a; FamRZ 1984, 364 = R 192 a, b
[10] BGH, FamRZ 1983, 678 = R 168 a; BVerfG, FamRZ 1981, 745, 748 = NJW 1981, 1771
[11] BGH, FamRZ 1984, 151 = R 186 a
[12] BGH, FamRZ 1984, 356 = R 198 c; FamRZ 1982, 360 = R 101 b; FamRZ 1982, 576 = R 114 b
[13] BGH, FamRZ 1990, 283, 285 = R 400 d
[14] BGH, FamRZ 1988, 701, 703 = R 362 c; FamRZ 1987, 459 = R 324 c
[15] BGH, FamRZ 1989, 838 = R 341; FamRZ 1983, 886 = R 176 a; FamRZ 1982, 892 = R 106 a, c
[16] BGH, FamRZ 1983, 678 = R 168 a; FamRZ 1982, 575 = R 113 a; FamRZ 1981, 241 = R 61
[17] BGH, FamRZ 1986, 244 = R 280 a; FamRZ 1980, 876 = NJW 1980, 2349

3. Abschnitt: Bedarfsbemessung beim Ehegattenunterhalt § 4

- In der **Alleinverdienerehe** oder **Haushaltsführungsehe**, in der nur ein Ehegatte prägende Einkünfte hat, werden die ehelichen Lebensverhältnisse nach BGH allein durch die Einkünfte des erwerbstätigen Ehegatten geprägt.[18]
Dies gilt auch im Hinblick auf die unterhaltsrechtlich an sich gleich zu bewertende **Haushaltsführung und Kindesbetreuung** des nicht erwerbstätigen Ehegatten, weil nur die Einkünfte des erwerbstätigen Ehegatten als Barmittel für den Unterhalt zur Verfügung stehen. Nach ständiger Rechtsprechung des BGH werden die für die Unterhaltsbemessung maßgeblichen ehelichen Lebensverhältnisse nur durch die **vorhandenen Einkünfte** und nicht durch den wirtschaftlichen Wert der von beiden Ehegatten erbrachten Leistungen geprägt.[19] Diese Rechtsprechung des BGH erscheint überholt und begegnet zunehmend der Kritik (vgl. eingehend mit Lösungsvorschlägen Rn 184 a ff).

Als **Einkommen** sind alle Einkünfte der Eheleute zu berücksichtigen, gleich welcher 180
Art sie sind und aus welchem Anlaß sie zufließen. Ausschlaggebend ist allein, ob diese Einkünfte zur Deckung des Lebensbedarfs zur Verfügung stehen.[20]
Deshalb ist zur Bedarfsbemessung das Einkommen insgesamt zu ermitteln.[21]
In Frage kommen nicht nur **Erwerbseinkünfte**, sondern auch **Vermögenserträge** und sonstige **wirtschaftliche Vermögensnutzungen**, wie z. B. der Wohnvorteil beim Wohnen im eigenen Haus.[22]
Praktisch sind es alle unterhaltsrechtlich relevanten Einkünfte beider Ehegatten im Sinn der Ausführungen zu Rn 1/9 ff.
Nicht zu berücksichtigen sind bei der Bedarfsbemessung sog. **fiktive Einkünfte**, die der **Berechtigte** erzielen könnte, aber tatsächlich nicht erzielt, weil diese für die Lebenshaltung tatsächlich nicht zur Verfügung standen.[23] Ebensowenig können beim **Pflichtigen** für die Bedarfsermittlung fiktive Einkünfte angesetzt werden, die er während des Zusammenlebens objektiv nie oder jedenfalls nicht nachhaltig hatte[24] (vgl. eingehend Rn 272 ff).

Die ehelichen **Lebensverhältnisse** beinhalten stets auch ein **Mehr als die aktuellen** 181
Einkommensverhältnisse. Sie umfassen alle Umstände, die für die Unterhaltsbemessung im konkreten Fall bedeutsam sind oder bei späteren Veränderungen bedeutsam werden können bzw. geworden sind. Es sind dies alle sonstigen Umstände, die die Unterhaltsbemessung nach den Einkommensverhältnissen mitbestimmen.[25]
Danach können neben dem Einkommen im wesentlichen noch folgende Umstände prägend sein:
- Umstände zur **Erwerbsobliegenheit**, die bereits im Rahmen des § 1574 II BGB erörtert worden sind (s. näher Rn 133 ff). So können z. B. die ehelichen Lebensverhältnisse dadurch nachhaltig geprägt worden sein, daß der Verpflichtete seinen bisherigen Beruf als Fernfahrer aus gesundheitlichen Gründen aufgeben mußte und daß dadurch die Möglichkeiten einer künftigen Erwerbstätigkeit sowie deren Ertrag unsicher geworden sind,[26] oder daß der Berechtigte seinem früher ausgeübten Beruf aus gesundheitlichen Gründen nicht mehr nachgehen kann.[27]
- **Vermögenslage** und sonstige wirtschaftliche Verhältnisse der Ehegatten.[28]
- Umstände, die den **Ausgabenbereich** von Einkünften betreffen.[29] Darunter fallen vor allem solche Umstände, aufgrund deren Teile des Einkommens nicht zur Deckung des laufenden Lebensbedarfs zur Verfügung stehen und die deshalb bei der Bildung des bereinigten Nettoeinkommens vorweg abgezogen werden (s. näher Rn 1/486 ff).

---

[18] BGH, FamRZ 1987, 257, 259; FamRZ 1985, 161 = R 236 a; FamRZ 1984, 356 = R 198 d
[19] BGH, FamRZ 1986, 783, 785 = R 299 a; FamRZ 1985, 161 = R 236 a
[20] BGH, FamRZ 1994, 21, 22 = R 466 a; FamRZ 1986, 780 = R 301 a
[21] BGH, FamRZ 1988, 259, 262 = R 352 a
[22] BGH, FamRZ 1995, 869 = R 494; FamRZ 1985, 354, 356 = R 222 b, d
[23] BGH, FamRZ 1985, 908 = R 266 b
[24] BGH, FamRZ 1997, 281 = R 509 f; FamRZ 1992, 1045, 1047 = R 448 c
[25] BGH, FamRZ 1982, 575 = R 113 b
[26] BGH, FamRZ 1984, 356 = R 198 c
[27] BGH, FamRZ 1986, 1085 = R 305 a
[28] BGH, FamRZ 1986, 437 = R 288 a
[29] BGH, FamRZ 1988, 701, 703 = R 362 c

Es sind dies:
- Steuern;
- Vorsorgeaufwendungen für Krankheit, Alter, Invalidität und Arbeitslosigkeit;
- Berufs- und ausbildungsbedingte Aufwendungen, Betriebsausgaben und sonstige Werbungskosten;
- ehebedingte Verbindlichkeiten;
- Unterhaltsleistungen für Kinder;
- vermögensbildende Aufwendungen des Pflichtigen nach einem objektiven Maßstab.

Genaueres dazu nachfolgend Rn 185 ff.

- Umstände, die **regelmäßige Mehraufwendungen** betreffen, wie z. B. eine schwere Erkrankung und die auf dieser beruhende Hilfs- und Pflegebedürftigkeit eines Ehegatten.[30]
Entsprechendes gilt auch bei altersbedingtem und sonstigem regelmäßigen Mehrbedarf.
- **Prägend** können auch erst künftig nach der Scheidung eintretende Änderungen sein, wie z. B. die **begründete Aussicht**, daß sich die Einkommensverhältnisse oder sonstige Lebensumstände in kalkulierbarer Weise günstiger oder ungünstiger gestalten werden.[31] Entgegen BGH ist hierzu auch die Aufnahme einer Berufstätigkeit nach der Scheidung bei Kinderbetreuung in der Ehe zu zählen (näher Rn 184 a ff).

182 Die Bedarfsbemessung kann nur an solchen Einkünften und sonstigen, die ehelichen Lebensverhältnisse bestimmenden Umständen ausgerichtet werden, die einen **dauernden Bestand** gewonnen haben oder wenigstens die **Gewähr der Stetigkeit** in sich tragen.[32]

Soweit es hierbei auf die Einkommensverhältnisse der Eheleute ankommt, darf nur auf regelmäßig und nachhaltig erzielte dauerhafte Einkünfte abgestellt werden, die den ehelichen Lebensstandard tatsächlich geprägt haben.[33]

Einkünfte sind daher nur prägend, wenn sie **nachhaltig und dauerhaft** erzielt werden,[34] so daß sich der Bezieher prozessual auf etwaige Änderungen einrichten kann.[35] Außerdem müssen sie die Gewähr der Stetigkeit in sich tragen.[36] **Kurzfristige Einkommensänderungen** sind daher bei der Bedarfsbemessung ebensowenig zu berücksichtigen[37] wie ein **Einkommen aus unzumutbarer Tätigkeit**, für das keine Erwerbsobliegenheit besteht und das daher jederzeit beendet werden kann.[38] Dies gilt nicht nur für überobligatorische Einkünfte des Bedürftigen, sondern auch des Pflichtigen[39] (s. näher Rn 258 ff und 1/440 ff).

183 **Nichtprägende Einkünfte**, d. h. Einkünfte, die den ehelichen Lebensstandard nicht nachhaltig und dauerhaft geprägt haben, sind als Unterhaltsbemessungsmaßstab ungeeignet und dürfen daher im Rahmen der **Bedarfsbemessung nicht berücksichtigt** werden.[40]

Solche **nichtprägende Einkünfte des Berechtigten** sind aber auf der Bedürftigkeitsstufe mit der Anrechnungsmethode, bzw. bei der Ermittlung der Unterhaltshöhe durch Anrechnung des gesamten Eigeneinkommens auf den Bedarf nach der Additionsmethode

---

[30] BGH, NJW-RR 1989, 196 = R 378
[31] BGH, FamRZ 1988, 1031 = R 373a; FamRZ 1988, 701, 703 = R 362c; FamRZ 1987, 459 = R 324 c
[32] BGH, FamRZ 1983, 146, 148 = R 142 d
[33] BGH, FamRZ 1986, 780 = R 301a; FamRZ 1983 146, 148 = R 142 d
[34] BGH, FamRZ 1992, 1045, 1047 = R 448 b; FamRZ 1982, 576 = R 114 a
[35] BGH, FamRZ 1994, 21, 23 = NJW 1994, 134, 135 a. E.
[36] BGH, FamRZ 1984, 364 = R 192 a; FamRZ 1983, 146, 149 = R 142 d
[37] BGH, FamRZ 1992, 1045, 1047 = R 448 b; FamRZ 1982, 576 = R 114 a
[38] BGH, FamRZ 1998, 1501, 1502 = R 521a; FamRZ 1985, 360 = R 244 b; FamRZ 1984, 364 = R 192a; FamRZ 1983, 146, 149 = R 142 d
[39] BGH, FamRZ 1985, 360 = R 244 b; FamRZ 1983, 146, 149 = R 142 d
[40] BGH, FamRZ 1988, 256 = R 355a; FamRZ 1984, 364, 365 = R 192 a; FamRZ 1984, 151 = R 186a; FamRZ 1984, 364 = R 192 a, b; FamRZ 1983, 146, 148 = R 142 d

3. Abschnitt: Bedarfsbemessung beim Ehegattenunterhalt § 4

bedürftigkeitsmindernd auf den vollen Unterhaltsbedarf **anzurechnen** (Genaueres s. Rn 386 ff.).

Nichtprägende Einkünfte des Verpflichteten erhöhen dessen **Leistungsfähigkeit** (Genaueres Rn 570).

Weil im Rahmen der **Bedarfsbemessung** nur **prägende Einkünfte** verwendet werden dürfen, ist es sehr wichtig, alle Einkünfte danach zu differenzieren, ob sie **prägend** oder **nichtprägend** sind. Entsprechendes gilt auch hinsichtlich der sonstigen, die ehelichen Lebensverhältnisse bestimmenden Umstände. **184**

Die nach **objektiven Kriterien** vorzunehmende Beurteilung, ob Einkünfte und sonstige Umstände als prägend oder nichtprägend anzusehen sind, gilt in gleicher Weise für den Berechtigten wie für den Verpflichteten, weil die ehelichen Lebensverhältnisse nur einheitlich beurteilt werden können. So darf z. B. der nichtprägende Erlös aus der Veräußerung eines Familienheims weder auf seiten des Berechtigten noch auf seiten des Verpflichteten bei der Bedarfsbemessung berücksichtigt werden (vgl. Rn 1/285 ff); prägend ist vielmehr nur der frühere Wohnwert.

Nähere Einzelheiten und Rechtsprechungshinweise zu den prägenden und nichtprägenden Einkünften bei Einkommensänderungen zwischen Trennung und Scheidung und nach der Scheidung s. ausführlich Rn 234 ff, 304 ff, 316 ff. Zu einer Neubewertung der prägenden und nichtprägenden Einkünfte entgegen der bisherigen Rechtsprechung des BGH vgl. Rn 184 a ff., 224 a ff.

4. Haushaltsführung und Kinderbetreuung in der Ehe

Die ehelichen Lebensverhältnisse werden nach der Rechtsprechung des BGH nur durch die vorhandenen Barmittel, nicht aber durch den wirtschaftlichen Wert der von beiden Ehegatten erbrachten Leistungen bestimmt. Haushaltsführung und Kinderbetreuung in der Ehe werden daher bei der Ermittlung der ehelichen Lebensverhältnisse nicht berücksichtigt,[41] obwohl auch der BGH der Auffassung ist, daß sie einen wirtschaftlichen Wert darstellen und der Erwerbstätigkeit gleichstehen.[42] Dies ergibt sich auch aus dem Gesetz (vgl. z. B. §§ 1356, 1360, 1606 III 2 BGB). Diese Auffassung des BGH benachteiligt den haushaltsführenden und/oder kinderbetreuenden Ehegatten, der bis zur Scheidung noch keine Erwerbstätigkeit aufgenommen hat bzw. aufnehmen konnte. Sie wurde deshalb von Anfang an mit berechtigter Kritik überzogen,[43] in der Rechtsprechung bisher aber ohne größere Einwände akzeptiert. In jüngster Zeit wurde die Kritik aber wieder aufgenommen.[44] **184a**

Die Auffassung des BGH beruht bezüglich der **Kinderbetreuung** auf einem überholten Ehebild, worauf Büttner zu Recht hinweist.[45] Während das durchschnittliche Heiratsalter einer Frau 1975 22,7 Jahre betrug, belief es sich 1996 auf 27,6 Jahre, wie Büttner anhand der Jahrbücher des Statistischen Bundesamtes ermittelte. Bereits diese nüchternen Zahlen zeigen auf, daß Frauen heute im Regelfall vor der Eheschließung einen Beruf erlernt haben und dem auch bei der Eheschließung nachgehen. Es entspricht dem heutigen Selbstverständnis der jüngeren Generation, soweit sie eine berufliche Ausbildung hat, die Berufstätigkeit durch die Geburt eines Kindes nur zu unterbrechen und anschließend nach einer gewissen Zeit wieder in den Beruf zurückzukehren. Die Arbeitswelt hat sich dem angepaßt. Büttner weist zu Recht darauf hin, daß nicht nur im Öffentlichen Dienst, sondern auch in der Privatwirtschaft Arbeitsplatzgarantien bei Kinderbetreuung bestehen. Die frühere sog. Haushaltsführungsehe ist daher längst ein Ausnahmefall, üblich ist eine **Doppelverdienerehe mit zeitweiliger Aussetzung der Be-**

---

[41] BGH, FamRZ 1986, 783, 785 = R 299a; FamRZ 1985, 161 = R 236a
[42] BGH, aaO
[43] Vgl. z. B. eingehend Büttner FamRZ 1984, 534; Laier FamRZ 1993, 393
[44] Büttner, FamRZ 1999, 893; Born FamRZ 1999, 541; Graba FamRZ 1999 1115; Gerhardt FamRZ 2000, 134; Gerhardt/Gutdeutsch FuR 1999, 241
[45] FamRZ 1999, 893

rufstätigkeit wegen der Kinderbetreuung. Scheitert eine Ehe in dieser Phase, kann den ehelichen Lebensverhältnissen dann aber nicht das Bild einer Haushaltsführungsehe zugrunde gelegt werden. Es ist vielmehr bereits in der Ehe angelegt, daß die Berufstätigkeit wieder aufgenommen wird, zunächst vielfach im eingeschränkten Umfang, zum späteren Zeitpunkt voll. Es entspricht damit dem Lebensplan und Lebenszuschnitt der Eheleute, daß sich die zeitweilige Kinderbetreuung in eine Berufstätigkeit fortsetzt.[46] Dabei kann es nicht darauf ankommen, ob sich die Eheleute bereits konkrete Vorstellungen machten, wann der genaue Wiedereintritt ins Berufsleben erfolgen wird, da dies regelmäßig von der Entwicklung des Kindes und den Betreuungsmöglichkeiten abhängt. Auch für die Bestimmung der ehelichen Lebensverhältnisse kann damit nicht darauf abgestellt werden, ob der Lebensplan mit der Scheidung oder im nahen Zusammenhang mit der Scheidung verwirklicht wird. Dies würde ansonsten zu dem widersprüchlichen Ergebnis führen, daß die Rechtsprechung einerseits sehr großzügig bei der Betreuung ehelicher Kinder eine volle Erwerbsobliegenheit erst ab dem 15./16. Lebensjahr und eine teilweise Erwerbsobliegenheit nicht vor der 3. Grundschulklasse verlangt (vgl. näher Rn 72 ff), andererseits den Bedürftigen aber bei der Unterhaltsberechnung benachteiligt, wenn der Lebensplan nicht bis zur Scheidung verwirklicht und sein Einkommen aus einer erst nach der Scheidung aufgenommenen Tätigkeit als nichtprägend und damit allein bedarfsmindernd angesehen wird. Büttner weist in diesem Zusammenhang ferner zu Recht darauf hin, daß diese Rechtsprechung nicht im Einklang mit den vom BVerfG entwickelten Grundsätzen zum Benachteiligungsverbot nach Art 6 I, II GG steht.[47] Nach BVerG steht das Benachteiligungsverbot jeder belastenden Differenzierung entgegen, die an die familiäre Wahrnehmung des Elternrechts knüpft. Da die Kinderbetreuung eine Leistung ist, die im Interesse der Gemeinschaft liegt und deren Anerkennung verlangt, darf die Wahrnehmung der familiären Erziehungsaufgabe nicht zu Nachteilen führen. Diese Grundsätze müssen aber auch im Unterhaltsrecht gelten, d. h. die Kinderbetreuung darf den aus diesem Grunde nicht berufstätigen Ehegatten nicht benachteiligen. Das Einkommen aus einer erst nach der Scheidung ab einem bestimmten Alter des Kindes aufgenommenen Berufstätigkeit ist daher entgegen BGH als eheprägend anzusehen. Der Pflichtige wird dadurch nicht unangemessen benachteiligt, da es sich um eine bereits durch die Geburt des Kindes in der Ehe angelegte Entwicklung handelt.

Beispiel:
M und F heirateten 1991. 1992 wird das Kind K geboren, woraufhin F ihre Erwerbstätigkeit unterbricht. 1996 trennen sich die Eheleute, 1997 wird die Ehe geschieden, F betreut weiterhin das Kind K. Im Jahre 2000 beginnt F, nachdem K in die 3. Klasse kommt, eine Halbtagsberufstätigkeit mit einem Nettoeinkommen von 1400 DM. M hat zu diesem Zeitpunkt unter Berücksichtigung des Kindesunterhalts ein prägendes Nettoerwerbseinkommen von 2800 DM. F will nachehelichen Unterhalt.

Lösung:
Nach DT mit $1/7$:
$3/7 (2800 ./. 1400) = 600$
(Bisher nach BGH: $3/7 \cdot 2800 = 1200$; $1200 ./. 6/7 \cdot 1400 = 0$)
Nach BayL mit $1/10$:
Bedarf: $1/2 (9/10 \cdot 1400) = 1890$;
Höhe: $1890 ./. 9/10 \cdot 1400 = 630$
(Bisher nach BGH: $1/2$ aus $9/10 \cdot 2800 = 1260$; $1260 ./. 9/10 \cdot 1400 = 0$)
Beginnt F 2007 mit einer Ganztätigkeit, wäre entsprechend das Ganztagseinkommen als prägend anzusetzen, da auch die Ganztagstätigkeit bereits in der Ehe angelegt war. Zur zeitlichen Begrenzung vgl. unten Rn. 184c.

Diese Lösung entspricht im Ergebnis auch der Intention des Gesetzgebers, der mit der Anknüpfung der ehelichen Lebensverhältnisse an den vollen ehеangemessenen Unterhalt einen sozialen Abstieg des Bedürftigen vermeiden wollte (vgl. Rn 177).

184b Schwieriger zu beantworten ist die Frage der Bewertung der ehelichen Lebensverhält-

---

[46] Ebenso Büttner, FamRZ 1999, 893
[47] BVerfG, FamRZ 1999, 285 ff

nisse, wenn eine **Haushaltsführung ohne Kinderbetreuung** vorliegt. Auch hier führt der bisherige Ansatz des BGH, die Haushaltsführung nicht zu bewerten, regelmäßig zu einem sozialen Abstieg des Bedürftigen, da seine wegen der Trennung/Scheidung erzielten Einkünfte nach der bisherigen Rechtsprechung als nichtprägend, weil allein wegen der Trennung aufgenommen, angesehen werden (vgl. Rn 231). Geht man z. B. von einem Erwerbseinkommen des Mannes von 4200 DM und der Frau von 2100 DM aus, wobei die Frau in der Ehe den Haushalt führte und die Erwerbstätigkeit nur wegen der Trennung aufnahm, führt dies nach der bisherigen Rechtsprechung jeweils zum Wegfall des Unterhaltsanspruchs der Frau.

Nach DT mit $1/7$: $3/7 \cdot 4200 = 1800; 1800 ./. 6/7 \cdot 2100 = 0$
Nach BayL mit $1/10$: $1/2$ aus $9/10 \cdot 4200 = 1890; 1890 ./. 9/10 \cdot 2100 = 0$

In der Ehe hatten beide Eheleute zusammen wegen der günstigeren Steuerklasse z. B. 5000 DM netto zur Verfügung. Durch die Haushaltsführung der Frau hatten sie zudem gegenüber Doppelverdienern den Vorteil einer größeren Freizeit. Während die Frau diesen Standard regelmäßig nicht mehr erreichen wird und zudem zusätzlich zur Berufstätigkeit den Haushalt führen muß, verbleiben dem Mann mehr als die Hälfte der ehelichen Lebensverhältnisse, womit er gegebenenfalls eine Haushaltshilfe bezahlen kann. Ob es der Frau gehaltsmäßig gelingt, zum Einkommen des Mannes aufzuschließen, hängt von der Situation auf dem Arbeitsmarkt und ihrer beruflichen Ausbildung ab. Bei einer längeren Unterbrechung der Berufstätigkeit wird sie aber vielfach den Anschluß verloren haben und sich mit untergeordneten Tätigkeiten zufriedengeben müssen.

Zur Lösung dieses Problems bieten sich zwei Möglichkeiten an:

(1) Da es sich bei der Haushaltsführung um eine geldwerte Leistung handelt, ist sie zu bewerten, wenn zusätzliche Mittel vorhanden sind.[48] Die Rechtsprechung des BGH, die Haushaltsführung nicht zu bewerten, beruht auf dem Umstand, daß nach der Trennung der Eheleute nur die vorhandenen Barmittel und geldwerten Vorteile verteilt werden können, sonst würde dem Pflichtigen nicht mehr die andere Hälfte des Einkommens bleiben und er würde damit nicht mehr leistungsfähig sein. Es kann damit immer nur der sog. Quotenunterhalt zugesprochen werden, der idR hinter dem vollen Unterhalt zurückbleibt und nur den Unterhalt darstellt, der gemäß § 1581 BGB nach den Erwerbs- und Vermögensverhältnissen der geschiedenen Ehegatten der Billigkeit entspricht.[49] Dem ist zwar grundsätzlich zuzustimmen. Die Situation ändert sich aber, wenn zusätzliche Mittel, insbesondere nichtprägendes Einkommen des Bedürftigen, vorhanden sind. Dann kann der volle nach den ehelichen Lebensverhältnissen zu bemessende Unterhalt angesetzt werden, in den auch der wirtschaftliche Wert der Haushaltsführung in der Ehe einfließt. Denn dann ist gesichert, daß dem Pflichtigen weiterhin die Hälfte seines Einkommens verbleibt. Diesen Weg ist die Rechtsprechung z. B. bereits beim trennungsbedingten Mehrbedarf, der nur zugesprochen werden kann, wenn zusätzlich Mittel vorhanden sind,[50] gegangen. Auch die jüngste Entscheidung des BGH zum Vorsorgeunterhalt bei nichtprägenden Einkünften geht in diese Richtung.[51]

(2) Problematisch bei dieser Lösung ist jedoch, wie die Haushaltsführung zu bewerten ist. Man kann zwar insoweit auf einschlägige Leitlinien zurückgreifen und z. B. nach BayL 500–1000 DM[52] oder nach OL 400–800 DM[53] ansetzen. Es ist jedoch zu befürchten, daß diese Bewertung in der Praxis mit Einwänden, der Ehegatte habe den Haushalt nicht ordnungsgemäß geführt oder der Pflichtige habe ebenfalls erhebliche Leistungen erbracht, angegriffen wird. Im übrigen erscheint es problematisch, bei Kinderbetreuung und Haushaltsführung andere Maßstäbe als bei einer ausschließlichen Haushaltsführung anzusetzen. Zu berücksichtigen ist auch, daß die Gründe, warum bei Trennung/Schei-

---

[48] Gerhardt/Gutdeutsch, FuR 1999, 241; Graba FamRZ 1999, 1115
[49] BGH, FamRZ 1986, 783, 786 = R 299; FamRZ 1984, 358 = R 197
[50] BGH, FamRZ 1995, 343, 345 = R 489; FamRZ 1984, 358 = R 197; FamRZ 1982, 255, 257 = R 93
[51] BGH, FamRZ 1999, 372 = R 529b
[52] BayL 6
[53] OL V 2b

dung eine reine Haushaltstätigkeit vorlag, sehr unterschiedlich sein können. Die Eheleute können sich hierfür bewußt entschieden haben, um mehr Freizeit zu haben oder dem Ehemann eine Karriere zu ermöglichen. Bei Geburt mehrerer Kinder kann dies aber auch darauf beruhen, daß die kinderbetreuende Mutter den beruflichen Anschluß verloren hat oder zu alt ist, um in den Beruf zurückzukehren. Nur im ersteren Fall könnte nicht davon ausgegangen werden, daß die Aufnahme einer Berufstätigkeit nicht in der Ehe angelegt war bzw. nicht den ehelichen Lebensverhältnissen entsprach. Trotzdem erscheint es entgegen der bisherigen Rechtsprechung gerechtfertigt, auch bei dieser Konstellation die Aufnahme oder bei Teilzeittätigkeit und Haushaltsführung die Erweiterung einer Berufstätigkeit als eheprägend anzusehen, allerdings mit der Einschränkung, daß sie mit bzw. im nahen Zusammenhang mit der Scheidung verwirklicht wird, soweit eine entsprechende Erwerbsobliegenheit besteht. Wie obiges Beispiel zeigt, wird nur auf diese Weise der gesetzliche Zweck des § 1578 I BGB erreicht, mit der Scheidung einen sozialen Abstieg des Bedürftigen zu vermeiden. Nachdem der Gesetzgeber in § 1578 I BGB weder definierte, welche Umstände die ehelichen Lebensverhältnisse bestimmen, noch den für diese Beurteilung maßgebenden Zeitraum festlegte,[54] ist eine Änderung der Rechtsprechung in diesem Punkt ohne weiteres möglich. Erst mit der Scheidung ist die Ehe beendet, so daß alle bis dahin eintretenden Entwicklungen berücksichtigt werden können. Im Unterschied zur Kinderbetreuung kann bei einer sog. Nur-Hausfrau verlangt werden, daß sie bei Bestehen einer Erwerbsobliegenheit nach der Trennung die Berufstätigkeit mit oder in nahem Zusammenhang mit der Scheidung aufnimmt. Die Ausrichtung der ehelichen Lebensverhältnisse am Zeitpunkt der Scheidung entspricht auch der Intention des Gesetzgebers, den berechtigten Ehegatten an dem Lebenszuschnitt zu beteiligen, der sich bis zu diesem Zeitpunkt entwickelt hat.[55] Auch das BVerfG hat die Anknüpfung des Unterhalts an die bei der Scheidung vorhandenen Mittel nicht beanstandet.[56] Zuletzt ist darauf hinzuweisen, daß diese Lösung auch zu der dringend notwendigen Vereinfachung des Unterhaltsrechts führen würde, da man dann die sog. Anrechnungsmethode für die Unterhaltsberechnung auf wenige Ausnahmefälle beschränken könnte (vgl. näher Rn 224a).

184c Die Bewertung der Haushaltsführung und Kinderbetreuung bei den ehelichen Lebensverhältnissen durch Abschaffung der Anrechnungsmethode in diesen Fällen soll allerdings nicht dazu führen, den Grundsatz der Eigenverantwortung nach § 1569 BGB auszuhöhlen und zum lebenslangen Unterhalt nach dem alten Recht zurückzukehren. Im Ergebnis hat die bisherige Rechtsprechung den Pflichtigen durch die fehlende Bewertung der Haushaltsführung und Kinderbetreuung vor einer zu weitgehenden Inanspruchnahme geschützt. Durch das UÄndG vom 20. 2. 1986 hat der Gesetzgeber aber nachträglich ein angemessenes Instrument zum Schutz des Unterhaltsschuldners durch Einführung der **zeitlichen Begrenzung nach § 1573 V BGB** und der **Begrenzung auf den angemessenen Bedarf nach § 1578 I 2 BGB** geschaffen (näher Rn 578 ff). Allerdings müßten die Bestimmungen der §§ 1573 V, 1578 I 2 BGB in der Praxis konsequenter als bisher angewendet werden. Sie sind Ausfluß der Eigenverantwortung und von der Zielsetzung sehr vernünftig. Denn sie zeigen zum einen dem Bedürftigen, wann er voll oder zumindest im wesentlichen auf eigenen Beinen stehen muß, zum anderen dem Pflichtigen, wann er spätestens mit dem vollen oder teilweisen Wegfall seiner Unterhaltslast rechnen kann. Es erscheint rechtlich unbedenklich, die Begrenzungsbestimmungen im Regelfall bis zu einer Ehedauer von 15 Jahren, in Ausnahmefällen auch bis 20 Jahren, heranzuziehen.[57] Dabei ist zu beachten, daß beide Bestimmungen zwar in erster Linie bei einer allein den Haushalt führenden Ehefrau in Betracht kommen, aber auch bei einer Ehe mit Kinderbetreuung angewandt werden können,[58] wobei die Bewertung der Dauer der Kinderbetreuung nicht mit der Bewertung der tatsächlichen Ehedauer gleichgesetzt werden muß.[59]

---

54 BGH, FamRZ 1999, 367, 368 = R 530a
55 BGH aaO
56 BVerfG FamRZ 1993, 171; 1981, 745
57 Vgl. z. B. OLG Düsseldorf, FamRZ 1987, 945; OLG Hamm, FamRZ 1995, 1204; OLG Köln, FamRZ 1993, 565; NJW-RR 1995, 1157
58 BGH, FamRZ 1990, 492, 494 = R 404
59 BVerfG, FamRZ 1989, 941 = R 394

5. Bedarfsbemessung nur nach dem Teil der prägenden Einkünfte, der zur Deckung des Lebensbedarfs verfügbar ist

Die ehelichen Lebensverhältnisse werden nur durch solche Einkünfte geprägt, die zur **185** Deckung des laufenden Lebensbedarfs **zur Verfügung stehen** und dafür eingesetzt werden bzw. unter Anlegung eines objektiven Maßstabs dafür verwendet werden können.[60]

Der BGH spricht insoweit auch von dem in der Ehe verfügbaren Einkommen,[61] oder vom verteilungsfähigen Einkommen,[62] oder vom Einkommen, welches allein für den Unterhalt zur Verfügung gestanden hat.[63]

Einkommensteile, die für andere Zwecke als den laufenden Lebensbedarf verwendet werden müssen oder die während des Zusammenlebens in der Ehe nach einem objektiven Maßstab für die Vermögensbildung verwendet worden sind, stehen zur Deckung des laufenden Lebensbedarfs nicht zur Verfügung und haben deshalb bei der Bemessung des angemessenen Bedarfs außer Ansatz zu bleiben.[64]

Bei den danach im Rahmen der Bedarfsbemessung **nicht zu berücksichtigenden Einkommensteilen** handelt es sich um folgende typische Abzugsposten vom Bruttoeinkommen:

– Zahlungen für **Lohn-, Einkommen- und Kirchensteuer**[65] einschließlich des Solidaritätszuschlages (näher Rn 186 und 1/460 ff; 491 ff).
– **Vorsorgeaufwendungen** für Krankheit, Invalidität, Alter und Arbeitslosigkeit[66] (näher Rn 1/496 ff).
– **Aufwendungen**, die **zur Erzielung des Einkommens** erforderlich sind. Dazu gehören berufs- oder ausbildungsbedingte Aufwendungen bei abhängiger Arbeit (s. Rn 1/87 ff; 504), unterhaltsrechtlich relevante Betriebsausgaben bei Freiberuflern und Unternehmern (s. Rn 1/501) sowie Werbungskosten bei Miet-, Kapital- und sonstigen Einkünften (s. Rn 1/197; 309; 502).
– **Zins- und Tilgungsleistungen** für vor der Trennung begründete ehebedingte Schulden für Konsumkredite (s. Rn 1/522 ff)[67] und Ehewohnung[68] (s. Rn 1/243 ff).
– **Unterhaltsleistungen für Kinder** (s. Rn 188 ff und 1/555 ff).
– **Vermögensbildende Aufwendungen des Pflichtigen nach einem objektiven Maßstab** (s. Rn 200 ff und 1/560).

Die Abzüge Steuer und Vorsorgeaufwendungen vom Bruttoeinkommen ergeben bei Nichtselbständigen das **Nettoeinkommen**.

Die weiteren Abzüge ergeben das sogenannte **bereinigte Nettoeinkommen** (s. näher § 1 Rn 486 ff).

Für die Unterhaltsbemessung darf nur das um solche typische Abzugsposten bereinigte Nettoeinkommen als nachhaltig prägendes Einkommen verwendet werden.

Auch diese einkommensbereinigenden Abzüge haben zur Voraussetzung, daß die den **186** jeweiligen **Abzugsposten** zugrundeliegenden Umstände die ehelichen Lebensverhältnisse **nachhaltig geprägt** haben, d. h. daß die entsprechenden Einkommensteile nachhaltig nicht zur Deckung des laufenden Lebensbedarfs verwendet werden konnten bzw. können.

---

[60] BGH, FamRZ 1997, 806 = R 512 b; FamRZ 1995, 869 = R 494; FamRZ 1987, 456, 458 = R 329 b; FamRZ 1986, 780 = R 301 a; FamRZ 1985, 471 = R 252 b
[61] BGH, FamRZ 1999, 367, 368 = R 530 c; BGH, FamRZ 1990, 499, 502 = R 407 c; FamRZ 1983, 678 = R 168 a
[62] BGH, FamRZ 1997, 806 = R 512 b; FamRZ 1988, 259, 262 = R 352 b
[63] BGH, FamRZ 1985, 374
[64] BGH, FamRZ 1983, 678 = R 168 a; FamRZ 1984, 149, 151 = R 187 a; FamRZ 1984, 988, 990 = R 191 b
[65] BGH, FamRZ 1991, 304 = R 425; FamRZ 1990, 499, 502 = R 407 c; FamRZ 1988, 817 = NJW 1988, 2101, 2103
[66] BGH, FamRZ 1991, 304 = R 425; FamRZ 1985, 471 = R 252 b
[67] BGH, FamRZ 1982, 678 = R 119 a
[68] BGH, FamRZ 1995, 291, 295 = R 48; FamRZ 1994, 1100, 1102 = R 482 b; FamRZ 1990, 283, 287 = 400 f

Das ist dem Grunde nach bei allen oben aufgezählten Abzugsposten fraglos der Fall. Bedenken an der Nachhaltigkeit könnten allerdings insoweit bestehen, als sich die Höhe der Abzugsbeträge oftmals ändert, vor allem bei den einkommensabhängigen Steuern und Vorsorgeaufwendungen sowie den berufsbedingten Aufwendungen Nichtselbständiger (= Werbungskosten, vgl. Rn 1/504), den Betriebsausgaben bei Selbständigen und Gewerbetreibenden und den Werbungskosten bei Miet- und Kapitaleinkünften.

Nach der Rechtsprechung des BGH **prägen** solche Veränderungen im Ausgabenbereich die ehelichen Lebensverhältnisse, auch wenn sie nach der Trennung oder Scheidung eintraten, weil insoweit immer auf das **Nettoeinkommen**, d. h. auf das nunmehr **tatsächlich verfügbare Einkommen** abzustellen ist. Zu berücksichtigen ist deshalb z. B. eine Änderung der Steuerklasse von 3 auf 1 durch die Trennung und Scheidung oder umgekehrt von 1 auf 3 bei Wiederverheiratung, obwohl es sich jeweils um eine Trennungsfolge handelt.[69] Das gleiche gilt bei einer Änderung der Vorsorgeaufwendungen, z. B. der Krankenversicherungskosten, der Rentenversicherungsbeiträge, der Kosten der Pflegeversicherung.[70] Da es sich um gesetzliche Abzüge handelt, ist unabhängig von Trennung und Scheidung der tatsächlich entfallende Betrag vom Bruttoeinkommen abzuziehen.

Bei **berufsbedingten Aufwendungen** gelten die gleichen Grundsätze, da sie steuerrechtlich den Werbungskosten entsprechen. Maßgebend ist jeweils der tatsächliche Anfall der Kosten. Davon zu unterscheiden ist die Frage, ob sie in voller Höhe berücksichtigungswürdig sind. Dies ist z. B. zu verneinen bei Fahrten mit dem PKW zum Arbeitsplatz, wenn dadurch ein unverhältnismäßig hoher Aufwand entsteht, der etwa $^1/_3$ des Nettoeinkommens aufzehrt.[71]

Bei einer **normalen Weiterentwicklung** des bereinigten Einkommens nach oben oder nach unten sind auch die entsprechenden **Abzugsposten prägend**.

187 Wegen solcher normaler Änderungen wird das Nettoeinkommen in der Regel nach dem **Jahresdurchschnitt** berechnet. Bei größeren Einkommensschwankungen kann auch von einem **Mehrjahresschnitt**, in der Regel einem Dreijahresschnitt ausgegangen werden (vgl. Rn 1/572).

6. Vorabzug des Kindesunterhalts vom Nettoeinkommen

188 a) **Eheprägender Kindesunterhalt.** Unterhaltszahlungen für **Kinder** während bestehender Ehe **prägen** die ehelichen Lebensverhältnisse, wenn, wie in der Regel, das Einkommen in Höhe solcher Zahlungen zur Verwendung für den allgemeinen Lebensbedarf der Ehegatten nicht zur Verfügung steht. Dies rechtfertigt den in der Praxis üblichen Vorwegabzug von Unterhaltsleistungen für Kinder vom Nettoeinkommen,[72] da Eltern regelmäßig zuerst den Bedarf ihrer Kinder decken, es sei denn, der Vorabzug führt zu einem Mißverhältnis des wechselseitigen Lebensbedarfs der Beteiligten.[73] Aus Gründen der Gleichbehandlung gilt der Vorabzug nicht nur beim Pflichtigen, sondern auch, wenn der Berechtigte Barunterhaltsleistungen erbringt.[74]

So auch die oberlandesgerichtlichen Leitlinien: DT B III; BayL 16 d; CL III 2; DL 23; FL IV 4; HL 36; KL 21; SchlL C 3; StL II 2; OL V1 b; BraL 8,30; DrL 30; NaL 6.3.

189 Dieser Vorwegabzug hat zur Voraussetzung, daß es sich um den Unterhalt für ein **gemeinschaftliches Kind** der Ehegatten oder für ein **vor- oder nichteheliches Kind** handelt, für das bereits während bestehender Ehe aufzukommen war, weil nur dann die ehelichen Lebensverhältnisse durch die Unterhaltsverpflichtung **mitgeprägt** wurden.[75]

Die Unterhaltspflicht gegenüber einem **vor der Scheidung geborenen nichtehelichen**

---

[69] BGH, FamRZ 1991, 304, 305 = R 425; FamRZ 1990, 499, 502 = R 407c; FamRZ 1990, 503 = R 409; FamRZ 1988, 486 = R 359b
[70] BGH, FamRZ 1991, 304 = R 425
[71] BGH, FamRZ 1998, 1501, 1502 = R 521b
[72] BGH, FamRZ 1999, 367, 368 = R 530b; FamRZ 1997, 806; FamRZ 1987, 456, 458 = R 392b; FamRZ 1986, 553, 555 = R 276c
[73] BGH, FamRZ 1999, 367, 368 = R 530b.
[74] BGH, FamRZ 1999, 367, 370 = R 530c; FamRZ 1991, 1163 = R 437a
[75] BGH, FamRZ 1999, 367, 370 = R 530c; FamRZ 1987, 556, 558 = R 392b

3. Abschnitt: Bedarfsbemessung beim Ehegattenunterhalt § 4

Kind des Verpflichteten ist nach der Rechtsprechung des BGH auch dann zu berücksichtigen, wenn es **nach der Trennung** geboren wurde.[76] Während der Trennungszeit befindet sich die Ehe in einem Stadium, in dem eine Wiederherstellung der ehelichen Lebensgemeinschaft nicht gänzlich auszuschließen ist; bei einer Versöhnung würde die Unterhaltspflicht für das nichteheliche Kind die ehelichen Lebensverhältnisse aber für die Zukunft prägen. Ob es sich insoweit um eine unerwartete Entwicklung handelt, ist ohne Bedeutung. Die diesbezügliche Rechtsprechung ist nur auf vermögensrechtliche Dispositionen und Ereignisse zugeschnitten, nicht auf persönliche Umstände oder Ereignisse, denen sich der Verpflichtete nicht entziehen kann, weil sie wie die Geburt eines nichtehelichen Kindes Rechtsfolgen nach sich ziehen.[77] Dies gilt auch, wenn das Kind erst zwischen Scheidung und Rechtskraft der Scheidung geboren wurde.[78] Der BGH begründet dies u. a. auch damit, daß die Rechtskraft der Scheidung als zeitliche Zäsur für die Bemessung der ehelichen Lebensverhältnisse für diese Fälle eine klare und praktikable Handhabung ermöglicht, während Trennung oder Zerrüttung der Ehe demgegenüber keine vergleichbar geeignete Anknüpfungspunkte sind. Dem ist zuzustimmen, insbesondere auch aus dem Gesichtspunkt, daß sich minderjährige Kinder nicht selbst unterhalten können und sie bei Auslegungsfragen daher im Zweifel zu bevorzugen sind.

Durch die seit 1. 7. 1998 geltende rangmäßige Gleichstellung volljähriger Schüler bis 21 Jahre, die im Haushalt eines Elternteils leben, mit den minderjährigen Kindern (§ 1609 I, II BGB) gilt der Vorabzug auch in diesen Fällen, soweit der Kindesunterhalt die ehelichen Lebensverhältnisse geprägt hat.

Im **Mangelfall** wird man dagegen im Einzelfall den Gleichrang von minderjährigen **189a** und ihnen nach § 1603 II 2 BGB gleichgestellten Kindern mit dem Ehegatten zu beachten haben. Der BGH hat insoweit bereits darauf hingewiesen, daß sich aus dem Vorabzug des Kindesunterhalts kein Mißverhältnis zum wechselseitigen Lebensbedarf der Beteiligten ergeben darf.[79] Ist daher durch den Vorabzug des Kindesunterhalts der sog. Eigenbedarf des Bedürftigen gefährdet, der dem notwendigen Selbstbehalt des Pflichtigen entspricht und derzeit 1300 DM beträgt,[80] entfällt der Vorabzug[81] (vgl. auch § 5 Rn 226).

Der Vorwegabzug gilt auch bei Unterhaltsleistungen für **volljährige Kinder**, weil die **190** Aufwendungen für ein in Ausbildung befindliches oder studierendes Kind für die Dauer der Ausbildung oder des Studiums zur Deckung des allgemeinen Lebensbedarfs ebenfalls nicht zur Verfügung stehen und auch bei Fortbestehen einer intakten Ehe nicht zur Verfügung gestanden hätten. Der Vorwegabzug ist vor allem dann berechtigt, wenn ein Studium dem gemeinsamen Entschluß der Eheleute und damit einer entsprechenden übereinstimmenden Disposition über die Einkommensverhältnisse für die voraussichtliche Studiendauer entspricht.[82] Der unterhaltsrechtliche Vorrang des geschiedenen Ehegatten gegenüber volljährigen Kindern nach § 1609 II 2 BGB steht dem Vorabzug im Regelfall nicht entgegen. Dieser Vorrang wirkt sich nur im **Mangelfall** aus, d. h. wenn die nach Vorabzug verbleibenden Einkünfte des Verpflichteten nicht ausreichen, um den angemessenen Unterhalt der Ehegatten zu gewährleisten. Dieser angemessene Unterhalt entspricht dem angemessenen Selbstbehalt Nichterwerbstätiger gegenüber Volljährigen.[83]

Erst dann hat der Vorabzug zu unterbleiben (s. näher Rn 5/35 ff).[84]

Außerdem können sich Eltern einigen auf eine unterhaltsmäßig gleichrangige Behandlung minderjähriger und volljähriger Kinder. Dann besteht kein Vorrang- bzw. Nachrangverhältnis.[85]

---

[76] BGH, FamRZ 1997, 806 = R 512 a; FamRZ 1994, 87, 89 = R 468 c
[77] BGH, FamRZ 1994, 87, 89 = R 486 c
[78] BGH, FamRZ 1999, 367, 368 = R 530 c
[79] BGH, FamRZ 1999, 367, 368 = R 530 b
[80] DT A 5, B IV, abgedruckt im Anhang L
[81] OLG Düsseldorf, FamRZ 1998, 851
[82] BGH, FamRZ 1990, 258 = R 299 b; FamRZ 1989, 842, 843; FamRZ 1986, 553, 555 = R 276 c; FamRZ 1986, 783 = R 299 b
[83] Z. B. nach DT A 5 1800 DM, nach BayL 20 d 1600 DM
[84] BGH, FamRZ 1986, 553, 555 = R 276 c; FamRZ 1985, 912, 916
[85] BGH, FamRZ 1981, 341, 343 = R 58 b

191 b) **Nichtprägender Kindesunterhalt.** Ein **Vorabzug** ist aber **nicht berechtigt**, wenn es sich um Unterhalt für ein **Kind aus einer späterer Ehe** des Verpflichteten oder ein erst nach Rechtskraft der Scheidung geborenes nichteheliches Kind handelt. Eine solche erst nach der Scheidung entstandene Unterhaltsverpflichtung hat die ehelichen Lebensverhältnisse nicht mitgeprägt. Außerdem liefe ein solcher Vorwegabzug auf eine Schmälerung des nachehelichen Unterhalts hinaus, die der geschiedene Ehegatte als mit dem Kind gleichrangiger Unterhaltsberechtigter nicht hinzunehmen braucht. Dies gilt für die **Ermittlung des Bedarfs** nach den ehelichen Lebensverhältnissen grundsätzlich sogar dann, wenn der Verpflichtete nur beschränkt leistungsfähig ist.[86] Bei der **Leistungsfähigkeit** sind dagegen auch nach der Scheidung entstandene neue Unterhaltspflichten zu berücksichtigen, was im Einzelfall zum Mangelfall führen kann (vgl. insoweit näher Rn 5/18, 123 ff).

192 c) **Höhe des Abzugspostens.** Abzuziehen ist der jeweils **angemessene volle Kindesunterhalt**.
- Beim Unterhalt **Minderjähriger** ist der jeweilige **Tabellenbetrag** nach der DT ohne Berücksichtigung einer Kindergeldverrechnung abzuziehen, weil der hälftige Abzug des Kindergeldes (oder eine entsprechende Erhöhung) zur Folge hätte, daß bei einem Elternteil das Kindergeld unterhaltsrechtlich als Einkommen berücksichtigt würde, während beim anderen Elternteil keine solche Anrechnung erfolgt[87] (vgl. eingehend § 2 Rn 501). Dies gilt auch bei nichtgemeinschaftlichen Kindern.[88] So im Ergebnis auch DT B III; BayL 16 d; DL 23; BraL 27; FL IV 4; KL 21; NaL 6.3; CL III 2; OL V 1 b; HL 36; Schl C 3; StL II 1; DrL 30.
- Bei **volljährigen Kindern** gilt seit der Neufassung des § 1612 b BGB das gleiche. Abzuziehen ist der gezahlte Kindesunterhalt ohne Kindergeldverrechnung.
- Hat das Kind **eigenes Einkommen**, z. B. eine Ausbildungsvergütung, BAföG, Zinsen, kürzt dieses den Bedarf, abzuziehen ist dann jeweils der sog. **Restbedarf** (ohne Kindergeldverrechnung). Beim Minderjährigen ist dabei wegen der Gleichwertigkeit von Bar- und Betreuungsunterhalt jeweils die Hälfte des Einkommens auf den Barunterhalt anzurechnen, beim Volljährigen kürzt eigenes Einkommen voll den Bedarf (s. näher mit Rechtsprechungshinweisen Rn 2/96 ff).

193 d) **Betreuungsbonus.** Kommt der zum Ehegattenunterhalt Verpflichtete allein für ein in seinem Haushalt aufgenommenes minderjähriges Kind auf, erbringt er also nicht nur **Barunterhaltsleistungen,** sondern auch **Betreuungsleistungen,** kann er von seinem Einkommen nicht nur die dadurch anfallenden konkreten Betreuungskosten (Kindergarten, Tagesheimschule, Pflegeperson) als berufsbedingte Aufwendungen sowie den nach seinem Einkommen errechneten Barunterhalt für das Kind (Tabellenbetrag),[89] sondern nach Treu und Glauben auch einen sog. **Betreuungsbonus** abziehen. Mit diesem Bonus sollen seine mit den Betreuungsleistungen verbundenen erhöhten Belastungen aufgefangen werden (s. auch Rn 1/456).[90]

Ein solcher Betreuungsbonus steht dem Verpflichteten selbst dann zu, wenn seine neue Ehefrau das Kind betreut, da diese dem geschiedenen Ehegatten gegenüber zur Betreuung nicht verpflichtet ist. Deshalb kann der Verpflichtete im Verhältnis zum geschiedenen Ehegatten unterhaltsrechtlich so gestellt werden, als erbrächte er die Betreuung des gemeinschaftlichen Kindes in eigener Person.[91]

In der Praxis wird vielfach ohne nähere Feststellungen ein Betreuungsbonus in Höhe des nach dem Einkommen des Pflichtigen zu berechnenden Tabellenunterhalts angesetzt. Der BGH hat in der zitierten Entscheidung einen Betreuungsbonus von 300 DM für angemessen gehalten.[92] Abzustellen ist im Einzelfall auf Art und Umfang der notwendigen Betreuung des Kindes,[93] z. B. Dauer des Schulbesuchs, Alter usw. Neben dem Tabellen-

---

[86] BGH, FamRZ 1987, 456, 458 = R 329 b
[87] BGH, FamRZ 1997, 806 = R 512 a; FamRZ 1986, 783, 786 = R 299 c
[88] BGH, FamRZ 1997, 806 = R 512 a
[89] BGH, FamRZ 1991, 182 = R 430 b; FamRZ 1982, 779 = R 124 b
[90] BGH, FamRZ 1986, 790 = R 297 a
[91] BGH, aaO
[92] BGH, aaO
[93] BGH, FamRZ 1991, 182, 183 = R 430 b

3. Abschnitt: Bedarfsbemessung beim Ehegattenunterhalt § 4

betrag als Barunterhalt wird dabei ein Betreuungsbonus i. d. R. nur bei kleineren Kindern in Betracht kommen, nicht aber bei 15–16jährigen Schülern.

e) Zusatzfragen. Bei einer **Geschwistertrennung** kann für den Unterhalt nahezu gleichaltriger Kinder aus Gründen der Gleichbehandlung bei beiden Eltern ein gleich hoher Betrag für Unterhaltsleistungen vom jeweiligen Einkommen abgezogen werden.[94] **194**

Ob und in welcher Höhe der Kindesunterhalt **tituliert** ist, ist im Regelfall ohne Bedeutung. Eine Titulierung ist zwar ein Indiz, daß der Kindesunterhalt in dieser Höhe geschuldet und bezahlt wird. Soweit die Titulierung aber mit dem geschuldeten Unterhalt nicht mehr übereinstimmt, kann davon ausgegangen werden, daß bei Abweichungen von der materiellen Rechtslage eine Abänderung des Titels möglich ist.[95] **195**

Wurde ein **höherer** als der geschuldete Unterhalt aufgrund eines Titels bereits während der Ehe mehrere Jahre lang tatsächlich gezahlt, hat diese Verbindlichkeit allerdings die ehelichen Lebensverhältnisse geprägt.[96] Für die Dauer des Bestehens des Titels ist dieser dann zu beachten. Sonst kann eine die Unterhaltsschuld übersteigende Titulierung nur auf der Stufe der Leistungsfähigkeit unter dem Gesichtspunkt einer sonstigen Verbindlichkeit u. U. Berücksichtigung finden. **196**

Besteht noch kein Unterhaltstitel und zahlt der Verpflichtete einen **geringeren** als den geschuldeten Unterhalt, so kann bis zur Erwirkung eines Titels für den Ehegattenunterhalt nur der tatsächlich geleistete Kindesunterhaltsbetrag abgezogen werden. **197**

Die Geltendmachung von **Vorsorgeunterhalt** beeinflußt den Kindesunterhalt und damit auch den Vorabzug von Kindesunterhalt nicht, weil der Ehegattenunterhalt (Elementarunterhalt und Vorsorgeunterhalt) erst nach dem Vorabzug bemessen wird.[97] **198**

Zur Auswirkung auf die ehelichen Lebensverhältnisse, wenn die **Unterhaltsverpflichtung** für ein Kind nach der Trennung oder Scheidung **entfällt**, s. Rn 297 und 352. **199**

7. Aufwendungen zur Vermögensbildung

a) Bedarf. Der Verpflichtete ist nicht berechtigt, auf Kosten des Unterhaltsbedürftigen **einseitig** Vermögen zu bilden.[98] Vermögensbildende Aufwendungen, die nur einem Ehegatten zugute kommen, sind daher an sich bei der **Bedarfsermittlung** keine berücksichtigungswürdigen Verbindlichkeiten.[99] Soweit bereits **in der Ehe** vermögensbildende Aufwendungen getätigt wurden, ist aber zu beachten, daß dieser Teil des Einkommens für die Lebensführung nicht zur Verfügung stand.[100] **200**

Ob ein Abzug vermögensbildender Aufwendungen berechtigt ist, richtet sich deshalb nach BGH nach dem **objektiven Maßstab eines vernünftigen Betrachters.** Eine nach den Verhältnissen zu dürftige Lebensführung bleibt ebenso außer Betracht wie ein übertriebener Aufwand.[101] Maßgebend ist insbesondere, ob es sich im Verhältnis zum Einkommen um einen angemessenen Betrag handelt (s. näher Rn 1/560).[102] Entsteht durch vermögensbildende Aufwendungen ein unterhaltsrechtlich relevanter Gegenwert, z. B. ein eheprägender Wohnwert, sind Abzahlungen (Zins und Tilgung) in einem wirtschaftlich sinnvollen Rahmen, d. h. regelmäßig bis zur Höhe der Marktmiete, für die Bedarfsermittlung zu berücksichtigen[103] (s. näher Rn 1/243 ff); handelt es sich um gemeinsames **201**

---

[94] BGH, FamRZ 1984, 151, 153 = R 186 b
[95] BGH, FamRZ 1990, 1091, 1094 = R 422 b
[96] BGH, aaO
[97] BGH, FamRZ 1982, 887 = R 128 c
[98] BGH, FamRZ 1991, 1163, 1165 = R 437 b; FamRZ 1987, 36 = R 310 a; FamRZ 1987, 572, 575 = R 323 e
[99] BGH, aaO
[100] BGH, FamRZ 1984, 149 = R 187 f
[101] FamRZ 1993, 789, 792 = R 460 b; FamRZ 1989, 1160 = R 395 c; FamRZ 1987, 36, 39 = R 310 d; FamRZ 1984, 358, 360 = R 197 c; FamRZ 1982, 151 = R 92 b
[102] BGH, FamRZ 1984, 149 = R 187 f
[103] BGH, FamRZ 1995, 869 = R 494

Eigentum, auch darüber hinaus, da dann eine gemeinsame Vermögensbildung vorliegt, die beiden Ehegatten zugute kommt.

Haben die Eheleute während der Zeit ihres Zusammenlebens sehr dürftig gelebt und durch die Einschränkung ihres Konsumverhaltens eine hohe Vermögensbildung ermöglicht, so braucht sich der bedürftige Ehegatte nach der Trennung eine solche, das verfügbare Einkommen unangemessen einschränkende Vermögensbildung nicht weiter entgegenhalten zu lassen, auch wenn er sie während des Zusammenlebens widerspruchslos hingenommen hatte.[104]

202 Bei **gehobenem Einkommen des Pflichtigen** wird es den ehelichen Lebensverhältnissen entsprechen, daß dieses Einkommen nicht gänzlich für den allgemeinen Lebensbedarf verbraucht, sondern teilweise auch der Vermögensbildung zugeführt wurde. Da solche der Vermögensbildung vorbehaltene Einkommensteile der Befriedigung laufender Lebensbedürfnisse entzogen sind, dürfen sie zur Unterhaltsbemessung nicht herangezogen werden.[105] Das Einkommen des Verpflichteten ist deshalb durch einen Abzug in Höhe der durchschnittlichen vermögensbildenden Aufwendungen zu bereinigen (s. auch Rn 185, 366 ff. und 1/559 ff).

202a Nach der Trennung neu entstehende und damit **nichtprägende** Aufwendungen zur Vermögensbildung haben auf die Bedarfsermittlung generell keinen Einfluß (s. unten Rn 206).

203 b) **Vermögensbildende Aufwendungen** sind vor allem Aufwendungen für Lebensversicherungen, Kapitalanlagen, Immobilien, Bau eines Eigenheimes und für sonstige Vermögenswerte.

Nicht der Vermögensbildung dienen sog. Konsumkredite, mit denen abnutzbare Bedarfsgüter und Gebrauchsgegenstände wie z. B. Hausrat, Pkw, Wohnwagen, Motorrad, Foto- oder Filmausrüstung u. ä. angeschafft wurden, auch wenn solche Gegenstände einen hohen Wert haben. Solche Bedarfsgüter dienen der allgemeinen Lebensführung. Ihr Wert nimmt mit zunehmendem Gebrauch laufend ab. Die entsprechenden Aufwendungen sind daher den laufenden **Lebenshaltungskosten** zuzurechnen.[106] Ob Konsumkredite als Abzugsposten das Einkommen kürzen, d. h. die ehlichen Lebensverhältnisse prägen, richtet sich danach, ob es sich um eine bei der Bedarfsermittlung berücksichtigungswürdige Schuld handelt (vgl. Rn 185 und ausführlich Rn 1/522 ff).

Auch Sparleistungen dienen häufig der Ansparung solcher größerer Ausgaben und sind dann ebenfalls nicht der Vermögensbildung, sondern der Lebenshaltung zuzurechnen.[107]

204 c) **Bereinigung des Nettoeinkommens.** Bei den berücksichtigungswürdigen vermögensbildenden Aufwendungen handelt es sich um einen die ehelichen Lebensverhältnisse **prägenden Abzugsposten vom Nettoeinkommen.** Dadurch verringert sich das unterhaltsrechtlich **prägende** bereinigte Nettoeinkommen, was sich unterhaltsmindernd auswirkt (vgl. auch Rn 185 und 1/560). Soweit sich eine vermögensbildende Ausgabe auf eine bestimmte Einkommensart bezieht, z. B. Zahlung von Zins und Tilgung beim eheprägenden Wohnwert, kürzt sie nur diese (vgl. näher Rn 1/243 ff).

Der Abzug vermögensbildender Aufwendungen hat zur Folge, daß der Verpflichtete in diesem Umfang für sich allein weiterhin Vermögen bilden kann, während der Berechtigte seinen Unterhalt zur Deckung seines laufenden Bedarfs benötigt. Dies ist bei ausreichend hohen Einkünften des Pflichtigen hinzunehmen, denn es gehört **nicht** zu den Zwecken des Ehegattenunterhalts, dem Berechtigten mit dem Unterhalt **auch eine Vermögensbildung zu ermöglichen.**[108]

205 Der **Umfang** vermögensbildender Aufwendungen darf nicht pauschal nach einer Vermögensbildungsrate oder nach einem Prozentsatz des Nettoeinkommens bemessen werden, weil es von der individuellen Entscheidung der Ehegatten abhängt, ob und wieviel sie von ihrem Einkommen monatlich der Vermögensbildung zuführen. Dies kann daher

---

[104] BGH, FamRZ 1987, 36, 39 = R 310 d
[105] BGH, FamRZ 1987, 36, 39 = R 310 d; FamRZ 1984, 149, 151 = R 187 f
[106] BGH, FamRZ 1984, 149, 151 = R 187 f
[107] BGH, FamRZ 1983, 678 = R 168 a
[108] BGH, FamRZ 1998, 87, 88 = R 516 b; FamRZ 1987, 36, 39 = R 310 d

3. Abschnitt: Bedarfsbemessung beim Ehegattenunterhalt § 4

auch nicht Gegenstand eines Erfahrungssatzes sein. Es bedarf vielmehr dazu stets konkreter Feststellungen zu der im Einzelfall vorgenommenen Vermögensbildung.[109]

Der Richter muß Feststellungen darüber treffen, wieviel die Eheleute während ihres Zusammenlebens (bis zur Trennung) durchschnittlich für die Vermögensbildung aufgewendet haben.[110]

Die **Darlegungs- und Beweislast** für solche Aufwendungen hat der Verpflichtete. Er muß konkret darlegen, welche Zahlungen die Eheleute in den letzten ein bis drei Jahren vor der Trennung für die Vermögensbildung geleistet haben und welcher Art diese Aufwendungen waren.

Bei **überdurchschnittlich hohen Einkünften**, die unter Anlegung eines objektiven Maßstabs für großzügige Verhältnisse nicht zur Deckung des laufenden Lebensbedarfs benötigt werden, ist der Tatrichter nicht daran gehindert, den eheangemessenen Unterhaltsbedarf durch Festlegung der konkreten Kosten zu ermitteln, die für die Aufrechterhaltung des bis zur Scheidung erreichten Lebensstandards erforderlich sind[111] (s. näher Rn 366 ff).

Ein Abzug unterbleibt aber, wenn nach dem eigenen Vorbringen des Verpflichteten seinem höheren Einkommen außergewöhnlich hohe Kosten der Lebensführung entsprachen.[112]

d) Prägende und nichtprägende vermögensbildende Aufwendungen. Maßgeblich **206** für die Beurteilung der Berechtigung und des Umfangs eines Abzugs für vermögensbildende Aufwendungen sind die Verhältnisse **während des Zusammenlebens** der Eheleute bis zur Trennung[113] (s. näher Rn 261 ff).

Für die Durchschnittsberechnung kommen die letzten ein bis drei Jahre in Frage.

Vermögensbildende Aufwendungen, die der Verpflichtete einseitig erstmals **nach der Trennung** vornimmt oder ausweitet, berechtigen nicht zu einem einkommensmindernden Abzug, weil sich der Bedürftige nach der Trennung solche einseitigen Maßnahmen nicht unterhaltsmindernd entgegenhalten lassen muß. Sie sind **nichtprägend** (s. näher Rn 263 ff).

Der zum **Zeitpunkt der Trennung** festgestellte Betrag für Vermögensbildung kann, wenn sich die Einkommensverhältnisse bis zur Scheidung wesentlich verbessert haben, tatrichterlich im Wege der **Schätzung** an die verbesserten Einkommensverhältnisse **angepaßt** werden, wenn davon ausgegangen werden kann, daß die Eheleute bei Fortdauer ihres Zusammenlebens einen entsprechend höheren Betrag für die Vermögensbildung abgezweigt hätten.[114]

Eine solche Fortschreibung ist nicht möglich bei nichteinvernehmlichen Maßnahmen eines Ehegatten.

e) Leistungsfähigkeit. Soweit ein **trennungsbedingter Mehrbedarf** konkret nachgewiesen **207** wird, müssen Mittel zur Vermögensbildung, die bei guten Einkommensverhältnissen des Pflichtigen als Abzugsposten zu berücksichtigen waren, zu dessen Deckung herangezogen werden. Der Verpflichtete ist dann nicht mehr berechtigt, eine solche Vermögensbildung, die sich einseitig zu seinen Gunsten auswirkt, zum Nachteil des laufenden Lebensbedarfs des anderen Ehegatten in dem vor der Trennung als angemessen zu erachtenden Rahmen fortzusetzen[115] (vgl. Rn 427 ff).

Die zum Zeitpunkt der Trennung festgestellte Vermögensbildungsrate kann in einem solchen Fall vielmehr zum Ausgleich der trennungsbedingten Nachteile um den trennungsbedingten Mehrbedarf verringert werden.[116]

---

[109] BGH, FamRZ 1983, 678 = R 168 a; FamRZ 1987, 36, 39 = R 310 d; FamRZ 1984, 151, 153 = R 186 b
[110] BGH, FamRZ 1987, 36, 39 = R 310 d; FamRZ 1987, 913, 916 = R 339 d
[111] BGH, FamRZ 1987, 691, 693 = R 332 b; FamRZ 1985, 582 = R 246 a
[112] BGH, FamRZ 1983, 352
[113] BGH, FamRZ 1987, 36, 39 = R 310 d
[114] BGH, aaO
[115] BGH, FamRZ 1987, 913, 916 = R 339 d; FamRZ 1984, 149, 151 = R 187 f
[116] BGH, FamRZ 1987, 36, 39 = R 310 d

Außerdem darf sich der Verpflichtete bei der Berücksichtigung vermögensbildender Aufwendungen für die Bedarfsermittlung **nicht auf mangelnde Leistungsfähigkeit**, z. B. durch nichtprägende Unterhaltspflichten oder nichtprägende Schulden, berufen.[117] Er muß zur Wahrung seiner Leistungsfähigkeit eine derartige Vermögensbildung einschränken oder ganz unterlassen und finanzielle Lasten abbauen, die er aus Gründen der Vermögensbildung eingegangen ist,[118] zumal dem Berechtigten eine weitere Vermögensbildung des Verpflichteten nicht mehr zugute kommt[119] (s. näher Rn 1/247, 560 b).

208 **f) Bedürftigkeit.** Der Bedürftige ist generell **nicht berechtigt**, vermögensbildende Ausgaben einkommensmindernd abzuziehen. Der vom Pflichtigen bezahlte Unterhalt dient nur zur **Deckung der Lebenshaltungskosten, nicht zur Vermögensbildung** des Berechtigten.[120] Ausnahmsweise kommt eine Berücksichtigung in Betracht, wenn es sich um eine gemeinschaftliche Vermögensbildung handelt und sich die Parteien die Abzahlungen auf ein gemeinsames Eigenheim nach der Trennung geteilt haben, solange das Objekt nicht verkauft oder zwangsversteigert wurde,[121] ferner bei einer sog. **aufgedrängten Vermögensbildung**.[122] Von letzterem ist auszugehen, wenn der Bedürftige während der Ehe bei überdurchschnittlichen Einkünften der Eheleute mit Wissen und Wollen des Partners ein Abschreibungsmodell als Vermögensanlageform wählte, in dem nach der Lebenserfahrung die gemeinsame Verminderung der Steuerlast im Vordergrund stand und damit die ehelichen Lebensverhältnisse prägte. Bis zur Rechtshängigkeit des Scheidungsverfahrens kann er insoweit auch die Tilgung für vermögensbildende Ausgaben absetzen, weil dies dem Pflichtigen über den Zugewinn zugute kommt, ab Rechtshängigkeit und nach der Scheidung im Einzelfall ebenfalls, wobei dann aber nach §§ 1361 III, 1579 Nr. 7 BGB eine Herabsetzung des Unterhaltsanspruchs nach Billigkeitsgesichtspunkten zu prüfen ist.[123]

209 **g) Altes Recht.** Auch nach dem **alten Recht** waren bei der Bedarfsbemessung nach den §§ 58, 59 EheG Aufwendungen zur Vermögensbildung nur bei hohem Einkommen des Pflichtigen zu berücksichtigen.[124]

8. Konsumverhalten und objektiver Maßstab für die Bedarfsbemessung

210 Sowohl bei der Bemessung des Trennungsunterhalts als auch des nachehelichen Unterhalts ist nach ständiger Rechtsprechung des BGH ein **objektiver Maßstab** anzulegen. Entscheidend ist derjenige Lebensstandard, der nach den von dem Einkommen geprägten ehelichen Lebensverhältnissen vom Standpunkt eines vernünftigen Betrachters aus als angemessen erscheint. Damit hat, gemessen am verfügbaren Einkommen, sowohl eine zu dürftige Lebensführung als auch ein übermäßiger Aufwand außer Betracht zu bleiben.[125] Nur in diesem Rahmen kann das tatsächliche Konsumverhalten der Ehegatten während des Zusammenlebens berücksichtigt werden.[126]

211 Der Bedürftige braucht sich nach der Trennung an einer während des Zusammenlebens in der Ehe zugunsten einer Vermögensbildung **übertriebenen Einschränkung des Konsumverhaltens** nicht mehr festhalten lassen. Er kann den nach den Einkommensverhältnissen bei objektiver Beurteilung angemessenen Unterhalt verlangen mit der Folge, daß der Verpflichtete die bisherige Vermögensbildung einzuschränken oder ganz zu unterlassen hat (s. oben Rn 202). Gleiches gilt, wenn sich der eheliche Lebensstandard nach der

---

[117] BGH, FamRZ 1987, 36 = 310 d; FamRZ, 1984, 149, 151 = R 187 f
[118] BGH, FamRZ 1987, 913, 916 = R 339 d
[119] BGH, FamRZ 1989, 1160 = R 395 c
[120] BGH, FamRZ 1998, 87, 88 = R 516 b; FamRZ 1992, 423 = R 442 b
[121] BGH, FamRZ 1994, 1100, 1102 = R 482 b
[122] BGH, FamRZ 1991, 1163, 1165 = R 437 b
[123] BGH, aaO
[124] BGH, FamRZ 1980, 771; FamRZ 1979, 692
[125] BGH, FamRZ 1989, 838 = R 341; FamRZ 1987, 36, 39 = R 310 d; FamRZ 1984, 358, 360 = R 197 c; FamRZ 1983, 678 = R 168 a
[126] BGH, FamRZ 1995, 869 = R 494; FamRZ 1989, 1160 = R 395 c; FamRZ 1988, 259, 262 = R 352 a

3. Abschnitt: Bedarfsbemessung beim Ehegattenunterhalt § 4

Trennung wegen **trennungsbedingtem Mehrbedarf** anders nicht aufrechterhalten läßt[127] (vgl. Rn 207).

Umgekehrt kann sich der Bedürftige nicht auf einen **überhöhten Aufwand** berufen, 212 wenn die Eheleute während ihres Zusammenlebens erheblich über ihren wirtschaftlichen Verhältnissen oder gar zu Lasten einer Überschuldung **verschwenderisch** gelebt haben (s. auch Rn 1/544 ff). Auch in diesem Fall besteht kein Anspruch auf Fortsetzung des nicht realistischen bisherigen Lebensstandards. Unterhalt ist nur berechtigt in einem Umfang, der nach den Einkommensverhältnissen unter Berücksichtigung des Umfangs der bestehenden Verschuldung vom Standpunkt eines vernünftigen Betrachters aus als angemessen erscheint.

- Wurde während des Zusammenlebens ein nach objektiven Maßstäben **unvertretbar geringer Teil** des Einkommens zur **Rückführung von Verbindlichkeiten** aufgewendet, ist zu fragen, wie sich ein vernünftiger Betrachter bei Fortdauer der ehelichen Gemeinschaft verhalten hätte, und es ist dementsprechend auf einen **vernünftigen Tilgungsplan** abzustellen. Einkommensmindernd sind dann als Schuldenabzug Beträge in einer Höhe zu berücksichtigen, die im Fall der Fortdauer der ehelichen Gemeinschaft bei verantwortlicher Abwägung der Unterhaltsbelange und der Fremdgläubigerinteressen für die Schuldentilgung verwendet worden wären.[128]
- Haben sich die Eheleute während des Zusammenlebens **im Übermaß verschuldet**, muß das bisherige Konsumverhalten zugunsten einer Rückführung der bestehenden Verschuldung bei beiden Ehegatten eingeschränkt werden. Der Verpflichtete hat sich unter Ausnutzung aller zumutbaren Möglichkeiten um eine Rückgängigmachung der getroffenen Dispositionen und um die weitestmögliche Wiederherstellung seiner Leistungsfähigkeit – auch durch Verwertung von nicht dringend benötigten Vermögensobjekten – zu bemühen. Soweit dies nicht gelingt, muß sich der Bedürftige mit einer den notwendigen Unterhalt unterschreitenden Alimentierung zufriedengeben und sich fehlende Mittel unter äußerster Anstrengung seiner Kräfte durch einen über das allgemein Gebotene hinausgehenden Einsatz selbst verschaffen.[129]
- Genaueres zur Berücksichtigung von **ehebedingten Schulden** Rn 1/522 ff.

Die Orientierung der Unterhaltsbemessung an einem objektiven Maßstab, d. h. am 213 Durchschnittsverhalten vernünftiger Betrachter, ist Sache des **Tatrichters**, der zu diesem Zweck die konkreten Umstände des Einzelfalls zu beurteilen und abzuwägen hat.

9. Trennung und Scheidung als maßgeblicher Zeitpunkt für die Beurteilung des prägenden Charakters ehelicher Lebensverhältnisse beim nachehelichen Unterhalt

a) **Zeitpunkt zur Feststellung der ehelichen Lebensverhältnisse.** Nach ständiger 214 Rechtsprechung des BGH sind für die Bemessung des nachehelichen Unterhalts die im **Zeitpunkt der Scheidung** prägenden ehelichen Lebensverhältnisse maßgeblich.[130]

Diese Rechtsprechung ist mit dem GG vereinbar.[131]

Der BGH begründet seine Auffassung im wesentlichen damit, daß das Eheband und die daraus resultierende unterhaltsrechtliche Verantwortung der Eheleute bis zur Rechtskraft der Scheidung fortbesteht und daß deshalb auch der bis zur Auflösung der Ehe erreichte Lebenszuschnitt der Ehegatten maßgeblich sein muß, da die eheliche Lebensgemeinschaft jederzeit bis zu diesem Zeitpunkt wieder aufgenommen werden kann.[132]

Der unterhaltsberechtigte Ehegatte nimmt an einer **normalen Weiterentwicklung**

---

[127] BGH, FamRZ 1989, 1160 = R 395 c
[128] BGH, FamRZ 1982, 678 = R 119 a
[129] BGH, FamRZ 1984, 657 = R 216
[130] BGH, FamRZ 1999, 367, 368 = R 530 a; FamRZ 1990, 499, 502 = R 407 c; FamRZ 1990, 1085 = R 423 b; FamRZ 1991, 307 = R 427 a; FamRZ 1993, 1304 = R 464 a; FamRZ 1994, 228 = R 471 b
[131] BVerfG, FamRZ 1993, 171 = R 457
[132] BGH, FamRZ 1999, 367, 368 = R 530 a; FamRZ 1984, 149 = R 187 a

der ehelichen Lebensverhältnisse von der **Trennung bis zur Scheidung** teil.[133] Die Einkommensverhältnisse, die während des Zusammenlebens in der Ehe den ehelichen Lebensstandard nachhaltig geprägt haben, behalten ihren Charakter als eheliche Lebensverhältnisse grundsätzlich auch während der Trennungszeit, selbst wenn sie sich während der Trennungszeit ändern. Dies gilt sowohl bei einem nachhaltigen Absinken als auch bei einer normalen günstigen Weiterentwicklung der wirtschaftlichen Verhältnisse bis zur Scheidung[134] als auch bei der Verwirklichung eines in der Ehe angelegten gemeinsamen Lebensplans.[135] Die Teilnahme an der Fortentwicklung des Einkommens gilt im übrigen auch über die Scheidung hinaus, wenn es sich um eine sog. Normalentwicklung handelt (näher Rn 299 ff).

215 Auszugehen ist daher stets von den Einkommensverhältnissen und sonstigen Umständen, wie sie im Zeitpunkt der Scheidung bestehen. Diese Verhältnisse sind festzustellen und daraufhin zu beurteilen, ob die **ehelichen Lebensverhältnisse** durch sie **nachhaltig geprägt** worden sind. Denn die zur Zeit der Scheidung bezogenen Einkünfte und sonstigen Umstände bestimmen die ehelichen Lebensverhältnisse nur, soweit es sich um **prägende**, d. h. nachhaltig erzielte dauerhafte Einkünfte handelt.[136]

Für die Beurteilung des prägenden Charakters der ehelichen Lebensverhältnisse ist nach der Rechtsprechung des BGH entscheidungserheblich, ob die entsprechenden Verhältnisse schon **während des ehelichen Zusammenlebens** wenigstens **dem Grunde nach** bereits **prägend bestanden** und ob diese Umstände ihren prägenden Charakter bei Änderungen zwischen Trennung und Scheidung behalten haben. Nur wenn dies bejaht werden kann, sind die Verhältnisse im Zeitpunkt der Scheidung der Unterhaltsbemessung als prägend zugrunde zu legen. Entgegen der bisherigen Rechtsprechung des BGH ist dabei als dem Grunde nach bereits in der Ehe angelegt auch die Wiederaufnahme einer Berufstätigkeit bei Kinderbetreuung in der Ehe anzusehen (näher Rn 184 a).

216 b) **Prüfungszeitpunkte zur Feststellung der eheprägenden Verhältnisse.** Für die Prüfung der Frage, ob und in welcher Höhe ein Einkommen als prägend in die Bedarfsermittlung einfließt, ist damit **sowohl auf die Trennung als auch auf die Scheidung** abzustellen. Dabei empfiehlt sich eine abstrakte Betrachtung, d. h. ein Abstellen auf die zugrundeliegenden Einkommensquellen (näher unten Rn 224 a).

217 • Vor der Trennung eingetretene Einkommensentwicklungen sind stets prägend.[137] Voraussetzung ist nur, daß es sich um **nachhaltig erzielte dauerhafte Einkünfte** handelt. Nur vorübergehende **kurzfristige Veränderungen** (Verbesserungen oder Verschlechterungen) sind unbeachtlich.[138] Kein dauerhaftes Einkommen liegt ferner nach BGH bei einer **unzumutbaren Tätigkeit** vor, da derjenige, der sie ausübt, unterhaltsrechtlich nicht gehindert ist, sie jederzeit wieder zu beenden.[139] Dies gilt sowohl für eine überobligatorische Tätigkeit des Bedürftigen[140] als auch des Pflichtigen.[141] Inwieweit eine unzumutbare Tätigkeit gegeben ist, ist in jedem Einzelfall genau zu prüfen. Soweit z. B. eine Frau trotz Betreuung kleiner Kinder bereits während der Ehe aus freien Stücken einen Beruf ausübte und ihre Tätigkeit nach der Trennung fortsetzt, liegt regelmäßig keine unzumutbare Tätigkeit vor[142] (vgl. näher Rn 1/443 ff. mit weiteren Nachweisen).

---

[133] BGH, FamRZ 1999, 367, 368 = R 530 a; FamRZ 1982, 575 = R 113 b; FamRZ 1986, 437 = R 288 a; FamRZ 1994, 87 = R 468 c; FamRZ 1994, 228 = R 471 b
[134] BGH, FamRZ 1992, 1045 = R 448 a; FamRZ 1982, 576 = R 114 a
[135] BGH, FamRZ 1988, 930 = R 368 a; FamRZ 1988, 927, 929 = R 358 e
[136] BGH, FamRZ 1984, 364 = R 192 a, b; FamRZ 1990, 499, 502 = R 407 c; FamRZ 1990, 1085 = R 423 b; FamRZ 1993, 1304 = R 464 a; FamRZ 1994, 228 = R 471 b
[137] BGH, FamRZ 1988, 259, 262 = R 352 b
[138] BGH, FamRZ 1992, 1045, 1047 = R 448 b
[139] BGH, FamRZ 1998, 1501 = R 521 a; FamRZ 1985, 360 = R 244 b; FamRZ 1984, 364 = R 192 a; FamRZ 1983, 146 = R 142 d, e
[140] FamRZ 1998, 1501, 1502 = R 521 a
[141] BGH, FamRZ 1983, 146 = R 142 d; FamRZ 1985, 360 = R 244 b; OLG München, FamRZ 1996, 169; OLG Hamm, FamRZ 1996, 488
[142] FamRZ 1998, 1501, 1502 = R 521 a

3. Abschnitt: Bedarfsbemessung beim Ehegattenunterhalt §4

- Einkommensänderungen zwischen Trennung und Scheidung sind **prägend**, wenn es **bereits bei der Trennung** entsprechende, wenn auch nicht gleich hohe Erwerbseinkünfte gegeben hat oder wenn die Aufnahme der entsprechenden Erwerbstätigkeit nach der Trennung einem **Lebensplan** der Eheleute entsprach und die Weiterentwicklung der Einkommensverhältnisse und sonstigen Umstände bis zur Scheidung auf einem Normalverlauf beruhte.

218

Die Voraussetzungen einer solchen normalen Weiterentwicklung, also z. B. die Erwerbstätigkeit, müssen somit bereits in den für die eheliche Lebensgestaltung vor der Trennung maßgeblichen Umständen, d. h. in den Verhältnissen zur Zeit der Trennung, begründet gewesen sein[143] oder auf einem Lebensplan beruhen, der allerdings nach der bisherigen Rechtsprechung des BGH vor der Scheidung zumindest teilweise zu verwirklichen ist.[144] Diese Einschränkung ist bei Aufnahme einer Berufstätigkeit nach einer Kinderbetreuung als zu benachteiligend für den kinderbetreuenden Elternteil anzusehen und deshalb auch eine erst nach der Scheidung aufgenommene Erwerbstätigkeit als in der Ehe angelegt und gemeinsam geplant anzusehen (näher Rn 184 a).

Im Zeitpunkt der Scheidung sind aus einer solchen Erwerbstätigkeit erzielte Einkünfte also nur dann **prägend**, wenn nach den Verhältnissen während des ehelichen Zusammenlebens, d. h. nach den Verhältnissen bis zur Trennung, eine solche Aufnahme oder Ausweitung **in der Ehe angelegt** oder **gemeinsam geplant** war und auch **ohne die Trennung erfolgt** wäre.[145]

219

Um die sich aus der Unterscheidung zwischen prägendem und nichtprägendem Einkommen inzwischen äußerst komplizierte Rechtsprechung zu vereinfachen, sollte in Zukunft das Schwergewicht bei der Beurteilung einer Normalentwicklung darauf gelegt werden, ob die Erwerbsquelle in der Ehe angelegt oder geplant war und deswegen auch ohne Trennung/Scheidung in der konkreten Höhe bestanden hätte (näher Rn 224 a).

- Kommt es **nach der Trennung** zu einer **unerwarteten, außerhalb des Normalverlaufs** liegenden Einkommensentwicklung, kann nicht mehr davon ausgegangen werden, daß die bei Scheidung erzielten Einkünfte noch ein Ausdruck der ehelichen Lebensverhältnisse sind, wie sie während des Zusammenlebens in intakter Ehe bis zur Trennung bestanden haben.[146]

220

Bei einer solchen, vom Normalverlauf abweichenden Entwicklung ist daher auch ein im Zeitpunkt der Scheidung erzieltes Einkommen **nur in der Höhe prägend** geblieben, in der es im Zeitpunkt der Trennung prägend war. Bei langjähriger Trennung kann dieser Betrag fiktiv nach den Indexdaten der statistischen Jahrbücher auf den Zeitpunkt der Scheidung hochgerechnet werden.[147]

Entsprach somit die Aufnahme oder Ausweitung der Erwerbstätigkeit nicht einer **Lebensplanung** oder erfolgte sie nur wegen der Trennung oder wegen des Scheiterns der Ehe, dann dürfen solche Erwerbseinkünfte bei der Unterhaltsbemessung **nicht als prägend** berücksichtigt werden.[148] Zum Problem der Bewertung der Haushaltsführung in diesen Fällen vgl. Rn 184 a ff.

Das gleiche gilt bei **Aufnahme einer unzumutbaren Tätigkeit nach der Trennung**.[149]

Eine unerwartete, vom Normalverlauf abweichende Einkommensentwicklung liegt ferner bei einer sog. **Leistungsbeförderung** bzw. einem **nicht voraussehbaren Karrie-**

---

[143] BGH, FamRZ 1982, 576 = R 114 a; FamRZ 1988, 259, 262 = R 352 b; FamRZ 1988, 927, 929 = R 358 e
[144] BGH, FamRZ 1984, 149 = R 187 b, d; FamRZ 1988, 927, 929 = R 358 e; FamRZ 1988, 930 = R 368 a
[145] BGH, FamRZ 1988, 701, 704 = R 362 d; FamRZ 1985, 161, 162 = R 236 a; FamRZ 1988, 256 = R 355 a; FamRZ 1982, 892 = R 106 b; FamRZ 1991, 307 = R 427 a; FamRZ 1994, 228 = R 471 a
[146] BGH, FamRZ 1982, 576, 578 = R 114 b; FamRZ 1982, 575 = R 113 b
[147] BGH, FamRZ 1982, 576, 578 = R 114 b
[148] BGH, FamRZ 1987, 257, 259; FamRZ 1984, 151 = R 186 a; FamRZ 1984, 364 = R 192 b
[149] BGH, FamRZ 1984, 364, 365 = R 192 a; FamRZ 1983, 146, 148 = R 142 d

resprung[150] oder einer besonderen unternehmerischen Leistung[151] nach der Trennung vor.

Nicht zu berücksichtigen sind außerdem zusätzliche Einkünfte nach der Trennung, die nur auf der Trennung beruhen und ohne die Trennung nicht eingetreten wären. Diese können im Zeitpunkt der Scheidung die ehelichen Lebensverhältnisse nicht prägen. So hat z. B. der BGH Zinserträge aus dem Erlös eines nach der Trennung veräußerten Familienheims als nicht prägendes Einkommen beurteilt mit der Begründung, Änderungen der Vermögens- und Einkommenssituation können nur dann die ehelichen Lebensverhältnisse zum Zeitpunkt der Scheidung prägen, wenn die ihnen zugrundeliegende Entwicklung auch ohne die Trennung erfolgt wäre.[152] Auch insoweit knüpft der BGH zur Beurteilung der Prägung im Scheidungszeitpunkt an die bis zur Trennung bestehenden Verhältnisse an. Prägend bleibt deshalb in diesen Fällen nur der bis zur Trennung bestehende Wohnwert (vgl. näher Rn 1/286 ff). Durch den Ansatz des früheren fiktiven Wohnwerts als weiterhin eheprägend setzt sich jedoch rechnerisch der frühere Wohnwert bis zur gleichen Höhe des Surrogats (Zinsen, neuer Wohnwert) fort, im Ergebnis ist damit nur der den Wohnwert übersteigende Teil des Erlöses nichtprägend.[153]

Nichtprägend sind aus den gleichen Gründen Zinseinkünfte aus dem (vorzeitigen) **Zugewinn**.[154] Auch hier sind aber, soweit die Mittel nicht anderweitig verbraucht wurden, z. B. für die Scheidungskosten, Umzug, neues Mobiliar, die bisherigen Zinsen wie beim Verkauf des Eigenheims weiterhin als prägend anzusehen.

Nichtprägend sind ferner Zinseinkünfte, die erst **nach der Trennung erstmals entstanden** sind, z. B. aus einer erst nach der Trennung angefallenen **Erbschaft**,[155] da es sich insoweit um eine völlig neue Erwerbsquelle handelt.

221 • Die **Rechtskraft der Scheidung** setzt nach der bisherigen Rechtsprechung des BGH einen Endpunkt für die Entwicklung der prägenden ehelichen Lebensverhältnisse. Diese werden gewissermaßen mit Rechtskraft der Scheidung dauerhaft fixiert. Deshalb sind Veränderungen der ehelichen Lebensverhältnisse, die erst nach Rechtskraft der Scheidung eintreten, selbst dann **nicht prägend**, wenn die Erwerbstätigkeit zwar bereits während des ehelichen Zusammenlebens geplant war, aber nicht wenigstens teilweise bis zur Scheidung verwirklicht worden ist[156] (s. Rn 325 ff.). Werden in der Ehe Kinder betreut, ist die Einschränkung, daß der Lebensplan mit der Scheidung verwirklicht werden muß, aber als zu eng und insbesondere zu benachteiligend für den kinderbetreuenden Elternteil anzusehen. Die bereits in der Ehe absehbare Berufstätigkeit ist damit auch bei einer Aufnahme erst nach der Scheidung noch als in der Ehe angelegt und damit eheprägend anzusehen (näher Rn 184 a ff).

221a • **Spätere Einkommensänderungen** können die Unterhaltsbemessung daher nur dann noch beeinflussen, wenn ihnen eine Entwicklung zugrunde liegt, die aus der Sicht des Zeitpunkts der Scheidung mit **hoher Wahrscheinlichkeit zu erwarten war**, und wenn ihre Erwartung die ehelichen Lebensverhältnisse im Zeitpunkt der Scheidung bereits **geprägt** hat, d. h. wenn die Ehegatten ihren Lebenszuschnitt im Hinblick auf diese künftige Entwicklung bereits gestalten konnten[157] oder wenn sie auch ohne Trennung/Scheidung eingetreten wäre. Darunter fällt insbesondere die normale Fortentwicklung des Einkommens (s. näher Rn 316 ff), die unverschuldete Arbeitslosigkeit, der **Wegfall von Verbindlichkeiten** (s. näher Rn 354).

222 **Zusammenfassend** ist daher festzustellen, daß nach der Rechtsprechung des BGH zwar von den Verhältnissen im Zeitpunkt der Scheidung auszugehen ist, daß aber der

---

[150] BGH, FamRZ 1990, 1085 = R 423 b; FamRZ 1987, 913, 915 = R 339 c
[151] BGH, FamRZ 1982, 576, 578 = R 114 b
[152] BGH, FamRZ 1986, 439 = R 290 a; FamRZ 1985, 354, 356 = R 222 b; FamRZ 1990, 269, 272 = R 405 d
[153] BGH, FamRZ 1998, 87, 88 = R 516 b
[154] BGH, FamRZ 1985, 357 = R 243 d
[155] OLG Hamm, FamRZ 1992, 1184
[156] BGH, FamRZ 1988, 145 = R 347 c; FamRZ 1986, 783, 785 = R 299 a; FamRZ 1985, 161 = R 236 a
[157] BGH, FamRZ 1986, 783, 785 = R 299 a; FamRZ 1987, 459 = R 324 c; FamRZ 1982, 895

prägende Charakter dieser Verhältnisse danach zu beurteilen ist, ob die entsprechenden Verhältnisse bereits im **Zeitpunkt der Trennung** prägend vorhanden waren und ob sich diese Verhältnisse bis zur Scheidung normal weiterentwickelt haben und deshalb auch im Zeitpunkt der Scheidung als prägend zu berücksichtigen sind. In diesem Sinn sind alle Veränderungen zwischen Trennung und Scheidung in diese Beurteilung miteinzubeziehen.

Der **Endpunkt für diese Entwicklung** der prägenden ehelichen Verhältnisse tritt erst mit **Rechtskraft** der Scheidung ein. Deshalb sind bei der Entscheidung über den nachehelichen Unterhalt die ehelichen Lebensverhältnisse maßgebend, wie sie sich bis zur Scheidung prägend weiterentwickelt haben. Ist über den nachehelichen Unterhalt als Folgesache zum Verfahrensverbund schon vor Eintritt der Rechtskraft der Scheidung zu entscheiden, können der Entscheidung nur die bis zum Zeitpunkt der letzten mündlichen Verhandlung vor dem Tatrichter (Berufungsinstanz) erkennbar gewordenen Verhältnisse zugrunde gelegt werden, wobei absehbare Entwicklungen bis zum Eintritt der Rechtskraft mitzuberücksichtigen sind.[158]

Bei **Abänderungsklagen** für spätere Zeiträume ist die Unterhaltsbemessung an den festgestellten oder festzustellenden prägenden Verhältnissen im Zeitpunkt der Scheidung auszurichten.[159] **223**

Deshalb sind die maßgeblichen prägenden ehelichen Lebensverhältnisse und das sich daraus ergebende Unterhaltsmaß im Urteil bindend festzustellen.[160]

Auch bei einem Anspruch nach den §§ 58, 59 EheG sind die ehelichen Lebensverhältnisse im Zeitpunkt der Scheidung maßgeblich.[161] Für die Beurteilung der prägenden ehelichen Lebensverhältnisse im Zeitpunkt der Scheidung gelten die gleichen Grundsätze. **224**

Kritik an der bisherigen Rechtsprechung: Die zu starre Festlegung auf die Scheidung als Endzeitpunkt einer mit hoher Wahrscheinlichkeit zu erwartenden Entwicklung beruhte u. a. auf der vor dem 1. 4. 1986 geltenden Rechtslage.[162] Sie sollte verhindern, daß entgegen dem Grundsatz der Eigenverantwortung für den Pflichtigen in vielen Fällen ein lebenslanger Unterhaltsanspruch drohte. Erst durch das UÄndG vom 1. 4. 1986 wurde es möglich, einen Unterhaltsanspruch zeitlich zu begrenzen oder nach einem bestimmten Zeitraum auf einen angemessenen Betrag herabzusetzen, so daß zumindest bei Ehen bis 15 Jahren diese Gefahr nicht mehr bestand. Die Rechtsprechung hat hieraus jedoch keine Konsequenzen gezogen. Außerdem fand zwischenzeitlich in vielen Bereichen unseres Lebens ein Wertewandel statt. Gerade bei der jüngeren Generation ist es üblich, wegen der Kinderbetreuung eine Berufstätigkeit lediglich zu unterbrechen, um sie ab einem bestimmten Alter des Kindes fortzusetzen. Das klassische Bild der sog. Haushaltsführungsehe ist heute weitgehend überholt (vgl. eingehend Rn 184a ff). **224a**

Die Abkehr von dem Grundsatz, die Scheidung als maßgebenden Zeitpunkt für eine mit hoher Wahrscheinlichkeit zu erwartende Entwicklung anzusehen, bietet sich aber auch aus anderen Gründen an. Die Arbeitswelt hat sich in dem letzten Jahrzehnt stark verändert und wird sich weiter verändern. Es mehren sich die Fälle des Verlustes des Arbeitsplatzes, wie die hohe Arbeitslosenquote zeigt. Bei älteren Arbeitnehmern werden viele Arbeitsverhältnisse mit Abfinden beendet, die Altersteilzeit nimmt zu. Das Realeinkommen nimmt vielfach ab, anstatt sich zu erhöhen, es ist zu erwarten, daß sich diese Entwicklung fortsetzt, soweit im Gegenzug der Arbeitsplatz gesichert bleibt. Es handelt sich um Entwicklungen, die vielfach nicht mit der Scheidung zusammenhängen und bei der Scheidung auch nicht absehbar waren. Nachdem im Gesetz weder die Umstände, die die ehelichen Lebensverhältnisse bestimmen, noch der für diese Beurteilung maßgebende Zeitpunkt festgelegt ist,[163] hat die Rechtsprechung diese Entwicklung zu berücksichti- **224b**

---

[158] BGH, FamRZ 1985, 471; FamRZ 1985, 357, 359; FamRZ 1982, 892 = R 106a
[159] BGH, FamRZ 1985, 371, 373 = R 251b
[160] BGH, aaO
[161] BGH, FamRZ 1981, 241 = NJW 1981, 753
[162] BGH, RamRZ 1986, 783 = R 299a; FamRZ 1985, 161 = R 236a; FamRZ 1982, 255 = R 93c; FamRZ 1981, 539 = R 73b
[163] BGH, FamRZ 1999, 367, 368 = R 530a

gen. Es entscheint deshalb nicht mehr zeitgemäß, eine Lebensplanverwirklichung nur zu berücksichtigen, wenn sie im nahen Zeitraum mit der Scheidung erfolgte, und als normal anzusehende Veränderungen, die auch ohne Scheidung eingetreten waren, nicht anzusetzen, weil sie bei der Scheidung nicht mit hoher Wahrscheinlichkeit zu erwarten waren. Der BGH hat seine entsprechende Rechtsprechung auch nicht konsequent durchgeführt und im Ergebnis z. B. bei einer Reduzierung des Einkommens durch Verrentung/Pension eine Herabsetzung des Bedarfs bejaht, ebenso beim Wegfall des Kindesunterhalts eine Bedarfserhöhung, obwohl beide Möglichkeiten häufig erst viele Jahre nach der Scheidung eintreten. Deshalb sollte generell für eine **Normalentwicklung** und damit die Prägung des Einkommens nur noch darauf abgestellt werden, ob diese **Entwicklung auch ohne Scheidung eingetreten wäre**; denn mit hoher Wahrscheinlichkeit zu erwarten sind generell nur voraussehbare Entwicklungen wie die bereits angeführte Reduzierung des Einkommens durch Rente/Pension, oder Erhöhung des Einkommens durch Wegfall des Kindesunterhalts, nicht aber Einkommensänderungen durch Veränderungen in der Arbeitswelt. Insoweit würde sich zur Feststellung der ehelichen Lebensverhältnisse eine abstrakte Betrachtungsweise anbieten, die auf den Scheidungszeitpunkt abstellt und sich nur auf die der Ehe zugrundeliegenden Einkommensquellen bezieht. Es müßte dann lediglich festgehalten werden, ob z. B. in der Ehe der Mann Einkünfte aus Erwerbseinkommen hatte und hieraus Kindesunterhalt und Eheschulden zu bezahlen waren, die Frau die Kinder betreute und wieder in den Beruf zurück wollte, das Ehepaar mietfrei wohnte und man Kapitaleinkünfte hatte. Die konkrete Berechnung würde dann von der Fortentwicklung dieser Einkünfte zum Berechnungszeitpunkt abhängen und alle Entwicklungen berücksichtigen, die auch ohne Trennung/Scheidung eingetreten wären, bzw. bis zur Scheidung realisiert wurden. Es handelt sich beim Einkommen nicht um eine feste Größe, sondern um eine Variable, die sich laufend ändert und durch die üblichen Gehaltssteigerungen, nicht vorwerfbare Einkommensreduzierungen, Wegfall von Verbindlichkeiten, Erlöse aus dem Verkauf eines Eigenheimes usw. zum Berechnungszeitpunkt bestimmt wird. Im Ergebnis würde dies bedeuten, daß in all diesen Fällen nicht die Anrechnungsmethode, sondern die Differenzmethode zur Unterhaltsberechnung herangezogen wird und man die Anrechnungsmethode auf wenige Einzelfälle, z. B. nicht auf der Ehe beruhendes Einkommen wie Zinsen aus einer Erbschaft oder einem Lottogewinn nach der Trennung, Leistungsbeförderung, Mehrerlös beim Verkauf eines Eigenheims gegenüber dem Wohnwert in der Ehe (Marktwerts abzüglich Verbindlichkeiten), Haushaltsführung für einen neuen Lebensgefährten, beschränken kann. Dies würde auch der in letzter Zeit mehrfach vom BGH geäußerten Auffassung entsprechen, die zu kompliziert gewordene Unterhaltsberechnung zu vereinfachen und praktikabler zu gestalten, nachdem es sich beim Unterhalt um Massenerscheinungen handelt.[164]

10. Maßgeblicher Zeitpunkt für die Beurteilung des prägenden Charakters ehelicher Lebensverhältnisse beim Trennungsunterhalt

225 Beim Trennungsunterhalt sind für die Bedarfsbemessung maßgeblich die ehelichen Lebensverhältnisse in den **Zeiträumen** zwischen Trennung und Scheidung, **für die Unterhalt verlangt wird**. In der Regel sind es die Verhältnisse im Zeitpunkt der Entscheidung, sofern diese vor Rechtskraft des Scheidungsurteils ergeht. In diese Beurteilung ist die voraussehbare weitere Entwicklung bis zur Scheidung miteinzubeziehen. Genaueres dazu Rn 36, 228 ff.

226 Die bestimmenden ehelichen Lebensverhältnisse sind beim Trennungsunterhalt **inhaltsgleich** mit denen des nachehelichen Unterhalts. Deshalb gelten auch für den Trennungsunterhalt die Ausführungen zu Rn 166 ff.

227 Auch beim Trennungsunterhalt ist **der prägende Charakter** der ehelichen Lebensverhältnisse danach zu beurteilen, ob die entsprechenden Verhältnisse bereits bei Trennung

---

[164] Vgl. z. B. BGH FamRZ 1999, 367, 369 = R 530c; FamRZ 1999, 843, 847 = R 533c; FamRZ 1997, 806 = R 512b

prägend bestanden haben und ob sie sich seit der Trennung bis zur Scheidung normal weiterentwickelt haben. Bei einer **unerwarteten, vom Normalverlauf abweichenden Entwicklung** sind die neuen Verhältnisse **nicht prägend**. Hier gilt insoweit das gleiche wie zu Rn 216 ff., bezogen allerdings nicht auf den Zeitpunkt der Scheidung, sondern der Entscheidung über den Trennungsunterhalt.

II. Überblick zu den prägenden und nichtprägenden Einkünften sowie Änderungen der Einkommensverhältnisse zwischen Trennung und Scheidung

1. Überblick zu den prägenden und nichtprägenden Einkünften

a) **Einkünfte** fließen in unterschiedlicher und sich ändernder Höhe aus verschiedenen konkreten Einkunftsquellen. **228**
Die wichtigsten Einkunftsquellen sind:
– **Erwerbseinkünfte** (z. B. aus abhängiger oder selbständiger Erwerbstätigkeit).
– **Vermögenseinkünfte** (z. B. Mietzinsen, Kapitalzinsen, Unternehmensbeteiligungen, Wohnvorteil u. ä.).
– **Sonstige** gesetzliche oder vertragliche Leistungen des Staates oder Dritter (z. B. Arbeitslosengeld, Renten, Haushaltsführung für einen neuen Partner u. ä.).

b) Wie bereits ausgeführt, beurteilt sich der **prägende Charakter** von Einkünften bis **229** zur Scheidung in erster Linie danach, ob die aus einer konkreten Einkunftsquelle geflossenen Einkünfte als in der Ehe angelegt und damit als prägend angesehen werden können.
Dies kann bejaht werden, wenn die **konkrete Einkunftsquelle in der Ehe vorhanden** war und die Einkünfte aus dieser Einkunftsquelle aufgrund der Aufgabenverteilung in der Ehe und der sonstigen gemeinsamen Eheplanung zu erzielen waren (s. Rn 214 ff.). Danach sind im Zeitpunkt der Trennung in der Regel prägend:
- Einkünfte, die **bis zur Trennung** aus einer Einkunftsquelle geflossen sind, weil in der Regel anzunehmen ist, daß die Erzielung solcher Einkünfte aus den in der Ehe angelegten Einkunftsquellen der ehelichen Lebensplanung entspricht (s. näher Rn 218, 230).
- Einkünfte, die zwar erstmals nach der Trennung aus einer Einkunftsquelle fließen, wenn die Einkunftsquelle vor der Trennung in der Ehe angelegt war und die zeitlich spätere Erzielung von Einkünften aus dieser Quelle einer **gemeinsamen Eheplanung** vor der Trennung entsprochen hat. Hierzu zählen vor allem die Fälle einer erstmaligen Aufnahme oder Ausweitung einer Erwerbstätigkeit nach der Trennung, aber vor der Scheidung (s. näher Rn 219, 231, 251 ff). Zur Kritik an der derzeitigen Rechtsprechung des BGH, soweit sie bei einer Kinderbetreuung die Verwirklichung eines Lebensplanes nach der Scheidung nicht mehr zuläßt, bzw. bei einer Haushaltsführung die Aufnahme einer Erwerbstätigkeit nach der Trennung, aber vor der Scheidung als nichtprägend ansieht, vgl. Rn 184 a ff.

c) **Prägende Einkünfte:** **230**
- Einkünfte, die im Zeitpunkt der Trennung als prägend beurteilt werden können, **behalten ihren prägenden Charakter**, wenn sie aus der gleichen Einkunftsquelle normal weiterfließen.
- Einkommensänderungen sind **in der bis zur Scheidung erzielten Höhe** prägend, wenn die Einkommensentwicklung zwischen Trennung und Scheidung einem **Normalverlauf** entspricht (s. näher Rn 219, 234 ff).
- Bei einer unerwarteten, vom Normalverlauf erheblich abweichenden Einkommensentwicklung sind solche Einkünfte auch im Zeitpunkt der Scheidung nur in der vor Beginn der vom Normalverlauf abweichenden Entwicklung erzielten Höhe prägend (s. näher Rn 220, 246).
- Nach der Trennung erstmalig erzielte Erwerbseinkünfte, die durch Aufnahme oder Ausweitung einer Berufstätigkeit entstehen, sind (nur) prägend, wenn sie auf einem **gemeinsamen Lebensplan** beruhen (s. näher Rn 218 ff, 251 ff).
- Auch nachhaltige **Änderungen im Ausgabenbereich** (dazu Rn 185, 292 ff) prägen

Gerhardt

die Einkommensverhältnisse bis zur Scheidung mit, sofern sie sich auf prägende Einkünfte beziehen. Solche prägende Ausgaben mindern das unterhaltsrechtlich relevante Einkommen.
- **Fiktive Einkünfte des Pflichtigen** in Höhe der bei Trennung bereits prägenden Einkünfte, wenn er sich nach Treu und Glauben nicht auf eine nach Trennung eingetretene Leistungsunfähigkeit oder Leistungsminderung berufen darf oder bei unverschuldetem Arbeitsplatzverlust ein Verstoß gegen die Erwerbsobliegenheit zu bejahen ist. Es darf sich dabei aber immer nur um in der Ehe bereits vorhandene Einkünfte handeln, nicht um lediglich gedachte wirtschaftliche Verhältnisse, die keine Grundlage in der tatsächlichen Einkommenssituation des Unterhaltspflichtigen haben (näher Rn 275).
- Nach der Rechtsprechung des BGH bleibt ein im Zeitpunkt der Trennung **prägender Wohnvorteil** aus der Nutzung eines Eigenheims auch bei zwischenzeitlicher Veräußerung des Hauses prägend, wenn das Haus ohne die Trennung nicht veräußert worden wäre. Da der Wohnvorteil bei Scheidung nicht mehr besteht, wird er fiktiv als prägend zugerechnet (Genaueres dazu Rn 261 ff und 1/263 ff, 286 ff).

231 d) **Nichtprägende Einkünfte:**
- Einkünfte aus einer bei Trennung bereits bestehenden Erwerbsquelle, wenn und soweit diese Mehreinkünfte auf einer **unerwarteten, vom Normalverlauf erheblich abweichenden Entwicklung** beruhen (vgl. Rn 220, 246 ff).
- Alle Einkünfte, **die auf der Trennung beruhen** und ohne die Trennung nicht erzielt würden (vgl. Rn 220, 255 ff).
Dazu zählen vor allem Erwerbseinkünfte, wenn erst **durch die Trennung eine Erwerbsverpflichtung** entstanden ist, z. B. für den haushaltsführenden Ehegatten in der Haushaltsführungsehe (zur Kritik hieran vgl. Rn 184 b). Entsprechendes gilt in der Zuverdienerehe für die Verpflichtung zur Ausweitung der Erwerbstätigkeit.
- Einkünfte, die **nicht dauerhaft und nachhaltig** erzielt werden. Dies gilt insbesondere für Einkünfte aus **unzumutbarer Erwerbstätigkeit**, weil unterhaltsrechtlich keine Verpflichtung zur Erzielung solcher Einkünfte besteht (s. näher Rn 217, 258 ff). Nichtprägend sind ferner Einkünfte, die nur **gelegentlich** und nicht dauerhaft und nachhaltig erzielt werden.
Umgekehrt ist ein **nur vorübergehender Einkommensrückgang** (z. B. wegen kurzfristiger Arbeitslosigkeit oder Krankheit) nicht prägend, weil nicht nachhaltig, d. h. das Einkommen bleibt in der früheren Höhe prägend.
- Änderungen im **Ausgabenbereich** sind nicht nichtprägend, wenn sich die Ausgaben nur auf nichtprägende Einkünfte beziehen. Solche Ausgaben prägen das unterhaltsrechtlich relevante Einkommen nicht und dürfen deshalb nicht von diesem abgezogen werden (s. Rn 298).
- Nichtprägend ist außerdem der wirtschaftliche Wert von Leistungen eines Ehegatten, die dieser für **Haushaltsführung und Kindesbetreuung** erbringt, weil nach der derzeitigen Rechtsprechung des BGH der eheliche Lebensstandard nur durch vorhandene Bareinkünfte des erwerbstätigen Ehegatten geprägt wird[165] und daher Haushaltsführung in der Ehe sowie Kinderbetreuung nicht als Einkommen bewertet werden (s. näher Rn 179; zur Kritik hierzu vgl. Rn 184 a ff).
- Nichtprägend sind Einkünfte aus der **Haushaltsführung für einen neuen Partner**, da es sich insoweit um die Vergütung von Versorgungsleistungen handelt,[166] die auf dem Scheitern der Ehe beruhen und nach BGH im Gegensatz zur Haushaltsführung und Kinderbetreuung in der Ehe als Einkommen zu bewerten sind.
- **Fiktives Einkommen** des Bedürftigen, weil er gegen seine Erwerbsobliegenheit verstößt (näher Rn 274).
- **Vermögenseinkünfte**, die ohne Trennung nicht entstanden wären oder erst nach der Trennung fließen. Nichtprägend sind z. B. Zinsen aus dem angelegten Erlös aus der Veräußerung eines Familienheims, wenn dieses Haus ohne die Trennung nicht veräußert worden wäre, oder aus einer erst nach der Trennung erfolgten Erbschaft (näher Rn 220, 264 ff).

---

[165] BGH, FamRZ 1986, 783, 785 = R 299 a; FamRZ 1985, 161 = R 236 a
[166] BGH, FamRZ 1995, 343 = R 489 a

3. Abschnitt: Bedarfsbemessung beim Ehegattenunterhalt § 4

e) Besondere Probleme entstehen, wenn aus einer Erwerbsquelle nach der Trennung   232
keine Einkünfte mehr erzielt werden, z. B. bei **Arbeitsplatzverlust** (s. dazu Rn 284 ff),
oder wenn die **Erwerbsquelle ausgewechselt** wird, z. B. bei Arbeitsplatzwechsel, Berufswechsel oder beruflicher Verselbständigung (s. dazu Rn 280 ff).
- Das bisherige Einkommen bleibt (fiktiv) **prägend**, d. h. Änderungen sind unterhaltsrechtlich unbeachtlich, wenn die Änderungen durch ein **unterhaltsrechtlich vorwerfbares**, zumindest **leichtfertiges Verhalten** des betroffenen Ehegatten verschuldet wurden und wenn sich die Änderungen nachteilig auf den anderen Ehegatten auswirken.
- Das Einkommen aus der neuen Tätigkeit tritt **prägend** an die Stelle der ausgewechsel-
ten alten Tätigkeit, wenn der betroffene Ehegatte die Änderung **nicht leichtfertig verschuldet** hat oder wenn sich die Änderung ohnehin nicht zum Nachteil des anderen
Ehegatten auswirkt.
- Ein dabei entstehendes **Mehreinkommen** ist **nichtprägend**, wenn es sich bei der Änderung um eine **unerwartete**, vom Normalverlauf abweichende **Entwicklung** handelt
(s. nachfolgend Rn 283).

f) Besondere Probleme entstehen außerdem, wenn sich ein Ehegatte trotz einer be-   233
stehenden Erwerbsobliegenheit **nicht ernsthaft** und in ausreichendem Maß um eine zumutbare Erwerbstätigkeit **bemüht**, so daß ihm erzielbare Einkünfte **fiktiv** zugerechnet
werden (s. Rn 1/387 ff.).
Durch ein nicht vorhandenes Einkommen kann der Lebensstandard weder aufgebaut
noch aufrechterhalten werden. Die Zurechnung fiktiver Einkünfte ist nur zu verstehen
als **unterhaltsrechtliche Sanktion** gegen ein unterhaltsrechtlich vorwerfbares pflichtwidriges Verhalten. Dagegen können **lediglich gedachte wirtschaftliche Verhältnisse**, die
keine Grundlage in der tatsächlichen Einkommenssituation in der Ehe haben, die ehelichen Verhältnisse nicht prägen. Daraus ergibt sich eine unterschiedliche Beurteilung für
die Zurechnung beim Berechtigten und beim Verpflichteten (s. Rn 272 ff).
- Beim **Berechtigten** hat die Zurechnung zur Folge, daß ihm die fiktiven Einkünfte
wie **nichtprägende Einkünfte** auf seinen Unterhaltsanspruch bedarfsmindernd angerechnet werden mit der Folge, daß er nur einen verminderten oder keinen Unterhalt
mehr erhält.
- Dem **Verpflichteten** sind fiktive Einkünfte wie **prägende Einkünfte** zuzurechnen,
d. h. sie sind bereits bei der Bedarfsbemessung zu berücksichtigen, weil sonst sein
pflichtwidriges Verhalten ohne unterhaltsrechtliche Sanktionen bliebe. Er wird unterhaltsrechtlich so gestellt, als ob er pflichtgemäß die fiktiven Einkünfte als prägende
Einkünfte erzielen würde und einen entsprechenden Unterhalt an den anderen Ehegatten zahlen könnte. Deshalb sind nur beim Verpflichteten fiktiv zuzurechnende Einkünfte bereits bei der Bedarfsbemessung zu berücksichtigen und außerdem im Rahmen der Beurteilung seiner Leistungsfähigkeit. Diese Einkünfte müssen sich aber an
den **Verhältnissen in der Ehe** orientieren, nicht an einem zwar möglicherweise erreichbaren, aber nie erzielten Einkommen (s. näher Rn 278).

2. Normale Einkommensänderungen und vom Normalverlauf erheblich abweichende Einkommensänderungen

a) **Prägendes Erwerbseinkommen.** Einkünfte aus der **gleichen Einkunftsquelle**, die   234
bereits bei der Trennung prägend waren, bleiben in der bis zur Scheidung erzielten Höhe
prägend, wenn die Veränderungen zwischen Trennung und Scheidung einer normalen
Weiterentwicklung entsprechen.
Für die Beurteilung des prägenden Charakters von Einkünften ist der Lebenszuschnitt
maßgeblich, den die Eheleute durch ihre Leistungen begründet haben, wobei eine normale Entwicklung der wirtschaftlichen Verhältnisse bis zur Scheidung miteinbezogen
sein soll.[167] Haben sich die Einkommensverhältnisse bei keiner Partei nach der Trennung

---

[167] BGH, FamRZ 1994, 228 = R 471 b; FamRZ 1986, 437 = R 288 a

außergewöhnlich verändert, prägen die zuletzt bezogenen Einkünfte die ehelichen Lebensverhältnisse.[168]

Von einer solchen normalen Weiterentwicklung ist auszugehen, wenn das Einkommen in der fraglichen Zeit nicht in einer von der allgemeinen Einkommensentwicklung und den gestiegenen Lebenshaltungskosten auffällig abweichenden Weise angewachsen ist.[169]

235 Die Einkommensänderungen zwischen Trennung und Scheidung entsprechen einer **normalen Weiterentwicklung**, wenn die Voraussetzungen dieser Weiterentwicklung in den für die eheliche Lebensgestaltung maßgebenden Umständen vor der Trennung begründet wurden.[170]

Die Beurteilung, daß eine vom Normalverlauf nicht abweichende Einkommensentwicklung das zuletzt bezogene Einkommen prägt, gilt in gleicher Weise **für Einkünfte des Verpflichteten** und **Einkünfte des Berechtigten**.[171]

236 • Eine solche normale Weiterentwicklung ist zu bejahen, wenn der für eine Einkommenssteigerung entscheidende **berufliche Aufstieg** (zum geschäftsführenden Sparkassendirektor) noch **vor der Trennung** lag. Die nach dem Aufstieg eingetretenen Einkommensverbesserungen sind dann nicht unerwartet und außergewöhnlich.[172]

237 • Prägend ist, wenn sich das Einkommen im Zuge **allgemeiner Einkommenssteigerung** nach der Trennung erhöht.[173]

238 • Entsprechendes gilt bei **Einkommensminderungen**. Wird z. B. der Verpflichtete in der Trennungszeit pensioniert, dann sind ab dem Zeitpunkt der Pensionierung die Rentenbezüge als Ersatz für die Einkünfte aus der früheren Erwerbstätigkeit prägend[174] (vgl. auch Rn 338 ff.); ebenso, wenn statt dem Gehalt Krankengeld[175] oder wegen unverschuldeter Arbeitslosigkeit Arbeitslosengeld[176] bezogen wird (vgl. auch Rn 286).

239 • Veräußert der Verpflichtete nach der Trennung unter Aufgabe seiner bisherigen Tätigkeit in einer Gesellschaft mit einem Jahreseinkommen zwischen 300 000 DM und 400 000 DM seine Gesellschaftsanteile auf **Leibrentenbasis**, um sich entsprechend seiner Lebensplanung gegen Ende seines Erwerbslebens aus dem aktiven Geschäftsleben zurückzuziehen, entspricht die dadurch eintretende Absenkung des Lebensstandards einer natürlichen Entwicklung am Ende eines Erwerbslebens und ist als Normalentwicklung hinzunehmen.[177]

240 • Bei Einkommenserhöhungen nach der Trennung durch einen **beruflichen Aufstieg** liegt eine prägende Normalentwicklung vor, wenn es sich um eine mit hoher Wahrscheinlichkeit zu erwartende Beförderung handelt. Bejaht wurde dies bei sog. **Regelbeförderungen** im öffentlichen Dienst, zu denen es nach den heutigen Laufbahnerwartungen üblicherweise kommt, z. B. bei der Beförderung vom Hauptmann zum Major und später zum Oberstleutnant in der Besoldungsgruppe A 14,[178] vom Werkstattleiter bei der Bundeswehr (Oberfeldwebel) zum Gewerbelehrer[179] oder vom Referatsleiter zum Ministerialrat.[180] Das gleiche gilt in der freien Wirtschaft, wenn es sich um eine **regelmäßige berufliche Entwicklung** handelt, z. B. vom Maschinensteiger zum Reviersteiger.[181]

---

[168] BGH, FamRZ 1986, 244 = R 280 a
[169] BGH, FamRZ 1987, 257, 259
[170] BGH, FamRZ 1982, 576 = R 114 a
[171] BGH, FamRZ 1982, 892 = R 106 a
[172] BGH, FamRZ 1988, 259, 262 = R 352 b
[173] BGH, FamRZ 1987, 459 = R 324 c; FamRZ 1982, 576 = R 114 a
[174] BGH, FamRZ 1988, 259, 262 = R 352 b; FamRZ 1988, 817, 819 = R 369 c; FamRZ 1987, 459 = R 324 c
[175] BGH, FamRZ 1987, 913 = R 339 a
[176] BGH, FamRZ 1985, 374
[177] BGH, FamRZ 1994, 228 = R 471 b
[178] BGH, FamRZ 1982, 684, 686 = R 122 b
[179] OLG Hamm, FamRZ 1990, 1361
[180] OLG Köln, FamRZ 1993, 711
[181] BGH, FamRZ 1990, 1090 = R 424 a

- Eine Normalentwicklung liegt ferner vor, wenn vor der Trennung der **Grundstein** 241 **für den späteren beruflichen Werdegang** gelegt wurde.
  Prägend ist deshalb das Einkommen als **Arzt**, wenn der Verpflichtete vor der Trennung und Scheidung einen wesentlichen Teil der Ausbildung abgeschlossen hat und kurz **nach der Scheidung als Assistenzarzt** zu arbeiten begann.[182]
  Prägend ist ferner das Einkommen eines **Gewerkschaftssekretärs**, der zur Zeit der Trennung einen einjährigen Lehrgang auf der Akademie für Arbeit absolvierte und deshalb seine Funktion als freigestellter **Betriebsratsvorsitzender** aufgegeben hatte, weil dieser Lehrgang nicht der Fortbildung als Betriebsrat nach §§ 37 VI, VII BetrVerfG, sondern der gewerkschaftlichen Funktionärsschulung und damit einer neuen beruflichen Entwicklung diente.[183]
  Prägend ist das Einkommen aus einer nach einer **Strafhaft** aufgenommenen Erwerbstätigkeit, wenn der Pflichtige in der Ehe vor der Inhaftierung berufstätig war.[184]
- Prägend ist ferner das Einkommen des Verpflichteten aus einer bei Scheidung ausgeüb- 242 ten Tätigkeit als **Oberarzt** in einem Krankenhaus, obwohl er bei Trennung nur **Assistenzarzt** war und nach der gemeinsamen Eheplanung eine Tätigkeit als Frauenarzt in eigener Praxis beabsichtigt war, weil sich die Tätigkeit als Assistenzarzt und als Oberarzt in verschiedenen Krankenhäusern „im Rahmen einer normalen beruflichen Entwicklung" bewegt.[185]
- Prägend ist das Einkommen eines im Zeitpunkt der Scheidung freiberuflich als **Rönt-** 243 **genologe** tätigen Arztes, der im Zeitpunkt der Trennung in der **Radiologieabteilung** eines Krankenhauses tätig war, wenn die zur beruflichen Veränderung führende Entwicklung und der Entschluß zur Niederlassung noch in die Zeit des Zusammenlebens fallen. Es handelt sich dabei auch um keine außergewöhnliche, während des Zusammenlebens nicht vorhersehbare berufliche Entwicklung.[186]
- Prägend ist bei einem **Berufswechsel** nach der Trennung das Einkommen aus dem Be- 244 ruf bei Scheidung (Zechenarbeiter, vor der Trennung Bankangestellter), wenn sich die früheren und jetzigen Einkünfte in einer vergleichbaren Größenordnung bewegen und das frühere Einkommen jedenfalls nicht höher war.[187] Entscheidend ist, daß der Verpflichtete nach der ehelichen Lebensplanung durch seine Erwerbstätigkeit für den Unterhalt aufkommen sollte und daß der Berufswechsel als eine dem Normalverlauf entsprechende Entwicklung angesehen werden kann.
- Eine Normalentwicklung liegt auch vor, wenn die unterhaltsberechtigte Frau bis zur 245 Trennung neben der Haushaltsführung und Kinderbetreuung in der tierärztlichen **Praxis des Mannes mitgearbeitet** und nach der Trennung ihren erlernten Beruf als medizinisch-technische Assistentin wiederaufgenommen hat. Das **Wiedertätigwerden** im früheren Beruf lag jedenfalls nicht völlig außerhalb jeder normalen Entwicklung, wie sie auch ohne die Trennung hätte eintreten können.[188]

  b) Nichtprägendes Erwerbseinkommen. Kommt es nach der Trennung aufgrund 246 außergewöhnlicher Umstände zu einer **unerwarteten, vom Normalverlauf erheblich abweichenden Entwicklung**, dann sind die neuen Einkommensverhältnisse **nicht mehr prägend**. Es kann nicht mehr davon ausgegangen werden, daß die neuen Verhältnisse Ausdruck der früheren ehelichen Lebensverhältnisse sind und daß sie diese maßgeblich bestimmt haben.[189]
- Nicht prägend ist **der Mehrverdienst**, der wegen der vom Normalverlauf abweichen- 246a den Entwicklung erzielt wird. Das Einkommen bleibt in der bei Trennung bzw. bei Beginn der abweichenden Entwicklung erzielten Höhe prägend.

---

[182] BGH, FamRZ 1986, 148 = R 279
[183] BGH, FamRZ 1991, 307, 309 = R 427 a
[184] OLG Hamm, FamRZ 1999, 515
[185] BGH, FamRZ 1988, 145 = R 347 b
[186] BGH, FamRZ 1988, 927, 929 = R 358 e
[187] BGH, FamRZ 1985, 911 = R 268 a
[188] BGH, FamRZ 1982, 892 = R 106 b
[189] BGH, FamRZ 1991, 307, 309 = R 427 a; FamRZ 1987, 913, 915 = R 339 c; FamRZ 1982, 576, 578 = R 114 b

Bei langjähriger Trennung kann in diesem Fall das bei Trennung erzielte Einkommen nach den Indexdaten der statistischen Jahrbücher auf ein fiktives Einkommen im Zeitpunkt der Scheidung (Entscheidung) hochgerechnet werden.[190]

Ein auf einer nicht vorhersehbaren außergewöhnlichen Einkommenssteigerung beruhendes Einkommen darf daher nicht in vollem Umfang als prägend berücksichtigt werden.[191]

247 • Eine unerwartete, vom Normalverlauf abweichende Entwicklung liegt bei einer sog. **Leistungsbeförderung** bzw. einem Karrieresprung nach der Trennung vor. Letzteres ist z. B. gegeben, wenn der als Buchdrucker und Schichtarbeiter tätige Verpflichtete nach der Trennung bei einer Steigerung des Jahresbruttoeinkommens von 75 500 DM im Jahr 1983 auf 84 000 DM im Jahr 1985 freigestellter Betriebsrat geworden ist.[192] Das gleiche gilt bei einem Aufstieg vom Vertriebsingenieur zum Geschäftsführer einer GmbH,[193] vom wissenschaftlichen Angestellten bei der Universität nach BAT II a zum Systemprogrammierer in der freien Wirtschaft[194] (s. näher Rn 334), vom kaufmännischen Sachbearbeiter zum Abteilungsbereichsleiter,[195] vom Angestellten zum freien Handelsvertreter mit höherem Einkommen,[196] vom Angestellten in gehobener Position in die Geschäftsführung,[197] vom Geschäftsführer eines mittelständischen Unternehmens zum „Senior Manager" eines international operierenden Konzerns,[198] vom Verkaufsleiter einer Firma zum Geschäftsführer mit einer Steigerung des Einkommens von ca. 12 000 DM brutto monatlich auf ca. 15 900 DM brutto,[199] Leistungsbeförderung vom gehobenen in den höheren Dienst,[200] Beförderung eines Richters von R 2 in R 3.[201]

248 • Der BGH hat eine vom Normalverlauf erheblich abweichende Entwicklung bejaht bei einem Pelzhändler, der bis zur Trennung ein **kleines Pelzwarengeschäft** betrieben hat und dieses nach der Trennung mit Hilfe seiner neuen Lebensgefährtin zu einem gutgehenden, **gewinnbringenden Unternehmen** mit einem Jahresumsatz von 1 Million und monatlichen Nettoeinkünften von ca. 7200 DM ausgeweitet hat. Der geschäftliche Aufschwung beruhte erkennbar nicht mehr auf den früheren gemeinsamen Arbeits- und Lebensverhältnissen der Parteien, sondern auf besonderen, während der 18jährigen Trennungszeit erbrachten unternehmerischen Leistungen des Verpflichteten.[202]

249 Wenn ein Ehegatte, dessen Einkommens- und Vermögensverhältnisse sich während der Trennungszeit in unerwarteter außergewöhnlicher Weise verbessert haben, den anderen Ehegatten an dieser Einkommensverbesserung durch erhöhte Unterhaltszahlungen oder andere laufende Zuwendungen dauerhaft beteiligt hat, dann wird dessen **Lebensstandard durch diese Leistungen angehoben**, was bei der Bemessung des nachehelichen Unterhalts mitzubeachten ist.[203]

249a   c) **Einkommensänderungen durch die Wiedervereinigung.** Auch wenn es für die Prägung des Einkommens auf die bei Trennung und Scheidung zu erwartende Normalentwicklung ankommt, sind die durch die Wiedervereinigung eingetretenen Einkommensverbesserungen, die auf dem Wechsel der unterschiedlichen gesellschaftlichen und wirtschaftlichen Verhältnisse in der BRD und DDR beruhen, als **prägend** anzusehen (s. auch Rn 6/653).[204] Die Fortschreibung der früheren Einkünfte wäre nämlich nicht geeig-

---

[190] BGH, FamRZ 1982, 576, 578 = R 114 b
[191] BGH, FamRZ 1987, 913, 915 = R 339 c
[192] BGH, aaO
[193] BGH, FamRZ 1990, 1085 = R 423 b
[194] BGH, FamRZ 1985, 791 = R 257 b
[195] OLG Hamm, FamRZ 1990, 65
[196] OLG Stuttgart, FamRZ 1991, 952
[197] OLG Düsseldorf, FamRZ 1992, 1439
[198] OLG Hamm, FamRZ 1994, 515
[199] OLG München, FamRZ 1997, 613
[200] OLG Koblenz, FamRZ 1997, 1079
[201] OLG Celle, FamRZ 1999, 858
[202] BGH, FamRZ 1982, 576, 578 = R 114 b
[203] BGH, FamRZ 1984, 561 = R 203 a
[204] BGH, FamRZ 1995, 472, 474 = R 492 A; OLG Karlsruhe, FamRZ 1997, 370

net, dem Bedürftigen nach der Wiedervereinigung den Lebensstandard zu garantieren, der bei Anlegung eines objektiven Maßstabes dem in der DDR erreichten sozialen Status entspricht.[205] Abzustellen ist insoweit auf die Lebensverhältnisse, die sich ergeben, wenn man die persönlichen Verhältnisse der Parteien im Zeitpunkt der Trennung/Scheidung auf die entsprechenden Verhältnisse in der Bundesrepublik projiziert. Prägend sind ebenso die allgemeinen Einkommensverbesserungen in den neuen Bundesländern, die sich aufgrund der Wiedervereinigung ergeben und ihre Ursache in der Veränderung des gesamten Lohn-Preis-gefüges haben.[206] **Nichtprägend** sind dagegen Einkommensverbesserungen, die auf einer Flucht eines Ehepartners aus der früheren DDR, die zur Scheidung führte, beruhen, da es sich insoweit um eine rein trennungsbedingte, nicht in der Ehe angelegte Einkommensentwicklung handelt.[207]

d) Darlegungs- und Beweislast. Der **Bedürftige** ist für den Unterhaltsmaßstab **darlegungs- und beweispflichtig**.[208] Insoweit genügt es aber, die gegenwärtigen beiderseitigen Einkommens- und Vermögensverhältnisse darzulegen.[209]   250

Für den Ausnahmefall einer unerwarteten, vom Normalverlauf erheblich abweichenden Entwicklung des Einkommens seit der Trennung ist derjenige **darlegungs- und beweispflichtig**, der sich hierauf beruft, d. h. regelmäßig der **Pflichtige**.[210]

Dazu gehört u. a. der Vortrag, welche Position er bei Trennung erreicht hatte, was er zu diesem Zeitpunkt verdiente, worin die behauptete unerwartete Einkommensentwicklung besteht und warum die derzeitige berufliche Stellung nicht schon während des ehelichen Zusammenlebens angelegt gewesen ist.[211]

3. Aufnahme oder Ausweitung einer zumutbaren Erwerbstätigkeit durch den Berechtigten nach der Trennung

a) Grundsatz. Bei **erstmaliger Aufnahme einer Erwerbstätigkeit** nach der Trennung   251
hängt die Beantwortung der Frage, ob die Einkünfte aus dieser Erwerbstätigkeit die ehelichen Lebensverhältnisse geprägt haben, nach der Rechtsprechung des BGH davon ab, ob diese Aufnahme bereits während des ehelichen Zusammenlebens in der Ehe angelegt war und einer **gemeinsamen Eheplanung** entsprochen hat (**prägend**) oder ob die Aufnahme **auf der Trennung** beruht und ohne die Trennung nicht erfolgt wäre (**nichtprägend**).[212] Zur Kritik an dieser Rechtsprechung vgl. Rn 184 a ff.

Die Entscheidung hierüber ist vom Tatrichter unter Würdigung aller Umstände des Einzelfalls zu treffen.

Läßt sich nicht feststellen, daß die Erwerbstätigkeit auch ohne die Trennung aufgenommen worden wäre, sind solche Einkünfte **nicht prägend**, d. h. im Rahmen der Bedarfsbemessung nicht zu berücksichtigen. Im Gegensatz zur Einkommenssteigerung einer bereits bei Trennung ausgeübten Erwerbstätigkeit, bei der vom Grundsatz her davon ausgegangen werden kann, daß sie auch ohne Trennung eingetreten wäre (s. oben Rn 250), spricht die erstmalige Aufnahme einer Berufstätigkeit durch den Bedürftigen nach der Trennung für eine Trennungsfolge und damit eine unerwartete, vom Normalverlauf abweichende Entwicklung. Nachdem der Unterhaltsgläubiger die **Darlegungs- und Beweislast** für die Gestaltung der prägenden ehelichen Lebensverhältnisse trägt,[213] muß er darlegen und nachweisen, daß und zu welchem Zeitpunkt er auch ohne die Trennung erwerbstätig geworden wäre[214] und daß dies auf einer vorgefaßten ehelichen Planung be-

---

[205] BGH, aaO
[206] BGH, aaO
[207] OLG Karlsruhe, FamRZ 1997, 370
[208] BGH, FamRZ 1990, 1085 = R 423 b; FamRZ 1984, 149 = R 187 c
[209] BGH, FamRZ 1986, 244 = R 280 a
[210] BGH, aaO
[211] BGH, FamRZ 1983, 352 = R 154 a
[212] BGH, FamRZ 1985, 161 = R 236 a; FamRZ 1984, 149 = R 187 c; FamRZ 1984, 151 = R 186 a
[213] BGH, FamRZ 1984, 149 = R 187 c; FamRZ 1984, 151 = R 186 a
[214] BGH, FamRZ 1988, 256 = R 355 a

ruht.²¹⁵ Sprechen aber die äußeren Umstände für eine Normalentwicklung, weil z. B. beide Eheleute über eine Berufsentwicklung verfügen und die gemeinschaftlichen Kinder zwischenzeitlich ein Alter erreicht haben, in dem üblicherweise ein Wiedereinstieg in das Berufsleben erfolgt, trifft den Pflichtigen die Beweislast, daß die Arbeitsaufnahme des Bedürftigen nicht auf einer Normalentwicklung beruht.²¹⁶ Entgegen der bisherigen Rechtsprechung des BGH wird man die Aufnahme einer Erwerbstätigkeit nach einer Kinderbetreuung generell als Normalentwicklung und damit als eheprägend ansehen müssen (näher Rn 184 a ff).

252 b) **Prägendes Einkommen.** Die Aufnahme der Erwerbstätigkeit war **in der Ehe angelegt**, wenn aufgrund der Aufgabenverteilung in der Ehe (Haushaltsführungsehe, Doppelverdienerehe oder Zuverdienstehe) oder einer entsprechenden gemeinsamen Eheplanung eine Erwerbsobliegenheit bestanden hat, die bis zur Trennung noch nicht realisiert werden konnte.

253 • Das ist z. B. der Fall, wenn der nach der gemeinsamen Eheplanung Erwerbsverpflichtete erst kurz vor der Trennung aus der Strafhaft entlassen worden war und bei Trennung noch nicht abzusehen war, wann er einen Arbeitsplatz finden würde. Entscheidend ist allein, daß die seit Haftentlassung angestrebte und alsbald nach der Trennung realisierte Erwerbstätigkeit dem gemeinsamen Lebensplan entsprochen hat und deshalb den geplanten und verwirklichten Lebensverhältnissen der Parteien zugeordnet werden kann.²¹⁷

Entsprechendes gilt auch bei **Aufnahme einer Erwerbstätigkeit nach vorübergehender Arbeitslosigkeit** oder nach **Abschluß eines während des Zusammenlebens betriebenen Studiums** (Ausbildung).

254 • Einkünfte aus einer erstmals **nach der Trennung**, aber **vor der Scheidung** aufgenommenen Erwerbstätigkeit sind auch dann prägend, wenn die Aufnahme auf einem **vorgefaßten Lebensplan** der Eheleute beruht. Es entspricht nach heutigem Eheverständnis, insbesondere auch im Hinblick auf die zunehmende qualifizierte berufliche Ausbildung der Frauen, einer weitgehend üblichen Entwicklung, daß einer der Ehegatten, zumeist die Ehefrau, zugunsten der Pflege und Erziehung der Kinder (vorübergehend) die berufliche Tätigkeit aufgibt oder einschränkt, bis die Kinder ein bestimmtes Lebensalter erreicht haben, danach aber eine Erwerbstätigkeit aufnimmt, um dadurch die wirtschaftliche Basis der Familie zu verbessern bzw. die persönlichen Vorstellungen der Eheleute über die Gestaltung der Ehegemeinschaft zu verwirklichen. Kehrt der Ehegatte dem vorgefaßten Lebensplan entsprechend nach der Trennung in den Beruf zurück oder nimmt er erstmals eine Erwerbstätigkeit auf, dann prägen die daraus erzielten Einkünfte die ehelichen Lebensverhältnisse.²¹⁸

255 c) **Nichtprägendes Einkommen.** Einkünfte aus einer erstmals nach der Trennung aufgenommenen Erwerbstätigkeit sind nach BGH **nichtprägend**, wenn die Aufnahme der Erwerbstätigkeit nicht in der Ehe angelegt war und **ohne die Trennung nicht erfolgt wäre**.²¹⁹ Zur Kritik an dieser Rechtsprechung vgl. Rn 184 a ff.

256 Dies ist der Fall, wenn erst infolge der Trennung eine entsprechende Erwerbsobliegenheit entstanden ist. Die Einkünfte beruhen dann nicht auf einer vorgefaßten Lebensplanung, sondern auf der Trennung, stellen also eine während des Zusammenlebens der Parteien nicht geplante und nicht vorhersehbare Entwicklung dar.²²⁰

Entsprechendes gilt, wenn erstmals nach der Trennung, aber vor der Scheidung eine **Erwerbstätigkeit ausgeweitet** wird, wie z. B. beim Übergang von einer Teilzeitarbeit zu einer Vollzeittätigkeit. Beruht diese Ausweitung auf einer **vorgefaßten gemeinsamen Eheplanung**, dann sind alle Einkünfte aus der ausgeweiteten Erwerbstätigkeit **prägend**.²²¹

---

²¹⁵ BGH, aaO
²¹⁶ OLG Köln, NJW-RR 1998, 723
²¹⁷ BGH, FamRZ 1988, 930 = R 368 a
²¹⁸ BGH, FamRZ 1988, 145 = R 347 c; FamRZ 1986, 783, 785 = R 299 a
²¹⁹ BGH, FamRZ 1985, 161 = R 236 a; FamRZ 1985, 376, 378; FamRZ 1984, 151 = R 186 a
²²⁰ BGH, aaO
²²¹ BGH, FamRZ 1986, 783, 785 = R 299 a; FamRZ 1984, 149 = R 187 d

3. Abschnitt: Bedarfsbemessung beim Ehegattenunterhalt § 4

Erfolgt die Ausweitung nur **wegen der Trennung** oder dem Scheitern der Ehe, dann ist die Ausweitung so zu behandeln wie eine erstmals nach der Trennung aufgenommene Erwerbstätigkeit.[222] Das Einkommen bleibt nur in der vor der Ausweitung erzielten Höhe prägend. Der darüber hinaus erzielte Mehrverdienst **prägt** die ehelichen Lebensverhältnisse **nicht**.

Einkünfte aus einer vor der Trennung geplanten Aufnahme oder Ausweitung einer Erwerbstätigkeit sind **nicht mehr prägend**, wenn die vorgefaßte Lebensplanung erst **nach der Scheidung realisiert** wird. Der BGH begründet dies mit der unterhaltsrechtlichen Eigenverantwortung jedes Ehegatten, die mit der Scheidung verstärkt einsetzt. Außerdem ließen sich keine sicheren Abgrenzungskriterien zur grundsätzlich unbeachtlichen nachehelichen Entwicklung finden, wenn einem bis zur Scheidung nicht wenigstens teilweise verwirklichten Lebensplan ein prägender Einfluß auf die ehelichen Lebensverhältnisse beigemessen würde.[223] Die **Scheidung** bildet damit nach BGH den **Endzeitpunkt**, in dem ein gemeinsamer Lebensplan zu verwirklichen ist (vgl. eingehend Rn 221, zur Kritik an dieser Rechtsprechung des BGH Rn 184 a ff und 224 a ff).

257

4. Nichtprägende Einkünfte aus unzumutbarer Erwerbstätigkeit

Einkünfte aus einer während des Getrenntlebens aufgenommenen **unzumutbaren Erwerbstätigkeit** bleiben nach BGH bei der Bedarfsbemessung unberücksichtigt, weil sie die ehelichen Lebensverhältnisse nicht dauerhaft prägen und damit als Unterhaltsmaßstab ungeeignet sind.[224]

258

Die Beurteilung einer Tätigkeit als unzumutbar bedeutet zugleich, daß derjenige, der sie ausübt, unterhaltsrechtlich nicht gehindert ist, sie jederzeit zu beenden, gleichgültig ob er Unterhaltsschuldner oder Unterhaltsgläubiger ist[225] (s. näher Rn 1/440 ff).

Nimmt der **Berechtigte** nach der Trennung eine unzumutbare Tätigkeit auf, so geschieht dies in aller Regel nicht zur Verbesserung der beiderseitigen Lebensverhältnisse oder zur Entlastung des Unterhaltsverpflichteten, sondern zur Erhöhung des eigenen Lebensstandards und zur Erlangung zusätzlicher Mittel. Diese Möglichkeit wird ihm durch die nach § 1577 II BGB vorgesehene Einschränkung der Anrechnung von Einkünften aus solcher Tätigkeit eröffnet. Ein Unterhaltsschuldner, dessen Partner eine unzumutbare Erwerbstätigkeit aufnimmt, kann sich bei der Gestaltung seiner eigenen Lebensverhältnisse weder auf die Fortdauer dieser Tätigkeit noch auf eine nachhaltige Entlastung durch die aus dieser Tätigkeit fließenden Einkünfte einrichten. Deshalb können solche Einkünfte nicht als ein die Lebensverhältnisse beider Ehegatten prägender Umstand gewertet werden.[226]

Ihre Aufnahme beruht im übrigen auf einer unerwarteten, vom Normalverlauf erheblich abweichenden Entwicklung der Einkommensverhältnisse,[227] d. h. nicht auf einem vorgefaßten Lebensplan, sondern auf der Trennung und dem Scheitern der Ehe.[228]

Davon zu **unterscheiden ist die Frage**, ob es sich bei der nach der Trennung aufgenommenen Arbeit um eine unzumutbare Tätigkeit handelt. Insoweit ist immer auf den Einzelfall abzustellen. Soweit z.B. eine Frau trotz Betreuung kleiner Kinder nach der Trennung eine Erwerbstätigkeit aufnimmt, spricht dies zunächst für eine unzumutbare Tätigkeit. Beruht dies jedoch auf einem **gemeinsamen Lebensplan**, an dem sie sich trotz Trennung festhalten lassen will, handelt es sich um eine **zumutbare Tätigkeit** und damit um prägendes Einkommen[229] (vgl. näher Rn 1/445).

259

---

[222] BGH, FamRZ 1984, 364 = R 192 a, b
[223] BGH, FamRZ 1988, 145 = R 347 c; FamRZ 1986, 783, 785 = R 299 a
[224] BGH, FamRZ 1998, 1501 = R 521 a; FamRZ 1984, 149 = R 187 a; FamRZ 1984, 151 = R 186 a; FamRZ 1983, 146, 148 = R 142 d
[225] BGH, FamRZ 1998, 1501 = R 521 a; FamRZ 1985, 360 = R 244 b; FamRZ 1984, 364 = R 192 a; FamRZ 1983, 146, 148 = R 142 d
[226] BGH, FamRZ 1983, 146, 148 = R 142 c
[227] BGH, aaO
[228] BGH, FamRZ 1984, 364 = R 192 a, b
[229] BGH, aaO

§ 4   Ehegattenunterhalt

260
- Wird bereits während des Zusammenlebens **aus freien Stücken eine Erwerbstätigkeit ausgeübt und nach der Trennung entsprechend dem gemeinsamen Lebensplan fortgesetzt**, handelt es sich regelmäßig um **keine unzumutbare Tätigkeit**,[230] auch wenn man im Vergleichsfall bei einem erst nach und wegen der Trennung aufgenommenen Beruf von einer Unzumutbarkeit ausgehen würde, z. B. bei einer Erwerbstätigkeit trotz Betreuung kleiner Kinder (s. näher Rn 1/445). Nach § 1356 I BGB obliegt es allein den Eheleuten, wie sie ihre Rollenwahl in der Ehe gestalten, z. B. in Form einer Zuverdienerehe, nachdem das gemeinsame Kind in den Kindergarten oder in die Schule kommt. Die von der Rechtsprechung und verschiedenen Unterhaltsleitlinien insoweit zur Erwerbsobliegenheit bei Kinderbetreuung entwickelten Grundsätze beziehen sich in erster Linie auf die nach der Trennung aufzunehmende oder auszuweitende Tätigkeit (vgl. näher Rn 1/443 ff.). Das Einkommen aus einer derartigen Erwerbstätigkeit **prägt** daher die ehelichen Lebensverhältnisse.[231] Das Regulativ, um im Einzelfall einen durch den Wegfall des Ehepartners entstehenden erhöhten Betreuungsaufwand auszugleichen, sind die Kinderbetreuungskosten, die als berufsbedingte Aufwendungen das Einkommen mindern (vgl. Rn 1/107, 445).
- Soweit dagegen eine während des Zusammenlebens ausgeübte Tätigkeit als unzumutbar anzusehen ist, z. B. weil bei Ausweitung der Berufstätigkeit das Scheitern der Ehe bereits zutage getreten war[232] oder weil sie in der Ehe **aus Not** aufgenommen wurde wegen der finanziell beengten Verhältnisse der Eheleute,[233] handelt es sich um **nichtprägende Einkünfte**. Diese können für die **Bedarfsermittlung** nach den ehelichen Lebensverhältnissen **nicht herangezogen** werden, auch wenn die Eheleute während des Zusammenlebens hieraus Mittel zur Verfügung hatten.[234] Denn bei einer unzumutbaren Tätigkeit konnte sich der Unterhaltsschuldner nicht darauf einrichten, daß diese Mittel weiterfließen, weil die Tätigkeit jederzeit aufgegeben werden konnte[235] (vgl. eingehend Rn 1/440 ff). Dies wird in der Praxis oft übersehen und der Lösungsweg beschritten, das Einkommen beim Bedarf voll anzusetzen, auf der Bedürftigkeitsstufe dagegen nach § 1577 II BGB nur zum Teil.[236] Soweit der Pflichtige keine zusätzlichen Einkünfte hat, würde dies sofort zum Mangelfall führen, wie folgendes Beispiel zeigt:

> M hat eheprägende Erwerbseinkünfte von 4200 DM, F ein Einkommen aus unzumutbarer Tätigkeit von 1400 DM. Setzt man das Einkommen von F voll für den Bedarf an, würde er sich bei einem Erwerbstätigenbonus von $^1/_7$ auf 2400 DM belaufen ($^1/_2$ [$^6/_7$ 4200 + $^6/_7$ 1400] = 2400). Zieht man hiervon das Einkommen von F nur z.T., z. B. in Höhe von 600 DM ab ($^6/_7$ 1400 : 2), würde der Unterhalt der F 1800 DM betragen (2400 − 600). Der eheangemessene Selbstbehalt des M (Bedarf + Bonus) beträgt aber 3000 DM (2400 + 600), wäre also nicht gewahrt. Nach der Rechtsprechung des BGH beträgt der Bedarf in diesem Fall vielmehr nur 1800 DM (= $^3/_7$ 4200), worauf nur ein Teil des Einkommens der F nach § 1577 II BGB, z. B. nach Kürzung um den Bonus ein Drittel, bei trennungsbedingtem Mehrbedarf als anrechnungsfreiem Betrag noch weniger, anzurechnen wäre.

> Die **Darlegungs- und Beweislast**, ob es sich bei einer in der Ehe ausgeübten Tätigkeit um eine zumutbare Tätigkeit handelt, trägt nach BGH derjenige, der sich auf die Zumutbarkeit beruft.[237] Dem kann, wenn sich der kinderbetreuende Elternteil darauf beruft, nicht gefolgt werden, da die Rückkehr in den Beruf heute entgegen BGH nicht die Ausnahme, sondern die Regel darstellt (vgl. Rn 184 a).

260a   Übt **der Pflichtige** bereits während des Zusammenlebens eine unzumutbare Tätigkeit neben seiner zumutbaren Tätigkeit aus, z. B. überobligatorische Nebentätigkeiten neben

---

[230] BGH, FamRZ 1998, 1501, 1502 = R 521 a
[231] vgl. z. B. BGH, FamRZ 1990, 492 = R 404 a
[232] BGH, FamRZ 1984, 364 = R 192 a, b
[233] BGH, FamRZ 1998, 1501, 1502 = R 521 a
[234] BGH, aaO
[235] BGH, FamRZ 1983, 146, 148 = R 142 d, e; FamRZ 1984, 364, 365 = R 192 a, b; FamRZ 1988, 256 = R 355 a
[236] vgl. z. B. OLG Braunschweig, FamRZ 1997, 355
[237] BGH, FamRZ 1998, 1501, 1502 = R 521 a

3. Abschnitt: Bedarfsbemessung beim Ehegattenunterhalt §4

seinem Beruf (s. näher Rn 1/454 ff), gelten die gleichen Grundsätze. Auch dieses Einkommen **prägt** die ehelichen Lebensverhältnisse **nicht**, da es jederzeit eingestellt werden kann, und fließt damit nicht in die Bedarfsermittlung ein, sondern erhöht nur die Leistungsfähigkeit.[238]

5. Prägende und nichtprägende Einkünfte aus Vermögen

In der heutigen Zeit, in der viele Eheleute während des Zusammenlebens Vermögen bilden, gehören Einkünfte aus dem Vermögen nach den Erwerbseinkünften zu den wichtigsten Einnahmequellen, die unterhaltsrechtlich aber oft nicht ausreichend beachtet werden. Zu den Vermögenseinkünften zählen insbesondere **Miet- und Kapitalzinsen,** Unternehmensbeteiligungen sowie ein **Wohnwert.** Während eine Vermögensverwertung unterhaltsrechtlich nur verlangt werden kann, wenn sie im Einzelfall nicht unwirtschaftlich oder unter Berücksichtigung der beiderseitigen finanziellen Verhältnisse nicht unbillig ist (vgl. eingehend Rn 1/310 ff), sind die aus dem Vermögen gezogenen Nutzungen stets als Einkommen heranzuziehen. **Prägend** sind dabei für die Bedarfsermittlung nur die **vor der Trennung** bereits gezogenen tatsächlichen Nutzungen, z. B. der Wohnwert im Eigenheim. Alle erst **nach der Trennung** neu hinzugekommenen Vermögenseinkünfte sind nach der Rechtsprechung des BGH, auch wenn sie Surrogate einer Vermögensnutzung in der Ehe sind, **nicht prägend,** da sie entweder während des Zusammenlebens noch nicht flossen oder als Trennungsfolge auf einer vom Normalverlauf abweichenden Einkommensentwicklung beruhen. Als **nichtprägendes Einkommen reduzieren** sie gem. § 1577 I BGB die **Bedürftigkeit** des Berechtigten, bzw. **erhöhen** nach § 1581 BGB die **Leistungsfähigkeit** des Pflichtigen, haben aber **keinen Einfluß auf den Bedarf** nach den ehelichen Lebensverhältnissen.

Kapitalzinsen oder Mieteinkünfte, die die Eheleute während des Zusammenlebens bis zur Trennung hatten, **prägen** ihren Bedarf unabhängig davon, ob es sich um Nutzungen aus dem gemeinsamen oder dem einem Ehegatten allein gehörenden Vermögen handelt (vgl. z. B. zum Wohnwert Rn 1/263). Änderungen der Zins- oder Miethöhe entsprechen einer Normalentwicklung. Soweit aus einem **Vermögen keine Nutzungen** gezogen werden, obwohl eine entsprechende Unterhaltsobliegenheit besteht, z. B. eine leerstehende Garage nicht vermietet oder eine Eigentumswohnung unentgeltlich einem volljährigen Kind mit eigenem Einkommen überlassen wird, hat dies **keinen Einfluß auf den Bedarf** nach den ehelichen Lebensverhältnissen. Denn insoweit sind keine (fiktiven) prägenden Einkünfte vorhanden, die den Lebensstandard erhöht hatten. Für die Bedarfsermittlung dürfen aber **keine fiktiven Einkünfte** als prägend herangezogen werden, die **in der Ehe nicht oder nicht in dieser Höhe** vorhanden waren.[239] Im Rahmen des auf den Bedarf anzurechnenden Eigeneinkommens des **Berechtigten,** bzw. der Leistungsfähigkeit des **Pflichtigen,** sind dagegen entsprechende fiktive nichtprägende Einkünfte aus unterlassener Vermögensnutzung anzusetzen (vgl. eingehend mit weiteren Nachweisen Rn. 1/204 ff).

Ein bei der Trennung vorhandener **Wohnwert** eines Eigenheims, in dem die Eheleute gemeinsam lebten, gehört nach Abzug der verbrauchsunabhängigen Nebenkosten sowie der auf der Immobilie lastenden Verbindlichkeiten zu den die ehelichen Lebensverhältnisse prägenden Einkünften (vgl. eingehend Rn 1/263). Soweit ein Ehegatte nach der Trennung aus der Ehewohnung auszieht und diese damit nicht mehr nutzt, hat dies keinen Einfluß auf die Beurteilung der prägenden ehelichen Lebensverhältnisse, weil der bedürftige Ehegatte nach der Intention des Gesetzes vor einem sozialen Abstieg durch Trennung und Scheidung bewahrt werden soll.[240] Das gleiche gilt, wenn nach Trennung oder Scheidung das Eigenheim verkauft wird (vgl. Rn 230 und eingehend Rn 1/286 ff).

261

262

---

[238] BGH, FamRZ 1985, 360 = R 244 b; FamRZ 1983, 146, 148 = R 142 d, e; OLG München FamRZ 1996, 169
[239] BGH, FamRZ 1997, 281, 283 = R 509 f, i; FamRZ 1992, 1045, 1047 = R 448 a
[240] BGH, FamRZ 1986, 437 = R 288 a

Der eheprägende Wohnwert, gekürzt um auf den Mieter nicht umlegbare verbrauchsunabhängige Nebenkosten und Abzahlungen (Zins und Tilgung), wird in diesem Fall fiktiv bei der Bedarfsermittlung angesetzt (vgl. Rn 1/286). Zum Veräußerungserlös s. unten Rn 264.

263 **Nichtprägend** sind alle Einkünfte, die auf der Trennung beruhen und ohne die Trennung nicht erzielt worden wären (s. näher Rn 231, 267 ff).

264 • Dazu zählen **Zinseinkünfte** aus der Anlage des **Veräußerungserlöses eines Familienheims**, wenn das Haus ohne die Trennung oder Scheidung nicht veräußert worden wäre[241] (s. näher Rn 1/286 ff), oder ein neuer, mit den Mitteln aus dem Verkaufserlös geschaffener Wohnwert.[242] Im Ergebnis ist der Veräußerungserlös damit nur wertneutral, wenn er zufällig dem eheprägenden Wohnwert entspricht.[243]

265 • Gleiches gilt für Zinsen aus einem im Wege des (vorzeitigen) **Zugewinnausgleichs** erworbenen Kapitalvermögen.[244]

266 • Nichtprägend ist ein unterhaltsrechtlich anzurechnender Erlös aus einer **zumutbaren Vermögensverwertung** (§§ 1577 III, 1581 BGB), wenn es ohne die Trennung nicht zur Vermögensverwertung gekommen wäre.

267 **Nichtprägend** sind in der Regel außerdem Einkünfte aus Einkunftsquellen, die erstmals nach der Trennung zu fließen beginnen und nicht auf der Trennung beruhen, weil solche Einkünfte den ehelichen Lebensstandard während der Zeit des Zusammenlebens noch nicht geprägt haben.

Dazu zählen u. a.:

268 • Der Wohnvorteil eines Familienheims, das von den Eheleuten zwar als Ehewohnung geplant war, aber **nicht gemeinsam bewohnt** worden ist, weil es bei Trennung erst im **Rohbau** fertiggestellt war.[245]

269 • Ein **Wohnvorteil**, wenn das (neue) Haus oder eine Eigentumswohnung erst **nach der Trennung erworben** und bezogen worden ist[246] (s. näher Rn 1/294).

269a • Eine nach der Trennung gezahlte **Nutzungsentschädigung** für ein gemeinsames Familienheim, das nur noch ein Ehegatte bewohnt (vgl. Rn 1/241).

270 • Zinseinkünfte aus einem **Kapitalvermögen**, das ein Ehegatte erst **nach der Trennung** aufgrund einer **Erbschaft**[247] oder eines Lotteriegewinns erworben hat.

271 • Zinseinkünfte aus einem Kapitalvermögen, das sich ein Ehegatte erst **nach der Trennung** ohne unterhaltsrechtliche Benachteiligung des anderen Ehegatten durch **Ansparungen** und sonstige unternehmerische Initiativen gebildet hat.

271a • Realisierbare Forderungen gegen Dritte, die man in zumutbarer Weise einziehen kann, z. B. ein Vermächtnis.[248]

6. Unterschiedliche Beurteilung des prägenden Charakters fiktiver Einkünfte beim Berechtigten und Verpflichteten nach der Trennung

272 Bei der Zurechnung fiktiver Einkünfte handelt es sich nach der Rechtsprechung des BGH in erster Linie um ein Problem der **Leistungsfähigkeit des Verpflichteten** und der **Bedürftigkeit des Berechtigten**. Dies betrifft sowohl die fiktive Zurechnung erzielbarer Einkünfte bei schuldhaft unterlassener zumutbarer Erwerbstätigkeit (Genaueres dazu Rn 1/387 ff, 419 ff), als auch bei unterlassener zumutbarer Vermögensnutzung oder Vermögensverwertung (Genaueres dazu Rn 1/ 325 ff).

Deshalb sind dem **Berechtigten** auf der Bedürftigkeitsstufe fiktive Einkünfte **bedarfs-**

---

[241] BGH, FamRZ 1990, 269, 272 = R 405 d; FamRZ 1986, 439 = R 290 a, b; FamRZ 1985, 354, 356 = R 222 b, d
[242] BGH, FamRZ 1998, 87 = R 516 b
[243] BGH, aaO
[244] BGH, FamRZ 1986, 437, 439
[245] BGH, FamRZ 1988, 145 = R 347 d
[246] BGH, FamRZ 1998, 87 = R 516 b; FamRZ 1986, 439 = R 290 b; FamRZ 1982, 892
[247] OLG Hamm, FamRZ 1992, 1184
[248] BGH, FamRZ 1998, 367 = R 517 b

mindernd, d.h. wie **nichtprägende Einkünfte**, auf den Unterhaltsanspruch anzurechnen. Er wird so behandelt, als ob er das fiktive Einkommen als nichtprägendes Einkommen tatsächlich erzielt hätte.

Dem **Verpflichteten** sind fiktive Einkünfte auf der Leistungsstufe **leistungssteigernd** zuzurechnen. Auch er wird so behandelt, als ob er das fiktive Einkommen tatsächlich erzielt hätte.

An sich wäre es konsequent, fiktive Einkünfte einheitlich als nichtprägende Einkünfte zu behandeln und bei der Bedarfsbemessung unberücksichtigt zu lassen, weil der eheliche Lebensstandard nur durch tatsächlich erzielte Einkünfte begründet und nachhaltig aufrechterhalten werden kann, nicht aber durch real nicht existierende Einkünfte. Von nicht vorhandenen Einkünften kann niemand auf die Dauer leben. 273

Dieses Ergebnis ist **akzeptabel beim Berechtigten**, weil dessen Unterhaltsanspruch durch die bedarfsmindernde Anrechnung nichtprägender Einkünfte gemindert wird oder ganz entfällt. Dadurch erfährt das unterhaltsrechtlich vorwerfbare Verhalten des Berechtigten eine angemessene unterhaltsrechtliche Sanktion. Außerdem beruht bei dem Berechtigten die Zurechnung fiktiver Einkünfte zumeist auch darauf, daß erst mit der Trennung eine Erwerbsobliegenheit entstanden ist, so daß die Zurechnung fiktiver Einkünfte bei ihm in der Regel auf der Trennung und nicht auf prägenden ehelichen Verhältnissen bis zur Trennung beruht. Eine **Ausnahme** kann vorliegen, wenn der Bedürftige eine die ehelichen Lebensverhältnisse prägende Erwerbstätigkeit aufgegeben hat. 274

Erzielbare Einkünfte, die dem Berechtigten wegen Verstoßes gegen seine Erwerbsobliegenheit fiktiv zugerechnet werden, wirken sich demnach regelmäßig nicht auf die ehelichen Lebensverhältnisse aus, sondern sind wie **nichtprägende Einkünfte bedarfsmindernd** auf den Unterhaltsanspruch anzurechnen.[249] Das gleiche gilt, wenn aus einem Vermögen in der Ehe keine Nutzungen gezogen wurden, z.B. eine Eigentumswohnung kostenlos einem Kind mit Eigeneinkommen überlassen wurde, für die dann fiktiv anzusetzende Nutzungsentschädigung (s. oben Rn 262, 271a).

Das Ergebnis kann hinsichtlich der von ihm vor der Trennung erzielten Einkünfte nicht akzeptiert werden **beim Verpflichteten**, weil dann dessen unterhaltsrechtlich vorwerfbares Verhalten ohne jede unterhaltsrechtliche Sanktion bliebe. 275

Wenn dem Verpflichteten wegen einem unterhaltsbezogen verantwortungslosen oder leichtfertigen Verhalten oder wegen nicht ausreichender oder nicht ernsthafter Bemühungen um eine zumutbare Erwerbstätigkeit oder wegen eines anderen unterhaltsrechtlich vorwerfbaren Verhaltens erzielbare Einkünfte fiktiv zugerechnet werden (vgl. insoweit näher Rn 284ff), dann genügt es nicht, ihm solche Einkünfte nur auf der Leistungsstufe leistungssteigernd zuzurechnen, weil der Unterhaltsanspruch nicht nach der Leistungsfähigkeit des Verpflichteten, sondern auf der Bedarfsstufe nach den prägenden Einkünften bemessen wird. Bleiben fiktive Einkünfte als nichtprägende Einkünfte auf der Bedarfsstufe unberücksichtigt, dann bestünde ohne die Zurechnung fiktiver Einkünfte kein oder nur ein verminderter Unterhaltsanspruch und eine durch die fiktive Zurechnung erhöhte Leistungsfähigkeit hätte zugunsten des benachteiligten Unterhaltsgläubigers keine Auswirkung. Das vorwerfbare Verhalten des Verpflichteten bliebe für diesen ohne wirtschaftlich nachteilige Konsequenzen. Die Nachteile würden ausschließlich und sanktionslos nur dem Berechtigten aufgebürdet.

Deshalb ist der Verpflichtete auch hinsichtlich der Bedarfsbemessung so zu behandeln, als wenn er seine unterhaltsrechtliche Erwerbspflicht nicht verletzt hätte.[250] Sein fiktives Einkommen ist daher **bedarfserhöhend**.

Die Anrechnung fiktiver Einkünfte darf beim Pflichtigen aber nur an die ehelichen Lebensverhältnisse bis zur Trennung der Eheleute **anknüpfen**. Möglicherweise erzielbare, in der Ehe aber nie erzielte Einkünfte des Pflichtigen, die er bei größerem Einsatz hätte erreichen können, prägen dagegen die ehelichen Lebensverhältnisse nicht, da sich die Eheleute von vornherein mit einem niedrigeren Lebensstandard begnügt hatten.[251] 276

---

[249] BGH, FamRZ 1988, 256, 258 = R 355a, c; FamRZ 1981, 752, 754 = R 76c
[250] BGH, FamRZ 1993, 1304, 1306 = R 464a; FamRZ 1992, 1045, 1047 = R 448a, b
[251] BGH, aaO

Die **Bemessung des Bedarfs** kann sich nur an in der Ehe **tatsächlich vorhandenen**, nicht aber an nur gedachten wirtschaftlichen Verhältnissen, die die ehelichen Lebensverhältnisse nicht prägen, orientieren.[252]

277 Soweit der Verpflichtete ihm gehörendes **Vermögen nicht nutzt**, z. B. Garagen nicht vermietet, von seinem volljährigen, bereits im Berufsleben stehenden Kind für eine überlassene Wohnung keine Miete verlangt oder realisierbare Forderungen nicht einzieht (vgl. Rn 271a) und deshalb fiktive Einkünfte anzusetzen sind (vgl. näher Rn 1/204ff), hat dies ebenfalls keinen Einfluß auf die ehelichen Lebensverhältnisse, da die entsprechenden Mittel während des Zusammenlebens nicht vorhanden waren. Sie erhöhen damit lediglich die Leistungsfähigkeit. Das gleiche gilt für fiktive Nutzungen aus einem erst nach der Trennung erworbenen Vermögen.

278 Somit sind **fiktive Einkünfte** beim **Verpflichteten** bis zur Höhe seines Einkommens vor der Trennung stets wie **prägende Einkünfte** bei der **Bedarfsbemessung** zu berücksichtigen, darüber hinaus nur auf der Leistungsstufe. Zur Höhe der fiktiven Einkünfte s. Rn 285.

Beim **Berechtigten** sind sie stets als **nichtprägende** Einkünfte auf der **Bedürftigkeitsstufe** bedarfsmindernd anzurechnen.

279 Nach der Rechtsprechung des BGH ist Voraussetzung einer fiktiven Zurechnung von Einkünften auf den Bedarf, die Bedürftigkeit und die Leistungsfähigkeit, daß aufgrund einer umfassenden Zumutbarkeitsabwägung ein **unterhaltsrechtlich vorwerfbares Verhalten** in der Form eines zumindest leichtfertigen Verhaltens bejaht wird (s. eingehend Rn 1/394ff).

Typische Fälle der Zurechnung fiktiver Einkünfte:
- Wenn im Rahmen einer bestehenden Erwerbsobliegenheit bei ausreichenden und ernsthaften Bemühungen um eine zumutbare Erwerbstätigkeit eine **reale Beschäftigungschance** bestanden hätte (s. Rn 1/429).
- Wenn ein **freiwilliger Arbeitsplatz-** oder **Berufswechsel** oder eine freiwillige berufliche Verselbständigung eine leichtfertig verschuldete Einkommensminderung zur Folge hat (s. Rn 1/394ff).
- Wenn ein **Arbeitsplatzverlust** unterhaltsbezogen leichtfertig verschuldet ist (s. Rn 1/394ff).
- Wenn in **nichtehelicher Lebensgemeinschaft** eine fiktive Vergütung für Versorgungsleistungen zugerechnet wird (s. Rn 1/371ff).
- Wenn der Umfang einer selbständigen **Erwerbstätigkeit** ohne rechtfertigenden Grund **eingeschränkt** wird[253] (s. Rn 1/394ff).
- Wenn bei einem einschneidenden **Einkommensrückgang eines Selbständigen** der Unterhaltspflichtige seine Arbeitskraft oder sonstige zu Gebote stehenden Einkommensquellen nicht so gut wie möglich einsetzt.[254]
- Wenn ein **Vermögen** nicht in zumutbarer Weise ertragbringend genutzt wird (s. Rn 262, 271a und 1/325ff). Soweit ein Vermögen verbraucht wurde, ohne Nutzungen zu ziehen, kommt eine fiktive Anrechnung aber nur in Betracht, wenn eine mutwillige Herbeiführung der Bedürftigkeit bzw. Leistungsunfähigkeit vorliegt[255] (vgl. eingehend Rn 1/293).

7. Einkommensänderungen nach der Trennung durch freiwillige Disposition (z. B. Arbeitsplatzwechsel, Berufswechsel oder berufliche Verselbständigung)

280 Wie bereits ausgeführt, sind Einkünfte bei der Scheidung grundsätzlich **prägend**, wenn sie bereits bei der Trennung aus der gleichen Erwerbsquelle geflossen sind und im Rahmen einer normalen Weiterentwicklung nach der Trennung weiterfließen. Der tie-

---

[252] BGH, FamRZ 1997, 281, 283 = R 509f, i
[253] BGH, FamRZ 1992, 1045, 1047 = R 448a
[254] BGH, FamRZ 1993, 1304, 1306 = R 464a
[255] BGH, FamRZ 1990, 989, 991 = R 418d

ferliegende Grund besteht darin, daß dadurch eine bereits während des Zusammenlebens in der Ehe bestehende Erwerbsobliegenheit weiterhin durch die gleiche Erwerbsquelle realisiert wird.

Bei einem freiwilligen Arbeitsplatzwechsel, Berufswechsel oder bei freiwilliger beruflicher Verselbständigung wird eine bestehende Erwerbsquelle durch eine **andere konkrete Erwerbsquelle ersetzt**. Dadurch wird ebenfalls die schon vor der Trennung entstandene Erwerbsobliegenheit weiterhin realisiert, wenn auch mittels einer neuen Erwerbsquelle. Bei einer solchen Auswechslung der Erwerbsquellen tritt grundsätzlich die neue an die Stelle der alten Erwerbsquelle und dementsprechend die neuen an die Stelle der alten Einkünfte, wenn aus unterhaltsrechtlichen Gründen keine durchgreifenden Bedenken gegen eine solche Auswechslung bestehen.

Unterhaltsrechtlich bestehen in der Regel keine Bedenken, wenn sich die Auswechslung nicht zum Nachteil des anderen Ehepartners auswirkt, d. h. wenn sich die früheren und neuen Einkünfte in einer vergleichbaren Größenordnung bewegen und **das frühere Einkommen** jedenfalls **nicht höher** war.[256] **281**

Dabei kann eine voraussichtliche normale Weiterentwicklung als vergleichbar prognostiziert werden. Um eine unterhaltsrechtlich unbedenkliche Auswechslung und normale Weiterentwicklung handelt es sich z. B., wenn eine Frau während intakter Ehe in der **tierärztlichen Praxis** ihres Mannes in ähnlicher Weise wie in ihrem erlernten Beruf mitgearbeitet hatte und nach der Trennung in ihrem erlernten Beruf als **medizinisch-technische Assistentin** weitergearbeitet hat. Die Einkünfte aus der neuen Tätigkeit sind als **prägend** zu berücksichtigen.[257]

Wird dagegen erst nach der Trennung eine Berufstätigkeit aufgenommen und weicht sie vom gemeinsamen Lebensplan ab (statt Mitarbeit in der Arztpraxis des Mannes, sobald und soweit dies mit den Pflichten der Mutter vereinbar gewesen wäre, Tätigkeit als angestellte Krankenschwester), obliegt nach BGH dem Bedürftigen die Darlegungs- und Beweislast, daß es sich um eine vergleichbare Erwerbsquelle handelt.[258] Zur Kritik an der Rechtsprechung des BGH, soweit es sich um die Aufnahme einer Berufstätigkeit nach Kinderbetreuung bzw. Haushaltsführung in der Ehe handelt, vgl. Rn 184 a ff.

Ist die Auswechslung unterhaltsrechtlich bedenkenfrei, gelten die sich normal weiterentwickelnden Einkünfte aus der neuen Tätigkeit auch im Zeitpunkt der Scheidung als **prägend**.[259]

Werden aus der neuen Tätigkeit vorhersehbar und nachhaltig oder auch nur vorüber- **282** gehend **geringere Einkünfte** als aus der alten Tätigkeit erzielt, dann bestehen in der Regel unterhaltsrechtliche Bedenken gegen eine Auswechslung. Der Ehepartner ist, soweit er keine triftigen Gründe hat, zu einem solchen Wechsel nur berechtigt, wenn er vor dem Wechsel durch Rücklagenbildung, Kreditaufnahme oder ähnliche Maßnahmen eine ausreichende Vorsorge dafür getroffen hat, daß dem anderen Ehepartner durch den Wechsel keine Nachteile entstehen, d. h. daß er den Unterhalt in bisheriger Höhe weiterzahlen kann (s. Rn 1/394 ff). Sonst darf ein Ehegatte seine bisherige Tätigkeit nicht freiwillig aufgeben.[260]

- Wenn der **Unterhaltsverpflichtete leichtfertig** gegen diese Obliegenheit verstößt und seine frühere Erwerbstätigkeit trotz des zu erwartenden Einkommensrückgangs in vorwerfbarer Weise aufgibt, dann bleiben für die Bemessung des Unterhaltsbedarfs des Berechtigten die Einkommensverhältnisse vor der leichtfertigen beruflichen Veränderung maßgeblich.[261]

Er wird deshalb unterhaltsrechtlich so behandelt, als ob er die Einkünfte aus der früheren Tätigkeit weiterhin erzielen würde.

- Wird aufgrund einer umfassenden Zumutbarkeitsabwägung **kein zumindest unter-**

---

[256] BGH, FamRZ 1985, 911 = R 268 a
[257] BGH, FamRZ 1982, 892 = R 106 b
[258] BGH, FamRZ 1988, 256 = R 355 a
[259] BGH, FamRZ 1985, 911 = R 268 a
[260] BGH, FamRZ 1988, 145 = R 347 f; FamRZ 1988, 256 = R 355 d; FamRZ 1988, 705 = R 364 a; FamRZ 1987, 930, 932; FamRZ 1987, 372 = R 336
[261] BGH, FamRZ 1988, 145 = R 347 f; FamRZ 1988, 256 = R 355 d; FamRZ 1987, 930, 932

haltsbezogen leichtfertiges** Verhalten festgestellt, dann ist der Wechsel unterhaltsrechtlich nicht vorwerfbar. Der Unterhaltsanspruch ist nach den verminderten tatsächlichen Einkünften aus der neuen Tätigkeit zu bemessen.[262]

283 Erzielt der Ehegatte aus der neuen Erwerbstätigkeit **erheblich höhere Einkünfte** als aus der früheren Tätigkeit, so werden in vielen Fällen die neuen Einkünfte auf einer im Zeitpunkt der Trennung unerwarteten, vom Normalverlauf erheblich abweichenden Entwicklung beruhen. Es bleibt dann das aus der früheren Erwerbstätigkeit erzielte Einkommen bis zur Scheidung prägend, d. h., der Unterhaltsbedarf ist nach dem früheren Einkommen zu bemessen, während der **Mehrverdienst**, der auf der vom Normalverlauf abweichenden Entwicklung beruht, **nichtprägend** ist (vgl. näher Rn 246 ff).

8. Einkommensänderungen bei Arbeitsplatzverlust und Arbeitslosigkeit

284 Bei Arbeitsplatzverlust ist stets im Rahmen einer umfassenden Zumutbarkeitsabwägung festzustellen, ob der Verlust durch ein unterhaltsrechtlich **vorwerfbares Verhalten** in der Form eines zumindest **unterhaltsbezogen leichtfertigen Verhaltens** verursacht worden ist[263] (s. näher Rn 282 und ausführlich Rn 1/394 ff).
Typische Fälle eines leichtfertigen Verlustes sind:
– Leichtfertige **Kündigung** des Arbeitsplatzes **durch** den **Verpflichteten**.[264]
– Vom Verpflichteten unterhaltsbezogen leichtfertig **verschuldete Kündigung des Arbeitgebers**.[265] Nicht ausreichend ist jedoch ein zwar selbst verschuldeter, aber ungewollter Arbeitsplatzverlust, z. B. bei einem Diebstahl oder Trunkenheit am Arbeitsplatz.[266]
– **Reduzierung** der bisherigen Tätigkeit, ohne hierzu unterhaltsrechtlich berechtigt zu sein[267] (s. auch Rn 291).
– Leichtfertige sonstige **Arbeitsplatzaufgabe**.[268]
Entsprechendes gilt auch bei Erwerbseinkünften des Berechtigten.

285 Bei **Bejahung** eines zumindest **unterhaltsbezogen leichtfertigen Verhaltens** wird dem **Verpflichteten** als Sanktion für sein unterhaltsrechtlich vorwerfbares Verhalten sein bisher erzieltes Einkommen **fiktiv** weiterhin als **prägend** zugerechnet und danach der Unterhaltsbedarf bemessen (s. oben Rn 275). Soweit es dabei um einen Verstoß gegen die Erwerbsobliegenheit geht, ist aber bei der Höhe des fiktiven Einkommens genau zu prüfen, ob der Pflichtige nach den Verhältnissen auf dem Arbeitsmarkt und seinen persönlichen Eigenschaften (Alter, Ausbildung, Berufserfahrung, Gesundheitszustand) dieses Einkommen auch tatsächlich noch erreichen kann.[269]

Trifft den **Berechtigten** ein entsprechendes Verschulden am Verlust einer bereits bei Trennung ausgeübten Erwerbstätigkeit und erhält er Arbeitslosengeld, dann wird bei ihm das Arbeitslosengeld als Einkommensersatzleistung prägend in die Unterhaltsberechnung eingestellt. Darüber hinaus wird die Differenz zwischen seinem früheren Einkommen und dem Arbeitslosengeld als **nichtprägendes fiktives Einkommen** bedarfsmindernd auf den Unterhaltsbedarf angerechnet. Erhält der Berechtigte kein Arbeitslosengeld oder handelt es sich um nichtprägende Einkünfte des Berechtigten aus einer erstmals nach der Trennung aufgenommene Erwerbstätigkeit, dann werden alle Einkünfte aus dieser früheren Tätigkeit als **nichtprägend fiktiv** auf den Unterhaltsanspruch angerechnet (s. vorher Rn 274).

---

[262] BGH, FamRZ 1994, 240 = R 469; FamRZ 1988, 705 = R 364 a; FamRZ 1988, 145, 147 = R 347 f; FamRZ 1988, 256 = R 355 d; FamRZ 1983, 140 = R 147 a
[263] BGH, FamRZ 1994, 240 = R 469; FamRZ 1993, 1055 = R 462 A b; FamRZ 1985, 158; FamRZ 1985, 273, 275 = R 239 d
[264] BGH, FamRZ 1993, 1055 = R 462 A b; FamRZ 1985, 158
[265] BGH, FamRZ 1993, 1055 = R 462 A b; FamRZ 1988, 597, 599 = R 363
[266] BGH, FamRZ 1994, 240 = R 469; FamRZ 1993, 1055 = R 462 A b
[267] BGH, FamRZ 1992, 1045, 1047 = R 448 a
[268] BGH, FamRZ 1993, 1055 = R 462 A b
[269] BGH, FamRZ 1996, 345 = R 497 b

3. Abschnitt: Bedarfsbemessung beim Ehegattenunterhalt §4

Bei **Verneinung** eines zumindest leichtfertigen Verhaltens ist der Bedarf auf der Grundlage der tatsächlich bestehenden Verhältnisse **neu zu bemessen**. 286

Bei Bezug von Arbeitslosengeld für eine bei Trennung ausgeübte Tätigkeit ist dieses als **Einkommensersatzleistung prägend** zu berücksichtigen, wenn die Arbeitslosigkeit länger andauert. Nach Meinung des BGH müßte es auf Unverständnis stoßen, wenn eine zwischen Trennung und Scheidung unerwartet eintretende Arbeitslosigkeit des Verpflichteten nicht schon die ehelichen Lebensverhältnisse, sondern erst dessen Leistungsfähigkeit beeinflußt.[270]

Während der **Zeit der Arbeitslosigkeit** besteht die unterhaltsrechtliche Erwerbsobliegenheit weiter. Deshalb ist der Erwerbslose auch unterhaltsrechtlich verpflichtet, sich ernsthaft und intensiv um eine neue zumutbare Erwerbstätigkeit zu bemühen.[271] 287

Unterläßt er solche zumutbare Bemühungen und hätte bei ernsthaften ausreichenden Bemühungen eine reale Beschäftigungschance bestanden, dann kann dem **Verpflichteten** ein erzielbares Einkommen fiktiv als **prägend** zugerechnet werden. Dem **Berechtigten** kann ein solches fiktives Einkommen als **nichtprägend** bedarfsmindernd angerechnet werden (vorher Rn 278).

Findet der Erwerbslose später einen **neuen Arbeitsplatz** und bewegen sich die früheren und neuen Einkünfte in einer vergleichbaren Größenordnung, dann treten die Einkünfte aus der neuen Erwerbsquelle **prägend** an die Stelle der Einkünfte und Einkommensersatzleistungen aus der früheren prägenden Erwerbsquelle. Es handelt sich um eine zeitlich verschobene, unterhaltsrechtlich nicht zu beanstandende Auswechslung von Erwerbsquellen, die einem Normalverlauf entspricht (vgl. Rn 281). 288

Erzielt der Ehegatte aus der neuen Erwerbstätigkeit **erheblich höhere Einkünfte**, kann 289 dies auf einer vom Normalverlauf erheblich abweichenden Entwicklung beruhen. Es gelten dann die Ausführungen zu Rn 246 und 283.

Werden bei einem nichtverschuldeten Arbeitsplatzverlust aus der neuen Tätigkeit **erheblich geringere Einkünfte** als aus der früheren Tätigkeit erzielt und ist dies **unterhaltsrechtlich nicht vorwerfbar**, dann sind die Einkünfte aus der neuen Tätigkeit prägend. Dies gilt auch bei einem Arbeitsplatzverlust mit einer Abfindung, wenn die auf mehrere Jahre umgelegte Abfindung das bisherige Gehalt nicht erreicht. Es besteht allerdings unterhaltsrechtlich die Verpflichtung, weiter nach einer Arbeitsstelle zu suchen, aus der bessere, möglichst mit den früheren Einkünften vergleichbare Einkünfte erzielt werden können, soweit eine entsprechende Arbeitsplatzchance besteht, was vor allem bei älteren Arbeitnehmern genau zu prüfen ist. Kann dies realisiert werden, ist der Unterhalt nach den neuen (prägenden) Einkünften zu bemessen. 290

Bei einem unterhaltsrechtlich vorwerfbaren Unterlassen solcher weiterer Bemühungen um einen besseren Arbeitsplatz kann dem Verpflichteten ein erzielbares Einkommen prägend zugerechnet werden. Beim Berechtigten wird in vergleichbaren Fällen jedenfalls die Differenz zu einem erzielbaren Einkommen als nicht prägend bedarfsmindernd angerechnet.

Beruht eine Minderung des Einkommens auf einer **Verletzung der Erwerbsobliegen-** 291 **heit**, etwa weil der Verpflichtete seine selbständige Erwerbstätigkeit eingeschränkt hat, um das **Sorgerecht** zu erlangen oder weniger Unterhalt zahlen zu müssen, so kann das nicht die ehelichen Lebensverhältnisse zum Nachteil des Unterhaltsberechtigten verändern, soweit über das Sorgerecht bereits entschieden wurde und sich der Unterhaltspflichtige nicht bemüht, das frühere Einkommen wiederzuerreichen.[272] Der Verpflichtete wird vielmehr fiktiv an seinem früheren Einkommen festgehalten (s. oben Rn 275). Beruht die Einschränkung einer Erwerbstätigkeit dagegen allein auf den Bemühungen, das **Sorgerecht** für das Kind **zu erlangen**, muß der Bedeutung und Tragweite des Elternrechts Rechnung getragen werden.[273] Insoweit ist im Einzelfall genau zu prüfen, ob der Pflichtige mit dem Arbeitgeber eine nur vorläufige Reduzierung seiner Tätigkeit, die er

---

[270] BGH, FamRZ 1988, 256 = R 355 b
[271] BGH, FamRZ 1994, 372, 374 = R 473 c
[272] BGH, FamRZ 1992, 1045, 1047 = R 448 a
[273] BVerfG, FamRZ 1996, 343 = R 498

nach der Sorgerechtsentscheidung rückgängig machen kann, vereinbaren konnte.[274] Zur Betreuung eines Kindes aus einer neuen Ehe und dadurch entstehender Erwerbslosigkeit **bei Wiederverheiratung** vgl. Rn 332 a.

9. Prägende und nichtprägende Änderungen im Ausgabenbereich

292 Die ehelichen Lebensverhältnisse werden auch **durch Ausgaben mitgeprägt**, weil Einkünfte in Höhe solcher abziehbarer typischer Ausgaben zur Verwendung für den laufenden Lebensbedarf nicht zur Verfügung stehen (dazu und zu den typischen Ausgabenposten s. Rn 185 ff).

293 **Änderungen** im Ausgabenbereich zwischen Trennung und Scheidung (und nach der Scheidung) **prägen** deshalb die maßgeblichen Einkommensverhältnisse, sofern sie sich auf **prägende** Einkünfte beziehen.
Sie erhöhen oder mindern das prägende Einkommen. Auch bei laufenden Änderungen gelten sie als nachhaltig prägend (s. näher Rn 351 ff).

294 • Stets zu beachten sind einkommensabhängige Änderungen von **Steuern und Vorsorgeaufwendungen** sowie von Betriebsausgaben bei Selbständigen/Gewerbetreibenden und Werbungskosten bei Kapital- und Miet-/Pachteinkünften. Das gleiche gilt für **berufsbedingte Aufwendungen** Nichtselbständiger, die steuerrechtlich nichts anderes als Werbungskosten sind (vgl. 1/504). Ihre Höhe richtet sich stets nach den tatsächlich angefallenen Kosten, selbst wenn eine Erhöhung trennungsbedingt ist (vgl. Rn 186). Solche sich ändernde Ausgaben werden – wie das Bezugseinkommen – in der Regel nach einem Ein- bzw. Dreijahresschnitt berechnet, bei üblichen Erhöhungen z. B. der Krankenkasse nach den aktuellen Kosten. Ihr Abzug vom Bruttoeinkommen ergibt das prägende Nettoeinkommen.

295 • Ehebedingte **Verbindlichkeiten** dürfen nach der Trennung nicht mehr einseitig zum Nachteil des anderen Ehegatten erhöht werden. Sie bleiben deshalb auf dem Stand der Trennung der Höhe nach begrenzt. Wird eine Eheschuld umgeschuldet und wegen neuer nach der Trennung entstandener Verbindlichkeiten erhöht, prägt nur die Eheschuld für die Dauer ihrer Laufzeit die ehelichen Lebensverhältnisse.[275] Sie können aber niedriger werden bei voller oder teilweiser Tilgung bis zur Scheidung. Die Reduzierung bzw. der Wegfall der berücksichtigungswürdigen Schuld ist prägend[276] (vgl. auch Rn 1/527). Dies gilt z. B. auch, wenn wegen der Trennung ein Schrebergarten veräußert und mit dem Erlös eine Eheschuld getilgt wurde.[277] Nicht zu verwechseln mit ehebedingten Verbindlichkeiten sind notwendige Ausgaben infolge der Trennung und Scheidung, wie z. B. Umzugskosten oder Anschaffung von neuem Hausrat. Diese können nur als trennungsbedingter Mehrbedarf eine Berücksichtigung finden (Genaueres s. Rn 1/532 ff).

296 • Auch **Aufwendungen zur Vermögensbildung** dürfen, soweit sie bei gutem Einkommen des Pflichtigen nach einem objektiven Maßstab einkommensmindernd zu berücksichtigen sind (vgl. näher Rn 200 ff), nach der Trennung zum Nachteil des anderen Ehegatten nicht mehr erhöht werden. Deshalb wird in der Regel der im Zeitpunkt der Trennung bestehende Umfang als prägend fortgeschrieben, sofern solche Aufwendungen nicht zur Deckung von trennungsbedingtem Mehrbedarf verwendet werden müssen. Änderungen können sich ergeben, wenn sich bis zur Scheidung die Höhe des trennungsbedingten Mehrbedarfs ändert (Genaueres Rn 207 und 428).

297 • Änderungen in den Aufwendungen für **Kindesunterhalt** (Erhöhungen und Wegfall) sind prägend und daher bis zur Scheidung (und darüber hinaus) stets in vollem Umfang zu beachten[278] (s. näher Rn 188 ff und 352).

298 Änderungen im Ausgabenbereich prägen nicht, wenn und soweit sich die Ausgaben **nur auf nichtprägende Einkünfte beziehen**. Solche Ausgaben dürfen nur von den jewei-

---

[274] BVerfG, aaO
[275] BGH, NJW 1998, 2821, 2822 = R 525 b
[276] BGH, NJW 1998, 2821, 2822 = R 525 a; FamRZ 1988, 701, 703 = R 362 c; FamRZ 1982, 678 = R 119 a
[277] BGH, NJW 1998, 2821 = R 525 a
[278] BGH, FamRZ 1990, 1085 = R 423 c

III. Einkommensänderungen nach der Scheidung

1. Scheidung als Endpunkt für die Weiterentwicklung prägender ehelicher Lebensverhältnisse und Voraussetzung für die Berücksichtigung späterer Änderungen der Einkommensverhältnisse

Die **Rechtskraft** der Scheidung setzt regelmäßig den Endpunkt, bis zu dem Ehegatten an der Entwicklung ihrer Lebensverhältnisse in gleicher Weise teilhaben.[279]

Die prägenden ehelichen Lebensverhältnisse werden mit Rechtskraft der Scheidung dauerhaft fixiert. Deshalb ist für die Unterhaltsbemessung in späteren Zeiträumen grundsätzlich an den Lebensbedarf anzuknüpfen, der den ehelichen Lebensverhältnissen im Zeitpunkt der Scheidung entspricht.[280]

Dieser an den ehelichen Lebensverhältnissen im Zeitpunkt der Scheidung orientierte und bemessene Unterhaltsbedarf bleibt als rechnerische, auf den Zeitpunkt der Scheidung bezogene Bemessungsgrundlage von nachträglichen Änderungen der Verhältnisse grundsätzlich unberührt.[281]

Nach der Rechtsprechung des BGH schließt diese grundsätzliche Ausrichtung des nachehelichen Unterhalts an den zur Zeit der Scheidung prägenden ehelichen Lebensverhältnissen jedoch nicht aus, **später eintretende Änderungen zu berücksichtigen**, wenn diesen Änderungen eine Entwicklung zugrunde liegt, die aus der Sicht des Zeitpunkts der Scheidung **mit hoher Wahrscheinlichkeit zu erwarten** war und wenn ihre Erwartung die ehelichen Lebensverhältnisse im Zeitpunkt der Scheidung bereits mitgeprägt hat.[282]

Die im Zeitpunkt der Scheidung prägenden ehelichen Lebensverhältnisse beinhalten mehr als nur die aktuellen Einkommensverhältnisse. Sie umfassen **alles**, was für den Lebenszuschnitt der Ehegatten **tatsächlich eine Rolle spielt**. Dazu gehört auch die **begründete Absicht**, daß sich die Lebensumstände künftig in kalkulierbarer Weise günstiger gestalten werden.[283]

Auch der Gedanke der nachehelichen Solidarität, in dem das gesamte Recht des nachehelichen Unterhalts seine eigentliche Rechtfertigung findet, legt die Auslegung nahe, daß der Unterhaltsbedürftige an späteren Einkommensverbesserungen zu beteiligen ist, deren **Grund in der Ehe gelegt** worden ist und die sich **im Zeitpunkt der Scheidung bereits abzeichneten**. Auch pflegen sich Ehegatten auf hinreichend sichere Einkommensverbesserungen schon im vorhinein bei der Gestaltung ihrer Verhältnisse einzustellen und sie in ihre Entscheidung einzubeziehen. In dieser Weise entfalten voraussehbare Einkommensverbesserungen, insbesondere die üblichen Gehaltserhöhungen, schon bevor sie eingetreten sind, eine die ehelichen Lebensverhältnisse prägende Wirkung.[284]

Wegen des Ausnahmecharakters der Fälle, in denen nach der Scheidung eintretende Umstände als bereits im Zeitpunkt der Scheidung prägend noch berücksichtigt werden dürfen, müssen die Eheleute solchen Umständen erkennbar schon im voraus und noch während des Bestehens der Ehe einen **prägenden Einfluß auf ihre Lebensverhältnisse eingeräumt** haben. Hierfür kann sprechen, daß solche auf einem gemeinsamen Lebensplan beruhende Änderung noch in engem zeitlichen Zusammenhang mit der Scheidung

---

[279] BGH, FamRZ 1988, 701, 703 = R 362 c; FamRZ 1986, 783, 785 = R 299 a
[280] BGH, FamRZ 1986, 148, 149 = NJW 1986, 720; FamRZ 1985, 371, 373 = R 251 b
[281] BGH, FamRZ 1990, 258 = R 392 a; FamRZ 1985, 582 = R 246 a
[282] BGH, NJW-RR 1989, 1154 = R 392 a; FamRZ 1987, 459 = R 324 c; FamRZ 1987, 913 = R 339 a; FamRZ 1986, 148 = R 279
[283] BGH, FamRZ 1987, 459 = R 324 c
[284] BGH, FamRZ 1990, 1091 = R 422 a; FamRZ 1987, 459 = R 324 c

steht[285] oder daß sie bei einer üblichen beruflichen Weiterentwicklung auch ohne Trennung eingetreten wäre.[286]

304 Zusammenfassend ist daher festzustellen, daß nach der Rechtsprechung des BGH Änderungen nach der Scheidung nur dann im Rahmen der Bedarfsbemessung berücksichtigt werden dürfen, wenn die ehelichen Lebensverhältnisse **durch die Erwartung** solcher Änderungen bereits im Zeitpunkt der Scheidung **mitgeprägt** worden sind.[287] Der BGH bejaht einen solchen mitprägenden Einfluß künftiger Änderungen auf die ehelichen Lebensverhältnisse im Zeitpunkt der Scheidung, wenn folgende Voraussetzungen bejaht werden können:

305 Die spätere Entwicklung muß **in der Ehe angelegt** sein und aus der Sicht zur Zeit der Scheidung mit **hoher Wahrscheinlichkeit** zu erwarten gewesen sein.[288] Dies gilt sowohl für Einkommenserhöhungen als auch für Einkommensminderungen.[289]

306 Diese Erwartung muß die ehelichen Lebensverhältnisse bereits geprägt haben. Das kann angenommen werden, wenn die Ehegatten „ihren **Lebenszuschnitt**" schon im Blick auf die bevorstehende Entwicklung **gestalten** konnten.[290]

307 Bei **erstmaliger Aufnahme einer Erwerbstätigkeit** nach der Scheidung entsprechend einem gemeinsamen Lebensplan muß die Aufnahme noch in einem **engen zeitlichen Zusammenhang** mit der Scheidung erfolgen.[291]

308 Bei späterem **Wegfall von Unterhaltsverpflichtungen** kann ein enger zeitlicher Zusammenhang ein wichtiges Indiz für die Beurteilung der Frage, ob die ehelichen Lebensverhältnisse durch die unerwartete Änderung bereits geprägt worden sind, sein.[292] Zur **Unterhaltspflicht gegenüber einem Kind** hat der BGH seine Rechtsprechung jedoch geändert. Dieser Wegfall ist in der Regel eheprägend (siehe Rn 352).[293] Im übrigen hat das Zeitargument in der neueren Argumentation des BGH an Gewicht verloren.

309 Die Beurteilung, ob in diesem Sinn die ehelichen Lebensverhältnisse aus der Sicht des Scheidungszeitpunkts bereits geprägt worden sind, ist wesentlich Sache der **tatrichterlichen Würdigung** und daher in der Revision nur beschränkt nachprüfbar.[294]

310 In seiner Entscheidung vom 21. 2. 1987[295] hat es der BGH ausdrücklich **abgelehnt**, bei Einkommensverbesserungen nach der Scheidung den für den Zeitpunkt der Scheidung errechneten Unterhalt lediglich entsprechend dem **Lebenshaltungskostenindex** an die Entwicklung der allgemeinen Lebenshaltungskosten anzupassen, da er mit der individuellen Einkommensentwicklung nicht übereinstimmt. Er hat demgegenüber daran festgehalten, daß stets die effektiven Einkommensverbesserungen als prägend zu berücksichtigen sind, wenn die unter Rn 304–Rn 308 erörterten Voraussetzungen für eine prägende Zurechnung bejaht werden. Der BGH hat damit für solche Fälle praktisch eine unbefristete Beteiligung des geschiedenen Ehegatten an solchen Einkommenssteigerungen des Verpflichteten bejaht.

311 Mit der bei Rn 310 erörterten Auffassung hat der BGH jedoch nicht generell eine Anpassung des nachehelichen Unterhalts an gesteigerte Lebenshaltungskosten abgelehnt, sondern nur eingeschränkt, **wenn Einkommensänderungen prägend zu berücksichtigen sind**.

---

[285] BGH, FamRZ 1990, 258 = R 392 a; FamRZ 1988, 701, 703 = R 362 c; FamRZ 1987, 913 = R 339 a
[286] BGH, FamRZ 1993, 1304 = R 464 a
[287] BGH, FamRZ 1993, 1304 = R 464 a; FamRZ 1987, 459 = R 324 c; FamRZ 1986, 783, 785 = R 299 a; ferner R 279, R 122 b, R 362 c, R 257 c, R 347 c, R 369 c
[288] BGH, FamRZ 1993, 1304 = R 464 a; FamRZ 1986, 783, 785 = R 299 a; ferner R 324 c, R 279, R 122 b, R 162 c
[289] BGH, FamRZ 1993, 1304 = R 434 a
[290] BGH, FamRZ 1987, 459 = R 324 c; FamRZ 1982, 895; ferner R 279, R 122 b, R 362 c
[291] BGH, FamRZ 1986, 783, 785 = R 299 a; FamRZ 1986, 148 = R 279
[292] BGH, FamRZ 1988, 701, 703 = R 362 c; FamRZ 1988, 817, 819 = NJW 1988, 2101, 2103; FamRZ 1987, 913 = R 339 a
[293] BGH, FamRZ 1990, 1085, 1087 = R 423 e
[294] BGH, FamRZ 1986, 148 = R 279
[295] BGH, FamRZ 1987, 459 = R 324 c

3. Abschnitt: Bedarfsbemessung beim Ehegattenunterhalt § 4

Kommt es nach der Scheidung zu erheblichen **nichtprägenden Einkommenssteigerungen**, dann kann zugunsten des Berechtigten zum Ausgleich einer zwischenzeitlich eingetretenen Verteuerung der Lebenshaltungskosten der auf die Zeit der Scheidung fixierte prägende Unterhaltsbedarf unter Verwendung des Preisindexes des Statistischen Bundesamtes an die gestiegenen Lebenshaltungskosten angepaßt werden. Eine solche **Hochrechnung** unter Verwendung der **statistischen Indexwerte** dient nur als Hilfsmittel, um für den bei Scheidung bemessenen Unterhalt Annäherungswerte für die gegenwärtigen Verhältnisse zu gewinnen.[296]

Auch bei einem **fest vereinbarten Unterhaltsbetrag** kann nach § 242 BGB eine Betragsanpassung auf die verringerte Kaufkraft der Währung gestützt werden, wenn dies nicht durch ausdrückliche Parteierklärung ausgeschlossen sein soll, was im Zweifel nicht angenommen werden kann.[297]

Eine solche **Indexanpassung** darf jedoch nicht dazu führen, daß der Berechtigte auf diese Weise einen höheren Unterhaltsanspruch erhält, als dem Verpflichteten nach Abzug dieses Unterhalts für den eigenen Bedarf verbleibt.

Der Unterhaltsgläubiger, der seinen Anspruch auf den bereits bei Scheidung prägenden Charakter späterer Einkommensverbesserungen oder auf den prägenden späteren Wegfall von Unterhaltsverpflichtungen stützt, hat die **Darlegungs- und Beweislast** für die Tatbestandsvoraussetzungen des § 1578 I 1 BGB und damit für die in Rn 304–Rn 308 erörterten Voraussetzungen.[298] 312

Für die Fälle, in denen eine unbefristete Beteiligung des geschiedenen Ehegatten an Einkommenssteigerungen des Verpflichteten nicht angemessen wäre, sieht der BGH ein Regulativ in § 1578 I 2 BGB. Danach besteht bei Vorliegen der Voraussetzungen des § 1578 I 2 BGB die Möglichkeit, den nachehelichen „eheangemessenen Unterhalt" **zeitlich zu begrenzen** und danach auf den „angemessenen Unterhalt" zurückzugehen (siehe näher Rn 583 ff).[299] 313

2. Einkommensänderungen bei Fortsetzung einer bei Scheidung ausgeübten Erwerbstätigkeit nach der Scheidung

Wird die **gleiche Erwerbstätigkeit** nach Trennung und Scheidung fortgesetzt, sind sowohl die Erwerbstätigkeit als solche als auch Einkommensänderungen aus dieser Erwerbstätigkeit in der Ehe angelegt. Es kann bereits bei Scheidung mit großer Wahrscheinlichkeit damit gerechnet werden, daß sich die Höhe der Einkünfte aus dieser Tätigkeit künftig ändern wird. Der Grund für solche Änderungen kann in der Anpassung an gestiegene Lebenshaltungskosten oder an die allgemeine Einkommensentwicklung liegen oder in einer zu erwartenden Gehaltssteigerung oder Regelbeförderung im öffentlichen Dienst. 314

Halten sich solche im Zeitpunkt der Scheidung bereits zu erwartende Änderungen im Rahmen einer allgemeinen normalen Entwicklung, dann können Ehegatten bereits bei Scheidung mit hoher Wahrscheinlichkeit erwarten, daß es zu solchen Änderungen kommen wird, und sie können vernünftigerweise ihren Lebenszuschnitt bereits auf solche Veränderungen einstellen, auch wenn die konkrete Höhe solcher Änderungen noch nicht bekannt ist.

In solchen Fällen genügt es nach der Rechtsprechung des BGH für eine prägende Berücksichtigung späterer Einkommenssteigerungen, wenn sich diese im durchschnittlichen Einkommensbereich halten, mit dessen Erreichen bei normaler beruflicher Entwicklung gerechnet werden konnte.[300] Darunter fallen nicht nur normale Gehaltssteigerungen, sondern auch Änderungen der persönlichen Verhältnisse des Einkommenbeziehers (Wiederheirat, Erhöhung der Kinderzahl, siehe näher Rn 320).

---

[296] BGH, NJW-RR 1987, 71
[297] BGH, FamRZ 1986, 458 = R 250
[298] BGH, FamRZ 1990, 1085, 1087 = R 423 c
[299] BGH, FamRZ 1987, 459 = R 324 c
[300] BGH, FamRZ 1990, 1091 = R 422 a; FamRZ 1988, 1031 = R 373 a

§ 4 Ehegattenunterhalt

Insoweit spielt nach der Rechtsprechung des BGH der sonst teilweise geforderte zeitliche Zusammenhang zwischen Scheidung und Änderung keine Rolle. Der BGH hat in solchen Fällen grundsätzlich eine unbefristete Beteiligung des Unterhaltsgläubigers an Einkommenssteigerungen des Verpflichteten bejaht.[301]

315 Diese Grundsätze gelten **in gleicher Weise für den Berechtigten und den Verpflichteten**, wenn beide bei Scheidung prägende Erwerbseinkünfte haben. Sie gelten auch für prägende Einkünfte aus sonstigen Erwerbsquellen.

316 Der BGH hat unter Anwendung dieser Grundsätze in folgenden Fällen eine **prägende** Berücksichtigung von späteren **Einkommenserhöhungen** bei Fortsetzung der gleichen Erwerbstätigkeit bejaht (siehe auch Rn 230, 235 f):
Übliche Gehaltssteigerungen,[302]
Einkünfte aus der mit hoher Wahrscheinlichkeit zu erwartenden **Beförderung eines Berufsoffiziers**, der bei Scheidung noch Hauptmann (A 11) war, zum Oberstleutnant (A 14).[303]
Gleiches gilt für die im Rahmen normaler Erwartung liegenden künftigen **Regelbeförderungen im öffentlichen Dienst** z. B. vom Hauptmann zum Major und später Oberstleutnant[304] oder vom Referatsleiter zum Ministerialrat.[305] Diese werden üblicherweise als künftige Stationen der Einkommensentwicklung von Eheleuten schon vorausschauend auf ihren Lebenszuschnitt berücksichtigt, etwa bei Entscheidungen im Zusammenhang mit dem Aufbau einer Altersversorgung, dem Entschluß zum Erwerb eines Familienheims und der Disposition über die Ausbildung der Kinder. Sie prägen deshalb bereits die für die Höhe des nachehelichen Unterhalts maßgebenden ehelichen Lebensverhältnisse zur Zeit der Scheidung. Deshalb kann ihnen sowohl nach altem (§§ 58, 59 EheG) wie auch nach neuem Recht ein Einfluß auf die Höhe des nachehelichen Unterhalts nicht abgesprochen werden. Nicht erforderlich ist, daß solche künftige Entwicklungen bei Scheidung bereits sicher voraussehbar gewesen sein mußten.[306]

317 **Üblicher beruflicher Aufstieg** oder übliche berufliche Veränderung, z. B. Werkstattleiter (Oberfeldwebel) bei der Bundeswehr zum Gewerbelehrer,[307] vom Maschinensteiger zum Reviersteiger,[308] vom Schweißer und Betriebsratsvorsitzenden mit Teilnahme an einem Lehrgang der Akademie der Arbeit zum Gewerkschaftssekretär,[309] vom Assistenzarzt zum Oberarzt,[310] vom Betriebsarzt zum Arbeitsmediziner mit vergleichbaren Einkünften[311] (vgl. im übrigen Beispiele Rn 240 f).

318 Einkommen aus einer erst nach der Scheidung realisierten **Anstellung als Kraftfahrzeugmeister** beim gleichen Arbeitgeber hat die ehelichen Lebensverhältnisse bereits bei Scheidung geprägt, wenn der Verpflichtete die **Meisterprüfung noch während der Ehe** abgelegt hatte und sich seine Einstellung als Meister nur deshalb verzögert hatte, weil bei seinem Arbeitgeber erst eine entsprechende Stelle frei werden mußte.[312]

319 In gleicher Weise zu beurteilen sind Einkommenssteigerungen eines Angestellten aufgrund tariflich geregelter **Lebensaltersstufen** oder die allein vom **Besoldungsdienstalter** abhängigen Gehaltserhöhungen eines Beamten;[313] ferner **Besoldungsanpassungen** und Aufrücken in eine **höhere Besoldungsstufe**. Entscheidend ist, daß solche Besoldungsverbesserungen bereits bei Scheidung sicher zu erwarten waren.[314]

---

[301] BGH, FamRZ 1987, 459 = R 324 c
[302] BGH, FamRZ 1986, 783, 785 = R 299 a; ferner R 324 c, R 279, R 122 b, R 362 c
[303] BGH, FamRZ 1982, 684, 686 = R 122 b
[304] BGH, FamRZ 1985, 791, 793 = R 257 c; FamRZ 1982, 684, 686 = R 122 b
[305] OLG Köln, FamRZ 1993, 711
[306] BGH, FamRZ 1985, 791, 793 = R 257 c; FamRZ 1982, 684, 686 = R 122 b
[307] OLG Hamm, FamRZ 1990, 1361
[308] BGH, FamRZ 1990, 1090 = R 424 a
[309] BGH, FamRZ 1991, 307 = R 427 a
[310] BGH, FamRZ 1988, 145 = R 347 b
[311] BGH, FamRZ 1988, 156, 159
[312] BGH, FamRZ 1985, 791, 793 = R 257 c
[313] BGH, FamRZ 1982, 895
[314] BGH, FamRZ 1989, 172, 174 = R 380 c

3. Abschnitt: Bedarfsbemessung beim Ehegattenunterhalt § 4

Wenn nach der Scheidung das aus der fortgeführten Tätigkeit erzielte Nettoeinkommen Schwankungen, auch größeren Umfangs erfährt, die sich aus dem **Erwerb oder Verlust von in Besoldungs- oder Versorgungssystemen vorgesehenen Zuschlägen** ergeben, so ändern diese das prägende Einkommen auch dann, wenn ihnen nicht prägende Änderungen der persönlichen Lebensverhältnisse des Verpflichteten zugrunde liegen. Deshalb gehört auch die Erhöhung des Ortszuschlags eines Beamten, welche auf seiner Wiederverheiratung und der Geburt weiterer Kinder beruht, zu seinem prägenden Einkommen.[315] **320**

Nicht zu berücksichtigen sind spätere Änderungen, die im Zeitpunkt der Scheidung noch **nicht vorauszusehen** waren, weil sie auf einer vom Normalverlauf abweichenden Entwicklung beruhen. Dazu zählen u. a.: **321**
- Gehaltssteigerungen aufgrund einer Beförderung, die nicht als Regelbeförderung erwartet werden konnte (**Karrieresprung**), wie z. B. die nicht einer Regelbeförderung entsprechende Versetzung eines Oberstleutnants (A 14) auf einen herausgehobenen Posten der Besoldungsgruppe A 15.[316]
- Gehaltssteigerungen aufgrund einer **höheren tariflichen Einstufung wegen besonderer Leistungen**.
- **Besonderer beruflicher Aufstieg**, z. B. vom Angestellten zum geschäftsführenden Sparkassendirektor,[317] Betriebsingenieur zum Geschäftsführer einer GmbH,[318] vom Geschäftsführer eines mittelständischen Unternehmens zum „Senior Manager" eines internationalen Konzerns[319] (weitere Beispiele Rn 240 ff.).
- **Außergewöhnliche Einkommensentwicklung** bei einem Freiberufler oder Unternehmer.

Bei diesen **nichtprägenden Einkünften** infolge vom Normalverlauf abweichender besonders günstiger Einkommensentwicklung kann zum Ausgleich an gestiegene Lebenshaltungskosten der Unterhaltsanspruch statt nach einer fiktiven Entwicklung des prägenden Einkommens auch nach den statistischen **Indexwerten** an die gegenwärtigen Verhältnisse angepaßt werden (Genaueres siehe vorher Rn 310). **322**

Dieselben Grundsätze gelten auch für **Einkommensminderungen**. Soweit sie einem Normalverlauf entsprechen, prägt der Einkommensrückgang die ehelichen Lebensverhältnisse. **323**

Zu berücksichtigen ist deshalb, wenn der Verpflichtete in Rente[320] geht oder unverschuldet arbeitslos wird[321] (vgl. auch Rn 238).

Im Südafrikafall[322] hat der BGH als prägend berücksichtigt, daß Einkünfte aus einer bei Scheidung in Südafrika ausgeübten Erwerbstätigkeit in den Jahren seit der Scheidung (1984) wegen des **Verfalls der südafrikanischen Währung** nachhaltig zurückgegangen sind. Der Unterhaltsberechtigte muß es hinnehmen, daß der Bemessungsmaßstab für seinen Unterhaltsanspruch gegenüber den Verhältnissen im Zeitpunkt der Scheidung abgesunken ist. Er könnte auch während bestehender Ehe nur an dem unter Ausnutzung der familienrechtlichen Erwerbsobliegenheit des Verpflichteten erzielbaren, tatsächlich vorhandenen Einkommen mit dem gebührenden Anteil partizipieren. Der BGH hat sich in dieser Entscheidung nicht dazu geäußert, ob der Währungsverfall bei Scheidung einer Normalentwicklung entsprach oder voraussehbar war und ob der Fall anders zu beurteilen gewesen wäre, wenn es sich hierbei um eine unvorhersehbare, vom Normalverlauf abweichende Entwicklung gehandelt hätte.

Ist der voraussehbare Einkommensrückgang aber so einschneidend, daß er den erreichten Lebensstandard grundlegend verändert, und ist er von unabsehbarer Dauer ohne Aussicht auf Besserung (Preisverfall in der Landwirtschaft), so **gewinnt die unterhaltsrechtliche Erwerbsobliegenheit an Bedeutung**, und der Unterhaltspflichtige muß seine Ar- **324**

---
[315] BGH, FamRZ 1990, 503 = R 413
[316] BGH, FamRZ 1982, 684, 686 = R 122 b
[317] BGH, FamRZ 1988, 259, 262 = R 352 b
[318] BGH, FamRZ 1990, 1085 = R 423 b
[319] OLG Hamm, FamRZ 1994, 515
[320] BGH, FamRZ 1988, 259, 262 = R 352 b
[321] BGH, FamRZ 1988, 256 = R 355 b
[322] BGH, FamRZ 1988, 705 = R 364 a; vgl. auch FamRZ 1982, 895

beitskraft und sonstige ihm zu Gebote stehende Einkommensquellen so gut wie möglich einsetzen, um den einmal erreichten ehelichen Lebensstandard zu halten, sonst wird ein fiktives Einkommen in bisheriger Höhe zugerechnet[323] (vgl. näher Rn 272 ff, 284 ff, 1/387 ff).

324a Zu Einkommensveränderungen anläßlich der **Wiedervereinigung** vgl. Rn 249 a.

3. Erstmalige Aufnahme oder Ausweitung einer Erwerbstätigkeit nach der Scheidung

325 Einkünfte aus einer vom Unterhaltsgläubiger erstmalig **nach der Scheidung** aufgenommenen Erwerbstätigkeit prägen die ehelichen Lebensverhältnisse ausnahmsweise nur dann, wenn die Aufnahme der Erwerbstätigkeit schon **während des Zusammenlebens geplant** war und spätestens **in** einem **engen zeitlichen Zusammenhang** mit der Scheidung erfolgt. Ist die Arbeitsaufnahme dagegen nur Trennungs- oder Scheidungsfolge, hat dies generell keine Auswirkungen auf die ehelichen Lebensverhältnisse (siehe näher Rn 251 f).

Anders als bei einer erstmaligen Arbeitsaufnahme zwischen Trennung und Scheidung (siehe Rn 251 ff) genügt es für einen gemeinsamen Lebensplan nicht, daß die Eheleute bereits während des Zusammenlebens vorhatten, ihre wirtschaftlichen Verhältnisse zu einem künftigen Zeitpunkt dadurch zu verbessern, daß der bisher allein mit der Haushaltsführung befaßte Ehepartner eine Erwerbstätigkeit aufnimmt. Eine solche Planung muß in der Regel noch **vor der Scheidung** wenigstens teilweise verwirklicht worden sein oder wenigstens in einem **engen zeitlichen Zusammenhang mit der Scheidung** verwirklicht werden.

Dies folgt daraus, daß eine gleichmäßige Teilhabe beider Ehegatten an einer günstigen oder ungünstigen wirtschaftlichen Entwicklung allein aus ihrer ehelichen Bindung gerechtfertigt ist, die mit der Scheidung endet. Ein gemeinsamer Lebensplan **muß daher noch in der Ehe**, d. h. regelmäßig bis zur Scheidung **realisiert werden**. Nach der Scheidung gilt – stärker noch als während der Trennung – der Grundsatz, daß jeder Ehegatte selbst für seinen Unterhalt zu sorgen hat.[324]

325a Diese Rechtsprechung ist neuerlich wieder in Frage gestellt worden.[325] Da die Anrechnungsmethode vielfach zu unbefriedigenden Ergebnissen führt, sollte nicht gefragt werden, ob die erneute Erwerbstätigkeit geplant und alsbald realisiert wurde, sondern vielmehr, welche **Gründe für das Aufgeben einer Erwerbstätigkeit** in der Ehezeit oder für das Nichtaufnehmen einer Erwerbstätigkeit maßgebend waren. War es die Notwendigkeit, gemeinsame Kinder zu betreuen, dann sollte die Aufnahme einer Erwerbstätigkeit, sobald die Kinderbetreuung dieser nicht mehr entgegensteht, auch dann als eheprägend anerkannt werden, wenn sie so nicht geplant worden war oder wenn sie **lange nach Trennung und Scheidung** erfolgt.[326]

Wenn dagegen die Erwerbstätigkeit **nur wegen der Eheschließung** aufgegeben wurde, um die Frau für die Haushaltsführung freizustellen (echte Hausfrauenehe), dann ist eine nach der Scheidung aufgenommene Erwerbstätigkeit nicht prägend. Jedoch sollten die Leistungen für die Haushaltsführung dadurch anerkannt werden, daß ein Betrag, welcher dem Anrechnungsbetrag einer **Haushaltführung für einen Dritten** entspricht,[327] als prägendes Einkommen in der Ehe eingesetzt wird, welches nach der Scheidung bis zu dieser Höhe durch das Erwerbseinkommen des unterhaltsberechtigten Gatten ersetzt wird. Dieses Erwerbseinkommen ist dann in Höhe des **Werts** der **weggefallenen Haushaltsführung** als prägend zu behandeln.[328]

---

[323] BGH, FamRZ 1993, 1304 = R 464 a
[324] BGH, FamRZ 1988, 145 = R 347 c; FamRZ 1986, 783, 785 = R 299 a
[325] Vgl. Büttner, FamRZ 1999, 893, Gerhardt/Gutdeutsch, FuR 1999, 221; Graba FamRZ 1999, 1115
[326] Büttner, FamRZ 1999, 893
[327] Z. B. 500 bis 1000 DM nach den BayL Nr. 6
[328] Gerhardt/Gutdeutsch, FuR 1999, 221

3. Abschnitt: Bedarfsbemessung beim Ehegattenunterhalt §4

Erlangt ein Unterhaltsverpflichteter erstmals nach der Scheidung, aber in näherem Zusammenhang mit dieser, eine Anstellung als **Assistenzarzt, nachdem er** während der Ehe **studiert** und erst nach der Scheidung sein medizinisches Examen abgelegt hatte, dann werden ausnahmsweise die ehelichen Lebensverhältnisse im Zeitpunkt der Scheidung bereits durch die bei Scheidung noch nicht erzielten Einkünfte aus dieser Anstellung geprägt. Entscheidend ist, daß insoweit eine Entwicklung vorliegt, die in den Verhältnissen während der Ehe angelegt war, der ehelichen Lebensplanung entsprochen hat, und der Verpflichtete sein Studium so zielstrebig betrieben hat, daß die Parteien während der Ehe die begründete Erwartung hegen konnten, die beengten wirtschaftlichen Verhältnisse während des Studiums würden nur vorübergehend sein. Die wirtschaftliche Entwicklung nach der Scheidung (Einkommen aus Assistenzarzttätigkeit) kann auf die ehelichen Lebensverhältnisse bei Scheidung bezogen werden, weil sie der Erwartung aus der Sicht des Scheidungszeitpunktes entspricht und weil sie sich in engem zeitlichen Zusammenhang mit der Scheidung verwirklicht hat. Prägend wirken bei Scheidung in einem solchen Fall die sichere Erwartung der alsbaldigen Verwirklichung der in der Ehe angelegten beruflichen Tätigkeit als Arzt.[329]   326

Wegen dem zusätzlichen Erfordernis eines engen zeitlichen Zusammenhangs zwischen Scheidung und Realisierung der Erwerbstätigkeit war die Feststellung nicht erforderlich, daß die Eheleute ihren Lebenszuschnitt bereits im Hinblick auf die künftige Entwicklung gestalten konnten (siehe dazu vorher Rn 306).   327

Die Entscheidung ist ein Einzelfall geblieben. Seine Besonderheiten, insbesondere die Unterstützung des Gatten beim Studium durch die Ehefrau, welche nach den Feststellungen des BGH in der Ehe überobligationsmäßig erwerbstätig war, legen nahe, daß hier ein Sonderfall vorlag, der mit Hilfe des Billigkeitsunterhalts nach § 1576 BGB hätte gelöst werden können.

Der BGH hat einen engen zeitlichen Zusammenhang **verneint**, wenn die erstmalige Aufnahme der Erwerbstätigkeit **fast zwei Jahre nach der Scheidung** lag.[330] Für die Annahme einer wenigstens teilweisen Realisierung der geplanten Aufnahme einer Erwerbstätigkeit reicht es auch nicht aus, daß der Berechtigte schon früher erwerbstätig geworden wäre, wenn er eine geeignete Beschäftigung gefunden hätte, oder daß er 14 Monate nach der Scheidung für kurze Zeit halbtags gearbeitet hat.[331]   328

Auch in einer weiteren Entscheidung hat der BGH die Einkünfte aus einer zwei Jahre nach der Scheidung wiederaufgenommenen Berufstätigkeit als nichtprägend beurteilt, weil einem noch während des Zusammenlebens vorgefaßten Lebensplan nur ausnahmsweise dann ein prägender Einfluß auf die ehelichen Lebensverhältnisse zukommen kann, wenn die Planung noch vor der Scheidung wenigstens teilweise verwirklicht worden ist.[332]

Ein vor der Trennung gefaßter **Lebensplan verliert mit der Scheidung seine Wirkung**, sofern er bis zur Scheidung oder in einem engen zeitlichen Zusammenhang mit der Scheidung **nicht verwirklicht** worden ist.

Aus der unten näher ausgeführten Entscheidung des BGH zur Ausweitung der Erwerbstätigkeit ergibt sich, daß auch bei Realisierung eines Lebensplans erst 1 Jahr nach der Scheidung der notwendige enge zeitliche Zusammenhang fehlt.[333]

Entsprechendes gilt bei **Ausweitung einer Erwerbstätigkeit** des Berechtigten nach der Scheidung.   329

Hat der Berechtigte bei Scheidung wegen der Betreuung von Kindern nur eine **Halbtagstätigkeit** ausgeübt, deren Einkünfte bei der Unterhaltsbemessung als prägend berücksichtigt wurden, bleiben bei einer Ausweitung dieser Tätigkeit auf eine Vollerwerbstätigkeit etwa ein Jahr nach der Scheidung nur die Einkünfte aus der früheren Teilzeitbeschäftigung prägend. Die **Mehreinkünfte** aus der Vollerwerbstätigkeit sind

---

[329] BGH, FamRZ 1986, 148 = R 279
[330] BGH, FamRZ 1988, 145 = R 347 c; FamRZ 1986, 783, 785 = R 299 a
[331] BGH, FamRZ 1986, 783, 785 = R 299 a
[332] BGH, FamRZ 1988, 145 = R 347 c
[333] BGH, FamRZ 1985, 161 = R 236 a

nichtprägend, weil sie nicht mehr Ausdruck der Lebensverhältnisse im Sinn von § 1578 I 1 BGB sind. Der Unterhaltsbedarf wird daher nur nach den prägenden Einkünften beider Eheleute bemessen. Auf diesen Bedarf wird die nichtprägende Differenz aus dem Vollerwerbseinkommen und dem bei der Bedarfsbemessung bereits berücksichtigten prägenden Teilzeit-Erwerbseinkommen bedarfsmindernd angerechnet.[334]

330   Nichtprägend sind **fiktive Einkünfte**, die sich der **Berechtigte wegen Nichtaufnahme einer zumutbaren Erwerbstätigkeit** nach der Scheidung bedarfsmindernd anrechnen lassen muß (siehe auch Rn 272 f).[335]

4. Einkommensänderungen bei Arbeitsplatzverlust, Arbeitslosigkeit, Arbeitsplatzwechsel, Berufswechsel und beruflicher Verselbständigung nach Scheidung

331   Im Normalfall kann zumindest in Zeiten erhöhter Arbeitslosigkeit bei Scheidung damit gerechnet werden, daß ein Ehegatte **unverschuldet seinen Arbeitsplatz verlieren** kann, ähnlich wie mit normalen Einkommensänderungen bei gleichbleibender Tätigkeit gerechnet werden kann (dazu vorher Rn 314 f). Außerdem besteht bei abhängiger Arbeit durch die gesetzliche Arbeitslosenversicherung eine Vorsorge gegen das Risiko eines Arbeitsplatzverlustes, so daß bei Arbeitsplatzverlust das Arbeitslosengeld als Einkommensersatzleistung an die Stelle des Lohnes tritt.

Einkommensminderungen, die auf einem unterhaltsrechtlich **nicht vorwerfbaren Arbeitsplatzverlust** beruhen (dazu näher Rn 284 f, 1/402, 1/427 f), wirken sich deshalb prägend auf die ehelichen Lebensverhältnisse aus.[336] Der Unterhalt ist bei längerer Arbeitslosigkeit dann nach dem Bezug des Arbeitslosengeldes zu bemessen. Der Unterhaltsberechtigte muß ein solches Absinken des Bemessungsmaßstabes gegenüber den Verhältnissen bei Scheidung hinnehmen, so wie er es auch bei weiterbestehender Ehe hätte hinnehmen müssen.[337]

Es gelten insoweit ebenfalls die unter Rn 286 f für die Zeit bis zur Scheidung erörterten Grundsätze.

Findet der unverschuldet Erwerbslose später einen neuen Arbeitsplatz, gelten die unter Rn 288 f erörterten Grundsätze.

332   Bei einem **leichtfertig verschuldeten Arbeitsplatzverlust** des Pflichtigen bleiben die Erwerbseinkünfte in bisheriger Höhe unverändert prägend, weil unterhaltsrechtlich mit einem leichtfertig verschuldeten Einkommensrückgang bei Scheidung nicht gerechnet werden muß (vgl. im übrigen Rn 1/387 ff, Rn 4/286).

Wird die Arbeitsstelle aufgegeben, um in einer neuen Ehe die Kinder zu versorgen und den Haushalt zu führen, so muß der geschiedene Gatte das nur dann hinnehmen, wenn bei einer umfassenden Abwägung der Belange das Interesse des Unterhaltspflichtigen und seiner Familie an der neuen Aufgabenverteilung das Interesse der Unterhaltsberechtigten an der Beibehaltung ihrer bisherigen Unterhaltssicherung deutlich überwiegt. War der Pflichtige in der vorhergehenden Ehe Alleinverdiener, sind besonders restriktive Maßstäbe anzulegen. Der Regelungsgehalt des § 1582 I 2 BGB ist zu beachten. U. U. ist dem Pflichtigen zuzumuten, für die Unterhaltsberechtigten Vorsorge zu treffen.[338] Bei unberechtigtem Rollentausch ist dem Pflichtigen sein bisheriges Einkommen fiktiv zuzurechnen.

333   Durch einen **freiwilligen Arbeitsplatzwechsel**, Berufswechsel oder durch berufliche Verselbständigung werden nach der Scheidung in der Regel die bei Scheidung prägenden Einkommensverhältnisse nicht verändert.

334   Bei Einkünften aus einer **besser bezahlten neuen Tätigkeit** kann nicht angenommen werden, daß diese auf einer normalen Entwicklung beruht und die ehelichen Lebensver-

---

[334] BGH, FamRZ 1987, 459 = R 324 c
[335] BGH, FamRZ 1985, 908 = R 266 b; FamRZ 1985, 374
[336] BGH, FamRZ 1988, 256 = R 355 b
[337] BGH, FamRZ 1988, 705 = R 364 a
[338] BGH, FamRZ 1996, 796 = R 500 a

hältnisse bereits bei Scheidung geprägt haben. Der BGH hat dies entschieden bei einem Verpflichteten, der bei Scheidung **wissenschaftlicher Hilfsarbeiter im Hochschuldienst** war und bei dem bei Scheidung noch ungewiß war, welche Tätigkeit er nach Auslaufen des Anstellungsvertrages ausüben werde. Deshalb war bei der Unterhaltsbemessung weiterhin von dem aus der früheren Tätigkeit erzielten Einkommen nach BAT IIa auszugehen. Dies gilt auch bei einer Anpassung des Einkommens an allgemeine Einkommenssteigerungen und für einen Ausgleich von Kaufkraftverlusten. Das höhere und auf anderer Basis gewährte neue Einkommen aus der **jetzigen Tätigkeit bei einer Computerfirma** spielt für die Unterhaltsbemessung keine Rolle, weil es die Verhältnisse bei Scheidung nicht geprägt hat.[339]

- Wird aus der neuen Tätigkeit ein **geringeres Einkommen** erzielt, gelten die bereits dargestellten Grundsätze zur leichtfertig herbeigeführten Arbeitslosigkeit (siehe oben Rn 332 sowie näher Rn 1/394 f). 335
- Bewegen sich die aus der neuen Tätigkeit erzielten Einkünfte in einer **vergleichbaren Größenordnung** wie die früheren Einkünfte, kann die Auswechslung unterhaltsrechtlich als bedenkenfrei beurteilt werden. Es treten dann die sich normal weiterentwickelnden Einkünfte aus der neuen Tätigkeit ersatzweise an die Stelle der prägenden Einkünfte aus der früheren Tätigkeit, zumal auch die Erwerbsobliegenheit als solche unverändert bleibt. 336

5. Einkünfte aus Vermögen

Bei Einkünften aus Vermögen (Miet- und Kapitalzinsen, Wohnwert, Unternehmensbeteiligungen) gelten die für den Zeitraum vor der Trennung bereits dargestellten Grundsätze entsprechend (vgl. Rn 261 f). 337

6. Einkommensänderungen infolge erstmaligem Rentenbezug nach der Scheidung

Scheidet in der Alleinverdienerehe der **Verpflichtete** kurz nach der Scheidung (im entschiedenen Fall nach ca. einem Monat) aus dem Erwerbsleben aus, dann ist bereits bei der erstmaligen Bemessung des nachehelichen Unterhalts nicht von den Erwerbseinkünften, sondern **von den Renteneinkünften auszugehen**, weil das Ausscheiden aus dem Erwerbsleben bei Scheidung bereits unmittelbar bevorsteht. Die ehelichen Lebensverhältnisse sind auf Dauer bereits bei Scheidung nur durch die Rentenbezüge geprägt.[340] 338

Gleiches gilt, wenn in einer Doppelverdienerehe der **Berechtigte** in nahem zeitlichen Zusammenhang mit der Scheidung in den Ruhestand tritt und der Versorgungsausgleich noch nicht durchgeführt wurde. Sein Renteneinkommen ist dann anstelle des Erwerbseinkommens prägend in die Differenzrechnung einzustellen.

Erfolgt der Eintritt in den Ruhestand **nicht mehr in nahem zeitlichen Zusammenhang** mit der Scheidung, tritt beim Pflichtigen das Renteneinkommen ebenfalls prägend an die Stelle der bisherigen Erwerbseinkünfte. Denn der Rentenbezug beruht auf den fortwirkenden ehelichen Lebensverhältnissen. Seine Grundlage ist in der Ehezeit durch die ehebedingte Erwerbstätigkeit gelegt worden. Bereits im Zeitpunkt der Scheidung konnte mit hoher Wahrscheinlichkeit bei Eintritt in den Ruhestand mit Rentenbezügen gerechnet werden.[341] 339

Weil der Rentenbezug in diesem Sinn auf den fortwirkenden ehelichen Lebensverhältnissen beruht, kommt es nicht darauf an, ob der Eintritt in den Ruhestand noch in nahem zeitlichen Zusammenhang mit der Scheidung verwirklicht worden ist oder z. B. erst zehn oder 20 Jahre später.

Mit Eintritt in den Ruhestand kann der **Unterhaltsbedarf** auf der Grundlage der jetzt

---

[339] BGH, FamRZ 1985, 791 = R 257 b
[340] BGH, FamRZ 1986, 441 = R 289 a
[341] BGH, FamRZ 1987, 459 = R 324 c

prägenden Renteneinkünfte **neu bemessen** werden. Das Absinken der Einkünfte durch den Eintritt in den Ruhestand muß der Berechtigte in gleichem Maße tragen wie der Verpflichtete.[342]

340 Erhält ein Ehegatte nach der Scheidung infolge einer Erkrankung eine **Erwerbsunfähigkeitsrente**, dann treten die Einkünfte aus dieser Rente **prägend** an die Stelle der vorherigen Erwerbseinkünfte, wenn die Grundlage des Rentenbezugs in der Ehezeit durch die Ausübung einer Erwerbstätigkeit gelegt worden war und mit entsprechenden Bezügen schon im Zeitpunkt der Scheidung zu rechnen war.[343] Beim **Berechtigten** gilt dies jedoch nur, wenn die Erwerbsunfähigkeitsrente nicht auf dem Versorgungsausgleich beruht, weil die für den Erhalt der Rente erforderliche Mindestwartezeit erst dadurch erfüllt worden ist, daß im Zuge des Versorgungsausgleichs zu seinen Gunsten Rentenanwartschaften übertragen worden sind. Eine prägende Zurechnung der auf dem Versorgungsausgleich beruhenden Rente (siehe nachfolgend Rn 341) wäre nur zu rechtfertigen, wenn der Berechtigte auch ohne den Versorgungsausgleich die erforderliche Wartezeit erreicht und eine Erwerbsunfähigkeitsrente erhalten hätte. Eine Erwerbsunfähigkeitsrente ist ferner nicht prägend, wenn die Grundlage des Rentenbezugs nicht in der Ehe gelegt worden ist, weil für die ehelichen Lebensverhältnisse nur das Einkommen des Pflichtigen maßgebend war.[344]

341 Eine Rente des **Berechtigten**, die **auf dem Versorgungsausgleich beruht**, ist eine Folge der Scheidung und keine Fortentwicklung der ehelichen Lebensverhältnisse. Deshalb **prägt** sie die ehelichen Lebensverhältnisse **nicht**. Sie ist als nichtprägendes Einkommen **bedürftigkeitsmindernd** auf den Unterhaltsbedarf anzurechnen.[345]

Dies gilt auch für einen Rentenbezug, der auf einer nach § 1587 o I BGB vereinbarten **Beitragszahlung** beruht, weil diese, wie der Versorgungsausgleich, dem Ausgleich von Rentenanwartschaften aufgrund der Scheidung dient.

Aus dem gleichen Grund ist auch eine **Erwerbsunfähigkeitsrente, die nur auf dem Versorgungsausgleich** beruht, nicht prägend.[346]

Beruht eine Rente des Berechtigten **teilweise auf dem Versorgungsausgleich**, teilweise auf eigenen Erwerbseinkünften, dann ist der auf den Versorgungsausgleich zurückzuführende Teil der Rente **nicht prägend**.[347]

Ist der übrige Teil der Rente prägend, muß der auf dem Versorgungsausgleich beruhende Rentenanteil gesondert ermittelt werden.[348]

342 Die gleichen Grundsätze gelten für Renten oder Rententeile der Berechtigten, die **nicht auf einer prägenden Erwerbstätigkeit**, d. h. auf einer bereits während des Zusammenlebens in der Ehe ausgeübten Erwerbstätigkeit beruhen. Renten, die auf einer erst **infolge der Trennung aufgenommenen oder ausgeweiteten Erwerbstätigkeit** beruhen, prägen nicht, weil die entsprechenden Einkünfte, die durch die Rente ersetzt werden, auch bei Scheidung nicht geprägt haben.

Rentenbezüge des Berechtigten sind selbst dann nicht prägend, wenn sie **nahezu ausschließlich** auf einer **Erwerbstätigkeit vor der Ehe** beruhen.[349]

343 Prägend sind daher nur Rentenbezüge, die (Doppelverdienerehe) auf einer bereits **während des ehelichen Zusammenlebens ausgeübten Erwerbstätigkeit** beruhen. Prägend in solchen Fällen sind dann allerdings **alle Rentenbezüge**, also auch die Rententeile, die auf einer vorehelichen Erwerbstätigkeit und auf der nach Trennung und Scheidung fortgesetzten Erwerbstätigkeit beruhen, weil durch die gemeinsame Erwerbstätigkeit während der Ehe die Grundlage für den gesamten Rentenbezug in der Ehe gelegt worden ist und beide Ehegatten während ihres Zusammenlebens mit solchen Gesamtrentenbezügen rechnen konnten. Insoweit darf bei der Doppelverdienerehe für die volle prä-

---

[342] BGH, FamRZ 1988, 817 = R 369 c
[343] BGH, FamRZ 1987, 913 = R 339 a
[344] BGH, FamRZ 1989, 842 = R 388 a
[345] BGH, FamRZ 1988, 1156, 1158 = R 374
[346] BGH, NJW-RR 1989, 322 = R 377 b; FamRZ 1987, 913 = R 339 a
[347] BGH, FamRZ 1987, 459 = R 324 b
[348] BGH, FamRZ 1988, 1156, 1158 = R 374
[349] BGH, FamRZ 1988, 817 = R 369 c

gende Anrechnung der Rentenbezüge kein Unterschied gemacht werden zwischen den Renten des Verpflichteten und den Renten des Berechtigten.

Wie bereits ausgeführt (siehe Rn 339), ist grundsätzlich der **Unterhaltsbedarf bei Eintritt in den Ruhestand** auf der Grundlage der anstelle der früheren Erwerbseinkünfte nunmehr prägenden Renteneinkünfte neu zu bemessen. Nichtprägende Renteneinkünfte des Berechtigten wären konsequenterweise voll auf den verminderten Unterhaltsanspruch anzurechnen. 344

Dieses Ergebnis hält der BGH jedoch zu Recht für **unbillig**, wenn der Berechtigte im Zeitpunkt der Neubemessung des Unterhalts durch den Versorgungsausgleich einen ausgleichenden Rentenzufluß in Form einer nichtprägenden Rente hat. Die Unbilligkeit besteht darin, daß der altersbedingte Wechsel der Einkommensquellen in diesem Fall einseitig den Berechtigten belasten und den Verpflichteten begünstigen würde, wenn infolge des durch den Versorgungsausgleich geringeren Renteneinkommens ein geringerer Unterhaltsbedarf errechnet und auf diesen zusätzlich das nichtprägende Renteneinkommen des Berechtigten voll bedarfsmindernd angerechnet wird. Das stünde nicht in Einklang mit der Lebenserfahrung, nach der Ehegatten die Fortentwicklung ihres (gemeinsamen) Lebensplanes danach zu beurteilen pflegen, welche Versorgungs- und Versicherungsleistung sie beide in Zukunft zu erwarten haben. 345

Zur Vermeidung einer solchen Unbilligkeit kann der Berechtigte verlangen, daß der Bemessungsmaßstab für seinen Bedarf auf dem in der Ehe erreichten Niveau belassen wird, soweit einem nach Scheidung eintretenden Absinken der Einkünfte des in der Ehe allein erwerbstätigen Unterhaltsverpflichteten für den Versorgungsfall vorgesehene Bezüge ausgleichend gegenüberstehen.

Praktisch bedeutet dies, daß sich der bisherige Unterhaltsbedarf durch den Eintritt in den Ruhestand nicht ändert und daß die nichtprägenden aus dem Versorgungsausgleich stammenden Renteneinkünfte des Berechtigten auf diesen Bedarf angerechnet werden, der aus den vor Eintritt in den Ruhestand prägenden Erwerbseinkünften bemessen ist. Denn dem einsetzenden Rentenbezug des Berechtigten steht eine wirtschaftlich adäquate Kürzung der Versorgungsbezüge des Verpflichteten gegenüber, weil sich in der beiderseitigen Rentenhöhe der Versorgungsausgleich in gegenläufigen Richtungen auswirkt. Zum gleichen Ergebnis gelangt man daher rechnerisch, wenn man nach der Additionsmethode als Bedarf die ungekürzte Rente angesetzt und darauf die nichtprägende Versorgungsausgleichsrente angerechnet wird.[350]

In solchen Fällen, in denen die Rente des Berechtigten ausschließlich auf dem Versorgungsausgleich beruht und eine entsprechende Kürzung der Rente des Verpflichteten zur Folge hat, können zur rechnerischen Vereinfachung die nunmehr von beiden Ehegatten bezogenen Renten addiert werden. Der Bedarf beträgt dann die Hälfte der Summe beider Renten, worauf die tatsächliche Rente des Berechtigten angerechnet wird.

Durch das **Hinzutreten ausgleichender Einkommensquellen** in den erörterten Fällen darf der Bedarf nicht über den gesetzlichen Bemessungsmaßstab hinaus erhöht werden, weil die Bemessung nach den ehelichen Lebensverhältnissen bei Scheidung stets die **Obergrenze** bildet.[351] 346

Nach der Rechtsprechung des BGH ist also in drei Schritten vorzugehen:

1. Schritt: Es ist der Bedarf festzustellen, welcher sich nach den prägenden Renteneinkommen ergibt.

2. Schritt: Dieser Bedarf ist zu vergleichen mit demjenigen, welcher vor dem Eintritt in den Ruhestand bestand. Daraus ergibt sich die Minderung des rechnerischen Bedarfs.

3. Schritt: Es ist festzustellen, ob der Berechtigte nichtprägende Renteneinkünfte hat, welche die Bedarfsminderung ausgleichen. Da bei der Billigkeitsabwägung auch die Interessen des Verpflichteten zu berücksichtigen sind, vermindert sich die Bedarfsabsenkung um die Hälfte dieser Renteneinkünfte.

---

[350] BGH, FamRZ 1989, 159, 161 = R 377 b
[351] BGH, FamRZ 1988, 817 = R 369 c; ferner R 377 b

§ 4 Ehegattenunterhalt

347 Rechenbeispiele zu Rn 343–346:

Fall 1 (mit Bonus $1/7$)
Erwerbseinkommen des Verpflichteten
= 4900,– DM
Rente des Verpflichteten
= 3000,– DM
Versorgungsausgleichsrente des Berechtigten
= 1000,– DM
1. Schritt: Bedarf nach dem nunmehr prägenden Einkommen:
3000 : 2 = 1500
2. Schritt: Bedarf vor dem Eintritt in den Ruhestand (bzw. der Durchführung des Versorgungsausgleichs s. o. h):
4900 x $3/7$ = 2100.
Der Bedarf würde um 600 abgesenkt.
3. Schritt: Es bestehen ausgleichende nichtprägende Renteneinkünfte des Berechtigten in Höhe von 1000, welche es rechtfertigen, die Absenkung um:
1000 : 2 = 500 zu vermindern.
Somit verringert sich die Absenkung auf 600 – 500 = 100.
Der Bedarf sinkt nur auf 2100 – 100 = 2000 DM.
Daraus ergibt sich ein Unterhalt von 2000 – 1000 = 1000 DM.

348 Wenn nur die Versorgungsausgleichsrente in Betracht kommt, ist die Additionsmethode einfacher:
1. ungekürzte Rente = 3000 + 1000 = 4000
2. Bedarf = 4000 : 2 = 2000
3. Unterhalt = 2000 – 1000 = 1000

349 **Fall 2.**
Versorgungsausgleichsrente des Berechtigten 1500,–, sonst wie 1.
Es ändert sich nur der
3. Schritt: Es bestehen ausgleichende nichtprägende Renteneinkünfte des Berechtigten in Höhe von 1500, welche es rechtfertigen, die Absenkung um:
1500 : 2 = 750 zu vermindern.
Die Absenkung betrüge aber nur 600. Sie entfällt damit ganz.
Es bleibt bei dem vorherigen Bedarf von 2100.
Somit ergibt sich ein Unterhalt von 2100 – 1500 = 600 DM.

350 Die vom BGH zur Vermeidung unbilliger Ergebnisse befürwortete Lösung (Rn 344/347–349) sollte unseres Erachtens nicht auf die Fälle nicht prägender Renteneinkünfte des Berechtigten beschränkt bleiben, sondern auch in anderen Fällen angewendet werden, in denen bei Eintritt des Verpflichteten in den Ruhestand ausgleichend **sonstige nichtprägende Einkünfte** des Berechtigten bestehen.

Wenn z. B. der Berechtigte noch keine ausgleichende Rente bezieht, weil er noch im Erwerbsleben steht, und wenn das Erwerbseinkommen zu $6/7$ bzw. 45 % (bei Bonus 10 %) auf den Bedarf angerechnet wird, weil es nicht die ehelichen Lebensverhältnisse geprägt hat, besteht eine vergleichbare Unbilligkeit, weil Erwerbs- und Renteneinkommen einander ersetzen. Daher muß in solchen Fällen ebenfalls der anzurechnende Betrag aus Billigkeitsgründen herangezogen werden können, um die Absenkung des Bedarfs zu verhindern.

Dem Grundsatz, daß der in der Ehe erreichte Lebensstandard aufrechterhalten werden soll, entspricht es besser, wenn bei Eintritt des Verpflichteten in den Ruhestand der bis zu diesem Zeitpunkt bestehende Unterhaltsbedarf als voller eheangemessener Bedarf weiterbestehen bleibt, sofern es nichtprägende Einkünfte des Berechtigten gibt, die ausgleichend diesen vollen Bedarf absichern.

350a Die Altersversorgung von Selbständigen beruht vielfach auf der Verrentung von **Lebensversicherungen**. Diese treten an die Stelle des Erwerbseinkommens, wenn sich der Selbständige zur Ruhe setzt. Soweit das Versicherungsvermögen bereits in der Ehe gebildet wurde, war die daraus fließende Altersversorgung bereits während bestehender Ehe zu erwarten und hat damit die ehelichen Lebensverhältnisse **geprägt**. Dasselbe gilt, wenn das Ansparen der Lebensversicherung in vergleichbarem Umfang **nach der Scheidung fortgesetzt** worden ist.

3. Abschnitt: Bedarfsbemessung beim Ehegattenunterhalt § 4

Die Lebensversicherung kann allerdings bereits dem **Ausgleich als Zugewinn** unterlegen haben. Das allein hindert jedoch nicht ihre Berücksichtigung als prägend, da auch die im Versorgungsausgleich berücksichtigten Renten weiterhin prägendes Einkommen darstellen. Wurde aber der Ausgleichsbetrag nicht aus anderen baren Mitteln aufgebracht, sondern finanziert oder abgezahlt, so wurde durch spätere Sparleistungen die Auflösung der Versicherung vermieden. Es handelt sich dann letztlich um eine nach der Ehe erworbene Versorgung, welche auf Leistungen beruht, **welche über die normalen Vorsorgeleistungen hinausgehen**. Es erscheint dann nicht gerecht, den Ehegatten an dieser Altersversorgung zu beteiligen.[352] Solche Renteneinkommen wird man deshalb nicht als prägend anerkennen dürfen. Auch sonst wird man Versorgungen aus Sparleistungen, welche **bei der Unterhaltsbemessung unberücksichtigt** geblieben sind, als **nicht prägend** aus der Bedarfsrechnung auszuscheiden haben[353] (zur Berücksichtigung von Vorsorgeaufwendungen vgl. Rn 1/496 ff).

Die prägenden Renteneinkommen sind regelmäßig geringer als die von ihnen ersetzten Erwerbseinkommen. Von großer Bedeutung ist dann die Frage, ob etwaiges **Renteneinkommen des Berechtigten** als eheprägend anzuerkennen, im Ergebnis also nur zur Hälfte anzurechnen ist. Die durch ein **eheprägendes Erwerbseinkommen** begründete Versorgung ist selbst ebenfalls eheprägend. Durch **nichtprägende Erwerbstätigkeit** oder durch zweckentsprechende Verwendung des **Altersvorsorgeunterhalts** begründete Versorgungen sind nicht prägend. Wenn aber der Rentenfall zu einer **unangemessenen Absenkung** des Bedarfs führt, kann auch hier nach Billigkeit eine an sich nicht eheprägende Versorgung des Unterhaltsberechtigten wie prägendes Einkommen behandelt werden, um diese Bedarfssenkung zu vermeiden (vgl. oben Rn 350). **350b**

Wenn der Pflichtige seine Lebensversicherung ohne triftigen Grund nicht verrentet, sondern sich bar auszahlen läßt, um dann **von seinem Vermögensstamm zu leben** (vgl. Rn 1/310 ff), kann er fiktiv so zu behandeln sein, als hätte er das Rentenwahlrecht ausgeübt, weil er durch eine solche Entscheidung seine Unterhaltslast nicht einseitig vermindern darf. Wenn er aber von vornherein **nur Vermögen angespart** und keinen Versicherungsvertrag abgeschlossen hat, dient das Vermögen selbst der Aufrechterhaltung des Lebensstandards im Versorgungsfall. Der Verpflichtete kann dann auf den Verbrauch des Vermögensstamms verwiesen werden, welcher aber seinen lebenslangen Bedarf (unter Berücksichtigung seiner Lebenserwartung, vgl. Rn 1/310 ff, 5/111) sichern muß. Ob er den Verbrauch des Vermögens auch unter Hinweis auf den möglichen Pflegefall verweigern kann, erscheint zweifelhaft, weil wegen des insoweit unkalkulierbaren Risikos eine Vermögensverwertung kaum jemals zugemutet werden könnte. Zur Absicherung des Pflegefalls kann eine Versicherung abgeschlossen, nicht aber Kapital zurückgehalten werden. **350c**

Zur Berechnung des verbrauchbaren Teils des Vermögensstamms kann nicht auf die Werte der Tabellen Rn 6/615 f zurückgegriffen werden, weil eine lebenslange Absicherung bei unsicherer Lebensdauer sich nicht an einem Durchschnitt orientieren kann.[354] Es kann nur von der maximalen vernünftigerweise anzunehmenden Lebensdauer ausgegangen werden. Das sind derzeit ca. 95 bis 100 Jahre, weil nur wenige älter werden. Dabei sind die Verhältnisse des Einzelfalls, insbesondere die Lebensdauer der Eltern und Verwandten zu würdigen.

Beispiel:
Das Alter von M betrage 66 Jahre. Es wird ein Höchstalter von 100 Jahren angenommen. Das Kapital betrage 500000. Ein Zinssatz von 3 % sei nach Abzug von Steuern nachhaltig erzielbar. Ein Kapital von 500 000 DM kann in 34 Jahren bei einem Zinssatz von 3 % mit Raten von 1956 DM getilgt werden. Umgekehrt kann aus einem Kapital von 500 000 DM bei einer Nettoverzinsung von 3 % für die Dauer von 34 Jahren monatlich 1956 DM entnommen werden.[355]

---

[352] Solche Schulden werden bei der Unterhaltsbemessung in der Regel nicht berücksichtigt, weil dem Berechtigten die Finanzierung seines Zugewinnausgleichs aus dem Unterhalt meist nicht zugemutet wird (vgl. Heiß/Heiß Kap.3 Rn 764)
[353] Vgl. OLG Düsseldorf, FamRZ 1998, 621; OLG Hamm, FamRZ 1998, 1520
[354] Vgl. dazu Bienko, FamRZ 1999, 517
[355] Die reine Verzinsung betrüge nur 1250 DM monatlich, der reine Kapitalverbrauch ohne Zinsen 1225 DM

Die Folge ist allerdings, daß in den meisten Fällen ein **Vermögensrest** an die **Erben** fallen wird. Diese haften nach § 1586 b Abs. 1 BGB für den Unterhalt nur in Höhe des fiktiven Pflichtteils, also je nach Verwandtschaftsgrad der Erben oder anderer Pflichtteilsberechtigter zwischen $^1/_8$ und $^1/_2$ des Nachlaßwerts. Man wird dem Unterhaltspflichtigen zumuten können, bei einem Lebensversicherungsunternehmen eine **Leibrente**[356] **einzukaufen**, welche eine höhere Leistung erbringen wird. Hier kommt es auf die Versicherungskonditionen an, vgl. auch Rn 1/322. Eine Abschätzung für den Kaufpreis einer Leibrente ermöglicht die Barwertberechnung mit dem Gutdeutsch-Programm,[357] wenn hier anstelle des wahrscheinlichen langfristigen Zinses von ca. 5,5 % zur Sicherheit wegen wachsender Lebenserwartung und geringer erzielbarer Zinsen ein Rechnungszins von nur 2,5 % zugrunde gelegt wird.

7. Änderungen im Ausgabenbereich nach der Scheidung, vor allem durch Wegfall von Unterhaltslasten und Kreditverbindlichkeiten

351 Auch Änderungen im **Ausgabenbereich** sind grundsätzlich nur dann noch prägend, wenn ihnen eine Entwicklung zugrunde liegt, die aus der Sicht des Scheidungszeitpunktes mit hoher Wahrscheinlichkeit zu erwarten war und wenn diese Entwicklung die ehelichen Lebensverhältnisse dadurch bereits mitgeprägt hat, daß ihnen die Ehegatten erkennbar schon im voraus und noch während des Bestehens der Ehe einen prägenden Einfluß auf die ehelichen Lebensverhältnisse eingeräumt haben.

352 **Wegfall der Unterhaltslast für ein Kind:**
Unterhaltsverbindlichkeiten für Kinder sind ohne Zweifel in der Ehe angelegt. In ihrer jeweils geschuldeten Höhe werden sie deshalb vom unterhaltsrechtlich relevanten Einkommen abgezogen. Ihr späterer Wegfall ist ziemlich sicher und kann auch zeitlich mehr oder weniger genau vorhergesehen werden. In der Regel müssen Eltern im Hinblick auf den Bedarf der Kinder auf Konsumwünsche verzichten und richten sich darauf ein, in der Zeit, wenn die Kinder wirtschaftlich selbständig geworden sind, diese zunächst zurückgestellten Bedürfnisse zu befriedigen. Der BGH hat – auch im Hinblick auf die Veränderlichkeit des Kindesunterhalts als Maßstabs für den Gattenunterhalt – deshalb unter Aufgabe seiner entgegenstehenden früheren Rechtsprechung den Grundsatz aufgestellt, daß der Wegfall von Unterhaltspflichten für gemeinsame Kinder den Unterhaltsbedarf des geschiedenen Ehegatten entsprechend erhöht, wenn nicht (ausnahmsweise) die freiwerdenden Mittel nach objektivem Urteil der Vermögensbildung oder anderen nicht dem Lebensbedarf zuzurechnenden Zwecken dienen.[358]

Somit führt der Wegfall von Kindesunterhalt in gleicher Weise wie dessen Veränderung zu einer Änderung der Bemessungsgrundlage für den Gattenunterhalt. Nur in Ausnahmefällen, wenn nach den Verhältnissen der Parteien davon auszugehen ist, daß die Höhe des Konsums von der Unterhaltslast den Kindern gegenüber unabhängig ist, also vor allem in den Fällen der konkreten Bedarfsermittlung, ändert sich der Bedarf des geschiedenen Ehegatten nicht. Die Voraussetzungen für einen solchen Ausnahmefall hat der Verpflichtete im Streitfall vorzutragen und gegebenenfalls zu beweisen.

353 **Erhöhung des Kindesunterhalts:**
Auch diese Änderungen, die zumeist mit dem Alter und Ausbildungsstand des Kindes zusammenhängen, wirken sich in der Regel prägend auf die Verhältnisse bei Scheidung aus, solange die Unterhaltsverpflichtung besteht, weil beide Ehegatten mit solchen Änderungen rechnen und dafür in ihrer wirtschaftlichen Planung eine Vorsorge treffen müs-

---

[356] Ohne Leistung im Todesfall
[357] Familienrechtliche Berechnungen (Verlag C. H. Beck): versicherungsmathematischer Barwert. Das Programm berechnet den Barwert einer bestimmten Rente bei Zugrundelegung eines bestimmten Rechnungszinses. Hier kann durch wiederholte Versuche die Leibrente ermittelt werden, die mit einem bestimmten Kaufpreis erworben werden kann, wenn eine Abzinsung etwa von 2,5 %, welche auch die Gefahr steigender Lebensdauer berücksichtigt, zugrunde gelegt wird
[358] BGH, FamRZ 1990, 1085, 1087 = R 423 e

sen. Ein naher zeitlicher Zusammenhang der Änderung mit der Scheidung ist auch hier nicht erforderlich.

Wegfall von ehebedingten **Verbindlichkeiten:** 354
Die wirtschaftlichen Verhältnisse können sich auch dadurch verbessern, daß regelmäßig wiederkehrende ehebedingte Verbindlichkeiten, wie Kreditraten für Konsumkredite, erwartungsgemäß zu einem bestimmten, nach der Scheidung liegenden Zeitpunkt entfallen.[359] Durch die dabei eintretende Erhöhung des bereinigten Nettoeinkommens (s. o. Rn 1/486 f) erhöht sich der Bedarf des Berechtigten. Soweit bei höheren Einkommen die freiwerdenden Mittel nicht konsumiert, sondern als Resteinkommen gespart würden, müssen die beim Kindesunterhalt bereits erörterten Grundsätze entsprechend gelten.

Bei Einkünften im mittleren Bereich wird in der Regel ein enger zeitlicher Zusammenhang zwischen Wegfall und Scheidung erforderlich sein.

Nach der Scheidung neu begründete Schulden sind ohne Einfluß auf die Bedarfsbemessung, können aber Auswirkungen auf die Leistungsfähigkeit haben.

Zu den ehebedingten Verbindlichkeiten siehe Rn 185 ff, 292 ff, 1/514 ff.

Sind bei der erstmaligen Bemessung des nachehelichen Unterhalts **Aufwendungen** 355 **zur Vermögensbildung** vom Einkommen abgezogen worden (vgl. Rn 200 ff), wird dieser Abzugsbetrag durch spätere Änderungen der vermögensbildenden Aufwendungen nicht mehr berührt. Er bleibt prägend auf dem Stand bei Scheidung fixiert, kann aber ev. mit Mehrbedarf verrechnet werden (dazu Rn 449).

Änderungen der Lohn-, Einkommen- und Kirchensteuern sind auch nach der 356 Scheidung stets zu beachten. Sie sind jeweils in der tatsächlich gezahlten Höhe vom Einkommen abzusetzen und nicht in fiktiver Höhe.[360] Das gilt selbst dann, wenn solche Änderungen auf dem Splittingvorteil nach der Wiederverheiratung beruhen.[361]

Jeder Ehegatte muß damit rechnen, daß einkommensabhängig kraft Gesetzes solche Steuern in sich jeweils ändernder Höhe bezahlt werden müssen und daß die entsprechenden Beträge zur Deckung des Lebensbedarfs nicht zur Verfügung stehen. Genaueres zu den Steuern Rn 186, genauer Rn 1/460 ff.

Gleiches wie zu Rn 356 gilt für Änderungen bezüglich der gesetzlich geregelten **Vor-** 357 **sorgeaufwendungen für Krankheit, Invalidität, Alter und Arbeitslosigkeit.** Bei entsprechenden freiwilligen Leistungen können die bei Scheidung berücksichtigten Beträge entsprechend der allgemeinen Entwicklung an veränderte Verhältnisse angepaßt werden.

Auch Änderungen bei **berufsbedingten Aufwendungen** (Werbungskosten und Be- 358 triebsausgaben) können bei späteren Unterhaltsbemessungen (z. B. wegen Anpassung an prägende Einkommenssteigerungen) an den jeweiligen Stand der Verhältnisse als prägende Abzugsposten berücksichtigt werden.

IV. Halbteilungsgrundsatz, konkrete Bedarfsbemessung und Berechnungsmethoden

1. Halbteilungsgrundsatz

Es entspricht gefestigter ständiger Rechtsprechung des BGH, daß bei der Bedarfsbe- 359 messung jedem Ehegatten die Hälfte des verteilungsfähigen Einkommens zuzubilligen ist, weil die Ehegatten grundsätzlich in gleicher Weise am ehelichen Lebensstandard teilnehmen.[362]

---

[359] BGH, FamRZ 1988, 701, 703 = R 362 c
[360] BGH, FamRZ 1990, 503
[361] BGH, FamRZ 1988, 486 = R 359 b u. a.
[362] FamRZ 1999, 372, 374 = R 529 b; FamRZ 1992, 539, 541 = R 444 c; BGH, FamRZ 1988, 265, 267 = R 354 c; FamRZ 1984, 662, 664 = R 211 b; FamRZ 1984, 988, 990 = R 191 b; FamRZ 1981, 1165 = R 84 c

Nur eine Einkommensaufteilung, die diesem **Halbteilungsgrundsatz** entspricht, ist unterhaltsrechtlich angemessen. **Abweichungen** vom Grundsatz der Halbteilung bedürfen stets besonderer Gründe.[363]

360 Der Halbteilungsgrundsatz ist sowohl bei einer **konkreten Bedarfsbemessung** zu beachten (s. Rn 366 ff) als auch bei einer **Bedarfsbemessung nach Ehegattenquoten** (s. Rn 372 ff). Er gilt in gleicher Weise für den **Berechtigten** wie für den **Verpflichteten**,[364] dessen sog. eheangemessener Selbstbehalt der anderen Hälfte des Bedarfs entspricht (vgl. Rn 568).

361 Aus dem Halbteilungsgrundsatz ergibt sich, daß dem Berechtigten kein höherer Unterhalt als **die Hälfte des verteilungsfähigen Einkommens** zugesprochen werden darf.[365] Bei Geltendmachung von Vorsorgeunterhalt vgl. Rn 379. Der Bedarf kann hierbei nicht aus lediglich **gedachten fiktiven Einkünften** des Pflichtigen, die keine Grundlage in der tatsächlichen Einkommenssituation der Ehegatten während der Ehe hatten, abgeleitet werden.[366] Derartige Einkünfte prägen die ehelichen Lebensverhältnisse nicht.[367] Möglicherweise durch größeren Einsatz erzielbare, in der Ehe aber nie erzielte Einkünfte sind daher nicht bedarfsbestimmend (näher Rn 276).

361a Auch bei niedrigen Einkünften kann der eheangemessene Bedarf **nicht nach generellen Mindestsätzen** bemessen werden. Der eheliche Lebensstandard ist grundsätzlich individuell angelegt. Er kann wirtschaftlich über oder unter dem Niveau von Tabellenwerten liegen. Inhalt der Unterhaltspflicht ist nicht die Sicherung eines Existenzminimums des Berechtigten[368] (vgl. auch Rn 434 ff). Dies gilt auch, soweit im Mindestbedarf ein pauschaler trennungsbedingter Mehrbedarf enthalten sein soll.[369] Abweichungen von der individuellen Bedarfsbemessung sind nur bei konkreten Feststellungen zu trennungsbedingt eingetretenen Mehrkosten der Lebensführung zulässig.[370] Trotz Kritik hat der BGH an dieser Rechtsprechung festgehalten und auch entschieden, daß es im Mangelfall beim Ehegattenunterhalt keinen Mindestbedarf gibt[371] (s. auch Rn 434 und 5/16). Hiervon zu unterscheiden ist die Frage, ob im Mangelfall ein Vorabzug des Kindesunterhalts entfällt und sich dadurch der Bedarf des Berechtigten erhöht (s. näher Rn 189 a, 5/226).

362 Hälftig aufzuteilen ist aber nur das „**verteilungsfähige Einkommen**", d. h. der Teil der nachhaltig prägenden Einkünfte, der zur Deckung des Lebensbedarfs zur Verfügung steht (s. dazu Rn 185 ff). Das prägende Einkommen der Eheleute ist zur Ermittlung des Bedarfs daher vorher zu **bereinigen**,[372] d. h. um Steuern, Vorsorgeaufwendungen, berufsbedingte Aufwendungen, Schulden und Kindesunterhalt, im Einzelfall ferner um alters- oder krankheitsbedingten Mehrbedarf und bei hohen Einkünften des Pflichtigen um vermögenswirksame Leistungen zu kürzen (s. näher Rn 1/486 ff). Bei Erwerbseinkünften ist ferner **vorab** vom bereinigten Nettoeinkommen der **Erwerbstätigenbonus abzuziehen**[373] (s. näher Rn 372 ff).

---

[363] BGH, FamRZ 1988, 265, 267 = R 354 c; FamRZ 1984, 988, 990 = R 191 b
[364] BGH, FamRZ 1981, 442, 444 = NJW 1981, 1556, 1558
[365] BGH, FamRZ 1995, 346 = R 490 a; FamRZ 1990, 269 = R 405 b
[366] BGH, FamRZ 1997, 281, 283 = R 509 f
[367] BGH, aaO
[368] BGH, FamRZ 1998, 1501, 1503 = R 521 c; FamRZ 1995, 346 = R 490 a; FamRZ 1990, 269 = R 405 b
[369] BGH, aaO
[370] BGH, FamRZ 1998, 1501, 1503 = R 521 c
[371] BGH, FamRZ 1997, 806 = R 512 c; FamRZ 1996, 345 = R 497 c
[372] BGH, FamRZ 1999, 367, 370 = R 530 d; FamRZ 1994, 87, 90 = R 468 b, c; FamRZ 1993, 1304, 1306 = R 464 c; FamRZ 1991, 304 = R 425; FamRZ 1990, 499, 502 = R 407 c; FamRZ 1990, 1085 = R 423 c
[373] BGH, FamRZ 1999, 367, 370 = R 530 d; 1997, 806 = R 512 b, c

2. Keine Sättigungsgrenze bei der Bedarfsbemessung

Der BGH geht in ständiger Rechtsprechung davon aus, daß es grundsätzlich für die Bedarfsbemessung des Ehegattenunterhalts (Trennungsunterhalt und nachehelicher Unterhalt) keine Obergrenze oder Sättigungsgrenze gibt.[374] 363

Eine solche Sättigungsgrenze kann allenfalls in seltenen Ausnahmefällen bei **besonders hohen Einkünften** als Beschränkung des Unterhalts auf Mittel, die nach einem objektiven Maßstab eine Einzelperson auch bei Berücksichtigung hoher Ansprüche für billigenswerten Lebensbedarf sinnvoll ausgeben kann, in Betracht gezogen werden. Ein solcher Ausnahmefall ist nicht anzunehmen, wenn und solange sich die Einkünfte im Normalbereich halten.[375] Als besonders hohe Einkünfte sind vielmehr nur Einkommensverhältnisse anzunehmen, die zu einem Bedarf über den Einkommensgruppen der Düsseldorfer Tabelle führen (z. Z. 8000,– DM), wobei jedoch auch insoweit stets auf den Einzelfall abzustellen ist. 364

Bei besonders günstigen wirtschaftlichen Verhältnissen der Eheleute bestehen normale Korrekturmöglichkeiten dadurch, daß entweder der Unterhaltsbedarf losgelöst vom Einkommen konkret bemessen wird (s. unten Rn 366 ff) oder daß prägende Einkünfte um vermögensbildende Aufwendungen (vgl. Rn 202 ff und 1/559 ff) bereinigt werden.[376] 365

3. Konkrete Bedarfsbemessung

Der Tatrichter kann den eheangemessenen Unterhaltsbedarf konkret durch die Feststellung der Kosten ermitteln, die für die **Aufrechterhaltung des erreichten Lebensstandards** erforderlich sind.[377] 366

Eine solche konkrete Unterhaltsbemessung ist vor allem dann gerechtfertigt, wenn die Einkünfte des Verpflichteten **überdurchschnittlich hoch** sind, weil in solchen Fällen das Einkommen während des Zusammenlebens nicht ausschließlich für die Lebenshaltungskosten verwendet worden ist, sondern teilweise auch der Vermögensbildung oder anderen Zwecken gedient hat.[378] Daneben kommt sie auch bei schwer durchschaubaren Einkommensverhältnissen, z. B. durch ineinander verschachtelte unternehmerische Tätigkeiten, in Betracht.[379]

Bei einer solchen Unterhaltsbemessung sind alle zur Aufrechterhaltung des bisherigen Lebensstandards benötigten **Lebenshaltungskosten konkret zu ermitteln**. Dazu zählen u. a. die Aufwendungen für das Haushaltsgeld, Wohnen, Kleidung, Geschenke, Putzhilfe, Reisen, Urlaub, sportliche Aktivitäten, kulturelle Bedürfnisse, Pkw-Nutzung, Vorsorgeaufwendungen, Versicherungen und sonstige notwendige Lebenshaltungskosten.[380] Es genügt, daß der Bedürftige die in den einzelnen Lebensbereichen anfallenden Kosten überschlägig darstellt, so daß sie nach § 287 ZPO geschätzt werden können, sie müssen nicht in allen Punkten konkret nachgewiesen werden.[381] 367

Auch im Rahmen einer konkreten Bedarfsbemessung ist ein **objektiver Maßstab** anzulegen, d. h., ein übertriebener Aufwand ist nicht zu berücksichtigen.[382] 368

Eine **Sättigungsgrenze**, d. h. eine obere Grenze für Unterhaltsansprüche, hat der

---

[374] BGH, FamRZ 1990, 280 = R 401 a; FamRZ 1983, 150 = R 145 d; FamRZ 1982, 151 = R 92 b
[375] BGH, FamRZ 1983, 150 = R 145 d
[376] BGH, FamRZ 1987, 913, 915 = R 339 d
[377] BGH, FamRZ 1990, 280 = R 401 a; FamRZ 1987, 691, 693 = R 332 b; FamRZ 1985, 582 = R 246 a
[378] BGH, FamRZ 1982, 1187 = R 139 a; OLG Hamm, FamRZ 1992, 1175; FamRZ 1993, 185, 1995, 1578; OLG Köln, FamRZ 1993, 64; OLG Düsseldorf, FamRZ 1996, 1418; OLG Frankfurt, FamRZ 1997, 353
[379] OLG Köln, FamRZ 1994, 1323
[380] BGH, FamRZ 1990, 280 = R 401 a; FamRZ 1987, 691, 693 = R 332 b
[381] OLG Hamm, FamRZ 1999, 723
[382] BGH, FamRZ 1985, 582 = R 246 a

BGH bisher bei seinen Entscheidungen **nicht angenommen**. Eine solche Sättigungsgrenze wird nach Meinung des BGH in seltenen Ausnahmefällen bei besonders hohen Einkünften als Beschränkung des Unterhalts auf die Mittel, die eine Einzelperson auch bei Berücksichtigung hoher Ansprüche für billigenswerten Lebensbedarf sinnvoll ausgeben kann, in Betracht gezogen werden können. In welcher Höhe derartige Einkünfte liegen müssen, hängt immer vom konkreten Einzelfall ab, bei sehr guten Einkommensverhältnissen und entsprechend hohen Lebenshaltungskosten kann der **Bedarf** (nicht das Einkommen des Pflichtigen) auch über 10 000 DM liegen.[383]

369 Eine konkrete Bedarfsbemessung verstößt nicht gegen den **Halbteilungsgrundsatz**, wenn dem Verpflichteten zur Deckung seines Unterhaltsbedarfs ein mindestens gleich hoher Betrag verbleibt. Er muß allenfalls Aufwendungen für die Vermögensbildung oder für sonstige Zwecke einschränken (s. dazu Rn 207).

Gegen den **Halbteilungsgrundsatz** wird allerdings verstoßen, wenn dem Verpflichteten unter Einbeziehung vermögensbildender Aufwendungen zur Deckung seines eigenen Bedarfs von seinem prägenden Einkommen **weniger** verbleiben würde, **als es dem** für den Berechtigten **konkret bemessenen Unterhaltsbedarf entspricht**. Hat der Bedürftige den konkreten Bedarf nach den ehelichen Lebensverhältnissen nachgewiesen, trifft den **Pflichtigen die Darlegungs- und Beweislast**, daß ihm nicht die Hälfte des Einkommens verbleibt und er daher nicht leistungsfähig ist. Dies ist in der Praxis vor allem bedeutsam, wenn zwar einerseits in der Ehe ein großzügiger Lebensstandard gepflegt wurde, die Einkommensverhältnisse aber andererseits z. B. durch Ausnützen aller steuerlichen Möglichkeiten sehr undurchsichtig sind.

370 Bei einer konkreten Bedarfsbemessung **entfällt**, soweit Krankenvorsorge- und Altersvorsorgeunterhalt geltend gemacht wird, **eine zweistufige Berechnung** des Elementarunterhalts, weil diese nur sicherstellen soll, daß nicht zu Lasten des Verpflichteten vom Grundsatz der gleichmäßigen Teilhabe der Ehegatten am ehelichen Lebensstandard abgewichen wird.[384]

371 Bei einer konkreten Bedarfsbemessung bleibt der Unterhalt auch für spätere Zeiten **auf den festgesetzten Bedarf fixiert**. Eine Abänderungsklage kann daher nicht darauf gestützt werden, daß sich das Einkommen des Pflichtigen erhöht hätte.[385] Eine spätere Abänderung ist nur möglich, wenn der Unterhalt mit Rücksicht auf einen besonderen Bedarf des Berechtigten höher bemessen worden ist, als es sonst den ehelichen Lebensverhältnissen entsprochen hätte, und dieser besondere Bedarf später wegfällt. Dann wäre der Unterhaltsanspruch entsprechend zu ermäßigen.[386]

Eine Abänderung ist auch möglich zum Zweck der Anpassung des Unterhalts an allgemein gestiegene Lebenshaltungskosten (s. auch Rn 311).

4. Bedarfsbemessung nach Ehegattenquoten

372 a) **Quotenbedarf.** In der richterlichen Praxis wird – von den wenigen Ausnahmen der konkreten Bedarfsermittlung abgesehen – der Bedarf fast ausschließlich nicht nach den Mitteln bemessen, die zur Aufrechterhaltung des ehelichen Lebensstandards benötigt werden, sondern pauschal nach einer Quote, der Ehegattenquote, des für Unterhaltszwecke verteilbaren prägenden Einkommens.

Diese Bedarfsbemessung nach dem verteilbaren Einkommen (und nicht nach dem tatsächlichen Bedarf) ist eine praktische Konsequenz aus der Tatsache, daß in der weitaus überwiegenden Zahl aller Fälle bei Eheleuten mit niedrigem oder durchschnittlichem Einkommen der bis zur Trennung erreichte Lebensstandard nach Trennung und Scheidung mit dem verteilbaren Einkommen nicht aufrechterhalten werden kann. Deshalb

---

[383] Vgl. z. B. OLG Hamm, FamRZ 1999, 723: 15 000 DM bei Einkommen des Mannes von mindestens 70 000 DM; OLG Frankfurt, FamRZ 1997, 353: 11500 DM
[384] BGH, FamRZ 1999, 372, 374 = R 529 b; FamRZ 1982, 1187 = R 139 a
[385] BGH, FamRZ 1990, 280 = R 401 a
[386] BGH, FamRZ 1985, 582 = R 246 a

wird wenigstens das verteilbare Einkommen angemessen gequotelt, weil mehr ohnehin nicht verteilt werden kann. Jeder muß auf seine Weise versuchen, mit diesem Anteil seinen Lebensbedarf zu decken, und dazu sein bisheriges Konsumverhalten ggf. entsprechend einschränken.

Die Unterhaltsbemessung nach Quoten dient dem Zweck, die für den allgemeinen Lebensbedarf der Ehegatten **verfügbaren Einkünfte** entsprechend dem Grundsatz der gleichmäßigen Teilhabe an den ehelichen Lebensverhältnissen **angemessen zu verteilen**.[387]

b) Erwerbstätigenbonus. Der BGH hält in gefestigter ständiger Rechtsprechung daran fest, daß es dabei dem **Halbteilungsgrundsatz** nicht widerspricht, zugunsten eines Erwerbstätigen von einer strikt hälftigen Aufteilung in maßvoller Weise abzuweichen, um den mit einer Berufsausübung verbundenen höheren Aufwand zu berücksichtigen und zugleich einen Anreiz zur Erwerbstätigkeit zu schaffen und aufrechtzuerhalten. Demgemäß hat der BGH die in der Rechtsprechung der Oberlandesgerichte entwickelten Leitlinien gebilligt, bei deren Anwendung dem erwerbstätigen Ehegatten ein sog. **Erwerbstätigenbonus** aus dem verteilungsfähigen Einkommen **vorab** verbleibt,[388] der **Bedarf** sich also nur aus den **bereinigten** und bei **Erwerbstätigkeit vorab um den Bonus gekürzten Erwerbseinkünften** berechnet.[389] Erwerbseinkünfte sind dabei das Einkommen Nichtselbständiger, Selbständiger, Gewerbetreibender und Land- oder Forstwirte. 373

Bei **sonstigen Einkünften**, die auf keiner Erwerbstätigkeit beruhen, gibt es keinen solchen „Bonus", d. h., die Ehegattenquoten müssen **gleich hoch** sein. Kein Erwerbstätigenbonus ist deshalb bei Renten, Pensionen, Arbeitslosengeld,[390] Krankengeld, Zinsen, Mieten, Wohnwert anzusetzen.[391]

Liegen besondere Umstände des Einzelfalls vor, kann auch bei diesen Einkünften ausnahmsweise eine vom Grundsatz der hälftigen Aufteilung abweichende Bedarfsbemessung gerechtfertigt sein.[392] Der BGH verlangt dafür eine besondere Begründung. Er hat z. B. die Zubilligung eines Bonus von $1/5$ für ein Renteneinkommen des Berechtigten (ebenso hoch wie der Bonus des erwerbstätigen Verpflichteten) gebilligt, weil das OLG dies mit krankheitsbedingten Nachteilen gerechtfertigt hat.[393]

Die Bemessung des angemessenen Unterhalts und damit die Feststellung der Quote ist Aufgabe des **Tatrichters**.[394] 374

Der Tatrichter kann sich dabei an Richtsätzen und Leitlinien orientieren. Die durch die Anwendung solcher Hilfsmittel erzielten Ergebnisse müssen im Einzelfall jedoch daran gemessen werden, ob sie den anzuwendenden Rechtsgrundsätzen Rechnung tragen und angemessen sind. Falls erforderlich, müssen sie nach den besonderen Umständen des Einzelfalls berichtigt werden.[395]

Die meisten **Tabellen und Leitlinien** enthalten unterschiedliche Quoten für Erwerbseinkünfte (meist $3/7$), bzw. einen Erwerbstätigenbonus von $1/7$ und gleich hohe Quoten für sonstige Einkünfte (50 : 50). Wegen der unterschiedlichen Quoten der Oberlandesgerichte s. nachfolgend Rn 380.

Den **Erwerbstätigenbonus** gibt es bei allen **prägenden** Erwerbseinkünften des **Verpflichteten** und des **Berechtigten**[396] als Ausgleich für den mit einer Erwerbstätigkeit ver- 375

---

[387] BGH, FamRZ 1982, 890 = R 133
[388] BGH, FamRZ 1999, 367, 370 = R 530 d; FamRZ 1992, 539, 541 = R 444 c; FamRZ 1991, 304 = R 425; FamRZ 1990, 1085, 1087 = R 423 d; FamRZ 1988, 265, 267 = R 354 c; FamRZ 1987, 913, 915 = R 339 b; FamRZ 1986, 437, 439 = R 288 b; FamRZ 1985, 908 = R 266 b; FamRZ 1981, 1165 = R 84 c
[389] BGH, FamRZ 1997, 806 = R 512 c
[390] OLG Karlsruhe, FamRZ 1998, 746
[391] BGH, FamRZ 1991, 1163, 1166 = R 437 c; FamRZ 1984, 662, 664 = R 282 c
[392] BGH, FamRZ 1988, 265, 267 = R 354 c
[393] BGH, FamRZ 1990, 981 = R 416 a
[394] BGH, FamRZ 1990, 1085, 1087 = R 423 d; FamRZ 1987, 913, 915 = R 339 b
[395] BGH, FamRZ 1983, 678
[396] BGH, FamRZ 1999, 367, 370 = R 530 e

bundenen besonderen Aufwand und als Arbeitsanreiz. Der „Bonus" entspricht dem Halbteilungsgrundsatz.[397]

Aus Gründen der Gleichbehandlung ist er auch bei **nichtprägenden** Erwerbseinkünften des Berechtigten zu berücksichtigen, die auf den Unterhaltsbedarf angerechnet werden.[398] Dies gilt auch, wenn diese Erwerbseinkünfte wegen Verstoß gegen die Erwerbsobliegenheit nur **fiktiv** angesetzt wurden, weil der Berechtigte so gestellt werden muß, wie wenn er diese Einkünfte erzielen würde.[399]

Der Bonus muß für Verpflichtete und Berechtigte **gleich hoch** sein.

376 Der „Bonus" muß bereits im Rahmen der Bedarfsbemessung berücksichtigt werden,[400] nicht erst bei der Billigkeitsabwägung nach § 1581 BGB.[401] Es entspricht der ständigen Rechtsprechung des BGH, daß für die Ermittlung der ehelichen Lebensverhältnisse nach § 1578 I BGB dem erwerbstätigen Verpflichteten ein die Hälfte des verteilungsfähigen Einkommens maßvoll übersteigender Betrag verbleiben muß. Aus Gleichheitsgründen gilt dies auch bei prägenden Erwerbseinkünften des Bedürftigen.[402] Dem entspricht z. B. bei beiderseits prägenden Erwerbseinkünften die $^3/_7$-Quote der Differenzmethode nach der DT bzw. der Vorabzug des Erwerbstätigenbonus von $^1/_{10}$ nach den BayL.[403] Die z. T. vertretene Auffassung,[404] bei Erwerbseinkünften des Bedürftigen sei dessen Erwerbstätigenbonus bei der Bedarfsermittlung zu berücksichtigen, entspricht nicht dieser Gleichbehandlung.

377 Der **Erwerbstätigenbonus** wird vom **bereinigten Nettoeinkommen** abgezogen, nicht bereits vom Nettoeinkommen, d. h., zunächst ist das Erwerbseinkommen um unterhaltsrechtlich relevante Abzüge zu kürzen (s. Rn 1/486 ff) und erst anschließend um den Erwerbstätigenbonus zu reduzieren.[405] Denn dem Erwerbstätigen soll bei Erwerbstätigkeit ein die Hälfte des verteilungsfähigen Einkommens maßvoll übersteigender Betrag verbleiben, verteilungsfähig ist aber nur das bereinigte Einkommen.[406] Diesen Grundsatz hat der BGH in seiner Entscheidung vom 16. 4. 1997 nochmals ausdrücklich bestätigt.[407]

Bei **Mischeinkünften** darf der Erwerbstätigenbonus nur von Erwerbseinkünften, nicht von den sonstigen Einkünften abgezogen werden.[408] Dies erreicht man am einfachsten durch Anwendung der Additionsmethode (s. näher unten Rn 386 ff). Zur Bereinigung des Nettoeinkommens bei Mischeinkünften vgl. Rn 404 ff.

378 Wie bereits ausgeführt, beinhaltet der Erwerbstätigenbonus nach dem BGH sowohl einen **Anreiz zur Steigerung der Berufstätigkeit** als auch eine **pauschale Abgeltung** des mit der Erwerbstätigkeit verbundenen erhöhten Aufwandes.[409] Soweit mit letzterem auch konkret anfallende berufsbedingte Aufwendungen Nichtselbständiger erfaßt werden sollen, erscheint diese Definition des BGH etwas ungenau. Zwischen **berufsbedingten Aufwendungen Nichtselbständiger** einerseits und dem **Erwerbstätigenbonus** andererseits ist strikt zu **trennen**, da ansonsten Nichtselbständige und Selbständi-

---

[397] BGH, FamRZ 1989, 842 = R 388 b
[398] BGH, FamRZ 1988, 256, 259 = R 355 f; FamRZ 1985, 908, 910 = R 266 b
[399] BGH, FamRZ 1995, 346 = R 490 b; FamRZ 1991, 307, 310 = R 427 c; FamRZ 1990, 979, 981 = R 412 d
[400] BGH, FamRZ 1999, 367, 370 = R 530 c; FamRZ 1997, 806 = R 512 c; FamRZ 1991, 304 = R 425; FamRZ 1991, 1414 = R 436; FamRZ 1990, 499, 502 = R 407 e; FamRZ 1990, 979 = R 412 c; FamRZ 1990, 1085, 1087 = R 423 d; FamRZ 1989, 842 = R 388 b
[401] BGH, FamRZ 1989, 842 = R 388 b; FamRZ 1988, 265, 267 = R 354 c
[402] BGH, FamRZ 1999, 367, 370 = R 530 d
[403] DT Anm B 1 b aa; BayL 16 b
[404] Sog. Quotenbedarfsmethode, vgl. DL 25; Modifikationen des 7. Senats des OLG Nürnberg zu BayL III 4; zur Quotenbedarfsmethode vgl. Rn 400
[405] BGH, FamRZ 1997, 806 = R 512 c; OLG Düsseldorf, FamRZ 1994, 1049; OLG München, FamRZ 1993, 328; OLG Karlsruhe, FamRZ 1992, 1438
[406] Vgl. z. B. BGH, FamRZ 1991, 304 = R 425; FamRZ 1990, 1085 = R 423 d
[407] BGH, FamRZ 1997, 806 = R 512 b
[408] BGH, FamRZ 1991, 1163, 1166 = R 437 c
[409] BGH, FamRZ 1992, 539, 541 = R 444 c; FamRZ 1991, 670 = R 431 a; FamRZ 1990, 1085, 1087 = R 423 d; FamRZ 1988, 265, 267 = R 354 c; FamRZ 1984, 662, 664 = R 211 b; FamRZ 1982, 894 = R 135 b

3. Abschnitt: Bedarfsbemessung beim Ehegattenunterhalt § 4

ge/Gewerbetreibende unterschiedlich behandelt würden. Während bei Selbständigen/Gewerbetreibenden alle betrieblichen Ausgaben bereits bei der Gewinnermittlung berücksichtigt werden und das Einkommen entsprechend kürzen (vgl. Rn 1/110 ff), sind berufsbedingte Aufwendungen Nichtselbständiger (= Werbungskosten) erst bei der Bildung des bereinigten Nettoeinkommens abzuziehen, soweit sie im Einzelfall anfallen (vgl Rn 1/87 ff, 504). Eine pauschale Abgeltung dieser berufsbedingten Aufwendungen mit dem Erwerbstätigenbonus würde damit zu einer Benachteiligung des Nichtselbständigen gegenüber dem Selbständigen/Gewerbetreibenden führen. Der vom BGH zur Begründung des Bonus angeführte, mit der Erwerbstätigkeit verbundene erhöhte Aufwand kann sich damit nur auf den mit einer Berufstätigkeit generell verbundenen, im Einzelfall aber kostenmäßig nicht meßbaren erhöhten Aufwand beziehen.

Da die Bedarfsbemessung nach Quoten auch bei einem „Bonus" bei Erwerbseinkünften stets dem Halbteilungsgrundsatz entspricht, wirkt sich jede über den Quotenanteil hinausgehende Zahlungsverpflichtung zum Nachteil des Verpflichteten aus und stört das unterhaltsrechtliche Gleichgewicht. Deshalb darf der **Kranken- und Altersvorsorgeunterhalt** nicht zusätzlich zum Quotenunterhalt zugesprochen werden. Eine Ausnahme besteht nur, wenn zusätzliche Mittel, z. B. nichtprägende Einkünfte des Bedürftigen, vorhanden sind, die sichern, daß dem Pflichtigen auch ohne Vorabzug der Vorsorgeaufwendungen des Bedürftigen die Hälfte des Bedarfs nach den ehelichen Lebensverhältnissen verbleibt.[410] Er muß vielmehr vorher vom verteilungsfähigen Einkommen abgezogen werden, ehe der endgültige Elementarunterhalt nach einer Quote bemessen wird. Dies erfordert in der Regel eine zweistufige Berechnung des Elementarunterhalts, wenn auch Vorsorgeunterhalt verlangt wird.[411] Das gleiche gilt bei einem ausbildungsbedingten oder krankheitsbedingten Mehrbedarf. Zur zweistufigen Berechnung vgl. Rn 443 ff und 467 ff, 477 ff, zur Ausnahme vgl. Rn 483 ff.

5. Überblick zu den Quoten bei Einkünften aus Erwerbstätigkeit und sonstigen Einkünften und zur Höhe des Erwerbstätigenbonus

a) Quoten bei Erwerbseinkünften.
- Die meisten Oberlandesgerichte bemessen nach Leitlinien oder in Anlehnung an die DT den **Erwerbstätigenbonus mit** $1/7$, d. h., dem Verpflichteten bleiben von seinem Erwerbseinkommen $4/7$, der Berechtigte erhält $3/7$.
So KG Berlin, OLG Braunschweig, OLG Bremen, OLG Celle, OLG Düsseldorf, OLG Frankfurt (Kasseler Senat), OLG Hamm, OLG Koblenz, OLG Köln, OLG Oldenburg, OLG Saarbrücken, OLG Zweibrücken, OLG Schleswig, OLG Dresden, OLG Jena, OLG Naumburg, OLG Rostock, Brandenburgisches OLG.
- Die Oberlandesgerichte Bamberg, Karlsruhe, München und Nürnberg setzen den Erwerbstätigenbonus mit $1/10$ an.
- Das OLG Stuttgart bemißt den Bedarf grundsätzlich **für beide Teile gleich hoch**, zieht aber vom Nettoeinkommen jedes Erwerbstätigen vorab eine Pauschale für berufsbedingte Aufwendungen einschließlich Erwerbstätigenbonus in Höhe von 15 % ab (bei Selbständigen 5 %), was in etwa einem Erwerbstätigenbonus von $1/10$ und 5 % berufsbedingten Aufwendungen entspricht.
- Eine **Quote von** $3/5 : 2/5$ wendet teilweise das OLG Frankfurt an.

Der **BGH** hat in bisher ständiger Rechtsprechung sowohl die $1/7$- als auch die $1/5$-Quotierung gebilligt. Dagegen hat er eine Quote von $1/4 : 3/4$ als nicht angemessen erachtet.[412] In einer neuen Entscheidung hat er einen über $1/7$ hinausgehenden weiteren Bonus von 5 % als Verdienerabzug (statt pauschaler berufsbedingter Aufwendungen) ebenfalls als nicht gerechtfertigt angesehen.[413]

---

[410] BGH, FamRZ 1999, 372, 374 = R 529 b
[411] BGH, FamRZ 1981, 442
[412] BGH, FamRZ 1979, 692 = R 29
[413] BGH, FamRZ 1995, 346 = R 490 b

382 Der BGH hat in den letzten Jahren in einer Folge von Hinweisen die Meinung vertreten, wenn das Erwerbseinkommen bereits um pauschale berufsbedingte Aufwendungen bereinigt sei, bedürfe die Zubilligung eines ungekürzten Erwerbstätigenbonus von $^1/_7$ einer besonderen Begründung.[414] Die vom BGH in diesen Entscheidungen geäußerte Ansicht war allerdings in keinem Fall Entscheidungsgrundlage, weil die Frage vom Tatrichter im Rahmen seiner Beurteilung der Angemessenheit des Unterhaltsanspruchs zu lösen ist.[415] Sie ist im übrigen nicht ohne weiteres verständlich, solange er einen Erwerbstätigenbonus von $^1/_5$ zuläßt. Denn 5 % und $^1/_7$ ergeben erst 19,3 % gegenüber 20 % bei $^1/_5$. Andererseits ist es zutreffend, daß ein Abzug von $^1/_7$ neben pauschalen 5 % berufsbedingten Aufwendungen oder von $^1/_5$ im Einzelfall nicht mehr als maßvoller Zuschlag, der dem Berufstätigen als Erwerbstätigenbonus anrechnungsfrei verbleiben soll, angesehen werden kann. Die BayL haben deshalb den Erwerbstätigenbonus auf $^1/_{10}$ gesenkt, was auch praktikabler ist, ebenso das OLG Karlsruhe. Die vom OLG Stuttgart einschließlich berufsbedingter Aufwendungen angesetzte Pauschale von 15 % entspricht ebenfalls diesen Grundsätzen. Die DT ist bisher neben pauschalen 5 % berufsbedingten Aufwendungen bei der Quote von $^3/_7$ geblieben, die ihr folgenden Leitlinien setzen allerdings z. T. keine pauschalen berufsbedingten Aufwendungen an.[416]

In einem **Mangelfall** hat der BGH die Zubilligung eines Erwerbstätigenbonus neben pauschalen 5 % berufsbedingten Aufwendungen wegen der besonders beengten wirtschaftlichen Verhältnisse abgelehnt,[417] in einem anderen Fall die Herabsetzung des Bonus von $^1/_7$ auf $^1/_9$ neben konkreten berufsbedingten Aufwendungen gebilligt.[418]

383 Die Bemessung der Quote obliegt dem Tatrichter. Diese kann nur insoweit revisionsrechtlich nachgeprüft werden, als der Grundgedanke der gleichmäßigen Teilhabe am ehelichen Lebensstandard unter maßvoller Berücksichtigung erhöhter Aufwendungen und Arbeitsanreiz gewahrt bleiben muß.[419] Der Tatrichter geht im Regelfall nach den in seinem Bezirk geltenden Tabellen bzw. Leitlinien vor. Dem Recht suchenden Bürger dürfte es aber kaum vermittelbar sein, daß die Bonushöhe in den einzelnen OLG-Bezirken z. T. erheblich differiert. Riegner hat in einem Vergleich der verschiedenen Leitlinien der OLG dargestellt,[420] daß bereits bei Nettoeinkommen des Unterhaltspflichtigen von 3500 DM der Unterhalt des einkommenslosen Bedürftigen je nach Wohnsitz zwischen 1400 DM und 1575 DM liegt, seit Wegfall der Nürnberger Tabelle zwischen 1400 DM und 1500 DM, eine für die Beurteilung gleichgelagerter Sachverhalte zu große Abweichung. Es ist zu hoffen, daß es im neuen Jahrtausend gelingt, sich innerhalb der OLGe auf eine einheitliche Bonushöhe für den Regelfall zu einigen.

384 **b) Quote bei Nichterwerbseinkünften:**
Bei allen sonstigen Einkünften (z. B. aus Rente, Vermögen, Wohnwert u. ä.), die nicht auf einer Erwerbstätigkeit beruhen, gibt es für eine unterschiedliche Quotierung weder aus dem Gedanken der Erhaltung der Arbeitsfreude (Arbeitsanreiz) noch wegen einem erhöhten berufsbedingten Aufwand einen hinreichenden Grund. Deshalb ist grundsätzlich jedem Ehegatten als **Quote die Hälfte** des verteilungsfähigen Einkommens zuzubilligen.[421]

385 Dem Grundsatz nach halten sich alle Oberlandesgerichte an diese Rechtsprechung. Im Einzelfall wird bei Mischeinkünften zuweilen übersehen, Nichterwerbseinkünfte (z. B. Kapitalzinsen) neben Erwerbseinkünften gesondert zu quotieren.

---

[414] BGH, NJW 1998, 2821, 2822 = R 525 c; FamRZ 1993, 1304, 1306 = R 464 c; FamRZ 1991, 416, 420 = R 435 b; FamRZ 1990, 979, 981 = R 412 c; FamRZ 1990, 989, 991 = R 418 c; FamRZ 1990, 1085, 1087 = R 423 d; FamRZ 1990, 1090 = R 424 b
[415] BGH, NJW 1998, 2821, 2822 = R 525 c
[416] BrL, HaL, HL KL, RL, SchL, ThT, vgl. auch Rn 1/504
[417] BGH, FamRZ 1992, 539, 541 = R 444 c
[418] BGH, FamRZ 1997, 806 = R 512 b
[419] BGH, FamRZ 1981, 442; FamRZ 1981, 1165 = R 84 c
[420] FamRZ 1997, 257 ff.
[421] BGH, FamRZ 1991, 1163, 1166 = R 437 c; FamRZ 1984, 662, 664 = R 211 b; FamRZ 1982, 894 = R 135 b

3. Abschnitt: Bedarfsbemessung beim Ehegattenunterhalt   § 4

6. Unterhaltsberechnung nach der Additionsmethode

Sowohl beim Trennungs- als auch beim nachehelichen Unterhalt bestimmt sich das 386
Maß des Unterhalts gemäß §§ 1361 I, 1578 I BGB nach den prägenden ehelichen Lebensverhältnissen, an denen beide Eheleute **gleichmäßig**, d. h. je zur Hälfte, teilnehmen. Auf diesen Bedarf muß sich der Berechtigte nach § 1577 I BGB sein gesamtes **prägendes und nichtprägendes Einkommen anrechnen** lassen. Für die Unterhaltsberechnung bietet sich daher die Additionsmethode an,[422] die inzwischen von verschiedenen Leitlinien übernommen wurde.[423] Der BGH hat die Additionsmethode zwischenzeitlich gebilligt.[424]

Bei der Additionsmethode wird der Unterhalt in zwei Stufen errechnet. In einem ersten Schritt ermittelt man den **Bedarf nach den prägenden ehelichen Lebensverhältnissen**, im zweiten Schritt die **Unterhaltshöhe unter Anrechnung der gesamten prägenden und nichtprägenden Einkünfte des Berechtigten**. Dabei wird entsprechend den vielfachen Hinweisen des BGH konsequent zwischen Erwerbs- und sonstigen Einkünften getrennt und der Erwerbstätigenbonus nur von den Erwerbseinkünften abgezogen. Der **Vorteil** der Additionsmethode gegenüber der Differenz- und Anrechnungsmethode liegt in ihrer Verständlichkeit, in der Vermeidung von Fehlern bei Mischeinkünften und in der Festlegung des Bedarfs, wodurch der Blick für damit zusammenhängende Fragen, z. B. der zeitlichen Begrenzung des Anspruchs beim Erwerbslosen- und beim Aufstockungsunterhalt nach § 1573 I, II, V BGB sowie bei Teilerwerbstätigkeit nach §§ 1570, 1571, 1572, 1573 II, V BGB, der Begrenzung auf den angemessenen Bedarf nach § 1578 I 2 BGB, der Beachtung des eheangemessenen Selbstbehalts des Pflichtigen als andere Hälfte des Bedarfs, geschärft wird. Die Additionsmethode führt auch bei schwierigsten Fallgestaltungen, in denen ohne Ermittlung des Bedarfs die Feststellung der Unterhaltshöhe nicht möglich ist, zu klaren und verständlichen Ergebnissen, z. B. bei der Veräußerung des Familienheimes. Bei der Bedarfsermittlung ist dabei der frühere prägende Wohnwert anzusetzen, während die nichtprägenden Zinseinkünfte des Berechtigten aus dem Erlös diesen Bedarf kürzen (s. näher Rn 1/286 ff). 387

Für die Unterhaltsberechnung nach der Additionsmethode empfiehlt sich folgende 388
Formel:[425]

1. Stufe (= Ermittlung des Unterhaltsbedarfs nach §§ 1361, 1578 BGB):
Bedarf = die Hälfte des prägenden Einkommens des Pflichtigen (= prägende Erwerbseinkünfte zu $6/7$, bzw. $9/10$[426] + sonstiges prägendes Einkommen) zuzüglich des prägenden Einkommens des Berechtigten (= prägende Erwerbseinkünfte zu $6/7$, bzw. $9/10$ + sonstiges prägendes Einkommen)

2. Stufe (= Berechnung der Unterhaltshöhe nach Anrechnung aller Einkünfte des Bedürftigen gemäß § 1577 I BGB)
Höhe = Unterhaltsbedarf (aus Stufe 1) abzüglich Eigeneinkommen des Berechtigten (= prägende und nichtprägende Erwerbseinkünfte zu $6/7$, bzw. $9/10$ + sonstiges prägendes und nichtprägendes Einkommen).

Rechenbeispiele: 389

Fall:
M hat ein prägendes bereinigtes Nettoeinkommen von 4900 DM aus Erwerbstätigkeit, F hat ein bereinigtes Nettoeinkommen von 1400 DM aus folgenden Alternativen:
1. prägender Erwerbstätigkeit
2. prägendem Wohnwert/Zinsen
3. nichtprägender Erwerbstätigkeit
4. nichtprägendem Wohnwert/Zinsen

---

[422] Vgl. hierzu näher Mayer, FamRZ 1992, 138; Gerhardt, FamRZ 1993, 261
[423] BayL 16, 17; BL 33, 34; BraL 26; FL IV 2; HaL 5; DrL 33; NaL 6.2; StL II 1; s. auch DL 25 zur sog. Quotenbedarfsmethode, die auf den gleichen Grundsätzen beruht, aber rechnerisch etwas anders vorgeht (vgl. Beispiele Rn 401)
[424] BGH, FamRZ 1997, 806 = R 512 c
[425] Gerhardt, aaO
[426] Nach DT jeweils $6/7$, nach BayL jeweils $9/10$

Lösung:
1. Einkommen von F aus prägender Erwerbstätigkeit:

Nach DT mit $^1/_7$
1. Stufe (= Bedarf): $^1/_2$ x ($^6/_7$ x 4900 DM + $^6/_7$ x 1400 DM) = 2700 DM
2. Stufe (= Höhe): 2700 DM − $^6/_7$ x 1400 DM = 1500 DM

Nach BayL mit $^1/_{10}$
1. Stufe (= Bedarf): $^1/_2$ x ($^9/_{10}$ x 4900 DM + $^9/_{10}$ x 1400 DM) = 2835 DM
2. Stufe (= Höhe): 2835 DM − $^9/_{10}$ x 1400 DM = 1575 DM

2. Einkommen von F aus prägendem Wohnwert/Zinsen:

Nach DT mit $^1/_7$
1. Stufe (= Bedarf): $^1/_2$ x ($^6/_7$ x 4900 DM + 1400 DM (kein Erwerbstätigenbonus)) = 2800 DM
2. Stufe (= Höhe): 2800 DM − 1400 DM = 1400 DM

Fehlerhaft wäre eine Rechnung, wie sie bei Anwendung der Differenzmethode häufig gemacht wird, das bereinigte Nettoeinkommen von F voll vom bereinigten Nettoeinkommen von M abzuziehen und hieraus den Unterhalt mit $^3/_7$ zu errechnen (4900 DM − 1400 DM = 3500 DM; 3500 x $^3/_7$ = 1500 DM!), denn bei der $^3/_7$-Quote ist mathematisch auf jeder Seite jeweils $^1/_7$ Arbeitsanreiz berücksichtigt.

Nach BayL mit $^1/_{10}$
1. Stufe (= Bedarf): $^1/_2$ x ($^9/_{10}$ x 4900 DM + 1400 DM (kein Erwerbstätigenbonus)) = 2905 DM
2. Stufe (= Höhe): 2905 DM − 1400 DM = 1505 DM

3. Einkommen von F aus nichtprägender Erwerbstätigkeit:

Nach DT mit $^1/_7$
1. Stufe (= Bedarf): $^1/_2$ x $^6/_7$ (= $^3/_7$) x 4900 DM = 2100 DM
2. Stufe (= Höhe): 2100 DM − $^6/_7$ x 1400 DM = 900 DM

Nach BayL mit $^1/_{10}$
1. Stufe (= Bedarf): $^1/_2$ aus $^9/_{10}$ x 4900 DM = 2205 DM
2. Stufe (= Höhe): 2205 DM − $^9/_{10}$ x 1400 DM = 945 DM

4. Einkommen von F aus nichtprägendem Wohnwert/Zinsen:

Nach DT mit $^1/_7$
1. Stufe (= Bedarf): $^1/_2$ x $^6/_7$ (= $^3/_7$) x 4900 DM = 2100 DM
2. Stufe (= Höhe): 2100 DM − 1400 DM = 700 DM

Nach BayL mit $^1/_{10}$
1. Stufe (= Bedarf): $^1/_2$ aus $^9/_{10}$ x 4900 DM = 2205 DM
2. Stufe (= Höhe): 2205 DM − 1400 DM = 805 DM

Fall:
M hat ein bereinigtes prägendes Nettoeinkommen aus Erwerbstätigkeit von 6300 DM und Zinseinkünfte von 400 DM. F hatte während der Ehe halbtags gearbeitet mit einem bereinigten Nettoeinkommen von 1400 DM (= prägend), nach und wegen der Scheidung erweitert sie ihre Tätigkeit auf ganztags mit einem bereinigten Nettoeinkommen von 2450 DM (Erhöhung von 1050 DM = nichtprägend).

Lösung:

Nach DT mit $^1/_7$
1. Stufe (= Bedarf) : $^1/_2$ x ($^6/_7$ x 6300 DM + 400 DM + $^6/_7$ x 1400 DM) = 3500 DM
2. Stufe (= Höhe): 3500 DM − $^6/_7$ x 2450 DM = 1400 DM

Nach BayL mit $^1/_{10}$
1. Stufe (= Bedarf): $^1/_2$ x ($^9/_{10}$ x 6300 DM + 400 DM + $^9/_{10}$ x 1400 DM) = 3665 DM
2. Stufe (= Höhe): 3665 DM − $^9/_{10}$ x 2450 DM = 1460 DM

Fall:
Wie oben, aber die Parteien hatten einen prägenden Wohnwert von 2000 DM, wobei M nach der Scheidung im Eigenheim blieb und dafür an F 200 000 DM zahlte, woraus sie Zinsen von monatlich 1200 DM erzielt (= nichtprägend).

3. Abschnitt: Bedarfsbemessung beim Ehegattenunterhalt   **§ 4**

Lösung:

Nach DT mit $1/7$
1. Stufe (= Bedarf): $1/2$ x ($6/7$ x 6300 DM + 400 DM + 2000 DM + $6/7$ x 1400 DM) = 4500 DM
2. Stufe (= Höhe): 4500 DM – ($6/7$ x 2450 DM + 1200 DM) = 1200 DM.

Nach BayL mit $1/10$
1. Stufe (= Bedarf): $1/2$ x ($9/10$ x 6300 DM + 400 DM + 2000 DM + $9/10$ x 1400 DM) = 4665 DM
2. Stufe (= Höhe): 4665 DM – ($9/10$ x 2450 DM + 1200 DM) = 1260 DM.

7. Unterhaltsberechnung nach Differenz- und Anrechnungsmethode

Quotenunterhalt: 390
Wie bereits ausgeführt, dürfen im Rahmen der Bedarfsbemessung nur **prägende Einkünfte** berücksichtigt werden, genauer der Teil der prägenden Einkünfte, der zur Verwendung für den Lebensbedarf zur Verfügung steht (siehe dazu Rn 179 f, 185 f, 228 f).
Die Bedarfsbemessung erfolgt nach der Formel:
Bedarf = prägendes verteilbares Einkommen x Quote

Beispiele:
– Erwerbseinkommen = 4200 x $3/7$ = 1800
  bzw. bei Bonus 10 %: 4200 x 45 % = 1890
– Renteneinkommen = 4200 : 2 = 2100
– Bei Mischeinkünften ist das Erwerbseinkommen vorweg um den „Ehegattenbonus" zu bereinigen.

Dieser bereinigte Betrag wird mit den sonstigen Einkünften addiert. Die Unterhaltsquote beträgt die Hälfte dieser Summe.
Berechnung: 4200 (Erwerbseinkommen) x $6/7$ = 3600
200 (Zinseinkünfte)
Summe = 3600 + 200 = 3800
Unterhalt = 3800 : 2 = 1900
oder bei Bonus 10 %:
4200 x 90 % + 200 = 3980 : 2 = 1990

Haushaltsführungsehe, Doppelverdienerehe und Zuverdienerehe   391
Ob Einkünfte der Eheleute die ehelichen Lebensverhältnisse geprägt haben, hängt davon ab, ob es sich um eine sog. Haushaltsführungsehe, Doppelverdienerehe oder Zuverdienerehe handelte.

Bei der **Haushaltsführungsehe** bestimmt sich der Bedarf allein nach dem prägenden Einkommen des Pflichtigen. Soweit der Berechtigte nach Trennung oder Scheidung nichtprägendes Einkommen erhält oder sich wegen seiner Erwerbspflicht zurechnen lassen muß, kürzt dieses nach § 1577 I BGB seinen Bedarf.

Bei der **Doppelverdienerehe** ergibt sich das Maß des Unterhalts aus den gemeinsamen 392
prägenden Einkünften der Eheleute.

Bei der **Zuverdienerehe** trägt die Bedürftige nur teilweise zu den Lebenshaltungskosten bei, die den ehelichen Bedarf prägen. Soweit er nach Trennung oder Scheidung zusätzliches nichtprägendes erzielt oder erzielen muß, kürzt dieses wiederum nach § 1577 I BGB den sich aus dem gemeinsamen ehelichen Einkommen ergebenden Bedarf.

Je nachdem, ob für die Unterhaltsberechnung nur prägende, oder aber prägende und 393
nichtprägende bzw. nur teilweise prägende Einkünfte heranzuziehen sind, bestimmt sich nach der Rechtsprechung des BGH,[427] der DT und ihnen folgend den meisten Unterhaltstabellen und Leitlinien die anzuwendende Berechnungsmethode.

Haben beide Ehegatten ein prägendes Erwerbseinkommen (Doppelverdienerehe), er- 394
folgte die Unterhaltsberechnung bisher meist nach der **Differenzmethode**, welche vielfach Gegenstand der BGH-Rechtsprechung geworden ist. An ihr wurden die wesentlichen Strukturen des geltenden Unterhaltsrechts entwickelt.

---

[427] BGH, R 29, R 323 d, R 76 c, R 101 b, R 266 b

Nach Auffassung des BGH berücksichtigt sie, daß in einer Doppelverdienerehe die ehelichen Lebensverhältnisse regelmäßig von dem beiderseitigen Einkommen geprägt werden, und trägt dem Umstand beiderseitiger Erwerbstätigkeit grundsätzlich in angemesser Weise Rechnung, weil sie jedem Ehegatten mehr als die Hälfte seines Einkommens beläßt und damit sowohl einen pauschalen Ausgleich für den mit der Berufstätigkeit verbundenen erhöhten Aufwand schafft, als auch einen gewissen Anreiz zur Erwerbstätigkeit bietet.[428]

Die Differenzmethode ist auch beim Trennungsunterhalt anzuwenden.[429]

Nichtprägende Einkünfte dürfen bei der Differenzmethode nicht berücksichtigt werden.

Sie geht davon aus, daß nur die verschiedene Höhe der beiderseits prägenden Einkommen einen Ausgleich erforderlich macht,[430] so daß sich ohne Ermittlung des Bedarfs durch die Berücksichtigung des prägenden Einkommens des Bedürftigen sofort die Unterhaltshöhe errechnet.

Berechnungsziel ist also der Ausgleichsbedarf (Differenzbedarf). Dieser errechnet sich aus der Differenz der jeweils prägenden Einkommen beider Gatten unter Anwendung der jeweils maßgebenden Quote ($3/7$ oder 45 %[431] für Erwerbs-, $1/2$ für Nichterwerbseinkommen).

Der volle Bedarf des Gatten nach § 1578 I BGB, der nicht explizit berechnet wird, ergibt sich aus der Summe von Differenzbedarf und prägendem Einkommen des Berechtigten.[432]

395 **Anrechnungsmethode**

Soweit die ehelichen Lebensverhältnisse nur durch das Einkommen des Pflichtigen geprägt wurden, bestimmen seine Einkünfte allein den Bedarf nach §§ 1361 I, 1578 I BGB, wobei dem Pflichtigen gegebenenfalls ein Quotenvorteil (Erwerbstätigenbonus) zusteht. Nichtprägendes Einkommen des Berechtigten hat jedoch auf die Höhe des Bedarfs keinen Einfluß und ist auf diesen nach § 1577 I BGB anzurechnen.

396 Handelt es sich bei dem Bedürftigen um ein nichtprägendes **Erwerbseinkommen**, muß auch ihm in gleicher Weise wie dem Verpflichteten der „**Erwerbstätigenbonus**" in Höhe von 10 %, $1/7$ oder $1/5$ zugute kommen. Denn auch ihm ist der mit der Ausübung der Erwerbstätigkeit verbundene höhere Aufwand abzugelten und ein Anreiz für die weitere Erwerbstätigkeit zuzubilligen[433] (vgl. auch Rn 375).

Dies geschieht am einfachsten dadurch, daß das bereinigte Nettoeinkommen des Bedürftigen nur in Höhe von $6/7$ (bei einem Bonus von 10 %: 90 %) auf seinen Bedarf angerechnet wird.[434]

Der Bonus ist dabei auch **bei fiktiven nichtprägenden Einkünften des Berechtigten** zu berücksichtigen.[435]

397 **Gemischte Differenz- und Anrechnungsmethode**

Haben beide Eheleute prägende Einkommen, der Berechtigte darüber hinaus aber auch noch nichtprägende Einkünfte, kann für den Bedarf wiederum nur das prägende Einkommen der Eheleute herangezogen und daraus nach der Differenzmethode die Quote gebildet werden. Das nichtprägende Einkommen des Berechtigten ist nach § 1577 I BGB darauf anzurechnen.

---

[428] BGH, FamRZ 1981, 752, 754 = R 76 c; FamRZ 1979, 692 = R 29; ferner R 142 a + e, R 236 d, R 106 a + c, R 266 b, R 61
[429] BGH, FamRZ 1983, 146 = R 142 a + e
[430] Differenzrechnung wie beim Zugewinn
[431] (100 %–10 %)/2 = 45 %
[432] BGH, FamRZ 1985, 161, 164 = R 236 d
[433] BGH, FamRZ 1988, 265, 267 = R 354 d; FamRZ 1988, 701, 704 = R 362 f; FamRZ 1988, 256, 259 = R 355 f; FamRZ 1986, 783, 786 = R 299 d
[434] BGH, FamRZ 1988, 256, 259 = R 355 f
[435] FamRZ 1995, 346 = R 490 b; FamRZ 1991, 307, 310 = R 427 c; BGH FamRZ 1990, 979, 981 = R 412 c

3. Abschnitt: Bedarfsbemessung beim Ehegattenunterhalt   § 4

Berechnungsbeispiele: 398

Fall 1
prägendes Erwerbseinkommen des M: 4900 DM
prägendes Erwerbseinkommen der F: 1400 DM

Lösung:
Differenzmethode
bei Bonus 10 %
(4900 − 1400) x 45 % = 1435
bei Bonus 1/7:
(4900 − 1400) x $3/_7$ = 1500

Fall 2
prägendes Erwerbseinkommen des M: 4900 DM
prägendes Zinseinkommen der F: 1400 DM

Lösung:
Differenzmethode, wobei jedoch zwischen Erwerbseinkommen und anderem Einkommen zu trennen ist.
bei Bonus 10 %
(4900 − 0) x 45 % = 2205
(0 − 1400) x 50 % = − 700
Unterhaltsanspruch 1505
bei Bonus $1/_7$:
(4900 − 0) x $3/_7$ = 2100
(0 − 1400) x $1/_2$ = − 700
Unterhaltsanspruch 1400

Fall 3
prägendes Erwerbseinkommen des M: 4900 DM
nichtprägendes Erwerbseinkommen der F: 1400 DM

Lösung nach Anrechnungsmethode:
bei Bonus 10 %
4900 x 45 % = 2205
2205 − 90 % x 1400 = 945
bei Bonus $1/_7$:
4900 x $3/_7$ = 2100
2100 − $6/_7$ x 1400 = 900

Fall 4
prägendes Erwerbseinkommen des M: 4900 DM
nichtprägendes Zinseinkommen der F: 1000 DM

Lösung: Anrechnungsmethode
bei Bonus 10 %:
4900 x 45 % = 2205
2205 − 1000 = 1205
bei Bonus $1/_7$:
4900 x $3/_7$ = 2100
2100 − 1000 = 1100

Fall 5
prägendes Nettoerwerbseinkommen des M: 4900 DM
prägendes Erwerbseinkommen der F: 700 DM
nichtprägendes Erwerbseinkommen der F: 700 DM

Lösung:
gemischte Differenz- und Anrechnungsmethode
bei Bonus 10 %
(4900 − 700) x 90 % x $1/_2$ = 1890
1890 − 90 % x 700 = 1260
bei Bonus 1/7:

§ 4 Ehegattenunterhalt

(4900 − 700) x ³/₇ = 1800
1800 − ⁶/₇ x 700 = 1200

Fall 6
prägendes Erwerbseinkommen des M: 4900 DM
prägender Wohnwert von M 1000 DM
prägendes Erwerbseinkommen der F: 1400 DM
nichtprägendes Zinseinkommen der F: 500 DM
Lösung:
gemischte Differenz- und Anrechnungsmethode, wobei zwischen Erwerbs- und Nichterwerbseinkünften zu unterscheiden ist.

bei Bonus 10 %:
(4900 − 1400) x 45 % = 1575
(1000 − 0) x ½ = 500
Differenzbedarf 2075
2075 − 500 = 1575
bei Bonus ¹/₇:
(4900 − 1400) x ³/₇ = 1500
(1000 − 0) x ½ = 500
Differenzbedarf 2000
2000 − 500 = 1500

8. Methodenwahl

399 Nach der Rechtsprechung des BGH obliegt die Wahl der Berechnungsmethode dem Tatrichter, der sie auf ihre Angemessenheit zu überprüfen hat.[436] Das bedeutet in erster Linie, daß der BGH unterschiedliche Quoten (²/₅ und ³/₇) gebilligt hat, betrifft aber auch sonstige Bedarfsberechnungen, die sich im Rahmen der BGH-Rechtsprechung halten. Die vorher dargestellte **Additionsmethode** (s. o. Rn 386) kommt überdies zu denselben Ergebnissen wie die Bedarfsberechnung nach den älteren Rechenwegen, die unter den Namen **Differenzmethode**, **Anrechnungsmethode** und **Mischmethode** (s. o. Rn 394, 395, 396) bekannt sind.

400 Zu den gleichen Ergebnissen führt auch die **Quotenbedarfsmethode**, welche Scholz[437] zuerst dargestellt hat und die in den Leitlinien des OLG Düsseldorf verwendet wird.[438] Hiernach berechnet sich der Bedarf des Berechtigten (ebenso wie der Eigenbedarf = eheangemessene Selbstbehalt des Verpflichteten, vgl. Rn 568) aus ⁴/₇ des eigenen Erwerbseinkommens, ³/₇ des Erwerbseinkommens des Gatten und ½ der sonstigen beiderseitigen Einkünfte. Auf diesen Bedarf sind nichtprägende Erwerbseinkünfte nur zu ⁶/₇ oder 90 % anzurechnen, andere Einkünfte (sonstige Einkünfte und prägende Erwerbseinkünfte) dagegen in voller Höhe.

401 Die Übereinstimmung dieser Berechnungsmethoden im Ergebnis und der jeweilige Rechenweg sei an den folgenden Beispielen gezeigt:

Fall 1
prägendes Erwerbseinkommen des M: 4200 DM
prägendes Erwerbseinkommen der F: 1400 DM
Berechnung mit Bonus 10 %:

Lösung: Differenzmethode:
(4200 − 1400) x 45 % = 1260

Lösung: Additionsmethode
(90 % x 4200 + 90 % x 1400) x ½ − 90 % x 1400 = 1260

Lösung: Quotenbedarfsmethode:
4200 x 45 = 1890
1400 x 55 % = 770

---
[436] BGH, FamRZ 1984, 151 = R 186 a
[437] Scholz, FamRZ 1990, 1088
[438] DL 39

3. Abschnitt: Bedarfsbemessung beim Ehegattenunterhalt § 4

Bedarf 2660
2660 − 1400 = 1260

Fall 2
Wie 1. mit zusätzlichem prägendem Wohnwert 500 DM beim Berechtigten
Lösung: Differenzmethode, wobei jedoch zwischen Erwerbseinkommen und anderem Einkommen zu trennen ist.
Berechnung mit Bonus $1/7$:
$(4200 − 1400) \times 3/7 = 1200$
$(0 − 500) \times 1/2 = -250$
Unterhaltsanspruch 950[439]

Lösung: Additionsmethode
$(6/7 \times 4200 + 6/7 \times 1400 + 500) \times 1/2 − 6/7 \times 1400 − 500 = 950$

Lösung: Quotenbedarfsmethode
$4200 \times 3/7 = 1800$
$1400 \times 4/7 = 800$
$500 \times 1/2 = 250$
Bedarf 2850
$2850 − 1400 − 500 = 950$

Fall 3
prägendes Erwerbseinkommen des M: 4200 DM
nichtprägendes Erwerbseinkommen der F: 1400 DM

Lösung: Anrechnungsmethode:
$4200 \times 3/7 = 1800$
$1800 − 6/7 \times 1400 = 600$

Lösung: Additionsmethode
$6/7 \times 4200 \times 1/2 − 6/7 \times 1400 = 600$

Lösung: Quotenbedarfsmethode
$4200 \times 3/7 = 1800$
$1800 − 6/7 \times 1400 = 600$

Fall 4
prägendes Erwerbseinkommen des M: 4200 DM
nichtprägendes Zinseinkommen der F: 1000 DM

Lösung: Anrechnungsmethode
$4200 \times 3/7 = 1800$
$1800 − 1000 = 800$

Lösung: Additionsmethode
$6/7 \times 4200 \times 1/2 = 1800$
$1800 − 1000 = 800$

Lösung: Quotenbedarfsmethode
$4200 \times 3/7 = 1800$
$1800 − 1000 = 800$

Fall 5
prägendes Erwerbseinkommen des M: 4200 DM
prägendes Erwerbseinkommen der F: 700 DM
nichtprägendes Erwerbseinkommen der F: 700 DM

Lösung: gemischte Differenz- und Anrechnungsmethode
$(4200 − 700) \times 3/7 = 1500$
$1500 − 6/7 \times 700 = 900$

Lösung: Additionsmethode
$(6/7 \times 4200 + 6/7 \times 700) \times 1/2 − 6/7 \times 1400 = 900$

---

[439] Vielfach wird die Differenzmethode in solchen Fällen nicht streng durchgeführt, sondern mit der Additions- (= Halbteilungs-) Methode gemischt.

Lösung: Quotenbedarfsmethode
4200 x $^3/_7$ = 1800
700 x $^4/_7$ = 400
Bedarf 2200
2200 − 700 − $^6/_7$ x 700 = 900

Fall 6
prägendes Erwerbseinkommen des M: 4200 DM
prägender Wohnwert von M: 1000 DM
prägendes Erwerbseinkommen der F: 1400 DM
nichtprägendes Zinseinkommen der F: 500 DM

Lösung: gemischte Differenz- und Anrechnungsmethode, wobei zwischen Erwerbs- und Nichterwerbseinkünften zu unterscheiden ist.
(4200 − 1400) x $^3/_7$ = 1200
(1000 − 0) x $^1/_2$ = 500
Differenzbedarf 1700
1700 − 500 = 1200

Lösung: Additionsmethode
($^6/_7$ x 4200 + $^6/_7$ x 1400 + 1000) x $^1/_2$ − $^6/_7$ x 1400 − 500 = 1200

Lösung: Quotenbedarfsmethode
4200 x $^3/_7$ = 1800
1400 x $^4/_7$ = 800
1000 x $^1/_2$ = 500
Bedarf 3100
3100 − 1400 − 500 = 1200

402 Die Wahl zwischen diesen Rechenwegen ist eine Frage der Zweckmäßigkeit.
Die **Differenzmethode** hat den Vorzug der in vielen Fällen einfacheren Berechnung. Der Vorzug der **Additionsmethode** liegt in der Tatsache, daß der Bedarf im Hinblick auf eine spätere Abänderung des Titels explizit festgestellt wird und daß der rechtliche Zusammenhang besonders in komplizierten Fällen durchsichtiger ist. Dasselbe gilt für die **Quotenbedarfsmethode**. Beide unterscheiden sich in dem von ihnen als voller Bedarf nach § 1578 I BGB angesetzten Betrag. Bei Quotenbedarfsmethode wird der vom prägenden Einkommen gewährte Erwerbsbonus zum Bedarf gerechnet, bei der Additionsmethode wird er nur durch Vorabzug berücksichtigt. Einfluß auf das Ergebnis kann der Unterschied nur dann haben, wenn in einem Mangelfall nach § 1581 BGB die Bedarfsbeträge des Pflichtigen und Berechtigten verhältnismäßig gekürzt werden. Der Vorabzug nach der Additionsmethode bedeutet dann eine Privilegierung des Erwerbstätigen (s. Rn 5/151 f, 5/159 f, 5/167 f). Die Quotenbedarfsmethode unterscheidet sich von der Additionsmethode weiter dadurch, daß prägendes Erwerbseinkommen (im Gegensatz zum nichtprägenden) − ebenso wie sonstiges Einkommen − nicht zu $^6/_7$, sondern voll anzurechnen ist. Für den Rechenweg ergibt das keine Komplikationen.

403 Die Praxis wendet die Methoden oft nebeneinander an. Die Differenzmethode eignet sich für einfache Fälle und dann, wenn es nur auf das Ergebnis ankommt, während Additionsmethode oder die Quotenbedarfsmethode dann zu verwenden sind, wenn die rechtliche Begründung des Ergebnisses im einzelnen erörtert wird oder wenn in komplizierteren Fällen der Rechenweg dadurch übersichtlicher wird.

9. Auswirkungen des Vorabzugs von Schulden und Kindesunterhalt auf den Erwerbstätigenbonus bei Mischeinkünften

404 Wie bereits ausgeführt (vgl. Rn 185, 362 und eingehend Rn 1/468 ff), errechnet sich der Bedarf nach den ehelichen Lebensverhältnissen aus dem bereinigten Nettoeinkommen, d.h. aus dem durch unterhaltsrechtlich relevante Abzüge gekürzten Einkommen. Berücksichtigungswürdige Schulden und Kindesunterhalt sind somit vor der Bildung der Ehegattenquote vom Einkommen des Pflichtigen abzuziehen, weil sie für den Le-

3. Abschnitt: Bedarfsbemessung beim Ehegattenunterhalt § 4

bensbedarf nicht zur Verfügung stehen (s. o. Rn 185). Damit ist der Bonus aus dem bereinigten Nettoeinkommen (verfügbares Einkommen) zu berechnen (vgl. Rn 373, 377).[440]

Wenn der Verpflichtete in solchen Fällen prägendes Einkommen aus Erwerbstätigkeit und daneben noch anderes Einkommen bezieht, etwa aus Zinsen oder dem Wohnwert eines Hauses, so gilt für den einen Einkommensteil das Prinzip der Halbteilung, während für den anderen dem Verpflichteten ein Bonus zusteht. Je nachdem, ob nun die Schulden oder der Kindesunterhalt auf das Erwerbseinkommen, auf das Nichterwerbseinkommen oder auf beide verrechnet werden, fällt der Erwerbsbonus höher oder niedriger aus.[441]

Handelt es sich bei den Abzugsposten um eindeutig einem Einkommen zurechenbare **405** Ausgaben, dürfen sie nur dort abgezogen werden, z. B. Lohnsteuer, gesetzliche Sozialabgaben und berufsbedingte Aufwendungen nur vom Erwerbseinkommen des Nichtselbständigen (vgl. Rn 1/504), Depotkosten von Kapitaleinkünften (vgl. Rn 1/309), verbrauchunabhängige Nebenkosten vom Wohnwert (vgl. Rn 1/235 ff).

Berücksichtigungswürdige Schulden für Konsumkredite oder Kindesunterhalt sind hin- **406** gegen nicht ohne weiteres einer bestimmten Einkommensart zuzuordnen. Hier sind bisher vier Lösungswege eingeschlagen worden, welche in der Reihenfolge des durchschnittlich geringeren Bonus geordnet dargestellt werden:
– Berechnung des Erwerbsbonus aus dem Nettoerwerbseinkommen (ohne Kürzung um Schulden u. a.).[442]
– Vorrangiger Abzug vom Nichterwerbseinkommen (Prinzip der Bonusbegrenzung).[443]
– Anteiliger Abzug von Erwerbs- und Nichterwerbseinkommen.[444]
– Vorrangiger Abzug vom Haupteinkommen (in der Regel dem Erwerbseinkommen).[445]

Der BGH hat die Lösung 1 abgelehnt,[446] sonst aber zu diesem Problem bisher noch nicht abschließend Stellung genommen. Welche Lösung sich durchsetzen wird, ist bisher offen.

- Die Vertreter der **Lösung 1** (maximaler Bonus) sehen deren Vorteil darin, daß bei der **407** Berechnung des Bonus der Erwerbstätige, welcher Kindesunterhalt zu zahlen hat, mit demjenigen gleichbehandelt wird, für den das nicht zutrifft.[447]
- Die Vertreter der **Lösung 2** sehen den Vorteil dieser Lösung darin, daß sie sich am engsten **408** an die Unterhaltsbemessungspraxis vor dem Urteil des BGH vom 12. 7. 1989,[448] welche die OLGs zu einer unterschiedlichen Behandlung von Erwerbs- und Nichterwerbseinkommen veranlaßte, anschließt. Sie sei rechnerisch leicht zu handhaben, weil sie sich letztlich auf die Prüfung beschränkt, ob das verfügbare oder das Erwerbseinkommen geringer sei. Die Lösung ist nur deshalb problematisch, weil durch den Vorabzug des Kindesunterhalts der Bonus relativ höher ausfällt, gerade die kinderbetreuende Frau also benachteiligt wird. Das widerspricht der in diesem Fall von den Eheleuten zu erwartenden stärkeren Solidarität, welche wegen der gemeinsamen Verantwortung für die Kinder gerade einen geringeren Bonus nahelegen würde.

---

[440] BGH, FamRZ 1989, 842 = NJW 1989, 1992; FamRZ 1984, 662, 664 = NJW 1984, 2358
[441] Vgl. Gutdeutsch, FamRZ 1994, 346 ff; FamRZ 1994, 1161; Gerhardt, FamRZ 1994, 1158
[442] OLG Hamburg, FamRZ 1991, 953; zust. Kalthoener/Büttner, NJW 1992, 2992, 3000; ebenso im Ergebnis OLG Hamm, FamRZ 1993, 1237; abl. OLG Karlsruhe, FamRZ 1992, 1438. Der BGH hat in der Leitentscheidung FamRZ 1989, 1160, 1162 = R 395 d den Bonus aus dem Nettoerwerbseinkommen von 2770 und nicht aus dem verfügbaren Einkommen von 2770 + 105 – 195 = 2680 DM berechnet, dabei aber die Abweichung von seiner bisherigen Rechtsprechung nicht erörtert
[443] Graba, NJW 1993, 3033, 3037; Gutdeutsch, FamRZ 1994, 346; FamRZ 1994, 1161
[444] Scholz, FamRZ 1993, 127, 143
[445] OLG Hamburg, FamRZ 1991, 445, 448; Gerhardt, FamRZ 1994, 1158; für geringes Nebeneinkommen auch Scholz, FamRZ 1993, 127, 143
[446] BGH, FamRZ 1997, 806 = R 512 b
[447] Der Vorabzug vom ungekürzten Erwerbseinkommen hat auch große praktische Vorteile und ist deshalb verbreiteter, als die Veröffentlichungen erkennen lassen (etwa BGH, FamRZ 1989, 1160, 1162 = R 395 d), zumal die mit dieser Bonusrechnung verknüpfte Halbteilung der gemeinschaftlichen Schulden auch i. d. Regel als gerecht empfunden wird (OLG Hamburg, FamRZ 1991, 953)
[448] BGH, FamRZ 1989, 1160, 1162 = R 395 d

Dieses Problem läßt sich jedoch dadurch lösen, daß im Falle eines Vorabzugs von Kindesunterhalt der Bonus auf 10 % herabgesetzt, in den anderen Fällen geringfügig auf 15 % erhöht wird.

Da der 15 %-Bonus sich mit 5 % berufsbedingten Aufwendungen zu 20 % Erwerbspauschale vereinigen läßt, ergeben sich bei dieser Lösung weitere Vereinfachungen in der Berechnung. Bei Berücksichtigung von Kindesunterhalt muß dagegen i. d. R. ohnehin zweistufig verfahren werden, indem zuerst die berufsbedingten Aufwendungen abgezogen werden, um das Bemessungseinkommen für den Kindesunterhalt zu erhalten. Danach wäre erst der Bonus von 10 % des Ursprungsbetrags abzusetzen.

Für die Lösung spricht auch, daß die gemeinsame Verantwortung für die Kinder durch die Halbteilung der Unterhaltslast unterstrichen wird.

Vielleicht stand einer Einigung der OLGs über die Höhe des Bonus (bisher zwischen 10 % und 20 %) bisher im Wege, daß die einen die kinderbetreuende Frau, die anderen die kinderlose Frau zum Maßstab genommen haben. Träfe das zu, so könnte der Ausweg in einer Differenzierung des Bonus bestehen.

Aus den Gründen, auf welchen die Zubilligung des Bonus beruhte (als Anreiz und als Ausgleich für einen allgemein erhöhten Aufwand), folgt, daß er vom verfügbaren Einkommen, höchstens aber (nach der BGH-Rechtsprechung) dem Erwerbseinkommen abzuziehen ist.[449] Gegen eine über die Vorgaben des BGH hinausgehende Kürzung des Bonus spricht, daß sich der BGH[450] in der Leitentscheidung nicht gegen eine Erhöhung des Bonus, sondern **gegen eine Verkürzung** des dem Verpflichteten zustehenden **Bonus** von 396 auf 281 gewandt hatte.[451]

409 • Die Vertreter der **Lösung 3** vermitteln zwischen gegensätzlichen Standpunkten durch eine anteilige Verrechnung. welche in der Regel als gerechter Interessenausgleich angesehen wird, allerdings erhöhten Rechenaufwand verursacht. Da die Quotierung aber bei geringfügigem Nebeneinkommen kaum andere Ergebnisse als die Lösung 4 liefert, wird in solchen Fällen darauf verzichtet und die Lösung 4 angewandt.

410 • Die Vertreter der **Lösung 4** (durchschnittlich geringster Bonus) rechtfertigen ihre Lösung damit, daß berücksichtigungswürdige Schulden und Kindesunterhalt in der Regel aus dem Haupteinkommen bezahlt würden, das dann in einem Rechengang durch Abzug von Steuern, Vorsorgeaufwendungen, berufsbedingten Aufwendungen, berücksichtigungsfähigen Schulden und Kindesunterhalt bereinigt werden kann. Sie sehen ihre Methode als die praktikabelste an, weil in der Regel das Erwerbseinkommen das Haupteinkommen sei und die Berücksichtigung des Nichterwerbseinkommens mit einer einfachen Zusatzberechnung erfolgen könne. In den selteneren Fällen, in denen das Nichterwerbseinkommen Haupteinkommen ist, könnten Schulden oder Kindesunterhalt von diesem abgezogen und für Erwerbseinkommen dann der ohnehin niedrige volle Bonus bleiben. In den äußerst seltenen Ausnahmefällen, in denen bei gleicher Höhe der Einkommensarten ein Haupteinkommen nicht feststellbar sei, könne die Lösung 3 angewandt werden. Die Lösung stehe auch in Übereinstimmung mit einer Tendenz des BGH, die Kumulation von 5 % berufsbedingten Aufwendungen und $1/7$ Erwerbsbonus für unzulässig anzusehen, den Bonus also im Ergebnis herabzusetzen (vgl. Rn 381 m. w. N.).

411 Im Gegensatz zu den verschiedenen Methoden der Bedarfsbemessung führen die unterschiedlichen **Methoden der Bonusberechnung** zu **verschiedenen Ergebnissen**:

Beispiel 1:
Der Mann verdient 3200 DM netto abzüglich 200 DM berufsbedingte Aufwendungen und hat aus Hausnutzung und Kapital ein weiteres Einkommen von 2000 DM. Er ist der einkommenslosen Frau und zwei Kindern im Alter von 3 und 7 Jahren unterhaltspflichtig.

---

[449] Gegen die Lösung wird eingewandt, daß das Nichterwerbseinkommen in der Praxis vielfach im Wohnwert bestehe und daß aus diesem kein Kindesunterhalt gezahlt werden könne. Das soll auch nicht geschehen. Vielmehr soll nur auf den Wohnwert der Kindesunterhalt verrechnet werden, ebenso wie bei der Bemessung des Gattenunterhalts der Wohnwert beim Pflichtigen herangezogen wird, obgleich er nicht als Unterhalt ausgezahlt werden kann

[450] BGH, FamRZ 1989, 1163 = R 395 d

[451] 2770 : 7 = 396; (2770 + 105 − 195 − (600 + 150−40)) : 7 = 281

3. Abschnitt: Bedarfsbemessung beim Ehegattenunterhalt § 4

Vor Berechnung des Bedarfs des Gatten sind vom Einkommen des Mannes sowohl der Kindesunterhalt als auch der Erwerbsbonus abzuziehen.
Nach der DT 8/1 und DT 8/2 beträgt der Kindesunterhalt 533 + 647 = 1180 DM.

Lösung 1: Bonus aus dem vollen Erwerbseinkommen:
$(3200 - 200) \times 6/7 + 2000 - 1180 = 3391 \times 1/2 = 1696$

Lösung 2: Bonus aus dem vollen Erwerbseinkommen, weil der Kindesunterhalt (1105) aus dem Nichterwerbseinkommen (2000) gedeckt werden kann:
$(3200 - 200) + 2000 - 1180 - 3000 \times 1/7 = 3391 \times 1/2 = 1696$

Lösung 3: Bonus aus dem anteiligen Erwerbseinkommen (Berechnung nach Scholz aaO):
$(3200 - 200) : (3200 - 200 + 2000) = 60\%$ Erwerbseinkommen
$(5000 - 1180) \times 60\% \times 3/7 = 982$
$(5000 - 1180) \times 40\% \times 1/2 = 764$
insgesamt 1746

Lösung 4: Abzug vom Erwerbseinkommen als Haupteinkommen:
$(3200 - 200 - 1180) \times 3/7 + 2000 \times 1/2 = 1780$
oder nach der Additionsmethode:
$(3200 - 200 - 1180) \times 6/7 + 2000) \times 1/2 = 1780$

Zwischen den Gatten kann verteilt werden:
$3200 + 2000 - 200 - 1180 = 3820$
Der Bonus, um welchen das Resteinkommen des Pflichtigen den Gattenunterhalt übersteigt, beträgt nach den
Lösungen 1 und 2: $3820 - 2 \times 1696 = 428$,
nach der Lösung 3: $3820 - 2 \times 1746 = 328$ und
nach der Lösung 4: $3820 - 2 \times 1780 = 260$

Beispiel 2:
Der Mann verdient 4700 DM netto abzüglich 200 DM berufsbedingte Aufwendungen und bezieht daneben eine Rente von 500 DM.
Nach der Düsseldorfer Tabelle beträgt der Kindesunterhalt wieder 533 + 647 = 1180 DM.

Lösung 1: Bonus aus dem vollen Erwerbseinkommen:
$(4700 - 200) \times 6/7 + 500 - 1180 = 3177 : 2 = 1589$

Lösung 2: Bonus aus dem verfügbaren Einkommen, weil der Kindesunterhalt (1105) aus dem Nichterwerbseinkommen (500) nicht gedeckt werden kann:
$(4700 - 200 + 500 - 1180) \times 3/7 = 1637$
oder nach der Additionsmethode:
$(4700 - 200 + 500 - 1180) \times 6/7 \times 1/2 = 1637$

Lösung 3: Bonus aus dem anteiligen Erwerbseinkommen (Berechnung nach Scholz aaO):
$(4700 - 200) : (4700 - 200 + 500) = 90\%$ Erwerbseinkommen
$(5000 - 1180) \times 90\% \times 3/7 = 1473$, $(5000 - 1180) \times 10\% \times 1/2 = 191$
insgesamt 1664

Lösung 4: Abzug vom Erwerbseinkommen als Haupteinkommen:
$(4700 - 200 - 1180) \times 3/7 + 500 : 2 = 1673$
oder nach der Additionsmethode:
$(4700 - 200 - 11180) \times 6/7 + 500) : 2 = 1673$

Zur Verteilung zwischen den Gatten steht zur Verfügung:
$4700 + 500 - 200 - 1180 = 3820$
Der Bonus, um welchen das Resteinkommen des Pflichtigen den Gattenunterhalt übersteigt, beträgt
nach der Lösung 1 : $3820 - 2 \times 1589 = 642$,
nach der Lösung 2 : $3820 - 2 \times 1637 = 546$,
nach der Lösung 3 : $3820 - 2 \times 1664 = 492$ und
nach der Lösung 4 : $3820 - 2 \times 1673 = 474$

10. Bedarfsbemessung bei konkurrierendem Gattenunterhalt

412 Hat der Verpflichtete für den Unterhalt eines weiteren Gatten aufzukommen und ist dessen Unterhaltsanspruch nach § 1582 BGB **nachrangig** (zu den Rangverhältnissen s. u. § 5 II. 4. Rn 5/44 ff), so haben dessen Bedarf und die an ihn zu erbringenden Unterhaltsleistungen keinen Einfluß auf den Bedarf des vorrangigen Gatten.[452]

413 Ist der Unterhaltsanspruch des ersten Gatten vorrangig, so ist dessen Unterhalt vom prägenden Einkommen des Verpflichteten vorab abzuziehen, weil die Unterhaltspflicht aus einer vorhergegangenen Ehe die wirtschaftlichen Verhältnisse der neuen nachhaltig prägt.

414 Bei Gleichrang beider Unterhaltsansprüche ist zu unterscheiden:
Der **Unterhaltsbedarf** des Gatten aus der **ersten Ehe** wird durch die neue Eheschließung **nicht verändert**. Für den Unterhalt des zweiten Gatten kann nichts anderes gelten als für den des Kindes aus der zweiten Ehe.[453]
Der Gleichrang des zweiten Gatten kann deshalb für den ersten nur auf der Leistungsstufe, nicht der Bedarfsstufe, Bedeutung haben.
Der Bedarf des ersten Gatten ist unabhängig von der zweiten Ehe zu bestimmen und verursacht insofern keine Probleme.
- Der **Bedarf des zweiten Gatten** hingegen wird **geprägt** durch die **Unterhaltspflicht** aus der geschiedenen Ehe. Diese ist aber wiederum durch den Gleichrang mit dem Unterhalt des zweiten Gatten eingeschränkt.
Diese zirkelhafte Abhängigkeit von Bedarf und Leistungsfähigkeit läßt sich wie folgt auflösen:
- Der **Unterhalt des ersten Gatten** wird in einer Mangelfallberechnung, bei welcher ein fiktiver Bedarf des zweiten Gatten einbezogen wird, auf den **gleichrangigen Unterhalt** gekürzt. Letzterer wird dann als **prägende Verbindlichkeit** vom Einkommen des Verpflichteten **abgezogen** und der **volle Bedarf des zweiten Gatten** in üblicher Weise berechnet.[454]

415 Da die Berechnung des vollen Bedarfs des zweiten Gatten zugleich einen Mangelunterhalt des ersten berechnet, wird der Rechenweg zusammenhängend bei den Mangelfällen dargestellt (s. Rn 5/124 f). Dort sind deshalb auch die Beispiele zur Bedarfsbemessung des zweiten Gatten bei Gleichrang zu finden.

11. Quotenunterhalt, voller Unterhalt und trennungsbedingter Mehrbedarf

416 Durch die Bedarfsbemessung nach Quoten (**Quotenunterhalt**) wird nur das für Unterhaltszwecke verwendbare Einkommen nach dem Halbteilungsgrundsatz angemessen verteilt. Der Quotenunterhalt bietet keine Gewähr dafür, daß mit ihm der während des Zusammenlebens in der Ehe erreichte Lebensstandard nach Trennung und Scheidung aufrechterhalten werden kann. Ein solches Zurückbleiben der Quote hinter dem Betrag des vollen eheangemessenen Unterhalts im Sinn von § 1578 I 1 BGB ist insbesondere im Hinblick auf Mehrkosten möglich, die den Ehegatten infolge der Trennung erwarten (= **trennungsbedingter Mehrbedarf**) und die dazu führen können, daß die Eheleute mit den Mitteln der Quote ihren ehelichen Lebensstandard nicht mehr aufrechterhalten können.[455]

In solchen Fällen, in denen der Quotenunterhalt wegen eines trennungsbedingten Mehrbedarfs hinter dem vollen Unterhalt zurückbleibt, beinhaltet der Quotenunterhalt einen Unterhalt, der gemäß § 1581 BGB nach den Erwerbs- und Vermögensverhältnissen der Ehegatten der Billigkeit entspricht.[456]

---

[452] BGH, FamRZ 1987, 916 = R 330, ferner R 364 b, R 297 c
[453] Nach der Rechtsprechung des BGH darf der Unterhalt für ein Kind zweiter Ehe bei der Bedarfsbestimmung für den ersten Gatten nicht herangezogen werden: FamRZ 1987, 456, 458 = R 329 b
[454] Vgl. Gutdeutsch, FamRZ 1995, 327; dazu auch Hampel FamRZ 1995, 1177
[455] BGH, FamRZ 1983, 146, 148 = R 142 b + d; FamRZ 1982, 255, 257 = R 93 c
[456] BGH, FamRZ 1986, 783, 786 = R 299 b; FamRZ 1984, 358 = R 197 a

3. Abschnitt: Bedarfsbemessung beim Ehegattenunterhalt § 4

Der volle Unterhalt setzt sich in solchen Fällen zusammen aus dem Quotenunterhalt (§ 1581 BGB) und dem durch diesen Quotenunterhalt und andere nichtprägende Mittel nicht gedeckten trennungsbedingten Mehrbedarf.

Allerdings kann ein den Quotenunterhalt übersteigender voller Unterhalt nur dann Berücksichtigung finden, wenn **zusätzliche Mittel** vorhanden sind, um ihn – zumindest teilweise – zu decken.[457]

417

Trennungsbedingter Mehrbedarf

418

In den meisten Fällen entstehen durch die Trennung **im Verhältnis zur Zeit vor der Trennung Mehrkosten**, wie etwa durch eine neue zusätzliche Wohnung oder durch die getrennte Haushaltsführung.[458]

Solche und andere Mehrkosten, die nur infolge der Trennung neu entstehen, verursachen den trennungsbedingten Mehrbedarf.

Zu berücksichtigen sind hier u. a. die Mehrkosten des wegziehenden Ehegatten für eine anzumietende neue Wohnung (Kaltmiete), einschließlich Umzugskosten, Mietvorauszahlung u. ä., ebenso die Mietkosten des in der Ehewohnung zurückbleibenden Ehegatten, für die er jetzt allein aufkommen muß, angemessene Aufwendungen für dringend benötigten neuen Hausrat oder Zins- und Tilgungsleistungen für einen Kredit, der zur Finanzierung entsprechender trennungsbedingter Kosten aufgenommen worden ist. Außerdem ist das Leben in zwei getrennten Haushalten teurer als in einem Haushalt, weil der Vorteil des gemeinsamen Wirtschaftens und der Vorteil der Aufgabenverteilung in der Ehe entfällt.

Auch die Scheidungskosten können berücksichtigt werden.

Doch ist es in den meisten Fällen zumutbar, daß jeder diese aus seinem Vermögen und aus seiner Einkommensquote selbst trägt. Bei beengten wirtschaftlichen Verhältnissen kann Prozeßkostenhilfe beansprucht werden. Etwaige PKH-Raten[459] sind so bemessen, daß sie aus der Einkommensquote bezahlt werden können, so daß die Berücksichtigung als trennungsbedingter Mehrbedarf nur in Ausnahmefällen in Betracht kommt (vgl. näher Rn 1/536).

Trennungsbedingter Mehrbedarf ist mit diesen Mehrkosten **nicht immer identisch**, weil der entsprechende Kostenaufwand auch eine gegenüber der vorherigen Lage höhere Bedarfsdeckung bewirken kann, umgekehrt auch das Fehlen entsprechender Mehrkosten darauf beruhen kann, daß die Mittel zu deren Deckung fehlen. Dabei ist auch zu berücksichtigen, daß die Höhe der Mehrkosten von den Entscheidungen des Bedürftigen abhängt[460] und deshalb nur mit Vorsicht zur Unterhaltsbemessung herangezogen werden sollte. In der Praxis wird der Mehrbedarf daher meist anhand der Mehrkosten und anderen Vortrags geschätzt, nicht aber mit den Mehrkosten gleichgesetzt. Diese Praxis hat der BGH gebilligt.[461]

419

Trennungsbedingter Mehrbedarf kann sowohl auf seiten des **Berechtigten** als auch auf seiten des **Verpflichteten** anfallen.[462]

420

Er wird in der Regel auf beiden Seiten bestehen, wenn auch vielfach in unterschiedlicher Höhe. Er ist auch noch beim nachehelichen Unterhalt zu berücksichtigen, wenn und soweit er bei Scheidung fortbesteht.[463]

Ein trennungsbedingter Mehrbedarf besteht nicht, wenn der Unterhaltsbedarf konkret bemessen wird (vgl. Rn 366 f).

Trennungsbedingter Mehrbedarf ist grundsätzlich im Rahmen der Bemessung des vollen eheangemessenen Unterhaltsbedarfs zu berücksichtigen.[464]

421

---

[457] BGH, FamRZ 1984, 358 = R 197 a; FamRZ 1982, 255, 257 = R 93 c
[458] BGH, FamRZ 1982, 255, 257 = R 93 c; ferner R 289 a, R 197 a, R 168 a, R 322, R 93 c, R 362 e, R 187 e, R 176 b, R 339 d, R 299 b, R 388 c, R 392 b, R 142 b + d
[459] Als trennungsbedingten Mehrbedarf behandelt die Prozeßkostenhilferaten OLG München, FamRZ 1994, 898
[460] Vgl. die berechtigte Kritik von Spangenberg, FamRZ 1991, 269
[461] BGH, FamRZ 1990, 499, 503 = R 407 g
[462] BGH, FamRZ 1984, 772, 774 = R 213 c; FamRZ 1983, 886 = R 176 b;
[463] BGH, FamRZ 1986, 783, 786 = R 299 b
[464] BGH, FamRZ 1988, 701, 704 = R 362 e; FamRZ 1983, 146, 148 = R 142 b + d; FamRZ 1982, 255, 257 = R 93 c

Er kann aber nur dann zur Zubilligung eines höheren Unterhalts führen, wenn **nichtprägende Einkünfte** vorhanden sind (Näheres unten Rn 427).

422 Er muß **konkret geltend gemacht** werden, weil trennungsbedingter Mehrbedarf nicht ausnahmslos bei der Trennung anfällt.[465] Er entsteht z. B. **regelmäßig nicht**, wenn der Bedürftige mit einem **neuen Partner** zusammenlebt.[466] Dasselbe muß auch für den Pflichtigen gelten. Es müssen daher konkrete Tatsachen vorgetragen werden, die das Vorliegen des Mehrbedarfs belegen.[467]

Die **Höhe** des trennungsbedingten Mehrbedarfs ist **tatrichterlich** unter Berücksichtigung der konkreten Umstände des Einzelfalls zu ermitteln.[468]

Dabei ist es dem Tatrichter nicht verwehrt, unter Zuhilfenahme allgemeiner Erfahrungssätze nach § 287 ZPO zu verfahren.[469] Der Bedarf kann nach § 287 II BGB geschätzt werden, wenn ausreichende Schätzungsgrundlagen vorgetragen worden sind.[470] Bei beengten Einkommensverhältnissen brauchen insoweit nur geringe Anforderungen gestellt zu werden.[471]

423 Die Bedarfshöhe darf **nicht** generell nach einem **Pauschalsatz** oder nach einem **prozentualen Anteil des Bedarfs** während der Ehe bemessen werden.[472]

Der trennungsbedingte Mehrbedarf kann sich **aus mehreren Einzelpositionen** zusammensetzen (z. B. Wohnbedarf, Mehrbedarf für getrennte Haushaltsführung u. a.) **oder einheitlich** nach § 287 II ZPO konkret **geschätzt** werden. In der Regel wird nur eine grobe Schätzung möglich sein, weil auch durch Vergleichsberechnungen die tatsächlichen Mehrkosten nur schwer feststellbar sind, zumal ein Teil solcher Kosten mit der Ehegattenquote abgedeckt sein kann (siehe Rn 424).

Nach welchen **Kriterien** der trennungsbedingte Mehrbedarf zu ermitteln ist, läßt sich aus der bisherigen Rechtsprechung des BGH **nicht entnehmen**. Doch hat er in einem Falle den Vortrag über die Höhe der Miete, des Krankenkassenbeitrags, der Hausratsversicherung und der Telefonkosten als **Schätzgrundlage nach § 287 ZPO** genügen lassen.[473]

424 **Berechnung des trennungsbedingten Mehrbedarfs bei Mehrkosten für das Wohnen und für doppelte Haushaltsführung.**

Für die Berechnung des trennungsbedingten Mehrbedarfs können nicht einseitig die neuen Mietkosten herangezogen werden, sondern er ist, wie sich aus dem Begriff des Mehrbedarfs ergibt, durch einen Vergleich mit den während des Zusammenlebens angefallenen Kosten zu ermitteln, die hälftig auf jeden Ehegatten fielen.

Würden die neuen **Mietkosten des ausziehenden** Ehegatten nur bei diesem zusätzlich als trennungsbedingter Mehrbedarf berücksichtigt, ginge dies einseitig zu Lasten des anderen Ehegatten, der aus seiner Ehegattenquote die Kosten der bisherigen Ehewohnung zahlen müßte, während der andere die vollen Mietkosten als trennungsbedingten Mehrbedarf zusätzlich zur Ehegattenquote erhalten würde.

Beispiel:
Mietzins der Ehewohnung, die von F weiter bewohnt wird, 800 DM
Mietzins der neuen Wohnung des M 700 DM
Hälftebetrag, der durch die Quote abgegolten ist = 800 : 2 = 400 (in der Unterhaltsquote enthaltener Mietzinsanteil)
trennungsbedingter Mehrbedarf der F = 800 − 400 = 400
trennungsbedingter Mehrbedarf des M = 700 − 400 = 300.

---

[465] BGH, FamRZ 1995, 346 = R 490 a; FamRZ 1991, 670 = R 431 a; FamRZ 1990, 1085, 1088 = R 423 f
[466] BGH, FamRZ 1990, 1085, 1088 = R 423 f, vgl. auch R 489 b; R 431 a
[467] BGH, FamRZ 1986, 439, 441 = R 290 c; FamRZ 1984, 149, 151 = R 187 e; FamRZ 1983, 886 = R 176 b; ferner R 186 b, R 362 e, R 299 b
[468] BGH, FamRZ 1986, 439, 441 = R 290 c; ferner R 186 b, R 93 c, R 187 e, R 176 b, R 392 b
[469] BGH, FamRZ 1983, 146, 148 = R 142 b + d; ferner R 186 b, R 93 c, R 187 e, R 176 b, R 392 b
[470] BGH, FamRZ 1990, 499, 503 = R 407 e
[471] BGH, FamRZ 1989, 872 = R 388 c
[472] BGH, FamRZ 1991, 670 = R 431 a; FamRZ 1983, 886 = R 176 b; ferner R 186 b, R 93 c, R 213 c, R 392 b
[473] BGH, FamRZ 1990, 499, 503 = R 407 e

3. Abschnitt: Bedarfsbemessung beim Ehegattenunterhalt §4

Bewohnten die Eheleute ein **Eigenheim**, aus dem einer ausgezogen ist, so ist zu unterscheiden zwischen der Zurechnung eines trennungsbedingten Mehrbedarfs und der Zurechnung eines Wohnvorteils[474] (vgl. näher Rn 1/276 ff, 1/283):

Der Wohnvorteil besteht im Überschuß des Wohnwerts über die Hauslasten und ist dem als Einkommen zuzurechnen, der ihn bezieht. Da er aber gezwungen ist, die vollen Hauslasten aus seinem Anteil zu bezahlen, besteht bei ihm ein Mehrbedarf in Höhe der halben Hauslasten, die er zusätzlich zu begleichen hat.

Anders als bis zur 3. Auflage dieses Buches vertreten, ist jedoch auch die Hälfte eines eheprägenden Wohnvorteils nach Auszug des anderen Ehegatten als trennungsbedingter Mehrbedarf zu betrachten, weil dieser Teil des Wohnvorteils nach dem Prinzip der Halbteilung dem anderen Ehegatten zugute kommt.

Ein **Beispiel** macht das klar:

Die Eheleute M und F bewohnen ein Eigenheim und erzielen damit einen Wohnvorteil von 2000 DM. M verdient 4900 DM. F ist erwerbsunfähig.
Der Erwerbsbonus sei 10 %.
1. M und F leben in der Ehewohnung getrennt.
Dann erhält jeder Gatte die Hälfte des Wohnwerts von 2000 DM, also 1000. F kann von M 45 % seines Erwerbseinkommens verlangen, also 4900 x 45 % = 2205 DM
2. F zieht aus.
Ihr Mehrbedarf bleibe vorerst unberücksichtigt. M werde nach der Drittelobergrenze ein Wohnwert von 1200 DM zugerechnet. Dann muß er an F nun 2205 + (1200 : 2) = 2805 DM Unterhalt bezahlen, also 600 DM mehr als vor ihrem Auszug. Um seinen Lebensstandard zu halten, braucht er ein Zusatzeinkommen von 600 DM, hat also einen Mehrbedarf von 600 DM. Das Ergebnis ist wirtschaftlich dasselbe, wie wenn M an F 600 DM Nutzungsentschädigung zu zahlen verpflichtet wäre, also gewissermaßen wegen des Auszugs nun eine Teilmiete zahlen müßte.

Der andere Gatte (welcher ausgezogen ist) muß jetzt Miete zahlen und hat am Wohnwert keinen Anteil mehr. Da der Wohnwert die ehelichen Lebensverhältnisse geprägt hat, wird ihm aber (im Wege der Differenz- oder Additionsmethode) der hälftige Wohnvorteil als Bedarf zugerechnet. Um diesen Betrag ist der Mietzins zu vermindern, weil dieser Bedarfsteil bereits als prägender Wohnwert berücksichtigt ist. Aus der Gattenquote waren jedoch auch die Hauskosten zu zahlen, so daß auch deren Hälfteteil vom Mietzins des ausgezogenen Gatten abzuziehen ist. Der verbleibende Teil stellt dann den Mehrbedarf des ausgezogenen Gatten dar.

Die Summe der so berechneten Mehrbedarfsbeträge für beide Ehegatten stimmt mit den durch den Auszug verursachten Mietmehrkosten überein.

Beispiel:
Wohnwert des Hauses, das von M weiter bewohnt wird = 1000,- DM. M zahlt alle Hauslasten.
Verbrauchsunabhängige Hauskosten (incl. Schuldendienst) bei Trennung und Entscheidung = 600 DM,
Wohnvorteil des M = 1000 (Wohnwert) – 600 (Hauskosten) = 400 DM
Hälftebetrag der Hauskosten = 600 : 2 = 300
Hälftebetrag des Wohnvorteils = 400 : 2 = 200
Miete (kalt) für die neue Wohnung der F = 700 DM
trennungsbedingter Mehrbedarf der F = 700 (Miete) – 300 (Hauskostenanteil) – 200 (ant. Wohnvorteil) = 200 DM
trennungsbedingter Mehrbedarf des M = 300 (halbe Hauskosten) + 200 (halber Wohnvorteil) = 500 DM
Summe des beiderseitigen Mehrbedarfs: 200 + 500 = 700 ebenso wie die durch den Auszug entstandenen Mietmehrkosten.
Anderer Lösungsweg vgl. Rn 1/285.

Auch bei den Mehrkosten für die doppelte Haushaltsführung sind **in der Ehegatten-** 425
quote die Kosten für die einfache Haushaltsführung enthalten, so daß nur die echten

---

[474] BGH, FamRZ 1988, 701, 704 = R 362e; FamRZ 1986, 441 = R 289a

§ 4 Ehegattenunterhalt

Mehrkosten als trennungsbedingter Mehrbedarf ermittelt werden dürfen. Im Zweifel sind sie nach § 287 II ZPO zu schätzen und in der Regel je zur Hälfte auf jeden Ehegatten aufzuteilen.

426 Besteht der trennungsbedingte Mehrbedarf in Aufwendungen für neuen **Hausrat**, **Umzugskosten** oder **Mietvorauszahlungen**, so ist zunächst die Höhe solcher Aufwendungen auf ihre unterhaltsrechtliche Angemessenheit zu überprüfen. Ein höherer angemessener Betrag ist auf einen längeren Zeitraum umzulegen. Würde der Betrag durch Kreditaufnahme finanziert, beinhalten die Kreditraten (Zins und Tilgung) den entsprechenden trennungsbedingten Mehrbedarf.

427 Trennungsbedingter Mehrbedarf kann, wie bereits ausgeführt, in der ermittelten Höhe zusätzlich zum Quotenunterhalt im Rahmen des vollen Unterhalts nur berücksichtigt werden, **wenn zusätzliche Mittel** vorhanden sind.

Solche zusätzliche Mittel gibt es, wenn entweder der **Verpflichtete vermögensbildende Aufwendungen** tätigt, die das für Unterhaltszwecke verfügbare Einkommen mindern (näher Rn 200), oder wenn der **Berechtigte nichtprägende Einkünfte** hat, die auf den vollen Unterhalt bedarfsmindernd angerechnet werden können (siehe Rn 207, näher Rn 1/276 ff).

In gleicher Weise muß auch der Verpflichtete, der seinerseits nichtprägende Einkünfte (z. B. Zinseinkünfte) hat oder wegen nichtprägender Einkünfte des Berechtigten nicht dessen vollen Bedarf decken muß, zunächst diese Mittel für einen bei ihm anfallenden trennungsbedingten Mehrbedarf heranziehen, diese auf seinen vollen Bedarf verrechnen.

428 **Vermögensbildende Aufwendungen** standen während des Zusammenlebens für den laufenden Lebensbedarf nicht zur Verfügung und rechnen deshalb nicht zu dem für Unterhaltszwecke verteilbaren Einkommen (Rn 185).

Besteht ein trennungsbedingter Mehrbedarf, ist der Verpflichtete zur Fortsetzung einer solchen, sich einseitig zu seinen Gunsten auswirkenden Vermögensbildung nicht mehr berechtigt.[475]

Deshalb kann eine zum Zeitpunkt der Trennung angemessene Vermögensbildungsrate zum Ausgleich trennungsbedingter Nachteile um trennungsbedingten Mehrbedarf verringert werden.[476]

Außerdem muß der Verpflichtete zur Wahrung seiner Leistungsfähigkeit eine derartige **Vermögensbildung einschränken** oder ganz unterlassen und finanzielle Belastungen abbauen, die er aus Gründen der Vermögensbildung eingegangen ist.[477] Das gilt auch bei einem eigenen trennungsbedingten Mehrbedarf des Verpflichteten.

Der trennungsbedingte Mehrbedarf ist dann zusätzlich zum Elementarunterhalt aus der Vermögensbildungsrate zu bezahlen, die sich um den Mehrbedarf verringert. Ist der trennungsbedingte Mehrbedarf größer als die Vermögensbildungsrate, entfällt ein Abzug für Vermögensbildung. Wegen des ungedeckten Restes handelt es sich bei dem Quotenunterhalt in diesem Fall um einen Unterhalt nach § 1581 BGB und nicht um den vollen Unterhalt nach § 1578 I BGB.

429 Hat der **Berechtigte nichtprägende Einkünfte**, so bestehen keine Bedenken, diese auf den um den trennungsbedingten Mehrbedarf erhöhten vollen Unterhaltsbedarf anzurechnen.[478] Der verbleibende Rest beinhaltet dann den Unterhaltsanspruch. Die auf diese Weise möglich werdende Berücksichtigung des trennungsbedingten Mehrbedarfs mildert die Auswirkungen der Anrechnungsmethode (vgl. Rn 536).

Der Verpflichtete muß – wie der Berechtigte – ebenfalls einen trennungsbedingten Mehrbedarf mit nichtprägenden Einkünften (z. B. Zinsen aus Veräußerungserlös eines Hauses) oder sonstigen Mitteln decken, wie z. B. aus Mitteln, die für ihn durch die Anrechnung der um trennungsbedingten Mehrbedarf gekürzten nicht prägenden Einkünfte des Berechtigten frei werden.

---

[475] BGH, FamRZ 1987, 913, 916 = R 339 d; FamRZ 1984, 149, 151 = R 187 f
[476] BGH, FamRZ 1987, 36, 39 = R 310 d
[477] BGH, FamRZ 1987, 913, 916 = R 339 d
[478] BGH, FamRZ 1982, 255, 257 = R 93 c

3. Abschnitt: Bedarfsbemessung beim Ehegattenunterhalt § 4

Wird der trennungsbedingte Mehrbedarf auf diese Weise abgedeckt, beinhaltet die Unterhaltsbemessung den vollen eheangemessenen Bedarf.

Der trennungsbedingte Mehrbedarf **darf nicht** in der Weise berücksichtigt werden, daß er **von dem die ehelichen Lebensverhältnisse bestimmenden Einkommen abgezogen** wird.[479] 430

Die Auswirkungen der Trennung und damit auch **trennungsbedingter Mehrbedarf** dürfen keinen Einfluß auf die prägenden Einkünfte haben, nach denen der Bedarf bemessen wird.[480]

Vor allem bei beengten wirtschaftlichen Verhältnissen, aber auch sonst gibt es oft Fälle, in denen ein trennungsbedingter Mehrbedarf nicht berücksichtigt werden kann, weil die Rn 427 ff erörterten Voraussetzungen fehlen. Es bleibt dann der Quotenunterhalt wegen des trennungsbedingten Mehrbedarfs hinter dem vollen Unterhalt zurück und stellt nur den Unterhalt dar, der gemäß § 1581 BGB nach den Erwerbs- und Vermögensverhältnissen der Ehegatten der Billigkeit entspricht.[481] Hierbei handelt es sich um eine **Unterhaltskorrektur wegen fehlender Leistungsfähigkeit**, nicht aber um eine Änderung der Bedarfsbemessung (dazu Rn 574). 431

In solchen Mangelfällen, in denen bei einer Doppelverdienerehe für die Deckung des durch die Trennung eintretenden erhöhten Bedarfs nicht mehr Mittel zur Verfügung stehen als für die Bedarfsdeckung während des Zusammenlebens, ist die **Differenzmethode**, jedenfalls bei durchschnittlichen Einkommen, regelmäßig **geeignet**, auch dem **beiderseitigen Mehrbedarf** angemessen Rechnung zu tragen.[482]

Aus diesem Grund wird der Unterhalt auch in derartigen Fällen in der Praxis in der Regel nach der Differenzmethode bemessen, ohne daß auch die Höhe des vollen Unterhalts ermittelt wird.[483] Die Quote beinhaltet in solchen Fällen einen **Billigkeitsunterhalt** nach § 1581 BGB.

Wurde in einem **Vergleich** (oder **Urteil**) der Unterhaltsbedarf als Quotenunterhalt nur nach dem Nettoeinkommen des alleinverdienenden Verpflichteten bemessen, weil andere Einkünfte nicht zur Verfügung standen, dann mußte sich der Berechtigte ersichtlich mit Rücksicht auf die Leistungsfähigkeit des Verpflichteten (§ 1581 BGB) mit einer Quote des Einkommens zufriedengeben, die den an den ehelichen Lebensverhältnissen ausgerichteten vollen Unterhaltsbedarf nicht abdeckte. Daraus folgt aber nicht, daß der Berechtigte trotz einer durch eigene Erwerbstätigkeit verbesserten wirtschaftlichen Lage weiterhin an eine derartige Einschränkung gebunden bleibt. Reichen die zur Verfügung stehenden Mittel für eine höhere Leistung nunmehr aus, dann ist der Unterhaltsanspruch um den nunmehr geltend gemachten trennungsbedingten Mehrbedarf **bis zur Deckung des eheangemessenen vollen Bedarfs anzuheben**.[484] 432

Unterhaltsberechnung bei trennungsbedingtem Mehrbedarf: 433

Fall:
Prägendes Erwerbseinkommen des M = 4300
Aufwendungen des M zur Vermögensbildung = 100
nichtprägende Zinseinkünfte des M = 450
nichtprägende Erwerbseinkommen der F = 1400
Kaltmiete der F für die von ihr bewohnte Ehewohnung = 800
Kaltmiete des M für seine neue Wohnung = 700
M und F machen trennungsbedingten Mehrbedarf geltend
M in Höhe von 500, davon 300 für erhöhte Wohnkosten und 200 für doppelte Haushaltsführung
F in Höhe von 600, davon 400 für erhöhte Wohnkosten und 200 für doppelte Haushaltsführung

---

[479] BGH, nicht veröffentlichtes Urteil vom 11.1.1984 IVb ZR 393/81, zitiert nach Lohmann, 5. A., Seite 74; nicht in 6. A.
[480] BGH, FamRZ 1986, 437 = R 288 a
[481] BGH, FamRZ 1984, 358 = R 197 b
[482] BGH, FamRZ 1984, 149, 151 = R 187 e; FamRZ 1982, 892 = R 106 a + c
[483] BGH, FamRZ 1984, 358 = R 197 a
[484] BGH, FamRZ 1986, 783, 786 = R 299 b

Lösung:

aa) Trennungsbedingter Mehrbedarf von M und F
erhöhte Wohnkosten des M = 700 (Mietzins) – 400 (Hälftebetrag vor der Trennung) = 300
erhöhte Wohnkosten der F = 800 (Mietzins) – 400 (Hälftebetrag) = 400
Je 200 DM können bei M und F nach § 287 II ZPO als angemessener Mehraufwand für getrennte Haushaltsführung geschätzt werden.
Trennungsbedingter Mehrbedarf des M = 300 + 200 = 500
Trennungsbedingter Mehrbedarf der F = 400 + 200 = 600

bb) Bereinigtes Netto von M: 4300 – 100 = 4200

weiter bei einem Bonus von $1/7$:
cc) Unterhalt F
Stufe 1 (Bedarf): $1/2$ x $6/7$ x 4200 = 1800
Erhöhung um trennungsbedingten Mehrbedarf:
1800 + 600 = 2400
Stufe 2 (Unterhaltshöhe): 2400 – $6/7$ x 1400 = 1200

dd) Leistungsfähigkeit von M:
Eigenbedarf: 1800 + 4200 x $1/7$ (Bonus) + 500 (Mehrb.) = 2900
M bleibt 4300 + 450 – 1200 = 3550, also mehr als 2900.

bei einem Bonus von 10 %
cc) Unterhalt F
Stufe 1 (Bedarf): $1/2$ x 90 % x 4200 = 1890
Erhöhung um trennungsbedingten Mehrbedarf:
1890 + 600 = 2490
Stufe 2 (Unterhaltshöhe): 2490 – 90 % x 1400 = 1230

dd) Leistungsfähigkeit von M:
Eigenbedarf: 1890 + 4200 x 10 % (Bonus) + 500 (Mehrb.) = 2810
M bleibt 4300 + 450 – 1290 = 3460, also mehr als 2810.
Weitere Rechenbeispiele bei den Mangelfällen siehe Rn 5/142 ff.

12. Quotenunterhalt und Mindestbedarf

434 Der eheangemessene Unterhalt ist nach der Rechtsprechung des BGH stets nach den **prägenden Einkünften** der Eheleute unter Anwendung des Halbteilungsgrundsatzes zu bemessen. Dem entspricht der **Quotenunterhalt**.

Aus diesem Grund ist der eheangemessene Unterhalt der Höhe nach stets vom jeweils **prägenden Einkommen** abhängig und darf **nicht nach festen Bedarfssätzen bemessen werden**. Das gilt grundsätzlich auch für Mindestbedarfssätze. Nach der Rechtsprechung des BGH besteht für die Annahme eines von den ehelichen Lebensverhältnissen unabhängigen generellen Mindestbedarfs des Berechtigten keine gesetzliche Grundlage.[485] Der Bedarf ist stets individuell angelegt und kann daher wirtschaftlich über oder unter dem Niveau von Tabellenwerten liegen, die in der Regel auf querschnittlich ermittelten Kosten der allg. Lebensführung beruhen und daher Besonderheiten nicht berücksichtigen. Ein **Existenzminimum** zu sichern, ist notfalls Sache des **Sozialhilfeträgers**.[486]

435 Aus den gleichen Gründen darf der **Unterhaltsbedarf** auch **nicht** nach einem generell zu ermittelnden Lebensbedarf einer volljährigen Person und damit nach Richtsätzen bemessen werden, die die in der Praxis verwendeten Unterhaltstabellen für den **Selbstbehalt** eines Verpflichteten aufgestellt haben. Auch dies läßt außer acht, daß § 1578 I 1 BGB auf die Lebensverhältnisse in der jeweiligen Ehe abstellt.[487]

Die Selbstbehaltssätze beinhalten darüber hinaus lediglich eine untere Opfergrenze für den Verpflichteten im Rahmen von dessen Leistungsfähigkeit und spielen keine Rolle im Rahmen der Bedarfsbemessung (siehe Rn 5/1 ff, 5/180 ff).

---

[485] BGH, FamRZ 1996, 345, 346; FamRZ 1987, 689, 691 = NJW 1987, 3129; FamRZ 1987, 266, 267 = R 322; FamRZ 1987, 152, 154; FamRZ 1984, 356 = R 198 c
[486] BGH, FamRZ 1995, 346 = R 490 a
[487] BGH, FamRZ 1981, 241 = R 61

Dem widersprachen früher teilweise die unterhaltsrechtlichen Tabellen und Leitlinien, soweit sie feste Sätze für einen Mindestbedarf des Berechtigten festlegten (vgl. aber auch Rn 2/163).

Eine Anhebung des Quotenunterhalts auf einen Mindestbetrag durch einen **pauschalen** trennungsbedingten Mehrbedarf ohne nähere konkrete Darlegung ist rechtlich nicht zulässig.[488] Der trennungsbedingte Mehrbedarf muß vielmehr in jedem Einzelfall konkret vorgetragen werden. Soweit in einigen Leitlinien noch ein notwendiger Bedarf einschließlich trennungsbedingten Mehrbedarfs mit festen Regelbeträgen angesetzt ist (OL V 1 c; StL II. 2.), entspricht dies nicht der Rechtsprechung des BGH. 436

V. Unterhaltsrechtliche Berücksichtigung eines regelmäßigen Mehrbedarfs

1. Mehrbedarfsfälle und konkrete Bemessung des Mehrbedarfs

Ein **Mehrbedarf** besteht, wenn bei einem Ehegatten aufgrund besonderer Umstände des Einzelfalls zusätzliche Mittel für besondere Aufwendungen benötigt werden, die durch den Elementarbedarf nicht abgedeckt werden und deshalb zusätzlich zum Elementarbedarf als unselbständige Unterhaltsbestandteile des einheitlichen Lebensbedarfs geleistet werden müssen und die deshalb bei Ermittlung des verteilungsfähigen Einkommens **vorweg abzuziehen** sind. 437

Zur Abgrenzung vom Elementarbedarf (IV) und Sonderbedarf (VI) muß es sich um regelmäßige zusätzliche Aufwendungen aufgrund besonderer Umstände handeln.

Ein Mehrbedarf in diesem Sinn und im Sinn der Ausführungen zu nachfolgend 2) sind: 438
– **Krankheits-** und **altersbedingter Mehrbedarf** (siehe dazu Rn 1/505 ff).
– **Ausbildungsbedingter Mehrbedarf** des Berechtigten nach den §§ 1578 II, 1361 BGB, wenn die Ausbildung, Fortbildung oder Umschulung besondere Kosten verursacht.
– **Krankheitsvorsorgeunterhalt** des Berechtigten nach den §§ 1578 II, 1361 I BGB (s. Rn 498 ff).
– **Altersvorsorgeunterhalt** des Berechtigten nach den §§ 1578 III, 1361 I BGB (s. Rn 453 ff).
– **Trennungsbedingter Mehrbedarf** ist ein Mehrbedarf besonderer Art, der nach der Rechtsprechung des BGH nicht vom prägenden Einkommen abgezogen werden darf. Deshalb darf trennungsbedingter Mehrbedarf nur gemäß den Ausführungen Rn 418 ff berücksichtigt werden, nicht aber gemäß den Ausführungen nachfolgend Rn 443 f.

Kein zusätzlich zu berücksichtigender **Mehrbedarf** in diesem Sinn sind alle Aufwendungen, die bereits bei der Ermittlung des prägenden bereinigten Nettoeinkommens als Abzugsposten berücksichtigt werden (siehe Rn 185 ff). Dazu zählen vor allem: 439
– Zahlungen für **Einkommens-** und **Kirchensteuer**.
– **Vorsorgeaufwendungen** für Krankheit, Alter, Invalidität und Arbeitslosigkeit.
– **Berufs-** und **ausbildungsbedingte Aufwendungen**, Betriebsausgaben und sonstige Werbungskosten.
– Aufwendungen für ehebedingte **Schulden**.
– **Unterhaltszahlungen**.
– Aufwendungen für **Vermögensbildung**, soweit diese nach der Trennung in angemessenem Rahmen fortgesetzt werden darf.

Ausbildungsbedingter Mehrbedarf des Berechtigten sowie **Vorsorgebedarf** für Alter und Krankheit sind zwar genaugenommen auch ein trennungsbedingter Mehrbedarf. Doch sind sie als Teil des Lebensbedarfs des Berechtigten ausdrücklich gesetzlich normiert (§ 1578 II, III BGB) und unselbständige Teile des einheitlichen Unterhaltsanspruchs.[489] Der BGH hält in diesen Fällen einen Abzug vom prägenden Einkommen, also 440

---
[488] BGH, FamRZ 1995, 346 = R 490 a
[489] BGH, FamRZ 1982, 255 = R 93 a

ihre Befriedigung zu Lasten des Elementarbedarfs, für zulässig, zumal die entsprechenden Aufwendungen des Verpflichteten bei Berechnung des bereinigten Nettoeinkommens vorweg abgezogen werden (s. Rn 362, 1/496 ff).

Vorsorgeunterhalt und Ausbildungsunterhalt sind nur zuzusprechen, wenn sie zusätzlich geltend gemacht werden.

441 Wird der **Elementarunterhalt** nach **Quoten** bemessen, besteht eine Abhängigkeit zwischen dem gekürzten Elementarunterhalt und dem Mehrbedarf, die eine Trennung des hierauf bezogenen Streitstoffs ausschließt. Wegen der Möglichkeit des Vorabzugs vom prägenden Einkommen hat die Zubilligung Einfluß auf die Höhe des Elementarunterhalts.[490] Deshalb sind auf diese Mehrbedarfsfälle nicht die Ausführungen zum trennungsbedingten Mehrbedarf, sondern die nachfolgenden Ausführungen Rn 443 ff anzuwenden.

442 Ein solcher Mehrbedarf ist grundsätzlich durch **Vortrag konkreter Tatsachen** geltend zu machen und tatrichterlich zu ermitteln. Behauptete Aufwendungen sind unter Berücksichtigung der beiderseitigen wirtschaftlichen und persönlichen Verhältnisse auf ihre Notwendigkeit und unterhaltsrechtliche Angemessenheit zu überprüfen. Die angemessene Höhe kann nach § 287 II ZPO geschätzt werden.[491]

Hierbei wird – je nach den Umständen des Einzelfalles – eine großzügigere Beurteilung geboten sein, wenn und soweit es einem Ehegatten nicht zumutbar ist, seine besonderen Aufwendungen in allen Einzelheiten spezifiziert darzulegen.[492] Beim **Altersvorsorgeunterhalt genügt** die Geltendmachung des Betrags, weil dieser ohne zusätzlichen Tatsachenvortrag berechnet werden kann (s. Rn 467 f, 477 f).

2. Unterhaltsberechnung bei Mehrbedarf

443 a) **Krankheitsbedingter oder altersbedingter Mehrbedarf.** Nach der Rechtsprechung des BGH ist ein konkreter Mehrbedarf des Verpflichteten dadurch auszugleichen, daß ein **Vorabzug des Mehrbedarfs** vom prägenden Einkommen erfolgt und erst anschließend der Quotenunterhalt bemessen wird. Ein Mehrbedarf des Berechtigten ist zusätzlich zum Quotenunterhalt zu bezahlen.[493]

> **Beispiel:**
> Renteneinkommen = 4400
> Mehrbedarf = 400
> Elementarunterhalt = 4400 – 400 = 4000 : 2 = 2000.
> Hat der Verpflichtete den Mehrbedarf, erhält er 2400, der andere 2000.
> Hat der Berechtigte den Mehrbedarf, erhält er die DM 400 zusätzlich zum Quotenunterhalt (2000 + 400 = 2400).
> Diese Berechnung gilt auch bei sonstigem krankheits- und altersbedingten Mehrbedarf.
> **Zulagen** oder **Zuschüsse**, die ein Schwerbeschädigter wegen seines schädigungsbedingten Mehrbedarfs erhält, sind als Einkommen anzurechnen und **auf den Mehrbedarf zu verrechnen**,[494] soweit es sich um keine Leistungen nach § 1610a BGB handelt und mit ihnen nur ein erhöhter Bedarf abgedeckt wird (s. näher Rn 1/343).
> Ein **Vorabzug des Mehrbedarfs unterbleibt**, wenn die Zulagen und Zuschüsse höher sind als der Mehraufwand. Es ist dann die Differenz als Einkommen zuzurechnen.

444 b) **Ausbildungsmehrbedarf.** Besondere Kosten einer Ausbildung, Fortbildung oder Umschulung werden nach den § 1578 II, 1361 I BGB ebenfalls neben dem Elementarbedarf als unselbständiger Unterhaltsbestandteil geschuldet.[495]

---

[490] BGH, FamRZ 1982, 255 = R 93a
[491] BGH, FamRZ 1981, 338 = R 66
[492] BGH, FamRZ 1981, 338 = R 66
[493] BGH, FamRZ 1982, 579, 580 = R 117b; FamRZ 1981, 338 = R 66; ferner R 84a, R 100
[494] BGH, FamRZ 1982, 252 = R 100; FamRZ 1981, 1165 = R 84a; ferner R 117a, R 66, R 117b
[495] BGH, FamRZ 1982, 255 = R 93a

Hierzu gehören – zusätzlich zum Elementarunterhalt – die Kosten für Lernmittel, Gebühren, Fahrtkosten und eventuell auch Unterkunftskosten am Ausbildungsort.

Ausbildungsmehrbedarf ist deshalb nach den gleichen Grundsätzen (wie Rn 443) ebenfalls vom Nettoeinkommen abzuziehen, ehe der Quotenunterhalt berechnet wird, und zusätzlich zum Quotenunterhalt zu bezahlen.

c) **Krankheitsvorsorgeunterhalt.** Die Kosten für eine Krankenversicherung des Berechtigten gemäß § 1578 II BGB (Krankheitsvorsorgeunterhalt) gehören zwar auch zum Lebensbedarf des Berechtigten, sind aber im allgemeinen nicht in der Ehegattenquote enthalten und deshalb gesondert geltend zu machen und auszugleichen. Wenn die Krankenversicherungskosten des Verpflichteten vor Anwendung des Verteilungsschlüssels vom Einkommen abgesetzt worden sind, müssen zur Vermeidung eines Ungleichgewichts auch die Krankenversicherungskosten des Berechtigten durch Vorabzug vom Einkommen des Verpflichteten berücksichtigt werden und zusätzlich zum Quotenunterhalt bezahlt werden,[496] vgl. Rn 498 bis 525. 445

Hat der Berechtigte ein eigenes **prägendes Einkommen**, sind die Kosten der Krankenversicherung soweit möglich von diesem abzuziehen. Aus dem Resteinkommen ist dann der Unterhalt zu berechnen.[497]

Der Vorsorgeunterhalt ist dann nicht zusätzlich zum Quotenunterhalt zu bezahlen.

Hat der Berechtigte ein **nichtprägendes Einkommen**, kann der Vorsorgeunterhalt u. U. auch mit diesem verrechnet werden (siehe dazu nachfolgend Rn 448).

Wegen des **Krankheitsvorsorgeunterhalts** siehe auch Rn 498 ff.

d) **Altersvorsorgeunterhalt** nach §§ 1361 I 2 und 1578 III BGB. 446
Auch ein Altersvorsorgeunterhalt ist zusätzlich zum Elementarunterhalt zu bezahlen und grundsätzlich vorab vom prägenden Einkommen abzuziehen. Erst danach erfolgt aus dem verbleibenden Rest die Bemessung des Elementarunterhalts nach der Ehegattenquote. Dafür spricht, daß entsprechende Vorsorgeaufwendungen des Verpflichteten ebenfalls vor Berechnung des Quotenunterhalts von dem Einkommen abgezogen werden.[498]

Wegen der Berechnung des Altersvorsorgeunterhalts auf der Basis eines vorläufigen Elementarunterhalts und der dadurch notwendig werdenden zweistufigen Berechnung des Elementarunterhalts siehe Rn 467 f, 477 f.

e) **Vorabzug des Mehrbedarfs.** Durch den Vorabzug des Mehrbedarfs vom prägenden 447
Einkommen (a mit d) gibt es einen geringeren Elementarunterhalt.

Diese Minderung ist gerechtfertigt, soweit sie bereits den Bedarf nach den ehelichen Lebensverhältnissen vor der Trennung geprägt hatte. Hat sich jedoch nach der Trennung eine Erhöhung des Mehrbedarfs ergeben oder ist dieser – wie immer beim Altersvorsorgeunterhalt und meist beim Krankheitsvorsorgeunterhalt – erst nach der Trennung entstanden, so kann es der Billigkeit entsprechen, für diesen Zusatzbedarf etwa vorhandene nicht eheprägende Einkommensteile heranzuziehen, soweit sie nicht durch trennungsbedingten Mehrbedarf im engeren Sinn aufgezehrt sind.[499]

Dies kann bei Vorliegen besonderer Umstände in dreierlei Hinsicht erreicht werden:

Wenn der **Berechtigte nichtprägende Einkünfte** hat, erscheint es gerechtfertigt, sei- 448
nen Mehrbedarf mit diesen zu verrechnen in gleicher Weise wie beim trennungsbedingten Mehrbedarf.[500] Es unterbleibt dann ein Vorabzug vom prägenden Einkommen des Verpflichteten. Auf den Quotenunterhalt wird bedarfsmindernd die Differenz zwischen nichtprägenden Einkünften und Mehrbedarf angerechnet. Ein Mehrbedarf ist nicht zusätzlich zum Quotenunterhalt zu zahlen. Für den Berechtigten wird auf diese Weise die Auswirkung der Anrechnungsmethode gemildert.

Beispiel:
Prägendes Erwerbseinkommen des V = 4200
Quote = 4200 x $^3/_7$ = 1800

---

[496] BGH, FamRZ 1983, 888 = R 175 a; FamRZ 1982, 887 = NJW 1982, 1983
[497] BGH, FamRZ 1983, 676 = NJW 1983, 1552, 1554
[498] BGH, FamRZ 1981, 864 = R 80 b; ferner R 133, R 175 b, R 120, R 93 b, R 132 d
[499] OLG München, FamRZ 1992, 1310; 1994, 1459
[500] BGH, FamRZ 1982, 255, 257 = R 93 c

§ 4   Ehegattenunterhalt

nichtprägendes Erwerbseinkommen des B = 700 x $^6/_7$ = 600
Mehrbedarf des B = 400
Dieser Mehrbedarf wird dadurch berücksichtigt, daß auf die Quote von 1800 DM nur die Differenz von 600 DM (Einkommen) und 400 DM (Mehrbedarf) = 200 DM angerechnet werden, so daß B insgesamt 1600 DM als Unterhalt erhält (1800 – 200).

Ebenso ist zu verfahren, wenn das nichtprägende Einkommen auf seiten des Berechtigten erst nach der Scheidung hinzutritt. Der Berechtigte kann sich dann gegen eine Herabsetzung seines Unterhaltsanspruchs damit verteidigen, er habe bisher nicht den vollen Unterhalt erhalten.[501]

449   Wenn bei wirtschaftlich guten Verhältnissen **vermögensbildende Aufwendungen** vom Einkommen abgezogen werden können (siehe Rn 200), ist beiderseitiger Mehrbedarf (soweit er durch die Trennung verursacht wurde) aus dieser Vermögensbildungsrate zu bezahlen, weil der Verpflichtete eine Vermögensbildung nicht fortsetzen darf, wenn und soweit ein Mehrbedarf besteht, der anderweitig nicht gedeckt werden kann.[502]

Der Verpflichtete muß dann zusätzlich zum Quotenunterhalt den Mehrbedarf aus der einzuschränkenden Vermögensbildungsrate bezahlen.

Ist der Mehrbedarf größer als die Vermögensbildungsrate, dann bleibt ein ungedeckter Rest, auf den gegebenenfalls nichtprägendes Einkommen verrechnet werden kann (Rn 448).

Gibt es kein nichtprägendes Einkommen, wird der Rest vom prägenden Einkommen abgezogen und dann der Quotenunterhalt berechnet. Der Mehrbedarf ist zusätzlich zu zahlen.

450   **Beispiel:**
Prägendes bereinigtes Nettoeinkommen des V (nach Vorabzug einer Vermögensbildungsrate von 400 DM) = 4900 DM
Nichtprägende Zinseinkünfte des B = 200
Krankheitsbedingter Mehrbedarf des B = 500
200,– DM werden mit den nichtprägenden Zinseinkünften des B verrechnet. Es entfällt daher ein bedürftigkeitsmindernder Abzug bei B.
Weitere 300,– DM muß V aus seiner Vermögensbildungsrate von 400 zusätzlich zum Quotenunterhalt an B bezahlen. Die Vermögensbildung reduziert sich dadurch auf 100,– DM.
Quotenunterhalt = 4900 x $^3/_7$ = 2100
B erhält 2100 + 300 und darf seine 200 behalten = 2100 + 500.
oder **mit Bonus 10 %:**
Quotenunterhalt = 4900 x 90 % = 2205
B erhält 2205 + 300 und darf seine 200 behalten = 2205 + 500.

Hätte auch V einen berechtigten Mehrbedarf von 100, dann würde die Vermögensbildung entfallen müssen, damit der Mehrbedarf befriedigt werden kann. Reicht der Betrag nicht aus, gelten die Regeln des Mangelfalls nach § 1581 BGB (vgl. Rn 564).

451   Die Frage, inwieweit dem Verpflichteten der Vorabzug eines Mehrbedarfs des Berechtigten vom prägenden Einkommen versagt werden kann, weil ihm **nach der Trennung ein Einkommen zugewachsen** ist, welches die ehelichen Lebensverhältnisse nicht geprägt hat, wurde vom BGH soweit ersichtlich bisher nicht entschieden. Indessen wird die Frage nicht anders als im Fall Rn 448 gelöst werden können. In beiden Fällen ist davon auszugehen, daß der Berechtigte wegen unzureichender Leistungsfähigkeit des Verpflichteten nicht den vollen Unterhalt erhalten hatte. Wenn die Leistungsunfähigkeit des Verpflichteten dadurch entfällt, daß er nichtprägendes Einkommen hinzuerwirbt, wird der Unterhalt erhöht werden müssen, wenn die Leistungsfähigkeit des Verpflichteten nicht auf andere Weise, etwa durch nichtprägende Schulden, eingeschränkt ist.

452   **Mehrbedarf des Verpflichteten** kommt nur in Gestalt des **krankheits-** und **altersbedingten** Mehrbedarfs in Betracht. Soweit dieser Mehrbedarf bereits bei der Ermittlung des Bedarfs zu berücksichtigen und deshalb vom prägenden Einkommen vorweg abzuziehen ist, kommt die Heranziehung nichtprägender Einkommensteile nicht in Betracht.

---

[501] BGH, FamRZ 1986, 783, 786 = R 299 b
[502] BGH, FamRZ 1987, 913, 916 = R 339 d

4. Abschnitt: Vorsorgeunterhalt **§ 4**

Beispiel mit nichtprägendem Mehrbedarf:
Prägendes Erwerbseinkommen des V = 4200
Nichtprägendes Zinseinkommen des V = 300
Prägendes Erwerbseinkommen des B = 700
Krankheitsbedingter Mehrbedarf des V = 300
ehelicher Bedarf: ($^6/_7$ x 4200 + $^6/_7$ x 700) $^1/_2$ = 2100
Unterhaltsbedarf: 2100 − $^6/_7$ x 700 = 1500
Eigenbedarf von V: 2100 + 4200 x $^1/_7$ + 300 = 3000
V bleibt: 4200 + 300 − 1500 = 3000
oder **bei Bonus 10 %**
ehelicher Bedarf: (90 % x 4200 + 90 % x 700) $^1/_2$ = 2205
Unterhaltsbedarf: 2205 − 90 % x 700 = 1575
Eigenbedarf von V: 2205 + 4200 x 10 % + 300 = 2925
V bleibt: 4200 + 300 − 1575 = 2925
V ist leistungsfähig, weil er seinen Mehrbedarf mit den nichtprägenden Zinseinkünften abdecken kann.

4. Abschnitt: Vorsorgeunterhalt

I. Vorsorgeunterhalt wegen Alters, Berufs- und Erwerbsunfähigkeit

1. Voraussetzungen, Beginn und Dauer des Vorsorgeunterhalts beim Trennungs- und nachehelichen Unterhalt sowie Verfassungsmäßigkeit

Beim **Trennungsunterhalt** (§ 1361 I 2 BGB) hat der Anspruch auf Vorsorgeunterhalt **453** wegen Alters, Berufs- und Erwerbsunfähigkeit − allgemein und nachfolgend nur Vorsorgeunterhalt genannt − zur Voraussetzung, daß ein Anspruch auf Trennungsunterhalt besteht.

Der Anspruch **beginnt** mit Eintritt der **Rechtshängigkeit des Scheidungsverfahrens** (§ 1361 I 2 BGB). Der Eintritt der Rechtshängigkeit ist im Sinne der unmittelbaren Anknüpfung der vom Versorgungsausgleich erfaßten Ehezeit auszulegen, d. h., der Anspruch kann ab Beginn des Monats zugebilligt werden, in dem das Scheidungsverfahren rechtshängig geworden ist.[1]

Der Anspruch **endet** mit **Rechtskraft der Scheidung**.[2]

Nach dem Unterhalt bei Trennung darf wegen der **Nichtidentität** von Trennungs- und nachehelichem Unterhalt nicht der Vorsorgeunterhalt nach Scheidung bemessen werden. Vielmehr sind Elementarunterhalt und Vorsorgeunterhalt für den nachehelichen Unterhalt **ohne Bindung** an die Festsetzungen für die Zeit vor der Scheidung neu zu bemessen.[3]

Wie der Trennungsunterhalt kann auch der Vorsorgeunterhalt **für die Trennungszeit nicht im Verbund** geltend gemacht werden.[4]

Beim **nachehelichen Unterhalt** muß als Voraussetzung des Vorsorgeunterhalts nach **454** § 1578 III BGB ein Unterhaltsanspruch nach den §§ 1570 mit 1573 und § 1576 BGB bestehen. Beim **Ausbildungsunterhalt** nach § 1575 BGB gibt es **keinen Vorsorgeunterhalt**, wohl aber, wenn der Ausbildungsunterhalt auch auf § 1574 III BGB gestützt werden kann.

Der Anspruch **beginnt mit Rechtskraft** des Scheidungsurteils und endet, wenn der

---

[1] BGH, FamRZ 1982, 781 = NJW 1982, 1988; FamRZ 1981, 442, 45 = R 68
[2] BGH, FamRZ 1982, 465 = NJW 1982, 1875
[3] BGH, FamRZ 1982, 465, 466 = NJW 1982, 1875
[4] BGH, FamRZ 1981, 442, 445 = R 68

Anspruch auf nachehelichen Unterhalt erlischt oder ein Vorsorgebedürfnis nicht mehr besteht. Änderungen sind möglich, wenn sich der Elementarunterhalt ändert.

Der Anspruch auf Vorsorgeunterhalt für die Zeit nach der Scheidung kann **im Verbundverfahren** geltend gemacht werden.

Der Vorsorgeunterhalt darf, wie der nacheheliche Unterhalt, **nicht nach dem Trennungsunterhalt** und dem Vorsorgeunterhalt nach Trennung bemessen werden.[5]

Bei der Berechnung des Vorsorgeunterhalts ist beim nachehelichen Unterhalt auf die Verhältnisse zum **Zeitpunkt der Scheidung** abzustellen.[6]

455 Der Vorsorgeunterhalt beinhaltet die Kosten einer angemessenen Versicherung für den Fall des Alters sowie der Berufs- und Erwerbsunfähigkeit. Nach dem Zweck der Regelung sollen mit dem Vorsorgeunterhalt mit unterhaltsrechtlichen Mitteln Nachteile ausgeglichen werden, die dem Berechtigten aus einer ehebedingten Behinderung seiner Erwerbstätigkeit erwachsen.[7]

Diese Beurteilung rechtfertigt es, den Vorsorgeunterhalt stets auf der **Grundlage des Elementarunterhalts** zu berechnen, wie wenn der Berechtigte aus einer versicherungspflichtigen Erwerbstätigkeit ein Einkommen in Höhe des Elementarunterhalts hätte.[8]

Es wird ein Einkommen in Höhe des Elementarunterhalts aus einer versicherungspflichtigen Erwerbstätigkeit fingiert.

456 Vorsorgeunterhalt wird zusätzlich zum Elementarunterhalt geschuldet. Er ist ein **unselbständiger Bestandteil** des einheitlichen Lebensbedarfs.[9]

Ein Anspruch auf Vorsorgeunterhalt besteht, wenn und solange der Berechtigte keine **Altersversorgung** erwarten kann, die diejenige **des Verpflichteten** erreicht.[10]

Deshalb ist in der Regel zur Bemessung des Vorsorgeunterhalts keine Abwägung der Versorgungslage unter Berücksichtigung der aus dem Versorgungsausgleich zu erwartenden Leistungen erforderlich.[11]

Der BGH hat abgelehnt, den Vorsorgeunterhalt nach der Höhe einer später zu erwartenden, den Lebensbedarf des Berechtigten sodann in angemessener Weise deckenden Versorgungsleistung auszurichten und zu bemessen, zumal es in der Regel mit erheblichen Schwierigkeiten verbunden sein dürfte, den angemessenen Lebensbedarf für den Zeitpunkt des Versicherungsfalls zu beurteilen.[12]

457 Ein Anspruch auf Vorsorgeunterhalt besteht **nicht** bei **krankheitsbedingter Arbeitslosigkeit**, soweit diese eine Unterbrechung einer versicherungspflichtigen Beschäftigung beinhaltet und sie einer versicherungspflichtigen Tätigkeit unmittelbar nachgefolgt ist. Sie gilt dann bis zur Wiederaufnahme einer Erwerbstätigkeit als rentenrechtliche Ausfallzeit nach AVG bzw. jetzt als Anrechnungszeit nach § 58 SGB VI.[13] Das gleiche muß für sonstige Anrechnungszeiten gelten.

Soweit der Elementarbedarf durch **Kapitaleinkünfte** gedeckt ist, kann zusätzlich Vorsorgeunterhalt nicht verlangt werden, weil die Kapitaleinkünfte auch im Alter und bei Erwerbsunfähigkeit unverändert fließen.[14]

Der Anpruch auf Vorsorgeunterhalt ist nicht **verfassungswidrig**.[15]

---

[5] BGH, FamRZ 1982, 465 = NJW 1982, 1875
[6] BGH, FamRZ 1981, 864 = R 80 a
[7] BGH, FamRZ 1988, 145, 150 = R 347 i; FamRZ 1981, 864 = R 80 a; ferner R 120
[8] BGH, FamRZ 1981, 442, 444 = NJW 1981, 1556, 1558; ferner R 120, R 347 i
[9] BGH, FamRZ 1982, 1187 = R 139 b; ferner R 68, R 80 b, R 128 f
[10] BGH, FamRZ 1982, 1187 = R 139 b; FamRZ 1981, 442, 444 = R 68
[11] BGH, FamRZ 1982, 1187 = R 139 b
[12] BGH, FamRZ 1988, 145, 150 = R 347 i
[13] BGH, FamRZ 1987, 36 = R 310 c
[14] BGH, FamRZ 1992, 423, 425 = R 442 c
[15] BGH, FamRZ 1982, 887, 889 = R 128 f; FamRZ 1981, 864 = R 80 b

4. Abschnitt: Vorsorgeunterhalt § 4

2. Geltendmachung und Tenorierung des Vorsorgeunterhalts

Der Vorsorgeunterhalt muß im Hinblick auf seine Zweckbestimmung (vgl. Rn 463) **besonders** und **betragsmäßig geltend** gemacht werden. Er wird nicht von Amts wegen zugesprochen. Es steht im freien Ermessen des Berechtigten, ob er ihn geltend machen will.[16] **458**

Der Vorsorgeunterhalt kann erst **ab Geltendmachung** zugesprochen werden. Verlangt der Berechtigte nur Quotenunterhalt, beinhaltet dies keinen Vorbehalt der Nachforderung eines Vorsorgeunterhalts. Dies gilt auch dann, wenn der Berechtigte nicht wußte, daß er einen Vorsorgeunterhalt geltend machen kann.[17] Der Vorsorgeunterhalt kann auch mit einer Teilklage geltend gemacht werden.[18] Allerdings ist die gegenständliche Aufteilung in Elementarunterhalt und Vorsorgeunterhalt wegen der wechselseitigen Abhängigkeit problematisch.[19]

Ist in einem vorausgegangenen Verfahren kein Vorsorgeunterhalt verlangt worden, kann auch in einem **Änderungsverfahren** (§ 323 ZPO) erstmals Vorsorgeunterhalt verlangt werden (vgl. Rn 490).[20] **459**

Wenn der Berechtigte erstmals Vorsorgeunterhalt geltend macht, muß er **keine** konkreten **Angaben** über Art und Weise der von ihm **beabsichtigten Vorsorge** machen.[21] Zur Substantiierung seines Anspruchs muß er nur darlegen, daß und in welcher Höhe er Vorsorgeunterhalt verlangt. Er ist nicht verpflichtet, eine bestimmte Form der Vorsorgeversicherung und der konkret anfallenden Vorsorgeaufwendungen anzugeben. Er kann sich darauf beschränken, den Vorsorgeunterhalt betragsmäßig geltend zu machen, um ihn sodann dem gesetzlichen Zweck entsprechend zur Begründung einer angemessenen Versicherung zu verwenden.[22] **460**

Der Verpflichtete kann in der Regel **nicht** verlangen, daß der Vorsorgeunterhalt von ihm unmittelbar **an den Versicherungsträger** bezahlt wird.[23] Dies gilt jedenfalls so lange, als kein begründeter Anlaß für die Annahme einer zweckwidrigen Verwendung des Vorsorgeunterhalts besteht[24] (vgl. Rn 463 f, 491). **461**

Hinsichtlich der Verteilung des Gesamtunterhalts auf den Elementarunterhalt und den Vorsorgeunterhalt ist die **Dispositionsbefugnis** des Berechtigten **eingeschränkt** (s. Rn 480). Der Richter ist nicht gehalten, von den Beträgen auszugehen, die verlangt werden. Selbst ein Anerkenntnis des Verpflichteten ist für ihn nicht bindend.[25] Eine Bindung besteht nur insoweit, als insgesamt nicht mehr zugesprochen werden darf, als verlangt worden ist.[26] **462**

Wegen der Zweckbindung des Vorsorgeunterhalts (s. u. Rn 463) ist der darauf entfallende Betrag **im Tenor gesondert auszuweisen**.[27]

3. Zweckbestimmung und nicht zweckbestimmte Verwendung des Vorsorgeunterhalts

Nach dem Zweck des Vorsorgeunterhalts soll einem Ehegatten, der unterhaltsberechtigt ist, die Möglichkeit verschafft werden, seine Altersversorgung im Wege der freiwilligen Weiterversicherung erhöhen zu können.[28] **463**

---

[16] BGH, FamRZ 1985, 690 = NJW 1985, 1701
[17] BGH, FamRZ 1985, 690 = NJW 1985, 1701
[18] BGH, FamRZ 1982, 1187 = R 139 b
[19] BGH, FamRZ 1982, 890 = R 133; FamRZ 1982, 255 = R 93 a
[20] BGH, FamRZ 1985, 690 = R 259
[21] BGH, FamRZ 1987, 684, 688 = R 331 d
[22] BGH, FamRZ 1982, 887, 889 = R 128 f; ferner R 132 c
[23] BGH, FamRZ 1983, 152 = R 132 c; FamRZ 1982, 1187 = R 139 b
[24] BGH, FamRZ 1987, 684, 688 = R 331 d
[25] BGH, FamRZ 1985, 912, 915 = R 267 b
[26] BGH, FamRZ 1989, 483 = R 382 b
[27] BGH, FamRZ 1982, 1187 = R 139 b; ferner R 132 d, R 259
[28] BGH, FamRZ 1981, 442, 444 = NJW 1981, 1556, 1558

Deshalb unterliegt der Vorsorgeunterhalt der besonderen **Zweckbindung**, die Alterssicherung des Berechtigten zu gewährleisten und zugleich den Verpflichteten nach Eintritt des Versicherungsfalls (des Berechtigten) unterhaltsrechtlich zu entlasten.

Wegen dieser Zweckbindung muß der Vorsorgeunterhalt für die Alterssicherung verwendet werden. Der Berechtigte darf ihn nicht für seinen laufenden Unterhalt verbrauchen.[29]

464 Wenn der Berechtigte den durch Urteil (oder Vergleich) zugesprochenen und bezahlten Vorsorgeunterhalt **nicht bestimmungsgemäß für seine Alterssicherung**, sondern für den laufenden Unterhalt verwendet, kann dies als Einwand unter dem Gesichtspunkt der fehlgeschlagenen Prognose des Gerichts mit einer **Abänderungsklage** geltend gemacht werden, die allerdings die Rechtskraftwirkung des abzuändernden Urteils bis zur Rechtshängigkeit der neuen Klage unberührt läßt (vgl. Rn 491). Deshalb kann der bezahlte Vorsorgeunterhalt **nicht** nach § 812 BGB zurückverlangt werden.[30]

465 Eine nicht bestimmungsgemäße Verwendung des Vorsorgeunterhalts in der Vergangenheit kann bedeutsam für die Beurteilung sein, ob der Berechtigte **treuwidrig** handelt, wenn er im Rahmen einer Abänderungsklage weiterhin **Zahlung** des Vorsorgeunterhalts **an sich** verlangt. Wird eine solche Treuwidrigkeit, wie in der Regel, bejaht, kann der Berechtigte nur noch Zahlung des Vorsorgeunterhalts an den Versicherungsträger verlangen. Eine solche Verurteilung setzt aber voraus, daß der Berechtigte in Ausübung seines Wahlrechts (vgl. Rn 460) einen geeigneten Versicherungsträger benennt und darlegt, daß Zahlungen an diesen zu einem geeigneten Versicherungsschutz führen. Fehlt es an solchen Darlegungen, ist der Anspruch auf Vorsorgeunterhalt nicht schlüssig und deshalb abzuweisen.[31]

466 Auch **§ 1579 Nr. 3 BGB** ist anwendbar, wenn der Vorsorgeunterhalt nicht bestimmungsgemäß verwendet worden ist. Dies setzt allerdings voraus, daß dem Berechtigten ein mutwilliges Verhalten vorgeworfen werden kann, was bei Bestehen einer Notlage oder bei Einkünften unterhalb des notwendigen Selbstbehalts fraglich sein kann.[32]

Bei Bejahung der Voraussetzungen des § 1579 Nr. 3 BGB wird der Berechtigte wegen der zweckwidrigen Verwendung des Vorsorgeunterhalts so gestellt, als hätte er eine entsprechende Versorgung erlangt. Wirksam wird dieser Schutz allerdings erst im Rentenfall.[33]

4. Berechnung des Vorsorgeunterhalts aus dem Elementarunterhalt nach der Bremer Tabelle

467 In welcher Weise der Vorsorgeunterhalt zu berechnen ist, ist im Gesetz nicht geregelt. Der BGH knüpft in gefestigter ständiger Rechtsprechung entsprechend dem Zweck des Vorsorgeunterhalts für die Berechnung an den **Elementarunterhalt** an, wie er ohne Vorsorgeunterhalt zu leisten wäre (Ausnahme vgl. Rn 475).[34]

Deshalb ist zunächst – als erster Rechenschritt – der Elementarunterhalt festzustellen, der ohne Vorsorgeunterhalt geschuldet wäre. Dann ist – in einem zweiten Rechenschritt – dieser vorläufige Elementarunterhalt entsprechend dem Verfahren nach § 14 II SGB IV (Umrechnung sogenannter Nettovereinbarungen) wie ein Nettoarbeitsentgelt **zum sozialversicherungsrechtlichen Bruttolohn hochzurechnen**. Dies geschieht in der Praxis **nach der Bremer Tabelle**, die vom BGH in ständiger Rechtsprechung anerkannt ist.

In einem dritten Rechenschritt wird aus dieser Bruttobemessungsgrundlage mit dem jeweils geltenden Beitragssatz gemäß §§ 157 f SGB VI der Vorsorgeunterhalt berechnet.[35]

---

[29] BGH, FamRZ 1987, 684, 686 = R 331 b; FamRZ 1982, 887, 889 = R 128 f
[30] BGH, FamRZ 1987, 684, 686 = R 331 b
[31] BGH, FamRZ 1987, 684, 686 = R 331 b + d; FamRZ 1982, 1187 = R 139 b
[32] BGH, FamRZ 1987, 684, 686 = R 331 b; FamRZ 1982, 1187 = R 139 b
[33] BGH, FamRZ 1983, 676 = R 165 b; FamRZ 1982, 1187 = R 139 b
[34] BGH, FamRZ 1988, 145, 150 = R 347 i; ferner R 80 b, R 93 b, R 117 e, R 120, R 133, R 175 b, R 252 c, R 132 d, R 139 a, R 259, R 427 b
[35] BGH, FamRZ 1981, 442, 444 = NJW 1981, 1556, 1558; ferner R 80 b, R 93 b, R 133, R 132 d, R 175 b, R 252 c, R 427 b

4. Abschnitt: Vorsorgeunterhalt § 4

Der Beitragssatz beträgt seit 1. 4. 1999 19,5 %. Vorher betrug er seit 1997 20,3 %.

Rechenbeispiel nach der Bremer Tabelle 468
– Nettoeinkommen des V = 3500
bei einem Bonus von $1/7$:
Vorläufiger Elementarunterhalt = 3500 x $3/7$ = 1500
– Hochrechnung auf ein fiktives Bruttoeinkommen nach der Bremer Tabelle 4/99
Zuschlag zum Nettoeinkommen = 1500 x 18 % = 270
Fiktives Bruttoeinkommen = 1500 + 270 = 1770
– Vorsorgeunterhalt = 1770 x 19,5 % = 345
bei einem Bonus von 10 %:
Vorläufiger Elementarunterhalt = 3500 x 45 % = 1575
– Hochrechnung auf ein fiktives Bruttoeinkommen nach der Bremer Tabelle 4/99
Zuschlag zum Nettoeinkommen = 1575 x 19 % = 270
Fiktives Bruttoeinkommen = 1575 + 299 = 1874
– Vorsorgeunterhalt = 1874 x 19,5 % = 365

Für die an der Regel des § 14 II SGB IV orientierte Hochrechnung auf ein fiktives 469 Bruttoarbeitsentgelt reicht es nicht aus, nur die Sozialversicherungsbeiträge zu berücksichtigen. Die vom BGH gebilligte Berechnung nach der Bremer Tabelle geht davon aus, daß außer den Beiträgen zur **gesetzlichen Rentenversicherung** und zur Arbeitslosenversicherung auch die aus dem Bruttoeinkommen abzuführende **Lohnsteuer** in die Hochrechnung einbezogen wird.[36]

Bei dieser Hochrechnung des vorläufigen Elementarunterhalts nach der Bremer Tabelle auf ein sozialversicherungsrechtliches Bruttoentgelt geht es weder um eine exakte Bemessung der Arbeitnehmerbeiträge zur Sozialversicherung noch um eine genaue Berechnung der Lohnsteuer. Durch diesen Berechnungsschritt soll vielmehr auf möglichst einfachem Weg ein **Hilfsmittel zur Bestimmung der Vorsorgekosten** gewonnen werden. Die Bremer Tabelle wird diesen Grundsätzen und den praktischen Erfordernissen in ausreichendem Maße gerecht.[37]

Die Bremer Tabelle berücksichtigt **keinen Beitrag zur gesetzlichen Krankenversicherung**, was an sich bei strikter Anwendung des § 14 II SGB IV ebenfalls erforderlich wäre. Trotzdem ist aus den bereits erwähnten Gründen keine Korrektur der Bremer Tabelle erforderlich, und zwar auch nicht für die Fälle, in denen auch Krankenversicherungskosten neben dem nach einer Quote bemessenen Elementarunterhalt zugebilligt werden. Dies würde zu der unerwünschten Folge führen, daß unterschiedliche Berechnungswege für den Vorsorgeunterhalt eingeschlagen werden müßten, je nachdem, ob bei dem Berechtigten ein Bedarf für Krankenversicherungskosten zu berücksichtigen ist oder nicht.

In den meisten Fällen besteht weder beim Trennungsunterhalt noch beim nachehe- 470 lichen Unterhalt ein solcher zusätzlicher Bedarf. Die **Außerachtlassung der Krankenversicherungsbeiträge** führt gegenüber den Ergebnissen, die bei strikter Anwendung des § 14 II SGB IV entstehen, zu verhältnismäßig geringen Differenzen, die im Hinblick auf die Vorzüge eines einheitlichen Berechnungsweges hingenommen werden können. Es erscheint daher gerechtfertigt, bei der Hochrechnung die Beitragspflicht zur gesetzlichen Krankenversicherung in allen Fällen außer acht zu lassen. Das führt zu angemessenen Ergebnissen und vermeidet unnötige Differenzierungen. Die praktischen Vorteile dieser Berechnungsart überwiegen seine Nachteile.[38]

In gleicher Weise bleiben auch die Beiträge zu der seit 1. 1. 1995 gesetzlich vorgeschriebenen **Pflegeversicherung** unberücksichtigt.[39]

Diese Berechnung des Vorsorgeunterhalts auf der Grundlage des „vorläufigen Elemen- 471 tarunterhalts" ist auch dann rechtlich unbedenklich, wenn der **Elementarunterhalt** wegen trennungsbedingtem Mehrbedarf **nicht den vollen Unterhalt** beinhaltet, oder wenn er teilweise durch eigene prägende Einkünfte des Berechtigten (Doppelverdienerehe und Aufstockungsunterhalt) oder durch nichtprägende Einkünfte des Berechtigten gedeckt ist.

---

[36] BGH, FamRZ 1985, 471 = R 252 c; FamRZ 1981, 442, 444 = NJW 1981, 1556, 1558
[37] BGH, FamRZ 1985, 471 = R 252 c; FamRZ 1983, 888 = R 175 b
[38] BGH, FamRZ 1983, 888 = R 175 b; dazu auch Gutdeutsch, FamRZ 1989, 451
[39] Vgl. Gutdeutsch, FamRZ 1994, 878; kritisch: Büttner, FamRZ 1995, 193, 197

472 Bleibt der Elementarunterhalt wegen **trennungsbedingtem Mehrbedarf** hinter dem vollen Unterhalt nach § 1578 I 1 BGB zurück (§ 1581 BGB), dann ist trotzdem nur an den Elementarunterhalt anzuknüpfen. Gerade das im Unterhaltsrecht bestehende Bedürfnis nach einer einfachen Abwicklung der alltäglichen Ausgleichsfälle läßt es gerechtfertigt erscheinen, die Vorsorgeleistungen, deren Einbeziehung unterhaltsrechtlich ohnehin erhebliche Schwierigkeiten bereitet, auch dann nach dem laufenden Unterhalt zu bemessen, wenn dieser zur Deckung des vollen Unterhalts nicht ausreicht. Deshalb ist der Unterhalt, den der Berechtigte **bei voller Bedürftigkeit erhielte**, stets die **Obergrenze** des Betrages, der auf ein Bruttoentgelt hochzurechnen ist (vgl. Rn 475).[40]

473 Ein auf dieser Grundlage errechneter Vorsorgeunterhalt ist auch dann als angemessen anzusehen, wenn der Berechtigte seinen Unterhaltsbedarf teilweise anderweitig deckt, ohne dabei zugleich eine entsprechende Altersvorsorge begründen zu können, wie es z. B. der Fall ist bei einem **Zusammenleben mit einem Partner** in nichtehelicher Lebensgemeinschaft. Daß der Verpflichtete hierdurch hinsichtlich des laufenden Unterhalts entlastet wird, gebietet es nicht, ihn hinsichtlich des Vorsorgeunterhalts in größerem Umfang heranzuziehen. Der Berechtigte ist hinsichtlich der Altersvorsorge so zu behandeln, wie wenn er aus einer versicherungspflichtigen Erwerbstätigkeit Einkommen in Höhe des ihm an sich zustehenden Elementarunterhalts hätte.[41]

474 Die gleichen Grundsätze gelten bei einem **Aufstockungsunterhalt** nach § 1573 II BGB, und zwar sowohl bei prägenden wie bei nichtprägenden Einkünften des Berechtigten aus einer den vollen Unterhalt nicht deckenden Erwerbstätigkeit oder bei unzumutbaren Erwerbseinkünften, die nach § 1577 II BGB anzurechnen sind.[42]

Werden bei einer Teilzeitbeschäftigung Pflichtbeiträge zur gesetzlichen Rentenversicherung entrichtet, können seit 1. 1. 1992 keine weiteren Beiträge zur gesetzlichen Rentenversicherung mehr entrichtet werden. Auch vorher waren solche Beitragsleistungen wenig sinnvoll, weil aus diesen Beiträgen zur Höherversicherung keine dynamischen Versicherungsleistungen erwuchsen. Es kommen dann privatrechtliche Vorsorgemöglichkeiten in Betracht.[43]

Der Verpflichtete hat dem Berechtigten die für den Abschluß einer angemessenen Lebensversicherung benötigten Mittel als Vorsorgeunterhalt zur Verfügung zu stellen.[44]

475 In den Fällen der **Anrechnungsmethode** ist zu prüfen, ob das anzurechnende Einkommen auch im Rentenfall noch fließen wird (z. B. Kapitaleinkünfte[45]) oder ob das anzurechnende Einkommen mit dem Erwerb einer Versorgung verknüpft ist (z. B. Arbeitslosengeld[46]). In beiden Fällen ist das Einkommen vom Unterhaltsbedarf abzuziehen. Nur für einen etwa verbleibenden Unterhaltsanspruch kann Vorsorgebedarf geltend gemacht werden.

Bei anzurechnenden (realen oder fiktiven) Einkünften, welche **keinen Versorgungswert** haben (z. B. Betreuung eines Partners[47] oder geringfügige Erwerbstätigkeit ohne Versicherungspflicht[48]), ist der Unterhalt zugrunde zu legen, welcher ohne das anzurechnende Einkommen zu zahlen wäre.

476 Bei **zeitlich schwankenden** Vorsorgeunterhaltsbeträgen kann der Berechtigte die Versicherungsprämien aus eigenen Mitteln aufstocken.[49]

Bezieht der Berechtigte bereits sein **Altersruhegeld**, so widerspricht es Sinn und Zweck des Vorsorgeunterhalts, eine solche Leistung weiterhin erbringen zu müssen.[50]

---

[40] BGH, FamRZ 1982, 679 = R 120
[41] BGH, R 120, wie vorher
[42] BGH, FamRZ 1988, 145, 150 = R 347 i
[43] BGH, FamRZ 1982, 579, 581 = R 117 e; FamRZ 1982, 255, 257 = R 93 b
[44] BGH, FamRZ 1988, 145, 150 = R 347 i
[45] BGH, FamRZ 1992, 423, 425 = 442 c
[46] BGH, FamRZ 1987, 36 = R 310 c
[47] BGH, R 310 c, wie vorher
[48] BGH, FamRZ 1999, 372, 373 = R 529 a; FamRZ 1991, 307, 309 = R 427 b
[49] BGH, FamRZ 1988, 145, 150 = R 347 i
[50] OLG Hamm, FamRZ 1987, 829

4. Abschnitt: Vorsorgeunterhalt **§ 4**

5. Zweistufige Berechnung des Elementarunterhalts und Vorrang des Elementarunterhalts gegenüber dem Vorsorgeunterhalt

Wurde der Vorsorgeunterhalt gemäß den Ausführungen zu 4) auf der Grundlage des Elementarunterhalts (Quotenunterhalt) berechnet, muß (wenn Zusatzeinkommen nicht vorhanden ist, s. u. Rn 483 f) der **Elementarunterhalt** nach Vorabzug des Vorsorgeunterhalts vom Einkommen **erneut endgültig berechnet** werden. **477**

Der Elementarunterhalt als Quotenunterhalt entspricht der hälftigen Aufteilung des für Unterhaltszwecke verfügbaren Einkommens. Es verstieße gegen den Halbteilungsgrundsatz, wenn der Verpflichtete den Vorsorgeunterhalt zusätzlich aus der ihm zustehenden Quote bezahlen müßte.[51]

Für ein solches Verfahren spricht auch, daß bei der Feststellung des verfügbaren Einkommens Vorsorgeaufwendungen des Verpflichteten ebenfalls vorweg vom Einkommen abgezogen werden. Außerdem wird es dem Umstand gerecht, daß sich ein aus einer Erwerbstätigkeit ergebender Mehraufwand nur auf den normalen durch den Elementarunterhalt abzudeckenden Lebensbedarf erstreckt, so daß es auch nur hinsichtlich desjenigen Teils der verfügbaren Einkommens einer modifizierten Aufteilung bedarf, der der Befriedigung des Elementarbedarfs dient.[52]

Wenn in einem Mangelfall der nach Ermittlung des Vorsorgeunterhalts verbleibende endgültige Elementarunterhalt für den laufenden Unterhaltsbedarf nicht ausreicht, hat der **Elementarunterhalt Vorrang vor dem Vorsorgeunterhalt**, d. h. es bleibt bei dem ursprünglichen Elementarunterhalt. Ein Anspruch auf Vorsorgeunterhalt entfällt.[53] **478**

Gegebenenfalls ist in tatrichterlicher Verantwortung eine den Interessen der Parteien gerecht werdende anderweitige Unterhaltsbemessung vorzunehmen.[54]

Die **Leistungsfähigkeit** des Verpflichteten ist für den Elementarunterhalt und den Vorsorgeunterhalt einheitlich nach den gleichen Maßstäben zu beurteilen. Deshalb muß in einem Mangelfall für beide Unterhaltsbestandteile ein einheitlicher Selbstbehaltssatz verwendet werden.[55] **479**

Wenn Vorsorgeunterhalt geltend gemacht und anerkannt wird, findet die **Wirksamkeit** eines prozessualen **Anerkenntnisses** dort ihre Grenze, wo **keine Parteiherrschaft** über den Streitgegenstand besteht. Dies ist der Fall, wenn wegen der wechselseitigen Abhängigkeit von Vorsorgeunterhalt und Elementarunterhalt eine zweistufige Berechnung des Elementarunterhalts notwendig ist. Insoweit ist im Unterhaltsprozeß hinsichtlich der Verteilung des Gesamtunterhalts auf den Elementar- und Vorsorgeunterhalt die Dispositionsbefugnis des Berechtigten eingeschränkt. Das Gericht ist nicht gehalten, bei der Bemessung des Elementarunterhalts und des Vorsorgeunterhalts von den Beträgen auszugehen, die der Berechtigte hierfür verlangt. Es hat bei der Bemessung des Elementarunterhalts im Verhältnis zum Vorsorgeunterhalt ohne Bindung an Anerkenntnisse die allgemeinen Regeln zu beachten.[56] **480**

Eine Bindung des Gerichts besteht nur insoweit, als insgesamt kein höherer Gesamtunterhalt zugesprochen werden darf, als beantragt worden ist. Bezüglich der Verteilung des Gesamtunterhalts auf Elementarunterhalt und Vorsorgeunterhalt besteht keine Bindung.[57]

Rechenbeispiele zur zweistufigen Berechnung **481**

Normaler Fall:
Nettoeinkommen des M = 4200
prägendes Nettoeinkommen (mit Vorsorgewert) der F = 1400

---

[51] BGH, FamRZ 1981, 864 = R 80 b; ferner R 132 d
[52] BGH, FamRZ 1981, 442, 444 = NJW 1981, 1556, 1558
[53] BGH, FamRZ 1987, 684, 686 = R 331 d
[54] BGH, FamRZ 1982, 887, 889 = R 128 f; ferner R 133
[55] BGH, FamRZ 1982, 890 = R 133
[56] BGH, FamRZ 1985, 912, 915 = R 267 b
[57] BGH, FamRZ 1989, 483 = R 382 b

Bei Bonus 10 %:
Vorläufiger Elementarunterhalt = (4200 − 1400) x 45 % = 1260
Vorsorgeunterhalt:
1260 x 15 % = 189; 1260 + 189 = 1449 x 19,5 % = 283
Neuer Elementarunterhalt:
4200 − 283 − 1400 = 2517 x 45 % = 1133
Bei Bonus $^1/_7$:
Vorläufiger Elementarunterhalt = (4200 − 1400) x $^3/_7$ = 1200
Vorsorgeunterhalt:
1200 x 15 % = 180; 1200 + 180 = 1380 x 19,5 % = 269;
Neuer Elementarunterhalt:
4200 − 269 − 14 = 2531 x $^3/_7$ = 1085
Kein Mangelfall, weil F 1400 + 1085 zuzüglich 269 hat und dem M 2846 (4200 − 1085 − 269) verbleiben.

482 **Mangelfall:**
Nettoeinkommen des M = 2800 x $^3/_7$ = 1200
Vorsorgeunterhalt wie oben 269
Endgültiger Quotenunterhalt = 2800 − 269 = 2531 x $^3/_7$ = 1085
Nach dieser Berechnung erhält F 1085 DM als Elementarunterhalt und 169 DM als Vorsorgeunterhalt. Dem M verbleiben 1446 DM (2800 − 1085 − 269).
Es handelt sich um einen Mangelfall, bei dem dem M der Selbstbehalt von 1500 DM (oder 1650 nach HL 33) verbleiben muß, bei F wird der Nachrang des Vorsorgeunterhalts wirksam mit der Folge, daß dieser gekürzt wird. Er beträgt (bei Zugrundelegung eines Selbstbehalts von 1650 nach HL 33) 120 DM (2800 − 1650 − 1085 = 65 DM).

482a Auf die Höhe des **Kindesunterhalts** hat der Vorsorgeunterhalt keinen Einfluß.[58]

483 Eine **zweistufige Berechnung** des Elementarunterhalts **unterbleibt**:
Wenn bei besonders **guten wirtschaftlichen Verhältnissen** des Verpflichteten der Elementarbedarf nicht nach einer Quote, sondern konkret (vgl. Rn 366) bemessen wurde.[59]
Dann kann in der Regel der Vorsorgeunterhalt zusätzlich zum Elementarbedarf ohne Verstoß gegen den Halbteilungsgrundsatz bezahlt werden. Die zweistufige Berechnung soll nur sicherstellen, daß nicht zu Lasten des Verpflichteten vom Halbteilungsgrundsatz abgewichen wird.[60]

484 Entsprechendes gilt nach der **Rechtsprechung des BGH**,[61] wenn der **Berechtigte nichtprägende Einkünfte** hat, die auf seinen Quotenbedarf anzurechnen sind. Dadurch kommt es nämlich zu einer Entlastung des Verpflichteten, die es ihm ermöglicht, im Umfange des Anrechnungsbetrags Vorsorgeunterhalt zu leisten, ohne daß der Halbteilungsgrundsatz zu seinen Lasten verletzt wird.

Rechenbeispiel (mit Bonus 10 %):
Nettoeinkommen des V = 3500
Nichtprägendes Nettoeinkommen des B (mit Vorsorgewert) = 1400 x $^6/_7$ = 1260
Elementarrestunterhalt = 3500 x 45 % = 1575−1260 = 315
Vorsorgeunterhalt aus 315 DM = 315 x 15 % = 47; 315 + 47 = 362 x 19,5 % = 71
Der Halbteilungsgrundsatz ist bereits dann gewahrt, wenn der Verpflichtete nicht mehr als 3500 x 45 % = 1575 zu zahlen hat. Wenn er nur 300 DM Elementarunterhalt bezahlt, so kann er daneben noch 71 DM Vorsorgeunterhalt zahlen, ohne daß der Halbteilungsgrundsatz zu Lasten des Verpflichteten verletzt würde.[62]

485 Ebenso liegt es, wenn der **Verpflichtete** z. B. nach der Scheidung **nichtprägende Einkünfte** in mindestens gleicher Höhe hat. Auch in diesen Fällen wird durch die Zahlung des ungekürzten Elementarunterhalts der Halbteilungsgrundsatz nicht zu Lasten des Unterhaltspflichtigen verletzt. Er hat dann den Vorsorgeunterhalt zusätzlich zum Elementarunterhalt zu bezahlen.

---

[58] BGH, FamRZ 1982, 887 = R 128 c
[59] BGH, FamRZ 1988, 1145, 1148 = R 372 f
[60] BGH, FamRZ 1982, 1187, 1188 = R 139 a
[61] BGH, FamRZ 1999, 372, 374 = R 529 b
[62] Ebenso OLG München, FamRZ 1994, 1459; FamRZ 1992, 1310, 1311; vgl. auch Gutdeutsch, FamRZ 1989, 451, 452.

4. Abschnitt: Vorsorgeunterhalt § 4

Weitere Rechenbeispiele beim Krankheitsvorsorgeunterhalt, Rn 516 f.

Auch in anderen Fällen kann der Verpflichtete den Altersvorsorgeunterhalt **neben** **486** **dem ungekürzten Elementarunterhalt** leisten, ohne daß der Halbteilungsgrundsatz zu seinen Lasten verletzt wäre, nämlich in allen Fällen, in denen aufgrund nichtprägender Einkünfte beider Seiten (Vermögensbildungsquote des Verpflichteten, unerwartete Einkommenserhöhung desselben, Einkommen des Berechtigten, welches der Anrechnungsmethode unterliegt) hinreichende zusätzliche Mittel zur Verfügung stehen.

Der Altersvorsorgeunterhalt ist als gesetzlich geregelte Form des trennungsbedingten Mehrbedarfs[63] zu qualifizieren, welcher grundsätzlich neben dem Elementarbedarf besteht. Dementsprechend dürfte der Elementarunterhalt der zweiten Stufe nicht den vollen Bedarf, sondern einen Billigkeitsunterhalt nach § 1581 BGB darstellen.[64] Daraus folgt:

Wenn vor Berechnung des Quotenunterhalts vom Einkommen des Verpflichteten ein **487** den Vorsorgeunterhalt übersteigender Betrag für **vermögensbildende Aufwendungen** abgezogen wurde, dann darf diese Vermögensbildung im Umfang des Vorsorgeunterhalts nicht mehr fortgesetzt werden. Die Vermögensbildung ist entsprechend einzuschränken, und der Vorsorgeunterhalt ist aus den dadurch für Unterhaltszwecke freiwerdenden Mitteln zusätzlich zu dem auf der Basis eines Vorabzugs vermögensbildender Aufwendungen berechneten Elementarunterhalt zu bezahlen (siehe Rn 443).

> **Rechenbeispiel (mit Bonus $1/7$):**
> Nettoeinkommen des V = 6000 DM, bereinigt um 1100 DM angemessene vermögensbildende Aufwendungen = 4900 DM
> Vorsorgeunterhalt = 4900 x $3/7$ = 2100 x 37 % = 777
> 2100 + 777 = 2877 x 20,3 % = DM 584
> In Höhe von 584 DM sind die vermögensbildenden Aufwendungen von 1100 DM einzuschränken und aus den dadurch freiwerdenden Mitteln der Vorsorgeunterhalt (584) zusätzlich zum Elementarunterhalt (2100) zu bezahlen.

Zwar würde prinzipiell die Trennung zur Herabsetzung des Vorsorgebedarfs beim Verpflichteten führen, weil er nicht für den Gatten vorzusorgen hat, und diese Minderung könnte dem Ausmaß des neu hinzukommenden Vorsorgebedarfs des Gatten entsprechen. Das entspricht jedoch nicht der Lebenswirklichkeit. Soweit die Eheleute durch die gesetzliche Rentenversicherung für den Fall des Alters und der Invalidität gesichert sind (was die Bremer Tabelle als den Normalfall voraussetzt), ergibt sich durch die Scheidung keine Verminderung des Vorsorgeaufwands beim Verpflichteten. Das gilt nicht nur für die gesetzliche Rentenversicherung, sondern auch für viele andere Versorgungswerke, welche für die Absicherung der Hinterbliebenen keine eigenen Beiträge fordern. Deshalb tritt der Altersvorsorgebedarf des geschiedenen Ehegatten in der Regel als trennungsbedingter Mehrbedarf zu dem elementaren Unterhaltsbedarf hinzu.

Die Auffassung des BGH, der Altersvorsorgeunterhalt stehe dem Elementarunterhalt und dem Krankheitsvorsorgeunterhalt im Rang nach, widerspricht dem nicht. Dieser Nachrang ist nicht im Sinn einer gesetzlichen Rangfolge, sondern einer – im Rahmen jeder Abwägung zu berücksichtigenden – tatsächlichen Dringlichkeit zu verstehen (vgl. Hampel, Bemessung des Unterhalts, Rz 574 ff).

In dieser Aufl. nicht belegt[65] **488**

---

[63] Ebenso OLG München, FamRZ 1992, 1310, 1311; FamRZ 1994, 1459, 1460; vgl. auch Gutdeutsch, FamRZ 1989, 451, 452

[64] Wenn der BGH von Halbteilung redete, meinte er bis 1990 allerdings in der Regel die Bedarfsquote. Doch hat er in seiner Entscheidung zum ehcangemessenen Bedarf des Pflichtigen als Einstiegsgrenze zum Billigkeitsunterhalt (BGH, FamRZ 1990, 260 f = R 399) den Bereich des letzteren wesentlich erweitert. In Lichte dieser Entscheidung wird man den Elementarunterhalt der zweiten Stufe als Billigkeitsunterhalt nach § 1581 BGB zu qualifizieren haben.

[65] *derzeit nicht belegt*

6. Vorsorgeunterhalt bei späteren Abänderungen

489 Wird im Wege einer **Abänderungsklage** der laufende Trennungsunterhalt an das gestiegene Einkommen des Verpflichteten durch eine Neubemessung des Elementarunterhalts angepaßt, dann ist ein Vorsorgeunterhalt nach dem neuen (vorläufigen Elementarunterhalt) entsprechend den Grundsätzen Rn 467 ff zu berechnen und erst nach Vorabzug des Vorsorgeunterhalts gemäß den Ausführungen Rn 477 die neue endgültige Anpassung des Elementarunterhalts vorzunehmen.[66]

Gleiches gilt bei einem Anspruch auf nachehelichen Unterhalt.

Der **nacheheliche Unterhaltsanspruch** (Elementar- und Vorsorgeunterhalt) kann nicht im Wege der Abänderung eines Titels über den Trennungsunterhalt bemessen werden. Elementar- und Vorsorgeunterhalt sind nach den erörterten Grundsätzen für die Zeit nach der Scheidung neu zu bemessen.[67]

490 Bei einer Abänderungsklage kann auch **erstmals Vorsorgeunterhalt** für die Zukunft verlangt werden, sofern die sonstigen Voraussetzungen einer Abänderungsklage vorliegen. Der Abänderungsklage steht nicht entgegen, daß der Vorsorgeunterhalt noch nicht Gegenstand des Vorprozesses war und demgemäß keine Rechtskraftwirkung des ergangenen Urteils zu beseitigen ist. Die Abänderungsklage kann allerdings nicht allein darauf gestützt werden, daß nunmehr auch Vorsorgeunterhalt verlangt wird. Es entspricht dem Sinn des § 323 ZPO, daß der Berechtigte bei ansonsten gleichgebliebenen Verhältnissen an seiner im Vorprozeß getroffenen Wahl, noch keine Altersvorsorge zu betreiben, so lange festgehalten wird, bis sich auch die sonstigen seinerzeit maßgebend gewesenen Verhältnisse wesentlich geändert haben.

Kommt es bei einer derartigen Nachforderung von Vorsorgeunterhalt in einem zulässigen Abänderungsverfahren zu einer zweistufigen Berechnung des Elementarunterhalts (Rn 477 f), kann das Abänderungsverfahren zwar zu einem höheren Gesamtunterhalt führen, aber zu einem gegenüber dem Urteil des Vorprozesses verringerten laufenden Unterhalt.[68]

491 Eine nachträgliche Änderung der maßgeblichen Verhältnisse im Sinn des § 323 ZPO ist zu bejahen, wenn der Berechtigte den ihm zuerkannten Vorsorgeunterhalt **nicht bestimmungsgemäß**, sondern für den laufenden Bedarf **verwendet** hat.

Der Verpflichtete kann in einem solchen Fall mit der Abänderungsklage erreichen, daß der Vorsorgeunterhalt direkt an eine Versicherung gezahlt wird oder daß die Klage als nicht schlüssig abgewiesen wird, wenn der Berechtigte keine Versicherung benennt und weitere Zahlung an sich verlangt.[69]

7. Rechenbeispiel des BGH zum Vorsorgeunterhalt (nach BGH, FamRZ 1983, 888, 889 = NJW 1983, 2937, 2938 = R 175 b)

492 Beträge in DM und monatlich
a) Unterhaltspflichtiges Einkommen des Ehemannes 6468
abzüglich Unterhalt für Kinder 1050
abzüglich Krankenversicherungsunterhalt Ehefrau 205
b) bereinigtes Nettoeinkommen 5213
c) Vorläufige Quote von $3/7$ (fiktives Nettoarbeitsentgelt) 2234
d) Fiktives Bruttoarbeitsentgelt (vgl. Bremer Tabelle, Stand 1981, ohne Beitrag zur gesetzlichen Krankenversicherung): 3306
e) Vorsorgeunterhalt (= damals 18,5 % aus d) 612
f) Verbleibendes bereinigtes Nettoeinkommen 4601

---

[66] BGH, FamRZ 1982, 465 = NJW 1982, 1875
[67] BGH, FamRZ 1982, 465, 466 = NJW 1982, 1875
[68] BGH, FamRZ 1985, 690 = R 259
[69] BGH, FamRZ 1989, 483 = R 382 a; FamRZ 1987, 684, 688 = R 331 b + d; FamRZ 1982, 1187 = R 139 b

4. Abschnitt: Vorsorgeunterhalt §4

g) Elementarunterhalt ($3/7$ aus f) 1972
h) Krankenversicherungsvorsorge (10,42 % aus g) 205
Aus den Positionen e, g und h ergibt sich ein Unterhaltsanspruch in Höhe von insgesamt DM 2789.

Bedenken bei dieser Rechnung bestehen insofern, als der BGH unter a) einen Krankenversicherungsunterhalt von 205 DM eingesetzt hat, den er unter h) erst aus g) errechnet. Das ist rechnerisch nur durch vielfache Versuche in einem Abtastverfahren möglich.

In solchen Fällen, in denen auch der Krankheitsvorsorgeunterhalt nach einem Prozentsatz des Elementarunterhalts (damals 10,42 %) bemessen wird, kann die Berechnung dadurch vereinfacht werden, daß erst aus dem vorläufigen Unterhalt der Krankheitsvorsorgeunterhalt berechnet, sodann nach Vorabzug des Krankheitsvorsorgeunterhalts der Altersvorsorgeunterhalt und schließlich nach Vorabzug des Altersvorsorgeunterhalts und Krankheitsvorsorgeunterhalts vom einstufigen Elementarunterhalt der endgültige Elementarunterhalt errechnet wird. Eine solche dreistufige Berechnung des Elementarunterhalts ließe sich mit dem Vorrang des Krankheitsvorsorgeunterhalts vor dem Altersvorsorgeunterhalt rechtfertigen.

Rechenbeispiel dazu Rn 518.

8. Bremer Tabelle zur Berechnung des Altersvorsorgeunterhalts

Die Bremer Tabelle ist in ihrer neuesten Fassung im Anhang dieses Buches sowie regelmäßig in der FamRZ bzw. NJW abgedruckt. 493

Ein Hilfsmittel zur vereinfachten Berechnung des Altersvorsorgeunterhalts für die meisten Fälle stellt die „Tabellarische Übersicht auf der Grundlage der Bremer Tabelle" dar. Wenn man die Zwischenwerte in dem nach Einkommensdifferenzen zu 100 DM gestuften Tabellenwerk interpoliert, ergibt sich ein hinreichend genauer Wert für Elementar- und Vorsorgeunterhalt, sonst eine überschlägige Orientierung. 494

9. Sonstige Vorsorgeunterhaltsberechnungen

Gröning bezieht in seiner Tabelle[70] den Krankenvorsorgeunterhalt in die Hochrechnung des Elementarunterhalts auf einen Bruttolohn mit ein und versucht gleichzeitig, ein angemessenes Verhältnis des Vorsorgeunterhalts zum Elementarunterhalt herzustellen, das den Halbteilungsgrundsatz für das Resteinkommen wahrt. Er leitet den Vorsorgeunterhalt vom Elementarunterhalt ab, verkürzt aber den Rechengang durch eine unmittelbare Umrechnung des Einkommens des Verpflichteten in den Vorsorgeunterhalt. 495

Die integrierte Berechnung des Vorsorge- und Grundunterhalts von *Jacob*[71] versucht wie die Tabelle von Gröning ein angemessenes Verhältnis des Vorsorgeunterhalts zum Elementarunterhalt herzustellen, kommt dabei für jedes Jahr mit wenig Tabellen aus, die überdies zu Beträgen führen, die mit dem Ergebnis einer einstufigen Berechnung nach der Bremer Tabelle harmonieren. Außerdem kann im gleichen Rechengang auch ein Krankheitsvorsorgeunterhalt berechnet werden, wenn sich dieser nach einem Prozentsatz des Elementarunterhalts richtet. Ist dies nicht der Fall, muß der Krankheitsvorsorgeunterhalt konkret bestimmt und bei der Unterhaltsberechnung vorweg abgezogen werden. Gegen die Berechnung nach Jacob bestehen aber insoweit Bedenken, als bei integrierter Berechnung die Gründe, welche für das Nichtberücksichtigen des Krankenkassenbeitrags nach der Rechtsprechung des BGH maßgebend sind, ihre Gültigkeit verlieren, so daß die Werte der Bremer Tabelle für eine solche Berechnung korrigiert werden müßten. Außerdem ist die integrierte Berechnung des Vorsorgeunterhalts nur in bestimmten Fallkonstellationen möglich, während sich die Bremer Tabelle in der Deutung des BGH als einfaches universelles Hilfsmittel hinreichender Genauigkeit darstellt.[72] 496

---

[70] FamRZ 1984, 736 f
[71] FamRZ 1988, 999 f
[72] Vgl. Gutdeutsch, FamRZ 1989, 451 ff

497 Das **OLG Düsseldorf** wendete teilweise die leicht modifizierte Tabelle von *Gröning* an.[73] Im Anschluß an Gröning rechnete es bei nichtprägenden Einkünften des Berechtigten den vollen Unterhaltsbedarf auf ein fiktives Bruttoeinkommen hoch und errechnete daraus den vollen Vorsorgebedarf (Beitragssatz). Von diesem vollen Vorsorgebedarf zog es die entsprechenden Vorsorgebeträge des tatsächlichen Bruttoeinkommens ab, die aus der Lohnabrechnung entnommen werden können (einschließlich Arbeitgeberbeiträgen oder 18,7 % aus dem Bruttoeinkommen).

Für diese Berechnungen stehen keine aktuellen Hilfsmittel zur Verfügung, weil die entsprechenden Tabellen nicht fortgeführt worden sind.

II. Vorsorgeunterhalt wegen Krankheit

1. Voraussetzungen des Krankheitsvorsorgeunterhalts und Krankenversicherungsschutz bei Trennung oder Scheidung

498 Solange Ehegatten noch **nicht geschieden** sind, entstehen in der Regel für den Berechtigten mit der Trennung noch keine zusätzlichen Krankenversicherungskosten, weil die Krankheitsvorsorge durch die Mitversicherung bei dem erwerbstätigen Ehegatten sichergestellt ist. Der Berechtigte hat insoweit noch keinen zusätzlichen Bedarf. Eine solche **Mitversicherung** besteht in der gesetzlichen Krankenversicherung nach § 10 SGB V, bei Ersatzkassen und Privatkassen nach Maßgabe der jeweiligen Satzung.[74]

Während der Trennungszeit kann dieser Versicherungsschutz entfallen, wenn nach § 1361 BGB kein Unterhaltsanspruch besteht. Dann besteht allerdings auch kein Anspruch auf einen Krankheitsvorsorgeunterhalt.

Besteht eine private Krankenversicherung, muß der Verpflichtete diese in bisheriger Höhe aus seinem Einkommen weiter bezahlen. Tut er dies nicht oder besteht aus sonstigen Gründen ausnahmsweise kein angemessener Krankenversicherungsschutz des Berechtigten, dann kann dieser nach § 1361 BGB einen Krankheitsvorsorgeunterhalt verlangen, auch wenn dies in § 1361 BGB (anders als in § 1378 II BGB) nicht extra erwähnt ist. Solche Leistungen gehören mit zum angemessenen Unterhalt im Sinn des § 1361 BGB, wenn ein Trennungsunterhalt geschuldet ist (siehe Rn 8).

499 Nach § 1578 II BGB gehören bei **nachehelichem Unterhalt** zum Lebensbedarf auch die Kosten einer angemessenen Versicherung für den Fall Krankheit.

Solche Kosten entstehen in der Regel durch die Scheidung, weil mit der Rechtskraft des Scheidungsurteils die Familienmitversicherung erlischt (§ 10 I SGB V). Diese setzt eine bestehende Ehe voraus. Der Berechtigte muß sich selbst versichern, wenn er keiner versicherungspflichtigen Erwerbstätigkeit nachgeht.[75]

500 Bestand im Zeitpunkt der Scheidung eine gesetzliche Mitversicherung, ist der vom Erlöschen betroffene Ehegatte nach § 9 I Nr. 2 SGB V berechtigt, der **gesetzlichen Krankenversicherung** beizutreten. Zwingende Voraussetzung ist, daß der Verpflichtete bei Rechtskraft der Scheidung der Krankenversicherung entweder aufgrund eines Pflichtversicherungsverhältnisses oder aufgrund freiwilliger Versicherung angehörte. Der Beitritt ist innerhalb einer Ausschlußfrist von drei Monaten ab Eintritt der Rechtskraft der Scheidung zu beantragen (§ 9 II 2 SGB V). Nach Fristablauf steht es im Ermessen der Krankenkasse, ob sie dem Aufnahmeantrag noch stattgeben will.

Der Berechtigte muß im Verhältnis zum Verpflichteten von dieser Möglichkeit Gebrauch machen, weil es sich hierbei um die kostengünstigste Art einer angemessenen Krankenversicherung handelt.[76]

501 **Ehegatten eines Beamten** haben keine Möglichkeit, in die gesetzliche Krankenversicherung aufgenommen zu werden, wenn und solange sie nicht selbst pflichtversichert

---

[73] OLG Düsseldorf, FamRZ 1984, 736; FamRZ 1987, 70
[74] BGH, FamRZ 1983, 888 = R 175 b; FamRZ 1982, 887 = NJW 1982, 1983
[75] BGH, FamRZ 1983, 888, 889 = R 175 b; FamRZ 1982, 887 = NJW 1982, 1983
[76] BGH, FamRZ 1983, 888 = R 175 a

4. Abschnitt: Vorsorgeunterhalt　　　　　　　　　　　　　　　　　§ 4

sind. Da die Beihilfeberechtigung mit der Scheidung wegfällt, können sie für sich nach der Scheidung eine private Krankenversicherung abschließen, um auf diese Weise einen gleichwertigen Schutz aufrechtzuerhalten.[77]

Der Krankheitsvorsorgeunterhalt ist – wie der Vorsorgeunterhalt – als **unselbständiger Unterhaltsbestandteil** des einheitlichen Lebensbedarfs in der Regel **zusätzlich** zum Elementarunterhalt zu bezahlen, wenn dieser nach einer Ehegattenquote bemessen wird.[78] Er ist in der Ehegattenquote nicht mitenthalten.[79] 502

Ist der Krankheitsvorsorgeunterhalt im Verhältnis zum Elementarunterhalt überproportional hoch, kann der Tatrichter gehalten sein, den Gesamtunterhalt in einer den Interessen beider Parteien gerecht werdenden Weise abweichend auf die unselbständigen Unterhaltsbestandteile zu verteilen. Dabei ist allerdings zu beachten, daß – anders als bei Altersvorsorgeunterhalt – beim Krankheitsvorsorgeunterhalt kein grundsätzlicher Vorrang des Elementarunterhalts besteht, weil auch die Versicherung gegen Krankheit einen wichtigen Teil des gegenwärtigen Unterhaltsbedarfs beinhaltet, vor allem, wenn ein schlechter Gesundheitszustand besteht.[80]

Der Anspruch des Berechtigten auf Krankheitsvorsorgeunterhalt besteht nicht, wenn er durch eine **eigene versicherungspflichtige Erwerbstätigkeit** bereits ausreichend gesichert ist. 503

2. Berechnung des Krankheitsvorsorgeunterhalts

Der **angemessene Krankenversicherungsschutz** bestimmt sich nach den ehelichen Lebensverhältnissen. Deshalb steht dem Berechtigten auch nach der Scheidung grundsätzlich ein gleichwertiger Versicherungsschutz zu wie während der Ehe.[81] 504

Der Berechtigte ist allerdings verpflichtet, die kostengünstigste Versicherung zu wählen.[82]

Ist der nach § 9 SGB V beitrittsberechtigte Ehegatte der gesetzlichen Krankenkasse beigetreten oder hat er **schuldhaft einen solchen Beitritt unterlassen**, bemißt sich der Krankenvorsorgeunterhalt nach dem Elementarunterhalt in Verbindung mit dem Beitragssatz der jeweiligen Krankenkassen (derzeit etwa 14 %). 505

Anders als beim Altersvorsorgeunterhalt (Rn 467) erfolgt dazu keine Hochrechnung des Einkommens in Höhe des Elementarunterhalts auf einen versicherungsrechtlichen Bruttolohn.

Beispiel:
Nettoeinkommen des V = 3500
mit Bonus $1/7$**:**
Elementarunterhalt = 3500 x $3/7$ = 1500
Krankheitsvorsorgeunterhalt = 1500 x 14 % = 210
mit Bonus 10 %:
Elementarunterhalt = 3500 x 45 % = 1575
Krankheitsvorsorgeunterhalt = 1575 x 14 % = 221

Allerdings ist in jedem Fall maßgebend, in welcher Weise die Krankenkasse den Krankenkassenbeitrag tatsächlich berechnet. Gegebenenfalls ist in die Berechnung auch weiteres Einkommen des Berechtigten einzubeziehen, vielleicht sogar der Vorsorgeunterhalt, wodurch sich die Berechnung sehr kompliziert gestalten kann.

Bestand während der Ehe eine **private Krankenversicherung**, kann diese übernommen und weitergeführt werden. Die Krankenversicherungsbeiträge entsprechen den ehelichen Lebensverhältnissen und sind vom Verpflichteten als Krankheitsvorsorgeunterhalt in entsprechender konkreter Höhe zu bezahlen. 506

---

[77] BGH, FamRZ 1989, 483 = R 382 a; FamRZ 1983, 676 = R 165 b
[78] BGH, FamRZ 1982, 255 = R 93 a
[79] BGH, FamRZ 1983, 888 = R 175 a
[80] BGH, FamRZ 1989, 483 = R 382 a
[81] BGH, FamRZ 1983, 676 = R 165 b
[82] BGH, FamRZ 1983, 888 = R 175 a

§ 4   Ehegattenunterhalt

507   Bestand während der Ehe neben einer Beihilfeberechtigung nur eine **ergänzende Privatversicherung**, kann diese übernommen und ausgeweitet werden, bis ein gleichwertiger Schutz gewährleistet ist.

508   In den Fällen Rn 506, 507 ist der Vorsorgeunterhalt unabhängig vom Elementarunterhalt **konkret** zu **bemessen**.

3. Vorabzug der Krankenversicherungsbeiträge und des Krankheitsvorsorgeunterhalts vom Einkommen sowie mehrstufige Berechnung des Elementarunterhalts

509   Nach gefestigter Rechtsprechung des BGH sind Krankenversicherungskosten des Verpflichteten und des Berechtigten **vom Einkommen abzuziehen**, weil das Einkommen in Höhe derartiger Aufwendungen für den allgemeinen Lebensbedarf nicht zur Verfügung steht[83] (siehe Rn 185).

510   Haben **beide Ehegatten** ein **prägendes Einkommen** (Doppelverdienerehe), sind beim Berechtigten und beim Verpflichteten vorab die Kosten einer angemessenen Krankenversicherung vom jeweiligen Einkommen abzuziehen und dann der Unterhalt nach der Differenzmethode zu berechnen.[84]

511   Hat der **Berechtigte** ein **nichtprägendes Erwerbseinkommen**, gehört ein solcher Vorabzug in gleicher Weise zur Berechnung seines Nettoeinkommens, weil er insoweit mit dem Verpflichteten gleich behandelt werden muß und weil auch er die von ihm zu zahlenden Versicherungskosten nicht für seinen laufenden Lebensbedarf verwenden kann.

512   Hat **nur** der **Verpflichtete** ein **Einkommen**, sind zur Vermeidung eines Ungleichgewichts von diesem Einkommen sowohl die Krankenversicherungskosten des Verpflichteten als auch der Vorsorgeunterhalt des Berechtigten abzuziehen, ehe der Elementarunterhalt endgültig berechnet wird.[85]

513   Wird der Krankenvorsorgeunterhalt wegen Beitritts zur gesetzlichen Krankenversicherung aus dem Elementarunterhalt **mit dem Krankenversicherungsbeitragssatz errechnet**, dann ist – wie beim Vorsorgeunterhalt (Rn 5/477 f) – eine zweistufige Berechnung des Elementarunterhalts erforderlich.

Der Elementarunterhalt muß nach Vorabzug des Krankheitsvorsorgeunterhalts vom Einkommen erneut endgültig berechnet werden, weil sonst gegen den Halbteilungsgrundsatz verstoßen würde, wenn der Verpflichtete den Krankheitsvorsorgeunterhalt zusätzlich aus der ihm zustehenden Einkommensquote bezahlen müßte, während der Berechtigte ihn zusätzlich zu seiner ungekürzten Quote erhalten würde.

Beispiel:
Nettoeinkommen des Verpflichteten = 4200
mit Bonus $1/7$:
Quote = 4200 x $3/7$ = 1800
Krankheitsvorsorgeunterhalt = 1800 x 14 % = 252
Endgültiger Elementarunterhalt:
4200 – 252 = 39 484 x $3/7$ = 1692
Der Berechtigte erhält 252 DM Krankheitsvorsorgeunterhalt und 1692 DM Elementarunterhalt.
mit Bonus 10 %:
Quote = 4200 x 45 % = 1890
Krankheitsvorsorgeunterhalt = 1890 x 14 % = 265
Endgültiger Elementarunterhalt:
4200 – 265 = 3935 x 45 % = 1771
Der Berechtigte erhält 265 DM Krankheitsvorsorgeunterhalt und 1771 DM Elementarunterhalt.

---

[83] BGH, FamRZ 1985, 357 = R 243 b; FamRZ 1983, 888, 889 = R 175 a
[84] BGH, FamRZ 1983, 676 = NJW 1983, 1552, 1554
[85] BGH, FamRZ 1983, 888 = R 175 a

4. Abschnitt: Vorsorgeunterhalt §4

Verlangt der Ehegatte eines Beamten Vorsorgeunterhalt in Höhe **fester Versicherungs-** 514
prämien für einen gleichwertigen Versicherungsschutz und gleichzeitig Altersvorsorgeunterhalt, bereitet die Berechnung des Altersvorsorgeunterhalts und des Elementarunterhalts keine besonderen Probleme.
Aus dem nach Vorabzug des Krankheitsvorsorgeunterhalts berechneten Elementarunterhalt wird der Altersvorsorgeunterhalt ermittelt und anschließend der endgültige Elementarunterhalt gemäß den Ausführungen Rn 467, 477 berechnet.
In der Entscheidung vom 7. 12. 1988[86] befindet sich dazu ein vom BGH akzeptiertes Rechenbeispiel.

Problematisch ist die Berechnung, wenn der Berechtigte **Altersvorsorgeunterhalt** 515
und Krankheitsvorsorgeunterhalt verlangt und auch der Krankheitsvorsorgeunterhalt nach dem Elementarunterhalt in Verbindung mit dem **Beitragssatz der** jeweiligen **Krankenkasse** zu berechnen ist (Rn 505).
Dann empfiehlt sich wegen des Vorrangs des Krankheitsvorsorgeunterhalts vor dem Altersvorsorgeunterhalt eine **dreistufige Elementarunterhaltsberechnung**.[87]
– Im ersten Rechenschritt wird ein vorläufiger Elementarunterhalt berechnet und nach diesem der Krankheitsvorsorgeunterhalt bemessen.
– Im zweiten Rechenschritt wird nach Vorabzug des Krankheitsvorsorgeunterhalts aus dem neuen Elementarunterhalt der Altersvorsorgeunterhalt berechnet.
– Im dritten Rechenschritt wird aus dem vorläufigen Elementarunterhalt des ersten Rechenschrittes nach Vorabzug des Krankheitsvorsorgeunterhalts und des Altersvorsorgeunterhalts der endgültige Elementarunterhalt berechnet.

Beispiel zu Rn 515 516
mit Bonus $1/7$:
Nettoeinkommen des V = 3500
Vorläufiger erster Elementarunterhalt = 3500 x $3/7$ = 1500
Krankheitsvorsorgeunterhalt = 1500 x 14 % (Beitragssatz) = 210
Neuer, zweiter Elementarunterhalt = 3500 – 210 = 3290 x $3/7$ = 1410
Altersvorsorgeunterhalt = 1410 + 16 % = 1636 x 19,5 % = 319
Endgültiger dritter Elementarunterhalt = 3500 – 210 – 319 = 2971 x $3/7$ = 1273
B erhält 1273 Elementarunterhalt, 210 Krankheitsvorsorgeunterhalt und 319 Altersvorsorgeunterhalt, insgesamt 1802.
Dem V verbleiben nach Vorabzug seiner Vorsorgeaufwendungen 1698. Dies entspricht nach dem Halbteilungsgrundsatz dem Elementarunterhalt von 1273 DM.

Wie beim Vorsorgeunterhalt (Rn 483 f) **unterbleibt eine zweistufige Berechnung** 517
des Elementarunterhalts, wenn:
(1) der Unterhalt **konkret bemessen** wird (siehe Rn 366, 383),
(2) der Krankheitsvorsorgeunterhalt **einkommensunabhängig** berechnet wird, wie z. B. bei einer Privatversicherung (hier entfällt die erste Berechnungsstufe),
(3) der Krankheitsvorsorgeunterhalt mit **nichtprägenden** Einkünften des **Berechtigten** verrechnet werden kann (siehe Rn 484),
(4) der Krankheitsvorsorgeunterhalt durch **Einschränkung** einer **Vermögensbildung** zusätzlich zum Elementarunterhalt bezahlt werden kann (siehe Rn 487),
(5) der Krankheitsvorsorgeunterhalt mit **nichtprägenden** Einkünften des **Verpflichteten** zusätzlich zum Elementarunterhalt bezahlt werden kann (siehe Rn 485).

Rechenbeispiele zu Rn 517: 518
zu (3)
Erwerbseinkommen des M = 3500; Krankheitsvorsorgeunterhalt der F = 200; nichtprägende Zinseinkünfte der F = 400
mit Bonus $1/7$:
Quotenbedarf der F = 3500 x $3/7$ = 1500
voller Bedarf der F = 1500 + 200 = 1700

---

[86] BGH, FamRZ 1989, 483 = R 382 a
[87] OLG Hamm, FamRZ 1997, 1278

mit Bonus 10 %:
Quotenbedarf der F = 3500 x 45 % = 1575
voller Bedarf der F = 1575 + 200 = 1775
Das anzurechnende Zinseinkommen von F in Höhe von 400 DM entlastet M so weit, daß er die Krankheitsvorsorge für F in Höhe von 200 DM zusätzlich zum Elementarunterhalt zahlen kann.

zu (4)
Erwerbseinkommen des M = 3800; angemessene Vermögensbildung = 300 Krankheitsvorsorge
Unterhalt der F = 200
bei Bonus $1/7$:
Quotenbedarf der F = 3800 − 300 = 3500 x $3/7$ = 1500
voller Bedarf der F = 1500 + 200 = 1700
bei Bonus 10 %:
Quotenbedarf der F = 3800 − 300 = 3500 x 45 % = 1575
voller Bedarf der F = 1575 + 200 = 1775
Auf der Leistungsstufe ist dem M zuzumuten, die 200 zusätzlich zum Quotenunterhalt (1500 bzw. 1575) durch Einschränkungen seiner Vermögensbildung (300 − 200 = 100) zu bezahlen.

zu (5)
Erwerbseinkommen des M = 3500; nichtprägende Zinseinkünfte des M = 200
Krankheitsvorsorgeunterhalt der F = 200
bei Bonus $1/7$:
Quotenbedarf der F = 3500 x $3/7$ = 1500
voller Bedarf der F = 1500 + 200 = 1700
bei Bonus 10 %:
Quotenbedarf der F = 3500 x 45 % = 1575
voller Bedarf der F = 1575 + 200 = 1775
Auf der Leistungsstufe muß M auch die nicht prägenden Zinseinkünfte zur Deckung des vollen Bedarfs verwenden. Er kann deshalb den vollen Bedarf (1700 bzw. 1575) bezahlen, ohne daß dadurch sein eigener angemessener Bedarf (3500 x $4/7$ = 2000 bzw. 3500 x 55 % = 1925) gefährdet wird (3500 + 200−1700 = 2000, bzw. 3500 + 200−1775 = 1925).

Weitere Beispiele beim Altersvorsorgeunterhalt Rn 485 f.

519 Gemäß den Ausführungen zu Rn 484 beinhaltet der 2stufig berechnete Elementarunterhalt einen **Billigkeitsunterhalt** im Sinn von **§ 1581 BGB**.

520 Das jeweilige Endergebnis ist **auf** seine **Angemessenheit** zu **überprüfen**. Erscheinen die Vorsorgeunterhaltsbeträge im Verhältnis zum Elementarunterhalt zu hoch, kann der Tatrichter den Gesamtunterhalt in einer den Interessen beider Parteien gerecht werdenden Weise **abweichend** auf die verschiedenen Unterhaltsbestandteile **verteilen**. Dabei ist allerdings zu beachten, daß nur der Altersvorsorgeunterhalt **Nachrang** gegenüber Elementarunterhalt und Krankheitsvorsorgeunterhalt hat.[88]

521 **Nichtprägendes Einkommen des Berechtigten** ist in Mangelfällen wegen der Rangverhältnisse primär anteilig auf den Elementarunterhalt und Krankheitsvorsorgeunterhalt, die beide am dringendsten benötigt werden, zu verrechnen.[89]

4. Geltendmachung des Krankheitsvorsorgeunterhalts

522 Wie der Vorsorgeunterhalt (Rn 458 f) muß auch der Krankheitsvorsorgeunterhalt als unselbständiger Unterhaltsbestandteil **betragsmäßig zusätzlich geltend gemacht** werden. Es steht im freien Ermessen des Berechtigten, ob er ihn geltend machen will. Er darf nicht von Amts wegen zugesprochen werden. Wird er geltend gemacht, ist er wegen der Zweckbindung im Tenor gesondert auszuweisen.

523 Wegen der **Zweckbindung** ist der Berechtigte verpflichtet, den Krankheitsvorsorgeunterhalt tatsächlich für eine Krankenversicherung zu verwenden.[90]

---

[88] BGH, FamRZ 1989, 483 = R 382 a
[89] BGH, FamRZ 1989, 483 = R 382 b
[90] BGH, FamRZ 1989, 483 = R 382 a

5. Abschnitt: Zur Bedürftigkeit des Berechtigten   § 4

Der Verpflichtete kann grundsätzlich **nicht** verlangen, die Zahlungen **unmittelbar an** 524
den Versorgungsträger zu leisten. Ausnahmen kommen nur in Betracht, wenn besondere Umstände vorliegen, die das Verlangen des Berechtigten auf Zahlung an sich selbst als einen Verstoß gegen Treu und Glauben (§ 242 BGB) erscheinen lassen. Dies kann bejaht werden, wenn bereits ein entsprechender Titel vorliegt und der Berechtigte die Weiterzahlung verlangt, obwohl er den Krankheitsvorsorgeunterhalt nicht bestimmungsgemäß verwendet.

Der Verpflichtete kann in einem solchen Fall mit einer Abänderungsklage erreichen, daß der Krankheitsvorsorgeunterhalt **direkt an** den **Versicherungsträger** gezahlt wird. Benennt der Berechtigte in diesem Verfahren keinen Versicherungsträger, ist der Anspruch auf Weiterzahlung an sich selbst als nicht mehr schlüssig abzuweisen.[91]

Bei **nicht bestimmungsgemäßer Verwendung** des Krankheitsvorsorgeunterhalts ist 525
der Verpflichtete dadurch geschützt, daß der Berechtigte im Krankheitsfall so zu behandeln ist, als hätten die Beträge zu einer entsprechenden Versicherung geführt.[92]
§ 1579 Nr. 3 BGB ist anwendbar.[93]

Im übrigen gelten die Ausführungen zum Altersvorsorgeunterhalt Rn 458 f, 463 f, 489 f entsprechend.

III. Pflegevorsorgeunterhalt

Seit 1. 1. 1995 ist das Pflegeversicherungsgesetz vom 26. 5. 1994[94] in Kraft. Wenn der 525a
Unterhaltsberechtigte in der gesetzlichen Krankenversicherung freiwillig versichert ist, ist er nach § 20 III SGB XI zugleich in der ges. Pflegeversicherung pflichtversichert. Ist er privat krankenversichert, so muß er nach § 23 SGB XI auch eine Pflegeversicherung abschließen. Daraus ergibt sich, daß die Beiträge zur Pflegeversicherung ebenso wie die Krankheitsvorsorge zum allgemeinen Lebensbedarf gehören und vom Unterhaltspflichtigen im Bedürftigkeitsfall durch Leistung von Pflegevorsorgeunterhalt abzudecken sind.[95]

Der **Pflegevorsorgeunterhalt** folgt in jeder Hinsicht den Regeln des **Krankenvorsorgeunterhalts** und kann auch als Teil desselben abgerechnet werden. Es kann daher auf die Ausführungen zum Krankheitsvorsorgeunterhalt (Rn 498 bis 521) Bezug genommen werden.

5. Abschnitt: Zur Bedürftigkeit des Berechtigten

I. Unterhaltsbedürftigkeit

1. Bedürftigkeit als Unterhaltsvoraussetzung

Der Berechtigte kann den vollen, nach den ehelichen Lebensverhältnissen bemessenen 526
Bedarf (§§ 1361 I, 1578 I 1 BGB) nur verlangen, wenn und soweit er bedürftig ist. Er ist bedürftig, wenn er diesen seinen Bedarf nicht oder nicht ausreichend auf **andere Weise deckt** oder in zumutbarer Weise decken könnte.[1]

---

[91] BGH, FamRZ 1989, 483 = R 382 a; FamRZ 1987, 684, 686 = R 331 b + d; FamRZ 1983, 676 = R 165 b
[92] BGH, FamRZ 1983, 676 = R 165 b
[93] BGH, FamRZ 1989, 483 = R 382 a
[94] BGBl. I 1014
[95] Büttner, FamRZ 1995, 193, 196; Gutdeutsch, FamRZ 1994, 878
[1] BGH, FamRZ 1989, 487 = R 383 b

Das Vorliegen einer solchen Bedürftigkeit ist eine weitere Unterhaltsvoraussetzung, die im Anschluß an die Bedarfsbemessung (Abschnitt 4 und 5, Rn 359 ff, 437 ff) auf der sogenannten Bedürftigkeitsstufe zu prüfen ist, wenn dem Grunde nach ein Unterhaltsanspruch nach den §§ 1361, 1570 bis 1576 BGB besteht.
Gleiches gilt für das alte Recht nach den §§ 58 ff EheG.[2]

527 Für den **nachehelichen Unterhalt** ist die Bedürftigkeit in § 1577 BGB wie folgt geregelt:
- Nach **§ 1577 I BGB** hat der Berechtigte keinen Unterhaltsanspruch, solange und soweit er sich aus seinen Einkünften und Vermögen **selbst unterhalten kann** (Genaueres nachfolgend Rn 531 bis Rn 540).
- **§ 1577 II BGB** regelt die Anrechnung von Einkünften aus **unzumutbarer Erwerbstätigkeit** und sonstiger Einkünfte, die in unzumutbarer Weise erzielt werden (Genaueres Rn 542 f).
- **§ 1577 III und IV BGB** regelt die Vermögensverwertung und die Unterhaltssicherung aus Vermögen (Genaueres Rn 557 ff).

528 Obwohl beim **Trennungsunterhalt** eine entsprechende Bestimmung fehlt, dürfen die Grundsätze des § 1577 BGB bei der Beurteilung des Trennungsunterhalts nicht außer acht gelassen werden. Es muß gewährleistet sein, daß bei an sich gleicher Sachlage der Anspruch auf Trennungsunterhalt nicht niedriger ausfällt als der nacheheliche Unterhalt. Deshalb sind die Grundsätze des § 1577 BGB in entsprechender Weise auch auf den Trennungsunterhalt anzuwenden.[3]

529 Die Anwendung des § 1577 BGB setzt einen **bestehenden Unterhaltsanspruch** voraus. Hatte der Berechtigte wegen ausreichender Einkünfte aus einer Erwerbstätigkeit zunächst keinen Unterhaltsanspruch und wird er zu einem späteren Zeitpunkt bedürftig, dann müssen im Zeitpunkt des Eintritts der Bedürftigkeit die Voraussetzungen eines Unterhaltstatbestandes (§§ 1361, 1570 bis 1576 BGB) entweder originär oder als Anschlußunterhalt vorliegen. Ist dies nicht der Fall, entsteht durch den späteren Eintritt der Bedürftigkeit kein Unterhaltsanspruch mehr.

530 Im Gegensatz dazu besteht **nach altem Recht** bei einer Verschuldensscheidung ein Unterhaltsanspruch dem Grunde nach unverändert bis zum Tod fort. Er wird aktualisiert, sobald der Berechtigte bedürftig wird, wobei kein zeitlicher Zusammenhang zwischen dem Eintritt der Bedürftigkeit und der geschiedenen Ehe bestehen muß. Der Berechtigte hat auch dann einen Unterhaltsanspruch, wenn sein Unterhalt nach der Scheidung durch Einkünfte aus einer Erwerbstätigkeit nachhaltig gesichert war und er erst viel später bedürftig geworden ist.[4]

Der Berechtigte hat die **Darlegungs- und Beweislast** für seine uneingeschränkte Bedürftigkeit[5] (vgl. auch Rn 6/707 f).

2. Bedürftigkeitsmindernde Anrechnung der Einkünfte des Berechtigten

531 Das Ausmaß der Bedürftigkeit richtet sich stets nach dem **vollen eheangemessenen Bedarf** (§ 1361 I 1), den der Berechtigte durch **eigene Einkünfte nicht decken** kann (§ 1577 BGB). Damit sind für die Beurteilung des Ausmaßes der Bedürftigkeit bzw. für die Ermittlung einer verbleibenden Restbedürftigkeit zwei unterschiedliche Kriterien maßgeblich, die jeweils mit unterschiedlichen Einkommensteilen ausgefüllt werden müssen.
- Der volle eheangemessene **Bedarf** des Berechtigten nach den §§ 1361 I, 1578 I 1 BGB als **Sollbetrag**.
- Und als **Istbetrag** die Summe der **Einkünfte** des Berechtigten.

Der Sollbetrag bildet die Obergrenze der Bedürftigkeit.
Gemäß den Ausführungen in Abschnitt 5) dürfen zur Bemessung dieses Bedarfs nur

---
[2] BGH, FamRZ 1987, 152
[3] BGH, FamRZ 1983, 146, 148 = R 142 b + d
[4] BGH, FamRZ 1987, 152
[5] BGH, FamRZ 1989, 487 = NJW 1989, 1083

5. Abschnitt: Zur Bedürftigkeit des Berechtigten § 4

prägende Einkünfte beider Eheleute berücksichtigt werden. Wenn der Berechtigte prägendes Einkommen hat, hängt der Sollbedarf ab von der gewählten Methode der Bedarfsberechnung: der Differenz-, Additions- oder Quotenbedarfsmethode (siehe dazu auch die Ausführungen zu Rn 386 bis Rn 401 i. V. m. Rn 179 f, 228 f).

Entsprechend unterscheiden sich die nach § 1577 BGB **anzurechnenden Einkünfte** 532 des Berechtigten.
- Bei der **Differenzmethode** sind dies nur alle nichtprägenden Einkünfte des Berechtigten, die dieser tatsächlich erzielt oder die ihm fiktiv zuzurechnen sind.
Ausgenommen sind von der Anrechnung alle prägenden Einkünfte des Berechtigten, denn diese sind bereits im Rahmen der Bedarfsbemessung unter Anwendung der Differenzmethode (Rn 394) berücksichtigt worden. Dadurch kam es zu einem geminderten Unterhaltsbedarf.
- Bei der **Additionsmethode** (Rn 386) und der **Quotenbedarfsmethode** (Rn 400) sind im Grundsatz alle Einkünfte anzurechnen. Hier hat bei der Bedarfsberechnung noch keine Einkommensanrechnung stattgefunden.
- Nichtprägende Erwerbseinkünfte sind vor der Anrechnung um den **Erwerbsbonus** zu bereinigen, in der Regel also mit $^6/_7$ anzusetzen. Bei der Anrechnung prägenden Erwerbseinkommens ist zu unterscheiden: Der Bedarf nach der Additionsmethode umfaßt **nicht** den Erwerbsbonus. Daher ist das prägende Erwerbseinkommen nur $^6/_7$ anzurechnen. Dagegen ist bei der Quotenbedarfsmethode im Bedarf auch der Bonus enthalten. Hier ist daher prägendes Erwerbseinkommen ungekürzt anzurechnen.

Die Anrechnung der Einkünfte des Berechtigten erfolgt stets durch Abzug der Einkünfte vom festgestellten Unterhaltsbedarf. 533

In Höhe der **Differenz** zwischen dem Bedarf und den anzurechnenden Beträgen ist der Berechtigte bedürftig, d. h., das Ausmaß seiner **Bedürftigkeit** richtet sich nur nach diesem ungedeckten Bedarf. Gleichzeitig beinhaltet dieser ungedeckte Bedarf die Höhe des zu leistenden Unterhalts, wenn der Verpflichtete in dieser Höhe leistungsfähig ist (siehe Rn 570).

Beispiele zu Einkommensanrechnung finden sich bei den Berechnungsmethoden Rn 386 bis Rn 401. 534

3. Anrechnung auf den vollen Unterhalt unter Berücksichtigung von trennungsbedingtem Mehrbedarf

Nichtprägende Einkünfte sind grundsätzlich auf den **vollen Unterhaltsbedarf** 535 (§§ 1361 I, 1578 I 1 BGB) anzurechnen.[6]

Der nach den ehelichen Lebensverhältnissen angemessene volle Unterhaltsbedarf (§§ 1361 I, 1578 I 1 BGB) ist nicht identisch mit dem **Quotenunterhalt**, wenn ein **ungedeckter Mehrbedarf** besteht. Dies kann der Fall sein:
– bei **trennungsbedingtem** Mehrbedarf (Rn 418 ff),
– bei **sonstigem** Mehrbedarf (Rn 437 ff).

In solchen Fällen besteht der volle Unterhalt aus Quotenunterhalt und ungedecktem Mehrbedarf.

Vereinfacht kann in solchen Fällen die Anrechnung nichtprägender Einkünfte in der 536 Weise erfolgen, daß der Mehrbedarf von den **nichtprägenden Einkünften abgezogen wird** und nur der Differenzbetrag unterhaltsmindernd auf den Quotenunterhalt angerechnet wird. Dadurch wird die Auswirkung der Anrechnungsmethode gemildert (siehe Rn 429, 448). Allerdings darf kein Mangelfall nach § 1581 BGB vorliegen (siehe Rn 572, Rn 5/11 ff).

Beispiel zu Rn 536: 537
Quotenunterhalt = 1500
Ungedeckter trennungsbedingter Mehrbedarf = 500
Nichtprägendes Erwerbseinkommen des B = 700 x $^6/_7$ = 600

---
[6] BGH, FamRZ 1989, 487 = R 383 b; FamRZ 1988, 486 = R 359 a; FamRZ 1987, 46 = R 313 a

bedürftigkeitsmindernder Differenzbetrag = 600 − 500 = 100
Ungedeckter Unterhaltsbedarf = 1500 − 100 = 1400 (= Unterhaltsanspruch)

538 Trennungsbedingter Mehrbedarf und sonstiger Mehrbedarf ist in der Regel nur zu berücksichtigen, **wenn er geltend gemacht wird** (Rn 422, 442).
Unterbleibt eine solche Geltendmachung − wie oft bei trennungsbedingtem Mehrbedarf −, dann ist das nichtprägende Einkommen auf den Quotenunterhalt zu verrechnen. Im Beispiel Rn 537 beträgt dann der Unterhaltsanspruch nur 900 DM statt 1400 DM (1500 − 600 = 900).

539 Beträgt die Summe aus Quotenunterhalt und nichtprägendem Einkommen des Berechtigten infolge beengter wirtschaftlicher Verhältnisse weniger als 1500 DM bei Erwerbseinkünften des Berechtigten und 1300 DM bei Nichterwerbseinkünften des Berechtigten, kann nach den Leitlinien einiger OLGs davon ausgegangen werden, daß ein trennungsbedingter Mehrbedarf besteht, der es rechtfertigt, den vollen eheangemessenen Unterhalt (Quotenunterhalt + trennungsbedingter Mehrbedarf) in der Höhe von **Mindestbedarfssätzen** des Berechtigten oder Mindestselbstbehaltssätzen des Verpflichteten zu bemessen. Diese Auffassung hat jedoch der BGH in ständiger Rechtsprechung mißbilligt[7] (siehe dazu Rn 434).

4. Nach § 1577 I BGB in vollem Umfang anzurechnende Einkünfte des Berechtigten

540 Wie bereits Rn 532 ausgeführt, sind alle Einkünfte, die in zumutbarer Weise erzielt werden oder erzielt werden könnten (bei der Differenzmethode: nur die nichtprägenden Einkünfte), nach § 1577 I BGB in vollem Umfang bedürftigkeitsmindernd auf den Bedarf anzurechnen (Erwerbseinkünfte − mit Ausnahme der nichtprägenden im Falle der Quotenbedarfsmethode, s. Rn 532 − zu $^6/_7$). Als solche Einkünfte kommen praktisch alle nichtprägenden Einkünfte im Sinn der Ausführungen zu Teil I in Frage, die der Berechtigte erhielt oder zumutbarerweise erzielen könnte, ohne Rücksicht auf Herkunft und Verwendungszweck. Maßgeblich sind die bereinigten Nettoeinkünfte, wobei es bei dem Berechtigten keinen Abzug für vermögensbildende Aufwendungen gibt, wohl aber für Unterhaltsverpflichtungen und von ihm abzutragende ehebedingte Verbindlichkeiten.
Die wichtigsten dieser Einkünfte sind:
- **Erwerbseinkünfte** aus abhängiger Arbeit (Rn 1/46 ff), aus selbständiger Erwerbstätigkeit oder Gewerbe (Rn 1/110 ff, 1/142 ff), aus Land- und Forstwirtschaft (Rn 1/186 ff) und aus Erwerbsersatzleistungen wie Krankengeld, Arbeitslosengeld (Rn 1/80 ff), Renten und Pensionen (Rn 1/338 ff).
- **Vermögenseinkünfte** aus Vermietung und Verpachtung (Rn 1/193 ff), aus Kapital- und sonstigem Vermögen (Rn 1/303 ff) sowie aus Wohnvorteilen und sonstigen Gebrauchsvorteilen des Vermögens (Rn 1/211 ff).
- Einkünfte aus **sozialstaatlichen Zuwendungen** und sonstigen Leistungen des Staates, wie Wohngeld (Rn 1/351 ff), BAföG-Leistungen (Rn 1/356 ff), Pflegegeld (Rn 1/363 ff) und Steuererstattungen (Rn 1/460) sowie Zählkindvorteil (Rn 1/362).
Einkünfte aus **nichtehelicher Lebensgemeinschaft** mit einem neuen Partner[8] (vgl. Rn 1/371 f).
- **Fiktiv zuzurechnende erzielbare Einkünfte** aus unterlassener zumutbarer Erwerbstätigkeit (Rn 387 ff), aus unterlassener zumutbarer Vermögensnutzung und Vermögensverwertung (Rn 1/325 ff), aus **unterlassener Inanspruchnahme sozialstaatlicher Leistungen** wie z. B. Wohngeld oder BAföG (Rn 1/359).
- **Nicht anzurechnen** sind freiwillige unentgeltliche Zuwendungen Dritter (Rn 368 f), Sozialhilfe, wiederauflebte Witwenrente, Arbeitnehmersparzulage und Hausgeld des Strafgefangenen (Rn 1/383 f).

---

[7] BGH, FamRZ 1997, 806 = R 512 d; FamRZ 1995, 346 = R 490 a, vgl. auch BGH, FamRZ 1996, 345 = R 497 c
[8] BGH, FamRZ 1995, 343 = R 489 a; FamRZ 1989, 487 = NJW 1989, 1083

5. Abänderungsklage bei späteren Änderungen der Bedürftigkeit

Eine erst nach der Unterhaltstitulierung eintretende Änderung bei den Einkünften **541** des Berechtigten oder sonstigen Änderungen zur Bedürftigkeit beinhalten in der Regel eine Änderung der wirtschaftlichen Verhältnisse, die dem Anwendungsbereich des § 323 ZPO zuzuordnen ist.

So mindert ein späterer Rentenbezug, der auf dem Versorgungsausgleich beruht, als bedarfsmindernd anzurechnendes nichtprägendes Einkommen die Bedürftigkeit des Berechtigten. Der Verpflichtete kann dies mit der Abänderungsklage geltend machen, wenn auch die sonstigen Voraussetzungen des § 323 ZPO gegeben sind.[9]

Der Berechtigte kann die Klage nach § 323 ZPO erheben, wenn sich seine Bedürftigkeit erhöht, z. B. weil ohne sein Verschulden nichtprägende Erwerbseinkünfte entfallen sind und sein Unterhaltsbedarf durch die Erwerbstätigkeit noch nicht nachhaltig gesichert war.

II. Anrechnung von Einkünften aus unzumutbarer Erwerbstätigkeit des Berechtigten nach § 1577 II BGB

1. Zur Auslegung und zum Anwendungsbereich des § 1577 II BGB

§ 1577 II BGB ist eine rechtspolitisch mißglückte, unklar gefaßte und schwerverständ- **542** liche Bestimmung, die verschiedene Auslegungsmöglichkeiten zuläßt.

Der BGH hat in seiner Grundsatzentscheidung vom 24. 11. 1982[10] eine **eingehende Interpretation** vorgenommen und dabei wichtige Grundsätze aufgestellt, die nachfolgend erörtert werden. Die sich aus diesen Grundsätzen ergebende Berechnungsweise ist teilweise kompliziert, wenn ein ungedeckter, trennungsbedingter Mehrbedarf besteht oder wenn aus sonstigen Gründen der Quotenunterhalt einen Billigkeitsunterhalt nach § 1581 BGB beinhaltet.

Diese Grundsätze zu § 1577 II BGB, der an sich nur für den nachehelichen Unterhalt gilt, sind **auch auf den Trennungsunterhalt** entsprechend anzuwenden.[11]

§ 1577 II BGB betrifft nur Einkünfte aus **unzumutbarer Erwerbstätigkeit des Berech-** **543** **tigten**, d. h. Einkünfte, die der Berechtigte erzielt, obwohl für ihn nach den §§ 1361 II, 1570, 1573 I und 1574 II BGB keine Erwerbsobliegenheit besteht (siehe dazu Rn 16 ff, 64 ff).

Nicht erforderlich ist, daß die Aufnahme der unzumutbaren Erwerbstätigkeit durch Nichterfüllung oder durch unvollständige Erfüllung der Unterhaltspflicht veranlaßt worden ist.[12] Das hat nur auf die Billigkeitsabwägung Einfluß (vgl. Rn 550).

Ob § 1577 II BGB auch bei **sonstigen Einkünften** anzuwenden ist, deren Erzielung **544** dem Berechtigten nicht zugemutet werden kann (z. B. erhöhte Zinseinkünfte aus einer sehr riskanten Vermögensanlage), hat der BGH **noch nicht entschieden**, dürfte aber zu bejahen sein (so Lohmann, 6. A., Seite 103 und Krenzler, FamRZ 1983, 653).

Einkünfte aus unzumutbarer Erwerbstätigkeit sind **nichtprägende Einkünfte**[13] (vgl. **545** auch Rn 258 f).

Deshalb dürfen sie bei der Bedarfsbemessung nicht berücksichtigt werden. Sie sind nach § 1577 II BGB auf den Unterhaltsbedarf nur gekürzt anzurechnen. § 1577 II BGB regelt den Umfang einer solchen Kürzung.

Nicht anzuwenden ist § 1577 II BGB auf alle sonstigen nichtprägenden Einkünfte des Berechtigten. Diese sind nach § 1577 I BGB grundsätzlich in vollem Umfang gemäß den Ausführungen zu I auf den vollen Unterhaltsbedarf anzurechnen.

---

[9] BGH, NJW-RR 1983, 322 = R 377 a
[10] FamRZ 1983, 146 bis 150 = R 142 b, d, e
[11] BGH, FamRZ 1983, 146, 148 = R 142 b
[12] BGH, FamRZ 1983, 146, 148 = R 142 d
[13] BGH, FamRZ 1983, 146, 148 = R 142 d

2. Ermittlung des anrechnungsfreien Betrages nach § 1577 II 1 BGB (anrechnungsfreies Defizit)

546 Nach § 1577 II 1 BGB sind Einkünfte aus unzumutbarer Erwerbstätigkeit **nicht anzurechnen**, wenn und soweit der Verpflichtete wegen beschränkter Leistungsfähigkeit nicht den vollen Unterhalt (§§ 1361 I, 1578 I 1 BGB), sondern nur einen Billigkeitsunterhalt (§ 1581 BGB) leistet.

547 Als **Unterhaltsleistung des Verpflichteten** ist das zu verstehen, was dieser als Quotenunterhalt ohne die unzumutbaren Einkünfte des Berechtigten zu leisten hätte.
Dieser rechnerische Quotenunterhalt ist dann niedriger als der volle Unterhalt (§ 1578 I 1 BGB), wenn ein ungedeckter, trennungsbedingter Mehrbedarf (Rn 431) oder ein ungedeckter sonstiger Mehrbedarf (Rn 443, 447) besteht oder wenn es sich aus sonstigen Gründen bei dem Quotenunterhalt um einen Billigkeitsunterhalt nach § 1581 BGB handelt (siehe Rn 569, 573 f, 5/11 ff). Für den Umfang der Nichtanrechnung von Einkünften aus unzumutbarer Erwerbstätigkeit ist daher allein maßgeblich, inwieweit eine Unterhaltsleistung des Verpflichteten zusammen mit sonstigen Einkünften des Berechtigten hinter dem vollen Unterhalt zurückbleibt. Nur in Höhe des verbleibenden Defizits sind die Einkünfte aus unzumutbarer Erwerbstätigkeit nach § 1577 II 1 BGB **anrechnungsfrei**[14] (sonst nach Billigkeit teilweise anrechnungspflichtig, Rn 550).

548 Für das Vorliegen eines solchen **anrechnungsfreien Defizits** ist der Berechtigte **darlegungs- und beweispflichtig**. Trägt er dazu nichts vor oder kann ein entsprechender Nachweis nicht geführt werden, richtet sich die Anrechnung ausschließlich nach § 1577 II 2 BGB (Rn 6/709).

549 Ist das anrechnungsfreie Defizit im Sinn der Ausführungen zu Rn 547 größer als das unzumutbare Erwerbseinkommen, dann wird nach § 1577 I 1 BGB kein unzumutbares Erwerbseinkommen angerechnet.

Ist das anrechnungsfreie Defizit geringer als das unzumutbare Erwerbseinkommen, dann ist ein Betrag in Höhe des anrechnungsfreien Defizits vom unzumutbaren Erwerbseinkommen abzuziehen. Der **Rest** wird nach § 1577 II 2 BGB unter Berücksichtigung von **Billigkeitsgesichtspunkten** auf den Unterhalt **angerechnet** (siehe Rn 550 f). Es ist dies der Teil der unzumutbaren Erwerbseinkünfte, der im Sinn des § 1577 II 2 BGB den vollen Unterhalt übersteigt. Besteht kein anrechnungsfreies Defizit, weil der Quotenunterhalt den vollen Unterhalt (§ 1578 I 1 BGB) beinhaltet, dann ist das gesamte Einkommen aus unzumutbarer Erwerbstätigkeit nach § 1577 II 2 BGB anrechnungsfähig.

Gleiches gilt, wenn ein anrechnungsfreies Defizit nicht nachgewiesen werden kann oder nicht geltend gemacht wird.

3. Billigkeitsanrechnung nach § 1577 II 2 BGB

550 Nach § 1577 II 2 BGB sind Einkünfte, die den vollen Unterhalt übersteigen, insoweit anzurechnen, als dies unter Berücksichtigung der **beiderseitigen wirtschaftlichen Verhältnisse** der Billigkeit entspricht. Es sind dies die Beträge gemäß den Ausführungen zu Rn 549.
Zur Billigkeitsabwägung nach § 1577 II 2 BGB:
Kriterien für eine individuelle Bemessung des Umfangs der Anrechnung im Rahmen der erforderlichen Billigkeitsabwägung können sein:
Einkommens- und Vermögensverhältnisse sowie sonstige wirtschaftliche Verhältnisse beider Ehegatten; persönliche Verhältnisse wie Alter, Gesundheitszustand, Erwerbsfähigkeit, Art und Ausmaß der Anstrengungen zur Erzielung unzumutbarer Einkünfte; unterschiedlicher Lebensstandard; weitere Unterhaltsverpflichtungen; Betreuungsmehrbedarf für ein pflegebedürftiges Kind; sonstige besondere Belastungen u. ä. Es kann aber auch das **Verhalten des Verpflichteten** Bedeutung haben, insbesondere, wenn dieser den ge-

---

[14] BGH, FamRZ 1983, 146, 148 = R 142 d

5. Abschnitt: Zur Bedürftigkeit des Berechtigten § 4

schuldeten Unterhalt nicht geleistet hat und der Berechtigte deshalb die unzumutbare Erwerbstätigkeit aufgenommen hat.[15]

Bei dieser Billigkeitsabwägung ist in der Regel auch zu berücksichtigen, daß der Verpflichtete nach **§ 1581 BGB** bei beschränkter Leistungsfähigkeit nur insoweit Unterhalt zu leisten hat, als es mit Rücksicht auf die Bedürfnisse und die Erwerbs- und Vermögensverhältnisse der Ehegatten der Billigkeit entspricht.[16]

Nach den Leitlinien der Oberlandesgerichte erfolgt teilweise eine **Anrechnung je zur Hälfte**, wenn keine besonderen Umstände vorliegen, die eine Abweichung von dieser Regel rechtfertigen (so HL 32). ML 3.6 zogen vorher den Erwerbsbonus ab.

Nach anderen Leitlinien erfolgt eine Aufteilung aufgrund konkreter Billigkeitsabwägung (so CL III 5; DL 39; BL 40; KL 33).

Aufgrund einer konkreten Billigkeitsabwägung kann im Rahmen des § 1577 II 2 BGB eine **Anrechnung auch ganz unterbleiben**.[17]

Wenn nach mehreren Vorschriften eine **Billigkeitsabwägung** zu erfolgen hat, so ist diese **einheitlich durchzuführen**. Insbesondere kann die Billigkeitsabwägung nach § 1579 BGB dazu führen, daß Einkommen aus unzumutbarer Tätigkeit gem. § 1577 II 2 BGB voll anzurechnen ist.[18] 551

Der nach § 1577 II 2 BGB anzurechnende Einkommensteil ist im Weg des Direktabzugs (**Anrechnungsmethode**) auf den Unterhalt anzurechnen, den der Verpflichtete ohne Berücksichtigung der Einkünfte aus unzumutbarer Erwerbstätigkeit schulden würde, weil es sich bei den Einkünften aus unzumutbarer Erwerbstätigkeit stets um nichtprägende Einkünfte handelt.[19] 552

Hat der Berechtigte neben Einkünften aus unzumutbarer Erwerbstätigkeit auch **sonstige prägende und nichtprägende Einkünfte**, dann sind prägende Einkünfte im Rahmen der Bedarfsbemessung zu berücksichtigen, nichtprägende Einkünfte aus unzumutbarer Erwerbstätigkeit nach § 1577 II BGB auf den Bedarf anzurechnen und die sonstigen nichtprägenden Einkünfte nach § 1577 I BGB. 553

4. Rechenbeispiele zu § 1577 II BGB

Einfacher Fall: 554
Mit Erwerbsbonus $1/7$:
Nettoeinkommen des M = 3500
unzumutbares Erwerbseinkommen der F = 1400 x $6/7$ = 1200
trennungsbedingter Mehrbedarf bei M und F je 300
Quotenunterhalt = 3500 x $3/7$ = 1500
voller Unterhalt = 1500 + 300 = 1800
anrechnungsfreies Defizit nach § 1577 I 1 BGB = 300 (1800 – 1500) = trennungsbedingter Mehrbedarf
Nach § 1577 II 2 BGB anzurechnender Differenzbetrag aus unzumutbarem Erwerbseinkommen und anrechnungsfreiem Defizit = 1200 – 300 = 900
Davon ist nach Billigkeitsabwägung gemäß § 1577 II 2 BGB die Hälfte anzurechnen = 900 : 2 = 450
geschuldeter Unterhalt = 1500 – 450 = 1050
M kann seinen trennungsbedingten Mehrbedarf dadurch selbst ausgleichen, daß ihm von seinem Einkommen DM 3500 – 1050 – 300 = 2150 verbleiben. Das ist mehr als seine Quote von 2000 (3500 x $4/7$).

Differenzierter Fall: 555
Mit Erwerbsbonus 10 %
Trennungsbedingter Mehrbedarf bei M und F je 300
Nettoeinkommen des M = 3600

---

[15] BGH, FamRZ 1995, 475 = R 491 b
[16] BGH, FamRZ 1983, 146, 148 = R 142 d
[17] BGH, FamRZ 1988, 145, 148 = R 347 g
[18] BGH, FamRZ 1992, 1045, 1049 = R 448 c; FamRZ 1990, 1091, 1095 = R 422 c
[19] BGH, FamRZ 1984, 364, 365 = R 192 a + b

Unterhalt für zwei Schulkinder nach DT 5/2 = je 552 = 1104
Prägende Erwerbseinkünfte der F = 700
Nichtprägende Einkünfte der F aus ausgeweiteter unzumutbarer Erwerbstätigkeit nach der Trennung = 700 x 90 % = 630
Nichtprägende Zinseinkünfte aus Zugewinn = 300
Differenzquotenunterhalt = 3600 − 1104 (Kindesunterhalt) − 700 (prägendes Erwerbseinkommen) = 1796 x 45 % = 808
voller Unterhalt = 808 + 300 = 1108
Anrechnungsfreies Defizit nach § 1577 I 1 BGB in Höhe des trennungsbedingten Mehrbedarfs = 300 (1108 − 808)
Nach § 1577 II 2 BGB anzurechnender Differenzbetrag = 630 (unzumutbares Erwerbseinkommen) − 300 = 330
Davon nach Billigkeitsabwägung gemäß § 1577 II 2 BGB die Hälfte = 330 : 2 = 165
Geschuldeter Unterhalt = 808 (Quote) − 165 (§ 1577 II 2 BGB) − 300 (§ 1577 I BGB) = 343
M kann seinen trennungsbedingten Mehrbedarf von 300 DM dadurch ausgleichen, daß ihm von seinem bereinigten Einkommen von 2450 DM (3500 − 1050) für den eigenen Bedarf 2150 DM verbleiben (2450 − 300). Das ist mehr als seine Quote (2450 x 55 % + 700 x 45 % = 1663).

5. Anrechnung unzumutbarer Erwerbseinkünfte nach altem Recht

556 Die §§ 58 ff. EheG enthielten keine dem § 1578 II BGB entsprechende Regelung. § 1577 II BGB kann auch nicht rückwirkend oder entsprechend auf Altfälle angewendet werden.

Nach der Rechtsprechung des BGH erfolgt bei solchen Altfällen eine **Anrechnung nach den Grundsätzen von Treu und Glauben** unter Berücksichtigung der Umstände des Einzelfalles.[20]

Nach diesen Grundsätzen kann es aufgrund einer Billigkeitsabwägung angemessen sein, daß nur der **halbe Arbeitsverdienst** als Einkommen angerechnet wird.[21]

III. Vermögensverwertung nach § 1577 III BGB und nachhaltige Unterhaltssicherung durch Vermögen nach § 1577 IV BGB

1. Vermögensverwertung nach § 1577 III BGB

557 Nach § 1577 III BGB braucht der Berechtigte den **Stamm seines Vermögens** nicht zu verwerten, soweit die Verwertung unwirtschaftlich oder unter Berücksichtigung der beiderseitigen wirtschaftlichen Verhältnisse unbillig wäre.

Unter Vermögen in diesem Sinn ist das **gesamte Aktivvermögen** des Berechtigten zu verstehen, und zwar Vermögen jeder Art. Zu berücksichtigen sind auch Vermögenswerte, die erst nach der Trennung oder Scheidung zugeflossen oder entstanden sind, wie z. B. durch eine Erbschaft oder Schenkung, durch den Veräußerungserlös eines früheren gemeinsamen Hauses oder durch eine Vermögensbildung nach der Scheidung.

Das Vermögen dient dazu, den Unterhalt des Berechtigten ergänzend zu dessen sonstigen Einkünften **auf Lebenszeit zu sichern**.[22]

558 Der Berechtigte muß Vermögen grundsätzlich verwerten und für Unterhaltszwecke verwenden, wenn die Verwertung **weder unwirtschaftlich noch unbillig** ist. Ist eine dieser beiden Alternativen erfüllt, entfällt seine Verwertungsobliegenheit.

559 **Wirtschaftlich** ist die **Verwertung des Miteigentums an einem Haus** durch Aufhebung der Miteigentumsgemeinschaft statt einer Beleihung des Miteigentumsanteils.[23]

Eine Verwertung ist nicht deshalb unwirtschaftlich, weil das Vermögen dadurch wäh-

---

[20] BGH, FamRZ 1983, 146, 148 = NJW 1983, 933, 935
[21] BGH, wie vorher
[22] BGH, FamRZ 1985, 354 = R 222 c
[23] BGH, FamRZ 1984, 662 = NJW 1984, 2358

5. Abschnitt: Zur Bedürftigkeit des Berechtigten § 4

rend der voraussichtlichen Lebensdauer verbraucht wird, denn das Vermögen soll in der Regel dazu dienen, den Unterhaltsbedarf des Berechtigten ergänzend zu dessen sonstigen Einkünften auf Lebenszeit zu sichern.[24] Es soll nicht zu Lasten des Verpflichteten für Erben erhalten werden. Doch ist ihm zuzumuten, eine **Leibrente** einzukaufen, wobei die in Rn 350 c entwickelten Grundsätze entsprechend gelten.

Eine Vermögensverwertung kann **unwirtschaftlich** sein, wenn der Berechtigte aus dem Vermögen Erträge erzielt, die seinen Unterhaltsanspruch mindern, es sei denn, die Erträge stehen in keinem angemessenen Verhältnis zum Wert des dafür eingesetzten Vermögens. In entsprechender Weise ist der Verkauf eines Eigenheims unwirtschaftlich, wenn eine entsprechende Mietwohnung auf Dauer teurer wäre als der Wert des Wohnvorteils.

Unwirtschaftlich kann die Veräußerung eines landwirtschaftlichen Grundstücks sein, wenn eine erhebliche **Wertsteigerung alsbald zu erwarten** ist, weil das Grundstück in die Baulandplanung einbezogen wird.

Die Verwertung eines **Barvermögens** ist in der Regel nicht unwirtschaftlich, kann aber unbillig sein.[25]

Zur **Unbilligkeit** der Verwertung: 560
Diese erfordert eine umfassende tatrichterliche Billigkeitsabwägung aller Umstände des Einzelfalls, vor allem der beiderseitigen wirtschaftlichen Verhältnisse. Siehe dazu die Ausführungen zu Rn 5/73 ff. Jedoch dürfen dabei nicht aus Gründen der Gleichbehandlung ohne weiteres die gleichen Maßstäbe angelegt werden, welche für die Zumutbarkeit der Vermögensverwertung durch einen Unterhaltspflichtigen gelten.[26]

Auch das Geltendmachen des **Pflichtteils** kann zumutbar sein.[27]

Der Berechtigte hat die **Darlegungs- und Beweislast** für alle Umstände, aus denen 561 sich die Unbilligkeit oder Unwirtschaftlichkeit einer Vermögensverwertung ergibt. Der Verpflichtete muß seinerseits im Rahmen seines qualifizierten Bestreitens solche Umstände vortragen, die für eine Vermögensverwertung sprechen.

2. Nachhaltige Unterhaltssicherung durch Vermögen nach § 1577 IV BGB

War zum Zeitpunkt der Ehescheidung zu erwarten, daß der Unterhalt des Berechtig- 562 ten aus seinem Vermögen nachhaltig gesichert sein wird, dann besteht **kein Unterhaltsanspruch** (§ 1577 IV 1 BGB).

Der Anspruch bleibt auch dann **erloschen, wenn das Vermögen** später, sei es verschuldet oder unverschuldet, **wegfällt**. Dies ist wie bei § 1573 IV 1 BGB eine Folge der nachhaltigen Unterhaltssicherung.

Ausnahmsweise entsteht nach § 1577 IV 2 BGB trotzdem ein neuer Unterhaltsan- 563 spruch nach § 1570 BGB, wenn im Zeitpunkt des Vermögenswegfalls vom Berechtigten wegen der Pflege oder Erziehung eines gemeinschaftlichen Kindes keine Erwerbstätigkeit erwartet werden kann.

---

[24] BGH, R 222 c, wie oben
[25] BGH, FamRZ 1985, 360 = R 244 a
[26] BGH, FamRZ 1993, 1065 = R 461 a
[27] BGH, FamRZ 1993, 1065 = R 461 a, b

6. Abschnitt: Zur Leistungsfähigkeit des Verpflichteten

I. Leistungsunfähigkeit als Einwendung

564 Für den Geschiedenenunterhalt beinhaltet § 1581, ähnlich wie § 1603 BGB und § 59 EheG, eine **Regelung der Leistungsfähigkeit** sowie der Folgen einer ganz oder teilweise fehlenden Leistungsfähigkeit. Das Gesetz verwendet zwar nicht ausdrücklich den Begriff der Leistungsfähigkeit, meint sie aber nach Sinn und Zweck der Regelung.

565 Obwohl die Leistungsfähigkeit an sich – wie die Bedürftigkeit – eine weitere Voraussetzung jedes Unterhaltsanspruchs ist und damit zur Klagebegründung gehören würde, ist sie in den §§ 1581, 1603 BGB und § 59 EheG aus Zweckmäßigkeitsgründen **als Einwendung** ausgestaltet mit der Folge, daß der Verpflichtete die Darlegungs- und Beweislast hat für eine von ihm behauptete beschränkte oder fehlende Leistungsfähigkeit. Diese Umkehr der Darlegungs- und Beweislast ist verfassungsrechtlich bedenkenfrei.[1]

Erhebt der Verpflichtete hinsichtlich seiner Leistungsfähigkeit keine Einwendungen, wird die Leistungsfähigkeit vermutet. Der Richter ist nicht verpflichtet, sich von Amts wegen nach Umständen zu erkundigen, die die Leistungsfähigkeit beeinträchtigen könnten, wie z. B., ob er gegenüber seiner Frau aus neuer Ehe unterhaltsverpflichtet ist.[2]

566 Beim **Trennungsunterhalt** fehlt eine dem § 1581 BGB entsprechende Regelung. Trotzdem sind die Grundsätze des § 1581 BGB auch beim Trennungsunterhalt in entsprechender Weise mit heranzuziehen.[3]

II. Eigener eheangemessener Bedarf

567 Der Verpflichtete ist nach § 1581 BGB leistungsfähig, wenn er wirtschaftlich in der Lage ist, den **vollen eheangemessenen Unterhalt** (§§ 1361, 1578 I 1 BGB) des Berechtigten ohne Beeinträchtigung seines **eigenen eheangemessenen Bedarfs** zu bezahlen. Er ist dann auch zu entsprechenden Unterhaltszahlungen verpflichtet. Er hat dazu alle eheprägenden und -nichtprägenden Einkünfte heranzuziehen (Rn 570).

568 In seiner **grundsätzlichen Entscheidung** vom 18. 10. 1989 (IV b ZR 89/88[4]) hat der BGH die in diesem Buch vertretene Auffassung bestätigt, daß der eigene angemessene Unterhalt im Sinn von § 1581 BGB grundsätzlich mit dem **vollen eheangemessenen Unterhalt nach § 1578 I 1 BGB gleichzusetzen** ist. Nur ein solches Verständnis fügt sich in die gesetzliche Regelung ein, die in § 1578 I 1 BGB die ehelichen Lebensverhältnisse für den Regelfall zum Maßstab des nachehelichen Unterhalts bestimmt. Diese Gleichsetzung des eigenen angemessenen Unterhalts in § 1581 BGB mit dem eheangemessenen Unterhalt im Sinn des § 1578 I 1 BGB und nicht mit einem aus § 1603 II entlehnten, nicht selten unter dem eheangemessenen Unterhalt liegenden Selbstbehalt vermeidet insbesondere, daß der Berechtigte unter Verstoß gegen den Grundsatz der gleichmäßigen Teilhabe am ehelichen Lebensstandard seinen vollen eheangemessenen Unterhalt erhält, während der Verpflichtete erst dann nicht mehr als voll leistungsfähig behandelt wird, wenn ein generell bestimmter, womöglich unter seinem eheangemessenen Bedarf liegender Selbstbehalt gefährdet wäre. Die in § 1581 BGB vorgeschriebene Abwägung hat neben der Sicherung des Eigenbedarfs des Verpflichteten auch den Zweck, das verfügbare Einkommen unter den geschiedenen Eheleuten so zu verteilen, daß die dem Berechtigten zustehenden Unterhaltsleistungen nicht in einem unbilligen Verhältnis zu den Mitteln stehen, die dem Verpflichteten zur Deckung seines eigenen Bedarfs verbleiben. Um die-

---

[1] BVerfG FamRZ 1985, 143, 146 = R 235; BGH, FamRZ 1988, 930 = R 368 b; ferner R 38, R 347 e
[2] BGH, FamRZ 1988, 930 = R 368 b
[3] BGH, FamRZ 1986, 556 = R 284
[4] BGH, FamRZ 1990, 260 = R 399 b

6. Abschnitt: Zur Leistungsfähigkeit des Verpflichteten § 4

sem Umstand voll gerecht zu werden, muß diese Billigkeitsabwägung nach § 1581 BGB bereits eröffnet sein, wenn der Verpflichtete den vollen geschilderten Unterhalt im Sinn des § 1578 I 1 BGB nicht ohne Gefährdung seines eigenen eheangemessenen Unterhalts (im Sinn des § 1578 I 1 BGB) leisten kann.[5]

Demgemäß ist ein **Mangelfall** im Sinn des § 1581 BGB bereits dann zu bejahen, wenn das verfügbare Einkommen nicht ausreicht, um den beiderseitigen vollen eheangemessenen Unterhalt (§ 1578 I 1 BGB) einschließlich des typischerweise trennungsbedingt auftretenden trennungsbedingten Mehrbedarfs zu befriedigen.[6] 569

Die Praxis nimmt oft irrig einen Mangelfall erst dann an, wenn der angemessene oder der notwendige Selbstbehalt gefährdet wird. Das sind jedoch besondere Arten des Mangelfalls, die in diesem Buch als verschärfter Mangelfall bezeichnet werden (vgl. Rn 5/1 ff) im Gegensatz zu dem eingeschränkten Mangelfall des § 1581 BGB.

Die ML 4.1 bezeichnen den Betrag, welchen der Verpflichtete für seinen eheangemessenen Unterhalt benötigt, als **eheangemessenen Selbstbehalt**, dessen Unterschreitung die Billigkeitsabwägung auslöst.

In einem solchen Mangelfall schlägt der Unterhaltsanspruch des Berechtigten im Sinn von § 1578 I 1 BGB deshalb um in einen **Billigkeitsunterhalt** nach § 1581 BGB, dessen Umfang der Tatrichter unter Abwägung der beiden Eheleuten zur Bedarfsdeckung zur Verfügung stehenden Mittel sowie der beiderseits zu befriedigenden Bedürfnisse nach individuellen Gesichtspunkten zu bestimmen hat.[7]

Der volle eheangemessene Unterhalt (= eheangemessene Selbstbehalt) im Sinn von Rn 567 beinhaltet deshalb im Regelfall den **Quotenbedarf zuzüglich trennungsbedingten Mehrbedarfs und ev. sonstigen Mehrbedarfs** gemäß den Ausführungen in Abschnitt 3 (Rn 416, 447, wobei auch der trennungsbedingte Mehrbedarf des Verpflichteten i. d. R. nur zum Zuge kommt, wenn es durch ein nichtprägendes Zusatzeinkommen gedeckt werden kann). 570

- Erhebt der Verpflichtete **keine Einwendungen zu seiner Leistungsfähigkeit** (Rn 565), dann ist der volle Bedarf als Unterhalt zuzusprechen.
- **Behauptet der Verpflichtete**, ganz oder teilweise nicht leistungsfähig zu sein, muß er dies konkret darlegen und nachweisen, daß und warum er den vollen Unterhalt nicht ohne Beeinträchtigung seines eigenen vollen Bedarfs bezahlen kann (siehe Rn 6/710 f).
  Im Rahmen der Überprüfung seiner Leistungsfähigkeit sind auf der Leistungsstufe **sämtliche Einkünfte des Verpflichteten zu berücksichtigen**,[8] also sowohl prägende wie nichtprägende Einkünfte (siehe Rn 1/20 f). Außerdem können dem Verpflichteten im Rahmen der Leistungsfähigkeit verstärkt in zumutbarer Weise erzielbare Einkünfte fiktiv zugerechnet werden (siehe Rn 1/387 ff).
- Andererseits sind im Rahmen der Leistungsfähigkeit nach § 1581 BGB **auch sonstige berücksichtigungswürdige Verbindlichkeiten**, wie z. B. Unterhalt für Kinder aus neuer Ehe, zu berücksichtigen, die bei der Bedarfsbemessung nicht berücksichtigt werden durften. Dazu ist ein entsprechender Vortrag des Verpflichteten erforderlich. Dieser hat auch die Darlegungs- und Beweislast für Umstände, aus denen sich die Berücksichtigungswürdigkeit einer solchen Verbindlichkeit ergibt.[9] (Ferner Rn 5/112 ff und Rn 1/514 ff.) 571
- Der durch § 1578 I BGB hergestellte Bezug zur konkreten Ehe hat zur Folge, daß der eheangemesssene Selbstbehalt des Verpflichteten keine unabhängig vom Unterhaltsrechtsverhältnis festgelegte Größe ist. Ist der Verpflichtete **mehreren Ehegatten zum Unterhalt verpflichtet**, so kann er einem jeden nur den eheangemessenen Selbstbehalt entgegenhalten, welcher sich nach den wirtschaftlichen **Verhältnissen der jeweiligen Ehe** bestimmt.

---

[5] BGH, FamRZ 1990, 260 = R 399 b
[6] BGH, FamRZ 1990, 260 = R 399 b
[7] BGH, FamRZ 1990, 260 = R 399 b
[8] BGH, FamRZ 1989, 159 = R 377 d
[9] BGH, FamRZ 1990, 283, 287 = R 400 c

572 Bei beschränkter Leistungsfähigkeit besteht ein **Mangelfall** im Sinn von § 1581 BGB. Geschuldet wird dann nicht mehr der volle Unterhalt nach § 1578 I 1 BGB, sondern aufgrund einer Billigkeitsabwägung nach § 1581 BGB ein Billigkeitsunterhalt. Diese Feststellung ist wichtig, weil bei einer **späteren Abänderung** der volle Unterhalt verlangt werden kann, wenn nun mehr Mittel zur Bedarfsdeckung vorhanden sind. Es besteht kein Grund, die Parteien in einem solchen Fall an der früheren Beschränkung auf einen Billigkeitsunterhalt festzuhalten[10] (Rn 5/31 f).

III. Bedarfsquote und Billigkeitsquote, konkreter Bedarf

573 Oft wird nämlich auch bei einem Mangelfall nach § 1581 BGB der Unterhalt nach der **Ehegattenquote** bemessen (Rn 372). Diese Ehegattenquoten beinhalten ihrerseits bereits einen Mangelfall, wenn ein trennungsbedingter Mehrbedarf oder sonstiger Mehrbedarf vorhanden ist, der nicht durch zusätzliche nichtprägende Einkünfte des Berechtigten oder des Verpflichteten oder durch Einschränkung einer Vermögensbildung gedeckt werden kann (siehe Rn 5/28, 5/73 ff).

Es ist daher zu unterscheiden zwischen der auf § 1581 BGB gründenden **Billigkeitsquote** des Gattenunterhalts bei beschränkter Leistungsfähigkeit, die der ursprünglichen Düsseldorfer Tabelle zugrunde lag,[11] und der **Bedarfsquote**, welche der BGH mit der Anrechnungsmethode[12] begründet und der Zuordnung des Bonus zum Bedarf weiterentwickelt hat.[13]

574 Bei der Billigkeitsquote sind alle zumutbar erzielten oder erzielbaren prägenden und nichtprägenden Einkünfte zugrunde zu legen, bei der Bedarfsquote nur die prägenden. Jedoch kann im eingeschränkten Mangelfall auch eine proportionale Kürzung des Bedarfs erfolgen.

Einzelheiten zu den Folgen des Mangelfalls siehe Rn 5/73 ff.

575 Bei einer **konkreten Bedarfsbemessung** (siehe Rn 366) gibt es in der Regel wegen der besonders guten wirtschaftlichen Verhältnisse keinen Mangelfall. Ein Mangel kann aber dann eintreten, wenn der Verpflichtete, z. B. infolge eines Konkurses, einkommens- und vermögenslos wird. Es sind dann die allgemeinen Grundsätze einer Mangelfallrechnung anzuwenden.

IV. Schuldhaft herbeigeführte Leistungsunfähigkeit, Folgen des Mangelfalls

576 Eine (teilweise oder völlige) Leistungsunfähigkeit ist grundsätzlich zu beachten, und zwar auch dann, wenn der Verpflichtete sie selbst, sogar **schuldhaft herbeigeführt** hat.[14] Ausnahmsweise kann dem Verpflichteten nach **Treu und Glauben** (§ 242 BGB) die Berufung auf eine beschränkte oder fehlende Leistungsfähigkeit verwehrt sein, wenn ihm ein verantwortungsloses, zumindest leichtfertiges Verhalten von erheblichem Gewicht vorgeworfen werden kann, was eine wertende Betrachtung und Abwägung aller Umstände des Einzelfalles erfordert[15] (genauer R 331 ff., Rn 1/394 ff und nachfolgend Rn 5/25 f).

577 Die Folgen des Mangelfalls sind im § 5 Mangelfälle unter Rn 5/35 f, 5/73 f, 5/180 f dargestellt.

---

[10] BGH, FamRZ 1989, 842 = R 388 a; FamRZ 1989, 817 = R 369 a; FamRZ 1987, 257 = R 316
[11] Deutlich in DT B I 1 und HL 27, 29, welche den Billigkeitunterhalt als Regelfall voranstellen und auf den Bedarf beschränken, vgl. Hampel, Bemessung des Unterhalts, Rn 530
[12] BGH, FamRZ 1983, 146, 148 = R 142 d; FamRZ 1982, 576 = R 114 a
[13] BGH, FamRZ 1989, 842 = R 388 b
[14] BGH, FamRZ 1987, 372, 374 = R 336; FamRZ 1985, 158 = NJW 1985, 732
[15] BGH, FamRZ 1989, 159, 161 = R 377 d

7. Abschnitt: Zeitliche Unterhaltsbegrenzung und Unterhaltsherabsetzung nach den §§ 1573 V, 1578 I 2 BGB

I. Zeitliche Unterhaltsbegrenzung nach § 1573 V BGB

1. Voraussetzungen und Anwendungsbereich einer zeitlichen Begrenzung nach § 1573 V BGB

Nach § 1573 V BGB können Unterhaltsansprüche nach § 1573 I bis IV BGB, die nach dem 31. 3. 1986 fällig geworden sind (unten Rn 579), **zeitlich dem Grunde nach begrenzt** werden, soweit insbesondere unter Berücksichtigung der Dauer der Ehe sowie der Gestaltung der Haushaltsführung und Erwerbstätigkeit ein zeitlich unbegrenzter Unterhaltsanspruch unbillig wäre; dies gilt in der Regel nicht, wenn der Berechtigte nicht nur vorübergehend ein gemeinschaftliches Kind allein oder überwiegend betreut hat oder betreut. Die Zeit der Kindesbetreuung steht der Ehedauer gleich. 578

Diese Voraussetzungen für eine **zeitliche Begrenzung** des Unterhalts nach § 1573 V BGB sind inhaltsgleich mit den Voraussetzungen für eine **zeitliche Herabsetzung** des Unterhalts nach **§ 1578 I 2 BGB**. Das OLG Frankfurt[1] hat die zeitliche **Begrenzung** nach § 1573 V BGB **beschränkt auf die Erhöhungsbeträge** vorgenommen, die sich zugunsten der Berechtigten in dem von ihr betriebenen Abänderungsverfahren ergaben – vgl. dazu Rn 580.

Voraussetzungen für eine zeitliche Begrenzung dem Grunde nach:
— **Bejahung eines Unterhaltsanspruchs nach § 1573 I mit IV BGB**. Ansprüche, die nicht auf § 1573 BGB beruhen, können nicht zeitlich begrenzt werden.[2]
Dies kann sein:
Ein Erwerbslosigkeitsunterhalt nach § 1573 I BGB (dazu Rn 104 ff).
Ein Aufstockungsunterhalt nach § 1573 II BGB (dazu Rn 122 f).
Ein Anschlußunterhalt nach § 1573 III BGB (dazu Rn 115 und Rn 126).
Ein wiederaufgelebter Anspruch nach § 1573 IV BGB, wenn der Unterhalt noch nicht nachhaltig durch eine Erwerbstätigkeit gesichert war (dazu Rn 116 ff).
— **Unbilligkeit eines zeitlich unbefristeten Unterhalts** aufgrund einer Abwägung der Umstände des Einzelfalls, insbesondere der Ehedauer, der Gestaltung von Haushaltsführung und Erwerbstätigkeit sowie der Betreuung gemeinschaftlicher Kinder.

§ 1573 V BGB ist durch das ab 1. 4. 1986 in Kraft getretene UÄndG vom 20. 2. 1986 neu eingeführt worden. Er gilt für Unterhaltsansprüche, die nach dem 31. 3. 1986 fällig geworden sind.[3] 579

§ 1573 V BGB enthält eine **Billigkeitsklausel**, die nur angewandt werden soll, **wenn keine erheblichen ehebedingten Nachteile vorliegen**. Grundsätzlich bleibt nach der Scheidung das Prinzip der nachwirkenden wirtschaftlichen Mitverantwortung bestehen. Nach dem Wortlaut „soweit ... unbillig wäre" handelt es sich um eine **Ausnahmeregel**, deren Anwendung vor allem bei kurz dauernden kinderlosen Ehen in Betracht kommt. Grundsätzlich ist eine **eingehende, umfassende Billigkeitsabwägung** erforderlich. Dabei erfordert § 1573 V BGB anders als § 1579 BGB **keine grobe Unbilligkeit**.[4] Wegen der Einzelheiten der zutreffenden Billigkeitsabwägung siehe Rn 591 ff.

Nach der Begründung des Regierungsentwurfs sollen durch § 1573 V BGB unbillige Ergebnisse beseitigt werden können, die in der Privatisierung des Arbeitsplatzrisikos durch Ansprüche nach § 1573 BGB liegen können. Für eine zeitliche Begrenzung spreche es, wenn der Berechtigte, der während der Ehe gearbeitet habe, seinen Arbeitsplatz nicht

---

[1] OLG Frankfurt, FamRZ 1999, 97
[2] BGH, FamRZ 1988, 265 = NJW 1988, 2369
[3] BGH, FamRZ 1988, 259 = NJW 1988, 2376
[4] BGH, FamRZ 1990, 492, 494 = R 404 b

ehebedingt, sondern ausschließlich aus konjunkturellen Gründen verloren habe. Dagegen scheide in Fällen einer Kindesbetreuung in der Regel eine zeitliche Begrenzung aus. Beim **Aufstockungsunterhalt** sei zu prüfen, ob die Differenz zwischen den Einkommen der Ehegatten ehebedingt sei.

2. Rechtsfolgen nach § 1573 V BGB

580 Als Rechtsfolge kann ein Anspruch nach § 1573 BGB **zeitlich** dem Grunde nach **begrenzt** werden.

Dies bedeutet einerseits, daß der Berechtigte zunächst eine Übergangsfrist erhält, die es ihm ermöglichen soll, sich wirtschaftlich und persönlich auf die vom Gericht festzusetzende zeitliche Grenze einzustellen.

Andererseits **erlischt der Unterhaltsanspruch vollständig** nach Ablauf dieser Übergangsfrist. Es endet grundsätzlich die unterhaltsrechtliche Abhängigkeit vom Verpflichteten. Allerdings stellt der Wegfall des Anspruchs nach § 1573 BGB zugleich einen **Einsatzzeitpunkt für** einen Anspruch auf **Anschlußunterhalt** wegen Alters (§ 1571 Nr. 3 BGB) oder wegen Krankheit (§ 1572 Nr. 4 BGB) dar.[5] Soweit diese Tatbestände eingreifen, kommt nur eine Herabsetzung auf den angemessenen Lebensbedarf in Betracht (§ 1578 I 2 BGB).

Nach dem Wortlaut des Gesetzes gibt es **keine Unterhaltsherabsetzung**[6] – vgl. aber zum Abänderungsverfahren wegen Herabsetzung von Erhöhungsbeträgen Rn 578 u. 595 b. Ob es tatsächlich möglich ist – wenn die Voraussetzungen des § 1578 I 2 BGB nicht vorliegen –, ein gleichartiges Ergebnis dadurch zu erzielen, daß die zeitliche Herabsetzung nach § 1573 V BGB auf die Erhöhungsbeträge beschränkt wird, die sich im Abänderungsverfahren ergeben, erscheint unter dem Gesichtspunkt einer Gesetzesumgehung zweifelhaft. An sich ergreift § 1573 V BGB den Grund des Anspruchs, allerdings wird auch die Ansicht vertreten, es sei eine anteilige zeitliche Begrenzung, z. B. in nacheinanderfolgenden Stufen, möglich.[7] Dies dürfte mit dem Gesetzeswortlaut nicht in Einklang zu bringen sein, weil danach der Unterhaltsanspruch, also der gesamte Anspruch, zeitlich zu begrenzen ist. Der BGH hat für die Anwendung des § 1573 V BGB darauf hingewiesen, daß nach Wegfall des Anspruchs nach § 1573 BGB zu prüfen sei, ob ein Anschlußunterhalt wegen Alters oder Krankheit in Betracht käme,[8] was dafür spricht, daß auch der BGH nicht von der Möglichkeit einer zeitlichen Herabsetzung ausgeht.

581 Die Bestimmung der **Zeitgrenze ist eine richterliche Ermessensentscheidung**.

Für die Bemessung der Zeitspanne, in der der Berechtigte seinen eheangemessenen Unterhalt erhält, spielt in der Regel eine große Rolle, welche Zeit er braucht, um sich auf die neue Lebenssituation einzustellen.[9]

Dies erfordert beim Erwerbslosigkeitsunterhalt meist eine Prognose dazu, innerhalb welcher Zeit es dem Berechtigten voraussichtlich gelingen kann, einen Arbeitsplatz zu finden.

Beim Aufstockungsunterhalt wird der Berechtigte meist seine bisherige Tätigkeit fortsetzen und deshalb nicht mehr verdienen. Ihm wird dennoch nach dem Sinn und Zweck des Gesetzes eine Begrenzung zugemutet, und zwar mit um so kürzerer Übergangszeit, je kürzer die Ehe gedauert hat.

Zugunsten des Berechtigten kann berücksichtigt werden, daß er seine (Teil-)Erwerbstätigkeit trotz Übernahme der mit einer Kinderbetreuung verbundenen zusätzlichen Belastungen aufrechterhält.[10]

Im übrigen können alle **Gesichtspunkte**, die bereits bei **der Billigkeitsabwägung** berücksichtigt worden sind, **auch für die Bemessung der Übergangszeit** eine Rolle spie-

---

[5] BGH, FamRZ 1995, 665, 667 = R 493 B c
[6] Vgl. Hahne, FamRZ 1986, 305, 310; Brudermüller, FamRZ 1998, 649, 657
[7] Vgl. OLG Düsseldorf, FamRZ 1987, 945; Palandt/Brudermüller, BGB, Rn 36 zu § 1573
[8] BGH, FamRZ 1995, 665, 667 = R 493 B c
[9] BGH, FamRZ 1986, 886, 888 = R 307 b
[10] BGH, FamRZ 1990, 492, 494 = R 404 b

7. Abschnitt: Zeitliche Unterhaltsbegrenzung und Unterhaltsherabsetzung § 4

len. Entscheidend wird dabei in den meisten Fällen sein, wie lange und wie intensiv die Eheleute ihre Lebensposition aufeinander abgestellt haben.

Obwohl das Gesetz bei den Billigkeitskriterien die Berücksichtigung der Ehedauer vorschreibt und damit eine **Beziehung zwischen Dauer der Ehe und Dauer des** vollen eheangemessenen **Unterhalts** herstellt, ist nach dem Regierungsentwurf an keine schematische Anbindung im Sinn einer zeitlichen Entsprechung gedacht.[11] In der richterlichen Praxis besteht eine Tendenz, sich u. a. vor allem an der Ehedauer zu orientieren, wobei als Ehedauer die Zeit zwischen Eheschließung und Rechtshängigkeit des Scheidungsantrags zählt.[12] Zu den Kriterien der Billigkeitsabwägung siehe im einzelnen Rn 591 ff.

3. Darlegungs- und Beweislast sowie verfahrensrechtliche Probleme

§ 1573 V BGB ist eine in ihrer Wirkung mit § 1579 BGB vergleichbare, die Unterhaltsverpflichtung einschränkende Norm. Sie wirkt sich zugunsten des Verpflichteten aus. Deshalb **hat der Verpflichtete**, wie bei § 1579 BGB, **die Darlegungs- und Beweislast für das Vorliegen der Billigkeitsgründe**, die eine zeitliche Begrenzung rechtfertigen.[13] Er muß u. a. auch dartun und beweisen, daß eine Arbeitslosigkeit des Berechtigten nicht ehebedingt ist, sondern auf anderen, z. B. konjunkturellen Gründen beruht.

Liegen die tatbestandlichen Voraussetzungen des § 1573 V BGB **vor, muß der Richter** den Unterhalt **begrenzen**, auch wenn sich der Verpflichtete nicht auf eine solche Begrenzung beruft.

Eine **zeitliche Begrenzung** nach § 1573 V BGB kann **mit zeitlicher Herabsetzung** nach § 1578 I 2 BGB **kombiniert** werden (siehe Rn 589).

Wegen weiterer Einzelheiten siehe Rn 595.

582

II. Zeitliche Begrenzung und Herabsetzung des eheangemessenen Unterhalts auf den angemessenen Lebensbedarf nach § 1578 I 2 BGB

1. Voraussetzungen und Anwendungsbereich nach § 1578 I 2 BGB

Nach § 1578 I 1 BGB ist der nacheheliche Unterhalt nach den ehelichen Lebensverhältnissen im Zeitpunkt der Scheidung zu bemessen (Rn 299 ff). In Verbindung mit § 1573 I und II BGB bedeutet dies für den bedürftigen Ehegatten eine zeitlich unbeschränkte Lebensstandardgarantie, solange dem Grunde nach ein Unterhaltsanspruch fortbesteht.

Nach § 1578 I 2 BGB kann die Unterhaltsbemessung nach den ehelichen Lebensverhältnissen (§ 1578 I 1 BGB) für nach dem 31. 3. 1986 fällig gewordene Ansprüche (siehe Rn 585) **zeitlich der Höhe nach begrenzt und** danach auf den angemessenen Lebensbedarf **herabgesetzt werden**, soweit insbesondere unter Berücksichtigung der Dauer der Ehe sowie der Gestaltung von Haushaltsführung und Erwerbstätigkeit eine zeitlich unbegrenzte Bemessung nach § 1578 I 1 BGB unbillig wäre; dies gilt in der Regel nicht, wenn der Berechtigte nicht nur vorübergehend ein gemeinschaftliches Kind allein überwiegend betreut hat oder betreut. Die Zeit der Kindesbetreuung steht der Ehedauer gleich.

583

Diese Voraussetzungen für eine zeitlich begrenzte Herabsetzung sind mit Ausnahme des Anwendungsbereichs inhaltsgleich mit den Voraussetzungen des § 1573 V BGB.

Voraussetzungen für eine zeitlich begrenzte Herabsetzung:
- § 1578 I 2 BGB **gilt für alle Tatbestände des nachehelichen Unterhalts** (§§ 1570 ff. BGB), also **auch für** einen **Anspruch nach § 1573 BGB.**
- Eine zeitlich unbegrenzte Unterhaltsbemessung nach den ehelichen Lebensverhältnissen muß unter Berücksichtigung der Dauer der Ehe, der Gestaltung von Haushaltsfüh-

584

---
[11] BGH, FamRZ 1986, 886, 888 = R 307 b
[12] BGH, FamRZ 1986, 886, 888 = R 307 b
[13] BGH, FamRZ 1990, 857, 859 = R 417

rung und Erwerbstätigkeit sowie der Betreuung gemeinschaftlicher Kinder unbillig sein. Dies erfordert eine **umfassende Billigkeitsabwägung** aller Umstände des Einzelfalls[14] (Genaueres dazu Rn 591 ff).

Liegen **die Voraussetzungen** des § 1578 I 2 BGB vor, **muß der Richter** trotz des Wortes „kann" den Unterhaltsanspruch **herabsetzen**. Wenn gleichzeitig die Voraussetzungen des § 1573 V BGB erfüllt sind, kann er außerdem den Unterhaltsanspruch nach dieser Vorschrift zeitlich begrenzen.

585 § 1578 I 2 BGB ist durch das am 1. 4. 1986 in Kraft getretene UÄndG vom 20. 2. 1986 neu eingeführt worden. Es gilt für Unterhaltsansprüche, die nach dem 31. 3. 1986 fällig geworden sind.[15] **Wie § 1573 V BGB hat auch § 1578 I 2 BGB Ausnahmecharakter.**

Nach der Begründung des Regierungsentwurfs soll mit dieser Neuregelung die in § 1578 I 1 BGB enthaltene zeitlich unbegrenzte Lebensstandard-Garantie relativiert werden, indem nach den Umständen des konkreten Einzelfalls nach Ablauf einer Übergangsfrist eine Herabsetzung auf den angemessenen Lebensbedarf möglich wird. Damit steht ein Regulativ auch für diejenigen Fälle zur Verfügung, in denen eine unbefristete Beteiligung des geschiedenen Ehegatten an späteren Einkommenssteigerungen des Verpflichteten nicht angemessen wäre, auch wenn solche Steigerungen zur Zeit der Scheidung bereits abzusehen waren.[16]

Nicht anwendbar ist § 1578 I 2 BGB auf altrechtliche Unterhaltsansprüche nach § 58 EheG (OLG Zweibrücken, FamRZ 1999, 1140).

2. Rechtsfolgen des § 1578 I BGB

586 Als Rechtsfolge kann jeder Anspruch gemäß den §§ 1570 mit 1576 BGB vom eheangemessenen Unterhalt gemäß § 1578 I 1 BGB nach Ablauf einer Übergangsfrist auf den angemessenen Lebensbedarf (Rn 587) herabgesetzt werden; ein vollständiger Wegfall des Unterhaltsanspruchs scheidet hiernach aus (BGH, FamRZ 1999, 710, 712 = R 531 b).

Nach dem Wortlaut des § 1578 I 2 BGB gibt es allerdings **keine sofortige Herabsetzung**.

Anders als bei § 1573 V BGB endet der Unterhaltsanspruch nicht mit Ablauf der zeitlichen Begrenzung, sondern geht in einen **verminderten Unterhalt** über. Dieser ist dann in der festgesetzten Höhe solange zu bezahlen, wie dem Grunde nach ein Unterhaltstatbestand erfüllt ist. Die Höhe dieses Anspruchs bestimmt sich nicht mehr nach den wirtschaftlichen Verhältnissen des Verpflichteten, sondern ist nur noch von seiner fortbestehenden Leistungsfähigkeit und der Bedürftigkeit des Berechtigten abhängig.

Die **Festlegung der Zeitgrenze** geschieht wie bei § 1573 V BGB durch eine richterliche Ermessensentscheidung.

Für die Bemessung der Zeitspanne, in der der Berechtigte seinen eheangemessenen vollen Unterhalt erhält, spielen alle Gesichtspunkte des konkreten Einzelfalls eine Rolle, die bei der Billigkeitserwägung (vgl. Rn 591 ff) zu den Voraussetzungen einer Herabsetzung zu berücksichtigen waren.

Außerdem kommt es darauf an, welche **Zeit der Berechtigte braucht**, um sich auf die neuen Verhältnisse eines geminderten Unterhalts **einzustellen**. Auch wenn das Gesetz, das die Berücksichtigung insbesondere der Ehedauer vorschreibt, damit eine **Beziehung zwischen Dauer der Ehe und der Dauer der Gewährung des vollen Unterhalts** herstellt, ist an keine schematische Anbindung im Sinne einer zeitlichen Entsprechung gedacht.[17]

587 Für die Zeit nach Ablauf der Übergangsfrist ist der Unterhalt nach einem anderen Maßstab als nach § 1578 I 1 BGB zu bemessen. Als Ersatzmaßstab prägt das Gesetz den Begriff des „**angemessenen Lebensbedarfs**".

Dieser „angemessene Lebensbedarf" im Sinne des § 1578 I 2 BGB ist **nicht gleichbedeutend mit dem Billigkeitsunterhalt nach § 1581 BGB**. Hiermit ist vielmehr eine dem

---

[14] BGH, FamRZ 1986, 886, 888 = R 307 b
[15] BGH, FamRZ 1988, 259 = NJW 1988, 2376
[16] BGH, FamRZ 1987, 459 = R 324 c
[17] BGH, FamRZ 1986, 886, 888 = R 307 b

7. Abschnitt: Zeitliche Unterhaltsbegrenzung und Unterhaltsherabsetzung § 4

Einzelfall gerecht werdende Bemessungsgrundlage gemeint, für die als Anknüpfungspunkt im Gesetzgebungsverfahren die Lebensstellung des Berechtigten vor der Ehe oder die Lebensstellung, die er ohne die Ehe gehabt hätte, genannt worden sind. Durch die Formulierung „angemessen" bringt das Gesetz zum Ausdruck, daß der **Bedarf oberhalb des Existenzminimums** und des notwendigen Unterhalts liegen soll. Auch wird entsprechend der Zielrichtung des UÄndG, den Ausgleich ehebedingter Nachteile zu gewährleisten, ein Lebensbedarf nicht als angemessen angesehen werden können, der den vorehelichen Bedarf unterschreitet.[18]

In der Regel wird das voreheliche Einkommen des Berechtigten maßgeblich sein.[19]

Ein trennungsbedingter Mehrbedarf kann in der Regel wegen der Anknüpfung an die Verhältnisse vor der Ehe nicht mehr berücksichtigt werden.

Der „angemessene Lebensbedarf" kann **nicht höher** sein **als der den ehelichen Verhältnissen entsprechende Bedarf**. Dies gilt bei engen Verhältnissen, die als ehelichen Bedarf nicht einmal das Existenzminimum, z. B. in Form des notwendigen Eigenbedarfs nach der Düsseldorfer Tabelle (Stand: 1. 1. 1996 = 1300 – 1500 DM), bestimmen. Der individuell angelegte eheliche Lebensstandard ist nach oben wie nach unten von Tabellenwerten und von dem, was als Existenzminimum oder angemessener Bedarf angesehen wird, unabhängig.[20] Überschreitet schon der eheliche Bedarf nicht das Existenzminimum bzw. den notwendigen Eigenbedarf, wird eine Herabsetzung regelmäßig ausscheiden. Bei auskömmlicheren wirtschaftlichen Verhältnissen stellt der **notwendige Eigenbedarf** bzw. das Existenzminimum die **unterste Grenze** dar. Bei beiderseits besseren wirtschaftlichen Verhältnissen wird ein Betrag nicht unter dem angemessenen Selbstbehalt der Verpflichteten (derzeit z. B. nach der Düsseldorfer Tabelle, Stand: 1. 1. 1996, 1800 DM) in Frage kommen.

Auf den „angemessenen Lebensbedarf" und damit auch auf diese untere Grenze ist **eigenes Einkommen** des Berechtigten wie nichtprägendes Einkommen **bedarfsmindernd anzurechnen** und nur eine verbleibende Differenz zwischen dem „angemessenen Bedarf" und dem Eigeneinkommen als Unterhalt zuzusprechen.

Wenn die vorehelichen Verhältnisse des Berechtigten wirtschaftlich besser als die ehelichen Verhältnisse waren, kommt eine Herabsetzung wegen der vorhandenen ehebedingten Nachteile in der Regel nicht in Betracht.

Wird neben Elementarunterhalt auch **Krankheitsvorsorgeunterhalt und Altervorsorgeunterhalt** verlangt, ist bei Vorliegen der Voraussetzungen des § 1578 I 2 BGB außerdem zu prüfen, ob sich der Berechtigte nach Ablauf der Übergangszeit mit einer weniger aufwendigen Krankenversicherung zufriedengeben muß und ob ein Altersvorsorgeunterhalt evtl. ganz entfällt. Dabei ist zu berücksichtigen, wieviel der Berechtigte vor der Eheschließung für die Krankenversicherung bezahlt hat und ob er aus finanziellen Gründen offensichtlich keine Altersvorsorge betreiben konnte.[21]

588

3. Kombination der zeitlichen Herabsetzung nach § 1578 I 2 BGB und der zeitlichen Begrenzung nach § 1573 V BGB

Die §§ 1578 I 2 BGB und 1573 V BGB können bei einem Unterhaltsanspruch nach § 1573 BGB unabhängig voneinander und auch kombiniert angewendet werden. Dabei gibt es folgende Kombinationen.

589

Der Unterhalt nach § 1573 BGB wird gemäß § 1573 V BGB zeitlich begrenzt (siehe Rn 580 f).

Der Unterhalt nach § 1573 BGB wird gemäß § 1578 I 2 BGB nach einer Übergangszeit auf den „angemessenen Lebensbedarf" herabgesetzt (siehe Rn 586 f).

Der Unterhalt nach § 1573 BGB wird nach einer Übergangszeit gemäß § 1578 I 2 BGB auf den „angemessenen Lebensbedarf" herabgesetzt und nach einer weiteren Übergangszeit gemäß § 1573 V BGB völlig versagt.

---

[18] BGH, FamRZ 1986, 886, 888 = R 307 b
[19] BGH, FamRZ 1986, 886, 888 = R 307 b; OLG Hamm, FamRZ 1986, 908
[20] BGH, FamRZ 1995, 346 = R 490 a
[21] BGH, FamRZ 1989, 483, 486 = R 382 e

4. Darlegungs- und Beweislast sowie verfahrensrechtliche Probleme

590 Der Verpflichtete hat die Darlegungs- und Beweislast für alle Tatsachen, die eine zeitliche Herabsetzung nach § 1578 I 2 BGB rechtfertigen. Er wird durch die Rechtsfolgen begünstigt.

Liegen die tatbestandlichen Voraussetzungen des § 1578 I 2 BGB vor, muß der Richter eine **zeitlich begrenzte Herabsetzung** aussprechen, auch wenn sich der Verpflichtete hierauf nicht berufen hat.

Bei der **erstmaligen Unterhaltsfestsetzung** nach § 1578 I 2 BGB hat eine Doppelberechnung zu erfolgen. Es ist erst der eheangemessene Unterhalt nach § 1578 I 1 BGB zu ermitteln und sodann der angemessene Lebensbedarf nach § 1578 I 2 BGB.

Wegen weiterer Einzelheiten siehe Rn 595.

III. Kriterien zu der nach §§ 1573 V BGB und 1578 I 2 BGB erforderlichen Billigkeitsabwägung

1. Billigkeitsabwägung zur zeitlichen Herabsetzung und Begrenzung des Unterhalts

591 Die Anwendung der §§ 1573 V und 1578 I 2 BGB verlangt eine umfassende Billigkeitsabwägung der in diesen Bestimmungen genannten Billigkeitskriterien und Einbeziehung aller Umstände des konkreten Einzelfalls. **Grobe Unbilligkeit** ist **nicht erforderlich**.[22] Ein entscheidendes Gewicht bei dieser Abwägung haben **fortbestehende ehebedingte Nachteile** des Berechtigten. Je weniger die Bedürftigkeit des Berechtigten auf ehebedingte Nachteile zurückzuführen ist, desto eher kommt eine zeitliche Begrenzung oder Herabsetzung in Betracht.[23]

Die gesetzlich angeführten Kriterien, wie Dauer der Ehe (Rn 592), Gestaltung von Haushaltsführung und Erwerbstätigkeit (Rn 593) sowie die Betreuung gemeinschaftlicher Kinder (Rn 594), sind stets zu berücksichtigen.[24]

Darüber hinaus sind auch sonstige Umstände (Rn 595) des Berechtigten und des Verpflichteten zu berücksichtigen, wie sich aus der Formulierung „insbesondere" ergibt.

Bei der Billigkeitsabwägung bleibt ein **Fehlverhalten** des Unterhaltsberechtigten **unberücksichtigt**, denn die Rechtsfolgen eines Fehlverhaltens sind abschließend in § 1579 BGB geregelt.[25]

2. Dauer der Ehe

592 Für die Berechnung der Ehedauer wird wie bei den §§ 1582 und 1579 Nr. 1 BGB an die **Zeit zwischen Eheschließung und Rechtshängigkeit des Scheidungsantrags** angeknüpft.[26] Unerheblich ist die Dauer des tatsächlichen Zusammenlebens der Eheleute. Deshalb verkürzt eine lange Trennungszeit die Ehedauer grundsätzlich nicht. Haben die geschiedenen Eheleute später wieder einander geheiratet, zählt die Dauer der ersten Ehe nicht mit.[27]

Der Ehedauer stehen **Zeiten** der **nicht nur vorübergehenden rechtmäßigen**[28] **Betreuung von gemeinschaftlichen Kindern** gleich (§§ 1578 I 2, 1573 V 2 BGB). In solchen

---

[22] BGH, FamRZ 1990, 492, 494 = R 404 b
[23] Brudermüller, FamRZ 1998, 649, 659
[24] BGH, FamRZ 1986, 886, 888 = R 307 b
[25] BGH, FamRZ 1987, 572, 575 = R 323 c; FamRZ 1986, 886, 888 = R 307 b
[26] BGH, FamRZ 1986, 886, 888 = R 307 b
[27] OLG Düsseldorf, FamRZ 1996, 1416; OLG Karlsruhe, FamRZ 1989, 511 = NJW-RR 1989, 1348
[28] Hahne, FamRZ 1986, 305, 307

7. Abschnitt: Zeitliche Unterhaltsbegrenzung und Unterhaltsherabsetzung § 4

Fällen verlängert sich die Ehedauer um die Zeit, in der der Berechtigte ab Rechtshängigkeit des Scheidungsantrags ein gemeinschaftliches Kind betreut und **voraussichtlich bis zur Entstehung der Erwerbsobliegenheit zu einer Ganztagstätigkeit** weiterbetreuen wird,[29] also in der Regel bis zur Vollendung des 15. oder 16. Lebensjahres des Kindes (vgl. Rn 78 ff). Die in der Vorauflage vertretene Ansicht, daß sich die Ehedauer bis zur Volljährigkeit des weiter betreuten Kindes ausdehnt, wird trotz des zu § 1579 Nr. 1 BGB unterschiedlichen Wortlauts der §§ 1573 V S. 2 und 1578 I S. 3 BGB (vgl. in diesem Zusammenhang z. B. auch § 1606 III S. 2 BGB) nicht aufrechterhalten. Hahne, FamRZ 1986, 305, 307, hat hierzu auf das Gesetzgebungsverfahren verwiesen. Danach habe der Regierungsentwurf auf die Zeit abgestellt, in der der Berechtigte Unterhalt nach § 1570 BGB verlangen konnte. Dies habe man nur geändert, um klarzustellen, daß auch Zeiten einzurechnen seien, in denen der Berechtigte trotz Betreuung mangels Leistungsfähigkeit des Pflichtigen keinen Betreuungsunterhalt geltend machen konnte.

Es gibt **keine von vornherein festgelegte „lange Ehedauer"**,[30] ab deren Vorliegen eine Begrenzung grundsätzlich ausscheidet.[31] Insbesondere besteht keine feste Zeitgrenze von 10 Jahren. Allerdings nähert sich eine solche Ehedauer dem Grenzbereich, in dem der Dauer der Ehe – vorbehaltlich stets zu berücksichtigender besonderer Umstände des Einzelfalls – als Billigkeitskriterium durchschlagendes Gewicht für eine dauerhafte Unterhalts-„Garantie" zukommt, weil mit zunehmender Verflechtung der Lebensverhältnisse und häufig wachsender wirtschaftlicher Abhängigkeit des Berechtigten zu rechnen ist.[32] So kommt bei einer 32jährigen Ehedauer grundsätzlich keine zeitliche Begrenzung aus Billigkeitsgründen mehr in Betracht.[33] Umgekehrt spricht eine Ehedauer von nur 2 Jahren 10 Monaten für eine Begrenzung.[34] Bei einer Ehedauer von 8 Jahren kann eine zeitliche Begrenzung bei ehebedingten Nachteilen infolge überwiegender Haushaltsführung versagt werden,[35] bzw. – wenn wirtschaftliche Nachteile trotz zusätzlicher Kindesbetreuungszeit fehlen – angeordnet werden.[36] Ist der Berechtigte noch relativ jung und sind ihm durch die Ehe keine beruflichen Nachteile entstanden, steht einer zeitlichen Begrenzung des Aufstockungsunterhalts auch eine Ehedauer von über 13 Jahren nicht entgegen.[37] Eine zeitliche Begrenzung des Aufstockungsunterhalts ist selbst nach 16jähriger Ehedauer bzw. Kinderbetreuung zu erwägen, wenn der Berechtigte keine ehebedingten Nachteile bezüglich seiner Erwerbsmöglichkeiten erlitten hat und noch relativ jung ist.[38] Fehlt es an der bei langer Ehedauer normalerweise üblichen zunehmenden Verflechtung und Abhängigkeit sowie beim Berechtigten an einem verfestigten Gefühl wirtschaftlicher Absicherung, hindert auch eine Ehedauer von 18 Jahren die Begrenzung nicht.[39]

Wegen der Berücksichtigung der **Kindesbetreuung als zusätzliches Billigkeitsmerkmal** siehe Rn 594.

3. Gestaltung der Haushaltsführung und Erwerbstätigkeit

Dieses Merkmal bezieht sich auf den häufigsten Fall einer ehebedingten Unterhaltsbedürftigkeit, die Hausfrauenehe. Soweit z. B. ein Ehegatte eigene Berufs- und Erwerbs- **593**

---
[29] OLG Hamm, FamRZ 95, 1204; Brudermüller, FamRZ 1998, 649, 652; Gerhardt, FuR 1997, 249, 251
[30] BGH, FamRZ 1990, 857 = R 417; OLG Karlsruhe, FamRZ 1989, 511 = NJW-RR 1989, 1348
[31] So aber Hahne, FamRZ 1986, 305, 307: 10 Jahre; Giesing, FamRZ 1986, 937: 10 Jahre; AG Charlottenburg, DAVorm 1989, 90: 10 Jahre, spätestens nach 15 Jahren
[32] BGH, FamRZ 1990, 857, 859 = R 417
[33] BGH, FamRZ 1987, 691, 693 = R 332 a
[34] BGH, FamRZ 1986, 886, 888 = R 307 b
[35] BGH, FamRZ 1988, 1031, 1034 = R 373 f
[36] OLG Düsseldorf, FamRZ 1994, 756, 758
[37] OLG Düsseldorf, FamRZ 1987, 945
[38] OLG Hamm, FamRZ 1995, 1204
[39] OLG Köln, NJW-RR 1995, 1157, 1159

aussichten zurückgestellt hat, um durch die Übernahme der Haushaltsführung dem anderen Ehegatten die volle berufliche Entfaltung zu ermöglichen, soll dies zu seinen Gunsten als ehebedingter Nachteil berücksichtigt werden. Daraus ist allgemein zu folgern, daß eine zeitliche Begrenzung des vollen Unterhalts um so weniger in Betracht kommt, je mehr die Bedürftigkeit des Berechtigten auf **ehebedingte, insbesondere berufliche Nachteile** zurückzuführen ist.[40] Ein sozialer Abstieg unter das eheliche Lebensniveau soll durch Aufstockungsunterhalt vermieden werden, wenn das erreichte Niveau als Ergebnis der Leistung beider Ehegatten anzusehen ist.[41] Insoweit braucht ein Einkommensgefälle zwischen den Eheleuten nicht ehebedingt sein.[42]

Solche **ehebedingte Nachteile müssen** noch **fortbestehen**. Sie entfallen z. B., wenn der Berechtigte nach vorübergehender Beurlaubung wieder voll in sein früheres Beschäftigungsverhältnis ohne Einkommenseinbußen zurückkehren kann. Ebenso wenn ein Studium während der Ehe aus freien Stücken aufgegeben wird, ohne daß in der Ehe übernommene Aufgaben die Fortführung gehindert hätten.[43]

Die Bedürftigkeit beruht in der Regel nicht auf ehebedingten Nachteilen, wenn die Berechtigte während kinderloser Ehe voll erwerbstätig war und eine spätere Erwerbslosigkeit auf Alkoholmißbrauch beruht,[44] oder wenn die Berechtigte 6 Monate vor der Trennung in ihrem erlernten Beruf wieder vollschichtig tätig war und in diesem eine übliche Vergütung verdient.[45]

Nicht ehebedingt ist in der Regel auch der Verlust eines Arbeitsplatzes aus konjunkturbedingten Gründen.

Ein typischer ehebedingter Nachteil ist es, wenn die Berechtigte bei Heirat einvernehmlich ihren Beruf aufgegeben und ganz die Haushaltsführung übernommen hat. Ihre Bedürftigkeit ist dagegen nicht ehebedingt, wenn die Berufsaufgabe ohne sachliche Notwendigkeit und gegen den Willen des anderen Ehegatten erfolgte. Bei einem Einkommensgefälle, das nur auf der unterschiedlichen beruflichen Entwicklung der Eheleute vor Eheschließung beruht, fehlt die Ehebedingtheit.[46]

4. Betreuung gemeinsamer Kinder

594 Die Betreuung gemeinsamer Kinder ist der wichtigste **Fall eines ehebedingten Nachteils**. Bei ihr entfällt eine zeitliche Begrenzung vielfach schon deswegen, weil der Unterhaltsanspruch nicht auf § 1573 BGB, sondern auf § 1570 BGB beruht. Ferner entfällt in der Regel auch eine Herabsetzung des Unterhalts nach § 1578 I 2 BGB.

Der Berechtigte muß gemeinsame Kinder tatsächlich allein oder überwiegend, nicht nur vorübergehend, betreuen oder betreut haben (§§ 1573 V, 1578 I 2 BGB).

Bei einer Betreuungszeit nach Rechtshängigkeit des Scheidungsantrags wird gleichzeitig die Ehedauer um diese Betreuungszeit verlängert. Dabei kann in der Regel von einer zuzurechnenden Betreuungszeit bis zum Entstehen der Vollerwerbsobliegenheit (vgl. dazu Rn 592) für die Berechnung der Gesamtehedauer ausgegangen werden.

Nur ausnahmsweise kann trotz Kindesbetreuung eine **Herabsetzung** nach § 1578 I 2 BGB **oder** auch, soweit Unterhalt nur nach § 1573 BGB geschuldet ist, eine zeitliche **Begrenzung** nach § 1573 V in Frage kommen:
– Wenn der Berechtigte ein gemeinschaftliches Kind unberechtigt entgegen einer Sorgerechtsregelung oder ohne Einverständnis des anderen Elternteils betreut.[47]
– Wenn der Berechtigte seine Betreuungspflichten nachhaltig verletzt, z. B. das Kind verwahrlosen läßt.

---

[40] BGH, FamRZ 1986, 886, 888 = R 307 b
[41] OLG Düsseldorf, FamRZ 1987, 162
[42] OLG Düsseldorf, FamRZ 1988, 838
[43] OLG Köln, NJW-RR 1995, 1157, 1159
[44] OLG Hamburg, FamRZ 1987, 1250
[45] OLG Düsseldorf, FamRZ 1987, 945
[46] KG, FamRZ 1992, 948
[47] Vgl. Hahne, FamRZ 1986, 305, 307

7. Abschnitt: Zeitliche Unterhaltsbegrenzung und Unterhaltsherabsetzung § 4

– Wenn der Berechtigte trotz Kindesbetreuung berufstätig war und keinerlei berufliche Nachteile erlitten oder nur kurzfristige Einkommenseinbußen erlitten hat.[48]

5. Sonstige Umstände

Bei der Billigkeitsabwägung sind auch sonstige Umstände des konkreten Einzelfalls als Billigkeitsgesichtspunkte zu berücksichtigen. Eine kausale Verknüpfung mit ehebedingten Nachteilen ist insoweit nicht erforderlich. 595

Zu den zu berücksichtigenden sonstigen Umständen zählen **auf seiten des Berechtigten** vor allem dessen Alter, Gesundheitszustand, überobligationsmäßiger Einsatz zugunsten des Verpflichteten. Ferner ein Nachteil infolge einer Vermögensverwertung während der Ehe, wie z. B. die Kündigung eines Kommanditanteils, aus dem der Berechtigte Einkünfte bezogen hatte.[49] Zu berücksichtigen ist auch, wenn sich der Berechtigte bei seiner Mithilfe zum Bau des Familienheimes ein schweres Rückenleiden zugezogen hat.[50]

Berücksichtigt werden kann außerdem, wenn der Berechtigte einen gemeinsamen Sohn aus erster Ehe betreut und dadurch wirtschaftliche Nachteile erlitten hat.[51]

Ähnliches gilt, wenn die Eheleute vor der Eheschließung in nichtehelicher Lebensgemeinschaft zusammengelebt haben und die Berechtigte während dieser Zeit bereits ein gemeinsames Kind aus dieser Verbindung betreut hat.

Auf seiten des Verpflichteten sind alle Umstände zu berücksichtigen, die auch bei einer Zumutbarkeitsabwägung im Rahmen des § 1581 BGB zu beachten sind, vor allem seine persönlichen und wirtschaftlichen Verhältnisse, sein Alter, sein Gesundheitszustand, ein besonderer Einsatz für den Berechtigten oder ein berechtigter Wunsch nach einem Orts- oder Berufswechsel.

Nicht zu berücksichtigen ist der **Verlust eines Unterhaltsanspruchs aus einer vorausgegangenen Ehe** infolge der Eheschließung.[52] Dies gilt jedenfalls dann, wenn der frühere Unterhaltsanspruch wegen fehlender Leistungsfähigkeit des ersten Mannes jetzt praktisch wertlos wäre.[53]

IV. Gemeinsame verfahrensrechtliche Fragen bei Anwendung der §§ 1573 V und 1578 I 2 BGB

1. Geltendmachung im Erstverfahren

Die gesetzlichen Tatbestandsmerkmale „Dauer der Ehe", „Gestaltung der Haushaltsführung" und „Erwerbstätigkeit" **beziehen sich grundsätzlich auf** bereits **abgeschlossene Sachverhalte**.[54] Auch die der Ehedauer hinzuzurechnende Dauer der künftigen Kinderbetreuungszeit (bis zum Eintritt der Vollerwerbsfähigkeit – vgl. Rn 592) läßt sich absehen. **Soweit die** im Rahmen der Billigkeitsabwägung zu bewertenden **Umstände bekannt sind, ist** über die Unterhaltsbegrenzung **im Erstverfahren zu entscheiden**.[55] Läßt sich lediglich die Höhe des angemessenen Lebensbedarfs nach § 1578 I 2 BGB für die als billig angesehene spätere Begrenzung noch nicht überblicken, kann der Zeitpunkt, von dem an die Beschränkung eintritt, auf einen hilfsweise gestellten Feststellungsantrag hin festgelegt werden.[56] 595a

---

[48] BGH, FamRZ 1990, 492, 494 = R 404 b
[49] BGH, FamRZ 1986, 886, 888 = R 307 b
[50] BGH, FamRZ 1986, 886, 888 = R 307 b
[51] OLG Karlsruhe, FamRZ 1989, 511
[52] OLG Düsseldorf, FamRZ 1987, 1254 und OLG Hamm, FamRZ 1986, 908
[53] BGH, FamRZ 1989, 483, 486 = R 382 c + d
[54] Vgl. Christl, FamRZ 1986, 627
[55] OLG Düsseldorf, FamRZ 1992, 951 = NJW-RR 1992, 1154
[56] OLG Düsseldorf, FamRZ 1992, 951 = NJW-RR 1992, 1154

Der Berechtigte muß seinen Anspruch, um Kostennachteile zu vermeiden, gegebenenfalls **zeitlich und höhenmäßig gestaffelt** geltend machen, weil die Klage sonst teilweise abzuweisen wäre. Zweckmäßig kann es sein, zur beanspruchten Unterhaltsdauer einen Mindestzeitraum und eine geschätzte angemessene Zeitdauer anzugeben, so daß sich hieraus ggf. die Beschwer für ein Rechtsmittel ergibt.[57] Lehnt das Familiengericht eine erstrebte Unterhaltsbegrenzung ab, muß der Berufungsantrag die geltend gemachte Begrenzung zwar nicht exakt bezeichnen, das Bestimmtheitserfordernis zwingt jedoch zur Angabe, welche zeitliche Begrenzung bei § 1573 V BGB bzw. welche Herabsetzung nach § 1578 I 2 BGB als angemessen angesehen wird, damit festgestellt werden kann, ob und in welchem Umfang der Rechtsmittelkläger obsiegt bzw. unterliegt.[58]

2. Geltendmachung in einem späteren Abänderungsverfahren

595b Ein späteres Abänderungsverfahren kann wegen der sonst eintretenden Präklusionswirkung des § 323 II ZPO[59] **gegen ein Urteil** nur Erfolg haben, falls zum Zeitpunkt der Erstentscheidung wegen **mangelnder Überschaubarkeit der Billigkeitskriterien keine sichere Prognose möglich** war[60] oder nachträglich **neue Umstände** für eine entsprechende Billigkeitsentscheidung **eingetreten** sind, z. B. weil ein ehebedingter beruflicher Nachteil oder die Betreuungsbedürftigkeit eines Kindes – etwa infolge Übernahme der Betreuung durch den Unterhaltspflichtigen – weggefallen sind.[61] Die Unterhaltsbegrenzung – insbesondere die zeitliche Begrenzung dem Grunde nach – kann in der Abänderungsentscheidung nicht ohne Prüfung der Präklusionsfrage vorgenommen werden.[62] Das OLG Frankfurt[63] hat § 1573 V BGB in einem Abänderungsverfahren erstmals angewendet, weil seit dem abzuändernden Urteil 3 Jahre vergangen seien und es der Berechtigten nicht gelungen sei, ihre konjunkturell bedingte Teilzeittätigkeit trotz der entsprechenden Erwerbsobliegenheit auf eine ganztägige Beschäftigung auszudehnen; insofern sei eine anteilige **zeitliche Herabsetzung der** sich im Abänderungsverfahren ergebenden **Unterhalts-Erhöhungsbeträge** geboten – vgl. Rn 580.

Bei der **Abänderung von Unterhaltsvergleichen**, bei denen die Anpassung an veränderte Verhältnisse allein nach den Regeln des materiellen Rechts geschieht (vgl. Rn 6/601), kommt es darauf an, ob im Hinblick auf den der Einigung der Parteien zugrunde gelegten Parteiwillen eine Störung der Geschäftsgrundlage eingetreten ist. So muß der die Beweislast für einen Abänderungsgrund tragende Abänderungskläger dartun, daß die **Geschäftsgrundlage für einen unbefristeten Anspruch** auf Aufstockungsunterhalt nach § 1573 II BGB **fortgefallen** ist, bevor die gesetzlichen Voraussetzungen des § 1573 V BGB geprüft werden können.[64] Die gesetzliche Einführung der Unterhaltsbegrenzung nach § 1573 V BGB allein ist freilich noch kein Abänderungsgrund.[65] Ist der Anspruch auf Aufstockungsunterhalt danach weggefallen, besteht die Möglichkeit, daß sich Ansprüche auf Anschlußunterhalt nach §§ 1571 Nr. 3 oder 1572 Nr. 4 BGB anschließen, die gemäß § 1578 I 2 BGB nur zur Herabsetzung auf den angemessenen Lebensbedarf führen[66] (siehe Rn 580).

---

[57] Vgl. im einzelnen Christl, FamRZ 1986, 627 ff
[58] OLG Karlsruhe, FamRZ 1989, 511 = NJW-RR 1989, 1348
[59] Zur Präklusionswirkung bei mehreren aufeinanderfolgenden Abänderungsprozessen vgl. BGH, FamRZ 1998, 99 = NJW 1998, 161
[60] Vgl. Mörsch, FamRZ 1986, 627, 629; OLG Düsseldorf, FamRZ 1996, 1416 für den Fall, daß in der Erstentscheidung festgestellt wurde, daß zum gegenwärtigen Zeitpunkt eine Begrenzung ausscheide
[61] Vgl. Hahne, FamRZ 1986, 305, 310
[62] Anderer Ansicht offenbar OLG Hamm, FamRZ 1988, 840 = NJW-RR 1988, 1476, das die zeitliche Begrenzung nach § 1373 V BGB ohne Eingehen auf die Präklusionsfrage vornahm, nachdem es der Höhe nur noch einen geringen Restunterhaltsanspruch festgestellt hatte
[63] OLG Frankfurt, FamRZ 1999, 97
[64] BGH, FamRZ 1995, 665, 666 f = R 493 B b
[65] BGH, FamRZ 1995, 665 = R 493 B a
[66] BGH, FamRZ 1995, 665, 667 = R 493 B c

7. Abschnitt: Zeitliche Unterhaltsbegrenzung und Unterhaltsherabsetzung **§ 4**

Bei **Abänderung von Unterhaltstiteln aus der Zeit vor Inkrafttreten** (1. 4. 1986) **des UÄndG** vom 20. 2. 1986 sind die Übergangsvorschriften des Art. 6 Nr. 1 des Gesetzes zu beachten. Eine zeitliche Begrenzung von Unterhaltsansprüchen, die vor dem 1. 4. 1986 fällig geworden sind, scheidet nach Art. 6 Nr. 1 Satz 4 UÄndG allerdings von vornherein aus.[67]

V. Berechnungsbeispiele

Fall 1: 595c
M und F heiraten am 18. 10. 1984. Ihre Ehe wird auf den am 5. 11. 1994 zugestellten Scheidungsantrag am 30. 6. 1996 rechtskräftig geschieden. F arbeitet wie schon in der Ehe halbtags und erzielt ein prägendes bereinigtes Nettoeinkommen von 1400 DM monatlich. Bei einer Vollerwerbstätigkeit könnte sie 2800 DM verdienen. Das prägende bereinigte Nettoeinkommen von M beträgt 5600 DM.
a) F betreut den bei Zustellung des Scheidungsantrags gerade 9jährigen Sohn S. Der für ihn zu erbringende Barunterhalt ist beim prägenden Einkommen von M bereits berücksichtigt. Bedarf von F nach den ehelichen Lebensverhältnissen nach der Additionsmethode:
$1/2$ ($6/7$ aus 5600 + $6/7$ aus 1400) = 3000 DM
Unterhaltshöhe (3000 − $6/7$ aus 1400) = 1800 DM
Davon fallen 1200 DM (6/7 aus dem bei Volltätigkeit möglichen Zuverdienst von 1400) auf § 1570 BGB, der Rest von 600 DM auf § 1573 II BGB. Eine zeitliche Begrenzung nach § 1573 V BGB dürfte ausscheiden. Die Ehedauer bis zur Rechtshängigkeit des Scheidungsverfahrens betrug 10 Jahre. Hinzu kommen bis zum Einsetzen der Vollerwerbsobliegenheit der Mutter noch etwa 6 bis 7 Jahre ehebedingter Kinderbetreuungszeit (bis zum Entstehen der Vollerwerbsobliegenheit).
b) F ist wegen einer schon vor Eheschließung vorhandenen Hüfterkrankung nur für eine Halbtagstätigkeit erwerbsfähig. Die Ehe ist kinderlos.
Bedarf und Unterhaltshöhe wie unter a).
Unterhaltstatbestände: §§ 1572 Nr. 1, 1573 II BGB (auf den Aufstockungsunterhalt fallen wieder 600 DM)
Hier kommt eine zeitliche Begrenzung des Aufstockungsunterhalts nach § 1573 V BGB, z. B. mit einer Übergangszeit von einigen Jahren, in Betracht, da die Ehedauer (von Heirat bis Rechtshängigkeit des Scheidungsantrags) „nur" 10 Jahre betrug und die berufliche Einschränkung von F nicht ehebedingt ist.

Fall 2:
M und F heiraten am 1. 7. 1990. Der Scheidungsantrag wird am 15. 7. 1995 zugestellt. M hat ein prägendes Nettoeinkommen aus Erwerbstätigkeit von 4900 DM monatlich, F wie bereits vor und in der Ehe eine Erwerbsunfähigkeitsrente von 600 DM monatlich, die sich aufgrund des Versorgungsausgleichs ab Scheidung auf 900 DM erhöht.
Bedarf von F nach den ehelichen Lebensverhältnissen nach der Additionsmethode:
$1/2$ ($6/7$ aus 4900 + 600) = 2400 DM
Unterhaltshöhe (2400 − 900) = 1500 DM
Der Unterhalt beruht auf § 1572 Nr. 1 BGB, da F erwerbsunfähig ist. Eine zeitliche Begrenzung nach § 1573 V BGB scheidet aus. Wegen der verhältnismäßig kurzen Ehedauer von 5 Jahren kommt eine Begrenzung auf den angemessenen Bedarf nach § 1578 I 2 BGB in Betracht. Der angemessene Bedarf orientiert sich am Einkommen vor der Eheschließung, darf aber grundsätzlich nicht den notwendigen Bedarf (nach der Düsseldorfer Tabelle Stand: 1. 1. 1999 hier 1300 DM) unterschreiten. Der Unterhalt ist daher z. B. nach einer Übergangszeit von einem oder wenigen Jahren der Höhe nach zu begrenzen, wobei 1300 DM monatlich die unterste Grenze darstellen würde. In diesem Fall wären in der Folgezeit nur noch 400 DM monatlich zu bezahlen.

---

[67] OLG Hamm, FamRZ 1987, 707

8. Abschnitt: Die Härteklausel des § 1579 BGB

I. Normzweck, gesetzliche Regelung und Anwendungsbereich des § 1579 BGB

1. Normzweck und entstehungsgeschichtliche Entwicklung

596 Durch das 1. EheRG ist am 1. 7. 1977 mit der Abkehr vom Verschuldensprinzip im Scheidungsrecht auch ein verschuldensunabhängiges Unterhaltsrecht eingeführt worden. Diese verschuldensunabhängige Unterhaltsverpflichtung beruht auf der nach der Scheidung fortwirkenden Mitverantwortung des wirtschaftlich stärkeren Ehegatten (s. Rn 42). Sie beinhaltet einen Eingriff in die durch Art. 2 GG geschützte Handlungsfreiheit des Verpflichteten und darf deshalb nicht gegen den Grundsatz der Verhältnismäßigkeit verstoßen.

§ 1579 BGB bestimmt als unterhaltsrechtliche Härteklausel die vom Grundsatz der Verhältnismäßigkeit gezogenen Grenzen der Unterhaltspflicht.[1]

597 Nach § 1579 I BGB a. F. entfiel ein Unterhaltsanspruch, weil die Inanspruchnahme des Verpflichteten bei Vorliegen eines der aufgezählten vier Härtegründe unbillig wäre.

Nach § 1579 II BGB a. F. galt Abs. I nicht, solange und soweit von dem Berechtigten wegen der Pflege und Erziehung eines gemeinschaftlichen Kindes eine Erwerbstätigkeit nicht erwartet werden konnte.

Das BVerfG hat in seiner Entscheidung vom 14. 7. 1981[2] diese negative Härteregelung des Abs. I a. F. für unbedingt erforderlich gehalten, um die Verfassungsmäßigkeit des schuldunabhängigen Unterhaltsrechts zu gewährleisten. Es hat andererseits Abs. II a. F. für verfassungswidrig erklärt, soweit danach die Härteklausel des Abs. I auch in besonders gelagerten Härtefällen ausgeschlossen worden ist, weil die stringente Formulierung des Abs. II nicht in ausreichendem Maß dem Verfassungsgrundsatz der Verhältnismäßigkeit Rechnung getragen hat. Dadurch ist eine Neufassung des § 1579 BGB notwendig geworden, die mit dem UÄndG vom 20. 2. 1986 am 1. 4. 1986 in Kraft getreten ist.

598 Diese Neufassung des § 1579 BGB trägt zunächst den Bedenken des BVerfG in der Weise Rechnung, daß sie keinen Abs. II mehr enthält und die vorrangige Berücksichtigung der Belange eines gemeinschaftlichen Kindes, das dem Berechtigten zur Pflege und Erziehung anvertraut ist, ausdrücklich im Einleitungssatz regelt. Die unverändert gebliebenen Härtegründe der Nummern 1) mit 3) wurden durch drei weitere neu formulierte Härtegründe ergänzt, und aus der bisherigen Nummer 4 wurde die neue Nummer 7.

599 Sachlich entspricht die Neufassung des § 1579 BGB der damaligen Rechtsprechung des BVerfG und des BGH, weshalb diese Rechtsprechung auch für die Auslegung des neuen § 1579 BGB bedeutsam bleibt. Das weggefallene frühere Kinderbetreuungsprivileg ist als Kindesinteressenwahrungsvorbehalt ausdrücklich in den Billigkeitstatbestand der Härteklausel aufgenommen worden. Auch die Ausweitung der Härtegründe (von vier auf sieben) erfolgte unter Berücksichtigung der damaligen Rechtsprechung des BGH.

2. Voraussetzungen für die Anwendung der Härteklausel

600 Nach § 1579 BGB n. F. ist ein Unterhaltsanspruch zu versagen, herabzusetzen oder zeitlich zu begrenzen, soweit die Inanspruchnahme des Verpflichteten auch unter Wahrung der Belange eines dem Berechtigten zur Pflege oder Erziehung anvertrauten gemeinschaftlichen Kindes grob unbillig wäre (vgl. Rn 614 ff), weil

---

[1] BVerfG, FamRZ 1981, 745, 748 = NJW 1981, 1771
[2] BVerfG, aaO

8. Abschnitt: Die Härteklausel des § 1579 BGB §4

- Nr. 1, die Ehe von kurzer Dauer war; der Ehedauer steht die Zeit gleich, in welcher der Berechtigte wegen der Pflege oder Erziehung eines gemeinschaftlichen Kindes nach § 1570 BGB Unterhalt verlangen konnte (vgl. Rn 637 ff),
- Nr. 2, der Berechtigte sich eines Verbrechens oder eines schweren vorsätzlichen Vergehens gegen den Verpflichteten oder einen nahen Angehörigen schuldig gemacht hat (vgl. Rn 657 ff),
- Nr. 3, der Berechtigte seine Bedürftigkeit mutwillig herbeigeführt hat (vgl. Rn 666 ff),
- Nr. 4, der Berechtigte sich über schwerwiegende Vermögensinteressen des Verpflichteten mutwillig hinweggesetzt hat (vgl. Rn 693 ff),
- Nr. 5, der Berechtigte vor der Trennung längere Zeit hindurch seine Pflicht, zum Familienunterhalt beizutragen, gröblich verletzt hat (vgl. Rn 702 ff),
- Nr. 6, dem Berechtigten ein offensichtlich schwerwiegendes, eindeutig bei ihm liegendes Fehlverhalten gegen den Verpflichteten zur Last fällt (vgl. Rn 710 ff),
- Nr. 7, ein anderer Grund vorliegt, der ebenso schwer wiegt wie die in den Nrn. 1) mit 6) aufgeführten Gründe (vgl. Rn 742 ff).

Voraussetzungen für die Anwendung der Härteklausel: **601**
- Ein Unterhaltsanspruch muß aufgrund einer **umfassenden Billigkeitsabwägung** aller Umstände des Einzelfalls grob unbillig sein (vgl. Rn 614 ff). Bei dieser Billigkeitsabwägung sind vorrangig Belange eines gemeinschaftlichen Kindes zu berücksichtigen (vgl. Rn 625 ff).
- **Zusätzlich** muß mindestens einer der sieben alternativen Härtegründe (Nr. 1 mit 7) vorliegen (vgl. Rn 637 ff).

3. Rechtsfolgen der Härteklausel

Als Rechtsfolge kann nach § 1579 BGB ein Unterhaltsanspruch **versagt, herabgesetzt** **602** oder **zeitlich begrenzt** werden.

Möglich ist auch eine **Kombination** dieser Reaktionsmöglichkeiten. So kann z. B. der Unterhaltsanspruch zeitlich begrenzt zunächst voll gewährt werden, dann herabgesetzt und nach einer weiteren Übergangszeit gänzlich versagt werden. Dies ist aus dem Wort „soweit" zu entnehmen.

Diese abgestuften Begrenzungsmöglichkeiten erlauben es, ganz individuell und diffe- **603** renziert im Einzelfall auf das Ausmaß einer Unbilligkeit zu reagieren.

Die **Wahl dieser Rechtsfolgen** ist eine tatrichterliche Ermessensentscheidung. Bedeutsam für diese Wahl sind alle bei der Billigkeitsabwägung zu berücksichtigenden Gesichtspunkte (vgl. Rn 605 ff), vor allem das Ausmaß der Unbilligkeit, die Härte der Unterhaltslast für den Verpflichteten und die Auswirkungen auf ein vorrangig zu berücksichtigendes Kind.

Ferner sind zu berücksichtigen die Schwere des jeweiligen Härtegrundes im konkreten Einzelfall und die unterschiedliche Gewichtung der Härtegründe in ihrem Verhältnis zueinander. So wiegt z. B. eine objektive Unbilligkeit im Sinn der Nr. 7 weniger schwer als ein schwerwiegendes, eindeutig beim Berechtigten liegendes Fehlverhalten im Sinn der Nr. 6.

Deshalb sind auch zum Ausmaß der Herabsetzung oder zur Versagung eines Unterhaltsanspruchs die Umstände des Einzelfalles zur Schwere des Härtegrundes und zur Unbilligkeit in die Erwägungen einzubeziehen.[3]

Eine Herabsetzung statt einer gänzlichen Versagung kommt in Frage, wenn der völlige Ausschluß nicht geboten erscheint, um einen groben Widerspruch zum Gerechtigkeitsempfinden zu vermeiden.[4] Der Betreuungsunterhalt nach § 1570 BGB ist selbst bei Vorliegen von Härtegründen in dem Sinne privilegiert, daß er im Interesse des Wohles der betreuten Kinder trotz Fehlverhaltens des sorgeberechtigten Elternteils regelmäßig nur

---

[3] BGH, FamRZ 1987, 1238 = R 344 b
[4] BGH, FamRZ 1984, 364, 366 = R 192 d

zu einer Herabsetzung des Unterhalts auf das zur Kinderbetreuung notwendige Mindestmaß führt[5] (näher Rn 625 ff)

604 Diese differenzierten Rechtsfolgen waren trotz der anderslautenden Fassung des § 1579 I BGB a. F. nach der Rechtsprechung des BGH bereits nach dem früheren Recht möglich.[6]

4. Anwendungsbereich des § 1579 BGB

605 § 1579 BGB ist anzuwenden beim **nachehelichen Unterhalt** sowie beim **Trennungsunterhalt** über § 1361 III BGB mit Ausnahme bei kurzer Ehedauer[7] (§ 1579 Nr. 1 BGB, s. näher Rn 637).

606 § 1579 BGB n. F. ist grundsätzlich auf Unterhaltsansprüche, die nach dem 31. 3. 1986 fällig geworden sind, anzuwenden. Dies ist der Regelung in Art. 6 Nr. 1 S. 4 UÄndG zu entnehmen, nach der „Unterhaltsleistungen", die vor dem Inkrafttreten des Gesetzes fällig geworden sind, „unberührt" bleiben.[8]

Ausnahmsweise ist § 1579 n. F. BGB auch auf Sachverhalte und Unterhaltsansprüche aus der Zeit vor dem 1. 4. 1986 anzuwenden, wenn wegen des Vorliegens eines besonderen Härtefalles eine Suspendierung des § 1579 I a. F. nach II a. F. verfassungswidrig war.[9]

Unterhaltsansprüche, die vor dem 1. 4. 1986 fällig geworden sind und Fälle des § 1579 II BGB a. F. betreffen, sind nach § 1579 BGB a. F. zu beurteilen, wenn sie keinen besonderen Härtefall im Sinn der Entscheidung des BVerfG beinhalten.[10]

607 Die in § 1579 BGB normierten Härtegründe sind eine Folge des schuldunabhängigen Unterhaltsrechts und können deshalb **nicht** auf Unterhaltsansprüche nach den §§ 58 ff EheG **bei Altehen** übertragen werden.[11]

Bei Altehen gelten insoweit die §§ 65, 66 und 67 EheG.

608 § 1579 BGB ist ferner **nicht** anwendbar bei einem Anspruch **nach § 1576 BGB** (s. Rn 162).

5. Darlegungs- und Beweislast

609 Gesetzestechnisch ist § 1579 BGB als **rechtsvernichtende Einwendung** konstruiert, d. h., Härtefälle sind **von Amts wegen** zu berücksichtigen, wenn entsprechende Tatsachen vorgetragen werden, auch wenn sich der Verpflichtete nicht auf die grobe Unbilligkeit seiner Inanspruchnahme beruft.[12] Soweit nach entsprechendem Sachvortrag in einem Urteil weder im Tatbestand noch in den Entscheidungsgründen auf die Verwirkung eingegangen wird und die Frage weder aus formellen noch materiellen Gründen übergangen werden durfte, liegt eine Verletzung des rechtlichen Gehörs vor, die zur Aufhebung des Urteils führt.[13]

610 Wegen des Charakters als Einwendung hat der **Verpflichtete** die Darlegungs- und Beweislast für die **tatsächlichen Voraussetzungen** des jeweiligen Härtegrundes sowie für alle Umstände, die die Inanspruchnahme des Verpflichteten als grob unbillig erscheinen lassen.[14]

---

[5] BGH, FamRZ 1997, 873, 875 = R 513 c
[6] BGH, aaO
[7] BGH, FamRZ 1979, 569
[8] BGH, FamRZ 1988, 259; FamRZ 1987, 356
[9] BGH, FamRZ 1987, 1238
[10] BGH, FamRZ 1988, 259; BVerfG, FamRZ 1981, 745, 749
[11] BGH, FamRZ 1991, 1040; NJW-RR 1986, 1386; NJW-RR 1986, 719
[12] BGH, FamRZ 1991, 670 = R 431 b; FamRZ 1984, 364, 366 = R 192 d
[13] BVerfG, FamRZ 1992, 782
[14] BGH, FamRZ 1991, 670, 672 = R 431 b; FamRZ 1984, 364, 366 = R 192 d; FamRZ 1982, 463, 464 = R 104 b, c

8. Abschnitt: Die Härteklausel des § 1579 BGB § 4

Wer das Nichtvorhandensein von Tatsachen (sogenannte **Negativtatsachen**) behauptet, **611** ist nicht von der ihn hierzu treffenden Darlegungspflicht befreit. Er darf sich nicht mit einfachem Bestreiten begnügen, sondern muß im einzelnen darlegen, daß die bestrittenen Behauptungen unrichtig sind, sofern er dazu in der Lage ist[15] (s. näher Rn 6/721 ff).

Behauptet der Verpflichtete das Vorliegen eines eheähnlichen Verhältnisses beim Berechtigten und trägt er dazu Umstände vor, die nach der allgemeinen Lebenserfahrung für ein solches Verhältnis sprechen, dann kann entsprechend den Grundsätzen des **Anscheinsbeweises** von einem solchen Verhältnis ausgegangen werden. Gleiches gilt bei einer nachgewiesenen nichtehelichen Abstammung eines Kindes für den Schluß auf einen der Frau bekannten empfängnisgeeigneten außerehelichen Geschlechtsverkehr. Nach den Grundsätzen des Anscheinsbeweises kann der einem feststehenden Sachverhalt nach der Lebenserfahrung zugrundeliegende Geschehensablauf als bewiesen angesehen werden, sofern er nicht dadurch entkräftet wird, daß der Prozeßgegner Tatsachen behauptet und beweist, aus denen sich die ernsthafte Möglichkeit eines anderen Ablaufs ergibt.[16] Es obliegt dann dem Berechtigten, entsprechende Umstände vorzutragen und gegebenenfalls zu beweisen und dadurch den Anscheinsbeweis zu erschüttern. **612**

Der **Berechtigte** hat die Darlegungs- und Beweislast für alle Umstände, die im Rahmen der Billigkeitsabwägung zu seinen Gunsten zu werten sind. **613**

II. Grobe Unbilligkeit und Zumutbarkeitsabwägung nach § 1579 BGB

1. Grobe Unbilligkeit als eigene Anspruchsvoraussetzung bei jedem Härtegrund

Nach § 1579 BGB muß bei jedem Härtegrund (Nr. 1 mit Nr. 7) als eigene, zusätzliche **614** Anspruchsvoraussetzung die Inanspruchnahme des Verpflichteten grob unbillig sein. Voraussetzung ist daher stets die Bejahung eines Härtegrundes (Nr. 1 mit Nr. 7) **und** eine grobe Unbilligkeit.[17] Bei jedem Ausschlußtatbestand muß geprüft werden, ob die Grenze des Zumutbaren eines schuldunabhängigen Unterhaltsanspruchs erreicht wird.[18]

Das Tatbestandsmerkmal der groben Unbilligkeit betont den **Ausnahmecharakter** **615** des § 1579 BGB.[19]

Grobe Unbilligkeit beinhaltet mehr als einfache Unbilligkeit, d. h., es sind hierzu strengere Maßstäbe anzulegen als bei der Prüfung eines Verstoßes gegen Treu und Glauben.

Eine grobe Unbilligkeit ist zu bejahen, wenn nach den Verhältnissen des konkreten Einzelfalls die Zuerkennung eines Unterhaltsanspruchs dem Gerechtigkeitsempfinden in unerträglicher Weise widersprechen würde.[20]

Dies erfordert eine **umfassende Interessenabwägung**, bei der vor allem der verfassungsrechtliche Grundsatz der Verhältnismäßigkeit unter Vorrang des Kindeswohls zu beachten ist.[21]

Das Erfordernis einer umfassenden Interessenabwägung gilt nicht nur bei besonders schweren,[22] sondern bei jedem Härtefall.[23]

Eine solche Interessenabwägung ist außerdem erforderlich für die Ermessensentscheidung des Tatrichters, ob er im Hinblick auf die Schwere des Härtefalles unter Berücksich-

---

[15] BGH, FamRZ 1982, 463 = R 104 c; NJW 1981, 577 = R 56
[16] BGH, FamRZ 1985, 267 = R 238
[17] BGH, FamRZ 1989, 483, 485 = R 382 c
[18] BGH, FamRZ 1999, 710, 711 = R 531 a; FamRZ 1990, 492, 495 = R 404 c
[19] BGH, FamRZ 1980, 981 = R 46 b
[20] BGH, FamRZ 1982, 582 = NJW 1982, 2064
[21] BGH, FamRZ 1990, 492, 494 = R 404 c
[22] BGH, FamRZ 1984, 986, 988 = R 225 b; FamRZ 1983, 676 = R 165 a
[23] BGH, FamRZ 1990, 492, 495 = R 404 c; FamRZ 1987, 689 = R 337 c; FamRZ 1984, 154 = R 183 b

tigung des vorrangigen Kindeswohls und der Interessen beider Ehegatten den Unterhaltsanspruch versagen, herabsetzen oder zeitlich begrenzen will.

616 Die gebotene Interessenabwägung ist Sache des **Tatrichters**, der dazu einen ihm vorbehaltenen, nicht revisiblen Beurteilungsspielraum hat.[24]

Der Tatrichter hat zu diesem Zweck alle für die umfassende Interessenabwägung erforderlichen Tatsachen festzustellen und zu gewichten.[25]

Festzustellen und zu gewichten sind
- die für die Interessenabwägung bedeutsamen Umstände (= Rn 617 ff),
- bei Kindesbetreuung zusätzlich die für die vorrangige Berücksichtigung des Kindeswohls maßgeblichen Umstände (= Rn 625 ff).

2. Umstände, die bei der Interessenabwägung zur Beurteilung einer groben Unbilligkeit zu berücksichtigen sind

617 a) **Grundsatz.** Abzuwägen sind jeweils im Verhältnis zum verwirklichten Härtegrund
- die Interessen des Verpflichteten an einer unterhaltsrechtlichen Entlastung
- die Interessen des Berechtigten an Unterhaltsleistungen
- die vorrangigen Belange eines gemeinschaftlichen Kindes
- die sonstigen Umstände des konkreten Einzelfalles.

618 Eine grobe Unbilligkeit ist in der Regel indiziert, wenn ein Härtegrund (Nr. 1 mit Nr. 7) im konkreten Fall übererfüllt ist. Dies ist z. B. der Fall, wenn eine Ehe nur sechs Wochen gedauert hat,[26] oder wenn der Berechtigte in besonders krasser Weise einen Härtegrund verwirklicht hat.[27]

Je schwerer ein Härtegrund wiegt, um so mehr ist dem Berechtigten zuzumuten, die unterhaltsrechtlichen Folgen eines solchen Härtegrundes weitgehend selbst zu tragen und entsprechende Einschränkungen auf sich zu nehmen, sofern nicht das Kindeswohl eine andere Beurteilung erfordert (vgl. Rn 625 ff).

In weniger krassen Härtefällen ist eine umfassende Abwägung der beiderseitigen Interessen erforderlich. Je länger z. B. eine Ehe über zwei Jahre hinaus gedauert hat, um so mehr hängt die Anwendung der Härteklausel von der zusätzlichen Feststellung konkreter Umstände ab, die die Inanspruchnahme des Verpflichteten als unerträglichen Widerspruch zum Gerechtigkeitsempfinden erscheinen lassen.[28]

Bei einer Ehedauer bis zu zwei Jahren werden an die Darlegung von Unbilligkeitsgründen im Regelfall geringere Anforderungen gestellt. Denn schon wegen einer derart kurzen Ehedauer kann die innere Rechtfertigung für eine unbeschränkte Unterhaltsverpflichtung fehlen.[29]

619 b) **Beim Verpflichteten zu berücksichtigende Interessen:**
- **Bedeutsam** ist in erster Linie, wie sehr den Verpflichteten nach seinen konkreten wirtschaftlichen und persönlichen Verhältnissen eine lebenslange Unterhaltsverpflichtung nach dem Maßstab der Zumutbarkeit belastet.[30] Ihm ist **mehr zuzumuten**, wenn der Berechtigte ein gemeinsames Kind betreut, wenn es sich bei dem Härtefall um einen Grenzfall handelt oder wenn er sich in wirtschaftlich guten Verhältnissen befindet.
- Die Beurteilung der Frage, ob ein Härtefall oder ein besonders schwerer Härtefall vorliegt, ist in der Regel ohne Kenntnis der wirtschaftlichen Verhältnisse des Verpflichteten nicht möglich.[31] Es kommt bevorzugt darauf an, in welcher Weise die Unterhaltslast im konkreten Fall den Verpflichteten trifft. Dabei sind insbesondere dessen

---

[24] BGH, FamRZ 1988, 930 = R 368 c
[25] BGH, FamRZ 1982, 582
[26] BGH, FamRZ 1981, 944
[27] BGH, FamRZ 1997, 873, 875 = R 513 c; FamRZ 1984, 154 = R 183 b; FamRZ 1983, 676 = R 165 a
[28] BGH, FamRZ 1999, 710, 711 = R 531 a; FamRZ 1982, 582
[29] BGH, FamRZ 1989, 483, 485 = R 382 c; FamRZ 1982, 582
[30] BGH, FamRZ 1988, 930 = R 368 c; FamRZ 1988, 259
[31] BGH, FamRZ 1983, 996, 998

8. Abschnitt: Die Härteklausel des § 1579 BGB § 4

wirtschaftliche Verhältnisse mit deren konkretem Gewicht in die Würdigung einzubeziehen.[32] Den Einkommensverhältnissen des Verpflichteten kommt somit stets eine wesentliche Bedeutung zu.[33]

Im Rahmen des § 1579 BGB ist mitzuberücksichtigen, ob sich die Inanspruchnahme des Verpflichteten – wie regelmäßig bei beengten wirtschaftlichen Verhältnissen – drückend und angesichts eines größeren finanziellen Bewegungsspielraums weniger drückend auswirkt.[34] Dabei ist auch zu beachten, ob der Berechtigte eigene Einkünfte hat oder ihm Einkünfte fiktiv zugerechnet werden, weil der Verpflichtete dadurch wirtschaftlich entlastet wird.[35]

- **Persönliche Verhältnisse** des Verpflichteten, wie Alter, Gesundheitszustand, Erwerbsbeschränkungen u. ä.; eventuell auch ein Fehlverhalten gegenüber dem Berechtigten.
- Bei Wiederverheiratung die Unterhaltsansprüche gegenüber einer neuen Frau und Kindern aus neuer Ehe,[36] vor allem bei Nachrang und im Mangelfall.[37]
- Besondere wirtschaftliche Belastungen während der Ehe durch Unterhaltsleistungen für ein unterschobenes außereheliches Kind der Berechtigten[38] oder wenn der Verpflichtete von der Berechtigten von einer Ehelichkeitsanfechtung abgehalten worden ist[39] oder solange der Verpflichtete wegen eines nicht leiblichen Kindes auf Unterhalt in Anspruch genommen wird, weil dieses Kind noch als ehelich gilt.[40]

c) Beim Berechtigten zu berücksichtigende Umstände: 620

- Bedeutsam ist vor allem, wie sehr der Berechtigte auf Unterhalt angewiesen ist und diesen nicht durch eigene zumutbare Anstrengung ganz oder teilweise selbst decken kann.
- **Verschärfte Anforderungen** an zumutbare eigene Bemühungen des Berechtigten bestehen, wenn der Verpflichtete beschränkt leistungsfähig ist (Mangelfall) oder wenn der Berechtigte einen Härtegrund in besonders krasser Weise verwirklicht hat. Dem Berechtigten kann dann, auch wenn ihn nach § 1361 II BGB an sich noch keine Erwerbsobliegenheit trifft, die Aufnahme oder Ausweitung einer Erwerbsobliegenheit zugemutet werden.[41] Es können von ihm auch nicht angemessene Erwerbstätigkeiten (§ 1577 II BGB) verlangt werden. Er muß sich dann verstärkt um solche Erwerbstätigkeiten bemühen. Unterläßt er solche Bemühungen, können ihm fiktive Einkünfte zugerechnet werden. Einkünfte aus unzumutbarer Erwerbstätigkeit können ihm in erhöhtem Umfang als Einkommen angerechnet werden (§ 1577 II BGB). Auch freiwillige unentgeltliche Zuwendungen Dritter können bedarfsmindernd angesetzt werden. Es ist ihm zuzumuten, sich Mittel für seinen Unterhalt durch Verwertung seines Vermögens zu verschaffen, z. B. durch Verwertung des Miteigentumsanteils an einem gemeinsamen Haus.[42]
- Die wirtschaftlichen Verhältnisse des Berechtigten.
- Schwere des Verwirkungsgrundes.[43]
- Persönliche Verhältnisse des Berechtigten wie Alter,[44] Gesundheitszustand, schicksalsbedingte Lebenssituation,[45] persönliche Leistungen für den Verpflichteten bzw. für die eheliche Lebensgemeinschaft, Verdienste um die Familie, insbesondere bei der Pflege und Erziehung von Kindern.[46]

---

[32] BGH, FamRZ 1989, 483, 485 = R 382 c
[33] BGH, FamRZ 1984, 154 = R 183 b
[34] BGH, FamRZ 1983, 670 = R 149 a
[35] BGH, FamRZ 1988, 259; FamRZ 1984, 154 = R 183 b; FamRZ 1984, 662, 664 = R 211 c
[36] BGH, FamRZ 1988, 930 = R 368 c
[37] BGH, FamRZ 1985, 911 = R 268 c
[38] BGH, FamRZ 1985, 267 = R 238
[39] BGH, FamRZ 1985, 51 = R 233 d
[40] BGH, FamRZ 1984, 154
[41] BGH, FamRZ 1997, 873, 875 = R 513 c; FamRZ 1983, 670 = R 149 a
[42] BGH, FamRZ 1984, 154 = R 183 b
[43] BGH, FamRZ 1986, 889 = R 303
[44] BGH, FamRZ 1986, 670 = R 149 a
[45] BGH, FamRZ 1988, 930 = R 368 c
[46] BGH, FamRZ 1986, 889 = R 303; FamRZ 1986, 670, 671 = R 149 a

- Im Rahmen der Billigkeitsabwägung ist auch zu berücksichtigen, wenn der Berechtigte schon vor der Eheschließung behindert und auf Dauer erwerbsunfähig war. Er ist dann durch die Eheschließung nicht an der Aufnahme einer geregelten Erwerbstätigkeit und damit an der Sicherstellung des Unterhalts gehindert worden.[47]
- Ehebedingte Nachteile des Berechtigten können nur dann berücksichtigt werden, wenn sie bei Beginn des nachehelichen Unterhaltsanspruchs noch fortwirken und nicht schon durch eine Änderung der Verhältnisse überholt sind. Das gilt für einen Unterhaltsanspruch der Frau aus erster Ehe, den sie durch die Heirat verloren hat, wenn dieser im Zeitpunkt der Scheidung mangels Leistungsfähigkeit des ersten Mannes schon seit längerer Zeit praktisch wirtschaftlich wertlos war.[48]

621 d) **Zu berücksichtigende sonstige Umstände:**
- Ein stets wichtiger Umstand ist die **Ehedauer**.[49] Je länger eine Ehe dauert, um so mehr wächst die wirtschaftliche Abhängigkeit des bedürftigen Ehegatten. Dieser fühlt sich mit zunehmender Ehedauer durch die unterhaltsrechtliche Solidarität des Ehepartners abgesichert. Deshalb wiegt der Verlust oder die Beschränkung eines Unterhaltsanspruchs um so schwerer, je länger eine Ehe gedauert hat.[50]
- Zu berücksichtigen ist auch das Zustandekommen und der Verlauf der Ehe[51] sowie die Zahl der aus der Ehe hervorgegangenen Kinder[52] und die Dauer des Zusammenlebens.
- Zu berücksichtigen ist außerdem die Dauer eines nichtehelichen Zusammenlebens des Berechtigten mit einem neuen Partner.[53]
- Beim Zusammenleben mit einem neuen Partner (§ 1579 Nr. 7 BGB) können auch dessen wirtschaftliche Verhältnisse zu berücksichtigen sein.[54]

622 e) **Zusatzfragen.** Soweit ein Unterhaltsanspruch trotz Kenntnis des Verwirkungsgrundes außergerichtlich **anerkannt** wird, entfällt in der Regel eine grobe Unbilligkeit.[55] Das gleiche gilt, wenn jahrelang Unterhalt bezahlt wird, ohne sich auf die Unbilligkeit zu berufen.[56] Zur Präklusion vgl. auch Rn 662.

623 Ein Trennungsverschulden kann seit der Abkehr vom Verschuldensprinzip nur bedeutsam sein, wenn es eindeutig und klar bei einem Ehegatten liegt, was vom Tatrichter festgestellt werden muß.[57]

624 Nicht zu berücksichtigen ist u. a., wie sich ein Ehegatte wirtschaftlich stellen würde, wenn er nicht geheiratet hätte.[58]

Bei Alterssehen ist es kein besonderer Umstand, daß die Parteien bei Eheschließung bereits das Ergebnis ihrer Lebensarbeit erreicht haben.[59] Unerheblich ist auch die Behauptung, die Berechtigte habe nur geheiratet, um versorgt zu sein.[60] Auch eine wiederaufgelebte Witwenrente hat wegen Subsidiarität keine Unterhaltsersatzfunktion und ist deshalb im Regelfall im Rahmen des § 1579 BGB nicht zu berücksichtigen.[61]

---

[47] BGH, FamRZ 1988, 930 = R 368c
[48] BGH, FamRZ 1989, 483, 485 = R 382c
[49] BGH, FamRZ 1986, 443 = R 272; FamRZ 1986, 889, 890 = R 303; FamRZ 1983, 670 = R 149a
[50] BGH, FamRZ 1986, 443 = R 272
[51] BGH, FamRZ 1988, 930 = R 368c
[52] BGH, FamRZ 1983, 670 = R 149a
[53] BGH, FamRZ 1987, 689 = R 337c
[54] BGH, FamRZ 1989, 487 = R 383d
[55] OLG Nürnberg, FamRZ 1992, 673
[56] OLG Düsseldorf, FamRZ 1997, 1159; OLG Hamm, FamRZ 1994, 702, 705
[57] BGH, FamRZ 1989, 483, 485 = R 382c
[58] BGH, FamRZ 1982, 582 = R 115
[59] BGH, aaO
[60] BGH, aaO
[61] BGH, FamRZ 1986, 889 = R 303

3. Vorrangige Berücksichtigung des Kindeswohls bei Betreuung eines gemeinschaftlichen Kindes durch den Berechtigten

a) Grundsatz. Wenn der Berechtigte ein gemeinsames Kind betreut, ist im Rahmen der Billigkeitsprüfung nach § 1579 BGB stets **vorrangig** zu klären, ob und inwieweit die Inanspruchnahme des Verpflichteten auch unter Wahrung der Belange des dem Berechtigten zur Pflege und Erziehung anvertrauten gemeinschaftlichen Kindes grob unbillig ist. In der Regel wird es sich in solchen Fällen um einen Unterhaltsanspruch nach § 1570 BGB handeln (Rn 64 ff). Der Betreuungsunterhalt ist selbst bei Vorliegen von Härtegründen nach § 1579 BGB privilegiert, weil im Interesse des Kindeswohls trotz Fehlverhalten des Sorgeberechtigten die Wahrnehmung der Elternverantwortung gesichert bleiben soll.[62]

Das Kindeswohl ist in solchen Fällen nach dem Wortlaut des Gesetzes stets vorrangig gegenüber den Interessen des Verpflichteten. Dies entspricht auch der früheren Rechtsprechung zu § 1579 II BGB a. F.[63]

Durch diese vorrangige Berücksichtigung des Kindeswohls soll nach Möglichkeit verhindert werden, daß der betreuende Elternteil zu einer Tätigkeit gezwungen wird, die zum Nachteil des Kindes dessen **geordnete Betreuung und Erziehung erschwert**.[64] Insoweit ist es aber nach der Rechtsprechung ausreichend, daß der Unterhalt auf das zur Kinderbetreuung notwendige Mindestmaß herabgesetzt wird.[65] Das Mindestmaß entspricht üblicherweise dem sog. Notunterhalt, was bedenklich erscheint, da finanziell zu eingeschränkte Lebensverhältnisse des kinderbetreuenden Elternteils immer auch Auswirkungen auf die Entwicklungsmöglichkeiten des Kindes haben.

Der Vorrang besteht nur bei Betreuung **gemeinschaftlicher Kinder**, **nicht** bei Pflegekindern oder Stiefkindern. Gemeinschaftliche Kinder sind leibliche Kinder, Adoptivkinder und scheineheliche Kinder, solange die Vaterschaft nicht wirksam angefochten ist (Rn 65).

Die **Betreuung** des Kindes muß **rechtmäßig** sein, d. h., der Berechtigte muß ein minderjähriges Kind entweder mit Einverständnis des Verpflichteten oder aufgrund einer Sorgerechtsentscheidung des Gerichts betreuen.[66] Nach der seit 1. 7. 1998 geltenden Rechtslage genügt es dabei, daß sich die Eltern einig sind, bei wem sich das Kind aufhält.

Wenn der Berechtigte, der einen Härtegrund verwirklicht, bei der Trennung **eigenmächtig** ein Kind gegen den Widerspruch des anderen Elternteils mit sich nimmt, erhält er in der Regel einen Unterhaltsanspruch erst ab dem Zeitpunkt, in dem der Aufenthalt des Kindes durch eine wirksame gerichtliche Entscheidung zum Sorge- oder zumindest zum Aufenthaltsbestimmungsrecht (Beschluß oder einstweilige Anordnung) geregelt ist, er das Kind betreuen will und dazu ohne Gefährdung des Kindeswohls in der Lage ist. Sinn des Erfordernisses einer rechtmäßigen Betreuung ist es zu verhindern, daß ein Ehegatte aus einem rechtswidrigen Verhältnis wirtschaftliche Vorteile ziehen kann.[67]

Der **Vorrang des Kindeswohls** beruht darauf, daß dem Kind eigene Menschenwürde und ein eigenes Recht auf volle Entfaltung seiner Persönlichkeit zukommt und daß deshalb der Gesetzgeber auch im Unterhaltsverfahren Regelungen zu vermeiden hatte, die sich für die Entwicklung des Kindes nachteilig auswirken könnten. Mit der Trennung der Eltern ist für Kinder ohnehin in der Regel eine Verschlechterung ihrer Lebensverhältnisse verbunden. Einmal ist es die auf dem Verlust eines Elternteils beruhende seelische Belastung, die Kinder bewältigen müssen, zum anderen werden Kinder zwangsläufig auch von den meist ungünstigen wirtschaftlichen Folgen der Trennung und Scheidung betroffen. Kinder getrenntlebender oder geschiedener Eltern müssen darauf verzichten, mit ihren Eltern in Familiengemeinschaft zusammenleben zu können. Diese abträglichen

---

[62] BGH, FamRZ 1997, 873, 875 = R 513c
[63] BVerfG, FamRZ 1981, 745; BGH, FamRZ 1984, 154 = R 183 b; FamRZ 1983, 142
[64] BGH, FamRZ 1984, 986, 988 = R 225 b
[65] BGH, FamRZ 1997, 873, 875 = R 513 c
[66] BVerfG, FamRZ 1981, 745, 749; BGH, FamRZ 1983, 142
[67] BGH, aaO

Folgen des gestörten familiären Zustandes werden erheblich verstärkt, wenn Kinder zusätzlich auch noch weitgehend die Betreuung durch den Elternteil entbehren müssen, dem sie zugeordnet sind, weil dieser einer Erwerbstätigkeit nachzugehen hat. Es entspricht in der Regel dem Kindeswohl, wenn es sich auch nach Trennung oder Scheidung in der Obhut eines Elternteils weiß, der hinreichend Zeit hat, auf seine Fragen, Wünsche und Nöte einzugehen.[68]

630 b) **Prüfungsmaßstab.** Grundrechtswidrige Ergebnisse lassen sich weitgehend dadurch vermeiden, daß der eheangemessene Unterhalt auf das zur **Kindesbetreuung erforderliche Maß reduziert** wird.[69] Dabei ist in einem Härtefall zu prüfen, ob und in welchem Umfang die Auferlegung von Unterhaltsleistungen im Interesse des Kindes erforderlich ist.[70]

Außerdem ist festzustellen, ob die Betreuung von Kindern **jeglicher Erwerbstätigkeit** des Berechtigten im Weg steht oder ob neben der Kindesbetreuung wenigstens die **Aufnahme einer Teilzeitbeschäftigung** möglich wäre und ob deshalb ein erzielbares Einkommen fiktiv zugerechnet werden kann. Dies gilt insbesondere, wenn den kinderbetreuenden Bedürftigen bereits nach allgemeinen Grundsätzen eine Obliegenheit zu einer Teilzeit- oder Ganztagstätigkeit trifft[71] (s. hierzu näher Rn 72 ff). Die Verpflichtung zur Vollzeitbeschäftigung besteht regelmäßig ab dem 15. oder 16. Lebensjahr des Kindes, die Obliegenheit zur Teilzeittätigkeit, die nicht stets den Umfang einer Halbtagsbeschäftigung erreichen muß, spätestens zwischen dem 11. und 15. Lebensjahr,[69] nach den meisten Leitlinien bereits ab Beginn der 3. Grundschulklasse (näher Rn 75 ff). Bei der Einzelfallprüfung sind dabei sowohl Umstände in der Person des Kindes (Kränklichkeit, Schulschwierigkeiten, Entwicklungsstörungen) als auch des Betreuenden (Alter, Gesundheitszustand, Beschäftigungschancen, anderweitige Betreuungsmöglichkeiten) zu berücksichtigen.[72] Trifft den Bedürftigen ein besonders schweres Fehlverhalten, kann im Einzelfall auch bereits zu einem früheren Zeitpunkt die Aufnahme oder Ausweitung einer Teilzeittätigkeit verlangt werden.[73]

630a Im Rahmen der Frage, inwieweit Unterhaltsleistungen an den Berechtigten durch die Kindesinteressen erforderlich sind, dürfen in der Person des Berechtigten liegende besondere Umstände, wie z. B., daß die Berechtigte ihre Erwerbstätigkeit schon kurz nach der Ehe aufgegeben und aufgrund der hohen Einkünfte des Mannes in günstigen wirtschaftlichen Verhältnissen gelebt hat, dagegen nicht berücksichtigt werden.[74] Der Mutter kann angesonnen werden, unter Verzicht auf das heute übliche Maß an Freizeit einer Halbtagsbeschäftigung nachzugehen.[75]

631 Da die **Belange des Kindes** nach dem Wortlaut des § 1579 BGB nur zu „wahren" sind, kommt eine Herabsetzung oder Versagung des Unterhalts lediglich in Betracht, soweit die Pflege und Erziehung des Kindes trotzdem gesichert bleibt.
- Dies ist der Fall, soweit der Unterhalt das Maß dessen übersteigt, was der betreuende Ehegatte zur **Deckung seines Mindestbedarfs** benötigt.[76]
Die Belange des Kindes werden nach BGH in der Regel ausreichend gewahrt, wenn dem Berechtigten dessen notdürftiger Unterhalt gesichert wird. Es ist nicht zu erwarten, daß sich für das Kind besondere Nachteile ergeben, wenn sich die Mutter einschränken muß[77] (vgl. aber Rn 626).
- Dies ist ferner der Fall, wenn und soweit der Berechtigte die zur Deckung des Mindestbedarfs erforderlichen Mittel von anderer Seite erhalten kann und deshalb auf den

---

[68] BVerfG, FamRZ 1981, 745, 749
[69] BVerfG, FamRZ 1981, 745, 749
[70] BGH, FamRZ 1984, 662, 664 = R 211c; FamRZ 1983, 676 = R 165a
[71] BGH, FamRZ 1997, 671 = R 511 A c
[72] BGH, aaO
[73] BGH, FamRZ 1997, 873, 875 = R 513 c
[74] BGH, FamRZ 1984, 662, 664 = R 211 c
[75] BGH, FamRZ 1987, 1238 = R 344 b
[76] BVerfG, FamRZ 1981, 745, 749; BGH, FamRZ 1997, 873, 875 = R 513 c; FamRZ 1997, 671 = R 511 A b; FamRZ 1989, 1279 = R 396
[77] BGH, FamRZ 1987, 1238 = R 344 b

8. Abschnitt: Die Härteklausel des § 1579 BGB   § 4

Unterhalt nicht angewiesen ist.⁷⁸ Dies trifft z. B. zu, wenn die Berechtigte ihren Mindestbedarf durch die Versorgung ihres neuen Partners decken kann, ohne dadurch in der Betreuung der Kinder behindert zu sein. Durch die Zurechnung eines fiktiven Einkommens für solche Versorgungsleistungen an den neuen Partner kann eine mit dem Verfassungsgrundsatz der Verhältnismäßigkeit unvereinbare Belastung des Verpflichteten vermieden werden.⁷⁹
- Die Belange des Kindes können außerdem gewahrt sein, wenn seine Pflege und Erziehung in anderer Weise als durch elterliche Betreuung sichergestellt werden kann.⁸⁰

Die Belange des Kindes im Sinn der obigen Ausführungen sind **nicht gewahrt**, wenn der Berechtigte bei einer Unterhaltsversagung **Sozialhilfe** beanspruchen muß. Eine Verweisung auf Sozialhilfe ist mit dem Grundsatz der Subsidiarität der Sozialhilfe nicht zu vereinbaren.⁸¹ 632

Die durch das Kindeswohl erforderliche Betreuungsintensität wird wesentlich bestimmt durch das Alter sowie die körperliche und geistige Entwicklung des Kindes.⁸² Nach dem Entwicklungsstand des Kindes richtet sich auch die Freistellung des Berechtigten von einer eigenen Erwerbstätigkeit. Außerdem ist in diesem Zusammenhang zu prüfen, ob **angemessene Betreuungsmöglichkeiten** für das Kind bestehen, z. B. durch den Besuch eines Kindergartens, durch die Betreuung seitens naher Angehöriger wie z. B. der Großeltern oder durch die Betreuung durch den neuen Partner des Berechtigten. 633

Über die Wahrung der Belange der gemeinschaftlichen Kinder hinaus ist zusätzlich zu prüfen, inwieweit die Inanspruchnahme des Verpflichteten grob unbillig ist.⁸³ 634

Nach Beendigung der erforderlichen Kindesbetreuung erlischt der Vorrang des Kindeswohls und es greift der jeweilige Härtegrund uneingeschränkt durch. Dabei ist aber stets genau zu prüfen, ab wann nach den Umständen des Einzelfalls (s. oben Rn 630) eine Teilzeitbeschäftigung trotz Kinderbetreuung begonnen bzw. ausgeweitet werden muß.⁸⁴ 635

In der Regel wird bei Kindesbetreuung der angemessene Unterhalt auf das Maß herabgesetzt werden, das zur Wahrung der Belange des Kindes erforderlich ist. Bei Betreuung von Schulkindern wird dem Berechtigten in der Regel **zumindest der Mindestbedarf** nach der DT als Existenzminimum zu belassen sein. Dagegen wird der völlige Ausschluß nur selten in Betracht kommen.⁸⁵ 636

III. Ehe von kurzer Dauer (§ 1579 Nr. 1 BGB)

1. Härtegrund der kurzen Ehedauer (Nr. 1)

Die Härteklausel der Nr. 1 ist anzuwenden, wenn die Ehe von kurzer Dauer war. Die Dauer der Ehe im Sinn der Nr. 1 bemißt sich nicht nach der Zeit des tatsächlichen Zusammenlebens der Eheleute, sondern nach der Dauer des rechtlichen Ehebandes.⁸⁶ Auch ein dem anhängigen Verfahren vorangegangener abgewiesener oder zurückgenommener Scheidungsantrag verkürzt die Ehezeit nicht.⁸⁷ 637

Als **Ehedauer** ist in diesem Sinn die Zeit von **Eheschließung bis zur Rechtshängigkeit** des Scheidungsantrags (nicht der Rechtskraft des Scheidungsverfahrens) zu verste- 638

---

⁷⁸ BGH, FamRZ 1997, 671 = R 511 A b; FamRZ 1989, 1279 = R 396
⁷⁹ BGH, FamRZ 1984, 154 = R 183 b; FamRZ 1984, 356
⁸⁰ BGH, FamRZ 1997, 671 = R 511 A b; FamRZ 1989, 1279 = R 396
⁸¹ BGH, FamRZ 1989, 1279 = R 396
⁸² BVerfG FamRZ 1981, 745, 749
⁸³ BVerfG, FamRZ 1992, 1283
⁸⁴ BGH, FamRZ 1997, 671 = R 511 A b, c
⁸⁵ OLG Düsseldorf, FamRZ 1987, 1267; OLG Hamburg, FamRZ 1987, 1045; OLG Hamm, FamRZ 1993, 1450
⁸⁶ BGH, FamRZ 1986, 886 = R 307 a
⁸⁷ BGH, FamRZ 1986, 886 = R 307 a

§ 4　　　　　　　　　　　　　　　　　　　　　　　　　　　　　　Ehegattenunterhalt

hen.⁸⁸ In aller Regel vollzieht der Antragsteller den entscheidenden Schritt zur Beendigung einer Ehe mit der Rechtshängigmachung seines Antrags. Aus seiner Sicht dient das weitere Verfahren, vor allem, wenn es im Verbund mit den Folgesachen abläuft, im allgemeinen nur noch der Abwicklung der ehelichen Beziehungen und der Regelung der Folgesachen. Auch für den Antragsgegner wird mit der Rechtshängigkeit des Antrags zumeist das Scheitern des gemeinsamen Lebensplanes und das Ende der gemeinschaftlichen Lebensgestaltung deutlich. Damit erscheint es auch im Hinblick auf die eheliche Situation, wie sie sich den Ehepartnern darstellt, als sachgerecht, die Zeit des Scheidungsrechtsstreits nicht in die Bemessung der Ehedauer miteinzubeziehen.⁸⁹ Der Zugang eines Antrags auf PKH reicht deshalb nicht aus. Auch bei einem **verfrühten Scheidungsantrag** ist die Ehedauer bis zur Rechtshängigkeit des Antrags zu berechnen,⁹⁰ die Frage, ob und warum der Antrag verfrüht gestellt wurde, ist im Rahmen der Billigkeitsprüfung zu berücksichtigen.

639 Der Ehedauer steht nach dem Gesetzestext die Zeit, in welcher der Berechtigte wegen **Betreuung eines gemeinschaftlichen Kindes** nach § 1570 BGB Unterhalt beanspruchen kann, gleich. Wegen dieser Gleichstellung hatte der BGH früher in Fällen berechtigter Kindesbetreuung eine kurze Ehedauer verneint.⁹¹ Nach Auffassung des BVerfG,⁹² die der BGH übernommen hat, ist **auch bei Kindesbetreuung nur auf die tatsächliche Dauer** der Ehe von Eheschließung bis Rechtshängigkeit des Scheidungsverfahrens abzustellen. Nach dem Grundsatz der Verhältnismäßigkeit müsse auch bei der Kinderbetreuung in besonderen Härtefällen ein Ausschluß oder eine Herabsetzung des Unterhaltsanspruchs möglich sein, da andernfalls die Beschränkung der Dispositionsfreiheit des Verpflichteten im finanziellen Bereich als Folge der Unterhaltsansprüche des Bedürftigen nicht mehr Bestandteil der verfassungsmäßigen Ordnung sei und vor dem Grundrecht des Art. 2 II GG nicht bestehen könne. Erst wenn diese tatsächliche Ehedauer als kurz zu beurteilen ist, ist im Rahmen der Billigkeitsabwägung zu prüfen, inwieweit die Inanspruchnahme des Verpflichteten auf ungekürzten und unbefristeten Unterhalt auch unter Wahrung der Belange des zu betreuenden Kindes grob unbillig ist und dem Grundsatz der Verhältnismäßigkeit widerspricht.⁹³

640 **Zum Verständnis des § 1579 Nr. 1 BGB** ist es notwendig, auf die Grundlagen der nachehelichen Unterhaltspflicht zurückzugreifen. Diese Grundlagen sind in den Prinzipien der nachehelichen Solidarität und der in Verbindung mit der Ehe stehenden Bedürftigkeit zu erblicken. Dabei geht das Gesetz ersichtlich davon aus, daß sich diese Grundlagen mit zunehmender Dauer der Ehe verfestigen. Dies ergibt sich auch aus § 1582 BGB, der dem geschiedenen Ehegatten gegenüber einem neuen Ehegatten u. a. dann einen erhöhten unterhaltsrechtlichen Vorrang einräumt, wenn die Ehe mit dem geschiedenen Ehegatten von langer Dauer war. Je länger eine Ehe dauert, um so stärker ist die Frage der wirtschaftlichen Sicherung des Ehegatten mit dem Bestand dieser Ehe verbunden. Dem liegt die Erfahrung zugrunde, daß die Lebenssituation der Partner in der Ehe durch den gemeinschaftlichen Lebensplan entscheidend geprägt wird und mit der Zunahme der Ehedauer auch eine zunehmende Verflechtung der beiderseitigen Lebensdispositionen sowie im allgemeinen eine wachsende wirtschaftliche Abhängigkeit des unterhaltsbedürftigen Ehegatten einhergeht, gegenüber der sich dieser Ehegatte durch die unterhaltsrechtliche Solidarität des Ehepartners abgesichert zu fühlen pflegt.⁹⁴ Als Folge der fortwirkenden nachehelichen Verantwortung für den bedürftigen Partner muß sich der wirtschaftlich stärkere Ehegatte bei Erfüllung eines der Tatbestände der §§ 1570 ff BGB bis zur Grenze des Zumutbaren mit der finanziellen Unterhaltungsbelastung abfinden.⁹⁵

---

⁸⁸ BGH, FamRZ 1995, 1405 = R 490 A b
⁸⁹ BGH, FamRZ 1990, 492, 495 = R 404 c; FamRZ 1982, 254 = R 99
⁹⁰ OLG Frankfurt, FamRZ 1991, 823
⁹¹ BGH, FamRZ 1987, 572
⁹² BVerfG FamRZ 1989, 941 = R 394
⁹³ BGH, FamRZ 1990, 492, 495 = R 404 c
⁹⁴ BGH, FamRZ 1999, 710, 711 = R 531 a
⁹⁵ BGH, FamRZ 1999, 710, 711 = R 531 a

8. Abschnitt: Die Härteklausel des § 1579 BGB   § 4

Ob und inwieweit die Inanspruchnahme des Verpflichteten wegen einer kurzen Ehe- **641**
dauer grob unbillig ist, hat in erster Linie der Tatrichter zu beurteilen.[96] **Bei extrem kurzer Ehedauer** kann eine grobe Unbilligkeit in der Regel bejaht werden.[97]

Auf den **Trennungsunterhalt** findet die Nr. 1 nach § 1361 III BGB keine Anwendung **642**
(vgl. Rn 38). Dementsprechend kann eine kurze Ehedauer beim Trennungsunterhalt in
der Regel auch nicht als selbständiger Ausschlußgrund nach Nr. 7 berücksichtigt werden,[98] es sei denn, die Eheleute haben tatsächlich nur wenige Monate zusammengelebt[99]
oder wollten von vornherein nie zusammenleben.[100]

2. Kurze Ehedauer bis zu zwei Jahren

Für die Bemessung der Ehedauer als kurz können keine festen abstrakten Maßstäbe zu- **643**
grunde gelegt werden. Es kommt vielmehr auf die Lebenssituation der Ehegatten im
Einzelfall an. Das schließt es allerdings nicht aus, im Interesse der praktischen Handhabung der Vorschrift die zeitlichen Bereiche zu konkretisieren, innerhalb deren eine Ehe
in aller Regel von kurzer oder nicht kurzer Dauer ist.

Hat die Ehe nicht länger als zwei Jahre bestanden, so wird sie in aller Regel als kurz
zu beurteilen sein.[101] Dies gilt selbst dann, wenn sich die Ehegatten bei der Eheschließung
bereits in vorgerücktem Alter befunden haben.[102]

Eine kurze Ehedauer kann trotz Kinderbetreuung vorliegen, wenn die tatsächliche
Ehezeit nur 18 Monate betrug.[103] Soweit sich der Bedürftige bereits innerhalb der beiden ersten Ehejahre einem neuen Partner zuwendet und dadurch zeigt, daß er die Ehe
nicht als feste Bindung ansieht, kann auch bei einer Ehedauer von knapp 3 Jahren und
Betreuung eines gemeinschaftlichen Kindes eine kurze Ehe vorliegen[104] (s. näher Rn
656 a).

Fälle kurzer Ehedauer nach BGH: 6 Wochen,[105] 18 Monate,[106] 19 Monate[107] und **644**
knapp 2 Jahre.[108]

3. Nicht mehr kurze Ehedauer ab ca. 3 Jahren

Im Regelfall hält der BGH eine Ehedauer von mehr als drei Jahren nicht mehr für **645**
kurz, weil Eheleute innerhalb dieser Zeit ihre Lebenspositionen in der Ehe bereits so weit
aufeinander abgestimmt und in wechselseitiger Abhängigkeit auf ein gemeinsames Lebensziel ausgerichtet haben, daß die unterhaltsrechtliche Verpflichtung für die Zeit nach
der Scheidung nicht mehr dem Billigkeits- und Gerechtigkeitsempfinden in grober Weise widerspricht.[109] Bei Vorliegen besonderer Umstände kann im Einzelfall aber auch noch
eine Ehedauer von knapp 5 Jahren als kurz angesehen werden, wenn sich die Ehegatten
in ihrer Lebensführung nicht aufeinander eingestellt und in wechselseitiger Abhängigkeit
auf ein gemeinsames Ziel ausgerichtet haben.[110]

---

[96] BGH, FamRZ 1982, 254 = R 99
[97] BGH, FamRZ 1982, 582 = R 115; FamRZ 1981, 944
[98] BGH, FamRZ 1987, 572, 575 = R 323 b
[99] BGH, FamRZ 1988, 930 = R 368 c
[100] BGH, FamRZ 1994, 558 = R 476
[101] BGH, FamRZ 1999, 710, 712 = R 531 a; FamRZ 1995, 1405 = R 490 A b
[102] BGH, FamRZ 1981, 140 = R 57
[103] BGH, FamRZ 1990, 492, 495 = R 404 c
[104] OLG München, FamRZ 1996, 1078
[105] BGH, FamRZ 1981, 944
[106] BGH, FamRZ 1990, 492, 495 = R 404 c; FamRZ 1987, 572
[107] BGH, FamRZ 1981, 140 = R 57
[108] BGH, FamRZ 1989, 483, 485 = R 382 c
[109] BGH, FamRZ 1999, 710, 712 = R 531 a; FamRZ 1995, 1405 = R 490 A b; FamRZ 1986, 886 = R 307 a
[110] BGH, FamRZ 1999, 710, 712 = R 531 a

646 **Fälle nicht mehr kurzer Ehedauer nach BGH:** 43 Monate,[111] 60 Monate,[112] 5¼ Jahre.[113]

Bei einer 41 Monate dauernden Ehe hat der BGH die Beurteilung als kurz abgelehnt mit der Begründung, die Parteien hätten sich bei der Eheschließung bereits in vorgerücktem Alter (63 und 55 Jahre) befunden. Infolgedessen sei die mögliche Dauer ihrer Ehe im Vergleich zu einer in jungen Jahren geschlossenen Ehe von vornherein begrenzt gewesen. Hinzu komme, daß die Berechtigte auf Wunsch des Verpflichteten ihre Erwerbstätigkeit als Büro- und Haushaltshilfe beendet und dadurch dokumentiert habe, daß sie sich unter Aufgabe ihrer bisherigen Lebensbedingungen auf ein gemeinsames Leben eingerichtet habe.[114]

4. Ehedauer zwischen zwei und drei Jahren und sonstige Sonderfälle

647 In Fällen, die durch besondere, vom Regelfall abweichende Umstände in den Lebensverhältnissen der Ehegatten gekennzeichnet sind, sowie in den Fällen im Zwischenbereich von zwei und drei Jahren ist die Beurteilung in besonderer Weise davon abhängig zu machen, ob die Eheleute sich bereits in wechselseitiger Abhängigkeit auf ein gemeinschaftliches Lebensziel ausgerichtet haben.[115]

Der BGH hat solche Besonderheiten bei einer noch nicht länger als zwei Jahre bestandenen **Rentnerehe** verneint. Beide Ehegatten waren bei Eingehung der Ehe rentenberechtigt und bezogen die ihnen bis dahin zufließenden Altersruhegelder und Pensionen weiter. Besondere Umstände, die eine wechselseitige Abhängigkeit der Lebenspositionen begründet haben könnten, konnten nicht festgestellt werden.[116] Aus den gleichen Gründen hat er eine Ehedauer von **30 Monaten** als kurz beurteilt.[117]

648 Je länger eine Ehe über zwei Jahre hinaus gedauert hat, um so mehr hängt die Anwendung der Härteklausel von der Feststellung konkreter Umstände ab, die die Inanspruchnahme des Verpflichteten als unerträglichen Widerspruch zum Gerechtigkeitsempfinden erscheinen lassen. Dabei kommt es bevorzugt darauf an, in welcher Weise die Unterhaltspflicht den Schuldner trifft.[118] Bei einer Ehedauer von **36 Monaten**, in der sich die Bedürftige voll auf die neue Ehe eingestellt hat und deshalb nicht nur in eine andere Stadt zog, sondern auch den Arbeitsplatz aufgab, hat der BGH eine kurze Ehe verneint.[119]

649 Eine tatsächliche Besonderheit, die die Anwendung der für Regelfälle entwickelten Grundsätze ausschließt, liegt darin, daß die Parteien die – bereits zweite – Ehe erst in vorgerücktem Lebensalter geschlossen haben. Es besteht kein durchgreifender Grund, für Altehen andere Grenzen zu ziehen als bei Ehen, die in jüngerem Alter geschlossen werden. Entscheidungserheblich ist auch nicht, daß die Parteien nur 10 Monate lang zusammengelebt, danach aber bis zur Rechtshängigkeit des Scheidungsantrags bereits mehrere Jahre getrennt gelebt haben. Ein **langjähriges Getrenntleben** führt selbst in Fällen, in denen die Ehegatten nur kurz zusammengelebt haben, nicht zu einer Beschränkung des Unterhaltsanspruchs nach Nr. 1[120] (u. U. aber nach Nr. 7, vgl. Rn 758).

650 Auch eine Ehe von **3 Jahren und 4 Monaten** kann noch als „kurz" beurteilt werden, wenn der durch die Krankheit unterhaltsbedürftig gewordene Ehegatte sich bei Ausbruch seiner Krankheit noch nicht darauf eingestellt hatte, in dauernder wirtschaftlicher Abhängigkeit von der damals noch jugendlichen Ehefrau zu leben.[121]

---

[111] BGH, FamRZ 1981, 140, 142 = R 57
[112] BGH, FamRZ 1995, 1405 = R 490 A b; FamRZ 1983, 150 = R 145 c
[113] BGH, FamRZ 1999, 710, 712 = R 531 a
[114] BGH, FamRZ 1982, 254 = R 99
[115] BGH, FamRZ 1981, 140, 142 = NJW 1981, 754
[116] BGH, FamRZ 1981, 140 = NJW 1981, 754, 756
[117] BGH, FamRZ 1982, 582 = R 115
[118] BGH, FamRZ 1982, 582 = R 115
[119] BGH, FamRZ 1986, 886 = R 307a
[120] BGH, FamRZ 1982, 894 = R 135 a; FamRZ 1982, 582 = R 115
[121] Unveröffentlichte Entscheidung des BGH vom 15. 6. 1983 – AZ IVb ZR 381/81

8. Abschnitt: Die Härteklausel des § 1579 BGB § 4

Der BGH hat bei einer Ehedauer von **ca. 39 Monaten** eine Unterhaltsminderung um die Hälfte gebilligt mit der Begründung, dies sei nach tatrichterlicher Würdigung der gesamten Umstände einschließlich des Alters und der Vermögenslage der Parteien bei Eingehen der Ehe gerechtfertigt. Die Entscheidung trage sowohl der ehelichen Lebensgestaltung der Parteien während der Dauer ihres Zusammenlebens als auch der altersbedingten Unterhaltsbedürftigkeit beider Eheleute in angemessener Weise Rechnung.[122]   651

5. OLG-Entscheidungen mit Billigkeitsabwägungen

Das **OLG Düsseldorf** hat unter entsprechender Billigkeitsabwägung bei einer Ehedauer von 4 Jahren eine Unterhaltskürzung um die Hälfte bejaht und dabei insbesondere die wirtschaftliche Selbständigkeit sowie die früh eingetretene Ehezerrüttung berücksichtigt.[123] Bei einer Ehedauer von 2 Jahren 6 Monaten hat es dagegen eine kurze Ehe verneint, weil durch die Heirat die Witwenrente entfiel.[124]   652

Das **OLG Hamm** hat eine Ehe von kurzer Dauer bei einem Ehezeitraum von knapp 3 Jahren auch dann angenommen, wenn die Heirat zu einem Wegfall der Witwenrente der Ehefrau nach ihrem früheren Mann geführt hat.[125] Bei einer Ehedauer von über 3 Jahren hat es eine kurze Ehedauer bejaht, weil die Eheleute ihren Lebensplan noch nicht aufeinander abgestellt und in wechselseitiger Abhängigkeit auf ein gemeinsames Leben ausgerichtet hatten,[126] ebenso bei einer Ehedauer von 4 Jahren 2 Monaten bei Eheschließung im Rentenalter.[127]   653

Das **OLG Frankfurt** hat bei 4 Jahren und 5 Monaten noch eine „kurze Ehedauer" bejaht, weil die Ehegatten in dieser Zeit wegen einer Suchterkrankung der Frau und wiederholten, immer wieder abgebrochenen Krankenhausaufenthalten nur 9 Monate tatsächlich zusammengelebt und deshalb ihre Lebensdispositionen noch nicht entscheidend aufeinander eingestellt hatten.[128] Bei einer Ehedauer von $16^{1}/_{2}$ Monaten hat es generell eine kurze Ehe angenommen.[129] Bei einer Ehedauer von 3 Jahren und 2 Monaten und Betreuung eines gemeinschaftlichen Kindes hat es eine kurze Ehedauer bejaht, weil die Eheleute bei Eheschließung erst jeweils 22 Jahre alt waren und die bedürftige Ehefrau das Kind nur bis zum 6. Lebensjahr betreute, und deshalb den Unterhaltsanspruch herabgesetzt.[130]   654

Das **OLG Karlsruhe** hat eine Ehedauer von 2 Jahren 11 Monaten als nicht kurz angesehen, weil die Ehefrau die Arbeitsstelle in Bulgarien aufgab, um in die BRD zu übersiedeln.[131]   655

Des **OLG Köln** hat bei einer Ehedauer von knapp 4 Jahren noch eine kurze Ehe bejaht, weil die Parteien nur 2½ Jahre zusammenlebten, die Ehefrau bereits bei Eingehung der Ehe wegen Asthma bronchiale 4 Jahre erwerbslos war und noch keine wechselseitigen Verflechtungen und Abhängigkeiten in Ausrichtung auf ein gemeinsames Lebensziel vorlagen.[132]   656

Das **OLG München** hat bei einer Ehedauer von fast 3 Jahren und Betreuung eines gemeinschaftlichen Kindes eine kurze Ehedauer bejaht, weil die Bedürftige bereits ein Jahr nach Ehebeginn eine Beziehung zu einem neuen Partner aufnahm und aus diesem Ehebruch ein nichteheliches Kind stammte, ihr Verhalten also aufzeigte, daß sie die Ehe nicht als feste Bindung ansah und deshalb die Zukunftsplanung nicht auf ein längeres Zusammenleben mit dem Ehepartner einrichtete. Um die Belange des gemeinschaftlichen Kindes zu wahren, wurde der Anspruch bis zu dessen 9. Lebensjahr zeitlich begrenzt.[133]   656a

---

[122] BGH, FamRZ 1982, 28, 29 = R 90
[123] OLG Düsseldorf, FamRZ 1983, 1139
[124] OLG Düsseldorf, FamRZ 1992, 1188, 1190
[125] OLG Hamm, FamRZ 1984, 903
[126] OLG Hamm, FamRZ 1988, 1285
[127] OLG Hamm, FamRZ 1992, 326
[128] OLG Frankfurt, FamRZ 1989, 630
[129] OLG Frankfurt, FamRZ 1993, 823
[130] OLG Frankfurt FamRZ 1999, 237
[131] OLG Karlsruhe, FamRZ 1990, 67
[132] OLG Köln, FamRZ 1992, 65
[133] OLG München, FamRZ 1996, 1078

IV. Härtegrund eines Verbrechens oder schweren vorsätzlichen Vergehens gegen den Verpflichteten oder einen nahen Angehörigen (§ 1579 Nr. 2 BGB)

1. Härtegrund der Nr. 2

657 Die Härteklausel der Nr. 2 ist anzuwenden, wenn sich der Berechtigte eines Verbrechens oder eines schweren vorsätzlichen Vergehens gegen den Verpflichteten oder einen nahen Angehörigen des Verpflichteten schuldig gemacht hat. Aus dem Tatbestandsmerkmal „schweres Vergehen" ergibt sich, daß es sich um eine Straftat von erheblichem Gewicht handeln muß, die über die bei Trennung vielfach übliche Auseinandersetzung hinausgeht.

658 **Beispiele** für solche Straftaten sind
- Mord, Totschlag, Eigentumsdelikte, Unterhaltspflichtverletzungen, schwere Verletzungen der Fürsorge- und Erziehungspflichten gegenüber Kindern sowie körperliche Mißhandlung von Kindern;
- fortgesetzte schwere Beleidigungen, Verleumdungen und schwerwiegende falsche Anschuldigungen über einen längeren Zeitraum, besonders wenn sie sich auf die persönliche und berufliche Entfaltung des Verpflichteten sowie seine Stellung in der Öffentlichkeit nachteilig auswirken;[134]
- nicht provozierte Körperverletzungen;[135]
- Schußwaffengebrauch des Unterhaltsberechtigten gegenüber dem Verpflichteten;[136]
- Vermögensdelikte, einschließlich **Prozeßbetrug** zum Nachteil des Verpflichteten, z. B. durch Verschweigen des Abbruchs der Ausbildung,[137] eigener Einkünfte[138] (s. näher Rn 665), vehementes Bestreiten des Zusammenlebens mit einem neuen Partner,[139] falsche Angaben im Rahmen einer Parteivernehmung zum Umfang der Beziehungen zu einem neuen Partner;[140]
- Falschaussagen des Berechtigten im Ehelichkeitsanfechtungsverfahren.[141]

659 Da die Verwirklichung strafrechtlicher Tatbestände stets **schuldhaftes Verhalten** und damit Schuldfähigkeit voraussetzt, kann eine **verminderte Schuldfähigkeit** eine grobe Unbilligkeit beseitigen oder mindern. Deshalb muß die Schuldfähigkeit oder verminderte Schuldfähigkeit für den jeweils in Betracht kommenden Zeitraum festgestellt werden.[142] Die Tötung eines gemeinsamen Kindes durch die Kindsmutter im Zustand der Schuldunfähigkeit aufgrund einer affektiven Psychose führt daher nicht zur Verwirkung des Unterhaltsanspruchs nach § 1579 Nr. 2 BGB.[143] Bei gravierenden Straftaten, z. B. Sexualdelikten gegenüber einem nahen Familienangehörigen über einen längeren Zeitraum, wird auch eine verminderte Schuldfähigkeit – regelmäßig zur Verwirkung führen.[144] Bei einer im Zustand der verminderten Schuldfähigkeit begangenen Verleumdung, z. B. des Vorwurfs des sexuellen Mißbrauchs der gemeinschaftlichen Kinder, wird der Tatbestand dagegen regelmäßig zu verneinen sein.[145] Ein schweres Vergehen liegt ferner nicht vor, wenn der Pflichtige eine Straftat selbst zunächst nicht als gravierend ansah.[146]

---

[134] BGH, NJW 1982, 100, 101 = R 83
[135] OLG Koblenz, FamRZ 1991, 1312; OLG Düsseldorf, FamRZ 1983, 585
[136] OLG Düsseldorf, FamRZ 1994, 896
[137] BGH, FamRZ 1990, 1095, 1096 = R 421b
[138] BGH, FamRZ 1997, 483 = R 510b; OLG Celle, FamRZ 1991, 1313; OLG Frankfurt, FamRZ 1990, 1363; OLG Düsseldorf, FamRZ 1981, 883
[139] OLG Hamm, FamRZ 1996, 1079; 1993, 566, 567
[140] OLG Hamm, FamRZ 1999, 1337
[141] OLG Bremen, FamRZ 1981, 953
[142] BGH, NJW 1982, 100, 101 = R 83
[143] OLG Hamm, FamRZ 1997, 1485
[144] OLG Hamm, FamRZ 1990, 887
[145] OLG Hamm, FamRZ 1995, 808
[146] OLG Düsseldorf, FamRZ 1994, 896

8. Abschnitt: Die Härteklausel des § 1579 BGB § 4

Ob ein strafbares vorsätzliches Verhalten gegen den Unterhaltsverpflichteten schwer 660
im Sinn dieser Vorschrift ist, hat im wesentlichen der Tatrichter zu entscheiden. Das Revisionsgericht prüft nur, ob er dabei von richtigen Rechtsvorstellungen ausgegangen ist. Im Urteil bedarf es nicht des ausdrücklichen Eingehens auf alle Gesichtspunkte, die für und wider ein bestimmtes Ereignis sprechen. Es muß lediglich aus dem Gesamtinhalt der Gründe hinreichend deutlich sein, daß insgesamt eine sachentsprechende Beurteilung stattgefunden hat.[147]

Die Nr. 2 ist vergleichbar mit § 66 EheG, wonach der nach früheren Recht unterhalts- 661
berechtigte geschiedene Ehegatte den Unterhaltsanspruch verwirkte, wenn er sich einer schweren Verfehlung gegen den Verpflichteten schuldig machte. Nach einhelliger Auffassung in Rechtsprechung und Schrifttum tritt eine **Verwirkung** nach § 66 EheG **nur für die Zukunft** ein und läßt bis zur Tat bereits entstandene Unterhaltsansprüche unberührt. Dies **gilt auch für die Ausschlußwirkung nach Nr. 2**.[148]

Dauert und wirkt das strafbare Verhalten **fort**, z. B. bei einem Prozeßbetrug, kann es 662
auch noch in einer Abänderungsklage geltend gemacht werden, **ohne** nach § 323 II ZPO **präkludiert** zu sein.[149]

Zu den **nahen Angehörigen** des Verpflichteten zählen auch dessen neuer Ehegatte so- 663
wie Verwandte des Verpflichteten ersten Grades. Nach dem Zweck der Regelung bestimmt sich der Kreis der Angehörigen vor allem danach, wie stark sich der Verpflichtete familiär mit dem Angehörigen verbunden fühlt.

2. Beleidigungen, Verleumdungen und falsche Anschuldigungen

Fortgesetzte schwere Beleidigungen, Verleumdungen und schwerwiegende falsche An- 664
schuldigungen können zum völligen oder teilweisen Ausschluß des Unterhaltsanspruchs führen. Zwar sind Ehrverletzungen und Tätlichkeiten, die den Rahmen typischer Eheverfehlungen nach § 43 EheG nicht übersteigen, in der Regel nicht als schwere vorsätzliche Ehevergehen im Sinn der Nr. 2 zu behandeln. Dies schließt jedoch eine andere Beurteilung in Fällen **wiederholter schwerwiegender Beleidigungen und Verleumdungen** insbesondere dann nicht aus, wenn derartige Verletzungen mit **nachteiligen Auswirkungen** auf die persönliche berufliche Entfaltung sowie die Stellung des Unterhaltsverpflichteten in der Öffentlichkeit verbunden sind. Unter solchen Umständen können auch Beleidigungen und Verleumdungen – je nach Dauer und Intensität ihrer Begehung – die Voraussetzungen der Nr. 2 BGB erfüllen. Dasselbe gilt für die **vorsätzlich falsche Anzeige** wegen eines angeblich begangenen Mordversuchs, die zu einem strafrechtlichen Ermittlungsverfahren gegen den Verpflichteten oder einen seiner nahen Angehörigen führt. Dabei ist auch zu prüfen, ob die Verfehlungen ganz oder teilweise **verziehen** worden sind und welche Auswirkungen eine Verzeihung auf den Unterhaltsanspruch haben könnte.[150]

3. Betrug und versuchter Prozeßbetrug

Durch das **Verschweigen auch geringer eigener Einkünfte** in einem Unterhaltsverfah- 665
ren begeht der Berechtigte einen versuchten Prozeßbetrug, der grundsätzlich ausreicht, um die Rechtsfolgen der Nr. 2 auszulösen. Die besondere Schwere und Verwerflichkeit dieses Verhaltens besteht darin, daß der Berechtigte vom Verpflichteten nacheheliche Solidarität fordert, es selbst aber an einer solchen fehlen läßt und es darauf abstellt, durch Täuschung vom Verpflichteten eine ihm nicht zustehende Leistung zu erlangen.[151]

---

[147] BGH, FamRZ 1984, 34 = R 184
[148] BGH, aaO
[149] BGH, FamRZ 1990, 1095 = R 421a
[150] BGH, NJW 1982, 100 = R 83
[151] OLG Celle, FamRZ 1991, 1313; OLG Frankfurt, FamRZ 1990, 1363; OLG Düsseldorf, FamRZ 1989, 61

Das gleiche gilt, wenn der Berechtigte Ausbildungsunterhalt begehrt, aber verschweigt, daß er die Ausbildung während des Verfahrens abgebrochen hat;[152] unerheblich sind dabei die Gründe, die zum Ausbildungsabbruch führten.[153] Einen versuchten Prozeßbetrug hat das OLG Hamm angenommen bei Verschweigen eines Urlaubs mit einem neuen Partner im Rahmen einer Parteivernehmung.[154] Dem kann nur gefolgt werden, wenn sich aus dem gemeinsamen Urlaub eine dauerhafte feste Verbindung, die an die Stelle einer Ehe trat und deshalb den Tatbestand des § 1579 Nr. 7 BGB erfüllt (vgl. Rn 755), herleiten läßt.

Vereinbaren die Eheleute in einem Unterhaltsvergleich, daß ein bestimmter monatlicher Nettoverdienst des Berechtigten **anrechnungsfrei** bleiben soll, liegt ein betrügerisches Verhalten des Bedürftigen vor, das zur Anwendung der Nr. 2 führen kann, wenn er verschweigt, daß sein Einkommen diese Grenze inzwischen deutlich übersteigt. Der Berechtigte hat in diesem Fall aus dem Vergleich eine vertragliche **Pflicht zur ungefragten Information** seines über den anrechnungsfreien Betrag hinausgehenden Einkommens.[155] Soweit der Unterhalt in einem Urteil tituliert wurde, besteht dagegen nur in Ausnahmefällen eine Verpflichtung zur ungefragten Information über Einkommensverbesserungen (s. näher Rn 1/596 ff, 6/233).

V. Mutwillige Herbeiführung der Bedürftigkeit (§ 1579 Nr. 3 BGB)

1. Der Härtegrund der Nr. 3

666 Die Härteklausel der Nr. 3 ist anzuwenden, wenn der Berechtigte seine Bedürftigkeit mutwillig herbeigeführt hat.

Die Nr. 3 sieht eine Sanktion für den Fall vor, daß die **gegenwärtige Bedürftigkeit** des Berechtigten ganz oder teilweise durch ein eigenes Verhalten in der Vergangenheit herbeigeführt worden ist. Sie hat auf der anderen Seite **Schutzwirkung** insoweit, als das frühere Verhalten des Berechtigten keine Auswirkung auf den Unterhaltsanspruch haben soll, wenn ihm **keine Mutwilligkeit** vorgeworfen werden kann.[156]

667 Voraussetzungen der Nr. 3:
(1) Der Berechtigte muß bedürftig sein (s. unten Rn 668).
(2) Der Berechtigte muß die Bedürftigkeit mutwillig herbeigeführt haben (s. unten Rn 669).

668 Der Berechtigte ist **bedürftig**, wenn ihm die für seinen angemessenen Lebensbedarf erforderlichen Mittel nicht zur Verfügung stehen und wenn er sich diese auch nicht in zumutbarer Weise beschaffen kann. Wer keiner zumutbaren Erwerbstätigkeit nachgeht, obwohl er dies könnte, ist in Höhe des erzielbaren Einkommens nicht bedürftig. Solche erzielbaren Einkünfte werden ihm fiktiv zugerechnet (s. Rn 1/419 ff), wodurch sich bereits sein Unterhaltsanspruch nach § 1577 I BGB entsprechend kürzt.

Die Nr. 3 betrifft stets ein **zurückliegendes Verhalten**, dessen Auswirkung den Bedürftigen in einem Unterhaltsstreit, also aktuell, hindern, seinen Lebensbedarf durch eigenen Einsatz selbst zu bestreiten. Da der Tatbestand des § 1572 BGB nicht auf eine unverschuldete Erwerbsunfähigkeit oder -minderung abstellt, kann bei schuldhaft herbeigeführter Erwerbsunfähigkeit/-minderung das Ergebnis nur über die Verwirkung nach § 1579 Nr. 3 BGB korrigiert werden (s. auch Rn 97). Ein solcher Fall liegt z. B. vor, wenn der Betroffene sich in früherer Zeit durch Alkoholismus oder Drogenabhängigkeit außerstande gesetzt hat, einer Erwerbstätigkeit nachgehen zu können, wodurch er seine derzeitige Bedürftigkeit zumindest mindern könnte. Ist der durch sein Verhalten geschaffene Zustand reparabel, dann besteht eine Bedürftigkeit nur, soweit er die zur Deckung

---

[152] BGH, FamRZ 1990, 1095 = R 421 a
[153] BGH, aaO
[154] OLG Hamm, FamRZ 1999, 1337
[155] BGH, FamRZ 1997, 483 = R 510 b
[156] BGH, FamRZ 1987, 684, 686 = R 331 b

seines Lebensbedarfs benötigten Mittel nicht durch eine zumutbare Änderung des bestehenden Zustands beschaffen kann.

Hat der Berechtigte in diesem Sinn seine Bedürftigkeit selbst herbeigeführt, kommt 669 es darauf an, ob dies **mutwillig** geschehen ist. Mit dem Merkmal der Mutwilligkeit ist der Gesetzgeber bewußt vom Begriff des „sittlichen Verschuldens" (§ 1611 I 1 BGB und § 65 I EheG) abgegangen. Die hierzu entwickelten Grundsätze sind deshalb für die Nr. 3 bedeutungslos.

Dem Wortlaut und dem Regelungszusammenhang der Nr. 3 entspricht es, daß der Begriff „mutwillig" nicht nur im einschränkenden Sinn eines **vorsätzlichen zweckgerichteten Verhaltens** zu interpretieren ist, sondern auch ein **leichtfertiges Verhalten** des Berechtigten umfaßt.[157]

Erforderlich ist eine **unterhaltsbezogene** Mutwilligkeit. Deshalb müssen sich die Vorstellungen und Antriebe, die dem zu beurteilenden Verhalten zugrunde liegen, auch auf die Bedürftigkeit als Folge dieses Verhaltens erstrecken.[158]

Ein **einfaches Verschulden** reicht zur Bejahung der Mutwilligkeit **nicht** aus.[159]

Der Verpflichtete muß **darlegen und beweisen**, daß der Unterhaltsgläubiger seine Be- 670 dürftigkeit mutwillig herbeigeführt hat. Dazu gehört grundsätzlich, daß er ein Vorbringen der Gegenseite, welches im Fall seiner Richtigkeit gegen die Annahme einer mutwilligen Herbeiführung der Bedürftigkeit sprechen würde, zu widerlegen hat.[160]

Um darzutun, daß der Berechtigte seine Bedürftigkeit mutwillig herbeigeführt hatte, obliegt dem Verpflichteten die Widerlegung dieses Vortrags, soweit er die geltend gemachten Aufwendungen und deren Angemessenheit bestreitet. Gelingt ihm der Nachweis nicht, daß der Berechtigte Ausgaben vorgenommen hat, die den Rahmen des nach der individuellen Bedürfnislage unter Berücksichtigung auch der wirtschaftlichen Verhältnisse erforderlichen und angemessenen Aufwands deutlich überstiegen haben, so muß das zu seinen Lasten gehen. Er dringt dann mit der Einwendung aus Nr. 3 nicht durch.[161]

Die Nr. 3 schließt in ihrem Geltungsbereich den Rückgriff auf allgemeine Grundsätze 671 aus. Wenn dem Bedürftigen daher **keine Mutwilligkeit** nach Nr. 3 vorgeworfen werden kann, hat sein Verhalten **keine Auswirkungen** auf den Unterhaltsanspruch.[162]

Der Härtegrund des Nr. 3 kann sowohl vor als auch erst nach der Scheidung verwirk- 672 licht werden.

2. Mutwillige Bedürftigkeit infolge Alkohol- oder Drogenabhängigkeit

Bei einer Erwerbsunfähigkeit durch Alkoholabhängigkeit kommt es für die Anwen- 673 dung der Nr. 3 vor allem darauf an, ob es der Bedürftige in mutwilliger Weise unterlassen hat, sich **rechtzeitig**, insbesondere, als sich die Trennung anbahnte, einer erfolgversprechenden Behandlung zur Wiederherstellung seiner Arbeitsfähigkeit zu unterziehen. Daß der Berechtigte während des ehelichen Zusammenlebens nicht erwerbstätig war und kein eigenes Einkommen hatte, steht der Anwendung der Härteklausel nicht entgegen. Es kommt entscheidend darauf an, daß er nach der Trennung darauf verwiesen werden konnte, seinen Unterhalt selbst zu verdienen, und er sich durch eine Alkoholabhängigkeit außerstande gesetzt hat, eine solche Erwerbstätigkeit aufzunehmen.[163]

Die Unterhaltsbedürftigkeit eines Alkoholikers ist zu verneinen, wenn Ärzte ihn auf 674 seinen Alkoholismus und auf die **dringende Notwendigkeit einer Entziehungskur** hin-

---

[157] BGH, FamRZ 1989, 1054 = R 393 a; FamRZ 1988, 375, 377 = R 356 b; FamRZ 1982, 463 = R 104 a; FamRZ 1981, 1042 = R 81 b
[158] BGH, FamRZ 1988, 1031 = R 373 c; FamRZ 1984, 364, 366 = R 192 d; FamRZ 1981, 1042 = R 81 b
[159] BGH, FamRZ 1988, 375, 377 = R 356 b
[160] BGH, FamRZ 1989, 1054 = R 393 a; FamRZ 1984, 364, 366 = R 192 d
[161] BGH, FamRZ 1984, 364, 366 = R 192 d
[162] BGH, FamRZ 1987, 684, 686 = R 331 b; FamRZ 1986, 560, 562 = R 292 b
[163] BGH, FamRZ 1981, 1042 = R 81 b

gewiesen hatten und er sich deshalb seines Krankheitszustands und der dadurch bedingten Erwerbsunfähigkeit sowie der Notwendigkeit einer Entziehungskur bewußt war. Er hat dann eine derartige Entziehungsbehandlung als einen erfolgversprechenden und notwendigen Schritt zur Wiedererlangung der Erwerbsfähigkeit gekannt und damit als mögliche Folge der Verweigerung einer solchen Behandlung seine Unfähigkeit voraussehen können, nach der Trennung den Unterhalt selbst zu verdienen. Die Leichtfertigkeit steht außer Zweifel, wenn der Alkoholiker die ihm gebotenen Möglichkeiten einer Entziehungsbehandlung deshalb ungenutzt gelassen hat, weil er der Meinung war, er könne seinen Zustand auch ohne eine Entziehungskur bessern und seine Erwerbsfähigkeit wiedererlangen.[164]

Es kommt entscheidend darauf an, ob der Berechtigte zu einer Zeit, als die Aussicht und die Fähigkeit, danach zu handeln, es noch zuließen, eine ihm angeratene Entziehungskur unterlassen hatte und er sich der Möglichkeit bewußt war, er werde infolgedessen im Fall einer Trennung der Eheleute außerstande sein, eine Berufstätigkeit aufzunehmen und den Unterhalt selbst zu verdienen.[165]

Stellt das Gericht fest, der Berechtigte habe zwar im nicht intoxierten Zustand die Notwendigkeit einer Entziehungskur und Entwöhnungsbehandlung einsehen können, aber infolge der Persönlichkeitsstörung und der daraus resultierenden Einschränkung der Steuerungsfähigkeit sowie wegen Willensschwäche nicht nach dieser Einsicht zu handeln vermocht, dann wird dadurch eine mutwillige Herbeiführung der Bedürftigkeit rechtlich unangreifbar verneint.[166]

675 Die Bedürftigkeit kann auch dadurch mutwillig herbeigeführt werden, daß es der Berechtigte in **vorwerfbarer Weise unterlassen hat**, durch geeignete und zumutbare Maßnahmen seine Erwerbsfähigkeit wiederherzustellen, und keine Maßnahmen gegen die erkannte Alkoholabhängigkeit ergriffen hat. Die Frage, von welchem Zeitpunkt an dem Berechtigten die Erkenntnis über die Art seiner Erkrankung **zugerechnet** werden kann und die Beurteilung des Zeitraums, innerhalb dessen er gehalten war, wirksame Maßnahmen zur Wiederherstellung seiner Gesundheit zu ergreifen, sind Gegenstand **tatrichterlicher** Beurteilung.[167]

676 Die gleichen Grundsätze gelten bei **Drogenabhängigkeit und Medikamentenmißbrauch** sowie bei sonstigen Suchterkrankungen.

677 Ob der Abhängige bereits so erkrankt ist, daß seine Einsichts- und Steuerungsfähigkeit nicht mehr besteht, wird **regelmäßig** nur durch einen **Sachverständigen** zuverlässig festgestellt werden können. Hierzu bedarf es einer sorgfältigen Prüfung, inwieweit die bei Suchtkranken meist festzustellende psychische Labilität Krankheitswert besitzt. Die Einholung eines Sachverständigengutachtens nach § 144 ZPO steht im pflichtgemäßen Ermessen des Gerichts. Sofern diesem die notwendige Sachkunde für die Beantwortung einer entscheidungserheblichen Frage fehlt, handelt es ermessensfehlerhaft, wenn es nicht von Amts wegen ein Sachverständigengutachten erholt.[168] Werden in solchen Fällen erfolgversprechende therapeutische Maßnahmen zur Herstellung der Arbeitsfähigkeit wahrgenommen, besteht in der Regel ein Unterhaltsanspruch nach den §§ 1361, 1572 BGB.

3. Mutwillige Bedürftigkeit wegen Aufgabe einer Erwerbstätigkeit oder wegen unterlassener Maßnahmen zur Herstellung der Erwerbsfähigkeit

678 Kann der Berechtigte nach der Trennung oder Scheidung darauf verwiesen werden, seinen Unterhalt durch eine Erwerbstätigkeit selbst zu verdienen (vgl. Rn 131 ff.), so ist er, falls er die nötige Aufnahme einer zumutbaren Erwerbstätigkeit unterläßt, nicht als bedürftig anzusehen, weil er in der Lage wäre, sich selbst zu unterhalten. Es wird ihm dann ein erzielbares Einkommen **fiktiv** zugerechnet.

---

[164] BGH, aaO
[165] BGH, FamRZ 1988, 375, 377 = R 356 b
[166] BGH, aaO; OLG Bamberg, FamRZ 1998, 370; OLG Köln, FamRZ 1999, 920
[167] BGH, FamRZ 1987, 359, 361 = R 321 b
[168] BGH, FamRZ 1989, 1054 = R 393 a

Setzt sich der Ehegatte **mutwillig außerstande**, eine solche Erwerbstätigkeit aufzunehmen, so kann darin ein Verhalten liegen, das die Härteregelung der Nr. 3 erfüllt. Entsprechendes muß auch gelten, wenn der Ehegatte zwar zur Aufnahme der Erwerbstätigkeit außerstande ist, aber die notwendigen und zumutbaren Maßnahmen zur Herstellung seiner Erwerbsfähigkeit unterläßt und dadurch seine Bedürftigkeit herbeiführt.[169]

Die Nr. 3 kann erfüllt sein, wenn die Berechtigte freiwillig ihren **sicheren Arbeitsplatz aufgibt** und an einen Ort zieht, wo sie nicht vermittelt werden kann.[170] 679

Die Nr. 3 kann auch erfüllt sein, wenn dem Berechtigten **selbstverschuldet gekündigt** wird,[171] ohne Arbeitslosengeld zu erhalten.[172] 680

Mutwilligkeit kann auch bejaht werden, wenn die Berechtigte sich nach der Trennung einer von ihr als notwendig erkannten, erfolgversprechenden Ausbildungsmaßnahme leichtfertig verschlossen hat, um den Unterhaltsanspruch nicht zu gefährden.[173]

Mutwilligkeit kann ferner bejaht werden, wenn die Berechtigte während der Trennungszeit unterlassen hat, sich um einen Arbeitsplatz in einem früheren Beruf zu bemühen, und statt dessen eine Ausbildung in einem neuen Beruf begonnen hat. Eine Mutwilligkeit kann in einem solchen Fall jedoch verneint werden, wenn die Umschulung jedenfalls längerfristig gerade der Behebung einer Erwerbslosigkeit diente und die Berechtigte allenfalls noch für eine übersehbare kurze Zeit nach der Scheidung ihre Bedürftigkeit als Folge hinnahm.[174] 681

Aus einem **früheren Verhalten des Berechtigten** können negative Auswirkungen auf seinen Unterhaltsanspruch nur dann hergeleitet werden, wenn ihm Mutwilligkeit bei der Herbeiführung seiner gegenwärtigen Bedürftigkeit vorgeworfen werden kann.[175] 682

Ist ein Unterhaltsberechtigter aufgrund einer neurotischen **Depression** arbeitsunfähig, ist er unterhaltsrechtlich verpflichtet, sich behandeln zu lassen. **Bewußtes Vermeiden ärztlicher Hilfe** ist eine leichtfertige Herbeiführung der Bedürftigkeit,[176] so daß sich der Berechtigte so behandeln lassen muß, als sei eine erfolgreiche Therapie durchgeführt worden[177] (vgl. auch Rn 1/432). 683

4. Mutwillige Bedürftigkeit wegen Verschwendung oder unwirtschaftlicher Vermögensanlage

Eine mutwillige Herbeiführung der Bedürftigkeit ist nicht schon dann anzunehmen, wenn ein Mann, der allein lebt, in erster Linie von der Substanz eines Vermögens zehrt und mehr ausgibt, als seinem angemessenen Eigenbedarf entspricht. Von grober Mißachtung dessen, was jedem einleuchtet, oder von Verantwortungs- oder Rücksichtslosigkeit kann erst dann gesprochen werden, wenn wesentlich mehr ausgegeben wird, als es den im Einzelfall vorliegenden Verhältnissen unter Beachtung individuellen, insbesondere trennungs-, alters- und krankheitsbedingten Mehrbedarfs auch angesichts der wirtschaftlichen Verhältnisse des potentiell Unterhaltspflichtigen angemessen erscheinen lassen.[178] 684

Wer sein **Vermögen verbraucht**, obwohl er notwendig voraussieht, daß er nach Erschöpfung dieses Vermögens unterhaltsbedürftig sein wird, kann die Nr. 3 erfüllen, wenn der Verbrauch der Mittel **unterhaltsbezogen leichtfertig** war. Dazu ist zu prüfen, ob und gegebenenfalls bis zu welchem Betrag das Vermögen angegriffen werden mußte. Dabei können das Alter, der angegriffene Gesundheitszustand des Bedürftigen sowie die Ver- 685

---

[169] BGH, FamRZ 1981, 1042 = R 81 b
[170] BGH, aaO; OLG Bremen, FamRZ 1978, 410; OLG Köln, FamRZ 1985, 930
[171] OLG Köln, FamRZ 1985, 930
[172] BGH, aaO
[173] BGH, FamRZ 1986, 553, 555 = R 276 b
[174] BGH, FamRZ 1986, 1085 = R 305 d
[175] BGH, FamRZ 1988, 701 = R 362 b
[176] BGH, FamRZ 1988, 375, 377 = R 356 b; FamRZ 1987, 359, 361 = R 321 b
[177] OLG Hamm, FamRZ 1999, 327
[178] BGH, FamRZ 1984, 364, 366 = R 192 d

mögensverhältnisse des anderen Teils eine Rolle spielen. Stand bei dem anderen Teil kein Vermögen zur Verfügung, mit dem er etwa auf seiner Seite entstehenden Sonderbedarf decken konnte, so wird es unter Billigkeitsgesichtspunkten nicht gerechtfertigt sein, einen Teil des Vermögens auf Kosten des Unterhaltspflichtigen als „Notgroschen" unangegriffen zu lassen. Braucht er dagegen einen bestimmten Teil seines Vermögens nicht anzugreifen, so wird der Verbrauch dieses Teils nicht als mutwillige Herbeiführung der Bedürftigkeit gewertet werden können, weil dann die unterhaltsrechtlich relevante Bedürftigkeit schon vor dem Verbrauch dieser finanziellen Reserve erreicht war.[179]

686 Soweit der Bedürftige **Gelder**, die ihm im Rahmen der **Vermögensauseinandersetzung oder des Zugewinnausgleichs** zugeflossen sind, **verbraucht**, ohne einen unterhaltsrechtlich relevanten Gegenwert zu erzielen, z. B. durch Zinsen oder Wohnwert, liegt eine mutwillige Herbeiführung der Bedürftigkeit i. S. eines zumindest leichtfertigen Verhaltens nur vor, wenn er sich unter grober Mißachtung dessen, was jedem einleuchten muß, oder in Verantwortungs- und Rücksichtslosigkeit gegen den Unterhaltspflichtigen über die erkannte Möglichkeit nachteiliger Folgen seiner Bedürftigkeit hinweggesetzt hat.[180] Die Voraussetzungen der Nr. 3 sind insoweit **zu verneinen**, wenn der Bedürftige mit dem Geld die Verfahrenskosten, den Umzug, notwendiges neues Mobiliar[181] oder einen zur Berufsausübung oder Kinderbetreuung benötigten Pkw bezahlt, es zur Altersvorsorge in einer Lebensversicherung verwendet[182] oder in der Ehe verbrauchtes Kindesvermögen zurückzahlt.[183] Insoweit können dann auch **keine fiktiven Zinseinkünfte** als Einkommen angesetzt werden[184] (vgl. auch Rn 1/293). Nr. 3 ist hingegen zu **bejahen**, wenn ein Ehegatte seine Bedürftigkeit mutwillig herbeiführt, indem er den ihm vorzeitig ausbezahlten Zugewinnausgleichsbetrag bis zur Rechtskraft der Scheidung für **Luxusausgaben**, z. B. teure Hobbys, Reisen, Kleidung, verwendet und sich dadurch mittellos macht. Nicht erforderlich ist, daß der Handelnde die Bedürftigkeit herbeiführen wollte. Es genügt, daß er mit der Möglichkeit gerechnet hat.[185] Ein Ansatz fiktiver Zinsen wegen Verbrauchs des Vermögensstammes, z. B. des Zugewinnausgleichs, entfällt jedoch von vornherein, wenn bei **Betreuung gemeinschaftlicher Kinder** der Mindestbedarf des Unterhaltsberechtigten nicht gesichert ist.[186]

687 Ist der Berechtigte teilweise deshalb bedürftig, weil er Kapitalvermögen zur Tilgung von Hauslasten verwendet hat, wird regelmäßig kein mutwilliges Verhalten i. S. der Nr. 3 vorliegen, wenn in ein selbst bewohntes Haus investiert wurde.[187]

688 Ein typischer Fall mutwillig herbeigeführter Bedürftigkeit liegt vor, wenn der Berechtigte sein Vermögen aufgrund einer **Spielleidenschaft** verliert.[188]

5. Mutwillige Bedürftigkeit wegen bestimmungswidriger Verwendung des Vorsorgeunterhalts

689 Hat der Berechtigte einen Vorsorgeunterhalt in der Vergangenheit nicht bestimmungsgemäß verwendet, so berührt das seinen Unterhaltsanspruch **ab Eintritt des Rentenfalls** nur unter den Voraussetzungen der Nr. 3. Er kann allerdings dann nur so behandelt werden, als hätte er eine mit dem Vorsorgeunterhalt erreichbare Altersversorgung erlangt, wenn ihm ein mutwilliges Verhalten vorgeworfen werden kann, indem er sich leichtfertig über erkannte nachteilige Folgen für seine spätere Bedürftigkeit hinweggesetzt hat.[189]

---

[179] BGH, aaO
[180] BGH, FamRZ 1990, 989, 991 = R 418 d
[181] BGH, aaO
[182] BGH, aaO
[183] BGH, aaO
[184] BGH, aaO
[185] OLG Karlsruhe, FamRZ 1983, 506
[186] BGH, FamRZ 1997, 873, 875 = R 513 c
[187] BGH, FamRZ 1986, 560, 562 = R 292 b
[188] BGH, FamRZ 1981, 1042
[189] BGH, FamRZ 1988, 817, 820 = R 369 d

8. Abschnitt: Die Härteklausel des § 1579 BGB	§ 4

Ein mutwilliges Verhalten kann ausnahmsweise fehlen, wenn sich der Berechtigte in einer Notlage befunden hat, weil er trotz hinreichender Bemühungen keinen geeigneten Arbeitsplatz finden konnte. Außerdem besteht bei Einkünften unterhalb des sogenannten notwendigen Selbstbehalts keine Obliegenheit zu Vorsorgemaßnahmen nach § 1578 III BGB.[190]

6. Sonstige Fälle, in denen der BGH eine Mutwilligkeit verneint hat

Der Berechtigte hat nach einem Unfall einen **Rechtsstreit wegen eines Verdienstausfallschadens** unterlassen. Dies erscheint verständlich sowohl wegen des Kostenrisikos als auch angesichts der mit einem solchen Rechtsstreit notwendig verbundenen psychischen Belastung des schwerverletzten und durch die Unfallfolgen erheblich geschwächten Berechtigten.[191]   690

Die Nr. 3 ist nicht erfüllt durch den **Auszug aus der Ehewohnung** und den dadurch verursachten trennungsbedingten Mehrbedarf, weil nach der gesetzgeberischen Wertung die Trennung als solche keine unterhaltsrechtlichen Sanktionen zur Folge haben soll.[192]   691

Keine mutwillige Herbeiführung der Bedürftigkeit besteht bei Arbeitsunfähigkeit infolge eines **fehlgeschlagenen Selbsttötungsversuchs**.[193]   692

VI. Mutwillige Verletzung von Vermögensinteressen des Verpflichteten (§ 1579 Nr. 4 BGB)

1. Zum Härtegrund der Nr. 4

Die Härteklausel der Nr. 4 ist anzuwenden, wenn der Berechtigte sich über **schwerwiegende Vermögensinteressen** des Verpflichteten mutwillig hinweggesetzt hat.   693

Sinn dieser Regelung ist es, daß der Berechtigte trotz Trennung oder Scheidung alles zu unterlassen hat, was dem Verpflichteten die Erfüllung seiner Unterhaltspflicht erschwert oder unmöglich macht.

Objektiv muß das Verhalten des Berechtigten eine besondere Intensität erreicht haben, was sich aus den Worten „schwerwiegend" und „hinwegsetzen" ergibt. Allerdings stellt der Tatbestand nicht auf die Intensität der Pflichtverletzung, sondern auf den Umfang der Vermögensgefährdung.   694

Nicht erforderlich ist, daß bei dem Verpflichteten ein Vermögensschaden tatsächlich eingetreten ist. Es genügt, daß die Vermögensinteressen, zu denen auch die Einkommensverhältnisse aus einer beruflichen Tätigkeit zählen, schwerwiegend gefährdet werden.

Subjektiv muß der Berechtigte mutwillig handeln. Wie bei Nr. 3 kann ein leichtfertiges Verhalten des Berechtigten das Tatbestandsmerkmal der Mutwilligkeit erfüllen. Es gelten insoweit die Ausführungen zu Rn 669.   695

Da die Nr. 4 keine zeitliche Begrenzung enthält, kann ein entsprechendes Fehlverhalten sowohl vor als auch nach der Scheidung entstehen und berücksichtigt werden.[194]   696

Wie bei Nr. 2 (Rn 661) treten die Rechtsfolgen des Fehlverhaltens **für die Zeit ab dem Fehlverhalten** ein, während der Unterhaltsanspruch für die Zeit bis zum Fehlverhalten unverändert bleibt.   697

---

[190] BGH, FamRZ 1987, 684, 686 = R 331 b
[191] BGH, FamRZ 1988, 1031 = R 373 c
[192] BGH, FamRZ 1989, 1160, 1162; FamRZ 1986, 434 = R 282 d
[193] BGH, FamRZ 1989, 1054 = R 393 a
[194] OLG Hamburg, FamRZ 1987, 1044

§ 4 Ehegattenunterhalt

2. Fälle zu Nr. 4

698 Ein **betrügerisches Verhalten** im Unterhaltsprozeß erfüllt nicht nur den Tatbestand der Nr. 2, sondern auch von Nr. 4.[195]

699 **Anschwärzen** des Verpflichteten bei dessen Arbeitgeber. Ausreichend ist die Gefährdung des Arbeitsplatzes durch Anschwärzen aus Rachsucht.[196] Der Bedürftige hat insoweit alles zu unterlassen, was zur Durchsetzung des eigenen Anspruches nicht erforderlich ist, so daß eine Mitteilung gegenüber dem Arbeitgeber des Pflichtigen über angeblich in der Firma verübte Diebstähle den Tatbestand erfüllt.[197]

Belastende Aussage in einem Disziplinarverfahren gegen den Ehepartner, anstatt vom Aussageverweigerungsrecht Gebrauch zu machen.[198]

700 **Strafanzeigen**, die zu einem Ermittlungsverfahren führen, können geeignet sein, Vermögensinteressen des Berechtigten maßgeblich zu tangieren, sei es wegen einer Minderung des Ansehens in der Öffentlichkeit mit nicht auszuschließenden Auswirkungen auf die Kreditwürdigkeit, sei es wegen einer möglichen Bestrafung.[199]

Nicht ausreichend ist aber die Erstattung einer Strafanzeige wegen Unterhaltspflichtverletzung, weil dies eine Wahrnehmung berechtigter Interessen sein kann, es sei denn, es liegt ein Fall von falscher Anschuldigung vor.[200] Nr. 4 ist ebenfalls nicht gegeben, wenn die Strafanzeige im öffentlichen Interesse liegt, z. B. bei einer Trunkenheitsfahrt.[201] Nr. 4 entfällt ferner, wenn trotz Strafanzeige der Trennungsunterhalt zunächst anerkannt wurde.[202]

Strittig ist, ob Strafanzeigen wegen **Steuerhinterziehung** den Verwirkungstatbestand begründen. Im Einzelfall kann eine leichtfertige Anzeige beim Finanzamt, die eine schwerwiegende Gefährdung der Einkommens- und Vermögenssituation des Pflichtigen zur Folge hat, zu einer Verwirkung führen.[203] Sind die belastenden Angaben nicht geeignet, einen Tatverdacht zu begründen, so ist eine mutwillige Verletzung der Vermögensinteressen des Pflichtigen nicht gegeben.[204] Im übrigen wird immer genau zu prüfen sein, ob sich nicht zunächst der Pflichtige über die eheliche Solidarität hinweggesetzt hat, indem er im Unterhalts- und/oder Zugewinnverfahren Einkünfte oder Vermögen verschwiegen hat (sog. Schwarzgeld).

701 **Geschäftliche Schädigung** durch Mitwirkung an der Kündigung von Geschäftsbeziehungen eines Dritten mit dem Verpflichteten.[205]

VII. Gröbliche Verletzung der Pflicht, zum Familienunterhalt beizutragen (§ 1579 Nr. 5 BGB)

1. Zum Härtegrund der Nr. 5

702 Die Härteklausel der Nr. 5 ist anzuwenden, wenn der Berechtigte vor der Trennung längere Zeit hindurch seine Pflicht, zum Familienunterhalt beizutragen, gröblich verletzt hat.

---

[195] BGH, FamRZ 1990, 1095 = R 421 b
[196] OLG Zweibrücken, FamRZ 1989, 63; FamRZ 1980, 1010; OLG München, FamRZ 1982, 270; OLG Hamm, FamRZ 1987, 946; OLG Koblenz, FamRZ 1991, 1312
[197] OLG Karlsruhe, FamRZ 1998, 747
[198] OLG Köln, FamRZ 1995, 1580
[199] OLG Zweibrücken, FamRZ 1989, 603; OLG München, FamRZ 1982, 270; FamRZ 1981, 154; OLG Celle, FamRZ 1987, 69; OLG Bamberg, FamRZ 1987, 1264; OLG Koblenz, FamRZ 1991, 1312
[200] OLG Stuttgart, FamRZ 1979, 40
[201] OLG Bamberg, FamRZ 1987, 1264
[202] OLG Nürnberg, FamRZ 1992, 673
[203] OLG Köln, NJW-FER 1999, 107
[204] OLG Köln, aaO
[205] AG Darmstadt, FamRZ 1979, 507

8. Abschnitt: Die Härteklausel des § 1579 BGB § 4

Es handelt sich um eine Konkretisierung der allgemeinen Härteklausel, die den §§ 1587c Nr. 3 und 1587h Nr. 3 BGB nachgebildet ist.

Nach dem eindeutigen Wortlaut dürfen nur Gründe berücksichtigt werden, die **vor der Trennung** entstanden sind (Verletzung des Familienunterhalts). Nach der Trennung entstandene Unterhaltspflichtverletzungen können unter die Nr. 2, 6 oder 7 subsumiert werden. 703

Die Verletzung der Familienunterhaltspflicht (§ 1360 BGB) kann auch gegenüber gemeinsamen Kindern begangen werden. Entscheidend ist, ob der Berechtigte seinen Pflichten nachgekommen ist, die er aufgrund der Aufgabenverteilung in der Ehe übernommen hat, z. B. die Pflicht zur Haushaltsführung und Kindesbetreuung seitens des haushaltführenden Ehegatten. 704

War der Berechtigte erwerbstätig, kann eine Pflichtverletzung darin bestehen, daß er kein Wirtschaftsgeld für den Familienunterhalt geleistet hat. Hat er gegen den Willen des Verpflichteten nicht gearbeitet, kann eine Pflichtverletzung darin liegen, daß er sich nicht ernsthaft und ausreichend um eine Arbeit bemüht hat.

Solche Pflichten müssen gröblich verletzt worden sein. Dies setzt subjektiv mindestens ein grob fahrlässiges (leichtfertiges) Verhalten voraus. Außerdem müssen weitere objektive Merkmale vorliegen, die dem pflichtwidrigen Verhalten ein besonderes Gewicht verleihen. Regelmäßig wird erforderlich sein, daß die Familie durch die Nichtgewährung des Familienunterhalts in ernstliche Schwierigkeiten geraten ist. Die Pflichtverletzung entfällt nicht dadurch, daß der andere Ehegatte durch seinen Einsatz die Familie vor einer Notlage bewahrt hat. 705

Die Pflichtverletzung muß vor der Trennung längere Zeit gedauert haben. In der Regel ist dies erfüllt, wenn die Verletzungen etwa ein Jahr vor der Trennung andauernd und nicht nur gelegentlich erfolgt sind. 706

Wie bei Nr. 2 und Nr. 3 muß die Pflichtverletzung schuldhaft sein, was Schuldfähigkeit im Zeitraum der Unterhaltspflichtverletzung voraussetzt. Eine verminderte Schuldfähigkeit kann eine grobe Unbilligkeit beseitigen.[206] 707

Bisher gibt es noch keine BGH-Entscheidung zur Nr. 5. 708

2. Fälle einer Pflichtverletzung zu Nr. 5

Der erwerbstätige Berechtigte hat **kein Wirtschaftsgeld** zum Familienunterhalt zur Verfügung gestellt. 709

Der Berechtigte hat gegen den Willen des Verpflichteten **nicht gearbeitet** und sich auch nicht ausreichend um Arbeit bemüht.

Der Berechtigte hat wegen **übermäßigen Alkoholgenusses** den Haushalt vernachlässigt und dann seinen Unterhaltsanspruch auf suchtbedingte Arbeitsunfähigkeit gestützt.[207]

Der Berechtigte ist wegen Trunksucht (Drogensucht) arbeitslos geworden und geblieben und hat nichts zum Familienunterhalt beigetragen.

Der Berechtigte hat als haushaltführender Ehegatte den Haushalt und die Kinder vernachlässigt.

VIII. Offensichtlich schwerwiegendes, eindeutig beim Berechtigten liegendes Fehlverhalten (§ 1579 Nr. 6 BGB)

1. Zum Härtegrund der Nr. 6 BGB

Die Härteklausel der Nr. 6 ist anzuwenden, wenn dem Berechtigten ein **offensichtlich schwerwiegendes, eindeutig bei ihm liegendes Fehlverhalten** gegen den Verpflichteten zur Last fällt. 710

---

[206] BGH, NJW 1982, 100 = R 83
[207] OLG Düsseldorf, FamRZ 1981, 1177

711   Mit dieser Klausel ist im wesentlichen die frühere Rechtsprechung des BGH zum ehelichen Fehlverhalten im Rahmen der Nr. 4 a. F. übernommen und neu formuliert worden. Nach dieser Rechtsprechung war ein schwerwiegendes, klar bei einem Ehegatten liegendes einseitiges Fehlverhalten geeignet, die Voraussetzungen der Nr. 4 a. F. zu erfüllen.[208]

Soweit die Neufassung der jetzigen Nr. 6 auf ein offensichtlich schwerwiegendes Fehlverhalten abstellt, beinhaltet dies keinen wesentlichen Unterschied zu der zuletzt vom BGH geprägten Formulierung „schwerwiegendes, klar bei dem Berechtigten liegendes Fehlverhalten".

Deshalb kann für die Auslegung der Nr. 6 auch die bisherige Rechtsprechung des BGH zur Nr. 4 a. F. weiter herangezogen werden.[209]

712   Aus dem Fehlen einer zeitlichen Begrenzung in Nr. 6 ergibt sich, daß ein Fehlverhalten sowohl **bis zur Scheidung** als auch **nach der Scheidung** begangen werden kann.

713   • Bei einem Fehlverhalten **bis zur Scheidung** muß es sich um einen Verstoß gegen **schwerwiegende eheliche Pflichten** handeln. Wichtige Pflichten sind in diesem Zusammenhang die ehelichen **Treuepflichten, eheliche Solidarität** und der **Grundsatz der Gegenseitigkeit**. Während der Ehe besteht eine gesteigerte Verantwortung der Eheleute füreinander.

714   • Mit der Scheidung findet ein Teil dieser Pflichten ein Ende, vor allem die Verpflichtung zur ehelichen Treue.[210]

Auch unterhaltsrechtlich geht das Gesetz **nach der Scheidung** grundsätzlich von der Eigenverantwortung jedes Ehegatten für seinen Unterhalt aus (§ 1569 BGB).

Deshalb muß es sich bei einem Fehlverhalten nach der Scheidung um Verstöße gegen Pflichten handeln, die aus Gründen der nachehelichen Solidarität noch nachwirken, wie z. B. allgemeine Gebote eines fairen mitmenschlichen Umgangs und der Rücksichtnahme auf beiderseitige persönliche und wirtschaftliche Interessen.

715   • **Voreheliche Täuschungshandlungen** können nur dann noch bedeutsam sein, wenn sie sich auf die Gestaltung der ehelichen Lebensverhältnisse ausgewirkt haben.

716   Das Fehlverhalten muß offensichtlich **schwerwiegend** sein, d. h., es muß nach allgemeinem, nicht nur einseitigem Eheverständnis mißbilligt werden. Es muß sich um einen Fall grober Verantwortungslosigkeit und Pflichtwidrigkeit handeln.

Deshalb reicht ein einfaches Fehlverhalten oder die Feststellung durchschnittlicher Scheidungsschuld für die Bejahung der Nr. 6 nicht aus. Das dem neuen Scheidungsrecht zugrundeliegende Zerrüttungsprinzip verbietet es, Eheverfehlungen von bloß durchschnittlicher Schwere gegeneinander aufzurechnen.[211]

717   Das Fehlverhalten muß sich **gegen den Verpflichteten** richten. Ein Fehlverhalten gegen einen Angehörigen reicht nicht aus. Es kann im Rahmen der Nr. 6 allenfalls nur dann bedeutsam werden, wenn und soweit sich das Fehlverhalten auch gegen den Verpflichteten richtet.

718   Das Fehlverhalten muß **schuldhaft** sein und setzt deshalb Schuldfähigkeit voraus. Eine verminderte Schuldfähigkeit kann Einfluß darauf haben, ob das Fehlverhalten als schwerwiegend oder als grob unbillig zu beurteilen ist.

2. Verstöße gegen die eheliche Treuepflicht als offensichtlich schwerwiegendes Fehlverhalten

719   Als offensichtlich schwerwiegendes Fehlverhalten zählen in erster Linie Verstöße gegen die eheliche Treuepflicht. Praktisch spielt dies allerdings nur **für den Trennungsunterhalt** eine Rolle, weil die eheliche Treuepflicht spätestens mit der Scheidung endet.[212] Da die

---

[208] BGH, FamRZ 1983, 142 = R 143; FamRZ 1982, 466
[209] So im Ergebnis auch BGH, FamRZ 1989, 1279 = R 396
[210] BGH, FamRZ 1995, 344 = R 488 a; FamRZ 1989, 487, 489 = R 383 c
[211] BGH, FamRZ 1981, 752 = NJW 1981, 1782
[212] BGH, FamRZ 1995, 344 = R 488 a; FamRZ 1989, 487, 489 = R 383 c; FamRZ 1983, 569, 571 = NJW 1983, 1548, 1550

ehelichen Bindungen während des Getrenntlebens fortbestehen, kann auch ein erst nach der Trennung erfolgter Treuebruch zur groben Unbilligkeit führen.²¹³

- Der BGH hat ein schwerwiegendes Verhalten bejaht, wenn sich der Unterhaltsberechtigte gegen den Willen seines Partners von diesem abgewendet hat und mit einem Dritten in **nichtehelicher Lebensgemeinschaft** zusammenlebt. Dadurch distanziert er sich von seinen eigenen ehelichen Bindungen und wendet die dem anderen geschuldete Hilfe einem Dritten zu. Die Inanspruchnahme des Ehepartners aus dessen ehelicher Mitverantwortung für sein wirtschaftliches Auskommen widerspricht dem Grundsatz der Gegenseitigkeit, der dem ehelichen Unterhaltsrecht zugrunde liegt.²¹⁴ **720**

Ein Zusammenleben in **eheähnlicher Gemeinschaft** kann **bejaht** werden, wenn der Bedürftige in Wohn- und Wirtschaftsgemeinschaft mit einem Dritten lebt. Ein derartiges Verständnis entspricht nicht nur der Interpretation des Begriffs der eheähnlichen Gemeinschaft auf dem Gebiet des Sozialhilferechts (§ 122 BSHG); vielmehr gilt dieses Verständnis auch für den Bereich des Unterhaltsrechts. Als solcher Beitrag zur Wohn- und Wirtschaftsgemeinschaft kommen Überlassung der Wohnung, Haushaltsführung, Besorgungen und Verrichtungen in Betracht, die der haushaltsführende Partner üblicherweise für den anderen verrichtet.²¹⁵

Eine **eheähnliche Gemeinschaft liegt nicht vor**, wenn es zwar eine Wohn-, aber keine Wirtschaftsgemeinschaft zwischen dem Bedürftigen und dem Dritten gibt, d. h., wenn keine gemeinsame Haushaltsführung vorliegt und dem anderen keine ins Gewicht fallenden Betreuungs- und Versorgungsleistungen erbracht werden.²¹⁶

- Ein schwerwiegendes Fehlverhalten ist auch zu bejahen, wenn der Berechtigte während der Ehe ein **nachhaltiges, auf längere Dauer angelegtes intimes Verhältnis** zu einem Dritten aufnimmt und gegen den Willen des Verpflichteten fortführt, auch wenn es zu keiner eheähnlichen Gemeinschaft kommt.²¹⁷ **721**

Auch dies verstößt gegen den Grundsatz der Gegenseitigkeit und läßt die Inanspruchnahme des anderen Ehegatten als grob unbillig erscheinen.²¹⁸

Dies kann in besonderem Maß gelten, wenn der verlassene Ehegatte in der Ehe mit besonderen finanziellen Aufwendungen für den Berechtigten einverstanden war, zu denen er ursprünglich rechtlich nicht verpflichtet gewesen wäre und an denen nunmehr aufgrund der geschaffenen Lebensverhältnisse festgehalten werden soll.²¹⁹

- Ein schwerwiegendes eheliches Fehlverhalten kann auch bejaht werden, wenn der Ehegatte während der Ehe **intime Beziehungen zu wechselnden Partnern** aufnimmt. Es besteht kein Grund, einen solchen Ehegatten unterhaltsrechtlich milder zu behandeln als denjenigen, der sich einem einzelnen anderen Partner zuwendet. Im entschiedenen Fall hatte die Klägerin nach 30jährigem Bestand der Ehe in den letzten Jahren vor der Trennung der Parteien zu vier Männern ehebrecherische Beziehungen aufgenommen. Nach den Feststellungen des OLG hat der Beklagte erst kurz vor der Trennung von den Ehebrüchen erfahren. Danach kam es nach einer tätlichen Auseinandersetzung zur Trennung, nachdem der Beklagte in der Zwischenzeit von der Klägerin Abbitte für ihr Fehlverhalten verlangt und das Haushaltsgeld mit der Begründung gekürzt hatte, daß sie Geld mit anderen Männern durchgebracht habe. Das OLG hat diesem Hergang entnommen, daß die Ehebrüche der Klägerin der auslösende Grund für die Trennung der Parteien gewesen sei, und daraus geschlossen, daß danach nicht da- **722**

---

²¹³ BGH, FamRZ 1989, 1279 = R 396
²¹⁴ FamRZ 1989, 487, 489 = R 383 c; FamRZ 1989, 1279 = R 396; NJW 1986, 722 = R 271; FamRZ 1984, 356 = NJW 1984, 1537; FamRZ 1984, 154 = R 183 a; FamRZ 1983, 142 = R 143; FamRZ 1983, 150, 152 = R 145 f; FamRZ 1983, 670 = R 149 a; FamRZ 1982, 466 = NJW 1982, 1216; FamRZ 1982, 779 = R 124 a
²¹⁵ BGH, FamRZ 1984, 154 = R 183 a
²¹⁶ BGH, FamRZ 1981, 1042 = NJW 1981, 2805
²¹⁷ BGH, FamRZ 1989, 11279 = R 396; FamRZ 1983, 142 = R 143; FamRZ 1982, 466 = NJW 1982, 1216
²¹⁸ BGH, aaO
²¹⁹ BGH, FamRZ 1981, 439 = NJW 1981, 1214

von ausgegangen werden könnte, der Beklagte habe sich unabhängig von dem Verhalten der Klägerin seinerseits von der Ehe abgekehrt. Die innere Rechtfertigung für die Berücksichtigung ehelichen Fehlverhaltens liegt in dem Gedanken der Lösung aus der ehelichen Solidarität und der Abkehr von den ehelichen Bindungen. Äußert sich diese, wie im vorliegenden Fall, in der Bereitschaft zur Aufnahme intimer Kontakte zu wechselnden Partnern, so macht es für die Unterhaltsbemessung keinen greifbaren Unterschied, ob solche Kontakte zu vier oder zu sieben anderen Partnern aufgenommen worden sind.[220] Es ist aus Rechtsgründen nicht zu beanstanden, wenn das OLG in den außerehelichen Beziehungen der Klägerin zu anderen Männern ein schwerwiegendes Fehlverhalten gesehen hat.[221]

723 Bei allen Verstößen gegen die Treuepflicht ist im Einzelfall aber genau zu prüfen, ob es sich um ein **einseitiges Fehlverhalten** handelt (vgl. näher Rn 735). Ist dies zu bejahen, liegt eine so **schwerwiegende Abkehr** von den ehelichen Bindungen vor, daß die Inanspruchnahme des anderen Ehegatten auf Unterhalt grob unbillig erscheint. Ein Ehegatte, der sich auf diese Weise einerseits von seinen ehelichen Bindungen distanziert und seine Ehe faktisch als nicht mehr bestehend betrachtet, kann nicht seinerseits den Ehepartner aus dessen ehelicher Mitverantwortlichkeit für sein wirtschaftliches Auskommen in Anspruch nehmen und indirekt eine Mitfinanzierung seines Zusammenlebens mit einem Dritten verlangen.[222]

3. Sonstige Fälle eines schwerwiegenden Fehlverhaltens

724 Ein schwerwiegendes Fehlverhalten kann nicht nur durch Verletzung der ehelichen Treue verwirklicht werden, sondern auch in dem **Verstoß gegen andere eheliche Pflichten** liegen. So hat der BGH ein schwerwiegendes Fehlverhalten in diesem Sinn (Nr. 4 a. F.) bejaht, wenn eine Frau ihrem Mann nach der Empfängnis eines Kindes wahrheitswidrig beteuert, das Kind stamme von ihm, und wenn sie ihn jahrelang in diesem Glauben beläßt, obwohl sie mindestens damit rechnete, daß ein anderer Mann der Vater ist. Entscheidend ist allein, daß in einem solchen Fall die Auferlegung von Unterhaltszahlungen für den Verpflichteten die Grenzen des Zumutbaren übersteigt. Dies ist der Fall, wenn einem Mann Unterhaltszahlungen an seine geschiedene Frau angesonnen werden, nachdem bekannt geworden war, daß sie ihm jahrelang, sei es auch nur mit bedingtem Vorsatz, ein **fremdes Kind untergeschoben** hat. Ein solches Fehlverhalten erfährt durch die Scheidung keine Veränderung.[223]

725 Als schwerwiegende Eheverfehlung kann auch angesehen werden, wenn die geschiedene Ehefrau den Mann von der rechtzeitigen **Anfechtung der Ehelichkeit eines Kindes** abgehalten hat. Sie ist dadurch mitverantwortlich, daß dieser nun auf Dauer Kindesunterhalt zahlen muß, was er durch rechtzeitige Ehelichkeitsanfechtung hätte vermeiden können. Eine solche Situation ist insofern noch belastender als das Unterschieben eines fremden Kindes (oben Rn 724), weil das wahre Abstammungsverhältnis nicht mehr korrigiert werden kann.[224]

726 **Tätlichkeiten** mit Verletzungsfolgen gegenüber dem Verpflichteten können nicht nur den Tatbestand der Nr. 2, sondern auch von Nr. 6 erfüllen,[225] ebenso die **gewerbsmäßige Ausübung von Telefonsex** ohne Wissen des Ehemanns und unter Vorspiegelung falscher Tatsachen.[226]

Eine **fortgesetzte, massive Vereitelung des Umgangsrechts** mit den gemeinschaftlichen Kindern kann in gravierenden Fällen als schwerwiegendes Fehlverhalten angese-

---

[220] BGH, FamRZ 1983, 670 = R 149 a
[221] BGH, FamRZ 1982, 463 = R 104 b
[222] BGH, FamRZ 1989, 1279 = R 396; FamRZ 1984, 154 = R 183 a; FamRZ 1983, 569, 571 = NJW 1983, 1548, 1550; FamRZ 1980, 665 = R 39 a
[223] BGH, FamRZ 1985, 267 = R 238
[224] BGH, FamRZ 1985, 51 = R 233 d
[225] OLG Hamm, FamRZ 1994, 168
[226] OLG Karlsruhe, FamRZ 1995, 1488

hen werden.²²⁷ Es muß sich dabei aber um eine nicht nur vorübergehende, sondern nachhaltige, lang dauernde Störung handeln, wobei bei Wiederaufnahme des Umgangsrechts der Unterhaltsanspruch wiederauflebt.²²⁸

Voreheliche Täuschungshandlungen der in § 33 EheG bezeichneten Art führen jedenfalls dann nicht zu einer Unterhaltsbeschränkung nach Nr. 6, wenn sie bereits erfolglos in einem Eheaufhebungsverfahren geltend gemacht worden sind. Eine andere Beurteilung würde dem Zweck des § 37 II EheG zuwiderlaufen, wonach die Verwirklichung von Rechten des vor der Eheschließung unlauter handelnden Ehegatten von einer binnen bestimmter Frist abzugebenden Erklärung des anderen Teils abhängt.²²⁹ 727

Die **Weigerung** eines Ehegatten, einen **gemeinsamen Wohnsitz** an dem vom anderen Ehegatten gewünschten Ort **zu begründen**, kann nur dann ein Härtegrund im Sinn der Nr. 6 sein, wenn sich der Berechtigte einem objektiv vernünftigen und zumutbaren Vorschlag ohne sachliche Gründe von einigem Gewicht willkürlich verschlossen hat. Auch wenn ein Umzug möglicherweise zu einer ökonomisch günstigeren Lösung geführt hätte, können gewichtige sachliche Gründe für die Beibehaltung des bisherigen Arbeitsplatzes gesprochen haben.²³⁰ Ein einseitiges schwerwiegendes Fehlverhalten ist zu verneinen, wenn sich der Berechtigte aus beachtlichen Gründen weigert, umzuziehen.²³¹ 728

Verheimlicht der Berechtigte in einem Unterhaltsverfahren eigene Einkünfte, so kann auch dies einen Verstoß gegen Nr. 6 beinhalten. In der Regel wird in solchen Fällen allerdings ein Verstoß gegen die Nr. 2 und Nr. 4 zu bejahen sein. 729

4. Fälle, in denen der BGH ein schwerwiegendes Fehlverhalten verneint hat

Wandert der sorgeberechtigte Elternteil mit dem ihm anvertrauten Kind **aus** und erschwert er dadurch dem anderen Elternteil die Ausübung des Umgangsrechts, so liegt darin in der Regel kein schwerwiegendes Fehlverhalten im Sinn der Nr. 6 (Nr. 4 a. F.). Das gilt jedenfalls dann, wenn die Auswanderung nicht in der Absicht erfolgt ist, das Umgangsrecht des anderen Elternteils zunichte zu machen, sondern auf anderen, verständlichen Motiven beruht. Das nur im Rahmen der bisherigen Wohnsitzverhältnisse praktisch ausübbare Umgangsrecht muß in einem solchen Fall dem stärkeren Sorgerecht weichen.²³² 730

Die Behauptung, die Berechtigte habe den Verpflichteten vor und während der Ehe über erhebliche **Umstände aus ihrem früheren Leben belogen**, ist kein schwerwiegendes Fehlverhalten im Sinn der Nr. 6.²³³ 731

Die Nr. 6 (Nr. 4 a. F.) ist auch nicht erfüllt, wenn die Berechtigte dem anderen Ehegatten einen mit Reis gefüllten Teller nachwirft, um **weitere Tätlichkeiten** abzuwehren, nachdem sie vorher von diesem geohrfeigt worden war.²³⁴ 732

Unmutsäußerungen während ehelicher Auseinandersetzungen sind kein Ausschlußgrund nach Nr. 6.²³⁵ Das gleiche gilt für auf verständlicher Verärgerung beruhenden vorwurfsvollen Äußerungen gegenüber dem Ehepartner.²³⁶ 733

Auch die **Trennung als solche** ist trotz der darin liegenden Verletzung der Pflicht zur ehelichen Lebensgemeinschaft kein Fehlverhalten im Sinn der Nr. 6, solange nicht andere schwerwiegende Umstände hinzukommen, wie z. B. das Verlassen des anderen in hilfloser Lage. 734

---

²²⁷ BGH, FamRZ 1987, 356 = R 320 b; OLG München, FamRZ 1998, 750; OLG Nürnberg, FamRZ 1994, 1393
²²⁸ OLG München, FamRZ 1998, 750; OLG Nürnberg, FamRZ 1997, 614
²²⁹ BGH, FamRZ 1983, 456 = NJW 1983, 1427
²³⁰ BGH, FamRZ 1990, 492, 495 = R 404 d; FamRZ 1987, 572, 574 = NJW 1987, 1761
²³¹ BGH, aaO
²³² BGH, FamRZ 1987, 356 = R 320 a
²³³ BGH, FamRZ 1986, 886, 888 = NJW 1986, 2832
²³⁴ BGH, FamRZ 1986, 434, 436 = R 282 e
²³⁵ BGH, FamRZ 1987, 572, 575 = R 323 a
²³⁶ BGH, FamRZ 1982, 573, 575 = NJW 1982, 1460

5. Eindeutig beim Berechtigten liegendes Fehlverhalten

735 a) **Fehlverhalten des Berechtigten.** Das schwerwiegende Fehlverhalten muß **eindeutig beim Berechtigten** liegen. Mit dieser Formulierung ist sinngemäß dasselbe gemeint, was der BGH zu Nr. 4 a. F. mit der Formel „klar bei ihm liegendes Fehlverhalten" oder auch kurz „einseitiges Fehlverhalten" zum Ausdruck gebracht hat.[237]

736 Bei der Beurteilung, ob ein Fehlverhalten als einseitiges Fehlverhalten in diesem Sinn gewertet werden kann, muß stets auch das Verhalten des Verpflichteten mitberücksichtigt werden.[238]

- An einer **einseitigen Abkehr** von den ehelichen Bindungen fehlt es, wenn sich die Parteien **einvernehmlich getrennt** haben und die Berechtigte erst vier Monate **nach dieser Trennung** eine neue Beziehung aufgenommen hat.[239] Das gleiche gilt, wenn beide Eheleute die Ehe für gescheitert ansahen und deshalb einen Notar mit dem Entwurf einer Scheidungsfolgenvereinbarung beauftragten und die neue Beziehung erst danach aufgenommen wird.[240]
- Gleiches gilt, wenn der **Verpflichtete** sich seinerseits **von seinen ehelichen Bindungen losgesagt** hatte, als erster **Scheidungsabsichten äußerte** und selbst die Trennung sowie den Auszug der Frau aus dem gemeinsam bewohnten Haus wünschte,[241] oder der Verpflichtete die Trennung gewünscht und von sich aus realisiert hat, eine Wiederaufnahme der ehelichen Lebensgemeinschaft beharrlich ablehnte und seinerseits die Scheidung betrieb.[242] Nicht ausreichend ist jedoch, wenn die Eheleute nur allgemein über eine Scheidung gesprochen haben, ohne daß erkennbar war, daß ernsthafte Scheidungsabsichten bestehen.[243]
Die spätere Eingehung einer neuen Bindung durch die Frau beinhaltet dann keine einseitige Abkehr von ihrem Mann.
- An einem einseitigen „Ausbrechen aus intakter Ehe" fehlt es auch, wenn sich der **Verpflichtete** bereits vorher von der Ehe losgesagt hatte, indem er **ehewidrige Beziehungen zu einer anderen Frau aufgenommen** hat und zu dieser gezogen ist.[244]
- Ein Abkehren von den ehelichen Bindungen durch den Verpflichteten liegt auch vor, wenn er jahrelang keine sexuellen Kontakte mehr zuließ.[245]

737 b) **Einseitiges Fehlverhalten.** Ein einseitiges Fehlverhalten ist **zu bejahen**, wenn sich der Berechtigte einem Dritten zuwendet, ehe sich der Verpflichtete seinerseits von der Ehe abwendet, Scheidungsabsichten äußert oder sich ebenfalls einem Dritten zuwendet.

Ehewidrige Beziehungen des Verpflichteten nehmen nur dann dem Fehlverhalten des anderen Ehegatten den Charakter der Einseitigkeit, wenn sie diesem Fehlverhalten den Boden bereitet haben. Werden sie dagegen erst aufgenommen, nachdem die intimen Beziehungen des Berechtigten bereits seit längerem bestanden haben, können sie auf dessen Abkehr von der Ehe nicht von Einfluß gewesen sein. Etwas anderes kann dann gelten, wenn auch auf seiten des **Verpflichteten die ehelichen Gefühle** bereits im Zeitpunkt der Abkehr des Berechtigten **erkaltet** waren und er von dessen Fehlverhalten nicht mehr wesentlich betroffen wurde.[246]

Ist die Ehe an dem Fehlverhalten der Berechtigten zerbrochen und stellen sich die dem Verpflichteten vorgeworfenen späteren Ausfälligkeiten als Reaktion auf das ihm zu dieser Zeit bekannt gewordene Fehlverhalten dar, dann kann ein späteres eigenes Fehlverhalten des Verpflichteten die Einseitigkeit des Fehlverhaltens des Bedürftigen nicht

---

[237] BGH, FamRZ 1989, 1279 = R 396
[238] BGH, FamRZ 1981, 1042 = NJW 1981, 2805
[239] BGH, aaO
[240] OLG Hamm, FamRZ 1996, 1080
[241] BGH, FamRZ 1981, 752 = NJW 1981, 1782
[242] BGH, FamRZ 1983, 150, 152 = R 145 f
[243] OLG Hamm, FamRZ 1997, 1484
[244] BGH, FamRZ 1989, 487, 489 = R 383 c; NJW 1987, 893, 895
[245] KG, FamRZ 1992, 571
[246] BGH, NJW 1986, 722 = R 271

8. Abschnitt: Die Härteklausel des § 1579 BGB   § 4

mehr beseitigen. Anders wäre es nur, wenn der Verpflichtete durch ein vorausgegangenes ehewidriges Verhalten Anlaß zum Fehlverhalten des Berechtigten gegeben hätte.[247]

Nicht jedes Fehlverhalten des Verpflichteten kann dem Fehlverhalten des Berechtigten den Charakter der Einseitigkeit nehmen. Aus der grundsätzlichen Abkehr des Gesetzgebers vom Schuldprinzip ist zu folgern, daß im Rahmen der Prüfung der Einseitigkeit des Fehlverhaltens nicht allen Vorwürfen des Berechtigten nachzugehen ist, sondern daß nur konkret vorgebrachte Verfehlungen von einigem Gewicht Bedeutung erlangen können, die dem Berechtigten das Festhalten an der Ehe erheblich erschwert haben und sein eigenes Verhalten in einem milderen Licht erscheinen lassen.[248] 738

Außerdem muß das Fehlverhalten des Verpflichteten einen Bezug zum Fehlverhalten des Berechtigten haben. Für eine hinreichende Substantiierung von Gegenvorwürfen reicht die allgemeine Behauptung nicht aus, der Verpflichtete habe seinerseits auch in erheblichem Maß gegen die Treuepflichten verstoßen und die Berechtigte ständig beschimpft und geprügelt. Erforderlich ist eine konkrete Schilderung einzelner Vorkommnisse.[249]

Streitigkeiten und Auseinandersetzungen der Ehegatten, in deren Verlauf der Verpflichtete beleidigende und herabsetzende Äußerungen gemacht hat, sind keine Umstände, die die Einseitigkeit eines schwerwiegenden Fehlverhaltens entfallen lassen.[250]

Als Verfehlung von einigem Gewicht kann es angesehen werden, wenn der **Verpflichtete häufig betrunken** ist und es in diesem Zusammenhang zu **wüsten Auseinandersetzungen** kommt[251] oder wenn er die Ehefrau **geschlagen** hat.[252] 739

Keine Verfehlungen im Sinn der Nr. 6 sind dagegen **krankheitsbedingte Verhaltensauffälligkeiten**, weil eine Verfehlung ein schuldhaftes Verhalten voraussetzt und erheblich sein muß.[253]

c) Darlegungs- und Beweislast. Die Beurteilung des beiderseitigen Verhaltens einschließlich seiner Abwägung ist wesentlich Sache tatrichterlicher Würdigung.[254] 740

Der **Verpflichtete** hat die Darlegungs- und Beweislast dafür, daß ein offensichtlich schwerwiegendes, eindeutig beim Berechtigten liegendes Fehlverhalten vorliegt. Er hat daher etwaige Gegenvorwürfe auszuräumen, die von ihrem Gewicht her gesehen geeignet sind, dem Fehlverhalten des Berechtigten den Charakter eines einseitigen Fehlverhaltens zu nehmen.[255] 741

Soweit der Verpflichtete nur allgemein behauptete Gegenvorwürfe des Berechtigten lediglich bestreitet, sind an die Substantiierung seiner Darlegungen nach § 242 BGB keine allzu hohen Anforderungen zu stellen, da es sich im wesentlichen um die Behauptung sogenannter negativer Tatsachen handelt. Er ist zwar nicht von der ihn treffenden Darlegungspflicht befreit. Der Berechtigte darf sich aber in einem solchen Fall nicht mit einem einfachen Bestreiten begnügen, sondern muß im einzelnen darlegen, daß die von ihm bestrittene Behauptung unrichtig und sein eigener Vortrag richtig ist.[256]

Darüber hinaus muß der Verpflichtete nicht auf alle Vorwürfe des Berechtigten reagieren, sondern nur **Vorwürfe von einigem Gewicht widerlegen**. Kein ausreichender Gegenvorwurf der Berechtigten ist nach BGH die Behauptung, der Verpflichtete habe mit ihr kaum noch gesprochen, sondern über Zettel mit ihr verkehrt, wobei berücksichtigt wurde, daß die Berechtigte zu dieser Zeit schon ehebrecherische Verhältnisse zu Männern hatte.[257] Nicht ausreichend ist ferner die Behauptung, die Eheleute hätten sich weitgehend auseinandergelebt.[258]

---

[247] BGH, FamRZ 1983, 670 = R 149 a
[248] BGH, FamRZ 1983, 670 = R 149 a; FamRZ 1982, 463 = NJW 1982, 1461
[249] BGH, FamRZ 1983, 670 = R 149 a
[250] BGH, NJW 1986, 722 = R 271
[251] BGH, FamRZ 1982, 463 = R 104 b
[252] BGH, FamRZ 1989, 487, 489 = R 383 c
[253] BGH, FamRZ 1989, 1279 = R 396
[254] BGH, FamRZ 1982, 463 = R 104 c
[255] BGH, FamRZ 1983, 670 = R 149 a; FamRZ 1982, 779 = R 124 a
[256] BGH, FamRZ 1982, 463 = R 104 c; NJW 1981, 577
[257] BGH, FamRZ 1983, 670 = R 149 a
[258] BGH, FamRZ 1981, 439 = NJW 1981, 1214

IX. Anderer schwerwiegender Grund nach § 1579 Nr. 7 BGB

1. Zum Härtegrund der Nr. 7

742 Die Härteklausel der Nr. 7 ist anzuwenden, wenn ein anderer Grund vorliegt, der ebenso schwer wiegt wie die in den Nrn. 1 bis 6 aufgeführten Gründe.

743 Die Nr. 7 beinhaltet, wie die Nr. 4 a. F., einen Auffangtatbestand, der wörtlich mit der Nr. 4 a. F. übereinstimmt. Der Gesetzgeber hat damit die frühere Konzeption beibehalten, nämlich Regelbeispiele mit einem Auffangtatbestand zu verbinden. Durch die Verknüpfung der Nr. 7 mit den Regelbeispielen (Nr. 1 mit Nr. 6) wird die Nr. 7 auf Sachlagen eingegrenzt, die mit den Fällen der Nrn. 1 mit 6 in ihrer Schwere, nicht in ihrer Art vergleichbar sind. Ein zentrales Merkmal der Nr. 7 ist der gleich schwerwiegende Grund, der in untrennbarem Zusammenhang mit der groben Unbilligkeit steht.

744 Die Auffangregelung der Nr. 7 will allgemein eine unverhältnismäßige Belastung des Verpflichteten vermeiden. Deshalb ist sie auch dann anzuwenden, wenn allein objektive Gründe vorliegen, die eine Inanspruchnahme des Verpflichteten als unzumutbar erscheinen lassen.[259]

Andererseits kann die Nr. 7 auch subjektive Härtefälle erfassen, weil auch die Fälle Nr. 1 mit Nr. 6 sowohl objektive (Nr. 1) wie subjektive Härtefälle (Nr. 2 mit Nr. 6) beinhalten. **Praktisch** werden durch die Nr. 7 vor allem die Gründe **objektiver Unzumutbarkeit** erfaßt.

745 In den Fällen, in denen nach den Nrn. 1 mit 6 ein Härtegrund nur unter besonderen Voraussetzungen anerkannt wird, kann, wenn es an einem der dort genannten gesetzlichen Tatbestandsmerkmale fehlt, in der Regel der gleiche Sachverhalt nicht nochmals als ein „anderer Grund" nach Nr. 7 berücksichtigt werden.[260] So hat z. B. die Weigerung der Frau, dem vom Ehemann gewünschten Wohnsitz zuzustimmen, objektiv zum Scheitern der Ehe beigetragen. Trotzdem wird dadurch nicht der Härtegrund der Nr. 7 verwirklicht, wenn der Frau ihre Weigerung nicht als offensichtlich schwerwiegendes Fehlverhalten nach Nr. 6 vorzuwerfen ist. In gleicher Weise kann der Umstand, daß die Ehe der Parteien ohne Berücksichtigung der Kindererziehungszeiten nur etwas über 18 Monate gedauert hat und daß die Parteien nur während einer zweiwöchigen Reise und an einigen Wochenenden tatsächlich zusammengelebt haben, nicht nach Nr. 7 als Härtegrund gewertet werden.[261] War die Dauer der Ehe mit knapp 5 Jahren bei dreijährigem Zusammenleben keine kurze Ehe im Sinne von § 1579 Nr. 1 BGB, weil es an dem dort genannten gesetzlichen Tatbestandsmerkmal fehlt, kann die Dauer der Ehe auch nicht als ein anderer Grund nach Nr. 7 berücksichtigt werden.[262]

Eine **Ausnahme** hat der BGH in letzter Zeit mittelbar bei § 1579 Nr. 1 BGB gemacht, soweit die Eheleute nie oder nur sehr kurz zusammenlebten **und** noch weitere Umstände hinzukamen. Bei einer Ehe von 4 Jahren und 8 Monaten hat er einerseits den Härtegrund der Nr. 1 abgelehnt, andererseits trotzdem den Härtegrund der Nr. 7 bejaht mit der Begründung, daß die Eheleute tatsächlich nur wenige Monate zusammengelebt hätten und die Bedürftige bereits vor der Eheschließung behindert und auf Dauer erwerbsunfähig war.[263] Bei einem Anspruch auf Trennungsunterhalt, bei dem § 1579 Nr. 1 BGB nach § 1361 III BGB nicht anwendbar ist, hat er eine grobe Unbilligkeit nach Nr. 7 bejaht, weil die Parteien nie zusammenlebten und die Aufnahme einer Ehegemeinschaft auch nie beabsichtigten.[264]

Nach der vom BGH übernommenen Auffassung des BVerfG muß bei allen Ausschlußtatbeständen des § 1579 BGB geprüft werden, ob die Grenze des Zumutbaren eines

---

[259] BGH, FamRZ 1995, 1405 = R 490 A a; FamRZ 1994, 558 = R 476; FamRZ 1988, 930 = R 368 c; FamRZ 1987, 572, 575 = R 323 b; FamRZ 1987, 1011, 1013 = R 338 a
[260] BGH, FamRZ 1987, 572, 575 = R 323 b
[261] BGH, FamRZ 1987, 572, 575 = R 323 b; FamRZ 1980, 981 = NJW 1980, 2247, 2249
[262] BGH, FamRZ 1995, 1405, 1407 = R 490 A b, c
[263] BGH, FamRZ 1988, 930 = R 368 c
[264] BGH, FamRZ 1994, 558 = R 476

schuldunabhängigen Unterhaltsanspruchs überschritten ist, weil sonst die Beschränkung der wirtschaftlichen Dispositionsfreiheit des Verpflichteten als Folge der Unterhaltsansprüche gegen Art. 2 II GG verstoße.[265] Für solche Fälle bleibt letztlich immer die Nr. 7 als **genereller Auffangtatbestand**.

In jedem Fall ist eine **Abwägung erforderlich**, ob und inwieweit die Inanspruchnahme des Verpflichteten auf Unterhalt nach der gegebenen Situation für den Verpflichteten eine unzumutbare Belastung wäre. Dabei sind auch die Folgen, die sich für beide Ehegatten bei Gewährung, Versagung, Minderung oder zeitlicher Begrenzung ergeben würden, gegeneinander abzuwägen. Eine **grobe Unbilligkeit** kann um so eher bejaht werden, je besser die Chancen des Berechtigten sind, für seinen eigenen Unterhalt selbst aufkommen zu können, und je eher dies dem Berechtigten zugemutet werden kann. 746

Bei einer solchen **Abwägung** sind u. a. zu berücksichtigen die schicksalsbedingte allgemeine Lebenssituation des Berechtigten, das Zustandekommen und der Verlauf der Ehe, die durch eine neue Ehe des Verpflichteten entstandene Interessenlage sowie die Zumutbarkeit einer lebenslangen Unterhaltsverpflichtung für den Verpflichteten.[266]

Bei Anwendung der Nr. 7 und Würdigung der beiderseitigen Rechts- und Interessenlagen im Rahmen der hierzu gebotenen Zumutbarkeitsprüfung hat der Tatrichter einen ihm vorbehaltenen Beurteilungsspielraum, der nur einer rechtlichen Kontrolle durch das Revisionsgericht, nicht aber einer Angemessenheitskontrolle unterliegt. Dies gilt auch für die Bemessung der Höhe des Unterhaltsanspruchs nach Nr. 7.[267] 747

2. Härtegrund der Nr. 7, wenn nach der Scheidung ein ehewidriges Verhältnis gemäß Nr. 6 fortgeführt wird

Voraussetzung ist in diesem Fall, daß der Berechtigte sich schon **während bestehender Ehe** einem neuen Partner in einer Weise zugewandt hat, die ein offensichtlich schwerwiegendes, eindeutig bei ihm liegendes Fehlverhalten im Sinn der Nr. 6 beinhaltet, und daß der Berechtigte dieses Verhältnis nach der Scheidung fortsetzt. Obwohl nach der Scheidung keine eheliche Treuepflicht mehr besteht und deshalb nicht mehr von einem Fehlverhalten gesprochen werden kann, kann dadurch die Nr. 7 verwirklicht werden.[268] 748

Dauert eine eheähnliche Gemeinschaft, durch die während der Trennungszeit die Nr. 6 verwirklicht wurde, nach der Scheidung an, so erfüllt dies **regelmäßig** auch für den nachehelichen Unterhalt die Voraussetzungen der Nr. 7 (Nr. 4 a. F.).[269] 749

Die rechtliche Selbständigkeit des Trennungsunterhalts gegenüber dem nachehelichen Unterhalt (Nichtidentität) ist kein Kriterium, das bei fortgesetztem Fehlverhalten einer Fortwirkung der nach § 1361 III BGB i. V. § 1579 Nr. 6 BGB für den Trennungsunterhalt bestehenden Unbilligkeit nach der Scheidung entgegensteht. Wurde während der Trennungszeit die Nr. 6 verwirklicht, bezieht sich die Unzumutbarkeit der Inanspruchnahme auf Unterhalt nicht nur auf Fürsorge bis zur Scheidung, sondern auch auf den nachehelichen Unterhalt.[270] Das gilt um so mehr, als das Gesetz während der Ehe auch für die Zeit des Getrenntlebens eine gesteigerte Verantwortung der Eheleute füreinander vorsieht, während es nach der Scheidung grundsätzlich von der Eigenverantwortung jedes Ehegatten für seinen Unterhalt ausgeht (§ 1569 BGB). 750

Es kommt in einem solchen Fall entscheidend darauf an, ob die aus der Unterhaltspflicht erwachsenden Belastungen für den Verpflichteten die Grenzen des Zumutbaren überschreiten.[271]

---

[265] BGH, FamRZ 1990, 492, 495 = R 404 d
[266] BGH, FamRZ 1988, 930 = R 368 c
[267] BGH, FamRZ 1994, 558 = R 476; FamRZ 1988, 930 = R 368 c
[268] BGH, FamRZ 1991, 670, 673 = R 431 c; FamRZ 1989, 487, 488 = R 338 d; FamRZ 1985, 267 = R 238; FamRZ 1983, 569, 571 = NJW 1983, 1550
[269] BGH, FamRZ 1984, 154 = R 183 a; FamRZ 1984, 356 = NJW 1984, 1537; FamRZ 1984, 662, 664 = R 211 c; FamRZ 1983, 676 = NJW 1983, 1552; FamRZ 1983, 569, 571 = NJW 1983, 1548, 1550; FamRZ 1983, 996 = NJW 1983, 2243
[270] BGH, FamRZ 1991, 670, 673 = R 431 c
[271] BGH, FamRZ 1983, 569, 571 = NJW 1983, 1548, 1550

3. Härtegrund der Nr. 7 bei Zusammenleben mit einem neuen Partner nach der Scheidung, ohne daß vorher die Nr. 6 verwirklicht wurde

751 **a) Kein Verwirkungsgrund.** Allein die **Tatsache**, daß der Berechtigte nach der Scheidung eine **intime Beziehung** oder eine **nichteheliche Lebensgemeinschaft** mit einem neuen Partner eingeht und unterhält, stellt **keinen „anderen Grund"** im Sinn der Nr. 7 dar. Derartige Beziehungen zwischen nicht miteinander verheirateten Personen werden vom heutigen Verständnis in einem Maße hingenommen, daß eine Unterhaltsverpflichtung nicht schon aus diesem Grund generell als unzumutbar angesehen werden kann. Eine solche Unbilligkeit ergibt sich auch nicht daraus, daß der Berechtigte aus dem ihm gezahlten Unterhalt seinen neuen Partner mitunterhalte, weil der Berechtigte über den ihm zustehenden Unterhalt grundsätzlich frei verfügen kann.[272] Der Verpflichtete ist nicht berechtigt, mit den Mitteln des Unterhaltsrechts auf die Entscheidung der Berechtigten für ihren neuen Partner Einfluß zu nehmen.[273]

Gleiches gilt, wenn der Berechtigte seine Beziehung zum neuen Partner bereits während der Trennungszeit aufgenommen hatte, es sich dabei aber nicht um ein eindeutig bei ihm liegendes Fehlverhalten im Sinn der Nr. 6 handelte (s. Rn 736). Das ist z. B. der Fall, wenn der Berechtigte die neue Beziehung erst nach einvernehmlicher Trennung[274] aufgenommen oder sich der Verpflichtete vorher von der Ehe losgesagt,[275] bzw. selbst so ehewidrig verhalten hat, daß sich das Verhalten des Berechtigten nicht als einseitiges, eindeutig bei ihm liegendes Fehlverhalten darstellt.[276] Das **langjährige Zusammenleben** mit einem neuen Partner kann für sich allein beim **Trennungsunterhalt** keine Verwirkung begründen, sondern nur beim nachehelichen Unterhalt (s. unten Rn 754 ff).[277]

Die Fortsetzung dieses Verhältnisses nach der Scheidung beinhaltet weder einen fortwirkenden Verstoß gegen die Nr. 6 noch einen Verstoß gegen die eheliche Treuepflicht, weil diese nach der Scheidung endet.

752 **b) Verwirkungsgrund.**
- Die **Nr. 7 kann erfüllt** sein, wenn die Beziehung des Berechtigten zu seinem neuen Lebensgefährten wegen besonderer, etwa **kränkender oder sonst anstößiger Begleitumstände** geeignet ist, den Verpflichteten in außergewöhnlicher Weise zu treffen, ihn in der Öffentlichkeit bloßzustellen oder sonst in seinem Ansehen zu schädigen. Derartige Umstände müssen vorgetragen und tatrichterlich festgehalten werden.[278]

753 • Nr. 7 kann auch verwirklicht sein, wenn der Berechtigte von einer **Eheschließung** mit seinem neuen Parner nur deshalb **absieht**, weil er den **Unterhaltsanspruch nicht verlieren will**.[279] Dies liegt nicht vor, wenn die Berechtigte einen beachtlichen Grund hat, von einer Eheschließung mit dem neuen Partner abzusehen. Ein solcher Grund kann in wirtschaftlichen Verhältnissen bestehen, z. B. darin, daß sie von diesem eine Sicherung ihres Lebensbedarfs nicht erwarten kann.[280] Außerdem steht es in der freien Entscheidung des Berechtigten, ob er wieder heiraten will oder nicht. Deshalb müssen ohnehin schwerwiegende Gründe hinzutreten, damit in dem Absehen von einer Heirat ein schwerwiegender Grund im Sinn der Nr. 7 (Nr. 4 a. F.) erblickt werden kann.[281]
In der Praxis wird nur selten festgestellt werden können, daß eine Wiederverheiratung allein deshalb unterlassen wird, um den Unterhaltsanspruch nicht zu verlieren, zumal es hierbei um eine auf einem Willensentschluß beruhende, individuelle Verhaltenswei-

---

[272] BGH, FamRZ 1989, 487 = R 383 d
[273] BGH, aaO
[274] BGH, FamRZ 1981, 1042 = R 81 a
[275] BGH, FamRZ 1987, 356 = NJW 1987, 893, 895; FamRZ 1983, 150 = R 145 f
[276] BGH, FamRZ 1982, 779 = R 124 a
[277] OLG München, FamRZ 1998, 1589
[278] BGH, FamRZ 1995, 344 = R 488 a; FamRZ 1989, 487 = R 383 d
[279] BGH, FamRZ 1995, 540, 542 = R 479 A; FamRZ 1989, 487 = R 383 d; FamRZ 1984, 986 = R 225 a
[280] BGH, aaO
[281] BGH, FamRZ 1984, 986 = R 225 a

8. Abschnitt: Die Härteklausel des § 1579 BGB § 4

se geht, die dem Anscheinsbeweis nicht zugänglich ist. Erforderlich ist die Feststellung einer auf einem Willensentschluß beruhenden Verhaltensweise in einer bestimmten Lebenslage, die keiner generalisierenden Beurteilung aufgrund allgemeiner Erfahrungssätze unterworfen werden kann.[282]

- Auch wenn der Berechtigte, der mit einem neuen Partner **dauerhaft in einer festen sozialen Verbindung zusammenlebt,** von einer neuen Eheschließung aus hinzunehmenden Gründen absieht, kann die neue Verbindung dazu führen, daß die Fortdauer der Unterhaltsbelastung für den Verpflichteten unzumutbar wird. Das ist der Fall, wenn kein verständlicher Grund dafür ersichtlich ist, daß die Parteien nicht zu einer „ehegleichen ökonomischen Solidarität", also zu einer **Unterhaltsgemeinschaft** gelangen, mithin gemeinsam wirtschaften, wobei der haushaltführende Ehegatte wie in einer Ehe von dem anderen unterhalten wird.[283] Es muß sich dabei um eine **dauerhafte** feste soziale Verbindung handeln,[284] was regelmäßig erst nach längerer Bekanntschaft und einer gewissen Zeit des Zusammenlebens im Einzelfall bejaht werden kann. Auf eine derartige Unterhaltsgemeinschaft kann der Verpflichtete die Berechtigte nur verweisen, wenn diese in der neuen Gemeinschaft **wirtschaftlich ihr Auskommen** finden kann. Hat der neue Partner nicht die dazu erforderlichen Mittel, liegt keine sog. Unterhaltsgemeinschaft vor.[285]

754

- Die Unzumutbarkeit nach Nr. 7 kann sich unabhängig von der Vorwerfbarkeit bestimmter Verhaltensweisen auch aus **objektiven Gegebenheiten** und Veränderungen der Lebensverhältnisse der geschiedenen Eheleute ergeben. So kann z. B., wenn der Berechtigte zu einem neuen Partner **ein auf Dauer angelegtes Verhältnis** aufnimmt und das **nichteheliche Zusammenleben gleichsam an die Stelle einer Ehe** getreten ist, das Erscheinungsbild dieser Verbindung in der Öffentlichkeit unter Umständen dazu führen, daß die Fortdauer der Unterhaltsbelastung und des damit verbundenen Eingriffs in seine Handlungsfreiheit und Lebensgestaltung für den Verpflichteten unzumutbar ist.[286] Die wirtschaftliche Lage des neuen Partners spielt hierbei – anders als bei einer Verweisung auf die Unterhaltsgemeinschaft – für das Vorliegen des Tatbestandes keine Rolle[287] (s. aber unten Rn. 756).
Eine feste „soziale Verbindung" setzt regelmäßig einen **gemeinsamen Haushalt** voraus. Im Einzelfall kann aber auch bei einer andersartig gestalteten **dauerhaften Verbindung** je nach deren Erscheinungsbild in der Öffentlichkeit ein Grund nach Nr. 7 bestehen,[288] z. B. bei einer sog. Wochenendehe,[289] oder wenn der neue Partner noch eine eigene Wohnung hat.[290] Für das Erscheinungsbild in der Öffentlichkeit kommt es dabei nur auf die Erkennbarkeit der Partnerschaft aufgrund der nach außen dringenden Gegebenheiten an; nicht maßgeblich ist, daß sie von anderen als nichteheliche Lebensgemeinschaft bewertet wird.[291]
Zu verneinen ist ein auf Dauer angelegtes Verhältnis nach Nr. 7, wenn weder ein Zusammenleben noch ein gemeinsames Wirtschaften oder sonstige finanzielle Unterstützung, sondern nur ein intimes Verhältnis vorliegt.[292]

755

---

[282] BGH, FamRZ 1983, 569, 571 = NJW 1983, 1548, 1550
[283] BGH, FamRZ 1995, 540, 542 = R 479A; FamRZ 1989, 487, 490 = R 383 d; FamRZ 1987, 1011, 1013 = R 338 a
[284] BGH, FamRZ 1995, 540, 542 = R 479 A
[285] BGH, FamRZ 1995, 540, 542 = R 479A; FamRZ 1989, 487, 490 = R 383 d; FamRZ 1987, 1011 = R 338
[286] BGH, FamRZ 1997, 671 = R 511 A a; FamRZ 1995, 540, 542 = R 479A; FamRZ 1989, 487, 490 = R 383 d; FamRZ 1983, 996 = NJW 1983, 2243; FamRZ 1983, 569, 571 = NJW 1983, 1548, 1550
[287] BGH, FamRZ 1995, 540, 542 = R 479A; FamRZ 1989, 487, 490 = R 383 d
[288] BGH, FamRZ 1995, 540, 542 = R 479A; FamRZ 1984, 986 = R 225 a
[289] OLG Koblenz, FamRZ 1991, 1314
[290] BGH, FamRZ 1997, 671 = R 511 A a
[291] BGH, FamRZ 1997, 671 = R 511 A a
[292] BGH, FamRZ 1995, 540, 542 = R 479A; OLG Karlsruhe, FamRZ 1994, 174; OLG München, FamRZ 1990, 1243

Nach welchem Zeitablauf und unter welchen weiteren Umständen dies angenommen werden kann, läßt sich nicht allgemein verbindlich festlegen. Eine gewisse Mindestdauer, die im Einzelfall kaum unter zwei bis drei Jahren liegen dürfte, wird in der Regel nicht unterschritten werden dürfen. Denn vor Ablauf einer solchen zeitlichen Mindestgrenze wird sich im allgemeinen nicht verläßlich beurteilen lassen, ob die Partner nur „probeweise" zusammenleben, etwa um eine spätere Eheschließung vorzubereiten – ein Verhalten, das die Nr. 7 nicht erfüllt –, oder ob sie auf Dauer in einer verfestigten Gemeinschaft leben und nach dem Erscheinungsbild der Beziehung in der Öffentlichkeit diese Lebensform bewußt auch für ihre weitere Zukunft gewählt haben.[293] Eine auf Dauer verfestigte Gemeinschaft entfällt auch nicht dadurch, daß sich die neue Beziehung, bei der der neue Lebensgefährte der Bedürftigen noch seine bisherige Wohnung behalten hat, nach Angaben von Zeugen in letzter Zeit nach außen hin flüchtiger gestaltete.[294]

Ist diese Voraussetzung erfüllt, kann von dem Zeitpunkt an, in dem sich das nichteheliche Zusammenleben mit dem neuen Partner als eine solchermaßen verfestigte Verbindung darstellt, die Bedeutung der geschiedenen Ehe als Grund für eine fortdauernde unterhaltsrechtliche Verantwortung des Verpflichteten gegenüber seinem geschiedenen Ehegatten zurücktreten und es kann für den Verpflichteten objektiv unzumutbar werden, den früheren Ehegatten unter derart veränderten Lebensumständen – als Folgewirkung der geschiedenen Ehe – gleichwohl weiterhin (uneingeschränkt) unterhalten zu müssen.[295]

756 Bei der hiernach gebotenen Billigkeitsabwägung sind – neben anderen Kriterien – auch die wirtschaftlichen Verhältnisse des neuen Partners des Berechtigten mitzuberücksichtigen,[296] ferner die Ehedauer,[297] umfangreiche finanzielle Unterstützung durch den neuen Partner bereits vor dem Zusammenleben,[298] gemeinsamer Bau eines neuen Hauses.[299]

757 c) **Gleichgeschlechtliche Partnerschaft.** Ein langjähriges **Zusammenleben mit einem gleichgeschlechtlichen Partner** kann hingegen **nicht** als eheähnliche Gemeinschaft angesehen werden, die an die Stelle einer Ehe tritt. Gleichgeschlechtliche Partnerschaften stehen weder unter dem Schutz von Art. 6 GG, noch handelt es sich um eine Lebensform, die in der Gesellschaft voll Anerkennung findet. Eine Eheschließung mit der Folge des § 1586 BGB scheidet aus. Allein wegen eines dauerhaft verfestigten Zusammenlebens kommt ein Wegfall des Unterhaltsanspruchs nach § 1579 Nr. 7 BGB daher grundsätzlich nicht in Betracht.[300]

Nachdem ein geschiedener Ehegatte in der privaten Gestaltung seines Lebens frei und dem Unterhaltsschuldner gegenüber weder zur Treue verpflichtet noch in sonstiger Weise verantwortlich ist, kann die Beziehung zu einem gleichgeschlechtlichen Partner für sich allein ebenfalls nicht zu einer Verwirkung nach Nr. 7 BGB führen. Eine Ausnahme kann nur bestehen, wenn besonders kränkende oder sonstige anstößige Begleitumstände hinzutreten, die geeignet sind, den Verpflichteten in außergewöhnlicher Weise zu treffen, bloßzustellen oder in seinem Ansehen zu schädigen.[301]

4. Der Härtegrund der Nr. 7 in sonstigen Fällen

758 Der BGH hat bei einer Ehe von 4 Jahren und 8 Monaten den Härtegrund der kurzen Ehedauer (Nr. 1) abgelehnt, aber die Anwendung der Nr. 7 auf einen Anspruch nach

---

[293] BGH, FamRZ 1997, 671, 672 = R 511 A e; FamRZ 1989, 487, 491 = R 383 d
[294] BGH, FamRZ 1997, 671 = R 511 A a
[295] BGH, aaO
[296] BGH, aaO
[297] BGH, FamRZ 1987, 689 = R 337 c
[298] OLG Düsseldorf, FamRZ 1992, 955
[299] OLG Düsseldorf, FamRZ 1994, 176
[300] BGH, FamRZ 1995, 344 = R 488 b
[301] BGH, aaO

8. Abschnitt: Die Härteklausel des § 1579 BGB § 4

§ 1572 BGB bejaht mit der Begründung, eine unbefristete Inanspruchnahme auf nachehelichen Unterhalt sei objektiv unzumutbar, weil sie den Verpflichteten in grob unbilliger Weise belasten würde. Zur Begründung wird ausgeführt, die Parteien hätten in der nur **kurzen Zeit** ihres tatsächlichen ehelichen **Zusammenlebens** (ca. 9 Monate) ihre Lebensdispositionen nicht aufeinander einstellen können. Die erst 31jährige Berechtigte sei bereits **bei Heirat auf Dauer erwerbsunfähig** gewesen und habe deshalb **keine ehebedingten Nachteile** erlitten (s. aber auch Rn 763). Deshalb sei eine unbegrenzte Unterhaltsbelastung auch unter Berücksichtigung der nachehelichen Solidarität nicht gerechtfertigt, zumal der Verpflichtete wieder verheiratet sei und bei neuen Kindern zusätzlich erheblich unterhaltsbelastet sein werde.[302] Der BGH hat in diesem Sonderfall die grobe Unbilligkeit im Ergebnis in erster Linie darauf gestützt, daß keine ehebedingten Nachteile des Bedürftigen durch das kurze Zusammenleben und die bereits bei Eheschließung bekannte Erwerbsunfähigkeit eintraten.

Beim **Trennungsunterhalt** hat der BGH eine grobe Unbilligkeit nach Nr. 7 bejaht, wenn die Eheleute wegen einer kirchlich noch nicht geschiedenen Vorehe des Bedürftigen **nie beabsichtigen, zusammenzuleben**.[303]

Der BGH hat eine OLG-Entscheidung bestätigt, in der der Berechtigte durch **Medikamentenmißbrauch** seine Erwerbsunfähigkeit herbeigeführt hat, aber eine mutwillige Herbeiführung der Bedürftigkeit im Sinn der Nr. 3 wegen der psychisch labilen Persönlichkeit des Berechtigten nicht nachgewiesen werden konnte. Es hat aber einen Härtegrund nach Nr. 7 bejaht, weil die Arbeitsunfähigkeit durch die Medikamentenabhängigkeit verursacht sei und das Verhalten der Berechtigten bei unterhaltsrechtlicher Wertung einen schwerwiegenden anderen Grund im Sinn der Nr. 7 beinhalte. Eine Unterhaltspflicht in voller Höhe sei bei der selbst herbeigeführten Bedürftigkeit selbst bei einem nicht feststellbaren Verschulden der Berechtigten für den Verpflichteten grob unbillig.[304]

759

Der **Splittingvorteil** des Verpflichteten aus einer neuen Ehe kommt nach der Rechtsprechung des BGH grundsätzlich sowohl dem geschiedenen Ehegatten als auch den Kindern aus der früheren Ehe zugute (s. Rn 186 und ausführlich 1/464).

760

In einem Mangelfall, d. h., wenn dem Verpflichteten nicht genügende Mittel für den Unterhalt seines bedürftigen neuen Ehegatten verbleiben, kann es im Sinn der Auffangregelung der Nr. 7 (Nr. 4 a. F.) unbillig sein, wenn der Verpflichtete auch noch den Splittingvorteil mit dem früheren Ehegatten teilen soll. Er kommt in den Genuß des Splittingvorteils, weil er wieder geheiratet hat. Die ihm dadurch entstehende wirtschaftliche Belastung soll durch das Splittingverfahren gemindert werden. Zur Vermeidung dieses unbilligen Ergebnisses ist es bei Vorrang der früheren Ehegatten und Bedürftigkeit des neuen Ehegatten sowie bei beengten wirtschaftlichen Verhältnissen im allgemeinen gerechtfertigt, den Unterhaltsanspruch des früheren Ehegatten auf den Betrag zu kürzen, der sich nach dem Einkommen des Verpflichteten ohne Splittingvorteil ergibt.[305]

Ob für den Verpflichteten in einem solchen Fall die Grenze des Zumutbaren in unerträglicher Weise überschritten wird, kann nicht allein aufgrund einer Gegenüberstellung des dem Verpflichteten entstandenen Splittingvorteils mit dem von ihm zu deckenden Bedarf des neuen Ehegatten beurteilt werden, sondern es ist eine umfassende Abwägung der gegebenen Umstände erforderlich. Dabei ist insbesondere von Bedeutung, zu welcher Belastung des Verpflichteten und seiner neuen Familie es im konkreten Fall kommt, wenn der Splittingvorteil bei der Bedarfsbemessung für den geschiedenen Ehegatten berücksichtigt wird.[306]

Die Nr. 7 kann auch in Frage kommen bei einem **grob rücksichtslosen Verhalten** gegenüber dem Verpflichteten, bei Verbrechen oder Vergehen gegenüber dessen neuem Lebensgefährten und bei einer sonstigen schwer verletzenden Distanzierung von ehelichen Bindungen und nachwirkenden ehelichen Pflichten.

761

---

[302] BGH, FamRZ 1988, 930 = R 368 c
[303] BGH, FamRZ 1994, 558 = R 476
[304] BGH, FamRZ 1988, 927 = R 358 a
[305] BGH, FamRZ 1986, 798 = R 298; FamRZ 1985, 911 = R 268 c
[306] BGH, FamRZ 1988, 145, 148 = NJW-RR 1988, 514, 516

5. Kein Härtegrund nach Nr. 7

762 Die Nr. 7 ist **nicht erfüllt** bei Unterhaltsbedürftigkeit des Berechtigten infolge eines fehlgeschlagenen **Selbsttötungsversuchs**. Der Verpflichtete muß das schwere Schicksal des in Not geratenen Partners nach der Scheidung auch dann mittragen, wenn ihn keine Mitschuld an der Notlage trifft.[307]

763 Eine Verwirkung nach Nr. 7 kann ferner nicht darauf gestützt werden, daß der Bedürftige an einer **unerkannten vorehelichen Erkrankung** leidet, da dies der Zielsetzung des § 1572 BGB zuwiderläuft.[308] Die zur Zeit der Scheidung fortdauernde Erkrankung kann nicht einerseits den Unterhaltsanspruch nach § 1572 Nr. 1 BGB auslösen, andererseits durch eine Verwirkung nach § 1579 Nr. 7 BGB den Anspruch wieder ausschließen. Dies gilt auch, wenn die schon vor der Ehe zumindest latent vorhandene Erkrankung erst **nach der Trennung** voll ausbricht.[309] § 1579 Nr. 7 BGB greift ferner nicht ein, wenn die Eheleute glaubten, daß die Bedürftige nach Abschluß ihrer Ausbildung trotz ihrer Erkrankung erwerbstätig sein könne, der gewählte Beruf aber dann doch nicht ausgeübt werden konnte.[310] Anders liegt der Fall, wenn die Eheleute nur wenige Monate zusammenlebten und die Erkrankung bekannt war (s. oben Rn 758).

763a Eine Herabsetzung des Unterhaltsanspruchs kommt nach § 1579 Nr. 7 BGB nicht in Betracht, weil die **neue Familie** des Unterhaltsverpflichteten bei Erfüllung des Unterhaltsanspruchs des geschiedenen Ehegatten **unterhalb der Sozialhilfeschwelle** leben muß.[311] Soweit der geschiedene Ehegatte mit dem neuen Ehegatten und den Kindern aus der neuen Ehe gleichrangig ist, kommt daher bei fehlender Leistungsfähigkeit nur eine anteilige Kürzung aller Ansprüche nach Mangelfallgrundsätzen in Betracht, ansonsten würde die gesetzliche Rangregelung mißachtet.[312]

X. Wiederaufleben eines nach § 1579 BGB ausgeschlossenen Anspruchs und endgültiger Ausschluß nach § 1579 BGB

1. Wiederaufleben eines nach Nr. 7 ausgeschlossenen Anspruchs

764 Ein aus objektiven Gründen nach Nr. 7 erfolgter Unterhaltsausschluß wegen einem für längere Zeit bestehenden festen sozialen und wirtschaftlichen Zusammenschluß des Berechtigten mit einem neuen Partner muß nicht notwendig endgültig sein. Ändern sich später die Umstände, die die Unzumutbarkeit der Inanspruchnahme des früheren Ehegatten auf Unterhalt begründet haben, bleiben diese Änderungen weder unberücksichtigt noch führen sie ohne weiteres zur Wiederherstellung der unterhaltsrechtlichen Lage, die vor Eintritt der die Unzumutbarkeit begründenden Umstände bestanden hat.[313]

Erforderlich ist eine neue umfassende tatrichterliche Prüfung der Frage, ob die aus einer wiederauflebenden Unterhaltspflicht erwachsende Belastung für den Verpflichteten weiterhin die Zumutbarkeitsgrenze überschreitet.[314]

765 In diese neue Prüfung sind grundsätzlich **alle Umstände einzubeziehen**, die die gebotene Billigkeitsabwägung beeinflussen können. Wesentliche Bedeutung kommt dabei dem **Zeitfaktor**, d. h. der Ehedauer zu, weil diese eine die Grundlage der Unterhaltspflicht verstärkende Wirkung hat.[315]

---

[307] BGH, FamRZ 1989, 1054 = R 393 b
[308] BGH, FamRZ 1995, 1405, 1407 = R 490 A c; FamRZ 1994, 566 = R 475
[309] BGH, FamRZ 1995, 1405, 1407 = R 490 A c
[310] BGH, FamRZ 1995, 1405 = R 490 A c
[311] BGH, FamRZ 1996, 1272 = R 507 a, b
[312] BGH, aaO
[313] BGH, FamRZ 1987, 689 = R 337 c; FamRZ 1987, 1238 = R 344 a
[314] BGH, aaO; FamRZ 1986, 443 = R 272
[315] BGH, FamRZ 1987, 689 = R 337 c; FamRZ 1986, 443 = R 272

8. Abschnitt: Die Härteklausel des § 1579 BGB §4

Zu berücksichtigen ist deshalb einerseits die Dauer der früheren Ehe und andererseits die Dauer der Verhältnisse, die eine Unterhaltsgewährung als objektiv unzumutbar erscheinen ließen. Je länger der Verpflichtete nach Nr. 7 von einer Inanspruchnahme auf Unterhalt ganz oder teilweise verschont geblieben ist, um so härter wird ihn eine erneute Inanspruchnahme treffen.[316] Waren die Eheleute 12 Jahre verheiratet und hat danach die Frau etwa 7 Jahre mit dem neuen Partner zusammengelebt, wird sich nicht ohne weiteres feststellen lassen, daß die aus der früheren Ehe erwachsene wirtschaftliche Abhängigkeit schon deshalb schwerer wiegt, weil sie die Dauer der nichtehelichen Partnerschaft um einige Jahre übersteigt. Gegen ein Wiederaufleben des ausgeschlossenen Unterhaltsanspruchs kann sprechen, wenn der Verpflichtete auf den endgültigen Wegfall der Unterhaltslast vertrauen konnte und sich darauf durch wirtschaftliche Dispositionen, wie z. B. durch Kreditaufnahme oder Eingehung einer neuen Ehe und daraus erwachsenen neuen Unterhaltsverpflichtungen eingestellt hat.[317]

2. Wiederaufleben eines Anspruchs aus Gründen des vorrangigen Kindeswohls

Auch ein aus sonstigen Gründen (Nr. 1 mit Nr. 6) ausgeschlossener Unterhaltsanspruch kann wiederaufleben, wenn dies aus Gründen des vorrangig zu berücksichtigenden Kindeswohls erforderlich ist. Dies kann z. B. der Fall sein, wenn der Berechtigte infolge einer Änderung der Sorgerechtsentscheidung nach § 1570 BGB auf Unterhalt angewiesen ist. 766

Soweit nach dem Eingangssatz des § 1579 die Belange eines gemeinschaftlichen Kindes zu wahren sind, kann dies nicht davon abhängig sein, ob der Unterhaltsberechtigte für einen vergangenen Zeitraum wegen eines Fehlverhaltens den Unterhaltsanspruch eingebüßt hatte. Nach der Rechtsprechung des BVerfG und des BGH kommt dem Kindeswohl gegenüber Belangen des Verpflichteten grundsätzlich der Vorrang zu. Dieser kann unter den Voraussetzungen der Härteregelung nur insoweit von Unterhaltszahlungen freigestellt werden, wie die Interessen des Kindes nicht entgegenstehen. Der Lebensstandard des Kindes soll nicht wegen eines Fehlverhaltens des Berechtigten absinken, das von ihm nicht zu vertreten ist. Eine Auslegung des § 1579 BGB, die die Belange des Kindes wegen eines Fehlverhaltens des Berechtigten vernachlässigen würde, wäre mit verfassungsrechtlichen Grundsätzen nicht vereinbar. Deshalb ist § 1579 BGB stets erneut umfassend zu überprüfen, wenn die Voraussetzungen des erörterten Eingangssatzes neu eintreten. Die hierin liegende Privilegierung des berechtigten Elternteils gilt, ähnlich wie nach § 1570 BGB, solange der Berechtigte das Kind tatsächlich betreut, und zwar entweder mit Einverständnis des anderen Elternteils oder aufgrund einer gerichtlichen Entscheidung.[318] 767

3. Wiederaufleben oder endgültiger Unterhaltsausschluß in sonstigen Fällen

Abgesehen von den unter 1) und 2) erörterten Fällen ist für die Beurteilung eines endgültigen Ausschlusses bei den Tatbeständen des § 1579 BGB eine differenzierende Betrachtungsweise angezeigt, wobei es auf die jeweiligen Umstände des Einzelfalles ankommt. Das Gesetz spricht in § 1579 BGB nicht wie in § 66 EheG von einer Verwirkung des Unterhaltsanspruchs, die in der Auslegung als endgültig angesehen wurde.[319] 768

Wenn besondere Umstände fehlen, lebt ein nach § 1579 Nr. 1 mit 6 BGB ausgeschlossener Unterhaltsanspruch − von den unter 1) und 2) erörterten Fällen abgesehen − in der Regel nicht wieder auf. Dies gilt vor allem bei einem Ausschluß wegen kurzer Ehedauer (Nr. 1) sowie wegen der Zwecksetzung der jeweiligen Härtegründe bei besonders schweren Verstößen gegen Nr. 2,[320] Nr. 4, Nr. 5 und Nr. 6. 769

---

[316] BGH, FamRZ 1987, 689 = R 337 c
[317] BGH, aaO
[318] BGH, FamRZ 1987, 1238 = R 344 a
[319] BGH, aaO
[320] OLG Hamm, FamRZ 1997, 373

770 Besondere Umstände, die eine Abweichung vom Regelfall rechtfertigen, können z. B. angenommen werden, wenn der Verpflichtete nach dem Vorfall, der den jeweiligen Härtegrund erfüllt, dem Berechtigten **verziehen** hat, oder wenn sich die Eheleute wieder **versöhnt** haben. Es ist dann eine erneute Zumutbarkeitsabwägung und Berücksichtigung solcher besonderer Umstände erforderlich.

771 Besondere Umstände liegen ferner vor, wenn ein nachehelicher Unterhaltsanspruch wegen nachhaltiger und massiver **Behinderung des Umgangsrechts** teilweise verwirkt ist, der Unterhaltsberechtigte aber zwischenzeitlich auf die Kinder so eingewirkt hat, daß ein dauerhafter und angemessener Umgang ausgeübt werden kann.[321]

---

[321] OLG München, FamRZ 1998, 750; OLG Nürnberg, FamRZ 1997, 614

§ 5 Rangverhältnisse und Mangelfälle

I. Selbstbehalt und Mangelfall

1. Relativität von Eigenbedarf, Selbstbehalt und Mangelfall

Jeder Unterhalt ist in Höhe des bestehenden Bedarfs nur dann geschuldet, wenn die 1
entsprechende Leistungsfähigkeit des Verpflichteten gegeben ist. Ist das nicht der Fall, so
besteht ein **Mangelfall**, welcher zu einer Verminderung des Unterhalts unter den Unterhaltsbedarf führt. Ist bei nicht ausreichender Leistungsfähigkeit auch der Bedarf des Verpflichteten nur teilweise zu decken, so soll hier zur Unterscheidung von einem **eingeschränkten** Mangelfall die Rede sein; muß dem Verpflichteten ein bestimmter Betrag bleiben, von einem **verschärften** Mangelfall, entsprechend auch von **eingeschränktem bzw. verstärktem Eigenbedarf oder Selbstbehalt**.

Der Eigenbedarf des Verpflichteten ist für jedes Unterhaltsrechtsverhältnis selbständig zu bestimmen, insofern ist er immer **relativ**. Besteht Unterhaltspflicht gegenüber mehreren Unterhaltsgläubigern, so können diesen gegenüber verschiedene Eigenbedarfsbeträge maßgebend sein. Tritt bei Beeinträchtigung des Eigenbedarfs ein verschärfter Mangelfall ein, wird also nur der Unterhalt gekürzt, so wird der Eigenbedarf auch **Selbstbehalt** genannt. Teilweise werden die Begriffe Eigenbedarf und Selbstbehalt auch als gleichbedeutend behandelt, so wenn die BayL 20 e von eheangemessenem Selbstbehalt reden.

Absolut ist ein **Selbstbehalt**, welcher als **unterste Grenze der Inanspruchnahme** durch jeden Unterhaltsgläubiger anerkannt ist. Wird ein Mangelfall an ihm gemessen, so wird er auch als **absoluter Mangelfall** bezeichnet.
– Der **eheangemessene Eigenbedarf** oder **Selbstbehalt** (s. o. Rn 4/569) ist ein Spiegel- 2
bild des eheangemessenen Bedarfs des Gatten und berechnet sich aus dem prägenden Einkommen der Gatten und dem Mehrbedarf. Er ist ein eingeschränkter Selbstbehalt, weil er im Mangelfall ebenso wie der Unterhalt des Berechtigten gekürzt werden muß. Daneben wird in vielen Leitlinien ein Mindestbetrag des eheangemessenen Selbstbehalts angenommen, welcher als
– **billiger Selbstbehalt** bezeichnet wird. Er wird meist nur ungefähr angegeben, aber 3
als feste Grenze der Inanspruchnahme durch den Gatten und damit als **verstärkter** Selbstbehalt behandelt. Seine Höhe liegt i. d. R. zwischen 1500 und 1800 DM.
– Minderjährigen Kindern gegenüber gilt der (verstärkte) **notwendige Selbstbehalt** 4
von 1500 DM (bei Nichterwerbstätigen 1300 DM), gegenüber
– volljährigen Kindern, welche sich in der Ausbildung befinden, der **angemessene** 5
Selbstbehalt von i. d. R. 1800 DM. In derselben Höhe wird auch der Selbstbehalt gegenüber dem Unterhaltsanspruch der nichtehelichen Mutter (Vater) nach § 1615 l BGB anerkannt (vgl. Rn 6/759 a).
– Gegenüber dem Unterhaltsanspruch der Eltern ist nunmehr ein Selbstbehalt von 6
2250 DM (und zusätzlich 1750 DM für den Ehegatten) anerkannt, in welchem eine Warmmiete von 800 DM enthalten ist (DT D.). Dieser Selbstbehalt sollte als **allgemeiner Selbstbehalt** anerkannt werden und auch für die Ansprüche von Kindern nach der Ausbildung, von Enkeln und von Großeltern gelten (s. a. Rn 2/273, 2/616f).
– Es können auch **mehrere Selbstbehalte gegenüber der gleichen Person** gelten. Ge- 7
genüber dem Ehegatten ist als erstes der **eheangemessene Selbstbehalt** zu beachten. Er führt als **eingeschränkter Selbstbehalt** zu einer Kürzung auf beiden Seiten. Doch ist der Kürzung auf der Seite des Verpflichteten eine Grenze gesetzt, die entweder durch den notwendigen Selbstbehalt (Rn 4) als Untergrenze jeder Inanspruchnahme oder durch den billigen Selbstbehalt (Rn 3) bestimmt ist.

Bei minderjährigen Kindern gilt grundsätzlich der angemessene Selbstbehalt (Rn 5); und nur wenn keine leistungsfähigen Verwandten vorhanden sind, ist der notwendige Selbstbehalt maßgebend.

8 – Eine absolute Grenze der Inanspruchnahme allen Unterhaltsansprüchen gegenüber stellt auch die **Sozialgrenze** dar, die sich daraus ergibt, daß nach der Rechtsprechung des BGH niemand durch Unterhaltszahlungen Sozialfall werden soll (genauer Rn 196).

9 – Der **Bedarfskontrollbetrag** der DT (vgl. näher Rn 2/239 f) könnte als eingeschränkter Selbstbehalt erscheinen, weil Unterschreitung desselben zur Herabgruppierung in der DT und damit zur Senkung sowohl des Kindesunterhalts als auch wiederum des Bedarfskontrollbetrags führt. Da jedoch der Bedarf eines Kindes nicht durch die ehelichen Lebensverhältnisse bei Scheidung festgelegt ist, sondern im Rahmen der Zumutbarkeit an jeder Minderung des Lebensstands des Verpflichteten teilnimmt, wird der Bedarfskontrollbetrag zutreffend nicht als Kennzeichnung eines (eingeschränkten) Mangelfalls, sondern als Rechenhilfe zur Bestimmung des angemessenen Bedarfs eines Kindes betrachtet.[1]

10 – Jeder Mangelfall beruht darauf, daß ein bestimmter Eigenbedarf bei Erfüllung aller Unterhaltspflichten nicht gewahrt werden kann. Wegen der Relativität des Selbstbehalts müssen auch der Mangelfall und seine Folgen **relativ zum Unterhaltsberechtigten**, dem der Pflichtige einen bestimmten Eigenbedarf entgegensetzen kann, betrachtet werden.

10a Der Selbstbehalt eines Unterhaltsschuldners kann unter die Richtwerte **herabgesetzt werden**, wenn der Bedarf durch gemeinsame Haushaltsführung mit einem ebenfalls berufstätigen Ehegatten teilweise abgedeckt ist.[2]

2. Voraussetzungen eines Mangelfalls nach §§ 1581, 1603 BGB

11 Nach §§ 1581, 1603 BGB besteht **ein Mangelfall, wenn** der Verpflichtete nach seinen Erwerbs- und Vermögensverhältnissen unter Berücksichtigung seiner sonstigen Verpflichtungen außerstande ist, ohne Gefährdung seines eigenen Unterhalts dem Berechtigten Unterhalt zu gewähren.

Damit sind für die Feststellung eines Mangelfalls folgende Umstände zu klären:
- Der eigene **Unterhalt des Verpflichteten**. Soweit es um die Feststellung eines Mangelfalls gegenüber einem Gatten geht, ist der eheangemessene Selbstbehalt einzusetzen, geht es um den Mangelfall gegenüber einem Kind oder anderen Verwandten, der jeweilige Selbstbehalt des Verpflichteten diesem gegenüber (vgl. Rn 2 bis 6).
- Der **volle Unterhalt des Berechtigten** nach dem Maßstab seiner Bedürftigkeit.
- Die **Erwerbs- und Vermögensverhältnisse des Verpflichteten**.
- Die **sonstigen Verpflichtungen** des Verpflichteten, zu denen auch andere Unterhaltsverpflichtungen gehören.

12 Für die Beurteilung, ob ein Mangelfall vorliegt, sind zwei verschiedene Bereiche miteinander zu vergleichen:
- Der **Sollbereich oder Bedarfsbereich**. Dieser Bereich umfaßt alle Bedarfspositionen und bestimmt die erforderliche Leistungsfähigkeit auf der Leistungsstufe (Genaueres dazu Rn 14 f).
- Der **Haben-Bereich oder die Deckungsmasse**. Dieser Bereich beinhaltet alle zur Bedarfsdeckung verwendbaren Mittel des Verpflichteten und bestimmt seine **tatsächliche** Leistungsfähigkeit (Genaueres dazu nachfolgend Rn 19 f).
- Die **bedarfsbestimmenden** (z. B. die ehelichen Lebensverhältnisse **prägenden**) Unterhaltsverpflichtungen und anderen **Verpflichtungen** gehören zu den Erwerbs- und Vermögensverhältnissen. Bei der Gegenüberstellung können sie vom Einkommen vorweg abgezogen werden (Nettomethode) oder dem Soll- oder Bedarfsbereich zugerechnet werden Bruttomethode).

---

[1] Vgl. Hampel, Bemessung des Unterhalts, Rn 35
[2] BGH, FamRZ 1998, 286, 288 = R 518 b

I. Selbstbehalt und Mangelfall §5

Ist bei einem Vergleich der beiden Bereiche der Soll-Bereich größer als der Haben-Bereich, besteht eine beschränkte Leistungsfähigkeit und damit ein **Mangelfall**. Die Differenz beinhaltet den **Fehlbedarf** und damit das Ausmaß der beschränkten Leistungsfähigkeit (Vergleichsmethode). 13

In der Praxis wird oft nur dieser Fehlbedarf berechnet, indem erst die Posten des Habenbereichs addiert und dann davon alle Posten des Sollbereichs bis auf den Eigenbedarf des Verpflichteten abgezogen werden. Ist der Rest geringer als der Eigenbedarf, so besteht ein Mangelfall (Abzugsmethode).

Sind beide Bereiche gleich groß oder ist der Soll-Bereich kleiner als der Haben-Bereich, dann ist der Verpflichtete **voll leistungsfähig**. Die Abzugsmethode ergibt dann einen Restbetrag in Höhe mindestens des Eigenbedarfs.

Das Gericht hat abzuwägen, ob der Verpflichtete nach diesem Maßstab zu Unterhaltsgewährung in der Lage ist.[3]

3. Die Bedarfspositionen

Wie bereits ausgeführt (Rn 11, 12), zählen zum Soll-Bereich oder **Bedarfsbereich** der Bedarf des Verpflichteten und des Berechtigten, sowie sonstige Verpflichtungen. 14

Je nachdem, wem gegenüber der Mangelfall zu prüfen ist, muß der **Bedarf des Verpflichteten** unterschiedlich festgelegt werden. Er ist grundsätzlich identisch mit dem jeweiligen Eigenbedarf (s. o. Rn 1 ff). 15

Im Verhältnis **zwischen Ehegatten** wird der beiderseitige Bedarf als **eheangemessener Bedarf** (beim Verpflichteten auch eheangemessener Selbstbehalt genannt, siehe Rn 4/569) in Gestalt des **Quotenunterhalts** berechnet. Dabei dürfen nur prägende Einkünfte berücksichtigt werden. 16

Dieser Bedarf darf nicht nach einem Mindestbedarfssatz oder Selbstbehaltssatz festgelegt werden, sondern muß individuell bemessen werden (Rn 4/434 f, 4/539).

Der **eheangemessene Bedarf** nach § 1581 BGB beinhaltet stets den vollen Bedarf im Sinn des § 1578 I 1 BGB. Das ist wichtig, wenn trennungsbedingter Mehrbedarf oder sonstiger Mehrbedarf geltend gemacht wird und dieser nicht durch Verrechnung mit nichtprägenden Einkünften abgedeckt werden kann, weil dann der volle Bedarf aus **Quotenunterhalt und trennungsbedingtem Mehrbedarf** besteht (Rn 4/416 f).

Beim **Verwandtenunterhalt** nach §§ 1601, 1603 BGB tritt neben den festen **Selbstbehalt** des Pflichtigen der **volle Bedarf des Verwandten**, welcher bei minderjährigen Kindern meist nach der DT (Rn 2/203 ff), bei volljährigen Kindern vielfach nach festen Beträgen (Rn 2/391 f) bestimmt wird und ebenfalls durch in diesen Unterhaltssätzen nicht berücksichtigten Mehrbedarf (Rn 2/317 f, 2/401) erhöht sein kann. 17

§ 1581 BGB schreibt ausdrücklich vor, daß im Rahmen der Leistungsfähigkeit auch **alle sonstigen Verpflichtungen** zu berücksichtigen sind. Deshalb erhöhen auch solche Verpflichtungen zunächst den Bedarfsbereich. Es muß sich aber auch auf der Leistungsstufe um berücksichtigungswürdige Verbindlichkeiten handeln (siehe Rn 112 f). 18

Zu den „sonstigen Verpflichtungen", die den Bedarfsbereich erhöhen, zählen nur **nichtprägende Verpflichtungen**, die nicht bereits bei der Einkommens- und Bedarfsberechnung berücksichtigt sind. Es sind dies:

Alle **nichtprägenden Unterhaltsverpflichtungen**, wie z. B. für Kinder aus neuer Ehe oder für den neuen Ehegatten.

Alle sonstigen tatsächlich bestehenden nichtprägenden **regelmäßigen Zahlungsverpflichtungen**, auch solche, die erst nach Trennung oder Scheidung begründet werden.

Demgegenüber sind prägende Unterhaltsverpflichtungen und prägende ehebedingte Verbindlichkeiten bereits im Rahmen der Bedarfsbemessung durch Vorabzug vom prägenden Einkommen berücksichtigt worden.

---

[3] BGH, FamRZ 1985, 691 = R 258

4. Die Deckungsmasse

19 Im Rahmen der Leistungsfähigkeit sind alle tatsächlichen Einkünfte des Verpflichteten zu berücksichtigen.[4] Das sind alle prägenden Einkünfte und alle nichtprägenden Einkünfte, gleich welcher Art sie sind und auf welcher Grundlage sie bezogen werden. Laufende Erträge aus dem Erlös eines nach der Scheidung veräußerten Hauses sind nicht ausgenommen.[5] Es sind praktisch alle in § 1 erörterten Einkünfte, die der Verpflichtete tatsächlich erzielt hat oder in zumutbarer Weise erzielen könnte, ohne Rücksicht auf Herkunft und Verwendungszweck. Maßgeblich sind die Nettoeinkünfte, wobei ein Abzug prägender Unterhaltsverpflichtungen und sonstiger prägender Verpflichtungen unterbleibt, soweit diese im Bedarfsbereich berücksichtigt werden (Rn 18).

Die wichtigsten der zur Bedarfsdeckung verwendbaren Mittel sind:

20 **Erwerbseinkünfte** aus abhängiger Arbeit (Rn 1/46 ff), aus selbständiger oder unternehmerischer Erwerbstätigkeit (Rn 1/110 ff, 1/142 ff), aus Land- und Forstwirtschaft (Rn 1/186 ff) sowie aus Erwerbsersatzeinkünften wie Krankengeld, Arbeitslosengeld (Rn 1/80 ff), Renten und Pensionen (Rn 1/338 ff).

Vermögenseinkünfte aus Vermietung und Verpachtung (Rn 1/193 ff), aus Kapital- und sonstigem Vermögen (Rn 1/303 ff) sowie aus Wohnvorteilen und sonstigen Gebrauchsvorteilen des Vermögens (Rn 1/211 ff).

21 Einkünfte aus **unzumutbarer Erwerbstätigkeit** des Verpflichteten (Rn 1/440, 1/454). Diese sind aufgrund einer Billigkeitsabwägung nach Treu und Glauben (§ 242 BGB) und nicht nach § 1577 BGB anzurechnen.

22 Einkünfte aus **sozialstaatlichen Zuwendungen** und sonstige Leistungen des Staates, wie z. B. aus Wohngeld (Rn 1/352 f), aus BAföG-Leistungen (Rn 356), aus Pflegegeld (Rn 363 f), aus Steuererstattungen (Rn 1/458) sowie aus Zählkindvorteil (Rn 1/368).

23 **Fiktive Zurechnung** erzielbarer Einkünfte.

Auch im Rahmen seiner Leistungsfähigkeit muß der Verpflichtete seine **Arbeitskraft** und **Erwerbsfähigkeit** so gut wie möglich einsetzen und eine zumutbare Erwerbstätigkeit ausüben. Unterläßt er dies, wird er so behandelt, als würde er aus einer zumutbaren Erwerbstätigkeit tatsächlich ein Einkommen erzielen (vgl. Rn 1/387 ff).[6]

Ähnliches gilt für **sonstige Einkünfte**, die zumutbarerweise erzielt werden könnten, wie z. B. angemessene Zinsen aus einem unrentabel angelegten Kapital.

24 Fiktive Beträge aus einer **unterlassenen Vermögensverwertung**, sofern auch ohne Mangelfall eine Obliegenheit zur Vermögensverwertung besteht (Rn 108 f).

5. Beachtlichkeit selbstverschuldeter Leistungsunfähigkeit

25 Nach der Rechtsprechung des BGH ist eine tatsächlich bestehende Leistungsunfähigkeit grundsätzlich selbst dann zu beachten, wenn der Verpflichtete sie selbst – sogar **schuldhaft** – herbeigeführt hat.[7]

26 Dem Verpflichteten kann ausnahmsweise die Berufung auf seine (volle oder teilweise) Leistungsunfähigkeit nach Treu und Glauben (§ 242 BGB) verwehrt sein, wenn er diese durch ein **verantwortungsloses**, zumindest leichtfertiges **Verhalten** von erheblichem Gewicht herbeigeführt hat.[8]

Ein solcher Vorwurf setzt voraus, daß dem Verpflichteten die Verantwortungslosigkeit seines Verhaltens einsichtig war, was sich aus dem Bezug zur Unterhaltsverpflichtung ergeben kann.[9]

---

[4] BGH, FamRZ 1989, 159, 161 = R 377 d
[5] BGH, FamRZ 1985, 354, 356 = R 222 b + d
[6] BGH, FamRZ 1990, 283, 288 = R 400 e; FamRZ 1985, 158 = NJW 1985, 732
[7] BGH, FamRZ 1989, 159, 161 = R 377 d; FamRZ 1985, 158 = NJW 1985, 732; ferner R 328 b, R 363
[8] BGH, FamRZ 1994, 240 = R 469; ferner R 363; R 328 b; FamRZ 1993, 1055 = R 462A b
[9] BGH, FamRZ 1985, 158 = NJW 1985, 732

I. Selbstbehalt und Mangelfall § 5

Die Bejahung eines solchen Verhaltens erfordert eine wertende Betrachtung und Abwägung aller Umstände des Einzelfalls.[10]
Als Folge wird der Verpflichtete im Rahmen der Leistungsfähigkeit so behandelt, als hätte er sein Einkommen noch und würde den Unterhalt in bisheriger Höhe weiterzahlen können.[11]

Der BGH hat diese Grundsätze entwickelt bei Einkommensminderungen infolge **Arbeitsplatzaufgabe** oder Arbeitsplatzwechsel, Berufswechsel, beruflicher Verselbständigung und sonstiger beruflicher Veränderung (Genaueres dazu Rn 1/387 f). 27

Diese Grundsätze gelten darüber hinaus auch, wenn die **Begründung von Verbindlichkeiten** auf einem verantwortungslosen, zumindest leichtfertigen Verhalten beruht.

6. Unterschiedliche Mangelfälle nach § 1581 BGB und Beispiele dazu

Mangelfall gegenüber dem Gatten wegen eines ungedeckten, **trennungsbedingten Mehrbedarfes** oder sonstigen ungedeckten Mehrbedarfes, weil dann vom Verpflichteten der volle Unterhalt nicht geleistet werden kann.[12] 28

Beispiel dazu (mit Erwerbsbonus $1/7$):
Nettoeinkommen des M = 3500
Unterhalt für nicht erwerbstätige F ohne Kinder
Trennungsbedingter Mehrbedarf des M = 200
Trennungsbedingter Mehrbedarf der F = 300
Keine nichtprägenden Einkünfte
– Voller Unterhalt des M = 3500 x $4/7$ = 2000 + 200 = 2200
– Voller Unterhalt der F = 3500 x $3/7$ = 1500 + 300 = 1800
– Gesamtbedarf = 2200 + 1800 = 4000
– Deckungsmasse = 3500
– Fehlbedarf = 4000 – 3500 = 500

Dies entspricht der Höhe des trennungsbedingten Mehrbedarfs.
Dieser Mangelfall bleibt bei Anwendung der Differenzmethode i. d. R. unberücksichtigt (s. u. Rn 166).

Mangelfall gegenüber dem Gatten bei **zusätzlichen Verpflichtungen** 29
Hierbei handelt es sich um nichtprägende Unterhaltsverpflichtungen und sonstige nichtprägende Verbindlichkeiten, die bei der Bedarfsbemessung nicht berücksichtigt werden dürfen und deshalb vom Verpflichteten aus seiner angemessenen Quote beglichen werden müssen, wenn keine sonstigen nichtprägenden Einkünfte bestehen.

Beispiel (mit Erwerbsbonus $1/{10}$):
Nettoeinkommen des M = 4850
ehebedingte Verbindlichkeiten = 550
nichtprägende sonstige Verbindlichkeiten aus Bürgschaft für Schwester = 435
Unterhalt für ein volljähriges Kind = 1120
abzüglich 250 Erstkindergeld, welches ihm zugute kommt: 870
Unterhalt für ein erst nach der Scheidung geborenes Kind aus nichtehelicher Lebensgemeinschaft:
nach DT 4/1 (4850 – 550 – 435 = 3865) = 455
M bezieht Zweitkindergeld von 250
Keine nichtprägenden Einkünfte.
– Bedarf der F = 4850 – 550 (ehebedingte Schulden) – 870 (Volljährigenunterhalt) = 3430 x 45 % = 1544
Bei der Bedarfsbemessung kein Abzug von 435 (sonstige Verbindlichkeit) und 355 (Kindesunterhalt), weil nichtprägend.

---

[10] BGH, FamRZ 1993, 1055 = R462A b; FamRZ 1988, 597, 599 = R 363; FamRZ 1987, 930, 932 = R 328 b; FamRZ 1987, 372, 374 = NJW-RR 1987, 770; FamRZ 1985, 158 = NJW 1985, 732
[11] BGH, FamRZ 1981, 539 = R 73 a
[12] BGH, FamRZ 1986, 783, 786 = R 299 b; FamRZ 1984, 358 = R 197 a

– Vergleichbarer angemessener Unterhalt des M = 3430 x 55 % = 1886
– Gesamtbedarf = 1544 + 1886 + 550 + 870 + 455 + 435 = 5740
Hier sind auch die nichtprägenden Verbindlichkeiten anzusetzen, sofern sie auf der Leistungsstufe berücksichtigungswürdig sind.
– Deckungsmasse = 4850
– Fehlbedarf = 5740 – 4850 = 890
Dies entspricht den zusätzlichen Verpflichtungen.

30 **Absoluter Mangelfall**, wenn dem Verpflichteten nicht der **notwendige Selbstbehalt** verbleibt gegenüber einem Gatten mit minderjährigen Kindern.

Beispiel (mit Erwerbsbonus $1/_7$):
Nettoeinkommen des M = 2040
Unterhalt für zwei Kleinkinder und Frau
Keine sonstigen Einkünfte.
– Bedarf der Kinder nach DT 1/1 je 355 = 710
– Bedarf der F = 2040 – 710 = 1330 x $3/_7$ = 570
(Dies läge unter einem Mindestbedarf von DM 1300, vgl. Rn 4/436).
– Bedarf des M = 2040 – 710 = 1310 x $4/_7$ = 760
Dies liegt unter dem notwendigen Selbstbehalt von 1500.
– Gesamtbedarf 710 + 1500 + 570 = 2780
(oder 710 + 1500 + 1300 = 3510 mit Mindestbedarf, s. Rn 4/436)
– Deckungsmasse = 2040
– Fehlbedarf = 2780 – 2040 = 740
(oder 3510 – 2040 = 1470)

Weitere Mangelfälle und Mangelfallrechnungen siehe Rn 167 f, 245 f.

7. Abänderungsklage bei späteren Änderungen der Leistungsfähigkeit

31 Eine erst **nach Unterhaltstitulierung** eintretende Änderung der Leistungsfähigkeit beruht in der Regel auf Änderungen der wirtschaftlichen Verhältnisse (ebenso wie die Änderungen der Bedürftigkeit). Deshalb sind Änderungen in der Leistungsfähigkeit dem Anwendungsbereich des § 323 ZPO zuzuordnen.[13]
Eine Klage nach § 323 ZPO kann erhoben werden, wenn auch die sonstigen Voraussetzungen des § 323 ZPO zu bejahen sind (vgl. Rn 8/138 ff).
Der **Verpflichtete** kann die Klage nach § 323 ZPO erheben, wenn er wegen geänderter Leistungsfähigkeit den Unterhalt in bisheriger Höhe nicht mehr weiterbezahlen kann.
Auch der **berechtigte Gatte** kann nach § 323 ZPO den vollen eheangemessenen Unterhalt verlangen, wenn ihm im Vorverfahren nur ein Billigkeitsunterhalt nach § 1581 BGB zugesprochen worden war und der Verpflichtete zwischenzeitlich voll leistungsfähig geworden ist.[14]
Dies gilt unabhängig davon, ob die Steigerung der Leistungsfähigkeit auf einer Erhöhung des laufenden Einkommens beruht oder auf einem einmaligen Vermögenszuwachs oder auf beidem.[15]
Bei solchen nachträglichen Änderungen der Leistungsfähigkeit entsteht für die zurückliegende Zeit keine Unterhaltspflicht und damit auch keine Nachzahlungsverpflichtung, auch nicht für einen sogenannten objektivierten Nachholbedarf.[16]

32 Die Abänderung eines **Billigkeitsunterhalts** (§ 1581 BGB) erfolgt in der Weise, daß der Billigkeitsunterhalt unter **Wahrung der Grundlagen** des abzuändernden Titels an die veränderten Verhältnisse angepaßt wird. Unveränderte Verhältnisse, die bereits dem Ersturteil zugrunde lagen und in diesem bewertet worden sind, können im Rahmen der Klage nach § 323 ZPO nicht abweichend beurteilt werden.[17]

---

[13] BGH, FamRZ 1989, 159, 161 = R 377 a
[14] BGH, FamRZ 1989, 817 = R 369 a
[15] BGH, FamRZ 1985, 155 = R 232 a
[16] BGH, FamRZ 1985, 155 = R 232 a
[17] BGH, FamRZ 1989, 842 = R 388 a; FamRZ 1987, 257 = R 316

II. Rangverhältnisse und Mangelfall § 5

Sind in dem früheren Verfahren die für die Bedarfsbemessung maßgeblichen ehelichen 33
Lebensverhältnisse nicht festgestellt worden und ist dem Berechtigten erkennbar nur ein Billigkeitsunterhalt zugesprochen worden, besteht **keine Bindung** an die damals beschränkte Leistungsfähigkeit des Verpflichteten. Der Bedarf ist im Abänderungsverfahren nach den prägenden ehelichen Lebensverhältnissen neu zu bemessen, d. h. wie in einer Erstentscheidung nach der materiellen Rechtslage zu ermitteln.[18]

Gleiches gilt, wenn der **Berechtigte** später durch Aufnahme oder Ausweitung einer Er- 34
werbstätigkeit oder aus sonstigen Gründen (z. B. Zinsen aus Zugewinn oder Veräußerungserlös) **nichtprägende Einkünfte** erzielt, die auf den vollen eheangemessenen Unterhalt verrechnet werden können, so daß kein Mangelfall mehr besteht.

II. Rangverhältnisse und Mangelfall

1. Aktualisierung von Rangverhältnissen im Mangelfall

Rangverhältnisse (Gleichrang oder Nachrang) können bestehen, wenn der Verpflich- 35
tete **an mehrere Berechtigte** Unterhalt zu leisten hat, z. B. an volljährige und minderjährige Kinder (§ 1582, 1609 BGB, § 59 EheG; siehe nachfolgend Rn 39 bis 60).

Außerdem bestehen Rangverhältnisse, wenn mehrere Verpflichtete auf Unterhalt in Anspruch genommen werden können (§ 1584, 1606, 1607, 1608 BGB; siehe Rn 61 bis 71).

Solche Rangverhältnisse haben unterhaltsrechtlich so lange keine Auswirkung, als 36
der Inanspruchgenommene voll leistungsfähig und leistungswillig ist, d. h. solange kein **Mangelfall** vorliegt. Dann können alle Unterhaltsansprüche in der angemessenen Höhe befriedigt werden.

Eine **Besonderheit** besteht für den **Unterhaltsanspruch eines zweiten Gatten**, weil bereits sein Bedarf davon abhängt, in welchem Rangverhältnis er zu dem ersten steht (§ 1582 BGB) und ob im Verhältnis zum ersten Gatten ein Mangelfall besteht, weil diese Verhältnisse die Lebensverhältnisse in der zweiten Ehe prägen (vgl. näher Rn 124 f, Rn 4/414). Entsprechendes gilt auch für die Berücksichtigung eines **nachrangigen Volljährigenunterhalts** als prägender Verbindlichkeit bei Berechnung des Gattenunterhalts (vgl. Rn 58, 132).

Wenn der Verpflichtete in einem Unterhaltsverfahren einwendet, er sei nicht oder nur 37
beschränkt leistungsfähig, und wenn dann im Sinn der Ausführungen zu I ein Mangelfall festgestellt wird, kommt es zu einer **Aktualisierung der Rangverhältnisse** mit der Folge, daß mit den verfügbaren Mitteln (Deckungsmasse) erst die angemessenen Ansprüche der vorrangig Berechtigten voll befriedigt werden. An die nachrangig Berechtigten darf nur ein etwa noch verbleibender Rest verteilt werden (wenn ihnen gegenüber nicht ausnahmsweise ein geringerer Selbstbehalt gilt).[19]

Aus diesem Grund beinhalten Rangverhältnisse praktisch einen Sonderfall im Rah- 38
men der Leistungsfähigkeit des Verpflichteten, nachdem ein Mangelfall festgestellt wurde. Der Nachrang eines Berechtigten wirkt sich nur dann aus, wenn die verbleibenden Einkünfte des Verpflichteten nicht ausreichen, um den angemessenen Unterhalt aller Berechtigten und den Eigenbedarf des Verpflichteten ihm gegenüber zu gewährleisten.[20] Erst dann kommt es zu Kürzung oder Wegfall des nachrangigen Unterhalts.

2. Die gesetzliche Rangfolge bei mehreren Berechtigten

Das Gesetz sieht bei mehreren Berechtigten folgende **Rangstufen** vor. Innerhalb dieser 39
Rangstufen besteht **Gleichrang**.

---

[18] BGH, FamRZ 1989, 842 = R 388 a und FamRZ 1987, 257 = R 316
[19] BGH, FamRZ 1988, 705, 707 = R 364 b; FamRZ 1986, 790, 792 = R 297 c; FamRZ 1986, 48 = R 275 b; FamRZ 1980, 555 = R 37 c
[20] BGH, FamRZ 1985, 912, 916 = NJW 1985, 2713, 2716

Stufe 1:
- Minderjährige unverheiratete Kinder (§ 1609 I BGB; siehe Rn 40).
- Verheiratete Ehegatten, die minderjährigen, unverheirateten Kindern gleichstehen (§ 1609 II BGB).
Dazu zählt der geschiedene Ehegatte und im Fall einer Wiederverheiratung auch der neue Ehegatte des Verpflichteten, wenn Gleichrang nach § 1582 BGB besteht.
Ist der geschiedene Ehegatte nach § 1582 BGB bevorrechtigt gegenüber dem neuen Ehegatten, dann gilt Gleichrang nach § 1609 II BGB nur für die minderjährigen unverheirateten Kinder und den geschiedenen Ehegatten (siehe Rn 44).

Stufe 2:
Gegenüber dem geschiedenen Ehegatten nach § 1582 BGB nachrangiger neuer Ehegatte des Verpflichteten (§ 1609 II, 1582 BGB; siehe Rn 44).

Stufe 3:
Mutter eines nichtehelichen Kindes (§ 1615 l III 3 BGB; vgl. Rn 6/770).

Stufe 4:
Volljährige Kinder (§ 1609 I BGB; siehe Rn 40) und minderjährige verheiratete Kinder.

Stufe 5:
Enkelkinder (§ 1609 I BGB).

Stufe 6:
Verwandte in aufsteigender Linie, d. h. Eltern und Großeltern (§ 1609 I BGB).

3. Zum Rangverhältnis unter mehreren berechtigten Kindern

40   **Vorrang** haben minderjährige unverheiratete Kinder vor ihren volljährigen Geschwistern und vor minderjährigen Geschwistern, die bereits verheiratet sind (§ 1609 I BGB).
Gleichrang haben auf der ersten Stufe alle minderjährigen Geschwister untereinander und auf der zweiten Stufe alle nachrangigen volljährigen Geschwister untereinander.[21]

41   Unterhaltsansprüche von **Adoptivkindern** sind gleichrangig mit den Unterhaltsansprüchen leiblicher Kinder des Annehmenden. Adoptivkinder sind leiblichen Kindern in vollem Umfang gleichgestellt. Es spielt keine Rolle, aus welchen Gründen das Kind adoptiert wurde. Der Gleichrang gilt sowohl nach vollzogener Adoption (§ 1754 I, 1601 f BGB) als auch bei Ansprüchen während der vorbereitenden Adoptionspflege nach § 1557 IV BGB, jedenfalls dann, wenn es zur Adoption kommt.[22]

42   Ein **behindertes volljähriges Kind**, das infolge einer körperlichen oder geistigen Behinderung nicht erwerbsfähig ist, darf unterhaltsrechtlich nicht wie ein minderjähriges Kind behandelt werden. Es steht rangmäßig einem volljährigen Kind gleich. Der Rang bestimmt sich ausschließlich nach dem tatsächlichen Alter des Kindes.[23]

43   Eltern **können sich darauf einigen**, daß minderjährige und volljährige Kinder rangmäßig gleich behandelt werden sollen.[24] Dann spielt der Nachrang keine Rolle.

4. Rangverhältnisse nach § 1582 BGB zwischen mehreren unterhaltsberechtigten Ehegatten

44   Grundsätzlich besteht nach § 1582 I 1 BGB ein **Vorrang des geschiedenen** Ehegatten vor dem neuen Ehegatten des Verpflichteten.
Beide Ehegatten sind nach § 1582 BGB **gleichrangig**, wenn der neue Ehegatte bei

---

[21] BGH, FamRZ 1987, 472, 474 = NJW 1987, 1549; FamRZ 1986, 48 = R 275b; FamRZ 1985, 357, 360 = NJW 1985, 909, 911; FamRZ 1984, 683, 685 = R 212b; FamRZ 1981, 541, 543 = NJW 2462; FamRZ 1980, 555 = R 37c
[22] BGH, FamRZ 1984, 378
[23] BGH, FamRZ 1987, 472, 474 = NJW 1987, 1549; FamRZ 1986, 48 = R 275b; FamRZ 1985, 357, 360 = NJW 1985, 909, 911; FamRZ 1984, 683, 685 = R 212b
[24] BGH, FamRZ 1981, 341, 343 = R 58b

II. Rangverhältnisse und Mangelfall §5

entsprechender Anwendung der §§ 1569 bis 1574, 1576 und 1577 I unterhaltsberechtigt wäre (§ 1582 I 1 BGB). Dabei ist, ausgehend von der hypothetischen Annahme, der neue Ehegatte sei im Beurteilungszeitpunkt geschieden, zu prüfen, ob er dann bedürftig und unterhaltsberechtigt wäre. Er wäre es z. B., wenn von ihm wegen der Pflege und Erziehung eines gemeinschaftlichen Kindes eine Erwerbstätigkeit nicht erwartet werden könnte.[25]

Der **Gleichrang entfällt**, d. h., der neue Ehegatte ist nachrangig, wenn der geschiedene 45 Ehegatte nach § 1570 BGB oder § 1576 BGB unterhaltsberechtigt ist oder wenn die geschiedene Ehe von langer Dauer war (§ 1582 II 2 BGB). Der Ehedauer steht die Zeit gleich, in der ein Ehegatte wegen der Pflege oder Erziehung eines gemeinschaftlichen Kindes unterhaltsberechtigt war (§ 1582 I 3 BGB).

Als **Ehedauer** im Sinn des § 1582 BGB gilt, wie bei § 1579 Nr. 1 BGB, die Zeit von der Eheschließung bis zur Rechtshängigkeit des Scheidungsantrags zuzüglich Kindererziehungszeiten nach § 1582 I 3 BGB.[26]

Das Gesetz erläutert nicht, wann von einer **langen Ehedauer** im Sinn des § 1582 I 2 BGB gesprochen werden kann. Nach der Rechtsprechung des BGH kann nach Ablauf von 15 Jahren eine den Unterhaltsvorrang sichernde lange Ehedauer bejaht werden. Gleiches ist möglich, wenn Ehen diese Zeit zwar nicht ganz erreichen, aber dafür besondere Umstände des Einzelfalls vorliegen. Der Unterhaltsvorrang beruht auf dem Gedanken, daß das Vertrauen des Ehegatten auf Erhalt fortwährenden Unterhalts zu schützen ist, wenn er sich in der Ehe langjährig unter Verzicht auf eine eigene berufliche Entwicklung vorwiegend dem Haushalt und der Pflege und Erziehung der Kinder gewidmet hat. Eine Verfestigung der eigenen Lebensposition im Sinn einer über lange Zeit beiderseits ausgeübten Erwerbstätigkeit hingegen wird im allgemeinen gegen die Annahme einer schon vor dem Ablauf von 15 Jahren erreichten, den Unterhaltsvorrang sichernden „Ehe von langer Dauer" sprechen.[27]

Dagegen ist es nicht zu beanstanden, wenn unter Würdigung der tatsächlichen Verhältnisse eine kinderlos gebliebene und durch beiderseits volle Erwerbstätigkeit geprägte Ehe der Parteien bei einer Dauer von ca. acht Jahren zwischen Eheschließung und Zustellung des Scheidungsantrags nicht als Ehe von langer Dauer angesehen wird.[28]

Die **Vorrangstellung** des geschiedenen Ehegatten setzt sich in Mangelfällen **uneinge-** 46 **schränkt** durch, selbst wenn der neue Ehegatte hierdurch im äußersten Fall darauf verwiesen wird, für seinen Unterhalt Sozialhilfe in Anspruch nehmen zu müssen, und wenn der Verpflichtete für diese Weise gehalten ist, den ihm als sich für seinen eigenen Bedarf zustehenden Selbstbehalt mit seinem neuen Ehegatten zu teilen.[29]

Die Vorrangregelung zugunsten des geschiedenen Ehegatten verstößt **nicht gegen die** 47 **Verfassung**.[30] Art. 6 GG schützt nicht nur die bestehende Ehe, sondern auch die Folgewirkung einer geschiedenen Ehe, wozu auch die Unterhaltsregelung gehört. Es gibt ausreichende Gründe, die eine unterschiedliche Behandlung der unterhaltsrechtlichen Position der geschiedenen und der neuen Ehefrau im Sinn des § 1582 BGB rechtfertigen.[31]

Gegen § 1582 BGB wird **verstoßen**, wenn im Rahmen einer Billigkeitsentscheidung 48 nach § 1581 BGB der Anspruch der geschiedenen Ehefrau auf Ergänzungsunterhalt zugunsten der neuen Ehefrau **vollständig ausgeschlossen wird**. Nach dem Gesetz besteht kein Vorrang des neuen Ehegatten. Ihn im Weg einer Billigkeitsentscheidung (§ 1581 BGB) anzuordnen, kann daher allenfalls in einem seltenen Ausnahmefall in Frage kommen.[32]

---

[25] BGH, FamRZ 1983, 678 = R 168 b
[26] BGH, FamRZ 1983, 886 = R 176 c
[27] BGH, FamRZ 1986, 790, 792 = R 297 c; FamRZ 1985, 362 = R 245; FamRZ 1983, 886 = R 176 c
[28] BGH, FamRZ 1983, 678 = R 168 b
[29] BGH, FamRZ 1992, 539 = R 444 b; FamRZ 1988, 705, 707 = R 364 b; FamRZ 1986, 790, 792 = R 297 c; BVerfG, FamRZ 1984, 346 = R 193
[30] Art. 6 I, 3 I GG; BVerG, FamRZ 1984, 346 = R 193
[31] BGH, FamRZ 1986, 790, 792 = R 297 c
[32] BGH, FamRZ 1983, 678 = R 168 b

Bei einer **Billigkeitsabwägung** im Rahmen der §§ 1581, 1582 BGB kann jedoch berücksichtigt werden, wenn die neue Ehefrau neben einem eigenen Kind aus der neuen Ehe auch Kinder des Verpflichteten aus der alten Ehe betreut.[33]

49 Das **alte Eherecht** (§ 58 ff EheG) enthält keine entsprechende Regelung der Rangverhältnisse. § 1582 BGB kann nicht entsprechend auf Altfälle angewendet werden. Für Altehen bleibt es nach Art. 12 Nr. 3 II des 1. EheRG bei dem früheren Rechtszustand, nach dem der geschiedene und der neue Ehegatte gleichen Rang haben.[34]

5. Rangverhältnis zwischen Ehegatten und Kindern

50 Nach § 1609 II 1 BGB steht ein **Ehegatte** minderjährigen unverheirateten Kindern gleich. Er hat dann grundsätzlich gleichen Rang mit diesen auf der ersten Stufe (Rn 39) und Vorrang vor volljährigen Kindern, verheirateten minderjährigen Kindern und sonstigen Verwandten.[35]

51 Die Stellung des **geschiedenen Ehegatten** im Verhältnis zu minderjährigen unverheirateten Kindern ist in § 1609 BGB nicht ausdrücklich geregelt. Es werden aber als Ehegatten im Sinn des 1609 II BGB alle Ehepartner (neue und alte) des Verpflichteten verstanden, weil sonst der Vorrang des geschiedenen vor dem neuen Ehepartner nach § 1582 BGB nicht verwirklicht werden könnte.[36] Deshalb ist der geschiedene Ehegatte ranggleich mit minderjährigen Kindern des Verpflichteten, auch wenn dazu eine ausdrückliche Bestimmung fehlt.[37]

52 Treffen in Mangelfällen minderjährige unverheiratete Kinder sowohl mit einem nach § 1582 BGB **bevorrechtigten** geschiedenen Ehegatten zusammen (Rn 44 f) **als auch mit** einem nach § 1582 BGB **nachrangigen** neuen Ehegatten des Verpflichteten, so ist § 1609 II BGB in dem Sinn einschränkend auszulegen, daß der dort vorgesehene **Gleichrang** mit minderjährigen unverheirateten Kindern **nur für** den **vorrangigen** geschiedenen Ehegatten gilt und nicht auch für den relativ nachrangigen neuen Ehegatten. Nur bei einer solchen Auslegung läßt sich eine Verletzung der nach dem ausdrücklichen Willen des Gesetzes als vorrangig erachteten Rechtsprinzipien vermeiden, die einerseits in den §§ 1609 I und II und 1603 II BGB und zum anderen in § 1582 BGB ihren Niederschlag gefunden haben.[38]

Soweit diese Lösung dazu führt, daß der neue Ehegatte auch gegenüber minderjährigen unverheirateten Kindern aus seiner eigenen Ehe im Rang zurücktritt und – äußerstenfalls – gezwungen wird, zur Sicherstellung seines eigenen Lebensbedarfs einer Erwerbstätigkeit nachzugehen mit der Folge, daß er seinen Kindern eine umfassende persönliche Betreuung vorenthalten muß, begründet dies keine verfassungsmäßigen Bedenken gegen diese Regelung.[39]

Steht allerdings dem vorrangigen Gatten kein Unterhalt zu, weil er darauf **verzichtet** hat, besteht **Gleichrang** zwischen den Kindern der ersten Ehe und dem **an sich nachrangigen** zweiten Gatten.[40]

53 Sind **beide Ehegatten** nach § 1582 BGB **gleichrangig**, dann sind beide auch nach § 1609 II BGB gleichrangig mit den minderjährigen unverheirateten Kindern. Der neue Ehegatte geht aber mit seinem Familienunterhaltsanspruch nach § 1360

---

[33] Nicht veröffentlichte Entscheidung des BGH vom 29. 6. 1983, IVb ZR 379/81, zitiert nach Lohmann, 6. A., Rz 136
[34] Nicht veröffentlichte BGH-Entscheidung vom 27. 6. 1984, IVb ZR 1923/83, zitiert nach Lohmann, 6. A., Rz 135; ferner BVerfG R 193
[35] BGH, FamRZ 1985, 471 = R 252 e; FamRZ 1985, 357, 360 = NJW 1985, 909, 911; FamRZ 1984, 683, 685 = R 212 b; FamRZ 1981, 541, 543 = NJW 1981, 2462; FamRZ 1980, 555 = R 37 c
[36] BVerfG, FamRZ 1984, 346 = R 193
[37] BGH, FamRZ 1983, 678 = R 168 b
[38] BGH, FamRZ 1989, 172, 174 = R 380 d; FamRZ 1988, 705, 707 = R 364 b
[39] BGH, FamRZ 1988, 705, 707 = R 364 b; FamRZ 1987, 916 = R 330; BVerfG, FamRZ 1984, 346 = R 193
[40] OLG Bamberg NJW 1998, 2371

II. Rangverhältnisse und Mangelfall § 5

BGB einem **volljährigen Kind** nach § 1609 III BGB im Rang vor.[41] Dasselbe muß für verheiratete minderjährige Kinder gelten.

6. Ausscheiden nachrangig Berechtigter in Mangelfällen

In einem Mangelfall ist der Anspruch der **vorrangig Berechtigten** auf den vollen angemessenen Unterhalt zuerst in **vollem Umfang** zu **erfüllen**, und zwar unabhängig davon, ob und wieviel dann für einen nachrangig Berechtigten von der Verteilungsmasse noch übrigbleibt. Ein nachrangig Berechtigter kommt erst dann zum Zug, wenn nach Befriedigung aller vorrangigen Unterhaltsansprüche und nach Deckung des Eigenbedarfs des Verpflichteten noch ein freier Betrag verbleibt.[42] Der Nachrang gilt nur im Verhältnis zu dem vorrangigen Unterhaltsberechtigten. Im Verhältnis zum Verpflichteten kommt es nur darauf an, in welcher Höhe dieser einen Eigenbedarf geltend machen kann. Der eheangemessene Eigenbedarf des Verpflichteten hat z. B. gegenüber verschiedenen Gatten unterschiedliche Höhe (s. o. Rn 4/571). Der vorrangig Berechtigte darf durch die nachrangige Unterhaltspflicht keinen Nachteil, aber auch keinen Vorteil haben. 54

Dies gilt auch, wenn ein nachrangig Berechtigter bereits einen **vollstreckbaren Unterhaltstitel** besitzt. Es ist in Rechtsprechung und Literatur anerkannt, daß es nicht zu Lasten des bevorrechtigten Unterhaltsgläubigers gehen darf, wenn ein nachrangig Berechtigter bereits einen vollstreckbaren Titel hat. Trotz eines solchen Titels sind die Ansprüche vorrangig Berechtigter so zu beurteilen, wie es im Fall gleichzeitiger Entscheidung über alle Ansprüche zu geschehen hätte. Der Verpflichtete ist gegenüber dem nachrangig Berechtigten darauf verwiesen, im Weg der Klage nach § 323 ZPO Abhilfe zu suchen.[43] 55

Deshalb mindert sich die Leistungsfähigkeit des Verpflichteten nicht um die Beträge, die er an volljährige Kinder zahlt, wenn dies zum Nachteil des angemessenen Unterhalts des vorrangig berechtigten Ehegatten geht.[44]

Da **Rangverhältnisse** erst in einem **Mangelfall aktualisiert** werden (Rn 36), ist stets vorweg festzustellen, ob die Deckungsmasse (Rn 19 f) ausreicht, um den vollen angemessenen Bedarf aller Berechtigten und des Verpflichteten (Rn 14 f) zu befriedigen. Wird bei dem **Vergleich des Gesamtbedarfs und der Deckungsmasse** ein Fehlbedarf festgestellt, dann müssen die durch den Mangelfall aktualisierten Rangverhältnisse geklärt werden und nachrangig Berechtigte von der Verteilung der Deckungsmasse ausgeschieden werden. Dafür spielt es keine Rolle, durch welche Art von Mangelfall (Rn 28 f) der Fehlbedarf verursacht worden ist. 56

Besteht ein **Nachrangverhältnis**, wird als weiterer Schritt die Deckungsmasse auf die vollen angemessenen Unterhaltsansprüche der **vorrangig Berechtigten** und den zugehörigen Eigenbedarf des Verpflichteten verteilt. 57

Können diese **vorrangigen Ansprüche** auf diese Weise **voll befriedigt** werden, besteht für die vorrangig Berechtigten kein Mangelfall, der für sie eine weitere Kürzung nach Billigkeitsgrundsätzen gemäß § 1581 BGB rechtfertigen könnte. Sie erhalten im Rahmen der Leistungsfähigkeit ihren vollen angemessenen Unterhalt.

Verbleibt nach dieser Verteilung von der Deckungsmasse noch ein **Restbetrag**, dann ist dieser auf die nachrangig Berechtigten zu verteilen, in der Regel in proportionalem Verhältnis zu deren angemessenem Bedarf.

Dasselbe gilt auch, wenn der **Eigenbedarf** des Verpflichteten dem Nachrangigen gegenüber **geringer** ist und sich daraus noch eine – beschränkte – Leistungsfähigkeit ergibt.

---

[41] BGH, FamRZ 1984, 683 = R 212 a
[42] BGH, FamRZ 1985, 357, 360 = NJW 1985, 909, 911; FamRZ 1984, 683, 685 = R 212 b; FamRZ 1980, 555 = R 37 c
[43] BGH, FamRZ 1980, 555 = R 37 c
[44] BGH, FamRZ 1985, 471 = R 252 e

7. Rechenbeispiele zum Ausscheiden bzw. zur Berechnung des Unterhalts nachrangig Berechtigter

58 **Fall 1**
Vorrangiger Gattenunterhalt von nachrangigem Kindesunterhalt geprägt, Erwerbsbonus $1/10$:
Nettoeinkommen des M = 4000; M erhält das Kindergeld von 250 + 250 = 500.
16jähriger Schüler A, der bei der erwerbslosen F lebt, und 24jähriger Student B mit eigenem Hausstand.
− Bedarfsfeststellung ohne Berücksichtigung von Kindergeld
Unterhalt des A nach DT 6/3 = 689
Unterhalt des B. Fester Satz nach BayL 15 b = 1120
Die auf ihn entfallende Hälfte des Kindergelds von 250 wird B als Einkommen zugerechnet, weil es ihm zugute kommt, Restbedarf: 1120 − 250 = 870
Unterhalt F wäre = 4000 − 689 − 870 = 2441 x 45 % = 1098
Der Vorabzug des Volljährigenunterhalts bei der Bedarfsberechnung für die Ehefrau ist jedoch nur insoweit berechtigt, als dem Verpflichteten die Möglichkeit bleibt, dem Gatten den angemessenen Unterhalt zu leisten[45] (vgl. Rn 132). Der angemessene Bedarf des Gatten in dieser Hinsicht muß nach den gleichen Maßstäben bemessen werden wie der angemessene Selbstbehalt. Daher muß bei Berechnung des Unterhalts eines nicht mit dem Verpflichteten zusammenlebenden Gatten bei beiden Gatten je 1800, insgesamt also 3600 zugrunde gelegt werden, soweit dies durch Wegfall des Volljährigenunterhalts geschehen kann. Hier bleibt bei Wegfall des Kindes B nur: 4000−689 = 3311
Dieser Betrag ist der Bemessung des Gattenunterhalts zugrunde zu legen:
Unterhalt F also: 3311 x 45 % = 1490
Eigenbedarf von M gegenüber F = 3311 x 55 % = 1821
− Deckungsmasse = 4000
− Gesamtbedarf relativ zu F = 689 + 870 + 1490 + 1821 = 4870
Fehlbetrag: 4870 − 4000 = 870, der Gesamtbedarf relativ zu B weicht davon jedoch ab, weil ihm gegenüber ein geringerer Eigenbedarf gilt. Er beträgt = 689 + 870 + 1490 + 1800 = 4849
Fehlbetrag: 4849 − 4000 = 849
F und B gegenüber ist also ein Mangelfall gegeben, jedoch mit unterschiedlichen Fehlbeträgen.
− Vorrangwirkung
Es besteht Vorrang von F gegenüber B. Entfällt B, so besteht für F kein Mangelfall, denn: 689 + 1490 + 1821 = 4000, also ebensoviel wie die Deckungsmasse von 4000.
− Neubemessung des Bedarfs gegenüber B: 689 + 870 + 1490 + 1800 = 4849
Fehlbetrag: 4849 − 4000 = 849
Kürzung des Unterhalts von B auf 870 − 849 = 21
− Kontrolle: M bleibt 4000 − 689 − 21 − 1490 = 1800

59 **Fall 2**
Wie Fall 1, aber mit Erwerbsbonus $1/7$ und einem weiteren volljährigen Studenten C (eigener Hausstand) Kindergeld 250 + 250 + 300 = 800
Den beiden Studenten steht Kindergeld in Höhe von je 250 DM zu, dem Kind A in Höhe von 300 DM.
Bedarfsbeträge
Kind A: 689
Kind B: 1120 − 250 = 870
Kind C: 1120 − 250 = 870
Bedarf F: 3311 x $3/7$ = 1419
Eigenbedarf M gegen F: = 3311 x $4/7$ = 1892
Eigenbedarf M gegen B und C: 1800
Rechnung wie Fall 1.
− Deckungsmasse: 4000
− Gesamtbedarf relativ zu F = 689 + 870 + 870 + 1419 + 1892 = 5740
Fehlbetrag: 5740 − 4000 = 1740
− Gesamtbedarf relativ zu B und C = 689 + 870 + 870 + 1419 + 1800 = 5648
Fehlbetrag: 5648 − 4000 = 1648 ist auf den Unterhalt beider Studenten anteilig aufzuteilen:
1648 = 824

---

[45] BGH, FamRZ 1986, 553, 555 = B 145 d; FamRZ 1985, 912, 916 = B 145 i

II. Rangverhältnisse und Mangelfall §5

Jeder erhält: 870 − 824 = 46
− Kontrolle: M bleibt 4000 − 689 − 46−46 − 1419= 1800

Fall 3 60
vorrangiger und nachrangiger Gatte, Erwerbsbonus $^1/_{10}$
Nettoeinkommen des M = 3600
Erwerbsloser geschiedener Ehegatte F 1
Erwerbsloser nachrangiger neuer Ehegatte F 2 (lange Dauer der ersten Ehe)
Ein Kind K aus neuer Ehe (1 Jahr). M erhält 250 DM Kindergeld.
− Bedarfsfeststellung ohne Berücksichtigung von Kindergeld
K = nach DT 5/1 = 455
F 1 = 3600 x 45 % = 1620
M gegen F1 = 3600 x 55 % = 1980
Kein Vorabzug des Unterhalts für K, weil nicht prägend
F 2 = 3600 − 455 − 1620 = 1525 x 45 % = 686
M gegenüber F2 = 1525 x 55 % = 839
Untergrenze der Inanspruchnahme jedoch 1500
− Deckungsmasse = 3600
− Gesamtbedarf gegen F1 = 455 + 1620 + 686 + 1980 = 4741
Fehlbedarf gegenüber F1 = 4741 − 3600 = 1141
− Gesamtbedarf gegen F2 = 455 + 1620 + 686 + 1500 = 4261
Fehlbedarf gegenüber F2 = 4261 − 3600 = 661
− Für Unterhaltsberechnung betr. F 1 scheidet F 2 als nachrangig aus, weil ihr Einsatzbetrag von 686 geringer als der Fehlbedarf von 1141 ist
− Nach ihrem Ausscheiden berechnet sich der Gesamtbedarf zu 455 + 1620 + 1980 = 4055, der Fehlbedarf zu 4055 − 3600 = 455
Eine proportionale Kürzung des Gattenunterhalts führt auf 1620 x 3600 / 4055 = 1438
M bleiben dann 3600 − 455 − 1438 = 1707
− Der nachrangigen Ehefrau F 2 stünde dann (im Fall der Trennung) zu:
1707 − 1500 = 207
Dieser Betrag ist nicht zur Auffüllung des gekürzten Unterhalts von F 1 heranzuziehen, weil der vorrangig Berechtigte durch die nachrangige Unterhaltspflicht keinen Nachteil, aber auch keinen Vorteil haben darf.

8. Rangverhältnis zwischen dem Verpflichteten und leistungsfähigen Verwandten des berechtigten Ehegatten

Die Rechtsfolgen des § 1581 BGB treten trotz festgestellter beschränkter Leistungs- 61
fähigkeit des Verpflichteten auch dann nicht ein, wenn es leistungsfähige Verwandte des Berechtigten gibt, die für dessen Unterhalt aufkommen können.
Grundsätzlich haftet der verpflichtete **Ehegatte vor Verwandten** des berechtigten Ehegatten für den Unterhalt.
Dies gilt nach § 1584 S. 1 BGB für den nachehelichen Unterhalt, nach § 1608 S. 1 BGB für den Familien- und Trennungsunterhalt und nach § 63 I 1 EheG für Altfälle.
Mit der Eheschließung übernehmen die Eheleute eine primäre gegenseitige Unterhaltsverpflichtung füreinander, deren Ausgestaltung ihrem gemeinsamen Lebensplan entspricht. Darin liegt keine verfassungswidrige Erschwerung der Eheschließung.[46]
Deshalb besteht bei Leistungsfähigkeit des Verpflichteten grundsätzlich kein Unterhaltsanspruch gegen nachrangig verpflichtete Verwandte.
Dieses Rangverhältnis (Rn 61) **kehrt sich um in einem Mangelfall**, d. h. wenn der 62
verpflichtete Ehegatte ohne Gefährdung seines eigenen angemessenen Unterhaltsbedarfs zur Unterhaltsleistung nicht in der Lage ist.
Nach den §§ 1584 S. 2, 1608 S. 2 BGB und § 63 I 2 EheG haften im Mangelfall die leistungsfähigen Verwandten des Berechtigten vor dem verpflichteten Ehegatten.
Die Verwandten sind dann vorrangig zum Unterhalt verpflichtet. Vom Ehegatten kann nur nachrangig ein Billigkeitsunterhalt nach § 1581 BGB verlangt werden, wenn es keine leistungsfähigen Verwandten des Berechtigten gibt.

---

[46] BGH, FamRZ 1985, 353 = R 242

Wegen der Klausel „soweit" in den §§ 1584 S. 2, 1608 S. 2 BGB und § 63 I 2 EheG gilt diese Rangumkehrung allerdings nur in bezug auf den Teil des eigenen angemessenen Unterhaltsbedarfs des Verpflichteten, der gefährdet wäre, wenn der Verpflichtete den vollen Unterhalt des Berechtigten zahlen würde. Dies hat zur Folge, daß die Verwandten des Berechtigten nur in Höhe des leistungsmäßigen Fehlbedarfs vorrangig haften können.

62a Eine weitere Einschränkung ergibt sich daraus, daß der Verwandtenunterhalt sich nach dem angemessenen Unterhalt bemißt und sich vom Unterhalt nach den ehelichen Lebensverhältnissen der Höhe nach unterscheiden kann.[47] Da der Verwandtenunterhalt sich nach § 1610 BGB bemißt und nicht wie der Gattenunterhalt gem. § 1578 I BGB von einer Lebensstandardgarantie geprägt ist, wird er allenfalls in einem Rahmen zwischen dem Unterhalt eines Studenten und dem angemessenen Selbstbehalt, also im Rahmen zwischen 1050 und 1800 DM liegen können.

63 Bezüglich des übrigen Bedarfs bleibt der Verpflichtete voll leistungsfähig. Deshalb haftet er auch insoweit vorrangig weiter. Es kommt dadurch zu einer Aufspaltung des Unterhaltsanspruchs:
- Der **Verpflichtete** haftet für den Ehegattenunterhalt in Höhe seiner Leistungsfähigkeit (Deckungsmasse).
- Die nachrangigen leistungsfähigen **Verwandten** haften in Höhe des Fehlbedarfs bis zur Höhe des angemessenen Unterhalts.
- **Soweit** dann noch ein **Fehlbedarf** des Berechtigten nach den ehelichen Lebensverhältnissen verbleibt, insbesondere wenn diese höher liegen als der angemessene Unterhalt, kommt eine **Aufteilung** des verbleibenden Mangels zwischen den Eheleuten in Betracht.

64 Bei **mehreren** leistungsfähigen Verwandten des Berechtigten haften die Abkömmlinge vor Verwandten der aufsteigenden Linie und dabei jeweils die näheren Verwandten vor den entfernteren Verwandten (§ 1606 I 2 BGB).

Entsprechendes (Rn 61 f) gilt bei der **Unterhaltsverpflichtung gegenüber Kindern** nach den §§ 1607 I, 1603 III 2 BGB (Verwandtenunterhalt).
- Nach § 1603 I BGB ist ein **Elternteil** nicht unterhaltspflichtig, wenn er bei Berücksichtigung seiner sonstigen Verpflichtungen außerstande ist, ohne Gefährdung seines angemessenen Unterhaltsbedarfs (= angemessenen Selbstbehalts) den Unterhalt zu gewähren.
- Nach § 1603 II 2 BGB hat dann ein **anderer Verwandter** für den Unterhalt aufzukommen, sofern er leistungsfähig ist. Ein anderer Verwandter in diesem Sinn ist auch der andere Elternteil.
- Sind **beide Eltern nicht leistungsfähig**, haben nach § 1607 I BGB nachrangig haftende leistungsfähige Verwandte den Unterhalt zu gewähren in der Reihenfolge des § 1606 I 2 BGB (siehe Rn 64 Anfang).
- Nur wenn solche leistungsfähigen **sonstigen Verwandten fehlen**, kommt es zur gesteigerten Unterhaltsverpflichtung der beschränkt leistungsfähigen Eltern nach § 1603 II 1 BGB (siehe genauer Rn 2/271 ff)

65 Wenn und soweit ein Berechtigter im Sinn der bisherigen Ausführungen einen **vorrangigen Anspruch** gegenüber einem **leistungsfähigen Verwandten** hat, ist er in diesem Umfang gegenüber dem Verpflichteten nicht bedürftig. Er hat dann diesem gegenüber insoweit auch keinen Unterhaltsanspruch. Haftet demgegenüber der nachrangig Verpflichtete nur deshalb, weil die Rechtsverfolgung im Inland ausgeschlossen oder erheblich erschwert ist, bleibt nach § 1607 II BGB die Unterhaltsverpflichtung bestehen, und es geht der Anspruch auf den Zahlenden über (siehe Rn 68).

66 Sonst sind leistungsfähige Verwandte in diesem Sinn **Unterhaltsschuldner aufgrund eigener Haftung**. Ein Rückgriff auf den erstverpflichteten Ehegatten scheidet aus.

Ein Ersatzanspruch nach allgemeinen schuldrechtlichen Grundsätzen (§§ 677 f, 812 f BGB) kann nur dann in Betracht kommen, wenn Dritte oder nicht zum Unterhalt verpflichtete Verwandte dem Berechtigten Unterhalt leisten.

---

[47] Nach § 1578 Abs. 1 S. 2 BGB kann der eheangemessene Unterhalt auf den angemessenen Unterhalt herabgesetzt werden.

II. Rangverhältnisse und Mangelfall § 5

Kommt ein Elternteil allein für den Unterhalt eines ehelichen Kindes auf, kann er in den Grenzen des § 1613 I BGB einen familienrechtlichen Ausgleichsanspruch gegen den anderen Elternteil haben.

Beruft sich der **verpflichtete Ehegatte** auf den Verwandtenvorrang der §§ 1584, 1608 BGB wegen eigener beschränkter Leistungsfähigkeit, so muß er **darlegen und nachweisen**, daß und in welchem Umfang er ohne Gefährdung seines eigenen angemessenen Unterhaltsbedarfs nicht leistungsfähig ist. 67

Der **Berechtigte** hat dann seinerseits die **Darlegungs- und Beweislast** für alle Tatsachen, aus denen sich ergibt, daß er keinen Anspruch gegen Verwandte hat, d. h., er muß nachweisen, daß alle in Frage kommenden Verwandten ihrerseits in Höhe des Fehlbedarfs nicht leistungsfähig sind (zur Leistungsfähigkeit beim Verwandtenunterhalt vgl. Rn 6, 2/273). 68

Nimmt der Berechtigte einen nachrangig haftenden Verwandten in Anspruch, muß er darlegen und nachweisen, daß der erstverpflichtete Ehegatte in Höhe des Fehlbedarfs nicht leistungsfähig ist oder daß die Rechtsverfolgung im Inland unmöglich oder erheblich erschwert ist (§§ 1584 S. 3, 1608 S. 3, 1607 II 2 BGB).

Im letzteren Fall gibt es einen gesetzlichen Forderungsübergang, wenn der Verwandte Unterhalt leistet. Dies kann nicht zum Nachteil des Berechtigten geltend gemacht werden (§ 1607 II 3 BGB).

Wenn es einen leistungsfähigen Verwandten gibt, der den ungedeckten Fehlbedarf leisten kann und muß (Rn 62), gibt es im Verhältnis der beiden Ehegatten keine weitere Billigkeitskürzung nach § 1581 BGB. 69

In Fällen, in denen der Unterhalt durch den Mangelfall unter den angemessenen Unterhalt sinken kann, ist deshalb vor Anwendung des § 1581 BGB auch zu klären, ob leistungsfähige Verwandte des Berechtigten vorhanden sind.

Wenn die ehelichen Einkommensverhältnisse die Deckung des angemessenen Bedarfs nicht gestatten, liegt der eheangemessene Bedarf niedriger als der angemessene. In diesen Fällen kann ein ergänzender Anspruch auf Verwandtenunterhalt auch dann bestehen, wenn der eheangemessene Unterhalt geleistet wird und deshalb ein Fall des § 1581 nicht vorliegt. 70

9. Rechenbeispiele bei vorrangiger Unterhaltsverpflichtung von Verwandten des berechtigten Ehegatten im Mangelfall

Fall 1: 71
Nettoeinkommen des M = 3500, Erwerbsbonus $1/7$
Trennungsbedingter Mehrbedarf der erwerbslosen F = 200
F hat leistungsfähige Eltern.
– Bedarfsfeststellung
F = 3500 x $3/7$ = 1500 + 200 (trennungsbedingter Mehrbedarf) = 1700
M = 3500 x $4/7$ = 2000
Gesamtbedarf = 3700
Fehlbedarf = 3700 – 3500 = 200 (= trennungsbedingter Mehrbedarf).
– Der angemessene Verwandtenunterhalt der erwachsenen F kann mit 1700 angenommen werden (vgl. Rn 62 a).
Dann ist der Betrag von 1500 DM um 200 DM durch Unterhaltszahlungen der Eltern aufzustocken. M muß an F 1500 als Unterhalt zahlen; ihm verbleiben seine 2000 DM. Deshalb keine weiteren Kürzungen nach § 1581 BGB.

Fall 2: 71a
Wie Fall 1, aber Erwerbsbonus $1/10$; auch M hat einen trennungsbedingten Mehrbedarf von DM 400
Der volle Unterhalt des M beträgt 3500 x 55 % + 400 = 2325
Der volle Unterhalt der F beträgt 3500 x 45 % + 200 = 1775
Wenn der volle eheangemessene Unterhalt des M nicht gefährdet werden soll, darf M für sich 2325 DM behalten.
Er kann dann nur 1175 DM (3500 – 2325) an die F zahlen.
Eine Mehrzahlung würde bereits auf einer Kürzung des eigenen Bedarfs nach § 1581 BGB beruhen.

Der Unterhaltsanspruch der F gegen ihre Eltern beträgt daher: 1775 − 1175 = 600.
Die Eltern finanzieren dadurch indirekt den trennungsbedingten Mehrbedarf des M und der F.

72 **Fall 3:**
M verdient nur 2100, Erwerbsbonus $^1/_7$, sonst wie Fall 2.
— Feststellung des Gesamtbedarfs F = 2100 × 3/7 = 900
Voller Unterhalt = 900 + 300 (trennungsbedingter Mehrbedarf) = 1200
Bedarf des M = 2100 × $^4/_7$ = 1200 + 400 (trennungsbedingter Mehrbedarf) = 1600
Gesamtbedarf = 1200 + 1600 = 2800
Fehlbedarf = 2800 − 2100 = 700
— In Höhe des Fehlbedarfs (700) haften die Eltern vorrangig. Sie finanzieren dadurch indirekt auch den trennungsbedingten Mehrbedarf des M mit.
M muß nur 500 an F bezahlen (2100 − 1600), weil sonst sein eigener angemessener Unterhalt (1600) gefährdet wäre.
— Da der angemessene Unterhalt von F nach § 1610 BGB (welcher mit dem eheangemessenen nicht identisch ist) 1200 DM übersteigt (vgl. Rn 62a), schulden die unterhaltspflichtigen Verwandten auch den über 1200 hinausgehenden Betrag. Wird der Bedarf z. B. mit 1700 angesetzt, so erhöht sich bei entsprechender Leistungsfähigkeit der Verwandten der von ihnen zu leistende Unterhalt auf 700 + (1700 − 1200) = 1200. M wird dadurch nicht entlastet, weil er in Höhe des von ihm zu zahlenden Betrags voll leistungsfähig und F auch bedürftig ist. Die nachrangige Unterhaltspflicht der Verwandten kann bei voller Leistungsfähigkeit nicht zu einer Einschränkung der Unterhaltspflicht des Gatten führen.

III. Eingeschränkter Selbstbehalt und Billigkeitsunterhalt nach § 1581 BGB

1. Überblick über die Rechtsfolgen eines eingeschränkten Mangelfalls nach § 1581 BGB

73 Nach § 1581 BGB muß der Verpflichtete in einem **Mangelfall** nur insoweit Unterhalt leisten, als dies mit Rücksicht auf die Bedürfnisse und die Erwerbs- und Vermögensverhältnisse der Ehegatten der Billigkeit entspricht (= **Billigkeitsunterhalt**). Den Stamm des Vermögens muß der Verpflichtete nicht verwerten, soweit die Verwertung unwirtschaftlich oder unter Berücksichtigung der beiderseitigen Verhältnisse unbillig wäre.

74 Ein solcher Billigkeitsunterhalt hat **drei Voraussetzungen**:
- Gemäß den Ausführungen zu I (Rn 3) muß ein **Fehlbedarf** und damit ein Mangelfall festgestellt werden. Ein solcher Mangelfall kann auch bestehen, wenn dem Verpflichteten mehr als sein angemessener oder notwendiger Selbstbehalt verbleibt (eingeschränkter Mangelfall Rn 1).
- **Auch nach Ausscheiden nachrangig Berechtigter** (Rn 54 bis 60) darf die Deckungsmasse zur Befriedigung der vollen Unterhaltsansprüche aller vorrangig Berechtigten und des Verpflichteten nicht ausreichen.
- Es darf **keine** leistungsfähigen und -pflichtigen **Verwandten** des Berechtigten geben, die gemäß den Ausführungen zu Rn 61 bis 72 bis zur Höhe des Fehlbedarfs in Anspruch genommen werden könnten.

75 Nach § 1581 BGB ist der angemessene Unterhalt als Folge des Mangelfalls auf einen Billigkeitsunterhalt zu kürzen, wobei die Bedürfnisse beider Ehegatten (**Bedarfsbereich**) und die Erwerbs- und Vermögensverhältnisse beider Ehegatten (**Deckungsmasse**) zu berücksichtigen sind.[48]
Diese, nach Billigkeitsgesichtspunkten erfolgende Kürzung setzt voraus, daß beiden Ehegatten **gleichwertige Opfer** und Einschränkungen zugemutet werden, die sowohl die Unterhaltskürzung für den Berechtigten als auch die mit der Unterhaltszahlung verbundene Belastung des Verpflichteten zumutbar erscheinen lassen.[49]

---

[48] BGH, FamRZ 1990, 260, 262 = R 399 b
[49] BGH, FamRZ 1985, 782 = R 262

III. Eingeschränkter Selbstbehalt und Billigkeitsunterhalt § 5

Für die Obliegenheit beider Ehegatten zum Einsatz ihrer wirtschaftlichen Mittel sind grundsätzlich die gleichen Maßstäbe anzulegen.[50]

Deshalb sind im Rahmen der erforderlichen Billigkeitsabwägung alle Umstände, die bei beiden Ehegatten für die Zumutbarkeit der Unterhaltskürzung eine Rolle spielen können, erneut einer bewertenden Überprüfung zu unterziehen und gegebenenfalls wertend angemessen zu verändern. Die Zumutung von gleichwertigen Opfern ist um so größer, je größer das leistungsmäßige Defizit (Fehlbedarf) ist, das durch eine Unterhaltskürzung ausgeglichen werden muß.

Ist zugleich nach anderen Vorschriften eine Billigkeitsabwägung angezeigt, so kann die Abwägung nur einheitlich erfolgen.[51]

Zu diesen Billigkeitserwägungen gehört nicht die Frage, wen eine Schuld an der Scheidung trifft.

Im Rahmen einer solchen Billigkeitsabwägung und der mit dieser verbundenen **Neubewertung unterhaltsrechtlich relevanter Umstände** kann es sowohl im Bereich der Deckungsmasse (Rn 77) Änderungen geben als auch im Bedarfsbereich (Rn 78). **76**

Ein trotz solcher Änderungen verbleibender Fehlbedarf kann als weitere Folge der Billigkeitsabwägung durch **pauschale Billigkeitsverteilung** des verfügbaren Einkommens, eine **proportionale Kürzung** des veränderten Gesamtbedarfs (Rn 78) zur veränderten Deckungsmasse (Rn 77) und auch durch **weitere individuelle Kürzungen** ausgeglichen werden.

Im Rahmen solcher Kürzungen ist aber darauf zu achten, daß dem Verpflichteten jedenfalls sein notwendiger Selbstbehalt als unterste Opfergrenze verbleibt (siehe Rn 180 ff). Insoweit handelt es sich um eine untere Haftungsgrenze im Gegensatz zum Haftungsmaßstab als Einstiegsgrenze für eine Mangelfallrechnung.[52]

Das Ergebnis beinhaltet stets, also auch bei einer Neubewertung innerhalb der Deckungsmasse oder des Bedarfsbereichs, einen Billigkeitsunterhalt nach § 1581 BGB, nicht einen vollen Unterhalt nach §§ 1578 I 1, 1361 I BGB.

Wertende Änderungen im **Bereich der Deckungsmasse**. **77**
- Erhielt der **Verpflichtete Kindergeld**, erhöhte nach früherer Rechtsprechung des BGH dieses im Mangelfall dessen verteilungsfähiges Einkommen (siehe Rn 83 f), soweit es nicht an den anderen Gatten anteilig weitergeleitet wurde (ML96 1. 19, 4. 2). In Sonderfällen kommt das auch jetzt noch in Betracht (siehe Rn 89 a f).
- Im Mangelfall besteht eine **gesteigerte Erwerbsobliegenheit** beider Ehegatten. Deshalb können dem Verpflichteten fiktive Einkünfte zugerechnet werden, die die Verteilungsmasse erhöhen, wenn er eine zumutbare Erwerbstätigkeit unterläßt (siehe Rn 94 f.).
- Einkünfte des Verpflichteten aus **unzumutbarer Erwerbstätigkeit** können diesem im Mangelfall in erhöhtem Umfang oder ganz zugerechnet werden (siehe Rn 98 f).
- Unentgeltliche **freiwillige Zuwendungen Dritter** an den Verpflichteten können diesem im Mangelfall als Einkünfte zugerechnet werden (siehe Rn 95 f).
- Im Mangelfall sind **Aufwendungen konkret nachzuweisen**, wobei die Anforderungen an die Notwendigkeit der Aufwendungen erschwert sind. Gleiches gilt für alle Betriebsausgaben und Ausgabenposten in Überschußrechnungen oder Gewinn- und Verlustrechnungen (siehe Rn 103 f).
- Die Verteilungsmasse kann auch durch eine erst im Mangelfall zumutbare **Vermögensverwertung** erhöht werden (§ 1581, 2 BGB; siehe Rn 108 f).

Änderungen im **Bedarfsbereich**. **78**
- Erhält im Mangelfall der **Berechtigte Kindergeld**, konnte dieses nach bisheriger[53] Rechtsprechung des BGH als Einkommen seinen Bedarf mindern (siehe Rn 83 f), soweit es nicht durch Anrechnung auf den Kindesunterhalt dem anderen Gatten zufloß (früher ML 4.2).

---

[50] BGH, FamRZ 1985, 354, 356 = R 222 b + d
[51] BGH, FamRZ 1992, 1045, 1049 = R 448 c; FamRZ 1990, 1091, 1095 = R 422 c
[52] BGH, FamRZ 1990, 260, 262 = R 399 b
[53] Zur ausnahmsweisen Berücksichtigung als Einkommen nach jetziger Rechtslage vgl. Rn 91

- Unter Anwendung der **Bedarfskontrollbeträge** wird der Kindesunterhalt einer niedrigeren Einkommensgruppe oder der 1. Einkommensgruppe entnommen (vgl. Rn 91a).
- Auch dem Berechtigten kann im Mangelfall wegen **gesteigerter Erwerbsobliegenheit** bei unterlassener zumutbarer Erwerbstätigkeit ein fiktives Einkommen zugerechnet werden. Eine solche Zurechnung mindert seinen Bedarf (siehe Rn 94 f.).
- Einkünfte des Berechtigten aus **unzumutbarer Erwerbstätigkeit** können im Mangelfall nach § 1577 II 2 BGB über das bisherige Maß hinaus oder voll bedarfsmindernd angerechnet werden (siehe Rn 97 f.).
- Unentgeltliche **freiwillige Zuwendungen Dritter** an den Berechtigten können diesem im Mangelfall bedarfsmindernd als Einkünfte zugerechnet werden (siehe Rn 95 f.).
- Im Mangelfall hat auch der Berechtigte bei Erwerbseinkünften berufsbedingte **Aufwendungen konkret nachzuweisen**, wobei die Anforderungen an die Notwendigkeit der Aufwendungen erschwert sind (siehe Rn 103 f.).
- Berücksichtigungswürdige **Verbindlichkeiten des Verpflichteten** sind im Mangelfall daraufhin zu überprüfen, ob und in welcher Höhe sie auch noch unter den verschärften Anforderungen des Mangelfalls berücksichtigt werden können. Entfällt im Rahmen einer solchen Billigkeitsabwägung ganz oder teilweise die Berücksichtigung nichtprägender Verbindlichkeiten, so mindert sich dadurch der Bedarf des Verpflichteten (siehe Rn 112 f.).
- Bei nichtprägenden oder **nachrangigen Unterhaltsverpflichtungen** bedarf es besonderer Gründe dafür, ob, warum und gegebenenfalls in welchem Umfang dem Berechtigten hierwegen eine Schmälerung seines Unterhaltsanspruchs zugemutet werden kann.
- Ein ungedeckter **trennungsbedingter Mehrbedarf** ist daraufhin zu überprüfen, ob er in voller Höhe aufrechtzuerhalten ist oder ob es zumutbar ist, ihn auf ein angemessenes Maß einzuschränken.

79 Kommt es aufgrund der Billigkeitsabwägung zu entsprechenden Änderungen im Bereich der Deckungsmasse (Rn 77) und (oder) im Bedarfsbereich (Rn 78), dann ist der für eine abschließende Bemessung des Billigkeitsunterhalts maßgebliche **Fehlbedarf neu zu berechnen** (siehe Rn 123 f.).

80 Die **abschließende Bemessung** des Billigkeitsunterhalts auf der Basis des neu berechneten Fehlbedarfs kann auf verschiedene Weise erfolgen:
- Die DT B und die HL 27 gehen davon aus, daß wegen der wirtschaftlichen Nachteile im Zusammenhang mit der Scheidung in der Regel ein Mangelfall nach § 1581 BGB vorliegt und daß es der Billigkeit entspreche, wenn das gesamte verfügbare Einkommen beider Gatten nach der **Differenzmethode** auf diese verteilt werde (ebenso DL 28). Diese **Begrenzung auf die Billigkeitsquote** hat den Vorteil, daß sie die beiderseitigen Erwerbsbemühungen angemessen honorieren kann (siehe Rn 165 f.).
- Eine weitere Möglichkeit besteht darin, den Unterhaltsbedarf aller im Verhältnis zur Deckungsmasse **proportional** zu **kürzen** und das Ergebnis dann auf seine Angemessenheit zu überprüfen (siehe Rn 159 f.).
- Bei Vorliegen besonderer Umstände kann statt einer proportionalen Kürzung auch eine **individuelle Kürzung** erfolgen (siehe Rn 156 f.).
- Verlangt der Berechtigte Vorsorge für Alter und Invalidität, dann kann **der Nachrang gegenüber dem Elementarunterhalt** zu Kürzung oder Wegfall des Vorsorgeunterhalts führen. Doch gilt das nicht absolut. Insbesondere bewirkt nicht jeder Mangelfall nach § 1581 BGB den Wegfall des Altersvorsorgeunterhalts. Vielmehr tritt bei geringem Einkommen der Elementarbedarf in den Vordergrund, während bei höherem Einkommen entsprechend der zweistufigen Berechnungsmethode des BGH der Elementarunterhalt zugunsten des Altersvorsorgeunterhalts gekürzt wird (siehe Rn 4/478).
Dies gilt nicht für den Krankheitsvorsorgeunterhalt (siehe Rn 4/502).

81 In allen unter Rn 80 aufgezählten Fällen ist darauf zu achten, daß dem Verpflichteten sein jeweiliger **Mindestselbstbehalt** verbleibt (siehe Rn 181 f.).
Wird dieser infolge der Kürzungen zu Rn 80 unterschritten, so besteht ein sogenann-

III. Eingeschränkter Selbstbehalt und Billigkeitsunterhalt §5

ter **verschärfter Mangelfall**, der eine die „untere Opfergrenze" des Verpflichteten berücksichtigende Mangelfallberechnung notwendig macht. Diese besteht darin, daß dem Verpflichteten auf jeden Fall sein Selbstbehalt verbleibt, indem dieser vorweg von der Deckungsmasse abgezogen wird. Der dann noch verbleibende Rest wird proportional zum Bedarf der Berechtigten auf diese verteilt (siehe Rn 192 f).

Wegen der Einstiegsgrenze des § 1578 I 1 für die Mangelfallrechnung gibt es **in der Praxis sehr viele Fälle**, in denen eine solche individuelle Billigkeitsabwägung erforderlich wird. Das muß im Interesse angemessener Lösungen hingenommen werden.[54] 82

Nachfolgend (Rn 83 mit 178) werden die wichtigsten typischen Mangelfallsituationen mit Rechenbeispielen erörtert.

2. Kindergeld und Zählkindvorteil im Mangelfall, Bedarfskontrollbetrag

Solange der Verpflichtete voll leistungsfähig ist, war schon bisher das kraft Gesetzes den Eltern zustehende **Kindergeld** (und kindergeldgleiche Zuschüsse) dem Elternteil, der es erhält, unterhaltsrechtlich **nicht als Einkommen zugerechnet**, weil es aus praktischen Gründen bereits bei der Berechnung des Kindesunterhalts als familienrechtlicher Ausgleichsanspruch der Eltern untereinander mit dem Kindesunterhalt verrechnet wurde. Dadurch wird das Kindergeld faktisch in Höhe des familienrechtlichen Ausgleichsanspruchs der Eltern wie ein Einkommen des Kindes behandelt (siehe Rn 1/360 f, 2/495 f). 83

Vor 1997 waren nach der **Rechtsprechung des BGH** in einem **Mangelfall** das **Kindergeld** und kindergeldgleiche Zuschüsse auf der Leistungsstufe als **Einkommen** zu berücksichtigen, wodurch der Fehlbedarf geringer wurde.[55] Zur Erleichterung der Mangelfallberechnung in der Vielzahl einfach gelagerter Fälle hatte die Praxis **unterschiedliche Methoden** zur Berücksichtigung des Kindergelds herausgebildet: 84

- Das OLG Hamm u. a. (HL 15) wiesen das **anteilige Kindergeld** im Mangelfall allen **Kindern** zur **Auffüllung** ihrer Mangelquote zu,. 85
- Das Schleswig-Holsteinische OLG (SchL D 3) berücksichtigte im Mangelfall das Kindergeld dadurch, daß nur der **um das Kindergeld gekürzte Kindesunterhalt** bei der Mangelfallberechnung berücksichtigt wird. Damit galt der Bedarf der Kindes als durch den anzurechnenden Kindergeldanteil gedeckt.[56] 86
- In der 2. Auflage dieses Buches wurde in Übereinstimmung mit ML 4.2 a. F. die Auffassung vertreten, daß das **Kindergeld** im Mangelfall als **Einkommen des jeweiligen Empfängers** zu gelten habe. Das entsprach einer Berechnungsweise des BGH,[57] welcher die Abweichung von der sonst praktizierten Kindergeldverrechnung allerdings nicht begründet. 87
- Die ML 4.1 f) in der ab 1. 7. 1992 geltenden Fassung[58] hatten dem Empfänger des Kindergelds dasselbe zur Abdeckung seines notwendigen Selbstbehalts[59] belassen, indem sie es grundsätzlich auf den Selbstbehalt anrechneten, die Verrechnung auf den Kindesunterhalts aber nicht jedem Fall durchführten. 88

In seinem **Urteil vom 16. 4. 1997** war der BGH dann von seinem Ansatz, das **Kindergeld sei Einkommen**, nach genauerer Prüfung **abgerückt**, weil die damit verknüpfte Bedarfserhöhung mit der Zweckbestimmung des Kindergelds nicht vereinbar sei und weil damit auch gegen den gesetzlichen Aufteilungsmaßstab des § 1606 III BGB verstoßen werde.[60] 89

Erst bei der abschließenden Angemessenheitsprüfung in der 4. Stufe der Mangelfallrechnung sei die Frage des Kindergeldausgleichs zu erörtern. Wenn der betreuende Elternteil mit den Kindern in beengten wirtschaftlichen Verhältnissen lebe, in denen auch

---

[54] BGH, FamRZ 1990, 260, 262 = R 399 b
[55] BGH, FamRZ 1992, 539, 541 = R 444 c
[56] BGH, FamRZ 1992, 539 = R 444 c
[57] BGH, FamRZ 1992, 539, 541, so auch OLG Karlsruhe, FamRZ 1996, 350, 352
[58] Vgl. auch Graba, FamRZ 1992, 541, 544
[59] BGH, FamRZ 1988, 604, 606 = R 361 b
[60] BGH, FamRZ 1997, 806 = R 512 f

der angemessene Unterhalt der Kinder nicht gedeckt sei, könne es ihm nicht zugemutet werden, die eigentlich dem Pflichtigen zustehende Kindergeldhälfte an diesen abzuführen.[61] Einer Auseinandersetzung mit der strittigen Frage, ob der Kindergeldanteil allen Unterhaltsberechtigten oder nur den Kindern zugute kommen solle, bedürfe es nicht, weil die tatsächliche Bedarfsdeckung aus derselben Kasse erfolge.

89a Endlich hat das **KindUG** in § 1612b V BGB eine Regelung für die Anrechnung des Kindergelds im Mangelfall getroffen, welche **seit 1. 7. 1998 für die Unterhaltsberechnung maßgebend** ist. Hiernach unterbleibt im Mangelfall die Kindergeldanrechnung insoweit, als der Regelbetrag unterschritten wurde.

Beispiel:
Einkommen des Pflichtigen (ohne Kindergeld) 2200,00 DM, 2 Kinder im Alter von 7 und 5 Jahren. Die nicht leistungsfähige wiederverheiratete Mutter bezieht das Kindergeld von 250 + 250 = 500 DM.

Unterhaltsberechnung:	
aus Einkommen des Pflichtigen	2200,00 DM
Kindesunterhalt nach Gruppe 1 der Düsseldorfer Tabelle	
1. Kind	431,00 DM
2. Kind	355,00 DM
insgesamt	786,00 DM
bleibt	1414,00 DM
Der Selbstbehalt von 1500 DM gegenüber minderjährigen Kindern ist nicht gewahrt.	
Verteilungsmasse 2200 – 1500 =	700,00 DM
gleichrangiger Unterhaltsbedarf:	786,00 DM
Kürzung des Unterhalts auf:	
700 / 786 =	89 %
1. Kind gekürzt:	384,00 DM
Defizit 431 – 384 = 47.	
2. Kind gekürzt:	316,00 DM
Defizit 355 – 316 = 39	
bleibt	1500,00 DM

Kindergeldausgleich vermindert um Defizit:
1. Kind
125 DM – 47 DM = 78,00 DM, 384 DM – 78 DM = 306,00 DM
2. Kind
125 DM – 39 DM = 86,00 DM, 316 DM – 86 DM = 230,00 DM

89b Graba[62] und Strauß[63] nehmen nun an, daß der nach Anwendung des § 1612b V BGB dem Pflichtigen verbleibende Kindergeldbetrag zur **Aufstockung des Mangelunterhalts** gleichrangiger Kinder und des Ehegatten herangezogen werden könne. Demgegenüber gehen die BayL Nr. 21 davon aus, daß in seinem Anwendungsbereich § 1612b V BGB die **Kindergeldanrechnung im Mangelfall abschließend** regele. **Dem ist zu folgen.** Es kann kaum zweifelhaft sein, daß das auch tatsächlich der Vorstellung des Gesetzgebers entsprach. Sie ist auch mit dem Ziel der verfassungsrechtlich gebotenen steuerlichen Entlastung der Unterhaltspflichtigen besser zu vereinbaren. Auch sollte die Regelung sicherlich die Kindergeldverrechnung vereinfachen. Zieht man den verbleibenden Anrechnungsbetrag aber wiederum zur Aufstockung von Mangelunterhaltsbeträgen heran, so ergibt sich eine weitere Verkomplizierung gegenüber der bisherigen Praxis. M.E. kann gerade im Hinblick auf das steuerliche Entlastungsziel durchaus hingenommen werden, daß im Randbereich des Mangelfalls, in dem für einzelne Kinder der Regelbetrag mit Hilfe des Kindergelds aufgefüllt werden kann, dem Verpflichteten etwas mehr als der notwendige Selbstbehalt verbleibt (vgl. aber Scholz in diesem Werk Rn 2/509 ff).[64]

---

[61] BGH, FamRZ 1997, 806 = R 512g
[62] Johannsen/Henrich/Graba, Rn 14 zu § 1612 b BGB
[63] Strauß, FamRZ 1998, 993, 1000
[64] Problematischer ist allerdings der Fall, wenn der Bedarf des Kindes sich nicht nach dem Regelbetrag bemißt, weil z. B. die Kosten einer Fremdunterbringung abzudecken sind. Hier kommt die Sozialhilfe in Form der Hilfe in besonderen Lebenslagen in Betracht.

III. Eingeschränkter Selbstbehalt und Billigkeitsunterhalt § 5

§ 1612b V BGB enthält aber **keine Vorschrift**, wie im Mangelfall das Kindergeld auf den **Unterhalt volljähriger Kinder**, für welche ein Regelbetrag nicht vorgesehen ist, anzurechnen ist. Eine Gesetzesanalogie müßte dazu führen, die **Auffüllung** auf den von der Rechtsprechung weitgehend anerkannten **Tabellenbetrag der Düsseldorfer Tabelle** für Volljährige **nach der ersten Einkommengruppe** zugrunde zu legen (derzeit 589 DM). Diese Lösung kommt allerdings nur dann in Betracht, wenn es sich um nach § 1603 II 2 BGB privilegierte Volljährige handelt, weil die Herabgruppierung nach dem Bedarfskontrollbetrag bei ihnen ohnehin auf den Mindestbedarf führen würde. Andere Volljährige, insbesondere die, für welche die Rechtsprechung die Regelpauschale von 1120 DM vorsieht und die sich den **angemessenen Selbstbehalt** (derzeit meist 1800 DM) entgegenhalten lassen müssen, werden die Auffüllung ihres Pauschalbedarfs zu Lasten der Kindergeldverrechnung nach § 1612b II BGB verlangen können. 90

Beispiel:
Einkommen des Pflichtigen 2850,00 DM. Das Kindergeld von 250 DM erhält der wiederverheiratete einkommenslose geschiedene Gatte, bei welchem das Kind lebt.
Kind Alter 18, Barbedarf 1120,00 DM, hälftiges Kindergeld zu verrechnen von 125,00 DM
Nach Abzug den Barbedarfs bleibt dem Pflichtigen 1730,00 DM. Der Selbstbehalt von 1800 DM gegenüber volljährigen Kindern ist nicht gewahrt. Der Fehlbetrag von 1800 DM − 1730 DM = 70,00 DM führt zur Kürzung auf 1120 DM − 70 DM = 1050 DM Kindergeldausgleich vermindert um Defizit:
125 DM − 70 DM = 55,00 DM. Es bleibt bei einer Unterhaltszahlung von 1050 DM − 55 DM = 995,00 DM, wie auch bei voller Leistungsfähigkeit (1120 − 125 = 995 DM).

Nicht geregelt sind auch die Fälle, in denen der **Pflichtige das Kindergeld erhält**. Bei Minderjährigen ist dieser Fall irregulär (weil das Kindergeld an den, bei dem das Kind lebt, auszuzahlen ist), aber immerhin möglich, bei Volljährigen ist er häufig. Auch hier bietet sich die **analoge Anwendung** des § 1612b V BGB an im Wege einer **Spiegelbildlichkeit**. Das bedeutet, dass der Mangelunterhalt aus dem bezogenen Kindergeld auf den nach Rn 89a, 90 maßgeblichen Bedarf aufzufüllen ist. 90a

Beispiel:
wie Rn 90, aber das Kindergeld von 500 DM erhält nicht der Gatte, sondern der Unterhaltspflichtige.
Der Fehlbetrag von 1800 DM − 1730 DM = 70,00 DM führt zur Kürzung auf 1120 DM − 70 DM = 1050 DM. Dieser Betrag ist jedoch aus dem bezogenen Kindergeld von 500 DM aufzufüllen auf den nach Rn 90 maßgebenden Bedarf von 1120 DM.

Einkommen ist jedoch der **Zählkindvorteil**, also der Kindergeldanteil, welcher nach § 1612b IV BGB nicht anrechnungspflichtig ist, in dem seltenen Fall, daß dem Zählkind kein Unterhalt geleistet wird.[65] Diese Rechtsprechung muß auch nach Inkrafttreten des KindUG am 1. 7. 1998 noch gelten, denn wer keinen Unterhalt leistet, braucht nicht steuerlich entlastet zu werden. Deshalb läßt sich daraus auch der weitere Satz ableiten, daß **Kindergeldzahlungen** an einen Elternteil, welcher **keinen Unterhalt leistet**, als sein **Einkommen** zu berücksichtigen sind.[66] 91

Die DT sichert ein angemessenes Verhältnis zwischen Betrag, der dem Pflichtigen verbleibt, und der Höhe des Kindesunterhalts durch den jeder Einkommensgruppe der DT zugeordneten **Bedarfskontrollbetrag** (vgl. Rn 2/239 ff). Ist dieser unterschritten, so ist der Kindesunterhalt einer niedrigeren Einkommensgruppe zu entnehmen, wenn deren Bedarfskontrollbetrag gewahrt werden kann. Die Herabgruppierung führt durch Verminderung des Kindesunterhalts zu einer Verkleinerung des Sollbereichs. Allerdings erhöhen sich, soweit der Kindesunterhalt eheprägend ist, zugleich Gattenunterhalt und eheangemessener Selbstbehalt, so daß es beim relativen Mangelfall bleibt. 92

---

[65] BGH, FamRZ 1997, 806 = R 512 f
[66] Falls das Einkommen aber trotz Zurechnung dieses Kindergelds für Unterhaltszahlungen nicht ausreicht, entfällt ein Unterhaltsanspruch. Die Auskehrung des Kindergelds kann nicht verlangt werden.

Der Bedarfskontrollbetrag wird nicht von allen OLGs angewandt (vgl. FT III A, OL III 2, RL I A 1, ThT A I). Auch der **BGH** hat ihn bisher **nicht angewandt**, aber auch **nicht ausdrücklich abgelehnt.**

Da im absoluten Mangelfall der Mindestselbstbehalt unterschritten wird, ergibt sich aus dem Prinzip des Bedarfskontrollbetrags, daß in diesem Fall der Kindesunterhalt der niedrigsten Gruppe zu entnehmen ist. Deshalb ist nach der DT und vielen anderen Leitlinien im absoluten Mangelfall der **Kindesunterhalt** der **niedrigsten Einkommensgruppe** zu entnehmen. Das hat nun der BGH **mißbilligt**, weil ebenso wie für den Gatten ein fester Mindestunterhalt nicht angenommen wird, dürfe auch für den Kindesunterhalt nur ein individuell aus dem Einkommen bestimmter Betrag angesetzt werden.[67]

93   Nicht vergeben.

3. Zurechnung fiktiver Einkünfte wegen gesteigerter Erwerbsobliegenheit und erhöhte Zurechnung von Einkünften aus unzumutbarer Erwerbstätigkeit

94   Hat der Verpflichtete nach § 1581 BGB nur nach Billigkeitsgrundsätzen Unterhalt zu leisten, kann dies zu einer **Verschärfung der Anforderungen** führen, die an die **Erwerbsobliegenheit** des Berechtigten im Rahmen der §§ 1361 II, 1570 und 1574 II BGB zu stellen sind.[68]

Diese verschärften Anforderungen sind um so größer, je größer der leistungsmäßige Fehlbedarf ist.

Bei Überschuldung des Verpflichteten muß sich der Berechtigte fehlende Mittel unter äußerster Anspannung seiner Kräfte durch einen über das allgemein Gebotene hinausgehenden Einsatz selbst verschaffen.[69]

95   Diese verschärften Anforderungen an die **Erwerbsobliegenheit** des Berechtigten gelten in **gleicher Weise** auch **für den Verpflichteten**, weil auch dieser gleichwertige Opfer erbringen muß. Deshalb kann bei sehr beschränkter Leistungsfähigkeit von beiden Ehegatten auch die Aufnahme oder Ausweitung einer Erwerbstätigkeit verlangt werden, die bei bestehender Leistungsfähigkeit im Hinblick auf Ausbildung, Gesundheitszustand, Alter und ähnliche Kriterien als unzumutbare Erwerbstätigkeit beurteilt werden könnte. Aus dem gleichen Grund sind auch verstärkte Bemühungen um eine entsprechende Erwerbstätigkeit zuzumuten.

Ähnliche Grundsätze gelten für die Zumutung von Nebentätigkeiten zur Erhöhung des Einkommens.

96   Kommt einer der Ehegatten solchen verschärften Anforderungen nicht oder nicht ausreichend nach, können ihm Einkünfte, die er zumutbarerweise erzielen könnte, **fiktiv zugerechnet** werden (Rn 23).[70]

Werden einem Ehegatten im Rahmen der Bedarfsbemessung oder der Bedürftigkeit bereits fiktive Einkünfte zugerechnet, kann bei beschränkter Leistungsfähigkeit auf der Leistungsstufe auch eine erhöhte Zurechnung erfolgen. Fiktiv können auch erhöhte Zinsen zugerechnet werden, wenn eine rentablere Kapitalanlage zugemutet werden kann.

Beim Verpflichteten erhöht eine fiktive Zurechnung die Deckungsmasse, beim Berechtigten mindert sie dessen Bedarf.

97   **Unzumutbare Erwerbseinkünfte des Berechtigten**, die diesem bisher nach § 1577 II 2 BGB nur teilweise oder nicht angerechnet worden sind, können, je nach Ausmaß der beschränkten Leistungsfähigkeit, in erhöhtem bis vollem Umfang angerechnet werden. Jedenfalls ist nach der Rechtsprechung des BGH in die nach § 1581 BGB zu treffende Entscheidung auch die Frage einzubeziehen, ob es die Billigkeit erfordert, die Einkünfte

---

[67] BGH, FamRZ 1997, 806 = R 512 e
[68] BGH, FamRZ 1987, 46 = R 313 a; FamRZ 1983, 569 = R 152 c
[69] BGH, FamRZ 1984, 657 = R 216
[70] BGH, FamRZ 1988, 604, 607 = R 361 c

III. Eingeschränkter Selbstbehalt und Billigkeitsunterhalt   §5

aus unzumutbarer Erwerbstätigkeit über das in § 1577 II 1 BGB vorgesehene Maß hinaus anzurechnen.[71]
Bei erhöhter Anrechnung mindert sich der Bedarf des Berechtigten.

Die gleichen Grundsätze (Rn 97) gelten auch bei dem **Verpflichteten**, wenn dieser 98 Einkünfte aus unzumutbarer Erwerbstätigkeit hat (z. B. überdurchschnittlich hohe, nicht berufstypische Überstunden), die nach § 242 BGB nicht oder nur teilweise angerechnet werden. Eine solche erhöhte Anrechnung erhöht die Deckungsmasse.

Rechenbeispiel zur fiktiven Zurechnung erzielbarer Einkünfte und zur Anrechnung 99 unzumutbarer Erwerbseinkünfte.

Fall:
Nettoeinkommen des M 2500 (2200 + 300 aus Überstunden)
Überstunden von 600 DM wurden nach § 242 BGB als überdurchschnittlich und berufsuntypisch zur Hälfte (300) angerechnet. Unterhalt für Kinder im Alter von 7 (1. Grundschulklasse) und 10 Jahren, M erhält das Kindergeld von 250 + 250 = 500.
Die nicht erwerbstätige F könnte während der Schulstunden einer Teilzeitbeschäftigung nachgehen und dabei 900 DM verdienen. Der Erwerbsbonus betrage $1/7$.
– Bedarfsfeststellung
Kinder nach DT 2/2 (2400 – 2700) je 462
M: 2500 – 462 – 462 = 1576 x $4/7$ = 901
= verschärfter Mangelfall, weil 1500 DM nicht erreicht.
Bei Rückstufung der Kinder auf DT 1/2, weil der Bedarfskontrollbetrag von 1600 DM nicht erreicht ist, beträgt der Kindesunterhalt je 431 DM.
M = 2500 – 431 – 431 = 1638 x $4/7$ = 936
F = 1638 x $3/7$ = 702.
– Änderungen der Deckungsmasse im Rahmen der Leistungsfähigkeit.
Bei M ist es im absoluten Mangelfall zumutbar, die Überstunden voll anzurechnen (+ 300).
Neue Deckungsmasse = 2500 + 300 = 2800.
Der F ist im absoluten Mangelfall zumutbar, trotz der beiden Kinder von 7 und 10 Jahren die während der Schulzeit mögliche Teilerwerbstätigkeit auszuüben. Die erzielbaren Einkünfte von 900 DM können ihr in Höhe von $6/7$ = 772 DM bedarfsmindernd zugerechnet werden.
Im Rahmen der Billigkeitsabwägung wäre es auch vertretbar, sie im Hinblick auf § 1577 II 2 BGB nur zur Hälfte, also in Höhe von 386 DM bedarfsmindernd anzurechnen.
– Neue Rechnung im Rahmen der Leistungsfähigkeit
Kinder je 431 = 862; M = 2800 – 862 = 1938 x $4/7$ = 1107
F = 1938 x $3/7$ = 831.
Die einheitliche Billigkeitsabwägung nach § 1577 II 2, § 1581 BGB kann sich hier auf die Höhe des anzurechnenden Teils des aus an sich unzumutbarer Tätigkeit erzielbaren Einkommens von F von 772 DM beziehen. Werden 400 DM angerechnet, so verbleibt ein Unterhalt von 831 – 400 = 431.
F hat 900 DM Erwerbseinkommen, 431 Unterhalt (und 250 anteiliges Kindergeld), also 1581 DM zur Verfügung.
– M kann diesen Bedarf von 2 x 431 und 431 ohne weitere Unterhaltskürzungen befriedigen. Ihm verbleiben aufgrund der Mangelfallrechnung: 2800 – 862 – 431 = 1507.
Der notwendige Selbstbehalt ist gewahrt. (M steht das anteilige Kindergeld von 250 DM zusätzlich zur Verfügung.)
Der Ehegattenunterhalt von 431 beinhaltet jedoch einen Billigkeitsunterhalt, was Bedeutung gewinnen kann, wenn sich die wirtschaftliche Lage von F bessert.

4. Zurechnung unentgeltlicher freiwilliger Zuwendungen Dritter

Freiwillige unentgeltliche Zuwendungen Dritter dürfen im Rahmen der Bedarfsbe- 100 messung und bei Leistungsfähigkeit des Verpflichteten **grundsätzlich bei keinem Ehegatten** als Einkommen zugerechnet werden, solange der Verpflichtete leistungsfähig ist, weil nach der Lebenserfahrung der Dritte damit den Berechtigten zusätzlich unterstützen will und nicht den Verpflichteten entlasten will (vgl. Rn 1/368 ff).[72]
Gleiches gilt für freiwillige Zuwendungen eines Dritten an den Verpflichteten, weil

---

[71] BGH, FamRZ 1983, 146, 148 = R 142 b + d
[72] BGH, FamRZ 1985, 584 = R 254 b; FamRZ 1980, 40, 42 = R 32

nach der Lebenserfahrung die Zuwendung nicht dazu bestimmt ist, daß sich durch diese der Unterhaltsanspruch des Berechtigten erhöhen soll.

101 Anders ist es in einem **Mangelfall**. Je nach Ausmaß der beschränkten Leistungsfähigkeit können freiwillige unentgeltliche Zuwendungen eines Dritten unter Billigkeitsgesichtspunkten dem, der die Zuwendung erhält, ganz oder teilweise als Einkommen zugerechnet werden.[73] Das gilt aber nur für eine **Billigkeitsabwägung auf der Leistungsstufe**. An dem auf der Bedarfsstufe bemessenen Bedarf ändert sich dadurch nichts.

102 Rechenbeispiel zur Berücksichtigung freiwilliger Zuwendungen im Rahmen der Leistungsfähigkeit.

Fall:
Nettoeinkommen des M = 2350
2 Kinder im Alter von drei und vier Jahren, die bei der erwerbslosen F leben.
F wohnt ohne Gegenleistung unentgeltlich bei ihren Eltern; Wohnwert 400.
M wohnt ohne Gegenleistung unentgeltlich bei seiner Freundin; Wohnwert auch 400.
Der Erwerbsbonus betrage $1/7$.
– Bedarfsfeststellung
Kinder nach DT 1/1 (bis 2400) = je 355
M = 2350 – 355 – 355 = 1640 x $4/7$ = 937
F = 1640 x $3/7$ = 703
verschärfter Mangelfall, weil unter 1500;
– Änderungen im Rahmen der Leistungsfähigkeit
Wegen des verschärften Mangelfalls werden die unentgeltlichen Zuwendungen Dritter bei beiden Ehegatten als bedarfsdeckendes Einkommen zugerechnet. Möglich wäre auch eine Teilanrechnung.
Rechnerisch bietet es sich an, den notwendigen Selbstbehalt um 400 DM auf 1500 – 400 = 1100 herabzusetzen. Der Wohnwert bei F kann hier mit einem Drittel des rechnerischen Bedarfs, also 236 DM angesetzt werden. Es bleibt der Bedarf von 708 – 236 = 472 DM.
– Neue Rechnung im Rahmen der Leistungsfähigkeit
Den Unterhalt von 472 kann M ohne Beeinträchtigung seines notwendigen Selbstbehalts von 1100 DM bezahlen, denn: 2350 – 355 – 355 – 472 = 1168 und damit mehr als 1100.
Der Ehegattenunterhalt von 472 ist ein Billigkeitsunterhalt.

5. Verschärfte Anforderungen an Abzugsposten vom Bruttoeinkommen bei Berechnung des Nettoeinkommens

103 Das unterhaltsrechtlich relevante Nettoeinkommen wird berechnet durch Abzug von berufsbedingten Aufwendungen, Betriebsausgaben und sonstigen Werbungskosten sowie von Vorsorgeaufwendungen und Steuern vom Bruttoeinkommen.
Bei beschränkter Leistungsfähigkeit bestehen auch bezüglich dieser Abzugsposten **verschärfte Anforderungen an die Notwendigkeit** solcher Abzüge. Deshalb können auch diese als unterhaltsrechtlich maßgebliche Umstände unter Billigkeitsgesichtspunkten wertend auf ihre Angemessenheit neu unter Anlegung verschärfter Anforderungen und Maßstäbe überprüft werden.

104 Nachfolgend werden einige solcher typischen Abzugsposten beispielhaft angesprochen. Darüber hinaus können in jedem konkreten Einzelfall auch alle sonstigen konkreten Abzugsposten in entsprechender Weise überprüft und wertend abgeändert werden.
Bei **abhängiger Arbeit** bestehen erhöhte Anforderungen an die Notwendigkeit **berufsbedingter Aufwendungen**. Wenn es zweifelhaft ist, ob konkret überhaupt solche Aufwendungen bestehen, entfällt der Abzug einer **5%-Pauschale**. Nach BraL 7, DrL 7 und NaL 7 kann im Mangelfall eine Pauschale nicht angesetzt werden. Tatsächliche Aufwendungen sind konkret nachzuweisen. Anstelle eines Pkw kann die Benutzung **öffentlicher Verkehrsmittel** zugemutet werden, auch wenn dies umständlich ist. Bei sehr hohen Fahrtkosten kann auch ein **möglicher Umzug** zugemutet werden.[74]

105 Bei **Unternehmern** und **Freiberuflern** bestehen im Mangelfall verschärfte Anforderungen an die Notwendigkeit von **Betriebsausgaben**, betrieblichen Investitionen sowie

---
[73] RG, JW 1917, 288
[74] OLG Brandenburg, FamRZ 1999, 1010

III. Eingeschränkter Selbstbehalt und Billigkeitsunterhalt §5

an die Reaktivierung stiller Reserven. Ähnliches gilt für die Ausgabenposten in Überschußrechnungen und Gewinn- und Verlustrechnungen.

Unternehmer und Freiberufler können durch **private Versicherungsleistungen** in angemessenem Umfang **Vorsorge für ihr Alter** treffen. Wenn in einem Mangelfall der Berechtigte wegen des Nachrangs des Vorsorgeunterhalts keinen Vorsorgeunterhalt zugesprochen erhält (siehe Rn 4/478), dann kann auch dem Freiberufler oder Unternehmer zum Ausgleich für diesen Verzicht eine **Reduzierung seiner Vorsorgeaufwendungen** zugemutet werden.

Steuern werden in jeweiliger Höhe vom Einkommen abgezogen. Im Mangelfall kann dem Verpflichteten verschärft zugemutet werden, seine laufende Steuerlast durch die **Eintragung von Freibeträgen auf der Lohnsteuerkarte** zu mindern. Unterläßt er dies, kann sein Einkommen um eine fiktive Steuerersparnis erhöht werden (siehe auch Rn 1/482 f). 106

Kommt es aufgrund einer wertenden Überprüfung zu solchen veränderten Abzügen, dann wird dadurch die **Deckungsmasse** entsprechend **erhöht**. 107

Beispiel für einen veränderten Abzug bei berufsbedingten Aufwendungen.

Fall:
Nettoeinkommen des M 2400 DM nach Abzug von 500 DM berufsbedingten Aufwendungen für Pkw-Fahrten zur Arbeitsstätte.
Die Arbeitsstätte ist mit öffentlichen Verkehrsmitteln nur bei einer zeitlichen Mehrbelastung von 2 Stunden erreichbar. Kosten für öffentliche Verkehrsmittel 200 DM.
Unterhalt nur gegenüber erwerbsloser F, Erwerbsbonus 10 %.
– Bedarfsfeststellung
M = 2400 x 55 % = 1320 = unter dem notwendigen Selbstbehalt von 1500.
F = 2400 x 45 % = 1080.
– Änderungen im Rahmen der Leistungsfähigkeit
Bei verschärftem Mangelfall ist trotz der zeitlichen Mehrbelastung von 2 Stunden die Benutzung öffentlicher Verkehrsmittel zumutbar.
– Neue Rechnung im Rahmen der Leistungsfähigkeit
M = 2400 + 500 (Pkw-Fahrtkosten) – 200 (Kosten der öffentlichen Verkehrsmittel).
M kann den Unterhalt von 1080 ungekürzt zahlen, denn ihm bleibt: 2700 – 1080 = 1620.

6. Erhöhung der Deckungsmasse durch eine zumutbare Vermögensverwertung

Nach § 1581 S. 2 BGB muß der Verpflichtete bei beschränkter Leistungsfähigkeit den Vermögensstamm verwerten, soweit die Verwertung nicht unwirtschaftlich oder unter Berücksichtigung der beiderseitigen wirtschaftlichen Verhältnisse nicht unbillig ist. Grundsätzlich besteht daher für den Verpflichteten im Mangelfall eine Verwertungsobliegenheit wie für den Berechtigten nach § 1577 III BGB (siehe dazu Rn 4/557 f). 108

Diese in den §§ 1581 S. 2, 1577 II BGB festgelegten **Maßstäbe der Unbilligkeit und Unwirtschaftlichkeit** setzen äußerste Grenzen, bis zu denen eine Vermögensverwertung im Mangelfall verlangt werden kann.[75]

Zur Unwirtschaftlichkeit und Unbilligkeit siehe die Ausführungen Rn 1/310 ff und 4/557 f.

Beim **Trennungsunterhalt** fehlt eine den §§ 1581 S. 2, 1577 III BGB entsprechende Bestimmung. Der BGH stützt eine Verwertungspflicht auf § 1361 BGB, wobei die Grundsätze zu den §§ 1581 S. 2, 1577 III BGB ergänzend heranzuziehen sind mit der Maßgabe, daß während der Trennungszeit nach Möglichkeit die wirtschaftlichen Grundlagen der ehelichen Gemeinschaft nicht beeinträchtigt werden sollen und offengehalten werden soll, daß die Ehegatten zur ehelichen Gemeinschaft wieder zurückfinden. Je länger eine Trennung dauert, desto eher kann auch beim Trennungsunterhalt eine Vermögensverwertungspflicht bejaht werden (Näheres Rn 1/310 ff).[76] 109

Zu verwerten ist grundsätzlich Vermögen jeder Art (Rn 1/323 f). 110

---

[75] BGH, FamRZ 1986, 556 = R 284
[76] BGH, FamRZ 1986, 556 = R 284; FamRZ 1985, 360 = R 244 a

Eine Verwertung ist in der Regel zumutbar, wenn aus dem Erlös der Unterhaltsbedarf beider Ehegatten neben sonstigen Einkünften **auf Lebenszeit** erfüllt werden kann. Vermögen dient in erster Linie dazu, den Unterhaltsbedarf ergänzend zu sonstigen Einkünften auf Lebenszeit zu sichern. Es ist nicht für Erben zu erhalten (Rn 1/322, 4/350 c).[77]

Wer es unterläßt, Vermögen in zumutbarer ertragbringender Weise zu verwerten, kann im **Mangelfall fiktiv** so behandelt werden, wie wenn er das Vermögen in zumutbarer Weise verwertet hätte. Voraussetzung ist eine entsprechende Zumutbarkeitsprüfung, bei der die Belange beider Ehegatten unter Berücksichtigung der Umstände des Einzelfalls gegeneinander abgewogen werden müssen (Rn 1/310 f).[78]

111 **Beispiel** zur Zurechnung des Erlöses aus einer Vermögensverwertung.

Fall:
Der 65jährige M hat bisher aus einem Erwerbseinkommen von 5900 DM monatlich 2000 an die gleichaltrige F als eheangemessenen Unterhalt bezahlt unter Berücksichtigung einer nichtprägenden Versorgungsausgleichsrente der F von 500 DM.
M erhält wegen Eintritt in den Ruhestand nunmehr eine Rente von 3000 DM.
Er verlangt nach § 323 ZPO Abänderung der Unterhaltszahlungen wegen beschränkter Leistungsfähigkeit. Er hat Immobilien im Veräußerungswert von 600 000 DM.
– Bedarfsfeststellung
Der eheangemessene bisherige Unterhalt beträgt 2500 DM – 500 = 2000.
Dem entspricht ein eheangemessener Bedarf des M als Rentner von 2500.
Leistungsmäßiger Fehlbedarf = 4500 (2000 + 2500) – 3000 (Rente) = 1500.
Deshalb Mangelfall.
– Der Fehlbedarf kann durch Teilveräußerung der Immobilien gedeckt werden. Im Mangelfall ist nach § 1581 S. 2 BGB eine solche Teilverwertung zumutbar.
Der Barwert einer Rente von 1500 DM für M auf Lebenszeit beträgt bei einem Rechnungszins von nur 2,5 % bis 3 % ca 200 000,00 DM bis 250 000,00 DM.[79]
Zu einem Preis in dieser Größenordnung kann M daher bei einem Versicherungsunternehmen oder bei einer Bank eine Leibrente von 1500 DM erwerben. Es ist M daher zuzumuten, durch Teilveräußerung seines Grundbesitzes sich ein solches lebenslanges Einkommen zu verschaffen.
– Abweisung der Klage nach § 323 ZPO, weil M durch eine entsprechende Vermögensverwertung als leistungsfähig zur Fortzahlung des eheangemessenen Unterhalts von DM 2000 angesehen werden kann.

7. Berücksichtigung von Verbindlichkeiten des Verpflichteten

112 Bei der Bedarfsbemessung werden prägende ehebedingte Verbindlichkeiten durch Vorabzug vom prägenden Einkommen berücksichtigt.

Im Rahmen der Feststellung einer beschränkten Leistungsfähigkeit sind auch alle **sonstigen nichtprägenden regelmäßigen Zahlungsverpflichtungen** zu berücksichtigen, sofern sie berücksichtigungswürdig sind (Rn 18, 114). Der Unterhaltsanspruch des Berechtigten genießt auf der Leistungsstufe keinen Vorrang vor anderen regelmäßigen Verbindlichkeiten des Verpflichteten.[80]

113 Wird ein Mangelfall bejaht, sind alle Verbindlichkeiten daraufhin **wertend zu überprüfen**, ob sie auch unter Berücksichtigung von Billigkeitsgesichtspunkten noch berücksichtigungswürdig sind (siehe Rn 114).

Dies gilt sowohl für prägende wie für nichtprägende Verbindlichkeiten, wobei die Anforderungen an nichtprägende Verbindlichkeiten strenger sind, weil diese in der Regel nicht einvernehmlich begründet worden sind und weil sich der Verpflichtete nicht durch

---

[77] BGH, FamRZ 1986, 556 = R 284; FamRZ 1985, 360 = R 244a
[78] BGH, FamRZ 1986, 556 = R 284; FamRZ 1985, 360 = R 244a
[79] Versicherungsmathematischer Barwert, berechnet mit dem Gutdeutsch-Programm (Familienrechtliche Berechnungen, Verlag C. H. Beck): Bei einem versicherungsmathematischen Alter des Mannes von 65 Jahren ergibt sich z. B. nach der Allgemeinen Sterbetafel 1986/88 bei einem Rechnungszins von 3 % und einer Monatsrente von 1500,00 DM ein Barwert von 197550 DM
[80] BGH, FamRZ 1984, 657 = R 216; ferner R 119a, R 281

III. Eingeschränkter Selbstbehalt und Billigkeitsunterhalt § 5

ein unverantwortliches oder eigensüchtiges einseitiges Schuldenmachen seiner Unterhaltsverpflichtung entziehen darf.

Im Rahmen der Leistungsfähigkeit ist zwischen berücksichtigungswürdigen und anderen Verbindlichkeiten zu differenzieren. Die Frage, ob vom Verpflichteten eingegangene sonstige Verbindlichkeiten auf der Leistungsstufe berücksichtigungswürdig sind, erfordert eine **umfassende Interessenabwägung**.[81] Da jede Rechtsposition unter dem Vorbehalt von Treu und Glauben steht, darf sich der Verpflichtete nicht auf Verbindlichkeiten berufen, die er leichtfertig für luxuriöse Zwecke oder ohne verständigen Grund eingegangen ist.[82] 114

Der Verpflichtete darf sich nicht durch ein unverantwortliches oder eigensüchtiges Schuldenmachen seiner Unterhaltsverpflichtung entziehen.[83]

Auch die Kenntnis von einer Unterhaltsverpflichtung verwehrt es dem Pflichtigen in der Regel, sich auf eine infolge von Schulden eingetretene Verminderung der Leistungsfähigkeit zu berufen, es sei denn, deren Eingehung ist notwendig und unausweichlich gewesen.[84]

Andererseits ist nach der Rechtsprechung des BGH eine tatsächlich bestehende Leistungsunfähigkeit grundsätzlich auch dann zu beachten, wenn der Verpflichtete sie selbst – sogar schuldhaft – herbeigeführt hat. Die Berufung auf seine Leistungsunfähigkeit ist ihm nur dann verwehrt, wenn er diese durch ein verantwortungsloses, zumindest **leichtfertiges Verhalten von erheblichem Gewicht** herbeigeführt hat (siehe auch Rn 25).[85] Bei Verbindlichkeiten spielt diese Rechtsprechung eine Rolle, wenn die Begründung der Verbindlichkeiten auf einem verantwortungslosen, zumindest leichtfertigen Verhalten des Verpflichteten beruht.

Ob nach diesen Grundsätzen im Einzelfall eine **Verbindlichkeit ganz oder teilweise zu berücksichtigen** ist, kann nur im Rahmen einer tatrichterlichen Interessenabwägung aller konkreten Umstände nach billigem Ermessen beurteilt werden.[86] 115

Nach dieser Rechtsprechung sind vor allem **folgende Umstände** in diese Abwägung einzubeziehen:
– Zweck der Verbindlichkeiten.
– Zeitpunkt und Art ihrer Begründung.
– Dringlichkeit der Bedürfnisse beider Ehegatten.
– Kenntnis des Verpflichteten von Grund und Höhe des Unterhaltsanspruchs bei Begründung der Verbindlichkeiten.
– Begründung der Verbindlichkeiten mit (oder ohne) Einvernehmen des Berechtigten.
– Interesse des Verpflichteten an der Tilgung der Verbindlichkeiten, deren weiteres Anwachsen diesem nicht zugemutet werden kann.
– Möglichkeiten des Verpflichteten, die Verbindlichkeiten zeitlich zu strecken und im Rahmen eines vernünftigen Tilgungsplanes abzutragen.
– Möglichkeiten des Verpflichteten, seine Leistungsfähigkeit in zumutbarer Weise teilweise oder ganz wiederherzustellen.
– Möglichkeiten des Berechtigten, sich fehlende Mittel durch eigenen Einsatz selbst zu verschaffen.
– Schutzwürdige Belange von Drittgläubigern.

Diese Grundsätze gelten auch beim **Trennungsunterhalt** (§ 1361 BGB), d. h., auch bei diesem sind im Rahmen der Leistungsfähigkeit grundsätzlich auch sonstige berücksichtigungswürdige Schulden zu berücksichtigen, weil den Unterhaltsansprüchen kein Vorrang vor anderen Verbindlichkeiten des Verpflichteten zukommt. 116

Ob und in welchem Umfang solche Verbindlichkeiten auch bei einer beschränkten Lei-

---

[81] BGH, FamRZ 1990, 283, 287 = R 400 c
[82] BGH, FamRZ 1984, 358 = R 197 a; FamRZ 1982, 898 = R 107 a
[83] BGH, FamRZ 1982, 157 = R 88 a
[84] BGH, FamRZ 1990, 283, 287 = R 400 c
[85] BGH, FamRZ 1988, 597, 599 = R 363; FamRZ 1987, 930, 932 = R 328 b; FamRZ 1987, 372, 374 = NJW-RR 1987, 770; FamRZ 1985, 158 = NJW 1985, 732
[86] BGH, FamRZ 1984, 358 = R 197 a; ferner R 88 a, R 216, R 149 c, R 400 c, R 107 a

stungsfähigkeit zu berücksichtigen sind, ist ebenfalls nur aufgrund einer umfassenden Interessenabwägung (wie Rn 115) nach billigem Ermessen zu beurteilen.[87]

Nach diesen Entscheidungen bedarf es im Mangelfall eines **Ausgleichs der Belange des Unterhaltsgläubigers, Unterhaltsschuldners und Drittgläubigers**, der nur aufgrund einer Interessenabwägung gefunden werden kann, weil die vollstreckungsrechtlichen Regeln keine Gewähr für einen sachgerechten Ausgleich bieten.

Diese nach Billigkeitsgrundsätzen vorzunehmende Interessenabwägung kann bei Überschuldung des Verpflichteten ergeben, daß der Berechtigte als Unterhalt nicht die zur Deckung seines Mindestbedarfs erforderlichen Mittel erhält, vor allem dann, wenn die Verschuldung so groß ist, daß der Verpflichtete zur Begleichung der laufenden Zinsen nicht mehr in der Lage ist und Unterhaltsleistungen daher nur auf Kosten einer entsprechenden Erhöhung des Schuldenstandes möglich sind, dessen Amortisation den Verpflichteten ohnehin auf Jahrzehnte im vollstreckungsrechtlich höchstzulässigen Maß belasten wird.[88]

Diese Ausführungen des BGH betrafen einvernehmlich begründete prägende ehebedingte Verbindlichkeiten aus einer bereits bei Trennung bestehenden Überschuldung. Beruht die Überschuldung auf einseitig begründeten nichtprägenden Verbindlichkeiten des Verpflichteten, ist es diesem bei der Abwägung eher zuzumuten, die Hauptlast solcher Verbindlichkeiten selbst zu tragen, d. h., solche Verpflichtungen sind nur in eingeschränktem Maß als berücksichtigungswürdig zu beurteilen.

117 Der Verpflichtete hat die **Darlegungs- und Beweislast** für Umstände, mit denen er die Berücksichtigungswürdigkeit und unterhaltsrechtliche Erheblichkeit von ihm eingegangener Verbindlichkeiten begründet (vgl. auch Rn 6/712).[89]

117a Bei einer Überschuldung hat eine Tilgung der berücksichtigungswürdigen Schulden im Rahmen eines **vernünftigen Tilgungsplanes** zu erfolgen.[90]

Der Verpflichtete muß sich bei seinen Gläubigern um günstigere Zahlungsbedingungen bemühen. Er muß dazu im einzelnen darlegen und beweisen, was er in dieser Hinsicht unternommen hat. Unterläßt er zumutbare Bemühungen, kann tatrichterlich fiktiv eine zumutbare Anpassung der Zins- und Tilgungsleistungen vorgenommen werden.

In der Praxis wird eine Umschuldung oder ein Zahlungsaufschub angesichts der bedrängten wirtschaftlichen Lage oft schwer zu realisieren sein. Im Einzelfall kann es bei erfolglosen Bemühungen zumutbar sein, es auf eine Vollstreckung durch die Gläubiger ankommen zu lassen.

Stammen die Schulden aus der Zeit vor der Trennung, ist danach zu fragen, wie sich der Verpflichtete ohne die Trennung vernünftigerweise verhalten hätte. Er kann sich auf seine Schulden nur im Rahmen eines vernünftigen Tilgungsplanes berufen. Dementsprechend sind nur Beträge zu berücksichtigen, wie sie im Fall der Fortdauer der ehelichen Lebensgemeinschaft bei verantwortlicher Abwägung der Unterhaltsbelange und der Fremdgläubigerinteressen für die Schuldentilgung verwendet worden wären. Ihre Höhe ist anhand des verfügbaren oder erzielbaren Einkommens zu schätzen.[91]

In der Regel sind dabei dem Verpflichteten wenigstens so viele Mittel zu belassen, daß er zumindest die Zinsen zahlen und ein weiteres Anwachsen der Schulden verhindern kann.[92]

118 Berücksichtigungswürdig sind in der Regel Verbindlichkeiten, die der Verpflichtete zur Finanzierung von Anschaffungen eingeht, die er für seine **Lebensführung dringend benötigt**, wie z. B. für die angemessene Einrichtung einer neuen Wohnung nach der Trennung oder für die Kosten des Scheidungsverfahrens (mit Folgesachen). Solche Kosten können im Rahmen des vollen Unterhalts in der Regel auch als trennungsbedingter Mehrbedarf berücksichtigt werden (siehe Rn 142 f).

---

[87] BGH, FamRZ 1984, 657 = R 216; FamRZ 1982, 678 = R 119a
[88] BGH, FamRZ 1984, 657 = R 216; FamRZ 1982, 678 = R 119a
[89] BGH, FamRZ 1990, 283, 287 = R 400c
[90] BGH, FamRZ 1982, 250, 252 = R 98e; ferner R 216, R 119a
[91] BGH, FamRZ 1982, 23 = NJW 1982, 232
[92] BGH, FamRZ 1982, 678 = R 119a

III. Eingeschränkter Selbstbehalt und Billigkeitsunterhalt   § 5

Wenn der Verpflichtete **Prozeßkostenhilfe gegen Ratenzahlung** erhält, die er bei beschränkter Leistungsfähigkeit beantragen muß, dann wird seine Leistungsfähigkeit in Höhe der angeordneten Ratenzahlung gemindert. In der Regel kann ihm jedoch zugemutet werden, solche Raten bei beschränkter Leistungsfähigkeit aus seiner Ehegattenquote zu bezahlen (vgl. Rn 1/536 b).[93]
Berücksichtigungswürdig sind auch die Finanzierungskosten für einen **beruflich benötigten Pkw**.

In der Regel sind Verbindlichkeiten nicht oder nur eingeschränkt zu berücksichtigen, die der Verpflichtete **in Kenntnis der Unterhaltslast** einseitig leichtfertig eingegangen ist oder die er leichtfertig für luxuriöse Zwecke oder ohne verständigen Grund eingegangen ist,[94] weil er sich durch ein unverantwortliches, zumindest **leichtfertiges oder eigensüchtiges Schuldenmachen** seiner Unterhaltspflicht nicht entziehen darf.[95] Danach können Verbindlichkeiten unberücksichtigt bleiben, die der Verpflichtete im Zusammenhang mit dem **Erwerb einer Eigentumswohnung durch** seine **neue Partnerin** übernommen hat.[96] 119

In der Regel sind auch solche Schulden nicht zu berücksichtigen, die der Verpflichtete deshalb macht, weil er mit dem für seinen Lebensbedarf zur Verfügung stehenden Geld nicht auskommt und deshalb z. B. **laufend sein Girokonto überzieht**. Tilgungen und neuerliche Überziehungen gleichen sich zudem meist aus. Nur die Zinsen können berücksichtigungsfähig sein.

Auch Aufwendungen für die Vermögensbildung dürfen bei beschränkter Leistungsfähigkeit nicht fortgesetzt werden, weil der Verpflichtete auf Kosten des Berechtigten keine Vermögensbildung betreiben darf. So darf z. B. auch eine Lebensversicherung im Mangelfall nicht fortgesetzt werden mit der Folge, daß die **Versicherungsprämien** im Rahmen der Leistungsfähigkeit nicht zu berücksichtigen sind.[97]

Dem Verpflichteten ist es zuzumuten, solche Verbindlichkeiten rückgängig zu machen.

Verbindlichkeiten für ein **Haus** können nicht berücksichtigt werden, soweit sie **mit einem Wohnwert verrechnet** werden. Nur ein den Wohnwert übersteigender Betrag ist berücksichtigungswürdig (Näheres Rn 1/234 f).[98] 120

Wenn gemeinsam eingegangene Verbindlichkeiten nach der Trennung im Verhältnis zwischen den Eheleuten vom Verpflichteten **gegen den Willen des Berechtigten aufrechterhalten** werden (z. B. Bereitstellungszinsen für einen geplanten Hausbau, der vom anderen Ehegatten nicht mehr gewollt wird), sind diese unterhaltsrechtlich nicht zu berücksichtigen.[99] 121

Wegen der Berücksichtigung von Verbindlichkeiten siehe auch Rn 1/514 ff.
Rechenbeispiel zum Mangelfall wegen Zahlungsverpflichtungen. 122

Fall:
Nettoeinkommen des M aus abhängiger Arbeit = 3500
Unterhalt für erwerbslose F
prägende ehebedingte Schulden = 700
Kreditkosten für nach der Trennung gekauften Pkw, der nur für private Zwecke benutzt wird = 800
Raten für nach der Trennung abgeschlossene Lebensversicherung = 200
Überziehungszinsen auf Girokonto für Lebenshaltungskosten nach der Trennung = 200
Kreditkosten für Geschenk an die neue Freundin = 200
Kreditkosten für dringend benötigten Hausrat der neuen Wohnung = 200.
– Bedarfsfeststellung mit Erwerbsbonus $1/7$:

---

[93] Als trennungsbedingten Mehrbedarf behandelt die Prozeßkosten OLG München FamRZ 1994, 898
[94] BGH, FamRZ 1984, 358 = R 197 a
[95] BGH, FamRZ 1982, 157 = R 88 a
[96] BGH, FamRZ 1982, 898 = R 107 a
[97] BGH, FamRZ 1984, 149, 151 = R 187 3 f
[98] BGH, FamRZ 1986, 437, 439 = R 188 c
[99] BGH, FamRZ 1983, 670, 673 = R 149 c

3500–700 (prägende ehebedingte Schulden) = 2800
M = 2800 x $^4/_7$ = 1600
F = 2800 x $^3/_7$ = 1200
Mangelfall wegen weiterer, bei der Bedarfsfeststellung nicht zu berücksichtigender nichtprägender Verbindlichkeiten von 800 + 200 + 200 + 200 + 200 = 1600, von denen aber nur 200 berücksichtigungswürdig sind. Nach Abzug verbleibt dem M nichts, bzw. 1400.
– Änderungen im Rahmen der beschränkten Leistungsfähigkeit:
Zu berücksichtigen sind DM 200 für dringend benötigten (durch Hausratsteilung nicht zu erlangenden) Hausrat (= trennungsbedingter Mehrbedarf)
Nicht zu berücksichtigen sind die übrigen Kreditkosten:
800 Pkw-Kosten; leichtfertig für private Zwecke gekauft; Veräußerung zur Schuldendeckung zumutbar; Lebensversicherungskosten; vermögensbildende Aufwendungen für rentenversicherten Arbeitnehmer nicht erforderlich; Rückgängigmachung der Lebensversicherung zumutbar,
200 Überziehungszinsen für Lebenshaltungskosten sind aus der eigenen Unterhaltsquote zu bezahlen.
200 Kreditkosten für Geschenk an Freundin ist eine verantwortungslose, zumindest leichtfertige Verbindlichkeit, durch die der Unterhaltsanspruch nicht geschmälert werden darf.
– Neue Rechnung im Rahmen der Leistungsfähigkeit.
Auf der Leistungsstufe können berücksichtigungswürdige, trennungsbedingte Mehraufwendungen durch Vorabzug vom verteilungsfähigen Einkommen berücksichtigt werden (siehe Rn 142 ff).
Die übrigen Verbindlichkeiten sind nicht zu berücksichtigen.
Voller Unterhalt der F = 1200
Billigkeitsunterhalt nach § 1581 = 2800 – 200 = 2600 x $^3/_7$ = 1114.
Dem M verbleiben 2600 x $^4/_7$ = 1486 + 200 = 1686.
Möglich ist auch eine proportionale Kürzung des jeweiligen Bedarfs (1800 bzw. 1200) im Verhältnis zur Deckungsmasse (2800) und zum Gesamtbedarf (1800 + 1200 = 3000).
Anteil des M = 1800 x 2800/3000 = 1680
Anteil der F = 1200 x 2800/3000 = 1120.

8. Bedarfsbemessung bei konkurrierenden prägenden und nichtprägenden Unterhaltsverpflichtungen sowie Nichtberücksichtigung nachrangiger Unterhaltsverpflichtungen im Mangelfall

123 Prägende Unterhaltsverpflichtungen für minderjährige und **volljährige Kinder** werden bereits bei der Bedarfsbemessung durch Vorabzug vom Nettoeinkommen berücksichtigt (Rn 4/188). Der danach als Quotenunterhalt errechnete Bedarf des Ehegatten und der Bedarf der Kinder gelten in der Regel als Einsatzbeträge im absoluten Mangelfall. Wird dagegen die absolute Grenze der Inanspruchnahme des Verpflichteten nicht erreicht, so wird der Kindesunterhalt meist mit Hilfe des **Bedarfskontrollbetrags** auf das Resteinkommen des Verpflichteten abgestimmt (vgl. Rn 2/239 f). In diesen Fällen ist eine nochmalige anteilige Kürzung des Kindesunterhalts nicht gerechtfertigt. Vielmehr ist nur der Gattenunterhalt, welcher nach der Lebensstandardsgarantie (den ehelichen Lebensverhältnissen) bemessen wird, zu kürzen. Das geschieht in der Regel durch die **Ehegattenquote** nach der Differenzmethode der Düsseldorfer Tabelle B (ebenso HL 27, DL 28). Wird jedoch der Bedarfskontrollbetrag nicht angewandt (FT III A, OL III 2, RL I A 1, ThT A I), muß auch der Kindesunterhalt in der Mangelfallberechnung gekürzt werden.

124 Konkurrenz von **zwei gleichrangigen Ehegatten**
Gibt es zwei gleichrangige Ehegatten, so kann nach Vorabzug des prägenden Kindesunterhalts verbleibende Einkommen nach den **Hammer Leitlinien** (HL 40 bis 42) im Verhältnis 4 : 3 : 3 verteilt werden. Ist der Verpflichtete nicht erwerbstätig, folgt die Aufteilung dem Verhältnis 1 : 1 : 1.
Lebt ein Ehegatte mit dem Verpflichteten zusammen, gilt zum Ausgleich einer Ersparnis durch die gemeinsame Haushaltsführung das Verhältnis 4 : 3,3 : 2,7. Ist der Verpflichtete nicht erwerbstätig, gilt das Verhältnis 3,3 : 3,3 : 2,7 (so HL 40).
Hat der geschiedene Ehegatte eigenes Einkommen, so soll nach HL 42 zunächst der Unterhalt des einkommenslosen zweiten Ehegatten nach dem anrechenbaren Einkom-

III. Eingeschränkter Selbstbehalt und Billigkeitsunterhalt   § 5

men des Verpflichteten unter Berücksichtigung beider Ehegatten, aber ohne Berücksichtigung des Einkommens des geschiedenen Ehegatten zu berechnen sein.

Sodann sei in einem zweiten Rechenschritt vom Einkommen des Verpflichteten der ermittelte Unterhalt des neuen Ehegatten als Verbindlichkeit abzuziehen und sodann der endgültige Unterhaltsbedarf des geschiedenen Ehegatten zu berechnen. Der so ermittelte Bedarf beider Ehegatten sei in die Mangelfallrechnung einzustellen.

Die Verteilung des Gattenunterhalts bei Gleichrang nach festen Schlüsseln (HL 40) befriedigt jedoch nicht, weil sie letztlich die **Frage nach dem Bedarf** offenläßt. Wenn man den Schlüssel als Bedarfsverteilung betrachtet, so überzeugt die Lösung nicht, weil sich der Bedarf des ersten Gatten nicht durch die zweite Ehe verändert, damit aber seine Bedarfsquote nicht durch das Hinzutreten des zweiten Gatten vermindert werden kann. Vielmehr kann wie folgt vorgegangen werden: **125**

- **Erste Stufe**: Berechnung des **vollen Bedarfs des ersten Gatten** (ohne Berücksichtigung des zweiten, s. o. Rn 4/414) und des ihm gegenüberstehenden **Eigenbedarfs des Pflichtigen** nach § 1581 BGB (Rn 4/567 ff) als ersten und zweiten Posten für die Mangelfallberechnung.
- **Zweite Stufe**: Berechnung des **fiktiven vollen Bedarfs** des **zweiten** Gatten (ohne Berücksichtigung des Unterhalts des ersten). Dieser muß ggf. mit den beiden anderen Posten vergleichbar gemacht werden. Eine gleichmäßige Verteilung auf alle drei Beteiligten wird erreicht, wenn man in gleicher Weise einen fiktiven Eigenbedarf des Pflichtigen gegenüber dem zweiten Gatten berechnet.[100] Stimmt dieser mit dem der ersten Stufe überein, ist der fiktive Bedarf des zweiten Gatten der **dritte Einsatzbetrag**, andernfalls ist der fiktive Bedarf im Verhältnis des Eigenbedarfs der Stufe eins zum fiktiven Eigenbedarf vermindert oder erhöht. Das Ergebnis ergibt den dritten Einsatzbetrag (für den zweiten Gatten). **126**
- **Dritte Stufe**: Der Summe der drei Einsatzbeträge (Sollbetrag) ist die Summe aller verfügbaren Einkommen, die die zweite Ehe geprägt haben (Deckungsbetrag), gegenüberzustellen. Reicht das Einkommen aus, so stellt der volle Bedarf des ersten Gatten zugleich seinen gleichrangigen Bedarf dar. Andernfalls muß der volle Bedarf des ersten Gatten im Wege einer Billigkeitskürzung nach § 1581 BGB auf den **gleichrangigen Bedarf** desselben herabgesetzt werden. **127**
- **Vierte Stufe**: Vom gleichrangigen Bedarf ist das Einkommen des ersten Gatten, soweit es für die erste und zweite Ehe prägend war, abzuziehen. Das Ergebnis ist der **gleichrangige Unterhalt**. **128**
- **Fünfte Stufe**: Von dem die zweite Ehe prägenden Einkommen des Verpflichteten ist der gleichrangige Unterhalt des ersten Gatten wie eine sonstige prägende Verbindlichkeit vorweg abzuziehen. Sodann ist in üblicher Weise der **Bedarf des zweiten Gatten** und der ihm gegenüberstehende Eigenbedarf des Verpflichteten zu berechnen.
- **Sechste Stufe**: Durch Anrechnung des Einkommens des zweiten Gatten wird sein **Unterhalt** berechnet.
- **Siebte Stufe**: Unter Einbeziehung aller nichtprägenden Einkünfte der Beteiligten, etwaigen trennungsbedingten Mehrbedarfs aus der zweiten Ehe und anerkennungsfähigen nichtprägenden Verpflichtungen des Verpflichteten ist zu prüfen, ob die verfügbaren Mittel den Bedarf nach der zweiten Ehe (welcher den gleichrangigen Bedarf des ersten Gatten umfaßt) decken. Ist das nicht der Fall, so können die drei Bedarfsbeträge und damit auch die Unterhaltsbeträge **anteilig gekürzt** werden. Übersteigen dagegen die verfügbaren Beträge den Bedarf nach der zweiten Ehe, so kann es sein, daß auch ein darüber hinausgehender Bedarf aus der ersten Ehe gedeckt werden kann. Es ist dann der volle Unterhalt des zweiten Gatten vom Deckungsbetrag vorweg abzuziehen. Wenn der verbleibende Betrag nicht ausreicht, den beiderseitigen Bedarf aus der ersten Ehe (Stufe eins) zu decken, so kann er ihren Bedarfsbeträgen entsprechend verteilt werden. **129**

Die **Berechnung** des **gleichrangigen Bedarfs** bzw. des gleichrangigen Unterhalts in Stufe 3 und 4 sind das **eigentliche Problem**. Vertretbare Ergebnisse in Anlehnung an die **130**

---

[100] Vgl. Gutdeutsch, FamRZ 1995, 327, 329

HL werden erzielt, wenn man den fiktiven Bedarf des zweiten Gatten mit Hilfe der **verschiedenen Eigenbedarfsbeträge** des Pflichtigen umrechnet.[101] Jedoch ist fraglich, ob sie nicht zu einer übermäßigen Nivellierung der Bedarfsbeträge führt, weil sie letztlich einer Dreiteilung der Mittel mit individueller Verteilung des Erwerbsbonus analog zu HL 40 entspricht.[102, 103]

131 Eine Unterhaltsverpflichtung für ein **Kind aus neuer Ehe** darf bei der Bedarfsermittlung für den geschiedenen Ehegatten nicht durch einen Vorabzug vom Einkommen berücksichtigt werden, weil das neue Kind die ehelichen Lebensverhältnisse der alten Ehe nicht geprägt hat (siehe Rn 4/191).

In einem solchen Fall wird der Bedarf des geschiedenen Ehegatten ohne Vorabzug ermittelt und in die Mangelfallrechnung eingestellt.

132 Der Unterhalt für **Kinder aus erster Ehe** ist prägend für den Ehegatten aus neuer Ehe.

Nachrangige Unterhaltsverpflichtungen gegenüber einem **volljährigen Kind** sind ebenfalls grundsätzlich für beide Ehegatten prägend und deshalb im Rahmen der Bedarfsbemessung durch Vorabzug zu berücksichtigen (siehe Rn 123). Jedoch muß bei mangelhafter Leistungsfähigkeit der Verpflichteten der Vorabzug unterbleiben, wenn danach dem Verpflichteten die Möglichkeit nicht mehr bleibt, dem Gatten den angemessenen Unterhalt zu zahlen.[104] Wenn die Möglichkeit, den angemessenen Gattenunterhalt zu zahlen, nur eingeschränkt würde, muß jedenfalls insoweit der Vorabzug unterbleiben. Zweifelhaft kann sein, wie hoch der angemessene Gattenunterhalt zu bemessen ist, der den bedarfseinschränkenden Vorabzug hindert. Es kann sich nicht um den eheangemessenen Unterhalt selbst handeln, weil dieser erst Ergebnis der Bedarfsbemessung entsprechend der Ehegattenquote nach Vorabzug des Kindesunterhalts sein soll, die Definition deshalb zirkelhaft wäre. Es liegt nahe, daß ein stärker typisierter Bedarf gemeint ist entsprechend dem angemessenen Unterhalt des § 1578 I S. 2 BGB oder dem angemessenen Selbstbehalt nach § 1603 I BGB. Der zwischen Gatten geltende Halbteilungsgrundsatz rechtfertigt es, den Bedarf des Gatten, welcher den Vorabzug einschränkt, in gleicher Höhe zu wählen wie den angemessenen Selbstbehalt und ihn bei Zusammenleben mit dem Verpflichteten auf 75 % hiervon[105] herabzusetzen (vgl. Rn 3/69). In der Regel darf somit bei der Bemessung des Gattenbedarfs ein Volljährigenunterhalt nur insoweit abgezogen werden, als dadurch nicht der verteilungsfähige Betrag unter 1800 + 1800 = 3600 DM, bei Zusammenleben 1800 + 1350 = 3150 DM, vermindert wird. Der sich dann verteilungsfähigen Einkommen nach der Gattenquote berechnend Gattenbedarf ist vom Einkommen des Verpflichteten abzuziehen. Der Volljährige kann nur insoweit Unterhalt erhalten, als das ohne Beeinträchtigung des angemessenen Selbstbehalts des Verpflichteten möglich ist (s. Beispiele unten Rn 134 bis 136, oben Rn 58, 59).

---

[101] Vgl. Gutdeutsch, FamRZ 1995, 327, 329
[102] Eine Vergleichbarkeit unter Wahrung des unterschiedlichen Bedarfs würde erreicht, wenn man den fiktiven Bedarf des zweiten Gatten nicht umrechnet, sondern statt dessen bei seiner Berechnung (fiktiv) das die erste Ehe prägende Einkommen des Verpflichteten heranzieht. Das Ergebnis würde logisch überzeugender die Unterschiede im Bedarf der Gatten widerspiegeln. Es müßte jedoch hingenommen werden, daß bei hohem Bedarf des ersten Gatten der dem Pflichtigen verbleibende Betrag geringer ist als der gleichberechtigte Bedarf des ersten Gatten. Das wäre kein Verstoß gegen den Halbteilungsgrundsatz. Bei Nachrang des zweiten Gatten erhält der Pflichtige im Hinblick auf seine weitere Unterhaltspflicht wesentlich weniger, ohne daß damit der Halbteilungsgrundsatz verletzt wäre. Jedoch wird – wie die nicht endende Kritik an der Anrechnungsmethode belegt – eine gleichmäßige Verteilung immer als gerechter angesehen als eine solche, die sich an einem rechnerischen Bedarf orientiert.
[103] Hampel (FamRZ 1995, 1177) berechnet demgegenüber den Bedarf des neuen Gatten nach einem Prinzip der Dreiteilung der für die zweite Ehe maßgebenden Einkommen. Die Ermittlung des Erwerbstätigenbonus für den Pflichtigen macht bei dieser Lösung Schwierigkeiten.
[104] BGH, FamRZ 1986, 553, 555 = R 276 c; FamRZ 1985, 912, 916 = NJW 1985, 2713, 2716
[105] Vgl. zur Problematik: Hampel, Bemessung des Unterhalts, Rz 213 a. Der Meinung von Hampel, bei der Bedarfsbemessung für den Gatten sei der Bedarf des Volljährigen ungekürzt vorweg abzuziehen, kann nicht gefolgt werden. Wenn etwa der Pflichtige nur 2800 bezieht, sollte das Einkommen im Verhältnis 1600 : 1200 auf die (getrennten) Gatten verteilt werden und nicht im Verhältnis 1600 : 857 : 343 auf Gatten und Volljährigen.

III. Eingeschränkter Selbstbehalt und Billigkeitsunterhalt § 5

Wie diese Beispiele zeigen, kann dem volljährigen Kind ein Teilunterhalt auch dann zustehen, wenn ihm nach der Mangelfallberechnung gegenüber dem Gatten kein Unterhalt zustünde, denn der Selbstbehalt gegenüber dem volljährigen Kind liegt vielfach unter dem Selbstbehalt gegenüber dem Ehegatten.

Lebt der Verpflichtete mit dem Ehegatten zusammen, so besteht kein vorrangiger Barunterhaltsanspruch (vgl. Rn 3/2). Der Vorrang des Gatten wirkt sich als Erhöhung des Selbstbehalts um einen Ehegattenanteil von 1350 DM aus (vgl. Rn 3/69).

Nachrangige Unterhaltsansprüche eines **neuen Ehegatten** sind bei der Bemessung 133 des Bedarfs des geschiedenen Ehegatten nicht zu berücksichtigen, weil solche Ansprüche die ehelichen Lebensverhältnisse nicht geprägt haben. Deshalb darf bei Nachrang der Bedarf nicht gemäß den Ausführungen zu Rn 119 bemessen werden. Im Mangelfall dürfen solche Ansprüche wegen des Nachrangs nicht berücksichtigt werden, sofern es nicht einen noch verteilbaren Rest gibt.

Billigkeitsgesichtspunkte können den Rang eines Ehegatten nicht beeinflussen.[106]

Der Nachrang muß jedoch nicht immer zum Wegfall des Unterhaltsanspruchs führen, weil der eheangemessene Selbstbehalt des Verpflichteten dem nachrangigen Gatten gegenüber meist geringer ist als der gegenüber dem vorrangigen. Nur wenn eine Untergrenze der Inanspruchnahme berührt wird, also ein absoluter Mangelfall eintritt, kommt es zu Kürzung oder Wegfall des nachrangigen Gattenunterhalts.

Fall mit Konkurrenz von **volljährigem Kind** und **Gatten.** 134
Nettoeinkommen des M 3750
Unterhalt für volljährigen A aus erster Ehe (auswärts wohnender Student)
Unterhalt für erwerbslose geschiedene F 1
sie erhält 250 Kindergeld und leitet es an A weiter
− Bedarf von A: 1120 − 250 = 870
− Berechnung des Bedarfs von F:
Der Vorabzug des Volljährigenunterhalts ergäbe 3750 − 870 = 2880, also weniger als 3600. Deshalb wird der Vorabzug so weit beschränkt, daß 3600 bleiben.
− Selbstbehalt vom M gegenüber A: 1800
weiter mit Bonus $1/7$:
Der Bedarf von F beträgt: $3600 \times 3/7 = 1543$
− Eigenbedarf von M gegenüber F: $3600 \times 4/7 = 2057$
− Die Mangelprüfung beginnt bei dem nachrangigen A:
Gesamtbedarf 1800 + 1543 + 870 = 4213
Fehlbetrag 4213 − 3750 = 463
und mit Bonus $1/10$:
Der Bedarf von F beträgt: $3600 \times 45\% = 1620$
− Eigenbedarf von M gegenüber F: $3600 \times 55\% = 1980$
− Die Mangelprüfung beginnt bei dem nachrangigen A:
Gesamtbedarf 1800 + 1620 + 870 = 4290
Fehlbetrag 4290 − 3750 = 540
weiter:
Um den Fehlbetrag ist der Unterhalt von A zu kürzen:
870 − 463 = 407 bzw.: 870 − 540 = 330
− M bleibt 3750 − 1543 − 407 = 3750 − 1620 − 330 = 1800
− Der eheangemessene Eigenbedarf von M gegenüber F beträgt zwar: $3600 \times 4/7 = 2057$ bzw. $3600 \times 55\% = 1980$.
Das führt aber nicht zur Kürzung des Gattenunterhalts, weil M der F den Unterhaltsanspruch von A in Höhe von 407 bzw. 330 wegen dessen Nachrang nicht entgegenhalten kann. Ebensowenig kann M dem A seinen eheangemessenen Selbstbehalt von 2057 bzw. 1980 entgegenhalten.

wie Rn 134, M ist **Rentner** 135
− Bedarf von F: $3600 \times 1/2 = 1800$ (nach DT Anm. 5)
− Selbstbehalt vom M gegenüber A: 1800
− Kürzungsrechnung gegenüber A
Gesamtbedarf gegenüber A: 1800 + 1800 + 870 = 4470
Fehlbetrag 4470 − 3750 = 720

---

[106] BGH, FamRZ 1985, 911 = R 268 b

§ 5 Rangverhältnisse und Mangelfälle

Unterhalt von A gekürzt auf 870 − 720 = 150
− M bleibt 3750 − 1800 − 150 = 1800
übereinstimmend mit Eigenbedarf gegenüber F 3600 x $^1/_2$ = 1800

136 wie Rn 134, jedoch ist die Ehe nicht geschieden und M und F **leben zusammen**.
In diesem Fall hat F keinen Barunterhaltsanspruch, welcher nach der Halbteilung zu bestimmen wäre, sondern nur einen Anspruch auf Familienunterhalt nach § 1360, 1360a BGB von 1350 (vgl. Rn 132, 2/69).
Daher ist der Anspruch von F zusätzlich zum Selbstbehalt von M in Höhe von 1800 durch einen Zusatzbetrag von 1350 DM zu berücksichtigen (vgl. Rn 132).
Zu berücksichtigender angemessener Selbstbehalt:
1800 + 1350 = 3150
Dieser Betrag wird nicht zwischen M und F geteilt, weil sie zusammenleben.
Gesamtbedarf: 3150 + 870 = 4020
Fehlbetrag 4020 − 3750 = 270
Dieser Betrag wird vom Bedarf des A abgezogen:
gekürzter Unterhalt von A: 870 − 270 = 600

137 Fall zum **Nachrang** von **Ehegatten** mit Kindern und einem nichtprägenden Kindesunterhalt.
Nettoeinkommen des M = 6600
Unterhalt für erwerbslose geschiedene F 1 (lange Ehedauer)
Unterhalt für erwerbslose F 2 aus neuer Ehe
Unterhalt für volljährigen A aus erster Ehe (auswärts wohnender Student)
Unterhalt für 16jährigen B aus erster Ehe; wohnt bei F 1
Unterhalt für 2jähriges Kind aus zweiter Ehe; wohnt bei M und F 2
F 1 erhält das Kindergeld für B: 250
M erhält das Kindergeld für A und C 250 + 300 = 550
Kindergeldverrechnung für B 250/2 = 125
− Bedarfsfeststellung
A = fester Satz nach BayL 15 b und DT A 7 = 1120
Das Kindergeld bleibt bei M anrechnungsfrei.
Wegen Unterschreitung des Bedarfskontrollbetrags Herabgruppierung auf Gruppe 4 der Düsseldorfer Tabelle: B = nach DT 4/3 = 618
C = nach DT 4/1 = 430
Der Erwerbstätigenbonus betrage $^1/_7$
Bedarf F 1 = 6600 − 1120 − 618 = 4862 x $^3/_7$ = 2084
Bedarf des M gegenüber F 1 = 4862 x $^4/_7$ = 2778
Da M und F 2 zusammenleben, gibt es keinen Quotenunterhalt von F 2. Der Bedarf hat nur als Selbstbehalt gegenüber A Bedeutung. Er beträgt für
M: 1800; für F 2: 1350 (vgl. Rn 132, 136, 2/69)
− Die Mangelprüfung beginnt mit A, weil er allen anderen nachrangig ist.
Selbstbehalt gegenüber A: 1800
Der Bedarf von F 2 gegenüber A bestimmt sich als Erhöhung des Selbstbehalts von M.
Gesamtbedarf gegenüber M: 1120 + 618 + 430 + 2084 + 1800 + 1350 = 7402
Deckungsmasse: 6600
Fehlbetrag 7402 − 6600 = 802
Der Volljährigenunterhalt vermindert sich daher auf
1120 − 802 = 318. M wird analog § 1612 b V BGB aus dem Kindergeld von 250 DM den Mangelunterhalt auf 318 + 250 = 568 aufstocken müssen, weil das Kindergeld bei der Berechnung des Selbstbehalts unberücksichtigt geblieben war.
Die Kontrolle ergibt, daß dann der Selbstbehalt gegenüber A gewahrt ist:
6600 − 318 − 618 − 430 − 2084 − 1350 = 1800
Dieser Betrag erhöht sich um das hälftig angerechnete Kindergeld für B von 125 auf 1925. Außerdem kann M auch das hälftige Kindergeld für C von 150 DM zugerechnet werden, was das ihm bleibende Einkommen auf 2075 erhöht.

138 Mangelfall bei zwei **gleichrangigen Ehegatten**[107]
Nettoeinkommen des M = 6000
Unterhalt nach § 1573 I BGB für erwerbslose F 1 aus erster Ehe (keine lange Ehedauer). F 1

---

[107] Vgl. Gutdeutsch, FamRZ 1995, 327 mit weiteren Beispielen, ähnlich Hampel FamRZ 1995, 1177

III. Eingeschränkter Selbstbehalt und Billigkeitsunterhalt § 5

hat trennungsbedingten Mehrbedarf von 200, welcher vorweg zu berücksichtigen ist, weil M und F 2 zusammenleben und deshalb keinen trennungsbedingten Mehrbedarf haben.
Unterhalt nach § 1573 I BGB für erwerbslose F 2 aus neuer Ehe; F 2 lebt in Haushaltsgemeinschaft mit M.
  Gleichrang von F 1 und F 2 nach § 1582 S. 1 BGB, weil beide einen Anspruch nach § 1573 I BGB haben bzw. hätten und die kinderlose erste Ehe nicht von langer Dauer war.

Gattenunterhalt bei Gleichrang in sieben Stufen (s. o. Rn 119 f): **139**

Mit Erwerbsbonus $1/7$:
1. Stufe:
voller Bedarf F 1 = 6000 x $3/7$ = 2571 + 200 = 2771
Eigenbedarf von M gegenüber F 1: 6000 x $4/7$ = 3429
2. Stufe:
fiktiver Bedarf von F 2: = 6000 x $3/7$ = 2571
fiktiver Eigenbedarf von M gegenüber F 2: 6000 x $4/7$ = 3429
3. Stufe:
Aus dem Deckungsbetrag wird der Mehrbedarf von F 1 vorweg befriedigt. Dieser Betrag scheidet daher aus dem Gesamtbedarf und dem Deckungsbetrag aus. Bei der Verteilung ist nur der Bedarf von 2771 − 200 = 2571 einzusetzen.
Deckungsbetrag: 6000 − 200 = 5800
Der Eigenbedarf von M gegenüber beiden Gatten ist gleich (jeweils 3429), daher keine Umrechnung.
Gesamtbedarf: 2571 + 2571 + 3429 = 8571
gleichberechtigter Bedarf von F 1: 2571 x 5800/8571 = 1740 + 200 = 1940
4. Stufe:
Da F 1 kein Einkommen hat, entspricht der gleichberechtigte Bedarf dem Unterhalt, welcher bei der Unterhaltsberechnung für F 2 vorweg abzuziehen ist.
5. Stufe:
voller Bedarf von F 2 = 6000 − 1940 = 4060 x $3/7$ = 1740
Eigenbedarf von M gegenüber F 2 = 4060 x $4/7$ = 2320
6. Stufe:
Da F 2 kein Einkommen hat, entspricht das ihrem Unterhalt.
7. Stufe:
Mangelprüfung auf der Stufe des gleichberechtigten Bedarfs
Gesamtbedarf:
1940 + 1740 + 2320 = 6000
Bezogen auf F 2 besteht kein Mangelfall.
Mangelprüfung im Verhältnis zu F 1
Gesamtbedarf: 2771 + 1740 + 3429 = 7940;
Fehlbetrag 7940 − 6000 = 1940.

mit Erwerbsbonus $1/10$:
1. Stufe:
voller Bedarf F 1 = 6000 x 45 % = 2700 + 200 = 2900
Eigenbedarf von M gegenüber F 1: 6000 x 55 % = 3300
2. Stufe:
fiktiver Bedarf von F 2: 6000 x 45 % = 2700
fiktiver Eigenbedarf von M gegenüber F 2: 6000 x 55 % = 3300
3. Stufe:
Aus dem Deckungsbetrag wird der Mehrbedarf von F 1 vorweg befriedigt. Dieser Betrag scheidet daher aus dem Gesamtbedarf und dem Deckungsbetrag aus. Bei der Verteilung ist nur der Bedarf von 2900 − 200 = 2700 einzusetzen.
Deckungsbetrag: 6000 − 200 = 5800
Der Eigenbedarf von M gegenüber beiden Gatten ist gleich (jeweils 3300), daher keine Umrechnung.
Gesamtbedarf: 2700 + 2700 + 3300 = 8700
gleichberechtigter Bedarf von F 1: 2700 x 5800/8700 = 1800 + 200 = 2000
4. Stufe:
Da F 1 kein Einkommen hat, entspricht der gleichberechtigte Bedarf dem Unterhalt, welcher bei der Unterhaltsberechnung für F 2 vorweg abzuziehen ist.
5. Stufe:
voller Bedarf von F 2 = 6000 − 2000 = 4000 x 45 % = 1800
Eigenbedarf von M gegenüber F 2 = 4000 x 55 % = 2200

6. Stufe:
Da F 2 kein Einkommen hat, entspricht das ihrem Unterhalt.
7. Stufe:
Mangelprüfung auf der Stufe des gleichberechtigten Bedarfs
Gesamtbedarf:
2000 + 1800 + 2200 = 6000
Bezogen auf F 2 besteht kein Mangelfall.
Mangelprüfung im Verhältnis zu F 1
Gesamtbedarf: 2900 + 1800 + 3300 = 8000;
Fehlbetrag 8000 – 6000 = 2000.
Der Fehlbetrag kann auch nicht teilweise gedeckt werden, weil über den gleichberechtigten Bedarf hinaus kein Einkommen vorhanden ist.

140 Bedarfsbemessung bei zwei **gleichrangigen Ehegatten**, wenn der geschiedene Ehegatte eigene prägende und **nichtprägende Einkünfte** hat und **Kindesunterhalt** geschuldet ist. Erwerbsbonus $^1/_7$:
Nettoeinkommen des M = 4400
Aufstockungsunterhalt (§ 1573 II BGB) für F 1; keine lange Ehedauer; prägendes Erwerbseinkommen der F 1 = 700; nichtprägendes Erwerbseinkommen der F 1 = 700 x $^6/_7$ = 600
Unterhalt für erwerbslose F 2 (§ 1570 BGB); keine Haushaltsgemeinschaft mit M;
Unterhalt für zweijähriges Kind K, das bei F 2 lebt, die das Kindergeld (250) erhält.
Kindesunterhalt:
K = nach DT 6/1 = 480

141 Gattenunterhalt bei Gleichrang in sieben Stufen (s. o. Rn 119 f):
1. Stufe:
voller Bedarf F 1 = 4400 x $^3/_7$ + 700 x $^4/_7$ = 2286
Eigenbedarf M gegenüber F 1 = 4400 x $^4/_7$ + 700 x $3/7$ = 2814
2. Stufe:
fiktiver Bedarf von F 2 = 4400 – 480 = 3920 x $^3/_7$ = 1680
fiktiver Eigenbedarf von M gegenüber F 2 = 3920 x $^4/_7$ = 2240
3. Stufe:
Die Eigenbedarfsbeträge sind unterschiedlich. Daher ist der fiktive Bedarf von F 2 umzurechnen (um ihn vergleichbar zu machen):
1680 x 2814/2240 = 2111
Gesamtbedarf: 480 + 2286 + 2111 + 2814 = 7691
Deckungsbetrag: 4400 + 700 + 700 x $^6/_7$ = 5700
gleichberechtigter Bedarf von F 1:
2286 x 5700/7691 = 1694
4. Stufe:
gleichberechtigter Unterhalt von F 1 = 1694 – 700 – 700 x 6/7 = 394
5. Stufe:
voller Bedarf von F 2 = 4400 – 480 – 394 = 3526 x $^3/_7$ = 1511
Eigenbedarf von M gegenüber F 2 = 3526 x $^4/_7$ = 2015
6. Stufe:
Da F 2 kein Einkommen hat, entspricht das ihrem vollen Unterhalt.
7. Stufe:
Auf der Ebene des gleichberechtigten Bedarfs (gegenüber F 2) besteht kein Mangelfall:
Gesamtbedarf 480 + 1694 + 1511 + 2015 = 5700
Deckungsbetrag: 4400 + 700 + 700 x $^6/_7$ = 5700
Gegenüber F 1 ergibt sich jedoch ein Fehlbetrag:
Gesamtbedarf 480 + 2286 + 2814 + 1511 = 7091
Deckungsbetrag = 5700
Fehlbetrag 7091 – 5700 = 1391
Dieser kann nicht gedeckt werden, weil über den gleichberechtigten Bedarf hinausgehende Mittel nicht vorhanden sind.[108]

---

[108] Wenn man die Nivellierung des Bedarfs nicht billigt (vgl. Rn 130), kann der fiktive Bedarf von F 2 auch dadurch vergleichbar gemacht werden, daß das **die erste Ehe prägende Einkommen des Pflichtigen** zum Maßstab genommen wird. Er berechnet sich dann wie folgt:
2. Stufe:
Fiktiver Bedarf von F 2: 4400 x $^3/_7$ = 1886

III. Eingeschränkter Selbstbehalt und Billigkeitsunterhalt　§ 5

9. Trennungsbedingter Mehrbedarf im Mangelfall

Besteht ein ungedeckter trennungsbedingter Mehrbedarf, so beinhaltet die Ehegattenquote nicht den vollen Unterhalt, sondern einen Billigkeitsunterhalt und damit einen Mangelfall, weil der Verpflichtete nicht in der Lage ist, zusätzlich zum Quotenunterhalt einen trennungsbedingten Mehrbedarf aus nichtprägenden Einkünften zu bezahlen und auch der Berechtigte keine nichtprägenden Einkünfte hat, die er auf den trennungsbedingten Mehrbedarf verrechnen könnte. Genauere Einzelheiten zum trennungsbedingten Mehrbedarf siehe Rn 4/416 ff. 142

Besteht ein Mangelfall **in Höhe des** ungedeckten trennungsbedingten **Mehrbedarfs**, ergibt sich der volle Bedarf durch Erhöhung der Ehegattenquote um den ungedeckten Mehrbedarf. Dem erhöhten Bedarf kann auf dreierlei Art Rechnung getragen werden: 143

- Nach DL 27 bleibt trennungsbedingter **Mehrbedarf unberücksichtigt**, weil er nur in Betracht kommt, wenn nichtprägendes und unverteiltes Einkommen vorhanden ist. Dies entspricht auch der BGH-Rechtsprechung.[109] 144
- Soweit der trennungsbedingte Mehrbedarf des Berechtigten Aufwendungen decken soll, welche auf seiten des Verpflichteten bereits bei der Ermittlung des verteilungsfähigen Einkommens abgezogen wurden, insbesondere die Vorsorgeaufwendungen für Kranken- und Altersversicherung (Krankheits- und Altersvorsorgeunterhalt), so sind diese Mehrbedarfsbeträge – wenn unverteiltes Einkommen fehlt – vom verteilungsfähigen Einkommen des Verpflichteten **vorweg abzuziehen**. Ebenso kann mit trennungsbedingtem Mehrbedarf des unterhaltsberechtigten 1. Gatten verfahren werden, wenn der Verpflichtete mit einem anderen Partner zusammenlebt und deshalb keinen trennungsbedingten Mehrbedarf hat[110] (siehe Rn 129, 4/422). 145
- Es gibt Fälle, in denen diese Regeln nicht zu befriedigenden Ergebnissen führen. Dann kann eine **proportionale Verteilung** des verfügbaren Einkommens entsprechend dem jeweiligen vollen Bedarf, wie sie in der 2. Auflage dieses Werks vertreten wird, das bessere Ergebnis liefern. 146

Ist neben dem prägenden Einkommen **Zusatzeinkommen vorhanden**, so kann daraus der trennungsbedingte Mehrbedarf gedeckt werden. Reicht das Zusatzeinkommen hierzu jedoch **nicht aus**, so gibt es vier Möglichkeiten der Mangelverteilung: 147

- Soweit ein **Vorabzug des Mehrbedarfs** gerechtfertigt ist (s. o. Rn 145), kann das Resteinkommen aus prägendem und nicht prägendem Einkommen nach DT B IV nach der Differenzmethode verteilt werden. 148
- Sonst bleibt nach der DT der **Mehrbedarf außer Betracht**. Jedoch wird das gesamte prägende und nicht prägende Einkommen nach der Differenzmethode verteilt (DL 149

---

3. Stufe:
Gesamtbedarf: 480 + 2286 + 1886 + 2814 = 7466
Deckungsbetrag: 4400 + 700 + 700 x $^6/_7$ = 5700
gleichberechtigter Bedarf von F1: 2286 x 5700/7466 = 1745
4. Stufe:
gleichberechtigter Unterhalt von F1: 1745 – 700 – 700 x $^6/_7$ = 445
5. Stufe:
voller Bedarf von F1: 4400 – 480 – 445 = 3475 x $^3/_7$ = 1489
Eigenbedarf von M gegenüber F2: 3475 x $^4/_7$ = 1986
6. Stufe:
Da F2 kein Einkommen hat, entspricht der Bedarf dem vollen **Unterhalt**.
7. Stufe:
Auf der Ebene des gleichrangigen Bedarfs (gegenüber F2) besteht kein Mangelfall:
Gesamtbedarf: 480 + 1745 + 1489 + 1986 = 5700
Deckungsbetrag: 4400 + 700 + 700 x $^6/_7$ = 5700
Gegenüber F1 ergibt sich jedoch ein Fehlbetrag:
Gesamtbedarf: 480 + 2286 + 1489 + 2814 = 7069
Fehlbetrag 7069 – 5700 = 1369

[109] BGH, FamRZ 1984, 149, 151 = R 187 e
[110] BGH, FamRZ 1995, 343, 344 = R 489 d; FamRZ 1990, 1085, 1088 = R 423 f

§ 5   Rangverhältnisse und Mangelfälle

27). Diese Methode hat aber den Nachteil, daß sie den vollen Bedarf beider Parteien nicht berücksichtigt, also dazu führen kann, daß trotz des Mangelfalls einer von beiden zu Lasten des anderen **mehr als seinen Bedarf** erhält. Wird die Differenzmethode generell als Billigkeitskontrolle verwendet, kann es auch geschehen, daß der Berechtigte einen gekürzten Billigkeitsunterhalt erhält, obgleich ein Mangelfall gar nicht vorliegt. Wird der Mangelfall selbständig geprüft (HL 29), kommt es zu einem Bewertungssprung an der Mangelgrenze (s. u. Beispiel e). Das spricht für

150 • die Verteilung des Zusatzeinkommens im **Verhältnis der** jeweiligen **Mehrbedarfsbeträge**.[111] Die proportionale Verteilung berücksichtigt meist angemessen den beiderseitigen Mehrbedarf. Durch Vorabzug zu berücksichtigender Mehrbedarf (Vorsorgeunterhalt) ist vorweg aus dem Mehreinkommen zu befriedigen.

151 • Schließlich bietet die **anteilige Kürzung des** jeweiligen **Gesamtbedarfs** ebenfalls eine brauchbare Lösung, die sich jedoch nicht mit der Kürzung auf die Billigkeitsquote kombinieren läßt.

152 **Beispiel für einen Mangelfall wegen trennungsbedingtem Mehrbedarf:**
Es wird dabei **unterstellt, daß die trennungsbedingten Mehrkosten auch als trennungsbedingter Mehrbedarf anzuerkennen sind** (vgl. Rn 4/419).
NettoE des M = 3500
Miete für die Ehewohnung, die von M weiter bewohnt wird = 600 DM
Die erwerbslose F zahlt für ihre vergleichbare neue Wohnung 800 DM
Mehrbedarf beider Ehegatten wegen doppelter Haushaltsführung je 100 DM
Kein Ehegatte hat nichtprägende Einkünfte.
– **Berechnung des vollen Unterhalts**
mit Erwerbsbonus $1/7$:
Quotenunterhalt des M = 3500 x $4/7$ = 2000
Quotenunterhalt der F = 3500 x $3/7$ = 1500
Berechnung des trennungsbedingten Mehrbedarfs (siehe Rn 4/419, 4/424 f)
Hälftebetrag der Miete für die Ehewohnung = 600 : 2 = 300
Trennungsbedingter Mehrbedarf des M = 600 – 300 = 300 (Mietmehrbedarf) + 100 (Haushaltsmehrbedarf) = 400
Trennungsbedingter Mehrbedarf der F = 800 – 300 = 500 (Mietmehrbedarf) + 100 (Haushaltsmehrbedarf) = 600
Voller Bedarf des M = 2000 + 400 = 2400
Voller Bedarf der F = 1500 + 600 = 2100
Gesamtbedarf beider = 2400 + 2100 = 4500.

153 Nach Rn 144, 145 bliebe der **Mehrbedarf unberücksichtigt**, weil ein Vorabzug hier nicht in Betracht käme.
– **Proportionale Anteilsberechnung nach Rn 146 ergäbe:**
Anteil des M = 2400 x 3500/4500 = 1867
Anteil der F = 2100 x 3500/4500 = 1633
– **Wenn es sich beim Mehrbedarf von F in Höhe des Teilbetrags von 400 um Vorsorgeaufwendungen handelt, welche bei der Einkommensberechnung bei M bereits abgezogen sind, käme der Vorabzug in Betracht:**
3500 – 400 = 3100 x $3/7$ = 1329
F erhielte 400 + 1329 = 1729 (inklusive Vorsorge)
M behielte 3500 – 400 – 1329 = 1771 (nur für den Elementarbedarf).

154 **Beispiel mit Zusatzeinkommen:**
NettoE des M = 3500
trennungsbedingter Mehrbedarf von M 100, von F 600
Erwerbsbonus $1/7$:
F hat nichtprägende Einkünfte von 467 DM, die in Höhe von $6/7$ = 400 DM auf ihren Bedarf anzurechnen sind.
– Voller Bedarf des M = 3500 x $4/7$ = 2000 + 100 = 2100
Voller Bedarf der F = 3500 x $3/7$ = 1500 + 600 = 2100
Restbedarf 2100 – 467 x $6/7$ = 1700
Gesamtbedarf = 2100 + 2100 = 4200.

---

[111] In diese Richtung weist wohl die Rechtsprechung des BGH: BGH, FamRZ 1987, 913, 916 = R 339 d; FamRZ 1982, 255, 257 = R 93 c

III. Eingeschränkter Selbstbehalt und Billigkeitsunterhalt   § 5

Deckungsbetrag = 3500 + 467 x $^6/_7$ = 3900
Fehlbetrag 4200–3900 = 300

Handelt sich beim Mehrbedarf der F um **Alters- und Krankheitsvorsorgeunterhalt**, sind **155**
der Vorabzug und Verteilung nach der **Billigkeitsquote gerechtfertigt** (Rn 148, zweistufige
Berechnung beim Vorsorgeunterhalt, Rn 4/477 f), während der **Mehrbedarf von M** nur in Betracht kommt, wenn **ausreichendes Zusatzeinkommen** vorhanden ist:
3500 – 600 = 2900 x $^3/_7$ – 467 x $^6/_7$ = 843
F erhält Elementarunterhalt 843 und Vorsorgeunterhalt 600,
M behält 3500 – 600 – 843 = 2057, wovon 2000 auf seinen Elementarbedarf und 57 auf den
Mehrbedarf entfallen.
– Ohne Vorabzug ergibt sich nach der Billigkeitsquote (Rn 149):
3500 – 467 = 3033 x $^3/_7$ = 1300
F erhält 467 + 1300 = 1767
M behält 3500 – 1300 = 2200, obgleich sein Bedarf sich nur auf 2100 beläuft. Diese Lösung
kann daher nicht zutreffen. Statt dessen:
– **anteilige Kürzung des Mehrbedarfs von F nach Rn 150:**
Mehrbedarf insgesamt: 100 + 600 = 700
unverteiltes Einkommen: 467 x $^6/_7$ = 400
Kürzungsrechnung: 600 x 400/700 = 343
gekürzter Bedarf: 1500 + 343 = 1843
gekürzter Unterhalt: 1843–467 x $^6/_7$ = 1433
F erhält 467 + 1443 = 1910
M behält 3500 – 1443 = 2057
und damit ebenfalls etwas weniger als den vollen Bedarf (die Übereinstimmung mit dem Fall
mit Vorabzug ist zufällig).
– **anteilige Kürzung des Gesamtbedarfs nach Rn 151:**
2100 x (3500 + 467)/4200 = 1984
gekürzter Unterhalt = 1984 – 467 x $^6/_7$ = 1584
F erhält 467 + 1584 = 2051
M behält 3500 – 1584 = 1916
Hier behält M bei gleichem Bedarf weniger als F, weil der Erwerbsbonus für das nichtprägende
Einkommen nicht angerechnet wurde. Das ist ungerechtfertigt. Wird bei der Kürzung das
nichtprägende Einkommen insgesamt berücksichtigt, ergibt sich
– **anteilige Kürzung bei Vollanrechnung des nichtprägenden Erwerbseinkommens:**
2100 x (3500 + 467)/4200 = 1984
gekürzter Unterhalt = 1984 – 467 = 1517
F erhält 467 + 1517 = 1634
M behält 3500 – 1517 = 1983

Weitere Beispiele zum trennungsbedingten Mehrbedarf siehe Rn 167 ff.

10. Individuelle oder schematische Kürzung eines verbleibenden Fehlbedarfs nach § 1581 BGB

Kommt es aufgrund der Billigkeitsabwägung gemäß den Ausführungen zu Rn 83 **156**
mit 134 zu entsprechenden **Änderungen** im Bereich der **Deckungsmasse** (Rn 83 mit 111)
oder im **Bedarfsbereich** (Rn 112 mit 134), dann ist abschließend auch neu festzustellen,
ob trotz solcher Änderungen noch ein ungedeckter Fehlbedarf verbleibt. Dies geschieht
durch Abzug der berücksichtigungsfähigen Deckungsmasse vom verbleibenden berücksichtigungsfähigen Gesamtbedarf.
   Ergibt sich hierbei kein ungedeckter Restbedarf, verbleibt es bei dem auf diese Weise
ermittelten Unterhalt. Dieser Unterhalt ist ein nach § 1581 BGB gekürzter Billigkeitsunterhalt, der auf den vollen Unterhalt zu erhöhen ist, sobald der Verpflichtete dazu leistungsfähig ist.
   Ergibt sich als Differenz (Rn 156) ein **ungedeckter Restbedarf**, so muß nach § 1581 **157**
BGB eine **weitere Unterhaltskürzung** erfolgen.
   Diese Kürzung geschieht
– **Individuell** aufgrund einer **neuen Gesamtabwägung** aller Billigkeitsgesichtspunkte
 (Rn 158) oder

- durch eine **proportionale Kürzung** (Rn 159 f) oder
- **Beschränkung auf die Billigkeitsquote** (Rn 165 f).

158 Bei einer **individuellen Kürzung** sind alle Umstände des konkreten Einzelfalles individuell zu gewichten und gegeneinander abzuwägen.
Wichtige Kriterien hierzu können z. B. sein:
- Die Einkommens- und Vermögensverhältnisse sowie sonstige wirtschaftliche Verhältnisse beider Ehegatten;
- persönliche Verhältnisse jedes Ehegatten, wie Alter, Gesundheitszustand sowie individuelle Bedürfnisse;
- eheliche Lebensverhältnisse vor und nach der Trennung;
- Erwerbsfähigkeit, zumutbare Tätigkeiten, besonderer Leistungseinsatz, ernsthafte Erwerbsbemühungen und besondere Anstrengungen zur Erzielung zumutbarer, evtl. auch unzumutbarer, überobligationsmäßiger Einkünfte;
- besondere Belastungen durch Kinder und sonstige besondere Belastungen;
- der Umfang, in welchem bei der Bedarfsbemessung bereits Vorabzüge und andere Posten der Mangelfallberechnung berücksichtigt wurden.

Nicht zu berücksichtigen ist ein Verschulden an der Trennung oder Scheidung.

Die zur Kürzung nach § 1581 BGB führende Billigkeitsabwägung kann aber für beide Gatten nur einheitlich erfolgen.[112]

11. Proportionale Kürzung

159 Fehlen besondere individuelle Gesichtspunkte für eine neue Gesamtabwägung aller Billigkeitsumstände, dann kann eine **proportionale Kürzung** des Unterhalts erfolgen im Verhältnis des auf der Leistungsstufe noch berücksichtigungsfähigen Bedarfs jedes Ehegatten zur verbleibenden berücksichtigungsfähigen Deckungsmasse und zum Gesamtbedarf beider Ehegatten. Die Einsatzbeträge für die proportionale Aufteilung sind dann nicht der jeweilige volle Bedarf, sondern ein bereits durch Verschärfung der Maßstäbe nach Rn 83 bis 134 begrenzter Bedarf. Eine unmittelbare Anwendung der Quotierung auf den vollen Bedarf würde die unterschiedliche Wertigkeit des Bedarfs der Beteiligten unberücksichtigt lassen. Sie ist nur zulässig, wenn der Bedarf der Beteiligten bereits als in etwa gleichwertig angenommen werden kann.

Für diese proportionale Kürzung ist zunächst für jeden Ehegatten zu klären:

160 Der auf der Leistungsstufe zu berücksichtigende Bedarf jedes Ehegatten (= B 1 oder B 2). Dabei ist zu beachten, daß auch der im Wege der Anrechnung gedeckte Bedarf einzubeziehen ist, weil sonst der Bedarf des Verpflichteten überproportional gekürzt wird.

161 Die auf der Leistungsstufe verteilbare berücksichtigungswürdige Deckungsmasse (= D). Dazu gehört auch das nichtprägende Einkommen beider Gatten, jeweils bereinigt um den Erwerbsbonus. Prägendes Einkommen ist demgegenüber voll einzusetzen, weil insoweit der Bonus auch im Bedarf enthalten ist.

162 Der Gesamtbedarf beider Ehegatten (= GB)
Die proportionale Kürzung erfolgt nach der Formel:
Proportional gekürzter Unterhalt = B 1 x D : GB
Rechenbeispiele dazu siehe Rn 167 bis 179 sowie vorher Rn 152 bis 155.

163 Die proportionale Kürzung eignet sich vor allem für Mangelrechnungen mit mehr als einem Ehegatten, weil sich dabei die Differenzmethode (s. u. Rn 165 f) nicht anwenden läßt. Wenn der Bedarf von mehr als einem berechtigten Gatten zu berücksichtigen ist, so ist gegenüber jedem Gatten der Eigenbedarf des Verpflichteten selbständig zu bestimmen (s. o. Rn 4/571). Dadurch entstehen zwei verschiedene Gesamtbedarfsbeträge je nachdem, für welchen Gatten die Abwägung nach § 1581 BGB vorgenommen werden soll.

164 Die gemäß Rn 141 oder 163 gefundenen Ergebnisse sind abschließend tatrichterlich

---

[112] BGH, FamRZ 1992, 1045, 1049 = R 448 c; FamRZ 1990, 1091, 1095 = R 422 c

III. Eingeschränkter Selbstbehalt und Billigkeitsunterhalt § 5

auf ihre Angemessenheit zu überprüfen (sog. Angemessenheitskontrolle).[113] Bei derselben ist auch etwaiges Kindergeld zu berücksichtigen.[114]

Sind neben den Eheleuten weitere Unterhaltsberechtigte vorhanden, ist auch deren Bedarf in diese proportionale Kürzungsrechnung mit einzubeziehen, wenn die Mangellage nicht bereits bei der Bemessung des Bedarfs berücksichtigt wurde.

12. Begrenzung auf die Billigkeitsquote

Die DT B I hat die Gattenquote nach der Differenzmethode nicht als Bedarfsbemessung, sondern als Billigkeitsquote nach § 1581 BGB angesehen. Später hat der BGH die Gattenquote als Bedarfsquote verstanden und darauf seine Anrechnungsmethode gestützt. Die Leitlinien der OLGs haben diese Lösung nach längerer Auseinandersetzung einhellig übernommen. 165

Die Gattenquote nach der **Differenzmethode** unter **Einbeziehung aller** - auch der nichtprägenden – **Einkommen** wird jedoch weiterhin vielfach als geeignete **Verteilung für den Mangelfall** nach § 1581 BGB angesehen, weil sie rechnerisch einfacher als die proportionale Bedarfskürzung ist und auch besser an die bisherige Unterhaltsbemessungspraxis anschließt (DL 28; HL 27, 29, 30).[115]

Während der proportionalen Kürzung das Additionsprinzip (Bruttoprinzip) zugrunde liegt, bei welchem alle Bedarfs- und Einkommensposten auf beiden Seiten addiert und einander gegenübergestellt werden, rechnet die Methode der Begrenzung auf die Gattenquote nach dem Differenzprinzip.

Das beiderseitige Einkommen wird vorab um die Posten, die als nicht verteilungsfähig angesehen und vorab befriedigt werden müssen, bereinigt. Die Differenz der beiderseitigen verteilungsfähigen Resteinkommen wird durch die Unterhaltszahlung ausgeglichen, wobei dem jeweils Erwerbstätigen bei dem Ausgleich ein Quotenvorteil bleibt. 166

Bedarfsposten, die nicht vorweg abgezogen werden, sind in der verbleibenden Gattenquote pauschal berücksichtigt. Damit wird die **Frage des Vorabzugs** zum **Kern der Billigkeitsprüfung** auf der Bedarfsseite.

Vorweg abzuziehen sind solche anerkennungsfähigen Bedarfsbeträge, denen sich der jeweilige Gatte nicht entziehen kann. Dadurch scheidet der betreffende Einkommensteil aus dem verteilbaren Einkommen aus. Wichtigste Beispiele sind Pflichtversicherungen, Steuern und anerkennungsfähige Schulden wie Unterhaltszahlungen, z. B. Vorsorgeunterhalt. Im Einzelfall kann auch krankheitsbedingter Mehrbedarf durch Vorabzug berücksichtigt werden (HL 8).

Trennungsbedingter Mehrbedarf wird bei dieser Methode nur dann berücksichtigt, wenn nicht prägendes (unverteiltes) Einkommen vorhanden ist.

13. Beispiele für proportionale Kürzung und Begrenzung auf die Billigkeitsquote nach § 1581 BGB

Mangelfallbeispiel, wenn der Verpflichtete ein Familienheim nach Auszug des Berechtigten weiter während der Trennungszeit bewohnt und trennungsbedingter Mehrbedarf geltend gemacht wird. Bonus $1/7$, Bedarf nach Quotenbedarfsmethode. Die trennungsbedingten Mehrkosten werden als Mehrbedarf anerkannt (Rn 4/419). 167
Nettoerwerbseinkommen des M = 4200
M zahlt für verbrauchsunabhängige Hauslasten 700 DM
F zahlt für die neue Wohnung 1000 DM und 350 DM Kreditkosten für Umzug und Wohnungseinrichtung.
Mehrbedarf für doppelte Haushaltsführung bei M und F je DM 100
F hat nichtprägende Erwerbseinkünfte von DM 700
F und M machen trennungsbedingten Mehrbedarf geltend.

---

[113] BGH, FamRZ 1986, 783, 786 = R 299 b
[114] BGH, FamRZ 1997, 806 = R 512 g
[115] Vgl. auch Hampel, Bemessung des Unterhalts Rn 148 ff, 530

– der prägende Wohnwert wird mit 600 angenommen.
Hierauf sind 700 Hausunkosten anzurechnen, so daß kein Wohnwert verbleibt.
Der offene Differenzrest von 100 kann als ehebedingte Schulden von dem prägenden Einkommen abgezogen werden.
– Quotenunterhalt der F
$4200 - 100 = 4100 \times 3/7$ (weil keine Wohnwertanrechnung) = 1757.
– Trennungsbedingter Mehrbedarf der F
100 = Mehrbedarf (wegen doppelter Haushaltsführung)
350 = Kreditkosten (für Umzug und Wohnungseinrichtung)
650 erhöhte Wohnkosten aus 1000 (Mietzins) abzüglich 350 (Hälfte der Hauslasten (statt Miete) von 700 : 2 = 350, vgl. Rn 4/424)
Mehrbedarf insgesamt $100 + 350 + 650 = 1100$.
– Voller Unterhalt der F = $1757 + 1100 = 2857$
Darauf sind die nichtprägenden Erwerbseinkünfte der F von $700 \times 6/7 = 600$ anzurechnen
Restbedarf = 2257.
– Anteiliger Quotenbedarf des M = $4100 \times 4/7 = 2343$.
– Trennungsbedingter Mehrbedarf des M = 100 (doppelte Haushaltführung) 350 erhöhte Wohnkosten aus 700 (Hauslasten) – 350 (Hälfte der Hauslasten) = 350 zusammen $100 + 350 = 450$.
– Voller Bedarf des M = $2343 + 450 = 2793$.
– Gesamtbedarf von M und F = $2793 + 2857 = 5650$
Deckungsmasse = $4100 + 700 \times 6/7 = 4700$
Fehlbedarf $5650 - 4700 = 950$; deshalb Mangelfall.

168 – **Lösung 1: Proportionale Kürzung**
Anteil des M = $2793 \times 4700/5650 = 2323$
Anteil der F = $2857 \times 4700/5650 = 2377$
Unterhalt F = $2377 - 700 \times 6/7 = 1777$
M hat $4200 - 1777$ (Unterhalt) $- 700$ (Hauslasten) = 1723 zuzüglich Wohnvorteil.
F hat $1777 + 700 = 2477$; sie muß davon 1000 für Miete (ihr Wohnvorteil) und 350 für Kreditkosten zahlen. Ihr verbleiben 1127.

169 – **Lösung 2: Beschränkung auf die Billigkeitsquote**
Zum Vorabzug eignet sich die Miete nur beschränkt, wenn sie von der Entscheidung der F abhängt. Doch kann es Billigkeit entsprechen, den Vorabzug der Kreditkosten zuzulassen, weil F durch den Umzug einseitig belastet ist.
Anzurechnendes Einkommen von F = $700 - 350 = 350$.
Unterhalt F = $4200 - 350 = 3850 \times 3/7 = 1650$
M behält $4200 - 1650 = 2550$
F erhält $700 + 1650 = 2350$, hat aber höhere Lasten.
Wird der Vorabzug der Schulden der Frau nicht gestattet, so vermindert sich ihr Unterhalt nach der Billigkeitsquote auf: $4200 - 700 = 3500 \times 3/7 = 1500$
M behält $4200 - 1500 = 2700$
F erhält $700 + 1500 = 2200$

169a – **Lösung 3: Quotierung des Mehrbedarfs (vgl. Rn 150)**
verfügbar für Mehrbedarf: $700 \times 6/7 = 600$
Mehrbedarf insgesamt: $1100 + 450 = 1550$
anteilig gedeckter Mehrbedarf von F = $1100 \times 600/1550 = 426$
gekürzter Bedarf von F = $2857 - 1100 + 426 = 2183$
Unterhalt von F = $2183 - 700 \times 6/7 = 1583$
M behält $4200 - 1583 = 2617$
F erhält $700 + 1583 = 2283$
Das Ergebnis liegt zwischen denen nach Rn 168 und 169, wenn man keinen Vorabzug gestattet.

170 **Mangelfallbeispiel**, wenn die Berechtigte F nach der Trennung das Haus weiter bewohnt, der Verpflichtete M die verbrauchsunabhängigen Hauslasten weiterbezahlt und trennungsbedingter Mehrbedarf geltend gemacht wird.
Die folgenden Mehrkosten werden als Mehrbedarf anerkannt (Rn 4/419).

Nettoerwerbseinkommen des M = 4200
verbrauchsunabhängige Hauslasten = 700

III. Eingeschränkter Selbstbehalt und Billigkeitsunterhalt §5

M zahlt 1000 für die neue Wohnung und 350 für Kreditkosten (Umzug und Wohnungseinrichtung)
Mehrbedarf von M und F für doppelte Haushaltsführung je 100.
nichtprägendes Erwerbseinkommen der F = 700
Der prägende Wohnwert wird entsprechend des Miete von M mit 1000 angenommen, der Erwerbsbonus mit $1/10$.
Auf die 1000 DM ist nichts zu verrechnen, weil F keine verbrauchsunabhängigen Hauskosten bezahlt.
− Quotenunterhalt der F
verfügbares Einkommen = 4200 − 700 (ehebedingte Hauskosten, die M bezahlt) = 3500
Bedarfsberechnung
voller Bedarf = 3500 x 45 % + 1000 x $1/2$ = 2075
− Trennungsbedingter Mehrbedarf der F = 1000/2 + 100 (doppelte Haushaltsführung) = 600 (vgl. Rn 4/424);
Voller Bedarf der F
= 1875 + 600 = 2475;
hierauf ist der prägende Wohnwert von 1000 und das nichtprägende Erwerbseinkommen der F von 700 x 90 % = 630 anzurechnen.
− voller Unterhaltsbedarf der F = 2475 − 1000 − 630 = 845.
− Anteiliger Quotenbedarf des M = 4200 − 700 (Hauslasten) + 1000/2 = 4000 x 55 % = 2200.
− Trennungsbedingter Mehrbedarf des M =
100 Mehrbedarf (für doppelte Haushaltsführung) +
350 Kreditkosten (für Umzug und Einrichtung) +
650 erhöhte Wohnkosten aus 1000 (Mietzins) abzüglich 350 (hälftige Hauslasten von 700 : 2) zusammen = 1100.
− Voller Bedarf des M = 2200 + 1100 = 3300.
− Gesamtbedarf von M und F = 3300 + 2475 = 5775
Deckungsmasse = 3500 + 1000 + 700 x 90 % = 5130
Fehlbedarf = 645.

− **Lösung 1: proportionale Kürzung:** 171
Anteil des M = 3300 x 5130/5775 = 2931
Anteil der F = 2475 x 51300/5775 = 2199
nach Anrechnung 2199 − 1000 − 700 x 90 % = 569
F hat 1000 + 700 + 569 = 2269.
M behält 3500 − 569 = 2931 und muß davon die eigene Wohnung und den Kredit zahlen.

− **Lösung 2: Beschränkung auf die Billigkeitsquote:** 172
Hier kann man M den Vorabzug der Kreditkosten gestatten (s. o. Rn 169). Anzurechnen bei M also 3500 − 350 = 3150.
Differenzquote = (3150 − 700) x 45 % + (0 − 1000) x $1/2$ = 603
F hat 1000 + 700 + 603 = 2303.
M behält 3500 − 603 = 2897 und muß davon Wohnung und Kredit zahlen.

− **Lösung 3: anteilige Deckung des Mehrbedarfs** 172a
unverteiltes Einkommen = 700 x 90 % = 630
Mehrbedarf insgesamt = 600 + 1100 = 1700
Deckung des Mehrbedarfs von F = 600 x 630/1700 = 222
gekürzter Bedarf von F: 2475 − 600 + 222 = 2097
nach Anrechnung: 2097 − 1000 − 700 x 90 % = 467
F hat 1000 + 700 + 467 = 2167.
M behält 3500 − 467 = 3033 und muß davon Wohnung und Kredit zahlen.

Beispiel wegen trennungsbedingten Mehrbedarfs **nach Verkauf** des gemeinsamen **Familienheims.** 173

Nettoerwerbseinkommen des M = 4200
Verbrauchsunabhängige Hauslasten bei Trennung = 800
Aus Hausverkauf nach der Trennung erhalten M und F nach Abzug aller Hausverbindlichkeiten je 210 000, die beide in Höhe von je 200 000 DM anlegen und daraus monatlich je DM 1000 Zinsen erzielen.
Mehrkosten wegen doppelter Haushaltsführung je 100
Neue Miete des M = 900

§ 5 Rangverhältnisse und Mangelfälle

und neue Miete der F = 1000
werden als Mehrbedarf anerkannt, da vorher mietfrei gewohnt wurde.
Trennungsbedingte Kreditkosten bei M 300, bei F 200
Die erwerbslose F verlangt Trennungsunterhalt.
Der Erwerbsbonus beträgt $1/7$:
- Quotenunterhalt der F = 4200 x $3/7$ = 1800.
- Trennungsbedingter Mehrbedarf der F
100 Mehrbedarf (für doppelte Haushaltsführung)
200 trennungsbedingte Kreditkosten
Erhöhte Wohnkosten aus 1000 (Miete) abzüglich 400 hälftige Hauslasten bei Trennung (800 : 2 = 400) = 600
Zusammen 900 (100 + 200 + 600).
- Voller Bedarf der F = 1800 (Quotenunterhalt) + 900 (Mehrbedarf) = 2700
Hierauf sind die nichtprägenden Zinseinkünfte von 1000 anzurechnen
Voller Restbedarf der F = 1700.
- Anteiliger Quotenbedarf des M = 4200 x $4/7$ = 2400.
- Trennungsbedingter Mehrbedarf des M
100 für doppelte Haushaltsführung
300 für trennungsbedingten Kredit
500 erhöhte Wohnkosten aus 900 (Miete) abzüglich 400 hälftige Hauslasten bei Trennung (800 : 2 = 400) = 500
Zusammen 900 (100 + 300 + 500).
- Voller Bedarf des M = 2400 + 900 = 3300
- Gesamtbedarf von M und F = 3300 + 2700 = 6000
Deckungsmasse = 4200 + 1000 + 1000 = 6200
Kein Mangelfall. M kann ohne Beeinträchtigung seines Eigenbedarfs den Unterhalt von 1700 zahlen.

174 **Gemischter Fall** bei trennungsbedingtem Mehrbedarf, einem Ehegatten mit zwei Kindern aus erster Ehe sowie einem nachrangigen Ehegatten aus zweiter Ehe; Erwerbsbonus $1/10$.

Nettoerwerbseinkommen des M = 5000
F erhält das Kindergeld für zwei Kinder aus erster Ehe von 9 und 11 Jahren in Höhe von 250 + 250 = 500
F 1 hat ein nichtprägendes Erwerbseinkommen von 500 x 90 % = 450
F 1 zahlt für die alte Ehewohnung wie bei Trennung 800 DM
F 2 ist erwerbslos
M zahlt für seine neue Wohnung, in die er nach der Trennung eingezogen ist, 1000 DM.
M zahlt ferner ehebedingte Kreditverbindlichkeiten aus alter Ehe monatlich 520 und für Kreditverbindlichkeiten aus neuer Ehe monatlich 350.
M und F 1 machen erhöhte Wohnkosten als trennungsbedingten Mehrbedarf geltend.
- Kindesunterhalt für K 1 und K 2 nach DT 8/2 (4700 bis 5100), herabgestuft auf DT 7/2 (4300 bis 4700) wegen Unterhalt für zwei Frauen und zwei Kinder je 613 DM, zusammen 1226.
- Quotenunterhalt der F 1
5000 – 1226 (Kindesunterhalt) – 520 (prägende ehebedingte Verbindlichkeiten) = 3254 x 45 % = 1464.
- Trennungsbedingter Mehrbedarf der F 1 = 800 (Mietzins der alten Ehewohnung) – 400 (halber Mietzins der alten Ehewohnung) = 400.
- Voller Bedarf der F 1 = 1464 + 400 = 1864
Hierauf ist das nichtprägende Erwerbseinkommen der F 1 in Höhe von 500 x 90 % = 450 anzurechnen.
Voller Restbedarf der F 1 = 1864 – 450 = 1414.
- Quotenbedarf des M gegenüber F 1
5000 – 1226 (Kindesunt.) – 520 (Kredit I) = 3254 x 55 % = 1790.
- Trennungsbedingter Mehrbedarf des M = 1000 x $1/2$ (anteilige neue Miete) – 400 (halber Mietzins der alten Ehewohnung) = 100.
- Gesamtbedarf des M gegenüber F 1 = 1790 + 100 = 1890, wobei auf der Leistungsstufe auch die 350 Kreditkosten und der Mietanteil der einkommenslosen F 2 von 500 als sonstige Verbindlichkeiten, vergleichbar mit dem trennungsbedingten Mehrbedarf, zusätzlich zu berücksichtigen sind, 1890 + 350 + 500 = 2740.
- Bedarf der nachrangigen F 2; Nachrang gegenüber F 1 und Kindern, weil nur der Anspruch der F 1 auf § 1570 BGB beruht.

III. Eingeschränkter Selbstbehalt und Billigkeitsunterhalt § 5

Die Unterhaltspflicht gegenüber F 1 hat die ehelichen Lebensverhältnisse gegenüber F 2 geprägt. Daher sind der Unterhaltsbedarf von F 1 und die Kreditkosten vom verteilungsfähigen Einkommen abzuziehen:
Bedarf = 3254 − 350 − 1414 = 1490 x 45 % = 671
Dieser Betrag liegt zwar unterhalb des Existenzminimums. Der eheangemessene Bedarf orientiert sich jedoch im Gegensatz zum Verwandtenunterhalt nach den ehelichen Verhältnissen, die nicht notwendig die Abdeckung des Existenzminimums gewährleisten. Es gibt auch Ehen, denen ein wirtschaftliches Fundament von Anfang an gefehlt hat (vgl. Rn 4/434 f).

175
− Gesamtbedarf aller Berechtigten gegenüber F 1 = 1864 (F 1) + 2740 (M) + 1226 (K 1 und K 2) + 671 (F 2) = 6501
Deckungsmasse = 4700 − 520 (nicht im Bedarf von M erfaßt) + 500 x 90 % = 4930
Fehlbedarf = 6501 − 4930 = 1571; Mangelfall.
− Ausscheiden der nachrangigen F 2 aus der Berechnung im Verhältnis zu F 1:
6501 − 671 = 5830: noch Mangelfall, Fehlbetrag 5830 − 4930 = 900.
− Neubewertung auf der Bedarfsstufe: Die Kreditverbindlichkeiten von M aus neuer Ehe werden ausgeschieden, weil es der Billigkeit entspricht, daß bei beschränkter Leistungsfähigkeit die Schulden aus neuer Ehe nicht zu einer Unterhaltsschmälerung für Frau und Kinder aus erster Ehe führen sollen. Dafür bleibt die Berücksichtigung des Mietanteils bestehen.
Bedarf von M daher nur 2740 − 350 = 2390
Neuer Gesamtbedarf = 1226 (K 1 und K 2) + 1864 (F 1) + 2390 (M) = 5480
Deckungsmasse = 4930, Fehlbetrag 5480 − 4930 = 550.

Lösung 1: proportionale Kürzung 176
Da bei zwei Gatten die Orientierung des Kindesunterhalts am Bedarfskontrollbetrag schwer zu realisieren ist, bietet es sich an, sie in die proportionale Kürzung einzubeziehen:
F 1: 1864 x 4930/5480 = 1677 − 90 % x 500 = 1227
K 1: 613 x 4930/5480 = 557
K 2: 613 x 4930/5480 = 557
M bleibt nach Kindergeldausgleich:
5000 − 520 − 1227 − 557 − 557 + 250 = 2389
Diesen Betrag muß er mit F 2 teilen, wobei ihm im Falle der Trennung der Selbstbehalt zugute käme.

Lösung 2: Begrenzung auf Billigkeitsquote 177
Hier würden nur die ehebedingten Schulden und der Kindesunterhalt durch Vorabzug berücksichtigt, während der trennungsbedingte Mehrbedarf als in der Quote erfaßt gilt.
Differenzquote für F 1:
(5000 − 1226 − 520) − 500 = 2754 x 45 % = 1239
F 1 erhält: 500 + 1239 = 1739
M behält 5000 − 520 − 1239 − 1226 + 250 = 2265
Wenn er diesen Betrag mit dem zweiten Gatten teilt, bleibt ihm nicht der Bedarfskontrollbetrag der Einkommensgruppe 7 von 2100 DM. Daher wäre auch der Kindesunterhalt herabzusetzen, ohne daß daraus indessen F 1 Vorteil ziehen dürfte. Andererseits führt nach der Rechtsprechung des BGH der Nachrang von F 2 gegenüber F 1 auch zum Nachrang gegenüber den minderjährigen Kindern (vgl. Rn 52). Das könnte es auch rechtfertigen, den Kindesunterhalt unverändert zu lassen.

Gemischter Fall mit Kürzung bei trennungsbedingtem Mehrbedarf, **zwei gleichrangigen** 178
Ehegatten und zwei Kindern aus neuer Ehe
Nettoerwerbseinkommen des M = 4500
prägendes Erwerbseinkommen der F 1 = 700
Kind K 1 (8 Jahre) und
Kind K 2 (5 Jahre) aus zweiter Ehe, leben bei M und F 2
F 2 ist nicht erwerbstätig; M erhält 250 + 250 = 500 Kindergeld
Dauer der ersten Ehe 11 Jahre
F 1 bewohnt die alte Ehewohnung; Mietzins 800
M wohnt mit F 2 in der von ihm nach der Trennung bezogenen Wohnung; Mietzins 1000.
Der Erwerbsbonus betrage nach den Leitlinien $^1/_7$.
− Gleichrang aller, weil Anspruch von F 1 nicht auf § 1570 BGB beruht und die erste Ehe nicht von langer Dauer ist (11 Jahre).
− Kindesunterhalt bei zwei Ehegatten und zwei Kindern statt aus DT 7 aus DT 6 (3900 bis 4300)
K 1 = DT 6/2 = 582; K 2 = DT 6/1 = 480.

§ 5   Rangverhältnisse und Mangelfälle

179   – Unterhaltsberechnung bei gleichrangigen Gatten in sieben Stufen (s. o. Rn 125 f)
1. Stufe:
Quotenbedarf F 1 = 4500 x $^3/_7$ + 700 x $^4/_7$ = 2329
Zuzüglich trennungsbedingtem Mehrbedarf = 800 – 400 = 400
voller Bedarf F 1 = 2329 + 400 = 2729
Quotenbedarf von M gegenüber F 1 = 4500 x $^4/_7$ + 700 x $^3/_7$ = 2871
Zuzüglicher trennungsbedingter Mehrbedarf des M von 100 wegen 1000 x $^1/_2$ (anteiliger Mietzins) abzüglich halber Anteil der früheren Miete = 400 (800 : 2 = 400); 500 – 400 = 100
Voller Bedarf des M gegenüber F 1 = 2871 + 100 = 2971.
2. Stufe:
fiktiver Bedarf von F 2
= 4500 – 480 – 582 = 3438 x $^3/_7$ = 1473
fiktiver Eigenbedarf von M gegenüber F 2
= 3438 x $^4/_7$ = 1965.
3. Stufe:
Da sich die Eigenbedarfsbeträge von M unterscheiden, ist der fiktive Bedarf von F 2 umzurechnen:
1473 x 2971/1965 = 2227
Gesamtbedarf = 2729 + 2227 + 2971 = 7927
Deckungsbetrag
= 4500 – 480 – 582 + 700 = 4138
gleichberechtigter Bedarf von F 1 = 2729 x 4138/7927 = 1425.
4. Stufe:
gleichberechtigter Unterhalt von F 1 = 1425 – 700 = 725.
5. Stufe:
voller Bedarf von F 2: 4500 – 480 – 582 – 725 = 2713 x $^3/_7$ = 1163
Eigenbedarf von M gegenüber F 2 = 2713 x $^4/_7$ = 1550.
6. Stufe:
Da F 2 kein Einkommen hat, stimmen voller Unterhalt und voller Bedarf überein.
7. Stufe:
Bei bestehender zweiter Ehe gibt es keine nichtprägenden Einkommen oder Belastungen.
– F 1 hat 700 + 725 = 1425
F 2 hat 1163
K 1 hat 480
K 2 hat 582
M bleibt 4500 – 725 – 1163 – 480 – 582 + 500 = 2050
wobei das Kindergeld von 500 noch mit F 2 zu teilen wäre.

IV. Verstärkter Selbstbehalt des Verpflichteten und verschärfter Mangelfall

1. Allgemeines zum angemessenen und notwendigen Selbstbehalt des Verpflichteten

180   **Angemessener eigener Unterhaltsbedarf des Verpflichteten.** Dieser bemißt sich gemäß § 1578 I 1 BGB nach den prägenden ehelichen Lebensverhältnissen (siehe Rn 166 bis 227).
Da diese ehelichen Lebensverhältnisse individuell unterschiedlich sind, gibt es für diesen Unterhaltsbedarf grundsätzlich keine festen Richtsätze. Auch für die Annahme eines von den ehelichen Lebensverhältnissen unabhängigen generellen Mindestbedarfs auf seiten des berechtigten Ehegatten gibt es keine gesetzliche Grundlage.[116]
Einstiegsgrenze für einen Mangelfall und damit für eine Billigkeitsabwägung nach § 1581 BGB ist eine Gefährdung des vollen eheangemessenen Unterhalts (§ 1578 I 1 BGB) beider Ehegatten (siehe Rn 4/564 ff).
Da die im Rahmen der Billigkeitsabwägung zu treffende Entscheidung jeweils auf

---

[116] BGH, FamRZ 1995, 346, 347 = R 490; FamRZ 1987, 689, 691 = NJW 1987, 3129; ferner R 322; R 61 und R 198 c

IV. Verstärkter Selbstbehalt des Verpflichteten §5

die **konkreten Umstände des Einzelfalles abzustellen** hat (siehe Rn 75 ff), kann der dem Verpflichteten zu belassende Teil **nicht generell für alle Fälle gleich** sein. Dies schließt es jedoch nicht aus, eine Mindestgrenze zu bestimmen, die dem Verpflichteten als unterste Opfergrenze für seinen eigenen Bedarf auf jeden Fall verbleiben soll.[117] Solche untere Opfergrenzen zum Schutz des Verpflichteten beinhalten die Selbstbehaltssätze (verstärkter Selbstbehalt, vgl. Rn 1).

Selbstbehaltsgrenzen. Beim **Kindesunterhalt** hat die Rechtsprechung im Rahmen des § 1603 BGB für den Verpflichteten sogenannte **Selbstbehaltsgrenzen** entwickelt. Der Selbstbehalt ist der Betrag, der dem Verpflichteten gegenüber einem Berechtigten auf jeden Fall als unterste Opfergrenze verbleiben muß. Seine Unterhaltsverpflichtung setzt regelmäßig erst oberhalb solcher Selbstbehaltsgrenzen ein. Bis zur Höhe des Selbstbehalts benötigt der Verpflichtete Einkünfte zur Deckung seines eigenen Lebensbedarfs.[118] 181

Gegenüber **minderjährigen Kindern** gilt der **notwendige Selbstbehalt** als unterste Opfergrenze. Diese unterste Opfergrenze wird weniger durch die individuellen Lebensumstände des Verpflichteten bestimmt als vielmehr durch das Erfordernis, die Grenzen seiner Inanspruchnahme generalisierend festzulegen (siehe auch Rn 2/141, 2/260 f).[119]

Gegenüber **volljährigen Kindern** gilt der **angemessene Selbstbehalt** als untere Opfergrenze (siehe Rn 2/141, 2/407 f, 2/417 ff).[120]

Billigung durch den BGH. Der BGH billigt in ständiger Rechtsprechung diese fast gewohnheitsrechtliche Handhabung des § 1603 I BGB durch die Praxis.[121] 182

Der „angemessene Selbstbehalt" muß nach § 1603 I BGB allerdings höher sein als der „notwendige Selbstbehalt". Dagegen verstieß die Nürnberger Tabelle, wenn sie in den unteren Einkommensgruppen den notwendigen und den angemessenen Selbstbehalt einheitlich mit 890 DM bemaß.[122]

Die Bemessung des notwendigen und des angemessenen Selbstbehalts ist Sache des Tatrichters. Diesem ist es nicht verwehrt, sich dabei an **Richtwerte in Leitlinien** der Oberlandesgerichte anzulehnen, sofern nicht im Einzelfall besondere Umstände eine Abweichung bedingen.[123]

Abweichende Bemessung des Selbstbehalts. Sie kann veranlaßt sein, wenn ein Teil des allgemeinen Lebensbedarfs des Verpflichteten anderweitig gedeckt ist, z. B. durch ein wohnkostenfreies Wohnen oder durch die Leistungen des neuen Ehemannes zum Familienunterhalt in einer neuen Ehe.[124] 183

Da in den Selbstbehaltssätzen grundsätzlich auch ein **Anteil für Mietkosten des Verpflichteten** enthalten ist, verringert sich sein angemessener Bedarf im Verhältnis zum Berechtigten um den entsprechenden Anteil der Mietkosten, wenn der Verpflichtete mietfrei wohnt.[125]

Die Düsseldorfer Tabelle gibt zu jedem Selbstbehaltssatz die darin enthaltene Warmmiete an: im notwendigen Selbstbehalt von 1500 DM bzw. 1300 DM sind 650 DM, im angemessenen Selbstbehalt von 1800 DM sind es 800 DM, beim angemessenen Selbstbehalt gegenüber sonstigen Verwandten von 2250 DM bzw. 1750 DM sind es 800 DM bzw 600 DM. Entsprechende Angaben enthalten auch die Leitlinien der meisten OLGs (BayL 20, BrL II 6, FT III E, VI, HaL 2, 3, KL 6, 46, 47, ThT C, NaL 4.3, DrL 15 bis 17, BraL 10 bis 15, RL III 1). Wird der festgesetzte Betrag überschritten, so erhöht sich der Selbstbehalt entsprechend, soweit die Wohnkosten als unvermeidlich anerkannt werden. Bei niedrigeren Wohnkosten kann der Selbstbehalt entsprechend herabgesetzt werden (näher Rn 202 f).

---

[117] BGH, FamRZ 1990, 260, 262 = R 399 b
[118] BGH, FamRZ 1987, 472 = R 327 a
[119] BGH, FamRZ 1982, 365 = R 102 b; ferner R 328 a und R 210
[120] BGH, FamRZ 1987, 472 = R 327 a
[121] BGH, NJW 1984, 1614 = R 210
[122] BGH, FamRZ 1989, 272 = R 381
[123] BGH, FamRZ 1982, 365 = R 102 b; ferner R 210; R 212 a
[124] BGH, FamRZ 1998, 286 = R 518 a a. E., FamRZ 1987, 472 = R 327 a; ferner R 210; R 212 a
[125] BGH, FamRZ 1984, 683 = R 212 a

184 Gegenüber dem geschiedenen Ehegatten. In seiner Grundsatzentscheidung vom 18. 10. 1989[126] hält es der BGH nach erneuter Prüfung aus Rechtsgründen nicht für vertretbar und deshalb nicht für „billig", dem Verpflichteten **im Verhältnis zum geschiedenen Ehegatten**, dessen Existenzminimum nicht sichergestellt ist, regelmäßig als untere Opfergrenze **nur den notwendigen Selbstbehalt** zu belassen (so DT B V u. a.). Die hierin zum Ausdruck kommende generelle unterhaltsrechtliche Gleichbehandlung geschiedener Ehegatten mit minderjährigen Kindern, wie sie für das Rangverhältnis in § 1609 II 2 BGB angeordnet ist, ist im Rahmen der Billigkeitsregelung nach § 1581 BGB nicht gerechtfertigt. Sie berücksichtigt nicht den Regelungshintergrund des § 1603 II BGB, der wesentlich darin zu sehen ist, daß minderjährigen Kindern wegen ihres Alters von vornherein die Möglichkeit verschlossen ist, durch eigene Anstrengungen zur Deckung ihres notwendigen Lebensbedarfs beizutragen. Bei Erwachsenen, auch wenn diese aus Gesundheits-, Alters- oder sonstigen Gründen auf vollen Unterhalt angewiesen sind, ist dies grundsätzlich nicht in demselben Maße der Fall. Wenn allerdings ein Berechtigter im Einzelfall aus besonderen Gründen **ähnlich hilflos und bedürftig ist wie ein minderjähriges Kind**, so steht nichts im Wege, dem Verpflichteten bei der Billigkeitsabwägung nach § 1581 BGB ausnahmsweise eine Unterhaltsverpflichtung bis zur Grenze des eigenen notwendigen Selbstbehalts aufzuerlegen. Für den Regelfall kann das jedoch nicht als der Billigkeit entsprechend gelten. Hieran vermag auch die Tatsache nichts zu ändern, daß der Berechtigte auf diese Weise gezwungen sein kann – überhaupt oder in stärkerem Maße, als es sonst der Fall wäre –, öffentliche Mittel für seinen Unterhalt in Anspruch zu nehmen. Dies ist auch unter verfassungsrechtlichen Gesichtspunkten nicht zu beanstanden und läßt sich bei Abwägung mit dem widerstreitenden eigenen Unterhaltsinteresse des Verpflichteten auf den in § 1569 BGB niedergelegten Grundsatz der Eigenverantwortlichkeit jedes Ehegatten für seinen Unterhalt nach der Scheidung zurückführen. Der den §§ 1570 bis 1576 BGB zugrundeliegende Grundsatz der fortwirkenden Verantwortung der Ehegatten füreinander auch nach Beendigung der Ehe stößt an seine Grenzen, wenn andernfalls der Verpflichtete auf das eigene Existenzminimum zurückgedrängt würde.[127]

185 Billigkeitsabwägung im Einzelfall. Aus dem Erfordernis, die nach § 1581 BGB zu treffende Billigkeitsabwägung jeweils nach den Besonderheiten des Einzelfalls vorzunehmen, ergibt sich andererseits, daß auch der sogenannte **große** oder **angemessene Selbstbehalt** im Sinn von § 1603 I BGB nicht für den Regelfall als untere Grenze des dem Verpflichteten gegenüber einem Ehegatten zu belassenden Betrages gelten kann. Diese Größe kann allenfalls einen Anhalt bieten. Je nach den Umständen des Falles, insbesondere auch den Verhältnissen des Berechtigten, kann der dem Verpflichteten zu belassende Teil auch unter dem großen Selbstbehalt liegen.[128] Soweit ein billiger Selbstbehalt von den Gerichten bestimmt wird, liegt er daher zwischen dem großen und kleinen Selbstbehalt.

186 Verweis auf Leitlinien. Wenn jedoch der Tatrichter die nach § 1581 BGB vorgeschriebene individuelle Billigkeitsabwägung durch den Hinweis auf eine regelmäßige Übung in Mangelfällen (aufgrund von Leitlinien) ersetzt, **verkürzt er vorab in unzulässiger Weise den Ermessensspielraum** für die individuelle Abwägung der beiderseitigen Bedürfnisse. Ohne Rechtfertigung durch besondere individuelle Umstände des Einzelfalls entspricht es grundsätzlich nicht der Billigkeit im Sinn von § 1581 BGB, den Verpflichteten für seinen eigenen Unterhalt auf den notwendigen Selbstbehalt zu verweisen. Dies kann revisionsrechtlich überprüft werden. Zwar unterliegt eine vom Tatrichter nach Billigkeitsgesichtspunkten getroffene Entscheidung nur in beschränktem Umfang der revisionsrechtlichen Überprüfung. Eine solche ist aber dann eröffnet, wenn die Entscheidung den gesetzlich vorgegebenen Ermessensspielraum nicht ausschöpft oder auch gesetzliche Wertungen außer Betracht läßt.[129]

---

[126] BGH, FamRZ 1990, 260, 262 = R 399 b
[127] BGH, FamRZ 1990, 260, 262 = R 399 b
[128] BGH, FamRZ 1990, 260, 262 = R 399 b
[129] BGH, FamRZ 1990, 260, 262 = R 399 b

IV. Verstärkter Selbstbehalt des Verpflichteten §5

Im Hinblick auf diese BGH-Rechtsprechung (Rn 184 bis 186) werden die in der Praxis bisher in Tabellen und Leitlinien entwickelten und angewandten **Richtwerte in der Praxis modifiziert** angewandt werden müssen. **187**

Trotz solcher Leitlinien genügt nicht eine bloße Bezugnahme auf diese Richtwerte, sondern es ist in jedem Fall eine individuelle Billigkeitsabwägung nach § 1581 BGB erforderlich.

Für Rechtsuchende und ihre Anwälte ist dies bedauerlich, weil dadurch für sie auch in den häufigen verschärften Mangelfällen der Unterhalt nicht mehr eindeutig berechenbar ist, denn die verschärfte Mangelfallrechnung (siehe Rn 224 ff) bleibt abhängig von dem vor der richterlichen Abwägung noch offenen Ergebnis zur Bemessung der unteren Opfergrenze. Deshalb bleiben im Interesse eines berechenbaren Unterhalts solche Regelungen in Tabellen und Leitlinien nach wie vor besonders wichtig als Orientierungshilfen für normale Durchschnittssituationen bei verschärften Mangelfällen.

Der BGH selbst hat in früheren Entscheidungen[130] betont, daß der Tatrichter sich bei der Unterhaltsbemessung an solche Richtsätze und Leitlinien anlehnen kann und daß dies auch für die Festlegung der Selbstbehaltssätze des Verpflichteten gilt, die weniger durch dessen individuelle Lebensstellung bestimmt sind als durch das Erfordernis, die Grenze seiner Inanspruchnahme generalisierend festzulegen. Wenn im konkreten Fall keine besonderen Umstände vorliegen, die für eine abweichende Bemessung sprechen, ist es aus Rechtsgründen nicht zu beanstanden, wenn der Richter sich im Rahmen seiner Billigkeitsabwägung an den Selbstbehaltssätzen orientiert und diese übernimmt, die für den Selbstbehalt eines Verpflichteten ausgeworfen sind.[131] Bei der individuellen Billigkeitsabwägung ist allerdings zu beachten, daß trotz solcher Richtwerte grundsätzlich ein Spielraum zwischen dem angemessenen und dem notwendigen Selbstbehalt als unterster Opfergrenze bleibt. **188**

Im Rahmen einer individuellen Billigkeitsabwägung kann bei Vorliegen besonderer Gründe, die mit der Bedürftigkeit Minderjähriger vergleichbar sind, der **notwendige Selbstbehalt als Opfergrenze** bejaht werden. Der BGH hält dies für möglich, wenn der Berechtigte im Einzelfall aus besonderen Gründen **ähnlich hilflos und bedürftig** ist wie ein **minderjähriges Kind**.[132] Er hat eine solche Lage angenommen in einem Fall, in dem bei äußerst beengten Verhältnissen dem unterhaltsberechtigten Gatten und den Kindern im Vergleich zum Pflichtigen immer noch erheblich weniger zur Bedarfsdeckung verblieb.[133] Einer solchen Situation vergleichbar ist ein Berechtigter, der minderjährige Kinder betreut und versorgt und deshalb einen privilegierten Unterhaltsanspruch nach § 1570 BGB hat. Er verdient im Interesse des Kindeswohls nach der gesetzgeberischen Wertung einen ähnlichen Schutz im Verhältnis zum Verpflichteten wie die minderjährigen Kinder selbst. Als Sorgeberechtigter muß er ohnehin innerhalb der Familien- und Wirtschaftsgemeinschaft seinen und der Kinder Unterhalt verantwortlich und haushälterisch für alle wie aus einer gemeinsamen Kasse verwenden. Deshalb ist es im Rahmen einer individuellen Abwägung gerechtfertigt, ihn mit den minderjährigen Kindern gleichzubehandeln, jedenfalls solange ein Anspruch nach § 1570 BGB besteht. Auch können die **wirtschaftlichen Verhältnisse so beengt** sein, daß der Eigenbedarf nach den ehelichen Lebensverhältnissen auch unter Berücksichtigung trennungsbedingten Mehrbedarfs den notwendigen Selbstbehalt nicht übersteigt. Nach BayL 20 e kann auch in solchen Fällen der notwendige Selbstbehalt als unterste Grenze der Inanspruchnahme eingreifen.

Trennungsunterhalt. Die Entscheidung und Begründung des BGH[134] betrifft einen nachehelichen Unterhalt. Das Erfordernis einer **individuellen Billigkeitsabwägung** besteht aber im Mangelfall **auch bei** einem **Trennungsunterhalt** im Rahmen des § 1361 BGB in entsprechender Anwendung der Grundsätze zu § 1581 BGB und unter Berücksichtigung der Besonderheiten, die das Verhältnis der Ehegatten zueinander während des **189**

---

[130] z. B. NJW 1985, 318 = R 229; FamRZ 1982, 365 = R 102 b
[131] FamRZ 1982, 365 = R 102 b
[132] BGH, FamRZ 1990, 260, 262 = R 399 b
[133] BGH, FamRZ 1997, 806 = R 512 d
[134] BGH, FamRZ 1990, 260, 262 = R 399 b

Getrenntlebens zu demjenigen nach der Scheidung kennzeichnen.[135] Die während der Trennungszeit noch bestehende stärkere Verantwortung der Eheleute füreinander und das höhere Maß an Rücksichtnahme auf beiderseitige Interessen kann es im Rahmen der erforderlichen Billigkeitsabwägung gerechtfertigt erscheinen lassen, die untere Opfergrenze beim Trennungsunterhalt niedriger anzusetzen als beim nachehelichen Unterhalt.

190 **Tabellen und Leitlinien.** Zu den in der Praxis bisher üblichen Selbstbehaltssätzen siehe nachfolgend Rn 206 ff.

Diese in der Praxis in **Tabellen und Leitlinien** bisher entwickelten Richtwerte weichen teilweise voneinander ab. Deshalb sind sie für jedes Oberlandesgericht individuell festzustellen.

- Teilweise wird beim Trennungs- und nachehelichen Unterhalt ein **billiger Selbstbehalt** angenommen, wenn der Berechtigte keine minderjährigen Kinder betreut, und der **notwendige Selbstbehalt**, wenn der Berechtigte minderjährige Kinder betreut. So OLG Hamm (HL 33) und OLG Saarbrücken.
- Teilweise wird beim Trennungsunterhalt und nachehelichen Unterhalt einheitlich der **notwendige Selbstbehalt** angenommen. So nach DT B IV von den Oberlandesgerichten, die die DT anwenden und keine eigenen, davon abweichenden Leitlinien haben.
- Teilweise werden **unterschiedliche Selbstbehaltssätze** angenommen, je nachdem, ob es sich um Trennungsunterhalt oder nachehelichen Unterhalt handelt. Dabei wird bei Trennungsunterhalt der notwendige Selbstbehalt und bei nachehelichem Unterhalt der angemessene Selbstbehalt angenommen. So OLG Bremen mit Kürzungsmöglichkeit (BrT C) u. OLG Frankfurt (FT IV 10).
- Teilweise wird beim nachehelichen Unterhalt ein eigener sogenannter **„billiger Selbstbehalt"** angenommen, der zwischen dem angemessenen und notwendigen Selbstbehalt angesiedelt wird. So KG Berlin (BL E), OLG Celle (CL IV 3), OLG Köln (KL 46 und 47).
- Die OLGs Oldenburg und Schleswig (OL VI 1, SchL D 2) nehmen beim Trennungs- und nachehelichen Unterhalt **einheitlich** den **angemessenen** Selbstbehalt an.
- Die OLGs in Bayern unterscheiden beim Gattenunterhalt zwischen dem **eheangemessenen Selbstbehalt**, welcher sich aus der Ehegattenquote zuzüglich trennungsbedingten Mehrbedarfs herleitet, und dem **notwendigen Selbstbehalt** als der untersten Grenze der Inanspruchnahme (BayL 20 e).

191 **Auslandsfälle.** Wohnt der Verpflichtete im Ausland, sind für die Ermittlung des „angemessenen Selbstbehalts", den der Verpflichtete benötigt, um seinen Unterhaltsbedarf sicherzustellen, die Geldbeträge maßgeblich, die er an seinem Aufenthaltsort aufwenden muß, um nach den dortigen Verhältnissen den vergleichbaren „angemessenen Lebensstandard" aufrechterhalten zu können. Dabei ist der außenwirtschaftliche Kurs der fremden Währung nicht notwendig ein Spiegelbild ihres Binnenwertes und braucht sich mit der Kaufkraft der ausländischen Währung im Inland nicht zu decken[136] (vgl. Rn 7/14, 7/19).

2. Der verschärfte Mangelfall

192 Entsprechend den Ausführungen zu Rn 4/569 f besteht ein **Mangelfall im Sinn des § 1581 BGB** bereits dann, wenn der Verpflichtete nicht in der Lage ist, den vollen angemessenen Unterhalt des oder der Berechtigten zu erfüllen, ohne dadurch seinen eigenen vollen eheangemessenen Bedarf zu gefährden. Das kann auch dann der Fall sein, wenn ihm weit mehr als sein angemessener Selbstbehalt verbleibt.

193 Wird bei beschränkter Leistungsfähigkeit des Verpflichteten dessen **untere Opfergrenze** (Selbstbehalt oder Mindestbedarf) gefährdet, dann besteht ein **verschärfter Mangelfall**. Dies ist der Fall, wenn dem Verpflichteten aufgrund der Bedarfsbemessung und der anschließenden Billigkeitskürzung nach § 1581 BGB weniger als der Selbstbehalt für den eigenen Lebensbedarf bleiben würde.

---

[135] BGH, FamRZ 1986, 556 = R 284
[136] BGH, FamRZ 1988, 705, 708 = R 364 c und R 212 a; zu den Kaufkraftparitäten vgl. auch die Aufstellung FamRZ 1993, 1158 ff sowie Gutdeutsch/Zieroth, FamRZ 1993, 1152 m. w. N.

IV. Verstärkter Selbstbehalt des Verpflichteten § 5

Ein solcher verschärfter Mangelfall läßt eine weitere Billigkeitskürzung nach § 1581 **194** BGB beim Bedarf des Verpflichteten nicht mehr zu, weil dem Verpflichteten der Selbstbehalt als seine untere Opfergrenze bleiben muß. Ist diese untere Opfergrenze erreicht, **darf** nach § 1581 BGB **nur noch der Bedarf des oder der Berechtigten** proportional oder nach Billigkeit **gekürzt werden.** Dadurch unterscheidet sich der normale Mangelfall vom verschärften Mangelfall.

Im Prinzip gilt dies in gleicher Weise beim angemessenen und beim notwendigen Selbstbehalt als unterster Mindestbedarf. Unterschiedlich ist dabei nur die Selbstbehaltsgrenze als untere Opfergrenze und nicht die Art der verschärften Mangelfallrechnung.

Lediglich der eheangemessene Selbstbehalt nach BayL 20 e ist eine variable Größe, welche mit dem vollen Bedarf des Verpflichteten identisch ist und deshalb nicht dem verschärften Mangelfall, sondern dem einfachen Mangelfall zuzuordnen ist.

Praktisch erfolgt die Verschärfte-Mangelfall-Rechnung in der Weise, daß nach **Fest-** **195** **stellung eines verschärften Mangelfalls** die jeweils in Anlehnung an Leitlinien aufgrund einer individuellen Billigkeitsabwägung ermittelte untere Opfergrenze (Selbstbehalt oder Mindestbedarf) von der Deckungsmasse abgezogen und dem Verpflichteten belassen wird. Der verbleibende Rest der Deckungsmasse wird dann auf die Berechtigten proportional zu deren Bedarf im Verhältnis zum Gesamtbedarf verteilt. Genaueres dazu Rn 224 ff.

In der Praxis wird oft – nicht hinterfragt – unter Mangelfall nur diese verschärfte Art eines Mangelfalls verstanden.

3. Sozialhilfebedürftigkeit des Verpflichteten als absolute Grenze und Prozeßkostenhilfe

Jede Unterhaltspflicht findet dort ihre Grenze, wo dem Betroffenen nicht die Mittel **196** für den eigenen notwendigen Lebensbedarf bleiben. Diese Opfergrenze, der sog. **notwendige Selbstbehalt**, wird im allgemeinen etwas über dem **Sozialhilfebedarf** des in Anspruch Genommenen angesetzt. Wenn der Sozialhilfebedarf aber im Einzelfall höher liegt als diese generellen Sätze, erhöht sich der Selbstbehalt entsprechend. Daher liegt der Selbstbehalt eines Rentners, der wegen Pflegebedürftigkeit auf Dauer in ein Heim untergebracht ist, nicht unter den dafür erforderlichen Kosten.[137] Auch in anderen Fällen wird aber zu prüfen sein, ob der Selbstbehalt den Sozialhilfebedarf (für die Hilfe zum Lebensunterhalt) nicht unterschreitet.[138] Gegebenenfalls ist der Selbstbehalt entsprechend zu erhöhen.

In solchen Fällen wird auch auf seiten des Unterhaltsberechtigten meist Sozialhilfe- **197** berechtigung bestehen. Wenn der **Berechtigte Sozialhilfe bezieht**, geht in Höhe der Leistung nach § 91 I BSHG die Unterhaltsforderung auf das Sozialamt über. Jedoch ist dieser Forderungsübergang nach § 91 II BSHG begrenzt auf den Betrag, welchen der Unterhaltspflichtige verfügbar hat, ohne selbst sozialhilfeberechtigt zu werden. Dadurch wird der Unterhaltspflichtige definitiv entlastet, denn den im Hinblick auf die Sozialgrenze nach § 91 II BSHG nicht übergegangenen Teil des zivilrechtlichen Unterhaltsanspruchs kann letztlich auch der Bezieher der Sozialhilfe nicht in Anspruch nehmen, weil insoweit die Sozialhilfe anstelle des Pflichtigen vorrangig den Bedarf des Berechtigten deckt. Daher tritt in solchen Fällen die Prüfung der Leistungsfähigkeit nach Sozialhilferecht an die Stelle der unterhaltsrechtlichen Prüfung der Leistungsfähigkeit (vgl. hierzu Rn 6/521 ff).

In Mangelfällen wird in der Regel auch **Prozeßkostenhilfe** beantragt. Seit 1. 1. 1995 **198** wird die Bedürftigkeit nach § 115 ZPO nach dem gleichen Schema geprüft wie bei der Sozialhilfe. Es liegt daher nahe, die Untergrenze des notwendigen Selbstbehalts an dem Freibetrag nach § 115 ZPO zu orientieren.[139]

---

[137] BGH, FamRZ 1990, 849 = R 419
[138] BGH, FamRZ 1984, 1000 = R 210
[139] Vgl. Seetzen, Sozialhilfeleistung und Unterhaltsprozeß, NJW 1994, 2505, 2508

199 Dabei dürfen jedoch die **Besonderheiten des Unterhaltsrechts** nicht außer acht gelassen werden.
- So können insbesondere **Wohnkosten** im Prozeßkostenhilferecht anzuerkennen sein, obgleich sie den verschärften Maßstäben der Inanspruchnahme für den Unterhalt eines minderjährigen Kindes gem. § 1603 I S. 1 BGB nicht standhalten. Auch das Sozialhilferecht anerkennt Wohnkosten vorläufig, wenn sie bei Eintritt der Bedürftigkeit geschuldet werden, während das Unterhaltsrecht im Hinblick auf die meist vorhersehbare Unterhaltspflicht überhöhte Wohnkosten nur bei Verbleiben in der Ehewohnung bei der Trennung zeitweise akzeptiert, in der Regel jedoch nicht anerkennt. Hinzu kommt die unterschiedliche prozessuale Lage: Im Zivilprozeß hat der Unterhaltsverpflichtete seine Leistungsunfähigkeit und damit seine Unfähigkeit, eine billigere Wohnung zu finden, zu beweisen, während im Sozialgerichtsprozeß die Amtsmaxime gilt, was letztlich zur Beweislast der Behörde führt.

200
- Für das Prozeßkostenhilferecht entfällt nach § 115 I 2 ZPO die Leistungsfähigkeit, soweit **die bei dem Pflichtigen lebenden Kinder und sein Gatte** bedürftig werden würden. Würde das Unterhaltsrecht dem folgen, wären der zweite Gatte und die bei dem Pflichtigen lebenden Kinder mit ihrem Mindestbedarf vorrangig gegenüber dem ersten Gatten und den Kindern, die nicht bei dem Pflichtigen leben. Das widerspräche den **Rangregeln des Unterhaltsrechts** (vgl. Rn 39 ff).

201
- Das Unterhaltsrecht billigt den Unterhaltspflichtigen im Mangelfall nur einen **Erwerbstätigenbonus** von 200 DM (Unterschied zwischen dem notwendigen Selbstbehalt eines Erwerbstätigen von 1500 DM und eines Nichterwerbstätigen von 1300 DM).[140] Demgegenüber akzeptieren die Sozialämter i. d. R. einen Erwerbsbonus nach § 76 II a Nr. 1 BSHG in Höhe des halben Eckregelsatzes, also ca. 270 DM; bei der Prozeßkostenhilfe wird ein Bonus von ca. 280 DM akzeptiert. Die unterschiedliche Höhe des Bonus rechtfertigt sich im Prinzip aus der unterschiedlichen Interessenlage, insbesondere der geringere Bonus des Unterhaltsrechts aus der strengen Erwerbsobliegenheit gegenüber dem minderjährigen Kind. Es ist auch fraglich, ob die Familiengerichte bei der Anwendung des § 76 II a BSHG denselben Bonus zugrunde legen müssen, der der Praxis der Sozialämter entspricht. Andererseits sollte nach der Rechtsprechung des BGH der Selbstbehalt etwas über dem Existenzminimum liegen. Deshalb sprechen gute Gründe dafür, daß die Familiengerichte den Selbstbehalt des Erwerbstätigen erhöhen und damit den unterhaltsrechtlichen Erwerbstätigenbonus an den sozialrechtlichen **angleichen.**

Das würde auch die Schwierigkeiten vermindern, die sich im Unterhaltsrecht aus der unterschiedlichen Höhe des Bonus im Normalfall und im Mangelfall ergeben.

4. Selbstbehalt und Wohnkosten

202 Die **Wohnkosten in Ballungsgebieten** unterscheiden sich stark von den in ländlichen Gegenden. Weil die meisten OLG-Bezirke sehr unterschiedlich strukturierte Gebiete umfassen, war es schon lange Anlaß zur Kritik, daß sich zwar die Selbstbehalte der verschiedener OLGs oft unterschieden, innerhalb desselben OLG-Bezirks jedoch einheitliche Selbstbehaltssätze gelten. Die Sozialhilfe ihrerseits verwendet nur für den allgemeinen Lebensbedarf pauschale Regelsätze und deckt die Wohnkosten im Grundsatz nach ihrer tatsächlichen Höhe, wobei bei mehreren Bewohnern die Kosten nach Köpfen verteilt werden. Der daraus resultierenden Abweichung tragen die OLGs nun dadurch Rechnung, daß sie **in ihren Selbstbehaltssätzen** einen **Wohnkostenanteil** ausweisen. Die BayL 20 f haben auch Vorschläge für die Aufteilung der Wohnkosten unter mehrere Mitbewohner derselben Wohnung gemacht. Hiernach sind unter Erwachsenen die Kosten nach Köpfen zu teilen. Minderjährigen Kindern sind 20 % ihres Barunterhalts zuzurechnen, volljährigen Kindern höchstens 200 DM (vgl. auch Rn 183).

---

[140] Der BGH hat in einem Mangelfall die Herabsetzung des Erwerbsbonus auf 5 % für angemessen gehalten: FamRZ 1992, 539, 541 = R 444 b

IV. Verstärkter Selbstbehalt des Verpflichteten §5

Die ausgewiesenen Wohnkosten sind in den Leitlinien unterschiedlich abgegrenzt: **203**
ThT C liefert verschiedene Werte für **Warm- und Kaltmiete**, BraL 10 bis 15, Werte für Kaltmiete, RL IV, DrL 15 bis 17 liefern Werte für Warmmiete zuzüglich Mietnebenkosten, FT III E, VI Kaltmiete und Mietnebenkosten neben Warmmiete, auch BrL II 7, V 1, HaL 2, 3, KL 6, 46, 47 weisen die Warmmiete aus, NaL 4.3 nur einen „Mietanteil". Man wird davon ausgehen dürfen, daß mit „Warmmiete" dasselbe gemeint ist wie mit „(Kalt)-Miete zuzüglich Mietnebenkosten". Soweit auf diese Weise Kalt- und Warmmiete ausgewiesen sind, kann durch konkreten (durch Vorlage des Mietvertrags belegten) Vortrag des einen oder des anderen Betrags eine Herabsetzung des Selbstbehalts erreicht werden. Ist nur die Kaltmiete ausgewiesen, so muß bei einer weitere Kosten umfassenden Pauschalmiete der Anteil der Kaltmiete durch eine Schätzung ermittelt werden, für welche die Leitlinien gewisse Anhaltspunkte bieten, weil sie den Nebenkostenanteil der Warmmiete teils mit 19 % (FT III E), teils mit 25 % (ThT C) ansetzen.

Ist umgekehrt nur die Warmmiete ausgewiesen, kann der Verpflichtete normalerweise Miete und Nebenkostenvorauszahlungen geltend machen. Heizt er selbst, so muß er seine Heizkosten berechnen und ggf. belegen. Sonst kann nur die etwa belegte Kaltmiete, erhöht um einen mäßigen Nebenkostenzuschlag (30 %), geltend gemacht werden.

Bewohner eines eigenen Hauses können die Finanzierungszinsen (als Korrelat der Miete) und die sonstigen verbrauchsunabhängigen und verbrauchsabhängigen Kosten einschließlich der Heizkosten ansetzen, auch soweit sie nicht umlagefähig sind.

Stromkosten werden in der Regel vom Mieter direkt bezahlt und sind von den Nebenkosten nicht erfaßt. Soweit Kosten der Warmwasserbereitung gemeinsam mit den Heizkosten abgerechnet werden, sind sie (anders als im Sozialhilferecht) aus Gründen der Praktikabilität als Nebenkosten zu behandeln.

Einer übermäßigen Mietbelastung soll das **staatliche Wohngeld** (vgl. näher Rn 1/ **204**
352f) entgegenwirken. Unterhaltsrechtlich maßgebend ist bei der Leistungsfähigkeit nicht das tatsächlich bezogene Wohngeld, sondern der insoweit bestehende Anspruch, weil der Unterhaltspflichtige die Obliegenheit hat, sich zumutbares Einkommen zu verschaffen. Das gilt in erhöhtem Maße im Mangelfall. Deshalb schreiben BayL 20 f die Anrechnung des Wohngelds auf die Mietbelastung vor. Allerdings wird bei der derzeitigen Fassung des WoGG ein Unterhaltspflichtiger – im Gegensatz zu Unterhaltsberechtigten – nur in seltenen Fällen Leistungen erhalten können, weil seine Unterhaltsleistungen in § 12 a WoGG meist nur unzureichend berücksichtigt werden und auch die Pauschale für gesetzliche Abzüge (§ 17 WoGG) nur selten die tatsächlich gezahlten Beträge erreichen wird.

Beispiel zur Korrektur des Selbstbehalts wegen Wohnkosten. **205**

M ist der einkommenslosen nach langer Ehe (18 Jahren) geschiedenen Frau F 1 unterhaltspflichtig sowie der bei ihm lebenden – nachrangigen neuen Ehefrau F 2 und den Kindern der neuen Ehe A und B im Alter von 3 und 7 Jahren.
M verdient 3000, hat eine Warmmiete von 1500 zu zahlen und erhält 500 Kindergeld.
Barunterhaltsanspruch der beiden Kinder, wegen Unterhaltspflicht gegenüber 2 Frauen und 2 Kindern,
herabgesetzt um eine Einkommensgruppe: DT 2/1, 2/2 = 380, 462
Mietanteil 15 % des Kindesunterhalts = (380 + 462) x 0,15 = 126
anteilige Wohnkosten von M (neben F2) = (1500 – 126) : 2 = 687,
sie übersteigen den ausgewiesenen Betrag von 650 (BayL 20 f) um 37
notwendiger Selbstbehalt vom M = 1500 + 37 = 1537
Bedarfsberechnung:
F 1 = 3000 x $^3/_7$ = 1286
F 2 (nachrangig) = 3000 – 380 – 462 – 1286 = 872 x $^3/_7$ = 374
(Außerdem steht ihr das halbe Kindergeld zu von 250)
Gesamtbedarf = 380 + 462 + 1286 + 374 + 1537 = 4039
Leistungsstufe:
Fehlbetrag = 4039 – 3000 = 1039
F 2 scheidet wegen Nachrang aus
Gesamtbedarf nun = 380 + 462 + 1286 + 1537 = 3665
Fehlbetrag = 3665 – 3000 = 665

§ 5   Rangverhältnisse und Mangelfälle

Da der Kindesunterhalt bereits wegen einer weiteren Unterhaltspflicht herabgesetzt wurde, während der Gattenbedarf so berechnet ist, als bestünde nur eine einzige Unterhaltspflicht, rechtfertigt es sich, nicht anteilig, sondern den Kindesunterhalt in geringerem Umfang zu kürzen. Es bietet sich in diesem Fall an, den Kindesunterhalt auf den Betrag der Gruppe 1 herabzusetzen und an F 1 das nach Abzug des Kindesunterhalts und des Selbstbehalts vom M verbleibende Einkommen auszukehren:
F 1 = 3000 – 355 – 431 – 1537 = 677
M behält für sich und die Kinder 3000 – 677 = 2323 und das anteilige Kindergeld von 250 DM
F 2 hat 250 anteiliges Kindergeld und bleibt auf Sozialhilfe angewiesen.

5. Überblick zu den unterschiedlichen Richtsätzen der Oberlandesgerichte zum angemessenen und notwendigen Selbstbehalt des Verpflichteten

206   Bei den **OLGs in Bayern** (BayL 20 e) steht dem Verpflichteten ein „eheangemessener Selbstbehalt" zu gegenüber einem geschiedenen Ehegatten, während gegenüber dem getrenntlebenden Gatten nur der „notwendige Selbstbehalt" zu wahren ist. Der eheangemessene Selbstbehalt hat aber keine feste Grenze wie die anderen Selbstbehalte. Vielmehr ist er definiert als der eheangemessene volle Bedarf des Verpflichteten. Im Mangelfall kann dieser Selbstbehalt im Wege der Billigkeitsprüfung nach § 1581 BGB herabgesetzt werden. Nur in Ausnahmefällen darf der Bedarf auf den notwendigen Selbstbehalt herabgesetzt werden. Unterste Grenze der Inanspruchnahme sowohl für den Trennungsunterhalt als auch für den Geschiedenenunterhalt bildet der notwendige Selbstbehalt. Dieser beträgt für Erwerbstätige 1500 DM (**BayL 20 b**), für Nichterwerbstätige 1300 DM. Er gilt auch dann, wenn sich der eheangemessene Selbstbehalt auf einen geringeren Betrag beschränken würde, und auch im Verhältnis zu minderjährigen und ihnen gleichgestellten Kindern.

Der angemessene Selbstbehalt gegenüber volljährigen Kindern beträgt 1800 DM, wenn der Verpflichtete erwerbstätig ist, und 1600 DM, wenn der Verpflichtete nicht erwerbstätig ist (**BayL 20**).

207   Nach **KG Berlin** (BL 37) beträgt die bei einer Billigkeitsabwägung bei Bemessung des Trennungsunterhalts und des Geschiedenenunterhalts regelmäßig zu wahrende Untergrenze gegenüber dem Erwerbstätigen 1700 DM, gegenüber dem Nichterwerbstätigen 1500 DM.

Gegenüber minderjährigen und ihnen gleichgestellten Kindern beträgt der Selbstbehalt bei Erwerbstätigkeit 1500 DM, bei Nichterwerbstätigkeit 1300 DM. Gegenüber volljährigen Kindern beträgt der Selbstbehalt 1800 DM bei Erwerbstätigkeit, bei Nichterwerbstätigkeit 1600 DM (BL 27).

Lebt der Verpflichtete im Ostteil der Stadt, gelten abweichende Selbstbehalte, nämlich der notwendige Selbstbehalt von 1370 DM, bei Nichterwerbstätigen 1190 DM, der angemessene Selbstbehalt von 1645 DM, bei Nichterwerbstätigen 1460 DM, der billige Selbstbehalt von 1550 DM, bei Nichterwerbstätigen 1370 DM.

207a   Nach **OLG Brandenburg** gilt gegenüber minderjährigen Kindern und ihnen gleichgestellten sowie den sie betreuenden Ehegatten ein Selbstbehalt von 1370 DM (inklusive Kaltmiete 410 DM) (BraL 10). Der Selbstbehalt gegenüber volljährigen Kindern beträgt 1645 DM (inkl. Kaltmiete 495) (BraL 11), gegenüber Gatten, die keine gemeinsamen Kinder betreuen, 1500 DM (BraL 12). Der Selbstbehalt vermindert sich für Nichterwerbstätige um 180 DM und entsprechend der Mietanteil (BraL 15).

208   Nach **OLG Bremen** (BrT C.) beträgt beim Trennungsunterhalt und gegenüber minderjährigen und ihnen gleichgestellten Kindern der „notwendige Selbstbehalt" bei Erwerbstätigkeit 1500 DM, bei Nichterwerbstätigkeit 1300 DM. Ein „angemessener Selbstbehalt" von 1800 DM besteht beim nachehelichen Unterhalt und gegenüber volljährigen Kindern.

Beim nachehelichen Unterhalt ist nach § 1581 BGB eine Kürzung aus Billigkeitsgründen bis auf den notwendigen Selbstbehalt möglich.

209   Nach **OLG Celle** (CL IV 3) liegt der „Selbstbehalt" gegenüber Ehegatten im Bereich zwischen notwendigem Selbstbehalt und Billigkeitsunterhalt, in der Regel etwa bei 1650

IV. Verstärkter Selbstbehalt des Verpflichteten §5

DM, wenn wegen beschränkter Leistungsfähigkeit nach § 1581 BGB ein Billigkeitsunterhalt zu leisten ist.

Der „notwendige Selbstbehalt" gegenüber minderjährigen und ihnen gleichgestellten Kindern (§ 1603/II BGB) beträgt bei Erwerbstätigkeit 1500 DM, bei Nichterwerbstätigkeit 1300 DM (CL IV 1).

Der „angemessene Selbstbehalt" gegenüber einem volljährigen Kind beträgt 1800 DM (CL IV 2).

Das OLG Dresden berücksichtigt gegenüber minderjährigen und ihnen gleichgestell- 210 ten Kindern einen notwendigen Selbstbehalt von 1370 DM (wenn nicht erwerbstätig 1190 DM) mit Mietanteil (Warmmiete) 585 DM (DrL 15), gegenüber volljährigen Kindern einen Selbstbehalt von 1645 DM mit Mietanteil (Warmmiete) 720 DM (DrL 16 a). Gegenüber getrennt lebenden oder geschiedenen Gatten wird der notwendige Selbstbehalt angewandt, u. U. mit einer Erhöhung nach Billigkeit beim Geschiedenenunterhalt. Der 10. Senat wendet den notwendigen Selbstbehalt an, wenn Kinder zu betreuen sind, und schlägt sonst einen höheren Selbstbehalt vor von 1480 DM bei Erwerbstätigen und 1300 DM bei Nichterwerbstätigen (DrL 17).

Die Düsseldorfer Tabelle (DT B IV) kennt bei Ehegatten keinen „angemessenen 211 Selbstbehalt", sondern nur einen „notwendigen Selbstbehalt", der bei Erwerbstätigkeit 1500 DM, bei Nichterwerbstätigkeit 1300 DM beträgt. Nur gegenüber volljährigen Kindern besteht nach DT A 5 ein angemessener Selbstbehalt von 1800 DM oder höher.

Nach OLG Frankfurt (FT B IV 10 und III E) gilt beim nachehelichen Unterhalt und 212 gegenüber nichtprivilegierten volljährigen Kindern der „große Selbstbehalt". Dieser beträgt in der Regel 1800 DM (Wohnanteil 800).

Beim Trennungsunterhalt und beim Unterhalt gegenüber minderjährigen und ihnen gleichgestellten Kindern gilt der „kleine Selbstbehalt". Dieser beträgt 1500 DM (Wohnanteil 650). Der 6. (Darmstädter) Familiensenat verwendet einen kleinen Selbstbehalt von 1600 DM und einen großen von 1900 DM.

Nach OLG Hamburg (HaL) bemißt sich der Mindestselbstbehalt für den Ehegatten- 213 unterhalt mit etwa 1650 DM, bei Nichterwerbstätigen etwa 1450 (HaL6).

Der Selbstbehalt gegenüber nichtprivilegierten volljährigen Kindern beträgt bei Erwerbstätigen 1800 DM, beim endgültig aus dem Erwerbsleben Ausgeschiedenen 1600 DM. Der notwendige Selbstbehalt beträgt gegenüber minderjährigen und ihnen gleichgestellten Kindern bei Erwerbstätigkeit 1500 DM, bei Nichterwerbstätigkeit 1300 DM (darin Warmmiete 650 DM).

Diese Selbstbehaltssätze gelten für den Regelfall, daß der Verpflichtete alleinstehend ist. Beim Zusammenleben in einer häuslichen Gemeinschaft kommt eine Herabsetzung der Selbstbehaltssätze in Betracht (HaL 2).

Nach OLG Hamm (HL 33 und 20) beträgt der „notwendige Selbstbehalt" gegenüber 214 dem Ehegatten, der mit unterhaltsberechtigten Kindern zusammenlebt, mindestens 1500 DM bei Erwerbstätigkeit und 1300 DM bei Nichterwerbstätigkeit.

In anderen Fällen kann ein höherer Selbstbehalt anerkannt werden, der sich nach Billigkeitsgesichtspunkten bestimmt; vielfach wird ein Betrag von 1650 DM (billiger Eigenbedarf) in Betracht kommen.

Gegenüber nichtprivilegierten volljährigen Kindern beträgt der Selbstbehalt im Regelfall mindestens 1800 DM, kann aber auch höher sein (HL 20).

Nach dem OLG Jena (ThT C 1, 2) gilt im Verhältnis zu minderjährigen und ihnen 215 gleichgestellten Kindern und getrenntlebenden Ehegatten ein Selbstbehalt von 1190 DM für Nichterwerbstätige und von 1370 DM für Erwerbstätige, worin jeweils 400 DM Warmmiete bzw. 300 DM Kaltmiete enthalten sind.

Gegenüber nichtprivilegierten volljährigen Kindern und geschiedenen Gatten gilt ein Selbstbehalt von 1460 DM für nichterwerbstätige und 1645 DM für erwerbstätige Unterhaltspflichtige, worin jeweils 500 DM Warmmiete bzw. 375 DM Kaltmiete enthalten sind.

Das OLG Karlsruhe folgt der DT (vgl. Rn 211). 216

Nach OLG Köln (KL 46, 47) beträgt der „notwendige Selbstbehalt" beim Trennungs- 217 unterhalt und bei Ansprüchen minderjähriger und ihnen gleichgestellter Kinder für Er-

§ 5   Rangverhältnisse und Mangelfälle

werbstätige 1500 DM, für Nichterwerbstätige 1300 DM. Darin sind 650 DM für Warmmiete enthalten.
Beim nachehelichen Unterhalt kann nach den §§ 1581 BGB, 58, 59 EheG ein höherer Betrag billig sein, meist 1800 DM.
Der angemessene Selbstbehalt beträgt mindestens 1800 DM (KL 46), darin 800 DM Warmmiete.

218   Das OLG München folgt den BayL (vgl. Rn 206).

219   **Nach OLG Naumburg** gilt gegenüber minderjährigen Kindern ein notwendiger Selbstbehalt von 1370 DM, für Nichterwerbstätige 1190 DM (NaL 4.1), gegenüber volljährigen Kindern ein angemessener Selbstbehalt von 1645 DM, für Nichterwerbstätige 1460 (NaL 4.2) und gegenüber getrenntlebenden und geschiedenen Gatten ein Selbstbehalt dazwischen, i. d. R. 1550 DM, für Nichterwerbstätige 1370 DM (NaL 4.4). Als Mietanteil werden 500 DM angegeben (NaL 4.3).

220   **Nach OLG Oldenburg** (OL VI 1) gilt gegenüber getrenntlebenden und geschiedenen Ehegatten und nichtprivilegierten volljährigen Kindern ein Selbstbehalt von mindestens 1500 DM, gegenüber minderjährigen und ihnen gleichgestellten Kindern ein Selbstbehalt von mindestens 1300 DM.

221   **Nach OLG Rostock** gilt gegenüber minderjährigen Kindern ein Selbstbehalt von 1300 DM, bei endgültig aus dem Erwerbsleben Ausgeschiedenen 1160 DM, gegenüber Volljährigen gelten entsprechend 1600 DM und 1450 DM, gegenüber Ehegatten mit minderjährigen Kindern 1300 DM bzw. 1160 DM, ohne minderjährige Kinder 1450 DM bzw. 1350 DM (RL II). In diesen Beträgen sind Wohnkosten (Kaltmiete und Mietnebenkosten) von 430 DM enthalten (RL III 1).

222   **Nach OLG Schleswig** (SchL D 2) gilt gegenüber Ehegatten und volljährigen Kindern der große Selbstbehalt von 1600 DM, gegenüber minderjährigen Kindern der kleine Selbstbehalt von 1400 DM.

223   **Nach OLG Stuttgart** (StL II 2) gelten die Sätze der DT (B IV) als Selbstbehaltssätze (vgl. Rn 211).

V. Verschärfte Mangelfallrechnungen, Einsatzbeträge für die Berechtigten

1. Vorabzug des Selbstbehalts und proportionale Kürzung der Einsatzbeträge der Berechtigten. Unterschiedliche Lösungswege

224   Wie bereits unter Rn 194 ff ausgeführt, wird im verschärften Mangelfall zunächst von der Deckungsmasse der Betrag abgezogen, der der **Haftungsgrenze des Verpflichteten** entspricht, die unter Anlehnung an Tabellen oder Leitlinien aufgrund einer individuellen Billigkeitsabwägung als unterste Opfergrenze des Verpflichteten ermittelt wurde. Das kann je nach besonderer Fallkonstellation und nach Auffassung des jeweiligen Oberlandesgerichts sowohl der angemessene Selbstbehalt als auch der notwendige Selbstbehalt oder ein Zwischenbetrag sein. Dem Verpflichteten soll sein auf diese Weise individuell ermittelter Selbstbehalt als unterste Haftungsgrenze ungekürzt verbleiben, was durch diesen Vorabzug von der Deckungsmasse erreicht wird.

225   Der Rest der Deckungsmasse ist anschließend auf die **Berechtigten angemessen zu verteilen**.
Das geht in der Regel ohne besondere Probleme, wenn nur minderjährige Kinder oder nur Ehegatten unterhaltsberechtigt sind. Einsatzbeträge für die **proportionale** Kürzung sind dann die jeweiligen Bedarfsbeträge, die im Verhältnis zur verbleibenden Deckungsmasse und zum Gesamtbedarf gekürzt werden. Im Unterschied zur Mangelfallberechnung nach § 1581 BGB ist der **Einsatzbetrag um eigenes Einkommen des Berechtigten** vorher **zu vermindern** und nur der verbleibende Unterhaltsbedarf einzusetzen. Das ist möglich, weil der Unterhaltsbedarf des Verpflichteten an der Kürzung nicht teilnimmt, und sinnvoll, weil dem Berechtigten dadurch die Vorteile des eigenen Einkommens erhalten bleiben.

V. Verschärfte Mangelfallrechnungen § 5

Für volljährige Kinder bedarf es keiner zusätzlichen Einsatzbeträge, weil diese im verschärften Mangelfall wegen ihres Nachrangs ohnehin als Unterhaltsberechtigte ausscheiden.

Problematisch sind die **Einsatzbeträge**, wenn Ehegatten und minderjährige Kinder 226 unterhaltsberechtigt sind, weil sich das **Verhältnis** zwischen ihnen **durch den Vorabzug** des Kindesunterhalts vor Bemessung der Ehegattenquote **verschiebt**. Diese Verschiebung der Verhältnisse wird z. T. aus der unterschiedlichen Qualität der Ansprüche gerechtfertigt, z. T. als Verstoß gegen den bestehenden Gleichrang bekämpft. Der BGH hat empfohlen, unangemessene Verzerrungen des Verhältnisses der Unterhaltsansprüche nach Möglichkeit zu vermeiden.[141]

In der Praxis wird die **Lösung dieses Problems** in vier verschiedenen Varianten versucht:[141a]

- Der **BGH**[142] verwendet als Einsatzbeträge den **individuellen Bedarf** aufgrund der üblichen Bedarfsbemessung, ebenso nunmehr auch die DT C, die BayL 17, 21, BraL 32, CL III 1, FL V 2, BL 40, NaL 7, SchL D (Genaueres siehe Rn 227).
- Die OLGs Oldenburg (OL V 1 c) und Rostock (RL I B) verwenden **Mindestbedarfssätze** als Einsatzbeträge (Genaueres Rn 229). Die Düsseldorfer Tabelle weist **einerseits** Existenzminima aus ((DT B IV und B V), aber empfiehlt **andererseits**, als Einsatzbetrag die Gattenquote erhöht um trennungsbedingten Mehrbedarf zu verwenden (DT C). Ebenso verfahren die OLGs Hamm (HL 33, 36, 37) und Stuttgart (StL II, III).
Dem pauschalen Mindestbedarf in der Art, daß ohne konkreten Vortrag ein Mehrbedarf in Höhe der Differenz zwischen Quote und Mindestbedarf angenommen wird, ist der BGH jedoch eindeutig entgegengetreten,[143] in neueren Entscheidungen auch für den Mangelfall.[144] Es ist anzunehmen, daß dieser Lösungsweg deshalb verlassen wird.
- Ein Teil der Oberlandesgerichte verwendet für Gatten und minderjährige Kinder verschiedene Selbstbehalte, welche zu einer **stufenweisen Mangelfallberechnung** führen, die wiederum unterschiedliche Einsatzbeträge verwenden (FL 92 VI 3, KG 44, Old VI 2, SchL D 3, vgl. Rn 231).
- Der 6. Senat des OLG Düsseldorf[145] hat vorgeschlagen, im Mangelfall vom **Vorwegabzug des Kindesunterhalts abzusehen** und den Bedarf des Gatten mit strenger Halbteilung (nach Abzug pauschaler berufsbedingter Aufwendungen von 5%) zu bestimmen. Ähnlich verfahren OLG Bremen (BrL IV 2) und OLG Celle (CL III 2). Allerdings darf der dabei ermittelte Einsatzbetrag des Gatten den Bedarfsbetrag an der Mangelgrenze (in der Regel 1125 DM) nicht übersteigen.[146] Richtig dürfte es sein, den Vorwegabzug des Kindesunterhalts nicht zu beseitigen, sondern nur zu vermindern, etwa durch fiktive Erweiterung der Düsseldorfer Tabelle nach unten[146a] oder durch Vorabzug nicht des Einsatzbetrages, sondern des gekürzten Kindes**unterhalts**.[146b]

1. Lösungsweg: **individueller Bedarf nach der Bedarfsberechnung**. 227

Der BGH hat in seiner Entscheidung vom 13. 4. 1988[147] die Auffassung vertreten, der Einsatz eines nach dem Maßstab des § 1578 BGB zu hohen „Mindestbedarfs" bewirke im Ergebnis eine nicht gerechtfertigte Verzerrung des Verhältnisses der einzelnen Unterhaltsansprüche und führe bei der auf der zweiten Berechnungsstufe gebotenen **proportionalen** Kürzung der Ansprüche zu unzutreffenden, dem Gesetz nicht entsprechenden Ergebnissen.

---

[141] BGH, FamRZ 1988, 705, 708 = R 364 c
[141a] Vgl. auch die Zusammenstellung von Oelkers/Kraeft FamRZ 1999, 1476
[142] BGH, FamRZ 1997, 806 = R 512 f
[143] BGH, FamRZ 1995, 346 = R 490 a
[144] BGH, FamRZ 1997, 806 = R 512 d; FamRZ 1996, 345 = R 497 c
[145] OLG Düsseldorf, FamRZ 1998, 851
[146] Vgl. Gutdeutsch, FamRZ 1998, 1611
[146a] Hoppenz, FamRZ 1999, 1473
[146b] Froeschle, FamRZ 1999, 1241, dessen Formel ist zwar für den Praktiker ungeeignet. Doch kann der Abzug des Unterhalts statt des Bedarfs auch durch mehrstufiges Rechnen oder Annäherung mit dem Computer realisiert werden
[147] BGH, FamRZ 1988, 705, 708 = R 346 c

Er ist deshalb in dem von ihm entschiedenen Fall nicht von festen Mindestbedarfssätzen für Gatten und Kinder ausgegangen, sondern von den auf der ersten Berechnungsstufe (Bedarfsbemessung) ermittelten Beträgen. Er verlangt, daß diese als Einsatzbeträge für die anschließende proportionale Kürzung auf der zweiten Berechnungsstufe verwendet werden. In seinem Urteil vom 11. 1. 1995[148] hat er den Gedanken, daß der Bedarf eines Gatten individuell zu berechnen sei, nochmals bestätigt und dabei betont, daß der Bedarf nach den ehelichen Lebensverhältnissen durchaus auch geringer sein könne als das im Sozialrecht allgemein festgelegte Existenzminimum. Der Gattenunterhalt solle den Bedarf nach den ehelichen Lebensverhältnissen, nicht aber das **Existenzminimum** sichern. Letzteres sei Aufgabe der Sozialhilfe. Im Urteil vom 16. 4. 1997[149] hat er nochmals betont, daß weder für den Gatten noch für die Kinder Mindestbedarfssätze anzusetzen seien, sondern die Bedarfsbeträge, die sich aus der vorhergehenden Bedarfsberechnung ergeben.

228 In der Konsequenz bedeutet das, daß ein Bedarf nach den ehelichen Lebensverhältnissen nur dann bestehen kann, wenn die Ehe ein wirtschaftliches Fundament hatte. Lebten die Gatten z. B. von freiwilligen Zuwendungen (welche unterhaltsrechtlich nicht berücksichtigungsfähig sind, weil sie etwaige Unterhaltspflichtige nicht entlasten sollen), so fehlte ein wirtschaftliches Fundament der Ehe und damit auch ein Bedarf nach ehelichen Verhältnissen. Demgegenüber muß für minderjährige Kinder ein Mindestbedarf angenommen werden.[149a] Es ließe sich vertreten, auch dann einen Bedarf des Gatten nach den ehelichen Lebensverhältnissen abzulehnen, wenn das eheprägende Einkommen den Mindestbedarf der Kinder nicht übersteigt. Damit rechtfertigt es sich, auch im Mangelfall den Mindestunterhalt der minderjährigen Kinder vom Einkommen abzuziehen und den Einsatzbetrag des Gatten als Quote aus dem Restbetrag (der dann auch 0 sein kann) zu bestimmen. Ebenso ließe es sich jedoch rechtfertigen, den Anteil höher anzusetzen, weil nämlich nach den ehelichen Lebensverhältnissen auch den Kindern das **Existenzminimum** nicht zur Verfügung steht und deshalb der Vorabzug in Höhe ihres Mindestbedarfs nicht gerechtfertigt ist.

229 2. Lösungsweg mit **festen Einsatzbeträgen**
Diese Lösung beruht auf der Erwägung, daß in einem verschärften Mangelfall der Verpflichtete wenigstens seinen Selbstbehalt erhalten muß. Dieser beinhaltet als seine unterste Opfergrenze das, was ihm zur Deckung seines Mindestbedarfs bleiben muß. Wenn der Verpflichtete als unterhaltsrechtliches **Existenzminimum** einen solchen Mindesteigenbedarf erhält, dann sei dieses Existenzminimum vergleichbar mit einem entsprechenden **Existenzminimum** für den Berechtigten, jedenfalls soweit es sich um den notwendigen Selbstbehalt des Verpflichteten handelte.

In seinen Entscheidungen vom 27. 9. 1989[150] und vom 15. 10. 1986[151] hatte der BGH ein solches unterhaltsrechtliches Existenzminimum des Berechtigten in Höhe der damaligen Mindestbedarfs- oder Selbstbehaltssätze von 900 DM bzw. 990 DM noch akzeptiert.

Deshalb entspräche einem Mindestbedarf des berechtigten Ehegatten der notwendige Selbstbehalt des Verpflichteten. Dieser beträgt 1300 DM bei Nichterwerbstätigkeit und DM 1500 bei Erwerbstätigkeit. Bei minderjährigen Kindern entspricht ein vergleichbarer Mindestbedarf dem Unterhalt gemäß der Gruppe 1 der DT. Im übrigen sieht die DT ohnehin bei dieser Gruppe ebenfalls einen Bedarfskontrollbetrag von 1300/1500 vor zur Erreichung ausgewogener Verhältnisse unter den Berechtigten.

230 Durch solche **Mindestbedarfssätze**, die nur bei einem verschärften Mangelfall als Einsatzbeträge oder bei nichtprägenden Einkünften des Berechtigten zur Verrechnung auf den angemessenen vollen Unterhalt eine Rolle spielten, werde ein für alle denkbaren Fälle stimmendes angemessenes Ausgangsverhältnis zwischen Eltern und minderjährigen

---

[148] FamRZ 1995, 346 = R 490 a
[149] BGH, FamRZ 1997, 806 = R 512 e, f
[149a] Hoppenz aaO
[150] BGH, FamRZ 1989, 1279 = R 396
[151] BGH, FamRZ 1987, 46 = R 313 a

V. Verschärfte Mangelfallrechnungen §5

Kindern gewährleistet, das auch durch die anschließende proportionale Kürzung nicht mehr in unangemessener Weise verändert werden könne.[151a]

3. Lösungsweg: zweistufige Mangelfallberechnung 231

Soweit die OLGs für die gleichrangigen Unterhaltsansprüche der minderjährigen Kinder und der getrenntlebenden oder geschiedenen Ehegatten unterschiedliche Selbstbehalte verwenden, muß bei Zusammentreffen der verschiedenen Selbstbehalte eine zweistufige Mangelfallberechnung durchgeführt werden.

Dieses wird in BL 44, FL VI. 3, OL VI 2, SchL D 3 beschrieben, wobei sich die Rechenwege unterscheiden, jedoch zum gleichen Ergebnis führen.

Hiernach ist vom anrechenbaren Einkommen des Pflichtigen der Selbstbehalt gegenüber dem Gatten abzuziehen. Das Ergebnis wird durch die Summe der gleichrangigen Unterhalts(rest)bedarfsbeträge geteilt. Mit dieser Quote werden die Unterhaltsbeträge berechnet. Soweit dabei die Kindesunterhaltsbeträge unter die Mindestbeträge gekürzt wurden, werden sie anteilig aufgefüllt mit dem Unterschiedsbetrag zwischen dem bei der Quotierung verwendeten Selbstbehalt und dem notwendigen Selbstbehalt (Beispiele Rn 250 ff).

Der **BGH** hat die zweistufige Berechnung gebilligt, jedoch den vom OLG Oldenburg dabei verwendeten Mindestbedarf des Gatten als Einsatzbetrag beanstandet.[152]

Durch die Einsatzbeträge unterscheiden sich die Methoden. OL VI 2 verwendet weiterhin Mindestbedarfssätze für Kinder und Gatten, die anderen verwenden bei zweistufiger Berechnung für den Gatten die individuell berechnete Gattenquote. Die Einsatzbeträge für die Kinder vermindern Schleswig und Kassel um das hälftige Kindergeld, Schleswig zieht die andere Hälfte noch vom Bedarf des Gatten ab.

4. Lösungsweg: beschränkter Vorabzug des Kindesunterhalts im Mangelfall. 231a

Der 6. Senat des OLG Düsseldorf nimmt an, der Vorabzug des Kindesunterhalts solle im Mangelfall unterbleiben. Das kann aber nicht immer in vollem Umfang gelten, denn sonst würde bei geringer Unterschreitung der Mangelgrenze der Bedarf des Gatten und u. U. sogar sein Unterhalt steigen. Um das zu vermeiden, kann der Vorabzug des Kindesunterhalts nur eingeschränkt werden in der Weise, dass der sich ergebende Gattenbedarf **nicht höher** sein darf als derjenige, der sich für die Mangelgrenze errechnet. Daher muß im Mangelfall der Bedarf des Gatten an der Mangelgrenze bestimmt werden. Sodann ist der Bedarf ohne Vorabzug des Kindesunterhalts nach strikter Halbteilung zu bestimmen, und der geringere Betrag ist als Einsatzbetrag zugrunde zu legen.

Eine Einschränkung des Vorabzugs im Mangelfall empfiehlt auch das OLG Celle (CL III 2). Ebenso scheint das OLG Bremen (BrL IV 2) eine Lösung durch Beschränkung des Vorabzugs zu suchen.

- Hoppenz[153] schlägt vor, den vorweg abzuziehenden Kindesunterhalt nach Maßgabe einer **nach unten erweiterten Düsseldorfer Tabelle** herabzusetzen. Als **Mindestwert des Gattenbedarfs** schlägt Hoppenz den höchsten Mindestbedarf eines Kindes, also derzeit 510 DM vor, weil eine weitere Herabsetzung des Bedarfs durch Vorabzug des Kindesunterhalts zu einer Verzerrung zu Lasten des Gatten führe.[154] 231b

- Demgegenüber empfiehlt Fröschle[155] **nicht** wie bisher im Mangelfall den **Kindesbedarf** bei der Bemessung des Gattenbedarfs vorweg abzuziehen, sondern den sich durch die Mangelfallberechnung ergebenden **tatsächlichen Kindesunterhalt**, da ja auch bei der normalen Unterhaltsberechnung der tatsächliche Kindesunterhalt vorweg abgezogen wird. Diese Berechnungsweise ergibt immer einen individuellen Bedarf des Ehegatten in vernünftiger Höhe. Nachteilig ist, daß der tatsächliche Kindesunterhalt erst als Mangelfallberechnung entsteht und deshalb bei deren Beginn noch nicht zur Verfügung steht. Fröschle bietet hierfür eine integrierte Formel an. Diese ist für den Praktiker aber undurchschaubar und schwer zu handhaben. Außerdem versagt sie bei komplizierteren Fällen. 231c

---

[151a] vgl. Oelkers/Kraeft, FamRZ 1999, 1476
[152] BGH, FamRZ 1992, 39 = R 444b
[153] FamRZ 1999, 1473
[154] aaO S. 1476
[155] FamRZ 1999, 1241

231d Kritik und **eigener Vorschlag**:
Die Lösungen von Hoppenz und Fröschle lassen sich aus den Prinzipien des geltenden Unterhaltsrechts ableiten, während die Lösung des OLG Düsseldorf stärker vereinfacht. Die Lösung des OLG Düsseldorf führt zum höchsten Gattenbedarf und bedarf einer **Begrenzung nach oben** (höchstens Mangelgrenze 1500 x $^3/_4$ = 1175). Die Lösung von Hoppenz lehnt sich am engsten an die Berechnungsweise des BGH an und führt zu dem geringsten Wert, bedarf deshalb einer **Begrenzung nach unten** (mindestens 510). Die Lösung von Fröschle liegt immer dazwischen und kommt **ohne eine solche Begrenzung** aus. Diese Lösung verdient den Vorzug, weil sie ein **einfaches Prinzip** verwirklicht. Das Problem der konkreten Berechnung ohne Fröschles komplizierte Formel läßt sich wie folgt lösen:
- Da eine genaue Identität zwischen Kindesunterhalt und Vorabzug nicht erforderlich ist, kann wie beim Vorsorgeunterhalt **zweistufig gerechnet** werden: Im **ersten Durchgang** wird der Unterhalt unter Vorabzug des Kindesbedarfs berechnet, im **zweiten Durchgang** unter Vorabzug des vorher berechneten Kindesunterhalts, welcher sich in der endgültigen Berechnung nochmals vermindert.
- Ein korrektes Ergebnis ergibt sich aber auch dann, wenn **mit einem Computer** die Berechnung **mehrmals wiederholt** wird, so daß am Ende der **wirkliche Kindesunterhalt** vorweg abgezogen wird. Beide Werte unterscheiden sich meist wenig (vgl. Beispiele Rn 253b, 253c).

2. Überblick zur Unterhaltsberechnung im verschärften Mangelfall nach den Leitlinien der Oberlandesgerichte

232 Die Mangelfallrechnung **unter Zugrundelegung der 1. Gruppe der DT für den Kindesunterhalt und der Restquote nach Vorabzug des Kindesunterhalts für den Gatten ist eine weitverbreitete Form der Mangelfallberechnung** (BayL 21, BL 34, BraL 31, DrL 35, HaL 6, NaL 35, SchL D 3), wobei sich **Unterschiede** nur durch die unterschiedlichen **Selbstbehalte** ergeben: Wegen eines abweichenden billigen Selbstbehalts für den Ehegatten kommen BL 34, FT V und SchL D 3 zu einer **zweistufigen Berechnung**, BraL 31, DrL 35 und NaL 35 verwenden **Selbstbehalte, die von der DT abweichen**.

Ebenso rechnen auch BrL IV 2 und CL III 2, die jedoch den Einsatzbetrag für den Gatten teilweise durch Einschränkung des Vorabzugs des Kindesunterhalts korrigieren.

FT V und ThT (zweistufig rechnend) **weichen nur dadurch ab**, daß sie **keinen Bedarfskontrollbetrag** verwenden.

Andere OLGs kennen noch (z. T. eingeschränkt) **Mindestbedarfssätze** als Einsatzbeträge für den Ehegatten (HL 33, KL 47, OL VI 2, RL I.B, StL II 2, während die DT B V, VI, C uneindeutig ist). Düsseldorf schränkt auch den Vorabzug den Kindesunterhalts ein.

Im einzelnen gilt folgendes:
233 **Die OLGs in Bayern** (BayL 21) verteilen den verfügbaren Betrag auf den Bedarf der wegen des Bedarfskontrollbetrags auf die erste Gruppe herabgestuften Kinder und den Gatten, dessen Bedarf nach der Gattenquote von 45 % unter Vorabzug des Kindesunterhalts bestimmt wird. Der Einsatzbetrag des Gatten kann sich durch trennungsbedingten Mehrbedarf erhöhen.

233a **Das OLG Brandenburg** führt ebenfalls eine einheitliche Mangelfallberechnung durch, in welcher die Kindesbedarfsbeträge nach der niedrigsten Stufe und $^3/_7$ des verbleibenden Resteinkommens als Einsatzbetrag für den Ehegatten zugrunde gelegt werden (BraL 31).

233b **Das OLG Bremen** (BrL IV 2) legt der Mangelquotierung die Bedarfsbeträge der Kinder in der **ersten Einkommensgruppe** und die **Restquote des Ehegatten** zugrunde, abweichend davon jedoch für den bei dem Pflichtigen lebenden nicht erwerbstätigen Gatten $^3/_7$ **des bereinigten Nettoeinkommens des Pflichtigen**, unterläßt also wie der 6. Senat des OLG Düsseldorf (Rn 231a) den Vorwegabzug des Kindesunterhalts. Auch hier

V. Verschärfte Mangelfallrechnungen §5

wird man den Bedarf an der Mangelgrenze als Höchstwert zu betrachten haben (vgl. Rn 231a).

Das OLG Celle hat den Mangelfall nicht geregelt, weist jedoch keine Mindestbedarfs- 233c
sätze aus und korrigiert den Einsatzbetrag des Ehegatten durch Einschänkung des Vorabzugs des Kindesunterhalts (C III 2).

Das OLG Dresden (DrL 35) legt ebenfalls die in der vorangegangenen Unterhaltsbe- 233d
rechnung ermittelten Bedarfsbeträge als Einsatzbeträge der Mangelfallberechnung zugrunde (mit Bedarfskontrollbetrag).

Die Düsseldorfer Tabelle (B V und B VI) definiert nicht mehr Mindestbedarfsbeträge, 234
sondern ein Existenzminimum des unterhaltsberechtigten Ehegatten einschließlich eines trennungsbedingten Mehrbedarfs. Dieses beträgt als erwerbstätiger Haushaltsvorstand 1500 DM, als nicht erwerbstätiger Haushaltsvorstand 1300 DM. Bei gemeinsamem Haushalt mit dem Verpflichteten beträgt es bei Erwerbstätigkeit 1100 DM, bei Nichterwerbstätigkeit DM 950. Zur Frage, ob der eheangemessene Bedarf oder das Existenzminimum in die Mangelfallberechnung einzusetzen ist, nimmt die DT aber nicht Stellung.

In verschärften Mangelfällen ist die nach Abzug des notwendigen Selbstbehalts verbleibende Verteilungsmasse unter die Unterhaltsberechtigten im Verhältnis ihrer jeweiligen Bedarfssätze gleichmäßig zu verteilen (DT C).

Die DL enthalten keine Angaben zur Mangelfallberechnung mehr.

Nach KG Berlin (BL 34) ist in verschärften Mangelfällen **zweistufig** zu verfahren: Zu- 235
erst wird unter Zugrundelegung des billigen Selbstbehalts von regelmäßig 1700 DM der überschießende Betrag anteilig auf Gatten und Kinder verteilt und daraus der Unterhalt des Gatten entnommen. Anschließend wird das nach Abzug des Gattenunterhalts verbleibende Einkommen des Verpflichteten nach Abzug des notwendigen Selbstbehalts auf die unterhaltsberechtigten Kinder im Verhältnis ihrer Ansprüche verteilt. Dabei ergeben sich die Einsatzbeträge aus der vorangegangenen Unterhaltsberechnung. Der Bedarfskontrollbetrag bewirkt, daß der Einsatzbetrag für die Kinder der Gruppe 1 entnommen werden werden muß.

Nach OLG Frankfurt (FT V) ist im verschärften Mangelfall die nach Abzug des 236
Selbstbehalts verbleibende Verteilungsmasse auf die Unterhaltsberechtigten entsprechend ihren Einsatzbeträgen (beim Kindesunterhalt nach der DT ohne Berücksichtigung der Bedarfskontrollbeträge, beim Ehegattenunterhalt Restquote nach Vorabzug des Kindesunterhalts) gleichmäßig zu verteilen.

Bei Konkurrenz von geschiedenem Gatten und minderjährigen Kindern sind ebenso wie nach Rn 235 zwei verschiedene Selbstbehalte zu berücksichtigen, wobei in gleicher Weise **stufenartig** vorgegangen wird.

Das OLG Hamburg empfiehlt die getrennte Festlegung eines vom notwendigen 237
Selbstbehalt abweichenden Selbstbehalts gegenüber dem Gatten und eine zweistufige Berechnung (HaL 6), wobei die Einsatzbeträge dem berechneten Unterhalt entnommen werden. Dabei können auch die Bedarfskontrollbeträge berücksichtigt werden (also Einsatzbeträge aus der 1. Gruppe der DT).

Nach OLG Hamm (HL 33) kommt als Mindestbedarf des berechtigten Ehegatten, 238
wenn trennungsbedingter Mehrbedarf vorliegt, in der Regel ein Betrag von 1300 DM in Betracht, bei Erwerbstätigkeit ein Betrag von 1500 DM; für den Fall, daß der Ehegatte mit dem Verpflichteten zusammenlebt, 950 DM, bei Erwerbstätigkeit 1100 DM, welche im Mangelfall als Einsatzbeträge gelten (HL 37). Der Einsatzbetrag für die Kinder bemißt sich wegen der Bedarfskontrollbeträge nach Gruppe 1 der DT. Eine zweistufige Mangelfallrechnung bei Zusammentreffen von Kindes- und Gattenunterhalt wird i. d. R. vermieden, weil gegenüber Kindern und sie betreuenden Gatten der gleiche Selbstbehalt gilt.

Nach OLG Köln (KL 47) beträgt der Mindestbedarf des berechtigten Ehegatten, falls 239
er erwerbstätig ist, 1500 DM, falls er nicht erwerbstätig ist, 1300 DM, der angemessene Bedarf 1800 DM. Bei Zusammenleben mit dem Unterhaltsverpflichteten sind 800 DM Warmmiete abzuziehen.

Im verschärften Mangelfall soll die nach Abzug des Selbstbehalts zur Verteilung stehende Summe nach dem Verhältnis der Einsatzbeträge für die einzelnen Unterhaltsan-

Gutdeutsch

sprüche zwischen den Berechtigten aufgeteilt werden (KL 49). Da der Selbstbehalt gegenüber Geschiedenen von dem gegenüber Minderjährigen abweicht, kommt bei Zusammentreffen eine zweistufige Mangelfallberechnung in Frage, die aber durch eine Herabsetzung des Selbstbehalts gegenüber dem Gatten vermieden werden kann.

240 **Das OLG Naumburg** verteilt das den notwendigen Selbstbehalt übersteigende Einkommen des Pflichtigen im Verhältnis der Regelsätze der Kinder und des Gattenunterhalts, der sich nach Abzug der Regelbedarfs der Kinder aus der Gattenquote ergibt (NaL 35).

241 **Das OLG Oldenburg** verteilt den nach Abzug des maßgebenden Selbstbehalts verfügbaren Betrag unter die gleichrangig Berechtigten nach Maßgabe ihrer Mindestbedarfsbeträge, wobei für minderjährige Kinder die unterste Gruppe der DT zugrunde gelegt wird, für den Gatten ein Einsatzbetrag von 1300. Wenn der zu berücksichtigende Gatte geschieden ist, so erfolgt die Mangelfallberechnung **zweistufig**, indem zuerst der höhere Selbstbehalt von 1700 der Verteilung zwischen Gatten und Kindern zugrunde gelegt wird und danach der Unterschiedsbetrag zwischen großem und kleinem Selbstbehalt (1700 – 1300 = 400) auf die Kinder bis zur Abdeckung des Mindestbedarfs verteilt wird (OL VI 2).

242 **Das OLG Rostock** (RL I.B, III.4) verwendet Mindestbedarfssätze als Einsatzbeträge und keinen Bedarfskontrollbetrag. Die zweistufige Berechnung wird wie beim OLG Hamm (Rn 238) vermieden.

243 **Das Schleswig-Holsteinische OLG** rechnet ebenfalls **zweistufig**, wobei der Ehegattenunterhalt mit der Gattenquote zuzüglich etwaigen trennungsbedingten Mehrbedarfs abzüglich ant. Kindergelds bemessen wird. Dem Ehegattenunterhalt wird die sich aus der Verteilung des 1600 DM übersteigenden Einkommens ergebende Gattenquote zugrunde gelegt, der Kindesunterhalt aus dem Unterschiedsbetrag von 1600 DM und 1400 DM aufgefüllt (SchL D 3).

244 **Nach dem OLG Stuttgart** (StL III) ist im verschärften Mangelfall die nach Abzug des notwendigen Selbstbehalts des Verpflichteten verbleibende Verteilungsmasse auf die Unterhaltsberechtigten im Verhältnis ihres jeweils ungedeckten Bedarfs gleichmäßig zu verteilen, wobei für den Gatten das Existenzminimum der DT beachtet wird.

Solange nicht der notwendige Bedarf des Verpflichteten und der gleichrangigen Berechtigten gedeckt ist, kommt ein pauschaler Vorwegabzug berufsbedingter Aufwendungen nicht in Betracht. Vielmehr ist der Verpflichtete dann auf den Pauschalbetrag von 200 DM verwiesen, der in dem Selbstbehalt von 1500 DM enthalten ist.

3. Rechenbeispiele zum verschärften Mangelfall

245 Soweit bei den nachfolgenden Mangelfällen es nicht um die individuelle untere Haftungs- oder Selbstbehaltsgrenze des Verpflichteten geht, wird davon ausgegangen, daß der jeweils der Berechnung zugrunde gelegte **billige Selbstbehalt** im Sinn der Rechtsprechung des BGH zwar in Anlehnung an Tabellen und Leitlinien, aber aufgrund einer individuellen Billigkeitsabwägung nach § 1581 BGB unter besonderer Berücksichtigung der Umstände des Einzelfalls ermittelt worden ist.

246 **Beispiel: Mangelfall bei einem Ehegatten**

NettoE des M = 2000, Erwerbstätigenbonus $1/7$.
Der eheangemessene Selbstbehalt betrüge $1800 \times 4/7 = 1029$
und unterschreitet auch den notwendigen Selbstbehalt von 1500 DM als unterste Grenze jeder Inanspruchnahme.
Legen die Leitlinien keinen höheren Selbstbehalt zugrunde, so ergibt sich der gekürzte Unterhalt zu:
2000 – 1500 = 500
Wird nach den Leitlinien ein höherer Selbstbehalt anerkannt, z. B. 1700 nach BL E IV, so ist dieser Betrag abzuziehen:
2000 – 1700 = 300

247 **Mangelfall** bei vier **minderjährigen Kindern** im Alter von 9, 11, 13 und 15 Jahren.

Nettoeinkommen des M = 2300

V. Verschärfte Mangelfallrechnungen §5

F erhält das Kindergeld von 250 + 250 + 300 + 350 = 1150 und ist wiederverheiratet.
Gesamtbedarf = nach DT 1/2 und DT 1/3 = 431 + 431 + 510 + 510 = 1882
Verteilungsmasse nur 2300. Verschärfter Mangelfall, weil dem M 1500 als notwendiger Selbstbehalt verbleiben müssen.

Für die Unterhaltsberechtigten bleibt 2300 − 1500 = 800. 248
Anteile von K 1 und K 2 = 431 x 800/1882 = je 183, Defizit je 431 − 183 = 248
Anteile von K 3 und K 4 = 510 x 800/1882 = je 217, Defizit je 510 − 217 = 293
Ein Kindergeldausgleich unterbleibt nach § 1612b V BGB, weil auch der höchste Kindergeldausgleich von 350/2 = 175 DM das geringste Defizit von 248 DM nicht erreicht.

(nicht belegt) 249
Beispiel: Verschärfter Mangelfall bei einem **Ehegatten und zwei Kindern**. 250
Fall:
Nettoeinkommen des M = 2600
Unterhalt für zwei Schulkinder im Alter von 14 und 15 Jahren
Trennungsunterhalt für erwerbslose F, die das Kindergeld von 250 + 250 = 500 erhält.
Der Selbstbehalt beträgt beim Trennungsunterhalt mit minderjährigen Kindern nach den meisten Oberlandesgerichten DM 1500 (so nach DT B IV, BayL 20 b, HL 33). Davon abweichend beträgt der Selbstbehalt in einem solchen Fall nach KG (BL 42) DM 1700, OLG Celle (CL IV 3) DM 1650, nach OLG Frankfurt (FT IV 10.) DM 1500, nach Scheidung 1800 und nach OLG Schleswig (SchlL D 2) DM 1600. Den nachfolgenden einstufigen Berechnungen liegt ein Betrag von DM 1500 zugrunde.

Lösung 1: Mangelfallrechnung mit Gattenquote $1/7$ und angemessenem Kindesunterhalt nach BGH (Rn 227). 251
Bedarf der Kinder nach DT 2/3 je 546
Bedarf der F = 2600 − 1092 = 1508 x $3/7$ = 646.
Gesamtbedarf = 546 + 546 + 646 = 1738
Verteilungsmasse = 2600 − 1500 = 1100
Anteil von K 1 und K 2 = 546 x 1100/1738 = je 346
Anteil der F = 646 x 1100/1738 = 407
Ein Kindergeldausgleich unterbleibt, weil das Kindergeld nach § 1612b V BGB zum Auffüllen des Regelbetrags von 510 DM benötigt wird.

Lösung 2: Mangelfallrechnung mit Gattenquote $1/{10}$ und Bedarfskontrollbetrag (BayL 21). 252
Bedarf der Kinder nach DT 1/3 je 510, weil sonst der Bedarfskontollbetrag unterschritten würde.
Bedarf von F = 2600 − 1020 = 1580 x 45 % = 711
Gesamtbedarf = 510 + 510 + 711 = 1731
Verteilungsmasse = 2600 − 1500 = 1100
Anteil von K 1 und K 2 = 510 x 1100/1731 = je 324, Defizit 510 − 324 = 186
Anteil der F = 711 x 1100/1731 = 452
Ein Kindergeldausgleich unterbleibt, weil das Kindergeld nach § 1612b V BGB zum Auffüllen des Regelbetrags von 510 DM benötigt wird.

Lösung 3: Mangelfallrechnung mit Beschränkung des **Vorabzugs von Kindesunterhalt** 253
(OLG Düsseldorf 6.Senat, Rn 231a)
Einsatzbetrag für F: 2600/2 = 1300
Dieser Betrag übersteigt aber den Bedarf nach der üblichen Unterhaltsberechnung an der Mangelgrenze: Wenn M 1500 DM bleiben, liegt kein Mangelfall vor.
Dann aber beträgt der Bedarf von F: 1500 / 4 x 3 = 1125 DM.
Ein höherer Bedarf von F kann deshalb nicht angesetzt werden.
Gesamtbedarf = 510 + 510 + 1125 = 2145
Anteil von K 1 und K 2 = 510 x 1100/2145 = je 262, Defizit je 510 − 262 = 248
Anteil der F = 1125 x 1100/2145 = 577
Ein Kindergeldausgleich unterbleibt, weil das Kindergeld nach § 1612b V BGB zum Auffüllen des Regelbetrags von 510 DM benötigt wird.

§ 5 Rangverhältnisse und Mangelfälle

253a **Lösung 4a**: Mangelfallrechnung mit Beschränkung des **Vorabzugs von Kindesunterhalt** nach Hoppenz (Verlängerung der DT nach unten, Rn 231b)
Da die Einkommenslage eine weitere Herabgruppierung des vorweg abzuziehenden Kindesunterhalts nach einer fiktiv nach unten verlängerten DT nicht rechtfertigt, bleibt es bei dem Ergebnis der BGH-Berechnung (Rn 251).

253b **Lösung 4b**: Mangelfallrechnung mit Beschränkung des **Vorabzugs von Kindesunterhalt** nach Froeschle auf den **tatsächlichen Unterhalt** des Kindes (Rn 231c)
Bedarf der Kinder nach DT 2/3 je 546 wie Rn 251
Bedarf der F = 2600 − 1092 = 1508 x $^3/_7$ = 646.
Der Vorabzug wird wegen des Mangelfalls entsprechend dem tatsächlich sich ergebenden Kindesunterhalt vermindert auf 618 DM:
Bedarf der F = 2600 − 618 = 1982 x $^3/_7$ = 850
Gesamtbedarf = 546 + 546 + 850 = 1942.
Verfügbar = 2600 − 1500 = 1100.
Anteil von K 1 und K 2 = 546 x 1100/1942 = 309
Anteil von F = 850 x 1100/1942 = 482
Die Summe des Kindesunterhalts beträgt 309 + 309 = 618 wie oben eingesetzt.
Die Übereinstimmung kann durch wiederholtes Rechnen mit dem Computer oder mittels der Formel von Froeschle erreicht werden.

253c **Lösung 4c**: Mangelfallrechnung mit Beschränkung des **Vorabzugs von Kindesunterhalt** auf **tatsächlichen Unterhalt** des Kindes in **zweistufiger Berechnung** (Rn 231d)
Die Berechnung schließt sich an Rn 251 (BGH-Rechtsprechung) an. Die Summe des tatsächlichen Kindesunterhalts entspricht dem Ergebnis der dortigen Berechnung, nämlich 346 für jedes Kind, insgesamt also 692.
Bedarf von F = 2600 − 692 = 1908 x $^3/_7$ = 818
Gesamtbedarf = 546 + 546 + 818 = 1910
Verfügbar = 2600 − 1500 = 1100
Anteil von K 1 und K 2 = 546 x 1100/1910 = 314
Anteil von F = 818 x 1100/1910 = 471
Das Ergebnis weicht nur wenig von Rn 253b ab (dort 482). Es handelt sich um eine brauchbare Näherung. Der Fehler erreicht auch in anderen Fallkonstellationen keine 3%.

254 **Lösung 5: Mangelfallrechnung bei festen Einsatzbeträgen (Rn 229).**
M erhält vorweg aus der Deckungsmasse seinen notwendigen Selbstbehalt von DM 1500. Dadurch verringert sich die Deckungsmasse um 1500 auf 1100 (2600 − 1500 = 1100).
Für die Kinder werden Mindestunterhaltsbeträge eingesetzt. Diese betragen nach DT 1/3 je DM 502.
Der Einsatzbetrag der F beträgt unter Berücksichtigung von trennungsbedingtem Mehrbedarf DM 1300.
Gesamtbedarf = 510 + 510 + 1300 = 2320
Anteil von K 1 und K 2 = 510 x 1100/2320 = je 242
Anteil der F = 1300 x 1100/2320 = 616
Auch hier wird der Regelbetrag aus dem Kindergeld aufgefüllt, d. h., der Kindergeldausgleich unterbleibt.

255 **Lösung 6: Zweistufige Berechnung mit festem Einsatzbetrag nach OLG Oldenburg, Kinderquote aus Mindestbedarf (Rn 231).**
Großer Selbstbehalt gegenüber F: 1600, kleiner Selbstbehalt gegenüber Minderjährigen 1400
verfügbar in der ersten Stufe: 2600 − 1500 = 1100
Gesamtbedarf = 510 + 510 + 1300 = 2320
gekürzter Unterhalt:
K 1 510 x 1100/2320 = 242
K 2 510 x 1100/2320 = 242
F 1300 x 1100/2320 = 616
Aus der Differenz zwischen 1500 und 1300 = 200 wird der Kindesunterhalt aufgestockt:
K 1 242 + 100 = 342, Defizit noch 510 − 342 = 168
K 2 242 + 100 = 342, Defizit noch 510 − 342 = 168. Da das Defizit den Anspruch auf Kindergeldausgleich von 125 übersteigt, unterbleibt nach § 1612 b V BGB ein Kindergeldausgleich.
M bleiben 2600 − 342 − 342 − 616 = 1300, also der notwendige Selbstbehalt nach OL VI 1.

V. Verschärfte Mangelfallrechnungen § 5

Lösung 7: Zweistufige Berechnung nach KG nach individuellem Gattenbedarf, Kindesunterhalt nach Bedarfskontrollbetrag. 256
Billiger Selbstbehalt gegenüber F: 1700
erste Stufe:
Deckungsbetrag = 2600 – 1700 = 900
Bedarf der Kinder nach DT 1/3 je 510, weil sonst der Bedarfskontrollbetrag unterschritten würde.
Bedarf von F = 2600 – 1020 = 1580 x $3/7$ = 677
Gesamtbedarf = 510 + 510 + 677 = 1697
Verteilungsmasse = 2600 – 1700 = 900
gekürzter Unterhalt F 677 x 900/1697 = 359
zweite Stufe:
notwendiger Selbstbehalt gegenüber Minderjährigen 1500
Deckungsbetrag: 2600 – 359 – 1500 = 741
Bedarf K 1 510
Bedarf K 2 510
Gesamtbedarf 1020
gekürzter Bedarf K 1 510 x 741/1020 = 370,5, Defizit 510 – 370 = 140
gekürzter Bedarf K 2 510 x 741/1020 = 370,5, Defizit 510 – 370 = 140
Das Kindergeld wird nach § 1612 b V BGB wegen der Höhe des Defizits nicht ausgeglichen.
M behält 2600 – 370,5 – 370,5 – 359 = 1500,00.

Beispiel: Nachehelicher Unterhalt im verschärften Mangelfall bei zwei Kindern 257
aus neuer Ehe, zwei gleichberechtigten Ehegatten und Eigenverdienst des geschiedenen Ehegatten

Fall:
Nettoeinkommen des M = 3700; M erhält für zwei Kinder aus neuer Ehe (K 1 und K 2, Alter 10 und 12 Jahre) DM 500 Kindergeld
F 1 hat ein prägendes Erwerbseinkommen von DM 300
Trennungsbedingter Mehrbedarf der F 1 = 300
F 2 ist ohne Einkünfte; die erste Ehe war nicht von langer Dauer.
– Gleichrangigkeit von F 1 und F 2 nach § 1582 BGB, weil nur der Anspruch der F 2 auf § 1570 BGB beruht und die erste Ehe nicht von langer Dauer war.
– Bedarfsbemessung
K 1 und K 2 Bedarf nach DT 2/4 und 3/4 (3100 bis 3500) infolge Rückstufung wegen zwei Ehegatten und zwei Kindern K 1 = 522, K 2 = 618.
Der Erwerbsbonus betrage $1/10$.

Bedarfsberechnung für gleichberechtigte Ehegatten in **7 Stufen** (s. o. Rn 125 f) 258
1. Stufe:
voller Bedarf F 1 3500 x 45 % + 300 x 55 % = 1740 + 300 = 2040
Eigenbedarf von M gegenüber F 1 3500 x 55 % + 300 x 45 % = 2060
2. Stufe:
fiktiver Bedarf F 2 3500 – 522 – 618 = 2360 x 45 % = 1062
fiktiver Eigenbedarf von M gegenüber F 2 2360 x 55 % = 1298
3. Stufe:
Die Eigenbedarfsbeträge unterscheiden sich. Daher ist der fiktive Bedarf von F 2 umzurechnen:
1062 x 2060/1298 = 1685
Für die Berechnung des gleichberechtigten Unterhalts wird der Kindesunterhalt vorab berücksichtigt (HL 44).
Gesamtbedarf: 2040 + 2060 + 1685 = 5785
Deckungsbetrag: 3500 + 300 – 522 – 618 = 2660
gleichberechtigter Bedarf F 1 = 2040 x 2660/5785 = 938
4. Stufe:
gleichberechtigte Bedürftigkeit F 1 = 938 – 300 = 638
5. Stufe:
voller Bedarf F 2 = 3500 – 522 – 618 – 638 = 1722 x 45 % = 775
6. Stufe:
Da F 2 kein Einkommen hat, entspricht das der Bedürftigkeit
7. Stufe:
Einkommen, welche die zweite Ehe nicht geprägt hätte, ist nicht vorhanden.

§ 5 Rangverhältnisse und Mangelfälle

259 **Fortsetzung 1: Einstufige Mangelfallrechnung** nach BGH (wie Rn 227).
Selbstbehalt = 1500
Gesamtbedarf = 522 + 618 + 638 + 775 = 2553
Deckungsmasse = 3500 − 1500 = 2000
anteilige Kürzung:
Unterhalt K 1 = 522 x 2000/2553 = 409, Defizit 522 − 409 = 113
Unterhalt K 2 = 618 x 2000/2553 = 484, Defizit 618 − 484 = 134
Unterhalt F 1 = 638 x 2000/2553 = 500
Unterhalt F 2 = 775 x 2000/2553 = 607

260 **Fortsetzung 2: Zweistufige Berechnung** nach KG (wie Rn 256).
Berechnung mit DM 1700 Selbstbehalt gegenüber F 1 und F 2 und DM 1500 gegenüber K 1, K 2.
1. Stufe:
Gesamtbedarf aller (wie Rn 259) = 522 + 618 + 638 + 775 = 2553
Deckungsmasse = 3500 − 1700 = 1800
Unterhalt F 1 = 638 x 1800/2553 = 500
Unterhalt F 2 = 775 x 1800/2553 = 546
2. Stufe:
Gesamtbedarf = 522 + 618 = 1140
Deckungsbetrag: 3500 − 1500 − 500 − 546 = 954
Unterhalt K 1 = 522 x 954/1140 = 437, Defizit 522 − 437 = 85
Unterhalt K 2 = 618 x 954/1140 = 517, Defizit 618 − 517 = 101

261 Der Kindergeldausgleich findet nur mit F 2, welche mit M zusammenlebt, statt. F 1 kann (unabhängig von der Berechnungsweise) eine Auffüllung ihres Unterhalts aus dem Kindergeld nach neuer Rechtsprechung des BGH nicht erwarten, weil Kindergeld nicht als Einkommen in Betracht kommt. Lebte auch F 2 von M getrennt und bezöge deshalb sie das Kindergeld, so käme wegen der Höhe des Defizits nur eine um dieses verminderte Kindergeldverrechnung nach § 1612 b I, V BGB in Betracht, nach der ersten Berechnung für K 2 (Mangelunterhalt 484, Defizit 134) überhaupt keine Kindergeldverrechnung. Der verrechenbare Betrag kann F 2 belassen werden, wenn man nicht der (hier vertretenen) Auffassung folgt, § 1612b V BGB bilde in seinem Anwendungsbereich eine abschließende Regelung (vgl. Rn 89 b).

4. Mangelfall bei Barunterhaltspflicht beider Elternteile

263 Beiderseitige Barunterhaltspflicht für ein **volljähriges Kind**.
Auch bei der Berechnung der anteiligen Haftung für den Unterhalt eines volljährigen Kindes nach dem Resteinkommen, das den angemessenen Selbstbehalt und sonstige Unterhaltsbelastungen übersteigt (Rn 2/289 f, 2/433 f), kann ein Mangelfall auftreten, wenn die Summe der beiderseits verfügbaren Restbeträge zur Deckung des Bedarfs desjenigen Kindes, für dessen Barunterhalt beide haften, nicht ausreicht. In diesen Fällen erhält das Kind von beiden Elternteilen entsprechend weniger. Sind mehrere volljährige (und damit gleichrangige Kinder in dieser Lage, so ist die Verteilungsmasse auf sie im Verhältnis ihrer Bedarfsbeträge zu verteilen.

Das gleiche muß auch dann gelten, wenn der eine Elternteil oder beide noch für ein weiteres volljähriges Kind aufzukommen hat, für **welches der andere nicht mithaftet**. Im Mangelfall ist der Vorabzug seines Unterhalts vor Berechnung des Haftungsanteils der Eltern nicht gerechtfertigt. Vielmehr muß unter Einbeziehung dieses Kindes die **Mangelkürzung für alle gleichrangigen Kinder** erfolgen. Bei der Berechnung der Haftungsquote ist vom Einkommen des für ihn allein unterhaltspflichtigen Elternteils **nur dieser gekürzte Betrag vorweg abzuziehen**.

264 **Beispiel 1 (zwei volljährige** Kinder, **nur für eines haften beide):**
M verdient 3000, F 2300. Beide haften für das Kind A mit einem Bedarf 1120 DM. M haftet allein für den Unterhalt von B mit einem Bedarf von ebenfalls 1120 DM. Zur Berechnung der anteiligen Haftung muß M von seinem Einkommen vorher den Unterhalt von B als sonstige Belastung abgezogen werden. Dann bleibt 1880. Sein Haftungsanteil betrüge 1880 − 1800 = 80 DM, derjenige von F 2300 − 1800 = 500. A erhielte nur 500 + 80 = 580. Wegen des Gleichrangs mit B und der subsidiären Haftung beider Eltern füreinander ist im Wege einer Mangelrechnung, in die alle gleichrangigen Kinder eingehen, statt dessen auszugleichen:

V. Verschärfte Mangelfallrechnungen § 5

Verteilungsmasse: 3000 + 2300 − 2 × 1800 = 1700
Gesamtbedarf: 1120 + 1120 = 2240
Mangelquote: 1700 / 2240 = 75,89 %.
Damit steht B nur 1120 × 75,89 % = 850 DM zu. Nur dieser Betrag ist bei der Verteilungsrechnung vom Einkommen von M abzuziehen. Der Anteil von M am Unterhalt von A beträgt also 3000 − 850 − 1800 = 350, derjenige von F 500, so daß auch A 350 + 500 = 850 erhält.
Wenn F das Kindergeld von 250 DM erhält, so muß sie davon 125 DM zusätzlich an A zahlen, während die Zahlung von M sich um 125 DM auf 225 DM vermindert.

Beiderseitige Barunterhaltspflicht für ein **minderjähriges oder diesem gleichgestelltes Kind (vgl. auch Rn 2/298 ff)**. 265

Hier ist streitig, ob bei beiderseitiger Barunterhaltspflicht die Verteilungsrechnung auf den **notwendigen** oder den **angemessenen** Unterhalt abstellen muß. Ein Teil der OLGs hat sich auf den notwendigen Selbstbehalt festgelegt (7. Senat des OLG Nürnberg II 2, OL VI 4, StL I 2 b). Doch kann es dabei geschehen, daß der eine barunterhaltspflichtige Elternteil weniger und der andere mehr als den angemessenen Selbstbehalt behält. Dann wäre der letztere ein anderer unterhaltspflichtiger Verwandter, welcher ohne Beeinträchtigung des angemessenen Selbstbehalts den Unterhalt zahlen könnte, und müßte an seiner Stelle zahlen.

Beispiel 2:
K ist 20 Jahre alt, Schüler und lebt bei F, M verdient 2437, F 2000 und erhält 250 DM Kindergeld.
Bedarf von K nach dem zusammengerechneten Einkommen von 4437 nach Gruppe 4/7 : 837 DM.
Verteilung nach dem notwendigen Selbstbehalt führt zu:
Verteilbarer Betrag bei M: 2437 − 1500 = 937
Verteilbarer Betrag bei F: 2000 − 1500 = 500
insgesamt 1437
M zahlt 837 × 937/1437 = 546, behält also 2437 − 546 = 1891
F zahlt 837 × 500/1437 = 291 und behält nur 1709.
Den Teilbetrag von 1800 − 1709 = 91 DM muß F gem § 1603 II 2 BGB nur dann zahlen, wenn kein leistungsfähiger unterhaltspflichtiger Verwandter vorhanden ist. Das aber ist hier der Fall, weil M noch in Höhe von 1891 − 1800 = 91 DM leistungsfähig ist. Also muß M an ihrer Stelle zahlen, und **beiden bleibt der angemessene Selbstbehalt**.
Richtig zu rechnen wäre also
Verteilbarer Betrag bei M: 2437 − 1800 = 637
Verteilbarer Betrag bei F: 2000 − 1800 = 200
insgesamt 837
M zahlt 837 × 637/837 = 637, behält also 1800
F zahlt 837 × 200/837 = 20 und behält ebenfalls 1800.

Nur **im Mangelfall**, wenn also auch bei dieser Verteilungsmethode der angemessene Selbstbehalt nicht gewahrt werden kann, **muß der Sockelbetrag** entsprechend **herabgesetzt** werden (so BayL 15 d, in derselben Richtung wohl auch DL 19, SchL B 7 b).

Beispiel 3:
wie Beispiel 2, jedoch beträgt das Einkommen von M nicht 2437, sondern nur 2350.
Verteilbarer Betrag bei M: 2350 − 1800 = 550
Verteilbarer Betrag bei F: 2000 − 1800 = 200
insgesamt 750, Defizit 837 − 750 = 87.
Der **Sockelbetrag** muß jeweils um die Hälfte des Defizits, also 87/2 = 43,50 DM, **herabgesetzt** werden auf 1800 − 43,50 = 1756,50:
Verteilbarer Betrag bei M: 2350 − 1756,50 = 693,50
Verteilbarer Betrag bei F: 2000 − 1756,50 = 243,50
M zahlt 837 × 693,5/837 = 693,50, behält also 1756,50
F zahlt 837 × 243,5/837 = 243,50 und behält ebenfalls 1756,50.

Nur wenn der **notwendige Selbstbehalt** bei Erfüllung der vollen Unterhaltspflicht 266 **nicht gewahrt** wäre, stellt dieser den **Sockelbetrag** dar. Verteilungsrechnung und Mangelrechnung können dabei in der Weise zusammengefaßt werden, daß statt des verfügbaren Einkommens der Gesamtbedarf in den Nenner gesetzt wird:

§ 5 Rangverhältnisse und Mangelfälle

Beispiel 4:
wie 3, jedoch ist neben K1 mit 20 Jahren auch K2 mit 19 Jahren beiden Eltern gegenüber barunterhaltsberechtigt.
Der Unterhaltsbedarf beträgt dann 837 + 837 = 1674 (Gesamtbedarf) Verteilbarer Betrag bei M: 2350 – 1800 = 550
Verteilbarer Betrag bei F: 2000 – 1800 = 200
insgesamt 750, Defizit 1674 – 750 = 924
Der **Sockelbetrag** wäre also um 924/2 = 462 auf 1800 – 462 = 1338 **herabzusetzen**. Damit wäre der notwendige Selbstbehalt unterschritten, so daß mit einem **Sockelbetrag von 1500** zu rechnen ist:
Verteilbarer Betrag bei M: 2350 – 1500 = 850 (verfügbar)
Verteilbarer Betrag bei F: 2000 – 1500 = 500 (verfügbar)
insgesamt 1350
Beide zahlen den über 1500 hinaus verfügbaren Betrag:
M zahlt je 837 x 850 (verfügbar)/1674(Gesamtbedarf) = 425, behält also 2350 – 425 – 425 = 1500
F zahlt je 837 x 500 (verfügbar)/1674(Gesamtbedarf) = 250 und behält ebenfalls 2000 – 250 – 250 = 1500.

267 Entsprechend ist zu rechnen, wenn auch ein Kind, für welches nur **ein Elternteil unterhaltspflichtig** ist, berücksichtigt werden muß. In diesem Fall ist bei der Berechnung des herabgesetzten Selbstbehalts auch das weitere Kind zu berücksichtigen.

Beispiel 5: (**zwei** minderjährige Kinder, nur für **eines** haften **beide Gatten**)
wie Beispiel 1, jedoch sind beide Kinder minderjährig, und der Betrag von je 1120 DM ist für die Internatsunterbringung zu bezahlen.
Bedarf 1120 + 1120 = 2240
Verteilbarer Betrag bei M: 3000 – 1800 = 1200
Verteilbarer Betrag bei F: 2300 – 1800 = 500
insgesamt 1700, Defizit 2240 – 1700 = 540.
Der Sockelbetrag ist daher um 540/2 = 270 auf 1800 – 270 = 1530 DM herabzusetzen.
Er übersteigt damit immer noch den notwendigen Selbstbehalt von 1500 DM, so daß eine Kürzung des Unterhalts unterbleibt.
Der den Sockel von 1530 DM übersteigende Betrag verteilt sich auf die Unterhaltsansprüche:
M zahlt an B 1120, so daß ihm 3000 – 1120 = 1880 bleibt.
Für A gilt beiderseitige Unterhaltspflicht.
Verteilbarer Betrag bei M: 3000 – 1530 – 1120 = 350
Verteilbarer Betrag bei F: 2300 – 1530 = 770
insgesamt 1120.
M zahlt 1120 x 350/1120 = 350
F zahlt 1120 x 770/1120 = 770
und beiden bleibt je 1530, denn 3000 – 1120 – 350 = 1530 und 2300 – 770 = 1530.

§ 6 Sonderfragen

1. Abschnitt: Selbständige Bestandteile des Unterhaltsanspruchs

I. Sonderbedarf

1. Anspruchsvoraussetzungen

Das Gesetz regelt nicht, unter welchen Voraussetzungen Sonderbedarf neben dem laufenden Unterhalt verlangt werden kann. Es enthält lediglich in § 1613 II Nr. 1 BGB, der den Kindesunterhalt für die Vergangenheit betrifft, eine gesetzliche Definition. Danach ist Sonderbedarf ein unregelmäßiger außergewöhnlich hoher Bedarf. Auf § 1613 II BGB wird beim Familienunterhalt (§ 1360 a III 2 BGB), beim Trennungsunterhalt (§ 1361 IV 3 BGB), beim nachehelichen Unterhalt (§ 1585 b BGB) und beim Unterhalt der nichtehelichen Mutter (§ 1615 l III 1, 4 BGB) verwiesen. Daraus folgt, daß Sonderbedarf neben dem laufenden Unterhalt bei allen Unterhaltsarten geschuldet ist, auch beim nachehelichen Unterhalt nach §§ 58, 59 EheG[1] und beim Verwandtenunterhalt (Rn 2/600 ff, 612).   1

Sonderbedarf ist ein unregelmäßiger außerordentlich hoher Bedarf, der nicht auf   2
Dauer besteht und daher zu einem einmaligen, jedenfalls aber zeitlich begrenzten Ausgleich neben dem regelmäßig geschuldeten Barunterhalt führen kann (vgl. Rn 2/138). Er ist zu unterscheiden einerseits vom Regelbedarf (Rn 2/122), andererseits vom Mehrbedarf (Rn 2/133, 4/437 ff).

Unregelmäßig ist der Bedarf, der **nicht** mit Wahrscheinlichkeit **vorauszusehen** ist   3
und deshalb bei der Bemessung des Regelbedarfs (einschließlich des regelmäßigen Mehrbedarfs) und damit des laufenden Unterhalts nicht berücksichtigt werden kann.[2] Selbst eine im Verhältnis zum laufenden Unterhalt ungewöhnlich hohe Einzelausgabe stellt keinen Sonderbedarf dar, wenn sie nach dem gewöhnlichen Lauf der Dinge voraussehbar war (vgl. aber Rn 4). Ausgaben, auf die sich der Berechtigte hätte einstellen können, sind durch den laufenden Unterhalt auszugleichen. Dieser ist so zu bemessen, daß sämtliche voraussehbaren Ausgaben abgedeckt werden und genügend Spielraum für eine vernünftige Planung verbleibt.[3] Ggf. ist der sich aus den Tabellen und Leitlinien ergebende Regelbedarf um Mehrbedarf angemessen zu erhöhen.[4] Dies bedeutet allerdings, daß der zusätzliche Unterhalt – anders als Sonderbedarf (vgl. dazu Rn 9) – nur unter den Voraussetzungen der §§ 1613 I, 1585 b II BGB (vgl. dazu Rn 100 ff) geschuldet wird.[5] Liegt über den laufenden Unterhalt bereits ein Titel vor, muß wegen des Mehrbedarfs Abänderungsklage erhoben werden.[6] Sonderbedarf ist dagegen durch Zusatzklage geltend zu machen.

Allerdings zeichnen sich viele außerplanmäßige Ausgaben jedenfalls eine gewisse Zeit   4
vorher ab. Dies gilt – von akuten Krankheitsfällen abgesehen – selbst für Operationen und Kuren (vgl. Rn 14). In solchen Fällen darf das Erfordernis der **Nichtvorhersehbarkeit** des Zusatzbedarfs nicht dazu führen, unabweisbare Ausgaben von der Unterhaltspflicht auszunehmen. Entscheidend ist, ob der Berechtigte sich noch auf die **Zusatzausgaben**

---

[1] BGH, FamRZ 1983, 29 = R 138
[2] BGH, FamRZ 1982, 145 = R 95
[3] BGH, FamRZ 1982, 145 = R 95
[4] OLG Hamm, FamRZ 1994, 1281
[5] OLG Hamm, FamRZ 1996, 1218
[6] OLG Hamm, FamRZ 1994, 1281

einstellen und sie bei seinen Planungen berücksichtigen konnte.[7] Derartige Kosten können danach als Sonderbedarf vom Unterhaltspflichtigen zu tragen sein,
- wenn sich die Notwendigkeit der zusätzlichen Kosten so kurzfristig abzeichnet, daß aus dem laufenden Unterhalt keine ausreichenden Rücklagen mehr gebildet werden können,
- wenn die laufende Unterhaltsrente so niedrig ist, daß sie die Bildung ausreichender Rücklagen von vornherein nicht erlaubt.[8]

5 Wann ein unregelmäßiger Bedarf **außergewöhnlich hoch** ist, läßt sich nur nach den Umständen des Einzelfalls beurteilen. Entscheidend sind die Höhe des laufenden Unterhalts, die sonstigen Einkünfte des Berechtigten, der Lebenszuschnitt der Beteiligten sowie Art und Umfang der besonderen Aufwendung. Unter beengten wirtschaftlichen Verhältnissen wird eine unvorhergesehene Ausgabe eher außergewöhnlich hoch erscheinen als bei gehobenem Lebenszuschnitt. Ausschlaggebend ist das Verhältnis der in Frage stehenden Aufwendung zu den Mitteln, die dem Berechtigten für seinen laufenden Unterhalt zur Verfügung stehen.[9]

6 In der Wortwahl des Gesetzes, das nur einen „außergewöhnlich" hohen Bedarf als Sonderbedarf gelten läßt, kommt zum Ausdruck, daß es im Zweifel bei der laufenden Unterhaltsrente, die den gesamten regelmäßigen Bedarf einschließlich etwaigen Mehrbedarfs abzudecken hat, sein Bewenden haben muß und nur **in Ausnahmefällen** die gesonderte Ausgleichung unvorhergesehener Ausgaben erfolgen soll. Die Pauschalierung des laufenden Unterhalts soll im Interesse einer Befriedung und Beruhigung des Verhältnisses von Unterhaltsgläubiger und Unterhaltsschuldner die Berücksichtigung bedarfserhöhender Umstände nach Möglichkeit vermeiden.[10] Vgl. dazu Rn 2/125, 2/212 ff.

7 Sonderbedarf wird nur geschuldet, wenn und soweit der Pflichtige **leistungsfähig** ist. Ihm muß beim Kindesunterhalt mindestens der notwendige Selbstbehalt nach den Tabellen und Leitlinien verbleiben (vgl. Rn 2/264, 2/266, für das Beitrittsgebiet Rn 6/626). Denselben Maßstab wird man vielfach beim Trennungsunterhalt anlegen können. Beim nachehelichen Unterhalt ist § 1581 BGB zu beachten. Die Leistungsfähigkeit muß **im Zeitpunkt der Fälligkeit des Sonderbedarfs** bestehen.[11] Wird der Schuldner erst zu einem späteren Zeitpunkt leistungsfähig, entsteht eine Nachzahlungspflicht nicht.[12] Dies gilt auch dann, wenn der Schuldner innerhalb der Jahresfrist des § 1613 II Nr. 1 BGB zu höherem Einkommen gelangt, das ihm nunmehr die Befriedigung des Sonderbedarfs erlauben würde.[13] Andererseits wird man nicht verlangen können, daß der Schuldner in der Lage sein muß, den Sonderbedarf gerade aus dem Einkommen des laufenden Monats aufzubringen. Der Berechtigte hat die Obliegenheit, den Schuldner rechtzeitig auf die Entstehung von Sonderbedarf **hinzuweisen**, damit dieser die erforderlichen Rücklagen bilden und den Anspruch bei Fälligkeit (Rn 8) erfüllen kann.[14] Zudem ist ggf. der Berechtigte, beim Kindesunterhalt der andere Elternteil, an der Finanzierung des Sonderbedarfs zu beteiligen; vgl. dazu Rn 10 ff.

8 Der Anspruch auf Erstattung des Sonderbedarfs wird **fällig**, sobald der besondere Bedarf entsteht, in der Regel also, wenn die Kosten dem Berechtigten in Rechnung gestellt werden. Dies kann zu Schwierigkeiten führen, da der Berechtigte dann den Bedarf vorfinanzieren muß. Jedoch steht dem Berechtigten die Klage auf künftige Leistung nach § 259 ZPO offen; hierfür ist nur notwendig, daß der Schuldner seine Leistungspflicht ernstlich, wenn auch gutgläubig bestreitet.[15] Einer Feststellungsklage bedarf es nicht. Im

---

[7] OLG Karlsruhe NJW-RR 1998, 1226
[8] Ähnlich OLG Karlsruhe, FamRZ 1991, 1349; NJW-RR 1998, 1226
[9] BGH, FamRZ 1982, 145 = R 95; OLG Karlsruhe NJW-RR 1998, 1226; vgl. auch BVerfG, FamRZ 1999, 1342
[10] BGH, FamRZ 1982, 145 = R 95; BGH FamRZ 1984, 470, 472 = R 202 f
[11] OLG Karlsruhe NJW-RR 1998, 1226
[12] KG, FamRZ 1993, 501 = NJW-RR 1993, 1223; OLG Köln, FamRZ 1986, 593
[13] Anders Schwab/Borth, 3. Aufl., IV 136
[14] OLG Hamburg, FamRZ 1991, 109 mit Anm. Henrich, a.a.O.; vgl. auch OLG Hamm, FamRZ 1994, 1281
[15] BGH, NJW 1978, 1262

übrigen darf das Problem nicht überbewertet werden. Werden für längere Zeit Aufwendungen erforderlich, die über den Regelbedarf hinausgehen, liegt im Zweifel kein Sonderbedarf, sondern Mehrbedarf vor, der durch Erhöhung des laufenden Unterhalts auszugleichen ist (vgl. Rn 2/317 ff., 4/437 ff).

Sonderbedarf kann für die **Vergangenheit** auch dann verlangt werden, wenn die Voraussetzungen des § 1613 I BGB nicht vorliegen, insbesondere der Schuldner nicht in Verzug gesetzt worden ist. Der Anspruch erlischt jedoch spätestens ein Jahr nach seiner Entstehung, wenn nicht vor Fristablauf Verzug oder Rechtshängigkeit eingetreten sind (§ 1613 II 1 BGB). Zur Obliegenheit, den Schuldner rechtzeitig auf bevorstehenden Sonderbedarf hinzuweisen, vgl. Rn 7; zum Unterhalt für die Vergangenheit vgl. Rn 6/100 ff.

2. Beteiligung des Unterhaltsgläubigers an der Finanzierung des Sonderbedarfs

a) **Ehegattenunterhalt.** Sonderbedarf wird nur in seltenen Fällen auszugleichen sein, wenn der **Unterhaltsbedarf** bei besonders guten wirtschaftlichen Verhältnissen nicht nach einer Quote, sondern **konkret bemessen** wird (vgl. Rn 4/366 ff.). In derartigen Fällen ist der laufende Unterhalt meist so hoch, daß der Berechtigte auch höhere außergewöhnliche Ausgaben selbst tragen kann. Kommt gleichwohl der Ausgleich von Sonderbedarf, z. B. außergewöhnlich hoher Umzugskosten, in Betracht, muß der Verpflichtete vielfach den Sonderbedarf zusätzlich zum laufenden Unterhalt zahlen. Voraussetzung ist allerdings, daß sein Einkommen nicht nur für den laufenden Unterhalt, sondern auch für den Sonderbedarf ausreicht, ohne daß sein eigener angemessener Bedarf gefährdet wäre (§ 1581 BGB), oder daß er über Vermögen verfügt (vgl. Rn 11).

Durch **Bemessung des laufenden Unterhalts nach Quoten** wird bereits eine angemessene Aufteilung der verfügbaren Mittel nach dem Halbteilungsgrundsatz durchgeführt. Dann ist es, jedenfalls wenn der Pflichtige nicht über zusätzliche (nichtprägende) Einkünfte verfügt (vgl. dazu Rn 4/231), nicht gerecht, daß Sonderbedarf allein von ihm aufgebracht wird, weil der Schuldner ihn in der Regel aus der ihm verbleibenden Quote zahlen müßte, während der Berechtigte den Sonderbedarf zusätzlich zur ungeschmälerten Quote erhalten würde. Infolgedessen muß der Berechtigte in solchen Fällen den Sonderbedarf ganz oder zum Teil selbst tragen. Ob und ggf. in welchem Verhältnis eine Aufteilung des Sonderbedarfs vorzunehmen ist, hängt von den Umständen des Einzelfalles ab.[16] Haben beide Ehegatten keine zusätzlichen Einkünfte, kann ein hälftiger Ausgleich angemessen sein. Verfügt der Berechtigte über Vermögen, wird er in der Regel den Stamm des Vermögens zur Finanzierung des Sonderbedarfs verwerten müssen, auch wenn er ihn zur Bestreitung des laufenden Unterhalts nicht einzusetzen hat (vgl. dazu Rn 1/310 ff).

Eine für den Berechtigten günstigere Aufteilung des Sonderbedarfs kann in Betracht kommen, wenn die Belastung des Verpflichteten durch den Ehegattenunterhalt gering ist,
– weil der Schuldner über **nichtprägende Einkünfte** verfügt, die das in der Ehe angelegte Einkommen deutlich übersteigen, er z. B. nach der Scheidung unerwartet befördert worden ist (vgl. Rn 4/240, 4/321),
– weil der Berechtigte über Einkünfte verfügt, die auf seinen nur nach dem Einkommen des Pflichtigen berechneten Bedarf angerechnet werden, der Unterhalt also nach der **Anrechnungsmethode** bemessen wird (vgl. Rn 4/395 f).

b) **Kindesunterhalt.** Auch beim Kindesunterhalt schuldet der Pflichtige nicht stets den vollen Ausgleich des Sonderbedarfs. Insbesondere wenn er über ein geringes Einkommen verfügt, kann von ihm vielfach nur eine **Beteiligung am Sonderbedarf** verlangt werden. Den Rest muß der Berechtigte aus der laufenden Unterhaltsrente entnehmen oder sich, falls dies nicht möglich ist, an das Sozialamt wenden, das Hilfe in beson-

---

[16] BGH, FamRZ 1983, 29 = R 138; BGH, FamRZ 1982, 145 = R 95

deren Lebenslagen gewähren kann (§ 27 BSHG). Auch der **betreuende Elternteil** kann verpflichtet sein, zum Sonderbedarf beizutragen, wenn er eine Erwerbstätigkeit ausübt oder über sonstige Einkünfte verfügt.[16a] Maßstab für die Höhe des Beitrags sind die beiderseitigen Erwerbs- und Vermögensverhältnisse (§ 1606 III 1 BGB). Die Pflege und Betreuung eines minderjährigen Kindes schließen eine Beteiligung am Sonderbedarf ebensowenig aus wie einen Beitrag zum Mehrbedarf (vgl. Rn 2/289 ff, 2/325). Der Kindesbetreuung kann durch eine wertende Veränderung des Verteilungsschlüssels Rechnung getragen werden (vgl. Rn 2/306).

3. Einzelfälle

14   Als Sonderbedarf kommen vor allem Kosten in Betracht, die durch eine **Krankheit** oder eine Behinderung entstehen, insbesondere Aufwendungen für ambulante oder stationäre Behandlung, eine Kur, für Hilfsmittel, z. B. ein Behindertenfahrzeug, Prothesen, Brillen usw. Voraussetzung ist, daß die Kosten nicht von einer Krankenkasse getragen werden. Sie müssen im übrigen angemessen sein. So ist ein Brillengestell, das mehrere hundert DM kostet, für ein Kind, das nur einen geringen Tabellenunterhalt bezieht, in der Regel nicht angemessen. Andererseits muß sich der Pflichtige, sofern er leistungsfähig ist, auch an außergewöhnlich hohen, aber unvermeidbaren Behandlungskosten eines krebskranken Ehegatten unter dem Gesichtspunkt des Sonderbedarfs beteiligen.[17] Erfordert die Krankheit eine längere Behandlung, deren Dauer sich nicht absehen läßt, insbesondere einen Heimaufenthalt oder zahlreiche psychotherapeutische Behandlungen,[18] liegt kein Sonderbedarf, sondern Mehrbedarf (Rn 3, 2/133, 4/437 ff) vor. Die Vergütung, die für die rechtliche Betreuung eines Behinderten an den Betreuer oder an die Staatskasse zu zahlen ist (§§ 1835 ff, 1836 d Nr. 2 1836 e, 1908 i BGB), kann der Sonderbedarf, bei längerer Betreuung auch Mehrbedarf sein.[19] Dasselbe gilt für die Vergütung eines Vormunds für ein minderjähriges Kind. Vgl. Rn 2/317, 405, 3/23.

15   Die **Erstausstattung eines Säuglings** ist in angemessenem Rahmen Sonderbedarf.[20] Zwar sind die Geburt und die damit verbundene Notwendigkeit von Anschaffungen für die Mutter vorhersehbar. Das Kind hat jedoch erst mit der Geburt Anspruch auf Unterhalt und konnte daher Rücklagen für die erforderlich werdenden Anschaffungen nicht machen (vgl. Rn 4). Dies schließt freilich eine Beteiligung der Mutter an den Kosten der Erstausstattung nicht aus, wenn sie über Einkünfte oder Vermögen verfügt (vgl. Rn 13). Auf eheliche oder uneheliche Geburt des Kindes kommt es nicht an.[20a]

16   Kosten aus Anlaß der **Kommunion oder Konfirmation** können Sonderbedarf sein. Die aufwendige Bewirtung einer Vielzahl von Gästen in einer Gastwirtschaft gehört, jedenfalls wenn die Wohnung des Elternteils, bei dem das Kind lebt, ausreichend Platz für eine angemessene Zahl von Verwandten und Freunden bietet, nicht zum Bedarf des Kindes, sondern ist der Lebenshaltung des Elternteils zuzurechnen.[21] Die Kosten müssen sich in einem angemessenen Rahmen halten und sich an den Einkommens- und Vermögensverhältnissen der Eltern, insbesondere des barunterhaltspflichtigen Elternteils orientieren (vgl. Rn 13). An der Voraussehbarkeit des Zusatzbedarfs sollte dagegen eine angemessene Beteiligung des barunterhaltspflichtigen Elternteils nicht scheitern (vgl. dazu Rn 3 f.). Im einzelnen ist vieles streitig. Die Sonderbedarf befürwortenden und ablehnenden Entscheidungen halten sich etwa die Waage.[22]

[16a] BGH FamRZ 1998, 286 = R 518 a; FamRZ 1983, 689 = R 169 a
[17] BGH, FamRZ 1992, 291 = R 440
[18] OLG Hamm, FamRZ 1996, 1218; OLG Saarbrücken, FamRZ 1989, 1224
[19] OLG Nürnberg, MDR 1999, 616.
[20] BVerfG, FamRZ 1999, 1342; OLG Nürnberg, FamRZ 1993, 995
[20a] BVerfG, FamRZ 1999, 1342
[21] OLG Karlsruhe, FamRZ 1991, 1349, 1350; FamRZ 1995, 1009
[22] Vgl. z. B. OLG Frankfurt/Main, FamRZ 1988, 100; OLG Düsseldorf, FamRZ 1990, 1144 einerseits, KG, FamRZ 1987, 306; OLG Hamm, FamRZ 1991, 1332; OLG Karlsruhe, FamRZ 1995, 1009 andererseits

1. Abschnitt: Selbständige Bestandteile des Unterhaltsanspruchs § 6

Urlaub begründet keinen Sonderbedarf, ebensowenig die Teilnahme an einer Jugendfreizeit. Die dadurch entstehenden Kosten sind aus dem laufenden Unterhalt zu bestreiten. Anders kann es dagegen bei einer **Klassenfahrt** liegen.[23] Vorübergehender **Nachhilfeunterricht**, der nicht aus dem laufenden Unterhalt finanziert werden kann, ist in der Regel Sonderbedarf. Ist das Kind dagegen ständig auf Nachhilfe angewiesen, besucht es eine **Privatschule**, die Schulgeld erhebt, oder ein **Internat**, handelt es sich um regelmäßigen Mehrbedarf[24] (vgl. dazu Rn 2/133 ff, 2/317). Zu **Kindergartenkosten** vgl. Rn 2/275. Die Kosten eines längeren **Auslandsstudiums** sind Mehrbedarf, nicht Sonderbedarf.[25] Vgl. dazu im einzelnen Rn 2/67. Dagegen wird man die Kosten der Anschaffung eines teuren **Musikinstrumentes** für ein begabtes Kind oder einen Musikstudenten als Sonderbedarf anerkennen müssen; jedoch ist zu verlangen, daß der Berechtigte den Pflichtigen rechtzeitig auf die zu erwartende Ausgabe hinweist, damit dieser Rücklagen bilden kann.[26] Vgl. dazu Rn 7. 17

Umzugskosten und die Kosten der Einrichtung einer neuen Wohnung können Sonderbedarf sein und vor allem neben laufendem Ehegattenunterhalt zu erstatten sein.[27] Vgl. zum Umfang des Anspruchs Rn 10 f. 18

Für **Prozeßkosten** besteht die Spezialregelung der §§ 1360a IV, 1361 IV 3 BGB. Danach kann nur unter bestimmten Voraussetzungen ein **Prozeßkostenvorschuß** (vgl. Rn 20 ff) verlangt werden. Der Umstand, daß der Unterhaltsberechtigte infolge eines verlorenen Rechtsstreits oder infolge anwaltlicher Beratung Kosten zu tragen hat, begründet keinen unterhaltsrechtlichen Sonderbedarf. Denn die Unterhaltspflicht umfaßt grundsätzlich nicht die Verpflichtung, Schulden des Berechtigten zu tilgen.[28] Dagegen hat der BGH[29] die Kosten des nichtehelichen Kindes für den Ehelichkeitsanfechtungsprozeß als Sonderbedarf anerkannt, für den der als Vater festgestellte Erzeuger aufzukommen hat. Zur Prozeßkostenvorschußpflicht des Scheinvaters vgl. Rn 30. 19

II. Prozeßkostenvorschuß

1. Anspruchsberechtigte

Eine Prozeßkostenvorschußpflicht besteht zwischen verheirateten, nicht getrenntlebenden Ehegatten (§ 1360a IV BGB). Die Vorschrift enthält eine abschließende Regelung der Prozeßkostenvorschußpflicht unter Ehegatten.[30] Der Anspruch ist unterhaltsrechtlicher Natur und Teil des **Familienunterhalts**.[31] 20

Für **getrenntlebende Ehegatten** verweist § 1361 IV 3 BGB auf die Vorschrift des § 1360a IV BGB. 21

Geschiedene Ehegatten sind nicht verpflichtet, einander Prozeßkosten vorzuschießen. Eine entsprechende Anwendung des § 1360a IV BGB kommt nicht in Betracht. Prozeßkosten sind auch nicht Teil des gesamten Lebensbedarfs im Sinne des § 1578 I 2 BGB; sie sind auch kein Sonderbedarf (vgl. Rn 19).[32] Die Prozeßkostenvorschußpflicht endet daher 22

---

[23] OLG Köln, NJW 1999, 295; OLG Hamm, FamRZ 1993, 346; OLG Braunschweig, FamRZ 1995, 1010; Vogel, FamRZ 1991, 1134 mit weiteren Nachweisen
[24] OLG Köln, NJW 1999, 295; vgl. auch OLG Zweibrücken, FamRZ 1994, 770, 771
[25] OLG Hamm, FamRZ 1994, 1281; vgl. auch BGH, FamRZ 1992, 1064 = R 446
[26] Vgl. OLG Frankfurt/Main, FamRZ 1995, 631, dem ich nur teilweise folgen kann; OLG Karlsruhe, FamRZ 1997, 967
[27] BGH, FamRZ 1983, 29 = R 138; OLG München, FamRZ 1996, 1411
[28] BGH, NJW 1985, 2265; anders OLG München, FamRZ 1990, 312, das offenbar unter engen Voraussetzungen einen Anspruch auf Sonderbedarf bejahen will
[29] FamRZ 1988, 387 ff. = NJW 1988, 2604 ff.; OLG Dresden, FamRZ 1999, 303; OLG München, FamRZ 1997, 1286
[30] BGH, FamRZ 1964, 197 = NJW 1964, 1129, 1131
[31] BGH, FamRZ 1985, 802 = NJW 1985, 2263
[32] BGH, FamRZ 1984, 148 = R 182

mit der Scheidung. Wird ein Verbundurteil durch Berufung oder Beschwerde nur hinsichtlich einer oder mehrerer Folgesachen angegriffen und wird daher der Scheidungsausspruch während des Verfahrens im zweiten Rechtszug rechtskräftig (§ 629a III ZPO), kann ein Prozeßkostenvorschuß nicht mehr durch einstweilige Anordnung nach § 620 S. 1 Nr. 9 ZPO zugesprochen werden, da der Anspruch erloschen ist.[33] Das Gegenteil ergibt sich auch nicht aus §§ 127a, 620 Nr. 9 ZPO. Denn diese Verfahrensvorschriften setzen den Bestand eines materiell-rechtlichen Anspruchs auf einen Prozeßkostenvorschuß voraus.[34] Jedoch wird man dem bedürftigen Ehegatten gegen den anderen einen Schadensersatzanspruch nach §§ 286, 287 S. 2 BGB zubilligen müssen, wenn er ihn vor Rechtskraft der Scheidung in Verzug gesetzt hat.[35] Dieser Anspruch kann aber nicht Gegenstand einer einstweiligen Anordnung sein. Ist vor Rechtskraft der Scheidung der Prozeßkostenvorschuß durch Urteil oder einstweilige Anordnung zugesprochen worden, kann aus dem Titel auch in der nachfolgenden Zeit vollstreckt werden.[36] Vgl. dazu Rn 34.

23 **Minderjährige, unverheiratete Kinder** haben nach allgemeiner Auffassung Anspruch auf Prozeßkostenvorschuß gegen ihre Eltern.[37]

24 Eltern sind unter den noch zu erörternden Voraussetzungen (vgl. Rn 26–30) verpflichtet, ihren **volljährigen Kindern** die Kosten eines Prozesses vorzuschießen, aber nur dann, wenn diese noch keine selbständige Lebensstellung erreicht haben.[38] Dies gilt nicht nur für privilegiert volljährige Kinder (Rn 2/452ff), sondern für alle volljährigen Kinder bis zum Abschluß der Ausbildung. Jedoch braucht der Vater einer verheirateten Tochter keinen Vorschuß für die Kosten eines Scheidungsprozesses zu leisten.[39] Dasselbe gilt für die Eltern eines Sohnes, der von einem nichtehelichen Kind auf Feststellung der Vaterschaft in Anspruch genommen wird.[40] **Eltern** haben gegen ihre volljährigen, erst recht gegen ihre minderjährigen Kinder keinen Anspruch auf Prozeßkostenvorschuß.[41] Auch im Verhältnis zwischen Großeltern und Enkeln besteht keine Prozeßkostenvorschußpflicht.[42] Vgl. dazu Rn 2/613.

2. Anspruchsvoraussetzungen

25 Der Anspruch auf Prozeßkostenvorschuß ist sowohl beim Ehegatten als auch beim minderjährigen oder volljährigen Kind aus der **Unterhaltspflicht** des Ehegatten bzw. der Eltern herzuleiten.[43] Da der **betreuende Elternteil** durch die Pflege und Erziehung des minderjährigen Kindes nach § 1606 III 2 BGB nur in der Regel seine Unterhaltspflicht erfüllt (vgl. dazu Rn 2/11ff), ist es nicht generell ausgeschlossen, auch ihn auf Leistung eines Prozeßkostenvorschusses in Anspruch zu nehmen.[44] Vgl. zur ähnlichen Problematik beim Mehrbedarf des minderjährigen Kindes Rn 2/289, 325. Allerdings wird die Lei-

---

[33] OLG München, FamRZ 1997, 1542; anders OLG Nürnberg, FamRZ 1990, 421; Kalthoener/Büttner, 6. Aufl., Rn 374
[34] BGH, FamRZ 1984, 184 = R 182
[35] Vgl. zu der vergleichbaren Problematik, wenn der säumige Schuldner den Anspruch nicht vor Beendigung des Verfahrens, für das der Kostenvorschuß benötigt wird, erfüllt: OLG Köln, FamRZ 1992, 842 mit abl. Anm. Knops, a.a.O.
[36] Vgl. OLG Frankfurt/Main, FamRZ 1993, 1465, 1467
[37] Vgl. Schwab/Borth IV 65 mit weiteren Nachweisen (auch zum Rechtsgrund des Anspruchs)
[38] OLG Köln, FamRZ 1994, 1409; OLG Nürnberg, FamRZ 1996, 814; OLG Zweibrücken, FamRZ 1996, 891; gegen eine Prozeßkostenvorschußpflicht der Eltern überhaupt OLG Hamm, FamRZ 1995, 1008
[39] OLG Hamburg, FamRZ 1990, 1141
[40] OLG Düsseldorf, FamRZ 1990, 420
[41] OLG München, FamRZ 1993, 821
[42] Kalthoener/Büttner, 6. Aufl., Rn 380; unklar OLG Koblenz, FamRZ 1999, 241 einerseits, FamRZ 1997, 681 andererseits
[43] Schwab/Borth IV 62, 65
[44] OLG Karlsruhe, FamRZ 1996, 1100; OLG Jena FamRZ 1998, 1302; a. A. OLG München, FamRZ 1991, 347; OLG Schleswig, FamRZ 1991, 855. Vgl. auch BGH FamRZ 1998, 286 = R 518a; FamRZ 1983, 689 = R 169a

1. Abschnitt: Selbständige Bestandteile des Unterhaltsanspruchs　　　　　　§ 6

stungsfähigkeit des betreuenden Elternteils (Rn 27) näher geprüft werden müssen; im Rahmen der Billigkeit (Rn 30) sind besondere Belastungen durch die Kindesbetreuung, z. B. neben einer Erwerbstätigkeit, und die Einkommens- und Vermögensverhältnisse des anderen Elternteils zu berücksichtigen.

Der Anspruch auf Prozeßkostenvorschuß ist an folgende Voraussetzungen geknüpft: Der Berechtigte muß **bedürftig**, also außerstande sein, die Prozeßkosten selbst zu tragen. Er muß ggf. auch den **Stamm seines Vermögens** für die Finanzierung des Rechtsstreits einsetzen, zumal auch bei intakter Ehe die Kosten eines Prozesses vielfach nicht aus dem laufenden Einkommen bestritten, sondern den Ersparnissen entnommen werden.[45] Ein Prozeßkostenvorschuß wird daher in der Regel nicht geschuldet, wenn der Ehegatte, der den Prozeß führen will, aus der Veräußerung des Familienheims ausreichende Mittel erhalten hat.[46] Nur in Ausnahmefällen, z. B. wenn die Vermögenslage des anderen Ehegatten wesentlich günstiger ist und der Berechtigte den Stamm des Vermögens derzeit nur schwer verwerten kann, weil er Geld langfristig angelegt hat, kann ein Prozeßkostenvorschuß der Billigkeit entsprechen. Zur Rückzahlungspflicht in solchen Fällen vgl. Rn 34. Bei Kindern, insbesondere minderjährigen Kindern, wird man allerdings bei der Verweisung auf den Stamm des Vermögens zurückhaltend sein müssen. Macht ein Elternteil gemäß § 1629 III Unterhalt im Wege der Prozeßstandschaft geltend (vgl. Rn 2/316 a, 8/17), kommt es auf seine Bedürftigkeit, nicht auf diejenige des Kindes an.[47] 26

Der Schuldner muß **leistungsfähig** sein. Daran fehlt es in aller Regel, wenn er den Prozeßkostenvorschuß nur mit Hilfe eines Kredits aufbringen kann. Anders mag es sein, wenn der Pflichtige über Vermögen verfügt, derzeit aber nicht liquide ist. Wer selbst, wenn auch gegen Raten, **Prozeßkostenhilfe** erhalten könnte, braucht keinen Prozeßkostenvorschuß zu leisten. Daher ist es verfehlt, dem Unterhaltspflichtigen aufzuerlegen, den **Prozeßkostenvorschuß in Raten** zu entrichten, und gleichzeitig dem Unterhaltsberechtigten Prozeßkostenhilfe gegen Raten in Höhe der Zahlungen auf den Prozeßkostenvorschuß zu bewilligen.[48] Richtet sich der Rechtsstreit, den der Berechtigte zu führen beabsichtigt, gegen den Verpflichteten, kommt ein Prozeßkostenvorschuß ohnehin nur in Betracht, wenn zunächst die eigenen Kosten des Schuldners aufgebracht sind. Der Maßstab an die Leistungsfähigkeit kann nicht so streng sein wie beim Sonderbedarf (vgl. Rn 7). **Schulden** sind mindestens in dem Rahmen zu berücksichtigen, in dem sie bei Bewilligung von Prozeßkostenhilfe anzuerkennen wären (§ 115 I 3 Nr. 4 ZPO). Ein Vorrang des Prozeßkostenvorschusses vor der Tilgung von Schulden besteht nicht.[49] Dem Pflichtigen wird auch gegenüber einem minderjährigen Kind mindestens sein angemessener Bedarf, der nach der Düsseldorfer Tabelle 1800,– DM beträgt (vgl. dazu, auch zu abweichenden Sätzen anderer Oberlandesgerichte Rn 2/272, 2/417 ff; zum angemessenen Bedarf im Beitrittsgebiet vgl. Rn 6/632), verbleiben müssen.[50] Beim Ehegattenunterhalt scheidet ein Prozeßkostenvorschuß in der Regel aus, wenn der Unterhalt nach Quoten bemessen wird und zusätzliches nichtprägendes Einkommen nicht vorhanden ist (vgl. zu gleichgelagerten Problematik beim Sonderbedarf Rn 11 f). 27

Der beabsichtigte Rechtsstreit muß eine **persönliche Angelegenheit** betreffen, also eine genügend enge Verbindung zur Person des betreffenden Ehegatten haben.[51] Es genügt nicht, daß der Prozeß lebenswichtig ist oder die Existenzgrundlage berührt. Eine allgemeingültige Definition des Begriffs der persönlichen Angelegenheit wird sich nur schwer finden lassen.[52] Auch vermögensrechtliche Ansprüche können hierunter fallen, 28

---

[45] Vgl. BGH, FamRZ 1985, 360 = R 244 a
[46] Schwab/Borth IV 74
[47] OLG Köln, FamRZ 1993, 1472; a. A. OLG Bamberg, FamRZ 1994, 635 m. w. N.
[48] OLG München, FamRZ 1993, 714, gegen KG, FamRZ 1990, 183; OLG Koblenz, FamRZ 1991, 346; OLG Zweibrücken, FamRZ 1997, 757
[49] So mit Recht Schwab/Borth IV 77; anderer Ansicht OLG Hamm, FamRZ 1986, 1013; OLG Karlsruhe, FamRZ 1987, 1062
[50] OLG Karlsruhe, FamRZ 1997, 757; Schwab/Borth IV 77
[51] BGH, FamRZ 1964, 197, 199 = NJW 1964, 1129, 1131
[52] BGH, FamRZ 1964, 197, 199 = NJW 1964, 1129, 1131

selbst wenn sie sich gegen einen Dritten richten, aber ihre Wurzel im persönlichen Lebensbereich haben.[53] Dies ist allerdings bei gesellschaftrechtlichen Ansprüchen gegen einen Verwandten nicht der Fall.[54] Persönliche Angelegenheiten sind dagegen
- Ehesachen und sämtliche Familiensachen im Sinne des § 621 ZPO, insbesondere Unterhaltssachen,[55]
- Ansprüche, die ihre Wurzel in der ehelichen Lebensgemeinschaft haben, insbesondere auf Auseinandersetzung des Vermögens zwischen Eheleuten, einschließlich des sie vorbereitenden Auskunftsprozesses,[56]
- Vormundschafts-, Pflegschafts-, Betreuungs- und Unterbringungssachen,[57]
- alle Statusverfahren,[58] insbesondere auch Verfahren auf Feststellung der Vaterschaft und Anfechtung der Ehelichkeit (vgl. dazu aber Rn 30),[59]
- Ansprüche auf Ersatz eines Körperschadens einschließlich Schmerzensgeld,[60]
- Ansprüche auf Ausbildungsförderung nach dem BAföG, nicht dagegen Ansprüche auf Rückforderung zu Unrecht bezogener Förderungsmittel,[61]
- Prozesse um Renten aus der Sozialversicherung,[62]
- Kündigungsschutzprozesse,[63]
- die Verteidigung in einem Strafverfahren (§ 1360 a IV BGB),
- Ansprüche auf Sozialhilfe,[64]
- Anfechtung von Ausweisungs- und Abschiebungsverfügungen der Ausländerbehörden.[65]

29 Die beabsichtigte Rechtsverfolgung muß **hinreichende Aussicht auf Erfolg** bieten; sie darf nicht mutwillig sein. Es müssen hier dieselben Anforderungen gestellt werden, wie sie für die Bewilligung von Prozeßkostenhilfe gelten (§ 114 ZPO).[66] Es besteht kein Anlaß, die Prozeßkostenvorschußpflicht an geringere Voraussetzungen als die Prozeßkostenhilfe zu knüpfen und sie schon dann eingreifen zu lassen, wenn die Rechtsverfolgung nicht offensichtlich aussichtslos erscheint.[67] Dies würde nicht der Billigkeit entsprechen. Es widerspricht dem Rechtsgefühl und ist dem Pflichtigen nicht begreiflich zu machen, daß er nicht nur die Kosten eines verlorenen Prozesses, sondern auch eines solchen zu tragen hat, den er selbst gewonnen hat, wenn nur der Rechtsstreit nicht offensichtlich aussichtslos war. Daher muß die Rechtsverfolgung wenigstens bei vorausschauender Betrachtung erfolgversprechend im Sinne des § 114 ZPO gewesen sein. Zur Rückforderung des Prozeßkostenvorschusses vgl. Rn 34.

30 Die Zubilligung des Prozeßkostenvorschusses muß unter Berücksichtigung der bisher aufgeführten Kriterien (Rn 26–29) und der sonstigen Umstände der **Billigkeit** entsprechen. So kann es unbillig sein, den zweiten Ehegatten mit den Kosten eines Rechtsstreits zu belasten, in dem es um vermögensrechtliche Ansprüche seines Partners aus dessen früheren Ehe geht.[68] Anders kann es dagegen sein, wenn um Sorge- und Umgangsrecht für die Kinder aus der ersten Ehe gestritten wird. Hier wird in jedem Einzelfall geprüft werden müssen, ob die Prozeßkostenvorschußpflicht für den zweiten Ehegatten zumutbar ist

---

[53] BGH, FamRZ 1960, 130 = NJW 1960, 765; FamRZ 1964, 197, 199 = NJW 1964, 1129, 1131
[54] BGH, FamRZ 1964, 197, 199 = NJW 1964, 1129, 1131
[55] Schwab/Borth IV 72; vgl. auch BGH, FamRZ 1960, 130 = NJW 1960, 765
[56] BGH, FamRZ 1960, 130 = NJW 1960, 765
[57] Palandt/Diederichsen, § 1360 a Rn 18
[58] Palandt/Diederichsen, § 1360 a Rn 18
[59] OLG Hamburg, FamRZ 1996, 224; OLG Karlsruhe, FamRZ 1996, 872 mit kritischer Anm. Gottwald, FamRZ 1996, 873
[60] OLG Köln, FamRZ 1994, 1109
[61] OVG Hamburg, FamRZ 1991, 960
[62] BSG, NJW 1960, 502
[63] LAG Berlin, MDR 1982, 436
[64] OVG Münster, JurBüro 1992, 185
[65] Hess. VGH, EzFamR § 1360a BGB Nr. 9
[66] So mit Recht Schwab/Borth IV 80
[67] So aber Palandt/Diederichsen, § 1360 a Rn 20 mit weiteren Nachweisen
[68] OLG Nürnberg, FamRZ 1986, 697; a. A.: OLG Koblenz, FamRZ 1986, 466; OLG Hamm, FamRZ 1989, 277

1. Abschnitt: Selbständige Bestandteile des Unterhaltsanspruchs § 6

oder nicht.[69] Unterhalt für ein Kind des Ehegatten aus dessen früherer Ehe ist allein eine persönliche Angelegenheit des Kindes und nicht des Elternteils; eine Prozeßkostenvorschußpflicht des Ehegatten scheidet daher von vornherein aus.[70] Macht ein Ehegatte gegen den anderen einen auf den Sozialhilfeträger übergegangenen und rückabgetretenen Unterhaltsanspruch geltend (§ 91 IV BSHG), kommt ein Prozeßkostenvorschuß des Schuldners gleichfalls nicht in Betracht.[71] Vgl. Rn 558.

Bei Ehelichkeitsanfechtungsverfahren entspricht die Heranziehung des Ehemannes der Kindesmutter, der (noch) als Scheinvater gilt (§ 1592 Nr. 1 BGB), in der Regel nicht der Billigkeit, wenn bei vorausschauender Betrachtung davon auszugehen ist, daß die Anfechtung begründet ist. Zwar haftet der Scheinvater bis zur rechtskräftigen Feststellung der Nichtehelichkeit auf Unterhalt. Dies reicht allerdings allein für die Anwendung des § 1360a IV BGB nicht aus.[72] Erstattungsansprüche gegen den als Vater rechtskräftig festgestellten Mann, auf die vielfach verwiesen wird (vgl. Rn 19), sind häufig nicht realisierbar.[73] Zur Frage, ob die Kosten des Statusverfahrens als Sonderbedarf angesehen werden können, vgl. Rn 19.

Zur Haftung des Elternteils, der ein minderjähriges Kind betreut, vgl. Rn 25.

3. Inhalt des Anspruchs

Verlangt werden kann nur ein **Vorschuß** für die zu erwartenden Prozeßkosten. Dies bedeutet, daß nach Beendigung des Rechtsstreits oder der Instanz ein Anspruch auf die bereits entstandenen Kosten nicht mehr geltend gemacht werden kann.[74] Jedoch kann ein Schadensersatzanspruch entstehen, wenn der Schuldner vor Beendigung des Prozesses oder der jeweiligen Instanz in Verzug gesetzt worden ist.[75] 31

Die Höhe des Anspruchs richtet sich nach den Gebühren, die das Gericht und der Prozeßbevollmächtigte bereits vor Aufnahme ihrer Tätigkeit verlangen können. In bürgerlichen Rechtsstreitigkeiten sind nach § 65 I GKG, Nr. 1201 KV drei Gerichtsgebühren vor Klagezustellung zu zahlen, im Verbundverfahren dagegen nur eine Gerichtsgebühr für die Ehesache (§ 65 II GKG, Nr. 1510 KV). Rechtsanwälte haben Anspruch auf die voraussichtlich entstehenden Gebühren und Auslagen einschließlich der Mehrwertsteuer (§ 17 BRAGO), in Verfahren, in denen eine Beweisaufnahme zu erwarten ist, wie regelmäßig in einer Ehesache (§ 613 I 1 ZPO, § 31 I Nr. 3 BRAGO), auf drei Gebühren. 32

4. Prozessuales, Rückforderung des Prozeßkostenvorschusses

Der Prozeßkostenvorschuß ist vor den Familiengerichten geltend zu machen. Der Anspruch kann im ordentlichen Rechtsstreit eingeklagt werden. Dies geschieht wegen der Eilbedürftigkeit aber nur selten. Der Berechtigte kann jedoch durch **einstweilige Anordnung** die Zubilligung eines Prozeßkostenvorschusses erwirken
– im Verbundverfahren für die Ehesache und die Folgesachen (§ 620 Nr. 9 ZPO),
– in Unterhaltssachen (§ 127a ZPO),
– in sonstigen Familiensachen (§ 621f I ZPO). 33

Wird ein Kostenvorschuß für einen Prozeß vor einem Zivil- oder einem allgemeinen oder besonderen Verwaltungsgericht begehrt, steht dem Berechtigten der Weg der einstweiligen Verfügung offen, die beim Familiengericht zu beantragen ist.

Näheres zur Geltendmachung des Prozeßkostenvorschusses vgl. Rn 8/63 ff.

---

[69] Vgl. dazu Schwab/Borth IV 73
[70] OLG Schleswig, FamRZ 1991, 855
[71] AG Mosbach, FamRZ 1997, 1090
[72] So mit Recht OLG Koblenz, FamRZ 1999, 241; OLG Hamburg, FamRZ 1996, 224; a. A. OLG Karlsruhe, FamRZ 1996, 872 mit kritischer Anm. Gottwald, FamRZ 1996, 873
[73] OLG Hamburg, FamRZ 1996, 224; vgl. zu dieser Problematik auch BGH, FamRZ 1988, 387 = NJW 1988, 2604; OLG München, FamRZ 1996, 1426; OLG Nürnberg, FamRZ 1995, 1593
[74] BGH, FamRZ 1985, 902 = NJW 1985, 2265; OLG Köln, FamRZ 1991, 842
[75] OLG Köln, FamRZ 1991, 842

34 Der Prozeßkostenvorschuß kann – wie sonstiger Unterhalt – **grundsätzlich nicht zurückgefordert** werden. Allein die Tatsache, daß der Rechtsstreit gegen den anderen Ehegatten zuungunsten des Berechtigten ausgegangen ist und diesem demgemäß die Kosten auferlegt worden sind, führt nicht zu einer Rückzahlungsverpflichtung. Daher kann auch nach einer solchen Kostenentscheidung noch aus dem Titel vollstreckt werden, durch den der Kostenvorschuß zugesprochen worden ist.[76] Deshalb kann ein Prozeßkostenvorschuß im Kostenfestsetzungsverfahren grundsätzlich nicht berücksichtigt werden.[77] Vgl. dazu Rn 8/66. Ein Rückforderungsanspruch ist dagegen begründet, wenn sich die wirtschaftlichen Verhältnisse des vorschußberechtigten Ehegatten wesentlich gebessert haben oder die Rückzahlung aus sonstigen Gründen der Billigkeit entspricht.[78] Dies kann insbesondere der Fall sein, wenn er aus dem Zugewinnausgleich oder durch Verkauf eines den Ehegatten gemeinsam gehörenden Grundstücks beachtliche Geldmittel erhalten hat. Ein zur Rückzahlung verpflichtender Billigkeitsgrund kann vorliegen, wenn sich nachträglich herausstellt, daß die Voraussetzungen für die Gewährung des Vorschusses nicht gegeben waren, insbesondere wenn das Einkommen des Verpflichteten die Zahlung eines Vorschusses nicht zuließ.[79] Der Rückforderungsanspruch ist ein Anspruch eigener Art; er ist nicht aus §§ 812 ff BGB herzuleiten; deshalb gelten §§ 814, 818 III BGB nicht.[80]

35–99 *Zur Zeit nicht belegt.*

2. Abschnitt: Unterhalt für die Vergangenheit

I. Anspruchsvoraussetzungen

1. Gesetzliche Grundlagen

100 Unterhalt für die Vergangenheit kann beim Verwandtenunterhalt und Ansprüchen nach § 1615 l I, II BGB, beim Familienunterhalt nach §§ 1360 a III, 1613 I BGB, beim Trennungsunterhalt nach §§ 1361 IV 4, 1360 a III, 1613 I BGB und beim nachehelichen Unterhalt nach § 1585 b II BGB verlangt werden. Seit Inkrafttreten des KindUG am 1. 7. 1998 sind die Voraussetzungen aber – unverständlicherweise – unterschiedlich geregelt, da lediglich § 1613 BGB, nicht aber auch § 1585 b BGB geändert wurde. Beim **Verwandtenunterhalt, Unterhalt nach § 1615 l I, II BGB,** Familien- und **Trennungsunterhalt** kann ein Rückstand nicht nur wie bisher nach § 1613 I 1 BGB ab **Rechtshängigkeit** und **Verzug**, sondern auch ab **Auskunftsbegehren** zum Zweck der Geltendmachung eines Unterhaltsanspruches begehrt werden. Beim **nachehelichen Unterhalt** ist dagegen gemäß § 1585 b BGB Voraussetzung entweder **Rechtshängigkeit** des Unterhaltsanspruchs oder **Verzug**. Wegen der gesetzlichen Sonderregelung tritt Verzug dabei nicht generell nach § 284 II BGB mit Kalenderfälligkeit ein, weil der Unterhalt gemäß §§ 1361 IV 2, 1585 I 2, 1612 III 1 BGB monatlich im voraus zu zahlen ist (s. unten Rn 114). Eine Unterhaltsnachforderung ist vielmehr ausgeschlossen, wenn sich der Bedürftige untätig verhält. Der Unterhalt dient seinem Wesen nach zur Bestreitung der laufenden Lebensbedürfnisse, soweit der Bedürftige nichts verlangt, ist davon auszugehen, daß er sie selbst decken kann. Der Verpflichtete muß außerdem rechtzeitig in die Lage versetzt werden, sich auf die laufenden Unterhaltsleistungen einzustellen.[1]

---

[76] BGH, NJW 1985, 2263
[77] OLG Düsseldorf, FamRZ 1996, 1409 m. w. N.
[78] BGH, NJW 1971, 1262; NJW 1985, 2263
[79] BGH, FamRZ 1990, 491 = R 415
[80] BGH, FamRZ 1990, 491 = R 415
[1] BGH, FamRZ 1992, 920 = R 449 a; FamRZ 1989, 150, 152 = R 375

2. Abschnitt: Unterhalt für die Vergangenheit § 6

Seit der Neufassung des § 1613 BGB kann der Verwandtenunterhalt, Unterhalt nach 100a
§ 1615 l I, II BGB, Familien- und Trennungsunterhalt **ab dem 1. des Monats** verlangt
werden, indem Rechtshängigkeit oder Verzug eintrat, bzw. Auskunft begehrt wurde,
wenn der Anspruch dem Grunde nach bestand (§ 1613 I 2 BGB). Beim nachehelichen
Unterhalt verbleibt es dagegen bei der bisherigen Rechtsprechung, daß Unterhalt erst ab
dem Tag der Rechtshängigkeit, bzw. dem Eintritt des Verzugs zugesprochen werden
kann[2] (s. näher Rn 126). Die Neuregelung in § 1613 I 2 BGB führt zu einer erheblichen
Verfahrensvereinfachung, da der Unterhalt nicht mehr tageweise auszurechnen ist; es ist
zu hoffen, daß der Gesetzgeber baldigst § 1585 b II BGB entsprechend anpaßt.

Beim **Sonderbedarf** als selbständigen Bestandteil des Unterhaltsanspruchs gelten die 101
oben angeführten Einschränkungen nicht, §§ 1585 b I, 1613 II Nr. 1 BGB (vgl. Rn 105).

Beim Verwandtenunterhalt, Ansprüchen nach § 1615 l I, II BGB, Familien- und Tren- 101a
nungsunterhalt kann rückständiger Unterhalt auch **ohne Rechtshängigkeit, Verzug
oder Auskunftsbegehren** verlangt werden, wenn er entweder aus rechtlichen Gründen
(§ 1613 II Nr. 2 a BGB) oder aus tatsächlichen Gründen, die in den Verantwortungsbereich des Pflichtigen fallen (§ 1613 II Nr. 2 b BGB), nicht vorher verlangt werden konnte
(näher Rn 105 a).

Bei **übergeleiteten und übergegangenen Ansprüchen** kann der Unterhalt bereits ab 102
der sog. Rechtswahrungsanzeige verlangt werden, vgl. § 91 III 1 BSHG, § 37 IV BAföG,
§ 7 II UVG, § 203 I 2 SGB III, § 96 III SGB VIII (vgl. Rn 106).

Beim **nachehelichen Unterhalt** gilt ferner die **Einschränkung**, daß für eine mehr als 103
ein Jahr vor der Rechtshängigkeit liegende Zeit rückständiger Unterhalt nur noch bei einem **absichtlichen Leistungsentzug** zugesprochen werden kann (vgl. Rn 110).

2. Rechtshängigkeit

Rechtshängigkeit des Unterhaltsanspruchs tritt mit förmlicher Zustellung der Klage 104
ein (§§ 253 I, 261 I ZPO). Wird ein Anspruch erst im Laufe des Prozesses geltend gemacht, z. B. bei einer Unterhaltserhöhung, ab Zustellung des entsprechenden Schriftsatzes oder Antragstellung in der Hauptverhandlung, § 261 II ZPO.

Bei einer **Stufenklage** tritt auch für den mit dem Auskunftsbegehren verbundenen unbezifferten Unterhaltsantrag bereits mit Zustellung der Klage Rechtshängigkeit des gesamten Verfahrens ein.[3]

Die formlose Übersendung eines **Prozeßkostenhilfegesuchs** bewirkt hingegen **keine
Rechtshängigkeit**,[4] auch wenn dem Antrag zur Begründung ein Klageentwurf beigefügt
wurde. Die Zusendung des Antrags steht jedoch einer Mahnung gleich,[5] so daß Unterhaltsrückstand ab diesem Zeitpunkt wegen Verzugs verlangt werden kann (vgl.
Rn 120).

3. Auskunft

Im Geltungsbereich des § 1613 BGB (Verwandtenunterhalt, Ansprüche nach § 1615 l 104a
I, II BGB, Familien- und Trennungsunterhalt) ist es seit 1. 7. 1998 ausreichend, daß Auskunft zum Einkommen und/oder Vermögen zum Zweck der Geltendmachung von
Unterhalt verlangt wurde, um rückständigen Unterhalt begehren zu können. Nach der
bisherigen Rechtsprechung, die beim nachehelichen Unterhalt weiterhin gilt, war zumindest eine Stufenmahnung erforderlich (vgl. Rn 119). Die Neufassung des § 1613 I
BGB ist zu begrüßen, da sie der Verfahrensbeschleunigung dient.

---

[2] BGH, FamRZ 1990, 283 = R 400 b
[3] BGH, FamRZ 1990, 283, 285 = R 400 b
[4] BGH, aaO
[5] BGH, aaO

Gerhardt

4. Sonderbedarf

105 Verlangt der Bedürftige einen Sonderbedarf (vgl. hierzu näher Rn 1 ff), kann er diesen auch ohne Verzug oder Rechtshängigkeit **innerhalb eines Jahres rückwirkend** beanspruchen, §§ 1585 b I, 1613 II Nr. 1 HS 2 BGB. Nachdem es sich beim Sonderbedarf um einen unregelmäßigen außergewöhnlich hohen Bedarf handelt, liegt es gerade in der Natur dieses Anspruchs, daß der Verpflichtete vorher meist nicht mehr rechtzeitig in Verzug gesetzt oder verklagt werden kann.

5. Rückwirkender Unterhalt nach § 1613 II Nr. 2 BGB

105a Durch die Neufassung des § 1613 II Nr. 2 BGB wurde für den gesamten Verwandtenunterhalt, Ansprüche nach § 1615 l I, II BGB sowie den Familien- und Trennungsunterhalt die früher nur beim Unterhalt nichtehelicher Kinder geltende Regelung des § 1615 d BGB a. F. übernommen. Unterhalt für die Vergangenheit kann demnach auch ohne Rechtshängigkeit, Verzug oder Auskunftsverlangen begehrt werden, wenn er aus rechtlichen (§ 1613 II Nr. 2 a BGB) oder tatsächlichen, vom Pflichtigen zu vertretenden Gründen (§ 1613 II Nr. 2 b BGB) nicht früher geltend gemacht werden konnte. **Rechtliche Gründe** sind insbesondere eine zunächst notwendige Vaterschaftsfeststellung, **tatsächliche, vom Pflichtigen zu verantwortende Gründe** ein Auslandsaufenthalt oder unbekannter Aufenthalt.

6. Übergeleitete und übergegangene Unterhaltsansprüche

106 Soweit Unterhaltsansprüche auf öffentliche Träger, die für den Bedürftigen Hilfe leisten, kraft Gesetzes **übergehen**, z. B. bei Leistungen von Sozialhilfe (§ 91 I 1 BSHG), Unterhaltsvorschuß für minderjährige Kinder (§ 7 I 1 UVG), Ausbildungsförderung (§ 37 I BAföG), oder **übergeleitet werden**, z. B. Arbeitslosenhilfe (§ 203 I 1 SGB III), Leistungen der Jugendhilfe (§ 96 I SGB VIII), kann Unterhalt für die Vergangenheit nicht nur ab Verzug, Auskunft oder Rechtshängigkeit, sondern auch ab der sog. **Rechtswahrungsanzeige** verlangt werden (vgl. § 91 III 1 BSHG, § 7 II UVG, § 37 IV BAföG, § 203 I 2 SGB III, § 96 III SGB VIII). Die Rechtswahrungsanzeige eröffnet somit dem Träger der staatlichen Sozialleistung eine **weitere selbständige Möglichkeit** zur rückwirkenden Inanspruchnahme des Verpflichteten, ohne daß es einer vorhergehenden Mahnung bedarf.[6]

107 Die **Rechtswahrungsanzeige** stellt keinen Verwaltungsakt dar[7] (s. auch Rn 515). Sie erfolgt nach den jeweiligen gesetzlichen Bestimmungen durch eine schriftliche Anzeige. Auch wenn sie dieselben Rechtsfolgen wie eine verzugsbegründende Mahnung auslöst und für den Verpflichteten vergleichbare Warnfunktion erfüllt, unterliegt sie nicht den gleichen Bestimmtheitsanforderungen.[8] Der Gesetzgeber verlangt bei Leistung von Sozialhilfe nur eine **schriftliche Mitteilung** der Hilfegewährung (§ 91 III 1 BSHG), bei Leistungen der Jugendhilfe eine **unverzügliche schriftliche Mitteilung** (§ 96 III SGB VIII), bei Gewährung von Arbeitslosenhilfe eine **unverzügliche Anzeige** (§ 203 I 2 SGB III), bei Zahlung von Unterhaltsvorschuß und Vorauszahlungen zur Ausbildungsförderung **Kenntnis und Belehrung** über die Inanspruchnahme (§ 7 Nr. 2 UVG, § 37 IV Nr. 2 BAföG). Die Rechtswahrungsanzeige muß daher weder die Höhe der staatlichen Sozialleistung noch die Höhe der Inanspruchnahme des Pflichtigen enthalten, um wirksam zu sein; denn allein die Mitteilung staatlicher Unterstützung des Bedürftigen zerstört bereits das Vertrauen des Schuldners, daß die Dispositionen über seine Lebensführung nicht durch Unterhaltspflichten berührt werden.[9]

---

[6] BGH, FamRZ 1989, 1054 = NJW-RR 1989, 1218
[7] BGH, FamRZ 1983, 895, 896 = R 177 a
[8] BGH, aaO
[9] BGH, aaO

2. Abschnitt: Unterhalt für die Vergangenheit §6

Eine **unverzügliche** schriftliche Mitteilung/Anzeige gemäß § 96 III SGB VIII, § 203 I 2 SGB III bedeutet, daß die Rechtswahrungsanzeige ohne schuldhaftes Verzögern mit der gebotenen Beschleunigung dem Pflichtigen übersandt wird.[10] Der Behörde ist aber eine angemessene Überlegungfrist einzuräumen, ob sie ihre Rechte durch eine Anzeige wahren muß, z. B. bei einer Heimunterbringung, ob der Jugendliche auch das Heim besucht.[11] 108

Nach der Neufassung des § 91 III 1 BSHG zum 1. 8. 1996 genügt bei Zahlung von **Sozialhilfe** und Übergang des Unterhaltsanspruchs nach § 91 I BSHG als Rechtswahrungsanzeige die **schriftliche Mitteilung der Hilfegewährung**. Die Mitteilung muß nicht mehr, wie es die alte Fassung des § 91 III 1 BSHG noch forderte, unverzüglich erfolgen. Die Rechtswahrungsanzeige wirkt nach der Neufassung des § 91 III 1 BSHG nicht mehr auf den Beginn der Hilfe zurück, auch nicht auf den Zeitpunkt des Erlasses des Hilfebescheides, sondern entfaltet erst mit ihrem **Zugang Wirksamkeit**.[12] Die Zeit zwischen Antragstellung und Zugang der Rechtswahrungsanzeige ist bei Leistung von Sozialhilfe damit von der Erstattung ausgenommen, soweit der Unterhaltsgläubiger den Schuldner nicht vorher in Verzug setzte.[13] Da es allein auf die Mitteilung der Hilfegewährung ankommt, entstehen die Verzugswirkungen aber auch, wenn der Träger der Sozialhilfe zunächst nur Vorausleistungen erbringt, dies dem Schuldner bekanntgibt und den Sozialhilfebescheid erst später erläßt (vgl. Rn 515). Soweit es um übergegangene Unterhaltsansprüche für die Zeit **vor dem 1. 8. 1996** geht, gelten für die Rechtswahrungsanzeige und deren Folgen noch die alte Rechtslage, d. h. sie mußte unverzüglich schriftlich erfolgen und wirkte auf den Beginn der Hilfe zurück.[14] 109

7. Absichtlicher Leistungsentzug beim nachehelichen Unterhalt

Beim nachehelichen Unterhalt kann nach § 1585 b III BGB auch bei Verzug rückständiger Unterhalt für eine mehr als ein Jahr vor Rechtshängigkeit liegende Zeit nur verlangt werden, wenn sich der Verpflichtete absichtlich seiner Leistung entzogen hat. Bei dieser Einschränkung handelt es sich dem Wesen nach um eine Ausformung des Rechtsinstituts der Verwirkung, die an eine illoyal verspätete Geltendmachung des Rechts nachteilige Folgen für den Rechtsinhaber knüpft.[15] Der Gläubiger soll dadurch veranlaßt werden, seinen Unterhaltsanspruch zeitnah zu verwirklichen, um beim Schuldner das Anwachsen einer übergroßen Schuldenlast zu verhindern. 110

Für einen **absichtlichen Leistungsentzug** genügt jedes **zweckgerichtete Verhalten** des Pflichtigen, die zeitnahe Realisierung der Unterhaltsschuld zu verhindern oder zumindest wesentlich zu erschweren.[16] Ein absichtlicher Leistungsentzug ist daher nicht nur bei einem aktiven Hintertreiben der rechtzeitigen Geltendmachung von Unterhaltsansprüchen, z. B. durch nicht gemeldeten Wohnsitzwechsel, zu bejahen. Es ist auch ausreichend, daß der Schuldner entgegen einer in einer Vereinbarung übernommenen Verpflichtung Einkommensänderungen nicht unaufgefordert mitteilt.[17] 111

§ 1585 b III BGB gilt auch für auf **den Träger der Sozialhilfe übergegangene** oder **übergeleitete** Unterhaltsansprüche. § 91 III BSHG erweitert zwar die Zugriffsmöglichkeit des Trägers der Sozialhilfe, die Regelung läßt aber § 1585 b III BGB unberührt.[18] 112

Die Zeitschranke des § 1585 b III BGB für rückständigen nachehelichen Unterhalt ist auch eingehalten, wenn der Gläubiger innerhalb der Jahresfrist mit seinen Unterhalts- 113

---

[10] BGH, FamRZ 1990, 510 = R 406; FamRZ 1989, 1054 = NJW-RR 1989, 1218
[11] BGH, FamRZ 1990, 510 = R 406
[12] Künkel, FamRZ 1996, 1509, 1513
[13] Künkel aaO
[14] Künkel, FamRZ 1994, 540, 547
[15] BGH, FamRZ 1989, 150, 152 = R 375
[16] BGH, aaO
[17] BGH, aaO
[18] BGH, FamRZ 1987, 1014 = R 342

Gerhardt

ansprüchen gegen Ausgleichsansprüche des Schuldners **aufrechnet**.[19] Die Aufrechnung mit Unterhaltsansprüchen ist – im Gegensatz zum Aufrechnungsverbot gegen Unterhaltsansprüche, vgl. §§ 850b I ZPO, 394 BGB (s. näher Rn 302ff) – zulässig und kann auch in einer Nichtfamiliensache vor einem allgemeinen Zivilgericht erklärt werden.[20]

114 Die **Darlegungs- und Beweislast** für das Vorliegen eines absichtlichen Leistungsentzugs hat zwar der **Bedürftige**, er muß jedoch nur solche Umstände vortragen, die nach der Lebenserfahrung den Schluß auf ein Sichentziehen rechtfertigen. Der **Verpflichtete** muß dann die gegen ihn sprechende Vermutung entkräften, indem er Tatsachen vorträgt und beweist, die geeignet sind, die Schlußfolgerungen eines absichtlichen Verhaltens zu erschüttern.[21]

II. Verzug

1. Verzug nach § 284 I BGB

115 Verzug nach § 284 I BGB erfordert eine **Mahnung nach Fälligkeit**. Zu beachten ist dabei, daß sich die Verpflichtung zur Unterhaltsleistung und dessen Fälligkeit unmittelbar aus dem Gesetz ergeben.[22]

Das führt jedoch nicht zu einem generellen Verzug des Unterhaltsschuldners wegen Kalenderfälligkeit nach § 284 II BGB, weil der Unterhalt nach §§ 1361 IV 2, 1585 I 2, 1612 III 1 BGB monatlich im voraus, d. h. nach § 192 BGB zum Ersten des Monats zu leisten ist. Denn dann wären die Vorschriften der §§ 1585b II, 1613 I BGB überflüssig. Sie schränken vielmehr die Verzugsbestimmungen dahingehend ein, daß **Verzug** erst in Betracht kommt, wenn der gesetzliche Unterhaltsanspruch **nach Höhe und Beginn** im Einzelfall **konkretisiert** wurde.

§§ 1585b II, 1613 I BGB beruhen auf dem Gedanken, daß Unterhalt seinem Wesen nach zur Bestreitung des laufenden Lebensbedarfs dient und die Befriedigung der Bedürfnisse einer zurückliegenden Zeit an sich nicht möglich ist, so daß grundsätzlich keine Notwendigkeit besteht, darauf beruhende Ansprüche fortgelten zu lassen. Zugleich soll der Unterhaltspflichtige in die Lage versetzt werden, sich auf die auf ihn zukommenden Belastungen einzustellen.[23]

Bei familienrechtlichen Unterhaltsschulden tritt **Verzug** somit nur ein, wenn dem Pflichtigen seine **Schuld** nicht nur nach ihrer Existenz, sondern auch nach ihrem Umfang, also **nach der Höhe des geschuldeten Betrags** bekannt ist.[24] Außerdem muß der **Zeitpunkt**, ab wann Unterhalt verlangt wird, angegeben werden.[25]

116 Der Verzug des Schuldners setzt somit regelmäßig eine Mahnung nach Eintritt der Fälligkeit voraus (§ 284 I 1 BGB).

Die **generelle Fälligkeit** des Unterhalts als gesetzlichem Anspruch ergibt sich aus der Verpflichtung, den geschuldeten Unterhalt monatlich im voraus leisten zu müssen, §§ 1361 IV 2, 1585 b I 2, 1612 III 1 BGB.

Die **Mahnung** erfordert für ihre Wirksamkeit eine der **Höhe nach bestimmte und eindeutige Leistungsaufforderung**.[26] Die Aufforderung an den Schuldner, ab einem bestimmten Zeitpunkt einen konkreten Unterhalt zu zahlen, z. B. ab 1. Juni monatlich 1000,– DM, ist damit im Ergebnis sowohl die Konkretisierung des gesetzlichen Anspruchs nach Beginn und Höhe als auch die Mahnung nach Fälligkeit.[27]

---

[19] BGH, FamRZ 1996, 1067 = R 505b
[20] BGH, FamRZ 1996, 1067 = R 505a
[21] BGH, FamRZ 1989, 150, 153 = R 375
[22] OLG Bamberg, FamRZ 1990, 1235
[23] BGH, FamRZ 1992, 920 = R 449a; FamRZ 1989, 150, 152 = R 375
[24] BGH, FamRZ 1982, 887, 890 = R 128g
[25] OLG Karlsruhe, FamRZ 1998, 742
[26] BGH, FamRZ 1985, 155, 157 = R 232b; FamRZ 1984, 163 = R 189a; FamRZ 1982, 887, 890 = R 128g
[27] a. A. OLG Bamberg, FamRZ 1990, 1235, 1236, das insoweit Verzug nach § 284 II 1 BGB annimmt

2. Abschnitt: Unterhalt für die Vergangenheit §6

Eine bestimmte und eindeutige **Leistungsaufforderung** erfordert im Regelfall eine **117**
ziffernmäßige Angabe der Unterhaltshöhe.[28]
- Ausnahmsweise kann auch ohne konkrete Angabe eines Betrags eine wirksame Mahnung vorliegen, wenn nach den gesamten Umständen des Falles für den Schuldner klar ist, welchen Unterhalt der Gläubiger von ihm fordert.[29] **Nicht ausreichend** ist aber, daß ein Pflichtiger, dem Kindesalter und eigenes Nettoeinkommen bekannt sind, den Kindesunterhalt unter Inanspruchnahme fachkundiger Hilfe oder Beratung ziffernmäßig selbst ermitteln[30] oder über die RegelbetragsVO den Mindestbedarf feststellen kann.[31] Zu unbestimmt und damit als Mahnung unwirksam ist auch eine **Zahlungsaufforderung an mehrere Personen** mit einem **einheitlichen Betrag**, z. B. für Mutter und Kind, ohne daß die Unterhaltshöhe für den einzelnen Unterhaltsgläubiger feststellbar ist.[32] **118**
- Eine sog. **Stufenmahnung**, d. h. ein Auskunftsbegehren verbunden mit einem unbezifferten Unterhaltsbegehren (entsprechend einer Stufenklage) ist nach BGH zur Leistungsbestimmung ausreichend. Nach Treu und Glauben kann der Unterhaltsschuldner keine Vorteile daraus ziehen, daß der Bedürftige ohne Auskunft den Unterhaltsanspruch nicht beziffern kann.[33] Eine wirksame Stufenmahnung setzt allerdings voraus, daß der Schuldner mit der Auskunft in Verzug geraten ist, d. h. daß bei erneutem Auskunftsbegehren die Zweijahresfrist nach § 1605 II BGB beachtet wurde.[34] Zur Berechnung der Zweijahresfrist s. näher Rn 1/574. Da es bei der Stufenmahnung nur darum geht, den Unterhaltsgläubiger nach Treu und Glauben nicht zu benachteiligen, weil er ohne die geschuldete Auskunft den Anspruch nicht beziffern kann, ist es für ihre Wirksamkeit nicht erforderlich, daß dem Schuldner mit dem Auskunftsverlangen alle Daten, die er vom Gläubiger für eine Unterhaltsberechnung benötigt, z. B. beim Ehegattenunterhalt dessen Einkommen, mitgeteilt werden.[35] Die sog. Stufenmahnung ist seit dem 1. 7. 1998 aber nur noch beim **nachehelichen Unterhalt** erforderlich, wenn er mangels Kenntnis des Einkommens des Pflichtigen nicht sofort beziffert werden kann. Bei allen sonstigen Unterhaltsansprüchen kann seit der Neufassung des § 1613 BGB Unterhalt für die Vergangenheit auch ab Auskunftsbegehren verlangt werden (vgl. Rn 104 a). **Keine** verzugsbegründende Stufenmahnung liegt beim **nachehelichen Unterhalt** vor, wenn **nur Auskunft** verlangt wird.[36] Das Auskunftsverlangen für sich allein steht einer konkreten Aufforderung zur Leistung nicht gleich.[37] Soweit der Pflichtige mit der Auskunft in Verzug ist, kann das aber zur **Schadensersatzpflicht** führen und der Unterhaltsrückstand als Verzugsschaden eingeklagt werden.[38] Nach der Neufassung des § 1613 I BGB kann beim Verwandtenunterhalt, Ansprüchen nach § 1615 l I, II BGB, Familien- und Trennungsunterhalt ein Rückstand nicht nur ab Rechtshängigkeit oder Verzug, sondern auch ab einem Auskunftsbegehren verlangt werden (vgl. Rn 104 a). **119**
- Die Übersendung eines **Prozeßkostenhilfegesuchs** steht einer Mahnung gleich.[39] Das gleiche gilt bei Übersendung eines Antrags auf Erlaß einer einstweiligen Anordnung.[40] **120**
- Beim **Kindesunterhalt Minderjähriger** erfordert eine wirksame Mahnung, daß der Elternteil das Kind in Unterhaltsstreitigkeiten nach der Trennung gesetzlich vertritt, d. h. das Kind in Obhut hat (§ 1629 II BGB), bzw. nach Regelung der elterlichen Sorge **121**

---
[28] BGH, FamRZ 1984, 163 = R 189 a
[29] BGH, aaO
[30] BGH, aaO
[31] BGH, aaO
[32] OLG Hamm, FamRZ 1995, 106
[33] BGH, FamRZ 1990, 283, 285 = R 400 b
[34] OLG Düsseldorf, FamRZ 1993, 591
[35] a. A. KG, FamRZ 1994, 1344
[36] BGH, FamRZ 1984, 163 = R 189 a
[37] BGH, FamRZ 1985, 155, 157 = R 232 b
[38] BGH, aaO; FamRZ 1984, 163 = R 189 b
[39] BGH, FamRZ 1992, 920 = R 449 c; FamRZ 1990, 283, 285 = R 400 b
[40] BGH, FamRZ 1983, 352, 354 = R 154 g; FamRZ 1995, 725 = R 493 A

Sorgerechtsinhaber ist, soweit er für das Kind Unterhaltsansprüche geltend macht. Bei einem Sorgerechtswechsel ist eine vorher erklärte Mahnung unwirksam, auch wenn sich das Kind zu diesem Zeitpunkt bereits in Obhut dieses Elternteils befand, da es sich bei der Mahnung um eine Handlung mit rechtsgeschäftsähnlichem Charakter handelt, für die § 180 BGB gilt.[41] Die Ausnahmeregelung des § 180 S. 2 BGB kann im Ergebnis nur greifen, wenn der (Noch-)Sorgerechtsinhaber mit der Geltendmachung von Kindesunterhaltsansprüchen gegen sich einverstanden ist.[42] Ausreichend ist aber, wenn nach einem Obhutswechsel dem nunmehr betreuenden Elternteil mit einstweiliger Anordnung das Aufenthaltsbestimmungsrecht übertragen wird.[43] Soweit der Unterhalt noch nicht tituliert wurde, kann die Zahlungsaufforderung des Nichtsorgeberechtigten allerdings als Geltendmachung eines Ausgleichsanspruches ausgelegt werden (s. insoweit näher Rn 2/529 ff.).

122 • Eine **Zuvielforderung** im Mahnschreiben **schadet nicht**. Verzug tritt dann nur in der geschuldeten Höhe ein.[44] Auch wenn im Schuldrecht im Einzelfall eine unverhältnismäßig hohe Mehrforderung nach Treu und Glauben dazu führen kann, daß eine Mahnung als nicht rechtswirksam angesehen wird,[45] führt wegen der Schwierigkeit der Berechnung im Unterhaltsrecht auch eine beträchtlich zu hohe Mehrforderung zum Verzug. Sie ist als Aufforderung zur Bewirkung der tatsächlich geschuldeten Leistung zu werten, zumal kein Zweifel daran bestehen kann, daß ein Unterhaltsgläubiger auch zur Annahme von Minderleistungen bereit ist.[46] Dies gilt auch, wenn der Leistungsaufforderung keine Unterhaltsberechnung beilag, da Verzug nur die Leistungsbestimmung verlangt. Der gegenteiligen Auffassung des OLG Frankfurt/Main, ein ohne nachvollziehbare Berechnung geforderter Unterhalt von 1000,– DM statt eines geschuldeten Betrages von 327,– DM sei nicht wirksam angemahnt,[47] kann insoweit nicht gefolgt werden.

123 • Verlangt der Gläubiger dagegen mit der Mahnung **zu wenig**, begründet dies **keinen Verzug** auf einen **höheren** als den begehrten **Betrag**.[48]

124 • Die Mahnung ist **nicht formgebunden**, kann also auch mündlich, z. B. bei einem Telefonat, wirksam erklärt werden.[49]

125 Beim Unterhalt handelt es sich um eine wiederkehrende Leistung, so daß die Mahnung wegen laufenden Unterhalts **nicht monatlich wiederholt** werden muß.[50]

126 Soweit die verzugsauslösende Leistungsaufforderung den Beginn der Leistung rückwirkend festlegt, tritt **beim nachehelichen Unterhalt Verzug erst mit Zugang des Mahnschreibens** ein.[51] Nach § 284 I 1 BGB löst erst die Mahnung den Verzug aus, erst mit ihr wird der Unterhaltsanspruch im Regelfall konkretisiert und damit die Leistungsaufforderung ausreichend bestimmt (s. oben Rn 115). Durch die Neufassung des § 1613 I 2 BGB tritt dagegen beim **Verwandtenunterhalt, Ansprüchen nach § 1615 l I, II BGB, Familien- und Trennungsunterhalt** Verzug ab dem **Monatsersten**, in dem des Aufforderungsschreiben zuging, ein, wenn der Anspruch bereits dem Grunde nach bestand.

127 Verzug für den **Trennungsunterhalt** begründet **keinen Verzug für den nachehelichen Unterhalt**. Trennungs- und nachehelicher Unterhalt sind verschiedene Streitgegenstände. Sind für den Bedürftigen die Voraussetzungen für einen Anspruch auf nachehelichen Unterhalt gegeben, entsteht für ihn ein neues Recht auf wiederkehrende Leistungen, so daß er den Pflichtigen neu anmahnen muß.[52]

---

[41] OLG Bremen, FamRZ 1995, 1515
[42] OLG Bremen aaO
[43] OLG Köln, FamRZ 1998, 1194
[44] BGH, FamRZ 1982, 887, 890 = R 128 g
[45] BGH, NJW 1991, 1286, 1288
[46] BGH, FamRZ 1983, 352, 355 = R 154 h
[47] OLG Frankfurt/Main, FamRZ 1987, 1144
[48] BGH, FamRZ 1990, 283, 285 = R 400 b
[49] BGH, FamRZ 1993, 1055 = R 462A a
[50] BGH, FamRZ 1988, 370 = NJW 1988, 1137; FamRZ 1983, 352, 354 = R 154 e
[51] BGH, FamRZ 1990, 283 = R 400 b
[52] BGH, FamRZ 1988, 370 = NJW 1988, 1137

2. Abschnitt: Unterhalt für die Vergangenheit § 6

Eine Mahnung wegen **nachehelichen Unterhalts, die vor dem Eintritt der Rechtskraft des Scheidungsausspruchs zugeht,** begründet **keinen Verzug.**[53] Nach dem klaren Wortlaut des § 284 I 1 BGB kommt der Schuldner nur durch eine Mahnung in Verzug, die nach Eintritt der Fälligkeit erfolgt. Vor Rechtskraft der Scheidung besteht aber noch kein fälliger Anspruch auf nachehelichen Unterhalt.[54] Eine vor Entstehung des Anspruchs ausgesprochene Mahnung ist wirkungslos und bleibt es auch nach dem Eintritt dieser Voraussetzung.[55] Soweit der Bedürftige dringend auf Unterhalt angewiesen ist, hat er die Möglichkeit, den nachehelichen Unterhalt im Scheidungsverbund geltend zu machen oder während der Trennungszeit eine einstweilige Anordnung nach § 620 Nr. 4, 6 ZPO zu erwirken, die gemäß § 620 f ZPO für die Zeit nach der Scheidung bis zu einer anderweitigen Regelung fortwirkt, um zu verhindern, daß durch die im Einzelfall für die Partei oft sehr schwierige Feststellung des Eintritts der Rechtskraft der Scheidung eine unwirksame, bzw. verspätete Mahnung übersandt und dadurch der benötigte Unterhalt nicht sofort ab Scheidung geschuldet wird.[56]

128

2. Verzug nach § 284 II BGB

Ein Verzug ohne Mahnung nach § 284 II BGB **(Kalenderfälligkeit)** setzt bei familienrechtlichen Unterhaltspflichten voraus, daß dem **Verpflichteten seine Schuld** sowohl **ihrer Existenz** als auch **ihrem Umfang nach bekannt ist.** Dies ist insbesondere bei **vertraglich vereinbarten Unterhaltsleistungen** der Fall. Durch einen solchen Vortrag ist zwischen den Beteiligten klargestellt, daß Unterhalt geschuldet wird, der Berechtigte die Erfüllung seines Anspruchs verlangt und in welcher Höhe der Unterhalt zu leisten ist.[57]

129

Das gleiche gilt, wenn der Schuldner **freiwillig leistet** und seine Zahlung plötzlich einstellt. Die Annahme der Leistung durch den Gläubiger bewirkt wie bei einer vertraglichen Regelung die Konkretisierung der Unterhaltshöhe, die Kalenderfälligkeit ergibt sich jeweils aus der gesetzlichen Regelung, den Unterhalt monatlich im voraus zu zahlen (§§ 1361 IV 2, 1585 I 2, 1612 III 1 BGB). Nach BGH liegt bei Einstellung bisher regelmäßig erbrachter Zahlungen eine eindeutige und endgültige Leistungsverweigerung vor, was zum gleichen Ergebnis führt[58] (s. unten Rn 130).

3. Endgültige Leistungsverweigerung

Eine **Mahnung nach Treu und Glauben ist entbehrlich,** wenn der Verpflichtete die Unterhaltsleistung **eindeutig und endgültig** verweigert.[59] An die Annahme einer endgültigen Erfüllungsverweigerung sind strenge Anforderungen zu stellen. Das Verhalten des Schuldners muß zweifelsfrei ergeben, daß er sich über das Erfüllungsverlangen des Gläubigers hinwegsetzt.[60] In der bloßen Nichtleistung von Unterhalt kann daher keine die Mahnung entbehrlich machende Unterhaltsverweigerung gesehen werden.[61] Ebensowenig ist es ausreichend, daß der bisher die Kinder betreuende Elternteil aus der Ehewohnung unter Zurücklassung der Kinder auszieht und dadurch keine Betreuungsleistungen mehr erbringt.[62] Lehnt der Pflichtige dagegen bereits die Erteilung einer Einkommensauskunft mit dem Hinweis ab, keinen Unterhalt zu schulden, liegt eine eindeutige und endgültige Leistungsverweigerung vor. Ebenso, wenn der Pflichtige bei

130

---

[53] BGH, FamRZ 1992, 920 = R 449 a
[54] BGH, aaO
[55] BGH, FamRZ 1988, 370 = NJW 1988, 1137
[56] BGH, FamRZ 1992, 920 = R 449 a
[57] BGH, FamRZ 1989, 150, 152 = R 375; FamRZ 1983, 352, 354 = R 154 f
[58] BGH, FamRZ 1983, 352, 354 = R 154 g
[59] BGH, FamRZ 1992, 920 = R 449 b; FamRZ 1985, 155, 157 = R 232; FamRZ 1983, 352, 354 = R 154 g
[60] BGH, NJW 1996, 1814
[61] BGH, FamRZ 1983, 352, 355 = R 154 g
[62] OLG München, FamRZ 1997, 313

einem Telefonat erklärt, er zahle den verlangten höheren Unterhalt nicht.[63] Sie führt aber erst von dem Zeitpunkt an, zu dem die Weigerung erklärt wurde, zum Verzug, nicht rückwirkend zu einem früheren Zeitpunkt.[64]

4. Verschulden des Pflichtigen

131 Nach § 285 BGB kommt der Schuldner nur in Verzug, soweit die Verzögerung der Leistung auf einem Umstand beruht, den er zu vertreten hat. Dabei hat er für eigenes Verschulden und das seiner Erfüllungsgehilfen und gesetzlichen Vertreter einzustehen, §§ 276, 278 BGB.

Ein Irrtum über die Rechtslage beseitigt ein Verschulden in der Regel nicht. An den Ausschluß des Schuldnerverzugs wegen unverschuldeten Rechtsirrtums werden vom BGH sehr strenge Voraussetzungen geknüpft.[65] Nimmt der Pflichtige fehlerhaft an, er müsse keinen Unterhalt leisten, weil der Bedürftige mit einem neuen Lebensgefährten zusammenwohnt, kann er das Risiko eines Irrtums über die Rechtslage nicht dem Gläubiger zuschieben. Er darf nicht einmal einer Rechtsauffassung vertrauen, die in gerichtlichen Urteilen zum Ausdruck gekommen ist, wenn mit einer abweichenden Beurteilung anderer Gerichte oder des BGH gerechnet werden muß.[66] Ebensowenig darf er bei Ablehnung eines Antrags auf Erlaß einer einstweiligen Anordnung nach §§ 620 Nr. 4, 6, 644 ZPO davon ausgehen, daß die Frage der Unterhaltspflicht damit endgültig und zutreffend beurteilt wurde.[67]

5. Verzugszinsen

132 Der Barunterhalt wird als Geldrente geschuldet, §§ 1361 IV 1, 1585 I 1, 1612 I 1 BGB. Nach Eintritt der Rechtshängigkeit ist der Unterhalt nach § 291 BGB zu verzinsen.[68] Ebenso können bei Verzug nach § 288 I BGB Zinsen verlangt werden.[69]

6. Beseitigung der Verzugsfolgen und Verwirkung

133 a) **Erlaßvertrag.** Verzugsfolgen können durch Parteivereinbarung beseitigt werden, z. B. einen **Erlaßvertrag** (§ 397 BGB).[70] Soweit Unterhaltsvereinbarungen geschlossen werden und dabei Rückstände in Betracht kommen, empfiehlt sich in der Praxis die Aufnahme einer entsprechenden Abgeltungsklausel.

Ein Verzicht (Erlaß), der rückwirkend durch Vertrag die Verzugsfolgen beseitigt, kann auch durch schlüssiges Verhalten der Parteien zustande kommen.[71]

134 b) **Keine einseitige Rücknahme einer Mahnung.** Eine verzugsbegründende Mahnung kann dagegen vom Berechtigten für die Vergangenheit **nicht** einseitig zurückgenommen werden. Die Mahnung ist keine rechtsgeschäftliche Willenserklärung, sondern hat nur rechtsgeschäftsähnlichen Charakter. Auch wenn die allgemeinen Vorschriften über Willenserklärungen entsprechend anwendbar sind, ist dies nicht ausreichend, um die durch die Mahnung ausgelöste gesetzliche Rechtsfolge, den Verzug, durch einseitige Rücknahme entfallen zu lassen.[72]

---

[63] BGH, FamRZ 1993, 1055 = R 462A a
[64] BGH, FamRZ 1985, 155, 157 = R 232 b
[65] BGH, FamRZ 1983, 352, 355 = R 154 i
[66] BGH, FamRZ 1985, 155, 158 = R 232 b
[67] BGH, FamRZ 1983, 352, 355 = R 154 i
[68] BGH, FamRZ 1987, 352 = R 318
[69] BGH, FamRZ 1985, 155, 158 = R 232 c; OLG Hamm, FamRZ 1985, 604; OLG Hamburg, FamRZ 1984, 87; OLG München, FamRZ 1984, 310, 311
[70] BGH, FamRZ 1995, 725 = R 493 A; FamRZ 1988, 478 = R 353 a; FamRZ 1987, 40 = R 308
[71] BGH, FamRZ 1987, 40, 42 = R 308
[72] BGH, aaO

2. Abschnitt: Unterhalt für die Vergangenheit §6

Die Abweisung eines Antrags auf Erlaß einer einstweiligen Anordnung beseitigt daher die Verzugsfolgen nicht, auch wenn der Gläubiger im Anschluß daran nicht binnen 6 Monaten Leistungsklage erhebt.[73] Bleibt der Berechtigte zu lange untätig, kann er sich aber unter Umständen nach Treu und Glauben nicht mehr auf die Verzugsfolgen wegen Verwirkung berufen. Vor Ablauf der sich aus dem Rechtsgedanken des § 212 II BGB hergeleiteten Sechsmonatsfrist kommt dabei eine Verwirkung regelmäßig nicht in Betracht[74] (s. unten Rn 136).

Lag die Mahnung gemäß § 284 I 2 BGB in der Erhebung der Klage, bewirkt die **Zurücknahme der Unterhaltsklage** aber ab diesem Zeitpunkt die Zurücknahme der Mahnung, wodurch die Voraussetzungen des Verzugs für die Zukunft entfallen. Von einer zurückgenommenen Mahnung können keinerlei Rechtswirkungen für künftigen Unterhalt mehr ausgehen.[75]

c) Verwirkung. Bei Vorliegen besonderer Umstände kann sich der Unterhaltsgläubiger nach Treu und Glauben unter dem Gesichtspunkt der Verwirkung nicht mehr auf die Verzugsfolgen berufen.[76] Eine Verwirkung erfordert ein **Zeit- und ein Umstandsmoment**. 135

- Je kürzer die Verjährungsfrist ist, desto seltener ist Raum für eine Verwirkung. Ansprüche auf Unterhalt verjähren in 4 Jahren (§ 197 BGB), die Verjährung ist aber beim Trennungsunterhalt bis zur Scheidung, beim Kindesunterhalt bis zur Volljährigkeit gehemmt (§ 204 BGB), wodurch die kurze Verjährungsfrist nicht effektiv werden kann.[77] Beim Unterhalt können nach BGH an das **Zeitmoment** ferner keine großen Anforderungen gestellt werden. Von einem Unterhaltsgläubiger, der lebensnotwendig auf Unterhaltsleistungen angewiesen ist, ist eher als von einem Gläubiger anderer Forderungen zu erwarten, daß er sich zeitnah um die Durchsetzung seines Anspruchs bemüht. Tut er das nicht, erweckt sein Verhalten in der Regel den Eindruck, er sei nicht bedürftig. Ferner ist zu beachten, daß Unterhaltsrückstände zu einer erdrückenden Schuldenlast anwachsen können, die auch die Leistungsfähigkeit für den laufenden Unterhalt gefährden.[78] Ein Ablauf von **3 Jahren** wird daher regelmäßig das Zeitmoment erfüllen. Im Einzelfall ist das Zeitmoment bereits für Zeitabschnitte, die **mehr als ein Jahr vor Rechtshängigkeit** der Klage zurückliegen, zu bejahen.[79] Das Gesetz schenkt bei Unterhaltsrückständen für eine mehr als ein Jahr zurückliegende Zeit dem Schuldnerschutz besondere Beachtung, wie die Jahresgrenze in § 1585 b III BGB beim nachehelichen Unterhalt und in § 1613 II Nr. 1 BGB beim Sonderbedarf zeigt. Diesem Rechtsgedanken kann auch bei der Bemessung des Zeitmoments für die Verwirkung in der Weise Rechnung getragen werden, daß das Verstreichenlassen einer Frist von mehr als einem Jahr ausreichen kann. Mit dieser Frist dürfte allerdings die äußerste Grenze erreicht sein.[80] 136

- Das **Umstandsmoment** erfordert besondere Umstände, aufgrund derer sich der Unterhaltsverpflichtete nach Treu und Glauben darauf einrichten kann, daß der Berechtigte sein Recht nicht mehr geltend macht.[81] Insoweit kann ausreichend sein, daß der Unterhaltsanspruch von Anfang an streitig war, der Bedürftige über ein eigenes Einkommen verfügte und den Trennungsunterhalt erst nach der Scheidung einklagt,[82] oder sich 2 bis 3 Jahre nach der letzten Mahnung untätig verhält.[83] Das Umstandsmoment fehlt dagegen, wenn der Unterhalt in regelmäßigen Abständen moniert wird und der Gläu- 137

---

[73] BGH, FamRZ 1995, 725 = R 493 A
[74] BGH, aaO
[75] BGH, FamRZ 1983, 352, 354 = R 154 e
[76] BGH, FamRZ 1988, 370, 372 = R 357 b; FamRZ 1988, 478, 479 = R 353 b; FamRZ 1995, 725 = R 493 A
[77] BGH, FamRZ 1988, 370, 372 = R 357 b
[78] BGH, aaO
[79] BGH, aaO
[80] BGH, aaO
[81] BGH, aaO
[82] BGH, aaO
[83] OLG Hamm, FamRZ 1996, 1239; OLG Naumburg, FamRZ 1996, 1239

biger durch sein Verhalten deutlich zu erkennen gibt, daß er den Rückstand weiterhin geltend macht.[84]

138 Rückständige **titulierte Unterhaltsansprüche** können der Verwirkung unterliegen, wenn sich ihre Geltendmachung unter dem Gesichtspunkt illoyal verspäteter Rechtsausübung als unzulässig darstellt. Dies gilt auch beim Unterhalt minderjähriger Kinder.[85] Bei titulierten Ansprüchen ist generell bei der Prüfung, ob eine Verwirkung vorliegt, ein strengerer Maßstab anzulegen.[86]

III. Verjährung

139 Unterhaltsansprüche verjähren nach § 197 BGB in **vier Jahren**. Dies gilt auch für die **Vollstreckungsverjährung** mit Ausnahme der bis zur Rechtskraft des Urteils aufgelaufenen Leistungen (§ 218 II BGB), für die die 30jährige Vollstreckungsverjährung nach § 218 I BGB gilt.[87]

Nach § 204 BGB ist die Verjährung beim Ehegattenunterhalt bis zur Scheidung, beim Kindesunterhalt bis zur Volljährigkeit **gehemmt**. Soweit der Gläubiger nicht in der Lage ist, die Kosten des Rechtsstreits aufzubringen, tritt Hemmung der Verjährung nach § 203 II BGB ein, wenn er **rechtzeitig Prozeßkostenhilfe** beantragt hat. Die verjährungshemmende Wirkung des Prozeßkostenhilfegesuchs endet mit Zugang des ablehnenden Beschlusses, sofern die Gläubigerin dagegen nicht binnen zwei Wochen Beschwerde einlegt oder ihr Rechtsmittel nicht weiterbetreibt.[88]

140–199 *Zur Zeit nicht belegt.*

3. Abschnitt: Rückforderung von zu Unrecht gezahltem Unterhalt

I. Grundsätze

1. Ausgangslage

200 Soweit ein Unterhaltsanspruch tituliert ist, der Titel aber materiell-rechtlich nicht oder nicht mehr der Rechtslage entspricht, stellt sich das Problem, ob das zuviel Gezahlte zurückverlangt werden kann. Die Umstände, die einer Unterhaltsberechnung zugrunde lagen, können sich schnell ändern. Ein sog. Hauptsachetitel, d. h. ein Urteil, ein Prozeßvergleich oder eine vollstreckbare Urkunde kann dadurch rückwirkend geändert, ein Titel aus dem summarischen Verfahren der einstweiligen Anordnung ohne Rechtsgrund erlassen, ein Vollstreckungstitel durch falsche Angaben erschlichen oder durch treuwidriges Verschweigen von Einkommensänderungen zu Unrecht aufrechterhalten werden. Als monatlich jeweils im voraus zu zahlende Dauerleistung, auf die einerseits der Unterhaltsgläubiger zur Bestreitung seiner Lebenshaltungskosten regelmäßig angewiesen ist, die dem Unterhaltspflichtigen andererseits aber oft hohe Einschränkungen der eigenen Bedürfnisse abverlangt, hat die Möglichkeit der Rückforderung von Überzahlungen für Gläubiger wie Schuldner in der Praxis in den angeführten Fällen erhebliche Bedeutung.

201 Trotz der speziellen Konstellation im Unterhaltsrecht hat der Gesetzgeber diese Fragen außer in § 1360 b BGB nicht gesondert geregelt, es gelten vielmehr nur die allgemeinen,

---

[84] BGH, FamRZ 1988, 478, 480 = R 353 b
[85] BGH, FamRZ 1999, 1422 = R 534; OLG Karlsruhe, FamRZ 1993, 1456
[86] OLG Stuttgart, FamRZ 1999, 859
[87] OLG Stuttgart, aaO
[88] BGH, FamRZ 1991, 545 = NJW-RR 1991, 573

3. Abschnitt: Rückforderung von zu Unrecht gezahltem Unterhalt § 6

der Unterhaltsproblematik nicht immer voll gerecht werdenden Rückforderungs- und Schadensersatzansprüche, die von der Rechtsprechung nur in wenigen Fällen weiterentwickelt bzw. angepaßt wurden.

Zur **Aufrechnung von Rückforderungsansprüchen** mit laufendem Unterhalt vgl. Rn 311.

202

2. Anspruchsgrundlagen

Grundlagen für die Rückforderung von zu Unrecht gezahltem Unterhalt bilden in erster Linie Ansprüche aus ungerechtfertigter Bereicherung nach § 812 BGB, z. B. bei rückwirkender Abänderung eines Unterhaltstitels nach § 323 ZPO oder Feststellung, daß entgegen einer einstweiligen Anordnung kein oder nur ein geringerer Unterhalt geschuldet wird (vgl. Rn 204 ff).

203

Wegen der Verwendung des Unterhalts zur Begleichung der laufenden Lebenshaltungskosten und der dadurch entstehenden Entreicherung führt diese Anspruchsgrundlage im Regelfall nur bei Vorliegen einer verschärften Haftung zum Erfolg (s. näher Rn 207 ff).

Daneben kommen Schadensersatzansprüche aus dem Vollstreckungsrecht nach §§ 717, 945 ZPO (vgl. Rn 226 ff) und wegen unerlaubter Handlung wegen Prozeßbetrugs bzw. vorsätzlicher sittenwidriger Ausnützung eines unrichtig gewordenen Vollstreckungstitels in Betracht (vgl. Rn 230 ff), bei denen die Entreicherungsproblematik keine Rolle spielt.

Sonderfälle mit Lösungen nach § 242 BGB können beim Eintritt des Rentenfalles (vgl. Rn 235 ff) und beim Prozeßkostenvorschuß bestehen (vgl. Rn 238 ff).

II. Rückforderungsansprüche aus ungerechtfertigter Bereicherung

1. Anspruchsgrundlage

Die aufgrund einer summarischen Prüfung erlassene **einstweilige Anordnung** nach §§ 620 Nr. 4, 6, 644 ZPO trifft nur eine vorläufige Regelung, die keine rechtskräftige Entscheidung über den Unterhaltsanspruch darstellt. Die einstweilige Anordnung ist rein prozessualer Natur und schafft lediglich eine einstweilige Vollstreckungsmöglichkeit eines vorläufig als bestehend angenommenen Anspruchs, die nach § 620 f ZPO bis zur anderweitigen Regelung, also bei einstweiligen Anordnungen nach § 620 Nr. 4, 6 ZPO auch über die Scheidung hinaus gilt. Geht die einstweilige Anordnung über Bestand und Höhe des materiell-rechtlichen Unterhaltsanspruchs hinaus, leistet der Schuldner insoweit ohne Rechtsgrund nach § 812 I 1 BGB.[1] Eine anderweitige Regelung nach § 620 f ZPO bildet bei **einstweiligen Anordnungen** nach § 620 Nr. 4, 6 ZPO ein im ordentlichen Rechtsstreit ergehendes Urteil. In der Regel handelt es sich insoweit um eine vom Verpflichteten erhobene **negative Feststellungsklage**, daß kein bzw. kein so hoher Unterhaltsanspruch besteht. Aber auch eine sofort erhobene **Bereicherungsklage** ist zugleich eine anderweitige Regelung i. S. des § 620 f ZPO.[2]

204

Bei **einstweiligen Anordnungen nach § 644 ZPO** im Unterhaltsprozeß steht durch das Leistungsurteil fest, ob und in welcher Höhe der Unterhaltsanspruch besteht. Ging die einstweilige Anordnung darüber hinaus, wurde insoweit ohne Rechtsgrund nach § 812 I 1 BGB geleistet. Das Leistungsurteil führt zugleich ab Rechtskraft die Wirkung nach § 620 f ZPO herbei. Eine negative Feststellungsklage kann bei einer überhöhten einstweiligen Anordnung nicht erhoben werden, um vorzeitig die Wirkung des § 620 f ZPO herbeizuführen, da wegen der positiven Leistungsklage das Feststellungsinteresse fehlt. Es kann lediglich sofort eine Bereicherungswiderklage anhängig gemacht werden (vgl. auch Rn 213).

Wird ein sog. **Hauptsachetitel** über Unterhalt (Urteil, Vergleich, vollstreckbare Urkunde) rückwirkend nach § 323 ZPO abgeändert, entfällt nachträglich die Rechtsgrund-

205

---

[1] BGH, FamRZ 1984, 767 = R 215 a
[2] BGH, aaO

lage aus dem alten Titel für den bisher geleisteten Unterhalt (§ 812 I 2 BGB).³ Eine rückwirkende Herabsetzung kommt bei Urteilen nach § 323 III ZPO erst ab Rechtshängigkeit des Verfahrens in Betracht, die Rückforderung kann also nur den zwischen Rechtshängigkeit und Urteil gezahlten Unterhalt erfassen, während er vor Rechtshängigkeit mit Rechtsgrund geleistet wurde. Bei Vergleichen und vollstreckbaren Urkunden gilt nach ständiger Rechtsprechung das Rückwirkungsverbot des § 323 III ZPO nicht.⁴

206 Kein Anspruch nach § 812 BGB ist dagegen gegeben, wenn der durch rechtskräftiges Urteil zugesprochene Unterhalt mit der Begründung zurückgefordert wird, der Rechtsstreit sei nicht richtig entschieden worden.⁵

2. Entreicherung

207 Nach § 818 I BGB kann der Schuldner bei ungerechtfertigter Bereicherung Herausgabe des Erlangten bzw. nach § 818 II BGB Wertersatz verlangen. Der Gläubiger kann jedoch einwenden, daß er **nicht** mehr **bereichert** ist (§ 818 III BGB). Die Vorschrift dient dem Schutz des „gutgläubig" Bereicherten, der das rechtsgrundlos Empfangene im Vertrauen auf das (Fort-)Bestehen des Rechtsgrundes verbraucht hat und daher nicht über den Betrag einer bestehengebliebenen Bereicherung hinaus zur Herausgabe oder zum Wertersatz verpflichtet werden soll.⁶

208 Für die **Entreicherung** ist maßgebend, ob der Unterhaltsgläubiger die Beträge restlos für seine laufenden Lebensbedürfnisse verbraucht hat.⁷ Da der Unterhalt der Lebensführung dient, wird dies regelmäßig der Fall sein.

209 • **Keine Entreicherung** liegt vor, wenn er Rücklagen bildete oder sich mit dem Geld noch in seinem Vermögen vorhandene Werte oder Vorteile verschafft hat, z. B. einen Pkw oder Haushaltsgegenstände gekauft bzw. Schulden getilgt hat.⁸

210 • Vermögensvorteile, die einem Wegfall der Bereicherung entgegenstehen, liegen aber nur vor, wenn die rechtsgrundlose Zahlung **kausal** für den verbleibenden Vermögensvorteil ist.⁹ Der Bereicherte kann sich damit erfolgreich auf eine Entreicherung berufen, wenn er die Anschaffung oder Schuldentilgung mit von dritter Seite geschenktem Geld zahlte, den Unterhalt dagegen ersatzlos verbrauchte.¹⁰

Nach BGH besteht ferner keine Bereicherung, wenn der Bedürftige mit dem Geld zwar Anschaffungen tätigte oder Schulden tilgte, aber davon auszugehen ist, daß er sich dies auch ohne Überzahlung **unter Einschränkung seiner sonstigen Bedürfnisse** geleistet hätte. Die Zuvielzahlung bewirkte dann nur, daß sich der Bedürftige in seiner Lebensführung weniger einschränkte als bei einem niedrigeren Unterhalt bzw. Einkommen. Entscheidend ist insoweit der Nachweis, daß der Bereicherte den Vermögensvorteil in jedem Fall auch ohne Überzahlung des Unterhalts, notfalls unter Reduzierung seines Lebensstandards, erworben hätte, so daß die Überzahlung für den Vermögensvorteil nicht ursächlich war.¹¹ Dabei kommt es nicht darauf an, ob der Bedürftige den bestehengebliebenen Vermögensvorteil aus dem rechtsgrundlos gezahlten Unterhalt oder aus seinem Eigeneinkommen erworben hat. Dies läßt sich zumeist auch gar nicht mehr feststellen.¹²

211 Die Entreicherung stellt eine **rechtsvernichtende Einwendung** dar, für die der Bereicherte **vortragungs- und beweispflichtig** ist.¹³ Nachdem der Unterhalt der Bezahlung

---

³ BGH, FamRZ 1992, 1152 = R 452a
⁴ Vgl. z. B. BGH, FamRZ 1991, 542 = R 433; FamRZ 1983, 22, 24 = R 137
⁵ BGH, FamRZ 1984, 767 = R 215a
⁶ BGH, FamRZ 1992, 1152 = R 452b
⁷ BGH, FamRZ 1998, 951 = R 526a
⁸ BGH, aaO
⁹ BGH, aaO
¹⁰ BGH, aaO
¹¹ BGH, aaO
¹² BGH, aaO
¹³ BGH, aaO

der laufenden Lebenshaltungskosten dient und üblicherweise verbraucht ist, nach der Lebenserfahrung ferner Überzahlungen regelmäßig zur Verbesserung des Lebensstandards ausgegeben werden, besteht aber zugunsten des Empfängers die Vermutung, daß die Überzahlung verbraucht ist.[14] Dies gilt insbesondere bei niedrigen und mittleren Einkommensverhältnissen.[15]

3. Verschärfte Haftung

Der Bedürftige kann sich auf eine Entreicherung nach § 818 III BGB nicht berufen, wenn eine verschärfte Haftung nach §§ 818 IV, 819 I, 820 I BGB eingreift. 212

Gemäß **§ 818 IV BGB** kann sich der Empfänger einer rechtsgrundlosen Leistung vom Eintritt der Rechtshängigkeit an nicht mehr auf den Wegfall der Bereicherung stützen. Die verschärfte Haftung knüpft nach BGH jedoch nicht an die Rechtshängigkeit eines Abänderungsverfahrens an, in dem über Grund und Höhe des Unterhaltsanspruchs gestritten wird. Als eng zu sehende Ausnahme vom Grundsatz, daß der Bereicherte auf Ersatz nur bis zur Grenze einer noch vorhandenen Bereicherung haftet, betrifft die verschärfte Haftung nach § 818 IV BGB vielmehr nur die **Rechtshängigkeit der Rückforderungsklage**.[16] Der Unterhaltsschuldner ist durch die Möglichkeit der Einstellung der Zwangsvollstreckung oder einer mit einem Unterhaltsabänderungsverfahren erhobenen Rückforderungsklage nicht schutzlos gestellt[17] (s. näher Rn 219 ff). 213

Eine verschärfte Haftung nach **§ 819 I BGB** ab dem Zeitpunkt, ab dem der Bereicherungsempfänger den Mangel des rechtlichen Grundes kennt, erfordert eine **positive Kenntnis** von der Rechtsgrundlosigkeit des überzahlten Unterhalts. Ein fahrlässiges Verhalten (= Kennenmüssen) oder bloße Zweifel am Fortbestand des Rechtsgrundes reichen nicht aus. Die positive Kenntnis muß sich dabei nicht nur auf die Tatsachen, auf denen das Fehlen des Rechtsgrundes beruht, beziehen, sondern auch auf die sich daraus ergebenden Rechtsfolgen.[18] Für die Bösgläubigkeit reicht daher regelmäßig nicht bereits die Erhebung einer Unterhaltsabänderungsklage aus,[19] sondern erst die Entscheidung des Gerichts im Abänderungsverfahren. 214

Eine verschärfte Haftung nach **§ 820 I BGB** ist auf Fälle zugeschnitten, in denen nach dem Inhalt eines Rechtsgeschäfts der Eintritt des bezweckten Erfolges als ungewiß oder der Wegfall des Rechtsgrundes als möglich angesehen wird. Diese Konstellationen liegen bei Unterhaltszahlungen regelmäßig nicht vor.[20] 215

- Soweit der Unterhalt aufgrund einer einstweiligen Anordnung geleistet wurde, entfällt eine unmittelbare Anwendung des § 820 I 1 BGB, weil die einstweilige Anordnung nur eine vorläufige Vollstreckungsmöglichkeit eines vorläufig als bestehend angenommenen Unterhaltsanspruchs darstellt (s. oben Rn 204) und damit die Überzahlung von Unterhalt auf einem staatlichen Hoheitsakt und nicht auf einem Rechtsgeschäft beruht. Eine analoge Anwendung von § 820 I 1 BGB mit der Erwägung, die Unterhaltsregelung im Wege einer einstweiligen Anordnung sei nur vorläufig, so daß der Berechtigte damit rechnen müsse, die Zahlungen würden möglicherweise ohne rechtlichen Grund erfolgen, kommt nicht in Betracht. Die Vorschrift des § 820 I BGB ist auf Fälle zugeschnitten, in denen nach dem Inhalt des Rechtsgeschäfts beiderseits der Erfolg als ungewiß angesehen wird. Der Bedürftige als Empfänger der Leistung, der zur Bestreitung seiner Lebenshaltungskosten den Unterhalt benötigt, muß jedoch davon ausgehen können, daß die einstweilige Anordnung der Rechtslage entspricht.[21] 216

---

[14] BGH, aaO
[15] BGH, aaO
[16] BGH, FamRZ 1998, 951 = R 526 b; FamRZ 1992, 1152, 1154 = R 452 c; FamRZ 1986, 793 = R 300
[17] BGH, FamRZ 1998, 951, 952; FamRZ 92/1152, 1154 = R 452 d
[18] BGH, FamRZ 1998, 951, 952 = R 526 c; FamRZ 1992, 1152, 1154 = R 452 e
[19] BGH, aaO
[20] BGH, FamRZ 1984, 767 = R 215 b
[21] BGH, aaO

217 • Auch die **Unterhaltsleistung unter Vorbehalt** führt nicht zu einer analogen Anwendung des § 820 I 1 BGB. Sie hat, soweit der Unterhalt aufgrund eines Titels geleistet wird, regelmäßig nur die Bedeutung, daß die Zahlung kein Anerkenntnis nach § 208 BGB darstellt und die Wirkung des § 814 BGB ausgeschlossen wird.[22]

218 • Wird ein Hauptsachetitel rückwirkend abgeändert (s. oben Rn 205), kommt als verschärfte Haftung die Anwendung von § 820 I 2 BGB in Frage. Sie greift aber bei Unterhaltszahlungen aus den bereits genannten Gründen ebenfalls nicht ein. § 820 I 2 BGB verlangt, daß beide Parteien von vornherein davon ausgehen, daß die Möglichkeit des Wegfalls des Rechtsgrundes besteht und deshalb mit einer Rückgabeverpflichtung zu rechnen ist.[23] Davon kann bei Unterhaltsanpassungen nicht ausgegangen werden, auch nicht bei Vergleichen.[24]

4. Möglichkeiten des Pflichtigen gegen den Entreicherungseinwand

219 Aus den oben geschilderten Ausführungen ergibt sich, daß ein Rückforderungsanspruch für zu Unrecht geleisteten Unterhalt nach § 812 BGB häufig an einer Entreicherung des Bedürftigen und einer nicht bestehenden verschärften Haftung zu scheitern droht. Der Verpflichtete ist aber insoweit nicht rechtlos gestellt, da er verschiedene Möglichkeiten hat, zumindest ab Rechtshängigkeit des Abänderungsverfahrens dieser Gefahr zu begegnen.

220 Nach ständiger Rechtsprechung können sowohl bei Abänderungs- als auch bei negativen Feststellungsklagen **Vollstreckungsschutzanträge** in analoger Anwendung des § 769 ZPO gestellt werden. Der Erlaß einer einstweiligen Anordnung nach § 769 ZPO setzt voraus, daß die tatsächlichen Behauptungen, die den Antrag begründen, glaubhaft gemacht werden können (§ 769 I 2 ZPO). Das Gericht hat dann genau zu prüfen, ob die vorgetragenen und glaubhaft gemachten Gründe eine Einstellung rechtfertigen.[25] Soweit das Familiengericht dem Antrag nicht stattgibt, ist nach h. M. eine sofortige Beschwerde in entsprechender Anwendung von §§ 719, 707 ZPO auf Fälle der greifbaren Gesetzeswidrigkeit beschränkt, was die praktische Handhabung von § 769 ZPO einschränkt.

221 Der Pflichtige kann die Abänderungs- oder negative Feststellungsklage im Wege der **Klagehäufung** mit einer **Klage** nach § 258 ZPO **auf Rückforderung** des während der Dauer des Abänderungsverfahrens überzahlten Unterhalts verbinden.[26] Zur Vermeidung des Kostenrisikos kann der Antrag hilfsweise für den Fall des Obsiegens im Abänderungsverfahren gestellt werden.[27] Mit Rechtshängigkeit der Klage tritt dann die verschärfte Haftung nach § 818 IV BGB ein.

222 Der Verpflichtete kann außerdem die strittige Überzahlung während des Abänderungsverfahrens als **zins- und tilgungsfreies Darlehen** anbieten, verbunden mit der Verpflichtung, im Falle der Abweisung des Abänderungsbegehrens auf Rückzahlung zu verzichten. Dem Unterhaltsberechtigten obliegt es dann, nach Treu und Glauben einen in solcher Weise angebotenen Kredit anzunehmen[28] (vgl. auch Rn 235 ff). Kommt er dem nicht nach, macht er sich schadensersatzpflichtig.

223 Handelt es sich bei dem Vollstreckungstitel um eine **einstweilige Anordnung** nach § 620 Nr. 4, 6 ZPO, kann der Pflichtige statt einer negativen Feststellungsklage auch **sofort eine Rückforderungsklage** erheben, um die Wirkung der einstweiligen Anordnung nach § 620 f ZPO zu beseitigen[29] (vgl. Rn 204). Handelt es sich um eine einstweilige Anordnung nach § 644 ZPO, ist die Rückforderungswiderklage die einzige Möglichkeit,

---

[22] BGH, FamRZ 1984, 470 = R 202 b
[23] BGH, FamRZ 1998, 951, 953 = R 526 d
[24] BGH, aaO
[25] BGH, FamRZ 1998, 951, 952 = R 526 b; FamRZ 1992, 1152, 1154 = R 452 d
[26] BGH, aaO
[27] BGH, aaO
[28] BGH, FamRZ 1992, 1152, 1155 = R 452 d; FamRZ 1989, 718 = R 386; FamRZ 1983, 574 = R 163
[29] BGH, FamRZ 1984, 767, 768 = R 215 a

3. Abschnitt: Rückforderung von zu Unrecht gezahltem Unterhalt **§ 6**

überzahlte Beträge zurückzubekommen. Mit der Rechtshängigkeit der Rückforderungsklage tritt nämlich zugleich die verschärfte Haftung nach § 818 IV BGB ein. Bei sog. Hauptsachetiteln (Urteil, Vergleich, vollstreckbare Urkunde) besteht diese Möglichkeit nicht, da insoweit erst über eine Abänderungsklage der Rechtsgrund beseitigt werden muß (vgl. Rn 205).

5. Mehrleistung mit Erstattungsabsicht

Soweit beim Familien- und Trennungsunterhalt überhöhte Unterhaltsleistungen erbracht werden, ist nach §§ 1361 IV 4, 1360b BGB im Zweifel anzunehmen, daß eine Rückforderung nicht beabsichtigt ist (vgl. näher Rn 3/79ff). Beim nachehelichen Unterhalt gilt § 1360b BGB nicht. Soweit ein Rückforderungswillen fehlt, entfällt ein Anspruch aus ungerechtfertigter Bereicherung. 224

Kann der Pflichtige nachweisen, daß die Mehrleistung mit Erstattungsabsicht erfolgte, besteht dagegen ein Anspruch nach § 812 I 2 BGB, nicht aus eigenem Recht.[30] Es gelten dann die bereits zur ungerechtfertigten Bereicherung gemachten Ausführungen. Der Umstand der Trennung spricht bei überhöhten Unterhaltsleistungen, die nicht freiwillig, sondern aufgrund einer Titulierung erbracht wurden, regelmäßig für eine Erstattungsabsicht. 225

III. Ansprüche aus dem Vollstreckungsrecht

1. Ansprüche bei vorläufig vollstreckbaren Urteilen

Soweit ein vorläufig vollstreckbares Unterhaltsurteil des Familiengerichts im Berufungsverfahren zugunsten des Pflichtigen abgeändert wird, hat der Verpflichtete für die bereits vollstreckten Leistungen nach § 717 II ZPO einen Schadensersatzanspruch. Das gleiche gilt bei Versäumnisurteilen des OLG (§ 717 III 1 ZPO). 226

Handelt es sich um ein vorläufig vollstreckbares Urteil des OLG, das in der Revision abgeändert wird, besteht gemäß § 717 III 1 ZPO kein Schadensersatzanspruch, sondern ein Anspruch aus ungerechtfertigter Bereicherung (§ 717 III 3 ZPO). Auf eine Entreicherung kann sich der Bedürftige in diesem Fall nicht berufen, da nach § 717 III 4 ZPO ab Leistung aus dem vorläufig vollstreckbaren Urteil eine verschärfte Haftung besteht. 227

2. Ansprüche bei Notunterhalt

Erweist sich die Anordnung einer einstweiligen Verfügung auf Notunterhalt als von Anfang an unrichtig oder wird die einstweilige Verfügung nach § 926 II ZPO aufgehoben, weil trotz Aufforderung keine Hauptsacheklage eingereicht wurde, besteht ein Schadensersatzanspruch nach § 945 ZPO. Durch die seit 1. 7. 1998 gemäß § 644 ZPO gegebene Möglichkeit, in allen Unterhaltsprozessen einstweilige Anordnungen zu beantragen, kommt eine einstweilige Verfügung auf Notunterhalt nach § 940 ZPO allerdings nur noch in seltenen Ausnahmefällen in Betracht (vgl. Rn 8/250). 228

3. Keine Ansprüche bei einstweiligen Anordnungen

Die §§ 620ff. ZPO beinhalten eine geschlossene Sonderregelung des einstweiligen Rechtsschutzes in Ehesachen. Eine den §§ 717 II, 945 ZPO entsprechende Regelung fehlt, so daß Schadensersatzansprüche aus dem Vollstreckungsrecht nicht in Betracht kommen. Nachdem die §§ 644, 620ff ZPO erst durch das 1. EheRG v. 14. 8. 1976 in das BGB eingefügt wurden und keine Schadensersatzansprüche enthalten, kommt mangels 229

---

[30] BGH, FamRZ 1984, 767 = R 215 c

Gesetzeslücke auch keine analoge Anwendung der §§ 717 II, 945 ZPO in Betracht. Der Gesetzgeber wollte bei der einstweiligen Anordnung das Risiko des Unterhaltsbedürftigen, der eine einstweilige Anordnung erwirkt und daraus vollstreckt, bewußt kleinhalten, um den einstweiligen Rechtsschutz in Ehesachen zu erleichtern.[31]

IV. Ansprüche aus unerlaubter Handlung

1. Anspruch bei Betrug

230 Begeht der Bedürftige im Unterhaltsverfahren einen **Prozeßbetrug**, hat der Pflichtige in Höhe des zu Unrecht gezahlten Unterhalts einen Schadensersatzanspruch nach § 823 II BGB i.V. mit § 263 StGB.[32] Dies gilt vor allem, wenn im Unterhaltsverfahren Einkünfte verschwiegen wurden oder ein entsprechender Sachvortrag des Gegners bestritten wird, z. B. eine Erbschaft gemacht zu haben.[33]

Ein **Betrug** ist ferner gegeben, wenn ein titulierter **Unterhalt** entgegengenommen wird, obwohl eine Verpflichtung zur ungefragten **Information** über eine Einkommensänderung bestand, die zur Reduzierung des Unterhalts geführt hätte. Dies gilt insbesondere, wenn in einem Vergleich vereinbart wurde, daß der Bedürftige ein bestimmtes Einkommen anrechnungsfrei verdienen kann und er Mehreinkünfte nicht mitteilt[34] (s. unten Rn 233).

2. Vorsätzliche sittenwidrige Ausnützung eines unrichtig gewordenen Vollstreckungstitels

231 Erkennt ein Unterhaltsgläubiger, daß durch veränderte Einkommensverhältnisse ein rechtskräftiger Titel unrichtig wurde, besteht ein Schadensersatzanspruch nach § 826 BGB, wenn eine vorsätzliche sittenwidrige Ausnützung des unrichtig gewordenen Urteils zu bejahen ist.[35] Nachdem es sich bei diesem Anspruch um eine Rechtskraftdurchbrechung handelt, ist er auf **Ausnahmefälle beschränkt**, in denen die Annahme überhöhter Unterhaltzahlungen durch den Berechtigten im besonderen Maß unredlich und geradezu unerträglich ist.[36]

232 Der **Anspruch setzt voraus**, daß
(1) der Unterhaltsberechtigte weiß, daß ein Urteil wegen veränderter Umstände inhaltlich unrichtig wurde,
(2) das Verhalten des Unterhaltsberechtigten als sittenwidrige, d. h. im besonderen Maße unredliche und unerträgliche Ausnützung des unrichtig gewordenen Vollstreckungstitels anzusehen ist.

233 Ein sittenwidriges Verhalten des Unterhaltsgläubigers kann nicht allein aus einem fehlenden Hinweis an den Schuldner auf veränderte Umstände, die Grund und Höhe des Unterhaltsanspruchs beeinflussen können, hergeleitet werden.[37] Nach der gesetzlichen Regelung in §§ 1605, 1580 BGB besteht eine Auskunftspflicht über Einkommensveränderungen nur auf Verlangen.[38] Eine generelle unaufgeforderte Auskunftsverpflichtung gibt es im Unterhaltsrecht nicht. Eine **Pflicht zur ungefragten Information** neben der Auskunft auf Verlangen kommt nach Treu und Glauben daher nur in Ausnahmefällen in Betracht, in denen der Unterhaltspflichtige aufgrund vorangegangenen Tuns des Unter-

---

[31] BGH, FamRZ 1985, 368 = NJW 1985, 1075; FamRZ 1984, 767, 769 = R 215 d
[32] BGH, FamRZ 1984, 767, 769 = R 215 e
[33] OLG Hamm, FamRZ 1994, 1119
[34] BGH, FamRZ 1997, 483 = R 510 a
[35] BGH, FamRZ 1988, 270 = R 350; FamRZ 1986, 794 = R 296 a; FamRZ 1986, 450 = R 291 a
[36] BGH, FamRZ 1986, 794 = R 296 a; FamRZ 1986, 450, 452 = R 291 a
[37] BGH, FamRZ 1988, 270 = R 350; FamRZ 1986, 794 = R 296 a, b; FamRZ 1986, 450 = R 291 b
[38] BGH, aaO

3. Abschnitt: Rückforderung von zu Unrecht gezahltem Unterhalt § 6

haltsgläubigers sowie nach der Lebenserfahrung keine Veranlassung hatte, sich durch ein Auskunftsbegehren über veränderte Einkommensverhältnisse des Unterhaltsgläubigers zu vergewissern[39] (s. näher Rn 1/596 ff). Bei **Vereinbarungen** erhöht sich dabei die Pflicht zur Rücksichtnahme auf die Belange des anderen Teils.[40]

- Der BGH hat eine derartige Pflicht zur ungefragten Information bejaht bei einer 54jährigen, seit 10 Jahren nicht mehr berufstätigen Frau, die wegen schlechten Gesundheitszustandes mit Zustimmung des Mannes keiner Berufstätigkeit nachgehen mußte und 2 Jahre nach dem Urteil zunächst eine Halbtags- und dann eine Ganztagstätigkeit aufnahm,[41] sowie bei einem Rentner, der neben der Rente voll und nicht nur geringfügig tätig war, obwohl er ein vorangehendes Unterhaltsabänderungsverfahren erfolgreich auf seine geringen Renteneinkünfte stützte.[42]
- Bei einem **Unterhaltsvergleich** hat der BGH eine Verpflichtung zur ungefragten Information bejaht, wenn in dem Vergleich eine Klausel aufgenommen wird, daß ein bestimmter monatlicher **Nettoverdienst** des Berechtigten **anrechnungsfrei bleiben** soll und der Berechtigte diese Einkommensgrenze deutlich übersteigt.[43] Das Verschweigen des höheren Einkommens hat der BGH zugleich als Betrug angesehen (s. oben Rn 230).
- Eine Verpflichtung zur ungefragten Information hat der BGH dagegen verneint bei einer Frau, der im Unterhaltsurteil ein fiktives Einkommen aus einer Halbtagstätigkeit von 515,– DM zugerechnet wurde, weil sie aufgrund des Alters der Kinder teilzeitarbeiten könne, und die daraufhin eine Halbtagstätigkeit mit einem Einkommen von ca. 1050,– DM annahm.[44]

In **subjektiver Hinsicht** erfordert der Tatbestand des § 826 BGB nicht, daß dem Bedürftigen bewußt ist, sich sittenwidrig zu verhalten. Es genügt, daß er die Tatumstände kennt, die sein Verhalten objektiv als Verstoß gegen die guten Sitten erscheinen lassen.[45] Nach dem Wortlaut des § 826 BGB ist dagegen bezüglich der Schadenszufügung Vorsatz erforderlich.[46]

234

V. Sonderfälle

1. Rückforderung bei Rentennachzahlung

Geht der Pflichtige oder Bedürftige in Rente, dauert es in der Praxis oft lange, bis nach Antragstellung der Rentenbescheid ergeht. Die Rente wird dann nachbezahlt, was zur erheblichen Einkommensveränderung führen kann (vgl. hierzu Rn 1/348 ff). Dies gilt insbesondere in Fällen, in denen der Versorgungsausgleich nicht mit der Scheidung, sondern erst im Rentenfall des Unterhaltsgläubigers durchgeführt wird (vgl. z. B. § 5 VAHRG), wodurch sich rückwirkend die Leistungsfähigkeit des Pflichtigen reduziert und zugleich das Einkommen des Bedürftigen erhöhen kann, sowie bei Zahlung einer Erwerbsunfähigkeitsrente an einen einkommenslosen Bedürftigen. Unterhaltsrechtlich beeinflussen diese Einkommensveränderungen weder beim Pflichtigen noch beim Berechtigten den Umfang der Unterhaltspflicht für die zurückliegende Zeit, da sie erst ab Zugang der Nachzahlung zu berücksichtigen sind[47] (s. näher Rn 1/349 ff).

235

Dem Pflichtigen stehen in diesen Fällen somit zwar keine Unterhaltsrückforderungsansprüche zu, falls sich bei sofortiger Zahlung der Rente ein niedrigerer Unterhalt er-

236

---

[39] BGH, aaO
[40] BGH, FamRZ 1997, 483 = R 510 a
[41] BGH, FamRZ 1986, 450, 452 = R 291 b
[42] BGH, FamRZ 1988, 270 = R 350
[43] BGH, FamRZ 1997, 483 = R 510 a
[44] BGH, FamRZ 1986, 794 = R 296 b
[45] BGH, FamRZ 1988, 270, 272 = R 350; FamRZ 1986, 450, 454 = R 291 b
[46] BGH, aaO
[47] BGH, FamRZ 1990, 269, 272 = R 405 e; FamRZ 1985, 155 = R 232 a

rechnet hätte.[48] Nach BGH hat er aber aus dem Grundsatz von Treu und Glauben einen Erstattungsanspruch eigener Art nach § 242 BGB auf einen Teil der Rentennachzahlungen.[49] Die Höhe bemißt sich nach der Unterhaltsermäßigung, wenn die Rente ab Antragstellung bezahlt worden wäre[50] (vgl. insoweit ausführlich Rn 1/350).

237 Zu Möglichkeiten des Pflichtigen, bei Kenntnis des Rentenfalles das Ergebnis von vornherein durch eine Darlehenszahlung abzuwenden, vgl. Rn 222 und ausführlich Rn 1/349.

2. Rückforderungen von Prozeßkostenvorschuß

238 Leistet der Pflichtige an den Bedürftigen einen Prozeßkostenvorschuß, besteht ein Rückforderungsanspruch, wenn sich die **wirtschaftlichen Verhältnisse** des Unterhaltsgläubigers nachträglich erheblich **verbessert haben** oder die Rückzahlung der Billigkeit entspricht[51] (s. auch Rn 34). Der Rückforderungsanspruch ergibt sich nach BGH aus dem Vorschußcharakter der Leistung gemäß § 1360a IV BGB als Anspruch eigener Art, nicht aus dem Bereicherungsrecht.[52]

239 Eine Veränderung der wirtschaftlichen Verhältnisse kann sich insbesondere durch einen Zugewinnausgleich bei der Scheidung oder eine im Zusammenhang mit der Trennung erfolgte Vermögensauseinandersetzung ergeben.

240 Eine Rückzahlung aus Billigkeit kommt in Betracht, wenn sich nachträglich herausstellt, daß das Gericht bei Erlaß einer einstweiligen Anordnung zum Prozeßkostenvorschuß von falschen Einkommensverhältnissen ausging und bei Zugrundelegung des tatsächlichen Einkommens kein Anspruch auf Prozeßkostenvorschuß bestanden hätte.[53]

241–299 *Zur Zeit nicht belegt.*

4. Abschnitt: Aufrechnung mit Gegenforderungen

I. Das Problem

300 Dem zu Unterhalt Verpflichteten stehen häufig **Gegenansprüche** zu. Bei Miteigentum an der Familienwohnung kann es sich um die Nutzungsentschädigung oder den Ausgleich für geleistete Schuldzahlungen bei gesamtschuldnerischer Haftung handeln. Es können aber auch Ansprüche auf Kostenersatz aus einem Vorprozeß, wegen eines Treuhandverhältnisses, Schadensersatz, Darlehen, Rückzahlung zuviel geleisteten Unterhalts (dazu s. Rn 200f) und dergleichen mehr vorliegen.[1] In all diesen Fällen ist zu fragen, ob sich der Verpflichtete durch eine Aufrechnung nach § 387 BGB im Wege der Selbsthilfe befriedigen darf. Dies wird häufig unter Hinweis auf ein generelles „Aufrechnungsverbot" nach § 394 BGB verneint. Damit wird die bestehende Rechtslage jedoch nicht zutreffend charakterisiert. Es gibt auch gegenüber Unterhaltsansprüchen die Möglichkeit der Aufrechnung, allerdings wegen der Schutzbedürftigkeit des Unterhaltsberechtigten und im Interesse der öffentlichen Kassen nur mit Einschränkungen. **Das Existenzminimum ist dem Berechtigten stets zu belassen.** Das Existenzminimum entspricht bei der Aufrechnung nach Rn 302f. den pfändungsfreien Beträgen des Arbeitseinkommens und

---

[48] BGH, FamRZ 1989, 718 = R 386
[49] BGH, FamRZ 1990, 269, 272 = R 405f; FamRZ 1989, 718, 719 = R 386
[50] BGH, FamRZ 1990, 269, 272 = R 405f
[51] BGH, FamRZ 1990, 491 = R 415
[52] BGH, aaO
[53] BGH, aaO
[1] Zu den Ansprüchen zwischen Ehegatten s. Haußleiter/Schulz, Vermögensauseinandersetzung bei Trennung und Scheidung, 2. Auflage Rn 3/11f.

4. Abschnitt: Aufrechnung mit Gegenforderungen § 6

bei der Aufrechnung nach Rn 307 dem notwendigen Selbstbehalt.[2] Aufrechnungen lohnen sich daher regelmäßig nur gegenüber höheren Unterhaltsansprüchen.

Bei der Entscheidung über eine Aufrechnungsforderung kann sich das Familiengericht 301
nicht schon von vornherein auf eine fehlende funktionelle oder sachliche Zuständigkeit berufen.[3] Die Aufrechnungsforderung kann auch aus Rechtsgebieten stammen, die nicht in die Zuständigkeit des Familiengerichts fallen. Richtet sich die Aufrechnung gegen einen bestehenden Titel, ist die **Vollstreckungsgegenklage** nach § 767 ZPO gegeben. Der Weg über § 323 ZPO wäre nicht richtig.[4] **Mit** Unterhaltsansprüchen kann jederzeit aufgerechnet werden. Dies kann auch gegen nichtfamilienrechtliche Forderungen geschehen, die vor einem allgemeinen Zivilgericht anhängig sind.[5]

II. Aufrechnungen nach § 394 BGB, § 850 b II ZPO

Nach § 394 BGB kann gegen unpfändbare Forderungen nicht aufgerechnet werden. 302
Unter diese Bestimmung fallen alle Unterhaltsansprüche einschließlich der Rückstände,[6] der Zinsen,[7] des Sonderbedarfs,[8] eines Abfindungsbetrages[9] und der Prozeßkostenvorschüsse.[10] Der Anspruch auf Erstattung der steuerlichen Nachteile, die beim Realsplitting entstehen (Rn 1/473 f), gehört ebenfalls dazu.[11] Eine Umgehung des Aufrechnungsverbotes durch Überweisung des geschuldeten Unterhalts auf ein zuvor gepfändetes Konto wird nicht geduldet.[12] Unterhaltsansprüche gehören zwar nach § 850 b I Nr. 2 ZPO zu den **bedingt pfändbaren Bezügen,** diese werden aber den unpfändbaren gleichgestellt,[13] es sei denn, daß das Vollstreckungsgericht die Pfändung ausnahmsweise zugelassen hat (dazu s. Rn 303 f). Nach § 850 b II ZPO können diese Ansprüche gepfändet werden, wenn vergeblich in das übrige bewegliche Vermögen vollstreckt wurde und die Pfändung der Billigkeit entspricht.

Die konstitutive Entscheidung, ob ein solcher Fall vorliegt, hat allerdings nicht der Fa- 303
milienrichter im Unterhaltsverfahren zu treffen, sondern das Vollstreckungsgericht, wie die Rechtsprechung § 850 b III ZPO entnimmt.[14] Diese **Zuständigkeitsregelung** macht einen **großen Umweg** erforderlich: Der Unterhaltsschuldner muß sich für seine Gegenforderung zunächst einen Titel beschaffen und damit den Unterhaltsanspruch des Berechtigten gegen sich selbst als „Drittschuldner" pfänden und sich überweisen lassen. Drittschuldner und Gläubiger können identisch sein. Der Gläubiger muß den Pfändungsbeschluß unter diesen Umständen an sich selbst zustellen lassen.[15] Erst wenn dies geschehen ist, kann wirksam aufgerechnet werden. Eine schon früher erklärte Aufrechnung wäre unwirksam.[16] Es ist nicht möglich, ohne Titel und Pfändungsantrag beim Vollstreckungsgericht die Feststellung der Pfändbarkeit zu beantragen.[17]

Die Praxis hält sich seit Jahrzehnten streng an diese Regeln, obwohl es nicht einleuch- 304
tet, warum der Familienrichter aus Gründen des Sachzusammenhangs im Rahmen des Unterhaltsverfahrens nicht auch über die hier nur theoretische Frage der „Pfändbarkeit"

---

[2] BGH, FamRZ 1993, 1186, 1188 = R 463
[3] OLG Köln, FamRZ 1992, 450
[4] BGH, FamRZ 1959, 288 = R 1 a
[5] BGH, FamRZ 1996, 1067 = R 505 a
[6] OLG Düsseldorf, FamRZ 1981, 970, 971
[7] OLG Hamm, FamRZ 1988, 952, 953
[8] OLG Düsseldorf, FamRZ 1982, 498
[9] OLG Bamberg, FamRZ 1996, 1487
[10] OLG Karlsruhe, FamRZ 1984, 1090
[11] BGH, FamRZ 1997, 544
[12] LG Bonn, FamRZ 1996, 1486
[13] Palandt-Heinrichs, § 394 Rn 3
[14] Vgl. z. B. OLG Düsseldorf, FamRZ 1981, 970, 971
[15] Stein-Jonas, ZPO, 21. Aufl. § 829 Rn 122
[16] Stein-Jonas, aaO § 850 b Rn 34
[17] Stein-Jonas, aaO

als Voraussetzung einer Aufrechnung entscheiden darf. Der Wortlaut des § 850b III ZPO kann nicht entscheidend dagegen sprechen. Es ist schon fraglich, ob die in dieser Bestimmung festgelegte Anhörungspflicht als Zuständigkeitsbestimmung anzusehen ist. Aber auch unabhängig davon wird mit dem Hinweis auf das Vollstreckungsgericht nur sichergestellt, daß sich der Gläubiger, der eine Unterhaltsforderung pfänden will, nicht noch einmal an das Prozeßgericht wenden muß. Er kann vielmehr zusammen mit dem Pfändungsgesuch den Antrag nach § 850 II ZPO stellen. Diese zugunsten des Gläubigers getroffene Zuständigkeitsregelung stellt auf das normale Vollstreckungsverfahren ab und müßte nicht zwangsläufig auf das Aufrechnungsverfahren übertragen werden.

305   Besonders unangenehm ist dieses umständliche Verfahren, wenn der Unterhaltsverpflichtete eine Vollstreckungsgegenklage betreiben muß, weil der Berechtigte aus einem früher geschaffenen Titel vollstreckt. Solange der Unterhaltsanspruch nicht gepfändet ist, kann diese Klage nicht erfolgreich sein, weil der Unterhaltsanspruch jedenfalls bis zu diesem Zeitpunkt einer Aufrechnung entzogen ist.[18] Ein Vorteil dieser Regelung besteht allerdings darin, daß der Unterhaltsprozeß nicht mit dem Streit über Aufrechnungsforderungen belastet wird.

306   Trotz dieser Schwierigkeiten sollte sich niemand abschrecken lassen, in geeigneten Fällen Aufrechnungsforderungen auf dem in Rn 303 beschriebenem Weg durchzusetzen, wenn sie anders nicht vollstreckt werden können. Bei Zahlungsunwilligen wird stets ein Titel geschaffen werden müssen, so daß insofern keine zusätzlichen Kosten entstehen. Voraussetzung für einen erfolgreichen Pfändungsantrag ist allerdings, daß ein Unterhaltsanspruch gegeben ist, der erheblich über dem Betrag liegt, der beim Arbeitseinkommen pfändungsfrei ist. Ist der Unterhaltsanspruch niedriger, darf auf keinen Fall gepfändet werden; § 850b II ZPO. Insoweit liegt tatsächlich ein Aufrechnungsverbot vor. Eine Aufrechnung ist auch dann ausgeschlossen, wenn sie bereits in einem Vorprozeß oder – soweit ein Unterhaltsvergleich vorliegt – bei Vergleichsabschluß hätte geltend gemacht werden können.[19]

III. Der Arglisteinwand

307   Der Unterhaltsverpflichtete muß nicht stets den Umweg über § 850b II ZPO nehmen. Der BGH[20] hat schon früh ausgesprochen, „es dürfe dem in § 394 BGB zum öffentlichen Wohl und im Staatsinteresse verfolgten Zweck der Sicherung des Lebensunterhalts und eines darüber hinaus genügenden Einkommensteils keine Durchführung und Erfüllung zugestanden werden, die auf dem Wege eines formalistischen Haftens am Gesetzeswortlaut **der Arglist zum Sieg verhelfen würde**". Auch der Einwand der Arglist kann daher das „Aufrechnungsverbot" beseitigen. In einer neueren Entscheidung[21] bestätigte der BGH, eine Ausnahme werde zugelassen, wenn mit einem Schadensersatzanspruch aus einer im Rahmen des Unterhaltsverhältnisses begangenen vorsätzlichen unerlaubten Handlung aufgerechnet werde. Damit ist in erster Linie **betrügerisches Verhalten** im Zusammenhang mit der Durchsetzung von Unterhaltsansprüchen oder der Aufrechterhaltung von früheren Titeln gemeint.

308   Liegt ein solcher Ausnahmefall vor, kann der Familienrichter selbst ohne weiteres über die Aufrechnungsforderung entscheiden. Hier ist der Umweg über das Vollstreckungsgericht unnötig. Es muß jedoch darauf geachtet werden, daß dem Berechtigten zum Schutz der öffentlichen Kassen das **Existenzminimum** belassen wird, das der BGH[22] mit dem geringfügig oberhalb der Sozialhilfesätze liegenden Selbstbehalt bemißt.

---

[18] MünchKomm/von Feldmann § 394 BGB Rn 3
[19] BGH, FamRZ 1993, 1186 = R 463
[20] BGH, FamRZ 1959, 288 = R 1b
[21] BGH, FamRZ 1993, 1186 = R 463
[22] BGH, FamRZ 1993, 1186, 1188 = R 463

IV. Die Aufrechnungserklärung

Nach § 387 BGB kann erst aufgerechnet werden, wenn der Aufrechnungswillige „die ihm obliegende Leistung bewirken kann". Danach kann gegenüber rückständigem Unterhalt jederzeit aufgerechnet werden. Bei den erst künftig fällig werdenden Zahlungen kommt es darauf an, in welchem Umfang der Aufrechnungswillige berechtigt ist, den Unterhaltsanspruch vorab zu befriedigen. Dies ist zum Schutz des Unterhaltsberechtigten vor unbedachten Geldausgaben nicht ohne weiteres möglich. **Beim Kindes-, Trennungs- und Familienunterhalt** sind es nach §§ 1614 II, 760 II, 1360a III, 1361 IV BGB nur jeweils drei Monate. **Beim nachehelichen Unterhalt** fehlen zwar entsprechende Vorschriften. Nach der Rechtsprechung des BGH ist hier jedoch ein Zeitraum von sechs Monaten anzunehmen.[23] Die Aufrechnungserklärung kann sich immer nur auf diese kurzen Zeiträume beziehen und **muß daher regelmäßig wiederholt werden**, wenn sie auch den für spätere Zeitabschnitte bestimmten Unterhalt umfassen soll. Dabei reicht es jedoch aus, „wenn nach geschehener Aufrechnung in angemessenen Abständen der Wille zum Ausdruck gebracht wird, an der Aufrechnung festzuhalten".[24]

309

V. Die Aufrechnungsvereinbarung

Die Beteiligten können auch vertraglich eine Aufrechnung vereinbaren. Dem Berechtigten ist dies sogar zu empfehlen, wenn die materiellen Aufrechnungsvoraussetzungen vorliegen, weil er sich damit die Kosten der Titulierung und der Pfändung ersparen kann. Auch in einem solchen Fall sind die Aufrechnungserklärungen alle drei bzw. sechs Monate zu wiederholen (vgl. Rn 309). Fehlen die materiellen Aufrechnungsvoraussetzungen, kann die Aufrechnungsvereinbarung nur die Rückstände ergreifen, weil lediglich diese zur freien Verfügung des Berechtigten stehen. Hinsichtlich der erst künftig fällig werdenden Unterhaltsraten liegt Nichtigkeit gemäß § 134 BGB vor.[25]

310

VI. Die Aufrechnung mit Rückforderungsansprüchen aus Unterhaltsüberzahlungen

Bei Unterhaltsstreitigkeiten ergibt sich häufig, daß der Verpflichtete für unterschiedliche Zeiträume verschieden hohe Zahlungen zu leisten hat. Hat er teilweise zu wenig, zum Teil aber auch zu viel geleistet, stellt sich die Frage, ob von dem zusammengerechneten Gesamtrückstand alle geleisteten Zahlungen abgesetzt werden können. Dies wird in der Praxis zwar meist so gemacht, es ist aber nicht richtig. Denn überzahlter Unterhalt kann nur unter sehr erschwerten Bedingungen zurückverlangt werden (Rn 200 f.). **Auch die Rückforderung einer überzahlten Leistung ist eine Gegenforderung, die unter das Aufrechnungsverbot fällt.**[26] Soll in diesen Fällen aufgerechnet werden, ist es erforderlich, das Einverständnis der Parteien hierzu einzuholen. Liegt dies vor, kann so verfahren werden.[27]

311

In der Rechtsprechung einiger Oberlandesgerichte[28] wird diese strenge Linie unter Hinweis auf § 242 BGB durchbrochen, wenn der Unterhaltsberechtigte aus einem später aufgehobenen vorläufig vollstreckbaren Titel vollstreckt hat und nach § 767 II ZPO ohne Rücksicht auf fehlendes Verschulden oder den Wegfall der Bereicherung die beigetriebe-

311a

---

[23] BGH, FamRZ 1993, 1186, 1188 = R 463
[24] BGH, FamRZ 1993, 1186, 1188 = R 463
[25] MünchKomm/von Feldmann § 394 BGB Rn 6
[26] AaO Rn 5
[27] BGH, FamRZ 1985, 908, 910 = R 266 c
[28] OLG Hamm, FamRZ 1999, 436; OLG Naumburg, FamRZ 1999, 437; OLG Schleswig, FamRZ 1986, 707

nen Beträge zurückzahlen muß. Dem kann nicht gefolgt werden. Es trifft zwar zu, daß das Aufrechnungsverbot im Einzelfall zurücktreten muß, soweit Treu und Glauben dies erfordern.[29] Darauf beruht auch der in Rn 307 dargestellte Arglisteinwand. Der Unterhaltsberechtigte, der Gebrauch von einem vorläufig vollstreckbaren Titel macht, handelt aber in der Regel weder arglistig, noch betrügerisch. Auch ihm gegenüber ist daher das Aufrechnungsverbot zu beachten.

VII. Zusammenfassung

312 Grundsätzlich kann mit Gegenforderungen jeder Art auch gegen Unterhaltsforderungen aufgerechnet werden. Es bestehen jedoch große Hürden.
– Dem Gegner ist in jedem Fall der notwendige Selbstbehalt zu belassen (Rn 300) oder
– im Rahmen des § 850 b II ZPO – das pfändungsfreie Einkommen.
– Auch die übrigen Voraussetzungen des § 850 b II ZPO müssen gegeben sein: Das sonstige bewegliche Vermögen verspricht keine Befriedigung. Die Pfändung entspricht der Billigkeit. Bei der Billigkeitsprüfung ist das Interesse des Aufrechnenden an der Schuldtilgung gegen das Interesse des anderen an der Aufrechterhaltung seines Lebensstandards abzuwägen. In der Regel wird der Aufrechnungsgegner Einbußen am Lebensstandard hinnehmen müssen.
– Für die Aufrechnungsforderung ist ein Titel zu schaffen (Rn 303), mit dem der Aufrechnende die gegen ihn selbst bestehende Unterhaltsforderung pfänden muß (Rn 303). Erst wenn dies geschehen ist, kann wirksam aufgerechnet werden.
– Aufrechnungen gegenüber zukünftigem Unterhalt müssen in drei bzw. sechs Monaten jeweils wiederholt werden (Rn 309).

313 Privilegiert sind nur Aufrechnungsforderungen aus vorsätzlicher unerlaubter Handlung, die ihren Grund in betrügerischem Verhalten bei der Auseinandersetzung um den Unterhalt haben (Rn 307). Nur in diesen Fällen kann im Unterhaltsprozeß ohne weiteres auch über die Aufrechnung entschieden werden. Auch hier ist jedoch dem Aufrechnungsgegner der Selbstbehalt zu belassen.[30]

314–399 *Zur Zeit nicht belegt.*

5. Abschnitt: Unterhalt bei Gütergemeinschaft

I. Überblick

400 Das Unterhaltsrecht geht von der Vorstellung aus, daß es einen bedürftigen Berechtigten und einen leistungsfähigen Verpflichteten gibt, der wegen seiner besseren Einkommens- und Vermögensverhältnisse zum Ausgleich verpflichtet ist. Bei der Gütergemeinschaft kann es jedoch eine solche Konstellation grundsätzlich nicht geben, weil mit Ausnahme des selten vereinbarten Vorbehaltsgutes (§ 1418 BGB) und des ohnehin für Rechnung des Gesamtgutes zu verwaltenden Sondergutes (§ 1417 BGB) **keine Vermögenstrennung** besteht. Das Vermögen des Mannes und das Vermögen der Frau verschmelzen zu einer Einheit, dem Gesamtgut (§ 1416 BGB). **Dazu gehören auch die beiderseitigen Erwerbseinkünfte.**[1]

401 Es gibt nur einen „Topf", der rechtlich beiden Eheleuten in ihrer gesamthänderischen Verbundenheit zusteht (§ 1419 BGB). Beide sind daher stets in gleicher Weise bedürftig oder leistungsfähig. Gleichwohl kann es geschehen, daß einer dem anderen die zum Un-

---
[29] Palandt/Heinrichs, § 394 Rn 2
[30] BGH, FamRZ 1993, 1186, 1188 = R 463
[1] OLG München, FamRZ 1996, 557

terhalt benötigten Mittel vorenthält. Derartige Störungen können aber immer nur auf der **Verwaltungsebene** auftreten und sind daher grundsätzlich auch dort zu beheben. Die Lösung kann nicht wie beim gesetzlichen Güterstand oder bei Gütertrennung in einer „Umverteilung" durch Gewährung von Zahlungsansprüchen bestehen, sondern nur in der **Korrektur einer fehlerhaften Verwaltung des Gesamtguts.** Denn zu einer ordnungsgemäßen Verwaltung gehört auch die Leistung des nach § 1420 BGB in erster Linie aus dem Gesamtgut zu erbringenden Unterhalts.[2]

II. Ehegattenunterhalt

1. Trennungsunterhalt

Leben die Ehegatten getrennt, kann es auch bei gemeinsamer Verwaltung Unterhaltsansprüche geben. Zur rechtlichen Durchsetzung hat der BGH[3] grundlegende Ausführungen gemacht. Danach hat ein getrenntlebender Ehegatte unter den Voraussetzungen des § 1361 BGB und in dem dort bestimmten Umfang auch dann Anspruch auf Trennungsunterhalt, wenn er mit dem anderen in Gütergemeinschaft lebt. Es ist daher auch hier zur Ermittlung des Unterhaltsbedarfs nach den **Einkommens- und Vermögensverhältnissen** zu fragen. In einem ersten Schritt sind somit alle Einkünfte des Gesamtguts zu ermitteln. Bei überdurchschnittlich hohem Einkommen muß allerdings auch hier der Bedarf konkret anhand der bisherigen Lebensgewohnheiten ermittelt werden (Rn 4/366 f.). Der Umstand, daß zwischen den Eheleuten Gütergemeinschaft besteht, bleibt zunächst unberücksichtigt. 402

Steht die Höhe des Unterhaltsanspruches fest, ist die Haftungsgrundlage zu klären. Wie das Einkommen und das Vermögen der Eheleute für den Unterhalt heranzuziehen sind, wird in § 1420 BGB geregelt. Danach besteht folgende Reihenfolge: 403

– In erster Linie sind die Einkünfte heranzuziehen, die in das **Gesamtgut** fallen. Dazu gehören alle Einnahmen, soweit sie nicht ausnahmsweise dem Vorbehalts- oder Sondergut zuzurechnen sind. In das Gesamtgut fallen vor allem die **beiderseitigen Erwerbseinkünfte**, aber auch die Erträgnisse des Gesamtguts, also etwa **Mieteinnahmen** oder der **Veräußerungserlös beim Verkauf der Erzeugnisse** eines landwirtschaftlichen Betriebes. Die Erträge des Sondergutes fallen ebenfalls ins Gesamtgut (§ 1417 III S. 2 BGB). Einkünfte der Eheleute fallen auch dann ins Gesamtgut, wenn sie auf ein Einzelkonto einbezahlt wurden, das ein Ehegatte eröffnet hat, um sich der gesamthänderischen Bindung zu entziehen.[4] In einem solchen Fall kann es sinnvoll sein, die Bank auf die gesamthänderische Bindung hinzuweisen. 404

– Reichen die Einkünfte des Gesamtgutes nicht aus, sind auch die Einkünfte des beiderseitigen **Vorbehaltsgutes** heranzuziehen, wenn ein solches ausnahmsweise vereinbart wurde.

– Kann der Fehlbedarf auch durch die Einkünfte von Vorbehaltsgut nicht gedeckt werden, ist der **Stamm des Gesamtguts** heranzuziehen. Dabei kommt vor allem der Verkauf von Immobilien, Wertpapieren oder sonstigen Vermögensgegenständen in Betracht.

– Als letzte Möglichkeit gibt es die Verwertung von Vorbehalts- und Sondergut.

In der Regel wird während der Ehe ausschließlich das **Gesamtgut** haften. Reichen die Einkünfte ausnahmsweise zur Befriedigung der beiderseitigen Unterhaltsbedürfnisse nicht aus, ist noch zu klären, inwieweit der Stamm des Gesamtguts (z. B. Verkauf eines Grundstücks) oder etwa vorhandenes Vorbehaltsgut herangezogen werden kann. 405

Der Unterhaltsanspruch kann immer nur auf eine „**Mitwirkung zur ordnungsmäßigen Verwaltung**" gerichtet sein. Es kann keinen Zahlungsanspruch nach § 1361 IV S. 1 406

---
[2] OLG Zweibrücken, FamRZ 1998, 239
[3] BGH, FamRZ 1990, 851 = R 420
[4] BGH, aaO = R 420 II 4. Absatz

BGB geben. Dieser würde nämlich wegen seiner grundsätzlichen Unpfändbarkeit (vgl. Rn 6/302) nach § 1417 II BGB i. V. m. §§ 400 BGB, 850 b I Nr. 2 ZPO in das Sondergut fallen und damit gemäß § 1468 BGB in der Regel erst bei der Auflösung und endgültigen Abrechnung der Gütergemeinschaft fällig werden.

407 Der Bedürftige hat bei **Einzelverwaltung** nach § 1435 BGB und bei **gemeinsamer Verwaltung** nach § 1451 BGB einen durchsetzbaren Anspruch darauf, daß der Ehepartner an der ordnungsgemäßen Verwaltung des Gesamtguts einschließlich seiner Verwendung für den Unterhalt mitwirkt.[5] Welche Maßnahmen im einzelnen dazu erforderlich sind, richtet sich stets nach den besonderen Umständen des Einzelfalles. Dies kann die Hergabe von Geld oder Naturalien sein, Wohnungsgewährung, Bezahlung von zur Deckung des Lebensbedarfs eingegangenen Schulden u. a. sein. Der Sache nach richtet sich der Anspruch auf die Vornahme unvertretbarer Handlungen. Ein hierauf gerichteter Titel ist daher **nach § 888 ZPO zu vollstrecken**.[6]

408 Es kann daher mit einer **Klage am Familiengericht** die Vornahme derjenigen Handlungen verlangt werden, die erforderlich sind, damit der Unterhaltsbedarf des Berechtigten gedeckt wird. In der Praxis liegen die Fälle meist so, daß ein Ehepartner die Verwaltung des Gesamtguts vollständig an sich gerissen hat und über die eingehenden Gelder alleine verfügen kann. So war es auch in dem vom BGH entschiedenen Fall. Dort hatte der Verpflichtete ausreichende Geldmittel auf einem nur für ihn eingerichteten Konto.

409 Unter diesen Umständen kann eine **Zahlungsklage** erhoben werden, die allerdings die Besonderheit hat, daß die Vollstreckung nach § 888 ZPO geschieht und nicht nach § 803 ZPO. Denn der Beklagte schuldet an sich nicht „Zahlung", sondern immer nur die Mitwirkung an einer ordnungsgemäßen Verwaltung des Gesamtguts. Ein weiterer Grund ist, daß der Berechtigte nach den §§ 803 ff. ZPO nur in das Sondergut und das Vorbehaltsgut des Verpflichteten vollstrecken könnte, aber gerade nicht in das nach § 1420 ZPO für den Unterhalt haftende Gesamtgut.[7]

410 Wird ein **Rechtsgeschäft** erforderlich, etwa der Verkauf eines Grundstücks oder von Wertpapieren, ist jedoch bei Einzelverwaltung nach § 1430 BGB und bei gemeinsamer Verwaltung nach § 1452 BGB bedauerlicherweise das **Vormundschaftsgericht** zuständig.
Nach § 1447 Nr. 2 BGB (bei Einzelverwaltung) und nach § 1469 Nr. 3 BGB (bei gemeinsamer Verwaltung) steht es dem Bedürftigen auch frei, bei Unterhaltspflichtverletzungen die Auflösung der Gütergemeinschaft unabhängig von einem Scheidungsverfahren zu verlangen. Wegen des Halbteilungsgrundsatzes in § 1476 I BGB kann dies für denjenigen, der sehr viel eingebracht hat, von erheblichem Nachteil sein. Es ist daher wichtig, vor einem solchen Schritt alle vermögensrechtlichen Folgen genau zu klären.

411 **Beispiel:**[8]
M und F leben in Gütergemeinschaft mit gemeinsamer Verwaltung. Entsprechend den bisherigen ehelichen Lebensverhältnissen steht F ein Unterhalt von monatlich 1800 DM zu. Die Einkünfte des Gesamtguts erfolgen auf ein Konto, zu dem F keinen Zugang hat. In dieser Situation ist M zunächst vom Familiengericht zu verurteilen „die Zahlung des geschuldeten Unterhalts zu bewirken". Wenn M nicht zahlt, kann entweder nach § 888 ZPO mit Zwangsgeld oder Zwangshaft vollstreckt werden. F kann sich aber auch an die Schuldner des Gesamtguts wenden und von ihnen die Zahlung unmittelbar verlangen. Falls M nicht zustimmt, kann seine Zustimmung gemäß § 1452 I BGB ersetzt werden.
Diese Regeln gelten auch dann, wenn der Trennungsunterhalt erst nach rechtskräftiger Scheidung, aber noch vor der vollständigen Auseinandersetzung der Gütergemeinschaft verlangt wird.[9]

---

[5] BGH, aaO = R 420 II 5. Absatz; III 2. Absatz; kritisch dazu Kleinle, FamRZ 1997, 1194
[6] BGH, aaO = R 420 II 5. Absatz, III 4. Absatz
[7] BGH, aaO II 7. Absatz; eine nach § 888 ZPO vollstreckbare Zahlungsklage ergab sich auch in dem vom OLG Zweibrücken, FamRZ 1997, 239, entschiedenen Fall
[8] Vgl. OLG München, FamRZ 1996, 166 und die dazu ergangene Entscheidung BayObLG, FamRZ 1997, 422
[9] OLG Zweibrücken, FamRZ 1998, 239

5. Abschnitt: Unterhalt bei Gütergemeinschaft § 6

2. Familienunterhalt

Für den Familienunterhalt nach § 1360 BGB gelten die gleichen Grundsätze wie beim Trennungsunterhalt.[10] Dazu s. Rn 402 f. 412

3. Nachehelicher Unterhalt

Die gesetzlichen Vorschriften über den nachehelichen Unterhalt gelten bei jedem vorher wirksam gewesenen Güterstand.[11] Maßgeblich sind somit uneingeschränkt alle Vorschriften der §§ 1569 ff BGB. Auf den Umstand, daß die Geschiedenen vorher im Güterstand der Gütergemeinschaft gelebt hatten, kann es daher an sich nicht weiter ankommen. Das **nach der Scheidung anfallende Erwerbseinkommen** fällt auch nicht mehr in das Gesamtgut[12] und unterliegt daher keinen gesamthänderischen Bindungen. Es kann daher nunmehr entsprechend den allgemeinen Grundsätzen zugerechnet und verteilt werden. Nach der Scheidung erwirbt jeder wieder für sich allein. 413

Schwierigkeiten entstehen allerdings für eine mehr oder weniger lange Übergangszeit wegen der **Nachwirkungen der Gütergemeinschaft**.[13] Das Gesamtgut bleibt nämlich über die Rechtskraft der Scheidung hinaus bis zum Ende der Auseinandersetzung eine **gemeinschaftliche** Vermögensmasse (§§ 1471 II, 1419 BGB). Es ist auch bei vorausgegangener Einzelverwaltung von nunmehr beiden Geschiedenen gemeinsam zu verwalten; § 1472 I BGB. Es besteht eine **Liquidationsgemeinschaft**. Ziel der gemeinsamen Verwaltung ist die endgültige Auseinandersetzung, die erst mit der Überschußteilung nach § 1476 I BGB beendet werden kann. Wegen der vorher erforderlichen Schuldentilgung (§ 1475 I BGB), der Ausübung von Übernahmerechten (§ 1477 II BGB), Leistungen von Wertersatz (§ 1478 II BGB) und der meist unvermeidlichen Grundstücksversteigerungen dauert die Liquidation häufig sehr lange. 414

Für diese Übergangszeit gibt es drei Vermögensmassen: 415
– Das neu erworbene Vermögen des Mannes zusammen mit seinem bisherigen Vorbehalts- und Sondergut,
– das neu erworbene Vermögen der Frau zusammen mit ihrem bisherigen Vorbehalts- und Sondergut und
– das frühere Gesamtgut.

Zur Unterhaltsbestimmung sind somit die **Einkünfte des Mannes** zu ermitteln, die **Einkünfte der Frau** sowie die **Einkünfte des Gesamtguts**. Alle Nutzungen, Früchte, Zinsen usw. des Gesamtguts fallen nämlich nach § 1473 BGB wieder in das Gesamtgut.[14]

Stehen die Einkünfte fest, ist der Unterhalt nach den **allgemeinen Regeln** zu bestimmen. Mit Ausnahme der Erwerbseinkünfte also nach dem Halbteilungsprinzip. Gehört zum Gesamgut ein landwirtschaftlicher Betrieb, sind auch hier für die Unterhaltsberechnung nur $6/7$ der Einkünfte heranzuziehen. Das übrige $1/7$ darf der wirtschaftende Geschiedene zusätzlich für sich verbrauchen. Wirtschaften die Geschiedenen noch gemeinsam, bleibt es bei der Halbteilung. Bemißt sich der Unterhalt ausnahmsweise nur nach unabhängig vom Gesamtgut erzielten Erwerbseinkünften, wird wie auch sonst eine Geldrente gemäß § 1585 I S. 1 BGB geschuldet, die gegenüber dem Verpflichteten geltend zu machen ist. 416

Schwierig wird es jedoch, wenn für den Unterhalt das zum **Gesamtgut** gehörende Vermögen und die daraus resultierenden Einkünfte und Nutzungsmöglichkeiten heranzuziehen sind. Auch während der Liquidationszeit gehört es zu einer ordnungsgemäßen 417

---

[10] BGH, aaO = R 420 II 3. Absatz
[11] OLG München, FamRZ 1988, 1276
[12] Soergel-Gaul, BGB, 12. Aufl. § 1471 Rn 6
[13] Zur Auflösung der Gütergemeinschaft im einzelnen vgl. Haußleiter/Schulz, Vermögensauseinandersetzung anläßlich Scheidung und Trennung, 2. Aufl. Rn 5/44 f.
[14] Vgl. dazu OLG Karlsruhe, FamRZ 1996, 1414

Verwaltung, daß dem Bedürftigen der ihm zukommende Unterhalt zur Verfügung gestellt wird.[15] Es muß sich nicht stets eine monatlich bar zu zahlende Unterhaltsrente ergeben. Es können auch Naturalien oder die Gewährung von Wohnraum geschuldet sein. Eine Unterscheidung zwischen tatsächlichen Handlungen und Rechtsgeschäften findet bei der Liquidationsgemeinschaft nicht mehr statt. Die Durchsetzung geschieht wie beim Trennungsunterhalt (vgl. Rn 406 f) durch **Klage auf Vornahme einer unvertretbaren Handlung** und Vollstreckung gemäß § 888 ZPO. Eine Mitwirkungsklage nach § 1472 BGB kann daher auch darauf gerichtet werden, daß der frühere Ehepartner am Verkauf oder der sonstigen Verwertung von Gegenständen mitwirkt, soweit dies zur Bereitstellung der Mittel für den Unterhalt erforderlich ist. Vielfach wird es sachgerecht sein, eine **Zahlungsklage** wie in Rn 409 zu erheben.

418 Weil es sich auch insoweit um güterrechtliche Ansprüche handelt, ist das **Familiengericht** zuständig; § 23 b I Nr. 9 GVG. Die hier behandelten Ansprüche können auch im Scheidungsverbund geltend gemacht werden.[16]

III. Kindesunterhalt

419 Beim Kindesunterhalt richten sich die tatbestandsmäßigen Voraussetzungen und die Höhe ebenfalls nach den allgemeinen gesetzlichen Vorschriften. Bei minderjährigen Kindern gibt es auch keine Besonderheiten hinsichtlich des Vertretungsrechtes nach § 1629 BGB. Problematisch ist jedoch die Durchsetzung der Unterhaltsansprüche. Auch für den Kindesunterhalt sind nach § 1420 BGB in erster Linie die Einkünfte aus dem Gesamtgut heranzuziehen. Wegen der gesamtschuldnerischen Haftung der Eheleute für alle beiderseitigen Verbindlichkeiten nach § 1437 BGB bei Einzelverwaltung und nach § 1459 bei gemeinsamer Verwaltung haftet das Gesamtgut auch für die Kinder des anderen Ehegatten, die nicht gemeinschaftlich sind.

1. Kindesunterhalt in der Trennungszeit

420 Bei **minderjährigen Kindern** kann der Elternteil, der die Kinder betreut und ihre Unterhaltsansprüche durchsetzen will, nach §§ 1435, 1451 BGB vorgehen (dazu s. Rn 407). **Volljährige Kinder** haben keine Rechte auf Mitwirkung bei der Verwaltung. Sie benötigen einen auf Zahlung einer Unterhaltsrente gerichteten Titel, wenn sie in das Gesamtgut vollstrecken wollen. Bei gemeinsamer Verwaltung müssen wegen § 740 II ZPO beide Eltern verklagt werden. Bei **Einzelverwaltung** genügt nach § 740 I ZPO ein Titel gegen den Verwalter.

2. Kindesunterhalt ab Rechtskraft der Scheidung

421 Zu den Nachwirkungen der Gütergemeinschaft s. Rn 414 f. Bis zur Beendigung der Auseinandersetzung ist daher auch im Hinblick auf den Kindesunterhalt das Gesamtgut als eigenständige Vermögensmasse zu beachten.
– Stehen den Eltern nur **Erwerbseinkünfte** zu oder sind nur diese maßgeblich, gibt es ausschließlich eine Zahlungsklage gegen den Verpflichteten. Der Titel wird nach § 803 f ZPO in das Erwerbseinkommen oder ein neben dem Gesamtgut vorhandenes sonstiges Vermögen vollstreckt.
– Ist der Unterhalt ganz oder teilweise aus einem noch bestehenden **Gesamtgut** zu leisten, muß ein **volljähriges Kind** hinsichtlich des Anteils aus dem Gesamtgut beide Eltern verklagen, weil sonst keine Vollstreckung möglich ist; § 743 ZPO. Bei **minderjährigen Kindern** genügt eine Mitwirkungsklage des betreuenden Elternteils nach § 1472 BGB, die nach § 888 ZPO zu vollstrecken ist (vgl. Rn 407, 409).

---

[15] Palandt-Diederichsen, BGB, 58. Auflage § 1472 Rn 2
[16] OLG Frankfurt/Main, FamRZ 1988, 1276

IV. Keine fiktiven Einkünfte

422 Auf unterhaltsbezogener Leichtfertigkeit beruhende Einkommenseinbußen oder nicht gezogene Nutzungen können bei der Gütergemeinschaft nicht dazu führen, daß fiktive Einkünfte zugerechnet werden. Zusätzliche Einkünfte würden stets in das Gesamtgut fallen, an dem jeweils beide Eheleute partizipieren. Sie können daher bei der Unterhaltsbemessung nicht einem Ehegatten einseitig zugerechnet werden.[17] Die Vorstellungen eines Ehegatten über eine möglichst wirtschaftliche Verwaltung des Gesamtguts sind ausschließlich über die Möglichkeiten nach §§ 1435, 1451, 1472 BGB zu realisieren. Notfalls schuldet der schlechte Verwalter Schadensersatz nach § 1435 BGB, der aber gemäß § 1468 BGB erst nach der Beendigung der Gütergemeinschaft fällig wird.

V. Eilmaßnahmen

423 Auch bei Gütergemeinschaft kann es erforderlich werden, den Unterhalt durch Eilmaßnahmen sicherzustellen. Im Rahmen der Zuständigkeit des Familiengerichts (Rn 408 f) kann dies durch **einstweilige Verfügung** nach §§ 935, 940 ZPO geschehen. Eine einstweilige Anordnung nach dem durch das KindU neu geschaffenen § 644 ZPO kommt nur in Betracht, wenn ausnahmsweise eine Zahlungsklage möglich ist (Rn 416, 420 f). Inhalt der einstweiligen Verfügung kann entsprechend den Ausführungen zu Rn 407, 409 entweder ein Zahlungsgebot sein oder eine andere sachgemäße Mitwirkungshandlung. Ist das Vormundschaftsgericht zur Mitwirkung berufen (Rn 410), kommt der Erlaß einer vorläufigen Anordnung in Betracht. Im Scheidungsverfahren können einstweilige Anordnungen nach § 620 Nr. 4 und Nr. 6 ergehen. Ein Prozeßkostenvorschuß kann nicht verlangt werden, solange nach § 1420 BGB vorrangig einzusetzende Einkünfte aus dem Gesamtgut vorhanden sind.[18]

424–499 *Zur Zeit nicht belegt.*

6. Abschnitt: Unterhalt und Sozialleistungen

I. Auswirkungen der Sozialhilfe auf den Unterhaltsanspruch

1. Sozialhilfe als anrechnungsfähiges Einkommen

500 **a) Nachrang der Sozialhilfe.** Sozialhilfe ist grundsätzlich **kein bedarfsdeckendes Einkommen** und hat daher auf den Unterhaltsanspruch in der Regel keinen Einfluß.[1] Vgl. dazu auch Rn 1/383). Bis zum Jahre 1993 war es demgegenüber nahezu einhellige Praxis, Sozialhilfe im Unterhaltsprozeß generell nicht zu berücksichtigen. Dies läßt sich seit der Einfügung des § 91 BSHG[2] in das Gesetz zum 27. 6. 1993 (vgl. unten Rn 507) nicht mehr halten. Nach dieser Vorschrift geht der Unterhaltsanspruch bis zur Höhe der geleisteten Sozialhilfe unter bestimmten Voraussetzungen auf den Sozialhilfeträger über (Rn 549 ff) Dieser kann seit dem 1. 8. 1996 den übergangenen Anspruch nach § 91 IV 1 BSHG auf den Hilfeempfänger zur gerichtlichen Geltendmachung rückübertragen und sich den

---

[17] BGH, FamRZ 1984, 559, 561 = R 201 für den nachehelichen Unterhalt, diese Grundsätze gelten aber erst recht für den Trennungsunterhalt; s. auch OLG Karlsruhe, FamRZ 1996, 1414
[18] OLG Zweibrücken, FamRZ 1996, 227
[1] BGH, FamRZ 1999, 843, 846 = R 533 b
[2] Vgl. Gesetz zur Umsetzung des Föderalen Konsolidierungsprogramms vom 23. 6. 1993 (BGBl. I 944, 952)

geltend gemachten Anspruch wieder abtreten lassen (Rn 555 ff). In Ausnahmefällen kann sich der Bezug von Sozialhilfe durch den Unterhaltsberechtigten nach § 242 BGB auf seine Bedürftigkeit auswirken (vgl. dazu Rn 567 f.); andererseits können die Vorschriften des BSHG auch die unterhaltsrechtliche Leistungsfähigkeit des Schuldners beeinflussen (vgl. Rn 571 f).

501 Sozialhilfe erhält nicht, wer sich selbst helfen kann oder wer die erforderliche Hilfe von anderen, besonders von Angehörigen oder von Trägern anderer Sozialleistungen, erhält (§ 2 I BSHG). Sozialhilfe ist daher **subsidiär** oder nachrangig. Der **Nachrang der Sozialhilfe** besagt, daß eigenes Einkommen oder eigenes Vermögen bei der Gewährung der Sozialhilfe zu berücksichtigen ist. Eigenes Einkommen sind auch Unterhaltsleistungen, die ein Dritter erbringt. Forderungen, die dem Hilfeempfänger zustehen, gehören ebenfalls zum Einkommen, allerdings nur, wenn sie in absehbarer Zeit durchsetzbar sind, da es für die Gewährung von Sozialhilfe auf die zur Behebung der Notlage „bereiten Mittel" ankommt.[3] Dies gilt auch für **Unterhaltsansprüche.** Deshalb kann der Sozialhilfeträger den Unterhaltsberechtigten zur Selbsthilfe anhalten und darauf verweisen, einen Unterhaltsanspruch gegen den Verpflichteten geltend zu machen, und nur vorläufig bis zur Realisierung des Anspruchs Sozialhilfe gewähren.[4] Ein Unterhaltsanspruch, der nicht unmittelbar erfüllt wird, dessen Realisierung wegen Eilbedürftigkeit nicht sogleich möglich oder dessen Geltendmachung dem Hilfesuchenden nicht zuzumuten ist, beseitigt dagegen die Bedürftigkeit im Sinne des Sozialhilferechts nicht.[5] Weigert sich der Hilfesuchende, einen leistungsfähigen und leistungsbereiten Schuldner auf Unterhalt in Anspruch zu nehmen, so verliert er den Anspruch auf Sozialhilfe.[6] Voraussetzung ist allerdings, daß der Sozialhilfeempfänger auf den Unterhaltsanspruch zurückgreifen darf, was nach § 91 BSHG in bestimmten Fällen, z. B. bei Verwandten zweiten oder eines entfernteren Grades und bei Müttern, die ein Kind unter sechs Jahren betreuen, hinsichtlich des Anspruchs gegen ihre Eltern (§ 91 I 3 BSHG) ausgeschlossen ist[7] (vgl. Rn 521) oder im Hinblick auf die öffentlich-rechtliche Vergleichsberechnung (Rn 523 ff, 565 f) ganz oder teilweise unzulässig sein kann.

Nach § 2 II 1 BSHG werden Verpflichtungen anderer, besonders Unterhaltspflichtiger, durch dieses Gesetz nicht berührt. Danach ist zwar der Sozialhilfeträger häufig zur Vorleistung verpflichtet, wenn ein Unterhaltsschuldner seiner Leistungspflicht nicht nachkommt. Hierdurch wird jedoch die an sich vorrangige Verpflichtung des Dritten zur Leistung von Unterhalt nicht beeinflußt. Sie besteht weiter und ist zu erfüllen. Dieser Nachrang der Sozialhilfe wird durch den Anspruchsübergang nach § 91 I BSHG verwirklicht.[8]

502 Sozialhilfe ist ausgeschlossen, wenn ein Bedürftiger mit seinem Ehegatten oder mit seinen Eltern (oder einem Elternteil) in einer **Bedarfsgemeinschaft**[9] (vgl. dazu Rn 517) zusammenlebt und das Einkommen aller Mitglieder ausreicht, den sozialhilferechtlichen Bedarf zu decken. Dies gilt sowohl für die Hilfe zum Lebensunterhalt (§ 11 I BSHG) als auch für die Hilfe in besonderen Lebenslagen (§ 28 BSHG); allerdings kann in letzterem Fall Sozialhilfe auch dann gewährt werden, wenn den Mitgliedern der Bedarfsgemeinschaft die Aufbringung der Mittel aus ihrem Einkommen oder Vermögen nicht zuzumuten ist. Erscheint die Heranziehung dieser Personen zum Teil als zumutbar, steht dem Sozialhilfeträger die Möglichkeit offen, durch **Verwaltungsakt** einen öffentlich-rechtlichen Aufwendungsersatz bzw. einen öffentlich-rechtlichen Kostenbeitrag zu verlangen (§§ 11 II 2, 29 S. 2, 43 I 2 BSHG).[10] Vgl. dazu auch Rn 517 f.

---

[3] BVerwG, NJW 1983, 2954; BGH, NJW 1996, 2933
[4] Nr. 121, 124 Empfehlungen des Deutschen Vereins für die Heranziehung Unterhaltspflichtiger in der Sozialhilfe (Empfehlungen DV), FamRZ 1995, 1327
[5] BGH, FamRZ 1999, 843, 845 = R 533 a
[6] BVerwG, NJW 1983, 2954
[7] Deshalb müßte die in Fn 3, 6 zitierte Entscheidung des BVerwG, NJW 1983, 2954 heute möglicherweise anders ausfallen
[8] BGH, FamRZ 1999, 843, 845 = R 533 a
[9] Zum Teil wird auch von „Bedarfs-/Einsatzgemeinschaft" gesprochen, so Nr. 126 Empfehlungen DV, FamRZ 1995, 1327; Schellhorn, FuR 1995, 10
[10] Nr. 25 Empfehlungen DV, FamRZ 1995, 1327; Schellhorn, FuR 1995, 11, 15

6. Abschnitt: Unterhalt und Sozialleistungen § 6

b) Bedürftigkeit nach Unterhalts- und Sozialhilferecht. Wer Sozialhilfe erhält, ist 503 deshalb **nicht ohne weiteres unterhaltsbedürftig**. Die Unterhaltsbedürftigkeit bestimmt sich allein nach den Vorschriften des BGB. Ein Kind ist unterhaltsberechtigt, wenn es sich nicht selbst unterhalten kann (§ 1602 I BGB), insbesondere wenn und solange es sich berechtigterweise einer Berufsausbildung unterzieht (§ 1610 II BGB). Zur Bedürftigkeit des Kindes, insbesondere zum Ausbildungsunterhalt vgl. Rn 2/42 ff, 2/56 ff. Beim Ehegatten kommt es darauf an, ob von ihm eine Erwerbstätigkeit erwartet werden kann (§§ 1361, 1570 ff BGB). Vgl. dazu Rn 4/16 ff, 4/44 ff. Sozialhilfe erhält dagegen, wer sich nicht selbst helfen kann (§ 2 I BSGH; vgl. Rn 501). Zwar besteht auch nach § 18 I BSHG eine Erwerbsobliegenheit, da jeder Hilfesuchende seine Arbeitskraft zur Beschaffung des Lebensunterhalts für sich und seine unterhaltsberechtigten Angehörigen einzusetzen hat.[11] Jedoch ist die Versagung von Sozialhilfe wegen Verletzung der Erwerbsobliegenheit nur unter engen Voraussetzungen möglich (vgl. Rn 505).

Auf die Unterschiede zwischen Sozialhilfe- und Unterhaltsrecht[12] kommt es in dem hier interessierenden Zusammenhang aber in der Regel nicht an. Gewährt der Sozialhilfeträger Sozialhilfe, wenn auch zu Unrecht, ist der Zivilrichter wegen der Tatbestandswirkung des Verwaltungsakts hieran gebunden. Der Unterhaltsanspruch geht im Umfang der gewährten Sozialhilfe, ggf. eingeschränkt durch den Schuldnerschutz nach § 91 BSHG, auf den Sozialhilfeträger über. Der Unterhaltpflichtige kann nicht einwenden, daß die Sozialhilfe zu Unrecht gewährt worden ist.[13] Er kann lediglich Einwendungen aus dem Unterhaltsrecht erheben und insbesondere die Bedürftigkeit des Berechtigten nach Unterhaltsrecht bestreiten. Daneben kann er geltend machen, daß der Anspruch im Hinblick auf die Vorschriften des § 91 I 3, II BSHG nicht auf den klagenden Sozialhilfeträger übergegangen sei; in Ausnahmefällen kann er sich darauf berufen, daß die gewährte Sozialhilfe nach § 242 BGB der weiteren Verfolgung des Unterhaltsanspruchs ganz oder teilweise entgegenstehe (vgl. dazu Rn 567 ff.).

Unterschiede zwischen Unterhaltsrecht und Sozialhilferecht bestehen jedoch hinsicht- 504 lich der Verpflichtung, **Einkommen und Vermögen** für den eigenen Lebensunterhalt **einzusetzen**.[14] Insbesondere müssen Einkommen und Vermögen im Sozialhilferecht nicht stets in vollem Umfang zur Deckung des Bedarfs verwendet werden (vgl. z. B. § 76 BSHG). Genaueres dazu Rn 527 ff. Leistungen, die aufgrund öffentlich-rechtlicher Vorschriften zu einem ausdrücklich genannten Zweck gewährt werden, sind nur insoweit als Einkommen zu berücksichtigen, als die Sozialhilfe im Einzelfall demselben Zweck dient (§ 77 I BSHG). Schmerzensgeld bleibt unberücksichtigt (§ 77 II BSHG). Näheres dazu Rn 537. Im Unterhaltsrecht werden dagegen grundsätzlich alle Einkünfte ohne Rücksicht auf ihre Zweckbestimmung zur Bedarfsdeckung herangezogen (vgl. Rn 1/9); dies gilt auch für Kapitalerträge, die aus Schmerzensgeld erzielt werden (vgl. Rn 1/382, 2/259). Lediglich für bestimmte Sozialleistungen für Aufwendungen wegen Körper- oder Gesundheitsschäden stellen §§ 1610 a, 1361 I 1, 1578 a BGB die widerlegbare Vermutung auf, daß die Kosten der Aufwendungen nicht geringer sind als die Höhe der Sozialleistungen (vgl. dazu Rn 1/343 ff).

c) Leistungsfähigkeit nach Unterhalts- und Sozialhilferecht. Wer Sozialhilfe be- 505 zieht, ist nicht schon deshalb außerstande, Unterhalt zu leisten. Auch diese Diskrepanz beruht auf dem unterschiedlichen Einkommensbegriff des Sozialhilfe- und des Unterhaltsrechts (vgl. dazu Rn 503, 527 ff). Die Leistungsfähigkeit eines Unterhaltsschuldners beurteilt sich nach bürgerlichem Recht (§§ 1581, 1603 I BGB). Dem Verpflichteten, der sich nicht ausreichend um eine Arbeitsstelle bemüht, kann u. U. ein **fiktives Einkommen** zugerechnet werden. Genaueres dazu Rn 1/387 ff, 2/144 ff. Dagegen ist der Ansatz fiktiver Einkünfte im Sozialhilferecht allenfalls unter ganz engen Voraussetzungen möglich.[15]

---

[11] BVerwG, FamRZ 1996, 106
[12] Vgl. hierzu Hußmann in Heiß/Born, 16 Rn 14 ff.
[13] Schellhorn, BSHG, 15. Aufl., § 91 Rn 47; vgl. zu §§ 90, 91 BSHG a. F. BVerwGE 42/198, 202 f.
[14] Vgl. dazu BGH, FamRZ 1999, 843, 846 = R 533 a, b
[15] BGH, FamRZ 1998, 818 = R 524; FamRZ 1999, 843, 844 = R 533 b; vgl. auch Künkel, FamRZ 1996, 1509, 1512

Allerdings kann der Hilfesuchende den Anspruch auf Sozialhilfe ganz oder teilweise verlieren, wenn er sich weigert, zumutbare Arbeit zu leisten (§ 25 I BSHG). Auch kann die Hilfe in bestimmten Fällen auf das zum Lebensunterhalt Unerläßliche eingeschränkt werden (§ 25 II BSHG). Dies darf aber nicht darüber hinwegtäuschen, daß Sozialhilfe wegen Verletzung einer Erwerbsobliegenheit (vgl. dzau Rn 503) nur unter besonderen Umständen versagt werden kann.[16] So hat das BVerwG[17] vom Sozialhilfeträger die Prüfung verlangt, ob der einzelne Hilfesuchende mit der selbständigen Arbeitsuche überfordert sei und ob durch eine entsprechende Aufforderung dem Hilfezweck entgegengewirkt werde; es hat die Zubilligung von Sozialhilfe bereits dann gebilligt, wenn der Hilfesuchende es weder grundsätzlich abgelehnt habe, sich beim Arbeitsamt zu melden, noch eigene Bemühungen gänzlich unterlassen habe. Es bedarf keiner näheren Darlegung, daß unter derartigen Voraussetzungen im Unterhaltsrecht ohne weiteres ein fiktives Einkommen angesetzt würde, wenn nur eine reale Arbeitsmöglichkeit besteht. Hinzu kommt, daß im Unterhaltsrecht stets derjenige, der sich darauf beruft, daß durch Arbeit kein Einkommen erzielt könne, die Beweislast dafür trägt. Im Sozialhilferecht ist dagegen die Verletzung der Erwerbsobliegenheit im Sinne des § 25 I BSHG von der Behörde festzustellen.[18] Vgl. dazu auch Rn 534, 572.

506 Der **Pflichtige** darf durch die Leistung von Unterhalt selbst **nicht sozialhilfebedürftig** werden (§ 91 II 1 BSHG; vgl. Rn 523). Dieser Satz gilt nicht nur im Sozialhilferecht, sondern auch im Unterhaltsrecht. Daher kann niemand unterhaltspflichtig sein, der bei Zahlung von Unterhalt selbst Sozialhilfe in Anspruch nehmen müßte.[19] Dies gilt jedoch nur zugunsten des Unterhaltspflichtigen selbst, nicht auch zugunsten weiterer Unterhaltsberechtigter, die mit ihm in einer Bedarfsgemeinschaft leben.[20] Zur abweichenden Auffassung des Sozialhilferechts und den sich daraus ergebenden Konsequenzen vgl. Rn 526, 573. Der notwendige Selbstbehalt der Tabellen und Leitlinien muß daher mit einem Betrag angesetzt werden, der die Sozialhilfe, die der Unterhaltsschuldner erhalten könnte, maßvoll übersteigt.[21] Deshalb muß ggf. der Selbstbehalt, der dem Schuldner bei allein unterhaltsrechtlicher Betrachtungsweise verbleiben würde, im Einzelfall angemessen erhöht werden.[22] Vgl. dazu Rn 2/261, 2/269.

2. Verwirklichung des Nachrangs der Sozialhilfe

507 Nach § 90 BSHG a. F. konnte der Sozialhilfeträger Unterhaltsansprüche durch sog. **Überleitungsanzeige** auf sich überleiten. Diese Anzeige war ein Verwaltungsakt und konnte allein vor den Verwaltungsgerichten angefochten werden. Die Schutzvorschriften des § 91 BSHG a. F. unterlagen daher ausschließlich der verwaltungsgerichtlichen Kontrolle. Die ordentlichen Gerichte, insbesondere die Familiengerichte, waren wegen der Tatbestandswirkung des Verwaltungsakts an die Überleitungsanzeige und damit an die Entscheidung des Sozialhilfeträgers gebunden, ob und in welchem Umfang er nach seinem Ermessen von den Schutzvorschriften zugunsten des Unterhaltsschuldners Gebrauch machte. Sie hatten nur über den Bestand des Unterhaltsanspruchs zu befinden. Da der Sozialhilfeträger vielfach von einer Überleitung absah und den Hilfeempfänger vorschickte, um im Wege der Prozeßkostenhilfe den Unterhaltsanspruch geltend zu machen, hatten die Familiengerichte es in der Regel nicht mit einem Prozeß des Sozialhilfeträgers gegen den Unterhaltspflichtigen, sondern mit einem „normalen" Prozeß zwischen Familienmitgliedern zu tun, in dem die Bewilligung von Sozialhilfe allenfalls die Aktivlegitimation beeinflußte, im übrigen aber kaum eine Rolle spielte. Der Sozialhilfeträger

---

[16] BGH, FamRZ 1998, 818 = R 524
[17] FamRZ 1996, 106 ff.
[18] Vgl. BVerwG, FamRZ 1996, 106, 108
[19] BGH, FamRZ 1990, 849 = R 419; BGH, FamRZ 1996, 1272 = R 507 b
[20] BGH, FamRZ 1996, 1272 = R 507 b
[21] BGH, FamRZ 1984, 1000 = R 210
[22] Seetzen, NJW 1994, 2505, 2508 m.w.N.; Künkel, FamRZ 1994, 540, 546; Hampel, Bemessung des Unterhalts, Rn 88, 95

konnte auch nach Erlaß des Urteils den titulierten Anspruch auf sich überleiten. Wenn er wegen der Schutzvorschriften des §§ 91 I 2, III 1 BSHG a. F. hiervon nur teilweise Gebrauch machte, verblieb der nicht von der Überleitung erfaßte Anspruchsteil beim Unterhaltsgläubiger. Dieser konnte insoweit aus dem Urteil des Familiengerichts vollstrecken, ohne die beigetriebenen Beträge an den Sozialhilfeträger abführen oder die erhaltenene Sozialhilfe zurückzahlen zu müssen. Dadurch konnte er letztlich einen nicht gerechtfertigten Vorteil erlangen.

Mit Wirkung vom **27. 6. 1993** hat der Gesetzgeber die frühere Regelung durch einen **508** **gesetzlichen Forderungsübergang** ersetzt. § 90 BSHG gilt nicht mehr für Unterhaltsansprüche, sondern nur noch für sonstige Ansprüche, z. B. für die Rückforderung eines Geschenks wegen Notbedarfs (§ 528 BGB), für Ansprüche aus landwirtschaftlichen Übergabeverträgen und für Gehaltsansprüche.[23] Unterhaltsansprüche werden nunmehr nur noch von der Spezialvorschrift des § 91 BSHG n. F. erfaßt.[24] Eines Verwaltungsakts bedarf es nicht mehr. Vielmehr geht der Unterhaltsanspruch kraft Gesetzes mit dem Bewirken der Sozialhilfeleistungen über, allerdings nur in bestimmten Grenzen, die in §§ 91 I, II BSHG festgelegt sind.[25] Dies gilt auch für Unterhaltsansprüche, die **vor** dem 27. 6. 1993 entstanden sind. Sie sind kraft Gesetzes am 27. 6. 1993 auf den Sozialhilfeträger übergegangen, wenn zwar vorher die Voraussetzungen für die Geltendmachung des Anspruchs für die Vergangenheit, sei es durch Verzug nach § 1613 BGB oder durch Rechtswahrungsanzeige nach § 90 I BSHG a. F. gegeben waren, aber eine Überleitung nach § 90 BSHG a. F. noch nicht erfolgt war.[26]

Durch Gesetz zur Reform des BSHG vom 23. 7. 1996 – BGBl. I 1068 hat der Gesetzgeber § 91 BSHG erneut geändert und insbesondere in Absatz 4 die Möglichkeit einer Rückübertragung des Unterhaltsanspruchs auf den Hilfeempfänger vorgesehen. Vgl. hierzu Rn 554 ff, zu den weiteren Änderungen des § 91 BSHG vgl. Rn. 510, 515, 532.

II. Geltendmachung des Unterhaltsanspruchs durch den Sozialhilfeträger

a) **Gesetzlicher Forderungsübergang.** Da der Unterhaltsanspruch nunmehr **kraft Ge- 509 setzes** auf den Sozialhilfeträger übergeht, finden nach § 412 BGB die Vorschriften der §§ 399–404, 406–410 BGB über die Forderungsabtretung entsprechende Anwendung. Einer Mitteilung des Sozialhilfeträgers an den Hilfeempfänger und an den Unterhaltspflichtigen bedarf es für den Anspruchsübergang nicht, mag eine solche Mitteilung auch zweckmäßig und empfehlenswert sein.[27] Ein Verwaltungsakt ergeht nicht mehr. Deshalb entfällt auch die Überprüfung durch die Verwaltungsgerichte. Vielmehr entscheiden über alle Fragen, die mit dem **Forderungsübergang** zusammenhängen, die **Familiengerichte** (§ 91 IV 3 BSHG, § 23 b I Nr. 5, 6, 13 GVG).[28] Dies gilt auch für die Überprüfung der sozialhilferechtlichen Schutzvorschriften der §§ 91 I und II BSHG.

Folgende Ansprüche gehen nach § 91 I 1 BSHG auf den Sozialhilfeträger über: **510**
- **gesetzliche Unterhaltsansprüche,**
- **vertragliche Unterhaltsansprüche**, wenn sie im wesentlichen den gesetzlichen entsprechen und daher denselben sozialhilferechtlichen Schutz verdienen,[29] nicht dagegen, wenn sie Gegenstand eines Austauschvertrages sind;[30] in diesem Fall ist eine Überleitung nach § 90 BSHG möglich (vgl. Rn 508),
- **unterhaltsrechtliche Auskunftsansprüche.**

---

[23] Scholz, FamRZ 1994, 1, 2; vgl. BGH, FamRZ 1995, 1123 = NJW 1995, 2287
[24] BGH, FamRZ 1995, 871
[25] BGH, FamRZ 1995, 871; BGH, FamRZ 1996, 1203 = R 506 b
[26] BGH, FamRZ 1996, 1207
[27] So mit Recht Nr. 141 Empfehlungen DV, FamRZ 1995, 1327
[28] BGH, FamRZ 1996, 1203 = 506 b
[29] Nr. 47, 146 Empfehlungen DV, FamRZ 1995, 1327
[30] Vgl. BVerwG, FamRZ 1994, 31 = NJW 1994, 64

§ 6 Sonderfragen

Seit der Neufassung des § 91 BSHG zum 1. 8. 1996 (vgl. Rn 508) geht zusammen mit dem Unterhaltsanspruch auch der privatrechtliche Auskunftsanspruch nach §§ 1605, 1361 IV, 1580 BGB auf den Sozialhilfeträger über.[31] Daher kann dieser den übergegangenen Unterhaltsanspruch auch im Wege der Stufenklage (§ 254 ZPO) verfolgen. Ihm bleibt es allerdings weiterhin unbenommen, den Schuldner durch Verwaltungsakt auf Auskunft in Anspruch zu nehmen (§ 116 I BSHG).[32] Auskunftspflichtig sind auch die nicht getrenntlebenden Ehegatten des Unterhaltspflichtigen und unter bestimmten Voraussetzungen Personen, die mit ihm in Haushaltsgemeinschaft leben, der Arbeitgeber und das Finanzamt (vgl. auch § 21 IV SGB X).

511 b) **Umfang des Forderungsübergangs.** Nach § 91 I 1 BSHG geht der Unterhaltsanspruch **bis zur Höhe der geleisteten Sozialhilfe,** also soweit und solange Sozialhilfe gezahlt wird, auf den Sozialhilfeträger über, allerdings vorbehaltlich der Schutzvorschriften der §§ 91 I 2–4 und II BSHG. Vgl. dazu Rn 516 ff. Wird die Hilfegewährung unterbrochen, gehen nur die Ansprüche über, die in der Zeit entstehen, in der Sozialhilfe gewährt wird. Die Dauer der **Unterbrechung** ist unerheblich. § 90 II 2. Halbsatz BSHG ist nicht anzuwenden. Ist die Sozialhilfe geringer als der Unterhaltsanspruch, geht nur ein Teil des Anspruchs über; der über die Sozialhilfe hinausgehende Unterhaltsanspruch verbleibt beim Hilfeempfänger.

512 Der Anspruchsübergang findet nur statt, wenn der Unterhaltsschuldner in dem Zeitraum, für den Sozialhilfe gewährt wird, leistungsfähig ist. Bewilligungszeitraum ist grundsätzlich der jeweilige Kalendermonat. Dies kann bei **einmaligen Leistungen** der Sozialhilfe (§§ 21, 84 III BSHG) zu Problemen führen. Einmalige Leistungen sind auf einen längeren Zeitraum, in der Regel auf mehrere Monate, zu verteilen. Eine solche Regelung findet sich in § 21 II 2 BSHG, allerdings nicht im Rahmen der Leistungsfähigkeit, sondern der Sozialhilfebedürftigkeit. Es bietet sich gleichwohl an, den dort genannten Zeitraum von sechs Monaten nach Ablauf des Monats, in dem über die Hilfe entschieden worden ist, auch hier heranzuziehen;[33] es ist dann zu prüfen, ob der Schuldner in diesem Zeitraum leistungsfähig ist. Der Zeitraum vor Auszahlung der einmaligen Hilfe bleibt außer Betracht.[34]

Beispiel:
Der getrenntlebenden Ehefrau wird Sozialhilfe von 1100,– DM gewährt. Sie erhält im Mai 1999 DM 900,– als einmalige Hilfe zur Anschaffung von Hausrat. Der Unterhalt beträgt 3/7 des Einkommens des Mannes von 2800,– DM, also 1200,– DM. Die Hilfe von 900,– DM kann auf 6 Monate verteilt werden (vgl. auch § 21 II 2 BSHG), so daß die Sozialhilfe von Juni bis November pro Monat 1250,– DM beträgt. Der Unterhaltsanspruch für diese Zeit geht daher in voller Höhe von 1200,– DM, nicht nur in Höhe von 1100,– DM auf den Sozialhilfeträger über.

513 Die Bewilligung der Sozialhilfe für den jeweiligen Kalendermonat führt in der Praxis zu erheblichen Schwierigkeiten, weil die Höhe der Sozialhilfe, auch wenn keine einmaligen Leistungen gewährt werden, sich häufig ändert, z. B. weil sich Miete, Wohnnebenkosten, Krankenkassenbeiträge, anzurechnendes Wohngeld oder ähnliche Positionen erhöhen oder ermäßigen, weil Überzahlungen auszugleichen sind oder Nachzahlungen erfolgen. Die im Unterhaltsrecht übliche Durchschnittsberechnung hinsichtlich Einkommen, Bedarf und Leistungsfähigkeit über einen längeren Zeitraum würde in den Fällen, in denen ein Anspruchsübergang nach § 91 BSHG in Betracht kommt, zum Teil gegenstandslos, wenn bzgl. der gewährten Sozialhilfe auf den jeweiligen Monat abzustellen, für jeden Monat eine Vergleichsberechnung durchzuführen und im Urteil ein unterschiedlicher Betrag auszuweisen wäre, in Höhe dessen der Unterhaltsanspruch auf den Sozialhilfeträger übergegangen ist. Es bestehen m. E. keine Bedenken, auch bzgl. der in der Vergangenheit gewährten Sozialhilfe einen Durchschnittsbetrag zu errechnen und bei

---

[31] Die gegenteilige Rechtsprechung des BGH, FamRZ 1991, 1117 = NJW 1991, 1235 ist überholt
[32] Zu den Voraussetzungen und dem Umfang des Auskunftsanspruchs nach § 116 BSHG vgl. BVerwG, FamRZ 1994, 33 = NJW 1994, 66
[33] So Hußmann in Heiß/Born, 16 Rn 41 ff
[34] Hußmann in Heiß/Born, 16 Rn 44

der Errechnung der übergegangenen Unterhaltsansprüche zugrunde zu legen.[35] Dies ist allerdings nur so lange möglich, als sich die Grundlagen der Sozialhilfegewährung und/oder der Unterhaltsberechnung nicht verändern. Nimmt der Sozialhilfeempfänger eine Erwerbstätigkeit auf und verringern sich dadurch sowohl die Sozialhilfe als auch der Unterhaltsanspruch, so muß selbstverständlich vom Beginn der Erwerbstätigkeit eine Neuberechnung erfolgen.[36]

Ein Unterhaltsanspruch kann nur dann übergehen, wenn mit der Sozialhilfe nicht nur Bedarf im Sinne des Sozialhilferechts, sondern auch **Unterhaltsbedarf** sichergestellt wird. Dies ist z. B. nicht der Fall, wenn durch den Sozialhilfeträger Schulden, insbesondere Mietschulden zur Sicherung einer Unterkunft, übernommen (§ 15 a BSHG) oder Hilfen zum Aufbau oder Sicherung einer Existenz (§ 30 BSHG) gewährt werden.[37] **514**

c) Unterhalt für die Vergangenheit, Rechtswahrungsanzeige. Der übergegangene Unterhaltsanspruch kann vom Sozialhilfeträger von dem Zeitpunkt an geltend gemacht werden, zu dem die Voraussetzungen der §§ 1613 I, 1585 b BGB vorliegen. Dazu Rn 100 ff. Dies kann auch dann der Fall sein, wenn bereits der Berechtigte den Schuldner vor dem gesetzlichen Forderungsübergang gemahnt hatte.[38] Nach Gewährung der Sozialhilfe und nach Anspruchsübergang kann auch der Sozialhilfeträger den Schuldner mahnen. Dies setzt allerdings die Anmahnung eines bestimmten Betrages voraus. Nachdem nunmehr auch der privatrechtliche Auskunftsanspruch übergeht (vgl. Rn 510), kann der Sozialhilfeträger den Schuldner zum Zweck der Geltendmachung des Unterhaltsanspruchs auffordern, über seine Einkünfte und sein Vermögen Auskunft zu erteilen, dadurch verzugsähnliche Wirkungen herbeizuführen (§ 1613 I 1 BGB) oder ihn im Weg der sog. Stufenmahnung[39] in Verzug setzen. Letzteres erfordert die Aufforderung zur Auskunft und zur Zahlung des Betrages, der sich nach Erteilung der Auskunft ergibt (vgl. dazu Rn 119). **515**

Die Wirkungen des Verzuges können auch durch eine **Rechtswahrungsanzeige** (§ 91 III 1 BSHG) herbeigeführt werden. Diese Anzeige ist – wie schon nach früherem Recht (vgl. Rn 507) – kein Verwaltungsakt, sondern eine privatrechtliche Erklärung. Nach der Neufassung des § 91 III BSHG zum 1. 8. 1996 reicht es für die Rechtswahrungsanzeige aus, daß dem Unterhaltsschuldner die Gewährung der Hilfe schriftlich mitgeteilt wird. Die Anzeige braucht nicht in derselben Weise bestimmt zu sein wie eine Mahnung, vielmehr muß die Höhe der Aufwendungen nicht angegeben,[40] der Betrag, in dessen Höhe der Schuldner in Anspruch genommen werden soll, nicht beziffert werden.[41] Eine Rechtswahrungsanzeige während der Trennungszeit begründet die Wirkungen des Verzuges auch hinsichtlich des nachehelichen Unterhalts, soweit nicht aus dem Inhalt der Anzeige ergibt, daß allein der Anspruch auf Trennungsunterhalt geltend gemacht werden soll.[42] Es ist nicht erforderlich, daß die Rechtswahrungsanzeige dem Schuldner, wie früher, unverzüglich zugeht. Auch eine Rückwirkung auf den Beginn der Hilfe oder auf den Bewilligungsbescheid, wie in den früheren Fassungen des § 91 BSHG vorgesehen, kommt der Rechtswahrungsanzeige nicht mehr zu.[43] Vielmehr kann der Sozialhilfeträger den Schuldner nach jetzt geltendem Recht erst ab Zugang der Anzeige in Anspruch nehmen. Der Zugang begründet auch dann die Wirkungen des Verzuges, wenn der Sozialhilfeträger Vorausleistungen erbringt und die Sozialhilfe erst später endgültig bewilligt wird. Dem Schuldner wird durch die Rechtswahrungsanzeige hinreichend klargemacht, daß er mit der Geltendmachung des übergegangenen Unterhaltsanspruchs zu rechnen hat. Die Rechtsprechung des BGH, der eine Rückwirkung der Anzeige nur bis zum Zeitpunkt des Erlasses des Bewilligungsbescheides, nicht dagegen bis zum (frühe-

---

[35] A. A. offenbar Hußmann in Heiß/Born, 16 Rn 34 ff. m.w.N.
[36] Ebenso Hußmann in Heiß/Born, 16 Rn 34
[37] Vgl. dazu Nr. 26 – 33 Empfehlungen DV, FamRZ 1995, 1327
[38] Scholz, FamRZ 1994, 1 f
[39] BGH, FamRZ 1990, 283, 285 = R 400 b
[40] BGH, FamRZ 1985, 586
[41] BGH, FamRZ 1983, 895 = R 177 a
[42] BGH, FamRZ 1988, 375 = NJW 1988, 1147 (zur Überleitungsanzeige nach § 90 II BSHG a. F.)
[43] Vgl. 3. Aufl. Rn 6/514

ren) tatsächlichen Beginn der Hilfe annahm, ist m. E. überholt.[44] Sie beruhte auf der bis zum 27. 6. 1993 geltenden Fassung des § 91 BSHG (vgl. Rn 507), die auch eine Inanspruchnahme des Schuldners für die Vergangenheit zuließ und deshalb der Einschränkung bedurfte. Näheres zur Rechtswahrungsanzeige oben Rn 106 ff.

Beim nachehelichen Unterhalt hat der Sozialhilfeträger auch § 1585 b III BGB zu beachten, nach dem für eine mehr als ein Jahr vor Rechtshängigkeit liegende Zeit Erfüllung oder Schadensersatz wegen Nichterfüllung nur verlangt werden kann, wenn anzunehmen ist, daß der Verpflichtete sich der Leistung absichtlich entzogen hat. Vgl. dazu Rn 110, 112.

III. Ausschluß des Anspruchsübergangs

1. Laufende Zahlung des Unterhalts

516 Nach § 91 I 2 BSHG ist der Übergang des Anspruchs ausgeschlossen, wenn der Unterhaltsanspruch durch **laufende Zahlung** erfüllt wird. Die Vorschrift betrifft weniger die Berechtigung des Sozialhilfeträgers, den Unterhaltsanspruch geltend zu machen, als die Frage, an wen der Schuldner leisten darf. Der Schuldner kann bereits nach §§ 412, 407 I BGB mit befreiender Wirkung an den Unterhaltsberechtigten zahlen, wenn ihm die Gewährung der Sozialhilfe und damit der Anspruchsübergang nicht bekannt sind. § 91 I 2 BSHG soll darüber hinaus dem Schuldner die Möglichkeit geben, jederzeit wieder mit laufenden Zahlungen an den Berechtigten zu beginnen und damit die Gewährung von Sozialhilfe ganz oder teilweise entbehrlich zu machen.[46] Die Erfüllung tritt auch dann ein, wenn der Schuldner die Zahlung aufnimmt, nachdem bereits die Sozialhilfe für den betreffenden Monat beim Unterhaltsgläubiger eingegangen ist, selbst wenn ihm die Gewährung von Sozialhilfe bekannt war. Zu verlangen ist lediglich, daß der Unterhalt dem Berechtigten noch in dem Monat, für den gezahlt wird, zur Verfügung steht.[47] Die Zahlung erst im folgenden Monat reicht dagegen nicht mehr aus.[48] Der Ansicht, daß die laufende Zahlung vom Schuldner rechtzeitig, also spätestens am Ersten des laufenden Monats, angewiesen worden sein müsse,[49] nimmt § 91 I 2 BSHG jeden eigenständigen Inhalt und überzeugt daher nicht.

2. Unterhaltsansprüche in der Bedarfsgemeinschaft

517 a) **Hilfe zum Lebensunterhalt.** Hilfe zum Lebensunterhalt wird demjenigen gewährt, der seinen notwendigen Lebensunterhalt nicht oder nicht ausreichend aus eigenen Kräften oder Mitteln, vor allem seinem Einkommen oder Vermögen, beschaffen kann (§ 11 I 1 BSHG). Zu berücksichtigen ist nicht das eigene Einkommen oder Vermögen, sondern dasjenige der **Bedarfsgemeinschaft**. Dazu gehören zunächst die nicht getrenntlebenden Eheleute. Geht es um Unterhalt minderjähriger Kinder, zählen auch die Eltern oder der Elternteil, bei dem das Kind lebt, zu dieser Gemeinschaft. Das BSHG berücksichtigt daher bei der Hilfe zum Lebensunterhalt die Unterhaltspflicht bereits bei der Feststellung des einzusetzenden Einkommens oder Vermögens.[50] Sozialhilfe wird also grundsätzlich nicht gewährt, wenn das Einkommen der Mitglieder der Bedarfs-/Einsatzgemeinschaft ausreicht, ihren Bedarf zu decken. Nur in begründeten Fällen kann Hilfe zum Lebensunterhalt in Betracht kommen. Jedoch besteht dann ggf. ein **öffentlich-**

---

[44] So auch Hußmann in Heiß/Born, 16 Rn 243; unentschieden Künkel, FamRZ 1996, 1509, 1513
[45] *nicht belegt*
[46] Vgl. BGH, FamRZ 1982, 23, 25
[47] Vgl. auch zu weiteren Einzelfragen des § 91 I 2 BSHG: Künkel, FamRZ 1994, 540, 545
[48] A. A. Derleder/Bartels, FamRZ 1995, 1111, 1119
[49] Hußmann in Heiß/Born, 16 Rn 63
[50] Nr. 126 Empfehlungen DV, FamRZ 1995, 1327

rechtlicher Anspruch auf Aufwendungsersatz (§ 11 II 2 BSHG). Vgl. dazu Rn 502. Im Hinblick auf diese öffentlich-rechtliche Lösung schließt § 91 I 3 BSHG den Übergang eines zivilrechtlichen Unterhaltsanspruchs auf den Sozialhilfeträger aus. Daher geht der Anspruch auf Familienunterhalt (Rn 3/1ff) nicht nach § 91 I BSHG über. Der Sozialhilfeträger ist vielmehr darauf angewiesen, durch **Verwaltungsakt** Aufwendungsersatz geltend zu machen. Dieser Verwaltungsakt kann nur vor den Verwaltungsgerichten angefochten werden.

b) Hilfe in besonderen Lebenslagen. Hier ist die Rechtslage ähnlich. Zu dieser Art der Sozialhilfe gehören vor allem die Eingliederungshilfe für Behinderte in einem Heim (§§ 27 I Nr. 6, 43 I BSHG), die Blindenhilfe (§§ 27 I Nr. 8, 67 I BSHG) und die Hilfe zur Pflege (§§ 27 I Nr. 9, 69 I BSHG). In diesem Bereich wird die Sozialhilfe allerdings seit 1. 4. 1995 durch die Pflegeversicherung in erheblichem Umfang entlastet. Hilfe in besonderen Lebenslagen wird gewährt, soweit dem Hilfesuchenden, seinem nicht getrenntlebenden Ehegatten und bei minderjährigen, unverheirateten Kindern grundsätzlich auch den Eltern, also den Mitgliedern der Bedarfsgemeinschaft, die Aufbringung der Mittel aus ihrem Einkommen oder Vermögen nicht zuzumuten ist (§ 28 BSHG). Wird gleichwohl Hilfe in besonderen Lebenslagen bewilligt, z. B. weil die Heimkosten das zumutbare Maß übersteigen, kann der Sozialhilfeträger **durch Verwaltungsakt einen öffentlich-rechtlichen Kostenbeitrag** verlangen (§§ 29 S. 2, 43 I 2 BSHG). Auch hier schließt § 91 I 2 BSHG einen Übergang des Anspruchs auf Familienunterhalt aus. Vgl. dazu auch Rn 502.

c) Haushaltsgemeinschaft. Eheähnliche Gemeinschaft. §§ 11, 28 BSHG werden durch § 16 BSHG ergänzt. Lebt ein Hilfesuchender mit Verwandten und Verschwägerten in Haushaltsgemeinschaft, so wird vermutet, daß er von ihnen Leistungen zum Lebensunterhalt erhält, soweit dies nach ihrem Einkommen und Vermögen erwartet werden kann. Von praktischer Bedeutung ist dies vor allem, wenn ein Kind bei seinen Großeltern lebt. Sozialhilfe wird dann bei hinreichender Leistungsfähigkeit der Großeltern an das Kind nicht gezahlt. Diesen müssen allerdings Mittel verbleiben, die deutlich über der Hilfe zum Lebensunterhalt liegen, die sie selbst erhalten können.[51] In einem solchen Fall steht nicht dem Sozialamt, sondern dem Kind Anspruch auf Unterhalt gegen seine Eltern zu. Die Leistungen der nachrangig haftenden Großeltern sind in der Regel freiwillige Leistungen Dritter, die nur bei entsprechendem Willen des Leistenden die Eltern entlasten (vgl. Rn 2/100 ff).

Personen, die in eheähnlicher Gemeinschaft leben, dürfen nach § 122 BSHG hinsichtlich der Voraussetzungen sowie des Empfangs der Sozialhilfe nicht besser gestellt werden, als Ehegatten; § 16 BSHG gilt entsprechend. Eine solche Gemeinschaft kann nur zwischen Mann und Frau, nicht aber zwischen gleichgeschlechtlichen Partnern bestehen. Sie muß auf Dauer angelegt sein, über eine reine Haushalts- und Wirtschaftsgemeinschaft hinausgehen und sich durch innere Bindungen auszuzeichnen, die ein gegenseitiges Einstehen der Partner füreinander begründen.[52] Nach § 122 BSHG ist daher der Partner einer solchen Gemeinschaft wie ein nicht getrenntlebender Ehegatte in die Bedarfsgemeinschaft einzubeziehen.[53]

3. Unterhaltsansprüche bestimmter Verwandter

Ein Anspruchsübergang findet nicht statt, wenn der Unterhaltspflichtige mit dem Hilfeempfänger im zweiten oder einem entfernteren Grad verwandt ist (§ 91 I 3 BSHG). Dies betrifft vor allem Ansprüche gegen die **Großeltern** (vgl. dazu auch Rn 2/273). Zu der Frage, ob die Enkel selbst Ansprüche gegen die Großeltern geltend machen können, obwohl sie Sozialhilfe in Anspruch nehmen oder jedenfalls nehmen könnten, vgl. Rn 569.

---

[51] BVerwG, FamRZ 1996, 936
[52] BVerwG, FamRZ 1995, 1352
[53] OLG Düsseldorf, FamRZ 1999, 885

521 Ebenfalls ausgeschlossen ist der Übergang von Unterhaltsansprüchen gegen Verwandte ersten Grades einer **Schwangeren oder einer Mutter**, die ihr leibliches Kind bis zur Vollendung seines 6. Lebensjahres betreut (§ 91 I 3 BSHG). Die Regelung geht auf Art. 8 des Schwangeren- und Familienhilfegesetzes vom 27. 7. 1992 – BGBl. I 1398, 1401 zurück. Zur Geltendmachung von Unterhaltsansprüchen der Hilfesuchenden selbst gegen ihre Eltern, obwohl sie Sozialhilfe in Anspruch nehmen oder jedenfalls nehmen könnte, vgl. Rn 569.

4. Unterhaltsansprüche bei Arbeitsförderungsmaßnahmen

522 Durch die Verweisung auf § 90 IV BSHG in § 91 I 4 BSHG wird klargestellt, daß ein Anspruchsübergang nicht stattfindet, wenn ein Hilfeempfänger mit gemeinnütziger Arbeit beschäftigt oder wenn seine Gewöhnung an berufliche Arbeit gefördert oder erprobt wird und er während dieser Zeit Hilfe zum Lebensunterhalt zuzüglich einer Entschädigung für Mehraufwendungen erhält (§§ 19 II, 20 II BSHG). Dasselbe gilt, wenn einem Hilfeempfänger für die ersten sechs Monate nach Aufnahme einer Tätigkeit auf dem allgemeinen Arbeitsmarkt ein monatlicher Zuschuß gewährt wird (§ 18 V BSHG). In solchen Fällen ist ohnehin fraglich, ob der Hilfeempfänger unterhaltsbedürftig ist.

IV. Öffentlich-rechtliche Vergleichsberechnung

1. Grundsatz der Meistbegünstigung

523 Nach § 91 II 1 BSHG geht der Unterhaltsanspruch nur über, soweit ein Hilfeempfänger sein Einkommen und Vermögen nach den Bestimmungen des Abschnitts 4 (§§ 76–89 BSHG) mit Ausnahme der §§ 84 II, 85 I Nr. 3 S. 2 BSHG einzusetzen hat. Der Unterhaltspflichtige soll durch diese Bestimmung in gleicher Weise wie der Hilfeempfänger geschützt werden. Er darf also durch die Inanspruchnahme auf Unterhalt nicht selbst sozialhilfebedürftig werden.[54] Dieser Grundsatz gilt auch im Unterhaltsrecht für die Leistungsfähigkeit des Pflichtigen.[55] Vgl. dazu Rn 506 und 2/261. Gleichwohl geht der **Schuldnerschutz** im Sozialhilferecht deutlich weiter als im Unterhaltsrecht. § 91 II 1 BSHG hat den Zweck, den Unterhaltsschuldner gegenüber dem Sozialhilfeträger nicht schlechter als den Hilfeempfänger zu behandeln. Der Unterhaltspflichtige genießt sozialhilferechtlich den gleichen Schutz hinsichtlich des Einkommens und Vermögens, den er hätte, wenn er selbst Empfänger der konkreten Hilfe wäre.[56] Dieser Schutz des Pflichtigen kommt auch darin zum Ausdruck, daß nicht nur der Hilfeempfänger, sondern auch der **Unterhaltsschuldner** einen **Anspruch auf Beratung** über seine Rechte und Pflichten nach dem BSHG hat (§ 14 SGB I); das Sozialamt hat ihn auf rechtliche Regelungen, insbesondere auf § 91 II 1 BSHG, hinzuweisen, die sich zu seinen Gunsten auswirken können.[57]

524 Zunächst ist festzustellen, in welchem Umfang der Pflichtige nach bürgerlichem Recht zum Unterhalt verpflichtet ist. Danach ist in einer sozialhilferechtlichen **Vergleichsberechnung** zu prüfen, ob der Unterhaltsschuldner vom Sozialhilfeträger nach § 91 II BSHG nur mit einem geringeren Betrag zum Unterhalt des Hilfeempfängers herangezogen werden kann. Nach dem Grundsatz der **Meistbegünstigung** geht der Unterhaltsanspruch nur in Höhe des geringeren Betrages auf den Sozialhilfeträger über.[58] Zur Auswirkung des § 91 II BSHG auf den beim Unterhaltsberechtigten verbliebenen Anspruch vgl. Rn 567 ff.

---

[54] BSG, FamRZ 1985, 379 f.; OLG Düsseldorf, FamRZ 1999, 127 = NJW 1998, 1502; OLG Karlsruhe, FamRZ 1995, 615; Künkel, FamRZ 1994, 540, 546; Schellhorn, FuR 1995, 11
[55] BGH, FamRZ 1996, 1272 = R 507 b; FamRZ 1990, 849 = R 419
[56] BGH, FamRZ 1999, 843, 846 = R 533 b; vgl. auch BGH, FamRZ 1998, 818
[57] Schellhorn, FuR 1995, 10
[58] BGH, FamRZ 1998, 817= R 524; OLG Düsseldorf, FamRZ 1999, 843, 846; Nr. 143, vgl. auch Nr. 2, 147 Empfehlungen DV, FamRZ 1995, 1327

6. Abschnitt: Unterhalt und Sozialleistungen § 6

Dem Unterhaltspflichtigen muß derjenige Betrag verbleiben, den er selbst als Empfänger der konkreten Sozialhilfe erhalten könnte.[59] Zu prüfen ist daher,[60]
– welcher Bedarf des Schuldners sozialhilferechtlich anzuerkennen wäre (vgl. Rn 539 ff),
– in welchem Umfang er sein Einkommen und Vermögen zur Deckung dieses Bedarfs nach Sozialhilferecht einsetzen müßte (vgl. Rn 527 ff).

Die Verweisung in § 91 II 1 BSHG auf die Bestimmungen des Abschnitts 4 des BSHG betrifft nur die Pflicht zum Einsatz von Einkommen und Vermögen. Der sozialhilferechtliche Bedarf ist dagegen in §§ 11 ff, 21 ff BSHG bezüglich der Hilfe zum Lebensunterhalt und in §§ 27 ff. BSHG hinsichtlich der Hilfe in besonderen Lebenslagen geregelt. Auf diese Vorschriften nimmt § 91 II BSHG nicht Bezug. Gleichwohl muß bei der sozialhilferechtlichen Vergleichsberechnung auch der Bedarf des Pflichtigen nach dem BSHG berücksichtigt werden. Dies folgt unmittelbar aus dem Grundsatz, daß der Schuldner durch die Inanspruchnahme auf Unterhalt nicht selbst sozialhilfebedürftig werden darf (Rn 523) und ist daher letztlich aus dem Grundrecht des Art. 1 I GG und aus dem Sozialstaatsprinzip (Art. 20 I GG) herzuleiten.[61] Die öffentliche Hand darf nicht dadurch, daß der Sozialhilfeträger einen übergegangenen Unterhaltsanspruch geltend macht, dem Unterhaltspflichtigen die Mittel entziehen, die ihm der Staat als Mindestbedarf im Rahmen sozialstaatlicher Hilfe zur Verfügung stellen müßte.[62] Daher findet die sozialhilferechtliche Vergleichsberechnung nicht nur bei der Hilfe in besonderen Lebenslagen, sondern auch und gerade bei der Hilfe zum Lebensunterhalt statt.[63]

525

In die Vergleichsberechnung sind auch die Mitglieder der Bedarfsgemeinschaft einzubeziehen. Dem Schuldner muß also nach §§ 11 I 2, 91 II BSHG derjenige Betrag verbleiben, der ihm für sich, seinen nicht getrenntlebenden Ehegatten und seine mit ihm in einem Haushalt lebenden minderjährigen, unverheirateten Kinder als Sozialhilfe gebühren würde. Damit genießen, soweit es um die Frage des Anspruchsübergangs auf den Sozialhilfeträger geht, die Ansprüche der Mitglieder der Bedarfsgemeinschaft **sozialhilferechtlich** den **Vorrang** vor den Ansprüchen des getrenntlebenden oder geschiedenen Ehegatten sowie den Unterhaltsansprüchen von Kindern, die nicht mit dem Pflichtigen in einem Haushalt zusammenleben.[64] Die Unterhaltsansprüche dieses Personenkreises gehen nur insoweit auf den Sozialhilfeträger über, als der sozialhilferechtliche Bedarf des Pflichtigen und der mit ihm in einer Bedarfsgemeinschaft lebenden Angehörigen gedeckt ist. Nach bürgerlichem Recht haben dagegen die Ansprüche aller minderjährigen Kinder mit denen des jetzigen und des früheren Ehegatten den gleichen Rang (§§ 1609 I, II BGB); der geschiedene Ehegatte geht dem jetzigen sogar in der Regel im Rang vor (§ 1582 BGB). Dies gilt auch dann, wenn die Unterhaltsberechtigten, die mit dem Schuldner in Haushaltsgemeinschaft leben, durch dessen Unterhaltslasten selbst sozialhilfebedürftig werden.[65] Vgl. hierzu Rn 5/39 ff und zu den sich daraus ergebenden Schwierigkeiten im Rahmen des § 91 BSHG Rn 573.

526

---

[59] BGH, FamRZ 1999, 843, 846 = R 533 b
[60] OLG Düsseldorf, FamRZ 1999, 127 = NJW 1998, 1502
[61] BSG, FamRZ 1985, 379 f; Künkel, FamRZ 1996, 1509, 1511
[62] BVerfG, FamRZ 1993, 285 = NJW 1992, 3153 zur vergleichbaren Problematik der steuerlichen Freistellung des Existenzminimums
[63] BGH, FamRZ 1998, 817 = R 524; OLG Karlsruhe, FamRZ 1995, 615, FamRZ 1997, 179; OLG Hamm, FamRZ 1997, 90; Künkel, FamRZ 1995, 1509, 1511; a. A. Hußmann in Heiß/Born, 16 Rn 196 ff und die durch Neufassung des § 91 BSHG überholte Rechtsprechung der Verwaltungsgerichte. Vgl. dazu Atzler, NJW 1999, 700
[64] So ausdrücklich Nr. 126 Empfehlungen DV, FamRZ 1995, 1327; Schellhorn, BSHG, 15. Aufl., § 91 Rn 73; vgl. auch Brudermüller, FamRZ 1995, 1033, 1036; zweifelnd Künkel, FamRZ 1994, 540, 546
[65] BGH, FamRZ 1996, 1272 = R 507 b

§ 6

2. Einsatz des Einkommens und des Vermögens im Rahmen der öffentlich-rechtlichen Vergleichsberechnung

527 Der Einkommensbegriff des Sozialhilferechts weicht aus sozialpolitischen Gründen in einzelnen Punkten von den des Unterhaltsrechts ab.[66] Er gilt sowohl für die Hilfe zum Lebensunterhalt (Rn 517) als auch für die Hilfe in besonderen Lebenslagen (Rn 518). Die **Einkommensermittlung** richtet sich nach §§ 76–87 BSHG. Die wichtigste Vorschrift ist § 76 BSHG.[67] Danach gehören zum Einkommen im Sinne des BSHG grundsätzlich alle Einkünfte in Geld oder Geldeswert. Jedoch gelten zahlreiche Ausnahmen. Bestimmte Einkünfte, insbesondere sozialstaatliche Zuwendungen, bleiben unberücksichtigt (Rn 537). Bei der Hilfe in besonderen Lebenslagen sind allgemeine und besondere Einkommensgrenzen zu beachten. Vgl. dazu Rn 537 f.

528 Das Einkommen ist nach § 76 II, II a BSHG um bestimmte Beträge zu bereinigen. Hinweise für die Ermittlung des Einkommens, insbesondere des Einkommens aus unselbständiger Tätigkeit, enthält die **Verordnung zur Durchführung des § 76 BSHG** vom 28. 11. 1962 – BGBl. I 692, geändert durch Verordnung vom 23. 11. 1976 – BGBl. I 3234 (DVO), die ab 1. 1. 1991 auch im Beitrittsgebiet gilt. Vgl. dazu Rn 529, 531.

529 Die Ermittlung des Bruttoeinkommens, der zu entrichtenden Steuern und der Pflichtbeiträge zur Sozialversicherung einschließlich der Arbeitslosenversicherung (§ 76 II Nr. 1, 2 BSHG) folgt im wesentlichen denselben Kriterien wie im Unterhaltsrecht. Vgl. Rn 1/491 ff. Zu den Sozialversicherungsbeiträgen gehören seit 1. 1. 1995 auch die Beiträge zur Pflegeversicherung. Einmalige Zahlungen (**Sonderzuwendungen**, Gratifikationen usw.) sind wie im Unterhaltsrecht auf einen angemessenen Zeitraum zu verteilen und monatlich mit einem entsprechenden Teilbetrag anzusetzen (§ 3 III DVO).

530 Als **Versicherungsbeiträge** erkennen die Sozialhilfeträger auch Beiträge zu Versicherungen, insbesondere zur Hausrats- und Haftpflichtversicherung, in angemessener Höhe an.[68] Im Unterhaltsrecht sind derartige Ausgaben grundsätzlich aus dem Selbstbehalt zu bestreiten.

531 Die mit der Erzielung des Einkommens verbundenen notwendigen Ausgaben werden grundsätzlich nicht pauschaliert. Berücksichtigt werden vor allem Kosten für Fahrten zwischen Wohnung und Arbeitsstelle mit öffentlichen Verkehrsmitteln sowie Gewerkschaftsbeiträge (§ 3 IV Nr. 2 und 3 DVO). Nur in Ausnahmefällen wird die Benutzung eines Kfz anerkannt (§ 3 VI DVO). Für Arbeitsmittel kann ein Pauschbetrag von 10,– DM pro Monat angesetzt werden (§ 3 V DVO). Im Unterhaltsrecht werden solche **berufsbedingten Aufwendungen** dagegen häufig, wie z.B. in der Düsseldorfer Tabelle (A 3), mit einer Pauschale von 5 % der Erwerbseinkünfte abgegolten (vgl. dazu Rn 1/89).

532 Bei Personen, die Hilfe zum Lebensunterhalt beziehen, sind nach § 76 II a BSHG angemessene Beträge vom Einkommen abzusetzen. Von besonderer Bedeutung ist der **Abzug für Erwerbstätige**. Dessen Höhe hat die Bundesregierung in der DVO zu § 76 BSHG (vgl. Rn 528) bisher (bis Herbst 1999) nicht festgelegt. Nach den Empfehlungen des Deutschen Vereins,[69] denen die meisten Sozialhilfebehörden folgen, beträgt der Absetzungsbetrag bei Einkünften ab 1000,– DM die Hälfte des Regelsatzes (vgl. Rn 539), also in den meisten Bundesländern 273,50 DM.[70] Der Vorschlag, den Absetzungsbetrag wie im Unterhaltsrecht mit $1/7$ des Erwerbseinkommens anzusetzen,[71] führt nicht weiter, solange der Erwerbstätigenbonus nur beim Ehegatten-, nicht aber beim Kindesunterhalt gewährt wird (vgl. Rn 4/373 ff). § 76 II a BSHG ist **seit dem 1. 8. 1996** zugunsten des Unterhaltspflichtigen im Rahmen der sozialhilferechtlichen Vergleichsberechnung **nicht**

---

[66] BGH, FamRZ 1999, 843, 846 = R 533b, c
[67] Die Vorschrift ist abgedruckt bei Schönfelder, Deutsche Gesetze, und in den gängigen ZPO-Kommentaren, jeweils bei § 115 ZPO
[68] Oestreicher/Schelter/Kunz, BSHG, § 76 Rn 35
[69] FamRZ 1996, 1327
[70] Zur Berechnung vgl. Schellhorn, FuR 1995, 11, 13 und Zöller/Philippi, ZPO, 21. Aufl., § 115 Rn 28 f
[71] OLG Karlsruhe, FamRZ 1995, 615, 616; Brudermüller, FuR 1995, 17, 20

6. Abschnitt: Unterhalt und Sozialleistungen §6

mehr zu berücksichtigen, wie sich aus § 91 II 1 BSHG i. d. F. des Gesetzes vom 23. 7. 1996 – BGBl. I 1088 ergibt (vgl. Rn 508). Dem Pflichtigen steht also kein Abzug für Erwerbstätige zu. Dagegen scheinen auf den ersten Blick verfassungsrechtliche Bedenken zu bestehen, weil sich der Grundsatz, daß niemand durch Unterhaltsgewährung sozialhilfebedürftig werden darf, unmittelbar aus der Verfassung ergibt (vgl. Rn 525). Die Problematik wird jedoch weitgehend dadurch entschärft, daß nach der Düsseldorfer Tabelle und den meisten anderen Tabellen und Leitlinien des alten Bundesgebiets dem erwerbstätigen Unterhaltsschuldner auch im Mangelfall[72] ein um 200,– DM höherer notwendiger Selbstbehalt (1500,– DM gegenüber 1300,– DM) belassen wird.[73] Vgl. dazu Rn 2/263ff; 5/180ff. Beim Ehegattenunterhalt verbleibt dem erwerbstätigen Schuldner der Erwerbstätigenbonus von $1/7$ bzw. $1/10$ seines anrechnungsfähigen Einkommens (vgl. Rn 4/373ff., 380ff.). Im Mangelfall kann der Schuldner auch gegenüber dem Ehegatten – jedenfalls bei den in aller Regel vorliegenden beengten Verhältnissen – auf den notwendigen Selbstbehalt verwiesen werden.[74] Im Einzelfall, insbesondere bei nicht vermeidbaren hohen Wohnkosten kann der notwendige Selbstbehalt angemessen erhöht werden; vgl. Rn 2/269. Der erwerbstätige Schuldner wird also in aller Regel bereits durch das Unterhaltsrecht geschützt.[75]

Schulden sind bei der sozialhilferechtlichen Einkommensermittlung grundsätzlich 533 nicht abzuziehen, es sei denn, der Schuldner könne sich ihnen nicht entziehen, was z. B. bei der Aufrechnung gegen die Gehaltsforderung oder bei Pfändung des Arbeitslohns der Fall ist, da dann dem Hilfeempfänger bereits Mittel zur Bestreitung seines Lebensunterhalts fehlen.[76] In Ausnahmefällen können Mietschulden als Hilfe zum Lebensunterhalt vom Sozialamt übernommen werden (vgl. § 15 a I BSHG).

Fiktives Einkommen kann im Sozialhilferecht grundsätzlich nicht berücksichtigt 534 werden.[77] Dies beruht darauf, daß aus der Verletzung der Erwerbsobliegenheit im Sozialhilferecht andere Konsequenzen als im Unterhaltsrecht zu ziehen sind (vgl. Rn 505; 1/387ff., 2/144ff.). Zu den Schwierigkeiten für die sozialhilferechtliche Vergleichsberechnung vgl. Rn 572.

Der **Wohnwert** eines Hausgrundstücks oder einer Eigentumswohnung ist grundsätz- 535 lich kein sozialhilferechtliches Einkommen.[78] Entscheidend ist allein, welche Wohnkosten dem Hilfesuchenden entstehen. Diese sind bei der Bemessung der Sozialhilfe zu berücksichtigen (§ 3 RegelsatzVO; vgl. dazu Rn 541). Zahlt der Hilfeempfänger keine Miete und trägt er auch keine Belastungen für eine Eigentumswohnung oder ein Eigenheim, z. B. weil der getrennt lebende Ehegatte diese Kosten trägt, wird insoweit keine Sozialhilfe geleistet. Wohngeld ist auf den Wohnbedarf anzurechnen und kein Teil der subsidiären Sozialhilfe.[79] Soweit Wohngeld gewährt wird, kommt daher ein Anspruchsübergang nach § 91 BSHG nicht in Betracht. Vgl. auch Rn 541.

Kindergeld (vgl. Rn 2/486ff) ist keine Leistung, die im Sinne des § 77 BSHG zu 535a einem ausdrücklich bestimmten Zweck gewährt wird (dazu Rn 537). Es ist daher grundsätzlich Einkommen, das im Regelfall bei dem Elternteil angerechnet wird, der es bezieht; es kann auch bei dem Kind angerechnet werden, dem es die Eltern zuwenden.[80]

Der Einsatz des **Vermögens** richtet sich nach § 88 BSHG. Nach dieser Bestimmung, 536 die dem Familienrechtler durch die Verweisung in § 115 II 2 ZPO bekannt ist, darf Sozialhilfe insbesondere nicht von dem Einsatz oder der Verwertung eines angemessenen Haus-

---

[72] Vgl. dazu BGH, FamRZ 1997, 806 = R 512 b
[73] Im Beitrittsgebiet ist die Differenz meist 180,– DM. Vgl. zu den Selbstbehaltssätzen in den neuen Bundesländern Rn 626
[74] BGH, FamRZ 1997, 806 = R 512 b
[75] Künkel, FamRZ 1996, 1509 f
[76] Vgl. BVerwGE 55, 148, 152; auch Hußmann in Heiß/Born, 16 Rn 121
[77] BGH, FamRZ 1998, 818 = R 524; 1999, 843, 846 = R 533 b; OLG Düsseldorf, FamRZ 1999, 127 = NJW 1999, 1502; OLG Hamm, FamRZ 1997, 90; OLG Koblenz, FamRZ 1996, 1548 = NJW-RR 1996, 2; a. A. OLG Karlsruhe, FamRZ 1995, 615
[78] LG Duisburg, FamRZ 1992, 1086
[79] Schellhorn, BSHG, 15. Aufl. § 77 Rn 12 m.w.N.
[80] BVerwGE 60, 6; OVG Bautzen, FamRZ 1998, 1069; Schellhorn, BSHG, § 76 Rn 28, § 77 Rn 15

grundstücks abhängig gemacht werden, das von dem Hilfesuchenden oder einem Mitglied der Bedarfsgemeinschaft (vgl. Rn 502, 517 f) allein oder zusammen mit Angehörigen ganz oder teilweise bewohnt wird. Zur Angemessenheit des Grundstücks vgl. § 88 II Nr. 7 S. 2 BSHG. Schonvermögen von wenigstens 2500,– DM bei der Hilfe zum Lebensunterhalt und von wenigstens 4500,– DM bei der Hilfe in besonderen Lebenslagen zuzüglich eines Betrages von 500,– DM für jede Person, die vom Hilfesuchenden überwiegend unterhalten wird, bleibt nach § 88 II Nr. 8 BSHG und nach § 1 der VO zur Durchführung des § 88 II Nr. 8 BSHG[81] anrechnungsfrei. Nachzahlungen von Renten gehören in der Regel zum Vermögen, nicht zum Einkommen.[82]

Sozialhilfe darf nicht vom Einsatz oder der Verwertung eines Vermögens abhängig gemacht werden, soweit dies für den Hilfeempfänger und seine unterhaltsberechtigten Angehörigen eine **Härte** bedeuten würde (§ 88 III BSHG). Dies kann der Fall sein, wenn ein PKW für die Betreuung von Kleinkindern benötigt wird und sein Erlös außer Verhältnis zu den bei Veräußerung zu besorgenden Nachteilen steht.[83] Über § 88 III BSHG hinaus wird der Unterhaltsschuldner durch § 91 II 2 BSHG geschützt. Danach ist der Anspruchsübergang ausgeschlossen, wenn er eine unbillige Härte bedeuten würde. Vgl. dazu Rn 546 ff.

537 Im Gegensatz zum Unterhaltsrecht, nach dem – von wenigen Ausnahmen abgesehen – alle Einkünfte ohne Rücksicht auf ihre Zweckbestimmung anzurechnen sind (vgl. Rn 1/9, 40 ff), sind im Sozialhilferecht bestimmte Einkünfte und Einkommensteile nicht zu berücksichtigen. Sie sind sozialhilferechtlich nicht existent. Dies gilt vor allem
- für die **Grundrente** nach dem Bundesversorgungsgesetz und bestimmte Renten und Leistungen nach dem Bundesentschädigungsgesetz (§ 76 I BSHG),
- für **Leistungen,** die aufgrund öffentlich-rechtlicher Vorschriften **zu einem ausdrücklich genannten Zweck** gewährt werden, es sei denn, daß die Sozialhilfe im Einzelfall demselben Zweck dient (§ 77 I BSHG), z. B. für das Pflegegeld nach §§ 36, 43 SGB XI. Dies gilt auch dann, wenn das Pflegegeld nicht voll für den Pflegebedürftigen benötigt, sondern an die Pflegeperson weitergeleitet wird, die selbst der Sozialhilfe bedarf.[84] Zur unterhaltsrechtlichen Behandlung des weitergeleiteten Pflegegeldes vgl. § 13 VI SGB XI[85] sowie Rn 2/239;
- für das **Schmerzensgeld** (§ 77 II BSHG), das allerdings zu Vermögen wird, wenn es nicht ausgegeben wird und dann nach Maßgabe des § 88 BSHG (vgl. Rn 536) zur Bedarfsdeckung herangezogen werden kann,[86]
- für das **Erziehungsgeld** (§ 8 I 1 BErzGG).

Leistungen der freien Wohlfahrtspflege sind grundsätzlich kein Einkommen (§ 78 I BSHG). Freiwillige Leistungen, die ein Dritter ohne rechtliche oder sittliche Verpflichtung gewährt, sollen – abweichend vom Unterhaltsrecht (Rn 2/100 ff) – nur bei besonderer Härte für den Empfänger anrechnungsfrei bleiben (§ 78 II BSHG). Zur Sozialhilfe bei Zusammenleben des Hilfeempfängers mit anderen in einer Bedarfsgemeinschaft vgl. Rn 517 ff.

538 Bei der **Hilfe in besonderen Lebenslagen** (§§ 37 ff BSHG; vgl. Rn 518) bleiben nach §§ 79 ff. BSHG bestimmte Beträge anrechnungsfrei. Die **Einkommensgrenzen**, bis zu denen dem Hilfesuchenden die Aufbringung der Mittel nicht zuzumuten ist, betragen im alten Bundesgebiet (Stand: 1. 7. 1999):[87]

---

[81] Vom 11. 2. 1988 – BGBl. I 150, zuletzt geändert am 23. 7. 1996 – BGBl. I 1088
[82] BVerwGE 45, 135
[83] OVG Bautzen, FamRZ 1998, 1069
[84] BVerwGE 90, 217 = NwVZ 1993, 66
[85] i. d. F. des 4. SGB XI-Änderungsgesetzes vom 21. 7. 1999 – BGBl. I 1656
[86] Oestreicher/Schelter/Kunz, BSHG, § 77 Rn. 7 m. w. Nachw.
[87] Vgl. die Übersicht über die Einkommensgrenzen seit 1. 7. 1985 bis zum 30. 6. 1998 bei Schellhorn, BSHG, 15. Aufl., § 82 Rn 7. Vom 1. 7. 1998 bis 30. 6. 1999 betrugen die Grundbeträge im alten Bundesgebiet:1036,– DM, 1552,– DM bzw. 3106,– DM. Die Werte für das Beitrittsgebiet lauten für die Zeit vom 1. 7. 1998 bis zum 30. 6. 1999: 1019,– DM, 1534,– DM bzw. 2608,– DM (Verordnung vom 23. 6. 1998 – BGBl. I 1509). Seit dem 1. 7. 1999 gelten im Beitrittsgebiet nur noch für Schwerstpflegebedürftige niedrigere Sätze (§ 2 der Verordnung).

- nach §§ 79 I Nr. 1, 82 BSHG im allgemeinen 1050,– DM
- nach §§ 81 I, 82 BSHG insbesondere bei der Eingliederungshilfe für Behinderte nach § 39 I 1, II BSHG und bei der Heimpflege für erheblich Pflegebedürftige und Schwerpflegebedürftige (§ 81 I Nr. 5 BSHG) 1573,– DM
- nach §§ 81 II, 82 BSHG bei Schwerstpflegebedürftigen (§ 69 a III BSHG) und bei Blinden 3148,– DM.[87a]

Die Einkommensgrenzen werden gemäß § 82 BSHG zum 1. 7. jeden Jahres entsprechend der Veränderung des aktuellen Rentenwerts in der gesetzlichen Rentenversicherung angepaßt.

Die Grundbeträge erhöhen sich nach § 79 I Nr. 2 BSHG um die Kosten der **Unterkunft** ohne Heizung[88] und nach § 79 I Nr. 3 BSHG für jeden Unterhaltsberechtigten um einen Familienzuschlag in Höhe von 80 % des Regelsatzes eines Haushaltsvorstandes (vgl. Rn 539).

Die obigen Einkommensgrenzen kommen im Rahmen der öffentlich-rechtlichen Vergleichsberechnung auch dem Schuldner zugute, der vom Sozialhilfeträger nach § 91 BSHG auf Unterhalt in Anspruch genommen werden soll.[89]

Bei dem unterhaltsrechtlich wichtigsten Fall der Heimpflege kann der Hilfeempfänger wegen der ersparten Aufwendungen für die häusliche Lebenshaltung in stärkerem Umfang zur Bedarfsdeckung herangezogen werden. Jedoch hat der Sozialhilfeträger im Wege einer Ermessensentscheidung zu berücksichtigen, daß der Hilfeempfänger einem anderen, insbesondere seinem geschiedenen oder getrenntlebenden Ehegatten oder einem Kind unterhaltspflichtig sein kann (§ 85 I Nr. 3 BSHG). Dann sollen dem Hilfeempfänger in angemessenem Umfang die Mittel zur Erfüllung seiner Unterhaltspflicht belassen bleiben.[90] Eigene Einkünfte des Hilfeempfängers aus einer entgeltlichen Beschäftigung, insbesondere aus Arbeit zu therapeutischen Zwecken, werden nur teilweise als Einkommen berücksichtigt (§ 85 II BSHG).[91] Zur Auswirkung des § 85 I Nr. 3 BSHG auf die Unterhaltspflicht vgl. Rn 2/261a.

3. Bemessung des sozialhilferechtlichen Bedarfs

a) **Hilfe zum Lebensunterhalt.** Diese wird nach **Regelsätzen** bemessen, die von den Landesregierungen durch Rechtsverordnung festgesetzt werden (§ 22 BSHG). Die Regelsätze betragen ab 1. 7. 1999 in den meisten alten Bundesländern und in Gesamtberlin für den Haushaltsvorstand oder einen Alleinstehenden 547,– DM, im Beitrittsgebiet zwischen 522,– und 527,– DM pro Monat. Für die weiteren Haushaltsangehörigen gelten, nach Alter gestaffelt, geringere Sätze.[92] Die Regelsätze sollen zusammen mit den durchschnittlichen Aufwendungen einer Familie mit drei Kindern für Unterkunft und Heizung (Rn 541) und für einmalige Hilfen (Rn 542) unter den durchschnittlichen Nettolöhnen eines Alleinverdieners in den unteren Lohn- und Gehaltsgruppen zuzüglich Kinder- und Wohngeld bleiben (§ 22 IV BSHG). **539**

Die Regelsätze umfassen die **laufenden Leistungen** für Ernährung, hauswirtschaftlichen Bedarf einschließlich Haushaltsenergie sowie für persönliche Bedürfnisse des täglichen Lebens. Dazu gehören auch die laufenden Leistungen für die Beschaffung von **540**

[87a] Zum Beitrittsgebiet vgl. Fn 87
[88] Schellhorn, BSHG, § 79 Rn 26
[89] OLG Koblenz, NJW-RR 1998, 1698; vgl. auch BGH, FamRZ 1999, 843, 846 = R 533b
[90] BSG, FamRZ 1996, 1404
[91] Vgl. dazu Künkel, FamRZ 1996, 1509, 1513
[92] Die Regelsätze für das gesamte Bundesgebiet sind zusammengestellt nach dem Stand vom
   - 1. 7. 1994 in FamRZ 1994, 1310,
   - 1. 7. 1995 in FamRZ 1995, 1558,
   - 1. 7. 1996 in FamRZ 1996, 1264,
   - 1. 7. 1997 in FamRZ 1997, 1064,
   - 1. 7. 1998 in FamRZ 1998, 1161,
   - 1. 7. 1999 in FamRZ 1999, 1196

Wäsche und Hausrat von geringem Anschaffungswert, für die Instandsetzung von Kleidung, Schuhen und Hausrat in kleinerem Umfang sowie für Körperpflege und Reinigung (§ 1 I Regelsatzverordnung vom 20. 7. 1962 – BGBl. I 515, zuletzt geändert durch Art. 11 des Gesetzes vom 23. 7. 1996 – BGBl. I 1098). Für **Pflegekinder** gelten die Regelsätze **nicht**; hier werden Hilfen in Höhe der tatsächlichen Kosten der Unterbringung gewährt (§ 3 III RegelsatzVO).

541 Laufende Kosten für die **Unterkunft und Heizung** werden neben den Regelsätzen in Höhe der tatsächlichen Aufwendungen gewährt. Kosten für Elektrizität und Gas fallen nur darunter, soweit sie der Beheizung dienen.[93] Wohngeld ist kein Teil der Sozialhilfe und wird auf den Wohnbedarf angerechnet (vgl. Rn 535). Soweit die Aufwendungen für die Unterkunft den der Besonderheit des Einzelfalles angemessenen Umfang übersteigen, sind sie als Bedarf der Bedarfsgemeinschaft (vgl. Rn 502, 517) so lange anzuerkennen, als es nicht möglich oder zumutbar ist, durch einen Wohnungswechsel, durch Vermieten oder auf andere Weise die Aufwendungen zu senken (§ 3 I, II RegelsatzVO). Auf die Dauer können auch im Sozialhilferecht diese Kosten nicht höher liegen als die Kosten, die nach dem Wohngeldgesetz zu berücksichtigen sind.[94]

542 Die Sozialhilfe, die der Unterhaltspflichtige erhalten könnte, wird üblicherweise nach den **Empfehlungen des Deutschen Vereins** für die Heranziehung Unterhaltspflichtiger in der Sozialhilfe[95] berechnet. Nach diesem **Berechnungsschema**[96] kommen zu den Regelsätzen und den Kosten der Unterkunft und der Heizung hinzu, soweit nicht im Einzelfall ein abweichender Bedarf besteht:
– Mehrbedarfszuschläge von 20 % des Regelsatzes für Personen über 65 Jahre und Erwerbsunfähige, die im Besitz eines Schwerbehindertenausweises mit dem Merkzeichen G sind (§ 23 I Nr. 1 und 2 BSHG), sowie für werdende Mütter nach der 12. Schwangerschaftswoche (§ 23 I a BSHG),
– Mehrbedarfszuschläge von 40 % des Regelsatzes für Alleinerziehende, die mit einem Kind unter 7 Jahren oder mit 2 oder 3 Kindern unter 16 Jahren zusammenleben (§ 23 II BSHG), sowie für Behinderte, denen Eingliederungshilfe nach § 40 I Nr. 3 bis 5 BSHG gewährt wird (§ 23 III BSHG),
– einmalige Leistungen der Sozialhilfe (§ 21 I a BSHG), die nach Nr. 148 der Empfehlungen des Deutschen Vereins[97] für die öffentlich-rechtliche Vergleichsrechnung mit 20 % des Regelsatzes pauschaliert werden,[98]
– in angemessener Höhe krankheitsbedingter Mehrbedarf für eine kostenaufwendige Ernährung (§ 23 IV BSHG),
– ausnahmsweise Schuldtilgungsraten, insbesondere wenn ihre Übernahme durch den Sozialhilfeträger zur Sicherung der Unterkunft erforderlich ist (§ 15 a BSHG).[99]

543 In die Vergleichsberechnung sind der Unterhaltspflichtige und seine unterhaltsberechtigten Angehörigen einzubeziehen, die mit ihm in einer **Bedarfsgemeinschaft** leben. Zu den Regelsätzen, den Kosten für Unterkunft und Heizung sowie für Mehrbedarf nach Rn 542 kommen die entsprechenden Beträge für die weiteren Mitglieder der Bedarfsgemeinschaft hinzu. **Wohnkosten** sind, folgt man einer verbreiteten Praxis, **nach Kopfteilen** auf die Mitglieder der Bedarfsgemeinschaft zu verteilen.[100] Dies führt zu einem weiteren wichtigen Unterschied zum Unterhaltsrecht. Dort entfallen die Wohnkosten in erster Linie auf den Unterhaltspflichtigen und seinen Ehegatten und nur in geringem Umfang auf die Kinder. Der Anteil der Kinder ist bei Einkünften im mittleren Bereich

---

[93] OLG Düsseldorf, FamRZ 1999, 127 = NJW 1998, 1502; OLG Nürnberg, FamRZ 1997, 1542; a. A. OLG Koblenz, FamRZ 1997, 679 mit Anm. Atzler, FamRZ 1997, 1018
[94] KG, FamRZ 1994, 1047
[95] FamRZ 1995, 1327
[96] Nr. 143 ff., besonders Nr. 148 Empfehlungen DV, FamRZ 1995, 1327; vgl. dazu auch Schellhorn, FuR 1995, 10, 12
[97] FamRZ 1995, 1327
[98] Vgl. OLG Düsseldorf, FamRZ 1999, 127 = NJW 1998, 1502; OLG Köln, FamRZ 1996, 811; für eine Pauschale von 25 %: OLG Karlsruhe, FamRZ 1995, 615 m. w. N.
[99] Vgl. Nr. 116 Empfehlungen DV, FamRZ 1995, 1327
[100] BVerwG, NJW 1989, 313

der Düsseldorfer Tabelle mit ca. 20 % des Tabellenunterhalts anzusetzen (BayL 20 g).[101] Vgl. dazu Rn 2/214.

Die Aufteilung der Wohnkosten nach Kopfteilen bei der öffentlich-rechtlichen Vergleichsberechnung führt zu unnötigen Problemen beim Anspruchsübergang, da ein unverhältnismäßiger Teil der Sozialhilfe auf die Kinder entfällt, die nach der Düsseldorfer Tabelle vielfach einen deutlich geringeren Unterhalt zu beanspruchen haben. Die Sozialhilfe, die dem Ehegatten gewährt wird, liegt dagegen häufig unter dem Anspruch auf Trennungs- oder nachehelichen Unterhalt. Dies hat die Konsequenz, daß der Sozialhilfeträger die Erstattung der Sozialhilfeaufwendungen nur zu einem Teil verlangen kann (vgl. dazu Rechenbeispiel Rn 580). Diese „hausgemachten Probleme"[102] können dadurch vermieden werden, daß der **Wohnkostenanteil wie im Unterhaltsrecht** mit 20 % angesetzt wird. Als Bezugsgröße bietet sich im Unterhaltsrecht der Tabellenunterhalt (vgl. Rn 2/214; BayL 20 g), im Sozialhilferecht der jeweilige Regelsatz an. Dann betrüge z. B. im alten Bundesgebiet der Wohnkostenanteil eines neunjährigen Kindes **20 % des Regelsatzes** von 356,– DM, also rund 70,– DM. Die Problematik ist noch nicht ausdiskutiert. Ob es eine für alle Fälle passende Lösung gibt, erscheint fraglich.[103] 544

b) Hilfe in besonderen Lebenslagen wird häufig neben der Hilfe zum Lebensunterhalt gewährt. Nur bei Aufenthalt des Hilfeempfängers in einer Anstalt, einem Heim oder einer gleichwertigen Einrichtung sowie bei teilstationärer Betreuung umfaßt sie auch den Lebensunterhalt (§ 27 III BSHG). Bei der Hilfe in besonderen Lebenslagen (Rn 518) deckt sich der sozialhilferechtliche Bedarf des Hilfeempfängers vielfach mit den Kosten, die dem Sozialhilfeträger durch die Hilfe entstehen, z. B. mit den Pflegesätzen des Heims, in dem der Hilfeempfänger untergebracht ist. Hinzu kommen ggf. Zuschläge für Taschengeld, Krankenversicherungsbeiträge und ähnliches. 545

V. Schuldnerschutz aus Billigkeitsgründen

Der Anspruchsübergang ist weiter ausgeschlossen, wenn dies eine **unbillige Härte** bedeuten würde (§ 91 II 2 BSHG). Sie liegt in der Regel bei unterhaltspflichtigen Eltern vor, soweit einem Behinderten, einem von einer Behinderung Bedrohten oder einem Pflegebedürftigen über 21 Jahren Eingliederungshilfe für Behinderte (§§ 39 ff. BSHG) oder Hilfe zur Pflege (§ 69 ff. BSHG) gewährt wird. Bei dem Begriff der unbilligen Härte kann auf die Rechtsprechung der Verwaltungsgerichte zur früheren Fassung des § 91 III 1 BSHG zurückgegriffen werden, obwohl dort nur eine Härte, nicht wie nunmehr eine unbillige Härte oder wie bis zum Jahre 1974 eine besondere Härte verlangt wurde.[104] Danach ist entscheidend, ob aus der Sicht des Sozialhilferechts **soziale Belange** berührt werden. Dies kann der Fall sein, wenn die Höhe des Heranziehungsbetrages in keinem Verhältnis zu einer etwa heraufbeschworenen Störung des Familienfriedens steht, wenn die Heranziehung das weitere Verbleiben des Hilfeempfängers im Familienverband gefährdet, wenn der Pflichtige den Hilfeempfänger früher weit über das Maß seiner Unterhaltspflicht hinaus betreut und gepflegt hat oder wenn die Heranziehung wegen eines durch Schwere und Dauer gekennzeichneten Bedarfs zu einer unzumutbaren Beeinträchtigung der übrigen Familienmitglieder führt.[105] 546

Die Prüfung der unbilligen Härte wird den nunmehr zuständigen Familiengerichten (Rn 509)[106] vermutlich beachtliche Schwierigkeiten bereiten. Sie haben insoweit eine Vorschrift anzuwenden, die soziale Belange und damit öffentliche Interessen berücksich-

---

[101] Die 3. Auflage (Rn 2/214) ging im Anschluß an OLG Düsseldorf, FamRZ 1994, 1049, 1053 = NJW-RR 1994, 326 von einem Wohnkostenanteil von 15 % aus
[102] Künkel, FamRZ 1994, 540, 544
[103] So mit Recht Hußmann in Heiß/Born, 16 Rn 55
[104] Vgl. dazu Scholz, FamRZ 1994, 1, 4
[105] BVerwGE 58/209, 216; vgl. dazu eingehend Hußmann in Heiß/Born, 16 Rn 87 ff.
[106] Vgl. BGH, FamRZ 1996, 1203, 1205 = R 506 b; die Entscheidung des BGH, FamRZ 1993, 417, 420 = NJW-RR 1993, 322, die eine Bindung an die bestandskräftige Entscheidung der Verwaltungsbehörden annahm, ist durch § 91 IV 3 BSHG überholt

tigen soll. Die früher in § 91 III BSHG enthaltene Regelung ermächtigte und verpflichtete den Sozialhilfeträger zu einer Ermessensentscheidung. Ermessen haben die ordentlichen Gerichte grundsätzlich nicht zu überprüfen. Sie haben vielmehr **unbestimmte Rechtsbegriffe** auszulegen.[107] Ob die jetzige Fassung des Gesetzes, die den Anspruchsübergang nicht mehr von einer Ermessensentscheidung der Behörde abhängig macht, sondern automatisch eintreten läßt und ihn nur in bestimmten Fällen ausschließt, für die Rechtsanwendung taugt, muß bezweifelt werden.

547 Eine unbillige Härte liegt nach § 91 II 2 BSHG in der Regel bei unterhaltspflichtigen Eltern vor, soweit einem **Behinderten**, einem von einer Behinderung Bedrohten oder einem Pflegebedürftigen **über 21 Jahren** Eingliederungshilfe für Behinderte (§ 39 ff. BSHG) oder Hilfe zur Pflege (§ 69 ff BSHG) gewährt wird. In Ausnahmefällen ist ein Übergang des Unterhaltsanspruchs gegen die Eltern eines Kindes über 21 Jahren gleichwohl nicht ausgeschlossen. Ein Anspruchsübergang kommt dann in Betracht, wenn ein unterhaltspflichtiger Elternteil über ein überdurchschnittliches Einkommen verfügt und er dem Kind ein Studium finanziert hätte, wenn es nicht behindert wäre.[108] Regelmäßig wird die Vollendung des 27. Lebensjahres die Grenze für die Inanspruchnahme der Eltern sein. Jedoch kann auch bei einem älteren Kind eine unbillige Härte ausnahmsweise verneint werden, wenn die Eltern in sehr guten Einkommens- und Vermögensverhältnissen leben.[109] Zugunsten der Eltern wird dann zu berücksichtigen sein, daß sie entweder nicht mehr erwerbstätig sind oder kurz vor Eintritt in den Ruhestand stehen und sie ihr Vermögen ganz oder teilweise für ihre eigene Altersversorgung benötigen.[110] Bei der Beurteilung der Frage, ob in solchen Verhältnissen eine unbillige Härte vorliegt, müssen nach dem Gleichheitsgrundsatz (Art. 3 I GG) auch die Verwaltungsbestimmungen herangezogen werden, die die Sozialhilfeträger zu beachten haben. Diese Richtlinien binden die Gerichte natürlich nicht. Sie entsprechen jedoch in der Regel dem Sozialstaatsprinzip (Art. 20 I GG), da sie über den Wortlaut des Gesetzes hinaus dem Unterhaltsschuldner hohe Freibeträge, insbesondere beim Einsatz des Vermögens gewähren.[111] Gegen ihre Berücksichtigung zugunsten des Schuldners bestehen daher keine rechtsstaatlichen Bedenken.

Soweit dem Schuldner der Einsatz seines Vermögens zugemutet werden soll, ist ferner § 88 III BSHG zu beachten. Vgl. dazu Rn 536.

548 Zu einer Prüfung der unbilligen Härte im Sinne des § 91 II 2 BSHG besteht nur Anlaß, wenn der Unterhaltsanspruch nicht bereits aufgrund der Vorschriften des BGB ausgeschlossen oder eingeschränkt ist. In Betracht kommen hier die Normen über die Verwirkung des Unterhaltsanspruchs nach §§ 1361 III, 1579, 1611 BGB (vgl. dazu Rn 4/596 ff, 2/478 ff), aber auch über die Beschränkung des Anspruchs auf den angemessenen Bedarf nach §§ 1573 V, 1578 I 2 BGB (vgl. dazu Rn 4/578 ff, 4/583 ff). Schließlich kann sich eine Begrenzung des Unterhalts auch ergeben, wenn der Schuldner Einkünfte aus unzumutbarer Tätigkeit bezieht, die nach § 242 BGB bei der Unterhaltsbemessung nicht oder nur teilweise angerechnet werden können (vgl. dazu Rn 1/440 ff).

VI. Materiell-rechtliche und prozessuale Konsequenzen des § 91 BSHG

1. Umfang des Anspruchsübergangs

549 Der Unterhaltsanspruch geht nach § 91 I 1 BSHG auf den Sozialhilfeträger für die Zeit über, für die Hilfe gewährt wird. Der Anspruchsübergang verwirklicht sich daher mit der Auszahlung der Sozialhilfe an den Hilfeempfänger, selbst wenn der Sozialhilfeträger zunächst nur Vorausleistungen erbringt und der formelle Bewilligungsbescheid erst spä-

---

[107] Scholz, FamRZ 1994, 1, 3
[108] BVerwGE 56, 220; OLG Oldenburg, FamRZ 1996, 625; vgl. auch Müller, Der Rückgriff gegen Angehörige von Sozialhilfeempfängern, Rn 232
[109] BVerwG, FamRZ 1994, 33; OLG Hamm FamRZ 1999, 126
[110] Vgl. OLG Koblenz, FamRZ 1997, 476
[111] Vgl. z. B. Nr. 91.38 der bayerischen Sozialhilferichtlinien AllMBl. Bayern 1997, 601

ter ergeht. Andererseits verbleibt der Unterhaltsanspruch **für die Zukunft beim Berechtigten**. Zum Klagerecht des Sozialhilfeträgers für die Zukunft vgl. Rn 562.

Der Unterhaltsanspruch steht daher **für die Vergangenheit** und für den Monat, für den die Hilfe bereits ausgezahlt worden ist, dem **Sozialhilfeträger** zu. Für diesen Zeitraum kann nur er über den Anspruch verfügen, ihn im Prozeßwege geltend machen (vgl. dazu Rn 554 ff), auf ihn verzichten oder Stundung gewähren. Die Verkehrsfähigkeit der übergegangenen Forderung ist nicht eingeschränkt; insbesondere gilt das Abtretungsverbot des § 400 BGB nach dem gesetzlichen Forderungsübergang nicht mehr.[112] Auch der Pfändungsschutz des § 850 I Nr. 2 ZPO entfällt nach Übergang des Unterhaltsanspruchs auf den Sozialhilfeträger.[113] Deshalb kann der Schuldner mit einer Forderung gegen den übergegangenen Anspruch **aufrechnen** (§ 394 BGB),[114] und zwar auch mit Ansprüchen gegen den Unterhaltsberechtigten, wenn die Voraussetzungen des § 404 BGB vorliegen. Das bedeutet freilich nicht, daß die sozialhilferechtlichen Schutzvorschriften des § 91 II BSHG nach der Rückabtretung an den Hilfeempfänger nicht mehr anzuwenden sind. Für die Vergangenheit kann Zahlung nur an den Sozialhilfeträger geleistet werden, solange eine Rückabtretung (§ 91 IV 1 BSHG) nicht erfolgt ist. Vgl. dazu Rn 554 ff.

Leistungen des Schuldners an den (ursprünglichen) Unterhaltsgläubiger haben nur dann befreiende Wirkung, wenn dem Schuldner der Anspruchsübergang noch nicht bekannt war (§§ 412, 407 I BGB), insbesondere wenn ihm der Sozialhilfebedarf noch nicht durch Rechtswahrungsanzeige nach § 91 III 1 BSHG (vgl. dazu Rn 515) mitgeteilt worden war. Für den jeweiligen Monat kann der Pflichtige jedoch an den Unterhaltsberechtigten leisten und den Anspruch durch „laufende Zahlung" erfüllen (§ 91 I 2 BSHG; vgl. Rn 516).

Der Anspruchsübergang findet auch dann statt, wenn die Sozialhilfe nach § 15 b BSHG nur als **Darlehen** gewährt wird.[115] Dies kommt z. B. in Betracht, wenn der Hilfeempfänger über Vermögen verfügt, das derzeit nicht realisiert werden kann, z. B. über Grundbesitz, der nicht Schonvermögen im Sinne des § 88 II Nr. 7 BSHG ist, oder über einen noch nicht titulierten Zugewinnausgleichsanspruch. Der Sozialhilfeträger kann dann entweder vom Hilfeempfänger Rückzahlung des Darlehens bei Fälligkeit verlangen oder aus dem übergegangenen Unterhaltsanspruch gegen den Pflichtigen vorgehen. 550

2. Geltendmachung des Unterhaltsanspruchs im Prozeß

a) Konsequenzen des Anspruchsüberganges. Nach § 90 BSHG a. F. konnte der Sozialhilfeträger von der Überleitung des Unterhaltsanspruchs absehen und die Geltendmachung des Anspruchs vor den Familiengerichten dem Unterhaltsberechtigten überlassen (vgl. Rn 507). Dieser erhielt in der Regel Prozeßkostenhilfe, während der Sozialhilfeträger nach Überleitung des Anspruchs den Prozeß auf eigene Kosten hätte führen müssen. Ob dieser Weg auch nach Neufassung des § 91 BSHG noch eingeschlagen werden kann, insbesondere ob der Sozialhilfeträger den auf ihn übergegangenen Unterhaltsanspruch auf den Unterhaltsberechtigten zurückübertragen, ihn zur Einziehung des Anspruchs oder ihn jedenfalls zur Prozeßführung ermächtigen darf, war zunächst höchst umstritten.[116] Nachdem der BGH[117] die Zulässigkeit von Rückabtretung und Einziehungsermächtigung sowie der gewillkürten Prozeßstandschaft[118] verneint hatte, hat der Gesetzgeber durch die Neufassung des § 91 IV BSHG ab 1. 8. 1996 (vgl. Rn 508) die Rückübertragung des auf den Sozialhilfeträger übergegangenen Anspruchs auf den Hilfeempfänger zugelassen. Vgl. dazu eingehend Rn 554 ff. 551

---

[112] BGH, FamRZ 1996, 1203 = R 506 a
[113] BGH, FamRZ 1982, 50 = NJW 1982, 515; Zöller/Stöber, ZPO, 21. Aufl., § 850 b Rn 3
[114] a. A. zu Unrecht AG Gummersbach, FamRZ 1998, 177 mit Anm. Plascher aaO
[115] Vgl. dazu OLG Stuttgart, FamRZ 1995, 1165; OLG Saarbrücken, FamRZ 1995, 1166
[116] Vgl. die Nachweise bei BGH, FamRZ 1996, 1203, 1204 = NJW 1996, 3273, 3274, insoweit in R 506 nicht abgedruckt
[117] FamRZ 1996, 1203 = R 506 b
[118] BGH, FamRZ 1996, 1207

552 Der Hilfeempfänger darf für die **Zukunft** den Unterhaltsanspruch gegen den Schuldner geltend machen. Das Recht des Sozialhilfeträgers, nach § 91 III 2 BSHG bis zur Höhe der bisherigen monatlichen Aufwendungen auf künftige Leistung zu klagen (vgl. Rn 562), steht dem nicht entgegen. Vielmehr muß es dem Berechtigten unbenommen bleiben, durch Erwirkung und Vollstreckung eines obsiegenden Urteils den Schuldner zur Leistung zu zwingen und damit die Sozialhilfe entbehrlich zu machen. Dieses Recht kann ihm auch nicht durch Verweigerung von Prozeßkostenhilfe wegen Mutwillens entzogen werden.[119] Hat allerdings der Sozialhilfeträger bereits Klage erhoben, steht einer weiteren Klage des Hilfeempfängers die Einrede der Rechtshängigkeit entgegen, soweit sich die Ansprüche decken. Hat dagegen der Gläubiger bereits den Unterhaltsanspruch gerichtlich geltend gemacht, ist eine weitere Klage des Sozialhilfeträgers aus demselben Grund unzulässig.[120]

553 Erhält der Unterhaltsberechtigte **nach Rechtshängigkeit** des Unterhaltsanspruchs weiter Sozialhilfe und geht demgemäß der rechtshängige Anspruch auf den Sozialhilfeträger über, wird der Rechtsstreit fortgeführt (§ 265 II 1 ZPO); der Kläger ist allerdings gehalten, dem gesetzlichen Forderungsübergang durch **Umstellung des Klageantrags** Rechnung zu tragen und die Verurteilung des Beklagten zur Zahlung an den Sozialhilfeträger im Umfang des Anspruchsübergangs zu begehren,[121] und zwar bis zum Ende des Monats, in dem die letzte mündliche Verhandlung stattfindet.[122] Eine Änderung des Klageantrags ist allerdings nicht erforderlich, wenn der Sozialhilfeträger die Unterhaltsforderung im Einvernehmen mit dem Hilfeempfänger auf diesen zurückübertragen hat (§ 91 IV 1 BSHG n. F.). Vgl. dazu Rn 554 ff. Die Schuldnerschutzvorschriften des § 91 II BSHG sind sowohl im Falle des § 265 II ZPO als auch bei Rückabtretung des Unterhaltsanspruchs zu beachten. Vgl. dazu Rn 565 ff.

Für die **Vergangenheit**, also für die Zeit vor Rechtshängigkeit, ist zunächst allein der Sozialhilfeträger als Anspruchsinhaber befugt, den Unterhaltsanspruch, soweit er auf ihn übergegangen ist, gerichtlich und außergerichtlich geltend zu machen.

554 **b) Rückübertragung des übergegangenen Unterhaltsanspruchs.** Seit der Einführung des § 91 IV 1 und 2 BSHG durch das Gesetz zur Reform des Sozialhilferechts vom 23. 7. 1996 – BGBl. I 1088 – kann der Sozialhilfeträger den auf ihn übergegangenen Unterhaltsanspruch im Einvernehmen mit dem Hilfeempfänger auf diesen zur gerichtlichen Geltendmachung zurückübertragen.

Der **BGH**[123] hat nach dem bis zum 31. 7. 1996 geltenden Recht die Rückabtretung als unzulässig angesehen. Sie ist nach seiner Auffassung, die bereits von der 3. Auflage[124] vertreten wurde, nicht mit § 32 SGB I vereinbar, nach dem privatrechtliche Vereinbarungen, die zum Nachteil des Sozialleistungsberechtigten von den Vorschriften des Sozialgesetzbuchs abweichen, nichtig sind. Das BSHG ist Teil des Sozialgesetzbuchs (Art. II § 1 Nr. 15 SGB – Allgemeiner Teil vom 11. 12. 75 – BGBl. I 3015). Der BGH[125] hat insbesondere auf das Prozeß- und das Kostenrisiko verwiesen, das der Hilfeempfänger nach der gesetzlichen Regelung nicht zu tragen hat, das ihn aber bei einer Rückabtretung treffen kann. Es kommt nicht darauf an, ob sich aus der Rückabtretung für den Hilfeempfänger Vorteile ergeben, die deren Nachteile überwiegen; § 32 SGB I verbietet vielmehr jede Abwägung von Vorteilen und Nachteilen.[126] Diese Entscheidungen sind durch die Neufassung des § 91 IV BSHG zum 1. 8. 1996 **teilweise überholt**, da der Gesetzgeber nunmehr die vom BGH vermißte gesetzliche Bestimmung geschaffen hat, nach der Vereinbarungen über eine Rückabtretung des Unterhaltsanspruchs zulässig sind. Die Auslegung des § 32 SGB I

---

[119] So mit Recht OLG Nürnberg, MDR 1999, 748; OLG Koblenz, FamRZ 1997, 308; OLG München, FamRZ 1995, 625; anderer Ansicht: OLG Köln, FamRZ 1994, 970; OLG Saarbrücken, FamRZ 1995, 1166; zum Mutwillen bei einem Antrag auf Erlaß einer einstweiligen Verfügung trotz Bezugs von Sozialhilfe vgl. OLG Bamberg, FamRZ 1995, 624 f.
[120] Vgl. dazu BGH, FamRZ 1992, 797, 799 = R 447 c
[121] BGH, FamRZ 1996, 1203, 1207 = R 506 d
[122] OLG Karlsruhe, FamRZ 1995, 615, 617; Brudermüller, FamRZ 1995, 17, 19
[123] FamRZ 1996, 1203 = R 506 b
[124] Rn 6/546
[125] FamRZ 1996, 1203 = R 506 b
[126] BGH, FamRZ 1997, 608 = R 511 b

6. Abschnitt: Unterhalt und Sozialleistungen   § 6

durch den BGH gilt jedoch nach wie vor für die Einzugsermächtigung und die gewillkürte Prozeßstandschaft (Rn 560) sowie für Rückabtretungen, die vor dem 1. 8. 1996 erfolgt sind. Sie sind wegen Verstoßes gegen ein gesetzliches Verbot nichtig. Die spätere Rechtsänderung heilt die vor dem 1. 8. 1996 vorgenommene und daher nichtige Rückabtretung nicht; notwendig ist vielmehr eine Neuvornahme nach § 141 BGB.[127] Von Bedeutung sind die vom BGH aufgestellten Grundsätze ferner für den gesetzlichen Forderungsübergang auf einen Sozialleistungsträger, wie er in verschiedenen anderen Gesetzen angeordnet ist, z. B. in § 37 BAföG, § 203 I 3 SGB III, § 94 III 2 SGB VIII. Zu § 7 UVG, insbesondere zur Rückabtretung des auf das Land übergegangenen Anspruchs auf Kindesunterhalt vgl. Rn 574 ff, 576.

c) Erneute Abrechnung an den Sozialhilfeträger. Nach § 91 IV 1 BSHG in der seit **555** dem 1. 8. 1996 geltenden Fassung kann der Träger der Sozialhilfe den auf ihn übergegangenen Unterhaltsanspruch im Einvernehmen mit dem Hilfeempfänger auf diesen zur gerichtlichen Geltendmachung rückübertragen und sich den geltend gemachten Unterhaltsanspruch erneut abtreten lassen. Während Sinn und Zweck der Rückübertragung sogleich einleuchten, ist dies hinsichtlich der Abtretung des „geltend gemachten" Anspruchs an den Sozialhilfeträger nicht der Fall. Nach dem Gesetz entsteht der Unterhaltsanspruch in der Person des Berechtigten, geht mit der Gewährung der Sozialhilfe auf den Sozialhilfeträger über, kann von diesem an den Unterhaltsberechtigten rückabgetreten und dann vom Berechtigten an den Sozialhilfeträger erneut abgetreten werden. Wahrlich eine Meisterleistung des Gesetzgebers an Klarheit und Verständlichkeit! Sinnvoll ist die Abtretung des „geltend gemachten Unterhaltsanspruchs" nur dann, wenn sie erst nach Erlaß eines rechtskräftigen Urteils erfolgt, da eine frühere Abtretung des rückübertragenen Unterhaltsanspruchs an den Sozialhilfeträger die Aktivlegitimation des Unterhaltsberechtigten im Prozeß gegen den Pflichtigen beseitigen würde. Nach Rechtskraft des Urteils erlaubt die Abtretung des zugunsten des Hilfeempfängers titulierten Anspruchs dagegen dem Sozialhilfeträger, die Vollstreckungsklausel gemäß § 727 I ZPO auf ihn umschreiben zu lassen und die Zwangsvollstreckung gegen den Unterhaltsschuldner zu betreiben. Dieser komplizierte Weg kann dadurch etwas vereinfacht werden, daß die Beteiligten schon bei der Rückabtretung des Unterhaltsanspruchs an den Hilfeempfänger vereinbaren, daß dieser den Anspruch unter der aufschiebenden Bedingung, daß ein zusprechendes rechtskräftiges Urteil ergeht, erneut an den Sozialhilfeträger abtritt.

d) Einvernehmen. Die Rückabtretung setzt das Einvernehmen des Hilfeempfängers **556** voraus. Sie ist kein mitwirkungsbedürftiger Verwaltungsakt, sondern eine privatrechtliche Vereinbarung zwischen Sozialhilfeträger und Hilfeempfänger.[128] Die Beteiligten müssen also einen Vertrag schließen. Allein die Abtretungserklärung des Sozialhilfeträgers reicht dazu nicht aus. Vielmehr muß der Hilfeempfänger das darin liegende Angebot angenommen haben. Hiervon kann im Unterhaltsprozeß regelmäßig ausgegangen werden, wenn der klagende Hilfeempfänger die Abtretungserklärung des Sozialhilfeträgers vorlegt. Dieser wird im allgemeinen auf den Zugang der Annahmeerklärung verzichtet haben, so daß der Vertrag nach § 151 BGB zustande gekommen ist.[129]

Da die Rückabtretung das Einvernehmen des Hilfeempfängers voraussetzt, ist dieser nicht gezwungen, das entsprechende Angebot des Sozialhilfeträgers anzunehmen. Die weitere Gewährung der Sozialhilfe darf nicht davon gemäß § 2 BSHG abhängig gemacht werden, daß der Hilfeempfänger die Rückabtretung annimmt und den Unterhaltsanspruch für die zurückliegende Zeit gegen den Unterhaltsschuldner gerichtlich geltend macht. Denn für die Vergangenheit – und nur darum geht es hier – kann sich der Hilfeempfänger nicht mehr selbst helfen. Vielmehr ist ihm durch Gewährung von Sozialhilfe bereits geholfen. Zum Grundsatz der Selbsthilfe bzgl. künftigen Unterhalts vgl. Rn 501.

Die Rückabtretung hat, auch wenn dies im Abtretungsvertrag nicht ausdrücklich erwähnt wird, treuhänderischen Charakter.[130] Ihr liegt ein **Auftrag** oder jedenfalls ein auf-

---
[127] BGH, FamRZ 1997, 608 = R 511 a; OLG Düsseldorf, FamRZ 1997, 501
[128] BGH, FamRZ 1996, 1203, 1205 = R 506 b; FamRZ 1997, 608 = R 511 a
[129] Offengelassen von BGH, FamRZ 1997, 608 = R 511 a
[130] Vgl. dazu OLG Köln, FamRZ 1998, 175

tragsähnliches Geschäft zugrunde. Daher sind §§ 662 ff. BGB anzuwenden.[131] Der Hilfeempfänger übernimmt mit Abschluß der Vereinbarung die Pflicht zur unentgeltlichen Ausführung des Auftrags, also zur gerichtlichen Geltendmachung des rückabgetretenen Unterhaltsanspruchs (§ 662 BGB); er kann sich wegen einer Vertragsverletzung schadensersatzpflichtig machen.[132] Er ist an die Weisungen des Sozialhilfeträgers gebunden (§ 665 BGB), hat Auskunft über den Stand der Sache zu erteilen, Rechenschaft zu legen (§ 666 BGB) und das Erlangte herauszugeben, insbesondere Zahlungen des Schuldners auf den rückabgetretenen Unterhaltsanspruch an den Sozialhilfeträger weiterzuleiten (§ 667 BGB). Der Sozialhilfeträger kann den Auftrag jederzeit widerrufen, der Hilfeempfänger kann ihn jederzeit kündigen; eine Kündigung zur Unzeit ist jedoch nicht zulässig (§ 671 I BGB) und verpflichtet zum Schadensersatz (§ 670 BGB), insbesondere zum Ersatz der Prozeßkosten, worauf § 91 IV 2 BSHG ausdrücklich hinweist. Vgl. dazu Rn 558.

557 **e) Gerichtliche Geltendmachung.** Der Unterhaltsanspruch darf nach § 91 IV 1 BSHG zur gerichtlichen Geltendmachung abgetreten werden. Das spricht dafür, daß ein Prozeß des Hilfeempfängers gegen den Unterhaltspflichtigen bereits anhängig sein oder jedenfalls unmittelbar bevorstehen muß. Ergibt sich, daß ein Prozeß nicht aussichtsreich oder z. B. mangels Vollstreckungsmöglichkeit untunlich ist, kann der Sozialhilfeträger den mit der Rückabtretung verbundenen Auftrag widerrufen, der Hilfeempfänger kann kündigen (vgl. Rn 556). Besondere Voraussetzungen brauchen nicht erfüllt zu sein. Die in der 4. Auflage[133] vertretene Auffassung, daß eine Rückabtretung unzulässig sei, wenn der Hilfeempfänger den Schuldner nicht in Anspruch nehmen will, gebe ich auf.

558 **f) Kosten.** Nach § 91 IV 2 BSHG hat der Sozialhilfeträger Kosten, mit denen der Hilfeempfänger durch die Rückabtretung selbst belastet wird, zu übernehmen. Dies ist eine gesetzliche Folge der Rückabtretung und braucht daher nicht Bestandteil des Abtretungsvertrages selbst zu sein.[134] Lehnt es dagegen der Sozialhilfeträger entsprechend einer bisher verbreiteten Praxis ausdrücklich ab, Kosten zu übernehmen, so ist eine derartige Erklärung nichtig (§ 134 BGB, § 32 SGB I); dies führt im Zweifel nach § 139 BGB auch zur Nichtigkeit der Rückabtretung selbst. Eine unzulässige Einschränkung der Rückabtretung liegt auch vor, wenn der Sozialhilfeträger Kosten nur in dem Umfang übernehmen will, der auch durch Prozeßkosten- oder Beratungshilfe abgedeckt wäre. Der Sinn des § 91 IV 2 BSHG liegt gerade darin, den Schuldner vor solchen Kosten zu bewahren, die trotz Gewährung von Prozeßkostenhilfe auf ihn zukommen können,[135] z. B. vor den Wahlanwaltsgebühren seines Rechtsanwalts[136] oder vor dem Kostenerstattungsanspruch des obsiegenden Gegners (§ 123 ZPO).

Ob dem Hilfeempfänger für den rückabgetretenen Teil des Unterhaltsanspruchs, dessen zusätzliche Geltendmachung vielfach den Streitwert erhöht (§ 17 IV 1 GKG), **Prozeßkostenhilfe** bewilligt werden kann, ist zweifelhaft.[137] Nach der Begründung zum Entwurf des Kindesunterhaltsgesetzes, durch das die Änderungen des § 91 IV BSHG in das Unterhaltsvorschußgesetz übernommen worden sind (vgl. Rn 576), wird durch die Formulierung, daß der Unterhaltsberechtigte nicht selbst mit Kosten belastet werden soll, klargestellt, daß die Prozeßkostenhilfe vorrangig zur Deckung der Prozeßkosten heranzuziehen ist.[138] Der Sozialhilfeträger ist daher nicht verpflichtet, dem Hilfeempfänger einen Prozeßkostenvorschuß zu leisten.[139] Auch der Unterhaltsschuldner ist im Falle des § 91 I BSHG nicht vorschußpflichtig (vgl. Rn 30).[140] Man wird daher dem Sozialhilfe-

---

[131] BGH, FamRZ 1996, 1203, 1205 = R 506 b
[132] BGH, aaO
[133] Rn 6/557
[134] OLG Köln, FamRZ 1997, 297; a. A. OLG Hamm, FamRZ 1998, 174
[135] So die Begründung zum Regierungsentwurf des KindUG BT-Drucks. 13/7338 S. 46
[136] Zöller/Philippi, ZPO, 21. Aufl., § 120 Rn 22 m. w. N.
[137] Für die Gewährung von Prozeßkostenhilfe: OLG Hamm, FamRZ 1997, 275; OLG Köln, FamRZ 1997, 297
[138] BT-Drucks. 13/7338 S. 46
[139] OLG Köln, FamRZ 1998, 175; OLG Nürnberg, MDR 1999, 747; a. A. OLG Celle, MDR 1999, 101
[140] AG Mosbach, FamRZ 1997, 1090

empfänger grundsätzlich Prozeßkostenhilfe bewilligen müssen. Klagt er dagegen ausschließlich oder im wesentlichen rückständigen Unterhalt ein, ist Prozeßkostenhilfe zu versagen, da der Unterhaltsberechtigte hier ersichtlich vorgeschoben wird, um den Prozeß auf Staatskosten für den Sozialhilfeempfänger zu führen, der selbst nicht bedürftig im Sinne des § 114 f ZPO ist.[141] Der Hilfeempfänger und sein Anwalt brauchen sich nicht auf die Prozeßkostenhilfe (und damit nicht auf die niedrigeren Anwaltsgebühren) verweisen zu lassen. Der Unterhaltsberechtigte kann sein Einvernehmen mit der Rückabtretung (Rn 556) davon abhängig machen, daß der Sozialhilfeträger die zusätzlichen Kosten übernimmt, die durch die Geltendmachung des auf diesen übergegangenen Unterhaltsanspruchs für die zurückliegende Zeit entstehen werden.

g) Schuldnerschutz. Die Rückabtretung macht die Prüfung, ob die sozialhilferechtlichen Schutzvorschriften zugunsten des Unterhaltpflichtigen (§ 91 I 3 und II BSHG) eingreifen, nicht entbehrlich. Diese Vorschriften können dazu führen, daß der Anspruchsübergang auf den Sozialhilfeträger ausgeschlossen ist. Dann geht die Rückabtretung ins Leere. Der Unterhaltsanspruch steht damit scheinbar nach wie vor dem Unterhaltsberechtigten zu. Es ergibt sich dann jedoch die Problematik, die in Rn 565 ff. eingehend erörtert wird. **559**

h) Einzugsermächtigung. Prozeßstandschaft. Der Sozialhilfeträger kann nicht statt der Rückabtretung dem Hilfeempfänger eine Einziehungsermächtigung erteilen und ihn beauftragen, den übergegangenen Unterhaltsanspruch für ihn im Wege der gewillkürten Prozeßstandschaft geltend zu machen.[142] Der BGH hat dies in den Entscheidungen zu der bis zum 31. 7. 1996 geltenden Fassung des § 91 BSHG nicht nur wegen Verstoßes gegen § 32 SGB I, sondern auch deshalb für unzulässig gehalten, weil dem Hilfeempfänger ein eigenes schutzwürdiges Interesse fehlt, die auf den Sozialhilfeträger übergegangenen Ansprüche im eigenen Namen geltend zu machen.[143] Dieses Interesse fehlt nach wie vor, auch wenn der Verstoß gegen § 32 SGB I nach Änderung des § 91 BSHG nicht mehr gegeben sein mag. Das eigene schutzwürdige Interesse wird allein nicht dadurch begründet, daß eine Abtretung zulässig ist. Bei der Einziehungsermächtigung, die lediglich die materiell-rechtliche Grundlage der gewillkürten Prozeßstandschaft ist, muß der Ermächtigte (der Hilfeempfänger) vielmehr ein eigenes Interesse daran haben, daß er den beim Gläubiger (dem Sozialhilfeträger) verbliebenen Anspruch geltend macht. Dadurch erlangt er jedoch keine eigenen Vorteile. Im Gegenteil wird seine Rechtsstellung im Prozeß erschwert, da er auf die Belange des Sozialhilfeträgers Rücksicht zu nehmen hat.[144] **560**

i) Konkurrenz zwischen Unterhaltsberechtigtem und Sozialhilfeträger. Der gesetzliche Anspruchsübergang des § 91 BSHG kann dazu führen, daß der Sozialhilfeträger den auf ihn übergegangenen Anspruch und der Unterhaltsberechtigte den darüber hinausgehenden Anspruchsteil einklagt. Eine solche sicherlich mißliche Situation konnte aber auch bereits nach dem bis 1993 geltenden Recht (vgl. Rn 507) eintreten, da der Sozialhilfeträger den Unterhaltsanspruch nur in Höhe der gewährten Sozialhilfe auf sich überleiten konnte und es dem Hilfeempfänger unbenommen blieb, den darüber hinausgehenden Anspruchsteil selbst geltend zu machen. Hier hilft jetzt, wenn der Hilfeempfänger einverstanden ist (Rn 556), die Rückabtretung des auf den Sozialhilfeträger übergegangenen Anspruchs oder Anspruchsteils nach § 91 IV BSHG. Im übrigen läßt sich die Anspruchskonkurrenz durch ein Zusammenwirken des Sozialhilfeträgers und des Hilfeempfängers entschärfen, indem sie z. B. im selben Prozeß als Streitgenossen auftreten. Dies belastet den Hilfeempfänger weniger, da er sich nicht durch ein auftragsähnliches Rechtsverhältnis, das der Rückabtretung zugrunde liegt, verpflichtet, auf die Interessen des Sozialhilfeträgers Rücksicht zu nehmen.[145] Das häufig gehörte Argument, daß die **561**

---

[141] Insoweit ist dem OLG Celle, MDR 1999, 101 zu folgen; vgl. auch OLG Celle, FamRZ 1997, 1088
[142] OLG Celle, FamRZ 1998, 1444
[143] BGH, FamRZ 1997, 608 = R 511c; FamRZ 1996, 1203, 1206 = R 506c; die Entscheidung des BGH, FamRZ 1998, 357 betrifft § 7 UVG und ist zudem durch die Einfügung des § 7 IV UVG in das Gesetz hinsichtlich der hier interessierenden Problematik überholt.
[144] BGH, FamRZ 1996, 1203, 1206 = R 506 b
[145] Vgl. BGH, FamRZ 1996, 1203, 1206 = R 506 b

Sozialhilfebehörden weder über die persönlichen noch über die sachlichen Mittel verfügten, um die übergegangenen Unterhaltsansprüche mit Nachdruck zu verfolgen, verfängt nicht. Die öffentliche Hand kann sich nicht mit dem Argument leerer Kassen ihren Aufgaben entziehen. Zudem sind die Sozialhilfeträger nicht gezwungen, selbst Volljuristen zu beschäftigen. Sie können wie kleinere Firmen, die über keine eigene Rechtsabteilung verfügen, einen Anwalt mit ihrer ständigen Beratung und Vertretung beauftragen. Die Erstattung der dadurch entstehenden Kosten können sie – jedenfalls zum großen Teil – nach § 91 ZPO von den Unterhaltsschuldnern verlangen, wenn sie diese wirklich nur in aussichtsreichen Fällen in Anspruch nehmen.

562 Für die Zukunft kann der **Sozialhilfeträger** bis zur Höhe der bisherigen monatlichen Aufwendungen **auf künftige Leistung klagen,** wenn die Hilfe voraussichtlich auf längere Zeit gezahlt werden muß (§ 91 III 2 BSHG). Die nach früherem Recht in das Urteil aufzunehmende Bedingung, daß auch künftig Sozialhilfe in Höhe der zugesprochenen Beträge gewährt wird, ist nicht mehr erforderlich.[146] Zur Rechtslage, wenn sowohl Berechtigter als auch Sozialhilfeträger denselben Anspruch geltend machen, vgl. Rn 552.

563 Obwohl die ordentlichen Gerichte im Rahmen des § 91 BSHG über öffentlich-rechtliche Fragen zu entscheiden haben und insoweit an die Stelle der Verwaltungsgerichte getreten sind (Rn 509), gilt nicht das Prinzip der Amtsermittlung. Vielmehr haben die Parteien die **Darlegungs- und Beweislast**; sie haben daher die erheblichen Tatsachen vorzutragen und zu beweisen. Klagt der Unterhaltsgläubiger trotz Sozialhilfebezugs, muß er bei Bestreiten der Aktivlegitimation dartun, daß der Anspruch nicht auf den Sozialhilfeträger übergegangen ist.[147] Wer die Darlegungs- und Beweislast dafür hat, daß der Schuldner nach der öffentlich-rechtlichen Vergleichsberechnung (vgl. Rn 523 ff), also nach den Kategorien des Sozialhilferechts, leistungsfähig oder nicht leistungsfähig ist, erscheint zweifelhaft. Da der Anspruch auf den Sozialhilfeträger nur übergeht, soweit der Hilfeempfänger sein Einkommen und Vermögen nach §§ 76 ff BSHG einzusetzen hat, muß der Träger der Sozialhilfe wohl darlegen und ggf. beweisen, daß die Schutzvorschriften des Sozialhilferechts nicht zugunsten des Schuldners eingreifen und der Anspruch daher übergegangen ist. Vgl. auch Rn 566. Der Schuldner muß dagegen seine Leistungsunfähigkeit nach Unterhaltsrecht dartun und beweisen.[148]

564 j) **Abänderungsklage.** Der Anspruchsübergang wirft hinsichtlich der Abänderungsklage nach § 323 ZPO eine Reihe von Fragen auf:
- Hat der Sozialhilfeträger ein Urteil über künftigen Unterhalt erwirkt (Rn 562), kann er selbst Abänderungsklage erheben; die Klage des Unterhaltspflichtigen ist gegen ihn zu richten.[149]
- Der Sozialhilfeträger kann Abänderungsklage erheben, wenn der Berechtigte einen Unterhaltstitel in den Händen hat und er nunmehr Sozialhilfe bezieht, die den titulierten Anspruch übersteigt (vgl. Rn 8/140).[150]
- Dagegen ist im vorgenannten Fall eine Abänderungsklage des Pflichtigen gegen den Unterhaltsberechtigten zu erheben, da die Abänderung des Titels nur für die Zeit nach Klageerhebung möglich ist (§ 323 III ZPO) und der Anspruchsübergang nach Rechtshängigkeit unerheblich ist (§ 265 II ZPO).[151] Vgl. dazu auch Rn 553. Kann der Titel, z. B. ein gerichtlicher Vergleich, für die Zeit vor Rechtshängigkeit abgeändert werden (vgl. Rn 8/155), ist auch der Sozialhilfeträger passiv legitimiert.[152] Wird der Berechtigte verklagt, so kann er sich trotz des Anspruchsübergangs darauf beschränken, Klageabweisung zu beantragen. Er braucht nicht darauf hinzuwirken, daß das frühere Urteil dahin abgeändert wird, daß der Unterhalt für die Zeit vor der letzten mündlichen Ver-

---

[146] So mit Recht OLG Koblenz, FamRZ 1996, 756; zum früheren Recht BGH, FamRZ 92, 797, 799 = NJW 1992, 1624, 1626
[147] Brudermüller, FuR 1995, 17, 22
[148] Vgl. BGH, FamRZ 1998, 357
[149] BGH, FamRZ 1992, 797, 799 = R 447 c
[150] BGH, FamRZ 1986, 153
[151] Vgl. OLG Düsseldorf, FamRZ 1994, 794, das jedoch zu Unrecht eine Ausnahme von diesem Grundsatz zuläßt, wenn die Unterhaltsberechtigte hilflos ist und unter Betreuung steht
[152] OLG Düsseldorf, FamRZ 1994, 794

6. Abschnitt: Unterhalt und Sozialleistungen   § 6

handlung im Umfang des Anspruchsübergangs an den Sozialhilfeträger zu zahlen ist. Vielmehr ist dem Anspruchsübergang durch Umschreibung der Vollstreckungsklausel nach § 727 I ZPO Rechnung zu tragen, wenn sich die Abänderungsklage als unbegründet erweist.[153] Soweit der Titel zugunsten des Pflichtigen abgeändert wird, kommt es auf den gesetzlichen Forderungsübergang ohnehin nicht mehr an.

3. Rechtslage bei Ausschluß des Anspruchsübergangs

a) Geltendmachung des Unterhaltsanspruchs durch den Sozialhilfeträger. Dem Sozialhilfeträger ist nach § 91 BSHG der Rückgriff gegen den Unterhaltsschuldner in zahlreichen Fällen verwehrt. Der **Übergang** des Unterhaltsanspruchs auf ihn ist insbesondere **ausgeschlossen** 565
- bei Unterhaltsansprüchen gegen Verwandte zweiten oder eines entfernteren Grades (Rn 520),
- bei Unterhaltsansprüchen gegen Verwandte ersten Grades, insbesondere die Eltern einer Schwangeren oder einer Mutter, die ein Kind bis zum 6. Lebensjahr betreut (Rn 521),
- wenn und soweit die öffentlich-rechtliche Vergleichsberechnung nach Sozialhilferecht eine geringere Leistungsfähigkeit als nach Unterhaltsrecht ergibt (Rn 523 ff),
- wenn und soweit eine unbillige Härte vorliegt (Rn 546).

Die weiteren Fälle des Ausschlusses des Anspruchsübergangs sind hier nicht von Interesse. Die Haftung eines Mitglieds der Bedarfsgemeinschaft gegenüber dem Sozialhilfeträger ist öffentlich-rechtlich geregelt (vgl. Rn 502, 517 f). Bei Erfüllung des Unterhaltsanspruchs durch laufende Zahlung geht es nicht um die Berechtigung des Sozialhilfeträgers, sondern darum, inwieweit der Schuldner mit befreiender Wirkung an den Unterhaltsberechtigten zahlen kann (vgl. Rn 516).

Soweit der **Anspruchsübergang teilweise ausgeschlossen** ist, kann der Sozialhilfeträger nur auf den restlichen (übergegangenen) Teil des Anspruchs gegen den Unterhaltsverpflichteten zurückgreifen. Diese Konstellation kommt insbesondere bei der sozialhilferechtlichen Vergleichsberechnung (Rn 523 ff) vor. Der Sozialhilfeträger hat dann darzulegen und ggf. zu beweisen, 566
- in welchem Umfang nach bürgerlichem Recht ein Unterhaltsanspruch des Hilfeempfängers gegen den Pflichtigen besteht,
- in welchem Umfang der Pflichtige nach Sozialhilferecht leistungsfähig ist.[154]

Der Sozialhilfeträger muß also dem Gericht eine sozialhilferechtliche Vergleichsberechnung unterbreiten. Vgl. auch Rn 563. Fiktives Einkommen wegen Verletzung der unterhaltsrechtlichen Erwerbsobliegenheit darf dem Pflichtigen nicht zugerechnet werden (vgl. Rn 505, 525, 534). Entscheidend sind daher allein seine effektiven Einkünfte.[155] Daher muß die Klage des Sozialhilfeträgers abgewiesen werden, wenn er sich allein auf fiktives Einkommen des Unterhaltsschuldners beruft. Dies gilt auch dann, wenn er von seiner Befugnis Gebrauch macht, nach § 91 III BSHG bis zur Höhe der bisherigen monatlichen Aufwendungen auf künftige Leistung zu klagen (vgl. Rn 552, 562).[156] Zur Klage des Unterhaltsgläubigers bei fiktivem Einkommen vgl. Rn 572.

b) Geltendmachung des Unterhaltsanspruchs durch den Hilfeempfänger. Ist der Übergang des Anspruchs in den Rn 565 erwähnten Fällen ausgeschlossen, verbleibt der Unterhaltsanspruch beim Berechtigten. Er kann also – jedenfalls auf den ersten Blick – den Unterhaltsanspruch gegen den Verpflichteten geltend machen, ohne daß die erhaltene Sozialhilfe angerechnet wird, da diese subsidiär ist (§ 2 I BSHG). Vgl. dazu Rn 500 f. 567

---

[153] Zur Anwendung des § 727 ZPO beim gesetzlichen Forderungsübergang vgl. OLG Hamburg, FamRZ 1997, 1489; OLG Düsseldorf, OLG-Report 1997, 275
[154] OLG Koblenz, FamRZ 1996, 1548
[155] BGH, FamRZ 1999, 843, 846 = R 533b; FamRZ 1998, 818 = R 524; Künkel, FamRZ 1996, 1509, 1512
[156] BGH, FamRZ 1998, 818 = R 524

Eine Verpflichtung zur Rückzahlung der Sozialhilfe besteht nicht.[157] Wenn und soweit es dem Hilfeempfänger gelingt, aus einem obsiegenden Urteil zu vollstrecken, wäre sein **Bedarf** daher **doppelt gedeckt**. Dieses Ergebnis kann nicht befriedigen. Es wird daher die Auffassung vertreten, daß jedenfalls dann, wenn der Unterhaltsanspruch nicht auf den Sozialhilfeträger übergeht, die erhaltene Sozialhilfe als bedarfsdeckend anzusehen ist.[158] Der BGH hält es für möglich, daß dem Gläubiger in einem solchen Fall für die Vergangenheit unter bestimmten Voraussetzungen der Einwand der unzulässigen Rechtsausübung entgegen gehalten wird.[159] Dies kann durchaus dazu führen, daß der Gläubiger den Anspruch in Höhe der erhaltenen Sozialhilfe nicht mehr geltend machen kann. De facto würde die Sozialhilfe dann als bedarfsdeckend behandelt.

568 Betrachtet man die Problematik nur aus der Sicht des Unterhaltsrechts, dürfte man die Sozialhilfe nicht als bedarfsdeckend anerkennen, da sie subsidiär und damit kein anrechnungsfähiges Einkommen ist, sich zudem die Leistungsfähigkeit des Schuldners allein nach bürgerlichem Recht bestimmt. Sieht man das Problem dagegen allein aus der Sicht des Sozialhilferechts, müßte die Sozialhilfe auch den Unterhaltsbedarf decken, da es widersinnig wäre, den Schuldner für Unterhalt in weiterem Umfang haften zu lassen, als es den sozialhilferechtlichen Schutzvorschriften des § 91 BSHG entspricht. Der Schuldner, der über das Maß des Sozialhilferechts hinaus zum Unterhalt verpflichtet wäre, hätte möglicherweise selbst Anspruch auf ergänzende Sozialhilfe. Die Lösung dieses Problems kann nicht darin bestehen, dem Unterhaltsrecht oder dem Sozialhilferecht den Vorrang einzuräumen. Der Gesetzgeber hat die Unterschiede zwischen Sozialhilfe- und Unterhaltsrecht sehr wohl gesehen, gleichwohl aber von einer Angleichung bislang abgesehen. So hat er nicht etwa die Unterhaltsansprüche der Enkel gegen ihre Großeltern (und umgekehrt) abgeschafft, sondern sich darauf beschränkt, die Rückgriffsansprüche des Sozialhilfeträgers auszuschließen.[160] Dies spricht dafür, nicht schlechthin in den Fällen, in denen ein Rückgriffsanspruch des Sozialhilfeträgers nicht besteht, der Sozialhilfe eine bedarfsdeckende Wirkung zuzuerkennen, sondern entsprechend der Auffassung des BGH[161] vielmehr nach **§ 242 BGB** von Fall zu Fall eine angemessene und interessengerechte **Lösung** zu suchen und dem Schuldner ggf. den **Einwand unzulässiger Rechtsausübung** zuzubilligen (vgl. Rn 572). Dies kann bei den verschiedenen Fallgruppen durchaus zu unterschiedlichen Ergebnissen führen.

569 Ist der Übergang von Unterhaltsansprüchen gegen bestimmte Verwandte (der Enkel gegen die **Großeltern**, der Schwangeren oder der ein Kleinkind betreuenden Mutter gegen die Eltern) nach § 91 I 3 BSHG ausgeschlossen (vgl. Rn 520 f), wird man dem Berechtigten selbst die Geltendmachung des Anspruchs nach §§ 1601 ff BGB nicht verwehren können. Dem unterhaltspflichtigen Verwandten steht es offen, durch Zahlung von Unterhalt für die **Zukunft**, also für die Zeit ab Rechtshängigkeit der Unterhaltsklage (vgl. Rn 572), die doppelte Befriedigung des Bedarfs durch Sozialhilfe und Unterhalt zu vermeiden. Für die **Vergangenheit**, in der der Berechtigte die nicht rückzahlbare Sozialhilfe bereits entgegengenommen hat, dürfte es dagegen Treu und Glauben entsprechen, den Unterhaltsanspruch in Höhe der erhaltenen Sozialhilfe auszuschließen.

570 Bei der **öffentlich-rechtlichen Vergleichsberechnung** sind im wesentlichen drei Fallgruppen zu unterscheiden. Die sozialhilferechtliche Leistungsunfähigkeit des Schuldners kann beruhen
– auf erhöhtem Eigenbedarf, insbesondere bei den Wohnkosten, während nach Unterhaltsrecht nur der notwendige Selbstbehalt nach den Tabellen und Leitlinien anerkannt wird,
– auf Anerkennung der Arbeitslosigkeit, während dem Schuldner nach Unterhaltsrecht ein fiktives Einkommen zugerechnet wird,

---

[157] BGH, FamRZ 1996, 1203, 1205 = R 506 b
[158] OLG Köln, FamRZ 1997, 1101; OLG Hamburg, FamRZ 1992, 713; Kalthoener/Büttner, 6. Aufl., Rn 565
[159] BGH, FamRZ 1999, 843, 846 = R 533 c
[160] BGH, FamRZ 1999, 843, 846 = R 533 a; FamRZ 1992, 41 = NJW 1992, 115
[161] BGH, FamRZ 1999, 843, 846 = R 533 c

6. Abschnitt: Unterhalt und Sozialleistungen   § 6

– auf der Einbeziehung der Mitglieder der Bedarfsgemeinschaft in die Vergleichsberechnung, während diese nach Unterhaltsrecht dem Hilfeempfänger entweder im Range gleichstehen oder nachgehen.
Hier gewinnt der sowohl im Unterhaltsrecht als auch im Sozialhilferecht geltende Grundsatz Bedeutung, daß niemand durch Erfüllung einer Unterhaltspflicht selbst sozialhilfebedürftig werden darf. Vgl. dazu Rn 2/261 einerseits, Rn 505, 523, 525 andererseits.

Die Diskrepanz zwischen Sozialhilfe- und Unterhaltsrecht beim Selbstbehalt kann jedenfalls in vielen Fällen dadurch abgemildert werden, daß nicht sklavisch am **Selbstbehalt** der Tabellen und Leitlinien festgehalten wird, sondern in größerem Umfang als bisher Kosten anerkannt werden, die den Eigenbedarf des Schuldners **erhöhen**. Dies gilt vor allem für die **Wohnkosten**. Die Anerkennung überhöhter Wohnkosten ist nunmehr leichter möglich, da die Düsseldorfer Tabelle und verschiedene andere Leitlinien seit dem 1. 1. 1996 die Wohnkosten im Selbstbehalt offen ausweisen. Nunmehr sind im notwendigen Selbstbehalt von 1500,– DM bzw. 1300,– DM bis 650,– DM Miete einschließlich umlagefähiger Nebenkosten (Warmmiete) enthalten (vgl. Rn 2/268 ff.). Der Mietanteil im angemessenen Selbstbehalt von 1800,– DM beträgt 800,– DM (Rn 2/422). Zu den entsprechenden Beträgen für die Beitrittsländer vgl. Rn 626 f., 632. Der Selbstbehalt kann angemessen erhöht werden, wenn dieser Betrag im Einzelfall erheblich überschritten wird und dies nicht vermeidbar ist. Als Anhalt für unvermeidbare Wohnkosten können die Sätze des Wohngeldgesetzes dienen.[162] **571**

Auch **Schulden** können grundsätzlich die Leistungsunfähigkeit des Schuldners mindern. Dies ist auch im Unterhaltsrecht unbestritten (vgl. Rn 1/514 ff.). Die Berücksichtigung von Schulden wird in der Praxis allerdings teilweise sehr restriktiv gehandhabt. Um unnötige Diskrepanzen zwischen Unterhalts- und Sozialrecht zu vermeiden, sollte jeweils im Einzelfall geprüft werden, ob Schulden nicht jedenfalls dann bei der Unterhaltsbemessung berücksichtigt werden können, wenn sie vom Sozialhilfeträger anerkannt werden. Vgl. dazu Rn 533.

Die Erhöhung des Selbstbehalts kann nicht in allen Fällen die Unterschiede zwischen Sozialhilfe- und Unterhaltsrecht ausräumen (vgl. dazu das Rechenbeispiel Rn 584). Ggf. muß daher auch in den hier interessierenden Fällen eine interessengerechte Lösung mit Hilfe des Verbots der unzulässigen Rechtsausübung (§ 242 BGB) gesucht werden (vgl. Rn 568).

Wird dem Schuldner nach Unterhaltsrecht **fiktives Einkommen** zugerechnet und gilt er damit als leistungsfähig, erhält er aber selbst Sozialhilfe, dürfte sich für die Zukunft – wie bei den in Rn 569 erwähnten Fällen – der Vorrang des Unterhaltsrechts durchsetzen. **572**

In der 4. Auflage habe ich an dieser Stelle die Auffassung vertreten, daß der Schuldner erst seit der letzten mündlichen Verhandlung im Unterhaltsprozeß als leistungsfähig zu behandeln sei, und er erst seitdem zu Unterhaltszahlungen nach Maßgabe seines fiktiven Einkommens verurteilt werden könne. Der BGH[163] hat nunmehr entschieden, daß sich die unterhaltsrechtliche Betrachtung – nicht zuletzt aus Gründen der Rechtsklarheit und Praktikabilität – bereits **ab Rechtshängigkeit** der Unterhaltsklage durchsetze, und der Schuldner von diesem Zeitpunkt an aufgrund eines fiktiven Einkommens als leistungsfähig behandelt werden könne. Nach Auffassung des BGH wird der Schuldner durch die Zustellung der Klageschrift eindringlich darauf hingewiesen, daß er ungeachtet seiner bisherigen Einkommenslosigkeit auf Unterhalt in Anspruch genommen werde und daß es deshalb nicht gerechtfertigt sei, ihm entgegen der unterhaltsrechtlichen Gesetzeslage nach § 242 BGB den Einwand zuzubilligen, daß der Unterhaltsberechtigte Sozialhilfe beziehe und deshalb auf Unterhalt nicht angewiesen sei. Ich schließe mich für den Regelfall der Ansicht des BGH an, zumal meine frühere Auffassung in der Tat den Schuldner dazu veranlassen konnte, den Prozeß in die Länge zu ziehen, um bis zur letzten mündlichen Verhandlung den Schutz des § 242 BGB zu genießen. Ob dem Schuldner in be-

---

[162] Vgl. KG, FamRZ 94/1047
[163] FamRZ 1999, 843, 847 = R 533 c

sonders gelagerten Fällen ausnahmsweise auch in der Zeit nach Rechtshängigkeit der Einwand aus § 242 BGB zugebilligt werden kann, muß allerdings offen bleiben.

Für die Vergangenheit, also für die Zeit **vor Rechtshängigkeit**, kann der Schuldner sich nicht generell darauf berufen, daß die Geltendmachung des Unterhaltsanspruchs durch den Hilfeempfänger gegen Treu und Glauben verstoße, weil dies dazu führen würde, daß die gesetzlich gewollte Subsidiarität der Sozialhilfe (§ 2 BSHG; vgl. Rn 501) mit Hilfe des § 242 BGB außer Kraft gesetzt würde. Jedoch hält es der BGH[164] insbesondere in Mangelfällen für möglich, eine (Teil-)Anrechnung der dem Unterhaltsberechtigten gewährten Sozialhilfe auf den Unterhaltsanspruch vorzunehmen, wenn andernfalls für den Schuldner die Gefahr bestünde, mit derartig hohen Forderungen aus der Vergangenheit belastet zu werden, daß es ihm voraussichtlich auf Dauer unmöglich gemacht würde, diese Schulden zu tilgen und daneben noch seinen laufenden Verpflichtungen nachzukommen. Die vom BGH in den Vordergrund gestellte Gefahr einer lebenslangen Verschuldung wird allerdings nicht stets gefordert werden dürfen. Zu beachten ist, daß der Berechtigte Sozialhilfe typischerweise dann erhält, wenn die Einkommens- und Vermögensverhältnisse des Schuldners angespannt sind, dieser den vollen Bedarf des oder der Unterhaltsgläubiger und seinen eigenen Unterhalt nur teilweise decken kann und deshalb ein Mangelfall vorliegt. Jedenfalls dann, wenn dem Pflichtigen bei der Bemessung des laufenden Unterhalts nur der notwendige Selbstbehalt von 1500,– DM bzw. 1300,– DM (vgl. Rn 2/264) oder nur ein wenig darüber liegender Beitrag belassen wird und Unterhalt für mehrere Monate rückständig ist, fällt ihm in der Regel die Befriedigung des laufenden Unterhalts neben der Tilgung der Rückstände so schwer, daß die Anwendung des § 242 BGB in Betracht zu ziehen ist. Eine Rückabtretung des Unterhaltsanspruchs durch den Sozialhilfeträger an den Hilfeempfänger geht bei Heranziehung des § 242 BGB ins Leere, weil der Sozialhilfeträger den Anspruch nicht erworben hat (§ 91 II 1 BSHG; siehe oben Rn 565 ff.). Vgl. auch das Rechenbeispiel Rn 583.

573 Beruht der sozialhilferechtliche Schuldnerschutz auf der **Einbeziehung von Angehörigen** des Schuldners in die öffentlich-rechtliche Vergleichsberechnung, die nach Unterhaltsrecht gleichrangig und nachrangig sind (vgl. Rn 526), müssen sich die Rangvorschriften des Unterhaltsrechts (§§ 1582, 1609 BGB) durchsetzen. Zu Recht hat es der BGH abgelehnt, den Grundsatz, daß durch die Unterhaltsleistung keine Sozialhilfebedürftigkeit eintreten darf, auch zugunsten der Unterhaltsberechtigten anzuwenden, die mit dem Schuldner in einer Haushaltsgemeinschaft leben; hier setzen sich vielmehr die Rangvorschriften des BGB, insbesondere § 1582 BGB, durch.[165] Vgl. auch Rn 2/261, 6/543. Die sozialhilferechtliche Leistungsunfähigkeit des Schuldners bleibt bei der öffentlich-rechtlichen Vergleichsberechnung daher unberücksichtigt, soweit sie auf dem Bedarf der Mitglieder der **Bedarfsgemeinschaft** beruht. Dies schließt freilich nicht aus, erhöhte Wohnkosten, soweit sie auf ihn selbst entfallen, bei der Bemessung des Selbstbehalts zu berücksichtigen (vgl. Rn 543 f., 571).

VII. Sozialhilfe und Unterhaltsvorschuß

574 Die Rechtsordnung kennt eine Reihe von Sozialleistungen, die neben der Sozialhilfe subsidiär zur Deckung des Bedarfs eines Bürgers bestimmt sind, der sich nicht allein helfen kann. Hierzu zählen Arbeitslosenhilfe, Leistungen der Jugendhilfe, Ausbildungsförderung nach dem BAföG und Unterhaltsvorschuß. In all diesen Fällen geht der Unterhaltsanspruch des Sozialleistungsempfängers gegen den Unterhaltspflichtigen unter bestimmten Voraussetzungen auf den Leistungsträger über (§ 94 III 2 SGB VIII, § 37 BAföG, § 7 UVG) oder kann durch Verwaltungsakt übergeleitet werden (§ 203 SGB III, §§ 95, 96 SGB VIII). Zu einer Konkurrenz mit dem Anspruchsübergang nach § 91 BSHG kommt es in der Regel nur beim Unterhaltsvorschuß.

---

[164] FamRZ 1999, 843, 847 = R 533 c
[165] BGH, FamRZ 1996, 1272 = R 507 b

6. Abschnitt: Unterhalt und Sozialleistungen § 6

Unterhaltsvorschuß erhält ein Kind bis zum Alter von 12 Jahren, das von einem Elternteil betreut wird, der ledig, verwitwet, geschieden ist oder dauernd getrennt lebt, wenn der andere Elternteil seine Unterhaltspflicht nicht oder nicht regelmäßig durch Vorausleistung erfüllt oder wenn er verstorben ist (§ 1 I, IV UVG). Die Leistung steht dem Kind, nicht dem betreuenden Elternteil zu. Unterhaltsvorschuß wird nicht gewährt, wenn der betreuende Elternteil wiederverheiratet ist und mit dem neuen Ehegatten zusammenlebt, da sich der Stiefvater oder die Stiefmutter in aller Regel wenigstens an der Betreuung und Erziehung des Kindes beteiligen.[166] Ein Anspruch besteht ebenfalls nicht, wenn der betreuende Elternteil mit dem anderen in nichtehelicher Gemeinschaft zusammenlebt, wenn er sich weigert, die zur Durchführung des Gesetzes erforderlichen Auskünfte nach § 6 UVG zu erteilen, oder wenn er es ablehnt, bei der Feststellung der Vaterschaft oder des Aufenthalts des anderen Elternteils mitzuwirken (§ 1 III UVG). Zur Anspruchsberechtigung bei Kindern mit ausländischer Staatsangehörigkeit vgl. § 2 II a UVG. 575

Auf das Einkommen des Kindes kommt es nicht an. Entscheidend ist allein, ob das Kind regelmäßig Unterhalt erhält oder es über bestimmte eigene Einkünfte, insbesondere Waisengeld, verfügt (§§ 1 IV, 2 III UVG). Vermögen des Kindes wird nicht angerechnet; das Gleiche gilt für Zinsen. Einkommen und Vermögen des betreuenden Elternteils und sonstiger unterhaltspflichtiger Verwandter bleiben außer Betracht.[167]

Unterhaltsvorschuß wird vom letzten Monat vor der Antragstellung an für längstens 72 Monate gewährt (§§ 3, 4 UVG), und zwar gemäß § 2 I, II UVG in Höhe der für Kinder der ersten und zweiten Altersstufe jeweils geltenden Regelbeträge (vgl. Rn 205 f.) abzüglich der Hälfte des Erstkindergeldes von derzeit 250,– DM (vgl. Rn 2/492). Auf das höhere Kindergeld bei drei und mehr Kindern kommt es nicht an. Der Unterhaltsvorschuß beläuft sich daher
– auf 230,– DM (355 – 125) bei einem Kind bis zum vollendeten 6. Lebensjahr,
– auf 306,– DM (431 – 125) bei einem Kind bis zum vollendeten 12. Lebensjahr.

Der Unterhaltsvorschuß wird von den Ländern im Auftrag des Bundes gezahlt (§ 8 I UVG). Die Länder mit Ausnahme der Stadtstaaten bedienen sich zur Ausführung des Gesetzes vielfach der Kreise und größeren Städte, die auch für die Gewährung der Sozialhilfe zuständig sind.

Nach § 7 I 1 UVG **geht der Unterhaltsanspruch** des Kindes gegen den pflichtigen Elternteil, bei dem es nicht lebt, zusammen mit dem unterhaltsrechtlichen Auskunftsanspruch auf das Land über. Der Übergang von Unterhaltsansprüchen gegen sonstige Verwandte, insbesondere die Großeltern, ist nicht vorgesehen. Für die Vergangenheit kann der pflichtige Elternteil von dem Zeitpunkt an in Anspruch genommen werden, in dem die Voraussetzungen des § 1613 BGB vorgelegen haben (vgl. dazu Rn 100 ff) oder der pflichtige Elternteil von dem Antrag auf Unterhaltsleistung Kenntnis erhalten hat und über die Möglichkeit der Inanspruchnahme belehrt worden ist (§ 7 II UVG). Besondere Schuldnerschutzvorschriften wie in § 91 II BSHG enthält das UVG nicht. Der Grundsatz, daß niemand durch die Erfüllung einer Unterhaltspflicht selbst sozialhilfebedürftig werden darf, muß aber auch hier gelten, da er letztlich aus dem Verfassungsrecht herzuleiten ist (Rn 525). Seit 1. 7. 1998 sieht § 7 IV 2 UVG eine § 91 IV 1 BSHG entsprechende **Rückabtretung** des kraft Gesetzes auf das Land übergegangenen Unterhaltsanspruchs an das Kind vor. Ebenso kann sich das Land den geltend gemachten Unterhaltsanspruch wieder abtreten lassen (§ 7 IV 3 UVG). Auf die Ausführungen zu § 91 BSHG kann verwiesen werden (Rn 554 ff.). Einziehungsermächtigungen und Prozeßstandschaft sind dagegen wegen Verstoßes gegen § 32 SGB I nichtig.[168] Vgl. dazu auch Rn 560. 576

Seit 1. 7. 1998 kann das Land auf künftige Leistung klagen, wenn voraussichtlich auf längere Zeit Unterhaltsvorschuß gewährt werden wird. Der vom BGH[169] bisher gewählte

---
[166] R. Scholz, UVG, § 1 Rn 14
[167] R. Scholz, UVG, § 2 Rn 11
[168] BGH, FamRZ 1996, 1203, 1205; FamRZ 1996, 1207
[169] FamRZ 1998, 357

§ 6 Sonderfragen

Weg, dem Land die Geltendmachung des Unterhaltsanspruchs für das berechtigte Kind in gewillkürter Prozeßstandschaft zu gestatten, ist nicht mehr erforderlich.

577 **Sozialhilfe** wird nicht gewährt, soweit Unterhaltsvorschuß gezahlt wird (§ 2 I BSHG). Jedoch übersteigt der Anspruch des Kindes auf Sozialhilfe in aller Regel den Unterhaltsvorschuß von 230,– bzw. 306,– DM (Rn 575). So liegt bereits der Regelbedarf (Rn 539 f.) eines Kindes in allen Bundesländern nach dem Stand vom 1. 7. 1996 über dem Unterhaltsvorschuß.[170] Hinzu kommen einmalige Leistungen und anteilige Wohnkosten (vgl. Rn 541 f). Daher geht der Unterhaltsanspruch in Höhe des Unterhaltsvorschusses auf das Land, in Höhe der Sozialhilfe auf den Sozialhilfeträger über. Ein etwaiger Restanspruch verbleibt dem berechtigten Kind. Ist der Schuldner nur teilweise leistungsfähig, geht der auf das Land übergegangene Anspruchsteil vor.[171] Auch wenn dieselbe Stadt oder derselbe Kreis Sozialhilfe und – im Auftrag des Landes – Unterhaltsvorschuß gewähren, kann im Unterhaltsprozeß nicht offen bleiben, in welcher Höhe der Anspruch auf das Land und in welcher Höhe er auf die Stadt oder den Kreis als örtlichen Sozialhilfeträger übergegangen ist.[172]

Beispiel:
Ein neunjähriges Kind hat gegen seinen zahlungsunwilligen Vater einen Unterhaltsanspruch nach DT 9/2 von 690,– DM ./. 125,– DM Kindergeldanteil = 565,– DM. Es erhält 306,– DM (431 – 125) Unterhaltsvorschuß. Der Regelsatz beträgt in den meisten Bundesländern 356,– DM. Gezahlt werden an Sozialhilfe 50,– DM (356 – 306), 71,– DM pauschalierte Hilfen (20 % von 356,– DM) und z. B. ein Wohnkostenanteil von 100,– DM, insgesamt also 221,– DM. Von der Unterhaltsforderung des Kindes gehen 306,– DM auf das Land, 221,– DM auf den Sozialhilfeträger über. Ein Restanspruch von 38,– DM verbleibt beim Kind.

578 Die **Konkurrenz zwischen Unterhaltsvorschuß und Sozialhilfe** wird durch § 7 I 2 UVG geregelt. Wird ein Kind sozialhilfebedürftig, gewährt in der Regel der Sozialhilfeträger sofort Hilfe, und zwar auch soweit Anspruch auf Unterhaltsvorschuß besteht. Die Zahlung des Unterhaltsvorschusses wird in der Praxis oft erst nach etlichen Monaten aufgenommen. In diesem Fall geht der Unterhaltsanspruch nicht auf das Land über, solange Sozialhilfe gezahlt wird, da der Sozialhilfeträger einen Erstattungsanspruch nach § 104 SGB X gegen das Land hat (§ 7 I 2 UVG). Es verbleibt für diese Zeit beim Anspruchsübergang auf den Sozialhilfeträger nach § 91 BSHG. Diesem obliegt es, die Erstattung seiner Aufwendungen vom Land nach § 104 SGB X oder vom Unterhaltsschuldner nach § 91 BSHG zu verlangen. Erst ab Gewährung des Unterhaltsvorschusses und entsprechender Kürzung der Sozialhilfe geht der Anspruch in Höhe der vom Land erbrachten Leistungen auf dieses über (vgl. Rn 577).

VIII. Rechenbeispiele zu Sozialhilfe und Unterhaltsvorschuß

579 **Vorbemerkung:**
Die Sozialhilfe wird nach den in Nordrhein-Westfalen geltenden Regelsätzen Stand: 1. 7. 1999[173] berechnet. Einmalige Hilfen werden zur Vereinfachung stets pauschal mit 20 % angesetzt, selbst wenn Sozialhilfe tatsächlich gewährt wird und die Hilfen in der Praxis beziffert werden können. Beim Unterhalt wird die Düsseldorfer Tabelle zugrunde gelegt.

---

[170] Vgl. die Zusammenstellung der Regelsätze Stand: 1. 7. 1999 in FamRZ 1999, 1196
[171] OLG Düsseldorf, FamRZ 1996, 167, 169
[172] Davon geht BGH, FamRZ 1996, 1207 als selbstverständlich aus; a. A. zu Unrecht Seetzen, NJW 1994, 2505
[173] Vgl. die Verordnung über die Regelsätze vom 25. 5. 1999 – GVNW S. 209

6. Abschnitt: Unterhalt und Sozialleistungen **§ 6**

1. Die Sozialhilfe übersteigt den Unterhaltsanspruch. Anspruchsübergang bei mehreren Berechtigten. Aufteilung der Wohnkosten. Unterhaltsvorschuß wird noch nicht gewährt.

Fall: 580
Die nicht erwerbstätige getrenntlebende Ehefrau (F) bezieht Sozialhilfe. Sie versorgt 2 Kinder im Alter von 3 und 5 Jahren. Miete einschließlich Heizung: 1200,– DM. Wohngeld: 300,– DM. Kindergeld: 250,– DM je Kind. Noch kein Unterhaltsvorschuß (vgl. Rn 578).
Einkommen des Ehemannes (M): 3850,– DM. Ehebedingte Schulden (Gehaltspfändung): 200,– DM. Miete einschließlich Heizung: 700,– DM. Kein Wohngeld. Monatskarte: 90,– DM. Gewerkschaft: 30,– DM. Hausratsversicherung: 20,– DM.

Lösung:

Sozialhilfe (vgl. Rn 539 ff):

Regelsatz F	547,– DM
40 % Mehrbedarf für 2 Kinder unter 16 Jahren	219,– DM
einmalige Hilfen F	109,– DM
erhöhter Regelsatz K 1	301,– DM
erhöhter Regelsatz K 2	301,– DM
einmalige Hilfen K 1	60,– DM
einmalige Hilfen K 2	60,– DM
Miete abzüglich Wohngeld	900,– DM
	2497,– DM
Kindergeld für 2 Kinder	./. 500,– DM
	1997,– DM

Unterhaltsberechnung:
Vorläufige Berechnung:
Einkommen des M: 3850 – 192,50 (5 %) – 200 (Schulden) = 3457,50 DM
Kindesunterhalt (nach DT 5/1): je 430,– DM.
Ehegattenunterhalt: 3457,50 – 430 – 430 (Kindesunterhalt) = 2597,50 x $3/7$ = 1113,– DM.
M behält 2597,50 – 1113 = 1484,50 DM und damit weniger als den notwendigen Selbstbehalt von 1500,– DM.
Korrigierte Berechnung unter Herabstufung der Kinder in die 1. Einkommensgruppe (DT A Anm. 1; vgl. Rn 2/239 ff):
Kindesunterhalt (nach DT 1/1): je 355,– DM. Zahlbetrag: je 355 – 125 (Kindergeldanteil) = 230,– DM.
Ehegattenunterhalt: 3457,50 – 355 – 355 = 2747,50 x $3/7$ = 1177,50 DM.
Gesamtunterhalt: 1177,50 + 230 + 230 = 1637,50 DM
M behält (2747,50 – 1177,50 =) 1570,– DM sowie seinen Kindergeldanteil von 250,– DM. Er hat damit mehr als den notwendigen Selbstbehalt und kann auch die Miete von 700,– DM, die die im Selbstbehalt enthaltene Warmmiete von 650,– DM um 50,– DM übersteigt, tragen.

Öffentlich-rechtliche Vergleichsberechnung nach § 91 II 1 BSHG (vgl. Rn 523 ff):
Einkommensermittlung nach § 76 BSHG (vgl. Rn 527 ff):

Nettoeinkommen M	3850,– DM
Monatskarte öff. Verkehrsmittel	90,– DM
Gewerkschaft	30,– DM
Hausratsversicherung	20,– DM,
Schulden (Gehaltspfändung)	200,– DM
Abzug für Erwerbstätige (Rn 532)	0,– DM
	3510,– DM

Sozialhilferechtlicher Bedarf (vgl. Rn 539 ff.):

Regelsatz M	547,– DM
einmalige Hilfen	109,– DM
Wohnung	700,– DM
	1356,– DM.

M ist in Höhe von (3510 – 1356) = 2154,– DM nach Sozialhilferecht leistungsfähig.

Ergebnis:
Da nur der Unterhaltsanspruch jedes Berechtigten auf den Sozialhilfeträger übergeht, muß die Sozialhilfe auf F und die Kinder aufgeteilt werden.
Verteilt man die Wohnkosten von 900,– DM (nach Abzug des Wohngeldes) entsprechend einer verbreiteten Praxis[174] nach Köpfen (vgl. Rn 543), ergibt sich folgende Aufteilung:
Sozialhilfe der F: Regelsatz, Mehrbedarf, einmalige Hilfen: 875,– DM, Wohnung: 300,– DM ./. Kindergeld: 500,– DM = 675,– DM.
Sozialhilfe der Kinder jeweils: Regelsatz, einmalige Hilfen: 361,– DM, Wohnung 300,– DM = 661,– DM.
Bei dieser Berechnung geht der Unterhaltsanspruch der F von 1177,50 DM nur in Höhe der erbrachten Sozialhilfe von 675,– DM auf den Sozialhilfeträger über, der Kindesunterhalt dagegen in voller Höhe von je 230,– DM. Der Sozialhilfeträger kann also den Schuldner trotz ausreichender Leistungsfähigkeit nur in Höhe von (675 + 230 + 230 =) 1135,– DM in Anspruch nehmen.
Teilt man dagegen die Wohnkosten entsprechend obigem Vorschlag (Rn 544) auf, ergibt sich folgende Berechnung:
Wohnkostenanteil der Kinder: jeweils 20% des Regelsatzes von 301,– DM, also je 60,– DM. Auf F entfallen also (900 – 60 – 60 =) 780,– DM.
Sozialhilfe der F: Regelsatz, Mehrbedarf, einmalige Hilfen: 875,– DM, Wohnung: 780,– DM ./. Kindergeld: 500,– DM = 1155,– DM.
Sozialhilfe der Kinder jeweils: Regelsatz, einmalige Hilfen: 361,– DM, Wohnung 60,– DM = 421,– DM.
Bei dieser Berechnung geht der Unterhaltsanspruch der F von 1177,50 DM in Höhe der gewährten Sozialhilfe von 1155,– DM auf den Sozialhilfeträger über, so daß er einschließlich des übergegangenen Kindesunterhalts von je 230,– DM insgesamt (1155 + 230 + 230 =) 1615,– DM und damit einen beträchtlich höheren Anteil der insgesamt gewährten Sozialhilfe von 1997,– DM vom Schuldner verlangen kann.

581 2. Die Sozialhilfe übersteigt den Unterhaltsanspruch. Anspruchsübergang bei mehreren Berechtigten. Aufteilung der Wohnkosten. Unterhaltsvorschuß wird gewährt.

Fall:
wie Rn 580; jedoch wird inzwischen Unterhaltsvorschuß von 230,– DM pro Kind gezahlt.

Lösung:

Sozialhilfe:

Regelsatz F	547,– DM
40% Mehrbedarf für 2 Kinder unter 16 Jahren	219,– DM
einmalige Hilfen F	109,– DM
erhöhter Regelsatz K 1 (301 ./. 230 UVZ)	71,– DM
erhöhter Regelsatz K 2	71,– DM
einmalige Hilfen K 1	60,– DM
einmalige Hilfen K 2	60,– DM
Miete abzüglich Wohngeld	900,– DM
	2037,– DM
Kindergeld für 2 Kinder	./. 500,– DM
	1537,– DM

F erhält also an Sozialhilfe und Unterhaltsvorschuß (1537 + 230 + 230 =) 1947,– DM. Vgl. Rn 580.

Unterhaltsberechnung:
wie Rn 580.

Öffentlich-rechtliche Vergleichsberechnung:
Von dem Einkommen des M von 3510,– DM (Rn 580) ist der dem Land geschuldete Unterhaltsvorschuß (Rn 575 f.) für K1 und K2 von insgesamt 460,– DM abzuziehen, so daß 3050,– DM verbleiben.

---

[174] BVerwG, NJW 1989, 313

6. Abschnitt: Unterhalt und Sozialleistungen　　　　　　　　　　　　　　§ 6

Sozialhilferechtlicher Bedarf des M: 1356,– DM (wie Rn 580).
M ist nach Sozialhilferecht in Höhe von (3050 – 1356 =) 1694,– DM leistungsfähig.

Ergebnis:
Der Kindesunterhalt geht, gleichgültig wie man die Wohnkosten auf F und die Kinder verteilt, nur in Höhe von je 230,– DM auf das Land über, da ein höherer Unterhaltsanspruch nicht besteht.
Bei Verteilung der Wohnkosten nach Kopfteilen beträgt die Sozialhilfe der F 875 + 300 – 500 = 675,– DM (vgl. Rn 580). Daher geht der (niedrigere) Unterhaltsanspruch der F von 1177,50 DM nur in Höhe von 675,– DM auf den Sozialhilfeträger über (Rn 580).
Werden die Wohnkosten mit je 20 % des Regelsatzes bei K1 und K2 berücksichtigt, mit dem Rest von 780,– DM bei F, so geht deren Unterhaltsanspruch dagegen in Höhe von 1155,– DM auf den Sozialhilfeträger über (vgl. Rn 580).

3. Gesamte Sozialhilfe für mehrere Berechtigte unterschreitet die Summe der Unterhaltsansprüche.

Fall:　　　　　　　　　　　　　　　　　　　　　　　　　　　　　　　　　　　582
wie Rn 580. Jedoch beträgt die Miete der F einschließlich Heizung nur 800,– DM. Wohngeld: 300,– DM.

Lösung:

Sozialhilfe:
wie Rn 580, jedoch statt 1997,– DM wegen der um 400,– DM niedrigeren Mietbelastung nur 1597,– DM.

Unterhaltsansprüche:
der F: 1177,50 DM, der Kinder: je 230,– DM (wie Rn 580).

Öffentlich-rechtliche Vergleichsberechnung:
M ist in Höhe von 2154,– DM nach Sozialhilferecht leistungsfähig (wie Rn 580).

Ergebnis:
Bei Aufteilung der Wohnkosten von 500,– DM (nach Abzug des Wohngeldes) nach Kopfteilen (Rn 543) entfallen auf F und die Kinder je 167,– DM.
Sozialhilfe der F: Regelsatz, Mehrbedarf, einmalige Hilfen 875,– DM, Wohnung: 167,– DM ./. Kindergeld: 500,– DM = 542,– DM
Sozialhilfe der Kinder jeweils: Regelsatz, einmalige Hilfen 361,– DM, Wohnung 167,– DM = 528,– DM.
Danach gehen die Unterhaltsansprüche nur in Höhe von (542 + 230 + 230 =) 1002,– DM auf den Sozialhilfeträger über. Dieser fällt in Höhe von (1597 – 1002 =) 595,– DM aus.
Verteilt man dagegen die Wohnkosten mit 20 % des Regelsatzes auf die Kinder (vgl. Rn 544), entfallen auf sie insgesamt 120,– DM und auf F (500 – 120 =) 380,– DM.
Sozialhilfe der F: Regelsatz, Mehrbedarf, einmalige Hilfen 875,– DM, Wohnung: 380,– DM – Kindergeld: 500 = 755,– DM.
Sozialhilfe der Kinder jeweils: Regelsatz, einmalige Hilfen 361,– DM, Wohnung 60,– DM = 421,– DM.
Auf den Sozialhilfeträger gehen über: 755,– DM (Sozialhilfe für F, die niedriger als der geschuldete Unterhalt ist) und pro Kind 230,– DM (Unterhaltsanspruch, der niedriger als die Sozialhilfe ist), insgesamt also 1215,– DM. Der Sozialhilfeträger fällt also nur mit (1597 – 1215 =) 382,– DM aus. Dies beruht im wesentlichen darauf, daß im Sozialhilferecht das Kindergeld als Einkommen der F angesehen, im Unterhaltsrecht dagegen mit dem Anspruch des Kindes verrechnet wird. Vgl. Rn 535 a, 2/500.

4. Fiktives Einkommen beim Unterhaltsschuldner

Fall:　　　　　　　　　　　　　　　　　　　　　　　　　　　　　　　　　　　583
wie Rn 580.
Jedoch hat M sein selbständiges Gewerbe, das ihm ein bereinigtes Nettoeinkommen von 3457,– DM eintrug, aus unterhaltsbezogener Leichtfertigkeit aufgegeben. Kein Arbeitslosengeld. M bezieht Sozialhilfe.

§ 6   Sonderfragen

Lösung:

Sozialhilfe:
für sich und das Kind insgesamt 1997,– DM (vgl. Rn 580).

Unterhaltsberechnung
M wird ein fiktives Einkommen in bisheriger Höhe zugerechnet (vgl. Rn 1/387 ff.). Der F und den Kindern geschuldete Unterhalt beträgt weiterhin 1637,50 DM (vgl. Rn 580).

Öffentlich-rechtliche Vergleichsberechnung:
Da M selbst Sozialhilfe bezieht, gilt er nach § 91 II 1 BSHG für das Sozialhilferecht als nicht leistungsfähig (vgl. Rn 505, 534).

Ergebnis:
Kein Anspruchsübergang auf den Sozialhilfeträger. Die Unterhaltsansprüche stehen weiterhin F und den Kindern zu. Hat F in der Vergangenheit bereits Sozialhilfe bezogen, können die Unterhaltsansprüche nach § 242 BGB für die Zeit vor Rechtshängigkeit unter Umständen nicht geltend gemacht werden; für die Zukunft kann F den Schuldner trotz Sozialhilfebezugs auf Unterhalt in Anspruch nehmen (vgl. Rn 572).

5. Sozialhilfe für 2 Kinder, Leistungsfähigkeit bei geringem Einkommen und verhältnismäßig hoher Mietbelastung

584 Fall:
2 Kinder im Alter von 16 und 17 Jahren wohnen bei der erwerbstätigen, geschiedenen Ehefrau (F), die keinen Unterhaltsanspruch hat. Sie bezieht ergänzende Sozialhilfe. Nettoeinkommen der F: 1400,– DM. Miete einschließlich Heizung: 900,– DM. Kein Wohngeld. Versicherungen: 16,– DM.
Nettoeinkommen des Ehemannes (M): 2000,– DM, Miete einschließlich Heizung: 700,– DM. Kein Wohngeld. Monatskarte: 90,– DM. Gewerkschaftsbeitrag: 30,– DM. Hausrats- und Haftpflichtversicherung: 20,– DM.

Lösung:

Sozialhilfe:

Regelsatz F	547,– DM
einmalige Hilfen F	109,– DM
Regelsatz K 1	492,– DM
Regelsatz K 2	492,– DM
einmalige Hilfen K 1	98,– DM
einmalige Hilfen K 1	98,– DM
Miete	900,– DM
	2736,– DM
Einkommen F: 1400 – 273,50 (Erwerbstätigenabzug) – 16 (Versicherungen)	./. 1110,50 DM
Kindergeld für 2 Kinder	./. 500,– DM
Höhe der Sozialhilfe	1125,50 DM

Unterhaltsberechnung:
2000 – 90 (Monatskarte) – 30 (Gewerkschaft) = 1880,– DM. Die Pauschale von 5 % (100,– DM) reicht nicht aus, da die nachgewiesenen berufsbedingten Auslagen höher sind (DT A 3 S. 2). Der Selbstbehalt sollte wegen überhöhter Wohnkosten auf 1550,– DM angehoben werden, da die im Selbstbehalt enthaltene Warmmiete von 650,– DM um 50,– DM überschritten ist (Rn 2/268, 6/571).
Bei einem Selbstbehalt von 1550,– DM verbleibt ein anrechnungsfähiges Einkommen von 330,– DM. Unterhaltsanspruch pro Kind: 165,– DM.

Öffentlich-rechtliche Vergleichsberechnung:

Einkommensermittlung:

Nettoeinkommen M	2000,– DM
Monatskarte öff. Verkehrsmittel	90,– DM
Gewerkschaft	30,– DM

6. Abschnitt: Unterhalt und Sozialleistungen **§ 6**

Versicherung	20,– DM
Abzug für Erwerbstätige (Rn 532)	0,– DM
	1860,– DM
Sozialhilferechtlicher Bedarf:	
Regelsatz M	547,– DM
einmalige Hilfen	109,– DM
Wohnung	700,– DM
	1356,– DM.

Für den Unterhalt stehen nach Sozialhilferecht daher (1860 − 1356 =) 504,– DM zur Verfügung, pro Kind also 261,50 DM.

Ergebnis:
Die öffentlich-rechtliche Vergleichsberechnung beschränkt im vorliegenden Fall den Unterhaltsanspruch von je 165,– DM nicht. Dieser geht vielmehr in Höhe von je 165,– DM auf den Sozialhilfeträger über. Dies beruht im wesentlichen darauf, daß einmal der notwendige Selbstbehalt des erwerbstätigen Schuldners seit dem 1. 1. 1996 1500,– DM beträgt (Rn 2/264), zum anderen dem Schuldner seit dem 1. 8. 1996 der Abzug für Erwerbstätige nach § 76 II a BSHG nicht mehr zusteht (§ 91 II 2 BSHG; vgl. Rn 532). Nach dem früheren Recht war dagegen in demselben Fall der Schuldner nach Sozialhilferecht nur teilweise leistungsfähig. Vgl. dazu die 3. Auflage (Rn 6/568).

IX. Ausbildungsförderung nach dem BAföG

1. Voraussetzungen und Dauer der Förderung

Die Ausbildungsförderung nach dem BAföG ist eine **subsidiäre Sozialleistung**. Die **585** Subsidiarität wird jedoch in der Regel nicht – wie bei der Sozialhilfe – dadurch verwirklicht, daß zunächst Förderung gewährt wird und dann Rückgriff beim Unterhaltsschuldner genommen wird (vgl. § 91 BSHG: Rn 508, 549 ff). Dies ist nur die Ausnahme (vgl. § 37 BAföG; unten Rn 588). Vielmehr besteht auf Ausbildungsförderung von vorn herein nur dann ein Anspruch, wenn dem Auszubildenden die für seinen Lebensunterhalt und seine Ausbildung erforderlichen Mittel nicht zur Verfügung stehen (§ 1 BAföG). Zur Bestreitung des Lebensunterhalts und der Ausbildungskosten sind zunächst **Einkommen** und Vermögen des Auszubildenden, seines nicht getrenntlebenden Ehegatten und seiner Eltern, und zwar in dieser Reihenfolge, heranzuziehen (§ 11 II BAföG). Diese Mittel werden daher grundsätzlich auf den Bedarf des Auszubildenden angerechnet. Wenn ein Auszubildender von seinen Eltern Unterhalt erhält, der seinen Bedarf im Sinne der §§ 12 ff BAföG deckt, verfügt er über die für seinen Lebensunterhalt und seine Ausbildung erforderlichen Mittel, so daß Ausbildungsförderung nicht gewährt werden kann (§ 1 BAföG). Unter bestimmten Voraussetzungen, insbesondere bei Zweitausbildungen, bleiben Einkommen und Vermögen der Eltern außer Betracht (§ 11 III BAföG). Der Ausschluß von der Förderung ist allerdings dann verfassungswidrig, wenn bei einer Zweitausbildung nur eine elternabhängige Förderung vorgesehen ist, die Eltern aber den nach den Vorschriften des BAföG angerechneten Unterhaltsbetrag nicht leisten.[175] Einkommen und Vermögen des getrennt lebenden oder geschiedenen Ehegatten werden nicht angerechnet (§ 11 II 2 BAföG), so daß es auf Unterhaltsansprüche gegen den getrenntlebenden Ehegatten auch dann nicht ankommt, wenn sie tituliert sind.[176]

Das anzurechnende Einkommen wird in pauschaler Weis auf der Basis der positiven Einkünfte im Sinne des § 2 I, II EStG ermittelt (21 BAföG). Beim Einkommen des Auszubildenden kommt es auf die Verhältnisse im Bewilligungszeitraum an (§ 22 I BAföG). Bei der Anrechnung des Einkommens der Eltern und des Ehegatten wird auf die Verhält-

---

[175] BVerfG, FamRZ 1999, 357
[176] BVerfG, FamRZ 1995, 661, das die frühere Fassung des § 11 II a S. 1 BAföG für verfassungswidrig erklärt hat

nisse des vorletzten Kalenderjahres vor Beginn des Bewilligungszeitraums abgestellt (§ 24 I BAföG). Ist das derzeitige Einkommen wesentlich niedriger, ist auf Antrag von den Einkommensverhältnissen im Bewilligungszeitraum auszugehen (§ 24 III BAföG). Erhöht sich dagegen das anzurechnende Einkommen der Eltern, bleibt es dabei, daß die Verhältnisse des vorletzten Kalenderjahres maßgebend sind. Dies kann dazu führen, daß Anspruch auf Ausbildungsförderung besteht, obwohl die früher nicht leistungsfähigen Eltern jetzt ohne weiteres ihrem Kind die Kosten der Lebenshaltung und der Ausbildung zur Verfügung stellen könnten. Bestimmte Freibeträge bleiben beim Auszubildenden (§ 23 BAföG), bei den Eltern und beim Ehegatten (§§ 25, 25 a BAföG) anrechnungsfrei. Beim Auszubildenden kann ein weiterer Freibetrag bis zu 400 DM monatlich anrechnungsfrei belassen werden, wenn dies zur Deckung besonderer Kosten der Ausbildung erforderlich ist (§ 23 V BAföG). Beim Ehegatten und bei den Eltern werden 50 % des die Freibeträge übersteigenden Einkommens nicht angerechnet (§ 25 IV BAföG). Vermögen ist nach Maßgabe der §§ 26 ff. BAföG zu berücksichtigen.

586 Beim **Bedarf** des Auszubildenden unterscheidet das Gesetz zwischen Schülern (§ 12 BAföG), Studierenden (§ 13 BAföG), und Praktikanten (§ 14 BAföG). Er setzt sich aus einem Grundbetrag, verschiedenen Zuschlägen, Wohnkosten, evtl. Beiträgen zur Kranken- und Pflegeversicherung zusammen. Die Höchstförderung beträgt im alten Bundesgebiet ab Herbst 1999 etwa 1030,- DM. Im einzelnen ist die Berechnung des Bedarfs sowie des anzurechnenden Einkommens und Vermögens höchst kompliziert.

Ausbildungsförderung wird unter bestimmten Voraussetzungen gewährt für den Besuch von weiterführenden **Schulen**, insbesondere **Hochschulen**, in Ausnahmefällen auch für den Besuch von allgemeinbildenden Schulen (§ 2 I, Ia BAföG), und zwar grundsätzlich nur bis zum ersten berufsqualifizierenden Abschluß (§ 7 BAföG). Ein Wechsel der Ausbildung ist nur ausnahmsweise zulässig (§ 7 III BAföG). Die Ausbildung muß grundsätzlich im Inland durchgeführt werden; unter Umständen kann auch eine Ausbildung im Ausland gefördert werden (§§ 4 ff BAföG). Die **Förderungshöchstdauer** richtet sich nach der besuchten Schule. Sie beträgt beim Besuch von höheren Fachschulen 6 Semester, von Universitäten grundsätzlich 9 Semester. Für die Studiengänge Ingenieurwissenschaften, Biologie und Physik beträgt die Förderungshöchstdauer 10 Semester, für Zahn- und Tiermedizin 11 Semester und für Allgemeinmedizin 12 Semester und 3 Monate. Beim Besuch von Fachhochschulen werden 7 Semester (mit Praktikum 8 Semester), bei Lehramtsstudiengängen für die Primarstufe und die Sekundarstufe I ebenfalls 7 Semester gefördert (§ 15 a BAföG).

Die Ausbildungsförderung wird zur **Hälfte als Zuschuß**, bei Besuch von Hochschulen und vergleichbaren Einrichtungen zur anderen Hälfte **als Darlehen** gewährt (§ 17 I, II BAföG). Das Darlehen ist unverzinslich, solange der Schuldner mit der Rückzahlung nicht in Verzug gerät (§ 18 II BAföG). Es ist in monatlichen Raten von mindestens 200,- DM, beginnend mit dem fünften Jahr nach Ende der Förderung zu tilgen (§ 18 III BAföG). Auf Antrag kann der Schuldner aufgrund seiner Einkommensverhältnisse von der Rückzahlung ganz oder teilweise freigestellt werden; auch besteht bei guten Leistungen in der Abschlußprüfung die Möglichkeit eines Teilerlasses (§§ 18 a, b BAföG). Bei einer weiteren Ausbildung und bei Überschreitung der Förderungshöchstdauer kann ein **Bankdarlehen** gewährt werden (§ 17 III BAföG). Das Bankdarlehen ist zu verzinsen (§ 18 c II 1 BAföG). Zur Anwendung des § 37 BAföG beim Bankdarlehen vgl. unten Rn 587.

Zuständig sind die Ämter für Ausbildungsförderung, die bei den Kreisen und kreisfreien Städten, für Studenten bei den Hochschulen oder den Studentenwerken errichtet sind (§ 40 BAföG). Das Verfahren richtet sich nach §§ 45 ff BAföG. Das Gesetz wird grundsätzlich im Auftrag des Bundes von den Ländern ausgeführt (§ 39 BAföG). Die Kosten tragen der Bund zu 65 % und die Länder zu 35 % (§ 56 BAföG).

6. Abschnitt: Unterhalt und Sozialleistungen § 6

2. Das Verhältnis von Ausbildungsförderung und Unterhalt

a) Ausbildungsförderung und Vorausleistung. Endgültig festgesetzte BAföG-Leistungen sind unterhaltsrechtliches Einkommen und mindern daher den Bedarf des unterhaltsberechtigten Kindes. Dies gilt auch dann, wenn die Förderung nur als unverzinsliches Darlehen gewährt wird. Vgl. dazu im einzelnen Rn 1/356 ff. Ein verzinsliches Bankdarlehen nach § 17 III BAföG entspricht dagegen im wesentlichen einem Kredit, der auf dem freien Mark aufgenommen werden kann. Es ist daher kein Einkommen im Sinne des Unterhaltsrechts und auch dann nicht auf den Unterhaltsanspruch anzurechnen, wenn in den Fällen des 17 III BAföG die Eltern ausnahmsweise noch zum Unterhalt verpflichtet sind. Vgl. Rn 586. 587

Kein Einkommen ist dagegen die **Vorausleistung** von Ausbildungsförderung, die nach § 36 BAföG auf Antrag gewährt wird, wenn die Eltern den nach dem BAföG angerechneten Unterhaltsbetrag nicht zahlen (§ 36 I 1 BAföG) oder sie ihre Mitwirkung bei der Bewilligung der Ausbildungsvergütung, insbesondere die geschuldete Auskunft über ihre Einkommens- und Vermögensverhältnisse verweigern (§ 36 II 1 BAföG). Bei der Vorausleistung kann Einkommen und Vermögen der Eltern naturgemäß nicht angerechnet werden, da sonst das unterhaltsberechtigte Kind auf einen zeitraubenden Unterhaltsprozeß verwiesen würde. Das soll ihm gerade nicht zugemutet werden. Voraussetzung einer Vorausleistung ist, daß die **Ausbildung** wegen des Verzuges der Eltern **gefährdet** ist (§ 36 I 1 BAföG). Eigenes Einkommen des Auszubildenden schließt eine Vorausleistung ganz oder teilweise aus, selbst wenn es die Freibeträge nach §§ 23, 29 BAföG nicht übersteigt (§ 36 I 2 BAföG). Auch Einkommen und Vermögen des nicht getrenntlebenden Ehegatten sind zu berücksichtigen (§ 36 I 1 BAföG).

b) Anspruchsübergang. Ist die Ausbildungsförderung endgültig festgesetzt worden, besteht keine Möglichkeit des Landes zum Rückgriff gegen den Unterhaltspflichtigen, da die Subsidiarität der Förderung bereits durch die Anrechnung des Einkommens und des Vermögens des Auszubildenden, des Ehegatten oder seiner Eltern verwirklicht worden ist. Vgl. Rn 585. Dagegen geht der Unterhaltsanspruch bei Gewährung einer **Vorausleistung** auf das Land über, soweit nach dem BAföG auf den Bedarf des Auszubildenden das Einkommen und Vermögen der Eltern anzurechnen ist (§ 37 I 1 BAföG). Damit wird die bei Festsetzung der Vorausleistung unterlassene Anrechnung nachgeholt und auf diese Weise die Subsidiarität der Ausbildungsförderung hergestellt. 588

Der Übergang des Unterhaltsanspruchs vollzieht sich **kraft Gesetzes** ohne Erlaß eines Verwaltungsakts. Er erfaßt nur den gesetzlichen Unterhaltsanspruch gegen die **Eltern**, nicht dagegen Ansprüche gegen den Ehegatten, auch nicht nach Trennung oder Scheidung. Auch die Großeltern können vom Land nicht in Anspruch genommen werden. Ein vertraglicher Unterhaltsanspruch des Auszubildenden gegen die Eltern geht nach § 37 I 1 BAföG nur auf das Land über, wenn er den gesetzlichen Anspruch lediglich modifiziert.[177] Ein vertraglicher Anspruch des einen Elternteils gegen den anderen auf Freistellung vom Kindesunterhalt fällt nicht unter § 37 BAföG, selbst wenn er an das bereits volljährige Kind abgetreten worden ist.[178] Auch der unterhaltsrechtliche **Auskunftsanspruch** nach § 1605 BGB geht über. Daneben besteht eine öffentlich-rechtliche Auskunftspflicht der Eltern und des Ehegatten, auch des dauernd getrenntlebenden, gegenüber dem Amt für Ausbildungsförderung (§ 47 IV BAföG, § 60 SGB I).

Ob ein **Unterhaltsanspruch** besteht, ist allein **nach bürgerlichen Recht** zu beurteilen. Haben die Eltern wirksam bestimmt, daß das Kind den Unterhalt in ihrem Haushalt in Natur entgegen zu nehmen hat, besteht ein Barunterhaltsanspruch, der allein übergehen könnte, nicht.[179] Näheres dazu Rn 2/21 ff., 35. Zudem scheidet dann auch die Gewährung einer Vorausleistung aus (§ 36 III Nr. 1 BAföG). Vgl. dazu oben Rn 587. Ist die Unter- 589

---

[177] Vgl. dazu oben Rn 510 zur entsprechenden Problematik bei § 91 BSHG; auch BGH FamRZ 1989, 499
[178] BGH, FamRZ 1989, 499
[179] BGH, FamRZ 1996, 798 = R 501b

haltsbestimmung dagegen unwirksam, kann das Land den übergegangenen Anspruch gegen die Eltern geltend machen.[180] Vgl. dazu Rn 2/36 f.

Auch Bedarf und Bedürftigkeit des Kindes sowie die Leistungsfähigkeit des Verpflichteten richten sich allein nach Unterhaltsrecht. Es kommt nicht darauf an, ob nach dem BAföG eine Zweitausbildung gefördert wird. Entscheidend ist, ob sie von den Eltern nach §§ 1610 II BGB geschuldet wird. Vgl. dazu Rn 2/73 ff. Das Land muß darlegen, daß diese Voraussetzungen gegeben sind.

Der Unterhaltsanspruch muß während der Zeit bestehen, für die dem Auszubildenden die Förderung gezahlt wird, also während des Bewilligungszeitraums. Es gilt also der Grundsatz der **Gleichzeitigkeit**. Hier ergeben sich unter Umständen Schwierigkeiten, da das Einkommen, das den Eltern angerechnet wird, sich nach den Verhältnissen des vorletzten Kalenderjahres vor dem Bewilligungszeitraum richtet (§ 24 BAföG) und daher von den nach BGB maßgeblichen Einkünften im Unterhaltszeitraum vielfach abweichen wird.[181] Vgl. Rn 585.

590 Unterhalt für die **Vergangenheit** kann von dem Zeitpunkt an verlangt werden, in dem die Voraussetzungen des bürgerlichen Rechts, insbesondere des § 1613 BGB, vorliegen (§ 37 IV Nr. 1 BAföG; vgl. dazu Rn 100 ff). Darüber hinaus kann Unterhalt von dem Zeitpunkt an gefordert werden, in dem die Eltern bei dem Antrag auf Förderung mitgewirkt oder sie von ihm Kenntnis erlangt haben und darüber belehrt worden sind, unter welchen Voraussetzungen das BAföG ihre Inanspruchnahme ermöglicht. Es handelt sich auch hier um eine besonders ausgestaltete Rechtswahrungsanzeige (vgl. Rn 106 f). Liegt bereits ein Unterhaltstitel vor, kann das Land ihn auf sich umschreiben lassen (§ 727 ZPO). Ist der titulierte Unterhalt zu gering, muß es Abänderungsklage erheben. Seit dem 1. 7. 1998 kann ein Urteil zugunsten des Landes auch für die Zeit vor Rechtshängigkeit der Abänderungsklage abgeändert werden, sofern die Voraussetzungen des § 1613 I BGB vorliegen (§ 323 III ZPO; vgl. dazu Rn 8/165 a ff).

591 Der Anspruchsübergang findet auch dann statt, wenn die **Bewilligung** der Ausbildungsförderung **rechtswidrig** ist. Die Eltern können daher nicht einwenden, daß ihrem Kind die Förderung nicht hätte gewährt werden dürfen.[182] Das Familiengericht ist an die Tatbestandswirkung des Bewilligungsbescheides gebunden. Die Eltern können jedoch geltend machen, daß ihr Einkommen ganz oder teilweise nicht hätte angerechnet werden dürfen. Dies ergibt sich aus dem Wortlaut des § 37 I 1 a. E. BAföG.[183] Vgl. dazu auch Rn 560. Die Einkommensanrechnung ist daher von den Familiengerichten zu überprüfen. Daneben stehen den Eltern sämtliche Einwendungen aus dem Unterhaltsrecht zu. Der übergegangene Anspruch ist nach § 37 VI BAföG mit 6 % zu verzinsen.

592 § 37 BAföG sieht eine **Rückabtretung** nicht vor. Sie ist daher unzulässig (§ 32 SGB X). Dies gilt ebenfalls für Einziehungsermächtigung und Prozeßstandschaft.[184] Vgl. dazu auch Rn 560. Das Land ist auch ohne ausdrückliche gesetzliche Bestimmung berechtigt, den Unterhalt für die Zukunft einzuklagen, wenn künftig mit der Gewährung von Ausbildungsbeihilfen zu rechnen ist (vgl. § 91 III 2 BSHG, § 7 IV 1 UVG).[185]

X. Arbeitslosenhilfe

593 Arbeitslosengeld ist nach wie vor eine nicht subsidäre Sozialleistung, auf die der Arbeitslose einen Anspruch hat, wenn er sich arbeitslos gemeldet und die Anwartschaftszeit erfüllt hat (§§ 117, 123 SGB III).[186] Es ist im Unterhaltsrecht uneingeschränkt als Einkommen auf seiten des Berechtigten und des Verpflichteten zu berücksichtigen (vgl. Rn 1/81).

---

[180] BGH, FamRZ 1996, 798 = R 501b
[181] Vgl. dazu Rothe/Blanke, BAföG, § 36 Anm. 4.2
[182] Rothe/Blanke, §37 Anm. 6.1
[183] Rothe/Blanke, § 37 Anm. 8.2
[184] BGH, FamRZ 1996, 1203 = R 506 c; FamRZ 1996, 1207
[185] Vgl. BGH, FamRZ 1992, 797 = R 447 c
[186] Das Recht der Arbeitsförderung ist seit dem 1. 1. 1998 nicht mehr im AFG geregelt, sondern als Drittes Buch (SGB III) in das Sozialgesetzbuch eingefügt worden

6. Abschnitt: Unterhalt und Sozialleistungen §6

Arbeitslosenhilfe kann dagegen ein Arbeitsloser, der sich arbeitslos gemeldet, aber wegen Nichterfüllung der Anwartschaftszeit keinen Anspruch auf Arbeitslosengeld (mehr) hat, nur verlangen, wenn er bedürftig ist und besondere Anspruchsvoraussetzungen erfüllt (§ 190 SGB III). Arbeitslosenhilfe ist daher eine **subsidäre Sozialleistung**.[187] Bedürftig ist ein Arbeitnehmer, wenn und soweit er seinen Lebensunterhalt durch das zu berücksichtigende Einkommen und Vermögen nicht bestreiten kann (§ 193 SGB III). **Einkommen** sind wie im Sozialhilferecht (vgl. Rn 527 ff) alle Einnahmen in Geld und Geldeswert einschließlich der Leistungen, die von Dritten beansprucht werden können (§ 194 II 1 SGB III). Steuern, Pflichtbeiträge zur gesetzlichen Sozialversicherung, private Versicherungen, soweit nötig und angemessen, und notwendige Werbungskosten sind abzusetzen (§ 194 II 2 SGB III). Nach § 194 I 1 Nr. 2 SGB III ist auch Einkommen des nicht dauernd getrenntlebenden Ehegatten oder einer Person, die mit dem Arbeitslosen in eheähnlicher Gemeinschaft[188] lebt, zu berücksichtigen, wenn es den in § 194 I 2, 3 SGB III festgelegten Freibetrag übersteigt. Wie bei der Sozialhilfe (Rn 537) werden bestimmte Leistungen, insbesondere Sozialleistungen, nicht als Einkommen angesehen (§ 194 III SGB III).

Zum Einkommen gehören auch **Unterhalt** und Unterhaltsansprüche. Beruht der Anspruch auf fiktivem Einkommen, ist er nicht anzurechnen.[189] Ausreichender Unterhalt oder ein entsprechender durchsetzbarer Unterhaltsanspruch schließen daher die Gewährung von Arbeitslosenhilfe aus.[190] Dies gilt vor allem für den Unterhalt, den ein getrenntlebender oder geschiedener Ehegatte zu zahlen hat. Auch der Unterhaltsanspruch eines minderjährigen Kindes gegen seine Eltern ist stets zu berücksichtigen.[191] Unterhaltsansprüche gegen Verwandte zweiten und entfernteren Grades und Ansprüche, die ein Volljähriger gegen Verwandte, also insbesondere gegen seine Eltern oder ausnahmsweise gegen seine Kinder, hat, gelten nicht als Einkommen (§ 194 III Nr. 11 SGB III). Tatsächlich erfüllte und geltend gemachte Unterhaltsansprüche sind dagegen anzurechnen.[192]

Die Arbeitslosenhilfe beträgt nach § 195 S. 1 SGB III zwischen 53 und 57 % des Leistungsentgelts (§ 136 I SGB III), also des um die gesetzlichen Entgeltabzüge, die bei Arbeitnehmern gewöhnlich anfallen, verminderten Bemessungsentgelts (§ 132 SGB III). Sie vermindert sich um das im Rahmen der Bedürftigkeitsprüfung zu berücksichtigende Einkommen und Vermögen (§ 195 S. 2 SGB III), also auch um Unterhaltsansprüche.

Solange und soweit ein Arbeitsloser Leistungen, auf die er einen Anspruch hat, nicht **594** erhält, kann das Arbeitsamt ohne Rücksicht auf diese Leistungen Arbeitslosenhilfe erbringen, insbesondere, wenn der Arbeitslose unterhaltsberechtigt ist, Unterhalt aber nicht gezahlt wird (§ 203 I 1 SGB III). Das Arbeitsamt hat seine Entscheidung nach pflichtgemäßem **Ermessen** zu treffen.[193] Es kann den Arbeitslosen auf die Verwirklichung durchsetzbarer Unterhaltsansprüche verweisen.[194] Vgl. zur vergleichbaren Problematik bei der Sozialhilfe oben Rn 501.

Unterhaltsansprüche, die das Arbeitsamt bei seiner Entscheidung nach § 203 I 1 SGB **595** III vorerst nicht berücksichtigt hat (Rn 594), gehen **nicht kraft Gesetzes** auf den Bund über. Vielmehr hat das Arbeitsamt die Erbringung der Arbeitslosenhilfe dem Leistungspflichtigen unverzüglich anzuzeigen. Erst die **Anzeige** bewirkt, daß die Ansprüche des Arbeitslosen gegen den Verpflichteten in Höhe der Aufwendungen an Arbeitslosenhilfe, die infolge der Nichtberücksichtigung der Leistungen entstanden sind oder entstehen, auf den Bund übergehen (§ 203 I 2 SGB III). Die Anzeige behält daher ihre Wirkung auch für den Fall, daß später weitere (höhere) Leistungen gewährt werden. Der Übergang wird nicht dadurch ausgeschlossen, daß der Anspruch nicht übertragen, gepfändet oder verpfändet werden kann (§ 203 I 4 SGB III). Die Bundesanstalt für Arbeit ist berechtigt, die Ansprüche für den Bund geltend zu machen (§ 203 I 5 SGB III). Die Anzeige nach

---

[187] BSG NJW 1968, 75
[188] Vgl. dazu Niesel-Kärcher, SGB III, § 193 Rn 19 ff
[189] Gagel-Ebsen, AFG, 3. Aufl., § 138 Rn 123
[190] BSG, NJW 1968, 75
[191] Niesel-Kärcher, § 194 Rn 67
[192] Gagel-Ebsen, § 138 Rn 123
[193] Niesel-Kärcher, § 203 Rn 3
[194] BSG, NJW 1968, 75

§ 203 I 2 SGB III ist eine Überleitungsanzeige, wie sie in der früheren Fassung des § 91 BSHG, wenn auch in anderer Form, vorgesehen war (vgl. dazu Rn 507). Das Arbeitsamt ist zur Anzeige **verpflichtet**, hat also insoweit kein Ermessen auszuüben.[195] Gleichwohl hat die Überleitung des Unterhaltsanspruchs in der Praxis nur eine geringe Bedeutung.

Unterhaltsansprüche gehen infolge der Anzeige nur über, soweit gerade wegen Nichtberücksichtigung der Leistungen, auf die der Arbeitslose Anspruch hat, also wegen Nichtzahlung des Unterhalts, Arbeitslosenhilfe erbracht wird (§ 203 I 3 SGB III). Unterhaltsansprüche, die nicht als Einkommen gelten (§ 191 III Nr. 11 SGB III), also Ansprüche der Enkel gegen Großeltern und volljähriger Kinder gegen ihre Eltern sowie der Eltern gegen ihre Kinder, werden von der Anzeige nur erfaßt, wenn sie vom Arbeitslosen tatsächlich geltend gemacht, also eingeklagt werden. Praktische Bedeutung hat die Überleitung vor allem beim Unterhaltsanspruch gegen den getrenntlebenden oder geschiedenen Ehegatten. Vgl. dazu Rn 593.

Der Unterhaltsanspruch muß in der Zeit bestehen, für die Arbeitslosenhilfe gewährt wird. Es gilt also der Grundsatz der **Gleichzeitigkeit**. Die Anzeige erfaßt jedoch auch Ansprüche, die vor ihrem Zugang an den Schuldner entstanden sind. Notwendig ist allerdings, daß der rückständige Betrag nach bürgerlichem Recht geltend gemacht werden kann, also der Arbeitslose zuvor den Schuldner in Verzug gesetzt, den Anspruch rechtshängig gemacht oder den Pflichtigen – bei Anwendbarkeit des § 1613 BGB – zur Auskunft aufgefordert hat (vgl. dazu Rn 100 ff). Unter diesen Voraussetzungen wirkt die Anzeige zurück.[196] Eine besondere Rechtswahrungsanzeige (Rn 106 ff) ist nicht vorgesehen.

596 Der **Auskunftsanspruch** des Unterhaltsgläubigers (Arbeitslosen) geht nicht auf den Bund über. Vielmehr steht dem Arbeitsamt nach § 315 II 2 SGB III selbst das Recht zu, den Schuldner für die Feststellung einer Unterhaltsverpflichtung gemäß § 1605 I BGB auf Auskunft in Anspruch zu nehmen. Da auf § 1605 II BGB nicht verwiesen wird, besteht eine Auskunftspflicht auch schon vor Ablauf von zwei Jahren seit der letzten Auskunft.[197]

597 Arbeitslosenhilfe hat Lohnsatzfunktion. Sie kann daher die ehelichen Lebensverhältnisse und damit den Bedarf im Sinne des § 1578 BGB mitbestimmen.[198] Vgl. dazu Rn 4/166 ff. Sie ist auf seiten des **Unterhaltspflichtigen** Einkommen, das bei der Bemessung des Unterhalts, insbesondere bei der Beurteilung der Leistungsfähigkeit, zu berücksichtigen ist. Vgl. dazu Rn 1/82. In der Praxis wird aber bei Bezug von Arbeitslosenhilfe nur selten ein Unterhaltsanspruch gegeben sein, da die Arbeitslosenhilfe in vielen Fällen den Selbstbehalt nicht überschreiten wird.

598 Arbeitslosenhilfe, die der **Unterhaltsberechtigte** erhält, ist grundsätzlich kein anzurechnendes Einkommen im Sinne des Unterhaltsrechts, weil sie neben Lohnersatz auch eine subsidäre Sozialleistung ist und das Arbeitsamt nach Überleitung des Anspruchs durch Anzeige nach § 203 I SGB III vom Verpflichteten Erstattung verlangen kann.[199] Nur dann, wenn die Überleitung unzulässig ist oder wenn sie unterblieben ist und nicht mehr nachgeholt werden kann, ist Arbeitslosenhilfe Einkommen, das die Bedürftigkeit des Unterhaltsberechtigten mindert.[200] Hiervon wird man aber in der Regel nicht ausgehen können.[201] Vgl. auch Rn 1/82.

599 Eine **Rückabtretung** des übergeleiteten Unterhaltsanspruchs ist im SGB III nicht vorgesehen und daher ebenso unzulässig wie eine Einziehungsermächtigung oder die Geltendmachung des Unterhaltsanspruchs in Prozeßstandschaft durch den Berechtigten für das Arbeitsamt.[202] Vgl. dazu oben Rn 560.

---

[195] Niesel-Kärcher, § 203 Rn 6
[196] Niesel-Kärcher, § 203 Rn 7
[197] Niesel-Kärcher, § 315 Rn 21
[198] BGH, FamRZ 1996, 1067, 1069
[199] BGH, FamRZ 1987, 456, 458 = R 329a
[200] BGH, FamRZ 1996, 1067, 1070; in BGH, FamRZ 1987, 456, 458 = R 329a noch offengelassen
[201] BGH, FamRZ 1987, 456, 458 = R 329a
[202] BGH, FamRZ 1996, 1203 = R 506c

7. Abschnitt: Vereinbarungen zum Ehegattenunterhalt

I. Allgemeines

Unterhaltsverträge zwischen den Ehegatten über den Familienunterhalt (§ 1360 bis 1360a BGB), über den Getrenntlebensunterhalt (§ 1361 BGB) und über den Geschiedenenunterhalt (§ 1569 bis 1586b BGB) sind ungeachtet der existentiellen Bedeutung, welche die Unterhaltsfrage für die Betroffenen vielfach hat, grundsätzlich **formlos möglich**.[1] Ein Unterhaltsvertrag mit Abänderungsmöglichkeit kann im Einzelfall auch dann vorliegen, wenn **anstelle der** an sich geschuldeten gesetzlichen **Unterhaltsleistungen** an Erfüllungs Statt **andere Leistungen** vereinbart worden sind, beispielsweise die Übernahme von Zins- und Tilgungsverpflichtungen.[2]

600

Während für den Familien- und Getrenntlebensunterhalt nach § 1360a III, 1361 Abs. IV 4, 1614 I BGB ein **Verzicht für die Zukunft**, also auf künftige Unterhaltsfälligkeiten, ausgeschlossen ist (vgl. hierzu näher Rn 603 und 604), gelten für Vereinbarungen über den Nachscheidungsunterhalt (§ 1585c BGB) nur die allgemeinen Schranken der § 134, 138 BGB (vgl. hierzu näher Rn 605 und 608). Im Zweifel stellen Verträge über die Leistung von Unterhalt an den anderen Ehegatten nur eine **Konkretisierung der gesetzlichen Unterhaltspflicht** dar[3] mit der Folge, daß die vertragliche Festlegung und Ausgestaltung des gesetzlichen Anspruchs dessen Rechtsnatur nicht ändert.[4] Rechtsgrund für die Zahlung von Unterhalt aufgrund einer derartigen konkretisierenden Vereinbarung bleibt die gesetzliche Unterhaltspflicht. Dieser Rechtsgrund wird durch die Vereinbarung nicht ausgewechselt, sondern es tritt die Vereinbarung, welche den gesetzlichen Unterhaltsanspruch modifiziert, nur als weitere schuldrechtliche Grundlage hinzu.[5] Aus diesem Grund ist bei rückwirkender Abänderung einer derartigen Vereinbarung auch § 820 I S. 2 **BGB** (verschärfte Haftung für die Rückzahlung ungerechtfertiger erhaltener Zahlungen bei einem nach dem Inhalt des Rechtsgeschäfts vorauszusehenden Wegfall des Rechtsgrunds) **weder unmittelbar noch entsprechend anzuwenden**.[6]

Allerdings erlaubt die Vertragsfreiheit den Eheleuten, daß sie – jedenfalls hinsichtlich des Nachscheidungsunterhalts, für den das auf die Zukunft gerichtete Verzichtsverbot des § 1614 I BGB nicht gilt – sich mit ihrer Vereinbarung völlig vom gesetzlichen Unterhaltsanspruch lösen und die Deckung eines von ihnen angesetzten Lebensbedarfs des berechtigten Ehegatten ausschließlich auf eine **eigenständige vertragliche Grundlage** stellen, also einen **rein vertraglichen Unterhaltsanspruch** begründen.[7] Für diesen Fall können die besonderen Vorschriften über die Zuständigkeit des Familiengerichts für gesetzliche Unterhaltsansprüche nicht mehr angewendet werden.[8] Soweit Inhalt des rein vertraglichen Anspruchs ein **Leibrentenversprechen** (§ 759, 760 BGB) wäre, müßte für das Versprechen die Schriftform des § 761 BGB gewahrt werden.[9] Würde ausnahmsweise ein Schenkungsversprechen (§ 518 I 1 BGB) vorliegen, wäre für das Versprechen die notarielle Form einzuhalten. Allerdings sind solche Fälle selten denkbar. Auch wenn offensichtlich kein entsprechender Unterhaltsanspruch entstehen kann, wird man jedenfalls in einer vor der Scheidung geschlossenen (rein vertraglichen) Unterhaltsvereinbarung über den nachehelichen Unterhalt grundsätzlich keine unentgeltliche Zuwendung sehen können, weil Zuwendungsgrund in der Regel die angenommene Nachwirkung der ehelichen

600a

---

[1] Grziwotz, FamRZ 1997, 585, 586 bezeichnet dies als eine Fehlleistung des Gesetzgebers
[2] OLG Köln FamRZ 1998, 1236
[3] BGH, FamRZ 1984, 874 = NJW 1984, 2350, 2351; FamRZ 1991, 673, 674 = NJW-RR 1991, 388; ML 4.3
[4] BGH, FamRZ 1987, 1021 = NJW-RR 1987, 1287; FamRZ 1979, 910, 911 = NJW 1979, 2046
[5] BGH, FamRZ 1998, 951, 953 = R 526d
[6] BGH, a.a.O.
[7] BGH, FamRZ 1978, 873, 874 = NJW 1979, 43
[8] BGH, FamRZ 1978, 674 = NJW 1978, 1924; FamRZ 1978, 873, 874 = NJW 1979, 43
[9] Vgl. zu einem solchen Fall OLG Schleswig FamRZ 1991, 1203

Mitverantwortung ist und es insoweit noch um die innere Gestaltung der Ehe geht.[10] Es dürfte bei einer derartigen von der gesetzlichen Unterhaltspflicht gelösten, vertraglich eigenständigen Vereinbarung auch möglich sein, einen Unterhaltanspruch an das fehlende (überwiegende) **Verschulden** des Berechtigen **an der Eheauflösung** zu knüpfen.[11]

Für die Bestimmung der **Rechtsfolgen**, welche sich an die rein vertragliche Begründung eines vom Gesetz gelösten Unterhaltsanspruchs knüpfen, können die gesetzlichen Vorschriften für den gesetzlichen Unterhalt entsprechend angewendet werden. In erster Linie wird es auf die (ggf. auch ergänzende) Auslegung des geschlossenen Vertrags ankommen. Dies gilt für die Frage, ob der Anspruch mit der Wiederheirat des Berechtigten **entsprechend § 1586 I BGB**[11a] erlischt und ggf. entsprechend **§ 1586 a I BGB** wieder auflebt (zu § 1586 a I BGB vgl. auch Rn 606). Dagegen dürfte entsprechend § 1586 I BGB im Zweifel vom Erlöschen des Anspruchs mit dem Tod des Berechtigten auszugehen sein, weil Unterhalt seinem Begriff nach nur dem „Lebensbedarf" des Berechtigten dient. Ob der vereinbarte Anspruch als Verpflichtung auf die Erben des Unterhaltsschuldners entsprechend § 1586 b I BGB übergeht, wird zunächst davon abhängigen, ob eine Auslegung der Vereinbarung ergibt, daß ein solcher Übergang ausgeschlossen sein soll. Im Zweifel haften die Erben bei einem solchen Anspruch aber nach den allgemeinen Vorschriften der §§ 1922, 1967 BGB.[12]

600b Auch Unterhaltsvereinbarungen unterliegen den allgemeinen Vorschriften der §§ 134, 138 BGB. Aber selbst wenn die eingegangene Verpflichtung des Leistungsvermögen eines Schuldners überfordert, ist die Vereinbarung nicht ohne weiteres **wegen Sittenwidrigkeit nichtig**. Privatautonomie und Vertragsfreiheit, welche nicht nur Selbstbestimmung, sondern auch Selbstverantwortung bedeuten, überlassen es dem Schuldner auch die Grenzen seiner Leistungsfähigkeit selbst zu bestimmen.[13] Im übrigen sind die allgemeinen Maßstäbe für die Annahme von Sittenwidrigkeit maßgebend. So kann ein Mißverhältnis von Leistung und Gegenleistung vorliegen, wenn der Verpflichtete bei Eingehung der Verbindlichkeit außerstande war, zu deren Erfüllung aus eigenem Einkommen und Vermögen in nennenswerten Umfang beizutragen, ohne daß damit zu rechnen war, daß sich dies in absehbarer Zeit ändert.[14] War der Schuldner gegen seinen Willen unter Ausnutzung einer Zwangslage übervorteilt worden, können die Voraussetzungen des § 138 I BGB gegeben sein.[15] Verpflichtet sich der Unterhaltsschuldner ausdrücklich zur Weiterzahlung des Unterhalts ungeachtet einer etwa eintretenden Arbeitslosigkeit oder Einkommensminderung handelt er aufgrund seiner Verpflichtungsfreiheit und Selbstverantwortung, so daß für § 138 I BGB kein Raum ist.[16] Ebenso wenig tritt Nichtigkeit wegen Verstoßes gegen die Pfändungsschutzvorschriften des § 850 c ZPO ein, denn diese schützen nur vor Vollstreckungszugriffen, schränken aber nicht die Verpflichtungsmöglichkeiten des Schuldners ein.[17] Verschweigt der Berechtigte vor Vertragsschluß einen Vermögenserwerb, der seine Bedürftigkeit beeinflussen kann, kommt eine Anfechtung der Vereinbarung gemäß § 123 I BGB wegen arglistiger Täuschung in Betracht.[17a]

601 Bei Unterhaltsvereinbarungen – ausgenommen davon ist der Unterhaltsverzicht (vgl. dazu Rn 607) – geschieht die **Anpassung an veränderte Umstände** allein **nach den Regeln des materiellen Rechts**, so daß es auch bei Vereinbarungen, die einen Vollstreckungstitel darstellen, nicht auf eine sich aus § 323 I ZPO ergebende Wesentlichkeitsschwelle ankommt;[18] ebensowenig gelten die Tatsachenpräklusion des § 323 II ZPO[19]

---

[10] Vgl. BFH BStBl II 1968, 239, 242
[11] Vgl. Walter, NJW 1981, 1409
[11a] Vgl. hierzu OLG Bamberg, FamRZ 1999, 1278
[12] OLG Köln, FamRZ 1983, 1036, 1038
[13] OLG Stuttgart, FamRZ 1998, 1296, 1297
[14] OLG Stuttgart, aaO
[15] OLG Stuttgart, aaO
[16] OLG Karlsruhe, FamRZ 1998, 1436, 1437
[17] OLG Karlsruhe, aaO
[17a] BGH, NJW 1999, 2804
[18] BGH, FamRZ 1992, 539 R 444 a; BGH FamRZ 1986, 790, 791 = NJW 1986, 2054, 2055
[19] BGH, FamRZ 1984, 997, 999 = NJW 1985, 64, 66

7. Abschnitt: Vereinbarungen zum Ehegattenunterhalt § 6

oder das Verbot rückwirkender Abänderung nach § 323 III ZPO.[20] Maßgeblich sind vielmehr die aus § 242 BGB hergeleiteten Grundsätze über die Veränderung oder den Fortfall der Geschäftsgrundlage, die eine Anpassung rechtfertigen, wenn es einem Beteiligten aus Treu und Glauben nicht zugemutet werden kann, an der bisherigen Regelung festgehalten zu werden.[21] Der Tatrichter kann die Frage, ob bei einem Festhalten an der Vereinbarung die Opfergrenze überschritten würde, nur aufgrund einer an den Verhältnissen des Falles ausgerichteten, **umfassenden Würdigung aller Umstände** zutreffend beantworten.[22] Geltungsgrund für die Vereinbarung, auch wenn es sich um einen gerichtlichen Vergleich handelt, ist ausschließlich der durch Auslegung zu ermittelnde Parteiwille.[23] Die Anpassung an geänderte Verhältnisse muß daher nach Möglichkeit unter **Wahrung der dem Parteiwillen entsprechenden Grundlagen** geschehen.[24] Soweit sich diese so tiefgreifend geändert haben, daß dem Parteiwillen für die vorzunehmende Änderung kein hinreichender Anhaltspunkt mehr zu entnehmen ist, kommt eine Unterhaltsregelung wie eine Erstfestsetzung nach den gesetzlichen Vorschriften in Betracht, wobei allerdings zu prüfen bleibt, ob nicht wenigstens einzelne Elemente der ursprünglichen Vereinbarung nach dem erkennbaren Parteiwillen weiterwirken sollen.[25] Wenn eine Unterhaltsvereinbarung eine abschließende Regelung enthalten soll, scheidet die Annahme einer Regelungslücke im allgemeinen aus, und die Vereinbarung ist keiner **ergänzenden Vertragsauslegung** zugänglich.[26] Läßt sich allerdings einem Vertrag bei seiner Auslegung keine bestimmte Regelung für einen regelungsbedürftigen Sachverhalt entnehmen, kommt eine ergänzende Auslegung in Betracht.[27] Aus dem Parteiwillen kann sich auch ergeben, daß eine **Anpassung** an veränderte Umstände gänzlich **ausgeschlossen** sein soll. Auch dieser Parteiwille ist zu respektieren,[28] soweit er – wie es beim Familien- oder Getrenntlebensunterhalt möglich ist – keinen unzulässigen teilweisen Unterhaltsverzicht bedeutet (vgl. Rn 603 und 604). Der Wille, daß die Unterhaltsleistung unter allen Umständen konstant bleiben soll, ist nicht zu vermuten, sondern kann in der Regel nur einer ausdrücklichen Vereinbarung entnommen werden.[29] Selbst wenn ein entsprechender Parteiwillen festzustellen ist, kann – bei allerdings strengen Anforderungen – der Leistungsverpflichtung der **Einwand unzulässiger Rechtsausübung** entgegenstehen, weil niemand sein Recht gegen Treu und Glauben (§ 242 BGB) geltend machen darf, so wenn die unveränderte Weitererfüllung der eingegangenen Verpflichtung die eigene wirtschaftliche Existenz und Lebensmöglichkeit des Schuldners gefährden würde.[30]

Für die Frage, welche tatsächlichen Umstände Geschäftsgrundlage der Unterhaltsvereinbarung waren und welche Veränderungen deshalb zu einer Anpassung des Vertrages führen, **kommt es auf die Vorstellungen an, die für die Parteien** bei der vertraglichen Bemessung des Unterhalts **bestimmend waren**.[31] Die Anpassung ist demnach möglich, **wenn die zukünftigen Umstände**, welche eine Abänderung rechtfertigen, bei Vertragsschluß noch **nicht ohne weiteres erkennbar oder voraussehbar** waren.[32]

601a

Fraglich ist, ob allein eine **wesentliche Veränderung des Lebenshaltungskostenindex** zu Lasten des Berechtigten Anlaß für eine Abänderung sein kann. Das OLG Bamberg[33]

---

[20] BGH, FamRZ 1983, 22 = NJW 1983, 228
[21] BGH, FamRZ 1992, 539 R 444 a; FamRZ 1986, 790 = NJW 1986, 2054; FamRZ 1983, 22, 44 = R 137
[22] BGH, FamRZ 1986, 790, 791 = NJW 1986, 2054, 2055
[23] BGH, FamRZ 1986, 790 = NJW 1986, 2054; FamRZ 1983, 22, 24 = R 137
[24] BGH, FamRZ 1994, 696 = R 477 a
[25] BGH, FamRZ 1994, 696, 698 = R 477 a
[26] BGH, FamRZ 1985, 787 = NJW 1985, 1835, 1836
[27] BGH, FamRZ 1995, 726, 727
[28] Für gerichtliche Vergleiche: BGH, FamRZ 1983, 22, 24 = R 137; OLG Stuttgart, FamRZ 1998, 1296, 1298
[29] BGH, NJW 1962, 2147; VersR 1966, 37
[30] RGZ 166/40, 49; OLG Karlsruhe, FamRZ 1998, 1436, 1437
[31] BGH, FamRZ 1979, 210; OLG Karlsruhe, FamRZ 1997, 366
[32] OLG Karlsruhe, FamRZ 1997, 366
[33] OLG Bamberg, FamRZ 1999, 31

hat hierzu die Meinung vertreten, daß der Anstieg der Lebenshaltungskosten kein geeigneter Maßstab zur Abänderung eines gerichtlichen Unterhaltsvergleichs sei, weil die Inflationsrate bei der Bemessung des Ehegattenunterhalts keine Rolle spiele, insbesondere keinen selbständigen Bemessungsfaktor darstelle. Der nacheheliche Unterhalt bestimme sich vielmehr nach den ehelichen Verhältnissen, damit letztlich nach dem verfügbaren Einkommen. Dies trifft jedenfalls für einen nach dem konkreten Lebensbedarf bemessenen Unterhalt nicht zu, der nicht unmittelbar an sich einen höheren Unterhalt erlaubende Einkommen des Pflichtigen anknüpft. Hier würde die Bemessung nach den ehelichen Verhältnissen bei sonst unveränderten Umständen auch bei einem wesentlichen Anstieg der Lebenshaltungskosten, der sich aus einem Vergleich der Indexwerte des Lebenshaltungskosten-Index ergäbe, eine Anpassung rechtfertigen, falls der Anstieg etwa in Höhe von wenigstens 10 % stattgefunden hat.[34]

Die **Anpassung** einer Unterhaltsvereinbarung im Wege der Abänderung kann auch deswegen notwendig sein, **weil inzwischen** die tatsächlichen **Voraussetzungen einer Unterhaltsverwirkung oder Unterhaltsbegrenzung** eingetreten sind, auf welche sich die Vereinbarung, weil deren Eintritt noch nicht ausreichend beurteilt werden konnte, nicht erstreckte. Dies kann bei einer inzwischen eingetretenen mehrjährigen Verfestigung einer bei Vertragsschluß bereits aufgenommenen nichtehelichen Lebensgemeinschaft bezüglich der Anwendung des § 1579 Nr. 7 BGB der Fall sein.[35] War nicht genügend vorhersehbar, daß – wegen der unerwarteten Übernahme der Kindesbetreuung durch den Pflichtigen – ein Fall kurzer Ehedauer vorliegen würde, kann eine Anpassung unter Anwendung des § 1579 Nr. 1 BGB in Betracht kommen.[36]

602 Wenn sich die der Vereinbarung zugrunde gelegten Verhältnisse beim Unterhaltsschuldner oder beim Unterhaltsgläubiger gravierend ändern, kann sich in Nachwirkung der Ehe aus Treu und Glauben eine **Pflicht zur unaufgeforderten Mitteilung** ergeben, bei deren Unterlassung eine sittenwidrige vorsätzliche Schädigung des Vertragspartners mit **Schadensersatzpflicht nach § 826 BGB** in Betracht kommt. Die eine solche Folge auslösende Pflicht zur Offenbarung ist allerdings auf Ausnahmefälle beschränkt, in denen das Verschweigen einer Veränderung der Bedürftigkeit oder Verbesserung der Leistungsfähigkeit evident unredlich erscheint.[37] Dieser Fall liegt insbesondere dann vor, wenn der Unterhaltsgläubiger oder der Unterhaltsschuldner aufgrund vorangegangenen Tuns des Vertragspartners sowie nach der Lebenserfahrung keinen Anlaß hatte, sich über den Fortbestand der unterhaltsbegründenden Verhältnisse durch ein Auskunftsverlangen zu vergewissern.[38] **Geht es um die Durchführung einer Unterhaltsvereinbarung,** nach der dem Berechtigten ein bestimmter Verdienst anrechnungsfrei verbleibt, erhöht sich die **Informationspflicht des Berechtigten aufgrund seiner vertraglichen Treuepflicht.** Er hat dem anderen Teil jederzeit und unaufgefordert die Umstände zu offenbaren, welche ersichtlich dessen Vertragspflichten berühren, also im konkreten Fall den Umstand einer deutlichen Überschreitung der Verdienstgrenze.[39] Im Abänderungsverfahren kann das Verschweigen zur Unterhaltsversagung nach § 1579 Nr. 2 BGB führen.[40] Die Ansicht des AG Dieburg,[41] es bestehe in einem solchen Fall ein Anspruch auf rückwirkende Abänderung eines Prozeßvergleichs und Rückzahlung der überzahlten Unterhaltsraten als Schadensersatzanspruch gemäß § 286 II BGB wegen Verzugs mit der Erfüllung der Informationspflicht erscheint zweifelhaft. Die Folgen des pflichtwidrigen Verschweigens dürften in den in Frage kommenden Tatbeständen des § 1579 BGB, vgl. insbesondere Nr. 2 u. Nr. 4, abschließend geregelt sein. Insofern erscheint auch fraglich, ob ein Schadensersatzanspruch nach §§ 823 II BGB, 263 StGB wegen Betrugs in Betracht kommt (siehe dazu aber Rn 230 und die dort zitierte BGH-Rechtsprechung). Es kann wohl auch nicht, weil

---

[34] Vgl. hierzu OLG Frankfurt, FamRZ 1999, 97, 98
[35] AG Hamburg, FamRZ 1997, 374, FamRZ 1999, 238
[36] Vgl. OLG Frankfurt, FamRZ 1999, 237 zum Abänderungsbegehren der Berechtigten
[37] BGH, FamRZ 1988, 270, 271 = R 350; FamRZ 1986, 450, 453 = R 291 b
[38] BGH, FamRZ 1988, 270, 271 = R 350; FamRZ 1986, 450, 453 = R 291 b
[39] BGH, FamRZ 1997, 483 = R 510 a
[40] BGH, FamRZ 1997, 483 = R 510 b
[41] AG Dieburg, FamRZ 1999, 854

ein Verstoß gegen eine Vertragspflicht vorliegt, auf einen Schadensersatzanspruch wegen positiver Vertragsverletzung ausgewichen werden, da die den gesetzlichen Unterhaltsanspruch konkretisierende Unterhaltsvereinbarung das gesetzliche Unterhaltsverhältnis als Schuldgrund nicht berührt (vgl. Rn 600), so daß die Sonderregelungen des Unterhaltsrechts auch hier vorgehen dürften.

II. Vereinbarungen zum Familienunterhalt

Aus dem Regelungszusammenhang der § 1356, 1360, 1360 a BGB ergibt sich, daß die **603** Ehegatten sowohl die Rollenverteilung in der Ehe als auch die Art und Weise der **Beschaffung und Verteilung sowie das Maß des** eheangemessenen **Unterhalts** weitgehend **frei gestalten** können. Dabei wird das **Verbot**, auf künftige Unterhaltsansprüche auch nicht teilweise **zu verzichten** (§ 1360 a III, 1614 I BGB), dadurch **relativiert**, daß im Rahmen der genannten Gestaltungsfreiheit z. B. eine sparsamere Lebensführung mit verstärkter Vermögensbildung vereinbart oder Einigkeit darüber erzielt werden kann, dem einen Ehegatten, der seine Berufstätigkeit zunächst aufgibt, eine weitere Ausbildung wie etwa ein Studium zu ermöglichen. In funktionierender Ehe kommen derartige Einigungen regelmäßig aufgrund mündlicher, vielfach stillschweigender Abrede zustande. Die **Bindungswirkung und Durchsetzbarkeit** solcher Vereinbarungen ist schon aus tatsächlichen Gründen **häufig gering**. Einmal bestehen in der Sache liegende Beweisprobleme, zum anderen unterliegen Absprachen dieser Art in verstärktem Maße einer Anpassung an veränderte Verhältnisse. Auch ihre Rechtsqualität, insbesondere, ob ihnen im Einzelfall im rechtlichen Sinn überhaupt Vertragsqualität zukommt, kann zweifelhaft sein.[42] Sie spielen daher in der Praxis der Familiengerichte nur eine untergeordnete Rolle. Der Bundesgerichtshof mußte sich in zwei Entscheidungen mit der Frage befassen, welche Auswirkungen das Einvernehmen der Eheleute darüber hatte, daß der Ehemann ein Studium fortführte, während die Ehefrau durch Teilzeittätigkeit im wesentlichen den Familienunterhalt einschließlich Kindesunterhalt beschaffen sollte. Einmal ging es darum, daß der Sozialhilfeträger, der übergegangene Unterhaltsforderungen der Ehefrau und der Kinder geltend machte, die im konkreten Fall billigenswerte Einigung der Eheleute hinnehmen mußte, weil deswegen keine Ansprüche gegen den Ehemann übergegangen waren.[43] Zum anderen wurde entschieden, daß der durch das wiederum billigenswerte Einvernehmen der Eheleute geschaffene konkrete Unterhaltsanspruch des Ehemanns auf Familienunterhalt seinen Ausbildungsbedarf mit umfaßte, so daß ein nach § 37 BAföG überzuleitender Unterhaltsanspruch des Ehemanns, der Ausbildungsförderung erhalten hatte, gegen seinen Vater entfiel.[44]

Selbstverständlich sind **konkrete vertragliche und auch einklagbare Unterhaltsvereinbarungen** möglich, z. B. über das vom verdienenden Ehegatten in angemessenen Zeiträumen (regelmäßig monatlich) im voraus zu leistende (§ 1360 a II 2 BGB) Wirtschafts- und/oder Taschengeld.

III. Vereinbarungen zum Getrenntlebensunterhalt

Der Getrenntlebensunterhalt ist auf die Zahlung einer Geldrente gerichtet (§ 1361 IV **604** 1 BGB). Grundsätzlich kann keiner der Ehegatten eine andere Art der Unterhaltsgewährung verlangen.[45] Insofern bietet es sich an, durch Unterhaltsverträge zu regeln, wenn **Sachleistungen** – z. B. Wohnungsgewährung oder Vorhaltung eines Pkw – ganz oder teilweise **anstelle einer Geldrente** treten sollen.

---

[42] Vgl. im einzelnen Langenfeld in Heiß/Born Kap. 15 Rn 8 ff
[43] BGH, FamRZ 1983, 140, 141 = R 147 a
[44] BGH, FamRZ 1985, 353, 354 = R 242
[45] BGH, FamRZ 1986, 436, 437 = R 283

Wegen des **Verbots, auf künftigen**, nicht rückständigen **Unterhalt zu verzichten** (§ 1361 IV 4, 1360 a III, 1614 I BGB), darf die Unterhaltsvereinbarung über den Getrenntlebensunterhalt – auch wenn es sich um einen Prozeßvergleich handelt – keinen auch nur teilweisen Verzicht auf Unterhalt für die Zukunft beinhalten – etwa durch eine Erschwerung der Möglichkeit, bei veränderten Verhältnissen eine Erhöhung zu verlangen.[46] Ob den Vertragsschließenden der Verzichtscharakter bewußt war, spielt keine Rolle, maßgebend ist allein, ob der gesetzlich zustehende Unterhalt objektiv verkürzt wird.[47] Für die Bemessung des Unterhalts in einer Vereinbarung besteht andererseits ein Angemessenheitsrahmen, den die Parteien nach unten ausschöpfen können.[48] Die Toleranzgrenze, bei der für die Zukunft kein nach § 1361 I BGB angemessener Unterhalt mehr zugesagt ist, dürfte überschritten werden, sobald der vereinbarungsgemäß geleistete Unterhalt um mehr als 20 % hinter der üblichen Ehegattenquote zurückbleibt.[49] Nach den Empfehlungen des 12. Deutschen Familiengerichtstags[50] soll sich die Grenze für zulässige Vereinbarungen allerdings nicht nach festen prozentualen Abschlägen vom gesetzlichen Unterhalt bestimmen, sondern nach den Umständen des Einzelfalls.

IV. Vereinbarungen zum Nachscheidungsunterhalt

1. Vorsorgende Vereinbarungen

605 § 1585 c BGB erlaubt Verlobten vor der Eheschließung oder Ehegatten bei Beginn der Ehe oder zu jedem späteren Zeitpunkt der Ehe formlos und grundsätzlich **in voller Vertragsfreiheit**[51] für den Fall der Scheidung ihrer Ehe den nachehelichen Unterhalt durch eine sogenannte **vorsorgende Vereinbarung**[52] zu regeln. Auch ein Unterhaltsverzicht (siehe Rn 607 ff.) ist wirksam, soweit er nicht ausnahmsweise gegen die guten Sitten verstößt. Abgesehen vom vollständigen Verzicht, der einen in der Praxis häufigen Fall der vorsorgenden Vereinbarung darstellt, sind im Rahmen der Vertragsfreiheit die unterschiedlichsten Gestaltungen möglich,[53] z. B. könnte bestimmt werden, daß keine Kapitalabfindung (§ 1585 II BGB) verlangt werden kann, kein Aufstockungsunterhalt (§ 1573 II BGB) in Betracht kommt oder sich der Unterhalt nicht nach § 1578 I 1 BGB bemessen soll, sondern nach der vorehelichen oder auch der beruflichen Stellung des Berechtigten. Ob aus dem Katalog der Unterhaltsansprüche (§ 1570 – 1573 I und IV, 1575, 1576 BGB) – abgesehen vom Anspruch auf Aufstockungsunterhalt (§ 1573 II BGB) – bestimmte Ansprüche ausgeschlossen werden können, ist, weil sich in erhöhtem Maß das Problem mangelnder Vorhersehbarkeit stellt, nicht ganz zweifelsfrei.[54] Allerdings dürfte hier zugunsten der den Ehegatten vom Gesetzgeber eingeräumten Vertragsfreiheit zu entscheiden sein. In Einzelfall könnte dem Ausschluß eines bestimmten Unterhaltstatbestands allerdings die Einrede der unzulässigen Rechtsausübung entgegenstehen (vgl. dazu die Ausführungen zum vollständigen Unterhaltsverzicht einschließlich Betreuungsunterhalt Rn 609). Anstelle der in § 1585 I 1 BGB grundsätzlich vorgesehenen Unterhaltsgewährung in Geld können die Parteien jederzeit eine **andere Art der Unterhaltsgewährung** vereinbaren, z. B., indem sie sich im Hinblick auf die vom Berechtigten genutzte Wohnung, die dem Pflichtigen (anteilig) gehört, auf Naturalunterhalt einigen.[55] Sie können

---

[46] BGH, FamRZ 1984, 997, 999 = R 223 d
[47] BGH, FamRZ 1984, 997, 999 = R 223 d
[48] BGH, FamRZ 1984, 997, 999 = R 223 d
[49] Vgl. BGH, FamRZ 1984, 997, 999 = R 233 d zum Kindesunterhalt: Überlegungen zur Überschreitung des Tabellensatzes für den Kindesunterhalt um 20 % bzw. 1/3
[50] FamRZ 1998, 473, 474 = NJW 1998, 2026, 2027
[51] BGH, FamRZ 1991, 306, 307 = R 432
[52] BGH, FamRZ 1985, 788 = NJW 1985, 1833
[53] Vgl. dazu näher Langenfeld, NJW 1981, 2377
[54] Vgl. Langenfeld, NJW 1981, 2377, 2378
[55] BGH, FamRZ 1997, 484 = R 508

7. Abschnitt: Vereinbarungen zum Ehegattenunterhalt § 6

auch die Widerruflichkeit der Unterhaltsverpflichtung vereinbaren[55a] oder die Wiederverheiratungsklausel des § 1586 I BGB abbedingen.[55b]

2. Vereinbarungen anläßlich oder nach der Scheidung

Anders als bei der vorsorgenden Vereinbarung (Rn 605) ist die eheliche Entwicklung abgeschlossen und deswegen ein höheres Maß an Vorhersehbarkeit der künftigen Entwicklung gegeben. Dies erleichtert den Abschluß einer Vereinbarung, die vielfach wegen bestehender Meinungsverschiedenheiten über Grund und Umfang der Unterhaltspflicht zugleich als **Vergleich im Sinne des § 779 BGB**[56] zu qualifizieren sein wird. Scheidungsvereinbarungen über den nachehelichen Unterhalt werden ohnehin überwiegend als gerichtliche Vergleiche abgeschlossen. Ist ein gerichtlicher Unterhaltsvergleich im Scheidungsverfahren formell als Prozeßvergleich unwirksam, weil nicht beide Ehegatten anwaltlich vertreten waren, kann die getroffene Vereinbarung, wenn dies dem wirklichen oder mutmaßlichen Parteiwillen entspricht, als außergerichtlicher materiell-rechtlicher Vergleich Bestand haben.[57] Eine vergleichsweise Unterhaltsregelung über den Nachscheidungsunterhalt erfaßt mangels Identität nicht den nach Auflösung einer weiteren Ehe gemäß § 1586 a I BGB möglicherweise neu entstehenden Unterhaltsanspruch.[58]

606

V. Vereinbarung eines Unterhaltsverzichts

In der Praxis spielt die Frage der Wirksamkeit und der Tragweite von Unterhaltsverzichtsvereinbarungen eine verhältnismäßig große Rolle. Der **Verzichtsvertrag** kann **durch schlüssiges Handeln** zustande kommen. Es muß aber zur Feststellung des rechtsgeschäftlichen Aufgabewillens des Gläubigers ein unzweideutiges Verhalten vorliegen, das vom Erklärungsgegner als Aufgabe des Rechts verstanden werden kann. Allein darin, daß der Anspruch auf die Unterhaltsleistungen längere Zeit nicht geltend gemacht wurde, können derartige Umstände, die den Verzichtswillen des Gläubigers ausdrücken, noch nicht gesehen werden.[59] Absichtserklärungen des Berechtigten gegenüber Dritten stellen kein Vertragsangebot gegenüber dem Pflichtigen dar, das dieser annehmen könnte.[59a] Ein Verzichtswille ist im Zweifel nicht zu vermuten.

607

Der Verzicht auf Unterhaltsansprüche kann zeitlich befristet, aufschiebend oder auflösend bedingt sowie der Höhe nach oder insgesamt auf Teile der Unterhaltsberechtigung beschränkt werden.[59b]

Der uneingeschränkte Verzicht auf nachehelichen Unterhalt läßt nicht nur die einzelnen Unterhaltsansprüche, sondern das Unterhaltsstammrecht erlöschen;[60] die oft gebrauchte Formel, daß der **Verzicht auch für den Fall der Not** gelte, ist daher nur deklaratorisch.

Da der Verzicht damit im Zweifel auch ohne ausdrückliche Bestimmung den Fall der Not ergreift, gehört der Verzicht auch für diesen Fall zum **Vertragsinhalt**. Eine Anpassung nach Treu und Glauben wegen Veränderung oder Wegfalls der gemeinsamen Geschäftsgrundlage (siehe für gewährende Vereinbarungen Rn 601) im Hinblick auf eine unerwartete Notlage des verzichtenden Ehegatten scheidet daher grundsätzlich aus.[61] Ein

---

[55a] KG, FamRZ 1999, 1277
[55b] OLG Bamberg, FamRZ 1999, 1278
[56] Vgl. BGH, FamRZ 1985, 787 = NJW 1985, 1835, 1836; FamRZ 1986, 1082, 1084 = NJW-RR 1986, 1258, 1259
[57] BGH, FamRZ 1985, 166 ff. = R 231
[58] BGH, FamRZ 1988, 46, 47 = R 343
[59] BGH, FamRZ 1981, 763 = R 77
[59a] OLG Stuttgart, FamRZ 1999, 1136, 1138
[59b] BGH FamRZ 1997, 873, 874 = R 513 a
[60] OLG München, FamRZ 1985, 1264, 1265
[61] Vgl. Herb, NJW 1987, 1525, 1527; Göppinger/Wax-Hoffmann, Unterhaltsrecht, 6. Aufl., Rn 1735 u. 1776

Unterhaltsverzicht enthält in der Regel keine „clausula rebus sic stantibus".[62] Wird der **Notbedarf** vertraglich vom Verzicht **ausgenommen**, kann für Zeiträume, in denen eine Notlage besteht, das zur Abwendung erforderliche verlangt werden, allerdings nicht etwa der angemessene oder nur der notdürftige, sondern der notwendige Unterhalt.[63]

608 Ein Unterhaltsverzicht kann nach § 138 I BGB **wegen Sittenwidrigkeit nichtig** sein, nicht dagegen gemäß § 138 II BGB, weil sich diese Vorschrift lediglich auf Austauschgeschäfte, nicht auf familienrechtliche Verträge bezieht.[64] Soweit die Voraussetzungen des § 138 II BGB teilweise erfüllt sind, ergibt sich die Sittenwidrigkeit möglicherweise aus § 138 I BGB.[65] Für die Beurteilung der Sittenwidrigkeit einer Verzichtsabrede kommt es auf den aus der Zusammenfassung von Inhalt, Beweggrund und Zweck zu entnehmenden Gesamtcharakter der Vereinbarung an.[66] Maßgeblicher Zeitpunkt für die Beurteilung ist der Zeitpunkt des Vertragsschlusses.[67]

Eine Scheidungsvereinbarung, in der ein erwerbsunfähiger und nicht vermögender Ehegatte auf nachehelichen Unterhalt verzichtet mit der Folge, daß er zwangsläufig der **Sozialhilfe anheimfällt**, kann sittenwidrig und nichtig sein, selbst wenn der Vertrag nicht auf einer Schädigungsabsicht der Ehegatten zu Lasten des Sozialhilfeträgers beruht.[68] Als sittenwidrig wurde vor der Neufassung des § 91 BSHG beurteilt, daß dem Sozialamt nach Leistung von Sozialhilfe an den Unterhaltsgläubiger die Geltendmachung von noch nicht übergeleiteten Unterhaltsansprüchen trotz Rechtswahrungsanzeige durch einen Verzicht auf rückständigen Unterhalt unmöglich gemacht wurde.[69] Sittenwidrig ist ein Unterhaltsverzicht in Kenntnis der bei der Berechtigten vorliegenden schweren Alkoholerkrankung mit Verwahrlosungstendenz, wenn der Verzicht sie der Sozialhilfe überantwortet.[70]

Schließen Verlobte Ansprüche auf nachehelichen Unterhalt durch eine vorsorgende Vereinbarung (Rn 604) aus, geschieht der Verzicht, selbst wenn die übrigen Voraussetzungen vorliegen, nicht zu Lasten der Sozialhilfe, wenn der künftige Ehemann die Eheschließung mit der schwangeren Verlobten von dem Verzicht abhängig macht, da die Verlobte ohne den Verzicht keine entsprechenden Unterhaltsansprüche erwerben würde.[71] Hierbei handelt es sich auch nicht um einen Fall der sittenwidrigen **Ausnutzung einer Zwangslage**, der in Teilerfüllung des Tatbestands des § 138 II BGB über § 138 I BGB zur Sittenwidrigkeit führen würde. Dagegen steht schon die auch gegenüber der schwangeren Verlobten geltende **Eheschließungsfreiheit** des späteren Ehemanns.[72]

Problematisch ist bei kürzerer Ehedauer allerdings, daß die schwangere Verlobte mit ihrer durch den Verzicht ermöglichten Heirat zugleich indirekt zu Lasten der Sozialhilfe auf ihre wegen der Geburt entstehenden und an sich unverzichtbaren Unterhaltsansprüche nach § 1615 l BGB verzichtet hat.

Auch wenn ein Ehegatte in einer **Ehekrise die Fortsetzung der Ehe von einem Unterhaltsverzicht abhängig macht**, ist der Verzichtsvertrag jedenfalls dann nicht wegen Sittenwidrigkeit nichtig, falls er nicht nach langjähriger Hausfrauenehe ohne nennenswerte Gegenleistung, sondern nach verhältnismäßig kurzer Dauer der Ehe abgeschlossen wird.[73]

---

62 OLG Hamm, FamRZ 1993, 973
63 BGH, FamRZ 1980, 1104, 1105 = NJW 1981, 51, 53
64 BGH, FamRZ 1992, 1403, 1404 = R 455 a; FamRZ 1985, 788, 789 = NJW 1985, 1833, 1834
65 BGH, FamRZ 1992, 1403, 1404 = R 455 a
66 BGH, FamRZ 1983, 137, 139 = NJW 1983, 1851, 1852; FamRZ 1991, 306, 307 = R 432
67 BGH, FamRZ 1991, 306, 307 = R 432
68 BGH, FamRZ 1983, 137, 139 = NJW 1983, 1851, 1852
69 BGH, FamRZ 1987, 40, 42 = NJW 1987, 1546, 1548
70 OLG Köln, FamRZ 1999, 920
71 BGH, FamRZ 1992, 1403, 1404 = R 455a; OLG Hamm FamRZ 1998, 1299; OLG Stuttgart FamRZ 1999, 24; and. Ansicht AG Schondorf FamRZ 1998, 1298, wenn die Verzichtende im 9. Monat schwanger ist und abzusehen ist, daß sie bei einer baldigen Scheidung wegen der Notwendigkeit der Kindesbetreuung der Sozialhilfe oder Dritten zur Last fällt;
72 BGH, NJW 1992, 3164, 3165; insoweit in FamRZ 1992, 1403 ff. nicht abgedruckt
73 BGH, FamRZ 1997, 156, 18 = NJW 1997, 192, 193

7. Abschnitt: Vereinbarungen zum Ehegattenunterhalt § 6

Ob ein Unterhaltsverzicht, der in Kenntnis des Umstands vereinbart wird, daß der bedürftige Ehegatte nachrangig haftende **Verwandte in Anspruch nehmen muß**, als sittenwidrig zu beurteilen ist, wird davon abhängen, von welchen Vorstellungen sich die Eheleute leiten ließen, insbesondere, ob ihre Verzichtsabrede im Ergebnis einem unzulässigen Vertrag zu Lasten Dritter nahekäme.[74] Dies wäre nicht der Fall, soweit die in Frage kommenden Verwandten ihr Einverständnis zum Ausdruck gebracht hätten oder der verzichtende Ehegatte mit einigem Grund davon ausgegangen wäre, es werde zu keiner Inanspruchnahme von Verwandten kommen, weil er aufgrund eigenen Einkommens wenigstens seinen notwendigen Bedarf, auf den er sich beschränken wollte, werde abdecken können.

Die Vertragsfreiheit erlaubt den Ehegatten einen umfassenden Unterhaltsverzicht auf nachehelichen Unterhalt sowohl als vorsorgende Vereinbarung (Rn 604) als auch anläßlich der Scheidung. Die hiergegen vorgebrachte Kritik[75] ist im Hinblick auf die nachträglich eingetretene soziale Bedürftigkeit des Berechtigten verständlich. Es fragt sich aber doch, „ob die Beschreibung des Sozialproblems zugleich die Begründung für eine erstrebte Problemlösung"[76] ergeben kann und ob nicht die vom Gesetzgeber gewährte Vertragsfreiheit von diesem zu korrigieren wäre. Wegen der erwähnten Vertragsfreiheit darf grundsätzlich auch der **Anspruch auf Betreuungsunterhalt** (§ 1570 BGB), ohne daß ein Verstoß gegen die guten Sitten angenommen werden könnte, ausgeschlossen werden.[77] Insoweit ist allerdings eine Verfassungsbeschwerde beim Bundesverfassungsgericht anhängig.[78] Bei Ausschluß des Betreuungsunterhalts kann sich aus Treu und Glauben (§ 242 BGB) ergeben, daß dem anderen Ehegatten verwehrt ist, sich auf den Ausschluß zu berufen. Dies ist insbesondere der Fall, wenn sich die zur Zeit des Unterhaltsverzichts bestehenden oder erwarteten Verhältnisse nachträglich so entwickelt haben, daß überwiegende schutzwürdige Interessen der gemeinschaftlichen Kinder, denen gegen den nicht betreuenden Elternteil ein grundrechtlich geschützter Anspruch auf Ermöglichung einer entsprechenden Betreuung und Erziehung zusteht, der Geltendmachung des Verzichts entgegenstehen.[79] Diese Erwägungen greifen selbst dann ein, wenn die Parteien des Verzichtsvertrags die dann tatsächlich eingetretene Entwicklung bereits bedacht hatten.[80] Allerdings kann der betreuende Ehegatte nur für die Zeit, solange die Notwendigkeit der Betreuung andauert, geltend machen, die **Berufung auf den Verzicht** sei **treuwidrig**.[81] Außerdem bemißt sich sein Unterhalt, der ungeachtet des an sich wirksamen Verzichts geschuldet wird, nicht nach den ehelichen Lebensverhältnissen (§ 1578 I 1 BGB), sondern nur danach, was erforderlich ist, damit er sich der Pflege und Erziehung widmen kann, so daß er sich, soweit aus Gründen des Kindeswohls – z. B. wegen erhöhten Betreuungsbedarfs – nichts anderes geboten ist, mit dem notwendigen Unterhalt zufriedengeben muß.[82] Der betreuende Ehegatte ist also grundsätzlich, weil er nur den Mindestbedarf erhält, auf die Sicherung seines Existenzminimums beschränkt.[83] Im Einzelfall kann die Berufung auf den Verzicht **auch gegenüber einem anderen Unterhaltstatbestand treuwidrig** sein. Hat der bedürftige Ehegatte ein gemeinsames schwerbehindertes Kind jahrelang betreut und ist er gerade wegen der mit der Betreuung verbunden körperlichen und psychischen Belastungen erwerbsunfähig geworden, kann er auch bei Wegfall des Betreu-

---

[74] Vgl. BGH, FamRZ 1983, 137, 139 = NJW 1983, 1851, 1852
[75] Vgl. Büttner, FamRZ 1998, 1 ff: gegen die Zulässigkeit eines Verzichts bei „struktureller Unterlegenheit" des Verzichtenden bei Ausnutzung von dessen Zwangslage und für ihn einseitig belastendem Vertragsinhalt
[76] Vgl. Dieckmann, FamRZ 1999, 1029, 1034
[77] BGH, FamRZ 1991, 306, 307 = R 432; FamRZ 1985, 788, 789 = NJW 1985, 1833, 1834
[78] Büttner, NJW 1999, 2315, 2321 und Übersicht über anstehende Entscheidungen des Bundesverfassungsgerichts in NJW 1998, 963, 964
[79] BGH, FamRZ 1992, 1403, 1404 = R 455 b; FamRZ 1985, 787, 788 = NJW 1985, 1835, 1836
[80] BGH, FamRZ 1992, 1403, 1404 = R 455 b
[81] BGH, FamRZ 1995, 291, 292 = R 487 a
[82] BGH, FamRZ 1997, 873, 874 = R 513 a; FamRZ 1992, 1403, 1405 = R 455 b; FamRZ 1995, 291, 292 = R 487 a
[83] BGH, FamRZ 1997, 873, 874 = R 513 a

VI. Vereinbarung einer Wertsicherungsklausel

610 Da nicht die Steigerung, sondern das Absinken des Geldwerts der allgemeinen Erfahrung und der Realität entspricht, liegt die Vereinbarung einer Wertsicherungsklausel im Interesse des Berechtigten. Für den Pflichtigen mag von Vorteil sein, daß er u. U. lästigen Abänderungsverfahren mit ungewissem Ausgang enthoben ist. Problematisch ist die Frage, inwieweit Wertsicherungsklauseln genehmigungsbedürftig nach § 2 I 1 Preisangaben- und Preisklauselgesetz sind. Teilweise wird die Ansicht vertreten, bei Unterhaltsforderungen handele es sich nicht um **Geldsummenschulden**, sondern um **Geldwertschulden**, deren Absicherung – was allerdings ebenfalls streitig ist[85] - von vornherein nicht genehmigungsbedürftig sei.[86] Dies dürfte bei der regelmäßig vereinbarten Unterhaltsleistung in Form einer auf einen bestimmten Geldbetrag lautenden Unterhaltsrente nicht zutreffen. Bei einer Geldwertschuld ist die Forderung noch nicht nach ihrem Betrag beziffert, sondern wird der Höhe nach durch den Wert einer anderen Sache bestimmt,[87] z. B., falls anstelle der für den Unterhalt zu liefernden Naturalien deren Erzeugerpreise verlangt werden können.[88]

611 Durch Art. 9 Euro-Einführungsgesetz vom 9. 6. 1998 (BGBl I 1242, 1253) wurde § 3 des Währungsgesetzes aufgehoben und zugleich – zur Wahrung der Preisstabilität (vgl. Vogler, NJW 1999, 1236) - in § 2 des Preisangabengesetzes vom 3. 12. 1984 unter gleichzeitiger Umbenennung des Gesetzes in Preisangaben- und Preisklauselgesetz eine Neuregelung getroffen, die in § 2 I 1 des Gesetzes wie folgt lautet: „Der Betrag von Geldschulden darf nicht unmittelbar und selbsttätig durch den Preis oder Wert von anderen Gütern oder Leistungen bestimmt werden, die mit den vereinbarten Gütern oder Leistungen nicht vergleichbar sind." Hierzu hat die Bundesregierung aufgrund der eingeräumten Ermächtigung die **Preisklauselverordnung** (PrKV) vom 23. 9. 1998 (BGBl I 3043) erlassen, nach deren § 1 u. a. genehmigungsfrei sind:
1. Klauseln, die hinsichtlich des Ausmaßes der Änderung des geschuldeten Betrages einen Ermessensspielraum lassen, der es ermöglicht, die neue Höhe der Geldschuld nach Billigkeitsgrundsätzen zu bestimmen (Leistungsvorbehaltsklauseln),
2. Klauseln, bei denen die in ein Verhältnis zueinander gesetzten Güter oder Leistungen im wesentlichen gleichartig oder zumindest vergleichbar sind (Spannungsklauseln).

Damit wurde die schon nach altem Recht angenommene Genehmigungsfreiheit von Leistungsvorbehalten und Spannungsklauseln (siehe Rn 612) bestätigt. Überhaupt sollte durch die Neuregelung in § 2 des Preisangaben- und Preisklauselgesetzes dem Stand der Rechtsprechung zu § 3 S. 2 Währungsgesetz entsprochen werden (Vogler, NJW 1999, 1236, 1237).

Für die Erteilung der Genehmigung, z. B. bei einer genehmigungsbedürftigen Gleitklausel (Rn 612), ist nach § 7 der PrKV das Bundesamt für Wirtschaft zuständig.

Nach altem Recht (§ 3 Währungsgesetz) bereits erteilte Genehmigungen gelten weiter (§ 8 PrKV).

612 Die Rechtsprechung unterscheidet – *früher teilweise im Widerspruch zur Deutschen Bundesbank* – zwischen **genehmigungsbedürftigen Gleitklauseln**, die bis zur endgültigen Versagung der Genehmigung schwebend unwirksam sind,[89] sowie **genehmigungsfreien Leistungsvorbehalten und Spannungsklauseln** *(vgl. Rn 611).*

---

[84] OLG Hamburg, FamRZ 1997, 563
[85] Dürkes, Wertsicherungsklauseln, 10. Aufl., Rn D 198 f.
[86] So früher unter Geltung von § 3 Währungsgesetz Palandt-Heinrichs, BGB, 56. Aufl., Rn 10 u. 18 zu § 245
[87] Dürkes, Wertsicherungsklauseln, 10. Aufl., Rn D 198
[88] Vgl. OLG Frankfurt/Main, DNotZ 1969, 98
[89] BGHZ 1963, 315, 318

7. Abschnitt: Vereinbarungen zum Ehegattenunterhalt § 6

Die **Gleitklausel** wird dadurch gekennzeichnet, daß die Anpassung bei Änderung der vereinbarten Vergleichsgröße automatisch geschieht, ohne daß der Gläubiger z. B. ein Erhöhungsverlangen mit folgender neuer Parteivereinbarung geltend machen müßte.[90] Demgegenüber tritt die Erhöhung beim genehmigungsfreien **Leistungsvorbehalt**[91] erst ein, wenn aufgrund der geänderten Bezugsgröße eine vertragliche Neufestsetzung durchgeführt wird. Allerdings muß für die Neufestsetzung noch ein gewisser Ermessensspielraum verbleiben.[92] Kann der Gläubiger den Schuldner durch einseitige Erklärung zur Bezahlung des sich aus der Änderung der Vergleichsgröße rechnerisch ergebenden Betrags verpflichten, hätte der Gläubiger nicht nur das Recht zur billigen Bestimmung der Gegenleistung (§ 315 I BGB), sondern es läge die für die Genehmigungspflicht entscheidende automatische Kopplung vor.[93] Einen genehmigungsfreien Unterfall der Gleitklausel stellt die von der Rechtsprechung entwickelte und schon nach altem Recht von der Deutschen Bundesbank anerkannte[94] **Spannungsklausel** dar. Um eine solche genehmigungsfreie Klausel handelt es sich, wenn die in ein Verhältnis zueinander gesetzten Leistungen im wesentlichen gleichartig oder zumindest vergleichbar sind.[95] Da Unterhalt nach dem jeweiligen Bedürfnis des Berechtigten zu leisten ist und damit vom künftigen Preis und Wert der zur Bestreitung des Bedarfs erforderlichen Güter und Leistungen abhängt, bedeutet die Anknüpfung der Unterhaltshöhe an den Lebenshaltungskosten-Index eine Bezugnahme auf vergleichbare Leistungen, also grundsätzlich die Vereinbarung einer genehmigungsfreien Spannungsklausel.[96] Ob dies auch bei der Verknüpfung des geschuldeten Unterhaltsbetrags mit einer bestimmten Entwicklung von Erwerbsvergütungen oder Ruhegehältern, z. B. einer konkreten Beamten- oder Angestelltenkategorie, gilt, erscheint nicht ganz zweifelsfrei, da die Veränderung von derartigen Vergütungen auf vielfältigen Ursachen beruhen kann. **In Zweifelsfällen** ist es zweckmäßig, ein **Negativattest** des Bundesamts für Wirtschaft zu erholen. Ggf. kann mit einer Genehmigung gerechnet werden (vgl. § 3 PrKV – BGBl 1998 I 3043).

Wird Wertsicherung mit Hilfe eines bestimmten Lebenshaltungskosten-Indexes vereinbart, können wegen der regelmäßigen **Umbasierung der Indexwerte** Auslegungsprobleme auftreten. Die Preisindizes für die Lebenshaltung werden in der Regel alle fünf Jahre umgestellt.[97] Weitere Schwierigkeiten ergeben sich daraus, daß es inzwischen Indizes für Gesamtdeutschland, die alten Bundesländer und die neuen Bundesländer gibt.[98] **Für neue Verträge** ist es zweckmäßig, auf den Index des Statistischen Bundesamts für die Lebenshaltung aller privaten Haushalte in Deutschland (Basis 100 = 1991) abzustellen:[99] z. B. maßgebend ist der Indexstand vom Januar 1996 (115,5); wird der Indexstand um mehr als 5 % über- oder unterschritten, ändert sich der geschuldete Unterhaltsbetrag im gleichen Verhältnis. Hierzu schlägt Rasch[100] vor, im Hinblick auf die zu erwartenden **Indexumstellungen** – auch bei Altverträgen -**zu vereinbaren**, daß von dem Monat an, ab dem der DM-Betrag letztmals angepaßt wurde, zwar nicht rückwirkund, aber für künftig zu leistende Unterhaltsbeträge auf den neuen Index für die Lebenshaltung aller privaten Haushalte in Deutschland übergegangen wird. Für die Übergangszeit stehen insbesondere folgende Indizes nebeneinander:

1. Preisindex der Lebenshaltung eines 4-Personen-Arbeitnehmer-Haushalts mit mittlerem Einkommen im früheren Bundesgebiet,
2. Preisindex der Gesamtlebenshaltung aller privaten Haushalte im früheren Bundesgebiet und

---

[90] Vgl. Dürkes, Wertsicherungsklauseln, 10. Aufl., Rn B 27 ff.; BGHZ 1953, 132, 134
[91] Vgl. BGH LM Nr. 37 zu § 3 WährG
[92] BGH LM Nr. 37 zu § 3 WährG
[93] Dürkes, Wertsicherungsklauseln, 10. Aufl., Rn B 32
[94] Dürkes, Wertsicherungsklauseln, 10. Aufl., Rn D 5
[95] BGH NJW-RR 1986, 877, 879
[96] Vgl. OLG Frankfurt/Main, DNotZ 1969, 98, 99
[97] Rasch, NJW 1996, 34
[98] Vgl. Gutdeutsch/Zieroth, FamRZ 1996, 475
[99] Rasch, NJW 1996, 34, 35
[100] Rasch, NJW 1996, 34, 35

3. Preisindex der Gesamtlebenshaltung aller privaten Haushalte in Deutschland (Gebietsstand ab 3. 10. 1990).[101]

Ob es, was als wünschenswert angesehen wird,[102] zu einer Verkettung der Indizes zu einem einheitlichen, für den familienrechtlichen Bereich nutzbaren Index kommt, ist offen.

VII. Vereinbarung einer Kapitalabfindung

614 Im Rahmen der in § 1585 c BGB den Eheleuten eingeräumten Vertragsfreiheit ist auch die Vereinbarung einer Kapitalabfindung für den nachehelichen Unterhalt möglich. Diese unterscheidet sich von der bloßen Unterhaltsvorauszahlung.[103] Soll **durch die Abfindungsvereinbarung** – wie regelmäßig – die unterhaltsrechtliche Beziehung der Eheleute endgültig und vorbehaltlos beendet werden, **erlischt der Unterhaltsanspruch.**[104] Eine **Anpassung an veränderte Umstände**, z. B. wegen einer nicht bedachten Notsituation des Berechtigten, wegen seiner Wiederverheiratung oder wegen nachträglichen Wegfalls seiner Bedürftigkeit, **scheidet** dann **aus**.[105] Die Endgültigkeit der Abfindung ist im Zweifel[106] Vertragsinhalt, nicht nur Geschäftsgrundlage der Regelung. Wer statt laufender Zahlungen die Kapitalabfindung wählt, nimmt das Risiko in Kauf, daß die für ihre Berechnung maßgebenden Faktoren auf Schätzungen und unsicheren Prognosen beruhen. Darin liegt zugleich der Verzicht darauf, daß künftige Entwicklungen der persönlichen und wirtschaftlichen Verhältnisse berücksichtigt werden.[107]

Eine Besonderheit stellt der Fall dar, daß die **Abfindung nicht in einer Summe** zu bezahlen ist, **sondern in** einer festgelegten Anzahl von **Raten**. Verheiratet sich der Berechtigte wieder oder entfällt seine Bedürftigkeit nachträglich, erhebt sich die Frage, ob sich der Verpflichtete für die zu diesem Zeitpunkt noch nicht fälligen Raten auf den Wegfall der gemeinsamen Geschäftsgrundlage berufen kann. Dies dürfte nicht möglich sein, wenn eine endgültige Regelung gewollt war. Das Einverständnis mit Ratenzahlung bedeutete dann lediglich ein Entgegenkommen des Berechtigten, der deswegen kein Veränderungsrisiko übernehmen wollte. Davon unabhängig, kann eine Anfechtung wegen arglistiger Täuschung in Betracht kommen, falls der Berechtigte, über seine Absicht, alsbald wieder zu heiraten, getäuscht hätte.

615 Bei Vereinbarung einer Kapitalabfindung muß ein **unterhaltspflichtiger Beamter** bedenken, daß wegen Untergangs seiner Unterhaltsverpflichtung auch sein Anspruch auf Stufe 2 des Ortszuschlags (geschiedener Beamter, der aus der Ehe zum Unterhalt verpflichtet ist) entfällt und er nur noch Bezüge aus Stufe 1 des Ortszuschlags (geschiedener Beamter) erhält.[108]

Geht der unterhaltspflichtige Ehegatte, dessen Rentenanwartschaften durch den Versorgungsausgleich gekürzt wurden, früher in Rente als der berechtigte, gilt § 5 I VAHRG grundsätzlich auch **bei Abfindung des Unterhaltsanspruchs** durch eine Kapitalzahlung. Der pflichtige Ehegatte erhält bis zur Verrentung des berechtigten die ungekürzte Rente, wenn die Unterhaltsabfindung auch den entsprechenden Rentenbezugszeitraum erfassen sollte und der Berechtigte für diesen Zeitraum ohne Vereinbarung einer Abfindung einen gesetzlichen Unterhaltsanspruch gemäß § 1569 ff. BGB gehabt hätte.[109]

Aufgrund der Kapitalabfindung können auch **steuerliche Nachteile** eintreten. So entfällt – jedenfalls soweit eine Einmalzahlung vereinbart wurde – das Realsplitting für die

---

[101] Zitiert nach Gutdeutsch/Zieroth, FamRZ 1996, 475, 476
[102] Gutdeutsch/Zieroth, FamRZ 1996, 475, 476
[103] Vgl. BGHZ 2/379, 386
[104] BVerwG, NJW 1991, 2718, 2719; Göppinger/Wax-Hoffmann, Unterhaltsrecht, 6. Aufl., Rn 1769
[105] Göppinger/Wax-Hoffmann, Unterhaltsrecht, 6. Aufl., Rn 1735
[106] Göppinger/Wax-Hoffmann, Unterhaltsrecht, 6. Aufl., Rn 1735
[107] BGHZ 1979, 187, 193
[108] BVerwG, NJW 1991, 2718
[109] BSG NJW-RR 1996, 897

7. Abschnitt: Vereinbarungen zum Ehegattenunterhalt § 6

Zukunft. Der Abfindungsbetrag ist in der Regel steuerlich nicht als außergewöhnliche Belastung zu berücksichtigen.[110]

Die sachgemäße **Bemessung der Kapitalabfindung** bereitet Schwierigkeiten, weil **alle Gesichtspunkte zu beachten** wären, **die für spätere Änderungen** oder den Wegfall **des Unterhaltsanspruchs von Bedeutung** sein können,[111] z. B. die voraussichtliche Zeitdauer der Unterhaltsrente, die Lebenserwartung der Parteien, die Aussicht auf eine Wiederverheiratung des Berechtigten, dessen Berufsaussichten und die Entwicklung seiner Bedürftigkeit, die künftige Leistungsfähigkeit des Pflichtigen.[112] Die **Lebenserwartung des Berechtigten**, welche mit Hilfe der Kapitalisierungstabellen zur Kapitalabfindung für Renten berücksichtigt werden kann, stellt nicht den einzigen oder den allein wesentlichen Maßstab dar.[113] Vielfach wird der Berechnung der Kapitalabfindung ein **eingeschränkter Unterhaltszeitraum** zugrunde liegen; z. B. die Zeit bis zum Eintritt der Vollerwerbsobliegenheit des berechtigten Ehegatten mit dem als sicher angesehenen Wegfall des Anspruchs auf Betreuungsunterhalt (§ 1570 BGB) oder die Zeit bis zur Verrentung des Berechtigten, weil die Ehegatten davon ausgehen, daß die dann bezahlte Versorgung im Hinblick auf ihre Erhöhung durch den Versorgungsausgleich bedarfsdeckend ist.

Es empfiehlt sich, zunächst den in Frage kommenden **Unterhaltszeitraum zu bestimmen**, z. B. auf Lebenszeit des Berechtigten oder des Verpflichteten, bis zum voraussichtlichen Wegfall des Anspruchs auf Betreuungsunterhalt, bis zum Eintritt des Rentenfalls. Danach sollte man sich auf die **Höhe des derzeit geschuldeten monatlichen Unterhalts** einigen. Aus dessen Laufzeit ergibt sich ein abgezinster Kapitalbetrag. **Von dem so mit Hilfe entsprechender Kapitalisierungstabellen errechneten Kapital** sind **wegen der weiteren Risiken** je nach Umständen des Falles **Abschläge zu machen**. Zu denken ist u. a. an das Wiederverheiratungsrisiko oder das Bedürftigkeitsrisiko (z. B. die Chance auf den Anfall einer Erbschaft oder für eine erfolgreiche spätere Berufstätigkeit) beim Berechtigten sowie an das Leistungsfähigkeitsrisiko oder das Vorversterbensrisiko (nach Maßgabe des § 1586b BGB besteht u. U. kein oder nur ein eingeschränkt realisierbarer Anspruch gegen die Erben) beim Pflichtigen.

Soll eine **lebenslange Unterhaltsrente** abgefunden werden, ergibt sich die prognostizierte Laufzeit aus der allgemeinen Sterbetafel, die hier zur Vornahme einer Abschätzung ohne Abzinsung in abgekürzter Form und auszugsweise wiedergegeben wird:[114]

Lebenserwartung in Deutschland (1994/96)

| **Männer** | | **Frauen** | |
Alter in vollendeten Jahren	Lebenserwartung in Jahren	Alter in vollendeten Jahren	Lebenserwartung in Jahren
15,00	58,93	15,00	65,27
20,00	54,14	20,00	60,37
25,00	49,40	25,00	55,47
30,00	44,63	30,00	50,57
35,00	39,90	35,00	45,70
40,00	35,26	40,00	40,89
45,00	30,74	45,00	36,18
50,00	26,36	50,00	31,56
55,00	22,19	55,00	27,05
60,00	18,28	60,00	22,66

---

[110] Büttner, NJW 1999, 2315, 2321 unter Hinweis auf eine Entscheidung des BFH
[111] MünchKomm/Richter, Rn 8 zu § 1585
[112] Vgl. Soergel-Häberle, BGB 12. Aufl., Rn 10 zu § 1585; Göppinger/Wax-Kindermann, Unterhaltsrecht, 6. Aufl., Rn 1246
[113] Soergel-Häberle, BGB 12. Aufl., Rn 10 zu § 1585; Gernhuber/Coester-Waltjen, Lehrbuch des Familienrechts, 4. Aufl., S. 452; Göppinger/Wax-Kindermann, Unterhaltsrecht, 6. Aufl., Rn 1246
[114] Siehe Statistisches Jahrbuch für die Bundesrepublik Deutschland 1998 S. 75

§ 6 Sonderfragen

Männer Alter in vollendeten Jahren	Kapitalwert der Jahresrente von 1 DM	**Frauen** Alter in vollendeten Jahren	Kapitalwert der Jahresrente von 1 DM
65,00	14,75	65,00	18,49
70,00	11,61	70,00	14,58
75,00	08,85	75,00	11,06
80,00	06,52	80,00	08,02
85,00	04,77	85,00	05,60
90,00	03,63	90,00	03,89

Sind die Laufzeit ab Berechnungsstichtag (z. B. soweit es nur um laufenden Unterhalt geht, Tag oder Monat des Abschlusses der Abfindungsvereinbarung) und der Monatsbetrag der abzufindenden Unterhaltsrente bekannt, kann der abgezinste, kapitalisierte Rentenbetrag mit Hilfe von Kapitalisierungstabellen errechnet werden, bei welchen folgendes zu beachten ist:[115]

- Es dürfen **nicht die Tabellenwerte für eine Zeitrente** verwendet werden, da bei einer solchen Rente nach dem Tode des Berechtigten an dessen Erben weiterzuzahlen ist, also ohne Berücksichtigung der Sterbenswahrscheinlichkeit kapitalisiert wird.
- Handelt es sich nicht um die Abfindung einer lebenslangen, sondern nur einer zeitlich begrenzten Unterhaltsberechtigung ist vielmehr der Barwert der vorliegenden **„temporären Leibrente"** zu berechnen. Dies bedeutet, daß vom Barwert einer lebenslangen Rente ab Berechnungsstichtag der entsprechende Barwert einer lebenslangen Rente, deren Beginn bis zum Ende des abzufindenden Unterhaltszeitraums aufgeschoben ist, abgezogen werden muß.
- Maßgebend sind ggf. die Jahreswert-Tabellen für monatlich vorschüssige Zahlung. Für den **Umfang der Abzinsung** kommt es auf den einzusetzenden Zinsfuß an, also auf die tatsächlich zu erwirtschaftende Verzinsung der Kapitalanlage.
- Hier bietet sich für eine überschlägige Berechnung zur Vorbereitung der Vereinbarung ein Zinssatz von 5 bis 6 % an. Ein Zinssatz von 5 bis 5,5 % soll im übrigen bereits einen gewissen Dynamisierungsanteil enthalten.
- Geht man von einer deutlichen **Dynamisierung** aus, muß ein niedrigerer Zinssatz zugrunde gelegt werden. Eine jährliche Rentenerhöhung um 2 % würde im Verhältnis zu einer statischen Rente beispielsweise eine Verminderung des Zinssatzes um 2 % bedeuten.

Einen Rechnungszins von 5,5 % wendet auch das Bewertungsgesetz in den Anlagen 9 und 9a zu § 13 und 14 an. Zur Vornahme einer **Abschätzung für die Kapitalisierung einer lebenslangen Unterhaltsrente** wird die Anlage 9 des Bewertungsgesetzes (Fassung ab 1. 1. 1995) auszugsweise wiedergegeben, die sich noch auf die Sterbetafel 1986/88, allerdings für den Gebietstand ab 3. 10. 1990, bezieht.

Männer Alter in vollendeten Jahren	Kapitalwert der Jahresrente von 1 DM	**Frauen** Alter in vollendeten Jahren	Kapitalwert der Jahresrente von 1 DM
15,00	17,453 DM	15,00	17,842 DM
20,00	17,151 DM	20,00	17,616 DM
25,00	16,785 DM	25,00	17,328 DM
30,00	16,306 DM	30,00	16,956 DM
35,00	15,700 DM	35,00	16,486 DM
40,00	14,945 DM	40,00	15,902 DM
45,00	14,030 DM	45,00	15,186 DM
50,00	12,961 DM	50,00	14,316 DM

---

[115] Vgl. Schneider/Schlund/Haas, Kapitalisierungs- und Verrentungstabellen, 2. Aufl. (S. 13 ff, 24, 51, 64, 65, 89 f, 98)

7. Abschnitt: Vereinbarungen zum Ehegattenunterhalt § 6

Männer Alter in vollendeten Jahren	Kapitalwert der Jahresrente von 1 DM	**Frauen** Alter in vollendeten Jahren	Kapitalwert der Jahresrente von 1 DM
55,00	11,759 DM	55,00	13,271 DM
60,00	10,448 DM	60,00	12,034 DM
65,00	09,019 DM	65,00	10,601 DM
70,00	07,511 DM	70,00	08,990 DM
75,00	06,020 DM	75,00	07,271 DM
80,00	04,693 DM	80,00	05,622 DM
85,00	03,603 DM	85,00	04,210 DM
90,00	02,753 DM	90,00	03,109 DM

Zum Zwecke der **Abschätzung einer zeitlich begrenzten Rente** wird die Anlage 9a (zu § 13) des Bewertungsgesetzes auszugsweise abgedruckt. Dabei ist zu beachten, daß der kapitalisierte Rentenbetrag ohne Berücksichtigung des Vorversterbensrisikos des Berechtigten berechnet ist: **618**

Kapitalwert einer zeitlich beschränkten Rente in Höhe eines Jahresbetrags von 1,00 DM
Rechnungszins einschließlich Zwischen- und Zinseszinsen = 5,5 %
Mittelwert zwischen jährlich vorschüssiger und jährlich nachschüssiger Zahlung

Laufzeit in Jahren	Kapitalwert der Jahresrente von 1 DM	**Laufzeit** in Jahren	Kapitalwert der Jahresrente von 1 DM
01	00,974 DM	16	10,750 DM
02	01,897 DM	17	11,163 DM
03	02,772 DM	18	11,555 DM
04	03,602 DM	19	11,927 DM
05	04,388 DM	20	12,279 DM
06	05,133 DM	21	12,613 DM
07	05,839 DM	22	12,929 DM
08	06,509 DM	23	13,229 DM
09	07,143 DM	24	13,513 DM
10	07,745 DM	25	13,783 DM
11	08,315 DM	26	14,038 DM
12	08,856 DM	27	14,280 DM
13	09,368 DM	28	14,510 DM
14	09,853 DM	29	14,727 DM
15	10,314 DM	30	14,933 DM

Wegen einer **genaueren Ermittlung des abgezinsten Kapitalwerts** der Unterhaltsrente wird verwiesen auf Schneider/Schlund/Haas, Kapitalisierungs- und Verrentungstabellen, 2. Aufl., auf Vogels, Verrentung von Kaufpreisen Kapitalisierung von Renten, 2. Aufl., sowie auf das familienrechtliche Berechnungsprogramm von Gutdeutsch (Familienrechtliche Berechnungen). Kapitalisierungstabellen befinden sich auch bei Wussow/Küppersbusch, Ersatzansprüche bei Personenschaden, 6. Aufl., im Anhang. **619**

8. Abschnitt: Neue Bundesländer

I. Kindesunterhalt

1. Anzuwendendes Recht

620 Nach Art. 234 § 1 EGBGB gilt **seit dem 3. 10. 1990** im Beitrittsteil das Unterhaltsrecht des BGB. Für Unterhaltsansprüche vor diesem Tag verbleibt es bei dem Recht der DDR, also insbesondere bei § 19 FGB.

621 Wegen des unterschiedlichen Lohn- und Preisgefüges in den alten und neuen Bundesländern erschien nach der Wiedervereinigung eine uneingeschränkte Anwendung der nach § 1615 f I 1 BGB a. F. erlassenen, inzwischen mehrfach geänderten **Regelunterhaltsverordnung** vom 27. 6. 1970 – BGBl. I 1010, die nach § 1610 III BGB a. F. zugleich den Mindestbedarf eines ehelichen Kindes festlegte (vgl. dazu Rn 2/203), nicht angezeigt. Der Gesetzgeber hat daher zunächst die Landesregierungen im Beitrittsgebiet ermächtigt, den Regelbedarf durch Verordnung festzusetzen, solange nicht die Bundesregierung von ihrer Befugnis Gebrauch machte, den Regelunterhalt auch für das Beitrittsgebiet zu bestimmen (Art. 234 § 8 I 1, III EGBGB). Der Regelunterhalt wurde durch die Ersten Regelunterhaltsverordnungen der Beitrittsländer zunächst auf 66 %, durch die Zweiten Regelunterhaltsverordnungen ab 1. 7. 1992[1] auf 75 % und durch die Dritten Regelunterhaltsverordnungen[2] auf 90 % der Sätze der Regelunterhaltsverordnung West (Rn 2/205) festgesetzt. Durch Art. 3 der Fünften VO über die Anpassung und Erhöhung von Unterhaltsrenten für Minderjährige vom 25. 9. 1995[3] setzte erstmals die Bundesregierung auch den Regelunterhalt für die **neuen Bundesländer** fest, und zwar auf 90 % der Beträge für das alte Bundesgebiet. Damit wurden die früheren Regelunterhaltsverordnungen der Landesregierungen abgelöst. Der Regelunterhalt minderjähriger Kinder ab 1. 1. 1996 und ab 1. 7. 1998 der Regelbetrag (vgl. Rn 2/203 ff) betrugen bis zum 30. 6. 1999 in der ersten Altersstufe (Rn 2/206) 314,– DM, in der zweiten 380,– DM und in der dritten 451,– DM. Zum 1. 7. 1999 wurden die Regelbeträge für das Beitrittsgebiet um rund 3 % und damit stärker als die Regelbeträge für das alte Bundesgebiet erhöht. Die Regelbeträge Ost belaufen sich nunmehr auf etwa 91,3 % der Regelbeträge West (vgl. Rn 2/206 a). Sie betragen
- bis zur Vollendung des 6. Lebensjahres 324,– DM,
- vom 7. bis zur Vollendung des 12. Lebensjahres 392,– DM,
- vom 13. Lebensjahr an 465,– DM.

622 Da auch die Richtsätze der Düsseldorfer Tabelle auf das Preis- und Lohnniveau des Beitrittsgebiets (noch) nicht passen, haben das AG Tempelhof-Kreuzberg (früher das AG Berlin-Charlottenburg) und die Oberlandesgerichte des Beitrittsgebiets (früher ein Teil der Bezirksgerichte) **Tabellen und Leitlinien** herausgegeben, die sich beim Unterhalt minderjähriger Kinder eng an die Düsseldorfer Tabelle anlehnen und im übrigen, bis auf geringere Sätze bei den Bedarfsbeträgen und Selbstbehalten, den Tabellen und Leitlinien des alten Bundesgebiets weitgehend entsprechen. Derzeit gelten folgende Tabellen und Leitlinien, die sämtlich den **Stand: 1. 7. 1999** haben:[4]
- Berliner Tabelle als Vortabelle zur Düsseldorfer Tabelle, herausgegeben vom AG Tempelhof-Kreuzberg (BT) – abgedruckt in **Anhang L**,

---

[1] Zu diesen Regelunterhaltsverordnungen vgl. Vossenkämper, FuR 1995, 44, Fn 10, 15, 22 und die Nachweise in FamRZ 1992, 1026
[2] Berlin: VO vom 2. 5. 1994 – GVBl. 1994, 135; Brandenburg vom 3. 11. 1994 – GVBl. 1994, 961; Mecklenburg-Vorpommern vom 10. 11. 1994 – GVBl. 1994, 1049; Sachsen vom 17. 11. 1994 – GVBl. 1994, 1626; Sachsen-Anhalt vom 28. 11. 1994, 892; Thüringen vom 14. 10. 1994 – GVBl. 1994, 1171
[3] BGBl. I 1190 = FamRZ 1995, 1327
[4] Die Tabellen und Leitlinien der Oberlandesgerichte sind in der **Beilage zu Heft 34/99 der NJW abgedruckt.** Vgl. auch die Fundstellen Rn 1/6 f. sowie die Zusammenstellung bei Kemnade/Scholz/Zieroth, Daten und Tabellen zum Familienrecht, 3. Auflage

8. Abschnitt: Neue Bundesländer   § 6

– Unterhaltsleitlinien des OLG Brandenburg (BraL),
– Unterhaltsleitlinien des OLG Dresden (DrL),
– Thüringer Tabelle des OLG Jena zum Unterhaltsrecht (ThT),
– Unterhaltsleitlinien des OLG Naumburg (NaL),
– Unterhaltsrechtliche Grundsätze des OLG Rostock (RL).
Wegen der früher geltenden Tabellen und Leitlinien wird auf die 3. Auflage und Zusammenstellung bei Palandt[5] verwiesen.

Die folgenden Ausführungen bezwecken nur eine kurze Übersicht. Da das Preis- und Lohngefüge des Beitrittsgebiets sich in absehbarer Zeit an dasjenige der alten Bundesländer anpassen wird, kann auf das einschlägige Schrifttum Bezug genommen werden.[6]   623

2. Abweichende Regelsätze der Tabellen und Leitlinien

Die Rechtsgrundsätze der Tabellen und Leitlinien des Beitrittsgebiets sind bereits im   624
übrigen Teil des Buchs, insbesondere auch bei der Darstellung des Kindesunterhalts (Rn2/1ff), berücksichtigt. Hier werden nur die abweichenden Regelsätze für das Beitrittsgebiet dargestellt.

a) **Tabelle Kindesunterhalt:** Die Düsseldorfer Tabelle (Rn 2/209) gilt auch im Bei-   625
trittsgebiet, jedoch erst ab einem anrechnungsfähigen Einkommen des barunterhaltspflichtigen Elternteils von mehr als 2400,– DM. Für den darunterliegenden Bereich sind einheitlich **für das gesamte Beitrittsgebiet** entsprechend den Altersstufen der Düsseldorfer Tabelle folgende Bedarfssätze vorgesehen:
– bis 1800,– DM: 324,– DM, 392,– DM und 465,– DM (wie die Regelbeträge in den Beitrittsländern; vgl. Rn 621)
– 1800–2100,– DM: 342,– DM, 414,– DM und 491,– DM,
– 2100–2400,– DM: 355,– DM, 431,– DM und 510,– DM (wie die Regelbeträge West und die 1. Einkommensgruppe der Düsseldorfer Tabelle; vgl. Rn 2/206, 209).

b) **Notwendiger Selbstbehalt** (Rn 2/263 ff.):   626
– im Beitrittsgebiet von **Berlin** (BT A I), in **Brandenburg** (BraL 10, 15), **Sachsen** (DrL 15), **Sachsen-Anhalt** (NaL 4.1) und in **Thüringen** (ThT C 1) 1370,– DM beim erwerbstätigen und 1190,– DM beim nicht erwerbstätigen Unterhaltsschuldner,
– **Mecklenburg-Vorpommern** (RL II 1, 2) 1300,– DM bzw. 1160,– DM,

Die **Wohnkosten** bzw. der Mietanteil im notwendigen Selbstanteil betragen in Bran-   627
denburg (BraL 14) 410,– DM Kaltmiete, in Sachsen (DrL 15) 585,– DM Warmmiete, in Sachsen-Anhalt (NaL 4.3) 500,– Mietanteil, in Mecklenburg-Vorpommern (RL III 1) 430,– DM Warmmiete zuzüglich aller umlagefähigen Mietnebenkosten) und in Thüringen (ThT C 1) 400,– DM Warmmiete bzw. 300,– DM Kaltmiete. Die Berliner Tabelle weist den Mietanteil nicht gesondert aus.

c) **Bedarf des volljährigen Kindes** (Rn 2/360 ff): Der Bedarf für einen **Studenten**   628
oder ein volljähriges **Kind mit eigenem Haushalt** (Rn 2/368 ff) wird nach allen Tabellen und Leitlinien des Beitrittsgebiets mit einem festen Regelbedarfssatz angesetzt. Dieser beträgt:
– im Beitrittsgebiet von **Berlin** (BT A IV), in **Brandenburg** (BraL 23), in **Sachsen** (DrL 27), in **Sachsen-Anhalt** (NaL 5.8) und in **Thüringen** (ThT A II 1) 1020,– DM
– in **Mecklenburg-Vorpommern** (RL A 4) 970,– DM einschließlich 325,– DM Warmmiete (RL I B 3),

Der Unterhalt eines volljährigen unverheirateten Kindes bis zur Vollendung des 21. Le-   628a
bensjahres, das im Haushalt der Eltern oder eines Elternteils lebt und sich in der allgemeinen Schulausbildung befindet, also eines sog. privilegiert volljährigen Kindes im Sinne des § 1603 II 2 BGB (vgl. dazu Rn 2/452 ff), wird

---

[5] Palandt/Diederichsen, BGB, 54. Aufl., § 1610 Rn 19
[6] Maurer, FamRZ 1994, 337; Vossenkämper, FuR 1995, 43; vgl. auch Scholz, Die Düsseldorfer Tabelle, Stand: 1. 7. 1999, FamRZ 1999, 1177; Hampel, Bemessung des Unterhalts anhand von Unterhaltstabellen und Unterhaltsleitlinien der Oberlandesgerichte, Rn 51 und die dortigen Nachweise

§ 6   Sonderfragen

- in **Brandenburg** (BraL 22), in **Sachsen** (DrL 19), in **Sachsen-Anhalt** (NaL 5.2) und in **Thüringen** (ThT A I, II 2) nach der 4. Altersstufe,
- im Beitrittsteil von **Berlin** (BT-Tabelle), in **Mecklenburg-Vorpommern** (RL A) und in **Sachsen-Anhalt** (NaL 5.7.1) nach der 3. Altersstufe der Tabelle

bemessen.

629   Das nicht privilegierte volljährige **Kind**, das **im Haushalt eines Elternteils** lebt (vgl. Rn 2/383 ff), erhält:
- in **Brandenburg** (BraL 22) und **Sachsen** (DrL 19) stets den Unterhalt nach der 4. Altersstufe der Tabelle;
- in **Sachsen-Anhalt** (NaL 5.8) einen Regelsatz von 1020,– DM, in **Mecklenburg-Vorpommern** (RL I A 4) von 970,– DM, wenn es sich um einen Auszubildenden oder Studenten handelt; jedoch ist von einem niedrigeren Bedarf wegen des Wohnens bei einem Elternteil auszugehen. Der Unterhalt von Schülern, die keine allgemeine Schule besuchen und daher nicht mehr privilegiert sind, ist nicht geregelt;
- in **Thüringen** (ThT A II 2, 3) den Tabellenunterhalt der 4. Altersstufe, berechnet nach dem zusammengerechneten Einkommen der Eltern, wenn das Kind über kein eigenes Erwerbseinkommen verfügt, dagegen einen festen Regelsatz von 850 DM, wenn es eigenes Erwerbseinkommen hat, es sei denn, daß der auf der Basis der Tabelle nach der 4. Altersstufe berechnete Unterhalt höher ist (vgl. Rn 2/399);
- im Beitrittsgebiet von **Berlin** (BT A IV) stets einen monatlichen Regelbedarf von 1020,– DM.

630   In den festen Bedarfssätzen sind die üblichen **berufsbedingten Aufwendungen** enthalten (vgl. BT A IV; BrL 23; DrL 27; NaL 5.8; RL I A 4 und ThT A II 4).

631   Der Regelsatz von kann bei **guten wirtschaftlichen Verhältnissen** der Eltern nach den Leitlinien der Oberlandesgerichte Brandenburg, Dresden und Naumburg (BraL 23; DrL 27; NaL 5.8) erhöht werden, im allgemeinen aber nicht über das Doppelte hinaus; nach NaL 5.8 sind auch erzieherische Gesichtspunkte zu berücksichtigen. Vgl. dazu auch Rn 2/229).

632   d) **Angemessener Selbstbehalt.** Beim Eigenbedarf gegenüber dem volljährigen Kind unterscheiden alle Tabellen und Leitlinien des Beitrittsgebiets (bis auf Sachsen) zwischen dem **erwerbstätigen** und dem **nichterwerbstätigen Unterhaltsschuldner**. Die entsprechenden Selbstbehalte betragen:
- im Beitrittsteil von **Berlin** (BT II), in **Sachsen-Anhalt** (NaL 4.2) und in **Thüringen** (ThT C 2) 1645,– DM beim erwerbstätigen und 1460,– DM beim nicht erwerbstätigen Unterhaltsschuldner,
- in **Mecklenburg-Vorpommern** (RL II) 1600,– DM bzw. 1450,– DM,
- in **Sachsen** (DrL 16 a) 1645,– DM.

Die **Wohnkosten** bzw. der Mietanteil im angemessenen Selbstanteil betragen in Brandenburg (BraL 11) 495,– DM Kaltmiete, in Sachsen-Anhalt (NaL 4.3) 500,– DM Mietanteil, in Sachsen (DrL 16 a) 720,– DM Warmmiete, in Mecklenburg-Vorpommern (RL III 1) 430,– DM Warmmiete zuzüglich aller umlagefähigen Mietnebenkosten und in Thüringen (ThT C 2) 500,– DM Warmmiete bzw. 375,– DM Kaltmiete. Die Berliner Tabelle weist den Mietanteil nicht gesondert aus.

633   e) **Ausbildungsbedingter Mehrbedarf** (Rn 1/87 ff, 2/93 ff) wird nur vom OLG **Brandenburg** (BraL 21 S. 3) mit einer Pauschale von 135 DM anerkannt. Nach Auffassung der Oberlandesgerichte **Dresden** (DrL 24) und **Naumburg** (NaL 5.6) ist er zu schätzen, nach Ansicht der OLG **Rostock** (RL I A 3) konkret zu belegen. Die anderen Tabellen und Leitlinien erwähnen ausbildungsbedingten Mehrbedarf nicht.

634   f) **Berufsbedingte Aufwendungen** (Rn 1/87 ff) werden vom OLG **Brandenburg** (BraL 7), vom OLG **Dresden** (DrL 7) und vom OLG **Naumburg** (NaL 2.1.1) in Höhe von 5% des Nettoeinkommens pauschaliert. Ein Mindest- oder Höchstbetrag der Pauschale, wie er in der Düsseldorfer Tabelle (A 3) vorgesehen ist, wird nicht festgelegt. Werden höhere Aufwendungen geltend gemacht oder liegt ein Mangelfall vor, sind die gesamten Aufwendungen im einzelnen darzulegen und nachzuweisen; ggf. kommt eine Schätzung nach § 287 ZPO in Betracht. Die anderen Tabellen und Leitlinien des Beitrittsgebiets enthalten insoweit keine Empfehlungen.

g) **Bedarfskontrollbeträge** (Rn 2/239 ff) werden nur von den Oberlandesgerichten **Brandenburg** (BraL 16) und **Dresden** (DrL 19) anerkannt. Die Beträge entsprechen ab einem Einkommen von 2400,– DM denjenigen der Düsseldorfer Tabelle (vgl. dazu Rn 2/209). **635**

3. Ost-West-Fälle

Die Osttabellen und Ostleitlinien gelten zweifellos, wenn das **Kind und** der barunterhaltspflichtige **Elternteil** ihren Wohnsitz **im Beitrittsgebiet** haben (so ausdrücklich BT am Ende). **636**

Wohnt der **Schuldner in Ostdeutschland**, leben die **Kinder** dagegen **in den alten Bundesländern**, richtet sich der Bedarf nach den Sätzen der Düsseldorfer Tabelle. Dies ist unproblematisch, wenn der Pflichtige ein Einkommen von mehr als 2100,– DM erzielt, da dann nach allen Tabellen und Leitlinien des Beitrittsgebiets bereits der Regelbetrag West (vgl. Rn 2/205) gilt, der nach der Düsseldorfer Tabelle bis zu einem Einkommen von 2400,– DM anzusetzen ist. Probleme können dagegen auftreten, wenn bei mehreren unterhaltsberechtigten Kindern der in Westdeutschland geltende Selbstbehalt des erwerbstätigen Schuldners von 1500,– DM (vgl. dazu und zu abweichenden Selbstbehaltssätzen Rn 2/264, 266) nicht gewahrt ist. In einem solchen Fall ist der Selbstbehalt des Schuldners der an seinem Wohnsitz geltenden Osttabelle zu entnehmen (vgl. dazu BT am Ende; ThT D 3 b).[7] Dies führt allerdings dazu, daß in Westdeutschland lebende Kinder z. B. ihren Vater in stärkerem Umfang auf Unterhalt in Anspruch nehmen können, als dies möglich wäre, wenn auch er seinen Wohnsitz im alten Bundesgebiet hätte. Das entspricht jedoch § 1603 II 1 BGB, nach dem die Eltern ihren minderjährigen Kindern bis zum Existenzminimum haften (vgl. dazu Rn 2/260 f.), das aber in Ostdeutschland noch etwas niedriger ist als im Westen des Bundesgebiets.[8] **637**

Lebt dagegen das **Kind im Osten, der Schuldner im Westen**, ist nach wohl überwiegender Auffassung allein die Düsseldorfer Tabelle maßgebend. Dies kann bezüglich des notwendigen Selbstbehalts nicht zweifelhaft sein. Aber auch der Unterhalt des Kindes ist der Düsseldorfer Tabelle zu entnehmen.[9] Der Unterhaltsanspruch des Kindes richtet sich nach den Einkommens- und Vermögensverhältnissen des barunterhaltspflichtigen Elternteils, also nach dessen Leistungsfähigkeit. Jedenfalls in den unteren Einkommensgruppen decken die Sätze der Düsseldorfer Tabelle den Bedarf des Kindes nicht vollständig (vgl. Rn 2/213), sondern berücksichtigen in pauschalierender Weise auch den Eigenbedarf des Verpflichteten und die Bedürfnisse anderer Unterhaltsberechtigter, wie sich insbesondere aus A 1 der Tabelle ergibt.[10] Es erscheint daher angemessen, den Schuldner nicht dadurch zu begünstigen, daß der Unterhalt den nur noch geringfügig niedrigeren Osttabellen entnommen wird.[11] **638**

4. Überleitungsfragen, Währungsumstellung, Abänderungsklagen

Unterhaltsurteile aus der Zeit vor dem Beitritt gelten fort (Art. 18 I Einigungsvertrag).[12] Sie sind nach den Vorschriften der ZPO zu vollstrecken. Nach der ZPO richten sich auch die Rechtsbehelfe gegen die Vollstreckung (z. B. die Vollstreckungsgegenklage nach § 767 ZPO, die Erinnerung nach § 766 ZPO). Dies gilt auch für sonstige Unterhaltstitel, insbesondere für gerichtliche Einigungen nach §§ 46, 47 DDR-ZPO.[13] **639**

---

[7] BGH, FamRZ 1994, 372, 375 = NJW 1994, 1002, 1004
[8] Ebenso Maurer, FamRZ 1993, 337, 340 gegen OLG Naumburg, DtZ 1993, 312
[9] OLG Frankfurt/Main, FamRZ 1991, 976; NJW-RR 1993, 968; OLG Koblenz, FamRZ 1992, 215; OLG München, FamRZ 1991, 977; OLG Stuttgart, FamRZ 1992, 215
[10] OLG Frankfurt/Main, FamRZ 1991, 976
[11] Anderer Ansicht: OLG Karlsruhe, FamRZ 1994, 1410; Maurer, FamRZ 1994, 337, 340
[12] BGH, FamRZ 1997, 281 = R 509a; FamRZ 1994, 372 = R 473a
[13] Maurer, FamRZ 1994, 337, 344

640 Titulierte Unterhaltsschulden, die auf Mark der DDR lauten, sind für die Zeit ab Schaffung der Währungsunion (30. 6. 1990) im Verhältnis 1:1 in DM zu erfüllen.[14] Rückstände aus der Zeit davor sind im Verhältnis 2:1 **umzustellen**, wenn sowohl Schuldner als auch Gläubiger im Beitrittsgebiet wohnten, dagegen nicht, wenn der Pflichtige bereits vor der Währungsumstellung in der damaligen Bundesrepublik lebte, das berechtigte Kind dagegen im Beitrittsgebiet verblieben war.[15]

641 Gegen Urteile und sonstige Vollstreckungstitel aus der Zeit vor dem Beitritt ist ab 3. 10. 1990 die **Abänderungsklage** (§ 323 ZPO) zulässig.[16] Die Veränderung der wirtschaftlichen Verhältnisse in Ostdeutschland seit der Wiedervereinigung rechtfertigt eine Erhöhung des titulierten Kindesunterhalts nach Maßgabe der Tabellen und Leitlinien des Beitrittsgebiets.[17] Der Unterhalt ist unabhängig von den Bemessungsgrundlagen des abzuändernden Titels neu zu berechnen, da diese infolge der grundlegenden Änderung der wirtschaftlichen Verhältnisse nicht mehr maßgebend sind und nunmehr auch das Unterhaltsrecht des BGB gilt.[18] Hat ein Elternteil in Prozeßstandschaft für das Kind den Unterhaltstitel erwirkt, ist die Abänderungsklage, wenn inzwischen die Ehe der Eltern geschieden ist und daher eine Prozeßstandschaft nicht mehr stattfindet (§ 1629 III 1 BGB), vom Kind zu erheben, da sich die Rechtskraft des von dem Elternteil erwirkten Urteils auf das Kind erstreckt.[19] Richtet sich die Klage des Schuldners gegen ein Urteil, ist eine Abänderung nach Auffassung des BGH[20] erst ab Rechtshängigkeit, nicht dagegen ab Einreichung eines PKH-Gesuchs zulässig (§ 323 III ZPO). Für den Unterhaltsberechtigten gilt die Sperre des § 323 III ZPO seit dem 1. 7. 1998 nicht mehr (Rn 8/165 a ff).

642–649 *Zur Zeit nicht belegt*

II. Ehegattenunterhalt

1. Abwendbares Unterhaltsrecht

650 **Aufgrund des Einigungsvertrags** vom 31. 8. 1990 wurden die neuen Bundesländer mit Wirkung vom 3. 10. 1990 Länder der Bundesrepublik Deutschland. Ab diesem Zeitpunkt **gelten** für den Bereich des Familienrechts die in Vollzug der Vereinbarungen des Einigungsvertrags eingeführten Übergangsbestimmungen des Art. 234 EGBGB. Damit sind für Eheleute aus den neuen Bundesländern **grundsätzlich** nicht mehr die unterhaltsrechtlichen Vorschriften des Familiengesetzbuchs der DDR (FGB), sondern **die** entsprechenden **Regelungen des BGB** maßgeblich (Art. 234 § 1 EGBGB).

651 Nur bei **Ehegatten, deren Ehe am 3. 10. 1990** bereits **geschieden war**, d. h. auch bei Eheleuten, deren Scheidung schon vor dem 3. 10. 1990 ausgesprochen war und danach mangels Anfechtung rechtskräftig wurde,[21] verblieb es bei der Geltung des bisherigen Rechts (Art. 234 § EGBGB). Dabei bedeutet die Verweisung auf den bisherigen Rechtszustand **keine schlichte Verweisung auf das Recht der DDR, sondern auf das** im konkreten Fall **nach dem** maßgeblichen **innerdeutschen Kollisionsrecht geltende Recht**. In Rechtspositionen – nämlich die Anwendbarkeit des bundesdeutschen Rechts –, die aufgrund des in den alten Bundesländern angewendeten Kollisionsrechts für geschiedene Ehegatten aus den neuen Bundesländern entstanden waren, sollte durch den Einigungs-

---

[14] BGH, FamRZ 1997, 281 = R 509a; FamRZ 1994, 372, 373 = R 473a
[15] BezG Erfurt, FamRZ 1993, 207; Maurer, FamRZ 1993, 337, 340
[16] BGH, FamRZ 1997, 281 = R 509a; FamRZ 1994, 372 = R 473a
[17] BGH, FamRZ 1994, 372 = R 473a
[18] Maurer, FamRZ 1994, 337, 346
[19] BGH, FamRZ 1997, 281 = R 509a; vgl. dazu Maurer, FamRZ 1994, 337, 346, der allerdings Bedenken äußert, weil er eine Rechtskrafterstreckung auf das Kind in § 83 DDR-ZPO vermißt
[20] BGH, FamRZ 1982, 365, 366 = R 102a; dagegen mit beachtlichen Erwägungen unter Hinweis auf die zunehmende Kritik im Schrifttum Maurer, FamRZ 1994, 337, 346
[21] Vgl. die überzeugende Begründung von Adlerstein/Wagenitz, FamRZ 1990, 1300, 1303

vertrag nicht eingegriffen werden, so daß nicht das Rechtsanwendungsgesetz der DDR (RAG) heranzuziehen, sondern auf die von der höchstrichterlichen Rechtsprechung in den alten Bundesländern entwickelten Grundsätze zurückzugreifen ist, unabhängig davon, ob ein Gericht in den alten oder den neuen Bundesländern entscheidet.[22] Soweit in den Erläuterungen des Gesetzgebers zu Art. 234 § 1 EGBGB (BT-Drucks. 11/7817, S. 44) ausgeführt sei, es würde zu einer erheblichen Störung des Rechtsfriedens führen, wenn Unterhaltsansprüche entstünden, mit denen keiner der Ehegatten gerechnet habe, bezieht sich dies nach Meinung des Bundesgerichtshofs auf Fälle, in denen das DDR-Recht nach innerdeutschen (gemeint: bundesdeutschen) Kollisionsrecht überhaupt noch maßgeblich gewesen sei.[23]

Die **Rechtsprechung** des Bundesgerichtshofs **zum innerdeutschen Kollisionsrecht** 652 ist davon ausgegangen, daß denjenigen Deutschen, die als Bürger der DDR in den Schutzbereich der Bundesrepublik gelangten, im familienrechtlichen Bereich alle Rechte zustehen sollten, die der Rechtsordnung der Bundesrepublik entsprachen. Dieser Grundsatz wurde nur durchbrochen, wenn dies im Hinblick auf bestehende oder nachwirkende Beziehungen zum Rechtsbereich der DDR aus Gründen der kollisionsrechtlichen Sachgerechtigkeit geboten war.[24] Solche Beziehungen bestanden hinsichtlich des nachehelichen Unterhalts nicht mehr, wenn **beide Ehegatten ihren gewöhnlichen Aufenthalt in die Bundesrepublik verlegt hatten**.[25] Insofern unterlagen die nachehelichen Unterhaltsansprüche, die in jedem Zeitpunkt, in dem ihre Voraussetzungen vorliegen, neu entstehen,[26] der Wandelbarkeit des Scheidungsfolgenstatuts bei einer Änderung der innerdeutschen Bindungen.[27] Nach Inkrafttreten der Neufassung des Art. 18 EGBGB aufgrund des Gesetzes zur Neuregelung des Internationalen Privatrechts vom 25. 7. 1986 mit Wirkung vom 1. 9. 1986 (Art. 220 I und II EGBGB) war, weil im innerdeutschen Verhältnis keine schwereren Anforderungen gestellt werden konnten als im Verhältnis zum Ausland, im innerdeutschen Kollisionsrecht für den nachehelichen Unterhalt Art. 18 V EGBGB entsprechend anzuwenden mit der Folge, daß das bundesdeutsche Recht schon dann maßgeblich wurde, wenn **mindestens der Unterhaltsschuldner** seinen gewöhnlichen Aufenthalt in das Bundesgebiet verlegt hatte.[28] Diese Schlechterstellung des unterhaltspflichtigen geschiedenen Ehegatten, der nach dem 1. 9. 1986, jedoch vor dem Wirksamwerden des Beitritts der neuen Bundesländer am 3. 10. 1990 in das Bundesgebiet übersiedelt war, stellt im Hinblick auf den sich aus der Rechtsprechung des Bundesgerichtshof ergebenden Wechsel des Unterhaltsstatuts keine Verletzung des verfassungsrechtlichen Grundsatzes des Vertrauenschutzes (Art. 20 III GG) dar.[29]

Ist danach trotz Scheidung der Ehe vor dem 3. 10. 1990 das Unterhaltsrecht des BGB 653 (§ 1569 ff) maßgebend, bestimmt sich das **Maß des Unterhalts gemäß § 1578 I 1 BGB** nach den ehelichen Lebensverhältnissen im Zeitpunkt der Scheidung. Allerdings stellen – jedenfalls wenn beide Ehegatten vor der Vereinigung in das Bundesgebiet übersiedelt sind – die seinerzeitigen allgemeinen Erwerbs und Lebensverhältnisse in der DDR wegen der eingetretenen gesellschaftlichen und wirtschaftlichen Entwicklung keinen geeigneten Anknüpfungspunkt mehr dar. Es ist daher auf diejenigen Lebensverhältnisse abzustellen, die sich ergeben, wenn die persönlichen Verhältnisse der Parteien im Zeitpunkt der Scheidung auf die entsprechenden Verhältnisse **in der Bundesrepublik projiziert** werden[30] Siehe auch Rn 4/249 a.

---

[22] BGH, FamRZ 1994, 160, 161 = R 470 a; bestätigt durch FamRZ 1994, 1582, 1583
[23] BGH, FamRZ 1994, 1582, 1583
[24] BGH, FamRZ 1982, 1189, 1191 = NJW 1983, 279, 280
[25] BGH, FamRZ 1982, 1189, 1191 = NJW 1983, 279, 280
[26] BGH, FamRZ 1982, 259, 260 = R 97 b; FamRZ 1982, 1189, 1191 = NJW 1983, 279, 280
[27] BGH, FamRZ 1982, 1189, 1191 = NJW 1983, 279, 280
[28] BGH, FamRZ 1994, 160, 161 = R 470 b; FamRZ 1994, 824; FamRZ 1994, 1582, 1583; FamRZ 1994,562, 563 = R 474 a; OLG Karlsruhe, FamRZ 199, 370
[29] BVerfG FamRZ 1994, 1453
[30] BGH, FamRZ 1995, 473 = R 492 A

2. Die unterhaltsrechtlichen Vorschriften des Familiengesetzbuchs der DDR zum nachehelichen Unterhalt

654 Das Familiengesetzbuch (FGB) der DDR bleibt bei Scheidung der Ehe in der DDR vor dem Beitritt für diejenigen Ansprüche auf nachehelichen Unterhalt maßgebend, die sich gegen einen Unterhaltspflichtigen richten, der bis zum Wirksamwerden des Beitritts am 3. 10. 1990 seinen gewöhnlichen Aufenthalt im Gebiet der ehemaligen DDR hatte. Dabei gelten **ab 3. 10. 1990** die unterhaltsrechtlichen Vorschriften des **FGB in der Fassung des Gesetzes vom 20. 7. 1990**, das erst am 1. 10. 1990 in Kraft trat, also während des Bestehens der DDR nur zwei Tage Gültigkeit hatte. Da das Gesetz vom 20. 7. 1990 keine Übergangsvorschriften enthält, ist die Neufassung der Bestimmungen, die zwar keine grundlegenden Änderungen, aber gewisse Erweiterungen und Einschränkungen gegenüber dem vorherigen Recht enthalten,[31] ab ihrem Inkrafttreten auch auf Ansprüche auf nachehelichen Unterhalt anzuwenden, die auf einer vor dem 1. 10. 1990 geschiedenen Ehe basieren.[32] Im Gegensatz dazu hatte das 1. EheRG vom 14. 6. 1976 in Art. 12 Nr. 3 II die Regelung getroffen, daß bei Eheleuten, die vor dem 1. 7. 1977 geschieden worden sind, für den nachehelichen Unterhalt das bisherige Recht weitergilt. Das Bundesverfassungsgericht billigte diese Entscheidung des Gesetzgebers mit der der Erwägung, daß dieser sich im Rahmen der ihm zukommenden Gestaltungsfreiheit gehalten hätte, weil sachlich einleuchtende Gründe für die Differenzierung bestünden. Es sei von der begründeten Annahme auszugehen, daß die geschiedenen Eheleute ihre Lebensverhältnisse nach bisherigen Recht eingerichtet hätten.[33] Insoweit dürfte auch der Gesetzgeber der DDR bei dem Gesetz vom 20. 7. 1990, das keine Übergangsvorschrift enthält, seine Gestaltungsfreiheit nicht überschritten haben. Die wirtschaftlichen Verhältnisse in der DDR hatten sich durch die Einführung der Währungsunion mit der Bundesrepublik Deutschland zum 1. 7. 1990 aufgrund des Vertrags vom 18. 5. 1990 grundlegend geändert. Danach waren **Altunterhaltsforderungen**, die nach dem 30. 6. 1990 fällig geworden waren,[34] **im Verhältnis 1:1 umzustellen.**[35] Im übrigen fand eine gewisse Anpassung an die Systematik der Unterhaltstatbestände des Bundesrechts statt (Unterhalt wegen Krankheit, Alter und Betreuung sowie wegen anderer sich aus Entwicklung oder Scheidung der Ehe ergebender Gründe).

655 Soweit über Ansprüche auf nachehelichen Unterhalt aus der Zeit vor dem 1. 10. 1990 zu entscheiden wäre, gälte die vorhergehende Fassung des FGB (vgl. Rn 654). Für Altehen, die vor dem Inkrafttreten des Familiengesetzbuchs am 1. 4. 1976 geschieden worden sind, sind die Übergangsregelungen der § 2 und 7 des Einführungsgesetzes zum FGB vom 20. 12 1965 zu beachten.

Bei der Anwendung des FGB ist allgemein zu berücksichtigen, daß die **Auslegung nach den rechtsstaatlichen Anforderungen des** seit der Vereinigung in Gesamtdeutschland geltenden **Grundgesetzes** geschehen muß (vgl. auch Art. 9 II des Einigungsvertrags vom 31. 8. 1990, dessen Erwägungen als Auslegungsgrundsätze zu verallgemeinern sind).[36] So hat der Bundesgerichtshof ausgeführt, daß § 33 2 FGB (Text Rn 656), der eine Erhöhung des nachehelichen Unterhalts in Abänderungsverfahren nur sehr eingeschränkt zuläßt, im Verhältnis zur Rechtslage in der DDR vor der Wiedervereinigung inzwischen wegen der **Notwendigkeit eines korrigierenden Verständnisses** eine geänderte Bedeutung haben kann mit der Folge, daß die Erhöhung der Unterhaltsrente auch ent-

---

[31] Vgl. Adlerstein/Wagenitz, FamRZ 1990, 1300, 1303; BGH, FamRZ 1993, 43, 44, = NJW-RR 1994, 1474, 1475
[32] BGH, FamRZ 1993, 43, 44 = NJW-RR 1994, 1474, 1475; Adlerstein/Wagenitz, FamRZ 1990, 1300, 1303
[33] BVerf, FamRZ 1978, 173, 176 = NJW 1978, 629, 630
[34] BezG Gera, DTZ 1993, 124; Brüggemann, FamRZ 1992, 280; die anders lautende Verordnung des DDR-Ministerrats vom 3. 7. 1990, welche auch Unterhaltsforderungen aus der Zeit vor dem 1. 7. 1990 im Verhältnis 1:1 anstatt 2:1 umstellen wollte, erging im Widerspruch zum Einigungsvertrag und ist nicht anzuwenden
[35] Vgl. BGH, FamRZ 1994, 372, 373 = R 473 a; BGH FamRZ 1997, 281 = R 509 a
[36] Vgl. Adlerstein/Wagenitz, FamRZ 1990, 1300, 1304

gegen dem früheren Rechtszustand in Betracht kommt.[37] Zur Auslegung des § 33 2 FGB im Abänderungsverfahren siehe Rn 658.

Soweit es bei Anwendung des FGB auf die **Bestimmung des Selbstbehalts** (Eigenbedarfs) des in den neuen Bundesländern lebenden Verpflichteten ankommt, ist die Rechtspraxis der DDR, welche die Opfergrenze mit den Pfändungsfreigrenzen des § 102 II ZPO/DDR gleichsetzte, wegen der Änderung der Rechts- und Lebensverhältnisse kein geeigneter Maßstab mehr. Als Anhalt können vielmehr die derzeitigen Sozialhilfesätze oder die in der Praxis verwendeten Unterhaltstabellen und -leitlinien dienen.[38]

Anders als § 1582 BGB, der dem geschiedenen Ehegatten grundsätzlich Vorrang vor dem neuen Ehegatten einräumt, ordnet § 86 FGB (vgl. Text Rn 656) den **Gleichrang zwischen geschiedenem und neuen Ehegatten sowie Kindern an**.[39]

Die **Vorschriften des FGB** über den nachehelichen Unterhalt mit Verweisungsnormen in der ab 1. 10. 1990 geltenden Fassung. **656**

Unterhalt bei bestehender Ehe (Ausschnitt wegen Verweisungen)

§ 20 (Geltendmachung)
(1) Der Unterhaltsanspruch entsteht mit der Bedürftigkeit des Berechtigten und der Leistungsfähigkeit des Verpflichteten. Der Unterhalt ist monatlich im voraus in Geld zu leisten. Unter Berücksichtigung der Einkommensverhältnisse des Verpflichteten kann ein anderer Zeitraum vereinbart oder vom Gericht festgelegt werden.
(2) Bleibt der Unterhaltsverpflichtete mit seinen Leistungen im Rückstand, so kann der Unterhaltsberechtigte die Zahlung rückwirkend höchstens für ein Jahr gerichtlich geltend machen. Diese Einschränkung gilt nicht, wenn sich der Unterhaltsverpflichtete der Leistung entzogen hat.

§ 21 (Unverzichtbarkeit)
(1) Der Unterhaltsberechtigte kann auf Unterhalt für die Zukunft nicht verzichten.
(2) Kommt der Unterhaltsverpflichtete seiner Zahlungspflicht nicht nach und treten deshalb andere unterhaltspflichtige Verwandte, staatliche Organe oder andere Personen für den Zahlungspflichtigen ein, so geht insoweit der Anspruch auf sie über.

§ 22 (Abänderung des Unterhalts)
(1) Ein rechtskräftiges Urteil, ein Vergleich oder eine sonstige Verpflichtung über die Leistung von Unterhalt kann abgeändert oder aufgehoben werden, wenn sich die für die Bemessung der Höhe und Dauer des Unterhalts maßgeblichen Verhältnisse wesentlich und nicht nur für kurze Zeit geändert haben. Bedürfen Kinder bis zur Vollendung des 8. Lebensjahres bei Erkrankung der Pflege durch den erziehungsberechtigten Elternteil, ist eine Erhöhung des Unterhalts auch für kurze Zeitabschnitte zulässig.
(2) Der Anspruch auf Erhöhung des Unterhalts besteht von dem Zeitpunkt an in dem die Änderung der Verhältnisse dem Unterhaltspflichtigen zur Kenntnis gelangt ist. § 20 Abs. 2 ist entsprechend anzuwenden.
(3) Der Anspruch auf Herabsetzung des Unterhalts besteht von dem Zeitpunkt an, in dem die Änderung der Verhältnisse dem Unterhaltsberechtigten zur Kenntnis gelangt ist. Eine Rückerstattung bereits geleisteter Unterhaltsbeträge findet nicht statt.

Unterhalt geschiedener Ehegatten

§ 29 (Befristete Unterhaltszahlung)
(1) Ist ein geschiedener Ehegatte wegen
1. Krankheit,
2. Alters,
3. häuslicher Betreuung und Erziehung der Kinder, soweit diese von den Eltern vereinbart wurde oder wegen in der Person eines Kindes liegender Gründe notwendig ist, oder
4. anderer sich aus der Entwicklung oder Scheidung der Ehe ergebender Gründe nicht oder nicht vollständig in der Lage, seinen Unterhalt durch eine angemessene Erwerbstätigkeit oder aus sonstigen Mitteln zu bestreiten, hat das Gericht den anderen geschiedenen Ehegatten für

---

[37] BGH, FamRZ 1994, 562, 565 = DTZ 1994, 371, 373; FamzRZ 1995, 544, 546 f. = R 492 b
[38] BGH, FamRZ 1993, 43, 44 = R 456 b
[39] BGH, aaO

eine Übergangszeit, höchstens für die Dauer von zwei Jahren nach Rechtskraft der Scheidung zur Zahlung eines nach den beiderseitigen Verhältnissen angemessenen Unterhalts oder Unterhaltszuschusses zu verpflichten.

(2) Die Unterhaltspflichtung kann auch unbefristet ausgesprochen werden, wenn vorauszusehen ist, daß sich der Unterhaltsberechtigte keinen eigenen Erwerb schaffen kann und wenn unter Berücksichtigung aller Umstände die unbefristete Zahlung zumutbar ist.

(3) Der Antrag auf Unterhalt kann nur im Scheidungsverfahren gestellt werden. Unterhalt kann ausnahmsweise noch danach, jedoch nicht später als zwei Jahre nach Rechtskraft der Scheidung geltend gemacht werden, wenn die ihn rechtfertigenden Gründe erst nach Rechtskraft der Scheidung auftraten oder erkennbar wurden unter Berücksichtigung aller Umstände dem Unterhaltsverpflichteten die Zahlung des Unterhalts oder des Unterhaltszuschusses zugemutet werden kann. In diesen Fällen kann der Unterhalt nur ab dem Zeitpunkt der Aufforderung des Unterhaltsverpflichteten und nicht höher bestimmt werden, als die Lebensverhältnisse des Unterhaltsverpflichteten zum Zeitpunkt der Scheidung es zugelassen hätten.

(4) Die Ehegatten können über die Unterhaltspflicht für die Zeit nach der Scheidung Vereinbarungen treffen.

§ 30 (Entstehung des Anspruchs)
(1) Ein Unterhaltsanspruch besteht nur, wenn die Eheleute vor der Erhebung der Klage mindestens ein Jahr verheiratet waren und zusammengelebt haben oder ein Kind geboren wurde oder besondere Umstände vorliegen.

(2) Hat der Unterhaltsverpflichtete zum Zeitpunkt der Scheidung vorübergehend kein Einkommen, so wird die Unterhaltsverpflichtung dem Grunde nach ausgesprochen. Tritt die Leistungsfähigkeit in der im Scheidungsurteil festgesetzten Zeit ein, so sind Höhe und Beginn der Unterhaltszahlung auf Antrag eines der geschiedenen Ehegatten durch das Gericht festzusetzen. Der Unterhalt ist der Höhe und der Zeit nach schon im Scheidungsurteil zu bestimmen, wenn der Zeitpunkt des Wiedereintritts der Leistungsfähigkeit und ihr Umfang feststeht oder das Verhalten des Unterhaltspflichteten zeigt, daß er sich der Unterhaltspflicht entziehen will.

§ 31 (Fortdauer der Unterhaltszahlung)
Stellt sich heraus, daß die Fortdauer einer befristeten Unterhaltszahlung aus den Gründen des § 29 Abs. 1 erforderlich ist, kann die befristete oder unbefristete Fortdauer der Unterhaltszahlung verlangt werden, wenn sie unter Berücksichtigung aller Umstände dem Unterhaltsverpflichteten zugemutet werden kann. Die Fortdauer ist innerhalb von 6 Monaten nach Ablauf der Frist, für die der Unterhaltsanspruch festgelegt worden war, oder, falls die Unterhaltszahlung über diese Frist hinaus fortgesetzt wurde, nach Einstellung der Zahlungen geltend zu machen. Zu einem späteren Zeitpunkt kann nur die Wiederaufnahme der Unterhaltszahlungen, nicht jedoch die ununterbrochene Fortdauer verlangt werden. Die Wiederaufnahme kann jedoch nur verlangt werden, wenn dafür schwerwiegende Gründe vorliegen und ihre Versagung grob unbillig wäre.

§ 32 (Erlöschen des Unterhaltsanspruchs)
(1) Auf den Unterhalt der geschiedenen Ehegatten finden die Bestimmungen des § 20 Abs. 1 Satz 2 und 3 und des § 21 Abs. 2 Anwendung.

(2) Der Unterhaltsanspruch erlischt mit der Wiederverheiratung des Unterhaltsberechtigten.

§ 33 (Herabsetzung und Erhöhung)
Ändern sich die Umstände, die zur Festsetzung des Unterhalts geführt haben, wesentlich, so hat das Gericht auf Klage, den Wegfall der Unterhaltszahlung oder ihre Herabsetzung zu bestimmen. Eine Erhöhung des Unterhaltsbetrages ist nur zulässig, wenn der Unterhaltsverpflichtete im Zeitpunkt der Scheidung ein sein normales Einkommen wesentlich unterschreitendes Einkommen gehabt hat. Die Bestimmungen des § 22 sind entsprechend anzuwenden.

Unterhalt zwischen Verwandten (nur Rangverhältnisse)

§ 86 (Verhältnis mehrerer Unterhaltsberechtigter)
(1) Sind mehrere Unterhaltsberechtigte vorhanden und ist der Unterhaltsverpflichtete außerstande, allen Unterhalt zu gewähren, so gegen die Kinder und Enkel den Eltern und Großeltern des Unterhaltsverpflichteten vor. Bei mehreren Unterhaltsberechtigten im gleichen Rang ist die verfügbare Unterhaltssumme unter sie entsprechend ihrer Bedürftigkeit zu verteilen.

(2) Der Unterhaltsanspruch des Ehegatten steht dem der Kinder gleich und geht dem der übrigen Verwandten vor, auch wenn die Ehe aufgelöst ist.

3. Abänderung von Entscheidungen der DDR-Gerichte sowie von nach DDR-Recht getroffenen Vereinbarungen über den nachehelichen Unterhalt

Nach dem Einigungsvertrag vom 31. 8. 1990 (Anlage I, Kapitel III, Sachgebiet A, Abschnitt III, Nr. 5 i) finden gegen Entscheidungen, die vor dem Wirksamwerden des Beitritts rechtskräftig geworden sind, die in der ZPO (§ 323, 324, 579 ff) vorgesehenen Rechtsbehelfe statt. Die Voraussetzungen einschließlich der Fristen richten sich nach der ZPO. Die § 10 I Nr. 4 ZPO/DDR, 33 FGG werden insoweit verdrängt.[40] Streitig und vom Bundesgerichtshof[41] offengelassen ist die Frage, ob § 323 ZPO nur für die typisch verfahrensrechtlichen Voraussetzungen gilt, die insbesondere in den Absätzen I und II der Vorschrift geregelt sind, oder ob dies – wenn das DDR-Recht Unterhaltsstatut geblieben ist – auch für Absatz III (Abänderung von Urteilen nur für die Zeit nach Erhebung der Klage) zutrifft. Insoweit enthalten § 22 II und III FGB (Text Rn 656) eigene Regelungen. Da der Bundesgerichtshof schon früher entschieden hat, daß die Regelung des § 323 III ZPO nicht Ausdruck eines Grundsatzes sei, nach dem eine weiter zurückwirkende Abänderung des Urteils mit dem Wesen der Rechtskraft nicht vereinbar wäre, sondern auf Zweckmäßigkeitserwägungen und dem Gesichtspunkt des Vertrauensschutzes beruhe,[42] erscheint konsequent, die Regelung materiell-rechtlich zu qualifizieren und bei Geltung des FGB als Unterhaltsstatut auch dem Gedanken des Vertrauensschutzes beruhenden Absätze II und III des § 22 FGB heranzuziehen. Wenn **Unterhaltsstatut das BGB** ist, gilt ausschließlich § 323 BGB.

§ 33 2 FGB (Text Rn 656) enthält für Abänderungsverfahren, wenn das FGB Unterhaltsstatut geblieben ist, die materiell-rechtlich zu qualifizierende Einschränkung,[43] daß eine Erhöhung des Unterhalts nur in Betracht kommt, wenn der Verpflichtete im Zeitpunkt der Scheidung ein sein normales Einkommen wesentlich unterschreitendes Einkommen gehabt hat. Aufgrund der tiefgreifenden wirtschaftlichen und sozialen Veränderungen, die im Gefolge des Beitrittes in den neuen Bundesländern eingetreten sind, **ist die Vorschrift jedoch so auszulegen, daß die sonst wegen veränderter wirtschaftlicher Ausgangsbedingungen eintretende empfindliche Störung** des Verhältnisses von § 29 II und § 33 2 FGB **vermieden wird**. Die Ausgewogenheit der Unterhaltsregelung wäre nicht mehr gewahrt, wenn die veränderten Kaufkraftverhältnisse unberücksichtigt blieben. Eine Anhebung des Unterhaltsbetrags kommt daher in dem Maße in Betracht, das der nach dem Beitritt eingetretenen Veränderung der wirtschaftlichen Verhältnisse, d. h. dem Anstieg der Einkommen und Lebenshaltungskosten im Beitrittsgebiet entspricht.[44] Dieser nach der marktwirtschaftlichen Entwicklung bemessene Anstieg bildet die Obergrenze der Anpassung. § 33 2 FGB bleibt im Kerngehalt gültig, weil keine Teilhabe an individuellen nachehelichen Einkommensverbesserungen stattfindet.[45]

Für die Abänderung von **Vergleichen** der Eheleute **über den nachehelichen Unterhalt**, die nach § 46 IV 1 ZPO/DDR für ihre Wirksamkeit der Bestätigung im Scheidungsurteil bedurften und nach der bis 30. 9. 1990 geltenden Fassung des § 30 III FGB nur im Scheidungsverfahren getroffen werden konnten, gilt § 323 ZPO, auch wenn im Einigungsvertrag unmittelbar nur die Abänderung von Urteilen angesprochen ist (vgl. Rn 657).[46] Nach welchem **Unterhaltsstatut** die materiellen Abänderungsfragen zu beurteilen sind, entscheidet sich nach dem maßgeblichen innerdeutschen Kollisionsrecht (vgl. dazu Rn 651 und 652).[47]

---

[40] BGH, FamRZ 1993, 43 = R 456a
[41] BGH, aaO
[42] BGH, FamRZ 1986, 43, 44 = NJW 1986, 383, 384
[43] BGH, FamRZ 1995, 544, 546 = R 492b
[44] BGH, FamRZ 1995, 544, 546 f = R 492b
[45] BGH, FamRZ 1995, 544, 547 = R 492b
[46] BGH, FamRZ 1994, 562, 563 = R 474a; FamRZ 1995, 544, 545 = R 492a
[47] BGG, FamRZ 1994, 562, 563 = R 474a; FamRZ 1995, 544, 545 = R 492a

§ 6 Sonderfragen

Die **inhaltlichen Voraussetzungen der Abänderung** sind unabhängig davon, ob das anzuwendende Sachrecht das BGB oder das FGB ist, dem materiell-rechtlichen Grundsatz der **clausula rebus sic stantibus** und dem daraus abgeleiteten Begriff des Wegfalls der Geschäftsgrundlage zu entnehmen.[48] Wegen der Auslegung des § 33 2 FGG (nur sehr eingeschränkte Möglichkeit zur Erhöhung des Unterhaltsbetrags durch Abänderung) unter Berücksichtigung der clausula rebus sic stantibus vgl. Rn 658. Die als **Folge des Beitritts** eingetretene allgemeine Rechtsänderung **stellt** als solche **noch keinen Wegfall der Geschäftsgrundlage dar.**[49]

660–699   *Zur Zeit nicht belegt.*

9. Abschnitt: Darlegungs- und Beweislast sowie tatrichterliche Ermittlung und Schätzung nach § 287 ZPO

I. Zur Darlegungs- und Beweislast

1. Allgemeiner Überblick

700   Grundsätzlich hat jede Partei die Voraussetzungen der ihr günstigen Normen darzulegen und zu beweisen, sofern nichts anderes bestimmt ist oder keine von der Regel abweichende Ausnahmesituation besteht. Nach dieser Grundregel richtet sich auch die Darlegungs- und Beweislast im Unterhaltsrecht.

701
- Der **Unterhaltsberechtigte** ist beweispflichtig für seine **Bedürftigkeit**, für die maßgeblichen Lebensverhältnisse, nach denen sich die Unterhaltshöhe bemißt und für die Tatbestandsvoraussetzungen der Normen, auf die er seinen Unterhaltsanspruch stützt (= Rn 703 f).
- Der **Unterhaltsverpflichtete** hat die Beweislast für die Beschränkung seiner Leistungsfähigkeit und für Einwendungen, z. B. nach § 1579 BGB (= Rn 710 f).
- Wenn und soweit **Regelvorschriften** oder **Erfahrungsregeln** bestehen, hat derjenige die Behauptungs- und Beweislast, der eine von der Regel abweichende Ausnahmesituation behauptet. Zu solchen Regeln zählen auch **Tabellen und Leitlinien der Oberlandesgerichte** (= Rn 713 f).

702
- Eine **Umkehr der Beweislast** tritt ein, wenn die Beweisführung durch den nicht beweisbelasteten Gegner schuldhaft vereitelt oder erschwert wird (= Rn 727 f).
- Soweit die Unterhaltsermittlung unter Abwägung sachlicher Gesichtspunkte nach **billigem Ermessen** vorzunehmen ist, hat jeder diejenigen für die Abwägung erheblichen Tatsachen nachzuweisen, aus denen er Vorteile herleiten kann.
Zur Darlegungs- und Beweislast im Rahmen von fiktiven Einkünften s. Rn 1/431.

2. Zur Darlegungs- und Beweislast des Unterhaltsberechtigten

703   Zur **Bedarfsbemessung**. Unterhaltsberechtigte Ehegatten und Kinder haben die Darlegungs- und Beweislast für alle Tatsachen, nach denen der Unterhaltsanspruch der Höhe nach bemessen wird, d. h. insoweit vor allem auch für die **Einkommens- und Vermögensverhältnisse des Verpflichteten.**

704
- Ein **minderjähriges Kind**, das mehr als den Regelbetrag nach § 1612 a BGB (= Gruppe 1 der Düsseldorfer Tabelle) verlangt,[1] muß darlegen und nachweisen, daß der Ver-

---
[48] BGH, FamRZ 1995, 544, 546 = R 492 b; FamRZ 1997, 281, 283 = R 509 e
[49] BGH, FamRZ 1994, 562, 546 = DTZ 1994, 371, 372
[1] OLG München, FamRZ 1999, 884

9. Abschnitt: Darlegungs- und Beweislast § 6

pflichtete ein entsprechend höheres Nettoeinkommen hat, das die Einordnung in eine höhere Einkommensgruppe der DT rechtfertigt. Ähnliches gilt, wenn ein besonders hoher Bedarf geltend gemacht wird.² Wird jedoch für ein minderjähriges Kind nur der Mindestbedarf verlangt, hat der Verpflichtete darzulegen und zu beweisen, daß er dazu nicht in der Lage ist.³ Nur im vereinfachten Verfahren nach § 645 I ZPO kann das Eineinhalbfache des Regelbetrages ohne nähere Begründung verlangt werden, nicht aber im streitigen Verfahren.⁴ Ein **volljähriges Kind** ist beweisbelastet (Rn 2/455 f).

- Ein berechtigter **Ehegatte** hat die Darlegungs- und Beweislast für die Gestaltung der ehelichen Lebensverhältnisse, nach denen sich sein Unterhaltsanspruch bemißt.⁵ Das gilt auch für die eigenen Einkünfte.⁶

Im Rahmen der **ehelichen Lebensverhältnisse** besteht eine Darlegungs- und Beweislast u. a. zu folgenden Punkten:

- Beim **Trennungsunterhalt** für die Höhe der gegenwärtigen prägenden Einkommensverhältnisse des Verpflichteten und des eigenen prägenden Einkommens und Vermögens (Bruttoeinnahmen und Abzüge).⁷
- Beim **nachehelichen Unterhalt** ist die Höhe der im Zeitpunkt der Scheidung maßgeblichen beiderseitigen Einkommensverhältnisse (Bruttoeinnahmen und Abzüge) nachzuweisen.
- Läßt sich nicht feststellen, daß eine Erwerbstätigkeit des Berechtigten auch ohne Trennung aufgenommen oder ausgeweitet worden wäre, so müssen die daraus erzielten Einkünfte bei der **Bedarfsbemessung** außer Betracht bleiben.⁸
- Trennungsbedingter Mehrbedarf (vgl. 4/418 f) ist konkret darzulegen und zu beweisen, soweit dieser für seinen vollen Unterhalt und für eine Anrechnung nach § 1577 BGB bedeutsam wird.
- Für alle sonstigen Umstände, die für die Bedarfsbemessung im Rahmen des § 1578 BGB bedeutsam werden können.

- Der Meinung, daß sich die Darlegungs- und Beweislast auf den Unterhaltspflichtigen verlagert, wenn nur ein Mindestunterhalt verlangt wird,⁹ kann schon deshalb nicht gefolgt werden, weil es beim Ehegattenunterhalt keinen allgemeinen Mindestbedarf gibt (Rn 4/434).

Die anspruchsvolle und umfangreiche Darlegungslast des Berechtigten wird durch die **Auskunftspflicht** erleichtert. Ohne diese Auskunftspflicht könnte der Berechtigte seiner Darlegungslast, die sich im Rahmen des § 1578 I BGB auch auf die konkreten Einkommensverhältnisse des Verpflichteten bezieht, nicht nachkommen. Näheres zu den Auskunfts- und Vorlegungspflichten Rn 1/561 f. Außerdem muß der **Verpflichtete** Tatsachen, die seinen eigenen Wahrnehmungsbereich betreffen, also auch Behauptungen zu seinen Einkünften, insoweit substantiiert bestreiten und dazu konkrete Darlegungen machen (Genaueres dazu Rn 721 f.).

Zur **Bedürftigkeit**. Wer Unterhalt begehrt, muß stets dartun und beweisen, daß, warum und in welchem Umfang er bedürftig ist. Nach der Rechtsprechung des BGH hat der Berechtigte trotz des Wortlauts des § 1577 BGB, der zu Zweifeln Anlaß geben könnte, wegen des Grundsatzes der wirtschaftlichen Eigenverantwortung die Darlegungs- und Beweislast für seine Bedürftigkeit.¹⁰ Der Berechtigte hat im Rahmen der Bedürftigkeitsprüfung u. a. die Darlegungs- und Beweislast zu folgenden Umständen:

705

706

707

---

² BGH, FamRZ 1983, 473 = R 160 c
³ BGH, FamRZ 1998, 357 = R 515 a. Nur im vereinfachten Verfahren nach § 645 I ZPO kann das Eineinhalbfache des Regelbetrages ohne nähere Begründung verlangt werden, nicht aber im streitigen Verfahren. Ein **volljähriges Kind** ist auch für die Haftungsverteilung unter den Eltern darlegungs- und beweisbelastet (Rn 2/455 f)
⁴ OLG München FamRZ 1999, 884
⁵ BGH, FamRZ 1984, 149 = R 187 c; FamRZ 1983, 352 = R 154 a
⁶ OLG Köln, FamRZ 1998, 1427
⁷ BGH, FamRZ 1983, 352 = R 154 a
⁸ BGH, FamRZ 1984, 149 = R 187 c
⁹ Z. B. OLG Karlsruhe, FamRZ 1997, 1011
¹⁰ BGH, FamRZ 1986, 244, 246 = R 280 b; FamRZ 1984, 988; FamRZ 1983, 150, 152 = R 145 e

708
- Daß er **vom Gegner behauptete Einkünfte nicht hat** und auch nicht erzielen könnte.[11]
- Hat er eigene Einkünfte, muß er deren Höhe sowie die Berechtigung und den Umfang der von ihm geltend gemachten **Abzugsposten** beweisen.
- Der Berechtigte hat den Einwand zu widerlegen, er erbringe einem anderen Partner **Versorgungsleistungen** und müsse sich dafür eine Vergütung anrechnen lassen.[12] Bei Aufnahme eines neuen Partners in seine Wohnung hat er die Höhe des Entgelts für die Wohnungsgewährung und für sonstige Aufwendungen zu beweisen.[13] Gleiches gilt für Art und Umfang sowie Wert der eigenen Versorgungsleistungen.
- Wer behauptet, er könne **wegen seines Alters** keine zumutbare Tätigkeit finden, muß dartun und beweisen, was er im einzelnen in dieser Hinsicht unternommen hat. Unterläßt er dies, ist von einer Erwerbsmöglichkeit auszugehen.[14]

709
- Beansprucht der Berechtigte für Zeiten der **Arbeitslosigkeit** oder sonstiger Erwerbslosigkeit Unterhalt, muß er in nachprüfbarer Weise vortragen, welche Schritte er im einzelnen unternommen hat, um einen zumutbaren Arbeitsplatz zu finden und sich bietende Erwerbsmöglichkeiten zu nutzen.[15] Er muß nachweisen, daß er keinen angemessenen Arbeitsplatz zu finden vermag.[16] Diese Anforderungen dürfen allerdings auch nicht überspannt werden.[17] Grundsätzlich muß jeder Bedürftige beweisen, daß ihn hinsichtlich einer fehlenden Erwerbstätigkeit keine Obliegenheitsverletzung trifft bzw. daß und warum im konkreten Fall keine Erwerbsobliegenheit besteht.[18] Eine Unterhaltsklage ist abzuweisen, wenn bei sachgerechten Bemühungen eine nicht ganz von der Hand zu weisende Beschäftigungschance bestanden hätte.[19] S. dazu auch Rn 1/419, 427.
- Wenn er seine Bedürftigkeit mit **Erwerbsunfähigkeit** rechtfertigt, muß er deren Grund und Umfang im einzelnen vortragen und nachweisen.[20]
- Wer behauptet, **wegen Krankheit** nicht arbeiten zu können, muß beweisen, daß er wegen der Krankheit erwerbsunfähig oder gemindert erwerbsfähig ist und daß er seinerseits alles Notwendige getan hat bzw. tut, um wieder arbeitsfähig zu werden, wie z. B. die Aufnahme und Durchführung einer Therapie bei Krankheit, Alkoholismus oder Rentenneurose.[21] Diese zum Verpflichteten gemachten Ausführungen treffen auch beim Berechtigten zu, der behauptet, aus einem solchen Grund bedürftig zu sein. S. dazu auch Rn 1/432.
- Hat der Berechtigte **Vermögen**, muß er nachweisen, daß der Einsatz des Vermögens für ihn unzumutbar ist. Erhält er ein anlagefähiges Kapital (z. B. aus Zugewinnausgleich), muß er darlegen, auf welche Weise und für welche Zeit er das Kapital verzinslich anlegen wird und daß bzw. warum ihm eine günstigere frühere Anlage nicht zuzumuten ist.[22] S. dazu auch Rn 1/325.
- Zu § 1577 II BGB muß der Berechtigte nachweisen, daß und warum eigene Einkünfte ausnahmsweise nicht oder nur teilweise anzurechnen sind.
- Macht der Bedürftige einen Mehrbedarf, erhöhten Bedarf oder Sonderbedarf geltend, muß er diesen nachweisen, weil ein solcher seine Bedürftigkeit erhöht.[23] Dies gilt vor allem für **krankheitsbedingten Mehrbedarf**. Dieser muß nach Art, Menge und Preis konkret vorgetragen werden; geschieht dies nicht, ist er nach § 287 ZPO zu schätzen.[24] Dazu s. Rn 728.

---

[11] BGH, FamRZ 1995, 291 = R 487 c; FamRZ 1980, 126, 128 = NJW 1980, 393, 395
[12] BGH, FamRZ 1995, 291 = R 487 c
[13] BGH, FamRZ 1983, 150 = R 145 e
[14] BGH, FamRZ 1982, 255 = NJW 1982, 1873
[15] BGH, FamRZ 1986, 244 = R 280 b
[16] BGH, FamRZ 1986, 885 = R 302 a
[17] BGH, FamRZ 1987, 144 = R 314
[18] OLG Hamburg, FamRZ 1985, 290
[19] BGH, FamRZ 1986, 885 = R 302 b
[20] BGH, FamRZ 1986, 244 = R 280 b
[21] OLG Düsseldorf, FamRZ 1985, 310
[22] BGH, FamRZ 1986, 441, 443 = NJW-RR 1986, 682
[23] BGH, FamRZ 1983, 352 = R 154 e
[24] OLG Karlsruhe, FamRZ 1998, 1435

9. Abschnitt: Darlegungs- und Beweislast §6

- Der Berechtigte hat darüber hinaus die Darlegungs- und Beweislast für alle sonstigen Tatbestandsvoraussetzungen einer unterhaltsanspruchsbegründenden Norm, auf die er seinen Anspruch stützt (§§ 1361, 1569 ff., 1601 ff. BGB), so z. B. auch zum Eintritt eines Nachteils im Sinn von § 1575 II BGB.[25]
- Beruft sich der Verpflichtete mit einem unter Beweis gestellten substantiierten Tatsachenvortrag auf berufsbedingte Aufwendungen, kann dies der Entscheidung zugrunde gelegt werden, wenn sich der Berechtigte **mit einfachem Bestreiten begnügt**.[26]

3. Zur Darlegungs- und Beweislast des Verpflichteten

Der Verpflichtete hat die Darlegungs- und Beweislast für seine **Leistungsunfähigkeit**. Macht er geltend, er könne den Unterhaltsbedarf des Berechtigten ohne Gefährdung des eigenen angemessenen Lebensbedarfs nicht bestreiten, so hat er die Voraussetzungen einer begründeten Beschränkung darzulegen und zu beweisen. Beruft er sich dabei auf sein steuerpflichtiges Einkommen, so braucht er zwar nicht sämtliche Belege vorzulegen, durch die gegenüber der Steuerbehörde die behaupteten Aufwendungen glaubhaft zu machen sind. Er muß jedoch seine Einnahmen und behaupteten Aufwendungen im einzelnen so darstellen, daß die allein steuerlich beachtlichen Aufwendungen von solchen, die unterhaltsrechtlich von Bedeutung sind, abgegrenzt werden können. Die allein ziffernmäßige Aneinanderreihung einzelner Kostenarten genügt diesen Anforderungen nicht.[27] 710

Obwohl an sich die **Leistungsfähigkeit** zur Klagebegründung gehören müßte, ist die Beweislast hier aus Zweckmäßigkeitsgründen umgekehrt worden, wie man aus den §§ 1603 I, 1581 BGB und § 59 EheG entnehmen kann. Auch verfassungsrechtlich ist es bedenkenfrei, daß den Verpflichteten die Darlegungs- und Beweislast für seine Leistungsunfähigkeit trifft, weil sie nach § 1603 I BGB als Einwendung ausgestaltet ist.[28] Danach muß der Verpflichtete u. a. darlegen und beweisen: 711

– Die seinen eigenen Bedarf bestimmenden Tatsachen wie Alter, Lebensstellung, Höhe seines Vermögens und Einkommens nebst Verbindlichkeiten, Werbungskosten, Aufwendungen, Betriebsausgaben und sonstige einkommensmindernde Abzugsposten.[29] 712
– Art und Berechtigung einer Erwerbsminderung oder Erwerbsunfähigkeit und seine Bemühungen zu deren Behebung.
– Bemühungen um eine Arbeitsstelle bei Erwerbslosigkeit und Tatsachen zur berechtigten Beendigung eines Arbeitsverhältnisses.[30] Bei Arbeitslosigkeit muß der Unterhaltsverpflichtete die Erfolglosigkeit der Suche nach Arbeit darstellen und dazu nachprüfbar vortragen, was er im einzelnen unternommen hat, um einen neuen Arbeitsplatz zu finden. Dazu gehören Angaben, wann und bei welchem Arbeitgeber er sich beworben hat.[31] Da der Arbeitslose für die Suche nach Arbeit die Zeit aufwenden soll, die ein Erwerbstätiger für seinen Beruf aufwendet, werden monatlich etwa 20 Bewerbungen erwartet.[32]
– Tatsachen, die nach § 1581 BGB eine **Billigkeitsabwägung** zu seinen Gunsten ermöglichen.
– Die Voraussetzungen für eine zeitliche Begrenzung oder Herabsetzung des Unterhalts nach §§ 1373 V, 1578 I 2 BGB.[33]
– Berufsbedingte Aufwendungen.[34] Wer den Aufwand für einen Pkw geltend macht,

---

[25] BGH, FamRZ 1984, 988
[26] BGH, FamRZ 1990, 266 = R 389 a
[27] BGH, FamRZ 1980, 770, 771 = R 38
[28] BVerfG, FamRZ 1985, 143, 146 = R 235; FamRZ 1992, 797 = R 447 a
[29] BGH, FamRZ 1988, 930 = R 368 b
[30] BGH, FamRZ 1986, 244, 246 = R 280 b
[31] BGH, FamRZ 1998, 357 = R 515 b; FamRZ 1996, 345 = R 497 a
[32] OLG Naumburg, FamRZ 1997, 311
[33] BGH, FamRZ 1990, 857 = NJW 1990, 2810 = R 417
[34] BGH, FamRZ 1983, 352 = R 154 c

muß darlegen, daß die Benutzung von billigeren öffentlichen Verkehrsmitteln nicht möglich ist.[35]
- Höhe von durchschnittlichen Aufwendungen zur **Vermögensbildung** in den letzten drei Jahren vor der Trennung.
- Gründe, warum ein erzielbares Einkommen nicht erzielt worden ist.
- Tatsachen und Gründe für eine **rückläufige Entwicklung** der Einkünfte.[36]
- Tatsachen zu einkommensmindernden **Verbindlichkeiten**;[37] Umstände, mit denen der Verpflichtete die unterhaltsrechtliche Erheblichkeit von ihm eingegangenen Verbindlichkeiten begründet.[38]
- Tatsachen für eine gleichrangige Unterhaltsverpflichtung gegenüber einer zweiten Ehefrau.[39]
- Tatsachen zu den **Einwendungen des § 1579 BGB**.[40]
- Darlegungs- und Beweislast eines Abgeordneten zu Art und Höhe konkreter mandatsbedingter Aufwendungen.[41]
- Gründe für den Wegfall der verschärften Unterhaltpflicht nach § 1603 II BGB.[42]
- Gründe für eine Erwerbsobliegenheit der nichtehelichen Mutter im Rahmen eines Unterhaltsanspruches nach § 1615 l BGB.[43]
- Gründe dafür, daß bei einem minderjährigen Kind nicht einmal der Mindestbedarf gedeckt werden kann.[44]

Wegen der Darlegungs- und Beweislast des Verpflichteten zu Wahrnehmungsbereich des Berechtigten betreffen, und zu Negativtatsachen s. Rn 721 f.

4. Zur Regel-Ausnahme-Situation

713 Wenn und soweit Regelvorschriften oder **Erfahrungsregeln** bestehen, hat derjenige die Behauptungs- und Beweislast, der eine von der Regel abweichende Ausnahmesituation behauptet. Weist etwa der Verpflichtete seine Leistungsunfähigkeit nach, ist es Sache des Berechtigten, nachzuweisen, daß ein Fall von „unterhaltsbezogener Leichtfertigkeit" vorliegt, der zur Annahme von fiktiven Einkünften (dazu s. Rn 1/394 f) berechtigt.[45] Zu solchen Regeln zählen auch Tabellen und Leitlinien der Oberlandesgerichte. Dazu BGH-Entscheidungen:

714 Die Darlegungs- und Beweislast für die **Erwerbsobliegenheit einer Mutter**, die ein noch nicht achtjähriges Kind betreut, hat der Vater, weil er eine Ausnahme von einer erfahrungsgemäßen Regel in Anspruch nimmt. Er muß Umstände vortragen, die für eine Erwerbsobliegenheit der Mutter trotz Betreuung des Kindes sprechen.[46] Die pauschale Behauptung, das Kind sei bereits in einem Alter, in dem es in den Kindergarten gehen könne, genügt hierzu nicht. Eine Regel in diesem Sinn ist die Erfahrung, daß ein schulpflichtiges Kind zunächst noch einer verstärkten Beaufsichtigung und Fürsorge bedarf, die nicht auf bestimmte Zeitabschnitte des Tages beschränkt sind. Die gesunde Entwicklung eines Kindes dieser Altersstufe erfordert es in der Regel, daß sich ein Elternteil ihm noch jederzeit widmen kann, was einem Erwerbstätigen etwa bei ausfallenden Schulstunden oder einer Krankheit nicht möglich wäre. Die gleichen Gründe gelten in verstärktem Maß für ein Kindergartenkind.

---

[35] OLG Hamm, FamRZ 1996, 958
[36] BGH, FamRZ 1988, 145 = R 347 e
[37] BGH, FamRZ 1988, 930 = R 368 b; FamRZ 1992, 797 = R 447 a
[38] BGH, FamRZ 1990, 283, 287 = R 400 c
[39] BGH, FamRZ 1988, 930 = R 368 b
[40] BGH, FamRZ 1991, 670 = R 431 b; FamRZ 1982, 463 = R 104 c
[41] BGH, FamRZ 1986, 780, 781 = R 280 b
[42] OLG Hamm, FamRZ 1998, 983
[43] OLG Hamm, FamRZ 1998, 1254
[44] BGH, FamRZ 1998, 357 = R 515 a
[45] OLG Düsseldorf, FamRZ 1994, 926; a. A. OLG Hamm, FamRZ 1994, 755
[46] BGH, FamRZ 1983, 456, 458 = R 158; bestätigt durch BGH, FamRZ 1998, 1501 = R 521 a

9. Abschnitt: Darlegungs- und Beweislast § 6

Zur Beurteilung der **Zumutbarkeit** einer Berufstätigkeit der Mutter gehört die Darlegung, daß sie neben der Kinderbetreuung in zumutbarer Weise ihren vollen Unterhalt selbst verdienen könnte sowie Angaben zu den wirtschaftlichen Verhältnissen des Unterhaltsverpflichteten, weil sich selbst bei Bejahung einer Erwerbsobliegenheit ein Aufstockungsunterhalt ergeben könnte.[47]

715

Im Rahmen der Prüfung der Voraussetzungen des § 1570 BGB kann nach Heranwachsen des Kindes in die Altersstufe von etwa 16 Jahren im allgemeinen davon ausgegangen werden, daß ein weiterer Aufschub der Aufnahme einer vollen Erwerbstätigkeit durch den betreuenden Elternteil nicht mehr gerechtfertigt ist. Wer eine Ausnahme von dieser auf der Lebenserfahrung beruhenden Regel für sich in Anspruch nimmt, hat die hierfür erforderlichen Voraussetzungen darzulegen und notfalls zu beweisen.[48]

716

Beim **Trennungsunterhalt** richtet sich die Anspruchshöhe im Regelfall nach den gegenwärtigen Einkommensverhältnissen. Deshalb hat der Berechtigte für diese die Darlegungs- und Beweislast. Für den Ausnahmefall einer **unerwarteten, vom Normalverlauf erheblich abweichenden Entwicklung** seit der Trennung ist der **Pflichtige** darlegungs- und beweispflichtig, wenn er hieraus Rechte herleiten will. Er muß darlegen, daß und warum seine derzeitige berufliche Stellung auf einer im Zeitpunkt der Trennung unerwarteten Entwicklung bestehe und nicht schon während des Zusammenlebens der Parteien angelegt gewesen sei und auf welchen Umständen sein seitheriger beruflicher Aufstieg beruhe.[49]

717

Beruft sich der auf Barunterhalt in Anspruch genommene Elternteil darauf, **daß der andere**, das Kind betreuende Elternteil im Hinblick auf seine günstigen wirtschaftlichen Verhältnisse **zum Barunterhalt beizutragen habe**, so trägt er die Beweislast dafür, daß die Einkommens- und Vermögensverhältnisse des anderen Elternteils dessen Heranziehung zum Barunterhalt rechtfertigen.[50] Im Hinblick auf § 1606 III 2 BGB, wonach der das Kind betreuende Elternteil durch seine persönliche Fürsorge seine Unterhaltspflicht vollständig erfüllt, entspricht die Inanspruchnahme des anderen Elternteils auf Barunterhalt regelmäßig auch dem Grundsatz anteiliger Haftung beider Elternteile. Damit macht das Kind weder eine Abweichung vom Grundsatz des § 1601 BGB geltend (= Inanspruchnahme des primär Verpflichteten) noch von dem Grundsatz der Gleichwertigkeit von Barunterhalt und Betreuungsleistung nach § 1606 III 2 BGB. Vielmehr macht der barunterhaltspflichtige Elternteil mit seiner Behauptung eine Abweichung vom Grundsatz des § 1606 III 2 BGB geltend (er meint, trotz dieser Bestimmung müsse Barunterhalt gezahlt werden), weshalb er die Voraussetzungen seiner Behauptung zu beweisen hat. Daß es dem unterhaltsberechtigten Kind häufig leichter möglich sein mag als dem Barunterhalt leistenden Elternteil, die wirtschaftlichen Verhältnisse des anderen Elternteils darzulegen, rechtfertigt keine abweichende Beurteilung.

718

Solange sich Unterhaltsforderungen an Bedarfsermittlungen anlehnen, wie sie nach Erfahrungswerten aufgestellten Unterhaltstabellen und Richtlinien zugrunde liegen, werden an die Darlegungslast im Unterhaltsprozeß keine besonderen Anforderungen gestellt. Wenn der Berechtigte aber im Blick auf eine weiter gehende Leistungsfähigkeit einen **erhöhten Bedarf geltend macht**, muß er im einzelnen darlegen und beweisen, worin dieser Bedarf besteht und welche Mittel zu seiner Deckung im einzelnen erforderlich sind.[51]

719

Der Unterhaltsberechtigte hat die Beweislast für die **mangelnde Leistungsfähigkeit des vorrangig Verpflichteten**, wenn er einen nachrangig Verpflichteten in Anspruch nimmt. Dies liegt darin begründet, daß sich der Berechtigte mit dem Wegfall der Unterhaltspflicht des primär Verpflichteten auf eine Abweichung von dem in § 1601 BGB aufgestellten Grundsatz beruft, für deren Voraussetzungen er die Beweislast trägt.[52]

720

---

[47] BGH, FamRZ 1983, 996 = R 178 b
[48] BGH, FamRZ 1985, 50 = NJW 1985, 429
[49] BGH, FamRZ 1983, 352 = R 154 a
[50] BGH, FamRZ 1981, 347 = R 67 a; OLG Nürnberg, FamRZ 1988, 981, 982
[51] BGH, FamRZ 1993, 473 = R 160 c
[52] BGH, FamRZ 1981, 347 = R 67 a

5. Negativtatsachen und substantiiertes Bestreiten von Tatsachen aus dem eigenen Wahrnehmungsbereich

721 Im Unterhaltsrecht besteht oftmals eine Darlegungs- und Beweislast zu sogenannten Negativtatsachen oder zu Tatschen, die nur der Prozeßgegner genauer kennen und aufklären kann. So muß z. B. der Verpflichtete im Rahmen des § 1579 Nr. 6 BGB darlegen, daß und warum dem anderen Ehegatten ein offensichtlich schwerwiegendes, einseitig bei diesem liegendes Fehlverhalten zur Last fällt. Der berechtigte Ehegatte muß darlegen, welche Einkünfte und Vermögensverhältnisse des Verpflichteten die ehelichen Lebensverhältnisse geprägt haben und weiter prägen, obwohl die genauen Verhältnisse nur dem Verpflichteten bekannt sind, oder er muß darlegen, daß er selbst keine anzurechnenden Einkünfte hat.

722 Bei einer Darlegungslast zu Tatsachen, die zum **Wahrnehmungsbereich des anderen** gehören, genügt es nach der Rechtsprechung des BGH, wenn solche Tatsachen **behauptet werden** und darauf hingewiesen wird, daß eine genauere Kenntnis zu diesen Tatsachen nur der Prozeßgegner hat und daß diesem entsprechende Angaben zuzumuten sind. Dem Prozeßgegner ist es dann im Hinblick auf die ihm nach § 242 BGB obliegende unterhaltsrechtliche Auskunftspflicht zuzumuten, sich zu diesen Behauptungen näher zu äußern. Er muß substantiiert bestreiten, d. h. einen eigenen klärenden Tatsachenvortrag aus dem eigenen Wahrnehmungsbereich bringen. Ein einfaches Bestreiten genügt nicht. Unterläßt er eine solche, ihm nach den Umständen zumutbare Substantiierung, so gelten die Tatsachenbehauptungen seines Gegners nach § 138 III ZPO als zugestanden.[53] Wurde etwa in der Klage gegen einen Selbständigen nachvollziehbar dargelegt, daß er über monatliche Einkünfte von 5000,– DM verfügt, kann diese Behauptung als unstreitig behandelt werden, wenn der Beklagte nur bestreitet und nicht anhand seiner Gewinn- und Verlustrechnungen darlegt, daß ihm das behauptete Einkommen nicht zur Verfügung steht (s. auch Rn 1/148).

723 Ein ausreichendes substantiiertes Bestreiten liegt daher nur vor, wenn z. B. ein bilanzierender Unternehmer für die maßgeblichen Jahre **seine Bilanzen sowie Gewinn- und Verlustrechnungen vorlegt**.[54] Dann ist es wieder Sache des Darlegungspflichtigen, konkrete Positionen (z. B. bestimmte Ausgaben) zu bestreiten und eine weitere Klärung zu verlangen. Diesem Begehren muß entsprochen werden, weil auch hierzu die näheren Umstände im Wahrnehmungsbereich des anderen liegen. S. auch Rn 1/132 und Rn 1/148.

724 Bei einer Darlegungslast zu sogenannten **Negativtatsachen** gilt ähnliches. Der BGH hat einen entsprechenden Fall zu § 1579 Nr. 4 a. F. BGB entschieden.[55] Danach hatte der Verpflichtete die tatsächlichen Voraussetzungen des § 1579 I 4 BGB, einer rechtsvernichtenden Einwendung, darzulegen und zu beweisen, wozu grundsätzlich gehört, das Vorbringen der Gegenseite, das im Fall der Richtigkeit gegen die Annahme einer groben Unbilligkeit sprechen würde, **zu widerlegen**. Soweit der Verpflichtete ein derartiges Vorbringen nur in Abrede stellen kann, sind an die Substantiierung seiner Darlegungen nach dem auch das Prozeßrecht beherrschenden Grundsatz von Treu und Glauben keine hohen Anforderungen zu stellen, da es sich im wesentlichen um die Behauptung sogenannter negativer Tatsachen handelt.[56] Wenn nach der Art der Vorwürfe des anderen eine weitere Substantiierung nicht möglich oder zumutbar ist, genügt das Bestreiten, und es ist Sache des Gegners, entsprechende Beweise für seine Behauptungen anzubieten.

725 Ähnliches gilt, wenn der Verpflichtete behauptet, der Berechtigte habe **bedürftigkeitsmindernde Einkünfte** aus einer Erwerbstätigkeit. Wenn dies nicht stimmt, kann der Berechtigte diese Behauptung trotz seiner Darlegungslast zur Bedürftigkeit nur bestreiten. Nunmehr muß der Verpflichtete im einzelnen darlegen und nachweisen, warum seine Behauptung richtig ist. Der Berechtigte muß dann den neuen Vortrag widerlegen.

---

[53] BGH, FamRZ 1987, 259 = R 312 b
[54] BGH, FamRZ 1987, 259 = R 312 b
[55] BGH, FamRZ 1982, 463 = R 104 c
[56] BGH, FamRZ 1982, 463 = R 104 c

6. Darlegungs- und Beweislast bei Abänderungsklagen

Im Abänderungsverfahren nach § 323 ZPO hat der Abänderungskläger die Darlegungs- und Beweislast für eine wesentliche Veränderung der Umstände, die für die Unterhaltsfestsetzung im vorausgegangenen Verfahren maßgeblich waren.[57] Dies gilt auch für Tatsachen, die im früheren Prozeß der Gegner zu beweisen hatte,[58] sofern es sich in dem Abänderungsverfahren noch um denselben anspruchsbegründenden Sachverhalt handelt. Soweit jedoch bestimmte Tatsachen in der Sphäre des Abänderungsbeklagten liegen und der Kläger hierzu keinen Zugang hat, genügt es, wenn er das ihm in zumutbarer Weise Erkennbare vorträgt. Der Beklagte hat dann diesen Vortrag konkret zu widerlegen.[59] Näher dazu s. Rn 721 f. Stützt dagegen der Berechtigte in dem Abänderungsverfahren seinen Anspruch auf eine andere Anspruchsgrundlage (z. B. auf § 1573 I BGB statt auf § 1570 BGB), so obliegt ihm auch in dem neuen Verfahren nach den allgemeinen Grundsätzen die uneingeschränkte Darlegungs- und Beweislast für den neuen anspruchsbegründenden Lebenssachverhalt.[60]

726

7. Zur Umkehr der Beweislast

Eine Umkehr der Beweislast kann angenommen werden, wenn eine Partei die Beweisführung, insbesondere die Benutzung eines Beweismittels, durch den Gegner schuldhaft vereitelt oder erschwert.[61] Eine solche Behinderung der gegnerischen Beweisführung kann nicht schon angenommen werden, wenn einer Partei angelastet wird, sie habe sich eines Verstoßes gegen die prozessuale Wahrheitspflicht schuldig gemacht, indem sie sich in ihren Schriftsätzen teilweise unwahrhaftig oder unvollständig erklärt oder widersprüchliche Angaben gemacht habe. Ein derartiges Verhalten kann bei ihr im Rahmen der freien Beweiswürdigung und Überzeugungsbildung des Gerichts nach § 286 I 1 ZPO gebührend berücksichtigt werden.[62]

727

II. Zur tatrichterlichen Ermittlung und Schätzung nach § 287 ZPO

1. Zur Anwendung des § 287 ZPO im Unterhaltsverfahren

§ 287 II ZPO ist auch im Unterhaltsprozeß anzuwenden. Es liegt eine vermögensrechtliche Streitigkeit im Sinn dieser Bestimmung vor, bei der die vollständige Aufklärung aller für die Höhe der Forderung maßgeblichen Umstände mit unverhältnismäßigen Schwierigkeiten verbunden sein kann. Deshalb kann Veranlassung zu einer richterlichen Schätzung bestehen.[63]

728

Dies gilt sowohl hinsichtlich des **gesamten Einkommens** bei unvollständigen und zweifelhaften Angaben als auch zu einzelnen Posten des anrechnungsfähigen Einkommens, zu Abzugsposten, Bedarfsposten, vor allem zum konkreten Mehrbedarf sowie zu behaupteten Mehraufwendungen. Die Entscheidungen des BGH sind vor allem zum Mehrbedarf und zum Mehraufwand ergangen sowie zum trennungsbedingten Mehrbedarf. Auch mandatsbedingte Aufwendungen eines Abgeordneten können nach § 287 II ZPO geschätzt werden und von der Kostenpauschale abgezogen werden. Außerdem kann

729

---

[57] BGH, FamRZ 1987, 259 = R 312a; eingehend dazu Graba, Die Abänderung von Unterhaltstiteln, 2. Aufl., Rn 28, 271, 295, 298
[58] OLG Zweibrücken, FamRZ 1981, 1102
[59] OLG Koblenz, FamRZ 1998, 565
[60] OLG Zweibrücken, FamRZ 1986, 811
[61] BGH, FamRZ 1981, 347, 349 = R 67 b; NJW 1980, 887
[62] BGH, FamRZ 1981, 347, 349 = R 67 b
[63] BGH, FamRZ 1986, 885 = R 302a; FamRZ 1981, 1165 = R 84a; FamRZ 1981, 338 = R 66; FamRZ 1984, 149, 151; FamRZ 84, 151, 153; u. a.

auch dem Geheimhaltungsinteresse des Abgeordneten mit den Mitteln des § 287 II ZPO Rechnung getragen werden.[64]

730 Auch **Bedarfspositionen** auf seiten des Berechtigten sind einer Schätzung zugänglich. Ferner kann die Höhe **fiktiver Einkünfte**, wie sie bei der Bemessung des Unterhalts sowohl auf seiten des Berechtigten als auch des Verpflichteten einzustellen sein können, im allgemeinen nur im Weg einer Schätzung ermittelt werden.[65]

731 Im Rahmen der Bedarfsbemessung kann der Tatrichter den nach §§ 1361, 1578 BGB bei der Beurteilung der ehelichen Lebensverhältnisse festzulegenden Unterhaltsmaßstab im allgemeinen nur im Weg der Schätzung gemäß § 287 II ZPO ermitteln.[66]

732 Ferner ist § 287 ZPO anwendbar im Abänderungsverfahren bei der Feststellung der wesentlichen Grundlagen des abzuändernden Titels und den behaupteten veränderten neuen Verhältnissen sowie deren Auswirkungen.[67]

2. Zur Schätzung nach § 287 ZPO

733 Die Schätzung nach § 287 II BGB erfolgt unter Würdigung aller maßgeblichen Umstände nach freier tatrichterlicher Würdigung, wobei auch allgemeine Erfahrungssätze zu Hilfe genommen werden können.[68] Dabei ist je nach den Umständen des Falles eine großzügige Beurteilung geboten, wenn und soweit es dem Beschädigten nicht zumutbar ist, seine besonderen Mehraufwendungen spezifiziert darzulegen. Diese Voraussetzungen sind vor allem dann gegeben, wenn die Art einer Beschäftigung eine genaue Trennung des allgemeinen Lebensbedarfs und des schädigungsbedingten Mehrbedarfs erschwert.[69]

734 Im Rahmen einer Schätzung des schädigungsbedingten Mehraufwands bei einer Grundrente hat der Tatrichter zu erwägen, ob und inwieweit bei der Anerkennung eines Mehraufwands auch der ideelle Zweck einer Grundrente besonders mitzuberücksichtigen ist.[70]

735 Unerfreulichen und wirtschaftlich wenig ergiebigen Streitigkeiten kann der Tatrichter dadurch begegnen, daß er im Einzelfall die Darlegungs- und Beweisregeln – insbesondere im Rahmen des § 287 ZPO – zu einer auch dem wirtschaftlichen Gewicht des jeweiligen Streitpunktes angemessenen Weise handhabt.[71] Hier bestehen jedoch enge Grenzen. Hat etwa eine Bedienung unter Beweis gestellt, daß sie nur 60–80 DM im Monat als Trinkgeld erhält, darf das Gericht nicht einfach pro Arbeitstag 10 DM, also 220 DM im Monat nach § 287 II ZPO schätzen.[72] Voraussetzung für eine Einkommensschätzung nach § 287 II ZPO ist, daß die weitere Aufklärung konkret aufgetretener Zweifel unverhältnismäßig schwierig ist und zu dem Umfang der Unterhaltsforderung in keinem Verhältnis steht.[73]

3. Zu den Schätzungsvoraussetzungen

736 Voraussetzung für eine Schätzung nach § 287 II ZPO ist, daß bei Streit über die Unterhaltshöhe die völlige Aufklärung unverhältnismäßig schwierig ist im Vergleich zur Bedeutung der gesamten Forderung oder eines Teils der Unterhaltsforderung. Der Richter entscheidet nach freier Überzeugung. Dabei darf er in zentralen Fragen allerdings nicht

---

[64] BGH, FamRZ 1986, 780 = R 301 b
[65] BGH, R 302 a; FamRZ 1984, 662 = R 211 a
[66] BGH, FamRZ 1988, 256 = R 355 d
[67] BGH, FamRZ 1979, 694, 696 = R 28
[68] BGH, FamRZ 1984, 662 = R 211 a; FamRZ 1984, 149, 151; FamRZ 1984, 151, 153 = NJW 1984, 294, 296; FamRZ 1983, 456, 458 = NJW 1983, 1427, 1429; FamRZ 1983, 886 = NJW 1983, 2321; FamRZ 1982, 255, 257 = NJW 1982, 1873, 1875; FamRZ 1981, 338 = R 66
[69] BGH, FamRZ 1981, 1165 = R 119 b
[70] BGH, FamRZ 1981, 338 = R 117 b
[71] BGH, FamRZ 1984, 144 = R 190
[72] BGH, FamRZ 1991, 182, 184 = R 430 c
[73] BGH, FamRZ 1993, 789, 792 = R 460 b

auf fachliche Kenntnisse verzichten, die nach Sachlage unerläßlich sind. Darüber hinaus sind angebotene Beweise nicht zu erheben. Der Richter muß aber das Parteivorbringen würdigen und die Ablehnung von angebotenen Beweisen begründen. In der Entscheidung müssen die tatsächlichen Grundlagen der Schätzung und deren Auswertung in objektiv nachprüfbarer Weise angegeben werden. Zumindest müssen die Grundlagen einer Schätzung dargelegt werden. Fehlt dem Gericht eine eigene Sachkunde, muß ein angebotenes Sachverständigengutachten eingeholt werden.[74]

Zur Zeit nicht belegt. 737–749

10. Abschnitt: Ansprüche der Mutter oder des Vaters eines nichtehelichen Kindes gegen den anderen Elternteil und damit zusammenhängende Ansprüche

I. Allgemeines

Die **Ansprüche der Mutter eines nichtehelichen Kindes** gegen dessen Vater stellen einerseits einen Ausgleich dar für die besonderen physischen und psychischen Belastungen der Mutter durch die nichteheliche Schwangerschaft, insbesondere in der kritischen Phase vor und nach der Entbindung,[1] andererseits sollen sie indirekt helfen, die gedeihliche Entwicklung des Kindes zu fördern.[2] Bereits die ursprüngliche Fassung des BGB sah einen derartigen, allerdings sehr eingeschränkten Anspruch der Mutter vor. Die Ansprüche wurden inzwischen immer mehr ausgeweitet, Zuletzt wurde zunächst die in § 1615 l II 3 BGB bestimmte Unterhaltsbefristung auf die Zeit von früher 1 Jahr ab Entbindung durch das Schwangeren- und Familienhilfeänderungsgesetz vom 21. 8. 1995 (BGBl I S. 1050) mit Wirkung vom 1. 10. 1995 auf 3 Jahre ab Entbindung verlängert. Inzwischen ist § 1615 l II 3 BGB durch das Kindschaftsreformgesetz vom 16. 12. 1997 (BGBl I S. 2942) mit Wirkung vom 1. 7. 1998 dahin abgeändert worden, daß sich die Unterhaltspflicht über die 3-Jahresfrist hinaus verlängert, »sofern es ... grob unbillig wäre, einen Unterhaltsanspruch nach Ablauf dieser Frist zu versagen«.[3] Ganz neu hat das Kindschaftsreformgesetz durch § 1615 l V einen **Anspruch des nichtehelichen Vaters auf Betreuungsunterhalt gegen die Mutter** (§ 1615 l II 2 BGB) eingeführt, falls er das Kind betreut. **In der bisherigen Praxis** haben die Ansprüche nach dem früheren § 1615 k I BGB (nun § 1615 l I 2 BGB) auf Erstattung von Entbindungskosten und nach § 1615 l I u. II BGB auf zeitlich begrenzten Unterhalt sowie der Anspruch nach § 1615 m BGB auf Übernahme der Beerdigungskosten **nur** eine **geringe Rolle** gespielt, weil sie teilweise nur subsidiär waren (der frühere § 1615 k I BGB) oder sind (§ 1615 m BGB) bzw. – soweit sie von der Bedürftigkeit der Mutter abhängen – zeitlich stark eingeschränkt galten.[4] Wegen des Wegfalls der Subsidiarität beim Anspruch auf Erstattung von Entbindungskosten siehe Rn 751 u. 758.
Hierher gehören auch der Ansprüche der geschiedenen Ehefrau, die ein **nichteheliches Kind vom geschiedenen Ehemann** hat und betreut.[5] 750

Das Kindschaftsreformgesetz vom 16. 12. 1997 (BGBl I 2942) hat mit Wirkung vom 1. 7. 1998 durch Änderung des GVG (§ 23 b I Nr. 13) und der ZPO (§ 621 I Nr. 11) für die 751

---
[74] BGH, FamRZ 1990, 283, 287 = R 400 f
[1] BGH, FamRZ 1998, 541, 542 = R 520 a
[2] Vgl. Brüggemann, FamRZ 1971, 140 f
[3] Zur Gesetzesgeschichte vgl. Büdenbender, FamRZ 1998, 129; kritisch zu immer weiteren Ausdehnung der Ansprüche: Dieckmann, FamRZ 1999, 1029, 1034
[4] Göppinger/Wax-Maurer, Unterhaltsrecht, 6. Aufl. Rn 944
[5] BGH, FamRZ 1998, 426 = R 519 a

§ 6   Sonderfragen

gerichtliche Geltendmachung der Ansprüche nach §§ 1615 l und 1615 m BGB die **Zuständigkeit des Familiengerichts** mit Rechtsmittelzug zum Oberlandesgericht (§ 119 I Nr. 1 u. 2 GVG) eingeführt. Aufgrund des Kindesunterhaltsgesetzes vom 6. 4. 1998 (BGBl I 666) wird der **Anspruch** der Mutter **auf Erstattung von Entbindungskosten** (früher § 1615 k BGB) nicht mehr durch eine eigene Vorschrift geregelt, sondern bei gleichzeitigem Wegfall seiner Subsidiarität im Wege einer Ergänzung des § 1615 l I durch einen Satz 2 als **Unterfall des Unterhaltsanspruchs der Mutter** behandelt, so daß er nach dem Willen des Gesetzgebers (Bundestagsdrucksache 13/7338, S. 32) nunmehr auch den Voraussetzungen der Bedürftigkeit und Leistungsfähigkeit unterliegt (siehe Rn 758). Wegen der **prozessualen Übergangsfragen** siehe Art. 15 § 1 des Kindeschaftsreformgesetzes (BGBl I 1997, 2942, 2966).

752   Die Ansprüche der Mutter richten sich gegen den Vater des nichtehelichen Kindes (oder dessen Erben – § 1615 n S. 1 BGB). Ausnahmsweise kann sich der Anspruch als Betreuungsunterhaltsanspruchs des Vaters gegen die Mutter (§ 1615 l II 2, V BGB) richten. Die Ansprüche **setzen** – außer beim Antrag auf Erlaß einer einstweiligen Verfügung gemäß § 1615 o I u. II BGB und abgesehen vom Fall einer Fehl- bzw. Totgeburt (vgl. § 1615 n S. 2 BGB) – **die rechtswirksame Feststellung der Vaterschaft** für und gegen alle durch gerichtliche Entscheidung oder Anerkennung **voraus** (§ 1600 d IV mit § 1592 Nr. 2 u. 3 BGB). Bei Fehl- oder Totgeburt wird – falls vorhanden – die schon vor der Geburt (§ 1594 IV BGB) mit der notwendigen Zustimmung der Mutter (§ 1595 I i.V.m. § 1594 IV BGB) erklärte Anerkennung insoweit als wirksam behandelt werden können, als es um die Geltendmachung der ungeachtet der fehlenden Lebendgeburt verbliebenen Ansprüche (vgl. § 1615 n BGB) geht. Im übrigen müßte die Vaterschaft inzident mit Hilfe der Vaterschaftsvermutung des § 1600 d II u. III BGB festgestellt werden, wobei allerdings bei einer Fehlgeburt[6] und wohl auch bei einer Totgeburt[7] keine gesetzliche Empfängniszeit feststünde.

753   **Echte Unterhaltsansprüche**, auf welche die Vorschriften des Verwandtenunterhalts entsprechend anzuwenden sind und welche gemäß § 91 BSHG auf den Träger der Sozialhilfe übergehen können, sind **die auf Unterhaltsleistung gerichteten Ansprüche aus § 1615 l I und II BGB**, während der Anspruch nach § 1615 m BGB auf Übernahme von Beerdigungskosten vom Gesetz, das insoweit anders als in § 1615 l III BGB nicht auf die Vorschriften des Verwandtenunterhalts verweist, nach der herrschenden Meinung als normale Forderung zu behandeln ist, die im Gegensatz zu Unterhaltsforderungen als zusätzliche Tatbestandsvoraussetzungen weder die Bedürftigkeit der Berechtigten (§ 1602 I BGB) noch die Leistungsfähigkeit des Verpflichteten (§ 1603 I BGB) verlangt.[8] Dementsprechend wird in § 850 d I 1 ZPO (Pfändbarkeit bei der Durchsetzung von Unterhaltsansprüchen) auch nur § 1615 l BGB genannt. Allein dessen Ansprüche erlöschen mit Tod des/der Berechtigten (§ 1615 I BGB).

754   Anders als im Verwandtenunterhalt (§ 1615 I BGB) **erlöschen die Ansprüche**, auch soweit sie Unterhaltsansprüche sind, **bei Tod** des pflichtigen Vaters oder der pflichtigen Mutter nicht (§ 1615 l III 5 BGB), sondern **richten sich gegen die Erben**. § 1615 n S. 1 BGB stellt darüber hinaus für sämtliche Ansprüche klar, daß dies auch **gilt, falls der Vater vor der Geburt** des Kindes **verstorben** ist. Wegen der entsprechenden Anwendung des § 1615 l III 5 BGB auf den **Anspruch des Vaters auf Betreuungsunterhalt** (§ 1615 l V 2 BGB) gilt dies auch für den Fall, daß die Mutter bei oder nach der Geburt stirbt und der schon vor Geburt durch Anerkennung (vgl. Rn 752) mit nachfolgender Zustimmung des Kindes (§ 1595 II BGB) oder nach Geburt gemäß § 1600 e I BGB durch Entscheidung des Familiengerichts festgestellte Vater die Betreuung übernimmt. Zwar bezieht sich

---

[6] Brüggemann, FamRZ 1971, 140, 142
[7] MünchKomm/Köhler, Rn 6 zu § 1615 n
[8] MünchKomm/Köhler, Rn 2 vor § 1615 k; Staudinger-Eichenhofer, BGB 13. Aufl., Rn 7 zu § 1615 k und 3 zu § 1615 m; Göppinger/Wax-Maurer, Unterhaltsrecht, 6. Aufl., Rn 946; jeweils zu § 1615 k BGB; AG Limburg, FamRZ 1987, 1192; AG Göttingen FamRZ 1988, 1204; LG Bremen, FamRZ 1993, 107; Soergel-Häberle, BGB 12. Aufl., Rn 3 zu § 1615 k; siehe aber auch Zöller-Philippi, ZPO, 21. Aufl., Rn 2 u. 3 zu § 643 zur inkonsequenten Regelung des § 643 I ZPO

10. Abschnitt: Ansprüche der Mutter oder des Vaters § 6

§ 1615 n I S. 1 BGB an sich nur auf den Anspruch der Mutter, es handelt sich hier aber lediglich um einen gesetzestechnischen Mangel, weil die Intention des Gesetzgebers, wie die übrigen Regelung zeigt, eindeutig auf eine Gleichstellung der Ansprüche des jeweiligen Elternteils hinausläuft.[9] Problematisch erscheint, daß der Unterhaltsanspruch nach § 1615 l II BGB rein formal der Höhe nach unbegrenzt sowie in Ausnahmefällen auch langfristig gegen die Erben geltend gemacht werden kann. Während der Anspruch des geschiedenen Ehegatten nach § 1586 b I 3 BGB der Höhe nach auf den Wert des fiktiven Pflichtteils beschränkt ist, fehlt hier eine solche Beschränkung für den mit dem verstorbenen Pflichtigen nicht verheiratet gewesenen Elternteil.[10] Dies hängt mit der Entstehungsgeschichte des Anspruchs der Mutter gegen den Erzeuger zusammen. Der sehr beschränkte Anspruch nach § 1715 BGB a.F. wurde bei Einführung des BGB nicht als Unterhaltsanspruch, sondern als Entschädigungsanspruch eigener Art aufgefaßt, Für den – gewissermaßen selbstverständlich – die allgemeinen Vorschriften für die aktive und passive Vererblichkeit galten. Bei der jetzigen Gesetzeslage lassen sich jedenfalls nach Ablauf der 3-Jahres-Frist bei der Prüfung der Frage, ob die Versagung von Unterhalt grob unbillig ist, auch Vergleichserwägungen zu der Situation beim nachehelichen Unterhalt anstellen.[11]

II. Die einzelnen Ansprüche

1. Der Anspruch auf Erstattung von Entbindungskosten

Der **Anspruch nach § 1615 l I 2 BGB**, der an die Stelle des § 1615 k BGB a.F. getreten **755**
ist, und nunmehr **als Unterhaltsanspruch** entgegen der früheren Rechtslage Bedürftigkeit der berechtigten Mutter und Leistungsfähigkeit des Vaters voraussetzt (Rn 751), erfaßt – abgesehen von der sich aus dem Gesetz selbst ergebenden Ausschlußzeit (siehe Rn 753) – grundsätzlich **ohne zeitliche Beschränkung die** eigentlichen **durch die Entbindung verursachten Kosten**, nämlich den Aufwand für Ärzte, Hebammen, Klinikaufenthalt, Arzneimittel usw., sowie **weitere Kosten**, welche **wegen der Schwangerschaft oder als Folge der Entbindung** entstanden sind, z. B. Kosten für ärztliche Vor- oder Nachbehandlungen, Umstandsbekleidung,[12] Kosten einer Haushaltshilfe[13] bei Problemschwangerschaft. Zu ersetzen sind die **tatsächlich angefallenen, notwendigen** bzw. **angemessenen Kosten.**[14] So bestimmt sich nach der Lebensstellung der Mutter (§§ 1615 l III 1, 1610 I BGB), welche Pflegeklasse im Krankenhaus sie beanspruchen kann. Die früher teilweise unter Bezugnahme auf § 1615 c BGB a.F. vertretene Ansicht, es sei die Lebensstellung beider Eltern maßgebend,[15] übersah, daß diese Vorschrift nur den Kindesunterhalt betraf und daß die Schwangerschaft die Lebensstellung der Mutter nicht ändert.

Früher bestand weitgehend Einigkeit darüber, daß die **Kosten**, welche einer **freiberuf-** **756**
lich tätigen Mutter infolge der Schwangerschaft und Entbindung entstehen, weil sie eine **Hilfskraft oder** einen **Berufsvertreter** einstellen muß, nicht dem Anspruch nach dem früheren § 1615 k BGB (nunmehr § 1615 l I 2 BGB) unterfielen, sondern im Rahmen eines möglichen Unterhaltsanspruchs gemäß § 1615 l I u. II BGB geltend zu machen waren. Diese Einschränkung war geboten, weil der Anspruch als bloßer Entschädigungsanspruch nach altem Recht keine Bedürftigkeit der Berechtigten voraussetzte.[16] Außerdem wäre auch die zeitliche Beschränkung der Bedarfssicherung im Rahmen der durch § 1615

---

[9] Büdenbender, FamRZ 1998,129, 132
[10] Vgl. hierzu Dieckmann, FamRZ 1999, 1029,1035; Puls, FamRZ 1998, 865, 876
[11] Dieckmann, aaO
[12] LG Hamburg, FamRZ 1983, 301, 302; AG Krefeld, FamRZ 1985, 1181
[13] MünchKomm/Köhler, BGB 3. Aufl., Rn 2 zu § 1615 k; Göppinger/Wax-Maurer, Unterhaltsrecht, 6. Aufl., Rn 951
[14] Christian, Zentralblatt für Jugendrecht und Jugendwohlfahrt 1975, 449, 453
[15] MünchKomm/Köhler, Rn 1 zu § 1615 k
[16] LG Hamburg, FamRZ 1983, 301 ff. mit Anm. Büdenbender

I u. II BGB gewährten Unterhaltsansprüche umgangen worden.[17] Nach neuem Recht scheint diese Einschränkung auf den ersten Blick gänzlich überflüssig, da die Ansprüche nunmehr vom Vorliegen einer unterhaltsrechtlichen Bedürftigkeit abhängen. Trotzdem müssen die nach bisherigem Recht angestellten Überlegungen weitergelten, soweit die Anwendung des § 1615l II BGB in Frage kommt. Die fraglichen Aufwendungen stehen im Zusammenhang mit der Deckung des Lebensbedarfs durch eigene Erwerbstätigkeit, die nicht mehr voll ausgeübt werden kann. Die zeitlichen Schranken des Unterhaltsanspruch wegen fehlender oder eingeschränkter Erwerbsfähigkeit (§ 1615l II BGB) könnten bei einer anderen Gesetzesanwendung umgangen werden.

Nicht hierher gehören **die dem Kind selbst zustehenden Ansprüche**, z. B. auf Tragung der ihm entstandenen Krankenhauskosten,[18] auf Bezahlung der Babyausstattung[19] usw.

757 § 1615 k I 2 BGB a.F. ordnete die Subsidiarität des früheren Entschädigungsanspruchs an. **Kosten**, welche z. B. **durch den Arbeitgeber**, die Krankenversicherung oder den Dienstherrn bei einer beihilfeberechtigten Beamtin **übernommen wurden**, waren nicht zu erstatten. Grundsätzlich kam es auf die von anderer Stelle gedeckten, also tatsächlich übernommenen Kosten an. Es mußte mindestens ein jederzeit und ohne Schwierigkeiten realisierbarer Anspruch bestehen.[20] Daran hat sich durch die Neuregelung in § 1615l I 1 BGB nichts geändert, weil **Leistungen anderer Stellen bedürfnismindernd** sind. Bezüglich des Anspruchs nach altem Recht (§ 1615k I BGB) wurde die Ansicht vertreten, daß einer Mutter der Einwand unzulässiger Rechtsausübung entgegengehalten werden kann, wenn sie sich durch ihr eigenes Verhalten um ihren Krankenversicherungsschutz gebracht hat, weil sie sich nach Scheidung von ihrem Ehemann, obwohl ihr als Sozialhilfeempfängerin kein finanzieller Aufwand entstanden wäre, nicht um den Fortbestand ihres Versicherungsschutzes gekümmert hat.[21] Diese Frage muß jetzt wegen der Verweisung in § 1615l III 1 BGB auf den Verwandtenunterhalt unter Heranziehung von § 1611 BGB (siehe hierzu Rn 2/626 ff) beantwortet werden, dessen Voraussetzungen bei einer derartigen Fallgestaltung regelmäßig nicht vorliegen dürften.

Leistungen der Sozialhilfe (§ 38 BSHG) sind subsidiär (§ 2 II 1 BSHG) und hindern die Geltendmachung des Anspruchs nicht. Allerdings dürfte – soweit nach § 91 BSGH kein Anspruchsübergang auf den Sozialhilfeträger stattfindet – einer doppelten Geltendmachung desselben Bedarfs der Einwand unzulässiger Rechtsausübung entgegenstehen (vgl. Rn 568).

758 Die gesetzliche Neufassung **nimmt** von dem Anspruch ausdrücklich **den in § 1615l I 1 BGB geregelten Unterhaltszeitraum (6 Wochen vor bis 8 Wochen nach der Geburt des Kindes) aus**. Entsprechende durch Entbindung oder Schwangerschaft in diesem Zeitraum entstandene Kosten, die wegen insoweit bestehender Bedürftigkeit zum Unterhaltsbedarf gehören, werden daher im Rahmen des nach § 1615l I 1 BGB zu gewährenden Unterhalts abgedeckt.

2. Die Ansprüche auf Unterhaltsleistung

759 § 1615l I 1 und II BGB geben der Kindsmutter echte Unterhaltsansprüche, **die von ihrer Bedürftigkeit und der Leistungsfähigkeit** des Kindsvaters **abhängen** (Rn 753), da die Vorschriften über den Verwandtenunterhalt entsprechend anzuwenden sind (§ 1615l III 1 BGB). Die **Bedürftigkeit** der Mutter kann z. B. entfallen, soweit der Lohn fortgezahlt oder Krankengeld bezogen wird. Die Mutter ist zur Bestreitung ihres Lebensbedarfs auch zum Einsatz ihres etwa vorhandenen Vermögens verpflichtet (vgl. Rn 2/614). Erbringt sie für einen leistungsfähigen Lebensgefährten, mit dem sie in eheähnlichem Verhältnis zusammenlebt, Versorgungsleistungen muß sie sich eine angemessene fiktive

---

[17] LG Hamburg, FamRZ 1983, 301, 303
[18] LG Aachen, FamRZ 1986, 1040
[19] LG Amberg, FamRZ 1997, 964; LG Düsseldorf, FamRZ 1975, 279
[20] Brüggemann, FamRZ 1971, 140, 144
[21] So aber LG Landshut, MDR 1991, 1175

10. Abschnitt: Ansprüche der Mutter oder des Vaters § 6

Vergütung anrechnen lassen.[22] Strittig ist, ob das **Erziehungsgeld** ihre Bedürftigkeit mindert,[23] obwohl § 9 S. 1 BErzGG für den Regelfall das Gegenteil bestimmt (vgl. Rn 1/85). Es trifft zwar zu, daß das Erziehungsgeld weitgehend denselben Zweck verfolgt wie § 1615l BGB, nämlich der Mutter zu ermöglichen, sich der Pflege und Erziehung des Kindes zu widmen, der Gesetzeswille ist aber eindeutig.[24] Auch die Höhe des Erziehungsgeldes von 600 DM monatlich weist darauf hin, daß es nicht um die eigentliche Bedarfsdeckung, sondern um einen Zuschuß geht, der den Entschluß, sich ganz der Kindesbetreuung zu widmen, und dessen Aufrechterhaltung erleichtern soll.

Die Leistungsfähigkeit des Kindsvaters oder der Kindsmutter (beim Anspruch des Vaters auf Betreuungsunterhalt nach § 1615l II 2 BGB) bestimmen sich – abgesehen von ihrem Erwerbseinkommen – ebenfalls durch ihr einsetzbares Vermögen[25] (vgl. Rn 2/623). Erfüllen sie die ihnen unterhaltsrechtlich obliegende Erwerbsobliegenheit nicht, sind sie in Höhe der fiktiv erzielbaren Einkünfte als leistungsfähig zu behandeln[26] (vgl. Rn 2/622). An einem solchen Verstoß gegen die Erwerbsobliegenheit fehlt es bei einem Studenten ohne abgeschlossene Berufsausbildung, der sich im Regelstudium befindet.[27]

Seitdem die gerichtliche Zuständigkeit auf das Familiengericht übergegangen ist, nehmen die oberlandesgerichtlichen Leitlinien zunehmend auch zu den monatlichen Selbstbehaltssätzen Stellung, welche dem unterhaltspflichtigen Vater oder der gegenüber dem Vater unterhaltspflichtigen Mutter zuzubilligen sind.

759a

Oberlandesgerichtliche Leitlinien zum Selbstbehalt:
– Düsseldorfer Tabelle (Stand: 1.7.1999 – FamRZ 1999, 766, 767 = **Anhang L**) D. Nr. 2: mindestens 1800,- DM
– Berliner Tabelle (Stand: 1.7.1999 – FamRZ 1999, 772 = **Anhang L**) Nr. VI.: für Ostfälle 1645,- DM, für Westfälle 1800,- DM
– OLG Brandenburg (Stand: 1.7.1999 – FamRZ 1999, 1043) Nr. 14: der angemessene Selbstbehalt beträgt 1645,- DM, darin enthalten eine Kaltmiete von etwa 495,- DM
– OLG Bremen (Stand: 1.7.1999 – FamRZ 1999, 1044 mit 1998, 1088) Nr. V. 2.: mindestens 1800,- DM;
– OLG Celle (Stand: 1.7.1998 – FamRZ 1998, 942) Nr. IV. 2.: 1800,- DM;
– OLG Dresden (Stand: 1.7.1999 – FamRZ 1999, 913 mit 1998, 1224) Nr. 16 a: mindestens 1645,- DM einschließlich einer Warmmiete von 720,- DM;
– OLG Frankfurt (Stand: 1.7.1999 – FamRZ 1999, 1045) Nr. VI. 2.: Mindestens 1800,- DM, davon 1000,- DM allgemeiner Lebensbedarf und 800,- DM Wohnbedarf (650,- DM Kaltmiete und 150,- DM Nebenkosten und Heizung)
– OLG Hamburg (Stand: 1.7.1999 – FamRZ 1999, 1257 mit 1998, 944) Nr. 8: mindestens 1800,- DM
– OLG Hamm (Stand: 1.7.1999 – FamRZ 1999, 914 mit 1998, 804) Nr. 50: mindestens 1800,- DM
– OLG Jena (Stand 1.7.1999 – FamRZ 1999, 1258) C. 4.: 1645,- DM, wenn der Pflichtige im Beitrittsgebiet wohnt;
– Kammergericht (Stand: 1.7.1999 – FamRZ 1999, 914 mit 1998, 1162) Nr. 39: mindestens 1800,- DM;
– OLG Köln (Stand: 1.7.1999 – FamRZ 1999, 1049) Nr. 47: 1800,- DM, darin enthalten 800,- DM Warmmiete;

---

[22] LG Oldenburg, FamRZ 1990, 1034
[23] Dafür: v. Staudinger-Eichenhofer, BGB 13. Aufl., Rn 13 zu § 1615 l; dagegen: Göppinger/Wax-Maurer, Unterhaltsrecht, 6. Aufl., Rn 973; OLG Düsseldorf, FamRZ 1989, 1226; OLG München, FamRZ 1999, 1166
[24] Vgl. zum Ergebnis AG Mannheim, FamRZ 1998, 117; auch der BGH hat in FamRZ 1998, 541, 542 die Anrechnung von Erziehungsgeld im Hinblick auf § 9 S. 2 BErzGG nur im Rahmen des Getrenntlebensunterhalts gemäß §§ 1361 III, 1579 BGB erörtert, nicht aber bezüglich der ebenfalls vorliegenden Ansprüche nach § 1615l I u. II BGB
[25] AG Lahnstein, FamRZ 1986, 100 ff = NJW-RR 1986, 73
[26] OLG Düsseldorf, FamRZ 1989, 1226, 1228
[27] Vgl. OLG Frankfurt, FamRZ 1982, 734

- OLG Rostock (Stand: 1. 7. 1999 – FamRZ 1999, 982 mit 1998, 1016) II.: 1300,- DM bei Erwerbstätigkeit, 1160,- ohne Erwerbstätigkeit – nach Ziffer III. sind 430,- DM Warmmiete einschließlich Nebenkosten enthalten;
- OLG Saarbrücken (Stand: 1. 7. 1999 – FamRZ 1999, 980) Nr. 5: mindestens 1800,- DM
- OLG Schleswig (Stand: 1. 7. 1999 – FamRZ 1999, 980 mit 1998, 1095) F. 2.: nach dem Einzelfall unter Berücksichtigung der Einkommens- und Vermögensverhältnisse aller Beteiligten, der Selbstbehalt kann über dem großen Selbstbehalt von 1600,- DM liegen.

760 **Der allgemeine Anspruch** auf Unterhalt **nach § 1615 l I 1 BGB** für die Dauer von 6 Wochen vor und 8 Wochen nach der Geburt besteht **unabhängig davon, ob** die Bedürftigkeit der Mutter **durch die Schwangerschaft bzw. die Entbindung bedingt** ist oder nicht. Es spielt keine Rolle, ob die Mutter auch schon vorher nicht erwerbstätig sein konnte.[28] Der Anspruch besteht bereits dann, wenn die Mutter aus anderen Gründen, etwa wegen Krankheit, wegen Betreuung eines anderen Kindes oder mangels Beschäftigungsmöglichkeit auf dem Arbeitsmarkt, ihren Bedarf nicht durch Erwerbstätigkeit decken kann, wenn also die Bedürftigkeit nicht erst durch die Schwangerschaft, die Entbindung oder die Versorgung des Neugeborenen eingetreten ist.[29] Der Anspruch sieht schon nach seinem Wortlaut anders als § 1615 l II 1 BGB keine Kausalität vor und soll die Mutter in der kritischen Phase vor und nach der Entbindung auch im Interesse des Kindes von jeder Erwerbstätigkeit freistellen und wirtschaftlich absichern.[30]

Nach § 1610 I BGB wird **der nach der Lebensstellung der Mutter angemessene Unterhalt** geschuldet. Wenn ihre Lebensstellung höher ist, als es ihrem wegen der Schwangerschaft ausgefallenen Erwerbseinkommen entspricht, z. B. weil ihre Stellung als geschiedener Ehefrau sich nach den ehelichen Verhältnissen (§ 1578 BGB) bemißt oder weil sie vor kurzem einen unverschuldeten beruflichen Abstieg erlitten hat, geht der Anspruch auf den vollen Bedarf – siehe Rn 764 auch zu unterhaltsrechtlichen Nebenansprüchen und zu weiteren Einzelheiten der Bedarfsbestimmung).

761 **Der besondere Anspruch nach § 1615 l II BGB** auf erweiterten Unterhalt für Unterhaltszeiträume – nach dem klaren Gesetzeswortlaut – **außerhalb der in § 1615 l I 1 BGB geregelten Zeit**[31] beginnt frühestens 4 Monate vor der Entbindung und endet grundsätzlich spätestens 3 Jahre nach der Geburt (§ 1615 l II 3 BGB). Er dauert damit etwa bis zum Erreichen des Kindergartenalters durch das Kind. Insofern hat die Neuregelung (Ausdehnung der Unterhaltsbefristung von 1 Jahr auf 3 Jahre – vgl. Rn 750) die verfassungsrechtlichen Bedenken des AG Erding[32] – ausgeräumt. Darüber hinaus endet der Anspruch aufgrund der letzten Novellierung (siehe Rn 750) nur dann mit Ablauf der 3-Jahres-Frist, „sofern es nicht insbesondere unter Berücksichtigung der Belange des Kindes grob unbillig wäre, einen Unterhaltsanspruch nach Ablauf dieser Frist zu versagen."

Alternativ müssen folgende **Anspruchsvoraussetzungen** vorliegen:
- (Mit)verursacht durch die Schwangerschaft selbst oder durch eine durch die Schwangerschaft oder Entbindung bedingte Krankheit kann die Mutter ganz oder teilweise keiner Erwerbstätigkeit nachgehen (Abs. 2 S. 1),
- wegen der Übernahme von Pflege und Erziehung des Kindes kann von der Mutter oder dem Vater ganz oder teilweise keine Erwerbstätigkeit erwartet werden (Abs. 2 S. 2).

Darüber hinaus kann der Unterhalt **über die 3-Jahres-Frist hinaus** verlangt werden, weil er nur dann nach Ablauf der gesetzlichen Frist endet,
- sofern es nicht insbesondere unter Berücksichtigung der Belange des Kindes grob unbillig wäre, einen Unterhaltsanspruch nach Ablauf dieser Frist zu versagen (Rn 763 a).

762 Für die erste Alternative (Abs. 2 S. 1) **müssen Schwangerschaft bzw. schwangerschafts- oder entbindungsbedingte Krankheitsfolgen** für die Einschränkung oder Auf-

---

[28] OLG Hamm, FamRZ 1991, 979
[29] BGH, FamRZ 1998, 541, 542 = R 520 a
[30] BGH, aaO
[31] Vgl. Büdenbender, FamRZ 1998, 129, 133
[32] AG Erding, FamRZ 1994, 1613

gabe der Erwerbstätigkeit kausal, und zwar wenigstens **mitursächlich sein**.³³ War die Mutter schon vor Beginn der Schwangerschaft keiner Erwerbstätigkeit nachgegangen, weil sie durch eine andere Krankheit daran gehindert wurde, fehlt es der Kausalität, wenn diese Krankheit unverändert fortwirkt, so daß kein Anspruch nach § 1615 l II 1 BGB besteht. Dasselbe gilt, falls die Mutter wegen der Betreuung kleiner ehelicher Kinder nicht erwerbstätig sein konnte³⁴ und nunmehr Unterhalt nach § 1651 II 1 BGB, nicht (!) § 1615 l II 2 BGB verlangt (siehe Rn. 763).

Für die zweite Alternative (Abs. 2 S. 2) ist es von Gesetzes wegen nicht gänzlich der subjektiven Entscheidung der Mutter überlassen, **ob wegen Kindesbetreuung keine Erwerbstätigkeit erwartet werden kann**, sondern dies **ist nach objektiven Kriterien zu beurteilen**, liegt also nicht in ihrer vollständigen Entschließungsfreiheit.³⁵ Hieran hat sich durch die ab 1. 10. 1995 geltende Neufassung durch Gesetz vom 21. 8. 1995 (vgl. Rn 750) nichts geändert. Die Neuregelung knüpft an den Wortlaut des § 1570 BGB an. Hierzu hat der Bundesgerichtshof entschieden, daß sich die Frage einer Erwerbsobliegenheit trotz Kindesbetreuung nach den konkreten Umständen des Einzelfalls entscheide, wobei es auf die persönlichen Verhältnisse des Berechtigten, die Betreuungsbedürftigkeit des Kindes und die wirtschaftlichen Verhältnisse der Eltern ankomme (vgl. Rn 4/68 ff). Da es wegen der grundsätzlichen Unterhaltsbefristung in aller Regel um sehr kleine Kinder geht, ist der Mutter eine Erwerbstätigkeit nach einem allgemeinen Erfahrungssatz im **Zweifel nicht zumutbar** (vgl. Rn 4/72 ff), so daß ihr eine **faktische Entschließungsfreiheit zugunsten der Kindesbetreuung** zukommt. Der Kindsvater muß die besonderen Umstände darlegen und beweisen, welche eine Ausnahme von der Regel zumutbar erscheinen lassen³⁶ (vgl. Rn 4/73). Es war im übrigen auch zur alten Gesetzesfassung anerkannt, daß sich die Mutter grundsätzlich nicht darauf verweisen zu lassen brauchte, ihr noch sehr kleines Kind fremden Personen zur Erziehung anzuvertrauen.³⁷ Abgesehen von der im Zweifel ohnehin vorliegenden Unzumutbarkeit einer Erwerbstätigkeit **muß die Betreuung des nichtehelichen Kindes** aufgrund der gesetzlichen Neuregelung, welche eine weitgehende Angleichung an den Betreuungsunterhalt bei ehelichen Kindern (§ 1570 BGB) erreichen will, **nicht mehr die alleinige Ursache dafür sein**, daß keine Erwerbstätigkeit ausgeübt wird. Der Anspruch besteht daher auch, wenn die Mutter schon zuvor erwerbslos war oder ein anderes Kind betreute, das sie ebenfalls an einer Erwerbstätigkeit hinderte.³⁸ Die noch in der Vorauflage im Hinblick auf die frühere Rechtsprechung zum alten Recht vertretene gegenteilige Ansicht wird nicht aufrechterhalten.

Das Kindschaftsreformgesetz vom 16. 12. 1997 hat mit Wirkung vom 1. 7. 1998 durch Änderung des § 1615 l II 3 BGB die starre **zeitliche Begrenzung** des Unterhaltsanspruchs **von 3 Jahren** ab Geburt (Entbindung) des Kindes **aufgelöst**. Für die Frage, **ob die neue Regelung auf laufende Unterhaltsverhältnisse anzuwenden ist**, kommt es auf den streitigen Unterhaltszeitraum an. Auf Unterhalt vor Inkrafttreten einer Neuregelung bleibt nämlich das bisherige Recht anwendbar, falls – wie hier – keine Übergangsregelung getroffen worden ist.³⁹

Nach dem Willen des Gesetzgebers handelt es sich bei der zeitlichen Erweiterung des Unterhaltsanspruchs um einen **Ausnahmetatbestand für den Fall grober Unbilligkeit einer Unterhaltsversagung**. Nach dem Regierungsentwurf⁴⁰ ging es darum in Ausnah-

---

33 BGH, FamRZ 1998, 541, 543 = R 520 b
34 BGH, FamRZ 1998, 541, 543 = R 520 b; OLG Düsseldorf, FamRZ 1995, 690; OLG Hamm, FamRZ 1989, 619
35 Brüggemann, FamRZ 1971, 140, 145 f unter Hinweis auf die Gesetzesgeschichte zur früheren Gesetzesfassung „wenn die Mutter nicht oder nur beschränkt erwerbstätig ist, weil das Kind andernfalls nicht versorgt werden könnte"
36 Vgl. zur Neufassung OLG Hamm, FamRZ 1997, 632
37 LG Verden, FamRZ 1991, 481; OLG Celle, FamRZ 1990, 1146; AG Karlsruhe-Durlach, FamRZ 1989, 315; AG Lahnstein, FamRZ 1985, 100
38 BGH, FamRZ 1998, 541, 543 = R 520 b; OLG Hamm, FamRZ 1997, 632
39 BGH, FamRZ 1998, 426, 427 = R 519 b
40 Bundestagsdrucksache 13/4899 S. 89

mefällen die durch eine starre Befristung auftretenden Härten zu vermeiden. Zu denken sei daran, daß das Kind behindert und deshalb auf eine intensivere und längere Betreuung durch die Mutter angewiesen sei. Der Vorschlag des Bundesrats, den Anspruch der nichtehelichen Mutter auf Betreuungsunterhalt nicht zu befristen, sondern nur eine Billigkeitsklausel entsprechend § 1579 Hs. 1 BGB einzuführen, fand keine Billigung.[41] Damit muß die zeitliche Ausdehnung ein Ausnahmefall bleiben. Insbesondere spielt keine Rolle, daß nach der Rechtsprechung zu § 1570 BGB bei Kinder unter 8 Jahren grundsätzlich keine Erwerbstätigkeit der Mutter erwartet werden kann (vgl. Rn 4/72 ff). Es bleibt vielmehr dabei, daß der Unterhaltanspruch in aller Regel endet, wenn das Kind mit einem Alter von 3 Jahren das Kindergartenalter erreicht hat – siehe Rn 761.

Weitere mögliche Fälle grober Unbilligkeit der Unterhaltsversagung hat Puls, FamRZ 1999, 865, 872 f, aufgezeigt. Zu denken sei daran, daß das Kind aus einer Vergewaltigung der Mutter durch den Vater stamme, daß sich der Vater bei Verweigerung weiteren Unterhalts nach Treu und Glauben mit seinem früheren Verhalten in Widerspruch setze, weil er für die Mutter einen Vertrauenstatbestand geschaffen habe, daß die Mutter aus gesundheitlichen Gründen oder wegen sonstiger besonderer Erschwernisse neben der Betreuung keine Erwerbstätigkeit ausüben könne. Bei der vorzunehmenden **umfassenden Abwägung zur Frage der groben Unbilligkeit** kann eine Rolle spielen, in welchen Einkommensverhältnissen der Vater lebt, oder umgekehrt, ob die Mutter dem Vater vorgespiegelt hat, sie habe wirksame Maßnahmen der Empfängnisverhütung getroffen (Puls a.a.O. S. 873). Darüber hinaus ist an schwere psychische Fehlentwicklungen oder dauernde Erkrankungen des Kindes zu denken, welche eine gleichbleibende Versorgung erfordern.[42]

763 b Zu dem neu eingeführten **Anspruch des nichtehelichen Vaters gegen die Mutter** (§ 1615 l II 2, V BGB) auf Betreuungsunterhalt, wenn er die Betreuung übernommen hat, siehe ausführlich Büdenbender, FamRZ 1998, 129 ff. Für diesen Anspruch gelten die Ausführungen zum Anspruch der Mutter entsprechend.

Da der Mutter nach § 1626 a II BGB – falls keine gemeinsame Sorgeerklärung abgegeben worden ist (§ 1626 a I Nr. 1 BGB) – grundsätzlich die elterliche Sorge für das nichteheliche Kind allein zusteht, muß – soweit der Vater die Betreuung übernommen hat – genauso wie bei § 1570 BGB (vgl. Rn 4/66) **geprüft werden, ob** die **Betreuung rechtmäßig** geschieht, also ob entweder die gemeinsame elterliche Sorge besteht oder die sorgeberechtigte Mutter mit der Betreuung einverstanden ist. Dagegen wird vorgebracht, daß der Aspekt des Kindesschutzes im Vordergrund stehen müsse, so daß der Anspruch dem Vater schon dann zustehe, wenn er die Betreuung anstelle der sorgeberechtigten Kindsmutter übernehme, weil diese sich nicht um das Kind kümmere.[43] Dem ist entgegenzuhalten, daß mit der Frage, ob die Übernahme der Betreuung geboten war, weil die sorgeberechtigte Mutter pflichtwidrig ihre Betreuungsverantwortung nicht wahrgenommen habe, so vielfältige Abgrenzungs- und Definitionsprobleme verbunden sind, daß es bei einer eindeutigen rechtlichen Befugnis zur Übernahme der Betreuung bleiben sollte.

Für den Kindsvater besteht wie für die Mutter, weil vermutet wird, daß wegen des geringen Alters des Kindes keine Erwerbstätigkeit zumutbar ist (vgl. Rn 763), eine **faktische Entschließungsfreiheit zugunsten der Kindesbetreuung**, auch wenn er bislang erwerbstätig war.[44]

764 Auch das **Maß des nach 1615 l II BGB geschuldeten erweiterten Unterhalts bestimmt sich nach § 1610 BGB** allein nach der Lebensstellung der Mutter (des Vaters).[45] Früher – so auch noch in der Vorauflage – wurde im Hinblick auf die kausale Verknüpfung, welche zwischen vollständiger oder teilweiser Hinderung an einer Erwerbstätigkeit einerseits sowie Schwangerschaft bzw. Entbindung oder fehlender Zumutbarkeit der Erwerbstätigkeit wegen Kindesbetreuung andererseits besteht, beim geschuldeten Unterhalt vielfach eine Einschränkung gemacht. Zwar wird der Verdienstausfall in der Regel entweder dem

---

[41] Vgl. Puls, FamRZ 1998, 865, 872
[42] Büdenbender, FamRZ 1998, 129, 136
[43] Büdenbender, aaO S. 134
[44] Vgl. Büdenbender, aaO S. 135
[45] Palandt-Diederichsen, BGB, 58. Aufl., Rn 23 zu § 1615 l

10. Abschnitt: Ansprüche der Mutter oder des Vaters　　　　　　　　　§ 6

vollen Bedarf oder – bei teilweiser Erwerbstätigkeit – dem Unterschiedsbetrag zum vollen Bedarf entsprechen. Im Einzelfall kann der volle Bedarf jedoch darüber hinausgehen, z. B. wenn bei einer geschiedenen Mutter die ehelichen Lebensverhältnisse bedarfsbestimmend sind (§ 1578 BGB) oder die Mutter vor kurzem einen unverschuldeten beruflichen Abstieg erlitten hat. Es wurde deswegen angenommen, daß nach § 1615 l II BGB dann nur der Einkommensverlust, nicht aber der volle Bedarf geschuldet würde,[46] weil das Gesetz mit Hilfe des erweiterten Unterhaltsanspruchs nur erlittene Nachteile ausgleichen, nicht aber zusätzliche Vorteile einräumen wolle. Diese Auffassung läßt sich wegen der Verweisung (§ 1615 l III 1 BGB) auf § 1610 BGB aus dem Verwandtenunterhalt schon von Gesetzes wegen nicht aufrechterhalten. Der BGH hat sich in einer kurzen Bemerkung auf diese Gesetzeslage bezogen, ohne sich überhaupt mit der gegenteiligen Ansicht zu beschäftigen.[47] Er hat dabei auch darauf hingewiesen, daß die Lebensstellung der Mutter, aus der sich das Unterhaltsmaß für den nichtehelichen Vater bestimmt, durch ihre ehelichen Lebensverhältnisse als geschiedene Ehefrau geprägt sein können.[48]

Zum nach § 1610 BGB geschuldeten Lebensbedarf gehören die im konkreten Fall angemessenen **Kosten der Kranken- und Pflegeversicherung**, die aus den laufenden Einkünften bestritten werden müssen und allgemeinen Lebensbedarf darstellen.[49] Dagegen kann – wie allgemein im Verwandtenunterhalt – **kein Alters-Vorsorgeunterhalt** verlangt werden, da §§ 1361 I 2, 1578 III BGB eine Sonderregelung für den Ehegattenunterhalt darstellen, welche der Gesetzgeber offensichtlich nicht auf § 1615 l BGB ausdehnen wollte.[50]

Die Leitlinien der Oberlandesgerichte beschäftigen sich nach Übergang der gerichtlichen Zuständigkeit auf das Familiengericht zunehmend auch mit dem monatlichen Bedarf der nichtehelichen Mutter (bzw. des nichtehelichen Vaters): **764a**
Oberlandesgerichtliche Leitlinien zum Bedarf:
– Düsseldorfer Tabelle (Stand: 1. 7. 1999 – FamRZ 1999, 766, 767) D. Nr. 2:
  nach der Lebensstellung des betreuenden Elternteils, mindestens 1300,- DM, bei Erwerbstätigkeit 1500,- DM;
– Bayerische Leitlinien – OLG Bamberg, München u. Nürnberg – (Stand: 1. 7. 1999 – FamRZ 1999, 773) Nr. 22;
  nach der Lebensstellung des betreuenden Elternteils, mindestens 1300,- DM;
– OLG Bremen (Stand: 1. 7. 1998 – FamRZ 1999, 1044 mit 1998, 1088) Nr. V. 2.:
  nach der Lebensstellung des betreuenden Elternteils
– OLG Frankfurt (Stand: 1. 7. 1999 – FamRZ 1999, 1045) Nr. VI. 2.:
  nach der Lebensstellung des betreuenden Elternteils, in der Regel mindestens 1500,- DM
– OLG Hamburg (Stand: 1. 7. 1999 – FamRZ 1999, 1257 mit 1998, 944) Nr. 8:
  nach der Lebensstellung des betreuenden Elternteils, mindestens 1300,- DM, bei Erwerbstätigkeit 1500,- DM;
– OLG Hamm (Stand: 1. 7. 1999 – FamRZ 1999, 914 mit 1998, 804) Nr. 50:
  nach der Lebensstellung des betreuenden Elternteils, mindestens 1300,- DM, bei Erwerbstätigkeit 1500,- DM
– Kammergericht (Stand: 1. 7. 1999 – FamRZ 1999, 914 mit 1998, 1162) Nr. 38:
  nach der Lebensstellung des betreuenden Elternteils;
– OLG Rostock (Stand: 1. 7. 1999 – FamRZ 1999, 982 mit 1998, 1016) I. C.:
  bei Erwerbstätigkeit 1300,- DM, ohne Erwerbstätigkeit 1160,- DM.
– OLG Schleswig (Stand: 1. 7. 1999 – FamRZ 1999, 980 mit 1998, 1095) F. 2.:
  nach der Lebensstellung des betreuenden Elternteils

---

[46] OLG München, FamRZ 1994, 1108, 1109; ebenso MünchKomm/Köhler, Rn 8 zu § 1615 l BGB; Göppinger/Wax-Maurer, Unterhaltsrecht, 6. Aufl., Rn 987; v. Staudinger-Eichenhofer, BGB 13. Aufl., Rn 9 zu § 1615 l; anderer Meinung offenbar Soergel-Häberle, BGB 12. Aufl., Rn 4 zu § 1615 l
[47] BGH, FamRZ 1998, 541, 544 = R 520 c
[48] BGH, aaO
[49] Vgl. Büttner, FamRZ 1995, 193, 197; Puls, FamRZ 1998, 865, 873; OLG Saarbrücken, FamRZ 1999, 382
[50] Vgl. Puls, aaO

3. Der Anspruch auf Übernahme von Beerdigungskosten

765 Der **Anspruch** auf Übernahme von Beerdigungskosten **gemäß § 1615 m BGB** stellt, obwohl er dem § 1615 II BGB aus dem Verwandtenunterhalt nachgebildet ist, keinen Unterhaltstatbestand dar (siehe Rn 753), hängt also nicht von der Leistungsfähigkeit des Vaters ab (siehe hierzu aber Zöller-Philippi, ZPO, 21. Aufl., Rn 2 u. 3 zu § 643 zur inkonsequenten Regelung des § 643 I ZPO). Er setzt voraus, daß die Mutter infolge der Schwangerschaft oder der Entbindung verstorben ist. Gegenüber der Haftung der Erben (§ 1968 BGB) ist er **subsidiär**. Leistungen der Sozialhilfe (§ 15 BSHG) sind ihrerseits subsidiär (§ 2 II 1 BSHG) und hindern die Geltendmachung nicht.

Anspruchsinhaber sind entweder die Totensorgeberechtigten, in der Regel die nächsten Angehörigen, oder der nach öffentlichem Recht Bestattungspflichtige.[51] Für die Höhe der angemessenen Kosten ist nach allgemeiner Ansicht die Lebensstellung der Mutter maßgebend. Mangels anderweitiger Regelung unterliegt der Anspruch der 30jährigen Verjährung[52] (§ 195 BGB). Die Verjährung beginnt mit der Entstehung des Anspruchs[53] auf Übernahme bzw. Erstattung der Beerdigungskosten (§ 198 BGB).

4. Ansprüche bei Totgeburt des Kindes oder Fehlgeburt

766 **Sämtliche Ansprüche** – bis auf den tatbestandlich ausgeschlossenen Anspruch auf Unterhalt wegen Kindesbetreuung gemäß § 1615 l II 2 BGB – **gelten** unmittelbar auch **bei Totgeburt** des Kindes (§ 1615 n S. 1 BGB) **und** sinngemäß **bei einer Fehlgeburt** (§ 1615 n S. 2 BGB). Wegen der erforderlichen **Vaterschaftsfeststellung** siehe Rn 752.

Je nach Zeitpunkt ihres Anfalls sind die mit der Fehl- oder Totgeburt zusammenhängenden **Behandlungs- und Klinikkosten** gemäß § 1615 l I S. 1 oder S. 2 BGB zu erstatten, nach allgemeiner Meinung bei einer Totgeburt auch die **Beerdigungskosten**. Für die **Fristen der Ansprüche** nach § I und II 1 BGB ist der Zeitpunkt der Fehl- oder Totgeburt maßgebend.[54] Teilweise wird bezweifelt, daß der Mutter auch bei einer Fehlgeburt der ordentliche Unterhaltsanspruch des § 1615 l I 1 BGB zustehen würde, insbesondere, wenn die Fehlgeburt in einem frühen Schwangerschaftsstadium eintrete, so daß sich der Zwecke des Gesetzes Pflege und Betreuung des Kindes nach Entbindung sicherzustellen, nicht verwirklichen könne.[55] Dem ist entgegenzuhalten, daß die gesetzliche Regelung eindeutig erscheint und nicht allein auf diesen Zweck abzielt (vgl. Rn 750).

767 Ein besonderes Problem stellt die **rechtliche Behandlung des Schwangerschaftsabbruchs** dar. Dabei geht es um die Kosten des Abbruchs selbst, um die Rechtsfolgen einer späteren Fehlgeburt, welche durch einen vorangegangenen Abbruchsversuch ausgelöst wurde, und um die Frage, ob der Mutter in diesen Fällen die Unterhaltsansprüche des § 1615 l I und II 1 BGB zustehen, die sich auf die Abbruchskosten als Sonderbedarf erstrecken können.

Auszugehen ist von der Überlegung, daß das Gesetz eine Beendigung der Schwangerschaft durch einen unterbrechenden Eingriff kaum als Unterfall einer Fehlgeburt ansieht.[56] Jedenfalls sind die Kosten des Abbruchs begrifflich keine Entbindungskosten.[57] Eine **differenzierende Betrachtung** erscheint **angebracht**. Nimmt die Mutter eine gerechtfertigte Schwangerschaftsunterbrechung (sozial-medizinische Indikation nach § 218 a II StGB oder kriminologische Indikation nach § 218 a III StGB) vor, sollte der Vater gemäß § 1615 l I 1 BGB auch die Unterbrechungskosten als Folgekosten der Schwanger-

---

[51] Vgl. v. Staudinger-Kappe, BGB 13. Aufl., Rn 10, 11 zu § 1615
[52] Brüggemann, FamRZ 1971, 140, 149
[53] Göppinger/Wax-Maurer, Unterhaltsrecht, 6. Aufl., Rn 991
[54] Soergel-Häberle, BGB 12. Aufl., Rn 5 zu § 1615 n; MünchKomm/Köhler, Rn 10 zu § 1615 n
[55] Vgl. v. Staudinger-Eichenhofer, BGB 13. Aufl., Rn 13 zu § 1615 n
[56] So Brüggemann, FamRZ 1971, 140, 142; AG Brake, FamRZ 1976, 288; dagegen: Soergel-Häberle, BGB 12. Aufl., Rn 6 zu § 1615 n
[57] MünchKomm/Köhler, Rn 9 n § 1615 n BGB; Soergel-Häberle, BGB 12. Aufl., Rn 6 zu § 1615 n

schaft übernehmen. Handelt es sich um einen zwar nicht gerechtfertigten, aber strafrechtlich nicht tatbestandsmäßigen (§ 218 a I StGB) oder straffreien (§ 218 a IV StGB) Abbruch bzw. um einen strafbaren Abbruch wird man darauf abzustellen haben, ob der Erzeuger die Mutter zu dem Abbruch bestimmt hat oder mit dem Abbruch einverstanden war.[58] Für diesen Fall erscheint wegen der Abbruchskosten eine entsprechende Anwendung von § 1615 l I 1 BGB (Folgekosten der Schwangerschaft) geboten, weil auch die Gewissensfreiheit des Erzeugers (Art. 4 I GG)[59] einer Kostentragung nicht entgegenstehen kann. Beruht die Fehlgeburt auf einem Abbruchsversuch, dessen Kosten der Erzeuger demgemäß nicht übernehmen muß, gilt dies auch für die Kosten der Fehlgeburt. In allen Fällen **stehen der Mutter** – also auch, wenn sie die Schwangerschaftsabbruch legal oder illegal aufgrund ihrer autonomen Entscheidung ohne Zustimmung des Erzeugers vornehmen ließ – in entsprechender Anwendung des Gesetzes **grundsätzlich die Unterhaltsansprüche des § 1615 l I und II 1 BGB zu,** soweit sie auch ohne den Abbruch bestanden hätten. Der Haftungsgrund ist in erster Linie die Schwängerung, so daß der Erzeuger im Hinblick auf den Abbruch nicht besser gestellt werden muß. Würde die Krankheit, welche die maßgebliche Anspruchsvoraussetzung nach § 1615 l II 1 BGB wäre, allerdings durch einen Abbruch oder Abbruchsversuch verursacht sein, für den der Erzeuger nach Maßgabe der obigen Ausführungen nicht einzustehen hätte, käme die entsprechende Anwendung der Vorschrift zugunsten der Mutter nach der hier vertretenen Auffassung nicht in Betracht.

III. Rangfragen

Die Rangfrage wegen Anspruchskonkurrenz kann sich vor wirksamer Anerkennung **768** oder gerichtlicher Feststellung der Vaterschaft grundsätzlich nicht stellen.[60]

Das **Rangverhältnis zwischen** dem **Vater** des nichtehelichen Kindes **und den unterhaltspflichtigen Verwandten** regelt § 1615 l III 2 BGB. Danach haftet der Vater vor den Verwandten. Die Mutter hat keinen Anspruch gegen ihre Eltern, soweit sie Unterhalt von dem leistungsfähigen oder wegen zurechenbarer fiktiver Einkünfte als leistungsfähig zu behandelnden Erzeuger ihres Kindes, der noch pfändbare Habe hat, erlangen könnte.[61]

Strittig war die Frage, welches **Rangverhältnis zu dem unterhaltspflichtigen (ge- 769 schiedenen) Ehemann der Mutter** besteht. Brüggemann[62] hat aus dem Umstand, daß auf die Unterhaltsansprüche der Mutter nach § 1615 l III 1 BGB die Vorschriften des Verwandtenunterhalts entsprechend anzuwenden sind, den Schluß gezogen, daß der Anspruch gegen den Vater (Schwängerer) einem Anspruch gegen einen Verwandten gleichzuachten sei, so daß sich aus § 1608 S. 1 BGB (§ 1584 S. 1 BGB) der Vorrang für die Haftung des Ehegatten ergäbe. Es sei auch eher befremdlich, wenn der Ehemann die Ehefrau bei bestehender Ehe und Zusammenleben der Eheleute auf Ansprüche gegen den Schwängerer verweisen könne. Die herrschende Meinung ist früher vom Vorrang der Haftung des Vaters ausgegangen, weil dieser für die schwangerschaftsbedingte Bedürftigkeit der Mutter verantwortlich sei und ihr Ehemann deswegen nach Sinn und Zweck der Rangregelung in § 1615 l III 2 BGB nicht anders zu behandeln sei als die Verwandten.[63] Zunächst hat das OLG München[64] in zwei Entscheidungen die Ansicht ver-

---

[58] Vgl. dazu AG Bühl, FamRZ 1985, 107; zustimmend: Göppinger/Wax-Maurer, Unterhaltsrecht, 6. Aufl., Rn 950
[59] Vgl. AG Bühl, FamRZ 1985, 107
[60] OLG Hamm, FamRZ 1997, 1401 im Verhältnis zu § 1361 BGB (Ls)
[61] OLG Düsseldorf, FamRZ 1989, 1226, 1228
[62] Brüggemann, FamRZ 1971, 140, 147
[63] OLG Koblenz, FamRZ 1981, 92; OLG Hamm, FamRZ 91, 979; OLG Hamm, FamRZ 1997, 632; MünchKomm/Köhler, Rn 9a zu § 1615l; Göppinger/Wax-Maurer, Unterhaltsrecht, 6. Aufl., Rn 981; v. Staudinger-Eichenhofer, BGB 13. Aufl., Rn 16 zu § 1615l; Soergel-Häberle, BGB 12. Aufl., Rn 5 zu § 1615l
[64] OLG München, FamRZ 1997, 623; FamRZ 1994, 1108

treten, daß mangels anderweitiger gesetzlicher Regelung Gleichrang zwischen den Ansprüchen gegen den Ehemann und den Erzeuger des nichtehelichen Kindes bestehe. Darüber hinaus war die herrschende Meinung auch in der Literatur angegriffen worden.[65] Nunmehr hat der BGH für den Fall der Konkurrenz zwischen dem Anspruch auf Trennungsunterhalt nach § 1361 BGB und den Ansprüchen nach § 1615 l I und II 2 BGB entschieden, daß **Gleichrang vorliege und der Haftungsgrad sich entsprechend § 1606 III 1 BGB bestimme.**[66] § 1608 BGB scheide schon deswegen aus, weil die Sonderbestimmung des § 1615 III 2 BGB die Anwendung ausschließe. Umgekehrt könne der Ehemann der Mutter nicht mit den in § 1615 III 2 BGB genannten Verwandten der Mutter gleichgesetzt werden, weil sonst die auch vorliegende unterhaltsrechtliche Verantwortung des Ehemanns außer acht gelassen und dieser gegenüber dem nichtehelichen Vater in ungerechtfertigter Weise privilegiert würde. Da sich die Annahme von Gleichrang unschwer mit der Gesetzeslage vereinbaren läßt und über die vom BGH dargelegte elastische, fallbezogene Handhabung der Anwendung des 1606 III 1 BGB,[67] die nur „entsprechend" zu geschehen hat, sachgerechte Ergebnisse erzielt werden können, ist der Auffassung des BGH unter Aufgabe der in der Vorauflage dargelegten Meinung zu folgen. Für die Konkurrenz der Ansprüche nach § 1615 l I u. II BGB mit anderen Tatbeständen des ehelichen Unterhalts gilt dasselbe.

Der **Haftungsgrad** ist in entsprechender Anwendung von § 1606 III 1 BGB **nicht schematisch** ausschließlich **nach den Erwerbs- und Vermögensverhältnissen** der beiden Pflichtigen (Ehemann bzw. nichtehelicher Vater) zu bestimmen, sondern es kann eine fallbezogene, differenzierte Verteilung vorgenommen werden, um dem Einzelfall in flexibler Weise gerecht zu werden.[68] Geht es in beiden Fällen um Betreuungsunterhalt für eheliche Kinder bzw. das nichteheliche Kind, kann Zahl und unterschiedliche Betreuungsbedürftigkeit der Kinder bei der Haftungsverteilung Berücksichtigung finden. Zu beachten ist, daß bei erschwerter Rechtsverfolgung gegen den Vater wegen des entsprechend anzuwendenden § 1607 II BGB auch eine **Ersatzhaftung** (vgl. Rn 2/608) **des Ehemanns** in Betracht kommt.[69]

770   Hat der Vater außer gegenüber der Mutter noch weitere Unterhaltpflichten zu erfüllen, bestimmt sich die **Rangfolge der Bedürftigen** nach § 1615 l III 3 BGB. Die Mutter ist gegenüber der (geschiedenen) Ehefrau[70] des Vaters und dessen minderjährigen unverheirateten Kindern, also auch gegenüber ihrem nichtehelichen Kind, nachrangig, dagegen vorrangig gegenüber volljährigen Kindern.[71]

IV. Geltendmachung rückständiger Beträge und Verjährung

1. Geltendmachung rückständiger Beträge

771   Vor Feststellung der Vaterschaft fällig gewordener Unterhalt kann nach § 1615 l III 4, 1613 II Nr. 2a BGB ohne Rücksicht auf § 1613 I BGB verlangt werden. Die nochmalige Verweisung in § 1615 l III 4 BGB – ungeachtet der allgemeinen Verweisung in § 1615 l III 1 BGB – auf – 1613 II BGB erklärt sich damit, daß **die in § 1613 II Nr. 1 BGB bestimmte Frist zur Geltendmachung rückständigen Sonderbedarfs auch für den Regelbedarf** der

---

[65] Wagner, NJW 1998, 3097; Puls, FamRZ 1998, 865, 875
[66] BGH, FamRZ 1998, 541, 543 = R 520 c
[67] BGH, FamRZ 1998, 541, 544 = R 520 c
[68] BGH, aaO
[69] BGH, aaO
[70] Der Regierungsentwurf des Kindschaftsrechtsreformgesetzes (Bundestagsdrucksache 13/4899 S. 89) hat die Rangfrage im Verhältnis zum Unterhaltsanspruch einer Ehefrau gegen den Vater ausdrücklich unverändert gelassen
[71] OLG Celle, FamRZ 1990, 1146

10. Abschnitt: Ansprüche der Mutter oder des Vaters § 6

Mutter **gelten soll**.[72] Der Entwurf des inzwischen in Kraft getretenen Kinderunterhaltsgesetzes (Bundestagsdrucksache 13/7338), das die Verweisung auf den neugefaßten § 1613 II BGB vornimmt, hat keine zusätzliche Klarstellung gebracht. Die im Entwurf der Bundesregierung vom 7. 12. 1967 (Bundestagsdrucksache V/2370, S. 57) zur früheren Fassung des Gesetzes angestellten Erwägungen, auf welche sich die herrschende Meinung gründet, bleiben jedoch gültig.

Das frühere Recht sah die **Stundung der vor Anerkennung oder Feststellung der Vaterschaft fällig gewordenen Unterhaltsbeträge** über § 1615 l III 4, 1615 i I u. III a.F. BGB vor. Insoweit besteht jetzt die Stundungsregelung des § 1613 III 1 n.F. BGB, die auch dann gilt, soweit ein Dritter, der anstelle des Vaters geleistet hat, vom Vater Erstattung verlangen kann (Abs. III 2), und die nunmehr auch einen vollständigen **Erlaß** gestattet. 772

2. Verjährung

Die **Ansprüche der Mutter bzw. des Vaters verjähren in 4 Jahren** (1615 l IV 1 BGB). Wegen der Verjährung des Anspruchs auf Übernahme der Kosten für die Beerdigung der Mutter siehe Rn 765. Die Verjährung beginnt mit Ablauf des auf die Entbindung folgenden Jahres, falls sie nicht gehemmt oder unterbrochen ist. Damit ist nach allgemeiner Auffassung gemeint, daß die Verjährung mit Rücksicht auf § 1594 I BGB (= § 1600 a S. 2 BGB a.F.) nicht beginnt, bevor die Vaterschaft anerkannt oder gerichtlich festgestellt worden ist.[73] 773

V. Geltendmachung mittels einstweiliger Verfügung

In Abweichung von dem Grundsatz, daß Ansprüche gegen den Vater erst nach Anerkennung oder Feststellung der Vaterschaft geltend gemacht werden können, **erlaubt § 1615 o II BGB der Mutter**, und zwar nur dieser und **nicht dem Vater**,[74] wegen ihrer besonderen Schutzbedürftigkeit vor und nach der Geburt[75] schon davor **den Erlaß einer einstweiligen Verfügung (Leistungsverfügung) in Höhe der nach 1615 l I BGB** – nicht § 1615 l II BGB – **voraussichtlich zu leistenden Beträge**. Durch das Kindesunterhaltsgesetz vom 6. 4. 1998 (BGBl I 666) wurde § 1615 o II BGB dahin abgeändert, daß sich die einstweilige Verfügung nicht mehr auf den Unterhaltsanspruch nach § 1615 l II BGB erstreckt. Die gesetzliche Regelung erlaubt auch für die Zeit nach der Vaterschaftsfeststellung unter Vorwegnahme der Hauptsache durch einstweilige Verfügung in weitergehendem Umfang Unterhalt zuzusprechen, als dies nach allgemeinen Rechtsgrundsätzen (Zubilligung nur eines auf 6 Monate befristeten Notunterhalts – siehe Rn 8/250 ff) möglich wäre. Allerdings ist auch die bloße Sicherung des Anspruchs durch Anordnung der Hinterlegung eines angemessenen Betrags möglich. Kein Rechtsschutzbedürfnis für eine einstweilige Verfügung besteht, soweit nach Feststellung der Vaterschaft ein Hauptsacheverfahren über den Unterhalt anhängig ist, weil dann **über § 644 ZPO** – in diesem Fall natürlich ggf. auch durch den Vater – **eine einstweilige Anordnung** erwirkt werden kann. Dasselbe gilt, wenn das gerichtliche Verfahren auf Feststellung der Vaterschaft anhängig ist, so daß der Antrag auf Erlaß einer **einstweiligen Anordnung nach § 641 d ZPO**, hier allerdings wiederum nur durch die Mutter, möglich ist. 774

Der **Verfügungsanspruch** für die einstweilige Verfügung nach 1615 o II BGB **ist glaubhaft zu machen**.[76] Dazu gehört neben der Bedürftigkeit und der fehlenden Kostenübernahme bei § 1615 l I 2 BGB der Umstand, daß der Antragsgegner nach § 1600 d II u. III BGB als Erzeuger des erwarteten oder geborenen Kindes vermutet wird. Soweit Ansprü- 775

---

[72] Gesetzentwurf der Bundesregierung vom 7. 12. 1967, Bundestagsdrucksache V/2370, S. 57; Brüggemann, FamRZ 1971, 140, 147; AG Krefeld, FamRZ 1985, 1181 mit Anm. Köhler.
[73] Vgl. auch zur Gesetzesgeschichte Brüggemann, FamRZ 1971, 140, 145
[74] Büdenbender, FamRZ 1998, 129, 138
[75] Bundestagsdrucksache V/2370, S. 58
[76] Vgl. im einzelnen v. Staudinger-Eichenhofer, BGB 13. Aufl., Rn 12 f. zu § 1615 o

che vor der Geburt geltend gemacht werden sollen, muß auch der voraussichtliche Geburtstermin und das Bestehen der Schwangerschaft glaubhaft gemacht werden.

776 **Der Verfügungsgrund braucht nicht glaubhaft gemacht zu werden** (§ 1615 o III BGB). Die Bestimmung wird als **unwiderlegbare Vermutung für die Gefährdung des Anspruchs** angesehen.[77] Für **rückständigen Unterhalt**, der erst nach Ablauf des Unterhaltszeitraums des § 1615 l BGB (nach der damaligen Gesetzesfassung reichte der Unterhaltszeitraum bis ein Jahr nach Geburt des Kindes) im Wege der einstweiligen Verfügung verlangt wurde, hat das AG Berlin-Charlottenburg[78] die Ansicht vertreten, dies sei nicht mit dem Normzweck des § 1615 o III BGB vereinbar und läge auch nicht mehr mehr im Schutzbereich des § 1615 o BGB. Dem ist für die Geltendmachung von Rückständen zuzustimmen. Im Gesetzentwurf der Bundesregierung vom 7. 12. 1967[79] ist ausgeführt, die wirtschaftliche Lage von Mutter und Kind könne im Einzelfall eine sofortige Unterhaltsbeitreibung erforderlich machen. Das Schutzbedürfnis von Kind und Mutter sei in der Zeit vor und nach der Geburt so stark, daß ein lückenloser Schutz angestrebt werden müsse und etwaige Bedenken zurücktreten müßten. Dies zeigt, daß der Gesetzgeber an die Befriedigung eines aktuellen Bedarfs gedacht hat. Die Gefährdungsvermutung erstreckt sich bei der **gebotenen einschränkenden Auslegung** daher nur auf den im Monat der Antragstellung fällig gewordenen Betrag und die künftig fällig werdenden Beträge,[80] die gemäß § 1615 l I BGB verlangt werden können. Soweit zur Befriedigung eines aktuellen Bedarfs ausnahmsweise darüber hinaus rückständige Beträge benötigt würden, wäre der Verfügungsgrund zusätzlich glaubhaft zu machen.

777 Nicht hierher gehört, daß § 1615 o I BGB es ermöglicht – ebenfalls vor Vaterschaftsfeststellung – auf Antrag des Kindes dessen voraussichtlichen Unterhaltsanspruch durch Leistungsverfügung für die ersten 3 Monate nach Geburt zu regeln.

---

[77] MünchKomm/Köhler, Rn 14 zu § 1615 o; v. Staudinger-Eichenhofer, BGB 13. Aufl., Rn 11. zu § 1615 o; anderer Ansicht Brüggemann, FamRZ 1971, 140, 150: zwar brauche nicht glaubhaft gemacht werden, deswegen könne aber im Einzelfall das Gegebensein der Gefährdung entkräftet sein

[78] AG Berlin-Charlottenburg, FamRZ 1983, 305

[79] Bundestagsdrucksache V/2370, S. 58

[80] MünchKomm/Köhler, BGB 3. Aufl., Rn 14 zu § 1615 o; anderer Ansicht: v. Staudinger-Eichenhofer, BGB 12. Aufl., Rn 11. zu § 1615 o: Soergel-Häberle, BGB 12. Aufl., Rn 5 zu § 1615 o; die Gefährdungsvermutung gelte bis zum Ablauf der Unterhaltszeit des § 1615 I BGB auch für entsprechende Rückstände

§ 7 Auslandsberührung

1. Abschnitt: Materielles Recht

I. Rechtsquellen

Für die Zeit seit 1. 9. 1986 ist der Ehegatten- und Kindesunterhalt in Art. 18 EGBGB geregelt.[1] Seit 1. 4. 1987 ist das Haager Unterhaltsstatutabkommen vom 2. 10. 1973 (HUÜ 73) in der Bundesrepublik mit dem Vorbehalt gemäß Art. 15 in Kraft. Für die frühere DDR (Beitrittsgebiet) gilt es gemäß Art. 11 Einigungsvertrag seit 3. 10. 1990. Es deckt sich inhaltlich im wesentlichen mit Art. 18 EGBGB, geht aber gemäß Art. 3 II EGBGB dem Art. 18 EGBGB vor.[2] Wegen der Inhaltsgleichheit ist es unschädlich und in der Praxis weit verbreitet, nur Art. 18 EGBGB zu zitieren (besser wäre jeweils beides).

Das HUÜ 73 haben u. a. ratifiziert Frankreich, Italien, Japan, Luxemburg, Niederlande, Polen, Portugal, Schweiz, Spanien und die Türkei, zum Teil mit dem Vorbehalt gemäß Art. 15. Unabhängig davon ist es gemäß Art. 3 auch im Verhältnis zu Nichtvertragsstaaten anzuwenden (sog. weltweite Anerkennung).

Das HUÜ 73 verdrängt im Bereich des Kindesunterhalts das Haager Abkommen vom 24. 10. 1956 (Art. 18 HUÜ 73), jedoch nur für die Zeit ab seinem Inkrafttreten (1. 4. 1987) und nur im Verhältnis zu den Vertragsstaaten des HUÜ 73, also nicht im Verhältnis zu Belgien, Liechtenstein und Österreich.

Für den Unterhaltsanspruch eines Ehegatten, dessen Ehe vor dem Beitritt der neuen Bundesländer geschlossen wurde, bleibt das bisherige Recht maßgebend (Art. 234 § 5 EGBGB).[3] In welchen Fällen das Recht der ehemaligen DDR „bisheriges Recht" war, ist nach innerdeutschem Kollisionsrecht zu beantworten, und zwar in Anlehnung an das internationale Privatrecht der Art. 3 ff EGBGB, lediglich mit dem Unterschied, daß in deutsch-deutschen Fällen nicht auf das Heimatrecht, sondern auf den gewöhnlichen Aufenthalt abgestellt wird.[4]

Im Verhältnis zu Iran ist noch das Niederlassungsabkommen vom 17. 2. 1929 in Kraft, das auch für den Unterhalt gilt.[5] Voraussetzung ist, daß beide Parteien iranische Staatsangehörige sind.

II. Definition der Unterhaltspflicht

Das HUÜ 73 regelt das Kollisionsrecht auf dem Gebiete der Unterhaltspflicht (Art. 2). Was unter Unterhaltspflicht zu verstehen ist, wird im Abkommen selbst nicht eigens definiert (auch nicht in Art. 18 EGBGB). Vielmehr richtet sich die Beantwortung nicht nur nach dem Recht des Gerichtsstaats (lex fori), sondern autonom nach dem Zweck und der Entstehungsgeschichte des Vertrages sowie der Rechtspraxis in den Vertragsstaaten,[6] wobei das jeweils anwendbare Recht berücksichtigt werden muß.

---

[1] Für vor dem 1. 9. 1986 abgeschlossene Vorgänge gilt gemäß Art. 220 I und II EGBGB das frühere Recht, vgl. BT-Drucksache 1910, 504 S. 630 ff; BGH, FamRZ 1991, 925 = NJW 1991, 2212; FamRZ 1987, 682
[2] BGH, FamRZ 1991, 925; OLG Hamm, FamRZ 1998, 25
[3] BGHZ 128, 320 = FamRZ 1995, 544
[4] BGHZ 85, 16, 22 f; 124, 270 f; BGH, FamRZ 1995, 473
[5] Vgl. BGH, FamRZ 1990, 32 = NJW 1990, 636; FamRZ 1986, 345 = IPRax 1986, 382; Jones, DRiZ 1996, 322
[6] Vgl. Hausmann, IPRax 1990, 382/387

6 Eingegrenzt wird der Begriff der Unterhaltspflicht dahingehend, daß sie sich aus den Beziehungen der Familie, der Verwandtschaft, der Ehe u. a. ergeben muß. Gemeint sind damit gesetzliche Unterhaltspflichten. Nach h. M. sind insoweit Art. 1 HUÜ 73 und Art. 18 Abs. 1 EGBGB trotz des unterschiedlichen Wortlauts inhaltlich deckungsgleich.

7 Zum Unterhalt zählt in weiter Auslegung im Grundsatz alles, was zur Befriedigung der natürlichen Lebensbedürfnisse eines Menschen nötig ist (Nahrung, Kleidung, Wohnung, Ausbildung, Kultur u. a.). Die „Verpflichtung" besagt, wer dafür ganz oder teilweise aufkommen muß und in welcher Form.

8 Im einzelnen gehören dazu
- die Barleistungen gegenüber dem jetzigen oder früheren Ehegatten,
- die Barleistungen, Betreuungs- oder Naturalleistungen seitens der Eltern gegenüber ihren Kindern,[7]
- der Prozeßkostenvorschuß als Teilaspekt des Unterhalts. Umstritten ist die Rechtslage, wenn das anzuwendende Recht einen Prozeßkostenvorschuß nicht kennt: Die einen wenden deutsches Recht gemäß Art. 6 HUÜ 73/Art. 18 II EGBGB an, andere lehnen den Rückgriff auf deutsches Recht ab,
- die Auskunft zur Beurteilung der Unterhaltspflicht; kennt das Unterhaltsstatut einen Auskunftsanspruch nicht, etwa weil von Amts wegen die Umstände zu ermitteln sind, ist nach deutschem Recht durch Angleichung die Zuerkennung eines solchen Anspruchs dennoch möglich,[8]
- die Zuweisung der Wohnung und des Hausrats während des Getrenntlebens (noch umstritten). Nach der Scheidung gilt das Scheidungsstatut unmittelbar gemäß Art. 17 I EGBGB oder über Art. 18 IV EGBGB/Art. 8 HUÜ 73,
- der familienrechtliche Ausgleichsanspruch, wie ihn z. B. das deutsche Recht kennt,
- die „prestations compensatoires" des französischen Rechts,[9]
- die Unterhaltsersatzrente des schweizerischen ZGB (Art. 151 I), nicht jedoch der immaterielle Genugtuungsanspruch gemäß Art. 151 II, sowie die Bedürftigkeitsrente gemäß Art. 152 schweizerisches ZGB,
- der dem schweizerischen ZGB nachgebildete Entschädigungsanspruch des türkischen Rechts gemäß Art. 143 I ZGB, nicht der immaterielle Genugtuungsanspruch nach Art. 143 II, jedoch die Bedürftigkeitsrente des Art. 144 ZGB,
- die Morgengabe des islamischen Rechts, soweit sie im Zusammenhang mit der Scheidung zu zahlen ist, wegen ihres Versorgungszwecks (überwiegende Meinung), die allerdings schon wegen ihres häufig niedrigen Betrags (z. B. 1000 DM bei in Deutschland geschlossenen Imam-Ehen) in der Alltagspraxis nur geringe Bedeutung hat.[10]

III. Anknüpfung

1. Gewöhnlicher Aufenthalt

9 Gemäß Art. 4 I, II HUÜ 73/Art. 18 I 1 EGBGB ist Regelanknüpfungspunkt für das anzuwendende Recht der gewöhnliche Aufenthalt des Berechtigten, wobei ein Wechsel zu beachten ist (sog. Wandelbarkeit des Unterhaltsstatuts).

Der gewöhnliche Aufenthalt einer Person ist dort, wo sie sozial integriert ist und ihren

---

[7] Vgl. jedoch BGH FamRZ 1994, 1102; Unterhalt ist gem. § 1612 I 1 BGB auf Geldleistung gerichtet. Kinderbetreuung beruht nicht auf einem Unterhaltsanspruch, auch wenn ein Elternteil durch Betreuung seine Unterhaltspflicht in der Regel erfüllt

[8] Z. B. OLG Stuttgart, IPRax 1990, 113

[9] Vgl. unten „Frankreich"; die Qualifikation ist streitig; vgl. Hausmann, IPRax 1990, 382 m. w. N.; Staudinger/von Bar, BGB 13. Auflage, Anh. I zu Art. 18 EGBGB Rn 278

[10] Die Qualifikation ist streitig, vgl. z. B. BGH, FamRZ 1999, 217, 218 (Auslegung der getroffenen Vereinbarung); 1987, 13; OLG Düsseldorf, FamRZ 1998, 623 m. Anm. Öztan; gegen die Einordnung als unterhaltsrechtlicher Anspruch auch OLG Zweibrücken, FamRZ 1997, 1404; vgl. auch Staudinger/von Bar, BGB 13. Auflage, Anh. I zu Art. 18 EGBGB Rn 282

1. Abschnitt: Materielles Recht §7

Lebensmittelpunkt (z. B. Familie, Beruf) hat.[11] Maßgebend sind die **faktischen Verhältnisse**, wobei auch die Verweilabsichten der betreffenden Person von Bedeutung sind. Nicht notwendig ist der Wille, den Aufenthaltsort zum Lebensmittelpunkt zu machen (sonst wäre es der Wohnsitz). Durch zeitweilige Abwesenheit auch von längerer Dauer wird der gewöhnliche Aufenthalt in der Regel nicht aufgehoben, sofern Rückkehrabsicht besteht.[12] Für minderjährige Kinder, die ihren – selbständigen – gewöhnlichen Aufenthalt in aller Regel bei den Eltern oder dem sorgeberechtigten Elternteil haben, ist eine Änderung des gewöhnlichen Aufenthalts ohne den Willen des gesetzlichen Vertreters bedeutungslos (Art. 5 III EGBGB).

Gewöhnlichen Aufenthalt hat 10
- der ausländische Gastarbeiter, der im Aufenthaltsstaat Wohnung und Arbeit gefunden hat, nachgezogene Familienangehörige nur bei längerem Aufenthalt[13] und Familienintegration,[14]
- der Student, der länger als etwa ein Semester im Gastland studieren will,
- der Facharbeiter, der länger als nur einige Monate (Faustregel sechs Monate) im Ausland für seine Firma tätig ist,
- der gehobene Mitarbeiter einer ausländischen Firma, sofern er nicht nur für einige Monate im Gastland eingesetzt werden soll,
- der Asylbewerber, grundsätzlich auch der noch nicht anerkannte, der sich längere Zeit im Gastland aufhält, vor allem dann, wenn er Wohnung und Arbeit gefunden hat. Beim nicht anerkannten wird es trotz längerem Aufenthalt an der sozialen Integration fehlen. Es kommt jeweils auf die tatsächlichen Verhältnisse an.[15]

2. Gemeinsame Staatsangehörigkeit

Ersatzweise ist anstelle des gewöhnlichen Aufenthalts das gemeinsame Staatsangehörigkeitsrecht maßgebend, wenn der Unterhaltsberechtigte vom Unterhaltspflichtigen nach dem innerstaatlichen Recht des Aufenthaltsorts keinen Unterhalt erhalten kann (Art. 5 HUÜ 73/Art. 18 I 2 EGBGB). Unter innerstaatlichem Recht sind nur die Sachnormen gemeint, nicht das Kollisionsrecht. Gibt es keine gemeinsame Staatsangehörigkeit, scheidet diese Möglichkeit aus. Gemäß dem Vorbehalt gilt immer deutsches Recht, wenn der Unterhaltsberechtigte und der Unterhaltspflichtige Deutsche sind und der Unterhaltspflichtige seinen gewöhnlichen Aufenthalt in Deutschland hat (Art. 15 HUÜ 73/Art. 18 V EGBGB). 11

Umstritten ist, ob bei sog. **Mehrstaatern** dasjenige Recht Vorrang hat, mit dem die maßgebliche Person am engsten verbunden ist, etwa durch ihre Lebensgeschichte (vgl. Art. 5 I EGBGB), oder ob das gemeinsame Heimatrecht immer zum Zuge kommt, auch wenn es „ineffektiv" ist. Wenn die „Effektivität" einer Staatsangehörigkeit dazu führt, daß dann keine gemeinsame Staatsangehörigkeit mehr vorhanden ist und die Regelung des Art. 5 HUÜ 73/Art. 18 I 2 EGBGB deswegen nicht zum Zuge kommen kann, widerspricht dies dem Zweck dieser hilfsweisen Anknüpfung, die dem Berechtigten die Erlangung von Unterhalt erleichtern soll (Günstigkeitsprinzip). Hat ein sog. Mehrstaater auch die deutsche Staatsangehörigkeit, hat diese immer Vorrang. 12

3. „Kein Unterhalt zu erlangen"

Wann und unter welchen Umständen der Unterhaltsberechtigte „keinen Unterhalt erhalten" kann, ist noch nicht völlig geklärt. Die Regelung in Art. 5 HUÜ 73/Art. 18 I 2 EGBGB ist zwar, wie erwähnt, als Begünstigung des Berechtigten zu verstehen, jedoch 13

---

[11] Vgl. BGH, FamRZ 1981, 135 = NJW 1981, 520 und FamRZ 1993, 798
[12] BGH, FamRZ 1993, 798
[13] OLG Karlsruhe, FamRZ 1992, 316: bei zweieinhalb Jahren
[14] OLG Karlsruhe, FamRZ 1990, 1351
[15] Vgl. OLG Hamm, IPRax 1990, 247: mehr als vier Jahre; OLG Koblenz, IPRax 1990, 249: mehr als neun Jahre; OLG Nürnberg, IPRax 1990, 249: 23 Monate

§ 7　Auslandsberührung

nicht als Meistbegünstigungsklausel, ebensowenig wie die in Art. 6 HUÜ 73/Art. 18 II EGBGB.[16]

14　a) Besteht von vornherein überhaupt kein gesetzlicher Unterhaltsanspruch nach der anwendbaren Rechtsordnung im Verhältnis zwischen Unterhaltsberechtigtem und Unterhaltspflichtigem, so ist jene Voraussetzung eindeutig zu bejahen.

15　b) Scheidet ein Unterhaltsanspruch jedoch aus persönlichen oder wirtschaftlichen Gründen aus, liegt regelmäßig der in Art. 5 HUÜ 73/Art. 18 I 2 EGBGB angesprochene Fall nicht vor. Das gilt insbesondere (zum Teil streitig)
– bei mangelnder Bedürftigkeit des Berechtigten,
– bei fehlender oder eingeschränkter Leistungsfähigkeit des Verpflichteten,[17]
– beim Rangverhältnis (Nachrang des Berechtigten),
– beim Nachrang des Verpflichteten in der Haftung,
– bei Verwirkung,[18]
– bei Verjährung,
– beim Erlöschen, etwa infolge Verzugs oder durch Abfindung,
– bei Verzicht,[19]
– bei Befristung,
– bei generellen Beschränkungen, wenn z. B. das Unterhaltsstatut nur Elementarunterhalt gewährt, aber keinen Vorsorgeunterhalt oder keinen Prozeßkostenvorschuß.[20]

4. Anwendung deutschen Rechts

16　Wiederum ersatzweise ist gemäß Art. 6 HUÜ 73/Art. 18 II EGBGB das Recht des Gerichtsstaats (lex fori), bei Anrufung deutscher Gerichte also deutsches materielles Recht, maßgebend, wenn die Hauptanknüpfung (gewöhnlicher Aufenthalt des Berechtigten) und die vorrangige Ersatzanknüpfung an die gemeinsame Staatsangehörigkeit nicht zum Unterhalt führen. Für die Voraussetzung, einen Unterhalt nicht erhalten zu können, gilt dasselbe wie zu Art. 5 HUÜ 73/Art. 18 I 2 EGBGB (oben Nr. 3).

Unter Umständen kommt gem. Art. 6 EGBGB („ordre public") Unterhalt in Betracht.[21]

5. Folgen einer Scheidung

17　Wird die Ehe geschieden, für nichtig erklärt oder aufgehoben oder die Trennung von Tisch und Bett förmlich durch ein Gericht ausgesprochen, wie z. B. nach italienischem Recht (nicht bei faktischer Trennung allein!), so ist ausschließlich das auf die Scheidung/Trennung von Tisch und Bett angewendete Recht maßgebend, und zwar unwandelbar (Art. 8 HUÜ 73/Art. 18 IV EGBGB) und unabhängig davon, ob der betreffende Staat Vertragsstaat des Übereinkommens ist.[22] Vorrangig ist lediglich die sich aus dem deutschen Vorbehalt ergebende Sonderregelung des Art. 15/Art. 24 HUÜ 73/Art. 18 V EGBGB.[23]

---

[16] Vgl. KG, FamRZ 1988, 167
[17] Vgl. OLG Oldenburg, FamRZ 1996, 1240 m. Anm. Henrich, IPRax 1997, 46 f
[18] Zur Versagung nachehelichen Unterhalts wegen Ehebruchs nach österreichischem Recht vgl. OLG Bremen, IPRax 1998, 366
[19] A. A. OLG Karlsruhe, FamRZ 1992, 316
[20] Vgl. dazu KG, FamRZ 1988, 167
[21] Z. B. bei Unterhaltsausschluß nach belgischem Recht aufgrund Scheidung wegen Verschuldens, wenn die Schuldige ein gemeinsames Kind betreut (Mindestunterhalt), vgl. OLG Düsseldorf, FamRZ 1995, 885; vgl. insoweit aber OLG Zweibrücken, FamRZ 1997, 1404 und zur Bemessung der Höhe eines wegen Verstoßes gegen den ordre public nach deutschem Recht zu beurteilenden Unterhaltsanspruchs OLG Zweibrücken, EZFamR aktuell 1999, 126
[22] OLG Hamm, FamRZ 1995, 886
[23] Vgl. BGH, FamRZ 1991, 925: Ehe nach polnischem Recht geschieden, beide Ehegatten inzwischen sog. Spätaussiedler in Deutschland mit deutschem Paß; anwendbar ist deutsches Unterhaltsrecht

1. Abschnitt: Materielles Recht § 7

Verweigert das **Scheidungsstatut** einen Unterhalt, kann nur noch der „ordre public" 18
helfen (vgl. Art. 11 I HUÜ 73/Art. 6 EGBGB). Dafür reicht es aber nicht aus, wenn das
Scheidungsstatut nachehelichen Unterhalt grundsätzlich nicht oder nur in geringerem
Umfang oder nur unter engeren Voraussetzungen kennt als das deutsche Recht, dafür
aber andere Möglichkeiten zur Verfügung stellt, wie z. B. das französische Recht mit den
„prestations compensatoires" (vgl. unten „Frankreich"). Ein Verstoß gegen ordre public
kommt aber dann in Betracht, wenn auch für besondere Härtefälle kein Unterhalt vorgesehen ist.[24]

Handelt es sich um ein **ausländisches Scheidungsurteil** zwischen einem Deutschen 19
und einem Ausländer oder werden zwei Ausländer in einem Drittstaat geschieden, muß
die Entscheidung gemäß Art. 7 § 1 FamRÄndG von der zuständigen Landesjustizverwaltung anerkannt werden. Wird die Anerkennung rechtswirksam abgelehnt, ist die
Scheidung nicht existent und folglich auch nicht maßgebend für das anzuwendende
Unterhaltsrecht. Dann gelten die normalen (oben dargestellten) Regeln für den Unterhalt unter Ehegatten zum Trennungsunterhalt.[25] Ist eine solche Anerkennung nicht nötig,
wie bei gemeinsamer Staatsangehörigkeit des Entscheidungsstaats, muß der Unterhaltsberechtigte selbst und das Familiengericht die Anerkennungsfähigkeit des Scheidungsurteils prüfen, und zwar nach § 328 ZPO.[26]

Hat der Scheidungsrichter ein nicht zutreffendes Statut angewendet, bleibt es trotzdem
für den Unterhalt maßgebend.[27]

Privatscheidungen, auch solche im Ausland, an denen ein Deutscher beteiligt ist, kön- 20
nen nicht anerkannt werden, weil bei ihnen als privates Rechtsgeschäft das Heimatrecht
der Ehegatten maßgeblich ist, das deutsche Scheidungsrecht aber eine Privatscheidung
nicht zuläßt (§ 1564 S. 1 BGB).[28]

In der Alltagspraxis wird manchmal übersehen, daß aufgrund des **Statutenwechsels** 21
durch die Scheidung für den nachehelichen Unterhalt andere Rechtsgrundlagen maßgebend sind als für den Trennungsunterhalt, etwa wenn der unterhaltsberechtigte Ausländer
seinen gewöhnlichen Aufenthalt in Deutschland hat, aber nach seinem ausländischen
Heimatrecht geschieden worden ist.

IV. Bemessung des Unterhalts

1. Bedarfsermittlung

Gemäß Art. 10 Nr. 1 HUÜ 73/Art. 18 VI Nr. 1 EGBGB bestimmt das Unterhaltsstatut 22
insbesondere, ob, in welchem Ausmaß und von wem der Berechtigte Unterhalt verlangen
kann. Immer sind jedoch die Bedürfnisse des Berechtigten und die wirtschaftlichen Verhältnisse des Verpflichteten zu berücksichtigen (Art. 11 II HUÜ 73/Art. 18 VII EGBGB).
In der Praxis schwierig ist sowohl die Anwendung des deutschen Unterhaltsrechts als
auch bei Anwendung eines ausländischen die Unterhaltsbemessung, wenn Berechtigter
und Verpflichteter nicht im selben Staat leben.

Zunächst ist der Bedarf zu ermitteln, z. B. nach den ehelichen Lebensverhältnissen
(Ehegatten) oder der Lebensstellung (Kinder). Sodann ist festzustellen, welchen Betrag
der Berechtigte benötigt, um in dem Land, in dem er lebt, dieselbe Kaufkraft zur Verfügung zu haben.[29] Überwiegend bedient sich die Rechtsprechung der sog. Verbrauchergeldparitäten, die in regelmäßigen Abständen vom deutschen Statistischen Bundesamt

---

[24] Vgl. BGH, FamRZ 1991, 925 = NJW 1991, 2212; auch OLG Düsseldorf, FamRZ 1995, 885
[25] Vgl. OLG Koblenz, FamRZ 1991, 459; vgl. auch OLG Düsseldorf, FamRZ 1995, 885
[26] Vgl. OLG Hamm, FamRZ 1995, 886
[27] Vgl. BGH, FamRZ 1987, 682
[28] BGH, FamRZ 1990, 607 = BGHZ 110, 267; FamRZ 1994, 434 f; für das Inland vgl. auch Art. 17 II EGBGB
[29] BGH, FamRZ 1987, 682, 683 f

bekanntgegeben werden.[30] Die Verbrauchergeldparität gibt an, wie viele Geldeinheiten erforderlich sind, um die gleiche Menge an Gütern bestimmter Qualität im Inland zu erwerben, die man im Ausland für eine ausländische Geldeinheit erhält. Von Bedeutung ist auch der Devisenkurs.[31] Teilweise wird – etwa beim Kindesunterhalt – der nach der Düsseldorfer Tabelle errechnete Pauschalbedarf um einen Bruchteil (meist $^1/_3$ bis $^2/_3$) gekürzt, wobei auf eine Länderübersicht des Bundesfinanzministeriums zurückgegriffen wird.[32] Gegen diese Berechnung bestehen trotz größerer Praktibilität Bedenken, weil sich steuerliche Erwägungen und unterhaltsrechtliche Bedarfsbemessung nicht decken und außerdem der Bedarf nicht ohne Berücksichtigung der konkreten Einzelumstände, auch des verschiedenen und wechselnden Ausmaßes der Inflation in dem betreffenden Ausland pauschal gekürzt werden kann. Wie schwierig es ist, eine konsensfähige Begründung zur Höhe des Abschlags zu finden, zeigt die zersplitterte OLG-Rechtsprechung etwa zu Polen. In jedem Falle ist darauf zu achten, daß der Berechtigte nicht mehr erhält, als seinem Bedarf entspricht.[33] Dem in Deutschland lebenden Unterhaltspflichtigen muß in jedem Fall der hier maßgebliche Selbstbehalt verbleiben.[34]

Ländergruppeneinteilung ab 1996
BStBl. 1996 I 115

Unter Bezugnahme auf die Abstimmung mit den obersten Finanzbehörden der Länder sind die Beträge des § 1 III S. 2, des § 32 VI S. 4 und des § 33a II S. 5 und II S. 3 EStG mit Wirkung ab 1. 1. 1996 wie folgt anzusetzen:

in voller Höhe	mit $^2/_3$		mit $^1/_3$
Wohnsitzstaat des Steuerpflichtigen bzw. der unterhaltenen Person			
1	2	3	
Australien	Argentinien	Afghanistan	Côte d'Ivoire
Europäische Union	Bahamas	Ägypten	Domenica
Gibraltar	Bahrein	Äquatorialguinea	Dominikan.
Island	Barbados	Äthiopien	Republik
Israel	Bermudas	Albanien	Dschibuti
Japan	Chile	Algerien	Ecuador
Kanada	China (Taiwan)	Angola	El Salvador
Katar	Hongkong	Armenien	Eritrea
Kuwait	Korea, Republik	Aserbaidschan	Estland
Liechtenstein	Libyen	Bangladesch	Fidschi
Monaco	Malta	Belize	Gabun
Neuseeland	Mexiko	Benin	Gambia
Norwegen	Oman	Bolivien	Georgien
San Marino	Saudi-Arabien	Bosnien-	Ghana
Schweiz	Singapur	Herzegowina	Guatemala
Verein. Arab.	Slowenien	Botsuana	Guinea
Emirate	Südafrika	Brasilien	Guinea-Bissau
Vereinigte Staaten	Zypern	Bulgarien	Guyana
		Burkina Faso	Haiti
		Burundi	Honduras
		China (Volksrep.)	Indien
		Costa Rica	Indonesien

---

[30] Vgl. etwa Auszug in FamRZ 1993, 1158 und dazu Gutdeutsch/Zieroth, FamRZ 1993, 1152; Kemnade/Scholz/Zieroth, Daten und Tabellen zum Familienrecht, 2. Aufl. 1998, S. 377 ff
[31] Vgl. Gutdeutsch/Zieroth, aaO; OLG Braunschweig, FamRZ 1988, 427; OLG Hamm, FamRZ 1989, 785
[32] Z. B. OLG Hamm, FamRZ 1989, 1332; OLG Düsseldorf, FamRZ 1989, 1335; OLG Celle, FamRZ 1990, 1390; OLG Celle, OLG-Report 1998, 149; OLG Karlsruhe, FamRZ 1991, 600; siehe Anlage „Ländergruppeneinteilung ab 1996", vgl. FamRZ 1996, 471
[33] Vgl. BGH, FamRZ 1992, 1060 = NJW-RR 1993, 5; KG, FamRZ 1994, 759
[34] Vgl. OLG Karlsruhe, FamRZ 1990, 313

1. Abschnitt: Materielles Recht §7

in voller Höhe	mit $^2/_3$	mit $^1/_3$	
Wohnsitzstaat des Steuerpflichtigen bzw. der unterhaltenen Person			
1	2	3	
		Irak	Panama
		Iran, Islam. Republik	Papua-Neuguinea
		Jamaika	Paraguay
		Jemen	Peru
		Jordanien	Philippinen
		Jugoslawien	Polen
		Kamerun	Ruanda
		Kambodscha	Rumänien
		Kap Verde	Russische Föderation
		Kasachstan	Salomonen
		Kenia	Sambia
		Kirgistan	Samoa
		Kiribati	Senegal
		Kolumbien	Seychellen
		Komoren	Sierra Leone
		Kongo	Simbabwe
		Korea, Demokr. VR	Slowakei
		Kroatien	Somalia
		Kuba	Sri Lanka
		Laos	Sudan
		Lesotho	Suriname
		Lettland	Swasiland
		Libanon	Syrien
		Liberia	Tadschikistan
		Litauen	Tansania
		Macao Port.	Thailand
		Madagaskar	Togo
		Malawi	Tonga
		Malaysia	Trinidad und Tobago
		Malediven	Tschad
		Mali	Tschechische Republik
		Marokko	Tunesien
		Mauretanien	Türkei
		Mauritius	Turkmenistan
		Mazedonien	Tuvalu
		Moldawien	Uganda
		Mongolei	Ukraine
		Mosambik	Ungarn
		Myanmar (fr. Burma)	Uruguay
		Namibia	Usbekistan
		Nepal	Vanuatu
		Nicaragua	Venezuela
		Niger	Vietnam
		Nigeria	Weißrußland
		Pakistan	Zaire
			Zentralafrikanische Republik

2. Bedarfskorrektur mit Hilfe der Verbrauchergeldparität

Befindet sich der Berechtigte oder der Verpflichtete im Ausland, so muß der Zahlungsbetrag des Unterhalts in der Regel in eine andere Währung umgetauscht werden. Wenn die Verbrauchergeldparität von der Devisenparität abweicht, ergibt sich dabei ein **Kaufkraftgewinn** oder ein **Kaufkraftverlust**. Die **Rechtsprechung** versucht dem Rechnung 23 zu tragen, indem sie den Bedarf entweder durch pauschale Abschläge[35] oder in Anknüpfung an die Abweichung der Kaufkraftparität vom Devisenkurs[36] korrigiert.

Auf die Bedarfsbemessung hat die Verbrauchergeldparität dann Einfluß, wenn der Bedarf des Berechtigten vom Einkommen des Verpflichteten abhängt. Der sich aus dem Einkommen (z. B. nach der Düsseldorfer Tabelle) ergebende Bedarf verändert sich dann durch die von der Devisenparität abweichende Verbrauchergeldparität. Kann z. B. der unterhaltsberechtigte geschiedene Gatte durch Übersiedlung in ein billigeres Land seinen Bedarf nach den ehelichen Lebensverhältnissen mit geringerem Aufwand decken, rechtfertigt das die Herabsetzung seines Unterhalts im Verhältnis des Kaufkraftgewinns.[37] Ebenso kann der Bedarf eines Kindes im Ausland geringer sein als der Betrag, der sich aus der Düsseldorfer Tabelle ergibt, wenn die Lebenshaltungskosten an seinem Aufenthaltsort geringer sind.[38]

24 Wegen der genaueren Ergebnisse ist einer Anpassung des geschuldeten Unterhalts mittels Verbrauchergeldparität und Devisenkurs[39] der Vorzug einzuräumen. Dabei ist zunächst in einem **ersten Schritt** wie in den folgenden Tabellen das Verhältnis der Verbrauchergeldparität zum Devisenkurs zu ermitteln. Die Verbrauchergeldparität bildet das Ergebnis eines Preisvergleichs für Waren und Dienstleistungen des privaten Verbrauchs zwischen ausländischen Staaten und der Bundesrepublik Deutschland. Sie wird regelmäßig, ggf. als Schätzung (s) oder als Prognose (p), vom Statistischen Bundesamt veröffentlicht.[40] Die damit zu vergleichenden Devisenkurse werden von der Deutschen Bundesbank errechnet und veröffentlicht. Seit dem 1. 1. 1999 gelten im europäischen Bereich gemäß Art. 109 I Abs. 4 des Vertrages über die Gründung der Europäischen Gemeinschaft für die an der Währungsunion teilnehmenden Länder unwiderruflich festgelegten Umrechnungskurse gegenüber dem Euro (EUR) und somit auch untereinander.

Das Verhältnis (x) zwischen Verbrauchergeldparität (b) und Devisenkurs (a) ist nach folgender Formel zu berechnen: $x = ((100b - 100a)/a)$. Für die am häufigsten vorkommenden Länder sind die entsprechenden Werte in den folgenden Tabellen aufgelistet, wobei von der Verbrauchergeldparität nach deutschem Schema ausgegangen ist:

Belgien

Jahr	Devisenkurs (a)	Verbrauchergeldparität (b)	Verhältnis zueinander (x)
1974 bis 1993			+ 0,6 Durchschnitt
1994	4,8530	4,85	0,0
1995	4,8604	4,87	+ 0,1
1996	4,8592	4,78	– 1,5
1997	4,8464	4,78	– 1,5
1998	4,8476	4,76	– 1,8
5/1999	4,8484	4,72	– 2,7

---

[35] OLG Celle, FamRZ 1993, 103 m. w. N.: Bedarf eines polnischen Kindes $2/3$ des Bedarfs nach der Düsseldorfer Tabelle; OLG Koblenz, FamRZ 1995, 1439: ab November 1993 75 % der Sätze der DT
[36] OLG Düsseldorf, FamRZ 1990, 556; OLG Hamburg, FamRZ 1990, 794, AG Hamburg-Altona, FamRZ 1992, 82
[37] BGH, FamRZ 1987, 682; OLG München (Bedarfskorrektur auf 40 % für Tschechien)
[38] OLG Celle, OLG-Report Celle 1998, 149 (Bedarfskorrektur um $1/3$ für Polen); OLG Karlsruhe, FamRZ 1998, 1531 (Bedarfskorrektur um $1/4$ für Tschechien); OLG Düsseldorf, FamRZ 1990, 556 (Polen); OLG Hamburg, FamRZ 1990, 794 (Polen); LG Hannover, FamRZ 1998, 858 (Abschlag von 20 % für Slowenien); OLG Koblenz FamRZ 1998, 1532 (Bedarfskorrektur auf $1/3$ für Bulgarien); vgl. insoweit Buseva, FamRZ 1997, 264; OLG Stuttgart, FamRZ 1999, 887 (Herabsetzung auf $1/3$ für Serbien)
[39] BGH, FamRZ 1987, 682, 683 f
[40] Statistisches Bundesamt, Preise, Fachserie 17, Reihe 10, Internationaler Vergleich der Preise für die Lebenshaltung 1997, Januar 1998; vgl. Kemnade/Scholz/Zieroth, Daten und Tabellen zum Familienrecht, 2. Aufl. 1998, S. 381 ff

1. Abschnitt: Materielles Recht §7

Dänemark

Jahr	Devisenkurs	Verbrauchergeld-paritat	Verhältnis zueinander
1974 bis 1993			− 20,4 Durchschnitt
1994	25,513	20,18	− 20,9
1995	25,570	20,09	− 21,4
1996	25,945	20,27	− 21,9
1997	26,249	20,15	− 23,2
1998	26,258	19,95	− 24,0
5/1999	26,312	19,59 (s)	− 25,5 (s)

Frankreich

Jahr	Devisenkurs	Verbrauchergeld-paritat	Verhältnis zueinander
1974 bis 1993			− 0,1 Durchschnitt
1994	29,238	29,60	+ 1,2
1995	28,718	29,57	+ 3,0 (s)
1996	29,406	29,25	− 0,5
1997	29,704	29,32	− 1,3
1998	29,829	29,36	− 1,6
5/1999	29,816	29,20 (s)	− 2,1 (s)

Italien

Jahr	Devisenkurs	Verbrauchergeld-paritat	Verhältnis zueinander
1974 bis 1993			+ 15,3 Durchschnitt
1994	10,056	11,68	+ 16,1
1995	8,814	11,29	+ 28,1 (s)
1996	9,751	10,95	+ 12,3
1997	10,184	10,91	+ 7,1
1998	10,132	9,69	− 4,4
5/1999	10,101	9,59 (s)	− 5,0 (s)

Niederlande

Jahr	Devisenkurs	Verbrauchergeld-paritat	Verhältnis zueinander
1974 bis 1993			+ 3,1 Durchschnitt
1994	89,171	95,44	+ 7,0
1995	89,272	95,88	+ 7,4
1996	89,243	95,30	+ 6,8
1997	88,857	95,02	+ 6,9
1998	88,714	89,94	+ 1,4
5/1999	88,752	87,78 (s)	− 1,1 (s)

§ 7 Auslandsberührung

Norwegen

Jahr	Devisenkurs	Verbrauchergeld- parität	Verhältnis zueinander
1974 bis 1993			− 26,4 Durchschnitt
1994	22,982	18,41	− 19,9
1995	22,614	18,24	− 19,3
1996	23,292	18,19	− 21,9
1997	24,508	17,99	− 26,6
1998	23,297	17,72	− 23,9
5/1999	23,751	17,39	− 26,8

Österreich

Jahr	Devisenkurs	Verbrauchergeld- parität	Verhältnis zueinander
1974 bis 1993			− 3,8 Durchschnitt
1994	14,214	12,68	− 10,8
1995	14,214	12,64	− 11,1
1996	14,214	12,55	− 11,7
1997	14,210	12,59	− 11,4
1998	14,213	12,59	− 12,9
5/1999	14,214	12,56	− 11,6

Polen

Jahr	Devisenkurs	Verbrauchergeld- parität	Verhältnis zueinander
1979 bis 1993			+ 55,7 Durchschnitt
1994	71,608	76,90	+ 7,4
1995	59,139	74,23	+ 25,5
1996	55,853	62,44	+ 11,8
1997	52,954	54,96	+ 3,8
1998	50,394	61,45	+ 21,9
5/1999	46,785	57,95 (s)	+ 23,9 (s)

Portugal

Jahr	Devisenkurs	Verbrauchergeld- parität	Verhältnis zueinander
1974 bis 1993			+ 19,1 Durchschnitt
1994	9,774	10,41	+ 6,5
1995	9,555	10,15	+ 6,2
1996	9,754	9,94	+ 1,9
1997	9,894	9,86	− 0,3
1998	9,763	10,71	+ 9,7
5/1999	9,756	10,55 (s)	+ 8,2 (s)

1. Abschnitt: Materielles Recht § 7

Schweden

Jahr	Devisenkurs	Verbrauchergeld-parität	Verhältnis zueinander
1974 bis 1993			− 10,4 Durchschnitt
1994	21,013	21,24	+ 2,0
1995	20,116	21,24	+ 5,6
1996	22,434	21,49	− 4,2
1997	22,718	18,62	− 18,0
1998	22,128	18,54	− 16,2
5/1999	21,799	18,21	− 16,5

Schweiz

Jahr	Devisenkurs	Verbrauchergeld-parität	Verhältnis zueinander
1974 bis 1993			− 22,4 Durchschnitt
1994	118,712	90,91	− 23,4
1995	121,240	90,55	− 25,3
1996	121,891	98,41	− 19,3
1997			
1998	121,414	100,00	− 17,6
5/1999	122,049	99,33 (s)	− 18,6 (s)

Spanien

Jahr	Devisenkurs	Verbrauchergeld-parität	Verhältnis zueinander
1974 bis 1993			+ 7,4 Durchschnitt
1994	1,2112	1,39	+ 14,6
1995	11,499	13,47	+ 17,1
1996	11,880	13,13	+ 10,5
1997	11,843	13,07	+ 10,3
1998	11,779	12,51	+ 6,2
5/1999	11,755	12,30 (p)	+ 4,7 (p)

Tschechien

Jahr	Devisenkurs	Verbrauchergeld-parität	Verhältnis zueinander
1996	5,541	7,54	+ 36,0
1997	5,484	7,07	+ 28,9
1998	5,459	6,45	+ 18,1
5/1999	5,190	6,37 (s)	+ 22,7 (s)

Türkei

Jahr	Devisenkurs	Verbrauchergeld-parität	Verhältnis zueinander
1974 bis 1993			+ 37,0 Durchschnitt
1994	6,018	8,04	+ 33,7
1995	3,158	4,32	+ 36,7
1996	1,897	2,49	+ 31,2
1997			
1998	6,854	7,01	+ 2,3
5/1999	4,656	4,50 (s)	− 3,4 (s)

Ungarn

Jahr	Devisenkurs	Verbrauchergeld-parität	Verhältnis zueinander
1982 bis 1993			+ 86,5 Durchschnitt
1994	1,5468	1,85	+ 19,6
1995	1,1467	1,47	+ 28,0
1996	9,8665	11,97	+ 21,3
1997	9,2933	10,26	+ 10,4
1998	8,2126	9,04	+ 10,1
5/1999	7,8168	8,27 (s)	+ 5,8 (s)

USA

Jahr	Devisenkurs	Verbrauchergeld-parität	Verhältnis zueinander
1974 bis 1993			− 2,4 Durchschnitt
1994	1,6218	1,66	+ 2,5
1995	1,4338	1,64	+ 14,7
1996	1,5037	1,61	+ 7,4
1997	1,7348	1,60	− 7,5
1998	1,7592	1,60	− 8,9
5/1999	1,8403	1,58	− 14,1

25   In einem **zweiten Schritt** ist sodann der Unterhaltsbedarf (ausgehend von dem festgestellten Verhältnis zwischen Verbrauchergeldparität und Devisenkurs = x) anhand der folgenden Tabellen von Gutdeutsch/Zieroth zu errechnen.

26   Die **Abweichung der Verbrauchergeldparität** ist jedoch nicht immer gleich der **Bedarfskorrektur** (oder deren Kehrwert, wenn sich nicht der Verpflichtete, sondern der Berechtigte im Ausland befindet). Solange die Ehe besteht, sind nach dem Prinzip der Halbteilung die verfügbaren Mittel jedoch so zu verteilen, daß beide Gatten in gleichem Umfang ihren Bedarf decken können. Dasselbe gilt für den Geschiedenenunterhalt, wenn die währungsraumübergreifende Bedarfslage bereits die ehelichen Lebensverhältnisse geprägt hatte, also bereits vorher beide Eheleute ihren Bedarf in verschiedenen Währungsgebieten gedeckt haben. Entsprechendes gilt auch für den Kindesunterhalt nach der Düsseldorfer Tabelle, welcher sich nach deren Einkommensstufen bestimmt.

In all diesen Fällen steht der Bedarfskorrektur auf seiten der Berechtigten eine gegenläufige Bedarfskorrektur auf seiten des Verpflichteten gegenüber, welche das Ausmaß der nötigen Korrektur vermindert.[41] Das Ausmaß der Korrektur hängt in solchen Fällen da-

---

[41] Lebt der Berechtigte in einem billigeren Land, braucht er weniger. Die resultierende Entlastung des Pflichtigen muß (soweit prägend) aufgrund des Halbteilungsgrundsatzes auch dem Berechtigten zugute kommen und vermindert daher die Herabsetzung seines Bedarfs. Soweit sich auf-

von ab, in welchem Umfang der Gesamtbedarf (des Verpflichteten und der Berechtigten) auf Inland und Ausland verteilt wird.

Die folgenden Tabellen von Gutdeutsch/Zieroth[42] ermöglichen es, für bestimmte prozentuale Verteilungen von Auslands- und Inlandsbedarf und bestimmte Abweichungen der Verbrauchergeldparität[43] einen Prozentsatz für die Bedarfskorrektur abzulesen: **27**

Tabelle I

Bedarfskorrektur bei Auslandsberührung (**Berechtigte im Ausland**): im Verbund (bei Auslandsanteil des Bedarfs von:)

Abw. der VGP	iso-liert	5	10	15	20	25	30	35	40	45	50	55	60	65	70	75
−50	100	90	82	74	67	60	54	48	43	38	33	29	25	21	18	14
−45	82	75	68	62	56	51	46	41	37	33	29	25	22	19	16	13
−40	67	61	56	52	47	43	39	35	32	28	25	22	19	16	14	11
−35	54	50	46	42	39	36	32	29	27	24	21	19	16	14	12	10
−30	43	40	37	34	32	29	27	24	22	20	18	16	14	12	10	8
−25	33	31	29	27	25	23	21	19	18	16	14	13	11	10	8	7
−20	25	23	22	20	19	18	16	15	14	12	11	10	9	8	6	5
−15	18	17	16	15	14	13	12	11	10	9	8	7	6	6	5	4
−10	11	10	10	9	9	8	8	7	6	6	5	5	4	4	3	3
−5	5	5	5	4	4	4	4	3	3	3	3	2	2	2	2	1
0	0	0	0	0	0	0	0	0	0	0	0	0	0	0	0	0
5	−5	−5	−4	−4	−4	−4	−3	−3	−3	−3	−2	−2	−2	−2	−1	−1
10	−9	−9	−8	−8	−7	−7	−7	−6	−6	−5	−5	−4	−4	−3	−3	−2
15	−13	−12	−12	−11	−11	−10	−10	−9	−8	−8	−7	−6	−6	−5	−4	−4
20	−17	−16	−15	−15	−14	−13	−12	−12	−11	−10	−9	−8	−7	−7	−6	−5
25	−20	−19	−18	−18	−17	−16	−15	−14	−13	−12	−11	−10	−9	−8	−7	−6
30	−23	−22	−21	−20	−19	−18	−17	−16	−15	−14	−13	−12	−11	−10	−8	−7
35	−26	−25	−24	−23	−22	−21	−20	−19	−17	−16	−15	−14	−12	−11	−10	−8
40	−29	−28	−26	−25	−24	−23	−22	−21	−19	−18	−17	−15	−14	−12	−11	−9
45	−31	−30	−29	−28	−26	−25	−24	−23	−21	−20	−18	−17	−15	−14	−12	−10
50	−33	−32	−31	−30	−29	−27	−26	−23	−22	−20	−18	−17	−15	−13	−11	
55	−35	−34	−33	−32	−31	−29	−28	−26	−25	−23	−22	−20	−18	−16	−14	−12
60	−38	−36	−35	−34	−32	−31	−30	−28	−26	−25	−23	−21	−19	−17	−15	−13
65	−39	−38	−37	−36	−34	−33	−31	−30	−28	−26	−25	−23	−21	−19	−16	−14
70	−41	−40	−39	−37	−36	−34	−33	−31	−30	−28	−26	−24	−22	−20	−17	−15
75	−43	−42	−40	−39	−37	−36	−34	−33	−31	−29	−27	−25	−23	−21	−18	−16
80	−44	−43	−42	−40	−39	−37	−36	−34	−32	−31	−29	−26	−24	−22	−19	−17
85	−46	−45	−43	−42	−40	−39	−37	−36	−34	−32	−30	−28	−25	−23	−20	−18
90	−47	−46	−45	−43	−42	−40	−39	−37	−35	−33	−31	−29	−26	−24	−21	−18
95	−49	−47	−46	−45	−43	−42	−40	−38	−36	−34	−32	−30	−28	−25	−22	−19
100	−50	−49	−47	−46	−44	−43	−41	−39	−37	−35	−33	−31	−29	−26	−23	−20

Tabelle II

Bedarfskorrektur bei Auslandsberührung (**Verpflichtete im Ausland**): im Verbund (bei Inlandsanteil des Bedarfs von:)

Abw. der VGP	iso-liert	5	10	15	20	25	30	35	40	45	50	55	60	65	70	75
−50	−50	−49	−47	−46	−44	−43	−41	−39	−37	−35	−33	−31	−29	−26	−23	−20
−45	−45	−44	−42	−41	−40	−38	−36	−35	−33	−31	−29	−27	−25	−22	−20	−17
−40	−40	−39	−37	−36	−35	−33	−32	−30	−29	−27	−25	−23	−21	−19	−17	−14
−35	−35	−34	−33	−31	−30	−29	−27	−26	−24	−23	−21	−20	−18	−16	−14	−12
−30	−30	−29	−28	−27	−26	−24	−23	−22	−20	−19	−18	−16	−15	−13	−11	−10
−25	−25	−24	−23	−22	−21	−20	−19	−18	−17	−15	−14	−13	−12	−10	−9	−8
−20	−20	−19	−18	−18	−17	−16	−15	−14	−13	−12	−11	−10	−9	−8	−7	−6

grund der abweichenden Verbrauchergeldparität der Bedarf des Berechtigten erhöht, muß dieser diese daraus resultierende Mehrbelastung des Pflichtigen mittragen, was auch die Erhöhung seines Bedarfs reduziert

[42] Gutdeutsch/Zieroth, Verbrauchergeldparität und Unterhalt, FamRZ 1993, 1152
[43] Tabelliert bei Kemnade/Schwab, Aktuelle Leitlinien zum Unterhalt, Versorgungs- und Zugewinnausgleich sowie für Juli 1992 bis Juni 1993 in FamRZ 1993, 1158

§ 7 Auslandsberührung

Abw. der VGP	iso- liert	Bedarfskorrektur bei Auslandsberührung (**Verpflichtete im Ausland**): im Verbund (bei Inlandsanteil des Bedarfs von:)													
		5	10	15	20	25	30	35	40	45	50	55	60	65	70	75
− 15	− 15	− 14	− 14	− 13	− 12	− 12	− 11	− 10	− 10	− 9	− 8	− 7	− 7	− 6	− 5	− 4
− 10	− 10	− 10	− 9	− 9	− 8	− 8	− 7	− 7	− 6	− 6	− 5	− 5	− 4	− 4	− 3	− 3
− 5	− 5	− 5	− 5	− 4	− 4	− 4	− 4	− 3	− 3	− 3	− 3	− 2	− 2	− 2	− 2	− 1
0	0	0	0	0	0	0	0	0	0	0	0	0	0	0	0	0
5	5	5	4	4	4	4	3	3	3	3	2	2	2	2	1	1
10	10	9	9	8	8	7	7	6	6	5	5	4	4	3	3	2
15	15	14	13	12	12	11	10	9	8	8	7	6	6	5	4	3
20	20	19	18	17	15	14	13	12	11	10	9	8	7	6	5	4
25	25	23	22	20	19	18	16	15	14	12	11	10	9	8	6	5
30	30	28	26	24	23	21	19	18	16	15	13	12	10	9	7	6
35	35	33	30	28	26	24	22	20	18	17	15	13	12	10	8	7
40	40	37	35	32	30	27	25	23	21	19	17	15	13	11	9	8
45	45	42	39	36	33	30	28	25	23	21	18	16	14	12	10	8
50	50	46	43	40	36	33	30	28	25	22	20	18	15	13	11	9
55	55	51	47	43	40	36	33	30	27	24	22	19	17	14	12	10
60	60	55	51	47	43	39	36	32	29	26	23	20	18	15	13	10
65	65	60	55	50	46	42	38	34	31	28	25	22	19	16	13	11
70	70	64	59	54	49	45	40	37	33	29	26	23	20	17	14	11
75	75	69	63	57	52	47	43	39	35	31	27	24	21	18	15	12
80	80	73	67	61	55	50	45	41	36	32	29	25	22	18	15	13
85	85	77	71	64	58	53	47	43	38	34	30	26	23	19	16	13
90	90	82	74	67	61	55	50	44	40	35	31	27	23	20	17	13
95	95	86	78	71	64	58	52	46	41	37	32	28	24	21	17	14
100	100	90	82	74	67	60	54	48	43	38	33	29	25	21	18	14

Anwendungshinweise[44]

Die Tabellen enthalten:

28 – in der ersten Spalte (Vorspalte):
die Abweichung der Verbrauchergeldparität von der Devisenparität in Prozent, wie sie den veröffentlichten Tabellen entnommen werden kann. Fehlen entsprechende Veröffentlichungen, so kann der Richter gegebenenfalls bei Vorhandensein entsprechender Erfahrungen diese Abweichung nach § 287 ZPO schätzen.
– in der zweiten Spalte:
die Bedarfskorrektur (in Prozent) für einen Unterhaltsberechtigten, der in einem anderen Land lebt als der Unterhaltspflichtige, soweit der Bedarf sich aus dem Einkommen ableitet und die Korrektur auf den Bedarf des Berechtigten beschränkt wird.
– in den folgenden Spalten:
die entsprechende Bedarfskorrektur, wenn von einem Bedarfsverbund ausgegangen wird, die Auswirkung der Paritätsabweichung auf die Bedarfsverteilung also ausgeglichen werden soll. Dabei gibt die Kopfzeile an, welcher Prozentsatz des Bedarfs auf den (die) Unterhaltsberechtigten im Ausland (Tabelle II: Inland) entfällt.

29 Die Tabellen geben **nur für bestimmte Kombinationen** von Bedarfsverteilung und Abweichung der Verbrauchergeldparität den Korrekturwert an. Liegen die maßgebenden Werte dazwischen, so müßte interpoliert oder direkt die Formel angewandt werden. Andererseits unterliegen die Abweichungen der Verbrauchergeldparität oft starken Schwankungen, so daß eine präzise Bedarfsberechnung nach den vorliegenden Werten nur zu einer Scheingenauigkeit führt. Deshalb kann es bei der Bedarfskorrektur nur um eine grobe Annäherung gehen. Um das auch erkennbar zu machen, sollten für die Bedarfskorrektur **nur durch 5 teilbare Prozentwerte**, z. B. + 10 % oder − 25 % verwendet werden. Der Tabelle sollte dann nur entnommen werden, welcher so gerundete Prozentwert der gesuchten Kombination am nächsten ist. Im Zweifelsfall wäre einer Rundung auf ganze 10 % der Vorzug zu geben. Es ließe sich auch vertreten, grundsätzlich die kleinere Korrek-

---

[44] Nach Gutdeutsch/Zieroth, aaO

1. Abschnitt: Materielles Recht §7

tur zu wählen, weil sich die Abweichung als Regelwidrigkeit verstehen läßt, welche durch wirtschaftspolitische Maßnahmen abgebaut werden sollte.

Beispiele zur Verwendung:[45]

Beispiel 1: 30
Der Mann mit prägendem Einkommen von 7000 DM ist seiner geschiedenen Frau unterhaltspflichtig, welche in die USA verzogen ist (isolierter Bedarf) und dort 1500 US$ verdient, welche die ehelichen Lebensverhältnisse nicht geprägt haben.
erster Schritt: Bedarfsberechnung
$^6/_7$ x 7000 x $^1/_2$ = 3000 DM
zweiter Schritt: Korrektur des Bedarfs
Die Verbrauchergeldparität übersteigt die Devisenparität um ca. 25 %. Damit weicht der Bedarf um - 20 % ab (Tabelle I Spalte 2, weil isoliert):
3000 – 20 % = 2400 DM
dritter Schritt: Berechnung des Anspruchs
Einkommen der Frau:
1500 US$ x 1,6 = 2400 DM
2400 – 2400 = 0 DM
Der Bedarf ist gedeckt. Es besteht kein Anspruch.

Beispiel 2: 31
Deutsche Eheleute leben in Dänemark. Die Frau kehrt ins billigere Deutschland zurück (isolierter Bedarf). Der Mann verdient 20 000 dkr, also bei einem Devisenkurs von 25 DM/100 dkr den Betrag von 5000 DM. Er ist der einkommenslosen Frau unterhaltspflichtig.
erster Schritt: Bedarfsberechnung
$^6/_7$ x 5000 x $^1/_2$ = 2143 DM
zweiter Schritt: Bedarfskorrektur
Die Abweichung der Verbrauchergeldparität von ca. 20 DM/100 dkr von der Devisenparität von ca. 25 DM/100 dkr beträgt – 20 %. Denselben Wert hat die Bedarfsminderung der Frau, welche aus der Übersiedlung nach Deutschland resultiert (Tabelle II Spalte 2, weil isoliert):
2143 – 20 % = 1714 DM

Beispiel 3: 32
Frau und Kind leben in den USA, was die ehelichen Lebensverhältnisse prägt oder geprägt hat (Bedarf im Verbund). Nach der Tabelle der Verbrauchergeldparitäten und Devisenkurse liegt die Verbrauchergeldparität im Mittel etwa 25 % höher als die Devisenparität. Die Unterhaltsberechnung (Unterhalt = Bedarf) ergibt bei einem bereinigten Inlandseinkommen des Pflichtigen von 5122 DM einen Unterhalt für
Kind:
604,00 DM
Gatten:
1932,00 DM
Summe:
2536,00 DM
Die Unterhaltssumme beläuft sich somit auf 49 % des Einkommens. Tabelle I liefert für einen Auslandsanteil des Bedarfs von 50 % und eine Abweichung der Verbrauchergeldparität von + 25 % eine Bedarfskorrektur von – 11 %. Nach den Anwendungshinweisen zur Tabelle wäre der Betrag auf – 10 % zu runden und der Unterhalt entsprechend herabzusetzen:
Kind:
604,0 – 10 % = 543,60 DM
Gatten:
1932,0 – 10 % = 1738,80 DM
Summe:
2536,0 – 10 % = 2282,40 DM
Dem Pflichtigen bleiben
5122 – 2282,40 = 2839,60 DM

Beispiel 4: 33
Der Mann verdient 6000 DM, welche die ehelichen Lebensverhältnisse geprägt haben. Zwei minderjährige Kinder sind unterhaltsbedürftig, von denen eines (15 Jahre alt) beim Vater in

---

[45] Nach Gutdeutsch/Zieroth, aaO

Deutschland, ein anderes (2 Jahre alt) bei der einkommenslosen Ehefrau in den USA lebt, welche ebenso wie die Kinder unterhaltsberechtigt ist. Die Kaufkraftdifferenz hat Einfluß auf den beiderseitigen Bedarf (Bedarf im Verbund).
erster Schritt: Bedarfsberechnung
Gruppe der DT:
10
1. Kind:
867 DM
2. Kind:
604 DM
Summe Kindesunterhalt:
1471 DM
Vorabzug präg. Kindesunterhalts:
6000 − 1471 = 4529 DM
Gattenunterhalt aus prägendem Einkommen des Pflichtigen
Erwerbstätigenbonus für Pflichtigen:
$4529 \times 1/7 = 647$ DM
bedarfsbestimmend:
4529 − 647 = 3882 DM
voller Bedarf:
$3882 \times 1/2 = 1941$ DM
zweiter Schritt: Bedarfskorrektur
Auslandsanteil:
(1941 + 604)/6000 = 42 %
Kaufkraftgewinn 25 %
Bedarfskorrektur nach der Tabelle I: − 10 bis − 15 %
Es wird − 10 % gewählt (vgl. Anwendungshinweis 2)
1941 − 10 % = 1746,90 DM
604 − 10 % = 543,60 DM

34 Beispiel 5:
Der unterhaltspflichtige Mann lebt in den USA und verdient 4000 US$ pro Monat, die unterhaltsberechtigte einkommenslose Frau lebt in Deutschland. Vom Erwerbseinkommen stehen $1/7$ dem Mann als Bonus zu. Die Devisenparität beträgt 1,60 DM/US$. Die Kaufkraftdifferenz hat Einfluß auf den beiderseitigen Bedarf (Bedarf im Verbund).
erster Schritt: Bedarfsberechnung
Einkommen des Mannes:
$4000 \times 1,6 = 6400$ DM
Bedarf: $6/7 \times 6400 \times 1/2 = 2743$ DM
zweiter Schritt: Korrekturrechnung
Inlandsanteil des Bedarfs:
2743/6400 = 43 %
Bedarfskorrektur nach der Tabelle II: + 10 bis + 15 %
Es wird + 10 % gewählt (s. o.):
2743 + 10 % = 3017 DM

V. Währung

35 Grundsätzlich kann der Berechtigte Unterhalt in der Währung seines Landes oder des Landes des Unterhaltspflichtigen verlangen, muß dabei aber auf die Verhältnisse und Interessen des Unterhaltspflichtigen Rücksicht nehmen.[46] Devisenrechtliche Beschränkungen müssen beachtet werden (solche sollen z. B. im Verhältnis zu Tschechien noch bestehen; im Verhältnis zu Polen sind sie weitgehend gelockert, siehe unten).

Ist der Klageantrag auf Zahlung in ausländischer Währung gerichtet, darf der Richter nicht auf inländische Währung verurteilen (§ 308 I ZPO; Auslandswährung und DM-Währung sind nicht gleichartig, § 244 I BGB).[47]

---

[46] Vgl. BGH, FamRZ 1992, 1060, 1063 = NJW-RR 1993, 5 und FamRZ 1990, 992 = NJW 1990, 2197; OLG Karlsruhe, FamRZ 1991, 600
[47] Vgl. BGH, IPRax 1994, 366 und Anm. Grothe, IPRax 1994, 346

VI. Ausgewählte Länder

Auslandsrecht[48] wird in der Regel benötigt, wenn
– der Unterhaltsberechtigte im Ausland seinen gewöhnlichen Aufenthalt hat oder
– nach ausländischem Recht die Ehe geschieden, für nichtig erklärt, aufgehoben oder gerichtlich getrennt ist oder
– ein auf ausländisches Recht gestütztes Unterhaltsurteil abgeändert werden soll.

Belgien

1. Kinderunterhalt

Gemäß Art. 203 § 1 belg. Cc haben die Eltern die Pflicht, ihre Kinder zu unterhalten, und zwar bis zur Beendigung der Ausbildung, auch über den Eintritt der Volljährigkeit mit Vollendung des 18. Lebensjahres (Art. 388 belg. Cc) hinaus. Unbeschadet der Rechte des Kindes besteht insoweit eine gegenseitige Beitragspflicht der Eltern (Art. 203 bis). Durch Scheidung oder Trennung der Eltern bleibt der Unterhaltsanspruch des Kindes im wesentlichen unberührt (Art. 303, Art. 304, Art. 311 bis II belg. Cc). Die Höhe richtet sich nach der Bedürftigkeit des Berechtigten und der Leistungsfähigkeit des Verpflichteten (Art. 208 belg. Cc). Abänderung (Fortfall oder Ermäßigung) ist möglich (Art. 209 belg. Cc), wenn der Unterhaltspflichtige den Unterhalt nicht mehr gewähren kann oder der Unterhaltsberechtigte des Unterhalts nicht mehr bedarf. Der Richter kann auch von der Zahlungspflicht befreien, wenn Vater oder Mutter ihre Leistungsunfähigkeit nachweisen oder sich zur Aufnahme des Kindes in die Wohnung und zu dessen Verpflegung bereit erklären (Art. 210, 211 belg. Cc). **36**

2. Ehegattenunterhalt

Trennung. Gemäß Art. 213 belg. Cc schulden die Ehegatten einander Hilfe und Beistand. Dazu zählt auch die Unterhaltspflicht. Der Richter kann für die Zeit der Trennung die Zahlung einer Unterhaltsrente anordnen (Art. 223 belg. Cc), auch vorläufig. Nach der „Verkündung" der Trennung von Tisch und Bett besteht die Unterstützungspflicht nur noch zugunsten desjenigen Ehegatten, der die Trennung erwirkt hat (Art. 308 belg. Cc). **37**

Scheidung. In Belgien gibt es die Verschuldensscheidung (z. B. Ehebruch, Art. 229 f belg. Cc), die Zerrüttungsscheidung (nach 5 Jahren Trennung, Art. 232 belg. Cc) und die einverständliche Scheidung (Art. 233, 275 f belg. Cc). Dazu kommt die Umwandlung der Trennung von Tisch und Bett in Scheidung. Für die Scheidung gelten seit 1. 10. 1994 neue Verfahrensvorschriften.[49] Gemäß Art. 301 § 1 belg. Cc kann der Richter demjenigen Ehegatten, der die Scheidung erwirkt hat, Unterhalt zubilligen in derjenigen Höhe, die zur Aufrechterhaltung des Lebensstandards wie während des Zusammenlebens (eheliche Lebensverhältnisse) notwendig ist. Der schuldige geschiedene Ehegatte hat keinen Unterhaltsanspruch (Art. 299 belg. Cc).[50] Bei der Scheidung wegen mehr als fünfjähriger Trennung (Art. 232 belg. Cc) gilt derjenige Ehegatte, der den Scheidungsantrag eingereicht hat, als derjenige, gegen den die Scheidung ausgesprochen worden ist. Er hat jedoch die Möglichkeit zu beweisen, daß die Trennung auf den anderen Ehegatten zurückzuführen ist (Art. 306 belg. Cc). Bei Scheidung wegen fünfjähriger Trennung aufgrund unheilbarer Zerrüttung wegen Geisteskrankheit des anderen Ehegatten besteht grundsätzlich ein Unterhaltsanspruch beider Ehegatten (Art. 232 II, Art. 307 belg. Cc). Bei einverständlicher **38**

---

[48] Einen Überblick über Internet-Adressen zum internationalen, europäischen und ausländischen Recht gibt Otto, IPRax 1998, 231
[49] Vgl. Pintens, FamRZ 1995, 1043
[50] OLG Düsseldorf, FamRZ 1995, 885

Scheidung ist eine Unterhaltsvereinbarung mit positiver oder negativer Abänderungsklausel zu treffen, andernfalls ist diese Scheidungsform nicht möglich.

39 Der Grundbetrag ist an den Verbraucherindex zur Zeit der Rechtskraft gekoppelt. Alle zwölf Monate ist er regelmäßig (ausnahmsweise „auf andere Weise") anzupassen (Art. 301 § 2 belg. Cc). Darüber hinaus ist eine Erhöhung oder Ermäßigung bei erheblicher Veränderung der Verhältnisse vorgesehen, damit der eheliche Lebensstandard erhalten bleibt (Art. 301 § 3). Obergrenze der Unterhaltsrente ist ein Drittel der Einkünfte des Unterhaltsschuldners. Bei Scheidung aufgrund Heimtrennung (mehr als fünf Jahre Trennung, Art. 232 I belg. Cc) oder Geisteskrankheit (Art. 232 II belg. Cc) kann die Unterhaltsrente ein Drittel der Einkünfte des Schuldners (das ist bei normaler Heimtrennung in der Regel der Kläger, Art. 306 belg. Cc) übersteigen (Art. 307 bis belg. Cc), auch geändert werden oder ganz wegfallen je nach Veränderungen der Bedürftigkeit und der Leistungsfähigkeit der Parteien.

Auch eine Kapitalisierung ist möglich (Art. 301 § 5 belg. Cc).

3. Familienunterhalt

40 Die Kinder schulden ihren Eltern und ihren anderen Aszendenten (Verwandte in aufsteigender Linie) bei Bedürftigkeit Unterhalt (Art. 205 belg. Cc). Schwiegersöhne und Schwiegertöchter schulden ihren Schwiegereltern unter den gleichen Voraussetzungen Unterhalt. Diese Verpflichtung entfällt, wenn der Berechtigte eine neue Ehe eingeht oder wenn der Ehegatte, der die Schwägerschaft vermittelt, und evtl. gemeinsame Kinder verstorben sind (Art. 206 belg. Cc). Diese Verpflichtungen sind gegenseitig (Art. 207 belg. Cc).

Dänemark

1. Kinderunterhalt

41 Nach § 13 I des Kindergesetzes (KiG) sind Eltern „jeder für sich verpflichtet, das Kind zu versorgen". Kommt ein Elternteil seiner Versorgungspflicht gegenüber dem Kind nicht nach, so kann das Staatsamt ihm auferlegen, einen Beitrag zum Unterhalt des Kindes zu leisten (§ 13 II KiG). Verträge über Unterhaltsbeiträge schließen eine abweichende Entscheidung des Staatsamts nicht aus, wenn der Vertrag offenbar unbillig erscheint, die Verhältnisse sich wesentlich geändert haben oder der Vertrag dem Besten des Kindes zuwiderläuft (§ 17 KiG). Alle Entscheidungen über den Kindesunterhalt werden somit in Dänemark von den Staatsämtern bzw. (auf Beschwerde) vom Justizministerium getroffen.[51] Unterhaltsbeiträge stehen dem Kind zu und sind, sofern ein Gesamtbetrag gezahlt wird, mündelsicher anzulegen (§ 18 KiG). Daraus folgt, daß ein wirksamer Verzicht auf Kindesunterhalt ausgeschlossen ist.[52] Antragsberechtigt ist derjenige, der die Personensorge ausübt und die Kosten der Versorgung des Kindes bestreitet. Soweit die Versorgung aus öffentlichen Mitteln bestritten wird, steht das Recht der Behörde zu (§ 18 II KiG).

42 Der Unterhaltsbeitrag „wird mit Rücksicht auf das Beste des Kindes und die wirtschaftlichen Verhältnisse der Eltern einschließlich ihrer Erwerbsfähigkeit festgesetzt" (§ 14 I KiG). Sind beide Eltern unbemittelt, wird der Beitrag im allgemeinen auf den geltenden Normalbetrag festgesetzt.[53] Von dieser Vorschrift wird, aufgrund extensiver Auslegung des Begriffs „unbemittelt", sehr häufig Gebrauch gemacht. In fast allen übrigen Fällen orientiert sich die Praxis an den Sätzen der öffentlichen Unterhaltsvorschüsse und legt fest, daß der Normalbetrag mit einem schematisierten Zuschlag (von 25, 50 oder 100 %) zu zahlen ist.[54] Für Sonderbedarf, z. B. für Taufe, Konfirmation, Krankheit oder

---

[51] Bergmann/Ferid, Internationales Ehe- und Kindschaftsrecht, Dänemark, S. 27
[52] Bergmann/Ferid, aaO, Fn 115
[53] § 14 des Gesetzes v. 4. 6. 1986 (Nr. 350) über Kindeszuschuß und vorschußweise Auszahlung von Unterhaltsbeiträgen; Bergmann/Ferid, aaO, S. 66 ff
[54] Bergmann/Ferid, aaO, Fn 113

Kosten eines anderen besonderen Anlasses kann ein besonderer Beitrag festgesetzt werden, wenn der Antrag binnen 3 Monaten beim Staatsamt gestellt wird (§ 15 I, II KiG).

Der Unterhaltsbeitrag ist halbjährig im voraus zu zahlen, wenn nichts anderes bestimmt ist (§ 14 IV KiG). Für einen Zeitraum, der mehr als 1 Jahr vor der Antragstellung liegt, kann ein Unterhaltsbeitrag nur dann auferlegt werden, wenn besondere Gründe dafür sprechen (§ 16 II KiG). Die Beitragspflicht endet mit Vollendung des 18. Lebensjahres oder (bei einer Tochter) mit ihrer Eheschließung (§ 14 II KiG). Ein Beitrag zum Unterhalt oder zur Ausbildung kann jedoch auch auferlegt werden, bis das Kind das 24. Lebensjahr vollendet hat (§ 14 III KiG). Antragsberechtigt ist auch insoweit nur derjenige, der die Kosten der Versorgung des Kindes trägt.[55] Das Staatsamt kann einen Unterhaltsbeitrag (für die Vergangenheit nur bei ganz besonderen Umständen) auf begründeten Antrag jederzeit ändern (§ 16 I KiG). 43

2. Ehegattenunterhalt

Trennung. Nach § 2 des Gesetzes über die Rechtswirkungen der Ehe (EheG II) obliegt es den Ehegatten, durch Geldleistungen, Haushaltstätigkeit oder auf andere Weise nach ihren Fähigkeiten zum Familienunterhalt beizutragen. Können die Bedürfnisse eines Ehegatten aus seinem Beitrag zum Familienunterhalt nicht gedeckt werden, ist der andere Ehegatte verpflichtet, ihm die erforderlichen Geldmittel in angemessenem Umfang zur Verfügung zu stellen (§ 3 EheG II). Erfüllt der Ehegatte diese Unterhaltspflicht nicht, ist ihm auf Antrag aufzuerlegen, einen nach den Umständen als billig anzusehenden Geldbeitrag zu leisten (§ 5 EheG II). 44

Für die Trennungszeit gelten die Vorschriften zum Familienunterhalt entsprechend (§ 6 EheG II). Auf Antrag ist der Geldbeitrag für den unterhaltsbedürftigen Ehegatten und die bei ihm lebenden Kinder festzusetzen. Nach § 6 S. 3 EheG II steht dem Ehegatten, der im wesentlichen die Schuld an der Aufhebung des Zusammenlebens trägt, kein Unterhaltsanspruch zu, „es sei denn, daß ganz besondere Gründe dafür sprechen". In der heutigen Unterhaltspraxis wird die Schuldfrage allerdings regelmäßig nicht mehr aufgeworfen.[56]

Fragen über Unterhaltsbeiträge nach §§ 5, 6 EheG II werden von der höheren Verwaltungsbehörde entschieden (§ 8 I EheG II). Sie kann dabei auch von einer Vereinbarung der Parteien abweichen, wenn diese unbillig erscheint oder die Verhältnisse sich wesentlich geändert haben (§ 9 EheG II). Unterhaltsbeiträge werden nur aus besonderen Gründen für einen Zeitraum geschuldet, der mehr als ein Jahr vor der Antragstellung liegt (§ 8 III EheG II). Sie sind im voraus für den betreffenden Zeitraum zu entrichten (§ 8 II S. 2 EheG II). Die Verwaltungsbehörde kann ihre Entscheidung auf Antrag jederzeit ändern, wenn sich die Verhältnisse wesentlich geändert haben (§ 8 I S. 2 EheG II). Die Ehegatten sind verpflichtet, einander die Auskünfte über ihre wirtschaftlichen Verhältnisse zu geben, die zur Beurteilung ihrer Unterhaltspflicht erforderlich sind (§ 10 EheG II). 45

Scheidung. Im Rahmen einer unstreitigen Ehetrennung nach § 29 des Gesetzes über die Eingehung und Auflösung der Ehe (EheG I) und der darauf beruhenden Ehescheidung (§ 32 EheG I) haben die Ehegatten eine einvernehmliche Regelung u. a. darüber zu treffen, ob ein Ehegatte verpflichtet sein soll, einen Beitrag zum Unterhalt des anderen zu leisten. Die Frage der Höhe des Unterhaltsbeitrags können die Ehegatten der Entscheidung der höheren Verwaltungsbehörde überlassen (§ 42 II EheG I). In sonstigen Fällen der Ehetrennung oder -scheidung sowie bei Aufhebung der Ehe entscheidet das mit der Hauptsache befaßte Gericht auch darüber, ob und für welche Zeit ein Ehegatte einen Beitrag zum künftigen Unterhalt des anderen zu leisten hat (§§ 49, 50, 25 I EheG I). Die Bemessung von Unterhaltsbeiträgen obliegt jedoch stets den Staatsämtern, wenn keine Vereinbarung über diese Frage zustande kommt (§ 50 I EheG I). Ist die Ehetrennung oder -scheidung von einem Staatsamt bewilligt worden (§ 42 I EheG I), so bleibt dieses Amt 46

---

[55] Bergmann/Ferid, aaO, Fn 114
[56] Bergmann/Ferid, aaO, Fn 67

drei Monate für die Beitragsbemessung zuständig (§ 25 Eheauflösungsbekanntmachung). In allen anderen Fällen richtet sich die örtliche Zuständigkeit nach Wohnsitz oder Aufenthalt primär des Zahlungspflichtigen und sekundär des Berechtigten.[57]

47 Bei der Entscheidung über die Pflicht zur Zahlung eines Unterhaltsbeitrags ist die Bedürftigkeit und Erwerbsfähigkeit des Berechtigten, die Leistungsfähigkeit des Pflichtigen und die Dauer der Ehe zu berücksichtigen (§ 50 II EheG I). Weiterhin kann berücksichtigt werden, ob der Berechtigte eine Ausbildungsbeihilfe oder ähnliches bedarf. In der Praxis ist die Beitragsbemessung jedoch stark schematisiert und zunehmend restriktiv.[58] Die Beitragspflicht entfällt, wenn der Berechtigte eine neue Ehe eingeht (§ 51 EheG I). Ein eheliches Zusammenleben steht einer neuen Ehe nicht gleich, führt aber oft dazu, daß ein Unterhaltsbeitrag „bis auf weiteres" mangels Bedürftigkeit versagt oder aberkannt wird.[59]

48 Eine Unterhaltsvereinbarung oder eine gerichtliche Entscheidung über die Beitragspflicht kann durch Urteil abgeändert werden, wenn sich die Verhältnisse wesentlich geändert haben und die Fortdauer dieser Unterhaltspflicht unbillig wäre (§§ 52, 53 I EheG I). Eine von der höheren Verwaltungsbehörde getroffene Entscheidung über die Höhe des Beitrags kann von dieser abgeändert werden, wenn die Umstände dafür sprechen (§ 53 II EheG I).

Frankreich

1. Kinderunterhalt

49 Gemäß Art. 203 Cc haben beide Eltern die Verpflichtung, ihre Kinder zu ernähren und zu unterhalten, und zwar im Rahmen der Bedürfnisse des Unterhaltsberechtigten[60] und des „Vermögens" des Unterhaltspflichtigen (Art. 208 I Cc). Zu zahlen ist eine Unterhaltsrente, gegebenenfalls mit Gleitklausel (Art. 208 II Cc), jedoch kann bei Leistungsunfähigkeit oder entsprechendem Erbieten des Vaters oder der Mutter Unterhalt durch Aufnahme in die Wohnung und Gewährung von Naturalunterhalt vom Gericht angeordnet werden (Art. 210, 211 Cc). Die Scheidung der Eltern läßt deren Unterhaltspflicht gegenüber ihren Kindern grundsätzlich unberührt (Art. 286 Cc). Jedoch hat der nicht zur elterlichen Gewalt berechtigte Elternteil oder bei gemeinsamer Ausübung der elterlichen Gewalt derjenige, bei dem sich das Kind nicht gewöhnlich aufhält, dem anderen Elternteil einen Unterhaltsbeitrag zu leisten (Art. 288, 293 Cc). Anpassung an die veränderten Verhältnisse ist möglich (Art. 209 Cc). Zahlt ein Ehegatte Unterhalt an ein bedürftiges volljähriges Kind, kann er von dem geschiedenen Ehegatten einen Beitrag zu Unterhalt und Erziehung verlangen (Art. 295 Cc).

2. Ehegattenunterhalt

50 **Trennung.** Die Trennung läßt die eheliche Hilfeleistungspflicht gemäß Art. 212 Cc unberührt (Art. 303 Cc). Nach Art. 212 Cc schulden die Ehegatten einander Hilfe und Beistand. Diese Pflicht umfaßt auch den Unterhalt.[61] Gemäß Art. 303 II Cc ist die Unterhaltsleistung vom Verschulden an der Trennung grundsätzlich unabhängig. Der Unterhaltsschuldner kann sich ggf. aber auf die Verwirkungsvorschrift des Art. 207 II Cc berufen.

Hat nach Beginn des Scheidungsverfahrens (in Frankreich) ein französisches Gericht in einer „ordonnance de non conciliation contradictoire" eine Regelung des Trennungs-

---

[57] Bergmann/Ferid, aaO, S. 23
[58] Bergmann/Ferid, aaO, Fn 44
[59] Bergmann/Ferid, aaO, Fn 45 m. w. N.
[60] Dazu gehört auch die Ausbildung über den Eintritt der Volljährigkeit hinaus, vgl. Bericht über das 3. Regensburger Symposion für Europ. Familienrecht, FamRZ 1996, 1529
[61] Vgl. OLG Karlsruhe, FamRZ 1992, 58

unterhalts getroffen, bleibt diese grundsätzlich bis zur Rechtskraft der Scheidung wirksam. Sie ist mehr als eine einstweilige Anordnung oder einstweilige Verfügung nach deutschem Recht (§§ 620 ff, § 644, § 935, § 940 ZPO), sondern entspricht im wesentlichen einem deutschen Trennungsunterhaltsurteil und ist die einzige Möglichkeit, während des Scheidungsverfahrens eine gerichtliche Regelung über den Trennungsunterhalt zu erlangen.[62]

Scheidung. Das französische Recht kennt mehrere Möglichkeiten einer Scheidung, nämlich **51**
- auf gegenseitigem Einverständnis (zwei Formen), Art. 230 ff Cc,
- wegen Auseinanderbrechens der ehelichen Gemeinschaft (sechsjährige Trennung, Art. 237 ff Cc),
- aus Verschulden (Art. 242 ff Cc).

Dazu kommt die Umwandlung eines Trennungsurteils in ein Scheidungsurteil gemäß **52** Art. 306 ff Cc. Nachehelicher Unterhalt wird grundsätzlich nicht geschuldet (Art. 270 I Cc), sondern nur im Falle der Scheidung wegen Auseinanderbrechens der ehelichen Gemeinschaft. Bei dieser Scheidung wird der Antragsteller wie alleinschuldig behandelt (Art. 265 I Cc) und bleibt zur „Hilfeleistung" unvermindert verpflichtet (Art. 281 I Cc). Zu zahlen ist eine Rente, die jederzeit nach Maßgabe der Bedürftigkeit und der Leistungsfähigkeit abänderbar ist (Art. 282 I Cc). Diese Regelung verstößt nur ausnahmsweise gegen den deutschen ordre public.[63]

An die Stelle des Unterhalts (mit obiger Ausnahme) tritt eine Pflicht zu Ausgleichslei- **53** stungen, den sog. prestations compensatoires. Diese haben Pauschalcharakter und sind der Unterhaltspflicht einigermaßen vergleichbar (Art. 270 ff Cc), zumindest dann, wenn mangels Masse eine Ausgleichsleistung in Form einer großen Geldsumme oder Überlassung von Vermögenswerten in Natur u. a. (Art. 275 Cc) nicht möglich ist und eine Ausgleichsrente mit Gleitklausel festgesetzt wird (Art. 276 ff Cc). Die Ausgleichsleistung hat Pauschalcharakter und kann grundsätzlich nicht abgeändert werden (Art. 273 Cc). International-privatrechtlich ist umstritten, ob sie güterrechtlich zu qualifizieren ist (Art. 15 EGBGB)[64] oder unterhaltsrechtlich nach Art. 18 EGBGB.[65] Letzteres dürfte zutreffen wegen des stark auf Versorgung ausgerichteten und danach bemessenen (vgl. Art. 271, 272, 276 ff Cc) Charakters der Ausgleichsleistungen. Der ausschließlich schuldige Ehegatte hat grundsätzlich auch kein Recht auf Ausgleichsleistungen (Art. 280-1 I Cc), sondern nur bei Unbilligkeit (Art. 280-1 II Cc).

Bei der Umwandlung eines Trennungsurteils in ein Scheidungsurteil (Art. 306 ff. Cc) **54** richtet sich die Unterhaltspflicht und die Pflicht zu Ausgleichsleistungen nach den Regeln der Scheidung (Art. 308 Cc).

Gemäß Art. 259-3 Cc besteht eine gegenseitige Auskunftspflicht der Ehegatten, auch **55** gegenüber dem Gericht.

3. Familienunterhalt

Gemäß Art. 205 Cc sind Kinder gegenüber ihren Eltern und anderen Verwandten der **56** aufsteigenden Linie unterhaltspflichtig, wenn diese bedürftig sind. Solche Unterhaltsleistungen schulden nach Art. 206 Cc auch Schwiegerkinder und Schwiegereltern. Diese Verpflichtung entfällt, wenn der Ehegatte, der die Schwägerschaft vermittelt, und evtl. gemeinsame Kinder verstorben sind. Die Verpflichtungen sind gegenseitig (Art. 207 Cc).

---

[62] Vgl. OLG Karlsruhe, NJW-RR 1994, 1286
[63] Vgl. OLG Karlsruhe, FamRZ 1989, 748 = NJW-RR 1989, 1346: bei besonderem Härtefall
[64] Vgl. OLG Karlsruhe, FamRZ 1989, 748 = IPRax 1990, 406 = NJW-RR 1989, 1346
[65] So Hausmann, IPRax 1990, 382, 387; EuGH, IPRax 1981, 19; für den Regelfall auch Staudinger/v. Bar, BGB 13. Auflage, Anh. I zu Art. 18 EGBGB Rn 278

Italien

1. Kinderunterhalt

57 Gemäß Art. 147, Art. 148 cc[66] haben die Eltern die Verpflichtung, den gesamten Lebensbedarf ihrer Kinder zu tragen („mantenere"), sie auszubilden und zu erziehen. Daraus folgt, daß die Unterhaltspflicht über den Eintritt der Volljährigkeit oder der vorzeitigen Mündigkeit hinaus fortdauert, solange sie nicht in der Lage sein **können**, sich selbst zu unterhalten, z. B. im Falle eines Studiums. Maßgebend ist abstrakte Betrachtung.[67] Eine feste Altersgrenze gibt es jedoch nicht.[68] Diese Verpflichtung hängt ab von ihren Vermögensverhältnissen und ihrer Erwerbs- und Haushaltsführungsfähigkeit. Gläubiger des Kindesunterhalts ist der andere Ehegatte, dem das Kind zugewiesen ist, nicht das Kind selbst.[69] Feste Regeln für die Bemessung der Unterhaltshöhe gibt es nicht,[70] jedoch ist eine automatische Gleitklausel vorgeschrieben, jedenfalls für den Kindesunterhalt nach Scheidung (Art. 6 Nr. 11 SchG[71]). Abänderung ist möglich (Art. 155 VIII cc). Das Gericht kann die Auszahlung eines Bruchteils der Einkünfte unmittelbar an den Träger der Unterhaltslast (z. B. den anderen Ehegatten) anordnen. Über den Kindesunterhalt wird zusammen mit der Trennung oder Scheidung von Amts wegen entschieden (Art. 155 I, II cc, Art. 6 Nr. 3 SchG).[72] Die Eltern haben ein Wahlrecht, in welcher Form sie Unterhalt leisten; bei Streit entscheidet das Gericht.[73] Ist diese Unterhaltspflicht beendet, kommt die Alimentenpflicht gem. Art. 433 ff cc in Betracht, jedoch in geringerem Umfang wie diejenige nach Art. 147 f cc, nämlich je nach der wirtschaftlichen Lage des Pflichtigen und dem notwendigen Bedarf des Kindes unter Beachtung seiner sozialen Stellung u. U. bis nahe an den standesgemäßen Unterhalt (in Ausnahmefällen), regelmäßig jedoch weit darunter.[74]

2. Ehegattenunterhalt

58 **Trennung.** Gemäß Art. 143 cc begründet die Ehe u. a. die Pflicht zu gegenseitiger materieller Unterstützung. Diese Verpflichtung ruht bei Trennung gegenüber dem anderen Ehegatten, der unberechtigt getrennt lebt (Art. 146 I cc). In Italien gibt es die einverständliche und die gerichtliche Trennung (Art. 150 II cc). Die einverständliche muß aber gerichtlich bestätigt werden (Art. 158 cc). Gemäß Art. 156 I, II cc regelt der Richter bei der gerichtlichen Trennung von Amts wegen den angemessenen Unterhalt zugunsten des nicht für die Trennung verantwortlichen bedürftigen Ehegatten[75]. Voraussetzung ist, daß ein Ausspruch über die Verantwortlichkeit des anderen Ehegatten ergangen ist (Art. 151 II cc)[76]. Der für die Trennung nicht verantwortliche Ehegatte kann grundsätzlich den ehe-

---

[66] Zivilgesetzbuch vom 16. 3. 1942, zuletzt geändert durch G Nr. 218 vom 31. 5. 1995
[67] Vgl. Gabrielli in Entwicklungen des europäischen Kindschaftsrechts, 2. Auflage, S. 71
[68] Bericht über das 3. Regensburger Symposium für Europ. Familienrecht, FamRZ 1996, 1529
[69] Vgl. OLG Hamm, FamRZ 1993, 213
[70] Vgl. Grunsky, Italienisches Familienrecht, 1978, S. 119
[71] G Nr. 898 vom 1. 12. 1970 über die Regelung der Fälle der Eheauflösung in der Fassung des G Nr. 72 vom 6. 3. 1987
[72] Nach Winkler v. Mohrenfels in IPR und Rechtsvergleichung JuS-Schriftenreihe, 2. Auflage, S. 76 soll zwischen dem Kinderunterhalt während der Trennung und nach Scheidung der Eltern keine Identität bestehen. Dagegen spricht schon die Fassung des Art. 6 Nr. 1 SchG
[73] Bericht über das 3. Regensburger Symposium für Europäisches Familienrecht, FamRZ 1996, 1529
[74] Wie Fn 49; Grunsky, aaO, S. 159
[75] Der Streitwert eines Verfahrens auf Trennung von Tisch und Bett ist grundsätzlich niedriger anzusetzen als der Streitwert eines Scheidungsverfahrens (OLG Karlsruhe, FamRZ 1999, 605). Für Folgesachen gilt verfahrensrechtlich der Entscheidungsverbund mit entsprechenden Streitwerten (OLG Karlsruhe EZFamR aktuell 1999, 147)
[76] Diesen Ausspruch trifft der Richter – auf Antrag – bereits im Trennungsurteil. Er kann aber auch im späteren isolierten Unterhaltsverfahren nachgeholt werden (OLG Karlsruhe, FamRZ 1991, 439; OLG Düsseldorf, FamRZ 1997, 559)

lichen Lebensstandard beibehalten (Art. 156 I cc „mantenimento"). Hat er selbst ausreichendes Einkommen, entfällt der Anspruch. Eine zumutbare Erwerbstätigkeit muß er ausüben. Von wesentlicher Bedeutung ist auch das Einkommen des Unterhaltsschuldners, weniger seine sonstigen Vermögensverhältnisse (Art. 156 II cc), während beim Unterhaltsgläubiger auch seine Vermögensverhältnisse zu berücksichtigen sein sollen.[77]

Der für die Trennung verantwortliche und bedürftige Ehegatte (Art. 438 I cc) hat zwar auch einen Unterhaltsanspruch gegen den anderen, aber nur in wesentlich geringerem Umfang, nämlich nur auf das Notwendige unter Berücksichtigung seiner sozialen Stellung („alimenti", Art. 156 III i. V. m. Art. 433 ff, Art. 438 II Satz 2 cc).[78] Sind beide Ehegatten schuldig an der Trennung, haben beide nur den Anspruch auf „alimenti" gemäß Art. 156 III, Art. 433 ff cc. **59**

Die beiden Formen des Unterhaltsanspruchs sind Abänderungen nach Maßgabe des Art. 156 VIII cc zugänglich. **60**

Der Anspruch kann auch nach Erlaß eines Trennungsurteils geltend gemacht werden (vgl. Fn 64 und 65).

Scheidung. Maßgebend ist das Gesetz zur Regelung der Fälle der Eheauflösung in der Fassung vom 6. 3. 1987 (sog. Scheidungsgesetz – SchG –). Gemäß dessen Art. 5 Abs. 6 ff ordnet das Gericht auf Antrag die Pflicht des einen Ehegatten an, dem anderen eine Unterhaltsrente zu zahlen. Voraussetzung ist, daß der andere keine hinreichenden Mittel hat oder sich solche aus „objektiven" Gründen nicht beschaffen kann. Im wesentlichen gelten für die Unterhaltsbemessung dieselben Maßstäbe wie im deutschen nachehelichen Recht.[79] Der Richter muß eine vergleichende Beurteilung der jeweiligen Lage der Eheleute vornehmen (konkrete wirtschaftliche Situation, Alter, Gesundheitszustand, Kindererziehung, Erwerbsfähigkeit, Vermögen, auch die Nichtschuld eines Ehegatten).[80] Tabellen o. ä. gibt es nicht.[81] Das italienische Recht kennt auch einen dem deutschen § 1573 BGB vergleichbaren Ergänzungsunterhalt, wenn der bedürftige Ehegatte zwar erwerbstätig ist, aber mit den Einkünften nicht den ehelichen Lebensstandard erreicht.[82] **61**

Eine Besonderheit ist die automatische Gleitklausel, wenigstens bezogen auf den Geldentwertungsindex (Art. 5 VII SchG). **62**

Nicht möglich ist ein Verzicht auf den Unterhalt.[83] Die Möglichkeit der Abänderung ist gegeben (Art. 9 I SchG). **63**

Der Unterhalt kann auch noch nach Abschluß des Scheidungsverfahrens erstmalig und isoliert geltend gemacht werden, und zwar auf Antrag.[84] **64**

Niederlande

1. Kinderunterhalt

Gemäß Art. 245 II, Art. 404 I B. W. (Burgerlijk Wetboek) sind Eltern verpflichtet, ihre minderjährigen Kinder zu ernähren, zu erziehen und für die Kosten dafür aufzukommen. Diese Pflicht besteht gemäß Art. 82 B. W. auch im Verhältnis der Eltern zueinander. Gegenüber volljährigen Kindern (minderjährig ist das noch nicht 18 Jahre alte unverheiratete Kind, Art. 233 B. W.) bis zum 21. Lebensjahr gilt die Verpflichtung hinsichtlich der Ko- **65**

---

[77] Grunsky, aaO, S. 104; bei seit langem in Deutschland lebenden Ehegatten stellt das OLG Düsseldorf (FamRZ 1997, 559 = OLG-Report 1996, 273) auf die hiesigen Lebensverhältnisse ab
[78] Vgl. Grunsky, aaO, S. 105
[79] Vgl. auch Battes/Korenke, FuR 1996, 199
[80] Vgl. OLG Frankfurt, FamRZ 1994, 584; Patti, FamRZ 1990, 703, 706
[81] Jayme in einer Rezension FamRZ 1995, 205
[82] Battes/Korenke, FuR 1996, 199
[83] OLG Frankfurt, FamRZ 1994, 584
[84] Vgl. OLG Frankfurt, FamRZ 1994, 584; nach Grunsky, aaO, S. 1999, 105 nur bei Veränderung der Umstände seit Erlaß des Scheidungsurteils

sten des Lebensunterhalts und der Ausbildung weiter (Art. 395 a I B. W.). Eltern können sich vom Gericht zur Leistung von Naturalunterhalt an volljährige Kinder berechtigen lassen (Art. 398 II B. W.). Bei der Bemessung werden die Bedürftigkeit des Berechtigten und die Leistungsfähigkeit des Verpflichteten berücksichtigt (Art. 397 I B. W.).[85] Mehrere Unterhaltspflichtige haften anteilig nach ihrer Leistungsfähigkeit und der Beziehung zum Berechtigten (Art. 397 II B. W.).

66 **Abänderung** wegen nachträglicher Veränderung der Verhältnisse oder auch wegen ursprünglicher Unrichtigkeit ist möglich (Art. 401 I–IV B. W.). Der festgesetzte Unterhalt wird jedoch ohnehin alljährlich kraft Gesetzes an den Lohnindex angepaßt (Art. 402 a B. W.). Ein **Verzicht** auf den gesetzlich geschuldeten Unterhalt ist nichtig (Art. 400 II B. W.).

67 Unterhalt für mehr als fünf Jahre vor Klageerhebung erlischt (Art. 403 B. W.).

2. Ehegattenunterhalt

68 **Trennung.** Während der Trennung hat der dafür verantwortliche Ehegatte dem anderen einen Betrag für dessen Lebensunterhalt auszukehren (Art. 84 VI B. W.). Konkrete Angaben zur Höhe ergeben sich aus dem Gesetz nicht. Die deutsche Rechtsprechung dazu geht von einem weiten Ermessensspielraum aus und orientiert sich weitgehend an der Düsseldorfer Tabelle.[86]

69 Bei einem auf Trennung von Tisch und Bett lautenden Urteil gilt analog dasselbe wie bei der Ehescheidung (Art. 169 II B. W.).

70 **Scheidung.** In den Niederlanden gibt es nur den Scheidungsgrund der dauerhaften Zerrüttung (Art. 151 B. W.). Demjenigen Ehegatten, der sich nicht selbst unterhalten kann, kann Unterhalt zuerkannt werden (Art. 157 I B. W.), auch begrenzt auf eine bestimmte Zeit und unter bestimmten Bedingungen (Art. 157 III B. W.). Ist keine Frist bestimmt, die unter engen Voraussetzungen verlängert werden kann, endet die Verpflichtung zum Lebensunterhalt nach 12 Jahren (Art. 157 IV, V B. W.). Bei einer Ehedauer bis zu 5 Jahren endet die Verpflichtung zum Lebensunterhalt, wenn keine Kinder aus der Ehe hervorgegangen sind, nach einer Frist, die der Ehedauer entspricht (Art. 157 VI B. W.). Wie beim Kindesunterhalt richtet sich die Bemessung nach den Bedürfnissen des Berechtigten und der Leistungsfähigkeit des Verpflichteten (analog Art. 397 I B. W.). Angepaßt wird auch hier nach dem Lohnindex (Art. 402 a B. W.).

71 Prozeßkostenvorschuß gibt es nicht.[87]

72 Die Ehegatten können vor oder nach der Ehescheidung vereinbaren, ob und mit welchem Betrag ein Ehegatte dem andere zur Zahlung zu dessen Lebensunterhalt verpflichtet sein soll (Art. 158 B. W.).

Norwegen

1. Kinderunterhalt

73 Maßgebend ist – neben dem Gesetz über die Vermögensverhältnisse der Ehegatten, 1. Kap. – das Gesetz vom 8. April 1981 über Eltern und Kinder (Kindergesetz, KG). Gemäß § 51 KG haben die Eltern Unterhalt (Kosten für Versorgung und Ausbildung) „nach den Fähigkeiten und der Begabung sowie nach den wirtschaftlichen Verhältnissen" zu leisten, wenn das Kind selbst keine Mittel hat. Leben die Eltern nicht mit dem Kind zusammen, ist dem Kind eine Geldrente zu zahlen, bei Zusammenleben mit einem Elternteil zu dessen Händen (§ 52 KG). Für besondere Auslagen eines Minderjährigen gibt es einen Sonderbeitrag, der innerhalb eines Jahres ab Entstehung geltend zu machen ist. Grundsätzlich dauert die Unterhaltspflicht bis zur Vollendung des 18. Lebensjahres des Kindes.

---

[85] OLG Hamm, FamRZ 1994, 1132
[86] OLG Hamm, FamRZ 1989, 1095
[87] OLG Düsseldorf, FamRZ 1978, 908

1. Abschnitt: Materielles Recht § 7

Bei Fortsetzung des üblichen Schulbesuchs hat das Kind einen Anspruch auf „Geldbeitrag", sofern dies nicht unbillig ist, bei einer anderen Ausbildung **kann** den Eltern ein Beitrag auferlegt werden (§ 53 II, III KG). Für die Ansprüche eines volljährigen Kindes ist eine zeitliche Begrenzung festzusetzen. Die Höhe richtet sich – mangels Vereinbarung – mindestens nach den Sätzen des Vorschußgesetzes (§ 54 I, VII KG i. V. m. der Verordnung über die Festsetzung des Unterhaltsbeitrages).

Die Sätze sind grundsätzlich einer Anpassung unterworfen (§ 56 I, II KG). Maßgebend sind die vom statistischen Zentralamt festgelegten Änderungen des Verbraucherpreisindexes (§ 56 III, IV KG). Für eine Neufestsetzung muß sich der Verbraucherpreisindex für Januar um mindestens 5 % gegenüber dem, der der vorherigen Anpassung zugrunde liegt, geändert haben; die Neufestsetzung gilt ab Juni (§ 54 III KG).

Daneben ist bei besonderen Umständen eine **Änderung** des Unterhalts möglich (§ 57 I KG und § 56 VII EheG). Geändert werden kann auch von Amts wegen und ohne Bindung an den Antrag (§ 58 KG). 74

Für die Vergangenheit kann bis zu drei Jahren vom Eingang des Antrags an Unterhalt verlangt und festgesetzt werden (§ 55 KG). 75

2. Ehegattenunterhalt

Trennung. In Norwegen gibt es die formalisierte Aufhebung der ehelichen Gemeinschaft durch Urteil oder Bewilligung (§§ 41 ff EheG) und die bloß tatsächliche Trennung. Für die formalisierte Trennung sind die §§ 56 ff EheG, für die rein tatsächliche Trennung aufgrund Verweisung dieselben Vorschriften maßgebend (1. Kap. § 4 Vermögensgesetz). Voraussetzung ist einerseits, daß der bedürftige Ehegatte wegen der Ehe oder der Kinder nicht oder nicht ausreichend für seinen angemessenen Unterhalt sorgen kann; bei besonderen Umständen kann auch in anderen Fällen Unterhalt zuerkannt werden (§ 56 II EheG). Ist der bedürftige Ehegatte überwiegend oder allein schuldig an der Auflösung der ehelichen Lebensgemeinschaft, so kann ihm Unterhalt überhaupt versagt werden (§ 56 IV EheG). Die Höhe ist abhängig von den wirtschaftlichen Verhältnissen des Unterhaltspflichtigen, von den tatsächlichen oder möglichen Einkünften und auch vom Verschulden des anderen Ehegatten (§ 56 III, IV EheG). 76

Der Unterhaltsbeitrag kann bis zu drei Jahren vor Geltendmachung verlangt werden (§ 56 V EheG). Eine Unterhaltsanordnung endet mit der Scheidung (§ 57 I EheG). 77

Änderungen sind möglich bei geänderten Verhältnissen oder bei neuen Erkenntnissen (§ 56 VI EheG). 78

Scheidung. Im wesentlichen gelten dieselben Regelungen wie beim Trennungsunterhalt (siehe dort). In jedem Fall endet eine Unterhaltspflicht mit der Wiederverheiratung (§ 57 II EheG). Für den Unterhaltsbeitrag nach der Scheidung ist eine neue Regelung nötig, eine etwaige Anordnung für die Trennung verliert ihre Wirkung (Art. 57 I EheG). 79

Österreich

1. Kinderunterhalt

Gemäß § 140 I ABGB müssen die Eltern für den standesgemäßen (ihren Verhältnissen angemessenen) Unterhalt ihrer Kinder anteilig nach ihren Kräften beitragen. Der haushaltführende Elternteil erfüllt seine Unterhaltspflicht grundsätzlich durch persönliche Betreuung des Kindes. Zum Barunterhalt muß er zusätzlich beitragen, wenn seine wirtschaftlichen Verhältnisse wesentlich besser sind als diejenigen des anderen Ehegatten und dieser zur Deckung der durchschnittlichen Kindesbedürfnisse ohne Gefährdung seines eigenen angemessenen Lebensstandards trotz Anspannung seiner Kräfte nicht in der Lage ist (§ 140 II ABGB). In der Praxis gehen die Gerichte von den durchschnittlichen Lebenshaltungskosten aus, ermittelt vom Statistischen Zentralamt Österreichs, und passen diese 80

Werte den Umständen des Einzelfalls an.[88] Es gibt auch Ansätze von Tabellen, etwa die vom österreichischen Bundesjustizministerium herausgegebene über die durchschnittlichen monatlichen Verbraucherausgaben für Kinder oder die Tabelle des Landesgerichts Wien über die Durchschnittsbedarfssätze von Kindern.[89] Auch nach Prozentpunkten des Nettoeinkommens des Unterhaltpflichtigen wird der Unterhalt berechnet: Pro Kind werden zwischen 16 und 22 % je nach Alter angesetzt, bei weiteren Unterhaltspflichtigen ein bis drei Prozentpunkte weniger.[90]

81 Der Unterhaltsanspruch endet ohne Rücksicht auf das Alter mit Eintritt der Selbsterhaltungsfähigkeit, gegebenenfalls nach einem Studium, für das die Eltern grundsätzlich aufkommen müssen. Eigene Einkünfte des Kindes werden angerechnet (Art. 140 III ABGB), sein Vermögen erst, wenn beide Eltern leistungsunfähig sind. Der Unterhalt kann auch für die vergangenen drei Jahre geltend gemacht werden.[91]

2. Ehegattenunterhalt

82 **Trennung.** Der Trennungsunterhaltsanspruch ist in § 94 II S. 2 ABGB geregelt. Dort wird an den Zustand vor der Trennung angeknüpft, d. h., derjenige Ehegatte, der den Haushalt geführt hat oder z. B. gemeinsame minderjährige Kinder betreut, hat weiter gegen den anderen Ehegatten grundsätzlich Anspruch auf angemessenen Unterhalt, in der Regel in Höhe von ca. einem Drittel von dessen Nettoeinkommen abzüglich eines Betrages für etwaigen Kindesunterhalt, den der Unterhaltspflichtige leistet.[92] Gegengrund ist „Mißbrauch" oder „Verwirkung" (z. B. schwere Treueverstöße, grundloses Verlassen oder Aufnahme einer nichtehelichen Lebensgemeinschaft).[93]

Maßstab ist der gemeinsame Lebensstandard. Anzurechnen sind regelmäßig nur die **tatsächlichen** Nettoeinkünfte des Unterhaltsberechtigten.[94] Einer Erwerbstätigkeit braucht die Hausfrau nicht nachzugehen.[95] Der Unterhaltsanspruch steht dem Ehegatten auch zu, soweit er einen eigenen Beitrag zur Deckung der Lebensverhältnisse nicht zu leisten vermag (§ 94 II S. 3 ABGB) sowie als Aufstockungsunterhalt.[96] Dies ist ein wesentlicher Unterschied zum Unterhalt bei der Verschuldensscheidung, bei der eine Erwerbstätigkeit auszuüben ist, soweit sie „erwartet" werden kann.

83 Auf den Unterhaltsanspruch kann dem Grunde nach nicht von vornherein verzichtet werden, aber auf einzelne Unterhaltsleistungen (§ 94 III ABGB).[97]

84 **Scheidung.** Der Scheidungsunterhalt richtet sich danach, ob im Scheidungsurteil ein Schuldausspruch enthalten ist oder nicht (§ 66, § 69 EheG).[98]

Bei Scheidung mit **Schuldausspruch** wegen Ehebruchs u. a. (§§ 47–49, 60 EheG) oder der sog. Scheidung aus anderen Gründen (alleiniges Verschulden gemäß §§ 50–52 EheG) hat der schuldlose oder minderschuldige Ehegatte einen Anspruch auf angemessenen Unterhalt nach den ehelichen Lebensverhältnissen, soweit er sich nicht selbst unterhalten kann. Einkünfte aus Vermögen und Erträgnisse einer zumutbaren Erwerbstätigkeit (insofern besteht ein Unterschied zum Trennungsunterhalt) sind zu berücksichtigen (§ 66

---

[88] Bergmann/Ferid, Internationales Ehe- und Kindschaftsrecht, Österreich, Seite 61
[89] Vgl. Gschnitzer/Faistenberger, Österreichisches Familienrecht, 2. Aufl., Anhang II S. 158
[90] Bergmann/Ferid, aaO, S. 104, Fn 45
[91] Bergmann/Ferid, aaO, S. 104, Fn 44; Ferrari in Entwicklungen des europ. Kindschaftsrechts, 2. Auflage, S. 83
[92] Bergmann/Ferid, aaO, S. 101, Fn 25. Zum Ziel des § 94 II S. 1 u. 2 vgl. österr. OGH, FamRZ 1997, 421 (LS) und ÖJZ 1996, 618
[93] Bergmann/Ferid, aaO, S. 101, Fn 28, 30
[94] Bergmann/Ferid, aaO, S. 101, Fn 26
[95] Bergmann/Ferid, aaO, S. 101, Fn 26; Ausnahme Rechtsmißbrauch, vgl. Gschnitzer/Faistenberger, aaO, S. 49
[96] Bergmann/Ferid, aaO, S. 101, Fn 29
[97] Bergmann/Ferid, aaO, S. 101, Fn 30
[98] Zur Versagung nachehelichen Unterhalts wegen Ehebruchs nach österreichischem Recht und zur evtl. Ergebniskorrektur wegen Verstoßes gegen den ordre public vgl. OLG Bremen, IPRax 1998, 366 und Schulze, IPRax 1998, 350

1. Abschnitt: Materielles Recht § 7

EheG). Beim Unterhaltspflichtigen sind Einschränkungen seiner Leistungsunfähigkeit, etwa durch Zahlung von Kindesunterhalt, billigerweise zu beachten.

Der Anspruch beträgt in der Regel ein Drittel des Nettoeinkommens des Unterhaltspflichtigen. Eigene Einkünfte des Berechtigten sind anzurechnen. Bei Doppelverdienern mit erheblichem Einkommensunterhalt erhält der Unterhaltsberechtigte ca. 40 % des Gesamtnettoeinkommens beider Ehegatten abzüglich des eigenen.[99] 85

Sind beide gleich schuld an der Scheidung, so kann der bedürftige Ehegatte vom anderen einen Beitrag verlangen nach Maßgabe des § 68 EheG nach Billigkeit. Diesen Anspruch haben grundsätzlich beide Ehegatten.

Ist die Ehe nach § 55 EheG (sog. Heimtrennung) mit Schuldausspruch zu Lasten des Klägers (allein oder überwiegend, § 61 III EheG) geschieden, setzt sich der Trennungsunterhaltsanspruch des anderen schuldlosen Ehegatten (Beklagter) gemäß § 94 ABGB fort (§ 69 II EheG; siehe oben).[100] 86

Fehlt bei einer Scheidung aus sonstigen Gründen ein Schuldausspruch, ist der **Kläger** dem Beklagten zu Billigkeitsunterhalt nach Maßgabe des § 69 III EheG verpflichtet. Dabei kommt es auf die Bedürfnisse und die Vermögens- und Erwerbsverhältnisse der geschiedenen Ehegatten an.[101] Der Scheidungskläger selbst hat in diesem Fall keinen Unterhaltsanspruch gegen den Beklagten. Bei Widerklage gilt dasselbe entsprechend. Bei Klage und Widerklage kommen deshalb beide Beklagte als Unterhaltsanspruchsteller (Billigkeit) in Frage.[102] 87

Bei **einvernehmlicher Scheidung** – § 55 a EheG – gibt es keinen Schuldausspruch. Die Scheidung setzt eine Vereinbarung der Ehegatten über den Unterhalt voraus (§ 55 a II EheG) oder eine weiterwirkende rechtskräftige gerichtliche Entscheidung (§ 55 a III EheG). Nur soweit der vereinbarte Unterhalt den Lebensverhältnissen der Ehegatten angemessen ist, gilt er als der gesetzliche (§ 69 a EheG). Ist die Unterhaltsvereinbarung unwirksam, gilt § 69 III EheG analog (Billigkeitsunterhalt grundsätzlich für beide Ehegatten). 88

Der allein oder überwiegend Schuldige hat in keinem Fall einen Anspruch gegen den anderen Ehegatten. 89

Zu zahlen ist in der Regel eine Geldrente (Art. 70 I EheG). 90

Einen **Auskunftsanspruch** wie § 1580 BGB gibt es im österreichischen Recht nicht. Die Höhe eines Unterhaltsanspruchs wird in Österreich von Amts wegen festgestellt.[103] Da im deutschen Unterhaltsprozeßrecht der Amtsermittlungsgrundsatz nicht gilt, muß der deutsche Richter notfalls doch auf § 643 ZPO und § 1580 BGB analog zurückgreifen, wenn er die Verhältnisse in Anwendung österreichischen Sachrechts feststellt (Anpassung, im einzelnen umstritten).[104] 91

Polen

1. Kinderunterhalt

Eltern sind grundsätzlich zum Unterhalt gegenüber einem unvermögenden Kind verpflichtet, das sich nicht selbst unterhalten kann (Art. 133 § 1 FVGB), sog. privilegierter Unterhalt. Daneben gibt es bei Bedürftigkeit den einfachen Unterhalt gemäß Art. 133 § 2 FVGB.[105] 92

Der **privilegierte** Unterhaltsanspruch besteht, wenn das Kind noch nicht in der Lage ist, sich selbst zu unterhalten, weil es mangels Berufsausbildung noch keine angemessene 93

---

[99] Bergmann/Ferid aaO, S. 153, Fn 82
[100] Im einzelnen Aicher, FamRZ 1980, 637; Bergmann/Ferid, aaO, S. 154, Fn. 84; OLG Karlsruhe, zitiert nach BGH, FamRZ 1992, 298
[101] OLG Karlsruhe, FamRZ 1995, 738
[102] Bergmann/Ferid, aaO, S. 154, Fn 86
[103] OLG Karlsruhe, FamRZ 1995, 738
[104] Vgl. OLG Karlsruhe, FamRZ 1995, 738 m. w. N.
[105] Vgl. Passauer, FamRZ 1990, 14, 18 f

Erwerbstätigkeit ausüben kann. Die Bedürftigkeit spielt beim privilegierten Unterhaltsanspruch nur insoweit eine Rolle, als dieser ausgeschlossen oder beschränkt ist, wenn das Kind seine Unterhalts- und Erziehungskosten aus Einkünften seines Vermögens oder durch sonstige Einkünfte (z. B. Hinterbliebenenrente, Stipendium) decken kann.[106]

94 Der Umfang des privilegierten Unterhaltsanspruchs richtet sich nach den „gerechtfertigten" Bedürfnissen des Berechtigten und der Leistungsfähigkeit des Unterhaltspflichtigen (dessen Erwerbs- und Vermögensmöglichkeiten, Art. 135 § 1 FVGB). Verkürzungen der Leistungsfähigkeit ohne wichtigen Grund während der letzten drei Jahre vor der Geltendmachung des Unterhaltsanspruchs bleiben unberücksichtigt (Art. 136 FVGB).

Das Kind hat angemessenen Anteil am Lebensstandard des Unterhaltspflichtigen.[107] Unterschieden wird zwischen den Unterhaltskosten (die begrifflich im wesentlichen unserem Barunterhalt entsprechen) und den Erziehungskosten oder sonstigen Unterhaltskosten (vergleichbar unserem Betreuungsunterhalt), die nicht in Geld ausgedrückt werden.[108] Der Unterhalt wird festgesetzt in bestimmten Sätzen oder in Prozentsätzen des Einkommens des Verpflichteten,[109] häufig $2/3$ der Sätze der Düsseldorfer Tabelle, wenn deutsche Gerichte entscheiden,[110] aber auch $2/3$ dieser Sätze,[111] mindestens die Hälfte[112] oder nur $1/3$.[113] Dabei spielt das Alter keine Rolle.[114] Dennoch setzt das Kammergericht (aaO)[115] einen altersbedingten Mehrbedarf gemäß Art. 135 § 1, Art. 138 FVGB von 20 % bei Überschreitung des sechsten Lebensjahres an. Bei der Bemessung ist nicht nur das tatsächliche Einkommen des Unterhaltspflichtigen, sondern sein erzielbares maßgebend.[116]

95 Den **einfachen** Kindesunterhalt gemäß Art. 133 § 2 FVGB hat dasjenige Kind, das nachträglich bedürftig wird, nachdem es die Fähigkeit, sich selbst angemessen zu unterhalten, bereits erlangt hat.[117] Der Umfang richtet sich nur auf die Befriedigung der gewöhnlichen „gerechtfertigten" Bedürfnisse (elementarer oder notwendiger Lebensbedarf).

96 Die in einem Scheidungsurteil enthaltene Titulierung des Kindesunterhaltsanspruchs wirkt für und gegen das Kind (Art. 58 § 1 S. 1 FVGB) und kann gem. Art. 138 FVGB abgeändert werden.[118]

Auf den Unterhaltsanspruch eines Kindes, dessen Abstammung von einem im Inland lebenden deutschen Vater festgestellt werden soll, ist nach Auffassung des OLG München[119] auch dann deutsches Recht anzuwenden, wenn die Mutter Ausländerin ist und mit dem Kind im Ausland lebt (Art. 18 V EGBGB). Das Kind kann deswegen zugleich mit der Vaterschaftsfeststellung Leistung des Regelunterhalts verlangen.

---

[106] Vgl. Gralla/Leonhardt, Das Unterhaltsrecht in Osteuropa, Abschnitt Polen, S. 141
[107] Vgl. OLG Celle, FamRZ 1993, 103 = NJW-RR 1993, 651; OLG Celle, OLG-Report 1998, 149; OLG Nürnberg, FamRZ 1994, 1133
[108] Vgl. Art. 58 § 1 FVGB und dazu KG, FamRZ 1994, 759
[109] Bergmann/Ferid, aaO, Abschnitt Polen, Art. 135 FVGB, Fn 20; Passauer, FamRZ 1990, 14 (19)
[110] OLG Celle aaO; OLG Schleswig, FamRZ 1993, 1483 (L); OLG Nürnberg, FamRZ 1997, 1355
[111] OLG Koblenz, FamRZ 1995, 1439
[112] OLG Düsseldorf, FamRZ 1991, 1095
[113] OLG Düsseldorf, FamRZ 1989, 1335; OLG Karlsruhe, FamRZ 1991, 600; vgl. auch Kleffmann, FuR 1998, 74, 75
[114] Vgl. Passauer, aaO, Gralla/Leonhardt, aaO, S. 142
[115] KG, FamRZ 1994, 759
[116] Vgl. Gralla/Leonhardt, aaO, S. 121
[117] Gralla/Leonhardt, aaO, S. 143
[118] KG, NJW-RR 1995, 202 LS
[119] OLG München, FamRZ 1998, 503

2. Ehegattenunterhalt

Trennung. Gemäß Art. 23, Art. 27, Art. 28 FVGB sind beide Ehegatten verpflichtet, 97
zur Befriedigung der Bedürfnisse der Familie beizutragen, jeder nach seinen Kräften und
Erwerbsmöglichkeiten sowie seinem Vermögen. Diese Regelung für den Familienunterhalt schließt auch den Trennungsunterhalt ein.[120] Dabei handelt es sich um einen sog. privilegierten Unterhaltsanspruch; die Unterhaltspflicht hängt davon ab, ob der andere Ehegatte seine Bedürfnisse in dem Umfang befriedigen kann wie der eine Ehegatte (Lebensstandardprinzip).[121] Eine Unterhaltspflicht besteht dann, wenn der Berechtigte seine am Lebensstandard des anderen Ehegatten gemessenen gerechtfertigten Bedürfnisse nicht selbst befriedigen kann, etwa wegen Betreuung der gemeinsamen Kinder, wegen Erwerbsunfähigkeit oder Nichtfinden einer Arbeitsstelle.[122] Auf Verschulden an der Trennung kommt es in der Regel nicht an, jedoch wird dem Alleinschuldigen analog Art. 60 FVGB Unterhalt nicht zuerkannt.[123]

Scheidung. Die unterhaltsrechtlichen Folgen der Scheidung richten sich nach dem 98
Schuldausspruch im Scheidungsurteil (unbedingt im Tenor).

Bei Alleinverschulden hat der alleinschuldige Ehegatte keinen Anspruch, der andere den **privilegierten** gemäß Art. 60 § 2 FVGB.[124]

Bei beiderseitigem Verschulden hat jeder den einfachen Unterhaltsanspruch gemäß Art. 60 § 1 FVGB.

Bei fehlendem Schuldausspruch oder der Feststellung, daß keinen Ehegatten die Schuld trifft, haben beide den einfachen Unterhaltsanspruch gemäß Art. 60 § 1 FVGB (Art. 57 § 2 FVGB).

Soweit ersichtlich, wird überwiegendes Verschulden nicht festgestellt, steht jedenfalls dem alleinigen Verschulden nicht gleich. Beide Ehegatten sind dann als schuldig anzusehen.

Der Umfang des privilegierten Unterhaltsanspruchs hängt nicht von der Bedürftigkeit 99
des Berechtigten ab (Art. 60 § 2 FVGB), sondern davon, ob durch die Scheidung eine wesentliche Verschlechterung der materiellen Situation des nichtschuldigen Ehegatten eingetreten ist. Der Anspruch geht nicht auf den gleichen Lebensstandard, den der Unterhaltspflichtige hat, jedoch auf einen besseren Lebensstandard als nur die Befriedigung der gerechtfertigten (notwendigen) Bedürfnisse wie beim einfachen Unterhaltsanspruch.[125] Zu vergleichen ist der Lebensstandard vor und nach der Scheidung.[126] Im Ergebnis ist abzustellen auf den Lebensstandard während der Ehe wie im deutschen Recht. Der privilegierte Unterhaltsanspruch ist grundsätzlich unbegrenzt.

Der **einfache** Unterhaltsanspruch gemäß Art. 60 § 1 FVGB setzt Bedürftigkeit des Be- 100
rechtigten (Notlage) und Leistungsfähigkeit des Unterhaltspflichtigen voraus. Er zielt auf die Befriedigung nur der elementaren Bedürfnisse des Berechtigten, also auf den Notunterhalt ab.[127] Er erlischt regelmäßig in fünf Jahren seit Rechtskraft des Scheidungsurteils (Art. 60 § 3 FVGB), wenn der Unterhaltspflichtige nicht für (teil-)schuldig an der Zerrüttung der Ehe erklärt wurde.

Abänderung bei veränderten Umständen ist möglich (Art. 138 FVGB, materiell-recht- 101
liche Regelung).[128] Rückwirkende Abänderung gibt es im polnischen Recht nicht.[129] Der Hinweis auf den inflationären Verfall der polnischen Währung und die dortige Erhöhung der Lebenshaltungskosten reicht als Abänderungsgrund nicht aus.[130]

---

120 Vgl. OLG Koblenz, FamRZ 1992, 1428 und Gralla/Leonhardt, aaO, S. 146
121 Vgl. Gralla/Leonhardt, aaO, S. 147
122 Vgl. OLG Koblenz, aaO; Richtlinien des Pol.OG, FamRZ 1989, 471
123 Gralla/Leonhardt, aaO, S. 147; im Anschluß daran OLG Hamm, FamRZ 1994, 774
124 Bergmann/Ferid, aaO, Polen, S. 22 f
125 Vgl. Gralla/Leonhardt, aaO, S. 149
126 Vgl. OLG Koblenz, FamRZ 1992, 1442
127 Vgl. Gralla/Leonhardt, aaO, S. 118/121/150; OLG Koblenz, aaO
128 Vgl. OLG Celle, FamRZ 1993, 103
129 Vgl. OLG Karlsruhe, FamRZ 1991, 600
130 OLG Hamm, OLG-Report 1998, 347 =FamRZ 1999, 677

102 Unterhaltsleistungen sind jetzt (seit etwa Mitte 1990) auch in Zloty und durch Dritte möglich.[131] Auf Verlangen ist in DM zu verurteilen.[132] Ist der Klageantrag auf Zahlung in ausländischer Währung gerichtet, darf nicht in DM verurteilt werden.[133]

103 Eine Mahnung ist nach polnischem Recht entbehrlich, wenn aufgrund „nicht befriedigter Bedürfnisse" ein Unterhaltsanspruch besteht.[134]

Portugal

1. Kinderunterhalt

104 Gemäß Art. 1874 I Zivilgesetzbuch (CC) schulden Eltern und Kinder einander Hilfe und Beistand. Die Beistandspflicht umfaßt auch die Verpflichtung, Unterhalt zu leisten (Art. 1874 II CC). In Art. 1878 CC ist die Unterhaltspflicht der Eltern gegenüber ihren minderjährigen Kindern zusätzlich festgelegt. Der Unterhalt umfaßt den Lebensbedarf, die Wohnung, Kleidung, die Ausbildung und Erziehung, soweit sie notwendig ist (Art. 2003 CC).

105 Die Unterhaltspflicht dauert grundsätzlich bis zur Vollendung des 18. Lebensjahres des Kindes (Art. 122 CC) oder dessen Eheschließung (Emanzipation entspricht der Volljährigkeit bis auf die Einschränkung der Verfügungsfreiheit über das Vermögen, Art. 133, 1649 CC). Hat das Kind seine in normaler Zeit zu bewerkstelligende Berufsausbildung bei Eintritt der Volljährigkeit oder der Emanzipation noch nicht abgeschlossen, so sind die Eltern weiterhin unterhaltspflichtig, soweit ein „vernünftiger Grund" dafür vorhanden ist (Art. 1880 CC). Hat das Kind z. B. genügend Vermögen oder ausnahmsweise genügend eigene Einkünfte, entfällt eine Unterhaltspflicht, jedenfalls bei Volljährigkeit (Art. 2011 I CC) und zwar auch dann, wenn das Vermögen verschenkt wurde. Die Unterhaltspflicht obliegt dann ganz oder teilweise den Schenkungsempfängern (Art. 2011 II CC).

106 Die Höhe hängt grundsätzlich von der Leistungsfähigkeit der Eltern und der Bedürftigkeit des Kindes ab (Art. 2004 I CC). Dabei muß dem Unterhaltspflichtigen ein Selbstbehalt für seinen eigenen Lebensunterhalt verbleiben (Art. 2004 II CC). Je mehr das Kind selbst seinen Unterhalt durch Arbeit oder sonstige Einkünfte sicherstellen kann, um so mehr mindert sich die Unterhaltspflicht der Eltern (Art. 1879 CC). Aus Art. 1879 CC ergibt sich, daß minderjährige Kinder nur den Erlös ihrer Arbeit oder anderer Einkünfte, also nicht den Stamm des Vermögens selbst, einsetzen müssen (vgl. auch Art. 1896 III CC).

107 Der Unterhalt ist grundsätzlich als monatliche Rente zu zahlen (Art. 2005 I CC), u. U. ersatzweise kraft richterlicher Anordnung durch Aufnahme in den Haushalt, wenn der Unterhaltspflichtige eine Rente nicht leisten kann (Art. 2005 II CC). Geschuldet wird Unterhalt, wenn er festgesetzt oder vereinbart ist, ab Verzug, sonst ab Klageerhebung (Art. 2006 CC).

108 Eltern haften im Verhältnis ihrer Anteile als gesetzliche Erben des Kindes (Art. 2010 I CC). Kann ein Elternteil nicht zahlen, ist insoweit der andere grundsätzlich zur zusätzlichen Leistung verpflichtet (Art. 2010 II CC).

109 Auf den Unterhalt kann für die Zukunft nicht verzichtet werden, jedoch auf bereits fällige Leistungen; er ist nicht pfändbar und nicht aufrechenbar, auch nicht für die Vergangenheit (Art. 2008 I, II CC).

110 **Abänderung.** Der Unterhalt kann abgeändert werden, wenn sich die für die Festsetzung maßgebenden Umstände geändert haben (Art. 2012 CC).

111 Eheliche und nichteheliche Kinder sind gleichgestellt.

112 Bei gerichtlicher Trennung oder bei Scheidung müssen die Eltern dem Gericht eine Vereinbarung über den Kindesunterhalt (Höhe, Art der Leistung, Quote) vorlegen und vom Gericht bestätigen lassen (Art. 1905 I CC). Fehlt eine (gerichtlich bestätigte) Verein-

---

[131] Bytomsky, FamRZ 1991, 783; Bergmann/Ferid, aaO S. 22 f
[132] BGH, FamRZ 1990, 992; vgl. auch BGH, FamRZ 1992, 1060 = NJW-RR 1993, 5
[133] BGH, IPRax 1994, 366 mit Anm. Grothe, IPRax 1994, 346
[134] OLG Koblenz, FamRZ 1992, 1428

barung, entscheidet das Gericht selbst gemäß den Interessen des Minderjährigen (Art. 1906 II CC).

Solange der Unterhalt nicht endgültig festgesetzt ist, kann das Gericht nach Ermessen auf Antrag oder – bei minderjährigen Kindern – von Amts wegen einen vorläufigen Unterhalt zusprechen. Der empfangene vorläufige Unterhalt ist in keinem Fall zurückzuerstatten (Art. 2007 I, II CC).

2. Ehegattenunterhalt

Trennung. In Portugal wird unterschieden zwischen der tatsächlichen Trennung (Art. 1782 CC) und der gerichtlichen Trennung der Ehegatten selbst und ihres Vermögens (Art. 1794 ff. CC). Gemäß Art. 1672 CC sind die Ehegatten untereinander zu Beistand verpflichtet. Diese Beistandspflicht umfaßt u. a. den Unterhalt (Art. 1675 I, Art. 2015 CC). Die Unterhaltspflicht besteht während der tatsächlichen Trennung grundsätzlich fort, jedoch wird danach unterschieden, wer die Trennung zu verantworten hat (Art. 1675 II CC). Trifft die Verantwortung für die Trennung nur den einen Ehegatten, bleibt er dem anderen grundsätzlich unterhaltspflichtig. Trifft die Verantwortung beide, ist der **Hauptschuldige** derjenige, der dem anderen unterhaltspflichtig ist. Ausnahmsweise kann der Richter in beiden Fällen dem schuldlosen oder minderschuldigen eine Unterhaltspflicht gegenüber dem anderen Ehegatten aufbürden (nach Billigkeit unter Berücksichtigung der Dauer der Ehe, des Umfangs des Einsatzes des allein oder überwiegend Schuldigen für die wirtschaftlichen Verhältnisse der Ehe, Art. 1675 III CC). Sind beide Ehegatten gleich schuldig an der Zerrüttung, verbleibt es beim Grundsatz der gegenseitigen Unterhaltspflicht (Art. 1675 II CC). 113

Die Höhe des Unterhalts richtet sich nach der Leistungsfähigkeit des Unterhaltspflichtigen und der Bedürftigkeit des unterhaltsberechtigten Ehegatten (Art. 2004 I, II CC), wobei der Wegfall der Leistungsfähigkeit oder der Bedürftigkeit ein Beendigungsgrund ist (Art. 2013 I b CC). 114

Im Prinzip gilt dasselbe im Falle der gerichtlichen Trennung (der Personen und der Güter, Art. 1794 ff. CC). Danach besteht Unterhaltspflicht für den allein oder überwiegend schuldigen Ehegatten dann, wenn das Urteil mit schuldhafter Verletzung der ehelichen Pflichten (Art. 1779 CC) oder mit Ablauf bestimmter Trennungszeit oder mit längerer Abwesenheit/Verschollenheit, mit längerer Geistesstörung oder Geisteskrankheit des beklagten Ehegatten begründet ist jeweils mit der Folge der Beeinträchtigung des ehelichen Lebens. Für beide Ehegatten besteht Unterhaltspflicht gegeneinander, wenn beide als gleichschuldig erkannt sind oder die Trennung auf beiderseitigem Einverständnis beruht (Art. 2016 I, IV CC). Ausnahmsweise kann in diesen Fällen dem anderen – normalerweise anspruchslosen – Ehegatten Unterhalt zuerkannt werden, wenn es die Billigkeit erfordert, insbesondere aufgrund der Ehedauer oder der für die Ehe geleisteten Arbeit (Art. 2016 II, IV CC). 115

Bei der Bemessung des Unterhalts hat das Gericht die Leistungsfähigkeit des einen und die Bedürftigkeit des anderen Ehegatten zu berücksichtigen, insbesondere die beiderseitigen Einkünfte, das Alter, die gesundheitlichen Verhältnisse, die Erwerbsmöglichkeiten, den zeitlichen Aufwand für die Erziehung der gemeinsamen Kinder u. a. (Art. 2016 III CC). Die Unterhaltspflicht kann aus moralischen Gründen enden (Art. 2019 CC). 116

Die allgemeinen Bestimmungen über den Beginn der Unterhaltsschuld (Klageerhebung oder Eintritt des Verzugs, Art. 2006 CC), den Verzicht und die Abtretbarkeit (Art. 2008 I CC), die Unpfändbarkeit, die Nichtaufrechenbarkeit (Art. 2008 II CC) sowie die Abänderbarkeit (Art. 2012 CC) gelten entsprechend (Art. 2014 II CC). 117

Scheidung.[135] In Portugal gibt es die einvernehmliche und die streitige Scheidung (Art. 1773 ff. CC). Daneben ist die Umwandlung der gerichtlichen Trennung in Scheidung möglich (Art. 1795-D CC). 118

---

[135] Vgl. OLG Karlsruhe, FamRZ 1990, 168

Bei einverständlicher Scheidung muß eine Vereinbarung u. a. über den Unterhalt des bedürftigen Ehegatten sowohl während des Rechtsstreits (also vorläufig) als auch für die Zeit nach der Scheidung getroffen werden (Art. 1775 II und III CC), die vom Richter in der ersten Verhandlung (Art. 1776 II CC) und im Urteil über die Scheidung im gegenseitigen Einvernehmen (Art. 1778 CC) bestätigt werden muß.

119 Grundvoraussetzung für einen Unterhaltsanspruch bei streitiger Scheidung ist – wie bei der gerichtlichen Trennung, siehe dort – eine entsprechende Begründung des Scheidungsurteils (Art. 2016 I a–c CC) oder Billigkeit (Art. 2016 II CC). Für die Höhe gilt dasselbe wie bei gerichtlicher Trennung (siehe oben).

120 Bei Wiederverheiratung erlischt der Unterhaltsanspruch gegen den früheren Ehegatten (Art. 2019 CC).

3. Unterhaltsanspruch der Kindesmutter

121 Der nicht mit der Kindesmutter verheiratete Kindesvater schuldet ihr, unbeschadet weiter gehenden Schadensersatzes, für die Zeit der Schwangerschaft und das erste Lebensjahr des Kindes Unterhalt. Die Mutter kann den Unterhaltsanspruch mit der Klage auf Vaterschaftsermittlung verbinden und vorläufigen Unterhalt verlangen (Art. 1884 I, II CC).

Rumänien

1. Kinderunterhalt

122 Die Unterhaltspflicht zwischen Eltern und Kindern ist in Art. 86 I FGB geregelt, in Art. 107 I FGB noch einmal die Unterhaltspflicht der Eltern gegenüber ihren minderjährigen Kindern. Voraussetzung ist grundsätzlich Bedürftigkeit (in der Regel aufgrund Arbeitsunfähigkeit, einem zentralen Begriff des rumänischen Unterhaltsrechts, Art. 86 II FGB, und Leistungsfähigkeit des Pflichtigen, Art. 94 I FGB).

123 **Bedürftigkeit.** Minderjährige (bis zur Vollendung des 18. Lebensjahres) haben Anspruch auf Unterhalt gegenüber ihren Eltern ohne Rücksicht auf den Grund der Bedürftigkeit (Art. 86 III FGB); diese muß ausnahmsweise bei Minderjährigen nicht auf Arbeitsunfähigkeit beruhen. Entsprechendes gilt für Kinder im Studium oder in der sonstigen Berufsausbildung, jedoch nur bis zum 25. Lebensjahr.[136] Gemäß Art. 107 II FGB setzt die Leistungspflicht eines Elternteils aber erst dann ein, wenn der Minderjährige kein eigenes ausreichendes Einkommen hat; erst dann müssen die Eltern die erforderlichen Mittel für den Unterhalt, Erziehung und Berufsausbildung zur Verfügung stellen.

124 **Leistungsfähigkeit.** Die Unterhaltspflicht von Eltern beläuft sich auf etwa ein Viertel des Nettoeinkommens bei einem Kind, auf ein Drittel bei zwei Kindern und auf die Hälfte bei drei oder mehr Kindern (Art. 94 III FGB).[137] Kommt noch Ehegattenunterhalt hinzu, bleibt es bei höchstens der Hälfte des Arbeitseinkommens (Art. 41 III FGB). Unter Nettoeinkommen ist das Arbeitseinkommen gemeint.[138] Sonstiges Einkommen (z. B. aus Kapital) wird von dieser Begrenzung nicht erfaßt.[139] Leitlinien oder Tabellen gibt es nicht.[140] Als gleichrangig Verpflichtete (Art. 97 I FGB) müssen Eltern im Verhältnis ihrer Mittel zu den Unterhaltskosten der Kinder beitragen (Art. 90 FGB). Art. 92 FGB enthält eine – aus der Sicht des deutschen ordre public bedenkliche – Besonderheit: Kann der Unterhaltspflichtige nicht gleichzeitig alle Unterhaltsberechtigten befriedigen, kann das

---

[136] Leonhardt, Das Unterhaltsrecht in Osteuropa, Rumänien, S. 191
[137] In der deutschen Rechtspraxis führt diese Pauschalierung zu erheblichen Mehrforderungen über den Sätzen der Düsseldorfer Tabelle, vgl. den Bericht des Bundesverwaltungsamts für 1995 in DAVorm 1996, 581
[138] Leonhardt, aaO, S. 192
[139] Leonhardt, aaO, S. 179, 193
[140] Leonhardt, aaO, S. 178

Gericht unter Berücksichtigung der Bedürftigkeit eines jeden bestimmen, daß der Unterhalt nur an einen zu zahlen ist oder an einige oder alle aufgeteilt wird. Im übrigen müssen sich die Berechtigten an die nachrangig Verpflichteten halten.

Der Unterhalt ist in Natur oder durch Geldrente zu leisten (Art. 93 I FGB). Die Art der Leistung wird durch das Gericht unter Berücksichtigung der Umstände bestimmt (Art. 93 II FGB). **125**

Unzulässig ist der Verzicht auf künftige Leistungen.[141] Geltend gemacht werden kann der Unterhalt grundsätzlich nur für die Zukunft ab Klageerhebung, für die Vergangenheit nur in zwei Ausnahmefällen: Zum einen, wenn vorher Unterhalt verlangt, die Leistung jedoch vom Unterhaltspflichtigen schuldhaft verzögert wurde, und zum anderen, wenn der Unterhaltsberechtigte für seinen Unterhalt Schulden machen mußte.[142] **126**

Abänderung. Ändert sich die Leistungsfähigkeit oder die Bedürftigkeit, kann das Gericht den Unterhalt erhöhen oder ermäßigen (Art. 94 II FGB), ausnahmsweise auch rückwirkend ermäßigen ab dem Zeitpunkt des Eintritts der Änderung, wenn der Unterhaltsberechtigte seither den Unterhalt nicht mehr verlangt hat.[143] **127**

Bei Scheidung der Eltern setzt das Gericht von Amts wegen den von jedem Elternteil zu leistenden Kindesunterhalt fest (Art. 42 III FGB). **128**

2. Ehegattenunterhalt

Trennung. Gemäß Art. 86 I FGB besteht zwischen Mann und Frau eine Unterhaltspflicht. Eine spezielle Norm für den Trennungsunterhalt findet sich in Art. 41 I FGB: Danach schulden die Ehegatten bis zur Auflösung der Ehe (Art. 39 FGB) einander Unterhalt. Wie beim Kindesunterhalt hat nur der infolge von Arbeitsunfähigkeit Bedürftige einen Anspruch. Die zwingende Betreuung eines Kindes durch die Mutter oder die Pflege eines kranken Angehörigen werden je nach den Umständen des Einzelfalls der Arbeitsunfähigkeit gleichgestellt.[144] Wer unberechtigt die Wohnung verlassen hat, kann Trennungsunterhalt nicht verlangen (z. B. bei Zusammenleben mit einem neuen Partner).[145] **129**

Zur Höhe gibt es keine gesetzliche Regelung. Jedoch bietet diejenige für den Scheidungsunterhalt (bis zu einem Drittel) und die generelle Begrenzung auf höchstens die Hälfte des Nettoarbeitseinkommens des Pflichtigen Anhaltspunkte. **130**

Scheidung. Mit der Auflösung der Ehe endet grundsätzlich die Unterhaltspflicht der Ehegatten gegeneinander (Art. 86 I, Art. 41 I FGB). Dem schuldlos oder nur mitschuldig geschiedenen Ehegatten entsteht aber gemäß Art. 41 II FGB ein neuer, grundsätzlich unbegrenzter Unterhaltsanspruch, wenn er sich infolge vor oder während der Ehe eingetretener Arbeitsunfähigkeit in Not befindet, und zwar bis zu einem Drittel der Nettoarbeitseinkünfte des unterhaltspflichtigen Ehegatten, wobei diesem mindestens die Hälfte seines Nettoeinkommens bei Unterhaltspflicht auch für Kinder verbleiben muß. Tritt die Arbeitsunfähigkeit innerhalb eines Jahres nach Auflösung der Ehe ein, muß die Arbeitsunfähigkeit auf Umstände zurückzuführen sein, die mit der Ehe zusammenhängen (z. B. Betreuung von Kleinkindern). Der alleinschuldig geschiedene Ehegatte kann überhaupt nur für die Zeit eines Jahres seit Auflösung der Ehe Unterhalt nach diesen Bestimmungen beanspruchen (Art. 41 IV FGB). Ein Unterhaltsanspruch erlischt mit der Wiederheirat des berechtigten Ehegatten (Art. 41 V FGB). **131**

Gleichzeitig mit dem Scheidungsurteil wird von Amts wegen über den Scheidungs- und Kinderunterhalt entschieden (Art. 42 III FGB).[146] **132**

Die Unterhaltsentscheidung kann bei Änderung der maßgeblichen Umstände abgeändert werden (Art. 44, Art. 94 II FGB). **133**

---

[141] Leonhardt, aaO, S. 182
[142] Leonhardt, aaO, S. 180
[143] Leonhardt, aaO, S. 179
[144] Leonhardt, aaO, S. 197
[145] Leonhardt, aaO, S. 197
[146] Leonhardt, aaO, S. 187

Schweden

1. Kinderunterhalt

134 Gemäß Kap. 7 § 1 I Elterngesetz (nachfolgend werden nur die Paragraphen zitiert) haben die Eltern für den Kindesunterhalt nach ihren wirtschaftlichen Verhältnissen und den Bedürfnissen des Kindes zu sorgen, untereinander jeder nach seinen Möglichkeiten (§ 1 III), und zwar grundsätzlich nur bis zur Vollendung des 18. Lebensjahres,[147] ausnahmsweise bei Schulbesuch bis zur Vollendung des 21. Lebensjahres (§ 1 II); der Schulbesuch muß bei Vollendung des 18. Lebensjahres bestanden haben oder vor Vollendung des 19. Lebensjahres wieder aufgenommen worden sein.[148]

135 Dem Unterhaltspflichtigen verbleibt ein sog. Vorbehaltsbetrag (vergleichbar im Prinzip unserem Selbstbehalt; § 3 I). Dazu zählen die angemessenen Wohnkosten und die Kosten des sonstigen Lebensbedarfs. Dieser beträgt normalerweise 120 % jährlich vom geltenden Grundbetrag nach dem Gesetz über die öffentliche Versicherung (§ 3 II). In besonderen Fällen kommt ein weiterer Vorbehaltsbetrag in Höhe von regelmäßig 60 % des erwähnten Grundbetrages hinzu, wenn der Pflichtige einen Ehegatten unterhält, mit dem er dauernd zusammenlebt, oder bei nichtehelicher Lebensgemeinschaft für den Partner, wenn ein gemeinsames Kind vorhanden ist (§ 3 III). Für den Unterhalt eines bei ihm wohnenden Kindes darf der Unterhaltspflichtige einen weiteren Betrag vorbehalten in Höhe von regulär 40 % jährlich des erwähnten Grundbetrages einschließlich des vom anderen Elternteil geleisteten Unterhalts.

Nimmt der Unterhaltspflichtige ein unterhaltsberechtigtes Kind, für das er nicht sorgeberechtigt ist, mindestens 5 Tage zu je 24 Stunden zu sich, darf er von dessen (an den anderen Elternteil zu zahlenden) Unterhalt grundsätzlich $1/40$ pro vollem Tag vom derzeitigen Monatsbetrag des Unterhalts abziehen (§ 4 I).

136 Der Unterhalt ist monatlich im voraus zu leisten (§ 7 I). Er kann grundsätzlich nur für bis zu 3 Jahren vor Klageerhebung verlangt werden (§ 8). Auch ein festgestellter Unterhaltsanspruch erlischt grundsätzlich 3 Jahre nach Eintritt der Fälligkeit (§ 9 I), anders bei Pfändung, Konkurs und Vergleich (§ 9 II, III).

137 Abänderung eines Urteils oder einer Unterhaltsvereinbarung bei Änderung der Verhältnisse ist ab Klageerhebung ohne weiteres möglich. Für die Zeit vorher kann dann abgeändert werden, wenn die Gegenpartei nicht widerspricht. Widerspricht sie einer Herabsetzung oder einem Wegfall, ist eine Änderung nur für die noch nicht gezahlten Beträge zulässig (§ 10 I). Eine Vereinbarung kann vom Gericht auch dann geändert werden, wenn sie von Anfang an unbillig war (§ 10 II). Sogar Rückzahlung kann angeordnet werden, allerdings nur, wenn besondere Gründe vorliegen. In § 1 des Gesetzes vom 16. Dezember 1966 Nr. 680 ist die Abänderung bestimmter Unterhaltsbeträge geregelt. Ist ein laufend gezahlter Unterhaltsbeitrag in den letzten 6 Jahren nur danach geändert worden, kann das Gericht die Unterhaltsbestimmung für die Zeit nach Klagerhebung auch ohne Änderungsgrund überprüfen (§ 10 III).

138 Eine Unterhaltsfestsetzung über die Vollendung des 18. Lebensjahres hinaus ist gegen den Widerspruch des Unterhaltspflichtigen grundsätzlich unzulässig (§ 14 III), ehe zuverlässig beurteilt werden kann, ob für die Zeit danach eine Unterhaltspflicht vorliegt.

139 Eheliche und nichteheliche Kinder sind hinsichtlich des Unterhalts materiell völlig gleichgestellt. Das adoptierte Kind gilt als Kind des Annehmenden, nicht als Kind seiner biologischen Eltern (Kap. 4, § 8).

Für die Unterhaltsklage ist das Wohnsitzgericht des Beklagten örtlich zuständig (§ 12 I).

---

[147] Das Kind ist bis zum 18. Lebensjahr minderjährig (Kap. 9 § 1 Elterngesetz: „jünger als 18 Jahre")

[148] Nach einem Bericht über das 3. Regensburger Symposion für Europäisches Familienrecht in FamRZ 1996, 1529 sollen Eltern gegenüber ihren volljährigen, aber noch in der Ausbildung befindlichen Kindern „nie" unterhaltspflichtig sein, vgl. jedoch Rn 126

2. Ehegattenunterhalt

Trennung. Die Ehegatten haben, jeder nach seinen Möglichkeiten, zur Sicherung des 140
gemeinsamen Unterhalts beizutragen (Kap. 6 § 1 I Ehegesetz, im folgenden ohne Gesetzesangabe und Kap. zitiert). Leben die Ehegatten getrennt, hat ein Ehegatte seine Unterhaltspflicht durch Zahlung eines Unterhaltsbeitrages zu erfüllen (§ 6).

Die Höhe des Beitrages hängt ab von den finanziellen Möglichkeiten beider Ehegatten 141
wie schon während des Zusammenlebens (§ 1 und 2). Jedoch darf jetzt ein Ehegatte nicht mehr die Einkünfte des kranken oder abwesenden Ehegatten und die Erträgnisse seines Vermögens für den Unterhalt verwenden (§ 4 I). Verletzt ein Ehegatte seine Unterhaltspflicht, kann das Gericht ihn verpflichten, dem anderen Ehegatten einen Unterhaltsbeitrag zu zahlen (§ 5).

Scheidung. Nach der Scheidung ist die gegenseitige Unterhaltspflicht grundsätzlich 142
beendet (§ 7 I).[149] Lediglich im Notfall kann ein Ehegatte vom anderen nach dessen Möglichkeiten und nach den sonstigen Umständen für eine Übergangszeit Unterhalt verlangen (§ 7 II), nach langjähriger Ehe oder außerordentlichen Schwierigkeiten, sich selbst zu versorgen, auch für einen längeren Zeitraum (§ 7 III).

Der Unterhalt ist als Rente zu zahlen, in besonderen Fällen als Abfindung (§ 8). Er 143
kann rückwirkend nur bis zu 3 Jahren vor Klageerhebung verlangt werden (§ 9). Ein festgestellter Unterhaltsbeitrag erlischt grundsätzlich 3 Jahre nach Fälligkeit; bei Zwangsvollstreckung, Konkurs oder Vergleich gelten jedoch Besonderheiten (§ 10 EheG).

Wegen der Abänderung gilt im wesentlichen dasselbe wie beim Kindesunterhalt 144
(§ 11 EheG). Für die Zeit nach Scheidung darf der Unterhalt nur erhöht werden, wenn außerordentliche Gründe vorliegen. Ein Einmalbetrag darf überhaupt nicht abgeändert werden, wenn die andere Partei widerspricht.

Schweiz[150]

1. Kinderunterhalt

Gemäß Art. 276 I, Art. 328 III ZGB müssen die Eltern bis zur Mündigkeit (18. Lebens- 145
jahr, Art. 14, Art. 277 I ZGB) Unterhalt leisten, in der Regel durch Pflege und Erziehung, außerhalb der Obhut, z. B. bei Trennung der Eltern, durch Geldzahlungen (Art. 276 II ZGB). Unterhalt umfaßt alles, was nach den Verhältnissen der Eltern angemessen (nicht nur nötig) ist zum Leben, zur körperlichen und geistig/seelischen Entwicklung des Kindes (Art. 276 I, Art. 302 I ZGB). Voraussetzung ist Bedürftigkeit des Kindes (keine zumutbare Arbeit, keine anderen Mittel, Art. 276 III ZGB). Nach Eintritt der Volljährigkeit besteht die Unterhaltspflicht für das in Ausbildung befindliche Kind fort, bis die Ausbildung „ordentlicherweise" abgeschlossen werden kann (nicht unbedingt ist). Die Unterhaltsleistung muß nach den gesamten Umständen zumutbar sein (Art. 277 II ZGB). Gegenüber minderjährigen Kindern ist die Einschränkung des Unterhaltspflichtigen bis zum Notbedarf[151] zumutbar, gegenüber dem volljährigen Kind wird ein erweiterter Notbedarf anerkannt zuzüglich etwa 20 %.[152] Wenn ein Elternteil nichts verdient, obwohl er es könnte, wird er nach einem fiktiven Einkommen taxiert.[153]

---

[149] Bergmann/Ferid, aaO, Schweden, S. 12
[150] Siehe Hausheer/Spycher, Handbuch des Unterhaltsrechts, Bern 1997 mit Buchbesprechung Schneyder, FamRZ 1999, 763
[151] Hinderling/Steck, Das schweizerische Ehescheidungsrecht, 4. Auflage, S. 298. Der Notbedarf orientiert sich am vollstreckungsrechtlichen Existenzminimum (bei uns etwa Pfändungsfreigrenze), dessen Berechnung jedoch individuell und dem Vollstreckungsbeamten überlassen ist. Zur Berechnung werden Richtlinien verwendet, die jedoch unverbindlich sind
[152] Hinderling/Steck, aaO, S. 461; Hegnauer, Entwicklungen des europäischen Kindschaftsrechts, 2. Auflage, S. 130
[153] Hinderling/Steck, aaO, S. 467

Grundsätzlich ist auch die betreuende Mutter barunterhaltspflichtig, jedoch wird die persönliche Betreuung als wesentlicher Unterhaltsbeitrag angesehen.[154]

146 Die Höhe des Unterhalts richtet sich nach den Bedürfnissen des Kindes, wobei dessen Einkünfte und Vermögen zu berücksichtigen sind, sowie nach der Lebensstellung und der Leistungsfähigkeit seiner Eltern (Art. 285 I ZGB). Kinderzulagen u. a., die der Unterhaltspflichtige bezieht, müssen grundsätzlich zum Unterhalt dazubezahlt werden (Art. 285 II ZGB); stehen sie dem Kind selbst zu, gehören sie zu dessen Einkünften (Art. 285 I ZGB). Einen verordneten Mindestunterhalt gibt es nicht, auch keinen sog. Regelunterhalt, jedoch Empfehlungen der Jugendämter als Orientierungshilfe.[155] Verbreitet ist eine abstrakte Quotenaufteilung nach einem bestimmten Prozentsatz des Nettoeinkommens des Unterhaltspflichtigen, z. B. für ein Kind 10 bis 15 %, für zwei Kinder 20 bis 25 %, für drei Kinder 30 bis 33 % usw. des Nettoeinkommens, alles jedoch unverbindlich und nach Art einer Faustregel.[156] Das Gericht kann bei der Festsetzung eine Indizierung anordnen (Art. 286 I ZGB); der Unterhaltsbetrag wird in der Regel auf den Monatsbeginn festgesetzt (Art. 285 III ZGB). In diesem Zeitpunkt entsteht die Einzelforderung und wird gleichzeitig fällig.[157]

147 Auf das Stammrecht kann grundsätzlich nicht verzichtet werden, aber auf die einzelne Unterhaltsrate. Diese (nicht das Stammrecht) ist grundsätzlich vererblich, verjährbar (5 Jahre, Art. 128 Nr. 1 OR), verrechenbar, abtretbar und pfändbar.[158] Der Unterhalt kann für die Zukunft und für ein Jahr vor Klageerhebung verlangt werden (Art. 279 I ZGB).

148 **Abänderung.** Bei erheblichen Veränderungen der Einkommens- und sonstigen einschlägigen Verhältnisse (z. B. der Bedürftigkeit) ist eine Erhöhung, Ermäßigung oder Aufhebung der Unterhaltsrente möglich (Art. 286 II ZGB i. V. m. Art. 157 ZGB). Für den Änderungsbeginn ist auf den auf die Klageerhebung folgenden Monatsanfang abzustellen. Liegen besonders schwerwiegende Gründe vor, ist ausnahmsweise eine weitergehende Rückwirkung zulässig.[159]

149 Bei Säumnis des Unterhaltsschuldners sieht das ZGB – neben der allgemeinen Zwangsvollstreckung – eine Reihe von unterstützenden Maßnahmen vor: Inkassohilfe (Art. 290 ZGB), richterliche Anweisung an Schuldner des Unterhaltspflichtigen, Zahlungen an den gesetzlichen Vertreter des Kindes zu leisten (Art. 291 ZGB), Anordnung von Sicherheitsleistung gegenüber dem Unterhaltspflichtigen für die künftigen Beiträge (Art. 292 ZGB), Übernahme der Unterhaltskosten durch den Staat/Kanton (Art. 293 I ZGB), Vorschußzahlungen des Staates/Kanton mit Übergang des Unterhaltsanspruchs (Art. 293 II, Art. 289 II ZGB).[160]

150 Das Gericht erforscht den Sachverhalt von Amts wegen (Art. 280 II ZGB). Wegen dieser Offizialmaxime besteht Streit darüber, ob der Richter mehr zusprechen darf als beantragt.[161]

2. Ehegattenunterhalt

151 **Trennung.** In der Schweiz gibt es die einfache Trennung (tatsächliche Aufhebung der ehelichen Lebensgemeinschaft) gemäß Art. 175 ZGB und die gerichtliche Trennung aufgrund sanktionierter Aufhebung der ehelichen Lebensgemeinschaft gemäß Art. 143, 147 ZGB. Bei der gerichtlichen Trennung muß ein Scheidungsgrund vorhanden sein; nach Ablauf der Trennungszeit kann unter leichteren Voraussetzungen geschieden werden (Art. 148 ZGB).

---

[154] Hinderling/Steck, aaO, S. 468
[155] Bergmann/Ferid, Internationales Ehe- und Kindschaftsrecht, Schweiz, S. 74, Fn 131; Hinderling/Steck, aaO, S. 465; Hegnauer, aaO, S. 131
[156] Hinderling/Steck, aaO, S. 465
[157] Hinderling/Steck, aaO, S. 471
[158] Hinderling/Steck, aaO, S. 472
[159] Hinderling/Steck, aaO, S. 480
[160] Hegnauer, aaO, S. 132
[161] Bergmann/Ferid, aaO, S. 74, Fn 133

1. Abschnitt: Materielles Recht § 7

Da auch die gerichtliche Trennung das Eheband nicht auflöst, gelten bei beiden Trennungsformen die Vorschriften über die Unterhaltsansprüche zwischen Ehegatten gemäß Art. 163 ff ZGB weiter. Dabei kommen bei der Festsetzung des Unterhalts (Art. 173 I, II; 176 I Nr. 1 ZGB) im wesentlichen dieselben Grundsätze wie bei vorsorglichen Maßnahmen gemäß Art. 145 ZGB zur Anwendung.[162]

Jeder Ehegatte kann von dem anderen Auskunft über dessen Einkommen, Vermögen oder Schulden verlangen (Art. 170 ZGB). **152**

Abänderung. Die Erhöhung oder die Herabsetzung oder die Aufhebung des festgesetzten Unterhalts ist möglich bei wesentlichen Änderungen der maßgebenden Verhältnisse (Art. 179 I ZGB).[163] **153**

Gemäß Art. 177 ZGB kann der Richter die Schuldner des Unterhaltspflichtigen anweisen, unmittelbar an den unterhaltsberechtigten Ehegatten zu zahlen. **154**

Scheidung. Unterschieden wird zwischen **155**
– der Unterhaltsersatzrente (Schadensersatz) gemäß Art. 151 I ZGB,
– dem Genugtuungsanspruch (Schadensersatz) gemäß Art. 151 II ZGB und
– dem Entschädigungsanspruch gemäß Art. 152 ZGB (sog. Bedürftigkeitsrente).

Die **Unterhaltsersatzrente** (Art. 151 I ZGB) kann verlangt werden, wenn durch die Scheidung die Vermögensrechte oder Anwartschaften des schuldlosen Ehegatten beeinträchtigt werden. Zu solchen Vermögensrechten gehört auch der Unterhaltsanspruch gemäß Art. 163 ff ZPO.[164] Voraussetzung ist jedoch Schuldlosigkeit des klagenden Ehegatten, Verschulden des anderen und Kausalität zwischen dessen Verschulden an der Scheidung und dem Schaden.[165] Nicht Voraussetzung ist Bedürftigkeit.[166] **156**

Zur Ermittlung des „Schadens" und damit der Höhe des Unterhalts ist die wirtschaftliche Situation des Unterhaltsberechtigten bei Fortdauer der Ehe und nach Scheidung zu vergleichen; dabei sind auch die Vorteile durch die Scheidung zu berücksichtigen.[167] Ändert sich durch die Scheidung nichts (z. B. der schuldlose Ehegatte ist nach der Scheidung weiterhin erwerbstätig), gibt es keinen Ersatz gemäß § 151 I ZGB. Die vom Richter nach Ermessen (Art. 4 ZGB) zu treffende Entscheidung zur Höhe muß alle Umstände beachten, insbesondere Schwere des Verschuldens des Unterhaltspflichtigen, Dauer der Ehe, Alter und Gesundheitszustand der Ehegatten, Leistungsvermögen.[168] Ein Anspruch des unterhaltsberechtigten Ehegatten auf Aufrechterhaltung des ehelichen Lebensstandards besteht nicht.[169] **157**

Festgelegt wird der Schadensersatz in der Regel als Rente, bei einer Frau mit zu betreuenden Kindern aus der Ehe im allgemeinen bis zum 16. Lebensjahr des jüngsten Kindes (siehe unten).[170] **158**

Genugtuungsanspruch. Für ihn (Art. 151 II ZGB) gelten dieselben Grundvoraussetzungen wie für die Unterhaltsersatzrente (Schuldlosigkeit des einen, Verschulden des anderen Ehegatten, Kausalität). Notwendig ist jedoch eine schwere Verletzung der persönlichen Verhältnisse des schuldlosen Ehegatten, wobei eigenes schuldhaftes Verhalten des Anspruchsberechtigten an der tiefen Zerrüttung der Ehe der Verletzung die Schwere nehmen kann. **159**

Regelmäßig wird Genugtuung in Form einer Abfindung, ausnahmsweise einer Rente, geleistet, je nach richterlichem Ermessen.[171] **160**

Bedürftigkeitsrente. Sie (Art. 152 ZGB) ist in ihrer Konzeption Ausdruck nachwirkender ehelicher Solidarität. Voraussetzung ist große scheidungsbedingte Bedürftigkeit des Anspruchstellers und Leistungsfähigkeit des anderen Ehegatten, nicht aber dessen **161**

---

[162] Hinderling/Steck, aaO, S. 268
[163] Hinderling/Steck, aaO, S. 270
[164] Hinderling/Steck, aaO, S. 274
[165] Hinderling/Steck, aaO, S. 275
[166] Hinderling/Steck, aaO, S. 281
[167] Hinderling/Steck, aaO, S. 275
[168] Hinderling/Steck, aaO, S. 282
[169] Hinderling/Steck, aaO, S. 284
[170] Hinderling/Steck, aaO, S. 286
[171] Hinderling/Steck, aaO, S. 295

Verschulden (Unterschied zu Art. 151 ZGB!). Hingegen muß der Anspruchsteller schuldlos sein. Der Anspruch geht auf Deckung des Notbedarfs, auch darüber, etwa bis 20 % mehr.[172] Die Bedürftigkeit kann gemindert sein oder ganz entfallen, wenn eine Unterhaltsersatzrente oder eine „Genugtuung" nach Art. 151 ZGB zuerkannt sind. Die Bedürftigkeitsrente nach Art. 152 ZGB ist gegenüber der Unterhaltsersatzrente nach Art. 151 I ZGB subsidiär. Zu treffen ist eine Billigkeitsentscheidung schon dem Grunde nach, nicht nur der Höhe nach.[173]

162 **Verschulden.** Nach der neueren Rechtsprechung sind die Ansprüche nach Art. 151 und Art. 152 ZGB grundsätzlich ausgeschlossen bei eigenem Verschulden des Anspruchstellers. Leichtes Verschulden kann zu einer Herabsetzung führen (Billigkeitsfrage). Bei der Unterhaltsersatzrente nach Art. 151 I ZGB spielt schweres Verschulden immer eine Rolle, auch wenn es für die Zerrüttung der Ehe nicht kausal war, für die Bedürftigkeitsrente ist es nur bei Kausalität von Bedeutung.[174]

163 **Befristung.** Die Unterhaltsersatzrente und die Bedürftigkeitsrente wurden lange Zeit grundsätzlich unbefristet zuerkannt, jedenfalls dann, wenn Kinder aus der Ehe von der Mutter betreut wurden. Inzwischen läßt die Rechtsprechung auch in diesem Falle eine Befristung zu, etwa bis zum 16. Lebensjahr des jüngsten Kindes (grobe Faustregel).[175]

164 **Abänderung/Anpassung.** Nach Art. 153 ZGB ist eine Herabsetzung oder Aufhebung der Bedürftigkeitsrente möglich, nicht aber eine Erhöhung (anders beim Trennungsunterhalt!). Inzwischen läßt die Rechtsprechung unter bestimmten Voraussetzungen die Anpassung (Erhöhung) an den Index der Lebenshaltungskosten zu, wenn die Indexklausel im Urteil enthalten ist, in der Erwägung, daß es sich dabei in Wahrheit nicht um eine Erhöhung des inneren Wertes der Unterhaltsrente handle.[176] Die Unterhaltsersatzrente hielt man ursprünglich für unabänderlich. Neuerdings ist nach der Rechtsprechung eine Herabsetzung zulässig, wenn sich die Lage des Unterhaltspflichtigen wesentlich verschlechtert oder diejenige des Unterhaltsberechtigten wesentlich verbessert hat. Im Prinzip werden nunmehr die Unterhaltsersatzrente und die Bedürftigkeitsrente im wesentlichen gleichbehandelt.[177] Nach wie vor für ausgeschlossen gehalten wird eine nachträgliche Erhöhung der Unterhaltsersatzrente, etwa wenn sich die wirtschaftlichen Verhältnisse des Unterhaltsberechtigten verschlechtern,[178] von der Indizierung abgesehen (siehe oben).

165 **Hinweis:** Vorgesehen ist eine Änderung des Scheidungsrechts und der Scheidungsfolgen. Dazu gibt es seit Jahren einen sog. Vorentwurf (VE). Beabsichtigt ist eine verschuldensunabhängige Scheidung. Diskutiert wird u. a. die Einführung eines Anspruchs auf nachehelichen Unterhalt, wenn einem Ehegatten nicht zuzumuten ist, selbst für seinen Unterhalt aufzukommen.[179] Voraussichtlich wird noch geraume Zeit bis zur Rechtsänderung ins Land gehen.

Spanien

166 In Spanien sind die unterhaltsrechtlichen Beziehungen hauptsächlich im Codigo civil (Bürgerliches Gesetzbuch) geregelt. Der Codigo civil (C. c.) gilt zwar in ganz Spanien, in den sog. Autonomen Gemeinschaften Aragonien, Balearen, Baskenland, Galizien, Katalonien und Navarra jedoch nur subsidiär. Soweit ersichtlich bestehen jedoch auf dem Gebiet des einschlägigen Unterhaltsrechts keine wesentlichen Unterschiede, soweit überhaupt Sonderregelungen über den Unterhalt existieren.

---

[172] Hinderling/Steck, aaO, S. 298
[173] Hinderling/Steck, aaO, S. 297
[174] Hinderling/Steck, aaO, S. 312
[175] Hinderling/Steck, aaO, S. 285; Plate, FuR 1996, 50
[176] Hinderling/Steck, aaO, S. 380
[177] Hinderling/Steck, aaO, S. 348 ff; Plate, FuR 1996, 50
[178] Hinderling/Steck, aaO, S. 352 f; Plate, FuR 1996, 50; vgl. auch Hegnauer, FamRZ 1994, 729
[179] Hinderling/Steck, aaO, S. 388 ff; Plate, FuR 1996, 50; Bergmann/Ferid, aaO, S. 21 f

1. Kinderunterhalt

Gemäß Art. 110 C. c. und Art. 154 II Nr. 1 C. c. sind die Eltern verpflichtet, den minderjährigen Kindern Unterhalt zu leisten. Eheliche und nichteheliche Kinder sind gleichgestellt (Art. 108 II C. c.). Die Unterhaltspflicht setzt sich nach Eintritt der Volljährigkeit (Vollendung des 18. Lebensjahres, Art. 315 C. c.) fort bis zur (nicht schuldhaft verzögerten) Beendigung der Ausbildung (Art. 142 II C. c.). Zum Unterhalt gehört der Lebensbedarf, Wohnung, Bekleidung, ärztliche Betreuung, Erziehung und Ausbildung u. a. (Art. 142 I, II C. c.). Die Höhe richtet sich nach der Leistungsfähigkeit des Unterhaltspflichtigen und der Bedürftigkeit des Unterhaltsberechtigten (Art. 146 C. c.). Bei der Leistungsfähigkeit ist zu berücksichtigen der eigene Bedarf des Unterhaltspflichtigen und derjenige seiner Familie (Art. 152 Nr. 2 C. c.), bei der Bedürftigkeit die Möglichkeit des Unterhaltsberechtigten, einen Beruf oder ein Gewerbe auszuüben oder sein eigenes Vermögen einzusetzen (Art. 152 Nr. 3 C. c.). Beruht die Bedürftigkeit eines Abkömmlings auf „schlechter Führung" oder Arbeitsunlust, entfällt der Unterhalt für die Dauer dieses Zustands (Art. 152 Nr. 5 C. c.), ebenso bei Erbunwürdigkeit (Art. 152 Nr. 4 C. c.). 167

Der Unterhaltsanspruch kann zwar mit dem Eintritt der Bedürftigkeit verlangt werden. Bei Klage ist er aber erst ab Einreichung der Klage zu leisten (Art. 148 I C. c.), und zwar monatlich im voraus (Art. 148 II C. c.). Der Unterhaltspflichtige kann nach seiner Wahl den Unterhalt in Form einer Rente leisten oder dadurch, daß er den Unterhaltsberechtigten in sein Haus aufnimmt und dort unterhält (Art. 149 C. c.). Diese Wahlmöglichkeit entfällt, soweit sie einer gerichtlich festgelegten häuslichen Gemeinschaft widerspricht (Art. 149 II C. c.). 168

Der Unterhalt ist für die Zukunft unverzichtbar, nicht übertragbar und nicht aufrechenbar, anders jedoch die Rückstände (Art. 151 I, II C. c.). 169

Abänderung (Erhöhung, Ermäßigung, Wegfall) ist möglich, je nach Änderung der Bedürftigkeit oder der Leistungsfähigkeit (Art. 147 C. c.). 170

Eltern sind gleichrangig verpflichtet. Der Umfang ihrer Leistungspflicht richtet sich nach ihrer jeweiligen Leistungsfähigkeit (Art. 145 I i. V. m. Art. 91 und Art. 93 C. c.). 171

Ergeht ein Trennungs- oder Scheidungsurteil, legt der Richter von Amts wegen den Kindesunterhalt fest (Art. 93 C. c.). 172

2. Ehegattenunterhalt

Trennung. In Spanien ist die Trennung (Art. 81 C. c.) stark institutionalisiert ähnlich wie die Scheidung selbst (Art. 85 C. c.): Die Trennung wird gerichtlich durch Trennungsurteil ausgesprochen. Neben der vereinbarten Trennung (beide Ehegatten beantragen sie oder einer beantragt sie, der andere stimmt zu) gibt es diejenige auf einseitigen Antrag eines Ehegatten. Die tatsächliche Trennung ist insofern bedeutsam, als sie nach bestimmten Fristen (z. B. bei einvernehmlichem Scheidungsantrag oder zuvor gerichtlich ausgesprochener Trennung nach zwei Jahren, Art. 86 Nr. 3 C. c.) einen gesetzlichen Grund für die Scheidung schafft. Erst das Trennungsurteil bewirkt rechtlich die endgültige Aufhebung der ehelichen Lebensgemeinschaft (Art. 83 C. c.). Ist die Trennungsklage zugelassen, so können die Ehegatten – jetzt in jedem Falle rechtmäßig – getrennt leben (Art. 102 Nr. 1 C. c.). 173

In Spanien wird unterschieden zwischen Beitrag zu den Lasten der Ehe, dem eigentlichen Unterhalt und der „Rente" (Pension).[180]

Der Richter hat u. a. den Beitrag jedes Ehegatten zu den Lasten der Ehe gem. Art. 97 ff festzusetzen, worunter zum Teil auch der Unterhalt fällt. Der eigentliche Unterhalt richtet sich nach den Regeln über den Verwandtenunterhalt (Art. 153; Art. 142 ff; Art. 143 I Nr. 1 C. c.). Bei vereinbarter Trennung muß mit der Trennungsklage ein Vorschlag u. a. zum Unterhalt eingereicht werden (Art. 81 Nr. 1, Art. 90 I c, e C. c.). Der Vorschlag muß vom Richter gebilligt werden. Lehnt er ihn durch begründete Entscheidung ab, müssen 174

---

[180] Vgl. Kneip, FamRZ 1982, 445, 449

die Ehegatten einen neuen Vorschlag unterbreiten. Die Vereinbarung ist ab richterlicher Billigung ein Vollstreckungstitel (Art. 90 II C. c.) und bei wesentlicher Änderung der Verhältnisse abänderbar (Art. 90 III C. c.).

175 Kommt es zu keiner Vereinbarung (z. B. bei einseitiger Trennungsklage) oder billigt der Richter sie nicht, legt er von Amts wegen den Beitrag zu den Ehelasten und die Rente fest (Art. 91, Art. 97 C. c.). Voraussetzung für die Rente ist, daß einem Ehegatten durch die Trennung eine wirtschaftliche Verschlechterung seiner früheren Lage in der Ehe widerfährt. Dabei sind zu berücksichtigen u. a. Alter, Gesundheit, berufliche Qualifikation, Erwerbsmöglichkeiten, Zeitaufwand für die Familie in Vergangenheit und Zukunft, Dauer der Ehe und des ehelichen Zusammenlebens, Vermögen und sonstige Mittel beider Ehegatten (Art. 97 C. c.).

176 Die Rente kann durch Abfindung, durch Einräumung eines Nießbrauchs u. a. ersetzt werden (Art. 99 C. c.) und ist bei wesentlichen Veränderungen abänderbar (Art. 100 C. c.).

177 Bei Abweisung der Trennungsklage bleibt es bei der rein faktischen Trennung, für die es keine besondere gesetzliche Regelung gibt (Verwandtenunterhalt).

178 **Scheidung.** Die unterhaltsrechtlichen Wirkungen der Scheidungsklage und der Scheidung entsprechen derjenigen der Trennung (Art. 90 ff C. c., siehe oben).

Tschechien

1. Kinderunterhalt

179 Nach § 65 I des Familiengesetzbuches (FamG) sind die Eltern ihren Kindern so lange unterhaltspflichtig, wie diese selbst nicht fähig sind, sich zu unterhalten. Das Kind hat ein Recht auf den gleichen Lebensstandard wie die Eltern. Beide Eltern haben nach ihren Fähigkeiten, Möglichkeiten und Vermögensverhältnissen zum Unterhalt des Kindes beizutragen (§ 85 II FamG). Bei der Festsetzung der Barunterhaltspflicht ist zu berücksichtigen, welchem Elternteil in welchem Ausmaß die Personensorge obliegt (§ 85 III FamG).

180 Bei der Festsetzung des Unterhalts hat das Gericht die begründeten Bedürfnisse des Berechtigten und die Fähigkeiten, Möglichkeiten und Vermögensverhältnisse des Verpflichteten zu berücksichtigen. Dabei ist auch zu prüfen, ob der Verpflichtete eine bessere Beschäftigung, Verdienstmöglichkeit oder einen Vermögensvorteil ohne wichtigen Grund aufgegeben hat oder ob er Vermögensrisiken eingeht (§ 96 I FamG). Ein selbständiger Elternteil ist verpflichtet, dem Gericht seine Einkommensverhältnisse nachzuweisen und Unterlagen für die Feststellung seiner Vermögensverhältnisse vorzulegen (§ 85 a I FamG). Erfüllt er diese Pflicht nicht, wird angenommen, daß seine Einkünfte das 15fache des Existenzminimums[181] betragen. Lassen die Vermögensverhältnisse des unterhaltspflichtigen Elternteils dies zu, erstreckt sich der Unterhaltsbedarf auch auf die Bildung einer für die Ausbildung des Kindes zweckgebundenen Ersparnis (§ 85 a II FamG).

181 Hat das Kind eigenes Vermögen, sind die Erträge zunächst für den eigenen Unterhalt (§ 37 a II FamG) und erst dann in angemessener Weise für die Bedürfnisse der Familie zu verwenden (§§ 37 a II, 31 IV FamG). Kinder, die in der Lage sind, sich selbst zu unterhalten, schulden ihren Eltern bei Bedürftigkeit angemessenen Unterhalt und zwar anteilig nach den Fähigkeiten, Möglichkeiten und Vermögensverhältnissen anderer unterhaltspflichtiger Kinder (§ 87 I, II FamG).

182 Unterhaltsleistungen sind regelmäßig monatlich im voraus fällig (§ 97 I FamG). In besonderen Fällen kann das Gericht entscheiden, daß der Unterhaltspflichtige den für die Zukunft anfallenden Betrag in einer Summe zu hinterlegen hat. Leben die Eltern nicht zusammen, regelt das Gericht auch ohne Antrag (§ 50 FamG) den Umfang ihrer Unterhaltspflicht oder genehmigt ihre Vereinbarung über die Höhe der Unterhaltsleistungen

---

[181] § 3 II lit e d des Gesetzes Nr. 463/1991 Sb über das Lebensminimum; vgl. Bergmann/Ferid, aaO, Tschechische Republik, S. 27

1. Abschnitt: Materielles Recht § 7

(§ 86 I FamG). Gleiches gilt, wenn die Eltern zusammenleben, aber einer von ihnen seine Unterhaltspflicht nicht freiwillig erfüllt (§ 86 II FamG). Entscheidet das Gericht über die Unterbringung eines Kindes, regelt es zugleich den Umfang der Unterhaltspflicht der Eltern, sofern der Bedarf nicht durch Pflegesätze abgedeckt ist (§ 103 FamG). Vor einer Ehescheidung regelt das Gericht ebenfalls, in welcher Weise jeder Elternteil künftig zum Kindesunterhalt beizutragen hat (§ 26 I FamG). Unterhaltsleistungen für volljährige Kinder regelt das Gericht nur auf Antrag (§ 86 III FamG).

Leisten Dritte oder der Sozialhilfeträger für den Unterhaltspflichtigen, geht der Unterhaltsanspruch bis zur Höhe des gezahlten Betrages auf diese über (§ 101 FamG). Der Sozialhilfeträger ist berechtigt, aus einer zuvor ergangenen gerichtlichen Entscheidung vorzugehen (§ 102 FamG). Eine Aufrechnung ist gegenüber Unterhaltsforderungen minderjähriger Kinder ausgeschlossen und gegenüber solchen volljähriger Kinder nur im Wege einer Vereinbarung zulässig (§ 97 III FamG). Der Unterhaltsanspruch selbst verjährt nicht, wohl aber Ansprüche auf einzelne wiederkehrende Unterhaltsleistungen (§ 98 I, II FamG). Rückständiger Unterhalt minderjähriger Kinder kann für einen Zeitraum von längstens 3 Jahren vor Eingang der Klageschrift verlangt werden. Bei veränderten Verhältnissen kann das Gericht (bei minderjährigen Kindern auch ohne Antrag) eine Vereinbarung oder gerichtliche Entscheidung über den Unterhalt ändern. Wird der Unterhalt für eine abgelaufene Zeit herabgesetzt, sind verbrauchte Unterhaltsleistungen nicht zurückzuerstatten (§ 99 I, II FamG). 183

2. Ehegattenunterhalt

Trennung. Ehegatten sind während bestehender Ehe einander verpflichtet, zu der Befriedigung der familiären Bedürfnisse je nach ihren Fähigkeiten, Möglichkeiten und materiellen Verhältnissen beizutragen (§ 19 I FamG). Die Erwerbspflicht kann ganz oder teilweise durch Haushaltstätigkeit oder Kindererziehung aufgewogen werden (§ 19 II FamG). Erfüllt ein Ehegatte seine Pflicht zur Deckung der Haushaltskosten nicht, entscheidet darüber auf Antrag des anderen Ehegatten das Gezicht. 184

Nach § 91 I FamG schulden die Ehegatten einander Unterhalt. Erfüllt einer der Ehegatten diese Verpflichtung nicht, setzt das Gericht auf Antrag den Umfang fest, wobei es auch die Sorge für den gemeinsamen Haushalt berücksichtigt. Der Umfang der Unterhaltspflicht „wird so festgesetzt, daß das materielle und kulturelle Niveau beider Ehegatten gleich ist" (§ 91 II FamG), entspricht also dem Halbteilungsgrundsatz. Diese Unterhaltspflicht des Ehegatten geht einer Unterhaltspflicht vermögender oder leistungsfähiger Kinder vor (§ 91 III FamG). 185

Bei der Festsetzung des Unterhalts hat das Gericht die begründeten Bedürfnisse des Berechtigten und die Fähigkeiten, Möglichkeiten und Vermögensverhältnisse des Verpflichteten zu berücksichtigen. Dabei ist auch zu prüfen, ob der Verpflichtete eine bessere Beschäftigung, Verdienstmöglichkeit oder einen Vermögensvorteil ohne Grund aufgegeben hat oder ob er Vermögensrisiken eingeht (§ 96 I FamG). Unterhalt kann nicht zuerkannt werden, wenn dies den guten Sitten widersprechen würde (§ 96 II FamG). Unterhaltsleistungen sind in wiederkehrenden Beträgen monatlich im voraus fällig (§ 97 I FamG). 186

Leisten Dritte oder der Sozialhilfeträger für den Unterhaltspflichtigen, geht der Unterhaltsanspruch bis zur Höhe des gezahlten Betrages auf diese über (§ 101 FamG). Der Sozialhilfeträger ist berechtigt, aus einer zuvor ergangenen gerichtlichen Entscheidung vorzugehen (§ 102 FamG). Gegenüber der Unterhaltsforderung ist eine Aufrechnung nur im Wege einer Vereinbarung zulässig (§ 97 III FamG). Der Unterhaltsanspruch selbst verjährt nicht, wohl aber Ansprüche auf einzelne wiederkehrende Unterhaltsleistungen (§ 98 I, II FamG). Für die Vergangenheit kann Unterhalt nur ab dem Eingang der Klageschrift zuerkannt werden (§ 98 I S. 2 FamG). Bei veränderten Verhältnissen kann das Gericht auf Antrag eine Vereinbarung oder gerichtliche Entscheidung über den Unterhalt ändern. Wird der Unterhalt für eine abgelaufene Zeit herabgesetzt, sind verbrauchte Unterhaltsleistungen nicht zurückzuerstatten (§ 99 I, II FamG). 187

188 **Scheidung** Ein geschiedener Ehegatte, der nicht fähig ist, sich selbst zu unterhalten, kann von dem ehemaligen Ehegatten verlangen, daß dieser nach seinen Fähigkeiten, Möglichkeiten und Vermögensverhältnissen zu seinem angemessenen Unterhalt beiträgt. Einigen sie sich nicht, so entscheidet auf Antrag das Gericht über den Unterhaltsanspruch (§ 92 I FamG). War ein Ehegatte an der Zerrüttung der Ehe überwiegend nicht beteiligt und ist ihm durch die Scheidung ein erheblicher Schaden entstanden, so kann ihm das Gericht auch einen Unterhaltsanspruch in der zwischen Ehegatten üblichen Höhe (§ 91 II FamG) zuerkennen (§ 93 I FamG). Dieser – höhere – Unterhaltsanspruch besteht allerdings maximal für die Dauer von 3 Jahren ab Rechtskraft der Ehescheidung (§ 93 II FamG). Der Unterhaltsanspruch erlischt, wenn der Berechtigte eine neue Ehe eingeht oder der Pflichtige stirbt (§ 94 I FamG). Er erlischt ebenfalls, wenn eine schriftlich vereinbarte einmalige Zahlung ausgezahlt wird (§ 94 II FamG). Im übrigen gelten für die Festsetzung des Unterhalts die gleichen Vorschriften wie beim Trennungsunterhalt (§§ 96 bis 102 FamG).

189 Der nicht mit der Kindesmutter verheiratete Kindesvater schuldet ihr für die Dauer von 2 Jahren Unterhalt und hat die mit der Schwangerschaft und der Entbindung verbundenen Kosten zu ersetzen (§ 95 I FamG). Auf Antrag der schwangeren Frau kann das Gericht „demjenigen, dessen Vaterschaft wahrscheinlich ist", auferlegen, den zur Sicherung der Ansprüche der Kindesmutter und des Kindesunterhalts für die Zeit des Mutterschaftsurlaubs[182] erforderlichen Betrag im vorhinein zu leisten (§ 95 II FamG). Der Anspruch auf Erstattung der durch die Schwangerschaft und Entbindung entstandenen Auslagen verjährt in 3 Jahren ab der Entbindung (§ 95 III FamG).

Türkei

190 Das materielle türkische Zivilrecht (im folgenden nur ZGB) ist weitgehend vom schweizerischen Recht (ZGB) übernommen. Beide sind jedoch aufgrund eigener Rechtsentwicklung nicht mehr völlig identisch. Bei der „Lückenfüllung" des türkischen Rechts durch Anwendung des schweizerischen Rechts ist deshalb Vorsicht geboten.[183]

1. Kinderunterhalt

191 Gemäß Art. 261 I, 264 III, 265 und 152 II ZGB tragen die Eltern, vornehmlich der Vater, die Kosten für den Unterhalt und die Erziehung ihrer Kinder, jedenfalls bis zum Eintritt der Volljährigkeit (Vollendung des 18. Lebensjahres, Art. 11 ZGB), wenn das Kind bis dahin nicht wirtschaftlich selbständig ist. Zusätzlich wird in Art. 315 ZGB allgemein eine Unterstützungspflicht eines jeden Verwandten auf- und absteigender Linie, also auch der Eltern gegenüber ihren Kindern, festgelegt, dort allerdings nur für den Fall der Not (sog. Notunterhalt). Dieser ist gegenüber dem eigentlichen Unterhaltsanspruch nachrangig.

Im Falle der Scheidung der Eltern oder ihrer Trennung von Tisch und Bett ist der nicht sorgeberechtigte Elternteil nach seinen Fähigkeiten zu Kinderunterhalt verpflichtet (Art. 148 II ZGB). Der sorgeberechtigte Elternteil ist selbst und nicht nur in Prozeßstandschaft zum Empfang des Unterhaltsbeitrags berechtigt.[184]

192 Der Umfang des Unterhalts richtet sich nach der Leistungsfähigkeit des Pflichtigen, diese wiederum nach seinen Einkünften und seinem Vermögen, etwaigen weiteren Unterhaltspflichten, z. B. gegenüber Ehegatte und weiteren Kindern. Von Bedeutung ist auch die Bedürftigkeit des Kindes (Einkommen und Vermögen) und die Verhältnisse in seinem Aufenthaltsstaat. In der Türkei gibt es keine sog. Tabellen, der Unterhalt wird nach freiem Ermessen festgesetzt.[185] Lebt das Kind in der Türkei, läßt sich der Unterhaltsbedarf nicht ohne Berücksichtigung der dortigen Lebensverhältnisse beurteilen. Die Rechtspre-

---

[182] §§ 157 I, 158 des ArbeitsGB
[183] Vgl. Rumpf, IPRax 1983, 114; Bergmann/Ferid, aaO, Türkei, S. 19, Fn 2
[184] OLG Stuttgart, OLG-Report 1998, 313 = FamRZ 1999, 312
[185] Vgl. OLG Celle, FamRZ 1991, 598, 599 f

chung geht von dem sich aus der Düsseldorfer Tabelle ergebenden Bedarf aus und vermindert diesen z. T. entspr. den Vergleichswerten zur Feststellung der Verbrauchergeldparität.[186] Z. T. wird auch eine Quote des sich aus der Düsseldorfer Tabelle ergebenden Bedarfs ermittelt, wobei entspr. der steuerlichen Behandlung von Unterhaltsleistungen an Angehörige im Ausland derzeit ein Abschlag von einem Drittel vorgenommen wird.[187] Er muß sich aber orientieren an der Lebensstellung der Eltern. Beim Ausbildungsunterhalt wird von der Rechtsprechung eine Altersgrenze von 25 Jahren angenommen.[188] Ob ein solcher überhaupt verlangt werden kann, ist umstritten. In jedem Fall hat jedoch ein Kind für die Dauer der notwendigen Ausbildung für einen Beruf (z. B. Studium) einen Anspruch auf Notunterhalt (der z. B. bei anschließender unverschuldeter Erwerbslosigkeit fortdauern kann).

Den Eltern steht ein Wahlrecht zu, in welcher Form sie Unterhalt leisten.[189] Dem Bedürftigen selbst steht ein Wahlrecht nicht zu. In der Regel wird einem getrennt vom Unterhaltspflichtigen lebenden Kind eine Unterhaltsrente gezahlt (oder Bedürftigkeitsrente). Im Streitfall entscheidet bei beiden Unterhaltsarten über Höhe sowie Art und Weise der Erfüllung der Richter nach Ermessen. **193**

Für den Kindesunterhalt sieht das türkische Recht eine Abänderung nicht ausdrücklich vor (vgl. Art. 315, 316 ZGB), wird aber jedenfalls von der deutschen Rechtsprechung angenommen.[190] **194**

2. Ehegattenunterhalt

Trennung. Das materielle Unterhaltsrecht während bestehender Ehe ist im wesentlichen in Art. 151 III, Art. 152 II und Art. 153 III ZGB, bei Gütertrennung i. V. mit Art. 190 ZGB, geregelt.[191] Nach Art. 152 II sorgt der Ehemann, solange die Ehe noch nicht aufgelöst ist, in angemessener Weise für den Unterhalt der Ehefrau. Zu dieser Unterhaltspflicht gehört die Gewährung von Wohnung, Nahrung, Kleidung, Bezahlung der Arztkosten, eines Taschengeldes u. a. Dies alles gilt auch im Falle des Getrenntlebens.[192] Voraussetzung ist, daß die Eheleute berechtigt getrennt leben.[193] Gemäß Art. 162 III ZGB regelt der Richter bei „gerechtfertigter" Aufhebung der ehelichen Lebensgemeinschaft auf Verlangen den Unterhaltsbeitrag. Wann berechtigtes Getrenntleben (Art. 162 I ZGB) angenommen werden kann, ist umstritten, ferner, ob eine richterliche Erlaubnis zum Getrenntleben notwendig ist. In der Literatur wird eine richterliche Erlaubnis nicht für nötig gehalten.[194] Die deutsche Rechtsprechung orientiert sich weitgehend an Tekinalp.[195] Berechtigtes Getrenntleben wird angenommen bei ernstlichen Bedrohungen der Gesundheit, des Rufs oder des beruflichen Fortkommens des trennungswilligen Ehegatten durch das Zusammenleben, bei der Frau auch durch Verstoßung oder Verlassenwerden vom Ehemann oder Einreichung der Klage auf Trennung oder Scheidung (Art. 162 II ZGB).[196] **195**

Nach Art. 161 II, 151 ff ZGB trifft der Richter im Falle des faktischen Getrenntlebens die notwendigen Maßnahmen, wenn die Aufforderung an den Ehemann zur Erfüllung seiner Pflichten erfolglos bleibt oder von vornherein aussichtslos ist. Zu diesen Maßnahmen gehört auch die Zuerkennung von Unterhalt.[197]

---

[186] OLG Hamm, FamRZ 1989, 1084; vgl. Gutdeutsch/Zieroth, FamRZ 1993, 1152
[187] OLG Celle, FamRZ 1993, 103; OLG Zweibrücken, FamRZ 1999, 33
[188] Bericht über das 3. Regensburger Symposion für Europ. Familienrecht, FamRZ 1996, 1529
[189] Wie vorstehende Fn und OLG Zweibrücken, FamRZ 1999, 33
[190] Vgl. KG, FamRZ 1993, 976 = NJW-RR 1994, 138
[191] Vgl. Rumpf, IPRax 1983, 114; OLG Karlsruhe, NJW-RR 1991, 643 = FamRZ 1990, 1351; Bergmann/Ferid aaO, S. 30, Fn 24
[192] Vgl. Rumpf, aaO
[193] Tekinalp, IPRax 1985, 333
[194] Vgl. Tekinalp, aaO; a. A. türkischer Kassationshof, zitiert bei Tekinalp, aaO
[195] Vgl. OLG Karlsruhe, FamRZ 1990, 1351 = NJW-RR 1991, 643; OLG Hamm, FamRZ 1993, 69 = NJW-RR 1993, 1155
[196] Vgl. OLG Frankfurt, FamRZ 1990, 747
[197] Tekinalp, aaO

196 Bei einverständlichem Getrenntleben kann ein Unterhaltstitel nur geschaffen werden, wenn die Trennungsvoraussetzungen gem. Art. 162 III ZGB vorliegen.[198] Die Höhe des Trennungsunterhaltsbedarfs einer in die Türkei zurückgekehrten Ehefrau schätzt das OLG Düsseldorf[199] auf die Hälfte des Existenzminimums nach der Düsseldorfer Tabelle, falls kein höherer Bedarf nach den ehelichen Lebensverhältnissen ersichtlich ist.

Auch der Mann hat gegenüber der Ehefrau grundsätzlich einen Trennungsunterhaltsanspruch.[200]

197 **Scheidung.** Im Falle der Scheidung kann der schuldlose oder nicht überwiegend schuldige bedürftige Ehegatte auf unbegrenzte Dauer vom anderen Unterhalt verlangen (Art. 144 I ZGB).[201] Auf das Verschulden des Unterhaltspflichtigen kommt es nicht an (Art. 144 II ZGB). Dabei handelt es sich nicht um einen reinen Notunterhaltsanspruch,[202] er kommt jedoch erst in Betracht, wenn der materielle Schadensersatz (Art. 143 I ZGB) nicht ausreicht und der geschiedene Ehepartner in eine Notlage gerät. Verschulden des Unterhaltspflichtigen ist nicht Voraussetzung, jedoch Kausalität zwischen Scheidung und Bedürftigkeit.[203] Das Maß orientiert sich zwar nicht an den „ehelichen Lebensverhältnissen" wie im deutschen Recht, jedoch richtet sich die Höhe nach der Leistungsfähigkeit des Verpflichteten (Art. 144 I ZGB)[204] und den Bedürfnissen des Berechtigten. Dabei spielen die Dauer der Ehe, das Alter und die Gesundheit, die berufliche Ausbildung, die soziale Stellung, die Chancen auf dem Arbeitsmarkt, Kinderbetreuung, Vermögen u. a. eine Rolle (Billigkeit, soziale Gesichtspunkte).[205] Das OLG Hamm[206] hingegen geht von den ehelichen Lebensverhältnissen aus und errechnet nach deutschen Regeln ($3/7$) den Bedarf. Ähnlich operiert das OLG Köln.[207] Ferner meint das OLG Köln, türkische Gerichte pflegten der Ehefrau ca. $1/5$ bis $1/6$ des Einkommens des Ehegatten als Unterhalt zuzusprechen.[208] Der 12. Zivilsenat des OLG Hamm meint hingegen, der Unterhaltspflichtige habe nur das Existenzminimum („Mindestbedarf") des Berechtigten abzudecken; dies ergebe sich nach türkischem Rechtsverständnis aus der Fassung in Art. 144 ZGB „seinen Vermögensverhältnissen entsprechenden Beitrag".[209] Das OLG Hamm[210] zieht bei Anwendung des Art. 144 ZGB auch den Gesichtspunkt des Art. 18 VII EGBGB heran und berücksichtigt deswegen die Verhältnisse in Deutschland mit (Lebensmittelpunkt des Unterhaltsberechtigten).

198 Die Leistungsform ist Abfindung oder Rente (Art. 145 I ZGB). Erhöhung, Ermäßigung oder Wegfall der Rente sind möglich (Art. 145 III, IV ZGB).

199 Nach türkischem Recht ist auch ein Unterhaltsanspruch des bedürftigen Mannes gegen die Ehefrau möglich. Dieses setzt jedoch voraus, daß die Ehefrau „wohlhabend" ist (Art. 144 I Satz 2 ZGB). „Wohlhabend" ist mehr als Leistungsfähigkeit.[211]

---

198 Rumpf, Türkei, Beck'sche Reihe, S. 56
199 FamRZ 1995, 37 = NJW-RR 1995, 903
200 Vgl. OLG Karlsruhe, FamRZ 1990, 1351 = NJW-RR 1991, 643
201 Vgl. Ansay/Krüger, StAZ 1988, 252
202 Vgl. OLG Stuttgart, FamRZ 1993, 975 = NJW-RR 1994, 135; OLG Köln, FamRZ 1992, 948; Staudinger/v. Bar, BGB 13. Auflage, Anh. I zu Art. 18 EGBGB Rn 260; a. A. OLG Saarbrücken, FamRZ 1994, 579 und KG FamRZ 1993, 976 = NJW-RR 1994, 138; Jayme, IPRax 1989, 330; OLG Hamm, FamRZ 1995, 881 = NJW-RR 1995, 521; zum Streitstand vgl. OLG Köln, FamRZ 1997, 1087
203 Öztan, FamRZ 1994, 1574
204 Nach OLG Köln, NJW-RR 1998, 1540 = FuR 1998, 411 muß sich der unterhaltspflichtige Ehegatte auch fiktive Einkünfte anrechnen lassen, wenn er seine Arbeitskraft nicht ausschöpft
205 Öztan, FamRZ 1994, 1574; andererseits soll nach OLG Stuttgart in NJW-RR 1994, 135 die Verpflichtung des Ehemannes zur Zahlung von nachehelichem Unterhalt bei der Entscheidung über den Entschädigungsanspruch der Ehefrau (Art. 143 I ZGB) zu berücksichtigen sein
206 FamRZ 1994, 582 = NJW-RR 1994, 136
207 FamRZ 1992, 948, „freies Ermessen"
208 IPRax 1989, 53
209 NJW-RR 1995, 521 = FamRZ 1995, 881; eine nähere Begründung fehlt allerdings; zur Problematik des „Sprachrisikos" bei der Anerkennung und Vollstreckung deutscher Unterhaltsentscheidungen in der Türkei vgl. Kiliç, IPRax 1994, 477
210 FamRZ 1993, 75
211 Vgl. Ansay/Krüger, StAZ 1988, 252: Millionärin/verarmter Künstler

1. Abschnitt: Materielles Recht § 7

Das OLG Karlsruhe[212] hält einen nach türkischem Recht wirksamen **Unterhaltsverzicht** für unwirksam, solange der Berechtigte in Deutschland seinen gewöhnlichen Aufenthalt hat (wegen Art. 18 EGBGB und dem HUÜ 73). 200

Eine **Prozeßkostenvorschußpflicht** gibt es nach türkischem Gesetzesrecht nicht ausdrücklich, wird aber von der Rechtsprechung und der Literatur aus der Sorge- und Beistandspflicht hergeleitet (Art. 151 III ZGB).[213] 201

Einen **Auskunftsanspruch** kennt das türkische Recht nicht, weil dort Untersuchungsmaxime herrscht. Durchweg wird jedoch von der deutschen Rechtsprechung bei Unterhaltsstreitigkeiten in Deutschland ein Auskunftsanspruch angenommen.[214] 202

Lange Zeit war umstritten, ob der Unterhaltsanspruch gemäß Art. 144 ZGB im Scheidungsverfahren geltend gemacht werden muß oder nicht. Inzwischen ist durch eine Plenar-Entscheidung des türkischen Kassationsgerichtshofs geklärt worden, daß dieser Anspruch auch noch nach Abschluß des Scheidungsverfahrens vor Gericht anhängig gemacht werden kann.[215] Voraussetzung ist jedoch, daß die Bedürftigkeit bereits im Zeitpunkt der Scheidung gegeben war.[216] 203

Abänderung. Für den Ehegattenunterhalt nach Scheidung ergibt sich eine Abänderungsmöglichkeit wegen veränderter Umstände aus Art. 145 III, IV ZGB.[217] Fällt der Grund für die Rente weg, vermindert sich sein Gewicht oder nimmt die finanzielle Leistungsfähigkeit des Unterhaltspflichtigen erheblich ab, kann die Rente herabgesetzt oder aufgehoben, bei gegenläufiger Entwicklung nach Billigkeit auch erhöht werden. 204

Durch Wiederverheiratung entfällt ein Unterhaltsanspruch gegen den geschiedenen Ehepartner. Dasselbe gilt bei Aufnahme einer Lebensgemeinschaft im Inland ohne Ziviltrauung (Art. 145 III ZGB),[218] Wegfall der Bedürftigkeit, unehrenhaftem Lebenswandel oder Tod eines Ehegatten außer bei abweichender Vereinbarung. 205

Entschädigungs-/Genugtuungsansprüche. Neben dem Bedürftigkeitsunterhaltsanspruch gemäß Art. 144 ZGB ist im türkischen Recht ein Anspruch auf angemessenen Ersatz des materiellen Schadens gemäß Art. 143 I ZGB (Entschädigungsanspruch) und ein weiterer auf Ersatz des immateriellen Schadens gemäß Art. 143 II ZGB (Genugtuungsanspruch) vorgesehen. Der Entschädigungsanspruch kann als Rente, der zweite nur in einer Geldsumme (also keine Rente) zuerkannt werden (Art. 145 II ZGB). 206

Voraussetzungen für den Entschädigungsanspruch nach Art. 143 I ZGB sind **Schuldlosigkeit** des Antragstellers an der Scheidung und **Schädigung** seines Vermögens (Anwartschaften) durch die Scheidung. Schaden ist der Verlust des ehelichen Unterhaltsanspruchs. 207

Der Genugtuungsanspruch des Art. 143 II ZGB (kein eigentlicher Unterhaltsanspruch) richtet sich nach billigem Ermessen. Einzubeziehen sind sämtliche Umstände, die zur Scheidung geführt haben, Art und Ausmaß der Verletzung der persönlichen Interessen des anderen Ehegatten, der Grad des Verschuldens, die Dauer der Ehe, das Alter und die sozialen und wirtschaftlichen Verhältnisse der Ehegatten.[219] Auch der Genugtuungsanspruch kann nach der Scheidung selbständig geltend gemacht werden.[220] 208

Für die Abänderung des Entschädigungsanspruchs gilt dasselbe wie zum Unterhaltsanspruch (s. Rn 204). 209

Das OLG Stuttgart[221] ordnet (wohl) den Genugtuungsanspruch aus Art. 143 II ZGB international-privatrechtlich nach Art. 14, 17 EGBGB, den Entschädigungsanspruch aus

---

212 FamRZ 1992, 316
213 Vgl. Rumpf, IPRax 1983, 114
214 Z. B. OLG Hamm, FamRZ 1993, 69 = NJW-RR 1993, 1155
215 Öztan, FamRZ 1994, 1574; vgl. OLG Hamm, FamRZ 1994, 582 mit Anmerkung von Henrich = NJW-RR 1994, 136; OLG Saarbrücken, FamRZ 1994, 579; zweifelnd noch OLG Hamm, FamRZ 1994, 580; OLG Köln, FamRZ 1999, 1540
216 Vgl. Henrich, aaO
217 Vgl. OLG Hamm, FamRZ 1995, 882 = NJW-RR 1995, 456
218 Vgl. OLG Hamm, FamRZ 1995, 882 = NJW-RR 1995, 456
219 Vgl. OLG Frankfurt, FamRZ 1992, 1182
220 Vgl. OLG Hamm, FamRZ 1994, 580; Öztan, FamRZ 1994, 1574
221 FamRZ 1993, 974 und 1993, 975

Art. 143 I ZGB nach Art. 18 EGBGB (wegen des vor allem unterhaltsrechtlichen Charakters zutreffend) ein. Das OLG Frankfurt[222] wendet zum Genugtuungsanspruch ebenfalls Art. 17 I, Art. 14 I Nr. 1 EGBGB an (zutreffend, weil der immaterielle Genugtuungsanspruch mit Unterhalt nichts zu tun hat).

Ungarn

1. Kinderunterhalt

210 Er richtet sich für die minderjährigen Kinder nach § 69 A–E FamG, ergänzend nach den Regelungen über den Verwandtenunterhalt (§§ 60 ff FamG).[223] Zum Unterhalt gehört alles Nötige, auch die Kosten für Erziehung und Ausbildung (§ 65 FamG). Minderjährig ist ein Kind bis zur Vollendung des 18. Lebensjahres (§ 12 II ZGB). Jedoch wird bereits von einem 16jährigen Kind in der Regel erwartet, daß es einer Beschäftigung nachgeht, falls es nicht in Ausbildung steht.[224] Eltern müssen alles mit den minderjährigen Kindern teilen, es sei denn, das Kind hat selbst genügend Einkünfte aus Vermögen (§ 69 A Abs. 1 FamG). Leben die Eltern getrennt, leistet der betreuende Elternteil Unterhalt in Natur, der andere zahlt eine monatliche Geldrente (§ 69 A II FamG). Sorgt der betreuende Elternteil nicht für den Unterhalt, muß auch er Leistung in Geld erbringen (§ 69 D I FamG). Der Kindesunterhalt geht dem Ehegatten- und dem Verwandtenunterhalt im Rang vor (§ 64 I, II FamG); das Gericht kann aber auf Antrag in einem begründeten Fall eine abweichende Rangfolge festsetzen (§ 69 C III FamG).

211 Die Höhe des Unterhalts richtet sich nach den wirtschaftlichen Verhältnissen der Eltern, den Bedürfnissen des Kindes unter Berücksichtigung seines eigenen Einkommens (§ 69 C I FamG). Im Regelfall werden pro Kind etwa 15 % des monatlichen Durchschnittsverdienstes des Unterhaltspflichtigen angesetzt, jedoch nicht mehr als insgesamt die Hälfte seines Einkommens (§ 69 C I, II FamG). Der Unterhalt kann in einem bestimmten Betrag oder prozentual von einem bestimmten Verdienst festgesetzt werden (§ 69 C III FamG). Die untere Grenze für den Unterhaltspflichtigen ist grundsätzlich die Gefährdung des eigenen notwendigen Unterhalts (§ 66 I FamG).

212 Für die Vergangenheit kann grundsätzlich nur für 6 Monate Unterhalt geltend gemacht werden, ist ein Unterhaltsberechtigter schuldlos säumig auch für einen längeren Zeitraum (§ 68 I, II FamG). Im Interesse des Minderjährigen sind auch die Vormundschaftsbehörde und der Staatsanwalt befugt, Klage auf Unterhalt zu erheben (§ 67 I FamG).

213 Abänderung ist möglich bei wesentlicher Änderung der zugrundeliegenden Verhältnisse, eine Erhöhung auch dann, wenn bei einer abzuändernden Vereinbarung der Unterhalt erheblich unter dem, was nach dem Gesetz verlangt hätte werden können, festgelegt worden ist (§ 69 I, II FamG).

214 Ein volljähriges Kind kann Unterhalt verlangen, wenn es infolge Studiums bedürftig ist (§ 60 II FamG).

215 Die Bestimmungen über den Verwandtenunterhalt haben auch erhebliche Bedeutung für den Unterhalt der Eltern. Ein Wegfall des Unterhaltsanspruchs wegen Unwürdigkeit ist insoweit nach dem Gesetz (§ 60 IV FamG) als auch nach ständiger Rechtsprechung nur in ganz besonderen Ausnahmefällen möglich.[225]

2. Ehegattenunterhalt

216 **Trennung.** Ein Ehegatte muß dem anderen Unterhalt leisten, wenn der andere ohne eigenes Verschulden bedürftig ist, der Unterhalt nicht den eigenen und den eines gleich-

---

[222] FamRZ 1992, 1182
[223] Bergmann/Ferid, aaO, Ungarn, S. 24 f
[224] Rupp, Das Unterhaltsrecht in Ungarn, in: Das Unterhaltsrecht in Osteuropa, S. 304
[225] Bergmann/Ferid, aaO, S. 25

rangigen Unterhaltsberechtigten gefährdet und der andere Ehegatte nicht unterhaltsunwürdig ist. Heranzuziehen ist zunächst das gemeinsame Vermögen, dann das Sondergut des Unterhaltspflichtigen (§ 32 III FamG; in Ungarn ist gesetzlicher Güterstand die Gütergemeinschaft mit gemeinsamem Vermögen und Sondergut, § 27 I FamG. Die Unterhaltsregelung gilt jedoch im Prinzip auch, wenn keine Gütergemeinschaft besteht).

Scheidung. Voraussetzung für nachehelichen Unterhalt ist, daß der Ehegatte ohne eigenes Verschulden bedürftig geworden ist, z. B. durch Krankheit oder Alter. Die Dauer der Ehe spielt keine Rolle.[226] Eine Grenze findet der Unterhaltsanspruch an der Gefährdung des eigenen Unterhalts des Unterhaltspflichtigen und derjenigen Personen, denen er gleichrangig zu Unterhalt verpflichtet ist (§ 21 I FamG). Der Unterhalt wird jeweils für den Einzelfall festgelegt, Tabellen- oder Pauschalsätze gibt es nicht.[227] Abzudecken ist das Nötige für die Lebensführung. Zu zahlen ist eine monatliche Geldrente. Sie kann zeitlich begrenzt werden (§ 21 II FamG) und endet im Falle der Wiederverheiratung (§ 22 II FamG) oder bei nachträglicher Unwürdigkeit oder bei Wegfall der Bedürftigkeit. Tritt die Bedürftigkeit neu auf, lebt auch der Unterhaltsanspruch wieder auf. Tritt die Unterhaltsbedürftigkeit erst fünf Jahre nach der Scheidung auf, besteht ein Unterhaltsanspruch jedoch nur ganz ausnahmsweise (besondere Billigkeitsgründe, § 22 III FamG).[228]

217

Abänderung ist möglich (§ 22 I FamG), wenn in den der Vereinbarung oder dem Urteil zugrundeliegenden Umständen eine wesentliche Änderung eingetreten ist.

218

Vereinigte Staaten von Nordamerika (USA)

In den USA fällt das Unterhaltsrecht in die Zuständigkeit der 50 Einzelstaaten und weiterer Territorien. Diese verfügen jedoch nicht alle über vollständige und einheitliche Regelungen. Es gibt jedoch Leitgesetze (uniform acts), die aber nicht alle in sämtlichen Staaten und Territorien eingeführt oder voll anerkannt sind. Soweit sie nachfolgend dargestellt sind, gilt dies mit dieser Einschränkung. Die wichtigsten und einschlägigen Leitgesetze sind das Heirats- und Scheidungsgesetz (uniform marriage and divorce act, UMDA[229]), das Gesetz über die bürgerlich-rechtliche Unterhaltspflicht (uniform civil liability for support act), das Gesetz über den zwischenstaatlichen (US-internen) Familienunterhalt (uniform interstate family support act, UIFSA), für nichteheliche Kinder das Elterngesetz (uniform parentage act, UPA). Für die Durchsetzung wichtig ist das revidierte Gesetz über die gegenseitige Vollstreckung von Unterhalt (uniform reciprocal enforcement of support act 1968 revised act, URESA). Das UIFSA enthält hauptsächlich – neben Begriffsbestimmungen – Regelungen zur Zuständigkeit sowie zum Verfahren und zur Vollstreckung. Es hat ergänzenden Charakter (§ 103), ist aber im Vordringen begriffen gegenüber dem URESA.[230] Nach einem Bericht des Deutschen Instituts für Vormundschaftswesen (DIV) werden die amerikanischen Unterhaltsfälle in der Regel noch nach dem URESA abgewickelt.[231]

219

1. Kinderunterhalt

Nach dem Gesetz über die bürgerlich-rechtliche Unterhaltspflicht hat jeder Mann (§ 2) und jede Frau (§ 3) seinem/ihrem Kind Unterhalt zu leisten, unabhängig davon,

220

---

[226] Rupp, aaO, S. 319; Bergmann/Ferid, aaO, S. 18 f
[227] Rupp, aaO, S. 319
[228] Rupp, aaO, S. 320
[229] Vgl. Krause, FamRZ 1998, 1406, 1407 ff
[230] Reimann, Einführung in das US-amerikanische Privatrecht, 1997, S. 176
[231] DAVorm 1996, 595. Zu den Entwicklungstendenzen mit dem Ziel einer zwischenstaatlichen Angleichung des Kindesunterhalts und dessen Vereinfachung der Vollstreckung vgl. Battes/Korenke, FuR 1995, 194

wer die elterliche Sorge ausübt.²³² Das gilt sowohl für eheliche als auch für Kinder, die nicht aus einer Ehe hervorgegangen sind. Die Eltern sind im Verhältnis ihrer Mittel zum Kindesunterhalt verpflichtet, wobei die Mittel des Kindes nur dann heranzuziehen sind, wenn die Eltern nicht leistungsfähig sind.²³³ Bei Trennung oder Scheidung kann das Gericht nach § 309 UMDA den Unterhalt festsetzen gegen einen unterhaltspflichtigen Elternteil, wobei zu berücksichtigen sind
– die verfügbaren Mittel des Kindes,
– die verfügbaren Mittel des Inhabers des Sorgerechts,
– der Lebensstandard, der für das Kind gegolten hätte, wenn die Ehe nicht aufgelöst worden wäre,
– die körperliche und seelische Lage des Kindes,
– sein Erziehungsbedarf,
– die finanziellen Mittel und der Bedarf des nichtsorgeberechtigten Elternteils.²³⁴

221 Dazu gibt es gesetzliche Richtlinien, die jedoch in den Einzelstaaten verschieden sind.²³⁵ Die Unterhaltspflicht gegenüber einem Kind endet grundsätzlich mit Eintritt von dessen Volljährigkeit, § 316c UMDA, das ist in den meisten Staaten mit 18 Jahren. Die Tendenz der US-Gerichte geht jedoch dahin, die Unterhaltspflicht über das 18. Lebensjahr hinaus auszudehnen im Falle einer Ausbildung, insbesondere eines Studiums.²³⁶

222 Die **Abänderung** einer gerichtlichen Unterhaltsfestsetzung ist nur bei schwerwiegenden und andauernden Änderungen der Umstände und nur für die Zukunft möglich, wenn dadurch die ursprüngliche Unterhaltsfestsetzung „unvernünftig" (unconscionable) geworden ist, § 316a UMDA.

2. Ehegattenunterhalt

223 **Trennung.** Nach dem Gesetz über die bürgerlich-rechtliche Unterhaltspflicht hat der Mann seiner Frau (§ 2) Unterhalt zu leisten.²³⁷ Auch die Frau trifft gegenüber ihrem Mann eine Unterhaltspflicht, jedoch nur, wenn der Mann in Not ist (§ 3); eine solche Notlage („when in need") ist (erst) anzunehmen, wenn alle Möglichkeiten der Mittelbeschaffung ausgeschöpft sind.²³⁸ Für die Höhe des Unterhalts sind maßgebend der Lebensstandard beider Parteien, ihr Alter, ihre Erwerbsfähigkeit, ihr Einkommen und Vermögen, der Bedarf des Anspruchstellers und die Leistungsfähigkeit des Unterhaltspflichtigen (§ 6). Verschulden des anderen Teils ist in der Regel nicht Voraussetzung.²³⁹ Jedoch ist nicht allein Bedürftigkeit ausschlaggebend, sondern auch Gesichtspunkte der Gerechtigkeit, wodurch Fehlverhalten durchaus Bedeutung gewinnen kann.²⁴⁰

224 **Scheidung.** Das Gericht kann den Unterhalt regeln, wenn der Anspruchsteller sich selbst durch Arbeit oder Vermögen nicht unterhalten kann, etwa wegen Kinderbetreuung.²⁴¹ Auch eine lange Ehedauer, verbunden mit Haushaltsführung und Kindererziehung, vermag Unterhaltsansprüche zu rechtfertigen. Bei der Höhe und Dauer, beides wird nach richterlichem Ermessen festgesetzt, spielt das eheliche Verschulden dann eine Rolle, wenn die Scheidung selbst auf Verschulden beruht,²⁴² aber auch der eheliche Lebensstandard, die Ehedauer, das Alter, die gesundheitliche Situation des Anspruchstellers

---

[232] Bergmann/Ferid, Internationales Ehe- und Kindschaftsrecht, USA, S. 48 f, 58 und 106, Fn 71
[233] Bergmann/Ferid, aaO, S. 106, Fn 71
[234] Bergmann/Ferid, aaO, S. 158
[235] Reimann, aaO, S. 185; Battes/Flume, Familienrecht im Ausland, FuR 1994, 155; Battes/Korenke, FuR 1995, 194
[236] Reimann, aaO, S. 184; Bergmann/Ferid, aaO, S. 158, Fn 123
[237] Bergmann/Ferid, aaO, S. 106, Fn 69, 70
[238] Bergmann/Ferid, aaO, S. 106, Fn 72
[239] Bergmann/Ferid, aaO, S. 56 f, 43
[240] Reimann, aaO, S. 171
[241] Bergmann/Ferid, aaO, S. 45
[242] Reimann, aaO, S. 175

sowie die Leistungsfähigkeit des Unterhaltspflichtigen (§ 308b UMDA).[243] Die Tendenz geht dahin, den Unterhalt zu befristen bis zur Wiedereingliederung des Berechtigten in das Berufsleben oder bis er sonst für sich selbst sorgen kann.[244] In einigen Staaten gibt es überhaupt keinen nachehelichen Unterhalt,[245] z. B. in Texas.[246] Geht der Unterhaltsberechtigte eine eheähnliche Beziehung ein, kann in den meisten Staaten auf Aufhebung der Unterhaltsverpflichtung geklagt werden.[247] Wird der Unterhalt nicht im Scheidungsverfahren geltend gemacht, besteht die Gefahr der Verspätung.[248]

Die Darstellung des Unterhaltsrechts aller Einzelstaaten und Territorien ist aus Raumgründen, aber auch mangels hinreichender Rechtsquellen leider nicht möglich. Andeutungen finden sich u. a. vereinzelt bei Bergmann/Ferid, Internationales Ehe- und Kindschaftsrecht, Länderabschnitt USA.

2. Abschnitt: Verfahrensrecht einschließlich Vollstreckung

I. Rechtsquellen

Eine systematische Kodifizierung des internationalen Zivilprozeßrechts (IZPR), vergleichbar derjenigen des materiellen internationalen Privatrechts (IPR), gibt es nicht. Nach wie vor herrschend ist der Grundsatz, daß jedes Gericht sein Verfahrensrecht anwendet (sog. lex fori). Der deutsche Unterhaltsrichter wendet sonach in der Regel die ZPO an. Im Bereich des internationalen Verfahrensrechts sind jedoch, wie beim internationalen materiellen Recht, Staatsverträge zu beachten, die grundsätzlich dem autonomen, innerstaatlichen Recht vorgehen.[1] 225

Dazu gehören insbesondere 226
- das Haager Übereinkommen über die Anerkennung und Vollstreckung von Unterhaltsentscheidungen vom 2. 10. 1973 (**HUVÜ 73**),[2] nicht zu verwechseln mit dem Haager Übereinkommen über das auf Unterhaltspflichten anwendbare Recht (HUÜ 73) vom gleichen Tage.
Das HUVÜ 73 gilt in der Bundesrepublik Deutschland seit 1. 4. 1987. Mitgliedstaaten sind Dänemark, Finnland, Frankreich, Großbritannien, Italien, Luxemburg, die Niederlande, Norwegen, Polen, Portugal, Schweden, Schweiz, Slowakei,[3] Spanien, Tschechien und die Türkei. Das Abkommen regelt die Vollstreckung von familienrechtlichen Unterhaltsentscheidungen (auch Vergleichen) über die Unterhaltspflichten des HUÜ 73 und tritt an die Stelle des Haager Übereinkommens über Unterhaltspflichten gegenüber Kindern vom 15. 4. 1958.
Zum Abkommen ist das Anerkennungs- und Vollstreckungsausführungsgesetz vom 30. 5. 1988 ergangen (AVAG § 35 I Nr. 2),[4] welches zugleich auch für das EuGVÜ gilt;
- das bereits erwähnte Haager Übereinkommen über Unterhaltspflichten gegenüber Kindern vom 15. 4. 1958, nicht zu verwechseln mit dem Haager Übereinkommen über

---

[243] Reimann, aaO, S. 175
[244] Reimann, aaO, S. 175; Bergmann/Ferid, aaO, S. 45
[245] Bergmann/Ferid, aaO, S. 44, 57
[246] Reimann, aaO, S. 175
[247] Bergmann/Ferid, aaO, S. 44, Fn 32
[248] Bergmann/Ferid, aaO, S. 57, Fn 111
[1] Vgl. Kropholler, Europäisches Zivilprozeßrecht, 6. Aufl. 1998, Einl. Rn 13; Geimer/Schütze, Europäisches Zivilverfahrensrecht 1997, Einl. Rn 23
[2] Abgedruckt bei Baumbach/Albers, ZPO 57. Aufl., Schlußanhang V A 2
[3] Zu Slowakei OLG Jena, DAVorm 1995, 1086
[4] Abgedruckt bei Zöller/Geimer, ZPO 21. Aufl., Anhang II und bei Baumbach/Albers, ZPO 57. Aufl., Schlußanhang V E; vgl. Böhmer, IPRax 1988, 337

Unterhaltspflichten gegenüber Kindern anzuwendende Recht vom 24. 10. 1956. Das Abkommen vom 15. 4. 1958 gilt nur noch gegenüber Belgien, Liechtenstein, Österreich, Surinam und Ungarn.[5] Dazu gilt weiterhin das Ausführungsgesetz vom 18. 7. 1961;
- Art. 10 Nr. 2 des HUÜ 73 (= Art. 18 IV Nr. 2 EGBGB), für die gesetzliche Vertretung;
- das europäische Übereinkommen über die gerichtliche Zuständigkeit und Vollstreckung gerichtlicher Entscheidungen in Zivil- und Handelssachen vom 27. 9. 1968 – **EuGVÜ** – jetzt EuGVÜ 1989.[6] Das EuGVÜ erfordert für seinen Anwendungsbereich kein **besonderes** Anerkennungsverfahren (Art. 26 I). Entscheidungen eines Vertragsstaats werden grundsätzlich anerkannt bis auf die in Art. 27 EuGVÜ enthaltenen Ausnahmen (z. B. bei Verstoß gegen den ordre public).[7] Die „Gesetzmäßigkeit" ist nicht Gegenstand der Prüfung durch den Anerkennungsrichter (Art. 29 EuGVÜ). Zum Abkommen ist das oben erwähnte AVAG erlassen (§§ 1 I, 37 I Nr. 1, 2 AVAG), das gleichzeitig für das HUVÜ 73 gilt;
- das Lugano-Abkommen (LugÜ)[8] vom 16. 9. 1988, welches die damaligen EG- und EFTA-Staaten als Parallelübereinkommen zum EUGVÜ unterzeichnet haben;
- das UN-Übereinkommen über die Geltendmachung von Unterhaltsansprüchen im Ausland vom 20. 6. 1956
- bilaterale Abkommen, z. B. zwischen der Bundesrepublik Deutschland und Österreich, Schweiz, Norwegen, Israel, zum Teil nachrangig, zum Teil konkurrierend mit den obigen Abkommen (vgl. Art. 55 EuGVÜ).

227 Das Haager Abkommen von 1958 und dasjenige von 1973 gelten neben dem EuGVÜ. Der Gläubiger hat ein Wahlrecht, nach welchem günstigeren Abkommen er vorgehen will, Art. 57 EuGVÜ steht dem nicht entgegen.[9] Ob das autonome, innerstaatliche Recht neben dem (bilateralen) vertraglichen Anerkennungsrecht anwendbar ist (Günstigkeitsprinzip), ist durch Auslegung des jeweiligen Vertrages und des autonomen Rechts zu ermitteln. Das EuGVÜ geht dem nationalen Recht vor (unten II 2).[10]

Nach dem Luxemburger Auslegungs-Protokoll vom 3. Juni 1971 i. d. F. des 3. Beitrittsübereinkommens vom 26. Mai 1989[11] ist der EuGH zur einheitlichen Auslegung des EuGVÜ berufen.

II. Klagearten

1. Leistungsklage

228 **Internationale Zuständigkeit.** Sie betrifft die Frage, ob die Sache von einem deutschen oder einem ausländischen Gericht zu entscheiden ist. In der Regel folgt sie aus dem inländischen Gerichtsstand vorbehaltlich anderslautender Regelungen in Staatsverträgen.[12] Sie ist in jeder Lage des Rechtsstreits von Amts wegen zu prüfen. In Unterhaltssachen[13] ist das EuGVÜ als spezielle Regelung vorrangig anwendbar, wenn der Beklagte

---

5 Zu seinem Geltungsbereich vgl. OLG Köln, FamRZ 1995, 1430: nur für vor Inkrafttreten des HUVÜ 73 fällig gewordene Unterhaltsforderung
6 Abgedruckt bei Zöller/Geimer, ZPO 21. Aufl., Anhang I und bei Baumbach/Albers, ZPO 57. Aufl., Schlußanhang V C 1; s. dazu auch Dietze/Schnichels, NJW 1995, 2274; zur Entstehung vgl. Kropholler, aaO, Einl. Rn 1 ff; zu Reformbestrebungen vgl. Wagner, IPRax 1999, 241 und Huber, IPRax 1999, 29
7 Vgl. dazu BGH, IPRax 1994, 367
8 S. dazu etwa Dietze/Schnichels, NJW 1995, 2274; zur Entstehung vgl. Kropholler, aaO, Einl. Rn 46 ff
9 Vgl. Kropholler, aaO, Art. 57 Rn. 4 a. E. m. w. N.
10 Kropholler, aaO, Einl. Rn 13; vgl. BGH, FamRZ 1987, 580 = NJW 1987, 3083, Schweiz
11 BGBl. 1994 II, 519, 531; vgl. Kropholler, aaO, Einl. Rn 18 ff
12 Vgl. BGH, FamRZ 1992, 1060 = NJW-RR 1993, 5; FamRZ 1989, 603; FamRZ 1984, 465 = NJW 1984, 2040; FamRZ 1983, 806
13 Zur Abgrenzung zum nicht umfaßten Ehegüterrecht vgl. EUGH, IPRax 1999, 35 m. Anm. Weller, IPRax 1999, 14; Zöller/Geimer, aaO, Anhang 1, Art. 1 GVÜ, Rn 11; Kropholler, aaO, Art. 1 EuGVÜ Rn 23 ff und Art. 5 EuGVÜ Rn 39 f

2. Abschnitt: Verfahrensrecht einschließlich Vollstreckung §7

seinen **Wohnsitz** in einem Vertragsstaat hat (Art. 2, 3). Das Vorliegen eines Wohnsitzes richtet sich nach dem Recht des Staates, für dessen Gebiet der Wohnsitz geprüft wird (Art. 52). Ein gewöhnlicher Aufenthalt in Deutschland und auch die gemeinsame deutsche Staatsangehörigkeit begründen (bei Wohnsitz im Ausland) im Rahmen des EuGVÜ keine internationale Zuständigkeit deutscher Gerichte.[14] Außerhalb des Anwendungsbereichs des EuGVÜ sind die Vorschriften der ZPO anwendbar.

Primär sieht das EuGVÜ eine internationale Zuständigkeit am Wohnsitz des Beklagten vor (Art. 2 I). Für Unterhaltssachen sind in Art. 5 Nr. 2 weitere internationale Gerichtsstände vorgesehen, die wahlweise neben den Gerichtsstand des Wohnsitzes treten. Danach ist auch das Gericht international zuständig, in dem der Unterhaltsberechtigte[15] seinen Wohnsitz oder seinen gewöhnlichen Aufenthalt hat. Insoweit enthält Art. 5 Nr. 2 auch eine Regelung der örtlichen Zuständigkeit. Für den Unterhaltspflichtigen besteht diese Wahlmöglichkeit nicht. Die Staatsangehörigkeit der Parteien spielt keine Rolle.[16] Liegen die Zuständigkeitsvoraussetzungen im Zeitpunkt der Klagerhebung vor, bleibt das angerufene Gericht auch bei veränderten Umständen weiterhin zuständig (perpetuatio fori; vgl. auch § 261 Abs. 3 Nr. 2 ZPO), treten sie später bis zur letzten mündlichen Verhandlung ein, ist dieses noch ausreichend.[17] 229

Ist über eine Unterhaltssache im **Verbund** oder als Annex zur Ehesache zu entscheiden, ist auch das Ehegericht zur Entscheidung über diese Familiensache international zuständig (Art. 5 Nr. 2, 2. Alt.). Dieses gilt ausnahmsweise nicht, wenn sich die Zuständigkeit in der Ehesache (z. B. nach § 606 Abs. 1 S. 1 Nr. 1 ZPO) nur aus der Staatsangehörigkeit einer Partei ergibt. In diesem Fall ist die Unterhaltssache abzutrennen und von dem nach dem EuGVÜ zuständigen Gericht zu entscheiden.[18] Die originäre Verbundzuständigkeit nach §§ 606 a/623 ZPO ist demnach nur von Bedeutung, wenn der Beklagte weder im Inland noch in einem EU-Ausland wohnt. Nach Auffassung des KG[19] ergibt sich eine solche Annexzuständigkeit trotz § 621 Abs. 2 S. 1 ZPO nicht für Klagen auf Trennungsunterhalt. 230

Gerichtsstandsvereinbarungen sind auch im Bereich der internationalen Entscheidungszuständigkeit möglich. Ob eine solche Vereinbarung wirksam zustande gekommen ist, richtet sich nach dem maßgeblichen materiellen Recht.[20] Die Zulässigkeit und Wirkung für ein vor deutschen Gerichten rechtshängiges Verfahren bestimmt sich hingegen nach deutschem Prozeßrecht.[21] Die Vorschrift des § 38 Abs. 2 und 3 ZPO wird im Rahmen seines Anwendungsbereichs, also bei Vereinbarung der internationalen Entscheidungszuständigkeit der Gerichte eines Vertragsstaats durch die Vorschrift des Art. 17 Abs. 1 EuGVÜ verdrängt.[22] Der Begriff Gerichtsstandsvereinbarung ist für den Bereich des EuGVÜ vertragsautonom auszulegen.[23] Die Vereinbarung muß einen bereits bestehenden oder einen aus einem bestimmten Rechtsverhältnis künftig entstehenden Rechtsstreit betreffen. Formell bedarf die Vereinbarung (wie § 38 Abs. 2 ZPO) der Schriftform[24] oder der mündlichen Absprache mit schriftlicher, dem anderen zugegangener Bestätigung. Streitig ist, ob Art. 17 I EuGVÜ teleologisch insoweit zu reduzieren ist, daß die Anwendung einen internationaler Bezug voraussetzt.[25] Nach dem Wortlaut des Art. 17 Abs. 1 EuGVÜ spricht eine Vermutung für die Vereinbarung einer für beide Parteien ausschließlichen Zuständigkeit. Im Rahmen der Vertragsfreiheit ist durch ein- 231

---

[14] KG, IPRax 1999, 37 m. Anm. Schulze, IPRax 1999, 21
[15] Unterhaltsberechtigter ist derjenige, der (auch erstmals) auf Unterhalt klagt; EuGH, IPRax 1998, 354 m. Anm. Fuchs, IPRax 1998, 327; Kropholler, aaO, Art. 5 EuGVÜ Rn 41
[16] Rauscher/Gutknecht, IPRax 1993, 21, 23
[17] Kropholler, aaO, Art. 2 EuGVÜ Rn 12 ff
[18] Vgl. Kropholler, aaO, Art. 5 EuGVÜ Rn 46
[19] KG, IPRax 1999, 37, 38; a. A. Schulze, IPRax 1999, 21
[20] BGH, NJW 1989, 1431, 1432
[21] BGH, aaO; Stein/Jonas/Bork, § 38 ZPO Rn 13 a
[22] Kropholler, aaO, Art. 17 EuGVÜ Rn 16
[23] EuGH, NJW 1992, 1671
[24] EuGH, NJW 1977, 494; Kropholler, aaO, Art. 17 EuGVÜ Rn 28 ff
[25] OLG Hamm, IPRax 1999, 244; m. (abweichender) Anm. Aull, IPRax 1999, 226

deutige Erklärung allerdings auch die Vereinbarung einer nur konkurrierenden Zuständigkeit möglich. Art. 17 Abs. 4 EuGVÜ sieht auch die Möglichkeit einer nur einseitig bindenden Prorogation vor.[26] Neben der Zuständigkeit allgemein der Gerichte eines Vertragsstaats kann durch die Vereinbarung auch ein bestimmtes Gericht gewählt werden.[27] Ebenso kann durch Vereinbarung nach Art. 17 Abs. 1 EuGVÜ auch die Zuständigkeit der Gerichte eines Vertragsstaats ausgeschlossen werden (Derogation). Eine (für sich betrachtet wirksame) die deutsche Gerichtsbarkeit ausschließende Gerichtsstandsvereinbarung ist dann unwirksam, wenn bei dem ausländischen Gericht eine sachgerechte, den elementaren rechtsstaatlichen Garantien entsprechende Entscheidung des Rechtsstreits nicht gewährleistet ist.[28]

232 **Rügelose Einlassung**[29] kann ebenfalls die internationale Zuständigkeit begründen. Art. 18 EuGVÜ verdrängt in seinem Anwendungsbereich § 39 ZPO.[30] Erforderlich ist, daß der Beklagte sich vor dem an sich unzuständigen Gericht „auf das Verfahren einläßt" (Art. 18 S. 1). Eine Verhandlung zur Hauptsache (vgl. § 39 ZPO) ist nicht erforderlich.[31] Läßt er sich nur ein, um den Mangel der Zuständigkeit geltend zu machen oder ist ein anderes Gericht nach Art. 16 EuGVÜ ausschließlich zuständig, gilt dieses nicht (Art. 18 S. 2). Hat der Beklagte die Unzuständigkeit gerügt, bleibt es ihm unbenommen, sich hilfsweise auf das Verfahren einzulassen.[32] Anders als im nationalen Recht (§§ 39 S. 2, 504 ZPO) ist eine fehlende Belehrung über die internationale Entscheidungszuständigkeit unschädlich.[33]

233 Das EuGVÜ gilt nur im Verhältnis zu den Vertragsstaaten.[34] Falls keine anderweitigen vertraglichen Regeln bestehen, folgt die internationale Zuständigkeit der örtlichen, im Verbund aus § 606 a ZPO.

234 **Rechtshängigkeit.** Ist eine Unterhaltssache im Ausland bereits rechtshängig, ist dies analog § 261 III ZPO grundsätzlich ein Prozeßhindernis, das von Amts wegen zu beachten ist. Richtet sich die internationale Zuständigkeit nach dem EuGVÜ, ist dessen Art. 21 anwendbar, der einen Wohnsitz der Parteien in einem der Vertragsstaaten nicht voraussetzt.[35] Notwendig ist die Identität der Parteien. Diese ist hinsichtlich des Kindesunterhalts nicht gegeben, wenn in einem ausländischen Verfahren der Elternteil den Unterhalt als eigenen einklagt.[36] Identisch müssen auch die beiden Streitgegenstände sein; sie müssen auf derselben „Grundlage" beruhen, wobei das Klagziel verschieden sein kann.[37] Trifft ein Verfahren auf Erlaß einer einstweiligen Anordnung oder auf Erlaß einer einstweiligen Verfügung mit einer Unterhaltshauptsache zusammen, besteht keine Rechtshängigkeitssperre (Art. 24 EuGVÜ).[38] Bei einstweiligen Rechtsschutzverfahren im In- und Ausland kommt zwar grundsätzlich konkurrierende „Rechtshängigkeit" in Betracht.[39] In

---

[26] Zur Auslegung als einseitige Gerichtsstandsvereinbarung mit der weiter bestehenden Möglichkeit einer Inlandsklage BGH, IPRax 1999, 246; m. Anm. Schulze, IPRax 1999, 229
[27] Rahm/Künkel/Breuer, Handbuch des Familiengerichtsverfahrens, 4. Aufl., Stand Juni 1997, Teil VIII, Rn 238
[28] OLG Frankfurt, IPRax 1999, 247; m. Anm. Hau, IPRax 1999, 232
[29] BGHZ 120, 334 = IPRax 1994, 204 = ZZP 107 (1994), 67, 68
[30] Kropholler aaO, Art. 18 EuGVÜ Rn 5
[31] Kropholler, aaO, Art. 18 EuGVÜ Rn 7
[32] EuGH, IPRax 1984, 259, 261 = NJW 1984, 2760 m. Anm. Hübner, IPRax 1984, 237; EuGH, IPRax 1982, 234; 1982, 238 m. Anm. Leipold, IPRax 1982, 222; OLG Hamm, NJW 1990, 652, 653; OLG Saarbrücken, NJW 1992, 987; Kropholler, aaO, Art. 18 Rn 10 ff
[33] Rahm/Künkel/Breuer, aaO, Rn 240
[34] Kropholler, aaO, Art. 60 EuGVÜ Rn 1 ff
[35] EuGH, NJW 1992, 3221 m. Anm. Rauscher/Gutknecht, IPRax 1993, 21, 22 f
[36] Vgl. für das italienische Recht BGH, NJW 1986, 662 = IPRax 1987, 314; Kropholler, aaO, Art. 21 EuGVÜ Rn 4 f
[37] EuGH, NJW 1989, 665, 666 m. Anm. Schack, IPRax 1989, 139; zur Konkurrenz von Leistungs- und Feststellungsklage OLG Köln, NJW 1991, 1427; vgl. auch Schack, IPRax 1991, 270, 272; Kropholler, aaO, Art. 21 EuGVÜ Rn 6 ff
[38] Vgl. BGH, NJW 1986, 662 = IPRax 1987, 314; OLG Karlsruhe, FamRZ 1986, 1226; OLG Köln, FamRZ 1992, 75 = FuR 1991, 359, Türkei; Kropholler, aaO, Art. 21 Rn 11 und Art. 24 Rn 8 f
[39] Vgl. OLG Karlsruhe, FamRZ 1986, 1226

dringenden Einzelfällen muß jedoch über einen solchen Antrag im Inland in jedem Falle sachlich entschieden werden.[40]

Stellt die ausländische Rechtsordnung für die Frage der Rechtshängigkeit auf die bloße Einleitung (Klageeinreichung oder Antragseinreichung) ab, so ist damit, weil die Frage der Rechtshängigkeit jeweils der Entscheidungsstaat beantwortet,[41] Rechtshängigkeit auch im Sinne des deutschen Prozeßrechts gegeben und die Rechtshängigkeitssperre eingetreten.[42]

Nicht ohne weiteres reicht es aus, daß nach der ausländischen Rechtsordnung eine Unterhaltssache im Verbund mit der Scheidung zu entscheiden, aber noch nicht zum Verfahrensgegenstand gediehen ist (sog. Verbundbefangenheit).[43]

Eine überlange Dauer des ausländischen Verfahrens kann die Rechtshängigkeitssperre im Inland aufheben.[44]

235 Im EU-Bereich ist Art. 21 EuGVÜ zu beachten. Seit Änderung dieser Vorschrift durch das 3. Beitrittsübereinkommen vom 26. 5. 1989[45] muß das später angerufene Gericht das Verfahren von Amts wegen aussetzen, bis die Zuständigkeit des zuerst angerufenen Gerichts feststeht und sich sodann für unzuständig erklären.[46] Eine Anerkennungsprognose läßt Art. 21 EUGVÜ nicht mehr zu.[47] Eine Verweisung bei internationaler Unzuständigkeit an ein ausländisches Gericht kommt nicht in Betracht.[48] Art. 21 findet sowohl Anwendung, wenn sich die Zuständigkeit des früher angerufenen Gerichts aus dem Abkommen selbst ergibt, als auch dann, wenn sie nach Maßgabe des Art. 4 EuGVÜ auf innerstaatlichen Rechtsvorschriften eines Vertragsstaats beruht.[49] Nach OLG München[50] ist Rechtshängigkeit i. S. v. Art. 21 EuGVÜ auch gegeben bei einer negativen Feststellungsklage in einem Vertragsstaat und Leistungsklage (Erfüllung) in einem anderen bezüglich derselben Ansprüche. Fehlt es an einer Identität des Streitgegenstandes, ist Art. 22 EuGVÜ zu prüfen. Besteht zwischen erstinstanzlichen Verfahren verschiedener Vertragsstaaten ein „Zusammenhang", kann das später angerufene Gericht das Verfahren aussetzen und, wenn das zuerst angerufene Gericht für beide Klagen zuständig und eine Verbindung möglich ist, sich für unzuständig erklären. Ein Zusammenhang liegt vor, „wenn zwischen ihnen eine so enge Beziehung gegeben ist, daß eine gemeinsame Verhandlung und Entscheidung geboten erscheint, um zu vermeiden, daß in getrennten Verfahren widersprechende Entscheidungen ergehen können" (Art. 22 Abs. 3 EuGVÜ).

236 **Rechtsschutzbedürfnis.** Ein Rechtsschutzbedürfnis besteht für eine Leistungsklage nach herrschender Meinung auch dann, wenn ein ausländischer Unterhaltstitel bereits vorliegt und gemäß §§ 722, 723, 328 ZPO für vollstreckbar erklärt werden kann. Das gilt jedoch dann nicht, wenn nach einem Vollstreckungsabkommen eine Klauselerteilung schneller und billiger möglich ist als eine Klage.[51]

---

[40] Vgl. OLG Köln, FamRZ 1992, 75
[41] Vgl. BGH, NJW 1986, 662 = IPRax 1987, 314; EuGH, IPRax 1985, 336, 338 m. Anm. Rauscher, IPRax 1985, 317; Kropholler, aaO, Art. 21 EuGVÜ Rn 3
[42] Vgl. BGH, FamRZ 1992, 1058, streitig
[43] Vgl. BGH, NJW 1986, 662 = IPRax 1987, 314, Italien; sehr fraglich dazu OLG München, 12. ZS, FamRZ 1992, 73, Polen; kritisch dazu auch Linke, IPRax 1992, 159
[44] Vgl. BGH, FamRZ 1983, 368; Zöller/Geimer, aaO, Art. 21 EuGVÜ, Rn 22
[45] BGBl. II 1994, 519
[46] Zur Neufassung vgl. Zöller/Geimer, aaO, Art 21 EuGVÜ, Rn 1; Kropholler, aaO, Art. 21 EuGVÜ Rn 21 ff
[47] EuGH, IPRax 1993, 34 = NJW 1992, 303 m. Anm. Rauscher, IPRax 1993, 21
[48] Zöller/Geimer, aaO, Art. 20 EuGVÜ, Rn 3
[49] EuGH, NJW 1992, 3221 m. Anm. Rauscher/Gutknecht, IPRax 1993, 21, 22 f
[50] OLG München OLG-Report 1994, 166 = IPRax 1994, 308
[51] Vgl. auch EuGH, NJW 1977, 495 LS; LG Hamburg, IPRax 1992, 251; Rahm/Künkel/Breuer, aaO, Rn 295; Kropholler, aaO, Art. 25 EuGVÜ Rn 7

2. Vollstreckungsklage (§§ 722, 723, 328 ZPO)

237 Ausländische Unterhaltstitel entfalten im Inland nur die von der deutschen Rechtsordnung zugebilligten Wirkungen. Dabei ist zwischen der Anerkennung ausländischer Urteile und deren Vollstreckbarerklärung zu unterscheiden. Während die Anerkennung von Statusurteilen ausdrücklich auszusprechen ist,[52] tritt sie in Unterhaltssachen automatisch ein (§ 723 Abs. 1 ZPO; Art. 26 I, 34 III EuGVÜ).[53] Die Übertragung der vollstreckungsrechtlichen Wirkungen des Unterhaltsurteils ist allerdings nur in einem besonderen gerichtlichen Verfahren möglich. Im Rahmen dieser Vollstreckungsklage ist von Amts wegen zu prüfen, ob die Anerkennungsvoraussetzungen vorliegen (§ 723 II S. 2 ZPO).

Die Vollstreckbarerklärung ausländischer Unterhaltstitel erfolgt überwiegend nach staatsvertraglichem Anerkennungsrecht, insbesondere nach dem EuGVÜ und dem HUVÜ 72 (unten III). Das autonome, innerstaatliche Anerkennungsrecht hat demgegenüber eine geringe Bedeutung. Soweit die zwischenstaatlichen Abkommen nach dem Willen des Gesetzgebers die Anerkennung erleichtern und nicht erschweren sollen, hat der Titelberechtigte die Wahl zwischen vertraglichem und autonomem, innerstaatlichem Anerkennungsrecht.[54] Dieses Günstigkeitsprinzip gilt selbst für das Verhältnis mehrerer Staatsverträge und auch für den Verpflichteten.[55] Das **EuGVÜ**, das auch einen besseren Schutz des Beklagten bezweckt,[56] beansprucht allerdings die ausschließliche Geltung gegenüber dem autonomen Recht und bildet damit eine Ausnahme vom Günstigkeitsprinzip.

238 Die Anerkennung des ausländischen Titels erfolgt nach autonomem, innerstaatlichem Recht mit der Vollstreckungsklage (§ 722 ZPO). Diese Vollstreckungsklage ermöglicht es, einem sonst im Inland nicht vollstreckbaren ausländischen Titel (nicht notwendig ein Urteil im formellen Sinne[57]) die Vollstreckbarkeit zu verleihen. Erst dann ist es im Inland existent und zu beachten. Streitgegenstand ist nicht der materiell-rechtliche Anspruch,[58] sondern die Zulässigkeit der inländischen Zwangsvollstreckung aus dem ausländischen Urteil. Sachlich zuständig ist bei Unterhaltstiteln das Familiengericht;[59] örtlich ausschließlich (§ 802 ZPO) zuständig ist das Wohnsitzgericht des Schuldners oder das Gericht seines Vermögensgerichtsstands (§§ 722 II, 23 ZPO). Das Verfahren richtet sich nach den allgemeinen Regeln des Erkenntnisverfahrens. Das Gericht entscheidet durch Urteil aufgrund mündlicher Verhandlung. Da das inländische Vollstreckungsurteil Vollstreckungstitel ist, muß der Klagantrag das ausländische Urteil und den gesamten Tenor vollständig benennen.

239 Voraussetzung ist die Rechtskraft des Titels und seine Anerkennungsfähigkeit (§ 328 ZPO). Die Anerkennung ist im Rahmen dieses innerstaatlichen Rechts ausgeschlossen, wenn die Entscheidung gegen den deutschen ordre public verstößt (§§ 723 II, 328 I Nr. 4 ZPO) oder wenn (anders als bei der Vollstreckbarerklärung nach dem EuGVÜ und dem HUVÜ73, vgl. III) die Gegenseitigkeit nicht verbürgt[60] ist. Nicht geprüft wird der sachlich-rechtliche Anspruch (§ 723 I ZPO).

Einwendungen (z. B. Erfüllung) können nur analog § 767 II ZPO erhoben werden.[61] Für solche, die auf wesentliche Änderungen analog § 323 ZPO hinauslaufen (wie etwa die Veränderung der wirtschaftlichen Verhältnisse), ist nur die Abänderungs(wider)klage

---

52 Bergmann, FamRZ 1999, 487; siehe auch Boden, FamRZ 1998, 1416
53 Kropholler, aaO, Art. 26 EuGVÜ Rn 1
54 Rahm/Künkel/Breuer, aaO, Rn 254
55 Schack, IPRax 1986, 218, 219
56 Österreichischer OGH, IPRax 1999, 47, 48
57 Für Unterhaltsvergleich BGH, FamRZ 1986, 45 = IPRax 1986, 294; OLG München, FamRZ 1992, 73, 75; vgl. auch Art. 25 EuGVÜ
58 BGHZ 72, 23, 29
59 BGHZ 88, 113 = FamRZ 1983, 1008 = IPRax 1984, 323
60 Vgl. insoweit Zöller/Geimer, ZPO 21. Aufl., Anhang III; Rahm/Künkel/Breuer, aaO, Rn 264, 269
61 BGH, FamRZ 1987, 370, 371; FamRZ 1987, 1146; FamRZ 1982, 785 = NJW 1982, 1947; IPRax 1993, 321 ff

möglich,[62] die mit der Vollstreckungsklage verbunden werden kann. Da der materielle Anspruch nicht Gegenstand der Vollstreckungsklage ist, kann die Abänderungsklage nur auf Veränderungen gestützt werden, die nach Erlaß des ausländischen Urteils entstanden sind.[63]

Anstelle der Vollstreckungsklage kann auch Klage auf Leistung aus dem durch das ausländische Urteil festgestellten Anspruch erhoben werden.[64] Dabei ist jedoch wegen der Rechtskraft des ausländischen Urteils und seiner Anerkennung im Inland das deutsche Gericht bei seinem Sachurteil an den Inhalt des ausländischen Urteils gebunden. Es muß eine mit dem ausländischen Urteil übereinstimmende Sachentscheidung treffen. Das gilt auch für die Währung.[65] **240**

Ist der ausländische Titel nach deutschem Recht zu unbestimmt gefaßt, kann er in der Entscheidung über seine Vollstreckbarkeit ausnahmsweise noch konkretisiert werden.[66] Dabei müssen die zur Konkretisierung erforderlichen Feststellungen im Vollstreckbarerklärungsverfahren getroffen[67] und gegebenenfalls ein bestimmter Antrag angeregt werden. **241**

Der Vollstreckbarerklärung steht nicht entgegen, daß der ausländische Unterhaltstitel auf DM lautet.[68] Nach OLG Hamm[69] soll die neue inländische Entscheidung jedoch auf DM (statt z. B. Zloty) umgestellt werden können. Ein finnischer Unterhaltstitel ist auch hinsichtlich des gesetzlich indizierten Unterhaltsbetrages für vollstreckbar zu erklären.[70] **242**

Häufig kommen aufgrund staatsvertraglicher Regelung für die Vollstreckbarerklärung einfachere und billigere Verfahren in Betracht, z. B. das EuGVÜ oder das HUVÜ 73 (vgl. oben Rn. 226), jeweils i. V. m. dem Anerkennungs- und Vollstreckungsausführungsgesetz – AVAG –.[71] Da die zwischenstaatlichen Abkommen nach dem Willen des nationalen Gesetzgebers die Anerkennung erleichtern und nicht erschweren sollen, hat der Titelberechtigte grundsätzlich die Wahl zwischen dem vertraglichen und dem autonomen, innerstaatlichen Anerkennungsrecht.[72] Dieses Günstigkeitsprinzip gilt auch für den Verpflichteten.[73] Das EuGVÜ, das auch einen besseren Schutz des Beklagten bezweckt, beansprucht für seinen Wirkungsbereich allerdings die ausschließliche Geltung gegenüber dem autonomen Recht und bildet damit eine wichtige Ausnahme vom Günstigkeitsprinzip. **243**

Liegt ein im Inland anerkennungsfähiger ausländischer Titel vor, steht dessen Rechtskraft einer erneuten Klage wegen derselben Angelegenheit entgegen.[74] Nach überwiegender Auffassung schließt dieses eine „unselbständige" Leistungsklage auf Zahlung des titulierten Betrages in gleicher Währung nicht aus.[75] Die Rechtskraft des ausländischen Urteils steht diesem Verfahren nicht entgegen, weil das Gericht lediglich befugt ist, ohne inhaltliche Nachprüfung ein inhaltlich gleiches Sachurteil zu treffen. **244**

Die Anerkennung einer ausländischen Entscheidung kann auch als selbständige Incidentanerkennung im Rahmen einer Zwischenfeststellungsklage einer rechtshängigen Familiensache begehrt werden,[76] wenn die Frage der Anerkennung in diesem Rechtsstreit **245**

---

[62] BGH, FamRZ 1990, 504 = NJW 1990, 1419, Österreich
[63] BGH, FamRZ 1987, 370, 371; OLG Karlsruhe, FamRZ 1991, 600, Polen: OLG Hamm, FamRZ 1991, 718
[64] BGH, FamRZ 1987, 370 = NJW 1987, 1146; FamRZ 1986, 665, 666; NJW 1979, 2477; NJW 1964, 1626
[65] BGH, FamRZ 1987, 370 = NJW 1987, 1146, Tschechoslowakei; KG, FamRZ 1993, 976, Türkei
[66] BGH, FamRZ 1986, 45 = NJW 1986, 1440, Schweiz
[67] BGH, IPRax 1994, 367 mit Anm. Roth, IPRax 1994, 350, Italien
[68] BGH, FamRZ 1990, 992
[69] FamRZ 1991, 718; vgl. Rahm/Künkel/Breuer, aaO, Rn 299
[70] OLG Schleswig, FamRZ 1994, 53; Rahm/Künkel/Breuer, aaO, Rn 293
[71] Vgl. dazu etwa KG, FamRZ 1990, 1376 und OLG Schleswig, FamRZ 1994, 53 sowie OLG Hamm, FamRZ 1993, 213
[72] Rahm/Künkel/Breuer, aaO, Rn 254; Kropholler, aaO, Art. 25 EuGVÜ Rn 8
[73] Schack, IPRax 1986, 218, 219
[74] EuGH, NJW 1977, 495; Kropholler, aaO, Art. 25 EuGVÜ Rn 7
[75] BGH, FamRZ 1987, 370; Rahm/Künkel/Breuer, aaO, Rn 296 m. w. N.
[76] Rahm/Künkel/Breuer, aaO, Rn 286

auftritt. Daneben kann die Anerkennung auch zum Gegenstand einer gesonderten (positiven oder negativen) Feststellungsklage (§ 256 I ZPO) gemacht werden, um z. B. der Gefahr divergierender Entscheidungen bei der unselbständigen Incidentanerkennung zu begegnen.

246   Als Sonderregelung sieht das Staatsvertragsrecht (Art. 26 II EuGVÜ) ein positives Anerkennungsfeststellungsverfahren vor. Das HUVÜ 73 enthält eine vergleichbare Regelung nicht, sondern überläßt die Frage dem autonomen Recht des Vollstreckungsstaats (Art. 13). Da das vereinfachte Verfahren nach dem AVAG für beide Staatsverträge gilt, ist das dort in § 27 f geregelte Anerkennungsverfahren als spezielle Regelung auch im Anwendungsbereich des HUVÜ 73 anwendbar.[77] Das Verfahren auf Erteilung einer Vollstreckungsklausel (unten III) ist gegenüber dem Anerkennungsverfahren vorrangig, weil darin die Anerkennung zugleich verbindlich festgestellt wird.[78]

247   Urteile der früheren DDR bedürfen nicht der Vollstreckbarerklärung.[79]

3. Abänderungsklage

248   Die Zuständigkeit für eine Abänderungsklage richtet sich nach allgemeinen Grundsätzen. Eine internationale Entscheidungszuständigkeit deutscher Gerichte ist nicht allein deswegen gegeben, weil der Ersttitel von einem deutschen Gericht erlassen wurde.[80]

249   **Ausländische Urteile.** Für ihre Abänderung ist Voraussetzung u. a. die
– Anerkennung des ausländischen Urteils in Deutschland,
– Gleichheit der Parteien, auch in umgekehrter Parteistellung,
– Abänderbarkeit nach dem maßgebenden (meist ausländischen) Unterhaltsstatut.

250   **Anerkennung.** Anerkennung ist die Ausdehnung der prozessualen Wirkungen des Auslandsurteils auf das Inland mit der Folge der Beachtlichkeit des Urteils im Inland.[81] Soweit nicht abweichende Staatsverträge Vorrang beanspruchen,[82] richtet sie sich in der Regel nach § 328 I 1–5 ZPO und bedarf nicht unbedingt einer förmlichen Entscheidung, etwa nach § 722 ZPO, sondern kann auch „incident" im Abänderungsrechtsstreit bejaht werden, und zwar unabhängig davon, ob bereits eine Vollstreckbarerklärung vorliegt.[83]

Bei mit der ausländischen Scheidung verbundenen Unterhaltsregelungen ist hinsichtlich des Ehegattenunterhalts zu beachten, daß vor der Anerkennung der Unterhaltsentscheidung durch den Abänderungsrichter u. U. die Scheidung selbst (nicht die Unterhaltsfolgesache) durch die Landesjustizverwaltung anerkannt sein muß (Art. 7 § 1 Abs. 1 FamRÄndG).[84] Beim Kindesunterhalt gilt dies nicht, weil er von der Scheidung unabhängig ist.

251   **Parteiidentität.** Die Parteien müssen grundsätzlich dieselben sein wie im Vorprozeß. Wirkt ein Auslandsurteil nach der maßgebenden ausländischen Rechtsordnung unmittelbar für und gegen einen Dritten, z. B. ein Kind, kann dieser auf Abänderung klagen.[85]

252   **Abänderbarkeit.** Die Befugnis, ausländische Urteile abzuändern, bildet keinen Eingriff in fremde Hoheitsgewalt.[86] Bei der Abänderung ausländischer Urteile ist die prozessuale von der materiellrechtlichen Prüfung zu trennen. Ob und wie sich spätere Änderungen der maßgeblichen Verhältnisse auf den titulierten materiellen Unterhaltsanspruch

---

[77] Str. vgl. Rahm/Künkel/Breuer, aaO, Rn 289
[78] Str. vgl. Rahm/Künkel/Breuer, aaO, Rn 289; a. A. Kropholler, aaO, § 26 EuGVÜ Rn 5 (für gleichzeitigen Feststellungsantrag)
[79] BGHZ 84, 19; OLG Hamm, FamRZ 1991, 1078; OLG Brandenburg, FamRZ 1998, 1134
[80] Kropholler, aaO, Art. 5 EuGVÜ Rn 49
[81] Vgl. Zöller/Geimer, ZPO 20. Auflage, § 328 Rn 18
[82] Art. 3 II EGBGB
[83] Rahm/Künkel/Breuer, aaO, Rn 246
[84] Abgedruckt bei Schönfelder Nr. 45; BGH, FamRZ 1981, 1203
[85] Vgl. BGH, FamRZ 1992, 1060 = NJW-RR 1993, 5; FamRZ 1983, 806 = NJW 1983, 1976 = R 174 a
[86] BGH, IPRax 1984, 320, 321 = FamRZ 1983, 806 ff

2. Abschnitt: Verfahrensrecht einschließlich Vollstreckung § 7

auswirken, richtet sich allein nach dem international anwendbaren materiellen Recht. Nach dem eigenen Prozeßrecht ist die Frage zu beantworten, ob die später eingetretenen Umstände eine Möglichkeit für dessen Abänderung eröffnen.[87] Der deutsche Abänderungsrichter ist an das deutsche Prozeßrecht gebunden, auch bei der Behandlung ausländischer Titel (Geltung der sog. lex fori). Dazu gehört § 323 ZPO, der nach h. M. prozeßrechtlicher Natur ist.[88] Diese Vorschrift begründet für Urteile einen prozeßrechtlichen Abänderungsanspruch, sie setzt jedoch einen materiellrechtlichen Unterhaltsanspruch voraus.[89] Ungeachtet dogmatischer Bedenken geht die herrschende Rechtspraxis (folgerichtig) davon aus, daß dies als Folge der Anerkennung auch bei Auslandsurteilen gilt und – nach dem deutschen prozeßrechtlichen Grundsatz der Wahrung der Grundlagen des abzuändernden Titels – vorbehaltlich eines Statutenwechsels (Rn. 254) von dem im Auslandsurteil zugrunde gelegten materiellen Recht (Unterhaltsstatut) auszugehen ist.[90]

In den Fällen, in denen schon nach dem anwendbaren materiellen Auslandsrecht eine Abänderungssperre zu beachten ist, wie z. B. nach dem schweizerischen ZGB bei Erhöhung der Unterhaltszusatzrente gem. Art. 151 I oder der Bedürftigkeitsrente gem. Art. 152,[91] bietet § 323 ZPO keine Grundlage für eine weiter gehende Abänderung, was aus dem Wesen als prozeßrechtliche Vorschrift folgt; andernfalls könnte eine Partei aufgrund deutschen Prozeßrechts in Deutschland einen größeren Unterhalt erzielen, als ihr materiell nach dem anzuwendenden Unterhaltsstatut überhaupt zusteht. Gibt das anzuwendende Auslandsrecht materiellrechtlich ein Mehr, als das deutsche Prozeßrecht zuläßt (§ 323 ZPO), ist die Durchsetzung des Mehr in Deutschland nicht möglich, z. B. wegen der Sperre nach § 323 III ZPO. Diese prozessuale Beschränkung der Geltendmachung eines Rechts oder eines materiellen Anspruchs ist nichts Außergewöhnliches, wie etwa die Wirkung der Rechtskraft zeigt. 253

Soweit ersichtlich ist jedenfalls in den europäischen Rechtsordnungen nach materiellrechtlichen Vorschriften durchweg eine Abänderung von Unterhaltsurteilen grundsätzlich möglich, und zwar – meist – sowohl eine Erhöhung als auch eine Ermäßigung bis auf Null, wobei wie im deutschen (Prozeß-)Recht abgestellt wird auf wesentliche Veränderung der für die ursprüngliche Verurteilung maßgebenden Umstände oder Verhältnisse.

Statutenwechsel. Ändert sich das Unterhaltsstatut, ändert sich auch das Abänderungsstatut, z. B. bei Zuzug des Unterhaltsberechtigten nach Deutschland (Art. 18 I EGBGB).[92] Der materiellrechtlichen Wandelbarkeit des Unterhaltsstatuts steht der prozeßrechtliche Grundsatz der Wahrung der Grundlagen des Titels nicht entgegen. Denn er besagt nur, daß diese bestehenbleiben, **soweit** sie sich nicht verändert haben. Der Veränderung unterliegen aber nicht nur tatsächliche Umstände, wie Bedürftigkeit oder Leistungsvermögen (beides auch Rechtsbegriffe), sondern auch das Recht selbst, und zwar nicht nur in seiner Gesamtheit (Statut), sondern auch innerhalb derselben Rechtsordnung.[93] Da in den (meisten) Ländern, zumindest in Europa, die Änderungsvoraussetzungen im wesentlichen dieselben sind, wird sich der Statutenwechsel allein nicht oder kaum auswirken, allenfalls im Zusammenhang mit der Änderung weiterer Umstände. 254

---

[87] Rahm/Künkel/Breuer, aaO, Rn 247
[88] Zur Rechtslage in Italien, Frankreich und den Benelux-Staaten s. Schlosser, FamRZ 1973, 427 f; dazu und zur Rechtslage in der Schweiz, den osteuropäischen Staaten, dem angloamerikanischen Bereich und Österreich s. Siehr, FS Bosch, S. 927 f; zur Schweiz s. auch Leipold, FS Nagel, S. 189, 195; Gottwald, FS Schwab, S. 151, 153 f; vgl. auch OG Uri, DAV 1983, 771 ff
[89] Vgl. BGH, FamRZ 1983, 353
[90] Vgl. BGH, FamRZ 1983, 806 = NJW 1983, 1976 = R 174 b
[91] Siehe unter „Schweiz"; vom Fall der Indizierung abgesehen
[92] A. A. anscheinend BGH, FamRZ 1983, 806 = NJW 1983, 1976 = R 174 b im Bereich des Haager Kindesunterhaltsübereinkommens vom 24. 10. 1956; zum Statutenwechsel offengelassen. Die Änderung des gewöhnlichen Aufenthalts des Unterhaltsberechtigten bewirkt jedoch jedenfalls im Bereich des Haager Unterhaltsübereinkommens einen Statutenwechsel (zum Begriff vgl. etwa Palandt/Heldrich, BGB 56. Auflage, Einl. vor Art. 3 EGBGB Rn 23)
[93] Z. B. BGH, FamRZ 1990, 1091 = NJW-RR 1990, 1410

§ 7   Auslandsberührung

255   Bei Scheidung oder gerichtlicher Trennung ist Abänderungsstatut das Scheidungs- oder Trennungsstatut, wenn die Scheidung oder Trennung von einem Vertragsstaat ausgesprochen oder anerkannt worden ist (Art. 18 IV EGBGB, Art. 8 HUÜ 73).[94]

256   Im Bereich des AUG ist dessen Art. 10 II zu beachten.[95] Danach ist bei Rechtskraft der ausländischen Entscheidung eine Abänderung nur nach § 323 ZPO zulässig, d. h. in dessen (prozessualen) Grenzen. Ist die Auslandsentscheidung noch nicht rechtskräftig, ist eine Abänderung von Höhe und Dauer des festgelegten Unterhalts ohne die Schranken des § 323 ZPO möglich.

257   **Prozeßvergleich und vollstreckbare Urkunden.** Beide sind zwar auch im Inland vollstreckbar (Art. 50, 51 EuGVÜ), aber nicht abänderbar. Ist der Vergleich in einem gerichtlichen Urteil inkorporiert, steht das Urteil und **seine** Wirkungen im Vordergrund und ist als solches zu behandeln.[96]

4. Einstweiliger Rechtsschutz

258   Er gehört zum Prozeßrecht und daher zur lex fori. Der deutsche Richter wendet die §§ 620 ff, 644 ZPO (e. A.) oder (subsidiär) § 935, § 940 ZPO (e. V.) an. Seine internationale Zuständigkeit folgt regelmäßig derjenigen der Hauptsache. Im EU-Bereich bestimmt Art. 24 EuGVÜ, daß in einem Vertragsstaat einstweiliger Rechtsschutz nach den autonomen Regeln dieses Staates auch dann beantragt werden kann, wenn für die Hauptsache ein anderer Vertragsstaat zuständig ist.[97] Der EuGH hält nach wie vor daran fest, daß auch Entscheidungen gemäß Art. 24 EuGVÜ anerkannt und vollstreckt werden können, sofern sie nach Gewährung rechtlichen Gehörs erlassen worden sind. Diese Frage ist allerdings noch nicht endgültig gelöst und wird im Rahmen der beabsichtigten Reform des EuGVÜ und des LugÜ möglicherweise abweichend geregelt.[98] Um der Gefahr zu begegnen, daß sich eine Partei in einem der über Art. 24 EuGVÜ eröffneten exorbitanten Gerichtsstände einen Titel nur zu dem Zweck verschafft, um diesen in einem anderen Mitgliedstaat zu vollstrecken, fordert der EuGH eine „reale Verknüpfung" des Verfahrensgegenstandes mit dem Gebiet des Urteilsstaates.[99] Der Begriff der einstweiligen Maßnahme in Art. 24 EuGVÜ ist weit auszulegen und umfaßt auch eine Verfügung, die eine (teilweise) Erfüllung der Hauptleistung anordnet. Wegen dieser einschneidenden Wirkungen verlangt der EuGH[100] allerdings Sicherungen, die eine spätere Rückabwicklung der einstweiligen Anordnung ermöglichen.

Materiell ist dasjenige Recht anzuwenden, das sich vorrangig aus Staatsverträgen (z. B. HUÜ 73) oder sonst nach den IPR-Regeln ergibt.

Weder die Vorschriften über einstweilige Anordnungen (§§ 620 ff, 644 ZPO) noch jene über einstweilige Verfügungen (§§ 935, 940 ZPO) bieten eine materielle Rechtsgrundlage.[101] Lediglich aus Zweckmäßigkeitserwägungen (dogmatisch höchst fragwürdig) wird in der deutschen Rechtsprechung deutsches Recht angewendet, wenn das materielle Auslandsrecht nicht oder nur unter größten Schwierigkeiten zuverlässig zu ermitteln ist.

Soweit Staatsverträge zu beachten sind, lassen diese in aller Regel einstweiligen Rechtsschutz zu (z. B. Art. 24 EuGVÜ).[102]

---

[94] Vgl. BGH, FamRZ 1992, 298 = NJW 1992, 438
[95] Abgedruckt bei Baumbach/Hartmann, ZPO 57. Auflage, § 722
[96] Geimer, JZPR, 3. Auflage, Rn 2861 ff. und 2655 ff
[97] Zur Zuständigkeit zum Erlaß einstweiliger Maßnahmen vgl. EuGH, IPRax 1999, 240; m. Anm. Hess/Vollkommer, IPRax 1999, 220; siehe auch Kropholler, aaO, Art. 24 Rn 6 ff.
[98] Vgl. insoweit Hess/Vollkommer, aaO
[99] EuGH, IPRax 1999, 240
[100] EuGH, IPRax 1999, 240; m. Anm. Hess/Vollkommer, IPRax 1999, 220
[101] Vgl. z. B. OLG München, FamRZ 1980, 448
[102] Vgl. EuGH, IPRax 1981, 19

III. Vollstreckung/Rechtshilfe

Die Vollstreckbarerklärung ausländischer Unterhaltstitel erfolgt überwiegend nach staatsvertraglichem Anerkennungsrecht, insbesondere nach dem EuGVÜ und dem HUVÜ 73 (oben Rn. 226). Das autonome, innerstaatliche Anerkennungsrecht (siehe oben Rn. 237 ff.) hat demgegenüber eine geringe Bedeutung. Durch die Anerkennung eines ausländischen Titels erstreckt sich dessen materielle Bestandskraft auf das Inland. Eine erneute Anrufung des Gerichts wegen derselben Angelegenheit ist deswegen unzulässig. Dem steht der Einwand der Rechtskraft des ausländischen Titels entgegen.[103] Soweit eine Vollstreckbarerklärung mittels des Klauselerteilungsverfahrens möglich ist, dürfte auch die Vollstreckungsklage mangels Rechtsschutzbedürfnisses unzulässig sein.[104] Das EuGVÜ, das neben einer Erleichterung der Anerkennung auch den Schutz des Beklagten bezweckt, beansprucht die ausschließliche Geltung gegenüber dem autonomen Recht. 259

Die Vollstreckbarerklärung richtet sich im Zuständigkeitsbereich des EuGVÜ nach dessen Art. 34. Danach ist dem Antrag stattzugeben, wenn nicht die Voraussetzungen zur Versagung der Anerkennung nach Art. 27, 28 vorliegen. In der Sache selbst ist die Entscheidung nicht nachzuprüfen. Ein Verstoß gegen den deutschen „ordre public" steht einer Anerkennung und Vollstreckbarerklärung entgegen (Art. 27 Nr. 1, Art. 34 II EuGVÜ).[105] 260

Das vereinfachte Verfahren der Vollstreckbarerklärung wird für das EuGVÜ und das HUVÜ 73 durch das AVAG[106] geregelt. Zuständig für die Erteilung der Vollstreckungsklausel ist nicht der Familienrichter, sondern der Vorsitzende einer **Zivilkammer** des Landgerichts des Wohnsitzes des Schuldners (Art. 32 EuGVÜ, § 1, § 5 I AVAG).[107] Für den Anwendungsbereich des HUVÜ 73 gilt Art. 35 I Nr. 2 i. V. m. § 5 I AVAG. Der Vorsitzende der Zivilkammer entscheidet grundsätzlich ohne vorherige Anhörung des Schuldners und ohne mündliche Verhandlung.[108] Für die Antragstellung (§§ 3 II AVAG; 78 III ZPO) und das nachfolgende Verfahren (§ 5 II AVAG) besteht kein Anwaltszwang. Die von der Partei vorzulegenden Urkunden in der Form des Rechts des Ursprungstitels sind in Art. 46 EuGVÜ/Art. 17 HUVÜ 73 aufgeführt. Ein Vollstreckbarerklärungsverfahren in einem anderen Vertragsstaat begründet nicht den Einwand der anderweitigen Rechtshängigkeit.[109] Die Vollstreckbarerklärung geschieht jeweils in der Weise, daß auf den ausländischen Titel die Vollstreckungsklausel gesetzt wird (Art. 31 EuGVÜ, Art. 4 I HUVÜ 73, § 7 AVAG). Über die Kosten des Verfahrens ist entsprechend § 788 ZPO (§ 8 IV AVAG) zu entscheiden. Diese Vorschrift ist auch bei anderweitiger Erledigung oder Rücknahme anwendbar. 261

Ist der Antrag unzulässig oder unbegründet, weist ihn der Vorsitzende durch begründeten Beschluß kostenpflichtig ab (§ 10 AVAG). Gegen die Entscheidung des Landgerichts kann der Schuldner befristete (grundsätzlich nach § 11 II binnen Monatsfrist; Ausnahmen §§ 9 II, 36, 40 AVAG), der Gläubiger unbefristete (§§ 11, 16 I AVAG) Beschwerde beim OLG (§§ 12 I, 16 I AVAG) einlegen. Das OLG entscheidet nach Anhörung des Schuldners[110] oder aufgrund fakultativer mündlicher Verhandlung durch Beschluß (§§ 14 I, 16 I AVAG). Solange die mündliche Verhandlung nicht angeordnet ist, besteht kein An- 262

---

[103] EuGH, NJW 1977, 495; Kropholler, aaO, Art. 25 EuGVÜ Rn 7; Zöller/Geimer, aaO, Anhang I Art. 31 EuGVÜ Rn 10
[104] Siehe Anmerkung Gottwald zu OLG Karlsruhe, FamRZ 1999, 309, 310 f; a. A. BGH, FamRZ 1987, 370 zur Vollstreckungsklage, wenn der Antrag auf Vollstreckbarerklärung rechtskräftig zurückgewiesen worden ist
[105] Vgl. z. B. BGH, IPRax 1994, 367
[106] Abgedruckt bei Zöller/Geimer, aaO, Anhang II und Baumbach/Albers, aaO, Schlußanhang V E
[107] Vgl. dazu OLG Düsseldorf, IPRax 1984, 217; OLG Köln, FamRZ 1995, 1430 für franz. Unterhaltstitel
[108] Kropholler, aaO, Art. 34 EuGVÜ Rn 1 ff
[109] EuGH, EuZW 1994, 278, 279 m. Anm. Karl
[110] EuGH, IPRax 1985, 274; Stürner, IPRax 1985, 254 ff

waltszwang (§§ 12 I S. 1, 14 II S. 1, 16 I AVAG; 78 III ZPO); nach Anordnung gilt § 78 I ZPO. Gegen den Beschluß des OLG findet u. U. die Beschwerde zum BGH statt (§§ 17 ff AVAG).[111] Das HUVÜ 73 gilt nicht für die vor Inkrafttreten fällig gewordenen Unterhaltsbeträge.[112]

263 Ist der ausländische Titel unklar oder nicht genügend bestimmt (z. B. wegen Indizierung), ist eine Konkretisierung im Klauselerteilungsverfahren ausnahmsweise zulässig.[113] Dabei müssen die zur Konkretisierung erforderlichen Feststellungen, gegebenenfalls nach Anregung eines bestimmten Antrags (§ 139 I ZPO), im Klauselerteilungsverfahren getroffen werden. Die ausländische Erkenntnis ist so genau für vollstreckbar zu erklären wie ein entsprechender deutscher Titel.[114]

264 Ist zweifelhaft, ob ein Titel (z. B. eine Jugendamtsurkunde) durch eine spätere abweichende ausländische Entscheidung noch fortgilt, hat der Schuldner die Möglichkeit, dies durch negative Feststellungsklage klären zu lassen.[115]

265 Bei den bilateralen Verträgen muß jeweils im Einzelfall geprüft werden, wie die Vollstreckung geregelt ist. Im Geltungsbereich des Haager Vollstreckungsabkommens von 1958 ist das **Familiengericht** zuständig.

266 Im Rechtshilfeverkehr hauptsächlich mit den nordamerikanischen Staaten (USA, Kanada) und Südafrika gilt das Gesetz zur Geltendmachung von Unterhaltsansprüchen im Verkehr mit ausländischen Staaten vom 19. 12. 1986 – AUG –.[116] Dieses Gesetz ergänzt das UN-Übereinkommen über die Geltendmachung von Unterhaltsansprüchen im Ausland vom 20. 6. 1956,[117] in der Bundesrepublik in Kraft seit 19. 8. 1959. Dabei geht es jeweils um Rechtshilfe in Unterhaltssachen, auch zur Vollstreckbarerklärung ausländischer Unterhaltsentscheidungen (§ 8 II AUG, § 5 III UN-Übereinkommen).

Das Verfahren beginnt für den Unterhaltsberechtigten beim Amtsgericht seines gewöhnlichen Aufenthalts, gegen dessen ablehnende Entscheidung nach § 23 EGGVG vorgegangen werden kann (§ 3 I, § 4 I, II AUG). Hält das Amtsgericht hinreichende Erfolgsaussichten für gegeben, leitet es das Gesuch an den Generalbundesanwalt als Zentrale Behörde (§ 2 AUG) weiter. Dieser lehnt es gegebenenfalls seinerseits ab (§ 5 I AUG, § 23 EGGVG) oder leitet es an die Zentralbehörde des Auslandsstaates weiter, die versuchen muß, den Unterhaltsanspruch dort durchzusetzen. Ähnlich verhält es sich umgekehrt mit dem Gesuch eines ausländischen Unterhaltsgläubigers gegen einen sich im Inland gewöhnlich aufhaltenden Unterhaltsschuldner.[118]

267 In dem Europäischen Übereinkommen betreffend Auskünfte über ausländisches Recht[119] mit Ausführungsgesetz vom 21. 1. 1987 (AuRAK)[120] haben die Vertragsparteien sich verpflichtet, einander Auskünfte über ihr Zivil- und Handelsrecht, ihr Verfahrensrecht auf diesen Gebieten und über ihre Gerichtsverfassung zu erteilen (Art. 1 I). Das Auskunftsersuchen muß von einem Gericht ausgehen und darf nur in einem bereits anhängigen Verfahren gestellt werden (Art. 3 I). Das Ersuchen (zum Inhalt vgl. Art. 4) ist „so schnell wie möglich" (Art. 12) zu beantworten.

---

[111] BGH, FamRZ 1990, 868 = NJW 1990, 2201 ff
[112] OLG Köln, FamRZ 1995, 1430
[113] Vgl. BGH, FamRZ 1986, 45 = NJW 1986, 1440, Schweiz; NJW 1990, 3084 ff; 1993, 1801, 1802; 1994, 1413 ff; Kropholler, aaO, Art. 31 EuGVÜ Rn 16
[114] BGH, IPRax 1994, 367 mit Anm. Roth, IPRax 1994, 350, Italien
[115] Vgl. OLG Hamm, FamRZ 1993, 339, Polen
[116] Abgedruckt bei Baumbach/Albers, ZPO, § 168 GVG Anh. III; vgl. dazu Bach, FamRZ 1996, 1250
[117] Abgedruckt bei Baumbach/Albers, ZPO, § 168 GVG Anh. II und Übers. § 78 ZPO Rn 8; zum Verfahren vgl. Nds.RPfl. 1999, 8 ff
[118] Vgl. im einzelnen Reichel, FamRZ 1990, 1329 und Ergänzung in FamRZ 1992, 1142 sowie KG, NJW-RR 1993, 69
[119] BGBl. 1974 II S. 938
[120] BGBl. 1987 II S. 58 i. d. F. der Bekanntmachung v. 11. 12. 1998, BGBl. 1999 II S. 15

IV. Beitrittsgebiet (ehemalige DDR)

268 Nach Art. 10, 11 Einigungsvertrag gelten die Staatsverträge der Bundesrepublik Deutschland mit Wirkung ab 3. 10. 1990 auch für das Gebiet der ehemaligen DDR. Deren Staatsverträge werden ab 3. 10. 1990 als erloschen angesehen.[121] Problematisch ist die Frage, ob die vor dem 3. 10. 1990 erlassenen Unterhaltsentscheidungen der DDR-Gerichte nach den bis dahin geltenden DDR-Staatsverträgen oder nach denjenigen der Bundesrepublik Deutschland anzuerkennen und zu vollstrecken sind und wie mit den vor dem 3. 10. 1990 erlassenen Entscheidungen von Vertragsstaaten der Bundesrepublik Deutschland für das Beitrittsgebiet verfahren werden soll. Nach dem Grundsatz, daß Staatsverträge, soweit nicht anders geregelt, erst für die ab ihrem Inkrafttreten entstandenen Tatbestände gelten, dürften die alten DDR-Verträge für die vor dem 3. 10. 1990 fällig gewordenen Unterhaltsansprüche noch anwendbar sein, ebenso für die vorher erlassenen Entscheidungen. Im übrigen gilt, soweit keine DDR-Staatsverträge abgeschlossen wurden, das sog. Rechtsanwendungsgesetz (RAG) der früheren DDR (für die Zeit vor dem 3. 10. 1990). Zum Problemkreis muß die Rechtsentwicklung abgewartet werden, auch diejenige in den beteiligten Vertragsstaaten der früheren DDR und der Bundesrepublik Deutschland.

---

[121] Vgl. Pirrung, IPRax 1992, 08

§ 8 Verfahrensrecht

1. Abschnitt: Verfahrensgegenstand, Zuständigkeit und Gericht

I. Überblick

Das zivilgerichtliche Verfahren über einen den gesetzlichen Unterhalt betreffenden Anspruch läuft nach den Regeln der ZPO ab. Art, Voraussetzungen und Gang des jeweiligen Verfahrens bestimmen sich u. a. danach, ob wegen dieses Anspruchs ein Vollstreckungstitel erst geschaffen **(Leistungsklage),** ein vorhandener den geänderten Verhältnissen angepaßt **(Abänderungsklage)** oder seiner Wirkungen beraubt **(Vollstreckungsabwehrklage)** oder ein solcher Anspruch nur festgestellt oder verneint werden soll **(Feststellungsklage),** ob eine endgültige Entscheidung **(Urteil)** oder nur eine vorläufige **(einstweilige Verfügung oder einstweilige Anordnung)** gesucht wird. Seit dem Inkrafttreten des 1. EheRG (1. 7. 1977) entscheiden darüber die ausschließlich zuständigen Familiengerichte (§ 23 b I Satz 2 Nrn. 5 und 6 GVG) als Spezialgerichte für Ehesachen und ehebezogene Verfahren aus dem Verhältnis der Ehegatten untereinander sowie zu ihren gemeinschaftlichen Kindern,[1] im Instanzenzug die Familiensenate des OLG (§ 119 I Nrn. 1 und 2 GVG) und in bestimmten Fällen der BGH (§ 133 GVG). Seit dem Inkrafttreten des Kindschaftsrechtsreformgesetzes (KindRG) zum 1. 7. 1998 ist das Familiengericht für den gesamten Verwandtenunterhalt zuständig.

II. Verfahrensgegenstand

1. Die Familiensachen der gesetzlichen Unterhaltspflicht

Gegenstand des familiengerichtlichen Verfahrens im Bereich des Unterhaltsrechts sind Streitigkeiten, die die **gesetzliche** Unterhaltspflicht gegenüber einem Verwandten (also in der Regel gegenüber einem ehelichen oder nichtehelichen Kind; vgl. KindUG vom 6. 4. 1998; BGBl. I, 666, gem. Art. 8 I am 1. 7. 1998 in Kraft getreten) oder einem Ehegatten betreffen, unabhängig davon, ob die Ehe geschieden ist oder nicht (§ 23 b I Satz 2 Nrn. 5 und 6 GVG) sowie Ansprüche nach den §§ 1615 l, 1615 m BGB (§ 23 b I Nr. 13 GVG). Familiensachen sind aber auch Unterhaltsklagen gegen Verwandte in der Seitenlinie oder Verschwägerte sowie Rechtsnachfolger.

Daraus ergibt sich eine **sachliche Beschränkung** auf die gesetzliche Unterhaltspflicht und eine persönliche auf den Bereich der Ehegatten und ihrer gemeinsamen (ehelichen wie nichtehelichen) Kinder und deren Verwandten.

Ob eine Streitigkeit in diesem Sinne vorliegt, richtet sich allein nach der Begründung des geltend gemachten Anspruchs; der familienrechtliche Charakter der Einwendung oder des Verteidigungsvorbringens ist bedeutungslos.[2]

Die gesetzliche Unterhaltspflicht „betreffen":
- Die Unterhaltsansprüche des minderjährigen oder volljährigen gemeinsamen Kindes gemäß §§ 1601 ff BGB gegenüber seinen Eltern (und umgekehrt aller Vorfahren – Eltern, Großeltern, Tanten, Onkeln – gegenüber dem Kind),

---

[1] BGH, FamRZ 1984, 774
[2] St. Rechtspr., z. B. BGH, FamRZ 1985, 48 = NJW 1985, 189; FamRZ 1980, 988; für die Prozeßaufrechnung BGH, FamRZ 1989, 166

– die Unterhaltsansprüche der in Gemeinschaft lebenden Ehegatten (§ 1360, § 1360a BGB), z. B. Zahlung von Haushaltsgeld oder von Taschengeld,
– des getrenntlebenden Ehegatten (§ 1361 BGB),
– des geschiedenen Ehegatten gemäß §§ 1569 ff BGB oder – bei Scheidung nach altem Recht – gemäß §§ 58 ff EheG i.V. m. Art. 12 Nr. 3 Satz 2 des 1. EheRG einschließlich des Unterhaltsbeitrags nach § 60 EheG,[3]
– die Unterhaltsansprüche der gebärenden oder Beerdigungskosten der infolge der Schwangerschaft verstorbenen Mutter gemäß §§ 1615 l I – IV, 1615 m oder des betreuenden Vaters (§ 1615 l V BGB),
– Vereinbarungen, die die gesetzliche Unterhaltspflicht lediglich ausformen.[4] Ausgeformt in diesem Sinne wird in aller Regel der gesetzliche Unterhalt, wenn er nach Zeitraum und Höhe konkretisiert wird. Eine selbständige, vom Gesetz losgelöste Unterhaltsregelung liegt nicht schon deshalb vor, weil der vereinbarte Unterhaltsbetrag höher ist als der, der nach den tatsächlichen Verhältnissen kraft Gesetzes geschuldet wäre,[5] oder wenn ein nach früherem Recht begründeter Unterhaltsbeitragsanspruch gemäß § 60 EheG durch Vereinbarung des Versorgungsausgleichs nach neuem Recht modifiziert wird[6] oder wenn eine Art Vorsorgeunterhalt vereinbart wird. Für eine „Loslösung" müssen besondere Anhaltspunkte vorliegen (z. B. wenn überhaupt kein Unterhaltsanspruch gegeben wäre, bei früherem wirksamen Unterhaltsverzicht),
– die in einer Scheidungsvereinbarung der Eltern gegenüber einem Elternteil festgelegte Verpflichtung zur Entrichtung gesetzlich begründeter Unterhaltsleistungen für ein gemeinsames Kind, auch wenn die Vereinbarung ohne Beteiligung des Kindes vor dem 1. Juli 1977 abgeschlossen worden ist,[7] ferner die vertragliche Vereinbarung der Eltern, in Höhe des Kindesunterhalts Lebensversicherungsverträge abzuschließen,[8]
– der Anspruch auf Befreiung von einer in einem Scheidungsvergleich übernommenen Unterhaltsverpflichtung,[9]
– der Anspruch auf Erstattung bereits erbrachter Unterhaltsleistungen,[10]
– nach OLG Hamm[11] Erstattungsansprüche hinsichtlich eines Versorgungsausgleichs als Nebenpflicht aus dem Unterhaltsverhältnis,
– ein Rechtsstreit über die Rückgewähr von Leistungen, die zum Zwecke der Erfüllung einer gesetzlichen Unterhaltspflicht erbracht worden sind,[12]
– der „Ausgleichsanspruch" eines Elternteils gegen den anderen wegen Unterhaltsleistungen für ein gemeinsames Kind,[13] auch wegen des Kindergelds,[14]
– die Klage auf Rückzahlung eines Prozeßkostenvorschusses,[15]
– die Klage auf Zahlung von Prozeßkostenvorschuß zur Verteidigung gegen die Ehelichkeitsanfechtung,[16]
– der Streit um Kinderbetreuungskosten,[17]

---

[3] BGH, NJW 1979, 2517
[4] BGH, FamRZ 1979, 2517; FamRZ 1979, 220 = NJW 1979, 551; FamRZ 1979, 1005: Zahlung freiwilliger Beiträge in die gesetzliche Rentenversicherung des anderen Ehegatten; OLG Braunschweig, FamRZ 1983, 197: Übernahme von Grundstückslasten und Freistellung davon; OLG Hamburg, FamRZ 1985, 407: Übernahme von Kinderbetreuungskosten, a. A. BGH, FamRZ 1978, 873 bei Unterhaltsverzicht der Ehefrau
[5] BGH, FamRZ 1981, 19 = NJW 1981, 346
[6] BGH, FamRZ 1985, 367
[7] BGH, FamRZ 1978, 672 = NJW 1978, 1811
[8] BayObLG, FamRZ 1983, 1246
[9] BGH, FamRZ 1989, 603
[10] BGH, FamRZ 1984, 217
[11] FamRZ 1994, 705
[12] BGH, FamRZ 1978, 582 = NJW 1978, 1531
[13] BGH, FamRZ 1978, 770
[14] BGH, FamRZ 1980, 345
[15] OLG München, FamRZ 1978, 601; OLG Zweibrücken, FamRZ 1981, 1090
[16] OLG Koblenz, FamRZ 1982, 402
[17] OLG Hamburg, FamRZ 1985, 407; a. A. BGH, FamRZ 1978, 873 bei Unterhaltsverzicht der Ehefrau und eigener Regelung des Kindesunterhalts

1. Abschnitt: Verfahrensgegenstand, Zuständigkeit und Gericht § 8

- Sonderbedarf, z. B. Erstattung von Umzugskosten,[18]
- der Anspruch auf Befreiung von Krankheitskosten und auf Zahlung von Krankenhaustagegeld, die im Rahmen einer Familienversicherung für den begünstigten Ehegatten angefallen sind,[19]
- der Rechtsstreit um Auskehrung von privaten Krankenkassenleistungen einschließlich Schadensersatz wegen Nichterfüllung,[20]
- die Klage auf Schadensersatz wegen unterlassener Weiterleitung von Arztrechnungen an die Beihilfestelle,[21]
- die Klage auf Beteiligung an den Zahlungen der Beihilfestelle und der Krankenkasse, soweit es um die Deckung tatsächlicher Krankheitskosten geht,[22]
- die Klage des Unterhaltsberechtigten aus § 419 BGB,[23]
- die Klage gegen ein Unterhaltsurteil gemäß § 826 BGB,[24]
- der aus dem gesetzlichen Unterhaltsrechtsverhältnis zwischen den Ehegatten hergeleitete Anspruch auf Zustimmung zum sog. steuerlichen Realsplitting gemäß § 10 I Nr. 1 EStG,[25]
- die Klage gegen den Ehegatten auf Ersatz der außergerichtlichen Kosten für die Geltendmachung des aufgrund des Realsplittings bestehenden Steuererstattungsanspruchs,[26]
- die Klage auf Schadensersatz wegen pflichtwidrig unterlassener Zustimmung zum steuerlichen Realsplitting,[27]
- der Streit über Schadensersatz wegen verspäteter Erstattung der Steuermehrbelastung aufgrund steuerlichen Realsplittings,[28]
- die (vor dem 27. 6. 1993) übergeleiteten oder übergegangenen gesetzlichen Unterhaltsansprüche, z. B. gemäß § 90 BSHG (jetzt gemäß § 91 BSHG n. F. oder § 37 IV BAföG),[29]
- der Bereicherungsanspruch des Unterhaltsschuldners gegen den Sozialhilfeträger bei „Abzweigung" von Arbeitslosengeld,[30]
- der wechselseitige Verzicht von Ehegatten auf Unterhalt,[31]
- das Verfahren über eine Vollstreckungsabwehrklage, wenn und soweit der Vollstreckungstitel, gegen den sie sich richtet, einen Unterhaltsanspruch nach § 23 b I Satz 2 Nrn. 5 und 6 GVG zum Gegenstand hat,[32] auch dann, wenn Verwirkung des titulierten gesetzlichen Unterhaltsanspruchs geltend gemacht wird,[33]
- das Verfahren über die Vollstreckbarerklärung eines ausländischen Titels, wenn der Titel nach deutschem Recht Unterhaltsansprüche im Sinne des § 23 b I Satz 2 Nrn. 5 und 6 GVG betrifft,[34]
- die Klage auf Abänderung eines Unterhaltstitels,[35] auch diejenige gemäß § 641 q ZPO a. F.,[36]

---

[18] BGH, FamRZ 1985, 49
[19] BGH, FamRZ 1994, 626 = NJW 1994, 1416; z.T. a. A. OLG Hamm, FamRZ 1991, 206
[20] OLG Düsseldorf, MDR 1994, 278
[21] AG Charlottenburg, FamRZ 1993, 714
[22] A. A. OLG München, FamRZ 1986, 74 mit abl. Anm. v. *Rassow;* vgl. OLG Hamm, FamRZ 1987, 1142
[23] Vermögensübernahme; OLG Frankfurt, FamRZ 1983, 196; a. A. OLG München, FamRZ 1978, 48; offengelassen OLG Frankfurt, FamRZ 1988, 734
[24] OLG Düsseldorf, FamRZ 1980, 376; OLG Karlsruhe, FamRZ 1982, 400
[25] Vgl. BGH, FamRZ 1984, 1211 = NJW 1985, 195
[26] OLG Zweibrücken, NJW-RR 1993, 644
[27] OLG Köln, NJW-RR 1987, 456; a. A. OLG München, FamRZ 1983, 614
[28] OLG Zweibrücken, FamRZ 1992, 830
[29] BGH, VersR 1979, 375; OLG München, FamRZ 1978, 48
[30] OLG Düsseldorf, FamRZ 1992, 481
[31] BGH, FamRZ 1981, 19 = NJW 1982, 346
[32] St. Rechtspr., z. B. BGH, FamRZ 1981, 19 = NJW 1981, 346
[33] BGH, FamRZ 1979, 910 = NJW 1979, 2046
[34] BGH, FamRZ 1988, 491
[35] St. Rechtspr., z. B. BGH, FamRZ 1979, 907
[36] OLG Frankfurt, FamRZ 1978, 348; OLG Hamm, FamRZ 1980, 190

- der Antrag auf Ausspruch der Erledigung des Rechtsstreits,[37]
- der sog. Drittschuldnerprozeß,[38]
- das Arrestverfahren oder das einstweilige Verfügungsverfahren, wenn das Hauptsacheverfahren Familiensache wäre,[39]
- die eng mit einem Unterhaltsprozeß zusammenhängenden Nebenverfahren, z. B. das Verfahren, in dem ein Richter in Unterhaltssachen als befangen abgelehnt wird gem. § 45 II ZPO,[40]
- die Kosten aus einer Familiensache,[41]
- das Kostenfestsetzungsverfahren,[42]
- das Prozeßkostenhilfeverfahren, soweit es nicht ausschließlich die Zwangsvollstreckung betrifft,[43]
- die Erstattung außerprozessualer Kosten für die Geltendmachung gesetzlicher Unterhaltsansprüche,[44]
- die Klage wegen der im Rahmen einer Vollstreckungsgegenklage gegen einen Unterhaltstitel entstandenen Kosten,[45]
- der Schadensersatz aus § 717 II ZPO wegen der Kosten eines Unterhaltsrechtsstreits,[46]
- die Klage auf Schadensersatz wegen Zinsen auf überzahlten Unterhalt,[47]
- die Klage des Unterhaltsgläubigers auf Einwilligung zur Auszahlung eines gepfändeten und hinterlegten Betrages,[48]
- die Klage wegen Verzugsschadens[49] oder Schlechterfüllung,[50]
- die den gesetzlichen Unterhaltsanspruch vorbereitenden Auskunftsansprüche;[51] darunter fällt nach BayObLG auch die Klage auf Vorlage einer Verdienstbescheinigung oder Krankenkassenbescheinigung, um den eigenen Antrag auf Arbeitslosenhilfe zu belegen,[52]
- die Schadensersatzklage wegen Verschweigens von Einkünften im Unterhaltsprozeß,[53]
- der Anspruch auf Zustimmung zur Gewährung von Versicherungsschutz durch eine Verkehrsrechtsschutzversicherung,[54]
- der Ausgleichsanspruch wegen gezahlter Mieten,[55]
- die Unterzeichnung der Anlage „U" durch den Unterhaltsgläubiger i. R. d. begrenzten Realsplittings sowie die Berücksichtigung von Familienfreibeträgen,[56]
- das vereinfachte Verfahren über den Unterhalt Minderjähriger nach §§ 645–660 ZPO.

---

[37] BGH, FamRZ 1981, 19 = NJW 1981, 346
[38] OLG Hamm, FamRZ 1985, 407
[39] BGH, FamRZ 1980, 46; OLG Stuttgart, FamRZ 1978, 704; allg. M.
[40] BGH, FamRZ 1986, 1197
[41] BGH, FamRZ 1981, 19 = NJW 1981, 346 = R 54 c
[42] BGH, FamRZ 1978, 585
[43] Vgl. BGH, FamRZ 1979, 421
[44] OLG Braunschweig, FamRZ 1979, 719
[45] OLG Hamm, FamRZ 1988, 1291
[46] OLG Düsseldorf, FamRZ 1988, 298
[47] OLG Düsseldorf, FamRZ 1988, 298
[48] OLG Düsseldorf, FamRZ 1988, 298
[49] OLG Braunschweig, FamRZ 1979, 719
[50] OLG Schleswig, FamRZ 1983, 394
[51] BGH, FamRZ 1985, 367
[52] FamRZ 1985, 945: sehr weitgehend!
[53] OLG Hamm, NJW-RR 1991, 1349
[54] Zahlung von Schmerzensgeld aus Verkehrsunfall; LG Aachen, FamRZ 1994, 310, sehr fraglich
[55] OLG Schleswig, SchlHA 1979, 144
[56] AG Gelnhausen, FamRZ 1988, 510

1. Abschnitt: Verfahrensgegenstand, Zuständigkeit und Gericht § 8

2. Die Nichtfamiliensachen

Die gesetzliche Unterhaltspflicht „betreffen" nicht:
- rein vertragliche, vom Gesetz losgelöste Unterhaltsansprüche;[57] eine solche Loslösung ist nur ganz ausnahmsweise anzunehmen,[58]
- Klagen von Dritten gegen Eltern gemeinsamer Kinder auf Ersatz ihrer Aufwendungen für den Unterhalt der Kinder, etwa aus Geschäftsführung ohne Auftrag,[59]
- diejenigen Verrichtungen, die im VIII. Buch der ZPO (Zwangsvollstreckung) den Vollstreckungsgerichten zugewiesen sind,[60]
- Verfahren wegen der Vergütung eines Rechtsanwalts für geleistete Beratungshilfe, auch dann, wenn ihr Gegenstand bei gerichtlicher Geltendmachung eine Familiensache wäre,[61] auch nicht die Gebührenklage gemäß § 34 ZPO,[62]
- die Klage aus der Vereinbarung, eine Schuld des Ehegatten aus Anwaltsvertrag mitzutragen,[63]
- die Bestimmung des Anspruchsberechtigten gem. § 3 IV BKGG,[64]
- der Rechtsstreit wegen Gewährung von Kost und Wohnung für ein volljähriges, nicht unterhaltsberechtigtes Kind,[65]
- die Klage auf Auskunftserteilung gegen den Unterhaltsschuldner nach § 836 III ZPO,[66]
- der Streit über die Tilgung gemeinsamer Schulden,[67]
- die Klage gem. § 426 BGB,[68]
- die Klage eines Ehegatten gegen den anderen auf Freistellung von Verbindlichkeiten gegenüber einer Bank,[69]
- Ausgleichsansprüche wegen Verfügung über ein gemeinschaftliches Bankkonto,[70]
- die Klage auf Teilhabe am Lohnsteuerjahresausgleich,[71]
- die Klage auf Zustimmung zum Lohnsteuerermäßigungsantrag oder auf Stellung eines eigenen Lohnsteuerermäßigungsantrags,[72]
- die Klage auf Aufteilung der Steuerrückerstattung,[73]
- die Klage auf Mitwirkung bei der steuerlichen Zusammenveranlagung,[74]
- die Klage auf Schadensersatz wegen Verweigerung der Mitwirkung bei der steuerlichen Zusammenveranlagung,[75]
- die Klage auf Herausgabe des Steuerbescheids und auf Schadensersatz wegen Nichtzustimmung zur gemeinsamen steuerlichen Veranlagung zur Einkommensteuer,[76]

---

[57] BGH, FamRZ 1979, 220 = NJW 1979, 551
[58] BGH, FamRZ 1991, 1040
[59] BGH, FamRZ 1979, 218
[60] BGH, FamRZ 1979, 421
[61] BGH, FamRZ 1984, 774
[62] BGH, FamRZ 1986, 347; zum Anspruch auf „Beraterhonorar im Rahmen einer Scheidungsfolgenvereinbarung" BGH, FamRZ 1988, 1036
[63] OLG Düsseldorf, FamRZ 1991, 1070
[64] OLG Hamm, FamRZ 1981, 63: zuständig Vormundschaftsgericht; a. A. OLG Frankfurt, FamRZ 1979, 1038: Familiensache
[65] OLG Oldenburg, FamRZ 1981, 185
[66] Überweisung einer gepfändeten Geldforderung, OLG Nürnberg, FamRZ 1979, 524
[67] OLG Düsseldorf, FamRZ 1986, 180
[68] Gesamtschuldnerausgleich; allg. M., z. B. aus BGH, FamRZ 1987, 1239 = NJW 1988, 133
[69] OLG Nürnberg, FamRZ 1994, 838
[70] OLG Zweibrücken, FamRZ 1987, 1138; OLG Köln, FamRZ 1987, 1139
[71] BGH, FamRZ 1980, 554 = NJW 1980, 1283; OLG Hamm, FamRZ 1988, 518; OLG Hamburg, FamRZ 1982, 507
[72] BayObLG, FamRZ 1985, 947
[73] OLG Düsseldorf, FamRZ 1985, 82
[74] H. M.; vgl. dazu BGH, FamRZ 1977, 38 = NJW 1977, 378: damals gab es noch keine Familiengerichte, OLG Köln, NJW-RR 1993, 454; OLG Stuttgart, FamRZ 1992, 1447
[75] OLG München, FamRZ 1983, 614; a. A. OLG Köln, NJW-RR 1987, 456
[76] OLG Hamm, FamRZ 1991, 1070

– die Klage des Scheinvaters auf Rückgewähr geleisteten Unterhalts für das Kind nach erfolgreicher Ehelichkeitsanfechtung;[77] seit dem 1. 7. 1998 ist § 1615 b BGB a. F. ersatzlos gestrichen,
– die Übertragung des Kfz-Schadensfreiheitsrabatts auf einen Dritten,[78]
– der Anspruch auf Auskehrung des Krankenhaustagegeldes und des Genesungsgeldes,[79]
– der Anspruch des Unterhaltspflichtigen auf Erstattung zu Unrecht abgezweigter Sozialleistungen,[80]
– die Auseinandersetzung der Eltern über Beerdigungskosten ihres Kindes,[81]
– die Geltendmachung von Ansprüchen gegen den Übernehmer nach § 419 BGB, soweit sie auf der durch die Ehe begründeten gesetzlichen Unterhaltspflicht beruhen, wenn bereits ein entsprechender Unterhaltstitel vorliegt.[82]

Mischverfahren

5   Andere prozessuale Ansprüche als Familiensachen können nicht, auch nicht durch Klagehäufung (§ 260 ZPO) oder durch Widerklage (§ 33 ZPO) oder hilfsweise, zusammen mit Unterhaltssachen beim Familiengericht geltend gemacht werden.[83]

Zulässig und vom Familiengericht mitzuerledigen ist jedoch die nichtfamilienrechtliche Hilfsbegründung eines einzigen einheitlichen prozessualen Anspruchs.[84]

Beispiel: Klage auf 5000 DM wegen Unterhaltsüberzahlung, hilfsweise wegen Mißbrauchs der Bankvollmacht für das Geschäftskonto.

Zulässig und wirksam ist die Aufrechnung mit einer Familiensache. Der Rechtsstreit wird dadurch jedoch nicht zur Familiensache.[85]

Für den umgekehrten Fall (Aufrechnung mit einer Zivilforderung gegen einen familienrechtlichen Anspruch) vgl. OLG Köln, FamRZ 1992, 450.

III. Bestimmung des zuständigen Gerichts (Kompetenzkonflikt)

6   Wichtigste Vorschrift hierfür ist § 36 Nr. 6 ZPO. Sinn und Zweck des Verfahrens ist es in erster Linie, im Interesse der Parteien und der Rechtssicherheit den mißlichen Streit darüber, welches Gericht für die Sachentscheidung zuständig ist, schnell zu beenden.[86]

§ 36 Nr. 6 ZPO ist nicht nur im Erkenntnisverfahren, sondern auch im Vollstreckungsverfahren anwendbar.[87] Es reicht aus, daß nur die Zuständigkeit für die Entscheidung über ein Rechtsmittel streitig ist.[88] Eine Zuständigkeitsbestimmung ist schon im PKH-Verfahren möglich,[89] jedoch nur für die Zuständigkeit zur Entscheidung über den PKH-Antrag.[90] Ansonsten kommt die Bestimmung des zuständigen Gerichts gem. § 36 Nr. 6 ZPO grundsätzlich erst dann in Betracht, wenn in der Streitsache Rechtshängigkeit eingetreten ist.[91]

Die Zuständigkeitsbestimmung setzt einen **negativen Zuständigkeitsstreit** in einem

---

[77] BayObLG, FamRZ 1979, 315
[78] OLG Stuttgart, FamRZ 1989, 763; ähnlich LG Freiburg, FamRZ 1991, 1447
[79] OLG Hamm, FamRZ 1991, 206; zum Krankenhaustagegeld a. A. BGH, FamRZ 1994, 626 = NJW 1994, 1416, s. o.
[80] BGH, Ez FamR aktuell 1993, 143
[81] OLG Schleswig, SchlHA 1981, 1978
[82] AG Westerstede, FamRZ 1995, 1279
[83] BGH, FamRZ 1986, 347 = NJW 1986, 1178
[84] BGH, FamRZ 1983, 155 = NJW 1983, 1913
[85] BGH, FamRZ 1989, 166
[86] BGH, FamRZ 1980, 557 = NJW 1980, 1282
[87] BGH, FamRZ 1983, 578 = NJW 1983, 1859
[88] BGH, NJWE-FER 1997, 40
[89] BGH, FamRZ 1987, 924
[90] BGH, FamRZ 1991, 1172
[91] BGH, NJW-RR 1996, 254

1. Abschnitt: Verfahrensgegenstand, Zuständigkeit und Gericht § 8

rechtshängigen Verfahren voraus,[92] und zwar nach Zustellung der Klage oder gegebenenfalls Mitteilung der Antragsschrift an die Gegenpartei.[93] Ein „Antrag" ist nicht erforderlich, vielmehr genügt die Vorlage durch eines der beteiligten Gerichte.[94] Bei einem negativen Kompetenzkonflikt kann die Zuständigkeit durch den BGH nur bestimmt werden, wenn eines der beteiligten Gerichte nach den getroffenen Feststellungen zuständig ist.[95]

Notwendig ist eine **rechtskräftige Unzuständigkeitserklärung.** Diese setzt die Zustellung der Klage oder – falls nach den verfahrensrechtlichen Vorschriften ausreichend – die Mitteilung der das Verfahren in Gang setzenden Antragsschrift voraus.[96] In bestimmten Fällen kann die Anhörung des Gegners unterbleiben (z. B. bei einer Pfändung gemäß § 834 ZPO).[97] Daß die Unzuständigkeitserklärung eines Gerichts unzulässig ist, steht nicht entgegen.[98] 7

Eine rechtskräftige Unzuständigkeitserklärung liegt nicht in der formlosen „Abgabe" an ein anderes Amtsgericht, ohne daß den Parteien, insbesondere dem Beklagten, davon Mitteilung gemacht würde,[99] auch nicht in einer gerichtsinternen, nicht hinausgegebenen „Begleitverfügung".[100] Entscheidungen, die den Parteien nicht bekanntgegeben worden sind, sind keine rechtskräftigen Unzuständigkeitserklärungen.[101]

Die Zuständigkeitsbestimmung ist nicht nach freiem Ermessen, sondern unter Beachtung der gesetzlichen Zuständigkeitsnormen und der Bindungswirkung vorangegangener Verweisungen zu treffen. Sie ist auch dann wirksam und bindend, wenn sie im Einzelfall den gesetzlichen Zuständigkeitsnormen nicht entspricht.[102] Allerdings ist auch für Zweckmäßigkeitserwägungen Raum.[103]

Eine Gerichtsstandsbestimmung findet nicht statt, wenn nur ein Gericht sich für unzuständig erklärt und ein anderes den Rechtsstreit an dieses Gericht verwiesen hat, weil die Streitsache dort bereits anhängig sei.[104]

Eine Trennung gemäß § 145 ZPO ist im Rahmen einer Zuständigkeitsbestimmung nicht zulässig. Das Gericht, das über den Kompetenzkonflikt entscheidet, ist nicht „Prozeßgericht".[105]

Einen Kompetenzkonflikt zwischen einem Familiensenat und einem anderen Zivilsenat eines OLG darüber, ob es sich um eine Familiensache handelt, entscheidet der BGH, in Bayern das BayObLG, in entsprechender Anwendung des § 36 Nr. 6 ZPO.[106] Das BayObLG ist in Familiensachen, in denen der Rechtszug zum BGH führt, auch zur Entscheidung eines Zuständigkeitsstreits bayerischer Gerichte berufen, wenn es nach dem allgemeinen Gerichtsaufbau das gemeinsame nächsthöhere Gericht ist.[107] 8

Schließlich ist es auch für einen **Kompetenzkonflikt zwischen** einem **Vormundschaftsgericht** und einem **Familiengericht** desselben bayerischen Amtsgerichts zuständig.[108]

In einem **Kompetenzkonflikt zwischen Familiengericht** einerseits und amtsgerichtlicher **Zivilabteilung** bzw. Zivilkammer des Landgerichts andererseits ist das Oberlandesgericht zuständig,[109] wobei es Frage der internen Geschäftsverteilung ist, welcher

---

[92] BGH, FamRZ 1993, 49
[93] BGH, FamRZ 1993, 307
[94] BGH, FamRZ 1984, 774
[95] BGH, FamRZ 1995, 1135
[96] BGH, FamRZ 1987, 924
[97] BGH, FamRZ 1983, 578
[98] BGH, FamRZ 1978, 232
[99] BGH, FamRZ 1993, 49
[100] BGH, FamRZ 1982, 43 = NJW 1982, 1000
[101] BGH, FamRZ 1988, 1257
[102] BGH, FamRZ 1980, 670
[103] BGH, FamRZ 1984, 575
[104] BGH, FamRZ 1980, 45
[105] BGH, FamRZ 1979, 217
[106] BGH, FamRZ 1979, 911
[107] BGH, FamRZ 1979, 911 unter Aufgabe von BGH, FamRZ 1979, 219
[108] BayObLG, FamRZ 1994, 1597
[109] OLG München, FamRZ 1978, 704

OLG-Senat den Kompetenzkonflikt entscheidet. Streiten sich einzelne **Familiengerichtsabteilungen beim gleichen Amtsgericht** über ihre Zuständigkeit, dann handelt es sich nicht um einen Streit bezüglich der Qualifizierung einer Rechtssache als Familiensache, sondern um eine Abgrenzung innerhalb der **Geschäftsverteilung** des Amtsgerichts. Hierüber hat das Präsidium des Gerichtes gemäß § 21 e I GVG zu entscheiden.

Der Streit eines OLG wegen der Rechtsmittelzuständigkeit aufgrund Verweisung in erster Instanz ist analog § 36 Nr. 6 ZPO zu entscheiden. Gegebenenfalls ist unmittelbar ein anderes, ausschließlich zuständiges Gericht zu bestimmen und an es zu verweisen, wenn rechtliches Gehör gewährt und Verweisungsantrag gestellt worden ist.[110] Ansonsten ist die Sache an das vorlegende Gericht zurückzugeben, damit dieses auf entsprechenden Antrag an das zuständige Gericht verweisen kann.[111] Dasselbe gilt allgemein für einen Kompetenzkonflikt gem. § 36 Nr. 6 ZPO.[112] Die Zuständigkeitsbestimmung ersetzt dann die Verweisung des Verfahrens nach § 281 ZPO, eventuell analog.[113]

Der Verweisungsantrag kann auch beim Kompetenzkonfliktgericht eingereicht werden.[114]

Einer mündlichen Verhandlung bedarf es nicht (§ 37 I ZPO).[115]

IV. Das Familiengericht

1. Die sachliche Zuständigkeit

9   a) **Zuständigkeit in 1. Instanz.** Grundvorschrift ist § 23 b I Satz 2 Nr. 5 u. 6 GVG. Zweck des § 23 b I GVG ist es, eine **Konzentration der Zuständigkeit** für alle ehebezogenen Verfahren zu schaffen und den Parteien hierfür einen Richter mit der als notwendig erachteten besonderen Sachkunde zur Verfügung zu stellen.[116] Diese Vorschrift regelt die **Zuständigkeit der Familiengerichte gerichtsintern**, nicht sachlich. Der fast gleichlautende § 621 I ZPO besagt nur, daß die sachliche Zuständigkeit der Amtsgerichte für die aufgeführten Familiensachen ausschließlich und die gerichtsinterne Regelung des § 23 b I GVG zwingend ist.[117] Ob eine Familiensache vorliegt, richtet sich nach der Begründung des geltend gemachten Anspruchs, bei Auslandsberührung nach deutschem Recht als der lex fori.[118]

Bei einem einheitlichen prozessualen Begehren mit verschiedenen sachlich-rechtlichen Begründungen, darunter einer familienrechtlichen, hat das Familiengericht Vorrang.[119]

Steht eine Familiensache mit einer Nichtfamiliensache im Verhältnis von Haupt- und Hilfsanspruch, so ist zunächst das Gericht (Abteilung) für den Hauptanspruch zuständig.

Nach dessen Abweisung kommt Verweisung an das für den Hilfsanspruch zuständige Gericht in Betracht.[120]

Die Regelung von gesetzlichem Unterhalt gemäß § 23 b I Satz 2 GVG in einer Vereinbarung macht eine zugleich mitgeregelte Nichtfamiliensache nicht zur Familiensache.[121]

Werden in einem Scheidungsfolgenvergleich Ansprüche zur einheitlichen Auseinandersetzung sowohl familienrechtlicher als auch allgemeiner vermögensrechtlicher Bezie-

---

[110] BGH, FamRZ 1984, 465
[111] BGH, FamRZ 1995, 728
[112] BGH, FamRZ 1988, 492
[113] BGH, FamRZ 1980, 557 = NJW 1980, 1282
[114] BGH, FamRZ 1978, 402
[115] BGH, FamRZ 1980, 557 = NJW 1980, 1282
[116] BGH, FamRZ 1980, 46
[117] BGH, FamRZ 1978, 582
[118] BGH, FamRZ 1983, 155
[119] BGH, FamRZ 1983, 155
[120] BGH, FamRZ 1981, 1047
[121] BGH, FamRZ 1981, 247

hungen der Ehegatten begründet, und ist keine Zuordnung bestimmter Ansprüche nur zu einem der beiden Regelungsbereiche möglich, dann ist der Rechtsstreit wegen aller Ansprüche Familiensache.[122]

Die Zuständigkeit des Gerichts der Ehesache (§ 621 II S. 1 ZPO) für weitere Familiensachen entfällt mit rechtskräftigem Abschluß des Scheidungsverfahrens, auch wenn das Verfahren über eine Folgesache anhängig geblieben ist.[123] Jedoch ist der Grundsatz der „perpetuatio fori" zu beachten.[124] Während der Anhängigkeit einer Ehesache ist für eine Vollstreckungsabwehrklage wegen Trennungsunterhalts das Gericht der Ehesache zuständig.[125]

Läßt sich der Aufenthalt des Beklagten (trotz aller Bemühungen) nicht ermitteln, ist das Familiengericht des letzten Wohnsitzes örtlich zuständig.[126]

b) Zuständigkeit in 2. Instanz. Seit 1. 4. 1986 gilt nicht mehr der Grundsatz der materiellen, sondern der **formellen Anknüpfung**: Hat ein Familiengericht entschieden, ist das OLG grundsätzlich auch dann zuständig, wenn materiell eine Nichtfamiliensache vorliegt (§ 119 I Nr. 2 GVG). Angeknüpft wird daran, ob die allg. Prozeßabteilung oder die Abteilung für Familiensachen (bei kleineren Amtsgerichten der allgemeine Zivilrichter oder der Familienrichter) die angefochtene Entscheidung erlassen hat.[127] Auf den Charakter der Rechtsstreitigkeit kommt es nicht mehr an.[128] Ergeben sich aufgrund unterschiedlicher Kennzeichnung des Gerichts und des Verfahrensgegenstands Zweifel darüber, ob das Amtsgericht als Familiengericht oder allgemeines Prozeßgericht entschieden hat, kann die Partei das Urteil nach dem Meistbegünstigungsgrundsatz sowohl beim Landgericht als auch beim Oberlandesgericht anfechten.[129] Etwas anderes gilt nur, wenn eine Zuständigkeitsrüge in zulässiger Weise erhoben wurde. Zu verhandeln und zu entscheiden hat ein Familiensenat des OLG, solange nicht in zulässiger Weise gerügt ist (§ 529 III ZPO), daß keine Familiensache gegeben sei.[130]

Hat das OLG eine Sache ausdrücklich als Familiensache behandelt, ist der BGH daran gebunden.[131] Wenn die allg. Prozeßabteilung des AG fälschlich über eine Familiensache entschieden hat, wahrt nur bei LG eingelegte Berufung die Rechtsmittelfrist; ist beim OLG Berufung eingelegt, kommt eine Verweisung weder an das LG noch an das AG in Betracht: das Rechtsmittel ist vielmehr wegen mangelnder Zuständigkeit als unzulässig zu verwerfen.[132] Hat das Familiengericht eine Familiensache fälschlich, aber bindend, an das LG verwiesen, kann bei Berufung das Oberlandesgericht prüfen, ob eine Familiensache vorliegt. Zuständig ist der Familiensenat jedenfalls dann, wenn der Beklagte der Verweisung schon vor dem Familiengericht widersprochen hat und vor dem OLG die Zuständigkeit des allg. Zivilsenats rügt.[133] Bei einem in der Berufungsinstanz erstmals erhobenen Anspruch prüft das OLG wie ein Erstgericht, ob eine Familiensache vorliegt, und zwar von Amts wegen und ohne Verstoß gegen § 529 III ZPO.[134] Verneint das OLG den Charakter als Familiensache (z. B. bei rein vertraglichem Unterhalt), muß es den Wert der Beschwer festsetzen (§ 546 II ZPO). Geschieht dies nicht, prüft der BGH zwar nicht nach, ob eine Familiensache vorliegt (§ 549 II ZPO), stellt aber selbst den Wert der Beschwer fest.[135]

---

[122] BGH, FamRZ 1981, 19
[123] BGH, FamRZ 1982, 43; vgl. auch BGH, FamRZ 1981, 23
[124] Vgl. BGH, FamRZ 1986, 454
[125] BayObLG, FamRZ 1991, 1455 = NJW-RR 1992, 263
[126] Aus § 16 ZPO, vgl. BGH, NJW-RR 1992, 578
[127] BGH, FamRZ 1992, 665
[128] BGH, FamRZ 1993, 690 = NJW 1993, 1399
[129] BGH, FamRZ 1995, 219
[130] BGH, FamRZ 1989, 165
[131] BGH, FamRZ 1994, 693
[132] BGH, FamRZ 1991, 682
[133] BGH, FamRZ 1994, 25 = NJW-RR 1993, 1282
[134] BGH, FamRZ 1994, 98
[135] BGH, FamRZ 1995, 726

2. Die örtliche Zuständigkeit

11   Die **örtliche Zuständigkeit** in familienrechtlichen Unterhaltssachen bestimmt sich, sofern keine Ehesache anhängig ist, nach den §§ 13 ff ZPO. Danach ist für die unterhaltsrechtliche **Leistungsklage** das **Wohnsitzgericht** bzw. das **Gericht des Aufenthaltes des Beklagten** zuständig. Ist aber eine Ehesache anhängig, dann ist für alle Familiensachen (also auch für isoliert betriebene Unterhaltssachen) gemäß § 621 II Satz 1 ZPO das Familiengericht zwingend zuständig, bei welchem die Ehesache verhandelt und entschieden wird. Diese Zuständigkeit endet aber dann, wenn vor Zustellung der Unterhaltsklage die Ehesache nicht mehr anhängig ist.[136] Ist jedoch die Ehesache rechtsmißbräuchlich anhängig gemacht worden, so z. B. vorsätzlich ohne Einhaltung des Trennungsjahres, soll die besondere Zuständigkeit des § 621 II Satz 1 ZPO nicht begründet werden.[137]

Für eine Vollstreckungsabwehrklage, die eine Familiensache ist, mit der jedoch keine Regelung für den Fall der Scheidung begehrt wird, ist auch dann das Prozeßgericht des ersten Rechtszugs i. S. d. § 767 I ZPO zuständig, wenn eine Ehesache anhängig ist oder während des Verfahrens anhängig wird. Die Regelungen des § 621 II S. 1 u. III ZPO haben keinen Vorrang.[138] Erhebt während der Anhängigkeit einer Ehesache ein Ehegatte gegen den anderen aus einer notariellen Urkunde über den Trennungsunterhalt Vollstreckungsabwehrklage, ist das Gericht der Ehesache zuständig.[139]

Richtet sich die Vollstreckungsabwehrklage gegen einen vor dem LG vor dem 1. 7. 1977 geschlossenen Unterhaltsvergleich, ist das Familiengericht zuständig,[140] und zwar örtlich das Amtsgericht, in dessen Bezirk das LG, bei dem das Verfahren im ersten Rechtszug anhängig war, seinen Sitz hat.[141]

3. Abgabe und Verweisung

12   **Abgabe** und **Verweisung** sind die Überleitung eines Verfahrens von einer Gerichtsabteilung an die andere oder von einem Gericht an ein anderes. **Innerhalb desselben Gerichtes** spricht man – gleichgültig ob es sich um ein ZPO- oder FGG-Verfahren handelt – immer nur von **Abgabe**. Den Begriff der **Verweisung** gibt es nur bei der Überleitung von ZPO-Verfahren, nicht aber bei FGG-Familiensachen. Außerdem spricht man von Verweisung erst, nachdem das Verfahren rechtshängig geworden ist. Der wesentliche Unterschied zwischen Abgabe und Verweisung besteht darin, daß eine Verweisung bindend ist, eine Abgabe aber nicht.

12a   **a) Verweisung nach § 281 ZPO.** § 281 ZPO setzt die Beteiligung zweier verschiedener Gerichte voraus.[142] Notwendig ist **Rechtshängigkeit**;[143] vor Rechtshängigkeit kann nur abgegeben werden. Der Verweisungsantrag kann in der Revisions- oder Beschwerdeinstanz nachgeholt werden.[144] Die Verweisung ändert die Rechtsnatur der Streitigkeit nicht.[145] Bei Verweisung vom Familiengericht an das LG hat bei Berufung das OLG die Rechtsnatur des Streitgegenstands selbst zu prüfen,[146] ebenso, falls der Beklagte der Verweisung vor dem Familiengericht widersprochen hat und vor dem OLG die Zuständigkeit des allgemeinen Zivilsenats rügt. Bei etwaiger Zurückverweisung wegen Verfahrensmängeln muß das OLG jedoch die **Bindung der Verweisung** an das LG beachten, auch

---
136 BGH, FamRZ 1980, 1109
137 So KG, FamRZ 1989, 1105
138 BGH, FamRZ 1980, 346 = NJW 1980, 1393
139 BayObLG, FamRZ 1991, 1455 = NJW-RR 1992, 263
140 BGH, FamRZ 1978, 672 u. FamRZ 1979, 573
141 BGH, FamRZ 1980, 47
142 BGH, FamRZ 1978, 582
143 BGH, NJW-RR 1997, 1161
144 BGH, FamRZ 1978, 873; FamRZ 1984, 465
145 BGH, FamRZ 1980, 557
146 BGH, FamRZ 1979, 1005 zur inzwischen überholten materiellen Anknüpfung; nunmehr BGH, FamRZ 1994, 25 = NJW-RR 1993, 1282 zur neuen Rechtslage (formelle Anknüpfung)

1. Abschnitt: Verfahrensgegenstand, Zuständigkeit und Gericht § 8

wenn eine Familiensache vorliegt. Steht eine Nichtfamiliensache mit einer Familiensache im Verhältnis von Haupt- und Hilfsanspruch, so ist eine Verweisung an das Familiengericht erst nach Abweisung des Hauptanspruchs zulässig,[147] aber auch notwendig, weil das Prozeßgericht sachlich nicht über einen familienrechtlichen (Hilfs-)Anspruch entscheiden kann.

Ist fälschlich gegen eine Entscheidung der allgemeinen Prozeßabteilung des Amtsgerichts in einer Familiensache Berufung zum OLG eingelegt worden, so kommt weder eine Verweisung an das LG noch an das Familiengericht in Betracht.[148]

Eine fehlerhaft beim Oberlandesgericht eingelegte Berufung kann nicht nach § 281 ZPO oder in analoger Anwendung dieser Bestimmung an das Landgericht verwiesen werden.[149]

Ein Bedürfnis für eine entsprechende Anwendung des § 281 ZPO im Berufungsverfahren besteht nur, wenn in Anwendung des sog. Meistbegünstigungsgrundsatzes Berufung zu verschiedenen Gerichten eingelegt werden kann.[150]

Die Bindungswirkung des § 281 II S. 2 ZPO entfällt nicht bei jedem Verfahrensfehler, **13** z. B. nicht bei Fehlen des Verweisungsantrags,[151] nicht in jedem Falle bei fehlender Begründung,[152] sondern nur bei einem besonders schwerwiegenden Verfahrensverstoß, z. B. Unterlassung des rechtlichen Gehörs[153] oder Willkür[154] oder bei Verweisung ohne Ankündigung nach Ablehnung eines Übernahmeersuchens durch das Familiengericht und Fortführung des Rechtsstreits durch das LG[155] oder bei Häufung grober Rechtsirrtümer.[156] Der Anspruch auf rechtliches Gehör ist bei prozeßordnungswidriger Entscheidung über den Verweisungsantrag im schriftlichen Verfahren dann nicht verletzt, wenn das Gericht Gelegenheit zur Stellungnahme in angemessener Frist gegeben und erkennbar gemacht hat, daß es nach Fristablauf ohne mündliche Verhandlung entscheiden wird.[157] Auf die gerichtsinterne Zuständigkeitsregelung hat die Bindungswirkung keinen Einfluß.[158]

Die **Bindungswirkung bleibt erhalten**, wenn der Beklagte seinen Wohnsitz nachträglich ändert oder die Parteien anderweitige Verweisung übereinstimmend beantragen (§ 261 III Nr. 2 ZPO).[159] Durch den Antritt von Strafhaft wird ein Wohnsitz in der Justizvollzugsanstalt nicht begründet.[160] Hat ein Gericht eine zu ihm erhobene Klage wegen örtlicher Unzuständigkeit – rechtskräftig – abgewiesen, so steht diese Entscheidung der Bindungswirkung eines später in einem neuen Verfahren über denselben Streitgegenstand von einem anderen Gericht erlassenen Verweisungsbeschlusses an das erste Gericht nicht entgegen. § 11 ZPO ist in diesem Fall nicht anzuwenden.[161]

Der Verweisung von einem Rechtsmittelgericht zum andern kommt in der Regel keine Bindungswirkung zu.[162] Die Verweisung des Rechtsstreits durch das LG als Berufungsgericht an das OLG als Berufungsgericht wegen einer erst in der Berufungsinstanz eingetretenen Erweiterung des Klagebegehrens ist nicht zulässig. § 506 ZPO findet keine Anwendung.[163] Trotz fehlender Bindung ist das Verfahren beim angewiesenen Gericht anhängig.[164]

---

[147] BGH, FamRZ 1981, 1047
[148] Verwerfung! BGH, FamRZ 1991, 682
[149] BGH, FamRZ 1996, 1544
[150] BGH, NJW-RR 1997, 55
[151] RGZ 131, 200; BGHZ 1, 341
[152] BGH, FamRZ 1988, 943
[153] BGH, FamRZ 1989, 847
[154] BGH, FamRZ 1993, 50
[155] OLG Nürnberg, FamRZ 1994, 838
[156] BGH, NJW-RR 1992, 383
[157] BGH, NJW 1988, 1794
[158] BGH, FamRZ 1979, 1005
[159] BGH, FamRZ 1995, 729
[160] BGH, FamRZ 1996, 1544
[161] BGH, FamRZ 1997, 398 = NJW 1997, 869
[162] BGH, FamRZ 1984, 36 und 1984, 774
[163] BGH, NJW-RR 1996, 891
[164] BGH, NJW 1989, 491

Verweist das LG an das AG, so ist nur das AG gebunden, nicht die – unselbständige – familienrechtliche Abteilung.[165] Verweist das AG den Rechtsstreit an ein LG, weil der Streitwert die sachliche Zuständigkeit der AG übersteigt, so bindet der Verweisungsbeschluß auch hinsichtlich der örtlichen Zuständigkeit, wenn das AG erkennbar diese Zuständigkeit mitgeprüft und bejaht und auch insoweit die Bindungswirkung gewollt hat.[166]

Verweist das AG an das LG, weil keine Familiensache vorliege, wird jedoch beim LG die Klage (auch) auf einen familienrechtlichen Anspruch gestützt, ist die Rückverweisung an das AG wegen der Bindungswirkung ausgeschlossen.[167]

„Abgaben" oder „Verweisungen" unter Abteilungen oder Senaten desselben Gerichts sind nicht bindend; § 281 ZPO ist nicht anwendbar.[168]

Verweisung ist auch im Verfahren auf Erlaß einer einstweiligen Verfügung möglich[169] und bindend. Dasselbe gilt für das PKH-Verfahren.[170] Der Erlaß eines Teilanerkenntnisurteils hindert eine spätere Verweisung nicht.[171]

Eine Verweisung wegen anderweitiger Rechtshängigkeit sieht das Gesetz nicht vor. Sie hat keine Bindungswirkung.[172]

Eine Verweisung an das Gericht der Ehesache gem. § 621 III S. 1 ZPO ist nicht mehr zulässig, wenn im 1. Rechtszug eine abschließende Entscheidung ergangen ist.[173] Auf deren Rechtskraft kommt es nicht an. Die Abgabe einer Familiensache an das Gericht der Ehesache gem. § 621 III ZPO ist für dieses dann nicht bindend, wenn sie auf dem Irrtum des abgebenden Gerichts beruht, die Ehesache sei rechtshängig.[174]

13a Die Verweisungsvorschrift des § 281 gilt unmittelbar nur für Urteilsverfahren, wird aber auf **Beschlußverfahren der ZPO** entsprechend angewendet, wie z. B. das Zwangsvollstreckungsverfahren, das PKH-Verfahren, das Verfahren des Arrestes und der einstweiligen Verfügung. Allerdings findet § 281 ZPO nur dort Anwendung, wo überhaupt ein anderes Gericht örtlich oder sachlich zuständig ist; ein ausländisches Gericht kann dies niemals sein, da jeder justizhoheitliche Akt an der Staatsgrenze endet.

Ist noch keine Klageerhebung erfolgt, ist auf Antrag des Klägers nur eine formlose Abgabe möglich; sie entfaltet keine Bindungswirkung. Im übrigen kann nur der Rechtsstreit als ganzer verwiesen werden, nicht einzelne Anspruchsgründe eines einheitlichen Verfahrens. Eine Teilverweisung ist nur dann zulässig, wenn auch eine Abtrennung gem. § 145 ZPO zulässig wäre. In diesem Falle stellt eine Teilverweisung eine gleichzeitige Abtrennung mehrerer Streitgegenstände voneinander dar.

Eine Verweisung erfolgt **nur auf Antrag einer Partei**; Verweisung von Amts wegen ist unzulässig mit jener Ausnahme des § 621 III ZPO. Der Verweisungsantrag selbst kann mündlich oder formlos schriftlich und ohne Anwaltszwang (§ 78 III ZPO) gestellt werden.

13b Der **Verweisungsbeschluß** ist gem. § 281 II S. 3 ZPO **unanfechtbar**, selbst bei Versagung des rechtlichen Gehörs oder offensichtlicher Willkür. Allerdings besteht keine Bindungswirkung der Verweisung, wenn ihr jede rechtliche Grundlage fehlt und sie als objektiv willkürlich erscheint.[175]

Auch kann eine Verweisung im Verfahren der Prozeßkostenhilfe nur für dieses binden, nicht für das Streitverfahren, welches in der Regel noch gar nicht rechtshängig ist.[176]

Wird wegen örtlicher Unzuständigkeit verwiesen, bindet dieses nicht hinsichtlich der sachlichen Zuständigkeit. Ist ein Verweisungsbeschluß unter Versagung des rechtlichen Gehörs ergangen, ist die Verweisung ebenfalls nicht bindend.

---

[165] Heute ganz h. M., vgl. z. B. BGH, FamRZ 1988, 155
[166] BayObLG, NJW-RR 1996, 956
[167] OLG Frankfurt, FamRZ 1988, 734, fraglich
[168] BGH, FamRZ 1980, 557 = NJW 1980, 1282
[169] BGH, FamRZ 1989, 847
[170] BGH, FamRZ 1991, 1172
[171] BGH, NJW-RR 1992, 1091
[172] BGH, FamRZ 1980, 45
[173] BGH, FamRZ 1985, 800
[174] BGH, NJW-RR 1996, 897
[175] BGH, NJW 1993, 1273
[176] BGH, NJW-RR 1992, 59

1. Abschnitt: Verfahrensgegenstand, Zuständigkeit und Gericht **§ 8**

Dies gilt aber dann nicht, wenn die Anhörung der Gegenseite im einstweiligen Rechtsschutz- oder Vollstreckungsverfahren unterblieben ist und der Grund im Gläubigerschutz liegt.

Eine Verweisungsentscheidung hat Wirkung bis zur abschließenden Kostenentscheidung. Dort ist aufzunehmen, daß die Mehrkosten, die durch die Anrufung des unzuständigen Gerichts als Gerichts- bzw. außergerichtliche Kosten angefallen sind, zwingend dem Kläger auferlegt werden müssen (§ 281 III S. 2 ZPO).

b) Fortdauer der Zuständigkeit (perpetuatio fori). Für eine Klage ist sie ausdrücklich 14 in § 261 III Nr. 2 ZPO geregelt. Diese Vorschrift enthält einen allgemeinen Rechtsgedanken, der auch für die Zuständigkeit des Gerichts der Ehesache nach § 621 II S. 1 ZPO[177] und eine einstweilige Anordnung nach §§ 620 ff ZPO[178] gilt, ebenso für die internationale Zuständigkeit.[179] Die Zuständigkeit der Gerichte der Ehesache besteht über die Beendigung der Anhängigkeit der Ehesache hinaus,[180] sofern die andere Familiensache während der Anhängigkeit der Ehesache dort eingegangen ist.

§ 261 III Nr. 2 ZPO greift nicht nur bei einer Veränderung der tatsächlichen Umstände, sondern auch bei einer Rechtsänderung, insbesondere Gesetzesänderung, ein,[181] wobei die Aufgabe einer höchstrichterlichen Rechtsprechung wie eine Gesetzesänderung unbeachtlich ist.[182] Die Streitsache muß aber beim örtlich und sachlich zuständigen Gericht rechtshängig geworden sein.[183] Entsprechendes gilt für andere Verfahrensarten.[184]

Der Grundsatz gilt nicht
– für den bevorstehenden Instanzenzug,[185]
– für die Abteilungen und Spruchkörper eines Gerichts.[186]

Die Vorschrift steht einer Zuständigkeitsvereinbarung entgegen, sofern diese nach Eintritt der Rechtshängigkeit geschlossen wird. Dasselbe gilt für übereinstimmende Anträge der Parteien oder für ihr ausdrückliches Einverständnis (mit der Zuständigkeit eines anderen Gerichts).[187]

c) Zusammenfassung. Insgesamt gibt es folgende Abgaben bzw. Verweisungen: 15

– **Abgabe innerhalb desselben Gerichts:**
  Hierbei handelt es sich um keine Frage der sachlichen Zuständigkeit, sondern um eine der Geschäftsverteilung innerhalb des gleichen Gerichtes. Daher ist die Abgabe nicht bindend und § 281 ZPO nicht anwendbar.
– **Verweisung des Oberlandesgerichts bzw. Landgerichts an das Familiengericht:**
  Eine Bindung nach § 281 II Satz 2 ZPO tritt nur insoweit ein, als das Amtsgericht als solches an die Verweisung gebunden wird. Innerhalb dieses Gerichtes kann aber erneut der Rechtsstreit vom Zivilgericht an das Familiengericht wie umgekehrt abgegeben werden.
– **Verweisung des Familiengerichts an das Landgericht bzw. Oberlandesgericht:**
  Auch hierbei handelt es sich um die Frage der sachlichen Zuständigkeit, so daß das angegangene Gericht an die Verweisung nach § 281 II Satz 2 ZPO gebunden ist.
– **Verweisung des erstinstanzlichen Gerichts an das Rechtsmittelgericht:**
  Da es sich hierbei um eine Frage der sachlichen Zuständigkeit handelt, ist die Verweisung gemäß § 281 ZPO bindend.[188]

---

[177] BGH, FamRZ 1981, 23
[178] BGH, FamRZ 1980, 670
[179] BayObLG, FamRZ 1993, 1469
[180] BGH, FamRZ 1986, 454
[181] BGH, FamRZ 1978, 402
[182] BGH, FamRZ 1978, 403
[183] BGH, FamRZ 1978, 227; FamRZ 1978, 402
[184] BGH, FamRZ 1978, 402
[185] BGH, FamRZ 1978, 227
[186] BGH, FamRZ 1981, 758 = NJW 1981, 2464
[187] BGH, FamRZ 1995, 729
[188] BGH, FamRZ 1979, 1004 = NJW 1979, 2519

− **Verweisung zwischen Rechtsmittelgerichten:**
Da es sich hierbei um die Frage der funktionellen Zuständigkeit handelt, kommt der Verweisung keine Bindungswirkung zu.[189]

4. Der Familienrichter

16 Bei den Amtsgerichten entscheiden gemäß § 22 I GVG Einzelrichter, wobei gemäß § 22 V GVG **Richter auf Probe** und **Richter kraft Auftrags** verwendet werden können. Für Familienrichter macht hiervon § 23 b III Satz 2 GVG eine **Ausnahme**. Nach dieser Vorschrift dürfen Richter auf Probe im ersten Jahr nach ihrer Ernennung keine Geschäfte des Familienrichters wahrnehmen. Sie dürfen somit weder als Vertreter eines Familienrichters noch als Bereitschaftsrichter oder ersuchter Richter in Familiensachen tätig sein.[190] Im Gegenschluß ergibt sich hieraus aber, daß Richter kraft Auftrags als Familienrichter tätig sein können.

Bei den Familiensenaten des Oberlandesgerichts können nur **Richter auf Lebenszeit** verwendet werden. Dies ergibt sich daraus, daß § 115 GVG eine § 22 V GVG entsprechende Bestimmung nicht enthält.

16a Die **Ausschließung** und **Ablehnung** von Familienrichtern bestimmt sich nach §§ 41 ff ZPO. Danach ist zur Entscheidung über die **Ablehnung eines Familienrichters der Familiensenat des Oberlandesgerichtes** zuständig (§ 45 II ZPO). Wird ein **Familienrichter beim Familiensenat** des OLG abgelehnt, entscheidet sein **Senat** darüber. Ist dieser Senat infolge der Ablehnung beschlußunfähig geworden, entscheidet der nach der Geschäftsverteilung vertretungsweise zuständige Senat. Ein zulässiges Ablehnungsgesuch setzt voraus, daß die Begründung in den Kernpunkten zusammen mit dem Gesuch eingereicht oder zu Protokoll erklärt wird. Es kann weder eine Fristsetzung für die Einreichung einer Begründung verlangt noch angekündigt werden, die Begründung werde innerhalb einer bestimmten Frist nachgeliefert werden.[191]

2. Abschnitt: Der Unterhaltsprozeß vor dem Familiengericht

I. Die Klageschrift

1. Parteien, gesetzliche und anwaltliche Vertretung

17 a) **Parteien.** In Unterhaltsprozessen sind in der Regel **Unterhaltsgläubiger** und **Unterhaltsschuldner** die Parteien des Verfahrens. Die Angabe ihrer ladungsfähigen Anschrift ist Zulässigkeitsvoraussetzung.[1] Nach § 1626 I BGB werden **minderjährige Kinder** grundsätzlich von beiden Eltern gemeinsam vertreten. Klagt aber ein Kind gegen den sorgeberechtigten Elternteil, solange die Eltern getrennt leben oder eine Ehesache zwischen ihnen anhängig ist, so kann der Elternteil, in dessen Obhut sich das Kind befindet, Unterhaltsansprüche des Kindes gegen den anderen Elternteil geltend machen (§ 1629 II Satz 2 BGB). Dies bedeutet eine gesetzliche Vertretung des Kindes durch denjenigen Elternteil, der die Obhut über das Kind hat. Durch das UändG ist diese gesetzliche Vertretung gemäß § 1629 III ZPO zu einer **gesetzlichen Prozeßstandschaft** geworden. Leben somit die Eltern getrennt oder ist zwischen ihnen eine Ehesache anhängig, kann ein Elternteil Unterhaltsansprüche des Kindes gegen den andern Elternteil nur in eigenem Namen geltend machen.

---

[189] BGH, FamRZ 1985, 1242, 1243 = NJW 1986, 2764
[190] OLG Stuttgart, FamRZ 1984, 716
[191] OLG Köln, FamRZ 1996, 1150 = NJW-RR 1996, 1339
[1] BGH, FamRZ 1988, 382

2. Abschnitt: Der Unterhaltsprozeß vor dem Familiengericht § 8

Die **Prozeßstandschaft** ist die Geltendmachung eines fremden Rechts in eigenem Namen (Vertretung: Fremdes Recht in fremdem Namen).

Die **gesetzliche Prozeßstandschaft** nach § 1629 III BGB umfaßt auch die Geltendmachung von Unterhaltsansprüchen des Kindes außerhalb des Scheidungsverfahrens;[2] seit 1. 4. 1986 auch während der Trennung der Eltern und im einstweiligen Anordnungsverfahren.[3] 18

Wird das Kind im Laufe des Verfahrens **volljährig**, tritt es selbst als Partei in das Verfahren ein.[4] Dies gilt auch, wenn das Verfahren in erster Instanz im Verbund mit der Scheidungssache geführt worden ist.[5] Nach Abschluß des Scheidungsverfahrens fällt die Prozeßführungsbefugnis an das minderjährige Kind zurück,[6] kann aber aus Gründen der Praktikabilität bis zum Abschluß des Unterhaltsrechtsstreits vom Elternteil wahrgenommen werden,[7] solange die elterliche Sorge keinem anderen übertragen worden ist. Für das volljährig gewordene Kind endet die Prozeßstandschaft in jedem Falle, ebenso die Vollstreckungsbefugnis des Elternteils.[8]

Ist die elterliche Sorge nicht geregelt, hängt die Prozeßstandschaft davon ab, ob der klagende Elternteil die „Obhut"[9] über das Kind hat (§ 1629 II 2 BGB). Beweispflichtig ist derjenige Elternteil, der sich darauf beruft.[10] Umstritten ist die Anwendung (analog) bei gemeinsamer elterlicher Sorge. Nach OLG Düsseldorf[11] soll § 1629 II 2 BGB analog anzuwenden sein, nach OLG Frankfurt[12] ist zunächst gem. § 1628 I BGB (Übertragung des Entscheidungsrechts), notfalls gem. § 1693, § 1909 BGB (Ergänzungspfleger) vorzugehen. Der Ansicht des OLG Düsseldorf wird unter Bezugnahme auf Scholz, Rn 2/316 a, 537 a zugestimmt.

Das Kind kann das zwischen den Eltern, aber aus praktischen Gründen über den Kindesunterhalt auszugleichende, anteilige Kindergeld im Wege der (vom sorgeberechtigten Elternteil abgeleiteten) Prozeßstandschaft einklagen.[13] 19

Der **Klagantrag** lautet auf **Leistung an den Prozeßstandschafter**, nicht an das Kind.[14] Nach OLG Hamm[15] deutet der Zusatz „für das Kind" auf Prozeßstandschaft, die Fassung: „an das Kind zu Händen seiner Mutter" auf gesetzliche Vertretung hin. Eine Zusammenfassung der Unterhaltsbeträge für mehrere Personen zu einem Betrag (z. B. der Mutter und des Kindes) ist auch bei Prozeßstandschaft unzulässig, was sich bei Abänderungen oder dem Eintritt der Volljährigkeit zeigt.[16] Solange nicht die Klausel auf den materiellen Anspruchsinhaber (Kind) umgeschrieben ist, bleibt der Prozeßstandschafter vollstreckungsbefugt. Die beigetriebenen Unterhaltsleistungen unterliegen einer treuhandartigen Zweckbindung zugunsten des Kindes. Der Unterhaltsanspruch ist nicht aus dem Vermögen des Kindes ausgegliedert.[17] Dem Prozeßstandschafter darf die Klausel nur verweigert werden, wenn sich aus dem Titel oder sonstigen amtsbekannten Umständen zweifelsfrei ergibt, daß die Prozeßstandschaft entfallen ist, z. B. bei Eintritt der Volljährigkeit des Kindes.[18]

---

[2] BGH, FamRZ 1983, 474 = NJW 1983, 2084
[3] § 620 Nr. 4 ZPO; BGH, FamRZ 1986, 878 = NJW 1986, 3084
[4] BGH, FamRZ 1983, 474 = NJW 1983, 2084; vgl. auch Rogner, NJW 1994, 3325, 3327 und Gießler, FamRZ 1994, 800, 802
[5] BGH, FamRZ 1985, 471 = R 252 e
[6] BGH, FamRZ 1986, 345
[7] BGH, FamRZ 1990, 283: Analoge Anwendung v. § 265 II S. 1 ZPO
[8] OLG Celle, FamRZ 1992, 842; OLG Hamm, FamRZ 1992, 843; OLG Oldenburg, FamRZ 1992, 844
[9] Zum Begriff vgl. etwa OLG Frankfurt, FamRZ 1992, 575
[10] Baumgärtel, Handbuch der Beweislast im Privatrecht, Bd. 2, § 1629
[11] FamRZ 1994, 767
[12] FamRZ 1993, 228 = NJW-RR 1992, 837
[13] BGH, FamRZ 1982, 887 = NJW 1982, 1983
[14] Hochgräber, FamRZ 1996, 272
[15] FamRZ 1990, 1375
[16] Bedenklich OLG Oldenburg, FamRZ 1990, 899, das die Zusammenfassung zuläßt
[17] BGH, FamRZ 1991, 295 = NJW 1991, 839
[18] OLG Frankfurt, FamRZ 1994, 453

Wechselt während der Rechtshängigkeit eines Unterhaltsrechtsstreits die „Obhut" und damit die Prozeßstandschaft von einem Elternteil auf den beklagten andern, so gelten die §§ 241 ff ZPO mindestens analog: wirkt kein Rechtsanwalt auf der Klägerseite mit, wird unterbrochen (§ 241 I ZPO), andernfalls geht der Prozeß weiter, jedoch kann er auf Antrag ausgesetzt werden (§ 246 I ZPO). Dies gilt aber nur für die Geltendmachung künftigen Unterhaltes; für die Vergangenheit ist der Eintritt des neuen Prozeßstandschafters deswegen nicht möglich, weil er dann den Rechtsstreit gegen sich selbst als Beklagten führen müßte.[19] Die Rechtslage ist vergleichbar derjenigen bei gesetzlicher Vertretung;[20] denn die Prozeßstandschaft knüpft an die besondere Alleinvertretungsbefugnis gem. § 1629 II 2 BGB an. Anderer Ansicht ist das OLG Hamm:[21] die Klage soll unzulässig werden.[22]

20 **b) Anwaltliche Vertretung.** Wird Unterhalt im Verbund mit der Scheidungssache als sogenannte **Folgesache** geltend gemacht, müssen sich die Parteien **in allen Rechtszügen** anwaltlich vertreten lassen (§ 78 II Nr. 1 ZPO). Wird Kindes- oder Ehegattenunterhalt außerhalb des Verbundes als sogenannte **selbständige Familiensache** geltend gemacht, so bedarf es einer anwaltlichen Vertretung nur vor den Gerichten des höheren Rechtszuges, somit also erst **vor dem OLG** (§ 78 II Nr. 2 ZPO).[23] In diesem Fall sind daher in 1. Instanz auch jene Anwälte vertretungsberechtigt, die bei dem Prozeßgericht nicht zugelassen sind.

Dies gilt auch für **einstweilige Verfügungen** oder Arreste in Unterhaltssachen.

Bei **einstweiligen Anordnungen** kann der Antrag zu Protokoll der Geschäftsstelle erklärt werden, was bedeutet, daß die antragstellende Partei keine anwaltliche Vertretung braucht (§§ 620 a II Satz 2, 78 III ZPO). Kommt es aber zur mündlichen Verhandlung, bedarf es – auch für den Abschluß eines Prozeßvergleiches – der anwaltlichen Vertretung.

Auch der **Antrag auf Bewilligung von Prozeßkostenhilfe** in einer Unterhaltssache kann zu Protokoll der Geschäftsstelle erklärt werden (§ 117 I Satz 1 ZPO). Da über Prozeßkostenhilfegesuche ohne mündliche Verhandlung entschieden wird (§ 127 I Satz 1 ZPO), ist für das PKH-Bewilligungsverfahren insgesamt, auch was das Beschwerdeverfahren anbelangt, anwaltliche Vertretung nicht erforderlich. Daraus folgt, daß für den Fall, daß sich ein einstweiliges Anordnungsverfahren nach § 620 ZPO noch im PKH-Bewilligungsverfahren befindet, insgesamt keine anwaltliche Vertretung erforderlich ist. In diesem Stadium kann daher ohne Anwälte über die einstweilige Anordnung mündlich verhandelt und das Anordnungsverfahren vergleichsweise erledigt werden. Das gilt auch für ein Abänderungsverfahren nach § 620 b ZPO.

2. Der Klagantrag

21 Der Klagantrag muß genau umschreiben, ab wann wieviel Unterhalt verlangt wird (§ 253 II Nr. 2 ZPO). Rückstände können zusammengefaßt werden unter gleichzeitiger Angabe des Zeitraums (z. B. 5000 DM Unterhalt für die Zeit vom 1. Januar bis 31. August 1996). Pfennigbeträge sollten auf- oder abgerundet werden.

Bei mehreren Klägern muß für jeden der von ihnen verlangte Unterhalt gesondert ausgewiesen werden.[24]

Vorsorge- und Krankenvorsorgeunterhalt müssen eigens beziffert werden (obgleich unselbständige Teile des Unterhaltsanspruchs).[25]

Nachträglich kann **Vorsorgeunterhalt** – sofern keine Teilklage vorausging – nur **im**

---

[19] Gießler, FamRZ 1994, 800, 803
[20] Vgl. dazu BGH, FamRZ 1991, 548
[21] 5. ZS, FamRZ 1990, 890
[22] Zur Problematik vgl. auch Gießler, FamRZ 1994, 800
[23] BGH, FamRZ 1992, 49 m. w. N.
[24] Keine Gesamtsumme, BGH, FamRZ 1981, 541 = NJW 1981, 2462 = R 72 a
[25] Vgl. Göhlich, Der Vorsorgeunterhalt im System des Unterhaltsrechts, 1994, S. 211

2. Abschnitt: Der Unterhaltsprozeß vor dem Familiengericht § 8

Wege der Abänderungsklage geltend gemacht werden, dann nämlich, wenn sich die maßgeblichen Verhältnisse wesentlich geändert haben.[26]

Es ist jedoch nicht erforderlich, im Klagantrag anzugeben, in welcher Art und Weise die **Alters- oder Krankenvorsorge** erfolgen soll.[27] Reicht nach Ermittlung des Vorsorgeunterhaltes der verbleibende Elementarunterhalt für den gegenwärtigen Bedarf nicht aus, so ist dem laufenden Unterhalt im Verhältnis zum Vorsorgeunterhalt der Vorrang einzuräumen. Daher kann der Unterhaltsgläubiger in erster Linie Elementarunterhalt verlangen und für den Fall, daß durch diesen sein angemessener Bedarf gedeckt sein sollte, zusätzlich noch Vorsorgeunterhalt.

Beim Trennungsunterhalt ist eine Begrenzung „auf die Dauer des Getrenntlebens" nicht notwendig,[28] aber unschädlich. **22**

Alternativanträge sind nur als Haupt- und Hilfsanträge im Eventualverhältnis miteinander möglich.[29]

Die für eine ordnungsgemäße Klageschrift gemäß § 253 II ZPO erforderlichen Voraussetzungen haben in erster Linie den Zweck, den Beklagten über Grund und Höhe der Forderung so weit in Kenntnis zu setzen, daß er darauf seine Verteidigung einrichten kann. Einer Darlegung sämtlicher Einzelheiten bedarf es in der Klageschrift noch nicht. Demgemäß kann es für § 253 II ZPO ausreichen, daß der Kläger – jedenfalls teilweise – auf ein bereits anhängiges Parallelverfahren verweist. Die Beifügung einer Abschrift der Klageschrift aus diesem Parallelprozeß ist nicht in jedem Fall erforderlich. Die hierzu für eine ordnungsgemäße Rechtsmittelbegründung gemäß § 519 III ZPO entwickelten Grundsätze sind auf § 253 II ZPO nicht ohne weiteres übertragbar.[30]

Im Klagantrag muß berücksichtigt werden, welche Beträge vor Klageinreichung und im Laufe des Prozesses erbracht worden sind. Sie führen nämlich zu einer **Erledigung der Hauptsache,** so daß – ohne ihre Berücksichtigung – die Unterhaltsklage teilweise abgewiesen werden müßte. Im übrigen dient diese Substantiierung dem Schutz des Unterhaltsschuldners, der im Falle der Vollstreckung – ohne Berücksichtigung dieser Beträge im Unterhaltstitel – Gefahr liefe, zweimal leisten zu müssen. Allerdings nützt hierbei die oft anzutreffende Formulierung: „abzüglich bezahlter Beträge" nichts, weil aus ihr nicht deutlich wird, in welchem Umfang auf die Klagforderung Leistungen erbracht worden sind. **23**

Etwas anderes gilt aber dann, wenn die Aufführung aller inzwischen erfolgten Zahlungen zu einem „Mammut-Tenor" führen würde. Dann muß es dem Vollstreckungsverfahren vorbehalten bleiben, die einzelnen Zahlungen (Monat für Monat) zu berücksichtigen. Der Tenor darf sich dann in der allgemeinen Zahlungsverpflichtung (... hat ab ..... zu zahlen) und dem Zusatz erschöpfen, daß hierauf erfolgte Zahlungen anzurechnen sind. Erst recht gilt dies, wenn gar nicht klar ist, auf welchen Zeitraum die Zahlung erfolgt ist und ob sie etwa nur zur Abwendung der Zwangsvollstreckung, nicht zur Erfüllung, erfolgte.

Aus § 253 IV ZPO läßt sich nicht entnehmen, daß die Angabe der Anschrift der Parteien zwingend vorgeschrieben ist. Deren Bekanntgabe dient nur dem Zweck einer erfolgreichen Klagzustellung. Hat daher die Partei einen Zustellungs- oder Prozeßbevollmächtigten benannt, genügt die Zustellung an diesen, so daß die Klagpartei ihre Anschrift so lange nicht anzugeben braucht, solange sie über ihren Prozeßbevollmächtigten erreichbar ist. Das ist gerade in Ehe- und anderen Familiensachen von Bedeutung.

Das Gericht hat **auf Mängel** bezüglich des notwendigen Inhalts der Klagschrift schon **vor der Zustellung hinzuweisen,** damit der Mangel rechtzeitig behoben werden kann. Die nachgeholte Prozeßhandlung wirkt nämlich nicht zurück. Ist daher die Klage bereits – auch mit Mängeln – zugestellt, muß sie sich als solche behandeln lassen, so daß weiter bestehende Mängel nur durch eine Rücknahme oder Klagabweisung als unzulässig korri- **23a**

---

[26] BGH, FamRZ 1985, 690
[27] BGH, FamRZ 1982, 887 = NJW 1982, 1983
[28] BGH, FamRZ 1981, 752
[29] BGH, FamRZ 1990, 37
[30] OLG Düsseldorf, FamRZ 1996, 676

giert werden können. So kann die Klage eines nicht postulationsfähigen Anwalts durch einen zugelassenen Rechtsanwalt genehmigt und damit eine noch offene Klagefrist gewahrt werden.

Die Nachholung ist jederzeit bis zum Schluß der mündlichen Verhandlung möglich, allerdings für die Wahrung einer Klagefrist nur mit ex-nunc-Wirkung.

Ist die Klagezustellung nicht veranlaßt worden, fehlt es an der Rechtshängigkeit auch dann, wenn dem Beklagten die Klagschrift im Rahmen eines PKH-Verfahrens zugegangen ist oder das PKH-Gesuch als Klage zugestellt wurde, die Zustellung nicht zum Zwecke der Rechtshängigkeit erfolgt ist (nämlich nur z. B. zum Nachweis des wirksamen Zuganges), oder aber an eine Drittpartei statt den Beklagten die Zustellung erfolgt ist. Auf den Akt der Zustellung kann aber verzichtet werden; dem steht eine rügelose Verhandlung mit der Folge einer ex-nunc-Wirkung gleich (§ 295 ZPO).

23b Für den **Anfall der Gerichtsgebühren** ist die Zustellung unmaßgeblich; bereits mit Einreichung der Klage fällt die dreifache Gerichtsgebühr des KVB Nr. 1201 an. Urteilsgebühren gibt es nicht mehr.

Für Verfahren auf Anordnung eines Arrestes oder einer einstweiligen Verfügung fällt nur die einfache Gebühr an, die sich im Falle der mündlichen Verhandlung auf drei Gebühren erhöht (GKG-KV Nr. 1310, 1311).

3. Die Klagebegründung

24 Die Klagebegründung muß den gesamten Sachvortrag enthalten, der zur Durchsetzung des geltend gemachten Anspruchs notwendig ist, also das unterhaltsrechtliche Grundverhältnis (Ehe, eheliche Abstammung), die Tatbestandsmerkmale des geltend gemachten Anspruchs einschließlich des Zeitraums, für den er geltend gemacht wird, die ehelichen Lebensverhältnisse oder die Lebensstellung, die eigene Bedürftigkeit, u. U. die Leistungsfähigkeit des Unterhaltspflichtigen, Verzug oder Rechtshängigkeit bei Rückständen, bei Ausländern das maßgebende materielle Auslandsrecht (§ 293 ZPO).

25 Einzelheiten
- Eheliche Lebensverhältnisse (Darlegungs- und Beweislast hat der Unterhaltsberechtigte):
  – positiv: alle Einkünfte beider Parteien (z. B. Lohn, Gehalt, Unternehmergewinn, Arbeitslosengeld, Krankengeld, Wohngeld, Nutzungswert der Eigenwohnung, Mieteinnahmen, Zinsen aus Kapitalvermögen sowie Änderungen, auch bevorstehende, mit Angabe ab wann, warum, in welcher Höhe). Solange das zu versteuernde Einkommen eines unterhaltsberechtigten Selbständigen (unter Einbeziehung aller Einkünfte und Freibeträge[31]) nicht schlüssig dargelegt worden ist, ist dessen Klage unbegründet;
  – negativ: Steuern und Sozialabgaben, berufsbedingte Aufwendungen, Hausbelastungen, Unterhaltszahlungen, Schulden (seit wann, warum, in welcher Höhe mit Angabe von Tilgung und Zinsen) sowie Änderungen, auch bevorstehende, ab wann, warum, in welcher Höhe;
- Bedürftigkeit (Darlegungs- und Beweislast hat der Unterhaltsberechtigte):
  beruflicher Werdegang; Erwerbstätigkeit vor und während der Ehe; warum keine Einkünfte? Wovon lebt die Partei?
  – bei Kinderbetreuung:
    Alter der Kinder, Tätigkeit oder Beruf der Kinder (Schüler, Lehrling, Student, arbeitslos);
  – bei Krankheit:
    welche, seit wann; etwaige ärztliche Atteste oder Gutachten vorlegen; ist Rentenantrag gestellt?
  – bei Arbeitslosigkeit:
    aus welchen Gründen? Wann, bei wem, um welche Stelle, auf welche Weise und mit welchem Ergebnis um eine Arbeitsstelle beworben?

---

[31] Dazu Strohal, Die Bestimmung des unterhaltsrechtlich relevanten Einkommens bei Selbständigen, Rn 36 und 303

2. Abschnitt: Der Unterhaltsprozeß vor dem Familiengericht §8

- Leistungsunfähigkeit (Darlegungs- und Beweislast hat der Unterhaltspflichtige):
  - aus welchen Gründen, z. B. Krankheit, Arbeitslosigkeit, Schulden (wann aufgenommen, aus welchen Gründen, Zustimmung des Ehepartners?, monatliche Tilgungs- und Zinsleistungen, wann Tilgung voraussichtlich beendet?);
  - bei Rückständen (Beweislast Unterhaltsberechtigter):
  ab wann und in welcher Höhe wurde Unterhalt verlangt?
- Inländische Rechtsvorschriften, Entscheidungen oder Literatur brauchen nicht angegeben zu werden; in der Regel sind aber derartige Angaben nützlich. Materielles Auslandsrecht muß vom Kläger dargelegt werden (§ 293 ZPO).
- Hilfreich ist eine abschließende tabellarische Berechnung des Unterhalts auf der Basis des eigenen Vortrags.
- In aller Regel sind auch folgende Daten von Bedeutung:
  - das Alter der Parteien,
  - das Datum der Eheschließung,
  - Zahl und Geburtsdaten der gemeinsamen und nicht gemeinsamen Kinder sowie die Regelung der elterlichen Sorge für diese,
  - das Datum der Trennung,
  - das Datum des Scheidungsurteils und seiner Rechtskraft,
  - bei Ausländern die Staatsangehörigkeit.

4. Subjektive und objektive Klagenhäufung

a) Subjektive Klagenhäufung (§§ 59 ff ZPO). Subjektive Klagenhäufung oder Streitgenossenschaft ist das gemeinsame Auftreten mehrerer Personen als Kläger und/oder als Beklagte. Von einer **Streitgenossenschaft** spricht man dann, wenn in einem Prozeß mehrere Kläger oder mehrere Beklagte äußerlich verbunden sind, also mindestens auf einer Parteiseite mehrere aktive oder passive Streitgenossen stehen. Diese Parteimehrheit kann durch Klage gegen mehrere Personen, durch Eintritt einer weiteren Partei, durch Ersatz der Partei durch Gesamtrechtsnachfolger oder durch die Verbindung mehrerer Prozesse gem. § 147 ZPO entstehen. Dies ist eine Rechtsgestaltung, die in allen Prozeßarten der ZPO (auch bei einstweiliger Verfügung und Arrest, Mahnverfahren, Zwangsvollstreckungsverfahren, nicht aber in FGG-Streitsachen) möglich ist. Häufig ist in Unterhaltsverfahren die Geltendmachung von Kindesunterhalt durch mehrere Kläger in einem Verfahren oder die Abänderungsklage des Unterhaltsschuldners gegenüber mehreren Unterhaltsgläubigern.[32] 26

Trotz einer Streitgenossenschaft bleibt zwischen jedem Streitgenossen und der Gegenpartei ein besonderes Prozeßrechtsverhältnis bestehen, so daß für jede Partei gesondert die allgemeinen Prozeßvoraussetzungen zu überprüfen sind.[33]

Sind im Einzelfall die Prozeßvoraussetzungen nicht gewahrt, ist die Klage diesbezüglich als unzulässig abzuweisen, sofern keine Heilung erfolgen kann.

Mehrere Unterhaltskläger dürfen ihre Unterhaltsansprüche nicht in einer Summe zusammenfassen, sondern müssen angeben, welcher Betrag auf jeden von ihnen entfallen soll (§ 253 II Nr. 2 ZPO). Die Berechtigten können sich aber – neben der notwendigen Bezeichnung der vorgestellten Höhe ihrer Ansprüche und der entsprechenden Aufgliederung der Klageforderung – mit einer anderen Aufteilung im Rahmen des Gesamtbetrages einverstanden erklären.[34]

Bei der Kostenentscheidung ist § 100 ZPO zu beachten (sog. Baumbach'sche Formel).

b) Verbindung (§ 147 ZPO), objektive Klagenhäufung (§ 260 ZPO). Eine Prozeßverbindung setzt entweder einen **rechtlichen Zusammenhang** (vgl. § 33 ZPO) oder die Möglichkeit einer subjektiven (§§ 59, 60 ZPO) oder objektiven **Klagenhäufung** (§ 260 ZPO) voraus. Sind die Prozesse bereits entscheidungsreif, so ist keine Verbindung mehr 27

---
[32] BGH, NJW 1998, 685
[33] BGH, NJW 1994, 3103
[34] BGH, FamRZ 1981, 541 = NJW 1981, 2462 = R 72 a

möglich, weil die Verbindung zum Zwecke der gleichzeitigen Verhandlung und Entscheidung vorgenommen werden soll. Allerdings ist eine Verbindung auch nur zum Zweck der einheitlichen Verhandlung möglich, um verschiedene Termine, Beweisaufnahmen und Protokolle zu vermeiden. In jedem der unterschiedlichen Prozesse genügt dann die Bezugnahme auf das in einer Sache gefertigte Verhandlungsprotokoll; ist nur zur gemeinsamen Entscheidung verbunden worden, was eigentlich von § 147 ZPO nicht umfaßt ist, so ist auch diese Maßnahme wirksam. Welcher Zweck der Verbindung zugrunde liegt, ist unbedeutend. So kann auch durch die Verbindung zweier Verfahren die für jeden der beiden Prozesse fehlende Rechtsmittelsumme erreicht werden. Trotzdem bleibt die bisherige Zuständigkeit des Amtsgerichts erhalten. Die Entscheidung selbst ergeht einheitlich durch Endurteil, nicht durch Teilurteil. Ein Rechtsmittel ist weder gegen die angeordnete Verbindung noch gegen deren Ablehnung möglich. Der Verbindungsbeschluß selbst ist gerichtsgebührenfrei. Die Verbindung einer Nichtfamiliensache mit einer Unterhaltssache oder anderen Familiensache ist, ausgenommen im Verbund (§ 623 ZPO), entsprechend § 260 ZPO seit 1. Juli 1977 (Inkrafttreten der Eherechtsreform) unzulässig.

Dies gilt auch für die Verbindung eines Haupt- mit einem Hilfsanspruch.[35] Geschieht dies dennoch, ist zunächst das Gericht (Abteilung, Spruchkörper) zuständig, das zur Entscheidung über den Hauptantrag berufen ist. Eine Verweisung (Abgabe) des Rechtsstreits wegen des Hilfsanspruchs, über den das Gericht nicht sachlich entscheiden kann, ist zunächst nicht möglich, sondern erst, wenn und soweit der Hauptanspruch abgewiesen wird.[36] Das für den Hauptantrag unzuständige Familiengericht muß auch dann verweisen, wenn es für den Hilfsantrag zuständig wäre.[37]

Wird eine Widerklage erhoben, die keine Familiensache ist, ist Abtrennung gem. § 145 II ZPO zu erwägen.[38]

Aufrechnung mit einem Anspruch aus einer Familien- oder Nichtfamiliensache ist grundsätzlich wirksam. Wird mit einem Anspruch aus einer Familiensache aufgerechnet (die Aufrechnungsforderung wird nicht rechtshängig, der Rechtsstreit wird deswegen nicht zur Familiensache), kann der allgemeine Prozeßrichter gem. § 148 ZPO aussetzen, bis die Aufrechnungsforderung durch das Familiengericht geklärt ist.[39]

Zur Verfahrensbeendigung durch Verbindung vgl. Rn 91 ff.

5. „Bedingte Klage"

28 Die **Einreichung einer Klage** ist eine Prozeßhandlung und als solche **bedingungsfeindlich**. Bedingte Klagen sind daher nicht zulässig. Dies wird bei der Antragstellung nicht immer ausreichend beachtet. Meist werden Formulierungen gebraucht wie

a) die Klage werde „unter der Voraussetzung" oder „für den Fall" oder „im Umfang" der Bewilligung von Prozeßkostenhilfe erhoben; PKH werde beantragt für die „beabsichtigte" Klage,

b) die Klage solle erst nach Bewilligung von Prozeßkostenhilfe zugestellt werden; nach Bewilligung von Prozeßkostenhilfe würden folgende Anträge gestellt werden, oder: vorab solle über das PKH-Gesuch entschieden werden usw.

Sinn und Zweck dieser Bedingung ist es, im Fall der Versagung von Prozeßkostenhilfe keine Kosten tragen zu müssen.

Ob das Klagverfahren unter solchen Erklärungen als bereits in Gang gesetzt anzusehen ist, ist Auslegungsfrage im Einzelfall.[40] Im Zweifel gilt die Klage als eingereicht. Dies gilt in der Regel bei der Formulierung unter b). Im übrigen ist bei solchen Formulierungen wie oben a), die keine zulässige Rechtsbedingung sind,[41] die notwendige Klarstel-

---

[35] BGH, FamRZ 1979, 215, 217; FamRZ 1981, 1047
[36] BGH, FamRZ 1981, 1047; FamRZ 1980, 554 = NJW 1980, 1283
[37] BGH, FamRZ 1980, 45
[38] BGH, FamRZ 1979, 215, 216
[39] BGH, FamRZ 1989, 166
[40] Vgl. BGH, VersR 1978, 181 für Berufung
[41] BGHZ 4/54

2. Abschnitt: Der Unterhaltsprozeß vor dem Familiengericht § 8

lung[42] gegeben, daß zunächst lediglich das PKH-Verfahren eingeleitet sein soll, das Verfahren über die Hauptsache (Klage) jedoch nicht.[43] Das hat zur Folge, daß eine Einreichung der Klage nicht vorliegt.[44] Für die Vorschrift des § 323 III ZPO bedeutet dies, daß eine Zustellung der Klage nicht in Betracht kommt, da die Einreichung eines PKH-Gesuchs und dessen Mitteilung nicht genügen.[45]

Wird Prozeßkostenhilfe in solchen Fällen bewilligt, muß anschließend eine Klage ohne Bedingung eingereicht werden. Geschieht dies nicht, wird in Verkennung der Rechtslage die „Klage" etwa zugestellt und Termin zur mündlichen Verhandlung anberaumt, so liegt die Einreichung einer Klage in der Stellung des Sachantrags aus der sog. Klageschrift in der mündlichen Verhandlung. Mit rügelosem Verhandeln des Beklagten gilt die Klage als erhoben.[46]

Hinweis: Die „bedingte Klage" bringt keine Vorteile und führt oft zur Unklarheit, ob das Klageverfahren schon in Gang gesetzt ist und wann. Das Kostenrisiko kann dadurch vermieden werden, daß von vornherein nur ein Prozeßkostenhilfegesuch eingereicht wird. Kommt es auf die baldige Zustellung der Klage an, so kann nach § 65 VII Nr. 3 u. 4 GKG verfahren werden,[47] sofern nicht wenigstens ein – meist geringer – Gerichtskostenvorschuß zur Verfügung steht.

Obige Grundsätze gelten auch für eine **„bedingte Rechtsmitteleinlegung"**. Da ein 29 Rechtsmittel als Prozeßhandlung unmittelbare Rechtswirkung erzeugt, darf auch eine Berufung nicht an Bedingungen geknüpft werden.[48] Es ist daher unzulässig, eine Berufung für den Fall einzulegen, daß die gleichzeitig beantragte Prozeßkostenhilfe bewilligt wird (BGH aaO).

Zulässig ist es jedoch zu beantragen, daß die (unbedingt) eingelegte Berufung erst nach Bewilligung von Prozeßkostenhilfe zugestellt werden soll. Dann will der Berufungsführer zunächst eine Entscheidung über die beantragte Prozeßkostenhilfe, um sich anschließend eine Rücknahme der Berufung oder deren Erweiterung vorzubehalten.[49] Einfacher ist es aber, vor Einlegung eines Rechtsmittels nur einen **Prozeßkostenhilfeantrag** zu stellen, um anschließend wegen Versäumung der Berufungsfrist **Wiedereinsetzung in den vorigen Stand** zu beantragen und die versäumte Rechtsmitteleinlegung nebst Begründung nachzuholen.

II. Prozeßkostenhilfe und Prozeßkostenvorschuß in Unterhaltssachen

1. Persönlicher Geltungsbereich

Parteien im Prozeßkostenhilfeverfahren sind **Kläger** und **Beklagter**; sie können auch 30 Ausländer und Staatenlose sein, die im Rahmen der Prozeßkostenhilfe vor deutschen Gerichten Deutschen gleichstehen. **Nebenintervenienten** sind – nach Verfahrensbeitritt – Parteien im Sinne des § 114 ZPO. **Rechtsnachfolger** übernehmen nicht die Rolle der bedürftigen Partei, so daß bei Parteiwechsel erneut Prozeßkostenhilfe beantragt werden muß. Das gilt auch beim **Tod einer Partei** mit der Folge, daß der den Rechtsstreit aufnehmende Erbe sowohl für die beim Erblasser entstandenen als auch für die in seiner Person neu entstehenden Kosten haftet. Er muß im übrigen Prozeßkostenhilfe neu beantragen, da die der Partei bewilligte PKH mit deren Tod erlischt.[50] Daher kann auch einer toten

---

[42] BGHZ 4/328
[43] Vgl. auch BGH, FamRZ 1980, 131
[44] BGH, VersR 1965, 155
[45] Vgl. BGH, FamRZ 1982, 365 = NJW 1982, 1050 = R 102 a
[46] BGH, NJW 1972, 1373
[47] Vgl. auch BGH, FamRZ 1982, 365 = NJW 1982, 1050 = R 102 a
[48] BGH, NJW 1952, 102
[49] BGH, NJW 1952, 880
[50] OLG Frankfurt, JurBüro 1996, 141

Partei selbst für die zurückliegende Zeit Prozeßkostenhilfe nicht mehr bewilligt werden. Mit dem Tod ist für soziale Hilfe – gegenüber dem Toten – kein Raum mehr.[51]

31 **Streitgenossen** sind im Hinblick auf ihre persönlichen und wirtschaftlichen Verhältnisse im Rahmen der Bewilligung von Prozeßkostenhilfe jeweils gesondert zu prüfen; das bedeutet, daß im Falle einer gemeinsamen Prozeßführung von Ehegatten eine Zusammenrechnung ihrer Einkünfte nicht erfolgt.

32 Bei **gesetzlicher Vertretung Minderjähriger** ist die Bedürftigkeit des Vertretenen maßgebend. Bei der **Prozeßstandschaft** gemäß § 1629 III BGB kommt es nach der einen Ansicht, da der Elternteil den Rechtsstreit im Interesse des Kindes führt, auf die **Bedürftigkeit des Kindes** an.[52] Dem Elternteil solle das wirtschaftliche Risiko des Rechtsstreits nicht aufgebürdet werden, da Zweck dieser Regelung nur der sei, das Kind aus dem Streit der Eltern herauszuhalten. Nach anderer Ansicht kommt es auch bei abgetretenem Recht nur auf die **Vermögenslage der „neuen Partei"** an. Dem ist zuzustimmen. Daher ist es gerechtfertigt, die Einkommenslage des klagenden Elternteils zugrunde zu legen.[53] Diese Rechtsprechung entspricht auch dem Wortlaut des § 114 Satz 1 ZPO. Jedoch ergibt sich hierbei die Schwierigkeit, daß ab Volljährigkeit des Kindes oder ab Rechtskraft der Scheidung – bei Verfahrensfortgang – eine erneute Prüfung der wirtschaftlichen Verhältnisse – nun derjenigen des Kindes – erforderlich wird. Auch ein ungeborenes Kind kann – da beschränkt parteifähig – PKH erhalten.

2. Sachlicher Geltungsbereich

33 Prozeßkostenhilfe ist nur für ein **Gerichtsverfahren** zu bewilligen, nicht für Schiedsgerichtsverfahren, auch nicht für einzelne Verfahrensabschnitte oder bestimmte Prozeßhandlungen, Verteidigungsmittel oder bestimmte Gebührentatbestände. Für das PKH-Verfahren kann ebensowenig[54] wie für das PKH-Beschwerdeverfahren[55] PKH bewilligt werden. Nach OLG Düsseldorf[56] soll ausnahmsweise für das Bewilligungsverfahren PKH bewilligt werden können, wenn das Gericht innerhalb dieses Verfahrens praktisch den Hauptsacheprozeß betreibt.

Prozeßkostenhilfe muß aber jedenfalls **vor Abschluß der Instanz** beantragt werden. Erledigt sich die Hauptsache vor Rechtshängigkeit, so kann noch für das Verfahren bis zur Erledigung PKH bewilligt werden.[57] Wird ein Prozeßkostenhilfeantrag erst am Ende der – letzten – mündlichen Verhandlung gestellt, so besteht im allgemeinen kein ausreichender Grund mehr, noch PKH zu bewilligen.[58] Die Ansicht des OLG Koblenz,[59] daß auch noch nach Urteilsverkündung in erster Instanz PKH beantragt und – für die Zukunft – bewilligt werden könne, ist abzulehnen. Prozeßkostenhilfe kann wegen Verwirkung nicht mehr bewilligt werden, wenn die Partei das Gericht erstmals zwei Jahre nach Beendigung der Hauptsache an den nicht erledigten Antrag erinnert.[60]

34 Im einzelnen kann für folgende Prozeßarten PKH bewilligt werden:
Für einen **Arrest** als eigenständigen Rechtsstreit; für das **Beweissicherungsverfahren** ist, da es nicht zum Rechtszug des Hauptsacheverfahrens gehört (§ 119 I Satz 1 ZPO), gesondert Prozeßkostenhilfe zu beantragen und zu bewilligen; auch für eine **einstweilige Anordnung** muß PKH gesondert beantragt werden, da das Verfahren nach § 620 ZPO

---

[51] OLG Karlsruhe, FamRZ 1999, 240
[52] OLG Frankfurt, FamRZ 1994, 1041; OLG Bamberg, FamRZ 1994, 635; Zöller/Schneider, ZPO, 17. Aufl., § 114, Rn 7; a. A. inzwischen Zöller/Philippi, ZPO, 21. Aufl., § 114, Rn 8: Vermögenslage des Elternteils ist maßgebend
[53] So OLG Köln, FamRZ 1993, 1472; OLG Nürnberg, JurBüro 1990, 754; ebenso auch OLG Karlsruhe, FamRZ 1988, 636
[54] BGHZ 1991, 311
[55] OLG Karlsruhe, Justiz 1984, 345
[56] FamRZ 1996, 416
[57] OLG Köln, FamRZ 1984, 916; a. A. OLG Karlsruhe, Justiz 1989, 349
[58] OLG Karlsruhe, FamRZ 1996, 1287
[59] JurBüro 1996, 142
[60] OLG Brandenburg, FamRZ 1996, 1250

2. Abschnitt: Der Unterhaltsprozeß vor dem Familiengericht § 8

und das Hauptsacheverfahren keinen einheitlichen Rechtszug im Sinne des § 119 ZPO bilden; auch das **einstweilige Verfügungsverfahren** stellt für sich ein prozeßkostenhilfefähiges Hauptsacheverfahren dar; bei der im **Mahnverfahren** erfolgenden Gewährung von PKH entfällt die Prüfung der Erfolgsaussicht, da im Mahnverfahren keine Schlüssigkeitsprüfung stattfindet; für einen **im Ausland zu führenden Rechtsstreit** kann PKH nicht bewilligt werden; für eine **Schutzschrift** kann im Einzelfall PKH bewilligt werden, wenn für ihre Einreichung (z. B. gegen einen drohenden einstweiligen Verfügungsantrag auf Unterhalt) ein dringendes Bedürfnis besteht; bei der **Stufenklage** ist sofort Prozeßkostenhilfe für sämtliche Stufen zu bewilligen;[61] differenzierend dahin, daß nach Bewilligung für sämtliche Stufen erneut die Erfolgsaussicht des Zahlungsantrags geprüft werden müßte: OLG Hamm;[62] dabei besteht deswegen nicht die Gefahr einer übereilt erhobenen Zahlungsklage, weil die Bewilligung (auch für die Leistungsstufe) dem Umfang nach auf den sich aus der Auskunft ergebenden Anspruch beschränkt ist;[63] a. A. aber mit beachtlichen Argumenten: OLG Bamberg:[64] die hinreichende Erfolgsaussicht im Sinne des § 114 Satz 1 ZPO könne nur abschnittsweise geprüft werden. Da ein **Vergleich** zum Rechtszug im Sinne des § 119 Satz 1 ZPO gehört, erstreckt sich die bewilligte PKH auf die Vergleichskosten, sofern der Vergleichsgegenstand mit dem von der PKH umfaßten Streitgegenstand identisch ist; wird für einen im PKH-Prüfungsverfahren nach § 118 I Satz 3 ZPO abzuschließenden Vergleich PKH bewilligt, was zulässig ist, umfaßt die Bewilligung das gesamte vorausgegangene PKH-Prüfungsverfahren (also sowohl die $^{15}/_{10}$-Vergleichsgebühr gemäß § 23 BRAGO als auch die $^{5}/_{10}$-Gebühren nach § 51 BRAGO). Für die **Zwangsvollstreckung** muß gesondert PKH beantragt werden, da sie nicht zum Rechtszug gehört; für eine **Auslandsvollstreckung** kann PKH nicht bewilligt werden.

3. Die Bedürftigkeit

a) Das Einkommen des Gesuchstellers. Gemäß § 115 I Satz 1 ZPO hat die Partei ihr **35 Einkommen** einzusetzen. Zum Einkommen gehören alle Einkünfte in Geld oder Geldeswert einschließlich Urlaubs- und Weihnachtsgeld. Nebeneinkünfte sind dem Einkommen hinzuzurechnen, wenn sie nicht einmalig und unbedeutend anfallen.

Zu einzelnen Einkommensarten:

aa) **Abfindungen** (aus Arbeitsvertrag oder für den künftigen Unterhalt) sind nicht dem Vermögen, sondern dem Einkommen zuzurechnen; allerdings ist dieses Einkommen auf einen angemessenen Zeitraum umzulegen, für den es gewährt wird;[65]

bb) **Arbeitslosengeld** und **Arbeitslosenhilfe** sind – im PKH-Verfahren – Einkommen.[66] Ein fiktives Einkommen ist bei selbstverschuldeter Armut dann anzurechnen, wenn der Arbeitsplatz in verantwortungsloser Weise aufgegeben worden ist.[67]

cc) **Aufwandsentschädigungen** (Spesen, Fahrgeld, Trennungsentschädigung usw.) sind im Umfang des über einen tatsächlichen Mehraufwand hinausgehenden Betrages Einkommen;

dd) **Bafögleistungen** sind – auch als Darlehen – Einkommen;[68]

ee) **Blindenhilfe** ist anzurechnen nach Abzug von Mehraufwendungen;[69]

ff) **Eigentumswohnung:** verwendet eine Partei die ihr im Rahmen des Zugewinnausgleichs zugeflossenen Mittel dazu, der wirtschaftlichen Vernunft entsprechend Wohnraum für sich und die Kinder durch den Kauf einer Eigentumswohnung zu erwerben, kann ihr im Hinblick auf die Regelung in § 88 II Nr. 7 BSHG Prozeßkostenhilfe nicht

---

[61] OLG Karlsruhe, FamRZ 1997, 98; OLG Celle, FamRZ 1997, 99; OLG Nürnberg, FamRZ 1997, 100; a. A. OLG Nürnberg, FamRZ 1994, 1042
[62] FamRZ 1994, 312
[63] Ebenso OLG Celle, FamRZ 1994, 1043
[64] FamRZ 1986, 371 ff; JurBüro 1992, 622
[65] Kalthoener/Büttner, Prozeßkostenhilfe und Beratungshilfe, Rn 205
[66] Kalthoener/Büttner, Rn 208
[67] OLG Oldenburg, FamRZ 1996, 41
[68] Kalthoener/Büttner, Rn 211
[69] OLG Saarbrücken, FamRZ 1988, 1183

mit der Begründung versagt werden, sie hätte das Geld für eine beabsichtigte Prozeßführung zurückhalten müssen;

gg) **Erschwerniszulagen** und **Überstundenvergütung** sind Einkommensbestandteile;

hh) **Erziehungsgeld** gilt nicht als Einkommen;[70]
nach BGH, NJW 1992, 364 sollen Leistungen nach dem **Kindererziehungsleistungsgesetz** zum Einkommen gehören;

ii) **Gratifikationen** (Weihnachts-, Urlaubsgeld, Prämien, Jubiläumsgeschenke) sind – auf den vorgesehenen Zeitraum verteilt – Bestandteil des monatlichen Einkommens; Ausnahme bei kleinem Einkommen: OLG Düsseldorf;[71]

jj) Auch die **Grundrente** ist Einkommen;[72]

kk) **Kindergeld** ist Einkommen des Antragstellers, soweit er es bezieht; gleiches gilt für den Kinderzuschuß zur Rente;[73]

ll) **Lohnsteuerjahresausgleich** ist Zusatzeinkommen;[74]

mm) **Naturalunterhalt** ist wie Sachbezug erheblichen Umfangs als Einkommen anzurechnen; hierzu gehören auch Deputate, freie Verpflegung und sonstige Sachbezüge;[75]

nn) **Schmerzensgeld** ist kein Einkommen (aber Vermögen?), da es im Sozialhilferecht nicht als einsatzpflichtiges Einkommen zählt (§ 77 II BSHG);[76]

oo) **Sozialhilfe** dient zur Deckung des laufenden Lebensbedarfs und ist daher nicht im Rahmen der Prozeßkostenhilfe einsetzbar;[77]

pp) **Taschengeld** ist zur Bezahlung von Prozeßkostenhilfe heranzuziehen.[78] Der Höhe nach ist der Taschengeldanspruch mit etwa 5 % des anrechenbaren Nettoeinkommens des Unterhaltspflichtigen zu bemessen;

qq) **Unterhaltsleistungen** sind Einkommen im Sinne des § 115 ZPO, soweit sie tatsächlich geleistet werden, nicht aber dann, wenn die Unterhaltspflicht noch im Streit ist;[79]

rr) **Vermögenswirksame Leistungen** stehen, da sie langfristig angelegt werden, zum aktuellen Verbrauch nicht zur Verfügung;[80]

ss) **Wöchentliche Zahlungen** (z. B. von Arbeitslosengeld oder Arbeitslosenhilfe) sind durch Multiplikation mit 52 und Division durch 12 in Monatsbeträge umzurechnen;

tt) **Nicht genutzte Vermögenserträge** sind fiktiv wie unterlassener Arbeitseinsatz in Mißbrauchsfällen anzurechnen,[81] aber auch bei einer grob fahrlässigen Herbeiführung der Vermögensminderung[82] oder bei einer absichtlichen Vermögensminderung während oder in Erwartung des Prozesses.[83] Inzwischen beschränkt die Rechtsprechung die Anrechnung fiktiver Einkünfte nicht mehr ausschließlich auf Fälle des Rechtsmißbrauchs.[84] Da die hilfsbedürftige Partei ihre Arbeitskraft in zumutbarer Weise einsetzen muß, ist es gerechtfertigt, im Fall des Unterlassens eines zumutbaren Arbeitseinsatzes von einem fiktiven Einkommen auszugehen;[85]

uu) **Zuwendungen Dritter** sind, wenn sie regelmäßig und in nennenswertem Umfang erfolgen, als Einkommen anzurechnen, insbesondere dann, wenn den Zuwendungen Gegenleistungen (Betreuung, Arbeits- und Putzhilfe) gegenüberstehen.[86]

---

[70] OLG Düsseldorf, RPfleger 1994, 28
[71] FamRZ 1989, 883
[72] OVG NRW, JurBüro 1991, 1371
[73] OLG Naumburg, FamRZ 1998, 488; OLG Hamm, FamRZ 1992, 196
[74] Kalthoener/Büttner, Rn 226
[75] OLG Hamm, FamRZ 1984, 409
[76] OLG Köln, FamRZ 1994, 1127
[77] OLG München, FamRZ 1996, 42
[78] OLG Koblenz, FamRZ 1996, 44
[79] OLG Karlsruhe, FamRZ 1992, 1084
[80] OLG Bamberg, FamRZ 1987, 1282
[81] OLG Karlsruhe, FamRZ 1985, 994 und FamRZ 1987, 613
[82] OLG Karlsruhe, JurBüro 1986, 126
[83] OLG Karlsruhe, FamRZ 1985, 414
[84] OLG Hamm, FamRZ 1994, 1396
[85] OLG Köln, FamRZ 1995, 942
[86] OLG Köln, FamRZ 1996, 873

2. Abschnitt: Der Unterhaltsprozeß vor dem Familiengericht § 8

b) Abzüge vom Einkommen (gemäß § 76 II BSHG i. V. m. § 115 I Satz 3 Nr. 1 ZPO). Gemäß § 76 II Nr. 1–4 BSHG sind von dem Gesamteinkommen **Steuern, Sozialabgaben, notwendige Versicherungen und berufsbedingte Aufwendungen** abzuziehen, um zum sog. Nettoeinkommen zu gelangen. Weitere Abzüge sind nach der Vorschrift des § 76 II a Nr. 1 BSHG vorzunehmen, und zwar **Pauschalen für Erwerbstätige**. Hiermit soll ein Mehrbedarf ausgeglichen werden, den ein Arbeitstätiger berufsbedingt hat. Insgesamt kann ein Mehrbedarf in Höhe von höchstens 50 % des jeweiligen Eckregelsatzes anfallen. Dieser Freibetrag ist nicht zu berücksichtigen, sofern die Partei bereits konkrete berufsbedingte Aufwendungen (Kleidungskosten, Hilfsmittel, Fahrtkosten etc.) geltend macht. Denn dies ist der konkrete Mehrbedarf des Erwerbstätigen. 36

Gemäß § 115 I Satz 3 Nr. 2 ZPO sind von dem bereinigten Nettoeinkommen des Gesuchstellers für ihn und dessen Ehegatten weitere 64 % und bei weiteren Unterhaltsleistungen aufgrund gesetzlicher Unterhaltspflicht für jede unterhaltsberechtigte Person weitere 45 % des Grundbetrages nach §§ 79 I Nr. 1, 82 BSHG abzuziehen. Maßgebender Zeitpunkt für die Berechnung des Einkommensfreibetrages ist der Erlaß des Bewilligungsbeschlusses. Ab. 1. 7. 1997 gelten folgende Sätze: Eckregelsatz 540 DM monatlich; Freibetrag für Erwerbstätige 270 DM monatlich; persönlicher Freibetrag 660 DM monatlich und Unterhaltsfreibetrag 464 DM monatlich; aufgrund der Bekanntmachung zu § 115 ZPO vom 26. 5. 1998 (BGBl. I, 1162) beträgt der persönliche Freibetrag ab 1. 7. 1998 monatlich 663,– DM und der Unterhaltsfreibetrag 466,– DM monatlich, ab 1. 7. 1999 monatlich 672,– DM bzw. 473,– DM, der Freibetrag für Erwerbstätige monatlich 274,– DM (= 50 % des Eckregelsatzes von 548,– DM ab 1. 7. 1999 (vgl. dazu BGBl. I 1999, 1268). 37

Ferner sind nach § 115 I Satz 3 Nr. 3 ZPO grundsätzlich auch die Kosten für **Unterkunft und Heizung** in der tatsächlich entstandenen Höhe vom Einkommen abzuziehen. Hierbei sind aber nur jene Kosten abzugsfähig, die nicht in einem auffälligen Mißverhältnis zu den Lebensverhältnissen der Partei stehen. Die Kosten für Unterkunft und Heizung umfassen den Mietzins und die Mietnebenkosten, die keine Verbrauchskosten darstellen. Wasser, Strom etc. gehören somit nicht dazu. Bei ihnen handelt es sich um allgemeine Lebenshaltungskosten, die aus dem verbleibenden Nettoeinkommen zu erbringen sind. Daher kann der Ansicht des 16. Familiensenats des OLG Karlsruhe[87] nicht gefolgt werden, daß nämlich auch die Kosten für die Versorgung mit Wasser und Energie und für Entsorgung gem. § 115 I Nr. 3 ZPO abzugsfähig seien. Ferner zählen zu den **Unterkunftskosten** die für den Erwerb von eigengenutztem Wohnraum aufgewendeten Kosten. Konkret sind somit die Kaltmiete und der Anteil an Warmmiete abzugsfähig, der auf die monatlichen Heizkosten entfällt. 38

Geldstrafen oder **Geldbußen** gehören nicht zu den berücksichtigungsfähigen, besonderen Belastungen.[88]

c) Der Einsatz des eigenen Vermögens. Bei **Einsatz eigenen Vermögens nach § 115 II ZPO** hat die Partei ihr Vermögen einzusetzen, soweit dies zumutbar ist; § 88 BSHG ist entsprechend anzuwenden. Bei der Beurteilung der Hilfsbedürftigkeit einer Partei sind auch freiwillige Leistungen, die sie von Dritten ohne jegliche Rechtspflicht erhält (z. B. Zahlungen des Lebensgefährten auf Verbindlichkeiten der Partei), zu berücksichtigen.[89] 39

Zu den einzelnen Vermögensbestandteilen zählen:

aa) **Abfindungen**, die teilweise auch als Einkommensbestandteile angesehen werden;[90]

bb) **Kleine Barbeträge** gehören nicht zum einsetzbaren Vermögen (§ 88 II Nr. 8 BSHG); die Grenze liegt hierbei bei ca. 5000 DM als Kleinbetrag;

cc) **Bausparguthaben** ist, soweit es wesentlich über den Freibeträgen nach §§ 115 II ZPO, 88 II Nr. 8 b BSHG liegt, einzusetzen, sofern nicht die sofortige Auflösung des Guthabens einen unzumutbaren Zinsverlust herbeiführt. Geschützt ist nämlich nicht die Anschaffung eines kleinen Hausgrundstücks, sondern nur sein Bestand;

---

[87] FamRZ 1999, 599
[88] OLG Koblenz, FamRZ 1997, 681
[89] OLG Köln, NJW-RR 1996, 1404
[90] Dazu: Kalthoener/Büttner, Rn 256

dd) **Forderungen** sind einsetzbares Vermögen, soweit sie alsbald realisierbar sind; hierzu gehören vorläufig titulierte Unterhaltsforderungen nicht;[91] der **Rückkaufswert** einer **Kapital-** oder einer **Rentenlebensversicherung** ist dann zur Bestreitung der Prozeßkosten einzusetzen, wenn die teilweise (oder ganze) Auflösung des Versicherungsvertrages rechtlich möglich und auch im Hinblick auf die bisherige Absicherung für den Fall des Alters und der Invalidität zumutbar ist.[92]

ee) **Unbebaute Grundstücke** fallen nicht unter das Schonvermögen, auch nicht, wenn beabsichtigt ist, sie alsbald zu bebauen;[93] die Verwertung eines Miteigentumsanteils an einem Gartengrundstück im Werte von ca. 16 000,– DM zur Bezahlung von Prozeßkosten i. H. v. 1150,– DM ist für eine Partei nicht zumutbar, wenn sie nur durch eine unwirtschaftliche Teilungsversteigerung erfolgen kann.[94]

ff) **Hausgrundstück:** Soweit ein kleines Hausgrundstück gemäß § 88 II Nr. 7 BSHG vom Gesuchsteller selbst mit seiner Familie bewohnt wird, ist es nicht als Vermögen einzusetzen. Der **Veräußerungs- oder Versteigerungserlös** fällt aber nicht mehr unter diesen Schutz.[95] Auch ein Zwei- und Mehrfamilienhaus fällt nicht unter das Schonvermögen;

gg) **Hausrat** ist nicht als Vermögen einzusetzen, wenn er nach Umfang und Wert angemessen ist und den derzeitigen Lebensverhältnissen in der Familie entspricht; § 88 II Nr. 3 BSHG;

hh) **Luxusgegenstände** sollen, wie sich dies aus § 88 II Nr. 6 BSHG ergibt, notfalls durch Verkauf oder Beleihung als Vermögenswert einzusetzen sein. Dies ist genauso zu weitgehend wie die Obliegenheit einer Prozeßpartei, einen PKW der Oberklasse oder einen Jahreswagen der gehobenen Mittelklasse gegen ein kleineres Fahrzeug einzutauschen;[96]

ii) **Prozeßkostenvorschuß** stellt, soweit er alsbald durchsetzbar ist, verwertbares Vermögen dar;[97] hat der Verpflichtete bezüglich des Prozeßkostenvorschusses selbst Anspruch auf PKH, kommt die Gewährung von PKH für den Gesuchsteller mit einer monatlichen Ratenzahlung in Höhe eines Ratenvorschußanspruchs in Betracht.[98] Jedoch kann Prozeßkostenvorschuß nach Prozeßende nicht mehr verlangt werden, da er dazu dient, die künftige Prozeßführung zu ermöglichen;[99]

jj) **Schmerzensgeld** ist als wirtschaftlich zweckgebundenes Vermögen[100] kein Vermögenseinsatzbetrag;[101]

kk) **Wertpapiere** sind genauso zur Bestreitung der Verfahrenskosten einzusetzen wie **Zugewinnausgleichsbeträge**.[102]

4. Hinreichende Erfolgsaussicht

40 § 114 Satz 1 ZPO erfordert zur Bewilligung der Prozeßkostenhilfe eine hinreichende Erfolgsaussicht für die Rechtsverfolgung oder Rechtsverteidigung. Dies bedeutet – nach vorläufiger und summarischer Prüfung der tatsächlichen und rechtlichen Verhältnisse – eine gewisse Wahrscheinlichkeit für den Erfolg des Rechtsbegehrens. Jedoch ist über **schwierige und ungeklärte Rechtsfragen** nicht abschließend zu entscheiden.[103] Werden

---

[91] OLG Saarbrücken, JurBüro 1987, 1714
[92] OLG Stuttgart, FamRZ 1999, 598
[93] Kalthoener/Büttner, Rn 301
[94] OLG Nürnberg, FamRZ 1998, 489
[95] OLG Frankfurt, FamRZ 1986, 925
[96] So OLG Bamberg, JurBüro 1992, 346
[97] BGH, Anwbl. 1990, 328
[98] Ebenso OLG Koblenz, FamRZ 1996, 44; OLG Nürnberg, RPfleger 1996, 115; OLG Köln, FamRZ 1995, 680
[99] OLG Nürnberg, FamRZ 1998, 489; BGH, FamRZ 1985, 82
[100] OLG Bamberg, JurBüro 1991, 977
[101] Ebenso OLG Köln, FamRZ 1994, 1127
[102] OLG Bamberg, FamRZ 1986, 484
[103] BGH, FamRZ 1982, 367; BVG, NJW 1991, 413 ff; 1992, 889; OLG Karlsruhe, FamRZ 1988, 296; 1995, 1504

2. Abschnitt: Der Unterhaltsprozeß vor dem Familiengericht § 8

diese Fragen aber bis zur Entscheidung über die beantragte PKH geklärt, so ist diese Rechtslage nunmehr der PKH-Entscheidung zugrunde zu legen, zumal für die rechtliche Beurteilung der **Erkenntnisstand zum Zeitpunkt der Entscheidung** über das PKH-Gesuch maßgebend ist.[104] Über das PKH-Gesuch ist möglichst frühzeitig zu entscheiden, nach OLG Karlsruhe[105] grundsätzlich vor Zustellung der Klage, keinesfalls erst nach der Hauptsacheentscheidung, weil sonst das rechtliche Gehör nicht gewährt ist.[106] Nach der jüngeren Rspr. des 2. Familiensenats (OLG Karlsruhe) ist für die Prüfung der Erfolgsaussicht einer Klage der Zeitpunkt der Entscheidungsreife des Bewilligungsgesuchs auf Prozeßkostenhilfe maßgebend. Entsprechendes gilt für die Prüfung der Erfolgsaussicht einer Verteidigung des Beklagten gegen die Klage. Hier soll der maßgebliche Zeitpunkt der Entscheidungsreife der Rechtsverteidigung des Beklagten der des Eingangs der Klagerwiderung sein, und zwar unabhängig vom Zeitpunkt der Prüfung durch das Gericht. Denn der Kläger hat seine Klage schlüssig zu begründen. Ist die Klage unschlüssig, ist das Verteidigungsvorbringen hiergegen zu diesem Zeitpunkt erfolgversprechend.[107] Bei der Prüfung der Erfolgsaussicht kann es zu einer **vorweggenommenen Beweiswürdigung** kommen, die zulässig und zur Vermeidung überflüssiger Prozesse erforderlich ist.[108, 109] Sobald eine Beweisaufnahme zu einer Behauptung der Prozeßkostenhilfe beantragenden Partei oder des Prozeßgegners ernsthaft in Betracht kommt, bietet die beabsichtigte Rechtsverfolgung bzw. -verteidigung grundsätzlich hinreichende Aussicht auf Erfolg. Dies gilt unabhängig davon, wie wahrscheinlich die Beweisbarkeit der betreffenden Behauptung ist. Etwas anderes kann dann gelten, wenn nur eine Vernehmung des Prozeßgegners als Partei nach § 445 ZPO in Betracht kommt und eine eingehende Stellungnahme des Gegners, für deren Unrichtigkeit sich keine konkreten Anhaltspunkte ergeben, zuungunsten des Antragstellers vorliegt.[110] Diese antizipierte Beweiswürdigung darf aber eine endgültige Beweiswürdigung nicht vorwegnehmen: Prozeßkostenhilfe kann im allgemeinen für eine im Scheidungsverfahren erhobene Klage auf Geschiedenenunterhalt nicht deshalb mangels hinreichender Erfolgsaussicht versagt werden, weil ein Unterhaltsanspruch wegen grober Unbilligkeit nach § 1579 BGB ausgeschlossen sei.[111] Allerdings sollte die letzte Instanz auch im PKH-Verfahren **Grundfragen** abschließend entscheiden, um den Parteien die Kosten der Prozeßfortführung zu ersparen.[112]

Ausländisches Recht hat das Gericht im Rahmen der Erfolgsprüfung von Amts wegen zu ermitteln und anzuwenden.

Erfolgsprüfung im einzelnen in Unterhaltssachen: 41

Die auf Zahlung künftigen Unterhalts gerichtete Klage ist nicht deshalb als mutwillig i. S. von § 114 ZPO anzusehen, weil dem Unterhaltsberechtigten fortlaufend Sozialhilfe in einer Höhe gewährt wird, die den beanspruchten Unterhalt übersteigt.[113] Auch bei **freiwilligen, regelmäßigen Unterhaltszahlungen** kann ein Titulierungsinteresse des Gläubigers bestehen.[114] Das gilt aber dann nicht, wenn freiwillig bezahlt wird und nur zuvor **Bedenken gegen die Zahlungspflicht** geäußert wurden.[115] Kommt der Schuldner der Aufforderung nicht nach, bei der **Schaffung eines Titels im Sinne des § 794 Nr. 5 ZPO** mitzuwirken bzw. einen **kostenfreien Vollstreckungstitel** über Kindesunterhalt beim Jugendamt zu schaffen, besteht für ein entsprechendes PKH-Gesuch hinreichende Erfolgsaussicht.[116] Allerdings ist die Erfolgsaussicht zu verneinen, wenn **keinerlei** gegen-

---

[104] BGH, FamRZ 1982, 367
[105] FamRZ 1991, 1458
[106] BVG, FamRZ 1992, 1151
[107] OLG Karlsruhe, FamRZ 1997, 375
[108] OLG Karlsruhe, FamRZ 1991, 1458
[109] OLG Köln, FamRZ 1993, 215; inzwischen ebenso: BVerfG, NJW 1997, 2745
[110] OLG Köln, FamRZ 1997, 617, 618
[111] OLG Karlsruhe, FamRZ 1996, 1288
[112] A. A. OLG Karlsruhe, FamRZ 1993, 820 ff
[113] OLG Saarbrücken, FamRZ 1997, 617
[114] OLG Köln, FamRZ 1995, 1503
[115] OLG Nürnberg, NJW-RR 1993, 327
[116] OLG Karlsruhe, NJW-RR 1994, 68 ff; OLG München, FamRZ 1994, 313 ff

wärtige und künftige **Aussicht auf** eine zumindest teilweise **erfolgreiche Beitreibung** besteht. Denn die Vollstreckungsaussichten können bereits bei der Prüfung der Erfolgsaussicht maßgeblich sein, zumal Ziel jeder Klage die Erfüllung der Forderung ist.[117] Durch eine unberechtigte **Einstellung der vereinbarten** und über längere Zeit geleisteten **Unterhaltszahlung** kommt der Unterhaltsschuldner in Verzug und gibt dadurch Veranlassung zur Klageerhebung im Sinne von § 93 ZPO.[118] Wird **Abänderungsklage** erhoben, kann PKH nur bewilligt werden, wenn substantiiert die wesentlichen Abänderungskriterien – ohne bloße Bezugnahme auf Unterhaltstabellen – dargetan worden sind.[119] Bei einer **Stufenklage** bezieht sich die Prozeßkostenhilfebewilligung nach herrschender Meinung auf alle anhängig gemachten Ansprüche, auch auf den noch nicht bezifferten Zahlungsanspruch.[120] Dies wird aber inzwischen mehr und mehr angegriffen. Fälle **grober Unbilligkeit** im Sinne des § 1579 BGB lassen sich nur bei ganz eindeutigen Fallgestaltungen im PKH-Verfahren entscheiden.[121]

42 Prozeßkostenhilfe wird grundsätzlich **rückwirkend** auf den Zeitpunkt bewilligt, in welchem ein vollständiger Antrag nebst allen notwendigen Unterlagen vorgelegen hat.[122] Für die Beurteilung der Erfolgsaussicht ist dieser **Bewilligungszeitpunkt** maßgebend.[123] Dies gilt sowohl für die Rechtslage als auch für die Sachlage.[124] Das OLG Karlsruhe will neuerdings auf die **Entscheidungsreife des Gesuchs** abstellen,[125] anders jedoch bei einem Gesuch für eine noch nicht erhobene Klage. Erledigt sich die Hauptsache vor Entscheidung über das PKH-Gesuch (z. B. durch Auskunftserteilung), soll nach OLG Karlsruhe[126] für die bis dahin entstandenen Kosten dem Antragsteller PKH nicht bewilligt werden können. Dem kann nicht zugestimmt werden: Allein die vorzeitige Verfahrensbeendigung ist kein Kriterium für die hinreichenden Erfolgsaussicht (§ 114 ZPO) im PKH-Verfahren. Jedenfalls dann, wenn der materiell-rechtliche Anspruch des PKH-Gesuchstellers in der verfahrensabschließenden Entscheidung nicht zurückgewiesen wurde, ist weiterhin die Erfolgsaussicht auf ihre früheren – vor Verfahrensabschluß bestehenden – Voraussetzungen zu prüfen. Ist die Hauptsache durch einen Vergleich erledigt worden, spricht dies gerade für eine zuvor bestehende, **hinreichende** Erfolgsaussicht mit der Folge einer noch nach Verfahrensbeendigung zu gewährenden Prozeßkostenhilfe.

43 Hat die Rechtsverfolgung oder Verteidigung nur **teilweise Aussicht** auf Erfolg, so ist in diesem Umfang PKH zu bewilligen, wobei es im PKH-Beschluß einer konkreten Formulierung (ähnlich einem Klagantrag gemäß § 253 II Nr. 2 ZPO) bedarf.[127] Hat sich eine Partei bereits außergerichtlich verglichen oder bereits alle Prozeßkosten bezahlt, ist keine PKH-Bewilligung mehr möglich. Übersteigt der in der Berufungsschrift angekündigte Antrag die Berufungssumme von 1500 DM, hat er aber nur bis zu einem Wert von höchstens 1500 DM Aussicht auf Erfolg, so darf für die Berufung keine Prozeßkostenhilfe bewilligt werden.[128]

5. Zur Mutwilligkeit

44 Eine **Auskunftsklage** ist mutwillig, wenn eine **Stufenklage** im Verbund sinnvoller und billiger wäre.[129] Mutwillig ist auch eine **Zahlungsklage**, wenn der Kläger nur unzureichende Kenntnis über die Leistungsfähigkeit des Schuldners besitzt und dieser daher

---

[117] Ebenso OLG Köln, JurBüro 1991, 275
[118] OLG Bremen, FamRZ 1996, 886
[119] KG, FamRZ 1978, 932
[120] OLG Karlsruhe, FamRZ 1984, 501
[121] OLG Hamm, FamRZ 1985, 827
[122] BGH, FamRZ 1982, 58
[123] BGH, FamRZ 1982, 367
[124] OVG Münster, FamRZ 1993, 715
[125] FamRZ 1994, 1123; 1997, 375
[126] FamRZ 1992, 835
[127] OLG Düsseldorf, FamRZ 1993, 1217
[128] OLG Hamburg, FamRZ 1997, 621
[129] OLG Düsseldorf, FamRZ 1989, 204

zunächst Auskunft erteilen muß; hier wäre eine Stufenklage die angemessene Rechtsverfolgung.[130] Besteht kein Zweifel an der Leistungsfähigkeit des Schuldners, ist eine **Auskunftsklage** mutwillig.[131] Für die Zeit bis zum Erlaß einer **einstweiligen Verfügung** fehlt es am Verfügungsgrund im Sinne des § 940 ZPO, soweit der Unterhaltsbedarf durch Leistung der Sozialhilfe sichergestellt ist.[132] Für die Zukunft ist aber (entgegen OLG Bamberg, aaO) der Antrag auf **Notunterhalt** wegen der **Subsidiarität der Sozialhilfe** nicht mutwillig.[133] Ein **isoliertes Klageverfahren** bezüglich Nachscheidungsunterhalt ist nur dann mutwillig, wenn für ein solches Vorgehen anstelle der früheren Geltendmachung **im Verbund** keine sachlich verständlichen Gründe ersichtlich sind.[134] Auch Kosten- und Zeitersparnisse **im isolierten Verfahren** rechtfertigen eine eigenständige Klagerhebung, die zu einer möglichen Kostenfreistellung gemäß § 91 ZPO gegenüber einer Kostenhaftung nach § 93 a I ZPO im Verbund führen kann. Mutwillig ist auch eine Unterhaltsklage, wenn der Schuldner bisher **stets freiwillig, pünktlich und vollständig** bezahlt und die Erlangung eines Titels nicht verweigert hat. Kein Mutwille liegt aber vor, wenn der Schuldner nicht von der Möglichkeit einer **Unterhaltstitulierung beim zuständigen Jugendamt** Gebrauch gemacht hat.[135] Mutwillig ist, den unstreitigen und bisher **freiwillig gezahlten Sockelbetrag** mit einzuklagen, wenn der Schuldner nicht zuvor vergeblich zur Vorlage eines außergerichtlichen Titels aufgefordert worden ist.[136] Die Rechtsverfolgung ist trotz eines verzugsbegründenden Auskunftsverlangens mutwillig, wenn der Unterhaltspflichtige, der bislang regelmäßig gezahlt hat, im Verzugszeitpunkt mangels eines bezifferten Begehrens die Höhe seiner Verpflichtung nicht kannte und deshalb nicht leistete, aber nach – bezifferter – Klagerhebung im ersten Termin sofort anerkennt.[137]

Besteht grundsätzliche Zahlungsbereitschaft des Unterhaltsschuldners, ist es unangemessen, wenn der Unterhaltsgläubiger eine sofortige Klagzustellung nach § 65 VII GKG veranlaßt, statt zunächst nur einen Prozeßkostenhilfeantrag für die Unterhaltsklage zu stellen.[138] Auch die Klage mit dem einzigen Ziel, den Unterhalt statt regelmäßig in der Monatsmitte **zu Beginn des Monats** zu erhalten, ist mutwillig. Der Unterhaltsschuldner gibt Anlaß zur Klage, wenn er die Leistungshandlung (Einzahlung, Überweisung etc.) nicht vor dem Ersten des jeweiligen Monats vornimmt.[139] Soweit ein **Mahnbescheid** voraussichtlich zur Anspruchsdurchsetzung von Unterhaltsrückständen mangels bisherigen Bestreitens der Forderung ausreicht, ist eine **Klageeinreichung mutwillig**.

6. Prozeßkostenhilfe im Rechtsmittelverfahren

In zweiter Instanz ist die Erfolgsaussicht erneut zu überprüfen. Jedoch muß für den Rechtsmittelgegner gemäß § 119 Satz 2 ZPO die Erfolgsaussicht oder Mutwilligkeit seiner Rechtsverfolgung nicht erneut geprüft werden. Dies gilt aber nicht für die **Bedürftigkeit**, die auch in zweiter Instanz als subjektive Voraussetzung der PKH-Bewilligung zu überprüfen ist. Hat sich aber die **Sachlage** in zweiter Instanz **wesentlich** gegenüber jener in erster Instanz **verändert**, kann dies auch für den Rechtsmittelgegner zu einer notwendigen Sachprüfung seiner Erfolgsaussichten und damit zur Versagung von Prozeßkostenhilfe führen. Das gilt auch bei Veränderung der tatsächlichen Grundlagen.[140] **PKH-Beschlüsse des Oberlandesgerichts** sind grundsätzlich nicht anfechtbar (§ 567 IV ZPO). Es kann ihnen aber mit der **Gegenvorstellung** begegnet werden. Ausnahmsweise sind sie

45

---

130 OLG Hamm, FamRZ 1986, 924
131 OLG Schleswig, FamRZ 1986, 1031
132 OLG Bamberg, FamRZ 1995, 623
133 OLG Nürnberg, FamRZ 1995, 1166
134 OLG Frankfurt, NJW-RR 1990, 5
135 OLG Bamberg, JurBüro 1994, 234
136 OLG Karlsruhe, FamRZ 1991, 344
137 OLG Bamberg, FamRZ 1996, 1289
138 OLG Köln, FamRZ 1995, 1216
139 OLG Köln, FamRZ 1995, 1216
140 BGH, FamRZ 1989, 265

dann angreifbar, wenn die Entscheidung jeder gesetzlichen Grundlage entbehrt.[141] Diese greifbare Gesetzwidrigkeit sollte allerdings bei Entscheidungen des OLG selten sein. Der Ansicht, daß vor Eingang der Berufungsbegründung keine Veranlassung für den Berufungsbeklagten besteht, einen Prozeßbevollmächtigten zu bestellen und PKH bewilligt zu erlangen, ist nicht zu folgen.[142] Denn die beklagte Partei wird schon nach Einlegung der Berufung ihren Prozeßbevollmächtigten aufsuchen und das weitere Vorgehen besprechen; dann ist bereits eine Anwaltsgebühr entstanden. Besteht nur eine **begrenzte Erfolgsaussicht** für die Berufung, die **unterhalb der Berufungssumme** liegt, kann **PKH nicht** bewilligt werden.[143] Ist **rechtzeitig PKH-Antrag gestellt** worden, die Hauptsache aber bereits rechtskräftig abgeschlossen, darf keine andere Erfolgsaussicht als jene in der Hauptsacheentscheidung festgestellt werden.

46 Eine arme Partei kann im Berufungsverfahren zunächst einen Prozeßkostenhilfeantrag stellen und nach erfolgter Prozeßkostenhilfebewilligung wegen unverschuldet versäumter Berufungsfrist **Wiedereinsetzung in den vorigen Stand** beantragen. Unzulässig ist es dagegen, eine **bedingte Berufung** einzulegen in der Form, daß die Einreichung des Rechtsmittels von der Bewilligung der Prozeßkostenhilfe abhängig sein soll. Ein **bloßer Prozeßkostenhilfeantrag** oder der **Entwurf einer Berufungsschrift** wahren im übrigen auch nicht die Rechtsmittelfrist.

Wer rechtzeitig Prozeßkostenhilfe für die Durchführung eines Rechtsmittels beantragt, erhält nach Ablehnung seines Antrags Wiedereinsetzung in den vorigen Stand, wenn er mit der Ablehnung mangels Bedürftigkeit vernünftigerweise nicht rechnen mußte. Die Partei muß mit einer Ablehnung rechnen, wenn sie den zwingend vorgeschriebenen Vordruck über ihre persönlichen und wirtschaftlichen Verhältnisse nicht rechtzeitig bei Gericht einreicht. Eine Bezugnahme auf frühere Erklärungen ist nur zulässig, wenn gleichzeitig erklärt wird, seither habe sich nichts geändert.[144]

Ordnet die zweite Instanz zu Lasten der armen Partei Ratenzahlungen an, sind diese Raten – sofern nichts anderes ausgeführt ist – zunächst auf die Kosten des Verfahrens in zweiter Instanz anzurechnen, die verbleibenden (48-) Monatszahlungen sind anschließend auf die Verfahrenskosten in erster Instanz[145] zu erbringen.

7. Der Prozeßkostenhilfeantrag und der amtliche Vordruck

47 Der Antrag auf Bewilligung von Prozeßkostenhilfe ist bei dem Prozeßgericht zu stellen. Ihm ist eine Erklärung über die persönlichen und wirtschaftlichen Verhältnisse beizufügen (§ 117 II ZPO).

Prozeßkostenhilfe kann rückwirkend bis zur Einreichung eines formgerechten Antrages nebst den erforderlichen Unterlagen und noch nach Abschluß des Verfahrens bewilligt werden, wenn der Antrag während des Verfahrens gestellt, aber nicht über ihn entschieden worden ist.[146] **Formgerecht ist ein Antrag** erst, wenn die Erklärung der Partei über ihre persönlichen und wirtschaftlichen Verhältnisse (amtlicher Vordruck) eingereicht und alle erforderlichen Belege beigefügt sind. Die Angaben können aber auch in einem Schriftsatz vervollständigt werden. Immer erforderlich sind Belege über Einkünfte und Belastungen. Ausnahmsweise kann eine eidesstattliche Versicherung ausreichen.[147] Erst nach Erfüllung obiger Voraussetzungen liegt ein ordnungsgemäßes Gesuch vor.[148]

48 Auch in **zweiter Instanz** ist grundsätzlich **ein erneuter** vollständig ausgefüllter **Vordruck** vorzulegen.[149] Eine Bezugnahme auf die in erster Instanz abgegebene Erklärung

---

[141] BGH, FamRZ 1986, 150
[142] OLG Karlsruhe, Justiz 1986, 489 gegen BGH, FamRZ 1982, 58 ff = NJW 1982, 446 ff; BGH, FamRZ 1988, 942
[143] OLG Nürnberg, FamRZ 1985, 1152; a. A. OLG Hamburg, FamRZ 1993, 579
[144] BGH, FamRZ 1997, 546
[145] A. A. AG Emden, FamRZ 1997, 385: zu verrechnen mit den Gesamtkosten 1. und 2. Instanz
[146] BGH, FamRZ 1982, 58 = NJW 1982, 446; OLG Düsseldorf, FamRZ 1991, 207
[147] OLG Köln, FamRZ 1992, 701
[148] Vgl. BGH, FamRZ 1989, 728
[149] BGH, FamRZ 1993, 688 = NJW-RR 1993, 451

genügt nur dann, wenn sich die Verhältnisse nicht geändert haben und dies ausdrücklich klargestellt wird.[150]

In beiden Instanzen sind die PKH-Gesuche oft nicht ordnungsgemäß ausgefüllt. Häufige Mängel sind: **49**
– Die im amtlichen Vordruck gestellten Fragen werden nicht alle vollständig beantwortet (z. B. fehlerhafte Angaben über den Wert eines Grundstücks, die genauen Eigentumsverhältnisse, den Verkehrswert des Grundstücks, die Höhe eines Sparguthabens, die Möglichkeit, von einer anderen Person Prozeßkostenvorschuß zu erlangen als sonstiger Vermögenswert).
– Belege werden überhaupt nicht oder nur nach Gutdünken vorgelegt.[151]
– Bezug genommen wird auf eine angeblich schon in erster Instanz vorgelegte Erklärung, obwohl diese nicht abgegeben ist.
– Vom Anwalt wird großzügig versichert, daß sich nichts geändert habe, obgleich inzwischen die zuvor arbeitslose Partei berufstätig geworden ist.
– Verwiesen wird auf die Erklärung in ganz anderen Akten oder Verfahren, die meistens nicht greifbar sind.

Etwaige Lücken in den Angaben sind ausnahmsweise unschädlich, wenn sie durch klare und übersichtliche Anlagen oder durch Bezugnahme auf schon in erster Instanz vorgelegte Unterlagen geschlossen werden können. Eine eigenhändige Unterzeichnung des ausgefüllten Vordrucks ist nicht erforderlich, wenn feststeht, daß die Erklärung vom Antragsteller stammt.[152]

Wird bei einem rechtzeitig während des Verfahrens eingereichten Prozeßkostenhilfeantrag die Erklärung über die persönlichen und wirtschaftlichen Verhältnisse nur unvollständig ausgefüllt und/oder werden nicht alle notwendigen Belege beigefügt, hat das Gericht unverzüglich nach § 118 II ZPO auf einen ordnungsgemäßen und vollständigen Antrag hinzuwirken. Wird dies unterlassen, kann der PKH-Antrag später nicht wegen unvollständiger Angaben zurückgewiesen werden.

8. Die Bewilligung von Prozeßkostenhilfe

Prozeßkostenhilfe wird durch Beschluß bewilligt und hierbei festgesetzt, ob auf die **50** Verfahrenskosten Raten oder sonstige Beträge zu zahlen sind. Maßgebend ist die Rechtslage zur Zeit der Entscheidung über das PKH-Gesuch, auch dann, wenn eine zunächst zweifelhafte **Rechtsfrage** erst im Laufe des PKH-Verfahrens durch eine höchstrichterliche Entscheidung hinreichend geklärt worden ist.[153]

Für die **Sachlage** gilt dies nach neuerer Praxis ebenfalls.[154] Für die Sach- und Rechts- **51** lage stellt das OLG Karlsruhe auf die Entscheidungsreife des Gesuchs ab,[155] anders jedoch bei einem Gesuch für eine noch nicht erhobene Klage. Unter Umständen soll eine zwischenzeitlich erfolgte Beweisaufnahme nicht beachtlich sein.[156] Erledigt sich die Hauptsache vor Entscheidung über das PKH-Gesuch (z. B. durch Auskunftserteilung), soll nach OLG Karlsruhe[157] für die bis dahin entstandenen Kosten dem Antragsteller PKH nicht bewilligt werden können.

Ist ein Prozeßkostenhilfegesuch vor Ende der Instanz gestellt und werden die zur Prüfung der persönlichen Verhältnisse notwendigen Unterlagen erst nach Beendigung des Hauptsacheverfahrens nachgereicht, ist gleichwohl noch nachträglich PKH zu bewilligen, wenn das Gericht die Nachreichung weder gerügt noch sie befristet und damit –

---

[150] BGH, NJW-RR 1990, 1212
[151] Vgl. dazu BGH, FamRZ 1989, 728
[152] BGH, FamRZ 1985, 1017 = NJW 1986, 62
[153] BGH, FamRZ 1982, 367
[154] OVG Münster, FamRZ 1993, 715
[155] FamRZ 1994, 1123; ebenso für die Erfolgsaussicht einer Verteidigung des Beklagten: NJWE-FER 1997, 18
[156] OLG Nürnberg, FamRZ 1991, 581 LS, ähnlich OLG Karlsruhe, FamRZ 1992, 195, 2. ZS
[157] FamRZ 1992, 835

auch konkludent – einen Vertrauenstatbestand für den PKH-Gesuchsteller geschaffen hat.[158]

52 **Dem Gegner des PKH-Gesuchstellers** ist vor der Entscheidung des Gerichts **kein Anhörungsrecht** zu den Angaben über die persönlichen und wirtschaftlichen Verhältnisse und damit auch kein Recht auf Einsicht in die diese Angaben enthaltenden Aktenteile zu gewähren.[159] Dies ist verfassungsgemäß.[160]

Ein Anhörungs- und Einsichtsrecht aus anderen Gründen schließt dies jedoch nicht aus. So sind im Unterhaltsprozeß die Angaben zu den wirtschaftlichen Verhältnissen, oft auch diejenigen zu den persönlichen Verhältnissen, auch für die Sachentscheidung von Bedeutung. Deshalb muß der Gegner dazu gehört werden und hat auch ein Einsichtsrecht in etwaige Unterlagen, z. B. Verdienstbescheinigungen (§ 299 ZPO).

53 Mit der Bewilligung von Prozeßkostenhilfe wird in der Regel auch der bedürftigen Partei ein Anwalt beigeordnet. Dies kann nur ein einzelner Anwalt, nicht eine ganze Sozietät sein. **Der beizuordnende Anwalt** muß beim erkennenden Gericht zugelassen sein. Schon im PKH-Gesuch muß klargestellt werden, wer von mehreren zugelassenen Anwälten einer Sozietät beigeordnet werden soll.

Wird von einem auswärtigen Anwalt vor seiner Beiordnung nicht die Erklärung abgegeben, daß er zu den Bedingungen eines ortsansässigen Anwalts arbeiten werde (wozu er nicht verpflichtet ist), muß er ohne Beschränkung honoriert werden.[161]

Wird der Partei anstelle des zunächst beigeordneten Anwalts ein neuer Anwalt „unter Ausschluß der bisher angefallenen Gebühren" beigeordnet, so ist diese Beschränkung der Beiordnung unwirksam, wenn der Anwalt damit nicht einverstanden ist. Es gibt nämlich keine gesetzliche Grundlage für eine gebührenrechtliche Beschränkung der Beiordnung eines Anwalts.[162]

53a **Ein Korrespondenz-/Verkehrsanwalt** kann nur beigeordnet werden, wenn dies besondere Umstände erfordern (§ 121 III ZPO). Dies ist in jedem Fall besonders zu begründen und ergibt sich nicht bereits aus einer großen Entfernung des Wohnsitzes der Partei zum Gerichtsort. In der Regel sind die Voraussetzungen nicht gegeben, wenn der beigeordnete **Hauptbevollmächtigte** die Handakten zur Verfügung hat, die Gerichtsakten einsehen kann, schon in erster Instanz bevollmächtigt war und auch in zweiter Instanz nur Rechtsfragen oder einfache Sachfragen zu klären sind, die schriftlich oder telefonisch mit der Partei besprochen werden können. Eine einfache Denkart der Partei oder ihre unbeholfene Art reichen allein zu einer entsprechenden Beiordnung nicht aus.

54 Ist Prozeßkostenhilfe bewilligt worden, so kann **die Bundes- oder Landeskasse** die noch offenen Gerichtskosten und die auf sie übergegangenen Ansprüche der beigeordneten Anwälte gegen die Partei nur in dem Umfang geltend machen, wie dies der gerichtlichen Entscheidung über die Ratenzahlungen entspricht. Bereits gezahlte Gebühren sind aber nicht zu erstatten. Die Partei braucht keine Vorschüsse für Zeugen und Sachverständige zu leisten und ist von der Sicherheitsleistung für die Prozeßkosten befreit. Die der Partei beigeordneten Anwälte können ihr gegenüber keine Vergütungsansprüche geltend machen (§ 122 I Nr. 3 ZPO). Jedoch führt die Bewilligung der Prozeßkostenhilfe nicht dazu, daß die Kostenerstattungsansprüche der obsiegenden Partei (§§ 91, 92 ZPO) nicht durchgesetzt werden könnten (§ 123 ZPO).

9. Die Änderung der Prozeßkostenhilfeentscheidung

55 **a) Änderung der Ratenzahlungspflicht.** Haben sich die persönlichen Verhältnisse der bedürftigen Partei nach der Entscheidung des Gerichts über die PKH verbessert oder verschlechtert, kann dies über § 120 IV ZPO berücksichtigt werden. Nach dieser Vorschrift kann der **Rechtspfleger** (§ 20 Nr. 4 c RPflG) seine Entscheidung über die zu lei-

---

[158] OLG Karlsruhe, FamRZ 1999, 305
[159] BGH, FamRZ 1984, 373
[160] BVerfG, NJW 1991, 2078
[161] AG Gera, FamRZ 1997, 378
[162] OLG Karlsruhe, FamRZ 1998, 632

stenden Zahlungen stets ändern, wenn sich die persönlichen oder wirtschaftlichen Verhältnisse wesentlich geändert haben. Hierüber muß die Partei dem Gericht Auskunft erteilen. Diese Änderung muß nach Erlaß der Ursprungsentscheidung eingetreten sein.[163] Die Änderungskompetenz endet nicht mit der Rechtskraft der Entscheidung zur Hauptsache; auch anschließend ist noch eine Änderung zulässig.[164] Die Änderung muß grundsätzlich innerhalb der Vierjahresfrist nach rechtskräftiger Entscheidung erfolgen.[165]

b) Aufhebung der Prozeßkostenhilfebewilligung. Eine Aufhebung der Bewilligung kommt in Betracht, wenn die Partei durch eine **unrichtige Darstellung des Streitverhältnisses** oder durch **absichtliche oder grob nachlässige unrichtige Angaben** über ihre persönlichen und wirtschaftlichen Verhältnisse die Prozeßkostenhilfebewilligung verwirkt hat. Auch wenn eine Erklärung nach § 120 IV Satz 2 ZPO nicht abgegeben worden ist, kann die PKH-Bewilligung gemäß § 124 Nr. 1 u. 2 ZPO aufgehoben werden, unabhängig davon, ob die Angaben für die PKH-Entscheidung erheblich waren oder nicht.[166] 56

§ 124 Nr. 2 ZPO hat Sanktionscharakter. Das Gericht kann deshalb den Umstand, daß die geforderten Angaben nicht fristgemäß eingegangen sind, im Rahmen der nach pflichtgemäßem Ermessen zu treffenden Entscheidung über die Aufhebung berücksichtigen und die Prozeßkostenhilfebewilligung insgesamt aufheben, wenn die Nichteinhaltung der Frist zumindest auf grober Nachlässigkeit beruht.[167]

Auch wenn die subjektiven Voraussetzungen einer PKH-Bewilligung (nämlich die persönlichen und wirtschaftlichen Verhältnisse) objektiv nicht vorgelegen haben, kann die Gewährung der Prozeßkostenhilfe aufgehoben werden. Dies ist aber dann nicht mehr möglich, wenn seit der rechtskräftigen Entscheidung oder sonstigen Verfahrensbeendigung 4 Jahre vergangen sind (§ 124 Nr. 3 ZPO).

Schließlich kann die PKH-Bewilligung dann aufgehoben werden, wenn eine Partei **länger als 3 Monate mit der Zahlung einer Monatsrate** ganz oder teilweise in Rückstand ist (§ 124 Nr. 4 ZPO). Die Bewilligung der Prozeßkostenhilfe darf nicht aufgehoben werden, wenn die Nichtzahlung der Raten nicht auf einem Verschulden des Bedürftigen beruht. Das Verschulden ist unabhängig von den Feststellungen und Bewertungen des ursprünglichen Bewilligungsbeschlusses zu prüfen.[168]

Hat das Beschwerde- oder Berufungsgericht eine gegenüber der ersten Instanz veränderte Ratenzahlungsanordnung für die zweite Instanz erlassen, wird die Ratenzahlungsanordnung der ersten Instanz gegenstandslos.[169]

c) Rechtsmittel nach § 127 II ZPO. Gemäß § 127 II Satz 1 ZPO ist die **Bewilligung von PKH** für die Partei grundsätzlich **unanfechtbar**. Ist ganz oder teilweise Prozeßkostenhilfe versagt worden, so findet hiergegen gemäß § 127 II Satz 2 ZPO die Beschwerde statt. 57

Allerdings kann im PKH-Verfahren kein Rechtsmittel zu einer Instanz eröffnet werden, die nicht mit der Hauptsache befaßt werden kann.[170] Die Beschwerde gegen eine die beantragte Prozeßkostenhilfe wegen nicht hinreichender Erfolgsaussicht der Rechtsverfolgung versagende Entscheidung ist unstatthaft, wenn ein Rechtsmittel im Hauptverfahren nicht statthaft ist.[171] Unstatthaft sind somit **PKH-Beschwerden in Anordnungsverfahren** nach § 620 ZPO, soweit die erlassene einstweilige Anordnung selbst gemäß § 620 c ZPO unanfechtbar ist, **im Rahmen eines Prozeßkostenvorschußverfahrens nach § 127 a ZPO oder in unzulässigen Berufungsverfahren**. Auch muß die Beschwerde der armen Partei gegen die Versagung von Prozeßkostenhilfe zurückgewiesen werden, wenn das ihr **ungünstige Urteil** des ersten Rechtszuges in der Hauptsache **rechtskräftig** 58

---

[163] OLG Köln, FamRZ 1987, 962
[164] OLG Bamberg, JurBüro 1992, 250; OLG Düsseldorf, RPfleger 1996, 32
[165] OLG Naumburg, FamRZ 1996, 1425
[166] OLG Köln, FamRZ 1987, 1169
[167] OLG Koblenz, FamRZ 1996, 1425
[168] BGH, NJW 1997, 1077 = NJW-RR 1997, 699
[169] BGH, NJW 1983, 944
[170] BGHZ 53/372
[171] OLG Frankfurt/M., FamRZ 1996, 746

geworden ist.[172] Diese Beschränkung der Statthaftigkeit des Rechtsmittels **gilt** aber **nicht**, wenn mit der Beschwerde nur **die subjektiven Bewilligungsvoraussetzungen** zur Überprüfung gestellt werden.[173]

Kann nicht festgestellt werden, daß eine Partei in vorwerfbarer Weise verspätet Beschwerde gegen eine die PKH nachträglich entziehende Entscheidung eingelegt hat (hier aufgrund multipler Sklerose), so tritt keine Verwirkung des Beschwerderechts ein. Die verspätete Vorlage der gemäß § 120 IV S. 2 ZPO angeforderten Unterlagen ist ihr ebenfalls nicht anzulasten.[174]

59 Für die Beurteilung sowohl der subjektiven als auch der objektiven Bewilligungsvoraussetzungen im Beschwerdeverfahren kommt es stets auf den **Erkenntnisstand des Beschwerdegerichts im Zeitpunkt seiner Entscheidung** an. Insoweit gilt das zum Beurteilungszeitpunkt bei der Erstentscheidung Gesagte. Der Ansicht des OLG Koblenz,[175] für die Beurteilung der Erfolgsaussicht sei grundsätzlich der Zeitpunkt der Entscheidungsreife maßgebend, kann unter Bezugnahme auf den BGH[176] nicht gefolgt werden.

Eine erst nach Verkündung der Hauptsacheentscheidung eingelegte Beschwerde im PKH-Verfahren ist jedenfalls dann als zulässig anzusehen, wenn sie durch den Beschwerdeführer nicht früher hätte eingelegt werden können. Das ist insbesondere dann der Fall, wenn das Gericht der Hauptsache infolge säumiger Behandlung des PKH-Antrags über diesen erst zeitgleich mit oder gar erst nach der Verkündung der Hauptsacheentscheidung befindet. Die Zulässigkeit der Beschwerde gegen den PKH-Beschluß setzt in diesen Fällen voraus, daß sie vom Beschwerdeführer zeitnah und ohne schuldhaftes Zögern erhoben wird.[177]

60 Da die Beschwerdeinstanz gemäß § 570 ZPO Tatsacheninstanz ist, hat sie in dem Umfang, in dem die Sache bei ihr anhängig ist, Erfolgsaussicht und Hilfsbedürftigkeit zu prüfen. Da auch im PKH-Recht das **Verbot der Schlechterstellung** gilt, ist das Beschwerdegericht gehindert, im Falle der Ratenzahlungspflicht höhere als die von der Partei angegriffenen Raten oder Erstmalszahlungen aus dem Vermögen festzusetzen.

61 Dem Gegner der PKH-Partei steht gegen Entscheidungen im PKH-Verfahren kein Beschwerderecht zu, selbst wenn er auf Prozeßkostenvorschuß in Anspruch genommen wird. Auch der der PKH-Partei **beigeordnete Anwalt** hat kein eigenes Beschwerderecht, auch nicht, wenn seine beantragte Beiordnung abgelehnt worden ist. In diesem Fall ist die PKH-Partei beschwert und kann daher Rechtsmittel einlegen. **Dritte** sind auf keinen Fall beschwerdeberechtigt (vgl. aber § 78 c III ZPO bei einer Beiordnung nach § 78 b ZPO).

62 Allerdings findet gegen die Bewilligung der PKH gemäß § 127 III ZPO die **Beschwerde der Staatskasse** statt, wenn das Gericht in seiner Entscheidung weder Monatsraten noch aus dem Vermögen zu zahlende Beträge festgesetzt hat. Diese Beschwerde kann nur darauf gestützt werden, daß die Partei nach ihren persönlichen und wirtschaftlichen Verhältnissen Zahlungen zu leisten habe (§ 127 III 3 Satz 2 ZPO). Dies bedeutet aber nicht, daß damit die Rüge ausgeschlossen ist, die Partei hätte sich auf die Geltendmachung eines Prozeßkostenvorschusses verweisen lassen oder Vermögen (auch in Form der Kreditaufnahme) verwerten müssen. Denn eine solche vom Erstgericht nicht beachtete Verpflichtung kann gerade dazu führen, daß Zahlungen aus dem Vermögen oder entsprechende Monatsraten gerechtfertigt sind. Daher betrifft die Beschwerdeberechtigung der Staatskasse nach § 127 III ZPO auch die Frage, ob die Partei zu Unrecht nicht auf die Möglichkeit verwiesen worden ist, Ansprüche gegen Dritte auf Vorleistung, insbesondere auf Leistung eines Prozeßkostenvorschusses, geltend zu machen bzw. auf vorhandenes Vermögen Kredit aufzunehmen.[178] Jedoch hat die Staatskasse die Bewilligung von PKH als solche wie die Ablehnung ihrer Aufhebung hinzunehmen.

---

[172] OLG Köln, FamRZ 1996, 808
[173] OLG Frankfurt/M., FamRZ 1986, 927
[174] OLG Bamberg, FamRZ 1999, 308
[175] JurBüro 1994, 232
[176] FamRZ 1982, 367; JurBüro 1985, 392
[177] OLG Brandenburg, MDR 1999, 54
[178] OLG München, FamRZ 1993, 821

2. Abschnitt: Der Unterhaltsprozeß vor dem Familiengericht § 8

Die Beschwerde der Staatskasse wird nach Ablauf von 3 Monaten seit der Verkündung der Entscheidung oder 3 Monate nach dem Zeitpunkt unstatthaft, in dem die unterschriebene Entscheidung der Geschäftsstelle übergeben wurde (§ 127 III Satz 3, 4 ZPO). Entgegen dem Wortlaut von § 127 II S. 1, III ZPO ist eine (außerordentliche) Beschwerde der Staatskasse dann zulässig, wenn sie schlüssig darlegt, daß die angefochtene Entscheidung greifbar gesetzwidrig sei (der PKH-Antrag wurde erst nach Rechtskraft des Hauptsacheverfahrens eingebracht).[179]

10. Prozeßkostenvorschuß in Unterhaltssachen

Gemäß § 115 II 1. HS ZPO muß eine Partei ihr Vermögen zur Bestreitung der Prozeßkosten einsetzen, soweit ihr dies zumutbar ist. Hierunter fallen auch Ansprüche auf Zahlung eines Prozeßkostenvorschusses. Damit wird der Grundsatz der Subsidiarität öffentlicher Leistungen gegenüber privatrechtlichen Unterhaltsverpflichtungen festgeschrieben. Denn die staatliche Fürsorgeleistung der PKH als besondere Form der Sozialhilfe im Bereich der Rechtspflege ist nachrangig gegenüber einem durchsetzbaren Anspruch auf Prozeßkostenvorschuß.[180]   **63**

Es gibt folgende prozessuale Anspruchsnormen für die Geltendmachung eines Prozeßkostenvorschusses:
Zur Leistung eines Kostenvorschusses für die Ehesache und die Folgesachen: § 620 I Nr. 9 ZPO;
Zur Geltungmachung eines Kostenvorschusses in einer isolierten Familiensache des § 621 I Nr. 1–3, 6–9 ZPO gemäß § 621 f I ZPO;
Zur Leistung eines Prozeßkostenvorschusses für eine isolierte Unterhaltssache: § 127 a I ZPO.

Rechtsgrundlage für eine Anordnung nach § 127 a ZPO ist eine Vorschußpflicht des Gegners nach materiellem Recht gemäß §§ 1360 a IV, 1361 IV Satz 4, 1601 ff BGB; § 127 a ZPO selbst ist keine eigene Rechtsgrundlage.[181] Auch Großeltern sind ihrem Enkelkind gem. §§ 1601 f BGB gegenüber grundsätzlich prozeßkostenvorschußpflichtig.[182]   **64**

Für das Verfahren nach § 127 a ZPO ist das **Gericht der Ehesache** des ersten Rechtszuges zuständig (§ 620 a IV Satz 1 ZPO). Ist die **Ehesache in der Berufungsinstanz** anhängig, ist das **Berufungsgericht** zuständig. Im Falle einer Berufung gegen ein Verbundurteil ist daher das Berufungsgericht für die einstweilige Anordnung erst zuständig, wenn klargestellt ist, daß die Berufung auch den Scheidungsausspruch selbst betrifft. Ansonsten bleibt das Familiengericht für einstweilige Anordnungen zuständig, es sei denn, daß im Wege der einstweiligen Anordnung für das in zweiter Instanz anhängige Rechtsmittelverfahren selbst Prozeßkostenvorschuß geltend gemacht wird.[183]

Vor Anhängigkeit eines Hauptsacheverfahrens, für welches Prozeßkostenvorschuß gefordert wird, kann ein solcher **durch einstweilige Verfügung** geltend gemacht werden, insbesondere also für einen erst künftig beabsichtigten Unterhaltsprozeß.[184] Diese Ansicht ist heftig umstritten. Der BGH[185] hat aber eine Klage auf Gewährung eines Prozeßkostenvorschusses neben der Möglichkeit einer entsprechenden einstweiligen Anordnung für zulässig gehalten, weil eine aufgrund einer summarischen Beurteilung gewonnene vorläufige Entscheidung (einstweilige Anordnung) nicht dem Ergebnis eines ordentlichen Erkenntnisverfahrens gleichkommt. Soweit dem entgegengehalten wird, daß auch eine einstweilige Verfügung ein summarisches Verfahren darstelle, ist darauf hinzuweisen, daß eine derartige Leistungsverfügung gemäß § 940 ZPO einer umfassenden Überprü-   **65**

---

[179] OLG Karlsruhe, FamRZ 1999, 307
[180] OLG Koblenz, FamRZ 1997, 679 gegen OLG Hamburg, FamRZ 1996, 224
[181] OLG Karlsruhe, FamRZ 1981, 1195
[182] OLG Koblenz, FamRZ 1997, 681
[183] BGH, FamRZ 1981, 759 = NJW 1981, 2305
[184] OLG Karlsruhe, FamRZ 1981, 982
[185] FamRZ 1979, 472

fung im Berufungsverfahren zugänglich ist und auch ansonsten im Hinblick auf ihre prozessuale Ausgestaltung wie eine eigenständige ZPO-Hauptsache geführt wird.

Folgt man dieser Ansicht zur Zulässigkeit einer einstweiligen Verfügung vor Anhängigkeit einer Hauptsache, bleibt nur, mit dem Antrag auf Gewährung von Prozeßkostenhilfe für eine künftige Unterhaltsklage hilfsweise den Antrag auf Bewilligung eines Prozeßkostenvorschusses nach § 127 a ZPO zu verbinden, für den Fall, daß dem Gegner die Leistung eines Vorschusses zumutbar und der Anspruchsteller bedürftig ist.

66 Über die **Rückzahlung des Prozeßkostenvorschusses** kann im Kostenfestsetzungsverfahren in der Hauptsache nicht entschieden werden, weil der Vorschuß nicht zu den Prozeßkosten gemäß § 91 ZPO gehört und das Kostenfestsetzungsverfahren hierfür nicht vorgesehen ist. Vielmehr kann ein erbrachter Vorschuß nur materiell-rechtlich im Klagewege geltend gemacht werden.[186] Auch ist die **Kostenentscheidung** in der Hauptsache **keine anderweitige Regelung** im Sinne des § 620 f I Satz 1 ZPO, die eine Anordnung nach § 127 a ZPO außer Kraft setzen könnte.[187]

III. Die mündliche Verhandlung in Unterhaltssachen

1. Die früheren Feriensachen

67 Bis zum 31. 12. 1996 waren Unterhaltssachen Feriensachen gemäß § 200 II, V a GVG a. F. Dies galt nicht für unterhaltsrechtliche Folgesachen (§ 200 II Nr. 5 a GVG a. F.). Mit dem Gesetz zur Abschaffung der Gerichtsferien vom 28. 10. 1996 (BGBl. I, 1546) sind die §§ 199–202 GVG aufgehoben worden. Nach Art. 4 dieses Gesetzes trat diese Regelung am 1. 1. 1997 in Kraft.

Damit ist aber die Bedeutung der Gerichtsferien nicht gänzlich verschwunden. § 227 III ZPO sieht nunmehr nämlich vor, daß in der Zeit vom 1. 7.–31. 8. eines jeden Jahres **Verhandlungstermine** (also keine Verkündungstermine) auf Antrag innerhalb einer Woche nach Zugang der Ladung oder Terminsbestimmung **verlegt** werden müssen. Nur wenn das Verfahren besonderer Beschleunigung bedarf, soll dem Verlegungsantrag nicht entsprochen werden (§ 227 III letzter Satz ZPO). **Nicht verlegt werden** können **Arrestsachen, einstweilige Verfügungen** oder **einstweilige Anordnungen** (§ 227 III Nr. 1 ZPO) sowie **Mietsachen** und **Streitigkeiten in Familiensachen** über eine durch Verwandtschaft begründete gesetzliche Unterhaltspflicht (§ 227 III Nr. 3 ZPO). Damit ist das Prinzip der Feriensache in veränderter Form beibehalten worden, hat allerdings die ausdrückliche Bezeichnung als Feriensache verloren. Ob sich hierdurch hinsichtlich des Verfahrensablaufes etwas wesentlich ändert, muß angezweifelt werden.

2. Ladungs- und Einlassungsfrist

68 **Die Ladungsfrist in Unterhaltssachen**, nämlich die Frist, die in einer anhängigen Sache zwischen der Zustellung der Ladung und dem Terminstag liegt, **beträgt in Unterhaltssachen in erster Instanz 3 Tage, in zweiter Instanz mindestens 1 Woche**. Dies liegt daran, daß gemäß § 78 II Nr. 1 ZPO in den Verfahren des § 621 I Nr. 4 u. 5 ZPO (Kindes- und Ehegattenunterhalt) nur vor den Gerichten des höheren Rechtszuges Anwaltszwang herrscht. Diese Fristen können gemäß §§ 224, 226 ZPO auch noch **abgekürzt**, jedenfalls **nicht verlängert** werden. Dies gilt insbesondere im Falle von **Eilverfahren** wie bei **einstweiligen Verfügungen** und **einstweiligen Anordnungen**. Bei der Berechnung der Frist werden der Zustell- und Terminstag nicht eingerechnet. Ist die Ladung nicht rechtzeitig erfolgt, darf gegen die ausgebliebene Partei kein Versäumnisurteil ergehen (§ 335 I Nr. 3 ZPO). Gemäß § 274 III ZPO muß zwischen der Zustellung der Klagschrift und dem Termin zur mündlichen Verhandlung ein Zeitraum von mindestens 2 Wochen liegen (**Einlassungsfrist**). Diese gesetzliche Frist wird gemäß § 222 ZPO berechnet und kann gemäß

---

[186] OLG Frankfurt/M., FamRZ 1991, 976, 977; OLG Karlsruhe, FamRZ 1986, 376
[187] BGHZ 94/316, 319

2. Abschnitt: Der Unterhaltsprozeß vor dem Familiengericht § 8

§ 226 ZPO abgekürzt werden. Eine Verlängerung ist ausgeschlossen (§ 224 II ZPO). Sowohl bei der Ladungs- als auch bei der Einlassungsfrist handelt es sich um **keine Notfristen** (§ 223 II ZPO).

Da in Unterhaltsverfahren ein **schriftliches Vorverfahren** (§ 276 ZPO) selten ist, wird in der Regel gemäß § 275 ZPO ein **früher erster Termin** bestimmt werden, der normalerweise gemäß § 272 I ZPO einen **Haupttermin** darstellt und die Sach- und Rechtslage abschließend aufklärt, so daß ein Verkündungstermin nachfolgen kann. 69

3. Beweisaufnahme (§§ 284 ff ZPO)

Notwendig ist eine Beweisaufnahme über alle streitigen und für die Sachentscheidung erheblichen Tatsachen. Diese müssen schon in erster Instanz umfassend und vollständig geklärt werden, ggf. nach richterlichem Hinweis gemäß § 139 ZPO. Eine Beweisaufnahme zu einer beweiserheblichen Tatsache kann nur abgelehnt werden, wenn ihre Erheblichkeit mangels näherer Bezeichnung der unter Beweis gestellten Tatsachen nicht zu beurteilen ist oder wenn sie lediglich in das Gewand einer bestimmt aufgestellten Behauptung gekleidet, daher erkennbar ins Blaue hinein aufgestellt ist und sich deshalb als Rechtsmißbrauch darstellt.[188] Unvollständige Aufklärung führt bei Berufung notfalls zur Zurückverweisung in die Vorinstanz (§ 539, § 540 ZPO). Voraussetzung sind ein konkreter und hinreichend substantiierter Sachvortrag sowie geeignete Beweisangebote. Dabei dürfen die Anforderungen – wie sonst – nicht überspannt werden. Unzulässig ist es z. B., die Behauptung einer Partei, sie habe nur 60–80 DM Trinkgeld mtl., als „unschlüssig" abzutun und von ihr zu verlangen, für einzelne Tage oder Wochen die Umsätze und die jeweiligen Trinkgelder „aufzulisten".[189] 70

a) Höhe der Einkünfte des Unterhaltsschuldners. Einkünfte werden in der Regel bewiesen durch Vorlage von Lohn- oder Gehaltsbescheinigungen des Arbeitgebers (Urkundenbeweis). In seltenen Ausnahmefällen, etwa wenn nicht bescheinigter Mehrverdienst oder sonst unaufklärbare Unstimmigkeiten behauptet werden, muß der Arbeitgeber als Zeuge vernommen werden. Eidesstattliche Versicherungen gem. § 377 III ZPO reichen in solchen Fällen in aller Regel nicht aus. 71

Bei sog. Freiberuflern (Ärzten, Rechtsanwälten, Unternehmern, Landwirten usw.) muß zunächst die Bilanz und die Gewinn- und Verlustrechnung für etwa drei Jahre vorgelegt und gegebenenfalls aufgeschlüsselt und erläutert werden.[190] Geschieht dies auch nach einem richterlichen Hinweis nicht, scheitert z. B. der Einwand der Leistungsunfähigkeit schon deswegen.[191] Wenn nach Erläuterung immer noch nicht das unterhaltsrechtlich relevante Einkommen zuverlässig festgestellt werden kann, muß ein Sachverständigengutachten eingeholt werden. Die richterliche Schätzung des Einkommens gem. § 287 II ZPO anhand der Bilanzen ist zwar möglich, wenn die weitere Aufklärung unverhältnismäßig schwierig ist und zu dem Umfang der Unterhaltsforderung in keinem Verhältnis steht,[192] aber oft laienhaft und wird meist auch nicht ausreichend begründet.

Da es wenig unterhaltsrechtlich geschulte Sachverständige gibt (die meisten sind rein steuerlich orientiert, wie z. B. die Steuerberater), muß möglichst schon im Gutachtensauftrag (Beweisbeschluß) konkret angegeben werden, was der Gutachter besonders beachten soll. Die Klärung von Rechtsfragen obliegt ihm nicht.

Beispiel: Der Sachverständige soll folgendes beachten:
Festzustellen ist nicht das steuerliche Einkommen, sondern das unterhaltsrechtliche. Die Aufwendungen ... dürfen daher nur bei der Ermittlung der tatsächlichen Steuerlast berücksichtigt werden. Dasselbe gilt für den Posten „Abschreibung für Abnutzung" ...
Das Darlehen ... ist nicht betrieblich veranlaßt, sondern ein Privatdarlehen. Der Privatanteil an Pkw-Kosten ist mit ... % anzusetzen usw.

---

[188] BGH, NJW-RR 1996, 1212
[189] BGH, FamRZ 1991, 182
[190] Vgl. BGH, FamRZ 1985, 357 = NJW 1985, 909, st. Rechtspr.
[191] BGH, FamRZ 1993, 789 = NJW-RR 1993, 898
[192] BGH, FamRZ 1993, 789 = NJW-RR 1993, 898

72 **b) Gesundheitszustand der Partei.** Notwendig ist eine umfassende Würdigung der Verhältnisse (Alter, Art der Krankheit, deren Dauer, Heilungsaussichten, wenn möglich Ursache der Krankheit). Verbreitete Abnutzungserscheinungen lassen häufig die Erwerbsfähigkeit im Grunde unberührt.[193] Die Bescheinigung des behandelnden Arztes ist im Wege des Urkundenbeweises verwertbar.[194] In der Regel ist sie als Beweis nicht ausreichend, wenn die Gegenseite Einwendungen erhebt. In solchen Fällen ist dann ein Sachverständigengutachten, ggf. von Amts wegen (§ 144 I ZPO), einzuholen.

Substantiierte Einwendungen gegen ein amtsärztliches Gutachten und gegen eine Bescheinigung des behandelnden Arztes mit dem Hinweis, zur Arbeitsfähigkeit müsse „notfalls" ein fachärztliches Gutachten eingeholt werden, sind ein Beweisantrag.[195] Ein privatärztliches Gutachten ist Parteivorbringen in Form einer Urkunde. Dementsprechend ist es zu behandeln und zu verwerten. Als Sachverständigengutachten ist es nur verwertbar, wenn der Gegner dem zustimmt.[196]

73 **c) Erwerbsobliegenheit.** Die Erfolglosigkeit der Bemühungen um eine Arbeitsstelle zu beweisen, ist seit eh und je problematisch. Meist werden beliebig viele oder wenige schriftliche Bewerbungsgesuche oder Absagen vorgelegt. Zusagen werden zurückgehalten, ohne daß dies bekannt wird. Oft fehlt es schon an der Darlegung, wann, bei wem, um welche Stelle und unter welchen näheren Umständen die Partei sich beworben hat.

Der Richter kann im Rahmen der freien Beweiswürdigung (§ 286 ZPO) auch bloßen Parteibehauptungen Glauben schenken. Er darf aber Beweisanträge nicht ablehnen mit der Begründung, das Gegenteil der behaupteten Tatsache sei dadurch bereits erwiesen.[197] Eine Parteivernehmung nach § 448 ZPO zur eigenen Behauptung der beweispflichtigen Partei steht im pflichtgemäßen Ermessen des Richters,[198] ist aber in der Praxis höchst selten. Insbesondere ersetzt sie nicht die vorherige konkrete Darlegung der zu beweisenden Tatsachen.

Wird vom Arbeitsamt eine amtliche Auskunft über die Vermittlungsfähigkeit eingeholt, müssen dem Arbeitsamt die persönlichen Daten der Partei (Alter, Gesundheitszustand, Ausbildung) genau mitgeteilt werden. Wird der Mitarbeiter des Arbeitsamts vernommen, ist er Sachverständiger, nicht Zeuge. Zeuge ist er lediglich, soweit er Tatsachen bekundet, z. B. die Vorsprache der Partei zwecks Stellenvermittlung usw.

74 **d) Negative Tatsachen.** Manchmal kann eine darlegungs- und beweispflichtige Partei nichts anderes behaupten als das Nichtvorhandensein eines bestimmten Umstands (z. B. keine Einkünfte aus Sparguthaben). Dann darf sich die Gegenseite nicht mit einfachem Bestreiten begnügen, sondern muß nach ihren Möglichkeiten im einzelnen darlegen, daß die bestrittene Behauptung unrichtig ist,[199] z. B. ein ihr bekanntes Sparkonto der beweispflichtigen Partei möglichst genau angeben.

75 **e) Schätzung.** Die Vorschrift des § 287 ZPO (Beweiserleichterung) gilt auch im Unterhaltsprozeß als einer vermögensrechtlichen Streitigkeit, jedoch nicht für die Erfüllung des Unterhaltstatbestands überhaupt (z. B. die Anspruchsvoraussetzung: „keine angemessene Erwerbstätigkeit zu finden vermag" in § 1573 I BGB), sondern nur für die Ausfüllung des Unterhaltsanspruchs oder seine Verringerung, also für den Umfang des Anspruchs.[200] Die Schätzung setzt konkrete Darlegungen der Partei voraus, z. B. über ihre Mehraufwendungen aufgrund der Trennung. Nicht genügt die pauschale Behauptung, „erfahrungsgemäß" habe man etwa 10 % des verfügbaren Einkommens aufzuwenden o. ä.[201] Großzügiger ist die Rechtsprechung bei Körperbeschädigten.[202]

---

[193] Vgl. BGH, FamRZ 1993, 789 = NJW-RR 1993, 898
[194] BGH, FamRZ 1982, 779 = NJW 1982, 2664
[195] BGH, FamRZ 1982, 779 = NJW 1982, 2664
[196] BGH, FamRZ 1993, 789 = NJW-RR 1993, 898
[197] BGH, FamRZ 1982, 779 = NJW 1982, 2664
[198] Vgl. dazu BGH, FamRZ 1987, 152
[199] BGH, FamRZ 1987, 259 = NJW 1987, 1201; NJW 1981, 577 = R 56
[200] BGH, FamRZ 1986, 885 = NJW 1986, 3080
[201] Vgl. BGH, FamRZ 1990, 1085 = NJW 1990, 2886 mit Anm. Scholz
[202] Z. B. BGH, FamRZ 1981, 338

Möglich ist z. B. eine Schätzung
- des trennungsbedingten, schädigungsbedingten, ausbildungsbedingten Mehrbedarfs,[203]
- der Höhe der fiktiven Einkünfte, z. B. der Wert der Partnerversorgung,[204]
- des Nutzungswerts einer Wohnung,[205]
- der Bedarfpositionen auf seiten des Unterhaltsberechtigten,[206]
- der wesentlichen Grundlagen eines abzuändernden Titels.[207]

Ist eine Schätzung nicht zulässig, gelten die allgemeinen Regeln der Darlegungs- und Beweislast (s. dazu materieller Hauptteil). Unzulässig ist es, z. B. die monatlichen Trinkgelder auf 220 DM zu schätzen, wenn konkret und hinreichend substantiiert behauptet und unter Beweis gestellt worden ist, es seien nur 60–80 DM.[208]

Im übrigen ist Voraussetzung für eine Einkommensschätzung bzgl. des beim Unterhaltspflichtigen zur Verfügung stehenden Einkommens, daß die weitere Aufklärung konkret aufgetretener Zweifel unverhältnismäßig schwierig ist und zu dem Umfang der Unterhaltsforderung in keinem Verhältnis steht.[209] Das Institut der Schätzung des Gerichts nach § 287 II ZPO darf daher keine Anwendung finden, wenn der Sachvortrag unvollständig ist. Auch eine völlig freie richterliche Schätzung ist nicht gerechtfertigt.

4. Vorzeitige Verfahrensbeendigung

a) Klagrücknahme. Gemäß § 269 I ZPO kann eine Unterhaltsklage ohne Einwilligung des Beklagten bis zum Beginn der mündlichen Verhandlung des Beklagten zur Hauptsache zurückgenommen werden. Dies bedeutet, daß es einer Einwilligung des Beklagten im Falle der bloßen Erörterung nicht bedarf, sondern erst nach Stellung seines klagabweisenden Antrags. Die Rücknahme erfolgt gegenüber dem Prozeßgericht[210] entweder durch Einreichung eines Schriftsatzes oder in mündlicher Verhandlung. Dies gilt auch für die Einwilligung des Beklagten zur Rücknahme (§ 269 II ZPO). 76

Gemäß § 269 III ZPO hat die Rücknahme die Folge, daß der Rechtsstreit als nicht anhängig geworden anzusehen ist. Ein ergangenes, aber noch nicht rechtskräftiges Urteil wird ohne ausdrücklichen Ausspruch wirkungslos.

Gemäß § 269 III Satz 2 ZPO ist der Kläger verpflichtet, die Kosten des Rechtsstreits zu tragen. Bei Klagrücknahme vor Zustellung der Klage hat der Kläger analog § 269 III ZPO die Kosten zu tragen; § 93 ZPO ist nicht anzuwenden.[211] Die Kostenpflicht als Folge der Klagrücknahme umfaßt nicht die vom Beklagten verursachten Säumniskosten.[212] Wird eine Klage nur teilweise zurückgenommen, so gilt § 269 III S. 2 ZPO allerdings mit der Maßgabe, daß die Regelung des § 92 ZPO entsprechend heranzuziehen ist. Danach erfolgt regelmäßig eine Verteilung nach Quoten;[213] unter den Voraussetzungen des § 92 II ZPO kann das Gericht jedoch einer Partei die gesamten Prozeßkosten auferlegen.[214]

§ 269 ZPO findet auf die Rücknahme aller Anträge Anwendung, über die eine mündliche Verhandlung zulässig ist. Das gilt sowohl für Klage als auch für die Widerklage, für Verfügungs- und Arrestanträge ebenso im Verfahren der freiwilligen Gerichtsbarkeit; im Falle der Rechtsmittelrücknahme gilt die entsprechende Sondervorschrift des § 515 ZPO. Die Klagrücknahme ist ausschließliche Prozeßhandlung, während ein Verzicht gem. 76a

---

[203] BGH, FamRZ 1984, 153
[204] BGH, FamRZ 1984, 662 = NJW 1984, 2358
[205] BGH, FamRZ 1988, 921, 923
[206] BGH, FamRZ 1983, 689
[207] BGH, FamRZ 1979, 694 = NJW 1979, 1656 = R 28
[208] BGH, FamRZ 1991, 182 = NJW 1991, 697
[209] BGH, FamRZ 1993, 789
[210] BGH, MDR 1981, 1002
[211] LG Heilbronn, FamRZ 1995, 1076
[212] OLG Karlsruhe, NJW-RR 1996, 383
[213] § 92 I ZPO; vgl. Zöller/Greger, ZPO, § 269 Rn 18 a, 19 a
[214] BGH, NJW-RR 1996, 256

§ 306 ZPO eine materiell-rechtliche Willenserklärung darstellt. Findet ein Parteiwechsel statt, endet das Prozeßrechtsverhältnis zu der ausgeschiedenen Partei, wobei § 269 ZPO entsprechend angewandt werden kann. Die Rücknahme setzt eine noch bestehende oder zumindest eingetretene Rechtshängigkeit voraus. Ist die Rücknahme vor Zustellung der Klage erfolgt (stellt sie sich somit als Verzicht auf Zustellung und Terminsbestimmung dar), löst die – weiterhin unter Anwaltszwang gem. § 78 ZPO stehende – Prozeßhandlung zugunsten des Gegners nicht die Kostenfolge des § 269 III ZPO aus, denn ein Prozeßrechtsverhältnis liegt noch nicht vor. Dies gilt aber dann nicht, wenn trotz Rücknahme vor Rechtshängigkeit die Klage noch dem Gegner durch das Gericht zugestellt worden ist. Dann ist § 269 ZPO analog anwendbar. Hat der Gegner vor Rücknahme des Arrest- oder Verfügungsantrags bereits eine Schutzschrift eingereicht, besteht ebenfalls bereits – infolge des Bestehens eines Prozeßrechtsverhältnisses – die Kostenerstattungspflicht. Die Rücknahme selbst kann hinsichtlich des gesamten Klaganspruchs oder eines Teils (§ 145 ZPO) oder bezüglich eines oder mehrerer Streitgenossen (§ 59 ZPO) erfolgen.

Hat bereits eine **mündliche Verhandlung begonnen**, ist für die Klagrücknahme die Einwilligung des Beklagten erforderlich. Als mündliche Verhandlung zählt nicht die Güteverhandlung des § 279 ZPO.

Eine mündliche Verhandlung liegt auch nicht vor, wenn zunächst die Sach- und Rechtslage erörtert wird oder Erklärungen zu Verfahrensfragen erfolgen. Im schriftlichen Verfahren des § 128 II ZPO entspricht die Einwilligung des Beklagten seiner Zustimmungserklärung zum schriftlichen Verfahren. Im Falle einer Stufenklage nach § 254 ZPO darf der Kläger ohne notwendige Zustimmung der Gegenseite den Leistungsantrag dann noch zurücknehmen, wenn aus der Auskunft des Beklagten der Wegfall der Leistungsstufe folgt.

76b Die Einwilligungserklärung selbst ist eine **bedingungsfeindliche** und unwiderrufliche **Prozeßhandlung**, für die gem. § 78 ZPO Anwaltszwang besteht. Allerdings kann sie – wie ihre Verweigerung – auch konkludent erfolgen und bereits vor erfolgter Klagrücknahme erklärt werden. Wird die notwendige Einwilligung verweigert, ist die Klagrücknahme wirkungslos. Stellt hierauf der Kläger keinen Sachantrag mehr, kann der Beklagte Versäumnisurteil beantragen. Hatte der Kläger vor seiner erfolglosen Klagrücknahme bereits einen Sachantrag gestellt, kann das Gericht auf Antrag des Beklagten ein Urteil in der Sache erlassen. Eine Widerklage kann nach Rücknahmeerklärung nicht mehr anhängig gemacht werden; die vor Rücknahme rechtshängig gewordene Widerklage bleibt eine solche. Allerdings trägt der Kläger nur alle Kosten des Hauptsacheverfahrens über seine Klage, nicht auch die Kosten der Widerklage. Die vor Klagrücknahme angefallenen Kosten eines Versäumnisurteils gegen den Beklagten bleiben dem Beklagten gem. § 344 ZPO belastet. Bei nur teilweiser Klagrücknahme oder Rücknahme von Klage und Widerklage erfolgt eine Kostenquotelung gem. § 92 ZPO. Wurde das Unterhaltsverfahren durch eine unzureichende Auskunft des Pflichtigen veranlaßt, trägt dieser auch bei Rücknahme die Kosten des Verfahrens (§ 93 d ZPO). Diese seit 1. 7. 1998 geltende Vorschrift berücksichtigt, daß für die Einleitung des Klagverfahrens die vom Beklagten verursachte oder nicht beseitigte Unkenntnis des Klägers von der Leistungsfähigkeit des Unterhaltsschuldners ursächlich gewesen sein kann. Die bisherige Rechtsprechung der herrschenden Meinung, wonach in einem solchen Fall bei einer Stufenklage eine Quotelung der Kosten zu erfolgen habe, ist daher obsolet geworden. Ihr war bisher schon deswegen nicht zu folgen, weil über § 18 GKG im Stufenklagverfahren die Gebühren nur aus der höchsten Stufe (in der Regel der Leistungsstufe) zu entnehmen sind und daher nur das Schicksal dieser Stufe für die Kostenentscheidung maßgebend sein kann, es sei denn, auch in den übrigen Stufen wären hiervon gesonderte zusätzliche Kosten angefallen. Der BGH (FamRZ 1995, 341) hat das Kostenproblem bei Rücknahme der sich als nicht existent erweisenden Leistungsstufe in Form eines Schadensersatzanspruches des Unterhaltsgläubigers wegen unterlassener rechtzeitiger Auskunftserteilung angesehen und eine diesbezügliche Klageänderung zugelassen. Ist im Vergleichswege eine Klagrücknahme erfolgt und keine Vereinbarung zu den Kosten getroffen worden, gilt für diese § 98 ZPO, nicht § 260 III ZPO. Ist nur eine teilweise Klagrücknahme erfolgt,

2. Abschnitt: Der Unterhaltsprozeß vor dem Familiengericht § 8

bleibt die Kostenentscheidung der Endentscheidung vorbehalten, weil eine Kostenentscheidung nach Verfahrensabschnitten bzw. eine Kostenquotelung zum derzeitigen Zeitpunkt nicht möglich ist.

Gegen den Kostenbeschluß des Gerichts ist gem. § 577 ZPO sofortige Beschwerde **76c** möglich (§ 269 III S. 5 ZPO iVm § 577 ZPO), sofern auch in der Hauptsache ein Rechtsmittel zulässig gewesen wäre. Ansonsten abr kann eine Kostenentscheidung keinen Rechtszug zu einer Instanz eröffnen, zu der die Hauptsache nicht gelangt wäre. Gegen die Ablehnung des Kostenantrages nach § 269 III S. 3 ZPO ist die einfache Beschwerde gegeben.

Bei einer Beendigung des Verfahrens durch Klagrücknahme ermäßigt sich die Gerichtsgebühr gem. GKG-KV Nr. 1202 auf eine Gebühr; dies gilt auch bei Rücknahme vor Zustellung. Eine nur teilweise erfolgende Klagrücknahme ist nicht gebührenbegünstigt. Allerdings bewirkt die Teilrücknahme eine Reduzierung des Streitwertes und der damit noch anfallenden sonstigen Gebühren. Weder die Erklärung der Klagrücknahme noch die Zustimmungserklärung des Beklagten stellen Sachanträge dar und lösen damit die anwaltliche Verhandlungsgebühr nicht aus. Ist die Klage bereits zurückgenommen, verdient der Anwalt des Beklagten trotzdem noch die Prozeßgebühr des § 31 I Nr. 1 BRAGO, wenn er in Unkenntnis dessen einen Klagerwiderungsschriftsatz eingereicht hat.

Anstelle einer Klagrücknahme kommt auch **eine Klagänderung nach § 263 ZPO** in Betracht. Sie erfolgt nach Eintritt der Rechtshängigkeit und ist zulässig, wenn der Beklagte einwilligt oder das Gericht sie für sachdienlich erachtet. Dabei kann es sich um eine Erweiterung oder einen Austausch handeln. Der Vorteil einer Klagänderung ist es, daß sie das bisherige Prozeßrechtsverhältnis bestehen läßt, während es im Falle der Rücknahme gemäß § 269 III Satz 1 ZPO rückwirkend – bis auf den Kostenpunkt – beseitigt wird. Auch läßt eine Klagänderung ein noch nicht rechtskräftiges Urteil bestehen, während es im Fall der Rücknahme wirkungslos wird.

Anstelle einer Klagrücknahme kann der Kläger auch **vorläufig das Nichtbetreiben** oder aber – mit Zustimmung des Beklagten – **das Ruhen des Verfahrens** beantragen (§ 251 ZPO). Auch dadurch wird weder die Rechtshängigkeit der Sache noch das Prozeßrechtsverhältnis zwischen den Beteiligten beendet, vielmehr der Prozeß nur derzeit nicht weitergeführt.

b) Verzicht. Verzichtet der Kläger in mündlicher Verhandlung auf den geltend ge- **77** machten Anspruch, so ist damit – anders als bei der Klagrücknahme – der Rechtsstreit nicht hinfällig, vielmehr auf Antrag des Beklagten durch ein Verzichtsurteil zu beenden. Der Kläger wird dann mit seinem Anspruch abgewiesen. Die **Verzichtserklärung** ist eine einseitige Prozeßhandlung dem Gericht gegenüber, die in jeder Form nachgewiesen werden kann und keiner ausdrücklichen Protokollierung bedarf.[215]

Ist der **Verzicht unwirksam**, so ist die Prozeßerklärung in eine Klagrücknahme umzudeuten. Erfolgt ein Teilverzicht, muß in diesem Umfang Teilurteil gem. § 301 ZPO ergehen. Das Urteil kann vor schriftlicher Abfassung der Urteilsformel gem. § 311 II S. 2 verkündet werden. Es ist gem. § 708 Nr. 1 ZPO ohne Sicherheitsleistung vorläufig vollstreckbar; die Kostenentscheidung folgt aus § 91 ZPO. Gegen das Verzichtsurteil sind die normalen Rechtsmittel zulässig. Ein solches steht auch dem Kläger zu, der durch die Klagabweisung beschwert ist. Allerdings ist das Rechtsmittel des Klägers nur aussichtsreich, wenn der Verzicht beseitigt werden kann, da seine Bindungswirkung auch in der zweiten Instanz gilt. Verzichtet der Kläger im Berufungsrechtsstreit auf einen Teil seines Anspruchs, ist die Berufung auch dann nicht unzulässig, wenn dadurch der restliche Rechtsstreit nicht mehr die Berufungssumme des § 511a ZPO erreicht.

Das **Verzichtsurteil** kann nach § 313b ZPO ohne Tatbestand und Entscheidungsgründe abgefaßt werden. Hiergegen sind die ordentlichen Rechtsmittel (Berufung bzw. Revision) zulässig. Begründet ist aber das Rechtsmittel nur, wenn kein Verzicht festgestellt werden kann oder aber wirksam widerrufen worden ist. Ein derartiger Widerruf ist unter den Voraussetzungen eines Restitutionsverfahrens möglich; ansonsten ist ein Verzicht unwiderruflich und auch nicht nach den Vorschriften über Willensmängel (§§ 116 ff BGB)

---

[215] Vgl. BGH, FamRZ 1984, 372

§ 8 Verfahrensrecht

78 **c) Anerkenntnis.** Das prozessuale Anerkenntnis (§ 307 ZPO) ist die Unterwerfung unter den geltend gemachten prozessualen Anspruch. Ob mit dem prozessualen Anerkenntnis auch das Zugeständnis der Richtigkeit der tatsächlichen Klagebehauptungen verbunden ist, ist eine Frage des Einzelfalls.[216]

anfechtbar. Jedoch kann ein Verzicht im Einverständnis mit dem Beklagten vertraglich beseitigt werden.

Das Anerkenntnis ist nur wirksam, soweit der geltend gemachte Anspruch der Disposition der Parteien unterliegt, was bei Unterhalt regelmäßig der Fall ist.

Es kann auf einen – abtrennbaren – Teil des prozessualen Anspruchs beschränkt werden.

Die Folge des Anerkenntnisses ist, daß ein dem Anerkenntnis entsprechendes Anerkenntnisurteil (oder Teilanerkenntnisurteil) ergeht, auch wenn ein solches nicht ausdrücklich beantragt, sondern ein streitiges Urteil begehrt wird.[217] Schlüssigkeit und Begründetheit des anerkannten Anspruchs werden nicht geprüft. In den Urteilsgründen heißt es, daß „gemäß dem Anerkenntnis" verurteilt wird.

In der mündlichen Verhandlung muß das Anerkenntnis vorgelesen und genehmigt werden (§ 160 III Nr. 1, § 162 I ZPO). Wird dies übersehen, ist dies für die Wirksamkeit des Anerkenntnisses zwar ohne Einfluß,[218] macht aber eine Beweisaufnahme erforderlich, wenn das Anerkenntnis bestritten wird.

79 Das Anerkenntnis ist **grundsätzlich bindend**. Es kann
– nicht wegen Willensmängeln angefochten werden,[219]
– nicht widerrufen werden.[220]
Ausnahme: Vorliegen eines Restitutionsgrunds gem. § 580 ZPO.[221]

Die Berufung auf das Anerkenntnis kann ausnahmsweise gegen Treu und Glauben verstoßen (§ 242 BGB), wenn das Anerkenntnis der wahren materiellen Rechtslage nicht entspricht und die Unrichtigkeit der sich auf das Anerkenntnis berufenden Partei bekannt ist.[222] Möglich ist auch eine Berichtigung analog § 319 ZPO.

Die einzelnen Urteilsbestandteile (Elementarunterhalt, Vorsorgeunterhalt u. a.) können nicht mit Bindung für das Gericht anerkannt werden.[223]

Zum Anerkenntnis „Zug um Zug" (grundsätzlich möglich) vgl. BGH, FamRZ 1989, 847 = NJW 1989, 1934, dort auch zur Geltendmachung von Gegenansprüchen (= unbeachtlicher Widerruf).

Abgeändert werden (§ 323 ZPO) kann ein Anerkenntnisurteil grundsätzlich wie ein streitiges Urteil. Da jedoch eine Prüfung der Begründetheit des Anerkenntnisses nicht stattgefunden hat und damit vom Gericht auch keine Prognose für die Zukunft vorgenommen worden ist, muß für die Frage, ob eine wesentliche Veränderung der Verhältnisse eingetreten ist, auf die dem Anerkenntnis zugrundeliegenden Tatsachen zurückgegriffen werden. Diese hat der Abänderungskläger vorzutragen. Statt eine Abänderungsklage in Betracht zu ziehen, kann der Anerkennende gegen das Anerkenntnisurteil Berufung einlegen mit der Begründung, die dem Anerkenntnis zugrundeliegenden Verhältnisse hätten sich seither geändert.[224]

Nach OLG Schleswig[225] kann ein Anerkenntnis u. a. widerrufen und dies mit Berufung durchgesetzt werden, wenn ein Abänderungsgrund vorliegt.[226] Daß ein Anerkennt-

---

[216] BGH, FamRZ 1985, 912 = NJW 1985, 2713
[217] BGHZ 10, 333/335 = NJW 1953, 1830
[218] BGH, FamRZ 1984, 372 = NJW 1984, 1465
[219] BGH, FamRZ 1981, 862 = NJW 1981, 2193
[220] BGH, aaO
[221] BGH, aaO
[222] BGH, aaO
[223] BGH, FamRZ 1985, 912 = NJW 1985, 2713
[224] Offengelassen in BGH, FamRZ 1981, 862 = NJW 1981, 2193; a. A. OLG Karlsruhe, FamRZ 1989, 645 m. w. N. zum Streitstand
[225] FamRZ 1994, 766
[226] Ähnlich ohne nähere Begr. OLG Hamm, FamRZ 1993, 78; OLG Bamberg, FamRZ 1993, 1093, 1096; im Grundsatz OLG München 2. ZS, FamRZ 1992, 698

nisurteil überhaupt Bindungswirkungen für eine Abänderungsklage entfaltet,[227] dürfte nicht mehr umstritten sein.

Bei einem sofortigen Anerkenntnis gilt hinsichtlich der **Kosten** § 93 ZPO. Diese Vorschrift hat in vollem Umfang auch Geltung bei einem Teilanerkenntnis. Wenn und soweit ein Teilanerkenntnis möglich ist, muß auch die dazugehörige Kostenvorschrift in gleichem Maße anwendbar sein. Das häufig gebrauchte Argument aus § 266 BGB (kein Recht zu Teilleistungen) vermengt materielles Recht mit dem Prozeßrecht.[228] Keinen Anlaß zur Unterhaltsklage gibt, wer regelmäßig Unterhalt leistet. Klagt der Unterhaltsgläubiger trotzdem und anerkennt der Unterhaltspflichtige sofort, trägt der Kläger die (anteiligen) Kosten.[229] Im einzelnen streitig:[230] ob § 93 ZPO durchgreift, soll davon abhängen, ob der Unterhaltspflichtige erfolglos zur Schaffung eines (außergerichtlichen) Titels aufgefordert wurde.[231] Veranlassung zur Klage gibt der Unterhaltsschuldner, der zwar einen außergerichtlichen Titel schaffen, dafür aber nicht die Kosten übernehmen will.[232] 80

Bei einem teilweisen Anerkenntnis hat Teilanerkenntnisurteil zu ergehen; die Kostenentscheidung bleibt dem Schlußurteil vorbehalten.

Anerkennt der Beklagte, daß der Kiaganspruch dem Grunde, aber nicht der Höhe nach, besteht, kann auf Antrag des Klägers Anerkenntnis-Grundurteil erlassen werden. Ist der Beklagte im Wege des Anerkenntnisses zur Zug-um-Zug-Leistung bereit, hat auf Antrag des Klägers eine Zug-um-Zug-Verurteilung durch Anerkenntnisurteil zu erfolgen.[233]

Das **Anerkenntnisurteil** kann gem. § 313 b ZPO ohne Tatbestand und Entscheidungsgründe erlassen werden; wie beim Verzichtsurteil kann auch das Anerkenntnisurteil vor schriftlicher Abfassung verkündet werden (§ 311 II S. 2 ZPO). Der Ausspruch über die vorläufige Vollstreckbarkeit erfolgt gem. § 708 Nr. 1 ZPO ohne Sicherheitsleistung. Im Rahmen der Kostenentscheidung ist § 93 ZPO zu berücksichtigen. Die Kostenentscheidung selbst kann gem. § 99 II ZPO mit der sofortigen Beschwerde angefochten werden.

Das Anerkenntnis für zur **Reduzierung der allgemeinen Verfahrensgebühr** auf eine Gerichtsgebühr. Für den Anwalt fällt neben einer Prozeßgebühr bei mündlicher Verhandlung zum Anerkenntnis eine halbe Gebühr des § 33 I BRAGO an. Ergeht auf Antrag des Klägers das Anerkenntnisurteil ohne mündliche Verhandlung, gilt § 35 BRAGO, so daß die gleichen Gebühren wie in einem Verfahren mit mündlicher Verhandlung anfallen.

d) Erledigung der Hauptsache. Bei einer **Erledigungserklärung nach § 91 a ZPO** beschränkt sich das Verfahren auf den Kostenpunkt der Hauptsache. Während § 269 III Satz 2 ZPO die zwingende Kostentragung des die Klage zurücknehmenden Klägers ausspricht, ist im Falle der beiderseitigen Erledigterklärung über die Kosten unter Berücksichtigung des bisherigen Sach- und Streitstandes nach billigem Ermessen zu entscheiden. Dies kann in vielen Fällen für den Kläger weitaus günstiger sein, so daß dieser nicht allzu vorschnell eine Klagrücknahme aussprechen sollte. Von einer **Erledigung der Hauptsache** spricht man dann, wenn ein nach Rechtshängigkeit[234] eintretendes Ereignis den Kiaganspruch gegenstandslos macht. Nur die beiderseitige Erledigungserklärung, nicht die einseitige, ist in § 91 a ZPO geregelt. 81

Erledigende Ereignisse sind u. a.: 82
– Zahlung der eingeklagten Unterhaltsforderung;
– Herausgabe der geforderten Sache;
– Wegfall der Bedürftigkeit des Berechtigten durch Erbschaft, Lottogewinn oder Wiederverheiratung;

---

[227] Vgl. OLG Hamm, FamRZ 1992, 1201
[228] Vgl. zu § 266 BGB auch OLG Düsseldorf, FamRZ 1994, 117
[229] Ähnlich OLG Düsseldorf, FamRZ 1994, 117
[230] A. A. z. B. OLG Düsseldorf, FamRZ 1991, 1207
[231] OLG Stuttgart, FamRZ 1990, 1368; OLG Düsseldorf, FamRZ 1990, 1369
[232] OLG Düsseldorf, FamRZ 1994, 117
[233] BGH, NJW 1989, 1935
[234] BGH, NJW 1982, 1598

§ 8 Verfahrensrecht

– Änderung der Sorgerechtsregelung für ein gemeinschaftliches, minderjähriges Kind, wobei aber wegen §§ 1629 II Satz 1, 1795 I Nr. 3 BGB der neue Sorgerechtsinhaber an der Vertretung des Kindes in dem zwischen ihm und dem Minderjährigen anhängigen Rechtsstreit gehindert ist und daher ein Pfleger bestellt werden muß;
– Aufnahme einer Arbeitstätigkeit des vom Schüler zum Lehrling gewordenen Kindes;
– Wegfall der Leistungsfähigkeit des Unterhaltsschuldners wegen Arbeitsplatzverlustes;
– Erteilung der Auskunft im Rahmen der ersten Stufe einer Unterhaltsstufenklage.

Bei dem erledigenden Ereignis muß es sich nicht um ein Geschehen handeln, welches „außerhalb des Prozesses" erfolgt und damit nicht unmittelbar die Anspruchsgrundlage selbst berührt. Das erledigende Ereignis muß nur eine bis dahin (in sich) begründete Unterhaltsklage für die Zukunft in Wegfall geraten lassen. Das kann Erfüllung wie auch Untergang des Anspruchs sein.

83 Haben die Parteien übereinstimmend den Rechtsstreit für erledigt erklärt, ist das Gericht hieran gebunden. Dann muß es nach § 91 a ZPO verfahren, ohne Rücksicht darauf, ob auch tatsächlich ein Fall der Erledigung vorliegt.[235] Liegt nur eine teilweise Erledigung der Hauptsache vor, erfolgt eine gemischt-rechtliche, dabei einheitliche Kostenentscheidung im Urteil (§§ 91 ff, 91 a ZPO).[236] Dabei ist für die Kostenentscheidung der bisherige Sach- und Streitstand maßgebend. **Eine weitere Beweisaufnahme findet** aber in der Regel **nicht statt**; eine Beweisaufnahme durch Vernehmung präsenter Zeugen, Beiziehung von Akten oder Urkundenverwertung ist jedoch nicht ausgeschlossen.

84 Die gegen die Kostenentscheidung statthafte **sofortige Beschwerde nach § 91 a II ZPO** ist nur zulässig, wenn in der Hauptsache auch ein Rechtsmittel zulässig gewesen wäre.[237] Auch in der zweiten Instanz bedeutet die Erledigungserklärung, daß die Hauptsache, nicht aber das Rechtsmittel, als erledigt anzusehen ist.

Schließt sich der Beklagte der Erklärung des Klägers, das ursprünglich zulässige und begründete Klagverlangen habe sich nachträglich erledigt, nicht an, macht er damit inhaltlich geltend, daß der Kläganspruch bereits anfänglich unzulässig oder unbegründet war. Dies will er dann mit seinem klagabweisenden Antrag durch Urteil festgestellt wissen. In der dann streitigen Entscheidung hat das Gericht – auf Antrag des Klägers – festzustellen, ob sich der Rechtsstreit tatsächlich in der Hauptsache erledigt hat mit der Folge, daß (nur) dann der Beklagte die Kosten des Verfahrens zu tragen hat.

Die bloße Erklärung des Beklagten, er halte den Rechtsstreit für erledigt, ist nicht möglich und steht auch nicht zu seiner Disposition.[238] Ist nämlich die Hauptsache tatsächlich erledigt, der Kläger aber nicht bereit, die Erledigungserklärung abzugeben, muß ein weiterbestehender Klagantrag durch Klagabweisung erledigt werden.

Wird das Verfahren durch einseitige Erledigungserklärung beendet, reduziert sich der Streitwert auf das Kosteninteresse.[239]

85 **e) Tod einer Partei.** Gemäß § 239 I ZPO tritt im Falle des Todes einer Partei die **Unterbrechung des Verfahrens** bis zu dessen Aufnahme durch den/die Rechtsnachfolger ein. Das gilt aber gemäß § 246 I Satz 1 ZPO dann nicht, wenn die verstorbene Partei durch einen Prozeßbevollmächtigten vertreten war. Auf Antrag des Bevollmächtigten wie auch des Gegners hat jedoch das Prozeßgericht die Aussetzung des Verfahrens anzuordnen. Ist der Unterhaltsschuldner verstorben, endet damit die materiell-rechtliche Unterhaltspflicht nicht (§ 1586 b I BGB), geht vielmehr auf den Erben über, gegen den das Verfahren fortzusetzen ist. Ist **Unterhalt als Folgesache im Verbund** gemäß § 623 I ZPO geregelt worden, so ist im Falle des Todes einer Scheidungspartei vor Rechtskraft der Scheidung analog §§ 626 I, 629 III ZPO auch die **Folgesache als erledigt anzusehen**.[240] Dem überlebenden, unterhaltsberechtigten Ehegatten kann vorbehalten werden, die Fol-

---

[235] BGHZ 83, 12/14 = NJW 1982, 1598
[236] BGH, NJW 1963, 583
[237] OLG Karlsruhe, NJW 1987, 387
[238] BGH, NJW-RR 1995, 1090
[239] BGH, NJW 1982, 768
[240] BGH, FamRZ 1983, 683

2. Abschnitt: Der Unterhaltsprozeß vor dem Familiengericht § 8

gesache als selbständige Familiensache fortzuführen. Stirbt der Unterhalt fordernde Ehegatte, so erlischt sein Unterhaltsanspruch. Das gleiche gilt bei seiner Wiederheirat (§ 1586 I BGB).

f) Prozeßvergleich. Eine weitere vorzeitige Verfahrensbeendigung stellt der Prozeßvergleich dar, der in Unterhaltssachen (insbesondere in zweiter Instanz) recht häufig ist. 86

Ein Prozeßvergleich kann in jedem Stadium des Verfahrens abgeschlossen werden, nicht erst ab Rechtshängigkeit, vielmehr bereits vor Anhängigkeit einer Unterhaltsklage, und zwar bereits im Rahmen des Prozeßkostenhilfeprüfungsverfahrens nach § 118 I Satz 3 ZPO. Allerdings muß ein Prozeßvergleich als Voraussetzung seiner Wirksamkeit **in mündlicher Verhandlung** (also nicht im schriftlichen Verfahren) **vor dem erkennenden Gericht** abgeschlossen und in das Sitzungsprotokoll aufgenommen werden (§ 160 III Nr. 1 ZPO). Der Aufnahme in das Protokoll steht die Aufnahme in eine Schrift gleich, die dem Protokoll als Anlage beigefügt und in ihm als solche bezeichnet ist (§ 160 V ZPO).

Die **gleichzeitige Anwesenheit beider Parteien** ist **keine Wirksamkeitsvoraussetzung.** Es ist daher durchaus möglich, sofern in einem ersten Termin der Beklagte nicht 87 erschienen ist, einen Vergleich zu Protokoll zu nehmen und ihn vom Kläger genehmigen zu lassen, um in einer nachfolgenden Verhandlung, bei der der Beklagte nunmehr allein zugegen ist, dessen Zustimmung zum Vergleich einzuholen und zu protokollieren.

Aus Gründen der Klarheit ist darauf zu achten, daß in den Fällen einer vergleichsweisen Änderung mehrerer vorausgegangener Unterhaltstitel eine vollständige Neutitulierung erfolgt, um nicht eine Vollstreckung aus mehreren Titeln vornehmen zu müssen. Handelt es sich um mehrere Unterhaltsgläubiger (meistens Kinder), so ist der Ausspruch der einzelnen Unterhaltsbeträge für jedes der Kinder bzw. Ehegatten notwendig, um hieraus vollstrecken zu können.

Für den Fall künftiger Abänderung oder Anpassung ist es ratsam, daß entweder im Ver- 88 gleich selbst oder aber im Verhandlungsprotokoll die Grundlagen der einverständlichen Regelung aufgenommen werden. Dazu gehört die **Festschreibung folgender Tatsachen:** Anzahl der Unterhaltsberechtigten, Fragen von Gleichrang oder Vorrang, angewandte Quote, Aufzählung der eheprägenden und nichtprägenden Voraussetzungen, Zusammensetzung des zugrunde gelegten Nettoeinkommens (insbesondere unterhaltsrechtliche Bewertung der Spesen mit $1/3$, $1/2$ oder in vollem Umfang als einkommenssteigernd), Feststellung eines Weihnachtsgeldes bzw. sonstiger Gratifikationen, berücksichtigte Verbindlichkeiten nebst zeitlicher Beschränkung der berücksichtigten Tatsachen, Anrechnung von Freibeträgen (Taschengeld bzw. ausbildungsbedingter Freibetrag), prozentuale Höhe der fiktiv anzurechnenden Sozialabgaben eines Selbständigen, Qualifizierung des Unterhaltes als Trennungs- bzw. Nachscheidungsunterhalt bzw. Kinderbetreuungs-, Krankheits- oder Aufstockungsunterhalt.

Ist ein Vergleich im Wege der gesetzlichen Prozeßstandschaft nach § 1629 III BGB für 89 minderjährige Kinder geschlossen worden, so kann, neben dem betreffenden Elternteil, das begünstigte Kind die Vollstreckung nur betreiben, wenn es den **Titel nach § 727 ZPO** auf sich **umschreiben** läßt. Soll auf bisher nicht als Partei aufgetretene **Dritte** der Vergleich ausgedehnt werden und sie entweder als Schuldner oder Gläubiger hinzutreten, **müssen** sie **dem Verfahren** ordnungsgemäß **beitreten** und führen damit zu einer subjektiven Klaghäufung (auf Kläger- oder Beklagtenseite).

Enthält der Vergleich **keine ausdrückliche Kostenregelung**, so sind die Kosten des 90 Rechtsstreits und des Vergleichs nach **§ 98 ZPO gegeneinander aufzuheben**.[241] Nimmt der Kläger im gerichtlichen Prozeßvergleich seine Klage zurück, soll aber gleichwohl nach dem Parteiwillen der Vergleich den Rechtsstreit beenden, ist diese Rücknahmeerklärung prozessual bedeutungslos und schließt eine Anwendung von § 269 III Satz 2 aus;[242] auch in diesem Fall sind daher Vergleichs- und Verfahrenskosten gegeneinander aufzuheben, wenn nicht die Parteien ein anderes vereinbart haben oder soweit nicht über die Kosten des Rechtsstreits bereits rechtskräftig anders erkannt ist.

---

[241] OLG Naumburg, OLGR 1996, 103
[242] Zöller/Herget, ZPO, 21. Aufl., § 98 Rn 6

Werden in einem vor dem Gericht geschlossenen Vergleich nicht anhängige Ansprüche mitverglichen und hat das Gericht auch für den Vergleich Prozeßkostenhilfe bewilligt, entsteht nach dem Wert der mitverglichenen, nicht anhängigen Ansprüche eine $^{15}/_{10}$ Vergleichsgebühr des § 23 Abs. 1 S. 3 BRAGO.[243]

91   g) **Prozeßverbindung.** Gemäß § 147 ZPO kann das Familiengericht von Amts wegen die Verbindung mehrerer bei ihm anhängiger Prozesse derselben oder verschiedener Parteien zum Zwecke der gleichzeitigen Verhandlung und Entscheidung anordnen, wenn die Ansprüche, die den Gegenstand dieser Prozesse bilden, in rechtlichem Zusammenhang stehen oder in einer Klage hätten geltend gemacht werden können.

Dies ist häufig in Unterhaltsverfahren der Fall, wobei es sich entweder um **objektive oder subjektive Klaghäufung** handeln kann. Insbesondere könnte ein kostenbewußter Anwalt daran denken, die Unterhaltsansprüche der minderjährigen Kinder und des Ehegatten jeweils in getrennten Prozessen geltend zu machen, um damit die kostenrechtlichen Nachteile der degressiven Gebührentabelle auszuschließen. Hier ermöglicht § 147 ZPO aus Gründen der Prozeßökonomie eine einheitliche Verhandlung, Beweisaufnahme und Entscheidung. Diese **Verbindung** ist **bereits ab Anhängigkeit**, nicht erst ab Rechtshängigkeit mehrerer Prozesse beim gleichen Gericht möglich. Allerdings muß die Anordnung vor Eintritt der Entscheidungsreife durch Antrag einer Partei oder von Amts wegen erfolgen. Diese Anordnung ist selbständig nicht anfechtbar und bedarf als prozeßleitende Maßnahme des Gerichts keiner mündlichen Verhandlung.[244] Allerdings muß beiden Parteien aus Gründen der **Gewährung des rechtlichen Gehörs** vorher die Absicht des Gerichtes auf Verbindung mitgeteilt werden.

92   Durch die Verbindung werden die bisher getrennten Verfahren eine Einheit, wobei aber Beweisaufnahmen, die vor der Verbindung in Einzelverfahren durchgeführt wurden, nur mit Einverständnis beider Parteien im nunmehrigen Gesamtverfahren verwertet werden können. Kommt eine derartige Einigung nicht zustande, muß notfalls die Beweisaufnahme wiederholt werden, um für das ganze Verfahren verwertbar zu sein. Durch die Verbindung mehrerer Prozesse wird der Streitwert mit der Folge erhöht, daß nunmehr möglicherweise durch Erreichen der Rechtsmittelsumme das Verfahren berufungsfähig wird.

93   Die gemäß § 147 ZPO angeordnete Verbindung kann jederzeit wieder vom Gericht gemäß § 150 ZPO auf Antrag oder von Amts wegen aufgehoben werden. Dies wird z. B. dann der Fall sein, wenn im überwiegenden Bereich des jetzigen Gesamtverfahrens Entscheidungsreife eingetreten ist und hierbei die Interessen der Beteiligten eine alsbaldige Entscheidung verlangen, während die Bedeutung des noch nicht entscheidungsreifen Verfahrens relativ gering und nachrangig ist. Die Aufhebung der Verbindung steht im pflichtgemäßen Ermessen des Gerichts.

5. Verfahrensbeendigung durch Urteil

94   a) **Vorbemerkung.** Urteile können (auch) in Unterhaltssachen sowohl im schriftlichen Verfahren wie auch aufgrund einer vorausgegangenen mündlichen Verhandlung ergehen.
Im schriftlichen Verfahren ergeht dann die gerichtliche Entscheidung, wenn gemäß § 128 II ZPO beide Parteien dieser Vorgehensweise zugestimmt haben und die Entscheidung nicht länger als 3 Monate nach Zustellung ergeht.
Von Amts wegen kann das Familiengericht eine Entscheidung ohne mündliche Verhandlung gemäß § 128 III ZPO anordnen, wenn der Wert des Streitgegenstandes bei Klageinreichung 1500 DM nicht übersteigt und einer Partei das Erscheinen vor Gericht wegen großer Entfernung oder aus sonstigem wichtigen Grund nicht zuzumuten ist. Eine derartige Sachlage kann insbesondere dann vorliegen, wenn es sich um einen die Berufungssumme nicht erreichenden **Unterhaltsrückstand** handelt.

---

[243] OLG Stuttgart, FamRZ 1998, 1381; OLG Koblenz, FamRZ 1998, 1382; OLG Köln, FamRZ 1998, 493; OLG München, FamRZ 1997, 1347; OLG Frankfurt/M., FamRZ 1997, 1347; OLG Karlsruhe, JurBüro 1996, 638

[244] A. A. BGH, LM § 147 ZPO Nr. 1 = NJW 1957, 183

2. Abschnitt: Der Unterhaltsprozeß vor dem Familiengericht §8

Bleibt eine Partei im Termin zur mündlichen Verhandlung aus, kann vom Gegner eine **95** **Entscheidung nach Lage der Akten** beantragt werden (§ 331 a ZPO). Erscheinen oder verhandeln in einem Termin beide Parteien nicht, darf das Gericht ein Urteil nach Lage der Akten ergehen lassen, wenn in einem früheren Termin mündlich verhandelt worden ist (§ 251 a II Satz 1 ZPO). Das Urteil selbst kann nur von denjenigen Richtern gefällt werden, die der dem Urteil zugrundeliegenden Verhandlung beigewohnt haben (§ 309 ZPO). Die Urteilsverkündung selbst ist in jedem Falle öffentlich, auch wenn es sich um Folgesachen handelt (§ 173 I GVG). Ein Urteil, das in dem Termin, in dem die mündliche Verhandlung geschlossen wurde, verkündet wird, ist **vor Ablauf von 3 Wochen** ab Verkündung vollständig abgefaßt der Geschäftsstelle zu übergeben (§ 315 II Satz 1 ZPO). Unterbleibt eine Zustellung durch das Gericht, so beginnt trotzdem **mit dem Ablauf von 5 Monaten nach der Verkündung** des Urteils die Berufungsfrist des § 516 ZPO zu laufen. Ist dem bisherigen Prozeßbevollmächtigten vor Urteilszustellung das Mandat gekündigt worden und hat er dies dem Gericht mitgeteilt, ist das Urteil der Partei selbst, und nicht mehr dem früheren Prozeßbevollmächtigten zuzustellen.[245]

b) Inhalt des Urteils. aa) Bezeichnung. In der Regel wird ein streitiges, die Instanz ab- **96** schließendes Urteil als **Endurteil** bezeichnet (§ 300 ZPO). Ist ein anderes Urteil in der Instanz vorausgegangen, z. B. ein Teilurteil oder Anerkenntnisurteil, heißt die Schlußentscheidung üblicherweise Schlußurteil, obgleich es diesen Begriff in der ZPO nicht gibt. Versäumnis- oder Anerkenntnisurteile müssen als solche bezeichnet werden (§ 313 b I ZPO).

bb) Tatbestand. In Unterhaltssachen ist in der ersten Instanz in aller Regel ein Tatbestand **97** notwendig (§ 313 a II Nrn. 4 und 5 ZPO). Ausnahmen: Echte Versäumnisurteile und Anerkenntnisurteile (§ 313 b I ZPO).

Bei der Darstellung des Tatbestands ist zu unterscheiden nach unstreitigem Sachverhalt, den streitigen Behauptungen des Klägers, dem Antrag des Klägers, dem Antrag des Beklagten und den streitigen Behauptungen des Beklagten. Erwähnt wird, ob eine Beweisaufnahme stattgefunden hat und wodurch (z. B. Vernehmung des Zeugen ...). Wichtig sind Prägnanz und Kürze, ohne Wesentliches wegzulassen.

Wenn im Laufe des Rechtsstreits in der Instanz mehrere Anträge angekündigt oder gestellt werden, ist nur der in der mündlichen Verhandlung zuletzt gestellte in den Tatbestand aufzunehmen; alles andere verwirrt.

Notwendig, zumindest zweckmäßig, ist beim Ehegattenunterhalt die Angabe des Alters der Parteien nach dem Geburtsdatum, des ausgeübten Berufs, der Daten der Eheschließung, der Trennung, der Rechtskraft der Scheidung, der Zahl und der Geburtsdaten der Kinder, Sorgerechtsregelungen für die Kinder und deren Tätigkeit (z. B. Schüler, Lehrling).

Die Entscheidungsgründe müssen sich – klar getrennt – mit den ehelichen Lebensverhältnissen oder, beim Kind, der Lebensstellung der Eltern, der Bedürftigkeit des Berechtigten und der Leistungsfähigkeit des Verpflichteten befassen und die Rechtsgrundlagen angeben. Dasselbe gilt für die Einwendungen des Verpflichteten (z. B. grobe Unbilligkeit) und die Voraussetzungen für die Zuerkennung von Rückstand (Verzug, Rechtshängigkeit). Wird wesentliches Parteivorbringen weder im Tatbestand noch in den Entscheidungsgründen erwähnt, kann eine Verletzung des rechtlichen Gehörs vorliegen.[246] Auch die Nebenentscheidungen (Zinsen, Kosten, vorläufige Vollstreckbarkeit mit Schutzanordnungen) müssen wenigstens kurz begründet werden. Dies gilt insbesondere bei einer Kostenquotelung.

Pfennigbeträge auszurechnen ist zwar in den Entscheidungsgründen korrekt; ihre Aufnahme in den Urteilstenor ist aber verfehlt, wenn vorher viele Positionen (Schulden, Mehrbedarf, Einkünfte der Parteien) geschätzt und pauschaliert angesetzt worden sind. Es läßt sich nicht überzeugend begründen, daß der angemessene Unterhalt sogar noch Pfennige ausmacht.[247]

---

[245] BGH, FamRZ 1991, 51
[246] Vgl. BVerfG, FamRZ 1992, 782
[247] Vgl. BGH, FamRZ 1990, 503

98 *cc) Fassung des Urteilstenors.* Sinn eines Urteils ist neben der Klärung von strittigen Punkten die Erlangung eines Vollstreckungstitels. Dieser muß daher so abgefaßt werden, daß er zur Zwangsvollstreckung geeignet ist, also klar und bestimmt. Eine Urteilsformel, die mangels genügender Bestimmtheit erst mit Hilfe des Tatbestands und der Entscheidungsgründe „ausgelegt" werden muß, verfehlt ihren Zweck.

Bei einem Leistungsurteil wird jeweils der entsprechende Zeitraum für die zuerkannten Unterhaltsbeträge angegeben, auch für die sog. Rückstände („5000 DM für die Zeit vom Januar mit Juni 1996"). Verfehlt sind Fassungen wie: „ . . . zu zahlen abzüglich bereits erbrachter Leistungen".

Bei einer Teilklage wird nicht ein etwa bereits bestehender Titel „abgeändert", sondern „über den durch Urteil vom . . . zuerkannten Betrag hinaus" zu . . . verurteilt.[248] Dabei ist es verfehlt, nicht rechtshängige Sockelbeträge in den Tenor aufzunehmen, etwa durch die mißverständliche Formulierung: . . . insgesamt also . . . .[249]

Hinweis: Die Bezeichnung „Rückstände" für die bis zum Urteil fälligen und ausgerechneten Unterhaltsbeträge führt zu Mißverständnissen, weil gem. der gesetzlichen Definition Rückstände nur die bis zur Einreichung der Klage aufgelaufenen Beträge sind (§ 17 IV GKG). Demgemäß wird gelegentlich gegen die Streitwertfestsetzung Beschwerde eingelegt mit der Begründung, der (bis zum Urteil errechnete) „Rückstand" gem. dem gleichzeitig verkündeten Urteil sei nicht berücksichtigt. Am besten läßt man den Begriff „Rückstand" für den zurückliegenden Unterhalt weg (nur: 5000 DM Unterhalt für die Zeit vom . . .).

Bei mehreren Klägern muß der Unterhalt für jeden Kläger getrennt tituliert werden. Dem steht nicht entgegen, die Titulierung in einer Ziffer unterzubringen.

Beispiel: Der Beklagte wird verurteilt, folgenden Unterhalt zu zahlen:
dem Kläger zu 1) 3000 DM für die Zeit vom 1. 1. bis 30. 6. 1996 und ab 1. 7. 1996 500 DM monatlich,
dem Kläger zu 2) ab 1. 7. 1996 300 DM monatlich,
dem Kläger zu 3) 800 DM für die Zeit vom 1. 3. bis 30. 6. 1996 und ab 1. 7. 1996 200 DM monatlich.

Beim Trennungsunterhalt braucht die Beschränkung bis zur Rechtskraft der Scheidung nicht in die Urteilsformel aufgenommen zu werden.[250] Geschieht dies dennoch, ist es unschädlich.

Beim Kindesunterhalt wird nicht auf die Zeit bis zur Vollendung des 18. Lebensjahres beschränkt.[251] Dasselbe gilt für eine Tenorierung nach Altersgruppen der Düsseldorfer Tabelle; also nicht zu tenorieren: „bis zur Vollendung des 12. Lebensjahres 300 DM monatlich Unterhalt, von da an bis zur Vollendung des 18. Lebensjahres 350 DM monatlich Unterhalt".[252]

Bei einem negativen (leugnenden) Feststellungsurteil ist nicht die verbleibende Unterhaltspflicht positiv festzustellen, sondern negativ, in welcher Höhe keine Unterhaltspflicht besteht.[253]

Beispiel: Es wird festgestellt, daß der Kläger nicht verpflichtet ist, der Beklagten für die Zeit vom 1. 1. bis 30. 6. 1996 mehr als 300 DM monatlich Unterhalt zu zahlen.
nicht: 300 DM monatlich . . . zu zahlen.

Begrenzungen der Höhe des zuzuerkennenden Unterhaltsanspruchs (z. B. „Zahlung von höchstens 470 DM monatlich") gehören nicht in den Tenor eines positiven Feststellungsurteils.[254]

---

[248] Vgl. BGH, FamRZ 1991, 925 = NJW 1991, 2212
[249] Vgl. BGH, FamRZ 1995, 729
[250] BGH, FamRZ 1981, 752, 755
[251] BGH, DAVorm 1982, 263 = R 91; a. A. BGH, NJW 1983, 2197 = R 162 bei einer Schadensersatzrente nach § 844 II BGB
[252] BGH, DAVorm 1982, 263 = R 91
[253] BGH, FamRZ 1988, 604
[254] BGH, FamRZ 1984, 556 zu § 844 II BGB

2. Abschnitt: Der Unterhaltsprozeß vor dem Familiengericht § 8

Das **Auskunftsurteil** gibt vollstreckungsfähig genau an, für welchen Zeitraum Auskunft zu erteilen ist und worüber und bezeichnet genau die Belege, die vorgelegt werden müssen.

Beispiel: Der Beklagte wird verurteilt, der Klägerin für den Zeitraum vom 1. 1. bis 31. 12. 1996 Auskunft zu erteilen über seine Erwerbseinkünfte als unselbständiger Arbeitnehmer und für den gleichen Zeitraum Lohnbescheinigungen seines Arbeitgebers vorzulegen.

Bei Freiberuflern ist entsprechend zu verfahren.

Beispiel: Der Beklagte wird verurteilt, der Klägerin über seine Einkünfte als selbständiger Unternehmer für die Zeit vom 1. 1. 1994 bis 31. 12. 1996 Auskunft zu erteilen und die Bilanzen nebst Gewinn- und Verlustrechnung für die Jahre 1994, 1995 und 1996 sowie die Einkommensteuererklärungen und Einkommensteuerbescheide für die Jahre 1994, 1995 und 1996 vorzulegen.

Untauglich sind insbesondere folgende Formulierungen:
- Auskunft zu erteilen über sämtliche Einkünfte in den letzten drei Jahren nebst Vorlage der dazugehörigen Belege,
- Auskunft zu erteilen „über die Einkommens- und Vermögensverhältnisse durch Vorlage eines geordneten Verzeichnisses",[255]
- Vorlage der Einkommensteuererklärung 1995 nebst gesetzlich vorgeschriebener Anlagen,
- (besonders kraß): Auskunft zu erteilen über sämtliche Einkünfte durch Vorlage von Unterlagen über das Einkommen in den letzten 12 Monaten, insbesondere Einkommensteuererklärungen für die letzten drei Jahre und Angabe der getätigten Entnahmen für die letzten drei Jahre, mindestens aber eine geordnete und nachprüfbare Aufstellung über seine Einnahmen und Ausgaben.

Hinweis: Jedes Ergebnis ist daraufhin zu überprüfen, ob es den Umständen des konkreten Einzelfalls umfassend gerecht wird und mit dem gesunden Menschenverstand vereinbar ist, kurz: ob es stimmt. Gegebenenfalls ist es zu korrigieren. Dazu bieten die zahlreichen unbestimmten Rechtsbegriffe und Ermessensspielräume des Unterhaltsrechts genug Möglichkeiten, notfalls die Anwendung des § 242 BGB.

Keineswegs reicht zur Begründung allein aus die Berufung auf Leitlinien. Vielmehr ist in jedem Einzelfall eine umfassende Berücksichtigung aller Umstände notwendig. Dies gilt in ganz besonderem Maße dann, wenn eine Ausnahme von einer „regelmäßigen Übung" in Betracht kommt.[256]

Unterhaltsurteile sind für vorläufig vollstreckbar zu erklären, auch wenn die Revision nicht zugelassen wird.[257]

c) Die Kostenentscheidung. In selbständigen Unterhaltssachen (Gegensatz: Unterhaltssachen aus dem Verbund) gelten die allgemeinen Kostenvorschriften (§§ 91 ff ZPO), insbesondere auch § 92 II ZPO, der kleinliche Kostenquotelungen vermeiden läßt. Im allgemeinen sollte unter einem Zehntel nicht mehr aufgeteilt werden. Wenn eine Partei weniger als ein Zehntel der Kosten tragen müßte, sollten die gesamten Kosten der Gegenpartei auferlegt werden.

Die Quote richtet sich im allgemeinen nach dem Verhältnis des am erfolgreichen Unterhaltsbetrag orientierten Streitwerts zum Gesamtstreitwert einschließlich Rückstände (§ 17 I und IV GKG).

Bei Unterhaltsfolgesachen (Verbund noch bestehend oder aufgelöst) ist § 93 a I ZPO (grunds. Halbteilung) zu beachten. Er verdrängt als Sonderregelung die allgemeinen Kostenvorschriften, auch § 91 a ZPO, und gilt auch für die Rechtsmittelkosten. Ausnahme: Zwingende Gegenvorschriften, z. B. § 97 III ZPO,[258] § 269 III ZPO (Klagerücknahme) und § 515 III ZPO (Berufungsrücknahme).

Bei mehreren Streitgenossen (§§ 59 ff ZPO) auf einer oder beiden Seiten muß grund-

---
[255] Vgl. OLG Frankfurt, FamRZ 1991, 1334
[256] Vgl. BGH, FamRZ 1990, 260
[257] BGH, FamRZ 1990, 283 = NJW-RR 1990, 323
[258] BGH, FamRZ 1983, 683

sätzlich nach Gerichtskosten und außergerichtlichen Kosten getrennt und je nach Obsiegen und Unterliegen der beiden Streitgenossen gequotelt werden (§ 100 ZPO, sog. Baumbach'sche Formel). Die manchmal anzutreffende Kostenentscheidung: „Die Kosten werden gegeneinander aufgehoben" ist unkorrekt, mag sie auch im Einzelfall bei der Kostenfestsetzung dann keine Schwierigkeiten bereiten, wenn auf einer Seite jeweils nur ein Anwalt aufgetreten ist.

100 **Kostenrechtliche Besonderheiten** gelten dann, wenn der Kläger nur teilweise obsiegt und es sich hierbei um **Unterhaltsrückstände bzw. laufenden Unterhalt** handelt. Dabei sind Rückstände im Sinne des § 17 IV GKG die Monatsbeträge an Unterhalt, die bis zur Anhängigkeit des Klagverfahrens angefallen sind. Der Monat der Anhängigkeit gilt als Rückstandsmonat.

Soweit hierbei ein Kläger als Unterhaltsrückstand einen Jahresbetrag neben dem laufenden, monatlich gleich hohen Unterhalt geltend macht und hinsichtlich des Unterhaltsrückstandes verliert, kommt es nicht zur Kostenwettschlagung, obwohl gemäß § 17 I, IV GKG der Streitwert hinsichtlich des Rückstandes genauso hoch ist wie jener hinsichtlich des laufenden Unterhaltes (nämlich jeweils ein Jahresbetrag). Wertmäßig hätte somit der Kläger zur Hälfte obsiegt und verloren. Da sich aber der **Jahresstreitwert für den laufenden Unterhalt** auf eine **zeitlich unbefristete Laufdauer** bezieht, die insbesondere bei Kindesunterhalt oftmals über Jahrzehnte dauern kann, kommt dem Erfolg bezüglich des laufenden Unterhaltes kostenmäßig die größere Bedeutung zu. Handelt es sich bei diesem Kläger um einen 12jährigen Schüler, der ab seiner Volljährigkeit wirtschaftlich auf eigenen Beinen stehen wird, wäre im vorliegenden Fall eine Kostenentscheidung für den Kläger im Umfang von $1/3$ eigener Kostentragungspflicht zu $2/3$ Obsiegen angemessen.

101 **d) Der Streitwert in Unterhaltssachen.** Zunächst ist zwischen vertraglichem und gesetzlichem Unterhaltsanspruch zu unterscheiden: Denn der durch Vertrag (Vereinbarung) begründete Unterhalt hat einen $3^1/_2$ Jahresbetrag als Wert (§ 9 ZPO), der durch Vertrag (Vereinbarung) ausgestaltete gesetzliche Unterhaltsanspruch hat als Wert einen Jahresbetrag (§ 176 KG). Der **Gebührenstreitwert** ist derjenige Wert, der der Berechnung der Gerichts- und Anwaltsgebühren zugrunde gelegt wird (§ 25 I GKG, § 9 I BRAGO). Er bemißt sich in Unterhaltssachen nach dem bis zum 30. 6. 1998 geltenden Recht im Regelfall nach dem höchsten Jahresbetrag der beziffert geltend gemachten monatlichen Unterhaltsrente.[259] Der Gebührenstreitwert für eine Unterhaltsklage bemißt sich auch dann ausschließlich nach § 17 GKG, wenn der Unterhaltsanspruch unstreitig ist. Der Wert kann nicht mit der Begründung, es gehe nur um das Titulierungsinteresse, niedriger bemessen werden.[260]

Maßgeblich ist stets der nominell eingeklagte Betrag, auch wenn der Unterhaltsanspruch ganz oder teilweise unstreitig ist.[261]

Beispiel: 1. Verlangt wird laufender Unterhalt vom 1. 1. bis 31. 3. 1996 in Höhe von 300 DM, ab 1. 4. 1996 von 500 DM monatlich.
Höchster Jahreswert: 500 x 12 DM, weil 500 DM monatlich auf unbestimmte Zeit, also auf mindestens ein Jahr verlangt werden.
2. Verlangt wird laufender Unterhalt vom 1. 1. bis 31. 8. 1996 von 500 DM monatlich, danach von 300 DM monatlich.
Höchster Jahreswert: 500 DM x 8 + 300 DM x 4 (nicht 500 DM x 12, weil nicht ein Jahr lang).
3. Verlangt wird laufender Unterhalt vom 1. 1. bis 31. 3. 1996 von 500 DM monatlich, vom 1. 4. 1996 bis 30. 6. 1996 von 250 DM monatlich, vom 1. 7. 1996 bis 31. 12. 1996 von 400 DM monatlich, dann nichts mehr.
Höchster Jahreswert: 500 DM x 3 + 250 DM x 3 + 400 DM x 6 (nicht 500 DM x 12).

Bei dieser Zugrundelegung der höchsten Monatsbeträge hat es auch trotz der Neufassung des § 17 I S. 1 GKG durch Art. 4 VI KindUG vom 6. 4. 1998 (BGBl. I, 666) ab 1. 7.

---

[259] § 17 I GKG; BGH, FamRZ 1984, 677
[260] OLG Braunschweig, NJW-RR 1996, 256; FamRZ 1997, 38
[261] OLG Braunschweig, FamRZ 1997, 38

2. Abschnitt: Der Unterhaltsprozeß vor dem Familiengericht §8

1998 zu bleiben. Nach dieser Vorschrift sind nunmehr die ersten zwölf Monate nach Einreichung der Klage oder der im Antrag geforderte Betrag maßgeblich. Dies hat m. E. aber nur Bedeutung für die Höhe des mit Einreichung einzuzahlenden Gerichtskostenvorschusses nach § 65 GKG, nicht aber hinsichtlich des eigentlichen Klagumfangs und dessen Streitwertes.

Prozessual kann man in der Geltendmachung eines gestaffelten Unterhaltes (für das Jahr ab Einreichung werden 400,– DM Unterhalt monatlich gefordert, ausschließlich – zeitlich unbefristet – 600,– DM monatlich) eine **objektive Klagerweiterung** mit der Folge sehen, daß dieser – höhere – Streitwert von (600,– DM x 12) 7200,– DM hinzutritt und den „Einreichungsstreitwert" des § 17 I S. 1 GKG mit 4800,– DM ersetzt.

Ansonsten hätte es ein Gläubiger in der Hand, mittels einer reduzierten Geltendmachung im Einreichungsjahr einen geringen Streitwert einzufrieren, um dann kostengünstig einen erhöhten Unterhalt (zumal zeitlich oft unbefristet) geltend zu machen.[262]

Werden Trennungsunterhalt und nachehelicher Unterhalt in einer einzigen Klage geltend gemacht, ist jeweils gesondert der Streitwert für den Trennungsunterhalt und den nachehelichen Unterhalt anzusetzen (Folge der Nichtidentität, also regelmäßig zweimal der Jahresbetrag). Tritt während des Trennungsunterhaltsprozesses Rechtskraft der Scheidung ein, bemißt sich der Streitwert für die danach noch anfallenden Gebühren nach dem bis zur Rechtskraft der Scheidung errechneten Unterhalt, für die vorher angefallenen Gebühren nach dem vollen Jahresbetrag; a. A. im Hinblick auf die Neufassung des § 15 GKG OLG Hamm: Wird Klage auf Trennungsunterhalt von unbestimmter Dauer erhoben, so ist für den Kostenstreitwert der Jahresbetrag des Unterhalts auch dann maßgebend, wenn der Anspruch vor Ablauf eines Jahres mit Rechtskraft eines klageabweisenden Urteils erlischt.[263]

Das OLG Bamberg differenziert wie folgt: Bei einer Klage auf Trennungsunterhalt ist der Streitwert geringer als ein Jahresbetrag, wenn nach den Erkenntnismöglichkeiten bei Klageeinreichung eine überwiegende Wahrscheinlichkeit dafür spricht, daß die Eheleute vor Ablauf eines Jahres rechtskräftig geschieden sein werden.[264]

Beispiel: Zu Beginn des Trennungsunterhaltsprozesses ist das Ende des Scheidungsverfahrens offen. Im Zeitpunkt der ersten mündlichen Verhandlung ist bereits die Scheidung seit 1. 9. 1995 rechtskräftig. Trennungsunterhalt wird ab 1. 1. 1995 in Höhe von 500 DM monatlich verlangt. Bis 31. 8. 1995 500 DM x 12, ab 1. 9. 1995 500 DM x 8 (streitig).

Wird am Tage der Rechtskraft der Scheidung über den Trennungsunterhalt ein Vergleich geschlossen, beläuft sich der Vergleichswert auf den bis zur Scheidung angefallenen Unterhalt, sofern es sich um weniger als den Jahresbetrag handelt.[265]

Zum Wert für den laufenden Unterhalt kommen seit 1. 7. 1994 die bei Einreichung (nicht Zustellung) der Klage fälligen Beträge hinzu (§ 17 IV GKG n. F.). Der **PKH-Antrag** steht der Klage gleich, wenn die Klage „alsbald" (vgl. dazu § 696 III ZPO oder § 270 ZPO „demnächst") nach Mitteilung des PKH-Beschlusses oder des Beschwerdebeschlusses (die Beschwerde muß ihrerseits „alsbald" eingelegt sein) eingereicht wird. Vorsicht ist geboten bei der „bedingten" Klage, weil u. U. die Einreichung der Klage erst in der Stellung des Sachantrags in der mündlichen Verhandlung zu sehen ist[266] und deshalb u. U. nicht mehr „alsbald" ist. Deshalb sollte nach Klärung der PKH-Frage die Klage umgehend unbedingt eingereicht werden.

Zum Rückstand zählt der gesamte Betrag des Monats, in den die Einreichung fällt.[267] A. A. ist das OLG Celle.[268]

---

[262] Vgl. Groß, FPR 1998, 183 f
[263] FamRZ 1996, 502; ebenso: OLG München, FamRZ 1998, 573
[264] FamRZ 1996, 502
[265] OLG Braunschweig, OLG-Report 1995, 295
[266] BGH, VersR 1965, 155 = R 4; NJW 1972, 1373
[267] OLG München, DAVorm 1981, 681; a. A. der 12. ZS, OLG-Report 1994, 23; OLG Hamm, FamRZ 1984, 820; LG, FamRZ 1991, 1216, überwiegende Meinung
[268] FamRZ 1996, 504

Freiwillige Zahlungen reduzieren den Streitwert nicht, wenn mit der Klage der Gesamtbetrag verlangt wird. Wird nur die über die freiwillige Zahlung hinausgehende Spitze verlangt, ist nur dieser Spitzenbetrag, nicht auch der Sockelbetrag maßgebend. Angerechnetes Kindergeld (§§ 1612 b, c BGB) ist abzuziehen.

Bei der **Abänderungsklage** bemißt sich der Wert nach dem höchsten Jahresbetrag der begehrten Abänderung (Differenz zwischen dem abzuändernden Titel und dem begehrten Mehr- oder Minderbetrag).

Beispiel: Tituliert sind 500 DM monatlich, erhöht werden soll auf 700 DM. Jahreswert: 200 DM x 12.

Wird zusätzlich auch Unterhalt für die Zeit vor Einreichung der Klage nach § 323 ZPO geltend gemacht, erhöht dieser Rückstand i. S. d. § 17 Abs. 4 GKG den Streitwert unabhängig davon, ob diese Rückwirkung materiell-rechtlich zulässig ist oder nicht.

Wird mit der Klage nach § 323 ZPO Erhöhung und mit der Widerklage eine Herabsetzung verlangt, sind beide Werte zusammenzurechnen. Das gilt auch i. R. d. § 654 Abs. 3 ZPO.

Bei der **Vollstreckungsabwehrklage** richtet sich der Wert nach dem streitigen, noch vollstreckbaren Anspruch. § 17 Abs. 1, Abs. 4 GKG sind anwendbar.

Beispiel: Tituliert sind 500 DM monatlich, angefochten sind 300 DM monatlich. Höchster Jahreswert: 300 DM x 12 (nicht 500 DM x 12).

Richtet sich die Abwehrklage gegen eine einstweilige Anordnung (§ 620 ZPO), ist der Streitwert ebenfalls nach § 17 GKG, nicht nach § 20 Abs. 2 GKG festzusetzen.

103 Bei der **Feststellungsklage** ist zu unterscheiden zwischen behauptender (positiver) und leugnender (negativer). Bei der positiven wird ein Abschlag von etwa einem Fünftel gegenüber der entsprechenden Leistungsklage gemacht, bei der negativen nicht.

Für die **Stufenklage** (§ 254 ZPO) gilt § 18 GKG.

Danach ist nur der höchste der geltend gemachten Ansprüche maßgebend. Das ist in der Regel der Leistungsanspruch. Das gilt auch dann, wenn der Leistungsantrag noch nicht beziffert worden ist; dann ist der Wert nach §§ 12 I GKG, 3 ZPO zu schätzen.[269] Wird Unterhaltsrente z. T. beziffert geltend gemacht und im Wege der Stufenklage ein unbezifferter Mehrbetrag verlangt, so kommt zum höchsten Jahresbetrag der beziffert geltend gemachten Unterhaltsrente der Jahresbetrag der im Wege der Stufenklage zusätzlich unbeziffert verlangten Mehrforderung hinzu.[270] Diese ermittelt sich wertmäßig nach den vernünftigen Erwartungen der Klagpartei zum Zeitpunkt der Einreichung der Klage,[271] nicht nach den Erkenntnissen des Gerichts bei Verfahrensbeendigung. Der Streitwert einer „steckengebliebenen" Stufenklage bemißt sich nicht nach dem Wert der Auskunft,[272] sondern nach dem unbeziffert gebliebenen Leistungswert, sofern dieser – wie in der Regel – höher ist.[273]

Bei der Geltendmachung des **Auskunftsanspruchs**, der den Leistungsanspruch nur vorbereiten soll, ist lediglich ein Bruchteil des Leistungsanspruchs als Wert anzusetzen,[274] üblicherweise ein Viertel oder ein Fünftel. Für die Bewertung ist das jeweilige Interesse des Rechtsmittelklägers maßgeblich.[275] Stellt sich später heraus, daß der – inzwischen – bezifferte Leistungsantrag höher als der unbezifferte „Inetessebetrag" ist, erhöht sich rückwirkend sowohl die Auskunfts- als auch die Leistungsstufe.

Das Interesse des Klägers an der Auskunft ist in aller Regel höher zu bewerten als das des Beklagten daran, die Auskunft nicht erteilen zu müssen. In der Regel beträgt es einen Bruchteil des vorzubereitenden Leistungsanspruchs.[276] Wenn der Kläger die begehrte

---

[269] OLG Hamm, FamRZ 1998, 1308; OLG Celle, FamRZ 1997, 99
[270] BGH, FamRZ 1984, 677
[271] OLG Karlsruhe, Die Justiz 1985, 353
[272] OLG Schleswig, FamRZ 1997, 40
[273] A. A. OLG Dresden, MDR 1997, 691; Lappe, NJW 1998, 1112
[274] OLG Frankfurt/M., FamRZ 1997, 38
[275] BGH, FamRZ 1991, 317
[276] BGH, FamRZ 1993, 1189

Auskunft bloß zur Erleichterung der Durchsetzung eines Leistungsanspruchs benötigt (z. B. wenn schon ziemliche Klarheit besteht oder wenn der Kläger sich notwendige Unterlagen selbst beschaffen könnte), ist der Wert geringer, als wenn er auf die Auskunft zur Geltendmachung und Durchsetzung des Leistungsanspruchs angewiesen ist.[277] Werden nur Auskunftsanspruch und der Anspruch auf Abgabe der eidesstattlichen Versicherung geltend gemacht, gilt § 18 GKG nicht. Es liegen vielmehr zwei − zu addierende − Streitwerte vor.[278]

Ist das einem Auskunftsanspruch stattgebende Urteil mangels eindeutiger Bestimmung der Gegenleistung (Zug um Zug) nicht vollstreckungsfähig, ist das Rechtsmittelinteresse des Klägers am Wegfall des Zug-um-Zug-Vorbehalts nicht anders zu bewerten als im Falle einer Abweisung des Auskunftsanspruchs.[279] Der Rechtsmittelstreitwert eines in der Vorinstanz abgewiesenen unterhaltsrechtlichen Auskunftsanspruchs ist regelmäßig mit einem Bruchteil des voraussichtlichen Unterhaltsanspruchs zu bemessen; dessen Wertberechnung bestimmt sich nach § 9 ZPO (3,5facher Jahresbetrag).[280]

Beim Beklagten ist in erster Linie maßgebend ein etwaiges Interesse an der Geheimhaltung aus anderen als unterhaltsrechtlichen Gründen[281] sowie, welche Aufwendungen an Arbeitszeit und allgemeinen Kosten die begehrte Auskunftserteilung für ihn mit sich bringen wird.[282] Diese Rechtsprechung ist bestätigt vom Großen Zivilsenat des BGH.[283]

Für die Abgabe der **eidesstattlichen Versicherung** gelten regelmäßig dieselben Grundsätze wie für die Auskunft.[284] U. U. kommt der Aufwand hinzu, der benötigt wird, um der Erfüllung und etwaigen Vollstreckungsversuchen entgegenzutreten.[285]

Vorbereitende **Auskunftsansprüche** (§§ 1580, 1605 BGB), die nicht im Rahmen einer Stufenklage geltend gemacht werden, gehören nicht in den Scheidungsverbund. Werden derartige Ansprüche im Scheidungsverbundverfahren erhoben, ist darüber nach Abtrennung (§ 145 ZPO) in einem gesonderten Verfahren zu verhandeln und zu entscheiden. Eine Abweisung als unzulässig allein wegen der nicht dem Gesetz entsprechenden Geltendmachung ist nicht gerechtfertigt.[286]

Bei der **Vollstreckungsklage** (Vollstreckbarerklärung eines ausländischen Titels) ist **104** der Wert des für vollstreckbar zu erklärenden Auslandstitels maßgebend unter Beachtung von § 17 I und IV GKG. Titulierte Rückstände sind hinzuzurechnen. Im übrigen ist streitwertbestimmend der konkrete Umfang der Vollstreckung, sofern er geringer als der Jahreswert ist.

Gegenläufige **Abänderungsklagen** gegen den gleichen Unterhaltstitel haben denselben Streitgegenstand.[287]

Bei der **Freistellungsklage** richtet sich der Streitwert gem. § 3 ZPO nach der vermutlichen Dauer und Höhe der Unterhaltslast.[288] Dabei ist § 17 GKG ergänzend zu berücksichtigen, so daß der Streitwert auf den Jahresbetrag (zuzüglich Rückständen) beschränkt ist und sich nicht (über § 9 ZPO) auf den $3^1/_2$fachen Jahresbetrag beläuft.[289] Denn es kann

---

[277] Sog. Leistungsinteresse, BGH, FamRZ 1986, 796
[278] OLG Bamberg, FamRZ 1997, 40
[279] BGH, FamRZ 1994, 101
[280] BGH, FamRZ 1997, 546
[281] BGH, FamRZ 1991, 791
[282] BGH, FamRZ 1993, 45; 306; z. B. der Aufwand für noch zu erstellende Unterlagen, BGH, FamRZ 1992, 425 = NJW-RR 1992, 322; Steuerberaterkosten, BGH, NJW-RR 1992, 1474; für Anwaltskosten zur Abwehr ungerechtfertigter Vollstreckungsversuche BGH, FamRZ 1993, 1423 = NJW-RR 1026; außer Betracht bleibt das Interesse, die begehrte Hauptleistung nicht erbringen zu müssen (BGH, FamRZ 1991, 316 = NJW-RR 1991, 32)
[283] FamRZ 1995, 349
[284] BGH, FamRZ 1992, 663
[285] BGH, FamRZ 1992, 535 = NJW-RR 1992, 450
[286] BGH, FamRZ 1997, 811
[287] BGH, FamRZ 1997, 488
[288] BGH, NJW-RR 1995, 197
[289] BGH, NJW 1974, 2128

streitwertmäßig keinen Unterschied machen, ob (positiv) Unterhalt eingeklagt oder (negativ) im Wege der Freistellung auf ihn „verzichtet" wird.

Bei der **einstweiligen Verfügung** wird in der Regel ein Betrag von sechs Monaten angesetzt.[290] Wird Unterhalt ohne zeitliche Begrenzung im Wege der einstweiligen Verfügung geltend gemacht, ist der Jahreswert maßgebend.[291] Das OLG Düsseldorf[292] differenziert wie folgt: Der Streitwert einer auf Unterhaltszahlung gerichteten einstweiligen Verfügung ist mit dem Einjahresbetrag des § 17 I GKG anzusetzen, wenn sich weder aus dem Ausspruch der einstweiligen Verfügung noch aus den Umständen (Erhebung einer Unterhaltsklage im ordentlichen Verfahren) die bloß beabsichtigte Sicherung ergibt.

Eine analoge Anwendung von § 20 II S. 1 GKG, wonach sich der Streitwert bei einstweiligen Anordnungen nach dem sechsmonatigen Betrag bestimmt, ist aufgrund der in § 20 I S. 1 GKG für Arreste und einstweilige Verfügungen getroffenen Sonderregelung nicht gerechtfertigt.

Wird jedoch nur für drei Monate einstweilen Unterhalt verlangt, bemißt sich der Wert nur nach dem 3-Monats-Betrag. Für den Streitwert eines Arrestverfahrens, das die Sicherung von Unterhaltsforderungen betrifft, ist im Rahmen der §§ 20 I GKG und 3 ZPO die Vorschrift des § 17 I GKG maßgeblich.

Zur Bemessung des vom Hauptsachewert vorzunehmenden Abschlags kann die Regelung des § 20 II 1 GKG herangezogen werden.[293]

Beim **Arrest** ist zu beachten, daß sein Wert nicht höher als der Hauptsachewert sein kann; er ist somit höchstens auf den Jahreswert des § 17 GKG (nebst Rückständen) beschränkt. Teilweise wird ein Abschlag (bis zu 50%) vorgenommen. Das kann im Hinblick auf die Streitwertbeschränkung des Jahresbetrages dann unterbleiben, wenn der Arrest die Unterhaltszeit bis zur Volljährigkeit des minderjährigen Kindes sichern soll.

Bei **einstweiliger Anordnung** gilt § 20 II GKG unmittelbar (sechsfacher Monatswert). Ist der Zeitraum der einstweiligen Anordnung kürzer, verringert sich der Halbjahreswert entsprechend. Obwohl unzulässig geltend gemacht, erhöhen rückständige Beträge den Halbjahresstreitwert.

Bei **einstweiliger Einstellung der Zwangsvollstreckung** ist nur ein Bruchteil (üblicherweise ein Fünftel) des streitigen vollstreckbaren Anspruchs anzusetzen.[294]

Bei **Klagerweiterung** bleibt Bezugspunkt der Tag der Einreichung der Klage, nicht der Klagerweiterung (streitig). Wird jedoch für die Zeit vor Einreichung der Klage durch die Klagerweiterung mehr als bisher verlangt, erhöht sich auch entsprechend der Rückstand für die Zeit vor der Klage. Erhöhungen für die Zeit zwischen Einreichung der Klage und Einreichung der Klagerweiterung wirken sich nur auf den laufenden Unterhalt aus.

Auch bei der **Klagänderung** bleibt Bezugspunkt der Tag der Einreichung der ursprünglichen Klage, nicht der Klagänderung (wie bei der Klagerweiterung). Andernfalls würde die Klagänderung wie eine Rücknahme der alten Klage und Neuerhebung einer neuen Klage behandelt, was sie nicht ist. Nach ständiger Rechtsprechung des BGH[295] bemißt sich der Streitwert bei **einseitiger Erledigungserklärung** in der Regel nach den bis zur Erledigungserklärung entstandenen Kosten.

Die anteiligen Prozeßkosten nach übereinstimmender Teilerledigungserklärung erhöhen den Wert der Beschwer nicht, solange noch ein Teil der Hauptsache im Streit ist.[296]

105 Beim **Prozeßvergleich** bemißt sich der Wert danach, **worüber** sich die Parteien einigen, nicht **worauf**. Bei Abfindungen ist daher nicht der Abfindungsbetrag maßgebend, sondern der zugrundeliegende Jahresbetrag + Rückstand (§ 17 I und IV GKG, allgem. Meinung). Das gilt auch dann, wenn die Kapitalabfindung erheblich höher als der Kapi-

---

[290] OLG Nürnberg, FamRZ 1997, 691
[291] OLG Köln, FamRZ 1997, 39
[292] FamRZ 1996, 503
[293] OLG Braunschweig, NJW-RR 1996, 256
[294] Vgl. BGH, NJW 1991, 2280
[295] BGH, NJW-RR 1996, 1210; ebenso OLG München, NJW-RR 1995, 1086
[296] BGH, FamRZ 1995, 1137, 1138 = NJW-RR 1995, 1089

talisierungsbetrag ist, wenn als Abfindung eine Lebensversicherung abgeschlossen wird oder es sich um eine Kapitalabfindung nach § 1585 Abs. 2 BGB handelt. Auch eine Schenkung erhöht den Jahreswert nicht, es sei denn, sie käme ergänzend zur Abfindung (als weiterer, bisher nicht anhängiger, Wert) hinzu.

Werden bisher nicht streitige oder nicht anhängige Sachen miterledigt, so ist der dafür anfallende Wert der übersteigende Vergleichswert, vgl. dazu KV-GKG Nr. 1660.

Geht es nur um die Titulierung bisher unstreitiger Unterhaltsforderungen, soll nur ein geringer Prozentsatz (etwa 10 %) des Jahresbetrages (+ Rückstand) für das sogenannte Titulierungsinteresse angesetzt werden.[297] Das OLG Nürnberg[298] nimmt hierbei 5 % an. Die überwiegende Meinung setzt die gesamte Klageforderung an.[299]

Stundung, Ratenzahlungen, Freigabe hinterlegten Unterhalts haben neben dem Jahreswert (+ Rückstand) keinen eigenen Wert.

Nebenforderungen wie Zinsen oder Kosten des laufenden Rechtsstreits erhöhen den Streitwert nicht (§ 22 I GKG).

Bei **Feststellungsklagen** ist ebenfalls § 17 Abs. 1 GKG anzuwenden. § 17 Abs. 4 GKG gilt weder bei der positiven noch bei der negativen Feststellungsklage, weil die Feststellungsklage keine Rückstände kennt.[300] Nur Rückzahlungsansprüche aus der Zeit vor Erhebung der Feststellungsklage, die im Wege der Leistungsklage geltend gemacht werden, erhöhen (als weiterer Streitgegenstand) den Streitwert. Das gilt nicht für während des Prozesses entstandene Rückzahlungsansprüche.[301] Richtet sich die negative Feststellungsklage gegen eine einstweilige Anordnung auf Unterhalt, findet ebenfalls § 17 GKG und nicht § 20 Abs. 2 GKG Anwendung, weil das Klagverfahren zu einer endgültigen Regelung führt.

Ein **Unterhaltsverzicht** ist gemäß §§ 3 ZPO. 17 GKG mit dem Jahresbetrag anzusetzen, sofern die Höhe des Unterhaltsanspruchs feststeht. Ein gegenseitiger, pauschaler Unterhaltsverzicht für die Zukunft wurde bisher mit 2400,– DM bewertet. Den Wert im Hinblick auf die Entwicklung der Lebenshaltungskosten nunmehr auf 3600,– DM anzuheben, erscheint angemessen.[302]

Bei der **subjektiven Klagehäufung** (es klagen mehrere Unterhaltsgläubiger oder es werden beide Eltern – anteilig – verklagt) erfolgt eine Addition der Streitgegenstände (§ 7 Abs. 2 BRAGO). Verlangen 2 Kinder vom Beklagten gemeinsam Auskunft, liegen zwei zu addierende Gegenstände vor. Will das Kind von beiden Eltern anteiligen Barunterhalt, sind die beiden Teilbeträge zusammenzuzählen.

Bei **Ansprüchen nach §§ 1615 l, m BGB** bestimmen die tatsächlich geltend gemachten Beträge den Streitwert (§ 3 ZPO). Wird i. R. d. § 1615 l BGB über ein Jahr hinaus Unterhalt geltend gemacht, gilt wieder die Jahresbetragsregelung des § 17 Abs. 1 GKG nebst Rückständen des § 17 Abs. 4 GKG.

Wird im Rahmen der **Vaterschaftsfeststellung** gemäß § 653 ZPO der Regelunterhalt geltend gemacht, sind die Streitwerte **nicht** zusammenzurechnen. Gem. § 12 Abs. 3 GKG ist der höhere der beiden Werte maßgebend. Wird die Vaterschaft nicht festgestellt, fällt der Antrag auf Zahlung des Regelunterhaltes prozessual und streitwertmäßig in sich zusammen, da er von der positiven Vaterschaftsfeststellung abhängig ist.

Beim **Regelunterhalt** nach §§ 1612a ff BGB ist der Vomhundertsatz (80 %; 145 %) desjenigen Regelbetrages anzusetzen, der für die jeweilige Altersstufe zur Zeit der Anhängigkeit gilt (§ 17 Abs. 1 S. 2 GKG).

Wird das sog. **begrenzte Realsplitting** geltend gemacht, indem der Kläger die Abgabe der Anlage U zur Steuererklärung verlangt, ist hierfür nicht der Wert des daraus resultierenden Steuervorteils maßgebend,[303] sondern ein Teilwert zwischen $1/10$ bis $1/3$.

---

[297] Vgl. OLG Düsseldorf, FamRZ 1987, 1280
[298] FamRZ 1996, 503
[299] Etwa OLG Karlsruhe, 16. ZS, FamRZ 1991, 468; OLG München, 26. ZS, FamRZ 1990, 778; OLG Bamberg, FamRZ 1993, 457
[300] OLG Karlsruhe, FamRZ 1997, 39
[301] OLG Karlsruhe, FamRZ 1997, 39
[302] OLG Köln, FamRZ 1998, 311
[303] So aber OLG Düsseldorf, Jur Büro 1995, 254

Wendet sich der Beklagte mit der **Widerklage** gegen seine eigene Unterhaltspflicht und macht er hiermit eigene Unterhaltsansprüche geltend, sind deswegen der Wert von Klage und Widerklage zu addieren, weil mit der Abweisung der klägerischen Unterhaltsklage der Widerklagspruch noch gar nicht feststeht, es sich hierbei also um zwei unabhängige Streitgegenstände handelt.

106   **Besonders zu beachten:** Vom **Gebührenstreitwert** unbedingt zu unterscheiden sind der **Zuständigkeitsstreitwert** und die **Berufungssumme** (§ 511a ZPO) oder die **Beschwer**. Die Beschwer bemißt sich nach §§ 3 ff ZPO, insbesondere § 9 ZPO. Das ändert nichts daran, daß in der Praxis Beschwer und Gebührenstreitwert gleichgesetzt werden, z. B. beim Interesse des Beklagten, die Auskunft nicht erteilen zu müssen.

Änderungen im Streitwert während der Instanz, z. B. Teilrücknahme, Erhöhung der Klagforderung, müssen durch Festsetzung mehrerer Werte beachtet werden, sofern sie sich auf eine Gerichts- oder Anwaltsgebühr auswirken.

Unrichtige Streitwertfestsetzungen der Vorinstanz belasten das Rechtsmittelverfahren und führen, vor allem wegen der Begrenzungsvorschrift des § 14 II GKG und der Abhängigkeit der Kostenquotelung vom Streitwert, zu Änderungen von Amts wegen (§ 25 I Satz 3 GKG). Die Wertfestsetzung ist in Unterhaltssachen nachvollziehbar zu begründen, weil sie Grundlage für die Kostenberechnung und für die Parteien und die Staatskasse anfechtbar ist.[304]

Eine Pflicht des Rechtsmittelgerichts zur Abänderung der Streitwertfestsetzung der unteren Instanz von Amts wegen besteht aus § 25 I S. 2 GKG nicht.[305]

Das Rechtsmittelgericht ist an seinen Beschluß, durch den es die **Beschwer** festsetzt, nicht gebunden.[306]

106a   e) **Die vorläufige Vollstreckbarkeit.** Unterhaltsurteile sind gemäß § 708 Nr. 8 ZPO **für den Gläubiger ohne Sicherheitsleistung** vorläufig vollstreckbar, soweit sich die Verpflichtung auf die **Zeit nach der Klagerhebung** und auf das **vorausgehende Vierteljahr** bezieht. Hinsichtlich eines weiter zurückliegenden Unterhaltsrückstandes findet entweder § 708 Nr. 11 ZPO Anwendung (wenn der Rückstand 1500 DM nicht übersteigt) oder aber § 709 ZPO, wenn der Unterhaltsrückstand für diesen Zeitraum höher ist als 1500 DM. Dieser Urteilsausspruch ist **gegen eine der Höhe nach zu bestimmende Sicherheit für den Gläubiger** für vorläufig vollstreckbar zu erklären (§ 709 Satz 1 ZPO). Kann der Gläubiger die Sicherheit nach § 709 ZPO nicht oder nur unter erheblichen Schwierigkeiten leisten, so ist das Urteil auf Antrag auch ohne Sicherheitsleistung für vorläufig vollstreckbar zu erklären, wenn die Aussetzung der Vollstreckung dem Gläubiger einen schwer zu ersetzenden Nachteil bringen würde oder aus einem sonstigen Grund für den Gläubiger unbillig wäre (§ 710 ZPO). Zweck dieser Regelung ist es, einen Gläubiger, der obsiegt hat, nicht wegen seiner ungünstigen wirtschaftlichen Verhältnisse gegenüber einem vermögenden Gläubiger zu benachteiligen. Einen derartigen **Antrag** muß der Gläubiger nach § 714 I ZPO **bereits vor Schluß der mündlichen Verhandlung in erster Instanz** stellen; der Antrag kann im zweiten Rechtszug **nicht** nachgeholt werden.

107   Für **Schuldner** eines Unterhaltsurteils gelten die §§ 711 und 713 ZPO, die vergleichbare Schutzvorschriften darstellen wie jene zugunsten des Gläubigers. Danach hat das Gericht **auf Antrag** hinsichtlich eines Urteils nach § 708 Nr. 8 ZPO auszusprechen, daß **der Schuldner die Vollstreckung durch Sicherheitsleistung** oder durch **Hinterlegung** abwenden darf, wenn nicht der Gläubiger vor der Vollstreckung Sicherheit leistet. **Für den Gläubiger gilt § 710 ZPO entsprechend.** Auch dieser Antrag des Gläubigers muß gemäß § 714 I ZPO vor Schluß der mündlichen Verhandlung gestellt worden sein.

108   Würde die Vollstreckung **dem Schuldner** einen nicht zu ersetzenden Nachteil bringen, so hat ihm das Gericht auf Antrag zu gestatten, die Vollstreckung durch Sicherheitsleistung oder Hinterlegung ohne Rücksicht auf eine Sicherheitsleistung des Gläubigers abzuwenden (§ 712 I Satz 1 ZPO). Die in den §§ 711, 712 ZPO zugunsten des Schuldners

---

[304] § 25 GKG; vgl. BGH, FamRZ 1991, 316 und 317
[305] BGH, NJW-RR 1989, 1278
[306] BGH, FamRZ 1992, 663

zugelassenen Anordnungen haben aber nicht zu ergehen, wenn ein Rechtsmittel gegen das ergangene Urteil nicht in Betracht kommt (§ 713 ZPO). Dies ist dann der Fall, wenn das Oberlandesgericht als Berufungsgericht ein Unterhaltsurteil erlassen und die Revision nicht zugelassen hat.

Ist über die vorläufige Vollstreckbarkeit **nicht entschieden worden**, so sind wegen **Ergänzung des Urteils** die Vorschriften des § 321 ZPO anzuwenden. Innerhalb einer zweiwöchigen Frist (§ 321 II ZPO) ist die Urteilsergänzung zu beantragen.[307] Ist über die vorläufige Vollstreckbarkeit durch das Familiengericht **falsch entschieden** worden oder **reicht** die erstinstanzlich festgelegte **Sicherheitsleistung** zur Sicherung **nicht aus**, so kann über eine **Neufestsetzung der Sicherheitsleistung** in der **Berufungsinstanz** auf Antrag vorab verhandelt und entschieden werden (§ 718 I ZPO). Die Entscheidung aufgrund mündlicher Verhandlung ist ein unanfechtbares Teilurteil.

109

Handelt es sich bei der Sicherheitsleistung in Unterhaltssachen um den laufenden Unterhalt, sieht es die herrschende Auffassung als zulässig an, eine **Sicherheitsleistung „in Höhe des beizutreibenden Betrages"** anzuordnen.

110

Bei einem **Auskunftsurteil** ist in der Regel die Höhe der Sicherheitsleistung nach dem voraussichtlichen Aufwand des Schuldners an Zeit und Kosten der Auskunftserteilung zu schätzen.[308]

111

Ist Unterhalt als **Folgesache im Verbund** mit der Scheidung geregelt worden, ist § 629 d ZPO zu beachten. Vor der Rechtskraft des Scheidungsausspruchs werden die Entscheidungen in Folgesachen nicht wirksam. Das bedeutet aber nicht, daß nicht eine Folgesache für vorläufig vollstreckbar erklärt werden dürfte. Vielmehr ist auch in solchen Fällen die Entscheidung über die Folgesache **ab dem Zeitpunkt der Rechtskraft** für vorläufig vollstreckbar zu erklären.

112

f) Urteilsergänzung, Urteilsberichtigung. Eine Urteilsergänzung ist gemäß § 321 I ZPO dann möglich, wenn ein **Haupt- oder Nebenanspruch** oder der **Kostenpunkt** im Urteil versehentlich übergangen worden ist. Hierzu gehört u. a., daß ein Urteil versehentlich nicht für vollstreckbar erklärt wurde (§ 716 ZPO) oder kein Vollstreckungsschutz nach §§ 711, 712 ZPO gewährt wurde. Ergibt sich aus den Urteilsgründen, daß eine Entscheidung über diesen Anspruch gewollt war, und ist der entsprechende Ausspruch in der Urteilsformel versehentlich unterblieben, erfolgt eine Berichtigung nach § 319 ZPO.[309] Über die Urteilsergänzung ist auf Antrag **nach mündlicher Verhandlung** durch Ergänzungsurteil zu entscheiden. Der Antrag muß binnen einer **zweiwöchigen Frist** (keine Notfrist), die mit der Zustellung des Urteils beginnt, durch Einreichung eines Schriftsatzes beantragt werden (§ 321 II ZPO). Da diese zweiwöchige Frist keine Notfrist, sondern eine gesetzliche Frist ist, ist deren Abkürzung durch Parteivereinbarung möglich. Gegen die Versäumung der Frist ist die Wiedereinsetzung in den vorigen Stand möglich. Zwar will § 233 ZPO eine Wiedereinsetzung nur bei der Versäumung einer Notfrist oder der Frist zur Begründung der Berufung zulassen. Zur Vermeidung sich ansonsten ergebender unkorrigierbarer Unzuträglichkeiten ist die Wiedereinsetzung in den vorigen Stand gem. § 233 ZPO analog zu gewähren.

113

Ist die Frist des § 321 II ZPO abgelaufen und keine Wiedereinsetzung möglich, muß in einem neuen Prozeß der übergangene Anspruch geklärt werden.

Die Entscheidung nach § 321 ZPO ergeht durch selbständig anfechtbares Urteil, wobei der Anspruch auch anerkannt werden kann (§ 307 ZPO). Das Urteil, das einen eigenen Kostenausspruch enthält, wird in der Regel nicht rechtsmittelfähig sein, weil bei relativ geringfügigen Teilansprüchen die Berufungssumme nicht erreicht ist. Ist versehentlich durch einen Beschluß statt Urteil entschieden worden, ist dieser mit der sofortigen Beschwerde anfechtbar.

Eine **Urteilsberichtigung** gibt es entweder als **Tatbestandsberichtigung** gemäß § 320 ZPO oder als **einfache Berichtigung** im Sinne des § 319 ZPO. Durch die Berichtigung des Urteils gem. § 319 ZPO können unterlaufene Unrichtigkeiten und Versehen korri-

114

---

[307] BGH, FamRZ 1993, 50
[308] BGH, MDR 1991, 679
[309] BGH, NJW 1964, 1858

giert werden. Hierbei ist zwischen offenbaren und sonstigen Unrichtigkeiten zu unterscheiden. Eine Berichtigung des Urteils nach § 319 ZPO kommt daher nur in Betracht, wenn es sich um offenbare Unrichtigkeiten gehandelt hat; sonstige Unrichtigkeiten im Tatbestand können nur nach § 320 ZPO beseitigt werden. Da § 319 ZPO von Urteil spricht, kann das gesamte Urteil in allen Bestandteilen berichtigt werden, was auch für den Tenor gilt. Eine Urteilsergänzung nach § 321 ZPO erfolgt, wenn ein geltend gemachter Anspruch ganz oder teilweise übergangen wurde und damit nicht Gegenstand der Entscheidung war. War aber eine Entscheidung über den Anspruch gewollt, wobei dies im Urteilsausspruch versehentlich unterlassen wurde, kommt eine Berichtigung gem. § 319 ZPO in Betracht.

Eine Berichtigung nach § 319 ZPO kommt bei Urteilen und Beschlüssen, wie auch im FGG-Verfahren in Betracht.[310]

Im Falle eines Prozeßvergleichs kann nur eine **Protokollberichtigung** nach § 164 ZPO erfolgen. Eine Berichtigung ist möglich hinsichtlich der Urteilssumme, des Kostenausspruchs (bei diesbezüglichen Rechenfehlern), bei Auslassungen und Unvollständigkeiten, bei Tenorierungsfehlern und sonstigen Auslassungen, Lücken und Mängeln.

Ist die **Streitwertfestsetzung berichtigt** worden, wird automatisch die ergangene Kostenentscheidung unrichtig, die zunächst vor der Berichtigung korrekt war. Im Zeitpunkt des Urteilserlasses liegt damit ein Fall des § 319 ZPO eigentlich nicht vor. Zur Vermeidung nicht wiedergutzumachender Rechtsnachteile zu Lasten des Kostenschuldners ist hier § 310 ZPO analog anzuwenden.

Statt eines Berichtigungsantrags kann auch ein Rechtsmittel eingelegt und mit der Unrichtigkeit begründet werden.

Gemäß § 319 III ZPO findet gegen die Abweisung des Berichtigungsantrags keine Beschwerde statt; dies soll im Fall der greifbaren Gesetzwidrigkeit nicht gelten. Dann ist, wie gegen den Beschluß, der eine Berichtigung ausspricht, die sofortige Beschwerde gegeben.

115   Enthält der **Tatbestand** eines Urteils Unrichtigkeiten, die nicht nach § 319 ZPO behandelt werden können, kann eine **Tatbestandsberichtigung nach § 320 I ZPO** binnen einer **zweiwöchigen Frist** (wiederum keine Notfrist) durch Einreichung eines Schriftsatzes beantragt werden. Auch im Falle einer Tatbestandsberichtigung ist **mündliche Verhandlung** anzuberaumen; die Entscheidung ergeht durch **unanfechtbaren Beschluß** (§ 320 IV Satz 4 ZPO). Eine Beweisaufnahme findet nicht statt (§ 320 IV Satz 1 ZPO). Eine Kostenentscheidung ist nicht veranlaßt, da das Berichtigungsverfahren ein Teil der Instanz ist (anders als das Verfahren nach § 321 ZPO).

Nach § 319 I ZPO dürfen Schreib- bzw. Rechenfehler und ähnliche offenbare Unrichtigkeiten sowie sonstige versehentliche Auslassungen und Unvollständigkeiten, die in dem Urteil vorkommen, vom Gericht von Amts wegen berichtigt werden. Hierüber kann **ohne mündliche Verhandlung** entschieden werden, und zwar durch Beschluß, gegen den im Falle des Ausspruchs der Berichtigung die sofortige Beschwerde stattfindet (§ 319 II, III ZPO).

IV. Der Unterhalt im Scheidungsverbund

Ziel des durch das 1. Eherechtsgesetz eingeführten Verbunds ist es, den Ehegatten durch die Konfrontation mit den Scheidungsfolgen bereits während des Scheidungsverfahrens in stärkerem Maße als nach früherem Recht vor Augen zu führen, welche Auswirkungen die Scheidung ihrer Ehe hat. Auf diese Weise soll übereilten Entscheidungen vorgebeugt werden.[311]

---

[310] BGH, NJW 1989, 1281
[311] BGH, FamRZ 1983, 461; FamRZ 1980, 773

2. Abschnitt: Der Unterhaltsprozeß vor dem Familiengericht §8

1. Die Folgesache

Der Verbund ist eine besondere Art der Verfahrensverbindung[312] und bedeutet die gemeinsame Verhandlung und Entscheidung einer Ehescheidungssache mit ihren Folgesachen.[313] Bei der früheren Ehenichtigkeitsklage (sie wurde durch Art. 3 EheschlRG vom 4. 5. 1998 (BGBl. I, 833) ab 1. 7. 1998 ersatzlos gestrichen; § 631 ZPO enthält nunmehr die Eheaufhebungsklage , § 632 ZPO die Ehefeststellungsklage) und der Eheaufhebungsklage ist ein Verbund nicht möglich.[314] Er soll jedoch möglich sein analog § 623 ZPO bei einer Trennungsklage nach italienischem Recht.[315]

Die Verbundvorschriften sind **zwingend**, Verzicht auf ihre Einhaltung ist nicht möglich.[316]

Folgen: Die einzelnen Verfahrensgegenstände bleiben verschieden. Die Sperrwirkung der Rechtshängigkeit tritt nur hinsichtlich der identischen Verfahrensgegenstände ein.[317]

In den Verbund gelangt und zu einer Folgesache wird eine Unterhaltssache nur dann, wenn ein Ehegatte dies rechtzeitig, das ist bis zum Schluß der mündlichen Verhandlung erster Instanz in der Scheidungssache (§ 623 II ZPO), begehrt.[318]

„Anhängig" wird eine Folgesache durch Einreichung (nicht Zustellung) des Klageschriftsatzes oder durch Geltendmachung in der mündlichen Verhandlung (analog § 261 II ZPO).

Nach OLG Karlsruhe[319] soll eine Folgesache bereits mit Einreichung eines PKH-Gesuchs für eine entsprechende Klage anhängig sein.

Diese Ansicht begegnet schon deswegen Bedenken, weil ein Prozeßkostenhilfeverfahren gar nicht zwischen den Unterhaltsparteien besteht, sondern nur zwischen dem Gesuchsteller und der Staatskasse. Die im Unterhaltsprozeß beklagte Partei ist somit nicht Beteiligter, geschweige denn Partei dieses öffentlich-rechtlichen Vorverfahrens auf Gewährung sozialstaatlicher Kostenhilfe.

Wird die Folgesache in der mündlichen Verhandlung über den Scheidungsantrag anhängig gemacht, muß der Partei Gelegenheit gegeben werden, sie ordnungsgemäß zu begründen (§ 253 II Nr. 2 ZPO). Andernfalls kommt Zurückverweisung gem. § 539 ZPO in Betracht.[320]

Wird eine Unterhaltsklage in einem isolierten Verfahren, nicht zusammen mit dem Scheidungsantrag anhängig gemacht, so tritt nicht schon deshalb Verbund ein, weil Unterhaltsklage und Scheidungsantrag zusammen am gleichen Tag bei Gericht eingereicht worden sind.[321]

Seit 1. April 1986 gilt der Verbund in der 1. Instanz[322] und in der Rechtsmittelinstanz auch zwischen Folgesachen (§ 629a II Satz 3 ZPO), und zwar über den Eintritt der Rechtskraft des Scheidungsausspruchs hinaus. Zur früheren Rechtslage ergangene Entscheidungen[323] sind insoweit überholt. Eine Teilentscheidung ist unzulässig, in Betracht kommt lediglich die Auflösung des Verbunds gem. § 628 ZPO, im Rechtsmittelverfahren gem. § 629a II Satz 3 ZPO.

Über den Trennungsunterhalt kann im Verbundverfahren sachlich nicht entschieden werden. Notwendig ist Abtrennung.[324] Dasselbe gilt für den Kindesunterhalt vor Rechts-

---

[312] BGH, FamRZ 1983, 366
[313] BGH, FamRZ 1980, 773
[314] BGH, FamRZ 1982, 586
[315] OLG Frankfurt, FamRZ 1994, 715 = NJW-RR 1995, 139; a. A. OLG Frankfurt (Darmstadt), NJW-RR 1995, 140
[316] BGH, FamRZ 1991, 687 = NJW 1991, 1616 und FamRZ 1991, 1043 = NJW 1991, 2491
[317] BGH, FamRZ 1983, 366
[318] Z. B. BGH, FamRZ 1987, 802 = NJW 1987, 3264
[319] 16. ZS, FamRZ 1994, 971; vgl. dazu aber auch BGH, NJWE-FER 1996, 65
[320] BGH, FamRZ 1987, 802 = NJW 1987, 3264
[321] BGH, FamRZ 1985, 578
[322] KG, FamRZ 1990, 646
[323] BGH, FamRZ 1983, 461
[324] BGH, FamRZ 1985, 578

kraft der Scheidung, obwohl materiell-rechtlich die Scheidung der Ehe der Eltern keine Zäsur bedeutet.

Das Kindschaftsrechtsreformgesetz vom 16. 12. 1997 (BGBl. I, 2846) hat nunmehr in § 623 II S. 2 ZPO eine erweiterte Abtrennungsmöglichkeit geschaffen. Danach kann auf Antrag jedes Ehegatten die Folgesache Sorgerecht, Umgang und Kindesherausgabe (§ 621 I Nr. 1–3 ZPO) vom Scheidungsverfahren abgetrennt werden. Mit dem Antrag auf Abtrennung der Sorgerechtssache kann (aus Gründen des inneren Zusammenhangs) die Abtrennung der Ehegatten- oder Kindesunterhaltsfolgesache (außer dem vereinfachten Verfahren der §§ 645 ff ZPO) verbunden werden (§ 623 II S. 3 ZPO).

Für sich allein kann der Antrag auf Abtrennung einer Unterhaltssache nicht gestellt werden (vgl. Bergerfurth, FF 1998, 3 f), auch nicht im Zusammenhang mit einer abgetrennten Folgesache des § 621 I Nr. 2 und 3 ZPO.[325] Das abgetrennte Unterhaltsverfahren wird gemäß § 623 II S. 4 ZPO zur selbständigen Familiensache mit eigener Kostenentscheidung (§§ 623 II, S. 4, 626 II, S. 3 ZPO).

Ausnahmsweise kann der mit der Rechtskraft der Scheidung der Ehe entstehende nacheheliche Unterhaltsanspruch schon vorher als Folgesache nach Maßgabe des § 623 ZPO geltend gemacht werden.[326]

Eine **Stufenklage** (§ 254 ZPO) ist möglich. Über das Auskunftsbegehren kann vor der Entscheidung über den Scheidungsantrag verhandelt und entschieden werden.[327] Eine reine **Auskunftsklage** ist unzulässig.[328]

2. Zuständigkeit und Parteien im Verbund

118 Ist bereits eine Unterhaltssache bei einem Familiengericht anhängig und wird ein Scheidungsverfahren bei einem anderen Familiengericht rechtshängig (nicht nur anhängig), so ist die Unterhaltssache von Amts wegen an das Gericht der Ehesache zu verweisen oder abzugeben (§ 621 III ZPO). Denn während der Anhängigkeit einer Ehesache (jetzt **nicht** Rechtshängigkeit) ist unter den deutschen Gerichten das Gericht ausschließlich zuständig, bei dem die **Ehesache im ersten Rechtszug** anhängig ist oder war (§ 621 II Satz 1 ZPO). Diese Abgabe oder Verweisung erfolgt, gleichgültig ob das abzugebende Verfahren in den Verbund nach § 623 ZPO gelangt oder nicht (wie z. B. eine Trennungsunterhaltsklage). Diese ausschließliche Zuständigkeit gilt seit 1. 7. 1998 nur für Ehegattenunterhalt iSd § 621 I Nr. 5 ZPO und Kindesunterhalt i. S. d § 621 I Nr. 4 ZPO (gegenüber einem gemeinschaftlichen Kind) mit Ausnahme des vereinfachten Verfahrens zur Abänderung von Unterhaltstiteln (§§ 621 II Nr. 4, 642 II S. 2, 645 ff ZPO). Die Verfahren nach § 621 I Nr. 11 ZPO (nämlich die Geburts- und Beerdigungskosten der §§ 1615 l und 1615 m BGB) fallen nicht hierunter.

119 Da ein Verbundverfahren nach §§ 623 ff ZPO nur zwischen den Ehegatten geführt werden kann, erstreckt sich diese **Parteirolle** auch auf die im Verbund stehenden Folgesachen, insbesondere auf die Unterhaltsklagen gemeinschaftlicher Kinder. Sind diese **Kinder minderjährig**, so besteht gemäß § 1629 III BGB eine **gesetzliche Prozeßstandschaft**, keine gesetzliche Vertretung.[329] Ist das Kind **volljährig**, so muß es seine **Unterhaltsansprüche** gegenüber dem Unterhaltsschuldner **selbständig** in einem eigenen Verfahren geltend machen, welches neben dem Ehescheidungsverfahren eigenständig verläuft. Allerdings besteht auch hinsichtlich dieser Kindesunterhaltsklage die **örtliche Konzentration** beim Gericht der Ehesache gemäß § 621 III ZPO. Folgesache kann aber dieses Verfahren schon aus der Definition des § 623 I Satz 1 ZPO nicht werden, weil keine

---

[325] Bergerfurth, Der Ehescheidungsprozeß und die anderen Eheverfahren, Rn 23 a; Johannsen/Henrich/Sedemund-Treiber, § 623 ZPO Rn 14 a
[326] BGH, FamRZ 1981, 242 = NJW 1981, 978 = R 65
[327] BGH, FamRZ 1982, 151 = NJW 1982, 1645
[328] KG, NJW-RR 1992, 450; OLG Hamm, FamRZ 1993, 984 m. abl. Anm. v. Vogel, FamRZ 1994, 49
[329] BGH, FamRZ 1983, 474

2. Abschnitt: Der Unterhaltsprozeß vor dem Familiengericht § 8

Entscheidung anläßlich der Scheidung, sondern unabhängig vom Ausgang des Scheidungsverfahrens begehrt wird.

Hat zunächst derjenige Elternteil, in dessen Obhut sich das minderjährige gemeinschaftliche Kind befindet, im Rahmen des Scheidungsverfahrens im Wege der Prozeßstandschaft dessen Unterhalt geltend gemacht, und **wird** während des laufenden Verfahrens **das Kind volljährig**, so muß in analoger Anwendung des § 623 I Satz 2 ZPO diese **Kindesunterhaltssache abgetrennt** werden, weil ansonsten das volljährige Kind als Dritter Verfahrensbeteiligter würde. 120

Kindesunterhalt kann von jeder der Scheidungsparteien im Scheidungsverfahren geltend gemacht und mit einem alleinigen Sorgerechtsantrag gem. § 1671 BGB als Folgesache verbunden werden. Die entsprechende Kindesunterhaltsklage ist unabhängig davon zulässig, ob sich das Kind bereits während des Scheidungsverfahrens in der Obhut der klagenden Partei befindet oder nicht. Auch dann gilt die gesetzliche Prozeßstandschaft des § 1629 III BGB. Stellen beide Ehegatten einander widersprechende Sorgerechts- und Unterhaltsanträge, kann im Falle des Erfolgs der einen Partei nur die völlige Zurückweisung der Anträge der Gegenpartei erfolgen. Wird einem prozeßführenden Elternteil die elterliche Sorge während des laufenden Verfahrens auf Gewährung von Kindesunterhalt entzogen, so tritt der Vormund als Dritter in den Prozeß ein. Die Folgesache Kindesunterhalt ist daher gem. § 623 I S. 2 ZPO vom Verbund abzutrennen und als selbständige Familiensache weiterzuführen.

Gleichzeitig mit dem Scheidungsverfahren betriebene Unterhaltssachen werden nur dann zu Folgesachen, wenn die klagende Partei dies ausdrücklich oder konkludent begehrt. Das läßt sich bereits der Vorschrift des § 623 V S. 2 ZPO entnehmen. Rechtsstreitigkeiten, mit denen laufender Unterhalt begehrt wird, werden im Falle der Überleitung gem. § 623 V nicht automatisch Folgesachen, sondern nur dann, wenn die Klagpartei darlegt, daß nur noch ab Rechtskraft der Scheidung der entsprechende Unterhalt verlangt wird.

Mit dem Antrag auf Abtrennung des Sorgerechtsverfahrens kann der Antrag verbunden werden, auch die Folgesachen Kindes- und Ehegattenunterhalt abzutrennen. Beide abgetrennte Folgesachen stehen nach Abtrennung nicht mehr untereinander im Verbund. Dies ergibt sich aus § 623 II S. 4 ZPO. § 626 II S. 3 ZPO gilt entsprechend. Daher ist anschließend im Sorgerechtsverfahren durch Beschluß, im Unterhaltsverfahren durch Urteil zu entscheiden. Der Abtrennungsbeschluß selbst ist nicht anfechtbar.

Weigert sich das Familiengericht, die beantragte Abtrennung vorzunehmen, kann die Partei dasselbe Ziel durch Rücknahme ihres Antrages (ggf. mit Einwilligung der Gegenseite) erreichen.

Die Prozeßstandschaft des § 1629 III BGB **endet**, sobald das minderjährige Kind in die **Obhut des anderen Ehegatten** kommt.[330] Erfolgt der **rechtskräftige Ausspruch der Scheidung**, nachdem in gesetzlicher Prozeßstandschaft ein Kindesunterhaltsverfahren begonnen worden ist, dauert die Prozeßstandschaft des Elternteils bis zum Verfahrensende fort, wenn ihm die elterliche Sorge für das minderjährige Kind übertragen worden ist;[331] dies gilt auch für den Fall, daß das Unterhaltsverfahren als Folgesache geführt wurde.[332] Mit der Volljährigkeit des Kindes endet aber die Prozeßstandschaft,[333] und zwar auch für die schon zuvor fällig gewordenen Unterhaltsansprüche.[334] 121

Bei der **Frage der Prozeßfähigkeit im Verbundverfahren** ist die Vorschrift des § 607 I ZPO zu beachten. Danach ist ein in der Geschäftsfähigkeit beschränkter Ehegatte in Ehesachen **prozeßfähig**. Da diese Vorschrift im ersten Titel des 6. Buches des BGB steht (allgemeine Vorschriften für Ehesachen), nicht aber im 3. Titel (Scheidungs- und Folgesachen) wiederholt wird, gilt diese Prozeßfähigkeit **nicht** für die im Verbund stehenden **Folgesachen**. Insoweit kann daher nur der **gesetzliche Vertreter** wirksam das Unterhaltsverfahren führen. Gemäß § 57 ZPO muß daher ein **Prozeßpfleger** bestellt werden. 122

---

[330] OLG Hamm, FamRZ 1990, 820
[331] BGH, FamRZ 1990, 283, 284
[332] OLG Düsseldorf, FamRZ 1987, 1183 ff
[333] BGH, FamRZ 1990, 283, 284
[334] BGH, FamRZ 1983, 474, 475

Handelt es sich bei einer **nicht prozeßfähigen Partei** um den **Beklagten** im Unterhaltsverfahren und hat er bisher keinen gesetzlichen Vertreter, so hat ihm der Vorsitzende des Prozeßgerichts bei Gefahr im Verzug auf Antrag bis zum Eintritt des gesetzlichen Vertreters **einen Prozeßpfleger** als besonderen (gesetzlichen) Vertreter beizuordnen. Dabei handelt es sich im Anwaltsprozeß um einen Rechtsanwalt, sonst um eine geeignete prozeßfähige Person. Für den **nicht prozeßfähigen Kläger** kann kein besonderer Vertreter nach § 57 ZPO bestellt werden.

3. Der Anwaltszwang im Verbund

123 Werden die Unterhaltsverfahren des § 621 I Nr. 4 u. 5 ZPO als eigenständige Familiensache (selbständiges Hauptsacheverfahren) außerhalb des Verbundes geführt, besteht für sie nur vor dem Oberlandesgericht als Berufungsgericht Anwaltszwang, nicht aber für die erste Instanz (§ 78 II Nr. 2 ZPO). Dies gilt auch für die Unterhaltssachen der §§ 1615 l und m BGB.

Handelt es sich bei den Unterhaltsverfahren um Folgesachen, so müssen sich die Ehegatten in allen Rechtszügen durch einen bei dem Gericht zugelassenen Rechtsanwalt vertreten lassen (§ 78 II Nr. 1 ZPO). Jedoch ist diese Vorschrift auf das Verfahren **vor einem beauftragten oder ersuchten Richter** sowie auf **Prozeßhandlungen, die vor dem Urkundsbeamten der Geschäftsstelle** vorgenommen werden können, **nicht** anzuwenden (§ 78 III ZPO). Ein Rechtsanwalt, der nach Maßgabe des § 78 II ZPO zur Vertretung berechtigt ist, kann sich selbst vertreten (§ 78 IV ZPO). Der Anwaltszwang in Folgesachen bleibt auch nach deren Abtrennung und Rechtskraft der Scheidung bestehen.[335] Das gilt auch für den Fall, daß die Folgesache isoliert angefochten wird und der Scheidungsausspruch in Rechtskraft erwächst.[336] Er gilt auch dann, wenn ein **Vergleich** abgeschlossen werden soll. Wird im Rahmen **eines einstweiligen Anordnungsverfahrens** nach § 620 I Nr. 4 oder 6 ZPO ein **Vergleich** geschlossen, ist auch hierfür anwaltliche Vertretung erforderlich. Zwar ist das einstweilige Anordnungsverfahren keine Folgesache, auch können gemäß § 620 a II Satz 2 ZPO einstweilige Anordnungsanträge zu Protokoll der Geschäftsstelle erklärt werden (vgl. § 78 III ZPO). Einstweilige Anordnungen bedürfen aber zu ihrer Zulässigkeit der Anhängigkeit einer Ehesache oder eines Antrags auf Bewilligung der Prozeßkostenhilfe (§ 620 a II Satz 1 ZPO). Daraus folgt ihre vergleichbare Einbindung wie eine Folgesache in den Kreis des Anwaltszwangs nach § 78 II Nr. 1 ZPO. Im übrigen kann nur der **einstweilige Anordnungsantrag ohne Anwaltszwang** gestellt werden, hierüber aber nicht ohne Anwalt mündlich verhandelt werden. Die beiderseitigen Prozeßerklärungen der Parteien, die zum Vergleichsabschluß führen, stehen somit unter Anwaltszwang.

4. Rücknahme, Abweisung des Scheidungsantrags und Tod einer Partei

124 a) Wird ein Scheidungsantrag **zurückgenommen**, so gilt § 269 III ZPO auch für die Folgesachen. Dies bedeutet, daß neben der Scheidung auch die Folgesachen gegenstandslos werden mit der weiteren Folge, daß der Antragsteller auch die Kosten der bis dahin rechtshängigen Folgesachen zu tragen hat. Hiervon kann gemäß § 626 I Satz 2 ZPO in den Unterhaltsfolgesachen des § 621 I Nr. 4 u. 5 ZPO abgewichen werden, wenn die vollständige Kostenüberbürdung im Hinblick auf den bisherigen Sach- und Streitstand als unbillig erscheint.

Mit der Rücknahme des Scheidungsantrags gelten nach § 608 ZPO die Bestimmungen des § 269 ZPO hinsichtlich der Klagrücknahme. Somit ist die Rücknahme des Scheidungsantrags ohne weiteres für den Antragsteller möglich, solange der Gegner nicht zur Hauptsache verhandelt, also keinen Sachantrag gestellt hat (§ 137 ZPO). Das ist nicht der Fall, wenn sich der Gegner in einem Gütesversuch des § 279 I ZPO äußert, zu Zulässig-

---

[335] BGH, FamRZ 1981, 24
[336] BGH, FamRZ 1979, 232; 908

2. Abschnitt: Der Unterhaltsproze vor dem Familiengericht § 8

keitsfragen Stellung nimmt oder der anwaltlose Gegner gem. § 613 I S. 1 ZPO Angaben macht, weil auch dann ein Sachantrag nicht vorliegt.

Mit der Rücknahme des Scheidungsantrags hat der Antragsteller auch die Kosten zu tragen, die durch Folgesachen entstanden sind. Dabei spielt es keine Rolle, welche der beiden Parteien die Folgesache anhängig gemacht hat. Um hierbei aber Manipulationen vorzubeugen, kann die Kostenentscheidung gem. § 626 I S. 2 ZPO (entspr. wie bei § 93a II S. 2 ZPO) dann korrigiert werden, wenn dies zu unbilligen Ergebnisse führen würde. Das ist dann der Fall, wenn der Antragsgegner unbegründete oder unzulässige Folgesachen anhängig gemacht hat.

Gemäß § 626 II ZPO ist auf Antrag einer Partei durch Beschluß vorzubehalten, eine Folgesache als selbständige Familiensache fortzuführen. Dieser Antrag kann bis zu dem Zeitpunkt gestellt werden, da **rechtskräftig** gemäß § 269 III ZPO die Wirkungslosigkeit der bisherigen Entscheidung ausgesprochen wird und der Kostenausspruch ergangen ist.[337]

Allerdings müssen dann die Anträge dahingehend umgestellt werden, daß nunmehr keine Entscheidung mehr für den Fall der Entscheidung begehrt wird. Bei der Fortsetzung einer Ehegattenunterhaltssache sind nunmehr Anspruchsgrundlage die §§ 1360 ff BGB, nicht mehr §§ 1569 ff BGB. Hinsichtlich des sonstigen Verfahrens gilt das zu § 628 ZPO Gesagte. Da der Antrag nach § 626 II ZPO Prozeßhandlung ist, steht er unter Anwaltszwang. Die anschließend selbständige Folgesache Unterhalt ist nun aber in erster Instanz vom Anwaltszwang befreit. Die bisherige Zuständigkeit des Familiengerichts für die Ehesache bleibt für die eigenständige Familiensache erhalten (§ 261 II Nr. 2 ZPO).

b) Wird der Scheidungsantrag **abgewiesen**, so werden gemäß § 629 III ZPO ebenfalls die Folgesachen gegenstandslos. Auch in diesem Fall ist einer Partei in dem Urteil vorzubehalten, eine Folgesache als selbständige Familiensache fortzusetzen (§ 629 III Satz 2 ZPO). 125

In allen Fällen einer Fortführung der bisherigen Folgesache als eigenständiges Verfahren muß dieses sich aber nach seinem Gegenstand für eine Fortführung eignen. Dies ist bei dem Geschiedenenunterhalt nicht der Fall, da dieser Anspruch erst mit Rechtskraft der Scheidung entsteht. Andererseits kann Trennungsunterhalt niemals zur Folgesache werden. Dies bedeutet, daß bei Fortführung der Folgesache Ehegattenunterhalt gemäß § 621 I Nr. 4 ZPO eine Antragsumstellung des Inhaltes erfolgt, daß dieser (frühere) Geschiedenenunterhalt nunmehr als Trennungsunterhalt geltend gemacht wird.

c) Stirbt einer der Ehegatten, bevor das Scheidungsurteil rechtskräftig ist, ist das Verfahren gemäß § 629 ZPO in der Hauptsache als erledigt anzusehen. Die **Erledigung** muß **nach Rechtshängigkeit** und **vor rechtskräftigem Abschluß** des Verfahrens eingetreten sein. Sie führt zu einer **Unterbrechung des Verfahrens**, sofern anwaltliche Vertretung stattfindet.[338] Ein bereits ergangenes **Urteil wird** ohne weiteres **wirkungslos**. Anhängige Folgesachen werden von der Erledigung des Scheidungsverfahrens nebst Kostenregelung entsprechend §§ 626 I, 629 III ZPO erfaßt (BGH, aaO). Sie können aber gegen den oder vom Rechtsnachfolger des verstorbenen Ehegatten **unter Vorbehalt fortgeführt** werden, sofern ein materiell-rechtlicher Unterhaltsanspruch besteht (vgl. § 1586 b BGB). 126

Die oben genannten Vorbehalte hinsichtlich der Verfahrensfortführung sind auch **in zweiter** oder **dritter Instanz** möglich. Enthält das Berufungsurteil einen solchen Vorbehalt, sind die im Berufungsrechtszug anhängigen Folgesachen dort als selbständige Familiensachen fortzuführen.[339] 127

Im Revisionsurteil wird der Vorbehalt ausgesprochen, das Verfahren zur eigenständigen Fortführung der Folgesachen an den zweiten Rechtszug zurückzuverweisen. Bleibt eine Berufung gegen den in erster Instanz zurückgewiesenen Scheidungsantrag erfolglos, erfolgt ebenfalls eine Zurückverweisung vom OLG an das Familiengericht, um dort nunmehr die Folgesache fortführen zu können. Ob diese Zurückverweisung auf § 629 b 128

---

[337] OLG Celle, FamRZ 1984, 301
[338] §§ 239, 246 ZPO; BGH, FamRZ 1981, 245
[339] BGH, FamRZ 1984, 256

5. Die Auflösung des Verbundes

129 Die **Auflösung** des Verbunds nach § 628 I ZPO gehört verfahrensmäßig zum Urteil über den Scheidungsantrag.[340] Die Lösung aus dem Verbund bewirkt nicht, daß das Verfahren seine Eigenschaft als Folgesache verliert,[341] auch dann, wenn das vorab ergangene Scheidungsurteil rechtskräftig wird.[342] Der Anwaltszwang bleibt für die „abgetrennte" Folgesache bestehen.[343]

Eine Vereinbarung der Parteien über die Auflösung ist unzulässig.[344] Ist die „abgetrennte" Folgesache inzwischen rechtskräftig entschieden, kann eine Aufhebung des Scheidungsausspruchs wegen unzulässiger „Abtrennung" und Zurückverweisung nicht mehr darauf gestützt werden.[345]

Für die Entscheidung, ob der Verbund aufgelöst werden soll, kann auf die Sachlage zum Zeitpunkt der letzten mündlichen Verhandlung vor dem Tatrichter abgestellt werden, wenn die künftige Entwicklung noch nicht vorhersehbar ist.[346] Eine außergewöhnliche Verzögerung i. S. von § 628 I Nr. 4 ZPO wird gewöhnlich bei einem Zeitraum von ca. zwei Jahren zwischen Rechtshängigkeit des Scheidungsantrags und der Entscheidung des Gerichts darüber angenommen.[347] Eine unzumutbare Härte kann z. B. vorliegen, wenn ein Titel über Trennungsunterhalt vorliegt und der andere Ehegatte wahrscheinlich viel weniger nachehelichen Unterhalt schuldet.[348]

130 Soll der Verbund aufgelöst werden, muß neben einer außergewöhnlichen Verzögerung des Verfahrens noch eine unzumutbare Härte vorliegen.[349] Dazu gehören u. a. eine jahrzehntelange Trennung der Parteien und ein hohes Alter des Antragstellers, dessen berechtigter Wunsch auf baldige Wiederheirat oder ein verzögerliches Anhängigmachen einer Folgesache durch den Scheidungsgegner.[350]

Gegen eine Abtrennung spricht in erster Linie das Gewicht der Folgesache.[351] Dies ist bei Unterhaltssachen hoch zu veranschlagen, weil sie den existentiellen Lebensbedarf absichern sollen. Ist aber der Antragsteller bereit, den bisherigen Trennungsunterhalt vorläufig in gleicher Höhe weiterzuzahlen, erscheint das Interesse des Antragsgegners an einer Fortführung des Verbundes geringer.

131 Eines **förmlichen Abtrennungsbeschlusses** bedarf es **nicht**. Die Abtrennung selbst ist mit Berufung oder Revision gegen das Scheidungsurteil anzufechten.[352] Ziel des Rechtsmittels ist das prozessuale Begehren, den Verbund wiederherzustellen. Stellt das Berufungsgericht fest, daß zu Unrecht abgetrennt worden ist, bedeutet dies in der Regel einen wesentlichen Verfahrensmangel[353] mit der Folge des § 539 ZPO, der unter Aufhebung des Scheidungsurteils zur Zurückverweisung des Verfahrens führt, sofern die abgetrennte Folgesache noch in der Vorinstanz anhängig ist.[354]

Trotz Abtrennung bleibt der Verfahrensgegenstand Folgesache; das gilt auch, wenn mehrere Folgesachen abgetrennt wurden. Zwischen ihnen bleibt der Verbund be-

---

[340] BGH, FamRZ 1986, 898 = NJW 1987, 1772
[341] BGH, FamRZ 1981, 253
[342] BGH, FamRZ 1981, 24
[343] BGH, aaO
[344] BGH, FamRZ 1991, 1043
[345] OLG Schleswig, FamRZ 1992, 198
[346] BGH, FamRZ 1984, 988 = R 191 b
[347] Kritisch dazu Einweger, FamRZ 1993, 985
[348] BGH, FamRZ 1991, 1043 = NJW 1991, 2491
[349] BGH, FamRZ 1986, 899
[350] Vgl. dazu OLG Hamm, FamRZ 1980, 373, 374; OLG Karlsruhe, FamRZ 1979, 725 u. 947
[351] OLG Koblenz, FamRZ 1990, 769, 771
[352] BGH, FamRZ 1996, 1333; NJWE-FER 1996, 41
[353] OLG Karlsruhe, FamRZ 1982, 318, 320
[354] BGH, FamRZ 1981, 24 = NJW 1981, 233

3. Abschnitt: Die Schaffung und Abänderung von Unterhaltstiteln   **§ 8**

stehen.[355] Allerdings kann in der abgetrennten Unterhaltsfolgesache der Klagantrag erweitert oder eine Auskunftsstufe vorgeschaltet werden. Auch in der abgetrennten Folgesache ist weiterhin anwaltliche Vertretung erforderlich (§ 78 II S. 1 Nr. 1 ZPO). Ist der Scheidungsantrag abgewiesen worden, gilt auch für die abgetrennte Folgesache nach § 629 III ZPO, daß sie gegenstandslos wird. Nach § 629 III S. 2 ZPO kann aber einer Partei (das kann auch die Beklagtenseite sein) auf ihren Antrag vorbehalten bleiben, die abgetrennte Folgesache als selbständige Familiensache fortzusetzen. Dann ist sie neu einzutragen, unterliegt nicht mehr der Gesamtkostenfolge des § 93a I ZPO und steht nun möglicherweise nicht mehr unter Anwaltszwang. In Unterhaltssachen werden aus Antragsteller und Antragsgegner Kläger und Beklagter.

Wird bei einer Familiensache des § 621 I Nr. 4, 5, 8 ZPO – mit Ausnahme des vereinfachten Verfahrens nach §§ 645 ff ZPO – ein Dritter Verfahrensbeteiligter, so wird diese Familiensache (Kindesunterhalt, Ehegattenunterhalt, Zugewinnausgleich) abgetrennt (§ 623 I S. 2 ZPO). Das abgetrennte Verfahren wird als selbständige Familiensache fortgeführt. **131a**

Neu eröffnet hat das KindRG die Möglichkeit, mit der Abtrennung eines Sorgerechtsverfahrens nach § 1671 BGB n. F. auch die Abtrennung einer Kindes- oder Ehegattenunterhaltsfolgesache zu verbinden (§ 623 II S. 3 ZPO). Im Fall der Abtrennung wird die Unterhaltssache als selbständige Familiensache fortgeführt; § 626 II S. 3 ZPO gilt entsprechend (§ 623 II S. 3 ZPO).

Die **Abtrennung** nach § 628 I ZPO ist **auch im Berufungsrechtszug** möglich. Ist aber in erster Instanz der Scheidungsausspruch in Rechtskraft erwachsen und sind nur Folgesachen im Wege der Berufung oder der befristeten Beschwerde in die zweite Instanz gelangt, so können diese – obwohl sie nunmehr untereinander weiterhin Folgesachen sind – nicht nach den Voraussetzungen des § 628 I ZPO voneinander getrennt werden, weil kein Scheidungsverfahren mehr anhängig ist und daher der Antragsgegner auch nicht mehr des Schutzes des § 628 ZPO bedarf. Vielmehr kommt nunmehr eine Prozeßtrennung gemäß § 145 I ZPO in Betracht.[356] **132**

Tritt nach Scheidung der Ehe eine Erledigung der Hauptsache in einer (abgetrennten) Folgesache ein, so ist über die Kosten nicht nach § 91a ZPO, sondern gem. § 93a I ZPO zu entscheiden.

Wird nach Abtrennung einer Folgesache und deren Erledigung in der Hauptsache über die Kosten gem. § 93a I ZPO entschieden, so findet gegen die Kostenentscheidung in entsprechender Anwendung des § 91a II ZPO die sofortige Beschwerde statt.[357]

3. Abschnitt: Die Schaffung und Abänderung von Unterhaltstiteln

I. Gewöhnliche Leistungsklage

1. Allgemeines

Ihr Ziel ist die Erlangung eines Vollstreckungstitels (Urteil oder Prozeßvergleich) über künftig fällig werdende Leistungen (§ 258 ZPO), meist verbunden mit der Geltendmachung bereits fälliger Beträge (sog. Rückstände). **133**

Wiederkehrende Leistungen einschließlich der Rückstände sind einseitige Verpflichtungen, die sich in ihrer Gesamtheit als Folge ein und desselben Rechtsverhältnisses er-

---

[355] OLG Stuttgart, FamRZ 1990, 1121
[356] A. A. Johannsen/Henrich/Sedemund-Treiber, § 628 ZPO Rn 17
[357] OLG Karlsruhe, NJW-RR 1996, 1477 = NJWE-FER 1997, 40

geben, so daß die einzelne Leistung nur noch vom Zeitablauf abhängig ist, ohne daß der Umfang der Schuld von vornherein genau feststeht.[1]

Voraussetzung ist jedoch, daß der Unterhaltsanspruch bereits entstanden ist und noch besteht[2] und daß auch die für die Höhe der Leistungen wesentlichen Umstände mit ausreichender Sicherheit festzustellen sind.[3] Z. B. nicht entstanden vor der Scheidung ist der nacheheliche Unterhaltsanspruch.[4]

Wenn dem prozessualen Anspruch aufgrund der gegenwärtigen Verhältnisse nicht stattgegeben werden kann, führt dies zur Abweisung der Klage.[5]

Entscheidungsgrundlage sind die tatsächlichen Verhältnisse der Gegenwart und die voraussichtlichen der Zukunft.[6] Vorzunehmen ist deshalb eine Prognose der Entwicklung der zugrunde zu legenden Verhältnisse.[7]

Nicht ohne weiteres vorhersehbar ist z. B.
– innerhalb einer längeren Zeit die Entwicklung der allgemeinen wirtschaftlichen Verhältnisse,
– die Entwicklung der besonderen individuellen Verhältnisse wie etwa Krankheit, Arbeitslosigkeit, Hinzutreten weiterer Unterhaltsberechtigter, Wiederverheiratung.

Maßgebend ist immer der konkrete Einzelfall. Im Zweifel ist von einer Prognose abzusehen und von den im Zeitpunkt der letzten mündlichen Verhandlung gegebenen Verhältnissen auszugehen.

Selbst ohne weiteres vorhersehbare Ereignisse, wie z. B. das Vorrücken des Kindes in eine höhere Altersstufe der Düsseldorfer Tabelle oder der bereits feststehende Eintritt des Unterhaltsverpflichteten in den Ruhestand, können nicht immer berücksichtigt werden, weil die konkreten finanziellen Auswirkungen nicht hinreichend sicher vorauszusehen sind. Deshalb ist z. B. eine an den Altersstufen der Düsseldorfer Tabelle orientierte Verurteilung unzulässig.[8] Dasselbe gilt für die Zeit ab Vollendung des 18. Lebensjahres.[9]

Wird die Klage abgewiesen, etwa wegen fehlender Bedürftigkeit oder Leistungsfähigkeit,[10] liegt darin keine sachliche Beurteilung der voraussichtlich in der Zukunft bestehenden Verhältnisse.[11] Dasselbe gilt, wenn nur eine über einen freiwillig gezahlten Betrag hinausgehende Mehrforderung geltend gemacht und darüber negativ entschieden worden ist.[12]

2. Verhältnis zu anderen Titeln

134 Liegt bereits ein Unterhaltstitel vor, ist in aller Regel eine gewöhnliche Leistungsklage ausgeschlossen.

Eine einstweilige Verfügung über denselben Unterhaltsanspruch hindert allerdings nicht, weil dadurch der Unterhaltsanspruch weder rechtshängig geworden noch über ihn rechtskräftig entschieden worden ist.

Eine einstweilige Anordnung steht nicht entgegen, weil sie nur aufgrund einer summarischen Prüfung ergeht.[13]

Eine einseitige Verpflichtungserklärung zu Urkunde des Notars (§ 794 I Nr. 5 ZPO) oder des Jugendamtes (§§ 59, 60 SGB VIII) nimmt der Leistungsklage in gleichem Umfang das Rechtsschutzbedürfnis, läßt aber eine darüber hinausgehende Mehrforderung

---

1 BGH, NJW 1986, 3142
2 BGH, FamRZ 1982, 259 = R 97 c
3 BGH, NJW 1983, 2197
4 BGH, FamRZ 1981, 242 = NJW 1981, 978 = R 65
5 BGH, FamRZ 1982, 479 = R 103 b
6 BGH, VersR 1981, 280 = R 60
7 St. Rechtspr., z. B. BGH, FamRZ 1982, 259
8 BGH, DAVorm 1982, 263 = R 91
9 A. A. BGH, NJW 1983, 2197 zu § 844 II BGB
10 BGH, FamRZ 1982, 259 = R 97 c
11 BGH, FamRZ 1982, 479 = R 103 b
12 BGH, FamRZ 1982, 479 = R 103 a
13 Z. B. BGH, FamRZ 1984, 767 = NJW 1984, 2095 = R 215 a

3. Abschnitt: Die Schaffung und Abänderung von Unterhaltstiteln § 8

ohne Bindung an die Grundlagen der einseitigen Verpflichtungserklärung zu.[14] Wahlweise ist für den Unterhaltsberechtigten auch die Abänderungsklage ohne die Beschränkungen des § 323 Abs. 2 und 3 ZPO möglich.[15] Der eine Herabsetzung begehrende Schuldner hat gegen diese Titel die Abänderungsklage.[16]

3. Rechtsschutzbedürfnis/Titulierungsinteresse

Für die Klage auf wiederkehrende Leistungen (§ 258 ZPO) besteht ein Rechtsschutzbedürfnis auch dann, wenn der Schuldner erfüllungsbereit ist, ja sogar dann, wenn bisher regelmäßig und freiwillig Unterhalt gezahlt wurde,[17] und zwar für den gesamten Unterhalt, nicht nur einen streitigen Mehrbetrag.[18] 135

Besteht bereits ein vollstreckbarer Titel über die Klageforderung, fehlt im allgemeinen das Rechtsschutzbedürfnis. Es ist aber trotzdem zu bejahen, wenn ein besonderer Grund vorliegt. Das ist etwa der Fall, wenn gegen einen Prozeßvergleich mit Vollstreckungsgegenklage zu rechnen ist oder die durch Vollstreckungsklausel festgelegten Mehrbeträge in Streit stehen.[19]

II. Zusatzklage, Nachforderungsklage, Teilklage

Diese (nicht mit der Nachforderungsklage des § 324 ZPO zu verwechselnde) Klage ist eine gewöhnliche Leistungsklage nach § 258 ZPO und nur insoweit zulässig, als keine Abänderungsklage (§ 323 ZPO) zu erheben ist.[20] Sie kommt in Betracht, wenn der Kläger im ersten Verfahren nur eine Teilklage erhoben hat,[21] wenn er zum Ausdruck gebracht hat, daß er mehr verlangen könne, aber nicht wolle,[22] etwa, indem er von seinem Unterhalt nur einen Teil beansprucht oder ihn nur für einen bestimmten Zeitraum geltend macht. Ob dies der Fall ist, ergibt sich aus der Urteilsformel, für deren Auslegung Tatbestand und Entscheidungsgründe, insbesondere auch der dort in Bezug genommene Parteivortrag im Prozeß samt Antrag heranzuziehen sind.[23] 136

Ob rückständige oder zukünftige Leistungen verlangt werden, ist gleichgültig.[24]

In der Regel macht der Unterhaltsgläubiger seinen vollen Unterhaltsanspruch geltend. Will er dies nicht, muß er dies ausdrücklich erklären (sog. offene Teilklage) oder sich erkennbar eine Nachforderung vorbehalten (sog. verdeckte Teilklage). Ein solcher Vorbehalt liegt nicht in der schlichten Geltendmachung des sog. Quotenunterhalts.[25]

Wird Unterhalt ohne nähere Aufschlüsselung in Elementar- und Vorsorgeunterhalt geltend gemacht, so wird der volle einheitliche Unterhaltsanspruch rechtshängig, dessen lediglich unselbständiger Teil Vorsorgeunterhalt ist. Im Zweifel ist zu vermuten, daß Unterhalt in voller, der Klägerseite zustehender Höhe geltend gemacht wird.

Für die Annahme, ein solcherart geltend gemachter Unterhaltsanspruch sei lediglich als Teilklage erhoben worden, reicht es nicht aus, daß vorgerichtlich ein höherer Gesamtbetrag an Elementar- und Vorsorgeunterhalt angemahnt worden war. Auch der bloße Hinweis, eine Klageerweiterung werde vorbehalten, reicht nicht aus, um eine Klage als Teilklage zu qualifizieren.

---

[14] BGH, FamRZ 1980, 342; offengelassen für die Jugendamtsurkunde BGH, FamRZ 1984, 997
[15] BGH, FamRZ 1984, 997
[16] BGH, FamRZ 1989, 172
[17] Vgl. etwa OLG Stuttgart, FamRZ 1990, 1368; OLG Düsseldorf, FamRZ 1990, 1369
[18] Etwa OLG Düsseldorf, FamRZ 1991, 1207
[19] BGH, FamRZ 1989, 267
[20] BGH, FamRZ 1985, 690 = R 259
[21] BGHZ 34/110
[22] BGH, NJW-RR 1987, 386
[23] BGHZ 34/337
[24] BGH, NJW 1986, 3142
[25] BGH, FamRZ 1985, 690 = R 259

Die nachträglich erhobene Klage auf Vorsorgeunterhalt ist bei dieser Sachlage unzulässig, da über den Unterhaltsanspruch insgesamt bereits entschieden worden ist.[26] Die Vermutung spricht gegen eine Teilklage.[27]

> **Beispiel:** Der Unterhaltspflichtige zahlt 500 DM monatlich freiwillig. Der Unterhaltsgläubiger verlangt weitere 500 DM monatlich Unterhalt. Diese Mehrforderung ist eine Teilklage. Zahlt der Unterhaltspflichtige im Beispielsfalle die freiwilligen Leistungen ganz oder teilweise nicht mehr, muß der Unterhaltsgläubiger deswegen eine weitere Teilklage erheben, nicht die Abänderungsklage gegen den titulierten Betrag.[28]

137 Die Zusatzklage läßt zwar die Mehrforderung auch für die Vergangenheit zu, weil § 323 III ZPO nicht gilt, ist aber einerseits mit dem erheblichen Nachteil verbunden, daß der Kläger erneut die Anspruchsgrundlagen behaupten und notfalls beweisen muß,[29] hat aber andererseits den Vorteil, daß Bindungen aus § 323 ZPO nicht bestehen.

Hat der Unterhaltsschuldner nur einen Teil des geforderten Betrages titulieren lassen (z. B. durch Jugendamtsurkunde), handelt es sich beim Streit um den Rest (Spitzenbetrag) um eine Zusatz- oder Teilklage.[30] Im Zweifel ist der gesamte Unterhalt tituliert. Änderungen wirtschaftlicher Art müssen dann durch Anpassungsklage (§ 242 BGB) im Gewande des § 323 ZPO (ohne Bindung an § 323 III ZPO) geltend gemacht werden.[31]

Erhebt ein Unterhaltsgläubiger **Stufenklage** gemäß § 254 ZPO, handelt es sich bei den Urteilen über die einzelnen Stufen ebenfalls um **Teilurteile**. Das gilt auch dann der Fall, wenn im Wege der **subjektiven Klagehäufung** mehrere Unterhaltsberechtigte in einem Prozeß ihre Ansprüche geltend machen, wie z. B. die gemeinsamen minderjährigen Kinder zusammen mit ihrer getrenntlebenden Mutter. Klagt der Unterhaltsberechtigte auf Erhöhung seines Anspruchs und im Wege der Widerklage der Beklagte auf Reduzierung der gegen ihn gerichteten Unterhaltsforderung, ist nach BGH[32] ein Teilurteil über Klage oder Widerklage unzulässig, weil sich beide gegenseitig bedingen und damit im Falle der Entscheidungsreife der Klage auch über die Widerklage entschieden werden muß.

III. Abänderungsklage (§ 323 ZPO)

1. Allgemeines

138 Der Abänderungsklage nach § 323 ZPO unterliegen Verurteilungen zu künftig wiederkehrenden Leistungen des § 258 ZPO. Beide Regelungen sind durch die Novelle von 1898 in die ZPO eingefügt worden. Dabei bildet § 323 ZPO die Korrekturmöglichkeit zu § 258 ZPO, der bei wiederkehrenden Leistungen auch wegen der erst nach Erlaß des Urteils fällig werdenden Leistungen Klage auf künftige Entrichtung gestattet. Mit dem Urteil nach § 258 ZPO werden somit künftige Ansprüche tituliert, die zum Zeitpunkt des Urteilserlasses noch nicht einmal entstanden und erst recht nicht fällig sind. Entstanden ist der Monatsbetrag einer Unterhaltsrente nämlich erst mit dem Beginn des Monats, in den die Unterhaltspflicht fällt (§ 1612 III S. 2 BGB). Schafft daher § 258 ZPO dem Gläubiger die Möglichkeit, einen Titel über noch gar nicht entstandene Ansprüche zu erlangen, korrigiert § 323 ZPO diesen Titel ab Rechtshängigkeit der Abänderungsklage bzw. ab Inverzugsetzung im Trennungs- oder Kindesunterhaltsverfahren (§ 323 III ZPO) für den Fall, daß die seit Erlaß des Vorurteils eingetretene Sach- und Rechtslage sich wesentlich geändert hat. Es ist daher Ausfluß der materiellen Gerechtigkeit, den Ursprungs-

---

[26] OLG Karlsruhe, FamRZ 1995, 1498
[27] BGH, FamRZ 1990, 863 = NJW-RR 1990, 390; ferner Urt. v. 15. 6. 1994 XII ZR 128/93
[28] BGH, FamRZ 1991, 320; FamRZ 1985, 371 = NJW 1985, 1340 = R 251 a
[29] BGHZ 34/110, 117; ebenso BGH, FamRZ 1985, 371 = NJW 1985, 1340 = R 251 a
[30] OLG Hamm, FamRZ 1996, 219
[31] Vgl. zur Problematik z. B. OLG Zweibrücken, FamRZ 1992, 840
[32] NJW 1987, 441 f

titel an die spätere Entwicklung anpassen zu können, wenn diese erheblich von der Vorausschau bei Erlaß des abzuändernden Urteils abweicht. Damit eröffnet die Abänderungsklage nicht nur einen Angriff auf die Richtigkeit der Prognose des früheren Urteils,[33] sondern auch auf den Fortbestand des abzuändernden Titels überhaupt. Die Abänderungsklage stellt somit einen prozessualen Anwendungsfall der **clausula rebus sic stantibus** dar.[34]

2. Rechtsnatur

Die Abänderungsklage ist zum einen eine prozessuale Gestaltungsklage, die einen früheren (meistens) rechtskräftigen Titel ändert und damit die Rechtsbeziehung zwischen den Parteien neu gestaltet (in Form einer Anspruchsminderung oder -erhöhung). Führt das Abänderungsurteil erneut zu einer Verurteilung auf Unterhalt, ist dieser neue Titel das Ergebnis einer Leistungsklage.[35] Begehrt der Unterhaltsschuldner der Abänderungsklage einen völligen Wegfall seiner Leistungspflicht, ist sein Begehren als negative Feststellungsklage aufzufassen. Ein zusätzlicher Feststellungsantrag kann aber mit der Abänderungsklage nicht verbunden werden, weil hierdurch keine Veränderung des Leistungsurteils erreicht werden kann und damit das Rechtsschutzinteresse fehlt.[36]

139

3. Streitgegenstand

Die Frage, ob der Vorprozeß und die Abänderungsklage den gleichen Streitgegenstand umfassen, wird in Rechtsprechung und Literatur nicht einheitlich beantwortet. Die herrschende Meinung[37] geht davon aus, daß das abzuändernde Urteil auch die erst in Zukunft eintretenden Tatsachen umfaßt, die für die Verpflichtung zu den wiederkehrenden Leistungen maßgebend sind. Daher beziehe sich die materielle Rechtskraft der abzuändernden Entscheidung auch auf die richterliche Prognose und beträfe damit denselben Streitgegenstand wie die Abänderungsklage. § 323 wird deshalb als eine Vorschrift angesehen, die aus Gründen der Gerechtigkeit die Durchbrechung der materiellen Rechtskraft des abzuändernden Urteils zuläßt (**sog. Billigkeitstheorie**[38]).

140

Demgegenüber wird eingewendet, ein identischer Streitgegenstand liege schon deswegen nicht vor, weil sich der auf künftige Abänderung (nämlich nach Rechtshängigkeit des Abänderungsverfahrens, § 323 III ZPO) gerichtete Antrag hinsichtlich seines zeitlichen Umfangs wie auch in seiner Antragstellung vom Erstprozeß unterscheide. Da auch bei wiederkehrenden Leistungen die zeitliche Grenze wie sonst auch durch den Schluß der letzten mündlichen Tatsachenverhandlung des Vorprozesses gesetzt werde, liege der Abänderungsklage ein anderer Sachverhalt zugrunde und damit auch ein anderer Streitgegenstand. Das Abänderungsurteil könne daher die Rechtskraft des Vorprozesses nicht durchbrechen, sondern stehe mit ihr im Einklag (**sog. Bestätigungstheorie**).[39]

Der letzten Ansicht ist zuzustimmen. Der Streitgegenstand einer in die Zukunft offenen Leistungsklage nach § 258 ZPO (und damit auch der Leistungstitel) erweitert sich Monat für Monat durch bloßen Zeitablauf. Dieser zeitlich unbefristete Streitgegenstand wird nur (und erst) dadurch beschränkt, daß eine der beiden Parteien die Abänderung des Ersturteils begehrt. Ein diesbezügliches (neues) Prozeßrechtsverhältnis wird durch Erhebung der Abänderungsklage herbeigeführt. Dieser Zeitpunkt begrenzt somit den Streitgegenstand. Das Erstverfahren setzt gleichzeitig den zeitlichen Beginn des Streitgegenstandes der Abänderungsklage. Damit sind beide Streitgegenstände nicht deckungsgleich,

---

[33] BGH, FamRZ 1982, 259 = R 97 a, b
[34] BGH, NJW 1980, 2811
[35] BGH, NJW 1986, 3142, 3143
[36] BGH, aaO
[37] BGH, FamRZ 1980, 1099
[38] Zuletzt BGH, FamRZ 1990, 496, 497
[39] Gottwald, Festschrift für Schwab, 1990, S. 163 ff

sie berühren sich vielmehr nur in der juristischen Sekunde der Klageerhebung. Nur diese Rechtsansicht ist im Einklang mit grundsätzlichen Prozeßrechtsfragen, nämlich der Tatsache, daß ein rechtskräftiges Urteil (nach Durchlaufen des Instanzenzuges) nicht mehr erneut im Wege einer Superrevision auf seinen Bestand hin überprüft werden kann. Dies entspricht dem Grundsatz „ne bis in idem" und den Geboten von Rechtssicherheit, Gläubigerschutz und Rechtsbestand. Es bedarf daher nicht der Argumentation der Rechtskraftdurchbrechung aus Gründen von Treu und Glauben und allgemeiner Gerechtigkeit, um über § 323 ZPO die Überprüfung eines zeitlich unbefristet in die Zukunft wirkenden Urteils zu erreichen. § 323 ZPO enthält somit versteckt eine neue Leistungs- bzw. Gestaltungsklage ab Rechtshängigkeit im Abänderungsverfahren, wobei die Absätze I und II verschiedene Bindungen an das vorausgegangene Erstverfahren enthalten, die auch im Rahmen der Abänderung berücksichtigt werden müssen.

4. Anwendungsbereich

141 Da § 323 ZPO einen allgemeinen, entsprechender Anwendung fähigen Rechtsgedanken (nämlich der clausula rebus sic stantibus) enthält,[40] ist der Kreis der abänderungsfähigen Schuldtitel nicht auf die in Abs. I, IV und V genannten Titel beschränkt. Vielmehr gehören hierzu alle Verurteilungen bzw. Verpflichtungen zu künftig wiederkehrenden Leistungen i. S. d. § 258 ZPO, damit auch ein **Urteil auf Zahlung von Verzugszinsen**.[41] Da die Art des Urteils gleich ist, sind auch **Anerkenntnis-**[42] und **Versäumnisurteile**,[43] gegen die ein Einspruch nicht mehr oder nicht mehr zulässig ist, abänderbar.[44] Ebenso zählen hierzu **Vollstreckungsbescheide** nach § 700 I ZPO sowie auch **Abänderungsurteile**[45] gem. § 323 ZPO.[46] Rechtskräftig muß das abzuändernde Urteil (noch) nicht sein. Urteilen gleichgestellt sind **Schiedssprüche** (§§ 1040, 1054 ZPO) sowie **ausländische Urteile**, soweit sie im Inland anerkannt werden.[47]

Ob dem abzuändernden Titel inländisches oder ausländisches Sachrecht zugrunde liegt, ist nicht entscheidend für seine Abänderungsmöglichkeit.[48]

Auch ein auf **negative Feststellungsklage** gegen eine einstweilige Anordnung nach § 620 S. 1 Nr. 4, 6 ZPO ergangenes Urteil[49] oder ein **Teilurteil**[50] sind nach § 323 abänderbar.

Eine Abänderung nach § 323 ZPO setzt allerdings einen **vollstreckbaren Unterhaltstitel** voraus; ein solcher liegt nicht vor, wenn der von der Mutter geltend gemachte Ehegatten- und Kindesunterhaltsanspruch unaufgeschlüsselt als Gesamtbetrag im Urteil ausgewiesen worden ist.

142 Handelt es sich um ein Urteil auf **Kapitalabfindung** anstelle einer Unterhaltsrente, ist wie folgt zu unterscheiden: Haben sich die Bezugsgrößen für die Kapitalabfindung nach Schluß der letzten mündlichen Verhandlung wesentlich geändert und waren diese unmittelbare Grundlage für die Berechnung des Abfindungsbetrages, findet § 323 ZPO Anwendung. Denn auch hierbei handelt es sich um wiederkehrende Leistungen (Monatsunterhaltsbeträge), die die Grundlage und Anspruchsvoraussetzung für den berechneten Abfindungsbetrag darstellen. Hat somit nach Schluß der letzten mündlichen Verhandlung die Leistungsfähigkeit des Unterhaltsschuldners oder die Bedürftigkeit des Berechtigten erheblich nachgelassen und waren diese Faktoren die bestimmenden Umstände für

---

[40] BGHZ 28, 337
[41] BGH, NJW 1987, 3266
[42] BGH, NJW 1981, 2195; BGH, FamRZ 1981, 862 = R 78
[43] BGH, FamRZ 1982, 792 = R 121
[44] Münchner Kommentar, Gottwald § 323, Rn 8
[45] BGH, FamRZ 1981, 59; OLG Karlsruhe, FamZR 1987, 395
[46] OLG Karlsruhe, FamRZ 1987, 395
[47] BGH, FamRZ 1983, 806 = R 174
[48] OLG Karlsruhe, FamRZ 1989, 1310
[49] Johannsen/Henrich/Brudermüller, Eherecht, 3. Aufl., § 323 ZPO Rn 46
[50] OLG Karlsruhe, FamRZ 1992, 199

die Ermittlung des Abfindungsbetrags, muß diese Veränderung – soweit noch keine endgültige Erledigung des Verfahrens durch Zahlung erfolgt ist – im Wege der Abänderung berücksichtigt werden. Denn auch hier hat sich eine Zukunftsprognose als unrichtig erwiesen; daß zusätzlich ein Abfindungsmoment in der Kapitalleistung zu sehen ist, schließt die Anwendung des § 323 ZPO nicht aus.[51]

Allerdings erstreckt sich nach dem Wortlaut des § 323 I ZPO der Anwendungsbereich der Abänderungsklage nicht auf **klagabweisende Urteile**, da in ihnen keine Verurteilung zu künftigen Leistungen enthalten ist. Das heißt aber nicht automatisch, daß damit klagabweisende Urteile nicht gem. § 323 ZPO abgeändert werden könnten. Entscheidend für die Frage der Abänderbarkeit ist, ob dem klagabweisenden Urteil eine Prognose zugrunde liegt, die sich dann – später – als unrichtig erweist. Dann kann diese Entwicklung mittels Abänderungsklage korrigiert werden. Das ist z. B. der Fall bei einem zeitlich befristet zugesprochenen Unterhalt, der ab einem in der Zukunft liegenden Zeitpunkt wegfällt. In diesem Fall liegt eine dem § 323 ZPO unterfallende Verurteilung vor.[52] Hier hat das Gericht nämlich in einer Vorausschau (zu Unrecht) vorausgesetzt, daß der Unterhaltsanspruch künftig auf Dauer erlöschen könne. Ist diese, dem klagabweisenden Teil des Urteils zugrundeliegende Prognose nicht eingetroffen, kann sie korrigiert werden. **142a**

Ist aber die Klage **mangels Bedürftigkeit des Klägers**[53] oder wegen **fehlender Leistungsfähigkeit des Unterhaltsschuldners**[54] abgewiesen worden, fehlt es an einer Prognoseentscheidung für die Zukunft, die sich als unrichtig erweisen könnte. Wurde die Unterhaltsklage **als zur Zeit unbegründet** abgewiesen, weil die derzeitigen und künftigen Verhältnisse nicht hinreichend genug festgestellt werden konnten, ist ebenfalls eine Prognose unterblieben. Liegt somit dem abweisenden Unterhaltsurteil keine vorausschauende Würdigung zugrunde, kann ein klagabweisendes Urteil nicht über § 323 ZPO korrigiert werden.[55] **143**

Wurde aber ein bereits titulierter Unterhaltsanspruch im Wege der Abänderungsklage ganz oder teilweise aberkannt und haben sich anschließend die wirtschaftlichen Verhältnisse des Bedürftigen erneut verschlechtert, ist eine erneute Unterhaltsklage im Wege der Abänderungsklage zu erheben.[56] Hat das vorausgegangene Urteil einen Abänderungsantrag abgewiesen, weil sich die Verhältnisse gegenüber dem Ersturteil nicht geändert hätten, kann der Kläger, falls sich anschließend die wirtschaftlichen Verhältnisse wirklich ändern, erneut Abänderungsklage erheben. Maßgebend für den Umfang der Veränderung sind dann die Verhältnisse zur Zeit der Erstverurteilung gegenüber den jetzigen Umständen.

Weiter unterfallen der Abänderbarkeit nach § 323 ZPO **Unterhaltstitel nach § 794 I Nr. 1, 2a und 5 i. V. m. § 323 IV und V ZPO**: Hierzu gehören neben **gerichtlichen Vergleichen** und **Gerichts- oder Notarurkunden** auch **Beschlüsse, die in einem vereinfachten Verfahren** über den Unterhalt Minderjähriger nach dem ab 1. 7. 1998 geltenden KindUG festgesetzt worden sind. Hierzu zählen die Beschlüsse der §§ 649, 650 und 655 ZPO. Allerdings ist zunächst der gem. § 649 ZPO ergangene Beschluß durch die **Korrekturklage des § 654 ZPO** anzupassen; diese Vorschrift ist daher lex specialis gegenüber § 323 ZPO. Bei einem Titel nach § 650 ZPO ist zunächst **das streitige Verfahren gem. § 651 ZPO** durchzuführen; erst anschließend kann die hierauf ergangene Entscheidung unter den Voraussetzungen des § 323 ZPO abgeändert werden. Bei dem Beschluß nach § 655 ZPO ist zunächst abzuklären, ob **nach § 656 ZPO eine Anpassung** zu erfolgen hat. Allerdings ergibt sich aus § 323 V ZPO die Einschränkung der Abänderungsklage, soweit das vereinfachte Verfahren zur Abänderung des Vollstreckungstitels gem. § 655 ZPO zur Verfügung steht. Führt aber die Anrechnung bzw. Änderung der nach den §§ 1612 b, 1612 c BGB zu berücksichtigenden kinderbezogenen Leistungen (Anpassungsverfahren **143a**

---

[51] So aber BGH, NJW 1981, 818
[52] BGH, FamRZ 1984, 353, 354
[53] BGH, FamRZ 1982, 259 = R 97 a
[54] BGH, FamRZ 1984, 1001
[55] BGH, FamRZ 1982, 259 = R 97 c
[56] BGH, FamRZ 1990, 863, 864; FamRZ 1985, 376, 377

nach § 655 ZPO) zu einem Unterhaltsbetrag, der wesentlich von dem Betrag abweicht, der der Entwicklung der besonderen Verhältnisse der Parteien Rechnung trägt, ist eine Abänderung nach § 323 ZPO möglich. Abänderbar sind ferner **Schiedsvergleiche (§ 1053 ZPO)** und für vollstreckbar erklärte **Anwalts- und Notarvergleiche (§§ 796 a – 796 c ZPO)** sowie **Jugendamtsurkunden** (§ 60 KJHG, bisher §§ 3 49, 50 JWG).[57] Da **privatschriftliche Vereinbarungen** der Parteien keinen Schuldtitel i. S. d. § 323 ZPO darstellen, können **außergerichtliche Parteivergleiche** nach einer Meinung nur dann dem Verfahren nach § 323 ZPO unterfallen, wenn dies die Parteien ausdrücklich vereinbart[58] und sich damit der Regelung des § 323 ZPO unterworfen haben. Diese Ansicht ist abzulehnen, weil die privatrechtliche Unterwerfung der Parteien unter § 323 ZPO deswegen die Rechtsanwendung dieser Vorschrift nicht herbeiführen kann, weil gem. § 794 I Nr. 1 ZPO der Abänderungsklage nur Vergleiche unterfallen, die vor einem deutschen Gericht abgeschlossen worden sind. Daher kann gegen **außergerichtliche** Vergleiche nie im Wege einer Klage nach § 323 ZPO vorgegangen werden.[59] Um einen außergerichtlichen Vergleich handelt es sich auch, wenn die Unterhaltsvereinbarung im Rahmen der Folgesache des § 621 I Nr. 4 und 5 ZPO erfolgt ist und nur eine Partei anwaltlich vertreten war (§ 78 II Nr. 1 ZPO).

144 **Einstweilige Anordnungen** können durch die Abänderungsklage nicht korrigiert werden. Hier besteht nur die Möglichkeit des § 620 b ZPO, **die Leistungsklage** für den Unterhaltsgläubiger oder die **negative** Feststellungsklage **oder die Vollstreckungsabwehrklage** zugunsten des Unterhaltsschuldners. Das gleiche gilt für einen im Anordnungsverfahren geschlossenen **vorläufigen Prozeßvergleich**, der keine endgültige Regelung darstellen soll.[60] Nur dann, wenn die Parteien mit ihrer Vergleichsregelung im einstweiligen Anordnungsverfahren einen endgültigen und nicht nur vorläufigen Titel schaffen wollten, kann dieser Vergleich i. S. d. § 794 I Nr. 1 ZPO der Abänderung nach § 323 ZPO unterfallen. Keine Anwendung findet § 323 ZPO auch auf **einstweilige Verfügungen**, weil diesbezügliche Veränderungen im Aufhebungsverfahren gem. §§ 927, 936 ZPO geltend zu machen sind.[61] Etwas anderes muß aber dann gelten, wenn das einstweilige Verfügungsverfahren aufgrund eingelegten Widerspruchs durch ein Verfügungsurteil erledigt wurde und sich hinsichtlich der titulierten (6-Monats- bzw. Jahres-) Unterhaltsbeträge anschließend wesentlich veränderte Umstände ergeben. Dann liegen die Voraussetzungen des § 323 ZPO vor, da Absatz I dieser Vorschrift keine bestimmte Mindestanzahl wiederkehrender Leistungen voraussetzt, vielmehr nur künftig fällig wiederkehrende Leistungen meint. Um solche kann es sich auch bei einstweiligen Verfügungstiteln handeln, sofern noch keine Vollstreckung erfolgt ist. Nicht mehr vollstreckungsfähige Titel unterfallen nämlich nicht der Abänderungsklage; bezahlte Beträge können nur mit der Bereicherungsklage zurückgefordert werden.[62]

144a Schließlich sind nicht abänderungsfähig nach § 323 ZPO **privatschriftliche Vereinbarungen**, einseitige **Unterwerfungserklärungen** und die seit 1. 7. 1998 geltenden **einstweiligen Anordnungen der § 641 d, 644 ZPO** bzw. die **einstweilige Verfügung des § 1615 o BGB** (ausgenommen im Fall einer Titulierung nach mündlicher Verhandlung im Wege des einstweiligen Verfügungsurteils).

5. Die Abgrenzung zwischen Abänderungs- und Vollstreckungsabwehrklage (§ 767 ZPO) bzw. zur Vollstreckungserinnerung (§ 766 ZPO)

145 Die Abänderungsklage nach § 323 ZPO ist eine Gestaltungsklage, die sowohl vom Unterhaltsschuldner als auch vom Unterhaltsgläubiger erhoben werden kann und sich gegen Urteile, gerichtliche Vergleiche, vollstreckbare Urkunden und Titel im vereinfach-

---

[57] BGH, FamRZ 1984, 797; OLG Karlsruhe, FamRZ 1983, 754, 755
[58] BGH, FamRZ 1960, 60
[59] BGH, FamRZ 1982, 782 = R 125 b
[60] BGH, FamRZ 1983, 892, 893 = R 173
[61] BGH, NJW-RR 1991, 1155
[62] KG, FamRZ 1988, 310, 311

3. Abschnitt: Die Schaffung und Abänderung von Unterhaltstiteln § 8

ten Verfahren wendet. Sie verlangt eine wesentliche Änderung der wirtschaftlichen bzw. tatsächlichen Verhältnisse und betrifft damit Ereignisse, aus denen sich eine unmittelbare Auswirkung auf die vom Richter bei der Entscheidung über die Klage auf künftige Leistung zu treffende Zukunftsprognose ergibt.

Mit der Vollstreckungsabwehrklage nach § 767 ZPO macht der Unterhaltsschuldner (und nur er) rechtsvernichtende und rechtshemmende Einwendungen gegen den titulierten Anspruch selbst geltend, wobei sich diese Abwehrklage zusätzlich zu den mit der Abänderungsklage anfechtbaren Titeln auch gegen eine einstweilige Anordnung gem. § 794 I Nr. 3 ZPO richten kann.

Auch die negative Feststellungsklage nach § 256 ZPO steht nur dem Unterhaltsschuldner zu. Auch sie kann – wie die Vollstreckungsabwehrklage – gegen einstweilige Anordnungen gerichtet sein; mit ihr wird das Bestehen einer Unterhaltsverpflichtung ganz oder teilweise bekämpft.

Während es somit bei der Abänderungsklage um die Berücksichtigung künftiger Veränderungen der wirtschaftlichen Verhältnisse auf Dauer geht, die materiell-rechtlich den Umfang der Unterhaltspflicht berühren,[63] läßt die Vollstreckungsgegenklage den materiell-rechtlichen Anspruch unberührt, erstrebt auch keine negative Feststellung über sein Fortbestehen, sondern will dem Titel nur durch Rechtsgestaltung seine Vollstreckbarkeit nehmen.[64] Maßgebend sind hierbei somit keine dauerhaften Veränderungen bezüglich des Anspruchs selbst, sondern nur punktuelle Einwendungen des Schuldners gegen die gegenwärtige bzw. begrenzte oder vollständige Vollstreckbarkeit des Titels.[65]

a) Einzelunterscheidung. Mit der Klage nach § 323 ZPO sind – wie oben bereits differenziert – jene veränderten Tatsachen geltend zu machen, die dauerhaften und materiell-rechtlichen Einfluß auf die Zukunftsprognose der zeitlich unbefristeten Unterhaltspflicht haben. Hierzu gehören alle **Änderungen in den wirtschaftlichen Verhältnissen** beider Parteien bzw. Dritter (Kinder, sonstige Verwandte und nahe Angehörige), hierbei z. B. die **Erhöhung des Lebensbedarfs**,[66] Änderung der Einkommensverhältnisse, der Bedürftigkeit oder der Leistungsfähigkeit, **Wegfall** oder **Hinzutreten weiterer Unterhaltsgläubiger.**

146

Mit der Vollstreckungsabwehrklage nach § 767 ZPO ist vorzugehen, wenn der Unterhalt ganz oder teilweise **erfüllt** ist, die Parteien einen **teilweisen oder vollständigen Unterhaltsverzicht** oder **Vollstreckungsverzicht** vereinbart haben, nach Rechtskraft der Scheidung aus einem Trennungsunterhaltstitel **weiter vollstreckt wird** oder mit dem Unterhalt **unzulässigerweise** (trotz der Ausschlußvorschriften der §§ 394 BGB, 850 b I Nr. 2, II ZPO) **aufgerechnet wird** oder sich der Unterhaltsschuldner auf den **Erlaß**, die **Verjährung** oder **Stundung** der gegen ihn gerichteten Forderung beruft. Ferner ist die Klage nach § 767 ZPO der richtige Rechtsbehelf, wenn ein Unterhaltsanspruch **zeitlich beschränkt** war und über die Zeitgrenze hinaus weiter vollstreckt wird, ein Elternteil nach Volljährigkeit des Kindes weiterhin **im eigenen Namen** (trotz Wegfalls seiner gesetzlichen Vertretung) den Kindesunterhalt beitreibt, oder aber nunmehr die **Nicht-Vaterschaft** des unterhaltspflichtigen Scheinvaters festgestellt wird.

Abänderungsklage und Vollstreckungsabwehrklage schließen sich grundsätzlich gegenseitig aus.[67] Anstelle einer zulässigen Abänderungsklage kann daher keine Vollstreckungsgegenklage erhoben werden.[68] Ist ein Titel nicht mehr abänderbar (z. B. wegen Unterhaltsverzicht oder Ablauf der Zeitschranke der Unterhaltsgeltung), kann auch bei Änderung der wirtschaftlichen Verhältnisse nur die Klage nach § 767 ZPO erhoben werden.[69] Umgekehrt kann auch anstelle einer zulässigen Abänderungsklage keine Vollstreckungsgegenklage erhoben werden.

---

[63] BGH, FamRZ 1982, 470 = R 109
[64] BGH, FamRZ 1984, 878 = R 220
[65] BGH, FamRZ 1982, 782 = R 125 b
[66] BGH, FamRZ 1978, 177, 179 = R 9
[67] Johannsen/Henrich/Brudermüller, aaO Rn 12
[68] BGH, FamRZ 1988, 1156; offen BGH, FamRZ 1989, 159 = R 377 a
[69] BGH, FamRZ 1981, 242

Allerdings hat der BGH unter Aufgabe seiner früheren Rechtsprechung beide Klagemöglichkeiten zugelassen,[70] soweit es die **Verwirkung** eines Unterhaltsanspruchs nach §§ 1579, 1611 BGB betraf bzw. beim **Bezug einer Versorgungsausgleichsrente** durch den Bedürftigen.

147 Bei der Verwirkung des Unterhaltsanspruchs hat der BGH den Charakter der **rechtsvernichtenden Einwendung** betont.[71] Gleichzeitig hat die Verwirkung aber auch Einfluß auf die wirtschaftlichen Verhältnisse der Parteien und eröffnet damit auch eine Abänderungsmöglichkeit nach § 323 ZPO.[72] Welche von beiden Klagen zu erheben ist, hängt m. E. (vgl. dazu ausführlicher unten) davon ab, welches Klagziel der Kläger vor Augen hat. Will er nur vorläufig die Vollstreckbarkeit aus dem (dem Grunde nach nicht angegriffenen) Unterhaltstitel vorübergehend beseitigen, wird er die Vollstreckungsabwehrklage wählen. Ist die Einwendung von dauerhafter Natur (der Gegner lebt schon jahrelang mit einem neuen Partner zusammen und will erklärtermaßen bis zum Lebensende mit ihm zusammen bleiben, § 1579 Nr. 7 BGB), wird der Kläger mit der Klage nach § 323 ZPO versuchen, den Unterhaltstitel selber (und damit den materiell-rechtlichen Anspruch) auf Dauer zu beseitigen.

Im Falle des Versorgungsausgleichsbezugs durch den Bedürftigen liegt sowohl eine Änderung seiner Einkommensverhältnisse vor, was § 323 ZPO Anwendung finden lassen könnte, als auch ein Erfüllungssurrogat, welches auf eine Anwendung des § 767 ZPO hindeutet.

Hier wird man berücksichtigen, daß die Abänderungsklage im Gegensatz zur Vollstreckungsabwehrklage gem. § 323 III ZPO eine Zeitschranke für die Herabsetzung des Unterhaltes hat, was für die Versorgungsausgleichsrente vor Rechtshängigkeit die Anwendung der Abwehrklage nahelegt, für die Zeit ab Rechtshängigkeit aber jene nach § 323 ZPO.

In den vorliegenden Fällen beider Klagemöglichkeiten ist eine kumulative Verbindung beider Klagen zulässig.[73] Beide Klagen dürfen hilfsweise verbunden werden, soweit die Voraussetzungen einer objektiven Klaghäufung (gleiche Zuständigkeit gem. §§ 12, 13, 767 I, 802 ZPO) vorliegen.[74] Schließlich ist auch die Umdeutung einer Abänderungsklage in eine Vollstreckungsgegenklage möglich.[75]

148 **b) Eigene Rechtsansicht.** Herkömmlicherweise werden die beiden Klagearten unter dem Gesichtspunkt der in Betracht kommenden Klagegründe gegeneinander abgegrenzt.[76] Danach dient § 767 ZPO der Durchsetzung rechtsvernichtender, -hemmender und rechtsbeschränkender Einwendungen, während § 323 ZPO die anspruchsbegründenden Tatsachen und damit den Klagegrund selbst betrifft.

Fällt allerdings nachträglich der Klagegrund weg, stellt auch dies einen ganz oder teilweise rechtsvernichtenden Umstand dar,[77] nämlich hinsichtlich des rechtskräftig bestehenden und nachträglich zu verändernden Titels. Auch die Abgrenzung, mit der Vollstreckungsabwehrklage sei ein scharf umrissenes, punktuelles Ereignis wie Verzicht, Erfüllung oder Verwirkung geltend zu machen, hilft nicht weiter. Denn auch der Wegfall der Leistungsfähigkeit durch plötzliche Arbeitslosigkeit oder Krankheit stellt ein scharf umrissenes, punktuelles Ereignis dar, welches in die Zukunft hineinreicht und Dauerwirkungen erzielt.

148a *Hoppenz*[78] kommt deshalb konsequenterweise zum Ergebnis, daß sich § 323 ZPO als Sonderregelung erweist, die mit Ausnahme der Erfüllung sämtliche Umstände erfaßt, die mittelbar oder unmittelbar einen Anspruch auf wiederkehrende Leistungen beeinflussen. Während der BGH und die herrschende Meinung der Vollstreckungsabwehrklage

---

[70] BGH, FamRZ 1990, 1095 ff
[71] BGH, FamRZ 1991, 1175; 1987, 259, 261
[72] BGH, FamRZ 1990, 1095 ff
[73] Johannsen/Henrich/Brudermüller (Fn. 49), aaO
[74] BGH, FamRZ 1979, 573, 575
[75] BGH, NJW-RR 1991, 899; NJW 1992, 439
[76] Vgl. Johannsen/Henrich/Brudermüller, aaO Rn 6
[77] Hahne, FamRZ 1983, 1191
[78] FamRZ 1987, 1097 ff

3. Abschnitt: Die Schaffung und Abänderung von Unterhaltstiteln §8

unterfallen lassen den **Erlaß der Schuld**,[79] **Stundung und Verjährung**, **Verwirkung**,[80] **unzulässige Rechtsausübung**,[81] **Scheidung der Ehe** bei Unterhaltstiteln für die Zeit des Getrenntlebens,[82] **Wiederverheiratung** des geschiedenen Unterhaltsberechtigten, die **Erfüllung** sowie **Erfüllungssurrogate** wie das Kindergeld[83] sowie die Leistung von Naturalunterhalt durch den barunterhaltspflichtigen Elternteil,[84] während alle übrigen Umstände, insbesondere die dauerhafte Veränderung der wirtschaftlichen Verhältnisse, § 323 ZPO unterfallen sollen.

Eine derart genau und im einzelnen umrissene Unterscheidung hinsichtlich der Anwendung beider Klagemöglichkeiten erlaubt aber der Gesetzestext beider Vorschriften nicht. Nach § 323 I ZPO ist eine Abänderungsklage dann zulässig, wenn sich diejenigen Verhältnisse wesentlich geändert haben, „die für die Verurteilung zur Entrichtung der Leistungen, für die Bestimmung der Höhe der Leistungen oder der Dauer ihrer Einrichtung maßgebend waren". Diese allgemeine Gesetzesformulierung erfaßt mit Ausnahme der **Erfüllung** und der **Erfüllungssurrogate** alle künftigen Ereignisse, die zu einer wesentlichen Veränderung führen. Man könnte somit von daher der Ansicht von Hoppenz folgen, § 323 ZPO greife für den Schuldner mit Ausnahme des Falls der Erfüllung immer ein (eine Erhöhung des laufenden Unterhalts zugunsten des Gläubigers kann ohnedies nur nach § 323 ZPO in Betracht kommen). Dem widerspricht jedoch die Formulierung in § 767 I ZPO, die ebenso alle künftigen Ereignisse umfaßt, die zu einer Reduzierung oder zu einem Wegfall der Vollstreckungsfähigkeit führen können. Eine Vollstreckungsabwehrklage ist gem. § 767 I ZPO nämlich dann möglich, wenn der Schuldner Einwendungen geltend machen kann, „die den durch das Urteil festgestellten Anspruch selbst betreffen". Dies sind alle Umstände, die zum Erlaß des vorausgegangenen Urteils geführt haben bzw. die, sofern sie damals bereits vorhanden gewesen wären, einen entsprechenden, unmittelbaren Einfluß auf die frühere Entscheidung gehabt hätten. Die Begriffe der „wesentlichen Änderung derjenigen Verhältnisse, die für die Verurteilung" maßgebend waren (§ 323 I ZPO) und der Einwendungen, „die den durch das Urteil festgestellten Anspruch selbst betreffen" (§ 767 I ZPO), sind demnach identisch; die Formulierung in § 323 ZPO differenziert nur hinsichtlich des Grundes des zugesprochenen Anspruchs, seines Umfangs, der Höhe und der zeitlichen Dauer. Dies aber sind alles Umstände bzw. Einwendungen, die gerade den durch das Urteil festgestellten Anspruch selbst betreffen.

Stellt man daher mit dem BGH[85] fest, daß die Voraussetzungen beider Vorschriften schwer voneinander abgrenzbar sind, aber verwandten Zwecken dienen, kann eine Anwendung des § 323 ZPO bzw. des § 767 ZPO nur von dem Klagziel abhängen, welches der jeweilige Kläger vernünftigerweise vor Augen hat. Dabei ist die im 8. Buch der ZPO stehende Vorschrift des § 767 ZPO nur dazu gedacht, die Vollstreckung eines weiterhin existenten und damit rechtskräftig bleibenden Urteils vorübergehend oder auf Dauer einzustellen. Da aber im Zweifel ein Kläger den umfassenden Rechtsschutz zu seinen Gunsten sucht, wird in der Regel ein Unterhaltsschuldner versuchen, mit der Abänderungsklage den gänzlichen Wegfall des Ersturteils zu erreichen und nicht bloß – über § 767 ZPO – den bloßen Wegfall der Vollstreckbarkeit. Letzteres beantragt er nur dann, wenn dies infolge Reduzierung des Streitwertes für ihn kostengünstiger ist, den Zeitraum vor Rechtshängigkeit (§ 323 III ZPO) betrifft oder wenn es sich nur um einen vorübergehenden Ausssschluß der Anspruchsdurchsetzung handelt. In allen übrigen Fällen wird der Unterhaltsschuldner dir Abänderungsklage des § 323 ZPO bemühen, weil nur sie endgültige Rechtsbefriedung durch Wegfall des Ersttitels verschafft.

c) § 323 ZPO und die Erinnerung des § 766 ZPO. Anstelle einer Abänderungsklage

148b

148c

149

---

[79] BGH, FamRZ 1979, 573
[80] BGH, FamRZ 1987, 259
[81] BGH, FamRZ 1983, 355
[82] BGH, FamRZ 1981, 242
[83] BGH, FamRZ 1978, 177
[84] BGH, FamRZ 1984, 470 = R 202 a; vgl. auch die Auflistung bei Hoppenz
[85] BGH, FamRZ 1984, 997

können sowohl der Unterhaltsschuldner als auch der Unterhaltsgläubiger eine Erinnerung nach § 766 I ZPO einlegen, um Unterhaltsansprüche durchzusetzen oder aufzuhalten. Die Erinnerung gegen Art und Weise der Zwangsvollstreckung ist ein Rechtsbehelf gegen Zwangsvollstreckungsmaßnahmen durch den Gerichtsvollzieher nach dem 8. Buch der ZPO und gegen Zwangsvollstreckungsmaßnahmen des Vollstreckungsgerichtes (Richter oder Rechtspfleger). Unter § 766 ZPO fallen alle Anträge, Einwendungen und Erinnerungen, die die Art und Weise der Zwangsvollstreckung oder das vom Vollstreckungsgericht bei der Zwangsvollstreckung zu beachtende Verfahren betreffen. Dabei wird sich der Gläubiger im Wege der Erinnerung dagegen wehren, wenn sich der Gerichtsvollzieher weigert, den Zwangsvollstreckungsauftrag zu übernehmen bzw. weisungsgemäß durchzuführen, wenn er die Erledigung des Auftrags verzögert, oder aber wenn die Einstellung oder Beschränkung der Zwangsvollstreckung zu Unrecht erfolgt ist. Eine Erinnerung des Schuldners will die Zwangsvollstreckung ganz oder teilweise verhindern und kann sich auf Mängel des Vollstreckungstitels, das Fehlen einer ordnungsgemäßen Vollstreckungsklausel oder eine mangelnde Umschreibung der Klausel auf den Rechtsnachfolger gründen.

Allen Einwendungen des § 766 ZPO ist gemein, daß sie sich nur gegen die **Art und Weise der Zwangsvollstreckung** im Vollstreckungsverfahren wenden, keinen Angriff aber auf die im Erkenntnisverfahren ergangene materiell-rechtliche Entscheidung bedeuten. Derartige Einwendungen des Schuldners gegen den durch das Urteil oder den sonstigen Vollstreckungstitel ausgesprochenen Anspruch sind nicht vom Vollstreckungsorgan und daher nicht im Erinnerungsverfahren zu prüfen; Rechtsweg hierfür ist die Vollstreckungsabwehrklage des § 767 ZPO.[86]

6. Abgrenzung von Abänderungsklage und negativer Feststellungsklage

150 Die Abänderungsklage dient der Anpassung der in § 323 I, IV ZPO genannten Unterhaltstitel **Urteil, gerichtlicher Vergleich, vollstreckbare Urkunde** und **Titel im vereinfachten Verfahren**. Soweit es um eine Korrektur dieser Titel geht, besteht für eine negative Feststellungsklage kein Rechtsschutzbedürfnis.[87] Soll aber eine **einstweilige Anordnung** nach § 620 Nr. 4, 6 ZPO oder eine **Leistungsverfügung** auf Unterhalt nach § 940 ZPO abgeändert werden, steht hierfür als Rechtsbehelf die negative Feststellungsklage zur Verfügung. Mit ihr kann der Unterhaltsschuldner den Bestand des Unterhaltsanspruchs in einem ordentlichen Rechtsstreit abklären, während der Unterhaltsgläubiger für eine endgültige Unterhaltsfestsetzung die Leistungsklage zur Verfügung hat. Soll ein **im Anordnungsverfahren geschlossener Vergleich** abgeändert werden, so kann dieser im Wege der Abänderungsklage nur angepaßt werden, wenn er eine endgültige und über den Umfang des einstweiligen Anordnungsverfahrens hinausgehende Regelung darstellen soll. Nur dann kann er mit der Abänderungsklage korrigiert werden. Ansonsten aber kann ein Prozeßvergleich, durch den nichts anderes erreicht werden soll als eine abschließende Regelung des einstweiligen Anordnungsverfahrens, keine weitergehende Wirkung entfalten, als sie eine einstweilige Anordnung auch gehabt hätte.[88] Stellt der Vergleich daher nur eine vorläufige Regelung dar, ist er vom Unterhaltsschuldner mit der negativen Feststellungsklage und nicht mit der Abänderungsklage anzugreifen.

Da die Vollstreckungsabwehrklage des § 767 ZPO gem. § 795 ZPO bei allen in § 794 ZPO aufgeführten Titeln zulässig ist, kann sich der Schuldner sowohl mit einer Vollstreckungsabwehrklage als auch mit der negativen Feststellungsklage gegen einstweilige Anordnungen wenden. Soll mit den rechtshemmenden oder rechtsvernichtenden Einwendungen lediglich die Vollstreckbarkeit der einstweiligen Anordnung beseitigt werden, wird der Unterhaltsverpflichtete die Vollstreckungsabwehrklage bemühen.[89] Wendet sich

---

[86] Zöller/Stöber, aaO § 766, Rn 5
[87] BGH, NJW 1983, 3142
[88] BGH, FamRZ 1991, 1175, 1176
[89] BGH, FamRZ 1983, 355, 356

3. Abschnitt: Die Schaffung und Abänderung von Unterhaltstiteln § 8

der Unterhaltsschuldner gegen den materiell-rechtlichen Bestand der einstweiligen Anordnung selbst, wird er negative Feststellungsklage erheben.[90]

Soweit der Unterhaltsschuldner durch einfachere Rechtsbehelfe eine Abänderung oder den Wegfall der einstweiligen Anordnung erreichen kann, ist diese Vorgehensweise vorrangig vor einer negativen Feststellungsklage (vgl. dazu § 620 b I S. 1 ZPO i.V. m. § 641 e, f und § 644 ZPO).

7. Die Abgrenzung zwischen Abänderungs- und Zusatz- bzw. Nachforderungsklage

Mit der Zusatz- bzw. Nachforderungsklage wird über den Ersttitel hinaus ein weiterer 151 Unterhaltsbetrag geltend gemacht, der entweder den Streitgegenstand des Vorverfahrens betrifft oder aber – bei gleicher Parteirolle – nicht streitgegenständlich ist. Hierfür steht entweder der Weg der zusätzlichen Leistungsklage des § 258 ZPO oder die Abänderungsklage nach § 323 ZPO zur Verfügung.

Der BGH geht davon aus, daß ein im Vorprozeß voll obsiegender Unterhaltsberechtigter **Nachforderungen** (innerhalb des gleichen Streitgegenstands) nur unter den Voraussetzungen des § 323 ZPO **durch Abänderungsklage** geltend machen kann.[91] Damit lehnt der BGH die Lehre von der Zusatzklage ab, wonach der Unterhaltsberechtigte – ohne Beschränkung nach § 323 ZPO – Nachforderungen durch Leistungsklage geltend machen kann, da dieser Teil des gesamten Unterhaltsanspruchs im Vorprozeß nicht Verfahrensgegenstand war (Fall der sog. verdeckten Teilklage). In einer weiteren Entscheidung hat der BGH erneut die Möglichkeit einer verdeckten Teilklage abgelehnt und festgestellt, daß im Zweifel eine Vermutung dafür spreche, daß im Vorprozeß der Unterhalt in voller Höhe geltend gemacht worden sei.[92] Nur dann, wenn sich der Kläger im Erstverfahren ausdrücklich oder ansonsten erkennbar eine Nachforderung vorbehalten und damit eine offene Teilklage erhoben hat, kann somit ein bis dahin nicht titulierter Differenz- oder Zusatzbetrag durch Leistungsklage kumulativ geltend gemacht werden.[93] Um eine solche Teilklage handelt es sich, wenn der bisher titulierte Unterhalt zeitlich begrenzt ist, nur einen Grundbetrag darstellen soll (z. B. nur den Elementarunterhalt als Teil des einheitlichen Gesamtunterhaltes umfaßt) oder über einen freiwillig bezahlten Betrag hinaus ein sogenannter Spitzenbetrag begehrt wird.

Im letzteren Fall wird in dem Ersturteil lediglich über den Spitzenbetrag entschieden, wenngleich das Gericht inzidenter in seinem Teilurteil feststellen mußte, daß auch der freiwillig bezahlte Betrag geschuldet ist. Dieses Urteilselement wird jedoch – da nicht streitgegenständlich – von der Rechtskraft des Teilurteils nicht umfaßt.[94]

Stellt nunmehr der Unterhaltsschuldner (auch) seine freiwillige Zahlung (den sog. 152 Sockelbetrag) ein, kann der Unterhaltsgläubiger im Wege der **Zusatzklage** den bisher freiwillig gezahlten Betrag gem. § 258 ZPO einklagen. Will nunmehr der Unterhaltsschuldner (nach Titulierung auch des Sockelbetrages) diesen allein oder den Gesamtbetrag in Wegfall geraten lassen, muß er gegen jedes der beiden Teilurteile (wobei das zweite Urteil ein sog. Schlußurteil ist) im Wege der Abänderungsklage vorgehen. Ist der Sockelbetrag noch nicht tituliert, kann der Unterhaltsschuldner im Fall reduzierter Leistungsfähigkeit durch Einschränkung seiner freiwilligen Zahlungen dem Rechnung tragen.[95] Im niedrigsten Fall bleibt dann der titulierte Spitzenbetrag zur Zahlung fällig. Meint der Unterhaltsschuldner, gar keinen Unterhalt mehr zu schulden oder jedenfalls einen geringeren als den Sockelbetrag, muß er dies im Wege der Abänderungsklage gegen das Urteil bezüglich des Spitzenbetrages geltend machen. Auf der anderen Seite kann der Unterhaltsgläubiger, sofern der Sockelbetrag noch nicht tituliert ist, im Wege der Nachforde-

---

[90] Johannsen/Henrich/Brudermüller (Fn. 49), aaO Rn 26
[91] BGH, FamRZ 1961, 263
[92] BGH, FamRZ 1987, 259, 262
[93] BGH, FamRZ 1995, 729, 730; 1993, 945, 946
[94] BGH, FamRZ 1995, 729, 730; 1993, 945, 946; 1991, 320
[95] BGH, FamRZ 1993, 945

rungsklage auch über die Summe von Sockel- und Spitzenbetrag hinaus weitere Unterhaltsbeträge einklagen.[96]

Liegt ein **zeitlich befristetes Unterhaltsurteil** vor, kann eine Abänderung bis zum Fristende nur mit der Abänderungsklage geltend gemacht werden. Ab Fristende ist nur die Leistungsklage als Erstklage zulässig, da insoweit keine Vorentscheidung vorliegt und es sich beim neuen Klagzeitraum um einen anderen Streitgegenstand handelt.

Besitzt der Kläger ein Unterhaltsurteil, welches (nur) den **Elementarunterhalt** betrifft, ohne daß sich der Kläger dies im Vorprozeß derart (als Teilklage) vorbehalten hatte, ist daraus zu schließen, daß er den gesamten ihm zustehenden Unterhalt geltend machen und sich keine Nachforderung vorbehalten wollte. Will er nunmehr zusätzlich Vorsorge- oder Krankenvorsorgeunterhalt geltend machen, kann er dies nur unter den Voraussetzungen des § 323 ZPO, damit erst dann, wenn sich die im Vorprozeß maßgeblichen **Verhältnisse wesentlich geändert** haben.[97] Dies bedeutet, daß aus Gründen der Billigkeit in einer aus anderen Gründen zulässigen Abänderungsklage zusätzlich – sozusagen im Wege der Nachforderung – weitere Elemente des einheitlichen Unterhaltsanspruchs (nämlich Alters- bzw. Krankenvorsorgeunterhalt) verlangt werden können. Mit Brudermüller[98] ist dies im Ergebnis nichts anderes als ein Weg zur Fehlerberichtigung im Wege einer verdeckten Zusatzklage, wobei diese Umstände (nämlich der Bedarf an Vorsorgeunterhalt) bereits zur Zeit des ersten Verfahrens vorgelegen haben können.

152a Diese Rechtsprechung gilt für Sonderbedarf (§ 1613 BGB) nicht, da die Abänderungsklage des § 323 ZPO **nur Ansprüche auf regelmäßig wiederkehrende Leistungen** betrifft, ein Sonderbedarf als einmaliger, unregelmäßiger Bedarf[99] somit durch Leistungsklage geltend gemacht werden muß. Wird aber der Sonderbedarf zum Dauerzustand (die einmalige Krankenbehandlung wird zum Dauerzustand und erhöht damit ab sofort den Lebensbedarf des Unterhaltsberechtigten), ist hinsichtlich dieser (wiederkehrenden) Mehrzahlungen die Abänderungsklage eröffnet.

152b Einer Zusatzklage bedarf es auch dann, wenn nur ein Titel über den Trennungsunterhalt vorliegt und der Gläubiger nunmehr **Nachscheidungsunterhalt** begehrt. Hierbei handelt es sich strenggenommen nicht um eine Zusatzklage, sondern um eine Erstklage mit völlig neuem Streitgegenstand, was Klagzeitraum und Klaggründe anbelangt (§ 1361 BGB bzw. §§ 1569 ff BGB).[100]

Demgegenüber ist der Unterhaltsanspruch des minderjährigen Kindes identisch mit jenem nach Eintritt der Volljährigkeit.[101]

Hat sich ein Unterhaltsschuldner einseitig zur Zahlung von Kindesunterhalt verpflichtet, ist wie folgt zu unterscheiden:

Hat sich der Unterhaltsschuldner zu weniger als dem gesetzlichen Unterhalt (im Zweifel mindestens der Regelunterhalt) verpflichtet, wäre die rügelose Entgegennahme dieser Unterzahlung ein unwirksamer Unterhaltsverzicht i. S. d. § 1614 I BGB. Der Unterhaltsgläubiger könnte jederzeit im Wege der Erstklage (weil die vollstreckbare Urkunde nichtig ist) Unterhalt in der gesetzlichen Höhe geltend machen.

Beinhaltet die Urkunde den gesetzlichen **Unterhaltsanspruch des Kindes**, kann dieses den nach seinen Vorstellungen geschuldeten Unterhalt trotz Vorliegens einer wirksamen Urkunde im Wege der Erstklage geltend machen. Wäre es von vornherein auf eine Abänderungsklage beschränkt, hätte der Unterhaltsschuldner durch Errichten einer derartigen Urkunde (auch vor dem Jugendamt) die Möglichkeit, einen im Verhältnis zu seiner Leistungsfähigkeit zu geringen Unterhalt zu beurkunden mit der Folge, daß diese Grundlage möglicherweise bindend und nur eine relative Anpassung möglich wäre. Beispiel: Der Unterhaltsschuldner anerkennt vor dem Jugendamt einen monatlichen Kindesunterhalt in Höhe von 350 DM (statt, wie es seinem Nettoeinkommen von monatlich

---

[96] BGH, FamRZ 1991, 320
[97] BGH, FamRZ 1985, 690 = R 259
[98] Johannsen/Henrich/Brudermüller, aaO Rn 23
[99] Hierzu BGH, FamRZ 1984, 470, 472 = R 202 f
[100] BGH, NJW 1985, 1340 = R 251 a
[101] BGH, NJW 1984, 1613 = R 209

3. Abschnitt: Die Schaffung und Abänderung von Unterhaltstiteln   § 8

4000 DM entspricht, von 450 DM). Erhöht sich nunmehr sein Einkommen auf 6000 DM monatlich netto, könnte im Falle der Anwendung des § 323 ZPO drohen, daß das Kind statt 675 DM Kindesunterhalt nur einen solchen in Höhe von monatlich 525 DM erlangt und der Grundsatz der entsprechenden Abänderung i. S. d. § 323 I ZPO ernst genommen wird.

Eine einseitige Unterhaltsverpflichtung (und einseitige Titelschaffung) eröffnet damit nur dann den Rechtsweg des § 323 ZPO, wenn sich der Unterhaltsberechtigte ausdrücklich oder konkludent mit Grund und Höhe der Urkunde einverstanden erklärt hat, sozusagen seine Zustimmung eine vertragliche Unterhaltsregelung im Umfange seines gesetzlichen Anspruchs herbeiführt. Dann will der Unterhaltsgläubiger diesen konkreten Unterhaltsbetrag für und gegen sich geltend lassen, bis sich die diesem Titel zugrundeliegenden Umstände wesentlich verändert haben. Diese Zustimmung kann der Unterhaltsgläubiger auch durch (erstmalige) Erhebung der Abänderungsklage zeigen. Die von Gottwald[102] in diesem Zusammenhang aufgezeigte Wahlmöglichkeit zwischen Erst- und Abänderungsklage entspricht der Rechtsprechung des BGH.[103] 152c

8. Abgrenzung zwischen Abänderungsklage und Rechtsmittel

Da die Abänderungsklage nach § 323 ZPO keine Rechtskraft des abzuändernden Urteils voraussetzt, kann zwischen der Abänderungsklage und der Berufung dann eine **Wahlmöglichkeit** bestehen, wenn die Korrektur auf Gründe gestützt wird, die nach dem Schluß der mündlichen Verhandlung im Vorprozeß entstanden sind. Diese doppelte Rechtsmöglichkeit besteht aber nur, solange es noch nicht zu einem Berufungsverfahren gekommen ist, in welchem die Abänderungsgründe im Wege zulässiger Anschließung und Klagerweiterung geltend gemacht werden können.[104] Kommt als Rechtsmittel nur die Revision in Betracht, ist daneben weiter die Abänderungsklage zulässig, da mit der Revision die Änderung der tatsächlichen Verhältnisse nicht gerügt werden kann. Daher hat jede Partei die Wahl, ob sie selbst Rechtsmittel einlegen oder Abänderungsklage erheben will.[105] Eine selbständige Abänderungsklage neben dem laufenden Rechtsmittel ist aber unzulässig. Wird nach Erhebung einer Abänderungsklage Berufung eingelegt, ist die Abänderungsklage bis zum rechtskräftigen Abschluß des Vorprozesses auszusetzen (§ 148 ZPO). 153

Ist ein **Berufungsverfahren** anhängig, so hat der Berufungsführer mangels Rechtsschutzbedürfnisses kein Wahlrecht. Er muß alle Veränderungen, die nach Schluß der mündlichen Verhandlung in erster Instanz eingetreten sind, im Rahmen der Berufung (möglicherweise auch im Wege der Klagerweiterung, die auch nach Ablauf der Berufungsbegründungsfrist möglich ist[106]), geltend machen. Hat der Gegner der Abänderungspartei Berufung eingelegt, hat die Abänderungspartei alle im Verlaufe eines Rechtszugs bereits eingetretenen Änderungen im Wege der Anschlußberufung bzw. der Antragserweiterung vorzutragen. Eine selbständige Abänderungsklage ist aus Gründen der Einheitlichkeit der Entscheidung nicht statthaft.[107] Verliert die Anschließung der Abänderungspartei infolge Rücknahme oder Verwerfung der Berufung ihre Wirkung, kann von der Abänderungspartei Abänderungsklage erhoben werden, wobei diese Klage als schon zum Zeitpunkt der Anschließung erhoben gilt.[108] Damit kann der bisherige Titel rückwirkend auf den Zeitpunkt der wirkungslos gewordenen Anschließung abgeändert werden, so daß die Abänderungspartei in ihrer Rechtsstellung nicht vom Ausgang des Berufungsverfahrens abhängig ist.

Daß neben einem Berufungsverfahren gleichzeitig nicht auch ein Abänderungsklag-

---
[102] MünchKommZPO/Gottwald, aaO Rn 76
[103] BGH, FamRZ 1984, 997; 1980, 342, 343
[104] Zöller/Vollkommer, ZPO, 21. Aufl., § 323, Rn 13
[105] MünchKommZPO/Gottwald, aaO Rn 31
[106] BGH, FamRZ 1982, 1198
[107] BGH, FamRZ 1986, 43, 44
[108] BGH, FamRZ 1988, 601

verfahren geführt werden kann, ergibt sich im übrigen daraus, daß eine endgültige (nicht rechtskräftige) Verurteilung im Vorprozeß vorliegen muß. Dies ist aber gerade im Falle der Berufungseinlegung nicht der Fall; hier liegt keine bereits erfolgte Verurteilung im Sinne einer endgültigen Regelung vor.

153a Nach **Rücknahme der Berufung** und **Ausfall der Anschlußberufung** muß die Abänderungsklage allerdings innerhalb der 6-Monats-Frist des § 212 II BGB erhoben werden, wenn die Vorwirkung des Abänderungsbegehrens erhalten bleiben soll.

Wird die Berufung als unzulässig verworfen oder mit oder ohne Einlegung des Rechtsmittels vom Beklagten zurückgenommen, ist der Schluß der letzten mündlichen Verhandlung in erster Instanz der für § 323 II ZPO maßgebende Präklusionszeitpunkt. Wird nicht nur die Berufung, sondern auch die Klage zurückgenommen, ist auf die letzte Tatsachenverhandlung eines etwaigen Vorprozesses abzustellen. Der Ansicht Brudermüllers[109] unter Bezugnahme auf den BGH,[110] im Falle einer erfolgten mündlichen Verhandlung in der Berufungsinstanz sei bei Berufungsrücknahme als Präklusionszeitpunkt der Schluß der letzten mündlichen Verhandlung vor dem Berufungsgericht maßgebend, kann nicht gefolgt werden. Ein zurückgenommener Klagantrag oder eine zurückgenommene Berufung haben die Wirkung des Verlustes des eingelegten Klagantrages oder des eingereichten Rechtsmittels (§§ 269 III, 515 III ZPO). Rechtswirkungen wie die Verschiebung des Präklusionszeitpunktes durch das wirkungslos gewordene Klagverfahren oder Rechtsmittel können daher nicht eintreten.

Gem. § 323 II ZPO ist gegen ein Versäumnisurteil die Abänderungsklage jedoch nur dann zulässig, wenn eine Einspruchsmöglichkeit nicht oder nicht mehr besteht.[111]

9. Zulässigkeit der Abänderungsklage

154 a) **Allgemeine Prozeßvoraussetzungen.** Die **örtliche Zuständigkeit** bestimmt sich nach den allgemeinen Regeln, so daß Ehegattenunterhalt normalerweise beim allgemeinen Gerichtsstand des Wohnsitzes des Beklagten (§§ 12, 13 ZPO) geltend zu machen ist, während Kindesunterhaltsverfahren im allgemeinen Gerichtsstand des Kindes oder seines gesetzlichen Vertreters anhängig zu machen sind (§ 642 I ZPO). Ist ein derartiges Kindesunterhaltsverfahren derzeit anhängig, kann als Gerichtsort für eine Ehegattenunterhaltsklage der Gerichtsstand des Kindes (zwecks einheitlicher Entscheidung) gewählt werden (§ 642 III ZPO). Eine Fortdauer der Zuständigkeit des früheren Prozeßgerichts, wie dies § 767 I ZPO für die Vollstreckungsgegenklage vorsieht, gibt es bei der Abänderungsklage nicht.

Hinsichtlich der **sachlichen Zuständigkeit** gelten die Vorschriften der §§ 23 a Nr. 2, 23 b Nr. 5 und 6 GVG mit der Folge, daß die Verfahren vor dem Amtsgericht – Familiengericht in erster Instanz zu führen sind; die Zuständigkeit des Oberlandesgerichts in zweiter Instanz ergibt sich aus § 119 I Nr. 2 GVG.

Eine weitere allgemeine Prozeßvoraussetzung ist, daß das vorausgegangene Unterhaltsverfahren abgeschlossen sein muß.[112] Dies bedeutet keine Rechtskraft des Vorprozesses, vielmehr nur materiellen Bestand der Erstverurteilung. Die Abänderungspartei muß deutlich machen bzw. davon ausgehen, daß es (für den Vorprozeß) bei der Erstentscheidung bleibt, die damit zum Maßstab der entsprechenden Abänderung (als feste Größe) gewählt wird. Von dieser Endgültigkeit der Erstentscheidung kann dann nicht ausgegangen werden, wenn Berufung eingelegt wurde. Schon aus diesem Grund ist daher eine Abänderungsklage neben einer Berufung nicht zulässig. Die Abänderungspartei verdeutlicht ihre Absicht, das Ersturteil als bestandskräftig anzusehen, indem sie, vor Rechtskraft, Abänderungsklage erhebt. Damit macht sie deutlich, daß das vorausgegangene Urteil die Grundlage der künftigen Abänderung darstellen soll.

Gegenläufige Abänderungsklagen sind streitgegenständlich identisch. Dem zeitlich

---

[109] Johannsen/Henrich/Brudermüller, aaO Rn 100
[110] BGH, FamRZ 1988, 493 ff; 1986, 43, 44
[111] BGH, FamRZ 1982, 793 = R 121 a
[112] MünchKommZPO/Gottwald, aaO Rn 44 a

später bei einem anderen Gericht eingeleiteten Abänderungsprozeß steht die Vorschrift des § 261 III Nr. 1 ZPO entgegen.[113] Beide Abänderungsklagen können aber gem. § 33 ZPO beim Erstprozeß im Wege der Widerklage verbunden werden.

b) Besondere Prozeßvoraussetzungen. Das Abänderungsverfahren bedarf eines Abänderungstitels nach § 323 I, IV ZPO, nämlich eines Leistungsurteils (auch Anerkenntnis-[114] und Versäumnisurteil[115]). Hierzu gehören auch ausländische Urteile, soweit sie im Inland anerkannt werden.[116] Auch Titel aus der früheren DDR unterfallen § 323 ZPO.[117] Allerdings muß die abzuändernde Entscheidung künftig fällig werdende wiederkehrende Leistungen betreffen (§ 258 ZPO); rechtskräftig muß die Vorentscheidung nicht sein.

Ferner verlangt das Abänderungsverfahren des § 323 ZPO eine Identität des Streitgegenstandes. Damit ist aber nicht gemeint, daß Vorprozeß und Abänderungsverfahren den gleichen Streitstoff (Sachverhalt und Klagantrag) enthalten müssen. Vielmehr bedarf es nur einer Verfahrensübereinstimmung dem Grunde nach. Diese Übereinstimmung besteht zwischen dem Unterhaltsanspruch des Kindes gegen seine Eltern vor und nach Eintritt der Volljährigkeit,[118] auch wenn sich zwischenzeitlich die Leistungsform (Bar- statt Naturalunterhalt) geändert hat.[119] Eine Identität besteht beim Kindesunterhalt auch zwischen einer Verbundentscheidung und der nachfolgenden Abänderung durch das Kind selbst, sobald das Scheidungsverfahren rechtskräftig abgeschlossen ist. Dann ist nämlich die gesetzliche Prozeßstandschaft des einen Elternteils (§ 1629 III S. 1 BGB) erloschen mit der Folge, daß die Prozeßführungsbefugnis auf das (minderjährige oder inzwischen volljährige) Kind zurückfällt;[120] nunmehr ist das Kind allein aktivlegitimiert, möglicherweise gesetzlich vertreten durch einen Elternteil. Mit Volljährigkeit des Kindes tritt es automatisch – auch hinsichtlich der Unterhaltsrückstände – in den Rechtsstreit ein, und zwar auch im Verbundverfahren.[121]

Keine Identität besteht zwischen Trennungs- und Nachscheidungsunterhalt. Insoweit muß hierbei der Gläubiger eine neue Leistungsklage nach § 258 ZPO erheben; der Schuldner kann sich gegen seine Inanspruchnahme aus einem Trennungsunterhalt für die Zeit nach der Scheidung mit der Vollstreckungsgegenklage des § 767 ZPO wehren.

c) Identität der Parteien. Die Parteien des Abänderungsverfahrens müssen mit denen des Vorprozesses identisch sein; allerdings reicht aus, daß sich die Rechtskraft der Vorverurteilung auf sie erstreckt.[122] Klagebefugt ist auch der Rechtsnachfolger, z. B. das Land gem. § 37 I BAföG[123] oder der Sozialhilfeträger nach § 91 BSHG in Höhe des übergegangenen Anspruchs der Partei.

d) Die Behauptung der wesentlichen Veränderung. Als weitere besondere Prozeßvoraussetzung verlangt die Abänderungsklage die Behauptung, daß eine wesentliche Veränderung der Verhältnisse nach Schluß der mündlichen Verhandlung im Vorprozeß eingetreten sei. Dies ist Zulässigkeitsvoraussetzung.[124] Fehlt eine derartiger Sachvortrag, ist die Abänderungsklage unzulässig. Stellt sich die Behauptung der wesentlichen Änderung als unwahr dar oder ist die Änderung selbst nur unwesentlich, ist die Klage nach § 323 ZPO unbegründet. Die Änderung muß ferner bereits eingetreten sein; auch darf es sich nicht um eine bloße Prognose handeln. Daß die wesentliche Veränderung nur vorübergehend ist, ist nicht entscheidungserheblich. Diese zeitlich befristete Änderung führt damit zu einer entsprechend zeitlich begrenzten Urteilsabänderung, wie etwa zu einer Unterhaltsversagung mangels Leistungsfähigkeit für die voraussichtliche Dauer der Strafhaft des

---

[113] BGH, FamRZ 1998, 99, 100; FamRZ 1997, 488
[114] BGH, FamRZ 1981, 862 = R 78
[115] BGH, FamRZ 1982, 792 = R 121 a
[116] BGH, FamRZ 1992, 1060, 1062
[117] BGH, FamRZ 1997, 281 = R 509 a; 1995, 544 ff
[118] BGH, FamRZ 1984, 682 = R 209
[119] OLG Karlsruhe, FamRZ 1995, 938
[120] BGH, FamRZ 1986, 345
[121] BGH, FamRZ 1985, 471, 473 = R 252 e; 1983, 474, 475 = R 159 b
[122] BGH, FamRZ 1982, 587, 588 = R 111 a
[123] BGH, FamRZ 1992, 1060
[124] BGH, FamRZ 1984, 353, 355

Unterhaltsschuldners.¹²⁵ Nach Ende des vorübergehenden Ereignisses lebt damit der Ersttitel in seiner ursprünglichen Höhe wieder auf. Soweit sich die Prognose einer vorübergehenden Leistungseinschränkung nicht bewahrheitet (z. B. durch Verlängerung der Strafhaft infolge weiterer Verurteilungen), ist dem Unterhaltsschuldner eine Abänderung des Abänderungsurteils unbenommen.

10. Begründetheit der Abänderungsklage

158 a) **Wesentlichkeit der Änderung.** Nach § 323 I ZPO müssen sich die Verhältnisse, die für die Verurteilung, für die Höhe oder die Dauer der Verurteilung maßgebend waren, wesentlich geändert haben. Dabei kommt es nicht auf das Ausmaß einzelner veränderter Umstände an, sondern darauf, ob die für die Unterhaltsbemessung maßgeblichen Verhältnisse wesentlich verändert sind.¹²⁶ Wesentlich ist die Änderung dann, wenn sie in einer nicht unerheblichen Weise zu einer anderen Beurteilung des Bestehens, der Höhe oder der Dauer des Anspruchs führt.¹²⁷ Dieses Merkmal der Wesentlichkeit im Rahmen des § 323 I ZPO ist materiellrechtlicher, nicht prozessualer Natur. Konkret gehen die Rechtsprechung und Lehre davon aus, daß eine Änderung von etwa 10 % des Unterhaltsanspruchs als wesentlich anzusehen ist; bei beengten wirtschaftlichen Verhältnissen kann der Prozentsatz aber durchaus darunter liegen.¹²⁸

158a Zum Begriff des Wesentlichkeit gehört in gewisser Weise auch die **Nachhaltigkeit**. Eine kurzfristige Arbeitslosigkeit wird daher nicht als wesentlich angesehen.¹²⁹ Kurzfristige Einkommens- oder Bedarfsschwankungen sollen unwesentlich sein. Hier ist aber Zurückhaltung geboten. Berücksichtigt man den Streitwert in Unterhaltssachen (Jahresstreitwert gem. § 17 I GKG hinsichtlich des laufenden Unterhaltes), so kommt schon dem Wegfall oder der Begründung einer Unterhaltsrente **für einen Monat** fast eine 10 %ige, damit wesentliche Bedeutung zu, wenngleich im Tatsächlichen die Laufdauer einer Unterhaltsrente in der Regel gem. § 258 ZPO zeitlich unbefristet ist. Sollte allerdings in vermögenden Verhältnissen der Streit einen Monatsunterhalt von mehr als 1500 DM betreffen, könnte im Hinblick auf die Berufungssumme des § 511 a ZPO und die damit vom Gesetzgeber angenommene Bedeutung der Sache durchaus von einer wesentlichen Veränderung beim bloßen Streitgegenstand eines Monatsunterhaltes gesprochen werden. Daß hierbei nur ein Monatsbetrag und keine fortlaufende Rente abzuändern ist, kann nicht entscheidend sein. Denn nach dem Gesetzeswortlaut des § 323 I ZPO muß es sich nur bei der Erstverurteilung um wiederkehrende Leistungen handeln, nicht aber für den Abänderungsstreitgegenstand.

Die Änderung muß tatsächlicher Art sind. Eine neue und abweichende Bewertung gleichgebliebener Umstände genügt nicht. Beruht die vom Erstrichter zugrunde gelegte Prognose auf einer unrichtigen Bewertung der maßgeblichen Umstände, kann dieser Fehler nur mit einem **Rechtsmittel**, nicht mit der Abänderungsklage korrigiert werden.¹³⁰ Grundsätzlich ist der Abänderungsrichter an die Bewertung des Erstrichters gebunden.¹³¹ Dies kann aber aus Gründen der materiellen Gerechtigkeit dann nicht gelten, wenn sich im Rahmen einer ansonsten zulässigen Abänderungsklage die rechtliche Bewertung des Erstrichters als falsch erweist und das Festhalten an ihr zu einem unerträglichen Ergebnis führen würde. Hier muß der allgemeine Billigkeitsgedanke korrigierend eingreifen.

158b Kein Abänderungsgrund sind neue Beweismöglichkeiten, bloße Änderungen von **Tabellensätzen** oder **Eckwerten**, es sei denn, der Abänderungskläger könne die früheren Tabellensätze als maßgeblichen Umstand der erstmaligen Unterhaltsfestsetzung angeben

---

[125] BGH, FamRZ 1982, 792 = R 121 c
[126] BGH, FamRZ 1985, 53, 56 = R 230 b
[127] BGH, FamRZ 1984, 353, 355
[128] BGH, FamRZ 1992, 539 = R 444 a
[129] BGH, FamRZ 1996, 345 = R 497
[130] BGH, NJW-RR 1986, 938, 939
[131] BGH, NJW-RR 1992, 1091, 1092

3. Abschnitt: Die Schaffung und Abänderung von Unterhaltstiteln § 8

und die jetzige Veränderung der Tabellensätze sei wesentlich i. S. d. § 323 I ZPO. Dies gilt z. B. nicht, wenn im Vorprozeß die Unterhaltshöhe konkret nach dem jeweiligen Bedarf bestimmt worden ist. Hier gehören somit Tabellensätze nicht zu den maßgeblichen, veränderten Umständen, die zu einer Korrektur führen könnten.

Neben der Veränderung der tatsächlichen Verhältnisse können auch **Prognoseänderungen** zu einer Abänderung führen. Ist das Ersturteil anspruchsverneinend davon ausgegangen, daß ab einem bestimmten Zeitpunkt die Bedürftigkeit infolge Wiedereingliederung in das Berufsleben wegfallen werde, und ist diese Erwartung nicht eingetreten, kann dies zu einer Abänderung des Ersturteils und Fortführung der Alimentierung über den Prognosezeitraum hinaus führen.[132]

Schließlich können auch im Ersturteil zugrunde gelegte **Fiktionen** einer Änderung unterzogen werden: Ist dem arbeitslosen Abänderungskläger im Ersturteil aus Gründen der unterhaltsrechtlichen Leichtfertigkeit ein fiktives Einkommen angerechnet worden, wird ihm im Abänderungsurteil ein solches nicht mehr entgegengehalten werden, wenn er sich hinreichend um die Erlangung einer neuen Arbeitsstelle bemüht und eine solche nicht gefunden hat.[133] Ähnlich ist die Sachlage, wenn der arbeitslose Abänderungskläger aufgrund hinreichender Bemühungen eine neue Arbeitsstelle findet, bei der er allerdings erheblich weniger verdient, als ihm bisher fiktiv angerechnet worden ist. Auch in diesem Fall muß der Partei nach einer gewissen Zeitspanne ein Abänderungsverfahren möglich sein, wenn nicht eine einmal bemühte Fiktion oder Prognose unwandelbar werden soll mit der Folge, daß auf Dauer keine Korrektur des Ersttitels erfolgen könnte. Dies ist mit dem auf § 242 BGB beruhenden Gedanken der clausula rebus sic stantibus nicht vereinbar.

158c

Wesentlicher Änderungsgrund ist indessen die Änderung der Gesetzgebung.[134] Ändert sich die Rechtsprechung, so kann dies für sich allein für eine Abänderung eines Urteils nicht ausreichen. Allerdings ist der Abänderungsrichter nicht gehindert, die neue Rechtsansicht bzw. die veränderte Rechtsprechung seiner Entscheidung zugrunde zu legen. Denn an die Rechtsansicht des Erstrichters besteht keine Bindung;[135] auch kann der Abänderungsrichter Rechtsfehler des Erstgerichts korrigieren.[136] Hat allerdings das Bundesverfassungsgericht eine Norm für unvereinbar mit dem Grundgesetz erklärt, steht dies einer Gesetzesänderung gleich und ist damit als Abänderungsgrund geeignet.[137]

Für Vergleiche ergibt sich aus dem materiellen Recht die Zulässigkeit einer Abänderung, wenn sich die Rechtsprechung geändert hat.[138] Auf eine veränderte Rechtsansicht oder eine andere Beurteilung der im Ersttitel gewürdigten früheren Umstände kann die Abänderungsklage nicht gestützt werden.[139]

b) Einzelne Abänderungsgründe. Hierzu gehören **Arbeitslosigkeit**, wenn sie nicht nur vorübergehend ist, **Einkommensveränderungen, Lebenshaltungskostensteigerungen, Bedarfsveränderungen infolge höheren Alters, Veränderung des Preisindexes**, wenn dieser Umstand im Ersturteil mitbestimmend war, **Ausschluß- oder Herabsetzungsgründe nach § 1579 BGB**, Eintritt oder Verlust eines Zusatzeinkommens oder einer Rentenleistung, **Wiederverheiratung** oder **Geburt** eines weiteren Kindes, Eintritt des Schülers in das 22. Lebensjahr, Vaterschaftsanfechtung hinsichtlich des in der Ehe geborenen Kindes, erheblicher **Kaufkraftschwund** infolge kriegerischer Ereignisse, vorzeitiges Ausscheiden aus dem Erwerbsleben, Änderung einer Unterhaltstabelle als Ausfluß veränderter Lebenshaltungskosten.

159

c) Nachträgliche Änderung (§ 323 II ZPO). Nach § 323 II ZPO ist die Abänderungsklage nur zulässig, wenn die Gründe, auf die sie gestützt wird, erst nach der letzten Tatsachenverhandlung im Erstverfahren entstanden sind und durch Einspruch nicht mehr

160

---
[132] Dazu Johannsen/Henrich/Brudermüller (Fn. 49), Rn 62
[133] OLG Karlsruhe, FamRZ 1983, 931, 932
[134] So bereits RGZ 166, 303 ff
[135] MünchKommZPO/Gottwald, Rn 68
[136] BGH, FamRZ 1984, 374 = R 194 c
[137] BGH, FamRZ 1990, 1091, 1094
[138] BGH, FamRZ 1983, 569, 573 = R 152 a
[139] BGH, FamRZ 1983, 260, 262 = R 146 c

geltend gemacht werden können. Handelt es sich bei dem Ersturteil um ein Versäumnisurteil, sind somit alle Gründe präkludiert, die durch Einspruch nach § 338 ZPO noch hätten geltend gemacht werden können.[140] Handelt es sich beim Ersturteil um ein Berufungsurteil, ist die letzte mündliche Verhandlung in der Berufungsinstanz maßgebend. Im Falle der Berufungsrücknahme zählt wieder die letzte mündliche Verhandlung in erster Instanz.[141] Sind sich mehrere Abänderungsverfahren gefolgt, so präkludiert der Schluß der Tatsachenverhandlung im letzten Verfahren.[142] Im schriftlichen Verfahren gilt der gem. § 128 II S. 2 ZPO maßgebende Zeitpunkt.

Hat es der Gegner des früheren, auf Unterhaltserhöhung gerichteten Abänderungsprozesses versäumt, die seinerzeit bereits bestehenden, für eine Herabsetzung sprechenden Gründe geltend zu machen, kann er auf diese Gründe keine neue Abänderungsklage stützen. Das gilt auch dann, wenn er dazu im Vorprozeß eine Abänderungsklage hätte erheben müssen.

Maßgeblich ist, wann die wesentliche Veränderung **tatsächlich eingetreten** ist, nicht aber der frühere Zeitpunkt ihrer Voraussehbarkeit. Wäre der Zeitpunkt der Voraussehbarkeit maßgebend, müßte die Abänderungspartei – zur Vermeidung der Präklusionswirkung – eine bedingte Klage erheben, wobei die Bedingung der künftige Eintritt des vorausgesehenen Ereignisses wäre. Da es nach deutschem Prozeßrecht keine bedingte Klage gibt, ist diese Möglichkeit der Abänderung begehrenden Partei verwehrt. Nach dem eindeutigen Wortlaut in § 323 II ZPO („entstanden") ist entscheidend, wann die wesentliche Veränderung tatsächlich eingetreten ist.[143] Auch kommt es nicht darauf an, ob der maßgebliche Umstand erst später bekannt worden ist.[144]

160a Steht der Abänderungskläger kurz vor dem **Hineinwachsen in eine höhere Altersstufe**, kann dieser Umstand bereits ab dem Zeitpunkt des vorhergesehenen Eintrittes in das Ersturteil aufgenommen werden. Hierbei handelt es sich nicht um eine bedingte Klage, sondern um eine **Klage auf künftige** (auf höhere) **Leistungen**, die gem. § 258 ZPO zulässig ist. Allerdings ist die Partei nicht gezwungen, diese künftige Erhöhung in den Vorprozeß aufzunehmen. Da man sich des Eintritts künftiger Ereignisse nicht eine Sekunde gewiß sein kann, gestattet es das Gesetz, die Aktualisierung der Unterhaltshöhe infolge inzwischen eingetretener Veränderungen[145] auch erst im Abänderungsprozeß vorzunehmen.

160b Von Bedeutung – daher ist dies in der gerichtlichen Praxis gar nicht mal so selten – ist die **Präklusion** im Vorprozeß **nicht vorgetragener Umstände**. Da sie unstreitig vor Schluß der letzten mündlichen Verhandlung entstanden sind, spricht der Gesetzeswortlaut des § 323 II ZPO zunächst für eine klare Nichtberücksichtigung im Abänderungsverfahren. Dies ist zwar mit dem Grundsatz der Rechtskraftwirkung zu vereinbaren, nicht aber mit der materiellen Gerechtigkeit. Möglicherweise sind im Vorprozeß weitere Umstände deswegen nicht erwähnt worden, weil es auf sie gar nicht mehr ankam und die Klage auch ohnedies begründet oder abzuweisen war.

Hierbei ist wie folgt **zu unterscheiden**:
- Auf seiten des Klägers stellen die bisher verschwiegenen Tatsachen keinen Abänderungsgrund i. S. d. § 323 II ZPO dar. Ist aber seine Abänderungsklage aus anderen Gründen zulässig, sind die früher verschwiegenen Tatsachen dann zu berücksichtigen, wenn sie nicht zu einer Beseitigung der Rechtskraftwirkung führen.[146] Dies gilt immer dann, wenn auf eine Einwendung des Gegners hin der Abänderungskläger weitere für ihn sprechende Umstände benötigt, um wenigstens den bisherigen Titel aufrechterhalten zu können. Will aber der Abänderungskläger die Erhöhung (oder ausnahmsweise die Herabsetzung) seiner Rente (nachdem er in erster Instanz in voller Höhe Unterhalt geltend gemacht hatte) erreichen, kann der Abänderungskläger die bisher

---

[140] BGH, FamRZ 1982, 792, 793 = R 121 a
[141] BGH, FamRZ 1988, 493
[142] BGH, FamRZ 1998, 99 = R 514
[143] BGH, FamRZ 1992, 162, 163 = R 438
[144] BGH, FamRZ 1982, 687, 688
[145] Dazu Graba, Rn 366
[146] BGH, FamRZ 1987, 259, 261

verschwiegenen Tatsachen nicht unterstützend im Abänderungsverfahren einsetzen. Sie sind verbraucht (vgl. Fußnote 142).
- Das gleiche gilt für den Beklagten des Abänderungsverfahrens, wenn er im Vorprozeß versäumt hat, seine verschwiegenen Einwendungen zum Zwecke der – ausnahmsweisen – Herabsetzung oder Erhöhung des Unterhaltes im Wege der Abänderungswiderklage einzusetzen. Auch dann befindet er sich nämlich in einer (Wider-)Klägerrolle, was gem. § 323 II ZPO ein verspätetes Vorbringen präkludiert.
- Will der Beklagte des Abänderungsverfahrens nur die Abweisung der Abänderungsklage erreichen, ist er mit seinen früher verschwiegenen Tatsachen nicht ausgeschlossen; er kann – ohne Verstoß gegen die Bindungswirkung des Vorurteils – alle früher bereits entstandenen und nicht vorgetragenen Umstände zum Zwecke der Klagabwehr geltend machen.[147] Grund hierfür ist, daß § 323 II ZPO für den Beklagten nicht gilt. Denn nur für die Klage selbst (also nur für die Klägerseite) müssen die sie stützenden Gründe nachträglich entstanden sein; für die Klagerwiderung gilt dies nicht, zumal sie keine Veränderung des bisher bestehenden Rechtszustandes will, sondern ihren Fortbestand wünscht. Somit sprechen auch keine Gründe der Rechtskraftwirkung gegen die Berücksichtigung dieser bisher nicht vorgetragenen Umstände; ihre Einführung in das jetzige Prozeßrechtsverhältnis entspricht der Billigkeit allemal.

Allerdings gilt die Präklusion des § 323 II ZPO nicht für die nicht der Rechtskraft fähigen Titel des § 323 IV ZPO. Dieser Absatz verweist zwar auf die vorstehenden Vorschriften, damit auch auf Absatz II, die Präklusionswirkung ist indessen nur auf Urteile anwendbar.[148] **Prozeßvergleiche** sind somit wie private Rechtsgeschäfte **abänderbar**.[149] Ist ein nicht rechtskraftfähiger Titel durch Urteil abgeändert worden, ist hiergegen die Abänderungsklage mit der Präklusion des § 323 II ZPO eröffnet. Es stehen entweder der Weg der zusätzlichen Leistungsklage des § 258 ZPO oder die Abänderungsklage nach § 323 ZPO zur Verfügung.

Der BGH geht davon aus, daß ein im Vorprozeß voll obsiegender Unterhaltsberechtigter Nachforderungen (beim gleichen Streitgegenstand) nur unter den Voraussetzungen des § 323 ZPO durch Abänderungsklage geltend machen kann.[150] Damit lehnt der BGH die Lehre von der **Zusatzklage** ab, wonach der Unterhaltsberechtigte – ohne Beschränkung nach § 323 ZPO – Nachforderungen durch Leistungsklage geltend machen kann, zumal dieser Teil des gesamten Unterhaltsanspruchs im Vorprozeß kein Verfahrensgegenstand war (Fall der sog. **verdeckten Teilklage**). In einer weiteren Entscheidung hat der BGH erneut die Möglichkeit einer verdeckten Teilklage abgelehnt und ausgeführt, daß im Zweifel eine Vermutung dafür spreche, daß im Vorprozeß der Unterhalt in voller Höhe geltend gemacht worden sei.[151] Nur dann, wenn sich der Kläger im Vorprozeß ausdrücklich oder ansonsten erkennbar eine Nachforderung vorbehalten und damit eine **offene Teilklage** erhoben hat, kann somit ein bis dahin nicht titulierter Differenz- oder Zusatzbetrag durch Leistungsklage kumulativ geltend gemacht werden.[152] Um eine solche Teilklage handelt es sich, wenn der bisher titulierte Unterhalt zeitlich begrenzt ist, nur einen Grundbetrag darstellen soll (z. B. nur den Elementarunterhalt als Teil des einheitlichen Gesamtunterhaltes) oder über einen freiwillig bezahlten Betrag hinaus ein **sog. Spitzenbetrag** begehrt wird.

Im letzteren Fall wird im Ersturteil lediglich über den Spitzenbetrag entschieden, wenngleich das Gericht inzidenter in seinem Teilurteil feststellen mußte, daß auch der freiwillig gezahlte Betrag geschuldet ist. Dieses Urteilselement wird jedoch – da nicht streitgegenständlich – von der Rechtskraft des Teilurteils nicht umfaßt.[153]

d) Entsprechende Änderung (Bindungswirkung). Das Abänderungsurteil nach § 323 I ZPO hat nicht nur die neuen, nach Schluß der letzten mündlichen Verhandlung

---
[147] BGH, FamRZ 1992, 366
[148] BGH, FamRZ 1984, 797; 1983, 22, 25 = R 137
[149] MünchKommZPO/Gottwald, aaO Rn 62
[150] BGH, FamRZ 1961, 263
[151] BGH, FamRZ 1987, 259, 262
[152] BGH, FamRZ 1995, 729, 730; 1993, 945, 946
[153] BGH, FamRZ 1995, 729, 730; 1993, 945, 946

veränderten Umstände zu berücksichtigen, sondern auch die im Ersturteil festgestellten und unverändert gebliebenen Verhältnisse samt ihrer rechtlichen Bewertung der Abänderungsentscheidung zugrunde zu legen. Dies bedeutet keine freie, von der bisherigen Höhe unabhängige Neufestsetzung des Unterhalts, sondern eine Anpassung der bisherigen Entscheidung an die zwischenzeitlich eingetretenen veränderten Verhältnisse unter Wahrung der Grundlagen der abzuändernden Entscheidung. Der Umfang der Anpassung richtet sich zum einen nach der Höhe der nach § 323 II ZPO geänderten Tatsachen nach Schluß der letzten mündlichen Verhandlung und zum anderen nach dem Umfang der Bindungswirkung des früheren Urteils, somit danach, mit welchem Gewicht weitere Umstände zwischen den Parteien für die Bemessung des Unterhalts im Ersturteil bestimmend gewesen sind.

Neben der Wesentlichkeit der Änderung und der Erforderlichkeit der nachträglich eingetretenen Tatsachen ist somit die Bindungswirkung ein drittes Element, welches der Bestandskraft (nicht der Rechtskraft) dient.[154]

In der Praxis wird allerdings die Grenze zwischen nachträglicher Tatsachenänderung und Bindungswirkung häufig verwischt. Dabei ist wie folgt zu trennen:

162a Nachträglich aufgetretene Änderungen sind **objektive Merkmale** und Bestandteile der Abänderungsentscheidung, die oftmals ohne Zutun der Parteien und ohne deren Willen später eingetreten und damit nach § 323 II ZPO zu berücksichtigen sind. Dies ist sozusagen der parteiunabhängige Teil der für die Erstverurteilung maßgebenden Verhältnisse.

Ein weiteres Element dieser Verhältnisse sind aber die subjektiven Parteivorstellungen und Umstände, die ebenfalls mit in die Urteilsfindung im Vorprozeß eingeflossen sind. Hierzu gehören die Ermittlung der Einkommensverhältnisse, die Einbeziehung zusätzlicher Ab- und Zuschläge, die Bewertung besonderer Belastungen und Zugrundelegung fiktiver Einkünfte, Feststellungen zur Leistungsfähigkeit, Bedürftigkeit, zur Anrechnung weiterer Unterhaltspflichtiger oder – berechtigter – zur Nichtanrechnung von Einkommensarten sowie Feststellungen zur Arbeitsfähigkeit. All diese Einzelumstände sind – sozusagen als innerer Bestandteil des Unterhaltsprozesses – in die Erstentscheidung eingeflossen. Dabei haben die Parteien diese Grundlagen der ergangenen Entscheidung entweder dadurch akzeptiert, daß sie das entsprechend ergangene Urteil unangefochten ließen, oder aber sie haben im Rahmen der Verhandlung oder der Vergleichsgespräche diese einzelnen Verhältnisse festgelegt und der nachfolgenden Entscheidung damit aufgezwungen (z. B. dadurch, daß die Partei bestimmte Nebenverdienste als den Bedarf nicht erhöhend angenommen haben oder bestimmte Verbindlichkeiten nicht das Einkommen mindernd – da nicht eheprägend – bewerteten).

Nach der herrschenden Meinung besteht daher eine Bindung hinsichtlich der rechtlichen Beurteilung derjenigen unverändert gebliebenen tatsächlichen Verhältnisse, die der Richter im Vorprozeß festgestellt und für seine Entscheidung über den Unterhalt für maßgeblich gehalten hat. § 323 ZPO lasse nämlich nach h. M. eine Abänderung nur aus Gründen der Billigkeit zu, wobei aus Gründen der Rechtskraftwirkung nur die Korrektur einer Prognoseentscheidung möglich sei, nicht dagegen § 323 ZPO einer ursprünglichen Fehlerbeseitigung dienen solle. Dies bedeutet damit aber auch, daß eine Billigkeitskorrektur selbst dann abgelehnt wird, wenn im Ersturteil fehlerhafte Feststellungen getroffen worden sind. Vielmehr sollen die Feststellungen des abzuändernden Urteils, die nicht von Änderungen betroffen sind, für das Abänderungsgericht bindend sein. Der Unterhaltstitel ist daher nach der herrschenden Meinung unter Wahrung der bisherigen Entscheidungsgrundlagen an die veränderten Verhältnisse anzupassen; eine vollständig freie Neubewertung erfolgt nicht.[155]

162b Allerdings kann keine Bindung an die im Ersturteil zutage getretene **Rechtsansicht** des Erstgerichts bestehen. Hierbei handelt es sich nämlich weder um Tatsachenfeststellungen, die sich nachträglich geändert haben, noch um der Entscheidung immanente Verhältnisse i. S. d. § 323 I ZPO, vielmehr um die Rechtsanwendung des jeweils nur sei-

---

[154] Vgl. insgesamt dazu BGH, FamRZ 1990, 280, 281; 1987, 257, 259, 263 = R 316
[155] BGH, FamRZ 1990, 280, 281

3. Abschnitt: Die Schaffung und Abänderung von Unterhaltstiteln § 8

nem eigenen Gewissen unterworfenen Richters. Weicht diese – dem Unabhängigkeitsgrundsatz entspringende – singuläre Rechtsansicht des Abänderungsrichters von jener im Erstverfahren ab, ist er an letztere nicht gebunden, vielmehr kann er neu und anders bewerten. Auf diese Weise ist er nicht gehindert, **Rechtsfehler** des Erstgerichts zu korrigieren.[156] Nach der Rechtsprechung des BGH besteht aber keine Bindung an jene Feststellungen im Ersturteil, die aufgrund richterlicher Hilfsmittel oder allgemeiner unterhaltsrechtlicher Bewertungskriterien in die Entscheidung eingeflossen sind. Dazu gehört die Berücksichtigung von **Unterhaltsrichtlinien** und **Unterhaltstabellen**.[157] In ihrer Anwendung läge nämlich keine bindende Feststellung über die Bestimmung der ehelichen Lebensverhältnisse i. S. d. § 1578 BGB, die bei einer Abänderungsentscheidung zu berücksichtigen wären.[158] Die gleiche Ausgangslage liegt nach der Ansicht des BGH auch bei Anwendung der **Differenz- oder der Anrechnungsmethode** vor.[159]

Ebenso ist das Abänderungsgericht hinsichtlich der Festlegung des **Erwerbstätigenbonus** ($1/7$ oder 10 %) wie auch bei der Zugrundelegung des Verteilungsschlüssels und der entsprechenden **Verteilungsquote frei** ($3/7$ Quote oder sog. hälftige Partizipation nach Abzug einer Berufspauschale).[160]   **162c**

Schließlich hat der BGH entschieden, daß hinsichtlich der Berücksichtigung eines **Wohnvorteils** bei mietfreiem Wohnen im eigenen Haus keine Bindung durch das Ersturteil erfolge[161] und auch die Art und Weise der **Besteuerung des Einkommens** (hierbei reale oder fiktive Steuerlast) in richterlicher Unabhängigkeit ohne Bindungswirkung durch den Ersttitel berücksichtigt werden könne.[162]

Zwar mag fraglich sein, ob es sich bei der Berücksichtigung der jeweiligen Steuerlast bzw. der Anrechnung des Wohnvorteils noch um unverbindliche Hilfsmittel zur Unterhaltsberechnung handelt oder nicht bereits um die Ausfüllung unbestimmter Rechtsbegriffe wie eheliche Lebensverhältnisse und Bedarf im Rahmen des § 1578 I BGB. Jedenfalls ist die Praxis dem BGH darin gefolgt, in diesen genannten Fällen von keiner Bindungswirkung der Erstentscheidung auszugehen.

Folgerichtig ist, daß auch dann keine Bindung besteht, wenn z. B. im Ersturteil der Unterhaltsanspruch des Berechtigten nach seinem konkreten Bedarf und nicht anhand einer Unterhaltsquote bestimmt worden ist. Erhöht sich nunmehr das Einkommen des Unterhaltsschuldners, kann dies nicht bereits Grund für eine Erhöhung des Unterhaltsanspruchs sein, sofern sich nicht gleichzeitig auch der individuelle Bedarf des Unterhaltsberechtigten erhöht hat.[163]

Keine Bindungswirkung besteht nach der Rechtsprechung des BGH[164] auch in dem   **162d**
Fall, daß der Kläger im ersten Unterhaltsverfahren voll erfolgreich war, im Vorprozeß aber trotzdem nicht sein gesamter Unterhaltsbedarf Streitgegenstand war. Ob dies daran lag, daß die Geltendmachung des Krankheitsvorsorgeunterhaltes oder des Altersvorsorgebetrages schlicht vergessen wurde, oder aber ein höherer Elementarunterhalt erlangt werden sollte, kann hierbei dahingestellt bleiben. Da der Kläger durch das Ersturteil nicht beschwert ist, darf er für die Zukunft weitergehen und seinen vollen Unterhalt verlangen, sofern die Voraussetzungen einer Abänderungsklage aus anderen Gründen (nämlich nach § 323 II ZPO) vorliegen. Er kann dann zusätzlich zum bisherigen Elementarunterhalt einen bisher nicht eingeklagten **Vorsorgebedarf** geltend machen, wobei nunmehr möglicherweise eine Anpassung des Elementarunterhalts wegen der Berücksichtigung des Vorsorgeunterhaltes erfolgt. Die gleiche Möglichkeit besteht auch dann, wenn im Vorprozeß der Unterhaltsgläubiger deshalb einen geringeren als den angemessenen Unterhalt geltend machen mußte, weil der Unterhaltspflichtige nur einge-

---

[156] BGH, FamRZ 1984, 374 = R 194 c
[157] BGH, FamRZ 1994, 1100 = R 482 a; 1990, 982 = R 416 b
[158] BGH, FamRZ 1985, 374 = R 241 c
[159] BGH, FamRZ 1987, 257, 258 = R 316
[160] BGH, FamRZ 1990, 981 = R 416 a
[161] BGH, FamRZ 1994, 1100 = R 482
[162] BGH, FamRZ 1990, 982 = R 416 a
[163] BGH, FamRZ 1990, 280, 281
[164] BGH, FamRZ 1984, 374, 376 = R 194 c

schränkt leistungsfähig war. Erhöht sich im nachhinein die Leistungsfähigkeit des Unterhaltsschuldners (fällt somit der Mangelfall weg), kann der Unterhaltsberechtigte seinen vollen Unterhalt geltend machen. Dies aber ist m. E. keine Frage der Bindungswirkung, sondern der nachträglichen, wesentlichen Änderung der Tatsachen i. S. d. § 323 II ZPO. Geht man mit der herrschenden Meinung von der m. E. überbetonten Rechtskraftwirkung des Ersturteils aus, könnte man argumentieren, daß hier deswegen eine Rechtskraftbindung nicht vorliegt, weil der Abänderungsprozeß einen anderen Streitgegenstand umfaßt (nämlich nicht mehr den Mangelunterhalt, sondern den vollen, eheangemessenen Unterhalt ab Rechtshängigkeit der Abänderungsklage). Umfaßt somit der Erstprozeß streitgegenständlich nicht das erstmals gestellte Erhöhungsverlangen, kann der Ersttitel auch keine Rechtskraft hinsichtlich des noch gar nicht eingeklagten Mehrbedarfs erhalten. Hier liegt somit eine echte, konkludent erhobene Teilklage vor.

Ebenso läßt der BGH Ausnahmen von der Bindungswirkung zu, wenn die weitere Nichtberücksichtigung einer ganz ungewöhnlichen Entwicklung der früher außer acht gelassenen Umstände zu untragbaren Ergebnissen führen würde.[165]

163 Darüber hinaus läßt der BGH im Abänderungsverfahren die Würdigung eines Umstandes zu, der im Vorprozeß von der Gegenseite **in betrügerischer Weise** verschwiegen worden ist. Hier soll deswegen keine Bindungswirkung bestehen, weil der von der Gegenseite betrügerisch verschwiegene Umstand über den Präklusionszeitpunkt fortwirke.[166] Allerdings ist fraglich, ob diese Rechtsansicht bereits auf den Fortwirkungsgedanken gestützt werden kann. Von dieser Fortwirkung (Dauerbeeinträchtigung) ist jedenfalls auch dann auszugehen, wenn sich die Einkommensverhältnisse (ohne doloses Verhalten einer der beiden Parteien) geändert haben, Zusatzeinkünfte weggefallen oder hinzugekommen sind oder sich eine andere Berechnungsgröße wesentlich und auf Dauer geändert hat. Vielmehr erscheint auch hier, daß der BGH versteckt dem allgemeinen Billigkeitsgedanken Rechnung getragen hat.

163a Keine Bindung an die Verhältnisse im Erstprozeß besteht auch dann, wenn sich die **Gesetzgebung** geändert hat, denn diese ist jederzeit in ihrem jeweiligen Ausmaß zu berücksichtigen. Allerdings kann eine Gesetzesänderung allein keine Abänderungsklage eröffnen; vielmehr ist die neue Gesetzeslage in einem aus anderen Gründen zulässig gewordenen Abänderungsverfahren zu berücksichtigen. Das gilt auch dann, wenn das Bundesverfassungsgericht zur Vermeidung verfassungswidriger Ergebnisse eine gleichgebliebene Gesetzesvorschrift nunmehr anders auslegt (vgl. dazu § 1579 Nr. 1 BGB).[167] Auch an dieser Stelle sei darauf hingewiesen, daß sich bei Erörterung dieser Probleme die Kriterien der nachträglichen Änderung (§ 323 II ZPO) und der Bindungswirkung (des § 323 I ZPO) überschneiden und sich nicht genau genug voneinander trennen lassen.

Diese Überschneidung gilt auch für den Fall, daß das Erstgericht in dem abzuändernden Urteil zu den ehelichen Lebensverhältnisses i. S. d. § 1578 I BGB keine überprüfbaren Feststellungen getroffen hat[168] oder aber das klagabweisende Urteil keine Prognose für eine zukünftige Entwicklung enthält. Da hier keine Ersttatsachen überprüfbar sind, hat das Abänderungsgericht frei und ohne Bindung an (nicht festgelegte) Verhältnisse neu zu entscheiden. Es mag dahingestellt sein, ob man hier von fehlender Bindungswirkung oder von nachträglich entstandenen Änderungsgründen ausgeht (bzw. beides bejaht).

163b Schließlich fällt in diesen Überschneidungsbereich auch die Frage, welche Bindung **Versäumnis-, Anerkenntnis-** und **Verzichtsurteile** entfalten. Enthält ein solches Urteil – entgegen § 313 b I ZPO – Tatbestand und Entscheidungsgründe, so stellen diese die Bindungswirkung durch Benennung der maßgeblichen Umstände und Verhältnisse fest. Durch Nichteinlegung eines Rechtsmittels bescheinigen beide Parteien, daß die dem Urteil zugrunde gelegten Umstände für sie bindend sein und Bestandskraft entfalten sollen. Dies geschieht im Rahmen des Urteilsverfahrens durch Unterwerfung unter den Titel,

---

[165] BGH, FamRZ 1983, 260, 261 = R 416 b
[166] BGH, FamRZ 1990, 1095, 1096 = R 421 a
[167] BGH, FamRZ 1990, 1091, 1094
[168] BGH, FamRZ 1987, 258 = R 316

3. Abschnitt: Die Schaffung und Abänderung von Unterhaltstiteln § 8

bei einer Vergleichsregelung durch übereinstimmende Bekundung des sich beiderseits deckenden Regelungswillens.

Enthält eines dieser Urteile weder Tatbestand noch Entscheidungsgründe, kann sich der Umfang der Bindung nur durch den Streitgegenstand und die Begründung des Antrags durch den Kläger feststellen lassen, was sich aus der Klagschrift ergibt, oder aber durch die Ausführungen zum Anerkenntnis oder Verzicht auf den Anspruch belegt wird. Diese Ausführungen in den Schriftsätzen der Parteien bilden die Grundlage der nachfolgenden Entscheidung und zeigen damit die Verhältnisse auf, die für die Entscheidung erheblich waren.

Ein weiteres Problem der Bindungswirkung liegt schließlich im Unterschied zwischen **163c**
tatsächlichem Vortrag und der **richtigen Sachlage**. Hierzu folgendes

> **Beispiel:** im Versäumnisurteil des Vorprozesses ist der unterhaltspflichtige Ehemann deswegen zur Zahlung von 1200 DM verurteilt worden, weil der Kläger von einem Einkommen des Beklagten in Höhe von 3000 DM ausgegangen ist und hiervon $^2/_5$ als Quotenunterhalt gefordert hat. Nunmehr stellt sich heraus, daß das damalige Einkommen des Beklagten bereits 4000 DM betragen hat. Hat sich jetzt das Einkommen des Beklagten um 400 DM auf 4400 DM erhöht, ist nach Zöller/Vollkommer[169] die Abänderungsklage zulässig, führt aber – wegen mangelnder Neufestsetzung – nur auf einen Unterhalt von 1320 DM ($^2/_5$ aus (3000 DM + 300 DM) = 10 % Erhöhungsbetrag), nicht auf 1760 DM ($^2/_5$ von 4400 DM).

Die in diesem Beispiel zugrunde gelegte Bindungswirkung besteht schon deshalb nicht, weil im Vorprozeß keine 4000 DM Monatseinkommen des Beklagten zugrunde gelegt wurden, sondern nach dem Klage- und Erwiderungsvorbringen (einseitig oder übereinstimmend) von einem damaligen Nettoeinkommen von monatlich 3000 DM auszugehen war. Somit können die damals noch gar nicht in den Prozeß eingeführten Monatseinkünfte von 4000 DM nicht Verfahrensgegenstand gewesen und damit nicht bindend sein. Die Feststellung des richtigen Einkommens ist somit wie eine nachträgliche Änderung i. S. d. § 323 II ZPO zu verstehen.

e) Eigene Schlußbemerkung. Im Rahmen der entsprechenden und nicht freien Abän- **164**
derung des Ersturteils könnte wie folgt vorgegangen werden: Im Abänderungsprozeß wäre zunächst festzustellen, ob nachträglich Abänderungstatsachen i. S. d. § 323 II ZPO entstanden sind, die so erhebliche Bedeutung haben, daß die Abänderungsklage deswegen (wegen Wesentlichkeit der Änderung) zulässig ist. Zusätzlich zu diesen objektiven Änderungsmerkmalen müßte das Abänderungsgericht überprüfen, welche von beiden Parteien zugrunde gelegten zusätzlichen Verhältnisse als Kriterium der Unterhaltsberechnung verwendet wurden. Lassen sich derartige Verhältnisse nicht zusätzlich feststellen, kann im Abänderungsverfahren insoweit eine freie Neuregelung erfolgen. Liegen derartige Verhältnisse vor (entweder dadurch, daß die Parteien sie vereinbart haben oder sie im Urteil aufgeführt sind), ist den Parteien nach der herrschenden Meinung zunächst ein Festhalten an diesen übereinstimmend angenommenen Verhältnissen zuzumuten. Das gilt nur dann nicht, wenn sie zu derart unerträglichen Ergebnissen führen würden, daß die Bindungswirkung quasi rechtswidrig wäre. Denn ein rechtsstaatliches Verfahren wie die Klage nach § 323 ZPO darf letzten Endes nicht dazu führen, daß eine fehlerhafte oder unerträglich gewordene Erstentscheidung perpetuiert wird.

Ist dem Abänderungskläger aber ein Festhalten an den früheren Verhältnissen zuzumuten, kann er sich nicht einseitig mittels oder in der Abänderungsklage von diesen Verhältnissen i. S. d. § 323 I ZPO lösen. Er hat sie vielmehr bis zur Grenze des Wegfalls der Geschäftsgrundlage – aufgrund vorausgegangener Akzeptanz im Ursprungsverfahren – weiterhin gegen sich gelten zu lassen.

f) Anpassungsmaßstab. Da § 323 I ZPO eine entsprechende Anpassung unter Wah- **165**
rung der Grundlagen der Erstentscheidung und der in ihr zutage tretenden Zielrichtung vorsieht, hat die Abänderung grundsätzlich proportional zu erfolgen, wobei allerdings bei steigenden Einkünften eine nur verhältnismäßige Anpassung zu Verzerrungen führen kann.[170] So kann es sein, daß bei gestiegenen Einkommensverhältnissen ein Teil hiervon

---
[169] § 323 Rn 41
[170] BGH, FamRZ 1984, 997, 999

nicht zur Deckung des Lebensbedarfs, sondern zur Bildung von Rücklagen verwendet wird. Hier würde eine rein schematische Erhöhung des Unterhaltsanspruchs den tatsächlichen Verhältnissen nicht mehr entsprechen und wäre somit ungerecht. Im Rahmen des Kindesunterhalts ist zu berücksichtigen, daß bei einer schematischen Erhöhung des Anspruchs möglicherweise die Grenzen des Bedarfs des auszubildenden Jugendlichen überschritten sein könnten, was dann zur schwächeren Erhöhung des Anspruchs führt. Auch können Umstände im Zusammenwirken mit Gegenpositionen, die nunmehr erstmals eingeführt worden sind, eine andere Bewertung erfahren. Dann handelt es sich aber wiederum nicht um Probleme der Bindungswirkung, sondern der Geltendmachung nachträglicher Umstände oder um die jederzeit zu berücksichtigenden Einwände des Beklagten, sofern er den bisherigen Bestand des Ersturteils verteidigt.

Nach § 323 III S. 1 ZPO darf das Urteil nur für die **Zeit nach Erhebung der Klage** abgeändert werden, somit ab Zustellung (§§ 253 I, 261 ZPO). Somit ist eine Abänderung seit dem Tag der Klagezustellung möglich,[171] nicht erst am Tag danach oder ab dem auf die Zustellung folgenden Fälligkeitstag.[172] Die formlose Übersendung eines PKH-Antrags mit oder ohne Abschrift der beabsichtigten Klage (Klageentwurf) führt noch keine Rechtshängigkeit i. S. d. § 261 ZPO herbei. Wird die Abänderungsklage erst nach Bewilligung der Prozeßkostenhilfe zugestellt, ist auch erst ab diesem Zeitpunkt die Rechtshängigkeit herbeigeführt. Die bedürftige Partei kann sich hiergegen über § 65 VII Nr. 3 GKG wehren. Die Vorschrift des § 270 III ZPO findet hierbei keine entsprechende Anwendung.[173]

Ist die Abänderungsklage im Rahmen einer unselbständigen Anschlußberufung gem. § 522 ZPO geltend gemacht worden, und ist diese durch die Rücknahme der Berufung unwirksam geworden, nimmt der BGH ausnahmsweise als Zeitschranke i. S. d. § 323 III ZPO den Abänderungsantrag im Berufungsverfahren, wenn die Abänderungsklage nunmehr selbständig und in engem zeitlichem Zusammenhang (§ 212 b BGB: 6 Monate) erhoben wurde.[174]

165a Ist zunächst eine **unschlüssige** oder **unzulässige Abänderungsklage** erhoben worden, ist für den Umfang der Abänderung der Zeitpunkt maßgebend, in dem der Mangel beseitigt wird. Wird die Abänderung durch Klageerweiterung oder durch Widerklage begehrt, ist für die Abänderung der in § 261 II ZPO genannte Zeitpunkt maßgeblich.[175]

Sinn und Zweck der Grundregelung des § 323 III S. 1 ZPO ist der Vertrauensschutz des Abänderungsbeklagten.[176]

Für familienrechtliche Unterhaltsansprüche ist die Präklusion des § 323 III ZPO durch das KindUG ab 1. 7. 1998 gelockert.[177] Durch die Änderung der §§ 1360 a III, 1361 IV S. 4, 1585 b II, 1613 I BGB kann nunmehr prozessual in gleicher Weise wie materiellrechtlich Unterhalt für die Vergangenheit ohne die Zeitschranke der Rechtshängigkeit geltend gemacht werden. Der Unterhaltsgläubiger muß sich daher nicht mehr gegen eine hinhaltende Erfüllung der Auskunft durch eine möglichst rasche Erhebung der Abänderungsklage zur Wehr setzen, kann vielmehr in weiteren außergerichtlichen Verhandlungen eine gerichtsfreie Regelung der Unterhaltssache zu erreichen versuchen.

165b Allerdings wirkt sich dieser Fortfall der Präklusion nach der materiellrechtlichen Lösung **nur für das Erhöhungsverlangen** des Abänderungsklägers aus, nicht für den Herabsetzungsantrag des Unterhaltsschuldners. Brudermüller[178] sieht darin eine Ungleichbehandlung zu Lasten des Schuldners, die im Verfahrensrecht nicht gerechtfertigt sei. Bei der weiterhin gebotenen grundlegenden Reform des § 323 ZPO sei sowohl diese personelle Ungleichbehandlung wie auch jene Unterscheidung zwischen Urteilen und Titeln nach Absatz IV bei der rückwirkenden Abänderung unter dem Gesichtspunkt des Vertrauensschutzes zu überdenken.

---

[171] BGH, NJW 1990, 710
[172] Zöller/Vollkommer, aaO Rn 35
[173] Insgesamt hierzu BGH, FamRZ 1984, 353, 355
[174] BGH, FamRZ 1988, 601 ff
[175] BGH, NJW 1984, 1458 = R 194 a
[176] BGH, FamRZ 1983, 22, 23
[177] KindUG vom 6. 3. 1998, BGBl. I, 666, 668
[178] AaO Rn 102

3. Abschnitt: Die Schaffung und Abänderung von Unterhaltstiteln   § 8

Dem ist entgegenzuhalten, daß der besondere Gläubigerschutz vorliegend auf der Rechtsposition einer Leistungsklage nach § 258 ZPO beruht. Diese Norm dokumentiert den Bestandsschutz klägerischer Leistungsansprüche in besonderer Weise, indem sogar noch gar nicht entstandene (und erst recht nicht fällige) künftige wiederkehrende Leistungen tituliert werden. Mit der Titulierung geht somit das Gericht davon aus, daß dieser Anspruch auch in die Zukunft hinein wirkt und Bestand behält, was somit den größeren Gläubigerschutz rechtfertigt. Im übrigen läßt ein Unterhaltsschuldner endgültig seine sichere Absicht auf Reduzierung seiner Unterhaltspflicht erst mit der Klagerhebung seiner nach unten gerichteten Abänderungsklage erkennen. Die durch die Neuregelung des § 323 III S. 2 ZPO eingetretene Bevorzugung des Unterhaltsgläubigers ist m. E. somit nicht verfassungswidrig oder ungerechtfertigt.

Im einzelnen kann nunmehr aufgrund der Neuregelung durch das KindUG Unterhalt **rückwirkend** bereits **ab Aufforderung zur Auskunftserteilung** oder einer Mahnung des Verpflichteten verlangt werden.[179] Dies gilt sowohl für den Verwandten- wie auch den Kindesunterhalt. Das gleiche gilt für den Familien- und Trennungsunterhalt aufgrund der Verweisungsvorschriften der §§ 1360 a III und 1361 IV S. 4 BGB. Darüber hinaus erreicht § 1613 I S. 2 BGB, daß die erhöhten Unterhaltsansprüche nicht mehr ab dem Tag der Inverzugsetzung, sondern ab dem ersten Tag des Monats begründet sind, in welchem die Aufforderung zur Auskunft oder die Mahnung erfolgte.   **165c**

Allerdings kann der Nachscheidungsunterhalt der §§ 1569 ff BGB rückwirkend nur ab dem Tag des Verzuges im Rahmen des § 323 III ZPO geltend gemacht werden (§ 1585 b II BGB). Der Zeitpunkt der Auskunftserteilung ist gesetzlich nicht als Ausschluß der Präklusionswirkung geregelt worden.

Dies bedeutet, daß im Rahmen des Geschiedenenunterhaltes durch den Unterhaltsgläubiger weiterhin eine Stufenklage notwendig ist, um den Zeitpunkt der Rechtshängigkeit möglichst früh herbeizuführen. Denn bei Verbindung von Auskunfts- mit unbezifferter Abänderungsklage ist nach der Rechtsprechung des BGH eine Abänderung bereits ab Zustellung der Stufenklage möglich.[180]

Da nach der Neuregelung des § 323 III ZPO beim Kindes-, Familien- und Trennungsunterhalt bereits die Aufforderung zur Auskunftserteilung den Zeitraum des rückwirkend geltenden Unterhaltes bestimmt, ist diese Rechtsmöglichkeit dem Unterhaltsgläubiger deswegen nahezulegen, weil der BGH eine ungefragte Auskunftspflicht des Auskunftsschuldners grundsätzlich verneint[181] und nur in Fällen sittenwidriger Ausnutzung rechtskräftiger Urteile eine Schadensersatzklage nach § 826 BGB zuläßt, wodurch aus Billigkeitsgründen § 323 III S. 1 ZPO ausgeschaltet wird.[182]   **165d**

Für **Vergleiche**, vollstreckbare Urkunden und **Titel im vereinfachten Verfahren** (§ 323 IV, V ZPO) gilt die Präklusion des § 323 II, III ZPO nicht.[183] Da für diese Titel ein auf der Rechtskraftwirkung beruhender Vertrauensschutz nicht besteht, können sie auch rückwirkend herabgesetzt werden.[184] Der Gläubiger ist hierbei hinreichend durch die Vorschrift des § 818 III BGB geschützt. Wird eine Erhöhung des Unterhaltsanspruchs geltend gemacht, bedarf es – wie bisher – einer Inverzugsetzung des Unterhaltsschuldners. Bei der rückwirkenden Abänderung von Titeln im vereinfachten Verfahren sind vor einem Klagverfahren nach § 323 ZPO als leges speciales die §§ 654 II, 656 ZPO vorrangig zu berücksichtigen.

---

[179] BT-Drucks. 13/ 9596, S. 35
[180] BGH, FamRZ 1986, 560
[181] BGH, FamRZ 1986, 450, 453
[182] BGH, FamRZ 1988, 270, 271
[183] BGH, FamRZ 1991, 542 ff = R 433; 1983, 22, 24 = R 137
[184] BGH, FamRZ 1990, 1103

11. Beweislast im Abänderungsverfahren

166 Grundsätzlich hat der Abänderungskläger die wesentlichen Umstände, die für die Ersttitulierung maßgebend waren, darzulegen und zu beweisen.[185] Dabei darf er sich nicht darauf beschränken, nur einzelne veränderte Berechnungsfaktoren anzugeben; vielmehr muß er die Veränderung insgesamt und in ihrer Wesentlichkeit (in toto) darstellen.[186]

Beruft sich der Unterhaltsgläubiger in seinem Erhöhungsbegehren auf eine wesentliche Einkommenssteigerung auf seiten des verpflichteten Beklagten, muß der Beklagte hierauf substantiiert erwidern und darf sich im Hinblick auf § 138 III ZPO nicht auf ein bloßes Bestreiten der klägerischen Behauptungen beschränken. Da nämlich die anspruchserhöhenden Behauptungen in seinem Bereich angesiedelt sind, ist es letztlich auch nur ihm möglich, seine derzeit richtige Einkommenslage darzulegen.[187]

Will der Unterhaltsschuldner den Wegfall seiner Unterhaltslast erreichen, muß er darlegen und beweisen, daß der seiner bisherigen Verpflichtung zugrundeliegende Unterhaltstatbestand inzwischen ganz oder teilweise weggefallen ist. Will der Abänderungsbeklagte seine bisherigen Gläubigerrechte bewahren, hat er die Darlegungs- und Beweislast für Tatsachen, die aus einem anderen Grund die Aufrechterhaltung des Ersturteils rechtfertigen. Das gleiche gilt für den beklagten Unterhaltsgläubiger, wenn er seinen Anspruch aufgrund eines anderen Unterhaltstatbestandes bewahren will. Auch hierfür trifft ihn die Darlegungs- und Beweislast.[188]

Soll ein Dritter (meistens der andere Ehegatte) in den Unterhaltsprozeß im Rahmen der Haftungsquote des § 1606 III BGB einbezogen werden, ist der Abänderungskläger, der wegen Mithaftung des anderen Ehegatten eine Reduzierung seiner eigenen Unterhaltspflicht erreichen will, hinsichtlich der Quote des anderen darlegungs- und beweispflichtig.[189] Begehrt ein Unterhaltsschuldner wegen wesentlicher Änderung der Vergleichsgrundlagen seine Leistungsfreiheit, trägt er die Beweislast für den Wegfall der Geschäftsgrundlage bzw. deren nicht hinnehmbare Änderung.[190]

12. Die Abänderungsentscheidung

167 Das stattgebende Urteil spricht ab Rechtshängigkeit – unter Abänderung der früheren Entscheidung ab diesem Zeitpunkt – einen weiteren Anspruch zu, der einheitlich wie folgt tituliert wird: Der Beklagte wird verurteilt, in Abänderung des Urteils des Amtsgerichts – Familiengericht – vom ... ab ... folgenden monatlichen Unterhalt zu zahlen.

Die gleiche Formulierung gilt auch im Falle einer Reduzierung des Unterhaltsanspruchs hinsichtlich der Vergangenheit (also vor Rechtshängigkeit oder Inverzugsetzung bzw. Aufforderung zur Auskunft).

Machen sowohl Kläger als auch Beklagter gegenläufige Ansprüche geltend (der Kläger auf Erhöhung des Unterhalts, der Beklagte auf Ermäßigung), sind diese Klagen zu verbinden und in Form von Klage und **Widerklage** zu führen (§ 33 ZPO). Zwar kann hierbei kein Teilurteil, jeweils gesondert über Klage bzw. Widerklage ergehen, weil beide Klagbegehren in einem einheitlichen Zusammenhang stehen und sich gegenseitig bedingen. Allerdings ist es möglich, ein Teilurteil über einen zeitlich befristeten Unterhaltszeitraum ergehen zu lassen; in diesem Umfang sind damit Klage und Widerklage durch Endurteil abschließend geregelt.[191]

167a Für die **Kostenentscheidung** gelten die §§ 91 ff ZPO; die vorläufige Vollstreckbarkeit ergibt sich bei einem Erhöhungsurteil aus §§ 708 Nr. 8, 711 ZPO. Wird der Unterhalt auf Klage des Unterhaltspflichtigen ermäßigt, gilt § 708 Nr. 8 ZPO, nicht aber § 708 Nr. 11

---

[185] BGH, FamRZ 1987, 259, 260, 262
[186] BGH, FamRZ 1985, 53, 56 = R 230 b
[187] BGH, FamRZ 1990, 496, 497
[188] BGH, aaO
[189] BGH, FamRZ 1994, 696, 698 = R 477
[190] BGH, FamRZ 1995, 665, 666 = R 493 B
[191] Dazu BGH, FamRZ 1995, 891

3. Abschnitt: Die Schaffung und Abänderung von Unterhaltstiteln § 8

oder § 709 S. 1 ZPO. Denn auch im Falle der Reduzierung des Unterhaltsanspruches geht es bei der Vollstreckung um jene des Unterhaltsberechtigten, nicht des Unterhaltsschuldners, für den letztere Vorschriften gelten.

Der **Streitwert** der Abänderungsklage bestimmt sich nach § 17 GKG aus dem Jahresbetrag der geforderten Veränderung zuzüglich geltend gemachter Rückstände vor Anhängigkeit des Verfahrens; der Monat der Anhängigkeit zählt zu den Rückständen (§ 17 IV GKG). Gem. § 769 ZPO analog kann im Rahmen der Abänderungsklage die Zwangsvollstreckung aus dem Ersttitel einstweilen eingestellt werden.[192] Über den Antrag kann nicht im Rahmen eines PKH-Verfahrens entschieden werden; vor der Entscheidung sollte die Abänderungsklage zugestellt und dem Beklagten rechtliches Gehör gewährt worden sein. Nur im Falle der greifbaren Gesetzwidrigkeit durch schwerwiegenden Ermessensmißbrauch ist gegen die Entscheidung des Familiengerichts die sofortige Beschwerde des § 793 ZPO eröffnet. 167b

13. Die Schuldtitel des § 323 IV ZPO

Durch die Absätze IV und V des § 323 ZPO wird der Anwendungsbereich der Abänderungsklage auf andere Schuldtitel als das Urteil erweitert. Hierzu gehören nach Absatz III der **Prozeßvergleich**, eine **vollstreckbare Urkunde** sowie **ein Titel im vereinfachten Verfahren**. Da diese Titel keine Rechtskraftwirkung wie ein Urteil entfalten, gelten für sie weder die Voraussetzungen des Abs. I noch die Präklusionsvorschrift des Abs. II. Damit kommt der Vorschrift des § 323 IV ZPO nur die Klarstellungsfunktion zu, daß neben Urteilen auch gerichtliche Vergleiche oder notarielle Urkunden nach materiellrechtlichen Gründen abgeändert werden können.[193] 168

Analog gilt die Vorschrift des Abs. IV auch für **Anwaltsvergleiche** (§§ 796 a–796 c ZPO) sowie für die **Jugendamtsurkunden** nach §§ 59, 60 SGB VIII. Die Verweisung auf § 794 I Nr. 2 a ZPO ist durch das KindUG mit Wirkung zum 1. 7. 1998 eingeführt worden und läßt damit **alle im vereinfachten Verfahren** über den Unterhalt Minderjähriger **ergangenen Titel** der Abänderungsmöglichkeit des § 323 ZPO unterfallen, wobei als leges speciales zunächst die §§ 654, 656 ZPO (Anpassung im vereinfachten Verfahren) Anwendung finden müssen. **Außergerichtliche Vergleiche** unterfallen nicht dem Abs. IV. Dies ergibt sich bereits aus dem Wortlaut, wonach nur gerichtliche Vergleiche i. S. d. § 794 I ZPO gemeint sind.[194] Im übrigen kann ein **privatschriftlicher Vergleich** auch nicht dadurch zu einem Titel i.S.d. Abs. IV ZPO verändert werden, daß die Parteien den § 323 ZPO vertraglich ausdrücklich für anwendbar erklären und sich den Regeln dieser Vorschrift unterwerfen.[195] Eine derartige Vereinbarung betrifft nur die materiellrechtlichen Grundlagen des Vergleichs, schafft aber keine hierfür gesetzlich nicht vorgesehene prozessuale Möglichkeit zur Abänderung dieser privatschriftlichen Titel. Dies hat seinen Grund darin, daß Privatparteien nicht mit hoheitlicher Wirkung einen gerichtlichen Rechtsweg vereinbaren können für Verfahren, für die ein solcher nicht vorgesehen ist.

Schließlich gilt § 323 IV ZPO auch für gerichtliche Einigungen i. S. d. §§ 46 I, 83 IV DDR-ZPO.[196]

14. Grundlagen und Ausmaß der Abänderung von Vergleichen und anderen Titeln

Da Vergleiche und vollstreckbare Urkunden nur formell der prozessualen Regelung des § 323 ZPO unterfallen, richtet sich ihre Anpassung nach den Regeln des materiellen Rechtes und damit nach den aus § 242 BGB abgeleiteten Grundsätzen über die Veränderung oder den Wegfall der Geschäftsgrundlage. 169

---

[192] BGH, FamRZ 1986, 793, 794 = R 300
[193] BGH, FamRZ 1995, 665 ff = R 493 B; 1992, 539 = R 444 a
[194] Vgl. BGH, FamRZ 1982, 782 = R 215 b
[195] So aber Johannsen/Henrich/Brudermüller, aaO Rn 109
[196] BGH, FamRZ 1995, 544; 1994, 562 = R 474 a

Damit führt eine Abänderung der Titel des Abs. IV nicht zu einer ungebundenen, von der bisherigen Vergleichsgrundlage unabhängigen Neufestsetzung des Unterhaltes wie bei einem Erstprozeß. Vielmehr wird der Titel nur an die veränderten Verhältnisse angepaßt.[197]

Doch auch diese Anpassung erfolgt nicht schematisch und automatisch. Vielmehr ist eine Anpassung an veränderte Umstände nur dann gerechtfertigt, wenn dem Abänderungskläger ein Festhalten an der bisherigen Regelung infolge der veränderten Umstände nach Treu und Glauben nicht zuzumuten ist. Dies kann nicht automatisch bereits dann bejaht werden, wenn sich eine Veränderung in der Größenordnung von rund 10 % ergeben hat.[198] Denn auch im Anpassungsverfahren bezüglich der Titel des Abs. IV müssen alle Umstände des Einzelfalles überprüft und abgewogen werden. Nur wenn sich somit dem abzuändernden Titel der damalige Parteiwillen entnehmen läßt, daß eine Veränderung um rund 10 % ein Abänderungsgrund und damit wesentlich sein soll, reicht allein die prozentuale Veränderung zur Anpassung des Titels aus.[199]

170 Ob bzw. in welchem Ausmaß eine Beeinträchtigung der privatrechtlichen Geschäftsgrundlage eingetreten ist, ist dem übereinstimmenden Parteiwillen zu entnehmen, der zum Abschluß des Vergleichs geführt hat. Allein eine Nichtübereinstimmung beider Parteiwillen bedeutet aber noch nicht, daß damit unmittelbar auch eine Anpassung erfolgen muß. Nur dann, wenn die Vereinbarung Ausführungen oder Anhaltspunkte zur Frage der Bindung des Vergleichs enthält, kann festgestellt werden, ob die Störung der Geschäftsgrundlage auch zur Anpassung führt.

Dabei kann sich ergeben, daß es deswegen beim geschaffenen Titel bleibt, weil die auf beiden Seiten eingetretenen, unterschiedlichen Entwicklungen sich im Gesamtergebnis gegeneinander aufheben und damit zu keiner der Höhe nach anderen Regelung führen als in der vorausgegangenen Vereinbarung.

Da stets nur der Parteiwille zu erforschen ist, sind fehlgeschlagene einseitige Vorstellungen, Erwartungen und Hoffnungen unmaßgeblich.

171 Neben einer wesentlichen Änderung der **subjektiven Verhältnisse** (wirtschaftliche Situation, Anzahl der Unterhaltsberechtigten, Veränderungen hinsichtlich des Bedarfs) können auch **objektive Umstände**, nämlich die Änderung der Rechtsprechung wie auch der **Rechtslage** zu einer Anpassung führen, jedenfalls dann, wenn sich dem Vergleich der Parteiwille entnehmen läßt, daß sie vom Fortbestand der damals zugrunde zu legenden Rechtslage ausgegangen sind und deren Änderung auch zu einer Korrektur ihres Titels führen solle. Da diesen Anknüpfungen aber generell Vereinbarungen immanent sind (daß sie nämlich auf der Grundlage der herrschenden Meinung und Rechtsprechung getroffen worden sind), bedarf die Feststellung dieser Anknüpfung keiner umfangreichen Überprüfung.[200]

Nur dann, wenn sich dem Vergleich nicht entnehmen läßt, auf welcher Geschäftsgrundlage er abgeschlossen worden war, kann – vergleichbar wie beim Urteil – eine freie und **vom Ersttitel losgelöste Neuregelung** erfolgen, somit wie bei einer Erstklage. Dies gilt z. B. dann, wenn sich die Berechnung des titulierten Unterhaltes unter Zugrundelegung der verschiedenen Faktoren (monatliches Nettoeinkommen, Quotenhöhe, Abzugspositionen) nicht mehr nachvollziehen läßt. Dann besteht ganz oder teilweise keine Bindung durch und an den Prozeßvergleich.[201]

Eine völlige Neuberechnung kann aber auch dann angezeigt sein, wenn sich die Geschäftsgrundlage so wesentlich geändert hat, daß keine Elemente der früheren Grundlage mehr vorhanden sind und hieran eine Anpassung scheitert. Läßt sich in diesem Fall dem Vergleich nicht entnehmen, daß er unabhängig von der künftigen Entwicklung der Verhältnisse Bestand haben soll, ist er bindungsfrei neu festzulegen (und nicht anzupassen).[202]

---

[197] BGH, FamRZ 1995, 665 ff = R 493 B; 1992, 539 = R 444
[198] BGH, FamRZ 1992, 539 = R 444 a
[199] Vgl. Johannsen/Henrich/Brudermüller, aaO Rn 110
[200] Vgl. dazu BGH, FamRZ 1995, 665, 666 = R 493 B
[201] BGH, FamRZ 1987, 257 = R 316
[202] BGH, FamRZ 1986, 153 = R 278 a

3. Abschnitt: Die Schaffung und Abänderung von Unterhaltstiteln §8

Im Rahmen der Abänderung eines Prozeßvergleiches bzw. einer vollstreckbaren Urkunde finden die Präklusionsvorschriften der Abs. II und III keine Anwendung, wenngleich Abs. IV auf die vorstehenden Vorschriften (damit wortgenau auch auf beide Absätze) verweist. Der BGH hat die Unanwendbarkeit der beiden Absätze damit begründet, daß diese Präklusionsvorschriften auf nicht der Rechtskraft fähige Titel nicht passe, deren Grundlage allein der Parteiwille sei.²⁰³

172

Dagegen ließe sich einwenden, daß die Auslegung des Gesetzes gegen seinen Wortlaut besonderer Begründung bedarf, die nicht allein in der Berücksichtigung der Zielsetzung des damaligen Gesetzgebers gesehen werden kann. Auch kann der Vertrauensschutz des Abänderungsgegners gebieten, eine allzu weit zurückwirkende Abänderungsmöglichkeit einzuschränken. Ansonsten könnte nämlich diese Gefahr gerade eine streitschlichtende Vergleichsregelung verhindern. Schließlich ist schwer einzusehen, warum die Rechtswirkung eines Vergleiches gegenüber einem Urteil begrenzter und sein Bestandsschutz schwächer sein soll, es sei denn, man sähe im Urteilserlaß und der Tatsache, daß kein Rechtsmittel eingelegt wurde, eine Unterwerfung beider Parteien unter den staatlichen Hoheitsakt der Verurteilung, die einen besonders hohen Bestandsschutz verdiene.

Nach Ansicht des BGH gebieten diese Gesichtspunkte **keine Einschränkung der Rückwirkung** aus materiellrechtlichen Gründen.²⁰⁴ Der Unterhaltsberechtigte sei hinreichend gegen einen Anspruch auf Rückgewähr zuviel gezahlten Unterhalts durch die Entreicherungseinrede (§ 818 III BGB) geschützt.

173

Allerdings können die Präklusionsvorschriften der Absätze II und III doch wieder Bedeutung erlangen. Das ist z. B. dann der Fall, wenn einer der Titel des Abs. IV durch ein Urteil abgeändert worden ist. Im erneuten Abänderungsverfahren ist dann § 323 II ZPO anzuwenden.²⁰⁵

Ist ein Vergleich mehrfach abgeändert worden, ist der **Parteiwille der letzten Regelung** maßgebend, sofern sich nicht aus ihm die Weitergeltung früherer Grundlagen entnehmen läßt.²⁰⁶ Ist ein Prozeßvergleich im Abänderungsverfahren nicht abgeändert, sondern die Abänderungsklage abgewiesen worden, gelten materiellrechtlich die Grundlagen des fortbestehenden Prozeßvergleichs weiter.²⁰⁷ Enthält dieses klagabweisende Urteil eine Zukunftsprognose hinsichtlich der weitergeltenden Umstände (in Form der Bestätigung der bisherigen Geschäftsgrundlage und des hierbei zutage getretenen Parteiwillens), dann wird im erneuten Abänderungsverfahren § 323 I–III ZPO Anwendung finden müssen. Das gleiche gilt, wenn beide Parteien durch Rücknahme ihrer Rechtsmittel in einem Prozeßvergleich das angefochtene amtsgerichtliche Urteil haben rechtskräftig werden lassen. Denn der Unterhalt ist nicht durch diesen Vergleich, sondern durch das rechtskräftig gewordene Urteil tituliert, für dessen Abänderung § 323 I–III maßgeblich sein wird. Ob dies auch gelten soll, wenn die Parteien den Unterhaltsanspruch zwar anderweitig, im Ergebnis aber in derselben Höhe bemessen haben wie das angefochtene Urteil,²⁰⁸ erscheint aber zweifelhaft. Dem angefochtenen Urteil läßt sich nämlich nicht der anderweitige Parteiwille entnehmen, der maßgebend für den Fortbestand des Urteils geworden ist. Allein die Identität der titulierten Unterhaltshöhe sagt für sich noch nichts darüber aus, welcher Parteiwille hierfür maßgeblich war.

Schließlich gilt Abs. IV auch für einen Prozeßvergleich, der ein einstweiliges Anordnungsverfahren endgültig (wie ein Hauptsachetitel) regeln will. Denn auch hier läßt sich dem Parteiwillen entnehmen, daß dieser Vergleich von Bestand sein sollte und nicht nur bis zur Schaffung eines Hauptsachetitels eine vorläufige Vollstreckungsgrundlage darstellte.

Diese unterschiedlichen Abänderungskriterien bei Prozeßvergleichen gelten auch für **vollstreckbare Urkunden**, sofern diese infolge übereinstimmenden Parteiwillens (sozusa-

174

---

²⁰³ BGH, FamRZ 1983, 22, 25 = R 137
²⁰⁴ BGH, FamRZ 1990, 989, 990
²⁰⁵ BGH, FamRZ 1988, 493
²⁰⁶ BGH, FamRZ 1995, 665 = R 493 B
²⁰⁷ BGH, FamRZ 1995, 221, 223
²⁰⁸ BGH, FamRZ 1990, 269, 270 = R 405; Johannsen/Henrich/Brudermüller, aaO Rn 116

gen vertraglich) zustande gekommen sind. Dann besteht eine Bindung beider Parteien. Dies kann dann nicht gelten, wenn die Urkunde durch einseitige Unterwerfungserklärung (z. B. vor dem Jugendamt) entstanden ist. Würde auch hier eine Bindung des Gegners entstehen, hätte es der Unterhaltsschuldner in der Hand, durch eine zu geringe Unterhaltstitulierung nur schwer zu beseitigende Vorteile gegenüber dem Unterhaltsgläubiger zu schaffen. Der Unterhaltsberechtigte ist daher nicht gehindert, gegen eine Jugendamtsurkunde im Wege der Erstklage vorzugehen. Bemüht er hierfür die Abänderungsklage des § 323 ZPO, zeigt er, daß er den vorausgegangenen Titel (zumindest für die Dauer einer juristischen Sekunde) gegen sich gelten lassen will. Diese Bindung tritt aber dann nicht ein, wenn sich die Bindungsbereitschaft des Unterhaltsberechtigten als teilweiser Unterhaltsverzicht für die Zukunft erweist, nämlich der akzeptierte Unterhalt den gesetzlichen Anspruch des Kindes wesentlich unterschreitet und damit unwirksam ist (§ 1614 I BGB i.V. m. § 134 BGB).

15. Abänderungsklage und vereinfachtes Verfahren nach § 655 ZPO

175 § 655 ZPO eröffnet ein vereinfachtes Verfahren zur Anpassung von Unterhaltstiteln für den Fall, daß sich die Kindergeldbeträge oder ihnen gleich stehende kinderbezogene Leistungen verändert haben. Die Vorschrift gilt für alle vollstreckbaren Unterhaltstitel, in denen ein Betrag der nach §§ 1612 b, 1612 c BGB anzurechnenden Leistungen festgelegt worden ist.

Führt die Änderung der Kindergeldanrechnung gem. § 655 ZPO zu einem Unterhaltsbetrag, der den jetzigen individuellen Verhältnissen nicht mehr entspricht, verschafft § 656 ZPO jeder Partei die Möglichkeit, mit der Änderungskorrekturklage das Ergebnis des vereinfachten Verfahrens überprüfen zu lassen, gegen das sie sich zuvor nur mit den Einwendungen des § 655 III ZPO hatte wehren können.

176 Allerdings kann das Änderungskorrekturverfahren nur dazu führen, daß die durch das Verfahren nach § 655 ZPO eingetretenen wirtschaftlichen Veränderungen ganz oder teilweise rückgängig gemacht werden. Eine völlige Neufestsetzung des Unterhalts läßt sich somit nur durch die Abänderungsklage nach § 323 ZPO erreichen, nicht durch die Änderungskorrekturklage, die nur den Änderungsbeschluß des § 655 I ZPO korrigiert.

Aufgrund dieser Rechtslage gestattet § 323 V ZPO eine Abänderungsklage nach § 323 ZPO dann, wenn der nach § 655 ZPO festzusetzende Betrag wesentlich von dem Betrag abweicht, der den individuellen Verhältnissen der Parteien Rechnung trägt.

Im übrigen ist bei den Titeln nach §§ 649 I, 650 S. 2 bzw. 653 I ZPO das Abänderungsvefahren nach § 654 ZPO als Sonderregelung zu § 323 ZPO anzusehen. Hinsichtlich des über den nach § 650 S. 2 ZPO titulierten Betrages hinausgehenden Unterhaltes ist zunächst das streitige Verfahren nach § 651 ZPO durchzuführen. Gegen diesen im streitigen Verfahren erlangten Titel besteht dann die Abänderungsmöglichkeit des § 323 ZPO, nicht mehr des § 654 ZPO.

IV. Vollstreckungsabwehrklage (§ 767 ZPO)

1. Gegenstand

177 Bei ihr geht es nicht, wie bei der Abänderungsklage gemäß § 323 ZPO, um die Berücksichtigung des Einflusses der stets wandelbaren wirtschaftlichen Verhältnisse auf die Unterhaltspflicht,[209] auch nicht um die Beseitigung des materiell-rechtlichen Anspruchs oder um die Feststellung von dessen Fortbestehen, sondern allein darum, dem titulierten Anspruch durch Rechtsgestaltung die Vollstreckbarkeit zu nehmen.[210] Die Prüfung beschränkt sich auf den Anspruch, der Gegenstand des Urteils war, und auf die Einwendun-

---

[209] BGH, FamRZ 1984, 470 = NJW 1984, 2826
[210] BGH, FamRZ 1984, 878 = R 220 a

3. Abschnitt: Die Schaffung und Abänderung von Unterhaltstiteln § 8

gen des Schuldners gegen diesen Anspruch.[211] Allerdings können Umstände, welche gegenüber fälligen Unterhaltsansprüchen eine Einwendung i. S. von § 767 ZPO begründen, für Zeiträume ab Rechtshängigkeit – auch – eine Abänderung gemäß § 323 ZPO begründen.[212]

Voraussetzung für die Zulässigkeit ist ein wirksamer Titel. Andernfalls ist § 732 ZPO (Erinnerung gegen die Erteilung der Vollstreckungsklausel) gegeben.[213] Familiensache ist eine Vollstreckungsabwehrklage dann, wenn und soweit der Vollstreckungstitel, gegen den sie sich richtet, einen sachlich und persönlich beschränkten gesetzlichen Unterhaltsanspruch nach § 23 b I Satz 2 Nr. 5, 6 GVG zum Gegenstand hat.[214]

Ein Rechtsschutzbedürfnis besteht für eine Vollstreckungsabwehrklage, soweit die Zwangsvollstreckung möglich ist und solange der Unterhaltsberechtigte über den Vollstreckungstitel verfügt (vgl. § 757 I ZPO). In diesem Fall genügt daher die bloße Erklärung des Gläubigers, aus dem Titel nicht mehr vollstrecken zu wollen, zur Beseitigung des Rechtsschutzinteresses nicht aus. Vielmehr muß in diesem Fall der Unterhaltsberechtigte den Titel an den Unterhaltsschuldner herausgeben.

Beschränken sich aber die rechtshindernden oder rechtshemmenden Einwendungen des Schuldners auf Teilleistungen oder einen zeitlich befristeten Umfang, muß die Erklärung des Gläubigers, in diesem Umfang künftig nicht mehr vollstrecken zu wollen, da er die schuldnerischen Einwendungen anerkenne, zum Wegfall des Rechtsschutzbedürfnisses für eine Vollstreckungsabwehrklage ausreichen.[215] In diesem Falle ist der Unterhaltsberechtigte nicht in der Lage, den Vollstreckungstitel herauszugeben, weil er ihn für die übrigen, nicht mit Einwendungen des Schuldners belegten Zeiträume noch benötigt.

2. Zuständigkeit gemäß § 767 I ZPO

Es ist das Gericht des Vorprozesses erster Instanz örtlich und sachlich ausschließlich zuständig (§ 802 ZPO). Handelt es sich bei der Erledigung des Vorprozesses um einen gerichtlichen Vergleich, so ist das Gericht zuständig, bei welchem der durch Vergleich erledigte Vorprozeß in erster Instanz anhängig war. Dies soll auch dann gelten, wenn der **Vergleich in zweiter Instanz** geschlossen worden ist.[216] Wird mit der Vollstreckungsabwehrklage ein Titel aus einem Vorprozeß angefochten, der als **isolierte Familiensache** (z. B. Trennungsunterhalt) tituliert worden ist, ist trotz der Ausschließlichkeitsregelung des § 621 II, III ZPO weiterhin auch dann das Prozeßgericht erster Instanz nach § 767 I ZPO zuständig, wenn eine Ehesache anhängig ist oder während des Verfahrens nach § 767 ZPO rechtshängig wird.[217]

178

3. Anwendbarkeit auf andere Titel als Urteile

Die Vollstreckungsabwehrklage ist nicht lediglich auf den Angriff gegen ein Urteil beschränkt, sondern kommt gemäß § 795 ZPO auch gegen andere Vollstreckungstitel (§ 794 ZPO) in Betracht, darunter Prozeßvergleiche,[218] einstweilige Anordnungen (§§ 127 a, 620, 620 b u. 621 f ZPO),[219] Jugendamtsurkunden gemäß §§ 59, 60 SGB VIII (bzw. früher: §§ 49, 50 JWG) und die von den ehemaligen DDR-Referaten „Jugendhilfe" errichteten Urkunden.

Die in einem Prozeßvergleich begründeten Rechte und Pflichten können nicht durch eine außergerichtliche Vereinbarung ausgetauscht und die neuen Vereinbarungen zum

179

---

[211] BGH, FamRZ 1982, 782 = NJW 1982, 2072
[212] BGH, FamRZ 1990, 1095 = NJW-RR 1990, 1410
[213] BGH, MDR 1988, 136
[214] Vgl. oben Rn 2
[215] BGH, FamRZ 1984, 470, 471 = R 202
[216] Zöller/Herget, ZPO, aaO, § 767 Rn 10 a. E.
[217] BGH, FamRZ 1980, 346 = NJW 1980, 1393
[218] Z. B. BGH, FamRZ 1984, 470 = NJW 1984, 2826
[219] OLG Hamburg, FamRZ 1996, 810

Gegenstand der Zwangsvollstreckung gemacht werden. Bei außergerichtlichen Vereinbarungen über die Reduzierung der Pflichten aus dem Prozeßvergleich kann der Schuldner im Wege der Vollstreckungsabwehrklage gegen die weitere Zwangsvollstreckung vorgehen.[220] Dasselbe gilt, wenn ein Ehegatte nach Auflösung der neuen Ehe aus einem Prozeßvergleich mit dem Ehegatten der alten Ehe über nachehelichen Unterhalt mit Rücksicht auf § 1586 a BGB weiter vollstreckt.[221]

180 Die Abgrenzung zwischen Vollstreckungsabwehrklage und Abänderungsklage ist äußerst streitig. Wegen ihres unterschiedlichen Zwecks schließen sich beide Klagen, deren Anwendungsbereiche sich nicht immer eindeutig abgrenzen lassen,[222] gegenseitig aus.[223] Wesentlicher Unterschied zwischen beiden ist, daß die Abänderungsklage eine materiellrechtliche Veränderung des Unterhaltsanspruches selbst für die Zukunft herbeiführt und damit die Rechtskraft des früheren Urteils durchbricht, während die Vollstreckungsabwehrklage nur punktuelle Umstände und Einwendungen geltend macht und nur die Vollstreckbarkeit des Titels infolge zurückliegender Einwände beseitigt.

4. Einwendungen

181 Unter Einwendungen (§ 767 I ZPO) sind bei einem Urteil nur die nachträglich entstandenen rechtsvernichtenden[224] oder rechtshemmenden (z. B. Stundung) zu verstehen.[225] Wird aus einem Urteil über den Trennungsunterhalt, das wegen Nicht-Identität den nachehelichen Unterhalt nicht umfaßt, für die Zeit nach der Scheidung der Ehe vollstreckt, kann der Unterhaltsschuldner die (rechtsvernichtende) Einwendung der Ehescheidung erheben.[226]

Der Einwand des Schuldners, für die Dauer der Ferienaufenthalte seiner Kinder bei ihm entfalle seine Barunterhaltspflicht zum Teil, ist ein solcher nach § 767 I ZPO.[227]

Die Anrechnung der betragsmäßig feststehenden Rente aus einem Versorgungsausgleich auf einen bestehenden Unterhaltsanspruch kommt einer anderweitigen Erfüllung gleich, wofür die Vollstreckungsabwehrklage eingeräumt ist,[228] jedoch nur für die Zeit vor Erhebung der Klage,[229] für die Zeit danach Abänderungsklage.

Ist bei einem früheren Prozeßvergleich, etwa vor dem 1. 1. 1975, die später in Kraft getretene Neuregelung über die Zahlung von Kindergeld nicht berücksichtigt, kann dies mit der Vollstreckungsabwehrklage geltend gemacht werden.[230]

182 Im Verfahren nach § 767 ZPO kann **nicht** geltend gemacht werden die Veränderung der stets wandelbaren wirtschaftlichen Verhältnisse der Parteien, z. B. Änderung der Unterhaltsrichtsätze oder Minderung des Einkommens.[231]

Unterhaltsleistungen mit Erfüllungscharakter während der Dauer eines Unterhaltsrechtsstreits müssen im Urteil berücksichtigt werden, weil sonst im Falle einer Zwangsvollstreckung der Einwand der Erfüllung nicht mehr zulässig wäre.[232] Leistung unter Vorbehalt ist gewöhnlich Erfüllung.[233] Zahlung zur Abwendung der Zwangsvollstreckung aus einem nur vorläufig vollstreckbaren Urteil ist keine Erfüllung.[234]

---

[220] BGH, FamRZ 1988, 270; FamRZ 1982, 782 = R 125 b
[221] BGH, FamRZ 1988, 46 = NJW 1988, 557
[222] BGH, NJW 1982, 1147
[223] BGH, NJW 1984, 2826
[224] Z. B. Erfüllung; Verwirkung, BGH, FamRZ 1991, 1175 = NJW-RR 1991, 1155
[225] BGH, FamRZ 1983, 355 = NJW 1983, 1330
[226] Vgl. BGH, FamRZ 1981, 441
[227] Teillöschen; BGH, FamRZ 1984, 470 = NJW 1984, 2826
[228] BGH, FamRZ 1982, 470 = NJW 1982, 1147
[229] BGH, FamRZ 1989, 159; vgl. auch BGH, FamRZ 1988, 1156
[230] BGH, FamRZ 1978, 177
[231] BGH, FamRZ 1983, 355 = NJW 1983, 1330
[232] § 767 II ZPO; BGH, FamRZ 1998, 1165 = R 528
[233] BGH, FamRZ 1984, 470 = R 202 b
[234] BGHZ 86, 267 = NJW 1983, 1111

3. Abschnitt: Die Schaffung und Abänderung von Unterhaltstiteln § 8

Die Präklusionsvorschrift des § 767 II ZPO gilt für Prozeßvergleiche nicht.[235] Dasselbe gilt kraft Gesetzes für vollstreckbare Urkunden.[236]

5. Rechtskraft/Rechtsschutzbedürfnis

Die Rechtskraft eines die Vollstreckungsabwehrklage gegen einen gerichtlichen Vergleich abweisenden Urteils erstreckt sich nicht auf das Bestehen des materiell-rechtlichen Anspruchs. Nur durch Erhebung einer Feststellungsklage ist dies möglich.[237] **183**

Bei einem der Vollstreckungsabwehrklage stattgebenden Urteil gilt dies gleichfalls mit Ausnahme des Falles der Aufrechnung mit einer Gegenforderung nach § 322 II ZPO.[238]

Die Vollstreckungsabwehrklage ist mangels Rechtsschutzbedürfnisses unzulässig, wenn eine Zwangsvollstreckung unzweifelhaft nicht mehr droht. Dazu gehört in der Regel die Herausgabe des Vollstreckungstitels an den Schuldner. Bei Titeln auf wiederkehrende Leistung begründet jedoch die Nicht-Herausgabe des Titels nicht schon für sich allein die Besorgnis weiterer Vollstreckung trotz Erfüllung, wenn der Titel für die erst künftig fällig werdenden Ansprüche noch benötigt wird.[239] Der Einwand, die Unterhaltsgläubigerin betreibe zu Unrecht aus einem Urteil, mit welchem ihr Trennungsunterhalt zuerkannt worden sei, die Zwangsvollstreckung für einen Unterhaltszeitraum nach Rechtskraft der Scheidung, kann im Wege der Vollstreckungsabwehrklage nach § 767 ZPO geltend gemacht werden.

Das Rechtsschutzbedürfnis für die Vollstreckungsabwehrklage entfällt in einem solchen Falle grundsätzlich erst, wenn der Vollstreckungstitel dem Unterhaltsschuldner ausgehändigt worden ist, hingegen nicht schon bei einem von der Unterhaltsgläubigerin erklärten Verzicht auf die Rechte aus einem Pfändungs- und Überweisungsbeschluß.[240]

Der Gläubiger einer titulierten Forderung gibt (noch) keine Veranlassung zur Erhebung einer Vollstreckungsabwehrklage, wenn er dem Schuldner gegenüber zum Ausdruck bringt, auf die Durchsetzung des Anspruchs zu verzichten, sofern eine vergleichsweise Regelung getroffen werden kann.[241]

Nach Beendigung der Zwangsvollstreckung setzen sich die rechtlichen Möglichkeiten der Vollstreckungsabwehrklage in der materiell-rechtlichen Bereicherungsklage fort.[242] Wegen dieser Möglichkeit läßt sich das Rechtsschutzinteresse für eine Vollstreckungsabwehrklage nicht damit begründen, sie diene der Klärung einer zwischen den Parteien streitigen Rechtsfrage wegen des in der Vergangenheit angeblich zuviel geleisteten Unterhalts.[243]

6. Verzicht auf Klage

Auf die Erhebung der Vollstreckungsabwehrklage kann durch Prozeßvertrag verzichtet werden; jedoch sind an einen derartigen Prozeßvertrag strenge Anforderungen zu stellen.[244] **184**

---

[235] BGH, FamRZ 1984, 997; FamRZ 1983, 22 = R 137
[236] § 797 IV ZPO; BGH, FamRZ 1983, 22 = R 137 u. FamRZ 1984, 997
[237] BGH, FamRZ 1984, 878 = R 220 a
[238] BGH, FamRZ 1984, 878 = R 220 b
[239] BGH, FamRZ 1984, 470 = NJW 1984, 2826
[240] OLG Köln, FamRZ 1996, 1077
[241] OLG Köln, NJW-RR 1996, 381
[242] BGH, FamRZ 1991, 1175 = NJW-RR 1991, 1155; FamRZ 1982, 470 = R 109; siehe oben
[243] BGH, FamRZ 1984, 470 = NJW 1984, 2826
[244] BGH, FamRZ 1982, 782 = R 125 c

7. Verbindung der Vollstreckungsabwehrklage mit einer Abänderungsklage

185   Vollstreckungsabwehrklage und Abänderungsklage können in der Weise verbunden werden, daß in erster Linie ein Antrag aus § 767 ZPO, hilfsweise ein Anspruch aus § 323 ZPO geltend gemacht wird. Voraussetzung ist allerdings die Zulässigkeit der Klagverbindung gemäß § 260 ZPO.[245] Für den Fall der Rentenzahlung aufgrund Versorgungsausgleichs vgl. BGH, FamRZ 1989, 159 (die Frage der unter Umständen verschiedenen Zuständigkeit gemäß § 767 I ZPO ist dort nicht erörtert).

8. Abwehrklage und negative Feststellungsklage bzw. Leistungsklage

186   Neben der Vollstreckungsabwehrklage ist gemäß § 256 ZPO auch die **Feststellungsklage auf Nichtbestehen** des Anspruchs möglich. Dadurch wird zwar die Vollstreckbarkeit des angefochtenen Titels nicht beseitigt. Die Rechtskraft der Feststellungsklage erstreckt sich aber auf den Titel des Vorprozesses.[246]

9. Abwehrklage und Berufung

187   Möglich ist auch, daß der Schuldner im Rahmen einer **Berufung** seine Einwendungen gegen den Titel geltend macht. Als umfassende Rechtsmöglichkeit ist hierbei die Berufung als das gegenüber der Vollstreckungsabwehrklage vorrangige Rechtsmittel anzusehen.

10. Abwehrklage und vorausgegangenes Versäumnisurteil

188   Gemäß § 767 II ZPO muß der Schuldner vor Erhebung der Vollstreckungsabwehrklage gegen ein ergangenes **Versäumnisurteil Einspruch** einlegen. Dies bedeutet, daß die Vollstreckungsabwehrklage nur auf solche Einwendungen gestützt werden kann, die erst aus dem Zeitraum nach Ablauf der Einspruchsfrist herrühren.[247]

11. Vollstreckbarkeit

189   Die vorläufige Vollstreckbarkeit des Urteils in einer Vollstreckungsabwehrklage richtet sich nach § 708 Nr. 11 ZPO bzw. § 709 ZPO, nicht § 708 Nr. 8 ZPO. Die einstweilige Einstellung der Zwangsvollstreckung ergibt sich aus § 769 ZPO.

V. Feststellungsklage (§ 256 ZPO)

1. Allgemeines

190   Sie kommt im Bereich des Unterhaltsrechts hauptsächlich in der Form der negativen Feststellungsklage vor, z. B. der Klage des Unterhaltsschuldners gegen eine ihn belastende einstweilige Anordnung oder gegen eine vom Beklagten behauptete Unterhaltspflicht überhaupt. Mit ihr kann nicht geklärt werden, ob ein Einzelposten bei der Unterhaltsbemessung zu berücksichtigen ist.[248]

Die Feststellungsklage ist auf die Feststellung gerichtet, daß ein Rechtsverhältnis besteht bzw. nicht besteht.[249] Hierzu gehört jedes Schuldverhältnis zwischen den Parteien,

---

[245] BGH, FamRZ 1979, 573
[246] BGH, NJW 1973, 803
[247] BGH, NJW 1982, 1812
[248] BGH, FamRZ 1992, 162, 164
[249] BGH, NJW 1984, 1556

3. Abschnitt: Die Schaffung und Abänderung von Unterhaltstiteln § 8

insbesondere auch Fragen der Wirksamkeit und Auslegung bestehender Verträge, eines Urteils oder eines Prozeßvergleichs (es sei denn, daß hinsichtlich beider Titel die Vollstreckungsgegenklage der einfachere Weg wäre).[250]

Abstrakte Rechtsfragen oder reine Tatfragen, Vorfragen oder die Erwartung künftiger Rechtsverhältnisse gehören nicht zu den Rechtsverhältnissen im Sinne des § 256 ZPO. Allerdings kann das Rechtsverhältnis betagt oder bedingt sein.[251] Es muß aber gegenwärtig und darf nicht zukünftig sein.[252]

2. Feststellungsinteresse

Notwendig ist ein besonderes Feststellungsinteresse. Dieses ist gegeben, wenn dem Recht oder der Rechtslage des Klägers eine gegenwärtige Gefahr der Unsicherheit droht und wenn das erstrebte Urteil geeignet ist, diese Gefahr zu beseitigen. Bei einer behaupteten (positiven) Feststellungsklage liegt eine solche Gefährdung in der Regel schon darin, daß der Beklagte das Recht des Klägers ernstlich bestreitet.[253] Bei der leugnenden (negativen) Feststellungsklage liegt es vor, wenn sich der Beklagte eines Anspruchs gegen den Kläger beziffert oder unbeziffert „berühmt" (allg. M.). **191**

Das Feststellungsinteresse entfällt nicht deshalb, weil der Kläger später eine Leistungsklage erheben könnte. Zwar besteht grundsätzlich kein Feststellungsinteresse, wenn dasselbe Ziel mit einer Klage auf Leistung erreichbar ist.[254] Der Feststellungsklage steht aber nicht die Möglichkeit einer Klage auf zukünftige Leistung entgegen.[255] Ist eine Feststellungsklage anhängig und wird danach eine Leistungsklage umgekehrten Rubrums mit gleichem Streitgegenstand erhoben, kommt es darauf an, ob aus der Sicht der letzten mündlichen Verhandlung des Feststellungsverfahrens Entscheidungsreife bereits eingetreten war, als die Leistungsklage nicht mehr einseitig zurückgenommen werden konnte. Denn zu diesem Zeitpunkt entfällt in der Regel das schutzwürdige Interesse an der parallelen Weiterverfolgung der Feststellungsklage und damit deren Zulässigkeit.[256] Das Feststellungsinteresse kann fehlen, wenn nach Ablehnung des Erlasses einer einstweiligen Anordnung der Unterhaltsgläubiger nichts mehr unternimmt.[257] Wendet sich der Feststellungskläger gegen eine einstweilige Anordnung, soll nach OLG Düsseldorf[258] das Feststellungsinteresse wegen der fortdauernden Wirkung ab Einstellung der Zwangsvollstreckung aus der einstweiligen Anordnung auch bei einer Unterhaltsleistungsklage des Gegners gegeben sein.[259] Das Interesse an der Feststellung, daß kein Unterhalt geschuldet wird, kann fehlen, wenn Anträge auf Erlaß einer einstweiligen Anordnung auf Zahlung von Unterhalt zurückgewiesen wurden.[260]

Das Feststellungsinteresse fehlt auch, wenn der Kläger einen einfacheren Weg hat, z. B. gemäß § 766 ZPO[261] oder im Wege der **Urteilsberichtigung** vorgehen kann.[262] Kein Feststellungsinteresse besteht auch, wenn der Kläger das gleiche Ziel mit der **Leistungsklage** erreichen kann, oder aber wenn das Feststellungsurteil im Ausland, wo vollstreckt werden soll, nicht anerkannt wird.[263] **192**

---

[250] BGH, NJW 1977, 583
[251] BGH, NJW 1984, 2950
[252] BGH, NJW 1988, 774
[253] Bereits OLG Köln, VersR 1977, 938
[254] BGH, FamRZ 1984, 470 = R 202 e
[255] Bereits RG 113, 412 zu § 259 ZPO
[256] BGH, WM 1987, 637; ebenso BGH, NJW-RR 1990, 1532
[257] Vgl. OLG Karlsruhe, FamRZ 1994, 836
[258] FamRZ 1993, 816
[259] Dort zutreffende Unterscheidung zwischen Unterhaltsanspruch und e. A. – als vorläufige Vollstreckungsmöglichkeit –
[260] BGH, FamRZ 1995, 725 = NJW 1995, 2032
[261] BGH, NJW-RR 1989, 636
[262] § 319 ZPO; BGH, NJW 1972, 2268
[263] BGH, MDR 1982, 828

3. Abgrenzung zu anderen Verfahren

193 Soweit gelegentlich „Feststellung" begehrt wird, daß der bereits titulierte Unterhalt wegfalle, handelt es sich in Wahrheit um eine Abänderungsklage gemäß § 323 ZPO.

Ist ein Feststellungsurteil ergangen und wird es durch ein Leistungsurteil ausgefüllt, wird das Feststellungsurteil insoweit gegenstandslos. Eine Änderung des ausfüllenden Rentenurteils ist nur unter den Voraussetzungen des § 323 ZPO möglich.[264]

Gegen ein Urteil auf wiederkehrende Leistungen ist eine Feststellungsklage mangels Rechtsschutzinteresses unzulässig. Möglich ist nur die Abänderungsklage gemäß § 323 ZPO.[265]

Ist in einem Feststellungsurteil auf wiederkehrende Leistungen prozeßordnungswidrig die Höhe der Leistungen festgelegt, ist ebenfalls die Abänderungsklage gemäß § 323 ZPO möglich.[266] Ein Urteil, das eine Unterhaltspflicht auf negative Feststellungsklage gegen eine Unterhaltsanordnung hin feststellt, ist einer Verurteilung zu künftig fällig werdenden Leistungen gleichzustellen; dagegen Abänderungsklage.[267]

Nur durch Feststellungsklage, nicht durch Vollstreckungsabwehrklage, kann die Rechtskraft eines Urteils über die Vollstreckungsabwehrklage auf den materiell-rechtlichen Anspruch eines gerichtlichen Vergleichs erstreckt werden.[268]

Nur die Feststellungsklage hat der Unterhaltsschuldner gegen einen Prozeßvergleich, der einer einstweiligen Anordnung in den Wirkungen gleichsteht.[269]

Die Feststellung, daß keine Unterhaltspflicht mehr besteht, ist mit Eintritt der Rechtskraft (erst dann!) eine anderweitige Regelung gem. § 620 f I ZPO.[270]

4. Prüfungs- und Entscheidungsumfang

194 Die Feststellungsklage ist ein „Weniger" (kein „aliud") gegenüber dem Leistungsbegehren. Entspricht der Erlaß eines Feststellungsurteils statt des begehrten, aber unbegründeten Leistungsurteils dem Interesse des Klägers, kann ohne Verstoß gegen § 308 I ZPO – auch ohne ausdrückliche hilfsweise Geltendmachung – ein Feststellungsurteil erlassen werden.[271]

Für eine Prüfung und Entscheidung über die Höhe des festzustellenden Anspruchs ist bei einer positiven Feststellungsklage kein Raum.[272]

Bei der negativen Feststellungsklage ist nicht die verbleibende Unterhaltspflicht positiv zu beantragen und festzustellen, sondern negativ, in welcher Höhe keine Unterhaltspflicht besteht,[273] z. B.: Es wird festgestellt, daß der Kläger nicht verpflichtet ist, an die Beklagte für die Zeit vom 1. 1. bis 31. 12. 1996 mehr als 300 DM Unterhalt monatlich zu zahlen.

nicht: Es wird festgestellt, daß der Kläger ... 300 DM Unterhalt zu zahlen hat.

5. Darlegungs- und Beweislast

195 Sie richtet sich nach allgemeinen materiell-rechtlichen Grundsätzen. Auch bei der negativen Feststellungsklage ist die umgekehrte Parteistellung auf die Darlegungs- und Beweislast ohne Einfluß.[274]

---

[264] BGH, MDR 1968, 1002
[265] BGH, NJW 1986, 3142
[266] Vgl. BGH, FamRZ 1984, 556
[267] OLG Hamm, FamRZ 1994, 387
[268] BGH, FamRZ 1984, 878 = R 220
[269] Vgl. BGH, FamRZ 1983, 892 = NJW 1983, 2200
[270] BGH, FamRZ 1991, 180
[271] BGH, FamRZ 1984, 556
[272] BGH, FamRZ 1984, 556
[273] BGH, FamRZ 1988, 604
[274] BGH, WM 1986, 954

3. Abschnitt: Die Schaffung und Abänderung von Unterhaltstiteln §8

Bei der positiven Feststellungsklage muß daher der Kläger das Bestehen des behaupteten Anspruchs beweisen, bei der negativen Feststellungsklage der Beklagte das Bestehen des Anspruchs, dessen er sich berühmt.

6. Rechtskraft

Ein Urteil, das eine negative Feststellungsklage abweist, hat grundsätzlich dieselbe Bedeutung und Rechtskraftwirkung wie ein Urteil, welches das Gegenteil dessen positiv feststellt, was mit der negativen Feststellungsklage begehrt wird. **196**

Beispiel: Der Kläger verlangt Feststellung, daß er nicht verpflichtet ist, 10 000 DM Unterhaltsrückstand zu zahlen. Die Klage wird als unbegründet abgewiesen. Damit ist rechtskräftig (positiv) ausgesprochen, daß dem Beklagten 10 000 DM Unterhaltsrückstand zustehen.[275] Allerdings ist dadurch kein Leistungstitel geschaffen. Das Urteil wirkt vielmehr wie ein Grundurteil (§ 304 ZPO), das noch der konkreten Ausfüllung bedarf.[276]

Beispiel: Der Unterhaltsberechtigte berühmt sich eines Unterhaltsanspruchs gegen den Unterhaltsverpflichteten. Dieser klagt auf Feststellung, daß dem Beklagten kein Unterhaltsanspruch gegen ihn zustehe (negative Feststellungsklage). Die Klage wird abgewiesen. Damit steht fest, daß der Unterhaltsanspruch dem Grunde nach besteht.

Wird die (positive) Feststellungsklage rechtskräftig und abschließend abgewiesen, so schafft das Urteil Rechtskraft auch für eine später auf dieselbe Forderung gestützte Leistungsklage insoweit, als das mit der Leistungsklage erstrebte Ziel unter keinem rechtlichen Gesichtspunkt aus dem Lebenssachverhalt hergeleitet werden kann, der der Feststellungsklage zugrunde gelegen hat.[277]

Beispiel: Der Kläger beantragt Feststellung, daß ihm die Beklagte für die Zeit vom 1. 1. 1995 – 31. 12. 1996 Ausgleich wegen Kindesunterhalts schulde. Nach rechtskräftiger, einschränkungsloser Abweisung klagt er unter konkreter Bezifferung auf Leistung.
Die Leistungsklage ist zwar zulässig, weil verschiedene Streitgegenstände vorliegen, aber unbegründet wegen der Rechtskraft des Feststellungsurteils.

Keine Rechtskraftwirkung besteht, wenn der zur Prüfung gestellte Streitpunkt als Vorfrage im Leistungsprozeß bereits entschieden worden ist.[278]

Beispiel: Im Leistungsprozeß auf Erstattung des an die Kinder gezahlten Unterhalts wird geprüft, ob eine Freistellungsverpflichtung aufgrund eines Prozeßvergleichs besteht. Mit der nachfolgenden Feststellungsklage macht der Kläger die Nichtigkeit der Freistellungsvereinbarung geltend. Die Rechtskraft des früheren Leistungsurteils erstreckt sich nicht auf den weiteren Bestand der Freistellungsverpflichtung.

7. Einstweilige Einstellung der Zwangsvollstreckung

Die Einstellung der Zwangsvollstreckung aus dem angefochtenen Titel ist analog §§ 707, 719 ZPO oder § 769 ZPO zulässig.[279] **197**

Die Anfechtungsmöglichkeiten sind umstritten. Die *überwiegende* Meinung wendet § 793 ZPO an, beschränkt aber die Prüfung auf **grobe Gesetzes- und Ermessensverstöße**. Andere teilen im Grunde diese Auffassung, erschweren aber bereits die Zulässigkeit, indem sie als deren Voraussetzung die Behauptung und Darlegung eines „greifbaren" Rechts- oder Ermessensverstoßes fordern.[280] Wieder andere halten die einfache Beschwerde gem. § 567 ZPO für zulässig, die grundsätzlich zur vollen Nachprüfung führen

---

[275] Vgl. BGH, FamRZ 1986, 565 = NJW 1986, 2508
[276] BGH, FamRZ 1986, 565 = NJW 1986, 2508
[277] BGH, NJW 1989, 393
[278] BGH, FamRZ 1986, 444 = NJW 1986, 1167
[279] BGH, FamRZ 1983, 355 = NJW 1983, 1330
[280] Z. B. OLG München, FamRZ 1990, 1267; ähnlich OLG Karlsruhe, FamRZ 1993, 225

soll, jedoch eingeschränkt durch den vorläufigen Charakter der Einstellung oder ihrer Ablehnung.[281] Einige halten die sofortige Beschwerde für uneingeschränkt statthaft.[282] Den Bedürfnissen der Praxis am ehesten gerecht wird die überwiegende Meinung, weil sie einerseits rechtsstaatlichen Anforderungen entsprechend die Überprüfung der Einstellung oder Ablehnung grundsätzlich ermöglicht, andererseits aber nicht ausufern läßt und die Überprüfung nicht schon an der Zulässigkeit mangels Darlegung scheitern läßt.

8. Streitwert

198 Der Streitwert der negativen Feststellungsklage liegt – ohne Abschlag – so hoch wie der Anspruch, dessen sich der Gegner berühmt.[283] Bei der positiven Feststellungsklage wird ein gewisser Abschlag vorgenommen, der nach der herrschenden Meinung mit rund 20 % zugrunde gelegt wird.[284] Dies sind aber nur Anhaltswerte, da der Wert des Feststellungsinteresses in jedem Fall unterschiedlich zu bewerten ist.

VI. Bereicherungsklage, Schadensersatzklage

199 Hat ein Unterhaltsgläubiger überhöhten Unterhalt erlangt, der ihm rechtlich nicht zusteht, kann der Unterhaltsschuldner eine Rückforderungsklage gem. § 812 BGB[285] oder eine Schadensersatzklage nach § 826 BGB wegen sittenwidriger Ausnützung des Titels geltend machen.[286]

Eine **Rückforderungsklage** setzt voraus, daß der Schuldner ohne Rechtsgrund gem. § 812 I S. 1 BGB geleistet hat[287] und der Unterhaltsberechtigte immer noch bereichert ist. Dies ist dann der Fall, wenn der Gläubiger mit dem Unterhalt Rücklagen gebildet oder sich geldwerte Vorteile durch Tilgung von Verbindlichkeiten oder durch Anschaffungen verschafft hat. Eine verschärfte Haftung des Unterhaltsgläubigers besteht nach § 818 IV BGB ab Rechtshängigkeit nur für das Unterhaltsverfahren, mit welchem der überzahlte Unterhalt zurückverlangt wird, nicht aber in einem vorausgegangenen Prozeß, in welchem die Frage nach dem Grund und dem Ausmaß der Leistung geklärt werden sollte, also nicht im Rahmen eines Abänderungs- oder negativen Feststellungsverfahrens.[288]

Den Einwand der Entreicherung vermag ein Unterhaltsgläubiger dann nicht geltend zu machen, wenn er verschärft i. S. d. § 819 I BGB haftet. Dazu ist positive Kenntnis hinsichtlich des Fehlens des rechtlichen Grundes und der sich daraus ergebenden Rechtsfolgen notwendig. Ausreichend ist nicht die Kenntnis, auf denen das Fehlen des Rechtsgrundes beruht.[289]

Da sich der Unterhaltsgläubiger bei Überzahlungen häufig auf eine Entreicherung nach § 818 III BGB berufen kann, sollte mit der Abänderungs- bzw. negativen Feststellungsklage gleichzeitig die Rückforderungsklage des Unterhaltsschuldners verbunden werden, so daß ab Rechtshängigkeit dieser Klage die verschärfte Haftung des § 818 IV BGB beginnt.

Eine **Schadensersatzklage** nach § 826 BGB ist dann erfolgreich, wenn der Unterhaltsgläubiger in vorsätzlicher und sittenwidriger Weise einen unrichtig gewordenen Unter-

---

[281] Etwa OLG Hamburg, FamRZ 1990, 1379
[282] Z. B. OLG Köln, FamRZ 1991, 1212
[283] BGH, NJW 1970, 2025
[284] BGH, NJW-RR 1988, 689
[285] BGH, FamRZ 1987, 684, 685; 1986, 794, 795 = R 300
[286] BGH, FamRZ 1983, 995 ff
[287] BGH, FamRZ 1985, 368 ff
[288] BGH, FamRZ 1992, 1152, 1154 = R 452
[289] BGH, FamRZ 1992, 1152, 1155 = R 452

3. Abschnitt: Die Schaffung und Abänderung von Unterhaltstiteln § 8

haltstitel weiterhin ausnützt. Dabei muß ihm die Unrichtigkeit des Unterhaltstitels bewußt sein; die Fortsetzung der Vollstreckung aus diesem Titel muß zusätzlich in hohem Maße unbillig sein.[290]

Da die Schadensersatzklage eine teilweise oder vollständige Durchbrechung der Rechtskraft des vorausgegangenen Titels darstellt, ist sie nur unter engen Voraussetzungen möglich. Insgesamt muß das Verhalten des Unterhaltsgläubigers evident unredlich gewesen sein, so daß der Unterhaltsschuldner nach Treu und Glauben schlechterdings nicht an der Rechtskraft des vorausgegangenen Urteils festgehalten werden kann, dies vielmehr für ihn unerträglich und insgesamt rechtsmißbräuchlich wäre.

Die **Bereicherungsklage** ist eine gewöhnliche Leistungsklage auf der Grundlage der §§ 812 ff BGB. Sie kommt in Betracht zur Rückforderung überzahlten Unterhalts, etwa nach Beendigung der Zwangsvollstreckung wegen der zu Unrecht vollstreckten Beträge.[291] Gerichtet ist sie auf **Herausgabe** des Erlangten oder auf **Leistung von Wertersatz**.[292]   199a

Beispiele: a) Wegfall eines rechtskräftig zuerkannten Unterhaltsanspruchs durch Entstehung eines eigenen Rentenanspruchs des Berechtigten aufgrund Versorgungsausgleichs nach Beendigung der Zwangsvollstreckung,[293] jedoch nur für die Vergangenheit.[294] Für die Zukunft muß Abänderungsklage erhoben werden. Vor Beendigung der Zwangsvollstreckung: Vollstreckungsabwehrklage (da ein der Erfüllung gleichkommender Vorgang) für die Zeit vor Klageerhebung, Abänderungsklage für die Zeit danach.

b) Leistungen aufgrund einer einstweiligen Anordnung, die über Bestand und Höhe des materiell-rechtlichen Unterhaltsanspruchs hinausgeht.[295] Dasselbe gilt für einen Prozeßvergleich, der die einstweilige Anordnung ersetzt.[296]

Sie kann nicht gestützt werden auf eine wesentliche Änderung der wirtschaftlichen Verhältnisse, wenn bereits ein rechtskräftiger Titel vorhanden ist (nur Abänderungsklage!) Dieser bildet den Rechtsgrund für die erbrachten Leistungen.[297]

Da – wie oben dargelegt – mit der negativen Feststellungsklage eine anderweitige Regelung im Sinne des § 620 f ZPO getroffen werden kann, die auf den Zeitpunkt des Erlasses der einstweiligen Anordnung zurückgeht,[298] kann in diesem Falle mit der sogenannten Bereicherungsklage der **zuviel gezahlte Unterhalt zurückverlangt** werden.[299] Dabei kann die Klage auf den Zeitpunkt zurückdatiert werden, von dem ab Unterhalt ganz oder teilweise nicht mehr geschuldet war.   200

Auch wenn rückwirkend ein Titel nach § 323 Abs. 1, 4 ZPO abgeändert worden ist, ist der Unterhaltsgläubiger ungerechtfertigt bereichert.[300] Das gilt auch, wenn die einstweilige Anordnung über den Bestand und die Höhe des materiell-rechtlichen Unterhaltsanspruchs hinausgeht,[301] da die vorläufige Regelung nur prozessualer Natur ist, die bloß eine einstweilige Möglichkeit der Vollstreckung darstellt, keinen endgültigen Rechtsgrund. Eine **Entreicherung** liegt vor, wenn der Bedürftige den überzahlten Unterhalt restlos für seine laufenden Lebensbedürfnisse verbraucht hat, ohne sich noch in seinem Vermögen vorhandene Werte oder Vorteile zu verschaffen.[302] Letzteres ist gegeben bei anderweitigen Ersparnissen, Anschaffungen oder Vermögensvorteilen durch Tilgung von Schulden (BGH, aaO). Die rechtsgrundlose Zahlung des Unterhaltspflichtigen muß für diesen **Vermögensvorteil** aber **kausal** gewesen sein. Die Kausalität fehlt,

---

[290] BGH, FamRZ 1988, 270 ff
[291] BGH, WM 1987, 1048
[292] Vgl. OLG Hamm, FamRZ 1993, 74
[293] Erfüllung durch Unterhaltssurrogat, BGH, FamRZ 1988, 1156; FamRZ 1982, 470 = R 109
[294] Vgl. neuerdings BGH, FamRZ 1989, 159
[295] BGH, FamRZ 1984, 767 = NJW 1984, 2095
[296] BGH, FamRZ 1991, 1175
[297] BGH, FamRZ 1986, 794 = NJW 1986, 2047
[298] BGH, FamRZ 1983, 355 = NJW 1983, 1330 entgegen OLG Karlsruhe, FamRZ 1980, 608
[299] BGH, FamRZ 1984, 767 = NJW 1984, 2095
[300] BGH, FamRZ 1992, 1152, 1153
[301] BGH, FamRZ 1984, 767
[302] BGH, FamRZ 1992, 1152, 1153

wenn der Bedürftige die Mittel für die Anschaffung von dritter Seite geschenkt erhielt oder der Vermögensvorteil unter Einschränkung des Lebensstandards erworben wurde (BGH, aaO). Den Wegfall der Bereicherung muß der Bereicherte darlegen und beweisen.

201 Vielfach wird aber die Bereicherungsklage am **Wegfall der Bereicherung** gemäß § 818 III BGB scheitern, es sei denn, daß der Unterhaltsgläubiger verschärft haftet. Diese verschärfte Haftung nach § 818 IV BGB beginnt erst mit der Erhebung der Bereicherungsklage,[303] nicht bereits mit der Rechtshängigkeit einer vorgeschalteten negativen Feststellungsklage.[304] Es ist daher anzuraten, mit einer Abänderungs- oder negativen Feststellungsklage sofort die Rückforderungsklage zu verbinden, um die verschärfte Haftung nach § 818 IV BGB herbeizuführen. Ist Unterhalt mit Rechtsgrund (in Erfüllung der durch Urteil titulierten Forderung) geleistet oder die zu Unrecht bezogene Leistung verbraucht (entreichert), so ist eine Rückzahlung unberechtigt empfangener Unterhaltszahlungen nur durchsetzbar, wenn die Voraussetzungen des § 826 BGB gegeben sind, somit eine sittenwidrige, vorsätzliche Schädigung vorliegt.[305] Wird ein für **vorläufig vollstreckbar erklärtes Unterhaltsurteil** des Familiengerichts nachträglich aufgehoben oder abgeändert, besteht ein Schadensersatzanspruch nach § 717 II ZPO.

Wurde ein **Notunterhalt** im Rahmen einer **einstweiligen Verfügung** nach § 940 ZPO zugesprochen und die einstweilige Verfügung nach Widerspruch gemäß §§ 936, 925 ZPO oder nach Berufung aufgehoben, hat der Leistungsverpflichtete einen Schadensersatzanspruch nach § 945 ZPO.

Dies gilt nicht, wenn eine einstweilige Anordnung nachträglich durch eine negative Feststellungsklage ersetzt wurde. Denn die §§ 620 ff ZPO enthalten keine den §§ 717, 945 ZPO entsprechende Regelung, um den Gläubiger im einstweiligen Anordnungsverfahren zu schützen.[306]

VII. Drittschuldnerklage

202 Gemäß § 856 I ZPO kann jeder Gläubiger, dem der Anspruch des Schuldners gegen den Drittschuldner zur Einziehung oder an Zahlungs Statt überwiesen wurde (§§ 835, 849 ZPO), gegen den Drittschuldner Klage auf Hinterlegung des Geldes, Herausgabe der Sache an den Gerichtsvollzieher oder auf Übereignung an den Schuldner verlangen, wenn dieser seinen Verpflichtungen nach §§ 853–855 ZPO nicht nachkommt.

Diese Drittschuldnerklage spielt, allerdings in geringem Umfang, in der unterhaltsrechtlichen Praxis eine Rolle bei der **Durchsetzung gepfändeter** und zur Einziehung überwiesener **Unterhaltsforderungen**, z. B. Taschengeld. Prozeßrechtliche Grundlage sind die §§ 829, 835, 836 ZPO. Zwar wird der Vollstreckungsgläubiger durch die Überweisung der Forderung zur Einziehung nicht zum Inhaber der Forderung. Er erhält aber ein eigenes Einziehungsrecht und darf deshalb im eigenen Namen, vor allem auf Leistung an sich, klagen.[307] Beklagter ist der Drittschuldner, dem Hauptschuldner muß grundsätzlich der Streit verkündet werden (§ 841 ZPO).

Im **Pfändungsbeschluß** wird in der Regel die Entscheidung nach § 850 b II ZPO getroffen. Diese Entscheidung ermöglicht die Pfändung von gesetzlichen Unterhaltsrenten, die sonst im allgemeinen unpfändbar sind.[308] Im Drittschuldnerprozeß wird nur noch geprüft, ob der gepfändete Anspruch besteht.[309] Die Pfändung des Taschengeld-Anspruchs ist grundsätzlich kein Verstoß gegen Art. 6 I GG.[310] Sie ist ohne nähere Beziffe-

---

[303] BGH, FamRZ 1984, 767 = NJW 1984, 2095
[304] BGH, FamRZ 1985, 368 = NJW 1985, 1074
[305] BGH, FamRZ 1988, 270 f
[306] BGH, FamRZ 1985, 368 ff
[307] BGHZ 82/28, 31; NJW 1978, 1914
[308] § 850 b I Nr. 2 ZPO; vgl. dazu eingehend OLG München, FamRZ 1988, 1161 = NJW-RR 1988, 894; OLG Celle, FamRZ 1991, 726
[309] OLG München, FamRZ 1981, 449; OLG Bamberg, FamRZ 1988, 948
[310] BVerfG, FamRZ 1986, 773

3. Abschnitt: Die Schaffung und Abänderung von Unterhaltstiteln § 8

rung des Taschengeldanspruchs unwirksam.[311] Der Drittschuldner kann nicht einwenden, die titulierte Forderung stehe dem Kläger im Verhältnis zum Vollstreckungsschuldner nicht zu, es sei denn, die Zwangsvollstreckung ist für unzulässig erklärt oder der Vollstreckungstitel aufgehoben.[312] Das Vermögensverzeichnis muß den Taschengeldanspruch genau umschreiben.[313]

Die **Höhe des Taschengelds** beträgt i. d. R. 5 % des bereinigten Nettoeinkommens des verdienenden Ehegatten, vgl. OLG Hamm,[314] OLG Köln,[315] OLG Celle,[316] OLG Frankfurt.[317]

VIII. Isolierte Auskunftsklage

Die familienrechtliche Auskunftsklage ist von zentraler Bedeutung für die Feststellung der Leistungsfähigkeit des Unterhaltsschuldners. Gerade ab Trennung der Ehegatten besteht hierüber vielfach Unkenntnis und Streit. 203

Grundnorm ist hierbei die Vorschrift des § 1605 BGB, nach der Verwandte in gerader Linie einander verpflichtet sind, auf Verlangen über ihre Einkünfte und ihr Vermögen Auskunft zu erteilen, soweit dies zur Feststellung eines Unterhaltsanspruchs oder einer Unterhaltsverpflichtung erforderlich ist.

Zusätzlich zur Auskunft sind gemäß § 1605 I Satz 2 BGB über die Höhe der Einkünfte auf Verlangen Belege, insbesondere Bescheinigungen des Arbeitgebers, vorzulegen. Dabei gelten die §§ 260, 261 BGB entsprechend (§ 1605 I Satz 3 BGB). Über das Vermögen sind somit keine Belege vorzulegen. 204

Bei den **vorzulegenden Belegen** handelt es sich um Originalurkunden. Gemäß § 242 BGB ist der Schuldner verpflichtet, die Leistung so zu bewirken, wie Treu und Glauben mit Rücksicht auf die Verkehrssitte es erfordern. Die Pflicht zur Vorlage von Belegen verlangt daher, daß der Schuldner dem Gläubiger die vorzulegenden Urkunden in einer den Zwecken und Gepflogenheiten des Rechtsverkehrs üblichen und angemessenen Weise zugänglich macht. Daher erfüllt der Schuldner seine Vorlagepflicht nicht durch die Überreichung einer Abschrift oder Fotokopie des Originals.[318] Allerdings hat der Gläubigr das Recht, sich – auf seine Kosten – Fotokopien vom Original anzufertigen. Hat der Berechtigte den Beleg vollständig ausgewertet, hat er das Original auf Antrag des Schuldners an diesen zurückzugeben.

Unmittelbar gilt diese Vorschrift (nur) für den Kindesunterhalt; für den Trennungsunterhalt findet diese Vorschrift nach § 1361 IV Satz 3 BGB, für den Nachscheidungsunterhalt gemäß § 1580 BGB Anwendung.

Sollen neben der Auskunftserteilung Belege vorgelegt werden, müssen diese im Klagantrag selbst bezeichnet sein. Die Klage ist sonst unzulässig, da der Klagantrag keinen vollstreckungsfähigen Inhalt hat;[319] das gilt auch dann, wenn der Antrag auf eine unmögliche Leistung gerichtet ist, z. B. auf die Vorlage eines noch gar nicht erlassenen Steuerbescheids.[320]

Gemäß § 253 II Nr. 2 ZPO muß die Klagschrift die **bestimmte Angabe des Gegenstands** und des **Grundes des erhobenen Anspruchs** sowie einen bestimmten Antrag enthalten. Für die Auskunftsklage als Leistungsklage bedeutet dies, daß bereits im Klag- 205

---

[311] OLG Hamm, FamRZ 1990, 547; ähnlich OLG Köln, FamRZ 1991, 587; a. A. OLG Frankfurt, FamRZ 1991, 727
[312] BGH, FamRZ 1991, 180 = NJW 1991, 705
[313] OLG Köln, FamRZ 1994, 455
[314] NJW-RR 1990, 1224
[315] FamRZ 1991, 587
[316] FamRZ 1991, 726
[317] FamRZ 1991, 727
[318] KG, FamRZ 1982, 614
[319] BGH, FamRZ 1983, 454
[320] BGH, FamRZ 1989, 731

antrag genau angegeben werden muß, über welche Einkünfte oder Gegenstände (Vermögen) Auskunft zu erteilen ist und für welchen Zeitraum welche Belege konkret verlangt werden.[321] Eine Auskunft erfordert eine systematische Zusammenstellung aller erforderlichen Angaben, die notwendig sind, um dem Berechtigten ohne übermäßigen Arbeitsaufwand eine Berechnung seines Unterhaltsanspruchs zu ermöglichen. Die Darstellung des Endergebnisses entsprechend einem Steuerbescheid genügt nicht, sondern es sind neben den gesamten Einnahmen auch alle damit zusammenhängenden Ausgaben anzuführen. Bei den Ausgaben bei einer Gewinnermittlung oder bei den Werbungskosten können dabei Sachgesamtheiten zusammengefaßt werden, wenn insoweit der Verzicht auf eine detaillierte Aufschlüsselung im Verkehr üblich ist und eine ausreichende Orientierung des Auskunftsberechtigten nicht verhindert. Bei Gewinneinkünften (Selbständige, Gewerbetreibende) genügt es, nur das Endergebnis in der Auskunft anzuführen und bezüglich aller Einzelheiten auf eine beigefügte Anlage zur Einnahmen-Überschußrechnung Bezug zu nehmen.[322]

Beispiel 1: Der Beklagte wird verurteilt, der Klägerin für den Zeitraum vom 1. 1. 1996 bis 31. 12. 1996
a) Auskunft zu erteilen über seinen Lohn (Gehalt) als unselbständiger Arbeitnehmer,
b) vorzulegen die monatlichen Lohnbescheinigungen (Gehaltsbescheinigungen, Bezügemitteilungen) des Arbeitgebers.

Beispiel 2: Der Beklagte wird verurteilt, der Klägerin für den Zeitraum vom 1. 1. 1994 bis 31. 12. 1996
a) Auskunft zu erteilen über seinen Gewinn als selbständiger Unternehmer abzüglich Steuern, Krankenversicherungs- und Vorsorgebeiträge,
b) vorzulegen die Bilanzen samt Gewinn- und Verlustrechnungen, Einkommensteuererklärungen, Einkommensteuerbescheiden sowie die Belege über die geleisteten Krankenversicherungs- und Vorsorgebeiträge.

Dabei handelt es sich strenggenommen um zwei verschiedene Anträge, die zueinander selbständig sind.[323] Bei weit überdurchschnittlichen Verhältnissen (wenn ein Teil der Einkünfte für Vermögensbildung verwendet wurde und die Leistungsfähigkeit des Unterhaltspflichtigen für hohe Unterhaltsbeträge außer Streit steht) ist sie überflüssig.[324]
Es genügt nicht, z. B. Auskunft zu verlangen über „die derzeitigen Einkünfte" und „die entsprechenden Belege vorzulegen". Eine Verlagerung der konkreten Bestimmung in das Vollstreckungsverfahren ist nach allgemeiner Meinung unzulässig. Möglich ist jedoch in engen Grenzen die Auslegung des Klagantrags.[325] Auch die „Verdeutlichung" von Inhalt und Umfang des Urteilsausspruchs ist im Verfahren gem. § 888 ZPO grds. möglich.[326] Zu welchen Schwierigkeiten eine oberflächliche Tenorierung führen kann, ergibt sich aus OLG München, FamRZ 1992, 1207.

206 Da die Auskunftserteilung eine Vorstufe des Dauerschuldverhältnisses der Unterhaltspflicht ist und durch einen Unterhaltstitel auch der erst künftig, von Monat zu Monat, entstehende Unterhalt festgeschrieben wird, kann auch das Auskunftsbegehren (selbst nach erteilter Auskunft) in zeitlicher Hinsicht vor Abschluß des Rechtsstreits bis zur Gegenwart der letzten mündlichen Verhandlung erweitert werden, ohne daß dies ein Verstoß gegen die Zweijahressperrfrist des § 1605 II BGB wäre.[327]

207 Sind die Einkommensverhältnisse beider Parteien ungeklärt, besteht eine **wechselseitige Auskunftspflicht**. Hierbei darf aber keine Partei ein Zurückbehaltungsrecht nach §§ 273, 320 BGB ausüben.[328]

---

[321] BGH, FamRZ 1993, 1423 = NJW-RR 1993, 1026
[322] OLG München, FamRZ 1996, 738
[323] OLG München, FamRZ 1994, 1126
[324] BGH, FamRZ 1994, 1169
[325] BGH, FamRZ 1983, 454 = R 155
[326] BGH, FamRZ 1993, 1189 = NJW-RR 1993, 1154
[327] OLG Karlsruhe, FamRZ 1987, 297
[328] OLG Köln, FamRZ 1987, 714

3. Abschnitt: Die Schaffung und Abänderung von Unterhaltstiteln § 8

Eine reine Auskunftsklage ist **nicht im Verbund** (§ 623 ZPO) möglich,[329] weil keine **208** Regelung für den Fall der Scheidung zu treffen ist. Inzwischen hat der BGH die umstrittene Frage geklärt, ob Auskunftsansprüche im Scheidungsverbund geltend gemacht werden können.[330] Mit der überwiegenden Ansicht in Literatur und Rechtsprechung vertritt der BGH die Meinung, daß die Einbeziehung isoliert erhobener Auskunftsansprüche in den Scheidungsverbund nicht dem Gesetzeszweck entspricht. Hierfür steht vielmehr die Stufenklage (dazu Rn 213 ff) zur Verfügung. Werden verfahrensfehlerhaft Auskunftsansprüche zusammen mit einer Ehesache geltend gemacht, ist der Auskunftsanspruch nach § 145 ZPO abzutrennen.

Die **Verurteilung zur Auskunft** wird gemäß § 888 I ZPO **vollstreckt**.[331] Ist der Aus- **209** kunftstitel zu unbestimmt, kommt die Auferlegung von Zwangsgeld oder die Verhängung von Zwangshaft nicht in Betracht. Der Titel ist dann praktisch wertlos. Deshalb ist schon im Klagantrag, erst recht bei der Abfassung des Urteils, darauf zu achten, daß die vorgesehene Fassung konkret genug und vollstreckungsfähig ist. Auskunft und Vorlage von Belegen sind zwei getrennte Ansprüche. Eine pauschale Aufforderung, geeignete Belege vorzulegen, ist zu unbestimmt, um den Pflichtigen für den Anspruch auf Vorlage von Belegen in Verzug zu setzen.[332]

Jede Stufe bildet einen eigenen Anspruch, über den gesondert verhandelt und entschieden wird. Ein Übergang in die nächste Stufe ist erst zulässig, wenn die vorangegangene Stufe erledigt ist. Dann aber ist auch eine Rückkehr in die frühere Stufe nicht mehr möglich; z. B., wenn nachträglich festgestellt wird, daß die erteilte Auskunft unvollständig ist.

Eine einstweilige Verfügung auf Erteilung von Auskunft ist nicht möglich.[333]

Für die **Beschwer** (§ 511 a ZPO) des **Beklagten** ist maßgebend der Aufwand an Kosten **210** und Zeit, den eine sorgfältige Erteilung der geschuldeten Auskunft verursacht neben einem – in der Regel nicht gegebenen – besonderen Geheimhaltungsinteresse. Dabei ist mit zu berücksichtigen die Einholung kostenträchtigen sach- oder rechtskundigen Rats,[334] z. B. eines Steuerberaters,[335] oder auch nur der persönliche Zeitaufwand.[336] Siehe weiter bei Streitwert/Beschwer Rn 276, dort auch zum Beschluß des Großen Zivilsenats des BGH wegen dieser Rechtsprechung.[337]

Hinweis: Grundsätzlich muß zwar eine systematische Aufstellung der erforderlichen Angaben vorgelegt werden.[338] Dieses Erfordernis wird jedoch nicht nur durch die Vorlegung eines einzigen lückenlosen Gesamtverzeichnisses erfüllt. Vielmehr genügt auch eine Mehrheit von Teilauskünften, vorausgesetzt, daß sie nach dem erklärten Willen des Auskunftsschuldners in ihrer Summierung die Auskunft im geschuldeten Gesamtumfang darstellen.[339]

Die Verurteilung zur Auskunft schafft für den Grund des Hauptanspruchs **keine** **211** **Rechtskraft**, und der Beklagte kann sein Interesse, keinen Unterhalt zahlen zu müssen, im Prozeß über den Unterhaltsanspruch ohne Einschränkung weiterverfolgen.[340] Ein Urteil, das zur Vorlage nicht existenter Unterlagen verpflichtet, ist nicht vollstreckungsfähig. Allerdings muß dann geprüft werden, ob das Gericht zur **Erstellung** hat verpflichten wollen.[341]

---

[329] Vgl. auch KG, NJW-RR 1992, 450; OLG Hamm, FamRZ 1993, 984 mit ablehnender Anm. v. Vogel, FamRZ 1994, 49
[330] BGH, FamRZ 1997, 811 = R 511 B; a. A. noch die Vorinstanz OLG Hamm, FamRZ 1996, 736
[331] BGH, FamRZ 1983, 578 = R 161
[332] OLG München, FamRZ 1996, 307
[333] OLG Hamm, NJW-RR 1992, 640
[334] BGH, NJW-RR 1993, 1026
[335] BGH, NJW-RR 1993, 1027 u. 1154
[336] BGH, NJWE-FER 1997, 16
[337] FamRZ 1995, 349
[338] BGH, FamRZ 1983, 996 = NJW 1983, 2243
[339] BGH, LM BGB § 260 Nr. 14
[340] BGH, FamRZ 1986, 796
[341] BGH, FamRZ 1992, 425

Die frühere Überleitung eines Unterhaltsanspruchs bewirkt keine Überleitung auch des vorbereitenden Auskunftsanspruchs. Dieser verbleibt also beim Unterhaltsberechtigten.[342]

212 Wird die **Hauptsache** übereinstimmend **für erledigt erklärt**, richtet sich die Kostenentscheidung nach der Erfolgsaussicht der Stufenklage. Existiert bereits ein rechtskräftiges Teilurteil zur Auskunft, wird nur über die Leistungsstufe nach § 91 a ZPO entschieden.[343]

Die vorläufige Vollstreckbarkeit richtet sich nach § 708 Nr. 11 ZPO, nicht nach § 708 Nr. 8 ZPO.[344] Die Zwangsvollstreckung bzgl. der Auskunft ergibt sich aus § 888 ZPO; die Vorlage von Belegen ist gemäß § 883 ZPO zu vollstrecken.

IX. Stufenklage

213 Bei der Stufenklage nach § 254 ZPO wird mit der Klage auf Rechnungslegung oder auf Vorlegung eines Vermögensverzeichnisses oder auf Abgabe einer eidesstattlichen Versicherung die Klage auf Herausgabe desjenigen verbunden, was der Beklagte aus dem zugrundeliegenden Rechtsverhältnis schuldet. Im Unterhaltsrecht handelt es sich hierbei um die Unterhaltsbeziehung beider Parteien, somit in dritter Stufe um die sogenannte Leistungsstufe. Als erste Stufe bezeichnet dabei das Gesetz den Anspruch auf Rechnungslegung und auf Vorlegung eines Vermögensverzeichnisses. Rechnungslegung ist eine geordnete Aufstellung der Einnahmen und Ausgaben für einen bestimmten Zeitraum oder Zeitpunkt.[345] Eine Auskunftsklage mit der Ankündigung „Nach Erteilung der Auskunft wird Zahlungsantrag gegenüber der Beklagten gestellt werden" ist keine – verjährungsunterbrechende – Leistungsklage in der besonderen Form der Stufenklage.[346] Inzwischen gilt nach der Rechtsprechung des BGH[347] für den Fall, daß die erteilte Auskunft ergibt, daß kein Zahlungsanspruch besteht, folgendes: Eine Erledigung der Hauptsache tritt nicht ein. Bei einseitiger Erledigungserklärung kommt eine Kostenentscheidung zugunsten der klägerischen Partei weder nach § 91 ZPO noch nach § 93 ZPO entsprechend in Betracht. Vielmehr kann und muß der Kläger im noch anhängigen Rechtsstreit seine Stufenklage in einen materiell-rechtlichen Kostenerstattungsanspruch umstellen und damit eine für ihn günstige Kostenentscheidung erhalten. Ergibt bei der Stufenklage die erteilte Auskunft, daß ein Leistungsanspruch nicht besteht, und erklären die Parteien daraufhin den Rechtsstreit übereinstimmend in der Hauptsache für erledigt, so ist bei der Kostenentscheidung nach § 91a ZPO das Bestehen eines materiell-rechtlichen Kostenerstattungsanspruchs im Rahmen der Billigkeit zu berücksichtigen, wenn sein Bestehen sich ohne besondere Schwierigkeiten feststellen läßt.[348]

214 **Rechtshängig** werden grundsätzlich von Anfang an alle Stufen, auch wenn in der Zustellung nicht ausdrücklich eine Einschränkung auf die erste Stufe zum Ausdruck gekommen ist.[349] Zu entscheiden ist regelmäßig Stufe für Stufe durch Teilurteil, am Ende durch Schlußurteil. Nach jedem Teilurteil muß die Fortsetzung des Rechtsstreits beantragt werden. Nach Erteilung der Auskunft muß die Leistungsklage beziffert werden, andernfalls wird sie unzulässig.[350] Die Zustellung einer Stufenklage (mit PKH-Bewilligung nur für die Auskunftsklage) bewirkt grundsätzlich die Rechtshängigkeit der Stufenklage insgesamt und nicht nur im Umfang der ersten Stufe, wenn in der Zustellung nicht ausdrücklich eine Einschränkung auf die erste Stufe zum Ausdruck gekommen ist.[351]

---

[342] Vgl. BGH, FamRZ 1983, 674 = R 166 a
[343] OLG München, FamRZ 1993, 454
[344] Streitig; vgl. OLG München, FamRZ 1990, 84 f
[345] BGH, NJW 1985, 1694
[346] OLG Celle, FamRZ 1996, 678 = NJW-RR 1995, 1411
[347] FamRZ 1995, 348 = R 479 a
[348] OLG Koblenz, FamRZ 1996, 892
[349] BGH, FamRZ 1995, 797 = NJW-RR 1995, 770
[350] Vgl. BGH, FamRZ 1988, 157
[351] BGH, FamRZ 1995, 797

3. Abschnitt: Die Schaffung und Abänderung von Unterhaltstiteln   § 8

Läßt sich ausnahmsweise feststellen, daß aus Rechtsgründen kein Unterhaltsanspruch besteht, kann die Stufenklage in vollem Umfang abgewiesen werden.[352] Wird gegen dieses Urteil Berufung eingelegt, setzt sich das Stufenverhältnis in der Berufungsinstanz fort: dort ist über die Auskunftsstufe zu entscheiden. Der Anspruch auf Zahlung ist in aller Regel in die Vorinstanz zurückzuverweisen.[353] Erklären die Parteien nach uneingeschränkt eingelegter Berufung hinsichtlich der Auskunft übereinstimmend für erledigt und stellt der Kläger nunmehr in der Berufungsinstanz einen bezifferten Zahlungsantrag, muß das Berufungsgericht über dessen Grund vorab selbst entscheiden und darf allenfalls zur Feststellung der Höhe zurückverweisen.[354]

Die Stufenklage kann **auch im Verbund** (§ 623 ZPO) erhoben werden. Über das Auskunftsbegehren ist in diesem Falle vor der Entscheidung über den Scheidungsantrag gesondert zu verhandeln und durch Teilurteil zu entscheiden.[355]   215

Stufenklage ist auch möglich in Verbindung mit einer bezifferten Leistungsklage. Bis zur Auskunft unbeziffert bleibt der übersteigende Mehrbetrag.[356] Die Verjährung des zunächst noch unbezifferten Leistungsanspruchs wird unterbrochen, jedoch nur in Höhe der späteren Bezifferung,[357] nach BGH, FamRZ 1995, 797 „in jeder Höhe". Bei einer Stufenklage darf über den Leistungsantrag trotz anfänglicher (vorläufiger) Bezifferung erst nach Erledigung des Begehrens auf Auskunft und eidesstattliche Versicherung entschieden werden.

Der Kläger einer Stufenklage kann die Bezifferung des Leistungsantrages mit einem Mindestbetrag rückgängig machen und den Leistungsantrag unbeziffert weiterverfolgen.[358]

Sofern die Erhöhung eines Unterhaltsanspruchs im Wege der Abänderungsklage gem. § 323 ZPO durchgesetzt werden muß, kann im Rahmen einer Stufenklage vorab auf Auskunft über die neuen Einkommensverhältnisse geklagt werden. Mit der Erhebung der Stufenklage ist gleichzeitig die Zeitschranke des § 323 III ZPO überwunden.[359]

Bei der Festsetzung des Streitwerts ist § 18 GKG zu beachten. Danach ist für die Wertberechnung nur der höhere Anspruch, das ist in der Regel der Leistungsanspruch, maßgebend. Nach OLG Stuttgart[360] soll allein auf den Auskunftsanspruch abzustellen sein, wenn der Leistungsantrag nicht beziffert wurde (streitig).

Der Zuständigkeitsstreitwert (nach § 5 ZPO) bemißt sich nach der Summe aller Klaganspruche. Dabei ist für die **Rechnungslegung** das Interesse des Klägers an der Konkretisierung seines Leistungsantrages maßgebend, damit gemäß § 3 ZPO etwa $1/10$ bis $1/3$ des Leistungsanspruchs. Der Wert **der eidesstattlichen Versicherung** hängt davon ab, welche zusätzlichen Auskünfte sich der Kläger hiervon zwecks Erhöhung seines Leistungsantrags verspricht; dies könnte somit $1/10$ bis $1/3$ des Jahresbetrages der zusätzlichen Unterhaltsspitze sein. Bei der Leistungsstufe sind die Angaben des Klägers (und damit der Jahresbetrag gemäß § 17 I GKG mit Rückständen gemäß § 17 IV GKG) zugrunde zu legen.   216

In ein Teilurteil über eine Stufe ist keine Kostenentscheidung aufzunehmen. Die gesamten **Kosten der Stufenklage** bilden eine Einheit und sind erst in der Schlußentscheidung zu regeln.   217

Dabei ist für jede Stufe gesondert zu prüfen, wer die Kosten zu tragen hat.[361] Nach OLG Hamm soll der Kläger die gesamten Kosten tragen müssen, wenn er nach Erledigung des Auskunftsbegehrens den unbezifferten Zahlungsantrag zurücknimmt.[362] Hin-

---

[352] BGH, LM § 254 ZPO Nr. 3; NJW-RR 1990, 390, auch wenn inzwischen der Hauptantrag beziffert u. anderweitig geltend gemacht ist (Berufungsgericht darf dies ebenfalls)
[353] Analog § 538 I Nr. 3 ZPO, BGH, FamRZ 1987, 156 = NJW-RR 1987, 1029
[354] BGH, NJW 1991, 1893
[355] BGH, FamRZ 1997, 811 = R 511 B; FamRZ 1982, 151 = R 92 a
[356] BGH, FamRZ 1989, 954 = NJW 1989, 2821
[357] BGH, FamRZ 1992, 1163
[358] BGH, FamRZ 1996, 1070
[359] BGH, FamRZ 1984, 1211 = R 228 b
[360] FamRZ 1990, 652
[361] H. M., vgl. etwa OLG München, MDR 1990, 636
[362] NJW-RR 1991, 1407

gegen soll nach OLG Stuttgart ebendiese Rücknahme nach erteilter Auskunft unbeachtlich sein[363] und der Beklagte die Kosten zu tragen haben (alles streitig). Nach OLG München[364] erstreckt sich die Kostenfolge der Klagerücknahme nach Erlaß eines rechtskräftigen Auskunftsteilurteils gem. § 269 III ZPO nur auf die Leistungsstufe. Nach OLG Köln[365] sind dem Beklagten die Kosten der Stufenklage insgesamt aufzuerlegen, wenn sich nach verzögerter Auskunft herausstellt, daß die Leistungsstufe unbegründet war und die Parteien daraufhin die Hauptsache für erledigt erklären.[366] Wird bei einer Stufenklage die Hauptsache erst nach einem rechtskräftigen Teilurteil übereinstimmend für erledigt erklärt, richtet sich nur die Kostenfolge der Leistungsstufe nach § 91a ZPO, i. ü. nach §§ 91 ff ZPO.[367] Bei einseitiger Erledigungserklärung, wenn sich nach Auskunft herausstellt, daß kein Leistungsanspruch besteht, hat der Kläger u. U. nur einen materiell-rechtlichen Kostenerstattungsanspruch.[368] Nach OLG Hamburg ist bei einer Stufenklage, die nach Bezifferung der Leistungsklage mit einem Vergleich endet, für die Kostenentscheidung nach § 91a ZPO ausschlaggebend, wieweit der Kläger mit seinem bezifferten Zahlungsantrag unter Berücksichtigung des Streitwerts der unbezifferten Leistungsklage durchdringt; sein Obsiegen mit den vorbereitenden Auskunfts- und Rechnungslegungsansprüchen fällt demgegenüber nicht ins Gewicht.[369]

Jedes Urteil über eine Stufe ist für vorläufig vollstreckbar zu erklären, auch zur Auskunft, ganz herrschende Praxis. Nach OLG München[370] soll die Verurteilung zur Auskunft nicht nach § 708 Nr. 8, sondern allenfalls nach § 708 Nr. 11 ZPO für vorläufig vollstreckbar erklärt werden können.[371]

218 **Prozeßkostenhilfe** ist für alle Stufen (nicht erst für die Auskunftsstufe, später dann für die nächste Stufe) zu bewilligen (inzwischen h. M.). Manche wollen gleichzeitig den Streitwert für den unbezifferten Leistungsantrag festsetzen, um einen Mißbrauch bei der späteren Antragstellung zu unterbinden.[372] Nach OLG München[373] soll PKH auch für die unbezifferte Leistungsstufe zu gewähren sein, nach Bezifferung aber ein neuer PKH-Antrag gestellt werden müssen. Nach OLG Celle umfaßt die uneingeschränkte Bewilligung von PKH ohne weiteres den entsprechend den Darlegungen des Klägers im Bewilligungszeitraum aufgrund der Auskunft nachträglich bezifferten Zahlungsantrag.[374] Nach OLG Hamm[375] soll die Erfolgsaussicht der Leistungsstufe nach deren Bezifferung erneut geprüft werden können. Nach OLG München[376] soll für die Leistungsstufe ein vorläufiger Streitwert festzusetzen sein (sonst keine nachträgl. Beschränkung). Im Fall der Einlegung eines Rechtsmittels gegen die Verurteilung zur Erteilung einer Auskunft, zur Rechnungslegung, zur Einsichtgewährung in bestimmte Unterlagen, zur Abgabe einer eidesstattlichen Versicherung oder dergleichen bemißt sich der Wert des Beschwerdegegenstandes (§ 511a I ZPO) oder der Beschwer (§ 546 I ZPO) nach dem Aufwand an Zeit und Kosten, die die Erfüllung des titulierten Anspruchs erfordert, sowie nach einem etwaigen Geheimhaltungsinteresse des Verurteilten, nicht aber dem Wert des Auskunftsanspruchs. Dabei bleibt das Interesse des Beklagten an der Vermeidung einer für ihn nachteiligen Kostenentscheidung außer Betracht.[377]

---

363 NJW 1969, 1216
364 12. ZS, FamRZ 1992, 1449, nur LS
365 FamRZ 1993, 345 u. 718
366 Alle Gegenansichten werden vertreten, zum Streitstand s. OLG Köln, aaO
367 OLG München, 12. ZS, FamRZ 1993, 454; ähnlich OLG München, 4. ZS, FamRZ 1993, 725
368 BGH, MDR 1994, 717
369 FamRZ 1996, 883
370 FamRZ 1990, 84
371 A. A. Gottwald in Anm. zu dieser Entscheidung; in der Praxis spielt diese Frage keine große Rolle
372 OLG Frankfurt/M., FamRZ 1991, 1458 = NJW-RR 1991, 1411
373 FamRZ 1993, 340
374 FamRZ 1994, 1043
375 FamRZ 1994, 312
376 FamRZ 1991, 1184
377 BGH, FamRZ 1995, 349 = R 485 A

3. Abschnitt: Die Schaffung und Abänderung von Unterhaltstiteln § 8

Besonderheit: Durch eine unbezifferte, einem zulässigen Antrag in einer Stufenklage 219 entsprechende Mahnung gegenüber dem auskunftspflichtigen Schuldner kommt dieser grundsätzlich in Verzug.[378]

Konkurrenzen

Die Stufenklage als besondere Leistungsklage läßt das Rechtschutzbedürfnis für eine 220 Feststellungsklage entfallen.[379] Die Stufenklage ist selbst nur dann zulässig, wenn die Auskunftsstufe der Aufklärung des Leistungsanspruchs dient, nicht bereits dort, wo die Auskunftserteilung lediglich der Erleichterung der Durchsetzung des Leistungsanspruchs dient. Auch ist der Auskunftsanspruch dann grundsätzlich unbegründet, wenn eine – wenn auch unzulängliche – Auskunft bereits erteilt wurde. Hier ist im Rahmen einer Stufenklage als erste Stufe nur der Anspruch auf eidesstattliche Versicherung möglich. Ist aber die Auskunft noch nicht erteilt, kann auch keine eidesstattliche Versicherung verlangt werden, weil diese von der Art der Auskunft abhängt. Trotzdem ist eine Verbindung beider Ansprüche in einer Klage zulässig.[380]

X. Anpassungsklage bei außergerichtlicher Unterhaltsvereinbarung

Für die Anpassung einer außergerichtlichen Unterhaltsvereinbarung gilt von vornher- 221 ein die Regelung des § 323 ZPO nicht (sofern nicht etwa ihre Anwendung vertraglich festgelegt worden ist). Die Anpassung einer außergerichtlichen Unterhaltsvereinbarung vollzieht sich materiell-rechtlich nach den Regeln über das Fehlen oder den Wegfall der Geschäftsgrundlage, § 242 BGB.[381]

Für eine Erhöhung steht die gewöhnliche Leistungsklage (§ 258 ZPO), unter Umständen in Form der Stufenklage (§ 254 ZPO), in Ausnahmefällen die Feststellungsklage (§ 256 ZPO) zur Verfügung, für eine Ermäßigung die Feststellungsklage (§ 256 ZPO) und unter Umständen auch die Bereicherungsklage als Leistungsklage. Fehlen und Wegfall der Geschäftsgrundlage sind im übrigen von Amts wegen zu berücksichtigen.[382]

Verpflichtet sich jemand in einem Prozeßvergleich zur Leistung eines bestimmten Unterhalts „über den bisher freiwillig geleisteten Unterhalt hinaus", so kann darin eine außergerichtliche rechtsgeschäftliche Einigung über den Gesamtunterhalt (freiwilliger + titulierter Betrag) erblickt werden, deren Geschäftsgrundlage im Falle der Anfechtung gegebenenfalls mitzuprüfen ist.[383]

XI. Mahnverfahren (§§ 688 ff ZPO)

Unterhalt kann auch im Mahnverfahren geltend gemacht werden, aber nur die bis 222 zum Ablauf der Widerspruchsfrist fälligen Beträge, also praktisch nur die Rückstände (§ 688 I i.V. m. § 692 I Nr. 3 ZPO). In der unterhaltsrechtlichen Praxis hat das Mahnverfahren nur geringe Bedeutung und geht regelmäßig ins Klagverfahren über. Deshalb ist es sinnvoller, von Anfang an das Klagverfahren einzuleiten und den behaupteten Unterhaltsanspruch eingehend zu begründen.

XII. Wiederaufnahmeverfahren (§§ 578 ff ZPO)

Eine weitere Abänderungsmöglichkeit eines rechtskräftigen Unterhaltsurteils gewährt 223 das Wiederaufnahmeverfahren nach §§ 578 ff ZPO. Dabei richtet sich die Nichtigkeits-

---
[378] BGH, FamRZ 1990, 283
[379] BGH, MDR 1961, 751
[380] BGHZ 10/385
[381] BGH, FamRZ 1980, 342 = R 36
[382] BGHZ 54/145, 155
[383] BGH, FamRZ 1979, 210

klage (§ 579 ZPO) gegen die Verletzung elementarer Prozeßnormen. Mit der Restitutionsklage (§ 580 ZPO) wird eine evident unrichtige oder nicht vollständige Urteilsgrundlage beseitigt. Insofern gleichen beide Klagarten als außerordentlicher Rechtsbehelf einem Rechtsmittel im prozeßtechnischen Sinn und beseitigen die Rechtskraftwirkung des angefochtenen Urteils.[384]

Voraussetzung für die Wiederaufnahme ist die **formelle Rechtskraft** des angefochtenen Endurteils. Hierzu zählen Gestaltungs-, Anerkenntnis- und Versäumnisurteile, Urteile in Arrest- und Verfügungsverfahren,[385] nicht aber nicht selbständig anfechtbare Zwischenurteile (§ 303 ZPO). Prozeßvergleiche unterliegen nicht dem Wiederaufnahmeverfahren, da sie Endurteilen nicht gleichstehen und die Feststellung ihrer behaupteten Nichtigkeit im Wege der Fortsetzung des abgeschlossenen Verfahrens erfolgen kann.

Parteien des Wiederaufnahmeverfahrens sind dieselben wie im vorausgegangenen Verfahren.

Gemäß § 584 ZPO ist für die Wiederaufnahmeklagen ausschließlich das Gericht, das im ersten Rechtszug erkannt hat, zuständig.[386] Berufungs- oder Revisionsurteile werden beim Berufungsgericht angefochten. Hat das Oberlandesgericht die Berufung als unzulässig verworfen, ist das Gericht erster Instanz ausschließlich zuständig, weil in der Sache keine Entscheidung durch das Berufungsgericht ergangen ist.[387]

Für die Klagerhebung (§ 253 ZPO) und das weitere Verfahren gelten die allgemeinen Vorschriften entsprechend (§ 585 ZPO). Hinsichtlich des Anwaltszwangs gilt § 78 ZPO. Prozeßkostenhilfe (§§ 114 ff ZPO) ist für das Wiederaufnahmeverfahren eigenständig zu bewilligen. Im übrigen gelten die allgemeinen Verhandlungsgrundsätze mit der Möglichkeit einer Prozeßtrennung und Prozeßverbindung (§§ 145, 150 ZPO). Klagerücknahme (§ 269 ZPO) ist wie eine Klageänderung gemäß §§ 263, 264 ZPO möglich.

Die Einstellung der Zwangsvollstreckung aus dem angefochtenen Urteil erfolgt nach § 707 ZPO.

Gemäß § 586 ZPO ist die Wiederaufnahmeklage vor Ablauf eines Monats (Notfrist) zu erheben.[388] Wiedereinsetzung ist zulässig.[389] Die Frist beginn mit dem Tag, an welchem die Partei von dem Anfechtungsgrund Kenntnis erhalten hat, jedoch nicht vor eingetretener Rechtskraft des Urteils[390] (§ 586 II Satz 1 ZPO). Nach Ablauf von 5 Jahren ab Rechtskraft des Urteils sind die Klagen nach § 578 I ZPO unstatthaft.

XIII. Die Widerklage

1. Allgemeines

224 § 33 ZPO eröffnet einen zusätzlichen **besonderen Gerichtsstand des Sachzusammenhangs** für eine Widerklage, die – nach ihrer Definition – streitgegenständlich mit der Klage in Zusammenhang steht, somit konnex ist. Damit regelt § 33 I ZPO eine Gerichtsstandfrage und stellt keine besondere Prozeßvoraussetzung für ein Widerklagverfahren dar.

Dieser besondere Gerichtsstand des § 33 I ZPO soll zu einer **einheitlichen Verhandlung** und **Entscheidung** von Verfahren, die zueinander im Zusammenhang stehen, führen. Die hierdurch erfolgende Privilegierung des Beklagten beruht darauf, daß der Kläger mit der Erhebung seiner Vorklage stets das Risiko trägt, nicht nur Einwendungen und Einreden gegenüber dem Kläganspruch selbst ausgesetzt zu sein, sondern mit einer eigenständigen Gegenklage aufgrund Sachzusammenhangs rechnen zu müssen.

---

[384] BGHZ 84/27
[385] Bereits OLG München, JZ 1956, 122
[386] BGH, aaO
[387] OLG München, FamRZ 1982, 314
[388] BVerfG, NJW 1993, 3257
[389] BGH, VersR 1962, 176
[390] § 705 ZPO; BGH, NJW 1993, 1596; § 585 II S. 1 ZPO

3. Abschnitt: Die Schaffung und Abänderung von Unterhaltstiteln § 8

Beispiel: Der in Karlsruhe lebende Kläger verklagt den Beklagten in Freiburg. Sofern der Beklagte gegen den Kläger einen **konnexen Gegenanspruch** hat, kann er diesen gem. § 33I ZPO im Gerichtsstand der Klage, somit an seinem Wohnort in Freiburg, geltend machen. Besteht zwischen Vorklage und Gegenklage kein Zusammenhang, muß der Beklagte den Kläger in Karlsruhe verklagen. Wohnen beide Parteien inzwischen in Freiburg (vgl. § 261 II Nr. 2 ZPO), ergibt sich die Zuständigkeit für die Gegenklage des Beklagten in Freiburg (wegen mangelnder Konnexität liegt keine Widerklage vor) aus § 13 ZPO; § 33 I ZPO findet keine Anwendung. Ob somit beide Klagen im letzteren Fall miteinander verbunden werden, hängt von § 147 ZPO ab.
Danach müssen beide zu verbindenden Prozesse in **rechtlichem Zusammenhang** stehen. Dies ist ein weitergehender Begriff als der Zusammenhang i. S. d. § 33 I ZPO, der somit auch ein tatsächlicher oder wirtschaftlicher sein kann.
Haben der Kläger und der Beklagte gem. § 38 ZPO den Gerichtsstand Baden-Baden in zulässiger Weise vereinbart, kann Freiburg als Gerichtsort der Widerklage nicht zuständig sein, da der **Gerichtsstand** des § 33 I ZPO **nicht ausschließlich** ist. Im übrigen gilt § 33 I ZPO gem. § 33 II ZPO nur für **vermögensrechtliche Widerklagen** und dann nicht, wenn für den Gegenanspruch eine ausschließliche Zuständigkeit besteht.

224a Die Widerklage ist ein Gegenangriff gegen die Klage und steht daher mit ihr in einer natürlichen Einheit. Beide Streitgegenstände beziehen sich derart aufeinander, daß das Obsiegen in dem einen Prozeßrechtsverhältnis das Unterliegen im anderen Rechtsstreit bedingt. Die Widerklage ist daher kein Angriffs- oder Verteidigungsmittel i. S. d. §§ 282, 296, 528 ZPO,[391] sondern eine Klage eigener Art, die das Vorliegen der allgemeinen und besonderen Prozeßvoraussetzungen erfordert. Da sie einen **eigenen Streitgegenstand** hat, kann eine Widerklage nicht bloß die Kehrseite der Klage darstellen. Der auf Leistung in Anspruch genommene Beklagte kann daher nicht im Wege der Widerklage die Feststellung begehren, den geforderten Unterhaltsbetrag nicht zu schulden. Allerdings kann der Beklagte widerklagend geltend machen, daß statt Unterhalt zu schulden, er selber Unterhalt fordern könne. Auch geht es über die bloße Verneinung des Klagantrags hinaus, wenn der Beklagte gegenüber der Unterhaltsklage Rückforderung wegen Überzahlung gem. § 717 II ZPO geltend macht.

2. Erhebung der Widerklage

224b Die Widerklage kann **bis zum Schluß der letzten mündlichen Verhandlung** in der Vorklage geltend gemacht werden.[392] Dies geschieht durch Einreichung eines zuzustellenden Widerklagschriftsatzes, der zu dem Aktenzeichen der Vorklage einzureichen ist. Im schriftlichen Verfahren kann die Widerklage bis zu dem Zeitpunkt des § 128 II S. 2 ZPO eingereicht werden, der dem Schluß der mündlichen Verhandlung entspricht.
In der Berufungsinstanz ist die Widerklage nur dann zuzulassen, wenn der Kläger – auch durch rügelose Einlassung – zustimmt oder das Gericht die Geltendmachung für sachdienlich hält (§ 530 I ZPO[393]). Eine rechtsmißbräuchliche Verweigerung des Klägers steht der Zustimmung gleich.[394]
In der Revisionsinstanz ist eine Widerklage wegen § 561 I ZPO grundsätzlich ausgeschlossen.

3. Die allgemeinen Prozeßvoraussetzungen

224c Da § 33 I ZPO nur eine Regelung der **örtlichen Gerichtszuständigkeit** enthält, wird die sachliche Zuständigkeit durch § 33 ZPO nicht berührt. Die Widerklage ist daher zulässig, wenn sie vor ein Gericht gleicher Ordnung wie das Gericht der Vorklage gehört. Ist somit für die Widerklage das Landgericht zuständig, ist aber die Vorklage beim Amts-

---
[391] BGH, MDR 1995, 408
[392] BGH, NJW-RR 1992, 1085
[393] BGH, NJW-RR 1992, 736
[394] BGH, NJW-RR 1990, 1267

gericht zu Recht erhoben, ist die Widerklage unzulässig erhoben, es sei denn, daß die Parteien die Zuständigkeit des Amtsgerichts vereinbaren. Verneinendenfalls muß der Beklagte gem. § 281 ZPO **Verweisungsantrag** stellen, um zu vermeiden, daß die Widerklage wegen Unzuständigkeit abgewiesen wird. Würde die Widerklage vor das Amtsgericht gehören, ist aber die Vorklage beim Landgericht anhängig, kann auch dort die Widerklage erhoben werden.

4. Der Zusammenhang des § 33 I ZPO

224d   Ein Zusammenhang mit dem Kläganspruch liegt vor, wenn beide Klagen auf ein **gemeinsames Rechtsverhältnis** zurückzuführen sind, oder aber die Klagforderung mit dem Verteidigungsmittel des Beklagten **in Zusammenhang** steht. Einer Identität zwischen beiden Anspruchsgrundlagen bedarf es nicht.

Beispiel: Zusammenhang besteht zwischen der Unterhaltsklage des Klägers und dem im Wege der Widerklage geltend gemachten Anspruch auf Vorschußzahlung zugunsten des Beklagten für dessen beabsichtigte Klage auf Rückzahlung geleisteten Unterhaltes wegen ungerechtfertigter Bereicherung.

Ein Zusammenhang mit den Verteidigungsmitteln des Beklagten besteht, wenn dieser z. B. gegenüber einer Rückstandsforderung auf Unterhalt in Höhe von 3000 DM Aufrechnung mit einem rein zivilrechtlichen Gegenanspruch in Höhe von 10 000 DM erklärt: Über die erloschene Rückstandsforderung in Höhe von 3000 DM hinaus führt der Beklagte in Höhe von 7000 DM gegen den Kläger eine Widerklage.

5. Der Zusammenhang von Klage und Widerklage

224e   Zeitlich gesehen ist eine Widerklage erst **ab Rechtshängigkeit der Vorklage** zulässig; es gibt daher keine Widerklage im Rahmen eines Mahnverfahrens oder eines vereinfachten Unterhaltsverfahrens i. S. d. § 645 ZPO. Zum Zeitpunkt der Erhebung der Widerklage muß die Rechtshängigkeit der Vorklage auch noch fortdauern. Ist zu diesem Zeitpunkt die Klage bereits zurückgenommen (§ 269 ZPO) oder anderweitig erledigt (§ 91 a ZPO), ist eine Widerklage nicht mehr zulässig. Das gilt auch dann, wenn sich der Rechtsstreit auf die Verhandlung über die Kosten reduziert hat. Da auch dann der Rechtsstreit in der Hauptsache erledigt ist, ist die Vorklage als Streitsache nicht mehr rechtshängig. Unschädlich ist es aber für die Zulässigkeit der Wderklage, wenn nach ihrer wirksamen Erhebung die Vorklage zurückgenommen oder auf andere Weise erledigt wird. Das Gericht der Vorklage bleibt gem. § 261 III Nr. 2 ZPO auch weiterhin für die Widerklage zuständig; diese steht damit nunmehr als einziges Klagverfahren zur Entscheidung des Gerichts nach Erledigung der Vorklage.

6. Die Parteien der Widerklage

224f   Folgende Parteirollen sind im Rahmen von Vorklage und Widerklage möglich:
- **Der Beklagte** erhebt eine Widerklage nur **gegen den Kläger** oder gleichzeitig auch noch gegen einen bisher am Rechtsstreit nicht beteiligten Dritten als Streitgenosssen i. S. d. §§ 59, 60 ZPO.
- **Der Beklagte** erhebt seine Widerklage nur **gegen** einen bisher am Rechtsstreit **nicht beteiligten Dritten**.
- **Ein Streithelfer des Beklagten** oder ein **sonstiger Dritter** erhebt **gegen den Kläger** allein oder gegen ihn und einen am Rechtsstreit bisher nicht beteiligten Dritten eine „Drittwiderklage".

Nach der Rechtsprechung des Bundesgerichtshofs ist die Widerklage nur im 1. Fall als Klageänderung (Parteierweiterung) zulässig. Es bedarf daher entweder einer Einwilligung des Klägers (rügelose Einlassung genügt) oder einer Sachdienlichkeit der subjek-

3. Abschnitt: Die Schaffung und Abänderung von Unterhaltstiteln § 8

tiven Klagehäufung.[395] Wird die **parteierweiternde Widerklage** in der Berufungsinstanz erhoben, ist immer die Zustimmung des Klägers erforderlich, sofern er sie nicht rechtsmißbräuchlich verweigert.[396] Dritte können im Wege der Anschlußberufung nicht einbezogen werden.[397]

Nicht zulässig sind somit eine Drittwiderklage oder die Klage eines Dritten (2./3. Fall). Allerdings kann das Gericht eine **Klageverbindung gem. § 147 ZPO** vornehmen.

Hat das Gericht im ersten Falle die Sachdienlichkeit der Widerklage und damit ihre Zulässigkeit bejaht, bedarf es für die örtliche Zuständigkeit des angerufenen Gerichts, soweit es den Dritten anbelangt, einer **Gerichtstandbestimmung nach § 36 Nr. 3 ZPO**, da die Widerklage nur für die Parteien von Vorklage und Widerklage, nicht für einen in das Verfahren einbezogenen Dritten die örtliche Zuständigkeit begründet.[398]

Fehlt die Zuständigkeit oder wird die Sachdienlichkeit verneint, ist die Widerklage als **unzulässig abzuweisen**.[399] Auf Antrag des Beklagten kann aber die „Widerklage" auch abgetrennt und als eigenständiges Verfahren geführt werden; darüber hinaus kommt eine **Verweisung** gem. § 281 ZPO an den allgemeinen, besonderen oder ausschließlichen Gerichtsstand der Gegenklage in Betracht.

7. Identität der Prozeßart von Klage und Widerklage

Zulässigkeitsvoraussetzung der Widerklage ist weiter, daß sie in derselben Prozeßart wie die Hauptklage erhoben wird. Unzulässig ist daher eine Widerklage im Urkunden- und Wechselprozeß (§ 595 I ZPO). Auch ist es unzulässig, gegenüber der Familiensache Unterhalt einen nicht familienrechtlichen Anspruch im Wege der Widerklage durchzusetzen.[400] Im Arrest- und einstweiligen Verfügungsverfahren gibt es dann eine Widerklage, wenn das Verfahren aufgrund mündlicher Verhandlung (sozusagen als Klage mit Urteilsabschluß) geführt wird. Dann ist nämlich eine Hauptsache rechtshängig;[401] einer Gegenverfügung bedarf es dann nicht.[402]

224g

8. Sonderformen der Widerklage, Hilfswiderklage

Die Widerklage kann unter einer auflösenden oder aufschiebenden Bedingung erhoben werden (z. B. für den Fall der Klagestattgabe oder völligen bzw. teilweisen Klageabweisung). Hierzu gehört, wenn der Beklagte mit einer Gegenforderung aufrechnet und für den Fall der Nichtzulässigkeit der Aufrechnung (z. B. gegenüber dem laufenden Unterhalt) Eventualwiderklage auf Zahlung seiner Gegenforderung erhebt. Zulässig wäre auch eine Hilfswiderklage, mit der die Zurückforderung des bezahlten Unterhaltes für den Fall begehrt wird, daß dem Kläger der eingeklagte Unterhalt nicht oder nicht in der vollen Höhe – wie gezahlt –, zusteht.

224h

Keine Hilfswiderklage liegt dann vor, wenn ein Dritter **Gegenklage** erhebt oder sie gegen einen Dritten rechtshängig gemacht wird. Hierbei handelt es sich um keine Widerklage zwischen den Parteien selbst, sondern um eine **subjektive Klagerweiterung**, die sich nach den §§ 59, 60 ZPO richtet. Im übrigen kann schon deswegen ein Streitgenosse nicht im Wege der Hilfswiderklage einbezogen werden, weil das gegen ihn begründete Prozeßrechtsverhältnis bedingungsfeindlich ist und nicht in der Schwebe gehalten werden kann.[403]

---

[395] BGH, NJW 1991, 2838
[396] BGH, NJW-RR 1990, 1267
[397] BGH, NJW 1995, 198
[398] BGH NJW 1991, 2838
[399] BGH, NJW 1993, 2120
[400] BGH, NJW 1986, 1178
[401] Dazu Musielak/Smid, ZPO, § 33, Rn 13
[402] Zöller/Vollkommer, aaO, § 33, Rn 24
[403] Zöller/Vollkommer, aaO Rn 27

9. Feststellungswiderklage

224i Hat der Kläger nur eine **Teilklage** erhoben oder seinen Unterhaltsanspruch auf einen bestimmten Zeitraum befristet (bloße Unterhaltsrückstände oder Unterhalt nur für einen bestimmten Zeitabschnitt), kann der Beklagte mit einer **negativen Feststellungsklage** begehren, daß festgestellt wird, daß er überhaupt keinen Unterhalt schulde (auch über die nicht von der Klage erfaßte Zeit hinaus).

10. Wider-Widerklage

224j Einem mit der Widerklage überzogenen Kläger bleibt es unbenommen, sich gegen letztere selbst im Wege der **Wider-Widerklage** zu wehren. Sie ist – auch hilfsweise – zulässig und unterliegt nicht den Fesseln des § 263 ZPO (Klageänderung), da sich an der Parteirolle (nur Kläger und Beklagter) nichts ändert.[404]

11. Gerichtsstandsvereinbarungen

224k Liegt keine konnexe Widerklage vor, begründet § 33 I ZPO nicht den besonderen Gerichtsstand der Widerklage. Das gleiche gilt im Falle der Gegenklage ausschließlich gegenüber einem Dritten. Hier kann aber das Gericht des Vorprozesses durch **Prorogation** (§ 38 ZPO) oder **rügelose Verhandlung** (§ 39 ZPO) zuständig werden.

Andererseits kann die besondere Zuständigkeit des § 33 I ZPO und damit auch die internationale Zuständigkeit (vgl. dazu im Anwendungsbereich des EuGVÜ Art. 6 Nr. 3 und 14 III des Übereinkommens) durch **negative Prorogation (Derogation)** abbedungen werden. Die dann erhobene Widerklage ist wegen fehlender örtlicher Zuständigkeit unzulässig. Allerdings sind an den Ausschluß der Widerklagezuständigkeit strenge Anforderungen zu stellen, weil hierdurch die Rechtsposition des Klägers erheblich verstärkt und jene des Beklagten geschwächt wird.[405]

4. Abschnitt: Vorläufige Regelung und Sicherung von Unterhaltsansprüchen

I. Die einstweilige Anordnung in Unterhaltsverfahren

1. Gegenstand

225 Die einstweilige Unterhaltsanordnung gemäß § 620 Satz 1 Nr. 4 (Kindesunterhalt) und Nr. 6 (Ehegattenunterhalt) ZPO oder der aus dem Unterhaltsanspruch hergeleitete Prozeßkostenvorschuß[1] gem. § 127a (Unterhaltssachen), § 620 Satz 1 Nr. 9 (Ehesachen und Folgesachen) und § 621f (übrige Familiensachen) ZPO schafft aufgrund einer nur summarischen Prüfung lediglich eine **einstweilige Vollstreckungsmöglichkeit** wegen eines **vorläufig als bestehend angenommenen Anspruchs**.[2] Sie stellt keine rechtskräftige Entscheidung über den Unterhaltsanspruch dar und kann jederzeit, auch für die zurückliegende Zeit, durch ein im ordentlichen Rechtsstreit ergehendes Urteil abgelöst wer-

---

[404] BGH, NJW-RR 1996, 65
[405] BGH, NJW 1983, 1266, 1267
[1] Vgl. dazu BGH, FamRZ 1984, 148 = NJW 1984, 291
[2] BGH, FamRZ 1984, 767 = R 215a

4. Abschnitt: Vorläufige Regelung und Sicherung von Unterhaltsansprüchen   § 8

den.[3] Auf den „Notunterhalt" ist sie, anders als die einstweilige Verfügung, nicht beschränkt, sondern kann durchaus den angemessenen Unterhalt erreichen.[4,5]

2. Voraussetzungen

Eine einstweilige Anordnung auf Unterhalt (anders auf Prozeßkostenvorschuß) ist nur möglich, wenn eine Ehesache (d. i. Scheidung, Aufhebung, Nichtigkeit, Wiederherstellung, Feststellung auf Bestehen oder Nichtbestehen der Ehe) anhängig ist (= Einreichung, nicht Zustellung) oder ein Prozeßkostenhilfegesuch dafür (§ 620 a Abs. 2 ZPO). Nach Eintritt der Rechtskraft der Scheidung kann eine einstweilige Anordnung nicht mehr beantragt werden, auch nicht auf Unterhalt, obwohl die Folgesache Unterhalt noch anhängig ist.[6] Die Entscheidung über einen vorher gestellten Antrag ist jedoch noch möglich. Dies gilt auch dann, wenn zwar die Scheidung schon rechtskräftig, aber eine Folgesache noch anhängig ist.[7]   226

Keine einstweilige Anordnung auf Unterhalt gibt es, wenn lediglich eine isolierte Unterhaltssache (oder andere isolierte Familiensache) anhängig ist (vgl. § 620 a Abs. 2 ZPO). In solchen Fällen muß eine einstweilige Verfügung gem. § 940 ZPO beantragt werden.

Für einen **Prozeßkostenvorschuß** hingegen genügt die Anhängigkeit einer Unterhaltssache oder anderen Familiensache (§ 127 a, § 621 f ZPO) oder eines PKH-Gesuchs dafür (beschränkt auf das jeweilige Verfahren, für das PKH benötigt wird!).

3. Zuständigkeit

Örtlich zuständig ist das **Familiengericht der Ehesache**.   227

Die **sachliche Zuständigkeit** ist ebenfalls an die Ehesache des § 606 ZPO gekoppelt. Danach ist das **Familiengericht** für die einstweilige Anordnung zuständig, wenn die Ehesache in erster Instanz anhängig ist. Schwebt die **Ehesache in der Berufungsinstanz**, ist **das OLG** zuständig (§ 620 a IV Satz 1 ZPO). Ist die Folgesache Kindes- oder Ehegattenunterhalt **im zweiten oder dritten Rechtszug** anhängig, so ist das **Berufungsgericht der Folgesache** zuständig (§ 620 a IV Satz 2 ZPO). Somit ist das OLG auch zuständig, wenn das Unterhaltsverfahren sich in der Revisionsinstanz befindet. Befindet sich das Unterhaltsverfahren bereits in zweiter Instanz, bevor das Familiengericht über den einstweiligen Anordnungsantrag entschieden hat, bleibt hierfür (Grundsatz der perpetuatio fori) das Familiengericht in erster Instanz zuständig.[8]

Ist aber inzwischen der Scheidungsausspruch in **Teilrechtskraft** erwachsen, kann **keine einstweilige Anordnung mehr** beantragt werden. Ist das Verbundurteil mit Berufung angefochten worden, der Umfang des Rechtsmittels aber noch nicht konkretisiert, so ist der Rechtsstreit noch nicht in der Rechtsmittelinstanz anhängig und für einstweilige Anordnungen weiterhin das Familiengericht zuständig.[9]

4. Antrag

Das einstweilige Anordnungsverfahren ist ein **Antragsverfahren**. Dieser ist zulässig, **sobald** und **solange** die Ehesache oder ein Prozeßkostenhilfegesuch anhängig ist (§ 620 a II Satz 1 ZPO). Nach § 620 a II Satz 2 ZPO kann der Antrag **zu Protokoll der Geschäfts-**   228

---

[3] BGH, FamRZ 1984, 767 = R 215 a
[4] Vgl. dazu BVerfG, FamRZ 1980, 872 = R 48
[5] Dazu insgesamt ausführlich Dunkl/Feldmeier, Handbuch des vorläufigen Rechtsschutzes. S. 419 ff
[6] OLG Karlsruhe, FamRZ 1992, 1454
[7] H. M., z. B. OLG Frankfurt/M., FamRZ 1990, 539; a. A. z. B. OLG Hamm, FamRZ 1987, 1278
[8] BGH, FamRZ 1980, 670 f
[9] BGH, FamRZ 1989, 1064 bei teilweiser Rechtsmittelrücknahme

stelle erklärt werden. Insoweit besteht daher **kein Anwaltszwang**, wohl aber für die mündliche Verhandlung, auch eines Änderungsverfahrens nach § 620 b II ZPO. Da es sich bei den einstweiligen Anordnungsverfahren bezüglich Kindes- und Ehegattenunterhalts um ZPO-Familiensachen handelt, bedarf es eines **Sachantrages**, nicht nur eines **Verfahrensantrages**, und zwar vergleichbar einem **Klagantrag**.

5. Regelungsbedürfnis

229   Jede einstweilige Anordnung auf Unterhalt setzt ein **Regelungsbedürfnis** voraus.[10] Dieses Regelungsbedürfnis ist nicht mit der **Dringlichkeit der Regelung** zu verwechseln, sondern entspricht dem Begriff des Rechtsschutzinteresses im Rahmen einer Hauptsacheklage. Es fehlt dann, wenn der Unterhaltspflichtige bisher den geltend gemachten Unterhalt immer rechtzeitig und in voller Höhe gezahlt hat oder es sich um rückständigen Unterhalt handelt, der vor Antragstellung angefallen ist. Besteht für die nächste Zeit **keine Vollstreckungsmöglichkeit** aus tatsächlichen oder rechtlichen Gründen, ist ebenfalls ein Regelungsbedürfnis nicht festzustellen. Das gilt auch dann, wenn der Unterhalt durch eigene Einkünfte des Ehegatten oder bei ausreichendem Einkommen des Unterhaltsberechtigten gesichert ist.[11] **Das notwendige Regelungsbedürfnis fehlt** auch dem Begehren des Unterhaltsschuldners **auf Feststellung**, Unterhalt oder Prozeßkostenvorschuß zu schulden.[12] **Kein Regelungsbedürfnis** besteht auch dann, wenn zwar noch formell die Ehesache zwischen den Parteien anhängig ist, diese **sich aber versöhnt haben** und seit langem bereits wieder zusammenleben.

6. Wirkung

230   Seit dem 1. 4. 1986 wirkt eine einstweilige Anordnung oder ein ihr gleichgestellter Prozeßvergleich unmittelbar für und gegen das Kind (§ 1629 III BGB i. V. m. § 620 Satz 1 Nr. 4 ZPO). Das Kind muß allerdings im Zeitpunkt des Erlasses der Entscheidung noch minderjährig sein.

Ein im Verfahren auf Erlaß einer einstweiligen Anordnung geschlossener **Prozeßvergleich**, durch den nichts anderes erreicht werden soll als eine der beantragten einstweiligen Anordnung entsprechende Regelung, hat keine weitergehende Wirkung als eine entsprechende einstweilige Anordnung.[13] Ein Vergleich, der eine einstweilige Anordnung ersetzt, bietet keinen Rechtsgrund[14] zum „Behaltendürfen". Weitergehende Regelungen, etwa die Begründung eines eigenen Forderungsrechts des Kindes durch Vertrag zu seinen Gunsten (§ 328 BGB), sind möglich, jedoch müssen für einen derartigen Willen ausreichend sichere Anhaltspunkte vorliegen.[15] Nach OLG Hamm[16] soll für die Überprüfung solcher (eine einstweilige Anordnung ersetzende) Vergleiche das normale Klagverfahren statt das weniger strenge Anordnungsverfahren in Betracht kommen (Beweisanforderungen; Rechtsmittel). Nach OLG Karlsruhe[17] setzt ein solcher Vergleich die Zweijahresfrist des § 1605 II BGB nicht in Lauf, soweit er den Unterhalt nur vorläufig regelt.

Soweit die einstweilige Anordnung gem. § 620 f ZPO über die Zeit nach Rechtskraft der Scheidung hinaus fortgilt, regelt sie beim Ehegattenunterhalt den nachehelichen Unterhalt, nicht den Trennungsunterhalt.[18]

---

[10] OLG Zweibrücken, FamRZ 1981, 65
[11] OLG Zweibrücken, aaO
[12] OLG Zweibrücken, FamRZ 1983, 940
[13] BGH, FamRZ 1983, 892 = R 173 a
[14] BGH, FamRZ 1991, 1175
[15] BGH, FamRZ 1983, 892 = R 173 b
[16] FamRZ 1991, 582
[17] FamRZ 1992, 684
[18] BGH, FamRZ 1985, 51 = R 233 a

4. Abschnitt: Vorläufige Regelung und Sicherung von Unterhaltsansprüchen § 8

Die Zustellung des Antrags auf Erlaß einer einstweiligen Anordnung kann eine materiell-rechtliche Mahnung gemäß § 284 I Satz 2 BGB sein,[19] deren Wirkung (Verzug) nur ausnahmsweise (z. B. durch Verzicht oder Verwirkung) beseitigt werden kann. Dies gilt grundsätzlich auch bei **Ablehnung** des Antrags auf Erlaß einer einstweiligen Anordnung.[20]

7. Anfechtbarkeit

a) Allgemeines. Während der Anhängigkeit der Ehesache, und zwar zeitlich begrenzt bis zu deren Rechtskraft,[21] können die einstweiligen Anordnungen auf Unterhalt **auf Antrag** jederzeit **aufgehoben und abgeändert** werden (§ 620 b ZPO). Dabei setzt eine Abänderung nicht voraus, daß sich die für den Erlaß maßgeblichen Verhältnisse geändert haben; eine abweichende rechtliche Beurteilung derselben Tatsachen reicht aus.[22] Dies gilt aber nicht, wenn die Änderung einer einstweiligen Anordnung beantragt wird, die **aufgrund mündlicher Verhandlung durch begründeten Beschluß** ergangen ist, und die Abänderung begehrende Partei **neue Gesichtspunkte nicht** anzuführen vermag.[23] Wird der **Antrag auf Änderung erst nach Rechtskraft der Scheidung** gestellt, ist eine **Änderung** der einstweiligen Anordnung nach § 620 d ZPO **ausgeschlossen,** auch dann, wenn trotz Rechtskraft der Scheidung vor dem Berufungsgericht noch ein Unterhaltsfolgeverfahren anhängig ist.[24]

231

Die sofortige Beschwerde ist ausgeschlossen.[25] Falls keine mündliche Verhandlung stattgefunden hat, kann Antrag auf mündliche Verhandlung gestellt werden (§ 620 b II ZPO). Bei „greifbarer Gesetzeswidrigkeit" muß erst Antrag auf mündliche Verhandlung gestellt werden.[26]

232

Eine Abänderungsklage ist ausgeschlossen.[27] Das gilt auch für einen Prozeßvergleich, der eine einstweilige Anordnung ersetzt.[28] Eine Abänderungsklage kann eventuell in eine Leistungsklage umgedeutet werden.[29]

b) **Anfechtungsmöglichkeit für den Unterhaltsgläubiger.** Er kann jederzeit Leistungsklage erheben, um in einem ordentlichen Rechtsstreit den Unterhaltsanspruch feststellen zu lassen.[30]

233

c) **Anfechtungsmöglichkeit für den Unterhaltsschuldner.** Er kann jederzeit durch negative Feststellungsklage den vom Unterhaltsgläubiger behaupteten oder durch einstweilige Anordnung vorläufig geregelten Unterhaltsanspruch klären lassen, insbesondere wenn es um die wirtschaftlichen Verhältnisse geht,[31] und zwar auch für die Zeit vor Rechtshängigkeit der Klage oder Verzug des Gläubigers mit einem Verzicht auf seine Rechte aus der einstweiligen Anordnung.[32] Voraussetzung ist jedoch – wie bei jeder negativen Feststellungsklage – ein „Berühmen" des Unterhaltsgläubigers, das sich auch aus den Umständen ergeben kann, nicht jedoch im allgemeinen aus bloßem Schweigen oder passivem Verhalten. Reagiert daher der Unterhaltsgläubiger nach zweimaliger **Ablehnung** einer einstweiligen Anordnung und zwischenzeitlicher Scheidung nicht auf eine

234

---

[19] BGH, FamRZ 1983, 352 = NJW 1983, 2318
[20] Vgl. BGH, FamRZ 1995, 725
[21] Dazu BGH, FamRZ 1983, 355 = NJW 1983, 1330
[22] Klauser, MDR 1981, 711, 717
[23] KG, FamRZ 1978, 431
[24] OLG Frankfurt, FamRZ 1987, 1279
[25] § 620 c, § 127 a II, § 621 f II ZPO; der Ausschluß ist verfassungsgemäß, BVerfG, FamRZ 1980, 322 LS = NJW 1980, 386 LS
[26] OLG München, OLG-Report München 1994, 151
[27] BGH, FamRZ 1983, 892 = R 173 c, d
[28] BGH, FamRZ 1991, 1175
[29] Vgl. BGH, FamRZ 1983, 892 = R 173 c, d
[30] BGH, FamRZ 1984, 767 = R 215 a
[31] Vgl. BGH, FamRZ 1984, 356 = R 198 a; FamRZ 1984, 769 = NJW 1984, 2355
[32] BGH, FamRZ 1989, 850

Aufforderung des Unterhaltsschuldners, auf Trennungsunterhalt zu verzichten, liegt darin kein „Berühmen".[33]

Er kann Vollstreckungsabwehrklage gem. § 767 ZPO erheben, wenn er nachträglich entstandene rechtshemmende oder rechtsvernichtende Einwendungen geltend machen will, z. B. Erfüllung.[34] Analog § 767 II ZPO können mit der Vollstreckungsabwehrklage jedoch nur Umstände geltend gemacht werden, die nicht schon vor Erlaß der Entscheidung vorgebracht werden konnten.[35] Nach OLG Düsseldorf[36] soll hingegen eine Vollstreckungsklage gegen eine einstweilige Anordnung unzulässig sein, weil deren Außerkrafttreten gem. § 620 f ZPO schneller, einfacher und billiger festgestellt werden könne. Bei der entsprechenden Anwendung des § 767 ZPO ist davon auszugehen, daß ein Anspruch in dem titulierten Umfang bestanden hat.[37]

Das gilt auch, soweit die einstweilige Anordnung gem. § 620 f ZPO den nachehelichen Unterhalt regelt.[38] Die Vollstreckungsabwehrklage ist also nicht schon mit der Begründung erfolgreich, die einstweilige Anordnung erfasse nur den Trennungsunterhalt, der mit Rechtskraft der Scheidung aufgrund der Nichtidentität von Trennungsunterhalt und nachehelichem Unterhalt[39] entfallen sei.

Hat der Unterhaltsschuldner aufgrund einer einstweiligen Anordnung, die über Bestand oder Höhe des materiell-rechtlichen Anspruchs hinausgeht, geleistet, kann er die Bereicherungsklage erheben, ohne daß es auf die förmliche Aufhebung der einstweiligen Anordnung ankäme. Das zusprechende Urteil ist eine „anderweitige Regelung" gemäß § 620 f ZPO,[40] ein Feststellungsurteil, daß die Unterhaltspflicht entfällt, jedoch erst ab Rechtskraft.[41] Nach OLG Frankfurt[42] setzt ein vorläufig vollstreckbares Hauptsacheurteil (nachehel. Unterhalt) eine einstweilige Anordnung nicht außer Kraft.

235 Mit der negativen Feststellungsklage kann der Unterhaltsschuldner feststellen lassen, daß er – auf den Zeitpunkt des Erlasses der einstweiligen Anordnung zurückbezogen – keinen Unterhalt schuldete.[43] Der damit zu Unrecht gezahlte Unterhalt kann im Wege der Bereicherungsklage gemäß §§ 812 ff BGB zurückgefordert werden.[44] Diese Bereicherungsklage kann ebenfalls auf den Zeitpunkt zurückdatiert werden, von dem ab kein Unterhalt mehr in voller oder teilweiser Höhe geschuldet war.

Vielfach wird eine derartige Klage aber wegen Wegfalls der Bereicherung nach § 818 III BGB keinen Erfolg haben. Anders ist dies nur, wenn der Unterhaltsgläubiger gemäß § 818 IV BGB verschärft haftet. Diese verschärfte Haftung setzt aber erst mit der Erhebung der Bereicherungsklage ein,[45] nicht bereits mit der Rechtshängigkeit der vorgeschobenen negativen Feststellungsklage.[46]

236 Nicht notwendig ist für die Rückforderung aufgrund einstweiliger Anordnung gezahlter Unterhaltsleistungen, daß sich der Berechtigte mit dem Verzicht auf die Rechte aus der einstweiligen Anordnung in Verzug befindet oder die Feststellungsklage bereits rechtshängig ist.[47] Allerdings kann im Einzelfall eine Korrektur gem. § 242 BGB in Betracht kommen.

---

[33] Vgl. BGH, FamRZ 1995, 725
[34] BGH, FamRZ 1983, 355 = R 156; vgl. auch BGH, FamRZ 1984, 769 = NJW 1984, 2355 und WM 1987, 1048, 1049
[35] BGH, FamRZ 1985, 51 = R 233 b
[36] FamRZ 1991, 721
[37] BGH, FamRZ 1983, 355 = R 156
[38] BGH, FamRZ 1985, 51 = R 233 a
[39] Vgl. dazu BGH, FamRZ 1980, 1099
[40] BGH, FamRZ 1984, 767 = R 215 a
[41] BGH, FamRZ 1991, 180 = NJW 1991, 705
[42] FamRZ 1990, 767
[43] So BGH, FamRZ 1983, 355 = NJW 1983, 1330, entgegen OLG Karlsruhe, FamRZ 1980, 608
[44] BGH, FamRZ 1984, 767 = NJW 1984, 2095; OLG München, FamRZ 1980, 1043
[45] BGH, FamRZ 1984, 767 = NJW 1984, 2095
[46] BGH, FamRZ 1985, 368 = NJW 1985, 1074
[47] BGH, FamRZ 1989, 850; OLG München, FamRZ 1985, 410; OLG Hamm, FamRZ 1988, 1056; streitig, a. A. z. B. OLG Bamberg, FamRZ 1988, 525

4. Abschnitt: Vorläufige Regelung und Sicherung von Unterhaltsansprüchen § 8

d) Vollstreckung. Nach einem Abänderungs- oder Aufhebungsantrag kann gem. 237 § 620e ZPO die Vollziehung ausgesetzt werden.

Die einstweilige Einstellung der Zwangsvollstreckung ist bei der Vollstreckungsabwehrklage möglich unmittelbar gem. § 769 ZPO, bei der negativen Feststellungsklage entweder analog § 769 ZPO oder analog § 707, § 719 ZPO,[48] ebenso bei einer Leistungsklage, deren Abweisung der Beklagte beantragt.[49] Streitig ist, ob eine Einstellung nach diesen Vorschriften auch dann möglich ist, wenn das Scheidungsverfahren noch anhängig ist und dort eine Aussetzung der Vollziehung gem. § 620e ZPO begehrt werden könnte (etwa im Rahmen eines Abänderungsantrags). Nach praktischen Gesichtspunkten ist die Frage zu bejahen.[50]

Nicht entscheidend ist, ob die Einstellung (oder Ablehnung) auf § 769 ZPO analog oder § 707 I, § 719 I ZPO gestützt wird.[51] Denn auch bei Einstellung nach §§ 707, 719 ZPO wird – in beschränktem Umfang – entgegen dem Wortlaut des § 707 II ZPO eine Anfechtung zugelassen. Analogie bedeutet auch nicht, daß **jede** Regelung der herangezogenen Vorschrift analog angewendet werden muß. In der Praxis zeigt sich ein – wenn auch seltenes – Bedürfnis für eine Anfechtbarkeit solcher Einstellungsbeschlüsse, beschränkt auf grobe Rechts- oder Ermessensfehler.

Wenn aus einer nicht mit dem materiellen Recht übereinstimmenden einstweiligen Anordnung vollstreckt wird, sieht das Gesetz keine besonderen Erstattungs- oder Schadensersatzansprüche vor. Insbesondere scheidet eine entsprechende Anwendung der §§ 717 II und 945 ZPO aus.[52]

Die Vollstreckung einer einstweiligen Anordnung zur Zahlung eines Prozeßkostenvorschusses ist auch nach Beendigung des Prozesses und ungeachtet der Kostenentscheidung möglich. Für den Arglisteinwand (§ 767 I ZPO) genügt nicht das Unterliegen des Empfängers im Rechtsstreit. Die Kostenentscheidung ist keine „anderweitige Regelung" gem. § 620f ZPO.[53]

Bei einer Ermäßigung des Zahlungsbetrags bleibt Vollstreckungstitel die alte einstweilige Anordnung.[54]

e) Außerkrafttreten. Nach § 620f ZPO tritt eine einstweilige Anordnung **außer** 238 **Kraft**, wenn der Scheidungsantrag oder die Klage in einer anderen Ehesache des § 606 ZPO **zurückgenommen, rechtskräftig abgewiesen** oder wenn das Eheverfahren nach § 619 ZPO durch den **Tod eines Ehegatten vor Rechtskraft der Scheidung** als in der Hauptsache erledigt anzusehen ist. Ferner führt das **Wirksamwerden einer anderweitigen Regelung** ebenfalls zum Wegfall der vorläufigen Regelung nach § 620 ZPO. Insbesondere kann der Unterhaltsgläubiger jederzeit Leistungsklage erheben, um in einem ordentlichen Rechtsstreit den Unterhaltsanspruch endgültig feststellen zu lassen. Er kann aber auch einen **Vertrag oder Unterhaltsvergleich** mit dem Unterhaltsschuldner abschließen. Auch vollstreckbare Urkunden wie auch privatschriftliche Vereinbarungen sind eine anderweitige Regelung.

Im übrigen können die Parteien auch das einstweilige Anordnungsverfahren übereinstimmend für erledigt erklären.

War nur ein Antrag auf Bewilligung der Prozeßkostenhilfe für die Ehesache anhängig 239 und wird dieser zurückgenommen, tritt die einstweilige Anordnung gemäß § 620f Satz 1 ZPO analog außer Kraft, als würde der Scheidungsantrag zurückgenommen.[55] Allein die **Zurückweisung eines PKH-Gesuches** läßt die einstweilige Anordnung noch nicht außer Kraft treten, denn dies ist keine anderweitige Regelung im Sinne des § 620f ZPO und stellt auch kein sonstiges Prozeßereignis im Sinne des § 620f I ZPO dar. Dies gilt ebenfalls für die Anordnung des Ruhens des Scheidungsverfahrens.

---

[48] BGH, FamRZ 1983, 355 = R 156
[49] OLG Frankfurt, FamRZ 1990, 767
[50] Vgl. auch OLG Stuttgart, FamRZ 1992, 203 m. Nachweisen zum Streitstand; ebenso: OLG Hamburg, FamRZ 1996, 745; a. A. OLG Köln, FamRZ 1995, 1003
[51] A. A. OLG Stuttgart, FamRZ 1992, 203
[52] BGH, FamRZ 1984, 767 = R 215 d
[53] BGH, FamRZ 1985, 802
[54] KG, FamRZ 1991, 1327
[55] Gießler, Rn 202

240 Die anderweitige Regelung im Sinne des § 620 f I ZPO muß den Gegenstand der einstweiligen Anordnung positiv oder negativ neu ordnen[56] und wirksam sein. Dies bedeutet nicht Rechtskraft, sondern bei zusprechenden Leistungsurteilen über den Unterhalt ihre vorläufige Vollstreckbarkeit, allerdings ohne Einschränkungen wie Abwendungsbefugnis nach § 711 ZPO oder Sicherheitsleistung.[57] Wird die Leistungsklage ganz oder teilweise abgewiesen, liegt keine in der Hauptsache vorläufig vollstreckbare Entscheidung vor. Diese wird daher erst mit ihrer Rechtskraft wirksam.[58]

241 Ist zeitlich unbeschränkt (also über die Rechtskraft der Ehescheidung hinaus) im Weg der einstweiligen Anordnung Unterhalt zugesprochen worden, so fällt dieser nur für den Zeitraum der Trennung weg, wenn auf eine negative Feststellungsklage des Unterhaltsschuldners festgestellt wird, daß kein Getrenntlebenunterhalt geschuldet ist.

242 **f) Verhältnis zur einstweiligen Verfügung.** Die §§ 620 ff ZPO enthalten eine geschlossene Sonderregelung des einstweiligen Rechtsschutzes in Ehesachen und verdrängen die Vorschriften über die einstweilige Verfügung.[59] Wenn und soweit eine einstweilige Anordnung zulässig ist, ist eine einstweilige Verfügung unzulässig. Das schließt es nicht aus, das Verfahren je nach Prozeßlage durch den Antragsteller umzustellen oder, nach Anhörung der Parteien, den Antrag durch das Gericht umzudeuten, um dem vorläufigen Schutzbedürfnis des Unterhaltsgläubigers schnell Rechnung zu tragen und unnütze, aber kostenträchtige Verzögerungen des Rechtsschutzes zu vermeiden.[60]

Im einzelnen gilt daher folgendes:

Ist die **Ehesache** oder ein **Prozeßkostenhilfegesuch bereits anhängig** und geht erst dann ein Antrag auf einstweilige Verfügung bei Gericht ein, ist dieser Antrag unzulässig.[61] Der Unterhaltsgläubiger muß – um die Verwerfung des Verfügungsantrages als unzulässig zu vermeiden – seinen Antrag nunmehr als einstweiligen Anordnungsantrag in das Eheverfahren einbinden und dort verlesen.[62] Weist das Gericht den verspäteten Verfügungsantrag ohne Umdeutung zurück, so steht § 620 c ZPO einer Beschwerde gegen diese Entscheidung nicht entgegen (OLG Brandenburg, aaO).

Nach Abschluß des Verfahrens einer einstweiligen Verfügung auf Unterhalt in erster Instanz ist im Berufungsverfahren ein Übergang vom Verfügungsantrag in einen solchen auf Erlaß einer einstweiligen Anordnung ausgeschlossen.

Die Änderung eines Antrags auf Erlaß einer einstweiligen Verfügung in einen solchen gemäß § 620 ZPO ist in der Rechtsmittelinstanz für den Kläger nicht möglich; denn das Rechtsmittelgericht ist für einen Antrag auf Erlaß einer einstweiligen Anordnung nicht zuständig (§ 620 a IV S. 2 ZPO). Der Verfügungskläger hat nur die – in prozeßwirtschaftlicher Hinsicht – für ihn unbefriedigende – sofern nicht in zweiter oder dritter Instanz eine entsprechende Folgesache rechtshängig ist – Möglichkeit, den Antrag auf Erlaß einer einstweiligen Verfügung zurückzunehmen oder für erledigt zu erklären und einen Antrag auf Regelung des Unterhalts gemäß § 620 Nr. 6 ZPO beim zuständigen Gericht der Ehesache zu stellen. Im Hinblick darauf läßt sich allerdings das Rechtsschutzinteresse für den Antrag auf Erlaß einer einstweiligen Verfügung, sich das Verfahren in der Rechtsmittelinstanz befindet, nicht verneinen.[63]

243 War **vor Anhängigkeit der Ehesache** der einstweilige Verfügungsantrag gestellt und Unterhalt zugesprochen worden, ersetzt diese Regelung (und zwar mit ihrem eingeschränkten zeitlichen und inhaltlichen Umfang) einen entsprechenden einstweiligen Anordnungsantrag. Ist aber das einstweilige Verfügungsverfahren (z. B. wegen Widerspruchs) **zum Zeitpunkt des Anhängigwerdens der Ehesache noch nicht abgeschlossen,** wird teilweise vertreten, daß das noch nicht abgeschlossene Verfahren der einstweili-

---

56 BGH, FamRZ 1991, 180, 182
57 Herrschende Meinung: OLG Frankfurt, FamRZ 1982, 410, 411
58 BGH, FamRZ 1991, 180, 182; a. A. OLG Karlsruhe, FamRZ 1987, 608, 609
59 BGH, FamRZ 1979, 472 = R 25; vgl. auch BGH, FamRZ 1984, 767 = R 215 d
60 Im einzelnen streitig, z. B. für Fortführung des einstw. Verfügungsverfahrens OLG Koblenz, FamRZ 1989, 196
61 OLG Düsseldorf, FamRZ 1985, 298
62 OLG Brandenburg, FamRZ 1996, 1222
63 OLG Karlsruhe, FamRZ 1995, 1424

4. Abschnitt: Vorläufige Regelung und Sicherung von Unterhaltsansprüchen § 8

gen Verfügung in das Verfahren der einstweiligen Anordnung überzuleiten und der Widerspruch in einen Antrag nach § 620 b ZPO umzudeuten sei.[64] Teilweise wird aber aus kostenrechtlichen Gründen auch die Ansicht vertreten, das Verfügungsverfahren sei fortzusetzen und abzuschließen,[65] zumal mit einem jetzt zu stellenden einstweiligen Anordnungsantrag der frühere Zeitraum der einstweiligen Verfügung nicht umfaßt werden könne und es dann zwei Regelungen geben müßte: für den vor Antragstellung der einstweiligen Anordnung geltenden Zeitraum die bestehen bleibende einstweilige Verfügung, ab Antragstellung für den laufenden Unterhalt, der im Rahmen der 6-Monats-Regelung ebenfalls durch einstweilige Verfügung teilweise geregelt worden ist, die einstweilige Anordnung nach § 620 ZPO.

Grundsätzlich gilt daher, daß einstweilige Verfügungen dann nicht mehr zulässig sind, wenn insoweit einstweilige Anordnungen erlassen werden können. Ist aber eine einstweilige Verfügung für einen Zeitraum erlassen worden, für den nachfolgend eine einstweilige Anordnung nicht mehr beantragt werden kann, bleibt diese einstweilige Verfügung wirksam und kann vollstreckt werden, auch wenn anschließend der Scheidungsantrag anhängig wird.[66] Im zeitlichen und tatsächlichen Umfang der einstweiligen Verfügung ist daher eine weitere einstweilige Anordnung unzulässig. Dies gilt aber dann wieder nicht, soweit – wie üblich und dem Institut der einstweiligen Verfügung entsprechend – mit ihr nur der sogenannte **Notunterhalt** geregelt wurde. Hinsichtlich der **Unterhaltsdifferenz** bis zum angemessenen Mehrbedarf kann daher dieser zusätzliche Unterhaltsanspruch mittels einer einstweiligen Anordnung **auch für den Verfügungszeitraum** geltend gemacht werden. **244**

Während durch einstweilige Verfügung nur der „Notunterhalt" (d. i. der unabdingbar notwendige Betrag für ein menschenwürdiges Dasein) zuerkannt werden kann, geht es bei der einstweiligen Anordnung um die vorläufige Regelung des angemessenen Unterhalts für die Dauer des Scheidungsrechtsstreits und, gem. § 620 f ZPO, darüber hinaus bis zu einer anderweitigen Regelung.[67] **245**

Die einstweilige Verfügung wird regelmäßig nur für sechs Monate beantragt und dementsprechend begrenzt, die einstweilige Unterhaltsanordnung nicht.

Die einstweilige Verfügung kann im Ursprungsverfahren mit Widerspruch oder Berufung (nach mündlicher Verhandlung) angefochten werden, die einstweilige Anordnung mit dem Antrag auf mündliche Verhandlung (§ 620 b II ZPO).

g) Kosten der einstweiligen Anordnung. Gemäß § 620 g ZPO gelten die im Verfahren der einstweiligen Anordnung entstehenden Kosten für die Kostenentscheidung **als Teil der Kosten der Hauptsache**. Sie werden daher von der dort zu treffenden Kostenentscheidung erfaßt, so daß im einstweiligen Anordnungsverfahren in der Regel **keine eigene Kostenentscheidung** ergeht. Wird daher das Scheidungsverfahren zu Ende geführt, ist die dortige Kostenregelung nach § 93 a I, II ZPO auch für das Anordnungsverfahren maßgebend. Auch im Falle der Rücknahme des Antrages auf Erlaß einer einstweiligen Anordnung gelten die in diesem Verfahren entstandenen Kosten für die Kostenentscheidung als Teil der Kosten der Hauptsache.[68] **246**

Eine anderweite Kostenverteilung ist allerdings nach § 620 g 2. HS ZPO durch die entsprechende Anwendung des § 96 ZPO möglich. Diese Vorschrift findet insbesondere für unzulässige oder unbegründete einstweilige Anordnungsanträge Anwendung. Hierbei ist über die Kosten der Hauptsache (Ehesache) wie über die Kosten des Anordnungsverfahrens getrennt zu entscheiden.

Eine **eigene Kostenentscheidung im Anordnungsverfahren** ergeht daher nur noch, wenn in der Hauptsache eine Kostenentscheidung nicht mehr ergehen kann. Das ist z. B. der Fall nach Rücknahme der Eheklage oder des Antrags in der Scheidungssache; dann gilt § 269 III ZPO. Wird die **Ehesache übereinstimmend für erledigt erklärt**,

---

[64] OLG Düsseldorf, FamRZ 1982, 408
[65] OLG Hamburg, FamRZ 1982, 408, 409
[66] OLG Düsseldorf, FamRZ 1987, 497, 498
[67] BVerfG, FamRZ 1980, 872 = R 48
[68] OLG Karlsruhe, NJWE-FER 1996, 21

kann für die Kosten des einstweiligen Anordnungsverfahrens § 91 a ZPO angewandt werden.[69]

Wird der **Scheidungsantrag zurückgewiesen**, erfolgt die einheitliche Kostenregelung nach § 91 ZPO.

Haben die Parteien **bei Abschluß eines Vergleichs** im einstweiligen Anordnungsverfahren auch die Kosten geregelt, so kann das Gericht dies nach § 93 a I Satz 3 ZPO seiner Kostenentscheidung in der Ehesache zugrunde legen. Haben die Parteien **keine Kostenregelung** getroffen, bedarf es gemäß § 620 g ZPO in der Regel keiner isolierten Kostenentscheidung für das einstweilige Anordnungsverfahren, wenn der Vergleich keine weitergehende Regelung trifft. Geht die Vergleichsregelung über eine vorläufige, summarische Regelung hinaus und schafft sie einen endgültigen Titel, findet § 98 ZPO Anwendung, sofern dieser nicht von den Parteien ausdrücklich ausgeschlossen worden ist. Im letzteren Fall kann man dem Vergleich die Wirkung einer Hauptsachefolgesache zusprechen und daher dann § 93 a ZPO Anwendung finden lassen.[70]

8. Einstweilige Anordnungen gem. § 641 d ZPO

247 Ist eine positive Feststellungsklage (auch Widerklage) auf Bestehen der Vaterschaft gem. §§ 1592 Nr. 3, 1600 d BGB anhängig oder ein diesbezüglicher Antrag auf Bewilligung von Prozeßkostenhilfe eingereicht, kann das Familiengericht auf Antrag des Kindes oder seiner Mutter deren (Kindes- bzw. Ehegatten-) Unterhalt durch einstweilige Anordnung regeln (§ 641 d ZPO).[71]

a) Die Regelung der einstweiligen Anordnung. Als Regelung kommt eine Unterhaltszahlung oder eine Sicherheitsleistung für den Unterhalt in Betracht. In der Höhe ist die einstweilige Anordnung nicht auf den sog. Notunterhalt beschränkt, wie dies für einstweilige Verfügungen gilt. Liegen die Voraussetzungen für den Erlaß einer einstweiligen Anordnung gem. § 641 d ZPO vor, geht diese einer einstweiligen Anordnung nach § 1615 o BGB vor. Allerdings darf eine einstweilige Verfügung hinsichtlich des Dreimonatsunterhaltes des § 1615 o BGB nicht mit dem Hinweis zurückgewiesen werden, die Partei möge Vaterschaftsfeststellungsklage erheben oder ein diesbezügliches Prozeßkostenhilfegesuch einreichen. Wird nach Antragstellung gem. § 1615 o BGB eine Vaterschaftsfeststellungsklage anhängig, ändert dies nichts an der Zulässigkeit des einstweiligen Verfügungsantrages.

Zuständig ist gem. § 641 d II S. 5 ZPO das Gericht des ersten Rechtszuges und, wenn der Rechtsstreit in der Berufung schwebt, das OLG.

Obwohl der Antrag gem. § 641 d II S. 2 ZPO vor der Geschäftsstelle zu Protokoll erklärt werden kann, ist gem. § 78 II ZPO anwaltliche Vertretung erforderlich, da die Entscheidung aufgrund mündlicher Verhandlung ergeht (§ 78 II S. 4 ZPO) und für die mündliche Verhandlung anwaltliche Vertretung erforderlich ist.

247a Gem. § 641 d II S. 2, S. 3 ZPO sind der Anspruch auf Unterhalt sowie die Notwendigkeit einer einstweiligen Anordnung glaubhaft zu machen. Hierbei handelt es sich um doppelte Anspruchsvoraussetzungen: Zum einen muß die Vaterschaft des Mannes glaubhaft gemacht werden, da gem. § 1601 BGB Verwandte in gerader Linie verpflichtet sind, einander Unterhalt zu gewähren. Hier hilft aber dem Gläubiger die Vaterschaftsvermutung des § 1600 II S. 1 BGB, so daß der Unterhaltsgläubiger nur glaubhaft machen muß, daß der Mann der Mutter während der gesetzlichen Empfängniszeit beigewohnt hat. Bestehen aber trotzdem schwerwiegende Zweifel an der Vaterschaft (§ 1600 d II S. 2 BGB), so ist die Vaterschaftsvermutung zerstört und der Unterhaltsgläubiger hat durch anderen Tatsachenvortrag die Vaterschaft des in Anspruch Genommenen hinreichend deutlich zu machen.

Darüber hinaus müssen die engeren Unterhaltsvoraussetzungen glaubhaft gemacht werden, nämlich die Bedürftigkeit des Unterhaltsgläubigers und die Leistungsfähigkeit

---

[69] OLG Karlsruhe, Justiz 1981, 480
[70] Gießler, Rn 242
[71] Vgl. dazu Dunkl/Feldmeier, Teil D, Rn 67 ff, 266 ff

4. Abschnitt: Vorläufige Regelung und Sicherung von Unterhaltsansprüchen § 8

des Unterhaltsschuldners. Daher fehlt es an einer Bedürftigkeit bereits dann, wenn Dritte vorläufig den Unterhaltsgläubiger unterstützen oder dieser Sozialhilfe oder sonstige Leistungen erhält, die ihn tatsächlich für den Anordnungszeitraum einer Notlage entheben. Unwesentlich ist hierbei, daß öffentliche Hilfen großteils (wie insbesondere die Sozialhilfe) subsidiär gewährt werden.
Gem. § 641 d II S. 4 ZPO ergeht die gerichtliche Entscheidung aufgrund notwendiger mündlicher Verhandlung. Eine Kostenentscheidung erübrigt sich, da die entstehenden Kosten der einstweiligen Anordnung für die Kostenentscheidung als Teil der Kosten der Hauptsache gelten (§ 641 d IV ZPO). Ähnlich ist auch § 620 g ZPO geregelt. Die Vollstreckbarkeit der einstweiligen Anordnung ergibt sich aus § 794 I Nr. 3 ZPO.
Gem. § 641 d III ZPO kann der erstinstanzliche Beschluß mit der Beschwerde angefochten werden. Ist die Vaterschaftsfeststellungsklage in zweiter Instanz beim OLG anhängig, so ist die Beschwerde bei dem Berufungsgericht einzulegen (§ 641 d III S. 2 ZPO). Gegen die obergerichtliche Entscheidung ist kein weiteres Rechtsmittel möglich (§ 567 IV S. 1 ZPO).

b) Das Außerkrafttreten einstweiliger Anordnungen. Gem. § 641 e ZPO tritt die einstweilige Anordnung spätestens dann außer Kraft, wenn der Unterhaltsgläubiger gegen den Unterhaltsschuldner einen anderen Schuldtitel über den Unterhalt erlangt hat, der nicht nur vorläufig vollstreckbar (und damit noch nicht rechtskräftig, sondern noch auf Null reduzierbar) ist. Dazu zählen ein Vergleich (§ 794 I Nr. 1 ZPO), eine vollstreckbare Urkunde (§ 794 I Nr. 5 ZPO), ein rechtskräftiges Urteil oder ein vollstreckbarer Beschluß (§ 794 I Nr. 2 a ZPO). Gem. § 641 f ZPO tritt die einstweilige Anordnung ferner außer Kraft bei Klagrücknahme (§ 269 ZPO) bzw. Klagabweisung. 247b

Nach Rücknahme der Vaterschaftsfeststellungsklage oder nach deren rechtskräftiger Abweisung hat der Unterhaltsgläubiger dem Schuldner den Schaden zu ersetzen, der ihm aus der Vollziehung der einstweiligen Anordnung entstanden ist (§ 641 g ZPO).

9. Die einstweilige Anordnung des § 644 ZPO

Gem. § 644 ZPO kann eine einstweilige Anordnung auf Unterhalt erlassen werden, wenn eine entsprechende Hauptsacheklage nach § 621 I Nr. 4, 5 oder 11 ZPO anhängig oder ein Antrag auf Bewilligung von Prozeßkostenhilfe für eine solche Klage eingereicht worden ist.[72] Somit bewirken auch die Ansprüche nach § 1615 l und § 1615 m BGB nach Einreichung eines entsprechenden Anordnungsantrags die Anhängigkeit der Hauptsache. Bei einer Klagerücknahme oder bei Klagabweisung der Hauptsache kann im Anordnungsverfahren keine Entscheidung mehr ergehen. Dies ergibt sich aus § 644 S. 2 i.V. m. § 620 f S. 1 ZPO, wonach einstweilige Anordnungen unter diesen Umständen außer Kraft treten. Wird ein der Unterhaltsklage stattgebendes Urteil vor einer Entscheidung über den Anordnungsantrag rechtskräftig, ist im Anordnungsverfahren noch zu entscheiden, allerdings nicht mehr als im Urteil für den gleichen Zeitraum zuzusprechen. Das Antragsrecht auf mündliche Verhandlung (§ 644 S. 2 iVm § 620 b II ZPO) kann nach Beendigung des Hauptsacheverfahrens aber nicht mehr ausgeübt werden. 248

a) Regelungsinhalt. Durch die einstweilige Anordnung kann der Unterhalt für eheliche wie für nichteheliche Kinder (also für gemeinsame Kinder), für Ehegatten, geschiedene Ehegatten und für die nichteheliche Mutter geregelt werden. Die Anordnung steht im pflichtgemäßen Ermessen des Gerichts („kann") und setzt voraus, daß die Hauptsacheklage hinreichend begründete Aussicht auf Erfolg hat. 248a

Funktion einer Anordnung nach § 644 ZPO ist es, die Zeit bis zur Entscheidung in der Hauptsache zu überbrücken, ohne sie vorwegzunehmen. Daraus folgt, daß regelmäßig mehr Unterhalt als zur Abwendung einer Notlage erforderlich zuzuerkennen ist, nicht jedoch der volle gesetzliche Unterhalt.[73]

---

[72] Vgl. dazu Dunkl/Feldmeier, aaO
[73] AG Groß-Gerau, FamRZ 1999, 661

248b	**b) Zuständigkeit.** Zuständig für den Erlaß der einstweiligen Anordnung ist das Familiengericht, bei dem die Hauptsache anhängig ist. Gem. § 644 S. 2 ZPO i.V.m. § 620a IV S. 2 ZPO ist der Familiensenat des OLG für den Erlaß einstweiliger Anordnungen zuständig, wenn diese nach Berufungseinlegung beantragt wurden. Wird vor Einlegung der Berufung eine einstweilige Anordnung beantragt, bleibt die Zuständigkeit des Familiengerichts auch dann bestehen, wenn anschließend Berufung eingelegt wird. Hier gilt der Grundsatz der perpetuatio fori (§ 261 III Nr. 2 ZPO).
248c	**c) Anwaltszwang.** Für das Verfahren vor dem Familiengericht wie für den Hauptsacheprozeß besteht kein Anwaltszwang (§ 78 II Nr. 2 ZPO). Ist die Hauptsache in der Berufungsinstanz anhängig, so kann auch dort eine einstweilige Anordnung zu Protokoll der Geschäftsstelle, somit ohne Anwaltszwang, beantragt werden (§ 644 S. 2 i.V.m. § 620a II S. 2 ZPO; § 78 III ZPO). In einer mündlichen Verhandlung nach § 620b II ZPO vor dem OLG bedarf es aber einer anwaltlichen Vertretung (§ 78 II Nr. 2 ZPO).
249	**d) Die Gerichtsentscheidung.** Der Anordnungsbeschluß ist zu begründen, enthält aber keine Kostenentscheidung (§ 644 S. 3 i.V.m. § 620g ZPO). Dies gilt allerdings in diesem Umfang nur, falls es noch zu einer Kostenentscheidung in der Hauptsache kommt.
	Aufhebung, Änderung des Beschlusses sowie Aussetzung der Vollziehung und Außerkrafttreten der Anordnung sind in den §§ 620b – 620g ZPO geregelt.
	Statt einer Beschwerde gegen die Entscheidung (vgl. § 620c S. 2 ZPO) gibt es das Verfahren auf erneute Entscheidung nach § 620b ZPO.
249a	**e) Konkurrenzen.** Eine einstweilige Verfügung ist weiterhin statthaft, sofern der Unterhaltsgläubiger keine einstweilige Anordnung nach § 644 ZPO beantragen kann, insbesondere also weder ein Hauptsacheverfahren noch ein PKH-Gesuch hierzu anhängig ist. Das Gericht ist nicht berechtigt, einen einstweiligen Verfügungsantrag mit dem Hinweis zurückzuweisen, die Partei möge entweder eine Ehesache als Hauptsacheverfahren oder – als minderjähriges Kind) einen Antrag im vereinfachten Unterhaltsverfahren anhängig machen. Insoweit sind die Parteien in ihrer Rechtswahl frei.
	Daher ist nicht der Ansicht von Köln,[74] Nürnberg[75] und Bergisch Gladbach[76] zu folgen, ein Rechtsschutzbedürfnis für eine Leistungsverfügung nach § 940 ZPO bestehe nur, wenn es nicht zumutbar ist, die Hauptsache anhängig zu machen. Auch ist es nicht mutwillig, eine auf Notunterhalt gerichtete einstweilige Verfügung zu beantragen, obwohl § 644 ZPO einen kostengünstigeren und weitreichenderen Weg zur Verfolgung von Unterhaltsansprüchen eröffnet.[77] § 644 ZPO eröffnet eine weitere Rechtsmöglichkeit, ohne die bisherigen Möglichkeiten zu beschneiden. Da die einstweilige Anordnung des § 644 ZPO die Zeit bis zur Entscheidung in der Hauptsache überbrücken soll, ohne sie vorwegzunehmen, ist in ihr regelmäßig mehr Unterhalt als zur Abwendung einer Notlage zuzuerkennen, nicht jedoch der volle gesetzliche Unterhalt.[78]

II. Die einstweilige Verfügung

1. Allgemeines

250	Durch die einstweilige Verfügung soll eine Notlage kurzfristig beseitigt werden. Dadurch unterscheidet sie sich von der einstweiligen Anordnung, durch die für die Dauer des Scheidungsverfahrens eine beide Seiten befriedigende Regelung des angemessenen Unterhalts getroffen werden soll zur Vermeidung zusätzlicher gerichtlicher Auseinandersetzungen.[79,80]

---

[74] OLG Köln, FamRZ 1999, 661
[75] OLG Nürnberg, FamRZ 1999, 30
[76] AG Bergisch Gladbach, FamRZ 1999, 659
[77] So OLG Zweibrücken, FamRZ 1999, 662
[78] AG Groß-Gerau, FamRZ 1999, 661
[79] BVerfG, FamRZ 1980, 872 = R 48
[80] Vgl. Dunkl/Feldmeier, Teil D Rn 94 ff

4. Abschnitt: Vorläufige Regelung und Sicherung von Unterhaltsansprüchen § 8

Solange und soweit eine einstweilige Anordnung zulässig ist, ist eine einstweilige Verfügung unzulässig.[81] Jedoch darf ein Rechtsschutzbedürfnis für eine Leistungsverfügung auf Unterhalt nach § 940 ZPO nicht mit dem Argument verneint werden, die Partei möge eine Hauptsacheklage mit der Möglichkeit der einstweiligen Anordnung des § 644 ZPO erheben.[82] Denn die Partei hat weiterhin die freie Wahl zwischen verschiedenen prozessualen Möglichkeiten. Die einstweilige Leistungsverfügung ist daher (seit Geltung des § 644 ZPO) nicht auf Fälle beschränkt, in welchen das gleichzeitige Anhängigmachen der Hauptsache nicht möglich oder nicht zumutbar war.[83]

Eine einstweilige Verfügung auf Erteilung von Auskunft ist nicht statthaft.[84]

2. Zuständigkeit

Sachlich ist für eine einstweilige Verfügung in Unterhaltssachen **das Amtsgericht** zuständig (§ 23 a Nr. 2 GVG), und zwar in den familienrechtlichen Unterhaltssachen des § 621 I Nr. 4 u. 5 ZPO gemäß § 23 b I Nr. 5 u. 6 GVG **das Familiengericht**. Ist eine Ehesache nicht anhängig, ist gemäß § 937 I ZPO **örtlich** das Gericht der Hauptsache zuständig, bei Anhängigkeit einer Ehesache ausschließlich das Gericht der Ehesache (§ 621 II Satz 1 ZPO).   251

3. Voraussetzungen

Besondere Voraussetzungen für den Erlaß einer einstweiligen Verfügung sind das Vorliegen eines Verfügungsgrunds und eines Verfügungsanspruchs.   252

a) **Verfügungsgrund.** Ein Verfügungsgrund ist gegeben, wenn das dringende Bedürfnis für eine gerichtliche Regelung vorläufiger Art zur Vermeidung einer Notlage gegeben ist (nicht zu verwechseln mit dem „dringenden Fall", bei dem ohne mündliche Verhandlung entschieden werden kann, § 937 II ZPO). Ein solches Bedürfnis besteht nicht, wenn der Unterhaltsgläubiger mit dem Verfügungsantrag säumig ist oder durch anderweitige prozessuale Geltendmachung von Unterhalt seine Notlage hätte beseitigen können.[85] Deshalb ist eine zweite einstweilige Verfügung nur möglich, wenn den Unterhaltsgläubiger bei fortbestehender Notlage kein Verschulden daran trifft, daß es ihm innerhalb angemessener Frist (regelmäßig 6 Monate) nicht gelungen ist, seinen Anspruch im ordentlichen Rechtsstreit titulieren zu lassen.[86] Ist der Verfügungskläger bereits im Besitz eines endgültigen, wenngleich noch nicht rechtskräftigen Titels, so fehlt ihm regelmäßig das Rechtsschutzbedürfnis für ein gleichzeitig anhängig gemachtes Verfügungsverfahren.[87]   253

Nach einer stark vertretenen Meinung entfällt der Verfügungsgrund auch dann, wenn Dritte helfend eingreifen, z. B. Verwandte oder die Sozialhilfe[88,89] oder bei BAföG-Vorauszahlungen.[90] Nach OLG Düsseldorf entfällt bei Sozialhilfe der Verfügungsgrund nur für die Zeiträume tatsächlicher Hilfe.[91] Erziehungsgeld mindert die Notlage.[92] Diese An-

---

[81] Vgl. BGH, FamRZ 1979, 472
[82] OLG Köln, FamRZ 1999, 661; OLG Nürnberg, FamRZ 1999, 30
[83] So aber OLG Nürnberg, FamRZ 1999, 30
[84] OLG Hamm, NJW-RR 1992, 640
[85] OLG Köln, FamRZ 1999, 245; vgl. OLG Frankfurt, FamRZ 1990, 540: auf die Vollstreckung aus einem Vergleich wird verzichtet, im Verbund wird kein Unterhalt geltend gemacht
[86] OLG Düsseldorf NJW-RR 1992, 198 = FamRZ 1992, 80; im Ergebnis ebenso OLG Köln, FamRZ 1992, 75
[87] OLG Karlsruhe, NJW-RR 1996, 960; ähnlich OLG Köln FamRZ 1995, 824 i. F. einer Titelumschreibung
[88] OLG Karlsruhe, FamRZ 1988, 87 und 635; OLG Hamm, FamRZ 1988, 529; OLG Oldenburg, FamRZ 1991, 1075; OLG Hamm, FamRZ 1991, 583
[89] Auch im Falle ergänzender Sozialhilfe: AG Groß-Gerau, FamRZ 1998, 1378
[90] OLG Schleswig, FamRZ 1991, 977
[91] FamRZ 1994, 387 u. 1992, 1321
[92] OLG Düsseldorf, FamRZ 1993, 962; OLG Hamm, FamRZ 1992, 582; a. A. OLG Stuttgart, FamRZ 1988, 305 und FamRZ 1989, 198; OLG Köln, FamRZ 1992, 75; OLG Hamm, FamRZ

sicht trifft zu, denn woher die Mittel kommen, die die Notlage beseitigen, ist gleichgültig; a. A. OLG Köln: Weder die Zahlung von Erziehungsgeld und Sozialhilfe noch das Vorhandensein von Schonvermögen lassen den Verfügungsgrund i. S. des § 940 ZPO entfallen.[93]

Allgemein gilt hierzu folgendes: Ob im Rahmen eines einstweiligen Verfügungsverfahrens auf Notunterhalt ein Verfügungsgrund, also eine zu regelnde Notlage auf seiten des Unterhaltsgläubigers vorliegt, ergibt sich aus seiner tatsächlichen Situation. Ist diese dadurch geprägt, daß der notwendige Lebensbedarf für den Verfügungszeitraum durch Darlehen Dritter gedeckt ist, fehlt es an einem Verfügungsgrund i. S. d. § 940 ZPO. Eine einstweilige Verfügung ist dann unzulässig.[94] Nicht richtig ist aber, einen Verfügungsgrund bereits dann zu verneinen, wenn die Notlage durch anderweitige prozessuale Geltendmachung von Unterhalt hätte beseitigt werden können.[95] Diese Ansicht verstößt gegen die freie Rechtswahl, die eine Partei bei der prozessualen Verfolgung ihrer Ziele hat.

Hat der Unterhaltsberechtigte noch Barmittel von 5000,– DM, so kann im allgemeinen eine einstweilige Verfügung auf Zahlung von Notunterhalt nicht erlassen werden.[96] Daß beim Verfügungs**anspruch** möglicherweise andere Erwägungen durchgreifen, ändert nichts. Durch den Anspruchsübergang gem. § 91 BSHG ist bei Sozialhilfe diese Problematik weitgehend entschärft, weil dann kein Verfügungsanspruch besteht.[97] Kann ein Antragsteller einen Titel auf sich umschreiben lassen, besteht kein Verfügungsgrund.[98]

254 **b) Verfügungsanspruch.** Der Verfügungsanspruch entspricht dem materiell-rechtlichen Unterhaltsanspruch gem. § 1361, §§ 1569 ff, §§ 1601 ff BGB, §§ 58 ff EheG. Der Unterhaltsanspruch selbst wird nicht rechtshängig, über ihn wird auch nicht rechtskräftig entschieden. Deshalb steht eine einstweilige Verfügung einer Hauptsacheklage über den gleichen Zeitraum und Betrag nicht entgegen. Allerdings müssen Leistungen aufgrund der einstweiligen Verfügung im Hauptsacheverfahren berücksichtigt werden, sofern sie als Erfüllung (§ 362 I BGB) anzusehen sind.

255 **c) Glaubhaftmachung.** Im einstweiligen Verfügungsverfahren genügt Glaubhaftmachung von Verfügungsgrund und Verfügungsanspruch (§ 920 II, § 936 ZPO). Sie ist ein geringerer Grad des Nachweises als der volle Beweis und muß durch präsente Beweismittel geführt werden (z. B. Urkunden, eidesstattliche Versicherung, anwaltliche Versicherung). An sie sind strenge Anforderungen zu stellen.[99] Eine besondere Beweisaufnahme in einem eigenen Termin gibt es nicht (§ 294 II ZPO). Verfehlt ist es daher, etwa in der mündlichen Verhandlung oder in einem eigenen Verkündigungstermin einen „Beweisbeschluß" zu erlassen.

Die Ladung von Zeugen oder Parteien zur mündlichen Verhandlung ist zwar möglich, steht aber im Ermessen des Gerichts (§ 273 II ZPO). Geschieht dies nicht, muß der Zeuge von der Partei zum Termin mitgebracht werden.

256 **d) Eidesstattliche Versicherung.** Sie ist das häufigste, aber auch das minderwertigste Mittel der Glaubhaftmachung. Oft erfüllt sie nicht die rechtlichen Anforderungen, weil eine eigene Sachdarstellung und Begründung des Versichernden fehlen. Genausowenig wie ein Zeuge einen vorbereiteten Text mit der schlichten Erklärung bezeugen darf, „das ist richtig, es ist nichts Wesentliches hinzugefügt oder weggelassen", so wenig genügt eine entsprechende eidesstattliche Versicherung.[100]

Wer eine solche sog. eidesstattliche Versicherung vorlegt, nimmt das Risiko auf sich, daß sie vom Gericht als nicht ausreichend angesehen wird.

1991, 583 bei Unterstützung der Ehefrau durch ihre Eltern; OLG Düsseldorf, FamRZ 1993, 902 bei vorübergehender freiwilliger Leistung des Vaters aus Gefälligkeit
[93] FamRZ 1996, 1430
[94] OLG Karlsruhe, FamRZ 1999, 244
[95] OLG Köln, FamRZ 1999, 245
[96] OLG Karlsruhe, FamRZ 1996, 1431
[97] Vgl. Klein, FuR 1994, 224
[98] OLG Köln, FamRZ 1995, 824
[99] OLG Celle, FamRZ 1994, 386
[100] Vgl. dazu BGH, NJW 1988, 2045

4. Abschnitt: Vorläufige Regelung und Sicherung von Unterhaltsansprüchen § 8

e) Befristung. Die einstweilige Verfügung wird regelmäßig auf sechs Monate befristet (schon im Antrag), gerechnet vom Zeitpunkt des Antragseingangs an.[101] Der inzwischen verstrichene Zeitraum ist bedeutungslos. Allein diese Berechnung wird dem Schutzinteresse des Unterhaltsgläubigers und einer sinnvollen Handhabung der Vorschriften über die einstweilige Verfügung gerecht, ohne den Unterhaltsschuldner unangemessen zu benachteiligen.[102]

f) Vollziehung, Vollstreckung. Zum Anordnungsverfahren (= erster Abschnitt) tritt in einem zweiten Abschnitt die Vollziehung und in einem dritten die Zwangsvollstreckung der einstweiligen Verfügung.[103]

Durch die Vollziehung wird die einstweilige Verfügung dem Schuldner gegenüber wirksam gemacht und zum Ausdruck gebracht, daß der Gläubiger von ihr Gebrauch machen will. Gemäß § 929 II ZPO, der gemäß § 936 ZPO analog anzuwenden ist, ist die Vollziehung der einstweiligen Verfügung unstatthaft, wenn seit dem Tage, an dem sie verkündet (oder der antragstellenden Partei zugestellt) worden ist, ein Monat verstrichen ist. Diese Frist ist von Amts wegen zu beachten und führt bei Versäumung zur Wirkungslosigkeit und zur Aufhebung der einstweiligen Verfügung auf Antrag. Der Unterhaltsgläubiger muß die einstweilige Verfügung innerhalb der Monatsfrist im Parteibetrieb zustellen. Eine Amtszustellung reicht nicht, auch nicht eine mündliche Leistungsaufforderung.[104] Mit dieser Zustellung ist die einstweilige Verfügung auch für die erst künftig fällig werdenden Unterhaltsleistungen vollzogen.[105] Für diese läßt sich die Vollziehung auch nachholen. Die Monatsfrist beginnt dafür jeweils ab Fälligkeit des Monatsbetrages.[106]

Die Parteizustellung ist jedoch nicht der einzige Weg der Vollziehung (sofern man Vollziehung und Vollstreckung gleichsetzt). Denkbar sind auch der Erlaß eines vorläufigen Zahlungsverbots,[107] der Erlaß eines Pfändungs- und Überweisungsbeschlusses,[108] der „Antrag auf Zwangsvollstreckung",[109] der Antrag auf Erlaß eines Pfändungs- und Überweisungsbeschlusses.[110]

Beispiel: Verurteilung zu 500 DM monatlich Unterhalt von Januar bis Juni, fällig jeweils zum 5. eines jeden Monats. Die einstweilige Verfügung wird im Januar verkündet. Der Gläubiger stellt erst am 4. März im Parteibetrieb zu, weil er abwarten wollte, ob der Schuldner freiwillig leistet. Vollziehung für März mit Juni noch „statthaft", für Januar und Februar „unstatthaft".[111]

Die gewünschte Sicherung oder Befriedigung wird erst durch die etwa notwendig werdende Pfändung und Überweisung erreicht.

g) Anfechtung und Abänderung. Gegen den Erlaß der einstweiligen Verfügung ohne mündliche Verhandlung gibt es den unbefristeten Widerspruch (§§ 924, 936 ZPO).

Wird über den Antrag aufgrund mündlicher Verhandlung entschieden, so ergeht ein Urteil. Dagegen ist die Berufung nach allgemeinen Vorschriften statthaft (§ 511 f ZPO). Gegen das Berufungsurteil gibt es kein Rechtsmittel (§ 545 II ZPO), auch dann nicht, wenn das Berufungsgericht die Berufung als unzulässig verworfen hat.[112]

---

[101] Vgl. OLG Düsseldorf, FamRZ 1993, 962 = NJW-RR 1994, 197
[102] Im einzelnen sehr streitig, vgl. zum Streitstand z. B. OLG Hamm, FamRZ 1988, 527
[103] Zum Begriff der Vollziehung vgl. BGH, RPfleger 1993, 294: „Vollziehung" = Zwangsvollstreckung, ebenso OLG Koblenz, FamRZ 1991, 589
[104] BGH, RPfleger 1993, 294, anders noch NJW 1990, 122 und im Anschluß daran OLG Koblenz, FamRZ 1991, 589 für die sog. Urteilsführung
[105] OLG Köln, FamRZ 1992, 75 = FuR 1991, 359
[106] Vgl. OLG Hamm, FamRZ 1991, 583; ähnlich OLG Koblenz, FamRZ 1991, 589
[107] Vgl. OLG Koblenz, FamRZ 1991, 589
[108] OLG Hamm, FamRZ 1991, 583 Nr. 301
[109] OLG Hamm, FamRZ 1991, 583 Nr. 302
[110] OLG Oldenburg, FamRZ 1986, 367
[111] Im einzelnen streitig, wie hier z. B. OLG Bamberg, FamRZ 1985, 509; a. A. = Vollziehung ausgeschlossen, auch für später fällig werdende Leistungen, z. B. OLG Hamburg, FamRZ 1988, 521
[112] BGH, FamRZ 1984, 877 = NJW 1984, 2368

Bei Ablehnung der einstweiligen Verfügung ohne mündliche Verhandlung ist einfache Beschwerde möglich (§§ 567 ff ZPO). Erläßt das Beschwerdegericht die einstweilige Verfügung, ist der Widerspruch zum Amtsgericht einzulegen und vom Amtsgericht zu entscheiden (h. M.).

Wird aufgrund mündlicher Verhandlung der Antrag abgewiesen, ist Berufung möglich. Das Berufungsurteil wird sofort rechtskräftig (§ 545 II ZPO).

Eine Abänderung ist möglich wegen veränderter Umstände (§ 927, § 936 ZPO). Nach OLG Hamm, FamRZ 1995, 824, soll ein solcher Antrag auf Aufhebung bei Berufung gegen die Urteilsverfügung unzulässig sein.

261 **h) Vorläufige Vollstreckbarkeit.** Der stattgebende oder der ablehnende Beschluß ist ohne weiteres vorläufig vollstreckbar.

Das zuerkennende oder bestätigende Urteil der ersten Instanz ist ebenfalls ohne besonderen Ausspruch vorläufig vollstreckbar, auch wegen der Kosten.

Wird eine einstweilige Verfügung durch Urteil der ersten Instanz abgelehnt oder aufgehoben, ist gem. § 708 Nr. 6 § 711 ZPO für vorläufig vollstreckbar zu erklären (gegen Sicherheitsleistung). Das gilt auch, soweit teilweise abgelehnt oder aufgehoben wird (von Bedeutung nur für die Kosten). Weitergehende Schutzanordnungen sind möglich (§ 712 ZPO).

Das Berufungsurteil wird nicht für vorläufig vollstreckbar erklärt, weil es mit Verkündung rechtskräftig wird (§ 545 II ZPO).

Zur Verweisung im Verfahren auf Erlaß einer einstweiligen Verfügung vgl. BGH, FamRZ 1989, 817 (bindend!).

III. Arrest (§§ 916 ff ZPO)

262 Der Arrest sichert seinem Wesen nach nur die Zwangsvollstreckung wegen einer Geldforderung (Unterhalt).[113] Nie führt er zur Befriedigung, etwa durch Überweisung,[114] und ist daher für Unterhaltszwecke im allgemeinen uninteressant, jedenfalls wenn es um die Befriedigung des Notbedarfs geht. Dafür steht die einstweilige Leistungsverfügung, in bestimmten Fällen die einstweilige Anordnung, zur Verfügung (s. jeweils dort).

Im Arrestverfahren zur Sicherung künftiger Unterhaltsansprüche (Ehefrau, Kinder) ist im Einzelfall eine Sicherungszeit von bis zu fünf Jahren zulässig. Gesichert werden kann auch ein nachehelicher Unterhaltsanspruch, der erst ab Rechtskraft der Scheidung entsteht.[115]

263 Gemäß § 919 ZPO ist für die Anordnung des Arrests sowohl das **Gericht der Hauptsache** als **wahlweise** auch (§ 35 ZPO) das **Amtsgericht** zuständig, in dessen **Bezirk** sich der mit Arrest zu belegende Gegenstand oder die in ihrer persönlichen Freiheit zu beschränkende Person befindet. Handelt es sich bei der Hauptsache um die Unterhaltsansprüche des § 621 I Nr. 4 u. 5 ZPO, ist für den Arrest das **Familiengericht** zuständig.[116]

264 Gemäß § 917 I ZPO findet der **dingliche Arrest** statt, wenn zu besorgen ist, daß ohne dessen Verhängung die Vollstreckung des Urteils vereitelt oder wesentlich erschwert werden würde.

265 Der **persönliche Sicherheitsarrest** findet nach § 918 ZPO nur statt, wenn er erforderlich ist, um die gefährdete Zwangsvollstreckung in das Vermögen des Schuldners zu sichern. Der persönliche Sicherheitsarrest ist daher gerechtfertigt, wenn der Schuldner keine oder unzureichende Angaben über den Verbleib wesentlichen Vermögens macht. Die Dauer des Arrestvollzuges ist unter Wahrung des Grundsatzes der Verhältnismäßigkeit nach dem Maß der Schwierigkeiten zu bemessen, die einem Zugriff des Gläubigers auf vorhandenes Vermögen entgegenstehen. Kann der Schuldner die Lösungssumme

---

[113] Vgl. Dunkl/Feldmeier, aaO, Teil D Rn 243
[114] § 835 ZPO; vgl. BGH, Rpfleger 1993, 292
[115] OLG Düsseldorf, FamRZ 1994, 111
[116] BGH, FamRZ 1980, 46 = NJW 1980, 191

ohne weiteres entrichten, so kann die Fortdauer der Arresthaft bis zur gesetzlichen Höchstgrenze von sechs Monaten gerechtfertigt sein.[117]

Gemäß § 920 ZPO bedarf es eines **Arrestgesuches**, welches **Arrestanspruch** und **Arrestgrund** benennt **und beide glaubhaft macht** (§ 920 II ZPO). Im übrigen finden für die Anordnung die allgemeinen Vorschriften der §§ 921–927 ZPO Anwendung, für die Vollziehung des Arrestes jene der §§ 928–934 ZPO. 266

In der familiengerichtlichen Praxis spielt nur der **dingliche Arrest** eine Rolle. Ein entsprechender Arrestgrund ist unter folgenden Voraussetzungen zu bejahen: Es müssen konkrete Umstände vorhanden sein, aus denen sich hinreichend sicher ergibt, daß der Unterhaltsschuldner seine Unterhaltspflicht in Zukunft nicht erfüllen wird. **Bei relativ geringer Unterzahlung oder zeitlich schwankender Erfüllung** kann hiervon **noch nicht** ausgegangen werden.[118] Neben der Gefährdung der künftigen Unterhaltszahlung stellt einen Arrestgrund auch die Gefahr dar, daß künftig die Durchsetzung der Ansprüche gefährdet ist; allerdings reicht hierfür eine Verschlechterung der Vermögenslage nicht aus; dies schon deshalb nicht, weil diese Veränderung der wirtschaftlichen Verhältnisse möglicherweise auf eine Kürzung des materiell-rechtlichen Anspruchs selbst hinausläuft. Arrestgrund kann aber sein, daß der Unterhaltsschuldner **unbekannten Aufenthalts** ist oder **sich ins Ausland absetzt. Wohnt der Schuldner im Ausland**, reicht dies aus, wenn das Urteil dort vollstreckt werden müßte (§ 917 II ZPO). Ist zu befürchten, daß der Schuldner seine letzten Vermögenswerte vor der Vollstreckung ausgibt, kann auch aus diesem Grund ein Arrest beantragt werden.[119] Daß die Einkommens- und Vermögenslage des Schuldners undurchsichtig ist, ist noch kein Arrestgrund. 267

Gemäß § 916 II ZPO ist ein Arrest zur Absicherung erst künftig fällig werdender Unterhaltsansprüche zulässig.[120] Dies gilt auch dann, wenn bereits ein vollstreckbarer Titel vorliegt.[121] Denn die Vollstreckung aus einem Unterhaltstitel, der – entsprechend einem Dauerschuldverhältnis – fortlaufende Ansprüche umfaßt, kann nicht vor Fälligkeit der jeweiligen Monatsunterhaltsbeträge erfolgen. Handelt es sich aber um fällige Beträge, die tituliert sind, ist kein Arrest mehr erforderlich. Da der Arrest nur der Absicherung des Gläubigers gegenüber dem Schuldner dient, ist der **Streitgegenstand des Arrestverfahrens** von untergeordneter Bedeutung, so daß ein einzelner Arrest gleichzeitig sowohl Trennungs- als auch Nachscheidungsunterhalt absichern kann.[122] 268

Handelt es sich um die Absicherung von Kindesunterhalt (im Falle des KG, FamRZ 1985, 730 eines 9jährigen Kindes), kann nach dieser Entscheidung dessen voraussichtlicher Anspruch bis zum Eintritt der Volljährigkeit abgesichert werden.

5. Abschnitt: Rechtsmittel in Unterhaltssachen

I. Berufung

1. Allgemeines

Die Berufung bringt den Rechtsstreit im Umfang der Anfechtung vor das Oberlandesgericht als Berufungsgericht. Das Wort „Berufung" ist nicht zwingend notwendig. Es genügt, daß der Wille, das erstinstanzliche Urteil einer Nachprüfung durch das Berufungs- 269

---

[117] OLG Karlsruhe, FamRZ 1996, 1429
[118] OLG Karlsruhe, FamRZ 1985, 507 bei drohender Konkurrenz anderer Gläubiger
[119] OLG Hamm, FamRZ 1980, 393
[120] OLG Hamm, FamRZ 1995, 1427; OLG Düsseldorf, FamRZ 1994, 111
[121] OLG Hamm, FamRZ 1980, 391
[122] OLG Hamm, FamRZ 1995, 1427; OLG Düsseldorf, FamRZ 1994, 111

gericht zu unterziehen, klar zutage tritt.¹ Allerdings muß der Schriftsatz als Berufung (= Prozeßhandlung) bestimmt sein; es genügt nicht, daß er inhaltlich nur den Anforderungen an eine Berufung entspricht.²

2. Zuständigkeit und Eingang

270   Seit dem 1. Juli 1977 ist in Unterhaltssachen aus dem familiengerichtlichen Bereich ausschließlich das Oberlandesgericht zur Verhandlung und Entscheidung über die Berufung zuständig (§ 119 I Nr. 1 GVG).
Seit der Geltung des Unterhaltsänderungsgesetzes gilt das **Prinzip der formellen Anknüpfung der Rechtsmittelzuständigkeit**, wobei die Zuständigkeit vom zweitinstanzlichen Gericht nur noch **auf Antrag** zu prüfen ist. Daher ist nunmehr nur noch entscheidend, ob in der ersten Instanz die Prozeßabteilung oder die Abteilung für Familiensachen entschieden hat.³

271   Die früher geltende **Meistbegünstigungsklausel** findet aber noch Anwendung, wenn aufgrund unterschiedlicher Kennzeichnung des Gerichts und des Verfahrensgegenstandes Zweifel darüber bestehen, ob das Amtsgericht als Familiengericht oder als Zivilgericht entschieden hat. In einem derartigen Fall kann nach der Rechtsprechung des BGH die Partei das Urteil sowohl beim Landgericht als auch beim Oberlandesgericht anfechten.⁴
Ein Zuständigkeitsstreit zwischen OLG und LG wird analog § 36 Nr. 6 ZPO vom BGH, in Bayern durch das Bayerische Oberste Landesgericht entschieden.
Bei einer fehlerhaft zum Amts- oder Landgericht adressierten Berufung kommt es darauf an, ob Amts- oder Landgericht die Berufungsschrift weiterleiten. Erst mit dem Eingang der weitergeleiteten Berufungsschrift beim Oberlandesgericht ist sie dort eingegangen.
Das gilt auch dann, wenn Oberlandesgericht und Land-/Amtsgericht eine gemeinsame Posteinlaufstelle oder einen gemeinsamen Nachtbriefkasten haben.⁵ In solchen Fällen reicht es für einen rechtzeitigen Eingang jedoch aus, wenn wenigstens das richtige Aktenzeichen des OLG angegeben ist, sofern ein solches bereits bekannt ist.⁶
Bei Einlegung mittels Fernschreiber an Orten mit mehreren Fernschreibstellen muß die für das Oberlandesgericht bestimmte Fernschreibstelle angegeben werden.⁷ Dasselbe gilt für die Einlegung per Telefax.

3. Anwaltszwang

272   In allen Unterhaltssachen, ob isoliert oder im Verbund, besteht beim Oberlandesgericht grundsätzlich Anwaltszwang (§ 78 II Nrn. 1 und 2 ZPO).
Der die Berufung einlegende Rechtsanwalt muß entweder beim Oberlandesgericht zugelassen oder zumindest sog. Olg-bestellter Vertreter sein (§ 53 II BRAO). Um die Wirksamkeit der Einlegung nicht zu gefährden und um zeitraubende Rückfragen zu vermeiden, sollte schon bei der Einlegung eindeutig darüber Klarheit geschaffen werden, ob diese Voraussetzungen vorliegen, z. B. durch den Zusatz „als Olg-bestellter Vertreter für Rechtsanwalt ...". Treten mehrere Rechtsanwälte in Sozietät oder Bürogemeinschaft auf, von denen nur ein Teil beim Oberlandesgericht zugelassen oder „Olg-bestellt" ist, muß klargestellt werden, daß diese Voraussetzungen gerade beim unterzeichnenden Rechtsanwalt gegeben sind. Andernfalls bleibt die Zulässigkeit der Berufung bis zur Klärung in

---

[1] BGH, NJW-RR 1998, 507
[2] BGH, NJW-RR 1993, 10
[3] BGH, FamRZ 1992, 665
[4] BGH, FamRZ 1995, 351; 1995, 219
[5] BGH, NJW 1983, 59
[6] BGH, NJW 1989, 590
[7] Vgl. BGH, NJW-RR 1988, 893

5. Abschnitt: Rechtsmittel in Unterhaltssachen § 8

der Schwebe. Genehmigung durch einen postulationsfähigen Rechtsanwalt ist möglich, jedoch nicht rückwirkend.[8]

4. Frist

Die Berufungsfrist beträgt einen Monat ab Zustellung des vollständigen Urteils (§ 516 ZPO). Ein zur Unwirksamkeit der Zustellung führender wesentlicher Mangel liegt dann vor, wenn in der zugestellten Urteilsausfertigung ganze Seiten fehlen. Das gilt grundsätzlich auch schon dann, wenn nur eine einzige Seite fehlt. Es gilt insbesondere dann, wenn der Zustellungsempfänger die Unvollständigkeit innerhalb der Rechtsmittelfrist gegenüber dem zustellenden Gericht rügt.[9] **273**

Mußte ein Urteil gemäß § 319 ZPO berichtigt werden, beginnt die Berufungsfrist **erst mit Zustellung des Berichtigungsbeschlusses** zu laufen.[10]

Die Berufungsfrist beginnt spätestens **mit Ablauf von fünf Monaten** nach der Verkündung zu laufen (§ 516 ZPO). Daher muß notfalls ohne Kenntnis der Urteilsgründe Berufung eingelegt werden.

Die Notfrist des § 516 ZPO beginnt mit der Zustellung, d. h. am Zustellungstag selbst.[11] Für die Berechnung der Fristen gelten gemäß § 222 I ZPO die Vorschriften der §§ 187–189 BGB. Da für den Anfang der Notfrist ein Ereignis (nämlich die Zustellung) maßgebend ist, wird bei der Berechnung der Frist **der Tag nicht mitgerechnet, auf welchen das Ereignis fällt**. Dies führt gemäß § 188 II BGB dazu, daß die Monatsfrist mit dem Ablauf desjenigen Tages des letzten Monats endet, welcher durch seine Benennung oder seine Zahl dem Tag entspricht, in den das Ereignis fällt. Wurde somit ein Urteil am 28. 2. zugestellt, endet die Berufungsfrist am 28. 3. Maßgebend ist hierbei das Datum, unter welchem der Prozeßbevollmächtigte des Berufungsführers das Empfangsbekenntnis unterschreibt (§ 212 a ZPO).

Da die **Berufungsfrist** eine **Notfrist** ist, ist ihre Verlängerung nicht möglich.

5. Äußere Form der Berufungsschrift

Vorgeschrieben ist Schriftform (§ 518 I ZPO). Fernschreiben, Telegramm, Telekopie (Telefax), Telebrief genügen.[12] **274**

Die Einlegung durch Telekopie ist unbedenklich, wenn sie dem Berufungsgericht unmittelbar auf der dem Gericht zur Verfügung stehenden Fernkopieranlage übermittelt wird.[13] Erforderlich ist in jedem Fall, daß die Kopiervorlage von einem postulationsfähigen Rechtsanwalt unterzeichnet ist und daß dessen Unterschrift auf der Kopie wiedergegeben wird.

Eine Berufung liegt auch in der Berufungsbegründung, wenn sie den Anforderungen des § 518 II ZPO entspricht.

6. Genaue Bezeichnung des Urteils

Gemäß § 518 II Nr. 1 ZPO muß in der Berufungsschrift das Urteil genau bezeichnet werden, gegen das sich die Berufung richtet. Über die Identität des angefochtenen Urteils muß das Oberlandesgericht innerhalb der Berufungsfrist völlige Klarheit gewinnen kön- **275**

---

[8] BGH, FamRZ 1993, 695
[9] BGH, MDR 1998, 1179
[10] BGH, FamRZ 1995, 155
[11] BGH, NJW 1985, 495 ff; 1984, 1358
[12] Z. B. BGH, NJW 1989, 589
[13] BAG, NJW 1987, 341; z. B. BGH, FamRZ 1992, 296; ebenso BVerwG, NJW 1987, 2098, wenn die Bundespost die unterzeichnete Rechtsmittelschrift im Telekopierverfahren aufnimmt und die Telekopie als Telebrief auf postalischem Weg zustellt; a. A. BGHZ 79/314, wenn die Telekopie einem privaten Zwischenempfänger übermittelt und von diesem durch einen Boten dem Rechtsmittelgericht überbracht wird; auch BGH, NJW 1989, 589

nen.[14] Dasselbe gilt für die Person des Rechtsmittelführers.[15] Unschädlich ist es im allgemeinen, wenn die notwendige Klarstellung gegenüber dem Gegner erst später vorgenommen wird.[16]

Notwendig ist die genaue Angabe des erkennenden Amtsgerichts mit Aktenzeichen und Urteilsdatum.[17] Bei ungenügender Bezeichnung des angefochtenen Urteils ist die Berufung in aller Regel unzulässig.[18] Unschädlich ist lediglich eine „falsa demonstratio", die sich auch aus den Umständen ergeben kann.[19] Der Antrag, die Sache aufzuheben und zurückzuverweisen, ist regelmäßig als zulässiger Berufungsantrag anzusehen, da damit der entsprechende Sachantrag erster Instanz weiterverfolgt wird.[20]

Immer dann, wenn die Geschäftsstelle des OLG die Akten der Vorinstanz mangels ausreichender Angaben nicht anfordern kann, ist die Unzulässigkeit der Berufung offensichtlich.

Deshalb sollte jeweils eine Ablichtung des angefochtenen Urteils, zumindest dessen Rubrum und Tenor, der Berufungsschrift beigefügt werden.[21] Fehlt diese Anlage entgegen der Ankündigung in der Berufungsschrift, ist ein Hinweis notwendig, wenn andernfalls keine Klarheit zu gewinnen ist. Eine Verwerfung der Berufung ohne diesen Hinweis wäre eine unzulässige Überraschungsentscheidung.[22]

7. Berufungssumme/Beschwer

276 Maßgebend für ihre Berechnung ist nicht die Vorschrift des § 17 GKG für den Gebührenstreitwert, sondern kraft ausdrücklicher gesetzlicher Regelung (§ 2 ZPO) die §§ 3 ff ZPO, insbesondere § 9 ZPO (3,5facher Jahresbetrag).

Die Anwendung des § 9 ZPO führt in aller Regel, selbst bei kleinen laufenden Unterhaltsbeträgen, dazu, daß die Berufungssumme von (derzeit) 1500 DM (§ 511a ZPO) erreicht wird. Anders ist es, wenn nur ein geringer Rückstand (fester Betrag) mit der Berufung zur Überprüfung gestellt wird, oder auch bei zeitlicher Begrenzung des Unterhalts unter ein Jahr, etwa bei einstweiligen Verfügungen (§ 9 Satz 2 ZPO).

Bei Auskunftsklagen scheitert die Berufung des Beklagten oft deswegen an § 511a ZPO, weil auf seiner Seite sich die Beschwer nur nach dem notwendigen Zeit- und Arbeitsaufwand für die verlangte Auskunft sowie nach einem ausnahmsweise bestehenden (konkret darzulegenden) Geheimhaltungsinteresse richtet.[23] Zeit- und Arbeitsaufwand machen in einfach gelagerten Fällen, z. B. bei einem unselbständigen Lohnempfänger, in aller Regel nicht mehr als 700 DM aus.

Ist zum Zeitpunkt der Berufungseinlegung die Berufungssumme erreicht, wird aber später die Berufung zum Teil zurückgenommen und sinkt dadurch die Beschwer unter den nach § 511a ZPO erforderlichen Betrag, wird die Berufung nur dann unzulässig, wenn die Rücknahme willkürlich ist, d. h. ohne einen sich aus dem bisherigen Verfahren ergebenden Grund erfolgt. Einen solchen zureichenden Grund stellt es dar, wenn dem Berufungsführer nur in einem hinter dem ursprünglichen Antrag zurückbleibenden Umfange Prozeßkostenhilfe gewährt wird.[24]

Der Beklagte wird durch die Erfolglosigkeit eines hilfsweise von ihm geltend gemachten Zurückbehaltungsrechts nicht über den Betrag der zuerkannten Klageforderung hinaus beschwert.[25]

---

[14] Vgl. BGH, NJW 1991, 2081
[15] BGH, FamRZ 1986, 1088
[16] BGH, FamRZ 1989, 1063
[17] Vgl. BGH, FamRZ 1988, 830
[18] BGH, NJW 1989, 2396
[19] BGH, NJW 1989, 2395
[20] BGH, FamRZ 1996, 1070
[21] § 518 III ZPO; BGH, FamRZ 1989, 1063
[22] BGH, NJW 1991, 2081
[23] BGH, FamRZ 1995, 349
[24] OLG Koblenz, FamRZ 1996, 557
[25] BGH, NJW-RR 1996, 828

8. Berufungsbegründung

a) Frist. Die Begründungsfrist beträgt normalerweise einen Monat ab Einlegung der Berufung beim zuständigen Oberlandesgericht (§ 519 II ZPO). Bei unrichtiger Einreichung beim Amts- oder Landgericht zählt bei Weiterleitung der Tag des Eingangs beim Oberlandesgericht. 277

Hinweis: Die Frist beginnt auch bei verspäteter Einlegung der Berufung (zum OLG) zu laufen.[26] Bei sofortiger Beschwerde gegen die Verwerfung der Berufung muß der Berufungsführer die – bereits verworfene – Berufung noch begründen, und zwar innerhalb der selbst beantragten Frist.[27] Die Begründungsfrist ist im Gegensatz zur Berufungsfrist keine Notfrist. Der Lauf der Berufungsbegründungsfrist wird weder durch die Verwerfung der Berufung noch durch ein Wiedereinsetzungsverfahren berührt.[28]

Verlängerung der Frist ist möglich (§ 519 II ZPO), wenn 278
– der Rechtsstreit nicht verzögert wird oder
– vom Berufungskläger erhebliche Gründe vorgetragen werden (z. B. Urlaub, schwere Krankheit des Prozeßbevollmächtigten).

Die angegebenen Gründe sind manchmal recht fadenscheinig, vor allem, wenn nur große „Arbeitsbelastung" angegeben oder auf die „Weihnachtsfeiertage" hingewiesen wird und mehrere Rechtsanwälte in einer Kanzlei tätig sind. In solchen Fällen wird die Verlängerung entweder gleich abgelehnt oder auf den Mangel der Begründung hingewiesen.[29]

In der Regel wird dem ersten Verlängerungsantrag ohne weiteres stattgegeben,[30] dem zweiten Verlängerungsantrag nur mit Zustimmung des Gegners oder bei Verweigerung der Zustimmung, wenn weiterhin die Verlängerungsgründe vorliegen (§ 225 II ZPO). Für Zurückhaltung bei zweiter Verlängerung auch BGH, FamRZ 1987, 58.

Der **Verlängerungsantrag** muß **schriftlich**, auch durch Telefax,[31] vor Ablauf der Begründungsfrist beim OLG eingegangen sein.[32] Ein telefonischer Anruf beim Vorsitzenden genügt nicht, kann allenfalls den Verlängerungsantrag ankündigen und seine Aussichten erkunden.

Die Verlängerung selbst kann noch **nach Ablauf der Begründungsfrist** vorgenommen werden.[33] Eine fehlerhafte Verlängerung (ausgenommen: besonders schwere Mängel) ist grundsätzlich wirksam und unterliegt auch nicht der Beurteilung des Revisionsgerichts.[34] Kürzere Verlängerung als beantragt ist Ablehnung des weitergehenden Antrags.[35] Unwirksam ist eine „Verlängerung", wenn die Begründungsfrist bei Antragseingang bereits abgelaufen war.

Eine stillschweigende Fristverlängerung ist nicht möglich.[36] Sie muß ausdrücklich erfolgen.

Die förmliche Zustellung der Verlängerungsverfügung ist nicht nötig.[37] Die Verlängerung wird wirksam durch formlose Mitteilung der Verfügung seitens der Geschäftsstelle an den Prozeßbevollmächtigten.[38]

---

[26] St. Rspr., z. B. BGH, NJW 1989, 1155
[27] BGH, FamRZ 1991, 548
[28] BGH, FamRZ 1999, 649; 1997, 1000
[29] Unter Umständen in solchen Fällen Wiedereinsetzung, BGH, NJW-RR 1989, 1280 = FamRZ 1990, 36
[30] Vgl. auch BGH, NJW 1991, 1359
[31] BGH, FamRZ 1991, 548
[32] BGH, NJW 1985, 1558
[33] BGH, FamRZ 1988, 55
[34] BGH, FamRZ 1988, 55
[35] BGH, NJW-RR 1989, 1278
[36] BGH, FamRZ 1990, 147
[37] BGH, FamRZ 1990, 613
[38] BGH, FamRZ 1994, 302

279 Der Antrag auf Verlängerung der Begründungsfrist unterliegt dem Anwaltszwang und der Schriftform.[39] Dabei trägt der Berufungsführer das Risiko, ob die Frist vom Vorsitzenden in Ausübung von dessen pflichtgemäßen Ermessen verlängert wird.[40] Wird aber die Frist sogar über den Antrag hinaus verlängert, kann sie voll ausgenutzt werden.[41] Mangelhafte Anträge oder sogar ein fehlender Antrag machen eine erfolgte Verlängerung nicht unwirksam.[42]

280 Ist entweder die Berufungsfrist nicht gewahrt oder aber die Berufungsbegründungsfrist, kann die Berufung als unzulässig im schriftlichen Verfahren durch Beschluß verworfen werden (§ 519 b II ZPO). Wäre gegen ein Urteil gleichen Inhalts die Revision zulässig, unterliegt dieser Beschluß **der sofortigen Beschwerde**.

281 **b) Äußere Form der Begründungsschrift**. Vorgeschrieben ist Schriftform (§ 519 II ZPO) und Anwaltszwang (§ 78 II Nr. 2 ZPO). Telegramm, Fernschreiben, Telekopie sind zulässig.[43]

Ein Prozeßkostenhilfegesuch, das noch innerhalb der Begründungsfrist eingereicht wird und den Anforderungen an eine Berufungsbegründung genügt, ist in der Regel dazu bestimmt, als Berufungsbegründung zu dienen.[44] Das gilt auch bei jedem anderen Schriftsatz, der den Anforderungen des § 519 III ZPO genügt, wenn sich nicht eindeutig etwas anderes ergibt.[45] Läßt sich ein entsprechender Wille nicht feststellen, liegt keine Berufungsbegründung vor. Dabei ist Vorsicht geboten; denn das PKH-Gesuch muß von einem beim Oberlandesgericht zugelassenen oder Olg-bestellten Anwalt unterzeichnet und spätestens innerhalb der Berufungsbegründungsfrist eingereicht sein.

282 **c) Inhalt**. Gemäß § 519 III Nr. 2 ZPO muß die Berufungsbegründung die einzelnen Berufungsgründe sowie neue Tatsachen, Beweismittel und Beweiseinreden angeben.[46] Die Begründung muß deshalb zum einen erkennen lassen, in welchen Punkten tatsächlicher oder rechtlicher Art das angefochtene Urteil nach Ansicht des Berufungsklägers unrichtig ist, und zum anderen im einzelnen angeben, aus welchen Gründen er die tatsächliche und rechtliche Würdigung des vorinstanzlichen Urteils in den angegebenen Punkten für unrichtig hält.[47] Diese Vorschrift soll den Berufungskläger im Interesse der Beschleunigung des Berufungsverfahrens dazu anhalten, sich eindeutig über Umfang und Ziel seines Rechtsmittels zu erklären, und Berufungsgericht sowie Prozeßgegner über Umfang und Inhalt seiner Angriffe möglichst schnell und zuverlässig ins Bild setzen.[48] Aus der Berufungsbegründung muß der zur Entscheidung stehende Streitfall ersichtlich und erkennbar sein, in welchem Punkt die angefochtene Entscheidung unrichtig sein soll; eine weitergehende Auseinandersetzung mit dem angefochtenen Urteil ist nicht erforderlich.[49]

Eine Berufung ist unzulässig, wenn sie den in erster Instanz erhobenen Klaganspruch nicht wenigstens teilweise weiterverfolgt, sondern lediglich im Wege der Klagänderung einen neuen, bislang nicht geltend gemachten Anspruch zur Entscheidung stellt. Dieser wird durch den Klagantrag und den Lebenssachverhalt konkretisiert, zu dem alle Tatsachen zu rechnen sind, die bei einer natürlichen Betrachtungsweise zu dem zur Entscheidung gestellten Tatsachenkomplex gehören.[50] Angriffs- und Verteidigungsmittel i. S. d. § 528 I ZPO sind neu, wenn sie erstmals im Berufungsverfahren vorgebracht werden. Dazu zählt auch das Vorbringen, das die Partei im ersten Rechtszug vorgetragen, später jedoch wieder fallengelassen hat.[51]

---

[39] BGH, NJW-RR 1990, 67
[40] BGH, FamRZ 1987, 58
[41] BGH, NJW 1962, 1413
[42] BGH, NJW 1985, 1559
[43] BGH, NJW 1986, 1759, wie bei der Berufungsschrift
[44] BGH, VersR 1977, 570; FamRZ 1989, 269
[45] BGH, FamRZ 1989, 849
[46] Z. B. BGH, NJW-RR 1992, 383
[47] BGH, FamRZ 1993, 46
[48] BGH, FamRZ 1987, 802
[49] BGH, FamRZ 1996, 1071
[50] BGH, NJW-RR 1996, 1276
[51] BGH, MDR 1998, 1178

5. Abschnitt: Rechtsmittel in Unterhaltssachen § 8

Auch wenn kein ausdrücklicher Sachantrag gestellt wurde, ist die Berufung zulässig, wenn davon auszugehen ist, daß der Berufungsführer sein erstinstanzliches Sachbegehren weiterverfolgt.[52]

Die Berufung des in erster Instanz unterlegenen Klägers ist hinsichtlich eines neuen Hauptantrags nicht schon dann zulässig, wenn der Kläger sein erstinstanzliches Begehren mit einem Hilfsantrag weiterverfolgt.[53]

Auch in einfach liegenden Streitfällen muß die Berufungsbegründung erkennen lassen, weshalb die Beurteilung durch den Erstrichter unrichtig sein soll. Eine Verweisung auf den erstinstanzlichen Vortrag, das angefochtene Urteil und ein PKH-Gesuch, das ein beim Berufungsgericht nicht zugelassener Rechtsanwalt unterzeichnet hat, reicht nicht aus,[54] insbesondere nicht die Erklärung, das Vorbringen aus der ersten Instanz werde wiederholt,[55] selbst dann nicht, wenn der Streit nur eine einzelne Rechtsfrage betrifft oder wenn der Sachverhalt sonst zwischen den Parteien unstreitig ist und das angefochtene Urteil sich auf rechtliche Erörterungen beschränkt. In einem solchen Fall muß der Berufungsführer deutlich machen, inwieweit er die rechtliche Würdigung für unrichtig hält oder in welche Richtung seine Einwendung gegen die Beurteilung der Vorinstanz geht.[56]

Eine ausreichende Berufungsbegründung liegt auch dann nicht vor, wenn lediglich auf die einem früheren Prozeßkostenhilfegesuch beigefügte, als „Entwurf" einer Berufungsbegründung bezeichnete und vom zweitinstanzlichen Prozeßbevollmächtigten nicht unterzeichnete Schrift verwiesen wird.[57]

Bei Verweisungen muß zumindest der in Bezug genommene (von einem OLG-Anwalt stammende) Schriftsatz oder das Beweisangebot genau bezeichnet werden (z. B. Schriftsatz vom ... Seite ...).

Am besten unterbleiben Bezugnahmen auf den Sachvortrag der ersten Instanz ganz, weil sie den Überblick für Gericht und Gegner erschweren und die Gefahr besteht, daß etwas übersehen oder die Bezugnahme als unzulässig angesehen wird.

Pauschale Verweisung genügt ausnahmsweise dann, wenn ein Vorbringen des Beklagten in erster Instanz für das klagabweisende Urteil unerheblich war, das Berufungsgericht der Berufung des Klägers stattgeben will und jenes Vorbringen des Beklagten nunmehr für die Entscheidung erheblich wird.[58] Ähnliches gilt bei Verjährung.

Beispiel: Die Klage wird in erster Instanz wegen Verjährung abgewiesen. Nach Auffassung des Berufungsgerichts ist Verjährung nicht eingetreten. Der Sachvortrag des Klägers in erster Instanz zur Begründetheit seines Anspruchs ist nunmehr zu prüfen. Allgemeine Verweisung darauf reicht.

Ausnahmsweise zulässig ist ferner, wenn einer von mehreren Berufungsführern bei gleichen sachlichen und rechtlichen Angriffen gegen das Ersturteil auf die von einem anderen Berufungsanwalt unterzeichnete Berufungsbegründung Bezug nimmt oder wenn ein Berufungsanwalt auf seine Berufungsbegründung im vorangegangenen einstweiligen Verfügungsverfahren in gleicher Sache verweist und eine beglaubigte Abschrift dieser Berufungsbegründung mit überreicht oder auf sein zur Durchführung der Berufung eingereichtes PKH-Gesuch Bezug nimmt, wenn es inhaltlich den Anforderungen einer Berufungsbegründung (§ 519 ZPO) entspricht, oder wenn er auf einen die beantragte PKH (teilweise) bewilligenden, näher begründeten Beschluß des Berufungsgerichts verweist, den er sich zu eigen macht.[59]

d) Umfang und Wirkung der Anfechtung. Die Berufungsbegründung muß sich mit **283** den Ausführungen des erstinstanzlichen Urteils im einzelnen auseinandersetzen. Allgemein gehaltene Ausführungen unter pauschaler Bezugnahme auf den erstinstanzlichen

---

[52] BGH, NJW 1995, 1154
[53] BGH, FamRZ 1996, 299 = NJW-RR 1995, 1535
[54] BGH, FamRZ 1981, 534
[55] BGH, FamRZ 1993, 46
[56] BGH, FamRZ 1993, 46
[57] BGH, NJW 1988, 1647
[58] BVerfG, NJW 1987, 485
[59] BGH, FamRZ 1994, 102 = NJW 1993, 3333

Vortrag können eine mangelhafte Berufungsbegründung gemäß § 519 III ZPO darstellen und zu der Feststellung führen, daß sie nicht in der gesetzlichen Form eingelegt worden ist und daher als unzulässig zu verwerfen ist.[60] Den Anforderungen des § 519 III ZPO genügt aber andererseits eine (auch nur stillschweigend erfolgte) Bezugnahme auf ein ausreichend substantiiertes PKH-Gesuch.[61] Die Berufung oder die Anschlußberufung muß für jeden selbständigen, teilurteilsfähigen Anspruch, auch für den Zinsanspruch, begründet werden (§ 519 III Nr. 2 ZPO), ansonsten ist sie für den nicht begründeten Teil unzulässig. Die pauschale Bezugnahme auf erstinstanziellen Vortrag und die bloße Behauptung, die Berechnung des Ersturteils sei „unrichtig", enthält keine den Anforderungen an eine Berufungsbegründung genügende Auseinandersetzung mit den Gründen des angefochtenen Urteils.[62]

284 Die Zulässigkeit der Berufung ist von Amts wegen zu prüfen. Bejaht das OLG die Zulässigkeit durch Beschluß oder nach mündlicher Verhandlung durch Zwischenurteil, ist es hieran gebunden.[63]

285 Der Umfang der Anfechtung ergibt sich erst aus der Berufungsbegründung (vorbehaltlich einer zulässigen Berufungserweiterung).

Die Fassung in der Berufungsschrift: „Ich lege gegen das Urteil des Amtsgerichts – Familiengericht – N. vom ... Berufung ein" hält den Umfang der Anfechtung zunächst offen. Greift die Begründung das Ersturteil (wirksam) nur zum Teil an, gilt die Berufung als von Anfang an nur in diesem Umfang eingelegt. Es handelt sich weder um eine Teilrücknahme noch um eine Teilerledigung (wichtig für die Kosten und den Streitwert). Mit der Berufungsbegründung kann eine frühere Beschränkung des Rechtsmittels im allgemeinen wieder rückgängig gemacht werden.[64]

Bei vollständig abgewiesener Stufenklage setzt sich das Stufenverhältnis in der Berufungsinstanz fort. Der Angriff gegen die Abweisung des Zahlungsanspruchs geht im Angriff gegen die Abweisung des Auskunftsanspruchs auf.[65]

Beispiel: Abweisung der gesamten Stufenklage durch das Erstgericht, weil kein Zahlungsanspruch, also auch kein Auskunftsanspruch gegeben sei. Die Berufung greift das Urteil insgesamt an mit der Begründung, bestimmte Einkünfte seien doch heranzuziehen, darüber müsse Auskunft erteilt werden. Weitere Ausführungen zum Zahlungsanspruch sind in der Berufungsbegründung nicht veranlaßt.

Die Anfechtung auch nur eines Teils des Ersturteils bewirkt grundsätzlich die Hemmung der Rechtskraft des gesamten Ersturteils.[66]

Beispiel: Ersturteil spricht 500 DM monatlich Unterhalt zu. Angefochten werden davon 200 DM monatlich, nicht angefochten werden 300 DM monatlich. Keine Teilrechtskraft in Höhe von 300 DM monatlich.

Nur soweit alle Parteien auf eine Anfechtung verzichten, wird der nicht angefochtene Teil rechtskräftig. Ein solcher Verzicht liegt nicht in der bloßen Beschränkung der Berufung[67] oder in der Nichterhebung einer Anschlußberufung und ist in der Praxis selten.

286 **e) Der Berufungsantrag.** Gemäß § 519 III Nr. 1 ZPO muß die Berufungsbegründung die Berufungsanträge enthalten. Werden diese bereits in der Berufungsschrift aufgeführt, ist dies unschädlich. Erst durch die Berufungsanträge werden die Grenzen bestimmt, in denen der Rechtsstreit neu zu verhandeln ist.[68]

---

[60] BGH, FamRZ 1993, 46
[61] BGH, FamRZ 1989, 269
[62] BGH, FamRZ 1995, 1138
[63] BGH, NJW 1958, 183; 1954, 880
[64] BGH, FamRZ 1989, 1064
[65] BGH, FamRZ 1988, 156 = NJW-RR 1987, 1029
[66] Z. B. BGH, FamRZ 1985, 631; vgl. § 534 ZPO. Wegen der Besonderheiten im Verbund vgl. § 629a III ZPO
[67] BGH, FamRZ 1989, 1064; anders soll es sein bei ausdrücklicher Beschränkung auf einen von mehreren Klaganträgen, BGH, NJW 1990, 1118
[68] § 525 ZPO; BGH, FamRZ 1989, 1064

Eine genaue Formulierung der Anträge ist zwar allgemein üblich und dringend zu empfehlen, prozessual aber nicht erforderlich, sofern sich das Berufungsziel klar und eindeutig aus dem sonstigen Inhalt und Zusammenhang der Begründung entnehmen läßt.[69] Der Antrag, das Urteil aufzuheben und die Sache zurückzuverweisen, enthält den Sachantrag erster Instanz.[70] Der Berufungsantrag ist anhand der Berufungsbegründung auszulegen.[71]

Wie die Klaganträge sind die schriftlichen Berufungsanträge zunächst nur angekündigt,[72] bis sie dann in der mündlichen Verhandlung durch Verlesen oder Bezugnahme gestellt werden (§ 523, § 137 I ZPO).

Der Berufungsantrag sollte (wie der Klagantrag)
– keine Pfennigbeträge enthalten, sondern auf eine volle DM auf- oder abrunden,
– für jeden Unterhaltsberechtigten den verlangten Unterhaltsbetrag eigens angeben (§ 253 II Nr. 2 ZPO: keine Gesamtsumme für alle Unterhaltsberechtigten),[73]
– beim sog. Rückstand den Zeitraum mit angeben, z. B. 5000 DM Unterhalt für die Zeit vom 1. 1. bis 31. 12. 1996,
– den Betrag für den Elementar-, Vorsorge- und Krankenvorsorgeunterhalt eigens angeben,[74]
– bei der Auskunftsklage den Auskunftszeitraum und die Einkunftsart sowie die Belege genau bezeichnen. Unbrauchbar ist die Fassung: Auskunft für das „letzte Jahr" zu erteilen (Kalenderjahr? Jahr vor der mündlichen Verhandlung erster oder zweiter Instanz? Jahr vor dem Urteil erster oder zweiter Instanz? Vor Rechtskraft?). Dasselbe gilt für die Vorlage „entsprechender" Belege.[75]

Hat der Familienrichter gegen § 308 I ZPO verstoßen, wird dies durch den Antrag des Klägers auf Zurückweisung der Berufung geheilt.[76]

9. Berufungserweiterung, Klagerweiterung

Die Berufungserweiterung ist streng zu unterscheiden von der Klagerweiterung in der Berufungsinstanz.

287

Die Berufungserweiterung nach Ablauf der Berufungsbegründungsfrist (vorher handelt es sich noch um Berufungsbegründung) ist in aller Regel zulässig bis zum Schluß der mündlichen Verhandlung, wenn und soweit sie sich im Rahmen der Berufungsbegründung hält und von ihr gedeckt ist.[77]

> **Beispiel:** In der Berufungsbegründung bekämpft der Beklagte das auf 500 DM monatlich lautende Ersturteil nur in Höhe von 200 DM, später mit den gleichen Anfechtungsgründen in voller Höhe.

Unzulässig hingegen ist die Berufungserweiterung, wenn neue Anfechtungsgründe dafür notwendig sind.

Das ist z. B. dann der Fall, wenn das erstinstanzliche Urteil sowohl über Trennungs- als auch Nachscheidungsunterhalt entschieden hat und sich die Berufungsbegründung zunächst nur gegen die Verurteilung hinsichtlich des Getrenntlebensunterhaltes wendet. Eine nachträgliche Erweiterung hinsichtlich des Nachscheidungsunterhalts ist dann unzulässig.[78]

---

[69] BGH, FamRZ 1987, 802 = NJW 1987, 3264
[70] BGH, FamRZ 1993, 1192, fraglich
[71] BGH, FamRZ 1995, 729
[72] BGH, FamRZ 1985, 631
[73] Vgl. BGH, FamRZ 1981, 541 = R 72 a
[74] Allerdings nicht unbedingt erforderlich, BGH, FamRZ 1985, 631
[75] Vgl. BGH, FamRZ 1983, 454 = R 155
[76] BGH, FamRZ 1986, 898 = NJW 1987, 1772
[77] Z. B. BGH, FamRZ 1990, 260: Erweiterung um Rückstände für einen zusätzlichen Unterhaltszeitraum auf der Basis des bisherigen Sachvortrags zum Unterhaltsanspruch und zu den Einkommensverhältnissen der Parteien
[78] OLG Düsseldorf, FamRZ 1987, 295

Beispiel: Neben der Anfechtung der Verurteilung zu laufendem Unterhalt wird nunmehr auch die Verurteilung zur Zahlung von Rückstand nebst Zinsen angefochten mit der alleinigen neuen Begründung, weder Verzug noch Rechtshängigkeit liege vor.[79]

Besondere Grenzen bestehen im Verbund: Wird lediglich in einer Folgesache, z. B. Unterhalt nach Scheidung, Berufung eingelegt, können **andere Teile** des Verbundurteils (z. B. die Scheidung selbst) nur noch bis zum Ablauf eines Monats nach Zustellung der Rechtsmittelbegründung angegriffen werden.[80]

288 Kein Fall der Berufungserweiterung ist das bloße Nachschieben von weiteren Anfechtungsgründen, ohne den Antrag zu ändern (z. B. die Berufung wird nachträglich auch auf Verwirkung gestützt). Dafür gilt § 527 ZPO (Zulassung nur bei mangelnder Verzögerung oder genügender Entschuldigung).

Ausnahmsweise ist eine Berufungserweiterung auch dann zulässig, wenn nach Ablauf der Begründungsfrist Abänderungsgründe gemäß § 323 ZPO entstehen.[81]

Beispiel: Der Beklagte erkrankt nach Ablauf der Begründungsfrist so schwer, daß seine Leistungsfähigkeit für den Unterhalt überhaupt entfällt. Er greift nunmehr seine Verurteilung zur Zahlung von 500 DM statt wie bisher in Höhe von 250 DM monatlich in vollem Umfang an.

Dasselbe gilt, wenn nach Ablauf der Begründungsfrist Einwendungen gem. § 767 ZPO entstehen, z. B. Wiederverheiratung der früheren Ehefrau (Berechtigte).

Für die Klagerweiterung durch den Berufungskläger gelten die Regeln des § 519 ZPO überhaupt nicht, weil jene keinen Angriff gegen das Ersturteil darstellt. Die Klagerweiterung ist vielmehr an den allgemeinen Vorschriften (z. B. Klagänderung, § 263 ZPO) zu messen.[82]

10. Klageänderung/Parteiänderung

289 Die Klageänderung ist in der Berufungsinstanz grundsätzlich zulässig (§ 267, § 523 ZPO). Erforderlich ist entweder die Zustimmung des Gegners oder Sachdienlichkeit. Sachdienlichkeit ist regelmäßig gegeben, wenn ein weiterer Prozeß vermieden wird, sofern nicht – bei Entscheidungsreife des bisherigen Prozesses – das Gericht zur Beurteilung eines völlig neuen Streitstoffs genötigt wird.[83]

Die Parteiänderung kommt einerseits als Parteiwechsel (eine Partei scheidet aus, die andere tritt ein), andererseits als Parteierweiterung (eine Partei kommt hinzu), auf der Kläger- und der Beklagtenseite vor. Parteiwechsel und Parteierweiterung sind nach h. M. auf der Klägerseite zulässig wie Klageänderung,[84] auf der Beklagtenseite zulässig, wenn der neue Beklagte zustimmt oder die Verweigerung der Zustimmung rechtsmißbräuchlich wäre.[85]

Ob die prozeßführungsbefugte (richtige) Partei klagt oder verklagt ist, ist als Prozeßvoraussetzung von Amts wegen zu prüfen.[86]

Hauptanwendungsfälle der Parteiänderung sind der Wechsel von Mutter und Kind im Rahmen des § 1629 III BGB oder die Heranziehung auch des anderen Elternteils zum Kindesunterhalt während des Rechtsstreits.

---

[79] Zulässig wäre die Anfechtung mit der gleichen Begründung wie zum laufenden Unterhalt, z. B. mangelnde Leistungsfähigkeit
[80] § 629a III 1 ZPO; BGH, NJW-RR 1993, 260
[81] BGH, FamRZ 1986, 895 = NJW 1987, 1024
[82] BGH, FamRZ 1988, 603
[83] Vgl. BGH, NJW-RR 1987, 1196
[84] BGHZ 1965, 264, 268
[85] BGH, FamRZ 1982, 587 = R 111 c; im einzelnen umstritten!
[86] BGH, FamRZ 1982, 587 = R 111 c

5. Abschnitt: Rechtsmittel in Unterhaltssachen   § 8

11. Verbund in 2. Instanz

Seit 1. April 1986 gilt der Verbund (§ 623 ZPO) in der Rechtsmittelinstanz auch unter **290** den Folgesachen (§ 629a II Satz 3 ZPO), und zwar über den etwaigen Eintritt der Rechtskraft der Scheidung hinaus. Eine Teilentscheidung über eine Folgesache ist unzulässig. Nach wie vor möglich ist eine vorherige Teilentscheidung über einen gleichzeitig geltend gemachten vorbereitenden Anspruch, etwa einen Auskunftsanspruch bei Stufenklage und auch ein Grundurteil, weil beide den Verbund für die Schlußentscheidung nicht berühren.

Der Verbund mehrerer Folgesachen kann nur unter den Voraussetzungen der §§ 623 II Satz 3, 627, 628 I ZPO gelöst werden.

Die zulässige Anfechtung einer anderen Folgesache (z. B. Versorgungsausgleich) eröffnet die Möglichkeit, auch eine Mehrforderung an nachehelichem Unterhalt, die über den im Verbundurteil antragsgemäß zuerkannten Betrag hinausgeht, zur Prüfung des Oberlandesgerichts zu stellen.[87] Eine Beschränkung des Rechtsmittels z. B. auf den Versorgungsausgleich hindert in der Regel nicht, das Rechtsmittel z. B. auf den Unterhalt zu erstrecken,[88] jedoch nur in den Grenzen des § 629a III 1 ZPO.[89]

12. Prüfungsumfang

Gemäß § 537 ZPO sind Gegenstand der Verhandlung und Entscheidung des Beru- **291** fungsgerichts die „Streitpunkte". Das sind allerdings nicht nur diejenigen, die ausdrücklich vom Berufungsführer (oder vom Gegner) aufgegriffen werden, sondern alle den Berufungsgegenstand betreffenden Sach- und Rechtsfragen. Das OLG hat den gesamten Streitstoff ohne Rücksicht auf vorgebrachte oder wieder fallengelassene Rügen im Rahmen der gestellten Anträge selbständig und nach allen Richtungen hin zu würdigen.[90]

Beispiel: Das Amtsgericht wendet rügelos die Differenzmethode an. Der Familiensenat des OLG hält die Abzugsmethode für richtig. Nach einem Hinweis (§ 139 ZPO) berechnet er den Unterhalt nach der Abzugsmethode.

In der täglichen Praxis wird allerdings die Vorschrift des § 537 ZPO aus Gründen der Prozeßwirtschaftlichkeit restriktiv angewendet, um die ohnehin schwierigen Unterhaltsprozesse nicht noch aufwendiger und komplizierter zu gestalten als die Parteien es ausdrücklich wünschen. Leitgedanke ist dabei die Überlegung, daß ein Punkt, über den die von OLG-Anwälten beratenen und vertretenen Parteien selbst nicht streiten, auch vom Gericht nicht in jedem Fall „angerührt" werden sollte. Solange das Ergebnis „stimmt" und keine Nachteile für eine zukünftige Abänderung zu befürchten sind, ist diese Praxis unbedenklich. Ist allerdings z. B. die Unerfahrenheit eines beteiligten Rechtsanwalts in Unterhaltssachen offenkundig, muß der Streitfall nach jeder Richtung hin erörtert und geprüft werden.

Vorsicht ist geboten bei den Nebenforderungen: Erfaßt ein substantiierter Angriff des Beklagten die gesamte Hauptforderung, so muß das Berufungsgericht ohne weitere Rüge auch den Zinsanspruch von sich aus prüfen, wenn es der Klage ganz oder teilweise stattgeben will.[91]

13. Das Berufungsurteil

Das Berufungsurteil braucht gewöhnlich keinen **Tatbestand** zu enthalten (§ 543 I **292** ZPO).

---

[87] BGH, FamRZ 1982, 1198 = NJW 1983, 172
[88] BGH, FamRZ 1989, 1064
[89] BGH, NJW-RR 1993, 260, s. oben 3
[90] BGH, NJW 1985, 2828
[91] BGH, NJW 1994, 1656

Ein Tatbestand ist jedoch notwendig
- wenn die Revision zugelassen wird,[92]
- wenn das Berufungsurteil voraussichtlich im Ausland vollstreckt werden muß (vgl. etwa § 313 a II Nr. 5 ZPO),
- wenn das Ersturteil aufgehoben und die Sache zurückverwiesen wird, um den Umfang der Bindung und der Rechtskraft klarzustellen.

Der Tatbestand des Berufungsurteils ist Grundlage des Revisionsurteils (§ 561 I ZPO) und liefert auch Beweis für das mündliche Parteivorbringen (§ 314 ZPO), auch soweit tatsächliche Feststellungen in den Entscheidungsgründen enthalten sind.[93] Das Revisionsgericht prüft auch schriftsätzliches Vorbringen, das in den Schriftsätzen der Parteien enthalten ist, auf die Bezug genommen wird.[94]

293 **a) Beweiswürdigung.** Im Rahmen der freien Beweiswürdigung nach § 286 ZPO kann dem Urteil eine bestrittene Parteibehauptung zugrunde gelegt werden, wenn der Gegner hierzu jede substantiierte Erklärung unterlassen hat. Das Urteil muß jedoch erkennen lassen, daß keine wesentlichen Umstände übersehen sind und eine sachgerechte Beurteilung stattgefunden hat. Daraus folgt die Verpflichtung zur Beachtung des Grundsatzes, daß Bestrittenes in der Regel auch bewiesen werden muß. Die Vorschrift des § 286 ZPO gewährt nicht die Möglichkeit, einfach danach zu entscheiden, welche Parteibehauptung mehr oder weniger glaubhaft erscheint.[95] Nach ihr hat der Tatrichter ohne Bindung an Beweisregeln und nur seinem Gewissen unterworfen die Entscheidung zu treffen, ob er an sich mögliche Zweifel überwinden und sich von einem bestimmten Sachverhalt als wahr überzeugen kann. Das Gericht darf keine unerfüllbaren Beweisanforderungen stellen und keine unumstößliche Gewißheit bei der Prüfung verlangen, ob eine Behauptung wahr und erwiesen ist. Vielmehr darf und muß sich der Richter in tatsächlich zweifelhaften Fällen mit einem für das praktische Leben brauchbaren Grad von Gewißheit begnügen, der die Zweifel hintansetzt, ohne sie völlig auszuschließen. In der Revision ist zu überprüfen, ob der Tatrichter sich mit dem Prozeßstoff und den Beweisergebnissen umfassend und widerspruchsfrei auseinandergesetzt hat, die Würdigung also vollständig und rechtlich möglich ist und nicht gegen Denkgesetze oder Erfahrungssätze verstößt.[96]

294 **b) Vorläufige Vollstreckbarkeit.** Unterhaltsrechtliche Urteile des OLG sind auch dann für vorläufig vollstreckbar zu erklären (§ 708 Nr. 10 ZPO), wenn die Revision nicht zugelassen wird.[97]

Beim Unterhaltsurteil im Verbund wird von vornherein nur ab Rechtskraft der Scheidung zur Unterhaltsleistung verurteilt. Diese Rechtskraft tritt regelmäßig schon vor dem Erlaß des Berufungsurteils über den Unterhalt ein (§ 629 a III, IV ZPO). Deshalb besteht ein erhöhtes Bedürfnis für vorläufige Vollstreckbarkeit der Folgesache Unterhalt.

Wird das Ersturteil aufgehoben und die Sache zurückverwiesen, ist nach neuerer Ansicht ebenfalls für vorläufig vollstreckbar zu erklären. Auf einen „vollstreckbaren Inhalt" kommt es nicht an.[98]

Wird die Revision zugelassen, ist § 711 ZPO zu beachten (Abwendungsbefugnis von Amts wegen). Bei Nichtzulassung der Revision entfällt gem. § 713 ZPO ein Schuldnerschutz. Unterläßt es das OLG zu Unrecht, die Abwendungsbefugnis nach § 708 Nr. 8

---

[92] § 543 II, § 561 I ZPO; das Fehlen ist ein Aufhebungsgrund, z. B. BGHZ 73, 248, sofern sich der Streitstoff nicht ausreichend aus den Entscheidungsgründen ergibt, BGH, FamRZ 1992, 50
[93] BGH, FamRZ 1989, 476 = NJW 1989, 1728
[94] BGH, NJW 1990, 2755
[95] BGH, FamRZ 1989, 839
[96] BGH, FamRZ 1993, 668, 670
[97] Ganz überwiegende Praxis, vgl. dazu Gemeinsamer Senat der Obersten Gerichtshöfe des Bundes, FamRZ 1984, 975: danach wird die Rechtskraft eines Urteils erst durch die Rechtskraft der Entscheidung bewirkt, die ein statthaftes, aber nicht zugelassenes Rechtsmittel verwirft, ebenso BGH, FamRZ 1990, 283: Urt. in Ehesachen werden, auch wenn sie die Revision nicht zulassen, erst rechtskräftig, wenn die Frist zur Einlegung der Revision ungenutzt verstreicht oder das Revisionsgericht über eine in der Frist eingelegte Revision entscheidet
[98] OLG München, MDR 1982, 238, ebenso BGH, Versäumnisurteil vom 13. 4. 1988, FamRZ 1988, 705, insoweit nicht abgedruckt

und § 708 Nr. 10, § 711 ZPO in den Tenor aufzunehmen, muß der Vollstreckungsschuldner Urteilsergänzung beantragen. Der Fehler kann i.V. m. einem Versäumnis des Vollstreckungsschuldners (Beklagter), einen Schutzantrag nach § 712 ZPO zu stellen, dazu führen, daß in der Revisionsinstanz eine Einstellung der Zwangsvollstreckung gem. § 719 II ZPO wegen bis zum Schluß der mündlichen Verhandlung vor dem OLG eingetretener Umstände abgelehnt wird.[99]

OLG-Urteile bei einstweiligen Verfügungen werden sofort rechtskräftig (§ 545 II ZPO). Eine vorläufige Vollstreckbarkeit entfällt daher, auch wenn die Berufung als unzulässig verworfen wird.[100]

14. Rücknahme/Verzicht

a) **Rücknahme.** Die Berufungsrücknahme erfolgt, wenn sie nicht in der mündlichen Verhandlung erklärt wird, durch Einreichung eines Schriftsatzes (§ 515 II Satz 2 ZPO). Sie ist nicht dem Gegner gegenüber, sondern gegenüber dem Gericht zu erklären (§ 515 II Satz 1 ZPO). Die Zurücknahme hat den Verlust des eingelegten Rechtsmittels und die Verpflichtung zur Folge, die durch das Rechtsmittel entstandenen Kosten zu tragen (§ 515 III Satz 1 ZPO). Auf Antrag des Gegners sind diese Wirkungen durch Beschluß auszusprechen (§ 515 III Satz 2 ZPO). Hat der Gegner für die Berufungsinstanz keinen Prozeßbevollmächtigten bestellt, so kann der Antrag von einem bei dem Berufungsgericht nicht zugelassenen Rechtsanwalt gestellt werden (§ 515 III Satz 2 zweiter Halbsatz ZPO). Der Beschluß bedarf keiner mündlichen Verhandlung und ist nicht anfechtbar (§ 515 III Satz 3 ZPO). 295

Die Rücknahme ist ohne Einwilligung des Gegners bis zum Beginn der mündlichen Verhandlung des Berufungsbeklagten möglich, danach nur mit dessen Einwilligung (§ 515 I ZPO). Der Beginn der mündlichen Verhandlung liegt in dem Antrag auf Zurückweisung der Berufung aus sachlichen Gründen,[101] nicht in vorhergehenden Vergleichsverhandlungen (vgl. § 279 I ZPO), auch nicht, wenn dabei die Parteien persönlich angehört werden, oder der vorherigen Erörterung von Zulässigkeitsfragen.[102] Die Rücknahme ist bedingungsfeindlich.[103] Verweigert der Gegner die notwendige Zustimmung, kann der Berufungskläger nach Versäumnisurteil gegen sich und Einspruch dagegen die Berufung dann ohne die Einwilligung des Berufungsbeklagten zurücknehmen, weil wegen § 342 ZPO der Zustand **vor** der letzten mündlichen Verhandlung eintritt.[104] 296

In der bloßen Erklärung, die Berufung werde beschränkt, liegt nicht ohne weiteres eine Rücknahme der weitergehenden Berufung.[105]

Widerspricht die Rücknahme durch den Prozeßbevollmächtigten dem wirklichen Willen der Parteien und ist dies für Gericht und Gegner ganz offensichtlich, ist die Rücknahme wirkungslos.[106]

Mit – wirksamer – Berufungsrücknahme ist das Berufungsverfahren in der Hauptsache beendet.

Wegen der Kosten ist ein eigener Antrag nötig (§ 515 III ZPO). Nicht genügt der frühere Antrag, die Berufung zurückzuweisen und die Kosten dem Berufungskläger aufzuerlegen.

Hinweis: Ohne gerichtlichen Ausspruch gem. § 515 III ZPO gibt es keine Kostenfestsetzung (§ 103 I ZPO). Die gesetzliche Regelung allein reicht nicht.

Der Antrag, den Berufungskläger des eingelegten Rechtsmittels für verlustig zu erklären, ist praktisch nutzlos.

---

[99] BGH, FamRZ 1993, 50
[100] BGH, FamRZ 1984, 877 = NJW 1984, 2368
[101] § 137 I ZPO; BGH, FamRZ 1987, 800 = NJW 1987, 3263
[102] BGH, aaO
[103] BGH, FamRZ 1990, 147
[104] Vgl. BGH, NJW 1980, 2313; OLG Koblenz, FamRZ 1990, 894
[105] BGH, FamRZ 1989, 1064
[106] BGH, FamRZ 1988, 496

297 Hat neben dem Berufungskläger auch der Berufungsbeklagte eine eigene **Hauptberufung** eingelegt und werden beide Berufungen zurückgenommen, erfolgt eine Kostenquotelung nach § 92 ZPO. Nimmt nur eine von beiden Parteien ihre Berufung zurück, hat sie schon nach § 515 III ZPO die Kosten dieses Rechtsmittels allein zu tragen. Hierüber wird aber einheitlich unter erneuter Anwendung des § 92 ZPO erst in der Kostenentscheidung über die Berufung (der nicht zurückgenommenen Berufung) entschieden.

298 **b) Verzicht (§ 514 ZPO).** Den Berufungsverzicht gibt es in drei Arten:
Der Rechtsmittelverzicht vor dem Prozeßgericht in einer mündlichen Verhandlung ist Prozeßhandlung. Seine Wirksamkeit ist nicht davon abhängig, daß er ordnungsgemäß protokolliert wird.[107] Nach BGH, WM 1985, 739 soll auch der nur dem Gegner gegenüber erklärte Verzicht Prozeßhandlung sein. Der Rechtsmittelverzicht des Prozeßbevollmächtigten ist wirksam, selbst wenn er dabei im Innenverhältnis einer Weisung seiner Partei zuwiderhandelt.[108]

Sein Inhalt und seine Tragweite sind danach zu beurteilen, wie die Verzichtserklärung bei objektiver Betrachtung zu verstehen ist. Dies gilt auch dann, wenn die Verfahrensbeteiligten und der die Erklärung entgegennehmende Richter die Verzichtserklärung übereinstimmend in einem anderen Sinne aufgefaßt haben sollten.[109] Verzicht ohne Einschränkung durch einen Rechtsanwalt in mündlicher Verhandlung nach Verkündung des Urteils ist umfassend.[110]

Er ist grundsätzlich unwiderruflich und nicht wegen Willensmängeln anfechtbar.[111] Das Gericht muß ihn von Amts wegen beachten.[112]

In der Beschränkung des Rechtsmittels ist ein Verzicht auf weitergehende Anfechtung in aller Regel nicht zu erblicken.[113] Darin liegt auch keine teilweise Klagrücknahme.[114] Wird jedoch die Berufung ausdrücklich auf einen von mehreren Klageanträgen beschränkt, ist darin regelmäßig ein wirksamer Rechtsmittelverzicht in bezug auf die übrigen Anträge zu erblicken.[115]

Die Prozeßparteien können sich vertraglich verpflichten, gegen ein noch zu erlassendes Urteil kein Rechtsmittel einzulegen oder ein Rechtsmittel zurückzunehmen.[116] Solche Verträge sind formlos wirksam. Hält sich eine Prozeßpartei nicht an diese Verpflichtung, kann der Vertragspartner dies im Wege der Einrede geltend machen. Im gleichwohl weiterbetriebenen Verfahren ist das Rechtsmittel als unzulässig zu verwerfen.[117] Voraussetzung ist, daß es sich bei dem Verzicht um die Übernahme einer Verpflichtung, nicht nur um ein einseitiges unverbindliches In-Aussicht-Stellen handelt.[118]

Der außergerichtliche Rechtsmittelverzicht kann mit Zustimmung des Gegners bis zum Eintritt der Rechtskraft der Entscheidung widerrufen werden. Er begründet lediglich eine prozessuale Einrede,[119] der der Einwand der Arglist entgegenstehen kann. Liegt ein Restitutionsgrund vor, kann er ebenfalls widerrufen werden. Hingegen unterliegt er nicht der Anfechtung.[120]

Eine Partei kann auch durch einseitige Erklärung gegenüber der anderen auf ein Rechtsmittel verzichten. Diese Erklärung unterliegt nicht dem Anwaltszwang. Das Wort „Verzicht" ist nicht erforderlich. Jedoch muß der klare, eindeutige Wille zum Ausdruck

---

[107] BGH, FamRZ 1984, 372
[108] BGH, FamRZ 1997, 999; FamRZ 1994, 300
[109] BGH, FamRZ 1981, 947 = NJW 1981, 2816
[110] BGH, FamRZ 1986, 1089 zum Verbundanteil
[111] Ausnahme: Vorliegen eines Restitutionsgrundes, BGH, FamRZ 1994, 300 = NJW-RR 1994, 386
[112] BGH, FamRZ 1986, 1089
[113] BGH, FamRZ 1989, 1064
[114] BGH, NJW-RR 1989, 1276
[115] BGH, NJW 1990, 1118
[116] BGH, FamRZ 1982, 782 = R 125 c
[117] BGH, FamRZ 1985, 48 = NJW 1985, 185; FamRZ 1984, 161 = R 126
[118] BGH, FamRZ 1985, 48 = NJW 1985, 185
[119] BGH, FamRZ 1985, 801
[120] BGH, WM 1985, 739

kommen, sich ernsthaft und endgültig mit der Entscheidung zufriedenzugeben und sie nicht anfechten zu wollen.[121]

Gemäß § 514 ZPO ist die Wirksamkeit eines nach Erlaß des Urteils erklärten Verzichtes **299** auf das Recht der Berufung nicht davon abhängig, daß der Gegner die Verzichtsleistung angenommen hat. Ein derartiger Verzicht ist regelmäßig nicht widerruflich.[122] Während ein dem Gericht gegenüber erklärter Verzicht von Amts wegen beachtet werden muß, begründet ein **außergerichtlicher Verzicht** nur eine prozessuale Einrede, auf die wiederum selbst verzichtet werden kann.[123] Außergerichtlich kann die Partei selbst auf ein eingelegtes Rechtsmittel oder durch einen nicht postulationsfähigen Anwalt verzichten. Auch ein solcher Verzicht hat zur Folge, daß das Rechtsmittel auf Einrede des Gegners zu verwerfen ist.[124]

Auch wenn der Prozeßbevollmächtigte weisungswidrig gehandelt hat, ist ein Rechtsmittelverzicht wirksam. Hat bereits die mündliche Verhandlung begonnen, kann der Berufungsführer auf das Recht der Berufung nur mit Einwilligung des Berufungsbeklagten verzichten.[125] Ist der Rechtsmittelverzicht nur dem Gegner gegenüber persönlich erklärt worden, ist er ebenfalls verbindlich. Der Berufungsbeklagte muß allerdings den Rechtsmittelverzicht in vollem Umfang beweisen. Gemäß § 521 I ZPO ist eine Anschlußberufung auch dann möglich, wenn auf die Berufung selbst verzichtet worden ist.

15. Prozeßkostenhilfe in 2. Instanz

Unzulässig ist eine von der Bewilligung von Prozeßkostenhilfe abhängig gemachte, **300** sog. bedingte Berufung.[126] Heißt es in einem PKH-Gesuch, daß die PKH zur Einlegung der in der Anlage beigefügten Berufung nachgesucht und die Berufung von der Bewilligung von PKH abhängig gemacht werde und daß nach deren Bewilligung ein Wiedereinsetzungsantrag wegen der dann möglicherweise schon abgelaufenen Berufungsfrist beabsichtigt sei, ist noch keine Berufung eingelegt, auch nicht – unzulässigerweise – bedingt.[127]

Zulässig ist die Bitte, die (bereits eingelegte) Berufung erst „nach Bewilligung von Prozeßkostenhilfe in den Geschäftsgang"[128] oder „zunächst zu den Akten" zu nehmen und erst über den Prozeßkostenhilfeantrag zu entscheiden.[129] Wird einem PKH-Gesuch ein mit Berufung bezeichneter Schriftsatz beigefügt, der den Erfordernissen einer Berufungsschrift (§ 518 ZPO) genügt, ist die Berufung eingelegt. Hinweise auf „beabsichtigte Rechtsverfolgung/Rechtsverteidigung" und auf einen „anliegenden Klageentwurf" stören als formelhafte Erklärungen aus der 1. Instanz dann nicht.[130]

Die arme Partei, die rechtzeitig PKH beantragt, ist ohne Verschulden verhindert, Notfristen des Berufungsverfahrens einzuhalten.[131]

Wenn gleichzeitig Berufung und PKH-Antrag eingereicht werden, muß alles vermieden werden, was auf eine Abhängigkeit der Berufung von der Prozeßkostenhilfebewilligung hindeutet und das Risiko in sich birgt, daß die Unbedingtheit der Berufungseinlegung verkannt wird.[132]

---

[121] Vgl. BGH, aaO
[122] BGH, NJW 1986, 794
[123] BGH, FamRZ 1985, 801 = NJW 1985, 2334
[124] BGH, FamRZ 1997, 999
[125] § 515 I ZPO entsprechend; BGH, FamRZ 1994, 370
[126] Z. B. BGHZ 4/54; VersR 1978, 181 = R 8; FamRZ 1986, 1087
[127] BGH, NJW-RR 1993, 1091 = FamRZ 1993, 1427
[128] BGH, LM § 518 ZPO Nr. 2
[129] BGH, FamRZ 1988, 383
[130] BGH, FamRZ 1990, 995
[131] BGH, FamRZ 1993, 1428
[132] Vgl. BGH, FamRZ 1986, 1087

16. Wiedereinsetzung in den vorigen Stand

301 Wiedereinsetzung kommt in der Berufungsinstanz hauptsächlich **wegen Bedürftigkeit** in Betracht. Voraussetzung dafür ist, daß innerhalb der Berufungsfrist ein vollständiges Prozeßkostenhilfegesuch, also grundsätzlich eine neue Erklärung auf dem amtlichen Vordruck nebst Belegen, eingereicht (§ 117 II und IV ZPO) oder zumindest auf die erstinstanzliche Erklärung nebst Belegen ausdrücklich Bezug genommen wird unter Angabe von etwaigen Abweichungen.[133] Generell ist eine Bezugnahme auf frühere Erklärungen nur zulässig und ausreichend, wenn unmißverständlich mitgeteilt wird, daß seit damals keine Änderungen eingetreten seien.[134] Unvollständig ist z. B. ein PKH-Gesuch, wenn ein Gewerbetreibender statt des im Zeitpunkt der Antragstellung aktuellen Einkommens sein Einkommen von vier Jahren zuvor angibt oder die im amtlichen Vordruck gestellten Fragen nicht beantwortet.[135] Wird das Prozeßkostenhilfegesuch abgelehnt, muß innerhalb der Zwei-Wochen-Frist des § 234 ZPO dargetan werden, daß die Einreichung eines ordnungsgemäßen Gesuches ohne Verschulden der Partei oder des Prozeßbevollmächtigten (§ 85 II ZPO) unterblieben war,[136] z. B. wegen subjektiver Annahme der Kostenarmut.[137] Die Frist beginnt bei angenommener Kostenarmut 3–4 Tage später.[138] Die Glaubhaftmachung kann noch bis zur Entscheidung über das Wiedereinsetzungsgesuch nachgeholt werden,[139] ebenso eine Erläuterung und Ergänzung der Angaben,[140] auf welche Weise und durch wessen Verschulden es zu der Fristversäumung gekommen ist.[141]

Die Wiedereinsetzung muß innerhalb von **zwei Wochen ab Behebung des Hindernisses** beantragt werden (§ 234 I, II ZPO). Die Wiedereinsetzungsfrist beginnt somit an dem Tage, an dem das Hindernis behoben ist bzw. an dem der verantwortliche Anwalt mit der gebotenen Sorgfalt die eingetretene Säumnis erkennen kann. Ob die Partei die versäumte Prozeßhandlung an diesem Tag noch vornehmen konnte, ist irrelevant.[142] Für die Wiedereinsetzung gegen Versäumung der Wiedereinsetzungsfrist gilt eine selbständige Wiedereinsetzungsfrist, die von der Frist für die Wiedereinsetzung wegen Versäumung der Rechtsmittelfrist zu unterscheiden ist.[143] Kein (neues) Gesuch ist nötig, Wiedereinsetzung ist vielmehr von Amts wegen zu gewähren (§ 236 II 2 ZPO), wenn – neben dem Vorliegen der versäumten Prozeßhandlung – die Gründe für die unverschuldete Fristversäumung zumindest erkennbar sind.[144] Behoben ist das Hindernis, sobald die bisherige Ursache der Verhinderung beseitigt oder sein Fortbestehen verschuldet ist.[145] Besteht das Hindernis in der Unkenntnis der Versäumung einer Frist, so gilt es von dem Zeitpunkt an als behoben, in dem diese Unkenntnis von der Partei oder ihrem Prozeßbevollmächtigten (§ 85 II ZPO) zu vertreten war.[146] Ist Hindernis die Mittellosigkeit, entfällt es mit der Bekanntgabe (Zustellung) des Beschlusses über die PKH-Bewilligung, auch wenn PKH teilweise verweigert wird,[147] oder wenn die Partei bei sorgfältigem Verhalten hätte Kenntnis erlangen können.[148] Die Nachholung der Berufung ist nicht notwendig, wenn schon früher, wenn auch verspätet, Berufung eingelegt

---

133 Vgl. BGH, FamRZ 1987, 925
134 BGH, FamRZ 1997, 546 = NJW 1997, 1078
135 BGH, NJW-RR 1991, 637
136 BGH, FamRZ 1987, 925
137 BGH, FamRZ 1990, 389
138 BGH, FamRZ 1993, 1428
139 BGH, FamRZ 1987, 925
140 BGH, FamRZ 1991, 423
141 BGH NJW 1991, 1359 = VersR 1991, 897
142 BGH, FamRZ 1997, 997; 813
143 BGH, FamRZ 1999, 579
144 BGH, NJW-RR 1993, 1091
145 BGH, FamRZ 1988, 1257
146 Vgl. BGH, FamRZ 1988, 154
147 BGH, FamRZ 1993, 694
148 BGH, FamRZ 1991, 425

5. Abschnitt: Rechtsmittel in Unterhaltssachen § 8

war.[149] Sie ist jedoch erforderlich, wenn die Berufung bedingt und daher unzulässig war.[150]

Bei der **Glaubhaftmachung** (§§ 236, 294 ZPO) ist zu beachten, daß gängige Formulierungen wie: „Die von meinem Rechtsanwalt im Schriftsatz vom ... aufgestellten Behauptungen sind richtig; es ist nichts Unwahres hinzugefügt oder Wesentliches weggelassen" ohne praktischen Wert sind, weil sie keine eigene Sachdarstellung des Versichernden enthalten.[151]

Die Wiedereinsetzung ist gerechtfertigt, wenn die Partei vernünftigerweise nicht mit der Ablehnung ihres PKH-Gesuches rechnen mußte. Das ist z. B. der Fall, 302
– wenn die Partei bis zum Ablauf der Berufungsfrist die für ihre wirtschaftlichen Verhältnisse wesentlichen Angaben vollständig und übersichtlich dargestellt hat, regelmäßig durch fristgerechte Vorlage der Erklärung gem. § 117 ZPO mit lückenlosen Angaben,[152]
– wenn ihr in erster Instanz PKH bewilligt wurde, sie in der Berufungsinstanz entweder eine neue PKH-Erklärung mit Belegen vorgelegt oder auf die frühere nebst Belegen Bezug genommen hat unter Angabe etwaiger Änderungen und das Berufungsgericht vor Ablehnung der Prozeßkostenhilfe keine weiteren Belege angefordert hat,[153]
– wenn sie bis zum Zeitpunkt der Entscheidung über das Wiedereinsetzungsgesuch glaubhaft macht, daß mit dem PKH-Gesuch „in der Anlage" übersandte Belege usw. ohne ihr oder ihres Anwalts Verschulden nicht innerhalb der Berufungsfrist vorgelegt worden sind, z. B. wegen mangelhafter Sorgfalt der Kanzleiangestellten.[154]

U. U. ist Wiedereinsetzung möglich, wenn die Geschäftsstelle des Berufungsgerichts eine bestimmte Auskunft erteilt hat, z. B. daß ein Rechtsmittel bereits vorliege.[155]

Keine Wiedereinsetzung gibt es, wenn bei Ablauf der Rechtsmittelfrist der PKH-Antrag unvollständig oder wegen fehlender Kostenarmut mit der Ablehnung von PKH zu rechnen war[156] oder bei Mängeln der Berufungsschrift, z. B. falscher Adressierung des Gerichts, auch bei gemeinsamer Einlaufstelle,[157] oder ungenügender Bezeichnung des angefochtenen Urteils. Der Anwalt, der eine Berufungsschrift unterschreibt, muß selbst eigenverantwortlich die Ordnungsmäßigkeit der Rechtsmittelschrift prüfen,[158] auch, ob etwa eine Feriensache vorliegt.[159] Ausnahmsweise ist Wiedereinsetzung dann möglich, wenn das angegangene Gericht über Gebühr lange die Rechtsmittelschrift nicht weiterleitet[160] oder wenn auf der Rechtsmittelschrift lediglich Straße und Hausnummer des Rechtsmittelgerichts unrichtig angegeben sind.[161]

Für die **Form der Wiedereinsetzung** stehen zwei Möglichkeiten zur Verfügung: 303
– die Beschlußform außerhalb der mündlichen Verhandlung,
– die Urteilsform aufgrund mündlicher Verhandlung gem. § 238 II ZPO.

In der Praxis hat sich bewährt und ist die Regel die Beschlußform. Sie klärt alsbald die Unsicherheit, ob Wiedereinsetzung bewilligt wird oder nicht. Die Wiedereinsetzung kann aber – ausnahmsweise – auch stillschweigend gewährt werden.[162]

Über die **Kosten** der Wiedereinsetzung (§ 238 IV ZPO) wird zweckmäßigerweise gleich im Beschluß mitentschieden. Besondere Wiedereinsetzungskosten fallen allerdings nur in den seltensten Fällen an.

---

[149] BGH, VersR 1978, 448; vgl. auch FamRZ 1988, 829
[150] BGH, VersR 1985, 1184
[151] Vgl. BGH, NJW 1988, 2045
[152] BGH, FamRZ 1997, 546; NJW 1997, 1078; FamRZ 1992, 169
[153] Vgl. BGH, VersR 1985, 972
[154] BGH, FamRZ 1987, 925
[155] Vgl. BGH, FamRZ 1989, 729
[156] BGH, NJW-RR 1991, 1532
[157] BGH, FamRZ 1990, 866
[158] BGH, FamRZ 1988, 830
[159] BGH, FamRZ 1990, 867
[160] Vgl. BGH, FamRZ 1988, 829: 3 Wochen
[161] BGH, NJW-RR 1990, 1149
[162] BGH, FamRZ 1990, 260

Wiedereinsetzung bindet; Gegenvorstellungen führen nicht zur gewünschten Prüfung.[163]

Hinweis: Immer ist auch zu prüfen, ob die Voraussetzungen für die Wiedereinsetzung in die Wiedereinsetzungsfrist vorliegen (§ 233 ZPO).

Wiedereinsetzung in den vorigen Stand kann nicht zur Ergänzung einer innerhalb der Berufungsbegründungsfrist wirksam eingereichten, jedoch inhaltlich (teilweise) unzureichenden Berufungsbegründung gewährt werden.[164]

17. Neuere BGH-Rechtsprechung zur Wiedereinsetzung

304 Der erstinstanzliche Prozeßbevollmächtigte hat den Zeitpunkt der Zustellung des anzufechtenden Urteils bei der Erteilung des Rechtsmittelauftrags an den Berufungsanwalt eigenverantwortlich zu überprüfen.[165] Auch muß der Prozeßbevollmächtigte prüfen, ob der mit der Rechtsmitteleinlegung beauftragte Rechtsanwalt den Auftrag innerhalb der Rechtsmittelfrist bestätigt. Bleibt die Bestätigung aus, hat der Prozeßbevollmächtigte die Sachlage rechtzeitig vor Fristablauf durch Rückfrage zu klären; die gleiche Pflicht trifft den Korrespondenzanwalt. Die Überwachungspflicht entfällt nur bei einer allgemeinen Absprache, daß der Rechtsmittelanwalt Aufträge annehmen und ausführen wird.[166] Rechtsmittel- und Rechtsmittelbegründungsfristen dürfen im Fristenkalender erst gestrichen werden, wenn das fristwahrende Schriftstück tatsächlich hinausgegangen oder wenn es versandfähig gemacht und für sein Hinausgehen sichere Vorsorge getroffen worden ist.

Bei der Übermittlung per Telefax darf die Frist grundsätzlich erst gelöscht werden, wenn dem Absender ein Sendeprotokoll vorliegt, das die ordnungsgemäße Übermittlung belegt. Der Prozeßbevollmächtigte darf sich aber grundsätzlich auf ein positives Sendeprotokoll verlassen.[167] Die Übermittlung mit Telefax muß der Anwalt nicht persönlich vornehmen; er darf das Absenden der Telekopie einer zuverlässigen, hinreichend geschulten Bürokraft übertragen. Dabei muß er nicht überprüfen, ob sie den Schriftsatz an die darauf korrekt angegebene Fax-Nummer übermittelt hat.[168] Entsprechendes gilt für die Übermittlung eines Rechtsmittelauftrags zur Berufungseinlegung.[169]

Eine auffällige Häufung von Mängeln bei der Wahrung einer Rechtsmittelbegründungsfrist rechtfertigt Bedenken gegen eine ordnungsgemäße Ausbildung und Überwachung des anwaltlichen Büropersonals oder läßt den Schluß auf unvollständige organisatorische Anweisungen des Anwalts zu.

304a Der **Rechtsanwalt** hat den Fristablauf anhand seiner Handakten **eigenverantwortlich zu überprüfen**, wenn ihm die Akte im Zusammenhang mit einer fristgebundenen Prozeßhandlung oder zur Vorbereitung einer solchen vorgelegt wird.[170] Allerdings darf sich der Anwalt bei der Prüfung von Fristbeginn und Fristende auf seine Handakten verlassen, sofern sich aus ihnen keine Anhaltspunkte für Unrichtigkeiten ergeben.[171] Werden dem Rechtsanwalt Prozeßakten ohne Zusammenhang mit einer fristgebundenen Prozeßhandlung vorgelegt, so ist er nicht verpflichtet, die Akten auf die Einhaltung von Fristen oder die Erledigung von Fristnotierungen zu überprüfen.[172]

Wird im Anwaltsbüro die Sache dem Prozeßbevollmächtigten zur Fertigung der Berufungsschrift vorgelegt, so entsteht damit für diesen eine eigene Pflicht zur Prüfung des Fristablaufs, von der er sich auch nicht durch eine allgemeine Anweisung befreien kann, ihn täglich an unerledigte Fristsachen zu erinnern.[173]

---

163 BGH, FamRZ 1993, 1191
164 BGH, NJW 1997, 1309
165 BGH, FamRZ 1997, 673
166 BGH, FamRZ 1998, 97
167 OLG Frankfurt/M., FamRZ 1997, 1407
168 BGH, FamRZ 1999, 21
169 BGH, FamRZ 1996, 1003
170 BGH, FamRZ 1996, 1469
171 BGH, FamRZ 1997, 813
172 BGH, FamRZ 1999, 649
173 BGH, NJW 1997, 1311

5. Abschnitt: Rechtsmittel in Unterhaltssachen § 8

Auch der **Verkehrsanwalt** hat eigenverantwortlich zu prüfen, wann eine Entscheidung der Partei zugestellt worden ist; auf deren Angaben darf er sich nicht verlassen.[174] Den Rechtsanwalt, der einen auswärtigen Anwalt mit der Einlegung der Berufung beauftragen muß, treffen erhöhte Sorgfaltspflichten zur Wahrung der Berufungsfrist.[175]

Wird ein Antrag auf Wiedereinsetzung in den vorigen Stand darauf gestützt, daß die Berufungsbegründungsfrist wegen fehlender Fristnotierung im Anwaltsbüro versäumt worden sei, so bedarf es zur Darlegung, daß der Wiedereinsetzungsantrag innerhalb der Zwei-Wochen-Frist des § 234 ZPO gestellt worden ist, der Mitteilung, wann die Sache dem Prozeßbevollmächtigten nach Ablauf der versäumten Frist erstmals vorgelegt worden ist. Von diesem Zeitpunkt an kann nämlich die Unkenntnis von der Fristversäumung nicht mehr als unverschuldet angesehen werden.[176]

Der Antrag auf Verlängerung der Berufungsbegründungsfrist ist nicht die nachzuholende Prozeßhandlung beim Begehren auf Wiedereinsetzung wegen der Versäumung der Berufungsbegründungsfrist. Die Berufungsbegründung wird auch nicht durch einen beigefügten, den inhaltlichen Erfordernissen einer Berufungsbegründung entsprechenden Prozeßkostenhilfeantrag ersetzt, wenn die Partei klar zum Ausdruck bringt, daß dieser Antrag gerade nicht auch zur Berufungsbegründung bestimmt ist.[177] **304b**

Ein Gericht, bei dem das Verfahren anhängig gewesen ist, ist verpflichtet, fristgebundene Schriftsätze für das Rechtsmittelverfahren, die bei ihm eingereicht werden, an das zuständige Rechtsmittelgericht weiterzuleiten. Ist ein solcher Schriftsatz so zeitig eingereicht worden, daß die fristgerechte Weiterleitung an das Rechtsmittelgericht im ordentlichen Geschäftsgang ohne weiteres erwartet werden kann, ist der Partei Wiedereinsetzung in den vorigen Stand zu gewähren, wenn der Schriftsatz nicht rechtzeitig an das Rechtsmittelgericht gelangt.[178]

Hatte die Partei nach ordnungsgemäßer Ladung Kenntnis vom Verhandlungstermin, so muß sie sich nach deren Ergebnis erkundigen. Ein Fall, in dem die Berufungsfrist nach § 516 letzter Hs. ZPO nicht zu laufen beginnt, liegt dann nicht vor.[179]

Nach Ablehnung eines Prozeßkostenhilfegesuches ist der Partei Wiedereinsetzung gegen die Versäumung einer Rechtsmittelfrist zu gewähren, wenn sie vernünftigerweise nicht mit der Verweigerung der Prozeßkostenhilfe wegen fehlender Bedürftigkeit rechnen mußte.[180]

Die Richtigkeit eines Eingangsstempels als öffentliche Urkunde unterliegt dem Gegenbeweis; dieser kann durch Freibeweis erfolgen und unterliegt uneingeschränkt der freien Beweiswürdigung.[181]

Der durch den Eingangsstempel erbrachte **Beweis für den Tag des Eingangs** kann nicht durch die bloße Möglichkeit eines abweichenden Geschehensablaufs entkräftet werden.[182] Wird ein Beschluß über die Bewilligung von Prozeßkostenhilfe dem Prozeßbevollmächtigten formlos gegen Empfangsbekenntnis übersandt, ist zu vermuten, daß dieser den Beschluß erst an dem Tag erhalten hat, an dem er das Empfangsbekenntnis unterzeichnet hat.[183] Bei der Zustellung gem. § 212a ZPO ist die Entscheidung an dem Tag zugestellt, für den der Prozeßbevollmächtigte den Empfang bescheinigt. Der Prozeßbevollmächtigte hat dafür zu sorgen, daß dieser Zustellungszeitpunkt auf der Entscheidung oder in den Handakten deutlich vermerkt wird.[184] **304c**

Ist ein Rechtsanwalt gewillt, für seine Partei im Rechtsmittelverfahren tätig zu werden, so hat er auch vor der Entscheidung über den Prozeßkostenhilfeantrag für die

---

[174] BGH, FamRZ 1998, 285
[175] BGH, FamRZ 1998, 96
[176] BGH, NJW 1997, 1079
[177] BGH, FamRZ 1996, 300
[178] BVerfG, FamRZ 1995, 1559
[179] BGH, FamRZ 1995, 800
[180] BGH, FamRZ 1996, 933
[181] BGH, FamRZ 1996, 1004 = R 504
[182] BGH, FamRZ 1997, 488; vgl. auch 1997, 736
[183] BGH, FamRZ 1999, 579
[184] BGH, FamRZ 1999, 577

Rechtsmittelinstanz einen Antrag auf Verlängerung der Rechtsmittelbegründungsfrist zu stellen.[185]

Der Rechtsanwalt darf das Empfangsbekenntnis erst unterzeichnen und zurückgeben, wenn er den Zustellungszeitpunkt schriftlich festgehalten hat oder durch Einzelanordnung dafür Sorge getragen hat, daß das Zustelldatum festgehalten und ein entsprechender Vermerk im Fristenkalender vorgenommen wird.[186] Hat aber der Anwalt die erforderlichen Eintragungen durch Einzelweisung veranlaßt, darf er das Empfangsbekenntnis auch vor Eintragung der Fristen in Handakte und Fristenkalender unterzeichnen.[187]

Wird der Antrag des Rechtsmittelklägers auf Beiordnung eines Notanwalts nach Ablauf der Rechtsmittelfrist abgelehnt, so ist die Bekanntgabe dieser Entscheidung Anknüpfungspunkt des Fristbeginns für den Antrag auf Wiedereinsetzung gegen die Versäumung der Rechtsmittelfrist.[188]

304d Zugestellt ist ein Schriftstück an den Anwalt nach § 212a ZPO an dem Tag, an dem er die Zustellung mittels Empfangsbekenntnis bestätigen will.

An den Nachweis, daß im Empfangsbekenntnis des Anwalts ein unrichtiges Datum vermerkt ist, sind strenge Anforderungen zu stellen.[189]

Wird das dem Anwalt zugestellte Urteil an den Mandanten weitergegeben, ohne daß eine Ablichtung gefertigt wird, reicht es nicht aus, den Zustellungszeitpunkt ausschließlich auf der Urteilsausfertigung zu notieren. Es ist hier vielmehr erforderlich, den Zustellungszeitpunkt in geeigneter Weise zwecks Überprüfung der Berufungsfrist anderweitig in der Handakte zu vermerken.[190]

Der Anwalt hat seiner Partei nicht nur eine Kopie des Urteils zu übersenden, sondern sie stets über den Zeitpunkt der Urteilszustellung und die Folgen für eine nicht rechtzeitige Einlegung des Rechtsmittels zu unterrichten.[191]

Bei Angaben über sog. Rechtstatsachen, zu denen auch die Urteilszustellung gehört, darf sich der Anwalt nicht ohne weiteres mit der Auskunft des Mandanten zufriedengeben, sondern muß ggf. durch Rückfragen eine eigene Klärung herbeiführen.[192]

Auch eine im Ausland lebende Partei muß sich unverzüglich um die Einlegung eines Rechtsmittels kümmern, wenn sie eine ihr bekanntgewordene (aber nicht zugestellte) Entscheidung nicht hinnehmen will.[193]

Die Berufung ist unwirksam, wenn sie zwar von einem nicht beim Berufungsgericht zugelassenen Rechtsanwalt, den objektiven Umständen nach aber nicht im eigenen Namen, sondern als amtlicher Vertreter eines zugelassenen Rechtsanwalts eingelegt wurde.[194]

Auch eine rechtsunkundige Partei muß sich rechtzeitig über Form und Frist eines Rechtsmittels gegen ein für sie ungünstiges Urteil erkundigen und klären, ob Berufung nur durch einen Anwalt eingelegt werden kann. Auch unter verfassungsrechtlichen Gesichtspunkten ist es nicht erforderlich, Urteile über Zivilklagen mit einer Rechtsmittelbelehrung zu versehen. Eine allgemeine Fürsorgepflicht des Gerichts, zur Heilung von Formmängeln durch Hinweise oder andere Maßnahmen beizutragen, besteht nicht.[195]

Die Übermittlung fristwahrender Schriftsätze per Telefax ist bei allen Gerichten uneingeschränkt zulässig. Erforderlich ist, daß der postulationsfähige Anwalt die Kopiervorlage unterzeichnet hat und die Unterschrift auf der Fernkopie ersichtlich ist. Es genügt, daß der Anwalt die Kopiervorlage seiner eigenen Kanzlei durch Telefax übermittelt und

---

[185] BGH, FamRZ 1996, 1467
[186] BGH, FamRZ 1996, 1004 = R 503
[187] BGH, FamRZ 1997, 813
[188] BGH, FamRZ 1996, 1331
[189] BGH, FamRZ 1995, 799 = R 482 B
[190] BGH, NJW-RR 1995, 1025
[191] BGH, FamRZ 1996, 1466
[192] BGH, NJW-RR 1995, 825
[193] BGH, FamRZ 1995, 1136
[194] BGH, FamRZ 1995, 1134
[195] OLG Hamm, FamRZ 1997, 758

sie von dort dem Gericht übermittelt wird.[196] Der Prozeßbevollmächtigte muß nicht überprüfen, ob seine Büroangestellte den Schriftsatz an die darauf korrekt angegebene Fax-Nummer übermittelt.[197]

Es ist Sache der Justizbehörde, die **Funktionsfähigkeit der Telefaxanlage** auch nach Dienstschluß zu gewährleisten. Das Risiko technischer Störungen des Empfangsgerätes des Gerichts hat die Partei nicht zu tragen.[198]

Die Anforderungen an die anwaltlichen Pflichten **zur Auswahl und Überwachung von Büropersonal** richten sich nach Art der übertragenen Tätigkeit und der Qualifikation der Bürokraft. Gegenüber juristisch geschulten Hilfskräften bestehen insoweit verminderte Belehrungspflichten.[199]   304e

Die allgemeine Anweisung, eine Rechtsmittelfrist nach Berechnung stets zuerst im Fristenkalender und erst dann in der Handakte zu notieren, genügt den Anforderungen an eine ordnungsgemäße Büroorganisation; ihre Befolgung braucht nicht im Einzelfall überprüft zu werden.[200]

Stellt sich heraus, daß eine Telefax-Verbindung infolge unvorhersehbaren, nicht zu vertretenden Ausfalls des Sendegeräts nicht zustande kommt, bleibt der Rechtsuchende verpflichtet, alle dann noch möglichen und zumutbaren Maßnahmen zu ergreifen, um die Frist einzuhalten.[201]

Der Prozeßbevollmächtigte hat für fristwahrende Schriftsätze eine wirksame **Ausgangskontrolle** einzurichten, durch die sichergestellt wird, daß solche Schriftsätze tatsächlich rechtzeitig herausgehen und Nachlässigkeiten vor Fristablauf rechtzeitig entdeckt werden.[202]

Auch beim Einwurf in den Fristenkasten einer gemeinsamen Briefannahme geht der an ein unzuständiges Gericht adressierte Schriftsatz erst dann beim zuständigen Gericht ein, wenn er nach Weiterleitung durch das zunächst angegangene Gericht in die Verfügungsgewalt des zuständigen Gerichts gelangt.[203]

Die **Wiedereinsetzungsfrist beginnt** spätestens mit dem Zeitpunkt, in dem der verantwortliche Anwalt die eingetretene Säumnis hätte erkennen können und müssen.   304f

Sobald der Anwalt mit der Sache befaßt wird, hat er selbständig und eigenverantwortlich die anstehenden Fristen zu überprüfen.[204]

Gegen eine Wiedereinsetzung in den vorigen Stand besteht auch dann keine Beschwerdemöglichkeit, wenn der Anspruch der Gegenseite auf rechtliches Gehör verletzt wurde. Das Gericht ist in diesem Fall jedoch nicht an seine Entscheidung gebunden und kann sie – jedenfalls auf Gegenvorstellungen und solange noch kein die Instanz abschließendes Urteil ergangen ist – einer Überprüfung unterziehen.[205]

Wiedereinsetzung in den vorigen Stand kann nicht zur Ergänzung einer innerhalb der Berufungsbegründungsfrist wirksam eingereichten, jedoch inhaltlich (teilweise) unzureichenden Berufungsbegründung gewährt werden.[206]

Nach Ablehnung des Prozeßkostenhilfegesuchs kann Wiedereinsetzung wegen Versäumung der Berufungsfrist nur gewährt werden, wenn innerhalb der Rechtsmittelfrist ein ordnungsgemäßer Prozeßkostenhilfeantrag gestellt wurde.

Eine Bezugnahme auf ein früheres Prozeßkostenhilfegesuch ist nur dann ausreichend, wenn unmißverständlich mitgeteilt wurde, daß keine Änderungen eingetreten sind.[207]

---

[196] BGH, FamRZ 1998, 425
[197] BGH, FamRZ 1999, 21
[198] BGH, FamRZ 1997, 414
[199] BGH, FamRZ 1996, 1403
[200] BGH, FamRZ 1996, 1468
[201] BGH, NJW-RR 1996, 1275
[202] BGH, FamRZ 1996, 1403
[203] BGH, NJW-RR 1996, 443
[204] BGH, FamRZ 1996, 934 = R 499
[205] BGH, FamRZ 1995, 1137 = R 495
[206] BGH, NJW 1997, 1309
[207] BGH, NJW 1997, 1078

Die die Wiedereinsetzung begründenden Tatsachen können durch die eigene eidesstattliche Versicherung des Antragstellers glaubhaft gemacht werden.

Das Verschulden eines Rechtsanwalts, dem in der Sache kein Mandat erteilt war, braucht sich der Antragsteller nicht zurechnen zu lassen.[208]

304g Die Partei haftet nur für Fehler, insb. **Organisationsfehler ihres Prozeßbevollmächtigten**, nicht dagegen für unvorhersehbares Fehlverhalten einer Kanzleikraft.[209] Den Prozeßbevollmächtigten trifft kein Verschulden, wenn er eine konkrete Einzelweisung erteilt, bei deren Befolgung die Frist gewahrt worden wäre. Er darf darauf vertrauen, daß eine bisher zuverlässige Bürokraft eine Einzelweisung befolgt; er ist nicht verpflichtet, die Ausführung der Weisung zu überwachen.[210]

Die Partei, die von der Rechtshängigkeit Kenntnis hat, muß dafür Sorge tragen, daß sie Zustellungen im weiteren Verlauf des Verfahrens erreichen; verletzt sie diese Pflicht, so ist die Unkenntnis von einer Urteilsverkündung verschuldet.[211]

Die Partei hat den verzögerten Eingang einer falsch adressierten Rechtsmittelschrift zu vertreten. Dies gilt nicht, wenn mit einer rechtzeitigen Weiterleitung im ordentlichen Geschäftsgang ohne weiteres zu rechnen war, die rechtzeitig angeordnete Weiterleitung nicht ordnungsgemäß ausgeführt wird oder die Rechtsmittelschrift ohne jede Weiterleitungsverfügung fehlerhaft weitergeleitet wird.[212]

Beim falschen Gericht eingereichte Schriftsätze hat dieses im ordentlich Geschäftsgang an das zuständige Gericht weiterzuleiten. Erhält der neu beauftragte Rechtsanwalt antragsgemäß Akteneinsicht, so hat er bei der ersten Durchsicht der Sache zu prüfen, ob das Rechtsmittel beim zuständigen Gericht eingelegt ist und hat ggf. unverzüglich die erforderlichen Schritte zu unternehmen.[213]

Hat ein Rechtsanwalt jahrelang unbeanstandet mit einer nach den Anforderungen der Rspr. ungenügenden, verkürzten Unterschrift (Paraphe) unterzeichnet, so ist ihm, wenn eine derartige Unterzeichnung der Rechtsmittelschrift erstmals auf Bedenken des Gerichts stößt, in der Regel Wiedereinsetzung in den vorigen Stand zu bewilligen.[214]

Für die Wiedereinsetzung gegen die Versäumung der Wiedereinsetzungsfrist gilt eine selbständige Wiedereinsetzungsfrist, die von der Frist für die Wiedereinsetzung wegen Versäumung der Rechtsmittelfrist zu unterscheiden ist.[215]

II. Anschlußberufung (§§ 521 ff ZPO)

305 Die Anschlußberufung kommt vor in der Form der selbständigen (Anschließung innerhalb der Berufungsfrist der Hauptberufung mit Begründung innerhalb der – auch verlängerten – Begründungsfrist der Hauptberufung, § 522a II ZPO)[216] und der unselbständigen (Anschließung danach bis zum Schluß der mündlichen Verhandlung über die Hauptberufung). Der Unterschied wirkt sich erst bei Rücknahme der Hauptberufung aus (§ 522 II ZPO).

Für ihre Wirksamkeit reicht der in der Anschlußschrift zum Ausdruck gekommene klare und bestimmte Wille des Anschlußberufungsklägers, eine Abänderung zu seinen Gunsten zu erreichen, aus. Der Antrag, das gegnerische Rechtsmittel zurückzuweisen, genügt nicht.[217] Sie ist nur zulässig gegen dasselbe Urteil (einschließlich der nach § 512 ZPO der Beurteilung des Berufungsgerichts unterliegenden Vorentscheidungen), gegen das sich auch das Hauptrechtsmittel richtet.[218]

---

[208] BGH, FamRZ 1996, 408
[209] BGH, FamRZ 1997, 488
[210] BGH, FamRZ 1997, 997
[211] BGH, FamRZ 1997, 997
[212] BGH, FamRZ 1998, 285
[213] BGH, FamRZ 1998, 98
[214] BGH, MDR 1999, 53
[215] BGH, FamRZ 1999, 579
[216] Vgl. BGH, FamRZ 1990, 1091 = NJW 1990, 3020
[217] BGH, FamRZ 1984, 657 = NJW 1984, 2351
[218] BGH, FamRZ 1983, 461 = NJW 1983, 1317

5. Abschnitt: Rechtsmittel in Unterhaltssachen § 8

Die Anschlußberufung muß vor Ablauf der Berufungsbegründungsfrist begründet **306** werden, wenn die Anschlußberufung vor Ablauf der Berufungsbegründungsfrist eingelegt worden ist (§ 522 a II ZPO). Wird sie erst nach Ablauf der Berufungsbegründungsfrist eingelegt, ist sie in der Anschlußschrift selbst zu begründen (§ 522 a II, 2. Alternative ZPO). Handelt es sich bei dem Rechtsmittel aber nicht um eine Anschlußberufung, sondern um eine Hauptberufung, gilt die Begründungsfrist des § 522 a II ZPO nicht.[219]

Für die Begründung der Anschlußberufung gelten die gleichen Anforderungen wie für die Begründung der (Haupt-)Berufung.[220]

Ist die **Anschlußberufung nicht ordnungsgemäß begründet** worden, ist sie **unzuläs- 307 sig**. Da aber eine Anschlußberufung noch bis zum Schluß der letzten mündlichen Verhandlung erhoben werden kann, ist noch bis zum Schluß der mündlichen Verhandlung eine ordnungsgemäß schriftlich eingelegte und begründete Anschlußberufung möglich. Das bedeutet, daß eine nicht ordnungsgemäß nach § 519 ZPO begründete Berufung durch nachträgliche Berufung bis zur Schlußverhandlung über die ordnungsgemäß generische Berufung in eine unselbständige Anschlußberufung umgewandelt werden kann.[221] Der Berufungskläger hat bei Rücknahme seiner Berufung vor Antragstellung die Kosten einer unselbständigen Anschlußberufung auch dann zu tragen, wenn diese durch Umdeutung aus einer zunächst selbständigen, wegen Versäumung der Begründungsfrist unzulässig gewordenen Berufung entstanden ist.[222] Nach OLG Frankfurt/M. ist wie folgt zu differenzieren: Bei Rücknahme des Hauptrechtsmittels vor Antragstellung ist das unselbständige Anschlußrechtsmittel als in der Hauptsache erledigt anzusehen und die Kostenentscheidung nach den Grundsätzen des § 91a ZPO zu treffen.[223]

Der Berufungskläger selbst kann sich einer unselbständigen Anschlußberufung des **308** Gegners nicht mittels eigener unselbständiger Anschlußberufung anschließen. Er kann somit nur durch eine **Berufungserweiterung** ein weitergehendes Klagziel erreichen, nicht durch Anschließung.[224]

Eine Erweiterung der Anschlußberufung ist nur bis zum Schluß der mündlichen Verhandlung im Berufungsverfahren möglich.[225]

Ziel der Anschlußberufung ist es, mehr zu erreichen als die Zurückweisung der Haupt- **309** berufung. Sie erfordert keine Beschwer und muß schriftlich eingereicht werden (§ 522 a I ZPO). Die Einreichung zu Protokoll des Familiensenats ist nicht möglich.[226]

Eine unzulässige Hauptberufung ist in der Regel in eine (meist unselbständige) Anschlußberufung umzudeuten.[227] Eine – mangels rechtzeitiger Begründung unzulässige – selbständige Anschlußberufung ist regelmäßig eine unselbständige.[228]

Wird die Hauptberufung zurückgenommen, wird die unselbständige Anschlußberufung unwirksam und bei Weiterverfolgung unzulässig.[229] Nach Sachantragstellung zur Berufung kann der Anschlußberufungskläger eine Rücknahme der Hauptberufung verhindern, indem er nicht zustimmt (§ 515 I ZPO).

Ein Unterhaltsgläubiger, der in der Berufungsinstanz mit seinem Anspruch teilweise abgewiesen worden ist und diese Abweisung rechtskräftig werden läßt, kann nach einer auf die Revision des Gegners erfolgten Zurückverweisung der Sache im Wege der Anschlußberufung seinerseits eine Abänderung des abweisenden Berufungsurteils verlangen und eine höhere Unterhaltsrente geltend machen, wenn sich in der Zwischenzeit Veränderungen der Verhältnisse ergeben haben.[230] Andererseits müssen Gründe, die nach

---

219 BGH, FamRZ 1987, 800
220 BGH, FamRZ 1995, 1138
221 Vgl. dazu BGH, FamRZ 1987, 154
222 OLG München, NJW-RR 1996, 1280
223 FamRZ 1995, 945
224 BGH, FamRZ 1984, 680, 681
225 BGH, FamRZ 1984, 680 = NJW 1984, 2951 ff
226 BGH, MDR 1989, 522
227 BGH, FamRZ 1987, 154
228 Vgl. BGH, FamRZ 1990, 1091 = NJW 1990, 3020
229 BGH, FamRZ 1987, 800 = NJW 1987, 3263
230 BGH, FamRZ 1984, 657 = NJW 1984, 2351

Schluß der mündlichen Verhandlung der ersten Instanz im Vorprozeß entstanden sind, durch Anschließung an die gegnerische Berufung mittels Klagerweiterung geltend gemacht werden. Eine spätere Abänderungsklage, gestützt auf dieselben Gründe, wäre unzulässig.[231]

Anspruchserhöhende Umstände, die nach dem Schluß der mündlichen Verhandlung über die Berufung eintreten, können in dem Verfahren über die ggf. noch anhängige Anschlußberufung nicht mehr berücksichtigt werden. Insoweit steht das Abänderungsverfahren zur Verfügung, in dem für die Präklusion nach § 323 II ZPO auf den Schluß der mündlichen Verhandlung über die Berufung abzustellen ist.[232]

Wird die Berufung zurückgenommen, entsteht das Problem, wie die mit der unselbständigen Anschlußberufung geltend gemachte Veränderung der maßgebenden Umstände untergebracht werden kann. In solchen Fällen löst die Erhebung der Anschlußberufung eine Art „Vorwirkung" aus für die zeitlich nahe erhobene spätere Abänderungsklage.[233] Als Abänderungszeitpunkt im Sinne des § 323 III ZPO gilt dann die Erhebung der Anschlußberufung. Was unter „zeitlicher Nähe" (§ 242 BGB) konkret zu verstehen ist, ist noch ungeklärt. Der BGH erwähnt in Anlehnung an § 212 II BGB eine Dauer äußerstenfalls von etwa sechs Monaten, ohne sich allerdings darauf schon festzulegen.

Wird eine Anschlußberufung als unzulässig verworfen, ist dagegen analog § 621d II ZPO Revision ohne Zulassung statthaft.[234]

Im Verbund kann mit Hilfe der Anschlußberufung gegen verschiedene Teile des Verbundurteils vorgegangen werden.[235]

310   Für die **Prozeßkostenhilfe** und die **Kosten** gilt die Anschlußberufung als eigenes Rechtsmittel. Prozeßkostenhilfe muß daher eigens dafür beantragt werden, unbeschadet der Frage, ob aus den gesamten Umständen ein stillschweigender Antrag dafür entnommen werden kann; das ist regelmäßig der Fall, wenn gegen die Hauptberufung PKH beantragt worden ist. Die Kosten der Anschlußberufung hat im Regelfall der seine Hauptberufung zurücknehmende Berufungskläger zu tragen (ganz h. M.).[236] Nach OLG Frankfurt[237] soll jedoch über die Kosten der Anschlußberufung nach § 91a ZPO zu entscheiden sein.

311   Hat jedoch der Hauptberufungsführer erst nach Beginn der mündlichen Verhandlung (dann nämlich mit Zustimmung des Berufungsbeklagten gemäß § 515 I ZPO) seine Hauptberufung zurückgenommen, hat der Berufungsbeklagte die Kosten seiner Anschließung zu tragen.[238] Will der Berufungsbeklagte diese für ihn negative Kostenfolge vermeiden, darf er der Berufungsrücknahme nur nach einer entsprechenden Kostenzusage des Berufungsführers auch hinsichtlich der Kosten der Anschlußberufung zustimmen.

III. Die Revision

312   Jedes (unterhaltsrechtliche) Sachurteil eines OLG muß darüber entscheiden, ob die Revision zugelassen wird.[239] Die positive Entscheidung wird üblicherweise in die Urteilsformel aufgenommen („die Revision wird zugelassen"), die negative nur in den Gründen erörtert.

Läßt sich das OLG in seinem Urteil über die Zulassung der Revision nicht aus, gilt dieses Schweigen als Negativentscheidung.

---

[231] BGH, FamRZ 1986, 43 = NJW 1986, 383
[232] BGH, FamRZ 1984, 680 = NJW 1984, 2951
[233] BGH, FamRZ 1988, 601
[234] BGH, FamRZ 1984, 680 = NJW 1984, 2951
[235] BGH, FamRZ 1982, 36 = NJW 1982, 224
[236] BGH, NJW 1952, 384
[237] FamRZ 1993, 344
[238] Schon BGH, NJW 1952, 384, 385
[239] § 621d I ZPO; BGH, NJW-RR 1993, 1154

5. Abschnitt: Rechtsmittel in Unterhaltssachen § 8

Die Zulassung der Revision erfolgt in Familiensachen durch das OLG nur, wenn die 313 Rechtssache **grundsätzliche Bedeutung** hat oder das **Urteil von einer Entscheidung des BGH** oder des gemeinsamen Senats der obersten Gerichtshöfe des Bundes **abweicht und auf dieser Abweichung beruht** (§ 546 I Nr. 1 u. 2 ZPO). Das Revisionsgericht ist an die Zulassung gebunden (§ 546 I Satz 3 ZPO). Will somit ein OLG-Senat nur von einer Entscheidung eines anderen Senats oder Oberlandesgerichts abweichen, besteht kein Anlaß zur Revisionszulassung. Für die ZPO-Familiensachen des § 621 I Nr. 4, 5 u. 8 ZPO ist die Revisionszulassung extra in § 621 d I ZPO geregelt. Da nach dieser Vorschrift nur § 546 I Satz 2, 3 ZPO entsprechend gilt, findet § 546 I Satz 1 ZPO keine Anwendung mit der Folge, daß es in Familiensachen keine Wertrevision (höherer Wert der Beschwer als 60 000 DM) gibt. Dies gilt aber nur für den gesetzlichen Unterhalt. Hat der Familiensenat des Berufungsgerichts ausgesprochen, daß der Rechtsstreit nicht durch die Ehe begründeten gesetzlichen, sondern vertraglich begründeten Unterhalt betrifft, ist die Revision nur zulässig, wenn der Wert der Beschwer 60 000 DM i. S. von § 9 ZPO übersteigt (§ 546 ZPO).[240]

Die in Bayern gelegenen Oberlandesgerichte München, Nürnberg und Bamberg müs- 314 sen außerdem von Amts wegen bestimmen, ob der BGH oder das BayObLG zuständig ist (§ 7 I EGZPO). Übliche Fassung: „Die Revision zum Bundesgerichtshof wird zugelassen" oder „Die Revision wird zugelassen. Zuständig ist der Bundesgerichtshof". Solange dies, etwa versehentlich, nicht geschehen ist, kann die Revision sowohl beim BGH als auch beim BayObLG eingelegt werden.[241] Bestimmt das OLG nachträglich oder das BayObLG gem. § 7 II Satz 3 EGZPO den BGH als Revisionsgericht, ist dies bindend.[242] Einlegung und Begründung der Revision bis dahin nur beim BayObLG bleiben für das weitere Verfahren vor dem BGH wirksam.[243] In Unterhaltssachen ist der BGH für zuständig zu erklären (§ 8 II EG GVG).

Die Zulassung ist für das Revisionsgericht bindend (§ 546 I Satz 3 ZPO), wenn das Berufungsgericht die Sache erkennbar als Familiensache angesehen hat,[244] auch dann, wenn sie aus Gründen erfolgt, die das Gesetz nicht vorsieht.[245] Andererseits begründet die Zulassung eines im Gesetz nicht vorgesehenen Rechtsmittels nicht dessen Statthaftigkeit,[246] jedoch die Anwendung von § 8 I GKG.

Eine im Berufungsurteil unterbliebene Zulassung kann nicht durch ein Ergänzungsurteil (§ 321 ZPO) nachgeholt werden.[247] Bei versehentlichem Unterlassen der Zulassung kann nach Maßgabe des § 319 I ZPO berichtigt werden.

Der BGH selbst kann die vom Berufungsgericht unterlassene Zulassung nicht nach- 315 holen.[248] Hat jedoch ein Familiensenat des OLG in seinem Urteil offengelassen, ob eine Familiensache vorliegt, ist der BGH als Revisionsgericht durch § 549 II ZPO nicht gehindert, selbst zu prüfen, ob über eine Familiensache entschieden worden ist und die Revision demgemäß nach § 621 d I ZPO der Zulassung bedarf.[249] Kommt der BGH zum Ergebnis, daß keine Familiensache, aber eine Beschwer des Revisionsführers von mehr als 60 000 DM vorliegt, ist die Revision ohne Zulassung statthaft. Das Revisionsgericht kann jedoch die Annahme ablehnen, wenn die Rechtssache keine grundsätzliche Bedeutung hat.[250]

Eine Beschränkung der Zulassung auf einen abtrennbaren Teil des Streitgegenstands, über den auch ein Teilurteil ergehen könnte, ist zulässig. Sie muß jedoch ziffernmäßig konkretisiert sein. Zumindest muß sich die Konkretisierung aus den Entscheidungsgrün-

---

[240] BGH, FamRZ 1995, 726 = NJW-RR 1995, 833
[241] BGH, FamRZ 1981, 28 = NJW 1981, 172
[242] § 7 I Satz 2 EGZPO; BGH, FamRZ 1982, 585
[243] BGH, FamRZ 1982, 585; FamRZ 1981, 28 = NJW 1981, 172; FamRZ 1981, 140
[244] BGH, FamRZ 1994, 27
[245] BGH, FamRZ 1984, 655 = NJW 1984, 2935
[246] BGH, FamRZ 1981, 25 = NJW 1981, 177
[247] BGH, FamRZ 1981, 445
[248] BGH, FamRZ 1979, 473
[249] BGH, FamRZ 1988, 1036
[250] § 554 b I ZPO; vgl. BGH a. zul. a.O.

den ergeben.[251] Die Zulassung der Revision kann auf die Frage der Befristung des nachehelichen Unterhalts beschränkt werden.[252] Auf einzelne rechtliche Gesichtspunkte, z. B. Vorsorgeunterhalt,[253] Anwendung inländischen oder ausländischen Rechts[254] oder Tatbestandsmerkmale[255] oder Angemessenheit der Erwerbstätigkeit[256] oder auf die Zulässigkeit der Berufung[257] kann die Zulassung nicht beschränkt werden. In solchen Fällen gilt die Revision als unbeschränkt zugelassen.[258] Dasselbe gilt bei Unklarheiten in der Zulassung.[259] Für den Umfang der Revisionszulassung ist in erster Linie der Urteilsausspruch maßgeblich. Eine Beschränkung kann sich ausnahmsweise auch aus den Entscheidungsgründen ergeben, wenn sie in dieser Hinsicht klar und eindeutig sind.[260] Aus der Begründung für die Zulassung allein, etwa, eine bestimmte Rechtsfrage habe grundsätzliche Bedeutung, ergibt sich regelmäßig keine Beschränkung der Zulassung auf den Umfang der mitgeteilten Begründung.[261] Eine auf Willkür beruhende Nichtzulassung kann gegen Art. 101 I S. 2 GG verstoßen.[262]

316 Gegen die **nicht erfolgte Zulassung** hat die Partei **kein Beschwerderecht.**
Die Zulassung der Revision erfolgt **von Amts wegen,** so daß es keines entsprechenden Antrags der Partei bedarf.

317 Im übrigen findet die **Revision** stets statt, **wenn das Berufungsgericht die Berufung als unzulässig verworfen** hat, BGH, FamRZ 1995, 1138; aber auch, soweit eine Anschlußberufung als unzulässig verworfen wurde (§ 621 d Abs. 2 ZPO; BGH, aaO). Dies ist allgemein in § 547 ZPO geregelt, für die ZPO-Familiensachen des § 621 I Nr. 4, 5 u. 8 ZPO nochmals in § 621 d II ZPO. Hat der Berufungskläger seine Berufung zurückgenommen, der Berufungsbeklagte aber seine hierdurch wirkungslos gewordene Anschlußberufung aufrechterhalten, findet auch in diesem Falle § 621 d II ZPO Anwendung.[263]

318 Gemäß § 549 I ZPO kann die Revision nur darauf gestützt werden, daß die Entscheidung des Oberlandesgerichts auf der **Verletzung von Bundesrecht oder einer Vorschrift beruht, deren Geltungsbereich sich über den Bezirk eines Oberlandesgerichts hinaus erstreckt.**
Gemäß § 549 II ZPO prüft das Revisionsgericht nicht, ob das Gericht des ersten Rechtszuges sachlich oder örtlich zuständig war oder ob eine Familiensache vorliegt.

319 Da nur eine Gesetzesverletzung mit der Revision gerügt werden kann, können neue Tatsachen grundsätzlich nicht mehr vorgetragen werden. Änderungen des Rechtszustandes (ein Kind wurde als inzwischen ehelich standesamtlich eingetragen)[264] oder Prozeßrechtsentwicklungen (wie etwa Erledigung des Verfahrens, Verzicht, Anerkenntnis, Klagrücknahme) sind auch im Revisionsverfahren beachtlich.

320 **Die Revisionsfrist beträgt 1 Monat;** sie ist eine **Notfrist** und beginnt mit der Zustellung des in vollständiger Form abgefaßten Urteils, spätestens aber mit dem Ablauf von 5 Monaten nach der Verkündung; § 552 ZPO. Die **Revisionsbegründung** gemäß § 554 ZPO entspricht der Berufungsbegründung. Die einmonatige Frist für die **Berufungsbegründung** ist **keine Notfrist** und kann daher auf Antrag verlängert werden.

---

[251] BGH, FamRZ 1982, 684
[252] BGH, FamRZ 1995, 1405 = NJW-RR 1995, 449
[253] BGH, FamRZ 1983, 152 = NJW 1982, 1986
[254] BGH, FamRZ 1982, 466
[255] Z. B. Erwerbsobliegenheit, BGH, FamRZ 1982, 148 = NJW 1982, 326
[256] BGH, FamRZ 1991, 416
[257] BGH, FamRZ 1987, 802 = NJW 1987, 3264
[258] BGH, FamRZ 1982, 255 = NJW 1982, 1873 = R 93 a
[259] BGH, FamRZ 1982, 684
[260] BGH, NJW 1990, 1795
[261] BGH, FamRZ 1984, 156 = NJW 1984, 297
[262] BVerfG, FamRZ 1991, 295
[263] BGH, FamRZ 1987, 926 ff
[264] BGH, FamRZ 1983, 142, 144

6. Abschnitt: Das vereinfachte Verfahren über den Unterhalt Minderjähriger (§§ 645–660 ZPO)

1. Allgemeines

Durch Art. 3 Nr. 9 Kindesunterhaltsgesetz (KindUG v. 6. 4. 1998; BGBl. I, 666) sind ab 1. 7. 1998 die §§ 645–660 ZPO eingefügt worden. Sie regeln in einem vereinfachten Verfahren Unterhaltsansprüche minderjähriger **ehelicher wie nichtehelicher Kinder**, die mit dem in Anspruch genommenen Elternteil nicht in einem Haushalt leben. Der Höhe nach darf der Unterhaltsanspruch **das 1½fache des Regelbetrages** nicht übersteigen. Neben einer alle zwei Jahre erfolgenden **Dynamisierung** (erstmals zum 1. 7. 1999) der Unterhaltsbeträge können nunmehr Prozentsätze des Regelbetrags in allen drei Altersstufen beantragt werden, so daß eine besonders einfache Anpassung erfolgen kann. Dem unterhaltsbedürftigen Kind soll hiermit im Beschlußwege ein möglichst schnell zu erstellender Vollstreckungstitel geboten werden, der nur eine begrenzte Anzahl von Einwendungen des Pflichtigen berücksichtigen darf.

2. Zulässigkeit des vereinfachten Verfahrens

Gem. § 645 I ZPO wird der Unterhalt eines Minderjährigen (somit nicht eines volljährigen Schülers), der mit dem in Anspruch genommenen Elternteil nicht in einem Haushalt lebt, auf Antrag im vereinfachten Verfahren festgesetzt, wenn der verlangte Unterhalt vor Anrechnung der nach §§ 1612 b, 1612 c BGB zu berücksichtigenden Kindergeldleistungen 150 % des Regelbetrages nach der Regelbetragsverordnung nicht übersteigt. Er kann somit auch darunter liegen.

Der Regelbetrag beläuft sich ab 1. 7. 1998 auf

1. Altersstufe 349,– DM alte Bundesländer   314,– DM neue Bundesländer
2. Altersstufe 424,– DM alte Bundesländer   380,– DM neue Bundesländer
3. Altersstufe 502,– DM alte Bundesländer   451,– DM neue Bundesländer

150 % des Regelbetrages bedeuten **bis 30. 6. 1999**

1. Altersstufe 524,– DM alte Bundesländer   471,– DM neue Bundesländer
2. Altersstufe 636,– DM alte Bundesländer   570,– DM neue Bundesländer
3. Altersstufe 753,– DM alte Bundesländer   677,– DM neue Bundesländer.

Ab 1. 7. 1999 belaufen sich die Unterhaltsbeträge auf

1. Altersstufe 355,– DM alte Bundesländer   324,– DM neue Bundesländer
2. Altersstufe 431,– DM alte Bundesländer   392,– DM neue Bundesländer
3. Altersstufe 510,– DM alte Bundesländer   465,– DM neue Bundesländer

150 % des Regelbetrages bedeuten **ab 1. 7. 1999**

1. Altersstufe 533,– DM alte Bundesländer   486,– DM neue Bundesländer
2. Altersstufe 647,– DM alte Bundesländer   588,– DM neue Bundesländer
3. Altersstufe 765,– DM alte Bundesländer   698,– DM neue Bundesländer.

Auf diese Unterhaltsbeträge ist das Kindergeld anzurechnen.
Das vereinfachte Verfahren zur Unterhaltsfestsetzung wird meistens durch einen Elternteil gegen den anderen „im Namen" des unterhaltsberechtigten Kindes geführt.
Schwebt eine Ehesache zwischen beiden Eltern oder leben sie getrennt, kann der Elternteil, in dessen Obhut sich das minderjährige Kind befindet, den Antrag nur im eigenen Namen als **Prozeßstandschafter** gem. § 1629 III S. 1 BGB stellen. Wird Unterhalt für ein nichteheliches Kind geltend gemacht, hinsichtlich dessen beide Eltern gemeinsam das

Sorgerecht haben (§ 1626 a I Nr. 1 BGB), hat der Elternteil, in dessen Obhut sich das Kind befindet, den Antrag als **gesetzlicher Vertreter des Kindes** gem. § 1629 II S. 2 BGB zu stellen. Ist der Elternteil, bei dem sich das Kind befindet, allein sorgeberechtigt, wird er ebenfalls als gesetzlicher Vertreter des Kindes tätig; das minderjährige Kind ist also selbst aktiv legitimiert. Das ist der Fall, wenn das Sorgerecht auf diesen Elternteil nach §§ 1626, 1671 BGB allein übertragen wurde oder keine gemeinsame Sorgerechtserklärung hinsichtlich des nichtehelichen Kindes vorliegt (vgl. § 1626 a II BGB). Wurde dem Kind Unterhaltsvorschuß oder Sozialhilfe gewährt (§ 7 UVG; § 90 BSHG), ist **das Land** Antragsteller. Darauf weist § 646 I Nr. 10 ZPO hin.

3. Anpassung von Unterhaltsrenten

324 Da ein minderjähriges Kind gem. § 1612 a I BGB den Unterhalt als Vomhundertsatz eines oder des jeweiligen Regelbetrages nach der Regelbetragsverordnung verlangen kann und diese Regelbeträge sich erstmals zum 1. Juli 1999 und danach zum 1. Juli jeden zweiten Jahres verändern (§ 1612 IV BGB), ist für einen jetzt zu titulierenden Kindesunterhalt, der über die Zeit vom 1. 7. 1999 hinausgeht, der Unterhaltsbetrag als **Vomhundertsatz der Regelbeträge** auszuwerfen, um eine Titeländerung vermeiden zu können.

Ein am 27. 1. 1989 geborenes Kind erhielte bei der Geltendmachung des Regelbetrages ab 1. 3. 1997 folgenden Titel, wobei nach der Düsseldorfer Tabelle ein Monatsbetrag von 480,– DM für die zweite und von 565,– DM für die dritte Altersstufe zugrunde gelegt werden soll (Einkommensgruppe 3) sowie ein monatlicher Kindergeldanteil von 110,– DM bzw. 125,– DM ab 1. 1. 1999 anzurechnen ist:

„Der Antragsgegner wird verpflichtet, an den Antragsteller monatlich im voraus folgenden Unterhalt zu zahlen:
vom 1. 3. 1997–31. 12. 1998 370,– DM,
vom 1. 1. 1999–30. 6. 1999 440,– DM und
vom 1. 7. 1999 an 112,5 % des jeweiligen Regelbetrages der dritten Altersstufe abzüglich 125,– DM Kindergeldanteil."

325 Übersteigt der Kindesunterhalt 150 % des Regelbetrages vor Anrechnung des Kindergeldes oder vergleichbarer Leistungen, kann das Kind seinen Unterhalt bis zum Bruttogrenzbetrag von 150 % im vereinfachten Verfahren festsetzen lassen und den darüber hinausgehenden Rest einklagen. Diese Möglichkeit ergibt sich aus § 654 ZPO. Übersteigt der Kindesunterhalt den Grenzbetrag von 150 % nicht, kann der Antragsteller (meistens die Mutter als gesetzliche Vertreterin bzw. in der Prozeßstandschaft des § 1629 III BGB) nach seiner Wahl einen **Antrag im vereinfachten Verfahren** stellen oder **Unterhaltsklage** (Hauptsacheklage) erheben. Diese Klagemöglichkeit kann dem Kind deswegen nicht verwehrt werden, weil das vereinfachte Verfahren bei Widerspruch einer der beiden Parteien gem. § 651 ZPO zum **streitigen Verfahren** wird und damit zu keiner abschließenden Regelung im vereinfachten Verfahren führt. Hierzu reicht bereits ein Antrag aus, der der Fortführung des vereinfachten Verfahrens widerspricht.

Ist dem Kind die eingeschränkte Leistungsfähigkeit des Antragsgegners bekannt, kann es auch einen unter dem Regelbetrag liegenden Unterhalt geltend machen.[1]

4. Erstmalige Unterhaltsfestsetzung i. S. d. § 645 II ZPO

326 Nach dieser Vorschrift findet das vereinfachte Verfahren nicht statt, soweit über den Unterhaltsanspruch des Kindes **ein Gericht** bereits (auch zurückweisend) **entschieden** hat, ein gerichtliches Verfahren derzeit anhängig ist oder ein **zur Zwangsvollstreckung geeigneter Schuldtitel** errichtet worden ist. Ist jedoch nur ein Antrag im vereinfachten Verfahren nach § 646 II ZPO zurückgewiesen worden, kann der Antrag auf Durchführung des vereinfachten Verfahrens wiederholt werden. Auch ein bloßer Auskunftsklaganspruch, der vorausgegangen war oder noch anhängig ist, bildet kein Hindernis für das

---
[1] BT-Drucks. 13/9596, S. 52

6. Abschnitt: Das vereinfachte Verfahren über den Unterhalt Minderjähriger § 8

vereinfachte Verfahren.[2] Nicht hinderlich ist auch eine als unzulässig verworfene Unterhaltsklage, weil sie keine Sachentscheidung über den Kindesunterhalt bedeutet. Ein vom Antragsgegner erst nach Einleitung des vereinfachten Verfahrens beim Jugendamt errichteter Titel nach § 59 I Nr. 9 SGB VII hat auf die Zulässigkeit keinen Einfluß.[3]

Allerdings gilt § 645 II ZPO nicht, wenn gegen eine andere Person als den nicht betreuenden Elternteil Kindesunterhalt geltend gemacht wird. Das vereinfachte Unterhaltsverfahren ist somit weiterhin möglich, wenn sich die Barunterhaltsklage des minderjährigen Kindes gegen den die Obhut ausübenden Elternteil richtet oder wenn Unterhalt gegen nachrangige Dritte (§ 1607 BGB) gefordert wird. Befindet sich das Kind bei keinem Elternteil, sondern bei einer dritten Person, kann es im vereinfachten Verfahren auch **gegen beide Eltern** seine Unterhaltsansprüche (anteilig entsprechend den jeweiligen Einkünften, § 1606 III S. 1 BGB) einklagen.

Wird nach Einleitung des vereinfachten Verfahrens ein anderes gerichtliches Unterhaltsverfahren anhängig, ändert dies nichts an der Zulässigkeit des vereinfachten Verfahrens (insoweit wirkt die perpetuatio fori des § 261 III Nr. 2 ZPO).

5. Formalien, Kosten, Streitwert und PKH

Der Inhalt des Antrags ergibt sich aus § 646 I Nr. 1–11 ZPO. Dabei können auch **Unterhaltsrückstände** oder **zeitlich befristete Ansprüche** geltend gemacht werden. Ist für bestimmte Zeiten eine Überleitung auf die Sozialbehörde erfolgt, kann auch dieser Rechtsträger den Antrag im vereinfachten Verfahren stellen. 327

Gem. § 659 ZPO sind hierfür **Vordrucke** eingeführt, derer sich die Parteien bedienen müssen (§ 659 II ZPO).

Kommt es zur Entscheidung über den Antrag, fällt eine **halbe Gerichtsgebühr** gem. GKG-KV Nr. 1800 an. Dies gilt nicht bei einer einverständlichen Teilbeschlußfassung nach § 650 S. 2 ZPO (soweit sich der Antragsgegner nämlich selbst zu Unterhaltsleistungen verpflichtet) und dann nicht, wenn der Antrag vor der Entscheidung zurückgenommen worden ist oder hierüber ein Vergleich geschlossen wurde. Schließt sich das streitige Verfahren nach § 651 ZPO an, erwächst die **dreifache Verfahrensgebühr** des GKG-KV Nr. 1201. Nach § 651 V ZPO ist die halbe Gerichtsgebühr aus Nr. 1800 hierauf anzurechnen.

Für den Rechtsanwalt fällt eine **volle Rechtsanwaltsgebühr** nach § 44 I S. 1 Nr. 1 BRAGO an. Diese Gebühr ist auf die Prozeßgebühr anzurechnen (§ 44 II S. 1). Schließt sich das streitige Verfahren nach § 651 ZPO an, erwachsen hierfür die normalen Gebühren der §§ 31 ff BRAGO.

Zum **Streitwert** gilt folgendes: Wird kein dynamisierter Vomhundertsatz des Regelbetrages gem. § 1612 a BGB geltend gemacht, sondern nur ein statischer Monatsbetrag, ist der für die ersten 12 Monate nach Einreichung der Klage oder des Antrags geforderte Betrag maßgeblich. Dies entspricht § 15 GKG i.V. m. § 17 I S. 1 GKG. Wird der dynamisierte Unterhalt nach § 1612 a BGB geltend gemacht, ist der im Zeitpunkt der Einreichung der Klage oder des Antrags maßgebende Regelbetrag unter Berücksichtigung der dann geltenden Altersstufe zugrunde zu legen (§ 17 I S. 2 GKG). Die gem. § 1612 b BGB oder nach § 1612 c BGB anzurechnenden Kindergeldbeträge oder sonstigen Leistungen sind streitwertmäßig abzuziehen. Beiden Parteien kommt es nämlich nicht darauf an, die Höhe des Ausgangsbetrages festzustellen; vielmehr interessiert sie – nach Berücksichtigung aller anzurechnenden Leistungen –, was letztendlich an Unterhalt konkret geschuldet ist bzw. verlangt werden kann. Somit kommt den Abzugspositionen der §§ 1612 b, c BGB keine eigenständige Streitwertfunktion zu. 328

Auch das vereinfachte Unterhaltsverfahren ist – für beide Parteien – der **Prozeßkostenhilfe** zugänglich. Wird hierbei das minderjährige Kind von dem betreuenden Elternteil gesetzlich vertreten, ist die Bedürftigkeit des vertretenen Kindes maßgebend. Bei 329

---

[2] Begründung zum Regierungsentwurf des KindUG, BT Drucks. 13/7338, S. 38
[3] Gerhardt, FuR 1998, 145; Schulz, FuR 1998, 385

der **Prozeßstandschaft gem. § 1629 III BGB** soll teilweise hinsichtlich der persönlichen und wirtschaftlichen Verhältnisse die Bedürftigkeit des Kindes maßgebend sein, da der Prozeßstandschafter den Rechtsstreit im Interesse des Kindes führe.[4] Mehr dem Wortlaut des § 114 ZPO (Partei) entspricht es aber, die **Einkommenslage des klagenden Elternteils** zugrunde zu legen.[5] Da im übrigen das vereinfachte Verfahren ohnedies – was die Antragstellung anbelangt – auf die Minderjährigkeit des Kindes beschränkt ist, bedarf es nach Volljährigkeit des Kindes keiner erneuten Überprüfung der persönlichen und wirtschaftlichen Verhältnisse des nun im Unterhaltsverfahren allein aktiv legitimierten Kindes.

330   Der **Beiordnung eines Anwaltes** wird es deswegen wohl selten bedürfen, weil man sich nach Nr. 5 und 7 der Ausfüllungshinweise des amtlichen Merkblatts von einer zur Rechtsberatung zugelassenen Person oder Stelle beraten lassen kann.

Prozeßkostenhilfeanträge im vereinfachten Verfahren werden deswegen relativ selten Aussicht auf Erfolg haben, weil die **Kosten der Prozeßführung** der Partei häufig vier Monatsraten und die aus dem Vermögen aufzubringenden Teilbeträge nicht übersteigen (§ 115 III ZPO).

Da für das vereinfachte Verfahren kein Gebührenvorschuß einzubezahlen ist, wird ein PKH-Verfahren nicht vorgeschaltet, sondern neben dem vereinfachten Verfahren geführt.[6]

6. Zurückweisung des Antrags

331   Entspricht der Antrag nicht den in § 646 I ZPO genannten Anforderungen und den in § 645 ZPO bezeichneten Voraussetzungen, ist er vom Rechtspfleger zurückzuweisen. Das gilt z. B., wenn der geforderte Unterhalt 150 % des Regelbetrages übersteigt oder das Kind inzwischen im Haushalt des Antragsgegners lebt, nicht mehr minderjährig ist oder es sich bei der vom Kind geforderten Leistung um keine Unterhaltsrente, sondern um einen Zahlungsanspruch aus Schadensersatz oder Vertrag handelt. Wird allerdings das Kind im Laufe des vereinfachten Verfahrens volljährig, bleibt dieses Verfahren weiterhin zulässig; es ist dabei unschädlich, wenn auch über die Volljährigkeit hinaus der Regelunterhalt tituliert wird (vgl. § 798 a ZPO).[7] Die Zurückweisung ist nicht anfechtbar (§ 646 II S. 3 ZPO). Der **Zurückweisungsbeschluß** ist zu begründen, damit sich der Antragsteller mit der **Erinnerung** gegen die Zurückweisung wehren kann (§ 11 I RPflG). Der Beschluß enthält keine Kostenentscheidung, weil kein Gegner vorhanden ist, dessen Kosten erstattet werden müßten. Im Falle der Zurückweisung des Antrags ist der (unzulässige) Antrag dem Antragsgegner nicht mehr zuzustellen. Allerdings ist der Zurückweisungsbeschluß wegen der befristeten Anfechtungsmöglichkeit dem Antragsteller förmlich zuzustellen (§ 329 II S. 2 ZPO). Infolge der Neufassung des RPflG (BGBl. 1998 I, 2030) ist **keine befristete Erinnerung** an den Richter gem. § 11 II S. 1 RPflG möglich, der dieser abhelfen kann.

Alternativ hierzu kann der Antragsteller aber auch einen neuen und verbesserten Antrag einreichen oder nunmehr Klage auf Kindesunterhalt erheben. Sein Antrag auf Prozeßkostenhilfe für das vereinfachte Verfahren kann nicht mit dem Argument zurückgewiesen werden, es möge eine einstweilige Verfügung oder ein Prozeßkostenhilfegesuch für eine beabsichtigte Hauptsacheklage nach § 621 INr. 4, 5 oder 11 ZPO eingereicht werden. Sonst nämlich würde die freie Rechtswahl des Unterhaltsgläubigers beeinträchtigt.

---

[4] OLG Dresden, FamRZ 1997, 1287
[5] OLG Köln, FamRZ 1993, 1472; OLG Karlsruhe, FamRZ 1988, 636
[6] Schulz, FuR 1998, 385
[7] A. A. Schulz, aaO: Der Unterhalt könne nur für die Zeit der Minderjährigkeit festgesetzt werden

6. Abschnitt: Das vereinfachte Verfahren über den Unterhalt Minderjähriger §8

7. Verbindung mehrerer Verfahren

Machen **mehrere Kinder** eines Unterhaltsschuldners (auch aus verschiedenen Verbindungen des Antragsgegners) ihren Unterhalt im vereinfachten Verfahren geltend machen, können die einzelnen Verfahren gem. § 646 III ZPO miteinander verbunden werden. Es handelt sich hierbei um den Fall einer **subjektiven Klagehäufung**. Eine gleichzeitige Entscheidung über alle Anträge ist nicht erforderlich. 332

Allerdings ist eine **Verbindung mehrerer Verfahren** auch dann angezeigt, wenn die Unterhaltsgläubiger Unterhalt für unterschiedliche Zeiträume geltend machen, oder aber von einem Kind nur ein zeitlich begrenzter Unterhaltsrückstand geltend gemacht, vom anderen Kind der laufende, künftige Unterhalt gefordert wird. Die Verbindung dieser mehreren Verfahren ist schon deshalb erforderlich, um dem Unterhaltsschuldner zu ermöglichen, seine mangelnde Leistungsfähigkeit aufgrund der Gesamtheit der gegen ihn erhobenen Unterhaltsansprüche geltend zu machen.

8. Mitteilung an Antragsgegner

Ist das vereinfachte Verfahren zulässig, so erfolgt gem. § 647 ZPO die **Zustellung des Antrags** oder einer Mitteilung über seinen Inhalt an den Antragsgegner, wobei eine Vielzahl von Hinweisen vorgeschrieben ist. Diese lassen sich § 647 I Nr. 1–4 ZPO entnehmen. Nach § 329 II S. 2 ZPO ist der Antrag zuzustellen; ab diesem Zeitpunkt läuft die Monatsfrist, innerhalb deren der Antragsgegner Einwendungen erheben kann (§ 647 I Nr. 2 ZPO). Gem. § 647 II i.V.m. § 270 III ZPO wird die Verjährung des Unterhaltsanspruchs bereits durch die Einreichung des Festsetzungsantrags unterbrochen, wenn dieser demnächst zugestellt wird. Ist aber der Festsetzungsantrag unvollständig und wird er erst nach entsprechendem Hinweis (§ 646 II S. 2 ZPO) nachgebessert, erfolgt die Zustellung an den Gegner nicht mehr demnächst i. S. d. des § 270 III ZPO. 333

> **Beispiel** für die Mitteilung an den Antragsgegner:
> „Ihr Sohn Wolfgang fordert von Ihnen ab 1. 11. 1998 Kindesunterhalt im vereinfachten Verfahren, nachdem Sie von ihm am 28. 11. 1998 aufgefordert worden sind, Auskunft über Ihre Einkünfte und Ihr Vermögen zu erteilen. Nach Angaben Ihres Sohnes belaufen sich Ihre monatlichen Nettoeinkünfte auf DM 4500,–. Ihrem Sohn Wolfgang steht daraus 150 % des Regelbetrages als Unterhalt zu. Wolfgang ist am 20. 3. 1993 geboren. Sein Unterhalt richtet sich bis einschließlich Februar 1999 nach der ersten Altersstufe des § 1612 III BGB und beträgt somit monatlich DM 524,– (alte Bundesländer; 150 % von 329,– DM monatlich). Ab März 1999 befindet sich Ihr Sohn in der zweiten Altersstufe. Dann beträgt der Unterhalt monatlich DM 636,– (alte Bundesländer; 150 % von 424,– DM monatlich). Es wird bereits jetzt darauf hingewiesen, daß sich die Regelbeträge zum 1. 7. 1999 erneut ändern. Das der Mutter Ihres Sohnes ausbezahlte Kindergeld beläuft sich bis einschließlich Dezember 1998 auf monatlich 220,– DM, ab Januar 1999 auf monatlich 250,– DM. Die Hälfte hiervon, nämlich 110,– DM bzw. 125,– DM werden auf den Unterhalt angerechnet. Sie schulden daher Ihrem Sohn Wolfgang vom 1. 11. 1998 bis 31. 12. 1998 monatlich 414,– DM, vom 1. 1. 1999 bis 28. 2. 1999 monatlich 399,– DM und ab 1. 3. 1999 monatlich 511,– DM. Ab 1. 7. 1999 beläuft sich der Monatsbetrag auf DM 522,–. Hierüber kann ein Festsetzungsbeschluß auf Antrag Ihres Sohnes Wolfgang ergehen, aus dem er anschließend die Zwangsvollstreckung betreiben kann, wenn Sie nicht innerhalb eines Monats unter Benutzung des beigelegten Vordruckes Einwendungen nach § 648 I, II ZPO wie folgt erheben, wobei diese Einwendungen so lange berücksichtigt werden können, wie der Festsetzungsbeschluß noch nicht ergangen ist (§ 648 III ZPO)."

9. Einwendungen des Antragsgegners

Nach § 648 ZPO ist zwischen **zwei Gruppen von Einwendungen** des Antragsgegners zu unterscheiden: Erhebt dieser die in Absatz 1 aufgezählten Einwendungen, überprüft sie der Rechtspfleger darauf, ob sie nach der Darstellung des Antragsgegners begründet sind. Stellt er dies positiv fest, teilt er dieses Titulierungshindernis dem Antragsteller mit und setzt auf Antrag des Gesuchstellers den Unterhalt in dem Umfang durch Beschluß 334 fest, in dem ihn der Antragsgegner zugestanden hat (§ 650 ZPO). Kommt der Rechtspfleger zum Ergebnis, daß die Einwendungen des Abs. 1 nicht begründet sind, weist er sie im Festsetzungsbeschluß zurück (§ 648 I S. 3 ZPO).

Erhebt der Antragsgegner die in Abs. 2 erwähnten Einwendungen, prüft der Rechtspfleger nur ihre Zulässigkeit. Stellt er diese fest, verfährt er erneut nach § 650 ZPO.

Der Antragsgegner kann folgende formale (zulässige) Einwendungen nach § 648 I ZPO geltend machen:
– die Unzulässigkeit des vereinfachten Verfahrens,
– die Rüge des Zeitpunktes, von dem an Unterhalt gezahlt werden soll,
– Rügen zur unrichtigen Berechnung des Unterhalts der Höhe nach, nämlich die Rüge der Anwendung einer falschen Altersstufe oder eines unrichtigen Regelbetrages,
– die Rüge der Nicht- oder mangelhaften Anrechnung von Kindergeld oder kindbezogener Leistungen,
– die Rüge, daß der Unterhalt höher als beantragt festgesetzt worden ist,
– Einwendungen zur Kostentragungspflicht bei sofortigem Anerkenntnis.

335 **Nicht begründete Einwendungen** nach § 648 I S. 1 Nr. 1 und 3 ZPO weist der Rechtspfleger mit dem Festsetzungsbeschluß zurück, desgleichen auch eine Einwendung nach S. 1 Nr. 2, wenn ihm diese nicht begründet erscheint (§ 648 I S. 3 ZPO).

Nicht begründet sind die Einwendungen dann, wenn der Unterhaltsschuldner keine Tatsachen behaupten kann, die zur Unzulässigkeit des vereinfachten Verfahrens führen (es besteht bereits ein Unterhaltstitel, den der Unterhaltsschuldner vorlegt, oder das Kind war bei Antragstellung bereits volljährig, was der Schuldner durch Vorlage einer Geburtsurkunde nachweist).

Unbegründet sind die Einwendungen auch dann, wenn das tatsächliche Vorbringen nicht schlüssig ist.[8]

Einwendungen zur Höhe des Unterhalts sind demnach dann begründet, wenn der Unterhaltsschuldner nachweist, daß eine falsche Altersstufe infolge unrichtigen Geburtsdatums des Kindes angewandt wurde, oder aber der Antragsteller übersehen hat, das ab 1.1. 1999 maßgebliche Kindergeld anteilig anzurechnen. Bei der Prüfung des Rechtspflegers, ob die Behauptungen des Antragsgegners begründet und erheblich sind, ist nicht zu prüfen, ob der Antragsteller sie zugesteht oder ob sie wahr sind.

Einwendungen des § 648 I Nr. 2 ZPO, nämlich hinsichtlich des Zeitpunktes, von dem an Unterhalt gezahlt werden soll, weist der Rechtspfleger bereits dann zurück, wenn diese nicht begründet erscheinen. Hier braucht somit der Rechtspfleger nicht davon überzeugt zu sein, daß der Antragsgegner keine Mahnung erhalten hat. Er kann diese Einwendungen auch dann zurückweisen, wenn er es eher für wahrscheinlich hält, daß die Mahnung dem Unterhaltsschuldner auch zugegangen ist.[9]

336 Macht der Antragsgegner die **Einwendungen des § 648 I S. 2 ZPO** geltend, daß er deswegen die Verfahrenskosten nicht zu tragen habe, weil er keinen Anlaß zur Stellung des Antrags gegeben habe, und erweist sich diese Einwendung nicht als begründet, erfolgt keine Zurückweisung (vgl. § 648 I S. 3 ZPO); vielmehr entscheidet der Rechtspfleger im Rahmen der Unterhaltsfestsetzung, ob dem Antragsgegner – in der Regel – die Verfahrenskosten gem. § 91 I S. 1 ZPO aufzuerlegen sind oder ob sie – ausnahmsweise – nach den Vorschriften der §§ 648 I S. 2 i.V.m. mit 93 ZPO vom Antragsteller zu tragen sind.

Daneben gibt es weitere **Einwendungen** gem. § 648 II ZPO **aus materiellem Recht**. Im vereinfachten Verfahren wird über sie aber endgültig nicht entschieden, sondern nur darüber, ob sie zulässig erhoben sind. Das sind sie nur dann, wenn der Antragsgegner mit ihnen zugleich erklärt, inwieweit er zur Unterhaltsleistung bereit ist und daß er sich diesbezüglich zur Erfüllung des Unterhaltsanspruchs verpflichtet. In diesem Zusammenhang kann der Antragsgegner auch die Erklärung abgeben, keinen Unterhalt zahlen zu wollen, da er insgesamt leistungsunfähig sei. Den **Einwand der Erfüllung** kann der Antragsgegner nur erheben, wenn er zugleich erklärt, inwieweit er geleistet hat und daß er sich ver-

---
[8] Vgl. BT-Drucks. 13/7338, S. 40
[9] Vgl. BT-Drucks. 13/7338, S. 58

6. Abschnitt: Das vereinfachte Verfahren über den Unterhalt Minderjähriger § 8

pflichtet, einen darüber hinausgehenden Unterhaltsrückstand zu begleichen. Den Einwand eingeschränkter oder fehlender **Leistungsfähigkeit** kann der Antragsgegner nur erheben, wenn er zugleich unter Verwendung des eingeführten Vordrucks Auskunft über seine Einkünfte, sein Vermögen und seine persönlichen und wirtschaftlichen Verhältnisse im übrigen erteilt und über seine Einkünfte (nicht über das Vermögen) Belege vorlegt.

Nach dem Gesetzeswortlaut besteht eine Belegpflicht nur hinsichtlich des Einkommens, nicht auch hinsichtlich berücksichtigungsfähiger Abzugsposten wie berufsbedingte Aufwendungen, eheprägende Schulden, Vorsorgeaufwendungen, unvermeidbar überhöhte Mietkosten.[10]

Sind die **Einwendungen** des Antragsgegners **unvollständig** oder gibt er keine Erklärung dazu, in welchem Umfang er Unterhalt zahlen will, bleiben die Einwendungen des § 648 II ZPO unberücksichtigt mit der Folge des alsbald ergehenden **Festsetzungsbeschlusses gem. § 649 I ZPO**. Dem Antragsgegner bleibt aber freigestellt, im Wege der Korrekturklage nach § 654 ZPO die im Rahmen des § 648 II ZPO nicht berücksichtigte Einwendung erneut geltend zu machen. 337

Beispiele für unzulässige Einwendungen:
– Der Antragsgegner trägt nur vor, er sei leistungsunfähig, ohne hierüber Auskünfte zu erteilen.
– Der Antragsgegner hat zwar über seine Einkünfte, sein Vermögen und seine persönlichen und wirtschaftlichen Verhältnisse vollständig Auskunft erteilt, zu seinem Einkommen aber keine Belege vorgelegt.
– Der Antragsgegner erklärt, es möge sofort das streitige Verfahren nach § 651 I S. 1 ZPO durchgeführt werden.

Die Einwendungen sind über die **Monatsfrist** des § 647 I Nr. 2 ZPO hinaus bis zur Verfügung des Festsetzungsbeschlusses zu berücksichtigen (§ 648 III ZPO). Der Festsetzungsbeschluß ist dann verfügt, wenn ihn der Rechtspfleger unterzeichnet und damit wirksam gemacht hat. Nicht entscheidend ist, wann er durch die Kanzlei geschrieben oder durch die Geschäftsstelle ausgefertigt worden ist. Ferner ist auch nicht der Zeitraum maßgebend, zu dem der Beschluß den Gerichtsbereich verläßt. Allerdings wartet der Rechtspfleger die nach § 647 I S. 2 Nr. 2 ZPO gesetzte Monatsfrist ab, da möglicherweise der Antragsgegner innerhalb dieser Frist weitere Einwendungen nachschiebt, die möglicherweise begründet sind.

10. Folgen der Einwendungen

Ist die gem. § 648 I Nr. 1 ZPO statthafte Einwendung zur Zulässigkeit des vereinfachten Verfahrens begründet, wird der Antrag zurückgewiesen (§ 646 II, § 645 ZPO). 338

Sind die Einwendungen gem. § 648 I Nr. 2 und 3 begründet, so führt dies zum Verfahren nach § 650 ZPO und zu einem etwaigen **Teilbeschluß des § 650 S. 2 ZPO**. Sind die Einwendungen unbegründet, stehen sie dem Festsetzungsbeschluß des § 649 ZPO nicht entgegen, vielmehr werden sie in ihm zurückgewiesen (§ 648 I S. 3 ZPO).

Andere Einwendungen nach materiellem Recht gem. § 648 II ZPO stehen dem Festsetzungsbeschluß gem. § 649 ZPO nicht entgegen, wenn sie unzulässig erhoben wurden, somit der seine Leistungsfähigkeit verneinende Antragsgegner keine Auskunft erteilt hat. Zulässig erhobene Einwendungen führen zum Verfahren nach § 650 ZPO, damit möglicherweise zu einem Teilbeschluß.

Der **Entscheidung des Rechtspflegers** ist – nach dessen Ermessen – eine mündliche Verhandlung vorausgegangen, sofern keine Entscheidung im schriftlichen Verfahren erfolgte. Ähnlich wie bei § 118 I S. 3 ZPO wird das Gericht dann eine mündliche Verhandlung anberaumen, wenn eine Vergleichsregelung absehbar ist. Wird in der nicht öffentlichen Verhandlung ein Vergleich geschlossen, kann dieser auch den Höchstbetrag von 150 % des Regelunterhalts überschreiten, da insoweit die Parteien nicht gehindert sind, höheren Unterhalt zu vereinbaren, als dieser im Wege des vereinfachten Verfahrens fest-

---

[10] Gerhardt, aaO, S. 146

gesetzt werden kann. Anerkennt der Antragsgegner einen über 150 % hinausgehenden Unterhaltsbetrag, ergeht sog. **Anerkenntnisbeschluß**, der einen vergleichbaren Titel darstellt wie der ohne mündliche Verhandlung ergangene normale Festsetzungsbeschluß des § 649 ZPO.

11. Der Festsetzungsbeschluß gem. § 649 ZPO

339   Sofern der Unterhaltsschuldner innerhalb der Monatsfrist keine oder bis zum Erlaß des Festsetzungsbeschlusses nur unzulässige Einwendungen nach § 648 ZPO erhebt, setzt der Rechtspfleger den verlangten Unterhalt in vollem Umfang sowie die bis zu diesem Zeitpunkt entstandenen, erstattungsfähigen Verfahrenskosten durch **Festsetzungsbeschluß** nach § 649 I ZPO fest.

In dem Beschluß ist auszusprechen, daß der Antragsgegner den festgesetzten Unterhalt an den Unterhaltsberechtigten zu zahlen hat (§ 649 I S. 2 ZPO). Das gilt somit auch dann, wenn der betreuende Elternteil das vereinfachte Verfahren als Prozeßstandschafter i. S. d. § 1629 III BGB betrieben hat. Unzulässig ist daher die Formulierung, daß der Antragsgegner zu Händen der Antragstellerin für das gemeinsame minderjährige Kind folgenden Regelunterhalt zu zahlen habe.[11] Diese Entscheidung kann ohne mündliche Verhandlung ergehen (§ 649 II ZPO).

340   Die **Kostenentscheidung** beruht auf § 91, § 92 oder § 93 ZPO. Sie ergeht gem. § 308 II ZPO von Amts wegen. Hat der Antragsgegner zur Einleitung des vereinfachten Verfahrens keinen Anlaß geboten (§ 648 I S. 2 ZPO), treffen nach § 93 ZPO die Kosten den Antragsteller. Davon ist auszugehen, wenn es der Antragsteller bis zum Erlaß des Feststellungsbeschlusses unterlassen hat, den Antragsgegner zu einer freiwilligen Titelbeschaffung anzuhalten. Dies ist dann der Fall, wenn der Antragsteller es bisher bei einer bloßen Mahnung belassen hat, bei seiner Zahlungsaufforderung keinen konkreten und im einzelnen bezifferten Unterhaltsbetrag genannt hat, oder aber der Antragsgegner sich bereit erklärt hatte, beim Jugendamt einen kostenlosen Vollstreckungstitel nach §§ 59 ff KJHG errichten zu lassen, und zwar in der gleichen Höhe wie den im vereinfachten Verfahren geforderten Unterhaltsbetrag. Hat aber der Antragsgegner bisher freiwillig bezahlt, sich aber einer Titulierung vor dem Jugendamt widersetzt, hat er hiermit Anlaß für die Einleitung des vereinfachten Verfahrens gegeben.

Gem. § 649 III ZPO ist im Festsetzungsbeschluß darauf hinzuweisen, welche Einwendungen mit der **sofortigen Beschwerde** geltend gemacht werden können und unter welchen Voraussetzungen eine Abänderung im Wege der Klage nach § 654 ZPO verlangt werden kann. Dazu ist es erforderlich, die unterschiedlichen Fristen (2 Wochen bzw. 1 Monat) anzugeben und auf die Möglichkeit der Einlegung der sofortigen Beschwerde zu Protokoll der Geschäftsstelle des Familiengerichts hinzuweisen (§ 569 II S. 2 ZPO).

Gem. GKG-KV Nr. 1800 fällt für den Festsetzungsbeschluß nach § 649 ZPO eine **halbe Gerichtsgebühr** an. Dies gilt nicht, sofern der Festsetzungsantrag zurückgenommen oder ein Vergleich protokolliert wird. Der **Streitwert** bestimmt sich nach § 17 I GKG. Hinsichtlich angefallener **Rückstände** gilt nichts besonderes. Sie werden nach § 17 IV GKG berechnet. Dies ergibt sich aus § 17 IV S. 3 GKG.

Gem. § 44 I Nr. 1 BRAGO fällt für das vereinfachte Verfahren bis zum Festsetzungsbeschluß gem. § 649 ZPO eine **volle Gebühr** an. Diese Gebühr wird auf die Prozeßgebühr angerechnet, die der Rechtsanwalt im nachfolgenden Rechtsstreit gem. § 651 ZPO erhält (§ 44 II S. 1 BRAGO).

12. Rechtsmittel

341   Gem. § 652 I ZPO steht den Parteien gegen den Festsetzungsbeschluß die **sofortige Beschwerde** zu, gleichgültig, ob es sich um einen Festsetzungsbeschluß nach § 649 I ZPO oder jenen nach § 650 S. 2 ZPO handelt. Mit der sofortigen Beschwerde können

---

[11] Vgl. OLG Hamm, FamRZ 1990, 1375

6. Abschnitt: Das vereinfachte Verfahren über den Unterhalt Minderjähriger § 8

nur die in § 648 I ZPO genannten Einwendungen, die Zulässigkeit von Einwendungen nach § 648 II ZPO sowie die Unrichtigkeit der Kostenfestsetzung geltend gemacht werden.

Zulässige Anfechtungsgründe sind somit
- die Unzulässigkeit des vereinfachten Verfahrens (§ 648 I Nr. 1 ZPO),
- die fehlerhafte Berechnung des Unterhalts nach Zeitraum und Höhe (§ 648 I Nr. 2 und 3 ZPO),
- die Zurückweisung von zulässig erhobenen anderen Einwendungen des § 648 II ZPO sowie
- eine unrichtige Kostenfestsetzung (§ 649 I S. 3 ZPO); hierzu gehört auch die Nichtberücksichtigung von § 93 ZPO bei der Kostenregelung gem. § 648 I S. 2 ZPO.

Die sofortige Beschwerde ist **binnen zwei Wochen** beim Familiengericht oder beim Beschwerdegericht (das ist das OLG gem. § 119 I Nr. 2 GVG) einzulegen (§ 577 II ZPO). Der Rechtspfleger darf dem Rechtsmittel nicht abhelfen (§ 577 II, III ZPO, § 11 RPflG). Eine weitere Beschwerde ist ausgeschlossen (§ 567 IV S. 1 ZPO). Betrifft das Rechtsmittel nur den Kostenpunkt und ist die **Beschwerdesumme** des § 567 II ZPO (200 DM) nicht erreicht, findet statt der sofortigen Beschwerde nach der Neufassung des § 11 I und II RPflG (BGBl. 1998, I, 2030) die Erinnerung statt, der Rechtspfleger abhelfen kann (§ 11 II S. 2 RpflG). Hilft er nicht ab, entscheidet der Familienrichter als letzte Instanz. 342

Nach § 652 II ZPO können die Parteien nicht nur die **Unrichtigkeit der Kostenfestsetzung** geltend machen, sondern jeder von ihnen auch die **Kostengrundentscheidung** angreifen, da die Grundlage der Kostenfestsetzung der Kostenausspruch ist.[12]

Da die sofortige Beschwerde selbst nur auf die in § 652 II ZPO genannten Beschwerdegründe gestützt werden kann und es sich hierbei um Einwendungen handelt, die im Vorverfahren der Antragsgegner erheben konnte, wird teilweise vertreten,[13] nur der Antragsgegner allein könne die den Einwendungen entsprechenden Beschwerdegründe geltend machen. Dem ist allerdings entgegenzuhalten, daß neben der Rüge der unrichtigen Kostenfestsetzung oder der Nichtberücksichtigung von § 93 ZPO dem Antragsteller auch die Möglichkeit zustehen muß, die fehlerhafte Berechnung des Unterhalts nach Zeitraum und Höhe gem. § 648 I Nr. 2 und 3 ZPO geltend zu machen, und zwar dann, wenn zu seinem Nachteil entschieden worden ist.

Allerdings können mit der sofortigen Beschwerde nur **formelle Fehler** des Rechtspflegers gerügt werden. Eine **materielle Überprüfung** des Unterhalts findet über § 652 ZPO nicht statt. Hierfür ist die Klage des § 654 ZPO vorgesehen. 343

Werden im Beschwerdeverfahren nach § 652 ZPO zum ersten Mal – als Beschwerdegründe – die entsprechenden Einwendungen nach § 648 ZPO erhoben, sind dem Beschwerdeführer die Kosten des Beschwerdeverfahrens auch für den Fall aufzuerlegen, daß seine Beschwerde Erfolg hat (§ 97 II ZPO).

Werden zulässige Einwendungen nicht vorgebracht, ist die sofortige Beschwerde insgesamt als unzulässig zu verwerfen. Sind neben **unzulässigen Einwendungen** auch zulässige Einwendungen geltend gemacht worden, ist das Rechtsmittel nur zum Teil als unzulässig zu verwerfen; die unzulässigen Einwendungen können im Wege der Abänderungsklage nach § 654 ZPO geltend gemacht werden.

Soweit der Antragsteller – im Gegensatz zum Antragsgegner – keine weiteren Einwendungen nach § 648 ZPO erheben kann, ist seine sofortige Beschwerde unzulässig. Ihm bleibt aber die Möglichkeit, im Rahmen der Anhörung nach § 646 II ZPO **Anspruchsverbesserungen** vorzunehmen, einen neuen Festsetzungsantrag gem. § 645 ZPO einzureichen, ins **Unterhaltsklagverfahren** überzugehen, oder aber sich die **Korrekturmöglichkeit nach § 654 ZPO** vorzubehalten. Eine Rechtsverkürzung im Rahmen des § 652 ZPO zum Nachteil des Antragstellers ist somit nicht festzustellen.

Im Verfahren über die Beschwerde nach § 652 ZPO fällt gem. GKG-KV Nr. 1905 eine **halbe Gerichtsgebühr** an. Dies bedeutet, daß die Erinnerung gegen die Entscheidung des Rechtspflegers gebührenfrei ist.

---

[12] So Zöller/Philippi, ZPO, 21. Aufl. § 652, Rn 2
[13] So Zöller/Philippi, aaO

Der Rechtsanwalt erhält im Beschwerdeverfahren des § 652 ZPO $^5/_{10}$ der in § 31 BRAGO bestimmten Gebühren, und zwar neben der im Festsetzungsverfahren verdienten Gebühr (§ 61 I Nr. 1 BRAGO).

13. Der Teilbeschluß des § 650 S. 2 ZPO

344   Hat der Antragsgegner Einwendungen erhoben, die nach § 648 I S. 3 ZPO nicht zurückzuweisen oder die nach § 648 II ZPO zulässig sind, setzt das Familiengericht auf Antrag des Antragstellers, soweit sich der Antragsgegner nach § 648 II S. 1, 2 ZPO zur Unterhaltszahlung verpflichtet hat, den Unterhalt durch Beschluß fest.

Diesem Beschluß ist vorausgegangen, daß der Rechtspfleger dem Antragsteller zunächst mitgeteilt hat, daß der Antragsgegner nicht zurückzuweisende Einwendungen i. S. d. § 648 I S. 3 ZPO bzw. zulässige Einwendungen nach § 648 II ZPO erhoben hat (z. B. den **Einwand der Erfüllung,** der **teilweisen oder gänzlichen Leistungsunfähigkeit,** des **Vorranges eines anderen Unterhaltsschuldners,** des vertraglich vereinbarten **Unterhaltsverzichts** für die Vergangenheit oder der **rechtsmißbräuchlichen Geltendmachung**).

Mit dieser Mitteilung weist der Rechtspfleger darauf hin, daß der Unterhalt erst auf einen weiteren Antrag des Antragstellers hin festgesetzt werden kann, und dies auch nur in dem Umfange, in dem sich der Antragsgegner nach § 648 II S. 1 und 2 ZPO zur Zahlung von Unterhalt verpflichtet hat. Da hinsichtlich der restlichen Streitgegenstände auf Antrag einer der Parteien das **streitige Verfahren** durchzuführen ist (§ 651 I S. 1, 2 ZPO), muß sich der Antragsteller genau überlegen, ob er überhaupt einen **Teilbeschluß im vereinfachten Unterhaltsverfahren** ergehen lassen will. Er wird von einer entsprechenden Antragstellung dann absehen, wenn nur ein geringfügiger Unterhaltsbetrag vom Antragsgegner zugestanden ist und im umfangreichen streitigen Verfahren ohnedies alle rechtserheblichen Einwendungen des Antragsgegners (nochmals) im einzelnen zu prüfen sind. Da nämlich der Antragsteller überhaupt den Klageweg oder das vereinfachte Unterhaltsverfahren wählen kann, ist er auch innerhalb des vereinfachten Verfahrens berechtigt, nach der Feststellung von Einwendungen des Antragsgegners von einer Titulierung überhaupt abzusehen, sei dies gem. § 649 ZPO oder nach § 650 ZPO.

Durch die Mitteilung des Rechtspflegers an den Antragsteller, daß der Antragsgegner zu beachtende Einwendungen erhoben habe, wird nach § 651 III ZPO die **6-Monats-Frist** in Gang gesetzt, innerhalb derer der Rechtsstreit als mit der Zustellung des Festsetzungsantrages rechtshängig geworden anzusehen ist. Im Hinblick auf § 329 II S. 2 ZPO ist diese Mitteilung nach § 650 ZPO dem Antragsteller zuzustellen.[14]

14. Das streitige Verfahren des § 651 ZPO

345   Die Anwendung des § 651 ZPO setzt voraus, daß der Antragsgegner Einwendungen erhoben hat, die nach § 648 I S. 3 ZPO nicht zurückzuweisen, oder aber gem. § 648 II ZPO zulässig und daher im Rahmen des § 650 ZPO zu berücksichtigen sind. In das streitige Verfahren kann aber nur auf Antrag einer der beiden Parteien, nicht von Amts wegen, übergegangen werden.

Beantragt eine Partei die **Durchführung des streitigen Verfahrens,** so ist wie nach Eingang einer Klage zu verfahren (§ 651 II ZPO). Der Festsetzungsantrag der §§ 645, 646 ZPO wird automatisch zur Klageschrift, dessen Zustellung nach § 647 I ZPO bedeutet die Zustellung der Klageschrift (§ 253 II ZPO) mit rückwirkender Rechtshängigkeit (§ 651 III ZPO). Die Einwendungen des § 648 ZPO werden als Klageerwiderung i. S. d. § 277 ZPO betrachtet; ein schriftliches Vorverfahren nach § 276 ZPO entfällt. Hat der Rechtspfleger nach Eingang des Antrags, in das streitige Verfahren überzugehen, das vereinfachte Verfahren an die zuständige richterliche Abteilung des Familiengerichts abgegeben, kann der Familienrichter, sofern der Rechtsstreit in einem Termin erledigt werden

---

[14] A. A. BGH, NJW 1977, 717 f für die Aussetzungsfrist des § 620 ZPO

6. Abschnitt: Das vereinfachte Verfahren über den Unterhalt Minderjähriger § 8

kann, einen **frühen ersten Termin** nach § 272 II ZPO anberaumen oder das Verfahren durch vorbereitende Maßnahmen nach §§ 139, 273, 643 ZPO fördern. Entsprechend § 696 IV ZPO kann der Festsetzungsantrag bis zum Beginn der mündlichen Verhandlung des Antragsgegners zur Hauptsache zurückgenommen werden. Mit der Zurücknahme ist die Streitsache als nicht rechtshängig geworden anzusehen (§ 696 IV S. 3 ZPO). Der Festsetzungsantrag kann somit jederzeit wiederholt werden oder auf einen anderen Zeitraum erstreckt werden. Ist der Antrag des § 651 ZPO vor Ablauf von 6 Monaten nach Zugang der Mitteilung nach § 650 ZPO gestellt worden, gilt der Rechtsstreit als mit der Zustellung des Festsetzungsantrags rechtshängig geworden; nach Ablauf der 6 Monate kann der Antrag nicht mehr mit Rückwirkung gestellt werden, vielmehr tritt dann die Rechtshängigkeit erst mit Mitteilung des Antrags auf Durchführung des streitigen Verfahrens an die Gegenseite ein.

Knüpft das streitige Verfahren an einen Teilbeschluß i. S. d. § 650 S. 2 ZPO an, wird im streitigen Verfahren der Festsetzungsbeschluß aufgehoben und der zu titulierende Unterhalt in einem **Gesamtbetrag** bestimmt. Damit wird vermieden, daß für denselben Unterhaltsanspruch zwei Vollstreckungstitel in Form des Teilbeschlusses nach § 650 S. 2 ZPO und eines darüber hinausgehenden Urteils vorliegen. Dieser **einheitliche Titel** kann allerdings nur bei Streitidentität (gleicher Zeitraum des Unterhaltsanspruchs) ergehen. Ein einheitlicher Titel braucht somit dann nicht geschaffen zu werden, wenn der vorangegangene Festsetzungsbeschluß einen anderen Zeitabschnitt als das Urteil betrifft oder es sich hierbei um zeitlich klar abgegrenzte Unterhaltsrückstände handelt.[15]

Die durch das vorangegangene vereinfachte Verfahren entstandenen **Kosten** werden als Teil der Kosten des streitigen Verfahrens behandelt (§ 651 V ZPO). Über die Kosten des vereinfachten Verfahrens darf daher nicht anders entschieden werden als über die des streitigen Prozesses. **Kostenvereinbarungen** sind in beiden aber jederzeit möglich. Kommt es im streitigen Verfahren zu keiner Kostenentscheidung (wegen Rücknahme oder sonstiger Erledigung), muß im vereinfachten Verfahren doch eine **(isolierte) Kostenentscheidung** ergehen. Eine **Gerichtsgebühr** fällt aber nicht an, wenn im vereinfachten Verfahren gar kein Unterhalt festgesetzt worden ist oder nur ein Teilbeschluß gem. § 650 S. 2 ZPO erging (GKG-KV Nr. 1800). 346

Gem. § 44 II S. 1 BRAGO wird **die volle Gebühr** des § 44 I Nr. 1 BRAGO (über einen Antrag auf Festsetzung des Unterhalts nach § 645 I ZPO) auf die Prozeßgebühr angerechnet, die der Rechtsanwalt in dem nachfolgenden Rechtsstreit des § 651 ZPO erhält.

Im streitigen Urteil nach § 651 ZPO selbst wird über die **Kosten** nach §§ 91, 92, 93 ZPO entschieden. Wird das vereinfachte Verfahren in den **Verbund** genommen, soll also über den Kindesunterhalt nur für den Fall der Scheidung entschieden werden, gilt bei Beibehalt des Verbundes für diese Folgesache § 93 a I, II ZPO. Hat ein Unterhaltsschuldner seiner Auskunftspflicht nicht hinreichend genügt und dadurch Anlaß zur Einleitung des Unterhaltsverfahrens geboten, können ihm abweichend von den Vorschriften der §§ 91–93 a und 269 III ZPO die Verfahrenskosten nach billigem Ermessen ganz oder teilweise auferlegt werden (§ 93 d ZPO).

Im übrigen gelten hinsichtlich der Verfahrensausgestaltung für das streitige Verfahren die §§ 253–510 a ZPO, denen die besonderen Regelungen der §§ 642–644 ZPO und der §§ 621–629 d ZPO vorgehen.

15. Regelbetragsunterhalt bei Vaterschaftsfeststellung

Obwohl § 640 c I S. 1 ZPO verbietet, daß eine Kindschaftssache des § 640 I ZPO mit einer Klage anderer Art verbunden wird, kann gem. § 640 c I S. 3 ZPO das Kind gem. § 653 ZPO im Kindschaftsprozeß beantragen, den Vater zum Unterhalt in Höhe der Regelbeträge unter Anrechnung (Erhöhung oder Verminderung) des Kindergeldes zu verurteilen. Allerdings kann im Verfahren nach § 653 ZPO nur der **Regelbetrag**, nicht das Eineinhalbfache, wie im vereinfachten Festsetzungsverfahren, verlangt werden. 347

---

[15] BT-Drucks. 13/7338, S. 42

Nach § 653 I S. 2 ZPO kann das Kind auch einen geringeren Unterhalt verlangen. Dies wird es dann tun, wenn es ansonsten eine Korrekturklage des Vaters gem. § 654 ZPO auf Herabsetzung des Mehrbetrages befürchten müßte.

Allerdings kann die **Unterhaltsklage nach § 653 ZPO** nur mit der **Vaterschaftsfeststellungsklage** des § 640 II Nr. 1 ZPO verbunden werden. Kläger muß daher in jedem Falle das Kind sein.

Ficht somit der Vater gem. § 640 II Nr. 2 ZPO seine Vaterschaft an oder erhebt er eine negative Feststellungsklage auf Nichtbestehen eines Eltern-Kind-Verhältnisses gem. § 640 II Nr. 1 ZPO, kann das Kind als Beklagter dieser Kindschaftssache nicht den Antrag nach § 653 ZPO stellen. In einem solchen Fall kann das Kind nur durch eine **Widerklage auf Feststellung der Vaterschaft** das Unterhaltsverfahren des § 653 ZPO zusätzlich geltend machen.

Abzulehnen ist die Ansicht,[16] mit der Vaterschaftsfeststellungsklage könnten **bezifferte Unterhaltsansprüche** nicht zusammen geltend gemacht werden. Dies kann schon deswegen nicht richtig sein, weil gem. § 653 I S. 2 ZPO das Kind auch einen geringeren Unterhalt als den Regelunterhaltsbetrag verlangen kann und damit in diesem Fall seinen Unterhaltsantrag beziffern muß (§ 253 II Nr. 2 ZPO).

Zeitlich gesehen kann der Unterhaltsantrag sofort mit der Vaterschaftsfeststellungsklage erhoben werden; er ist aber auch **noch in der Berufungsinstanz** hinsichtlich der Kindschaftssache zulässig.

Will das Kind mehr als den Regelbetrag, kann es insgesamt – oder hinsichtlich der Unterhaltsspitze – die **isolierte Unterhaltsklage** erheben. Beschränkt sich die Forderung auf das Eineinhalbfache des Regelbetrages, steht ihm das vereinfachte Unterhaltsfestsetzungsverfahren zur Verfügung. Im übrigen kann das Kind mit der Korrekturklage nach § 654 ZPO einen den Regelbetrag übersteigenden Unterhalt geltend machen, während der Vater dessen Herabsetzung verlangen kann. § 654 ZPO dient somit einer Korrektur des Verfahrens nach § 649 ZPO bzw. jenes nach § 653 ZPO.

348 Das Verfahren gem. § 653 ZPO ist – als Anhängsel zu § 640 II Nr. 1 ZPO – eine **Kindschaftssache**, bei der der Amtsermittlungsgrundsatz gilt (§ 640 I i.V. m. § 616 I ZPO). Dabei bleibt es auch, nachdem der Beklagte seine Vaterschaft gem. § 641 c ZPO anerkannt hat.[17]

Stirbt der beklagte Mann während des Kindschaftsverfahrens, ist dieses, wie auch der Nebenantrag auf Regelunterhalt, erledigt (§§ 640 I, 619 ZPO). Wird nunmehr das Kindschaftsverfahren gem. § 1600 e II BGB als Prozeß der freiwilligen Gerichtsbarkeit fortgesetzt, kann hiermit das Verfahren nach § 653 ZPO nicht verbunden werden. Vielmehr muß nunmehr das Kind den Unterhalt als eigenständige Hauptsache isoliert geltend machen.

Wird in der Berufungsinstanz die erstinstanzliche Vaterschaftsfeststellung aufgehoben, entfällt rückwirkend auch die Verurteilung zum Regelunterhalt. Dies ist deswegen ohne Nachteil für den angeblichen Unterhaltsschuldner, weil gem. § 653 II ZPO vor Rechtskraft des Vaterschaftsfeststellungsurteils die Verurteilung zur Leistung des Unterhalts nicht wirksam ist. Gem. § 708 Nr. 8 ZPO kann daher ein Urteil nach § 653 ZPO nur dann für **vorläufig vollstreckbar** erklärt werden, wenn der Titel zeitlich auf den Zeitraum ab Rechtskraft der Vaterschaftsfeststellungsklage befristet wird.

349 Hinsichtlich des **Streitwertes** gilt folgendes: In der Kindschaftssache selbst ist von einem Wert von 4000 DM auszugehen (§ 12 II S. 3 GKG). Kommt das Unterhaltsverfahren nach § 653 ZPO dazu, wird in der Regel der Anspruch auf Unterhalt den höheren Streitwert darstellen.[18] Dann richtet sich der Wert nach dem **Jahresbetrag** des Regelbetrags **bei Klageeinreichung** mit der damals maßgebenden Altersstufe (§§ 15, 17 I S. 2 GKG). Eine Veränderung des Regelbetrages während des Prozesses soll daher nach einer Ansicht den Streitwert nicht verändern.[19] Dem ist jedoch entgegenzuhalten, daß es sich hierbei um

---

[16] Zöller/Philippi, aaO § 653, Rn 2
[17] BGH, NJW 1974, 751
[18] OLG Karlsruhe, Justiz 1994, 23
[19] Zöller/Philippi, aaO § 653, Rn 7

6. Abschnitt: Das vereinfachte Verfahren über den Unterhalt Minderjähriger § 8

eine **Klageerweiterung** handelt, die grundsätzlich streitwerterhöhend ist. Sonst hätte es nämlich ein Kläger in der Hand, den Streitwert und damit die Kosten zu senken, indem er zunächst nur einen geringeren Unterhalt einklagt und diesen erst im Laufe des Verfahrens erhöht.

Rückstände vor Klageinreichung sind gem. § 17 IV GKG dem Streitwert hinzuzurechnen, wobei der Monat der Einreichung als Rückstandsmonat gilt. Ist das Kindergeld auf den Regelbetrag anzurechnen, vermindert sich damit der Monatswert und somit auch der Jahresstreitwert. Kommt das Kindergeld zum Regelbetrag hinzu, bildet sich der Streitwert aus der Summe von Regelbetrag und Kindergeldanteil.

16. Die Abänderungsklage des § 654 ZPO

Die pauschalen Unterhaltsfestsetzungen in den Beschlüssen gem. §§ 649 I, 650 S. 2 **350** bzw. § 653 I ZPO können den individuellen Gegebenheiten einschränkungslos angepaßt werden. Die Zulässigkeit der Abänderungsklage aus § 654 ZPO ist nämlich nicht an wesentliche oder nachträgliche Veränderungen der Verhältnisse zum Zeitpunkt der Beschlußfassung gebunden.[20] Vielmehr kann unabhängig hiervon (wie in einer Erstklage) der den konkreten Umständen nach richtige Unterhalt (insbesondere nach Auskunftserteilung) festgelegt werden. Damit unterscheidet sich § 654 ZPO von den §§ 323, 767 ZPO erheblich. Voraussetzung für die Abänderung (Erhöhung oder Herabsetzung) ist nur, daß einer der drei Beschlüsse der §§ 640 I, 650 S. 2 oder 653 I ZPO rechtskräftig ist. Denn diese Titel konnten wegen ihres pauschalen Charakters die individuellen Verhältnisse der Parteien nicht hinreichend berücksichtigen, so daß deren Anpassung – anders als bei der Abänderungsklage nach § 323 ZPO – nicht davon abhängig ist, daß sich die bisherigen Verhältnisse (die oftmals bei der Titelschaffung gar keine Rolle spielten) wesentlich geändert haben.

Voraussetzung für die Korrekturklage ist nur, daß die vorausgegangene **Titelerrichtung rechtskräftig** ist.

Die Begründetheit der Klage richtet sich allein danach, ob und wann materiellrechtlich ein höherer oder niedriger Unterhalt geschuldet ist.

Im Rahmen der Korrekturklage kann das Kind eine Erhöhung des Unterhalts verlangen. Hierfür sieht das Gesetz **keine Klagefrist** vor. Maßgebend für eine rückwirkende Heraufsetzung ist damit nur § 1613 BGB. Hierbei hat das Kind die Möglichkeit, den erhöhten Unterhalt als **Prozentsatz** des jeweiligen **Regelbetrages** nach der Regelbetragsverordnung geltend zu machen (§ 1612 a I BGB) oder einen **bezifferten Unterhaltsbetrag** zu verlangen. Im letzteren Fall nimmt dieser bezifferte Unterhaltsbetrag an den zweijährlichen Dynamisierungen aber nicht teil. Verlangt der Unterhaltspflichtige Herabsetzung, kann er aus Gründen des Gläubigerschutzes (damit diesem die Dynamisierungsmöglichkeit nicht verlorengeht) nur eine Herabsetzung auf einen geminderten Prozentsatz der Regelbeträge verlangen. Allerdings kann der Unterhaltsberechtigte dem Wunsche des Unterhaltspflichtigen nachgeben, den herabzusetzenden Unterhalt doch zu beziffern. Einen Anspruch hierauf hat der Unterhaltsschuldner aber nicht.

Verlangt der Unterhaltsschuldner eine Herabsetzung des Unterhalts, so kann er dies **351** rückwirkend begehren, wenn er innerhalb eines Monats nach Rechtskraft der Unterhaltsfestsetzung die Korrekturklage des § 654 ZPO erhoben hat. Die Einreichung der Klageschrift wahrt die Frist, sofern die Korrekturklage demnächst zugestellt wird (§ 270 III ZPO). Diese Frist ist keine Notfrist (§ 233 ZPO); gegen ihr Versäumnis ist Wiedereinsetzung möglich. Ist die Frist des § 654 II S. 1 ZPO versäumt, kann der Unterhaltsschuldner nur für die Zukunft eine Herabsetzung verlangen, und zwar für die Zeit ab Erhebung der Korrekturklage. Damit ist nicht der erste Tag dieses Monats oder des kommenden Monats gemeint, sondern der genaue **Tag der Klagzustellung**. Nach § 654 II S. 2 ZPO kann der Unterhaltspflichtige auch dann noch rückwirkend eine Herabsetzung des Unterhalts erreichen, wenn der Unterhaltsgläubiger innerhalb Monatsfrist nach Rechtskraft

---

[20] BR-Drucks. 959/96, S. 48

der Unterhaltsfestsetzung Korrekturklage (auf Erhöhung des Unterhalts) erhoben hat und der Unterhaltspflichtige bis zur Beendigung dieses Verfahrens des Kindes ebenfalls Korrekturklage auf Herabsetzung erhebt. Nimmt nunmehr das Kind seine Erhöhungsklage zurück oder erledigt sie sich, kann der Unterhaltspflichtige weiterhin in der jetzt allein anhängig gebliebenen Widerklage rückwirkend die Herabsetzung seiner Unterhaltspflicht erreichen.

Sind bis zur Entscheidung des Gerichtes sowohl eine Erhöhungs- wie Herabsetzungsklage anhängig, ist über beide einheitlich zu verhandeln und zu entscheiden. Zur Vermeidung divergierender Entscheidungen hat über beide Klagen eine **einheitliche Entscheidung** zu ergehen. Bisher eigenständig geführte Korrekturklagen sind miteinander zu verbinden (§ 654 III ZPO).

352 Hat der Unterhaltspflichtige einen **vollstreckbaren Titel beim Jugendamt** errichten lassen, kann er diesen Titel nicht im Wege der Korrekturklage nach § 654 ZPO herabsetzen lassen. Dies liegt aber nicht daran, daß er an das hierin liegende Anerkenntnis gebunden sei,[21] sondern hat seinen Grund darin, daß es sich bei der Jugendamtsurkunde um **keinen korrigierbaren Titel** i. S. d. § 654 I ZPO handelt. Hier kann gegebenenfalls eine Abänderungsklage gem. § 323 ZPO weiterhelfen.[22]

Das gleiche gilt auch dann, wenn die Parteien zunächst den Kindesunterhalt im **Vergleichswege** geregelt haben. Da auch hierbei die individuellen Verhältnisse der Parteien berücksichtigt werden konnten, ist auch in diesem Fall nicht die Korrekturklage des § 654 ZPO der richtige Rechtsbehelf, sondern die Abänderung mit der Klage nach § 323 ZPO durchzuführen.

Im Ergebnis ist somit bei den Titeln nach §§ 649 I ZPO, 650 S. 2 ZPO bzw. 653 I ZPO das Abänderungsverfahren nach § 654 ZPO als **Sonderregelung** zu § 323 ZPO anzusehen. Hinsichtlich des über den nach § 650 S. 2 ZPO titulierten Betrag hinausgehenden Unterhaltes ist zunächst das streitige Verfahren nach § 651 ZPO durchzuführen. Gegen diesen im streitigen Verfahren erstrittenen Titel besteht dann die Abänderungsmöglichkeit des § 323 ZPO, nicht mehr des § 654 ZPO. Denn im streitigen Verfahren sind die individuellen Verhältnisse der Parteien abgeklärt worden und bedürfen damit nicht mehr der speziellen Korrekturmöglichkeit des § 654 ZPO.

Auch im Rahmen des § 654 ZPO gilt der Grundsatz, daß derjenige, der eine Abänderung begehrt, die geänderten Umstände darlegen und beweisen muß. Der Unterhaltsschuldner erreicht somit eine Herabsetzung des Unterhalts nur dann, wenn er seine Einkommens- und Vermögensverhältnisse genau darlegt und seine Leistungsunfähigkeit ganz oder teilweise substantiiert hat.[23]

353 Im Korrekturverfahren des § 654 ZPO entsteht eine **dreifache Gerichtsgebühr** nach GKG-KV Nr. 1201. Gem. § 651 V ZPO werden die im vereinfachten Verfahren entstandenen Kosten als Teil der Kosten der Korrekturklage behandelt. Die im vereinfachten Verfahren entstandene **halbe Gerichtsgebühr** nach GKG-KV Nr. 1800 ist nicht auf die Gerichtsgebühren nach GKG-KV Nr. 1201 anzurechnen.

Der Rechtsanwalt erhält alle angefallenen Gebühren des § 31 BRAGO. Die im vereinfachten Verfahren angefallene **volle Anwaltsgebühr** nach § 44 I Nr. 1 BRAGO wird auf die Prozeßgebühr im Verfahren nach § 654 im Hinblick auf § 44 II BRAGO nicht angerechnet.

17. Die Kindergeldänderung gem. § 655 ZPO

354 § 655 ZPO eröffnet ein vereinfachtes Verfahren zur Anpassung von Unterhaltstiteln für den Fall, daß sich die **Kindergeldbeträge** oder ihnen gleichstehende **kinderbezogene Leistungen** verändert haben. Die Vorschrift gilt für alle vollstreckbaren Unterhaltstitel, in denen ein Betrag der nach den §§ 1612 b, 1612 c BGB anzurechnenden Leistungen festgelegt worden ist, nämlich **Urteile, Unterhaltsfestsetzungsbeschlüsse, vollstreckbare**

---

[21] OLG Stuttgart, FamRZ 1980, 990
[22] BGH, NJW 1985, 64
[23] Gerhardt, FuR 1998, 145, 147

Urkunden und **Vergleiche**. Ob die Titel vor oder nach dem 1. 7. 1998 geschaffen worden sind, ist ohne Bedeutung. Allerdings muß sich der Betrag des Kindergeldes oder der anderen regelmäßig wiederkehrenden kindbezogenen Zahlungen eindeutig der Höhe nach feststellen lassen. Ist dies nicht möglich, ist die beantragte Anpassung unbegründet. Voraussetzung ist nur, daß sich der anzurechnende Kindergeldteil geändert hat (durch gesetzliche Erhöhung des Kindergeldes oder anderer Leistungen bzw. – nach früherem Recht – durch das Hinzukommen eines weiteren Kindes) und diese Änderung nicht mehr im Vorprozeß berücksichtigt werden konnte (§ 655 I, VI i.V. m. § 323 II ZPO). Eine Änderung der Rechtsprechung wie fehlerhaft erfolgte Festsetzungen im Vorprozeß können im Verfahren nach § 655 I ZPO nicht berücksichtigt werden.

Zur Änderung berechtigt sind beide Parteien. Der Antrag ist schriftlich oder zu Protokoll der Geschäftsstelle zu stellen; das Verfahren selbst steht nicht unter Anwaltszwang, auch dann nicht, wenn es im Verbund des § 623 ZPO zu führen ist.[24]

Der nach § 20 Nr. 10 b RPflG zuständige Rechtspfleger kann den Änderungsantrag zurückweisen, wenn die allgemeinen Prozeßvoraussetzungen fehlen, die Erfordernisse des § 655 I und II ZPO nicht gewahrt sind (kein abzuändernder Vollstreckungstitel vorliegt, der Kindergeldbetrag nicht im einzelnen ausgewiesen ist, die Kindergeldbeträge gleich geblieben sind, oder aber der – letzte – abzuändernde Titel nicht vorgelegt wird). Der **Zurückweisungsbeschluß** ist zu begründen, weil der Antragsteller sich hiergegen wehren kann. Einer **Kostenentscheidung** bedarf es mangels eines Gegners nicht. Der Zurückweisungsbeschluß ist förmlich zuzustellen. Gem. § 655 VI i.V.m. § 646 II S. 3 ZPO ist die Zurückweisung des Antrags durch den Rechtspfleger unanfechtbar. Dies bedeutet, daß damit eine befristete Erinnerung an den Richter gem. § 11 II RPflG möglich ist.

Stehen dem Antragsgegner nicht die Einwendungen des § 655 III ZPO zur Seite, ist **355** der Änderungsbeschluß zu erlassen, gegen den die **sofortige Beschwerde** stattfindet (§ 655 V S. 1 ZPO). Mit ihr können aber nur die in Abs. III bezeichneten Einwendungen sowie die Unrichtigkeit der Kostenfestsetzung geltend gemacht werden. Andere Einwendungen (z. B. diejenige der mangelnden Leistungsfähigkeit) können nur mit der Klage nach § 656 ZPO durchgesetzt werden. Ist gleichzeitig mit dem vereinfachten Verfahren nach § 655 ZPO eine Abänderungsklage des Kindes anhängig, kann das vereinfachte Verfahren bis zur Erledigung der Abänderungsklage ausgesetzt werden (§ 655 IV ZPO). Denn in ihr werden auch die mit § 655 ZPO geltend gemachten Umstände berücksichtigt. Gegen die **Aussetzung** ist die unbefristete Beschwerde möglich; wird die Aussetzung abgelehnt, findet hiergegen die sofortige Beschwerde statt (§§ 252 ZPO, 11 RPflG).

Handelt es sich bei dem gem. § 655 ZPO abzuändernden Titel um einen solchen, der den Prozentsatz des Regelbetrages ausspricht, führt die veränderte Anrechnung des Kindergeldes dazu, daß sich dieser Prozentsatz in diesem Umfang ändert. Lag im Vorverfahren ein bezifferter Unterhaltstitel vor, kann dieser im Verfahren nach § 655 ZPO nicht in einen Prozentsatz der Regelbeträge umgewandelt werden (vgl. dazu Art. 5 § 3 KindUG).

Gem. GKG-KV Nr. 1801 fällt für den Abänderungsbeschluß nach § 655 ZPO eine Gerichtsgebühr von 20 DM an, für die sofortige Beschwerde 50 DM (GKG-KV Nr. 1801, 1906). Kostenlos ist somit die Rücknahme des Änderungsantrags oder die Protokollierung eines Vergleichs. Der Anwalt erhält für das Verfahren nach § 655 ZPO eine **halbe Gebühr** gem. § 44 I Nr. 2 BRAGO. Gem. § 44 II S. 2 BRAGO wird diese halbe Gebühr auf die Prozeßgebühr angerechnet, die der Rechtsanwalt in einem Rechtsstreit nach § 656 ZPO erhält. Für das **Beschwerdeverfahren** erhält der Anwalt eine halbe Gebühr gem. § 61 I BRAGO zusätzlich.

18. Die Änderungskorrekturklage des § 656 ZPO

Führt die Änderung der Kindergeldanrechnung gem. § 655 ZPO zu einem Unter- **356** haltsbetrag, der den jetzigen individuellen Verhältnissen der Parteien nicht mehr ent-

---

[24] Musielak/Borth, ZPO, § 655, Rn 2

spricht, verschafft § 656 ZPO jeder Partei die Möglichkeit, mit der **Änderungskorrekturklage** (eine typisch deutsche Wortschöpfung!) das Ergebnis des vereinfachten Verfahrens überprüfen zu lassen, gegen das sie sich zuvor nur mit den Einwendungen des § 655 III ZPO hatte wehren können. Da für die Änderungskorrekturklage die Beschränkungen des § 323 II und III ZPO nicht gelten,[25] können mit ihr auch Gründe geltend gemacht werden, die bereits während der Anhängigkeit des vereinfachten Verfahrens nach § 655 ZPO vorlagen. Auch kann der gem. § 655 ZPO ergangene Änderungsbeschluß für die **Zeit vor Klageerhebung** nach § 656 ZPO abgeändert werden. Allerdings kann das Änderungskorrekturverfahren nur dazu führen, daß die durch das Verfahren nach § 655 ZPO eingetretenen wirtschaftlichen Veränderungen ganz oder teilweise rückgängig gemacht werden. Eine völlige Neufestsetzung des Unterhaltes läßt sich somit nur durch die Abänderungsklage nach § 323 ZPO erreichen, nicht durch die Änderungskorrekturklage, die – ihrem Wortlaut entsprechend – nur den Änderungsbeschluß des § 655 I ZPO korrigiert.

> **Beispiel:** Der Vater schuldete seinem 17jährigen Sohn 150 % des Regelbetrages der Altersstufe 3 in Höhe von monatlich 753,– DM abzüglich einer hälftig anzurechnenden Kinderzulage in Höhe von 300,– : 2 (150,– DM) und zahlte daher monatlich regelmäßig 603,– DM Unterhalt. Nach Wegfall dieser Kinderzulage hat die Mutter im Verfahren nach § 655 ZPO die Erhöhung der Zahlungspflicht des Vaters auf monatlich 753,– DM erreicht. Dieser macht nunmehr im Abänderungsverfahren nach § 656 ZPO wirksam geltend, infolge Arbeitslosigkeit nur noch über ein monatliches Arbeitslosengeld von 1500,– DM zu verfügen. Im Wege der Änderungskorrekturklage (§ 656 ZPO) kann der Vater Herabsetzung des Unterhalts auf (erneut) 603,– DM erreichen; mit der Abänderungsklage nach § 323 ZPO gelangt er zum völligen Wegfall seiner Kindesunterhaltspflicht mangels Leistungsfähigkeit (sein notwendiger Selbstbehalt von 1500 DM wird nicht überschritten).

357 Gem. § 656 II ZPO ist die Klage nur zulässig, wenn sie innerhalb eines Monats nach Zustellung des Beschlusses nach § 655 ZPO erhoben wird. Die Klage ist gegen die Partei zu richten, die im vorausgegangenen Verfahren des § 655 ZPO eine Änderung erreicht hat, und steht nicht unter Anwaltszwang. Die **örtliche Zuständigkeit** ergibt sich aus § 642 ZPO, so daß für die Änderungskorrekturklage ein anderes Gericht als das im vereinfachten Verfahren tätige Gericht maßgeblich sein kann.

Für die **Gerichtsgebühren** gilt GKG-KV Nr. 1201. Gem. § 656 III ZPO werden die Kosten des vereinfachten Verfahrens als Teil der Kosten des Rechtsstreits über die Abänderungsklage behandelt.

Für den **Anwalt** können alle **Gebühren** des § 31 BRAGO entstehen. Die im vereinfachten Verfahren nach § 655 ZPO angefallene halbe Gebühr des § 44 I Nr. 2 BRAGO wird auf die Prozeßgebühr im Verfahren nach § 656 ZPO gem. § 44 II S. 2 BRAGO angerechnet.

19. Übergangsregelungen

358 Für gerichtliche, vor dem 1. 7. 1998 anhängig gewordene Verfahren gilt das bisherige Verfahrensrecht gem. Art. 5 § 2 KindUG weiter. Allerdings ist neues materielles Recht anzuwenden. Eine bereits geschlossene mündliche Verhandlung kann wiedereröffnet werden (Art. 5 § 2 I Nr. 2 KindUG). Ebenso kann ein **Alt-Titel** über den Unterhalt von minderjährigen Kindern im vereinfachten Verfahren auf den neuen, am Regelbetrag orientierten Unterhalt umgestellt werden. Der Unterhalt wird dabei für alle drei Altersstufen festgesetzt und dynamisiert sich ab 1. 7. 1999 (Art. 5 § 3 KindUG). Die Kindergeldanrechnung erfolgt nach § 1612 b BGB. Gem. § 1612 a BGB fällt die Begrenzung des Unterhalts bis zur Vollendung des 18. Lebensjahres (§ 1615 f I BGB a. F.) weg. Der Unterhalt ist damit zeitlich nicht mehr begrenzt auf die Minderjährigkeit des Kindes.

---

[25] BT-Drucks. 13/7338, S. 44

Anhang L. Unterhaltsrechtliche Leitlinien

1. Düsseldorfer Tabelle[1] (Stand 1. 7. 1999)[2]

A. Kindesunterhalt

	Nettoeinkommen des Barunterhaltspflichtigen (Anm. 3, 4)	Altersstufen in Jahren (§ 1612a Abs. 3 BGB)				Vomhundertsatz	Bedarfskontrollbetrag (Anm. 6)
		0–5	6–11	12–17	ab 18		
1.	bis 2400	355	431	510	589	100	1300/1500
2.	2400–2700	380	462	546	631	107	1600
3.	2700–3100	405	492	582	672	114	1700
4.	3100–3500	430	522	618	713	121	1800
5.	3500–3900	455	552	653	754	128	1900
6.	3900–4300	480	582	689	796	135	2000
7.	4300–4700	505	613	725	837	142	2100
8.	4700–5100	533	647	765	884	150	2200
9.	5100–5800	568	690	816	943	160	2350
10.	5800–6500	604	733	867	1002	170	2500
11.	6500–7200	639	776	918	1061	180	2650
12.	7200–8000	675	819	969	1120	190	2800
13.	über 8000	nach den Umständen des Falles					

Anmerkungen

1. Die Tabelle weist monatliche Unterhaltsrichtsätze aus, bezogen auf einen gegenüber einem Ehegatten und zwei Kindern Unterhaltspflichtigen.
Bei einer größeren/geringeren Anzahl Unterhaltsberechtigter sind **Ab- oder Zuschläge** in Höhe eines Zwischenbetrages oder durch Einstufung in niedrigere/höhere Gruppen angemessen. Bei überdurchschnittlicher Unterhaltslast ist Anmerkung 6 zu beachten. Zur Deckung des notwendigen Mindestbedarfs aller Beteiligten – einschließlich des Ehegatten – ist gegebenenfalls eine Herabstufung bis in die unterste Tabellengruppe vorzunehmen. Reicht das verfügbare Einkommen auch dann nicht aus, erfolgt eine Mangelberechnung nach Abschnitt C.
2. Die Richtsätze der 1. Einkommensgruppe entsprechen dem **Regelbetrag** nach der Regelbetrag-VO für den Westteil der Bundesrepublik in der ab 1. 7. 1999 geltenden Fassung. Der Vomhundertsatz drückt die Steigerung des Richtsatzes der jeweiligen Einkommensgruppe gegenüber dem Regelbetrag (= 1. Einkommensgruppe) aus. Die durch Multiplikation des Regelbetrages mit dem Vomhundertsatz errechneten Richtsätze sind entsprechend § 1612a Abs. 2 BGB aufgerundet.
3. **Berufsbedingte Aufwendungen**, die sich von den privaten Lebenshaltungskosten nach objektiven Merkmalen eindeutig abgrenzen lassen, sind vom Einkommen abzuziehen, wobei bei entsprechenden Anhaltspunkten eine Pauschale von 5 % des Nettoeinkommens – mindestens 90 DM, bei geringfügiger Teilzeitarbeit auch weniger, und höchstens 260 DM monatlich – geschätzt werden kann. Übersteigen die berufsbedingten Aufwendungen die Pauschale, sind sie insgesamt nachzuweisen.
4. Berücksichtigungsfähige **Schulden** sind in der Regel vom Einkommen abzuziehen.
5. Der **notwendige Eigenbedarf (Selbstbehalt)**

---

[1] Die neue Tabelle nebst Anmerkungen beruht auf Koordinierungsgesprächen, die zwischen Richtern der Familiensenate der Oberlandesgerichte Düsseldorf, Köln und Hamm sowie der Unterhaltskommission des Deutschen Familiengerichtstages e. V. unter Berücksichtigung des Ergebnisses einer Umfrage bei allen Oberlandesgerichten stattgefunden haben.
[2] Die neue Tabelle gilt ab 1. 7. 1999. Bis zum 30. 6. 1999 ist die bisherige Tabelle (Stand: 1. 7. 1998, FamRZ 1998, 534 = NJW 1998, 1469) anzuwenden.

Anhang L — Düsseldorfer Tabelle

- gegenüber minderjährigen unverheirateten Kindern,
- gegenüber volljährigen unverheirateten Kindern bis zur Vollendung des 21. Lebensjahres, die im Haushalt der Eltern oder eines Elternteils leben und sich in der allgemeinen Schulausbildung befinden,

beträgt beim nicht erwerbstätigen Unterhaltspflichtigen monatlich 1300 DM, beim erwerbstätigen Unterhaltspflichtigen monatlich 1500 DM. Hierin sind bis 650 DM für Unterkunft einschließlich umlagefähiger Nebenkosten und Heizung (Warmmiete) enthalten. Der Selbstbehalt kann angemessen erhöht werden, wenn dieser Betrag im Einzelfall erheblich überschritten wird und dies nicht vermeidbar ist.

Der **angemessene Eigenbedarf**, insbesondere gegenüber anderen volljährigen Kindern, beträgt in der Regel mindestens monatlich 1800 DM. Darin ist eine Warmmiete bis 800 DM enthalten.

6. Der **Bedarfskontrollbetrag** des Unterhaltspflichtigen ab Gruppe 2 ist nicht identisch mit dem Eigenbedarf. Er soll eine ausgewogene Verteilung des Einkommens zwischen dem Unterhaltspflichtigen und den unterhaltsberechtigten Kindern gewährleisten. Wird er unter Berücksichtigung auch des Ehegattenunterhalts (vgl. auch B V und VI) unterschritten, ist der Tabellenbetrag der nächst niedrigeren Gruppe, deren Bedarfskontrollbetrag nicht unterschritten wird, oder ein Zwischenbetrag anzusetzen.

7. Bei **volljährigen Kindern**, die noch im Haushalt der Eltern oder eines Elternteils wohnen, bemißt sich der Unterhalt nach der 4. Altersstufe der Tabelle.

Der angemessene Gesamtunterhaltsbedarf eines **Studierenden**, der nicht bei seinen Eltern oder einem Elternteil wohnt, beträgt in der Regel monatlich 1120 DM. Dieser Bedarfssatz kann auch für ein Kind mit eigenem Haushalt angesetzt werden.

8. Die **Ausbildungsvergütung** eines in der Berufsausbildung stehenden Kindes, das im Haushalt der Eltern oder eines Elternteils wohnt, ist vor ihrer Anrechnung in der Regel um einen ausbildungsbedingten Mehrbedarf von monatlich 150 DM zu kürzen.

9. In den Unterhaltsbeträgen (Anmerkungen 1 und 7) sind **Beiträge zur Kranken- und Pflegeversicherung** nicht enthalten.

B. Ehegattenunterhalt

I. Monatliche Unterhaltsrichtsätze des berechtigten Ehegatten ohne gemeinsame unterhaltsberechtigte Kinder (§§ 1361, 1569, 1578, 1581 BGB):

1. gegen einen **erwerbstätigen Unterhaltspflichtigen**:
   a) wenn der Berechtigte kein Einkommen hat:
   $3/7$ des anrechenbaren Erwerbseinkommens zuzüglich $1/2$ der anrechenbaren sonstigen Einkünfte des Pflichtigen, nach oben begrenzt durch den vollen Unterhalt, gemessen an den zu berücksichtigenden ehelichen Verhältnissen;
   b) wenn der Berechtigte ebenfalls Einkommen hat:
     aa) Doppelverdienerehe:
         $3/7$ der Differenz zwischen den anrechenbaren Erwerbseinkommen der Ehegatten, insgesamt begrenzt durch den vollen ehelichen Bedarf; für sonstige anrechenbare Einkünfte gilt der Halbteilungsgrundsatz;
     bb) Alleinverdienerehe:
         Unterschiedsbetrag zwischen dem vollen ehelichen Bedarf und dem anrechenbaren Einkommen des Berechtigten, wobei Erwerbseinkommen um $1/7$ zu kürzen ist; der Unterhaltsanspruch darf jedoch nicht höher sein als bei einer Berechnung nach aa);
   c) wenn der Berechtigte erwerbstätig ist, obwohl ihn keine Erwerbsobliegenheit trifft: gemäß § 1577 Abs. 2 BGB;
2. gegen einen **nicht erwerbstätigen Unterhaltspflichtigen** (z. B. Rentner): wie zu 1a, b oder c, jedoch 50 %.

II. Fortgeltung früheren Rechts:

1. Monatliche Unterhaltsrichtsätze des nach dem Ehegesetz berechtigten Ehegatten **ohne gemeinsame unterhaltsberechtigte Kinder**:
   a) §§ 58, 59 EheG: in der Regel wie I,
   b) § 60 EheG: in der Regel $1/2$ des Unterhalts zu I,
   c) § 61 EheG: nach Billigkeit bis zu den Sätzen I.
2. Bei Ehegatten, die vor dem 3. 10. 1990 in der früheren DDR geschieden worden sind, ist das DDR-FGB in Verbindung mit dem Einigungsvertrag zu berücksichtigen (Art. 234 § 5 EGBGB).

Leitlinien   Anhang L

III. Monatliche Unterhaltsrichtsätze des berechtigten Ehegatten bei Vorhandensein gemeinsamer unterhaltsberechtigter minderjähriger Kinder und ihnen gleichgestellter volljähriger Kinder im Sinne des § 1603 Abs. 2 Satz 2 BGB:

Wie zu I bzw. II 1, jedoch wird vorab der Kindesunterhalt (Tabellenbetrag ohne Abzug von Kindergeld) vom Nettoeinkommen des Pflichtigen abgezogen.

IV. Monatlicher notwendiger Eigenbedarf (Selbstbehalt) gegenüber dem getrenntlebenden und dem geschiedenen Berechtigten:

1. wenn der Unterhaltspflichtige **erwerbstätig** ist: 1500 DM,
2. wenn der Unterhaltspflichtige **nicht erwerbstätig** ist: 1300 DM.

Dem geschiedenen Unterhaltspflichtigen ist nach Maßgabe des § 1581 BGB u. U. ein höherer Betrag zu belassen.

V. Monatlicher notwendiger Eigenbedarf (Existenzminimum) des unterhaltsberechtigten Ehegatten einschließlich des trennungsbedingten Mehrbedarfs in der Regel:

1. falls erwerbstätig: 1500 DM,
2. falls nicht erwerbstätig: 1300 DM.

VI. Monatlicher notwendiger Eigenbedarf (Existenzminimum) des Ehegatten, der in einem gemeinsamen Haushalt mit dem Unterhaltspflichtigen lebt:

1. falls erwerbstätig: 1100 DM,
2. falls nicht erwerbstätig: 950 DM.

Anmerkung zu I–III:

Hinsichtlich **berufsbedingter Aufwendungen** und **berücksichtigungsfähiger Schulden** gelten Anmerkungen A. 3 und 4 – auch für den erwerbstätigen Unterhaltsberechtigten – entsprechend.

Diejenigen berufsbedingten Aufwendungen, die sich nicht nach objektiven Merkmalen eindeutig von den privaten Lebenshaltungskosten abgrenzen lassen, sind pauschal im Erwerbstätigenbonus von $1/7$ enthalten.

C. Mangelfälle

Reicht das Einkommen zur Deckung des Bedarfs des Unterhaltspflichtigen und der gleichrangigen Unterhaltsberechtigten nicht aus (sog. Mangelfälle), ist die nach Abzug des notwendigen Eigenbedarfs (Selbstbehalt) des Unterhaltspflichtigen verbleibende Verteilungsmasse auf die Unterhaltsberechtigten im Verhältnis ihrer jeweiligen Bedarfssätze gleichmäßig zu verteilen.

Der Einsatzbetrag für den **Kindesunterhalt** entspricht in der Regel dem Regelbetrag (= 1. Einkommensgruppe), da der Bedarfskontrollbetrag einer höheren Gruppe nicht gewahrt ist.

Der Einsatzbetrag für den **Ehegattenunterhalt** wird mit einer Quote des Einkommens des Unterhaltspflichtigen angenommen. Trennungsbedingter Mehrbedarf kommt ggf. hinzu. Der Erwerbstätigenbonus von $1/7$ kann ermäßigt werden (BGH, FamRZ 1997, 806) oder entfallen, wenn berufsbedingte Aufwendungen berücksichtigt worden sind (BGH, FamRZ 1992, 539, 541).

Eine Anrechnung des **Kindergeldes** unterbleibt, soweit der Unterhaltspflichtige außerstande ist, den Unterhalt in Höhe des Regelbetrages zu leisten (§ 1612b Abs. 5 BGB).

Beispiel:
Bereinigtes Nettoeinkommen des Unterhaltspflichtigen (V): 2250 DM. Drei unterhaltsberechtigte Kinder: K1 (Schüler, 18 Jahre), K2 (11 Jahre), K3 (5 Jahre), die beim wiederverheirateten, nicht leistungsfähigen anderen Elternteil (M) leben. M bezieht das Kindergeld von 800 DM.
Notwendiger Eigenbedarf des V: 1500 DM.
Verteilungsmasse: 2250 DM – 1500 DM = 750 DM,
Notwendiger Gesamtbedarf der berechtigten Kinder:
589 DM (K1) + 431 DM (K2) + 355 DM (K3) = 1375 DM.
Unterhalt:
K1: 589 x 750/1375 = 321 DM
K2: 431 x 750/1375 = 235 DM
K3: 355 x 750/1375 = 194 DM.
Zahlbeträge nach Anrechnung des Kindergeldes (§ 1612b Abs. 1, 5 BGB):

Anhang L Düsseldorfer Tabelle

K1: 321 − 0 = 321 DM, da weniger als 464 DM (589 − 125 DM Kindergeldanteil)
K2: 235 − 0 = 235 DM, da weniger als 306 DM (431 − 125 DM Kindergeldanteil)
K3: 194 − 0 = 194 DM, da weniger als 205 DM (355 − 150 DM Kindergeldanteil)
V zahlt insgesamt 750 DM. Die Kindergeldanteile des V von 125 + 125 + 150 = 400 DM dienen zur Aufstockung des Kindesunterhalts auf die Regelbeträge.

D. Verwandtenunterhalt und Unterhalt nach § 1615 l BGB

1. **Angemessener Selbstbehalt gegenüber den Eltern**: mindestens monatlich 2250 DM (einschließlich 800 DM Warmmiete). Der angemessene Unterhalt des mit dem Unterhaltspflichtigen zusammenlebenden Ehegatten beträgt mindestens 1750 DM (einschließlich 600 DM Warmmiete).
2. **Bedarf der Mutter und des Vaters eines nichtehelichen Kindes** (§ 1615 l Abs. 1, 2, 5 BGB): nach der Lebensstellung des betreuenden Elternteils, mindestens aber 1300 DM, bei Erwerbstätigkeit 1500 DM.
Angemessener Selbstbehalt gegenüber der Mutter und dem Vater eines nichtehelichen Kindes (§§ 1615 l Abs. 3 Satz 1, 5, 1603 Abs. 1 BGB): mindestens monatlich 1800 DM.

2. Berliner Tabelle ab 1. 7. 1999 als Vortabelle zur Düsseldorfer Tabelle

Die neue Tabelle geht aus von den in § 2 der Ersten Verordnung zur Änderung der Regelbetrag-Verordnung festgesetzten Regelbeträgen ab 1. 7. 1999 für das in Artikel 3 des Einigungsvertrages genannte Gebiet und nennt in Ergänzung der Düsseldorfer Tabelle (Stand: 1. 7. 1999) die monatlichen Unterhaltsrichtsätze der im Beitrittsteil des Landes Berlin wohnenden unverheirateten Kinder, deren Unterhaltsschuldner gegenüber insgesamt drei Personen (einem Ehegatten und zwei Kindern) unterhaltspflichtig ist und ebenfalls im Beitrittsteil wohnt. Die Vomhundertsätze Ost sind ab Gruppe b nicht mehr ausgewiesen, da der Gesetzgeber die Regelbeträge Ost und West in der 2. und 3. Altersstufe nicht mathematisch exakt aufeinander abgestimmt hat und wegen der doppelt so hohen Ost-Dynamisierung zum 1. 7. 1999 keine gleichbleibenden Prozentzahlen für die einzelnen Altersstufen mehr genannt werden können. Bei der Ermittlung der Prozentsätze gem. § 1612 a II 1 BGB sollte genau gerechnet werden (z. B. 689 : 465 = 148,1%). Die 150%-Grenze Ost für das Vereinfachte Verfahren (§ 645 I ZPO) beträgt in den drei Altersstufen 486 DM bzw. 588 DM bzw. 698 DM.

Falls der Unterhalt im erforderlichen Einverständnis beider Parteien vor dem 1. 1. 2002 bargeldlos in Europa beglichen werden soll, ist der DM-Betrag durch 1,95583 zu dividieren und das Ergebnis kaufmännisch auf den nächstliegenden Cent auf- oder abzurunden (z. B. 600,00 DM : 1,95583 = 306,77512 gerundet 306,78 EUR).

Altersstufen in Jahren (Der Regelbetrag einer höheren Altersstufe ist ab dem Beginn des Monats maßgebend, in den der 6. bzw. 12. Geburtstag fällt.)	0–5 (Geburt bis 6. Geburtstag)	6–11 (6. bis 12. Geburtstag)	12–17 [–20★] (12. bis 18. Geburtstag) ★[18. bis 21. Geburtstag, wenn noch in der allg. Schulausbildung und im Elternhaushalt lebend]	Vom-hundert-satz Ost	Vom-hundert-satz West
Nettoeinkommen des Barunterhaltspflichtigen in DM					
Gruppe					
a) bis 1800	324	392	465	100	
b) 1800–2100	342	414	491		
ab 2100	wie Düsseldorfer Tabelle (aber ohne 4. Altersstufe und ohne Bedarfskontrollbetrag)				
Gruppe					
1 bis 2400	355	431	510		100
2 2400–2700	380	462	546		107
3 2700–3100	405	492	582		114
4 3100–3500	430	522	618		121
5 3500–3900	455	552	653		128
6 3900–4300	480	582	689		135
7 4300–4700	505	613	725		142
8 4700–5100	533	647	765		150
9 5100–5800	568	690	816		160
10 5800–6500	604	733	867		170
11 6500–7200	639	776	918		180
12 7200–8000	675	819	969		190
über 8000	nach den Umständen des Falles				

Anhang L Berliner Tabelle

Anmerkungen zur Berliner Tabelle:

I. Der monatliche Selbstbehalt des Unterhaltspflichtigen beträgt gegenüber *minderjährigen Kindern und gleichgestellten volljährigen Schülern* (s. oben★) (West)
   1. wenn der Unterhaltspflichtige erwerbstätig ist: 1370 DM (1500 DM)
   2. wenn der Unterhaltspflichtige nicht erwerbstätig ist: 1190 DM (1300 DM)

II. Der monatliche Selbstbehalt des Unterhaltspflichtigen beträgt gegenüber *volljährigen Kindern*
   1. wenn der Unterhaltspflichtige erwerbstätig ist: 1645 DM (1800 DM)
   2. wenn der Unterhaltspflichtige nicht erwerbstätig ist: 1460 DM (1600 DM)

III. Der monatliche Selbstbehalt des Unterhaltspflichtigen beträgt gegenüber dem *getrenntlebenden* und dem *geschiedenen* Ehegatten
   1. wenn der Unterhaltspflichtige erwerbstätig ist: 1550 DM (1700 DM)
   2. wenn der Unterhaltspflichtige nicht erwerbstätig ist: 1370 DM (1500 DM)

IV. Der angemessene *Bedarf* (samt Wohnbedarfs und üblicher berufsbedingter Aufwendungen, aber ohne Beiträge zur Kranken- und Pflegeversicherung) eines *volljährigen Kindes*, welches nicht gem. § 1603 II 2 BGB gleichgestellt ist, beträgt in der Regel monatlich: 1020 DM (1120 DM)

V. Der angemessene *Selbstbehalt* des Unterhaltspflichtigen gegenüber seinen *Eltern* beträgt mindestens monatlich: 2055 DM (2250 DM)

VI. Der angemessene *Selbstbehalt* des Unterhaltspflichtigen gegenüber der *Mutter* oder dem *Vater* (§ 1615 I BGB) beträgt mindestens monatlich: 1645 DM (1800 DM)

Die *Berliner Tabelle als Vortabelle zur Düsseldorfer Tabelle* ist anzuwenden, wenn sowohl der Unterhaltsgläubiger als auch der Unterhaltsschuldner im Beitrittsgebiet wohnen. Sie ist nur differenziert anzuwenden in den sogenannten Ost-West-Fällen, in denen nicht alle Beteiligten im Beitrittsgebiet wohnen. In diesen Mischfällen ist wegen der Regelbeträge der Kinder nach Gruppe a oder Gruppe 1 und wegen des Bedarfs laut Anm. IV auf den Kindeswohnsitz und wegen des Selbstbehalts des Unterhaltspflichtigen auf dessen Wohnsitz abzustellen. Die Bestimmungen eines höheren Unterhaltsbedarfs des Kindes richtet sich – ohne einen Abschlag von den Sätzen der Tabelle – nach den allgemeinen Grundsätzen. Der besseren Übersicht halber sind oben in Klammern die West-Beträge des *OLG Düsseldorf* bzw. bei den Anm. II und III die West-Beträge des *KG* genannt.

(Verfaßt in Abstimmung mit der Unterhaltskommission des Deutschen Familiengerichtstages und dem KG, mitgeteilt von Richter am AG R. Vossenkämper, Berlin)

Anhang R. Rechtsprechung

Hinweis für die Benutzer: Nicht alle in der Vorauflage enthaltenen Texte wurden in die 5. Auflage übernommen. Daher sind in der fortlaufenden Zählung der chronologisch sortierten Dokumente wie auch innerhalb einer aufgeteilten und mit Zwischenüberschriften versehenen Entscheidung da und dort Lücken enthalten. Da es sich um Entscheidungsauszüge handelt, wurden geringfügige sprachliche Bearbeitungen vorgenommen.

BGH v. 22. 4. 1959 – IV ZR 255/58 – FamRZ 59, 288

(Aufrechnungen sind nicht über § 323 ZPO geltend zu machen.) R001

I. Die Revision macht zunächst geltend, das Klagebegehren bedeute eine Umgehung des § 323 a
ZPO. Hiernach könne eine Abänderung nur für die Zukunft verlangt werden. Die Voraussetzungen für die Anwendung dieser Vorschrift seien hier erfüllt; denn der Kl. berufe sich mit seinem Vortrag, er habe der Bekl. zuviel Unterhalt gezahlt, für die in Betracht kommenden 2½ Monate auf eine wesentliche Änderung der bei dem Vergleichsschluß maßgebenden Verhältnisse.

Dieser Angriff ist nicht begründet. § 323 ZPO gestattet nur die Geltendmachung veränderter Umstände in bezug auf den identischen Anspruch durch eine rechtsgestaltende Klage, wenn sie eine andere Beurteilung des früher abgeurteilten Klagegrundes oder der schon vorgebrachten Einreden begründen. Wie das LG bereits zutreffend ausgeführt hat, verfolgt der Kl. diesen Zweck mit seinen Anträgen nicht. Vielmehr will er es sowohl für die Vergangenheit wie für die Zukunft bei der in dem Scheidungsvergleich getroffenen Vereinbarung belassen und sich nur auf die teilweise Erfüllung seiner Unterhaltsverpflichtung durch Aufrechnung mit Überzahlungen aus früheren Raten gegen später fällige Raten berufen. Eine Abänderung des Vergleichs aus diesem Grunde vermag er jedoch mit einer Abänderungsklage nach § 323 ZPO nicht zu erreichen.

II. Im übrigen stellt die Revision sowohl das Bestehen von Gegenansprüchen des Kl. gegen die Bekl. wie auch eine Aufrechnungsbefugnis des Kl. in Abrede. In dieser Richtung hat sie im Ergebnis Erfolg ...

(Kein Aufrechnungsverbot bei vorsätzlicher unerlaubter Handlung.)

2. a) Zur Frage der Aufrechnungsbefugnis des Kl. gegenüber der Bekl. hat das OLG ausgeführt: b
Der Kl. habe mit den 100 DM zuviel gezahlten Unterhalts gegen die Unterhaltsforderungen der Bekl. aus Dezember 1956 und Januar 1957 aufrechnen können. Die Berufung der Bekl. auf das Aufrechnungsverbot gegenüber unpfändbaren Forderungen verstoße gegen Treu und Glauben. Die in dieser Hinsicht für gegenseitige Ansprüche aus Dienstverhältnissen anerkannten Grundsätze seien auch auf solche aus Unterhaltsverhältnissen anzuwenden. Die Bekl. habe sich zwar durch das Verschweigen ihrer Tätigkeit auf Borkum keiner vorsätzlich begangenen strafbaren bzw. unerlaubten Handlung wohl aber durch ihre unrichtigen Angaben und die bewußte Verschleierung des wahren Sachverhalts einer schuldhaften Vertragsverletzung schuldig gemacht und müsse sich daher bei ihrer Berufung auf das Aufrechnungsverbot den Einwand der Arglist entgegenhalten lassen. Bei der Aufrechnung mit eigentlichen Schadensersatzansprüchen gegen Lohn- und Gehaltsforderungen werde dem Berechtigten der zustehende Lohn oder Unterhalt, bei derjenigen mit Ansprüchen auf Rückzahlung von überzahltem Lohn oder Unterhalt dagegen nur ein ungerechtfertigter Mehrempfang entzogen. Das Aufrechnungsverbot des § 394 BGB wolle aber nur den dem Berechtigten zustehenden Lohn bzw. Unterhalt sichern.

b) Demgegenüber ist die Revision der Auffassung, der Kl. könne sich gegenüber dem Aufrechnungsverbot des § 394 BGB nicht auf die Einrede der allgemeinen Arglist beziehen. Hiermit dringt sie im Ergebnis durch.

Das RG (RGZ 85, 108, 117) hat zwar ausgesprochen, es dürfe dem in § 394 BGB zum öffentlichen Wohl und im Staatsinteresse verfolgten Zwecke der Sicherung des Lebensunterhalts und eines darüber hinaus genügenden Einkommensteils keine Durchführung und Erfüllung zugestanden werden, die auf dem Wege eines formalistischen Haftens am Gesetzeswortlaut der Arglist zum Siege verhelfen würde. Deshalb greife das Aufrechnungsverbot des § 394 BGB nicht gegenüber einem unpfändbaren Anspruch des Dienst(Lohn-)einkommensberechtigten durch, wenn der zur Aufrechnung gestellte Gegenanspruch darauf beruhe, daß der Dienstverpflichtete den Dienstherrn im Rahmen des

Arbeits- oder Dienstverhältnisses durch vorsätzliche unerlaubte und strafbare Handlungen geschädigt habe. Diese Erwägungen sind später dahin ergänzt worden, daß das Aufrechnungsverbot nach § 394 BGB nicht bereits gegenüber jedem aus vorsätzlicher Vertragsverletzung hergeleiteten Schadensersatzanspruch zurücktrete. Es besteht aber kein hinreichender Grund dafür anzunehmen, daß die Beseitigung des Aufrechnungsverbots durch die Einrede der Arglist nur für den Fall einer Schadensersatzforderung des Arbeitgebers aus einer von dem Angestellten im Arbeits- oder Dienstverhältnis vorsätzlich begangenen unerlaubten Handlung anzuerkennen sei. Der Tatbestand dieser das Aufrechnungsverbot des § 394 BGB beseitigenden allgemeinen *Einrede der Arglist* kann abschließend überhaupt nicht umschrieben werden. Ihre Zulässigkeit kann immer nur auf den Umständen des Einzelfalles beruhen (RGZ 85, 108, 120). Im Gegensatz zu der Auffassung der Revision *unterliegt es daher rechtlich keinen Bedenken, wenn das OLG die Möglichkeit des Arglisteinwandes gegenüber dem Aufrechnungsverbot des § 394 BGB auch bei unpfändbaren Unterhaltsansprüchen* (§§ 58 I EheG, 850 b I Nr. 2 ZPO) *einräumt*. Die Entscheidungen des RG in Gruch 48, Beilageheft S. 888 Nr. 84 und WarnRspr 1919, 102 Nr. 69 stehen nicht entgegen; sie nehmen zu dieser Frage keine Stellung. RGZ 160, 148, 152 behandelt – und verneint – nur die Frage, ob die Berufung auf das Aufrechnungsverbot des § 394 BGB als solches schlechthin arglistig sei.

Dem Aufrechnungsverbot des § 394 BGB gegenüber wird jedoch, mindestens in den Fällen, in denen es sich um die Aufrechnung gegenüber Unterhaltsansprüchen handelt, die Einrede der Arglist nur dann zugelassen werden können, wenn die Forderung, mit der aufgerechnet werden soll, sich auf eine vorsätzliche unerlaubte Handlung, insbesondere Schadenszufügung, des anderen Teiles gründet, die dieser im Rahmen eben desjenigen Verhältnisses begangen hat, auf dem seine Forderung beruht. Es genügt auch hier nicht, daß der Unterhaltsberechtigte eine aus dem Unterhaltsverhältnis sich ergebende gesetzliche oder vertragliche Verpflichtung vorsätzlich verletzt hat und dadurch dem Unterhaltsverpflichteten ein Schaden entstanden ist, den er ersetzt verlangen kann. Die Erwägungen, von denen die Entscheidungen des RG ausgegangen sind, greifen auch Platz, wenn es sich um die Frage handelt, ob und unter welchen Voraussetzungen die Aufrechnung gegenüber Unterhaltsansprüchen trotz § 394 BGB statthaft ist. Wie bereits das LG zutreffend ausgeführt hat, konnte nach der Besonderheit der im Scheidungsvergleich zwischen den Parteien getroffenen Vereinbarung der Kl. lediglich von der Bekl. selbst erfahren, ob sie aus eigener Erwerbstätigkeit Einkünfte erlangt habe, welche die Grenze des Freibetrages überschritten und daher anzurechnen waren. Der Bekl. lag daher auf Grund der Unterhaltsvereinbarung gegenüber dem Kl. eine Mitteilungs- und Informationspflicht ob. Wenn die Bekl. hinsichtlich der Einkünfte während des 2½ Monate auf Borkum dieser Mitteilungspflicht nicht nachkam, dem Kl. vielmehr ihren Verdienst verschwieg und ihn auf diese Weise zur Überzahlung der Unterhaltsleistungen veranlaßte, so kann bei einem solchen Verhalten nicht nur eine positive Vertragsverletzung, sondern, im Gegensatz zu den Ausführungen des angefochtenen Urteils, auch eine vorsätzliche unerlaubte, nämlich betrügerische und gegen die guten Sitten verstoßende Handlung in Betracht kommen.

BGH v. 29. 6. 77 – IV ZR 48/76 – FamRZ 77, 629 = NJW 77, 1474

R007 *(Verpflichtung zur Finanzierung einer Zweitausbildung oder Weiterbildung in Ausnahmefällen)*

Haben Eltern ihre Pflicht, dem ihrem Kinde geschuldete Ausbildung zu gewähren, in rechter Weise erfüllt und hat das Kind den Abschluß einer Ausbildung erlangt, dann sind die Eltern der sich für sie aus § 1610 II BGB ergebenden Unterhaltspflicht in ausreichendem Maße nachgekommen. Sie sind grundsätzlich nicht verpflichtet, dem Kind danach noch eine zweite Ausbildung zu finanzieren. Insbesondere besteht eine solche Verpflichtung nicht schon deshalb, weil und wenn dem Kind hierfür eine staatliche Ausbildungsförderung zuteil wird.

Doch ist in besonderen Fällen auch in Anwendung des § 1610 II BGB eine Verpflichtung der Eltern anzunehmen, ihrem Kind eine weitere oder zweite Ausbildung zu finanzieren. Das ist der Fall, wenn sich die Notwendigkeit eines Berufswechsels herausstellt, etwa aus gesundheitlichen Gründen oder weil der zunächst erlernte Beruf aus Gründen, die bei Beginn der Ausbildung nicht vorhersehbar waren, keine ausreichende Lebensgrundlage bietet. Außerdem kann die Verpflichtung zur Finanzierung einer weiteren Ausbildung dann gegeben sein, wenn sich herausstellt, daß die erste Ausbildung auf einer deutlichen Fehleinschätzung der Begabung des Kindes beruhte oder das Kind von den Eltern in einen unbefriedigenden, seiner Begabung nicht hinreichend Rechnung tragenden Beruf gedrängt worden war. Im letzteren Fall ergibt sich die Verpflichtung zur Ausbildungsfinanzierung daraus, daß sie bis dahin noch nicht in rechter Weise erfüllt worden ist.

Anhang R. Rechtsprechung R028 – R034

BGH v. 16. 5. 79 – IV ZR 57/78 – FamRZ 79, 694 = NJW 79, 1656

(Zur Feststellung v. Änderungen der maßgebenden Verhältnisse) R028

Damit kommt es für den Umfang der Abänderung nach § 323 darauf an, welche Umstände in dem abzuändernden Urteil oder Vergleich für die Bestimmung der Rente maßgebend waren und welches Gewicht ihnen dabei zugekommen ist. Auf dieser, im Wege der Auslegung zu ermittelnden Grundlage hat der Abänderungsrichter sodann unter Berücksichtigung der gesamten neuen Verhältnisse festzustellen, welche Änderung in jenen Umständen eingetreten ist und welche Auswirkungen sich damit aus dieser Änderung für die Bemessung der Rente ergeben. Hierbei hat er notfalls, insbesondere wenn das abzuändernde Urteil oder der Vergleich seine maßgeblichen Erwägungen nicht hinreichend erkennen läßt, nach § 287 ZPO zu verfahren.

BGH v. 26. 9. 79 – IVb ZR 87/79 – FamRZ 80, 40 = NJW 80, 124

(Anrechnung freiwilliger Zuwendungen Dritter und von Zuwendungen des neuen Partners des Berechtigten) R032

3 d bb) Im Unterhaltsrecht werden Leistungen an den Unterhaltsberechtigten, durch die einer sittlichen Pflicht entsprochen wird, den Zuwendungen aufgrund rechtlicher Verpflichtung nicht gleichgestellt. Soweit der Unterhaltsberechtigte auf ihm von dritter Seite gemachte Zuwendungen keinen Anspruch hat, stellen diese freiwillige Leistungen dar, deren Anrechenbarkeit grundsätzlich von dem Willen des Dritten abhängt. Geht dieser Wille dahin, daß nur der Beschenkte selbst unterstützt werden soll, so berührt die Zuwendung dessen Bedürftigkeit im allgemeinen nicht. Diese Grundsätze gelten auch für das Verhältnis von Personen, die in eheähnlicher Gemeinschaft leben, da diese als solche keine Rechtsbeziehungen und gegenseitigen Rechtsansprüche zwischen den Parteien schafft. Damit aber muß die Möglichkeit, an eine derartige Gemeinschaft eine § 16 BSHG entsprechende Vermutung zu knüpfen, entfallen. e) Um die Frage zu entscheiden, inwieweit sich aus dem eheähnlichen Verhältnis, in dem der unterhaltsberechtigte Ehegatte lebt, Auswirkungen auf seine Bedürftigkeit ergeben, bedarf es zunächst der Feststellung, welche Zuwendungen ihm von seiten seines Lebensgefährten unmittelbar oder über dessen Beiträge zur gemeinsamen Lebensführung zufließen. Hieran schließt sich die Prüfung der Anrechenbarkeit dieser Leistungen als Einkommen des Berechtigten. Insoweit ist zunächst ein Abzug in Höhe des Betrages zu machen, der erforderlich ist, um die durch die Versorgung des Partners verursachten Mehrausgaben zu bestreiten. Hinsichtlich des übrigen ist zwar der Grundsatz Uzu beachten, daß freiwillige Leistungen, die nach dem erkennbaren Willen des Partners nur den Beschenkten selbst unterstützen sollen, die Bedürftigkeit im allgemeinen nicht einschränken. Es ist jedoch weiter zu berücksichtigen, daß in Fällen wie dem vorliegenden, in dem die Kl. den Partner in ihre Wohnung aufgenommen hat, ihn versorgt und den Haushalt führt, in den von dem Partner geleisteten Beiträgen und Zuwendungen zumindest teilweise ein Entgelt für die Wohnungsgewährung, Haushaltsführung und sonstige Versorgungsleistungen zu erblicken ist. Dabei kommt es nicht darauf an, ob die beiden Partner insoweit entsprechende Absprachen getroffen haben. Wie in Rechtsprechung und Schrifttum für den Fall, daß der Unterhaltsberechtigte gegenüber Angehörigen entsprechende Versorgungsleistungen erbringt und von ihnen seinerseits Zuwendungen erhält, anerkannt ist, muß es insoweit als ausreichend angesehen werden, daß die Zuwendungen der Angehörigen in den ihnen gegenüber erbrachten Versorgungsleistungen ein wirtschaftlicher Gegenwert gegenübersteht, der geeignet ist, die Zuwendungen insoweit abzugelten. In Höhe dieses Gegenwertes sind diese Zuwendungen als Einkommen anzurechnen. Dasselbe hat für die hier betroffenen Zuwendungen zu gelten, die dem Unterhaltsberechtigten von seiten seines Partners zufließen oder in dessen Beiträgen zur Haushaltsführung enthalten sind. Die Höhe des hiernach anzurechnenden Betrages hat das Gericht zu ermitteln. Dabei können ihm Richtsätze, die auf die gegebenen Verhältnisse abgestellt sind und der Lebenserfahrung entsprechen, als Anhalt dienen, soweit nicht im Einzelfall besondere Umstände eine Abweichung bedingen (FamRZ 79/692). Im allgemeinen werden sogar die gesamten Zuwendungen und Beiträge des Partners – von dem genannten, zur Bestreitung der Mehraufwendungen erforderlichen Abschlag abgesehen – zur Abgeltung der hauswirtschaftlichen Tätigkeit und sonstigen Versorgung bestimmt sein, so daß es in der Regel gerechtfertigt sein wird, die Zuwendung in diesem Umfang auch als Einkommen zu berücksichtigen.

BGH v. 24. 10. 79 – IV ZR 171/78 – FamRZ 80, 126 = NJW 80, 393

(Unzumutbarkeit einer Arbeit, wenn der Studiumsabschluß verzögert würde) R034

I 3 b) Das OLG mutet dem Kläger nicht zu, während der Semesterferien zu verdienen, sei es als **a** kaufmännischer Angestellter oder durch Erteilung von Nachhilfestunden. Eine gewisse Erwerbstätigkeit während der Semesterferien wird einem studierenden, unterhaltsberechtigten, geschiedenen Ehegatten zwar häufig zuzumuten sein. Hier ist jedoch dem OLG beizutreten. Nach der unbestrittenen Bescheinigung der Universität führte der Kläger zum damaligen Zeitpunkt abschließende Untersuchungen für seine Diplomarbeit durch, die voraussichtlich zum Wintersemester fertiggestellt sein sollte. In diesem Stadium der Ausbildung kann vom Kläger – auch mit Rücksicht auf seine vorherige längere Erkrankung – eine Nebentätigkeit in den Ferien nicht mehr verlangt werden. Er muß seine Arbeitskraft jetzt auf den Abschluß des Studiums konzentrieren.

(Zur Unbilligkeit der Vermögensverwertung nach § 1577 III BGB)

b   I 3 c) Die Verwertung des Vermögensstammes nach § 1577 III BGB könnte unter Berücksichtigung der wirtschaftlichen Verhältnisse der Parteien unbillig sein. Die Unbilligkeit kann sich auch im Hinblick auf Belange naher Angehöriger ergeben. Der Kläger könnte seiner Mutter für den Verlust des Wohnrechts, der mit einer Verwertung verbunden sein könnte, sowie der Pachteinnahmen keinen Ersatz bieten. Auch die Mutter wäre nach ihren Einkommensverhältnissen offenbar nicht ohne weiteres in der Lage, sich einen gleichwertigen Ersatz zu beschaffen. Dann wäre dem Kläger die Verwertung des möglicherweise nur bescheidenen Besitzes nicht zumutbar.

BGH v. 16. 1. 80 – IV ZR 115/78 – FamRZ 80, 342

R036   *(Auslandszuschlag und Zulagen)*

a   II 2 a) Die Bestimmung einer Leistung zum Ausgleich besonderer Aufwendungen oder ähnlichen Verwendungszwecken führt nicht dazu, daß sie von vornherein außer Ansatz zu lassen wären; vielmehr kommt es insoweit auf den tatsächlichen Mehraufwand an, den der Empfänger einer derartigen Zulage hat. Daß solche Leistungen steuerfrei gewährt werden, rechtfertigt keine andere Behandlung. Erfahrungsgemäß liegt der wirkliche Mehraufwand vielfach unter der Zulage, so daß gerade dieser Umstand mit ein Anreiz sein kann, die Auslandstätigkeit zu übernehmen. Diese Mittel sind bei der Einkommensermittlung auch nicht deshalb außer acht zu lassen, weil sie, wie es etwa für Aufwandsentschädigungen und sonstige soziale Zulagen für auswärtige Beschäftigungen gilt, nicht allgemein (§ 850 a Nr. 3 ZPO), sondern sogar für die bevorrechtigten Unterhaltsgläubiger unpfändbar sind (§ 850 d I S. 1 ZPO). Diese Unpfändbarkeit soll zwar sicherstellen, daß der Schuldner mit den zweckgebundenen Zuwendungen seine Mehraufwendungen decken kann; sie hat aber nicht zur Folge, daß sich diese Mittel bei der Pfändung wegen bevorrechtigter Unterhaltsansprüche überhaupt nicht zugunsten der Gläubiger auswirken könnten. Vielmehr sind sie wie alle anderen Einnahmequellen des Schuldners bei der Sicherstellung des verringerten pfändungsfreien Betrages des Schuldners (§ 850 d I S. 2 ZPO) mitzuberücksichtigen. Hierdurch können sie im Ergebnis den Zugriff auf das der Pfändung unterliegende Arbeitseinkommen des Schuldners erweitern. Damit ist auch der umstrittene Auslandszuschlag im Sinn von § 55 b BesG bei der Einkommensermittlung anzurechnen. Daß er den Mehraufwand übersteigt, läßt bereits seine gesetzliche Zweckbestimmung erkennen nach der er, wie sich aus § 55 b BesG ergibt, nicht nur dem Ausgleich materieller, sondern auch der Abgeltung immaterieller, aus den Besonderheiten des Dienstes und den Lebensbedingungen im Ausland folgender Erschwernisse und Belastungen dient.

(Zum Zustandekommen nachträglicher Unterhaltsvereinbrungen und deren Abänderbarkeit)

b   Außerdem wird das OLG zu prüfen haben, ob im Anschluß an die Scheidungsvereinbarung und / oder den Prozeßvergleich vom 23. 10. 1975 im Hinblick auf die fortlaufende Entgegennahme der zuvor festgelegten, für die Kinder bestimmten Unterhaltsleistungen durch die Kl. zu 1) als den sorgeberechtigten Elternteil nachträglich etwa entsprechende Unterhaltsvereinbarungen zwischen dem Beklagten einerseits und den Kl. zu 2) bis 4), vertreten durch die Kl. zu 1), andererseits zustandegekommen sind. Voraussetzung für die Wirksamkeit derartiger außergerichtlicher Vereinbarungen, zu deren Abschluß die Kl. zu 1) einer vormundschaftsgerichtlichen Genehmigung nicht bedurfte (§ 1643 I BGB), war indessen noch, daß die Unterhaltsbeträge nicht niedriger waren, als den Kl. zu 2) bis 4) jeweils kraft Gesetzes zustand (§ 1614 I BGB). Lassen sich entsprechende wirksame Vereinbarungen feststellen, so sind sie auch im Rahmen der vorliegenden Rechtsverfolgung der Kl. zu 2) bis 4) zu berücksichtigen. Sie führen dazu, daß eine Verurteilung zu höheren Unterhaltsleistungen nur im Wege der Abänderung der Vereinbarungen – nicht nach § 323 ZPO, sondern allein nach materiell-rechtlichen Grundsätzen – möglich ist (vgl. BGH, FamRZ 60/60).

BGH v. 23. 1. 80 – IV ZR 2/78 – FamRZ 80, 555 = NJW 80, 934

R037   *(Anrechnung von Unterhaltszahlungen im Falle der erweiterten Unterhaltspflicht nach § 1603 II 1 BGB)*

a   I 1 a) Das OLG hat insoweit lediglich ausgeführt, daß Unterhaltszahlungen keine Leistungsfähigkeit des Empfängers zur Zahlung von Unterhalt an einen Dritten begründen könnten, weil der zivilrechtliche Unterhaltsanspruch immer nur den eigenen Lebensbedarf umfasse. Diese Erwägung ist sicher für die Fälle zutreffend, in denen der Empfänger der Unterhaltszahlungen dieser Leistungen bedarf, um seinen angemessenen Unterhalt decken zu können, und in denen die weitere Unterhaltsverpflichtung des Empfängers der Leistungen gegenüber Dritten nach § 1603 I BGB davon abhängt, daß durch die Unterhaltsgewährung sein eigener angemessener Unterhalt nicht gefährdet wird. Für diese Fälle ergibt sich unmittelbar aus § 1603 I BGB, daß seine Unterhaltsleistung, die den eigenen angemessenen Unterhalt des Empfängers nicht übersteigt, diesen keiner weiteren Unterhaltspflicht aussetzen kann.

Im Verhältnis von Eltern zu ihren minderjährigen Kindern kann jedoch nach § 1603 II BGB eine erweiterte Unterhaltsverpflichtung der Eltern eintreten; in einem solchen Fall sind die Eltern verpflichtet, auch Beträge, die sie für ihren eigenen angemessenen Unterhalt benötigen würden, zu ihrem und der Kinder Unterhalt gleichmäßig zu verwenden. Das OLG hat ersichtlich angenommen, daß auch in einem solchen Fall Unterhaltsleistungen, die einem Elternteil zufließen, von diesem ausschließlich für seinen eigenen angemessenen Unterhalt verwendet werden dürfen und keine Unterhaltspflicht gegenüber dem Kind auslösen könnten. Dies ergibt sich aus den Literaturnachweisen, die das OLG zur Stützung seiner Auffassung angeführt hat und aus dem Umstand, daß das OLG nicht geprüft hat, ob ein Fall der erweiterten Unterhaltspflicht nach § 1603 II BGB vorliegt.

b) Der Senat kann sich dieser Meinung nicht anschließen. Die erweiterte Unterhaltspflicht der Eltern nach § 1603 II BGB beruht auf der besonderen familienrechtlichen Verantwortung von Eltern gegenüber ihren minderjährigen unverheirateten Kindern, die es nach dem Willen des Gesetzes nicht zuläßt, daß im Fall nicht ausreichender Mittel vorweg die Eltern ihren eigenen angemessenen Unterhalt voll decken und die Kinder auf den Überrest verweisen. Dieser Rechtsgedanke ist im Grundsatz unabhängig davon, woher die zur Verfügung stehenden Mittel stammen und worauf ihre Zuwendung beruht. Der Motivation der Regelung kommt auch ein Gewicht zu, das es ausschließt, empfangene Unterhaltsleistungen von der gleichmäßigen Verwendung der zur Verfügung stehenden Mittel unter Berufung auf das letztlich formale Argument auszunehmen, daß damit entgegen dem System des Gesetzes der geleistete Unterhalt mittelbar auch einem Dritten zugute kommen könne, der dem Unterhaltsverpflichteten gegenüber nicht unterhaltsberechtigt sei. Die Aufteilung der Mittel berührt nur das Verhältnis zwischen Eltern und Kind und belastet den gegenüber dem Elternteil Unterhaltspflichtigen nicht. Andererseits bleibt die – gesetzlich gebotene – Verwendung der Mittel abweichend von ihrer ursprünglichen Zweckbestimmung auch auf die Leistungspflicht des gegenüber dem Elternteil Unterhaltsverpflichteten ohne Einfluß. Nach alledem ist kein Grund ersichtlich, der es rechtfertigen könnte, von einem Elternteil empfangene Unterhaltsleistungen im Fall der erweiterten Unterhaltspflicht nach § 1603 II BGB von der gleichmäßigen Verwendung für Elternteil und Kind auszunehmen.

(Auch ein titulierter Anspruch des Volljährigen ist im Mangelfall wegen des Nachranges nicht zu berücksichtigen. Der Nachrangige erhält nur Unterhalt, wenn nach Befriedigung der vorrangig Berechtigten und des angemessenen Bedarfs des Verpflichteten noch ein freier Betrag verbleibt; der Verpflichtete muß Abänderungsklage erheben.)

I 2 b) Die Unterhaltsverpflichtung des Vaters der Kl. gegenüber der volljährigen Tochter muß in diesem Zusammenhang außer Betracht bleiben. Das volljährige Kind steht mit seinem Unterhaltsanspruch an den Ansprüchen des minderjährigen Kindes sowie der geschiedenen und der jetzigen Ehefrau des Vaters der Kl. im Rang nach (§ 1609 BGB). Es hat auch keinen erweiterten Unterhaltsanspruch nach § 1603 II BGB. Es kommt daher erst zum Zuge, wenn nach Befriedigung der vorrangigen Unterhaltsansprüche und Deckung des angemessenen Unterhalts des Vaters der Kl. noch ein freier Betrag verbleibt. Der Unterhaltsanspruch der Kl. gegen ihren Vater wird dabei rechtlich auch nicht dadurch beeinträchtigt, daß die volljährige Tochter ein rechtskräftiges Urteil über eine Unterhaltsrente erwirkt hat und daraus nach Maßgabe des § 850 d ZPO vollstrecken kann. Es ist in Rspr. und Literatur anerkannt, daß es nicht zu Lasten des bevorrechtigten Unterhaltsgläubigers gehen kann, wenn ein nachrangig Berechtigter früher einen Titel gegen den bevorrechtigten Unterhaltspflichtigen erwirkt hat. Der Anspruch des bevorrechtigten Unterhaltsgläubigers ist trotz des vom nachrangigen Gläubiger erwirkten rechtskräftigen Urteils so zu beurteilen, wie es im Falle gleichzeitiger Entscheidung über die Ansprüche zu geschehen hätte. Der Unterhaltsverpflichtete ist gegenüber dem nachrangig Berechtigten gegebenenfalls darauf verwiesen, im Wege der Abänderungsklage nach § 323 ZPO Abhilfe zu suchen.

(Unterhalt vom Unterhalt)

II 2. Das BerGer. ist zu dem Ergebnis gekommen, daß es nach den besonderen Umständen des Falles für die Bekl. nicht zumutbar gewesen sei, eine Erwerbstätigkeit zur Erfüllung der Unterhaltspflicht gegenüber der Kl. aufzunehmen. Es hat ausgeführt:

Die Bekl. sei während ihrer 23jährigen Ehe mit Ausnahme eines halben Jahres nicht berufstätig gewesen und habe auch keine Berufstätigkeit ausüben müssen, weil ihr Ehemann über ein hinreichendes Einkommen verfügt habe. Die Bekl. habe keinen Beruf erlent. Vor der Eheschließung habe sie ihrem verwitweten Vater fünf Jahre lang den Haushalt geführt. Inzwischen sei sie 50 Jahre alt. Unabhängig von den praktischen Schwierigkeiten für eine weibliche ungelernte Arbeitskraft, mit 50 Jahren erstmals einen Arbeitsplatz zu finden, könne ihr dies auch im Hinblick auf die gehobenen Einkommensverhältnisse des geschiedenen Ehemannes nicht zugemutet werden.

Diese Ausführungen, die in ihrem Schwerpunkt eine tatrichterliche Würdigung der Umstände des Einzelfalles enthalten, werden von der Revision vergebens angegriffen. Das BerGer. hat den Begriff der Unzumutbarkeit nicht verkannt und bei seiner Würdigung die maßgeblichen Umstände (vgl. auch § 1574 II BGB) berücksichtigt. Es ist nicht zu beanstanden, daß es dabei auch auf die Lebensstellung abgestellt hat, die die Bekl. aufgrund der finanziellen Leistungsfähigkeit ihres Mannes in der Ehe erworben und innegehabt hat. Ebenso lassen die Berücksichtigung des Lebensalters der Bekl. und die daraus im Zusammenhang mit den übrigen Umständen gezogenen Folgerungen keinen Rechtsfehler erkennen (vgl. *Richter*, in: MünchKomm, § 1571 Rdnr. 9). Die vom BerGer. angeführten Umstände rechtfertigen es, der Bekl. nicht einmal eine Teilzeitarbeit zuzumuten.

BGH v. 23. 4. 80 – IVb ZR 510/80 – FamRZ 80, 770 = NJW 80, 2083

R038   *(Steuerrechtlich und unterhaltsrechtlich relevantes Einkommen)*

3) Macht der Unterhaltsschuldner geltend, er könne den Unterhaltsbedarf des Gläubigers ohne Gefährdung des eigenen angemessenen Lebensbedarfs nicht bestreiten, so hat er die Voraussetzungen einer so begründeten Beschränkung des Unterhaltsanspruchs darzulegen und im Bestreitensfall zu beweisen. Die Höhe des der Leistungsfähigkeit bestimmenden Einkommens ist nicht identisch mit dem steuerrechtlichen Einkommen. Das Steuerrecht privilegiert einzelne Einkommensarten und erkennt Aufwendungen als einkommensmindernd an, die wie Beiträge zu Kapitalversicherung, Bausparkassen oder Wohnungsbaudarlehen keine Vermögenseinbuße zum Gegenstand haben. Dem durch das steuerrechtliche Rechtsinstitut der Abschreibung pauschal berücksichtigten Verschleiß von Gegenständen des Anlagevermögens entspricht oft keine tatsächliche Wertminderung in Höhe des steuerlich anerkennungsfähigen Betrages. Beruft sich der Unterhaltsschuldner, der eine Beschränkung seiner Leistungsfähigkeit behauptet, auf sein steuerpflichtiges Einkommen, so braucht er zwar nicht sämtliche Belege vorzulegen, durch die gegenüber der Steuerbehörde behauptete Aufwendungen glaubhaft zu machen sind. Er muß jedoch seine Einnahmen und behaupteten Aufwendungen im einzelnen so darstellen, daß die allein steuerlich beachtlichen Aufwendungen von solchen, die unterhaltsrechtlich von Bedeutung sind, abgegrenzt werden können. Die allein ziffernmäßige Aneinanderreihung einzelner Kostenarten genügt diesen Anforderungen nicht. Die erforderliche Darlegung kann nicht durch den Antrag auf Vernehmung eines Steuerberaters oder Buchhalters ersetzt werden. Eine Zeugenvernehmung kommt erst in Betracht, wenn die Richtigkeit detailliert behaupteter Aufwendungen vom Unterhaltsgläubiger bestritten wird.

BGH v. 23. 4. 80 – IVb ZR 527/80 – FamRZ 80, 665 = NJW 80, 1686

R039   *(Eheliches Fehlverhalten und Verschuldensprinzip. Nr. 4 ist erfüllt bei Zusammenleben mit neuem Partner in ehelicher Lebensgemeinschaft)*

a   I 2a) Wie der BGH bereits mit Urteilen v. 7. 3. 1979 (FamRZ 1979/569) und 9. 5. 1979 (FamRZ 1979/571) entschieden hat, schließt die Beseitigung des Verschuldensprinzips in der Regelung des Ehegattenunterhalts im Falle des Getrenntlebens und der Ehescheidung nicht aus, im Rahmen der Billigkeitsregelung des § 1579 I Nr. 4 BGB ein schwerwiegendes Fehlverhalten des Unterhalt beanspruchenden Ehegatten zu berücksichtigen.

Die Kl. zu 1. hat den Bekl. verlassen und sich in unmittelbarem Anschluß daran zu ihrem Freund begeben, mit dem sie eine Wohnung bezogen hat und seitdem in eheähnlicher Gemeinschaft zusammenlebt. Wendet sich ein Ehegatte in solcher Weise gegen den Willen seines Ehepartners einem anderen Partner zu, so kehrt er sich damit in einem Maße von seiner Ehe und dem Ehepartner ab, daß er, der sich von seinen eigenen ehel. Bindungen distanziert und die dem anderen Ehegatten geschuldete Hilfe und Betreuung einem Dritten zuwendet, nicht seinerseits den Ehepartner aus dessen ehel. Mitverantwortlichkeit für sein wirtschaftliches Auskommen in Anspruch nehmen kann. Eine solche Inanspruchnahme liefe dem Grundsatz der Gegenseitigkeit zuwider, der dem ehel. Unterhaltsrecht zugrunde liegt. Deshalb muß diese Abkehr des Ehegatten von der Ehe in aller Regel einen Grund, der den in § 1579 I Nr. 1 bis 3 BGB angeführten Tatbeständen gleichgestellt werden muß und dazu führt, daß die Inanspruchnahme des anderen Ehegatten, dem die Erfüllung eines derartigen Unterhaltsverlangens als (Mit-)Finanzierung des Zusammenlebens seines Ehepartners mit dem Dritten erscheinen muß, grob unbillig wäre.

Unter diesen Umständen hat das OLG in dem Verhalten der Kl. zu 1. zu Recht einen Grund zum Ausschluß ihres Unterhaltsanspruchs nach § 1361 III i.V. m. § 1579 I Nr. 4 BGB erblickt, ohne noch nähere Feststellungen zur Frage der ehel. Zerrüttung und ihrer Verursachung durch die Ehegatten treffen zu müssen. Es brauchte daher auch nicht den Behauptungen der Kl. zu 1. darüber nachzugeben, daß sie nicht aus einer intakten Ehe ausgebrochen sei, sondern der Bekl. sich seinerseits vor der Trennung durch verständnisloses Verhalten gegenüber ihr und den Kindern sowie Vorfälle anläßlich der Auseinandersetzung während des Sommerurlaubs 1977 ehefeindlich verhalten habe. Auf diese Umstände, denen nur für die Frage Bedeutung zukam, ob die Kl. zu 1. ihren Ehemann grundlos verlassen oder der Bekl. seinerseits Veranlassung für die Trennung gegeben hat, kam es hier nicht mehr an.

(Ermittlung und Anrechnung einer angemessenen Vergütung, wenn die Versorgungsleistungen ganz oder teilweise unentgeltlich erbracht wurden)

3 a) Durch eine eheähnliche Gemeinschaft als solche werden keine Rechtsbeziehungen und gegenseitigen Rechtsansprüche, insbesondere unterhaltsrechtlicher Art, zwischen den Parteien begründet (FamRZ 80/42). Übernimmt es der Ehegatte jedoch, seinem neuen Partner den Haushalt zu führen und ihn zu versorgen, und erbringt der Partner seinerseits finanzielle Beiträge zur gemeinsamen Lebensführung oder gewährt er ihm sonstige Zuwendungen, so ist darin grundsätzlich ein Entgelt für die Haushaltsführung und sonstige Versorgung zu erblicken, ohne daß es darauf ankommt, ob die beiden Partner insoweit entsprechende Absprachen getroffen haben (FamRZ 80/41, 42). **b**

b) Danach ist es unbedenklich, daß das OLG den Wohnbedarf der Kl. zu 1. bei der Bemessung ihres Unterhalts außer Ansatz gelassen hat, weil die Wohnungsmiete bisher von ihrem Partner getragen wird. Daran ändert auch der Umstand nichts, daß die Kl. zu 1. Mitmieterin der Wohnung ist und deshalb ebenso wie ihr Partner auf Zahlung des Mietzinses haftet.

Von dieser Zuwendung abgesehen, die sich aus der Begleichung des auf sie entfallenden Teiles des Mietzinses ergibt, hat die Kl. zu 1. jedoch in Abrede gestellt, von ihrem Partner irgendwelche Bar- oder Sachleistungen zu erhalten. Hiernach liegt die Annahme nahe, daß der ihr von seiten des Partners zukommende Betrag hinter dem tatsächlichen Wert der Versorgungsleistungen zurückbleibt, welche die Kl. zu 1. ihrem Partner gewährt. In einem solchen Fall muß der wirkliche Wert der erbrachten Leistungen als maßgebend angesehen werden. Das Vollstreckungsrecht kennt in § 850 h II ZPO die dem Gläubigerschutz dienende Regelung, daß in Fällen, in denen ein Schuldner einem Dritten ständig Dienste leistet, die üblicherweise vergütet werden, im Verhältnis des Gläubigers zu dem Empfänger der Dienstleistungen eine angemessene Vergütung als geschuldet gilt. Dabei ist es ohne Belang, ob im Verhältnis des Empfängers zum Schuldner tatsächlich eine Vergütung vereinbart worden ist oder nicht. Eine Minderung oder gar ein Wegfall der Vergütungspflicht des Dienstleistungsempfängers gegenüber dem Gläubiger aus Gründen besonderer Beziehungen zwischen dem Dienstleistenden und dem Leistungsempfänger kommt grundsätzlich nicht in Betracht. Selbst eine Arbeitsleistung, die im Rahmen der familienrechtlichen Mitarbeitspflichten erbracht wird, wirkt sich nicht mindernd auf die Vergütungspflicht im Verhältnis zum Gläubiger aus. Der dieser Regelung zugrunde liegende Rechtsgedanke ist auch heranzuziehen, wenn ein unterhaltsbedürftiger Ehegatte einem Dritten ständig und ganz oder teilweise unentgeltlich Dienste leistet, die normalerweise vergütet werden. Eine solche kostenlose oder unverhältnismäßig gering vergütete Hilfeleistung für den Dritten kann hier ebensowenig zu Lasten des unterhaltspflichtigen Ehegatten gehen wie im Bereich des § 850 h II ZPO zum Nachteil des Gläubigers. Aus diesem Grunde muß sich der bedürftige Ehegatte in derartigen Fällen grundsätzlich eine angemessene Vergütung für seine Dienste anrechnen lassen.

c) Hiernach ergibt sich auch für die Beurteilung der Bedürftigkeit der Kl. zu 1. die Notwendigkeit, die Höhe des anzurechnenden Betrages zu ermitteln, wobei dem OLG Richtsätze, die auf die gegebenen Verhältnisse abgestellt sind und der Lebenserfahrung entsprechen, als Anhalt dienen können, soweit sich nicht besondere Umstände ergeben, die eine Abweichung bedingen (FamRZ 80/40, 42).

(Wohnungsgewährung für Kinder durch den neuen Partner)

II 2) Bei der Bemessung des Unterhaltsbedarfs der Kinder darf deren Wohnbedarf nicht unberücksichtigt gelassen werden. Die kostenlose Wohnungsgewährung von seiten des Partners der Mutter stellt eine vorgelegte freiwillige Leistung an die Kinder dar, deren Anrechenbarkeit auf den Unterhaltsanspruch gegen den Bekl. von dem Willen des Dritten abhängt (FamRZ 80/40, 42). Daß dessen Wille hier auf eine entsprechende Entlastung des Bekl. von seiner Unterhaltspflicht gerichtet wäre, ist nicht festgestellt und kann nach der Lebenserfahrung nicht angenommen werden. **c**

R040 – R042 Anhang R. Rechtsprechung

BGH v. 21. 5. 80 – IVb ZR 522/80 – FamRZ 80, 771 = NJW 80, 2081

R040 *(Zur Bindung an die Grundlagen eines Prozeßvergleichs)*

Diese Unterhaltsbemessung kann nicht bestehen bleiben: Sie begegnet bereits deshalb Bedenken, weil sie mit den im Urteil des BGH vom 16. 5. 1979 (FamRZ 79/694 = NJW 79/1656; Anm.: Diese Entscheidung betrifft ein Abänderungsurteil nach einem Prozeßvergleich) dargelegten Grundsätzen über die Abänderung titulierter Unterhaltsrenten nicht in Einklang steht. Danach ermöglicht die Abänderung eines Unterhaltstitels keine freie, von der bisherigen Höhe unabhängige Neufestsetzung des Unterhalts oder eine abweichende Beurteilung der Verhältnisse. Vielmehr kann die Abänderungsentscheidung nur in einer unter Wahrung der Grundlagen des Prozeßvergleichs vorzunehmenden Anpassung des Unterhalts an die veränderten Verhältnisse bestehen.

BGH v. 25. 6. 80 – IVb ZR 530/80 – FamRZ 80, 984 = NJW 80, 2251

R042 *(Zur Anrechenbarkeit)*

a 1) Was die Vergütung von Überstunden betrifft, so ist diese grundsätzlich in voller Höhe miteinzusetzen. Dies gilt jedenfalls dann, wenn sie nur in geringem Umfang anfällt oder wenn die Ableistung von Überstunden im fraglichen Ausmaß in dem vom Unterhaltsschuldner ausgeübten Beruf üblich ist. Geht das Maß der Überstunden allerdings deutlich über den üblichen Rahmen hinaus, so ergeben sich in der Frage der Anrechnung der dafür anfallenden Vergütungen gewisse Parallelen zu den Einkünften aus einer an sich nicht zuzumutenden Erwerbstätigkeit. Hinsichtlich derartiger Einkünfte hat der BGH entschieden, daß die Anrechenbarkeit unter Berücksichtigung der Umstände des Einzelfalls nach Treu und Glauben zu beurteilen ist (BGH FamRZ 79/210, 211). In Anlehnung hieran mag es auch bei Überstundenvergütungen, die aus einer an sich nicht zumutbaren erheblichen unüblichen Mehrarbeit resultieren, im Einzelfall aus Gründen der Billigkeit gerechtfertigt erscheinen, von einer vollen Anrechnung dieser Einkünfte abzusehen.

(Vermögenswirksame Leistung und Sparzulage)

b 2) Die Sparzulage, die durch § 12 des 3. VermBG eingeführt wurde und an die Stelle der früheren Steuerentlastung durch die Absetzbarkeit der vermögenswirksamen Leistungen getreten ist, erhöht zwar die Einkünfte des Arbeitnehmers, auch wenn sie nach § 12 II des 3. VermBG weder als steuerpflichtige Einnahme im Sinn des EStG noch als Einkommen, Verdienst oder Entgelt im Sinn der Sozialversicherung oder als Bestandteil des Lohnes im Sinn des Arbeitsrechts gilt. Sie stellt keine Vergütung für die Dienstleistungen des Arbeitnehmers, sondern eine staatliche Prämie dar, mit der die Vermögensbildung gefördert werden soll. Ihre Auszahlung durch den Arbeitgeber bedeutet nur, daß dieser damit treuhänderisch Aufgaben des Finanzamts übernimmt. Auch ist in der Rechtsprechung anerkannt, daß die Sparzulage, die dem Arbeitnehmer zur freien Verfügung steht, gepfändet werden kann. Diese Umstände sprechen an sich dafür, die Sparzulage dem unterhaltspflichtigen Einkommen zuzurechnen. Andererseits ist zu berücksichtigen, daß die vermögenswirksamen Leistungen, von deren Erhalt und Höhe die Sparzulage abhängt, Teil des Lohnes oder Gehalts des Arbeitnehmers sind und, da sie der Bildung des eigenen Vermögens des Arbeitnehmers dienen, keine einkommensmindernden Ausgaben im unterhaltsrechtlichen Sinn darstellen, mithin bei der Unterhaltsbemessung nicht abgezogen werden können, obwohl sie für den Unterhaltsschuldner derzeit nicht verfügbar sind. Hieraus rechtfertigt sich die in Rechtsprechung und Schrifttum einhellige Auffassung, zum Ausgleich für die Nichtabsetzbarkeit der vermögenswirksamen Leistungen auch die damit zusammenhängende Arbeitnehmersparzulage nicht (einkommenserhöhend) zu berücksichtigen (BGH, FamRZ 80/984, 985 = NJW 80/2251, 2252).

(Abzug der tatsächlich entrichteten Steuern auch bei Steuerrückzahlungen und Steuernachforderungen)

c 3) Im Falle der Wiederverheiratung des unterhaltspflichtigen Ehegatten sind von dessen Bruttoeinkommen die tatsächlich entrichteten Steuern abzusetzen. Ergeben sich später im Zuge einer etwaigen Einkommensteuerveranlagung oder eines Lohnsteuerjahresausgleichs Veränderungen in der Steuerhöhe, können diese grundsätzlich erst berücksichtigt werden, nachdem die Rückzahlung oder die Nachforderung erfolgt ist.

(Steuererstattung und Steuernachforderung; Korrektur der Steuerklassenwahl)

d 3) Von dem Grundsatz, daß auch bei Wiederverheiratung die tatsächliche Steuerlast maßgeblich ist, ist jedoch in einem Fall, in dem beide Ehegatten erwerbstätig sind, der unterhaltspflichtige Ehegatte sich in die Lohnsteuerklasse V einstufen läßt und dadurch seinem Ehepartner die Einreihung in die günstigere Steuerklasse III ermöglicht, eine Ausnahme zu machen. Insoweit übernimmt der Bekl. im Interesse seiner jetzigen Ehefrau, die im Rahmen der Steuerklasse III in den vollen Genuß des

Anhang R. Rechtsprechung R046 – R049

Splittingvorteils gelangt, eine Steuerbelastung, die er dem Anspruch der Kl. nicht entgegenhalten kann. Die Lösung dieses Falles kann jedoch nicht darin gefunden werden, daß anstelle der tatsächlich entrichteten Lohnsteuer eine fiktive Steuer nach der Steuerklasse I in Ansatz gebracht wird. Vielmehr ist nach ähnlichen Grundsätzen zu verfahren, wie sie etwa im Falle verschleierter Einkünfte (§ 850 h ZPO) zur Anwendung gelangen (FamRZ 80/40, 41 f.; FamRZ 80/665). Hiernach ist vom Arbeitslohn des Unterhaltspflichtigen tatsächlich einbehaltene Lohnsteuer durch einen Abschlag zu korrigieren, durch den die mit der Einstufung in Steuerklasse V verbundene Verschiebung der Steuerbelastung auf den unterhaltspflichtigen Ehegatten möglichst behoben wird. Diesen Abschlag hat das Gericht in tatrichterlicher Verantwortung unter Berücksichtigung der Einkommen beider Ehegatten zu bemessen, wobei es zu vermeiden gilt, daß sich aus der Umverteilung der Steuerbelastung auf Grund der Sachlage des Einzelfalls Unbilligkeiten für den neuen Ehegatten des Unterhaltspflichtigen ergeben.

BGH v. 9. 7. 80 – IVb ZR 528/80 – FamRZ 80, 981 = NJW 80, 2247
(Unterschiedliche Tatbestandsvoraussetzungen des nachehelichen Unterhalts; Grundsatz der Eigenverantwortung jedes Ehegatten für seinen Lebensunterhalt; Bedeutung der Ehedauer) R046

Der Unterhaltsanspruch des geschiedenen Ehegatten (§§ 1569 ff. BGB) setzt stets voraus, daß a
von ihm eine angemessene Erwerbstätigkeit aus näher bestimmten Gründen nicht erwartet werden kann (§§ 1570 bis 1572, 1576 BGB), daß er eine angemessene Erwerbstätigkeit nicht zu finden vermag (§ 1573 BGB) oder daß er zu ihrer Erlangung einer Ausbildung bedarf (§ 1575 BGB). Die gesetzliche Regelung geht also davon aus, daß ein Geschiedener, bei dem keiner dieser Tatbestände vorliegt, für seinen Lebensunterhalt grundsätzlich selbst aufzukommen hat. Die Dauer der Ehe ist dabei insofern von Bedeutung, als sie die ehelichen Lebensverhältnisse mitbestimmt, nach denen sich neben anderen Umständen richtet, welche Erwerbstätigkeit angemessen ist (§ 1574 II BGB).

(Ein kurzes tatsächliches Zusammenleben der Ehegatten ist weder ein Härtegrund nach Nr. 1 noch nach Nr. 4)

4) Grundlage der Rechtsanwendung ist das Gesetz selbst, das im vorliegenden Fall der Kl. einen b
Unterhaltsanspruch gewährt (§ 1571 Nr. 1 BGB). Soweit es in § 1579 I BGB einen an sich gegebenen Unterhaltsanspruch ausnahmsweise wegen grober Unbilligkeit ausschließt, darf dies nicht dazu führen, die gesetzliche Regelung in ihr Gegenteil zu verkehren. Vielmehr muß der durch das Erfordernis grober Unbilligkeit unterstrichene Ausnahmecharakter der Vorschrift gewahrt werden. Insbesondere bei der Anwendung der generalklauselartig gefaßten Vorschrift in § 1579 I Nr. 4 BGB muß zudem beachtet werden, daß die Vorschrift an die zuvor in Nrn. 1 bis 3 aufgeführten Tatbestände anschließt und einen Unbilligkeitsgrund verlangt, der „ebenso schwer wiegt" wie jene Tatbestände. Darum geht es nicht an, einen Sachverhalt, der nach den Nrn. 1 bis 3 gerade nicht ausreichen würde, um den Unterhaltsanspruch wegen grober Unbilligkeit auszuschließen, als „anderen Grund" im Sinne der Nr. 4 gelten zu lassen. Das aber würde im vorliegenden Fall geschehen, wenn der Kl. ein Unterhaltsanspruch nur deshalb versagt würde, weil ihre Ehegemeinschaft mit dem Bekl. tatsächlich nur kurze Zeit gedauert hat.

Zu keinem anderen Ergebnis würde es führen, wenn die kurze Zeit, in der die Parteien zusammengelebt haben, den beruflichen Werdegang der Kl. nicht wesentlich beeinflußt hätte, wie die Revision meint. Das Erfordernis ehebedingter Unterhaltsbedürftigkeit wird vom Gesetz nicht in der Weise zur Voraussetzung des Unterhaltsanspruchs erhoben, daß dieser nur bestände, wenn der geschiedene Ehegatte ohne die Ehe nicht ebenfalls bedürftig wäre. Eine solche Regelung wäre zudem mit dem Leitgedanken der fortwirkenden wirtschaftlichen Verantwortung eines Ehegatten für den anderen unvereinbar. Daher geht es nicht an, einen Fall grober Unbilligkeit i. S. des § 1579 I Nr. 4 BGB deshalb zu bejahen, weil die Kl. durch die Ehe nicht gehindert worden sei, sich eine eigene Existenzgrundlage zu schaffen.

BGH v. 17. 9. 80 – IVb ZR 552/80 – FamRZ 80, 1109 = NJW 81, 168
(Einkommen des Kindes; Bedürftigkeitsmindernde Anrechnung der Waisenrente im Verhältnis der Haftungsanteile nach § 1606 III 1 BGB; Halbwaisenrente) R049

2 a) Eigenes Einkommen eines Kindes mindert dessen Unterhaltsbedürftigkeit und damit seinen Unterhaltsanspruch. Das gilt grundsätzlich für Einkommen jeder Art unter Einschluß von Sozialleistungen (FamRZ 80/771, 772). Für Bezüge aus der Rentenversicherung ist keine Ausnahme begründet. § 1615 g III BGB betreffend die Nichtanrechnung von Waisenrenten auf den Regelbedarf eines nichtehelichen Kindes ist auf den Unterhaltsanspruch eines ehelichen Kindes nicht entsprechend anzuwenden.

3) Als gleich nahe Verwandte der aufsteigenden Linie haften beide Elternteile ihren Kindern nach

§ 1606 III S. 1 BGB anteilig nach ihren Erwerbs- und Vermögensverhältnissen für den Unterhalt. Soweit der Unterhalt in vollem Umfang durch Entrichtung einer Geldrente zu gewähren ist, kommt ein eigenes Einkommen des Kindes, das dessen Unterhaltsbedürftigkeit mindert, beiden Elternteilen im Verhältnis ihrer Haftungsanteile zugute, weil sich der Unterhaltsbetrag insgesamt um den Betrag des Kindeseinkommens mindert und die Haftung der Eltern für den Restbetrag anteilig bestehen bleibt. Soweit eine Halbwaisenrente nach dem Tod eines Elternteils gewährt wird, sei es des barleistungspflichtigen oder des andern Teils, bereitet die Anrechnung der Rente auf den Unterhaltsanspruch regelmäßig keine Schwierigkeiten. Der Unterhaltsanspruch richtet sich dann in Höhe des vollen Bedarfs gegen den überlebenden Elternteil, so daß diesem auch die Minderung der Unterhaltsbedürftigkeit durch die Waisenrente in voller Höhe zugutekommt. Wenn dagegen die Waisenrente nach dem Tod des Stiefvaters gewährt wird, während die unterhaltspflichtigen Eltern des Kindes weiterhin beide in Anspruch genommen werden können, kann die Waisenrente nicht einseitig als Entlastung eines Elternteils dienen. Sie soll zwar nach ihrer sozialen Zweckrichtung die vermögenswerten Vorteile ersetzen, die dem Stiefkind durch die Aufnahme in den Haushalt des Stiefvaters tatsächlich zugutekommen konnten. Der Stiefvater war jedoch dem Kind nicht unterhaltspflichtig. Er war auch gegenüber dem mit ihm verheirateten Elternteil für den Unterhalt des Stiefkindes rechtlich nicht verantwortlich. Die Waisenrente nach dem Stiefvater kann daher nicht ausschließlich auf den Unterhaltsanspruch gegen den Elternteil bezogen werden, der mit dem Stiefelternteil verheiratet war. Sie steht vielmehr einem sonstigen Einkommen des Kindes gleich, das keine Grundlage in der zivilrechtlichen Unterhaltspflicht hat. Danach verbietet sich eine einseitige Anrechnung nur zugunsten eines Elternteils. Es wäre mit der anteiligen Haftung beider Eltern unvereinbar, wenn mit dem im Anschluß an die Waisenrente verbleibenden Unterhaltsbedarf des Kindes ein Elternteil unter Außerachtlassung des Haftungsverhältnisses der Eltern einseitig belastet würde. Die Entlastung durch die Waisenrente muß vielmehr beiden Eltern im Verhältnis ihrer Haftungsanteile zugute kommen. Entsprechendes gilt für sonstiges Einkommen des Kindes. Besondere praktische Schwierigkeiten stehen dem nicht entgegen. Im Verhältnis zwischen dem Kind und dem betreuenden Elternteil muß die Handhabung dem Einzelfall überlassen bleiben.

BGH v. 15. 10. 80 – IVb ZR 503/80 – FamRZ 81, 19 = NJW 81, 346

R054 *(Zur Familiensache bei Vollstreckungsabwehrklage)*

a Gegenstand des Berufungsurteils ist insoweit eine Vollstreckungsabwehrklage nach § 767 ZPO. Der Kläger hat sein Rechtsbegehren bewußt auf diesem Wege verfolgt, wie insbesondere der unter Hinweis auf BGHZ 26/391, 394 = FamRZ 68/169 ff. vorsorglich gestellte Hilfsantrag zeigt. Davon ist auch das OLG ausgegangen. Die gewählte Art der Klage ist für die Beurteilung der Frage, ob eine Familiensache vorliegt, maßgebend, ohne daß es in diesem Zusammenhang darauf ankommt, ob die Vollstreckungsabwehrklage in zulässiger Weise auf die Anfechtung des Vergleichs wegen arglistiger Täuschung gestützt werden konnte (vgl. dazu BGH, LM, ZPO § 767 Nr. 37 = NJW 71/467 m. w. N.; LM, BGB § 826 (Fa) Nr. 3 u. 19; LM ZPO § 794 Abs. 1 Ziff. 1 Nr. 21 u. 22/23; OLG Köln, MDR 71/671). Das Verfahren über eine Vollstreckungsabwehrklage ist Familiensache, wenn und soweit der Vollstreckungstitel, gegen den sie sich richtet, eine Familiensache zum Gegenstand hat. Dies hat der BGH bereits wiederholt für den Fall entschieden, daß sich die Klage gegen den Titel über einen Unterhaltsanspruch nach § 23 b Abs. 1 S. 2 Nr. 5, 6 GVG, § 621 Abs. 1 Nr. 4, 5 ZPO richtet (BGH, FamRZ 78/672 = NJW 78/1811; BGH, FamRZ 79/220 = NJW 79/550; FamRZ 79/910 = NJW 79/2046; vgl. auch BGH, FamRZ 80/671 = NJW 80/1695).

(Zu Kosten als Familiensache)

c Die Nr. 12 des Vergleichs, hinsichtlich deren das OLG der Vollstreckungsabwehrklage ebenfalls stattgegeben hat, enthält eine den Kläger belastende Kostenregelung, die einheitlich den Ehescheidungsrechtsstreit und den gesamten Scheidungsfolgenausgleich umfaßt. Ein Verfahren über Kosten aus einer Familiensache ist wie das Hauptsacheverfahren Familiensache (vgl. BGH, FamRZ 78/585; Baumbach/Lauterbach/Albers, ZPO, 38. Aufl., § 621 Anm. 1). Selbst dann, wenn die Hauptsache sowohl eine Familiensache als auch eine Nichtfamiliensache zum Gegenstand hat, ist das Verfahren über die Kosten insgesamt Familiensache, wenn die Kosten einheitlich die gesamte Hauptsache betreffen und eine Zuordnung bestimmter Teile der im Streit befindlichen Kosten zu dem Teil der Hauptsache, der Nichtfamiliensache ist, nicht möglich ist.

(Zur Familiensache bei wechselseitigem U-verzicht)

d Das OLG hat auch die Nr. 1 des Vergleichs, in der die Parteien wechselseitig auf Unterhalt verzichtet haben, als Teil der vermögensrechtlichen Gesamtauseinandersetzung der Parteien angesehen und in dem der Klage stattgebenden Teil des Urteilsspruchs mit aufgeführt. Die Regelung in Nr. 1 des

Anhang R. Rechtsprechung   R055

Vergleichs hätte auch dann, wenn sie nicht als Teil der vermögens- und güterrechtlichen Auseinandersetzung anzusehen wäre, eine Familiensache zum Gegenstand (§ 23 b Abs. 1 S. 2 Nr. 6 GVG; § 621 Abs. 1 Nr. 5 ZPO).

BGH v. 5. 11. 80 – IVb ZR 549/80 – FamRZ 81, 17, 18 = NJW 81, 448, 449
(Zu berücksichtigende persönliche Verhältnisse und Erwerbsobliegenheit bei Betreuung eines 15jährigen Kindes; R055
Teilzeitbeschäftigung bei 11jährigem Kind)
2) Bei der Entscheidung der grundsätzlichen Frage zur Berücksichtigung minderjähriger Kinder im Rahmen des § 1361 II BGB ist das OLG zutreffenderweise davon ausgegangen, daß auch die Pflege und Erziehung nichtgemeinschaftlicher Kinder zu den zu berücksichtigenden persönlichen Verhältnissen eines Ehegatten i. S. von § 1361 II BGB gehört. Hierzu hat der BGH in den – nach Erlaß des Berufungsurteils verkündeten – Urteilen v. 7. 3. 1979 (FamRZ 1979/569/571) und v. 9. 5. 1979 (FamRZ 1979/571/572) ausgeführt: Der Frage, ob ein Ehegatte nach der Trennung der Eheleute ein gemeinschaftliches oder ein nicht gemeinschaftliches Kind versorge und betreue, komme im Rahmen von § 1361 BGB nur bei der Anwendung des Abs. III Bedeutung zu, nach dem die Pflege und Erziehung gemeinschaftlicher Kinder in entsprechender Anwendung des § 1579 II BGB dazu führen könne, daß die Härteregelung nach § 1579 I Nr. 2 bis Nr. 4 BGB ausgeschaltet werde. Die dortige Voraussetzung könne indessen nicht auf die Bedürfnisprüfung nach Abs. I und II des § 1361 BGB übertragen werden. Zu den persönlichen Verhältnissen des Unterhalt verlangenden Ehegatten, auf die es für die Pflicht zur Übernahme einer Erwerbstätigkeit ankomme, sei – wie jeder andere allein in der Person dieses Ehegatten begründete Umstand, der eine Erwerbstätigkeit unzumutbar mache – auch die Inanspruchnahme durch eigene, nicht gemeinschaftliche Kinder zu rechnen.
Der Mutter eines 11jährigen Kindes, das für einen Teil des Tages die Schule besucht und in dieser Zeit keiner Versorgung bedarf, kann zur teilweisen Sicherstellung ihres Unterhaltsbedarfs im allgemeinen die Übernahme einer Teilzeitbeschäftigung – die nicht den Umfang einer Halbtagstätigkeit erreichen muß – angesonnen werden. (L. S.) 2) Insoweit macht die Revision zutreffend geltend, von der Mutter eines 11jährigen Kindes könne nach den Erfahrungen des täglichen Lebens grundsätzlich eine Teilzeitbeschäftigung, hier etwa im Bereich Raumpflege, erwartet werden. Bei einem Kind im Alter von 11 Jahren, das für einen Teil des Tages die Schule besucht und in dieser Zeit keiner Versorgung bedarf, ist die Mutter durch die Pflege und Erziehung in zeitlicher Hinsicht nicht mehr derart gebunden, daß sie auch an der Übernahme einer Teilzeitbeschäftigung – die nicht den Umfang einer Halbtagsbeschäftigung erreichen muß – gehindert wäre. Dies hat der BGH inzwischen in mehreren Entscheidungen (FamRZ 1979, 571/572; FamRZ 1980/40/42; FamRZ 1980/771/772 = NJW 1980/2081/2082) in Übereinstimmung mit der neueren Rechtsprechung und Lehre ausgesprochen.
Die Frage, ob ihr eine Teilzeitbeschäftigung tatsächlich zugemutet werden kann, ist gemäß § 1361 II BGB nach den gesamten persönlichen Verhältnissen der Kl. zu beurteilen, wobei insbesondere ihre frühere berufliche Betätigung, die Dauer der Ehe mit dem Bekl. und die wirtschaftlichen Verhältnisse der Parteien zu berücksichtigen sind. Das OLG hat in diesem Zusammenhang maßgebend darauf abgestellt, daß die Kl. seit etwa 15 Jahren nicht mehr gearbeitet habe. Diesem Gesichtspunkt kommt indessen für die Zumutbarkeit einer Teilzeitbeschäftigung der Kl. keine entscheidende Bedeutung zu, weil sich – worauf die Revision zutreffend hinweist – insbesondere eine angemessene Betätigung im Bereich der Raumpflege oder eine der früheren Beschäftigung der Kl. als Spülerin vergleichbare Arbeit anbieten dürfte. Bei derartigen Arbeiten treten die typischen Probleme einer Wiedereingliederung in das Berufsleben nach längerer Arbeitspause erfahrungsgemäß nicht auf. Die Dauer der (i. J. 1972 geschlossenen) Ehe der Parteien steht der Aufnahme einer Teilzeitbeschäftigung durch die i. J. 1938 geborene Kl. ebenfalls grundsätzlich nicht entgegen. Nach den wirtschaftlichen Verhältnissen der Parteien – der Bekl. verdient als städtischer Arbeiter monatlich ca. 1700 DM netto – kann hier gleichfalls erwartet werden, daß die Kl. nach der Aufhebung der ehelichen Lebensgemeinschaft einen Teil ihres Unterhaltsbedarfs durch Ausübung einer Teilzeitbeschäftigung selbst aufbringt.
Voraussetzung dafür ist allerdings – weiterhin unter dem Gesichtspunkt der nach § 1361 II BGB zu berücksichtigenden persönlichen Verhältnisse der Kl. –, daß sie nicht durch Krankheit an der Aufnahme einer – auch nur zeitweise auszuübenden – Erwerbstätigkeit gehindert sein darf. Da sich die Kl. nach § 1361 II BGB grundsätzlich auf eine Teilzeitbeschäftigung verweisen lassen muß, falls sie aus gesundheitlichen Gründen zur Aufnahme einer derartigen Tätigkeit imstande ist, kommt der Beurteilung ihrer Arbeitsfähigkeit für das weitere Verfahren entscheidende Bedeutung zu.

BGH v. 5. 11. 80 – VIII ZR 280/79 – NJW 81, 577

R056 *(Darlegungspflicht bei negativen Tatsachen wie bei der Behauptung des Nichtvorhandenseins von Tatumständen; substantiiertes Bestreiten durch den Gegner)*

Eine Partei, die das Nichtvorhandensein von Tatumständen behauptet, ist nicht von der sie hierfür treffenden Darlegungspflicht befreit. Der Gegner darf sich in einem solchen Falle aber nicht mit einfachem Bestreiten begnügen, sondern muß im einzelnen darlegen, daß die bestrittene Behauptung unrichtig ist, soweit er dazu in der Lage ist. (L. S.) 2a) Da die Bekl. hier das Fehlen der Eigenmittel der Eheleute S. zu ihrer Verteidigung gegen die Klageforderung behauptet, ist sie grundsätzlich hierfür darlegungspflichtig. Dies führt dazu, daß sie eine negative Tatsache darzulegen hat.

Zutreffend berücksichtigt das BerGer. zugunsten der Bekl., daß der Darlegungspflichtige negative Tatsachen nur unter Schwierigkeiten oder gar nicht substantiiert vorbringen kann. Daraus folgt indessen keine grundsätzliche Umkehr der Darlegungslast. Auch die Partei, die das Nichtvorhandensein von Tatumständen behauptet, ist nicht von der Darlegungspflicht befreit. Ihren Schwierigkeiten wird nach dem auch im Prozeßrecht beherrschenden Grundsatz von Treu und Glauben Rechnung getragen, wenn sie selbst außerhalb des Geschehensablaufs steht und den Sachverhalt von sich aus nicht ermitteln kann, während die Gegenseite die erforderlichen Informationen hat oder sich leicht beschaffen kann. In diesem Fall darf der Gegner sich nicht mit einfachem Bestreiten begnügen, sondern muß im einzelnen darlegen, daß die von ihm bestrittene Behauptung unrichtig ist (vgl. BGH, NJW 1961/826 [828]; 1962/2149 (2150); WM 1965/917). b) Die Bekl. hat mit ihrer Behauptung, den Eheleuten S. habe der Betrag von 144 000 DM zu keinem Zeitpunkt als zusätzliches Eigenkapital zur Verfügung gestanden, zunächst ihrer Darlegungslast genügt. Diese Behauptung erscheint angesichts des wirtschaftlichen Zusammenbruchs der Eheleute S., der sich schon kurz nach der Bürgschaftsübernahme abzeichnete, auch einleuchtend.

BGH v. 26. 11. 80 – IVb ZR 542/80 – FamRZ 81, 140 = NJW 81, 754

R057 *(Ehedauer von 2 Jahren ist auch bei Eheschließung im vorgerückten Alter kurz)*

Im vorliegenden Fall die Ehe der Parteien als kurz zu bezeichnen, begegnet keinen Bedenken. Sie wären nur gegeben, wenn die Ehedauer mit der Revision auf 43 Monate zu bemessen wäre, weil eine Ehe dieser Dauer im Regelfall das in § 1579 I Nr. 1 BGB vorausgesetzte Maß überschreiten wird. Hat sie hingegen, wie hier, nicht länger als zwei Jahre bestanden, so wird sie in aller Regel auch dann als kurz zu beurteilen sein, wenn sich die Ehegatten bei der Eheschließung bereits im vorgerückten Alter befunden haben.

BGH v. 3. 12. 80 – IVb ZR 532/80 – FamRZ 81, 341

R058
a *(Zur Änderung der maßgebenden Verhältnisse durch zweite Ehe u. a.)*

Gegenüber den für die Unterhaltsfestsetzung im Urteil von 1975 maßgebenden Umständen ist eine wesentliche Änderung in den Verhältnissen des Kl. dadurch eingetreten, daß er eine zweite Ehe eingegangen ist und aus dieser Ehe inzwischen noch ein zweites Kind zu unterhalten hat. Die Auswirkungen der hierdurch begründeten zusätzlichen Unterhaltsverpflichtung des Kl. hat das OLG zutreffend dahin gewertet, daß sie zu einer – nach der wirtschaftlichen Leistungsfähigkeit des Kl. angemessenen – Herabsetzung der der Beklagten zu 1) gemäß § 58 EheG zustehenden Unterhaltsrente führen muß.

(Einigung der Eltern über eine gleichrangige Behandlung minderjähriger und volljähriger Kinder)

b 2) Zwar haben die für die Unterhaltsansprüche der Bekl. maßgeblichen Verhältnisse im Verlauf des Berufungsverfahrens eine Änderung dadurch erfahren, daß die Bekl. zu 2) im August 1978 volljährig geworden ist. Das führt jedoch unter den besonderen Umständen des vorliegenden Falles nicht zu einer Änderung der angefochtenen Entscheidung. Beide Parteien sind nämlich bis zur letzten mündlichen Verhandlung vor dem OLG übereinstimmend davon ausgegangen – und halten hieran nach Erörterung auch weiterhin fest –, daß die Kinder aus der ersten Ehe trotz der zwischenzeitlich eingetretenen Volljährigkeit der Bekl. zu 2) wie bisher gleich – und damit auch gleichrangig – behandelt werden sollen. Demgemäß haben die Bekl. davon abgesehen, eine infolge des gesetzlichen Rangrücktritts der Bekl. zu 2) unter Umständen in Betracht kommende Erhöhung der Unterhaltsansprüche der Bekl. zu 3) und zu 4) geltend zu machen, und der Kl. seinerseits hat keine Beanstandung dagegen erhoben, daß das OLG die Bekl. zu 2) mit Rücksicht auf ihren nach wie vor bestehenden materiellen Unterhaltsbedarf in dem angefochtenen Urteil ebenso behandelt hat wie die Bekl. zu 3) und 4).

Anhang R. Rechtsprechung R059

(Erwerbsobliegenheit bei minderjährigen Kindern)

2) Die sich aus § 1603 II BGB ergebende Verpflichtung, alle verfügbaren Mittel für den Unterhalt d
minderjähriger Kinder zu verwenden, schließt grundsätzlich die Pflicht ein, im Interesse der unterhaltsberechtigten minderjährigen Kinder alle zumutbaren Erwerbsmöglichkeiten auszuschöpfen. Dabei muß unter Umständen das Recht des unterhaltspflichtigen Elternteils auf freie Entfaltung seiner Persönlichkeit – in und außerhalb einer neuen Ehe – sowie auf freie Berufswahl hinter die sich als höherwertig erweisende familienrechtliche Unterhaltspflicht zurücktreten (FamRZ 80/ 1113 ff.).

BGH v. 3. 12. 80 – IVb ZR 537/80 – FamRZ 81, 250 = NJW 81, 574
(Unwirksamkeit bei rechtlicher oder tatsächlicher Undurchführbarkeit oder bei Mißbrauch) R059

I 2 c bb) Das Gesetz schränkt das elterliche Bestimmungsrecht dadurch ein, daß das Vormund- a
schaftsgericht aus bestimmten Gründen auf Antrag des Kindes die Bestimmung der Eltern ändern kann (§ 1612 II 2 BGB). Soll diese Regelung nicht ins Leere gehen, muß die von den Eltern getroffene Bestimmung grundsätzlich verbindlich sein, solange das Vormundschaftsgericht sie nicht geändert hat, also auch dann, wenn „besondere Gründe" vorliegen, aus denen eine solche Änderung in Betracht kommt. Eine Unwirksamkeit der elterlichen Bestimmung muß daher auf Fälle beschränkt bleiben, in denen eine Unterhaltsgewährung in der bestimmten Art auf jeden Fall ausscheidet. Das sind die anerkannten Fälle der rechtlichen oder tatsächlichen Undurchführbarkeit. Ob darüber hinaus Mißbrauchsfälle anzuerkennen sind, in denen die Bestimmung ebenfalls als unwirksam zu behandeln ist und im Unterhaltsprozeß nicht beachtet zu werden braucht, kann im vorliegenden Fall auf sich beruhen. Angesichts der gesetzlichen Regelung könnte ein solcher Mißbrauch allenfalls unter der strengen Voraussetzung bejaht werden, daß die elterliche Bestimmung offensichtlich aus sachfremden Erwägungen oder zu sachfremden Zwecken getroffen worden ist und unter keinem verständigen Gesichtspunkt Beachtung verdient. Daß ein solcher Fall hier gegeben sei, will die Revision ersichtlich selbst nicht geltend machen.

(Unterhaltsbestimmung bei volljährigen Kindern)

I 3) Das den unterhaltspflichtigen Eltern durch § 1612 II 1 BGB gegebene Recht, eine Unterhalts- b
gewährung durch Naturalleistungen zu bestimmen, hat auch den Zweck, ihnen einen weitergehenden Einfluß auf die Lebensführung des Kindes zu verschaffen, als dies bei einer Unterhaltsgewährung in Geld möglich ist. Volljährige Kinder sind zur Selbstbestimmung herangewachsen, doch gebietet die verwandtschaftliche Beziehung noch Rücksichtnahme auf die Eltern. Mit diesem Zweck des elterlichen Bestimmungsrechts wäre im vorliegenden Fall die von der Revision befürwortete Gewährung einer Teilrente nicht zu vereinbaren.

Die von dem Bekl. getroffene Bestimmung ging dahin, daß seine Tochter den ihr zustehenden Unterhalt durch Gewährung von Kost und Wohnung im elterlichen Haus erhalten solle. Zu einer solchen Art der Unterhaltsgewährung gehört es verständigerweise, daß das Kind neben den Naturalleistungen auch Geldbeträge zur Verfügung gestellt bekommt, zunächst in Form des Taschengeldes mit zunehmendem Alter aber auch, um bestimmte Anschaffungen für seinen Lebensbedarf in eigener Entscheidung und Verantwortung vornehmen zu können. Je älter das Kind wird, um so größer wird auch der Spielraum sein, den verständige Eltern ihm dabei einräumen. Das bedeutet indessen nicht, daß der Unterhaltsanspruch des Kindes sich dadurch zunehmend in einen Anspruch auf Zahlung einer Geldrente verwandelt. Eltern, die ihrem heranwachsenden oder schon volljährigen, im elterlichen Hause unterhaltenen Kind zu den beschriebenen Zwecken Geldbeträge zur freien Verfügung überlassen, pflegen ihm damit – neben etwaigen erzieherischen Zwecken – die Bindungen zu erleichtern, die sich aus der Gewährung von Naturalunterhalt notwendigerweise ergeben und – wie dargelegt – auch ergeben sollen. Die Überlassung von Geldbeträgen zur eigenverantwortlichen Verfügung ist dann gerade ein Teil des in der Form von Naturalleistungen gewährten Unterhalts und erfüllt nur zusammen mit diesem den ihr zugedachten Sinn. Nicht anders ist die Erklärung des Bekl. zu verstehen, auf die die Revision sich für ihre Ansicht beruft. Seine Erklärung, den Unterhalt durch Zahlung von Taschengeld und der Kosten von Sachaufwendungen leisten zu wollen, kann daher nicht von seiner Bestimmung gelöst werden, daß der Unterhalt durch Gewährung von Kost und Wohnung im elterlichen Hause geleistet werde.

Nahm die Tochter diesen Unterhalt nicht entgegen, so konnte sie auch nicht verlangen, daß der Bekl. ein Taschengeld zahlte und die Kosten von Sachaufwendungen trug. Im Ergebnis ist daher der Auffassung des OLG zuzustimmen, die Tochter habe ihren Unterhaltsanspruch für die in Rede stehende Zeit dadurch verloren, daß sie keinen Gebrauch von der Möglichkeit gemacht habe, den Unterhalt im Hause des Bekl. entgegenzunehmen. Aus denselben Gründen kann die Revision nicht mit ihrer weiteren Auffassung durchdringen, der Tochter stehe ein Anspruch auf Zahlung einer

Geldrente in Höhe der Beträge zu, die der Bekl. durch die Ablehnung des Naturalunterhalts erspart habe.

BGH v. 9. 12. 80 – VI ZR 234/77 – VersR 81, 280

R060 *(zu den Grundlagen eines Rentenurteils und zu den Voraussetzungen seiner Abänderung)*

Das Berufungsgericht geht zunächst in Übereinstimmung mit der herrschenden Auffassung davon aus, daß ein bloßer Wechsel in der tatsächlichen oder rechtlichen Beurteilung der entscheidungserheblichen Umstände, auf der eine rechtskräftige Verurteilung beruht, eine Abänderung im Wege des § 323 ZPO nicht rechtfertigt, weil in solchen Fällen sich die Verhältnisse, d. h. die festgestellten Tatsachen als die maßgeblichen Grundlagen dieser Entscheidung, nicht geändert haben (vgl. RGZ 126/239, 241 f.; 129, 316, 320; RGJW 30/3315, 3316 und HRR 34/Nr. 1066; Senatsurteil vom 19. 11. 1968 – VI ZR 21/67 – VersR 69/236, 237; OLG München, FamRZ 79/237; Stein/Jonas/Schumann/Leipold, ZPO, 19. Aufl., § 323 Anm. II 3 a; Baumbach/Lauterbach/Albers/Hartmann, ZPO, 38. Aufl., Anm. 2 C; Rosenberg/Schwab, Zivilprozeßrecht, 12. Aufl., S. 904 Fn. 27; Blomeyer, Zivilprozeßrecht 63 S. 434). Das Berufungsgericht geht wohl auch davon aus, daß der Tatrichter im Zuge seiner Entscheidungsfindung die künftige Entwicklung festgestellter Umstände berücksichtigen soll, soweit sie erkennbar ist, also insbesondere nicht außerhalb jeder Erwartung liegt. Dies hat der Senat bereits in seinem Urteil vom 19. 11. 1968 (a.a.O.) in Anlehnung an RGZ 126/239, 241 zum Ausdruck gebracht und ausgesprochen, daß die maßgebenden Verhältnisse des § 323 ZPO die wirklichen Verhältnisse der Gegenwart und die voraussichtlichen der Zukunft sind. Dieser Grundsatz gilt vor allem bei der Entscheidung über einen Rentenanspruch, der sich aus einer zum Schadensersatz verpflichtenden Körperverletzung und darauf beruhender Einschränkung der Erwerbsfähigkeit ableitet. Wird eine in diesem Zusammenhang zu treffende Prognose auf fehlerhafte oder unvollständige Bewertung der Verletzungen gestützt, verkennt der Richter insbesondere die Grenze, bis zu welcher ein verursachter Erfolg der Verletzungshandlung als noch „adäquat" zugerechnet werden darf, so kann diesem Fehler nur – soweit dies prozeßrechtlich zulässig ist – mit einem Rechtsmittel begegnet werden. Der außerordentliche Rechtsbehelf der Abänderungsklage ist jedoch versperrt. Auch nach der kaum mehr begründeten Meinung von Schwab ist Voraussetzung für die Abänderungsklage, daß eine Änderung der maßgeblichen Verhältnisse tatsächlich eingetreten ist. Das Berufungsgericht stellt eine solche Veränderung nicht fest, trifft insbesondere keine Feststellungen darüber, daß sich an der Arbeitsfähigkeit oder den Einkommensverhältnissen des Verletzten seit der Entscheidung im Vorprozeß etwas Wesentliches geändert habe; dagegen hat auch der Kl. als Revisionsbeklagter nichts erinnert. Eine bloße Änderung der Rechtsmeinung des Gerichts kann aber nie zur Änderung eines rechtskräftigen Urteils führen. Insoweit haben auch Urteile auf künftige wiederkehrende Leistungen keine Sonderstellung, die es rechtfertigen könnte, von der Rechtskraft wegen der Ungewißheit der künftigen Entwicklung Abstriche zu machen.

BGH v. 10. 12. 80 – IVb ZR 546/80 – FamRZ 81, 344

R062 *(Keine Finanzierungsverpflichtung bei eigenmächtiger Änderung des Berufsziels)*

II 3) Ebensowenig ist entscheidend, ob der Abschluß der höheren Handelsschule in dem Sinn „berufsqualifizierend" ist, daß er für manche Berufe bereits hinreichend befähigt. Die Angemessenheit einer Ausbildung muß sich – außer nach der wirtschaftlichen Leistungsfähigkeit des Unterhaltspflichtigen – insbesondere nach den persönlichen Bedingungen richten, wie sie gerade bei dem Kind vorliegen, um dessen Unterhaltsanspruch es geht. Daher kann nicht außer Betracht bleiben, daß die Tochter mit Einverständnis des Bekl. von vornherein die Absicht hatte, an den Besuch der Höheren Handelsschule eine Ausbildung für den gehobenen Dienst in der Finanzverwaltung anzuschließen und daß dieses Ausbildungsziel dann auch zutage getretenen Veranlagung entsprach. Auch bei Würdigung des Umstandes, daß die Tochter das seinerzeit angestrebte Berufsziel mit dem Abschluß der Höheren Handelsschule und auch bei der Änderung ihrer beruflichen Pläne noch nicht erreicht hatte, ist der Senat der Auffassung, daß der Bekl. der ihm nach § 1610 II BGB obliegenden Unterhaltspflicht hier jedenfalls soweit nachgekommen ist, daß er zur Finanzierung des Psychologie-Studiums seiner Tochter nicht verpflichtet war. Diese hatte sich im Einvernehmen mit ihm zum Besuch der Höheren Handelsschule entschlossen, um sich anschließend zur Beamtin des gehobenen Dienstes in der Finanzverwaltung ausbilden zu lassen. Sie hat dieses Berufsziel auch über einen längeren Zeitraum verfolgt, indem sie zwei Jahre lang die Höhere Handelsschule besucht, dort die Abschlußprüfung abgelegt und anschließend den Vorbereitungsdienst aufgenommen hat. Sie hat ihre Pläne jedoch eigenmächtig geändert, ohne den Versuch zu unternehmen, sich darüber mit dem Bekl. zu verständigen. Gründe, die ihr die Aufgabe des ursprünglichen Berufsziels dringend nahegelegt hätten, sind nicht behauptet und aus dem vorgetragenen Sachverhalt auch nicht ersichtlich. Allein

Anhang R. Rechtsprechung   R064 – R065

der Sinneswandel seiner Tochter konnte den Bekl. jedoch nicht verpflichten, die von ihr gewählte andere Ausbildung zu finanzieren, ohne daß es noch auf die weiteren Fragen ankommt, ob das Studium der Psychologie ihren Fähigkeiten und Neigungen am besten entsprach und die Finanzierung sich in den Grenzen seiner wirtschaftlichen Leistungsfähigkeit hielt.

BGH v. 14. 1. 81 – IVb ZR 554/80 – FamRZ 81, 346
(Keine Verpflichtung zur Finanzierung bei „intellektuellem Spätentwickler")   R064

2 a) Eine Verpflichtung der Eltern zur Finanzierung einer Zweitausbildung setzt voraus, daß sich Anhaltspunkte für eine wesentlich höhere Ausbildungsfähigkeit des Kindes bis zum Ende seiner ersten Ausbildung ergeben haben. Die Behauptung, bei dem Sohn des Bekl. handle es sich um einen der sog. „intellektuellen Spätentwickler", bei denen sich die Ausbildungsziele „sukzessiv" änderten, kann nicht dazu führen, die Verpflichtung des Bekl. zur Gewährung des Ausbildungsunterhalts über die bisher gezogenen Grenzen hinaus zu erweitern. Eine solche Auffassung würde zu uferlosen Ansprüchen auf Ausbildungsfinanzierung führen, die nicht gebilligt werden kann. Die Vorschrift des § 1610 hat nicht den Sinn, Eltern in unübersehbarem und daher unangemessenem Umfang mit Unterhaltspflichten zu belasten. Das aber wäre im vorliegenden Fall zu besorgen, in dem der unterhaltsberechtigte Sohn nach mehreren von dem Bekl. finanziell getragenen, aber fehlgeschlagenen Versuchen im Alter von 19 Jahren seine erste vollständige Ausbildung abgeschlossen und mit 24 Jahren den Vorbereitungskurs beendet hat, dessen erfolgreicher Abschluß erst die Voraussetzung für die Aufnahme des Studiums an der PH schuf.

b) Nach diesen Grundsätzen konnte der Sohn des Bekl. von seinem Vater schon deshalb nicht die Finanzierung seines Studiums an der PH verlangen, weil er in Gestalt der Kraftfahrzeug-Mechanikerlehre mit erfolgreicher Gesellenprüfung eine abgeschlossene Berufsausbildung erhalten und sich seine weitere Ausbildungsfähigkeit erst danach gezeigt hat. Soweit die Revision geltend macht, der Besuch der privaten Wirtschaftsschule, bei dem sich die weitere Ausbildungsfähigkeit gezeigt habe, sei nach dem eigenen Vorbringen des Bekl. noch als Teil der Erstausbildung anzusehen, kann ihr nicht gefolgt werden. Der Bekl. hat nämlich ausdrücklich vorgetragen, der mit seiner Billigung erfolgte Besuch dieser Schule habe dem Sohn ursprünglich nur eine bessere Chance in seinem erlernten Beruf als Kfz-Mechaniker (wie etwa den Aufstieg zum Kundendienstberater oder Autoverkäufer) bieten, nicht aber ein Studium vorbereiten sollen. Es ist daher rechtlich nicht zu beanstanden, wenn der Tatrichter zu dem Ergebnis gelangt ist, daß die angemessene Erstausbildung mit der Gesellenprüfung zum Kfz-Mechaniker beendet wurde und durch den Besuch der privaten Wirtschaftsschule mit möglichem Realschulabschluß eine Verpflichtung des Bekl., eine weitere Ausbildung des Sohnes zu finanzieren, nicht wieder auflebte.

BGH v. 14. 1. 81 – IVb ZR 575/80 – FamRZ 81, 242 = NJW 81, 978
*(Grundsatz der Eigenverantwortung jedes Ehegatten für seinen Unterhalt; gesteigerte Mitverantwortung beider   R065
Ehegatten bis zur Scheidung; abgeschwächte Mitverantwortung nach der Scheidung; enumerativ aufgezählte Tatbestandsvoraussetzungen beim nachehelichen Unterhalt; Nichtidentität zwischen Trennungsunterhalt und nachehelichem Unterhalt wegen wesentlichen Unterschieden und prozessuale Konsequenzen)*

2 a) Wie schon nach früherem Recht handelt es sich auch nach den Vorschriften des 1. EheRG bei dem Unterhaltsanspruch während des Getrenntlebens in der Ehe und dem Unterhaltsanspruch nach Scheidung der Ehe materiell-rechtlich jeweils um besondere Ansprüche, die wesentlich verschieden voneinander ausgestaltet sind.

Die Grundlagen der Unterhaltspflicht während des Getrenntlebens und nach der Scheidung der Ehe sind weiterhin – in § 1361 BGB n. F. einerseits und §§ 1569 ff. BGB andererseits – gesetzlich gesondert geregelt. Die Anspruchshöhe ist jeweils am Maß des angemessenen Unterhalts ausgerichtet (§ 1361 I BGB; § 1578 BGB). Die Gründe, die zur Trennung der Ehegatten und zum Scheitern der Ehe geführt haben, wirken sich nach dem Wegfall des Verschuldensprinzips regelmäßig nicht mehr auf die Unterhaltsansprüche aus und können danach auch nicht mehr unterschiedlich für die eheliche und die nacheheliche Unterhaltspflicht berücksichtigt werden.

Gleichwohl bestehen weiterhin wesentliche Unterschiede zwischen der Unterhaltspflicht während des Getrenntlebens in der Ehe und derjenigen nach der Scheidung. Die mit der Eheschließung von den Ehegatten füreinander übernommene Verantwortung, die letztlich der eigentliche Entstehungsgrund sowohl für die eheliche wie für die nacheheliche Unterhaltspflicht ist (FamRZ 1956/144, 146; FamRZ 1980/1099), ist in der nachehelichen Unterhaltspflicht abgeschwächt. Das Gesetz geht nach der Ehescheidung grundsätzlich von der Eigenverantwortung jedes Ehegatten für seinen Unterhalt aus (§ 1569 BGB) und gewährt einen Unterhaltsanspruch nur noch unter besonderen, enumerativ genannten Voraussetzungen (§§ 1570 ff. BGB). Während des Getrenntlebens in der Ehe besteht dage-

1097

gen nach § 1361 BGB n. F. regelmäßig ein Unterhaltsanspruch nach Maßgabe der Lebensverhältnisse und der Erwerbs- und Vermögensverhältnisse der Ehegatten. Der gesteigerten Verantwortung der Ehegatten füreinander während des Bestehens der Ehe entspricht es insbesondere, daß der nicht erwerbstätige Ehegatte gemäß § 1361 II BGB nur unter wesentlich engeren Voraussetzungen darauf verwiesen werden kann, seinen Unterhalt durch Erwerbstätigkeit zu verdienen, als dies gemäß § 1574 BGB nach der Scheidung der Ehe der Fall ist.

Die Unterschiede in der Ausgestaltung der ehelichen und der nachehelichen Unterhaltspflicht schließen es auch nach neuem Recht aus, die Unterhaltsansprüche während des Getrenntlebens in der Ehe und nach deren Scheidung als einheitlichen und kontinuierlichen Anspruch aufzufassen. Die §§ 1569 ff. BGB enthalten der Sache nach nicht lediglich Vorschriften, die den bereits vorhandenen, der Ehe gegebenen Unterhaltsanspruch unter bestimmten Voraussetzungen einschränken oder zum Erlöschen bringen. Sie begründen vielmehr Ansprüche, die sich sowohl nach ihren Grundlagen wie nach ihren Bemessungskriterien vom Anspruch nach § 1361 BGB unterscheiden. Dabei kann denselben, unverändert gebliebenen Umständen für Grund und Betrag eines nachehelichen Unterhaltsanspruchs ein anderes Gewicht zukommen, als sie es für die Bemessung des Anspruchs während des Getrenntlebens in der Ehe hatten.

Der während des Getrenntlebens in der Ehe bestehende Unterhaltsanspruch erlischt nach alledem auch unter der Geltung des neuen Rechts mit der Scheidung der Ehe.

b) Dies hat in prozessualer Hinsicht zur Folge, daß ein Urteil über den Unterhaltsanspruch des getrenntlebenden Ehegatten nach § 1361 BGB regelmäßig nicht auch den Unterhaltsanspruch nach Scheidung der Ehe umfaßt. Zwar kann der prozessuale Anspruch, der Gegenstand eines Urteils ist, auf mehreren aus demselben Lebenssachverhalt sich ergebenden materiell-rechtlichen Ansprüchen beruhen, die auf dasselbe Ziel gerichtet sind. Die Scheidung der Ehe, durch die die unterhaltsrechtlichen Beziehungen der Parteien neu gestaltet werden, stellt jedoch einen neuen Lebenssachverhalt dar. Ein daraus abgeleitetes Begehren nachehelichen Unterhalts könnte im übrigen nicht in zulässiger Weise in einen Rechtsstreit einbezogen werden, in dem vor rechtskräftiger Scheidung der Ehe und unabhängig von einem Ehescheidungsverfahren Unterhalt nach § 1361 BGB verlangt wird. Der nacheheliche Unterhaltsanspruch entsteht erst mit der Rechtskraft der Scheidung der Ehe, so daß die Voraussetzungen für eine Verurteilung nach § 258 ZPO insoweit nicht vorliegen. Vor erfolgter Scheidung kann der nacheheliche Unterhaltsanspruch nur als Folgesache einer Scheidungssache nach Maßgabe des § 623 ZPO anhängig gemacht werden.

BGH v. 21. 1. 81 – IVb ZR 548/80 – FamRZ 81, 338 = NJW 81, 1313

R066 *(Konkrete Feststellung eines schädigungsbedingten Mehrbedarfs und Schätzung nach § 287 ZPO)*

4) Vor der Verteilung der für den allgemeinen Lebensunterhalt bestimmten Mittel ist der konkrete Mehrbedarf, den der Rentenempfänger als Folge seiner Schädigung hat, vorab auszugleichen.

Das OLG hat nicht festgestellt, welchen konkreten Mehrbedarf der ASt. als Folge seiner Kriegsbeschädigung bei seiner Lebensgestaltung und den Verrichtungen des täglichen Lebens im Verhältnis zu einem gesunden Menschen tatsächlich hat. Diesem Mehrbedarf muß, soweit er nicht durch Schwerstbeschädigtenzuschlag und Pflegezulage gedeckt wird, durch Zubilligung eines vorweg zu berücksichtigenden Ausgleichsbetrages an den ASt. Rechnung getragen werden. Bei der Bemessung des Ausgleichsbetrages ist die Zweckbestimmung der Grundrente in ihrer sowohl ideellen als auch – diese u. U. überlagernden – materiellen Ausgleichsfunktion zu beachten. Dabei lassen sich nach Auffassung des Senats die verschiedenen Elemente der Rente nach § 31 BVersG und ihre Auswirkungen auf den Bedarf des Beschädigten nicht für jeden Fall in der Weise verbindlich festlegen, daß generell ein bestimmter Anteil der Grundrente dem Beschädigten vorab zuzuweisen wäre und deshalb bei der Festsetzung der Unterhaltsansprüche seiner unterhaltsberechtigten Angehörigen außer Ansatz bleiben müßte. Die Feststellung des konkreten Mehrbedarfs muß vielmehr in jedem Einzelfall den besonderen Verhältnissen der Betroffenen entsprechen. Das schließt nicht aus, daß das Gericht unter Zuhilfenahme allgemeiner Erfahrungssätze den Aufwand, der mit bestimmten vermehrten Bedürfnissen eines Beschädigten üblicherweise verbunden ist (vgl. z. B. die Zusammenstellung bei Vorberg, VersorgBl 1966/26, 33), nach Maßgabe des § 287 ZPO schätzt. Hierbei wird – je nach den Umständen des Einzelfalles – eine großzügigere Beurteilung geboten sein, wenn und soweit es dem Beschädigten nicht zumutbar ist, seine besonderen Mehraufwendungen in allen Einzelheiten spezifiziert darzulegen. Im Rahmen der Schätzung nach § 287 ZPO wird der Tatrichter auch jeweils zu erwägen haben, ob und inwieweit bei der Anerkennung eines schädigungsbedingten Mehraufwandes dem ideellen Zweck der Grundrente in billiger Weise besonders Rechnung zu tragen ist.

Anhang R. Rechtsprechung R067

BGH v. 28. 1. 81 – IVb ZR 573/80 – FamRZ 81, 347 = NJW 81, 923
(Zur Beweislast bei Barunterhaltspflicht beider Eltern) R067

I 3 b) Das OLG hat es nicht für erwiesen angesehen, daß die Mutter über weiteres nennenswertes **a**
Einkommen und Vermögen verfüge. Das gehe zu Lasten des Beklagten, der die Voraussetzungen für die ausnahmsweise Zuschußpflicht des betreuenden Elternteils zu beweisen habe. Hiergegen wendet sich die Revision des Bekl. ohne Erfolg. aa) Sie vertritt die Ansicht, es sei Sache der Kl. darzulegen und zu beweisen, daß die Einkommens- und Vermögensverhältnisse der Mutter, deren Heranziehung zum Barunterhalt nicht rechtfertigen. bb) Dieser Ansicht kann nicht gefolgt werden. Zwar trifft es zu, daß Eltern für den ihrem gemeinschaftlichen Kind zu gewährenden Unterhalt nicht als Gesamtschuldner, sondern als Teilschuldner haften (FamRZ 71/569 bis 571 = NJW 71/1983, 1985). Auch mag es naheliegen, die Beweislast im Fall der Inanspruchnahme eines Elternteils für den gesamten Unterhalt ebenso zu beurteilen, wie in den Fällen der Inanspruchnahme eines nachrangig Unterhaltspflichtigen (vgl. § 1607 BGB), für die anerkannt ist, daß die Beweislast für die mangelnde Leistungsfähigkeit des zunächst Verpflichteten nicht den Inanspruchgenommenen, sondern den Unterhaltsberechtigten trifft. Hieraus lassen sich indessen allenfalls Schlüsse für den Fall ziehen, daß das Kind von keinem Elternteil betreut wird, sondern beide Barunterhalt zu leisten haben. Dagegen können daraus für die Beweislastfrage im vorliegenden Fall keine entsprechenden Folgerungen abgeleitet werden. Daß der Unterhaltsgläubiger in Fällen der Ersatzhaftung die Leistungsunfähigkeit des vorrangig Verpflichteten zu beweisen hat, liegt darin begründet, daß er sich mit dem Wegfall der Unterhaltspflicht des primär Verpflichteten auf eine Abweichung von dem im § 1601 BGB aufgestellten Grundsatz beruft, für deren Voraussetzungen er daher die Beweislast trägt. Eine entsprechende Abweichung von der Regel des § 1601 BGB machen die Kl. mit ihrer Rechtsverfolgung gegen den Vater jedoch nicht geltend. Entgegen der Ansicht der Revision umfaßt die Inanspruchnahme des Bekl. nicht den gesamten Unterhalt der Kinder, sondern nur den durch Geldleistungen zu erbringenden Teil, den Barunterhalt. Der andere, in der persönlichen Fürsorge bestehende Teil des Unterhalts wird von der Mutter der Kl. erbracht. Beide Teile sind nach der Vorschrift des § 1606 III S. 2 BGB in der Regel gleichwertig. Daraus ergibt sich, daß die Kl. mit ihrer Barunterhaltsforderung gegen den Bekl. eine Abweichung weder von dem Grundsatz des § 1601 BGB noch von demjenigen gleichrangiger Haftung der Eltern geltend machen. Im Hinblick auf § 1606 III S. 2 BGB, wonach das Kind betreuende Elternteil durch seine persönliche Fürsorge seine Unterhaltspflicht vollständig erfüllt, entspricht die Inanspruchnahme des Bekl. auf den Barunterhalt regelmäßig auch dem Grundsatz anteiliger Haftung beider Elternteile.

Der Standpunkt des Bekl. hinsichtlich der Barunterhaltspflicht der Mutter der Kl. läuft auf die Behauptung hinaus, daß die Mutter durch die Betreuung der Kinder ihre Unterhaltspflicht nicht erfülle, weil sie aufgrund ihrer Erwerbs- und Vermögensverhältnisse den Unterhalt der Kinder zu mehr als der Hälfte tragen müsse. Mit dieser Behauptung macht der Bekl. eine Abweichung von dem im § 1606 III S. 2 BGB enthaltenen Grundsatz geltend, deren Voraussetzungen er daher zu beweisen hat. Daß es dem unterhaltsberechtigten Kinde häufig leichter möglich sein mag als dem Barunterhalt leistenden Elternteil, die wirtschaftlichen Verhältnisse des anderen Elternteils darzulegen, rechtfertigt keine abweichende Beurteilung, zumal die Verteilung der Beweislast nicht bedeutet, daß der Gegner des Beweispflichtigen jeder Darlegungspflicht enthoben wäre. Im übrigen ist dem Hinweis der Revision auf den Auskunftsanspruch des Kindes gegen seine Eltern entgegenzuhalten, daß auch die Eltern nicht selten aus der Abwicklung ihrer rechtlichen Beziehungen und einer etwaigen Auskunftspflicht nach § 1680 BGB nähere Kenntnisse über die Einkommens- und Vermögensverhältnisse des anderen haben werden.

(Umkehr der Beweislast)

I 3 b cc) Der Revision kann nicht darin zugestimmt werden, daß sich die Beweislast im vorliegen- **b**
den Fall umkehre. Eine derartige Änderung der Beweislast hat die Rechtsprechung in Fällen angenommen, in denen eine Partei die Beweisführung, insbesondere die Benutzung eines Beweismittels durch den beweispflichtigen Gegner schuldhaft vereitelt oder erschwert hatte (NJW 63/389, 390 sowie NJW 80/887, 888 m. w. N.). Solche Behinderungen der gegnerischen Beweisführung können jedoch nicht schon angenommen werden, wenn eine Prozeßpartei, wie es hier der Klageseite angelastet wird, sich eines Verstoßes gegen die prozessuale Wahrheitspflicht schuldig macht, indem sie sich in ihren Schriftsätzen teilweise unwahrhaftig oder unvollständig erklärt, oder wenn sie, wie hier die gesetzliche Vertreterin der Kl., widersprüchliche Angaben macht. Ein derartiges Verhalten kann im Rahmen der freien Beweiswürdigung und Überzeugungsbildung des Gerichts nach § 286 I S. 1 ZPO gebührend berücksichtigt werden. In dieser Weise ist es ausweislich der Urteilsgründe auch im vorliegenden Fall vom OLG gewürdigt worden.

R068 – R072 Anhang R. Rechtsprechung

BGH v. 25. 2. 81 – IVb ZR 543/80 – FamRZ 81, 442 = NJW 81, 1556

R068 *(Kein Anspruch auf Vorsorgeunterhalt, wenn der Berechtigte eine Altersversorgung erwarten kann, die diejenige des Verpflichteten erreicht; Beginn und Ende des Vorsorgeunterhalts beim Trennungsunterhalt. Vorsorgeunterhalt gibt es zusätzlich zum Elementarunterhalt)*

III 2) Außerdem ist darauf hinzuweisen, daß es nicht als zutreffend angesehen werden kann, wenn die Revision ein Unterhaltsbedürfnis für einen Vorsorgebeitrag verneint, weil die von der Kl. bereits erworbenen oder ihr im Zuge des VersAusgl noch zu übertragenden Versorgungsanwartschaften eine Rente in Höhe des derzeitige laufenden Unterhalts erwarten ließen. Wie bereits ausgeführt, hängt der angemessene Lebensunterhalt von den ehel. Lebens- und damit von den Einkommensverhältnissen ab. Geht es um die unterhaltsrechtliche Beurteilung der künftigen Versorgungssituation der Parteien, so muß von der gleichmäßigen, hälftigen Verteilung des Einkommens ausgegangen werden. Damit ist der Ansicht des OLG zuzustimmen, daß hinsichtlich des Vorsorgebeitrags ein Unterhaltsbedürfnis erst zu verneinen ist, wenn für den Berechtigten eine Altersversorgung zu erwarten steht, die diejenige des Unterhaltsverpflichteten erreicht. Das ist hier indessen nicht der Fall.

Der „Eintritt der Rechtshängigkeit" nach § 1361 I S. 2 BGB ist im Sinne einer unmittelbaren Anknüpfung an das Ende der vom VersAusgl umfaßten Ehezeit nach § 1587 II BGB auszulegen. Damit kann der Vorsorgeunterhalt bereits ab Beginn des Monats zugebilligt werden, in dem das Scheidungsverfahren rechtshängig geworden ist. I 1) Im Gegensatz zum Unterhalt in der intakten Ehe, der auch die Kosten der Alterssicherung des nicht erwerbstätigen Ehegatten einschloß (FamRZ 1979/ 477, 479) wurden derartige Aufwendungen nach früherem Recht vom Unterhaltsanspruch des geschiedenen oder getrenntlebenden Ehegatten nicht erfaßt. Demgemäß waren sie in den in der Rechtspraxis verbreiteten Tabellen und Richtlinien für die Bemessung des Unterhalts nicht enthalten und sind es, soweit ersichtlich, auch heute noch nicht. Durch die ausdrückliche Einbeziehung der Vorsorgekosten in den unterhaltsrechtlich zu berücksichtigenden Lebensbedarf ist nunmehr klargestellt, daß der Vorsorgeunterhalt zu den Aufwendungen zur Befriedigung des allgemeinen Lebensbedarfs (sog. Elementar- oder Basisunterhalt) hinzukommt, wobei zunächst offenbleibt, inwieweit dies auf deren Höhe Einfluß hat.

BGH v. 25. 2. 81 – IVb ZR 547/80 – FamRZ 81, 437

R070 *(Die Finanzierung einer Erstausbildung muß nicht durch die Eltern erfolgt sein)*

I 3 c) Die Erlangung des Abschlusses einer Erstausbildung muß nicht auf finanziellen Leistungen der Eltern beruht haben. Entscheidend ist vielmehr, daß das Kind eine abgeschlossene Ausbildung besitzt. Die gegenteilige Auffassung des OLG würde schon in den Fällen versagen, in denen die angemessene „Erst"-Ausbildung dem Unterhaltspflichtigen Kosten nicht verursacht hat. Aber auch wenn solche Kosten entstanden, indes nicht von den unterhaltspflichtigen Eltern getragen worden sind, etwa weil das Kind die Kosten aus eigenem Vermögen oder Arbeitsverdienst getragen hat oder von dritter – öffentlicher oder privater – Seite unterstützt worden ist, kann dies nicht dazu führen, daß es von seinen Eltern die Finanzierung einer Zweitausbildung verlangen kann. Die Regelung des § 1610 II BGB verfolgt das Ziel, dem Kind eine angemessene Ausbildung zu verschaffen, verlangt aber nicht unter allen Umständen, daß die Eltern diese Ausbildung bezahlen.

BGH v. 8. 4. 81 – IVb ZR 559/80 – FamRZ 81, 541 = NJW 81, 2462

R072 *(Zur Geltendmachung mehrerer Unterhaltsansprüche in einer Gesamtsumme)*

a Die Kl. haben ihre Unterhaltsansprüche gegen den Beklagten in einer Summe geltend gemacht, ohne diese aufzuteilen und anzugeben, welcher Betrag auf jeden von ihnen entfallen soll. Das widerspricht dem Erfordernis der Bestimmtheit der Klage nach § 253 II Nr. 2 ZPO. Die darin vorgeschriebene Angabe von Gegenstand und Grund des Anspruchs gilt auch bei der gleichzeitigen Geltendmachung mehrerer selbständiger Ansprüche. Ebenso wie es bei Ansprüchen, die richterlicher Schätzung unterliegen, aus Gründen der Bestimmtheit des Klageantrages mindestens einer Angabe der Größenordnung des Anspruchs oder der zu seiner Fixierung nötigen tatsächlichen Grundlagen bedarf (BGHZ 45/91, 93), ist es auch bei der hier gegebenen Häufung mehrerer Unterhaltsansprüche notwendig, daß die Berechtigten die vorgestellte Höhe ihrer Ansprüche bezeichnen, die Klageforderung entsprechend aufgliedern und allenfalls daneben sich mit einer anderen Aufteilung im Rahmen des Gesamtbetrages einverstanden erklären. Diese Anforderungen sind kein bloßer Formalismus. Vielmehr dienen sie einmal der Verwirklichung des zivilprozessualen Grundsatzes, daß keinem der Kl. mehr als der von ihm begehrte Betrag zugesprochen werden darf. Zum anderen tragen sie dem Umstand Rechnung, daß bei unterlassener Aufgliederung der Ansprüche der Umfang der Rechts-

Anhang R. Rechtsprechung   R073

kraft häufig unklar bleibt oder überhaupt nicht zu ermitteln ist (vgl. Pagendarm, Anm. zu BGH, LN, ZPO, § 253 Nr. 9 m. N.).

(Bei Minderjährigen hälftige Anrechnung einer Ausbildungsvergütung; bei Volljährigen Anrechnung im Verhältnis der Haftungsanteile)

II 2 b) Hiernach hat das OLG zu Recht angenommen, daß die Ausbildungsvergütung in Höhe des 120 DM übersteigenden Betrages die Bedürftigkeit des Kl. zu 2 mindert. Fehlerhaft war es indessen, daß es dieses Einkommen allein auf den Teil des Unterhalts angerechnet hat, für den der Bekl. haftet, und die daneben bestehende Unterhaltspflicht der Kl. zu 1 außer Betracht gelassen hat. Wie der Senat mit Urteil v. 17. 9. 1980 (FamRZ 1980/1109, 1111) entschieden hat, muß das Einkommen des Kindes beiden Elternteilen im Verhältnis ihrer Haftungsanteile zugute kommen. Kommen die Eltern, wie hier, in der Weise für den Unterhalt des Kindes auf, daß der Vater den Barunterhalt und die Mutter den Naturalunterhalt leistet, so ist entsprechend der Regel des § 1606 III S. 2 BGB davon auszugehen, daß das Kindeseinkommen die Eltern zu gleichen Teilen entlastet und damit nur zur Hälfte auf den Barunterhaltsanspruch anzurechnen ist.

Das hat auch im vorliegenden Fall jedenfalls für den Zeitraum bis zur Volljährigkeit des Kl. zu 2 zu gelten (§ 1606 III S. 2 BGB). Da die Mutter dem Kl. zu 2 auch seit jenem Zeitpunkt weiterhin Naturalleistungen erbringt, muß ihr die Ausbildungsvergütung des Kl. zu 2 jedoch auch weiterhin zu einem Teil zugute kommen. Daß die Regelung des § 1606 III S. 2 BGB den Unterhalt minderjähriger unverheirateter Kinder betrifft, schließt nicht aus, im Einzelfall auch in den ersten Jahren nach dem Eintritt der Volljährigkeit eines Kindes jedenfalls bei Verhältnissen, wie sie hier gegeben sind, weiterhin von der Gleichwertigkeit des Barunterhalts und der Betreuungsleistungen auszugehen, etwa wenn und solange sich der Barbedarf gegenüber den üblichen Werten für minderjährige Kinder nicht wesentlich erhöht. Letztlich ist diese Beurteilung jedoch Sache des Tatrichters. Deshalb ist es auch hier die Aufgabe des OLG zu bestimmen, zu welchem Teil die Ausbildungsvergütung des Kl. zu 2 nach dessen Volljährigkeit der Mutter zugute kommen muß und in welcher Höhe sie auf den Barunterhaltsanspruch gegen den Bekl. anzurechnen ist.

BGH v. 8. 4. 81 – IVb ZR 566/80 – FamRZ 81, 539 = NJW 81, 1609

(Wer seinen Arbeitsplatz ohne zureichenden Grund aufgibt und sich dadurch weitgehend einkommenslos macht, R073
ist im bisherigen Umfang weiter als leistungsfähig zu behandeln; Berufsaufgabe wegen Weiterbildung; Beschränkungen bei Arbeitsplatz- oder Berufswechsel oder Wahl des Arbeitsplatzes)

2) Ohne Erfolg wendet sich die Revision ferner dagegen, daß das OLG bei der Beurteilung der Leistungsfähigkeit die Einkünfte, die der Bekl. vor der Aufgabe seines Arbeitsplatzes erzielt hat, auch für die anschließende Zeit zugrunde gelegt hat, obwohl sein tatsächliches Einkommen in dieser Zeit erheblich niedriger war. b) Für das Unterhaltsrechtsverhältnis zwischen Vater und Kind hat der Senat (FamRZ 80/113 = NJW 80/2414) bereits entschieden, daß der Vater, der arbeitslos geworden war und sich zur Aufnahme einer Ausbildung an einer weiterführenden Schule entschlossen hatte, vor dem Antritt der Ausbildung alle ihm zumutbaren Schritte hätte unternehmen müssen, um doch noch in seinem erlernten oder auch einem anderen Beruf unterzukommen, und dazu sogar – in zumutbaren Grenzen – einen Ortswechsel hätte hinnehmen müssen, um den Unterhalt des Kindes zu sichern. Eine Berufung auf die ohne Rücksicht auf die Unterhaltsansprüche des Kindes aufgenommene Schulausbildung wurde dem Vater verwehrt und seine Leistungsfähigkeit auf der Grundlage seiner letzten regelmäßigen Arbeitseinkünfte bestimmt.

c) Diese Beurteilung beruht zwar wesentlich auf der verstärkten Unterhaltspflicht der Eltern gegenüber ihren minderjährigen unverheirateten Kindern (§ 1603 II BGB) und der daraus folgenden erhöhten Arbeitspflicht. Für das Rechtsverhältnis eines unterhaltspflichtigen Ehegatten zu seinem geschiedenen Partner, der dem minderjährigen unverheirateten Kinde im Rang grundsätzlich gleichsteht (§ 1609 II 1 BGB; § 59 I EhcG), kann jedoch regelmäßig nichts anderes gelten. Deshalb muß auch ein unterhaltspflichtiger Ehegatte seine Arbeitsfähigkeit so gut wie möglich einsetzen und sich Einkünfte anrechnen lassen, die er bei gutem Willen durch zumutbare Erwerbstätigkeit, unter Umständen auch im Wege eines Arbeitsplatz- oder gar Berufswechsels, erreichen könnte. Diese Verpflichtung erlegt ihm nicht nur bei der Wahl des Arbeitsplatzes, sondern auch bei der Aufgabe seiner Stellung Beschränkungen auf. Vor allem hat er grundsätzlich kein Recht, zwecks weiterer Ausbildung seinen Beruf aufzugeben und seinen Ehegatten der Hilfe Dritter oder der Sozialhilfe zu überantworten. Hat er seinen Arbeitsplatz ohne zureichenden Grund aufgegeben und sich dadurch (weitgehend) einkommenslos gemacht, so muß er sich weiterhin als leistungsfähig behandeln lassen. Entgegen der Ansicht der Revision ergeben sich hieraus für den unterhaltspflichtigen Ehegatten keine unzulässigen Eingriffe in sein Grundrecht auf freie Berufswahl und Berufsausübung (Art. 12 GG) oder auf freie Entfaltung seiner Persönlichkeit (Art. 2 GG). Diese Grundrechte stehen in verfassungsrechtlich beachtlicher Wechselwirkung zu den anderen Grundrechten, im Bereich des Familienrechts insbesondere zu Art. 6 GG und der aus dieser Vorschrift folgenden gegenseitigen Verantwortung der Ehegatten auch nach der Scheidung ihrer Ehe. Hinter diese sich als höherwertig erweisende Unterhaltspflicht muß das Recht des Unterhaltspflichtigen auf freie Entfaltung der Persönlichkeit und auf freie Berufswahl unter Umständen zurücktreten (FamRZ 1981/341 ff.). d) Das OLG hat festgestellt, daß der Bekl. zu einer Zeit, in der Arbeitsplätze allgemein gefährdet gewesen seien, ohne vernünftigen Grund eine gesicherte und einkömmliche Stellung aufgegeben habe. Er habe sofort erkannt, daß sein anfängliches Ziel, sich zum „EDV-Organisator" weiterbilden zu lassen, ihn finnaziell nicht weiterbringen werde, aber auch hinsichtlich der dann begonnenen Ausbildung zum „Wirtschaftsorganisator" keinen Vorteil für seine weitere Tätigkeit gesehen. Für den Entschluß zur Aufgabe seiner Stellung seien in erster Linie die Vollstreckungsmaßnahmen der Kl. und die damit verbundenen Unannehmlichkeiten bestimmend gewesen. Er habe sich in seiner Stellung in der Firma kompromittiert gefühlt und sei verärgert gewesen. Den Anlaß hierzu habe er jedoch selbst gesetzt, weil er den titulierten Unterhaltsanspruch der Kl. nicht erfüllt habe. Nach diesen Feststellungen, die von der Revision nicht angegriffen worden sind, steht außer Frage, daß der Bekl. seine Arbeitsstellung ohne zureichenden Grund aufgegeben hat. Ebenso ergibt sich, daß ihn das Gericht für die Zeit danach zu Recht als unverändert leistungsfähig beurteilt hat, ohne daß es noch auf weiteres ankommt.

b *(Anwendung der Differenzmethode bei Doppelverdienerehe nur, wenn die ehelichen Lebensverhältnisse durch das beiderseitige Einkommen bestimmt wurden, nicht bei erstmaliger Erwerbstätigkeit des Berechtigten nach der Scheidung; dann Anrechnung der Einkünfte auf den Quotenunterhalt; Ergebnis muß auf Angemessenheit überprüft werden)*

3) In Fällen beiderseitiger Einkommen aus Erwerbstätigkeit ist der Unterhaltsbedarf des berechtigten Ehegatten nicht nach einer Quote der addierten Einkommen zu bemessen (FamRZ 1979/692, 693 f.). Danach läge es an sich nahe, die Differenzmethode anzuwenden, die dem Umstand beiderseitiger Erwerbstätigkeit grundsätzlich in angemessener Weise Rechnung trägt, weil sie jedem Ehegatten mehr als die Hälfte seines Einkommens beläßt und damit sowohl einen pauschalen Ausgleich für den mit der Berufstätigkeit verbundenen erhöhten Aufwand schafft als auch einen gewissen Anreiz zur Erwerbstätigkeit bietet. Indessen geht diese Methode von der Vorstellung aus, daß beide Ehegatten mit ihrem Einkommen zum ehelichen (ehel.) Lebensaufwand beigetragen haben. Der mit Hilfe dieser Berechnungsart bemessene Unterhalt des Berechtigten geht daher von einem Unterhaltsbedarf aus, wie er durch die ehel. Lebensverhältnisse in einer Doppelverdienerehe bestimmt wird. Da sich die Höhe des Unterhaltsbedarfs nach den Lebensverhältnissen im Zeitpunkt der Scheidung richtet (FamRZ 1980/770), führt die Methode zu angemessenen Ergebnissen, wenn beide Ehegatten bereits im Zeitpunkt der Scheidung berufstätig waren und die Lebensverhältnisse durch das beiderseitige Einkommen bestimmt wurden (FamRZ 1981/241). Bezog oder nur einer der Ehegatten Erwerbseinkommen, so werden die ehel. Lebensverhältnisse und damit auch der nacheheliche Unterhaltsbedarf regelmäßig nur durch dieses Einkommen bestimmt, auch wenn der andere Ehegatte nach der Scheidung gleichfalls eine Erwerbstätigkeit aufgenommen hat. Damit kann die Unterhaltsbemessung in derartigen Fällen einer erst nach der Scheidung einsetzenden Erwerbstätigkeit des anderen Ehegatten nicht im Wege der Differenzberechnung erfolgen. Vielmehr liegt es, sofern die Aufteilung nach Quoten beibehalten werden soll, nahe, lediglich das berücksichtigungsfähige Einkommen des von Anfang an erwerbstätigen Ehegatten entsprechend aufzuteilen und von der dem Berechtigten entfallenden Quote dessen eigenes Einkommen abzurechnen. Dabei muß diese Aufteilung jedoch letztlich – wie auch diejenige nach anderen Berechnungsmethoden – vom Tatrichter auf ihre Angemessenheit überprüft werden.

Die Kl. hat erst nach der Scheidung ihre Erwerbstätigkeit aufgenommen. Die ehel. Lebensverhältnisse der Parteien wurden allein durch das Einkommen des Bekl. bestimmt.

BGH v. 20. 5. 81 – IVb ZR 556/80 – FamRZ 81, 752 = NJW 81, 1782

R076 *(Betreuung eines 15jährigen Pflegekindes und Erwerbsobliegenheit)*

a II 1) Entgegen der Ansicht der Revision ist die Auffassung des OLG nicht zu beanstanden, wegen der Betreuung des Pflegekindes sei von der Kl., wenigstens vor rechtskräftiger Scheidung der Ehe, eine über eine Halbtagsbeschäftigung hinausgehende Erwerbstätigkeit nicht zu erwarten gewesen (§ 1361 II BGB).

Das OLG hat hierzu ausgeführt, selbst zwischen getrenntlebenden Ehegatten bestehe noch eine ehel. Fürsorge- und Beistandspflicht, welche jeden von ihnen verpflichte, auf die Verhältnisse des anderen Rücksicht zu nehmen. Diese Pflicht zur Rücksichtnahme bestehe im Rahmen des § 1361 II BGB gegenüber den Interessen eines Pflegekindes sowie der Pflegemutter jedenfalls dann, wenn die Ehegatten das Kind schon längere Zeit vor ihrer Trennung gemeinsam aufgenommen hätten und

Anhang R. Rechtsprechung **R076**

sich eine persönliche, dem Verhältnis Eltern-Kind ähnliche Beziehung mindestens zu einem von ihnen entwickelt habe. Auch wenn gegenüber einem Pflegekind nicht dieselbe unauflösliche natürliche Sorgepflicht bestehe wie gegenüber einem leiblichen Kind, könnten gewachsene Bindungen nicht ohne persönlichen Schaden für beide Beteiligten, Pflegeeltern und Kind, kurzfristig gelöst werden. Hierauf hätten Ehegatten auch während des Getrenntlebens wechselseitig Rücksicht zu nehmen. Infolgedessen sei ein Ehepartner, der unter solchen Voraussetzungen ein 15jähriges, noch schulpflichtiges Pflegekind nach der Trennung allein umfassend versorge und erziehe, regelmäßig berechtigt, dies gegenüber dem anderen Ehegatten als Grund für eine nur halbtätige Erwerbstätigkeit geltend zu machen. Von einer derartigen Sachlage sei im vorliegenden Fall auszugehen. Die Kl. habe unwidersprochen vorgetragen, die Parteien hätten nach längerer Zeit kinderlos gebliebener Ehe das Pflegekind nicht aus wirtschaftlichen Erwägungen aufgenommen, sondern um ein Kind in der Familie zu haben, das sie wie ein eigenes hätten großziehen wollen. Allein wegen der inzwischen gewachsenen persönlichen Beziehungen behalte sie, die Kl., das Kind; mehrere Kinder in Pflege zu nehmen und damit ihren Unterhalt zu verdienen, traue sie sich nicht zu. Das OLG hat offengelassen, ob der Bekl. von der Kl. auf längere Sicht eine Auflösung des Pflegeverhältnisses verlangen könne; jedenfalls vor einer Ehescheidung könne sie sich ihm gegenüber auf die persönliche Bindung zu dem Pflegekind berufen.

Diese Ausführungen sind aus Rechtsgründen nicht zu beanstanden. Es begegnet keinen rechtlichen Bedenken, daß das OLG jedenfalls unter den hier gegebenen Umständen die Betreuung des Pflegekindes zu den persönlichen Verhältnissen der Kl. gerechnet hat, die nach § 1361 II BGB für die Frage ihrer Erwerbspflicht von Bedeutung sind (FamRZ 1981 17, 18). Solche Bedenken werden von der Revision auch nicht erhoben. Die Ansicht des OLG, neben der Betreuung eines 15jährigen, noch schulpflichtigen Mädchens sei der Kl. mehr als eine Halbtagsarbeit nicht zuzumuten gewesen, hält sich im Rahmen der bisherigen Rechtsprechung des BGH (FamRZ 1980/771, 772 = NJW 1980/ 2081, 2082). Die gegen sie erhobenen Einwendungen der Revision, die sich vornehmlich auf statistische Erhebungen über die Entwicklung der Frauenarbeit, insbesondere der Erwerbstätigkeit von Frauen mit Kindern stützen, geben zu einer anderen Beurteilung keinen Anlaß. Die Entscheidung darüber, ob und inwieweit von einem Ehegatten nach seinen persönlichen Verhältnissen eine Erwerbstätigkeit erwartet werden kann, ist weitgehend Sache tatrichterlicher Beurteilung. Daß die Auffassung des OLG besonderer Begründung unter Darlegung der für das Pflegekind zu erbringenden Erziehungs- und Pflegeleistungen bedurft hätte, kann der Revision nicht zugegeben werden.

(Keine Unterhaltsansprüche bei nichtehelicher Lebensgemeinschaft)

II 2) Erfolglos bleibt auch die Rüge der Revision, das OLG habe nicht geprüft, ob eine Unterhaltsbedürftigkeit der Kl. durch einen Unterhaltsanspruch gegen ihren neuen Lebensgefährten oder dessen tatsächliche Unterstützungsleistung in vollem Umfange beseitigt werde. In seinen Entscheidungen v. 26. 9. 1979 (FamRZ 1980/41) und 23. 4. 1980 (FamRZ 1980/668) hat der BGH sich mit den von der Revision in diesem Zusammenhang herangezogenen Vorschriften der §§ 16, 122 BSHG auseinandergesetzt und die aus ihnen abzuleitende Rechtsvermutung als nicht geeignet befunden, das Problem der eheähnlichen Verbindungen im Rahmen des ehel. Unterhaltsrechts zu lösen. In diesen Entscheidungen ist ferner ausgeführt worden, daß durch eine eheähnliche Gemeinschaft als solche Rechtsansprüche, insbesondere auf Unterhalt, zwischen den Partnern nicht begründet werden.

(Keine Prägung der ehelichen Lebensverhältnisse durch erzielbare Einkünfte, die wegen unterlassener Erwerbstätigkeit nach der Trennung fiktiv zugerechnet wurden. Anrechnung auf den Unterhalt)

II 3) Nach § 1361 I S. 1 BGB bemißt sich der Unterhaltsbedarf nach den Lebensverhältnissen der Ehegatten. Wie die von ihm angewandte sog. Differenzmethode (FamRZ 1979/692 = NJW 1979/ 1985) zeigt, hat das OLG bei der Ermittlung dieser Lebensverhältnisse die Summe des von beiden Parteien erzielten oder doch erzielbaren Einkommens zugrunde gelegt. Denn diese Methode geht davon aus, daß in einer Ehe die Ehegatten einer Erwerbstätigkeit nachgehen, die Lebensverhältnisse regelmäßig von dem beiderseitigen Einkommen bestimmt werden (FamRZ 1980/876, 877; FamRZ 1981/539). Von einer solchen Gestaltung der ehel. Lebensverhältnisse kann jedoch im vorliegenden Fall nicht ohne weiteres ausgegangen werden. Das ergibt sich allerdings nicht schon daraus, daß das OLG eine Verpflichtung der Kl. zur Aufnahme einer Halbtagsarbeit erst für die Zeit nach der Trennung der Parteien festgestellt hat, während diese vorher im Einverständnis mit dem Bekl. einer Erwerbstätigkeit nicht nachgegangen war. Denn wie der erkennende Senat für den nachehelichen Unterhaltsanspruch ausgesprochen hat, sind grundsätzlich die ehel. Lebensverhältnisse nicht im Zeitpunkt der Trennung der Eheleute, sondern der Scheidung maßgebend (FamRZ 1980/ 770). An einer Entwicklung der Lebensverhältnisse von der Trennung bis zur Scheidung nimmt der unterhaltsberechtigte Ehegatte daher in aller Regel teil (FamRZ 81/241).

Im vorliegenden Fall hat das OLG aber ein Einkommen der Kl. in Höhe von 850 DM allein deshalb berücksichtigt, weil sie sich gemäß § 1361 II BGB darauf verweisen lassen müsse, durch Halbtagsarbeit ihren Unterhalt (teilweise) selbst zu verdienen. Der Unterhalt, den der getrenntlebende Ehegatte nach näherer Maßgabe des Gesetzes selbst zu verdienen hat, ist jedoch derselbe, der sich nach Abs. I der Vorschrift nach den Lebensverhältnissen der Ehegatten bemißt. Dieser war bis zur Trennung der Parteien allein durch das Einkommen des Bekl. (und in geringem Umfang durch das Pflege- und Kindergeld für das Pflegekind) bestimmt worden. Die Auffassung des OLG würde – durch Hinzurechnung des von der Kl. erzielbaren Einkommens – allein deshalb zu einer Verbesserung dieser Lebensverhältnisse führen, weil sie sich nach § 1361 II BGB auf Eigenverdienst verweisen lassen muß. Das wäre mit der gesetzlichen Regelung nicht zu vereinbaren. Die dem angefochtenen Urteil zugrunde liegende Beurteilung der ehel. Lebensverhältnisse der Parteien kann daher mit der bisherigen Begründung nicht bestehen bleiben; vielmehr bedarf es insoweit neuer tatrichterlicher Feststellungen.

Auf den Unterhaltsbedarf, der sich aus den festzustellenden ehel. Lebensverhältnissen ergibt, muß die Kl. sich den Verdienst aus einer Erwerbstätigkeit, die nach § 1361 II BGB von ihr erwartet werden kann, anrechnen lassen. Da das OLG offengelassen hat, ob sie tatsächlich eine entsprechende Arbeitsstelle finden konnte oder nicht, ist zugunsten des Bekl. für dieses Revisionsverfahren davon auszugehen, daß sie durch Halbtagsarbeit das vom OLG für erzielbar gehaltene Einkommen tatsächlich erzielen konnte. Unter diesen Umständen ist nicht auszuschließen, daß ihr gegen den Bekl. kein Unterhaltsanspruch verbleibt oder nur ein Anspruch in geringerer Höhe, als das OLG ihr zuerkannt hat. Das angefochtene Urteil kann daher keinen Bestand haben. Zur Nachholung der weiter erforderlichen tatrichterlichen Feststellungen ist die Sache an das OLG zurückzuverweisen.

BGH v. 20. 5. 81 – IVb ZR 570/80 – FamRZ 81, 763

R077 *(Kein schlüssiger Unterhaltsverzichtsvertrag dadurch, daß der Unterhalt längere Zeit nicht verlangt wird)*

1) Zwar ist es möglich, daß ein Verzichtsvertrag durch schlüssiges Handeln zustande kommt (vgl. BGH, MDR 1961/498); doch bedarf es dazu auf seiten des Gläubigers eines rechtsgeschäftlichen Aufgabewillens. Es muß ein unzweideutiges Verhalten festgestellt werden, das vom Erklärungsgegner als Aufgabe des Rechts verstanden werden kann. Insbesondere müssen Umstände feststehen, die auf einen Verzichtswillen des Gläubigers hindeuten. Derartige Umstände können allein darin, daß ein Anspruch auf wiederkehrende Leistungen längere Zeit nicht geltend gemacht worden ist, noch nicht gesehen werden. Vielmehr ist in einem solchen Fall zu prüfen, ob der Gläubiger einen triftigen Grund für einen Verzicht hatte oder ob nicht vielmehr eine andere Erklärung für die Unterlassung der Rechtsausübung näherlag. Das OLG hat diese Grundsätze beachtet. Es ist zu dem Ergebnis gelangt, daß keine Anhaltspunkte für einen Verzichtswillen der Mutter der Kl. nachgewiesen seien. Vielmehr erscheine es möglich, daß sie den Anspruch, dessen Verwirklichung die Feststellung der Vaterschaft des Bekl. erfordert hätte, deswegen nicht geltend gemacht habe, weil sie die Unannehmlichkeiten des Vaterschaftsprozesses mit der Erörterung ihrer intimen Beziehungen und eine Auseinandersetzung mit dem Bekl. gescheut habe. Daß das OLG bei dieser Sachlage einen Verzicht der Mutter nicht für erwiesen erachtet hat, ist aus Rechtsgründen nicht zu beanstanden.

BGH v. 24. 6. 81 – IVb ZR 592/80 – FamRZ 81, 864 = NJW 81, 2192

R080 *(Berechnung des Vorsorgeunterhalts nach den Verhältnissen im Zeitpunkt der Scheidung beim Scheidungsunterhalt)*

a 3 a) § 1578 I BGB sieht für den gesamten, sowohl den laufenden Lebensbedarf als auch den Vorsorgebedarf umfassenden Unterhalt einheitlich die Regelung vor, daß sich das Maß nach den ehel. Lebensverhältnissen bestimmt. Hierunter sind grundsätzlich die ehel. Lebensverhältnisse im Zeitpunkt der Scheidung zu verstehen. Das hat der Senat für einen Fall, in dem es (lediglich) um den nachehelichen Elementarunterhalt in Form des ergänzenden Unterhalts nach § 1573 II BGB ging, bereits entschieden (FamRZ 1981/241; [FamRZ 1981/752]). Entgegen der Ansicht der Revision gilt dies auch für die Bemessung des Vorsorgeunterhalts. Wie der Senat (FamRZ 1981/442, 443) dargelegt hat, ist die Auffassung, der Vorsorgeunterhalt sei dem VersAusgl verwandt und solle dessen Wirkungen über den Zeitpunkt des § 1587 II BGB hinaus ausdehnen, nicht gerechtfertigt. Vielmehr sollen nach dem Zweck der Gesetzesregelung über den Vorsorgeunterhalt mit unterhaltsrechtlichen Mitteln die Nachteile ausgeglichen werden, die dem Berechtigten aus der ehebedingten Behinderung seiner Erwerbstätigkeit erwachsen (FamRZ 81/444). Hierzu bestimmt § 1578 III BGB, daß der Vorsorgebedarf – ebenso wie der Bedarf der laufenden Lebensführung – Teil des gesamten Lebensbedarfs ist, den der Unterhalt nach § 1578 I S. 2 BGB umfaßt. Diese Regelung hat zur Folge, daß der Bestimmung von Vorsorgeunterhalt und sonstigem Unterhalt nicht unterschiedliche ehel. Lebenssituationen zugrunde zu legen sind. Danach besteht weder eine Veranlassung noch die Möglichkeit, bei der Bemessung des Vorsorgeunterhalts die Lebensverhältnisse des Zeitpunkts zugrunde zu legen, der für

Anhang R. Rechtsprechung R081

den VersAusgl bestimmend ist, und auf die Einkommensverhältnisse bei Eintritt der Rechtshängigkeit des Scheidungsantrages abzustellen.

(Berechnung des Vorsorgeunterhalts nach hochgerechnetem Elementarunterhalt; danach endgültige Bemessung des Elementarunterhalts nach Vorabzug des Vorsorgeunterhalts; Verfassungsmäßigkeit des Vorsorgeunterhalts)

3 b) In der vorgenannten Entscheidung (FamRZ 81/442, 443) hat sich der Senat im einzelnen **b** mit den verschiedenen in Rechtsprechung und Schrifttum vertretenen Auffassungen zur Berechnung des Vorsorgeunterhalts auseinandergesetzt. Er ist der auch im vorliegenden Fall vom OLG geteilten Ansicht beigetreten, daß bei der Bemessung des Vorsorgebeitrags an den laufenden Unterhalt angeknüpft werden kann, und hat es jedenfalls für den – hier gegebenen – Fall, in dem der Unterhaltsberechtigte über kein eigenes Einkommen verfügt, für gerechtfertigt erachtet, den Berechtigten hinsichtlich der Altersvorsorge so zu behandeln, wie wenn er in Höhe des ihm an sich zustehenden Elementarunterhalts ein Nettoarbeitsentgelt aus einer versicherungspflichtigen Erwerbstätigkeit bezöge. Als Vorsorgeunterhalt sei dann der Betrag anzusetzen, der sich nach Hochrechnung jenes angenommenen Nettoentgelts zu einem sozialversicherungsrechtlichen Bruttolohn (§ 14 II SGB-IV) als Beitrag zur ges. Rentenversicherung ergäbe.

An diesen Grundsätzen ist auch bei der Entscheidung des vorliegenden Falles festzuhalten. Daß es sich hier um nachehelichen Unterhalt handelt, während das Urteil v. 25. 2. 1981 (FamRZ 81/442) einen Rechtsstreit über den Vorsorgeunterhalt während des Scheidungsverfahrens (§ 1361 I S. 2 BGB) betraf, rechtfertigt keine abweichende Beurteilung. Die in der Rechtsprechung vertretenen Bedenken gegen die Verfassungsmäßigkeit der Gesetzesregelung, mit denen sich der Senat in der genannten Entscheidung bereits auseinandergesetzt und die er hinsichtlich der damals zur Anwendung gelangten Vorschrift des § 1361 I S. 2 BGB für nicht durchgreifend erachtet hat, werden auch im Falle von § 1578 III BGB nicht geteilt.

c) Da die Berechnung des Betrages, den das OLG als Vorsorgeunterhalt zugebilligt hat, mit den vorstehenden Grundsätzen in Einklang steht, ist die Bemessung des Vorsorgeunterhalts an sich nicht zu beanstanden. Indessen rügt die Revision zu Recht, daß dieser Betrag in vollem Umfang zusätzlich zum Elementarunterhalt zugesprochen worden ist. Das verstößt, wie die Revision zutreffend ausgeführt hat, gegen den Grundsatz gleicher Aufteilung des Nettoeinkommens auf die Ehegatten. Hierzu wird gleichfalls auf die Senatsentscheidung v. 25. 2. 1981 Bezug genommen (FamRZ 81/444 f.). Dort ist dargelegt, daß die Zubilligung des Vorsorgeunterhalts zu einer Kürzung des nach Quoten berechneten Elementarunterhalts führt. Dessen Bemessung ist in einem solchen Fall in der Weise vorzunehmen, daß von dem Nettoeinkommen vorab der Vorsorgeunterhalt abgezogen wird und erst danach, aus dem verbleibenden Einkommen, die (endgültige) Bemessung des Elementarunterhalts nach der maßgebenden Quote erfolgt.

BGH v. 8. 7. 81 – IVb ZR 593/80 – FamRZ 81, 1042 = NJW 81, 2805

(Eine Wohngemeinschaft, die nicht gleichzeitig auch eine Wirtschaftsgemeinschaft beinhaltet, rechtfertigt nicht **R081** *die Annahme einer nichtehelichen Lebensgemeinschaft. An einer einseitigen Abkehr fehlt es, wenn die neue Beziehung erst nach einvernehmlicher Trennung aufgenommen worden ist)*

II 1) Aus Rechtsgründen nicht zu beanstanden ist die Beurteilung des OLG, daß die Kl. unter- **a** haltsbedürftig und ihr Unterhaltsbegehren nicht schon deshalb nach § 1361 III i.V. mit § 1579 I Nr. 4 BGB grob unbillig sei, weil sie sich im August 1977 einem anderen Partner zugewandt und mit ihm bis zum Antritt der Entziehungskur im Februar 1979 zusammengelebt hat. Hierbei ist das Gericht zutreffend von der Rechtsprechung des BGH ausgegangen, wonach es die Beseitigung des Verschuldensprinzips im Recht des Ehegattenunterhalts an sich nicht ausschließt, eheliches Fehlverhalten eines Ehegatten im Rahmen der Härteregelung des § 1579 I Nr. 4 BGB zu berücksichtigen (FamRZ 1979/569, 570; FamRZ 1979/571, 573; FamRZ 1980/665, 666; FamRZ 1981/439, 440 f.; FamRZ 1981/752 ff.). So kann ein den Tatbestand des § 1579 I Nr. 4 BGB erfüllendes Fehlverhalten in Betracht kommen, wenn der Unterhalt begehrende Ehegatte sich gegen den Willen des anderen von der Ehe abkehrt und mit einem anderen Partner eine eheähnliche Gemeinschaft begründet (FamRZ 80/665). Zu einer derartigen Gemeinschaft ist es zwischen der Kl. und dem neuen Partner jedoch nicht gekommen. Wie das OLG festgestellt hat, hat die Kl. mit dem Zeugen K. zwar eine Wohn-, aber keine Wirtschaftsgemeinschaft unterhalten. Es gab keine gemeinsame Haushaltsführung. Die Kl. hat auch für den Partner keine ins Gewicht fallende Betreuungs- und Versorgungsleistungen erbracht. Ein derartiges Verhältnis rechtfertigt nicht die Bezeichnung als eheähnliche Gemeinschaft.

Allerdings können eine Abkehr von der Ehe und Hinwendung zu einem anderen Partner, wie sie im vorliegenden Fall erfolgt sind, auch ohne die Eingehung einer eheähnlichen Gemeinschaft die grobe Unbilligkeit eines Unterhaltsbegehrens begründen. Voraussetzung dafür ist indessen, daß das Verhalten des Ehegatten als einseitiges evidentes Fehlverhalten gewertet werden kann. Das eheliche

Verhalten des anderen Ehegatten kann in solchen Fällen nicht außer Betracht bleiben. So hat der Senat die Aufnahme eines nachhaltigen, auf längere Dauer angelegten intimen Verhältnisses dann nicht als ein die grobe Unbilligkeit des Unterhaltsbegehrens erfüllendes Fehlverhalten angesehen, wenn der andere Ehegatte sich vorher seinerseits von seinen ehel. Bindungen losgesagt hatte (FamRZ 81/439). Desgleichen hat er die Verneinung eines einseitigen evidenten Fehlverhaltens in einem Fall gebilligt, in dem der auf Unterhalt in Anspruch genommene Ehemann als erster Scheidungsabsichten geäußert und selbst die Trennung sowie den Auszug seiner Ehefrau aus dem gemeinsam bewohnten Hause gewünscht hatte (FamRZ 81/752). Im vorliegenden Fall hatten sich die Parteien schon rund vier Monate vor der Hinwendung der Kl. zu dem Zeugen K. einverständlich getrennt. Allerdings hatten sie dabei die Möglichkeit einer Wiederaufnahme ihrer Lebensgemeinschaft und eine Fortsetzung ihrer Ehe nicht völlig ausgeschlossen. Dieser Zustand änderte sich jedoch, als der Bekl. sich zur Scheidung entschloß und die Klage v. 10. 5. 1977 einreichte, die später zur Scheidung der Ehe führte. Unter diesen Umständen, die gegen eine einseitige Abkehr der Kl. von der Ehe sprechen, ist es aus Rechtsgründen nicht zu beanstanden, daß das OLG in tatrichterlicher Würdigung die Beziehungen der Kl. zu dem Zeugen K. nicht als ein die Härteregelung des § 1579 I Nr. 4 BGB erfüllendes Verhalten angesehen hat.

b *(Mutwillige Herbeiführung der Erwerbsunfähigkeit durch Alkoholabhängigkeit und leichtfertiges Unterlassen, sich einer erfolgversprechenden Behandlung zur Wiederherstellung der Erwerbsfähigkeit zu unterziehen)*

II 2) Indessen unterliegt die Beurteilung des OLG insoweit rechtlichen Bedenken, als es die Vorschrift des § 1579 I Nr. 3 BGB betrifft. Danach besteht ein Unterhaltsanspruch nicht, soweit die Inanspruchnahme des Verpflichteten grob unbillig wäre, weil der Berechtigte seine Bedürftigkeit mutwillig herbeigeführt hat.

a) Daß die Kl. bereits während der ehel. Lebensgemeinschaft nicht erwerbstätig und ohne eigenes Einkommen gewesen ist, steht einer Anwendung der Vorschrift nicht entgegen. Kann der Unterhalt begehrende Ehegatte nach der Trennung darauf verwiesen werden, seinen Unterhalt durch eine Erwerbstätigkeit selbst zu verdienen, so ist er, falls er die mögliche Aufnahme einer zumutbaren Erwerbstätigkeit unterläßt, nicht als unterhaltsbedürftig anzusehen, weil er in der Lage ist, sich selbst zu unterhalten (§ 1602 I BGB). Setzt sich der Ehegatte außerstande, eine solche Erwerbstätigkeit aufzunehmen, so kann darin ein Verhalten liegen, das die Härteregelung des § 1579 I Nr. 3 BGB erfüllt. Entsprechendes muß auch gelten, wenn der Ehegatte zwar zur Aufnahme der Erwerbstätigkeit außerstande ist, aber die notwendigen und zumutbaren Maßnahmen zur Herstellung seiner Erwerbsfähigkeit unterläßt und dadurch seine Bedürftigkeit herbeiführt.

Hiernach kommt es im vorliegenden Fall für die Anwendung des § 1579 I Nr. 3 BGB vor allem darauf an, ob es die Kl. in mutwilliger Weise unterlassen hat, sich rechtzeitig, insbesondere als sich die Trennung der Parteien anbahnte, einer erfolgversprechenden Behandlung zur Wiederherstellung ihrer Arbeitsfähigkeit zu unterziehen.

b) aa) Der Begriff „mutwillig" läßt sich nicht nur in dem einschränkenden Sinne eines zweckgerichteten Verhaltens interpretieren. Dagegen spricht schon das allgemeine sprachliche Verständnis dieses Wortes, dessen Bedeutung nicht nur ein vorsätzliches oder absichtliches, sondern auch ein leichtsinniges, leichtfertiges Handeln umfaßt. Demgemäß wird vertreten, daß es für das Merkmal der Mutwilligkeit in § 1579 I Nr. 3 BGB genüge, wenn der Ehegatte seine Arbeitskraft oder sein Vermögen auf sinnlose Art, die er in Verantwortungsgefühl gegen den potentiell Unterhaltsverpflichteten nicht erkennen läßt, riskiert und einbüßt, und sich damit die Härteklausel auch gegen denjenigen richte, der leichtfertig sein Vermögen verschwendet oder verspielt oder seine Arbeitskraft ruiniert, der seine Arbeitskraft durch Trunk- oder Drogensucht zerstört oder seine Beschäftigung infolge Trunksucht oder Arbeitsscheu verliert oder nicht nachhaltig zu sichern vermag. Ferner wird als „mutwillig" jedes leichtfertig von sozialen Standards abweichende Verhalten angesehen, das im Bewußtsein möglicher negativer Folgen für die Erwerbstätigkeit und -fähigkeit oder das Vermögen des Unterhaltsberechtigten beobachtet wird, und etwa das Verhalten des Trunksüchtigen, des Verschwenders und des Straftäters als „mutwillig" bezeichnet. Ähnlich wird es als ausreichend angesehen, wenn sich das Verhalten des Unterhaltsberechtigten nach Grad und Intensität von der Norm deutlich abhebt, wenn es sich nicht mehr im Bereich diskutabler Verhaltensweisen bewegt und der Berechtigte sich der Bedürftigkeit als möglicher Folge seines Verhaltens bewußt war. Dabei werden als typische Beispiele mutwilliger Herbeiführung der Bedürftigkeit die Fälle angeführt, in denen der Ehegatte infolge eigenen Fehlverhaltens von Gewicht, wie Trunksucht, Rauschgiftsucht, Verschwendungssucht oder Spielleidenschaft, sein Einkommen einbüßt und eine der Erwerbstätigkeit nicht zu finden vermag. In der Rechtsprechung ist eine mutwillige Herbeiführung der Unterhaltsbedürftigkeit angenommen worden, weil der Unterhaltsberechtigte ohne zwingenden Grund seine am Ort des ehel. Aufenthalts ausgeübte Erwerbstätigkeit durch den für eine Trennung von seinem Ehegatten nicht erforderlichen Wegzug selbst unmöglich gemacht hatte. Ferner ist der Unterhaltsanspruch des getrenntlebenden Ehegatten nach §§ 1361 III, 1579 I Nr. 3 BGB in einem Fall versagt

Anhang R. Rechtsprechung R081

worden, in dem sich der Ehegatte nicht ordnungsgemäß krankgemeldet hatte oder wegen Bummelei fristlos gekündigt worden war und – da es sich um einen wiederholten Fall selbst verschuldeter Kündigung handelte – auch keine Arbeitslosenhilfe erhielt.

Ebenso ist ein Fall beurteilt worden, in dem die nach der Vereinbarung der Ehegatten voll berufstätige Ehefrau grundlos weder Arbeitslosengeld noch Krankengeld in Anspruch genommen hat, die ihren angemessenen Lebensbedarf gedeckt hätten.

b) bb) Mit Urteil v. 8. 4. 1981 (FamRZ 1981/539) hat der Senat entschieden, daß der unterhaltspflichtige Ehegatte seine Arbeitsfähigkeit so gut wie möglich einsetzen und sich Einkünfte anrechnen lassen muß, die er bei gutem Willen durch zumutbare Erwerbstätigkeit, unter Umständen auch im Wege eines Arbeitsplatz- oder gar Berufswechsels, erreichen könnte. Diese Verpflichtung erlegt ihm nicht nur bei der Wahl des Arbeitsplatzes, sondern auch bei der Aufgabe seiner Stellung Beschränkungen auf. Hat er seinen Arbeitsplatz ohne zureichenden Grund aufgegeben und sich dadurch einkommenslos gemacht, so muß er sich weiterhin als leistungsfähig behandeln lassen. Demgemäß hat der Senat (a. a. O.) die Beurteilung eines unterhaltspflichtigen Ehegatten als unverändert leistungsfähig gebilligt, der zu einer Zeit, in der Arbeitsplätze allgemein gefährdet waren, ohne vernünftigen Grund eine gesicherte und einkömmliche Stellung aufgegeben hatte.

Diese für die Beurteilung der Leistungsfähigkeit im Falle freiwilliger Aufgabe eines Arbeitsplatzes durch den Unterhaltspflichtigen entwickelten, aus der gegenseitigen Verantwortung der Ehegatten abgeleiteten Grundsätze können bei der Auslegung der hier betroffenen Vorschrift über die unterhaltsrechtlichen Folgen eines vergleichbaren Verhaltens des Unterhaltsberechtigten, das seine Bedürftigkeit herbeiführt, nicht außer acht gelassen werden, weil eben jene fortwirkende personale Verantwortung der Ehegatten füreinander, die die Unterhaltspflicht des Leistungsfähigen begründet, in gleichem Maße auch den Bedürftigen trifft und ihm die Pflicht zur Minderung seiner Bedürftigkeit auferlegt. Ebensowenig wie nach jenen Grundsätzen auf seiten des Unterhaltspflichtigen ausnahmslos ein gegen den Unterhaltsberechtigten gerichtetes vorsätzliches Verhalten erforderlich ist (vgl. Senatsurteil, a. a. O., S. 540), kann die Anwendung von § 1579 I Nr. 3 BGB allein auf Fälle vorsätzlicher Herbeiführung der Bedürftigkeit durch den Unterhaltsberechtigten beschränkt werden. Für eine derartige restriktive Auslegung lassen sich auch aus § 1611 I BGB keine Anhaltspunkte ableiten. Nach dieser den Unterhalt zwischen Verwandten betreffenden Vorschrift kommen eine Beschränkung oder ein Wegfall der Unterhaltsverpflichtung u. a. dann in Betracht, wenn der Unterhaltsberechtigte durch sittliches Verschulden bedürftig geworden ist. Dazu stände es zwar im Widerspruch, wenn im Rahmen von § 1579 I Nr. 3 BGB bereits einfaches Verschulden, das zur Bedürftigkeit führt, als ausreichend angesehen würde; gegen eine Anwendung dieser Härteregelung auf Fälle mindestens leichtfertiger Herbeiführung der Bedürftigkeit lassen sich aus § 1611 BGB jedoch keine Bedenken erheben. Die Vorschrift des § 1579 BGB grenzt den Bereich ehelicher Solidarität gegen grob unbillige Unterhaltsforderungen ab. Diese Grenzen würden auch überschritten, wenn der Unterhaltspflichtige die Folgen einer leichtfertigen Herbeiführung der Bedürftigkeit durch den anderen Ehegatten unterhaltsrechtlich mittragen müßte.

Damit entspricht es nicht nur dem Wortlaut, sondern auch dem Regelungszusammenhang des § 1579 I Nr. 3 BGB, daß diese Vorschrift nicht nur ein vorsätzliches, sondern auch ein leichtfertiges Verhalten des Unterhaltsberechtigten umfaßt.

Das so verstandene Merkmal der mutwilligen Herbeiführung der Bedürftigkeit setzt jedoch eine Beziehung zwischen dem Verhalten des Berechtigten und seiner Unterhaltsbedürftigkeit voraus, die sich nicht in bloßer Ursächlichkeit erschöpft. Erforderlich ist vielmehr eine unterhaltsbezogene Mutwilligkeit. Die Vorstellungen und Antriebe, die dem zu beurteilenden Verhalten zugrunde liegen, müssen sich (auch) auf die Bedürftigkeit als Folge dieses Verhaltens erstrecken. Für den Fall der Leichtfertigkeit, die gewöhnlich bewußte Fahrlässigkeit sein wird, ergibt sich damit das Erfordernis, daß der unterhaltsberechtigte Ehegatte die Möglichkeit des Eintritts der Bedürftigkeit als Folge seines Verhaltens erkennt und im Bewußtsein dieser Möglichkeit, wenn auch im Vertrauen auf den Nichteintritt jener Folge handelt, wobei er sich unter grober Nichtachtung dessen, was jedem einleuchten muß, oder in Verantwortungslosigkeit und Rücksichtslosigkeit gegen den Unterhaltspflichtigen über die erkannte Möglichkeit nachteiliger Folgen für seine Bedürftigkeit hinwegsetzt.

c) Unter diesen Umständen kann die lediglich unter dem Gesichtspunkt vorsätzlichen oder absichtlichen Verhaltens erfolgte Beurteilung des OLG, daß in der Verhaltensweise der Kl. eine Mutwilligkeit nicht gesehen werden könne, nach den bisherigen Feststellungen keinen Bestand haben.

Wie das OLG festgestellt hat, hat der Alkoholmißbrauch der Kl. schon vor Jahren, vermutlich bereits 1975, das Stadium des chronischen Alkoholismus erreicht. Das Gericht hat ferner als wahr unterstellt, daß die Kl. die in den letzten Jahren unternommenen mannigfaltigen Anstrengungen des Bekl. um ihre Heilung, insbesondere seine Bemühungen um die Durchführung einer erfolgversprechenden Alkoholentziehungskur „unterlaufen" und, wie der Bekl. in diesem Zusammenhang vorgetragen hat, konkrete Anmeldetermine von sich aus grundlos wieder abgesagt hat, obwohl die sie behandelnden Ärzte eine langfristige stationäre Entziehungskur für dringend angezeigt gehalten hatten. Wenn das OLG bei dieser Sachlage nicht hat feststellen können, daß die Verweigerung einer derartigen stationären Behandlung bewußt darauf angelegt war, die Wiedererlangung der Erwerbsfähigkeit für den Fall einer Trennung der Parteien zu verhindern, so ist doch nicht auszuschließen, daß die Kl. damit in leichtfertiger Weise ihre Erwerbsunfähigkeit aufrechterhalten und hierdurch ihre Bedürftigkeit nach der Trennung begründet hat. Dafür spricht, daß ihre Einsichtsfähigkeit nach den Feststellungen des OLG noch nicht eingeschränkt war und sie sich ihres Krankheitszustandes und der dadurch bedingten Erwerbsunfähigkeit sowie der Notwendigkeit einer längeren stationären Entziehungskur bewußt war, die ihr nach dem Vortrag des Bekl. seit 1975 von verschiedenen Ärzten als dringend erforderlich angeraten worden war. Hiernach könnte die Kl. eine derartige Entziehungsbehandlung als einen erfolgversprechenden und notwendigen Schritt zur Wiedererlangung ihrer Erwerbsfähigkeit erkannt und damit als mögliche Folge der Verweigerung einer solchen Behandlung ihre Unfähigkeit vorausgesehen haben, nach der Trennung der Parteien ihren Unterhalt selbst zu verdienen.

Das OLG hat bislang nicht geklärt, aus welchem Grunde die Kl. die ihr gebotene Möglichkeit einer längeren stationären Entziehungskur lange Zeit ausgeschlagen und erst im Februar 1979 in Anspruch genommen hat. Insbesondere läßt sich den Urteilsfeststellungen nicht entnehmen, daß die Kl. – was den Vorwurf der Leichtfertigkeit in Frage stellen würde – in ihrer Fähigkeit, entsprechend ihrer Einsicht in die Notwendigkeit der Entziehungsbehandlung zu handeln und sich der Kur zu unterziehen, infolge ihrer Alkoholsucht wesentlich eingeschränkt war. Die Feststellung des OLG, die Kl. sei krankheitsbedingt zwar nicht in ihrer Einsichtsfähigkeit, wohl aber in der Freiheit der Willensbildung und Willensbetätigung eingeschränkt, steht in Zusammenhang mit den weiteren Ausführungen, daß es ihr trotz Einsicht nicht möglich gewesen sei, aus eigener Kraft das Trinken zu kontrollieren oder auf Alkohol zu verzichten, und bezieht sich ersichtlich auf die Möglichkeit, ohne ärztliche Hilfe von der Alkoholsucht loszukommen. Daß sich eine derartige Einschränkung der Steuerungsfähigkeit gleichermaßen auch auf die Entschlußkraft und die Fähigkeit eines Alkoholsüchtigen auswirkt, sich einer von ihm als notwendig und erfolgversprechend erkannten Entziehungsbehandlung zu unterziehen, erscheint fraglich (vgl. auch BVerwG, NJW 1980/1347, 1348) und kann ohne nähere, von sachverständiger Beratung begleitete Prüfung nicht angenommen werden. Auch im vorliegenden Fall kann davon nicht ohne weiteres ausgegangen werden, zumal die Kl. sich der ihr angeratenen Entziehungskur schließlich doch freiwillig unterzogen hat.

Hiernach ist bisher nicht auszuschließen, daß die Kl. die ihr gebotenen Möglichkeiten einer Entziehungsbehandlung bis zum Februar 1979 letztlich deshalb ungenutzt gelassen hat, weil sie der Meinung war, auch ohne Entziehungskur ihren Zustand bessern und ihre Erwerbsfähigkeit wiedererlangen zu können. In diesem Fall stände die Leichtfertigkeit ihres Verhaltens in dem erörterten Sinne außer Zweifel, weil sowohl aufgrund des bisherigen Krankheitsverlaufs als auch im Hinblick auf die dringenden Ratschläge der behandelnden Ärzte evident war, daß es der Kl. nicht aus eigener Kraft, sondern nur im Wege einer längeren Entziehungskur möglich sein werde, ihre Erwerbsfähigkeit zurückzuerlangen. Ebensowenig ist ausgeschlossen, daß der Kl. die Möglichkeit bewußt geworden ist, sie werde infolge ihrer ablehnenden Haltung gegenüber einer Entziehungsbehandlung im Falle der Trennung außerstande sein, eine Berufstätigkeit aufzunehmen und ihren Unterhalt selbst zu verdienen.

III) Da somit nicht ausgeschlossen werden kann, daß die Kl. es durch eigenes leichtfertiges Verhalten unterlassen hat, auf die rechtzeitige Wiederherstellung ihrer Erwerbsfähigkeit hinzuwirken und ihre Unterhaltsbedürftigkeit nach Trennung der Parteien zu verhindern, muß das angefochtene Urteil aufgehoben und zur anderweiten Prüfung der Frage an das OLG zurückverwiesen werden.

BGH v. 16. 9. 81 – IVb ZR 622/80 – NJW 82, 100

(Ein Härtefall nach Nr. 2 kann bejaht werden bei wiederholten schwerwiegenden Beleidigungen, Verleumdungen und falschen Anschuldigungen, wenn derartige Ehrverletzungen mit nachteiligen Auswirkungen auf die persönliche und berufliche Entfaltung sowie die Stellung des Verpflichteten in der Öffentlichkeit verbunden sind. Voraussetzung ist stets Schuldfähigkeit)

2 a) Die Verwirklichung des § 1579 I Nr. 2 BGB setzt, ein schuldhaftes Verhalten und damit Schuldfähigkeit des unterhaltsbedürftigen Ehegatten voraus, die im Zeitpunkt der Begehung der strafbaren Handlung vorhanden sein muß. Zutreffend ist, daß verminderte Schuldfähigkeit ebenfalls die grobe Unbilligkeit nach § 1579 I BGB beseitigen kann.

Da sich der Kl. angelasteten Verfehlungen über Jahre hinweg erstreckt haben, muß hiernach die Schuldfähigkeit der Kl. für die jeweils in Betracht kommenden Zeiträume festgestellt werden, bevor über einen Ausschluß oder eine Herabsetzung des Unterhaltsanspruchs nach § 1579 I Nr. 2 BGB entschieden werden kann.

Die Revision rügt mit Grund, daß das BerGer. ohne Ausweis eigener Sachkunde auf sachverständige Beratung bei der Beurteilung der Schuldfähigkeit der Kl. für die Zeit seit 1960/1961 verzichtet

Anhang R. Rechtsprechung R084

und insoweit verminderte Schuldfähigkeit angenommen hat. Das angefochtene Urteil kann daher nicht bestehen bleiben.

3 a) Das Berufungsurteil kann auch nicht aus anderen Gründen aufrechterhalten werden, § 563 ZPO.

Das wäre etwa der Fall, wenn das der Kl. zur Last gelegte Verhalten entgegen der Auffassung des BerGer. bereits objektiv den Voraussetzungen des § 1579 I Nr. 2 BGB nicht genügen würde. Insoweit ist jedoch der Entscheidung des BerGer. zu folgen, daß Verhaltensweisen und Handlungen, wie sie die Kl. begangen hat, jedenfalls in Ausnahmefällen eine Beschränkung oder den Ausschluß des Unterhaltsanspruchs nach § 1579 I Nr. 2 BGB rechtfertigen können. Die Kl. hat in Abständen eine Vielzahl von Briefen an Bekannte, Kollegen des Bekl. und dritte Personen sowie an Gerichte und Behörden gerichtet, in denen sie – unter anderem – behauptet, der Bekl. habe sie wiederholt geschlagen und dabei eine starke Befriedigung gespürt; er sei geisteskrank und kleptoman und habe häufig gestohlen; er sei sexuell gespalten und habe immer wieder intime Beziehungen zu anderen Frauen unterhalten, die Kollegen möchten ihn deshalb, insbesondere während der Orchesterpausen, beobachten; außerdem bezichtigte sie den Bekl. eines an ihr begangenen Mordversuchs und erstattete deshalb im Jahre 1968 Anzeige bei der StA. Beweis für die Richtigkeit ihrer Behauptungen hat die Kl. nicht angetreten. Mit diesem Vorgehen kann sie über Jahre hinweg gegenüber einer Vielzahl dritter Personen und Behörden die Tatbestände strafrechtlicher Delikte generell, teilweise §§ 186 und 187 sowie nach § 164 StGB verwirklicht haben, ohne daß ihr Verhalten einen – unmittelbaren – Zusammenhang mit dem erst im Juli 1975 eingeleiteten Ehescheidungsverfahren aufwies. Derartige fortgesetzte, schwere Beleidigungen, Verleumdungen und schwerwiegende falsche Anschuldigungen können zum völligen oder teilweisen Ausschluß des Unterhaltsanspruchs führen.

Soweit nach der amtlichen Begründung des Entwurfs zum 1. EheRG Verfehlungen wie Beleidigungen, Verleumdungen, Tätlichkeiten und falsche Anschuldigungen – im Gegensatz zu der früheren Härteregelung des § 66 EheG – nach der Zielsetzung des neuen Rechts generell nicht im Rahmen des § 1579 I Nr. 2 BGB berücksichtigt werden sollten, damit nicht das Schuldprinzip in der unterhaltsrechtlichen Auseinandersetzung wieder auflebe, kann dieser Auffassung nicht uneingeschränkt gefolgt werden. Es mag zwar zutreffen, daß Ehrverletzungen und Tätlichkeiten, die den Rahmen typischer Eheverfehlungen nach § 43 EheG des früheren Rechts nicht übersteigen, in der Regel nicht als „schwere vorsätzliche Vergehen" i. S. von § 1579 I Nr. 2 BGB zu behandeln sein werden. Das schließt jedoch eine andere Beurteilung in Fällen wiederholter, schwerwiegender Beleidigungen und Verleumdungen insbesondere dann nicht aus, wenn derartige Ehrverletzungen mit nachteiligen Auswirkungen auf die persönliche und berufliche Entfaltung sowie die Stellung des Unterhaltsverpflichteten in der Öffentlichkeit verbunden sind. Unter solchen Umständen können auch Beleidigungen und Verleumdungen – je nach der Dauer und der Intensität ihrer Begehung – die Voraussetzungen des § 1579 I Nr. 2 BGB erfüllen. Dasselbe gilt für die vorsätzlich falsche Anzeige wegen eines angeblich begangenen Mordversuchs, die zu einem strafrechtlichen Ermittlungsverfahren gegen den Unterhaltsverpflichteten oder einen seiner nahen Angehörigen führt. Das BerGer. wird sich, je nach dem Ergebnis der weiteren Prüfung zur Schuldfähigkeit der Kl. bei Begehung der ihr vorgeworfenen Handlungen, näher damit auseinanderzusetzen haben, ob die Diffamierungen und Verunglimpfungen des Bekl. durch die Kl. – im einzelnen oder über längere Zeiträume hinweg insgesamt betrachtet – als schwere vorsätzliche Vergehen nach § 1579 I Nr. 2 BGB zu beurteilen sind. Dabei wird gegebenenfalls auch auf die bisher vom Standpunkt des BerGer. aus folgerichtig nicht behandelte Frage einzugehen sein, ob der Bekl. die Verfehlungen der Kl. – unter Umständen teilweise – verziehen hat, und welche Auswirkungen eine Verzeihung auf den Unterhaltsanspruch der Kl. haben könnte.

BGH v. 16. 9. 81 – IVb ZR 674/80 – FamRZ 81, 1165 = NJW 82, 41

(Grundrente, Schwerbeschädigtenzulage u. Pflegezulage; Abzug von konkretem schädigungsbedingtem Mehrbedarf) R084

1 a) Ausgehend von dem Grundsatz, daß zur Feststellung des unterhaltspflichtigen Einkommens a sämtliche dem Unterhaltsschuldner zufließenden Einkünfte heranzuziehen sind, hat der Senat (FamRZ 81/338) bereits entschieden, daß die Grundrente, die der Unterhaltsschuldner während der Ehe bezogen hat, grundsätzlich sowohl den Einkünften zuzurechnen ist, durch welche die für den Unterhaltsanspruch maßgeblichen ehelichen Lebensverhältnisse in wirtschaftlicher Hinsicht bestimmt werden als auch bei der Ermittlung der Leistungsfähigkeit des Unterhaltsschuldners zu berücksichtigen ist und die zur Befriedigung des konkreten Mehrbedarfs des Rentenempfängers tatsächlich erforderlichen Mittel vorab in Abzug zu bringen sind. Dazu hat der Senat ausgeführt, daß die Grundrente als Teil der Kriegsopferversorgung zwar nach der Zielsetzung des BVersG den Beschädigten für den Verlust seiner körperlichen Integrität entschädigen und seine Mehraufwendungen ausgleichen solle, die ihm infolge der Schädigung gegenüber einem gesunden Menschen erwachsen

und somit aus der Sicht des öffentlichen Sozialrechts zur Bestreitung des Lebensunterhalts nur insofern gewährt werden, als sie den zum Lebensunterhalt gehörenden Mehraufwand ausgleichen sollen. Das stehe ihrer Berücksichtigung im Bereich des privaten Unterhaltsrechts jedoch nicht entgegen. Insoweit sei ausschlaggebend, daß die Grundrente dem Beschädigten tatsächlich zur Deckung seines Lebensbedarfs zur Verfügung stehe, und zwar je nach den Verhältnissen des Einzelfalls sowie des schädigungsbedingten besonderen als auch seines normalen Bedarfs und daß sie grundsätzlich geeignet sei, den möglicherweise erhöhten Lebensbedarf des Beschädigten zu decken. b) Entsprechende Erwägungen träfen auf die Schwerstbeschädigtenzulage zu. Sie wird nach § 31 BVersG erwerbsunfähigen Beschädigten gewährt, die durch die Schädigungsfolgen gesundheitlich außergewöhnlich betroffen sind. Die Zulage ist nicht Bestandteil der Grundrente, sondern eine selbständige Leistung, die neben jener gezahlt wird, aber deren Funktion erfüllt. Sie wird nach der versorgungsrechtlichen Zielsetzung wie die Grundrente als Ausgleich für die Beeinträchtigung der körperlichen Unversehrtheit und den Mehraufwand gewährt. Sie ist, wie die Grundrente, geeignet, den erhöhten Lebensbedarf des Beschädigten zu decken und Unterhaltsbedürfnisse zu befriedigen.

c) Die in ihrer Anrechenbarkeit zwischen den Parteien ferner umstrittene Pflegezulage wird nach § 35 I BVersG gezahlt, solange der Beschädigte infolge der Schädigung so hilflos ist, daß er für die gewöhnlichen und regelmäßig wiederkehrenden Verrichtungen im Ablauf des täglichen Lebens in erheblichem Umfang fremder Hilfe dauernd bedarf. Ihr Zweck ist der pauschale Ausgleich der für die Pflege erforderlichen Aufwendungen. Sie ist, wie die Grundrente, dem unterhaltspflichtigen Einkommen zuzurechnen, soweit sie nicht durch tatsächlichen Mehraufwand aufgezehrt wird. Das Erfordernis, den konkreten Mehrbedarf des Beschädigten dessen besonderen Verhältnissen entsprechend festzustellen, schließt nicht aus, daß das Gericht den Aufwand nach § 287 ZPO schätzt. Dabei ist, je nach den Umständen des Falles, eine großzügigere Beurteilung geboten, wenn und soweit es dem Beschädigten nicht zumutbar ist, seine besonderen Mehraufwendungen in allen Einzelheiten spezifiziert darzulegen. Diese Voraussetzungen sind im vorliegenden Fall gegeben, in denen die Art der Beschädigung des Beklagten eine genaue Trennung des allgemeinen Lebensbedarfs und des schädigungsbedingten Mehrbedarfs besonders erschwert. Unter diesen Umständen kann es nicht beanstandet werden, daß das OLG den Aufwand für beides einheitlich bemessen hat, indem es die Kosten der Heimunterbringung berücksichtigt und diesen Betrag um einen angemessenen Zuschlag erhöht hat.

(Zur Frage der weiteren Entwicklung der maßgeblichen Verhältnisse)

b Hierzu hat das OLG festgestellt, daß der Beklagte (noch) nicht pflegebedürftig ist, und die Pflegezulage in vollen Umfang als Einkommen berücksichtigt. Das ist aus Rechtsgründen nicht zu beanstanden. Daß die weitere Entwicklung des Pflegebedürfnisses und der gegebenenfalls notwendige Kostenaufwand ganz unübersehbar waren, berechtigte das OLG entgegen der Ansicht des Beklagten nicht, die Pflegezulage von vornherein bei der Unterhaltsbemessung außer Ansatz zu lassen. Vielmehr war es im Hinblick auf diese Unübersehbarkeit der weiteren Entwicklung der Verhältnisse gehindert, in der Frage der Pflegebedürftigkeit des Beklagten seiner Entscheidung einen anderen als den von ihm festgestellten Zustand zugrunde zu legen. Etwaige Verschlechterungen im Befinden des Beklagten, vor allem einen späteren Eintritt des Pflegefalles zu berücksichtigen, mußte das Gericht dem Abänderungsverfahren nach § 323 ZPO überlassen.

(Unterschiedliche Quoten widersprechen bei Erwerbstätigen nicht dem Grundsatz der gleichmäßigen Teilhabe am ehelichen Lebensstandard, weil dadurch dem mit der Erwerbstätigkeit verbundenen erhöhten Aufwand angemessen Rechnung getragen wird und der Anreiz zur Erwerbstätigkeit gesteigert wird. Anders ist es bei Nichterwerbstätigen und Rentnern)

c 2) Es entspricht der ständigen Rechtsprechung des BGH, daß bei der Bemessung des Ehegattenunterhalts sowohl nach § 1361 I S. 1 BGB als auch nach §§ 1570 ff., 1578 I BGB an sich jedem Ehegatten die Hälfte des anrechnungsfähigen Einkommens zuzubilligen ist, weil die Ehegatten grundsätzlich in gleicher Weise am ehel. Lebensstandard teilnehmen (FamRZ 1979/692, 694; FamRZ 1981/442, 444).

In den Entscheidungen hat der BGH aber zugleich ausgesprochen, daß es jenem Grundsatz nicht widerspricht, wenn im Falle der Erwerbstätigkeit des Unterhaltspflichtigen oder beider Ehegatten das Einkommen, bzw. die Einkommensdifferenz, nach unterschiedlichen Quoten, wie sie die Düsseldorfer Tabelle für derartige Fälle vorsieht, zwischen den Ehegatten aufgeteilt wird, weil dadurch dem erhöhten Aufwand, der mit der Berufstätigkeit verbunden ist, in maßvoller Weise Rechnung getragen und zugleich erreicht wird, daß der Anreiz der Ehegatten zur Erwerbstätigkeit gesteigert wird. Indessen sehen die (früheren) Unterhaltsrichtsätze der Düsseldorfer Tabelle auch für den Fall, daß der unterhaltspflichtige Ehegatte keiner Erwerbstätigkeit nachgeht, eine Quotierung vor, die dem Ehegatten mehr als die Hälfte des aufzuteilenden Einkommens zubilligt, wenn dieser Zuschlag auch geringer ist als im Falle der Erwerbstätigkeit.

Anhang R. Rechtsprechung R086

Ob eine solche Bemessung, mit dem dargelegten Grundsatz der hälftigen Aufteilung des anrechnungsfähigen Einkommens in Einklang steht, mag – insbesondere in solchen Fällen, in denen der Unterhaltspflichtige nicht erst im Alter oder sonst nach längerer Berufstätigkeit aus dem Erwerbsleben ausgeschieden, sondern nie erwerbstätig gewesen ist – zweifelhaft sein.

Im vorliegenden Fall kann diese Frage jedoch auf sich beruhen, weil das OLG den Unterhalt der Kl. letztlich nicht in Höhe der zunächst angenommenen Quote, sondern in Höhe des Betrages zugesprochen hat, der unter Berücksichtigung des festgestellten – erhöhten – Bedarfs des Bekl. von seinem Einkommen verblieb. So hat das OLG hinsichtlich des Unterhalts dargelegt, daß dem Bekl. im Falle der Aufteilung der Einkommensdifferenz im Verhältnis 3 zu 4 nur 1320 DM monatlich verblieben. Die notwendigen Kosten seiner Heimunterbringung seien jedoch um 60 DM höher. Daneben benötige er noch einen weiteren Betrag für Kleidung, Reisen, Kosmetik, Literatur sowie zusätzliche Lebens- und Genußmittel. Diesen Betrag hat es mit 340 DM monatlich angenommen und den Unterhaltsanspruch der Kl. dementsprechend um insgesamt 400 DM auf 500 DM monatlich verkürzt. Zu höheren Leistungen hat es den Bekl. außerstande gesehen.

BGH v. 23. 9. 81 – IVb ZR 600/80 – FamRZ 81, 1159 = NJW 81, 2804

(Bedürftigkeit als Anspruchsvoraussetzung; Erwerbsobliegenheit bei schulpflichtigen Kindern; zumutbare Fortsetzung einer bereits während der Ehe trotz Kindesbetreuung ausgeübten Erwerbstätigkeit; ausnahmsweise zumutbare Fortsetzung einer ohne Not ausgeübten Erwerbstätigkeit bei noch nicht schulpflichtigem Kind) R086

II 1 b bb) Es ist jedenfalls aus Rechtsgründen nicht zu billigen, daß das OLG in Anwendung von Ziff. 31 der Hammer Richtlinien ohne weiteres davon ausgeht, daß die Kl. zu einer Berufstätigkeit nicht verpflichtet sei, da sie nach Ziff. 23 dieser Richtlinien ihren Kindern gegenüber, weil nicht barunterhaltspflichtig, nicht arbeitspflichtig sei. Daß der Kl. auch ihrem Ehemann gegenüber nicht die Verpflichtung obliege, ihren Lebensunterhalt selbst zu verdienen, kann den Grundsätzen zur Anwendung des § 1606 III S. 2 BGB nicht entnommen werden. Denn diese regeln nur die Frage, ob der Ehegatte, der die Kinder pflegt und erzieht, ihnen auch noch Barunterhalt schuldet und deshalb ihnen gegenüber verpflichtet ist, einer Erwerbstätigkeit nachzugehen bzw. aus einer Erwerbstätigkeit erzielte Einkünfte für den Barunterhalt der Kinder einzusetzen. Wenn die Kl. im Verhältnis zu den von ihr betreuten Kindern keine Verpflichtung zum Barunterhalt und damit zu einer Erwerbstätigkeit trifft, folgt daraus noch nicht, daß sie auch hinsichtlich ihrer eigenen Unterhaltsansprüche gegen den Bekl. von der Obliegenheit freigestellt wäre, ihren Unterhalt ganz oder teilweise durch eine an sich zumutbare Erwerbstätigkeit selbst zu decken (FamRZ 1981/541, 543, zum Falle einer Unterhaltsverpflichtung nach §§ 58 ff. EheG). Insoweit gelten nicht die Maßstäbe des § 1606 BGB, die nur für die Frage der Barunterhaltspflicht gegenüber den Kindern bestimmend sind, sondern die für den Trennungs- bzw. Geschiedenenunterhalt aufgestellten Regeln des Gesetzes. II 2) Ein Anspruch auf Getrenntlebensunterhalt steht nach allgemeiner Auffassung nur demjenigen zu, der sich aus den einzusetzenden Eigenmitteln nicht nach dem Maßstab des § 1361 I S. 1 BGB angemessen zu unterhalten vermag, der also in diesem Sinne bedürftig ist. Fehlt es an der Bedürftigkeit, so scheidet ein Unterhaltsanspruch des getrenntlebenden Ehegatten aus, mag auch der andere Ehegatte über größere Mittel verfügen. Liegt Bedürftigkeit des einen vor, so steht diesem ein Unterhaltsanspruch zu, wenn der andere Ehegatte Mittel zur Verfügung hat, die höher sind als der eigene Lebensbedarf, Mittel also, die ihn leistungsfähig machen.

a) Im Rahmen dieser von Gesichtspunkten des Verschuldens an der Trennung der Parteien und des Rechts zum Getrenntleben befreiten Unterhaltsregelung schützt § 1361 II BGB den nicht erwerbstätigen Ehegatten davor, auf die Aufnahme einer unzumutbaren Arbeit verwiesen zu werden. Das soll nur dann geschehen, wenn eine eigene Erwerbstätigkeit von ihm nach seinen persönlichen Verhältnissen, insbesondere wegen einer früheren Erwerbstätigkeit unter Berücksichtigung der Dauer der Ehe, und nach den wirtschaftlichen Verhältnissen beider Ehegatten erwartet werden kann.

Bei der Anwendung dieser Vorschrift auf Ehegatten – im Regelfall: Ehefrauen –, die minderjährige Kinder pflegen und erziehen, hat sich in jüngerer Zeit in der Rechtsprechung die Auffassung durchgesetzt, daß schulpflichtige Kinder den sie betreuenden Elternteil nicht ohne weiteres an der Aufnahme jeglicher Beschäftigung hindern, eine Teilzeitarbeit bis hin zur Halbtagsbeschäftigung nach den Umständen des Einzelfalls vielmehr im Regelfall zumutbar sein wird, weil die Kinder einen Teil des Tages durch die Schule in Anspruch genommen werden und in dieser Zeit keiner Versorgung bedürfen (FamRZ 1979/571, 572 = NJW 1979/1452, 1453 m. w. N.; FamRZ 1981/17 m. w. N., FamRZ 1981/752). Eine entsprechende Beurteilung hat die Zumutbarkeit der Aufnahme eigener Erwerbstätigkeit trotz Erziehung und Pflege schulpflichtiger Kinder bei dem Anspruch auf Scheidungsunterhalt nach altem Recht gefunden (FamRZ 1980/40, 42; FamRZ 1980/771, 772 = NJW 1980/2081, 2082, FamRZ 1981/541).

b) Ist danach selbst solchen Kinder betreuenden Ehegatten, die nicht erwerbstätig waren, die Aufnahme einer Teilzeitbeschäftigung nach den Umständen des Falles zugemutet worden, so ist es um so eher möglich, „nach den Erwerbsverhältnissen der Ehegatten" (§ 1361 I S. 1 BGB) die Zumutbarkeit der Fortsetzung einer bereits ausgeübten Arbeit zu bejahen. Dies wird insbesondere dann angenommen werden können, wenn damit eine in der Ehe trotz der Belastung durch die zunächst noch kleinen Kinder beibehaltene Berufstätigkeit im lediglich gleichen Umfange fortgeführt wird. Dieser Gesichtspunkt wird es auch rechtfertigen, die Zumutbarkeit der Fortsetzung der Lehrertätigkeit hier nicht daran scheitern zu lassen, daß die jüngere der Töchter nach dem Parteivortrag erst Mitte 1979 eingeschult worden ist und vorher halbtägig einen Kindergarten besucht hat. Eine freien Willens – also nicht aus Not wegen unzureichender Versorgung durch den unterhaltspflichtigen Ehegatten – aufgenommene Tätigkeit sollte im allgemeinen Anlaß zu der Frage sein, ob nicht die Grenzen des Zumutbaren zunächst zu eng gezogen worden sind. Die Ausübung einer Berufstätigkeit kann ein bedeutsames Indiz für die vorhandene tatsächliche Arbeitsfähigkeit sein.

BGH v. 7. 10. 81 – IVb ZR 598/80 – FamRZ 82, 23 = NJW 82, 232

R087 *(Erwerbsobliegenheit bei 2 Kindern im Alter von 11 und 14 Jahren und bei hoher Schuldenlast; tatrichterliche Abwägung der „persönlichen Verhältnisse")*

a II 2) Die Revision beanstandet, daß das OLG die Kl. nicht für verpflichtet gehalten hat, ihren Unterhalt – wenigstens teilweise – selbst zu verdienen. Diese Rüge ist berechtigt, soweit das OLG eine Verpflichtung zur Erwerbstätigkeit schlechthin mit der Begründung verneint hat, daß die Kl. die beiden Kinder der Parteien zu versorgen habe. Die Betreuung minderjähriger Kinder führt im Rahmen des § 1361 BGB nicht zwingend zu einer Freistellung von eigener Erwerbstätigkeit. Vielmehr kommt es gemäß § 1361 II BGB darauf an, ob eine Erwerbstätigkeit von dem Unterhaltsberechtigten nach seinen persönlichen Verhältnissen, insbesondere wegen einer früheren Erwerbstätigkeit, unter Berücksichtigung der Dauer der Ehe und nach den wirtschaftlichen Verhältnissen beider Ehegatten erwartet werden kann. Hierbei ist die Betreuung minderjähriger Kinder ein zwar bedeutsamer, aber nicht immer ausschlaggebender Gesichtspunkt. So hat der Senat durch Urteil v. 5. 11. 1980 (FamRZ 1981/17, 18 m. w. N.) entschieden, daß von der Mutter eines elfjährigen Kindes, das für einen Teil des Tages die Schule besucht und während dieser Zeit keiner Versorgung bedarf, grundsätzlich eine Teilzeitbeschäftigung erwartet werden kann. Auch bei zwei schulpflichtigen Kindern, wie sie vorliegendenfalls vorhanden sind, scheidet eine Teilzeitbeschäftigung nicht von vornherein aus (FamRZ 1979/571, 572).

Das OLG wird daher unter Beachtung dieser Grundsätze gegebenenfalls erneut zu prüfen haben, ob der Kl. eine – stundenweise – Erwerbstätigkeit zugemutet werden kann. In diesem Zusammenhang wird mit zu berücksichtigen sein, daß die Kl. nach ihrem eigenen Vorbringen auch schon während des Zusammenlebens der Parteien „dann und wann" aushilfsweise als Kellnerin tätig war und auch nach der Trennung der Parteien gelegentlich als Kellnerin ausgeholfen hat. Unter diesen Umständen könnte ihr – jedenfalls angesichts der beengten wirtschaftlichen Verhältnisse der Parteien – zuzumuten sein, sich durch eine stundenweise Aushilfstätigkeit als Kellnerin einen Teil ihres Unterhalts selbst zu verdienen. Die wirtschaftlichen Verhältnisse werden hier insbesondere durch – noch aus der Zeit des Zusammenlebens der Parteien herrührende und ihre gemeinsame Lebensführung betreffende – beträchtliche Schulden bestimmt. Bei einer derartigen Verschuldung hätte eine stundenweise Erwerbstätigkeit der Kl. auch bei Fortdauer der ehel. Gemeinschaft nahegelegen. Von Gewicht bleibt freilich auch die Erwägung des OLG, daß die Kinder jetzt, da die Parteien getrennt leben und die Kinder den Vater entbehren müssen, besonderer Zuwendung und Betreuung bedürfen. Die Abwägung zwischen diesen verschiedenen Gesichtspunkten muß letztlich dem Tatrichter überlassen werden.

(Zumutbare Verwertung eines Baugrundstückes)

b II 3) Reicht das verfügbare oder erzielbare Einkommen des Beklagten für den Unterhalt der Klägerin nicht aus, muß der Beklagte zur Erfüllung seiner Unterhaltspflicht notfalls das ihm gehörende Baugrundstück verwerten (BGH, FamRZ 80/43 ff.) sei es, daß er auf diese Weise Barmittel erlangt oder daß er mit Hilfe des Erlöses die Schulden auf ein Maß zurückführt, das ihm wieder größeren finanziellen Bewegungsspielraum verschafft.

BGH v. 7. 10. 81 – IVb ZR 611/80 – FamRZ 82, 157 = NJW 82, 380

R088 *(Zum einkommensmindernden Abzug von Kreditverbindlichkeiten für den Hausbau; Grundsätze und bedeutsame Umstände für Interessenabwägung)*

a 3) Kreditverbindlichkeiten für einen Hausbau wird vielfach entgegengehalten, der Unterhaltsschuldner könne nicht auf Kosten des Unterhaltsberechtigten sein Aktivvermögen mehren; teilweise werden die Aufwendungen in diesem Rahmen lediglich bis zu Höhe fiktiver Mietkosten berücksichtigt. Da es nicht der Sinn des Gesetzes sein kann, dem Unterhaltsschuldner die Möglichkeit zu

Anhang R. Rechtsprechung   **R089 – R090**

geben, durch unverantwortliches oder eigensüchtiges Schuldenmachen seiner Unterhaltspflicht zu entgehen, ist der Meinung nicht zu folgen, § 1603 I BGB verbiete die Differenzierung zwischen berücksichtigungswürdigen und anderen Verbindlichkeiten. Es ist auch zu eng und verhilft in vielen Fällen nicht zu einer befriedigenden Lösung, nur den Einwand der Arglist (§ 242 BGB) bei einer festgestellten oder unter bestimmten Voraussetzungen zu vermutenden Benachteiligungsabsicht zuzulassen. Da jede Rechtsposition unter dem Vorbehalt von Treu und Glauben steht, kann sich der Unterhaltspflichtige nicht auf Verbindlichkeiten berufen, die er leichtfertig, für luxuriöse Zwecke oder ohne verständigen Grund eingegangen ist. Im Einzelfall kann die Abgrenzung nur im Rahmen einer umfassenden Interessenabwägung nach billigem Ermessen erfolgen, wobei die in der Rechtspraxis bereits entwickelten Maßstäbe brauchbare Ansatzpunkte abgeben. Bedeutsame Umstände sind insbesondere der Zweck der Verbindlichkeiten, der Zeitpunkt und die Art ihrer Entstehung, die Dringlichkeit der beiderseitigen Bedürfnisse, die Kenntnis des Unterhaltsverpflichteten von Grund und Höhe der Unterhaltsschuld, seine Möglichkeiten, die Leistungsfähigkeit in zumutbarer Weise ganz oder teilweise wiederherzustellen und gegebenenfalls auch schutzwürdige Belange des Drittgläubigers.

4) Der Hausbau hat nach der Geburt des Kindes der Befriedigung der Wohnbedürfnisse des Beklagten und seiner Familie gedient und nicht so sehr der Bildung von Vermögensreserven. Der Beklagte hat in diesem Zusammenhang Beweis dafür angeboten, daß seine frühere Mietwohnung für ein Ehepaar mit Kind zu klein und ungeeignet gewesen sei und daß er eine kindgerechte andere Mietwohnung zu angemessenen Bedingungen nicht habe erlangen können. Diese Beweisangebote sind für die Frage der Dringlichkeit und Unaufschiebbarkeit des Hausbaus erheblich.

(Eltern müssen bei Eingehung von Verbindlichkeiten – hier für Hausbau – auf die Ausbildung von Kindern Rücksicht nehmen)

4) Die Revision rügt zu Recht, daß nicht entscheidend sein kann, ob der Bekl. zu dem Zeitpunkt,   **b**
als er den Plan zum Bau seines Eigenheimes ins Werk setzte, „bestimmt" oder nur „allgemein" mit einer Inanspruchnahme durch den Kl. hat rechnen müssen. Von dem Vater eines studierenden Sohnes kann im allgemeinen verlangt werden, daß er auf dessen Unterhaltsbedürftigkeit bis zum Abschluß der Ausbildung Rücksicht nimmt, bevor er seine Leistungsfähigkeit erschöpfende Verbindlichkeiten eingeht. Das Vertrauen auf eine in der Vergangenheit gewährte öffentliche Ausbildungsbeihilfe ist nicht schutzwürdig, sofern ohne besondere Erkundigungen davon ausgegangen wird, sie werde auch in Zukunft ohne Rückgriff gewährt werden.

BGH v. 8. 10. 81 – VII ZR 319/80 – FamRZ 82, 28

(zum Erwerb eines Einziehungsrechts durch Überweisung einer Forderung)   **R089**

Zwar wird der Vollstreckungsgläubiger durch die Überweisung der Forderung zur Einziehung nicht zum Inhaber der Forderung, diese bleibt vielmehr im Vermögen des Vollstreckungsschuldners. Der Vermögensgläubiger erhält aber ein eigenes Einziehungsrecht. Die Überweisung ermächtigt ihn zu allen im Recht des Schuldners begründeten, der Befriedigung dienenden Maßnahmen. Er darf deshalb in eigenem Namen die Forderung kündigen, einziehen, mit ihr aufrechnen und vor allem auf Leistung an sich klagen (NJW 78/1914).

BGH v. 21. 10. 81 – IVb ZR 605/80 – FamRZ 82, 28 = NJW 82, 929

(Alters- aber nicht ehebedingte Erwerbsunfähigkeit; nachwirkende Mitverantwortung der Ehegatten; § 1579   **R090**
Nr. 1 bei Ehedauer von 2 Jahren; bei 43 Monaten in der Regel keine kurze Ehedauer mehr)

2) Der erkennende Senat hat sich in dem Urteil v. 23. 9. 1981 (FamRZ 1981/1163 ff.), auf das wegen der Begründung im einzelnen verwiesen wird, eingehend mit den ges. Voraussetzungen und dem Inhalt der nachehelichen Unterhaltsansprüche nach §§ 1569 ff. BGB insbesondere unter dem Gesichtspunkt auseinandergesetzt, ob und in welchem Umfang diese Ansprüche eine generelle Beschränkung auf ehebedingte Bedürfnislagen enthalten. Er ist dabei – unter Einbeziehung der Gesetzesmaterialien – zu dem Ergebnis gelangt, daß der noch von dem Rechtsausschuß des Deutschen Bundestages als entscheidendes Kriterium für einen Unterhaltsanspruch nach neuem Recht hervorgehobene Gesichtspunkt der „ehebedingten Unterhaltsbedürftigkeit" in dieser Form keinen Eingang in das Gesetz gefunden hat und daß die Tatbestände des nachehelichen Unterhalts nicht allgemein dem Erfordernis eines kausalen Zusammenhangs zwischen Ehe und Bedürftigkeit unterliegen. Dies muß entsprechend den Ausführungen in dem genannten Urteil auch für den Unterhaltsanspruch nach § 1571 Nr. 1 BGB für die Fälle gelten, in denen der bedürftige Ehegatte nicht während der Ehezeit alt geworden ist, sondern bereits im Zeitpunkt der Eheschließung wegen Alters einer Erwerbstätigkeit nicht mehr nachgehen konnte.

Die ASt. war zwar bis zum Zeitpunkt der Eheschließung noch erwerbstätig. Sie stand jedoch wenige Monate vor der Vollendung des 60. Lebensjahres und damit vor dem Bezug des Altersruhegeldes. Daher ist auch sie – im Sinne der erwähnten Senatsentscheidung – nicht erst „während der Ehe alt" und aus Altersgründen erwerbsunfähig geworden. Gleichwohl steht ihr entgegen der Auffassung der Revision grundsätzlich ein Unterhaltsanspruch nach § 1571 Nr. 1 BGB gegenüber dem AGg. zu.

Die Vorschrift des § 1571 Nr. 1 BGB enthält keine Einschränkung des altersbedingten Unterhaltsanspruchs in dem Sinn, daß der wegen seines Alters nicht mehr erwerbsfähige Ehegatte zusätzlich aus ehebedingten Gründen unterhaltsbedürftig geworden sein müsse, etwa weil er im Hinblick auf die Gestaltung der ehel. Lebensverhältnisse nicht für eine Alterssicherung sorgen konnte.

Der Unterhaltsanspruch knüpft vielmehr lediglich an die Voraussetzung an, daß von dem bedürftigen Ehegatten wegen seines Alters eine Erwerbstätigkeit nicht mehr erwartet werden kann. Insoweit wirkt der Grundsatz der Mitverantwortung der Ehegatten füreinander (vgl. BVerfG, FamRZ 1981/745, 750) über den Zeitpunkt der Scheidung hinaus fort. Die Mitverantwortung, die der leistungsfähige Ehepartner gegenüber dem Unterhaltsbedürftigen trägt, ist aber eine Folge der Eheschließung und des ehel. Zusammenlebens, und sie ist unabhängig von dem Alter, in dem die Ehe geschlossen wurde.

Als Korrektiv eines auf diese Weise nach § 1571 Nr. 1 BGB begründeten Unterhaltsanspruchs kann allerdings in Fällen, in denen die in höherem Alter geschlossene Ehe nicht lange bestanden hat und die Ehegatten sich deshalb in ihren beiderseitigen persönlichen und wirtschaftlichen Lebensverhältnissen nicht nachhaltig auf eine gemeinschaftliche Lebensführung eingestellt haben, die Regelung des § 1579 I Nr. 1 BGB eingreifen (FamRZ 1980, 980). Die in dieser Vorschrift enthaltene Billigkeitsklausel sieht für die Fälle einer kurzen Ehedauer die Möglichkeit des Ausschlusses oder der Minderung des nachehelichen Unterhaltsanspruchs vor, ohne indessen Anhaltspunkte dafür zu geben, wie der Begriff der kurzen Ehedauer zeitlich näher zu bestimmen ist. Der erkennende Senat hat hierzu im Urteil v. 26. 11. 1980 (FamRZ 1981/140 ff.) entschieden, daß eine nicht mehr als zwei Jahre betragende Ehedauer in der Regel als kurz, eine solche von 43 Monaten hingegen regelmäßig nicht mehr als kurz i. S. des § 1579 I Nr. 1 BGB zu bezeichnen sei.

In Anlehnung an diese Entscheidung ist es revisionsrechtlich nicht zu beanstanden, daß sich das OLG im vorliegenden Fall – in tatrichterlicher Würdigung der gesamten Umstände einschließlich des Alters und der Vermögenslage der Parteien bei Eingehung der Ehe – auf den Standpunkt gestellt hat, angesichts der Ehedauer von rund 39 Monaten erscheine es nicht grob unbillig, wenn der AGg. der ASt. die Hälfte des sich nach der Düsseldorfer Tabelle ergebenden Betrages als nachehelichen Unterhalt zu leisten habe. Diese Entscheidung trägt sowohl der ehel. Lebensgestaltung der Parteien während der Dauer ihres Zusammenlebens als auch der altersbedingten Unterhaltsbedürftigkeit beider Eheleute in angemessener Weise Rechnung (vgl. den ähnlich liegenden Fall in FamRZ 1981/140 ff.).

BGH v. 21. 10. 81 – IVb ZR 619/80 – DAVorm 82, 263

R091 (*Zur Prognose bei Kindesunterhalt*)

Die Revision bekämpft schließlich ohne Erfolg, daß es das KG im Anschluß an das OLG Bremen (NJW 78/2249) abgelehnt hat, ab bestimmten in der Zukunft liegenden Zeitpunkten, nämlich ab Vollendung des 12. Lebensjahrs durch die Kläger, auf erhöhte Unterhaltsrenten nach Maßgabe der Unterhaltsstufen der Düsseldorfer Tabelle zu erkennen. Zwar handelt es sich, soweit das Berufungsurteil den Klägern Unterhaltsrenten ab 1. 1. 1979 zuerkannt hat, um Ansprüche auf künftig fällig werdende wiederkehrende Leistungen i. S. v. § 258 ZPO, wobei der Tatrichter auch solche Umstände zu berücksichtigen hat, die ohne weiteres voraussehbar sind. Diese Vorausschau versagt aber, soweit künftige Verhältnisse, die für Grund oder Höhe des Anspruchs bestimmend sind, nach der Lebenserfahrung nicht zu übersehen sind (vgl. Wieczorek, ZPO, 2. Aufl., § 258 Anm. B 1 b). Dies gilt z. B. für die Entwicklung der allgemeinen wirtschaftlichen Verhältnisse, für die der Gesetzgeber durch die §§ 1612 a BGB, 641 lf., ZPO ein besonderes Anpassungsverfahren geschaffen hat, das auch für die Unterhaltsansprüche der Kläger in Betracht kommt. Dies gilt weiterhin für andere Faktoren, die für den individuell nach Unterhaltsbedarf und Leistungsfähigkeit zu bemessenden Unterhalt ehelicher Kinder erheblich sind. Es war insbesondere im vorliegenden Fall für das Berufungsgericht nicht sicher abzuschätzen, ob das Einkommen des Beklagten zu einem fast drei Jahre vorausliegenden Zeitpunkt mindestens gleich hoch sein würde oder sich nicht durch unvorhergesehene Umstände, wie Lebenserfahrung nicht zu übersehen sind (vgl. Wieczorek, ZPO, 2. Aufl., § 258 Anm. B 1 b). Dies gilt z. B. Krankheit oder Arbeitslosigkeit, entscheidend vermindern würde. Angesichts der Unberechenbarkeit wesentlicher anspruchsbegründender Umstände ist es hier aus Rechtsgründen nicht zu beanstanden, daß der Tatrichter sich mangels einer hinreichend sicheren Prognose bezüglich der Entwicklung der nächsten Jahre nicht in der Lage gesehen hat, erhöhte Unterhaltsbeträge für die Zukunft zuzusprechen. Die Kläger sind darauf verwiesen, zu gegebener Zeit notfalls die Abänderungsklage nach § 323 ZPO zu erheben.

Anhang R. Rechtsprechung R092

BGH v. 4. 11. 81 – IVb ZR 624/80 – FamRZ 82, 151 = NJW 82, 1645

(Zum Verbund bei Stufenklage) R092

Das Amtsgericht hat die erhobene Stufenklage (bisher) nicht in das Scheidungsverfahren einbezogen, sondern über den Auskunftsanspruch gesondert verhandelt und entschieden. Das OLG (OLG Düsseldorf: Berufungsurteil veröffentlicht in FamRZ 1980, 260) hat darin zutreffend keinen Grund gesehen, das erstinstanzliche Urteil aufzuheben. Zwar muß der mit der Stufenklage geltend gemachte nacheheliche Unterhaltsanspruch in den Verfahrensverbund mit der Scheidungssache einbezogen werden (§§ 623 I und II, 629 ZPO). Das Gebot gleichzeitiger und einheitlicher Entscheidung über Scheidungsausspruch und Folgeregelungen erfaßt jedoch nur den Unterhaltsanspruch als solchen. Über das Auskunftsbegehren, das die Bezifferung des Unterhaltsanspruchs erst ermöglichen oder erleichtern soll, kann, auch wenn es Teil einer in das Verbundverfahren einzubeziehende Stufenklage ist, vor der Entscheidung über den Scheidungsantrag erkannt werden. Die Lage entspricht insoweit derjenigen bei einer Stufenklage auf Ausgleich des Zugewinns (vgl. dazu BGH, Urteil vom 30. 5. 1979 – IV ZR 160/178 = FamRZ 79/690). Wenn aber über das Auskunftsbegehren gesondert entschieden werden kann, ist es auch unschädlich, wenn darüber gesondert verhandelt wird. a

(Unterhaltsbemessung nach den Einkommens- u. Vermögensverhältnissen; Vermögensbildung und Sättigungsgrenze bei höheren Einkünften; objektiver Maßstab; Auskunftsverpflichtung)

3) Das Maß des Unterhalts richtet sich gemäß § 1578 I BGB nach den ehel. Lebensverhältnissen, die insbesondere von den Einkommens- und Vermögensverhältnissen bestimmt werden. Der Lebensbedarf des unterhaltsberechtigten Ehegatten kann danach nicht in einer absoluten Größe bemessen werden, sondern es hängt entscheidend von den wirtschaftlichen Verhältnissen der Ehegatten ab, welcher Lebensstandard angemessen ist. Auch eine absolute Höchstgrenze des Lebensbedarfs läßt sich nicht ziehen (FamRZ 1969/205 = NJW 1969/919). Bei höheren Einkünften ist es allerdings regelmäßig nicht angemessen, sie in vollem Umfang zur Deckung des laufenden Unterhaltsbedarfs zu verwenden; sie sind zum Teil auch zur Vermögensbildung bestimmt. Jedoch erhöht sich auch in solchen Fällen der Betrag, der für den laufenden Unterhalt angemessen erscheint, mit der Erhöhung der Gesamteinkünfte. Zusätzlich wirkt sich darauf noch die Vermögenslage aus. Ob extreme Fälle denkbar sind, in denen der Lebensstandard bereits ein solches Maß erreicht hat, daß eine weitere Steigerung schlechthin nicht mehr gebilligt werden könnte, bedarf keiner Entscheidung, weil eine solche Ausnahmelage hier nicht in Betracht kommt. b

Nach den bisherigen Feststellungen ist nicht auszuschließen, daß sich die Parteien während des ehel. Zusammenlebens auf einen Lebensstandard beschränkt haben, der bereits nach dem vom Bekl. nicht bestrittenen Mindesteinkommen angemessen wäre. Dies würde dem Auskunftsanspruch nicht entgegenstehen, denn bei besseren wirtschaftlichen Verhältnissen könnte sich gleichwohl ein höherer Unterhaltsanspruch ergeben. Bei der Bemessung des ehelichen und nachehelichen Unterhalts ist nach herrschender Rechtsauffassung ein objektiver Maßstab anzulegen. Entscheidend ist derjenige Lebensstandard, der nach den ehel. Lebensverhältnissen vom Standpunkt eines vernünftigen Betrachters als angemessen erscheint. Eine nach den Verhältnissen zu dürftige Lebensführung bleibt ebenso außer Betracht wie ein übertriebener Aufwand. Ob unter besonderen Umständen auch die tatsächliche Lebensweise der Ehegatten für die Bemessung des Unterhalts Bedeutung erlangen kann, kann hier dahingestellt bleiben, weil der Auskunftsanspruch davon nicht berührt wird. Die wirtschaftlichen Verhältnisse bedürfen in jedem Fall der Klärung, um eine sachgerechte Beurteilung des Unterhaltsanspruchs zu ermöglichen.

(Zur Vorlage von Einkommensteuerbescheiden und zum Steuergeheimnis)

5) Nach §§ 1580 S. 2, 1605 I 2 BGB hat der zur Auskunftserteilung Verpflichtete auf Verlangen über die Höhe seiner Einkünfte Belege vorzulegen. Einen solchen Beleg bildet auch der Einkommensteuerbescheid, da sich aus ihm jedenfalls die Höhe der zu versteuernden Einkünfte und des steuerlichen Nettoeinkommens entnehmen läßt. Für die Unterhaltsbemessung sind allerdings die tatsächlichen Einkünfte maßgebend, die den steuerrechtlich erfaßten Betrag übersteigen können (FamRZ 80/770). Jedoch ist der Steuerbescheid regelmäßig geeignet, wenigstens ein Mindesteinkommen als Grundlage der Unterhaltsbemessung zu belegen. Bei selbständigen Gewerbetreibenden wird sich der Auskunftsberechtigte vielfach damit begnügen, weil er nicht in der Lage ist, andere Belege, in der für eine Verurteilung notwendigen Bestimmtheit zu bezeichnen. Bedenken gegen die Vorlage von Steuerbescheiden im Rahmen der Auskunftspflicht nach §§ 1580, 1605 BGB bestehen nicht. Das Gebot, das Steuergeheimnis zu wahren, auf das sich die Revision in diesem Zusammenhang beruft, richtet sich nach § 30 AO nur an die Amtsträger und die diesen nach § 30 III AO gleichgestellten Personen. Der Steuerpflichtige ist daran nicht gebunden, sondern kann sogar nach § 30 IV Nr. 3 AO die an das Steuergeheimnis gebundenen Personen von der Geheimniswahrung entbinden. Die im Einzelfall denkbare Gefahr, daß mit dem Steuerbescheid Mißbrauch getrieben c

1115

R093   Anhang R. Rechtsprechung

wird, kann für Belege jeder Art bestehen. Solchen Fällen kann nach Maßgabe des § 242 BGB Rechnung getragen werden. Hier ist die Gefahr einer mißbräuchlichen Verwendung des Steuerbescheids nicht dargetan. Auch die gesellschaftsrechtliche Bindung eines Ehegatten kann der unterhaltsrechtlichen Auskunftspflicht und der Vorlage des eigenen Einkommensteuerbescheids nicht grundsätzlich entgegenstehen. Der Einkommensteuerbescheid ergibt nur die Einkünfte des Ehegatten, die nach § 1580 BGB zur Feststellung des Unterhaltsanspruchs offenbart werden müssen. Soweit der andere Ehegatte aufgrund seiner Kenntnis der Verhältnisse in der Lage ist, daraus auf die Ertragslage der Gesellschaft die Einkünfte der übrigen Gesellschafter zu schließen, muß dies hingenommen werden.

BGH v. 4. 11. 81 – IVb ZR 625/80 – FamRZ 82, 255 = NJW 82, 1873

R093   (*Elementarunterhalt, Altersvorsorgeunterhalt, Krankenversicherungskosten und Ausbildungskosten sind unselbständige Unterhaltsteile, die wechselseitig voneinander abhängig sind. Ein solcher Mehrbedarf hat Auswirkungen auf die Bemessung des Elementarunterhalts*)

a   I) Entgegen einer in Rechtsprechung und Schrifttum vertretenen Ansicht handelt es sich bei dem Anspruch auf Vorsorgeunterhalt nicht um einen eigenständigen, von der AGg. im Wege objektiver Klagehäufung geltend gemachten Anspruch, sondern um einen unselbständigen Teil des einheitlichen, ihren Lebensbedarf betreffenden Unterhaltsanspruchs. Zu diesem Lebensbedarf gehört nach der ausdrücklichen Regelung des Gesetzes auch der Vorsorgebedarf (§ 1578 III BGB). Für ihn gilt damit nichts anderes als für die Kosten einer angemessenen Krankenversicherung oder die Kosten einer Schul- oder Berufsausbildung, einer Fortbildung oder einer Umschulung (§ 1578 II BGB), bei denen es sich anerkanntermaßen um unselbständige Unterhaltsbestandteile handelt. Wird der Unterhalt, wie es in der Praxis einem vor allem in Fällen beschränkter Leistungsfähigkeit verbreiteten Verfahren entspricht und auch im vorliegenden Fall erfolgt ist, nach Quoten des Einkommens bemessen, so ergibt sich, wie der Senat im Urteil v. 25. 2. 1981 (FamRZ 1981/442) dargelegt hat, eine Abhängigkeit zwischen Elementarunterhalt und Vorsorgeunterhalt, die eine Trennung des hierauf bezogenen Streitstoffes ausschließt. Insbesondere hat die Zubilligung des Vorsorgeunterhalts Einfluß auf die Höhe des Elementarunterhalts, so daß sich aus einer Abänderung der Bemessung des Vorsorgeunterhalts Auswirkungen auf die Bemessung des Elementarunterhalts ergeben.

(Vorsorgeunterhalt bei Teilzeitbeschäftigung und bei Aufstockungsunterhalt)

b   II 2a) Es entspricht der Rechtsprechung des Senats, daß bei der Bemessung des Vorsorgebeitrags an den laufenden Unterhalt angeknüpft werden kann. Ebenso hat es der Senat bereits gebilligt, wenn der Berechtigte hinsichtlich der Altersvorsorge so behandelt wurde, wie wenn er in Höhe des ihm an sich zustehenden Elementarunterhalts ein Nettoarbeitsentgelt aus einer versicherungspflichtigen Erwerbstätigkeit bezöge, und als Vorsorgeunterhalt der Betrag angesetzt wurde, der sich nach Hochrechnung jenes angenommenen Nettoentgelts zu einem sozialversicherungspflichtigen Bruttolohn als Beitrag ergab (FamRZ 1981/442; FamRZ 1981/864). Zwar betrafen die den vorgenannten Entscheidungen zugrundeliegenden Streitigkeiten Fälle, in denen der Unterhaltsberechtigte über kein eigenes Einkommen verfügte; die dortigen Grundsätze können jedoch auch für den vorliegenden Fall herangezogen werden, in dem der zugebilligte Elementarunterhalt lediglich in einem ergänzenden Unterhalt nach §§ 1571 Nr. 1, 1572 Nr. 1 i.V. mit § 1573 II BGB besteht, der zur Aufstockung des der AGg. zugemuteten eigenen Einkommens bestimmt ist. Denn es kann davon ausgegangen werden, daß die AGg. durch die ihr zuzumutende Erwerbstätigkeit eine der Höhe ihres Einkommens entsprechende Altersvorsorge begründen würde, so daß der zuzubilligende Vorsorgeunterhalt – ebenso wie der Elementarunterhalt – lediglich der Aufstockung einer durch die Erwerbstätigkeit erzielten Altersvorsorge dient. Dabei mag es in Fällen, in denen der Unterhaltsberechtigte im Rahmen der Teilzeitbeschäftigung Pflichtbeiträge an die gesetzliche Rentenversicherung entrichtet, zweifelhaft sein, ob es sinnvoll ist, auch die Aufstockung der Altersvorsorge im Rahmen der gesetzlichen Rentenversicherung vorzunehmen, weil neben den auf Grund der Versicherungspflicht gezahlten Beiträgen lediglich solche zum Zwecke der Höherversicherung entrichtet werden können (§ 1234 RVO, § 11 AVG) und aus dieser keine dynamischen Versicherungsleistungen erwachsen (§ 1272 III RVO, § 49 III AVG). Hier kommen auch privatrechtliche Vorsorgemöglichkeiten in Betracht. Gleichwohl bestehen keine grundsätzlichen Bedenken dagegen, die Aufwendungen für diese ergänzende Altersvorsorge nach den Grundsätzen zu bemessen, die in den vorgenannten Senatsentscheidungen dargelegt sind. Wie der Vorsorgeunterhalt zu ermitteln wäre, wenn der Bedürftige eine Teilzeitbeschäftigung ohne entsprechende Altersvorsorge ausüben würde, kann hier dahinstehen.

Anhang R. Rechtsprechung　　　　　　　　　　　　　　　　　　　　　　　　**R094**

(Aufstockungsunterhalt; Differenzmethode, wenn die Einkünfte beider Ehegatten die ehelichen Lebensverhältnisse geprägt haben; Anrechnungsmethode bei erstmaliger Erwerbstätigkeit nach der Scheidung; Quotenunterhalt, voller Unterhalt und trennungsbedingter Mehrbedarf; Mehrbedarf ist konkret zu ermitteln u. nach § 187/II ZPO zu schätzen)

II 2b) Nach § 1573 II BGB, der dem Unterhaltsanspruch der AGg. zugrunde liegt, beschränkt sich der Anspruch auf den Unterschiedsbetrag zwischen den Einkünften des Bedürftigen und dem vollen Unterhalt. Dieser bemißt sich gemäß § 1578 I BGB nach den ehelichen Lebensverhältnissen. Hat während der Ehe, wie hier, nur ein Ehegatte Einkommen bezogen, so ist regelmäßig davon auszugehen, daß die ehel. Lebensverhältnisse nur durch dieses Einkommen bestimmt wurden. Nach ihm richtet sich daher grundsätzlich auch das Maß des nachehelichen Unterhalts. Demgegenüber liegt der vom OLG angewandten sog. Differenzmethode die Vorstellung zugrunde, daß beide Ehegatten bereits während der Ehe erwerbstätig waren und mit ihren Einkünften die ehel. Lebensverhältnisse geprägt haben. Die Berechnungsart geht deshalb im Ansatz von einem Unterhaltsbedarf aus, wie er durch die ehel. Lebensverhältnisse in einer Doppelverdienerehe bestimmt wird. Aus diesem Grunde hat der Senat (FamRZ 1981/539) entschieden, daß der Unterhalt in Fällen einer erst nach der Ehescheidung einsetzenden Erwerbstätigkeit des unterhaltsbedürftigen Ehegatten nicht im Wege der Differenzmethode zu bemessen sei. Vielmehr liege es, sofern die Aufteilung nach Quoten beibehalten werden solle, nahe, im Ansatz so zu verfahren, daß das Einkommen des von Anfang an erwerbstätigen Ehegatten aufgeteilt und von der auf den Berechtigten entfallenden Quote dessen eigenes Einkommen abgerechnet werde. Wie der Senat a.a.O. weiter dargelegt hat, ist diese Aufteilung jedoch vom Tatrichter an Hand der Umstände des Einzelfalles auf ihre Angemessenheit zu überprüfen und die Bemessung gegebenenfalls zu modifizieren. Vor allem darf nicht unberücksichtigt bleiben, daß die Quote, die dem Berechtigten am Einkommen des Verpflichteten zusteht, nicht immer ausreicht, um den vollen, an den dauerhaft gewordenen Lebensverhältnissen während der Ehe ausgerichteten Unterhaltsbedarf des Berechtigten zu decken. Das ist insbesondere im Hinblick auf etwaige Mehrkosten möglich, die den Ehegatten als Folge ihrer Trennung, etwa durch die getrennten Wohnungen und die getrennte Haushaltsführung, erwachsen und, dazu führen können, daß der Berechtigte mit den Mitteln jener Quote den ehel. Lebensstandard nicht mehr aufrechtzuerhalten vermag. Ein derartiger trennungsbedingter Mehrbedarf ist im Rahmen des vollen nachehelichen Unterhaltsbedarfs grundsätzlich zu berücksichtigen. Die Höhe dieses Mehrbedarfs kann allerdings nicht generell bestimmt und etwa nach einem prozentualen Anteil des Bedarfs während der Ehe bemessen werden. Vielmehr sind die erforderlichen Mehrkosten gegebenenfalls vom Unterhaltsberechtigten konkret darzulegen und vom Tatrichter unter Berücksichtigung der Umstände des einzelnen Falles zu ermitteln. Dabei ist es diesem nicht verwehrt, unter Zuhilfenahme allgemeiner Erfahrungssätze nach § 287 ZPO zu verfahren.

Gelangt das Gericht hiernach zur Feststellung eines trennungsbedingten Mehrbedarfs, so bestehen grundsätzlich keine Bedenken dagegen, den Eigenverdienst des Berechtigten auf dessen höheren Bedarf anzurechnen. Allerdings darf nicht außer acht gelassen werden, daß derartige Mehrkosten möglicherweise auch auf seiten des Unterhaltspflichtigen anfallen. Ist das der Fall, so ist auch dieser Mehrbedarf im Rahmen der umfassenden tatrichterlichen Würdigung angemessen zu berücksichtigen.

BGH v. 4. 11. 81 – IVb ZR 629/80 – FamRZ 82, 148 = NJW 82, 326

(Zu den bei § 1570 BGB zu berücksichtigenden Umständen sowie zur Erwerbsobliegenheit bei Betreuung mehrerer Kinder im Alter von 11 und 12 Jahren)　　**R094**

II 4) Nach der Rechtsprechung des BGH ist für eine gesch. Ehefrau, die ein 11- bis 15jähriges Kind zu betreuen hat, eine Erwerbstätigkeit nicht von vornherein unzumutbar; vielmehr kommt eine Teilzeitbeschäftigung in Betracht, vor allem in den Vormittagsstunden, wenn das Kind die Schule besucht (FamRZ 1981/17, 18; FamRZ 1981/752, 754; FamRZ 1979/571, 572 = NJW 1979/1452, 1453; FamRZ 1980/40, 42 = NJW 1980/124, 126). Ob dies auch gilt, wenn der gesch. oder getrenntlebende Ehegatte zwei (oder mehr) Kinder zu versorgen hat, hat der BGH bisher noch nicht allgemein entschieden. In dem bereits erwähnten Urteil (FamRZ 79/571 = NJW 79/1452) ist eine Erwerbsobliegenheit auch für diesen Fall erwogen, aber letztlich offengelassen worden. In einem neueren Urteil v. 23.9. 1981 (FamRZ 1981/1159) hat der erkennende Senat in einem Fall in dem eine Mutter von zwei Kindern schon vor der Trennung der Eheleute mit halber Arbeitskraft als Lehrerin berufstätig gewesen war und diese Tätigkeit nach der Trennung fortgesetzt hat, deren Zumutbarkeit bejaht.

Die Rechtsprechung der Instanzgerichte scheint der Erwerbsobliegenheit bei der Betreuung von zwei und mehr Kindern des hier in Rede stehenden Alters eher ablehnend gegenüberzustehen. Das OLG Stuttgart (FamRZ 1978/693, 694) hat bei der Betreuung von zwei schulpflichtigen, acht und elf Jahre alten Kindern eine Erwerbsobliegenheit schlechthin verneint. Auf demselben Standpunkt stehen die „Unterhaltsrichtlinien" der Familiensenate des OLG Köln (abgedruckt FamRZ 1980/

649 ff.), denen zufolge bei mehreren Kindern unter 14 Jahren der Kinderbetreuungsunterhalt nach § 1570 BGB „in der Regel jedenfalls" verlangt werden kann (a. a. O., S. 651). Die Empfehlungen des 3. Deutschen Familiengerichtstages (abgedruckt in FamRZ 1980/1178 ff.), die ab dem 14./15. Lebensjahr eines zu betreuenden Kindes dem Elternteil eine Teilzeitbeschäftigung zumuten, äußern sich dahin, daß bei mehreren Kindern die Anforderungen an die Erwerbsobliegenheit „reduziert" würden (a. a. O., S. 1173). Das neuere Schrifttum spricht sich in derartigen Fällen durchweg gegen eine Erwerbsobliegenheit des betreuenden Elternteils aus. Dem entspricht die Rechtsprechung des BSG (FamRZ 1971/90, m. w. N.).

Nach Ansicht des erkennenden Senats läßt sich, die erörterte Frage nicht für alle Fälle gleich beurteilen. Neben den persönlichen Umständen des Unterhalt begehrenden Ehegatten wie Alter, Gesundheitszustand und Berufsausbildung kommt es vielmehr – wie bei der grundsätzlichen Frage, ob ihm trotz der Betreuung eines Kindes eine Erwerbstätigkeit überhaupt zuzumuten ist – in jedem Einzelfall auf die gesamten persönlichen Verhältnisse an, wobei auch hier insbesondere die frühere berufliche Betätigung des Ehegatten, die Dauer der Ehe und die wirtschaftlichen Verhältnisse der Parteien zu berücksichtigen sind (FamRZ 1981/17, 18). Die bisher zu beurteilenden Sachverhalte haben den erkennenden Senat allerdings in Übereinstimmung mit der neueren Rechtsprechung der Instanzgerichte und der überwiegenden Meinung im Schrifttum zu der Ansicht gelangen lassen, daß der Mutter eines 11jährigen Kindes, das für einen Teil des Tages die Schule besucht und in dieser Zeit keiner Versorgung bedarf, zur teilweisen Sicherstellung ihres Unterhaltsbedarfs die Übernahme einer Teilzeitbeschäftigung grundsätzlich angesonnen werden kann (FamRZ 1980/771, 772). Schon in einem solchen Fall hat der Senat aber hervorgehoben, daß die Teilzeitbeschäftigung den Umfang einer Halbtagsarbeit nicht erreichen müsse (FamRZ 81/17, 18).

Diese Beurteilung, die auch insoweit nur für den Regelfall Geltung beansprucht, läßt sich nicht in gleicher Weise auf den Fall übertragen, daß zwei (oder mehr) Kinder zu betreuen sind. Jedes Kind benötigt für seine Versorgung mit Nahrung und Kleidung für Körper und Gesundheitspflege, für Aufsicht und Anleitung, etwa zur Förderung seines schulischen Fortkommens, ein durch seine besonderen Bedürfnisse bestimmtes Maß an Arbeitsleistungen der betreuenden Person. Auch wenn einzelne dieser Leistungen ohne wesentlichen Zusatzaufwand für mehrere Kinder gleichzeitig erbracht werden können, nimmt der Arbeitsaufwand mit der Zahl der Kinder unvermeidbar zu. Außerdem ist zu bedenken, daß die Betreuung eines Kindes sich in den genannten Versorgungsleistungen nicht erschöpft, sondern daß es zum Gedeihen auf der seine Eigenart eingehenden, persönlichen und ungeteilten Zuwendung bedarf. Die besondere und zusätzliche Betreuung, die jedes weitere Kind braucht, schränkt daher jedenfalls in der Regel die Arbeitskraft und Leistungsfähigkeit des betreuenden Elternteils weiter ein. Hat dieser mehr als ein Kind zu betreuen, so kann ihm daher grundsätzlich eine eigene Erwerbstätigkeit zumindest nur in geringerem Maße zugemutet werden, als wenn nur ein Kind zu betreuen ist.

Diese Überlegungen brauchen nicht in allen Fällen dazu zu führen, daß einer Frau, die mehr als ein Kind der hier in Rede stehenden Altersstufe zu betreuen hat, eine Erwerbstätigkeit überhaupt nicht zugemutet werden kann. So hat der erkennende Senat in dem schon erwähnten Urteil v. 23. 9. 1981 (FamRZ 81/1159) einer Frau mit zwei schulpflichtigen Kindern die Fortsetzung einer schon während der Ehe ausgeübten Berufstätigkeit zugemutet. Ob eine Erwerbsobliegenheit wenigstens im Regelfall zu verneinen ist, braucht in der vorliegenden Sache nicht entschieden zu werden. Denn wie die Revision mit Recht rügt, hat das OLG bei seiner Entscheidung den hier gegebenen Besonderheiten der persönlichen und ehel. Verhältnisse nicht das ihnen zukommende Gewicht beigelegt. Die Ehefrau befindet sich in vorgerücktem Alter; der Altersunterschied zu den beiden Kindern der Parteien ist überdurchschnittlich groß. Diese Umstände sind erfahrungsgemäß geeignet, ihr die Betreuung der Kinder beträchtlich zu erschweren. Einer Erwerbstätigkeit ist sie während der Ehe nur i. J. 1967 nachgegangen, als sie in der von ihrer Schwester betriebenen Gaststätte Putzarbeiten verrichtete. Diese am Anfang der Ehe der Parteien ausgeübte Tätigkeit liegt verhältnismäßig weit zurück. Einen größeren zeitlichen Umfang kann sie schon deshalb nicht gehabt haben, weil in demselben Jahr 1967 das ältere der beiden Kinder geboren ist. Ob die Ehefrau jene Putzarbeiten nach der Geburt dieses Kindes (noch) ausgeübt hat, ist nicht festgehalten. Jedenfalls ist sie nach der Geburt des zweiten Kindes i. J. 1968 einer Erwerbstätigkeit nicht mehr nachgegangen. Angesichts der nicht unerheblichen Dauer der Ehe ist dies im Hinblick auf das Alter der Ehefrau ein Umstand, der ebenfalls dagegen spricht, ihr jetzt die Aufnahme einer Erwerbstätigkeit zuzumuten.

Das OLG hat der Belastung der Ehefrau durch die Betreuung der beiden Kinder in der Weise Rechnung tragen wollen, daß es ihre Erwerbsobliegenheit auf werktäglich drei Stunden beschränkt hat. Da aber – wie oben dargelegt – nicht einmal einer Frau, die ein 11jähriges Kind zu betreuen hat, in jedem Fall eine Halbtagsarbeit zugemutet wird, begegnet es unter den dargelegten Umständen den rechtlichen Bedenken, von der Ehefrau eine auch nur auf drei Stunden täglich begrenzte Erwerbstätigkeit zu verlangen. Vielmehr haben die Gesamtumstände nach Ansicht des Senats ein solches Gewicht, daß eine Erwerbsobliegenheit der Ehefrau derzeit auszuschließen ist.

Anhang R. Rechtsprechung

BGH v. 11. 11. 81 – IVb ZR 608/80 – FamRZ 82, 145 = NJW 82, 328
(Voraussetzungen des Sonderbedarfs; Kostenbeteiligung des Berechtigten)

1) Die Entscheidung hängt davon ab, wieweit die in Frage stehenden Aufwendungen der Kl. für ärztliche Behandlung, Arzneimittel und orthopädische Hilfsmittel als Sonderbedarf anzusehen sind. Soweit das der Fall ist, hat der Bekl. gemäß §§ 1361 I S. 1, IV S. 4, 1360 a III, 1613 II BGB zu diesen Kosten beizutragen. Mit der Einfügung des Wortes „laufende" in § 1361 IV S. 1 BGB durch das 1. EheRG ist klargestellt worden, daß auch im Rahmen des Getrenntlebensunterhals neben der Rente gegebenenfalls eine einmalige Zahlung wegen Sonderbedarfs verlangt werden kann.

2) Im Streit stehen noch Aufwendungen der Kl. für ärztliche Behandlung, Arzneimittel und orthopädische Hilfsmittel in der Zeit vom 27. 9. 1977 bis 18. 7. 1978 mit Beträgen von – jeweils nach Abzug der Krankenversicherungserstattung – 28,90 DM, 83,50 DM, 19,65 DM, 1166,40 DM, 183,10 DM und 15,84 DM = insgesamt 1497,39 DM. Das OLG hat diesen Aufwendungen die Anerkennung als zusätzlich auszugleichender Sonderbedarf (§ 1613 II BGB) mit der Begründung versagt, daß nicht auf die einzelnen Posten, sondern auf die durchschnittliche monatliche Belastung abzustellen sei, die sich bei Verteilung der Kosten über einen längeren Zeitraum ergebe. Denn die Kl. habe angesichts der Unfallfolgen mit künftigen Krankheitskosten rechnen und sich hierauf vernünftig wirtschaftend einstellen müssen. Bei den Krankheitskosten, die der Kl. nach der Klageschrift in der Zeit vom 15. 6. 1976 bis 18. 7. 1978 von der Krankenversicherung nicht erstattet worden seien, ergebe sich eine durchschnittliche monatl. Belastung von 81,00 DM. Eine solche Belastung sei für die Kl. angesichts ihrer Einnahmen – Erwerbsunfähigkeitsrente (in der für uns interessierenden Zeit von Juni 1976 bis Juli 1978 zwischen 913,30 DM und 1054,30 DM monatlich), Unterhalt und bei stationärer Behandlung Krankenhaustagegeld – tragbar und daher nicht als Sonderbedarf auszugleichen.

3) Diese Ausführungen halten den Angriffen der Revision nicht stand.

a) Mit der nachträglichen Umlegung der in Frage stehenden Krankheitskosten auf einen längeren Zeitraum und der Errechnung einer entsprechenden monatl. Durchschnittsbelastung wird das OLG dem Wesen des Sonderbedarfs nicht gerecht. Eine vorausschauende Bedarfsplanung, wie sie das OLG der Kl. im Hinblick auf die so errechnete Durchschnittsbelastung ansinnt, ist bei Sonderbedarf gerade nicht möglich. Sonderbedarf ist nach der Legaldefinition in § 1613 II S. 1 BGB ein „unregelmäßiger außergewöhnlicher hoher Bedarf". Dies bedeutet, daß es sich um Bedarf handelt, der überraschend und der Höhe nach nicht abschätzbar auftritt. Eine vorausschauende Bedarfsplanung unter Zugrundelegung einer monatl. Durchschnittsbelastung scheidet daher zwangsläufig aus. Ob Sonderbedarf vorliegt, läßt sich nur von Fall zu Fall für die jeweilige Aufwendung beurteilen.

b) Bei der Frage, ob es sich um Sonderbedarf i. S. des § 1613 II S. 1 BGB handelt, ist zu beachten, daß der betreffende Bedarf sowohl „unregelmäßig" als auch „außergewöhnlich hoch" sein muß.

aa) Unregelmäßig ist der Bedarf, der nicht mit Wahrscheinlichkeit vorauszusehen war und deshalb bei der Bemessung der laufenden Unterhaltsrente nicht berücksichtigt werden konnte. Selbst eine im Verhältnis zum laufenden Unterhalt außergewöhnlich hohe Einzelausgabe stellt keinen Sonderbedarf i. S. des Gesetzes dar, wenn sie unter den Verhältnissen der Parteien nach dem gewöhnlichen Lauf der Dinge voraussehbar war. Hier ist der Unterhaltsberechtigte gegebenenfalls darauf zu verweisen, daß er sich beizeiten auf die Ausgabe hätte einstellen können. Aufwendungen, mit denen zu rechnen ist, gehören grundsätzlich zum laufenden Unterhalt. Dieser ist so zu bemessen, daß sämtliche voraussehbaren Ausgaben abgedeckt werden und bei größeren voraussehbaren Ausgaben genügend Spielraum für eine vernünftige Planung verbleibt.

bb) Wann ein nach diesen Maßstäben unregelmäßiger Bedarf zugleich außergewöhnlich hoch ist, wird im Schrifttum nicht einheitlich beantwortet. Nach Erman/Küchenhoff (a. a. O.) ist dies allgemein der Fall, wenn der Bedarf nicht aus dem laufenden Unterhalt gedeckt werden kann. Nach Göppinger/Häberle (a. a. O., Rz. 359) ist ein Bedarf bei Fehlen sonstiger Einkünfte jedenfalls dann außergewöhnlich hoch, wenn er die laufende Unterhaltsrente übersteigt, jedoch auch schon, wenn er höher als die Differenz zwischen dem notwendigen Unterhalt und der Unterhaltsrente. Brüggemann (ZBlJugR 1952/184, 186) hält Krankheitskosten bei nichtehelichen Kindern für ungewöhnlich hoch, die etwa 10 % der Unterhaltsrente übersteigen. Tatsächlich wird sich ein allgemeingültiger Maßstab schwerlich finden lassen. Vielmehr kommt es auf die Umstände des Einzelfalles an, insbesondere auf die Höhe der laufenden Unterhaltsrente und der sonstigen Einkünfte des Berechtigten, auf den Lebenszuschnitt der Beteiligten und auf Anlaß und Umfang der besonderen Aufwendung. Unter beengten wirtschaftlichen Verhältnissen wird eine unvorhergesehene Ausgabe eher außergewöhnlich hoch erscheinen als bei gehobenem Lebenszuschnitt. Unbeschadet dessen kommt es ausschlaggebend auf das Verhältnis der in Frage stehenden Aufwendung zu denjenigen Mitteln an, die dem Unterhaltsberechtigten für seinen laufenden Unterhalt zur Verfügung stehen. Dabei ist dem Unterhaltsberechtigten grundsätzlich der Einsatz eines verhältnismäßig großen Anteils seiner laufenden Unterhaltsmittel abzuverlangen. In der Wortwahl des Gesetzes, das nur einen „außergewöhnlich" hohen Bedarf als Sonderbedarf gelten läßt, kommt zum Ausdruck, daß es im Zweifel bei der laufenden Unterhaltsrente sein Bewenden haben und nur in Ausnahmefällen die gesonderte Ausglei-

R097   Anhang R. Rechtsprechung

chung zusätzlicher unvorhergesehener Ausgaben erfolgen soll. Das liegt auch im Interesse einer Befriedigung und Beruhigung des Verhältnisses von Unterhaltsgläubiger und Unterhaltsschuldner, das durch allzu häufige Einzelanforderungen in unerwünschter Weise belastet werden könnte. Letztlich richtet sich die Frage, ob der Bedarf außergewöhnlich hoch ist, danach, ob und inwieweit dem Berechtigten, wenn der Verpflichtete an sich leistungsfähig ist, bei einer Gesamtbetrachtung zugemutet werden kann, den Bedarf selbst zu bestreiten.

    4a) Die Verurteilung des Bekl. zur Zahlung einer Unterhaltsrente von 600 DM knüpft daran an, daß die Kl. infolge eines Verkehrsunfalls auf längere Zeit krank und daher über die ihr schon damals zufließende Erwerbsunfähigkeitsrente hinaus unterhaltsbedürftig sei. Ferner ging es schon in dem damaligen Prozeß um den gesonderten Ausgleich einer von der Krankenversicherung nicht voll erstatteten unfallbedingten Arztrechnung und befaßt sich das Urteil in den Gründen mit der Situation bei künftiger stationärer Behandlung der Kl. Unter solchen Umständen ist davon auszugehen, daß schon bei der Festlegung der Unterhaltsrente von monatlich 600 DM mit der restlosen Übernahme aller künftigen Krankheitskosten durch die Krankenversicherung nicht zu rechnen war. Derartige Kosten sind daher, soweit sie sich im Rahmen des Vorhersehbaren bewegen, als von der laufenden Unterhaltsrente erfaßt zu behandeln und somit nicht als Sonderbedarf auszugleichen.

Unter diesem Gesichtspunkt scheiden von den zwischen den Parteien noch streitigen Posten die Beträge von 28,90 DM, 19,65 DM und 15,84 DM, die von der Krankenversicherung nicht übernommene Anteile aus Rezepten betreffen, als erstattungsfähiger Sonderbedarf aus. Das gleiche gilt für die Beträge von 83,50 DM und 183,10 DM für orthopädische Hilfsmittel. Bei der Art der Erkrankung der Kl. war von vornherein mit Aufwendungen für diesen Zweck und in dieser Höhe zu rechnen. Die genannten Beträge waren für die Kl. aus ihren laufenden Bezügen – der Erwerbsunfähigkeitsrente, die in der hier maßgeblichen Zeit 1054,30 DM monatlich betrug, der von dem Bekl. zu zahlenden Unterhaltsrente und (bei stationärer Behandlung) dem Krankenhaustagegeld – finanzierbar.

b) Dagegen handelt es sich bei dem verbleibenden Betrag von 1166,40 DM um Sonderbedarf. Dieser Betrag betrifft den von der Krankenversicherung nicht erstatteten Teil einer Arztrechnung. Der Bekl. kann die Kl. nicht darauf verweisen, daß auch eine derartige Belastung voraussehbar gewesen sei und daher von den laufenden Unterhaltsmitteln umfaßt werde. Hiergegen spricht vor allem, daß ein ähnlicher von der Krankenversicherung nicht übernommener Teil einer Arztrechnung schon in dem damaligen Prozeß als Sonderbedarf eingeklagt, auch von dem Bekl. so angesehen und schließlich teilweise zugesprochen worden ist. Die Ausgabe von 1166,40 DM ist daher als „unregelmäßiger" Bedarf i. S. des § 1613 II S. 1 BGB anzusehen. Sie ist ferner „außergewöhnlich hoch" i. S. dieser Vorschrift. Sie macht etwa 70 % – für Zeiten stationärer Behandlung der Kl. selbst bei ungeschmälerter Berücksichtigung des Krankenhaustagegeldes immer noch etwa 63 % – der der Kl. zur Verfügung stehenden Mittel (Erwerbsunfähigkeitsrente, Unterhalt und gegebenenfalls Krankenhaustagegeld) aus. Jedenfalls bei einem solchen Vomhundertsatz ist die Grenze dessen, was dem Unterhaltsberechtigten selbst zugemutet werden kann, überschritten.

c) Das bedeutet freilich nicht, daß der Bekl. ohne weiteres für den Betrag von 1166,40 DM in voller Höhe aufzukommen hat. Der Sonderbedarfsanspruch darf nicht isoliert betrachtet werden, sondern unterliegt den allgemeinen Regeln des Unterhaltsrechts. Auch insoweit muß daher Unterhaltsbedürftigkeit auf der einen und Leistungsfähigkeit auf der anderen Seite gegeben sein. Darüber hinaus ist in Fällen des Ehegattenunterhalts jeweils zu prüfen, wieweit der Unterhaltsberechtigte an den Aufwendungen zur Deckung des Sonderbedarfs zu beteiligen ist. Generalisierend ist davon auszugehen, daß durch die laufende Unterhaltsrente eine angemessene Aufteilung der Mittel herbeigeführt wird, die für den Lebensbedarf beider Beteiligter zur Verfügung stehen. Dann aber wäre es nicht gerecht, wenn auftretender Sonderbedarf stets allein von dem unterhaltsverpflichteten Ehegatten aufzubringen wäre. Infolgedessen wird der Unterhaltsberechtigte nicht selten einen Teil seines Sonderbedarfs selbst zu tragen haben und nur die Erstattung des Restes verlangen können. Ob und gegebenenfalls in welchem Verhältnis eine solche Aufteilung vorzunehmen ist, hängt von den Umständen des Einzelfalles ab und muß in erster Linie dem Tatrichter vorbehalten werden.

BGH v. 2. 12. 81 – IVb ZR 638/80 – FamRZ 82, 259

R097   *(Zur Rechtskraft eines Unterhaltsurteils)*

b   Allerdings stellt ein (stattgebendes) Urteil über die Entrichtung einer Unterhaltsrente nicht nur den Rechtszustand zur Zeit der letzten mündlichen Tatsachenverhandlung fest; vielmehr ergreift die Rechtskraft auch die erst künftig zu entrichtenden Unterhaltsleistungen, deren Festsetzung lediglich auf einer Prognose der zukünftigen Entwicklung beruht. Dabei werden die Unterhaltsansprüche, die an sich – im Gegensatz zu sonstigen Rentenansprüchen – in jedem Zeitpunkt, in dem ihre Voraussetzungen vorliegen, neu entstehen, vom Verfahrensrecht (§ 258 ZPO), sobald sie einmal entstanden sind, als einheitliche Rechte auf wiederkehrende Leistungen und vom Augenblick ihres Entstehens an als durch den Wegfall ihrer Voraussetzungen auflösend bedingt angesehen (vgl. etwa Stein/Jonas/Schumann/Leipold, ZPO, 19. Aufl., § 258 Anm. I 1, § 323 Anm. I 1; Göppinger, Unterhaltsrecht, 4. Aufl., Rz. 15). In diesen Fällen einer in die Zukunft greifenden Rechtskraft stellt die Geltendmachung einer von der Prognose des Gerichts abweichenden tatsächlichen Entwicklung der Verhältnisse nicht das Vorbringen einer neuen Tatsachenlage dar, über die das Gericht noch nicht zu entscheiden hatte, sondern einen Angriff gegen die Richtigkeit des (ersten) Urteils (Stein/Jonas/Schumann/Leipold, a.a.O.). Hier greift § 323 ZPO ein, mit dessen Hilfe die Rechtskraftwirkung des Urteils durchbrochen und die Entscheidung den veränderten Urteilsgrundlagen angepaßt werden kann.

(Zur Bindung an ein klageabweisendes Unterhaltsurteil u. a.)

Diese Erwägungen treffen indessen auf den Fall des Urteils, in dem die Unterhaltsklage wegen fehlender Bedürftigkeit des Klägers oder mangelnder Leistungsfähigkeit des Beklagten abgewiesen worden ist, nicht zu. Tritt hier die vormals fehlende Anspruchsvoraussetzung später ein, so gelangt der Unterhaltsanspruch in diesem Zeitpunkt erstmals zur Entstehung. Es ist anerkannt, daß der Unterhaltsanspruch nicht schon durch die persönlichen Beziehungen der Parteien – die Ehe oder das Verwandtschaftsverhältnis – als ein in seinen Leistungen bedingter Anspruch erzeugt wird. Diese Umstände bilden vielmehr – ebenso wie der im vorliegenden Fall vorhandene Schuldausspruch des Scheidungsurteils (...) – nur die Grundlage, auf der erst bei Hinzutreten der sachlichen Voraussetzungen, der Unterhaltsbedürftigkeit und der Leistungsfähigkeit, der Unterhaltsanspruch entsteht. Solange eine dieser Voraussetzungen fehlt, besteht nur eine Aussicht, eine rechtliche Möglichkeit für die Entstehung eines Unterhaltsanspruchs (Staudinger/Gotthardt, BGB, 10./11. Aufl., Vorbem. 46 f vor § 1601; Göppinger, a.a.O., Rz. 14). Hieraus ergeben sich verfahrensrechtliche Konsequenzen. Wie bereits dargelegt, wird der Unterhaltsanspruch in § 258 ZPO als einheitliches, bis zum Wegfall einer der Voraussetzungen andauerndes Recht angesehen und behandelt. Erforderlich ist indessen, daß der Anspruch überhaupt entstanden ist. Zwar setzt § 258 ZPO nicht voraus, daß mit den künftigen Leistungen zugleich eine fällige Rate eingeklagt wird; das ändert jedoch nichts daran, daß der Anspruch gegenwärtig bestehen muß (vgl. Baumbach/Lauterbach/Albers/Hartmann, ZPO, 40. Aufl., § 258 Anm. 1; Stein/Jonas/Schumann/Leipold, a.a.O., § 258 Anm. II). Ist das nicht der Fall, so liegen die Voraussetzungen der Vorschrift nicht vor (vgl. auch Urteil des Senats vom 14. 1. 1981 – IV b ZR 575/80 – FamRZ 81/242, 243). Unter diesen Umständen kann aber auch dem Urteil, mit dem eine Unterhaltsklage wegen fehlender Bedürftigkeit des Klägers abgewiesen worden ist, keine in die Zukunft reichende Rechtskraft beigemessen werden. Tritt die Unterhaltsbedürftigkeit später ein, so ist der Unterhaltsanspruch erst nach der letzten Tatsachenverhandlung des Vorprozesses entstanden und damit die Rechtskraft des klageabweisenden Urteils einer neuen Klage ebensowenig im Wege wie in sonstigen Klageabweisungsfällen, in denen eine neue Tatsache eintritt, die einen anderen, vom rechtskräftigen Urteil nicht erfaßten Lebensvorgang schafft (im Ergebnis ebenso Brox, FamRZ 54/237, 240; vgl. auch Nikisch, Zivilprozeßrecht, 2. Aufl., S. 422). In BGHZ 34/110 = FamRZ 61/263 hat der BGH ausgeführt, daß die Abänderungsklage nicht auf Fälle beschränkt sei, in denen eine Rechtskraftwirkung beseitigt werden muß. Vielmehr sei jedes Verlangen nach Änderung eines Rentenurteils im Sinne einer Anpassung an veränderte Verhältnisse ohne Rücksicht darauf, ob im Einzelfall eine Rechtskraftwirkung bestehe, nach § 323 ZPO zu beurteilen (BGHZ 34/116 = FamRZ 61/265). Aus diesem Grunde hat der BGH entschieden, daß der im Vorprozeß siegreiche Kläger einen durch die Veränderung der Verhältnisse bedingten höheren Rentenbetrag nicht mit einer Nachforderungs- oder Zusatzklage nach § 258 ZPO, sondern nur unter den Voraussetzungen des § 323 verlangen kann. Aus dieser Rechtsprechung können entgegen der Ansicht des KG (a.a.O.) keine Gründe abgeleitet werden, die für eine Einbeziehung klageabweisender Unterhaltsurteile in den Anwendungsbereich des § 323 ZPO sprechen. Prozeßökonomische Gründe, die Bindungen an das klageabweisende Urteil zugunsten des Klägers zu erhalten, fallen in unterhaltsrechtlichen Streitigkeiten kaum ins Gewicht. Die unter a) erörterte Grundlage des Unterhaltsanspruchs, das unterhaltsrechtliche Grundverhältnis, auf das sich eine aus dem Ersturteil resultierende Bindung im prozeßökonomischen Interesse beziehen könnte, wird hier nur selten zweifelhaft und umstritten sein.

BGH v. 23. 12. 81 – IVb ZR 604/80 – FamRZ 82, 250, 251 = NJW 82, 822

(Abfindung aufgrund eines Sozialplanes)

II 1 d) Eine Abfindung aufgrund eines Sozialplanes dient dem Ausgleich oder der Milderung wirtschaftlicher Nachteile, die den Arbeitnehmern infolge der geplanten Betriebsänderung entstehen. Er dient nicht dem Ausgleich immaterieller Nachteile. Eine solche Abfindung ist als Einkommen zum Familienunterhalt einzusetzen und im Rahmen einer, durch die beengten wirtschaftlichen Verhältnisse der Parteien gebotenen sparsamen Wirtschaftsführung im Laufe der Zeit zur Unterhaltsdek-

R099   Anhang R. Rechtsprechung

kung der getrennt lebenden Familie zu verwenden. Das rechtfertigt es, die Abfindung für die Zwecke der Unterhaltsbemessung als Einkommen auf eine entsprechend lange Zeit zu verteilen.

(Sozialplanabfindung und Jubiläumszuwendung)

c   II 1 d) Der Ehemann mußte den ihm zugeflossenen Betrag (aus Sozialplanabfindung) im Rahmen einer durch die beengten wirtschaftlichen Verhältnisse beider Parteien offensichtlich gebotenen sparsamen Wirtschaftsführung im Laufe der Zeit zur Deckung des Unterhalts der getrennt lebenden Familie verwenden. Das rechtfertigt es, die Abfindung für die Zwecke der Unterhaltsbemessung als Einkommen auf eine entsprechend lange Zeit zu verteilen. Alljährlich wiederkehrende Sonderzuwendungen werden allgemein als im Lauf des ganzen Jahres verdient angesehen. Einmalige hohe Sonderzuwendungen, z. B. aus Anlaß eines Jubiläums, oder überdurchschnittlich hohe Jahreserträge aus selbständiger Erwerbstätigkeit werden üblicherweise und zu Recht unterhaltsrechtlich auf mehrere Jahre verteilt.

(Normaler Lebensbedarf und Nachholbedarf)

d   II 2 a) Daß der Verbrauch von finanziellen Mitteln, die unterhaltsrechtlich dem laufenden Einkommen zuzurechnen sind, für Kleidung und Urlaub den Unterhaltsanspruch der Ehefrau nicht zu schmälern vermag, liegt auf der Hand. Solche Ausgaben gehören zu dem normalen Lebensbedarf. Sie müssen aus dem für den eigenen Unterhalt vorgesehenen Einkommensanteil bestritten werden. Eine andere Beurteilung könnte nur bei solchem Nachholbedarf erwogen werden, die durch besondere unabwendbare Gründe entstanden wären.

(Abzug von Prozeßkosten; Bezahlung mit Anteil am Unterhalt; Tilgungsplan)

e   II 2 b) Zu einer endgültigen Beurteilung der angeblichen Bezahlung von 9000 DM Gerichts- und Anwaltskosten des Vorprozesses aus der Abfindung von 15 000 DM besteht bei dieser Sachlage jetzt kein Anlaß. Bemerkt sei aber für einen möglicherweise später erneut entstehenden Streit über eine Neufestsetzung des der Ehefrau zustehenden Unterhalts, daß der genannte Betrag von 9000 DM nach der in den Akten des Vorprozesses enthaltenen Kostenfestsetzung einer kritischen Überprüfung bedarf; er erscheint danach erheblich übersetzt. Soweit der Ehemann aus der Abfindung von 15 000 DM tatsächlich noch Kosten des bereits mehr als zwei Jahre vorher beendeten Unterhaltsprozesses gezahlt haben soll, wird ferner gegebenenfalls zu prüfen sein, ob er diese Ausgaben aus dem ihm verbleibenden Einkommensteil begleichen konnte. Im anderen Fall wird zu beachten sein, daß der Unterhaltsberechtigte sich nach dem Senatsurteil vom 7. 10. 1981 (FamRZ 82/23 ff.) die Tilgung von Schulden nur im Rahmen eines vernünftigen Tilgungsplanes, der seinen Unterhaltsinteressen Rechnung trägt, entgegenhalten lassen muß.

BGH v. 23. 12. 81 – IVb ZR 639/80 – FamRZ 82, 254 = NJW 82, 823

R099   *(Eine Ehedauer von über 3 Jahren bis Rechtshängigkeit des Scheidungsantrages ist in der Regel nicht mehr als kurz im Sinn der Nr. 1 anzusehen)*

3 a) Unter Ehedauer i. S. des § 1579 I Nr. 1 BGB ist die Zeit bis zur Rechtshängigkeit des Scheidungsantrages zu verstehen (FamRZ 1981/140, 141).

b) Indessen kann die Dauer der Ehe der Parteien, die hiernach rund 3 Jahre und 5 Monate beträgt, nicht mehr als kurz i. S. des § 1579 I Nr. 1 BGB angesehen werden. Die Frage, ob eine Ehe von kurzer Dauer war, läßt sich nicht abstrakt beurteilen (FamRZ 81/140, 141). Vielmehr kommt es auf die Lebenssituation der Ehegatten, insbesondere des Unterhaltsbedürftigen, im Einzelfall an. Das schließt es freilich nicht aus, im Interesse der praktischen Handhabung des § 1579 I Nr. 1 BGB die zeitlichen Bereiche zu konkretisieren, innerhalb deren eine Ehe in der Regel von kurzer oder nicht mehr von kurzer Dauer ist, so daß sich nur in den Fällen eine Veranlassung zu näherer Prüfung ergibt, die sich entweder in keinen dieser zeitlichen Bereiche einordnen lassen oder die durch besondere, vom Regelfall abweichende Umstände in den Lebensverhältnissen der Ehegatten gekennzeichnet sind. In diesen Fällen ist die Beurteilung davon abhängig zu machen, ob die Ehegatten ihre Lebensführung in der Ehe bereits soweit aufeinander eingestellt und in wechselseitiger Abhängigkeit auf ein gemeinschaftliches Lebensziel ausgerichtet haben, daß die unterhaltsrechtliche Verpflichtung des einen Ehegatten gegenüber dem anderen für die Zeit nach der Scheidung nicht mehr dem Billigkeits- und Gerechtigkeitsempfinden widerspricht. Der Senat hat in der genannten Entscheidung eine Ehe von bis zu zwei Jahren als in der Regel kurz und eine solche ab 43 Monaten als im Regelfall nicht mehr kurz i. S. des § 1579 I Nr. 1 BGB eingeordnet.

Ob und wieweit die Inanspruchnahme des Verpflichteten wegen kurzer Dauer der Ehe grob unbillig ist, hat in erster Linie der Tatrichter zu beurteilen. Die Auffassung des OLG, die Ehe der Parteien sei nur von kurzer Dauer gewesen, steht jedoch nicht mehr in Einklang mit den oben dargelegten

Grundsätzen, die der erkennende Senat inzwischen entwickelt hat. Mit 41 Monaten hatte die Ehe der Parteien fast die Dauer erreicht, die der Senat im Urteil v. 26. 11. 1980 (FamRZ 82/254) als regelmäßig nicht mehr „kurz" i. S. von § 1579 I Nr. 1 BGB bezeichnet hat. Die dort genannte Dauer von 43 Monaten hatte sich im übrigen aus den zeitlichen Besonderheiten des damaligen Sachverhalts ergeben. Jene Entscheidung bedeutet daher nur, daß jedenfalls eine Ehe von solcher Dauer – im Regelfall – nicht mehr „kurz" i. S. der Härteregelung ist. Die aus Gründen der praktischen Handhabbarkeit zu ziehende zeitliche Grenze, von der an eine Ehedauer im Regelfall nicht mehr als kurz i. S. des § 1579 I Nr. 1 BGB anzusehen ist, müßte deutlich unter dieser Zeit liegen. Der Senat hält sie bei einer Ehedauer von drei Jahren für gegeben. Die vorliegend in Rede stehende Ehedauer kann um so weniger als kurz eingeordnet werden, als sich die Parteien bei der Eheschließung bereits in vorgerücktem Alter (63 und 55 Jahre) befunden haben. Infolgedessen war die mögliche Dauer der Ehe im Vergleich zu einer in jungen Jahren geschlossenen Ehe von vornherein begrenzt. Hinzu kommt, daß die Kl. nach den Feststellungen des OLG im Hinblick auf die Eheschließung auf Wunsch des Bekl. ihre Erwerbstätigkeit als Büro- und Haushaltshilfe bei ihrer Tochter aufgegeben und dadurch dokumentiert hat, daß sie sich unter Aufgabe ihrer bisherigen Lebensbedingungen auf ein gemeinsames Leben mit dem Bekl. einrichtete. Das OLG hat den Unterhaltsanspruch der Kl. somit zu Unrecht nach § 1579 I Nr. 1 BGB herabgesetzt.

BGH v. 20. 1. 82 – IVb ZR 647/80 – FamRZ 82, 252 = NJW 82, 1593
(Ausgleichsrente, Ehegattenzuschlag und Unfallrente) **R100**

3 a bb) Die Ausgleichsrente wird gemäß § 32 I BVersG an Schwerbeschädigte gewährt, wenn sie infolge ihres Gesundheitszustandes oder hohen Alters oder aus einem von ihnen nicht zu vertretenden Grunde eine ihnen zumutbare Erwerbstätigkeit nicht oder nur in beschränktem Umfang oder nur mit überdurchschnittlichem Kräfteaufwand ausüben können. Die Ausgleichsrente hat somit die Funktion des Lohn- bzw. Einkommensersatzes. Sie ist daher in gleicher Weise wie Berufseinkommen zur Befriedigung des Unterhaltsbedarfs geeignet.

cc) Der Ehegattenzuschlag wird nach § 33 a I BVersG an Schwerbeschädigte für den Ehegatten gezahlt, und zwar dann, wenn die Ehe aufgelöst oder für nichtig erklärt ist, sofern der Beschädigte im eigenen Haushalt für ein Kind zu sorgen hat. Sinn des Ehegattenzuschlags ist es somit gerade, dem Schwerbeschädigten die Erfüllung seiner Unterhaltspflichten zu erleichtern.

e) Die Unfallrente wird gemäß § 580 I RVO gewährt, wenn die zu entschädigende Minderung der Erwerbsfähigkeit über die 13. Woche nach einem Arbeitsunfall hinaus andauert. Sie gewährt dem Berechtigten einen Ausgleich für die durch den Berufsunfall bedingte Erwerbsminderung und hat somit ebenfalls Lohn- bzw. Einkommensersatzfunktion. Daher bestehen keine Bedenken, sie unterhaltsrechtlich als Einkommen anzurechnen. Ähnlich wie bei der Beschädigtengrundrente sind dem Verletzten auch bei der Unfallrente die zur Bestreitung tatsächlicher unfallbedingter Mehraufwendungen erforderlichen Mittel vorweg zu belassen.

BGH v. 20. 1. 82 – IVb ZR 650/80 – FamRZ 82, 360 = NJW 82, 1869
(Beruflich benötigter Pkw und Abzug für private Nutzung) **R101**

III 2) Das OLG ist davon ausgegangen, daß der Beklagte den Pkw beruflich benötigt. Er arbeitet im Außendienst und erhält für die dienstliche Nutzung seines Fahrzeugs Kilometergeld, bedient sich also des Wagens nicht nur zur Fahrt zwischen Wohnung und Arbeitsstelle. Anders als im letztgenannten Fall, in dem der Unterhaltspflichtige im allgemeinen auf die Benutzung öffentlicher Verkehrsmittel wird verwiesen werden können und infolgedessen nur die dann entstehenden Beförderungskosten Berücksichtigung verdienen, können die Kosten eines Kraftwagens als Bedarfsposten geltend gemacht werden, wenn der Unterhaltspflichtige das Fahrzeug zur Ausübung seines Berufs benötigt. Zu den Kosten eines Kraftfahrzeuges gehören auch diejenigen seiner Anschaffung, wobei es im Grundsatz nicht darauf ankommt, ob der Berufstätige den Kauf auf Kredit tätigt und infolgedessen durch die Verpflichtung zur Verzinsung und Rückzahlung des Darlehens belastet wird oder ob er vor dem Kauf entsprechende Rücklagen bildet. Das OLG ist davon ausgegangen, daß ein Teil des Neuanschaffungsbedarfs durch Überschüsse aus dem Kilometergeld nicht gedeckt werden kann. Diesen – nach seiner Schätzung – sogar größeren Teil der allmonatlich für eine Neuanschaffung bereitzustellenden Mitteln hat es jedoch der unterhaltsrechtlichen Berücksichtigung insgesamt versagt, weil der Beklagte das Fahrzeug auch privat nutze. Nähere Feststellungen zur Höhe der für die Neuanschaffung monatlich aufzubringenden Mittel und zum Umfang der dienstlichen und der privaten Nutzung des Wagens hat es nicht getroffen. Das läßt die Möglichkeit offen, daß – bei einem Fahrzeug – beruflich verursachte Aufwendungen zu Unrecht unberücksichtigt geblieben sind. Deshalb muß die Sache zur Nachholung der erforderlichen Feststellungen an das OLG zurückverwiesen werden.

BGH v. 20. 1. 82 – IVb ZR 651/80 – FamRZ 82, 365 = NJW 82, 1050

R102 *(Zum Abänderungszeitpunkt bei PKH-Gesuch)*

a Entscheidendes Gewicht kommt hierbei dem Wortlaut des Gesetzes zu, der auf die unbedingte Erhebung der Klage abstellt. Ein Armenrechtsgesuch erfüllt das Erfordernis der Klageerhebung nicht, selbst wenn es – wie hier – in einer Klageschrift verbunden mit der Erklärung besteht, die Klage werde nur für den Fall der Bewilligung des Armenrechts erhoben (§ 253 I ZPO). Über den klaren Wortlaut des Gesetzes könnte nur hinweggegangen werden, wenn dies nach dem Sinn und Zweck der Regelung oder nach höherrangigem Verfassungsrecht geboten wäre. Dies ist jedoch nicht der Fall. Daß die Abänderung von Urteilen auf die Zeit nach Erhebung der Abänderungsklage beschränkt ist, ist eine prozessuale Einschränkung des Abänderungsbegehrens (Johannsen, LM, § 323 ZPO Nr. 8), die im Gesetzgebungsverfahren mit der Zweckmäßigkeitserwägung begründet worden ist, daß die Ermittlung des Zeitpunkts, in dem die Änderung der maßgebenden Verhältnisse in der Vergangenheit eingetreten ist, meist mit erheblichen Schwierigkeiten verbunden wäre (Materialien zur ZPO – 1898 – Begründung zum Entwurf des § 293 a = S. 751). Daneben kommt nach heutigem Rechtsverständnis dem Gesichtspunkt des Vertrauensschutzes Bedeutung zu. Diesem wäre nicht Rechnung getragen, wenn Gläubiger wie Schuldner eines Unterhaltstitels ohne Vorwarnung mit der Abänderung des Titels für die zurückliegende Zeit rechnen müßten (vgl. LG Freiburg, FamRZ 72/397, 398). Durch die Klageerhebung wird der Gegner darauf hingewiesen, daß er mit einer Abänderung des Titels für die Zukunft rechnen muß. Der Zugang eines ordnungsgemäß begründeten Armenrechtsgesuchs könnte dieser Warnfunktion allenfalls genügen, auch wenn dieses den Entschluß zur Rechtsverfolgung schwächer zum Ausdruck bringt als die Klageerhebung. Dem Normzweck der Bestimmung eines eindeutigen Zeitpunkts, ab dem die Abänderung prozessual möglich sein soll, wäre hingegen nicht genügt. Ein Armenrechtsgesuch kann nämlich dem Prozeßgegner formlos mitgeteilt werden, wie das auch in der Regel geschieht, so daß der Zeitpunkt des Zugangs erst besonders ermittelt werden müßte. Die für eine Abkehr vom Wortlaut des Gesetzes ins Feld geführten verfassungsrechtlichen Gründe, die von der Gegenmeinung als ausschlaggebend angesehen werden, hält der Senat letztlich nicht für durchgreifend. Der allgemeine Gleichheitssatz und das Sozialstaatsprinzip des Grundgesetzes gebieten, den Rechtsschutz von Bemittelten und Unbemittelten weitgehend anzugleichen, wobei dieser Forderung genügt ist, wenn der Gesetzgeber einem Unbemittelten denjenigen Bemittelten gleichstellt, der bei gleichen Prozeßchancen vernünftigerweise den Rechtsweg beschreiten würde, also den verständig rechnenden Bemittelten, der auch die Tragweite des Kostenrisikos mitberücksichtigt (BVerfGE 10/264, 270 f.; 51/295, 302). Es ist danach nicht erforderlich, dem Unbemittelten deshalb jedes Prozeßrisiko zu nehmen, weil eine etwaige Kostenlast ihn ungleich hart treffen würde. Die Verfassung verlangt nur, daß auch er tatsächlich gegebene Prozeßchancen wahrnehmen kann. Dies ist aber durch die geltenden Vorschriften des Prozeß- und des Kostenrechts gewährleistet. Die rechtliche Möglichkeit, die sofortige Zustellung der Klage ohne die sonst notwendige Zahlung der gerichtlichen Verfahrensgebühr zu bewirken, bietet § 65 VII Nr. 3 GKG, wonach die Vorschußpflicht entfällt, wenn glaubhaft gemacht wird, daß die alsbaldige Zahlung mit Rücksicht auf die Vermögenslage Schwierigkeiten bereiten würde. Zur Fertigung der Klageschrift kann sich der Mittellose der Rechtsantragsstelle des Familiengerichts bedienen, da das Verfahren erster Instanz nicht dem Anwaltszwang unterliegt. Danach ist der Unbemittelte bei gleichen Prozeßchancen durch seine Armut nicht gehindert, das Abänderungsbegehren zum gleichen Zeitpunkt durchzusetzen wie ein Bemittelter. Daß es genügt, wenn die Verfahrensordnung in ihrer Gesamtkonstruktion auf die Belange des Unbemittelten ausreichend Rücksicht nimmt, ist anerkannt (BVerfGE 9/124, 131).

BGH v. 3. 2. 82 – IVb ZR 601/80 – FamRZ 82, 479

R103 *(Zur Rechtskraftwirkung eines Urteils „über einen freiwillig geleisteten Betrag hinaus")*

a Die Abweisung der Klage wurde in dem früheren Urteil im wesentlichen darauf gestützt, daß die Kl. aus zumutbarer Erwerbstätigkeit zu ihrer Rente monatlich 450 DM hinzuverdienen könne und daher insoweit nicht unterhaltsbedürftig sei. Die in Rechtsprechung und Literatur umstrittene Frage, ob nach Abweisung einer Unterhaltsklage wegen fehlender Bedürftigkeit der Anspruch nach Eintritt der vormals fehlenden Voraussetzung nur nach Maßgabe des § 323 ZPO oder im Wege einer neuen Leistungsklage, die nicht an die Voraussetzungen dieser Vorschrift gebunden ist, erneut geltend gemacht werden kann, ist vom Senat in dem bereits genannten Urteil vom 2. 12. 1981 (FamRZ 82/259) im letzteren Sinne entschieden worden. Im einzelnen wird auf die Gründe dieser Entscheidung, die den Parteien bekanntgemacht wird, Bezug genommen. Ihr lag allerdings ein Fall zugrunde, in dem der Unterhaltsanspruch ohne Einschränkung eingeklagt und abgewiesen worden war, während hier in dem früheren Unterhaltsrechtsstreit nur die über eine freiwillige Zahlung hinausgehende Unterhaltsmehrforderung Gegenstand des Rechtsstreits und des klagabweisenden Urteils war. Auch für einen solchen Fall gelten jedoch die in dem genannten Urteil dargelegten Grundsätze.

Anhang R. Rechtsprechung

Maßgebend für die prozessuale Tragweite, insbesondere für die Rechtskraftwirkung eines Urteils, ist der prozessuale Anspruch, über den entschieden worden ist. Wenn nur die über einen freiwillig gezahlten Betrag hinausgehende Mehrforderung Gegenstand des Rechtsstreits ist, wird die prozessuale Wirkung des klageabweisenden Urteils nicht dadurch beeinflußt, daß in dem Urteil das Bestehen eines materiell-rechtlichen Anspruchs bis zur Höhe der freiwilligen Leistung – der nicht Streitgegenstand ist – bejaht oder unterstellt wird.

(Zur Rechtskraftwirkung eines klageabweisenden Urteils)

Die Frage, ob und inwieweit der Geltendmachung des Klageanspruchs das frühere, klageabweisende Urteil entgegensteht, beurteilt sich nach den allgemeinen Grundsätzen der Rechtskraftwirkung. Danach ist die Klägerin an der Geltendmachung des Unterhalts für die hier in Frage stehende Zeit nicht gehindert. Wie der Senat in dem genannten Urteil vom 2. 12. 1981 (FamRZ 82/259) im einzelnen dargelegt hat, setzt eine Verurteilung zu wiederkehrenden Leistungen nach § 258 ZPO voraus, daß der geltend gemachte Anspruch bereits entstanden ist. Wenn dem (prozessualen) Anspruch aufgrund der gegenwärtigen Verhältnisse nicht stattgegeben werden kann, ist die Klage insgesamt abzuweisen. Der Abweisung für die Zukunft liegt dabei – anders als im Fall der Verurteilung – keine sachliche Beurteilung nach den voraussichtlich in der Zukunft bestehenden Verhältnissen zugrunde. Insoweit kann daher auch ein solches abweisendes Urteil auch keine in die Zukunft reichende Rechtskraftwirkung entfalten. Es kann dahingestellt bleiben, ob die Klageabweisung für die Zukunft danach in solchen Fällen ausschließlich prozessualer Natur ist und ob daraus weiter abzuleiten ist, daß das Bestehen des Anspruchs für die Zukunft in einem neuen Prozeß völlig unabhängig von der früheren Entscheidung beurteilt werden kann.

BGH v. 3. 2. 82 – IVb ZR 654/80 – FamRZ 82, 463 = NJW 82, 1461
(Leichtfertigkeit kann die Annahme der Mutwilligkeit begründen)

4) Die Voraussetzungen der Härteklausel des § 1579 I Nr. 3 BGB (mutwillige Herbeiführung der Bedürftigkeit) hat das OLG verneint mit der Erwägung, zwar möge die Kl. bei dem intimen Umgang mit dem Vater ihrer Kinder mit Schwangerschaften gerechnet haben, doch könne nicht davon ausgegangen werden, daß sie diese bewußt herbeigeführt habe, um an einer Erwerbstätigkeit gehindert zu sein.
In seinem Urteil v. 8. 7. 1981 (FamRZ 1981/1042, 1044 f.) hat der Senat entschieden, daß nicht nur ein vorsätzliches, sondern auch ein leichtfertiges Verhalten des Unterhaltsberechtigten die Annahme der Mutwilligkeit i. S. der Vorschrift begründen kann. Zur Frage der Leichtfertigkeit hat das OLG bisher keine Feststellungen getroffen. Es wird dies gegebenenfalls nachzuholen haben.

(Außereheliche Beziehungen zu anderen Männern als schwerwiegendes eheliches Fehlverhalten.)

5) Nach Ansicht des OLG kann sich der Bekl. auch nicht auf die Härteklausel des § 1579 I Nr. 4 BGB (grobe Unbilligkeit aus anderen schwerwiegenden Gründen) berufen, weil er insgesamt nicht hinreichend dargelegt und unter Beweis gestellt habe, daß ein schwerwiegendes, klar bei der Kl. liegendes und evidentes Fehlverhalten vorliege. Zwar treffe bei der Kl. ein erhebliches ehel. Fehlverhalten, weil sie mit dem Erzeuger ihrer Töchter – wenn auch ohne mit ihm zusammenzuleben – die Ehe gebrochen und weil sie nach der Trennung der Parteien fünf Monate mit einem anderen Manne in häuslicher Gemeinschaft gelebt habe. Ungeklärt sei jedoch, ob die Ehe der Parteien bis zur Trennung „durchschnittlich" verlaufen sei und das Verschulden an dem Scheitern der Ehe nur auf seiten der Kl. liege. Bereits in den drei Jahren vor der Trennung der Parteien sei es nicht mehr zum ehel. Verkehr gekommen, ohne daß der Bekl. Gründe hierfür vorgetragen habe. Aufgrund der Zeugenaussage der Mutter der Kl. stehe fest, daß der Bekl. ihren ersten Fehltritt, der zur Geburt der Tochter Petra geführt habe, verziehen habe. Ferner habe die Kl. substantiiert vorgetragen, daß der Bekl. sehr oft völlig betrunken nach Hause gekommen sei und sie dann beschimpft, sich in der Wohnung übergeben und Wasser und Kot ins Bett gelassen habe. Dieses Vorbringen habe der Bekl. nicht ausgeräumt, obwohl er beweispflichtig dafür sei, daß das Verschulden am Scheitern der Ehe klar auf seiten der Kl. liege. Diese Ausführungen halten nicht in allen Teilen den Angriffen der Revision stand.

a) Ihr rechtlicher Ausgangspunkt entspricht der Rechtsprechung des BGH, daß ein schwerwiegendes und klar bei einem der Ehegatten liegendes Fehlverhalten geeignet ist, die Voraussetzungen des § 1579 I Nr. 4 BGB zu erfüllen (FamRZ 1980/665, 666 = NJW 1980/1686, 1687; FamRZ 1981/439, 440 f.). Ein solches Fehlverhalten kann insbesondere in der Aufnahme eines nachhaltigen, auf längere Dauer angelegten intimen Verhältnisses mit einem anderen Partner liegen, weil darin eine so schwerwiegende Abkehr von den ehel. Bindungen zu sehen ist, daß nach dem Grundsatz der Gegenseitigkeit, der dem ehel. Unterhaltsrecht zugrunde liegt, die Inanspruchnahme des anderen Ehegatten auf Unterhalt grob unbillig erscheint. Es ist aus Rechtsgründen nicht zu beanstanden, daß das OLG in den außerehelichen Beziehungen der Kl. zu anderen Männern ein schwerwiegendes Fehlverhalten in diesem Sinne gesehen hat. Ob bei der Prüfung dieser Frage ins Gewicht fällt, daß aus diesen Beziehungen zwei Kinder hervorgegangen sind, die die Kl. an einer Erwerbstätigkeit hindern und damit ihre Unterhaltsbedürftigkeit begründen, braucht der Senat in diesem Zusammenhang nicht zu entscheiden.

(Darlegungs- und Beweislast des Unterhaltsschuldners für einseitiges eheliches Fehlverhalten des anderen. Behauptung von Negativ-Tatsachen; substantiiertes Bestreiten durch den Gegner; tatrichterliche Würdigung des beiderseitigen Verhaltens)

c 5 b) Das Berufungsurteil hält jedoch den Angriffen der Revision nicht stand, soweit es zu dem Ergebnis gelangt, der Bekl. habe insgesamt nicht hinreichend dargelegt und unter Beweis gestellt, daß ein einseitiges, klar bei der Kl. liegendes Fehlverhalten vorliege. Aus der grundsätzlichen Abkehr des Gesetzgebers vom Schuldprinzip ist zu folgern, daß im Rahmen der Prüfung der Einseitigkeit des Fehlverhaltens nicht jeglichen Vorwürfen nachzugehen ist, die gegen den unterhaltspflichtigen Ehegatten erhoben werden, sondern daß nur konkret vorgebrachte Verfehlungen von einigem Gewicht Bedeutung erlangen können, die dem Unterhalt begehrenden Ehegatten das Festhalten an der Ehe erheblich erschwert haben und sein eigenes Fehlverhalten in einem milderen Licht erscheinen lassen. Die Beurteilung des beiderseitigen Verhaltens einschließlich seiner Abwägung ist wesentlich Sache der tatrichterlichen Würdigung. Daher ist aus Rechtsgründen nicht zu beanstanden, daß das OLG vom Bekl. verlangt hat, den Vortrag der Kl. in bezug auf seine oftmalige Trunkenheit und die damit zusammenhängenden Vorgänge auszuräumen. Das OLG geht hier nicht von einer unzutreffenden Verteilung der Darlegungs- und Beweislast aus. Die tatsächlichen Voraussetzungen des § 1579 I Nr. 4 BGB – einer rechtsvernichtenden Einwendung – hat der Unterhaltspflichtige darzulegen und zu beweisen, wozu grundsätzlich gehört, daß er Vorbringen der Gegenpartei, das im Falle der Richtigkeit gegen die Annahme einer groben Unbilligkeit sprechen würde, zu widerlegen hat. Soweit er ein derartiges Vorbringen lediglich in Abrede stellen kann, sind allerdings an die Substantiierung seiner Darlegungen nach dem auch das Prozeßrecht beherrschenden Grundsatz von Treu und Glauben keine hohen Anforderungen zu stellen, da es sich wesentlich um die Behauptung sog. negativer Tatsachen handelt. Dies hat das OLG verkannt, wenn es hinreichende Darlegungen des Bekl. zur Ausräumung der Vorwürfe der Kl. vermißt hat. Dafür mußte genügen, daß der Bekl. mit Schriftsatz v. 9. 9. 1977 vorgebracht und durch die Zeuginnen R. und S. unter Beweis gestellt hat, die Kl. habe ihn aus Laune und Willkür aus der Wohnung geworfen, obwohl er sich während der Ehe einwandfrei verhalten habe und sich nie etwas habe zuschulden kommen lassen. Das Beweisthema lief darauf hinaus, daß der Bekl. alles leugnete, was die Kl. ihm als Fehlverhalten angelastet hat, ohne daß nach der Art dieser Vorwürfe eine weitere Substantiierung möglich und zumutbar war.

BGH v. 9. 2. 82 – IVb ZR 698/80 – FamRZ 82, 892 = NJW 82, 2439

R106 *(Voraussetzungen des Aufstockungsunterhalts; voller Unterhalt und Prägung der ehelichen Lebensverhältnisse durch das in der Ehe verfügbare Einkommen; Beurteilung nach den Verhältnissen im Zeitpunkt der Scheidung; Grundsatz der gleichmäßigen Teilhabe am ehelichen Lebensstandard; Mehranteil als Arbeitsanreiz; Differenzmethode bei Doppelverdienerehe)*

a 2 a) Gemäß §§ 1569, 1573 II BGB kann ein geschiedener Ehegatte, der selbst erwerbstätig ist, den Unterschiedsbetrag zwischen seinen Einkünften und dem vollen Unterhalt verlangen, wenn die Einkünfte „zum vollen Unterhalt" nicht ausreichen; dieser bestimmt sich nach den ehel. Lebensverhältnissen (§ 1578), die im wesentlichen von dem in der Ehe verfügbaren Einkommen geprägt werden. In einer Ehe, in der beide Ehegatten einer Erwerbstätigkeit nachgehen, bestimmen daher regelmäßig die Einkünfte beider Ehegatten die ehel. Lebensverhältnisse (ständige Rechtsprechung des Senats seit dem Urteil v. 9. 7. 1980 – FamRZ 1980/876, 877; FamRZ 1982/360).

Das OLG legt der Beurteilung der ehel. Lebensverhältnisse das Einkommen der Ehegatten im Zeitpunkt der Trennung zugrunde. Das ergibt sich daraus, daß es nur die Einkünfte des Ehemannes berücksichtigt, nicht hingegen die der Ehefrau aus ihrer nach der Trennung aufgenommenen Erwerbstätigkeit als medizinisch-technische Assistentin. Nach der Rechtsprechung des Senats sind jedoch bei der Ermittlung der ehel. Lebensverhältnisse grundsätzlich alle Tatsachen zu berücksichtigen, die bis zur Auflösung der Ehe (§ 1564 S. 2 BGB) die Einkommensverhältnisse der Ehegatten beeinflußt haben; regelmäßig sind daher die Einkünfte beider Eheleute im Zeitpunkt der Scheidung maßgebend (FamRZ 1980/770 = NJW 1980/2083; FamRZ 1981/241; FamRZ 1981/539; – FamRZ 1981/752, 754; FamRZ 1982/360, 361; FamRZ 1982/575). Hieran hat der Senat unter Auseinandersetzung mit den in der Rechtsprechung und Literatur teilweise erhobenen Einwänden festgehalten (FamRZ 1982/576 ff.). Davon abzugehen besteht auch im vorliegenden Fall kein Anlaß. Dem Umstand, daß der Anspruch auf nachehelichen Unterhalt als Folgesache gemäß § 623 ZPO im Schei-

Anhang R. Rechtsprechung R106

dungsverbund geltend gemacht wird und daher der Zeitpunkt des Eintritts der Rechtskraft der Scheidung noch nicht feststeht, kann dadurch Rechnung getragen werden, daß die bis zum Zeitpunkt der letzten mündlichen Verhandlung eingetretene Entwicklung zugrunde gelegt wird, soweit die bis zum Eintritt der Rechtskraft zu erwartende Einkommensentwicklung nicht vorhersehbar ist.

(Angemessene Erwerbstätigkeit im Sinn von §§ 1361 II, 1574 II BGB; Prägung der ehelichen Lebensverhältnisse durch Erwerbseinkommen der Frau, wenn diese während intakter Ehe in der Praxis des Mannes mitgearbeitet hatte und nach der Trennung in ihrem erlernten Beruf weitergearbeitet hat; keine vom Normalverlauf abweichende Entwicklung)

2 b aa) Die Einkünfte der Ehefrau können bei der Bestimmung der ehel. Lebensverhältnisse nicht **b** deshalb außer Betracht bleiben, weil sie ihren erlernten Beruf als medizinisch-technische Assistentin erst nach der Trennung der Parteien und ihrem Auszug aus der Ehewohnung wieder aufgenommen hat. Wie der Senat in jüngerer Zeit mehrfach entschieden hat, prägen auch solche Veränderungen der Einkommensverhältnisse, die erst nach der Trennung der Ehegatten bis zur Scheidung eingetreten sind, die ehel. Lebensverhältnisse, sofern sie nicht auf einer ganz außergewöhnlichen, vom Normalverlauf erheblich abweichenden Entwicklung beruhen. Die Entscheidungen betrafen zwar Einkommensänderungen beim unterhaltspflichtigen Ehegatten; doch ist die Frage beim Unterhaltsberechtigten nicht anders zu beurteilen. Im vorliegenden Fall haben sich die Einkommensverhältnisse der Parteien durch die nach der Trennung aufgenommene Erwerbstätigkeit der Ehefrau nicht in außergewöhnlicher Weise verändert. Unstreitig hat sie sich schon vor der Trennung der Parteien nicht nur der Haushaltsführung und Kinderbetreuung gewidmet, sondern hat während der gesamten Dauer der Ehe bis zur Trennung in der tierärztlichen Praxis des Ehemannes mitgearbeitet. Dieser hat selbst vortragen lassen, sie habe in seiner Praxis ähnliche Funktionen wie in ihrem erlernten Beruf ausgeübt... Danach hat die Ehefrau bereits vor der Trennung die ehel. Lebensverhältnisse auch in materieller Beziehung mitgeprägt, indem sie durch ihre Mitarbeit Kosten erspart oder durch Entlastung ihres Ehemannes dazu beigetragen hat, daß er seinen beruflichen Wirkungskreis in dem erreichten Umfang aufbauen und auf Dauer wahrnehmen konnte. Ob es auf diese Mitarbeit in der Praxis des Ehemannes entscheidend ankommt oder ob bereits die frühere Berufstätigkeit der Ehefrau zu demselben Ergebnis führen würde, kann auf sich beruhen: Daß sie nach der Trennung wieder in ihrem Beruf tätig geworden ist, lag jedenfalls nicht völlig außerhalb einer normalen Entwicklung, wie sie auch ohne die Trennung hätte eintreten können. Daher ist es gerechtfertigt, die Einkünfte, die die Ehefrau nach der Trennung durch ihre Berufsarbeit erzielt hat, bei der Ermittlung der ehel. Lebensverhältnisse in vollem Umfang heranzuziehen.

bb) Das OLG hat die Berufstätigkeit der Ehefrau als angemessene Erwerbstätigkeit i. S. des § 1574 II BGB angesehen. Daraus könnte zu folgern sein, daß diese schon während der Trennung gemäß § 1361 II BGB darauf verwiesen werden kann, sich ihren Unterhalt selbst zu verdienen, weil dies nach den persönlichen Verhältnissen der Ehefrau, insbesondere wegen ihrer früheren Erwerbstätigkeit unter Berücksichtigung der Dauer der Ehe, und nach den wirtschaftlichen Verhältnissen beider Ehegatten von ihr erwartet werden kann. Ob der festgestellte Sachverhalt eine solche Folgerung zuläßt, kann indessen auf sich beruhen. Selbst wenn dies der Fall wäre, könnte das Einkommen der Ehefrau bei der Ermittlung der ehel. Lebensverhältnisse nicht außer Betracht bleiben. Wie oben ausgeführt worden ist, steht die Tatsache, daß die Ehefrau erst nach der Trennung erwerbstätig geworden ist, der Berücksichtigung der Einkünfte deshalb nicht entgegen, weil die Aufnahme der Erwerbstätigkeit keine ganz außergewöhnliche, vom Normalverlauf erheblich abweichende Entwicklung darstellt. An dieser Beurteilung könnte sich nichts ändern, wenn die Ehefrau durch die Aufnahme der Erwerbstätigkeit einer Obliegenheit nach § 1361 II BGB genügt hätte. Die Voraussetzungen, unter denen eine solche Obliegenheit besteht, sprechen im Gegenteil dafür, daß die Aufnahme einer ihr entsprechenden Erwerbstätigkeit für die Verhältnisse der Ehegatten nicht außergewöhnlich ist. Soweit im Urteil des erkennenden Senats v. 20. 5. 1981 (FamRZ 1981/752, 754) eine andere Auffassung zum Ausdruck kommt, hält der Senat daran nach erneuter Prüfung nicht fest. Der jener Entscheidung zugrundeliegende Sachverhalt unterschied sich von dem hier zu beurteilenden allerdings dadurch, daß damals die Unterhalt begehrende Ehefrau tatsächlich nicht erwerbstätig war, sondern sich nach tatrichterlicher Feststellung gemäß § 1361 II BGB auf ein („fiktives") eigenes Einkommen verweisen lassen mußte. Ob auch ein solches fiktives Einkommen eines Ehegatten, der bis zur Trennung nicht oder nur in geringerem Umfang erwerbstätig war, geeignet ist, die ehel. Lebensverhältnisse im Zeitpunkt der Scheidung (mit) zu bestimmen, braucht im vorliegenden Fall nicht abschließend beurteilt zu werden. Der Senat neigt jedoch zu der Ansicht, daß insoweit zwischen tatsächlich erzieltem Einkommen und solchem, auf das ein Ehegatte sich nach § 1361 II BGB verweisen lassen muß, ein grundlegender Unterschied nicht zu machen ist.

(Differenzmethode zur Berechnung des Lebensbedarfs)

c 3) Die Ausführungen am Schluß des angefochtenen Urteils geben für die neue Berufungsverhandlung Anlaß zu dem Hinweis, daß der Grundsatz der wirtschaftlichen Eigenverantwortung geschiedener Ehegatten (§ 1569 BGB), auf den das OLG seine Entscheidung zusätzlich stützen möchte, durch den Grundsatz der nachwirkenden Mitverantwortung der Ehegatten im wirtschaftlichen Bereich eingeschränkt wird, wie er dem Anspruch auf ergänzenden Unterhalt nach § 1573 II BGB zugrunde liegt (vgl. dazu BVerfG, FamRZ 1981/745, 750 f. = NJW 1981/1771, 1773 f.). Dieser Anspruch setzt gerade voraus, daß der Unterhalt begehrende Ehegatte eine angemessene Erwerbstätigkeit ausübt, deren Einkünfte aber zu seinem vollen, nach den ehel. Lebensverhältnissen bestimmten Unterhalt i. S. des § 1578 BGB nicht ausreichen. Bei der Bemessung dieses Unterhalts ist davon auszugehen, daß beide Ehegatten grundsätzlich in gleicher Weise am ehel. Lebensstandard teilnehmen (FamRZ 1981/241 = NJW 1981/753; FamRZ 1981/442, 444; FamRZ 1981/1165, 1166 = NJW 1982/41). Diesen Grundsätzen wird eine Rechtsprechung nicht gerecht, die im Falle einer sog. Doppelverdienerehe dem weniger verdienenden Ehegatten eine Beteiligung an dem Mehreinkommen des anderen schlechthin verweigert.

Wie oben schon hervorgehoben wurde, ist die Feststellung des Lebensbedarfs ebenso Sache des Tatrichters wie die Wahl der dazu anzuwendenden Berechnungsmethode. Gegenüber der Ablehnung der sog. Differenzmethode, wie sie in den Schlußbemerkungen des angefochtenen Urteils erblickt werden könnte, ist jedoch darauf hinzuweisen, daß diese Methode, die der BGH bereits mehrfach gebilligt hat (FamRZ 1981/539, 541), auch im vorliegenden Fall zu angemessenen, rechtlich nicht zu beanstandenden Ergebnissen führen kann. Bei der Bemessung des Unterhaltsanspruchs nach Trennung oder Scheidung der Ehegatten sind an sich eine Reihe verschiedenartiger Umstände zu berücksichtigen, so im Regelfall neben dem ehel. Lebensstandard und den zu seiner Aufrechterhaltung benötigten Mitteln der besondere Aufwand, der dem oder den berufstätigen Ehegatten durch die Erwerbstätigkeit entsteht, sowie die durch die Trennung entstehenden Mehrkosten der Lebenshaltung (FamRZ 1982/255, 257). Ungeachtet des Grundsatzes gleichmäßiger Teilhabe am ehel. Lebensstandard kann ferner auf seiten des Unterhaltspflichtigen dem Berechtigten der Anreiz zu einer Erwerbstätigkeit dadurch gesteigert werden, daß dem Erwerbstätigen von den erzielten Einkünften ein gewisser, wenn auch begrenzter Mehranteil verbleibt (FamRZ 1981/1165, 1166). Die Differenzmethode, die bei einer sog. Doppelverdienerehe dem weniger verdienenden Ehegatten einen Ergänzungsanspruch in Höhe einer der von der Praxis entwickelten Quoten der Einkommensdifferenz zubilligt, vermag diesen verschiedenen Anforderungen an die Bemessung des Unterhalts regelmäßig befriedigend Rechnung zu tragen. Das gilt jedenfalls bei Einkommen durchschnittlicher Größenordnung, wie sie hier (noch) vorliegen, und vorbehaltlich besonderer weiterer Umstände des Einzelfalles, die besonderer Berücksichtigung bedürfen können.

BGH v. 16. 2. 82 – IVb ZR 709/80 – FamRZ 82, 898 = NJW 82, 1999

R107   *(Abzug von Kosten für Eigentumswohnung der neuen Lebensgefährtin)*

a Das OLG hat es abgelehnt, die vom Beklagten im Zusammenhang mit dem Erwerb einer Eigentumswohnung durch seine neue Partnerin übernommenen Verbindlichkeiten sowie die von ihm getragenen Kosten für eine gemeinsame Mietwohnung als seine Leistungsfähigkeit aufhebend zu berücksichtigen mit der Begründung, diese Verbindlichkeiten wurzelten letztlich in einer von der Rechtsordnung nicht anerkannten nichtehelichen Lebensgemeinschaft und hätten daher gegenüber dem besonders geschützten Unterhaltsanspruch der Klägerin zurückzutreten. Nach den Lebensverhältnissen des Beklagten überstiegen sie jedes vertretbare Maß. Die Zahlungen im Zusammenhang mit dem Erwerb der Eigentumswohnung hätten ausschließlich der Vermögensbildung für seine Lebensgefährtin gedient, da er weder Miteigentümer geworden sei, noch bei der Veräußerung auch nur teilweise eine Erstattung seiner Aufwendungen erhalten habe. Wenn er die Verbindlichkeiten für die Eigentumswohnung in der Erwartung eingegangen sei, aufgrund des Einkommens seiner Lebensgefährtin tatsächlich in Anspruch genommen zu werden, hätte eine Veräußerung des Objekts früher stattfinden müssen. Auch die Miete für eine gemeinsame Wohnung mit der Lebensgefährtin könne er nicht voll in Ansatz bringen, sondern nur denjenigen Betrag, der für seine eigene Person und für sein Unterkommen erforderlich sei. Es bestehe keine Veranlassung, diesen eigenen Wohnbedarf vor und nach dem Auszug aus der Eigentumswohnung mit mehr als 250,– DM monatlich zu veranschlagen, da der Beklagte nicht dargetan habe, daß es nicht möglich gewesen sei, für sich eine Wohnung zu diesem Preis zu finden. Diese Ausführungen halten den Angriffen der Revision stand. Der Senat hat zur Berücksichtigung von Verbindlichkeiten bei der Leistungsfähigkeit des Verpflichteten (FamRZ 82/23, 24 und FamRZ 82/157, 158 = NJW 82/380) ausgeführt, daß es je nach Art, Anlaß und Entstehungszeit angezeigt sein kann, diese voll, teilweise oder gar nicht in Rechnung zu stellen. Nach Treu und Glauben kann sich der Unterhaltsverpflichtete nicht auf Schulden berufen, die er

Anhang R. Rechtsprechung R109 – R111

leichtfertig, für luxuriöse Zwecke oder ohne verständigen Grund eingegangen ist. Im Einzelfall ist unter Abwägung aller bedeutsamen Umstände eine Interessenabwägung vorzunehmen, die weitgehend auf tatrichterlichem Gebiet liegt. Nach diesen Grundsätzen ist es nicht zu beanstanden, daß das OLG die Verbindlichkeiten des Beklagten im Zusammenhang mit dem Erwerb der Eigentumswohnung nur insoweit berücksichtigt hat, als er dadurch teilweise einen Gegenwert in Form des freien Wohnens erlangt hat. Im Interesse eigener Altersvorsorge ist der Beklagte nicht tätig geworden; dies geht nicht zuletzt daraus hervor, daß er bei der späteren Veräußerung der Wohnung in keiner Weise an dem Erlös beteiligt worden ist.

(Wohngeld und erhöhter Wohnbedarf)

4) Nach der Rechtsprechung des Senats ist Wohngeld bei der Unterhaltsbemessung als Einkommen zu berücksichtigen, soweit es nicht lediglich unvermeidbare erhöhte Aufwendungen für den Wohnbedarf ausgleicht (FamRZ 82/587). Hier hat das OLG festgestellt, daß die monatliche Miete der Kl. 180 DM zuzüglich ca. 10 bis 20 DM für Nebenkosten beträgt, während diese selbst angegeben hat, ihr sei seit 1. 4. 1980 ein monatliches Wohngeld von 190 DM bewilligt worden. Danach kann nicht davon ausgegangen werden, daß ein Teil des Wohngeldes durch erhöhten Wohnbedarf der Kl. ausgeglichen wird, sondern es ist im vollen Umfang als ihr Einkommen zu berücksichtigen. b

BGH v. 17. 2. 82 – IVb ZR 657/80 – FamRZ 82, 470 = NJW 82, 1147

(Zum Verhältnis v. Vollstreckungsabwehrklage und Bereicherungsklage) R109

Der Schuldner, der versäumt hat, die Erfüllung im Wege der Vollstreckungsabwehrklage (§ 767 ZPO) geltend zu machen, geht nicht etwa seiner Rechte deswegen verlustig, weil diese Klage nach der Beendigung der Zwangsvollstreckung nicht mehr erhoben werden kann. Nach allgemeiner Ansicht setzen sich vielmehr die rechtlichen Möglichkeiten der Vollstreckungsabwehrklage nach der Beendigung der Zwangsvollstreckung in der materiell-rechtlichen Bereicherungsklage fort (vgl. OLG Frankfurt, NJW 61/1479, 1480; BAG, NJW 80/141 f.; Stein/Jonas/Münzberg, ZPO, 20. Aufl., § 767 Rz. 56; Zöller/Scherübl, ZPO, 13. Aufl., § 767 Anm. III 1a; Baumbach/Lauterbach/Hartmann, ZPO, 40. Aufl., § 767 Anm. 1 B e; Gaul, JuS 62/1 m. w. N. in Fn. 8).

BGH v. 17. 3. 82 – IVb ZR 646/80 – FamRZ 82, 587 = NJW 83, 684

(Zu den Parteien eines Abänderungsverfahrens u. a.) R111

Parteien des Abänderungsverfahrens nach § 323 ZPO können grundsätzlich nur diejenigen sein, zwischen denen die abzuändernde Entscheidung ergangen ist oder auf die sich die Rechtskraft erstreckt. Betrifft das Verfahren die Abänderung eines Prozeßvergleichs, so kommen außer den Parteien des Vorprozesses und deren Rechtsnachfolgern auch Dritte in Betracht, die an dem Prozeßvergleich beteiligt waren. Ist das, was hier bei den Beklagten, nicht der Fall, so wird die Parteistellung eines Dritten nach einer Auffassung von vornherein für ausgeschlossen, nach anderer Meinung in dem Fall für möglich gehalten, daß dem Dritten in dem Prozeßvergleich eigene Rechte verschafft worden sind und der abzuändernde Titel somit einen echten Vertrag zugunsten (zu Rechten) des Dritten darstellt (für die letztgenannte Ansicht OLG Bamberg, FamRZ 79/1059, 1060; Baumbach/Lauterbach/Albers/Hartmann, ZPO, 39. Aufl., § 323 Anm. 3 B; Heil, NJW 69/1909, 1910; a. A.: OLG Celle, NJW 74/504; OLG Hamm, FamRZ 81/589, 590; Palandt/Diederichsen, BGB, 35. Aufl., § 72 EheG Anm. 2; Hanisch, NJW 71/1016, 1019; Wächter, FamRZ 76/253, 254 – vgl. ferner die im Urteil des BGH vom 16. 1. 1980 – IV ZR 115/80 – FamRZ 80/342 angeführten Nachweise zur Frage, ob der Prozeßvergleich für den Dritten einen Vollstreckungstitel darstellt). Welcher dieser Auffassungen zu folgen ist, kann hier dahinstehen, da in dem Prozeßvergleich, dessen Abänderung der Kl. erstrebt, kein echter Vertrag zugunsten der Beklagten zu sehen ist und diese daher nach beiden Ansichten als Partei des Abänderungsverfahrens ausscheiden. a

(Zur Parteistellung bei Umschaffung und Abtretung)

Ob es die Möglichkeit der Parteistellung der Beklagten begründen könnte, wenn die Vereinbarung des Kl. mit der Mutter der Beklagten durch eine spätere einvernehmliche Abänderung zu einem echten Vertrag zugunsten der Beklagten umgeschaffen worden wäre, kann dahinstehen, weil es an dahingehenden, für eine solche Umschaffung sprechenden Feststellungen fehlt. Das gleiche gilt für die Frage, ob bei einer Abtretung der Forderung aus der Vereinbarung die Passivlegitimation für das Abänderungsverfahren entsprechend den Grundsätzen von der Mutter auf die Beklagte übergegangen sein könnte, nach denen in Fällen des gesetzlichen Forderungsübergangs mit der Forderung auch das materielle Recht auf Abänderung der Vereinbarung sowie die prozessuale Befugnis aus b

§ 323 ZPO zur Geltendmachung des Abänderungsrechts auf den neuen Gläubiger übergehen (vgl. BGH, Urteile vom 9. 7. 1963 = VI ZR 197/62 – FamRZ 63/558 f. = NJW 63/2076, 2078 und vom 18. 4. 1970 – VI ZR 211/68 – FamRZ 70/383 ff. = MDR 70/670, sowie Bötticher, MDR 50/490). Hierzu bedarf es keiner näheren Erörterungen, weil Feststellungen über eine Abtretung der Forderung an die Beklagten fehlen. Schließlich ist auch nicht ersichtlich, daß die Beklagten den Rechtsstreit als Prozeßführungsermächtigte der Mutter geführt haben, so daß es der Prüfung, ob eine gewillkürte Prozeßstandschaft auf seiten der beklagten Partei überhaupt möglich ist (gegen eine derartige Möglichkeit von Brunn, Die gewillkürte Prozeßstandschaft, in: Studien zur Erläuterung des bürgerlichen Rechts, Heft 50, S. 74 ff.; vgl. auch J. Goldschmidt, Der Prozeß als Rechtslage, S. 329 N. 1681; Stein/Jonas/Leipold, ZPO, 20. Aufl., Vorbem. vor § 50 Rz. 41), nicht bedarf.

(Zur richtigen Partei einer Abänderungsklage)

c Damit ergibt sich, daß der Kl. die Abänderungsklage nunmehr gegen die falsche Partei richtet. Darin ist ein Verfahrensmangel zu erblicken, weil die Identität der Parteien des Abänderungsverfahrens mit denen des abzuändernden Titels Zulässigkeitsvoraussetzung der Abänderungsklage ist (ebenso Zöller/Vollkommer, ZPO, 12. Aufl., § 323 Anm. III 2 b). Wird die Klage gegen eine andere Partei gerichtet, so mangelt es dieser an der Prozeßführungsbefugnis (zum Fall fehlender Prozeßführungsbefugnis der Beklagtenseite vgl. BGH, Urteil vom 29. 11. 1961 – V ZR 181/60 = NJW 62/633, 635 f., vgl. auch Grunsky, ZZP 76/49, 71 f.). Da die Prozeßführungsbefugnis zu den Prozeßvoraussetzungen gehört (BGHZ 31/279, 280; Urteil vom 29. 11. 1961 a.a.O.), ist ihr Fehlen in jeder Lage des Rechtsstreits von Amts wegen zu berücksichtigen. Es führt grundsätzlich ohne Prüfung der sachlichen Begründetheit zur Abweisung der Klage als unzulässig (BGH, Urteil vom 29. 11. 1961 a.a.O.). Im vorliegenden Fall macht dieser Mangel die Klage indessen ausnahmsweise nicht schlechthin abweisungsreif, weil er aus Gründen der Prozeßökonomie noch behoben werden kann (vgl. BGHZ 11/181, 184; 18/98, 106; Senatsurteil vom 8. 4. 1981 – IV b ZR 559/80 – FamRZ 81/541, 542). So läßt sich absehen, daß der Kl. in der neuen Verhandlung vor dem OLG, an das die Sache auch wegen materieller Mängel des Urteils zurückverwiesen werden müßte, die Möglichkeit haben wird, auf der Beklagtenseite erneut einen Parteiwechsel herbeizuführen oder jedenfalls die Klage auf die Mutter der Beklagten zu erstrecken. Eine derartige Parteiänderung auf der Beklagtenseite wird in der Berufungsinstanz nach der Rechtsprechung des BGH für zulässig gehalten, wenn der neue Beklagte zustimmt oder eine Verweigerung der Zustimmung rechtsmißbräuchlich wäre (vgl. BGHZ 21/285, 287 ff.; Urteile vom 29. 11. 1961 a.a.O. und vom 13. 11. 1975 – VII ZR 186/73 = NJW 76/239, 240). Dabei hängt die Frage des Rechtsmißbrauchs der Verweigerung davon ab, ob dem neuen Beklagten nach Treu und Glauben zugemutet werden kann, der Parteiänderung zuzustimmen. Sie ist zu bejahen, wenn es ersichtlich an jedem schutzwürdigen Interesse für die Weigerung fehlt, etwa weil der neue Beklagte dadurch, daß er nicht bereits in erster Instanz am Verfahren beteiligt war, keine irgendwie geartete Schlechterstellung zu befürchten hätte (vgl. BGH, Urteil vom 29. 11. 1961 a.a.O.).

(Anteilige Anrechnung von Wohngeld)

d II 3) Die Berücksichtigung des Wohngeldes auf der Einkommensseite und der tatsächlichen Wohnkosten auf der Bedarfsseite läßt es zu, das Wohngeld zunächst auf den erhöhten Wohnkostenbedarf anzurechnen. Im Ergebnis mag daher das Wohngeld vielfach nicht zur Erhöhung des anrechenbaren Einkommens führen, weil es nur unvermeidbare erhöhte Aufwendungen für die Wohnung ausgleicht und der Bedarf lediglich auf das unter den gegebenen wirtschaftlichen Verhältnissen „normale" Maß zurückgeführt wird. Daß das immer der Fall wäre und deshalb der „normale" Wohnkostenbedarf durch den Bezug des Wohngeldes stets unberührt bliebe, kann jedoch nicht angenommen werden. Vor allem kann der Anteil am Lebensbedarf, dessen Einsatz für Wohnkosten unterhaltsrechtlich zuzumuten ist, nicht stets mit dem Umfang der Selbstbeteiligung gleichgesetzt werden, die das Wohngeldgesetz dem Wohngeldempfänger zumutet. Vielmehr ist jener Anteil Schwankungen unterworfen, die von der Art des jeweiligen Unterhaltsanspruchs, aber auch von sonstigen Verhältnissen der Parteien beeinflußt sein können. 4) Solche Besonderheiten bestehen im vorliegenden Fall. Nach § 1603 II S. 1 BGB hat der Kl., für den die Bekl. aus gesteigerter Unterhaltspflicht aufzukommen hat, alle verfügbaren Mittel zu seinem und der Bekl. Unterhalt gleichmäßig zu verwenden. Unter diesen Umständen kann nicht davon ausgegangen werden, daß die dem Kl. nach dem Wohngeldgesetz zugemutete Selbstbeteiligung an den Wohnkosten sich mit dem unterhaltsrechtlich zuzumutenden Anteil deckt. Deshalb kommt eine Anrechnung des Wohngeldes nicht nur auf den erhöhten Wohnkostenbedarf, sondern auch auf den übrigen Lebensbedarf in Betracht mit der Folge, daß sich der für den Unterhalt der Bekl. zur Verfügung stehende Teil des Einkommens erhöht.

Zur Prüfung dieser Frage bedarf es der Feststellung der Mietkosten, die in den vom OLG als notwendiger Eigenbedarf des Kl. angesetzten Beträgen enthalten sind, sowie der tatsächlich gezahlten Miete. Das Wohngeld ist zunächst auf die Differenz dieser Kosten anzurechnen und mit dem etwa

Anhang R. Rechtsprechung　　　　　　　　　　　　　　　　　　　**R112**

noch verbleibenden Teil dem zu verteilenden Einkommen zuzurechnen. Über die im notwendigen Eigenbedarf des Kl. enthaltenen sowie über die tatsächlich angefallenen Mietkosten hat das OLG bislang ebensowenig Feststellungen getroffen, wie über die Höhe des in den Vorjahren bezogenen Wohngeldes. Diese Fragen bedürfen daher noch der Klärung. Dabei wird zu beachten sein, daß die für die Wohnung des Kl. entrichtete Miete nicht in voller Höhe angesetzt werden kann, weil der Kl. die Wohnung nicht allein, sondern zusammen mit seiner jetzigen Ehefrau und deren beiden Kindern bewohnt. Ebensowenig kommt die Anrechnung des gesamten Wohngeldes in Betracht, weil der Kl. dieses für die ganze in seinem Haushalt lebende Familie bezieht. Das Wohngeldgesetz selbst sieht eine anteilige Aufschlüsselung des Wohngeldes nicht vor. Sie ist jedoch für die in Frage stehende unterhaltsrechtliche Berücksichtigung dieser Sozialleistung notwendig und kann nach den gleichen Grundsätzen erfolgen wie die Aufteilung der Wohnungsmiete.

BGH v. 17. 3. 82 – IVb ZR 664/80 – FamRZ 82, 573 = NJW 82, 1460
(Trennung und Ehedauer)　　　　　　　　　　　　　　　　　　　　　　　　　R112

1) Voraussetzung des Unterhaltsanspruchs nach § 1361 I S. 1 BGB ist das völlige Getrenntleben bei bestehender Ehe. Die Erfüllung dieses Erfordernisses ist nicht davon abhängig, ob die Ehegatten vorher zusammengelebt und die Trennung durch Aufhebung der häuslichen Gemeinschaft herbeigeführt haben oder ob sie von Anfang an getrennt gelebt haben. Ebensowenig wird vorausgesetzt, daß die Ehegatten begonnen haben, eine ehel. Lebensgemeinschaft zu verwirklichen und einen gemeinsamen Lebensplan ins Werk zu setzen oder durch sonstige Anstrengungen einen gemeinsamen Lebensbereich zu schaffen. Derartige Kriterien betreffen nicht die Grundlagen der Unterhaltspflicht während des Getrenntlebens, sondern diejenigen der nachehelichen Unterhaltspflicht, bei deren Regelung es das Gesetz für möglich erklärt, daß im Falle kurzer Ehedauer der Unterhaltsanspruch für den Unterhaltspflichtigen zu einer grob unbilligen Belastung werden und der Korrektur des § 1579 I Nr. 1 BGB unterfallen kann. Wie der Senat im Urteil v. 26. 11. 1980 (FamRZ 1981/140) dargelegt hat, geht diese Regelung davon aus, daß sich die Grundlage der nachehelichen Unterhaltspflicht mit zunehmender Dauer der Ehe verfestigt und verstärkt. Dem liegt die Erfahrung zugrunde, daß die Lebenssituation der Partner in der Ehe durch den gemeinschaftlichen Lebensplan entscheidend geprägt wird und mit der Zunahme der Ehedauer auch eine zunehmende Verflechtung und Abhängigkeit der beiderseitigen Lebensdispositionen sowie im allgemeinen eine wachsende wirtschaftliche Abhängigkeit des unterhaltsbedürftigen Ehegatten einhergeht (a. a. O., S. 142).

Gerade dieser Ausschlußgrund der kurzen Ehedauer gelangt jedoch nach der ausdrücklichen Regelung des § 1361 III BGB im Rahmen des Unterhalts getrennt lebender Ehegatten nicht zur Anwendung, obwohl das Merkmal – bezogen auf den Zeitpunkt der Trennung – an sich auch bei noch fortbestehender Ehe geeignet wäre, als Kriterium und Anknüpfung für eine Billigkeitsregelung zu dienen. Vielmehr führt das Gesetz die Ehedauer nur als Merkmal der Regelung des Abs. II auf, in der sie zusammen mit weiteren Umständen zur Feststellung herangezogen wird, ob der getrennt lebende Ehegatte darauf verwiesen werden kann, eine Erwerbstätigkeit aufzunehmen und sich dadurch selbst zu unterhalten (FamRZ 1979/569, 571 – FamRZ 1979/571, 572). Damit gibt das Gesetz zu erkennen, daß es für den Bestand der ehel. Unterhaltspflicht nach § 1361 I S. 1 BGB nicht darauf ankommen soll, inwieweit es zur Verwirklichung der Lebensgemeinschaft und zur Verflechtung und Abhängigkeit der Lebensdispositionen beider Ehegatten gekommen ist. Ebensowenig soll die Verpflichtung nach § 1361 I S. 1 BGB davon abhängen, daß die Unterhaltsbedürftigkeit ihre Ursache in dem vorherigen Bestehen einer ehel. Lebensgemeinschaft hat.

Demgemäß hat der Senat die Voraussetzungen eines Unterhaltsanspruchs nach § 1361 I S. 1 BGB in einem Fall bejaht, in dem die Ehegatten, die beide ihre früheren Erwerbstätigkeiten nach der Heirat fortgesetzt hatten, nur etwa drei Wochen lang in der Wohnung der Ehefrau zusammengelebt und sich nach einem etwa ebenso langen gemeinsamen Urlaub getrennt hatten, so daß es zu dem ursprünglich beabsichtigten Umzug in eine gemeinschaftliche Wohnung nicht mehr gekommen war (FamRZ 1980/876). In dieser Entscheidung ist der Senat der Ansicht entgegengetreten, daß der angemessene Unterhalt der Ehefrau durch die Eheschließung nicht erhöht worden sei, und hat ausgeführt, daß die durch das beiderseitige Einkommen bestimmten Lebensverhältnisse der Ehefrau durch die Tatsache, daß es zu dem beabsichtigten Bezug einer angemessenen Ehewohnung und einem längeren Zusammenleben nicht gekommen sei, nicht berührt würden.

Wenn die Kürze der bis zur Trennung verstrichenen Ehedauer den Bestand der Unterhaltspflicht nach § 1361 I S. 1 BGB nicht zu beeinträchtigen vermag, so kann das Gesetz verständigerweise nicht dahin ausgelegt werden, daß das Entstehen der Unterhaltspflicht dennoch von einem – wenn auch noch so kurzfristigen und flüchtigen – Zusammenleben der Ehegatten abhänge. Ein solches weder auf die Dauer noch auf die Intensität des Zusammenlebens abstellendes Erfordernis müßte als ein rein formales Kriterium erscheinen, das die unterschiedliche Behandlung weitgehend gleicher Lebenssachverhalte nicht zu rechtfertigen vermöchte. Die sachliche Rechtfertigung für die unterschiedliche Berücksichtigung der kurzen Ehedauer beim Unterhaltsanspruch des getrennt lebenden Ehegatten einerseits und des geschiedenen Ehegatten andererseits besteht darin, daß im Falle des Getrenntlebens das rechtliche Band der Ehe zwischen den Ehegatten noch besteht und im Regelfall auch noch nicht voraussehbar ist, ob und gegebenenfalls wann die Ehe geschieden wird oder ob die Schwierigkeiten überwunden werden können (FamRZ 1979/572). Diese Gesichtspunkte treffen auch zu, wenn es (noch) nicht zur Aufnahme der ehel. Lebensgemeinschaft gekommen ist. Unter diesen Umständen ist mit der überwiegenden Meinung davon auszugehen, daß § 1361 I S. 1 BGB auch auf die Fälle anwendbar ist, in denen die Ehegatten von Anfang an getrennt gelebt haben. 4) Die von Anfang an bestehende Trennung der Ehegatten stellt ebenso wie nur kurze Dauer ihrer ehel. Lebensgemeinschaft einen Sachverhalt dar, der an sich dem Regelungsbereich des § 1579 I Nr. 1 BGB zuzurechnen ist. Wenn aber diese Vorschrift aufgrund von § 1361 III BGB für den Trennungsunterhalt als Ausschlußregelung ausscheidet, so geht es nicht an, jenen Sachverhalt zur Rechtfertigung eines Ausschlusses nach § 1579 I Nr. 4 BGB heranzuziehen. Eine derartige Handhabung liefe auf eine Umgehung des § 1361 III BGB hinaus. Ihre Beurteilung hängt entgegen der Ansicht der Revision auch nicht von der im Senatsurteil v. 9. 7. 1980 (FamRZ 1980/981, 983) offen gelassenen Frage ab, ob und inwieweit im Rahmen des nachehelichen Unterhalts bei einer Ehe von längerer Dauer, die mithin die Voraussetzungen des § 1579 I Nr. 1 BGB nicht erfüllt, der Umstand, daß die Ehegatten nur kurze Zeit zusammengelebt haben, zusammen mit weiteren Umständen einen „anderen Grund" i. S. von § 1579 I Nr. 4 BGB abgeben kann.

BGH v. 31. 3. 82 – IVb ZR 652/80 – FamRZ 82, 575 = NJW 82, 2063

R113 *(Maßgeblicher Zeitpunkt der Scheidung; prägende Veränderungen seit Trennung bis Scheidung auch bezüglich sonstiger Umstände, die die Einkommensverhältnisse mitbestimmen, wie z. B. Änderungen im Ausgabenbereich infolge eines Umzugs. Nicht prägend ist eine unerwartete, vom Normalverlauf abweichende Entwicklung)*

b II 2) Für die nach § 1578 I BGB gebotene Ermittlung der ehel. Lebensverhältnisse sind regelmäßig alle Tatsachen zu berücksichtigen, die bis zur Auflösung der Ehe (§ 1564 S. 2 BGB) die Einkommensverhältnisse der Ehegatten beeinflußt haben. Demgemäß hat der Senat – nach Erlaß des angefochtenen Urteils – mehrfach entschieden, daß für den nachehelichen Unterhaltsanspruch wie schon im früheren Recht die ehel. Lebensverhältnisse und damit regelmäßig die Einkünfte der Ehegatten im Zeitpunkt der Scheidung maßgebend sind. Danach prägen auch solche Veränderungen im Einkommen, die erst nach der Trennung der Ehegatten bis zur Scheidung eintreten sind, die ehel. Lebensverhältnisse mit, sofern sie nicht auf einer unerwarteten, vom Normalverlauf erheblich abweichenden Entwicklung beruhen. Dieser Grundsatz gilt nicht nur für die von den Ehegatten jeweils erzielten Einkünfte, sondern auch für alle sonstigen Umstände, die ihre Einkommensverhältnisse mitbestimmten. Veränderungen im Ausgabenbereich sind daher in gleicher Weise zu berücksichtigen. Durch die Einsparung der monatl. Fahrtkosten von 397,70 DM infolge des Umzuges des Ehemannes von S. nach D. sind die ehel. Lebensverhältnisse ähnlich verbessert worden wie durch eine Steigerung des Einkommens. Da ein solcher Wohnungswechsel nicht außerhalb einer während der Ehe zu erwartenden Entwicklung lag, besteht kein ausreichender Grund, die damit verbundene Verbesserung bei der Feststellung der bis zur Scheidung eingetretenen ehel. Lebensverhältnisse zu übergehen. Die Veränderung hat auch nicht deshalb unberücksichtigt zu bleiben, weil der Umzug erst nach der Verkündung des die Scheidung aussprechenden Urteils des FamG erfolgt ist. Der im Verbundverfahren ergangene Scheidungsausspruch war bis zur Verhandlung der Sache vor dem OLG nicht rechtskräftig.
3) Die vom OLG für den Zeitpunkt der Scheidung ermittelten beiderseitigen Einkommen der Ehegatten rechtfertigen unter Zugrundelegung dieser Rechtsauffassung nicht die Feststellung, daß die Ehefrau ihren nach den ehel. Lebensverhältnissen zu bestimmenden vollen Unterhalt schon durch ihre eigenen Einkünfte nach der Scheidung verdiene. Zwar ist die vom [OLG als] Tatrichter zur Ermittlung eines Ergänzungsanspruchs angewendete Differenzmethode revisionsrechtlich nicht zu beanstanden. Sind jedoch bei der Ermittlung der ehel. Lebensverhältnisse Fahrtkosten des Ehemannes in Höhe von 397,70 DM monatlich nicht abzusetzen, besteht ein entsprechend größerer Unterschied zwischen den miteinander zu vergleichenden Einkünften der Parteien, als ihn das OLG seiner Entscheidung zugrunde gelegt hat.

BGH v. 31. 3. 82 – IVb ZR 661/80 – FamRZ 82, 576 = NJW 82, 1870

R114 *(Eheliche Lebensverhältnisse im Sinn der §§ 1578, 1361 BGB sind die den Lebensstandard nachhaltig prägenden Einkommens- und Vermögensverhältnisse; maßgebliche Verhältnisse bei Scheidung, auch bei nachhaltigem Absinken des vor der Trennung erreichten Lebensstandards sowie bei normaler günstiger Weiterentwicklung)*

a 2) Der – nacheheliche – Aufstockungsunterhalt des § 1573 II BGB ist an den in § 1578 BGB zum Maßstab für die Bestimmung des vollen Unterhalts gemachten ehel. Lebensverhältnissen aus-

Anhang R. Rechtsprechung R114

zurichten (FamRZ 1981/241). Danach sollen erkennbar diejenigen Verhältnisse maßgebend sein, die für den Lebenszuschnitt „in der Ehe" bestimmend waren. Da die Ehe auch während einer Trennung der Eheleute bis zur Scheidung fortbesteht und die ehel. Lebensgemeinschaft grundsätzlich jederzeit wieder aufgenommen werden könnte, sind die Ehegatten bis zum Zeitpunkt der Scheidung im unterhaltsrechtlichen Sinn auf der Grundlage ihrer „ehel. Lebensverhältnisse" miteinander verbunden.

Soweit demgegenüber geltend gemacht wird, von ehel. Lebensverhältnissen könne aus tatsächlichen Gründen seit der Trennung der Eheleute grundsätzlich nicht mehr gesprochen werden, weil in einem Zeitraum, in dem sie nicht mehr zusammenlebten, keine ehel. Lebensverhältnisse mehr bestünden, beruht dies auf einem zu engen Verständnis des Begriffes „eheliche Lebensverhältnisse". Unter ehel. Lebensverhältnissen i. S. des § 1578 BGB – und der hieran anknüpfenden Regelung in § 1573 II BGB – sind vielmehr allgemein diejenigen Einkommens- und Vermögensverhältnisse zu verstehen, die während der Ehe den Lebensstandard beider Ehegatten – nachhaltig – prägen. Die in diesem Sinn verstandenen, für den Unterhaltsanspruch maßgebenden Lebensumstände können ihren Charakter als „eheliche" Lebensverhältnisse grundsätzlich auch während einer Trennungszeit der Ehegatten behalten, selbst wenn sich während der Trennung, etwa in Anlehnung an allgemeine wirtschaftliche Entwicklungen, die Einkommenslage eines oder beider Ehegatten verändert.

Die Anknüpfung an den Zeitpunkt der Trennung hält der Senat nicht nur unter rechtlichen Gesichtspunkten für bedenklich, sondern im Hinblick auf mögliche tatsächliche Entwicklungen auch nicht für angemessen. In einem Fall etwa, in dem die Trennung der Parteien über eine längere („geraume") Zeit hinaus (FamRZ 1981/439, 440) zu einem nachhaltigen, nicht nur vorübergehenden Absinken ihres vor der Trennung erreichten Lebensstandards führt, ohne daß sie begründete Aussicht haben, den früheren Lebenszuschnitt wieder zu erlangen, dürfte die Bemessung des nachehelichen Unterhaltsanspruchs nach den Verhältnissen im Zeitpunkt der Trennung – und nicht nach den Umständen im Zeitpunkt der Scheidung – Bedenken auslösen. Führt die Trennung der Eheleute hingegen zu einer nur vorübergehenden, kurzfristigen Veränderung ihres bisherigen Lebensstandards und gleicht sich dieser während der Dauer des Getrenntlebens wieder an die früheren Verhältnisse an, so entspricht die Anknüpfung an die ehel. Lebensverhältnisse im Zeitpunkt der Scheidung auch unter diesen Umständen dem erkennbaren Sinn und Zweck der gesetzlichen Unterhaltsregelung. Dasselbe gilt für den Fall, in dem die – wirtschaftlichen – Verhältnisse der Eheleute, etwa im Zuge allgemeiner Einkommenssteigerungen, eine normale günstige Weiterentwicklung erfahren, deren Voraussetzungen bereits in den für die ehel. Lebensgestaltung maßgebenden Umständen vor der Trennung begründet waren. Auch hier erscheint die Beurteilung des nachehelichen Unterhaltsanspruchs nach den ehel. Lebensverhältnissen, wie sie sich im Zeitpunkt der Scheidung darstellen, als angemessen und sachgerecht.

(Nicht zu berücksichtigende übermäßig gute Einkommensentwicklung während längerer Trennungszeit, wenn diese erkennbar auf besonderen unternehmerischen Leistungen beruht, die ihre Grundlage nicht mehr in den früheren gemeinsamen Arbeits- und Lebensbedingungen der Parteien haben. Fiktive und hypothetische Einkommensbemessung nach statistischen Vergleichszahlen)

3) Die ehel. Lebensverhältnisse, nach denen sich der nacheheliche Unterhaltsanspruch bemißt, **b** werden in der Regel durch die Einkommensverhältnisse geprägt. Da es – wie dargelegt – auf die ehel. Lebensverhältnisse im Zeitpunkt der Scheidung ankommt, sind mithin regelmäßig die Einkommensverhältnisse in diesem Zeitpunkt maßgebend (FamRZ 1982/360 ff.). Das kann jedoch nicht gelten, soweit das Einkommen eines oder beider Ehegatten während des Getrenntlebens bis zur Scheidung eine unerwartete, vom Normalverlauf erheblich abweichende Entwicklung genommen hat, die etwa auch für die Bestimmung des Trennungsunterhalts nach § 1361 BGB außer Betracht hätte bleiben müssen. Liegen derartige außergewöhnliche Umstände vor, dann kann nicht mehr davon ausgegangen werden, daß die Einkommensverhältnisse der Ehegatten, wie sie sich im Zeitpunkt der Scheidung darstellen, Ausdruck ihrer „ehelichen" Lebensverhältnisse seien und diese maßgebend geprägt hätten.

Ein solcher Fall liegt hier vor. Nach den tatsächlichen Feststellungen des OLG hat sich zwar das Einkommen der Ehefrau aus ihrer Tätigkeit als Anwaltssekretärin während der Dauer des Getrenntlebens der Parteien normal entwickelt; hingegen hat der Ehemann das kleine Pelzwarengeschäft, das er 1961 noch in gemieteten Räumen betrieb, zu einem gutgehenden, gewinnbringenden Unternehmen mit einem jährlichen Umsatz von etwa einer Million DM entfaltet, aus dem er durchschnittliche monatliche Nettoeinkünfte in einer (nach vorgelegten Aufstellungen einer Steuerberatungsgesellschaft) geschätzten Höhe von etwa 7227 DM erzielt. Aufgrund dieser „übermäßig" guten Einkommensentwicklung auf seiten des Ehemannes haben seine finanziellen Lebensverhältnisse seit der Trennung von der Ehefrau einen – mit den früheren ehel. Lebensverhältnissen der Parteien nicht mehr vergleichbaren – ungewöhnlichen Aufschwung erfahren, an dem die Ehefrau keinen Anteil hat. In diesem Zusammenhang hat das OLG darauf hingewiesen, daß der Ehemann seit etwa 1964/

1965 mit seiner jetzigen Partnerin zusammenlebt, die – nach seinem Vorbringen – den Pelzhandel und Kürschnereibetrieb in der jetzigen Form gemeinsam mit ihm aufgebaut hat.

Die aufgezeigte Entwicklung der Einkommens- und Vermögensverhältnisse des Ehemannes stellt sich nicht mehr als eine dem Normalverlauf entsprechende allgemein günstige Fortentwicklung der durch die Ehe begründeten Lebensverhältnisse dar. Der geschäftliche Aufschwung des Ehemannes beruht vielmehr erkennbar auf besonderen, im Verlauf der 18 Jahre andauernden Trennung der Parteien erbrachten unternehmerischen Leistungen, die ihre Grundlage nicht in den früheren gemeinsamen Arbeits- und Lebensverhältnissen der Parteien haben. In diesem Sinn ist dem OLG für den hier vorliegenden Fall darin zu folgen, daß sich die wirtschaftlichen und beruflichen Wege der Parteien seit 1961 in einer Weise getrennt haben, „die keine weiterwirkenden ehebezogenen Abhängigkeiten mehr bestehen ließ". Eine Bemessung des nachehelichen Unterhaltsanspruches nach den beiderseitigen Einkommensverhältnissen der Parteien im Zeitpunkt der Scheidung kommt daher, wie das OLG insoweit im Ergebnis zutreffend entschieden hat, hier nicht in Betracht.

4) Das OLG hat die Voraussetzungen des von der Ehefrau geltend gemachten Aufstockungsanspruches nach § 1573 II BGB danach beurteilt, welche Einkommensverhältnisse heute fiktiv dem gemeinsamen Einkommen der Parteien i. J. 1961 in Höhe von 986,09 DM monatlich entsprechen würden, und inwieweit der bei diesen fiktiven Einkommensverhältnissen angemessene Unterhaltsbedarf der Ehefrau bereits durch ihre heutigen eigenen Einkünfte gedeckt ist. Zur Ermittlung des heutigen fiktiven Einkommens hat das OLG mangels einer allgemeinen Übersicht über die Entwicklung der Einkünfte selbständiger Gewerbetreibender seit 1961 – für eine Vergleichsberechnung – auf die in den Jahrbüchern des Statistischen Bundesamts niedergelegten Daten über die Entwicklung der Bruttomonatsverdienste der männlichen Angestellten in Industrie und Handel zurückgegriffen. Da sich diese durchschnittlichen Bruttomonatsverdienste – auf der Basis 1970 = 100 % – von 1961 mit 53,6 % bis 1978 auf 186,6 % erhöht haben, ist das OLG davon ausgegangen, daß bei etwa gleichem Anstieg der Nettoeinkünfte einem gemeinschaftlichen Monatsnettoeinkommen der Parteien von 986,09 DM i. J. 1961 ein Monatsnettoeinkommen in Höhe von 3432,91 DM i. J. 1978 entsprechen würde. Bei einem heutigen gemeinsamen Einkommen der Parteien in dieser Höhe errechne sich ein Unterhaltsanspruch der AGg. nach den Grundsätzen der Düsseldorfer Tabelle mit höchstens $^2/_5$ auf 1373,16 DM. Dieser Unterhaltsanspruch werde indessen durch das eigene monatl. Nettoeinkommen der Ehefrau, das bereits 1977 bei 1440,22 DM gelegen habe, voll gedeckt. Nachdem sich ihr Einkommen i. J. 1979 auf monatlich 1592,39 DM weiter gesteigert habe, habe sich daran, daß sie ihren angemessenen Unterhalt durch ihre eigenen Einkünfte bestreiten könne, auch seither nichts geändert.

Diese auf tatrichterlicher Wertung beruhenden Ausführungen des OLG werden von der Revision nicht angegriffen. Sie lassen auch in der unterhaltsrechtlichen Beurteilung der hier vorliegenden Verhältnisse keinen Rechtsfehler erkennen und halten sich bei der Bemessung des Ergänzungsanspruchs nach § 1573 II BGB im Rahmen der Grundsätze, die der erkennende Senat in ständiger Rechtsprechung (FamRZ 1982/255 ff.; FamRZ 1982/360 ff.) aufgestellt hat. Dabei ist ergänzend darauf hinzuweisen, daß die Vergleichsberechnung des OLG auch für das Jahr 1979, in dem die Scheidung der Parteien ausgesprochen wurde, zu einem entsprechenden Ergebnis führt. Nach den in dem Berufungsurteil herangezogenen Daten aus den Statistischen Jahrbüchern – ergänzt um die entsprechenden Indexzahlen aus dem Jahrbuch für 1981 – entwickelte sich ein Einkommen von 986,09 DM aus dem Jahre 1961 zu einem vergleichbaren Einkommen in Höhe von 3643,18 DM i. J. 1979. Der von dem OLG zugrunde gelegte Unterhaltsanspruch der Ehefrau von höchstens $^2/_5$ dieses Betrages hätte sich mithin 1979 auf 1457,27 DM belaufen und damit weiterhin unter ihren eigenen Einkünften gelegen.

BGH v. 31. 3. 82 – IVb ZR 667/80 – FamRZ 82, 590 = NJW 82, 1590

(Zumutbare Tätigkeiten; entlastende Hilfen durch neuen Partner; obere Grenze der Erwerbsobliegenheit)

II 2 c) Eine Obliegenheit zum Nebenerwerb besteht nach den dargelegten Rechtsgrundsätzen unter Umständen dann nicht, wenn der wiederverheiratete Elternteil damit im Verhältnis zu anderen, gleichrangig Verpflichteten unverhältnismäßig belastet würde. Im vorliegenden Fall können die vom Tatrichter in Betracht gezogenen Erwerbsmöglichkeiten nicht wegen der früheren Beamtentätigkeit und qualifizierten Ausbildung des Bekl. als für ihn unzumutbar angesehen werden. d) Dem Bekl. wird, nachdem er nunmehr seiner Beamtentätigkeit freiwillig entraten hat, nicht eine weniger qualifizierte Arbeit anstelle oder auch nur neben einer Tätigkeit als Verwaltungsamtmann angesonnen, sondern neben der von ihm gewählten Rolle des Hausmannes. Sollte er eine anspruchsvollere und ihn selbst eher befriedigende Nebentätigkeit als eine solche von der Art, die das OLG in den von ihm angeführten Beispielen in Betracht gezogen hat, nicht finden können, so kann er derartige Erwerbsmöglichkeiten nicht als gegenüber seiner sonstigen Beschäftigung zu unqualifiziert und daher unzumutbar ablehnen. Das gilt auch deshalb, weil die Nebenbeschäftigung ihm nur in dem begrenz-

Anhang R. Rechtsprechung **R117**

ten Umfange abverlangt wird, der sich aus der Notwendigkeit ergibt, den für die Kl. erforderlichen Barunterhalt zu verdienen.

3 b) Die Annahme der unterhaltsrechtlichen Leistungsfähigkeit des ein Kind betreuenden Hausmannes oder der Hausfrau in gleicher Lage wegen einer Obliegenheit zum Nebenerwerb beruht auf dem Grundsatz der Gleichrangigkeit der Unterhaltsansprüche der minderjährigen unverheirateten Kinder aus beiden Ehen (NJW 80/340 und NJW 82/175). Diese Gleichrangigkeit gebietet es, auch bei der hinzunehmenden Wahl der Hausmanns-(Hausfrauen-)Rolle die Beeinträchtigung des Unterhaltsanspruchs der Kinder aus der früheren Ehe so gering wie möglich zu halten. Der neue Ehegatte muß den unterhaltsverpflichteten Ehepartner von der Haushaltsführung und Kindesbetreuung entsprechend entlasten (§ 1356 II 2 BGB), ebenso wie er es im Fall von dessen Vollerwerbstätigkeit hinnehmen müßte, daß die Einnahmen daraus nicht ganz zur Bestreitung des Familienunterhalts zur Verfügung ständen, sondern zum Teil auch zum Unterhalt der gleichrangig berechtigten Kinder aus der früheren Ehe verwendet würden. Diese rechtliche Begründung der Nebenerwerbsobliegenheit zeigt zugleich ihre obere Grenze auf: Die Obliegenheit kann nur so weit reichen, daß die unterhaltsberechtigten Kinder aus der früheren Ehe nicht schlechter gestellt werden, als sie ständen, wenn der ihnen Unterhaltspflichtige sich in seiner neuen Ehe nicht auf die Rolle des Hausmanns (der Hausfrau) zurückgezogen hätte, sondern erwerbstätig geblieben wäre.

Für diesen – gedachten – Fall wird aber im allgemeinen nicht ohne weiteres davon ausgegangen werden können, daß auch der jetzige Ehegatte dann in der Lage gewesen wäre, erwerbstätig zu bleiben und so zum Unterhalt der neuen Familie beizutragen. Der den Kindern aus der früheren Ehe Unterhaltspflichtige wäre in diesem Fall bei Fortführung seiner Vollerwerbstätigkeit nicht nur zur Aufbringung des Barunterhalts für diese verpflichtet, sondern er müßte – jedenfalls in der Regel – aus dem dann von ihm allein, wenn auch in einer günstigeren Steuerklasse, erzielten Einkommen auch seine neue Familie unterhalten. Von einer dadurch bedingten Schmälerung ihres Barunterhalts wären die Kinder aus der früheren Ehe nicht geschützt. Allerdings kann sich diese obere Grenze der Erwerbsobliegenheit im Fall der gesteigerten Unterhaltspflicht nach § 1603 II 1 BGB noch zugunsten der Kinder verlagern.

BGH v. 7. 4. 82 – IVb ZR 673/80 – FamRZ 82, 579 = NJW 82, 1594

(Kleiderzulage nach § 15 BVersG und konkreter Mehrbedarf) **R117**

II 1 a) Die Zulage für Kleiderverschleiß wird nach § 15 BVersG an Beschädigte gewährt, deren an- **a** erkannte Schädigungsfolgen einen außergewöhnlichen Verschleiß an Kleidung oder Wäsche verursachen. Der zu gewährende Pauschbetrag wird unter Zugrundelegung einer Bewertungszahl für den jeweiligen Verschleißtatbestand errechnet, wobei tatsächlich höhere Aufwendungen unter bestimmten Voraussetzungen erstattungsfähig sind (§ 15 S. 3 BVersG). Die Kleiderzulage ist hiernach aus unterhaltsrechtlicher Sicht – ähnlich wie die Grundrente – geeignet, einen erhöhten Bedarf des Beschädigten zu decken und in diesem Sinn allgemeine Unterhaltsbedürfnisse zu befriedigen. Die öffentlich-rechtliche Zweckbestimmung führt jedoch nicht dazu, daß die Zulage bei der Ermittlung des unterhaltserheblichen Einkommens von vornherein außer Ansatz zu lassen wäre. Vielmehr kommt es auch hier auf den tatsächlichen Mehrbedarf an, den der Empfänger der Kleiderzulage hat. Im Umfang eines solchen Mehrbedarfs wird die Zulage von den tatsächlichen Aufwendungen aufgezehrt. Soweit ein Mehrbedarf nicht vorhanden oder nicht dargetan ist, ist auch die Zulage nach § 15 BVersG dem unterhaltserheblichen Einkommen zuzurechnen und damit bei der Ermittlung der ehelichen Lebensverhältnisse im Sinn von § 1578 BGB heranzuziehen.

(Schädigungsbedingter Mehrbedarf für Pkw bei einem beiderseits Oberschenkelamputierten)

II 1 b) Auf die Grundrente, die Schwerstbeschädigtenzulage und die Pflegezulage sind, wie darge- **b** legt, zunächst die tatsächlichen Mehraufwendungen anzurechnen, die dem ASt. als Folge seiner Beschädigung erwachsen. Das OLG hat den schädigungsbedingten Mehrbedarf mit insgesamt 1150 DM angenommen, von denen 600 DM auf die Kosten für die Betreuung durch die Halbtagskraft und 550 DM auf die Kosten für die Haltung eines Pkw entfallen.

Der ASt. ist beiderseits oberschenkelamputiert. Er ist daher in seiner Fortbewegung – selbst mit Hilfe von Prothesen – in einer Weise behindert, die die Benutzung eines besonders ausgerüsteten Fahrzeugs unerläßlich macht. Der ASt. kann öffentliche Verkehrsmittel nicht benutzen. Er ist statt dessen auf den Pkw als einziges Beförderungsmittel angewiesen, wenn er seine Wohnung verlassen will.

Hieraus ergibt sich, daß die Aufwendungen für die Haltung und Benutzung eines Fahrzeugs im Fall des ASt. einen konkreten Mehrbedarf abdecken, den er – im Gegensatz zu einem Nicht-Beschädigten – als Folge seiner Beschädigung hat. Dabei kommt es nicht darauf an, ob auch ein Nicht-Beschädigter mit einem Einkommen der hier gegebenen Höhe einen Pkw halten würde. Die Verhältnisse lassen sich insoweit nicht vergleichen. Einem Nicht-Beschädigten in der Einkommenssituation des ASt. steht es frei, ein Fahrzeug zu halten oder darauf zu verzichten und sich dadurch Mittel für andere Bedürfnisse freizuhalten. Demgegenüber ist der ASt. lebensnotwendig auf die Benutzung des Pkw angewiesen. Er ist nicht in der Lage, in freier Entscheidung auf die Fahrzeughaltung zu verzichten. Deshalb sind die Aufwendungen für das Fahrzeug des ASt. als schädigungsbedingter Mehrbedarf vorab zu berücksichtigen.

(Ermittlung der Aufwendungen für einen Pkw)

c   I 1 b) Ist jemand lebensnotwendig auf die Benutzung eines Pkw angewiesen, sind seine Aufwendungen für das Fahrzeug als Mehrbedarf vorab zu berücksichtigen. Die Höhe des Mehrbedarfs hat das OLG auf DM 550,– geschätzt. Dies greift die Revision an mit dem Hinweis darauf, daß der Antragsteller nach seinem eigenen Vorbringen Zuschüsse für die Anschaffung eines Fahrzeugs erhalte. Da das OLG die Mehraufwendungen für die Haltung eines Pkw in Anlehnung an die ADAC-Tabelle geschätzt hat, liegt die Annahme nahe, daß es in die Schätzung die Anschaffungskosten für das Fahrzeug miteinbezogen hat. Ob dabei auch die genannten Zuschüsse – unter Beachtung der erforderlichen Kosten für die Umrüstung des Fahrzeugs – berücksichtigt worden sind, kann dem Berufungsurteil nicht mit hinreichender Sicherheit entnommen werden. Die erforderliche Aufhebung des angefochtenen Urteils und Zurückverweisung der Sache an das OLG gibt den Parteien Gelegenheit, hierzu näher Stellung zu nehmen.

(Kein Abzug von berufsbedingten Aufwendungen bei Renten)

d   II 1 d) Die Einkünfte der AGg. hat das OLG vor der Gegenüberstellung mit dem für Unterhaltszwecke zur Verfügung stehenden Renteneinkommen des ASt. um einen Betrag von ca. 10 % für berufsbedingte Mehraufwendungen bereinigt, die der AGg. durch ihre Halbtagsbeschäftigung erwachsen. Damit hat sich das OLG im Rahmen des ihm als Tatrichter obliegenden Bemessungsspielraums für die erhöhten Aufwendungen des erwerbstätigen Ehegatten gehalten. Da der ASt. einer Erwerbstätigkeit nicht nachgeht, entfallen bei ihm entsprechende berufsbedingte Aufwendungen. Die vom OLG sodann vorgenommene hälftige Aufteilung des gesamtbereinigten Nettoeinkommens der Parteien entspricht dem Gedanken, daß bei der Bemessung des Ehegattenunterhalts an sich jedem Ehegatten die Hälfte des anrechnungsfähigen Einkommens zuzubilligen ist, weil beide grundsätzlich in gleicher Weise am ehelichen Lebensstandard teilnehmen.

(Bemessung des Vorsorgeunterhalts bei Teilzeitbeschäftigung und Aufstockungsunterhalt)

e   II 2) Das OLG hat der AGg. die Hälfte des Unterschiedsbetrages zwischen den beiderseitigen bereinigten Einkünften zugesprochen. Nach dem Inhalt des angefochtenen Urteils kann nicht ausgeschlossen werden, daß es hierbei den Vorsorgeunterhalt gänzlich außer acht gelassen hat. Andererseits läßt das Urteil auch die Annahme zu, daß das OLG mit der der AGg. zugebilligten Unterhaltsquote den Elementarunterhalt einschließlich des Vorsorgeunterhalts abdecken wollte. In diesem Fall entspräche das Urteil allerdings nicht den Grundsätzen für die Bemessung des Vorsorgeunterhalts, die der Senat (FamRZ 1981/442; FamRZ 1981/864; FamRZ 1982/255, 257) aufgestellt hat.
Der Senat ist zu einer eigenen Sachentscheidung nicht in der Lage. Vielmehr muß die Unterhaltsbemessung – unter Einschluß des Vorsorgeunterhalts – grundsätzlich dem Tatrichter vorbehalten bleiben. Das gilt im vorliegenden Fall insbesondere deshalb, weil bisher nicht geklärt ist, in welcher Weise eine Aufstockung der durch die Erwerbstätigkeit der AGg. bereits erzielten Altersvorsorge – um den ergänzenden Vorsorgeunterhalt – in Betracht kommen kann. Es mag in einem Fall, in dem der unterhaltsberechtigte Ehegatte im Rahmen einer Teilzeitbeschäftigung Pflichtbeiträge für die gesetzliche Rentenversicherung entrichtet, in der Regel zweifelhaft sein, ob es sinnvoll ist, auch die Aufstockung der Altersvorsorge im Wege der gesetzlichen Rentenversicherung vorzunehmen, wenn neben den aufgrund der Versicherungspflicht gezahlten Beiträgen lediglich solche zum Zwecke der Höherversicherung entrichtet werden können (§ 1234 RVO, § 11 AVG); denn aus dieser erwachsen keine dynamischen Versicherungsleistungen (§ 1272 III RVO, § 49 III AVG). Etwas anderes kann allerdings gelten, wenn die AGg. noch in der Lage ist, freiwillige Beiträge zur Angestelltenversicherung nachzuentrichten. Gegebenenfalls können auch privatrechtliche Vorsorgemöglichkeiten zu erwägen sein (FamRZ 82/255). Zu dieser Frage haben die Parteien bisher nicht Stellung genommen. Sie kann für die Art des zu leistenden Vorsorgeunterhalts von Bedeutung sein.

BGH v. 7. 4. 82 – IVb ZR 678/80 – FamRZ 82, 680 = NJW 82, 1642

R118   *(Auskunftszweck; Auskunftspflicht ist eine Ausprägung von § 242 BGB)*

a   II 1) Das OLG ist zutreffend davon ausgegangen, daß zwischen den Parteien aufgrund der Ehe ein Unterhaltsrechtsverhältnis besteht (§§ 1360, 1361 BGB) und die Parteien gemäß § 1361 IV S. 4

i.V. mit § 1605 I S. 1 BGB einander verpflichtet sind, auf Verlangen über ihre Einkünfte und ihr Vermögen Auskunft zu erteilen, soweit dies zur Feststellung eines Unterhaltsanspruchs erforderlich ist.
a) Die Kl. hat erstmals am 24.1.1979 den Bekl. auf Leistung von Unterhalt in Anspruch genommen. Die Revision macht geltend, da die Kl. für die zurückliegende Zeit Unterhalt nicht verlangen könne, habe sie auch keinen Anspruch auf Auskunft über die Einkünfte des Bekl. in der zurückliegenden Zeit. Dem kann nicht gefolgt werden.

§ 1605 I S. 1 BGB beschränkt zwar den Auskunftsanspruch in der Weise, daß die Auskunft erforderlich sein muß, um einen Unterhaltsanspruch festzustellen. Das bedeutet indessen nicht, der Verpflichtete müsse seine Einkünfte und sein Vermögen nur für den Zeitraum offenbaren, für den der Berechtigte Unterhalt verlangen kann. Wenn ein Ehegatte die Angabe der Einkünfte des Verpflichteten aus einer zurückliegenden Zeit benötigt, um seinen (gegenwärtigen) Anspruch dem Grund und der Höhe nach berechnen zu können, muß die Auskunft auch für die Vergangenheit erteilt werden. Das folgt aus dem Zweck des Auskunftsanspruchs, der einer Beweisnot des Berechtigten abhelfen soll. Schon vor dem Inkrafttreten des 1. EheRG, durch das § 1605 in das BGB eingefügt wurde, hatte die Rechtsprechung eine derartige Auskunftspflicht aus § 242 BGB hergeleitet. Daraus wird deutlich, daß es sich um die Ausprägung eines durch Treu und Glauben im Rechtsverkehr gebotenen Grundsatzes handelt, nach dem innerhalb eines bestehenden vertraglichen oder gesetzlichen Schuldverhältnisses derjenige, der entschuldbar über das Bestehen und den Umfang seiner Ansprüche in Unkenntnis ist, von dem Verpflichteten eine entsprechende Auskunft verlangen kann, wenn dieser zur Erteilung unschwer in der Lage ist (vgl. BGHZ 55/201, 203).

(Keine absolute obere Grenze für Unterhaltsanspruch; Auskunftsverpflichtung)

II 1 c) Nicht zu beanstanden ist die Rechtsauffassung des OLG, der Auskunftsanspruch der Kl. entfalle nicht deshalb, weil die Kl. ein eigenes Einkommen von etwa 1600 DM beziehe. Richtig ist zwar, daß Einkünfte und Vermögen nicht mehr offenbart werden müssen, wenn sich durch die Auskunft weder am Bestand noch an der Höhe eines Unterhaltsanspruchs etwas ändern kann. Ein solcher Fall ist hier jedoch nicht gegeben. Es steht gerade nicht fest, ob die Kl. den nach den Lebensverhältnissen und den Erwerbs- und Vermögensverhältnissen der Parteien angemessenen Unterhalt (§ 1361 I BGB) bereits durch ihr eigenes Einkommen decken kann. Der Lebensbedarf des Unterhaltsberechtigten kann nicht in einer absoluten Größe bemessen werden, vielmehr wird er maßgeblich durch die wirtschaftlichen Verhältnisse der Ehegatten bestimmt. Daß auch eine absolute obere Grenze für den Unterhaltsanspruch des getrennt lebenden Ehegatten nicht besteht, hat der BGH schon zum früheren Recht entschieden, das noch auf Billigkeitsgesichtspunkte abstellte (BGH, FamRZ 1969/205 = NJW 1969/919); für den Unterhaltsanspruch gemäß § 1361 BGB n. F. kann nichts anderes gelten (FamRZ 1981/668, 670, sowie zum nachehelichen Unterhalt, FamRZ 82/152).

(Vorlage von Bilanzen, Gewinn- und Verlustrechnungen und Jahresabschlüssen bei einer GmbH)

2 a) Bei einem Kaufmann lassen sich die Einkünfte am sichersten aus der Bilanz entnehmen, die aufgrund der Buchführungspflicht jährlich aufgestellt werden muß. Da in der Bilanz nur die Bestandskonten, bezogen auf den Bilanzstichtag, zusammengestellt sind, erscheint es unter dem Gesichtspunkt der Verständlichkeit sinnvoll, zusätzlich die Vorlage der Gewinn- und Verlustrechnung zu verlangen, die über den erfaßten Zeitraum hinsichtlich Aufwendungen und Erträge Aufschluß gibt. Es entspricht deshalb der einhelligen Auffassung in Rechtsprechung und Literatur, daß ein selbständiger Unternehmer im Rahmen des § 1605 BGB zur Vorlage von Bilanzen nebst Gewinn- und Verlustrechnungen verpflichtet ist. Ein entsprechendes Bedürfnis für die Vorlage der Bilanzen nebst Gewinn- und Verlustrechnungen eines Unternehmens besteht aber auch, wenn der Auskunftspflichtige nicht dessen Alleininhaber, aber daran beteiligt ist und seine Einkünfte insoweit vom Gewinn des Unternehmens abhängen. Die Belege, die den Unternehmensgewinn ergeben, sind in einem solchen Fall gleichzeitig Belege über die Höhe der von diesem Gewinn abhängigen Einkünfte des Auskunftspflichtigen.

2 b) Der Beklagte ist als Gesellschafter und Geschäftsführer einer GmbH zur Vorlage von deren Bilanzen nebst Gewinn- und Verlustrechnungen in der Lage. Er kann die Vorlage nicht mit dem (allgemeinen) Hinweis auf die Belange der GmbH oder eines anderen daran beteiligten Gesellschafters verweigern. Diese müssen regelmäßig hinter dem Interesse des Unterhaltsberechtigten zurücktreten. Insoweit kann nichts anderes gelten als für die Auskunftsansprüche des Pflichtteilsberechtigten gemäß § 2314 BGB und des Ehegatten bei Beendigung des gesetzlichen Güterstandes gemäß § 1379/I BGB. Für diese hat der BGH bereits entschieden, daß die Vorlage der Geschäftsunterlagen gefordert werden darf, wenn zum Nachlaß oder zum Endvermögen ein gewerbliches Unternehmen oder eine Unternehmensbeteiligung gehört (FamRZ 80/37, 38 m. w. N.). Für die GmbH kann eine Einschränkung dieser Grundsätze um so weniger gelten, als die neuere Rechtsentwicklung in zunehmendem Maße dazu führt, die in dieser Rechtsform betriebenen Kapitalgesellschaften einer allgemeinen Pflicht zur Offenlegung ihres Jahresabschlüsse zu unterwerfen.

R119   Anhang R. Rechtsprechung

(Zum Einkommensteuerbescheid und zur Steuererklärung sowie zu Ausnahmen bei der Vorlegungspflicht)

e   3 a) Die Verurteilung des Bekl. zur Vorlage seiner Steuererklärungen und -bescheide begegnet im Ergebnis keinen rechtlichen Bedenken. Sein Einkommensteuerbescheid ist regelmäßig geeignet, wenigstens ein Mindesteinkommen als Grundlage der Unterhaltsbemessung zu belegen. Die Verpflichtung zur Vorlage von Belegen gemäß § 1605 I 2 BGB erfaßt daher in aller Regel auch die Vorlage von Steuerbescheiden. b) Von noch zu erläuternden Ausnahmen abgesehen, muß der Auskunftspflichtige auf Verlangen außer dem Steuerbescheid auch die Kopie der zugrundeliegenden Steuererklärung vorlegen; denn in nicht seltenen Fällen reicht der Steuerbescheid allein nicht aus, um die unterhaltsrechtlich wesentlichen Einkünfte verständlich zu belegen. Dem heute meist maschinell erstellten Einkommensteuerbescheid können für die verschiedenen Einkunftsarten nur die jeweiligen Salden entnommen werden. Erst im Zusammenhang mit der Steuererklärung läßt sich hinreichend deutlich erkennen, welche Einkommensteile steuerrechtlich unberücksichtigt geblieben sind und inwieweit steuerrechtlich anerkannte Absetzungen vorliegen, die unterhaltsrechtlich möglicherweise nicht als einkommensmindernd hinzunehmen sind (FamRZ 80/770 = NJW 80/2083). Der Umstand, daß Amtsträger und ihnen gleichgestellte Personen sowie Steuerbevollmächtigte, Steuerberater und Wirtschaftsprüfer die ihnen anvertrauten Angaben des Steuerpflichtigen ohne ausdrückliche gesetzliche Zulassung nicht weitergeben dürfen und sie in Gerichtsverfahren als Zeugen nicht zu offenbaren brauchen, besagt noch nichts darüber, in welchen Fällen der Betroffene selbst die gleichen Tatsachen, die er gegenüber dem Finanzamt aufgrund der §§ 149 ff. AO erklären muß, auch anderen mitzuteilen hat. Eine solche gesetzliche Pflicht besteht gerade im vorliegenden Fall gegenüber der Kl.

c) Das Verlangen des Berechtigten auf Vorlage der Steuererklärung als Beleg für die Höhe der Einkünfte unterliegt allerdings Einschränkungen. So braucht die Steuererklärung nicht mehr vorgelegt zu werden, wenn der Verpflichtete seine Einkünfte bereits in anderer Weise ausreichend belegt hat. Unabhängig davon kann der Verpflichtung zur Vorlage der vollständigen Steuererklärung ein schutzwürdiges Interesse des Auskunftsverpflichteten an der Zurückhaltung bestimmter Angaben entgegenstehen, die sich aus der Steuererklärung ergeben. So ist denkbar, daß sich aus der Geltendmachung einzelner steuerrechtlich relevanter Ausgaben Rückschlüsse auf Lebenssachverhalte ziehen lassen, die für einen Unterhaltsanspruch ohne Bedeutung sind und die der Verpflichtete dem Unterhaltsberechtigten daher nicht offenbaren muß. Im übrigen kann die Vorlage der Steuererklärung – ebenso wie die anderer Belege – verweigert werden, wenn aufgrund besonderer Umstände die Gefahr einer mißbräuchlichen Verwendung besteht. Die konkreten Tatsachen, die im Einzelfall zum Ausschluß oder zur Einschränkung der Vorlagepflicht für Steuererklärungen als Beleg für die Einkünfte führen sollen, muß der Auskunftspflichtige im Prozeß nach allgemeinen Verfahrensregeln geltend machen. Im vorliegenden Fall fehlt es an einem derartigen Vortrag. Die vom OLG getroffene Feststellung, der Beklagte habe keine Umstände vorgetragen, die im vorliegenden Fall eine Beschränkung des Anspruchs auf Auskunftserteilung und auf Vorlage der geforderten Belege rechtfertigen könnten, ist nicht zu beanstanden.

BGH v. 7. 4. 82 – IVb ZR 681/80 – FamRZ 82, 678 = NJW 82, 1641

R119   *(Objektiver Maßstab bei Unterhaltsbemessung; ehebedingte Schulden; Beurteilung der Leistungsfähigkeit eines Hochverschuldeten, der zu einer den Schuldenstand mindernden Tilgung nicht in der Lage ist)*

a   Zwar gilt auch für die Berücksichtigung von Schulden, die bereits zur Zeit des Zusammenlebens der Ehegatten entstanden sind und aus der gemeinsamen Lebensführung herrühren, der aus § 1361 I BGB abzuleitende Grundsatz, daß der unterhaltsberechtigte Ehegatte durch die Trennung weder schlechter noch besser gestellt werden soll (FamRZ 82/23, 24). Dies spricht, wenn der Unterhaltspflichtige in den Jahren vor der Trennung von sich aus keine planmäßigen Zahlungen auf seine Schulden vorgenommen hat und es deshalb lediglich zu einer Rückführung der Verbindlichkeiten im Weg fortlaufender Lohnpfändungen gekommen ist, in der Tat dafür, bei der Unterhaltsbemessung die Leistungsfähigkeit nur im bisherigen Ausmaß als durch die bestehenden Verbindlichkeiten beeinflußt anzusehen und das einzusetzende Einkommen lediglich um die Pfändungsbeträge zu vermindern. Indessen ist bei der Unterhaltsbemessung ein objektiver Maßstab anzulegen und derjenige Lebensstandard entscheidend, der vom Standpunkt eines vernünftigen Betrachters als angemessen erscheint, so daß weder eine nach den Verhältnissen zu dürftige Lebensführung noch ein übertriebener Aufwand zählt (FamRZ 82/151, 152). Unter diesen Umständen kann es auch in der Frage, wie hoch die Tilgungsraten zur unterhaltsrechtlichen Berücksichtigung von Schulden anzusetzen sind, nicht allein und ausschlaggebend darauf ankommen, in welcher Höhe der Unterhaltpflichtige die Schulden bislang laufend abgetragen hat. Ergibt sich etwa, daß während des Zusammenlebens ein nach objektiven Maßstäben unvertretbar geringer Teil des Einkommens zur Rückführung der Verbindlichkeiten aufgewendet worden ist, so kann der Unterhaltspflichtige nicht auch für die Zukunft

Anhang R. Rechtsprechung R120

daran festgehalten und bei der Beurteilung seiner Leistungsfähigkeit auch dann nur in Höhe der bisherigen Beiträge entlastet werden, wenn er nunmehr zur Zahlung angemessener Tilgungsraten entschlossen ist. Dementsprechend ist zu fragen, wie sich der Unterhaltspflichtige verständigerweise bei Fortdauer der ehelichen Gemeinschaft verhalten hätte, und es ist auf einen vernünftigen Tilgungsplan abzustellen (BGH FamRZ 82/23). Einkommensmindernd sind die Beträge zu berücksichtigen, die im Fall der Fortdauer der ehelichen Gemeinschaft bei verantwortlicher Abwägung der Unterhaltsbelange und der Fremdgläubigerinteressen für die Schuldentilgung verwendet worden wären. Im vorliegenden Fall ist es angesichts der festgestellten wirtschaftlichen Verhältnisse nicht zu beanstanden, daß das OLG den Bekl. zu einer den Schuldenstand vermindernden Tilgung außerstande gesehen hat. Indessen reichen die Pfändungsbeträge, um die das OLG das Erwerbseinkommen gemindert hat, nicht einmal aus, um die laufenden Zinsen zu decken, die nach dem Vortrag des Bekl. monatlich 550 DM betragen. Unter diesen Umständen hat die Beurteilung des OLG zur Folge, daß der Schuldner für die Dauer seiner Unterhaltspflicht nicht nur außerstande ist, die bereits bestehenden Schulden zurückzuführen, sondern auch die Möglichkeit verliert, wenigstens die laufend anfallenden Schuldzinsen in größtmöglichem Umfang zu begleichen und damit gegen ein weiteres Anwachsen der Schulden anzugehen. Das führt im Ergebnis dazu, daß der Unterhalt, den das OLG den Kl. zugebilligt hat, teilweise mit den Mitteln aus einer weiteren ständig wachsenden Verschuldung des Bekl. aufzubringen ist.

(Zumutbare Verschuldung zum Zweck von Unterhaltszahlungen. Interessenabwägung)

Ein Unterhaltsschuldner ist nicht von vornherein der Pflicht enthoben, durch die Aufnahme eines **b** Kredits, insbesondere im Wege der Beleihung seines Vermögens, Mittel für den Unterhalt zu beschaffen und einzusetzen. Ist er jedoch ohnehin schon mit Schulden belastet, deren Amortisation seine finanziellen Möglichkeiten übersteigt, so kann ihm eine Erhöhung dieser – unterhaltsrechtlich an sich zu berücksichtigenden – Verschuldung zur Aufbringung zusätzlicher für Unterhaltszwecke einzusetzender Mittel grundsätzlich nicht zugemutet werden. Auf jeden Fall ist dem Interesse an der Verhinderung einer weiteren Zunahme der Verbindlichkeiten keine geringere Bedeutung beizumessen als dem Interesse des Schuldners an einer planmäßigen Tilgung. Es ist daher gleichfalls in die umfassende Interessenabwägung einzubeziehen, die nach der Rechtsprechung des Senats bei der Frage der unterhaltsrechtlichen Berücksichtigung von Verbindlichkeiten vorzunehmen ist (FamRZ 82/157, 158). Zu dieser Abwägung der Belange, insbesondere zur tatrichterlichen Feststellung des Betrags, um den das Einkommen des Beklagten hiernach im Hinblick auf seine Zinslast zu mindern ist, muß der Rechtsstreit an das OLG zurückverwiesen werden.

BGH v. 21. 4. 82 – IVb ZR 687/80 – FamRZ 82, 679 = NJW 82, 1987

(Zweckbestimmung des Vorsorgeunterhalts und Bemessung, wenn der Elementarunterhalt des Berechtigten durch **R120** *ein „eheähnliches Verhältnis" gedeckt ist. Stets Anknüpfung des Vorsorgeunterhalts an den zu gewährenden laufenden Unterhalt, auch wenn dieser wegen trennungsbedingtem Mehrbedarf nicht dem vollen Unterhalt entspricht. Dies gilt auch bei bedarfsmindernder Anrechnung nichtprägender Einkünfte des Berechtigten)*

Wie der Senat in der Entscheidung v. 25. 2. 1981 (FamRZ 81/442) dargelegt hat, sollen nach dem Zweck der Gesetzesregelung über den Vorsorgeunterhalt mit unterhaltsrechtlichen Mitteln die Nachteile ausgeglichen werden, die dem Berechtigten aus der ehebedingten Behinderung seiner Erwerbstätigkeit erwachsen. Das läßt es gerechtfertigt erscheinen, den Berechtigten hinsichtlich der Altersvorsorge so zu behandeln, wie wenn er aus einer versicherungspflichtigen Erwerbstätigkeit Einkommen in Höhe des ihm an sich zustehenden Elementarunterhalts hätte (FamRZ 81/444). Hiernach ist das entscheidende Anknüpfungskriterium für die Bemessung des Vorsorgeunterhalts in der an sich zu gewährenden laufenden Unterhaltsrente zu erblicken. Dabei ist nicht zu verkennen, daß diese Unterhaltsrente den entsprechenden Unterhaltsbedarf des Berechtigten nicht immer vollständig deckt. Zwar ist ihre Bemessung darauf auszurichten, daß sie den gesamten, nach den dauerhaft gewordenen Lebensverhältnissen während der Ehe zu bestimmenden Lebensbedarf umfaßt (§ 1578 I BGB). Indessen kommt es vor allem bei dem in der Praxis verbreiteten Verfahren, den laufenden Unterhalt nach einer Quote des Einkommens zu bemessen, häufiger vor, daß die Quote, die dem Berechtigten am Einkommen des Verpflichteten zusteht, nicht ausreicht, um den Unterhaltsbedarf in vollem Umfang zu decken. Das ist, wie der Senat (FamRZ 82/151) ausgeführt hat, insbesondere im Hinblick auf etwaige Mehrkosten möglich, die den Ehegatten als Folge ihrer Trennung erwachsen und dazu führen können, daß der Berechtigte mit den Mitteln jener Quote den ehel. Lebensstandard nicht mehr aufrechtzuerhalten vermag. Diese mögliche Diskrepanz zwischen der dem Berechtigten an sich zustehenden Rente zur Deckung des laufenden Unterhaltsbedarfs und der tatsächlichen Höhe dieses Bedarfs macht es nach Ansicht des Senats jedoch nicht erforderlich, den laufenden Unterhalt als rechnerische Grundlage für die Bemessung des Vorsorgeunterhalts in Frage zu stellen und nur dann als Anknüpfungskriterium gelten zu lassen, wenn er den laufenden Unterhaltsbedarf des Berechtigten tatsächlich deckt. Vielmehr läßt es das gerade im Unterhaltsrecht bestehende Bedürfnis nach einer einfachen Abwicklung der alltäglichen Ausgleichsfälle gerechtfertigt erscheinen, die Vorsorgeleistungen, deren Einbeziehung in den Unterhalt getrennt lebender und geschiedener Ehegatten ohnehin erhebliche Schwierigkeiten bereitet, auch dann in Anknüpfung an den laufenden Unterhalt zu bemessen, wenn dieser zur Deckung des entsprechenden tatsächlichen Unterhaltsbedarfs nicht ausreicht. Das führt dazu, daß die Rente für den laufenden Unterhalt, wie sie im Falle der vollständigen Unterhaltsbedürftigkeit des Berechtigten anfiele, grundsätzlich die Obergrenze des Betrages bildet, aus dem nach seiner Hochrechnung zu einem Bruttobetrag entsprechend der Regelung des § 14 II SGB-IV der Vorsorgeunterhalt zu errechnen ist.

Diese Obergrenze wird auch im vorliegenden Fall erreicht, da das OLG mit dem monatl. Betrag von 662 DM einen laufenden Unterhalt zugrunde gelegt hat, wie er der ASt. im Falle vollständiger Unterhaltsbedürftigkeit von seiten des AGg. zustände. Ein auf dieser Grundlage errechneter Vorsorgeunterhalt ist auch dann als angemessen anzusehen, wenn der Berechtigte seinen laufenden Unterhaltsbedarf anderweitig deckt, ohne dabei zugleich eine entsprechende Altersvorsorge begründen zu können. Daß der Unterhaltsverpflichtete hierbei hinsichtlich des laufenden Unterhalts entlastet wird, gebietet es nicht, ihn hinsichtlich des Vorsorgeunterhalts in größerem Umfang heranzuziehen.

Entgegen der Ansicht der Revision kann der ASt. der Betrag, um den das OLG den Vorsorgeunterhalt herabgesetzt hat, auch nicht als Elementarunterhalt zuerkannt werden. Eine solche Verurteilung scheidet schon deshalb aus, weil die ASt. nach dem festgestellten Sachverhalt in der Berufungsinstanz hinsichtlich des Elementarunterhalts keinen Unterhaltsbedarf mehr geltend gemacht hat.

BGH v. 21. 4. 82 – IVb ZR 696/80 – FamRZ 82, 792 = NJW 82, 1812

R121   *(Zurechnung fiktiver Einkünfte bei einem Strafgefangenen)*

c   II 4) Rechtsbedenkenfrei hat das OLG abgelehnt, den Kl. unter dem Gesichtspunkt selbstverschuldeter Leistungsunfähigkeit so zu behandeln, als erziele er weiterhin Einkünfte wie in Freiheit. Das Gesetz sieht zwar in schwerwiegenden Fällen selbstverschuldeter Unterhaltsbedürftigkeit des Unterhaltsberechtigten einen Verlust des Unterhaltsanspruchs vor (§§ 1611 I, 1579 I Nr.U3 BGB), kennt aber keine entsprechenden Vorschriften in bezug auf die Leistungsunfähigkeit des Unterhaltsverpflichteten. Diese ist daher grundsätzlich auch dann beachtlich, wenn sie durch eigenes Verschulden verursacht worden ist. Eine Ausnahme von diesem Grundsatz ergibt sich allerdings aus der Rechtsprechung, wonach ein Unterhaltspflichtiger seine Arbeitsfähigkeit so gut wie möglich einsetzen und sich Einkünfte anrechnen lassen muß, die er bei zumutbarer Erwerbstätigkeit, unter Berücksichtigung der konkreten Verhältnisse auch im Weg eines Arbeitsplatz- oder Berufswechsels erreichen könnte (FamRZ 81/539 = NJW 81/ 1609; FamRZ 81/1042 = NJW 81/2805; NJW 82/1050).

Beim Strafgefangenen wird dann eine Ausnahme zu machen sein, wenn die Berufung auf die Leistungsunfähigkeit infolge der Strafhaft gegen Treu und Glauben (§ 242 BGB) verstoßen würde. Das kommt etwa in Betracht, wenn die Straftat gegen den Unterhaltsberechtigten oder seine Angehörigen gerichtet war, wenn sie verübt wurde, um sich absichtlich der Unterhaltspflicht zu entziehen oder wenn sie in einer Weise im Zusammenhang mit der Unterhaltspflicht steht, daß die Vorstellungen und Antriebe, die ihr zugrunde liegen, sich auch auf die Leistungsunfähigkeit als Folge des strafbaren Verhaltens erstrecken.

BGH v. 21. 4. 82 – IVb ZR 741/80 – FamRZ 82, 684

R122   *(Einkommenserhöhungen durch Beförderungen im öffentlichen Dienst sind zu berücksichtigen, wenn sie im Zeitpunkt der Scheidung als Normalentwicklung [Regelbeförderung] vorausgesehen und erwartet werden konnten; dies gilt nach altem und neuem Recht)*

b   II 2 g bb) Der Auffassung des OLG, die Laufbahn des Bekl. zwar nicht bis zur letztlich erreichten Versetzung auf einen herausgehobenen Dienstposten als Oberstleutnant in der Besoldungsgruppe A 15, aber doch bis zur Beförderung zum Oberstleutnant in der Besoldungsgruppe A 14 sei als eine sich seit 1963 abzeichnende, vorgegebene, planmäßige Laufbahn für die Höhe des nachehelichen Unterhalts zu beachten, würde der Senat auch sonst zustimmen. Wenn eine derartige Entwicklung bei einem kriegsgedienten Offizier, wie das OLG feststellt, „durchaus normal" war und die allgemeine, mit hoher Wahrscheinlichkeit sich verwirklichende, Laufbahnerwartung eines Hauptmannes wie des Bekl. i. J. 1963 für das Ende der noch bevorstehenden 15 Dienstjahre beim Oberstleutnant in der Besoldungsgruppe A 15 lag, spricht alles dafür, derartigen Beförderungen im Falle ihres Eintritts Einfluß auf die Höhe des nachehelichen Unterhalts einzuräumen. Die in diesem Zusammenhang bisweilen für die Gegenmeinung zitierte Entscheidung RGZ 75/124, 126, in der spätere Beförderungen in

Anhang R. Rechtsprechung R124

ein besser besoldetes Amt als zur Zeit der Scheidung nicht einmal voraussehbar bezeichnet worden sind, trifft die dargestellte heutige Beförderungspraxis nicht. Im Rahmen der normalen Erwartung liegende zukünftige Beförderungen im öffentlichen Dienst, zu denen es regelmäßig kommt, werden üblicherweise als künftige Stationen der Einkommensentwicklung von Eheleuten schon vorausschauend für ihren Lebenszuschnitt berücksichtigt, etwa, bei Entscheidungen im Zusammenhang mit dem Aufbau einer Altersversorgung, dem Entschluß zum Erwerb eines Familienheims und den Dispositionen über die Ausbildung der Kinder. Sie prägen mithin bereits die – für die Höhe des nachehelichen Unterhalts maßgebenden – ehel. Lebensverhältnisse zur Zeit der Scheidung. Deshalb kann ihnen im Falle der späteren Realisierung der Regelbeförderungserwartung sowohl im Rahmen des alten Rechts (§§ 58 ff. EheG) als auch nach § 1578 BGB n. F. ein Einfluß auf die Höhe des nachehelichen Unterhalts nicht abgesprochen werden.

Der Gegenmeinung, die nur sicher voraussehbare künftige Entwicklungen, nicht aber Beförderungen im öffentlichen Dienst berücksichtigen will, vermag der Senat aus den dargelegten Gründen nicht zu folgen.

BGH v. 19. 5. 82 – IVb ZR 702/82 – FamRZ 82, 779 = NJW 82, 2664

(Eheliches Fehlverhalten durch Aufnahme eines nachhaltigen intimen Verhältnisses. Darlegungs- und Beweislast R124
für das Vorliegen eines einseitigen, klar bei einem Ehegatten liegenden Fehlverhaltens. Der Unterhaltsverpflichtete muß entsprechende Gegenvorwürfe des anderen widerlegen)

I 1) Der Bekl. hat sich auf einen Ausschluß des Unterhaltsanspruchs nach §§ 1361 III, 1579 I Nr. 3 a
und 4 BGB berufen und geltend gemacht, die Kl. habe ihn wegen eines anderen Mannes verlassen, mit dem sie seit der Trennung in eheähnlicher Gemeinschaft zusammenlebe. Das OLG hat einen Ausschluß oder eine Kürzung des Unterhaltsanspruchs verneint und hierzu ausgeführt:
Nach dem Ergebnis der Beweisaufnahme könne nicht festgestellt werden, daß die Kl. im Klagezeitraum eine eheähnliche Wohn- und Lebensgemeinschaft mit einem neuen Lebensgefährten begründet habe. Nach der Aussage des vom Bekl. benannten Zeugen unterhalte dieser zwar seit geraumer Zeit geschlechtliche Beziehungen zur Kl.; eine Wohngemeinschaft zwischen dem Zeugen und der Kl. habe indessen nur im Oktober 1978 bestanden. Es könne auch nicht davon ausgegangen werden, daß die Kl. den Bekl. grundlos verlassen habe. Die Kl. habe bereits in einem früheren, durch Aussöhnung erledigten Ehescheidungsverfahren geltend gemacht, daß der Bekl. seit Jahren übermäßig dem Alkohol zuspreche und sie dann bedrohe und körperlich mißhandele. Die gleichen Gründe habe sie auch im jetzt anhängigen Ehescheidungsverfahren als Ursache des Scheiterns der Ehe angegeben. Dieses Vorbringen sei nicht widerlegt und vom Bekl. nicht einmal substantiiert bestritten worden.
Diese Ausführungen halten im Ergebnis der von der Revision erbetenen sachlich-rechtlichen Überprüfung stand.
Nach der Rechtsprechung des BGH ist ein schwerwiegendes, klar bei einem der Ehegatten liegendes Fehlverhalten geeignet, die Voraussetzungen des § 1579 I Nr. 4 BGB zu erfüllen. Ein schwerwiegendes Fehlverhalten in diesem Sinne kann nicht nur in der (gegen den Willen des anderen Ehegatten erfolgten) Begründung einer eheähnlichen Gemeinschaft, sondern auch schon in der Aufnahme eines nachhaltigen, auf längere Dauer angelegten intimen Verhältnisses mit einem anderen Partner liegen. Der auf Unterhalt in Anspruch genommene Ehegatte trägt jedoch die Darlegungs- und Beweislast dafür, daß ein einseitiges, klar bei dem anderen Ehegatten liegendes Fehlverhalten vorliegt. Insoweit können Verfehlungen des unterhaltspflichtigen Ehegatten von einigem Gewicht Bedeutung erlangen, die dem Unterhalt begehrenden Gatten das Festhalten an der Ehe erheblich erschwert haben und dessen eigenes Fehlverhalten in einem milderen Licht erscheinen lassen. Solche Vorwürfe hat der in Anspruch genommene Ehegatte, der sich auf die rechtsvernichtende Einwendung des § 1579 I Nr. 4 BGB beruft, gegebenenfalls zu widerlegen (FamRZ 1982/463 m. w. N.).
Nach diesen Grundsätzen ist es nicht zu beanstanden, daß das OLG vom Bekl. verlangt hat, den Vortrag der Kl. über seinen übermäßigen Alkoholkonsum und die damit zusammenhängenden Vorgänge auszuräumen, und daß es angesichts des nicht widerlegten Vortrags die Voraussetzungen des § 1579 I Nr. 4 BGB verneint hat. Die Frage, ob die Anwendung dieser Vorschrift auch deshalb ausscheiden müßte, weil der Bekl. nach den Feststellungen des OLG inzwischen seinerseits eine andere Frau in seinen Haushalt aufgenommen hat, bedarf danach keiner Prüfung mehr.

(Abzug von Kinderbetreuungskosten als berufsbedingte Aufwendungen)

I 2a) Es kann dahingestellt bleiben, ob bei der hier gegebenen Sachlage den Beklagten trotz der b
Betreuungsbedürftigkeit der bei ihm lebenden ehelichen Kinder im Verhältnis zur Klägerin die unterhaltsrechtliche Obliegenheit traf, seine Erwerbstätigkeit in dem vor der Trennung der Parteien ausgeübten Umfang beizubehalten. Selbst wenn er seine Erwerbstätigkeit hätte einschränken dürfen,

um die Betreuung der Kinder in größerem Umfang persönlich wahrnehmen zu können, würde dies nicht zur Folge haben, daß das Einkommen aus der über das gebotene Maß hinaus ausgeübten Erwerbstätigkeit bei der Unterhaltsbemessung unberücksichtigt bleiben müsse. Die Frage, in welchem Umfang ein solches (Mehr-)Einkommen bei der Unterhaltsbemessung anzurechnen ist, muß nach den Grundsätzen von Treu und Glauben und Berücksichtigung der Umstände des Einzelfalls beantwortet werden. Damit steht es im Einklang, das Einkommen aus einer trotz der Kinderbetreuung ausgeübten Berufstätigkeit unter Abzug des Betrags anzusetzen, der für die infolge dieser Berufstätigkeit notwendig gewordenen anderweitigen Betreuung der Kinder aufgewendet werden mußte. Dies hat der BGH bereits für einen Fall entschieden, in dem die nach § 58 EheG unterhaltsberechtigte Ehefrau eine Erwerbstätigkeit aufgenommen hat und die Kinder in Ganztagsschulen versorgen ließ (FamRZ 79/210, 211 und FamRZ 80/771, 772). Die dem zugrunde liegende Billigkeitserwägung gilt in gleicher Weise für den hier vorliegenden Fall, daß der (nach § 1361 BGB) Unterhaltspflichtige eine Erwerbstätigkeit ausübt und dafür die Kinder anderweitig betreuen läßt. Danach stellt es keinen Rechtsfehler zum Nachteil des Beklagten dar, wenn das OLG seine Zuwendungen für die bei ihm lebende Frau, die die Kinder mitversorgt, vom anzurechnenden Einkommen abgesetzt, im übrigen aber das Einkommen angerechnet hat. Eine derartige Berücksichtigung der konkreten Umstände wird in Fällen, in denen der berufstätige Ehegatte die mit seiner Berufstätigkeit verbundene Einschränkung der persönlichen Sorge für die Kinder dadurch ausgleicht, daß er die Kinder im erforderlichen Umfang gegen Entgelt anderweitig versorgen läßt, dem Grundsatz von Treu und Glauben besser gerecht als die pauschale Nichtanrechnung eines Teils des Einkommens. Der konkreten Bewertung des zusätzlichen Aufwands für die Kinderbetreuung steht nicht entgegen, daß in bezug auf die Unterhaltspflicht der Eltern gegenüber minderjährigen unverheirateten Kindern Bar- und Betreuungsunterhalt grundsätzlich als gleichwertig anzusehen sind und insoweit ein Ansatz des Geldwerts der Betreuungsleistungen ausscheidet (FamRZ 80/994). Das hat seinen Grund in der Vorschrift des § 1606 III S. 2 BGB, die insoweit die Betreuungsleistungen des einen Elternteils und Barleistungen des anderen im Weg einer typisierenden Wertung für den Regelfall gleichsetzt. Das schließt jedoch nicht aus, bei der Berechnung des Ehegattenunterhalts den Aufwand zu ermitteln, der dem sorgeberechtigten Elternteil dadurch entsteht, daß er infolge seiner Berufstätigkeit die Betreuung der Kinder (z. T.) auf Dritte übertragen muß.

(Zum Ausmaß der Überstunden)

c 2 a) Überstunden sind beim Ehegattenunterhalt auch vom Ausmaß her zu berücksichtigen, wenn es sich bei ihnen um einen geradezu „typischen, regulären und untrennbaren Bestandteil des ausgeübten Berufs" handelt und die Überstundenvergütung während intakter Ehe die Lebensverhältnisse der Ehegatten mitgeprägt hat (so auch FamRZ 83/886 = NJW 83/2321).

(Zum Krankheitsnachweis durch fachärztliches Gutachten)

d II 2) Darüber hinaus rügt die Revision zu Recht, daß das OLG den Antrag des Bekl., ein fachärztliches Gutachten über die Arbeitsfähigkeit der Kl. einzuholen, unberücksichtigt gelassen hat. Der Bekl. hat substantiiert dargelegt, daß er das im ersten Rechtszug eingeholte amtsärztliche Gutachten ebenso wie das von der Kl. im zweiten Rechtszug vorgelegte Bescheinigung des behandelnden Arztes als für eine abschließende Beurteilung unzureichend erachtete. Sein Vorbringen, zur Frage der von ihm behaupteten Arbeitsfähigkeit der Kl. müsse „notfalls" ein fachärztliches Gutachten eingeholt werden, durfte unter diesen Umständen nicht lediglich als Anregung einer in das Ermessen des Gerichts gestellten Beweisaufnahme (vgl. BGHZ 66/62, 69) aufgefaßt werden. Das Vorbringen des Bekl. genügte der Formvorschrift des § 403 ZPO. Die Einschränkung, daß das Gutachten „notfalls" eingeholt werden müsse, sollte ersichtlich nur zum Ausdruck bringen, daß nach Auffassung des Bekl. die Kl. beweisfällig geblieben sei und das Gutachten vorsorglich für den Fall erbeten wurde, daß das Gericht diese Auffassung nicht teilte.

Wie das OLG nicht verkannt hat, war das amtsärztliche Gutachten aus dem ersten Rechtszug seinem Inhalt nach nicht für den gesamten in Frage stehenden Zeitraum aussagekräftig. Auch die – im Wege des Urkundenbeweises verwertbare – Bescheinigung des behandelnden Arztes lag im Zeitpunkt der Berufungsverhandlung bereits länger zurück und ergab keine abschließende, gesicherte Prognose. Beide Gutachten waren darüber hinaus sehr kurz gefaßt und beschrieben den Krankheitszustand nur pauschal. Unter diesen Umständen begegnet es durchgreifenden Bedenken, wenn das OLG „angesichts des Zustandsbildes der rheumatischen Erkrankung" der Kl. ohne Einholung des beantragten Sachverständigengutachtens darauf geschlossen hat, daß sich die Folgen der Erkrankung nicht kurzfristig beheben oder nachhaltig bessern ließen.

BGH v. 19. 5. 82 – IVb ZR 705/80 – FamRZ 82, 782 = NJW 82, 2072

(Zum Umfang eines Titels über den Trennungsunterhalt) R125

Die Verschiedenheit der Ansprüche hat zur Folge, daß ein Titel über den Anspruch auf Trennungs- **a**
unterhalt den Anspruch auf nachehelichen Unterhalt nicht umfaßt. Das gilt sowohl für den Fall, daß der Unterhaltstitel in einem Urteil besteht, als auch dann, wenn die Eheleute über den Trennungsunterhalt einen Prozeßvergleich abgeschlossen haben. Die Ansicht der Revision, daß im Fall der Unterhaltsregelung durch Prozeßvergleich andere Grundsätze gelten müßten, kann nicht geteilt werden. Die Umgestaltung der unterhaltsrechtlichen Beziehungen durch die Ehescheidung läßt den während des Getrenntlebens bestehenden gesetzlichen Unterhaltsanspruch auch dann mit der Scheidung entfallen, wenn die Eheleute über ihn einen Prozeßvergleich abgeschlossen haben. Etwas anderes kann nur gelten, wenn die Parteien in dem Prozeßvergleich nicht nur den Unterhalt während der Trennung, sondern auch ihre unterhaltsrechtlichen Beziehungen nach der Scheidung geregelt haben.

(Zum Wesen des Prozeßvergleichs)

Der Prozeßvergleich ist ein Prozeßvertrag, der eine rechtliche Doppelnatur hat. Er ist sowohl eine **b**
Prozeßhandlung, deren Wirkungen sich nach den Grundsätzen des Verfahrensrechts richten, als auch ein privat-rechtlicher Vertrag, für den die Regeln des materiellen Rechts gelten (BGHZ 16/388, 390; 28/171, 172; 41/310, 311; NJW 80/1753). Anerkannt ist, daß die Parteien durch einen außergerichtlichen Abänderungsvertrag die materiell-rechtlichen Wirkungen des Prozeßvergleichs abändern oder beseitigen können. Für die prozessualen Wirkungen, die in der unmittelbaren Verfahrensbeendigung und in der Vollstreckbarkeit übernommener Leistungspflichten bestehen, kann jedoch nicht das gleiche gelten. So hat der BGH in BGHZ 41/310, 312 f. entschieden, daß die prozeßbeendende Wirkung eines Prozeßvergleichs nicht durch einen Abänderungsvertrag der Parteien beseitigt werden kann. Es sei entscheidend darauf abzustellen, daß eine außerhalb des beendeten Rechtsstreits getroffene Vereinbarung der Parteien die Sache nicht von neuem rechtshängig machen könne (a.a.O., S. 313). Ferner kommt der mangelnde Einfluß außergerichtlicher Erklärungen auf die prozeßrechtliche Wirksamkeit des Prozeßvergleichs auch darin zum Ausdruck, daß dieser, wie anerkannt ist, im Falle eines rechtswirksamen Widerrufs durch die Rücknahme des Widerrufs auch dann nicht wieder hergestellt wird, wenn die Gegenseite mit der Rücknahme einverstanden ist. Die Erklärungen der Parteien haben nur die Bedeutung, daß eine erneute Einigung des Inhalts zustande kommt, wie er in dem hinfällig gewordenen Vergleich niedergelegt ist. Diese Einigung ist indessen außergerichtlicher Natur und vermag dem früheren Vergleich seine prozeßrechtliche Wirksamkeit nicht zurückzugeben (BGH, Urteil vom 25. 3. 1953 – VI ZR 13/52 – LM Nr. 5 zu § 1572 RVO). Kommen die Parteien außergerichtlich überein, die in einem Prozeßvergleich begründeten Pflichten zu reduzieren, so kommt dem im Hinblick auf die Vollstreckbarkeit keine unmittelbare prozessuale Wirkung zu. Vielmehr hat der Schuldner, falls die Zwangsvollstreckung aus dem Prozeßvergleich im früheren Umfang weiterbetrieben wird, lediglich die Möglichkeit, im Wege der Klage nach §§ 795, 767 ZPO dagegen vorzugehen (BGHZ 41/310, 313).

(Zum Prozeßvertrag auf ein bestimmtes prozessuales Verhalten)

Wie die Rechtsprechung anerkennt, ist es den Prozeßparteien nicht verwehrt, sich vertraglich zu **c**
einem bestimmten prozessualen Vergleich zu verpflichten, sofern dieses Verfahren möglich ist und weder gegen ein gesetzliches Verbot noch gegen die guten Sitten verstößt (vgl. BGHZ 28/45, 48 f. = FamRZ 58/368 f.; BGHZ 38/254, 258; BGH, Urteil vom 30. 11. 1972 – II ZR 135/70 – DB 73/1451). Demgemäß sind neben den Fällen der Verpflichtung zur Klage- oder Rechtsmittelrücknahme etwa auch Vereinbarungen für zulässig erachtet worden, gegen ein noch zu erlassendes Urteil kein Rechtsmittel einzulegen (BGHZ 28/45, 49 = FamRZ 58/368 f.). Hiernach erscheint es im Grundsatz auch für Fälle der vorliegenden Art zulässig, daß ein Ehegatte, gegen den ein Titel auf Zahlung von Trennungsunterhalt besteht, sich durch einen entsprechenden Prozeßvertrag verpflichtet, wegen des Wegfalls des titulierten Anspruches durch die Ehescheidung keine Vollstreckungsabwehrklage gegen seine nacheheliche Inanspruchnahme aufgrund des bisherigen Titels zu erheben. Allerdings können sich bei der Abwicklung eines derartigen Prozeßvertrages Probleme ergeben, wenn der nacheheliche Unterhaltsanspruch des Berechtigten dem titulierten Betrag des Trennungsunterhalts nicht mehr entspricht. Wie diese Schwierigkeiten zu bewältigen sind und ob sich daraus letztlich Einschränkungen für die Zulassung derartiger Prozeßverträge ergeben können, braucht hier indessen nicht erörtert zu werden, weil das OLG festgestellt hat, daß die Abmachungen der Parteien keinen solchen Verzicht auf die Geltendmachung der Vollstreckungsabwehrklage durch den Kläger enthalten. Diese Auslegung des Übereinkommens der Parteien, gegen die von der Revision keine Rügen erhoben werden, ist aus Rechtsgründen nicht zu beanstanden, zumal an einen derartigen Prozeßvertrag mit den erheblichen Auswirkungen eines Klageverzichts strenge Anforderungen zu stellen sind.

BGH v. 26. 5. 82 – IVb ZR 715/80 – FamRZ 82, 887 = NJW 82, 1983

R128 *(Pauschale Kürzungen um 5 %)*

a   1) Das OLG hat zur Festlegung der Höhe der den Kl. geschuldeten Unterhaltsrenten die Leistungsfähigkeit des Bekl. auf der Grundlage seines bereinigten Nettoeinkommens ermittelt. Es ist dabei von dem Grundsatz ausgegangen, daß alle Einkünfte zu berücksichtigen seien, die dem Bekl. im Hinblick auf sein Arbeitsverhältnis zufließen, einschließlich der Montage-Zuschläge und der Vergütungen für die – sich in zumutbarem Rahmen haltenden – Überstunden. Von den auf diese Weise ermittelten Bruttoeinkünften hat das OLG die Steuern und Versicherungsbeiträge abgezogen. Die sich damit ergebenden Nettobeträge hat es alsdann für berufsbedingte Mehraufwendungen pauschal um 5 % gekürzt. Auf dieser Basis hat das OLG für die Zeit vom 1. 8. bis 31. 12. 1979 ein bereinigtes monatl. Nettoeinkommen des Bekl. in Höhe von 3728,52 DM und für die Zeit ab 1. 1. 1980 in Höhe von 2871,66 DM festgestellt.

2) Der Bekl. greift die Berechnungen des OLG an mit der Rüge, das Gericht habe sein für Unterhaltszwecke zur Verfügung stehendes Nettoeinkommen zu hoch angesetzt.
Diese Rüge hat keinen Erfolg.

(Arbeitgeberanteil)

b   A 2a) Durch die Hinzurechnung des Arbeitgeberanteils der Krankenversicherungsbeiträge hat das OLG lediglich den vorherigen Abzug der vollen Krankenversicherungsbeiträge einschließlich ihres von dem Arbeitgeber getragenen Teils wieder ausgeglichen. Im Ergebnis ist damit bei der Festlegung des bereinigten Nettoeinkommens das Bruttoeinkommen des Bekl. einmal um den Arbeitnehmeranteil der Krankenversicherungsbeiträge vermindert worden. Hätte das OLG hingegen den Arbeitgeberanteil nicht hinzugerechnet, dann wäre das unterhaltserhebliche Nettoeinkommen des Bekl. zu Lasten der unterhaltsberechtigten Kl. um den Arbeitgeberanteil verkürzt worden, den der Bekl. nicht aus seinem Einkommen geleistet, sondern von seinem Arbeitgeber zusätzlich zu dem Bruttolohn zur Weiterleitung an die Ersatzkasse erhalten hat. Insgesamt hat das OLG hiernach bei der Ermittlung der unterhaltsrechtlichen Leistungsfähigkeit des Bekl. nur den Arbeitnehmeranteil seiner Krankenversicherungsbeiträge vorweg von dem unter den Parteien zu verteilenden Einkommen abgezogen. Dies entspricht einer weitverbreiteten Praxis, die auch der Senat für den Fall des Kindesunterhalts nach § 1603 BGB (FamRZ 80/555, 556) bereits gebilligt hat.

(Verfassungsmäßigkeit und Zweckbindung des Vorsorgeunterhalts. Keine Verpflichtung zur Angabe konkreter Vorsorgeaufwendungen bei der Geltendmachung. Vorsorgeunterhalt gibt es zusätzlich zum Elementarunterhalt; im Mangelfall Nachrang des Vorsorgeunterhalts gegenüber Elementarunterhalt)

f   4a) Gegen die Zubilligung des Vorsorgeunterhalts erhebt die Revision zunächst verfassungsrechtliche Bedenken aus Art. 6 I i.V. mit Art. 3 II GG. Diese sind nicht begründet. Der Senat hat sie bereits im Urteil v. 25. 2. 1981 (FamRZ 1981/442, 443) für den Anspruch aus § 1361 I S. 2 BGB und im Urteil v. 24. 6. 1981 (FamRZ 1981/864, 865) für den nachehelichen Vorsorgeunterhalt nach § 1578 III BGB für nicht durchgreifend erachtet. Hieran ist festzuhalten.

b) Die Revision rügt des weiteren, daß die Kl. zu 1. einen abstrakten Vorsorgeunterhalt geltend mache, ohne darzulegen, in welcher Weise und mit welchem konkreten Kostenaufwand sie ihre Alterssicherung durchführen wolle; schon hieran müsse der geltend gemachte Anspruch auf Leistung von Vorsorgeunterhalt scheitern. – Auch diese Rüge greift nicht durch. Wie der erkennende Senat in den bereits erwähnten Urteilen v. 25. 2. und 24. 6. 1981 jeweils der Entscheidung zugrunde gelegt hat, ist der unterhaltsberechtigte Ehegatte grundsätzlich nicht verpflichtet, bei der Geltendmachung des Anspruchs aus Vorsorgeunterhalt eine bestimmte Form der Vorsorgeversicherung und die hiermit anfallenden Vorsorgeaufwendungen anzugeben. Er kann sich vielmehr sowohl im Fall des § 1361 I S. 2 BGB als auch in dem des § 1578 III BGB darauf beschränken, den ihm zustehenden Vorsorgeunterhaltsbetrag geltend zu machen, um ihn sodann dem gesetzlichen Zweck entsprechend zur Begründung einer angemessenen Alterssicherung zu verwenden.

c) Die Revision beanstandet schließlich, daß das OLG den Vorsorgeunterhalt zusätzlich zu dem sich aus der Düsseldorfer Tabelle ergebenden Elementarunterhalt zugesprochen hat. Sie vertritt die Auffassung, da sich die Tabellenwerte insgesamt nicht nach den einzelnen Faktoren des Unterhaltsbedarfs richteten, könne auch nicht für einen einzelnen Bedarfsfall, der noch dazu nach überwiegender Meinung gegenüber dem laufenden Unterhalt nachrangig sei, eine Ausnahme gemacht und daraus ein zusätzlicher Unterhaltsanspruch hergeleitet werden.

Auch hiermit kann die Revision im Ergebnis nicht durchdringen. Der Senat hat bereits im Urteil v. 25. 2. 1981 (a. a. O.) näher dargelegt, daß die Aufwendungen für eine angemessene Alterssicherung – im Gegensatz zu den sonstigen Kosten der allgemeinen Lebenshaltung – in den in der Praxis verbreiteten Tabellen und Richtlinienwerten für die Bemessung des Unterhalts nicht enthalten sind. Infolgedessen ist der Vorsorgeunterhalt zusätzlich zu den für die Befriedigung des allgemeinen Lebens-

Anhang R. Rechtsprechung   **R130**

bedarfs bestimmten Beträgen zu gewähren, auch wenn diese in Anlehnung an Tabellenwerte ermittelt werden.

d) Da der Vorsorgeunterhalt der besonderen Zweckbindung unterliegt, die Alterssicherung des Unterhaltsberechtigten zu gewährleisten, zugleich aber auch den Unterhaltspflichtigen nach Eintritt des Versicherungsfalls bei dem Berechtigten unterhaltsrechtlich zu entlasten, widerspräche es dem Sinn und Zweck der gesetzlichen Regelung, wenn dem Unterhaltsberechtigten allgemein das Recht zugestanden würde, auch die Vorsorgeunterhaltsbeträge nach freiem Ermessen in erster Linie für den laufenden Unterhalt zu verwenden. In Fällen, in denen der nach Ermittlung des Vorsorgeunterhalts verbleibende Elementarunterhalt für den laufenden Unterhaltsbedarf nicht ausreicht, muß allerdings dem laufenden Unterhalt im Verhältnis zum Vorsorgeunterhalt Vorrang eingeräumt werden (Senatsurteil v. 25. 2. 1981, a. a. O., S. 445). Auf diesen Gesichtspunkt hat das OLG die angefochtene Entscheidung jedoch nicht gestützt. Es hat sich vielmehr zur Begründung der vorgenommenen Aufteilung darauf berufen, daß die Kl. zu 1. in der mündlichen Verhandlung „klargestellt" habe, sie begehre in erster Linie den Elementarunterhalt und Vorsorgeunterhalt lediglich in der dann rechtlich noch in Betracht kommenden Höhe. Dieses Begehren der Kl. zu 1. ist für die zu treffende Entscheidung nicht verbindlich. Die Kl. zu 1. ist – im Fall, daß ihr neben dem Vorsorgeunterhalt noch ein ausreichender Elementarunterhalt zugesprochen werden kann – gehalten, den ihr zustehenden Vorsorgeunterhalt insgesamt zweckbestimmt zu verwenden. Der nach der zutreffenden Berechnung des OLG ermittelte Elementarunterhalt für die Kl. zu 1. beläuft sich für die Zeit vom 1. 1. bis 28. 2. 1980 auf 992,46 DM und für die Zeit ab 1. 3. 1980 auf monatlich 981,72 DM.

Anhaltspunkte dafür, daß diese Beträge nicht ausreichend wären, um den laufenden Bedarf der Kl. zu 1. zu decken, sind nicht ersichtlich. Damit bestehen keine Bedenken, die vom OLG vorgenommene Aufteilung im Rahmen der unverändert bestehenbleibenden Gesamtunterhaltspflicht entsprechend den vorstehenden Ausführungen zu berichtigen [was im Tenor geschehen ist].

(Voraussetzungen für Verzug)

Die Kl. zu 1. greift das Berufungsurteil zunächst insoweit an, als ihr für die Zeit vom 1. 8. bis   **g** 31. 12. 1979 kein Vorsorgeunterhalt zugebilligt worden ist, weil sie den Bekl.- nach Auffassung des OLG – nur in Höhe des bezifferten Betrages von 1263,66 DM in Verzug gesetzt habe. Sie macht dazu geltend, der Berechtigte sei im allgemeinen nicht in der Lage, ohne Kenntnis der Verhältnisse des Verpflichteten die gesetzlich begründete Unterhaltsforderung in ihrer genauen Höhe zu ermitteln. Deshalb sei davon auszugehen, daß der Unterhaltsschuldner wegen der gesamten Unterhaltsforderung in Verzug gesetzt werde, wenn der Gläubiger nur einen Mindestbetrag nenne; hierin sei zugleich die Aufforderung zur Zahlung der gesetzlich geschuldeten Unterhaltsrente zu erblicken.

Dem kann nicht gefolgt werden. Abgesehen davon, daß die Kl. zu 1. in ihrem Aufforderungsschreiben vom 20. 7. 1979 die begehrte Unterhaltsrente von monatlich 1263,66 DM weder – erkennbar – als Mindestbetrag behandelt noch überhaupt einen außerdem zu zahlenden Vorsorgeunterhalt erwähnt hat, trifft auch die von ihr vertretene Rechtsauffassung nicht zu. Bei familienrechtlichen Unterhaltsschulden tritt, wie der Senat in einem Fall des § 284 II BGB entschieden hat (Urt. NJW 1981, 1556), Verzug des Verpflichteten nur ein, wenn ihm seine Schuld nicht nur nach ihrer Existenz, sondern auch nach ihrem Umfang, also nach der Höhe des geschuldeten Betrages bekannt ist (vgl. Gernhuber, FamR, 3. Aufl., § 41 IX 2). Im Fall des § 284 I BGB muß dementsprechend die Mahnung des Unterhaltsberechtigten die geschuldete Leistung der Höhe nach genau bezeichnen. Zwar ist eine Zuvielforderung unschädlich. Die Forderung einer geringeren Summe begründet hingegen keinen Verzug auf einen höheren als den begehrten Betrag.

BGH v. 9. 6. 82 – IVb ZR 704/80 – FamRZ 82, 913 = NJW 82, 2491

(Hausgeld eines Strafgefangenen)   **R130**

II 2c) Auch bei gesteigerter Unterhaltspflicht nach § 1603 II BGB ist das Hausgeld eines Strafge-   **a** fangenen bei der Beurteilung seiner Leistungsfähigkeit nicht zu berücksichtigen. Zwar hat der Strafgefangene keine Aufwendungen für Unterkunft, Verpflegung und Bekleidung. Das Hausgeld übersteigt jedoch nicht das Minimum, das ihm für andere notwendige Ausgaben des täglichen Lebens zu belassen ist. Dem geringen Nutzen, den ein Zugriff auf das Hausgeld den Unterhaltsberechtigten oder der Sozialhilfe brächte, steht eine erhebliche Beeinträchtigung des Haftziels der Resozialisierung und eine Gefährdung der Anstaltsordnung gegenüber.

(BGH zur Unterhaltspflicht eines Strafgefangenen)

II 2d) Eine Leistungsunfähigkeit infolge längerer Strafhaft befreit von der Unterhaltspflicht, es   **b** sei denn, die Berufung auf die Leistungsunfähigkeit verstieße gegen Treu und Glauben (§ 242 BGB; FamRZ 82/792 = NJW 82/1212).

Eine Ausnahme von der Regel, daß Leistungsunfähigkeit auf Verschulden von der Unterhaltspflicht befreit, ergibt sich indessen bereits daraus, daß ein Unterhaltsschuldner seine Arbeitsfähigkeit so gut wie möglich einsetzen und sich Einkünfte anrechnen lassen muß, die er zwar nicht erzielt hat, bei gutem Willen aber durch zumutbare Erwerbstätigkeit hätte erzielen können (FamRZ 82/792 = NJW 82/1812). Sie ist deshalb gerechtfertigt, weil die mangelnde Leistungsfähigkeit in einem solchen Fall auf einem Fehlverhalten des Verpflichteten beruht, das sich gerade auf seine Unterhaltspflicht bezieht. Bei anderer Beurteilung würde sich aus der Verletzung einer unterhaltsrechtlich begründeten Obliegenheit die unterhaltsrechtliche Leistungsfreiheit ergeben.

Diesem Fall verwandt ist es, wenn der Unterhaltsschuldner dadurch leistungsunfähig wird, daß er gerade deshalb eine längere Strafhaft verbüßt, weil er seine Unterhaltspflicht gegenüber dem Berechtigten verletzt hat. Auch dann muß, soll nicht die schuldhafte Verletzung der Pflicht zur Unterhaltszahlung zur Befreiung von eben der Unterhaltspflicht führen, dem Unterhaltsschuldner die Berufung auf die Leistungsunfähigkeit infolge der Haft nach Treu und Glauben (§ 242 BGB) versagt sein.

In beiden Sachverhaltsgruppen besteht mithin die Verpflichtung zum Unterhalt fort, weil die Leistungsunfähigkeit durch ein Verhalten herbeigeführt worden ist, das seinerseits eine Verletzung der Unterhaltspflicht darstellt. Um die Regel des § 1603 I BGB zu verdrängen, ist also typischerweise – entsprechend den Rechtsprechungsgrundsätzen zur Anwendung des § 1579 Nr. 3 BGB bei selbstverschuldeter Bedürftigkeit (FamRZ 81/1042) – ein unterhaltsbezogenes Fehlverhalten erforderlich. Dieses kann bei Leistungsunfähigkeit infolge Strafhaft auch dann vorliegen, wenn der Unterhaltsschuldner die Tat, derentwegen er die Freiheitsstrafe verbüßt, begangen hat, um sich der Unterhaltspflicht zu entziehen, oder wenn die Strafhaft sonst in einer Weise im Zusammenhang mit der Unterhaltspflicht steht, daß die Vorstellungen und Antriebe, die ihr zugrundeliegen, sich auch auf die Leistungsunfähigkeit als Folge des strafbaren Verhaltens erstrecken (FamRZ 82/792 = NJW 82/1812). Schließlich wird der Bezug zu dem Unterhaltsanspruch dann nicht zu verneinen sein, wenn gerade die bestrafte vorsätzliche Tat dazu geführt hat, daß der Unterhaltsberechtigte, etwa durch eine Schädigung seines Vermögens, durch eine Körperverletzung oder die Tötung eines vorrangig Unterhaltsverpflichteten (vermehrt) unterhaltsbedürftig geworden ist. Hingegen genügt die ursächliche Verknüpfung zwischen der haftbedingten Leistungsunfähigkeit und der Straftat für sich allein nicht, um dem Unterhaltsverpflichteten die Berufung auf seine durch die Strafhaft bedingte Leistungsunfähigkeit zu verwehren.

BGH v. 16. 6. 82 – IVb ZR 727/80 – FamRZ 83, 152 = NJW 82, 1986

R132 *(BGH zur Berücksichtigung späterer Veränderungen der Steuerlast)*

a 2 a) Zur künftigen Steuerbelastung der Haupteinkünfte des Ehemannes hat das OLG erwogen, trotz des Eintritts einer ungünstigeren Steuerklasse infolge der Scheidung könne die nachträgliche Veranlagung zur Einkommensteuer zu einer erheblichen Erstattung einbehaltener Lohn- und Kirchensteuer führen, wenn der Einfluß verschiedener Freibeträge, der Werbungskosten und der Sonderausgaben sowie der schwankenden Nebeneinkünfte in Betracht gezogen werde. Eine auch nur einigermaßen exakte Berechnung des künftigen Nettoeinkommens sei nicht möglich. Es sei daher sachgerecht, von dem jetzigen durchschnittlichen Nettogehalt des Ehemannes auszugehen und diesen auf die Möglichkeit der Abänderungsklage (§ 323 ZPO) zu verweisen, sofern sich dieses tatsächlich erheblich vermindern sollte. Diese Ausführungen sind aus Rechtsgründen nicht zu beanstanden. Steuern sind unterhaltsrechtlich grundsätzlich in der gegenwärtig entrichteten Höhe zu berücksichtigen. Wegen der erheblichen Unsicherheiten, mit der eine Prognose behaftet ist, können spätere Veränderungen in der Regel erst dann beachtet werden, wenn sie tatsächlich eingetreten sind (FamRZ 1980/984, 985). Diesen Grundsätzen entspricht es, wenn sich das OLG hier im Hinblick auf eine Reihe von Unsicherheitsfaktoren außerstande gesehen hat, für die Zeit nach der Ehescheidung von einer im Endergebnis wesentlich höheren Steuerbelastung des Ehemannes auszugehen. Daß bereits nach den derzeit gegebenen Verhältnissen der Ehemann höhere als die vom OLG berücksichtigten Steuern schulde, ist im Verfahren nicht geltend gemacht worden.

(Zur Prägung der ehelichen Lebensverhältnisse durch eine Nebentätigkeit)

b 2 a) Hinsichtlich der Einkünfte als Komponist hat das OLG ausgeführt, der Ehemann trage selbst vor, daß sein eigentlicher Beruf das Komponieren sei und daß er die Lehrtätigkeit an der Hochschule nur zur materiellen Absicherung angenommen habe. Es handle sich daher trotz der damit verbundenen zusätzlichen Arbeitsbelastung im Grund nicht um eine unzumutbare Nebentätigkeit, die mit der Situation eines Überstunden leistenden Arbeitnehmers vergleichbar sei. Der Ehemann betätige sich vielmehr schwerpunktmäßig als schöpferischer Künstler, dem die entsprechende Tätigkeit Erfolg und Anerkennung einbringe und innere Befriedigung verschaffe. Auf die unterhaltsrechtliche Be-

Anhang R. Rechtsprechung   **R132**

rücksichtigung der dadurch erzielten Einkünfte werde kein unzulässiger Zwang ausgeübt, die entsprechende Tätigkeit künftig fortzusetzen. Es stehe dem Ehemann frei, diese einzuschränken oder aufzugeben und die etwa dadurch eintretende Minderung des Gesamteinkommens im Weg der Abänderungsklage geltend zu machen. Diese Beurteilung ist rechtsbedenkenfrei. Der Ehemann hat sich bereits mehrere Jahre als Komponist betätigt und dadurch beträchtliche Einkünfte erzielt. Die ehelichen Lebensverhältnisse wurden mit durch diese Einkünfte geprägt. Zwar sind bei der Anrechnung von Einkünften aus einer Nebentätigkeit Zumutbarkeitsgesichtspunkte zu berücksichtigen (BGH FamRZ 79/210, 211). Wenn jedoch das OLG trotz der von ihm nicht verkannten hohen Belastungen für den Ehemann in tatrichterlicher Würdigung des Anlasses seiner Mehrleistung hier zu dem Ergebnis gelangt ist, er müsse sich diese Einkünfte jedenfalls so lange anrechnen lassen, als er sie tatsächlich erziele, ist dies nicht zu beanstanden.

(Wahlrecht zur Geltendmachung von Vorsorgeunterhalt. Eine bestimmte Form der Vorsorgeversicherung muß nicht angegeben werden.)

3 a) Eine Partei braucht grundsätzlich nicht mehr darzulegen und notfalls zu beweisen, als zur   **c** Erfüllung der abstrakten Tatbestandsmerkmale der ihr Prozeßbegehren rechtfertigenden Anspruchsnorm erforderlich ist. In § 1578 III BGB bestimmt das Gesetz, daß zum Lebensbedarf auch die Kosten einer angemessenen Versicherung für den Fall des Alters sowie der Berufs- oder Erwerbsunfähigkeit gehören. Nach dem Sinnzusammenhang der Vorschrift ist das Tatbestandsmerkmal „angemessen" – ebenso wie in Abs. II hinsichtlich der Kosten einer angemessenen Krankenversicherung – auf die Höhe der Kosten und die Bemessung des Anspruchs bezogen, nicht auf die Art und Weise der Altersvorsorge. In letzterer Hinsicht besteht nach der im Schrifttum herrschenden Ansicht ein Wahlrecht des Unterhaltsberechtigten. Es mag zwar zur Sicherstellung der Zweckbestimmung des Vorsorgeunterhalts erwünscht sein, daß der Berechtigte schon bei der erstmaligen Geltendmachung des darauf gerichteten Anspruchs die von der Revision angesprochenen Einzelheiten über die beabsichtigte Altersvorsorge darlegt; ein Zwang hierzu findet jedoch in der Fassung der maßgebenden Anspruchsnorm keine hinreichende Stütze. Demgemäß hat der Senat bereits entschieden (FamRZ 1982/887), daß der unterhaltsberechtigte Ehegatte grundsätzlich nicht verpflichtet ist, bei der Geltendmachung von Vorsorgeunterhalt eine bestimmte Form der Vorsorgeversicherung und die hiermit verbundenen konkret anfallenden Vorsorgeaufwendungen anzugeben. Er kann sich vielmehr sowohl im Fall des § 1361 I S. 2 BGB als auch in dem des § 1578 III BGB darauf beschränken, den ihm zustehenden Vorsorgebetrag geltend zu machen, um ihn sodann dem gesetzlichen Zweck entsprechend zu verwenden.

Im vorliegenden Fall hat sich die Ehefrau im übrigen nicht auf die bloße Geltendmachung von Vorsorgeunterhalt beschränkt, sondern ihre Absicht zum Ausdruck gebracht, die aus dem VersAusgl erlangten Versorgungsanwartschaften bei der ges. Rentenversicherung mit dem Vorsorgeunterhalt weiterführen zu wollen. Hinsichtlich der Durchführbarkeit und der Zweckmäßigkeit dieses Planes bestehen keine Bedenken.

(Berechnung des Vorsorgeunterhalts und anschließende Kürzung des Elementarunterhalts. Gesonderte Ausweisung im Tenor)

3 b) Bei der Bemessung des Vorsorgeunterhalts ist das OLG der Auffassung gefolgt, wonach an   **d** die Versicherungsbeiträge angeknüpft werden kann, die an die ges. Rentenversicherung zu entrichten wären, wenn der Unterhaltsberechtigte aus einer versicherungspflichtigen Erwerbstätigkeit Nettoeinkünfte in Höhe des Elementarunterhalts erzielte. Diese Lösung entspricht im Grundsatz der Berechnungsmethode, die der Senat bereits mehrfach gebilligt hat (FamRZ 1981/442, 444 f.; FamRZ 1981/864, 865; FamRZ 1982/255, 257; FamRZ 1982/887). Allerdings hat das OLG dabei außer acht gelassen, daß die Zubilligung des so errechneten Vorsorgeunterhalts zu einer Kürzung des nach Quoten berechneten Elementarunterhalts führen muß, wie in der erstgenannten Senatsentscheidung ausführlich dargelegt ist. Hiernach kann das angefochtene Urteil nicht in vollem Umfang bestehen bleiben. Damit bestehen keine Bedenken, das angefochtene Urteil entsprechend abzuändern, wobei im Hinblick auf die Zweckbestimmung des Vorsorgeunterhalts geboten war, den darauf entfallenden Betrag im Urteilstenor besonders auszuweisen (FamRZ 81/442, 445).

BGH v. 30. 6. 82 – IVb ZR 695/80 – FamRZ 82, 890 = NJW 82, 2438

R133 (*Vorsorgeunterhalt ist ein unselbständiger Teil des einheitlichen Lebensbedarfs. Bemessung des Vorsorgeunterhalts nach dem hochgerechneten vorläufigen Elementarunterhalt auf ein fiktives versicherungsrechtliches Bruttoeinkommen, aus dem der fiktive Beitrag zur Rentenversicherung berechnet wird. Endgültige Bemessung des Elementarunterhalts nach Vorabzug des Vorsorgeunterhalts. Zweckbestimmung des Vorsorgeunterhalts und Ausweisung im Tenor. Vorrang des Elementarunterhalts im Mangelfall. Die Leistungsfähigkeit ist für Vorsorgeunterhalt und Elementarunterhalt einheitlich zu beurteilen.*)

I 2 b) Die Entscheidung des OLG stößt insofern auf Bedenken, als es davon ausgegangen ist, daß der sich aus einem Tabellenwerk wie der Düsseldorfer Tabelle ergebende Unterhalt auch dann unverändert zu zahlen sei, wenn zusätzlich Vorsorgeunterhalt verlangt wird. Die Bemessung des Unterhalts nach Quoten dient dem Zweck, die für den allgemeinen Lebensbedarf der Ehegatten verfügbaren Einkünfte angemessen zwischen ihnen aufzuteilen. Auf seiten des Unterhaltspflichtigen steht jedoch, wenn er auch zur Zahlung von Vorsorgeunterhalt herangezogen wird, nur mehr das um diesen Vorsorgeunterhalt verminderte Einkommen für den allgemeinen Lebensbedarf zur Verfügung. Aus diesem Grunde ist sein Einkommen für die Zwecke der Unterhaltsberechnung um den Vorsorgeunterhalt zu bereinigen. Andererseits ist für die Bemessung des Vorsorgeunterhalts an den Elementarunterhalt anzuknüpfen. Im Hinblick auf die sich danach ergebende Wechselbeziehung zwischen Elementar- und Vorsorgeunterhalt hat der Senat in mehreren Entscheidungen die Auffassung gebilligt, daß in Fällen, in denen neben Elementar- auch Vorsorgeunterhalt geltend gemacht wird, eine mehrstufige Verteilung vorzunehmen ist:

Zunächst ist, gegebenenfalls im Wege der Quotenbildung, der Elementarunterhalt festzustellen, der ohne den Einfluß des Vorsorgeunterhalts geschuldet würde. Dieser Wert hat jedoch nur die Funktion eines Rechenschrittes. Hiervon ausgehend kann der Vorsorgeunterhalt, wie es die Kl. erstrebt, nach den Versicherungsbeiträgen bemessen werden, die an die gesetzliche Rentenversicherung zu entrichten wären, wenn der Unterhaltsberechtigte Nettoeinkünfte in Höhe des (vorläufigen) Elementarunterhalts aus einer versicherungspflichtigen Erwerbstätigkeit erzielte; hierzu ist der (vorläufige) Elementarunterhalt zu einem fiktiven Bruttoeinkommen hochzurechnen und diesem der fiktive Beitrag zur gesetzlichen Rentenversicherung zu entnehmen (s. hierzu die Tabelle des OLG Bremen). Der auf diese Weise ermittelte Vorsorgeunterhalt ist sodann für die abschließende Bemessung des Elementarunterhalts von dem für den Unterhalt heranzuziehenden Einkommen des Unterhaltspflichtigen in Abzug zu bringen, so daß sich eine Verringerung des (endgültigen) Elementarunterhalts ergibt. Im Hinblick auf seine Zweckbindung ist der Vorsorgeunterhalt schließlich in der Entscheidung besonders auszuweisen FamRZ 1982/781).

Mit diesen Grundsätzen steht es nicht in Einklang, daß das OLG den Bekl. lediglich zur Zahlung von Elementarunterhalt nach der in der Düsseldorfer Tabelle vorgesehenen Quote der Differenz der beiderseitigen Einkünfte verurteilt und sich im übrigen auf den Standpunkt gestellt hat, daß der Bekl. zur zusätzlichen Zahlung von Vorsorgeunterhalt nicht in der Lage sei. Da der (endgültige) Elementarunterhalt nach der dargelegten Verteilungsmethode geringer ausfällt, werden in demselben Umfange Mittel für den Vorsorgeunterhalt frei. Dies allein würde freilich, wenn man die Leistungsfähigkeit des Bekl. wie bisher das OLG gerade bei 3/7 der Differenz der beiderseitigen Einkünfte (= 596 DM) erschöpft sieht, lediglich zu einer anderen Aufteilung desselben Gesamtbetrages führen, welche der Senat auch selbst vornehmen könnte. Indessen hat das OLG die Leistungsfähigkeit des Bekl. für den Vorsorgeunterhalt nach anderen Maßstäben beurteilt als für den Elementarunterhalt. Dies ergibt sich insbesondere daraus, daß es sich gegenüber dem Anspruch auf Vorsorgeunterhalt für den Selbstbehalt des Bekl. an dem Betrag von 1100 DM orientiert hat, der nach den sog. Hammer Richtlinien für den „vollen Unterhalt" i. S. des § 1577 II BGB anzusetzen ist, während es als Elementarunterhalt einen Betrag zuspricht, der dem Bekl. weniger als 1100 DM – nämlich nur 996 DM – beläßt. Eine derartige unterschiedliche Beurteilung der Leistungsfähigkeit bei Elementar- und Vorsorgeunterhalt findet im Gesetz keine Stütze. In der Frage der Leistungsfähigkeit sind vielmehr für beide Unterhaltsposten dieselben Maßstäbe heranzuziehen. Das gilt um so mehr, als es sich um unselbständige Teile des einheitlichen Unterhaltsanspruchs handelt, die sich der Höhe nach gegenseitig beeinflussen (FamRZ 82/255, 257 und FamRZ 82/465). Hiernach ist nicht auszuschließen, daß das OLG zu einer anderen tatrichterlichen Einschätzung der Leistungsfähigkeit des Bekl. gelangt, wenn es insoweit einen einheitlichen Maßstab zugrunde legt und sich nach den aufgezeigten Grundsätzen einerseits für den (endgültigen) Elementarunterhalt ein geringerer Betrag als von dem OLG bisher angenommen und andererseits für den Vorsorgeunterhalt ein geringerer Betrag als von der Kl. bisher beansprucht ergibt. Außerdem bedarf es der tatrichterlichen Überprüfung, ob die Beträge, die für den endgültigen Elementarunterhalt der Kl. und als Selbstbehalt des Bekl. verbleiben, als ausreichend angesehen werden können (FamRZ 81/442, 445 und FamRZ 82/781). Gegebenenfalls ist in tatrichterlicher Verantwortung eine den Interessen beider Parteien gerecht werdende anderweitige Bemessung des Unterhalts vorzunehmen, wobei dem laufenden Unterhalt im Verhältnis zum Vorsorgeunterhalt der Vorrang zukommt (FamRZ 81/442).

Anhang R. Rechtsprechung   R135

Der Rechtsstreit wird aus diesen Gründen unter teilweiser Aufhebung des angefochtenen Urteils an das OLG zurückverwiesen. Auch soweit das angefochtene Urteil – nämlich in seinem zusprechenden Teil – bestehen bleibt, ist das OLG nicht gehindert, bei der Neubemessung des Unterhalts klarzustellen, wieweit der bisher schon zugesprochene Betrag auf den Vorsorgeunterhalt entfällt, da es sich, wie ausgeführt, lediglich um einen unselbständigen Teil des einheitlichen Unterhaltsanspruchs handelt.

BGH v. 7. 7. 82 – IVb ZR 726/80 – FamRZ 82, 894 = NJW 82, 2442

(Maßgeblich ist die Zeit zwischen Eheschließung und Rechtshängigkeit des Scheidungsantrages. Die Zeit des tatsächlichen Zusammenlebens ist nicht entscheidend. Eine Dauer bis zu 2 Jahren ist in der Regel als kurz, eine Dauer von mehr als 3 Jahren als nicht mehr kurz zu bewerten)   R135

3 a) Zutreffend legt das OLG der Berechnung der Ehedauer i. S. des § 1579 I Nr. 1 BGB die Zeit **a**
zwischen der Eheschließung und der Rechtshängigkeit des Scheidungsantrags zugrunde (FamRZ 1982/254; FamRZ 1982/582).

b) Die Auffassung des OLG, es sei nach den Umständen des Einzelfalles zu entscheiden, ob eine Ehe von kurzer Dauer gewesen ist, stimmt im Ansatzpunkt ebenfalls mit der Rechtsprechung des Senats überein. Nach dieser ist es jedoch nicht ausgeschlossen, sondern im Interesse der praktischen Handhabung des § 1579 I Nr. 1 BGB geboten, die zeitlichen Bereiche zu konkretisieren, innerhalb deren eine Ehe in aller Regel von kurzer oder nicht mehr kurzer Dauer ist. Demgemäß hat der Senat (FamRZ 82/254) die zeitliche Grenze, über die hinaus eine Ehedauer im Regelfall nicht mehr als kurz anzusehen ist, bei drei Jahren für gegeben erachtet. Mit einer Dauer von 3 Jahren, 5 Monaten und 19 Tagen liegt die Ehe der Parteien deutlich über dieser regelmäßig zu beachtenden Zeitgrenze.

c) Die Dauer der Ehe der Parteien könnte nach den Grundsätzen der Senatsrechtsprechung nur dann gleichwohl noch als kurz beurteilt werden und damit die Anwendung des § 1579 I Nr. 1 BGB in Betracht kommen, wenn besondere, vom Regelfall abweichende Lebensverhältnisse dies rechtfertigen. Das ist indessen nicht der Fall.

aa) Keine tatsächliche Besonderheit, die die Anwendung der für Regelfälle entwickelten Grundsätze ausschließt, liegt darin, daß die Parteien die – beiderseits zweite – Ehe erst im vorgerückten Lebensalter geschlossen haben. Es besteht kein durchgreifender Grund, für solche Ehen grundsätzlich andere zeitliche Grenzen zu ziehen als bei Ehen, die im jüngeren Alter geschlossen werden. Ein solcher Versuch würde zudem die kaum überzeugend zu lösende weitere Frage aufwerfen, von welchem bei der Eheschließung erreichten Alter der Ehegatten an eine vom Regelfall abweichende Beurteilung eingreifen sollte (FamRZ 82/582).

bb) Für die Bemessung der Ehedauer als kurz oder nicht mehr kurz fällt auch nicht entscheidend ins Gewicht, daß die Parteien – nur – zehn Monate lang zusammengelebt, danach aber bis zur Rechtshängigkeit des Scheidungsantrages bereits mehrere Jahre getrennt gelebt haben. Der Senat hat (FamRZ 1980/981 = NJW 1980/2247) dargelegt, daß ein langjähriges Getrenntleben selbst in Fällen, in denen die Eheleute nur kurz zusammengelebt haben, nicht zu einer Beschränkung des Unterhaltsanspruchs nach § 1579 I Nr. 1 (oder Nr. 4) führen kann.

cc) Eine zur anderweitigen Beurteilung veranlassende abweichende Lebenssituation der Parteien liegt nicht deswegen vor, weil der Ehemann bereits Ende April 1976 eine Scheidungsklage nach altem Recht eingereicht hatte. Da diese Klage rechtskräftig abgewiesen worden ist, kommt es weder für die Bemessung der Ehedauer auf die damalige Rechtshängigkeit an noch können aus diesem Verfahren insoweit sonstige für die Ehefrau nachteilige Folgen abgeleitet werden.

(Grundsatz der gleichmäßigen Teilhabe am ehelichen Lebensstandard; Differenzmetode bei Doppelverdienerehe; unterschiedliche Quoten bei Erwerbseinkünften berücksichtigen einen berufsbedingten Aufwand und steigern den Anreiz zur Erwerbstätigkeit; hälftige Quoten bei Rentnern, Nichterwerbseinkünften und fiktiv zugerechneten Einkünften)

4) Das OLG hat die Differenz zwischen den Renteneinkommen der Parteien nicht gleichmäßig **b**
verteilt, sondern den Anteil der Ehefrau ohne nähere Begründung auf $3/7$ bemessen. Auch insoweit begegnet das Urteil rechtlichen Bedenken.

Wenn wie regelmäßig die Einkünfte der Ehegatten nicht ausreichen, um ihren angemessenen Unterhaltsbedarf in vollem Umfang zu befriedigen, müssen die vorhandenen Mittel aufgeteilt werden. Es ist nicht zu beanstanden, dies in der Weise vorzunehmen, daß der Ehegatte mit dem geringeren Einkommen einen Anteil an der Differenz zwischen seinem und dem (höheren) Einkommen des anderen Ehegatten erhält. Bei der Aufteilung ist indessen grundsätzlich jedem Ehegatten die Hälfte der verteilungsfähigen Einkommensdifferenz zuzubilligen, denn beide nehmen am ehelichen Lebensstandard in gleicher Weise teil (FamRZ 1979/692, 694, zu §§ 58, 59 EheG; FamRZ 1980/241; FamRZ 1981/442, 444; FamRZ 1981/1165, 1166; FamRZ 1982/579, 581).

Abweichungen vom Grundsatz der hälftigen Teilung hat der Senat gebilligt, wenn der Zuschlag zugunsten des Unterhaltspflichtigen maßvoll geblieben und durch besondere Gründe gerechtfertigt war. Die in den Richtsätzen und Leitlinien der Oberlandesgerichte übliche Höherquotierung zugunsten eines erwerbstätigen Ehegatten berücksichtigt den mit einer Berufsausübung verbundenen besonderen Aufwand und trägt zugleich dazu bei, den Anreiz zur Erwerbstätigkeit zu erhalten (vgl. die oben genannten Urteile). Ist dagegen wie im vorliegenden Fall der Unterhaltspflichtige aus dem Erwerbsleben bereits ausgeschieden, entfallen diese Gesichtspunkte als Rechtfertigung für die Minderung der Unterhaltsquote des Berechtigten.

Es bedarf einer erneuten tatrichterlichen Prüfung, ob im vorliegenden Fall andere Gesichtspunkte gleichwohl eine Abweichung vom Grundsatz der hälftigen Aufteilung der Einkommensdifferenz zu rechtfertigen vermögen. In diesem Zusammenhang kann dem Umstand Gewicht zukommen, daß der Ehemann einen Teil der ihm zugerechneten Einkünfte nicht in bar erhält, ihm vielmehr Naturalleistungen fiktiv zugerechnet werden, die er nicht in Anspruch nimmt. Auch in Frage des Selbstbehalts muß erneut tatrichterlich gewürdigt werden, wenn aufgrund der neuen Verhandlung eine höhere Unterhaltsleistung des Ehemannes in Betracht kommt als bisher angenommen.

BGH v. 7. 7. 82 – IVb ZR 738/80 – FamRZ 82, 996 = NJW 82, 2771

R136 *(Zumutbare Geltendmachung eines dem Berechtigten zustehenden Pflichtteilsanspruchs)*

2 b) Es unterliegt grundsätzlich der freien Entscheidung des Pflichtteilsberechtigten, ob er einen ihm zustehenden Pflichtteil verlangen will oder nicht (§ 852 I ZPO). Ausgehend von der Überlegung, daß im Unterhaltsrecht grundsätzlich alle Einkünfte und Vermögenswerte der Ehegatten zu berücksichtigen sind, die geeignet sind, die Unterhaltsbedürfnisse der Familie zu decken (FamRZ 80/ 342, 343; FamRZ 80/984; ständige BGH-Rechtsprechung) ist maßgeblich darauf abzustellen, ob ein Vermögenswert – für den hierzu entscheidenden Fall der Wert eines Pflichtteils – auch bei fortbestehender intakter Ehe zum Unterhalt der Familie zur Verfügung gestanden hätte. Unter diesem Gesichtspunkt ist im vorliegenden Fall eine Obliegenheit des Ehemanns zur Geltendmachung des Pflichtteilsanspruchs zu verneinen. Denn es ist angesichts der in dem Testament der Eltern enthaltenen Verfallklausel davon auszugehen, daß der Ehemann auch bei fortbestehender Ehe und weiterem Zusammenleben mit der Ehefrau von einer Geltendmachung des Pflichtteils abgesehen hätte mit der Folge, daß der Pflichtteil auch unter diesen Umständen für den Familienunterhalt nicht zur Verfügung gestanden hätte. Dem Ehemann ist eine Geltendmachung des Pflichtteilsanspruchs gegen den Willen seines verstorbenen Vaters sowohl aus moralischen Gründen als auch unter wirtschaftlichen Gesichtspunkten nicht zuzumuten. In wirtschaftlicher Hinsicht kann es im übrigen durchaus im wohlverstandenen Interesse der unterhaltsberechtigten Ehefrau und des Kindes der Parteien liegen, daß der Ehemann mit dem Verzicht auf eine Geltendmachung des Pflichtteils die Aussicht auf seine spätere erbrechtliche Teilhabe an dem gesamten Nachlaß seiner Eltern bewahrt.

BGH v. 4. 10. 82 – GSZ 1/82 – FamRZ 83, 22 = NJW 83, 228

R137 *(Zur Anwendbarkeit v. § 323 ZPO auf Prozeßvergleiche und vollstreckbare Urkunden)*

Was die – begrifflich vorrangige – „entsprechende Anwendung" des § 323 Abs. 1 ZPO angeht, so besteht schon seit den frühesten einschlägigen Urteilen des Reichsgerichts kein Zweifel darüber, daß die Verweisung im Abs. IV keinerlei praktische Bedeutung mehr hat: Voraussetzungen und Umfang einer etwaigen Abänderung des Titels richten sich allein nach materiellem Recht; § 323 IV ZPO stellt insoweit nur noch klar, daß die Eigenschaft eines gerichtlichen Vergleichs (oder einer sonstigen vollstreckbaren Urkunde) der Abänderbarkeit aus materiell-rechtlichen Gründen nicht entgegensteht (vgl. RGZ 106/233, 234; 110/100, 101; RG, JW 21/1080, 1081; RGZ 165/26, 31; BGH, Urteil vom 9. 7. 1962 – VI ZR 197/62 = FamRZ 63/558 = NJW 63/2076, 2079). Die Parteien können die Abänderung gerichtlicher Vergleiche und vollstreckbarer Urkunden ganz ausschließen oder erschweren; sie können sie aber gegenüber § 323 I ZPO auch erleichtern. Treffen sie keine solchen Vereinbarungen, so gelten von Rechts wegen die Grundsätze über den Fortfall der Geschäftsgrundlage, die zu einer differenzierteren Regelung als der in § 323 I ZPO vorgesehenen führen. Nach alledem fand schon bald nach Schaffung des § 323 IV ZPO und findet auch heute eine entsprechende Anwendung des Abs. I nicht statt. Vielmehr wurde gegenüber der starren gesetzlichen Regelung dem Gedanken der Privatautonomie auch prozessual Rechnung getragen. Da Geltungsgrund von gerichtlichen Vergleichen und vollstreckbaren Verträgen allein der Parteiwille ist, hat die höchstrichterliche Rechtsprechung mit Recht keine Veranlassung gesehen, diesen Parteiwillen von Prozeßrechts wegen zu korrigieren. Die Abänderungsklage nach § 323 und die Vollstreckungsabwehrklage nach § 767 ZPO decken sich zwar in ihren Anwendungsbereichen nicht, dienen aber verwandten Zwecken und sind in der Praxis nur schwer voneinander abgrenzbar (vgl. BGH, Urteil vom

Anhang R. Rechtsprechung R138

14. 3. 1979 – IV ZR 80/78 = FamRZ 79/573, 575). Wenn bei Vollstreckungsabwehrklagen gegen gerichtliche Vergleiche und vollstreckbare Urkunden die zeitliche Beschränkung des § 767 II ZPO nicht (mehr) entsprechend angewandt wird – und zwar gegenüber vollstreckbaren Urkunden kraft gesetzlicher Anordnung, gegenüber gerichtlichen Vergleichen kraft richterlicher Rechtsfortbildung –, so liegt es nahe, bei Abänderungsklagen gegenüber den gleichen Vollstreckungstiteln entsprechend zu verfahren und auch der Verweisung des § 323 IV ZPO auf Abs. II keine praktische Bedeutung (mehr) beizumessen, zumal die Grundlage des Vergleichs hier wie dort allein der Wille der Parteien ist. § 323 III ZPO ist eine Ergänzung des Abs. II. Beide Bestimmungen errichten zeitliche Schranken für die Abänderung von Urteilen: Abs. II für die Berücksichtigung von klagebegründenden Tatsachen, Abs. III für die Rechtsfolgen an sich berücksichtigungsfähiger Umstände. Schon dieser innere Zusammenhang läßt eine unterschiedliche Behandlung im Rahmen des Abs. IV als wenig naheliegend erscheinen, weil sie zu weiteren Wertungswidersprüchen führen würde.

BGH v. 6. 10. 82 – IVb ZR 307/81 – FamRZ 83, 29 = NJW 83, 224
(Unterhalt und Sonderbedarf nach altem Recht. Anerkennung eines Bedarfs als Sonderbedarf. Beteiligung des Berechtigten an den Kosten des Sonderbedarfs) R138

Der Unterhaltsanspruch nach § 58 EheG umfaßt grundsätzlich auch einen Anspruch auf Sonderbedarf (hier entschieden für die Kosten eines Umzugs, den die unterhaltsberechtigte Ehefrau durchgeführt hat, um an dem neuen Wohnort eine Erwerbstätigkeit aufzunehmen). Sonderbedarf kann auch im Rahmen eines Unterhaltsanspruchs nach § 58 EheG – in entsprechender Anwendung des § 1613 II BGB – ohne vorherige Inverzugsetzung des unterhaltspflichtigen Ehegatten (§ 64 EheG) bis zu einem Jahr rückwirkend geltend gemacht werden.

1) Der Unterhaltsanspruch der noch unter der Geltung der früheren Rechtsvorschriften aus dem Verschulden des Bekl. geschiedenen Kl. richtet sich nach § 58 EheG (Art. U12 Nr. 3 II des 1. EheRG). Danach hat sie Anspruch auf den nach den Lebensverhältnissen der Ehegatten „angemessenen Unterhalt", soweit Einkünfte aus ihrem Vermögen und Erträgnisse einer Erwerbstätigkeit nicht ausreichen. Das Maß des geschuldeten angemessenen Unterhalts bestimmt sich nach den allgemeinen Grundsätzen des Unterhaltsrechts. Der Unterhalt umfaßt daher – ebenso wie im Verwandtenunterhaltsrecht nach § 1610 II und in § 1708 I S. 2 BGB a. F. sowie schon noch der früheren gesetzlichen Regelung für Unterhaltsansprüche geschiedener Ehegatten in §§ 1578, 1580 III a. F. in Verbindung mit § 1610 II BGB a. F. und nach § 66 EheG 1938 – den gesamten Lebensbedarf der Kl. Hierzu gehört neben dem laufenden Unterhaltsbedarf, der nach § 62 I S. 1 EheG (entsprechend § 1580 I BGB a. F., § 70 I EheG 1938; § 1612 I BGB; § 1710 I BGB a. F.) grundsätzlich in Form einer Geldrente zu erfüllen ist, auch ein unter besonderen Umständen in Ausnahmefällen entstehender Sonderbedarf, der durch die laufende gleichbleibende Unterhaltsrente nicht befriedigt werden kann.

Der Bekl. ist mithin als Unterhaltsschuldner aus § 58 EheG grundsätzlich verpflichtet, der Kl. auch die Mittel für einen derartigen außergewöhnlichen Sonderbedarf zur Verfügung zu stellen.

2) Sonderbedarf ist nach der Legaldefinition in § 1613 II S. 1 BGB ein „unregelmäßiger außergewöhnlich hoher Bedarf". Mit den hiernach erforderlichen Voraussetzungen für die Anerkennung eines Bedarfs als Sonderbedarf hat sich der erkennende Senat bereits in dem Urteil v. 11. 11. 1981 (FamRZ 1982/145 m. N.) auseinandergesetzt. Nach den Ausführungen in diesem Urteil muß es sich um einen Bedarf handeln, der überraschend und der Höhe nach nicht abschätzbar auftritt. Dabei ist unregelmäßig ein Bedarf, der nicht mit Wahrscheinlichkeit vorauszusehen war und deshalb bei der Bemessung der laufenden Unterhaltsrente nicht berücksichtigt werden konnte. Wann ein in diesem Sinn unregelmäßiger Bedarf zugleich außergewöhnlich hoch ist, läßt sich hingegen nicht nach allgemein gültigen Maßstäben festlegen; vielmehr kommt es insoweit auf die Umstände des Einzelfalles an, insbesondere auf die Höhe der laufenden Unterhaltsrente und der sonstigen Einkünfte des Berechtigten, auf den Lebenszuschnitt der Beteiligten sowie auf den Anlaß und den Umfang der besonderen Aufwendungen. Letztlich richtet sich die Frage, ob ein Bedarf außergewöhnlich hoch ist, danach, ob und inwieweit dem Berechtigten, wenn der Verpflichtete an sich leistungsfähig ist, bei einer Gesamtbetrachtung zugemutet werden kann, den Bedarf selbst zu bestreiten (Senatsurteil, a. a. O., S. 146). Das bedeutet zugleich, daß sich grundsätzlich nur von Fall zu Fall für die jeweils in Frage stehende Aufwendung beurteilen läßt, ob sie als Sonderbedarf zu behandeln ist.

So sind bisher – neben unvorhergesehenen Krankheits-, Operations- und ähnlichen Kosten als Sonderbedarf im einzelnen anerkannt worden: die Aufwendungen für die Renovierung einer Wohnung, Aufwendungen, die durch die Wahl eines aus Gesundheitsrücksichten oder aus anderen zwingenden Gründen gebotenen teureren Wohnorts verursacht werden, sowie unvorhergesehene Kosten als Folgen eines Stellungs-, Berufs- oder Wohnungswechsels und hierbei auch die erforderlichen Umzugskosten.

Das OLG hat die der Kl. durch den Umzug v. K. nach G. entstandenen Transport- und sonstigen

1151

Kosten als unregelmäßige und außergewöhnlich hohe Aufwendungen angesehen. Diese Würdigung des OLG ist revisionsrechtlich nicht zu beanstanden. Das Gericht ist bei seiner Entscheidung – unter Beachtung der gebotenen Zumutbarkeitserwägungen – zutreffend von den für die Beurteilung als Sonderbedarf maßgeblichen Kriterien ausgegangen und hat ohne Rechtsverstoß die Voraussetzungen eines unregelmäßigen, außergewöhnlich hohen Bedarfs bejaht. Dabei kam es nicht entscheidend darauf an, daß die Umzugskosten für die Kl. überraschend, also ohne ihre vorherige Kenntnis und insoweit unvorhersehbar entstanden sein müßten. Maßgebend war in diesem Sinn vielmehr, daß sie als einmaliger, der Höhe nach im vorhinein nicht abschätzbarer Aufwand bei der Bemessung der laufenden Unterhaltsrente nicht hatten berücksichtigt werden können. Bei der Beurteilung der außergewöhnlichen Höhe der Unzugsaufwendungen hat das OLG rechtsfehlerfrei auf das Verhältnis der Aufwendungen (von insgesamt 7820,35 DM) zu der Unterhaltsrente der Kl. (von monatlich 530 DM) sowie insbesondere auf den Anlaß des Umzuges abgestellt. Die Kl. hat nämlich den Wohnungswechsel durchgeführt, um sich – zu einem Zeitpunkt, zu dem sie wegen der Betreuung und Erziehung der damals 11 und 7 Jahre alten Söhne der Parteien nicht zu einer eigenen Erwerbstätigkeit verpflichtet war – durch Wiederaufnahme einer Berufstätigkeit wirtschaftlich unabhängig zu machen und sich zugleich eine eigene Altersversorgung zu schaffen. Dies setzte eine angemessene Betreuung und Pflege der Kinder während der berufsbedingten Abwesenheit der Kl. voraus, die ihre in G. lebenden Eltern gewährleisten konnten.

Soweit die Revision die Umzugsnebenkosten (Kosten für Dekoration, Renovierung und Teppichbodenverlegung) als vorhersehbar, ohnehin in regelmäßigen Zeitabständen anfallende Kosten bezeichnet, die aus diesem Grund nicht unter den Sonderbedarf fallen könnten, läßt sie die Tatsache unberücksichtigt, daß die Kl. die Aufwendungen für die Renovierungs- und Malerarbeiten und für Teppichbodenverlegung nur jeweils zur Hälfte geltend macht. Im Umfang der geltend gemachten Beträge hat das OLG auch bei diesen – unmittelbar durch den Umzug bedingten – Kosten die Voraussetzungen des Sonderbedarfs ohne Rechtsverstoß bejaht.

3) Wie der Senat in dem bereits erwähnten Urteil v. 11.11.1981 (FamRZ 1982/145, 147) ausgeführt hat, ist in Fällen des Ehegattenunterhalts jeweils auch zu prüfen, inwieweit der Unterhaltsberechtigte an den Aufwendungen zur Deckung des Sonderbedarfs selbst zu beteiligen ist. Es ist nämlich im allgemeinen davon auszugehen, daß bereits durch die laufende Unterhaltsrente eine angemessene Aufteilung derjenigen Mittel herbeigeführt wird, die für den Lebensbedarf beider Beteiligter zur Verfügung stehen; das kann nicht selten dazu führen, daß der Unterhaltsberechtigte einen Teil seines Sonderbedarfs selbst zu tragen hat und nur die Erstattung des Restes wird verlangen können. Ob und gegebenenfalls in welchem Umfang eine solche Beteiligung des Unterhaltsberechtigten an den Kosten des Sonderbedarfs geboten ist, hängt von den Umständen des Einzelfalles ab und muß in erster Linie der Entscheidung des Tatrichters vorbehalten werden.

BGH v. 6.10.82 – IVb ZR 311/81 – FamRZ 82, 1187 = NJW 83, 1547

R139 *(Unterhaltsbemessung nach dem konkreten Lebensbedarf bei überdurchschnittlich hohen Einkünften und Aufwendungen für die Vermögensbildung; keine 2stufige Berechnung des Elementarunterhalts bei Vorsorgeunterhalt)*

a 4) Allerdings ist im Regelfall der Betrag des Vorsorgeunterhalts von dem bereinigten Nettoeinkommen des Unterhaltsverpflichteten abzusetzen und aus dem verbleibenden Einkommen anhand der maßgebenden Quote ein neuer (endgültiger) Elementarunterhalt zu bestimmen. Daß das OLG hier eine anderweitige Bemessung des Elementarunterhalts nicht vorgenommen hat, sondern den vollen Betrag von 620 DM neben den bereits titulierten 2300 DM monatlich zugesprochen hat, begegnet nach den gegebenen besonderen Umständen jedoch keinen rechtlichen Bedenken. Da die Einkünfte des Ehemannes überdurchschnittlich hoch sind, ist der Elementarunterhalt der Ehefrau nicht nach einer Quote bemessen worden, sondern nach dem konkreten Lebensbedarf der Ehefrau, weil das Einkommen des Ehemannes während Bestehens der Ehe nicht ausschließlich dem Unterhalt der Parteien gedient hat, sondern teilweise auch der Vermögensbildung. – Das OLG hat weiter festgestellt, daß allein die nach steuerlichen Gesichtspunkten ermittelten Monatseinkünfte des Ehemannes fast das Dreifache der Summe von 2920 DM (2300 + 620 DM) erreichen. In derartigen Fällen besonders günstiger wirtschaftlicher Verhältnisse des Unterhaltsverpflichteten ergibt sich die Notwendigkeit einer zweistufigen Berechnung des Elementarunterhalts nicht, da diese lediglich sicherstellen soll, daß nicht zu Lasten des Unterhaltsverpflichteten von dem Grundsatz der gleichmäßigen Teilhabe der Ehegatten am ehelichen Lebensstandard abgewichen wird.

Anhang R. Rechtsprechung   R141

(Kein Anspruch auf Vorsorgeunterhalt, wenn die zu erwartende Altersversorgung des Berechtigten diejenige des Verpflichteten erreicht. Ausweisung des Vorsorgeunterhalts im Tenor; zweckbestimmte Verwendung des Vorsorgeunterhalts; Wahlrecht des Berechtigten; Konsequenzen bei zweckwidriger Verwendung des Vorsorgeunterhalts durch den Verpflichteten)

5) Die Folgerungen, die die Revision daraus zieht, daß nach dem Gesetz ein „angemessener" Vor- **b** sorgeunterhalt geschuldet wird, sind unzutreffend. Wenn § 1578 III BGB davon spricht, daß zum Lebensbedarf auch die Kosten einer „angemessenen" Versicherung für den Fall des Alters sowie der Berufs- oder Erwerbsunfähigkeit gehören, so ist das Tatbestandsmerkmal der Angemessenheit – wie in Abs. II der Vorschrift hinsichtlich der Krankenversicherung – im wesentlichen auf die Höhe der aufzuwendenden Kosten und die Bemessung des Anspruchs zu beziehen (NJW 1982/1986). Die Ansicht, der Vorsorgeunterhalt sei so zu bemessen, daß er unter Berücksichtigung bereits vorhandener und noch zu erwartender Anwartschaften später zu angemessenen, den Lebensbedarf deckenden Versicherungsleistungen führt, hat der Senat bereits in seiner Entscheidung v. 25. 2. 1981 (FamRZ 81/444) abgelehnt. Hier ist auch ausgeführt, daß hinsichtlich der Vorsorgebeiträge ein Unterhaltsbedürfnis erst zu verneinen ist, wenn für den Berechtigten eine Altersversorgung zu erwarten steht, die diejenige des Unterhaltsverpflichteten erreicht. Der Auffassung der Revision, daß eine umfassende Abwägung der Versorgungslage beider Ehegatten unter besonderer Berücksichtigung der aus dem Versorgungs- und Zugewinnausgleich zu erwartenden Leistungen erforderlich sei, kann daher nicht gefolgt werden. II 2) Aus der Zweckbindung des Vorsorgeunterhalts hat der Senat bisher die Folgerung gezogen, daß der darauf entfallende Betrag im Entscheidungssatz des Urteils besonders auszuweisen ist (FamRZ 81/445) und daß der Unterhaltsberechtigte den ihm zustehenden Gesamtunterhalt nicht nach freiem Ermessen auf den Elementar- und Vorsorgeunterhalt verteilen darf und den letzteren zweckbestimmt zu verwenden hat (FamRZ 1982/887, 890). Andererseits hat er entschieden, daß vom Berechtigten nicht verlangt werden kann, bei der Geltendmachung im Prozeß schon eine bestimmte Form der Vorsorgeversicherung und die hierfür erforderlichen Beiträge konkret anzugeben, weil er – unbeschadet der Obliegenheit, die Aufwendungen möglichst gering zu halten – ein Wahlrecht hinsichtlich der Versicherungsform besitzt. Bereits in der Entscheidung v. 25. 2. 1981 hat der Senat ausgeführt, daß neben der ges. Rentenversicherung private Vorsorgemöglichkeiten in Betracht kommen, etwa wenn die geschuldete Vorsorgeleistung hinter der Mindestbeitragshöhe für die ges. Rentenversicherung zurückbleibt (§§ 1387 I, 1388 RVO), wenn in der ges. Rentenversicherung nur eine Höherversicherung möglich wäre (§ 1234 RVO), aus der keine dynamischen Versicherungsleistungen erwachsen (§ 1272 III RVO), oder wenn der Unterhaltsberechtigte seine Altersvorsorge bereits im Wege einer privaten Kapital- oder Rentenversicherung begonnen hat. 3) Die Frage, ob der Unterhaltsverpflichtete verlangen kann, den geschuldeten Vorsorgeunterhalt gegen den Willen des Unterhaltsberechtigten direkt auf ein Versicherungskonto zu zahlen, hat der Senat noch nicht entschieden. Keine Bedenken bestehen dagegen, daß das Gericht auf eine derartige Zahlungsweise auf Antrag oder mit Einverständnis der berechtigten Partei erkennt, sofern die Gewähr dafür besteht, daß die Zahlungen versicherungsrechtlich zu dem gewünschten Erfolg führen. Besteht der Berechtigte auf einer Zahlung an sich selbst, so ist zu beachten, daß nach dem Gesetz auch der Vorsorgeunterhalt als Teil des einheitlichen Unterhaltsanspruchs grundsätzlich durch Zahlung einer Geldrente zu gewähren ist (§§ 1361 IV S. 1, 1585 I S. 1 BGB); der Anspruch ist nicht, wie etwa derjenige nach § 1587 b III BGB, darauf gerichtet, dem Berechtigten unmittelbar einen Versicherungsschutz zu verschaffen. Der Senat tritt der herrschenden Ansicht bei. Zwar würde die unmittelbare Leistung auf ein Versicherungskonto dem berechtigten Anliegen Rechnung tragen, die Zweckbindung des Vorsorgeunterhalts nachhaltig zu sichern; doch findet ein dahingehendes Recht des Unterhaltsverpflichteten in den geltenden ges. Vorschriften keine Stütze. Der Unterhaltsschuldner ist insoweit geschützt, als der Unterhaltsgläubiger bei zweckwidriger Verwendung der als Vorsorgeunterhalt geleisteten Beträge später so zu behandeln ist, als hätten diese zu einer entsprechenden Versicherung geführt. Allenfalls bei Vorliegen besonderer Umstände, die das Verlangen des Unterhaltsgläubigers auf Zahlung an sich selbst als Verstoß gegen Treu und Glauben (§ 242 BGB) erscheinen lassen, ist das Gericht berechtigt, auf eine Zahlung an den Versicherungsträger zu erkennen.

BGH v. 3. 11. 82 – IVb ZR 324/81 – FamRZ 83, 48 = NJW 83, 393

(Kosten einer Privatschule; Bindung an Entscheidungen des Sorgeberechtigten; unterhaltsrechtliche Rechtferti- **R141**
gung der Mehrkosten; Zumutbarkeitsabwägung; Übernahme von 1/3 durch den sorgeberechtigten Elternteil)

2 a aa) Bei einem minderjährigen Kind, dessen Eltern geschieden sind, übt die elterl. Sorge der Elternteil aus, den das FamG bestimmt hat (§ 1671 BGB). Diesem obliegt damit allein das Recht und die Pflicht, im Rahmen seiner Erziehungsaufgabe (§ 1631 I BGB) die Ziele und Wege der Ausbildung unter Berücksichtigung der Eignung und Neigung des minderjährigen Kindes (vgl. § 1631a I BGB) verantwortlich festzulegen. Der andere Elternteil, der durch die Bestimmung des Familien-

richters das Personensorgerecht verloren hat, muß in aller Regel die Entscheidungen des Sorgeberechtigten hinnehmen, auch wenn sie ihm nicht sinnvoll erscheinen.

Fehlentscheidungen können gemäß §§ 1631a II, 1666 BGB nur vom Vormundschaftsgericht korrigiert werden. Die Bindung des Unterhaltspflichtigen an die Entscheidungen des Inhabers der elterl. Sorge endet auch nicht, wenn und soweit solche Bestimmungen sich auf den Lebensbedarf des Kindes kostensteigernd auswirken. Der Unterhaltspflichtige kann im allgemeinen nicht durch eine Verweigerung des Finanzierungsbeitrages indirekt Einfluß auf den Inhalt von kostenverursachenden Sorgerechtsentscheidungen nehmen. Das bedeutet, daß auch im Unterhaltsrechtsstreit grundsätzlich kein Raum ist, die Maßnahmen des Sorgerechtsinhabers auf ihre Zweckmäßigkeit zu überprüfen.

bb) Zum Inhalt des Erziehungsrechts gehören die Bestimmung des Bildungsweges und die Auswahl der weiterführenden Schulen.

Dieses Auswahlrecht umfaßt auch den Besuch einer genehmigten Privatschule. Es ist nicht von vornherein auf solche Einrichtungen beschränkt, die wie die staatlichen Schulen aufgrund der jeweiligen Landesverfassungen Schulgeld- und Lehrmittelfreiheit gewähren. Die Gewährleistung des Rechts zur Errichtung von privaten Schulen enthält zugleich eine Ablehnung des staatlichen Schulmonopols und schließt das nicht ausdrücklich erwähnte Recht von Erziehungsberechtigten ein, die ihnen anvertrauten Kinder jedenfalls nach Beendigung der für alle gemeinsamen Grundschule auch in eine anerkannte private Schule aufnehmen zu lassen, weil die Gewährleistung der privaten Schulfreiheit sonst keinen Sinn hätte. Unterhaltsrechtlich darf daher ein Berechtigter nicht ausnahmslos auf die Inanspruchnahme der landesrechtlichen Schulgeld- und Lehrmittelfreiheit verwiesen werden. Der Lebensbedarf des minderjährigen Kindes umfaßt vielmehr dort, wo es aufgrund der Entscheidung des Sorgeberechtigten in Betracht kommt, auch das Schulgeld und die Lernmittelkosten.

cc) Trotz der generellen Bindung an die Entscheidung des Sorgeberechtigten, die auch die Wahl einer kostenverursachenden privaten Bildungseinrichtung zum Inhalt haben darf, kann der Unterhaltsberechtigte den auf diese Weise entstandenen Mehrbedarf nicht unbeschränkt geltend machen. Abgesehen von der stets durch die Leistungsfähigkeit des Verpflichteten gezogenen Grenze (§ 1603 II BGB) versagt nach allgemeinen Rechtsregeln die Bindungswirkung dort, wo der kostenverursachenden Maßnahme eine sachliche Begründung fehlt. Darüber hinaus bedarf es einer besonderen Prüfung der konkreten Umstände des Einzelfalles, wenn der Inhaber der elterl. Sorge mit seiner Entscheidung einen nicht unerheblichen Mehrbedarf im Vergleich zu anderen denkbaren Lösungen des zugrunde liegenden Schulauswahlproblems verursacht. Für den hier gegebenen Fall war daher abzuwägen, ob für den Besuch einer teureren Bildungseinrichtung, wie sie eine Privatschule im Vergleich zu einer von Schulgeld freigestellten staatlichen Schule regelmäßig darstellt, so gewichtige Gründe vorliegen, daß es gerechtfertigt erscheint, die dadurch verursachten Mehrkosten zu Lasten des Unterhaltspflichtigen als angemessene Bildungskosten anzuerkennen. Ähnliche Gesichtspunkte sind in Rechtsprechung und Literatur bei vergleichbaren Fällen entwickelt worden, z. B. wenn Mehrkosten für ein Studium an einem auswärtigen Hochschulort geltend gemacht werden, obwohl das Studium am Wohnsitz des Verpflichteten kostengünstiger möglich ist.

4) Ob und in welchem Umfang die Mutter der Kl. zu den Mehrkosten beitragen muß, die der Besuch des privaten Gymnasiums verursacht, hat das OLG nicht näher geprüft. Es hat im Hinblick auf die Relation der Einkommen beider Elternteile zumindest eine $^2/_3$-Beteiligung des Bekl. an den Mehrkosten als gerechtfertigt angesehen. Auch diese Auffassung läßt keinen Rechtsfehler zum Nachteil des Bekl. erkennen. Nach den in der Senatsrechtsprechung entwickelten Grundsätzen (FamRZ 1980/994) erfüllt die Mutter der Kl. ihre Unterhaltspflicht vollständig durch deren Pflege und Erziehung. Der Senat hat auch bereits entschieden, daß sich an der Gleichwertigkeit von Natural- und Barunterhalt durch eine Erwerbstätigkeit des das Kind versorgenden Elternteils nichts ändert, solange dieser die Kindesbetreuung weiter in vollem Umfang wahrnimmt (FamRZ 1981/347). Selbst wenn im vorliegenden Fall ein geringer Teil des Betreuungsaufwandes entfallen sein sollte, weil es sich bei dem von der Kl. besuchten privaten Gymnasium um eine Tagesheimschule handelt, hat dem die Kl. durch die Geltendmachung von nur $^2/_3$ der Schulkosten in ausreichendem Maße Rechnung getragen.

Ein Unterhaltsanspruch der Kl. wäre trotz des festgestellten Mehrbedarfes (teilweise oder ganz) entfallen, wenn der Bekl. auch unter Berücksichtigung seiner erhöhten Leistungspflicht gegenüber einem minderjährigen unverheirateten Kinde (§ 1603 II S. 1 BGB) nicht leistungsfähig wäre.

BGH v. 24. 11. 82 – IVb ZR 310/81 – FamRZ 83, 146 = NJW 83, 933

(Keine Erwerbsobliegenheit bei Betreuung von 3 schulpflichtigen Kindern im Alter von 8 (Zwillinge) und 11 Jahren)

I) Das OLG hat sowohl für die Zeit der Trennung als auch für die Zeit nach Rechtskraft des Scheidungsurteils die Unterhaltsbedürftigkeit der Kl. bejaht. Es hat die Auffassung vertreten, daß die Arbeitseinkünfte der Kl. nicht in vollem Umfang anzurechnen seien, weil eine Erwerbstätigkeit von der Kl. wegen der Betreuung der drei minderjährigen Kinder nicht erwartet werden könne.

Gegen die Beurteilung der Erwerbstätigkeit der Kl. als unzumutbare berufliche Leistung wendet sich die Revision ohne Erfolg. Allerdings hat der BGH zur Frage der Erwerbsobliegenheit getrenntlebender und vor allem gesch. Ehegatten wiederholt entschieden, daß schulpflichtige minderjährige Kinder den betreuenden Elternteil nicht ohne weiteres an der Aufnahme jeglicher Beschäftigung hindern, vielmehr nach den Umständen des Einzelfalles eine Teilzeitarbeit bis hin zur Halbtagsbeschäftigung in Betracht kommt (FamRZ 1981/1159, 1160 f., FamRZ 1982/148, 149 f. m. w. N.). Erst recht ist die Zumutbarkeit einer derartigen Erwerbstätigkeit zu bejahen, wenn diese bereits in der Ehe neben der Kindesbetreuung ausgeübt worden ist und es darum geht, ob die Tätigkeit beizubehalten ist. So hat der Senat einem Fall, in dem die Mutter zwei Kinder im Alter von 11 und knapp 7 Jahren zu betreuen hatte, aber schon vor der Trennung mit halber Arbeitskraft als Lehrerin tätig gewesen war und diese Tätigkeit nach der Trennung fortgesetzt hatte, die Beibehaltung dieser Tätigkeit für zumutbar erachtet (FamRZ 81/1159, 1160). Er hat ausgeführt, daß eine Erwerbstätigkeit, die nicht aus Not wegen unzureichender Versorgung durch den unterhaltspflichtigen Ehegatten, sondern aus freien Stücken aufgenommen wird, im allgemeinen Anlaß zu der Frage ist, ob nicht die Grenzen des Zumutbaren zunächst zu eng gezogen worden sind. Die Ausübung der Berufstätigkeit kann in diesem Zusammenhang ein bedeutsames Indiz sein (a. a. O., S. 1161).

Mit diesen Grundsätzen steht die Beurteilung des OLG indessen nicht in Widerspruch. Dieses hat zunächst zu Recht hervorgehoben, daß es hier drei Kinder im schulpflichtigen Alter sind, die die Kl. zu versorgen hat. Darüber hinaus ist die Arbeitsaufnahme der Kl. erst erfolgt, als der Bekl. aus der ehel. Wohnung ausgezogen war und die Trennung der Parteien vollzogen hatte. Daß aus der Tatsache der bis 1975 erfolgten Mitarbeit der Kl. im Betrieb des Bekl. keine Schlüsse auf die Zumutbarkeit der 1978 aufgenommenen, schließlich ganztägig ausgeübten Erwerbstätigkeit und ihrer Fortsetzung gezogen werden können, hat das OLG vor allem unter Hinweis darauf dargelegt, daß die Kl. jene Mitarbeit umfangs- und zeitmäßig selbst habe gestalten und mit ihren Pflichten als Hausfrau und Mutter habe abstimmen können, so daß diese Tätigkeit mit der später aufgenommenen Berufstätigkeit an einem fremden Arbeitsplatz nicht vergleichbar sei. Wenn das OLG unter diesen Umständen zu dem Ergebnis gelangt ist, daß die von der Kl. erzielten Arbeitseinkünfte aus einer Erwerbstätigkeit resultieren, die von ihr nicht erwartet werden kann, so ist das revisionsrechtlich nicht zu beanstanden.

(Zur Auslegung und Anwendung des § 1577 II BGB)

II 1a) In § 1577 II BGB ist geregelt, inwieweit das Einkommen aus einer unzumutbaren Erwerbstätigkeit des Unterhaltsberechtigten anzurechnen ist. Die Vorschrift hat zwar ihren Platz im Recht des Geschiedenenunterhalts; ihre Grundsätze können aber auch bei einer Beurteilung des Trennungsunterhalts nicht außer acht gelassen werden. Vor allem muß gewährleistet sein, daß bei an sich gleicher Sachlage der Anspruch auf Trennungsunterhalt nicht niedriger ausfällt als derjenige für die nacheheliche Zeit. Aus diesem Grunde ist auch im Rahmen von § 1361 BGB notwendig, die Anrechnung der betreffenden Einkünfte nach den Grundsätzen zu beurteilen, die sich aus § 1577 II BGB ergeben.

(Betreuungsleistungen des neuen Partners für Kinder)

II 1b) Leistungen des neuen Partners für Kinder, die z. B. in der Beaufsichtigung der Hausaufgaben der Kinder bestehen, führen nicht dazu, daß der Wert der Versorgungsleistungen, welche die Kl. dem neuen Partner gegenüber erbringt, im Verhältnis zum Bekl. entsprechend niedriger angesetzt werden können. Zwar trifft es zu, daß die Kl. für ihre Leistungen von dem neuen Partner wegen dessen im Gegenzuge erbrachten Betreuungsleistungen gegenüber den Kindern nur ein entsprechend geringeres Entgelt verlangen kann. Im Verhältnis zum Bekl., den unterhaltsrechtlich keine Verpflichtung trifft, dem Dritten die Beaufsichtigung der Kinder zu entgelten, kann diese Kompensation jedoch keine Berücksichtigung finden. Insoweit ist der Wert der von der Kl. gegenüber dem neuen Partner erbrachten Versorgungsleistungen daher in vollem Umfang und ohne Abzug wegen der Betreuungsleistungen gegenüber den Kindern zu ermitteln und als Einkommen der Kl. zugrunde zu legen.

(Feststellung und Berechnung des Freibetrags nach § 1577 II 1 BGB)

2) Nach § 1577 II BGB sind Einkünfte aus unzumutbarer Erwerbstätigkeit nicht anzurechnen, soweit der Verpflichtete nicht den vollen Unterhalt (§ 1578) leistet. Einkünfte, die den vollen Unterhalt übersteigen, sind insoweit anzurechnen, als dies unter Berücksichtigung der beiderseitigen wirtschaftlichen Verhältnisse der Billigkeit entspricht. Über das Verständnis dieser Vorschrift herrscht Streit. a) Weitgehende Einigkeit besteht darüber, daß § 1577 II BGB nicht die Anrechnung von Einkünften aus zumutbarer Erwerbstätigkeit regelt. Davon geht auch der Senat aus.

b) Die Anwendung des § 1577 II BGB hängt nicht davon ab, daß der Unterhaltsschuldner die Aufnahme jener Erwerbstätigkeit durch seine Säumnis oder sonst eine unvollständige Erfüllung seiner Unterhaltspflicht veranlaßt hat. Überhaupt kommt es nicht darauf an, ob die Unterhaltsleistung des Schuldners seine jeweilige Unterhaltsverpflichtung erfüllt oder nicht. Für den Umfang der Nichtanrechnung der Einkünfte ist vielmehr maßgebend, inwieweit eine Unterhaltsleistung des Schuldners – zusammen mit etwaigen Einkünften des Berechtigten aus anderweitiger, zumutbarer Erwerbstätigkeit – hinter dessen vollem Unterhalt zurückbleibt. Das insoweit verbleibende Defizit bildet den Rahmen, innerhalb dessen die betreffenden Einkünfte des Berechtigten nach § 1577 II 1 BGB von einer Anrechnung ausgenommen bleiben, während sich die Anrechnung der darüber hinausgehenden Einkünfte nach § 1577 II 2 BGB bestimmt. c) Es ist nicht gerechtfertigt, dem Berechtigten die Vergünstigung des § 1577 II BGB nur für solche Einkünfte aus unzumutbaren Tätigkeiten zu eröffnen, die durch die Nichterfüllung der Unterhaltspflicht des Schuldners veranlaßt sind, und andere Einkünfte aus einer nicht gebotenen Arbeit, die etwa aus Neigung, zum Abbau drückender Lasten, zur Erhöhung des eigenen Lebensstandards oder (auch) zur Verbesserung der Lebensverhältnisse sorgebefohlener Kinder übernommen worden ist, nach § 1577 I BGB uneingeschränkt zur Anrechnung heranzuziehen. Eine derartige restriktive Anwendung der Vorschrift stände im Gegensatz zu den bereits dargelegten Grundsätzen, nach denen der Senat in ständiger Rechtsprechung die Berücksichtigung entsprechender Einkünfte auf seiten des Unterhaltspflichtigen beurteilt, und wäre so geeignet, die Waffengleichheit zwischen Unterhaltsgläubiger und Unterhaltsschuldner zu beeinträchtigen. Eine solche Anwendung ist nach der (freilich schwerverständlichen und auslegungsbedürftigen) Gesetzesfassung auch nicht geboten. Unter diesen Umständen erscheint es gerechtfertigt, sämtliche Einkünfte aus nicht zumutbarer Erwerbstätigkeit in der Frage der Anrechnung auf seiten des Unterhaltsberechtigten gleichermaßen nach den Regeln des § 1577 II BGB zu behandeln.

e) Zur Feststellung des Freibetrages nach § 1577 II 1 BGB hat das OLG den vollen Unterhaltsbedarf mit DM 2000 bemessen. Dabei ist es davon ausgegangen, daß als maßgebende eheliche Lebensverhältnisse im Sinne von § 1578 BGB die Verhältnisse zugrunde zu legen seien, die sich – unter Einschluß der Einkünfte aus unzumutbarer Tätigkeit – aus dem Gesamteinkommen der Parteien im Zeitpunkt der Scheidung ergeben. Das der gesamten fünfköpfigen Familie zur Verfügung stehende Einkommen habe sich in jenem Zeitpunkt und auch bereits längere Zeit zuvor auf 5 662,69 DM netto im Monat belaufen. Davon seien den Parteien – nach Abzug der für den Unterhalt der Kinder anzusetzenden Beträge – 4112,69 DM für den vollen Unterhalt verblieben. Da der Bekl. den größeren Teil zu den Gesamteinkünften beigesteuert habe und wegen seiner unfallbedingten Behinderung im Rahmen seiner persönlichen Versorgung erhöhten Aufwand habe, erscheine es angemessen, von einem vollen Unterhaltsbedarf der Kl. in Höhe von 2000 DM auszugehen. Dieser Bedarf verringere sich allerdings um den Betrag von DM 300, der der Kl. für die Versorgung ihres Lebensgefährten zuzurechnen sei. Der sich danach ergebende (Rest-)Bedarf von 1700 DM monatlich stellt nach Ansicht des OLG den Betrag dar, bis zu dem die vom Bekl. geschuldete monatliche Unterhaltsrente durch die Erwerbseinkünfte anrechnungsfrei aufzustocken ist.

bb) Nicht zu beanstanden ist, daß das OLG diesen Betrag von dem zunächst ermittelten Unterhaltsbetrag abgesetzt hat. Wie das OLG zutreffend ausgeführt hat, ist die Versorgung des Zeugen für die Kl. durchaus mit der Betreuung der Kinder in Einklang zu bringen. Damit besteht der Unterhaltsanspruch der Kl. nach § 1570 BGB von vornherein nur insoweit, als ihr voller Unterhalt nicht durch die Vergütung für jene einer zumutbaren Erwerbstätigkeit gleich zu erachtenden Versorgung gedeckt ist (FamRZ 80/40, 43). Einer solchen unterhaltsmindernden Berücksichtigung jenes Betrags steht § 1577 II BGB nicht entgegen, weil sich die Anrechnung von Einkünften aus zumutbarer Erwerbstätigkeit nicht nach dieser Vorschrift bestimmt. cc) Bedenken bestehen dagegen, daß das OLG bei der Bestimmung der ehelichen Lebensverhältnisse, die für den vollen Unterhaltsbedarf der Kl. nach § 1578 I BGB maßgeblich sind, auch die Einkünfte der Kl. aus unzumutbarer Erwerbstätigkeit herangezogen hat. Allerdings hat die Kl. diese Tätigkeit nicht erst nach der Scheidung, sondern bereits während des Getrenntlebens der Parteien, mithin zu einer Zeit aufgenommen, als Veränderungen in den Einkommensverhältnissen der Parteien die ehelichen Lebensverhältnisse grundsätzlich noch beeinflussen konnten (ständige Rechtsprechung des Senats, zuletzt FamRZ 82/892 m. w. N.; zur Aufnahme einer Erwerbstätigkeit nach der Scheidung, FamRZ 82/255, 257). Indessen ist anerkannt, daß der Unterhaltsbedarf nur an solchen Lebensverhältnissen während der Ehe ausgerichtet werden kann, die dauernden Bestand gewonnen haben oder wenigstens die Gewähr der Stetigkeit in sich tragen. Soweit es hierbei auf das Einkommen der Ehegatten ankommt, kann nur auf nachhaltig erzielte, dauerhafte Einkünfte abgestellt werden, die den ehelichen Lebensstandard prägen (FamRZ 82/255, 257; FamRZ 82/576, 577).

Von derartigen Einkünften kann bei der Aufnahme einer unzumutbaren Erwerbstätigkeit nicht ausgegangen werden. Die Beurteilung einer Tätigkeit als unzumutbar bedeutet zugleich, daß derjenige, der sie ausübt, unterhaltsrechtlich nicht gehindert ist, sie jederzeit zu beenden, gleichgültig, ob er Unterhaltsschuldner ist und möglicherweise seine Leistungsfähigkeit herabsetzt oder ob er sich in der Rolle des Unterhaltsgläubigers befindet und seine Bedürftigkeit erhöht. Nimmt ein unterhaltsbedürftiger Ehegatte nach der Trennung eine unzumutbare Erwerbstätigkeit auf, so geschieht das in aller Regel nicht zur Verbesserung der beiderseitigen Lebensverhältnisse oder zur Entlastung des unterhaltspflichtigen Partners, sondern zur Erhöhung des eigenen Lebensstandards oder sonst zur Erlangung zusätzlicher Mittel. Diese Möglichkeit wird ihm durch die vom Gesetz vorgesehene Einschränkung der Anrechnung von Einkünften aus solcher Tätigkeit eröffnet. Deshalb kann sich ein Unterhaltsschuldner, dessen getrennt lebender Partner eine derartige Tätigkeit aufnimmt, bei der Gestaltung seiner eigenen Lebensverhältnisse weder auf die Fortdauer dieser Tätigkeit noch darauf einrichten, durch die aus der Tätigkeit fließenden Einkünfte des Gläubigers nachhaltig entlastet zu werden. Bei dieser Sachlage können jene Einkünfte nicht als ein die Lebensverhältnisse beider Ehegatten dauerhaft prägender Umstand gewertet werden. Zu demselben Ergebnis führt der in der Senatsrechtsprechung hervorgetretene Gesichtspunkt, daß Veränderungen im Einkommen der Ehegatten während der Trennung die ehelichen Lebensverhältnisse dann nicht mehr beeinflussen, wenn sie auf einer unerwarteten, vom Normalverlauf erheblich abweichenden Entwicklung beruhen (FamRZ 82/575, 576 und 576, 578). Als eine derartige, aus objektiver Sicht nicht zu erwartende, außergewöhnliche Entwicklung ist auch die Aufnahme einer unzumutbaren Erwerbstätigkeit anzusehen (FamRZ 82/892). Gegen die Berücksichtigung der daraus resultierenden Einkünfte im Rahmen der ehelichen Verhältnisse spricht schließlich auch ein schwerwiegender praktischer Grund. Würden die ehelichen Lebensverhältnisse und damit der volle Unterhaltsbedarf (§ 1578 I BGB) durch Einkünfte aus einer während des Getrenntlebens aufgenommenen unzumutbaren Erwerbstätigkeit beeinflußt, so hätte es ein getrennt lebender Unterhaltsgläubiger in der Hand, durch einen entsprechenden Einsatz seinen unterhaltsrechtlich anzuerkennenden Lebensbedarf zu erhöhen mit der Folge, daß ihm bei einer jederzeit möglichen Beendigung der Erwerbstätigkeit ein entsprechend höherer Unterhaltsanspruch zustünde.

Unter diesen Umständen erscheint es geboten, derartige Einkünfte des unterhaltsberechtigten Ehegatten bei der Bemessung seines vollen Unterhaltsbedarfs unberücksichtigt zu lassen. Ob andererseits Einkünfte aus zumutbarer Tätigkeit stets die ehelichen Lebensverhältnisse prägen, braucht hier nicht entschieden zu werden.

Danach sind als maßgebend die Lebensverhältnisse zugrunde zu legen, die sich aus dem verbleibenden Einkommen der Ehegatten ergeben. Die Aufteilung dieses Einkommensbetrags auf die Ehegatten bietet allerdings noch keine Gewähr, daß die auf den Unterhaltsberechtigten entfallende Quote ausreicht, um dessen vollen Unterhaltsbedarf zu decken. Ein Zurückbleiben jener Quote hinter dem Betrag des vollen Unterhalts ist insbesondere im Hinblick auf etwaige Mehrkosten möglich, die den Ehegatten infolge ihrer Trennung erwachsen und dazu führen können, daß der Berechtigte mit den Mitteln der Unterhaltsquote den ehelichen Lebensstandard nicht mehr aufrechterhalten kann. Ein solcher Mehrbedarf ist bei der Bestimmung des vollen Unterhalts zu berücksichtigen. Seine Höhe ist vom Tatrichter unter Berücksichtigung der Umstände des einzelnen Falles zu ermitteln, wobei es diesem nicht verwehrt ist, unter Zuhilfenahme allgemeiner Erfahrungssätze nach § 287 ZPO zu verfahren (FamRZ 82/255). III 2) Soweit die Einkünfte der Kl. aus unzumutbarer Erwerbstätigkeit den nach § 1577 II 1 BGB anrechnungsfrei zu belassenden Betrag übersteigen und sie nach Maßgabe des Satzes 2 der Vorschrift anzurechnen sind, ist dieser Betrag nicht wie das sonstige Einkommen der Kl. in die Differenzberechnung des beiderseitigen Einkommens einzubeziehen, sondern vom Unterhaltsbetrag, den der Bekl. – ohne Berücksichtigung der Einkünfte der Kl. aus unzumutbarer Tätigkeit – an sich schulden würde, abzurechnen. Das ergibt sich aus dem dargelegten Verständnis der für die Bestimmung des vollen Unterhalts maßgebenden ehelichen Verhältnisse. Insoweit gelten für die Berücksichtigung des anzurechnenden Teils des Einkommens aus unzumutbarer Tätigkeit die gleichen Erwägungen wie für die Anrechnung von Einkünften aus einer nach der Ehescheidung einsetzenden Erwerbstätigkeit, die die ehelichen Lebensverhältnisse gleichfalls beeinflussen (FamRZ 82/ 255, 257).

3) Das OLG ist auf der Grundlage seiner bisherigen Bemessung des vollen Unterhalts zu dem Ergebnis gelangt, daß der Bekl. außerstande sei, den Unterhaltsbedarf der Kl. ohne Gefährdung seines eigenen angemessenen Unterhalts zu decken. Deshalb sei er nur nach Maßgabe einer Billigkeitswertung § 1581 BGB zur Unterhaltszahlung verpflichtet. Sollte das Gericht auch bei der neuen Verhandlung und Entscheidung zu dem Ergebnis gelangen, daß der Bekl. gemäß § 1581 S. 1 BGB nur insoweit Unterhalt zu leisten braucht, als es mit Rücksicht auf die Bedürfnisse und die Erwerbs- und Vermögensverhältnisse der Parteien der Billigkeit entspricht, so hat es in die nach § 1581 BGB vorzunehmende Entscheidung auch die Frage einzubeziehen, ob es die Billigkeit erfordert, die Einkünfte der Kl. aus unzumutbarer Erwerbstätigkeit über das in § 1577 II S. 1 BGB vorgesehene Maß hinaus anzurechnen.

R143 – R144   Anhang R. Rechtsprechung

(Unterhaltsbemessung bei Einkünften aus unzumutbarer Erwerbstätigkeit)

e   II 2) Bei der Bemessung des Trennungsunterhalts hat das OLG dem einzusetzenden Einkommen des Bekl., das es in rechtlich nicht zu beanstandender Weise mit monatlich 2349,04 DM festgestellt hat, das monatl. Einkommen der Kl. einschließlich der zur Anrechnung herangezogenen Hälfte des Verdienstes aus unzumutbarer Erwerbstätigkeit (½ von 1381,65 DM zuzüglich 300 DM) gegenübergestellt und den Unterhalt im Wege der Differenzmethode mit 45 % des Unterschiedsbetrages berechnet. Damit hat es bei den Lebensverhältnissen der Ehegatten, nach denen sich der Unterhaltsbedarf gemäß § 1361 I S. 1 BGB bemißt, die Summe des beiderseitig angesetzten Einkommens zugrunde gelegt. Soweit damit auf seiten der Kl. auch die Einkünfte aus unzumutbarer Erwerbstätigkeit – wenn auch nur zur Hälfte – einbezogen sind, bestehen dagegen die gleichen Bedenken wie gegen die Heranziehung dieser Einkünfte bei der Bemessung des nachehelichen Unterhalts.

BGH v. 24. 11. 82 – IVb ZR 314/81 – FamRZ 83, 142 = NJW 83, 541

R143   *(Schweres eheliches Fehlverhalten durch Aufnahme einer eheähnlichen Partnerschaft oder eines nachhaltigen, auf längere Dauer angelegten intimen Verhältnisses mit einem anderen. Zur Einseitigkeit eines Fehlverhaltens)*

I) Das OLG ist zutreffend davon ausgegangen, daß die Kl. während der Dauer des Getrenntlebens grundsätzlich einen Unterhaltsanspruch nach § 1361 I S. 1 BGB gegenüber dem Bekl. hatte. Die Unterhaltsberechtigung nach § 1361 BGB steht allerdings gemäß § 1361 III BGB unter dem Vorbehalt der Härteklausel des § 1579 I Nr. 2 bis 4 BGB. Danach kommt ein Unterhaltsanspruch nicht in Betracht, soweit die Inanspruchnahme des Verpflichteten grob unbillig wäre, weil dem Berechtigten ein Fehlverhalten in der § 1579 I Nr. 2 bis Nr. 4 aufgeführten Art zur Last fällt.

Wie der Senat hierzu mehrfach entschieden hat, ist ein schwerwiegendes, klar bei einem der Ehegatten liegendes Fehlverhalten geeignet, die Voraussetzungen der Härteklausel des § 1579 I Nr. 4 BGB zu erfüllen (FamRZ 1982/463, 464 m. w. N.; FamRZ 1982/779). Ein schwerwiegendes Fehlverhalten in diesem Sinn kann in der – gegen den Willen des anderen Ehegatten erfolgten – Begründung einer eheähnlichen Gemeinschaft sowie auch in der Aufnahme eines nachhaltigen, auf längere Dauer angelegten intimen Verhältnisses mit einem anderen Partner liegen. In einem derartigen Fehlverhalten ist eine so schwerwiegende Abkehr von den – während des Getrenntlebens weiter bestehenden – ehel. Bindungen zu sehen, daß auch dem Grundsatz der Gegenseitigkeit, der dem ehel. Unterhaltsrecht zugrunde liegt, die Inanspruchnahme des anderen Ehegatten auf Unterhalt unter solchen Umständen grob unbillig erschiene (FamRZ 82/463).

Von diesen Grundsätzen ist das OLG in der angefochtenen Entscheidung zutreffend ausgegangen. Nach den vom OLG getroffenen Feststellungen hat sich die Kl. gegen den Willen des Bekl. ihrem neuen Partner zugewandt; sie hat während ihres Zusammenlebens mit dem Bekl. ehebrecherische Beziehungen zu K. aufgenommen. Als diese bekannt wurden, hat sie mit den Kindern die Ehewohnung verlassen, um zu K. in das Haus seiner Eltern zu ziehen. Dort hat sie bis zur Anmietung einer eigenen Wohnung etwa drei Monate lang mit K. zusammengelebt. In der neuen Wohnung hat sie sodann das Verhältnis zu K. fortgesetzt.

Mit diesem Verhalten hat die Kl., wie das OLG rechtsfehlerfrei ausgeführt hat, in so schwerwiegender Weise gegen ihre ehel. Bindungen und Verpflichtungen gegenüber dem Bekl. verstoßen, daß sie nicht ihrerseits den Bekl. aus seiner ehel. Mitverantwortung für ihr wirtschaftliches Auskommen in Anspruch nehmen kann.

Eine andere Beurteilung könnte lediglich dann in Betracht kommen, wenn das Fehlverhalten der Kl. nicht als einseitiger, klar nur bei ihr liegender Verstoß gegen die ehel. Verpflichtungen zu werten wäre, wenn also auch dem Bekl. seinerseits Verfehlungen von einigem Gewicht anzulasten wären, die der Kl. das Festhalten an der Ehe erheblich erschwert hätten und ihr eigenes Fehlverhalten deshalb in einem milderen Licht erscheinen ließen (FamRZ 82/779). Hierfür bietet der festgestellte Sachverhalt keine Anhaltspunkte.

BGH v. 24. 11. 82 – IVb ZR 326/81 – FamRZ 83, 144 = NJW 83, 1483

R144   *(Unterhalt nach §§ 1571, 1572 u. 1573 BGB und angemessene Erwerbstätigkeit nach § 1574 II BGB; einer etwa 50jährigen Frau kann ein Altersunterhalt zustehen, wenn von ihr keine angemessene Erwerbstätigkeit mehr erwartet werden kann. Für diese Beurteilung ist die gesamte Entwicklung der ehelichen Lebensverhältnisse bis zur Scheidung maßgeblich)*

II 2) Die Ablehnung des Unterhaltsanspruchs wegen Alters (§ 1571 BGB) wird durch die dazu gegebene Begründung nicht getragen. Insoweit heißt es im Berufungsurteil: Die Ehefrau, i. J. 1933 geboren, sei nicht so alt, daß von ihr eine Berufstätigkeit von vornherein nicht mehr erwartet werden könne. Sie habe zwar mit Rücksicht auf die Ehe und die Pflege und Erziehung der jetzt volljährigen Tochter lange Zeit nicht im Erwerbsleben gestanden. Nach ihren Angaben sei sie aber von 1950 bis

Anhang R. Rechtsprechung R144

1956 – wohl als Verkäuferin – berufstätig gewesen. Um eine solche Tätigkeit habe sie sich nach dem unbestritten gebliebenen Vorbringen des Ehemanns erneut bemüht, als die Trennung der Parteien spruchreif gewesen sei; einen Antritts- oder Vorstellungstermin habe sie jedoch wieder abgesagt. Eine Beschäftigung dieser Art könne ihr als angemessen zugemutet werden. Zwar bekleide der Ehemann seit dem 31. 3. 1980 das Amt eines Professors an der Hochschule für Bildende Künste in B. Bis 1977 und somit auch im März 1975, als die Parteien sich getrennt hätten, sei er aber als Werkdozent an der genannten Hochschule im gehobenen Dienst tätig gewesen. Damit hat das OLG auf die Verhältnisse abgehoben, wie sie bei der Trennung der Parteien i. J. 1975 bestanden. Das entspricht, wie die Revision zu Recht beanstandet, nicht der gesetzlichen Regelung.

Nach § 1571 Nr. 1 BGB kommt es darauf an, ob von dem geschiedenen Ehegatten im Zeitpunkt der Scheidung wegen seines Alters eine Erwerbstätigkeit nicht mehr erwartet werden kann.

Das ist nicht nur im Blick auf das Lebensalter des Unterhalt begehrenden Ehegatten von Bedeutung. Ob von ihm eine Erwerbstätigkeit erwartet werden kann, hängt auch davon ab, welche Art von entgeltlicher Beschäftigung in Betracht zu ziehen ist. Insoweit bestimmt § 1574 I BGB, daß der gesch. Ehegatte nur eine ihm angemessene Erwerbstätigkeit auszuüben braucht. Angemessen ist nach Abs. II der Vorschrift eine Erwerbstätigkeit, die der Ausbildung, den Fähigkeiten, dem Lebensalter und dem Gesundheitszustand des gesch. Ehegatten sowie den ehel. Lebensverhältnissen entspricht; bei den ehel. Lebensverhältnissen sind die Dauer der Ehe und die Dauer der Pflege oder Erziehung eines gemeinschaftlichen Kindes zu berücksichtigen. Die inhaltliche Beschränkung der Obliegenheit zur Aufnahme einer Erwerbstätigkeit auf angemessene berufliche Beschäftigungen und die gesetzliche Umschreibung der Angemessenheit tragen damit zur Konkretisierung der Voraussetzungen des Anspruchs auf Unterhalt wegen Alters (§ 1571 BGB) – ebenso wie der Unterhaltsansprüche wegen Krankheit (§ 1572 BGB) und Beschäftigungslosigkeit (§ 1573 I BGB) – bei: Sowohl bei den Tatbeständen der nicht mehr Erwerbsfähigen (§§ 1571 und 1572 BGB) als auch bei demjenigen der Erwerbslosen (§ 1573 I BGB) ist der Maßstab die angemessene Erwerbstätigkeit. Wenn aufgrund der Umstände des Falles allein die Aufnahme solcher beruflichen Tätigkeiten in Betracht kommt, die nach § 1574 II BGB als nicht angemessen anzusehen sind, kann deshalb von dem gesch. Ehegatten – wegen seines Alters und/oder wegen seiner Krankheit oder allgemein – eine Erwerbstätigkeit nicht erwartet werden.

Zu den oben genannten Umständen, von denen nach § 1574 II BGB die Angemessenheit einer dem gesch. Ehegatten zuzumutenden Erwerbstätigkeit abhängt, gehören die ehel. Lebensverhältnisse. Diese können, ebenso wie das Lebensalter und der Gesundheitszustand des gesch. Ehegatten, die im Hinblick auf seine nachehelichen beruflichen Möglichkeiten notwendig aus der Sicht des Scheidungszeitpunktes gewürdigt werden müssen, nur unter Beachtung der Entwicklung bis zur Auflösung der Ehe zutreffend bestimmt werden. Soweit die ehel. Lebensverhältnisse gemäß § 1578 I BGB für das Maß des Unterhalts bedeutsam sind, sind sie nach der Rechtsprechung des Senats nicht nach den Umständen zur Zeit der Trennung, sondern – vorbehaltlich außergewöhnlicher, nicht vorhersehbarer Entwicklungen während der Trennungszeit – zur Zeit der Auflösung der Ehe zu beurteilen (FamRZ 1982/892 = NJW 1982/2439 m. w. Nachw.). Auch soweit es auf die ehel. Lebensverhältnisse nach § 1574 II BGB als für die Angemessenheit einer Erwerbstätigkeit bedeutsamen Umstand ankommt, darf ihre Betrachtung nicht mit dem Zeitpunkt der Trennung abbrechen. Vielmehr ist bei der dem Tatrichter obliegenden Gesamtwürdigung auch die weitere Entwicklung der Verhältnisse bis hin zur Scheidung ins Auge zu fassen. Außergewöhnliche, nicht vorhersehbare Veränderungen werden dabei auch hier außer Betracht zu bleiben haben.

Im Schrifttum wird weithin die Auffassung vertreten, mit zunehmender Ehedauer seien die ehel. Lebensverhältnisse immer stärker zu beachten, so daß sie bei einer Ehe von langer Dauer mehr als die anderen Merkmale, wie etwa Ausbildung, Fähigkeiten usw., die Angemessenheit einer Erwerbstätigkeit zu bestimmen geeignet seien.

Ob das auch im Falle einer längeren Zeit des Getrenntlebens richtig ist, wird nach den Umständen des Falles zu beurteilen sein. Das setzt die tatrichterliche Prüfung voraus, inwieweit Entwicklungen, die erst nach der Trennung der Parteien eingetreten sind, noch imstande waren, die ehel. Lebensverhältnisse prägend zu beeinflussen.

Dem Umstand, daß der Anspruch auf nachehelichen Unterhalt als Folgesache gemäß § 623 ZPO im Scheidungsverbund geltend gemacht wird und daher der Zeitpunkt des Eintritts der Rechtskraft der Scheidung noch nicht feststeht, kann dadurch Rechnung getragen werden, daß die bis zum Zeitpunkt der letzten mündlichen Verhandlung eingetretene Entwicklung zugrunde gelegt wird, soweit Veränderungen bis zum Eintritt der Rechtskraft noch nicht absehbar sind (FamRZ 82/892 = NJW 82/2439).

Das OLG hatte mithin seine Entscheidung, daß von der Ehefrau eine Tätigkeit als Verkäuferin (an anderer Stelle des Berufungsurteils: als Stenokontoristin) erwartet werden könne, nicht darauf stützen dürfen, daß der Ehemann i. J. 1975, als sich die Parteien trennten, an der Hochschule für Bildende Künste in B. noch nicht Professor, sondern erst Werkdozent im gehobenen Dienst war. Zur

1159

Zeit der letzten mündlichen Verhandlung vor dem OLG bekleidete er das Professorenamt bereits seit nahezu einem Jahr. Es ist bisher weder festgestellt noch behauptet, daß dieser Aufstieg außergewöhnlich und unerwartet war. Mangels näherer Feststellungen über die berufliche Stellung des Ehemannes als Werkdozent im gehobenen Dienst einerseits, als Professor andererseits läßt die bisherige tatrichterliche Würdigung auch die Möglichkeit offen, daß die Frage der Angemessenheit einer nachehelichen Erwerbstätigkeit der Ehefrau anders zu beurteilen ist, wenn der jetzt erreichte berufliche und soziale Status des Ehemanns als Professor an der Hochschule für Bildende Künste berücksichtigt wird.

Bedenken bestehen auch gegen die bisherige Würdigung des Verhaltens der Ehefrau aus der Zeit, als sich die Trennung der Parteien abzeichnete. Daß sie damals einen Antritts- oder Vorstellungstermin für eine Verkäuferinnentätigkeit vereinbart, aber nicht eingehalten hat, durfte allenfalls als ein Anzeichen dafür gewertet werden, daß sie zu jener Zeit die Annahme einer derartigen Arbeit zunächst nicht als schlechthin unzumutbar empfunden und auch gemeint hat, einer solchen Beschäftigung nach Lebensalter und gesundheitlichem Zustand gewachsen zu sein. Entscheidend sind jedoch nicht diese eine Reihe von Jahren zurückliegenden Momente, sondern es kommt – wie dargelegt – auf die gesamte Entwicklung der Verhältnisse bis zur Ehescheidung an. Der Rechtsfehler des OLG führt dazu, daß das angefochtene Urteil aufgehoben werden muß, soweit zum Nachteil der Ehefrau erkannt worden ist. Es läßt sich nicht ausschließen, daß eine erneute Prüfung zu dem Ergebnis führt, daß von der Ehefrau wegen ihres Lebensalters unter zutreffender Beachtung der in § 1574 II BGB genannten Angemessenheitsgesichtspunkte eine nacheheliche Erwerbstätigkeit nicht mehr erwartet werden kann und deshalb ein höherer als der bisher zuerkannte Unterhaltsanspruch in Betracht kommt. Diese Prüfung obliegt in erster Linie dem Tatrichter. Damit er unter Abwägung aller insoweit maßgebenden Umstände, erforderlichenfalls nach weiteren Feststellungen, neu entscheiden kann, verweist der Senat die Sache im Umfang der Aufhebung an das OLG zurück. 3) Sofern die Zurückverweisung auch eine erneute Prüfung des Sachverhalts nach den §§ 1572 und 1573 I BGB veranlassen sollte, werden auch dabei die obigen Ausführungen zum Verständnis des § 1574 II BGB beachtet werden müssen: Die Angemessenheit einer nachehelichen Erwerbstätigkeit der Ehefrau läßt sich allgemein nur dann zutreffend beurteilen, wenn die gesamte Entwicklung der ehel. Lebensverhältnisse bis hin zur Scheidung ins Auge gefaßt wird.

BGH v. 8. 12. 82 – IVb ZR 331/81 – FamRZ 83, 150 = NJW 83, 683

R145 *(Die Unterhaltsbedürftigkeit muß nicht ehebedingt sein)*

a II 1) Wie der Senat inzwischen mit Urteil v. 21.10. 1981 (FamRZ 1982/28, 29 f.) im Anschluß an das zu § 1572 BGB ergangene Urteil v. 23.9. 1981 (FamRZ 1981/1163, 1164 f.) entschieden hat, hängt die Unterhaltspflicht wegen Alters nach § 1571 Nr. 1 BGB nicht davon ab, daß die Unterhaltsbedürftigkeit ehebedingt sein müsse. Sie besteht auch dann, wenn der um Unterhalt nachsuchende Ehegatte bereits im Zeitpunkt der Eheschließung wegen seines Alters keiner Erwerbstätigkeit mehr nachgehen konnte.

(Hälftige Teilung bei Renteneinkommen und Differenzmethode)

b II 2 a) Das KG ist zutreffend davon ausgegangen, daß das Maß des Unterhalts sich gemäß § 1578 I S. 1 BGB nach den ehel. Lebensverhältnissen bestimmt. Es hat insoweit auf die ehel. Lebensverhältnisse im Zeitpunkt der Scheidung und, weil diese noch nicht rechtskräftig ist, auf die gegenwärtigen Verhältnisse beider Parteien abgestellt. Dabei hat es die Summe der beiderseitigen Einkünfte berücksichtigt. All das entspricht der ständigen Rechtsprechung des Senats (FamRZ 1982/892).

b) Die Revision vertritt allerdings zur Frage der Bedürftigkeit – und damit auch zu derjenigen der Anspruchshöhe – den Standpunkt, es sei nicht gerechtfertigt, der Ehefrau $^3/_7$ der Differenz der beiderseitigen Einkünfte zuzusprechen. Die Parteien seien nur verhältnismäßig kurze Zeit miteinander verheiratet gewesen, wobei das Schwergewicht der Tätigkeit der Ehefrau nicht in der Führung des ehel. Haushalts, sondern im eigenen Beruf gelegen habe. Diese Erwägungen stehen jedoch der Teilhabe der Ehefrau an dem Differenzbetrag der Einkommen beider Parteien nach dem vom KG gewählten Schlüssel nicht entgegen.

Die Verteilung der Einkommensdifferenz verletzt den Ehemann nicht durch die Höhe der gewählten Quotierung ($^4/_7$: $^3/_7$) in seinen Rechten. Nach der Rechtsprechung des Senats wäre, weil der unterhaltspflichtige Ehemann Ruhegehalt und Rente bezieht, im Grundsatz eine hälftige Teilung geboten (FamRZ 1982/894, 895). Denn nach dem Ausscheiden aus dem Erwerbsleben gibt es für einen Mehrbehalt weder aus dem Gedanken der Erhaltung der Arbeitsfreude noch wegen berufsbedingter zusätzlicher Aufwendungen mehr einen hinreichenden Grund.

Anhang R. Rechtsprechung   **R145**

(Keine kurze Ehedauer bei nahezu 5 Jahren zwischen Eheschließung und Stellung des Scheidungsantrages)

II 2b) Daß die Parteien nur verhältnismäßig kurze Zeit miteinander verheiratet gewesen seien,   c
kann nur unter dem Aspekt des § 1579 I Nr. 1 BGB von Bedeutung sein, also als ein Grund, den Unterhaltsanspruch ganz oder teilweise wegen grober Unbilligkeit der Inanspruchnahme des Verpflichteten auszuschließen. Insofern ist jedoch bei einer Ehedauer von nahezu fünf Jahren, gerechnet bis zur Rechtshängigkeit des Scheidungsantrages (FamRZ 1981/140, 141), die tatrichterliche Beurteilung, die Ehe der Parteien sei nicht von kurzer Dauer gewesen, durch das Revisionsgericht nicht zu beanstanden (FamRZ 1982/28, 30).

(Keine „Sättigungsgrenze" bei Einkünften im Normalbereich; in seltenen Ausnahmefällen bei besonders hohen Einkünften Begrenzung auf sinnvolle Ausgaben für billigeren weiteren Lebensbedarf möglich)

II 2c) Die Revision macht geltend, der Unterhaltsverurteilung, die das KG vorgenommen hat,   d
stehe angesichts der Höhe des eigenen Einkommens der Ehefrau der Gesichtspunkt der sog. Sättigungsgrenze entgegen. Dem kann nicht gefolgt werden. Der Senat hat in den bisher von ihm entschiedenen Fällen eine solche obere Grenze für Unterhaltsansprüche von Ehegatten nicht angenommen (FamRZ 1980/665, 669; FamRZ 1982/151, 152). Sie wird allenfalls in seltenen Ausnahmefällen bei besonders hohen Einkünften als Beschränkung des Unterhalts auf die Mittel, die eine Einzelperson auch bei Berücksichtigung hoher Ansprüche für billigenswerten Lebensbedarf sinnvoll ausgeben kann, in Betracht gezogen werden können. Diese Grenze wäre im vorliegenden Fall, in dem sich die Einkünfte im Normalbereich halten, offensichtlich nicht erreicht.

(Zur Beweislast für das Entgelt bei Wohnungsgewährung an den neuen Partner des Unterhaltsberechtigten)

II 2d) Zu den Zuwendungen, die dem Unterhaltsberechtigten, der einen neuen Partner in seine   e
Wohnung aufgenommen hat, auch ohne entsprechende Absprache mit dem Partner als Einkommen anzurechnen sind, gehört auch das Entgelt für Wohnungsgewährung (FamRZ 80/879, 880). Unter diesen Umständen hätte die Unterhaltsbedürftigkeit der Ehefrau im Blick auf ein – vereinbartes oder nicht vereinbartes – Entgelt für die Wohnungsgewährung geprüft werden müssen. Die Unterhaltsbedürftigkeit steht als Voraussetzung jeden Anspruchs auf nachehelichen Unterhalt (§§ 1569 ff., 1577 I BGB) trotz des an sich insoweit möglicherweise zu Zweifeln Anlaß gebenden Wortlauts der letztgenannten Bestimmung wegen des Grundsatzes der wirtschaftlichen Eigenverantwortung der geschiedenen Ehegatten zur Darlegungs- und Beweislast des Unterhaltsgläubigers (FamRZ 80/126, 128 m. w. Nachw.).

(Kein einseitiges Fehlverhalten, wenn der Unterhaltsverpflichtete vorher und als erster die Trennung gewünscht und Scheidungsabsichten geäußert hatte)

III 1) Nach der ständigen Rechtsprechung des Senats zum Anspruch auf Trennungsunterhalt, bei   f
dem § 1579 I Nr. 4 BGB über § 1361 III BGB entsprechend anwendbar ist, kann ein schwerwiegendes und klar bei einem der Ehegatten liegendes Fehlverhalten geeignet sein, die Voraussetzungen des § 1579 I Nr. 4 BGB zu erfüllen. Ein solches Fehlverhalten kann darin liegen, daß der Unterhalt begehrende Ehegatte sich gegen den Willen des anderen von der Ehe abkehrt und einem anderen Partner zuwendet, dem er in eheähnlicher Gemeinschaft die seinem Ehegatten geschuldete Hilfe und Betreuung zuteil werden läßt. Die Zuwendung zu einem anderen Partner läßt aber das Verlangen von Unterhalt nur dann als grob unbillig erscheinen, wenn sie als einseitiges evidentes Fehlverhalten gewertet werden kann. Daher bleibt das ehel. Verhalten des anderen Ehegatten auch in solchen Fällen nicht außer Betracht. Wenn der andere Ehegatte sich vorher seinerseits von seinen ehel. Bindungen losgesagt hat, kann auch das Zusammenleben mit einem anderen Partner nicht als ein schwerwiegender, zum Verlust des Unterhaltsanspruchs führender Bruch der ehelichen Solidarität angesehen werden. Eine derartige, gegen eine einseitige Abkehr der Ehefrau von ihrem Ehemann sprechende Lossagung des Mannes von der Ehe hat der Senat darin gesehen, daß der Ehemann als erster Scheidungsabsichten geäußert und selbst die Trennung gewünscht hatte (FamRZ 1981/752, 753; FamRZ 1981/439, 441; FamRZ 1981/1042, 1043).

Jedenfalls der zuletzt erörterte Gesichtspunkt, der auch beim Ausschluß des nachehelichen Unterhalts zu beachten wäre, läßt im Streitfall die Entscheidung des KG als zutreffend erscheinen. Wenn es im angefochtenen Urteil heißt, der Ehemann behaupte selbst nicht, daß die Ehefrau mutwillig aus der Ehe ausgebrochen sei oder das Scheitern der Ehe anderweitig durch ein schwerwiegendes Fehlverhalten verschuldet habe, so hat der Tatrichter damit dem nicht bestrittenen Parteivortrag Rechnung getragen, daß es der Ehemann war, der bereits im Sommer 1977 aus der ehel. Wohnung ausgezogen ist, und er hat weiterhin berücksichtigt, daß der Ehemann im Februar 1979 auf Scheidung der Ehe angetragen hat. Bis zu seinem Vortrag vor dem mit dem Scheidungsantrag selbst nicht befaßten Berufungsgericht in dem Schriftsatz v. 16. 10. 1980, er habe kürzlich in Erfahrung gebracht, daß die Ehefrau mindestens seit 1979 mit einem anderen Manne liiert sei, der ständig in ihrer Wohnung wohne, hatte der Ehemann der Ehefrau hinsichtlich ihres ehel. Verhaltens keinerlei Vorwürfe von Gewicht gemacht, die Scheidung vielmehr aufgrund seiner eigenen Abkehr von der Ehe erreicht. In dem Scheidungsurteil des AmtsG ist festgestellt, daß der Ehemann die Wiederaufnahme der Ehe mit der Ehefrau beharrlich ablehnt. Bei dieser Sachlage erscheint die Inanspruchnahme des Ehemannes auf nachehelichen Unterhalt nach den dargelegten, in der Senatsrechtsprechung zum Ausschluß des Trennungsunterhalts entwickelten Grundsätzen trotz der vom Tatrichter unterstellten Eingehung einer neuen Bindung durch die Ehefrau ab 1979 nicht i. S. des § 1579/I BGB als grob unbillig.

BGH v. 22. 12. 82 – IVb ZR 320/81 – FamRZ 83, 140 = NJW 83, 814

R147 *(Arbeitsplatzaufgabe wegen Zweitausbildung)*

a 1 b aa) Ein Unterhaltspflichtiger hat grundsätzlich kein Recht, zum Zweck einer weiteren Ausbildung einen Beruf aufzugeben, der der Familie eine auskömmliche Lebensgrundlage bietet, und sie damit der Hilfe Dritter oder der Sozialhilfe zu überantworten. Er muß sich unterhaltsrechtlich weiterhin als leistungsfähig behandeln lassen, wenn er ohne zureichenden Grund seinen Arbeitsplatz aufgegeben und sich dadurch (weitgehend) einkommenslos gemacht hat. Diese Beschränkungen bestehen nicht nur nach § 1603 II 1 BGB gegenüber minderjährigen unverheirateten Kindern, sondern regelmäßig auch im Verhältnis zum ranggleichen Ehegatten (§ 1609 II 1 BGB). In den bisher entschiedenen Fällen hatte der Unterhaltspflichtige indessen zwecks weiterer Ausbildung seiner Erwerbstätigkeit ohne Rücksicht auf eine bereits bestehende Bedürftigkeit der von ihm abhängigen Familienangehörigen und ohne deren Einverständnis aufgegeben. Hierzu hat der Senat entschieden, daß eine solchermaßen begonnene Zweitausbildung selbst dann abzubrechen ist, wenn sie zwischenzeitlich weit fortgeschritten ist, da dem Unterhaltspflichtigen die nachträgliche Berufung auf einen im Widerspruch zur Rechtsordnung geschaffenen Zustand nach Treu und Glauben verwehrt ist.
Konnte jedoch der Bekl. im Zeitpunkt der Aufgabe seines bisherigen Berufes davon ausgehen, daß der Unterhalt seiner damaligen Familienmitglieder sichergestellt war, war er nicht gehalten, darüber hinaus Vorsorge für die Zeit seiner durch die Aufnahme des Studiums bedingten Einkommensminderung durch vorherige Bildung von ausreichenden Rücklagen zu treffen (FamRZ 82/365). Daß der Bekl. bei der Aufnahme des Studiums die später eingetretene Änderung der Unterhaltslage, insbesondere die Hinderung der Ehefrau an einer Fortführung ihrer Erwerbstätigkeit durch die Geburt eines zweiten Kindes, bewußt in Kauf genommen oder sogar geplant hätte, ist weder festgestellt noch auch nur behauptet. Danach war der Bekl. unter den besonderen Umständen des vorliegenden Falles durch die Unterhaltsansprüche seiner Angehörigen an der Aufnahme der Zweitausbildung nicht gehindert.
bb) Einem Unterhaltsberechtigten ist es zuzumuten, eine vorübergehende Schmälerung, unter Umständen sogar einen zeitweiligen Wegfall von Unterhaltszahlungen hinzunehmen, wenn die Zweitausbildung des Unterhaltspflichtigen bereits weit vorangeschritten ist und nur noch eine verhältnismäßig kurze Zeit in Anspruch nimmt, erhöhte Einkommens- und Aufstiegschancen bietet und nicht gegen den Willen des Berechtigten aufgenommen wurde. Denn letztlich steigert die verbesserte berufliche Situation des Unterhaltspflichtigen auch den Unterhaltsanspruch des Berechtigten und bietet diesem, insbesondere wenn es sich um ein Kind handelt, unter Umständen seinerseits bessere Ausbildungs- und Unterhaltsaussichten. Die nach diesen Gesichtspunkten vorzunehmende Abwägung zwischen Art, Ziel und Dauer der Ausbildung einerseits und den Belangen der Unterhaltsgläubiger andererseits rechtfertigt im vorliegenden Fall, daß der Abbruch des Studiums und die Wiederaufnahme der früheren Berufstätigkeit für den Bekl. unzumutbar waren. Insbesondere ist die Erwägung des OLG, daß der Bekl. sich zu dem Zeitpunkt, als die Unterhaltsbedürftigkeit seiner Ehefrau und der Kinder einsetzte, bereits im 6. Semester befand und bis zu dem am Ende des 8. Semesters abgelegten Examen nur noch eine Studiendauer von rund 1 ½ Jahren vor sich hatte, ebensowenig aus Rechtsgründen zu beanstanden wie der Schluß, der Bekl. sei damit in seiner Ausbildung bereits so weit fortgeschritten gewesen, daß ein Abbruch unwirtschaftlich und unvernünftig gewesen wäre. Daß der grundsätzliche Vorrang, den die Erfüllung der Unterhaltspflicht vor einer Zweitausbildung genießt, unter solchen Umständen nicht gelten kann, hat das OLG zutreffend angenommen.

(Zur Ferienarbeit)

b 2) Einem Studierenden kann häufig während der Semesterferien eine gewisse Erwerbstätigkeit zugemutet werden. Eine solche Erwerbstätigkeit ist im allgemeinen allerdings nicht mehr zumutbar, wenn sie den Examensabschluß verzögern oder gefährden würde.

Anhang R. Rechtsprechung   R149

BGH v. 12. 1. 83 – IVb ZR 348/81 – FamRZ 83, 670
(Anspruchskürzung bei ehebrecherischen Beziehungen zu 4 Männern nach 30jähriger Ehe. Darlegungs- und Be-   R149
weislast des Unterhaltsverpflichteten für „einseitiges Fehlverhalten". Die Gegenvorwürfe müssen gewichtig und hin-
reichend substantiiert sein. Bei der Billigkeitsabwägung zu berücksichtigende Umstände)

II 1) Nach der ständigen Rechtsprechung des BGH ist ein schwerwiegendes und einseitig bei ei-   a
nem der Ehegatten liegendes eheliches [ehel.] Fehlverhalten geeignet, die Voraussetzungen des § 1579
I Nr. 4 BGB zu erfüllen. Ein solches Fehlverhalten kann in der Aufnahme eines nachhaltigen, auf
längere Dauer angelegten intimen Verhältnisses zu einem anderen Partner liegen, weil darin eine so
schwerwiegende Abkehr von den ehel. Bindungen zu sehen ist, daß nach dem Grundsatz der Gegenseitigkeit, der dem ehel. Unterhaltsrecht zugrunde liegt, die Inanspruchnahme des anderen Ehegatten auf Unterhalt grob unbillig erscheint (FamRZ 1982/463, 464; FamRZ 1982/466, 468 m. w. N.).
Dem gleichzuachten ist der Fall, daß sich ein Ehegatte dergestalt von den ehel. Bindungen abkehrt,
daß er intime Beziehungen zu wechselnden Partnern aufnimmt. Es besteht kein Grund, einen solchen Ehegatten unterhaltsrechtlich milder zu behandeln als denjenigen, der sich einem einzelnen anderen Partner zuwendet.

Hiernach ist es aus Rechtsgründen nicht zu beanstanden, daß das OLG ein die Voraussetzungen
des § 1579 I Nr. 4 BGB erfüllendes schwerwiegendes ehel. Fehlverhalten der Kl. darin erblickt hat,
daß diese in den letzten Jahren vor der Trennung der Parteien zu vier Männern ehebrecherische Beziehungen aufgenommen hat. Mit dem Einwand, daß das in Frage stehende Verhalten der Kl. „mit
der Trennung der Parteien nichts zu tun" gehabt habe, hat die Revision keinen Erfolg. Nach den Feststellungen des OLG hat der Bekl. erstmals im August 1979 von einem der Ehebrüche und Ende Sep-
tember/Anfang Oktober 1979 von den weiteren Ehebrüchen erfahren. Danach kam es im November
1979 nach einer tätlichen Auseinandersetzung zur Trennung der Parteien, nachdem der Bekl. in der
Zwischenzeit von der Kl. Abbitte für ihr Fehlverhalten verlangt und das Haushaltsgeld mit der Begründung gekürzt hatte, daß sie Geld mit anderen Männern durchgebracht habe. Das OLG hat diesem Hergang entnommen, daß die Ehebrüche der Kl. der auslösende Grund für die Trennung der
Parteien gewesen sind. Danach kann nicht davon ausgegangen werden, daß sich der Bekl. unabhängig von dem Verhalten der Kl. seinerseits von der Ehe abgekehrt hat.

2) Im Ergebnis ist nicht zu beanstanden, daß das OLG von der Regelung des § 1579 I Nr. 4
BGB ungeachtet der Vorwürfe Gebrauch gemacht hat, die die Kl. ihrerseits gegen den Bekl. erhoben
hat. Allerdings hat das OLG insoweit zu Unrecht darauf abgestellt, daß die Vorwürfe der Kl. von
diesem bestritten worden und nicht beweisbar seien. Die Darlegungs- und Beweislast für die Voraussetzungen des § 1579 I BGB – einer rechtsvernichtenden Einwendung – liegt bei dem Unterhaltspflichtigen. Er hat, wenn er die Herabsetzung des Unterhalts wegen eines schwerwiegenden
ehel. Fehlverhaltens des anderen Teils erstrebt, außer dem Fehlverhalten als solchem auch zu beweisen, daß es sich um ein einseitiges Fehlverhalten handelt. Er hat daher etwaige Gegenvorwürfe auszuräumen, die dem Fehlverhalten des Unterhaltsberechtigten den Charakter eines einseitigen Fehlverhaltens nehmen könnten (FamRZ 82/463; FamRZ 82/466). Indessen ist aus der grundsätzlichen
Abkehr des Gesetzgebers vom Verschuldensprinzip zu folgern, daß im Rahmen der Prüfung der Einseitigkeit des Fehlverhaltens nicht jeglichen Gegenvorwürfen nachzugehen ist, die gegen den unterhaltspflichtigen Ehegatten erhoben werden, sondern daß nur Verfehlungen von einigem Gewicht
Bedeutung erlangen können, die dem Unterhalt begehrenden Ehegatten das Festhalten an der Ehe
erheblich erschwert haben und sein eigenes Fehlverhalten in einem milderen Lichte erscheinen lassen
(Senatsurteile, a. a. O.).

Die Gegenvorwürfe müssen zudem hinreichend substantiiert sein (FamRZ 82/463). Hierzu
reichte das allgemeine – nicht durch die Schilderung bestimmter Vorkommnisse konkretisierte –
Vorbringen der Kl., „daß der Bekl. seinerseits in erheblichem Maße gegen die ehel. Treuepflicht verstoßen hat" und sie „ständig beschimpfte und prügelte", nicht aus. Zu dem weiteren Vorwurf der Kl.,
daß der Bekl. seit Anfang 1977 kaum noch mit ihr gesprochen, sondern mit ihr über Zettel verkehrt
habe, ist zu berücksichtigen, daß die Kl. zu dieser Zeit bereits damit begonnen hatte, mit anderen
Männern die Ehe zu brechen. Nach ihren eigenen Angaben bei ihrer Parteivernehmung vor dem
OLG hatte sie außerehelichen Geschlechtsverkehr zunächst mit dem Zeugen Ku., und sodann mit
dem Zeugen Kä. Nach diesem zeitlichen Ablauf kann davon ausgegangen werden, daß das hier in
Frage stehende Verhalten des Bekl. die Abkehr der Kl. von der Ehe nicht veranlaßt hat und somit
nicht geeignet ist, ihr eigenes Fehlverhalten in einem milderen Lichte erscheinen zu lassen. Das gilt
um so mehr, als der Bekl. nach dem eigenen Vorbringen der Kl. („kaum mehr gesprochen") den Ge-
sprächskontakt nicht vollständig abgebrochen hat; letzteres ergibt sich auch daraus, daß die Parteien
– unstreitig – noch im Sommer 1978 einen gemeinsamen Urlaub verbracht haben. Auch die Vorwürfe, die die Kl. gegen den Bekl. wegen Vorfällen im September und Oktober 1979 erhebt, vermögen – ihre Richtigkeit unterstellt – dem ehebrecherischen Umgang der Kl. mit anderen Männern
nicht den Charakter eines klar bei ihr liegenden schwerwiegenden Fehlverhaltens zu nehmen. Die
Voraussetzungen für eine Herabsetzung des Unterhalts nach § 1579 I Nr. 4 BGB waren zu diesem

1163

Zeitpunkt – bis zu dem die Kl. ehebrecherische Beziehungen zu zwei weiteren Männern aufgenommen hatte – bereits gegeben und sind auch für den Fall nicht wieder in Fortfall gekommen, daß sich der Bekl. späterhin seinerseits ehewidrig verhielt.

Anders wäre es dann, wenn der Bekl. durch ein vorangehendes ehewidriges Verhalten dem Fehlverhalten der Kl. den Boden bereitet hätte. So aber liegt der Fall nicht. Nach den Feststellungen des OLG ist vielmehr die Ehe der Parteien an den ehebrecherischen Beziehungen der Kl. zu anderen Männern zerbrochen und stellen sich die dem Bekl. vorgeworfenen Ausfälligkeiten im September und Oktober 1979 als Reaktion auf das zu dieser Zeit bekanntwerdende Fehlverhalten der Kl. dar, die den darin liegenden wirklichen Grund für das Scheitern der Ehe nicht mehr berührte.

3) Das OLG hat in Anwendung des § 1579 I Nr. 4 (i.V. mit § 1361 III) BGB den Unterhaltsanspruch der Kl. nicht völlig entfallen lassen, sondern ihn lediglich um (rund) $1/3$ gekürzt. Auch dies ist revisionsrechtlich nicht zu beanstanden. Nach § 1579 I BGB besteht ein Unterhaltsanspruch nicht, soweit die Inanspruchnahme des Verpflichteten aus den Gründen der Ziffern 1 bis 4 grob unbillig wäre. Daß einer dieser Gründe vorliegt, genügt deshalb nicht. Vielmehr ist zusätzlich eine Billigkeitsabwägung vorzunehmen. Ergibt sich hiernach, daß der völlige Ausschluß nicht geboten erscheint, um einen groben Widerspruch mit dem Gerechtigkeitsempfinden zu vermeiden, ist der Unterhaltsanspruch nur teilweise auszuschließen (FamRZ 1982/582 f.).

a) Das OLG hat seine Entscheidung, den Unterhaltsanspruch nicht völlig auszuschließen, sondern nur um (rund) $1/3$ herabzusetzen, damit begründet, daß die Parteien mehr als 30 Jahre ehelich zusammengelebt haben, die Kl. in dieser Ehe vier Kinder geboren habe, sich nunmehr in einem vorgerückten Alter (55 Jahre) befinde und die Einkommens- und Vermögensverhältnisse des Bekl. relativ gut seien. Unter diesen Umständen sei es nicht angemessen, die Kl. auf eine ohnehin nur schwer zu findende Erwerbstätigkeit zu verweisen. Vielmehr sei ihr Unterhaltsanspruch wegen ihres ehel. Fehlverhaltens um (rund) $1/3$ zu kürzen. Insoweit komme es nicht entscheidend darauf an, ob die Kl. mit vier oder – wie der Bekl. weitgehend behauptet hat – mit sieben Männern die Ehe gebrochen habe.

b) Gegen diese Erwägungen wendet sich die Revision des Bekl. ohne Erfolg.

aa) Zum einen meint sie, daß die ehebrecherischen Beziehungen der Kl. zu vier Männern, „zumindest jedoch die vom Bekl. behaupteten Beziehungen zu sieben anderen Männern (§ 286 ZPO)", ein derartig ehefeindliches Verhalten offenbaren, daß die Zubilligung auch nur teilweiser Unterhaltsleistungen mit dem Rechtsempfinden schlechthin unvereinbar sei. Der Senat vermag sich dem in dieser Unbedingtheit nicht anzuschließen. Ob und wieweit der Unterhaltsanspruch aus den in § 1579 I Nr. 1 bis 4 BGB aufgeführten Gründen ausgeschlossen ist, hängt jeweils von einer Würdigung der gesamten Umstände des Einzelfalles ab. Auch die Aufnahme intimer Beziehungen des Unterhaltsberechtigten zu einem oder mehreren anderen Partnern führt nicht gleichsam automatisch zum vollständigen Verlust des Unterhaltsanspruches. Vorliegend kann es auch nicht entscheidend darauf ankommen, ob die Kl. mit vier oder mit sieben Männern die Ehe gebrochen hat. Die innere Rechtfertigung für die Berücksichtigung ehelichen Fehlverhaltens im Rahmen des § 1579 I Nr. 4 BGB liegt in dem Gedanken der Lösung aus der ehel. Solidarität und Abkehr von den ehel. Bindungen. Äußert sich diese, wie hier, in der Bereitschaft zur Aufnahme intimer Kontakte zu wechselnden Partnern, so macht es für die Unterhaltsbemessung keinen greifbaren Unterschied, ob solche Kontakte zu vier oder sieben anderen Partnern aufgenommen worden sind.

bb) Die Revision beanstandet weiter, daß das OLG im Rahmen des § 1579 I BGB berücksichtigt hat, daß sich die Kl. bereits in einem vorgerückten Alter befinde und daher kaum in der Lage sei, eine eigene Erwerbstätigkeit zu finden. Die Revision meint, daß diese Umstände einen Unterhaltsanspruch der Kl. überhaupt erst begründeten und daher nicht nochmals im Rahmen des § 1579 I BGB zu ihren Gunsten herangezogen werden dürften.

Das ist so nicht richtig. Ein Anspruch auf Trennungsunterhalt besteht nach § 1361 I BGB allgemein nach Maßgabe der Lebens-, Erwerbs- und Vermögensverhältnisse der Ehegatten. Der nichterwerbstätige Ehegatte kann gemäß § 1361 II BGB nur dann auf eine eigene Erwerbstätigkeit verwiesen werden, wenn diese von ihm nach seinen persönlichen Verhältnissen erwartet werden kann. Dies läßt Fallgestaltungen offen, in denen dem Unterhaltsberechtigten eine eigene Erwerbstätigkeit nach den Verhältnissen der Eheleute nicht zuzumuten ist, obwohl er an sich arbeitsfähig ist und eine seinen Fähigkeiten entsprechende Berufstätigkeit nicht anzuschließen. In einem solchen Falle liegt es nahe, den nach § 1361 BGB an sich anspruchsberechtigten Ehegatten auf diese Möglichkeiten zu verweisen, wenn ein zur Herabsetzung des Unterhaltsanspruches geeigneter Grund i. S. des § 1579 I Nr. 2 bis 4 BGB vorliegt und infolgedessen eine Heranziehung des Verpflichteten grob unbillig wäre. Dann aber läßt § 1579 I BGB auch Raum für die Erwägung, wieweit der unterhaltsberechtigte Teil eine Erwerbstätigkeit überhaupt finden könnte. Das OLG war daher nicht gehindert, bei der Abwägung nach § 1579 I BGB in Betracht zu ziehen, daß die Möglichkeiten der Kl., auf dem Arbeitsmarkt unterzukommen, angesichts ihres vorgerückten Alters begrenzt sind.

cc) Ebensowenig begegnet es Bedenken, daß das OLG bei der Abwägung nach § 1579 I BGB berücksichtigt hat, daß die Einkommens- und Vermögensverhältnisse des Bekl. relativ gut sind. Zwar

Anhang R. Rechtsprechung   **R149**

gehört, wie die Revision zutreffend ausführt, die Leistungsfähigkeit des Verpflichteten zu den Grundvoraussetzungen des Unterhaltsanspruchs. Dies schließt es jedoch nicht aus, im Rahmen des § 1579 I BGB mit zu veranschlagen, ob sich die Inanspruchnahme des Verpflichteten – wie regelmäßig bei beengten wirtschaftlichen Verhältnissen – drückend oder angesichts eines größeren finanziellen Bewegungsspielraums weniger drückend auswirkt.

Auch sonst begegnet die Abwägung des OLG keinen durchgreifenden Bedenken. Es verdient in der Tat Berücksichtigung, daß die Kl. in der Ehe vier Kinder geboren und großgezogen und mehr als 30 Jahre den Haushalt versorgt hat. Es ist nicht zu beanstanden, daß das OLG unter diesen und den vorstehend unter b) erörterten Umständen im Rahmen seiner tatrichterlichen Verantwortung den Unterhaltsanspruch der Kl. trotz ihres schwerwiegenden ehel. Fehlverhaltens nur um (rund) $^1/_3$ gekürzt hat.

(Sitzungsgelder für die Mitwirkung in einer kommunalen Bezirksvertretung)

III 2) Nach der ständigen Rechtsprechung des BGH sind bei der Ermittlung der Leistungsfähigkeit des Unterhaltsverpflichteten sämtliche Einkünfte heranzuziehen, die ihm zufließen. Der Einwand der Revision, daß die Sitzungsgelder von ihrem Zweck her lediglich zur Abgeltung der Auslagen bestimmt seien, greift nicht durch. Zu öffentlich-rechtlichen Sozialleistungen – etwa Wohngeld oder Bezüge nach dem BVersG – hat der Senat wiederholt entschieden, daß deren Zweckbestimmung der Anwendung als unterhaltspflichtiges Einkommen nicht entgegensteht. Entscheidend ist vielmehr, ob sich die betreffenden Bezüge dahin auswirken, daß mehr Geld für den Familienunterhalt zur Verfügung steht. Sie sind daher als unterhaltspflichtiges Einkommen anzusehen, soweit sie nicht durch konkreten Mehrbedarf aufgezehrt werden. Diese Grundsätze gelten auch für die hier in Frage stehenden Sitzungsgelder. Infolgedessen sind von dem Betrag von 130,– DM monatlich lediglich 50,– DM monatlich, die der Beklagte an seine Partei abzuführen hat, und diejenigen Kosten abzuziehen, die für die Fahrten zu den Sitzungen und gelegentliche Stärkungen während der Sitzung anfallen. Die Bemessung dieser Kosten durch das OLG mit 55,– DM monatlich läßt keinen Rechtsfehler erkennen.   **b**

(Kein Abzug von Zinsen, wenn die Schulden nach der Trennung ohne Not aufrechterhalten wurden – hier Bereitstellungszinsen für geplanten Hausbau)

II 3) Das OLG hat es zutreffend abgelehnt, von dem für die Unterhaltsbemessung maßgeblichen Einkommen die Bereitstellungszinsen in Abzug zu bringen, die der Bekl. im Hinblick auf die beabsichtigte Bebauung eines Grundstücks der Parteien aufwendet. Entgegen der Ansicht der Revision kommt es insoweit nicht darauf an, daß sich die Parteien zunächst über die Bebauung einig waren und die Darlehensanträge gemeinsam unterschrieben haben. Mit dem Auseinanderbrechen der ehelichen Gemeinschaft der Parteien war dem Bauvorhaben der Boden entzogen. Entsprechend den Ausführungen des OLG war für den Bekl. erkennbar, daß die Kl. daran nicht mehr interessiert und zur Mitwirkung an der Rückgängigmachung des Projekts bereit war. Es handelt sich danach bei den weiterhin aufgewendeten Bereitstellungszinsen im Verhältnis zwischen den Parteien um ohne Notwendigkeit aufrechterhaltene Verpflichtungen, die nach den Grundsätzen des Senats (FamRZ 82/ 157, 158) unterhaltsrechtlich nicht zu berücksichtigen sind.   **c**

(Entschädigung für Schöffentätigkeit und für die Führung einer Vormundschaft)

6) Soweit diese Entschädigung auf notwendige Fahrtkosten und andere konkrete Mehraufwendungen entfällt, scheidet eine Anrechnung ohnehin aus. Soweit – etwa für Zeitversäumnis und bei den Tagegeldern – eine pauschale Entschädigung gewährt wird, sind diese an sich grundsätzlich anzurechnen. Indessen sind auch hier ähnlich wie bei den Sitzungsgeldern – die Unkosten abzusetzen, die der ehrenamtliche Richter von den bescheiden bemessenen Pauschbeträgen etwa für außerhäusliche Mahlzeiten zu bestreiten hat. Im Ergebnis werden im allgemeinen keine Überschüsse von Gewicht zustande kommen. Im konkreten Fall ist eine Schöffenentschädigung in Höhe von monatsdurchschnittlich 31,80 DM gezahlt worden. Der nach Abzug der notwendigen Kosten und der konkreten Mehrausgaben verbleibende Betrag kann unter den hier gegebenen Verhältnissen wegen Geringfügigkeit außer Betracht bleiben. Aus ähnlichen Erwägungen trägt der Senat auf der anderen Seite keine durchgreifenden Bedenken dagegen, daß das OLG bei den Einkünften des Beklagten die von diesem bezogene Entschädigung für die Führung einer Vormundschaft außer acht gelassen hat.   **d**

BGH v. 26. 1. 83 – IVb ZR 344/81 – FamRZ 83, 569 = NJW 83, 1548

R152 *(Zumutbare Erwerbstätigkeit bei 2 Kindern im Alter von 8 und 13 Jahren; zumutbare Vollerwerbstätigkeit bei 15½ jährigem Kind; verschärfte Anforderungen an Erwerbsobliegenheit in Mangelfällen nach § 1581 BGB)*

b I 3 a) Für einen getrennt lebenden oder geschiedenen Ehegatten, der zwei Kinder im schulpflichtigen Alter zu betreuen hat, ist eine Erwerbstätigkeit nicht von vornherein unzumutbar (FamRZ 1982/148). Das gilt vor allem, wenn es nicht um die Aufnahme einer Erwerbstätigkeit, sondern, wie hier, darum geht, ob dem Elternteil die Fortsetzung einer bereits ausgeübten Arbeit obliegt. So hat der Senat in einem Fall, in dem die Mutter von zwei schulpflichtigen Kindern schon vor der Trennung der Eheleute mit halber Arbeitskraft als Lehrerin berufstätig gewesen war und diese Tätigkeit nach der Trennung fortgesetzt hatte, die Zumutbarkeit bejaht (FamRZ 1981/1159). Ob das jedoch im vorliegenden Fall, in dem der Kl. nicht nur mit halber Arbeitskraft, sondern ganztags erwerbstätig ist, ebenso beurteilt werden kann, muß bisher zweifelhaft erscheinen, zumal das OLG auf seiten der Bekl. neben der Betreuung der gemeinschaftlichen Tochter Kerstin nur eine Halbtagstätigkeit für zumutbar gehalten hat. Zur abschließenden Beantwortung dieser Frage bedarf es noch einer näheren tatrichterlichen Prüfung, insbesondere der dem Kl. zur Verfügung stehenden Möglichkeiten, seine Berufstätigkeit und die Betreuung der beiden Kinder zu bewältigen und beides miteinander zu vereinbaren. b) Mit der vorstehend erörterten Frage der Anrechenbarkeit des Einkommens des Kl. steht die weitere Frage in Zusammenhang, inwieweit von der Bekl. neben der Betreuung des nunmehr einzigen bei ihr lebenden ehelichen Kindes eine Erwerbstätigkeit erwartet werden kann. Gegen die hierzu vertretene Auffassung des OLG, daß der Beklagten im Verhältnis zum Kl. (nur) die Aufnahme einer Halbtagstätigkeit zuzumuten sei, erhebt die Revision zu Recht Bedenken. Im Rahmen der Zumutbarkeitsprüfung ist nicht berücksichtigt worden, daß der Kl. neben der Betreuung zweier, noch dazu jüngerer gemeinschaftlicher Kinder einer Ganztagstätigkeit nachgeht. Außerdem ist seine Leistungsfähigkeit trotz des vollständigen Einsatzes seines Einkommens so begrenzt, daß die neben dem Kindesunterhalt aufzubringenden Unterhaltsleistungen für die Bekl. nach der Beurteilung des OLG den eigenen angemessenen Unterhalt des Kl. beeinträchtigen und damit die Voraussetzungen des § 1581 BGB begründet sind. Dieser Umstand kann auf die im Rahmen von § 1570 BGB vorzunehmende Zumutbarkeitsprüfung nicht ohne Einfluß bleiben. Er muß zu einer Verschärfung der in diesem Zusammenhang an den Unterhaltsberechtigten zu stellenden Anforderungen führen. Das gilt zumindest dann, wenn dadurch die Interessen des zu betreuenden Kindes nicht beeinträchtigt werden. Davon ist hier jedoch offensichtlich auszugehen. Jedenfalls hatte die in der Obhut der Bekl. lebende eheliche Tochter Kerstin im Zeitpunkt der Berufungsentscheidung mit 15½ Jahren bereits ein Alter erreicht, in dem ein Kind den betreuenden Elternteil in zeitlicher Hinsicht regelmäßig nicht mehr so beansprucht, daß sich die Pflege und Erziehung des Kindes bei entsprechend erhöhtem Einsatz grundsätzlich nicht auch neben einer Vollerwerbstätigkeit bewältigen lassen (vgl. auch OLG Frankfurt, FamRZ 1979/139; Göppinger/Häberle, Unterhaltsrecht, 4. Aufl., Rz. 1051; Rechtsprechungshinweise der Münchner Familiensenate des OLG München, FamRZ 1983, 20, 21, Nr. 3.2). Unter diesen Umständen wird der Standpunkt, daß der Beklagten (nur) eine Halbtagstätigkeit zuzumuten sei, durch die bisherigen Feststellungen nicht getragen. Es bedarf auch insoweit der neuen tatrichterlichen Prüfung, ob der Beklagten unter Berücksichtigung des verschärften Beurteilungsmaßstabes nicht eine Erwerbstätigkeit größeren Umfangs obliegt, mit der Folge, daß die Unterhaltsverpflichtung des Kl. möglicherweise ganz entfällt. Dabei wird das OLG insbesondere auch zu prüfen haben, ob sich für die Bekl. in der von ihrem Partner H. betriebenen Gaststätte, in dieser nach ihrem Vortrag einen Koch sowie eine Frau beschäftigt, die bedient und die Räume sauberhält, und in der die Bekl. auch bislang schon gelegentlich mithilft, die Möglichkeit einer Vollbeschäftigung bietet. In diesem Fall stände der Vereinbarkeit der Erwerbstätigkeit mit der Kindesbetreuung nichts im Wege, da sich in dem Hause, in dem die Gaststätte betrieben wird, auch die Wohnung des Zeugen H. befindet, in der die Tochter Kerstin ein Zimmer hat.

(Verschärfung der Erwerbsobliegenheit bei § 1581 BGB)

c Im Rahmen der Zumutbarkeitsprüfung ist nicht berücksichtigt worden, daß der Kl. neben der Betreuung zweier, noch dazu jüngerer gemeinschaftlicher Kinder einer Ganztagstätigkeit nachgeht. Außerdem ist seine Leistungsfähigkeit trotz des vollständigen Einsatzes seines Einkommens so begrenzt, daß die neben dem Kindesunterhalt aufzubringenden Unterhaltsleistungen für die Bekl. nach der Beurteilung des OLG den eigenen angemessenen Unterhalt des Kl. beeinträchtigen und damit die Voraussetzungen des § 1581 BGB begründet sind. Dieser Umstand kann auf die im Rahmen von § 1570 BGB vorzunehmende Zumutbarkeitsprüfung nicht ohne Einfluß bleiben. Er muß zu einer Verschärfung der in diesem Zusammenhang an den Unterhaltsberechtigten zu stellenden Anforderungen führen. Das gilt zumindest dann, wenn dadurch die Interessen des zu betreuenden Kindes nicht beeinträchtigt werden. Davon ist hier jedoch auszugehen. Jedenfalls hat die in der Obhut der Bekl. lebende eheliche Tochter Kerstin im Zeitpunkt der Berufungsentscheidung mit 15½ Jahren be-

Anhang R. Rechtsprechung R153

reits ein Alter erreicht, in dem ein Kind den betreuenden Elternteil in zeitlicher Hinsicht regelmäßig nicht mehr so beansprucht, daß sich die Pflege und Erziehung des Kindes bei entsprechend erhöhtem Einsatz grundsätzlich nicht auch neben einer Vollerwerbstätigkeit bewältigen lassen.

BGH v. 26. 1. 83 – IVb ZR 347/81 – FamRZ 84, 353

(Einheitlicher nachehelicher Unterhaltsanspruch nach §§ 1570 ff. BGB; Rechtskraftwirkung bei klagabweisendem Urteil; Klage nach § 323 BGB bei späterer Änderung der Verhältnisse) **R153**

II A) Die Revision meint, der hier geltend gemachte Unterhaltsanspruch aus § 1572 BGB sei ein **a** anderer als der auf §§ 1573, 1575 BGB gestützte Anspruch, über den am 14. 11. 1978 entschieden worden sei; deshalb stehe die Rechtskraft jenes Urteils dem Klagebegehren nicht entgegen und bedürfe es nicht der Voraussetzungen des § 323 ZPO. Dem kann nicht gefolgt werden. Gemäß § 1569 BGB hat ein Ehegatte, der nach der Scheidung nicht selbst für seinen Unterhalt sorgen kann, gegen den anderen Ehegatten einen Anspruch auf Unterhalt nach den §§ 1570 ff. BGB. Diese Bestimmungen konkretisieren und begrenzen die Unterhaltsberechtigung durch die enumerative Nennung bestimmter Bedürfnislagen, die zu bestimmten Einsatzzeitpunkten vorliegen müssen. Von den Einzeltatbeständen können zwei oder mehrere gleichzeitig oder auch in zeitlichem Anschluß aneinander verwirklicht sein, ohne daß deshalb von ebenso vielen Unterhaltsansprüchen die Rede sein könnte. Vielmehr handelt es sich bei dem Anspruch auf nachehelichen Unterhalt gemäß §§ 1569 ff. BGB um einen einheitlichen Anspruch, dessen Umfang sich stets nach den ehelichen Lebensverhältnissen richtet (§ 1578 I S. 1 BGB). Dies hat zur Folge, daß ein Urteil über den nachehelichen Unterhaltsanspruch diesen in dem ausgeurteilten Umfang insgesamt erfaßt, d. h. ohne Rücksicht darauf, welcher der Tatbestände der §§ 1570 ff. BGB in Betracht kommt und vom Gericht geprüft worden ist. Mithin würde die Rechtskraft (§ 322 I ZPO) des Urteils v. 14. 11. 1978, das den Anspruch auf nachehelichen Unterhalt für die Zeit ab 1. 5. 1979 abgewiesen hat, einer Leistungsklage auf Unterhalt für diesen Zeitraum entgegenstehen. Um sie zu überwinden, müssen die Voraussetzungen einer Abänderungsklage nach § 323 ZPO gegeben sein. Etwas anderes ergibt sich für den vorliegenden Fall nicht aus den Grundsätzen der Senatsentscheidung BGHZ 82/246 = FamRZ 1982/259. Danach ist dann, wenn ein Unterhaltsverlangen – wegen fehlender Bedürftigkeit des Kl. – rechtskräftig abgewiesen worden ist, der Unterhaltsanspruch nach Eintritt der vormals fehlenden Voraussetzung im Wege einer neuen Leistungsklage, die nicht an die Voraussetzungen des § 323 ZPO gebunden ist, geltend zu machen. Denn die Verurteilung zu künftig fällig werdenden wiederkehrenden Leistungen (§ 323 I ZPO) setzt voraus, daß der geltend gemachte Anspruch bereits entstanden ist. Wenn einem Anspruch aufgrund der gegenwärtigen Verhältnisse nicht stattgegeben werden kann, so ist die Klage insgesamt abzuweisen. Dann liegt der Abweisung für die Zukunft keine sachliche Beurteilung nach den voraussichtlich in der Zukunft bestehenden Verhältnissen zugrunde; deshalb kann ein solches klagabweisendes Urteil keine in die Zukunft reichende Rechtskraftwirkung entfalten (FamRZ 1982/479, 480). Sa aber liegt der Streitfall nicht. Wenn – wie hier – der Anspruch auf künftig fällig werdende Unterhaltsleistungen für eine bestimmte Zeit zugesprochen und erst ab einem in der Zukunft liegenden Zeitpunkt aberkannt wird, so handelt es sich vielmehr, wie § 323 I ZPO es verlangt, um eine Verurteilung gemäß § 258 ZPO. Der klagabweisende Teil der Entscheidung beruht dann auf der richterlichen Prognose, daß die zukünftige Entwicklung zu einem Erlöschen des Anspruchs führen wird. Mit der Abänderungsklage kann geltend gemacht werden, daß diese Vorausschau fehlgegangen sei, weil die dem Urteil zugrunde gelegten zukünftigen Verhältnisse tasächlich anders eingetreten seien als angenommen (vgl. BGHZ 80/389, 397 f. = FamRZ 1981/862, 863 f.).

(Keine krankheitsbedingte Erwerbsunfähigkeit bei körperlichen Abnutzungserscheinungen und Unpäßlichkeiten)

IV) Nach § 1572 BGB besteht Anspruch auf Unterhalt, wenn von dem geschiedenen Ehegatten **d** zum maßgebenden Einsatzzeitpunkt wegen Krankheit oder anderer Gebrechen oder Schwäche seiner körperlichen oder geistigen Kräfte „eine Erwerbstätigkeit nicht erwartet werden kann". Das ist eine Umschreibung des Begriffs der Erwerbsunfähigkeit, zu dessen wesentlichem Inhalt es – auch sonst – nicht gehört, daß der Anspruchsteller, wäre er gesund, erwerbstätig sein würde. Soweit im familienrechtlichen Schrifttum die Notwendigkeit einer sorgfältigen Prüfung des ursächlichen Zusammenhangs zwischen Krankheit und Nichterwerbstätigkeit betont wird, geht es den Autoren ersichtlich darum, medizinisch in Wahrheit nicht gerechtfertigte Untätigkeiten zu Kosten des ehemaligen Ehepartners zu verhindern, zu denen es insbesondere wegen der moderneren weiten Fassung des Krankheitsbegriffs heute eher als in früherer Zeit kommen mag. So wird zu Recht darauf hingewiesen, daß nicht schon gewisse verbreitete körperliche Abnutzungserscheinungen und Unpäßlichkeiten eine Erwerbsunfähigkeit herbeiführen, vielmehr insbesondere zahlreiche Kriegsverletzte gezeigt haben, daß auch ein erheblich Versehrter noch zu einer Erwerbstätigkeit in der Lage ist.

BGH v. 26. 1. 83 – IVb ZR 351/81 – FamRZ 83, 352 = NJW 83, 2318

(Beweislast für eine vom Normalverlauf abweichende Entwicklung)

a   I 1) Da sich die Höhe des Anspruchs auf Trennungsunterhalt im Regelfall nach den gegenwärtigen Einkommensverhältnissen richtet, braucht der klagende Ehegatte nur diese darzulegen und notfalls zu beweisen. Für den Ausnahmefall einer unerwarteten, vom Normalverlauf erheblich abweichenden Entwicklung seit der Trennung ist der Ehegatte darlegungs- und beweispflichtig, der daraus Rechte herleiten will, hier also der Bekl. Dieser hat aber nicht dargelegt, seine derzeitige berufliche Stellung beruhe auf einer im Zeitpunkt der Trennung unerwarteten Entwicklung und sei nicht schon während des Zusammenlebens der Parteien angelegt gewesen. Er hat weder vorgetragen, welche Position er damals bereits erreicht hatte und auf welchen Umständen sein seitheriger beruflicher Aufstieg beruht, noch die Höhe seines Einkommens im Zeitpunkt der Trennung angegeben. Unstreitig ist hingegen, daß er für die D. L. bereits in Kairo und Beirut tätig war. Bei dieser Sachlage konnte das OLG die Lebensverhältnisse der Parteien im Zeitpunkt der letzten mündlichen Verhandlung als maßgebend ansehen.

(Kompensation erhöhter Sachbezüge mit Mehraufwendungen)

c   I 4) Nach der ständigen Rechtsprechung des Senats kommt es unterhaltsrechtlich nicht entscheidend auf die Zweckbestimmung von Einkünften an. Ein beruflicher Mehraufwand kann nur berücksichtigt werden, soweit er tatsächlich erwachsen ist. Der Beklagte hat durch die Zuschüsse des Arbeitgebers nicht gedeckte besondere Aufwendungen teils nicht dargelegt, teils nicht bewiesen. Soweit er sich hierzu auf allgemeine Ausführungen beschränkt hat, konnte sie das OLG als unsubstantiiert unbeachtet lassen. Soweit er zusätzliche Kosten für fünf Dienstboten sowie zusätzliche Taxikosten behauptet hat, sind seine Ausführungen bestritten worden, ohne daß er für seine Behauptungen Beweis angetreten hat. Die Annahme des OLG, seine Mehraufwendungen würden durch die Zuschüsse seiner Arbeitgeberin ausgeglichen, ist daher aus Rechtsgründen nicht zu beanstanden. Mehraufwendungen für Auslandsaufenthalte und berufsbedingte Repräsentation hatte das OLG nicht abgesetzt, weil diese durch zusätzliche Leistungen der Arbeitgeberin ausgeglichen würden, nämlich freie Wohnung, Dienstwagen und Zuschüsse zu den Energiekosten, zur Verpflegung und zu den Aufwendungen für Dienstpersonal.

(Zum Auskunftsanspruch bei Schadensersatz)

d   A. II) Einen Auskunftsanspruch des Bekl. auf Offenbarung des Nettoeinkommens der Kl. in der Zeit v. 1. 10. 1969 bis 31. 1. 1973 hat das OLG verneint, weil keine Anhaltspunkte dafür gegeben seien, daß die Kl. die einstw. Anordnung v. 6. 3. 1972 durch Täuschung erschlichen habe. Ohne Erfolg macht der Bekl. demgegenüber geltend, eine Auskunftspflicht bestehe bereits dann, wenn ein begründeter Verdacht für eine zum Schadensersatz verpflichtende Handlung bestehe.
Eine so weitgehende Verpflichtung kann aus den Grundsätzen von Treu und Glauben (§ 242 BGB) nicht hergeleitet werden:
Ein unterhaltsrechtlicher Auskunftsanspruch, sei es aufgrund der Bestimmungen der §§ 1580, 1605 BGB, sei es aufgrund von § 242 BGB, besteht nach dem Senatsurteil v. 22. 9. 1982 (FamRZ 1982/1189, 1192) nur dann, wenn die Voraussetzungen des vorzubereitenden Unterhaltsanspruchs vorliegen, die von den wirtschaftlichen Verhältnissen unabhängig sind. Entsprechendes muß gelten, wenn – wie hier – ein Schadensersatzanspruch wegen Überzahlung von Unterhalt vorbereitet werden soll, der auf eine unerlaubte Handlung (§ 823 II BGB i. V. mit § 263 StGB) gestützt wird. Würde in diesen Fällen ein Auskunftsanspruch bereits auf einen Verdacht hin gewährt oder gar zu dem Zweck, eine unerlaubte Handlung erst zu ermitteln, liefe das auf eine allgemeine Auskunftspflicht hinaus, die dem deutschen Recht fremd ist (vgl. dazu BGH, Urteil v. 22. 1. 1964 – LM, BGB § 242 [Be] Nr. 19).
Dem OLG ist darin beizupflichten, daß der Bekl. nicht dargetan hat, die Kl. habe in dem Verfahren, das zu der einstw. Anordnung v. 6. 3. 1972 geführt hat, vorsätzlich das Gericht getäuscht. Selbst wenn unterstellt wird, sie habe – entsprechend der Vermutung des Bekl. – erhaltene Lohnsteuerrückzahlungen nicht angegeben, bliebe offen, ob diese Frage für die gerichtliche Entscheidung von Bedeutung war. Nach damaligem Recht (§ 627 ZPO a. F.) konnte eine einstw. Anordnung aufgrund einer bloß summarischen Prüfung unter Berücksichtigung der aus den typischen Verhältnissen gewonnenen allgemeinen Erfahrungen ergehen (BGHZ 24/269, 272 = FamRZ 1957/316, 317).

(Zurücknahme einer Mahnung; keine laufende Wiederholung einer Mahnung)

e   Nach § 1613 I BGB kann für die Vergangenheit Unterhalt nur von der Zeit an gefordert werden, zu welcher der Verpflichtete in Verzug gekommen oder der Unterhaltsanspruch rechtshängig geworden ist. Zur Inverzugsetzung gehört grundsätzlich eine Mahnung nach Eintritt der Fälligkeit (§ 284 I 1 BGB). Wenn im Jahre 1976 ein Unterhaltsanspruch der Kl. bestanden hat, hat sie ihn nach den

Anhang R. Rechtsprechung   **R154**

Feststellungen des BerGer. nicht rechtswirksam angemahnt. Ihre letzte Handlung in der Unterhaltssache gegen den Bekl. war die Zurücknahme der Unterhaltsklage im Dezember 1974. Damit hat sie auch die Mahnung zurückgenommen, die nach § 284 I 2 BGB in der Erhebung der Klage lag. Auch wenn im allgemeinen eine Mahnung wegen laufenden Unterhalts nicht monatlich wiederholt zu werden braucht (vgl. Köhler, in: MünchKomm, § 1613 Rdnr. 3), können von einer zurückgenommenen Mahnung keinerlei Rechtswirkungen für künftigen Unterhalt ausgehen (vgl. Staudinger-Löwisch, BGB, 12. Aufl., § 284 Rdnr. 74).

(Verzug nach § 284 II BGB)

    Ein Verzug ohne Mahnung aufgrund der Vorschrift des § 284 II. BGB (Kalenderfälligkeit) setzt   **f**
bei familienrechtlichen Unterhaltspflichten voraus, daß dem Verpflichteten seine Schuld sowohl nach ihrer Existenz als auch nach ihrem Umfang, also nach der Höhe des geschuldeten Betrages, bekannt ist, wie es insbesondere bei vertraglich vereinbarten Unterhaltsleistungen oder auch nach gerichtlicher Verurteilung der Fall ist (Senatsurt., FamRZ 1981, 866 (867) und NJW 1982, 1983 = FamRZ 1982, 887 (890)). Eine derartige Kenntnis des Bekl. seiner Unterhaltsschuld für das Jahr 1976 ist nicht festgestellt. Daß die Kl. ihn seinerzeit von dem jetzt vorgetragenen Motiv ihrer Klagerücknahme in Kenntnis gesetzt hätte, hat sie nicht behauptet.

(Endgültige Erfüllungsverweigerung; Mahnung durch Übersendung einer einstweiligen Anordnung)

    Schließlich kann eine Mahnung entbehrlich sein, wenn der Schuldner Unterhaltsleistungen eindeutig und endgültig verweigert, was auch schon in der unvermittelten Einstellung bisher regelmäßig erbrachter Zahlungen gesehen werden kann (vgl. Köhler, Hdb. des UnterhaltsR, 5. Aufl., Rdnr. 141; Soergel-Lange, BGB, 11. Aufl., § 1613 Rdnr. 4). Die Kl. hat jedoch nicht dargetan, daß der Bekl. Unterhaltszahlungen vor dem Jahre 1976 oder in diesem Jahr ausdrücklich verweigert hat. In der bloßen Nichtleistung von Unterhalt kann eine die Mahnung entbehrlich machende Unterhaltsverweigerung nicht gesehen werden.   **g**

    2. Die Zustellung des Antrags auf einstweilige Anordnung hat das BerGer. zu Recht als Mahnung gewertet, da insoweit Entsprechendes zu gelten hat wie bei der Zustellung einer Klageschrift oder eines Mahnbescheides nach § 284 I 2 BGB. Nicht gefolgt werden kann jedoch dem BerGer., soweit es die Auffassung vertreten hat, durch die Abweisung des Antrags auf einstweilige Anordnung mit Beschluß vom 29. 8. 1979 sei die Wirkung dieser Mahnung rückwirkend hinfällig geworden, weil die Kl. nicht unverzüglich ihre Rechte weiterverfolgt habe.

(Zuvielforderung)

a) Die Wirksamkeit der Mahnung wurde nicht dadurch berührt, daß mit dem Antrag ein Unter-   **h**
halt von monatlich 3000 DM gefordert wurde, der möglicherweise beträchtlich zu hoch war. Wegen der Schwierigkeiten der Berechnung einer Unterhaltsforderung kann eine Mahnung in der Regel nicht deswegen als unwirksam angesehen werden, weil sie eine Zuvielforderung enthält (Senatsurt., NJW 1982, 1983; Soergel-Lange, § 1613 Rdnr. 3). Sie ist vielmehr als Aufforderung zur Bewirkung der tatsächlich geschuldeten Leistung zu verstehen.
    Seite: 9 zu werten, zumal kein Zweifel daran bestehen kann, daß ein Unterhaltsgläubiger auch zur Annahme von Minderleistungen bereit ist.

(zu § 285 BGB)

b) Der Verzug des Bekl. hat jedenfalls bis zur Entscheidung über den Antrag der Kl. angedauert,   **i**
ohne daß es einer weiteren Mahnung bedurfte. Aus dem ablehnenden Beschluß vom 29. 8. 1979 hat das BerGer. eine – rückwirkende – Beendigung des Verzuges hergeleitet, weil der Bekl. auf dessen Richtigkeit vertrauen dürfen und das Unterbleiben der Unterhaltsleistung gem. § 285 BGB nicht zu vertreten gehabt habe. Diese Beurteilung hält der rechtlichen Nachprüfung nicht stand. Wenn – wie für die Revisionsinstanz zu unterstellen ist – der Beschluß einen Unterhaltsanspruch der Kl. zu Unrecht verneint hätte, könnte der Bekl. das Unterlassen von Unterhaltsleistungen nur mit einem nicht zu vertretenden – Rechtsirrtum entschuldigen. Grundsätzlich erfordert aber der Geltungsanspruch des Rechts, daß der Verpflichtete das Risiko eines Irrtums über die Rechtslage selbst trägt und nicht dem Gläubiger zuschieben kann. In der Rechtsprechung des BGH wird daher der Ausschluß des Schuldnerverzugs wegen unverschuldeten Rechtsirrtums (§ 285 BGB) an strenge Voraussetzungen geknüpft. So entschuldigt nicht einmal das Vertrauen auf eine Rechtsauffassung, die in den Gründen eines zwischen den Parteien ergangenen, rechtskräftigen oberlandesgerichtlichen Urteils zum Ausdruck gekommen ist, wenn mit einer abweichenden Beurteilung anderer Gerichte oder des BGH gerechnet werden mußte (BGH, NJW 1974, 1903 (1904 f.); s. auch BGH, NJW 1982, 635 = MDR 1982, 396). Bei dem Beschluß vom 29. 8. 1979 hat es sich sogar nur um eine aufgrund einer summarischen Prüfung gewonnene, vorläufige Entscheidung nach § 620 Nr. 6 ZPO gehandelt, die keiner

materiellen Rechtskraft fähig ist (vgl. BGH, NJW 1979, 1508 = FamRZ 1979, 472 (473)). Bei Anwendung der im Verkehr erforderlichen Sorgfalt hätte der Bekl. daher nicht darauf vertrauen dürfen, daß damit die Frage seiner Unterhaltspflicht endgültig und zutreffend beurteilt worden sei. Er mußte vielmehr mit einer abweichenden Entscheidung im ordentlichen Unterhaltsprozeß rechnen, der ohne weiteres noch möglich war.

BGH v. 26. 1. 83 – IVb ZR 355/81 – FamRZ 83, 454 = NJW 83, 1056

R155 *(Anforderungen an einen zulässigen Auskunftsantrag und Antrag auf Vorlage von Belegen)*

II 2) Das OLG ist zutreffend davon ausgegangen, daß der Bekl. seine Auskünfte belegen muß. Es hat indessen beanstandet, daß die Kl. entgegen § 253 II Nr. 2 ZPO die von ihr verlangten Belege nicht hinreichend bestimmt, sondern es unzulässigerweise dem Gericht überlassen habe herauszufinden, welche Art Beleg für eine bestimmte Einnahmen- oder Ausgabenposition in Betracht komme. Demgemäß hat das OLG der Klage nur entsprochen, soweit es im Wege der Auslegung des Klagantrags die Belege, deren Vorlage die Kl. begehrt hat, hat bestimmen können, nämlich über Telefonkosten, Versicherungsbeiträge und Rechts- und Beratungskosten, weil diese in Form von Rechnungen erteilt zu werden pflegten. Für die anderen Posten, die Gegenstand der Verurteilung zur Auskunft sind, hat das OLG eine Bestimmbarkeit durch Antragsauslegung verneint, weil jeweils mehrere Arten von Belegen in Betracht kämen. Diese Beurteilung hält der rechtlichen Prüfung stand.

Gemäß § 253 II Nr. 2 ZPO muß die Klageschrift die bestimmte Angabe des Gegenstandes und des Grundes des erhobenen Anspruchs sowie einen bestimmten Antrag enthalten. Daraus ergibt sich verfahrensrechtlich die Pflicht zur genügenden Konkretisierung des Leistungsinhalts. Die Geltendmachung des Anspruchs auf Vorlage von Belegen erfolgt im Wege der Leistungsklage. Bei einer solchen muß u. a. mit Rücksicht auf die Zwangsvollstreckung genau bezeichnet werden, welche Leistung der Bekl. erbringen soll; der Klagantrag muß einen vollstreckungsfähigen Inhalt haben. Der Bekl. muß dem Klagantrag auch entnehmen können, welches Risiko für ihn besteht, und er muß sich umfassend verteidigen können (NJW 78/1584 m. w. N.). Nur eine genaue Bezeichnung der von ihm erwarteten Leistung eröffnet dem Bekl. die Möglichkeit zu prüfen, ob er den Anspruch anerkennen oder sich gegen ihn zur Wehr setzen will. Die klagende Partei kann dem Risiko, mit ihrer Auffassung im Prozeß (ganz oder teilweise) mit entsprechender Kostenlast zu unterliegen, wenn sie den Anspruch auf die Belegung von Einkünften überzieht, nicht dadurch entgehen, daß sie einen (unbestimmten) Rahmenantrag stellt. Schließlich darf, wenn – wie im vorliegenden Fall bei der Ermittlung von Einkünften eines selbständigen Gewerbetreibenden – im Einzelfall schwierige Abgrenzungsfragen zur Reichweite einer Mitwirkungs- oder Vorlegungspflicht auftreten können, die Auseinandersetzung darüber nicht durch eine unbestimmte Antrags- und Urteilsformel in das Vollstreckungsverfahren verlagert werden. Dieses ist auf die Entscheidung solcher Streitfragen nicht zugeschnitten und bietet dafür nicht die nötigen Rechtsgarantien. Der von der Kl. gestellte Klagantrag, den Bekl. zu verurteilen, „diejenigen Belege beizufügen, aus denen die Richtigkeit des Zahlenmaterials entnommen werden kann", genügt diesen Anforderungen nicht. Das OLG hat ihn daher – soweit es nicht im Wege der Auslegung teilweise zu einer Bestimmbarkeit der Leistung gelangt ist – zutreffend als nicht hinreichend bestimmt und damit unzulässig angesehen.

BGH v. 9. 2. 83 – IVb ZR 343/81 – FamRZ 83, 352 = NJW 83, 1330

R156 *(Zu den Einwendungen gem. § 767 ZPO und zum Unterschied zur Abänderungsklage)*

a Bei der entsprechenden Anwendung des § 767 ZPO auf einstweilige Anordnungen über den Ehegattenunterhalt ist davon auszugehen, daß ein Anspruch in dem titulierten Umfang bestanden hat (BGHZ 24/269, 274 = FamRZ 57/316, 317). Mit der Klage können nachträglich entstandene rechtshemmende und rechtsvernichtende Einwendungen geltend gemacht werden, die diesen Anspruch betreffen. Auf das Vorbringen des Kl. zur Veränderung der wirtschaftlichen Verhältnisse der Parteien kann die Vollstreckungsabwehrklage nicht gestützt werden. Die wirtschaftlichen Verhältnisse der Parteien sind für Grund und Höhe des Unterhaltsanspruchs von Bedeutung. Im Falle einer Verurteilung im Hauptsacheverfahren kann ihre Änderung nach Maßgabe des § 323 ZPO eine Abänderungsklage begründen. Dagegen lassen sich aus der Änderung der wirtschaftlichen Verhältnisse nach anerkannter Rechtsauffassung keine Einwendungen i. S. d. § 767 ZPO herleiten (BGHZ 70/151, 156 f. = FamRZ 78/177, 179).

(Zur einstweiligen Einstellung der Zwangsvollstreckung bei negativer Feststellungsklage)

b Es ist inzwischen in Rechtsprechung und Literatur einhellig anerkannt, daß nach Rechtskraft des Scheidungsurteils bei Erhebung einer negativen Feststellungsklage die Zwangsvollstreckung aus der einstweiligen Anordnung einstweilen eingestellt werden kann (u. a.: OLG Hamburg, FamRZ

Anhang R. Rechtsprechung   R157–R158

80/904; OLG Düsseldorf, FamRZ 80/1046; OLG Frankfurt, FamRZ 80/1139; OLG Karlsruhe, FamRZ 81/295 LS; OLG Hamm, FamRZ 81/693; OLG Stuttgart, FamRZ 81/694; OLG Bremen, FamRZ 81/981; Baumbach/Lauterbach/Hartmann, ZPO, 41. Aufl., § 707 Anm. 5 A; Griesche, FamRZ 81/1025, 1035; Klauser, MDR 81/711, 717). Im Rahmen der vorliegenden Entscheidung bedarf es keiner Auseinandersetzung mit der Frage, welche der in Betracht kommenden Vorschriften (§§ 707, 719, 769 ZPO) insoweit entsprechend anzuwenden sind.

BGH v. 9. 2. 83 – IVb ZR 354/81 – FamRZ 83, 369 = NJW 83, 2198
(Bestimmung des gesamten Lebensbedarfs)   R157

I 2 a) Nach § 1612 II 1 BGB können Eltern, die einem unverheirateten Kinde Unterhalt zu gewähren haben, bestimmen, in welcher Art der Unterhalt gewährt werden soll. Das gilt auch für die Unterhaltsgewährung nach Eintritt der Volljährigkeit des Kindes (FamRZ 81/250, 251). Das Bestimmungsrecht ist ein Gestaltungsrecht, das, jedenfalls gegenüber einem bereits volljährigen Kinde, durch eine rechtsgeschäftliche, empfangsbedürftige Willenserklärung ausgeübt wird.

Die Bestimmung muß den gesamten Lebensbedarf des unterhaltsbedürftigen Kindes umfassen. Das schließt es nicht aus, die Bestimmung dahin zu treffen, daß der Unterhalt zu einem abgrenzbaren Teil in Natur und im übrigen durch die Überlassung von Geldbeträgen gewährt wird. Derartige Regelungen, die geeignet sind, dem Streben herangewachsener Kinder nach Selbständigkeit entgegenzukommen und ihre Entwicklung zu eigenverantwortlicher Lebensführung zu fördern, kommen im Rechtsleben vor allem vor, wenn einem in der Berufsausbildung stehenden Kinde im Elternhaus Wohnung und/oder Verpflegung geboten und als Taschengeld sowie für Sachaufwendungen Barbeträge zur Verfügung gestellt werden. In Fällen dieser Art besteht der Unterhaltsanspruch des Kindes nicht teilweise in einem Anspruch auf Zahlung einer Geldrente. Vielmehr ist die Überlassung der Geldbeträge an das Kind ein Teil des in Form von Naturalleistungen gewährten Unterhalts (FamRZ 81/250, 252). Demgemäß muß die elterliche Bestimmung nicht nur die eigentlichen Sachleistungen, sondern auch die Leistungen zur Befriedigung der übrigen Unterhaltsbedürfnisse umfassen.

(Unterhaltsbestimmung durch schlüssiges Verhalten)

I 2 b) Bei der Prüfung, ob im Einzelfall eine diesen Anforderungen gerecht werdende Bestimmung der Unterhaltsgewährung vorliegt, sind die allgemeinen Grundsätze zu berücksichtigen, die für die Ermittlung des Erklärungsinhalts empfangsbedürftiger Willenserklärungen gelten. Auszugehen ist davon, wie die Erklärung von dem Erklärungsempfänger aufgefaßt wurde oder bei unbefangener Würdigung nach Treu und Glauben aufgefaßt werden mußte. Dabei ist unter der Erklärung nicht nur das wörtlich oder schriftlich erklärte, sondern das Gesamtverhalten des Erklärenden zu verstehen und es sind alle Begleitumstände zu berücksichtigen. Da die Bestimmung i. S. des § 1612 II 1 BGB keiner besonderen Form bedarf, braucht sie nicht ausdrücklich erklärt zu werden, sondern kann auch durch schlüssiges Verhalten erfolgen. Auf diese Art wird sich die Unterhaltsbestimmung in der Lebenswirklichkeit häufig vollziehen. Dies gilt insbesondere in Fällen, in denen das Kind im Haushalt der Eltern heranwächst und durch Naturalleistungen unterhalten wird. Allerdings bietet die Tatsache der Unterhaltsgewährung in Natur allein noch keine Gewähr für eine Unterhaltsbestimmung durch schlüssiges Verhalten. Vielmehr ist hier, wie auch sonst in Fällen stillschweigender Willenserklärungen, zunächst zu ermitteln, ob das Verhalten überhaupt als eine auf eine Rechtsfolge gerichtete Willenserklärung zu werten ist. Der Erklärende muß in dem Bewußtsein handeln, daß eine Willenserklärung wenigstens möglicherweise erforderlich ist (NJW 73/1789). Demgemäß setzt auch eine Unterhaltsbestimmung durch konkludentes Verhalten voraus, daß der Unterhaltspflichtige wußte oder wenigstens mit der Möglichkeit rechnete, einer in diesem Zusammenhang von ihm abzugebenden Willenserklärung könne rechtliche Bedeutung zukommen.

BGH v. 23. 2. 83 – IVb ZR 336/81 – FamRZ 83, 456 = NJW 83, 1427
(Zur Beweislast bei Kindesbetreuung)   R158

II 1) Der Senat hat bisher entschieden, daß sich eine Ehefrau, die Unterhalt von ihrem Mann verlangt, im Regelfall dann nicht auf eine eigene Erwerbstätigkeit verweisen zu lassen braucht, wenn sie ein noch nicht schulpflichtiges Kind betreut (FamRZ 82/25, 27). Die in der Praxis gebräuchlichen Unterhaltsrichtlinien gehen zum Teil weiter und verneinen – für den Regelfall – eine Erwerbsobliegenheit des Sorgeberechtigten, solange das Kind die ersten beiden Grundschulklassen besucht (so KL und ML) oder sogar, bis es die Grundschule beendet hat (CL). Dem liegt die Erfahrung zugrunde, daß auch ein schulpflichtiges Kind zunächst noch einer verstärkten Beaufsichtigung und Fürsorge bedarf, die nicht auf bestimmte Zeitabschnitte des Tages beschränkt ist. Die gesunde Entwicklung eines Kindes dieser Altersstufe erfordert es in der Regel, daß sich ein Elternteil ihm noch jederzeit widmen kann, was einem Erwerbstätigen etwa bei ausfallenden Schulstunden oder einer Krankheit nicht möglich sein würde. Daher billigt der Senat den Ausgangspunkt des OLG, daß im allgemeinen eine Erwerbsobliegenheit des Elternteils, der ein Kind unter 8 Jahren betreut, zu verneinen ist.

Der Revision ist zuzugeben, daß dieser Grundsatz nur gelten kann, wenn nicht die Umstände des Einzelfalls eine Abweichung bedingen. So wurde im Gesetzgebungsverfahren im Hinblick auf die Vielgestaltigkeit der zu erfassenden Lebenssachverhalte bewußt davon abgesehen, eine widerlegbare Vermutung des Inhalts zu schaffen, daß ein Ehegatte eine Erwerbstätigkeit erst aufnehmen könne, wenn das zu erziehende Kind ein bestimmtes Lebensalter erreicht habe. Wenn aber für eine bestimmte Annahme die Erfahrung spricht, ist es im Prozeß Sache desjenigen, der eine Ausnahme von der erfahrungsgemäßen Regel in Anspruch nimmt, die hierfür erforderlichen Voraussetzungen darzulegen und notfalls zu beweisen. Im vorliegenden Fall hätte daher der Bekl. Umstände vorbringen müssen, die für eine Erwerbsobliegenheit der Kl. zu 1. trotz der Betreuung der Kl. zu 2) hätten sprechen können. Er hat sich aber auf die pauschale Behauptung beschränkt, das Kind sei bereits in einem Alter, in dem es in den Kindergarten gehen könne. Dadurch, daß das Kind den Kindergarten besucht, wird indessen dem betreuenden Elternteil regelmäßig noch keine Erwerbstätigkeit ermöglicht. Die Gründe, aus denen der Eintritt des Kindes in die Grundschule im Regelfall noch nicht zu einer Erwerbsobliegenheit des betreuenden Elternteils führt, gelten insoweit entsprechend und in verstärktem Maße.

BGH v. 23. 2. 83 – IVb ZR 362/81 – FamRZ 83, 473 = NJW 83, 1429

R160 *(Keine Auskunftspflicht; wenn der Unterhaltsanspruch durch die Auskunft nicht beeinflußt werden kann)*

a I 1) Nach § 1605 I S. 1 BGB haben Verwandte in gerader Linie einander auf Verlangen über ihre Einkünfte Auskunft zu erteilen, soweit dies zur Feststellung eines Unterhaltsanspruchs oder einer Unterhaltsverpflichtung erforderlich ist. Im vorliegenden Fall steht außer Streit, daß ein Unterhaltsanspruch der Kl. gegen den Bekl. dem Grunde nach besteht, so daß es zur Beurteilung dieser Frage einer Auskunft nicht bedarf. Die Parteien streiten allein darüber, ob der Bekl. über die von ihm an jeden der Kl. erbrachte Leistung hinaus weiteren Unterhalt schuldet.

Auch die Entscheidung einer solchen Frage erfordert indessen nicht ausnahmslos die Kenntnis der Höhe des Einkommens des Unterhaltsverpflichteten, zumal wenn dieser wie im vorliegenden Fall höhere Unterhaltszahlungen nicht aus mangelnder Leistungsfähigkeit verweigert. Der Grundsatz von Treu und Glauben, auf dem die Auskunftspflicht letztlich beruht, verbietet es, eine Auskunft noch zu verlangen, wenn feststeht, daß sie die Unterhaltsverpflichtung unter keinem Gesichtspunkt beeinflussen kann (FamRZ 1982/996 m. w. N.). Der Zweck der Auskunft besteht darin, dem Unterhaltsberechtigten Gewißheit über die Einkommensverhältnisse des Verpflichteten zu verschaffen, um ihm die Bemessung seines Unterhaltsanspruchs zu ermöglichen; danach ist die Auskunft entbehrlich, wenn über das Einkommen eines Unterhaltsverpflichteten so viel feststeht, daß der gesamte Bedarf des Berechtigten voll gedeckt werden kann.

(Unterhaltsbegrenzung durch die Lebensstellung des Kindes bei überdurchschnittlich guten wirtschaftlichen Verhältnissen; Unterhaltsbemessung nach dem Einkommen des barunterhaltspflichtigen Elternteils)

b 2a) Bei minderjährigen Kindern richtet sich die Lebensstellung wegen ihrer wirtschaftlichen Unselbständigkeit nach der der Eltern (FamRZ 80/665, 669). Die Ermittlung dieser Lebensstellung stößt auf Schwierigkeiten, wenn die Eltern nicht mehr zusammenleben und ihre Einkommensverhältnisse sich unterschiedlich entwickeln. Hierzu hat der Senat bereits entschieden, daß für den Barunterhaltsbedarf der Kinder aus geschiedener Ehe, die bei einem sie betreuenden sorgeberechtigten Elternteil leben, regelmäßig die Einkommensverhältnisse des barunterhaltspflichtigen, nicht sorgeberechtigten Elternteils maßgebend sind, wenn die Einkünfte beider Eltern sich im mittleren Bereich halten und das Einkommen des Naturalunterhalt gewährenden Elternteils nicht höher ist als das des anderen (FamRZ 81/543, 545 m. w. N.). Anders als beim Unterhaltsanspruch der geschiedenen Ehefrau – dessen Maß sich nach den ehelichen Lebensverhältnissen bis zum Zeitpunkt der Scheidung bestimmt –, wird die Lebensstellung eines Kindes in wirtschaftlicher Hinsicht nicht durch den Zeitpunkt der Auflösung der Ehe seiner Eltern festgelegt. Das unterhaltsberechtigte Kind nimmt vielmehr am steigenden Lebensstandard des barunterhaltspflichtigen Elternteils in ähnlicher Weise teil wie während der Zeit der intakten Ehe seiner Eltern. In der erwähnten Senatsentscheidung ging es um die Frage, ob bei der Ermittlung des Barunterhalts für das minderjährige Kind bedarfserhöhend zu berücksichtigen ist, daß auch der den Naturalunterhalt leistende sorgeberechtigte Elternteil seinerseits Einkommen erzielt. Die Außerachtlassung solcher Einkünfte bei der Bedarfsbestimmung eines Kindes, dessen Eltern in normalen wirtschaftlichen Verhältnissen leben, besagt jedoch noch nichts darüber, ob die Lebensstellung dieses Kindes auch dann noch (allein) nach den Einkommensverhältnissen des barunterhaltspflichtigen Elternteils bemessen werden darf, wenn dessen Einkommen ungewöhnliche Größen erreicht. Ob es in solchen Fällen für den Unterhaltsanspruch des Kindes bedarfsmindernd wirkt, daß der den Naturalunterhalt leistende Elternteil in wesentlich bescheideneren wirtschaftlichen Verhältnissen lebt als der Barunterhaltspflichtige, kann jedoch im vorliegenden Fall offenbleiben. b) Aus den dargelegten Grundsätzen folgt nämlich nicht, daß der Bekl. unbegrenzt um so höheren Barunterhalt schuldet, je mehr Einkünfte er hat. Der Senat hält zwar daran fest, daß es keine allgemeingültige, feste Obergrenze gibt, über die hinaus Barunterhalt für minderjährige Kinder nicht mehr in Betracht kommt. Aber selbst wenn für die Lebensstellung von Kindern geschiedener Eltern allein die wirtschaftlichen Verhältnisse des barunterhaltspflichtigen Elternteils zugrunde gelegt werden, bedeutet das nicht, daß den Kindern eine der Lebensführung und den überdurchschnittlich guten wirtschaftlichen Verhältnissen des Unterhaltspflichtigen entsprechende Lebensgestaltung ermöglicht werden müßte (FamRZ 80/665, 669; FamRZ 69/205, 210). Dem Barunterhaltspflichtigen ist es zwar verwehrt, seine eigenen erzieherischen Vorstellungen auf unterhaltsrechtlichem Weg zu verwirklichen, wenn er – wie regelmäßig – nicht zugleich die elterliche Sorge innehat. Das Recht und die Pflicht, ein Kind zu erziehen, ist gemäß § 1631 I BGB Teil der Personensorge; die insoweit vom Sorgeberechtigten zu treffende Entscheidung darf der andere Elternteil nicht mit unterhaltsrechtlichen Mitteln indirekt beeinflussen (FamRZ 83/48). Das schließt es aber nicht aus, auf die durch ein wesentlich geringeres Einkommen geprägte Lebensstellung des den Naturalunterhalt gewährenden Elternteils Rücksicht zu nehmen. Die Unterhaltsbemessung darf weder einem gedeihlichen Sorgerechtsverhältnis entgegenwirken noch dazu führen, die Lebensstellung des sorgeberechtigten Elternteils anzuheben. Eine Begrenzung des Unterhalts ergibt sich aber vor allem aus der besonderen Lage, in der minderjährige Kinder während des Heranwachsens und in ihrer Schul- oder Ausbildungszeit sich befinden. Trotz der Verknüpfung mit den wirtschaftlichen Verhältnissen der Eltern oder eines Elternteils ist ihre Lebensstellung in erster Linie durch das „Kindsein" geprägt. Anders als Ehegatten, für die jedenfalls in dem noch nicht der Vermögensbildung zuzurechnenden Einkommensbereich der Grundsatz der gleichmäßigen Teilhabe gilt, können Kinder nicht einen bestimmten Anteil an dem durch sein Einkommen bestimmten Lebensstandard des Unterhaltsverpflichteten verlangen. Unterhaltsgewährung für Kinder bedeutet stets Befriedigung ihres gesamten – auch eines gehobenen – Lebensbedarfs (§ 1610 II BGB), nicht aber Teilhabe am Luxus. Auch in besten Verhältnissen lebend schuldet der Verpflichtete nicht das, was das Kind wünscht, sondern was es braucht.

(Zur Beweislast bei besonders hohem Bedarf des Kindes)

I 2 c) Der den Klägern bereits zur Verfügung stehende Betrag von je 842,50 DM im Monat einschließlich der anteiligen Kindergeldes übersteigt deutlich der höchsten Unterhaltssätze, die zur Zeit der Berufungsverhandlung bei der Unterhaltsbemessung für eheliche Kinder in der tatrichterlichen Praxis angewendet worden sind. Wenn solchen Werten auch keine den Rechtsnormen vergleichbare Verbindlichkeit beizumessen ist, kommt ihnen doch die Bedeutung als Orientierungshilfe zu, denn sie berücksichtigen aufgrund richterlicher Erfahrung die durchschnittlichen Lebenshaltungskosten. Darin sind bei minderjährigen Kindern, die mit wenigstens einem Elternteil noch in familiärer Gemeinschaft leben, die Kosten für Nahrung, Wohnung, Krankenvorsorge, Ferien, Pflege musischer und sportlicher Interessen sowie Taschengeld eingeschlossen. Solange sich Unterhaltsforderungen an Bedarfsermittlungen anlehnen, die wie solchen nach Erfahrungswerten aufgestellten Unterhaltstabellen und Richtlinien zugrunde liegen, werden an die Darlegungslast im Unterhaltsprozeß keine besonderen Anforderungen gestellt. Wenn der Berechtigte aber im Blick auf eine weitergehende Leistungsfähigkeit des Verpflichteten einen über die schon bestehende reichlich bemessene Befriedigung des allgemeinen Bedarfs hinausgehenden besonders hohen Unterhaltsbedarf geltend machen will, muß er im einzelnen darlegen, worin dieser Bedarf besteht und welche Mittel zu seiner Deckung im einzelnen erforderlich sind. Wie das OLG zutreffend festgestellt hat, fehlt es im vorliegenden Fall an einem entsprechenden Sachvortrag. Die Auffassung der Revision, der Unterhaltsverpflichtete habe zunächst die Mittel zu verschaffen, erst dadurch werde es dem unterhaltsberechtigten Kind ermöglicht, einen höheren Lebensbedarf zu entwickeln und alsdann darzutun, teilt der Senat nicht. Dies würde zu einer praktisch unbegrenzten Steigerung des Unterhaltsanspruchs eines minderjährigen Kindes führen und damit dem Inhalt und Zweck der gesetzlichen Regelung in § 1610/II BGB widersprechen.

BGH v. 2. 3. 83 – IVb ARZ 49/82 – FamRZ 83, 578 = NJW 83, 1859

(Zur Vollstreckung und Beitreibung eines Zwangsgelds)

Die Vollstreckung und Beitreibung eines nach § 888 I ZPO verhängten Zwangsgeldes erfolgt nach überwiegender Ansicht, der sich der Senat anschließt, nicht von Amts wegen und nach Maßgabe der Vorschriften der Justizbeitreibungsordnung, sondern auf Antrag des Gläubigers nach den allgemeinen Regeln des Vollstreckungsrechts (Stein/Jonas/Münzberg, ZPO, 19. Aufl., § 888 Anm. II 4; Zöller/Scherübl, ZPO, 13. Aufl., § 888 Anm. 3 c; Wieczorek, ZPO, 2. Aufl., § 888 Anm. F II; KG, Rpfleger 80/199; OLG Hamm, FamRZ 82/185, 186; LG Essen, Rpfleger 73/185; LG Berlin, Rpfleger 79/255; a. A.: Baumbach/Lauterbach/Hartmann, ZPO, 41. Aufl., § 888 Anm. 3 B c; Thomas/Putzo, Konkurs- und Vergleichsrecht, 9. Aufl., 1974, S. 178). Das Zwangsgeld ist allerdings an die Staatskasse abzuführen und steht nicht dem Gläubiger zu (LG Essen, a.a.O.; LG Berlin, a.a.O., KG, a.a.O.; OLG Hamm, a.a.O.).

BGH v. 23. 3. 83 – IVb ZR 358/81 – FamRZ 83, 574 = NJW 83, 1481

R163 *(Bei Antrag auf Erwerbsunfähigkeitsrente kann die Bedürftigkeit durch zins- und tilgungsfreies Darlehen abgewendet werden)*

2 a bb) Rentenzahlungen stellen wegen ihrer Lohnersatzfunktion Einkünfte im Sinn des § 1577 I BGB dar und beeinflussen daher die Bedürftigkeit des Berechtigten. Der Berechtigte bedarf, solange er tatsächlich eine Rente noch nicht erhält, weiterhin der Unterhaltsleistung durch den Verpflichteten. Er darf nicht auf die Inanspruchnahme von (subsidiärer) Sozialhilfe verwiesen werden. Solange ein Antrag auf Bewilligung einer Rente wegen Erwerbsunfähigkeit noch nicht verbeschieden ist, kommt regelmäßig auch nicht die Zahlung von Vorschüssen in Betracht.

2 b) Der Unterhaltsverpflichtete kann dem Berechtigten, der den Antrag auf Bewilligung einer Erwerbsunfähigkeitsrente gestellt hat, zur Abwendung der Bedürftigkeit zins- und tilgungsfreie Darlehen mit der Verpflichtung anbieten, im Fall der endgültigen Ablehnung des Rentenantrags auf deren Rückzahlung zu verzichten. Zur Sicherung des Anspruchs auf Rückzahlung solcher Darlehen kann der Anspruch auf Rentennachzahlung gemäß § 53 SGB abgetreten werden. Dem Berechtigten obliegt es, einen in dieser Weise angebotenen Kredit zur Behebung oder Verminderung seiner Bedürftigkeit aufzunehmen und zur Sicherung auf Verlangen den Anspruch auf Rentennachzahlung abzutreten.

Ein begründeter Rentenanspruch stellt schon vor Bewilligung der Rente einen Vermögenswert dar; ihn kann der berechtigte Ehegatte in der dargelegten Art in zumutbarer Weise wirtschaftlich nutzen. Tut er es nicht, muß er sich so behandeln lassen, als habe er seiner Obliegenheit genügt. Denn es verstößt gegen Treu und Glauben, wenn der Berechtigte durch die Ablehnung eines solchen zumutbaren Kreditangebots seine Bedürftigkeit zu Lasten des Unterhaltsverpflichteten aufrechtzuerhalten trachtet.

Der Verpflichtete kann auf diese Weise die Bedürftigkeit des Berechtigten allerdings nicht mehr beheben, wenn er entweder von der Beantragung einer Erwerbsunfähigkeitsrente nichts erfährt oder nicht über die zur Beschreitung dieses Weges erforderliche Rechtskunde verfügt. In Fällen, in denen der Anspruch auf Rente für die Zeit zwischen Antragstellung und Einsetzen der laufenden Rentenzahlungen nicht an den Unterhaltspflichtigen abgetreten und die Rente demzufolge in vollem Umfang dem Unterhaltsberechtigten nachgezahlt worden ist, könnte aber ein Erstattungsanspruch des Pflichtigen in der Höhe in Betracht kommen, in sich der Unterhaltsanspruch des Berechtigten ermäßigt hätte, wenn die Rente sofort bewilligt worden wäre. Ein solcher Anspruch ließe sich aus dem Grundsatz von Treu und Glauben herleiten, der auch das gesetzliche Unterhaltsschuldverhältnis zwischen geschiedenen Ehegatten beherrscht und es ausschließt, dem Unterhaltsberechtigten die nachträglich gezahlte Rente ungeschmälert für einen Zeitraum zu belassen, in dem der Verpflichtete Unterhalt geleistet hat.

BGH v. 23. 3. 83 – IVb ZR 369/81 – FamRZ 83, 576 = NJW 83, 1545

R164 *(Zustimmungsverpflichtung zur Zusammenveranlagung und zum Realsplitting. Verpflichtung des Unterhaltsschuldners zur Freistellung des Zustimmenden von steuerlichen Nachteilen, zur Sicherheitsleistung und zur Wahrnehmung der Steuervorteile bei Zustimmung des Berechtigten)*

I 1) Der BGH hat zur Frage der gemeinsamen Veranlagung geschiedener Eheleute zur Einkommensteuer entschieden, daß sich aus dem Wesen der Ehe grundsätzlich für beide Ehegatten die Verpflichtung ergebe, die finanziellen Lasten des anderen Teils nach Möglichkeit zu vermindern, soweit dies ohne Verletzung eigener Interessen möglich sei; die Ehefrau sei daher ihrem Ehemann gegenüber verpflichtet, in eine Zusammenveranlagung einzuwilligen, wenn dadurch die Steuerschuld des Ehemannes verringert, die Ehefrau aber keiner zusätzlichen steuerlichen Belastung ausgesetzt werde; falls sich infolge der Zusammenveranlagung zwar für den Ehemann eine geringere, für die Ehefrau aber eine höhere Steuerbelastung ergebe als bei getrennter Veranlagung, sei der Ehemann zum internen Ausgleich verpflichtet; die hiernach begründete familienrechtliche Verpflichtung, der Zusammenveranlagung zuzustimmen, bleibe auch nach der Scheidung als Nachwirkung der Ehe bestehen (FamRZ 77/38, 40).

1174

2) Als Ausprägung des Grundsatzes von Treu und Glauben im Rahmen des zwischen den gesch. Ehegatten bestehenden gesetzlichen Unterhaltsverhältnisses ist der Unterhaltsberechtigte grundsätzlich gehalten, bei Maßnahmen mitzuwirken, die die finanzielle Belastung des Unterhaltsverpflichteten vermindern und damit seine Leistungsfähigkeit erhöhen, soweit dem Unterhaltsgläubiger keine Nachteile hieraus erwachsen. Für den Unterhaltsverpflichteten besteht seinerseits die entsprechende Obliegenheit, im Interesse der Unterhaltsbelange des Berechtigten den Steuervorteil des begrenzten Realsplittings nach § 10 Nr. U1 EStG in Anspruch zu nehmen, wenn die Zustimmung des Berechtigten vorliegt.

Da dieser durch die Zustimmung keine Nachteile erleiden soll, muß ihm die Mitwirkung bei dem begrenzten Realsplitting aus unterhaltsrechtlicher Sicht bei Abwägung der beiderseitigen Interessen zumutbar sein. Das ist nur der Fall, wenn gewährleistet ist, daß dem Berechtigten ihm zustehende Nettounterhalt im Ergebnis ungeschmälert verbleibt. a) Da der Abzug der Unterhaltszahlungen – bis zu einer Höhe von jährlich 9000 DM – als Sonderausgaben bei dem Unterhaltsverpflichteten auf seiten des Unterhaltsberechtigten zur Folge hat, daß dieser die empfangenen Unterhaltsleistungen als Einkünfte versteuern muß (§§ 10 I Nr. 1, 22 Nr. 1a EStG), führt das begrenzte Realsplitting, soweit der Betrag des steuerlichen Existenzminimums (§ 32a I Nr. 1 EStG) überschritten ist, zu einer Steuerbelastung oder Steuermehrbelastung des Unterhaltsempfängers. Diese steuerliche Belastung des Berechtigten als unmittelbare Auswirkung des begrenzten Realsplittings hat der Unterhaltsverpflichtete auszugleichen. Er muß den Unterhaltsempfänger daher von der Einkommensteuerschuld freistellen, die diesem als Folge der Besteuerung der anhaltenden Unterhaltszahlungen erwächst.

Die Freistellungsverpflichtung ist nach ihrer rechtlichen Grundlage regelmäßig so eng mit dem Anspruch auf Zustimmung zu dem begrenzten Realsplitting verbunden, daß der Zustimmungsanspruch im Grundsatz von vornherein nur auf Zustimmung gegen die Verpflichtung zur Freistellung des Unterhaltsberechtigten von den entstehenden steuerlichen Nachteilen gerichtet ist. Die Zustimmung kann mithin nur Zug um Zug gegen eine bindende Erklärung verlangt werden, durch die sich der Unterhaltspflichtige zur Freistellung des Unterhaltsberechtigten von den ihm entstehenden steuerlichen Nachteilen verpflichtet. b) Das setzt jedoch voraus, daß der Unterhaltsberechtigte jeweils im Einzelfall substantiiert die öffentlichen Leistungen – nach der Höhe und den Grundlagen der Berechnung – angibt, die er bezieht und die durch die steuerrechtliche Erhöhung seiner Einkünfte als Folge des begrenzten Realsplittings voraussichtlich beeinflußt werden. Während nämlich die Verpflichtung des Unterhaltsberechtigten, seine Einnahmen aus Unterhaltsleistungen zu versteuern, soweit sie von dem Unterhaltgeber nach § 10/I Nr. U1 EStG abgezogen werden, unmittelbare gesetzliche Folge der Zustimmung zu dem begrenzten Realsplitting ist (§ 22 Nr. 1a EStG), treten die sogenannten Nachteile nur unter besonderen Umständen des Einzelfalles ein, die sich nicht selten der Kenntnis des Unterhaltspflichtigen entziehen werden. Er kann daher ohne substantiierte Darlegung des Berechtigten nicht beurteilen, ob und in welcher voraussichtlichen Höhe der steuerliche Abzug der Unterhaltsleistungen auf seiner Seite zu belastenden Auswirkungen auf seiten des Berechtigten führen wird. Die Kenntnis derartiger in Betracht kommender Belastungen ist jedoch für den Unterhaltsschuldner schon deshalb erforderlich, damit er die Vor- und Nachteile eines begrenzten Realsplittings sowohl für sich als auch für den anderen Ehegatten umfassend gegeneinander abwägen kann. II 3) Der Senat hält für den Regelfall eine verbindliche Verpflichtungserklärung des Unterhaltsschuldners zur Freistellung des Unterhaltsgläubigers von den ihm infolge des begrenzten Realsplittings entstehenden steuerlichen Nachteilen für angemessen und ausreichend. Dabei ist zu berücksichtigen, daß es sich bei den jeweils für den Veranlagungszeitraum eines Jahres anfallenden Steuer(mehr)belastungen in der Regel nicht um übermäßig hohe Beträge handeln wird. Auf die Erfüllung der eingegangenen Verpflichtung zur Erstattung dieser Beträge wird der Unterhaltsschuldner im allgemeinen schon im eigenen Interesse bedacht sein, um nicht die Zustimmung des Unterhaltsgläubigers zu dem begrenzten Realsplitting für kommende Jahre zu gefährden. Die Verpflichtungserklärung sollte aus Beweisgründen grundsätzlich schriftlich abgegeben werden. Sie wird in Fällen, in denen die Parteien vorprozessual keine Einigung erzielen konnten, noch im Verlauf des Rechtsstreits schriftsätzlich nachgeholt werden können.

Soweit allerdings konkrete Anhaltspunkte die Gefahr begründen, daß der Unterhaltsschuldner nicht bereit oder in der Lage sein wird, eine Verpflichtung zur Freistellung des Unterhaltsberechtigten von den ihm entstehenden steuerlichen Nachteilen – unverzüglich nach Festsetzung der Steuer des Berechtigten – einzuhalten, wird der Unterhaltsempfänger eine Sicherheitsleistung beanspruchen können. Unter solchen Umständen wird eine Verurteilung des Unterhaltsempfängers zur Abgabe der Zustimmungserklärung Zug um Zug gegen Sicherheitsleistung durch Hinterlegung eines Betrages in Höhe der zu erwartenden steuerlichen Mehrbelastung des Unterhaltsempfängers in Betracht kommen.

R165

BGH v. 23. 3. 83 – IVb ZR 371/81 – FamRZ 83, 676 = NJW 83, 1552

R165 (*Umfassende Interessenabwägung zur Beurteilung eines besonderen Härtefalles durch den Tatrichter nach § 1579 BGB*)

a I 1 b) Das BVerfG hat in den Gründen seines Urteils v. 14. 7. 1981 nicht im einzelnen dargelegt, was unter einem besonders gelagerten Härtefall im Sinne des Leitsatzes dieser Entscheidung zu verstehen ist, so daß diese Frage nicht einheitlich beantwortet wird.

Aus dem Sinnzusammenhang der Gründe ist zu folgern, daß Sachverhalte gemeint sind, in denen die unverkürzte Zubilligung des eheangemessenen Unterhalts aufgrund des § 1579 II BGB zu einer mit dem Verfassungsgrundsatz der Verhältnismäßigkeit unvereinbaren Belastung des Unterhaltspflichtigen führen würde (vgl. auch Nichtannahmebeschluß des BVerfG v. 1. 7. 1982 in FamRZ 1982/ 991). Die Suspendierung der Härteklausel des § 1579 I BGB durch II der Vorschrift soll vornehmlich verhindern, daß der Lebensstandard des Kindes, der vor der Scheidung der Ehe seiner Eltern durch die ehelichen Lebensverhältnisse geprägt wurde, wegen des Fehlverhaltens des sorgeberechtigten Elternteils absinkt, das von ihm nicht zu verantworten ist. Insofern kommt den Belangen des Kindes gegenüber denen des unterhaltsverpflichteten Elternteils der Vorrang zu. Im Einzelfall kann die Auferlegung von Unterhaltsleistungen aber zu einer unverhältnismäßigen Belastung des Verpflichteten führen, etwa weil das nicht in vollem Umfang durch das Kindesinteresse erforderlich ist. Auch das BVerfG hat im Zusammenhang mit möglichen Abhilfemaßnahmen des Gesetzgebers erwogen, grundrechtswidrige Ergebnisse ließen sich weitgehend dadurch vermeiden, daß der eheangemessene Unterhalt auf das zur Kindesbetreuung erforderliche Maß reduziert wird. Eine unverhältnismäßige Belastung des Verpflichteten kann sich aber auch daraus ergeben, daß der Unterhalt begehrende Ehegatte die Voraussetzungen des § 1579 I Nr. 4 BGB in besonders krasser Weise verwirklicht hat. Insgesamt kann die Frage, ob ein Fall besonderer Härte vorliegt, nur nach umfassender Abwägung der Umstände des Einzelfalls unter besonderer Berücksichtigung der Belange des Kindeswohls beantwortet werden.

c) Von der Begründung des angefochtenen Urteils wird danach die Annahme eines besonders gelagerten Härtefalles im Sinne der Entscheidung des BVerfG nicht getragen. Ein solcher kann nicht schon dann angenommen werden, wenn dem Unterhalt begehrenden Ehegatten das Sorgerecht für das gemeinschaftliche Kind in einem streitigen Verfahren übertragen worden ist. Wenn er das Kind aufgrund einer gerichtlichen Sorgerechtsentscheidung betreut, ist auch nach der Auslegung des § 1579 II BGB durch das BVerfG die Härteregelung des § 1579 I Nr. 4 BGB im Interesse des Kindes grundsätzlich suspendiert. Wie es zu der gerichtlichen Entscheidung gekommen ist, ist hierbei ohne Bedeutung. Die Art des Zustandekommens kann auch kein wesentlicher Gesichtspunkt für die Beantwortung der Frage sein, ob ein Fall besonderer Härte anzunehmen ist.

Die gebotene umfassende Interessenabwägung, die weitgehend auf tatrichterlichem Gebiet liegt, hat das OLG bisher nicht vorgenommen. In diesem Zusammenhang rügt die Revision mit Recht, daß die mit der Berufungserwiderung unter Beweis gestellte Behauptung des Bekl. übergangen worden ist, das Kind der Parteien werde von den Eltern der F. wie ein eigenes Enkelkind aufgezogen und insbesondere an mindestens vier Tagen der Woche mehrere Stunden täglich in der Weise betreut, daß die Kl. außer Haus sein könne. Denn das Beweisthema ist für die Frage von Bedeutung, inwieweit Unterhaltsleistungen des Bekl., die ihn in Anbetracht seiner Einkommensverhältnisse stark belasten müssen, für das Wohl des Kindes überhaupt erforderlich sind.

(*Angemessener Krankenversicherungsschutz nach den Verhältnissen im Zeitpunkt der Scheidung; Anspruch auf private Krankenversicherung bei Beihilfeberechtigung und ergänzenden Privatversicherung während der Ehe. Unmittelbare Zahlung an den Krankenversicherer kann nicht verlangt werden; Schutz des Verpflichteten gegen mißbräuchliche Verwendung*)

b II 3 a) Wie § 1578 II BGB klarstellt, gehören zum Lebensbedarf des Unterhaltsberechtigten auch die Kosten einer angemessenen Versicherung für den Fall der Krankheit. Welcher Versicherungsschutz angemessen ist, bestimmt sich wie allgemein nach den ehel. Lebensverhältnissen im Zeitpunkt der Scheidung. Hier bestand während der Ehe der für eine Beamtenfamilie kennzeichnende Versicherungsschutz durch die Beihilfeberechtigung des Bekl. und eine ergänzende Privatversicherung. Um diesen Schutz in gleichwertiger Weise aufrechtzuerhalten, kann die Kl. nach der Scheidung für sich eine private Krankenversicherung abschließen.

c) Soweit die Revision geltend macht, eine derartige Unterhaltsbemessung könne nicht die Zweckbindung des auf die Krankheitsvorsorge entfallenden Teils des Unterhalts sicherstellen, vielmehr müsse auf Zahlung unmittelbar an die Krankenkasse erkannt werden, kann dem nicht gefolgt werden. Der Senat hat für den Altersvorsorgeunterhalt nach § 1578 III BGB entschieden, daß der Unterhaltsverpflichtete grundsätzlich nicht verlangen kann, die Zahlungen unmittelbar an den Versorgungsträger zu leisten. Ausnahmen kommen nur in Betracht, wenn besondere Umstände vorliegen, die das Verlangen des Unterhaltsgläubigers auf Zahlung an sich selbst als einen Verstoß gegen

Anhang R. Rechtsprechung R166 – R167

Treu und Glauben (§ 242 BGB) erscheinen lassen (FamRZ 1982/1187, 1188 f.). Das gleiche muß für den Unterhaltsanspruch nach § 1578 II BGB gelten. Derartige besondere Umstände sind im vorliegenden Fall nicht ersichtlich. Der Unterhaltsverpflichtete ist bei nicht bestimmungsgemäßer Verwendung der auf die Krankheitsvorsorge entfallenden Beträge dadurch geschützt, daß der Berechtigte im Krankheitsfall unterhaltsrechtlich so zu behandeln ist, als hätten die Beträge zu einer entsprechenden Versicherung geführt.

BGH v. 13. 4. 83 – IVb ZR 373/81 – FamRZ 83, 674 = NJW 83, 1783
(Zum Auskunftsanspruch bei Überleitung) R166

Es steht der Sachbefugnis der Kl. für den auf §§ 1580, 1605 BGB gestützten Auskunftsanspruch **a** nicht entgegen, daß ihr Unterhaltsanspruch gegen den Beklagten auf die Stadt Köln als den Träger der Sozialhilfe übergeleitet worden ist. Der Unterhaltsberechtigte kann trotz der Überleitung für die Zukunft Zahlung an sich verlangen (Senatsurteil vom 7. 10. 1981 – IV b ZR 598/80 – FamRZ 82/23 = NJW 82/232). Ihm steht somit auch der Auskunftsanspruch zu, der die Geltendmachung des Anspruchs auf Zahlung von Unterhalt vorbereitet.

(Beginn der Auskunftspflicht; Auskunft muß für den Unterhaltsanspruch relevant sein)

Nach § 1605 II BGB kann vor Ablauf von zwei Jahren eine erneute Auskunft nur unter bestimm- **b** ten Voraussetzungen verlangt werden. Das OLG hat offengelassen, ob der Bekl., wie er behauptet, der Stadt Köln innerhalb der letzten zwei Jahre Auskünfte über seine Einkommens- und Vermögensverhältnisse erteilt hat. Es hat ausgeführt, die Erfüllung der auf § 116 BSHG beruhenden Pflicht zur Auskunft gegenüber dem Sozialhilfeträger lasse den Auskunftsanspruch der Kl. aus §§ 1580, 1605 BGB unberührt. Das ist richtig; die Revision erhebt insoweit auch keine Bedenken.
Es steht der Verurteilung zur Auskunft ab 1. 7. 1980 nicht entgegen, daß die Ehe der Parteien erst seit dem 13.11. 1980 rechtskräftig geschieden ist, ein Anspruch auf nachehelichen Unterhalt mithin erst von diesem Zeitpunkt an bestehen kann. Die Auskunftspflicht der Ehegatten nach § 1580 BGB besteht von der Rechtshängigkeit des Scheidungsantrages an (FamRZ 1982/151 = NJW 1982/1645).
Entgegen der Auffassung der Revision erstreckt sich die Pflicht des Bekl., der Kl. auf Verlangen über seine Einkünfte Auskunft zu erteilen, auch auf seine Renten nach dem BEG.
Ein geschiedener [gesch.] Ehegatte kann Auskunft nach § 1580 BGB i.V. mit § 1605 I S. 1 BGB verlangen, wenn sie für den Unterhaltsanspruch relevant ist, also für die Bemessung des Unterhalts von Bedeutung sein kann. Eine Verpflichtung zur Auskunftserteilung besteht nicht, wenn feststeht, daß die begehrte Auskunft den Unterhaltsanspruch unter keinem Gesichtspunkt beeinflussen kann (FamRZ 1982/996 m. w. N. = NJW 1982/2771). Danach hätte die Revision mit ihrem Angriff auf die Verurteilung des Bekl. zur Auskunftserteilung über seine beiden BEG-Renten Erfolg, wenn diese Renten bei der Feststellung seiner Unterhaltspflicht nicht, auch nicht teilweise, berücksichtigt werden dürften.

(Schadensrente nach dem BEG)

Auch Renten wegen Schadens an Körper und Gesundheit (§§ 28 ff. BEG) und wegen Schadens **c** im beruflichen Fortkommen (§§ 64 ff. BEG) rechnen schon deshalb, weil sie insgesamt Einkommensersatzfunktion haben, zum unterhaltsrechtlich relevanten Einkommen des Empfängers. Für Entschädigungsleistungen wegen einer Schädigung in unselbständiger Erwerbstätigkeit (§§ 87 ff. BEG) gilt Entsprechendes. Nach alledem sind solche wiedergutmachungsrechtliche Renten für die Unterhaltsbemessung heranzuziehen. Auf ihre Pfändbarkeit kommt es nicht an.

BGH v. 13. 4. 83 – IVb ZR 374/81 – FamRZ 83, 680 = NJW 83, 1554
(Auskunft für zurückliegende 3 Jahre) R167

Es kann auch Auskunft für die Vergangenheit gefordert werden, wenn die Angaben der Einkünfte **a** aus zurückliegender Zeit zur zuverlässigen Feststellung des (gegenwärtigen) Unterhaltsanspruchs benötigt werden. Bei einem selbständig Erwerbstätigen ist dies der Fall. Da er Einkünfte in wechselnder Höhe erzielt, bedarf es der Angaben der Einkünfte aus einem längeren Zeitraum, um die durchschnittlichen Verhältnisse zuverlässig beurteilen zu können. Wie in Rechtsprechung und Literatur allgemein anerkannt ist, reicht jedoch auch in einem solchen Fall regelmäßig die Angabe der Einkünfte über einen Zeitraum von drei Jahren als Beurteilungsgrundlage aus. Das Gericht hat zutreffend dargelegt, daß hier keine Umstände ersichtlich sind, die eine Abweichung von dieser Regel rechtfertigen würden. Auch wenn das Einkommen des Beklagten starken Schwankungen unterworfen ist, ermöglicht die Einkommenslage über drei Jahre hin eine ausreichend sichere Beurteilung der

1177

durchschnittlichen Lage. Dabei ist zu berücksichtigen, daß sich die Bemessung des Unterhalts an den im Unterhaltszeitraum gegebenen Verhältnissen ausrichten muß. Eine über den Zeitraum von drei Jahren hinausgehende, weiter in die Vergangenheit zurückreichende Auskunft könnte allenfalls dann in Betracht kommen, wenn gerade diesem Zeitraum entscheidende Relevanz auch für die Verhältnisse im Unterhaltszeitraum zukäme.

(Zur Vorlage bei Zusammenveranlagung mit dem neuen Ehegatten)

b Richtig ist, daß der nach § 1605 BGB auskunftspflichtige Verwandte nur Auskunft über seine Einkünfte erteilen muß und nicht auch über diejenigen seines Ehegatten. Das kann aber nicht dazu führen, daß im Fall der Zusammenveranlagung von Ehegatten eine Pflicht des Auskunftsschuldners zur Vorlage des Steuerbescheids uneingeschränkt verneint wird. Vielmehr muß der Auskunftspflichtige dem Berechtigten wenigstens diejenigen Angaben aus dem Steuerbescheid zugänglich machen, die seine Einkünfte betreffen. Bei der Zusammenveranlagung von Ehegatten zur Einkommensteuer nach § 26 EStG werden zwar die Einkommen der Ehegatten für die Besteuerung zusammengefaßt; jedoch werden zunächst wie bei der getrennten Veranlagung die Einkünfte jedes Ehegatten gesondert ermittelt. Der Steuerbescheid kann je nach Lage des Falles neben Angaben, die die Verhältnisse allein des Ehemannes betreffen, auch solche Angaben enthalten, die nur die Einkünfte der Ehefrau betreffen oder in denen Beträge für Ehemann und Ehefrau zusammengefaßt sind. Die Angaben, die ausschließlich die Ehefrau betreffen, werden vom Auskunftsanspruch nicht umfaßt. Auch zusammengefaßte Beträge, aus denen keine für den Auskunftspflichtigen maßgeblichen Werte entnommen werden können, brauchen nicht geoffenbart zu werden, weil sie für die Beurteilung des Unterhaltsanspruchs keine Grundlage bilden können und danach insoweit auch nicht erforderlich sind i. S. des § 1605 I 1 BGB. Im übrigen muß es jedoch bei der Vorlegungspflicht verbleiben. Praktisch läßt sich diese in der Weise erfüllen, daß bei der Vorlegung des Einkommensteuerbescheids Betragsangaben, die ausschließlich die Verhältnisse (insbesondere die Einkünfte) der Ehefrau betreffen, sowie solche Betragsangaben, in denen die Werte für beide Ehegatten zusammengefaßt sind, ohne daß der Anteil des Auskunftspflichtigen daraus entnommen werden kann, abgedeckt oder in sonstiger Weise unkenntlich gemacht werden. Beträge, die beide Ehegatten gleichmäßig treffen, müssen dagegen angegeben werden, weil andernfalls der Anteil des Auskunftspflichtigen nicht ersichtlich gemacht werden kann. Wenn insoweit aus dem Steueranteil des Auskunftspflichtigen zugleich Schlüsse auf die Verhältnisse seines Ehegatten gezogen werden können, muß dies hingenommen werden.

BGH v. 27. 4. 83 – IVb ZR 372/84 – FamRZ 83, 678 = NJW 83, 1733

R168 *(In Doppelverdienerehe Unterhaltsbemessung nach dem in der Ehe verfügbaren Einkommen beider Ehegatten; gleichmäßige Teilhabe am ehelichen Lebensstandard; Tabellen und Leitlinien als Orientierungshilfe für eine einfache und gleichmäßige Rechtsanwendung; zur Nürnberger Tabelle; Anteil der Vermögensbildung, der für die Deckung des Lebensbedarfs nicht zur Verfügung steht, darf nicht nach einem Prozentsatz des Einkommens festgesetzt werden; nötig ist konkrete Feststellung im Einzelfall; trennungsbedingter Mehrbedarf durch doppelte Haushaltsführung)*

a Gemäß §§ 1569, 1573 II BGB kann ein geschiedener Ehegatte, dessen Einkünfte aus einer eigenen angemessenen Erwerbstätigkeit zum vollen Unterhalt (§ 1578 BGB) nicht ausreichen, den Unterschiedsbetrag zwischen seinen Einkünften und dem vollen Unterhalt beanspruchen. Das Maß des Unterhalts bestimmt sich nach den ehel. Lebensverhältnissen, die im wesentlichen von dem in der Ehe verfügbaren Einkommen geprägt werden. In einer Ehe, in der beide Ehegatten einer Erwerbstätigkeit nachgehen (sog. Doppelverdienerehe), sind daher regelmäßig die Einkünfte beider Ehegatten maßgebend. Insoweit steht die angefochtene Entscheidung im Einklang mit der ständigen Rechtsprechung des Senats (FamRZ 1982/892 m. w. N.).
b) Es ist zwar revisionsrechtlich regelmäßig nicht zu beanstanden, wenn der Tatrichter sich bei der Bemessung von Unterhalt der Orientierungshilfen bedient, die in einzelnen Gerichtsbezirken zur Gewährleistung einer möglichst einfachen und gleichmäßigen Rechtsanwendung entwickelt worden sind. Die durch den Gebrauch solcher Hilfsmittel erzielten Ergebnisse müssen im Einzelfall jedoch daran gemessen werden, ob sie den anzuwendenden Rechtsgrundsätzen Rechnung tragen und angemessen sind; falls erforderlich, müssen sie nach den besonderen Umständen des zu entscheidenden Falles berichtigt werden (FamRZ 1979/692, 693). Verschieden hohe Einkünfte der Ehegatten aus beiderseitiger Erwerbstätigkeit führen nicht dazu, daß die ehel. Lebensverhältnisse für die Ehegatten unterschiedlich zu bemessen wären, sondern vielmehr in gleicher Weise an dem durch die beiderseitigen Einkünfte geprägten ehel. Lebensstandard teil (FamRZ 1982/894, 895 m. w. N.). Diesem Grundsatz wird das Berufungsurteil jedenfalls bei den bisher getroffenen tatsächlichen Feststellungen nicht gerecht. Bei einer hälftigen Aufteilung der in der Ehe der Parteien zuletzt dauerhaft erzielten Einkünfte von monatlich 3850 DM würde auf jeden Ehegatten an sich ein Betrag von 1925 DM entfallen. Wenn die Kl. zur Deckung ihres vollen Unterhaltsbedarfes nur den vom OLG

Anhang R. Rechtsprechung   **R168**

aus der Nürnberger Tabelle entnommenen Betrag von 1700 DM beanspruchen könnte, behielte der Bekl. mit 2150 DM einen wesentlich höheren Anteil. Der ungleiche Verteilungsmaßstab des angefochtenen Urteils wird noch deutlicher, wenn allein die Einkommensdifferenz betrachtet wird, die zwischen den Parteien im Zeitpunkt der Scheidung nach den Feststellungen des OLG in Höhe von (2450–1400 =) 1050 DM bestanden hat: Die der Kl. zuerkannten 250 DM entsprechen weniger als einem Viertel des Unterschiedsbetrages.

Das vom OLG gewonnene Ergebnis läßt sich auch nicht mit der Überlegung begründen, der Bekl. benötige zur Deckung seines eigenen vollen Unterhaltsbedarfs bei Anwendung der Nürnberger Tabelle gleichfalls nur 1700 DM. Aus der Summe der zuletzt von beiden Parteien erzielten Einkünfte bliebe dann ein Teilbetrag von (3850–1700-1700 =) 450 DM für die Unterhaltsbemessung unberücksichtigt. Daß sie in dieser Höhe Teile ihres Einkommens regelmäßig nicht zur Bestreitung ihrer Lebenshaltung verwendet hätten, haben die Parteien indessen nicht vorgetragen. Das OLG hat hierzu konkrete Feststellungen auch nicht getroffen. Der Bezugnahme auf die Erläuterungen zur Nürnberger Tabelle in NJW 1981/965 ff. läßt sich allerdings entnehmen, daß das OLG zu diesem Punkt eine nähere Begründung für entbehrlich gehalten hat und einen Erfahrungssatz hat zugrunde legen wollen. Im 5. Absatz der Grundsätze zum Aufbau der Nürnberger Tabelle (Stand 1.1. 1981) heißt es nämlich: „Höheres Einkommen wird bei wirtschaftlich vernünftigem Verhalten erfahrungsgemäß nicht in voller Höhe für den angemessenen Lebensbedarf verbraucht. Der nicht verbrauchte Teil steigt mit der Höhe des Einkommens. Dieser Teil bleibt bei der Bemessung des angemessenen Bedarfs außer Ansatz." Auf einen solchen Grundsatz läßt sich die Außerachtlassung von 450 DM (= ca. 12 %) des beiderseitigen Erwerbseinkommens bei der Bemessung der ehel. Lebensverhältnisse im vorliegenden Fall nicht stützen. Es hängt von der individuellen Entscheidung der Ehegatten ab, ob und gegebenenfalls wieviel sie von ihrem Einkommen monatlich der Vermögensbildung zuführen. Dies kann daher nicht Gegenstand eines Erfahrungssatzes sein. Vielmehr bedarf es konkreter Feststellungen im Einzelfall, wobei beachtet werden muß, daß Sparleistungen häufig nur dazu dienen, eine größere Ausgabe anzusparen, die aber gleichwohl den Lebenshaltungskosten zuzurechnen ist (z. B. Urlaubsreise, Kraftfahrzeug o. ä.).

Bei der Bemessung des Unterhalts ist zwar ein objektiver Maßstab anzulegen; eine nach den Einkommensverhältnissen aus der Sicht eines vernünftigen Betrachters zu dürftige Lebensführung muß ebenso außer Betracht bleiben wie ein übertriebener Aufwand (FamRZ 1982/151, 152 m. w. N.). Bei den – eher durchschnittlichen – Einkommensverhältnissen, die die Parteien in ihrer Ehe erreicht haben, kann ein vollständiger Verbrauch der beiderseits erzielten Einkommen für die Lebenshaltung indessen nicht schon als unangemessener Aufwand betrachtet und demgemäß ein bestimmter Teil ihres Einkommens bei der Bestimmung des Unterhaltsbedarfs unberücksichtigt bleiben.

Gegen die aus der Anwendung der Nürnberger Tabelle folgende Annahme des OLG, die Kl. könne mit einem unter der Hälfte des früheren Familieneinkommens liegenden Betrag ihren vollen Unterhalt decken, spricht noch ein anderes Bedenken. Durch die Anknüpfung an die ehelichen Lebensverhältnisse (§§ 1573 II, 1578 I BGB) wollte der Gesetzgeber verhindern, daß der weniger verdienende Ehegatte durch die Scheidung einen sozialen Abstieg erleidet. In dem Ergänzungsanspruch des § 1573 II BGB hat das BVerfG demgemäß eine „Lebensstandardgarantie" gesehen (FamRZ 1981/ 745, 750 ff. = NJW 1981/1771, 1773 ff.). Im Falle der Scheidung wird durch eine Anwendung des Grundsatzes der hälftigen Teilhabe allein jedoch ein Absinken des im wesentlichen durch die Einkünfte bestimmten Lebensstandards noch nicht verhindert. Es entspricht vielmehr der Lebenserfahrung, daß der gleiche finanzielle Aufwand, der während des Zusammenlebens den erreichten Lebensstandard ermöglicht hat, nicht ausreicht, ihn auch im Falle einer Trennung zu sichern. Die durch eine doppelte Haushaltsführung entstehenden Mehrkosten (in erster Linie für Wohnung und Heizung) erfordern vielmehr regelmäßig zusätzliche Mittel (FamRZ 1982/255, 257). Dieser Gedanke – dem im Prinzip auch in der Nürnberger Tabelle Rechnung getragen wird, indem für getrennt lebende Ehegatten ein höherer Bedarf angegeben wird als für in Haushaltsgemeinschaften lebende bei gleich hohem Einkommen – legt es nahe, den vollen Unterhaltsbedarf der Kl. bei den vorliegenden Einkommensverhältnissen eher über als noch unter der Hälfte des von den Parteien bis zur Scheidung erzielten beiderseitigen Einkommens anzusetzen.

(Billigkeitsunterhalt nach § 1581 BGB u. §§ 58, 59 EheG)

Gemäß § 1581 BGB braucht der Bekl. nur insoweit Unterhalt zu leisten, als es mit Rücksicht auf   **b** die Bedürfnisse und die Erwerbs- und Vermögensverhältnisse der Parteien der Billigkeit entspricht, wenn er nach seinen Erwerbs- und Vermögensverhältnissen unter Berücksichtigung seiner sonstigen Verpflichtungen außerstande ist, ohne Gefährdung des eigenen angemessenen Unterhalts der Kl. Unterhalt zu gewähren. Diese Regelung entspricht im Grundsatz derjenigen, die gemäß § 59 I S. 1 EheG für Unterhaltsansprüche nach dem bis zum 30.6. 1977 geltenden Scheidungsrecht angeordnet ist. Hierzu hat der BGH bereits entschieden (FamRZ 79/692, 693), daß die Bemessung des Unterhaltsanspruchs nach Billigkeitsgrundsätzen stufenweise vorzunehmen ist:

Zunächst muß der nach den ehel. Lebensverhältnissen der geschiedenen Ehegatten erforderliche volle Unterhalt ermittelt werden; auf der gleichen Stufe sind die Beträge des angemessenen Unterhalts für andere Unterhaltsberechtigte festzustellen, damit alle zu berücksichtigenden Ansprüche zu dem insgesamt für Unterhaltszahlungen verfügbaren Betrag in Relation gesetzt werden können. Erst auf der zweiten Berechnungsstufe findet eine Kürzung der Ansprüche nach Billigkeitsgesichtspunkten zur Anpassung an die Leistungsfähigkeit des Verpflichteten statt.

Auf der ersten Berechnungsstufe (Feststellung des angemessenen Unterhalts aller Berechtigten) ist das OLG im Grundsatz von zutreffenden Erwägungen ausgegangen.

Ohne Erfolg wendet sich die Revision dagegen, daß das OLG bei der Ermittlung der zur Deckung des vollen Unterhalts erforderlichen Beträge auf seiten des Bekl. den gleichen Wert angesetzt hat, der der Berechnung des vollen Unterhalts für die Kl. zugrunde gelegt ist. Der Auffassung der Revision, der Bekl. habe nur Anspruch auf denjenigen Unterhalt, der sich unter Berücksichtigung der durch die neue Ehe hinzugekommenen Unterhaltsberechtigten aufgrund seines derzeitigen Einkommens ergebe, kann nicht gefolgt werden. Der Hinzutritt weiterer Unterhaltsberechtigter nach Auflösung der früheren Ehe vermehrt zwar die dem Bekl. insgesamt obliegende Unterhaltslast. Ob und gegebenenfalls in welcher Weise sich dadurch sein Lebensstandard ändert, entscheidet sich indessen erst, wenn sich nach Ermittlung des Unterhaltsbedarfs aller Beteiligten ergibt, daß die Erwerbs- und Vermögensverhältnisse des Bekl. nicht ausreichen, um die Ansprüche aller Berechtigten voll zu erfüllen, mit der Folge, daß Kürzungen unter Billigkeitsgesichtspunkten durchgeführt werden müssen (zweite Berechnungsstufe). Es besteht kein Grund, schon auf der ersten Berechnungsstufe, wo es nur um die Ermittlung des vollen Unterhaltsbedarfs geht, im Verhältnis der Parteien zueinander von unterschiedlichen Bedarfsgrößen auszugehen; beide nehmen vielmehr in gleicher Weise an dem bis zur Scheidung erreichten und durch die Einkünfte aus der beiderseitigen vollen Erwerbstätigkeit geprägten Lebensstandard teil.

Unabhängig von diesen Erwägungen ist allerdings in gleicher Weise wie beim Ansatz des vollen Unterhaltsbedarfs für die Kl. zu beanstanden, daß ein Betrag von 1700 DM auch für den Bekl. nicht ausreicht, um den bis zur Scheidung der Ehe der Parteien von beiden mit einem Gesamteinkommen von 3850 DM erreichten Lebensstandard unter Berücksichtigung trennungsbedingter Mehrkosten aufrechtzuerhalten.

Ohne Rechtsfehler hat das OLG die Unterhaltspflicht des Bekl. gegenüber seiner jetzigen Ehefrau berücksichtigt. Ihr gegenüber besteht ein Vorrang der Kl. weder nach § 1582 I S. 1 BGB noch nach Satz 2 dieser Bestimmung, so daß es keiner Prüfung der Frage bedarf, ob gegen § 1582 I S. 2 BGB verfassungsrechtliche Bedenken bestehen. Denn die Ehefrau des Bekl. wäre bei einer Scheidung der neuen Ehe gemäß §§ 1570, 1577 I BGB unterhaltsberechtigt, weil von ihr wegen der Pflege und Erziehung des 1979 geborenen gemeinschaftlichen Kindes Katrin gegenwärtig eine Erwerbstätigkeit nicht erwartet werden könnte. Die Kl. geht auch nicht ausnahmsweise im Rang vor, denn ihr Unterhaltsanspruch beruht nicht auf § 1570 oder § 1576 BGB und ihre Ehe mit dem Bekl. war nicht von langer Dauer. Das Gesetz erläutert zwar nicht näher, wann von einer langen Dauer einer Ehe im Sinne dieser Vorschrift gesprochen werden kann. Aus der Begründung des Regierungsentwurfs BGB ergibt sich jedoch, daß die Gewährung eines Vorrangs in solchen Fällen auf dem Gedanken beruht, das Vertrauen desjenigen Ehegatten auf fortdauernde Unterhaltsgewährung zu schützen, der sich in der Ehe langjährig unter Verzicht auf eine eigene berufliche Entwicklung vorwiegend dem Haushalt und der Pflege und Erziehung von Kindern gewidmet hat. Wenn das OLG danach unter Würdigung der tatsächlichen Verhältnisse im vorliegenden Fall die kinderlos gebliebene und durch beiderseitige volle Erwerbstätigkeit geprägte Ehe der Parteien bei einer – zwischen Eheschließung und Zustellung des Scheidungsantrages erreichten – Dauer von etwas über acht Jahren nicht als von „langer Dauer" angesehen hat, ist das rechtlich nicht zu beanstanden.

Auch die Unterhaltspflicht des Bekl. gegenüber seinem Kind Katrin hat das OLG mit Recht in die Verpflichtungen gemäß § 1581 BGB einbezogen. Die Kl. ist diesem Kind gegenüber nicht bevorrechtigt. Nach § 1582 II i.V. mit § 1609 II S. 2 BGB geht ein unterhaltsberechtigter geschiedener Ehegatte den volljährigen oder verheirateten Kindern des Unterhaltspflichtigen vor. Über das Rangverhältnis eines geschiedenen Ehegatten zu den minderjährigen unverheirateten Kindern des Verpflichteten enthält das Gesetz keine ausdrückliche Bestimmung. Es entspricht aber allgemeiner, auch von der Revision nicht bezweifelter Auffassung, die der Senat teilt, daß es danach bei der für familienrechtliche Unterhaltsansprüche geltenden Grundregel der Gleichrangigkeit verbleibt.

Die vom OLG getroffene Billigkeitsentscheidung kann jedoch keinen Bestand behalten, weil die mitgeteilten Erwägungen den vollständigen Wegfall jeglichen Unterhalts für die Kl. nicht zu begründen vermögen. Eine vom Tatrichter nach Billigkeitsgesichtspunkten getroffene Entscheidung unterliegt zwar nur eingeschränkt revisionsrechtlicher Prüfung. Sie muß indessen die angewendeten Maßstäbe erkennen lassen und darf nicht dazu führen, daß vom Gesetz vorgegebene Bewertungen außer acht bleiben oder sogar in ihr Gegenteil verkehrt werden.

Im vorliegenden Fall hat das OLG den von ihm – allerdings für Kl. und Bekl. in zu geringer Höhe

— ermittelten Unterhaltsbedarf aller Beteiligten entsprechend der Leistungsfähigkeit des Bekl. gleichmäßig (um 22 %) gekürzt. Eine solche proportionale Herabsetzung ist gerechtfertigt, wenn feststeht, daß die Bedürfnisse der betroffenen Unterhaltsberechtigten gleichwertig sind und die dem Unterhaltsverpflichteten aufgrund dieser Kürzung verbleibenden Mittel ausreichen, seinen notwendigen Lebensbedarf zu decken. Von diesen Voraussetzungen ist das OLG selbst ausgegangen. Dann fehlt es aber an einem Grund, den durch anteilmäßige Herabsetzung geschmälerten Unterhaltsanspruch der Kl. nochmals und dann so rigoros zu beschneiden, daß der Anspruch gänzlich entfällt. Die dafür gegebene Begründung, daß der Bekl. sonst weniger für sich behalte, als die Kl. verdiene, trägt eine solche Entscheidung nicht. Nach § 1581 S. 1 BGB wird die Leistungsfähigkeit des Bekl. erst dadurch begrenzt, daß sein eigener angemessener Unterhalt gefährdet wäre. Im Rahmen dieser Prüfung kann er sich nicht darauf berufen, daß ihm im Verhältnis zur Kl. ebensoviel verbleiben müsse, wie sie verdiene. Denn das Absinken seiner Leistungsfähigkeit beruht auf einer Entwicklung, die nach der Scheidung allein bei ihm durch die Gründung der neuen Familie und die dadurch zusätzlich entstandenen Unterhaltspflichten eingetreten ist.

Der vollständige Ausschluß eines Anspruchs der Kl. auf Ergänzungsunterhalt begünstigt nicht nur den Bekl., sondern auch dessen Ehefrau. Ihren Unterhaltsbedarf, den das OLG mit 940 DM im Monat angenommen hat, könnte der Bekl. ohne Gefährdung seines eigenen angemessenen Unterhalts und desjenigen seiner ehel. Tochter ungekürzt erfüllen, wenn die Entscheidung des OLG bestehen bliebe. Das verstößt gegen die Grundentscheidung des Gesetzes über die Rangfolge der Unterhaltsansprüche eines geschiedenen neben einem neuen Ehegatten. Danach geht „im Falle des § 1581" der geschiedene Ehegatte einem neuen Ehegatten unter bestimmten Voraussetzungen vor (§ 1582 BGB); in allen anderen Fällen — auch im vorliegenden — besteht gleicher Rang, der gesetzestechnisch schon als Ausnahme ausgestaltet ist. Ein Vorrang des neuen Ehegatten besteht nach dem Gesetz nicht. Ihn im Wege der Billigkeitsentscheidung anzuordnen, kann daher allenfalls in einem seltenen, hier nicht gegebenen Sonderfall in Betracht kommen.

BGH v. 27. 4. 83 – IVb ZR 378/81 – FamRZ 83, 689 = NJW 83, 2082

(Erhöhter Bar- und Betreuungsbedarf eines erheblich behinderten Kindes; Veränderung des Verteilungsschlüssels nach § 1606 III 1 BGB im Hinblick auf die erhöhten Betreuungsleistungen) **R169**

Bei der Verteilung des krankheitsbedingten Zusatzbedarfs auf die Eltern ist dem Umstand Rechnung zu tragen, daß die Mutter der Kl. in erhöhtem Umfange Betreuungsleistungen erbringt. Dies hat das OLG nicht genügend berücksichtigt. **a**

Dem OLG ist zunächst darin zuzustimmen, daß in Fällen zusätzlichen Unterhaltsbedarfs eines Kindes § 1606 III S. 2 BGB keinen generell geeigneten Verteilungsmaßstab liefert. Diese Regelung setzt im Wege typisierender Wertung schon ihrem Wortlaut nach die Betreuungsleistungen des einen Elternteils den Barleistungen des anderen nur „in der Regel" gleich, d. h. dort, wo sich sowohl der Bar- als auch der Naturalunterhaltsbedarf im Rahmen des Üblichen halten. Außerhalb dieses Rahmens läßt sich die Gleichbewertung von Bar- und Naturalunterhalt als Grundsatz nicht aufrechterhalten. Erhöhter Betreuungsbedarf und erhöhter Barbedarf stehen in keiner festen Wechselbeziehung. Es ist daher unabhängig von § 1606 III S. 2 BGB nach einer den Interessen der Beteiligten gerecht werdenden Lösung zu suchen. Bei erhöhtem Betreuungsbedarf kommt freilich, betrachtet man diesen für sich allein, eine teilweise Überwälzung auf den anderen Elternteil, dem das Sorgerecht nicht zusteht, nicht in Betracht. Auch eine Abrechnung zwischen den Elternteilen je nach der Vergütung, die für die erhöhten Betreuungsleistungen an einen Dritten zu zahlen wäre, findet nicht statt. Dergleichen läßt sich zwischen Eltern ebenso wie in intakten Familien auch nach Trennung oder Scheidung nicht aufrechnen (FamRZ 1980/994, und FamRZ 1982/779, 780). Dagegen ist ein erhöhter Barbedarf naturgemäß verteilungsfähig. Insoweit ist auf die Regelung des § 1606 III S. 1 BGB zurückzugreifen, derzufolge gleich nahe unterhaltspflichtige Verwandte – außerhalb des Anwendungsbereichs des § 1606 III S. 2 BGB also auch die Eltern – anteilig nach ihren Erwerbs- und Vermögensverhältnissen haften. Hiernach kann auch der die elterl. Sorge wahrnehmende Elternteil, sofern er über Einkommen und Vermögen verfügt, an finanziellem Zusatzbedarf des Kindes zu beteiligen sein.

Indessen betrifft § 1606 III S. 1 BGB den Unterhalt insgesamt, also sowohl den Bar- als auch den Naturalunterhalt. Dementsprechend ist es im Rahmen des § 1606 III S. 1 BGB zu berücksichtigen, wenn einer der nach dieser Regelung heranzuziehenden Verwandten bereits Naturalunterhalt leistet. Das bedeutet bei der vorliegend veranlaßten Anwendung des § 1606 III S. 1 BGB auf den behinderungsbedingten Mehrbedarf der Kl., daß die erhöhten Betreuungsleistungen, die die Mutter der Kl. wegen deren Krankheit zu erbringen hat, bei der Verteilung des finanziellen Mehrbedarfs auf die Eltern mit in Betracht zu ziehen sind. In Fällen, in denen — wie vorliegend — außer einem erhöhten Barbedarf auch erhöhter Betreuungsbedarf besteht, muß vermieden werden, daß der Elternteil, der bereits in Ausübung der elterl. Sorge erheblich mehr leisten muß als im Regelfall, durch die zusätzliche Heranziehung zu dem finanziellen Mehrbedarf im Verhältnis zu dem anderen Elternteil ungerecht belastet wird. In einem solchen Falle ist daher die Verteilungsquote, die sich bei einem Vergleich der – bereinigten – Einkommen der Eltern ergibt, unter Berücksichtigung der erhöhten Betreuungsleistungen des sorgeberechtigten Elternteils auf ihre Angemessenheit zu überprüfen und gegebenenfalls zugunsten des Sorgeberechtigten zu verändern. Auch diese Veränderung der Verteilungsquote ist nicht daran zu orientieren, was für gleichartige Betreuungsleistungen an einen Dritten gezahlt werden müßte, da es sonst zu einer unangebrachten „Monetarisierung" der elterl. Fürsorge käme. Vielmehr soll durch die Veränderung des Verteilungsschlüssels im Verhältnis der Eltern die mit dem erhöhten Einsatz des Sorgeberechtigten verbundene Belastung aufgefangen und ihm als Ausgleich hierfür im Vergleich zu dem anderen Teil ein größerer Spielraum zur Befriedigung persönlicher Bedürfnisse belassen werden.

In welchem Umfange die Verteilungsquote mit Rücksicht auf die erhöhten Betreuungsleistungen des sorgeberechtigten Teils zu verändern ist, ist Sache des Einzelfalles. Insbesondere kommt es darauf an, in welchem Umfange der sorgeberechtigte Elternteil erhöhte Betreuungsleistungen zu erbringen hat und worin diese im einzelnen bestehen. Daneben sind die Einkommensverhältnisse und der Lebenszuschnitt der Beteiligten von Bedeutung. Ferner ist gegebenenfalls zu berücksichtigen, wieweit der eine oder andere Elternteil aus dem die erhöhten Betreuungsleistungen auslösenden Anlaß bereits Leistungen von dritter Seite – wie hier die Mutter der Kl. eine monatliche Beihilfe ihres Dienstherrn – erhält. Letztlich ist die Frage der Verteilung des finanziellen Mehrbedarfs des Kindes auf die beiden Elternteile bei erhöhten Betreuungsleistungen des sorgeberechtigten Teils unter Zumutbarkeitsgesichtspunkten zu beurteilen.

(Mehrkosten bei behindertem Kind; eigener erhöhter Bedarf des Kindes und berufsbedingte Aufwendungen der Mutter)

b Der behinderungsbedingte Bedarf kann nach § 287 ZPO geschätzt werden. Diese Vorschrift gilt auch in Unterhaltsprozessen (FamRZ 1981/338, 340 und FamRZ 1981/1165, 1167).

Bei den Mehrkosten für Stärkungs- und Pflegemittel wäre ein Hinweis nach § 139 ZPO angezeigt gewesen, wenn das OLG hinter der Schätzung des FamG zurückbleiben wollte. Hinsichtlich der Aufwendungen für die Pflegekraft während der Arbeitszeit der Mutter der Kl. ist zu unterscheiden.

Bedient sich der für den Naturalunterhalt verantwortliche Elternteil zeitweise der Hilfe eines Dritten, um selbst berufstätig sein zu können, hat er für dessen Entlohnung von sich aus aufzukommen. Es handelt sich insoweit um eine Verbindlichkeit des Naturalunterhaltspflichtigen und nicht um Unterhaltsbedarf des Kindes. Aufwendungen des Naturalunterhaltspflichtigen für die zeitweise Zuziehung einer Beaufsichtigungsperson wirken sich daher auf die Unterhaltsbeziehung des Kindes zu dem barunterhaltspflichtigen Elternteil grundsätzlich nicht aus.

Eigener Bedarf des Kindes ist anzunehmen, wenn die Heranziehung eines Dritten etwa wegen Krankheit des Sorgeberechtigten oder des Kindes und dadurch bedingter Überforderung des Sorgeberechtigten geboten ist. Auch sonst kann in besonderen Fällen je nach den berechtigten Belangen der Beteiligten im Interesse einer ausgewogenen Lösung eine abweichende Einordnung vorzunehmen sein. Dazu besteht hier Anlaß. Die Mutter der Kl. wäre zwar dank der pflegerischen Kenntnisse als Ärztin an sich in der Lage, die Kl. ohne fremde Hilfe selbst zu betreuen. Andererseits kann es ihr aber nicht verwehrt sein, einer Berufstätigkeit nachzugehen. Die Vergütung, die sie dieserhalb an eine Betreuungsperson zahlen muß, geht möglicherweise über die Vergütung hinaus, die für die Beaufsichtigung eines gesunden Kindes an eine Hilfskraft zu zahlen wäre, sei es, daß wegen der besonderen Pflegebedürftigkeit der Kl. ein höherer Stundenlohn gezahlt oder daß die Pflegekraft in größerem Umfang (z. B. auch während der Schulzeit der Kl.) eingesetzt werden muß, als dies bei einem gesunden Kind erforderlich wäre. Solchenfalls können die Aufwendungen für die Pflegekraft billigerweise nur in dem Umfang zu Lasten der Mutter der Kl. gehen, in dem sich normalerweise die Vergütung für eine Aufsichtsperson bewegt. In den darüber hinausgehenden Aufwendungen schlägt sich ein Zusatzbedarf des Kindes nieder, der sich nur so lange der rechnerischen Bewertung entzieht, als ein Elternteil den Naturalunterhalt in eigener Person leistet.

Die Kosten für die Pflegekraft während der Arbeitszeit der Mutter sind im Rahmen des Unterhaltsanspruchs der Kl. gegen den Bekl. nur insoweit als ein zu verteilender finanzieller Zusatzbedarf zu berücksichtigen, als sie nicht auch unabhängig von der Erkrankung der Kl. für die Beaufsichtigung der beiden Kinder in der Arbeitszeit der Mutter aufzuwenden wären.

Die der Pflegekraft gewährte Verpflegung ist als Teil ihrer Vergütung, nicht als Zuwendung anzusehen, wenn nicht davon ausgegangen werden kann, daß sie auch ohne derartige Zuwendungen zum gleichen Gehalt zur Verfügung stünde. Handelt es sich um einen Teil der Entlohnung, ist auch der Wert dieser Zuwendungen nach Maßgabe der vorstehenden Ausführungen dem Mehrbedarf der Kl. zuzurechnen, soweit entsprechende Zuwendungen nicht auch unabhängig von der Krankheit der Kl. für eine Beaufsichtigungskraft anfallen würden. Gelangt das OLG wiederum zu dem Ergebnis, daß der Pflegekraft

Anhang R. Rechtsprechung　　　　　　　　　　　　　　　　　　　　　　　　**R170**

lediglich ein Mittagessen angeboten zu werden brauche, wird es im Sinne der Revision zu bedenken haben, daß die Kosten für das Mittagessen den größeren Teil der geltend gemachten Verpflegungskosten ausmachen dürften.

Ebenso wie die Kosten für die Pflegekraft, die die Kl. während der Arbeitszeit der Mutter betreut, sind auch die Kosten für Ersatzhilfskräfte, die außerhalb der Arbeitszeit der Pflegekraft bei häuslicher Abwesenheit der Mutter zugezogen werden, nur in dem Umfang als Zusatzbedarf der Kl. anzuerkennen, in dem sie nicht auch ohne die Behinderung der Kl. für die Beaufsichtigung der beiden Kinder anfallen würden.

Die von der Kl. weiter geltend gemachten Aufwendungen für beabsichtigten Sonderunterricht und die jährliche Teilnahme an einer Behindertenfreizeit gehören – sofern diese Maßnahmen geboten sind – gleichfalls zum laufenden Unterhaltsbedarf der Kl. Die Unterhaltsrente ist so zu bemessen, daß sie sämtliche voraussehbaren Bedürfnisse abdeckt und hinreichenden Spielraum für eine vernünftige Planung voraussehbarer größerer Aufwendungen beläßt (FamRZ 1982/145, 146).

Ein vorhandener Bedarf darf nicht deshalb unbeachtet bleiben, weil der Unterhaltsberechtigte nicht über die Mittel verfügt, diesen Bedarf zu befriedigen. Das OLG wird mithin zu prüfen haben, ob und welchem Umfange Aufwendungen für Stützunterricht und die jährliche Teilnahme an einer Behindertenfreizeit geboten sind.

Von der Ermittlung des finanziellen Zusatzbedarfs der Kl. zu unterscheiden ist die Frage, wieweit das Einkommen der Mutter für die Zwecke der Verteilung dieses Zusatzbedarfs auf die beiden Elternteile zu bereinigen ist.

So sind die Beträge abzusetzen, die die Mutter für die infolge ihrer Berufstätigkeit notwendige anderweitige Betreuung der Kinder aufwendet. Hierhin gehören deshalb die Aufwendungen für die Pflegekraft, soweit sie sich mit den Kosten decken, die unabhängig von der Behinderung der Kl. für die Beaufsichtigung der Kinder während der Berufstätigkeit der Mutter zu zahlen wären. Das OLG hat daher in diesem Zusammenhang zutreffend den „Restlohn" der Pflegekraft in Ansatz gebracht.

Dagegen stellen Geschenke und Vergütungen für andere Aufsichtspersonen keine Aufwendungen dar, die infolge der Berufstätigkeit der Mutter erforderlich sind. Jene Aufsichtspersonen werden nämlich außerhalb der Arbeitszeit der Mutter eingesetzt, wenn sich diese außer Hauses aufhält. Die betreffenden Aufwendungen sind daher entweder, soweit durch die Behinderung der Kl. bedingt, deren Zusatzbedarf zuzurechnen oder Sache der Mutter.

Absetzungsfähig wären wiederum Aufwendungen, die der Mutter infolge ihrer erhöhten Inanspruchnahme durch die Kl. in ihrer allgemeinen Lebens- und Haushaltsführung entstehen. Das Vorbringen der Kl. hierzu ist jedoch, wie das OLG zu Recht angemerkt hat, bisher unscharf. Hinter einem Teil der hier geltend gemachten Positionen scheinen dem Senat nicht so sehr meßbare Mehrkosten als vielmehr der – verständliche – Wunsch nach einer Anerkennung des erhöhten Einsatzes der Mutter bei der Betreuung der Kl. zu stehen. Diesem Anliegen ist jedoch bei der Verteilung des behinderungsbedingten Mehrbedarfs der Kl. auf die Eltern Rechnung zu tragen.

Die monatliche Beihilfe, die die Mutter der Kl. wegen deren Krankheit von ihrem Dienstherrn für die Beschäftigung einer Pflegekraft erhält, stellt sich als Einkommen der Mutter dar und erhöht damit den Anteil, der von den behinderungsbedingten Mehrkosten nach dem rechnerischen Verhältnis der Einkommen der Eltern auf sie entfallen würde. Anderseits kann sie den Beihilfebetrag für die auf sie entfallenden Mehrkosten verwenden. In diesem Sinne ist die Kostendeckung aus Mitteln der Beihilfe im Verhältnis der Eltern zueinander als Unterhaltsbeitrag des Beihilfeberechtigten anzusehen. Dies bedeutet im Ergebnis, daß der Mutter die Beteiligung an den Mehrkosten in Höhe der Beihilfe nicht weh tut. Dieser Umstand ist bei der Verteilung des behinderungsbedingten Mehrbedarfs der Kl. auf die Eltern in die Abwägung einzubeziehen. Im Hinblick hierauf kann es gerechtfertigt sein, den auf die Mutter entfallenden Anteil so zu bemessen, daß über die Beihilfe hinaus auch ein Teil ihres sonstigen Einkommens in Anspruch genommen wird.

BGH v. 11. 5. 83 – IVb ZR 382/81 – FamRZ 83, 800

(§ 1576 BGB als Auffangtatbestand; Billigkeitsunterhalt bei Betreuung eines eigenen, nicht gemeinschaftlichen **R170**
Kindes; kein kausaler Zusammenhang zwischen Ehe und Bedürftigkeit; wirtschaftliche Eigenverantwortung und nachwirkende Mitverantwortung)

Es trifft zu, daß der Anwendungsbereich der Vorschrift entsprechend ihrer Ausgestaltung als all- **a** gemeine Härteklausel weder im Verhältnis zum Regelungsbereich der §§ 1570 ff. BGB auf gegenständlich andere als die dort genannten Gründe begrenzt noch sonst Beschränkungen auf bestimmte Unterhaltstatbestände unterworfen ist. Nach der Vorstellung des Rechtsausschusses des Deutschen Bundestages, der die sog. positive Billigkeitsklausel in den Entwurf des 1. EheRG zusätzlich eingefügt hat, soll die Vorschrift sicherstellen, daß jede ehebedingte Unterhaltsbedürftigkeit erfaßt wird und es durch das Enumerationsprinzip zu keinen Ungerechtigkeiten kommt. Eine etwaige darin zum Ausdruck kommende Begrenzung des Anwendungsbereichs auf Fälle ehebedingter Bedürftigkeit ist indessen nicht Gesetz geworden. Das ergibt sich einmal aus der auch vom OLG hervorgehobenen Entstehungsgeschichte des § 1576 BGB, dessen Fassung im weiteren Gesetzgebungsverfahren dahin geändert wurde, daß die Beschränkung auf „in den ehelichen Lebensverhältnissen liegende" schwerwiegende Gründe entfiel. Darüber hinaus spricht dafür der Umstand, daß, wie der Senat im Urteil v. 23. 9. 1981 (FamRZ 1981/1163, 1164) dargelegt hat, auch die in §§ 1570 bis 1575 BGB geregelten Tatbestände des nachehelichen Unterhalts nicht generell dem Erfordernis eines kausalen Zusammenhangs zwischen Ehe und Bedürftigkeit unterliegen und nicht auf ehebedingte Bedürfnislagen beschränkt sind. Zwar sollte der Grundsatz der nachwirkenden Mitverantwortung der Ehegatten, durch den das als Konsequenz des verschuldensunabhängigen Scheidungsrechts eingeführte Prinzip der wirtschaftlichen Eigenverantwortung der Ehegatten eingeschränkt wurde (vgl. BVerfG. FamRZ 1981/745, 750), nach den ursprünglich im Gesetzgebungsverfahren verfolgten Vorstellungen nur eingreifen, wenn eine Bedürfnislage in Verbindung mit der Ehe steht. Dieser noch vom Rechtsausschuß des Deutschen Bundestages im Sinne eines kausalen Zusammenhangs zwischen Ehe und Bedürftigkeit akzentuierte, als entscheidendes Kriterium für einen Unterhaltsanspruch nach neuem Recht hervorgehobene Gesichtspunkt der „ehebedingten Unterhaltsbedürftigkeit" hat jedoch in dieser Form keinen Eingang in das Gesetz gefunden (FamRZ 1982/28, 29). Wenn aber schon die Tatbestände der §§ 1570 bis 1575 BGB nicht auf ehebedingte Bedürfnislagen beschränkt sind, so kann das erst recht nicht für die Regelung des § 1576 BGB gelten, die nach Art eines Auffangtatbestandes Regelungslücken schließen und die Vermeidung von Härten gewährleisten soll, die sich aus dem enumerativen Tatbestandskatalog der §§ 1570 bis 1575 BGB für den Unterhaltsgläubiger ergeben können.

Danach ist mit dem OLG davon auszugehen, daß die in § 1576 BGB vorausgesetzten schwerwiegenden Gründe für die Unzumutbarkeit der Erwerbstätigkeit und die daraus resultierende Unterhaltsbedürftigkeit nicht ehebedingt sein müssen.

Unter diesen Umständen bestehen keine Bedenken, auch die Betreuung eines eigenen, nicht gemeinschaftlichen Kindes durch den unterhaltsbedürftigen Ehegatten als möglichen Grund für die Unzumutbarkeit der Erwerbstätigkeit i. S. von § 1576 BGB anzuerkennen.

(Zu berücksichtigende Umstände bei Betreuung eines eigenen, nicht gemeinschaftlichen Kindes)

b   Ebensowenig bestehen Bedenken, die Erwerbsbehinderung durch eine derartige Kindesbetreuung als „sonstigen schwerwiegenden Grund" i. S. der Härteklausel anzusehen. Bei der Auslegung dieses Merkmals ist insbesondere an die Gründe anzuknüpfen, die den Tatbeständen der §§ 1570 bis 1572 BGB zugrunde liegen und für § 1576 BGB als Orientierungspunkte dienen. Der Erwerbsbehinderung, die mit der hier in Frage stehenden Kindesbetreuung verbunden ist, muß aber für den betreuenden Ehegatten grundsätzlich das gleiche Gewicht beigemessen werden wie derjenigen durch die Betreuung eines gemeinschaftlichen Kindes im Falle von § 1570 BGB. Demgemäß hat der BGH zum früheren Unterhaltsrecht (§§ 58 ff. EheG) entschieden, daß auch die Betreuung nichtgemeinschaftlicher Kinder eines Ehegatten eine Erwerbstätigkeit unzumutbar macht und es dem anderen Ehegatten nicht gestattet, seinen bedürftigen Ehepartner auf eine eigene Erwerbstätigkeit zu verweisen (FamRZ 1979/470, 471).

„Sonstige schwerwiegende Gründe" rechtfertigen den Unterhaltsanspruch aus § 1576 BGB nur dann, wenn seine Versagung unter Berücksichtigung der Belange beider Ehegatten grob unbillig wäre, d.h. seine Ablehnung dem Gerechtigkeitsempfinden in unerträglicher Weise widerspräche (FamRZ 1980/877 m. w. N. zum Merkmal der groben Unbilligkeit in § 1381 BGB). Durch diese Anforderungen erfährt die Regelung eine (weitere) Einschränkung, die sie zu einer Ausnahmevorschrift, zu einer Härteklausel für Ausnahmefälle macht.

Deshalb reicht in den hier betroffenen Fällen der Unterhaltsbedürftigkeit durch Betreuung von nicht gemeinschaftlichen Kindern die Anerkennung dieser Betreuung als schwerwiegender Grund für die Erwerbsbehinderung des bedürftigen Ehegatten nicht aus, um einen Unterhaltsanspruch aus § 1576 BGB zu begründen. Ein solcher Anspruch kann sich vielmehr erst dann verwirklichen, wenn sich aus den besonderen Umständen des Falles ergibt, daß die Versagung des Unterhalts unter Berücksichtigung der beiderseitigen Belange grob unbillig wäre.

Ob hierfür, wie das OLG meint, nur Umstände in Betracht kommen, die einen sachlichen Bezug zur (geschiedenen) Ehe der Parteien oder zum Verhalten des in Anspruch genommenen Ehegatten – vor allem in, aber auch vor und nach der Ehe – haben, muß indessen fraglich erscheinen. Zwar trifft es zu, daß einem Zusammenhang der Bedürfnislage mit den ehelichen Lebensverhältnissen im Rahmen der Billigkeitsprüfung besonderes Gewicht zukommen wird. Das gleiche gilt für ein Verhalten des in Anspruch genommenen Ehegatten, aufgrund dessen der bedürftige Ehegatte auf die Mitverantwortung des anderen Ehegatten für eine nacheheliche betreuungsbedingte Unterhaltsbedürftigkeit vertrauen durfte. Das darf aber nicht zu dem Schluß verleiten, daß sich nur in solchen Umständen überzeugungskräftige Gründe für die grobe Unbilligkeit einer Unterhaltsversagung finden ließen. Die von einer solchen Annahme getragene Beurteilung liefe von vornherein Gefahr, der allge-

Anhang R. Rechtsprechung R173

meinen Fassung, welche die Billigkeitsnorm im Gesetzgebungsverfahren schließlich erlangt hat (vgl. oben a), nicht gerecht zu werden. Sie wird aber auch der Lebenswirklichkeit nicht gerecht. Vor allem ist nicht auszuschließen, daß auch dem Verhalten des unterhaltsbedürftigen Ehegatten im Rahmen der Billigkeitsabwägung durchschlagende Bedeutung zukommen kann, etwa, wenn er für die Lebensgemeinschaft und/oder für den anderen Ehegatten, sei es beim Aufbau oder bei der Sicherung der Existenz oder auch in Zeiten von Krankheit oder in sonstigen Notlagen, besondere Opfer gebracht hat. Ferner muß in diesem Zusammenhang – soweit das nicht bereits aufgrund der vom OLG vertretenen Auslegung möglich ist – einer langen Dauer der Ehe zugunsten des unterhaltsbedürftigen Ehegatten Bedeutung beigemessen werden, da sie auch nach der Einschätzung des Gesetzes, etwa in § 1582 I S. 2 BGB, die nachwirkende eheliche Mitverantwortung erhöht. Auch solche Umstände, die ihrer Art nach an sich unter die übrigen Unterhaltstatbestände, insbesondere §§ 1571 oder 1572 BGB, fallen, zu deren Verwirklichung aber nicht ausreichen, können einbezogen werden. Schließlich können auch wirtschaftliche Verhältnisse zu berücksichtigen sein, die es dem in Anspruch genommenen Ehegatten unschwer ermöglichen, für den Unterhalt aufzukommen.

BGH v. 1. 6. 83 – IVb ZR 365/81 – FamRZ 83, 892 = NJW 83, 2200

(Zum Umfang der Wirkungen eines im e. A.-Verfahren geschlossenen Prozeßvergleichs) R173

Dem (Prozeß-)Vergleich vom 20. 10. 1977 kommt eine Rechtswirkung zugunsten des Kl. nicht a
gemäß § 1629 III BGB zu. Nach dieser Vorschrift kann, wenn ein Scheidungsverfahren anhängig ist, ein Elternteil im eigenen Namen den Unterhaltsanspruch des Kindes gegen den anderen Elternteil geltend machen; ein zwischen den Eltern geschlossener gerichtlicher Vergleich wirkt auch für und gegen das Kind. Die Anwendung dieser Vorschrift setzt indessen – wie der Zusammenhang der beiden Sätze des § 1629 III BGB ergibt – voraus, daß der Vergleich den Unterhaltsanspruch des Kindes regelt, den es während der Anhängigkeit der Scheidungssache seiner Eltern weder für die Zeit nach der Scheidung noch für die davorliegende Zeit selbst geltend machen kann (Senatsurteil vom 23. 2. 1983 – IV b ZR 359/81 – FamRZ 83/474). Ein eigener Unterhaltsanspruch des Kl. war jedoch nicht Gegenstand des Vergleichs vom 20. 10. 1977. Dieser wurde zur Erledigung eines Verfahrens über den Erlaß einer einstweiligen Anordnung geschlossen, die die Ehefrau des Beklagten im Scheidungsverfahren gemäß § 620 S. 1 Nr. 4 ZPO beantragt hatte. Ohne diesen Vergleich hätte das Familiengericht über den Antrag entscheiden müssen. Durch eine einstweilige Anordnung hätte es indessen nur die Unterhaltspflicht gegenüber dem Kl. „im Verhältnis der Ehegatten zueinander" regeln können, nicht aber im Verhältnis des Beklagten zum Kl. Nach überwiegender, auch vom Senat geteilter Auffassung wirkt eine einstweilige Anordnung über den Kindesunterhalt gemäß § 620 S. 1 Nr. 4 ZPO nicht zugunsten des Kindes (vgl. OLG Hamburg, FamRZ 82/425; OLG Hamm, FamRZ 81/589, 590 a. E.; OLG Stuttgart, FamRZ 82/945 LS; Zöller/Philippi, ZPO, 13. Aufl., § 620 Anm. III 2 a; Thomas/Putzo, ZPO, 12. Aufl., § 620 Anm. 2 a dd; Stein/Jonas/Schlosser, ZPO, 20. Aufl., Rz. 6 zu § 620; Baumbach/Lauterbach/Albers, ZPO, 41. Aufl., Anm. 6 A zu § 620). Einen Prozeßvergleich, durch den nichts anderes erreicht werden soll als eine der beantragten einstweiligen Anordnung entsprechende Regelung, kann im Regelfall keine weitergehende Wirkung zugemessen werden, als sie die einstweilige Anordnung gehabt hätte (ebenso OLG Hamburg, FamRZ 80/904, 905; 82/412; Klauser, MDR 81/711, 715). Auch er entfaltet Rechtswirkung daher nur im Verhältnis der Ehegatten zueinander.

(Zur vertraglichen Erweiterung eines Prozeßvergleichs)

Allerdings ist denkbar, daß die Parteien eines Scheidungsrechtsstreits durch einen im Anord- b
nungsverfahren geschlossenen Prozeßvergleich eine weitergehende Regelung treffen. Das setzt voraus, daß sie sich im Vergleich nicht nur über den Kindesunterhalt im Verhältnis zueinander verständigen, sondern dem Kind durch Vertrag zu seinen Gunsten ein eigenes Forderungsrecht verschaffen wollen. Für einen derartigen Willen der Vertragsschließenden müssen jedoch ausreichend sichere Anhaltspunkte vorliegen (vgl. Senatsurteil vom 17. 3. 1982 – IV b ZR 646/80 – FamRZ 82/587 m. w. N.). Daran fehlt es hier. Aus der einstweiligen Anordnung vom 28. 9. 1978 kann der Kl. aus den gleichen Erwägungen nicht selbst vollstrecken. Auch dieser Titel wirkt nur zwischen den am Scheidungsverfahren beteiligten Ehegatten.

(Keine Klage auf Abänderung einer einstweiligen Anordnung)

Selbst wenn jedoch die in dem Verfahren der einstweiligen Anordnung geschaffenen Titel für c
und gegen den Kl. des vorliegenden Verfahrens wirken würden, käme eine Abänderungsklage nach § 323 ZPO nicht in Betracht. Eine Regelung nach § 620 S. 1 Nr. 4 ZPO unterliegt nicht der Abänderungsklage (vgl. Senatsurteil vom 9. 2. 1983 – IV b ZR 343/81 – FamRZ 83/355, 356). Das gilt auch für einen im Anordnungsverfahren geschlossenen Prozeßvergleich, jedenfalls wenn dessen

R174   Anhang R. Rechtsprechung

Wirkungen – wie im vorliegenden Fall – nicht weitergehen als die der einstweiligen Anordnung, die andernfalls erlassen worden wäre.

(Zur Umdeutung einer Klage)

d   Der Kl. kann sein Begehren danach nicht im Wege der Abänderungsklage, sondern allein mit der Leistungsklage durchsetzen. In eine solche Leistungsklage läßt sich sein Begehren jedoch umdeuten. Die Umdeutung einer fehlerhaften prozessualen Erklärung oder Handlung kommt in Betracht, wenn sie wegen ihrer Eindeutigkeit und Klarheit einer berichtigenden Auslegung nicht zugänglich ist, aber den Voraussetzungen einer anderen, den gleichen Zwecken dienenden entspricht, die prozessual wirksam ist; die Umdeutung darf erfolgen, wenn ein entsprechender Parteiwille genügend deutlich erkennbar ist und kein schutzwürdiges Interesse des Gegners entgegensteht (es folgen Nachweise).

(Keine einseitige Bestimmung bei Bindung an eine in einem Vergleich getroffene Bestimmung)

e   II 2c) Allerdings kann in dem mit der Berufungsbegründung unterbreiteten Angebot, dem Kl. ein Zimmer und freie Verpflegung im väterlichen Haus zur Verfügung zu stellen, eine (einseitige) Bestimmung des Bekl. über die Art der Unterhaltsgewährung erblickt werden (FamRZ 83/369). Hier fehlt jedoch die Rechtswirkung, weil sich der Bekl. nicht einseitig von einer zuvor mit seiner Ehefrau vereinbarten anderweitigen Regelung lösen konnte. Unabhängig von seiner verfahrensrechtlichen Bedeutung liegt in dem Vergleich, den die Eltern im Scheidungsrechtsstreit über die Unterhaltsgewährung für den damals noch minderjährigen Kl. im Verhältnis zueinander geschlossen haben, eine materiell-rechtlich wirksame Vereinbarung darüber, daß der Ehemann den Barunterhalt und die Ehefrau den Naturalunterhalt leisten solle. Zudem hatte der Bekl. schon vor dem Vergleichsschluß freiwillig Unterhalt an seine Ehefrau für das bei ihr lebenden Kind. gezahlt. Das OLG hat außerdem festgestellt, daß die Mutter des Kl. weiterhin durch dessen Versorgung einen Teil des Unterhalts trägt. An die demnach durch jahrelange Anwendung bestätigte Vereinbarung mit seiner Ehefrau blieb der Bekl. gebunden. Es kann dahinstehen, ob im Einzelfall eine derartige Bindung aufgrund späterer Entwicklung gelöst werden kann. Im vorliegenden Fall ist dafür nichts vorgetragen. Insbesondere ist durch den Eintritt der Volljährigkeit des Kl. die Vereinbarung nicht wirkungslos geworden; denn die tatsächlichen Lebensverhältnisse der Beteiligten blieben davon unberührt, und die Aufteilung der Unterhaltsbeträge zwischen den Eltern des Kl. war nicht Folge einer Sorgerechtsregelung; eine solche hatte das FamG vielmehr im Einvernehmen mit beiden Parteien des Scheidungsverfahrens unterlassen. Einer wirksamen Bestimmung der Art der Unterhaltsgewährung steht nicht nur die fortwirkende Bindung an den Vergleich und das letztlich auf Treu und Glauben beruhende Verbot entgegen, sich mit eigenem früheren Verhalten in Widerspruch zu setzen. Hinzu kommt, daß die Bestimmung des Bekl. unvereinbar ist mit der seiner Ehefrau, die – wenn Eltern dieses nicht überhaupt nur gemeinsam ausüben können – ein gleichartiges Bestimmungsrecht besitzt und es hier – vor dem Beklagten, aber mit dessen Einverständnis – in der Weise ausgeübt hat, daß sie dem Kl. den Naturalunterhalt gewährt.

BGH v. 1. 6. 83 – IVb ZR 386/81 – FamRZ 83, 806 = NJW 83, 1976

R174   *(Zur Prozeßführungsbefugnis bei Abänderungsklage)*

a   Der Kl. steht für die Abänderungsklage, als die das OLG ihr Klagebegehren zutreffend eingeordnet hat, die Prozeßführungsbefugnis zu, obwohl sie nicht Partei des zu dem Titel vom 13. 5. 1976 führenden Rechtsstreits (Scheidungsverfahrens) gewesen ist. Die Abänderungsklage findet im Regelfall zwischen den Parteien des abzuändernden Titels statt. Es handelt sich um eine Frage der Prozeßführungsbefugnis und damit der Zulässigkeit der Abänderungsklage (Senatsurteil vom 17. 3. 1982 – IVb ZR 646/80 FamRZ 82/587, 588). Vorliegend ergibt sich indes eine Ausnahme von dem Grundsatz der Parteiidentität. Nach jugoslawischem Recht entfaltet die in dem Scheidungsurteil enthaltene Regelung des Kindesunterhalts, wie das OLG – für das Revisionsverfahren bindend (§§ 562, 549 Abs. 1 ZPO) – festgestellt hat, Rechtskraftwirkung unmittelbar für und gegen das Kind. Der Elternteil, der in dem Scheidungsverfahren eine das Kind betreffende Unterhaltsregelung erwirkt, handelt demnach in dessen Prozeßstandschaft. Die Rechtslage ist insofern derjenigen in § 1629 Abs. 3 BGB vergleichbar, wonach bei Anhängigkeit der Ehesache Unterhaltsansprüche des Kindes von dem hierzu befugten Elternteil im eigenen Namen geltend zu machen sind (siehe hierzu Senatsurteil vom 23. 2. 1983 – IV b ZR 359/81 – FamRZ 83/474). Auch in diesem Fall ist, soweit ein Elternteil eine Entscheidung über den Unterhaltsanspruch des Kindes herbeigeführt hat, Partei eines späteren Abänderungsverfahrens das Kind selbst (OLG Karlsruhe, FamRZ 80/1059 f. und 1149; OLG Frankfurt, FamRZ 80/1059; OLG Hamm, FamRZ 80/1060 und 81/589; Göppinger/Wax, Unterhaltsrecht,

Anhang R. Rechtsprechung R175

4. Aufl., Rz. 3143; Soergel/Siebert/Lange, BGB, 11. Aufl., § 1629 Rz. 44; MünchKomm/Hinz, BGB, Erg. Bd. § 1629 Rz. 39).

(Zur Abänderung eines ausländischen Titels)

Aus der Erkenntnis, daß der ausländische Titel Wirkungen im Inland nur vermöge seiner Anerkennung entfaltet, ergibt sich, daß die inländische Rechtsordnung auch die Grenzen der Anerkennung bestimmt. Hierhin gehört auch die Frage, wie weit die Abänderung des ausländischen Titels wegen veränderter Verhältnisse möglich sein soll (Georgiades, in: Festschrift für Zepos, II. Band, Athen-Freiburg/Br.-Köln 1973, S. 195, 202; Soergel/Siebert/Kegel, BGB, 10. Aufl., vor Art. 7 EGBGB Rz. 406, 494). Mithin müssen sich die Voraussetzungen der Abänderung aus dem innerstaatlichen Recht ergeben, und zwar im Sinne der beiden anderen mitgeteilten Auffassungen entweder aus dem innerstaatlichen Prozeßrecht als der lex fori oder, wenn man die Frage der Abänderbarkeit dem Unterhaltsstatut zurechnet, aus dem innerstaatlichen materiellen Kollisionsrecht. Zu einer Entscheidung in dem einen oder anderen Sinne nötigt der Streitfall nicht, weil beide Auffassungen hier zu demselben Ergebnis, nämlich zur Anwendbarkeit des § 323 ZPO, führen. Denn auch wenn man die Frage der Abänderbarkeit als eine solche des Unterhaltsstatuts ansieht, ist deutsches Recht berufen und damit § 323 ZPO anzuwenden. Da die Kl. ihren gewöhnlichen Aufenthalt in der Bundesrepublik Deutschland hat, ist für ihren Unterhaltsanspruch aufgrund Art. 1 I des von der Bundesrepublik Deutschland ratifizierten Haager Übereinkommens über das auf Unterhaltsverpflichtungen gegenüber Kindern anzuwendende Recht vom 24. 10. 1956 (BGBl 1961 II 1012, 1013; II 16) aus der Sicht des deutschen Kollisionsrechts deutsches Recht maßgeblich. Daß Jugoslawien dem genannten Haager Übereinkommen nicht beigetreten ist und die Kl. somit kraft Staatsbürgerschaft nach keinem Vertragsstaat angehört, bleibt insoweit ohne Bedeutung (BGH, Urteil vom 31. 1. 1973 – IV ZR 67/71 – FamRZ 73/185; MünchKomm/Siehr, BGB, nach Art. 19 EGBGB Anh. I Rz. 10, 259, 265, 266; Müller, NJW 67/141). Nach der ständigen Rechtsprechung des BGH ermöglicht § 323 ZPO weder eine von der bisherigen Unterhaltsbemessung unabhängige Beurteilung der Verhältnisse, die bereits in dem abzuändernden Titel eine Bewertung erfahren haben. Die Abänderungsentscheidung kann vielmehr nur zu einer den veränderten Verhältnissen entsprechenden Anpassung des Unterhaltstitels führen (BGH, Urteile vom 16. 5. 1979 – IV ZR 57/78 – FamRZ 79/694 und 30. 1. 1980 – IV ZR 76/78 – DAVorm 80/408; Senatsurteil vom 21. 5. 1980 – IV b ZR 522/80 – FamRZ 80/771). Dann aber ist im Rahmen einer Abänderungsklage, wenn diese – wie hier – nach § 323 ZPO zu beurteilen ist, auch das dem abzuändernden Titel zugrunde liegende Sachrecht – sei es das inländische oder ein ausländisches – nicht austauschbar, sondern bleibt auch für Art und Höhe der anzupassenden Unterhaltsleistung weiterhin maßgeblich. Die Abänderung vollzieht sich mithin im Rahmen dieses Sachrechts entsprechend der Änderung der tatsächlichen Verhältnisse. Das liegt im übrigen auch im Interesse des internationalen Entscheidungsgleichklangs. Etwas anderes folgt hier – entgegen der Auffassung des OLG – auch nicht aus dem Haager Unterhaltsübereinkommen. Insbesondere ergibt sich aus Art. 1 I und II des Übereinkommens, demzufolge für den Unterhaltsanspruch des Kindes beweglich an seinen jeweiligen gewöhnlichen Aufenthalt anzuknüpfen ist, nicht, daß auch im Rahmen einer Abänderungsklage das nach dem Übereinkommen berufene Unterhaltsstatut durchschlagen müßte. Der Fall der Abänderungsklage ist vielmehr in dem Übereinkommen nicht geregelt (insoweit auch MünchKomm/Siehr, a.a.O., Rz. 165). Demzufolge bestimmt sich der Umfang der Abänderbarkeit nach der anwendbaren Abänderungsregelung. Ist diese, wie vorliegend, § 323 ZPO, so bleibt nach den dargelegten Grundsätzen die Rechtsgrundlage des abzuändernden Titels maßgeblich und kommt daher nur eine Anpassung auf dem Boden dieser Rechtsgrundlage entsprechend den eingetretenen Veränderungen in Frage. Ob das Abänderungsgericht bei zwischenzeitlichem Statutenwechsel nunmehr zur Anwendung des nach dem Unterhaltsübereinkommen berufenen Sachrechts befugt wäre (es folgen Nachweise) und in dem Statutenwechsel selbst ein Abänderungsgrund gesehen werden könnte (es folgen Nachweise), bedarf für den vorliegenden Fall keiner Entscheidung, da ein Statutenwechsel nicht stattgefunden hat, sondern wegen des Wohnsitzes und gewöhnlichen Aufenthalts der Kl. in Deutschland aus deutscher Sicht von Anfang an deutsches Recht anzuwenden gewesen wäre. Von daher liegt der Fall nicht anders als bei (irriger) Zugrundelegung ausländischen Rechts in einem abzuändernden Urteil eines deutschen Gerichts. Auch das könnte im Abänderungsverfahren nicht korrigiert werden, da in diesem, wie ausgeführt, die Grundlagen des abzuändernden Titels zu wahren sind.

BGH v. 1. 6. 83 – IVb ZR 388/81 – FamRZ 83, 888 = NJW 83, 2937

(Berücksichtigung und Bemessung von Krankenversicherungskosten des berechtigten Ehegatten) R175

3 a) Die Kosten einer angemessenen Versicherung für den Fall der Krankheit gehören gemäß § 1578 II BGB zum Lebensbedarf des Unterhaltsberechtigten. Sie sind im allgemeinen nicht in der

Quote enthalten, die in der tatrichterlichen Praxis zur Ermittlung des Elementarunterhalts eines nicht erwerbstätigen unterhaltsberechtigten geschiedenen Ehegatten aus dem bereinigten Nettoeinkommen gebildet wird (FamRZ 82/887, 888 und FamRZ 83/676 ff, beide m. w. N.). Wenn auf seiten des Unterhaltspflichtigen dessen Kosten für eine angemessene Krankenversicherung vor Anwendung des Verteilungsschlüssels gesondert abgesetzt worden sind, müssen zur Vermeidung eines Ungleichgewichts auch die Krankenversicherungskosten des Unterhaltsberechtigten vorab berücksichtigt werden, wenn sie der Höhe nach bereits feststehen oder jedenfalls wie hier konkret berechnet werden können. Im vorliegenden Fall hat das OLG zur Ermittlung des verteilungsfähigen Nettoeinkommens des Ehemannes die Beträge abgezogen, die er für die Techniker-Krankenkasse (monatlich DM 344) und für eine Krankentagegeldversicherung bei der DKV (monatlich 51,06 DM) zu leisten hat, und dazu festgestellt, daß sie sich durch die Scheidung nicht verringern, obwohl die Ehefrau nicht mehr durch Familienkrankenhilfe mitversichert ist. Dann aber steht es im Einklang mit der erwähnten, nach Erlaß der angefochtenen Entscheidung ergangenen Rechtsprechung des Senats, wenn das OLG auch den Beitrag, den die Ehefrau nach der Scheidung für eine den ehelichen Lebensverhältnissen entsprechende eigene Krankenversicherung in der gleichen Kasse aufbringen muß, nicht als durch die ihr zugemessene Quote für den Elementarunterhalt gedeckt angesehen, sondern diesen zusätzlich berücksichtigt hat.

b) Die Höhe der von der Ehefrau für eine angemessene Krankenversicherung aufzuwendenden Kosten hat das OLG danach bemessen, was sie zu zahlen hätte, wenn sie sich bei dem gleichen Versicherungsträger wie bisher freiwillig weiter versichern ließe und ein Einkommen in Höhe des Elementarunterhalts bezöge. Auch dies läßt einen Rechtsfehler nicht erkennen. Die Art einer solchen Versicherung entspricht den ehelichen Lebensverhältnissen bis zur Scheidung, die auch für die Krankenversicherungskosten als Unterhaltsbestandteil maßgebend bleiben. Mit der Rechtskraft der Scheidung erlischt die bis dahin bestehende Mitversicherung; doch ist die geschiedene Ehefrau eines Versicherten gemäß § 176 b I Nr. 1 RVO berechtigt, der gesetzlichen Krankenversicherung beizutreten (§ 176 b II RVO). Im Verhältnis zum unterhaltsverpflichteten Ehemann obliegt es ihr, von dieser Möglichkeit Gebrauch zu machen, da es sich nach der Feststellung des OLG um die kostengünstigste Art der angemessenen Krankenversicherung handelt. Lediglich der Betrag, der sich mit dem festgestellten Beitragssatz von 10,42 % aus dem Elementarunterhalt ergibt, bedarf wegen der aus anderen Gründen erforderlichen Berichtigung des Elementarunterhalts einer Änderung.

(Der Grundsatz der Gleichbehandlung erfordert einen Vorabzug von Krankenversicherungsbeiträgen des Berechtigten zur Berechnung des Elementarunterhalts, wenn auch die entsprechenden Krankenversicherungsbeiträge des Verpflichteten abgezogen wurden. Bei der Hochrechnung des Unterhalts auf ein fiktives Bruttoeinkommen sind aus praktischen Vereinfachungsgründen Krankenversicherungskosten nicht zu berücksichtigen. Rechenbeispiel des BGH)

b Bei der Berechnung des Vorsorgeunterhalts ist das OLG im Grundsatz der vom Senat bereits mehrfach gebilligten mehrstufigen Methode gefolgt, bei der zunächst – hier im Wege der Quotenbildung – der Elementarunterhalt festgestellt wird, der ohne den Einfluß des Vorsorgeunterhalts geschuldet würde (FamRZ 1981/442 ff.; FamRZ 1981/864 f.). Es hat jedoch die ³/₇-Quote aus einem Nettoeinkommen von 5418 DM gebildet, ohne dieses zuvor um die Kosten der Krankenversicherung für die Ehefrau (205 DM) auf 5213 DM zu bereinigen. Dies steht nicht im Einklang mit dem Grundsatz der Gleichbehandlung beider Ehegatten. Wenn der Krankenkassenbeitrag der Ehefrau in dem durch Quotenbildung ermittelten Elementarunterhalt nicht enthalten ist, muß er schon bei der Ermittlung des verteilungsfähigen bereinigten Nettoeinkommens in gleicher Weise abgesetzt werden wie die Krankenkassenbeiträge des Ehemannes (FamRZ 1980/555, 556). Das gilt jedenfalls in Fällen uneingeschränkter Leistungsfähigkeit des Unterhaltspflichtigen, in denen auch die anderen Teile des Unterhaltsanspruchs (Vorsorgekosten und Elementarunterhalt) ungekürzt zugemessen werden. Für die Berechnung des Vorsorgeunterhalts, der an den Elementarunterhalt anknüpft, kann daher im vorliegenden Fall nur von einer ³/₇-Quote aus 5213 DM, mithin von 2234 DM, ausgegangen werden.

Im nächsten Berechnungsschritt, den die Bemessung des Vorsorgeunterhalts nach der gewählten mehrstufigen Methode erfordert, hat das OLG bei der Hochrechnung des (vorläufigen) Elementarunterhalts auf ein Bruttoarbeitsentgelt entgegen der vom OLG Bremen angewandten Berechnungsweise auch den Beitrag berücksichtigt, den ein Arbeitnehmer in der ges. Krankenversicherung zu entrichten hätte. Dem folgt der Senat nicht.

Dem OLG ist zwar darin zuzustimmen, daß die vom OLG Bremen für die Außerachtlassung dieses Arbeitnehmerbeitrages gegebene Begründung, die Kosten der Krankenversicherung seien bereits in dem nach einer Quote berechneten normalen Lebensbedarf enthalten (FamRZ 1979/124), nicht überzeugt. Richtig ist ferner, daß bei einer Hochrechnung unter strikter Anwendung des § 14 II SGB IV der Beitrag zur ges. Krankenversicherung nicht außer Betracht bleiben dürfte; denn dieser bildet neben demjenigen zur ges. Rentenversicherung die „Beiträge zur Sozialversicherung", die

Anhang R. Rechtsprechung   R175

außer Steuern und dem Beitrag an die Bundesanstalt für Arbeit den Einnahmen eines Beschäftigten hinzugerechnet werden müssen, um aus einem vereinbarten Nettoarbeitsentgelt (im Wege des in Abschnitt 89 der Lohnsteuer-Richtlinien näher beschriebenen Abtastverfahrens) die Bruttobezüge zu ermitteln.

Indessen geht es vorliegend weder um die exakte Bemessung der Arbeitnehmerbeiträge zur Sozialversicherung noch um die genaue Berechnung der Lohnsteuer. Durch den Berechnungsschritt soll vielmehr auf möglichst einfachem Wege ein Hilfsmittel zur Bestimmung der Vorsorgekosten für den Fall des Alters sowie der Berufs- und Erwerbsunfähigkeit gewonnen werden, die neben dem Elementarunterhalt und dem Aufwand für Krankheitsvorsorge als Unterhalt gemäß § 1578 III BGB zu leisten sind. Mangels näher ges. Bestimmungen über die Art und Weise der Berechnung solcher Vorsorgekosten und der daraus in der gerichtlichen Praxis erwachsenen erheblichen Unsicherheit erschien es geboten, ein Verfahren zu entwickeln, das den Grundsätzen des Unterhaltsrechts in gleicher Weise Rechnung trägt wie praktischen Erfordernissen. Dem wird das vom OLG Bremen angewendete Berechnungsmuster mit den notwendigen Ergänzungen, die der Senat für die sich anschließende Neuberechnung des Elementarunterhalts (F 81/442, 444 f.) dargelegt hat, in ausreichendem Maße gerecht. Es bedarf keiner Korrektur für Fälle, in denen Krankenversicherungskosten neben dem nach einer Quote bemessenen Elementarunterhalt zugebilligt werden. Dies würde zu der unerwünschten Folge führen, daß unterschiedliche Berechnungswege für den Vorsorgeunterhalt eingeschlagen werden müßten, je nachdem, ob beim unterhaltsberechtigten Ehegatten ein Bedarf für Krankenversicherungskosten zu berücksichtigen ist oder nicht. Für den Trennungsunterhalt nach § 1361 BGB wird das häufig schon deshalb nicht der Fall sein, weil die Krankheitsvorsorge durch die Mitversicherung des nicht erwerbstätigen Ehegatten in der Krankenversicherung des Erwerbstätigen sichergestellt ist (vgl. für die ges. Krankenversicherung § 205 RVO). Aber auch durch die Scheidung erwächst nicht stets ein zusätzlicher Bedarf für Krankenversicherungskosten; dieser ist insbesondere nicht gegeben, wenn ein nur Ergänzungsunterhalt (§ 1573 II BGB) begehrender Ehegatte auf Grund eigener Erwerbstätigkeit bereits einen ausreichenden Schutz in der ges. Krankenversicherung besitzt. Außerdem kann ein bestehender Bedarf für Krankheitsvorsorgekosten sich möglicherweise nicht auswirken, weil er im Verfahren nicht geltend gemacht wird. In derartigen Fällen fehlt es an einem rechtfertigenden Grund, für die Berechnung des Vorsorgeunterhalts die ges. Beitragspflicht zur Krankenversicherung zu berücksichtigen; dies würde sich allein in einer Erhöhung des Vorsorgeunterhalts und einer daraus folgenden Verminderung des verteilungsfähigen Nettoeinkommens für die Bemessung des Elementarunterhalts niederschlagen.

Die Außerachtlassung der Versicherungsbeiträge zur ges. Krankenversicherung bei der Hochrechnung führt gegenüber den Ergebnissen, die bei strikter Anwendung des § 14 II SGB IV entstehen, zu verhältnismäßig geringen Differenzen, die im Hinblick auf die Vorzüge eines einheitlichen Berechnungsweges hingenommen werden können.

Es erscheint daher gerechtfertigt, bei der Bemessung des Vorsorgeunterhalts durch Ermittlung eines fiktiven Bruttoeinkommens die Beitragspflicht zur ges. Krankenversicherung in allen Fällen außer acht zu lassen. Dies führt zu angemessenen Ergebnissen und vermeidet unnötige Differenzierungen; die praktischen Vorteile dieser Berechnungsweise überwiegen den Nachteil, daß sich die Vernachlässigung eines Teils der Sozialversicherungsabgaben nicht für alle denkbaren Fälle befriedigend begründen läßt.

Unter Zugrundelegung der vorstehenden Ausführungen ist der Unterhalt der Ehefrau anhand der vom OLG getroffenen Feststellungen wie folgt zu bemessen:
 – Beträge in DM und monatlich
   a) Unterhaltspflichtiges Einkommen des Ehemannes   6468
   ./. Unterhalt für Kinder   1050
   ./. Krankenversicherungsunterhalt Ehefrau   205
   b) Bereinigtes Nettoeinkommen   5213
   c) Vorläufige Quoten von $^3/_7$
      (fiktives Nettoarbeitsentgelt)   2234
   d) Fiktives Bruttoarbeitsentgelt
      (vgl. Bremer Tabelle, FamRZ 1981, 854 f.)
      (ohne Beitrag zur ges. Krankenversicherung)   3306
   e) Vorsorgeunterhalt (18,5 % aus d)   612
   f) Verbleibendes bereinigtes Nettoeinkommen   4601
   g) Elementarunterhalt ($^3/_7$ aus f)   1972
   h) Krankenversicherungsvorsorge (10,42 % aus g)   205

Aus den Positionen e, g und h ergibt sich ein Unterhaltsanspruch der Antragsgegnerin von insgesamt 2789 DM, auf den das angefochtene Urteil abzuändern war.

BGH v. 1. 6. 83 – IVb ZR 389/81 – FamRZ 83, 886 = NJW 83, 2321

R176 *(Unterhaltsbemessung; Zeit der Scheidung als Einsatzzeit)*

a I 1) § 1573 II BGB sieht vor, daß ein geschiedener Ehegatte, dessen Einkünfte aus einer angemessenen Erwerbstätigkeit bereits zur Zeit der Scheidung (arg. zu diesem Einsatzzeitpunkt: § 1573 III und IV BGB) und danach zum vollen Unterhalt (§ 1578 BGB) nicht ausreichen, den Unterschiedsbetrag zwischen seinen Einkünften und dem vollen Unterhalt verlangen kann. Das Maß des vollen Unterhalts bestimmt sich gemäß § 1578 I Satz 1 BGB nach den ehel. Lebensverhältnissen. Diese wiederum werden insbesondere durch die Einkommensverhältnisse der Ehegatten geprägt. In einer Ehe, in der – wie hier – beide Partner einer Erwerbstätigkeit nachgehen, bestimmt regelmäßig das gemeinsame Einkommen beider Ehegatten die Lebensverhältnisse (FamRZ 1980/876, 877 – FamRZ 1981/241). Maßgebend für den nachehelichen Unterhaltsanspruch sind im Grundsatz die Verhältnisse im Zeitpunkt der Scheidung (FamRZ 1980/770; ständige Rechtsprechung). Davon geht auch das OLG aus. Es bestimmt die ehel. Lebensverhältnisse nach den beiderseitigen Nettoeinkünften des Jahres 1977 mit einem Zuschlag für die bis zum Unterhaltszeitraum eingetretene Erhöhung der allgemeinen Lebenshaltungskosten.

(Trennungsbedinger Mehrbedarf ist konkret zu ermitteln und nach § 287 ZPO zu schätzen; bei beiden Ehegatten berücksichtigungsfähig)

b Dieser Angriff der Revision, mit dem die pauschale Erhöhung des nach den ehel. Lebensverhältnissen sich errechnenden vollen Unterhaltsbedarfs um $^3/_{10}$ durch Erhöhung der Teilnahmequote an dem Gesamteinkommen der Ehegatten von 50 % auf 65 % bekämpft wird, greift im wesentlichen durch. Es entspricht zwar einer im Vordringen befindlichen Rechtsauffassung, daß bei der Ermittlung des vollen Lebensunterhalts des gesch. Ehegatten trennungsbedingter Mehrbedarf, der erforderlich ist, um den ehel. Lebensstandard zu halten, nicht unbeachtet bleiben kann. Dem hat sich auch der Senat nicht verschlossen (FamRZ 1982/255, 257). Er hat aber in dem genannten Urteil – nach der Entscheidung des Berufungsgerichts – ausgesprochen, daß die Höhe dieses Mehrbedarfs nicht generell bestimmt und etwa nach einem prozentualen Anteil des Bedarfs während der Ehe bemessen werden kann. Vielmehr sind die erforderlichen Mehrkosten gegebenenfalls vom Unterhaltsberechtigten konkret darzulegen und vom Tatrichter unter Berücksichtigung der Umstände des einzelnen Falles zu ermitteln, wobei es diesem nicht verwehrt ist, unter Zuhilfenahme allgemeiner Erfahrungssätze nach § 287 ZPO zu verfahren.

Mit diesen Grundsätzen ist der Ansatz von 65 % des ehel. Gesamteinkommens als Unterhaltsbedarf der jetzt alleinlebenden Kl. im Berufungsurteil nicht zu vereinbaren. Es fehlt – abgesehen von den höheren Mietkosten, die jedoch den vorgenommenen Zuschlag von $^3/_{10}$ bei weitem nicht abdecken – an Vortrag und tatrichterlicher Würdigung von Umständen, die in ihrer Gesamtheit trennungsbedingte Mehrkosten in der vom OLG angenommenen Höhe ergeben. Das Fehlen entsprechenden Sachvortrags der Kl. beruht möglicherweise darauf, daß diese auf einen in der Praxis des OLG üblichen Pauschalansatz vertraut hat. Der Senat verweist die Sache deshalb an das OLG zurück, um Gelegenheit zu entsprechendem Sachvortrag und tatrichterlichen Ermittlungen zu geben. Diese können auch auf seiten des Bekl. geboten sein. Wenn in der Zeit bis zu seiner Wiederverheiratung allein lebte und trennungsbedingten Mehrbedarf hatte, so ist auch das im Rahmen einer umfassenden tatrichterlichen Würdigung angemessen zu berücksichtigen.

(Nach BGH ist in der Regel nach Ablauf von 15 Jahren eine „Ehe von langer Dauer" im Sinn von § 1582 BGB anzunehmen. Bei kürzerer Ehedauer bedarf es einer besonderen Würdigung der Umstände des Einzelfalles)

c Das OLG hat bei der Bestimmung der Höhe des Aufstockungsunterhalts ausgeführt, der Bekl. könne nicht den gesamten Fehlbedarf der Kl. ohne Gefährdung des eigenen angemessenen Unterhalts decken. Es hat deshalb einen Mangelfall i. S. des § 1581 BGB angenommen. Bei der damit veranlaßten Prüfung nach § 1582 BGB hat das OLG dem Unterhaltsanspruch der Kl. gegenüber demjenigen der zweiten Ehefrau des Bekl. den Vorrang eingeräumt: Die zweite Ehefrau hätte zwar im Falle der Scheidung gegen den Bekl. einen Unterhaltsanspruch nach § 1572 BGB. Die Ehe der Kl. mit dem Bekl. sei aber i. S. des § 1582 BGB von langer Dauer gewesen. Sie habe von Mai 1964 bis September 1978 und damit etwa 14 Jahre gedauert.

Sofern die erneute tatrichterliche Befassung trotz der zuletzt von dem Bekl. eingeräumten Teilzeitarbeit seiner jetzigen Ehefrau mit einem Nettoertrag von monatlich 550 DM wiederum ergibt, daß diese im Falle der Scheidung gegen den Bekl. einen Unterhaltsanspruch nach § 1572 BGB hätte, kommt es in der Tat darauf an, ob die Ehe zwischen den Parteien „von langer Dauer" war. Der erkennende Senat hatte sich bisher zur Auslegung dieses Tatbestandsmerkmals noch nicht näher zu äußern. Er hat lediglich im Urteil v. 27. 4. 1983 [FamRZ 1983/678 ff.] die tatrichterliche Beurteilung nicht beanstandet, eine kinderlos gebliebene und durch beiderseitige volle Erwerbstätigkeit geprägte Ehe von etwas über acht Jahren sei nicht „von langer Dauer".

Anhang R. Rechtsprechung R178

Es liegt nahe, bei der Prüfung des Merkmals der „Ehe von langer Dauer" – ebenso wie bei derjenigen des Merkmals der „Ehe von kurzer Dauer" (§ 1579 I Nr. 1 BGB) – die Ehedauer nicht bis zur Scheidung, sondern nur bis zur Rechtshängigkeit des Scheidungsantrages zu verstehen. Für den Fall des § 1579 I Nr. 1 BGB hat der Senat das in der Entscheidung v. 26. 11. 1980 (FamRZ 1981/140) näher begründet. Von den dort genannten Gründen, die für ein Abstellen auf den Zeitpunkt der Rechtshängigkeit des Scheidungsverlangens statt auf den Zeitpunkt der Ehescheidung sprechen, greift zwar derjenige der Praktikabilität bei einer Entscheidung im Verbund hier nicht durch, weil eine neue Ehe nicht vor der Scheidung der alten geschlossen sein kann. Indes behalten die dort weiter genannten Erwägungen für die Maßgeblichkeit des Zeitpunktes der Rechtshängigkeit des Scheidungsverlangens ihr Gewicht: In aller Regel vollzieht der Antragsteller des zur Scheidung führenden Verfahrens den entscheidenden Schritt zur Beendigung seiner Ehe damit, daß er das Scheidungsverlangen rechtshängig macht; das ist für den Antragsgegner ersichtlich. Hier wie dort gilt zudem ein weiteres Argument: Wollte man die für die Frage des Unterhaltsvorranges bei einer neuen Eheschließung des Verpflichteten unter Umständen entscheidende Frage der „Ehe von langer Dauer" davon abhängig machen, wann das Scheidungsverfahren seinen Abschluß findet, so könnte das dazu führen, daß der potentiell Unterhaltsberechtigte dadurch veranlaßt würde, mit Hilfe von Rechtsmitteln oder sonstigen Bemühungen den rechtskräftigen Abschluß des Ehescheidungsverfahrens hinauszuschieben und damit gegebenenfalls die Ehe als eine solche „von langer Dauer" erscheinen zu lassen. Aus diesen Gründen hat der Senat auch in dem bereits genannten Urteil v. 27. 4. 1983 [FamRZ 1983/678 ff.] die Ehedauer (von dort etwas über acht Jahren) nach der Zeit zwischen Eheschließung und Zustellung des Scheidungsantrages bemessen.

Im vorliegenden Fall ist der Scheidungsantrag der ersten Ehefrau am 30. 11. 1977 zugestellt worden. Die Ehe währte also i. S. des § 1582 BGB vom 29. 5. 1964 bis 30. 11. 1977; das sind 13½ Jahre. Ob das ausreicht, um eine „Ehe von langer Dauer" anzunehmen, wird erforderlichenfalls neu zu prüfen sein.

Der Regierungsentwurf des Gesetzes läßt erkennen, daß im Gesetzgebungsverfahren jedenfalls eine Ehedauer von 20 Jahren als lang angesehen worden ist. Denn es heißt in der Bundestagsdrucksache 7/650, S. 143, der Ehegatte solle „nach etwa 20 Jahren Sorge in und für die Ehe nicht in der berechtigten Erwartung getäuscht werden, daß sein Unterhalt durch die Ehe gesichert ist". Dem ist das OLG Stuttgart für den Fall einer 20jährigen Ehe gefolgt (FamRZ 1981/1181). Im Schrifttum wird im allgemeinen bereits eine 15 Jahre bestehende Ehe als eine solche von langer Dauer angesehen; so unter Berücksichtigung des Umstandes, daß mehr als die Hälfte der Ehen, die geschieden werden, in den ersten sieben bis acht Ehejahren aufgelöst werden.

Soweit im Schrifttum der Meinung Raum gegeben wird, auch eine Ehe von 14 Jahren sei bereits „von langer Dauer", handelt es sich um die Wiedergabe des Berufungsurteils.

Auch der Senat nimmt an, daß nach Ablauf von 15 Jahren eine den Unterhaltsvorrang sichernde lange Ehedauer vorliegt. Für Ehen, die – wie hier – diese Zeit nicht ganz erreichen, schließt das indes nicht notwendig aus, auch sie aufgrund der Umstände des Falles nach dem Zweck der gesetzlichen Regelung bereits als solche von langer Dauer anzusehen. Die Gewährung des Unterhaltsvorranges in § 1582 S. 2, 2. Alternative, BGB beruht – jedenfalls auch – auf dem Gedanken, das Vertrauen desjenigen Ehegatten auf den Erhalt fortwährenden Unterhalts zu schützen, der sich in der Ehe langjährig unter Verzicht auf eine eigene berufliche Entwicklung vorwiegend dem Haushalt und der Pflege und Erziehung von Kindern gewidmet hat. Eine Verfestigung der eigenen Lebensposition im Sinne einer über lange Zeit beiderseits ausgeübten Erwerbstätigkeit hingegen wird im allgemeinen gegen die Annahme einer schon vor dem Ablauf von 15 Jahren erreichten, den Unterhaltsvorrang sichernden „Ehe von langer Dauer" sprechen.

BGH v. 29. 6. 83 – IVb ZR 391/81 – FamRZ 83, 996 = NJW 83, 2243
(Fehlen einer Auskunftsverpflichtung) R178

1) Der geschiedene Ehegatte kann nicht gemäß §§ 1580, 1605 BGB auf Auskunft in Anspruch genommen werden, wenn unabhängig von seinen Einkommens- und Vermögensverhältnissen ein Unterhaltsanspruch gegen ihn nicht in Betracht kommt. Es müssen diejenigen Voraussetzungen eines Unterhaltsanspruchs vorliegen, die von den wirtschaftlichen Verhältnissen der Parteien unabhängig sind (näher: FamRZ 1982/1189, 1192). Der Auffassung der Revision, im vorliegenden Fall stehe in diesem Sinne fest, daß die Kl. vom Bekl. keinen Unterhalt verlangen könne, kann aber nicht gefolgt werden.

R180   **Anhang R. Rechtsprechung**

(In der Regel keine Erwerbsobliegenheit bei Betreuung eines Kindes im Alter von 7 Jahren und Beweislast bei behaupteter Ausnahme von dieser Regel; bei der Abwägung zu berücksichtigende wirtschaftliche Verhältnisse des Verpflichteten; bei zumutbarer voller Erwerbstätigkeit Anspruch auf Aufstockungsunterhalt)

b   1b) Das OLG geht davon aus, daß der Kl. wegen der Betreuung des gemeinschaftlichen Kindes ein Unterhaltsanspruch gegen den Bekl. nach § 1570 BGB zusteht. Die Revision meint, die Kl. habe die Voraussetzungen für das Bestehen eines derartigen Unterhaltsanspruchs nicht nachgewiesen. Der Bekl. habe nämlich unwidersprochen vorgetragen, daß sie nach der Scheidung eine Zeitlang ungeachtet der Kindesbetreuung berufstätig gewesen sei und diese Berufstätigkeit nur im Hinblick auf eine erneute Schwangerschaft aufgegeben habe.

Diese Rüge geht zunächst von einer unzutreffenden Verteilung der Darlegungs- und Beweislast aus. Eine Mutter, die ein Kind im hier gegebenen Alter betreut, braucht sich im Regelfall nicht auf die eigene Erwerbstätigkeit verweisen zu lassen. Es ist Sache desjenigen, der im Prozeß eine Ausnahme von dieser Regel für sich in Anspruch nimmt, die Voraussetzungen hierfür darzutun (FamRZ 1983/456, 458). Hier hat sich der Bekl. auf den nicht näher substantiierten Vortrag beschränkt, daß die Kl. zeitweise trotz der Betreuungsbedürftigkeit des Kindes „berufstätig" gewesen sei. Dies reichte nicht aus zur Darlegung, daß sie auch im Klagezeitraum neben der Kindesbetreuung in zumutbarer Weise ihren vollen Unterhalt selbst verdienen konnte. Die Frage der Zumutbarkeit einer Erwerbstätigkeit des Unterhaltsberechtigten kann im allgemeinen auch nicht ohne Kenntnis der wirtschaftlichen Verhältnisse des Unterhaltsverpflichteten beurteilt werden. Im übrigen ist in diesem Zusammenhang darauf hinzuweisen, daß sich selbst bei Annahme einer Obliegenheit der Kl. zur vollen Erwerbstätigkeit aufgrund günstiger wirtschaftlicher Verhältnisse des Bekl. ein Anspruch auf Aufstockungsunterhalt gemäß § 1573 II BGB ergeben könnte.

(Umfang der Auskunftspflicht; Anspruch auf systematische Aufstellung)

c   2b) Der Bekl. hat ferner über seine Einkünfte als GmbH-Geschäftsführer für die letzten zwölf Monate Auskunft zu erteilen, wobei das Bruttogehalt, Art und Umfang der Abzüge sowie Sonderzahlungen, wie Weihnachts- und Urlaubsgeld, Spesen, Auslösungen, Tantiemen etc. einzeln anzugeben sind. Auch insoweit hat er seine Verpflichtung nicht durch das aus den Akten ersichtliche Schreiben vom 19. 8. 1980 erfüllt, weil sich daraus allenfalls sein Gehalt für den Monat Juli 1980 nebst den Abzügen für Lohnsteuer und Sozialversicherung entnehmen läßt. Von einer – wenn auch unvollständigen – Erfüllung, an die sich lediglich noch ein Verfahren über die Abgabe einer eidesstattlichen Versicherung anschließen könnte, kann nicht ausgegangen werden. In dieses Verfahren gehört etwa der Streit darüber, ob in einer äußerlich ordnungsgemäßen Aufstellung einzelne Posten falsch sind oder überhaupt fehlen (RGZ 100/150, 152). Hier geht es nicht um derartige sachliche Mängel einer ordnungsgemäßen Aufstellung, sondern eine solche, die auch der Unterhaltsschuldner gemäß §§ 1580, 1605 I S. 3 i.V. § 260 I BGB vorzulegen hat, ist noch nicht vorhanden. Denn das Schreiben vom 29. 8. 1980 bezieht sich nicht auf den Zeitraum von 12 Monaten vor dem 29. 8. 1980 und enthält nichts über die für die Berechnung des Unterhaltsanspruchs bedeutsamen Sonderzuwendungen, insbesondere das Weihnachtsgeld. Bei der Abfassung war sich der Bekl. erkennbar noch nicht über den Umfang seiner Auskunftspflicht im klaren, so daß eine eidesstattliche Versicherung über die Vollständigkeit seiner Angaben (§ 1605 I S. 3 i.V. § 260 II BGB) ohne rechten Sinn wäre. In derartigen Fällen liegt auch eine beachtliche teilweise Erfüllung der Auskunftspflicht nicht vor, weil der Auskunftsberechtigte Anspruch auf eine systematische Zusammenstellung der erforderlichen Angaben hat, die ihm ohne übermäßigen Arbeitsaufwand die Berechnung seines Unterhaltsanspruchs ermöglicht (RGZ 100/150, 153). Die gerichtliche Entscheidung hat vielmehr ungeachtet der bereits vorliegenden Angaben umfassend über Gegenstand und Umfang der Auskunftspflicht zu befinden, wie dies im vorliegenden Fall geschehen ist.

BGH v. 26. 10. 83 – IVb ZR 13/82 – FamRZ 84, 39 = NJW 84, 303

R180   *(Bedarfsbemessung bei Barunterhaltspflicht beider Eltern und bei Barunterhaltspflicht eines Elternteils. Prägung der Lebensstellung des Kindes durch das „Kind sein" und „in Ausbildung sein")*

c   Das OLG geht davon aus, daß in den Fällen, in denen die Regel des § 1606 III S. 2 BGB nicht eingreift, an sich gemäß Satz 1 der Vorschrift der volle Bedarf des Kindes zu ermitteln und nach dem Verhältnis der beiderseitigen Einkommen – unter Einrechnung der Betreuungsleistung der Mutter – auf beide Elternteile zu verteilen sei. Da aber für eine Schätzung des Bedarfs der Kl. kaum konkrete Anhaltspunkte vorhanden seien, hat es für die Unterhaltsbemessung auf Nr. 24 der Hammer Leitlinien zurückgegriffen. Danach hat bei Barunterhaltspflicht beider Elternteile in der Regel jeder von ihnen den allein nach seinem Einkommen zu berechnenden Unterhalt zu zahlen. Ein Abzug kann gerechtfertigt sein, wenn beide Eltern ein hohes Einkommen haben. Das OLG meint, diese Berechnungsmethode führe zu angemessenen Ergebnissen, weil die Werte der Düsseldorfer Tabelle

Anhang R. Rechtsprechung R182

davon ausgehen, daß mit ihnen nur der anteilige Barbedarf des Kindes gedeckt wird, zu dem der Betreuungsunterhalt des anderen Elternteils hinzutreten muß.

Auch nach Auffassung des Senats ist diese Bemessungsmethode im Ansatz rechtlich bedenkenfrei.

a) Er hat bisher entschieden, daß der Barunterhaltsbedarf eines Kindes sich jedenfalls dann nach den Einkommensverhältnissen allein des nicht sorgeberechtigten Elternteils richtet, wenn die Einkünfte beider Eltern sich im mittleren Bereich halten und das Einkommen des Naturalunterhalt gewährenden Elternteils nicht höher ist als das des anderen (FamRZ 1981/543). Hierbei hat er eine Auffassung abgelehnt, die die Lebensverhältnisse des Kindes bei unterschiedlichem Einkommen der Eltern nach dem Mittelwert der Einkünfte bestimmt. Im Schrifttum wird auch für die Fälle stark unterschiedlicher Einkünfte der Eltern befürwortet, den Barunterhalt des nicht betreuenden Elternteils allein nach seinem Einkommen zu bestimmen, weil unterstellt werden könne, daß der betreuende Elternteil den restlichen Anteil von sich aus aus seinem Einkommen bestreite.

b) Der Lösungsweg des OLG bietet gegenüber einer Quotierung des Gesamtunterhalts des Kindes in strikter Anwendung des § 1606 III S. 1 BGB zweifellos den Vorteil, die Bemessung des anteilig zu erbringenden Barunterhalts zu erleichtern und eine – sonst erforderliche – rechnerische Bewertung des Betreuungsaufwandes zu vermeiden. Der Senat hält ihn auch grundsätzlich für gangbar. Die vom OLG im Rahmen seines tatrichterlichen Ermessens herangezogene Düsseldorfer Tabelle liefert Werte, die den Höchstbetrag dessen darstellen, was nach den jeweiligen Einkommensgruppen an Barunterhalt verlangt werden kann. Es wäre nicht angemessen i. S. des § 1610 I BGB, einen Unterhaltsverpflichteten zu höheren Leistungen, als danach seinem Einkommen entspricht, allein deswegen heranzuziehen, weil die finanzielle Lage des anderen Elternteils besser ist und dadurch auch die Lebensstellung des Kindes erhöht wird.

Schwieriger zu beantworten ist die Frage, ob es andererseits angemessen sein kann, bei einem erheblich höheren Einkommen des betreuenden Elternteils die für die Unterhaltspflicht der anderen maßgebenden Tabellensätze zu ermäßigen (so CL II A Nr. 6). Für den Unterhalt nichtehelicher Kinder ist anerkannt, daß besonders günstige wirtschaftliche Verhältnisse der Mutter es rechtfertigen können, den Regelunterhalt zu unterschreiten. Deswegen entbehrt eine teilweise vertretene Auffassung der Grundlage, wonach aus § 1610 III BGB zu folgern sei, daß der Vater eines ehelichen Kindes mindestens den Barunterhalt in Höhe des Regelunterhalts nichtehelicher Kinder zu leisten habe. Es ist nicht gerechtfertigt, den Vater eines ehelichen Kindes in dieser Hinsicht schlechter zu stellen als den eines nichtehelichen Kindes. Die Kürzung des nach der Methode des OLG errechneten Anteils des Vaters muß daher in Betracht gezogen werden, wenn die wirtschaftliche Lage der Mutter besonders günstig ist und ihr Einkommen das des Vaters erheblich übersteigt. Bei der Bemessung des (um den Anteil der Mutter ergänzten) Gesamtbarbedarfs des Kindes ist zu beachten, daß dieser während des Heranwachsens und in der Schul- und Ausbildungszeit wesentlich durch das „Kindsein" geprägt ist und nicht unbegrenzt mit dem Einkommen der Eltern steigt (FamRZ 1983/473, 474). Letztlich muß eine Orientierung an dem Verteilungsmaßstab des Gesetzes (§ 1606 III S. 1 BGB) ergeben, ob der tabellenmäßig errechnete Anteil des Vaters an dem so gesehenen Gesamtbarbedarf des Kindes im richtigen Verhältnis zu dem Anteil steht, der auf die Mutter entfällt.

BGH v. 9. 11. 83 – IVb ZR 14/83 – FamRZ 84, 148 = NJW 84, 291
(Prozeßkostenvorschußpflicht bei Trennungs- und Scheidungsunterhalt sowie Nichtidentität der Ansprüche) R182

§ 1360a IV BGB knüpft die gegenseitige Vorschußpflicht an den Bestand der Ehe und ordnet sie – wie die Einfügung der Vorschrift in die Bestimmungen über den Familienunterhalt erkennen läßt – dem Pflichtenkreis der Ehegatten während ihres Zusammenlebens zu. Aus der Anordnung einer entsprechenden Anwendung des § 1360a IV BGB gemäß § 1361 IV S. 4 BGB folgt, daß der Gesetzgeber davon ausgegangen ist, die Vorschrift könne bereits im Falle des Getrenntlebens der Ehegatten nicht mehr unmittelbar angewendet werden. Dies hat erst recht für das Rechtsverhältnis zwischen früheren Ehegatten nach der Auflösung ihrer Ehe zu gelten. Das Unterhaltsrecht für gesch. Ehegatten, das durch die §§ 1569 ff. BGB in der Fassung des 1. EheRG vollkommen neu gestaltet worden ist, enthält jedoch zu keinem der eine Unterhaltspflicht auslösenden Tatbestände eine Bestimmung, die eine entsprechende Anwendung des § 1360a IV BGB vorschreibt. Eine solche läßt sich auch der neugestalteten verfahrensrechtlichen Behandlung einer Verpflichtung zur Leistung des PKV nicht entnehmen (vgl. §§ 127a, 620 Nr. 9, 621 I Nr. 5 ZPO). Denn die Verfahrensvorschriften setzen den Bestand eines materiell-rechtlichen Anspruchs voraus.

Die in Frage stehende Verpflichtung läßt sich auch nicht unmittelbar aus der Bestimmung des § 1578 I S. 2 BGB herleiten, wonach der Unterhaltsanspruch des gesch. Ehegatten den gesamten Lebensbedarf umfaßt. Mit diesem Begriff wird inhaltlich nichts anderes als das umschrieben, was auch sonst im Unterhaltsrecht das Maß des geschuldeten angemessenen Unterhalts ausmacht (FamRZ 1983, 29, 30 m. w. N.). Der gleiche Begriff des Unterhalts liegt auch den Regelungen in § 1360a I

BGB für den Familienunterhalt und in § 1361 I BGB für den Trennungsunterhalt zugrunde. In beiden Vorschriften wird der Anspruch auf einen PKV jedoch ausdrücklich daneben erwähnt. Deshalb läßt sich aus der Fassung des § 1578 BGB, der sich zur Vorschußpflicht weder unmittelbar noch durch Verweisung verhält, eher schließen, daß der Gesetzgeber einen solchen Anspruch dem gesch. Ehegatten gerade nicht gewähren wollte. So bestehen, wie der Senat bereits in seiner eine Anspruchsidentität ablehnenden Entscheidung näher ausgeführt hat, zwischen der Unterhaltspflicht während der Ehe und derjenigen nach der Scheidung wesentliche Unterschiede (FamRZ 1984/242, 243 m. w. N.; FamRZ 1980/1099 zum früheren Recht). Während der Ehe tragen die Ehegatten füreinander eine gesteigerte Verantwortung, die über die Sicherstellung des angemessenen Unterhalts (§ 1360 a I BGB) hinausgreift. Nach einer Scheidung hat dagegen grundsätzlich jeder für seinen Unterhalt selbst zu sorgen (§ 1569 BGB). Eine nacheheliche Unterhaltspflicht tritt nur noch als Nachwirkung früherer Verantwortung unter besonderen, enumerativ genannten Voraussetzungen ein (§§ 1570 ff. BGB). Die Verpflichtung, dem anderen Ehegatten Prozeßkosten vorzuschießen, trägt aber ersichtlich dem Gedanken der Mitverantwortung Rechnung, der sich aus der Ehebindung ergibt. Nur so läßt es sich vertreten, einem Ehegatten zuzumuten, sogar eine gegen ihn selbst gerichtete Prozeßführung des anderen durch zusätzliche Vermögensopfer im Wege eines – in den meisten Fällen letztlich verlorenen – Vorschusses zu finanzieren. Dabei trifft selbst in Familiengemeinschaft zusammenlebende Ehegatten die Vorschußpflicht nur unter der doppelten Voraussetzung, daß der Rechtsstreit eine persönliche Angelegenheit des Berechtigten betrifft und die Leistung der Billigkeit entspricht.

Eine entsprechende Anwendung des § 1360 a IV BGB auf andere Unterhaltsrechtsverhältnisse kann danach – außer in dem vom Gesetzgeber selbst geregelten Fall des Trennungsunterhalts – allenfalls dort in Betracht gezogen werden, wo die unterhaltsrechtliche Beziehung ebenfalls Ausdruck einer besonderen Verantwortung des Verpflichteten für den Berechtigten ist, die derjenigen von Ehegatten vergleichbar ist. So könnte es etwa im Verhältnis von Eltern zu ihren minderjährigen, unverheirateten Kindern sein, ohne daß hier jedoch darüber zu entscheiden wäre. Im vorliegenden Fall fehlt es an der danach erforderlichen Voraussetzung, weil mit der Scheidung die unterhaltsrechtlichen Beziehungen der Parteien auf eine neue Grundlage gestellt sind, die vom Prinzip der Eigenverantwortung jedes früheren Ehegatten geprägt wird.

BGH v. 9. 11. 83 – IVb ZR 22/82 – FamRZ 84, 154 = NJW 84, 297

R183 *(Die Nr. 4 ist auch für den Scheidungsunterhalt erfüllt, wenn das eheähnliche Verhältnis nach der Scheidung andauert)*

a Der Vortrag des Bekl., die Kl. lebe mit dem Zeugen L. in eheähnlicher Gemeinschaft, war bei verständiger Würdigung dahin zu verstehen, daß die Kl. in Wohn- und Wirtschaftsgemeinschaft mit dem Zeugen lebe. Ein derartiges Verständnis entspricht nicht nur der Interpretation des Begriffes der eheähnlichen Gemeinschaft auf dem Gebiete des Sozialhilferechts, wo dieser Begriff in § 122 BSHG Eingang in den Gesetzestatbestand gefunden hat und allgemein so verstanden wird; vielmehr gilt dieses Verständnis auch für den Bereich des Unterhaltsrechts (FamRZ 1980/40). Als Beitrag zu dieser vom Bekl. behaupteten Wohn- und Wirtschaftsgemeinschaft zwischen der Kl. und dem Zeugen L. kamen von seiten der Kl. neben der Überlassung der Wohnung an den Zeugen insbesondere die Haushaltsführung und damit die Besorgungen und Verrichtungen in Betracht, die der haushaltführende Partner üblicherweise für den anderen verrichtet.

In diesem Sinne ist der Vortrag des Bekl. auch von den Prozeßbeteiligten verstanden worden. Das ergibt sich vor allem aus den Protokollen des Vorprozesses, die Gegenstand der mündlichen Verhandlung vor dem OLG waren und mit deren Verwertung sich beide Parteien einverstanden erklärt haben.

Zu den Ansprüchen auf Trennungsunterhalt hat der Senat bereits mehrfach entschieden, daß ein schwerwiegendes und klar bei einem Ehegatten liegendes Fehlverhalten während der Ehe zur Erfüllung der in § 1579 I Nr. 4 BGB normierten Voraussetzungen geeignet ist und ein solches Fehlverhalten insbesondere in der – gegen den Willen des anderen Ehegatten erfolgten – Begründung einer eheähnlichen Gemeinschaft liegen kann, weil darin eine so schwerwiegende Abkehr von den ehel. Bindungen zu sehen ist, daß die Inanspruchnahme des anderen Ehegatten auf Unterhalt grob unbillig erscheint (FamRZ 1983/142 m. w. N.).

Ein derartiges schwerwiegendes Fehlverhalten hat das OLG zu Recht darin gesehen, daß sich die Kl. gegen den Willen des Bekl. dem Zeugen L. zugewendet hat und mit ihm in eheähnlicher Gemeinschaft zusammenlebt. Das hiergegen erhobene Bedenken der Revision, das OLG habe bei seiner Beurteilung nicht das Verhalten des Bekl. in Betracht gezogen und damit nicht festgestellt, daß es sich um ein einseitiges, klar bei der Kl. liegendes Fehlverhalten handle, greift schon deshalb nicht durch, weil irgendwelche Umstände, welche die Einseitigkeit des Fehlverhaltens der Kl. in Frage stellen könnten, weder dem Vortrag der Kl. zu entnehmen noch sonst ersichtlich sind.

Anhang R. Rechtsprechung R183

Ohne Erfolg wendet sich die Revision auch gegen die Beurteilung, daß der Tatbestand des § 1579 I Nr. 4 BGB auch für den nachehelichen Unterhalt erfüllt sei. Wie der Senat entschieden hat, erfüllt der unterhaltsberechtigte Ehegatte, der durch die Aufnahme einer eheähnlichen Gemeinschaft mit einem anderen Partner während der Ehe seinen Anspruch auf Trennungsunterhalt eingebüßt oder verkürzt hat, jedenfalls dann regelmäßig auch für den nachehel. Unterhaltsanspruch die Voraussetzungen der Härteregelung, wenn das Verhältnis nach der Scheidung andauert (FamRZ 1983/569; FamRZ 1983/676). Ein derartiger Fall ist auch hier gegeben.

(Vorrang des Kindeswohls und sonstige, für die Beurteilung eines „besonders gelagerten Härtefalles" bedeutsame Umstände)

Aus dem Sinnzusammenhang der verfassungsgerichtlichen Entscheidungsgründe ist zu folgern, **b** daß Sachverhalte gemeint sind, in denen die unverkürzte Zubilligung des eheangemessenen Unterhalts aufgrund des § 1579 II BGB zu einer mit dem Verfassungsgrundsatz der Verhältnismäßigkeit unvereinbaren Belastung des Unterhaltspflichtigen führen würde (BVerfG, FamRZ 81/745 = NJW 81/1771). Die Suspendierung der Härteklausel durch § 1579 II BGB soll vornehmlich verhindern, daß der Lebensstandard des betreuten Kindes wegen des von ihm nicht zu verantwortenden Fehlverhaltens des sorgeberechtigten Elternteils absinkt. Insofern kommt den Belangen des Kindes gegenüber denen des unterhaltsverpflichteten Elternteils der Vorrang zu.

Im Einzelfall kann die Auferlegung von Unterhaltsleistungen aber zu einer unverhältnismäßigen Belastung des Verpflichteten führen, die nicht oder nicht in vollem Umfang durch das Kindesinteresse erfordert wird. Darüber hinaus kann sich eine unverhältnismäßige Belastung des Verpflichteten auch daraus ergeben, daß der Unterhalt begehrende Ehegatte die Voraussetzungen des § 1579 I Nr. 4 BGB in besonders krasser Weise verwirklicht hat. Insgesamt kann die Frage, ob ein Fall besonderer Härte vorliegt, nur nach umfassender Abwägung der Umstände des Einzelfalls unter besonderer Berücksichtigung der Belange des Kindeswohls beantwortet werden (FamRZ 1983/676).

Diesen Grundsätzen wird die Beurteilung des OLG nicht gerecht. Seine Auffassung, daß ein besonders gelagerter Härtefall in Fällen der vorliegenden Art allgemein anzunehmen sei, ist rechtlich nicht haltbar.

Wie der Zusammenhang der Entscheidungsgründe ergibt, sieht das Gericht die maßgeblichen Gründe, welche die Annahme eines derartigen Härtefalles begründen sollen, in dem Fehlverhalten der Kl. sowie darin, daß sie ihren Mindestbedarf durch die Versorgung ihres neuen Partners decken kann, ohne dadurch in der Betreuung der Kinder behindert zu sein. Dagegen bestehen rechtliche Bedenken. Es entspräche nicht der Lebenswirklichkeit und stände auch nicht mit der Rechtsprechung des Senats in Einklang, wenn ein Fehlverhalten der vorliegenden Art als eine besonders krasse Verwirklichung der Voraussetzungen des § 1579 I Nr. 4 BGB angesehen würde, die allein schon einen besonders gelagerten Härtefall begründete.

So hat der Senat in einem Fehlverhalten wie dem der Kl. allein noch keinen Grund zur Annahme eines derartigen Härtefalles gesehen. Diese Beurteilung kann sich nicht deshalb generell ändern, weil der Unterhaltsbedürftige durch die Versorgungsleistungen, die er im Rahmen des eheähnlichen Verhältnisses seinem neuen Partner erbringt, seinen Mindestbedarf decken kann. Gerade dieser Umstand bewirkt nämlich für den Unterhaltspflichtigen eine Erleichterung der Unterhaltslast, weil es damit für ihn nur noch um die Inanspruchnahme auf Ergänzungs- oder Aufstockungsunterhalt geht. So hat auch das BVerfG in einem Fall, in dem die unterhaltsbedürftige Ehefrau eine eheähnliche Verbindung mit einem anderen Mann eingegangen war und das OLG der Ehefrau für die ihrem neuen Partner erbrachten Leistungen ein fiktives Einkommen zugerechnet hatte, mit Beschluß des Vorprüfungsausschusses v. 1.7.1982 (FamRZ 1982/991 = NJW 1982/2859) entschieden, daß durch die Zurechnung des fiktiven Einkommens der Unterhaltsanspruch gegen den Ehemann reduziert und damit eine mit dem Verfassungsgrundsatz der Verhältnismäßigkeit unvereinbare Belastung des Ehemannes verneint worden sei.

Danach kann die bisherige Annahme, daß ein besonders gelagerter Härtefall vorliege, nicht bestehen bleiben. Vielmehr muß diese Frage unter umfassender Würdigung aller in Betracht zu ziehenden Umstände erneut beurteilt werden. Dabei werden auch die Einkommensverhältnisse des Unterhaltspflichtigen zu berücksichtigen sein, denen für die Frage, ob die unterhaltsrechtliche Inanspruchnahme zu einer unverhältnismäßigen Belastung führt, stets eine wesentliche Bedeutung zukommt. Insoweit hat der Bekl. vorgetragen, daß sein anzurechnendes monatl. Einkommen von 2500 DM zur Zeit der Trennung auf rund 1590 DM zurückgegangen sei. Danach würden ihm nach Abzug der Unterhaltsrenten für die beiden Kinder monatlich 1080 DM verbleiben, ein Betrag, der den angemessenen Eigenbedarf deutlich unterschreiten dürfte. Ferner kann dem Umstand Bedeutung zukommen, daß der Kl. das hälftige Miteigentum an der den Ehegatten gehörenden Eigentumswohnung zusteht. Insoweit ist bei der gebotenen Abwägung der Interessen zu prüfen, ob es der Kl. möglich und zuzumuten ist, sich durch die Verwertung ihres Miteigentumsanteils die notwendigen Mittel zur Aufstockung ihres Unterhalts zu verschaffen.

BGH v. 9. 11. 83 – IVb ZR 8/82 – FamRZ 84, 34 = NJW 84, 296

R184 *(Ausschluß oder Herabsetzung bei § 1579 Nr. 2 treten nur für die Zukunft ein. Vor der strafbaren Handlung bereits entstandene Unterhaltsansprüche bleiben unberührt)*

Die durch das 1. EheRG eingeführte Härteklausel des § 1579 BGB ist in ihrem Abs. I Nr. 2 vergleichbar mit § 66 EheG, wonach der nach früherem Recht unterhaltsberechtigte geschiedene Ehegatte den Unterhaltsanspruch verwirkt, wenn er sich einer schweren Verfehlung gegen den Verpflichteten schuldig macht. Nach der einhelligen Auffassung in Rechtsprechung und Schrifttum tritt eine Verwirkung des Unterhaltsanspruchs nach § 66 EheG nur für die Zukunft ein und läßt bereits entstandene Unterhaltsansprüche unberührt.

Dies wird damit begründet, daß der Zweck des Gesetzes, nach dem ein Ehegatte nicht genötigt sein soll, den anderen zu unterhalten, wenn dieser sich feindselig gegen ihn verhält oder ihm Schaden zufügt, es nicht erfordert, einen fälligen, aber unerfüllt gebliebenen Unterhaltsanspruch rückwirkend zu vernichten. Dem Berechtigten steht der Unterhaltsanspruch so lange zu, als er sich nicht in der vom Gesetz bezeichneten Weise gegen den Verpflichteten verfehlt. Es besteht kein Anlaß, den in Verzug geratenen Unterhaltsschuldner zu begünstigen, weil ein späteres Ereignis ihn von der Unterhaltspflicht befreit.

Der Härteklausel des § 1579 I Nr. 2 BGB verwandt ist ferner die Regelung in § 1611 I BGB, die eine Beschränkung oder einen Wegfall der Unterhaltspflicht zwischen Verwandten wegen einer schweren Verfehlung gegenüber dem Unterhaltspflichtigen oder einem nahen Angehörigen des Unterhaltspflichtigen vorsieht. In der Begründung zum Entwurf des 1. EheRG ist zu § 1580 I Nr. 2 BGB – der später als § 1579 I Nr. 2 BGB Gesetz geworden ist – ausdrücklich darauf hingewiesen, daß die Härteklausel insoweit dem § 1611 I BGB entspricht. Auch zu § 1611 I BGB war aber schon bei der Schaffung des 1. EheRG anerkannt, daß die Beschränkung des Unterhaltsanspruchs erst mit der Verfehlung und nicht rückwirkend eintritt.

Der Gesetzgeber des 1. EheRG hat diese Normsituation vorgefunden, als er den Tatbestand des § 1579 I Nr. 2 BGB geschaffen hat. Er hat nicht zu erkennen gegeben, daß in der Frage der zeitlichen Wirkung der Norm für § 1579 I Nr. 2 BGB Abweichendes gelten sollte. Vielmehr spricht die Fassung des Gesetzes, daß ein Unterhaltsanspruch nicht besteht, wenn sich der Berechtigte eines schweren Vergehens gegen den Verpflichteten schuldig gemacht hat, für eine unveränderte Beurteilung dieser Frage. Ob Ausnahmefälle denkbar sind, in denen die Verfehlung des Berechtigten so schwerwiegend ist, daß die Inanspruchnahme des Verpflichteten auch wegen bereits entstandener Unterhaltsschulden unzumutbar erscheinen muß, kann hier offenbleiben. Ob ein strafbares vorsätzliches Vergehen gegen den Unterhaltsverpflichteten schwer i. S. dieser Vorschrift ist, hat im wesentlichen der Tatrichter zu entscheiden. Das Revisionsgericht kann nur prüfen, ob er dabei von richtigen Rechtsvorstellungen ausgegangen ist (FamRZ 1960/110, 111 zu § 66 EheG).

Das ist hier der Fall. Soweit die Revision rügt, das OLG habe nicht erwogen, daß der Anlaß des Streits zwischen den Parteien von einer auf die Erhaltung der Ehe gerichteten Einstellung der Kl. geprägt gewesen sei, wird verkannt, daß es im Urteil nicht des ausdrücklichen Eingehens auf alle Gesichtspunkte bedarf, die für und wider ein bestimmtes Ergebnis sprechen (vgl. BGHZ, 162/175). Daß insgesamt eine sachentsprechende Beurteilung stattgefunden hat, wird durch den Gesamtinhalt der Gründe des angefochtenen Urteils hinreichend deutlich.

BGH v. 23. 11. 83 – IVb ZR 15/82 – FamRZ 84, 151 = NJW 84, 294

R186 *(Maßgeblich dauerhaft prägende Einkünfte im Zeitpunkt der Scheidung; nicht prägende Einkünfte aus unzumutbarer Erwerbstätigkeit oder aus erst nach der Trennung, aber nicht ohne die Trennung aufgenommene oder ausgeweitete Erwerbstätigkeit; Anrechnungsmethode; keine Billigkeitserwägungen bei Bestimmung der ehelichen Lebensverhältnisse)*

a Der von der Kl. geltend gemachte Unterhaltsanspruch aus § 1573 II BGB bemißt sich mithin nach den im Zeitpunkt der Scheidung, i. J. 1980, gegebenen ehel. Lebensverhältnissen (FamRZ 1983, 886). Da diese insbesondere durch das Einkommen geprägt werden, bestimmen sie sich in einer Ehe, in der beide Ehegatten einer Erwerbstätigkeit nachgehen, regelmäßig nach den zusammengerechneten Einkünften beider Eheleute (FamRZ 1982/575).

Das gilt allerdings nicht für Einkünfte aus einer von einem Ehegatten nach der Trennung aufgenommenen unzumutbaren Erwerbstätigkeit (FamRZ 1983/146, 149), denn die Einkünfte aus einer derartigen Tätigkeit können nicht als ein die Lebensverhältnisse beider Ehegatten dauerhaft prägender – und damit als Maßstab für einen nachehel. Unterhaltsanspruch geeigneter – Umstand gewertet werden (FamRZ 1983/150). Unter diese Fallgruppe ist der vorliegende Sachverhalt indessen nicht einzuordnen. Die Tätigkeit, die die Kl. inzwischen seit 1971 ausübt, ist aus der Sicht der Verhältnisse i. J. 1980 weder im Hinblick auf das Alter der beiden noch von ihr betreuten Kinder S. und J.-H. noch unter gesundheitlichen Gesichtspunkten für sie unterhaltsrechtlich unzumutbar.

Für die Fälle, in denen ein Ehegatte erst nach der Trennung, aber vor der Scheidung eine Erwerbstätigkeit aufnimmt oder eine bereits zuvor ausgeübte Tätigkeit ausweitet, hat der Senat eigene Grundsätze aufgestellt, die auch im vorliegenden Fall eingreifen. Danach wirken sich Einkünfte eines Ehegatten aus einer zwischen Trennung und Scheidung aufgenommenen Erwerbstätigkeit auf die Bestimmung der ehel. Lebensverhältnisse i. S. von § 1578 BGB nur aus, wenn die Tätigkeit auch ohne die Trennung der Parteien aufgenommen worden wäre. Ist das nicht der Fall oder jedenfalls nicht feststellbar, dann haben die Einkünfte aus einer solchen Erwerbstätigkeit bei der Bestimmung der ehel. Lebensverhältnisse außer Betracht zu bleiben mit der Folge, daß der Unterhaltsbedarf allein nach dem Einkommen des anderen Ehegatten bemessen wird.

Auch wenn dies dazu führt, daß der nachträglich erwerbstätig gewordene Ehegatte wegen seines Unterhalts – letztlich – ganz oder überwiegend auf sein eigenes Einkommen verwiesen wird, während der andere Ehegatte sein Einkommen gegebenenfalls in voller Höhe für sich behält, liegt hierin kein Verstoß gegen Art. 3 II GG (anders etwa der der Entscheidung BVerfGE 17/1 ff. = FamRZ 1963/ 496 ff. zugrundeliegende Fall). Die Entscheidung trägt vielmehr dem Grundsatz der Eigenverantwortung jedes Ehegatten für seinen eigenen Unterhalt Rechnung, der der gesetzlichen Regelung der §§ 1361 II, 1569 ff. BGB zugrunde liegt.

Im vorliegenden Fall hat die Kl. die Berufsausbildung und -ausübung, wie sie im Berufungsverfahren unbestritten vorgetragen hat, deshalb aufgenommen, weil der Bekl. ihr keinen Unterhalt zahlte. Wie das OLG festgestellt hat, war die Kl. vorher während der Ehe nicht erwerbstätig gewesen; das Einkommen des Bekl. gestattete den Parteien eine großzügige Lebensführung. Berücksichtigt man zudem, daß die Kl. die fünf Kinder der Parteien zu betreuen und zu erziehen hatte, so kann ohne weitere Feststellungen davon ausgegangen werden, daß die Kl. ohne die Trennung nicht erwerbstätig geworden wäre.

Unter diesen Umständen ist mithin davon auszugehen, daß die Einkünfte, die die Kl. aus ihrer nach der Trennung begonnenen Berufstätigkeit erzielt hat, die ehel. Lebensverhältnisse der Parteien nicht mit geprägt haben und folglich bei deren Ermittlung auch nicht heranzuziehen sind. Der nachehel. Unterhaltsanspruch der Kl. ist daher – insoweit in Übereinstimmung mit der Auffassung des OLG – allein auf der Grundlage der im Zeitpunkt der Scheidung erzielten Einkünfte des Bekl. zu bemessen.

Dem hält die Revision entgegen, der Unterhaltsanspruch der Kl. müsse jedenfalls deshalb unter Einbeziehung auch ihrer eigenen Einkünfte ermittelt werden, weil sie durch die Ausübung ihrer Berufstätigkeit und den damit verbundenen Erwerb einer eigenen Altersversorgung die dem Bekl. obliegende Ausgleichsverpflichtung im Versorgungsausgleich vermindert habe; es würde den Grundsätzen der Billigkeit widersprechen, wenn der Kl., die dem Bekl. durch ihre Berufstätigkeit nicht nur die Zahlung von Trennungsunterhalt erspart, sondern ihn auch im Bereich des VersAusgl entlastet habe, zum Ausgleich hierfür nicht wenigstens ein nachehel. Anspruch auf Aufstockungsunterhalt auf der Grundlage der durch die beiderseitigen Einkünfte bestimmten ehel. Lebensverhältnisse zugebilligt würde. – Damit kann sie jedoch keinen Erfolg haben. Die Regelung des nachehel. Unterhaltsrechts ist unabhängig vom Umfang und Ausmaß des VersAusgl. Ebensowenig können bei der nach objektiven Kriterien vorzunehmenden Bestimmung der ehel. Lebensverhältnisse Billigkeitserwägungen herangezogen werden. Die Fälle, in denen Gesichtspunkte der Billigkeit im Unterhaltsrecht zu berücksichtigen sind, sind in den gesetzlichen Vorschriften ausdrücklich genannt (z. B. §§ 1576, 1577 II S. 2 und III, 1579, 1361 III BGB). § 1578 I BGB gehört nicht hierzu.

Da somit die ehel. Lebensverhältnisse der Parteien im Zeitpunkt der Scheidung allein durch die Einkünfte des Bekl. geprägt wurden, kann der Unterhaltsanspruch der Kl. nicht im Wege der Differenzmethode bemessen werden. Aus diesem Grund ist es revisionsrechtlich nicht zu beanstanden, wenn entsprechend der von dem OLG – wenn auch von seinem im Grundsatz abweichenden Standpunkt aus – gewählten Berechnungsmethode das berücksichtigungsfähige Einkommen des Bekl. nach der tatrichterlich für angemessen gehaltenen Quote von $4/7$ zu $3/7$ auf die Parteien verteilt und sodann von der auf die Kl. entfallenen Quote ihr eigenes Einkommen abgerechnet wird (FamRZ 1981/539, 541; FamRZ 1982/255, 257). Die Wahl der für den Unterhaltsbedarf anzuwendenden Berechnungsmethode obliegt grundsätzlich dem Tatrichter. Es bestehen daher keine Bedenken, die von dem OLG angewandte und auf ihre allgemeine Angemessenheit überprüfte quotenmäßige Berechnungsweise auch für die Beurteilung im Revisionsverfahren zu übernehmen.

(Konkrete Feststellungen zur Vermögensbildung; Abzug von berufsbedingten Aufwendungen u. von Kindesunterhalt vom Nettoeinkommen; Quotenunterhalt; trennungsbedingter Mehrbedarf muß konkret behauptet und ermittelt werden; keine generelle Bemessung nach einem prozentualen Anteil des Bedarfs)

Das OLG hat allerdings das unterhaltserhebliche Einkommen des Bekl. um einen durch Schätzung ermittelten Pauschalbetrag von 1100 DM ermäßigt, den es bei den gegebenen Einkommensverhältnissen als einen für Zwecke der Vermögens- bzw. Reservebildung angemessenen Einkommensanteil angesehen hat. Dieser Beurteilung kann nicht beigetreten werden. Wie der Senat (FamRZ

b

1983/678, 679) entschieden hat, hängt es von der jeweiligen individuellen Entscheidung der Ehegatten ab, ob und wieviel sie von ihrem Einkommen monatlich der Vermögensbildung zuführen. Dies kann daher nicht Gegenstand eines Erfahrungssatzes sein. Vielmehr bedarf es stets konkreter Feststellungen über die im Einzelfall vorgenommene Vermögensbildung.

Das mit monatlich 7880 DM anzusetzende unterhaltserhebliche Nettoeinkommen des Bekl. ist zunächst um eine Pauschale von 200 DM wegen berufsbedingter Aufwendungen des Bekl. sowie außerdem um seine Unterhaltsleistungen für die beiden jüngsten Kinder in Höhe von 887,50 DM (je 375 DM nebst 68,75 DM Kindergeld) und für die drei volljährigen Kinder in Höhe von zusammen 2250 DM auf einen Betrag von 4542,50 DM zu kürzen. Ein Vermögensbildungsanteil ist – zugunsten der Kl. – mangels tatsächlicher Feststellungen in dem angefochtenen Urteil nicht zu berücksichtigen, ebensowenig der Betrag von 300 DM für eine Haushaltshilfe, da diese Kosten im Zeitpunkt der Scheidung nicht den Bekl., sondern die Kl. belastet haben. Allerdings verringert sich das einzusetzende Einkommen des Bekl. noch um die Unterhaltsverpflichtung gegenüber seiner 1967 geborenen Tochter aus der Verbindung mit seiner jetzigen Ehefrau. Das AmtsG hat den für dieses Kind anzusetzenden Unterhaltsbetrag aus Gründen der Gleichbehandlung ebenso hoch bemessen wie den Unterhalt für die beiden derselben Altersstufe angehörenden jüngsten Kinder der Parteien. Hiergegen haben diese im Verlauf des weiteren Verfahrens keine grundsätzlichen Bedenken erhoben. Auch der Senat hält es angesichts der Lebensstellung der Eltern – sowohl die Kl. als auch die zweite Ehefrau des Bekl. sind Lehrerinnen – für angemessen, die nahezu gleichaltrigen Kinder unterhaltsrechtlich gleich zu behandeln (vgl. § 1615 c BGB). Das Einkommen des Bekl. ist demgemäß um einen weiteren Unterhaltsbetrag von 375 DM zu ermäßigen. Damit sind seine für die Unterhaltsbemessung im Zeitpunkt der Scheidung maßgebenden Einkünfte mit monatlich 4167,50 DM zugrunde zu legen.

Von diesem Einkommen steht der Kl. nach dem von dem OLG gewählten Verteilungsmaßstab an sich ein Anteil von $^3/_7$, also ein Betrag von 1786 DM, zu. Das OLG hat den $^3/_7$-Unterhaltsbetrag für die Kl. um einen nach §§ 287 II ZPO geschätzten Zuschlag von 10 % erhöht, den sie benötige, um ihren ehel. Lebensstandard trotz der durch die (Haushalts-)Trennung von dem Bekl. bewirkten Verteuerung der Lebenshaltungskosten aufrechterhalten zu können. Es erscheint nicht unzweifelhaft, ob dieser von dem OLG auf die Verhältnisse nach der Trennung der Parteien bezogene Gesichtspunkt auch – noch – für die Verhältnisse im Zeitpunkt der Scheidung nach jahrelanger Trennung der Eheleute (und dadurch bedingt erheblich gestiegenem Einkommen des Unterhaltsverpflichteten) in gleicher Weise zutrifft. Jedenfalls müßte aber ein etwaiger Mehrbedarf des Unterhaltsberechtigten konkret dargelegt und von dem Tatrichter unter Berücksichtigung der Umstände des einzelnen Falles, wenn auch gegebenenfalls unter Heranziehung allgemeiner Erfahrungssätze nach § 287 ZPO, tatsächlich ermittelt werden. Die Höhe des Mehrbedarfs kann nicht generell bestimmt und nach einem prozentualen Anteil des Bedarfs während der Ehe festgelegt werden (FamRZ 1982/255, 257; FamRZ 1983/886, 887). Da das OLG diesen Weg gewählt hat, trägt die Begründung die angefochtene Entscheidung auch in diesem Punkt nicht.

Der Bekl. hat im Revisionsverfahren in Frage gestellt, ob der Kl. überhaupt ein trennungsbedingter Mehrbedarf zustehen könne, obwohl sie nach der Trennung der Parteien den bis dahin gemeinsamen Hausstand mit den Kindern weitergeführt habe. Die Kl. hat hierzu keine näheren Angaben gemacht. Insbesondere hat sie nicht behauptet, daß ein etwaiger ihr erwachsender Mehrbedarf höhere Unkosten als 10 % des angenommenen Quotenunterhalts verursache.

(Haushaltshilfe aus gesundheitlichen Gründen)

c   Die gesundheitlichen Beeinträchtigungen der Kl. wirken sich nicht auf die Zumutbarkeit ihrer beruflichen Tätigkeit aus, sondern hindern sie an der Verrichtung von Hausarbeiten, weshalb sie auf eine Haushaltshilfe angewiesen ist. Die Kl. muß ihre Haushaltshilfe nicht deshalb beschäftigen, weil sie einer 100 %igen Erwerbstätigkeit nachgeht, sondern allein deshalb, weil sie wegen ihrer Gesundheitsbeeinträchtigung keine Hausarbeiten verrichten kann. Das bedeutet, daß sie auch dann eine Haushaltshilfe beschäftigen müßte, wenn sie etwa nur halbtags tätig wäre, da diese geringere Beschäftigung nichts daran ändern würde, daß sie zur Verrichtung von Hausarbeiten nicht in der Lage ist. Daher sind die Aufwendungen für die Haushaltshilfe, die die Kl. aus gesundheitlichen Gründen benötigt, mit monatlich DM 300 einkommensmindernd zu berücksichtigen.

(Erwerbsobliegenheit bei Betreuung von Kindern im Alter von 15 und 16½ Jahren; zumutbare Fortsetzung einer bereits ausgeübten Vollerwerbstätigkeit)

d   Die jüngste Tochter S. der Parteien war im Zeitpunkt der Scheidung nahezu 15 Jahre, der außerdem noch von der Kl. betreute Sohn J.-H. fast 16½ Jahre alt. Bei diesem Alter der Kinder ist die Fortsetzung der Berufstätigkeit, die die Kl. schon seit 1976 in Vollbeschäftigung ausgeübt hat, im Hinblick auf die Kinderbetreuung nicht als unzumutbar anzusehen (FamRZ 1981/1159, 1161).

Daran ändert es nichts, wenn die Aufnahme der Berufsausbildung und ursprünglich auch die Aus-

Anhang R. Rechtsprechung   R187

übung des Lehrberufs – angesichts des Alters der Kinder – zunächst, i. J. 1967, nicht von der Kl. erwartet werden konnten. Inzwischen ist es ihr nach dem Heranwachsen der Kinder jedenfalls nicht unzumutbar, in dem erlernten Beruf weiter zu arbeiten.

BGH v. 23. 11. 83 – IVb ZR 21/82 – FamRZ 84, 149 = NJW 84, 292

(Maßgebliche Einkommensverhältnisse im Zeitpunkt der Scheidung; die Einkünfte müssen dauerhaft prägen; R187
nicht prägend sind Einkünfte aus unzumutbarer Erwerbstätigkeit und vom Normalverlauf erheblich abweichende Einkommensentwicklungen)

Nach der ständigen Rechtsprechung des Senats sind für die Bemessung des nachehelichen Unter- **a**
halts nach §§ 1573 II, 1578 BGB die ehel. Lebensverhältnisse im Zeitpunkt der Scheidung maßgebend (FamRZ 1982/892 m. w. N.). Dies entspricht der seit Jahrzehnten, schon unter der Geltung des früheren Rechts, das in § 58 EheG ebenfalls auf die „Lebensverhältnisse der Ehegatten" abgestellt hatte, herrschenden Auffassung. Sie beruht darauf, daß mit dem Eheband die daraus resultierende unterhaltsrechtliche Verantwortung der Ehegatten füreinander auch nach der Trennung fortbesteht und deshalb auch der bis zur Auflösung der Ehe erreichte Lebenszuschnitt der Ehegatten maßgeblich sein muß. Die Erwägungen des OLG rechtfertigen es nicht, hiervon abzugehen und nach der Trennung der Ehegatten eintretende Änderungen der Verhältnisse bei der Bemessung des (ehel. und nachehel.) Unterhalts grundsätzlich nicht mehr zu berücksichtigen. Im einzelnen kann auf das Senatsurteil v. 31. 3. 1982 (FamRZ 1982/576) verwiesen werden, in dem sich der Senat mit den Ausführungen in dem vorliegenden Berufungsurteil auseinandergesetzt hat.

Da die ehel. Lebensverhältnisse insbesondere durch die Einkommensverhältnisse der Ehegatten geprägt werden, sind danach für die Unterhaltsbemessung regelmäßig die Einkommensverhältnisse im Zeitpunkt der Scheidung maßgebend.

b) Allerdings hat der Senat entschieden, daß Veränderungen in den Einkommensverhältnissen, die auf einer unerwarteten, vom Normalverlauf erheblich abweichenden Entwicklung seit der Trennung der Eheleute beruhen, nicht geeignet sind, die ehel. Lebensverhältnisse zu bestimmen und damit die Bemessung des nachehel. Unterhaltsanspruchs zu beeinflussen (FamRZ 1982/576). Ferner müssen Einkünfte aus einer während des Getrenntlebens aufgenommenen unzumutbaren Tätigkeit außer Betracht bleiben, weil sie die Lebensverhältnisse der Ehegatten nicht dauerhaft prägen und damit als Maßstab für den nachehel. Unterhalt ungeeignet sind (FamRZ 1983/146, 149).

Unter diese Fallgruppen läßt sich der vorliegende Sachverhalt jedoch nicht einordnen. Eine außergewöhnliche Entwicklung der Einkommensverhältnisse im dargelegten Sinne liegt weder beim Ehemann noch bei der Ehefrau vor. Der Ehemann war nach der Trennung unverändert in derselben beruflichen Stellung wie vorher erwerbstätig. Die Ehefrau hat zwar ihre Halbtagstätigkeit als Verwaltungsangestellte während des Getrenntlebens zu einer Ganztagstätigkeit ausgeweitet. Dies geschah jedoch, nachdem ihre Tochter 16 Jahre alt geworden war. Das Heranwachsen eines Kindes in dieses Alter eröffnet dem das Kind betreuenden Elternteil in aller Regel die Möglichkeit, eine Vollzeitbeschäftigung aufzunehmen, von der auch vielfach Gebrauch gemacht wird. Wenn auch hier die bereits halbtags berufstätig gewesene Ehefrau diese Möglichkeit genutzt hat, kann darin weder eine unerwartete, vom Normalverlauf erheblich abweichende Entwicklung noch die Aufnahme einer unzumutbaren Tätigkeit gesehen werden (FamRZ 1982/360, 361).

(Prägung der ehelichen Verhältnisse durch eine in Erfüllung seiner Obliegenheit aufgenommene Erwerbstätigkeit des Berechtigten)

§ 1361 II BGB verweist den getrennt lebenden Ehegatten darauf, „seinen Unterhalt" durch eine **b**
Erwerbstätigkeit selbst zu verdienen, wenn ihm dies nach den gegebenen Verhältnissen zumutbar ist. Diese Regelung gilt auch für solche Fälle, in denen der Ehegatte vor der Trennung im Einverständnis des anderen Ehepartners keiner oder nur einer eingeschränkten Erwerbstätigkeit nachgegangen war und bei Fortsetzung des Zusammenlebens in intakter Ehe die Erwerbstätigkeit nicht aufgenommen oder ausgeweitet hätte. Dem getrennt lebenden Ehegatten wird insoweit nach der Trennung eine gesteigerte Eigenverantwortung auferlegt, seinen Unterhaltsbedarf durch die Aufnahme oder Ausweitung einer Erwerbstätigkeit selbst zu decken. Wenn ein Ehegatte in einem solchen Fall dieser Obliegenheit nachkommt, kann dies nicht gleichzeitig zur Folge haben, daß die Einkünfte aus der Erwerbstätigkeit auch die ehel. Lebensverhältnisse und damit das Maß des Unterhalts mitbestimmen; insoweit ist es an den Ausführungen des Senatsurteils v. 20. 5. 1981 (FamRZ 1981/752, 754 f.) festzuhalten. Andererseits schließt das Bestehen einer Erwerbsobliegenheit nach § 1361 II BGB nicht aus, daß die Erwerbstätigkeit zugleich den ehel. Lebensverhältnissen entspricht und danach auch auf das Maß des Unterhalts von Einfluß ist. Es müßte auf Unverständnis stoßen, wenn bei der Bestimmung der ehel. Lebensverhältnisse ein Einkommen aus einer schon während des Zusammenlebens der Eheleute geplanten oder doch vorauszusehenden Erwerbstätigkeit nur deshalb außer Betracht

bleiben sollte, weil es nicht erst nach, sondern schon vor der Aufnahme oder Ausweitung der Erwerbstätigkeit zur Trennung gekommen ist.

(Zur Beweislast für die Gestaltung der ehelichen Lebensverhältnisse)

c Für die Frage, ob und inwieweit die Erwerbstätigkeit nicht nur einer Erwerbsobliegenheit nach § 1361 II BGB, sondern zugleich auch den ehelichen Lebensverhältnissen entspricht und damit das Maß des Unterhalts mitbestimmt, kommt es entscheidend darauf an, ob die Aufnahme oder Ausweitung der Erwerbstätigkeit in der Ehe angelegt war und damit auch ohne die Trennung erfolgt wäre. Die Entscheidung hierüber ist vom Tatrichter unter Würdigung aller Umstände des Einzelfalles zu treffen. Läßt sich nicht feststellen, daß die Erwerbstätigkeit auch ohne Trennung aufgenommen oder ausgeweitet worden wäre, so müssen die daraus erzielten Einkünfte bei der Bemessung des Unterhaltsbedarfs außer Betracht bleiben, da der Unterhaltskläger die Beweislast für die Gestaltung der ehelichen Lebensverhältnisse trägt, nach denen sich sein Unterhalt bemißt.

(Verwirklichung eines Lebensplans nach Trennung, aber vor Scheidung)

d Nach diesen Grundsätzen kann das angefochtene Urteil keinen Bestand haben. Bei Anwendung der Differenzmethode, die als solche aus Rechtsgründen nicht zu beanstanden ist, ist nicht von den Einkünften auszugehen, die die Ehegatten im Zeitpunkt der Trennung bezogen haben. Vielmehr ist die weitere Einkommensentwicklung bei beiden Ehegatten zu berücksichtigen. Auf seiten der Ehefrau bedarf es dabei der Prüfung, ob sie ihre Halbtagstätigkeit auch ohne die Trennung zu einer Ganztagstätigkeit ausgeweitet hätte. Das OLG hat insoweit zwar ausgeführt, daß die Ehefrau erst infolge der Trennung und mit Blick auf die bevorstehende Scheidung ihre Erwerbstätigkeit ausgeweitet habe. Indessen läßt das Berufungsurteil nicht erkennen, daß es sich dabei um das Ergebnis einer Würdigung der Umstände des Einzelfalles handelt. In diesem Zusammenhang ist, wie die Revision zu Recht geltend macht, insbesondere der Umstand von Bedeutung und in die tatrichterliche Würdigung einzubeziehen, daß die Ausweitung der – bereits seit mehreren Jahren ausgeübten – Halbtagsbeschäftigung zu einer Ganztagstätigkeit erfolgte, nachdem dies durch das Heranwachsen der Tochter der Parteien möglich geworden war. Führt die tatrichterliche Würdigung zu dem Ergebnis, daß die Ehefrau ihre Erwerbstätigkeit auch ohne die Trennung ausgeweitet hätte, sobald wie dies durch das Heranwachsen der Tochter ermöglicht wurde, so ist das Einkommen der Ehefrau aus der Ganztagstätigkeit in die Differenzrechnung einzustellen. Andernfalls ist insoweit auf das (der Entwicklung bis zum Zeitpunkt der Scheidung bzw. der letzten mündlichen Verhandlung vor dem Tatrichter entsprechende) Einkommen aus einer Halbtagstätigkeit abzuheben.

(Trennungsbedingter Mehrbedarf in Mangelfällen und Differenzmethode; kein pauschaler Zuschlag, sondern konkrete Darlegungen und Feststellungen nötig; Schätzung nach § 287 ZPO)

e Das OLG hat die Mehrkosten, die die Aufrechterhaltung des ehel. Lebensstandards infolge der Haushaltstrennung verursacht, mit einem pauschalen Zuschlag von 10 % zu dem nach der Differenzmethode ermittelten Unterhalt berücksichtigt. Dies steht nicht in Einklang mit der Rechtsprechung des Senats. Wenn bei einer Doppelverdienerehe der Unterhaltsanspruch des weniger verdienenden Ehegatten nach der Differenzmethode ermittelt wird, so ist in sog. Mangelfällen, in denen für die Deckung des durch die Trennung eintretenden erhöhten Bedarfs nicht mehr Mittel zur Verfügung stehen als für die Bedarfsdeckung während des Zusammenlebens, die Differenzmethode jedenfalls bei durchschnittlichen Einkommen regelmäßig geeignet, auch dem beiderseitigen Mehrbedarf angemessen Rechnung zu tragen. Andernfalls muß der Mehrbedarf gegebenenfalls vom Unterhaltsgläubiger konkret dargelegt und vom Tatrichter unter Berücksichtigung der Umstände des einzelnen Falles festgestellt werden, wobei es ihm allerdings nicht verwehrt ist, unter Zuhilfenahme allgemeiner Erfahrungssätze nach § 287 ZPO zu verfahren (FamRZ 1982/255, 257 – FamRZ 1983/886, 887).

(Aufwendungen zur Vermögensbildung, wie z. B. Lebensversicherungen, stehen für den laufenden Lebensbedarf nicht zur Verfügung und mindern das prägende Einkommen; bei trennungsbedingtem Mehrbedarf darf die Vermögensbildung nicht einseitig fortgesetzt werden; Ansparungen für Bedarfsgüter sind keine Vermögensbildung)

f Das OLG hat von dem in die Differenzberechnung einbezogenen Nettoeinkommen des Ehemannes einen Betrag von monatlich 500 DM unberücksichtigt gelassen mit der Begründung, der Ehemann habe laufend mindestens diesen Betrag für Vermögensbildung und für persönliche, nicht dem normalen Lebensbedarf zurechenbare Anschaffungen und Ausgaben abgezweigt. An tatsächlichen Feststellungen liegt dem zugrunde, daß der Ehemann monatlich 113 DM für Lebensversicherungen aufgewendet und in den Jahren ab 1972 größere Geldbeträge für die Anschaffung einer Foto- und einer Filmausrüstung, eines Wohnwagens, eines Pkw, zweier Motorräder und eines Orgelbausatzes ausgegeben hatte (FamRZ 1981/890 f.).

Daran ist im Ansatz nicht zu beanstanden, daß das OLG den für die Lebensversicherungen aufge-

Anhang R. Rechtsprechung R189

wendeten Betrag von monatlich 113 DM bei der Unterhaltsbemessung nicht berücksichtigt hat. Insoweit handelte es sich um Aufwendungen zur Vermögensbildung in einer nach den Lebensverhältnissen der Ehegatten angemessenen Höhe, die nach der Lebensführung der Parteien schon während ihres Zusammenlebens nicht für den laufenden Lebensbedarf zur Verfügung standen (FamRZ 1980/ 665, 669; FamRZ 1983/678, 679). Wenn allerdings der in der Ehe erreichte Lebensstandard wegen des trennungsbedingten Mehrbedarfs durch die zur Verfügung stehenden Mittel nicht mehr voll gedeckt wäre, könnte es dem Ehemann nicht mehr gestattet werden, nach der Scheidung die Vermögensbildung einseitig zu seinen Gunsten fortzusetzen und sich gegenüber der Ehefrau auf mangelnde Leistungsfähigkeit zu berufen.

Schon im Ansatz nicht gefolgt werden kann dagegen der Auffassung des OLG, daß die Mittel, die der Ehemann laufend für Anschaffungen der genannten Art aufgewendet hat, bei der Unterhaltsbemessung außer Betracht bleiben müssen. Insoweit handelt es sich, auch wenn die angeschafften Gegenstände einen höheren Vermögenswert haben, nicht um Vermögensbildung, sondern um Aufwendungen für Bedarfsgüter, die der Lebensführung dienen und deren Wert mit zunehmendem Gebrauch laufend abnimmt. Eine Vermögensbildung in entsprechender Höhe wäre auch nach den Verhältnissen der Parteien objektiv nicht geboten gewesen. Unabhängig davon, ob die in Frage stehenden Anschaffungen mehr den Interessen und Neigungen des Ehemannes oder denjenigen der Ehefrau entsprangen, sind die dafür aufgewendeten Beträge den Kosten der Lebenshaltung zuzurechnen und bei der Bemessung des nachehel. Unterhalts mit zu berücksichtigen (FamRZ 83/670).

BGH v. 30. 11. 1983 – IVb ZR 31/82 – FamRZ 84, 163 = NJW 1984, 868

(Voraussetzungen des Verzugs)   R189

Nach Meinung der Revision läßt das Schreiben vom 27. 6. 1980 bereits die vom BerGer. angenommene Erklärung vermissen, daß die Kl. vom Bekl. Unterhalt verlange. Ob dieser Angriff gegen die dem Tatrichter vorbehaltene Auslegung des Schreibens, die im Revisionsrechtszug nur auf Verstöße gegen gesetzliche Auslegungsregeln, Denkgesetze, Erfahrungssätze oder Verfahrensvorschriften überprüft werden kann (vgl. BGH, LM § 550 ZPO Nr. 5), letztlich durchgreift, braucht nicht geprüft zu werden, da sich die Auffassung des BerGer., daß das Schreiben vom 27. 6. 1980 eine Mahnung enthalte, jedenfalls aus einem anderen Grunde als rechtlich unzutreffend erweist.   a

Wie der Senat – nach Erlaß der Berufungsentscheidung – mit Urteil vom 26. 5. 1982 (NJW 1982, 1983 = FamRZ 1982, 887 (890)) entschieden und seitdem mehrfach bestätigt hat (FamRZ 1983, 51 (52 f.); Urt. v. 23. 3. 1983 – IVb ZR 370/81 – nicht veröff.; vgl. auch Urt. NJW 1983, 2318 = FamRZ 1983, 352 (354)), ergibt sich aus dem Erfordernis der bestimmten und eindeutigen Leistungsaufforderung für den Bereich familienrechtlicher Unterhaltsschulden, daß die Mahnung des Unterhaltsberechtigten die geschuldete Leistung der Höhe nach genau bezeichnen muß. Mit diesem Standpunkt, der im Schrifttum Gefolgschaft gefunden hat (vgl. Mutschler, in: RGRK, 12. Aufl., § 1613 Rdnr. 5; Köhler, Hdb. des UnterhaltsR, 6. Aufl., Rdnr. 137 unter Aufgabe der in der Vorauflage vertretenen abweichenden Meinung – vor der Entscheidung des Senats bereits ebenso Göppinger, UnterhaltsR, 4. Aufl., Rdnr. 1303; Hoffmann-Stephan, EheG, 2. Aufl., § 64 Rdnr. 13; Rolland, 1. EheRG, 2. Aufl., § 1585b Rdnr. 2; Schwab, Hdb. des ScheidungsR, Rdnr. 401; Soergel-Lange, BGB, 12. Aufl., § 1613 Rdnr. 3), steht die angefochtene Entscheidung nicht in Einklang.

Allerdings kann das Erfordernis, den beanspruchten Betrag in der dargelegten Weise zu konkretisieren, nicht bedeuten, daß es ausnahmslos einer ziffernmäßigen Angabe bedürfte. Vielmehr kommt es darauf an, daß nach dem Inhalt der Mahnung und den gesamten Umständen des Falles für den Unterhaltsschuldner klar ist, welchen genauen Unterhaltsbetrag der Gläubiger von ihm fordert. Ob es dazu ausreicht, daß dem unterhaltspflichtigen Vater, wie vom OLG Karlsruhe (FamRZ 1980, 917 (928)) entschieden, mit der Leistungsaufforderung Richtsätze für den Unterhaltsanspruch ehelicher Kinder mitgeteilt werden, so daß er in der Lage ist, anhand der Richtsätze die Unterhaltsrente zu errechnen, kann hier offenbleiben. Jedenfalls geht es aber zu weit, wenn das OLG Frankfurt (FamRZ 1980, 1149), dem sich das BerGer. insoweit ausdrücklich angeschlossen hat, ausführt, es genüge, wenn der unterhaltspflichtige Elternteil, dem das Kindesalter und sein eigenes Nettoeinkommen als für die Unterhaltsbemessung maßgebliche Faktoren bekannt seien, imstande sei, zumindest unter Inanspruchnahme fachkundiger Hilfe oder Beratung den geschuldeten Unterhalt ziffernmäßig zu ermitteln (abl. auch: Mutschler, in: RGRK, § 1613 Rdnr. 5; Soergel-Lange, § 1613 Rdnr. 3). Aus demselben Grunde kann auch nicht der Ansicht geteilt werden, daß in dem Schreiben vom 27. 6. 1980 enthaltenes Zahlungsverlangen stelle trotz fehlender Bezifferung eine Mahnung dar, weil der Bekl. das Alter der Kl. gekannt habe und es ihm möglich gewesen sei, den in der Regelunterhalt-Verordnung für ein nichteheliches Kind der entsprechenden Altersstufe festgesetzten Regelbedarf als durch § 1610 III BGB festgelegten Mindestbedarf eines ehelichen Kindes und damit als den an die Kl. zu zahlenden Unterhaltsbetrag festzustellen. Eine derartige Beurteilung überspannt die Anforderungen, die an den Bekl. gestellt werden können.

Hiernach kann in dem Schreiben des Jugendamts vom 27. 6. 1980 keine den Bekl. in Verzug setzende Mahnung gesehen werden. Da die Feststellungen auch sonst nicht ergeben, daß der Bekl. in der Zeit vom 1. 6. bis 14. 11. 1980 mit der Erfüllung seiner Unterhaltspflicht in Verzug gewesen ist, kann das angefochtene Urteil nicht bestehen bleiben.

(Schadensersatzpflicht bei Nichterteilung einer Auskunft)

b Der Senat ist nicht in der Lage, in der Sache abschließend zu entscheiden. Nach dem Urteilstatbestand, der auf den vorgetragenen Inhalt der Schriftsätze der Parteien Bezug nimmt, hat die Kl. ihren Klageanspruch in der Berufungsinstanz auch darauf gestützt, daß der Bekl. in der fraglichen Zeit trotz Aufforderung und Fristsetzung durch das Schreiben des Jugendamtes vom 27. 6. 1980 seiner Verpflichtung zur Auskunfterteilung über seine Einkünfte (§ 1605 I 1 BGB) bewußt nicht nachgekommen sei und sich dadurch schadensersatzpflichtig gemacht habe. Hiernach ist die Sache nicht zur Endentscheidung reif. Gerät der nach § 1605 I 1 BGB Auskunftspflichtige – was hier in Betracht kommt – mit der Erteilung der Auskunft in Verzug, so kann das zur Schadensersatzpflicht führen.

BGH v. 1. 12. 83 – IVb ZR 41/83 – FamRZ 84, 144 = NJW 84, 484

R190 *(Anspruch auf Auskunft, auf ergänzende Auskunft und auf Abgabe einer eidesstattlichen Versicherung)*

Nach der Beendigung des Güterstandes – hier durch Scheidung – ist jeder Ehegatte verpflichtet, dem anderen über den Bestand seines Endvermögens Auskunft zu erteilen (§ 1379 I S. 1 BGB). Die Auskunft ist gemäß § 260 I BGB durch Vorlage eines schriftlichen Bestandsverzeichnisses zu geben; es muß – bezogen auf den Zeitpunkt der Zustellung des Scheidungsantrags (§ 1384 BGB) – eine geordnete und für den Auskunftsberechtigten nachprüfbare Zusammenstellung der dem Zugewinnausgleich unterliegenden Vermögensgegenstände und Verbindlichkeiten des Auskunftspflichtigen enthalten, die dem Berechtigten als Grundlage für die Berechnung des Zugewinnausgleichs dienen kann. Besteht Grund zu der Annahme, daß das Verzeichnis nicht mit der erforderlichen Sorgfalt aufgestellt worden ist, so hat der Verpflichtete – ausgenommen in Angelegenheiten von geringer Bedeutung (§§ 260 III, 259 III BGB) – auf Verlangen an Eides Statt zu versichern, daß er nach bestem Wissen den Bestand seines Endvermögens so vollständig angegeben habe, als er dazu imstande sei (§ 260 II BGB). Davon geht das OLG zutreffend aus.

Rechtlichen Bedenken begegnet seine Auffassung, die Voraussetzungen des § 260 II BGB lägen vor, weil das Vermögensverzeichnis der AGg. mit zwei Ausnahmen den ihr gehörenden Hausrat und die Gegenstände ihres persönlichen Bedarfs nicht aufführe.

Die Feststellung, das Vermögensverzeichnis sei in einzelnen Punkten unvollständig oder unrichtig, ist für sich weder erforderlich noch ausreichend, um die Verpflichtung zur Abgabe der eidesstattlichen Versicherung zu begründen. Maßgebend ist allein, ob Grund zu der Annahme besteht, der Verpflichtete habe das Verzeichnis nicht mit der erforderlichen Sorgfalt aufgestellt. Dieser Verdacht kann begründet sein, auch wenn inhaltliche Mängel des Verzeichnisses nicht festgestellt sind.

Andererseits begründet die Feststellung, das Verzeichnis sei in einzelnen Punkten unvollständig oder unrichtig, nicht ohne weiteres die Annahme mangelnder Sorgfalt. Der in solchen Fällen zunächst gegebene Verdachtsgrund ist entkräftet, wenn den Umständen nach anzunehmen ist, daß die mangelhafte Auskunft auf unverschuldeter Unkenntnis oder auf einem entschuldbaren Irrtum des Auskunftspflichtigen beruht; in einem solchen Fall kommt nur ein Anspruch auf ergänzende Auskunft in Betracht. Die auf einen inhaltlichen Mangel des Vermögensverzeichnisses gegründete Verurteilung zur Abgabe der eidesstattlichen Versicherung setzt deshalb neben der Unvollständigkeit oder Unrichtigkeit des Verzeichnisses die Feststellung voraus, daß sich die Unvollständigkeit oder Unrichtigkeit bei gehöriger Sorgfalt hätte vermeiden lassen.

Ob der Verpflichtete die Auskunft mit der erforderlichen Sorgfalt erteilt hat, ist im wesentlichen Tatfrage. In der Revisionsinstanz kann nur geprüft werden, ob die Erwägungen des OLG von Rechtsirrtum beeinflußt und ob die von der Revision erhobenen Verfahrensrügen begründet sind.

Für Gegenstände des persönlichen Bedarfs besteht eine gesetzliche Ausnahme nicht. Die Auffassung der Revision, nur Wertobjekte, nicht aber einfache Gebrauchsgegenstände des täglichen Lebens fielen in den Zugewinnausgleich, findet im Gesetz insoweit keine Stütze, als es sich um Positionen von wirtschaftlichem Wert handelt. Es ist nicht zu verkennen, daß sich dadurch unerfreuliche und wirtschaftlich wenig ergiebige Streitigkeiten über den maßgeblichen Vermögensbestand entwickeln können, die das ohnehin oft langwierige Verfahren über den Zugewinnausgleich zusätzlich belasten. Dem läßt sich jedoch nur dadurch begegnen, daß der Tatrichter im Einzelfall die Darlegungs- und Beweisregeln – insbesondere im Rahmen des § 287 ZPO – in einer auch dem wirtschaftlichen Gewicht des jeweiligen Streitpunktes angemessenen Weise handhabt.

Auch im Auskunftsverfahren nach § 1379 BGB einschließlich des Verfahrens auf Abgabe der eidesstattlichen Versicherung ist Kleinlichkeit zu vermeiden (vgl. §§ 259 III, 260 III BGB). Wie auch

Anhang R. Rechtsprechung

sonst, können Sachgesamtheiten und Inbegriffe von Gegenständen im Vermögensverzeichnis als solche aufgeführt werden, wenn und soweit der Verzicht auf eine detaillierte Aufschlüsselung im Verkehr üblich ist und eine ausreichende Orientierung des Auskunftsberechtigten nicht verhindert. An die Aufschlüsselung können um so geringere Anforderungen gestellt werden, je eher bei dem Empfänger der Auskunft Kenntnis der persönlichen Habe des Verpflichteten vorausgesetzt werden kann (so, wenn zwischen der Trennung und der Zustellung des Scheidungsantrages – wie hier – nur ein kurzer Zeitraum liegt). Wertvolle Gegenstände (z. B. wertvoller Schmuck, Pelze) sind in jedem Fall einzeln anzugeben. Vorbehaltlich einer anderweitigen Vereinbarung (dazu unten dd) geht es jedoch nicht an, die Gegenstände des persönlichen Bedarfs im Vermögensverzeichnis vollständig zu übergehen.

Schon danach kann nicht ohne weiteres angenommen werden, die AGg. habe Hausrat verschwiegen, auf den sich die Auskunftspflicht bezieht. Der ASt. behauptet nicht, daß ihr am Stichtag Gegenstände gehörten, die als Kapitalanlage oder dem Beruf dienten oder für das Getrenntleben bestimmt waren. Das OLG nimmt zwar an, sie sei Alleineigentümerin von Hausratsgegenständen gewesen; das hatte sie im Hausratsverfahren behauptet. Der für die Voraussetzungen des § 260 II BGB darlegungspflichtige ASt. hat jedoch dort wie auch im vorliegenden Rechtsstreit vorgetragen, der Hausrat habe im Miteigentum der Parteien gestanden; er hat demgemäß nur bemängelt, daß die AGg. ihre Miteigentumsanteile an den Haushaltsgegenständen nicht in ihr Vermögensverzeichnis aufgenommen habe. Dazu war sie, wie dargelegt, nicht verpflichtet. Das Berufungsurteil steht insoweit nicht im Einklang mit dem eigenen Vorbringen des ASt.

BGH v. 14. 12. 83 – IVb ZR 29/82 – FamRZ 84, 988
(Zur Beweislast für Voraussetzungen des Unterhaltsanspruchs; zum Zeitpunkt der Beurteilung der maßgeblichen Verhältnisse; zu Voraussetzungen § 1575 II BGB)

R191

Wenn das Gericht im Rahmen eines Verbundverfahrens über den nachehelichen Unterhalt als Folgesache entscheidet, befindet es über einen erst in der Zukunft, nämlich mit Rechtskraft des Scheidungsurteils, entstehenden Anspruch (FamRZ 81/242, 243). Ebenso wie bei der Verurteilung zur Zahlung einer Unterhaltsrente aufgrund eines schon bestehenden Anspruchs (FamRZ 82/259, 260) muß das Gericht dabei eine Prognose der zukünftigen Entwicklung der für den Unterhaltsanspruch maßgebenden Verhältnisse anstellen und seiner Entscheidung zugrunde legen. Im vorliegenden Fall mußte das OLG im Rahmen dieser Prognose nicht schon deshalb von der Unterhaltsbedürftigkeit der Ehefrau ausgehen, weil feststand, daß sie ihre Stelle bei der Universität verlieren würde. Für den Eintritt der Unterhaltsbedürftigkeit ist es nicht entscheidend, daß eine bestimmte, insbesondere die bisherige Erwerbstätigkeit nicht mehr ausgeübt werden kann. Die Bedürftigkeit setzt vielmehr erst ein, wenn der geschiedene Ehegatte überhaupt keine angemessene Erwerbstätigkeit i. S. des § 1574 BGB zu finden vermag (§ 1573 I BGB). Wenn sich dies nicht absehen läßt, darf das Gericht, auch wenn der künftige Verlust des bisherigen Arbeitsplatzes feststeht, nicht vom Eintritt der Bedürftigkeit ausgehen. Das verbietet sich schon deshalb, weil der Unterhalt begehrende Ehegatte die Beweislast für die Voraussetzungen des Unterhaltsanspruchs und damit auch für den Eintritt der Unterhaltsbedürftigkeit trägt. Daß die Ehefrau insoweit ihrer Darlegungs- und Beweislast ausreichend nachgekommen wäre, ist nicht geltend gemacht worden. Auch sonst sind keine Umstände ersichtlich, die die tatrichterliche Beurteilung des OLG, daß sich die Entwicklung insoweit nicht mit ausreichender Sicherheit vorhersehen lasse, rechtsfehlerhaft erscheinen ließen. In Fällen, in denen sich die künftige Entwicklung der maßgebenden Verhältnisse nicht mit hinreichender Sicherheit voraussehen läßt, wird es in Rechtsprechung und Literatur für angemessen erachtet, der Entscheidung die gegenwärtig bestehenden Verhältnisse zugrunde zu legen und es den Parteien zu überlassen, bei anderweitiger Entwicklung der Verhältnisse Abänderungsklage nach § 323 ZPO zu erheben. Als Alternative wird erwogen, eine endgültige Sachentscheidung für den Zeitraum, für den sich die Entwicklung noch nicht vorhersehen läßt, zu unterlassen. Wenn über den nachehelichen Unterhalt im Scheidungsverbundverfahren zu entscheiden ist, kommt nur die erstere Lösung in Frage, da nach Wortlaut und Sinn des Gesetzes die Regelung der Folgesachen zusammen mit der Scheidung vorzunehmen ist, ohne Rücksicht darauf, wie sicher sich die künftige Entwicklung im Einzelfall absehen läßt. Dementsprechend hat der Senat bereits mehrfach entschieden, daß für die Beurteilung der im Zeitpunkt der Rechtskraft der Scheidung gegebenen ehelichen Lebensverhältnisse einschließlich der Einkommensverhältnisse der Parteien auf die Lage zur Zeit der letzten mündlichen Verhandlung vor dem Tatrichter abgestellt werden kann, wenn die künftige Entwicklung noch nicht vorhersehbar ist (FamRZ 82/892 und FamRZ 83/144, 145).

Auch die Entscheidung des OLG, daß die Voraussetzungen des Unterhaltsanspruchs nach § 1575 II BGB nicht dargetan seien, enthält keinen Rechtsfehler zum Nachteil der Ehefrau.

Dem Urteil ist nicht eindeutig zu entnehmen, ob das OLG davon ausgegangen ist, daß die Ehefrau ohne Studium und Promotion eine Dozententätigkeit an einer Universität nicht auf Dauer werde ausüben können. Selbst wenn dies der Fall wäre, könnte in der fehlenden beruflichen Qualifikation der Ehefrau für diese Tätigkeit nicht unmittelbar ein ehebedingter Nachteil gesehen werden; denn auch ohne die Eheschließung hätte die Ehefrau kein Studium mit Promotion in der BRD durchlaufen und abgeschlossen. Für die Beurteilung, ob die Ehefrau durch die Ehe berufliche, durch Fortbildung ausgleichsfähige Nachteile erlitten hat, ist vielmehr die berufliche Stellung, die sie ohne die Eheschließung in der Sowjetunion innehaben könnte, mit derjenigen zu vergleichen, die ihr in der BRD (ohne Fortbildung) offensteht. Ein Nachteil wäre dabei gegeben, wenn die berufliche Tätigkeit in der BRD der Ehefrau nur einen geringeren Lebensstandard ermöglichen würde als die zu vergleichende berufliche Tätigkeit in der Sowjetunion. Die Betrachtung kann aber nicht auf diesen materiellen Gesichtspunkt beschränkt bleiben. Unabhängig vom finanziellen Ertrag der beruflichen Tätigkeit läge ein Nachteil auch dann vor, wenn die Berufstätigkeit in der BRD der Ehefrau keine angemessene Entfaltung ihrer Fähigkeiten und Kenntnisse verschaffen würde. Daß bei der Betrachtung auch auf derartige Belange Rücksicht genommen werden muß, ergibt sich aus dem Rechtsgedanken des § 1574 II BGB. Ebenso wie dort für die Zumutbarkeit einer Erwerbstätigkeit auf Ausbildung und Fähigkeiten des Ehegatten Rücksicht genommen wird, muß dies auch im Rahmen des § 1575 I BGB geschehen. Unter beiden Gesichtspunkten ist es jedoch nicht zu beanstanden, daß das OLG den Eintritt eines Nachteils zu Lasten der Ehefrau, die insoweit die Beweislast trägt, als nicht feststehend erachtet hat. Wie bereits dargelegt, konnte das OLG rechtsfehlerfrei seiner Entscheidung zugrunde legen, daß die Ehefrau ein Einkommen, wie sie es im Zeitpunkt der Berufungsverhandlung erzielte, auch weiterhin erzielen werde. Daß ihr dieses Einkommen einen geringeren Lebensstandard als das Einkommen aus einer Erwerbstätigkeit in der Sowjetunion ermöglicht, hat die Ehefrau nicht geltend gemacht. Sie hat der Behauptung des Ehemannes, daß sie in der BRD wesentlich mehr verdiene, als sie in der Sowjetunion verdienen könne, nicht widersprochen. Die Frage, ob die beruflichen Tätigkeiten, die der Ehefrau ohne Fortbildung offenstehen, ihr eine ausreichende berufliche Entfaltung ermöglichen, ist – ebenso wie die Angemessenheit einer Erwerbstätigkeit nach § 1574 II BGB – unter Zumutbarkeitskriterien zu beantworten. Eine optimale berufliche Erfüllung kann nicht verlangt werden. Danach enthält es keinen Rechtsfehler, wenn das OLG der Ehefrau zugemutet hat, sich nicht auf eine Tätigkeit als Dozentin zu beschränken, sondern auch andere Stellungen anzunehmen, in denen sie ihre Sprachkenntnisse angemessen verwerten kann. Davon, daß sie eine solche Stellung ohne Fortbildung nicht finden könne, mußte das OLG nach dem Sach- und Streitstand nicht ausgehen.

(Bemessung des Aufstockungsunterhalts bei der Doppelverdienerehe; Grundsatz der gleichmäßigen Teilhabe am Lebensstandard und Quotenunterhalt; Bemessung nach den für den laufenden Lebensbedarf aufgewendeten Mitteln, zuzüglich eines trennungsbedingten Mehrbedarfs; Aufstockungsunterhalt in Höhe von 160 DM kann nicht wegen Geringfügigkeit vernachlässigt werden)

b Die Revision hat dagegen insoweit Erfolg, als das OLG der Ehefrau einen Anspruch auf Aufstockungsunterhalt nach § 1573 II BGB versagt hat:
Das Maß des nachehel. Unterhalts bestimmt sich gemäß § 1578 I BGB nach den ehel. Lebensverhältnissen, die im allgemeinen durch das Einkommen der Ehegatten geprägt werden. In einer Doppelverdienerehe, wie sie hier vorliegt, werden die ehel. Lebensverhältnisse durch die Einkommen beider Ehegatten bestimmt. Bei der Aufteilung der Einkommen ist grundsätzlich jedem Ehegatten die Hälfte zuzubilligen, denn beide nehmen am ehel. Lebensstandard in gleicher Weise teil. Abweichungen vom Grundsatz der gleichmäßigen Teilhabe bedürfen besonderer Gründe. Nicht zu beanstanden ist insoweit etwa die nach den Richtsätzen und Leitlinien der Oberlandesgerichte übliche Praxis, dem erwerbstätigen Ehegatten eine maßvoll höhere Quote seines Einkommens zu belassen, weil sie den mit einer Berufstätigkeit verbundenen besonderen Aufwand berücksichtigt und zugleich dazu beiträgt, den Anreiz zur Erwerbstätigkeit zu erhalten (FamRZ 1982/894, 895 m. w. N.).
Die Tatsache, daß der Unterschied zwischen den Einkommen der Ehegatten, den das OLG errechnet hat, im vorliegenden Fall nicht mehr als 380 DM beträgt, kann für sich allein nicht rechtfertigen, unter Durchbrechung des Grundsatzes der gleichmäßigen Teilhabe diesen Betrag allein dem Ehemann zugute kommen zu lassen. Bei hälftiger Aufteilung würden davon auf die Ehefrau monatl. 190 DM entfallen. Auch wenn den Ehegatten nach den Richtsätzen der Praxis von ihren Erwerbseinkommen jeweils eine maßvoll höhere Quote belassen würde, läge der Aufstockungsunterhalt noch in einer Größenordnung, die nicht vernachlässigt werden kann. So würde sich beispielsweise bei Zugrundelegung der Sätze der in der Praxis am meisten verbreiteten Düsseldorfer Tabelle (Stand 1. 1. 1982: FamRZ 1981/1207) ein Unterhaltsanspruch in Höhe von mehr als 160 DM ergeben.
Allerdings wäre es nach der Größenordnung der Einkommen der Parteien möglich, daß diese im Rahmen einer angemessenen Lebensführung die beiderseitigen Einkommen nicht voll zur Deckung des laufenden Lebensbedarfs (einschließlich der Ansparungen für größere Anschaffungen) verbraucht, sondern einen Teil davon der Vermögensbildung zugeführt haben (FamRZ 1983/678 f.). Ein Anspruch auf Aufstockungsunterhalt könnte sich in diesem Fall nur nach Maßgabe der in der Ehe

Anhang R. Rechtsprechung

für den laufenden Lebensbedarf aufgewendeten Mittel zuzüglich des trennungsbedingten Mehrbedarfs der Ehefrau ergeben. Ob unter diesem Gesichtspunkt ein Anspruch auf Aufstockungsunterhalt ausscheidet, kann der Senat indessen nicht beurteilen, weil das OLG hierzu keine tatsächlichen Feststellungen getroffen hat.

(Zumutbarkeit der Inanspruchnahme öffentlicher Verkehrsmittel)

Zu Unrecht hat das OLG bei der Ermittlung des anrechenbaren Einkommens des Ehemannes die Betriebskosten von dessen Pkw mit monatlich 800 DM in voller Höhe abgesetzt. Bei Nettoeinkommen der vorliegenden Größenordnung (Mann 3100 DM und Frau 2700 DM) ist die Haltung eines Pkw den ehelichen Lebensverhältnissen zuzurechnen. Für die berufsbedingten Fahrten zur Arbeitsstätte können dann nicht die gesamten Betriebskosten, sondern allenfalls die durch diese Fahrten entstehenden Mehrkosten vom Einkommen abgezogen werden. Wenn auch diese Kosten noch einen unverhältnismäßig großen Teil des Einkommens in Anspruch nehmen, bedarf es der Prüfung, ob nach den Umständen des Falles nicht die Inanspruchnahme öffentlicher Verkehrsmittel zumutbar ist und dadurch die Fahrtkosten gesenkt werden können (FamRZ 82/360, 362).

BGH v. 14. 12. 83 – IVb ZR 38/82 – FamRZ 84, 364

(Keine Prägung der ehelichen Lebensverhältnisse durch Einkommen aus unzumutbarer Erwerbstätigkeit)

Das OLG hat die ehelichen Lebensverhältnisse, die nach § 1578 I BGB für den vollen Unterhaltsbedarf maßgebend sind, im Grundsatz zu Recht an den wirtschaftlichen Verhältnissen zur Zeit der Scheidung gemessen (FamRZ 82/360 und FamRZ 82/576). Bedenken bestehen jedoch, soweit es der Bestimmung der ehelichen Lebensverhältnisse das Einkommen der Ehefrau aus ihrer ganztägigen Erwerbstätigkeit zugrunde gelegt hat, ohne zu prüfen, ob ihr diese Vollzeittätigkeit zuzumuten war. Der Senat kann nicht davon ausgehen, daß dies der Fall ist. Zur Zeit der Ehescheidung war der jüngste Sohn der Parteien erst neun Jahre alt. Die Ehefrau hatte für ihn zu sorgen. Im allgemeinen wird die Erziehung und Pflege eines Kindes dieses Alters eine – jedenfalls ganztägige – Erwerbstätigkeit der Mutter als unzumutbar erscheinen lassen (FamRZ 81/17, 18). Allerdings mögen, wie in der Revisionsverhandlung geltend gemacht worden ist, besondere Umstände in der Ehe der Parteien, die durch das sehr viel höhere Alter des Ehemannes und die – im Berufungsurteil als „einfach" bezeichneten – wirtschaftlichen Verhältnisse (FamRZ 81/17, 18 und FamRZ 82/148, 150) ihr Gepräge erhielten, unter Umständen eine abweichende Beurteilung rechtfertigen.

Wenn der Ehefrau die ganztägige Erwerbstätigkeit nicht zuzumuten war, bestehen Bedenken, bei der Ermittlung der ehelichen Lebensverhältnisse den Mehrerwerb zugrunde zu legen, den sie durch den Übergang zur Vollzeitarbeit erzielt hat. Denn das zur Zeit der Scheidung bezogene Arbeitseinkommen bestimmt die ehelichen Lebensverhältnisse nur insoweit, wie es sich um nachhaltig erzielte, dauerhafte Einkünfte handelt, die den ehelichen Lebensstandard prägen (FamRZ 82/255, 257 und FamRZ 82/576, 577). Von derartig dauerhaften Einkünften kann nicht ausgegangen werden, soweit sie aus einer unzumutbaren Tätigkeit stammen. Die Kennzeichnung einer Tätigkeit als unzumutbar bedeutet, daß derjenige, der sie ausübt, unterhaltsrechtlich nicht gehindert ist, sie jederzeit wieder zu beenden, gleichgültig ob er – wie hier die Ehefrau – Unterhaltsschuldner ist und dadurch möglicherweise seine Leistungsfähigkeit herabsetzt oder ob er sich in der Rolle des Unterhaltsgläubigers befindet und seine Bedürftigkeit erhöht. Das hat der Senat (FamRZ 83/146, 149) für einen Fall entschieden, in dem die unzumutbare Tätigkeit während der Trennung der Parteien aufgenommen war. Im vorliegenden Fall ist die Ehefrau nach ihrem unwidersprochenen Vortrag zwar vor der Trennung, aber erst zur Zeit der Einreichung der Scheidungsklage, auf die die Ehe geschieden worden ist, von der zuvor halbtägigen Arbeit zur Vollzeiterwerbstätigkeit übergegangen. Zu dieser Zeit hatte sich der Ehemann nach ihrem Vorbringen bereits weithin von dem Zusammenleben mit ihr und den Kindern zurückgezogen. Die Ausdehnung der Berufstätigkeit beruhte somit nach dem Vortrag der Ehefrau anscheinend nicht auf einem gemeinsamen Entschluß der Ehegatten. Das Vorbringen der Ehefrau legt damit die Annahme nahe, daß sie sich zu der Ganztagsarbeit allein aus Gründen der Unterhaltssicherung für sich und die Kinder angesichts des bereits zutage getretenen Scheiterns der Ehe entschlossen hat. Diese Mehrarbeit ist nicht anders zu behandeln als eine nach der Trennung aufgenommene.

(Einkünfte aus einer nach der Trennung aufgenommenen oder ausgeweiteten Erwerbstätigkeit prägen nicht, wenn dies nicht auf einem gemeinsamen Entschluß der Ehegatten beruht oder nur wegen der Trennung geschehen ist)

Auch dann, wenn die Übernahme der Ganztagsbeschäftigung nicht unzumutbar war, ist der daraus herrührende Mehrverdienst nicht ohne weiteres bei der Bestimmung der ehel. Lebensverhältnisse zu berücksichtigen. Einkünfte eines Ehegatten aus einer nach der Trennung aufgenommenen oder erweiterten Erwerbstätigkeit wirken sich auf die ehel. Lebensverhältnisse nur dann aus, wenn die Arbeit ohnehin aufgenommen bzw. erweitert worden wäre (FamRZ 1984/149 ff.). Dasselbe muß im vorliegenden Fall gelten, wenn die Ehefrau ihre berufliche Tätigkeit angesichts des bereits zutage getretenen Scheiterns der Ehe ausgeweitet hat.

(Auswirkung der Sozialhilfe auf den Unterhalt)

c Sozialhilfe, die dem Unterhaltsbedürftigen geleistet wird, hat auf den Unterhaltsanspruch keinen Einfluß. Sie mindert die Bedürftigkeit nicht, weil sie den Unterhaltspflichtigen nicht von seiner Leistungspflicht befreien soll (FamRZ 81/30, 31; FamRZ 83/574). Darauf, ob der Sozialhilfeträger später von seiner Befugnis Gebrauch macht, den Unterhaltsanspruch auf sich überzuleiten, und seine Aufwendungen ersetzt verlangt, kommt es nicht an.

(„Mutwillige" Herbeiführung der Bedürftigkeit, wenn der Berechtigte ein vorhandenes Vermögen verbraucht hat. Erforderlich ist eine unterhaltsbezogene Leichtfertigkeit)

d Bei der mutwilligen Herbeiführung der Bedürftigkeit i. S. des § 1579 I Nr. 3 BGB braucht es sich nicht um ein vorsätzliches oder gar absichtliches Verhalten zu handeln, sondern es genügt eine leichtfertige Handlungsweise. Denn der Bereich der ehelichen Solidarität, den § 1579 I BGB gegen grob unbillige Unterhaltsforderungen abgrenzt, würde auch verlassen, wenn der Unterhaltspflichtige die Folgen einer leichtfertigen Herbeiführung der Bedürftigkeit durch den anderen Ehegatten unterhaltsrechtlich mittragen müßte. Allerdings muß das Verhalten zu der Unterhaltsbedürftigkeit in einer Beziehung stehen, die sich nicht in bloßer Ursächlichkeit erschöpft; erforderlich ist eine „unterhaltsbezogene" Leichtfertigkeit. Die Vorstellungen und Antriebe, die dem Verhalten zugrunde liegen, müssen sich auf die Bedürftigkeit als Folge dieses Verhaltens erstrecken. Der Unterhaltsberechtigte muß daher die Möglichkeit des Eintritts der Bedürftigkeit als Folge seines Verhaltens erkennen und im Bewußtsein dieser Möglichkeit handeln, wobei er sich unter grober Nichtachtung dessen, was jedem einleuchten muß, oder in Verantwortungs- und Rücksichtslosigkeit gegen den Unterhaltspflichtigen über die erkannte Möglichkeit nachteiliger Folgen für seine Bedürftigkeit hinwegsetzt (FamRZ 1981/1042).

Der Beurteilung des OLG, der Ehemann habe bei dem Verbrauch seines Vermögens unterhaltsbezogen gehandelt, stehen keine Bedenken entgegen. Da er aus der Substanz seines Vermögens von nicht mehr als 67 725 DM gelebt hat, hat er notwendig vorausgesehen, daß er nach der Erschöpfung dieses Vermögens unterhaltsbedürftig sein werde.

Jedoch fehlen tragfähige Feststellungen dazu, daß der Verbrauch der Mittel leichtfertig gewesen wäre. Das OLG hat dem Ehemann zugebilligt, daß er aus der Substanz des Vermögens habe leben müssen. Die ihm gemachten Vorwürfe gehen in der Sache dahin, er habe es versäumt, die ihm zugeflossenen Mittel bis zu ihrem Verbrauch noch zinsbringend anzulegen, und ihr Verbrauch sei zu schnell erfolgt.

Damit geht das OLG offenbar davon aus, daß der Ehemann gehalten gewesen sei, sein Vermögen für seinen Lebensunterhalt vollständig auszugeben, ehe er die Ehefrau auf Unterhalt habe in Anspruch nehmen können. Bereits dieser Ansatzpunkt ist nicht frei von rechtlichen Bedenken. Das OLG hätte vielmehr prüfen müssen, ob und ggfs. bis zu welchem Betrage der Ehemann überhaupt gehalten war, sein Vermögen anzugreifen, ehe er Unterhaltsansprüche erhob. Nach § 1577 III BGB braucht der Berechtigte den Stamm seines Vermögens nicht zu verwerten, soweit dies unter Berücksichtigung der beiderseitigen wirtschaftlichen Verhältnisse unbillig wäre. Insoweit können im vorliegenden Fall einerseits das Alter und der angegriffene Gesundheitszustand des Ehemannes beachtlich sein; diese Umstände legten es möglicherweise nahe, Vorkehrungen für den Fall plötzlich auftretenden erhöhten (Sonder-)Bedarfs zu treffen. Andererseits werden jedoch, weil das Gesetz die Berücksichtigung der beiderseitigen wirtschaftlichen Verhältnisse vorsieht, auch die – bisher ungeklärten – Vermögensverhältnisse der Ehefrau in die Abwägung einzubeziehen sein. Stand nämlich der Ehefrau kein Vermögen zur Verfügung, mit dem sie etwa auf ihrer Seite entstehenden Sonderbedarf decken konnte, so wird es unter Billigkeitsgesichtspunkten nicht gerechtfertigt sein, dem Ehemann zu gestatten, einen Teil seines Vermögens auf Kosten der ihm Unterhalt gewährenden Ehefrau als „Notgroschen" unangegriffen zu lassen.

Wenn das OLG bei der erneuten Prüfung zu dem Ergebnis kommt, daß der Ehemann einen bestimmten Teil seines Vermögens nicht anzugreifen brauchte, so wird der Verbrauch dieses Teils nicht als mutwillige Herbeiführung der Bedürftigkeit gewertet werden können, weil dann die unterhaltsrechtlich relevante Bedürftigkeit schon vor dem Verbrauch dieser finanziellen Reserve erreicht war.

Weil dazu noch keine Feststellungen getroffen sind, ist die angefochtene Entscheidung im Rahmen der zulässigen Anschlußrevision des Ehemannes aufzuheben, soweit zu seinem Nachteil erkannt worden ist.

Den Vorwurf, der Ehemann habe die ihm zur Verfügung stehenden Mittel zu schnell verbraucht, hat das OLG mit wechselnden Formulierungen näher zu begründen gesucht. Es hat aber die Art der dem Ehemann angelasteten, für zu aufwendig und gegenüber der potentiell unterhaltspflichtigen

Anhang R. Rechtsprechung R192

Ehefrau für rücksichtslos gehaltenen „Lebensweise" und „Lebenshaltung" nicht festgestellt. Die Beurteilung, der Ehemann habe seine Bedürftigkeit mutwillig herbeigeführt, beruht letztlich auf der Annahme, daß er mehr als die vom OLG in seiner fiktiven Zins- und Verbrauchsrechnung für erforderlich gehaltenen monatl. Beträge – 900 DM i. J. 1976, 1000 DM in den Jahren 1977 und 1978 sowie 1100 DM in den Jahren 1979 und 1980 – ausgegeben habe. Das OLG hat damit aus der Überschreitung allgemeiner Grenzen eines von ihm als normal angesehenen Verbrauchs, die offenbar dem in der Düsseldorfer Tabelle enthaltenen angemessenen Eigenbedarf (Selbstbehalt) eines Erwachsenen gegenüber dem Unterhaltsverlangen volljähriger Abkömmlinge entlehnt sind, die Folgerung abgeleitet, der Ehemann habe sich mutwillig in die Lage eines Bedürftigen gebracht.

Auch das hält der rechtlichen Überprüfung nicht stand. Nach der bereits genannten Senatsentscheidung v. 8.7. 1981 [FamRZ 1981/1042] führt nur derjenige seine Bedürftigkeit mutwillig herbei, der sich unter grober Mißachtung dessen, was jedem einleuchten muß, oder in Verantwortungs- und Rücksichtslosigkeit gegen den Unterhaltspflichtigen über die erkannte Möglichkeit des Eintritts seiner Bedürftigkeit hinwegsetzt. Das aber ist nicht stets schon dann der Fall, wenn ein Mann, der allein lebt und in erster Linie von der Substanz seines Vermögens zehrt, mehr als die genannten Beträge ausgibt, auch wenn diese im allgemeinen als Grenzen einer sparsamen Lebensführung gelten mögen. Von grober Mißachtung dessen, was jedem einleuchtet, oder von Verantwortungs- und Rücksichtslosigkeit kann erst dann gesprochen werden, wenn wesentlich mehr ausgegeben wird, als es die im Einzelfall vorliegenden Verhältnisse unter Beachtung individuellen, insbesondere trennungs-, alters- und krankheitsbedingten Mehrbedarfs auch angesichts der wirtschaftlichen Verhältnisse des potentiell Unterhaltspflichtigen angemessen erscheinen lassen. Erst dann werden unterhaltsrechtliche Obliegenheiten in einer erheblichen, die Anwendung der negativen Härteklausel des § 1579 I Nr. 3 BGB rechtfertigenden Weise verletzt.

Das OLG hat allerdings bei der Prüfung, ob der Ehemann das Vermögen leichtfertig ausgegeben hat, seinen individuellen Mehrbedarf nicht generell für unerheblich gehalten. Es hat vielmehr ausgeführt, „er habe keinen etwa alters- oder krankheitsbedingten Mehrbedarf konkret und mit Einzelheiten vorgetragen". Bereits in der Verhandlung v. 26.6. 1981 hatte es den Ehemann darauf hingewiesen, daß er darlegungs- und beweispflichtig dafür sei, daß die ihm zugeflossenen Mittel „bis zum Zeitpunkt der Unterhaltsforderung notwendig und zwingend für (seine) Bedürfnisse ... verbraucht werden mußten". Damit hat das OLG indes die Darlegungslast verkannt. Die tatsächlichen Voraussetzungen der rechtsvernichtenden Einwendung aus § 1579 I BGB hat der Unterhaltspflichtige darzulegen und erforderlichenfalls zu beweisen (vgl. zu § 1579 I Nr. 4 BGB – FamRZ 1982/463, 464 m. w. Nachw.). Das gilt auch im Falle des § 1579 I Nr. 3 BGB. Dem Unterhaltsschuldner obliegen der Vortrag und ggfs. der Nachweis, daß der Unterhaltsgläubiger seine Bedürftigkeit mutwillig herbeigeführt habe. Dazu gehört grundsätzlich, daß er Vorbringen der Gegenseite, welches im Falle seiner Richtigkeit gegen die Annahme einer mutwilligen Herbeiführung der Bedürftigkeit sprechen würde, zu widerlegen hat.

Im vorliegenden Fall hatte der Ehemann mit Schriftsatz v. 17.8. 1981 eine Bedarfsrechnung aufgemacht und diese mit dem weiteren Schriftsatz v. 20.11. 1981 ergänzt. Sie enthält in den mit rund 900 DM allein für Wohnung und (Gasthaus-)Verpflegung angesetzten Positionen in erheblichem Umfange trennungsbedingte Mehrkosten. Zur Begründung der Höhe des erforderlichen Beköstigungsaufwandes hatte der Ehemann zudem auf seine mehrfach ärztlich bestätigten gesundheitlichen Beschwerden hingewiesen. Neben bezifferten weiteren Ausgaben hatte er – unbeziffert – Kur- und Urlaubskosten sowie Aufwendungen für Bekleidungs- und Wäscheanschaffungen geltend gemacht und außerdem – unwidersprochen – vorgetragen, er habe bis zum Verkauf des Hauses der Parteien im März 1977 monatlich 480 DM an die Bausparkasse gezahlt.

Um darzutun, daß der Ehemann seine Bedürftigkeit mutwillig herbeigeführt habe, obliegt der Ehefrau die Widerlegung dieses Vortrags, soweit sie die geltend gemachten Aufwendungen und deren Angemessenheit bestreitet. Gelingt ihr der Nachweis nicht, daß der Ehemann Ausgaben vorgenommen hat, die den Rahmen des nach der individuellen Bedürfnislage unter Berücksichtigung auch ihrer wirtschaftlichen Verhältnisse Erforderlichen und Angemessenen deutlich überstiegen haben, so muß das zu ihren Lasten gehen; sie dringt dann mit der Einwendung aus § 1579 I Nr. 3 BGB nicht durch.

Die bisherige, rechtsfehlerhafte Sicht der Darlegungs- und Beweislast veranlaßt mithin ebenfalls die Aufhebung der Entscheidung in dem dadurch betroffenen Umfang.

(Billigkeitsabwägung nach § 1577 III BGB)

Das OLG geht offenbar davon aus, daß der Ehemann gehalten gewesen sei, sein Vermögen für seinen Lebensunterhalt vollständig auszugeben, ehe er die Ehefrau auf Unterhalt habe in Anspruch nehmen können. Bereits dieser Ansatzpunkt ist nicht frei von rechtlichen Bedenken. Das OLG hätte vielmehr prüfen müssen, ob und gegebenenfalls bis zu welchem Betrag der Ehemann überhaupt gehalten war, sein Vermögen anzugreifen, ehe er Unterhaltsansprüche erhob. Nach § 1577 III BGB

1207

R193 Anhang R. Rechtsprechung

braucht der Berechtigte den Stamm seines Vermögens nicht zu verwerten, soweit dies unter Berücksichtigung der beiderseitigen wirtschaftlichen Verhältnisse unbillig wäre. Insoweit können im vorliegenden Fall einerseits das Alter und der angegriffene Gesundheitszustand des Ehemannes beachtlich sein; diese Umstände legten es möglicherweise nahe, Vorkehrungen für den Fall plötzlich auftretenden erhöhten (Sonder-)Bedarfs zu treffen. Andererseits werden jedoch, weil das Gesetz die Berücksichtigung der beiderseitigen wirtschaftlichen Verhältnisse vorsieht, auch die bisher ungeklärten Vermögensverhältnisse der Ehefrau in die Abwägung einzubeziehen sein. Stand nämlich der Ehefrau kein Vermögen zur Verfügung, mit dem sie etwa auf ihrer Seite entstehenden Sonderbedarf decken konnte, so wird es unter Billigkeitsgesichtspunkten nicht gerechtfertigt sein, dem Ehemann zu gestatten, einen Teil seines Vermögens auf Kosten der ihm Unterhalt gewährenden Ehefrau als „Notgroschen" unangegriffen zu lassen. Wenn das OLG bei der erneuten Prüfung zu dem Ergebnis kommt, daß der Ehemann einen bestimmten Teil seines Vermögens nicht anzugreifen braucht, so wird der Verbrauch dieses Teils nicht als mutwillige Herbeiführung der Bedürftigkeit gewertet werden können, weil dann die unterhaltsrechtlich relevante Bedürftigkeit schon vor dem Verbrauch dieser finanziellen Reserve erreicht war.

BVerfG v. 10. 1. 84 – 1 BvL 5/83 – FamRZ 84, 346 = NJW 84, 1523

R193 *(BVerfG zur Verfassungsmäßigkeit des § 1582 BGB)*

LS. Es ist mit Art. 6 I in Verbindung mit Art. 3 I GG vereinbar, daß der Gesetzgeber in den Fällen, in denen das verfügbare Einkommen des Unterhaltsverpflichteten nicht zur Befriedigung des Mindestbedarfs aller Unterhaltsberechtigten ausreicht (Mangelfall), dem Unterhaltsanspruch des wegen Kindesbetreuung bedürftigen geschiedenen Ehegatten selbst dann den Vorrang einräumt, wenn auch der neue Ehegatte an einer Erwerbstätigkeit durch die Pflege und Erziehung eines Kindes gehindert ist (§ 1582 I S. 2 BGB).

Nicht nur die bestehende Ehe, sondern auch die Folgewirkungen einer geschiedenen Ehe, zu denen die Unterhaltsregelung gehört, werden durch Art. 6 I GG geschützt.

A I) § 1609 BGB bestimmt die Rangordnung aller Unterhaltsberechtigten, wenn und soweit die Leistungsfähigkeit des Unterhaltspflichtigen begrenzt ist. Nach § 1609 II BGB steht der Unterhaltsanspruch des Ehegatten dem der minderjährigen unverheirateten Kinder gleich. Die Stellung des gesch. Ehegatten im Verhältnis zu den minderjährigen unverheirateten Kindern ist zwar nicht ausdrücklich geregelt; dabei werden aber als Ehegatten alle Ehepartner des Verpflichteten verstanden, weil sich sonst der Vorrang des gesch. Ehegatten vor dem neuen Ehegatten nicht verwirklichen lasse.

2 a) Der Gesetzgeber hatte das Rangverhältnis der Unterhaltsansprüche geschiedener und neuer Ehegatten vor Inkrafttreten des 1. EheRG offengelassen. Hatte der Verpflichtete minderjährigen unverheirateten Kindern oder bei Wiederverheiratung dem neuen Ehegatten Unterhalt zu gewähren, so waren gemäß § 59 I S. 2 EheG auch deren Bedürfnisse und ihre wirtschaftlichen Verhältnisse zu berücksichtigen. Die im Schrifttum vertretene herrschende Meinung ging dabei von einem Gleichrang der Unterhaltsansprüche des gesch. und des neuen Ehegatten aus, wobei diese Auffassung u. a. damit begründet wurde, daß sowohl die alte als auch die neue Ehe unter dem Schutz des Art. 6 I GG stehe.

B) Das OLG hat die Vorlagefrage auf die Anwendung des § 1582 I S. 2 BGB für den Fall beschränkt, in dem der Unterhaltsanspruch des gesch. Ehegatten auf § 1570 BGB beruht, der neue Ehegatte selbst unterhaltsberechtigt wegen Kindesbetreuung wäre und ein sog. Mangelfall vorliegt. Wenn es sich nicht um einen Mangelfall handelt, vermag das Gericht nach seinen Ausführungen die zur Prüfung gestellte Regelung verfassungskonform auszulegen. Da sich die Vorlagefrage auf den hier allein entscheidungserheblichen Tatbestand begrenzen läßt (vgl. BVerfGE 36/41 [44]), ist die Verfassungsmäßigkeit des § 1582 I S. 2 BGB nur insoweit zu prüfen, als er den Unterhaltsvorrang des gesch. Ehegatten selbst dann vorsieht, wenn der neue Ehegatte auch ein Kind betreut und der Unterhaltspflichtige nicht in der Lage ist, den Mindestbedarf aller Unterhaltsberechtigten zu befriedigen.

C) In diesem Umfang ist § 1582 I S. 2 BGB mit dem Grundgesetz vereinbar.

I) Die vorgelegte Regelung ist am Maßstab des Art. 6 I in Verbindung mit Art. 3 I GG zu prüfen.

Art. 6 I GG enthält eine Grundsatznorm für den gesamten Bereich des die Ehe betreffenden privaten und öffentlichen Rechts. Dabei ist davon auszugehen, daß jede Ehe vor der Rechtsordnung gleichen Rang hat. Verfassungsrechtlich folgt dies daraus, daß Art. 6 I GG unterschiedslos eine jede Ehe unter den Schutz der staatlichen Gemeinschaft stellt, sei sie von den Partnern als Erstehe oder nach einer Ehescheidung geschlossen (vgl. BVerfGE 55/114 [128 f.] = FamRZ 1980/1093 [1096]).

Das eheliche Pflichtenverhältnis wird durch die Trennung und Scheidung der Ehe zwar verändert, aber nicht beendet (BVerfGE 53/257 [297] = FamRZ 1980/326 [333]). Daraus ergibt sich, daß nicht

Anhang R. Rechtsprechung

nur die bestehende Ehe, sondern auch die Folgewirkungen einer gesch. Ehe, zu denen die Unterhaltsregelung gehört, durch Art. 6 I GG geschützt werden (BVerfGE 53/296 = FamRZ 1980/333). Es ist daher von zwei auf dieser Gewährleistung beruhenden Grundrechtspositionen auszugehen, so daß sich nicht isoliert am Maßstab des Art. 6 I GG prüfen läßt, ob der Unterhaltsvorrang des gesch. Ehegatten eine verfassungswidrige Benachteiligung der Ehegatten einer neuen Ehe darstellt. Hier ist vielmehr ergänzend der allgemeine Gleichheitssatz (Art. 3 I GG) als Prüfungsmaßstab heranzuziehen.

§ 1582 I S. 2 BGB verletzt – soweit er Gegenstand der verfassungsrechtlichen Prüfung ist – nicht Art. 6 I in Verbindung mit Art. 3 I GG.

II 1 a) Art. 6 I GG verbietet dem Staat, die Ehe zu schädigen oder sonst zu beeinträchtigen. Das gilt auch für ihren materiell-wirtschaftlichen Bereich (vgl. BVerfGE 55/114 [126 f.] = FamRZ 1980/1093 [1095 f.]). In diesem Zusammenhang muß der Gesetzgeber nach Möglichkeit Regelungen vermeiden, die geeignet wären, in die freie Entscheidung der Ehegatten über ihre Aufgabenverteilung in der Ehe einzugreifen (vgl. BVerfGE 39/169 [183] = FamRZ 1975/328 [329]; BVerfGE 48/327 [338] = FamRZ 1978/667 [669]). Zu der selbstverantwortlichen Lebensführung gehört zum einen der Entschluß der Ehegatten, Kinder zu haben, zum anderen, daß ein Ehepartner allein das Familieneinkommen erwirtschaften und der andere sich der Kinderbetreuung widmen soll (vgl. BVerfGE 61/319 [347] = FamRZ 1982/1185; 1983, 129 [133]).

Den gesch. Ehegatten stand es in gleicher Weise frei, ihr familiäres Leben in der Weise zu gestalten, daß die Ehefrau den Haushalt führte sowie die Pflege und Erziehung der Kinder übernahm. Dabei waren im Hinblick auf Art. 3 II GG diese Leistungen gleichwertig den Unterhaltsleistungen des gesch. Ehemannes, die dieser durch die Bereitstellung der notwendigen Barmittel erbrachte (vgl. BVerfGE 37/217 [251] = FamRZ 1974/579 [588], m. w. N.). Der Gesetzgeber hatte nach der Rechtsprechung des BVerfG davon auszugehen, daß zum Wesen auch dieser auf Lebenszeit angelegten Ehe im Sinne der Gewährleistung des Art. 6 I GG die gleiche Berechtigung beider Partner gehörte, die nach Scheidung der Ehe auf ihre unterhaltsrechtlichen Beziehungen fortwirkt (vgl. BVerfGE 53/257 [296] = FamRZ 1980/326 [333], m. w. N.).

b) Der Gesetzgeber hatte die Aufgabe zu lösen, die Unterhaltsansprüche der gesch. und der neuen Ehefrau in Übereinstimmung mit dem Grundgesetz zu regeln, wobei die Anwendung des Gleichheitsgebots von dem jeweiligen Lebens- und Sachbereich beeinflußt wird (vgl. BVerfGE 60/123 [134] = FamRZ 1982/774 Nr. 452 [LS.]; st. Rspr.), der hier durch Art. 6 I GG bestimmt wird. Die Ausgangslage ist aber dadurch gekennzeichnet, daß es sich um zwei widerstreitende Rechtspositionen handelt, die beide durch Art. 6 I GG geschützt werden. Wegen dieser Gleichrangigkeit vor dem Grundgesetz lassen sich aus Art. 6 I GG keine besonderen Anforderungen an die Regelungsbefugnis des Gesetzgebers herleiten. Vielmehr ist lediglich zu prüfen, ob es für die vom Gesetzgeber angeordnete Verschiedenbehandlung der gesch. und der neuen Ehefrau hinreichende Gründe gibt. Das BVerfG hat nicht zu entscheiden, ob der Gesetzgeber die jeweils gerechteste und zweckmäßigste Regelung getroffen, sondern lediglich, ob er die äußersten Grenzen seiner Gestaltungsfreiheit gewahrt hat (vgl. BVerfGE 52/277 [281]; st. Rspr.).

2) Diese Grenzen hat der Gesetzgeber mit § 1582 I S. 2 BGB für den Mangelfall nicht überschritten.

b) Im Gesetzgebungsverfahren wurde davon ausgegangen, daß ein gesch. Ehegatte, der Kinder aus der gesch. Ehe betreut, damit eine Aufgabe erfülle, für die der Unterhaltspflichtige als anderer Elternteil ebenfalls aufzukommen habe. Das gebe seinem Unterhaltsanspruch eine besonders starke Grundlage, so daß die Billigkeit verlange, ihm den Vorrang zu verleihen.

aa) Durch den Unterhaltstatbestand der Kindesbetreuung (§ 1570 BGB), der den Vorrang des Unterhaltsanspruchs des gesch. Ehegatten auslöst, soll der Elternteil, bei dem sich das Kind befindet, von einer Erwerbstätigkeit freigestellt werden, und zwar solange und soweit das Kind der Pflege oder Erziehung bedarf. In dieser Sicht dient der Unterhaltsanspruch des bedürftigen Ehegatten zunächst der Sicherung der Wahrnehmung seiner eigenen Elternverantwortung, die einen wesensbestimmenden Bestandteil des Elternrechts bildet (BVerfGE 57/361 [383] = FamRZ 1981/745 [749]). Daneben bleibt aber Raum für die gesetzgeberische Erwägung, daß die Unterhaltszahlungen an den gesch. Partner gleichzeitig als finanzielle Ablösung der eigenen Erziehungspflichten des Unterhaltspflichtigen anzusehen seien (vgl. auch BVerfGE 57/382 und 385 = FamRZ 1981/749–750); dies spreche für eine Lösung des Unterhaltskonflikts zugunsten des gesch. Ehegatten. Dabei ist nach der Rechtsprechung des BVerfG davon auszugehen, daß über die Ehescheidung hinaus die gemeinsame Verantwortung der Eltern für ihr Kind fortbesteht (vgl. BVerfGE 31/194 [205] = FamRZ 1971/421 [424]), selbst wenn das Sorgerecht auf den das Kind betreuenden Elternteil allein übertragen wurde.

bb) Gegen § 1582 I S. 2 BGB ist eingewandt worden, die Sorge des Gesetzgebers um die Gewährleistung der Pflege und Erziehung der Kinder beschränke sich auf die aus der ersten Ehe, gelte aber nicht für die Kinder einer zweiten Ehe. Diesen werde die persönliche Betreuung durch einen Elternteil versagt. Dadurch würden sie ohne sachlichen Grund schlechter gestellt als andere eheliche Kinder.

Es ist nicht auszuschließen, daß wegen des Unterhaltsvorrangs des gesch. Ehegatten Ehepaare ihre Entscheidungsfreiheit über die Aufgabenverteilung in der Ehe nicht nutzen können, weil sie aufgrund des niedrigen Einkommens des Unterhaltspflichtigen beide zur Berufstätigkeit gezwungen sind und ihre Kinder aus diesem Grunde von anderen Personen versorgt werden müssen oder auf sich selbst angewiesen sind. Daraus folgt aber nicht die Verfassungswidrigkeit der beanstandeten Regelung. Einmal werden im Mangelfall, wie das Ausgangsverfahren zeigt, die Leistungen des Unterhaltspflichtigen ohnehin nicht den Unterhaltsbedarf des gesch. Ehegatten decken, so daß dieser grundsätzlich auf eine – wenn auch eingeschränkte – Erwerbstätigkeit angewiesen sein wird, während der er sein Kind ebenfalls nicht selbst betreuen kann. Zum anderen wachsen Kinder in einer bestehenden Ehe in der Regel unter günstigeren Verhältnissen auf als Kinder, die nur noch in Familiengemeinschaft mit einem Elternteil leben (vgl. BVerfGE 57/361 [382] = FamRZ 1981/745 [749]).

c) Die Frage der Verfassungsmäßigkeit eines Unterhaltsvorrangs des gesch. Ehegatten wurde im Gesetzgebungsverfahren nicht übersehen. Die Meinung, daß die Regelung gegen Art. 1 I, Art. 2 I, Art. 3 I oder Art. 6 I GG verstoße, wurde nicht geteilt. Jeder Ehegatte könne nur im Rahmen seiner finanziellen Möglichkeiten, die auch durch einmal übernommene Verpflichtungen in einer ersten Ehe beschränkt sein könnten, neue Pflichten übernehmen.

Das vorlegende Gericht hält dieses Argument offensichtlich nicht für überzeugend. Mit seinen Ausführungen über die erhebliche psychische Belastung des neuen Ehegatten durch die Verweisung auf die Inanspruchnahme von Sozialhilfe folgt es dem Diskussionsentwurf des Bundesministeriums der Justiz. Der dort abgelehnte Nachrang des neuen Ehegatten wurde damit begründet, daß dann, wenn sich der neue Ehegatte zugunsten des früheren Ehegatten auf Sozialhilfe verweisen lassen müsse, dieses noch mehr als die gleichrangige Berechtigung des früheren Ehegatten geeignet sei, Unfrieden in die neue Gemeinschaft hineinzutragen und die ehelichen Verhältnisse zu belasten (a. a. O., S. 112). Eine Familie, in der die Frau von vornherein ökonomisch so diskriminiert werde, sei tendenziell der Auflösung geweiht.

Dagegen hat die Eherechtskommission der Kenntnis des neuen Ehegatten von den in der Regel ehebedingten Unterhaltsansprüchen mit Recht besondere Bedeutung beigemessen:

Der zweite Ehegatte, den der Unterhaltspflichtige heiratet, weiß von der früheren Ehe. Er weiß insbesondere auch, daß seine Ehe mit einer „wirtschaftlichen Hypothek", nämlich einer Unterhaltspflicht gegenüber dem Ehegatten aus erster Ehe, belastet ist. Er kann und muß sich auf diese Situation einrichten (Eherechtskommission, a. a. O., S. 112).

Die Eherechtskommission schlug den Unterhaltsvorrang des gesch. Ehegatten zudem mit der Begründung vor, daß sich ein unterhaltsbedürftiger Ehegatte nach dem Scheidungsrecht des 1. EheRG auf Dauer nicht dem Scheidungsbegehren des anderen mit Erfolg widersetzen könne (a. a. O.). Diesem Gesichtspunkt durfte der Gesetzgeber durch § 1582 I S. 2 BGB Rechnung tragen, so daß die beanstandete Regelung als sachwidrig erachtet werden kann. Es widerspricht daher auch nicht einer am Gerechtigkeitsgedanken orientierten Betrachtungsweise, wenn dem neuen Ehegatten im äußersten Fall zugemutet wird, Sozialhilfe in Anspruch zu nehmen. Durch die Bereitstellung von öffentlichen Mitteln kann dazu beigetragen werden, daß die Eheschließung des Unterhaltsverpflichteten mit einem neuen Partner nicht unterbleiben muß und die neuen Ehegatten nicht gezwungen sind, auf Kinder zu verzichten.

d) Die beanstandete Regelung ist auch nicht deshalb verfassungswidrig, weil der Unterhaltspflichtige gehalten ist, seinen „Selbstbehalt" mit seiner Ehefrau zu teilen.

Bei bestehender Ehe obliegt beiden Ehegatten gleichermaßen die Verpflichtung, durch ihre Arbeit und mit ihrem Vermögen die Familie angemessen zu unterhalten (§ 1360 S. 1 BGB). Die Unterhaltspflicht der Ehegatten ist mithin eine wechselseitige; jeder Ehegatte ist gegenüber dem anderen zugleich Unterhaltsberechtigter und Unterhaltsverpflichteter (vgl. BVerfGE 17/38 [53] = FamRZ 1963/ 505 [507]). Es wäre mit dem Begriff der ehelichen Gemeinschaft unvereinbar, die Unterhaltspflichten der Ehegatten nach Art schuldrechtlicher Verpflichtungen aus zweiseitigen Verträgen als Leistung und Gegenleistung zu behandeln (BVerfGE 17/1 [11] = FamRZ 1963/496 [498]). Dem Grundgedanken des § 1360 BGB entspricht es vielmehr, daß die Last des Familienunterhalts von den Ehegatten gemeinsam getragen wird (BGH, FamRZ 1967/380 [381]; 1974/366 [367]). Dabei kann der Verpflichtete im Verhältnis zu seinem Partner seinen Beitrag zum Familienunterhalt nicht unter Hinweis darauf verweigern, er sei ohne Gefährdung seines Eigenbedarfs zur Unterhaltsleistung nicht in der Lage. Ein solches Verhalten wäre dem ehegemeinschaftlichen Prinzip fremd und widerspräche der familienrechtlichen Unterhaltsregelung, nach der Ehegatten unabhängig vom Güterstand einander verpflichtet sind, zum gemeinsamen Unterhalt nach Kräften beizutragen, ohne daß ein Ehegatte einen bestimmten Einkommensanteil für Zwecke des Eigenbedarfs für sich zurückbehalten könnte (vgl. BVerfGE 12/180 [190] = FamRZ 1961/167 Nr. 56). Dann aber kann ein unterhaltspflichtiger Ehegatte, dessen Ehepartner wegen des Unterhaltsvorrangs des gesch. Ehegatten im Mangelfall unberücksichtigt bleibt, nicht unter Verletzung von Art. 6 4I in Verbindung mit Art. 3 I GG unter die „unterhaltsrechtliche Opfergrenze gedrückt" werden, wenn er seinen Selbstbehalt wegen der gegenseitigen unterhaltsrechtlichen Verantwortung der Ehegatten mit seinem Ehepartner teilen muß.

e) Bei Anwendung des § 1582 I S. 2 BGB im Ausgangsfall ergibt sich ein Unterhaltsanspruch der gesch. Ehefrau von monatlich 494 DM. Unter Einbeziehung des Kindesunterhalts (einschließlich Kindergeld) stehen der Halbfamilie danach zur Deckung ihres Bedarfs monatlich 722 DM und dem Unterhaltspflichtigen für sich und seine neue Familie 1175 DM zur Verfügung. Geht man von dem Gleichrang der Unterhaltsansprüche beider Frauen aus – eine Lösung, die das vorlegende Gericht offensichtlich für verfassungsrechtlich geboten hält –, würde sich der Unterhaltsanspruch jeder Frau auf 291 DM bemessen. Dann müßte die Halbfamilie mit 519 DM auskommen, während der Vollfamilie 1377 DM monatlich verblieben. Dieses Ergebnis belegt, daß die beanstandete Regelung im Mangelfall nicht Auswirkungen hat, die erkennbar mit dem Gerechtigkeitsgedanken unvereinbar wären (vgl. BVerfGE 24, 104 [109] = FamRZ 1968, 437 [438]).

BGH v. 11. 1. 84 – IVb ZR 10/82 – FamRZ 84, 374 = NJW 84, 1458
(Zur Unzulässigkeit der Abänderung vor Zustellung u. a.) R194

Das Berufungsurteil hat – auf die Revision des Beklagten – keinen Bestand, soweit es der Abänderungsklage für die Zeit vom 1. 1. 1979 bis zum 9. 9. 1980 in einer den monatlichen Betrag von 206 DM für jede der Klägerinnen übersteigenden Höhe stattgegeben hat. In diesem Umfang ist die Klage unzulässig, denn die zugunsten der Kl. bestehenden Unterhaltstitel dürfen gemäß § 323 Abs. 3 ZPO nur auf die Zeit nach Erhebung der Klage abgeändert werden. Die Kl. haben einen den monatlichen Betrag von je 206 DM übersteigenden Unterhaltsanspruch indessen erst im Wege der Klageerweiterung durch den Berufungsschriftsatz geltend gemacht, der dem Beklagten am 10. 9. 1980 zugestellt worden ist. Erst dadurch ist für die über monatlich je 206 DM für jede der Kl. hinausgehenden Unterhaltsforderungen die Rechtshängigkeit eingetreten (§ 261 Abs. 2 ZPO). Da dem Abänderungsbegehren nicht bereits für die Zeit ab Zugang eines Gesuchs auf Armenrechtsbewilligung oder Prozeßkostenhilfe für eine beabsichtigte Klage oder Klageerweiterung entsprochen werden kann (vgl. Senatsurteil vom 20. 1. 1982 – IV b ZR 651/80 – FamRZ 82/365), kommt es auf diesbezügliche Feststellungen nicht an.

a

(Zur Bindung bei Abänderung, wenn früher zu wenig Unterhalt verlangt wurde)

In dem abzuändernden Urteil ist der den Kl. zugesprochene Unterhalt auf den Betrag begrenzt worden, den sie damals beantragt hatten (§ 308 Abs. 1 ZPO), obgleich nach den vom Amtsrichter zur Beurteilung der „Angemessenheit" herangezogenen Unterhaltsrichtlinien ein höherer Betrag gerechtfertigt gewesen wäre. Dadurch sind die Kl. indessen nicht gehalten, im Abänderungsverfahren statt des vollen Unterhalts nur den Anteil geltend zu machen, der dem Verhältnis des seinerzeit von ihnen verlangten zu dem damals nach den Hamburger Richtlinien möglichen (höheren) Unterhalt entspricht. Die Kl. haben im früheren Verfahren ihren Unterhalt nicht nur teilweise eingeklagt. Sie haben vielmehr – wie das im Unterhaltsrechtsstreit regelmäßig anzunehmen ist, wenn nicht ausnahmsweise etwas anderes erklärt wird – ihren vollen Unterhaltsanspruch erhoben. Das hatte zur Folge, daß ihnen nach erfolgreicher Beendigung des Verfahrens die Möglichkeit verwehrt war, einen weiteren „Teil" des Unterhalts durch eine zusätzliche Leistungsklage gemäß § 258 ZPO einzufordern. Die Kl. konnten – wie im vorliegenden Verfahren geschehen – erst nach Eintritt der Voraussetzungen des § 323 ZPO eine Korrektur der früheren Entscheidung begehren (vgl. BGHZ 34/110 = FamRZ 61/263 ff., mit Anm. Johannsen bei LM, ZPO § 323 Nr. 8). Unter diesen Umständen erschiene es jedoch grob unbillig, die Kl. auch noch im Rahmen der Abänderungsklage daran festzuhalten, daß sie im ersten Verfahren weniger Unterhalt beansprucht hatten, als der Amtsrichter ihnen – auf entsprechenden Antrag – nach der seinerzeit von ihm angewendeten Methode zur Ermittlung des angemessenen Betrages hätte zusprechen können. Im Unterhaltsverfahren ist die Höhe des Anspruchs für den Kl. vielfach nur schwer vorauszuberechnen, weil sie von der Ausfüllung unbestimmter Rechtsbegriffe wie der Angemessenheit oder Zumutbarkeit durch den Tatrichter abhängt. Es müßte auf Unverständnis stoßen, einen Kl. für das spätere Abänderungsverfahren daran zu binden, wie genau er im Erstverfahren mit seinem Antrag das Ergebnis der nachfolgenden gerichtlichen Beurteilung getroffen hat. Eine derartige Bindung müßte den Kl. veranlassen, im Erstverfahren selbst auf die Gefahr der teilweisen Kostenbelastung einen überhöhten Klageantrag zu stellen, um keine Rechtsnachteile zu erleiden.

c

(Erwerbsobliegenheit und Zumutbarkeitsabwägung bei Kindesbetreuung in neuer Ehe)

III 3 b) Der Senat hat wiederholt entschieden, daß die unterhaltsrechtliche Obliegenheit zur Aufnahme oder Fortsetzung einer Erwerbstätigkeit gegenüber minderjährigen unverheirateten Kindern,

f

die bei dem anderen Elternteil geblieben sind, nicht dadurch entfällt, daß der Unterhaltspflichtige eine neue Ehe eingeht und im Einvernehmen mit seinem neuen Ehegatten Aufgaben der Haushaltsführung und der Betreuung von Kindern aus der neuen Ehe übernehmen will (NJW 80/340; FamRZ 82/25; FamRZ 82/590 = NJW 82/1590). Nichts anderes hat zu gelten, wenn der barunterhaltspflichtige Elternteil ein aus der früheren Ehe stammendes Kind nachträglich in seinen neuen Haushalt aufnimmt und ihm für dieses Kind das Sorgerecht übertragen wird. Da die Unterhaltsansprüche aller minderjährigen unverheirateten Kinder gleichen Rang haben (§ 1609 I BGB), darf sich der Unterhaltspflichtige nicht allein oder überwiegend der Betreuung des nunmehr seiner Sorge anvertrauten Kindes widmen und deswegen seine Erwerbstätigkeit zu Lasten der übrigen auf den Barunterhalt angewiesen bleibenden Kinder beliebig einschränken. Auf der anderen Seite können auch die barunterhaltsberechtigten Kinder nicht verlangen, daß der ihnen zur Leistung verpflichtete Elternteil in gleichem Umfang wie bisher erwerbstätig bleibt, sobald er einem unterhaltsrechtlich im gleichen Rang stehenden anderen Kind Betreuungsunterhalt gewähren muß. Derartige Konfliktsfälle sind nach Zumutbarkeitsgesichtspunkten zu lösen, d. h. es ist jeweils zu prüfen, inwieweit trotz einer dem Unterhaltspflichtigen obliegenden Betreuung eines Kindes ihm zugemutet werden kann, einer Erwerbstätigkeit nachzugehen, aus deren Ertrag die Ansprüche der barunterhaltsberechtigten Kinder gedeckt oder auf der Grundlage eines abzuändernden Titels neu berechnet werden können.

(Zur Erwerbsobliegenheit bei Betreuung eines 13jährigen Kindes durch einen Lehrer; zumutbare Reduzierung der normalen Pflichtstundenzahl auf $2/3$)

g III 3 b) Fraglich erscheint, ob sich Anhaltspunkte für die Zumutbarkeit des Umfangs der Erwerbstätigkeit für den Bekl. daraus ergeben, was die Mutter der Kl. neben deren Betreuung an beruflicher Belastung auf sich nimmt. Insoweit könnte eine überobligationsmäßige Erwerbstätigkeit vorliegen, die für die Erwerbsobliegenheit des Bekl. keinen Maßstab liefern kann. Indessen tragen die übrigen Erwägungen des OLG in ausreichendem Maße die die in erster Linie dem Tatrichter zukommende Beurteilung, daß der Bekl. trotz der Betreuung der Tochter Birgit seinen Lehrberuf in einem Umfang von $2/3$ der vollen Pflichtstundenzahl ausüben könnte. Nach den Feststellungen des OLG war Birgit zu Beginn des Zeitraums, für den der Bekl. den Wegfall seiner Barleistungspflicht gegenüber den Kl. begehrt, 13 Jahre alt und erforderte keinen das normale Maß übersteigenden Betreuungsaufwand. Es ist rechtlich nicht zu beanstanden, wenn das OLG danach unter Berücksichtigung der Art der Berufstätigkeit des Bekl. die Überzeugung gewonnen hat, daß dem Bekl. im Verhältnis zu den Kl. unterhaltsrechtlich die Ausübung des Lehrerberufes mit $2/3$ der normalen Pflichtstundenzahl zugemutet werden kann.

c) Andererseits wenden sich auch die Kl. ohne Erfolg dagegen, daß der Berechnung ihres Unterhalts eine Erwerbstätigkeit des Bekl. im Umfang von (nur) $2/3$ der Pflichtstundenzahl eines vollbeschäftigten Lehrers statt einer vollen Erwerbstätigkeit zugrunde gelegt worden ist.

Entgegen der Auffassung ihrer Revision kommt es nicht auf die Frage an, ob der Bekl. im Hinblick auf die gemäß § 1603 II BGB verstärkte Unterhaltspflicht der Eltern gegenüber ihren minderjährigen Kindern verpflichtet wäre, in vermehrtem Umfang erwerbstätig zu sein. Vielmehr ist darüber zu entscheiden, auf welche Weise den wesentlich veränderten Verhältnissen in der Erwerbstätigkeit des Bekl. wegen der inzwischen von ihm übernommenen Pflege und Betreuung der Tochter Birgit unter Zumutbarkeitsgesichtspunkten Rechnung getragen werden muß. Die tatrichterliche Beurteilung, von einer um $1/3$ der vollen Arbeitsleistung verminderten Erwerbstätigkeit wegen der Betreuung eines im Zeitpunkt der Entscheidung 13 Jahre alten Kindes auszugehen, erscheint auch unter Berücksichtigung der Art der Berufstätigkeit des Bekl. nicht als rechtsfehlerhaft. Ob das weiterhin unverändert gilt, obwohl das zu betreuende Kind inzwischen ein Alter erreicht hat, in dem erfahrungsgemäß die elterlichen Erziehungsaufgaben weniger Zeit in Anspruch nehmen, wird das OLG bei der neuen Entscheidung zu prüfen haben.

4) Das OLG hat dem Umstand, daß die Mutter der Kl. seit 1978 durch Wiederaufnahme des Berufs einer Lehrerin mit halber Pflichtstundenzahl Bareinkommen erzielt, mit Recht keine Bedeutung für die Bemessung der Unterhaltsansprüche der Kl. gegen den Bekl. beigemessen. Zwar war bei Erlaß des abzuändernden Urteils die Mutter der Kl. nicht berufstätig. Diese Tatsache gehörte indessen nicht zu den Verhältnissen, deren wesentliche Änderung i. S. des § 323 ZPO eine Abänderung erlauben würde. Auch wenn die Mutter der Kl. schon damals im gleichen Umfang wie jetzt erwerbstätig gewesen wäre, hätte das den Barunterhaltsanspruch der Kl. gegen den Bekl. nicht beeinflußt, weil die Mutter der Kl. damals wie auch jetzt durch deren Pflege und Betreuung ihre Unterhaltspflicht vollständig erfüllt und zu ergänzenden Barunterhaltsleistungen jedenfalls so lange nicht verpflichtet ist, wie ihr Einkommen das des Bekl. nicht erheblich übersteigt (FamRZ 1981/543). Derartige Feststellungen sind nicht getroffen; der Bekl. hat insoweit auch keine Behauptungen aufgestellt.

Anhang R. Rechtsprechung

BGH v. 25. 1. 84 – IVb ZR 28/82 – FamRZ 84, 361 = NJW 84, 1538
(Pflegekind ist kein gemeinschaftliches Kind)

II 1a) Nach § 1570 BGB kann ein gesch. Ehegatte von dem anderen Unterhalt verlangen, solange und soweit von ihm wegen der Pflege oder Erziehung eines gemeinschaftl. Kindes eine Erwerbstätigkeit nicht erwartet werden kann. Das OLG hat offensichtlich angenommen, daß § 1570 BGB nur bei der Pflege oder Erziehung eines Kindes beider Ehegatten, nicht aber dann anzuwenden ist, wenn es sich bei dem Kind, dessen Betreuung einer Erwerbstätigkeit entgegensteht, um ein Pflegekind handelt. Diesem Verständnis des Gesetzes ist zuzustimmen. Es entspricht dem eindeutigen Wortlaut der Vorschrift, die den Unterhaltsanspruch nur für den Fall der Pflege oder Erziehung eines gemeinschaftlichen Kindes vorsieht. Dem steht die Pflege oder Erziehung eines von den Ehegatten adoptierten Kindes gleich, weil dieses nach § 1754 I BGB die rechtliche Stellung eines gemeinschaftl. ehel. Kindes erlangt, nicht aber die Betreuung eines Pflegekindes.

Daß beide Ehegatten gemeinsam das Kind aufgenommen haben, ändert daran nichts.

(Voraussetzungen des § 1576 BGB; Subsidiarität gegenüber Ansprüchen aus §§ 1570 mit 1575 BGB; Auffangtatbestand; notwendige Bezifferung eines gleichzeitigen Anspruchs nach § 1570 BGB und des darüber hinaus geltend gemachten Teils nach § 1576 BGB)

II 2) Das OLG hat den Sachverhalt dahin beurteilt, daß der Ehefrau jedenfalls wegen der Betreuung der ehel. Kinder und des Pflegekindes ein auf die §§ 1570 und 1576 BGB gestützter Unterhaltsanspruch zustehe.

Diese Beurteilung kann keinen Bestand haben. Bei ihr ist nicht beachtet, daß ein Anspruch aus § 1576 BGB nicht in Betracht kommt, wenn und soweit der geltend gemachte Unterhaltsanspruch nach § 1570 BGB besteht, daß also der Billigkeitsanspruch des § 1576 BGB gegenüber dem auf die Betreuung eines gemeinschaftl. Kindes gestützten Unterhaltsanspruch des § 1570 BGB subsidiär ist.

Bereits der Wortlaut der Bestimmung des § 1576 BGB, die im Aufbau des Gesetzes den Unterhaltstatbeständen der §§ 1570 bis 1573 und des § 1575 BGB nachfolgt, gibt einen Hinweis darauf, daß § 1576 BGB erst dann eingreifen soll, wenn die der Vorschrift vorausgehenden Normen den erhobenen Unterhaltsanspruch nicht tragen. Denn § 1576 BGB gewährt Unterhalt aus Billigkeitsgründen dann, wenn von dem gesch. Ehegatten „aus sonstigen schwerwiegenden Gründen" eine Erwerbstätigkeit nicht erwartet werden kann.

Bei der Bestimmung des Verhältnisses der Unterhaltstatbestände ist weiterhin die unterschiedliche Struktur der anspruchsbegründenden Normen zu beachten. Insbesondere die Vorschriften der §§ 1570 bis 1572 und des § 1575 BGB enthalten scharf umrissene Tatbestände, wohingegen § 1576 BGB zur Gruppe der grundsätzlich offenen Tatbestände ohne Steuerung durch Begrenzung der relevanten Umstände, Betonung bestimmter Akzente oder auch durch Leitbeispiele gehört. Auch das legt die Annahme nahe, daß der Billigkeitsunterhalt des § 1576 BGB nicht im Einzelfall neben die durch die enumerative Nennung bestimmter Bedürfnislagen gekennzeichneten sonstigen Unterhaltsansprüche des Scheidungsfolgenrechts tritt, sondern lediglich dort vorhandene Lücken füllt und deshalb nur eingreift, wenn und soweit die anderen, genau umschriebenen Unterhaltsansprüche nicht bestehen.

Diesem Verständnis des Verhältnisses des Anspruchs aus § 1576 BGB zu den übrigen Tatbeständen des nachehel. Unterhalts, das sich aus Wortlaut, Stellung im Gesetz und Tatbestandsstruktur erschließt, entspricht auch der Gesetzeszweck des § 1576 BGB. Wie der Senat in dem Urteil v. 11. 5. 1983 (FamRZ 1983/800, 801) anhand der Entstehungsgeschichte des Gesetzes dargelegt hat, soll die Vorschrift nach Art eines Auffangtatbestandes Regelungslücken schließen und die Vermeidung von Härten gewährleisten, die sich aus dem enumerativen Tatbestandskatalog der §§ 1570 bis 1575 BGB für den Unterhaltsgläubiger ergeben könnten. Sie stellt keinen Ersatz für die unterhaltsrechtliche Generalklausel dar, die der Gesetzgeber abgelehnt hat, und soll das vom Gesetz grundsätzlich angewandte Enumerationsprinzip nicht aushöhlen.

Der Senat nimmt Subsidiarität des Billigkeitsanspruchs gegenüber dem Anspruch wegen der Betreuung eines gemeinschaftlichen Kindes an. Deshalb ist jedenfalls dann, wenn ein Unterhaltsanspruch nach § 1570 BGB bestehen kann, zu fordern, daß der Richter einen solchen verneint, ehe er die geltend gemachte Unterhaltsforderung auf § 1576 BGB stützt. Kommt er zu dem Ergebnis, daß die Betreuung des gemeinschaftl. Kindes den erhobenen Anspruch nur zu einem Teil rechtfertigt, so ist dieser Teil zu beziffern; dann kann geprüft werden, ob der darüber hinaus geltend gemachte Teil des Unterhaltsanspruchs seine Stütze in § 1576 BGB findet.

(Billigkeitsunterhalt bei gemeinschaftlich aufgenommenem Pflegekind)

II 3a) Wegen der Betreuung eines gemeinschaftlich aufgenommenen Pflegekindes kann nach allgemeiner Beurteilung, der das OLG gefolgt ist, die Zuerkennung von Unterhalt aufgrund der Billigkeitsvorschrift des § 1576 BGB in Betracht kommen.

Dem ist zuzustimmen. Wie der Senat (FamRZ 83/801) anhand der Entstehungsgeschichte des Gesetzes näher dargelegt hat, ist § 1576 BGB auch im Hinblick auf die Fälle der Unterhaltsbedürftigkeit infolge der Betreuung nicht gemeinschaftl. Kinder in das Gesetz aufgenommen worden.

(Zu berücksichtigende Umstände bei gemeinsam aufgenommenem Pflegekind und Verhältnis zu § 1579 BGB)

d   Für die Anwendung des § 1576 BGB reicht es nicht aus, daß die Betreuung eines Pflegekindes als ein „sonstiger schwerwiegender Grund" dafür angesehen wird, daß von dem Unterhalt verlangenden gesch. Ehegatten eine Erwerbstätigkeit nicht erwartet werden kann. Auch beim Vorliegen dieser Tatbestandsvoraussetzung besteht der Anspruch vielmehr erst dann, wenn die Versagung von Unterhalt unter Berücksichtigung der Belange beider Ehegatten grob unbillig wäre, d. h. seine Vorenthaltung dem Gerechtigkeitsempfinden in unerträglicher Weise widerspräche. Durch diese Anforderung erfährt die Regelung eine (weitere) Einschränkung, die sie zu einer Ausnahmevorschrift, zu einer Härteklausel für Ausnahmefälle macht. Im Rahmen der damit dem Gericht aufgegebenen Billigkeitsprüfung sind nach der allgemeinen Fassung der Norm alle Umstände des Falles zu berücksichtigen.

Das OLG hat seine Auffassung, die Versagung von Unterhalt wäre im Hinblick auf die Belange beider Ehegatten grob unbillig, im wesentlichen auf die fortwirkenden Folgen der gemeinsamen Aufnahme des Pflegekindes durch beide Parteien gestützt. Damit hat es zu Recht den Gesichtspunkt der gemeinschaftlich übernommenen Verantwortung für das auf Dauer zur Familie genommene Kind in den Vordergrund gestellt. Mit dem Hinweis auf das „Verhältnisse der Parteien" hat das OLG offenbar die finanzielle Leistungsfähigkeit des Ehemannes berücksichtigt. Auch das ist rechtlich unbedenklich. Als ein für die Zuerkennung des Unterhaltsanspruchs aus § 1576 BGB sprechender Gesichtspunkt kann weiter herangezogen werden, daß das Pflegekind in noch sehr jungem Alter aufgenommen worden und daß es jetzt bereits über eine Reihe von Jahren in seinen neuen Lebenskreis eingegliedert ist.

Danach könnte – vorbehaltlich der im folgenden noch zu erörternden Gesichtspunkte, die gegen eine Gewährung des Anspruchs sprechen können – die Zuerkennung des Unterhaltsanspruchs aus § 1576 BGB wegen der Betreuung des gemeinsam aufgenommenen Pflegekindes gebilligt werden.

Auf weitere Umstände, wie das Alter der Ehefrau und ihre etwaigen gesundheitlichen Beschwerden, unter denen zu leiden sie vorgetragen hat, wird es dann nicht mehr ankommen. Bemerkt sei jedoch, daß diese Gesichtspunkte ebenso wie die Betreuung der gemeinschaftl. Kinder, auch wenn sie einen Unterhaltsanspruch der Ehefrau nach den §§ 1571, 1572 oder 1570 BGB nicht zu begründen vermögen, im Rahmen der Billigkeitsprüfung nach § 1576 BGB berücksichtigt werden könnten.

Die Vorwürfe, die der Ehemann der Ehefrau im Blick auf ihr angeblich egoistisches, familienfeindliches Verhalten in der Ehe sowie mit dem Vortrag gemacht hat, sie habe ihre Bedürftigkeit mutwillig herbeigeführt, hat das OLG dahin geprüft, ob sie geeignet seien, den – zuvor bejahten – Unterhaltsanspruch in Anwendung der negativen Härteklausel des § 1579 I BGB wegen grober Unbilligkeit der Inanspruchnahme des Verpflichteten auszuschließen. Gegen eine solche Behandlung der Sache bestehen Bedenken. Der auf die positive Billigkeitsklausel des § 1576 BGB gestützte Unterhaltsanspruch bedarf keines Korrektivs um der Billigkeit willen, weil er selbst Unterhalt nur gewährt, wenn die Billigkeit es fordert. Es erscheint daher unrichtig, zunächst trotz Nichtvorliegens einer der in §§ 1570 ff. BGB aufgeführten Bedürfnislagen ausnahmsweise gemäß § 1576 BGB einen Unterhaltsanspruch zu bejahen, weil es unter Berücksichtigung der Belange beider Ehegatten grob unbillig wäre, ihn vorzuenthalten, und sodann nach § 1579 I BGB zu prüfen, ob es grob unbillig wäre, von dem damit Verpflichteten die Erfüllung eben dieses Anspruchs zu verlangen. Vielmehr sind bei Anwendung des § 1576 BGB alle Umstände des Falles, auch soweit sie bei einem anders begründeten Unterhaltsanspruch erst im Rahmen der negativen Härteklausel des § 1579 I BGB zu prüfen wären, bereits – und nur – in die Untersuchung einzubeziehen, ob und in welcher Höhe nach der positiven Härteregelung des § 1576 BGB aus Billigkeitsgründen ein Unterhaltsanspruch zu gewähren ist.

Es ist nicht auszuschließen, daß das OLG, welches die der Ehefrau gemachten Vorwürfe unter § 1579 I BGB eingeordnet und sie dort für nicht hinreichend schwerwiegend gehalten hat, ihnen im Rahmen der durch § 1576 BGB verlangten Billigkeitsprüfung Bedeutung beimessen wird. Während § 1579 I BGB Gründe verlangt, durch die ein sonst bestehender Unterhaltsanspruch ausgeschlossen wird, kommt es im Falle des § 1576 BGB darauf an, ob beim Vorliegen schwerwiegender Gründe, die eine Erwerbstätigkeit nicht erwarten lassen, ein sonst nicht bestehender Unterhaltsanspruch ausnahmsweise zuzuerkennen ist, weil die Versagung von Unterhalt unter Berücksichtigung der Belange beider Ehegatten grob unbillig wäre. Bereits dieser unterschiedliche Ansatz zeigt, daß das Ergebnis der Billigkeitsprüfung nach § 1576 BGB ein anderes sein kann als das der bisher zu § 1579 I BGB angestellten Erwägungen.

Zu den nach dem bisherigen Sachvortrag in erster Linie in Betracht kommenden Umständen, die gegen die Zuerkennung des Billigkeitsanspruchs aus § 1576 BGB sprechen könnten, sei in sachlicher Hinsicht bereits folgendes bemerkt:

Es erscheint möglich, die Versagung von Unterhalt deshalb nicht i. S. des § 1576 BGB für grob unbillig zu halten, weil die Ehefrau, wie der Ehemann behauptet, die Ehe durch ehrgeizige und selbstsüchtige berufliche Aktivitäten und die Verweigerung des Zusammenlebens zerstört hat. § 1576 S. 2 BGB steht dem nicht entgegen. Diese Vorschrift soll verhindern, daß über die positive Billigkeitsklausel des § 1576 S. 1 BGB nachehelicher Unterhalt deshalb verlangt werden kann, weil der andere Ehepartner das Scheitern der Ehe zu verantworten hat. Mit ihr wird einer Wiedereinführung des im Ehescheidungsrecht aufgegebenen Verschuldensprinzips für das Scheidungsfolgenrecht entgegengewirkt. Sie betrifft nach Wortlaut und Sinn nur die von dem Unterhalt begehrenden Ehegatten vorgebrachten „schwerwiegenden Gründe", aus denen von ihm eine Erwerbstätigkeit nicht verlangt werden kann. Hier aber geht es darum, ob – angebliches – ehel. Fehlverhalten der Ehefrau, das zum Scheitern der Ehe geführt haben soll, im Rahmen der Billigkeitsprüfung des § 1576 BGB als ein gegen die Anspruchszuerkennung sprechender Umstand berücksichtigt werden darf. Das schließt § 1576 S. 2 BGB nicht aus.

Durchgreifende Bedenken gegen eine Berücksichtigung ehezerstörenden Verhaltens desjenigen Ehegatten, der Unterhalt nach § 1576 BGB begehrt, können auch allgemein aus der Abschaffung des Verschuldensprinzips jedenfalls dann nicht hergeleitet werden, wenn eine umfassende Würdigung des Sachverhalts ergibt, daß dieselben (einem der Ehegatten zum Verschulden gereichenden) Umstände, die die Zerrüttung der Ehe verursacht haben, zugleich ergeben, daß dem anderen Ehegatten deshalb eine Heranziehung zum Unterhalt unter Beachtung auch seiner Belange nicht zuzumuten ist. Insoweit kann auf die Grundsätze verwiesen werden, die der BGH zur Auslegung des § 1587 c Nr. 1 Halbs. 2 BGB entwickelt hat. Nach dieser Vorschrift dürfen gegen die Durchführung des Versorgungsausgleichs sprechende Gründe nicht allein deshalb berücksichtigt werden, weil sie zum Scheitern der Ehe geführt haben. Das schließt jedoch ihre Berücksichtigung nicht schlechthin aus (FamRZ 1981/477, 482; FamRZ 1983/32, 33). Unter dem Gesichtspunkt der Zumutbarkeit der Leistung von Unterhalt nach § 1576 BGB kann im Rahmen der durch die Vorschrift geforderten allgemeinen Billigkeitsprüfung auch dem Vorwurf, die Ehefrau habe gegen den Ehemann eine unberechtigte Strafanzeige wegen Verletzung der Unterhaltspflicht erstattet und ihn deshalb außerhalb des Bereichs der Wahrnehmung berechtigter Interessen gekränkt und bloßgestellt, nicht allgemein und von vornherein die Bedeutung abgesprochen werden.

Andererseits ist zu erwägen, daß im vorliegenden Fall der Grund, der für die Zuerkennung des Anspruchs aus § 1576 BGB sprechen würde, darin läge, daß von der Ehefrau wegen der Betreuung eines Kindes eine Erwerbstätigkeit nicht erwartet werden könnte. Dabei handelt es sich zwar nicht um ein gemeinschaftl. Kind der Ehegatten, aber doch um ein von ihnen gemeinsam aufgenommenes Pflegekind. In § 1570 BGB dient die Unterhaltsgewährung letztlich dem Wohle des Kindes. Durch die Freistellung des Elternteils von der Erwerbsobliegenheit soll erreicht werden, daß sich das Kind in der Obhut eines Elternteils weiß, der es – je nach den Bedürfnissen seines Alters – pflegt oder erzieht und dabei hinreichend Zeit hat, auf seine Fragen, Wünsche und Nöte einzugehen (BVerfG, FamRZ 1981/745, 749 m. w. Nachw.). Nach dem Willen des Gesetzgebers soll das gemeinschaftl. Kind nicht unter einem Fehlverhalten des ihn betreuenden Elternteils leiden, der in dem Falle einer wirtschaftlich erzwungenen Erwerbstätigkeit seiner Elternaufgabe nur noch unzureichend nachkommen könnte. Das ist der Grund dafür, daß der Unterhaltsanspruch aus § 1570 BGB durch § 1579 II BGB gegen Ausschluß oder Kürzung nach § 1579 I BGB geschützt ist (vgl. BVerfG, a.a. O., S. 749).

Die gesetzgeberische Grundentscheidung für das Kindeswohl und gegen das Interesse des nicht betreuenden Elternteils, von einer wegen eines Fehlverhaltens des anderen Ehegatten an sich unzumutbaren Unterhaltslast freigestellt zu werden, kann auch bei der Abwägung der für und gegen die Zubilligung des Anspruchs aus § 1576 BGB wegen der Betreuung eines gemeinsam aufgenommenen Pflegekindes sprechenden Umstände nicht völlig außer Betracht bleiben. Zwar würde eine der Regelung in § 1579 I BGB folgende Nichtbeachtung von Fehlverhalten des betreuenden Elternteils zu weit gehen. Denn damit würden die Unterschiede der gesetzlichen Regelung in unzulässiger Weise vernachlässigt: Der Unterhaltsanspruch wegen der Betreuung eines gemeinschaftl. Kindes wird durch § 1570 BGB strikt gewährt und durch § 1579 II BGB – vorbehaltlich der vom BVerfG (BVerfGE 57/361 = FamRZ 1981/745) gemachten Einschränkungen – strikt geschützt. Der bei der Aufnahme eines Pflegekindes in Betracht kommende Unterhaltsanspruch aus § 1576 BGB besteht hingegen nur dann, wenn eine umfassende Prüfung aller für und gegen die Zugestehung des Anspruchs sprechenden Umstände seine Zuerkennung verlangt, um eine grob unbillige Vorenthaltung von Unterhalt zu vermeiden. Bei dieser Prüfung ist indessen auch die gemeinsame Verantwortung zu berücksichtigen, die den Ehegatten gegenüber dem Pflegekind durch dessen gemeinschaftliche, nicht nur vorübergehende Aufnahme erwachsen ist und die das Maß dessen erhöht, was dem nicht betreuenden Ehegatten bei der Abwägung der beiderseitigen Interessen zugemutet werden kann. Nach Maßgabe dieser Erwägungen kommt bei der Prüfung der groben Unbilligkeit dem Wohl des Kindes gegenüber einem etwaigen Fehlverhalten des Ehegatten besonderes Gewicht zu.

BGH v. 25. 1. 84 – IVb ZR 43/82 – FamRZ 84, 358 = NJW 84, 1237

R197 *(Differenzmethode bei Doppelverdienern. Quotenunterhalt, trennungsbedingter Mehrbedarf und voller Unterhalt. Einkommenserhöhung um unterhaltsrechtlich angemessene Wohnkosten nach Abzug von Verbindlichkeiten für Hauskredit. Bis zur Höhe der normalen Wohnkosten kein einkommensmindernder Abzug von Annuitäten. Berücksichtigungswürdige Verbindlichkeiten)*

a 2 b) Zutreffend ist das OLG davon ausgegangen, daß im vorliegenden Fall einer sog. Doppelverdienerehe, in der die ehel. Lebensverhältnisse durch das Einkommen beider Ehegatten bestimmt worden sind, der dem weniger verdienenden Ehegatten zuzubilligende Unterhalt nach der sog. Differenzmethode mit einer Quote des Unterschiedes zwischen dem eigenen Einkommen und dem Einkommen des anderen Ehegatten ermittelt werden kann (FamRZ 1983/352, 353 f. m. w. N.). Diese Quote in Höhe von $3/7$ der Differenz anzunehmen, ist gleichfalls aus Rechtsgründen nicht zu beanstanden. Indessen unterliegt es rechtlichen Bedenken, daß das Einkommen des AGg., das das OLG in Höhe von 1711,11 DM in die Differenzberechnung einbezogen hat, den Betrag übersteigt, den das OLG bei der Beurteilung der Leistungsfähigkeit des AGg. als maßgebend angesehen hat. Insoweit hat das Gericht angenommen, daß (außer dem Kindesunterhalt) die gesamten Zins- und Tilgungsleistungen für das Haus in A. in Höhe von 2100 DM abzusetzen seien. Es ist so zu einem der Leistungsfähigkeit des AGg. zugrunde zu legenden Einkommen von (3411,11 − 300 − 2100 =) 1011,11 DM gelangt, wobei es davon ausgegangen ist, daß der Wohnbedarf durch das Wohnen im eigenen Haus gedeckt ist.

Diese unterschiedliche Beurteilung des maßgeblichen Einkommens bei der Differenzberechnung und bei der Leistungsfähigkeit des AGg. beruht auf einem unzutreffenden Verständnis der Differenzmethode. Zwar geht diese Berechnungsart davon aus, daß die ehel. Lebensverhältnisse durch die Einkommen beider Ehegatten bestimmt worden sind und daß beide Ehegatten auch weiterhin mit ihren Einkommen zu dem dadurch festgelegten Lebensbedarf (§ 1578 I BGB) beitragen müssen (FamRZ 1979/692, 693 f.). Dennoch sind in die Differenzberechnung selbst nicht die Einkommensbeträge einzubeziehen, die den ehel. Lebensstandard begründet haben; vielmehr kommt es auf die weitere Einkommensentwicklung an, soweit sie den ehel. Lebensverhältnissen entspricht. Der Differenzberechnung sind diejenigen Einkommensbeträge zugrunde zu legen, die (weiterhin) für den beiderseitigen Unterhalt zur Verfügung stehen und die unterhaltsrechtlich einzusetzen sind. Allerdings bietet der so errechnete Quotenunterhalt nicht die Gewähr, daß er den vollen, nach den ehel. Lebensverhältnissen bemessenen Unterhaltsbedarf (§ 1578 I BGB) deckt. Vielmehr bleibt er in der Regel – schon wegen des trennungsbedingten Mehrbedarfs – hinter dem vollen Unterhalt zurück und stellt nur den Unterhalt dar, der gemäß § 1581 BGB nach den Erwerbs- und Vermögensverhältnissen der geschiedenen [gesch.] Ehegatten der Billigkeit entspricht. Dennoch führt die Differenzmethode jedenfalls in Fällen, in denen sich die einzusetzenden Einkommen in durchschnittlichen Größenordnungen halten und zusätzliche Mittel fehlen, zur Gewährung von Beträgen an den weniger verdienenden Ehegatten, die den gesetzlichen Anforderungen an die Unterhaltsbemessung regelmäßig in ausreichendem Maße gerecht werden (FamRZ 1982/892, 894). Aus diesem Grunde wird der Unterhalt in derartigen Fällen in der Praxis in der Regel nach der Differenzmethode bemessen, ohne daß auch die Höhe des vollen Unterhalts ermittelt wird.

Hiernach sind im vorliegenden Fall die beiderseitigen Einkommen in der Höhe in die Differenzberechnung einzubeziehen, in der sie unterhaltsrechtlich anzurechnen sind. Auf seiten des AGg. ist das insoweit der Fall, als der um die angemessenen Wohnkosten zu erhöhende Betrag seines Einkommens nicht durch laufende Verbindlichkeiten aufgezehrt wird, die bei der Beurteilung seiner Leistungsfähigkeit zu berücksichtigen sind.

2 c) Darüber hinaus begegnet aber auch die Behandlung der vom AGg. zu erfüllenden Kreditverbindlichkeiten bei der Beurteilung seiner Leistungsfähigkeit rechtlichen Bedenken. So können die Annuitäten für das Haus insoweit nicht einkommensmindernd berücksichtigt werden, als sie den Wohnkosten entsprechen, die der in jenem Haus wohnende AGg. im Rahmen seiner normalen Lebenshaltungskosten aufzubringen hat. In diesem Umfang ist er gehalten, Kreditverbindlichkeiten aus dem für seinen Unterhalt zur Verfügung stehenden Betrag zu bestreiten und kann sie der ASt nicht einkommensmindernd entgegenhalten. Im übrigen hat der Senat zur Berücksichtigung von Verbindlichkeiten bei der Leistungsfähigkeit des Unterhaltsverpflichteten (FamRZ 82/23, 24 und FamRZ 82/157, 158) ausgeführt, daß zwischen berücksichtigungswürdigen und anderen Verbindlichkeiten zu differenzieren ist. Da jede Rechtsposition unter dem Vorbehalt von Treu und Glauben steht, kann sich der Unterhaltspflichtige nicht auf Verbindlichkeiten berufen, die er leichtfertig, für luxuriöse Zwecke oder ohne vernünftigen Grund eingegangen ist. Ob im Einzelfall eine Verbindlichkeit zu berücksichtigen ist, kann nur im Rahmen einer umfassenden Interessenabwägung nach billigem Ermessen beurteilt werden. Bedeutsame Umstände sind dabei insbesondere der Zweck der Verbindlichkeiten, der Zeitpunkt und die Art der Entstehung, die Dringlichkeit der beiderseitigen Bedürfnisse, die Kenntnis des Unterhaltsverpflichteten von Grund und Höhe der Unterhaltsschuld, seine Möglichkeiten, die Leistungsfähigkeit in zumutbarer Weise ganz oder teilweise wiederherzu-

Anhang R. Rechtsprechung   **R198**

stellen, und gegebenenfalls auch schutzwürdige Belange eines Drittgläubigers. Diese Grundsätze hat der Senat in der letztgenannten Entscheidung gerade auch für die Berücksichtigung von Kreditverbindlichkeiten für einen Hausbau festgestellt. Daß dieser Entscheidung ein Fall zugrunde lag, in dem es um die Unterhaltspflicht eines Elternteils gegenüber dem volljährigen Kind ging, stellt die Anwendung der Grundsätze auf den vorliegenden Fall des Ehegattenunterhalts nicht in Frage. Eine danach notwendige, in umfassender Interessenabwägung nach billigem Ermessen vorzunehmende Beurteilung ist bislang nicht erfolgt. Das OLG hat lediglich ausgeführt, daß die auf das Haus des AGg. entfallenden Zins- und Tilgungsleistungen nicht zu berücksichtigen seien, weil es sich insoweit um „reine Vermögensbildung" zugunsten des AGg. und zu Lasten der ASt. handle. Zwar spricht es gegen die Berücksichtigung einer Verbindlichkeit, wenn ihre Erfüllung der Bildung von Vermögensreserven dient. Auf der anderen Seite hat der AGg. darauf hingewiesen, daß gerade bei diesem Hausgrundstück eine wirtschaftlich zumutbare Verwertung durch die zugunsten der Mutter des AGg. eingetragene Reallast erschwert wird. Diese Erschwernisse für eine Rückführung der Verbindlichkeit und eine insoweit anzustrebende Wiederherstellung der Leistungsfähigkeit sind in die umfassende Interessenabwägung gleichfalls einzubeziehen. Ebenso bedarf auch die Frage, ob die auf das Haus entfallenden Annuitäten zu berücksichtigen sind, einer umfassenden Beurteilung anhand der angeführten Grundsätze. Daß sich in diesem Haus die eheliche Wohnung befunden hat und der AGg. weiterhin dort wohnt, kann insoweit nicht allein entscheidend sein. Allerdings spricht es für eine einkommensmindernde Berücksichtigung derartiger Verbindlichkeiten, wenn es sich bei dem betreffenden Haus um ein Eigenheim handelt, das der Unterhaltsverpflichtete zur Befriedigung seines Wohnbedürfnisses errichtet oder erworben hat. Daneben muß die Berücksichtigung jedenfalls auch davon abhängig gemacht werden, ob und inwieweit sich die Annuitäten in einem angemessenen und zumutbaren Rahmen halten. Hierzu bedarf es im vorliegenden Fall angesichts der Einkommensverhältnisse der Parteien der näheren Prüfung.

(Zumutbarkeit der Erzielung von Mieteinnahmen aus Hausbesitz oder der Verwertung des Hausbesitzes)

2 c) Dabei kann sich auch die Frage stellen, ob es dem Antragsgegner möglich und zuzumuten **b** ist, statt in seinem Haus in A künftig anderweitig Wohnung zu nehmen und so u. U. eine wirtschaftlich günstige Verwertung (des hoch belasteten) Hauses zu ermöglichen. Überhaupt kann es für die Unterhaltsberechnung von Bedeutung sein, ob und in welcher Höhe der AGg. aus seinem Hausbesitz (je 1 Haus in A und S) Mieteinnahmen erzielen kann.

(Unterhaltsbemessung nach objektivem Maßstab; Konsumverhalten während der Ehe und Fortführung einer Vermögensbildung nach der Scheidung)

3) Bei der Bemessung des Unterhalts ist nach ständiger Rechtsprechung des Senats ein objektiver **c** Maßstab anzulegen und derjenige Lebensstandard entscheidend, der vom Standpunkt eines vernünftigen Betrachters bei Berücksichtigung der konkreten Einkommens- und Vermögensverhältnisse angemessen erscheint. Eine aus dieser Sicht zu dürftige Lebensführung bleibt ebenso außer Betracht wie ein übertriebener Aufwand (FamRZ 82/151). Nur in diesem Rahmen kann das tatsächliche Konsumverhalten der Ehegatten während des ehelichen Zusammenlebens Berücksichtigung finden. Dabei ist außerdem zu beachten, daß sich ein geschiedener Ehegatte an einem während intakter Ehe zugunsten der Vermögensbildung gewährten Konsumverzicht nicht festhalten zu lassen braucht, weil die personalen Grundlagen einer derartigen eingeschränkten Lebensführung, die während intakter Ehe ihre Berechtigung haben kann, nach dem Scheitern der Ehe entfallen. Hinzu kommt, daß nach Beendigung der Ehe eine weitere Vermögensbildung beim Unterhaltsverpflichteten dem anderen Ehegatten nicht mehr zugute kommt. Hiernach können die Einkommen der Parteien aus unterhaltsrechtlicher Sicht nur insoweit der Vermögensbildung zugeordnet und damit für den laufenden Unterhaltsbedarf als unmaßgeblich behandelt werden, als es – vom Standpunkt eines vernünftigen Betrachters aus – nach den gegebenen Einkommensverhältnissen als angemessen erscheint.

BGH v. 25. 1. 84 – IVb ZR 51/82 – FamRZ 84, 356 = NJW 84, 1537

(Zur Zulässigkeit einer negativen Feststellungsklage gegen eine einstweilige Anordnung)   **R198**

Gegen die Zulässigkeit der negativen Feststellungsklage bestehen keine Bedenken. Die Parteien ei- **a** ner einstweiligen Anordnung über den Eheunterhalt haben jederzeit die Möglichkeit, den Bestand des Unterhaltsanspruchs in einem ordentlichen Rechtsstreit klären zu lassen. Für die Zeit nach dem Eintritt der Rechtskraft des Scheidungsurteils, in der die einstweilige Anordnung nach § 620f ZPO fortgilt, aber nicht mehr abgeändert werden kann, ist der Verpflichtete auf die negative Feststellungsklage als einzige Möglichkeit verwiesen, wenn er geltend machen will, daß dem geschiedenen Ehegatten ein Unterhaltsanspruch nicht oder nicht in der durch die einstweilige Anordnung zugesprochenen Höhe zusteht (vgl. zu allem Senatsurteil vom 9. 2. 1983 – IV b ZR 343/81 – FamRZ 83/355).

R198 Anhang R. Rechtsprechung

(Keine Erwerbsobliegenheit bei Betreuung eines Kindes unter 8 Jahren)

b Das OLG hat die Bekl. dem Grunde nach für berechtigt gehalten, von dem Kl. Unterhalt zu verlangen (für die Zeit bis zur Rechtskraft des Scheidungsurteils gemäß § 1361 I S. 1 und II BGB, für die Folgezeit gemäß §§ 1570, 1578 I BGB), weil von ihr wegen der Pflege oder Erziehung des gemeinschaftlichen Kindes eine Erwerbstätigkeit nicht erwartet werden könne. Die Bedürftigkeit der Bekl. entfalle jedoch, soweit ihr ein eigenes Einkommen zuzurechnen sei. Unter diesem Gesichtspunkt müsse sie sich monatlich 650 DM anrechnen lassen, die sie von ihrem jetzigen Partner teils in bar für die Haushaltsführung und im übrigen durch Wohnungsgewährung erhalte.

In diesem Ausgangspunkt läßt das angefochtene Urteil einen Rechtsfehler nicht erkennen. Insbesondere ist nicht zu beanstanden, daß das OLG der Bekl. zur weiteren Behebung ihrer Bedürftigkeit keine Erwerbstätigkeit angesonnen hat. Nach der Rechtsprechung des Senats besteht regelmäßig keine Erwerbsobliegenheit des getrennt lebenden oder gesch. Ehegatten, der ein gemeinschaftliches Kind im Alter von weniger als acht Jahren zu betreuen hat (FamRZ 1983/456, 458). Besonderheiten, die eine abweichende Beurteilung erlauben, sind hier nicht ersichtlich.

(Inhaltsgleiche „eheliche Lebensverhältnisse" nach § 1361 BGB und § 1578 BGB; Prägung durch Einkommen; keine Bemessung nach Mindestbedarfssätzen; voller ehegemessener Unterhalt; nachhaltige Prägung der ehelichen Lebensverhältnisse bei krankheitsbedingter Berufsaufgabe)

c Die Auffassung des OLG, der volle Unterhalt der Bekl. bemesse sich nach dem Betrag, der in der Düsseldorfer Tabelle als regelmäßiger Mindestbetrag für den angemessenen Eigenbedarf eines unterhaltsberechtigten Ehegatten ausgewiesen ist, steht nicht im Einklang mit der gesetzlichen Regelung. Nach dieser kann der getrennt lebende Ehegatte von dem anderen den „nach den Lebensverhältnissen und den Erwerbs- und Vermögensverhältnissen der Ehegatten angemessenen Unterhalt" verlangen (§ 1361 I S. 1 BGB); das Maß des Unterhalts der gesch. Ehegatten bestimmt sich nach den „ehelichen Lebensverhältnissen" (§ 1578 I BGB), die sich inhaltlich mit jenen i. S. des § 1361 I BGB decken. Die für die Höhe eines Unterhaltsanspruchs danach maßgebenden ehel. Lebensverhältnisse werden im wesentlichen von dem in der Ehe verfügbaren Einkommen geprägt (FamRZ 1983/886 m. w. N.). Geht nur einer der beiden Ehegatten einer Erwerbstätigkeit nach, bestimmt regelmäßig dessen Einkommen den Lebensstandard, an dem beide Ehepartner grundsätzlich in gleicher Weise teilnehmen. Damit ist es nicht zu vereinbaren, in einem Fall wie dem vorliegenden – in dem nach den Feststellungen des OLG im Zeitpunkt der Scheidung das verteilungsfähige Einkommen des Kl. auf etwa 1050 DM abgesunken war – den eheangemessenen Unterhalt eines getrennt lebenden oder gesch. Ehegatten ohne weiteres nach einem generell zu ermittelnden Mindestlebensbedarf für Volljährige und damit nach Richtsätzen zu bemessen, wie sie in den von der Praxis verwendeten Tabellen für den angemessenen Unterhalt eines Unterhaltsberechtigten angegeben sind (FamRZ 1981/241). b) Danach kann nicht davon ausgegangen werden, daß der Beklagten seit Rechtshängigkeit bis zum 31. 12. 1981 monatlich 500 DM und in der Folgezeit monatlich 550 DM fehlen, um ihren vollen nach den ehel. Lebensverhältnissen angemessenen Unterhalt decken zu können. Es bedarf zunächst einer Feststellung des nach den ehel. Lebensverhältnissen angemessenen Unterhaltsbedarfs der Bekl., die das OLG bisher noch nicht getroffen hat. Dabei wird auch zu prüfen sein, ob die ehel. Lebensverhältnisse bereits dadurch nachhaltig geprägt worden waren, daß der Kl. aus gesundheitlichen Gründen seinen Beruf als Fernfahrer hatte aufgeben müssen und die Möglichkeiten seiner künftigen Erwerbstätigkeit sowie deren Ertrag unsicher geworden waren. Es ist nicht auszuschließen, daß sich danach Unterhaltsbeträge ergeben, die unter Berücksichtigung der anzurechnenden Einkünfte der Bekl. unter denjenigen liegen, die in dem angefochtenen Urteil angenommen worden sind. Deshalb ist das Berufungsurteil im Umfang der Anfechtung aufzuheben und die Sache an das OLG zurückzuverweisen.

(Zur Unterhaltsbemessung nach den ehelichen Lebensverhältnissen sowie zur Differenz- und Anrechnungsmethode bei Einkommen aus Versorgungsleistungen für den neuen Partner)

d Die vom OLG zur Unterhaltsbemessung unter Billigkeitsgesichtspunkten herangezogene sog. Differenzmethode erscheint im vorliegenden Fall nicht geeignet, um den Unterhaltsanspruch der Bekl. zu errechnen. Die Differenzmethode beruht auf der Vorstellung, daß beide Ehegatten mit ihrem Einkommen zum ehel. Lebensstandard beigetragen haben. Der so bemessene Unterhalt des Berechtigten geht daher von einem Bedarf aus, wie er durch die ehel. Lebensverhältnisse in einer Doppelverdienerehe bestimmt wird (FamRZ 1981/539). Sind hingegen die ehel. Lebensverhältnisse allein von den Einkünften nur eines Ehegatten geprägt worden, trifft schon der Ausgangspunkt der Differenzmethode nicht mehr zu. Demgemäß hat der Senat sie im Falle einer erst nach der Scheidung einsetzenden Erwerbstätigkeit des anderen Ehegatten für unanwendbar gehalten (FamRZ 81/539). Wenn wie im vorliegenden Fall dem unterhaltsberechtigten Ehegatten Einkünfte deshalb zugerechnet werden, weil er einem neuen Partner den Haushalt führt und von ihm Unterkunft erhält, berührt dies die ehel. Lebensverhältnisse selbst dann nicht, wenn eine solche Entwicklung schon vor

Anhang R. Rechtsprechung R201 – R202

der Scheidung eingesetzt hat (FamRZ 1984/149). Für die Unterhaltsbemessung kann daher auch hier nur von dem Einkommen des während der Ehe allein erwerbstätigen Kl. ausgegangen werden. Sofern dieses nach Quoten aufgeteilt wird, bietet es sich an, von dem auf diese Weise gebildeten Anteil der unterhaltsberechtigten Bekl. jenen Betrag abzuziehen, den sie sich nach den rechtsfehlerfrei getroffenen Feststellungen des OLG wegen der Wirtschaftsgemeinschaft mit ihrem jetzigen Partner zurechnen lassen muß (sog. Anrechnungsmethode). Das Ergebnis dieser Bemessungsweise ist jedoch wie stets vom Tatrichter auf seine Angemessenheit zu überprüfen (FamRZ 1982/255).

BGH v. 8. 2. 84 – IVb ZR 50/82 – FamRZ 84, 559

(Keine fiktiven Mieteinnahmen wegen unterlassener Vermietung bei allgemeiner Gütergemeinschaft)   **R201**

Das OLG hat der Unterhaltsbemessung auf seiten der Ehefrau zusätzlich den Mietwert ihrer Wohnung und auf seiten des Ehemannes fiktive Einkünfte wegen der unterlassenen Vermietung bewohnbarer Dachgeschoßräume im Haus der Parteien abzüglich der von ihm zu tragenden monatlichen Grundstückskosten berücksichtigt. 2) Die Revision vertritt die Auffassung, die dem Ehemann zuzurechnenden fiktiven Einkünfte aus Vermietung hätten erheblich höher angesetzt werden müssen. Die Revision übersieht, daß durch die Scheidung der Ehe die Gütergemeinschaft der Parteien endet und sie danach bis zur Auseinandersetzung über das Gesamtgut – zu dem das mit den genannten Gebäuden bebaute Grundstück gehört – dieses gemeinsam verwalten (§§ 1471, 1472 BGB). Das gilt unbeschadet eines möglicherweise bisher gegebenen Alleinverwaltungsrechts des Ehemannes. Ihre Vorstellungen über die Nutzung des Grundstücks könnte die Ehefrau im Rahmen der gemeinsamen Verwaltung verwirklichen. Einnahmen, die nach der Scheidung aus der Vermietung von Gebäuden auf dem zum Gesamtgut gehörenden Grundstück erzielt werden würden, stünden auch nicht dem Ehemann allein zu, sondern würden in das Gesamtgut fallen (§ 1473 I BGB). Hieran partizipieren beide Parteien bei der anschließenden Auseinandersetzung nach §§ 1474 ff. BGB ohnehin zu gleichen Teilen. Derartige Einkünfte können daher bei der Unterhaltsbemessung nicht nochmals einseitig dem Ehemann zugerechnet werden. Es bedarf danach keiner Entscheidung der weiteren Frage, ob die Vermietung in dem von der Revision verlangten Umfang im Hinblick darauf wirtschaftlich vernünftig und daher zumutbar wäre, daß wegen eines bei der Auseinandersetzung zu zahlenden Wertausgleichs der Verkauf oder die Versteigerung des Grundstücks erforderlich werden könne.

Soweit das OLG gleichwohl dem Ehemann fiktive Mieteinkünfte nach der Scheidung zugerechnet hat, wirkt sich dies nicht zuungunsten der Rechtsmittelführerin aus.

BGH v. 8. 2. 84 – IVb ZR 52/82 – FamRZ 84, 470 = NJW 84, 2826

(Zum Verhältnis von Abänderungsklage und Zwangsvollstreckungsabwehrklage)   **R202**

Der Kl. wendet sich mit der Klage gemäß § 767 ZPO gegen einen Titel der in § 794 Abs. 1 Nr. 1   **a** ZPO bezeichneten Art (§ 795 S. 1 ZPO). Er macht geltend, für Ferienaufenthalte der Kinder bei ihm, die mindestens 14 Tage dauern, entfalle seine Barunterhaltspflicht zu $^2/_3$, weil er insoweit den Kindern Naturalunterhalt gewähre. Damit erhebt er Einwendungen, die den durch den Prozeßvergleich festgestellten Anspruch selbst betreffen (§ 767 Abs. 1 ZPO). Aus den vorgetragenen Vorgängen, die nach seiner Ansicht als Anspruchserfüllung wirken, leitet er das Teillöschen der Barunterhaltsansprüche für diese Zeiträume ab. Es handelt sich mithin nicht um die Berücksichtigung der stets wandelbaren wirtschaftlichen Verhältnisse, die bei titulierten Unterhaltsansprüchen typischerweise unter dem Gesichtspunkt des Wegfalls der Geschäftsgrundlage Bedeutung erlangen und nicht im Wege der Vollstreckungsabwehrklage, sondern durch eine Abänderungsklage nach § 323 ZPO geltend zu machen wäre (vgl. BGHZ 70/151, 157 = FamRZ 78/177, 179; BGHZ 83/278, 282 = FamRZ 82/470 f.).

(Zum Wesen eines Leistungsvorbehalts)

Wenn ein Schuldner unter Vorbehalt leistet, so kann der Vorbehalt zwei unterschiedliche Bedeu-   **b** tungen haben: Im allgemeinen will der Schuldner lediglich dem Verständnis seiner Leistung als Anerkenntnis (§ 208 BGB) entgegengetreten und die Wirkung des § 814 BGB ausschließen, sich also die Möglichkeit offenhalten, das Geleistete gemäß § 812 BGB zurückzufordern. Ein Vorbehalt dieser Art stellt die Ordnungsmäßigkeit der Erfüllung nicht in Frage (Senatsurteil BGHZ 83/278, 282 = FamRZ 82/470 f.; BGH, Urteil vom 6. 5. 1982 – VII ZR 208/81 – NJW 82/2301, 2302; Münch-Komm/Heinrichs, BGB, § 362 Rz. 4; Palandt/Heinrichs, BGB, 43. Aufl., § 362 Anm. 2; BGB – RGRK/Weber, 12. Aufl., § 362 Rz. 35). Anders ist es, wenn der Schuldner in der Weise unter Vorbehalt leistet, daß dem Leistungsempfänger für einen späteren Rückforderungsstreit die Beweislast für das Bestehen des Anspruchs auferlegt werden soll. Ein Vorbehalt dieser Art läßt die Schuldtilgung in der Schwebe und ist keine Erfüllung i. S. d. § 362 BGB.

(Zum Inhalt eines Leistungsvorbehalts)

c Weder den Feststellungen des OLG noch dem Sachverhalt der Parteien sind Anhaltspunkte dafür zu entnehmen, daß der Vorbehalt, unter dem der Kläger den vollen Unterhalt für die Urlaubszeit der Jahre 1979 und 1981 gezahlt hat, den letztgenannten, weitgehenden und – außer im Falle der Zahlung zur Abwendung der Zwangsvollstreckung aus einem nur vorläufig vollstreckbaren oder aus einem Vorbehaltsurteil – ungewöhnlichen Inhalt gehabt hätte.

(Zum Rechtsschutzinteresse bei Vollstreckungsabwehrklage)

d Jedoch ist die Vollstreckungsabwehrklage gegen einen Titel auf wiederkehrende Unterhaltsleistungen dann mangels Rechtsschutzbedürfnisses unzulässig, wenn nach erfolgter Erfüllung für den in Betracht kommenden, zurückliegenden Zeitraum unzweifelhaft keine Vollstreckung mehr droht. Bei Titeln, die auf eine nur einmalige Leistung gerichtet sind, wird allerdings angenommen, daß die Vollstreckungsabwehrklage nur dann unzulässig ist, wenn eine Vollstreckung gar nicht mehr drohen kann (Wieczorek, ZPO, 2. Aufl., § 767 Anm. A II). Dieser Fall tritt erst mit der Herausgabe des Titels an den Schuldner ein. Solange sich der Titel noch in der Hand des Gläubigers befindet, vermag deshalb selbst ein Verzicht des Gläubigers auf die Zwangsvollstreckung oder eine Einigung von Gläubiger und Schuldner darüber, daß eine Zwangsvollstreckung nicht mehr in Betracht komme, das Rechtsschutzinteresse für eine Vollstreckungsabwehrklage des Schuldners nicht zu beseitigen (es folgen zahlreiche Nachweise). Dem Schutz des Gläubigers dagegen, überflüssigerweise einer Vollstreckungsabwehrklage ausgesetzt zu werden, dient in derartigen Fällen das sofortige Anerkenntnis mit der Kostenfolge des § 93 ZPO (es folgen Nachweise). Diese Grundsätze können jedoch nicht ohne weiteres auf den Fall übertragen werden, daß sich die Vollstreckungsabwehrklage – wie hier – gegen einen Titel auf wiederkehrende Unterhaltsleistungen richtet. Einen derartigen Titel gibt der Gläubiger nicht an den Schuldner heraus, wenn dieser die Unterhaltsrente für einen bestimmten Zeitraum gezahlt hat. Er benötigt den Titel vielmehr noch für die erst künftig fällig werdenden Ansprüche. Daß der Gläubiger den Titel in der Hand behält, begründet daher hier – anders als bei Titeln auf einmalige Leistungen – nicht schon für sich allein die Besorgnis, er werde daraus trotz bereits eingetretener Erfüllung noch einmal gegen den Schuldner vollstrecken. Deshalb erscheint es sachgerecht, gegenüber einem Titel auf wiederkehrende Unterhaltsleistungen, solange der Gläubiger diesen für erst künftig fällig werdende Leistungen noch benötigt, das Rechtsschutzinteresse für die Klage nach § 767 ZPO bereits dann zu verneinen, wenn eine Zwangsvollstreckung nach den Umständen des Falles unzweifelhaft nicht mehr droht. Das sofortige Anerkenntnis mit der Kostenfolge des § 93 vermöchte den schutzwürdigen Interessen des Gläubigers nicht stets in hinreichendem Maße Rechnung zu tragen. Das zeigt der vorliegende Fall, in dem sich die Beklagte erst in der mündlichen Verhandlung vor dem OLG nach einer Klageänderung der Vollstreckungsabwehrklage ausgesetzt gesehen hat.

(Zum Rechtsschutzinteresse bei Vollstreckungsabwehrklage, Feststellungsklage u. a.)

e In der Revisionsverhandlung hat der Kläger die Ansicht geäußert, die Vollstreckungsabwehrklage diene für die Urlaubszeiträume der Jahre 1979 und 1981 immerhin der Klärung der zwischen den Parteien streitigen Rechtsfrage, ob er in Fällen längeren Aufenthalts der Kinder bei ihm zu einer Kürzung des Barunterhalts berechtigt sei. Indes kann ein solcher Zweck der Klage nicht zur Zulässigkeit verhelfen. Das Rechtsschutzinteresse an einer Klage bestimmt sich danach, ob der Kläger ihrer zur Erreichung seines Prozeßziels bedarf. Die Klärung der genannten Rechtsfrage hätte er im Rahmen eines zulässigen Rückzahlungsbegehrens mit der dazu zur Verfügung stehenden Bereicherungsklage (vgl. BGHZ 83/278, 280 = FamRZ 82/470 f.) erreichen können. Soweit die Rechtsstreit die Unterhaltsforderung für die Urlaubszeiten in den Monaten August/September 1979 und Juli/August 1981 betrifft, ist die Klage auch insoweit unzulässig, als es sich um die in erster Instanz gestellten Hilfsanträge handelt. Mit der Abänderungsklage (§ 323 ZPO) kann die geltend gemachte Einwendung nicht verfolgt werden (. . .); die Feststellungsklage ist unzulässig, weil dem Kläger die Leistungsklage zur Durchsetzung seines – angeblichen – Bereicherungsanspruchs zur Verfügung steht.

(Unterhaltskürzung, wenn der Bedarf teilweise durch Gewährung von Wohnung und Kost durch den Verpflichteten oder durch Dritte gedeckt wird. Keine Kürzung, wenn der Verpflichtete in den Ferien das Kind in Ausübung des Umgangsrechts versorgt. Unterhaltspauschalierung und Sonderbedarf)

f II 1) Das OLG hat ausgeführt, in Ferienzeiten, die die Kinder aufgrund des vereinbarten Umgangsrechtes bei dem Kl. verbrächten, decke dieser durch Betreuung und Beköstigung den größeren Teil ihres Unterhaltsbedarfs. Er schulde deshalb für solche Zeiten nur einen verringerten Barunterhalt.

2a) Richtig ist allerdings, daß es die Bedürftigkeit eines unterhaltsberechtigten Kindes mindert, wenn sein Lebensbedarf zu einem Teil anderweitig gedeckt wird. Dies führt im Grundsatz zu einer entsprechenden Verringerung seines Unterhaltsanspruchs (§ 1602 I BGB). Wird mithin das Unterhaltsbedürfnis des Kindes durch Gewährung von Wohnung und Kost unentgeltlich erfüllt, so kann das die Höhe des Barunterhaltsanspruchs verringern. Diese Folge kann auch dann eintreten, wenn es der barunterhaltspflichtige Elternteil selbst ist, der den Unterhalt des Kindes zu einem Teil in anderer Weise als durch die Zahlung der Geldrente nach § 1612 I S. 1 BGB befriedigt.

b) Das besagt indes noch nichts zu der Frage, ob der nicht sorgeberechtigte barunterhaltspflichtige Elternteil das Recht hat, wegen einer solchen zeitweiligen Deckung des Unterhaltsbedarfs des Kindes, die durch dessen Beköstigung und Betreuung im Rahmen der Wahrnehmung des Umgangsrechtes eintritt, die Unterhaltsrente zu kürzen. Wie die Revision zu Recht geltend macht, handelt es sich bei den monatlichen Unterhaltsbeträgen, seien sie vereinbart oder gerichtlich festgesetzt, um pauschalierte Summen. Der erwartete Unterhaltsbedarf, den zu erfüllen der Schuldner gehalten ist, wird durch gleichmäßig über das Jahr verteilte monatliche Rentenbeträge ausgedrückt.

aa) Eine ausdrückliche Regelung, ob und ggfs. unter welchen Voraussetzungen der barunterhaltspflichtige Elternteil von diesen pauschalierten Rentenbeträgen einen Abzug machen kann, wenn und soweit das Unterhaltsbedürfnis des Kindes für eine gewisse Zeit anderweitig – auch im Wege der Gewährung von Naturalunterhalt durch ihn selbst im Rahmen seines Umgangsrechtes – erfüllt wird, enthält das Gesetz nicht. Jedoch liegt es aufgrund der Unterhaltspauschalierung von vornherein nahe, daß dabei geringfügige Bedarfsminderungen – wie auch umgekehrt geringfügige Erhöhungen –, mit deren Auftreten zu rechnen ist, außer Betracht bleiben müssen.

bb) Für die insoweit erforderliche nähere Abgrenzung gibt die Regelung, die das Gesetz für das Entstehen höheren als des erwarteten Unterhaltsbedarfs bereitstellt, einen bedeutsamen Hinweis.

Die Unterhaltspauschalierung vermeidet aus praktischen Gründen im allgemeinen die Berücksichtigung von bedarfserhöhenden Einzelumständen. Solche gewinnen nur ausnahmsweise unter dem Gesichtspunkt des Sonderbedarfs Bedeutung. Dabei handelt es sich nach der Legaldefinition des § 1613 II S. 1 BGB um einen „unregelmäßigen außerordentlich hohen Bedarf". Er muß überraschend und der Höhe nach nicht abschätzbar eintreten. Nur wenn er nicht mit Wahrscheinlichkeit voraussehbar war und deshalb bei der Bemessung der laufenden Unterhaltsrente nicht berücksichtigt werden konnte, ist der Unterhaltsgläubiger berechtigt, ihn neben der Geldrente geltend zu machen (FamRZ 1983/29, 30). In der Wortwahl des Gesetzes, das nur einen „außergewöhnlich" hohen Bedarf als Sonderbedarf gelten läßt, kommt zum Ausdruck, daß es im Zweifel bei der laufenden Unterhaltsrente sein Bewenden haben und nur in Ausnahmefällen die gesonderte Ausgleichung zusätzlicher unvorhergesehener Ausgaben erfolgen soll. Das liegt auch im Interesse einer Befriedigung und Beruhigung des Verhältnisses von Unterhaltsgläubiger und Unterhaltsschuldner, das durch häufige Einzelanforderungen in unerwünschter Weise belastet werden könnte (FamRZ 1982/145, 146).

cc) Diese Erwägungen gelten in gleicher Weise, wenn es darum geht, ob der Verpflichtete die Unterhaltsrente mit Rücksicht darauf kürzen darf, daß das Unterhaltsbedürfnis des Kindes zeitweilig anderweitig gedeckt wird. Das Verlangen des Unterhaltsschuldners nach einer Unterhaltskürzung, das ebenso wie eine Mehrforderung des Gläubigers wegen bedarfserhöhender Umstände der Befriedigung und Beruhigung des Verhältnisses zwischen beiden im Wege stehen kann, muß daher dementsprechend auf Fälle beschränkt werden, in denen die Deckung eines Teiles des Unterhaltsbedürfnisses des Gläubigers unvorhersehbar eintritt; sie muß zudem der Höhe nach gegenüber dem Umfang der laufenden Unterhaltspflicht ins Gewicht fallen. Teildeckungen des Unterhaltsbedarfs geringeren Umfanges sowie insbesondere solche, die nach Eintritt und Höhe vorhersehbar waren, sind hingegen allgemein als in der zuerkannten (§ 258 ZPO) oder vereinbarten Unterhaltsrente bereits berücksichtigt anzusehen.

Die Anforderungen, die damit für ein Verlangen auf eine zeitweilige Kürzung gelten, sind nicht erfüllt, wenn der nicht sorgeberechtigte Elternteil das Kind im Rahmen der Ausübung seines üblichen Umgangsrechtes während der Ferien einige Wochen bei sich hat und in dieser Zeit durch Naturalleistungen versorgt. Dann wird zwar ein Teil des Unterhaltsbedarfs des Kindes, zu dessen Deckung dieser Elternteil Barunterhalt leistet, durch seine Naturalunterhaltsleistungen erfüllt. Ob diese Teildeckung des Bedarfs ins Gewicht fällt, ob insbesondere trotz fortlaufender Kosten für die Bereitstellung von Wohnraum, für über das Jahr verteilte Anschaffungen an Kleidung, für Versicherungen u. ä. die Annahme des OLG zutrifft, diese Teildeckung mache zwei Drittel des (täglichen) Bedarfs aus, mag auf sich beruhen. Jedenfalls sind Besuche der hier in Rede stehenden Dauer als Wahrnehmung des gesetzlich vorgesehenen Rechts zum persönlichen Umgang mit dem Kind (§ 1634 BGB) nicht unvorhersehbar und geben deshalb dem nicht sorgeberechtigten Elternteil kein Recht, die pauschalierte monatliche Unterhaltsrente zu kürzen. Wenn Eltern eine andere Regelung wünschen, steht es ihnen frei, eine entsprechende Vereinbarung zu treffen.

R203   Anhang R. Rechtsprechung

BGH v. 8. 2. 84 – IVb ZR 54/82 – FamRZ 84, 561 = NJW 84, 1685

R203 *(Kriterien für angemessene Erwerbstätigkeit nach §§ 1573 I, 1574 II BGB unter Einbeziehung der Verhältnisse bis zur Scheidung; bei unangemessener Erwerbstätigkeit besteht nach § 1574 III BGB die Obliegenheit zur Ausbildung, Fortbildung oder Umschulung; umfassende Abwägung aller Umstände; unberücksichtigt bleiben Einkünfte, die auf einer unerwarteten, vom Normalverlauf erheblich abweichenden Entwicklung beruhen, es sei denn, der Berechtigte war hieran durch erhöhte Unterhaltszahlungen oder andere laufende Zuwendungen dauerhaft beteiligt)*

a   II 2 a) Unterhalt kann nach § 1573 I BGB ein geschiedener (gesch.) Ehegatte verlangen, solange und soweit er nach der Scheidung keine angemessene Tätigkeit zu finden vermag. Angemessen muß die Tätigkeit für denjenigen sein, der Unterhalt begehrt (§ 1574 I BGB); die Kriterien hierfür bestimmt § 1574 II BGB. Danach ist eine Erwerbstätigkeit angemessen, die der Ausbildung, den Fähigkeiten, dem Lebensalter und dem Gesundheitszustand des gesch. Ehegatten sowie den ehel. Lebensverhältnissen entspricht; bei den ehel. Lebensverhältnissen sind die Dauer der Ehe und die Dauer der Pflege oder Erziehung eines gemeinschaftlichen Kindes zu berücksichtigen. Damit besteht eine Obliegenheit zur Aufnahme einer im dargestellten Sinne angemessenen Erwerbstätigkeit. Erst wenn nach den Umständen des Falles gegenwärtig nur unangemessene Tätigkeiten in Betracht kommen, tritt an die Stelle der Obliegenheit zur Erwerbstätigkeit unter den in § 1574 III BGB genannten Voraussetzungen die Obliegenheit des gesch. Ehegatten, sich ausbilden, fortbilden oder umschulen zu lassen, soweit es zur Aufnahme einer angemessenen Erwerbstätigkeit erforderlich ist.

Die ehel. Lebensverhältnisse, die danach die Angemessenheit einer dem gesch. Ehegatten zuzumutenden Erwerbstätigkeit mitbestimmen, sind nicht nach den Umständen zur Zeit der Trennung, sondern regelmäßig unter Einbeziehung der Entwicklung bis zur Scheidung der Ehe zu beurteilen. Das hat der Senat nicht nur wiederholt für die Frage der Unterhaltsbemessung nach § 1578 I BGB entschieden (FamRZ 1980/770; seither ständige Rechtsprechung, FamRZ 1984/151 und 149 = NJW 1984/292 und 294), sondern auch für die Prüfung, ob eine dem Unterhalt begehrenden Ehegatten angesonnene Erwerbstätigkeit „angemessen" i. S. des § 1574 II BGB ist (FamRZ 1983/144, 145).

Das OLG, das diesen Grundsatz beachtet hat, ist ferner zu Recht davon ausgegangen, daß dabei solche Einkünfte auszunehmen sind, die auf einer unerwarteten, vom Normalverlauf erheblich abweichenden Entwicklung der Einkommensverhältnisse seit der Trennung der Eheleute beruhen; diese beeinflussen die bis zur Scheidung entstandenen ehel. Lebensverhältnisse daher regelmäßig nicht mehr. Nur wenn der getrennt lebende Ehegatte an der unerwarteten Einkommensverbesserung durch Unterhaltszahlungen oder andere laufende Zuwendungen dauerhaft beteiligt und dadurch sein Lebensstandard nachhaltig angehoben wird, kann das bei der Bemessung des nachehelichen Unterhalts gemäß § 1578 I BGB nicht unbeachtet bleiben (FamRZ 1982/576). Auch davon ist das OLG an sich zutreffend ausgegangen. Entgegen seiner Auffassung bedeutet das indessen nicht, daß diesem Umstand die gleiche Relevanz für die Beurteilung der Frage zukommt, welche Erwerbstätigkeit für den Ehegatten angemessen ist, dem es nach der Scheidung obliegt, entsprechend dem Gebot der wirtschaftlichen Eigenverantwortung selbst für seinen Unterhalt zu sorgen. Die ehel. Lebensverhältnisse stellen in diesem Zusammenhang nur einen von mehreren Gesichtspunkten dar, deren Beachtung gemäß § 1574 II BGB das Gesetz verlangt. Eine ausschlaggebende Bedeutung gewinnen die Einkommensverhältnisse dabei auch dann nicht, wenn sie durch eine unerwartete Entwicklung während der Trennungszeit verbessert worden sind.

Eine umfassende Abwägung aller Umstände, die bei der Beurteilung der Angemessenheit einer Erwerbstätigkeit zu berücksichtigen sind, hat das OLG bisher nicht vorgenommen; zumindest sind dem angefochtenen Urteil insoweit keine zureichenden Feststellungen zu entnehmen. Seine Auffassung, der Ehemann habe seit Anfang 1978 die Ehefrau nicht mehr auf eine Tätigkeit in ihrem erlernten Beruf als kaufmännische Angestellte verweisen können, hat das OLG allein auf die im Januar 1978 vertraglich vereinbarten Leistungen für den Trennungsunterhalt gestützt. Damit hat es seine Beurteilung rechtsfehlerhaft nur auf eines von mehreren zu beachtenden Kriterien gestützt.

(Ausbildungsunterhalt nach §§ 1575 I, 1575 II u. 1575 III BGB; die Ausbildung muß eine angemessene Erwerbstätigkeit ermöglichen; eine besonders zeit- und kostenaufwendige Ausbildung bedarf außergewöhnlicher Gründe)

b   II 2 b) Die Tatsache, daß die Ehefrau noch während des letzten Ehejahres ein Hochschulstudium aufgenommen hat, rechtfertigt es für sich allein ebenfalls nicht, ihr einen Unterhaltsanspruch für die Zeit bis zum Abschluß dieser Ausbildung einschließlich einer Promotion zuzuerkennen.

Aus § 1575 BGB läßt sich ein solcher Anspruch unmittelbar nicht herleiten, weil die Ehefrau diese in der Trennungszeit begonnene Ausbildung nicht in Erwartung der Ehe unterlassen oder abgebrochen hatte (Abs. I) und sie auch nicht studiert, um durch die Ehe eingetretene Nachteile auszugleichen (Abs. II); beides macht sie auch nicht geltend.

Unterhalt für die Dauer einer Ausbildung kann allerdings ausnahmsweise auch ein gesch. Ehegatte beanspruchen, wenn die Voraussetzungen des § 1575 BGB nicht vorliegen, es ihm indessen gemäß

Anhang R. Rechtsprechung   R 207

§ 1574 III BGB obliegt, sich ausbilden, fortbilden oder umschulen zu lassen, soweit es zur Aufnahme einer angemessenen Erwerbstätigkeit erforderlich ist. Für die Dauer der aus diesem Grunde notwendigen Ausbildung besteht ein Unterhaltsanspruch gemäß § 1573 I BGB.

Daß im vorliegenden Fall das Studium der Vorgeschichte und Archäologie erforderlich ist, um der Ehefrau die Aufnahme einer angemessenen Erwerbstätigkeit zu ermöglichen, hat das OLG nicht festgestellt. Es hat sich darauf beschränkt auszusprechen, daß sie sich mit der Aufnahme dieses Studiums „im Rahmen der ihr nach § 1574 III BGB obliegenden Ausbildung hielt". Nicht jede berufliche Qualifikation, die die Aufnahme einer angemessenen Erwerbstätigkeit ermöglicht, ist indessen auch erforderlich; das ist eine Ausbildung nur, wenn ohne sie die Ausübung einer angemessenen Erwerbstätigkeit nicht möglich ist. Zwar braucht sich der gesch. Ehegatte nicht ohne Rücksicht auf seine Neigungen einem Beruf zuzuwenden, der ihm nach möglichst kurzer und kostengünstiger Ausbildung den Zugang zu einer angemessenen Erwerbstätigkeit erschließt. Kommen aber auch andere Ausbildungsgänge in Betracht, die dem Ehegatten die Aufnahme einer angemessenen Erwerbstätigkeit ermöglichen, so darf er sich einer besonders zeit- und kostenaufwendigen Ausbildung höchstens dann unterziehen, wenn außergewöhnliche Gründe vorliegen, die geeignet sind, die hohe Belastung des während der Ausbildungszeit unterhaltspflichtigen Ehegatten zu rechtfertigen. Die im vorliegenden Fall angestrebte Ausbildung nimmt nach den Feststellungen des OLG bis zur Magisterprüfung durchschnittlich etwa fünf Jahre und anschließend weitere drei Jahre bis zu der für unerläßlich gehaltenen Promotion in Anspruch. Im Hinblick auf diese lange Dauer, die auch wegen des Lebensalters der Ehefrau besondere Bedeutung gewinnt, hätte es daher der Feststellung außergewöhnlicher Gründe im dargelegten Sinne bedurft, um die Ausbildung gemäß § 1574 III BGB für erforderlich anzusehen. Dafür reicht es jedenfalls nicht aus, daß die Ehefrau das Studium im letzten Ehejahr bereits begonnen und der Ehemann davon erfahren hatte; denn für ihn bestand keine Möglichkeit, sie während der Trennungszeit an der Aufnahme dieses Studiums zu hindern oder auf eine Erwerbstätigkeit zu verweisen (§ 1361 BGB).

(Zur Notwendigkeit der Berücksichtigung bereits erbrachter Teilleistungen)

Das OLG hat abweichend vom erstinstanzlichen Urteil die vom Ehemann erbrachten Teilleistungen auf den zuerkannten Unterhalt nicht berücksichtigt. Das erscheint nicht nur im Hinblick auf § 308 I ZPO, sondern auch deshalb bedenklich, weil im Falle einer Vollstreckung aus einem solchen Titel der Einwand der Erfüllung insoweit nicht mehr zulässig wäre, als bereits bis zum Schluß der (letzten) mündlichen Verhandlung im vorliegenden Verfahren erfüllt worden ist (vgl. § 767 II ZPO).   c

BGH v. 20. 3. 84 – IVb ZR 14/82 – NJW 84, 1811

(Arbeitslosengeld, Arbeitslosenhilfe und Krankengeld)   R 207

II 2b) Der Rechtsanspruch auf Arbeitslosenunterstützung entsteht nicht schon durch die bloße Tatsache der Arbeitslosigkeit. Er setzt voraus, daß der Arbeitslose arbeitsfähig ist und sich der Arbeitsvermittlung zur Verfügung stellt, seine Arbeitskraft also dem Arbeitsmarkt anbietet. Sind diese Voraussetzungen erfüllt, so wird der Arbeitslosen in Grenzen das soziale und von ihm regelmäßig nicht beeinflußbare Risiko der Arbeitslosigkeit abgenommen. Die dem Arbeitslosen gezahlte Unterstützung soll ihm einen Ausgleich für entgangenen Arbeitsverdienst verschaffen. Das zeigt sich auch deutlich darin, daß sie sich in ihrem Umfang an der Höhe des gewöhnlich erzielten Arbeitsentgelts ausrichtet (§§ 111, 136 AVG). Arbeitslosengeld und Arbeitslosenhilfe treten – so gesehen – an die Stelle des Arbeitsverdienstes; ihnen kommt in diesem Sinn eine Lohnersatzfunktion zu. Daß auch dem Krankengeld eine sogenannte Lohnersatzfunktion zukommt, weil es ebenso wie der Arbeitslohn dem Lebensunterhalt des Versicherten dient, ist in der Rechtsprechung anerkannt. Dasselbe gilt, wie bereits gesagt, auch für das Arbeitslosengeld und die Arbeitslosenhilfe. Daß der Anspruch auf Arbeitslosenhilfe nicht allein von der Vermittlungsfähigkeit (Verfügbarkeit) des Arbeitslosen abhängt, sondern zusätzlich dessen Bedürftigkeit voraussetzt, macht trotz des dahinterstehenden Gedankens der Fürsorge die Arbeitslosenhilfe nicht zu einer Leistung der Sozialhilfe, da sie ebenso wie das Arbeitslosengeld an die Eingliederung des Anspruchsberechtigten in das Arbeitsleben anknüpft, deshalb ebenfalls nach dem Arbeitsentgelt bemessen wird und keine Bedürftigkeit im Sinn der Sozialhilfevorschriften voraussetzt. Die zusätzliche Voraussetzung der Bedürftigkeit beschränkt im Verhältnis zum Arbeitslosengeld lediglich den Kreis der Berechtigten. Arbeitslosengeld und Arbeitslosenhilfe sind Ausfluß eines einheitlichen Systems gestufter Leistungen zur Sicherung gegen die finanziellen Folgen der Arbeitslosigkeit. Der Rechtsanspruch auf ihre Gewährung gilt, soweit nichts anderes bestimmt ist, kraft gesetzlicher Einordnung (§ 134 IV AfG) als einheitlicher Anspruch auf Leistungen bei Arbeitslosigkeit. Zwischen beiden Sozialleistungen kann daher kein Unterschied gemacht werden.

BGH v. 21. 3. 84 – IVb ZR 68/82 – FamRZ 84, 660 = NJW 84, 1816

R208 *(Rentenneurose)*

III 2 b) Bedürftig ist auch, wer infolge einer seelischen Störung erwerbsunfähig ist. Allerdings hat der BGH im Schadensersatzrecht Grundsätze zur Haftungsbegrenzung entwickelt, die bei sog. Rentenneurosen dann eingreifen, wenn die seelische Störung erst durch das – wenn auch unbewußte – Begehren nach einer Lebenssicherung oder durch die Ausnutzung einer vermeintlichen Rechtsposition ihr Gepräge erhält und der Unfall zum Anlaß genommen wird, den Schwierigkeiten des Arbeitslebens auszuweichen (grundlegend BGHZ 20/137). Damit wird dem Gesichtspunkt Rechnung getragen, daß die Wiedereinführung neurotisch labiler Personen in den sozialen Lebens- und Pflichtenkreis durchweg gerade dann scheitert, wenn Aussicht besteht, ein bequemes Renteneinkommen weiterzuerhalten, und daß dem Rentenneurotiker, dessen Verhalten wesentlich von Begehrensvorstellungen bestimmt ist, seine Flucht in die Krankheit rechtlich nicht „honoriert" werden darf. Laufende Zahlungen sollen nicht zur Verfestigung eines Zustandes beitragen, der letztlich der körperlichen und seelischen Gesundung des Geschädigten abträglich ist (BGHZ 20/137). Entsprechende Erwägungen gelten im Recht der gesetzlichen Rentenversicherung: Erforderlich für die Anerkennung ist dort, daß die seelische Störung aus eigener Kraft nicht überwindbar ist. Wenn vorhergesagt werden kann, daß eine Rentenablehnung die neurotischen Erscheinungen des Versicherten verschwinden läßt, so muß die Rente versagt werden, weil es mit dem Sinn und Zweck der Rentengewährung bei Berufsunfähigkeit nicht zu vereinbaren ist, daß gerade die Rente den Zustand aufrechterhält, dessen nachteilige Folgen sie ausgleichen soll (BSG, NJW 64/2223, 2224).

Die Notwendigkeit, bestimmte Fälle der Rentenneurose nicht zu „honorieren", stellt sich auch im Unterhaltsrecht. Das hat das OLG indes nicht verkannt. Es hat in Anlehnung an die Rechtsprechung des BGH zum Haftungsrecht und an die Rechtsprechung des BSG darauf abgehoben, ob die seelische Störung der Kl. so übermächtig ist, daß sie sie auch nach Aberkennung des Unterhaltsanspruchs nicht wird überwinden können, sondern arbeitsunfähig bleiben wird. Im Unterhaltsrecht, das zwischen geschiedenen Ehegatten auf der Fortwirkung der ehelichen Beistandspflichten im Sinn einer nachehelichen Solidarität und im übrigen auf der Verwandtschaft von Gläubiger und Schuldner beruht, kann den Auswirkungen von seelischen Störungen und Fehlreaktionen jedenfalls keine geringere rechtliche Bedeutung beigemessen werden als im Haftungs- und Sozialversicherungsrecht. Freilich ist hier wie dort wegen der „Simulationsnähe" zahlreicher Neurosen stets Wachsamkeit des Sachverständigen und des Tatrichters geboten.

BGH v. 21. 3. 84 – IVb ZR 72/82 – FamRZ 84, 682 = NJW 84, 1613

R209 *(Anspruchsvoraussetzungen; Besonderheiten bei minderjährigen Kindern; Identität des Anspruchs von minderjährigen und volljährigen Kindern; Modifizierungen der Unterhaltspflicht nach Eintritt der Volljährigkeit)*

1) Die Unterhaltspflicht des Bekl. beruht darauf, daß die Kl. als seine Tochter mit ihm in gerader Linie verwandt ist, § 1061 BGB. Die gesetzliche Unterhaltspflicht zwischen Eltern und Kindern, die sich allein aus dem Verwandtschaftsverhältnis herleitet, ist weder auf seiten des Berechtigten noch auf seiten des Verpflichteten an Altersgrenzen gebunden. Sie besteht daher – unter den allgemeinen Voraussetzungen einerseits der Bedürftigkeit und andererseits der Leistungsfähigkeit – dem Grunde nach lebenslang fort.

2) Ebensowenig wie der Grund des Unterhaltsanspruchs wird seine Höhe allein durch den Eintritt der Volljährigkeit des unterhaltsberechtigten Kindes beeinflußt.

a) Allerdings weist das OLG zutreffend darauf hin, daß der Gesetzgeber den Unterhaltsanspruch eines minderjährigen unverheirateten Kindes in bestimmten Fällen bevorzugt ausgestaltet hat. So wird die Bedürftigkeit eines solchen Kindes noch nicht dadurch behoben, daß es Vermögen besitzt; es braucht nicht wie andere Verwandte auf den Stamm seines Vermögens zurückzugreifen, sondern kann von seinen Eltern Unterhalt insoweit verlangen, wie die Vermögenseinkünfte (neben eventuellem Arbeitseinkommen) nicht ausreichen (§ 1602 II BGB). Außerdem wird die Leistungsfähigkeit der Eltern gegenüber ihrem minderjährigen unverheirateten Kinde über die Grenze der Gefährdung des eigenen angemessenen Unterhalts erweitert; sie müssen alle verfügbaren Mittel zu ihrem und des Kindes Unterhalt gleichmäßig verwenden (§ 1603 II 1 BGB). In Konkurrenz zu anderen bedürftigen Verwandten geht in Mangelfällen das minderjährige unverheiratete Kind den anderen Geschwistern vor (§ 1609 I BGB). Ein Fehlverhalten, das nach § 1611 I BGB die Beschränkung oder den Wegfall der Unterhaltspflicht aus Billigkeitsgründen rechtfertigen würde, können Eltern ihrem minderjährigen unverheirateten Kind nicht entgegenhalten (§ 1611 II BGB). Schließlich bestehen in beschränktem Umfang auch Erleichterungen für das minderjährige Kind bei der Durchsetzung des Unterhaltsanspruchs: Als Mindestbedarf kann ein eheliches Kind, das in den Haushalt eines geschiedenen Elternteils aufgenommen ist, bis zur Vollendung des 18. Lebensjahrs von dem anderen Elternteil den für ein nichteheliches Kind der entsprechenden Altersstufe gesetzlich festgesetzten Regelbedarf

Anhang R. Rechtsprechung   **R210**

als Unterhalt verlangen (§ 1610 III 1 BGB); für die Anpassung der für einen Minderjährigen titulierten Unterhaltsrente an die allgemeine Entwicklung der wirtschaftlichen Verhältnisse besteht ein vereinfachtes Verfahren (vgl. § 1612a BGB).

b) Diese Besonderheiten rechtfertigen es jedoch nicht, den Unterhaltsanspruch des volljährig gewordenen Kindes gegen seine Eltern als eigenständigen Anspruch aufzufassen, der mit dem zuvor während der Minderjährigkeit bestehenden Anspruch keine Einheit mehr bildet. Durch die genannten Erleichterungen in der Durchsetzung des Unterhalts für ein minderjähriges Kind sollte in erster Linie die Angleichung an einen zuvor bereits für nichteheliche Kinder bestehenden Rechtszustand erreicht werden. Weiterreichende Schlüsse auf eine besondere Rechtsnatur des Anspruchs lassen sich daraus nicht herleiten. Die für den Unterhaltsanspruch eines minderjährigen unverheirateten Kindes bestehenden materiellrechtlichen Begünstigungen wirken sich nur in einzelnen Fällen aus, in denen die dargelegten besonderen gesetzlichen Voraussetzungen eingreifen. Hat das Unterhalt begehrende Kind dagegen kein eigenes Vermögen und reichen die Mittel des in Anspruch genommenen Elternteils aus, um den Unterhaltsbedarf des Kindes neben dem anderer bedürftiger Verwandter ohne Gefährdung des eigenen angemessenen Unterhalts des Verpflichteten zu befriedigen, bleiben die Verhältnisse über die Vollendung des 18. Lebensjahres des Kindes hinaus unverändert. Die nur in den genannten Einzelfällen durch die Vollährigkeit – oder durch die Heirat – des Kindes eintretenden Änderungen haben nicht generell eine andere Wirkung als sonstige wesentliche Änderungen derjenigen Verhältnisse, die für die Verurteilung zu künftig fällig werdenden wiederkehrenden Leistungen maßgebend gewesen sind. Zur Geltendmachung solcher Änderungen sieht das Gesetz die Abänderungsklage (§ 323 ZPO) vor, soweit nicht bereits bei der Titulierung des Unterhalts für das noch nicht volljährige Kind die später eintretenden Änderungen abzusehen und geltend zu machen sind. Die Notwendigkeit von Modifizierungen der Unterhaltspflicht nach Eintritt der Volljährigkeit in bestimmten Einzelfällen rechtfertigt es nicht, den nach wie vor auf dem Verwandtschaftsverhältnis beruhenden Unterhaltsanspruch des volljährig gewordenen Kindes ohne Rücksicht darauf, ob die erörterten Änderungen im konkreten Fall tatsächlich eintreten, nicht mehr als Fortsetzung des bisherigen Anspruchs anzusehen. Die unveränderte Fortdauer des die Unterhaltspflicht begründenden Rechtsverhältnisses über den Eintritt der Volljährigkeit hinaus unterscheidet den Verwandtenunterhalt auch grundsätzlich von dem Unterhaltsanspruch zwischen Ehegatten, den für die Zeit vor und nach der Scheidung der Ehe als einen einheitlichen Anspruch aufzufassen der Senat vor allem wegen der durch die Auflösung des Ehebandes veränderten Anspruchsgrundlagen abgelehnt hat.

BGH v. 28. 3. 84 – IVb ZR 53/82 – FamRZ 84, 1000 = NJW 84, 1614

(Notwendiger Selbstbehalt als untere Opfergrenze bei gesteigerter Unterhaltspflicht; Anlehnung an Richtsätze   **R210**
u. Leitlinien; Wohnkostenanteil in Selbstbehaltssätzen)

1) Das OLG hat – ohne Feststellungen zum Vorhandensein anderer unterhaltspflichtiger Verwandter zu treffen – angenommen, daß im Verhältnis des Bekl. zur Kl. die Voraussetzungen der gesteigerten Unterhaltspflicht nach § 1603 II 1 BGB vorliegen. Dies ist nicht bedenkenfrei, weil die insoweit darlegungs- und beweispflichtige Kl. nicht dargetan hat, daß ihre Mutter, in deren Obhut sie lebt, außerstande ist, ohne Gefährdung des eigenen angemessenen Unterhalts neben dem Natural- auch den Barunterhalt zu gewähren (§ 1603 II 2 BGB; NJW 1980/934 = FamRZ 1980/555 und NJW 1982/1590 = FamRZ 1982/590f.). Indessen wird der Bestand des angefochtenen Urteils dadurch nicht gefährdet, weil der Bekl. auch dann, wenn ihn eine gesteigerte Unterhaltspflicht gem. § 1603 II 1 BGB trifft, derzeit nicht zu Unterhaltsleistungen für die Kl. herangezogen werden kann.

2) Im Rahmen der gesteigerten Unterhaltspflicht haben Eltern nach dem Wortlaut des Gesetzes alle verfügbaren Mittel gleichmäßig zu ihrem und dem Unterhalt der Kinder zu verwenden. Schon das RG hat jedoch ausgesprochen, daß jede Unterhaltspflicht ihre Grenze dort findet, wo die Möglichkeit der Fortexistenz des Unterhaltspflichtigen in Frage gestellt würde und nicht mehr die Mittel zur Bestreitung des unentbehrlichen Lebensbedarfs verbleiben würden (vgl. JW 1903 Beil. S. 29). Praxis und Lehre stehen heute übereinstimmend auf dem Standpunkt, daß die Mittel, die auch in einfachsten Lebensverhältnissen einer Person für den eigenen Unterhalt verbleiben müssen, nicht als „verfügbar" i. S. des § 1603 II 1 BGB anzusehen sind, wobei diese Opfergrenze als notwendiger oder kleiner Selbstbehalt bezeichnet wird. In den in der Praxis verwendeten Unterhaltstabellen und -leitlinien wird der notwendige Selbstbehalt mit einem Betrag angesetzt, der etwas über den Sätzen der Sozialhilfe liegt.

Dieser Handhabung des § 1603 II 1 BGB, der nahezu gewohnheitsrechtlicher Charakter zukommt, tritt der Senat insbesondere für die Fälle bei, in denen – wie hier – der Unterhaltspflichtige und das Kind in getrennten Haushalten leben. Die Unterschreitung der Sozialhilfegrenze würde im übrigen regelmäßig nur dazu führen, daß das, was dem Unterhaltspflichtigen genommen würde, vom Träger der Sozialhilfe wieder erstattet werden müßte.

Im vorliegenden Fall hat das OLG den notwendigen Selbstbehalt des Bekl. in Anlehnung an die

R211 Anhang R. Rechtsprechung

Düsseldorfer Tabelle mit monatlich 750 DM für das Jahr 1981 und mit monatlich 825 DM für das Jahr 1982 angesetzt. Es hat dazu ausgeführt, daß Gesichtspunkte, die für ein Abweichen von den Regelsätzen der Tabelle sprechen könnten, von keiner Seite dargetan und auch sonst nicht ersichtlich seien. Dies ist aus Rechtsgründen nicht zu beanstanden und wird von der Revision auch nicht angegriffen. Die Bemessung des Selbstbehalts ist Sache des Tatrichters. Dabei ist es ihm nicht verwehrt, sich an Erfahrungs- und Richtwerte anzulehnen, sofern nicht im Einzelfall besondere Umstände eine Abweichung bedingen (NJW 1982/1050 = FamRZ 1982/365 [366]). Eine abweichende Bemessung ist insbesondere dann veranlaßt, wenn die Wohnkosten des Unterhaltpflichtigen anders liegen als der Betrag, der in dem herangezogenen Richtsatz hierfür veranschlagt ist. Dafür besteht im vorliegenden Fall aber kein Anhalt. Überdies liegt die Erwerbsunfähigkeitsrente des Bekl. mit 633 DM monatlich im Jahre 1981 und mit 669,50 DM monatlich im Jahre 1982 noch beträchtlich unter den angesetzten Selbstbehaltsbeträgen.

BGH v. 28. 3. 84 – IVb ZR 64/82 – FamRZ 84, 662 = NJW 84, 2358

R211 *(Bemessung der Vergütung für Versorgungsleistungen)*

a 2 a bb) Bei der Bemessung der Vergütung, die sich der bedürftige Ehegatte in derartigen Fällen für die seinem Partner erbrachten Dienste anrechnen lassen muß, kann es nicht darum gehen, den Anteil an dem für die Haushaltsführung insgesamt notwendigen Arbeitsaufwand zu ermitteln und zu bewerten, der auf die einzelnen zum Haushalt gehörenden Personen entfällt. Erst recht kann der auf den Partner entfallende Versorgungsaufwand nicht mit dem Mehraufwand an Arbeit gleichgesetzt werden, welchen die Ehefrau deshalb hat, weil sie zu der ihr ohnehin obliegenden Versorgung der Kinder und ihrer eigenen Person noch die Versorgung ihres Partners übernommen hat. Bei einer derartigen Betrachtung wäre der dem Partner zuzurechnende Versorgungsaufwand noch deutlich niedriger als mit $1/4$ des Gesamtaufwandes zu veranschlagen, weil bei der Führung eines Haushalts ein erheblicher Anteil des Zeitbedarfs nicht personenbezogen ist und deshalb auch anfiele, wenn die Ehefrau nur für sich und die Kinder sorgen würde. Vielmehr ist vor allem auf den objektiven Wert abzustellen, den die Haushaltsführung und sonstige Versorgungsleistungen für den Partner haben.

Zur Frage der Anrechnung einer angemessenen Vergütung für Versorgungsleistungen, die in einer eheähnlichen Gemeinschaft von dem haushaltsführenden Partner dem anderen erbracht werden, können dem Tatrichter Richtsätze, die auf die gegebenen Verhältnisse abgestellt sind und der Lebenserfahrung entsprechen, als Anhalt dienen, soweit sich nicht besondere, eine Abweichung bedingende Umstände ergeben (FamRZ 80/665, 666). Das gilt etwa für die Richtlinien und Erfahrungssätze, die zur Bemessung von Schadensersatzrenten bei Verletzung oder Tötung von Hausfrauen entwickelt worden sind (vgl. etwa Schulz-Borck/Hofmann, Schadensersatz bei Ausfall von Hausfrauen und Müttern im Haushalt mit Berechnungstabellen, 1978) und Eingang in die Rechtsprechung gefunden haben.

(Halbteilungsgrundsatz; bei Erwerbseinkünften unterschiedliche Quoten wegen berufsbedingtem Mehrbedarf und Arbeitsanreiz; gleich hohe Quoten bei Renteneinkünften, sofern nicht besondere Gründe eine Abweichung rechtfertigen; krankheits- oder altersbedingter Sonderaufwand ist vorweg zu berücksichtigen oder kann eine maßvolle Abweichung vom Halbteilungsgrundsatz rechtfertigen)

b A II 2 b bb) Nach der ständigen Rechtsprechung des Senats ist bei der Aufteilung grundsätzlich jedem Ehegatten die Hälfte des verteilungsfähigen Einkommens zuzubilligen, weil beide am ehel. Lebensstandard in gleicher Weise teilnehmen. Als rechtfertigenden Grund für eine maßvolle Abweichung von diesem Grundsatz hat der Senat in Übereinstimmung mit den Richtsätzen und Leitlinien der Oberlandesgerichte die Erwerbstätigkeit des Unterhaltpflichtigen angesehen, weil hier durch eine Höherquotierung zugunsten des erwerbstätigen Ehegatten der mit einer Berufsausübung verbundene besondere Aufwand berücksichtigt und zugleich ein Anreiz zur Erwerbstätigkeit geschaffen wird. Ist dagegen der Unterhaltspflichtige aus dem Erwerbsleben bereits ausgeschieden, so entfallen diese Gesichtspunkte als Rechtfertigung für eine Aufteilung nach ungleichen Quoten. Demgemäß hat der Senat (FamRZ 1982/894, 895) entschieden, daß eine vom Grundsatz hälftiger Teilung abweichende Unterhaltsbemessung in Fällen, in denen der Unterhaltspflichtige bereits aus dem Erwerbsleben ausgeschieden ist, ausreichender anderer Gründe bedarf.

Den Grundsätzen dieses Urteils wird das angefochtene Urteil nicht gerecht. Vor allem kann in dem Hinweis auf die erhöhten Bedürfnisse, die der Ehemann als Nachwirkung seiner Berufstätigkeit, z. B. durch gesellschaftliche Verpflichtungen, noch habe, keine ausreichende Begründung für einen „Zuschlag" gesehen werden, durch den normalerweise der gesamte mit einer Berufsausübung verbundene besondere Aufwand ausgeglichen wird. Das gilt um so mehr, als der $3/5$-Anteil, den das OLG dem Ehemann zugestanden hat, eine selbst für erwerbstätige Unterhaltpflichtige besonders hohe Quote darstellt, die heute zumeist unterschritten wird.

1226

Anhang R. Rechtsprechung R211

Ebensowenig kann die Quote ihre Rechtfertigung in der vom OLG angeführten mangelnden Fähigkeit des Ehemannes finden, „bestimmte, nicht in den Rahmen der ihm schon zugebilligten Haushaltshilfe fallende Tätigkeiten selbst zu verrichten". Mit dieser Begründung setzt sich das OLG in Widerspruch zu seiner Entscheidung, daß, nachdem der Ehemann Pensionär sei, die stundenweise Beschäftigung einer Haushaltshilfe mit einem Aufwand von 500 DM im Monat ausreiche und eine darüber hinausgehende Beschäftigung von Personal seine „Privatsache" sei und nicht zu Lasten der Ehefrau gehen dürfe.

Sonstige Gründe, die eine Abweichung vom Halbteilungsgrundsatz rechtfertigen könnten, sind vom OLG nicht festgestellt. Allerdings hat der Ehemann in Erwiderung auf den Vorwurf der Ehefrau, er habe sich „ohne Grund" pensionieren lassen, vorgetragen, er sei infolge schwerer Erkrankung berufsunfähig, leide unter empfindlichen Schmerzen, was das Gehen und Sitzen beeinträchtige und zu Schlafstörungen führe, sein Zustand verschlimmere sich, teilweise seien beide Arme funktionsunfähig. Ob und inwieweit sich daraus eine stärkere Abhängigkeit des Ehemannes von fremder Hilfe ergibt, die entweder eine entsprechende Erhöhung des vorweg zu berücksichtigenden Sonderaufwandes für seine Versorgung oder möglicherweise auch eine maßvolle Abweichung von der Halbteilung rechtfertigen könnte, wird das OLG in der neuen Verhandlung zu prüfen haben. Bisher sind zu diesem Vorbringen, das die Ehefrau bestritten hat, keine Feststellungen getroffen worden. Damit kann der Senat die Frage, ob die vorliegende Abweichung vom Halbteilungsgrundsatz sich im Ergebnis als gerechtfertigt erweist, nicht abschließend beurteilen; vielmehr muß er sie dem Tatrichter übertragen, der für ihre Beantwortung ohnehin in erster Linie berufen ist.

(Härtefall beim Scheidungsunterhalt, wenn das eheähnliche Verhältnis nach der Scheidung fortgesetzt wird. Zu den Voraussetzungen eines „besonders gelagerten Härtefalles" im Sinn von § 1579 II BGB)

III) Zur Frage des Ausschlusses oder einer Herabsetzung des Unterhaltsanspruchs der Ehefrau hat c
das OLG ausgeführt, daß die Ehefrau durch ihr ehel. Fehlverhalten nicht nur hinsichtlich ihres Anspruchs auf Trennungsunterhalt den Tatbestand der unterhaltsrechtlichen Härteregelung erfüllt habe, sondern daß aufgrund dieses Verhaltens auch für den nachehel. Unterhalt die Voraussetzungen des § 1579 I Nr. 4 BGB erfüllt seien.

Diese Beurteilung begegnet keinen rechtlichen Bedenken. Ein unterhaltsberechtigter Ehegatte, der durch die Aufnahme einer eheähnlichen Gemeinschaft mit einem anderen Partner während der Ehe seinen Anspruch auf Trennungsunterhalt eingebüßt oder verkürzt hat, hat jedenfalls dann regelmäßig auch für den nachehel. Unterhaltsanspruch die Härteregelung verwirklicht, wenn das Verhältnis nach der Scheidung andauert (FamRZ 1983/569; FamRZ 1983/676; FamRZ 1984/154, 155).

Ebenso entspricht es der Rechtsprechung des Senats, daß auch bereits vor der Novellierung des § 1579 II BGB, die der Gesetzgeber durch Urteil des BVerfG v. 14.7. 1981 (BVerfGE 57/361 = FamRZ 1981/745) aufgegeben worden ist, zu entscheiden ist, ob im Einzelfall ein besonders gelagerter Härtefall vorliegt, und im Falle der Verneinung dieser Frage die insoweit mit dem Grundgesetz vereinbarte Vorschrift des § 1579 II BGB unverändert anzuwenden, somit die Härteregelung des § 1579 I BGB als suspendiert zu behandeln und dementsprechend in der Sache zu entscheiden ist.

Nicht völlig frei von rechtlichen Bedenken ist indessen die Beurteilung, mit der das OLG hier einen besonders gelagerten Härtefall verneint hat. In den vorgenannten Urteilen (FamRZ 83/676; FamRZ 84/154, 155) hat der Senat zu der Frage, was unter einem besonders gelagerten Härtefall im Sinne der Entscheidung des BVerfG zu verstehen ist, dargelegt, daß nach dem Sinnzusammenhang der verfassungsgerichtl. Entscheidungsgründe Sachverhalte darunterfallen, in denen die unverkürzte Zubilligung des eheangemessenen Unterhalts aufgrund des § 1579 II BGB zu einer mit dem Verfassungsgrundsatz der Verhältnismäßigkeit unvereinbaren Belastung des Unterhaltspflichtigen führen würde. Die Suspendierung soll vornehmlich verhindern, daß der Lebensstandard des betreuten Kindes wegen des von ihm nicht zu verantwortenden Fehlverhaltens des sorgeberechtigten Elternteils absinkt. Insofern kommt den Belangen des Kindes gegenüber denen des unterhaltspflichtigen Elternteils der Vorrang zu. Im Einzelfall kann die Auferlegung von Unterhaltsleistungen aber zu einer unverhältnismäßigen Belastung des Verpflichteten führen, etwa weil sie nicht oder nicht in vollem Umfang durch das Kindesinteresse erfordert wird (a. a. O., FamRZ 1983/676 und 1984/155 f.).

Unter diesem Gesichtspunkt bedurfte die Auferlegung der Unterhaltsleistung auch im vorliegenden Fall der näheren Prüfung. Sie erübrigte sich nicht deshalb, weil das OLG die Anspruchsvoraussetzungen des § 1570 BGB bejaht hatte. Hierbei hat das OLG nämlich nicht nur auf die Betreuungsbedürftigkeit der Kinder abgestellt und damit die Kindesinteressen berücksichtigt; vielmehr hat es im Rahmen der besonderen Umstände des vorliegenden Falles auch den für die Zumutbarkeit einer Erwerbstätigkeit erheblichen persönlichen Verhältnissen der Ehefrau Bedeutung beigemessen und etwa darauf abgestellt, daß die Ehefrau ihre frühere Erwerbstätigkeit schon kurz nach der Eheschließung aufgegeben und aufgrund der hohen Einkünfte des Ehemannes in günstigen wirtschaftlichen Verhältnissen gelebt hat. Derartige in der Person des Unterhaltsbedürftigen liegende besondere Um-

1227

stände müssen im Rahmen der Frage, inwieweit die Unterhaltsleistungen an ihn durch die Kindesinteressen erfordert werden, außer Betracht bleiben.

Damit bedurfte es hier – über die Beurteilung der Anspruchsvoraussetzungen des § 1570 BGB hinaus – der Prüfung, ob die Betreuung der gemeinsamen Kinder jeglicher Erwerbstätigkeit der Ehefrau im Wege steht oder ob – was bei dem Alter der Kinder nicht von vornherein auszuschließen ist – neben der Kindesbetreuung wenigstens die Aufnahme einer Teilzeitbeschäftigung möglich wäre. Wäre letzteres der Fall und das aus dieser Beschäftigung erzielbare Einkommen höher zu veranschlagen als die anzurechnende Vergütung für die Versorgung des neuen Partners, so käme dem für die Frage, ob hier nach Abwägung aller Umstände ein besonders gelagerter Härtefall zu bejahen ist, erhebliches Gewicht zu.

BGH v. 18. 4. 84 – IVb ZR 49/82 – FamRZ 84, 683 = NJW 84, 1813

R212 *(Angemessener Selbstbehalt gegenüber Volljährigen; Verringerung um anteilige Wohnkosten bei kostenfreiem Wohnen; Bemessung des Selbstbehalts nach Tabellen und Leitlinien; Nachrang des Volljährigen gegenüber Eltern)*

a A 3 a) Die Bekl. war bei Abschluß des Vergleichs im Januar 1975 bereits volljährig. Der Eigenbedarf des Kl. war daher schon für den Zeitpunkt des Vergleichsschlusses nicht nach den im Verhältnis zu einem mdj. Kind geltenden Sätzen der – als Richtlinie anwendbaren – Düsseldorfer Tabelle mit monatlich 450 DM anzusetzen, sondern nach dem Maßstab des § 1603 I BGB mit dem Betrag, der dem Unterhaltspflichtigen gegenüber einem volljährigen Kind mindestens zu belassen war. Die Sätze der Düsseldorfer Tabelle, nach denen die Bekl. ihren Unterhaltsanspruch in dem Rechtsstreit bemessen hatte, der zu dem Abschluß des Vergleichs am 28. 1. 1975 führte, enthalten hierzu keine Zahlenangaben. Der angemessene Selbstbedarf des Unterhaltspflichtigen gegenüber einem volljährigen Kind war jedenfalls höher anzusetzen als der nach § 1603 II BGB maßgebende, mit monatlich 450 DM angenommene Selbstbehaltssatz gegenüber einem mdj. Kind und – nicht unerheblich – niedriger als der von dem OLG für die Zeit ab 1981, also nach Ablauf von sechs Jahren, zugrunde gelegte Selbstbehalt gegenüber volljährigen Kindern mit monatlich 1100 DM. Da in den Selbstbehaltssätzen grundsätzlich auch ein Anteil für die Mietkosten des Unterhaltspflichtigen enthalten ist und der Kl. bei Vergleichsabschluß mietfrei bei seiner geschiedenen Ehefrau wohnte, verringerte sich sein angemessener Unterhaltsbedarf im Verhältnis zu der Bekl. um den entsprechenden Anteil der Mietkosten. Der angemessene Selbstbehalt des Kl. gegenüber dem Unterhaltsanspruch der Bekl. kann sich danach im Januar 1975 nur in einem Bereich bis etwa 600 DM bewegt haben.

Wenn dem Kl. mithin bei einem Nettoeinkommen von 1400 DM nach Abzug der Unterhaltsleistungen für den ne. Sohn in Höhe von 200 DM und für die Bekl. in Höhe von 300 DM sowie, wie die Revision zu Recht für geboten hält, bei Berücksichtigung seiner Schulden mit monatlich 200 DM – d. h. unter Beachtung seiner sämtlichen Verpflichtungen – ein Betrag von rund 700 DM monatlich verblieb, so überstieg dieser Betrag noch den Satz des unterhaltsrechtlich zu berücksichtigenden angemessenen Eigenbedarfs des unterhaltspflichtigen Kl. In diesem Sinn ist daher der Bewertung des am 28. 1. 1975 geschlossenen Prozeßvergleichs durch das OLG zu folgen.

b) Für die Zeit ab 1981 hat das OLG das Nettoeinkommen des Kl. in rechtlich nicht zu beanstandender Weise mit monatlich 1578 DM (1981) bzw. 1588 DM (1982) angenommen. An unterhaltsrechtlichen Verpflichtungen hat das OLG – nach dem Wegfall der Unterhaltsbedürftigkeit des ne. Sohnes im Mai 1981 – nur die Unterhaltslast des Kl. gegenüber seiner nicht mehr erwerbstätigen jetzigen Ehefrau berücksichtigt, die es für 1981 mit monatlich rund 505 DM und für 1982 mit monatlich 605 DM bewertet hat. Den angemessenen Eigenbedarf für den Kl., der einem Unterhaltsschuldner nach § 1603 I BGB stets zu belassen ist, hat das OLG unter Heranziehung der Sätze der Hammer Leitlinien i. Verbdg. m. der Düsseldorfer Tabelle ermittelt und danach mit monatlich 1100 DM für 1981 und monatlich 1200 DM für 1982 angesetzt. Hiergegen bestehen revisionsrechtlich keine Bedenken. Insbesondere ist es, entgegen der Auffassung der Revision, nicht zu beanstanden, daß OLG bei der Bemessung des angemessenen Eigenbedarfs tabellenmäßige Richtlinien als Erfahrungswerte herangezogen hat (FamRZ 1982/365, 366 m. w. N.).

c) Auf der so gewonnenen Grundlage ist das OLG rechtsirrtumsfrei zu dem Ergebnis gelangt, daß in den Einkommensverhältnissen des Kl. seit Abschluß des Vergleichs im Januar 1975 eine wesentliche Veränderung i. S. von § 323 ZPO insofern eingetreten ist, als das Einkommen des Kl. seit Mai 1981 nicht mehr ausreicht, um ihm die Erfüllung aller seiner Unterhaltsverpflichtungen – gegenüber der jetzigen Ehefrau und der Bekl. – bei Wahrung seines angemessenen Eigenbedarfs zu ermöglichen. Schon die für den angemessenen Unterhalt des Kl. selbst und seiner Ehefrau erforderlichen Beträge von 1605 DM i. J. 1981 und 1805 DM i. J. 1982 übersteigen sein gesamtes Einkommen.

4) Eine anteilsmäßige Aufteilung des über die Selbstbedarfssätze hinausgehenden Renteneinkommens des Kl. auf die Unterhaltsansprüche der jetzigen Ehefrau einerseits und der Bekl. andererseits kommt aus Rechtsgründen nicht in Betracht. Denn die Ehefrau geht – nach der insoweit zutreffen-

Anhang R. Rechtsprechung R212

den Auffassung des OLG – mit ihrem Familien-Unterhaltsanspruch nach § 1360 BGB der volljährigen Bekl. im Rang vor (§ 1609 III BGB).

(Volljährige Kinder, die infolge einer körperlichen oder geistigen Behinderung nicht erwerbsfähig sind, können unterhaltsrechtlich nicht minderjährigen Kindern gleichgestellt werden. Dies gilt auch für die Rangfolge.)

A 4) Die Revision hält es für geboten, die körperlich und geistig behinderte Bekl. wegen ihrer Behinderung unterhaltsrechtlich einem mdj. unverheirateten Kind gleichzustellen, und führt dazu aus: **b**

Ein wegen einer geistigen Behinderung Geschäftsunfähiger sowie ein wegen Geistesschwäche Entmündigter stünden in Ansehung der Geschäftsfähigkeit einem Minderjährigen gleich. Die Angleichung der Rechtsstellung eines Geschäftsunfähigen oder beschränkt Geschäftsfähigen an diejenige eines Minderjährigen könne sich aber nicht auf den Privatrechtsverkehr beschränken. Sie müsse vielmehr auch im Familienrecht Beachtung finden. Dabei müßten bei der Auslegung der §§ 1603 und 1609 BGB volljährige Kinder, die wegen einer geistigen Behinderung geschäftsunfähig oder beschränkt geschäftsfähig seien, den mdj. Kindern gleichgestellt werden. Das gelte auch im vorliegenden Fall für die Bekl., da diese wegen dauernder krankhafter Störung der Geistestätigkeit geschäftsunfähig sei.

Dem kann nach der bestehenden Rechts- und Gesetzeslage nicht gefolgt werden.

a) Nach § 1609 II S. 1 Halbs. 1 BGB steht der Ehegatte des Unterhaltspflichtigen den mdj. unverheirateten Kindern gleich; den anderen, also u. a. den volljährigen Kindern, geht er nach § 1609 II S. 1 Halbs. 2 BGB im Rang vor. Die Rangordnung im Verhältnis zwischen Ehegatten und Kindern des Unterhaltsschuldners bestimmt sich also nach dem Wortlaut des Gesetzes ausschließlich nach dem Alter der Kinder (vgl. § 2 BGB).

b) Es kann dahingestellt bleiben, ob die – volljährige – Bekl., wie die Revision geltend macht, als Folge ihrer Behinderung geschäftsunfähig ist.

Die Geschäftsfähigkeit, d. h. die Fähigkeit, im Rechtsverkehr Rechtsgeschäfte selbständig wirksam vorzunehmen, ist weder von Bedeutung für die Beurteilung der unterhaltsrechtlichen Bedürftigkeit und Schutzwürdigkeit, noch beeinflußt sie die Nähe der Familienbeziehung, auf welcher die Rangfolge des § 1609 II BGB letztlich beruht. Die Regeln über die Geschäftsunfähigkeit und die beschränkte Geschäftsfähigkeit in §§ 104 und 114 BGB geben daher keinen Aufschluß über die Einordnung eines Unterhaltsbedürftigen im Verhältnis zu anderen Unterhaltsgläubigern und die zwischen ihnen bestehende Rangfolge gegenüber dem Unterhaltsverpflichteten. Da im Unterhaltsrecht andere Kriterien den Ausschlag geben, als sie für die Beurteilung der Geschäftsfähigkeit gelten, kann die gesteigerte Eigenverantwortlichkeit im unterhaltsrechtlichen Sinn, die das Gesetz an den Eintritt der Volljährigkeit knüpft, nicht mit der Eigenverantwortlichkeit im rechtsgeschäftlichen Verkehr gleichgesetzt werden. Im übrigen bedingt Geschäftsunfähigkeit nicht notwendig auch Unterhaltsbedürftigkeit. So ist ein Geschäftsunfähiger, der über ausreichendes Vermögen verfügt, nicht außerstande, sich selbst zu unterhalten, und deshalb nicht unterhaltsbedürftig i. S. von § 1602 I BGB; ebenso zieht Geschäftsunfähigkeit nicht ohne weiteres Erwerbsunfähigkeit und damit – bei Vermögenslosigkeit – Unterhaltsbedürftigkeit nach sich.

c) Die Frage der Rangfolge im Unterhaltsrecht ist auch bei Berücksichtigung der berechtigten Belange volljähriger körperlich und geistig behinderter Kinder nach dem Regelungsinhalt und Zweck der unterhaltsrechtlichen Vorschriften zu beantworten.

Danach ist der gleiche Rang nur für das Verhältnis zwischen Ehegatten und mdj. unverheirateten Kindern vorgesehen, wobei die unterhaltsrechtliche Situation des – gegenwärtigen und früheren – Ehegatten also ebenso schutzwürdig behandelt wird wie die gesteigerte Unterhaltsberechtigung der mdj. unverheirateten Kinder gegenüber ihren Eltern nach § 1603 II BGB. Für den Fall der Konkurrenz mit anderen, also nicht (mehr) mdj. unverheirateten Kindern, ist dementsprechend den unterhaltsrechtlichen Belangen des Ehegatten der Vorrang eingeräumt.

Soweit die Gesetz hierbei (abgesehen von der Frage, ob das Kind verheiratet ist) allein auf das Alter des unterhaltsberechtigten Kindes abstellt und seine körperlichen und geistigen Fähigkeiten zum – dauernden – Erwerb unterhaltsrechtlicher Selbständigkeit nicht berücksichtigt, kann nicht von einer – ursprünglichen oder nachträglichen – Regelungslücke in den gesetzlichen [ges.] Vorschriften ausgegangen werden.

aa) Eine derartige – ursprüngliche – Regelungslücke, die durch analoge Anwendung der für die mdj. unverheirateten Kinder geltenden Vorschriften der §§ 1603 II und 1609 II S. 1 BGB zu schließen wäre, läge nur dann vor, wenn die unterhaltsrechtliche Situation volljähriger, aber körperlich und geistig behinderter Kinder nach den Wertungsmaßstäben des Gesetzes der Situation der mdj. unverheirateten Kinder in einem solchen Maße gliche, daß für eine unterschiedliche rechtliche Behandlung der beiden Fallgruppen kein sachlich rechtfertigender Grund ersichtlich wäre; in einem solchen Fall wäre es allerdings nach dem jeder Rechtsordnung immanenten Gerechtigkeitsgrundsatz, Gleichartiges gleich zu behandeln, gemessen an der eigenen Absicht des Gesetzes geboten, körperlich und geistig behinderte volljährige Kinder im Hinblick auf ihre Unterhaltsbedürftigkeit ebenso zu behandeln wie die mdj. unverheirateten Kinder.

Das ist indessen nicht der Fall. Der Gesetzgeber des BGB hat vielmehr den Umfang der Unterhaltsverpflichtung von Eltern gegenüber ihren – mdj. und volljährigen – Kindern und die daraus folgende Rangordnung zwischen Kindern und den ebenfalls unterhaltsbedürftigen Ehegatten erschöpfend und abschließend regeln wollen und sich dabei von Gesichtspunkten leiten lassen, die die unterschiedliche Behandlung der mdj. unverheirateten Kinder einerseits und der volljährigen, einschließlich geistig behinderter volljähriger Kinder andererseits, zu rechtfertigen vermögen. Im Gesetzgebungsverfahren ist ausdrücklich erörtert worden, daß die Gründe, auf denen die Anerkennung einer intensiveren Unterhaltspflicht der Eltern beruhten, dahin zu führen schienen, jene intensivere Unterhaltspflicht auch zugunsten volljähriger, aber noch nicht zur Selbständigkeit gelangter Kinder anzuerkennen. Eine solche Ausdehnung wurde jedoch vom Standpunkt einer Gesetzgebung aus, die mit der Volljährigkeit des Kindes die elterl. Gewalt ohne Rücksicht darauf aufhören lasse, ob dieses im konkreten Fall noch nicht in der Lage sei, einen selbständigen Haushalt zu begründen, nicht als gerechtfertigt erachtet. Dabei wurde maßgeblich darauf abgestellt, daß mit der Volljährigkeit des Kindes die Stellung der Eltern ihm gegenüber eine tiefgreifende Änderung erfahre. So sei das volljährige Kind nicht mehr abhängig von seinen Eltern und könne insbesondere über sein Vermögen beliebig verfügen. Dieser Änderung in dem Verhältnis zwischen Eltern und Kind entspreche es, mit der Volljährigkeit die intensivere Unterhaltspflicht der Eltern aufhören zu lassen.

Diese Erwägungen treffen grundsätzlich auch für geistig und körperlich behinderte Kinder zu, bei denen die elterl. Sorge ebenfalls mit Eintritt der Volljährigkeit endet. Dem Kriterium der fortdauernden Unterhaltsbedürftigkeit wurde hingegen im Gesetzgebungsverfahren bewußt keine ausschlaggebende Bedeutung beigemessen. Da auch in der Zeit der Schaffung des BGB geistig und körperlich behinderte Kinder existierten, die trotz Volljährigkeit außerstande waren, sich selbst zu unterhalten, besteht nach den dargelegten gesetzgeberischen Motiven kein begründeter Anlaß zu der Annahme, der Gesetzgeber habe die Fälle von Unterhaltsbedürftigkeit wegen körperlicher oder geistiger Behinderung und daraus folgender Erwerbsunfähigkeit nicht gesehen und hätte sie, falls er sie berücksichtigt hätte, nach den Grundgedanken und dem Regelungsinhalt des Unterhaltsrechts durch Gleichstellung der volljährigen behinderten Unterhaltsberechtigten mit den mdj. unverheirateten Kindern regeln müssen.

bb) Die ges. Regelung der §§ 1603 II, 1609 II BGB ist auch nicht durch die spätere Entwicklung seit Inkrafttreten des BGB in bezug auf die Berücksichtigung der Unterhaltsbelange volljähriger geistig oder körperlich behinderter Kinder lückenhaft geworden. Es mag zwar davon auszugehen sein, daß sich die Situation behinderter Kinder seit der Schaffung des BGB vor allem insofern geändert hat, als die Kinder nicht mehr so häufig wie früher in der Obhut eines – vielfach großen – Familienverbandes unterhalten werden. Außerdem kann durch eine Zunahme der Ehescheidungen das Problem der unterhaltsrechtlichen Rangfolge zwischen unterhaltsbedürftigen behinderten Kindern einerseits und – früherem und gegenwärtigem – Ehegatten andererseits eine größere Bedeutung erlangt haben. Die Auswirkungen solcher in der allgemeinen gesellschaftlichen Situation eingetretener Veränderungen haben aber jedenfalls nicht einen Grad erreicht, der zur Annahme einer Lücke der gegenwärtigen ges. Regelung führen und es daher gebieten könnte, daß der Richter im Wege einer Korrektur der ges. Vorschriften geistig oder körperlich behinderte volljährige Kinder unterhaltsrechtlich den mdj. unverheirateten Kindern gleichzustellen hätte.

Aus diesen Gründen teilt der Senat auch nicht die in der Revisionsverhandlung geäußerten verfassungsrechtlichen Bedenken gegen die – fortdauernde – Wirksamkeit der unterhaltsrechtlichen Rangordnung nach Maßgabe des § 1609 I und II BGB.

Das OLG ist nach alledem zu Recht gemäß § 1609 II S. 1 Halbs. 2 BGB von dem Vorrang des Unterhaltsanspruchs der jetzigen Ehefrau des Kl. gegenüber dem Unterhaltsanspruch der Bekl. ausgegangen, und es hat auf dieser Grundlage rechtsfehlerfrei entschieden, daß der Kl. von seiner Pension ohne Gefährdung des eigenen angemessenen Unterhalts (in Höhe von 1100 DM monatlich i. J. 1981 und 1200 DM i. J. 1982) und des Unterhalts seiner Ehefrau (in Höhe von monatlich 505 DM i. J. 1981 und 605 DM i. J. 1982) keine Unterhaltsbeiträge mehr an die Bekl. leisten kann.

(Nachprüfbare Begründung für ein fiktives Einkommen aus Aushilfs- oder Gelegenheitsarbeiten)

c B 2) Der Kl. ist nach seinem Gesundheitszustand nur für leichte körperliche Arbeiten einsatzfähig. Aushilfs- oder Gelegenheitsarbeiten, die mit schwerem körperlichen Einsatz verbunden sind, kommen also für ihn nicht in Betracht. Unter diesem Gesichtspunkt kann der Kreis der möglichen Aushilfs- und Gelegenheitstätigkeiten bei Berücksichtigung der – ungünstigen – Lage auf dem Arbeitsmarkt nach allgemeiner Erfahrung bereits erheblich eingeschränkt sein. Wenn das OLG gleichwohl zu der Auffassung gelangt ist, der Kl. könne Aushilfs- oder Gelegenheitsarbeiten ausüben, bei denen er trotz seiner eingeschränkten körperlichen Einsatzfähigkeit regelmäßig monatlich mindestens 180

Anhang R. Rechtsprechung

bzw. 370 DM netto im Durchschnitt verdienen könne, so mußte es die tatsächlichen Gründe für die Annahme – etwa nach der Art der in Betracht kommenden Tätigkeiten, dem „Markt" für solche Gelegenheitsarbeiten in dem für den Kl. erreichbaren Einzugsgebiet und dem möglichen persönlichen Zugang des Kl. hierzu – in nachprüfbarer Weise darlegen.

BGH v. 18. 4. 84 – IVb ZR 59/82 – FamRZ 84, 772
(Wohngeld und erhöhter Wohnkostenbedarf)

III 4) Wohngeld ist zwar im Grundsatz als Einkommen zu berücksichtigen. Es bleibt jedoch außer Betracht, wenn ihm ein entsprechend erhöhter Wohnkostenbedarf gegenübersteht. Im allgemeinen wird angenommen werden können, daß den Wohngeldempfänger Wohnkosten treffen, die auch unterhaltsrechtlich als erhöht zu bezeichnen sind. Das ist aber nicht stets der Fall.

BGH v. 18. 4. 84 – IVb ZR 80/82 – FamRZ 84, 769 = NJW 84, 2355
(Teilzeitbeschäftigung bei Betreuung eines 11- bis 15jährigen Kindes; Berücksichtigung eines überdurchschnittlich hohen Betreuungsbedarfs bei Problemkindern)

2 a) Nach § 1570 BGB kann ein geschiedener Ehegatte von dem anderen Unterhalt verlangen, solange und soweit von ihm wegen der Pflege oder Erziehung eines gemeinschaftlichen Kindes eine Erwerbstätigkeit nicht erwartet werden kann. Bei einem Kind von 11 bis 15 Jahren kommt im allgemeinen eine Teilzeitbeschäftigung des betreuenden Elternteils in Frage, die jedoch den Umfang einer Halbtagsarbeit nicht zu erreichen braucht (FamRZ 1981/17, 18). Das Maß der zumutbaren Tätigkeit richtet sich nach den Umständen des Einzelfalles (vgl. – zum Umfang der Erwerbsobliegenheit einer Mutter, die ein noch jüngeres Kind pflegt und erzieht – FamRZ 1983/456, 458). Ein überdurchschnittlich hoher Betreuungsbedarf sog. Problemkinder ist zu berücksichtigen (Senatsurteil v. 11. 5. 1983 – IV b ZR 384/81, nicht veröffentlicht).

b) Die Revision wendet sich gegen die Annahme des OLG, die Ehefrau könne neben der Betreuung der (13jährigen) Tochter der Parteien eine Teilzeitbeschäftigung ausüben, so daß aus § 1570 BGB nur ein Teilunterhaltsanspruch abzuleiten sei. Sie rügt, dabei sei der Vortrag unberücksichtigt geblieben, die Tochter sei psychisch so labil, daß die Ehefrau sie ganztags betreuen müsse, so daß daneben keine, auch keine nur zeitweise ausgeübte Erwerbstätigkeit möglich sei.
Diese Rüge greift nicht durch. Das OLG ist davon ausgegangen, daß sich die Tochter in einem sehr labilen Zustand befindet. Daß dieser Zustand aber jegliche Erwerbstätigkeit der Mutter ausschließe, ist vor dem OLG nicht behauptet worden. Zwar hatte die Ehefrau das im ersten Rechtszug vorgetragen. Das AmtsG ist dem aber nicht gefolgt, und im zweiten Rechtszug ist die Ehefrau auf diese Behauptung nicht mehr zurückgekommen.

(Pflegeverhältnisse und Pflegegeld)

III 2 b) Bei dem Pflegegeld handelt es sich um eine Leistung nach § 6 II JWG und § 1, § 5 I Nr. 3 JWG (Gewährung von Lebensunterhalt und erzieherischen Bedarf). Bei Minderjährigen in Familienpflege (§§ 27 ff. JWG) geht mit der im Vordergrund stehenden Erfüllung des erzieherischen Bedarfs, der im wesentlichen mit der Aufnahme des Kindes in die Pflegefamilie bewirkt wird, die wirtschaftliche Hilfe zur Sicherung des Lebensbedarfs (§ 6 II JWG) notwendig einher. Die Höhe des Pflegegeldes ist gesetzlich nicht bestimmt. Die gezahlten Beträge liegen jedoch deutlich über den Sätzen, welche die gängigen Unterhaltstabellen, etwa die DT, bei einfachen und mittleren Verhältnissen für den Barunterhalt von Kindern vorsehen. Indes enthält das Pflegegeld auch einen Bestandteil, der als Anerkennung für die Leistungen der Pflegepersonen bei der Gewährung des Naturalunterhalts, also bei der Pflege und Erziehung des Kindes, dienen soll. Dieser liegt allerdings unter dem marktgerechten Entgelt für die Erfüllung der verantwortungsvollen und insbesondere mit der Erziehung auch dem allgemeinen Wohl dienenden Aufgaben der Pflegeeltern. Das rechtfertigt jedoch ebensowenig seine unterhaltsrechtliche Außerachtlassung wie die Erwägung, andernfalls werde die Verringerung oder gar Aufgabe der Betreuung von Pflegekindern zugunsten marktmäßig honorierter Tätigkeiten induziert. Ausschlaggebend ist, daß Einkünfte tatsächlich zur (Teil-)Deckung des Lebensbedarfs zur Verfügung stehen; die sozialpolitische Zweckbestimmung einer öffentlich-rechtlichen Leistung ist für die unterhaltsrechtliche Beurteilung der Leistungsfähigkeit des Empfängers nicht ohne weiteres maßgebend (FamRZ 81/338, 339 und FamRZ 81/1165, 1166). Daß das Pflegegeld nach der gesetzlichen Regelung (§ 6 JWG) rechtlich nicht den Pflegeeltern, sondern dem Kind zusteht, stellt die hier vertretene unterhaltsrechtliche Beurteilung nicht in Frage. Das Pflegegeld wird den Pflegeeltern überwiesen; diese versorgen den Minderjährigen daraus. Nach aller Erfahrung des Lebens wird das Geld zusammen mit den sonst der Lebensführung der Familie dienenden Beträgen dazu eingesetzt, „aus einem Topf zu wirtschaften". Bei dieser Art der Verwertung des Geldes, der die

R215   Anhang R. Rechtsprechung

Jugendämter aus vernünftigen Gründen nicht näher nachzugehen haben, verbessert ein verbleibender Überschuß die wirtschaftliche Lage der Pflegepersonen. Es erscheint daher unbedenklich, ihnen für die Zwecke des Unterhaltsrechts denjenigen Betrag des Pflegegeldes, der durch die angemessene Versorgung des aufgenommenen Kindes nicht verbraucht wird, als eigenes Einkommen zuzurechnen. Die Widmung für das Kind wird damit nicht unterlaufen. Der Bedarf eines bei Pflegeeltern untergebrachten Minderjährigen umfaßt all das, was dieser zum Lebensunterhalt benötigt. Dazu gehören insbesondere die Aufwendungen für Ernährung, Bekleidung, Reinigung, Körper- und Gesundheitspflege, Hausrat, Unterkunft, Heizung und Beleuchtung, Schulbedarf, Bildung und Unterhaltung.

Dieser Beurteilung entspricht es, daß auch Pflegegeld (und Kindergeld) für ein Pflegekind die ehelichen Lebensverhältnisse der Pflegeeltern mitbestimmt. Davon, daß der den Bedarf des Pflegekindes übersteigende Teil des Pflegegeldes zur Befriedigung des allgemeinen Lebensbedarfs der Familie eingesetzt wird, geht weiter bereits das unveröffentlichte Urteil des Senats vom 12. 1. 1983 (IV b ZR 346/81) aus.

(BGH zum staatlichen Kindergeld für die Pflegeperson)

c   III 2 c) Das staatliche Kindergeld zählt nicht zum Einkommen des Kindes. Der Anspruch darauf steht denjenigen zu, die die Voraussetzungen des § 1 BKGG erfüllen, hier also nach Nr. 1 i. V. Nr. 2 I S. 1 Nr. 6 des BKGG der Ehefrau als Pflegeperson. Durch die Gewährung des Kindergeldes wird der Unterhaltsanspruch des Kindes nicht erhöht, da die Zuwendung den Zweck hat, die Unterhaltslast des oder der Unterhaltsverpflichteten zu erleichtern (FamRZ 78/177, 178). Bei angemessener Versorgung des Kindes wird daher die Weiterreichung des Kindergeldes an das Kind nicht geschuldet. Ob etwas anderes zu gelten hat, wenn der Empfänger des Kindergeldes gehalten ist, dieses Geld für das unzureichend versorgte Kind auszugeben, kann hier auf sich beruhen. Jedenfalls dann, wenn die zu einer angemessenen Versorgung des Kindes erforderlichen Mittel bereits als Pflegegeld zur Verfügung stehen, erscheint es rechtlich bedenkenfrei, das für den Bedarf des Kindes nicht einzusetzende Kindergeld unterhaltsrechtlich als Einkommen des Empfängers anzusehen.

BGH v. 9. 5. 84 – IVb ZR 7/83 – FamRZ 84, 767 = NJW 84, 2095

R215   *(Bereicherungsklage bei Wegfall einer einstweiligen Anordnung; zur Wirkung einer einstweiligen Anordnung)*

a   Zutreffend geht das OLG davon aus, daß als Anspruchsgrundlage für das Rückzahlungsbegehren des Klägers § 812 I BGB in Betracht kommt. Zwar kann das durch ein rechtskräftiges Urteil Zugesprochene nicht mit der Bereicherungsklage zurückgefordert werden mit der Begründung, der Rechtsstreit sei unrichtig entschieden worden (vgl. Senatsurteil BGHZ 83/278, 280 = FamRZ 82/470 m. w. N.). Dies gilt jedoch nicht für die im Scheidungsverfahren erlassene einstweilige Anordnung über Ehegattenunterhalt (§ 620 S. 1 Nr. 6 ZPO). Sie trifft aufgrund einer summarischen Prüfung nur eine vorläufige Regelung, die keine rechtskräftige Entscheidung über den Unterhaltsanspruch darstellt und jederzeit – auch für die zurückliegende Zeit – durch ein im ordentlichen Rechtsstreit ergehendes Urteil abgelöst werden kann (§ 620 f S. 1 ZPO; vgl. i. einzelnen Senatsurteil vom 9. 2. 1983 – IV b ZR 343/81 – FamRZ 83/355, 356 m. w. N.). Geht sie über Bestand oder Höhe des materiell-rechtlichen Unterhaltsanspruchs hinaus, leistet der Schuldner insoweit „ohne rechtlichen Grund" i. S. d. § 812 I S. 1 BGB, weil § 620 S. 1 Nr. 6 ZPO rein prozessualer Natur ist und nur eine einstweilige Vollstreckungsmöglichkeit wegen eines als bestehend angenommenen Anspruchs schafft (vgl. BGHZ 24/269, 272 = FamRZ 57/315, 317; s. a. RG, JW 28/712, m. Anm. Philippi S. 1055; Stein/Jonas/Schlosser, ZPO, 20. Aufl., § 620 Rz. 8; Köhler, Handbuch des Unterhaltsrechts, 6. Aufl., Rz. 256). Der Schuldner kann in diesen Fällen die Bereicherungsklage erheben, ohne daß es auf die förmliche Aufhebung der einstweiligen Anordnung ankäme. Das zusprechende Urteil auf diese Klage ist zugleich eine „anderweitige Regelung" i. S. v. § 620 f S. 1 ZPO. Diese Grundsätze entsprechen im wesentlichen allgemeiner Auffassung.

(Zur verschärften Haftung nach § 820 BGB)

b   Die Revision verweist auf eine entsprechende Anwendung des § 820 BGB mit der Erwägung, daß eine Unterhaltsregelung im Wege der einstweiligen Anordnung nur vorläufig sei und der Unterhaltsberechtigte damit rechnen müsse, die Zahlungen würden möglicherweise ohne rechtlichen Grund geleistet. Dem kann nicht gefolgt werden. Die Vorschrift des § 820 BGB ist auf Fälle zugeschnitten, in denen nach dem Inhalt eines Rechtsgeschäfts beiderseits der Eintritt des bezweckten Erfolges als ungewiß oder der Wegfall des Rechtsgrundes als möglich angesehen wird. Es wird dann vom Empfänger der Leistung verlangt, sich darauf einzurichten, daß er diese wieder zurückgeben kann (vgl. BGH, LM § 820 BGB Nr. 1). In den Fällen der vorliegenden Art handelt es sich nicht um eine Vermögensverschiebung aufgrund eines Rechtsgeschäfts; dem Leistungsempfänger würde auch

Anhang R. Rechtsprechung   **R216**

Unzumutbares angesonnen, sollte er sich schon auf eine als entfernt angesehene Möglichkeit, daß die erlassene einstweilige Anordnung nicht der Rechtslage entspricht, einrichten müssen, zumal wenn ihm anderweitige Mittel zur Bestreitung seines Lebensbedarfs nicht zur Verfügung stehen.

(Zu Voraussetzungen § 1360b BGB)

a) Nach § 1360b BGB ist im Zweifel anzunehmen, daß ein Ehegatte nicht beabsichtigt, von **c** dem anderen Ehegatten Ersatz zu verlangen, wenn er zum Unterhalt der Familie einen höheren Beitrag leistet als ihm obliegt. Diese Vorschrift ist gem. § 1361 IV 4 BGB auf den Fall der Rückforderung von Trennungsunterhalt entsprechend anzuwenden. Im Schrifttum wird vereinzelt die Auffassung vertreten, „bei Wiederlegung der Vermutung des § 1360b BGB" sei diese Norm zugleich Anspruchsgrundlage für einen besonderen familienrechtlichen Ersatzanspruch, der nicht den Beschränkungen des § 818 BGB unterliege (so Roth=Stielow, NJW 1970, 1033; zust. wohl Erman-Heckelmann, BGB, 7. Aufl., § 1360b Rdnr. 1). Diese Ansicht ist jedoch in Übereinstimmung mit der herrschenden Meinung abzulehnen (vgl. Wacke, in: MünchKomm, § 1360b Rdnr. 13; Soergel-Lange, BGB, 11. Aufl., § 1360b Rdnr. 4; Derleder, in: AK-BGB, § 1360b Rdnr. 2; Rolland, § 1360b BGB Rdnr. 2; Palandt-Diederichsen, BGB, 42. Aufl., § 1360b Anm. 1; Gernhuber, FamR, 3. Aufl., § 21 III 4). Bei § 1360b BGB handelt es sich um eine auf dem Wesen der Ehe beruhende Beschränkung von nach allgemeinen Vorschriften bestehenden Ersatzansprüchen (BGHZ 50, 266 (270) = NJW 1968, 1780 = LM § 1360b BGB Nr. 1), nicht aber um die Schaffung eines Ersatzanspruchs, der über die allgemeinen Vorschriften noch hinausgeht.

(Zum Schadensersatz bei einstweiliger Anordnung)

Wenn aus einer nicht dem materiellen Recht entsprechenden einstweiligen Anordnung vollstreckt **d** wird, wie es hier teilweise geschehen ist, sieht das Gesetz keine besonderen Erstattungs- oder Schadensersatzansprüche vor. Das OLG hat sich auch zu Recht der herrschenden Auffassung angeschlossen, wonach eine entsprechende Anwendung der §§ 717 II, 945 ZPO nicht in Betracht kommt (vgl. Stein/Jonas/Schlosser, a.a.O., § 620f Rz. 17; Zöller/Philippi, a.a.O., § 620f Anm. III 5 g; Baumbach/Lauterbach/Albers, a.a.O., § 620f Anm. 4; Thomas/Putzo, ZPO, 12. Aufl., § 945 Anm. I; Rolland, a.a.O., § 620f ZPO Rz. 7; Göppinger/Wax, a.a.O., Rz. 3194; Hassold, FamRZ 81/1036, 1037; a. A.: Wieczorek, ZPO, 2. Aufl., § 620f Anm. D II b; vgl. auch RGZ 63/38 – aufgegeben in RGZ 104/246 – sowie BGHZ 24/269, 273 = FamRZ 57/316, 317 für § 627b ZPO a. F.). Die §§ 620 ff. ZPO enthalten eine geschlossene Sonderregelung des einstweiligen Rechtsschutzes in Ehesachen. In Kindschaftssachen, in denen durch eine einstweilige Anordnung der Unterhalt des nichtehelichen Kindes geregelt werden kann (§ 641d ZPO), hat der Gesetzgeber durch § 641g ZPO einen dem § 945 ZPO entsprechenden Schadensersatzanspruch besonders eingeführt. Obwohl die §§ 620 ff. ZPO später normiert worden sind (durch das 1. EheRG vom 14. 6. 1976; § 641g ZPO eingeführt durch das NichtEheLG vom 14. 8. 1969), hat der Gesetzgeber in diesem Bereich keine entsprechende Norm geschaffen. Daraus ist zu schließen, daß er das Risiko des Ehegatten, der eine einstweilige Anordnung nach § 620 ZPO erwirkt und aus ihr vollstreckt, bewußt kleinhalten und damit den einstweiligen Rechtsschutz in Ehesachen erleichtern wollte. Mit diesen Intentionen wäre eine entsprechende Anwendung der §§ 717 II, 945 ZPO nicht vereinbar.

(Zu Schadensersatzansprüchen nach §§ 823 und 826 BGB)

c) Anhaltspunkte dafür, daß im vorliegenden Fall die Bekl. die einstweilige Anordnung durch **e** eine unerlaubte Handlung erwirkt (§ 823 II BGB i. V. mit § 263 StGB) oder in sittenwidriger Weise von ihr Gebrauch gemacht hat (§ 826 BGB), bestehen nach dem vom Kl. vorgebrachten und vom OLG festgestellten Sachverhalt nicht.

BGH v. 9. 5. 84 – IVb ZR 74/82 – FamRZ 84, 657 = NJW 84, 2351

(Berücksichtigung sonstiger Schulden im Rahmen beschränkter Leistungsfähigkeit; Ausgleich der Interessen   **R216**
von Verpflichtetem, Berechtigtem und Drittgläubiger; Obliegenheit des Verpflichteten zur Vermögensverwertung und zur Wiederherstellung seiner Leistungsfähigkeit)

4 a) Der Senat hält beim Trennungsunterhalt an seinem Standpunkt fest, daß bei einem lediglich zur Deckung des notwendigen Unterhalts ausreichenden Einkommen des Verpflichteten auch dessen sonstige Schulden zu berücksichtigen sind (FamRZ 82/24). Daß das Vollstreckungsrecht Unterhaltsberechtigte vor anderen Gläubigern bei der Pfändung bevorrechtigt, rechtfertigt keine andere Beurteilung.

Ansprüchen Unterhaltsberechtigter kommt kein allgemeiner Vorrang vor anderen Verbindlichkeiten des Unterhaltsverpflichteten zu. Andererseits dürfen diese Verbindlichkeiten auch nicht ohne Rücksicht auf die Unterhaltsinteressen getilgt werden. Vielmehr bedarf es eines Ausgleichs der Belange von Unterhaltsgläubiger, Unterhaltschuldner und Drittgläubiger (FamRZ 82/157, 158). Dabei erscheint es allerdings im Hinblick auf die vollstreckungsrechtlichen Regeln über die Pfändungsfreigrenzen und das Pfändungsvorrecht Unterhaltsberechtigter gerechtfertigt, die Interessen der Drittgläubiger in Fällen, in denen die Berücksichtigung ihrer Ansprüche den Mindestbedarf Unterhaltsberechtigter beeinträchtigen würde, nicht weiter zu berücksichtigen, als durch die Vollstreckungsvorschriften ohnehin gewährleistet wird. Auch in solchen Fällen bedarf es jedoch der Abwägung der Interessen von Unterhaltsgläubiger und Unterhaltsschuldner. Für deren sachgerechten Ausgleich bieten die vorgenannten vollstreckungsrechtlichen Regeln keine Gewähr. Insoweit sind insbesondere der Zweck der Verbindlichkeiten, der Zeitpunkt und die Art ihrer Entstehung, die Dringlichkeit der beiderseitigen Bedürfnisse, die Kenntnis des Unterhaltsschuldners von Grund und Höhe der Unterhaltsschuld und seine Möglichkeiten bedeutsam, die Leistungsfähigkeit in zumutbarer Weise ganz oder teilweise wieder herzustellen (FamRZ 82/157, 158). Zu einer Berücksichtigung dieser Umstände kommt es bei der vom OLG verfochtenen alleinigen Orientierung an den vollstreckungsrechtlichen Regeln nicht in ausreichendem Maße.

Daß in Fällen, in denen es um die Deckung des Mindestbedarfs des Unterhaltsberechtigten geht, die Belange der Drittgläubiger über das durch die Vollstreckungsvorschriften gewährleistete Maß hinaus nicht berücksichtigt werden können, kann nicht bedeuten, daß auch das Interesse des Unterhaltsschuldners an der Schuldentilgung und vor allem an der Vermeidung eines weiteren Anwachsens seiner Verbindlichkeiten im Verhältnis zum Unterhaltsgläubiger von vornherein zurückstehen müßte. Wenn auch dessen Interesse an der Sicherung seines notwendigen Unterhalts besonderes Gewicht zukommt, so kann doch die nach Billigkeitsgrundsätzen vorzunehmende Interessenabwägung im Einzelfall ergeben, daß die Zurücksetzung der vorbezeichneten Belange des Schuldners und dessen Belastung mit Unterhaltsleistungen unzumutbar und ungerechtfertigt wäre. Das kommt insbesondere in Betracht, wenn die Verbindlichkeiten im Einverständnis mit dem Unterhaltsberechtigten oder gar in seinem Interesse eingegangen worden sind und dieser dem Verpflichteten nicht den Vorwurf mangelnder Rücksichtnahme auf seine Belange machen kann. Hat sich ein Ehegatte im Einvernehmen mit dem andern und im Zug der gemeinsamen Lebensführung durch die Eingehung von Verbindlichkeiten im Übermaß verschuldet und seine Leistungsfähigkeit entsprechend eingeschränkt, so kann der unterhaltsberechtigte Partner im Fall der Trennung und der damit verbundenen weiteren Belastung der finanziellen Verhältnisse nicht von vornherein seines notwendigen Unterhalts sicher sein. Zwar hat der Verpflichtete sich unter Ausnutzung aller zumutbaren Möglichkeiten um die Rückgängigmachung der getroffenen Dispositionen und die weitestmögliche Wiederherstellung seiner Leistungsfähigkeit – auch durch Verwertung von nicht dringend benötigten, mit hohen Schulden belasteten Gegenständen – zu bemühen. Soweit das nicht gelingt, muß sich jedoch der Unterhaltsberechtigte daran festhalten lassen, daß die Einkünfte des Verpflichteten nur zu einem Teil für den Unterhalt zur Verfügung stehen. Er muß sich unter Umständen mit einer den notwendigen Unterhalt unterschreitenden Alimentierung zufriedengeben und sich die fehlenden Mittel unter äußerster Anspannung seiner Kräfte durch einen über das im allgemeinen Gebotene hinausgehenden Einsatz selbst verschaffen. Das gilt jedenfalls, wenn die Verschuldung des Verpflichteten, wie im vorliegenden Fall, ein Ausmaß erlangt, daß er nicht einmal zur Begleichung der laufenden Zinsen in der Lage ist und Unterhaltsleistungen an den Berechtigten daher nur auf Kosten einer entsprechenden Erhöhung des Schuldenstandes möglich sind, dessen Amortisation den Verpflichteten ohnehin auf Jahrzehnte im vollstreckungsrechtlich höchstzulässigen Maß belasten wird. Hier kann die Inanspruchnahme des Verpflichteten durch den getrennt lebenden oder geschiedenen Ehegatten zu einer derartigen Beeinträchtigung des wirtschaftlichen Fortkommens führen, daß die Grenze des Zumutbaren überschritten wird.

BGH v. 23. 5. 84 – IVb ZR 39/83 – FamRZ 84, 777 = NJW 84, 1961

(Zielstrebiges Betreiben der Ausbildung; Beendigung innerhalb angemessener und üblicher Dauer; Ablegung von Zwischenprüfungen)

Hiernach bestehen Bedenken, im vorliegenden Fall allein in dem Umstand, daß die Kl. die Zwischenprüfung noch nicht abgelegt hatte, einen Grund für den Wegfall des geltend gemachten Unterhaltsanspruchs zu erblicken. Nach den Feststellungen des OLG sieht § 3 der vorläufigen Zwischenprüfungsordnung allerdings vor, die Zwischenprüfung solle frühzeitig, möglichst zum Beginn des 5. Semesters, abgelegt werden. § 1 II dieser Prüfungsordnung enthält die Regelung, daß ein Bestehen der Zwischenprüfung die Voraussetzung für die Aufnahme in das Hauptstudium bildet. Auf der anderen Seite ist für die revisionsgerichtliche Prüfung davon auszugehen, daß es üblich ist, die Zwischenprüfung, entgegen dem Wortlaut der vorläufigen Zwischenprüfungsordnung, erst kurz vor der Abschlußprüfung abzulegen. In diesem Fall könnte die praktische Handhabung der maßgeblichen Bestimmungen der Studienordnung von ihrem strikten Wortlaut abweichen und auch bei späterer Absolvierung der Zwischenprüfung noch ein ordnungsgemäßer Abschluß des Studiums innerhalb

Anhang R. Rechtsprechung R219

angemessener und üblicher Zeit möglich sein. Unter diesen Umständen begegnet es rechtlichen Bedenken, allein aus der Tatsache, daß sich der Kl. bis zum Ende des 6. Fachsemesters nicht der Zwischenprüfung unterzogen hat, auf eine so erhebliche Verletzung seiner Obliegenheit zur zielstrebigen Förderung des Studiums zu schließen, daß ihm von diesem Zeitpunkt ab der Unterhaltsanspruch abzuerkennen war.

Auch der Umstand, daß der Kl. bis zu der vom OLG in bezug genommenen Auskunft zu Beginn des 10. Fachsemesters die Zwischenprüfung noch nicht abgelegt hatte, konnte es bei dieser Sachlage für sich allein noch nicht ohne weiteres rechtfertigen, den Anspruch auf Ausbildungsunterhalt abzusprechen. Vielmehr käme es darauf an, ob es ihm auch bei einer Ablegung der Zwischenprüfung in dieser fortgeschrittenen Ausbildungsphase noch möglich war, das Studium in ordnungsgemäßer Zeit zu beenden. Eine dahingehende Prüfung hat das OLG bisher nicht vorgenommen. Danach kann das angefochtene Urteil mit der bisherigen Begründung nicht bestehen bleiben. Vielmehr bedarf es der erneuten Prüfung, ob der Kl. seine Obliegenheit, das Studium mit der gebotenen Zielstrebigkeit zu betreiben, in einem Maße verletzt hat, daß er seinen Anspruch auf Ausbildungsunterhalt eingebüßt hat.

BGH v. 23. 5. 84 – IVb ZR 9/83 – FamRZ 84, 778 = NJW 84, 1951

(Sittenwidrige Freistellungsvereinbarung bei Koppelung mit einem Verzicht auf die Ausübung des Umgangsrechts mit einem gemeinschaftlichen Kind) R219

1) Das OLG hat die Vereinbarung der Parteien v. 6.10.1976 für unwirksam gehalten, weil ein Verzicht auf die Ausübung des Umgangsrechts, wie ihn der Kl. in § 3 der Vereinbarung erklärt habe, nach ganz herrschender Meinung nicht möglich sei. Die hierauf gerichtete Vereinbarung sei daher gemäß § 134 BGB nichtig mit der Folge, daß die in § 1 der Vereinbarung niedergelegte Freistellungsverpflichtung der Bekl. über § 139 BGB ebenfalls unwirksam sei. Denn die Freistellungsverpflichtung habe, wie sich aus der Regelung der Gegenseitigkeit in § 4 ergebe, ohne den Verzicht auf die Ausübung des Umgangsrechts keinen Bestand haben sollen. Zu demselben Ergebnis führe im übrigen auch eine Umdeutung der unbedingten Freistellungsverpflichtung und des unbedingten Verzichts auf die Ausübung des Umgangsrechts auflösend bedingte Freistellungsverpflichtung. In diesem Fall läge eine gemäß § 138 I BGB unzulässige Koppelung der Freistellung mit dem Umgangsrecht vor.

Auf die Nichtigkeit der Vereinbarung könne sich die Bekl. ohne Verstoß gegen die Grundsätze von Treu und Glauben und ohne Widerspruch zu ihrem früheren Verhalten berufen, da mit der Nichtigkeit der Freistellungsverpflichtung den Bedürfnissen des Kindes, und nicht dem Interesse der Bekl., Rechnung getragen werde.

2) Hiergegen wendet sich die Revision im Ergebnis ohne Erfolg.

a) Allerdings ist der Hauptbegründung des angefochtenen Urteils nicht ohne Einschränkung zu folgen. Es sind vielmehr Fälle denkbar, in denen die Zusage eines Elternteils, sein Recht zum Umgang mit einem ehel. Kind für eine gewisse Zeitdauer nicht auszuüben, jedenfalls unter besonderen tatsächlichen Umständen rechtliche Auswirkungen haben kann.

Das Umgangsrecht (früher Verkehrsrecht) der Eltern mit ihren Kindern erwächst aus dem natürlichen Elternrecht und der damit verbundenen Elternverantwortung und es besteht daher als absolutes subjektives Recht auch nach der Übertragung der elterl. Sorge auf einen Elternteil grundsätzlich bei dem anderen – nicht sorgeberechtigten – Elternteil fort (BVerfG, FamRZ 1983/873; BGH, FamRZ 1969/148 ff.). Es hat in erster Linie das Recht zur persönlichen Begegnung mit dem Kind – in der Regel in der Form von Besuchen – zum Inhalt; ergänzend kommen auch andere Kommunikationsmittel wie etwa Briefwechsel und Telefongespräche in Betracht. Das Umgangsrecht dient dem Zweck, dem nicht sorgeberechtigten Elternteil die Möglichkeit zu geben, sich von dem körperlichen und geistigen Befinden, dem Wohlergehen und der Entwicklung des Kindes zu überzeugen, den laufenden Kontakt zu dem Kind zu pflegen und einer gegenseitigen Entfremdung vorzubeugen (FamRZ 1969/148 ff.). Dies entspricht der Wahrung des grundrechtlich geschützten Elternrechts nach Art. 6 II S. 1 GG sowie des Kindesinteresses an einer Aufrechterhaltung seiner Bindung zu beiden Eltern (vgl. BVerfG, FamRZ 1983/872; 873; BGH, FamRZ 1980/131, 132) und erscheint im übrigen auch deshalb geboten, weil der nicht sorgeberechtigte Elternteil unter Umständen später seinerseits zur Übernahme der elterl. Sorge verpflichtet sein kann, sei es, daß der andere Elternteil stirbt, oder daß er aus anderen Gründen an einer weiteren Ausübung der elterl. Sorge gehindert ist. In einem solchen Fall wird ein in der Vergangenheit wahrgenommenes Umgangsrecht die Umstellung des Kindes auf die veränderten Verhältnisse in der Regel erleichtern (BVerfG, a. a. O., S. 873, 874).

Als Bestandteil des natürlichen Elternrechts ist das Umgangsrecht als solches unverzichtbar. Eine Verzichtserklärung des nicht sorgeberechtigten Elternteils auf sein Umgangsrecht ist daher unzulässig und rechtlich nicht verbindlich.

Für den umgangsberechtigten Elternteil besteht jedoch andererseits keine Pflicht, das Umgangsrecht auszuüben.

Er kann vielmehr von einer Geltendmachung seines Umgangsrechts absehen, wobei dies im Einzelfall durchaus dem Wohl des Kindes dienlich oder dazu sogar erforderlich sein kann (vgl. § 1634 II S. 2 BGB).

Unter diesem Gesichtspunkt erscheint es nicht grundsätzlich – ohne Rücksicht auf die Umstände des Einzelfalles – unzulässig, sich zur Nichtausübung des Umgangsrechts zwar nicht unbefristet ohne Rücksicht auf die künftige Entwicklung, aber doch für eine gewisse Zeit, jedenfalls dann zu verpflichten, wenn dies dem Kindeswohl entspricht.

Bei dieser Ausgangslage kann auch einer unbefristeten Zusage, das Umgangsrecht nicht auszuüben, nicht von vornherein jede Rechtswirkung abgesprochen werden. Auch soweit daraus für die Zukunft keine Bindung des umgangsberechtigten Elternteils abzuleiten ist, könnte es unter besonderen Umständen gegen Treu und Glauben verstoßen, wenn sich der sorgeberechtigte Elternteil auf die Unwirksamkeit der Zusage berufen und daraus Rechte herleiten würde. Ein solcher Fall käme hier in Betracht, weil die Zusage nach dem nicht bestrittenen Vorbringen des Kl. auf Drängen der Bekl. zustande gekommen ist und sich der Kl. weiterhin daran hält, ohne daß Umstände festgestellt sind, wonach dies dem Wohl des Kindes widerspräche.

b) Die Bereitschaft des umgangsberechtigten Elternteils, von der Ausübung seines Besuchsrechts abzusehen, ist jedoch rechtlich unbeachtlich, wenn sie in einer gegen die guten Sitten verstoßenden Weise mit einer Unterhalts-Freistellungsverpflichtung des anderen Elternteils gekoppelt wird, also in Fällen, in denen ein Kind nach einem übereinstimmenden Vorschlag der Eltern über die Regelung des Sorgerechts „zum Gegenstand eines Handels" gemacht, oder bei Vereinbarungen, durch die das Sorgerecht über ein Kind als „Tauschobjekt" für die Freistellung von Unterhaltspflichten benutzt wird.

Eine solche Vereinbarung, bei der die zugesagte Unterhaltsfreistellung einen ständigen Anreiz bieten kann, ohne Rücksicht auf das Wohl des Kindes aus finanziellen Gründen von der Ausübung des Umgangsrechts abzusehen, ist als unzulässige „Kommerzialisierung" des elterl. Umgangsrechts regelmäßig als sittenwidrig und damit nichtig gemäß § 138 I BGB anzusehen. Davon, daß eine in diesem Sinne unzulässige Koppelung zwischen einer Regelung über das elterl. Sorge- und Umgangsrecht und einer Unterhaltsfreistellungsverpflichtung vorliegt, ist in der Regel auszugehen, wenn die beiderseitigen Verpflichtungen als gegenseitige, in ihrer Wirksamkeit voneinander abhängige Vereinbarungen getroffen worden sind.

Daß dies bei der Vereinbarung der Parteien v. 6. 10. 1976 der Fall war, hat das OLG rechtsfehlerfrei angenommen. Es hat dem Gesamtzusammenhang der Entscheidungsgründe des angefochtenen Urteils – unter Einbeziehung der Gegenseitigkeitsklausel in § 4 der Vereinbarung – entnommen, die Bekl. habe die Freistellungserklärung in § 1 der Vereinbarung als Gegenleistung dafür abgegeben, daß sich der Kl. – neben den in § 2 eingegangenen Verpflichtungen – bereit erklärte, sein Recht zum Umgang mit seinem Sohn nicht mehr auszuüben. Diese Auslegung ist aus Rechtsgründen nicht zu beanstanden.

Daß der Kl. hierzu durch besonders schwerwiegende Umstände, etwa im Verhalten der Bekl. während der jahrelangen Auseinandersetzungen über die Ausübung des Besuchsrechts, veranlaßt worden wäre, die der Vereinbarung – für den Einzelfall – den Charakter der Sittenwidrigkeit nehmen könnten (vgl. dazu OLG Hamm, FamRZ 1980/724), ist vom OLG nicht festgestellt worden. Auch die Revision erhebt insoweit keine Angriffe.

Soweit die Revision geltend macht, die Vereinbarung v. 6. 10. 1976 sei auf den ausdrücklichen Wunsch der Bekl. und mit Hilfe des seinerzeit in dem Sorgerechtsverfahren zuständigen Vormundschaftsrichters geschlossen worden, wird die inhaltliche Wertung der Vereinbarung hierdurch nicht berührt. Dieses ist, wie das OLG mit der Hilfsbegründung des angefochtenen Urteils im Ergebnis zutreffend entschieden hat, wegen einer gegen die guten Sitten verstoßenden Koppelung der von der Bekl. erklärten Freistellungsverpflichtung mit der Zusage des Kl., sein Umgangsrecht mit dem Sohn Uwe in Zukunft nicht auszuüben, nach § 138 I BGB nichtig.

Der Berufung der Bekl. auf die Nichtigkeit der Vereinbarung unter diesem Gesichtspunkt stehen für die Zeit, von der ab der Kl. auf Unterhalt in Anspruch genommen worden ist, keine Bedenken aus § 142 BGB entgegen. Das auf § 1 der Vereinbarung gestützte Freistellungsbegehren des Kl. hat daher keinen Erfolg.

BSG v. 20. 6. 84 – 7 RAr 18/83 – FamRZ 85, 379

R221 *(BSG zur Arbeitslosenhilfe als unterhaltsrechtlich anzurechnendem Einkommen)*

Nach § 48 I S.1 SGB können laufende Geldleistungen, die der Sicherung des Lebensunterhalts zu dienen bestimmt sind, in angemessener Höhe an den Ehegatten oder an die Kinder des Leistungsberechtigten ausbezahlt werden, wenn dieser ihnen gegenüber seiner gesetzlichen Unterhaltspflicht

Anhang R. Rechtsprechung R222

nicht nachkommt. Die Auszahlung (Abzweigung) nach § 48 I SGB I als solche steht zwar im pflichtgemäß auszuübenden Ermessen der Bekl. Eine Ermessensausübung kommt jedoch erst in Betracht, wenn die in § 48 I SGB I dafür vorgesehenen Tatbestandsvoraussetzungen erfüllt sind. Deren Beurteilung richtet sich nicht nach – wenn auch pflichtgemäßem – Belieben der Bekl., sondern nach dem ges. Inhalt der Regelung. Insoweit unterliegen Entscheidungen der Bekl. über Abzweigungen nach § 48 SGB I mithin der vollen richterlichen Kontrolle.

Zutreffend ist die Bekl. davon ausgegangen, daß es sich bei der dem Kl. gewährten Alhi um eine laufende Geldleistung zur Sicherung des Lebensunterhalts i. S. von § 48 I SGB I handelt. Daß die Alhi nicht nur den persönlichen Bedürfnissen des Leistungsberechtigten, sondern auch dem Lebensunterhalt des Ehegatten zu dienen bestimmt ist, ergibt sich nicht nur allgemein aus ihrer Lohnersatzfunktion, sondern läßt sich auch der ges. Regelung des § 137 I Arbeitsförderungsgesetz [AFG] entnehmen, wonach der Arbeitslose i. S. von § 134 I Nr. 3 AFG bedürftig ist, soweit er den eigenen Unterhalt und den seines Ehegatten nicht auf andere Weise als durch Alhi bestreiten kann. Die Erreichung dieses Zweckes der Alhi kann somit grundsätzlich gemäß § 48 SGB I durch eine unmittelbare Auszahlung eines Teilbetrages an eine unterhaltsberechtigte Ehefrau erleichtert und beschleunigt werden.

Die Unterhaltspflichten zwischen getrennt lebenden Ehegatten richten sich nach § 1361 BGB. Danach kann ein Ehegatte von dem anderen den nach den Lebensverhältnissen und den Erwerbs- und Vermögensverhältnissen der Ehegatten angemessenen Unterhalt verlangen. Zwar hat der Kl. der Beigel. keinen Unterhalt geleistet; daraus rechtfertigt sich jedoch noch nicht die Annahme einer Unterhaltspflichtverletzung des Kl. Eine „abstrakte" Unterhaltsverpflichtung aufgrund einer bestimmten familienrechtlichen Beziehung reicht nämlich dafür nicht aus. Vielmehr ergibt sich die Pflicht zur Gewährung von Unterhalt erst aus den konkreten Lebens- und Einkommensverhältnissen dieser Beteiligten, insbesondere muß die Beigel. unterhaltsbedürftig und der Kl. zur Zahlung einer Geldrente (§ 1361 IV BGB) leistungsfähig gewesen sein. Ersteres läßt sich aus dem Zusammenhang der Feststellungen des LSG ohne weiteres bejahen; für die Bestimmung des letzteren hat die Bekl. einen unzulässigen rechtlichen Maßstab zugrunde gelegt, der zur Rechtswidrigkeit des angefochtenen Verwaltungsaktes führt.

Ob und in welchem Umfange der Kl. der Beigel. gegenüber als zur Erbringung von Unterhalt leistungsfähig anzusehen ist, richtet sich allgemein nach den ehel. Lebensverhältnissen und zudem nach dem Vorhandensein anderer – gleich- bzw. vorrangiger – Unterhaltsberechtigter. Was die Einkommens- und Vermögensverhältnisse des Kl. angeht, so steht fest, daß er in der fraglichen Zeit Alhi i. H. von 208,80 DM wöchentlich (entsprechend 904,80 DM im Monat) bezogen hat. Diese Leistung ist bei ihm als unterhaltsrechtlich relevantes Einkommen zu berücksichtigen (BGH, FamRZ 1982/587, 588; OLG Bamberg, FamRZ 1979/914), da sie – wie bereits dargelegt – auch dem Lebensunterhalt des Ehegatten zu dienen bestimmt ist. Soweit in der Literatur eine abweichende Auffassung vertreten wird, ist ihr nicht zu folgen. Offenbar bezieht sich diese noch auf den alten Rechtszustand (vor der Änderung des § 137 AFG durch das Einführungsgesetz zum Einkommensteuer-Reformgesetz [EG-EStRG] v. 21. 12. 1974, BGBl. I 3656), da teilweise noch von „Familienzuschlägen" die Rede ist.

BGH v. 27. 6. 84 – IVb ZR 20/83 – FamRZ 85, 354
(BGH zu Zinseinkünften aus Hausverkaufserlös) R222

3) Gegen die Behandlung der Zinseinkünfte aus dem durch den Verkauf des gemeinsamen ehel. a Anwesens erzielten Erlös in dem angefochtenen Urteil erhebt die Revision zu Recht Bedenken.

Das OLG hat unter Bezugnahme auf die Ausführungen in dem familiengerichtlichen Urteil eine Berücksichtigung der Zinseinkünfte sowohl bei der Ermittlung der Bemessungsgrundlage für den Unterhaltsanspruch als auch im Rahmen der Prüfung der Leistungsfähigkeit und der Unterhaltsbedürftigkeit aus Billigkeitsgründen abgelehnt. Das FamG hatte dazu ausgeführt: Es gehe nicht an, daß sich die Kl. ihre Zinseinkünfte auf ihren Unterhaltsanspruch anrechnen lassen müsse, während der Bekl. seinen Anteil aus dem Erlös der von beiden Parteien in der Ehe gemeinsam erarbeiteten Wirtschaftsgüter zinsbringend anlegen könne, ohne daß der Unterhalt der Kl. erhöht werde, weil die ehel. Lebensverhältnisse der Parteien hierdurch nicht mehr berührt würden. Auf diese Weise würde nämlich wirtschaftlich gesehen dem Bekl. die gesamte Nutzung des gemeinsam erarbeiteten Vermögens zufließen. Hinzu komme, daß die Nutzung des veräußerten gemeinsamen Anwesens die Lebensverhältnisse der Parteien in der Ehe mit geprägt habe; denn die Parteien hätten von ihren Einkommen mehr für den täglichen Bedarf zur Verfügung gehabt als Eheleute, die Miete zahlen müßten. Ein solcher erhöhter Lebensstandard werde aber nach den Grundsätzen der Nürnberger Tabelle vernachlässigt, da diese nur auf das tatsächlich vorhandene Einkommen abstelle. Wenn es dann zur Auflösung des Vermögens komme, ersetzten die nunmehr zur Verfügung stehenden Zinsen nur den Teil des schon früher erreichten höheren Lebensstandards, der nach der Nürnberger Tabelle nicht berücksichtigt werde.

1237

Diese aus den Grundsätzen der Nürnberger Tabelle gezogenen Folgerungen für die unterhaltsrechtliche Behandlung der Zinseinkünfte aus dem Erlös des gemeinsamen Hauses der Parteien halten der rechtlichen Überprüfung nicht in vollem Umfang stand.

a) Daß das OLG für die Bemessung des Unterhaltsanspruchs der Kl. nach § 1573 II BGB die Richtsätze der Nürnberger Tabelle herangezogen hat, ist allerdings revisionsrechtlich nicht grundsätzlich zu beanstanden. Wie der Senat wiederholt entschieden hat, ist der Tatrichter bei der Unterhaltsbemessung nicht gehindert, sich an Richtsätze und Leitlinien anzulehnen, die auf die gegebenen Verhältnisse abgestellt sind und der Lebenserfahrung entsprechen, soweit nicht im Einzelfall besondere Umstände eine Abweichung bedingen (FamRZ 1982/365, 366; ständige Rechtsprechung). Bedenken gegen die Ansätze der Nürnberger Tabelle, die der Senat in der Entscheidung v. 27. 4. 1983 (FamRZ 1983/678) für gewisse Fallgestaltungen erhoben hat, wirken sich im vorliegenden Fall jedenfalls nicht zum Nachteil des Bekl. aus.

b) Die Revision greift hingegen zu Recht an, daß das OLG bei der Beurteilung der Unterhaltsbedürftigkeit der Kl. die ihr zufließenden Zinseinkünfte außer Betracht gelassen hat.

Nach dem allgemeinen Grundsatz des § 1602 I BGB ist unterhaltsberechtigt nur derjenige, der außerstande ist, sich selbst zu unterhalten. Diesem Grundsatz entspricht für den nachehel. Unterhalt die Regelung des § 1577 I BGB, nach der ein geschiedener [gesch.] Ehegatte Unterhalt insoweit nicht verlangen kann, als er sich aus seinen Einkünften und den Erträgen seines Vermögens selbst unterhalten kann (vgl. auch Senatsurteil v. 4. 4. 1984 – IV b ZR 77/82 – nicht veröffentlicht). Auf die Herkunft des Vermögens kommt es dabei nicht an. Entscheidend ist vielmehr nur, ob und in welcher Höhe der Ehegatte Vermögenseinkünfte erzielt oder doch in zumutbarer Weise erzielen könnte (FamRZ 1980/126, 128; Senatsurteil v. 27. 4. 1983 – IV b ZR 376/81 – nicht veröffentlicht), mit denen er seinen Unterhaltsbedarf bestreiten kann (Senatsurteil v. 4. 4. 1984). Zu den Einkünften, die ein unterhaltsberechtigter Ehegatte wie hier die Kl. – vorrangig – zur Deckung seines Unterhaltsbedarfs einzusetzen hat, gehören daher auch Erträge, die er aus dem Erlös beim Verkauf eines bis zur Scheidung als Familienwohnung genutzten gemeinsamen Anwesens zieht. Für eine Außerachtlassung solcher Einkünfte bestehen – entgegen der Auffassung des OLG – keine rechtfertigenden Gründe.

(Zur Verwertung des Veräußerungserlöses aus dem Verkauf eines gemeinsamen Hauses)

c 5) Die Revision hält dem Unterhaltsbegehren der Kl. weiter entgegen, diese sei gehalten, den Stamm ihres aus der Veräußerung des ehel. Anwesens erhaltenen Vermögens zu verwerten, bevor sie den Bekl. auf Unterhaltszahlungen in Anspruch nehme.

Die Revision stellt insoweit zu Recht auf § 1577 III BGB ab. Nach dieser Vorschrift braucht der unterhaltsberechtigte gesch. Ehegatte – der nach § 1577 I BGB keinen Unterhaltsanspruch gegenüber dem anderen Ehegatten hat, solange und soweit er sich „aus seinen Einkünften und seinem Vermögen" selbst unterhalten kann – den Stamm seines Vermögens nicht zu verwerten, soweit die Verwertung unwirtschaftlich oder unter Berücksichtigung der beiderseitigen wirtschaftlichen Verhältnisse unbillig wäre.

Dies gilt auch für Vermögen, das aus der Veräußerung eines früher gemeinsam genutzten Anwesens herrührt. Auch solches Vermögen soll, wie alle Vermögenswerte eines Unterhaltsberechtigten, in der Regel dazu dienen, ergänzend zu dessen sonstigen Einkünften seinen Unterhaltsbedarf auf Lebenszeit zu sichern. Unter diesem Gesichtspunkt kann die Beurteilung einer Obliegenheit zur – unter Umständen zunächst teilweisen – Verwertung des Vermögensstammes nach § 1577 III BGB im Einzelfall maßgeblich von der voraussichtlichen Dauer der Unterhaltsbedürftigkeit des unterhaltsberechtigten Ehegatten sowie davon abhängen, welche Ertragsmöglichkeiten das zur Verfügung stehende Vermögen – dauerhaft – bietet. Im übrigen werden dem Unterhaltsberechtigten stets gewisse Rücklagen für Not- und Krankheitsfälle zuzubilligen sein (FamRZ 1984/364, 367).

Zu einer Verwertung seines Vermögensstammes ist ein unterhaltsberechtigter gesch. Ehegatte darüber hinaus grundsätzlich dann nicht gehalten, wenn dies unter Berücksichtigung der beiderseitigen wirtschaftlichen Verhältnisse unbillig wäre. Unter diesem Gesichtspunkt kann dem Umstand, daß ein Vermögenswert aus dem Verkauf eines gemeinsamen Hauses der gesch. Ehegatten stammt und daß der andere Ehegatte einen entsprechenden Erlösanteil zu seiner freien Verfügung erhalten hat, wesentliche Bedeutung zukommen. Das zu beurteilen, ist indessen der tatrichterlichen Entscheidung des OLG vorbehalten.

(Berücksichtigung nichtprägender Zinseinkünfte bei der Leistungsfähigkeit)

d 7) Sollte sich nach Klärung der aufgezeigten Fragen – zum Umfang der Unterhaltsbedürftigkeit der Kl. auf der Grundlage der maßgeblichen ehel. Lebensverhältnisse der Parteien – bei der Entscheidung über den geltend gemachten Unterhaltsanspruch nach § 1573 II BGB noch die Frage der Leistungsfähigkeit des Bekl. stellen, so sind auch auf seiner Seite die tatsächlich erzielten – oder in zumutbarer Weise erzielbaren (vgl. insoweit – zum Erwerbseinkommen – FamRZ 1981/539, 540) – Erträge aus dem ihm zugefallenen Erlösanteil aus dem Verkauf des ehel. Anwesens zu berücksichti-

Anhang R. Rechtsprechung

gen. Denn für die Obliegenheiten des Berechtigten und des Verpflichteten zum Einsatz ihrer wirtschaftlichen Mittel sind grundsätzlich die gleichen Maßstäbe anzulegen. Auch bei der Ermittlung der Leistungsfähigkeit des unterhaltspflichtigen gesch. Ehegatten sind regelmäßig alle Einkünfte heranzuziehen, die ihm zufließen, gleich welcher Art sie sind und auf welcher Grundlage er sie bezieht (FamRZ 1981/338, ständige Rechtsprechung). Laufende Erträge aus dem Erlös eines nach der Scheidung veräußerten Familieneigenheims sind hiervon nicht ausgenommen.

BGH v. 27. 6. 84 – IVb ZR 21/83 – FamRZ 84, 997 = NJW 84, 64

(Zur Abänderbarkeit einer JA-Urkunde) **R223**

Bei dieser Urkunde handelt es sich um eine vom JA nach §§ 49 I S. 1 Ziff. 2, 50 I S. 1 JWG aufge- **a** nommene vollstreckbare Urkunde. Der Senat teilt die Auffassung des OLG, daß ein solcher Titel der Abänderungsklage unterliegt. Diese ist gemäß § 323 IV ZPO u. a. für die Schuldtitel des § 794 I Ziff. 5 ZPO eröffnet. Den darin genannten (auf Zahlung einer bestimmten Geldsumme gerichteten vollstreckbaren) Urkunden, „die von einem deutschen Gericht oder von einem deutschen Notar innerhalb der Grenzen seiner Amtsbefugnisse in der vorgeschriebenen Form aufgenommen sind", ist eine JA-Urkunde der hier in Frage stehenden Art gleichzuachten. Hier wie dort handelt es sich um eine im Rahmen amtlicher Befugnisse errichtete vollstreckbare Urkunde, in der der Verpflichtete mit entsprechendem Bindungswillen in vollstreckbarer Form Zahlung verspricht. Angesichts dieser weitgehenden Übereinstimmung ist § 323 IV i. V. m. § 794 I Ziff. 5 ZPO auch auf JA-Urkunden nach §§ 49, 50 JWG anwendbar (es folgen mehrere Nachweise).

(Unwirksame Vereinbarung bei teilweisem Unterhaltsverzicht bzw. bei Unterschreitung des Angemessenheitsrahmens der Tabellensätze für Kindesunterhalt)

II 2 d) Daß sich die Parteien i. J. 1980 in einem außergerichtl. Vergleich auf einen Unterhaltsbetrag **d** von 200 DM monatlich geeinigt haben, steht der Erhöhung auf 315 DM monatlich nicht entgegen. Denn eine Unterhaltsvereinbarung darf zufolge § 1614 I BGB keinen – auch nur teilweisen – Verzicht auf den Unterhalt für die Zukunft beinhalten oder auf einen solchen Verzicht hinauslaufen. Dies gilt auch für eine etwaige Erschwerung der Möglichkeit, eine Erhöhung nach § 323 ZPO zu verlangen. Auch ein Vergleich ist gegebenenfalls in diesem Umfange unwirksam. Ob die Parteien einen Verzicht gewollt haben, ist unbeachtlich. Es kommt allein darauf an, ob der dem Unterhaltsberechtigten von Gesetzes wegen zustehende Unterhalt objektiv verkürzt wird. Zwar besteht für die Bemessung des Unterhalts nach Maßgabe des § 1610 BGB ein Angemessenheitsrahmen, der auch von den Parteien ausgeschöpft werden kann. Soweit die Vereinbarung zu einer Unterhaltsrente unterhalb dieses Rahmens führt, hat sie jedoch keinen Bestand. In der Rechtsprechung ist etwa eine Unterschreitung der gebräuchlichen Tabellensätze bis zu 20 % als hinnehmbar erwogen, eine Unterschreitung um $^1/_3$ dagegen als im Regelfall mit § 1614 I BGB unvereinbar angesehen worden (OLG Köln, a.a.O.). Der vorliegende Fall nötigt insoweit nicht zu einer näheren Festlegung. Denn gemessen daran, daß dem Kl. ein Unterhalt von 315 DM monatlich zusteht, liegt der Betrag von 200 DM monatlich, wie ihn die Parteien i. J. 1980 vereinbart haben, jedenfalls nunmehr eindeutig unterhalb der Toleranzgrenze.

BGH v. 3. 7. 84 – IV ZR 42/83 – FamRZ 85, 89 = NJW 85, 49

(Wohnwertbemessung nach Mietzins für vergleichbare Wohnung) **R224**

II 1) Es wird an der Rechtsprechung des BGH festgehalten, daß die zum Familienunterhalt gehörende Sorge für einen angemessenen Wohnbedarf in der Regel nicht Aufwendungen umfaßt, die zur Errichtung eines Eigenheims (oder einer Eigentumswohnung) bzw. zur Tilgung der auf einem bereits erworbenen Hausgrundstück lastenden Schulden erforderlich sind. Zum angemessenen Unterhalt gehört der Aufwand einer derartigen Vermögensbildung nicht. Der Schädiger ist nicht verpflichtet, dem Überlebenden das Wohnen in seinem Eigenheim oder wenigstens in einem seinen reduzierten Bedürfnissen entsprechenden Miethaus vergleichbarer Qualität als Alleinbenutzer zu erhalten. Der Geschädigte muß sich vielmehr eine qualitative Verschlechterung dahingehend gefallen lassen, daß der Schädiger ihm nicht den Wohngenuß eines Eigenheims zu finanzieren hat. Er kann nur denjenigen Mietzins im Sinne der „fixen Kosten" einkehren, der erforderlich wäre, um eine dem bewohnten Eigenheim nach Ortslage, Zuschnitt und Bequemlichkeit vergleichbare, insoweit qualitativ gleichwertige Wohnung anzumieten. Insoweit sind die bis zum Tod seines Ehegatten tatsächlich getragenen Belastungen für das Eigenheim auf die unterhaltsrechtliche Komponente zurückzuführen.

R225   Anhang R. Rechtsprechung

BGH v. 11. 7. 84 – IVb ZR 22/83 – FamRZ 84, 986 = NJW 84, 2692

R225   *(Härtefall bei Absehen von Heirat, um den Unterhaltsanspruch nicht zu verlieren. Unbilligkeit aufgrund des Erscheinungsbildes in der Öffentlichkeit bei Zusammenleben mit neuem Partner in fester sozialer Verbindung. Bei der Zumutbarkeitsabwägung zu berücksichtigende Umstände)*

a   II 1 a) Der Unterhaltsanspruch der Kl. ist nicht schon deshalb ausgeschlossen, weil sie noch während bestehender Ehe ein Verhältnis zu P aufgenommen hat. Allerdings kann ein solches Verhalten den Anspruch auf Trennungsunterhalt entfallen lassen (NJW 1982/1461 = FamRZ 1982/463 [464]; NJW 1982/1216 = FamRZ 1982/466 [468]; NJW 1983/451 = FamRZ 1983/142; FamRZ 1983/670 [671]; NJW 1984/297 = FamRZ 1984/154 [155]) und zieht solchenfalls, wenn das Verhältnis nach der Scheidung andauert, regelmäßig auch den Verlust des Anspruchs auf nachehelichen Unterhalt nach sich (NJW 1983/1548 = FamRZ 1983/569 [571 f.]; NJW 1983/1552 = FamRZ 1983/676; NJW 1984/297). Vorliegend ist jedoch nicht ersichtlich und auch von dem Bekl. nicht geltend gemacht worden, daß es sich bei der – nach der Trennung der Parteien erfolgten – Zuwendung der Kl. zu P um ein einseitiges Fehlverhalten gehandelt hat, wie es nach der angeführten Senatsrechtsprechung erforderlich ist, um die Inanspruchnahme des anderen Ehegatten auf Unterhalt als grob unbillig erscheinen zu lassen.

    b) Auch daß die Kl. nach den Feststellungen des BerGer. von einer Eheschließung mit P Abstand nimmt, um ihren Unterhaltsanspruch gegen den Bekl. nicht zu verlieren, ist für sich allein kein Härtegrund nach § 1579 I Nr. 4 BGB.

    Allerdings hat sich der BGH für nach früherem Recht geschiedene Ehen der Auffassung angeschlossen, daß der geschiedene Ehegatte seinen Unterhaltsanspruch nach § 66 EheG verwirkt, wenn er mit einem anderen Partner eine Verbindung eingeht und dabei eine Eheschließung unterläßt, nur um den Unterhaltsanspruch aus der geschiedenen Ehe nicht zu verlieren (NJW 1980/124 = FamRZ 1980/40 [41]; NJW 1982/1983 = FamRZ 1982/896 [897]). Gegenüber einem Unterhaltsanspruch aus einer nach neuem Recht geschiedenen Ehe kann der Einwand, von einer Wiederheirat werde nur abgesehen, damit der Unterhaltsanspruch gegen den früheren Ehegatten erhalten bleibe, aber nur dann durchgreifen, wenn er den Härtefall des § 1579 I Nr. 4 BGB erfüllt. Daß dies möglich ist, hat der Senat nicht ausgeschlossen (NJW 1983/1548), ohne aber bisher Anlaß gehabt zu haben, zu dieser Frage näher Stellung zu nehmen. Auch der hier zu beurteilende Sachverhalt verlangt keine abschließende Stellungnahme, insbesondere auch nicht dazu, ob das Absehen von einer Wiederheirat, allein um den Unterhaltsanspruch aus der früheren Ehe nicht zu verlieren, nur dann zu Ausschluß oder Herabsetzung dieses Anspruchs führen kann, wenn der geschiedene Ehegatte mit dem neuen Partner in einem eheähnlichen Verhältnis zusammenlebt.

    Denn nach dem Sachverhalt, den der Senat seiner Entscheidung zugrunde zu legen hat, erfüllt das in Rede stehende Verhalten der Kl. schon deshalb nicht den Tatbestand des § 1579 I Nr. 4 BGB, weil sie einen beachtlichen Grund hat, von einer Eheschließung mit P abzusehen. Sie hat vorgetragen, bei den wirtschaftlichen Verhältnissen, in denen P als Arbeitsloser ohne Vor- und Ausbildung, aber mit ca. 15 000 DM Schulden lebe, könne sie von ihm eine Sicherung ihres Lebensbedarfs nicht erwarten. Diesen Vortrag hat das BerGer. ihr nicht widerlegt, sondern hat darauf im Gegenteil seinen Vorwurf gegründet, die Kl. sehe nur aus wirtschaftlichen Gründen von einer Eheschließung mit P ab. So läßt sich indessen die Anwendung der Härteklausel nicht begründen. Da es in der freien Entscheidung der Kl. steht, ob sie wieder heiraten will oder nicht, müßten ohnehin besondere Umstände hinzutreten, damit in dem Absehen von einer Heirat ein schwerwiegender Grund i. S. des § 1579 I Nr. 4 BGB erblickt werden könnte. Erst recht geht dies nicht an, wenn beachtliche Gründe gegen eine Wiederheirat bestehen, wie sie die von der Kl. vorgetragenen wirtschaftlichen Erwägungen fraglos sind. Bei dem vom Senat zugrunde zu legenden Sachverhalt ist ihr Anspruch daher nicht schon deshalb ausgeschlossen, weil sie P bisher nicht geheiratet hat.

    c) Damit scheidet freilich ein Ausschluß des Unterhaltsanspruchs der Kl. nach § 1579 I Nr. 4 BGB noch nicht aus. Für die Anwendung dieser Bestimmung kommt es allgemein darauf an, ob die aus der Unterhaltspflicht erwachsende Belastung für den Verpflichteten die Grenzen des Zumutbaren überschreitet. Eine Unzumutbarkeit kann sich unabhängig von der Frage der Vorwerfbarkeit bestimmter Verhaltensweisen auch aus objektiven Gegebenheiten und Entwicklungen der beiderseitigen Lebensverhältnisse ergeben. Insbesondere kann bei Aufnahme eines länger dauernden Verhältnisses zu einem neuen Partner das Erscheinungsbild dieser Verbindung in der Öffentlichkeit dazu führen, daß die Fortdauer der Unterhaltsbelastung und des damit verbundenen Eingriffs in die Handlungsfreiheit und Lebensgestaltung für den Unterhaltspflichtigen unzumutbar wird (NJW 1983/1548 und NJW 1983/2243 = FamRZ 1983/996 [997]). In diesem Zusammenhang wird die Anwendung der Härteklausel im allgemeinen nur gerechtfertigt sein, wenn der Unterhaltsberechtigte mit einem neuen Partner „in einer festen sozialen Verbindung" (NJW 1983/1548 und NJW 1983/2243) zusammenlebt. Diese setzt nicht notwendig einen gemeinsamen Haushalt voraus. Auch bei einer anders gestalteten dauerhaften Verbindung kann je nach deren Erscheinungsbild in der Öffentlichkeit ein Grund zur Anwendung der Härteklausel bestehen. Zu einer solchen Prüfung geben die besonderen Umstände des vorliegenden Falles Anlaß.

Anhang R. Rechtsprechung   R228

Nach dem vom BerGer. in Bezug genommenen Parteivorbringen wohnt P zwar nicht bei der Kl., sondern in der Wohnung seiner Mutter. Beide Wohnungen befinden sich jedoch in demselben Mietshaus; P hält sich weitgehend in der Wohnung der Kl. auf. Für das Erscheinungsbild, das die Verbindung in der Öffentlichkeit bietet, ist es ferner von Bedeutung, daß die Kl. sich mit P, von dem sie ein Kind hat, „verlobt" hat, auch wenn das Fehlen einer Heiratsabsicht mit dem Wesen des Verlöbnisses nicht vereinbar ist (vgl. auch den dem Senatsurt./NJW 1983, 1548 zugrunde liegenden Sachverhalt). Sieht die Kl. von einer Eheschließung mit P nur deshalb ab, weil seine wirtschaftlichen Verhältnisse eine Sicherung ihres Lebensbedarfs nicht erwarten lassen, so spricht dies nicht nur für eine enge persönliche Verbindung, sondern möglicherweise auch für das Erscheinungsbild einer „festen sozialen Verbindung" in dem hier maßgebenden Sinne. Zu einer abschließenden Entscheidung ist der Senat nicht in der Lage, da tatsächliche Feststellungen unter dem maßgebenden rechtlichen Gesichtspunkt fehlen und auch die Beurteilung, ob und inwieweit die Inanspruchnahme des Bekl. hiernach i. S. des § 1579 I Nr. 4 BGB grob unbillig wäre, in erster Linie Sache des Tatrichters ist.

(Umfassende tatrichterliche Abwägung aller Umstände des Einzelfalles unter besonderer Berücksichtigung der Belange des Kindes.)

II 2 b) Das OLG hält aufgrund des Verhaltens, welches es der Kl. im Rahmen des § 1579 I Nr. 4 **b**
BGB zum Vorwurf macht, zugleich einen „besonders gelagerten Härtefall" i. S. der Entscheidung des BVerfG für gegeben. Dies stößt – unabhängig davon, ob die Voraussetzungen des § 1579 I Nr. 4 BGB überhaupt gegeben sind – schon deshalb auf Bedenken, weil eine Auseinandersetzung mit den besonderen Umständen des Falles fehlt. Wie der Senat zu der Frage, was unter einem besonders gelagerten Härtefall i. S. der Entscheidung des BVerfG zu verstehen ist, näher dargelegt hat, ist aus dem Sinnzusammenhang der verfassungsgerichtlichen Entscheidungsgründe zu folgern, daß Sachverhalte gemeint sind, in denen die unverkürzte Zubilligung des eheangemessenen Unterhalts aufgrund § 1579 II BGB zu einer mit dem Verfassungsgrundsatz der Verhältnismäßigkeit unvereinbaren Belastung des Unterhaltspflichtigen führen würde (FamRZ 83/676; FamRZ 84/154, 155). Um dies beurteilen zu können, bedarf es einer umfassenden Abwägung der Umstände des Einzelfalles. Dabei ist den Belangen des Kindeswohles vorrangige Bedeutung beizumessen. Denn § 1579 II BGB will, in dieser Zielsetzung verfassungsrechtlich unbedenklich, nach Möglichkeit verhindern, daß der betreuende Elternteil zu einer Erwerbstätigkeit gezwungen wird, die zum Nachteil des Kindes dessen geordnete Betreuung und Erziehung erschwert. Ein besonders gelagerter Härtefall kann sich zwar auch daraus ergeben, daß der Unterhalt begehrende Ehegatte die Voraussetzungen des § 1579 I Nr. 4 BGB in besonders krasser Weise verwirklicht hat. Aus dem Vorrang der Belange des Kindes ergibt sich indessen, daß der zuletzt genannte Gesichtspunkt auf (seltene) Ausnahmefälle zu beschränken ist.

Hiernach wird sich das OLG – sofern es die Voraussetzungen des § 1579 I Nr. 4 BGB erneut bejaht – im Rahmen des § 1579 II BGB insbesondere damit auseinanderzusetzen haben, daß die Kl. die Tochter N. der Parteien zu betreuen hat. Auch nach den weiteren Umständen des Falles drängt sich die Annahme, daß es sich um einen in auffälliger Weise aus dem Rahmen des auch sonst Vorkommenden fallenden „besonderen Härtefall" handelt, nicht unbedingt auf. Auch diese Frage muß jedoch letztlich dem Tatrichter überlassen werden.

BGH v. 26. 9. 84 – IVb ZR 30/83 – FamRZ 84, 1211 = NJW 85, 195

(Zum Eintritt der Veränderung bei Steuererstattung)   R228

Handelt es sich hingegen – wie im vorliegenden Fall – um die Veranlagung zur Einkommen- **a**
steuer nach Ablauf des Jahres, in dem die als Sonderausgaben geltend zu machenden Unterhaltsleistungen erbracht worden sind, kann eine Anhebung der Leistungsfähigkeit des Unterhaltsschuldners erst ab dem Zeitpunkt angenommen werden, in dem es tatsächlich zu einer Steuererstattung gekommen ist. Diese ist sodann als einmalige Einnahme in die Berechnung des für die Unterhaltsbemessung maßgebenden durchschnittlichen Nettoeinkommens einzubeziehen und auf einen längeren Zeitraum zu verteilen (vgl. dazu Senatsurteil vom 23. 12. 1981 – IV b ZR 604/80 – FamRZ 82/250, 252 m. w. N.).

(Zum Verzichtsverbot bei Ausschluß/Erschwerung einer Abänderung)

Daß sich die Parteien im Jahre 1980 in einem außergerichtlichen Vergleich auf einen Unterhaltsbe- **b**
trag von 200 DM monatlich geeinigt haben, steht der Erhöhung auf 315 DM monatlich nicht entgegen. Denn eine Unterhaltsvereinbarung darf zufolge § 1614 I BGB keinen – auch nur teilweisen – Verzicht auf den Unterhalt für die Zukunft beinhalten oder auf einen solchen Verzicht hinauslaufen. Dies gilt auch für eine etwaige Erschwerung der Möglichkeit, eine Erhöhung nach § 323 ZPO zu verlangen (s. Göppinger, Unterhaltsrecht, 4. Aufl., Rz. 3252 a. E.; Köhler, Handbuch des Unter-

1241

haltsrechts, 6. Aufl., Rz. 791; Wieczorek, ZPO, 2. Aufl., § 323 Anm. G I a 2). Auch ein Vergleich ist gegebenenfalls in diesem Umfange unwirksam. Ob die Parteien einen Verzicht gewollt haben, ist unbeachtlich. Es kommt allein darauf an, ob der dem Unterhaltsberechtigten von Gesetzes wegen zustehende Unterhalt objektiv verkürzt wird (RG, WarnRspr. 19 Nr. 68; Göppinger, a.a.O. Rz. 1324; MünchKomm/Köhler, BGB, § 1614 Rz. 2; Soergel/Hermann Lange, BGB, 11. Aufl., § 1614 Rz. 2; Staudinger/Gotthardt, BGB, 10./11. Aufl., § 1614 Rz. 5, 10, 12).

Zwar besteht für die Bemessung des Unterhalts nach Maßgabe des § 1610 BGB ein Angemessenheitsrahmen, der auch von den Parteien ausgeschöpft werden kann (RG, a.a.O., sowie WarnRspr 19 Nr. 69; OLG Hamm, FamRZ 81/869; OLG Köln, FamRZ 83/750, 752; Göppinger, a.a.O., und Rz. 1615; Köhler, a.a.O., Rz. 589; Lüderitz, FamRZ 74/605, 612; MünchKomm/Köhler, a.a.O.; Soergel/Hermann/Lange, a.a.O.; Staudinger/Gotthardt, a.a.O. Rz. 10).

Soweit die Vereinbarung zu einer Unterhaltsrente unterhalb dieses Rahmens führt, hat sie jedoch keinen Bestand. In der Rechtsprechung ist etwa eine Unterschreitung der gebräuchlichen Tabellensätze bis zu 20 % als hinnehmbar erwogen, eine Unterschreitung um $1/3$ dagegen als im Regelfall mit § 1614 I BGB unvereinbar angesehen worden (OLG Köln, a.a.O.). Der vorliegende Fall nötigt insoweit nicht zu einer näheren Festlegung. Denn gemessen daran, daß dem Kl. ein Unterhalt von 315 DM monatlich zusteht, liegt der Betrag von 200 DM monatlich, wie ihn die Parteien i. J. 1980 vereinbart haben, jedenfalls nunmehr eindeutig unterhalb der Toleranzgrenze.

BGH v. 26. 9. 84 – IVb ZR 32/83 = NJW 85, 318

R229 *(Zur hypothetischen Bemessung eines fiktiven Nebenerwerbseinkommens und zur gesteigerten Haftung nach § 1603 II 1 BGB)*

Die Unterhaltspflicht des Elternteils, dem nur ein fiktives Einkommen zugerechnet wird, gegenüber einem minderjährigen Kind endet nicht bereits bei Gefährdung des eigenen angemessenen Unterhalts. Zur Bestimmung der oberen Grenze der Nebenerwerbsobliegenheit ist die fiktive Bemessung des Barunterhaltsanspruchs unter Berücksichtigung des sogenannten notwendigen Selbstbehalts erforderlich (LS).

3 b) Aus dem Grundsatz der Gleichrangigkeit der Unterhaltsansprüche von Kindern aus mehreren Ehen (§ 1609 BGB) hat der Senat nicht nur die Nebenerwerbsobliegenheit des in neuer Ehe als Hausfrau (oder Hausmann) tätigen Elternteils hergeleitet, sondern zugleich deren Begrenzung entnommen, die sich Kinder aus der früheren Ehe entgegenhalten lassen müssen: Wäre der ihnen unterhaltsverpflichtete Elternteil voll erwerbstätig geblieben, könnte im allgemeinen nicht ohne weiteres davon ausgegangen werden, daß dessen neuer Ehegatte zusätzlich erwerbstätig sein könnte; der Unterhaltspflichtige müßte vielmehr aus dem (fiktiv) von ihm allein erzielten Einkommen auch seine neue Familie unterhalten; vor einer dadurch bedingten Schmälerung ihres Barunterhalts wären die Kinder aus der früheren Ehe nicht geschützt (FamRZ 82/592 = NJW 82/1590). Es besteht kein hinreichender Grund, bei der Unterhaltsbemessung zugunsten des Kindes aus früherer Ehe in solchen Fällen die Verhältnisse zugrunde zu legen, die sich für den unterhaltspflichtigen Elternteil aus der Regelung der Aufgabenverteilung mit dessen möglicherweise besser verdienendem neuen Ehegatten ergeben haben. Das OLG hätte daher ermitteln müssen, wie deren Unterhalt in dem gedachten Fall einer umgekehrten Aufgabenverteilung in der neuen Ehe der Bekl. zu bemessen gewesen wäre. Zwar wird es nicht in allen Fällen möglich sein, ein fiktives Einkommen unter Berücksichtigung der ebenfalls nur hypothetisch feststellbaren Belastungen mit einem solchen Nettobetrag zu ermitteln. Da es vorliegend jedoch darum geht, das Ausmaß einer Nebenerwerbsobliegenheit und der davon abhängigen Leistungsfähigkeit eines in Wirklichkeit nicht erwerbstätigen Elternteils zu bestimmen, wobei Zumutbarkeitsgesichtspunkte eine wesentliche Rolle spielen, reicht es aus, bei der notwendigen Vergleichsberechnung zu den nach den Umständen des Falles erreichbaren Annäherungswerten zu gelangen.

Bei der Bestimmung der Leistungsfähigkeit eines unterhaltspflichtigen Elternteils, der in neuer Ehe die Aufgaben der Haushaltsführung und Kinderbetreuung übernimmt, gegenüber einem minderjährigen unverheirateten Kind aus früherer Ehe kommt es jedoch nicht nur auf das im Fall einer gedachten Erwerbstätigkeit erzielbare Nettoeinkommen des Verpflichteten und die Anzahl der gemäß § 1609 BGB ihm gegenüber ranggleichen Unterhaltsberechtigten an. Vielmehr sind zusätzlich die Regelungen des § 1603 I und II BGB zu beachten. Ebenso wie bei einem tatsächlich Erwerbstätigen endet die Unterhaltspflicht des Elternteils, dem nur ein fiktives Einkommen zugerechnet wird, gegenüber einem minderjährigen unverheirateten Kinde nicht bereits bei Gefährdung des eigenen angemessenen Unterhalts. Ihn trifft vielmehr eine gesteigerte Unterhaltspflicht gemäß § 1603 II 1 BGB. Auch in Fällen der vorliegenden Art ist daher zur Bestimmung der oberen Grenze der Nebenerwerbsobliegenheit die fiktive Bemessung des Barunterhaltsanspruchs unter Berücksichtigung des sogenannten notwendigen Selbstbehaltes erforderlich. Dabei darf sich der Tatrichter ebenso wie bei der Unterhaltsbemessung aus einem realen Einkommen des Pflichtigen an Richtsätze und Leitlinien

Anhang R. Rechtsprechung　　　　　　　　　　　　　　　　　　　　　　　　　**R230**

anlehnen, soweit nicht im Einzelfall besondere Umstände eine Abweichung bedingen (FamRZ 82/ 365 = NJW 82/1050 und NJW 84/1614).

Ebenso wie bei einer tatsächlich ausgeübten kann sich auch bei einer nur gedachten vollen Erwerbstätigkeit der Bekl. eine Einschränkung ihrer Verpflichtung, zum Unterhalt der Kl. beizutragen, wieder aus § 1603 II 2 BGB ergeben. Nach dieser Bestimmung tritt die Verpflichtung des in Anspruch genommenen Elternteils, zum Kindesunterhalt auch Mittel zu verwenden, die er über den notwendigen Selbstbehalt hinaus für den eigenen angemessenen Unterhalt benötigen würde, nicht ein, wenn ein anderer unterhaltspflichtiger Verwandter vorhanden ist. Das kann, falls er leistungsfähig ist, auch der andere Elternteil sein (§ 1606 III 1 BGB). Zwar erfüllt dieser, wenn er das minderjährige Kind betreut, seine Unterhaltspflicht regelmäßig in vollem Umfang durch dessen Pflege und Erziehung (§ 1606 III 2 BGB); er ist daneben grundsätzlich nicht zum Barunterhalt verpflichtet. Das gilt nach der vom Senat weiter entwickelten Rechtsprechung des BGH (FamRZ 80/555 = NJW 80/ 934; FamRZ 80/994 = NJW 80/2306; FamRZ 81/347 = NJW 81/923 und FamRZ 81/543 = NJW 81/1559) jedenfalls in Fällen, in denen der erwerbstätige Ehegatte leistungsfähig ist und mindestens so hohe Einkünfte hat wie der betreuende Elternteil. Wenn das anders ist und das Gleichgewicht der Unterhaltsleistungen beider Elternteile erheblich gestört wird, kann aber eine andere Regelung in Betracht kommen. Dies kann – auch im Fall einer nur fiktiven Erwerbstätigkeit des nicht betreuenden Elternteils – in Ausnahmefällen zu einer Herabsetzung oder sogar zu einem Wegfall seiner Unterhaltspflicht führen.

BGH v. 10. 10. 84 – IVb ZR 12/83 – FamRZ 85, 53 = NJW 85, 430

(§ 1573 IV BGB ist anzuwenden, wenn die Erwerbstätigkeit vor der Scheidung aufgenommen wurde; ob eine **R230**
nachhaltige Unterhaltssicherung vorliegt, kann frühestens im Zeitpunkt der Scheidung beurteilt werden; § 1573 I
BGB setzt voraus, daß der Berechtigte im Zeitpunkt der Scheidung eine angemessene Erwerbstätigkeit ausübt)

II 1 b aa) In Übereinstimmung mit den im Gesetzgebungsverfahren zum 1. EheRG hervorgetrete- **a**
nen Vorstellungen (vgl. Begründung zum RegE: BT-Drucks. 7/650, S. 128) wird, soweit ersichtlich, einhellig die Ansicht vertreten, daß § 1573 IV BGB nicht nur die Fälle umfaßt, in denen eine Erwerbstätigkeit erst nach der Scheidung aufgenommen worden ist, sondern auch dann zum Zuge kommen kann, wenn die Erwerbstätigkeit bereits während der Ehe – sei es während der Trennung oder auch schon vor der Aufhebung der Lebensgemeinschaft – aufgenommen worden ist. Für die Beurteilung, ob der nacheheliche Unterhalt i. S. des § 1573 IV BGB nachhaltig gesichert ist, kommt es entgegen der Ansicht der Revision nicht auf die Aufnahme der Tätigkeit als den maßgebenden Zeitpunkt an; vielmehr kann diese Frage aus der Sicht keines früheren Zeitpunktes als der Scheidung beurteilt werden. Das leuchtet schon im Hinblick auf die Fälle ein, in denen der Ehegatte während der Ehe längere Zeit hindurch einer Erwerbstätigkeit nachgeht, die seinen künftigen Lebensunterhalt, auch nach einer Scheidung, nachhaltig zu sichern scheint, in denen der Ehegatte jedoch vor der Scheidung wider Erwarten arbeitslos wird und nach der Scheidung keine neue angemessene Erwerbstätigkeit zu finden vermag. Hier kann es nicht zweifelhaft sein, daß der Ehegatte nach § 1573 I BGB Unterhalt verlangen kann, da es für diesen Unterhaltstatbestand insoweit nur darauf ankommt, daß er im Zeitpunkt der Scheidung nicht erwerbstätig ist, nicht hingegen darauf, wie lange die Erwerbslosigkeit vor der Scheidung bereits bestanden hat. Steht aber in derartigen Fällen einer bereits vor der Scheidung eingetretenen Erwerbslosigkeit ein Unterhaltsanspruch zu, so muß dasselbe gelten, wenn der Verlust dieser Erwerbstätigkeit zwar erst nach der Scheidung eintritt, aber im Scheidungszeitpunkt bereits wahrscheinlich oder gar voraussehbar war. Eine unterschiedliche Behandlung derartiger Fälle ließe das Ergebnis insoweit von Zufälligkeiten abhängen und müßte auf Unverständnis stoßen.

Deshalb ist in Fällen vor der Scheidung begonnener Erwerbstätigkeit als frühestmöglicher Zeitpunkt für die Beurteilung, ob der Unterhalt nachhaltig gesichert wird, der Zeitpunkt der Scheidung anzusehen. Einer noch weiteren Eingrenzung des Beurteilungszeitpunktes bedarf es im vorliegenden Falle nicht. Denn der Unterhalt der Kl. war, wie nachfolgend ausgeführt wird, durch ihre Erwerbstätigkeit, die sie Ende 1980 tatsächlich verloren hat, bereits aus der Sicht des Scheidungszeitpunktes nicht nachhaltig gesichert. Daher erübrigt sich, wie vom OLG zutreffend ausgeführt, eine nähere Auseinandersetzung mit der im Schrifttum umstrittenen Frage, ob die Nachhaltigkeit der Unterhaltssicherung generell rückschauend oder im Wege einer Prognose zu beurteilen ist.

(Zur Wesentlichkeit der Änderung der maßgebenden Verhältnisse)

Die Revision vertritt den Standpunkt, daß die Steigerung des Gehalts des Beklagten im Rahmen **b**
des Abänderungsbegehrens nicht zu berücksichtigen sei, weil die Gehaltssteigerung nur 200 DM pro Monat, somit 5,88 % betrage und damit eine wesentliche Änderung i. S. d. § 323 Abs. 1 ZPO ausscheide. Dem kann nicht zugestimmt werden. Abgesehen davon, daß es sich vorliegend um einen

1243

Prozeßvergleich, mithin um einen Unterhaltstitel handelt, bei dem sich die Voraussetzungen und Umfang einer Abänderung allein nach materiellem Recht und nicht nach § 323 Abs. 1 ZPO richten (vgl. BGHZ 85/64, 73 = FamRZ 83/22, 24), kann es bei der Frage, ob Änderungen der maßgebenden Verhältnisse als wesentlich anzusehen sind, nicht auf das Ausmaß der Änderung des einzelnen Umstands, sondern nur darauf ankommen, ob die für die Unterhaltsverpflichtung als solche und für die Bemessung der Unterhaltsleistung maßgebenden Verhältnisse insgesamt eine wesentliche Änderung erfahren haben.

BGH v. 24. 10. 84 – IVb ZR 35/83 – FamRZ 85, 166 = NJW 85, 1962

R231 *(Zum Wesen des Prozeßvergleichs)*

Der Prozeßvergleich hat eine rechtliche Doppelnatur: Er ist einerseits Prozeßhandlung, deren Wirksamkeit sich nach den Grundsätzen des Verfahrensrechts bestimmt, und andererseits privates Rechtsgeschäft, für das die Regeln des materiellen Rechts gelten (BGHZ 79/71, 74 m. N. – herrschende Meinung; vgl. auch Senatsbeschluß vom 18. 1. 1984 – IV b ZB 53/83 – FamRZ 84/372, 373). Als Folge der Doppelnatur beeinflussen sich der prozessuale und der materiell-rechtliche „Vergleich" in ihrer Wirksamkeit wechselseitig, allerdings in unterschiedlicher Weise. Da die Prozeßhandlung nur die „Begleitform" für einen materiell-rechtlichen Vergleich ist, verliert sie ihre Wirksamkeit, wenn der materielle Vergleich seinerseits unwirksam ist oder wird (BAGE 8/228, 235, 236; 9/172, 174; Zöller/Stöber, ZPO, 14. Aufl., § 794 Rz. 15); dem Vergleich wird die verfahrensrechtliche Wirkung der Prozeßbeendigung entzogen, wenn er aus sachlich-rechtlichen Gründen unwirksam ist (BGHZ 79 a.a.O.). Kommt hingegen wegen formeller Mängel ein wirksamer Prozeßvergleich nicht zustande, so führt das nicht ohne weiteres zur Ungültigkeit der materiell-rechtlichen Vereinbarung (BGB-RGRK/Steffen, 12. Aufl., § 779 Rz. 57; BAGE 8/a.a.O.; 9/a.a.O.). Diese kann vielmehr als außergerichtlicher materiell-rechtlicher Vergleich i. S. v. § 779 BGB Bestand haben, wenn das dem hypothetischen Parteiwillen entspricht (BGB-RGRK/Steffen, a.a.O.; BAGE 9/a.a.O.). Es ist daher in einem solchen Fall durch Auslegung zu ermitteln, ob ein Verfahrensmangel auch zur Nichtigkeit der materiell-rechtlichen Abrede führen sollte, oder ob die Parteien den Vergleich – wenn ihnen seine formelle Unwirksamkeit bekannt gewesen wäre – jedenfalls als außergerichtlichen Vergleich hätten gelten lassen wollen (§ 140 BGB; vgl. Stein/Jonas/Münzberg, ZPO, 20. Aufl., § 794 Rz. 51). Dabei kann die Erwägung eine Rolle spielen, daß der Beklagte häufig nicht ohne den Vorteil der Beendigung des Prozesses und der Kläger nicht ohne den Erwerb eines Vollstreckungstitels im Vergleichsweg „nachgegeben" hätten (Stein/Jonas/Münzberg, a.a.O.); andererseits kann der Abschluß eines Prozeßvergleichs auch von Gründen bestimmt gewesen sein, die im Fall seiner formellen Unwirksamkeit jedenfalls zur Aufrechterhaltung der materiell-rechtlichen Vereinbarung führen sollten, weil den Parteien entscheidend an einer verbindlichen materiell-rechtlichen Regelung ihrer Rechtsbeziehungen gelegen war.

BGH v. 24. 10. 84 – IVb ZR 43/83 – FamRZ 85, 155 = NJW 85, 486

R232 *(Unterhaltsrechtliche Auswirkung einer Rentennachzahlung, die ein Verpflichteter erhält)*

a III 2 a) Eine unmittelbare quotenmäßige Beteiligung des Unterhaltsberechtigten am Gesamtbetrag einer Rentennachzahlung, die der Unterhaltspflichtige nach der Bewilligung einer Berufsunfähigkeitsrente für einen zurückliegenden Zeitraum erhält, findet im Gesetz keine Stütze und stellt kein geeignetes Mittel zur Anpassung einer vereinbarten monatl. Unterhaltsrente an veränderte Verhältnisse gemäß § 323 ZPO dar.

Laufenden Unterhalt hat der Pflichtige durch Entrichtung einer Geldrente zu gewähren, die monatlich im voraus zu zahlen ist (vgl. §§ 1361 IV, 1585/I, 1612 I und IV BGB). Für die Bestimmung dieser Leistung kommt es sowohl bei der erstmaligen Bemessung wie bei einer Anpassung aufgrund wesentlich veränderter Verhältnisse – neben der Bedürftigkeit des Berechtigten – auf die Leistungsfähigkeit des Verpflichteten während der Zeit an, für die der Unterhalt verlangt wird. Steigert sich die Leistungsfähigkeit erst zu einem späteren Zeitpunkt, wird der Umfang der Unterhaltspflicht für eine zurückliegende Zeit dadurch nicht mehr beeinflußt mit der Folge, daß Nachzahlungen für die Vergangenheit nicht zu leisten sind (FamRZ 1983, 140). Dies gilt unabhängig davon, ob die Steigerung der Leistungsfähigkeit auf einer Erhöhung des laufenden Einkommens des Verpflichteten oder auf einem einmaligen Vermögenszuwachs oder auf beidem beruht. Die abweichende Beurteilung des OLG – das von den dargelegten Grundsätzen zunächst ebenfalls ausgegangen ist – läßt sich nicht damit begründen, daß in dem in Frage stehenden Zeitraum ein erheblicher Nachholbedarf entstanden sei, weil in dieser Zeit gerade der notwendige Unterhaltsbedarf der Kl. in Höhe von monatlich 750 DM gedeckt gewesen sei, nicht hingegen ein mit monatlich 1100 DM anzusetzender sog. objektivierter angemessener Mindestbedarf. Der Senat hat es bereits abgelehnt, den Unterhalt eines ge-

Anhang R. Rechtsprechung R232

trennt lebenden Ehegatten nach einem Mindeststrichsatz für den angemessenen Eigenbedarf eines volljährigen Unterhaltsberechtigten zu bemessen, wenn dieser nicht den maßgeblichen ehelichen [ehel.] Lebensverhältnissen entspricht (FamRZ 1984, 356). Dem geltenden Unterhaltsrecht kann der Begriff eines objektivierten Nachholbedarfs, den der Verpflichtete bei später gesteigerter Leistungsfähigkeit nachträglich noch abzudecken hätte, nicht entnommen werden.

Ein solcher Nachholbedarf läßt sich auch nicht dem „Sonderbedarf" zuordnen, dessen Erfüllung für die Vergangenheit der Berechtigte ohne die Einschränkungen des § 1613 I BGB in den zeitlichen Grenzen des § 1613 II S. 2 BGB verlangen kann. Denn ein Bedarf, der bei der Bemessung des Unterhalts nach den ehel. Lebensverhältnissen laufend in bestimmter Höhe ungedeckt geblieben ist, ist jedenfalls nicht unregelmäßig und zumeist auch nicht in außergewöhnlicher Höhe entstanden. Gerade diese Kriterien sind es jedoch, die eine Minderung des Schuldnerschutzes gegen die Inanspruchnahme auf Unterhalt für die Vergangenheit rechtfertigen. Die unmittelbare Beteiligung des unterhaltsberechtigten Ehegatten an einer Rentennachzahlung stellt sich daher in Wahrheit als eine gesetzlich nicht gerechtfertigte (teilweise) Vermögensauseinandersetzung dar. Der Versuch des OLG, das Ergebnis durch eine Vergleichsberechnung des der Kl. bei „rückschauender Betrachtung" monatlich zur Verfügung stehenden Unterhalts zu rechtfertigen, vermag schon deshalb nicht zu überzeugen, weil es sich damit in Widerspruch zu seinem (zutreffenden) eigenen Ausgangspunkt setzt, wonach eine rückwirkende fiktive Umlegung der Nachzahlung auf Monatsbasis nicht möglich ist.

Die Versagung einer unmittelbaren Beteiligung an einer Rentennachzahlung auf seiten des Unterhaltsberechtigten bedeutet nicht, daß eine solche Zahlung auf die Unterhaltsbemessung ohne Einfluß bliebe. Bei Fortbestehen der ehel. Lebensgemeinschaft hätte sie zur Befriedigung des Unterhaltsbedarfs beider Parteien neben den übrigen Einkünften zur Verfügung gestanden. Das rechtfertigt grundsätzlich ihre Einbeziehung in eine Anpassung der laufenden Unterhaltsrente. Daß es sich um eine einmalige Einnahme gehandelt hat, die rückwirkend für einen vergangenen Zeitraum gezahlt worden ist, steht dem nicht entgegen; dem ist vielmehr für die Zwecke der Unterhaltsbemessung durch eine Verteilung des Einkommens auf einen längeren Zeitraum Rechnung zu tragen. Insoweit gelten ähnliche Grundsätze, wie sie der Senat für die Fälle entwickelt hat, in denen der Unterhaltspflichtige aufgrund des sog. begrenzten Realsplittings eine Steuererstattung zu einem Zeitpunkt erlangt, in dem die der Steuerbemessung zugrundeliegenden Unterhaltsleistungen längst abgewickelt sind.

Auch in Fällen wie dem vorliegenden können dabei die Belange des unterhaltsberechtigten Ehegatten in der Weise berücksichtigt werden, daß der Nachzahlungsbetrag allein einem künftigen Zeitraum zugerechnet wird. Dem steht nicht entgegen, daß in anderen Fällen bestimmte Einkünfte, die jährlich nur einmal gezahlt werden, auf alle Monate des betreffenden Jahres, also auch auf vergangene Monate, angerechnet werden. Die Umrechnung solcher Einmalzahlungen auch auf zurückliegende Zeiträume begegnet nämlich keinen Bedenken, wenn es sich dabei (wie z. B. bei Urlaubs- oder Weihnachtsgeld) um alljährlich in vergleichbarer Größe wiederkehrende Einkünfte handelt, die ähnlich zuverlässig wie regelmäßig in jedem Monat erlangte Einkünfte vorhersehbar sind.

Eine Steigerung seiner Leistungsfähigkeit kann dem Unterhaltsverpflichteten, der die Bewilligung einer Berufsunfähigkeitsrente beantragt hat, auch noch nicht fiktiv vom Zeitpunkt der Antragstellung an mit der Begründung zugerechnet werden, er könne vom zuständigen Leistungsträger Vorschüsse (§ 42 I SGB I) verlangen. Anders als vielfach beim Antrag auf Altersruhegeld gemäß § 25 V AVG (bei Vollendung des 65. Lebensjahres) steht der Anspruch auf Berufsunfähigkeitsrente nicht dem Grunde nach von vornherein fest. Die Berufsunfähigkeit muß ebenso erst festgestellt werden wie der Zeitpunkt ihres möglichen Eintritts. Wie der vorliegende Fall zeigt, kann das Bewilligungsverfahren eine lange Zeit in Anspruch nehmen, in der der Antragsteller keine rechtliche Möglichkeit hat, im Wege des Vorschusses bereits Leistungen des Versicherungsträgers zu erlangen. Ein Unterhaltspflichtiger, der eine Rente beantragt hat, kann sich mit Blick auf die erwartete Bewilligung zwar möglicherweise anderweitig Kredit verschaffen; läßt er den unterhaltsberechtigten Ehegatten an seiner auf diese Weise verbesserten Leistungsfähigkeit nicht teilhaben, können sich nach Treu und Glauben Folgen für die Möglichkeit ergeben, die Verpflichtungen aus einem solchen Kredit dem Unterhaltsberechtigten einkommensmindernd entgegenzuhalten (FamRZ 1984/358, 360 m. w. N.).

(Voraussetzungen für Verzug)

III 2 b) aa) Für die Vergangenheit kann Trennungsunterhalt nur von der Zeit an gefordert werden, zu welcher der Verpflichtete in Verzug gekommen oder der Unterhaltsanspruch rechtshängig geworden ist (§§ 1361 IV 4, 1360a III, 1613 I BGB). Der Verzug setzt regelmäßig eine Mahnung nach Eintritt der Fälligkeit voraus (§ 284 I 1 BGB). Da der Bekl. im vorliegenden Fall nach den getroffenen Feststellungen die im gerichtlichen Vergleich festgesetzte Unterhaltsrente von 700 DM regelmäßig gezahlt hat und es zwischen den Parteien nur um eine dem Grunde und der Höhe nach streitige Mehrforderung ging, kommt ein Verzug ohne Mahnung gem. § 284 II BGB nicht in Betracht. Eine danach grundsätzlich erforderliche Mahnung, die eine der Höhe nach bestimmte und eindeutige

b

Leistungsaufforderung hätte enthalten müssen (vgl. Senatsurt., NJW 1984, 868 = FamRZ 1984, 163), hat die Kl. in dem in Frage stehenden Zeitraum nicht ausgesprochen. Allerdings hat das BerGer. festgestellt, daß die Kl. schon vor dem 1. 9. 1981 wiederholt Auskunft über die Rentenbewilligung verlangt hat. Das stellt indessen nicht die Beurteilung in Frage, eine Mahnung sei nicht erfolgt. Denn das an den Verpflichteten gerichtete Verlangen, über seine Einkommensverhältnisse Auskunft zu erteilen, steht der konkreten Aufforderung zur Leistung von Unterhalt nicht gleich. Die Verzögerung der nach den §§ 1361 IV 4, 1605 BGB geschuldeten Auskunft kann lediglich ihrerseits zu einer Schadensersatzpflicht führen (vgl. Senatsurt., NJW 1984, 868 = FamRZ 1984, 163 (164) und unten unter Ziff. 3).

bb) Zutreffend geht das BerGer. davon aus, daß die Mahnung entbehrlich ist, wenn der Verpflichtete Unterhaltsleistungen eindeutig und endgültig verweigert hat (vgl. Senatsurt., NJW 1983, 2318 = FamRZ 1983, 352 (354)). Eine solche Weigerung entnimmt es dem Schreiben des damaligen Bevollmächtigten des Bekl. vom 16. 11. 1981. Die Revision beanstandet indessen mit Recht, daß das BerGer. dieser Weigerung eine Rückwirkung für die davorliegende Zeit ab 1. 9. 1981 beigemessen hat. Der Schuldner kommt gem. § 284 I 1 BGB „durch die Mahnung" in Verzug, und nach Satz 2 stehen der Mahnung Ereignisse (Zustellung einer Klage oder eines Mahnbescheides) gleich, die zu objektiv bestimmbaren Zeitpunkten eingetreten sind. Die Rückbeziehung des Verzugseintritts auf einen früheren Zeitpunkt sieht das Gesetz nicht vor und sie wird – soweit ersichtlich – auch nirgends vertreten. Es besteht aber kein Grund, die bestimmte und endgültige Leistungsverweigerung, die nach Treu und Glauben eine solche Mahnung entbehrlich machen soll, in ihren Wirkungen anders zu beurteilen als die Mahnung selbst und die ihr gleichstehenden Ereignisse. Auch im Falle der endgültigen und ernsthaften Erfüllungsweigerung treten die Verzugsfolgen daher erst von dem Zeitpunkt an ein, in dem die Weigerung erklärt wird.

(Schadensersatzanspruch bei verzögerter oder verweigerter Auskunft)

c   III 3. Davon abgesehen hat die Kl. nach dem Tatbestand des Berufungsurteils ihren Anspruch bereits in erster Instanz auch darauf gestützt, daß der Bekl. ihr den Bezug der Berufsunfähigkeitsrente arglistig verschwiegen habe. In diesem Zusammenhang hat sie außerdem geltend gemacht, der Bekl. habe trotz mehrfacher Aufforderung seine Verpflichtung zur Auskunftserteilung über seine Einkünfte (§ 1361 IV 4 i. V. mit § 1605 I 1 BGB) bewußt verletzt. Unter dem Gesichtspunkt des Schadensersatzes wegen einer verzögerten oder verweigerten Auskunft könnte der noch im Streit befindliche Klaganspruch zumindest teilweise begründet sein (vgl. Senatsurt., NJW 1984, 868 = FamRZ 1984, 163 (164) m. w. Nachw.). Da das OLG hierzu – weil es für seine Begründung darauf auch nicht ankam – bisher keine Feststellungen getroffen hat, mußte der Rechtsstreit an das BerGer. zurückverwiesen werden.

Das noch offene Ergebnis der weiteren Prüfung beeinflußt auch die Höhe der der Kl. zustehenden Zinsen. Es erschien daher dem Senat sachgerecht, die Berechnung der Zinsforderung insgesamt der noch zu treffenden neuen Entscheidung zu überlassen. Insoweit weist er jedoch darauf hin, daß – wie die Revision zutreffend geltend macht – die Rechtshängigkeit erst am 14. 7. 1982 eingetreten ist und Zinsen aus § 291 BGB daher nicht bereits vom 1. 4. 1982 an zugesprochen werden können. Ein solcher Anspruch kann daher allenfalls aus Verzug hergeleitet werden.

BGH v. 26. 10. 84 – IVb ZR 36/83 – FamRZ 85, 51 = NJW 85, 428

R233   *(Zur Fortwirkung einer einstweiligen Anordnung über die Scheidung hinaus)*

a   Allerdings geht das OLG zu Recht davon aus, daß auch gegen eine einstweilige Anordnung nach § 620 S. 1 Nr. 6 ZPO die Vollstreckungsgegenklage an sich in Frage kommt. Dies steht in Einklang mit der Rechtsprechung des Senats (Urteil vom 9. 2. 1983 – IV b ZR 343/81 – FamRZ 83/355 f.). Dagegen ist dem OLG nicht zu folgen, soweit es aus der Nicht-Identität zwischen Trennungs- und Geschiedenenunterhalt (s. insoweit Senatsurteil vom 14. 1. 1981 – IV b ZR 575/80 – FamRZ 81/242, 243 im Anschluß an BGHZ 78/130 = FamRZ 80/1099) herleitet, daß auch im Falle einer einstweiligen Anordnung nach § 620 S. 1 Nr. 6 ZPO der darin titulierte Anspruch mit der Scheidung entfalle und folglich die Vollstreckungsgegenklage schon aus diesem Grunde Erfolg haben müsse. Wie der Senat – nach Erlaß des Berufungsurteils – durch das bereits angeführte Urteil vom 9. 2. 1983 entschieden hat, ergibt sich aus § 620f ZPO, daß die einstweilige Anordnung nach § 620 S. 1 Nr. 6 ZPO bis zum Wirksamwerden einer anderweitigen Entscheidung auch den nachehelichen Unterhalt umfaßt. Der Gesetzgeber hat insoweit aus Zweckmäßigkeitsgründen die Fortgeltung der einstweiligen Anordnung über den Scheidungszeitpunkt hinaus bestimmt, um einen vorübergehenden regelungslosen Zustand zu vermeiden (a.a.O., S. 356; s. auch Senatsurteil vom 14. 1. 1981 a.a.O., S. 243). Aufgrund dieser besonderen gesetzlichen Bestimmung ist daher auch für die Zeit nach Rechtskraft des Scheidungsurteils die Vollstreckung aus der einstweiligen Anordnung grundsätzlich zulässig.

Anhang R. Rechtsprechung   R233

Daß der Anspruch auf Trennungsunterhalt mit der Scheidung der Ehe erloschen ist, vermag somit der Vollstreckungsgegenklage gegen eine einstweilige Anordnung nach § 620 S. 1 Nr. 6 ZPO nicht zum Erfolg zu verhelfen.

(Zur Feststellungsklage gegen eine einstw. Anordnung und zwar analogen Anwendungen v. § 767 II ZPO)

Der Kl. kann hier die Vollstreckungsgegenklage auch nicht darauf stützen, daß das Unterhaltsbegehren der Beklagten im Sinne des § 1579 I Nr. 4 BGB grob unbillig sei, weil das Kind B. von einem anderen Manne abstamme und es die Beklagte verstanden habe, ihn von der rechtzeitigen Anfechtung der Ehelichkeit des Kindes abzuhalten. In analoger Anwendung des § 767 II ZPO (§§ 795, 794 I Nr. 3 a ZPO) können mit der Vollstreckungsgegenklage gegen eine einstweilige Anordnung nach § 620 ZPO nur Umstände geltend gemacht werden, die nicht schon vor Erlaß der Entscheidung vorgebracht werden konnten (BGHZ 24/269, 274 f. = FamRZ 57/316, 317 f; Stein/Jonas/Münzberg, ZPO, 20. Aufl., § 795 Rz. 14; abw.: Wieczorek, ZPO, 2. Aufl., § 795 Anm. A I e 3). Die hier in Rede stehenden Umstände sind von dem Kl. aber bereits in dem Verfahren der einstweiligen Anordnung angeführt worden. Danach kann die Vollstreckungsklage auch unter diesem Gesichtspunkt keinen Erfolg haben. **b**

(Scheineheliches Kind ist gemeinschaftliches Kind)

B II 3 a) Daß in § 1570 BGB nicht von einem ehel., sondern von einem gemeinschaftlichen Kind die Rede ist, findet seinen Sinn darin, daß es gemeinschaftliche Kinder gibt, die nicht ehelich sind. **c**

Jedoch ist ein ehel. Kind – und auch das scheinehel. Kind gilt für die Rechtsordnung als ehel. Kind – zugleich ein gemeinschaftliches Kind der Ehegatten.

Hinsichtlich der Voraussetzungen des § 1570 BGB vermag sich auch die Behauptung des Kl. nicht auszuwirken, daß es die Bekl. verstanden habe, ihn von der rechtzeitigen Anfechtung der Ehelichkeit des Kindes abzuhalten. Zwar wird teilweise vertreten, daß ein scheinehel. Kind nicht als gemeinschaftliches i. S. des § 1570 BGB anzusehen sei, wenn die Mutter der Ehelichkeitsanfechtung treuwidrig entgegengewirkt habe. Eine solche Ausnahme ist jedoch mit Wortlaut und Sinn des § 1570 BGB einerseits und der Schutzvorschrift des § 1593 BGB andererseits nicht zu vereinbaren.

(Härtefall, wenn die geschiedene Frau den Mann von der Ehelichkeitsanfechtung eines nicht von diesem stammenden Kindes abgehalten hat. Umstände, die bei der Zumutbarkeitsabwägung bedeutsam sein können)

B II 3 b) Die Behauptung des Kl., daß ihn die Bekl. durch die wiederholte Erklärung, er brauche für das Kind keinen Unterhalt zu zahlen, von der rechtzeitigen Anfechtung der Ehelichkeit dieses Kindes abgehalten habe, ist im Rahmen der unterhaltsrechtlichen Härteregelung des § 1579 I Nr. 4 BGB erheblich. Eine unterhaltsrechtliche Inanspruchnahme durch die geschiedene Ehefrau mit der Begründung, daß ein ehel. Kind zu versorgen sei (§ 1570 BGB), kann sich als grob unbillig i. S. des § 1579 I Nr. 4 BGB darstellen, wenn es eben die geschiedene Ehefrau war, die einer rechtzeitigen Anfechtung der Ehelichkeit des Kindes erfolgreich entgegengewirkt hat. Sie ist dadurch gegebenenfalls mit dafür verantwortlich, daß sich ihr ehemaliger Ehemann nun auf Dauer Ansprüchen auf Kindesunterhalt ausgesetzt sieht, denen er durch rechtzeitige Ehelichkeitsanfechtung hätte entgehen können. Die Lage, in die er auf diese Weise gerät, ist insofern noch belastender als beim Unterschieben eines fremden Kindes (zu § 1587 c BGB; FamRZ 1983/32, 34), als eine Korrektur nach Maßgabe der wahren Abstammungsverhältnisse endgültig verschlossen ist. Die Auffangregelung des § 1579 I Nr. 4 BGB will eine unverhältnismäßige Belastung des Unterhaltspflichtigen vermeiden. Eine solche kann sich ergeben, wenn ein Mann, der schon für ein nicht von ihm stammendes Kind aufzukommen hat, auch dem Unterhaltsanspruch der (geschiedenen) Ehefrau nicht entgegenhalten könnte, daß sie ihn von der rechtzeitigen Anfechtung der Ehelichkeit des Kindes abgehalten hat. Der Senat hält daher ein derartiges Verhalten der (geschiedenen) Ehefrau jedenfalls dann für geeignet, die Anwendung der Härteklausel des § 1579 I Nr. 4 BGB zu rechtfertigen, wenn die Abstammung des Kindes von einem anderen Mann, wie im vorliegenden Falle, unstreitig ist. Unter dieser Voraussetzung können die Bedenken, die sich gegen die Berücksichtigung der nichtehel. Abstammung des Kindes aus § 1593 BGB ergeben, im Rahmen der Billigkeitsentscheidung nach § 1579 I Nr. 4 BGB zurückstehen. Der Rechtsprechung des BGH, daß § 1593 BGB nicht nur das Kind in der Rechtsstellung als ehel. schützt, sondern auch der Herleitung rechtlicher Folgen aus der Tatsache der nichtehel. Zeugung entgegensteht (FamRZ 1954/245 ff.; FamRZ 1966/502 f.; FamRZ 1981/538; FamRZ 1983/267, 268) liegt jeweils eine Abwägung zwischen den Belangen des Scheinvaters und dem Interesse des Kindes daran zugrunde, daß seine Abstammung nicht zum Gegenstand eines der Parteiherrschaft unterliegenden Rechtsstreits gemacht wird. **d**

Bei der Abwägung kann im Einzelfall auch den Belangen des Scheinvaters der Vorzug gebühren. So hat der BGH in einem Fall, in dem ein Rechtsanwalt auf Schadensersatz wegen verspäteter Erhebung der Ehelichkeitsanfechtungsklage in Anspruch genommen wurde, dessen Berufung auf § 1593

1247

BGB nicht durchgreifen lassen (FamRZ 1979/112). Er hat dabei u. a. darauf abgestellt, daß es unbillig sei, jemandem die Berufung auf § 1593 BGB zu gestatten, der die Versäumung der Ehelichkeitsanfechtungsfrist zu verantworten habe. Dieser Gedanke hat auch bei der Abwägung nach § 1579 I Nr. 4 BGB in Fällen wie dem hier (nach der Behauptung des Kl.) in Frage stehenden seine Berechtigung, in denen die ehemalige Ehefrau darauf hingewirkt hat, daß eine rechtzeitige Ehelichkeitsanfechtung unterblieben ist. Er erlaubt eine Berücksichtigung dieses Umstandes jedenfalls dann, wenn die nichtehel. Abstammung wie hier unstreitig ist und es daher zu dieser Frage keiner Klärung im Wege der Beweisaufnahme bedarf.

BVerfG v. 14. 11. 84 – 1 BvR 14/82 – FamRZ 85, 143 = NJW 85, 1211

R235 *(BVerfG zur Beweislast bei Leistungsunfähigkeit)*

II 1) Die Gerichte sind zu dem Ergebnis gekommen, die Bf. könnte eine Erwerbstätigkeit finden, die es ihr ermöglicht, ihre Unterhaltspflichten zu erfüllen. Dabei konnten die Gerichte verfassungsrechtlich bedenkenfrei von der Beweislast ausgehen, wie sie sich nach § 1603 I BGB darstellt. Die Leistungsunfähigkeit des Unterhaltsschuldners ist in dieser Vorschrift als Einwendung ausgestaltet; die Darlegungs- und Beweislast trifft den Verpflichteten.

BGH v. 14. 11. 84 – IVb ZR 38/83 – FamRZ 85, 161 = NJW 85, 1026

R236 *(Eheliche Lebensverhältnisse bei Haushaltsführungsehe; keine Prägung durch Haushaltsführung und Kinderbetreuung)*

a Einen solchen Aufstockungsanspruch hat das OLG der Bekl. dem Grunde nach rechtsfehlerfrei zugesprochen, wobei es unangefochten davon ausgegangen ist, daß die derzeit von ihr ausgeübte Tätigkeit bei der Firma B. eine für sie angemessene Erwerbstätigkeit i. S. von § 1574 II BGB darstellt.

Seit dem 1. 7. 1982 ist die Bekl. vollerwerbstätig. Der Mehrerwerb, den sie hierdurch erzielt, ist nicht – mehr – Ausdruck der ehel. Lebensverhältnisse der Parteien i. S. § 1578 BGB. Denn Veränderungen, die erst nach der Scheidung eintreten, können die ehel. Lebensverhältnisse grundsätzlich nicht mehr mit bestimmen (es sei denn, es handelt sich um allgemeine Einkommenssteigerungen und Entwicklungen, die bereits in der Ehe angelegt waren und daher Ausdruck der ehel. Lebensverhältnisse sind (FamRZ 1982/684, 686 m. N.). Es entspricht demgemäß der ständigen Rechtsprechung des Senats, daß Einkünfte, die ein bis zur Scheidung nicht erwerbstätiger Ehegatte aus einer nach der Scheidung aufgenommenen Erwerbstätigkeit erzielt, bei der Bestimmung der ehel. Lebensverhältnisse regelmäßig außer Betracht zu bleiben haben (FamRZ 1981/539, 541; FamRZ 1982/255, 257). Dieser Grundsatz hat auch im vorliegenden Fall zu gelten, in dem die Bekl. nach der Scheidung zwar nicht erstmalig eine Erwerbstätigkeit aufgenommen, jedoch ihre während der Ehe ausgeübte Halbtagsbeschäftigung zu einer Vollerwerbstätigkeit ausgeweitet hat. Wie der Fall zu beurteilen wäre, wenn die Parteien bereits vor der Trennung geplant hätten, daß die Bekl. nach Beendigung der Betreuungsbedürftigkeit der Tochter eine Vollerwerbstätigkeit aufnehmen sollte, braucht hier nicht entschieden zu werden. Etwas Derartiges ist von keiner der Parteien behauptet worden.

Für die unterhaltsrechtliche Beurteilung ist die Haushaltsführung des nicht erwerbstätigen Ehegatten einschließlich der Kindesbetreuung in der Tat wirtschaftlich gesehen der Erwerbstätigkeit und der durch diese ermöglichten Geld-Unterhaltsleistung des anderen Ehegatten grundsätzlich gleichwertig (BVerfG, FamRZ 1963/496, 500; für das Verhältnis gegenüber ehel. Kindern: FamRZ 1980/994). Das ändert indessen nichts daran, daß an Barmitteln, die zum Lebensunterhalt der Familie zur Verfügung stehen, nur die Einkünfte des erwerbstätigen Ehegatten vorhanden sind. Die für die Unterhaltsbemessung maßgeblichen ehel. Lebensverhältnisse werden aber nach der ständigen Rechtsprechung des Senats grundsätzlich durch die vorhandenen Einkünfte – und nicht entscheidend durch den wirtschaftlichen Wert der von beiden Ehegatten erbrachten Leistungen – geprägt (FamRZ 1982/360, 361 m. w. N.). Da die Parteien im vorliegenden Fall im Zeitpunkt der Scheidung – nur – über die Renteneinkünfte des Kl. einerseits und das Einkommen der Bekl. aus ihrer Teilzeitbeschäftigung andererseits verfügten, wurden ihre ehel. Lebensverhältnisse i. S. von § 1578 BGB mithin lediglich durch die Summe dieser Einkünfte bestimmt (FamRZ 1981/241).

bb) Der Bekl. steht auch nach der Scheidung grundsätzlich der volle Unterhalt nach dem Maßstab der ehel. Lebensverhältnisse im Zeitpunkt der Scheidung zu (§ 1573 III i.V. mit § 1573 II BGB). Für die Ermittlung dieses vollen Unterhalts hat das OLG zutreffend das derzeitige – im Zuge der allgemeinen Einkommensentwicklung gestiegene – Renteneinkommen des Kl. sowie ein fiktiv angenommenes Einkommen der Bekl. aus einer mutmaßlich weitergeführten Teilzeitbeschäftigung zugrunde gelegt.

Dieses – fiktive – Einkommen der Bekl. hat das Gericht zu Recht in voller Höhe, und nicht

Anhang R. Rechtsprechung R236

nur mit einem Anteil von ³/₄, in die Bemessung des Aufstockungsanspruchs einbezogen, obwohl in der Regelung der einstw. Anordnung. v. 14.10. 1980, die nach der Feststellung des OLG dem Vergleich v. 15.6. 1981 zugrunde lag, das damalige Einkommen der Bekl. nur in Höhe von ³/₄ berücksichtigt worden war. Aus den Feststellungen des OLG ergibt sich insoweit nicht, ob die Parteien bei Abschluß des Vergleichs bewußt das berücksichtigungsfähige Einkommen der Bekl. – wegen der ihr noch obliegenden Betreuung der Tochter Heike – auf einen Anteil von ³/₄ ermäßigt haben. Selbst wenn das der Fall gewesen sein sollte, besteht inzwischen, nachdem die Bekl. eine volle Erwerbstätigkeit ausübt und nicht etwa geltend macht, daß es sich hierbei um eine überobligationsmäßige Betätigung handele, keine Veranlassung mehr, einen Teil ihres Einkommens bei der Ermittlung ihres Unterhaltsbedarfs (etwa nach § 1577 II BGB) außer Betracht zu lassen. In diesem Punkt haben die Verhältnisse, die dem Vergleich zugrunde lagen, nachträglich eine wesentliche Änderung erfahren. Das hat das OLG zu Recht veranlaßt, die in dem Vergleich enthaltene Regelung an die inzwischen geänderten Verhältnisse anzupassen und das den ehel. Lebensverhältnissen der Parteien entsprechende Einkommen der Bekl. in voller Höhe in die Unterhaltsbemessung einzubeziehen.

Etwas anderes könnte nur gelten, wenn die Parteien in dem Vergleich vereinbart hätten, daß sich die Bekl. unter allen Umständen stets nur ³/₄ ihres eigenen Einkommens auf ihren Unterhaltsanspruch gegenüber dem Kl. anrechnen lassen müsse.

Das OLG hat daher die Unterhaltsbemessung zu Recht auf seiten der Bekl. nach deren vollem – fiktiven – Einkommen aus einer Teil-Erwerbstätigkeit ausgerichtet. Daß es hierbei von den Einkünften ausgegangen ist, die die Bekl. in der Zeit von Januar bis Juni 1982 aus ihrer damaligen Halbtagsbeschäftigung erzielt hat, ist aus Rechtsgründen nicht zu beanstanden.

(Zur Änderung des Verteilungsmaßstabs eines früheren Vergleichs)

Der erkennende Senat hat nach Erlaß des angefochtenen Urteils entschieden, daß der Richter im **b** Abänderungsverfahren – soweit es sich um die Abänderung eines Urteils handelt – nicht an bestimmte in der unterhaltsrechtlichen Praxis entwickelte Verteilungsschlüssel gebunden ist, mit deren Hilfe der „angemessene Unterhalt" in dem abzuändernden Urteil ermittelt worden war (Senatsurteil vom 11. 1. 1984 – IV b ZR 10/82 = FamRZ 84/374, 375 = D 43). Für die Abänderung eines Vergleichs können allerdings andere Grundsätze eingreifen. So können die Parteien in einem Vergleich einen Verteilungsmaßstab für die Unterhaltsbemessung in der Weise verbindlich festlegen, daß er auch für spätere Anpassungen der vereinbarten Unterhaltsrente maßgeblich sein soll. Ob das im Einzelfall gewollt ist, bedarf allerdings der Feststellung, die das OLG hier nicht getroffen hat. Ebenso besteht die Möglichkeit, daß einer vertraglichen Vereinbarung nach dem Willen der Parteien die Bedeutung zukommen soll, daß die jeweils in der Praxis übliche Verteilungsquote für die Unterhaltsbemessung herangezogen wird.

(Quote bei Renteneinkommen)

2 b dd) Dabei ist hier jedoch zu beachten, daß es sich bei dem Einkommen des Kl. um Renteneinkommen handelt, an dem die Bekl. nach allgemeinen Grundsätzen – soweit nicht durch besondere Gründe im Einzelfall eine Abweichung gerechtfertigt ist – zur Hälfte zu beteiligen wäre, weil der Kl. keinen erhöhten Aufwand hat, wie er üblicherweise mit der Ausübung einer Erwerbstätigkeit verbunden ist (FamRZ 1981/1165, 1166, 1167; FamRZ 1982/894, 895; FamRZ 1984/662, 664).

(Berechnung des Aufstockungsunterhalts durch Anrechnung der gesamten Einkünfte des Berechtigten aus einer ausgeübten angemessenen Erwerbstätigkeit auf den vollen Unterhaltsbedarf)

2 b ee) Nach Ermittlung des vollen Unterhaltsbedarfs der Bekl. – aus ihrem fiktiven Halbzeiteinkommen zuzüglich der anteiligen Differenz zu dem Renteneinkommen des Kl. – hat das OLG schließlich den Wert des Aufstockungsanspruchs nach § 1573 II BGB in der Weise errechnet, daß es das tatsächliche Einkommen der Bekl. aus ihrer Ganztagsbeschäftigung von dem vollen Unterhaltsbedarf abgezogen hat. Der sich dabei ergebende Unterschiedsbetrag macht nach der Auffassung des OLG den Anspruch nach § 1573 II BGB aus.

Dem ist zuzustimmen. Die Berechnungsweise des OLG trägt dem Gedanken der Eigenverantwortung des gesch. Ehegatten für seinen eigenen Unterhalt nach der Scheidung in zutreffender Weise Rechnung (FamRZ 1984/151, 152) und entspricht der gesetzlichen Regelung des § 1573 II BGB, nach der ein Anspruch auf Aufstockungsunterhalt insoweit besteht, als die – gesamten – Einkünfte eines gesch. Ehegatten aus einer von ihm ausgeübten angemessenen Erwerbstätigkeit gleichwohl zu seinem vollen Unterhalt i. S. von § 1578 BGB nicht ausreichen (FamRZ 1982/360, 361).

1249

BGH v. 5. 12. 84 – IVb ZR 55/83 – FamRZ 85, 267 = NJW 85, 2266

R238 *(Härtefall bei Unterschieben eines außerehelichen Kindes. Zur Einseitigkeit des Fehlverhaltens. Darlegungs- und Beweislast sowie Anscheinsbeweis für außereheliche Empfängnis)*

II 1) Nach der ständigen Rechtsprechung des Senats ist ein schwerwiegendes und klar bei dem anspruchstellenden Ehegatten liegendes Fehlverhalten geeignet, die Voraussetzungen der Härteregelung des § 1579 I Nr. 4 BGB zu erfüllen und einen Ausschluß oder eine Kürzung des Unterhalts nach dieser Vorschrift zu rechtfertigen (FamRZ 1979/569, 570; FamRZ 1979/571, 573; FamRZ 1980/665, 666; FamRZ 1981/439, 440 f.; FamRZ 1981/752, 753; FamRZ 1982/463, 464; FamRZ 1983, 670, 671).

Es ist aus Rechtsgründen nicht zu beanstanden, daß das OLG ein schwerwiegendes Fehlverhalten in diesem Sinne auch für den Fall annimmt, daß eine Frau ihrem Ehemann nach der Empfängnis eines Kindes beteuert, das Kind stamme von ihm, und ihn jahrelang geflissentlich in diesem Glauben beläßt, obwohl sie mindestens damit rechnet, daß ein anderer Mann der Vater ist. Der Senat hat unter den nämlichen Voraussetzungen die versorgungsausgleichsrechtliche Härteregelung des § 1587 c Nr. 1 BGB als erfüllt angesehen (FamRZ 1983, 32, 34). Durch ein derartiges Verhalten werden in der Regel auch die Voraussetzungen des § 1579 I Nr. 4 BGB erfüllt sein, da die Anforderungen an die Herabsetzung des VersAusgl über die Voraussetzungen der unterhaltsrechtlichen Härteregelung hinausgehen (FamRZ 83/34). Die Auffassung der Revision, daß nicht schon ein bedingt-vorsätzliches, sondern erst ein direkt-vorsätzliches Verhalten den Tatbestand des schwerwiegenden Fehlverhaltens erfüllen könnte, teilt der Senat nicht. Entscheidend ist, daß die Auferlegung von Unterhaltszahlungen für den Verpflichteten die Grenze des Zumutbaren übersteigt (FamRZ 1983/569, 572; FamRZ 1984/986, 987). Das ist aber auch dann der Fall, wenn einem Manne Unterhaltszahlungen an seine geschiedene Frau angesonnen werden, nachdem zutage getreten ist, daß sie ihm jahrelang, sei es auch nur mit bedingtem Vorsatz, ein fremdes Kind untergeschoben hat.

2) Gegen die Annahme des OLG, daß die Ehefrau bei der Kindesunterschiebung in der Tat bedingt vorsätzlich gehandelt hat, ergeben sich keine durchgreifenden rechtlichen Bedenken. Das OLG hat nicht verkannt, daß die Beweislast insoweit – wie stets bei den Voraussetzungen des § 1579 I BGB (FamRZ 82/463, 464; u. FamRZ 83/670, 671) – den Unterhaltspflichtigen, hier also den Ehemann, trifft. Es hat dem Ehemann jedoch unter Rückgriff auf die Grundsätze des sog. Anscheinsbeweises eine Beweiserleichterung dahin zugebilligt, daß er lediglich, was geschehen sei, den Nachweis der nichtehelichen Abstammung des Kindes zu führen brauche. Daraus sei auf einen empfängnisgeeigneten außerehelichen Geschlechtsverkehr der Ehefrau zu schließen. Diese Herleitung enthält keinen Rechtsfehler. Nach den Grundsätzen des Anscheinsbeweises kann der einem feststehenden Sachverhalt nach der Lebenserfahrung zugrundeliegende Geschehensablauf als bewiesen angesehen werden, sofern er nicht dadurch entkräftet wird, daß der Prozeßgegner Tatsachen behauptet und beweist, aus denen sich die ernsthafte Möglichkeit eines anderen Ablaufs ergibt. Von daher durfte das OLG prima facie davon ausgehen, daß die Ehefrau in einer zur Empfängnis geeigneten Art und Weise außerehelichen Umgang gehabt hat. Damit war es Sache der Ehefrau, die ernsthafte Möglichkeit eines anderen – nach der Lebenserfahrung nicht zur Empfängnis eines Kindes führenden – Geschehensablaufs darzutun. Dies ist ihr, wie das OLG rechtsfehlerfrei dargelegt hat, nicht gelungen: Sie hat ihre Darstellung, derzufolge der Kontakt mit dem Zeugen B. so verlaufen ist, daß die Empfängnis eines Kindes nach der Lebenserfahrung unwahrscheinlich war, nicht zu beweisen vermocht. Vielmehr hat der Zeuge B. bei seiner Vernehmung ihre Schilderung nicht bestätigt, sondern eine in wesentlichen Punkten abweichende Darstellung gegeben, nach der eine Empfängnis überhaupt ausscheidet. Die Erwägung der Revision, daß die Ehefrau bei Zugrundelegung der Darstellung des Zeugen erst recht entlastet sei, greift nicht durch. Entscheidend ist, daß die Aussage des Zeugen nach der rechtsfehlerfreien Würdigung des OLG weder die Behauptungen der Ehefrau zu bestätigen geeignet ist noch eine anderweitige atypische Empfängnissituation dartut, vielmehr eine Empfängnis gerade ausschließt. Damit ist die Erschütterung des dem Ehemann zugutekommenden ersten Anscheins fehlgeschlagen. Das OLG ist somit zu Recht davon ausgegangen, daß die Ehefrau in einer zur Empfängnis geeigneten Weise außerehelichen Verkehr gehabt hat. Auch die daraus abgeleitete weitere Feststellung des OLG, daß sie infolgedessen mit der nichtehelichen Abstammung des Kindes gerechnet und es dem Ehemann somit bedingt vorsätzlich untergeschoben habe, ist rechtlich nicht zu beanstanden.

3) Es handelt sich dabei nicht nur um ein schwerwiegendes, sondern auch um ein eindeutig bei ihr liegendes Fehlverhalten i. S. der aufgezeigten Rechtsprechung des Senats. Wie der Senat in den bereits angeführten Urteilen (FamRZ 82/463, 464 u. FamRZ 83/670, 671) dargelegt hat, können im Rahmen der Prüfung der Einseitigkeit eines Fehlverhaltens nur solche – hinreichend schwerwiegenden – Verfehlungen des anderen Teils Bedeutung erlangen, die dem Unterhalt begehrenden Ehegatten das Festhalten an der Ehe erheblich erschwert haben und sein eigenes Fehlverhalten in einem milderen Lichte erscheinen lassen. In dem Senatsurteil v. 12. 1. 1983 (FamRZ 83, 672) heißt es, daß ein Fehlverhalten den Charakter eines einseitigen verlieren könne, wenn ihm durch ein vorangehen-

Anhang R. Rechtsprechung R239

des ehewidriges Verhalten der anderen Seite der Boden bereitet worden sei. Diese Voraussetzungen sind hier nicht gegeben. Daß die Ehefrau dem Ehemann das nicht von ihm stammende Kind untergeschoben hat, hat mit den Verfehlungen des Ehemannes nichts zu tun und steht mit ihnen nicht in Zusammenhang.

4) Die von der Revision hilfsweise aufgeworfene Frage, wieweit Gründe, die zum Ausschluß des Anspruchs auf Trennungsunterhalt geeignet sind, auch den Verlust des Anspruchs auf nachehelichen Unterhalt nach sich ziehen, stellt sich hier nicht. Ihr ist dann nachzugehen, wenn ein bestimmtes Verhalten, das während bestehender Ehe ein Fehlverhalten darstellt, diesen Charakter für die Zeit nach der Scheidung verliert, etwa dann, wenn unter Verletzung der ehelichen Treuepflicht ein eheähnliches Verhältnis mit einem anderen Partner aufgenommen und nach der Scheidung, mit welcher die Treupflicht ihr Ende gefunden hat, fortgesetzt wird (FamRZ 1983/569, 571f.; FamRZ 1983/676; FamRZ 1984/154, 155; FamRZ 1984/986 f.).

Um einen solchen Fall handelt es sich hier nicht. Die Beurteilung des Unterschiebens eines fremden Kindes als Fehlverhalten erfährt durch die Scheidung keine Veränderung.

5) Letztlich ist es revisionsrechtlich auch nicht zu beanstanden, daß das OLG den in Frage stehenden Anspruch der Ehefrau auf Aufstockungsunterhalt nicht nur herabgesetzt, sondern vollständig aberkannt hat. Das OLG hat insoweit die Art des Fehlverhaltens der Ehefrau, die wirtschaftliche Belastung des Ehemanns durch die Unterhaltsgewährung an das ihm untergeschobene Kind und den Umstand in Betracht gezogen, daß die Ehefrau berufstätig ist und daraus ein Einkommen erzielt, das den „angemessenen Mindesteigenbedarf" eines unterhaltsberechtigten Ehegatten nach der sog. Düsseldorfer Tabelle deutlich übersteigt. Diese Abwägung hält sich im Rahmen des dem Tatrichter zustehenden Verantwortungsspielraums.

BGH v. 6. 12. 84 – IVb ZR 53/83 – FamRZ 85, 273 = NJW 85, 806

(Keine Zurechnung einer Vergütung für Versorgungsleistungen bei Leistungsunfähigkeit des neuen Partners) R239

III 2 a) Allerdings mag sich die bisherige Betrachtung der Bedürftigkeit insoweit als richtig erwei- **a** sen, als die Zurechnung einer Vergütung für Versorgungsleistungen, welche die Tochter des Bekl. ihrem jetzt bei ihr wohnenden Lebensgefährten erbracht hat (NJW 1980/344 = FamRZ 80/40 [42]; NJW 1980/1686 = FamRZ 80/665 [668 f.]; NJW 1980/879 [880]; NJW 1982/1050 = FamRZ 82/365 [366] und NJW 1984/2358 = FamRZ 84/662 [663], hier ausscheiden muß, wenn dieser als leistungsunfähig anzusehen ist.

(Zur Erwerbspflicht und zur Bedürftigkeit volljähriger Kinder)

III 2 b bb) Wenn es sich darum handelt, ob ein erwachsenes, gesundes Kind seine Eltern auf Unter- **b** halt in Anspruch nehmen kann, sind an die Beurteilung, dieses sei außerstande, seinen Lebensunterhalt selbst zu verdienen, strenge Anforderungen zu stellen. Die Vorschrift des § 1602 I BGB gibt der wirtschaftlichen Eigenverantwortung den Vorrang. Demnach ist ein Volljähriger, der sich nicht in der Berufsausbildung befindet, zunächst ausschließlich für sich selbst verantwortlich. Eine Unterhaltspflicht Verwandter für ihn setzt daher erst ein, wenn er sich nicht selbst unterhalten kann (OLG Köln, FamRZ 83/942). Er ist nach Abschluß seiner Ausbildung gehalten, auch berufsfremde Tätigkeiten aufzunehmen, wenn es ihm nicht möglich ist, in dem erlernten Beruf sein Auskommen zu finden. Dabei sind ihm auch Arbeiten unterhalb seiner gewohnten Lebensstellung zuzumuten. Erst danach kommt eine Inanspruchnahme der Eltern in Betracht (OLG Zweibrücken, FamRZ 83/291). Für die Obliegenheit des erwachsenen Unterhaltsgläubigers zur Nutzung seiner Arbeitskraft gelten mithin ähnliche Maßstäbe wie für den barunterhaltspflichtigen Elternteil im Verhältnis zu dem minderjährigen Kind.

cc) Die strengere Beurteilung der Bedürftigkeit beeinflußt auch die Antwort auf die Frage, ob und unter welchen Umständen ein erwachsener Abkömmling wegen der Betreuung eines Kindes von der Erwerbsobliegenheit freigestellt und deshalb seinen Eltern gegenüber als unterhaltsbedürftig anzusehen ist.

(Unterhalt zur Deckung des eigenen Lebensbedarfs)

IV 2) Der Unterhaltsanspruch dient der Behebung eigenen Unterhaltsbedürfnisses. Sein Zweck **c** geht nicht dahin, dem Empfänger die Möglichkeit zu bieten, seinerseits aus der Unterhaltsleistung Verbindlichkeiten zu erfüllen. Insbesondere erhöhen – ungeachtet der unter den Voraussetzungen der erweiterten Unterhaltspflicht nach § 1603 II 1 BGB bestehenden Pflicht des Empfängers, auch für den eigenen Unterhalt erhaltene Leistungen gleichmäßig zu seinem und der Kinder Unterhalt zu verwenden (FamRZ 80/555 = NJW 80/934) – gegen den Empfänger gerichtete Unterhaltsforderungen nicht dessen Bedarf. Andernfalls würde man zu einer mittelbaren Unterhaltsgewährung an den nicht – oder noch nicht – Unterhaltspflichtigen gelangen. Darum geht es hier aber nicht. Die Toch-

R241 Anhang R. Rechtsprechung

ter soll durch die vom Beklagten zu zahlende Geldrente nicht in den Stand versetzt werden, ihrerseits daraus Barunterhalt zu leisten. Der Unterhalt soll vielmehr der Deckung ihres eigenen Lebensbedarfs dienen, den selbst zu verdienen sie ggf. durch die Kindesbetreuung außerstande war.

(Mutwilligkeit und sittliches Verschulden des Berechtigten)

d IV 3 a) Das Gesetz trifft keine besondere Bestimmung für den Fall, daß der Unterhaltspflichtige seine Leistungsunfähigkeit selbst herbeigeführt hat. Darin unterscheidet sich die Regelung der Leistungsunfähigkeit des Verpflichteten von derjenigen der Bedürftigkeit des Unterhaltsberechtigten. Nach der Regelung der Bedürftigkeit nämlich beschränkt sich die Unterhaltspflicht gegenüber Verwandten – außer derjenigen von Eltern gegenüber ihren minderjährigen Kindern – auf einen Beitrag zum Unterhalt, falls die Berechtigte durch ein sittliches Verschulden bedürftig geworden ist, oder sie fällt sogar ganz weg, wenn die Inanspruchnahme des Verpflichteten darüber hinaus grob unbillig wäre (§ 1611 I und II BGB). Der Anspruch auf Ehegattenunterhalt besteht nicht, soweit die Inanspruchnahme des Verpflichteten grob unbillig wäre, weil der Berechtigte seine Bedürftigkeit mutwillig herbeigeführt hat (§ 1579 I Nr. 3 BGB; § 1361 III i.V. § 1579 I Nr. 3 BGB). Aus dem Fehlen entsprechender Vorschriften für die Leistungsfähigkeit des Unterhaltspflichtigen hat der Senat gefolgert, daß Leistungsunfähigkeit des Pflichtigen grundsätzlich auch dann zu beachten ist, wenn er sie selbst – auch schuldhaft – herbeigeführt hat (FamRZ 82/792 = NJW 82/812; FamRZ 82/913 = NJW 82/2491; FamRZ 83/995 = NJW 83/2317 und NJW 85/732). Allerdings kann dem Unterhaltspflichtigen die Berufung auf seine Leistungsunfähigkeit nach dem auch das Unterhaltsrecht beherrschenden Grundsatz, daß Rechte nur nach Maßgabe von Treu und Glauben (§ 242 BGB) wahrgenommen werden dürfen, unter bestimmten Umständen verwehrt sein (NJW 82/1812; NJW 82/2491 und NJW 85/732).

b) Demgegenüber stellt das Gesetz für die Fälle selbstverschuldeter Bedürftigkeit Regelungen bereit (§ 1611 I BGB, § 1579 I Nr. 3, § 1361 III i.V. § 1579 I Nr. 3 BGB; § 65 I EheG). Dem volljährigen Verwandten wird, wenn er durch sein sittliches Verschulden bedürftig geworden ist, nach § 1611 I BGB nur ein Beitrag zum Unterhalt in der Höhe geschuldet, die der Billigkeit entspricht; die Verpflichtung entfällt in einem solchen Fall sogar ganz, wenn die Inanspruchnahme des Verpflichteten grob unbillig wäre. Diese Sondervorschrift schließt – ebenso wie diejenigen des § 1579 I Nr. 3 BGB und des § 65 I EheG – in ihrem Geltungsbereich den Rückgriff auf allgemeine Grundsätze aus. § 1611 I BGB sieht eine Sanktion für den Fall vor, daß der Unterhaltsberechtigte seine Bedürftigkeit ganz oder teilweise selbst herbeigeführt hat. Anderseits schützt die Bestimmung ihn insoweit, als sein Verhalten keine Auswirkung auf den Unterhaltsanspruch haben soll, wenn ihm sittliches Verschulden nicht vorgeworfen werden kann (FamRZ 83/803 = NJW 83/2815). Ein einfaches Verschulden an der eigenen Bedürftigkeit hindert oder mindert also den Anspruch auf Unterhalt nicht.

c aa) Bei einem sittlichen Verschulden handelt es sich um Vorwerfbarkeit von erheblichem Gewicht (NJW 85/732). Es liegt vor, wenn das Verhalten, das die Bedürftigkeit herbeigeführt hat, sittliche Mißbilligung verdient. Der Bedürftige muß in vorwerfbarer Weise anerkannte Gebote der Sittlichkeit außer acht gelassen haben. Diese sind nicht frei von Wandlungen. Heute läßt sich eine allgemein gültige Auffassung, daß Zusammenleben mit anderweit verheirateten Personen sei sittlich anstößig, nicht mehr feststellen (NJW 1985/130; FamRZ 82/774 = NJW 82/1868). Das impliziert das Fehlen einer allgemein anerkannten sittlichen Mißbilligung intimen Umgangs zwischen erwachsenen Partnern im Rahmen einer nicht nur flüchtigen Verbindung.

BGH v. 19. 12. 84 – IVb ZR 54/83 – FamRZ 85, 374

R241 *(Lohnsteuerrückerstattung erhöht das Nettoeinkommen im Jahr der Erstattung)*

a II 1 a) Als Einkommen des Bekl. hat das OLG auf der Grundlage der vorgelegten neuen Gehaltsabrechnungen – insoweit in Übereinstimmung mit dem FamG – einen Monatsbetrag von 1850 DM angenommen, der sich um eine Lohnsteuerrückerstattung für 1982 in Höhe von 500 DM, d. h. um monatlich 41,67 DM, auf monatlich 1891,67 DM erhöhe. Hiergegen bestehen aus Rechtsgründen keine Bedenken.

(Erzielbare Einkünfte aus zumutbaren Hilfstätigkeiten im Haushalt oder bei Reinigungsdiensten; tatrichterliche Würdigung zur Erwerbsfähigkeit)

b II 1 b aa) Das OLG hat die Kl. in Höhe monatlicher Beträge von 600 DM weiterhin für nicht bedürftig gehalten, weil sie insoweit durch zumutbaren Einsatz ihrer Arbeitskraft eigene Einkünfte erzielen könne. Hierzu hat das OLG ausgeführt:

Die Kl. habe sich trotz der seit Erlaß des Urteils verstrichenen langen Zeit nicht mit hinreichendem Nachdruck um eine Eingliederung in den Arbeitsprozeß bemüht. Ihr Verhalten gegenüber einem Ehepaar G., das bereit gewesen sei, sie zu einem Bruttoeinkommen von 600 DM als Kinderfrau

Anhang R. Rechtsprechung   **R242**

in Teilzeitarbeit zu beschäftigen, zeige, daß Zweifel angebracht seien, ob sie ernstlich gewillt sei, eine Erwerbstätigkeit aufzunehmen. Die Tätigkeit bei den Eheleuten G. sei ihr, auch zu dem angebotenen Entgelt, zumutbar gewesen. Daneben hätte sie die Möglichkeit gehabt, ihre Einkünfte durch einzelne Putzstellen so weit aufzustocken, daß sie ein Gesamteinkommen von etwa 600 DM hätte erzielen können. Die Gründe, die sie vor dem Senat für die Ablehnung der Stelle angegeben habe, erschienen nicht glaubhaft, zumal sie bisher in dem gesamten Verfahren andere, völlig abweichende Begründungen vorgebracht habe.

Allerdings sei es nicht geboten, das der Kl. zuzurechnende Einkommen entsprechend der allgemeinen Einkommensentwicklung oder auch deshalb zu erhöhen, weil der Sohn der Parteien inzwischen volljährig geworden sei und die Kl. deshalb dem Arbeitsmarkt voll zur Verfügung stehe. Es entspreche der Erfahrung des Senats, daß gerade die Tätigkeiten, die der Kl. wegen ihrer fehlenden Berufsqualifikation offenstünden – nämlich Hilfstätigkeiten im Haushalt oder bei Reinigungsdiensten –, wohl wegen der verschärften Arbeitsmarktsituation derzeit nicht wesentlich höher entlohnt würden als im Zeitpunkt des abzuändernden Urteils. Zudem erscheine es nicht hinreichend sicher, ob die in fortgeschrittenem Alter stehende, beruflich unerfahrene Kl. mehr als ein monatl. Nettoeinkommen von 600 DM erzielen könnte, selbst wenn sie sich um eine vollschichtige Erwerbstätigkeit bemüht hätte.

Diese vom OLG vorgenommene tatrichterliche Würdigung der Erwerbsfähigkeit der Kl. ist aus Rechtsgründen nicht zu beanstanden.

(Zur Abänderung eines Urteils, das die ehelichen Lebensverhältnisse nicht feststellt)

II. 2 b aa) In dem mit der vorliegenden Abänderungsklage angegriffenen Verbundurteil vom   **c**
28. 11. 1979 hat das Amtsgericht – ohne nähere Erläuterung – entschieden, der Anspruch der Klägerin auf den Aufstockungsunterhalt nach § 1573 II BGB belaufe sich auf ¹/₃ des Unterschiedsbetrags zwischen dem damaligen Erwerbseinkommen des Beklagten und den fiktiven, als erzielbar angenommenen Nettoeinkünften der Klägerin. Dabei hat sich das Amtsgericht erkennbar nach den seinerzeit geltenden Hammer Leitlinien – Stand 1978 (FamRZ 78/850) – ausgerichtet, die bei der Bemessung des angemessenen Ehegattenunterhalts nach §§ 1569 ff. BGB (a.a.O., Nr. 27) davon ausgingen, daß ein Berechtigter, der eigenes Einkommen hat, ¹/₃ des Unterschiedsbetrages der anrechenbaren Einkünfte beider Ehegatten beanspruchen könne (a.a.O., Nr. 30). Die Entscheidung vom 28. 11. 1979 beruht mithin auf der Anwendung eines zur Zeit ihres Erlasses in der Praxis verwendeten Tabellenwerks, ohne daß das Gericht zunächst die ehelichen Lebensverhältnisse der Parteien i. S. v. § 1578 BGB bestimmt hätte, die nach der gesetzlichen Regelung der §§ 1569 ff. BGB die Grundlage für die Bemessung jedes nachehelichen Unterhaltsanspruchs bilden. Insbesondere hat das Amtsgericht in dem Urteil vom 28. 11. 1979 keine Feststellung dahin getroffen, daß die der Klägerin zugerechneten fiktiven Einkünfte in Höhe von monatlich 600 DM Bestandteil der ehelichen Lebensverhältnisse der Parteien im Zeitpunkt der Scheidung gewesen wären und diese mitgeprägt hätten. Es liegt daher keine bindende Feststellung über die Bestimmung der ehelichen Lebensverhältnisse der Parteien gemäß § 1578 BGB vor, die bei der Entscheidung in dem vorliegenden Abänderungsverfahren nach § 323 ZPO zu beachten wäre (vgl. Senatsurteil vom 11. 1. 1984 – IV b ZR 10/82 = FamRZ 84/374, 375). Unter diesen Umständen ist für die Bemessung des Aufstockungsunterhalts der Klägerin von der gegebenen Rechtslage auszugehen.

BGH v. 19. 12. 84 – IVb ZR 57/83 – FamRZ 85, 353 = NJW 85, 803

(Anspruch auf Familienunterhalt nach §§ 1360, 1360 a BGB und Ausbildungsunterhalt)   **R242**

I 3 a) Nach § 1360 S. 1 BGB sind Ehegatten einander verpflichtet, durch ihre Arbeit und mit ihrem Vermögen die Familie angemessen zu unterhalten. Der angemessene Unterhalt der Familie umfaßt alles, was nach den Verhältnissen der Ehegatten erforderlich ist, um die Kosten des Haushalts zu bestreiten und die persönlichen Bedürfnisse der Ehegatten (sowie den Unterhaltsbedarf der gemeinsamen unterhaltsberechtigten Kinder) zu befriedigen; § 1360 a I BGB.

b) Das OLG ist ersichtlich davon ausgegangen, daß Wolfgang G. im Förderungszeitraum einen gemeinsamen Haushalt mit seiner Ehefrau geführt, also nicht von ihr getrennt am Universitätsort gelebt hat. Jedenfalls bei dieser Sachlage waren die für seinen Lebensunterhalt (Wohnen, Essen, Trinken usw.) anfallenden Kosten solche des Haushalts. Diese Kosten standen hier offenbar ganz im Vordergrund.

c) Daneben wird das Studium Aufwendungen für Bücher, Lernmittel, Fahrten zur Universität u. ä. erfordert haben. Die insoweit benötigten Mittel dienten der Befriedigung der persönlichen Bedürfnisse des studierenden Ehegatten. Sie gehörten damit ebenfalls – im Rahmen des nach den Verhältnissen der Ehegatten Erforderlichen – zum Unterhalt der Familie (§ 1360 a I BGB). Zu ihrem Umfang haben die Parteien keine konkreten Behauptungen aufgestellt. Von einer außergewöhnli-

1253

chen Höhe dieser Kosten, wie ein besonders kostspieliges Studium sie verursachen würde, ist mithin nicht auszugehen. Die rechtliche Beurteilung des Unterhaltsanspruchs bei besonders hohen Studienkosten kann daher hier unerörtert bleiben. d) Nach den Feststellungen des OLG waren Wolfgang G. und seine Ehefrau darüber einig, daß er während der Ehe zunächst ein Studium abschließen sollte. Damit war er durch eine einvernehmliche Regelung (§ 1356 I S. 1 BGB) für die Dauer seines Studiums von der Pflicht befreit, zum Familienunterhalt beizutragen. Die Mittel für den angemessenen Unterhalt der Familie, soweit sie nach den Verhältnissen der Ehegatten für Haushalt und persönliche Bedürfnisse erforderlich waren, hatte mithin nach §§ 1360 S. 1, 1360a I BGB die Ehefrau aufzubringen.

e) Nach den Verhältnissen der Ehegatten waren sowohl die durch die Versorgung des Wolfgang G. im gemeinsamen Haushalt als auch die durch die Befriedigung seiner persönlichen Bedürfnisse während des Studiums anfallenden Kosten für den angemessenen Unterhalt der Familie erforderlich. Für ihre verhältnismäßig geringe Höhe gibt die gewährte BAföG-Förderung – mit monatlich nur rund 300 bis 350 DM – einen Anhaltspunkt. Das in der Ehe zur Verfügung stehende Einkommen der Ehefrau hat das OLG, wie im Tatbestand angegeben, mit monatlich rund 900–1150 DM festgestellt. Diese finanziellen Mittel, die neben der einverständlichen Ausgestaltung der Ehe als Gemeinschaft einer erwerbstätigen Frau und eines zunächst noch studierenden Mannes die Verhältnisse der Ehegatten prägten, erlaubten es in den Jahren 1972 bis 1975, gemäß dem Lebensplan der Eheleute die Ausbildung des Wolfgang G. zum Abschluß zu bringen. Das OLG hat festgestellt, die Ehefrau habe die für den Unterhalt des Wolfgang G. erforderlichen Mittel ohne Gefährdung ihres eigenen angemessenen Unterhalts aufbringen können.

Allerdings hat das OLG nicht festgestellt, die Ehegatten hätten bei der Übereinkunft hinsichtlich des Zuschnitts ihrer Gemeinschaft für die Zeit bis zur Beendigung des Studiums auch vereinbart, daß die Ehefrau den auf Wolfgang G. entfallenden Teil des Familienunterhalts tragen sollte. Möglicherweise begnügten sie sich insoweit mit der Erwartung, weiterhin BAföG-Leistungen zu erhalten. Das wäre jedoch nicht geeignet, die Ehefrau von der Verpflichtung freizustellen, den Familienunterhalt zu decken. Der Anspruch auf Familienunterhalt schließt den Bedarf des nach dem beiderseitigen Lebensplan noch studierenden Partners nicht deshalb ein, weil der andere sich zu dieser Leistung verpflichtet hat. Der Bestand eines gesetzlichen Anspruchs hängt nicht von der Bereitschaft des Schuldners ab, ihn zu erfüllen. Nach der einvernehmlichen Freistellung des Studierenden von der Pflicht, zum Familienunterhalt beizutragen, ergibt sich die Alleinverpflichtung seines Ehegatten aus der gesetzlichen Regelung in den §§ 1360 S. 1, 1360a I BGB.

f) Der Einbeziehung von Ausbildungskosten in den Unterhalt der Familie steht nicht entgegen, daß für den Unterhalt unter Verwandten in § 1610 II BGB und für den nachehelichen Unterhalt in §§ 1575, 1578 II BGB die Verpflichtung, die Kosten einer Berufsausbildung des Unterhaltsberechtigten zu tragen, jeweils besonders vorgesehen ist, die Bestimmung des § 1360a BGB hingegen eine ausdrückliche Regelung dieses Inhalts nicht enthält. Die Vorschriften des § 1610 II BGB und der §§ 1575, 1578 II BGB erfüllen jeweils ein zutage liegendes Regelungsbedürfnis: Für das Unterhaltsrechtsverhältnis unter Verwandten, also insbesondere zwischen Eltern und ihren nach dem Gesetz zur Neuregelung des Volljährigkeitsalters v. 31.7.1974 mit der Vollendung des 18. Lebensjahres volljährigen Kindern, liegt die Frage nach der Rechtspflicht zur Finanzierung einer – weiteren – Ausbildung von bereits erwachsenen Abkömmlingen nahe. Sie stellt sich offensichtlich in einer großen Zahl von Fällen. Im Bereich des nachehelichen Unterhalts dient die weitere Ausbildung der eigenverantwortlichen Lebensführung geschiedener Eheleute. Die Berufsausbildung soll den geschiedenen Ehegatten befähigen, auf Dauer eine angemessene Erwerbstätigkeit auszuüben, damit die unterhaltsrechtlichen Beziehungen zwischen den ehemaligen Ehepartnern endgültig gelöst werden können. Dabei handelt es sich um ein Kernanliegen des Ersten Gesetzes zur Reform des Ehe- und Familienrechts – 1. EheRG – v. 14.6.1976. Eine Vorschrift, die der Verwirklichung dieses Anliegens dient, mußte daher als unumgänglich erscheinen. Demgegenüber war bei Erlaß des Gleichberechtigungsgesetzes v. 18.6.1957, das den früheren § 1360 BGB in die §§ 1360 bis 1360b BGB n. F. aufteilte und die heutige Fassung der hier auszulegenden Vorschrift des § 1360a BGB schuf, die in Rechtsprechung und Schrifttum erst wesentlich später behandelte Problematik der Ausbildungsfinanzierung unter Ehegatten noch nicht hervorgetreten.

g) Auf die Unterhaltspflicht der Ehefrau ist es ohne Einfluß, daß Wolfgang G. vor der Eheschließung einen Unterhaltsanspruch gegen den Bekl. hatte, der nach § 1610 II BGB die Kosten der Ausbildung einschloß. Gemäß § 1608 S. 1 BGB schuldet der Ehegatte Unterhalt vor den Verwandten des Bedürftigen. Damit löst er diese mit der Eheschließung in der Unterhaltsverpflichtung ab, soweit seine eigene Verpflichtung reicht.

Soweit die Revision geltend macht, es erscheine nicht vertretbar, die Unterhaltsverpflichtung von den Eltern des Studierenden auf den Ehepartner zu verlagern, weil das geeignet sei, Eheschließungen zu verhindern oder zu erschweren, vermag der Senat dem eine ausschlaggebende Bedeutung nicht beizumessen. Mit der Eheschließung nehmen die Ehegatten die gegenseitige Unterhaltspflicht

Anhang R. Rechtsprechung

um des Bestandes der Familie willen auf sich. In einer Unterhaltspflicht, deren Ausgestaltung dem gemeinsamen Lebensplan der Eheleute entspricht, einem von ihnen noch die Beendigung seines Studiums zu ermöglichen, kann daher eine verfassungswidrige Erschwerung der Eheschließung nicht erblickt werden.

4) Für die Zeit ab Eheschließung bestand mithin der übergeleitete Unterhaltsanspruch des Wolfgang G. gegen den Bekl. nicht. Der Kl. hatte keine rechtliche Möglichkeit, den nunmehr allein in Betracht kommenden Unterhaltsanspruch des Geförderten gegen seine Ehefrau auf sich als den Träger der staatlichen Ausbildungsförderung überzuleiten. Denn das BAföG rechnet zwar in § 11 II „Einkommen und Vermögen des Auszubildenden, seines Ehegatten und seiner Eltern in dieser Reihenfolge" auf den Bedarf des Auszubildenden an (s. auch §§ 24 I, 25, 25 b BAföG i. d. F. der Bekanntmachung v. 6.6. 1983, BGBl I 645). Auch die Verwaltungsvorschriften zu § 36 I und § 37 I BAföG berücksichtigen das Vorhandensein eines leistungsfähigen Ehegatten. Andererseits sieht § 37 I BAföG eine Überleitung von Unterhaltsansprüchen auf den Träger der Ausbildungsförderung nur insoweit vor, als diese sich gegen die Eltern des Geförderten richten.

BGH v. 16. 1. 85 – IVb ZR 59/83 – FamRZ 85, 357 = NJW 85, 909

(Angaben für mehr als 3 Jahre)

B II 2 a) Zwar hat sich in Rechtsprechung und Schrifttum die Regel herausgebildet, daß bei einer freiberuflichen Erwerbstätigkeit auf das Durchschnittseinkommen in den letzten drei Jahren abzustellen sei. Es begegnet jedoch keinen durchgreifenden rechtlichen Bedenken, daß das Berufungsgericht hier von dieser Regel abgewichen ist. Die Vorhaben eines Bauträgers ziehen sich bekanntermaßen jeweils über Jahre hin. Phasen der Vorbereitung ohne nennenswerten Gewinn oder sogar mit Verlusten folgen solche mit schubartiger Realisierung von Gewinnen. Hinzu kommt hier, daß in der Geschäftsentwicklung des Bauträgerunternehmens des Ehemannes gerade in den Jahren 1980 und 1981 ein auffälliger und zu Verlusten führender Einbruch erfolgt ist, während davor und auch wieder im Jahre 1982 Gewinne erzielt worden sind. Unter diesen Umständen ist es rechtlich nicht zu beanstanden, daß das Berufungsgericht einen Zeitraum von mehr als drei Jahren herangezogen hat, um sich ein Bild von den durchschnittlich erzielten Gewinnen des Ehemannes aus seiner Betätigung als Bauträger zu verschaffen.

B II 2 b) Das Berufungsgericht ist jedoch insofern fehlerhaft verfahren, als es bei der Bildung eines Durchschnittseinkommens aus mehreren Jahren zunächst die Steuerbelastung unbeachtet gelassen und erst von dem so gewonnenen Brutto-Durchschnittswert die darauf entfallende Steuerquote in Abzug gebracht hat. Eine solche Handhabung läßt die Steuerprogression außer acht und übersieht, daß die Steuern bei Bruttoeinkünften, die über den Mehrjahresdurchschnitt hinausgehen, stärker steigen, als sie sich bei Einkünften, die hinter dem Mehrjahresdurchschnitt zurückbleiben, ermäßigen. Deshalb darf ein Mehrjahresdurchschnitt nur aus den Jahreseinkünften gebildet werden, die nach Abzug der jeweils auf das einzelne Jahr entfallenden Steuern verbleiben. Eine andere Handhabung kommt nur für den Fall in Betracht, daß das Einkommen durchgehend nach dem Höchststeuersatz zu versteuern ist. Bei der Neuverhandlung einer Sache ist die weitere Verschiebung des Zeitraumes zu beachten. Wie weit bei der Bildung des Mehrjahresdurchschnitts in die Vergangenheit zurückgegangen werden soll, ist Sache des Tatrichters.

(Zum Abzug der Krankenversicherungsaufwendung bei den ehelichen Lebensverhältnissen)

B II 2 d) Ebenso sind auch die Aufwendungen des Ehemanns für die Krankenversicherung bereits bei dem für die ehelichen Lebensverhältnisse maßgeblichen Einkommen in Abzug zu bringen, da das Einkommen in Höhe derartiger Aufwendungen für den allgemeinen Lebensbedarf nicht verfügbar ist (FamRZ 83/676, 677; FamRZ 83/888, 889).

(Letzte mündliche Verhandlung in der Tatsacheninstanz)·

B II 4 b) Das Berufungsgericht hat für die Beurteilung der ehelichen Lebensverhältnisse im Sinne des § 1578 Abs.1 Satz 1 BGB auf den Zeitpunkt der letzten mündlichen Verhandlung abgestellt, auf die in erster Instanz das Scheidungsurteil ergangen ist. Das ist so nicht richtig. Die ehelichen Lebensverhältnisse sind nach dem Zeitpunkt der Scheidung oder – im Verbundverfahren – nach dem Zeitpunkt der letzten mündlichen Verhandlung zu bestimmen. Darunter ist die der Rechtskraft des Scheidungsausspruchs nächstgelegene mündliche Verhandlung und damit, solange der Scheidungsausspruch nicht gesondert rechtskräftig geworden ist, die letzte mündliche Verhandlung vor dem Tatrichter in der Unterhaltssache zu verstehen.

(Zu Einkünften und Nutzungen von Vermögen, das durch Zugewinnausgleich oder Hausveräußerung erworben wurde)

d   B II 4 d) Für die neue Entscheidung kommt es darauf an, wieweit sich die Ehefrau auf ihren Unterhaltsanspruch die Vermögensvorteile anrechnen zu lassen hat, die sich für sie aus dem Zugewinnausgleich ergeben. Der Unterhaltsbedarf kann sich um solche Einkünfte vermindern, die dem unterhaltsberechtigten Ehegatten aus seinem Anteil an dem Verkaufserlös aus der Veräußerung des ehemaligen Familienheims zufließen. Für Einkünfte oder sonstige Vermögensvorteile, die sich über den Zugewinnausgleich ergeben, kann nichts anderes gelten. Nach § 1577 BGB kann ein geschiedener Ehegatte Unterhalt insoweit nicht verlangen, als er sich aus seinen Einkünften und seinem Vermögen selbst unterhalten kann. Einkünfte, auch Nutzungen des Vermögens (§ 100 BGB), sind dabei in jedem Fall und einschränkungslos anzurechnen. Anders als bei der Prüfung, ob der Vermögensstamm zu verwerten ist (§ 1577 III BGB), findet eine Billigkeitsabwägung nicht statt. Auf die Herkunft des Vermögens kommt es nicht an. Entscheidend ist allein, ob und in welcher Höhe der Ehegatte seinen Unterhaltsbedarf aus dessen Nutzungen bestreiten kann. Daher zählen zu den Nutzungen, die der Unterhaltsberechtigte zur Deckung seines Unterhaltsbedarfs einzusetzen hat, auch diejenigen aus einem Vermögen, welches im Weg des Zugewinnausgleichs erlangt worden ist. Die Auffassung des Berufungsgerichts, daß Einkünfte aus im Weg des Zugewinnausgleichs erlangtem Vermögen bei der Beurteilung der Unterhaltsbedürftigkeit aus Billigkeitsgründen außer Betracht zu bleiben hätten, findet im Gesetz keine Grundlage.

(Zumutbare Verwertung von Vermögen aus Zugewinnausgleich)

e   B II 4 d) Eine andere Frage ist es, ob der Ehemann die Ehefrau auf die Möglichkeit verweisen kann, zunächst den Stamm ihres im Weg des Zugewinnausgleichs erlangten Vermögens zu verwerten (§ 1577 III BGB). Dem steht der Umstand, daß das Vermögen aus dem Zugewinnausgleich stammt, nicht von vornherein entgegen. Das Gesetz stellt auch in diesem Zusammenhang nicht auf die Herkunft des Vermögens ab. Zur Verwertung des Vermögensstammes ist ein unterhaltsberechtigter geschiedener Ehegatte allerdings nicht gehalten, wenn dies unter Berücksichtigung der beiderseitigen wirtschaftlichen Verhältnisse unbillig wäre. Unter diesem Gesichtspunkt kann dem Umstand, daß das betreffende Vermögen aus dem Zugewinnausgleich herrührt und dem anderen Ehegatten entsprechende Vermögenswerte zur freien Verfügung verbleiben, wesentliche Bedeutung zukommen. Ob es unbillig ist, den Ehegatten auf die Verwertung solchen Vermögens zu verweisen, läßt sich jedoch nicht allgemein, sondern nur nach den Umständen des Einzelfalls beurteilen.

BGH v. 16. 1. 85 – IVb ZR 60/83 – FamRZ 85, 360 = NJW 85, 907

R244   *(Zur Verwertung eines Sparguthabens und zur Vermögensverwertung bei Trennungsunterhalt)*

a   III) Die bisher getroffenen Feststellungen rechtfertigen es nicht, die Ehefrau zur Deckung ihres Unterhaltsbedarfs auf den Verbrauch ihres Sparguthabens zu verweisen.
1) Richtig ist, daß der Anspruch auf Trennungsunterhalt nur besteht, soweit ein Ehegatte außerstande ist, für seinen angemessenen Unterhalt zu sorgen. Er setzt also Bedürftigkeit voraus.
2) Bedürftigkeit wird im allgemeinen nicht nur durch Erwerbseinkommen oder Vermögenserträge ausgeschlossen, sondern sie besteht im Grundsatz auch dann nicht, wenn der Anspruchsteller seinen Unterhalt aus dem Stamm seines Vermögens bestreiten kann.
3) Auch beim Trennungsunterhalt ist die Verweisung auf den Stamm des Vermögens nicht von vornherein ausgeschlossen. Allerdings ergibt sich das nicht daraus, daß § 1361 I 1 BGB außer auf die Erwerbs- auch auf die Vermögensverhältnisse der Ehegatten abstellt. Denn diese waren schon nach der früheren Fassung der Bestimmung zu berücksichtigen. Gleichwohl entsprach es der früher herrschenden Meinung, daß der nach § 1361 BGB a. F. unterhaltsberechtigte Ehegatte sich nicht auf den Verbrauch seines Vermögens verweisen zu lassen brauchte. Wegen des veränderten unterhaltsrechtlichen Ansatzes der neuen Regelung, die vom Grundsatz der Eigenverantwortung ausgeht, kann § 1361 BGB n. F. die den Unterhaltsanspruch unabhängig vom Trennungsverschulden des anderen gewährt, jedoch nicht ebenso verstanden werden. Nunmehr genießt allein noch das minderjährige unverheiratete Kind nach § 1602 II BGB gegenüber seinen Eltern – mit der Ausnahme des § 1603 II S. 2 BGB – den Vorzug, seinen Unterhalt nicht aus dem Stamm seines Vermögens bestreiten zu müssen.
4) Indes erleidet die Verweisung auf die Substanz des Vermögens Einschränkungen. Im Bereich des Geschiedenenunterhalts enthält das Gesetz für den Berechtigten in § 1577 III BGB – wie auch für den Verpflichteten in § 1581 S. 2 BGB – die Vorschrift, daß der Vermögensstamm nicht verwertet zu werden braucht, soweit die Verwertung unwirtschaftlich oder unter Berücksichtigung der beiderseitigen wirtschaftlichen Verhältnisse unbillig wäre. Das setzt zugleich eine äußerste Grenze, bis zu der der unterhaltsberechtigte Ehegatte im Fall des Getrenntlebens auf den Vermögensstamm allen-

Anhang R. Rechtsprechung   R244

falls verwiesen werden darf. Unter den noch miteinander verheirateten Ehegatten besteht eine stärkere personale Verantwortung füreinander als nach der Scheidung. Daher kann in der Trennungszeit die Obliegenheit, den Stamm des Vermögens für den eigenen Unterhalt anzugreifen, nicht weitergehen, als wenn die Ehe geschieden ist und jeder der ehemaligen Partner im Grundsatz wirtschaftlich auf eigenen Füßen stehen soll.

5) Schon danach rechtfertigen es die Feststellungen des OLG nicht, die Ehefrau auf den Verbrauch ihres Sparguthabens zu verweisen. Daß sie daraus bereits bisher ihren Unterhaltsbedarf gedeckt hat, besagt nichts für die gegenteilige Auffassung des OLG. Ohne Unterhaltsleistungen und Erwerbseinkommen hatte die Ehefrau keine andere Wahl, als ihr Vermögen anzugreifen. Die Annahme des OLG, sie habe das Sparguthaben für den Unterhalt zu verwerten, wird auch durch die Erwägung getragen, der Ehefrau verbleibe mit dem hälftigen Miteigentum an dem schuldenfreien Einfamilienhaus der Eheleute ein finanzieller Rückhalt. Nach § 1577 III BGB braucht der unterhaltsberechtigte geschiedene Ehegatte den Stamm seines Vermögens nicht zu verwerten, soweit dies unwirtschaftlich oder unter Berücksichtigung der beiderseitigen wirtschaftlichen Verhältnisse unbillig wäre. Eine Unwirtschaftlichkeit der Verwertung wird bei einem Sparguthaben allerdings nicht in Betracht kommen. Ob die Verwertung des Vermögensstammes unbillig wäre, muß jedoch schon nach dem Wortlaut der Vorschrift unter Berücksichtigung der beiderseitigen wirtschaftlichen Verhältnisse entschieden werden. Dazu gehört neben der – hier bisher nicht angestellten – Prüfung, in welchem Maß den Verpflichteten die Unterhaltsgewährung aus seinem Einkommen belastet, die Feststellung, ob und ggf. in welcher Höhe auch er Vermögen besitzt (FamRZ 84/364, 367). Insoweit ist dem Berufungsurteil nur zu entnehmen, daß dem Ehemann ein hälftiger Miteigentumsanteil an dem Haus der Parteien zusteht. Dieser Vermögensbestandteil wird die Entscheidung nicht beeinflussen, weil ihm ein entgegenstehender auf seiten der Ehefrau gegenübersteht. Hingegen kann bedeutsam sein, welches Vermögen der Ehemann sonst besitzt. Je nachdem kann es schon bei einer Beurteilung nach § 1577 III BGB fernliegen, der Ehefrau zuzumuten, ihr Vermögen zu verbrauchen.

Sofern eine Verweisung auf den Vermögensstamm in Betracht kommt, stellt sich die Frage, ob die Ehefrau ihr Sparguthaben vollständig aufbrauchen muß. Weil sie im Gegensatz zu dem Ehemann keine laufenden Erwerbseinkünfte erzielt, ist ihr zumindest eine Vermögensreserve als „Notgroschen" für Fälle plötzlich auftretenden (Sonder-)Bedarfs zu belassen. Ihr Miteigentumsanteil an dem Einfamilienhaus macht diese Rücklage nicht entbehrlich. Er ist erfahrungsgemäß nur unter Schwierigkeiten, daher nicht kurzfristig und häufig nur unwirtschaftlich zu verwerten; zudem würde seine Verwertung der Ehefrau und der Tochter der Parteien die Möglichkeit des mietfreien Wohnens nehmen.

6) Weil mithin auf der Grundlage der vom OLG getroffenen Feststellungen seine Auffassung, die Ehefrau müßte sich zur Deckung ihres Unterhaltsbedarfs auf den Verbrauch ihres (gesamten) Sparguthabens verweisen lassen, selbst bei der Anlegung des ihr ungünstigsten, in § 1577 III BGB für Fälle des nachehelichen Unterhalts vorgesehenen Maßstabes der rechtlichen Überprüfung nicht standhält, muß das angefochtene Urteil aufgehoben werden.

IV 1) Bei seiner erneuten Entscheidung wird das OLG beachten müssen, daß die Obliegenheit eines getrennt lebenden Ehegatten, zur Deckung seines Unterhaltsbedarfs den Stamm seines Vermögens einzusetzen, im allgemeinen nicht so weit geht wie diejenige eines Geschiedenen gemäß § 1577 III BGB. Die Aufhebung der ehelichen Gemeinschaft bedeutet nicht in jedem Falle, daß es auch zur Scheidung kommt. Die in § 1565 II und in § 1566 BGB vorgesehenen Trennungsfristen dienen der Aufrechterhaltung der Ehe bei einer möglicherweise nur vorübergehenden, noch beherrschbaren Krise in den Beziehungen der Ehegatten. Diesem Ziel liefe ein vermeidbarer Verbrauch von vorhandenem Vermögen in der Zeit des Getrenntlebens zuwider; er würde die wirtschaftliche Grundlage der ehelichen Gemeinschaft beeinträchtigen, zu der die Ehegatten nach Möglichkeit zurückfinden sollen.

Eine andere Beurteilung kann dann angebracht sein, wenn die Ehegatten schon zur Zeit intakter Ehe vorhandenes Vermögen zur Unterhaltsdeckung einzusetzen pflegten. Das bedeutet aber nicht, daß eine Obliegenheit zur Verwertung des Vermögensstammes in der Zeit des Getrenntlebens ausschließlich unter dieser Voraussetzung in Betracht käme. Wenn Partner während des Bestehens ihrer häuslichen Gemeinschaft das Vermögen nicht oder nur in besonderen Fällen angegriffen haben, so hat die damit praktizierte Vermögenserhaltung zwar ihre Lebensverhältnisse mitgeprägt. Mit der Aufgabe der häuslichen Gemeinschaft tritt aber eine wesentliche Änderung dieser Verhältnisse ein. Nunmehr sind nicht mehr beide Ehegatten einander verpflichtet, die Familie angemessen zu unterhalten (§ 1360 BGB). Vielmehr handelt es sich jetzt um den Unterhaltsanspruch des einen Ehegatten gegen den anderen, wobei vielfach ein trennungsbedingter Mehrbedarf zu berücksichtigen ist. Eine für die Zeit intakter Ehe etwa bestehende, den gemeinsamen Lebensplan der Partner entsprechende Übung, vorhandenes Vermögen nicht zu verwerten, kann daher für die Entscheidung, ob während des Getrenntlebens eine Obliegenheit zum Einsatz des Vermögensstammes besteht, nur als ein Umstand unter mehreren Bedeutung gewinnen. Als weitere kommen neben der Höhe des dem

1257

R245   Anhang R. Rechtsprechung

Unterhaltsberechtigten zur Verfügung stehenden Vermögens insbesondere die Einkommensverhältnisse des in Anspruch genommenen Ehegatten und dessen Vermögenssituation in Betracht.

Auch die Dauer des Getrenntlebens kann insoweit Bedeutung gewinnen. Bei einer erst kurzen Trennung liegt es näher als bei einer bereits länger andauernden, daß es zu einer Wiederaufnahme der ehelichen Gemeinschaft kommt. Je länger die Trennung währt, desto eher kann deshalb eine Obliegenheit zum Einsatz des Vermögensstammes angenommen werden.

2) Nach der bisherigen Sachlage werden die Einkommensverhältnisse des Ehemannes, die seine Belastung mit dem Unterhalt möglicherweise nicht als besonders drückend erscheinen lassen werden, ferner die noch verhältnismäßig kurze Dauer des Getrenntlebens sowie die anscheinend während des Zusammenlebens der Parteien geübte Praxis der Vermögensbildung gegen eine Verweisung der Ehefrau auf den Verbrauch des Stammes ihres – nicht sehr umfangreichen – Vermögens sprechen.

3) Wenn sich ergibt, daß die Ehefrau ihr Sparguthaben nicht oder nur bis zu einer bestimmten Grenze einsetzen muß, wird festzustellen sein, ob sie zur Deckung ihres verbleibenden Unterhaltsbedarfs nach § 1361/II BGB auf eine eigene Erwerbstätigkeit verwiesen werden kann.

(Überobligationsmäßige Wochenendarbeit; überobligatorisches Einkommen des Pflichtigen prägt die ehelichen Lebensverhältnisse nicht)

b   IV 4) Die Zurückverweisung gibt der Ehefrau Gelegenheit, ihre Bedenken gegen den nur hälftigen Ansatz der Einkünfte des Ehemanns aus seiner Wochenendarbeit geltend zu machen. Er hat diese Tätigkeit nach dem unwidersprochenen Vortrag der Ehefrau sechs oder sieben Jahre lang bis in die Zeit nach der Trennung der Parteien ausgeübt. Das kann die Beurteilung des OLG, es habe sich um eine überobligationsmäßige Nebentätigkeit gehandelt, in Frage stellen (FamRZ 83/152, 153). Es liegt vielmehr nahe, daß die aus einem derart beständigen Nebenerwerb erzielten, regelmäßig für den Familienunterhalt eingesetzten Einkünfte die für das Maß des Unterhalts entscheidenden Lebensverhältnisse (§ 1587 I BGB) mitgeprägt haben. Soweit es sich bei der vom OLG als überobligationsmäßig bezeichneten Nebentätigkeit um eine unzumutbare Tätigkeit handelt, müßten die daraus erzielten Einkünfte bei der Bestimmung der ehelichen Lebensverhältnisse vollständig außer Betracht bleiben (FamRZ 83/146, 149).

BGH v. 16. 1. 85 – IVb ZR 61/83 – FamRZ 85, 362 = NJW 85, 1029

R245   *(Nach BGH ist § 1582 I 2 BGB mit dem GG auch für den Fall vereinbar, daß der Vorrang des geschiedenen Ehegatten vor einem neuen Ehegatten auf der langen Dauer der geschiedenen Ehe beruht und keiner von beiden wegen der Pflege oder Erziehung eines Kindes [§ 1570] unterhaltsberechtigt ist oder wäre [im Anschluß an BVerfGE 66/84 = FamRZ 1984/346])*

1) Eine Änderung der für den Vergleich maßgeblichen Verhältnisse, die der Kl. nach den Grundsätzen über den Fortfall der Geschäftsgrundlage geltend machen könnte, hat das OLG dem Klagvortrag nicht entnommen. Dabei hat es dahinstehen lassen, ob der eigene angemessene Unterhalt des Kl. durch die Unterhaltsbedürfnisse seiner zweiten Ehefrau beeinträchtigt sei. Selbst wenn das der Fall sei, werde der Unterhaltsanspruch der Bekl. nicht berührt; denn in einem Mangelfall des § 1581 BGB gehe nach § 1582 I S. 2 BGB der Unterhaltsanspruch der Bekl. dem Unterhalt der neuen Ehefrau des Kl. vor, weil die Ehe der Parteien mit einer von der Eheschließung bis zur Rechtshängigkeit der Scheidungsklage vergangenen Zeit von über 20 Jahren „von langer Dauer" gewesen sei.

2) Dagegen wendet sich die Revision ohne Erfolg.

a) Aufgrund der Unterstellung des OLG ist für die Revisionsinstanz davon auszugehen, daß der Kl. außerstande ist, neben dem Unterhalt für seine jetzige Ehefrau der Bekl. den im Prozeßvergleich vereinbarten Unterhalt zu leisten (§ 1581 BGB), ohne seinen eigenen angemessenen Unterhalt zu gefährden.

b) In einem solchen Fall geht nach § 1582 I S. 1 BGB bei Ermittlung des Unterhalts der gesch. Ehegatte einem neuen Ehegatten vor, wenn dieser [nicht] bei entsprechender Anwendung der §§ 1569 bis 1574, 1576 und 1577 I unterhaltsberechtigt wäre. Ob ein solcher Anspruch bestünde, hat das OLG nicht geprüft. Das angefochtene Urteil behält jedoch auch dann Bestand, wenn zugunsten des Kl. davon ausgegangen wird, daß er seiner zweiten Ehefrau im Falle einer Scheidung Unterhalt leisten müßte, weil diese infolge Krankheit einer eigenen Erwerbstätigkeit nicht nachgehen kann (§ 1572 BGB). Die Bekl. geht der jetzigen Ehefrau des Kl. gleichwohl vor, denn die Annahme des OLG, daß die Ehe der Parteien mit einer bis zur Zustellung der Scheidungsklage erreichten Dauer von über 20 Jahren von langer Dauer war (§ 1582 I S. 2 BGB), läßt keinen Rechtsfehler erkennen. Sie steht im Einklang mit der Rechtsprechung des Senats, nach der eine den Unterhaltsvorrang sichernde lange Ehedauer jedenfalls nach Ablauf von 15 Jahren vorliegt, gerechnet von der Eheschließung bis zur Rechtshängigkeit im Scheidungsverfahren (FamRZ 1983/886, 888 = NJW 1983/2321, 2323).

Anhang R. Rechtsprechung R246

c) Gegen diese Auslegung des Tatbestandsmerkmals der langen Dauer einer Ehe wendet sich auch die Revision nicht. Sie ist aber der Auffassung, bei verfassungskonformer Auslegung des § 1582 BGB komme der Bekl. kein absoluter Vorrang vor allen unterhaltsberechtigten Mitgliedern der neuen Familie des Kl. zu; es sei mit Blick auf Art. 6 I GG geboten, allen beteiligten Personen zunächst einen sogenannten Mindestbedarf sicherzustellen und (nur) das dann verbleibende Einkommen des Unterhaltspflichtigen (Kl.) nach Maßgabe der §§ 1581, 1582 BGB aufzuteilen. Diesem in der Rechtsprechung schon vom OLG Schleswig (FamRZ 1982/705) vertretenen Gedanken kann für den gegebenen Fall bereits deshalb keine Bedeutung zukommen, weil – auch nach der Auffassung der Revision – der sogenannte Mindestbedarf des Kl. und seiner jetzigen Ehefrau nicht gefährdet ist, wenn es unverändert bei der im Prozeßvergleich vereinbarten Unterhaltsleistung an die Bekl. verbleibt. Im vorliegenden Fall kann nur in Betracht kommen, daß der eigene angemessene Unterhalt des Kl. gefährdet wäre, wenn er nach dem Hinzutritt seiner jetzigen Ehefrau die im Vergleich gegenüber der Bekl. übernommene Verpflichtung unverändert erfüllen müßte. Es trifft auch nicht zu, daß die Bekl. unterhaltsrechtlich vor allen Mitgliedern einer neuen Familie des Kl. bevorrechtigt wäre; gemäß § 1582 II i.V. mit § 1609 II BGB stehen dem gesch. Ehegatten die minderjährigen unverheirateten Kinder – auch aus einer neuen Ehe des Unterhaltsverpflichteten – gleich. Im vorliegenden Fall geht es indessen allein um den Vorrang der Bekl., weil weder aus der gesch. noch aus der neuen Ehe des Kl. minderjährige Kinder vorhanden sind.

3) Die von der Revision gegen die Verfassungsmäßigkeit des § 1582 I S. 2 BGB im Anschluß an einen Vorlagebeschluß des OLG Schleswig (FamRZ 1983/282) erhobenen Bedenken teilt der Senat nicht.

a) Der genannte Vorlagebeschluß betraf einen Fall, in dem der Unterhaltsanspruch des gesch. Ehegatten auf § 1570 BGB (Betreuung eines gemeinschaftlichen Kindes) beruhte und das verfügbare Einkommen des Unterhaltspflichtigen nicht zur Befriedigung des Mindestunterhalts aller Unterhaltsberechtigten ausreichte. Hierzu hat das BVerfG inzwischen entschieden (BVerfGE 66/84 = FamRZ 1984/346), daß es mit Art. 6 I i.V. mit Art. 3 I GG vereinbar ist, daß das Gesetz in einem solchen Fall dem bedürftigen gesch. Ehegatten selbst dann den Vorrang einräumt, wenn auch der neue Ehegatte an einer Erwerbstätigkeit durch die Pflege und Erziehung eines Kindes gehindert ist.

b) Die Regelung des § 1582 I S. 2 BGB ist mit dem Grundgesetz auch für den Fall vereinbar, daß der Vorrang des gesch. Ehegatten auf der langen Dauer der gesch. Ehe beruht und weder er noch der neue Ehegatte nach § 1570 BGB unterhaltsberechtigt ist oder wäre. Das folgt aus den vom BVerfG in der Entscheidung vom 10.1.1984 (a. a. O.) genannten Gründen. Zunächst gilt auch hier, daß durch Art. 6 I GG nicht nur die bestehende Ehe geschützt wird, sondern auch die Folgewirkung einer gesch. Ehe, zu denen die Unterhaltsregelung gehört. Deshalb muß unter Heranziehung des allgemeinen Gleichheitssatzes (Art. 3 I GG) geprüft werden, ob es hinreichende Gründe dafür gibt, daß der Gesetzgeber die unterhaltsrechtliche Position der gesch. und der neuen Ehefrau unterschiedlich behandelt. Für den unterhaltsrechtlichen Vorrang der gesch. Ehefrau ist es in erster Linie bestimmt, daß ihr Anspruch schon besteht und demgemäß das wirtschaftliche Leistungsvermögen des Unterhaltsverpflichteten von vornherein belastet, wenn die neue Ehe geschlossen wird. Hierauf muß sich ein neuer Ehegatte des Unterhaltsverpflichteten ebenso einstellen wie auf dessen möglicherweise aus anderen Rechtsgründen bestehende Verbindlichkeiten. Als weiteren Sachgrund durfte der Gesetzgeber berücksichtigen, daß sich ein unterhaltsbedürftiger Ehegatte nach dem Scheidungsrecht des 1. EheRG auf Dauer nicht dem Scheidungsbegehren des anderen mit Erfolg widersetzen und damit verhindern kann, daß der andere Ehegatte eine neue Ehe eingeht. Demgegenüber wird die Verfassungsmäßigkeit der gesetzlichen Regelung nicht in Frage gestellt, wenn der Vorrang der gesch. Ehefrau bewirkt, daß dem unterhaltspflichtigen Ehegatten verbleibenden Mittel nicht ausreichen, seine neue Familie gemäß § 1360 BGB angemessen zu unterhalten.

c) Der Senat sieht danach keinen Anlaß, das Verfahren gemäß Art. 100 I GG auszusetzen und zur Verfassungsmäßigkeit des § 1582 I S. 2 BGB eine – weitere – Entscheidung des BVerfG auf der Grundlage des hier gegebenen Sachverhalts einzuholen.

BGH v. 16. 1. 85 – IVb ZR 62/83 – FamRZ 85, 582 = NJW 85, 1343

(Die urteilsmäßige Unterhaltsbemessung nach § 1578 I 1 BGB bleibt von nachträglichen Änderungen der Verhältnisse grundsätzlich unberührt; objektiver Maßstab für die Bemessung; Änderung nur bei späterem Wegfall eines besonderen Mehrbedarfs; Abänderung bei konkret festgestelltem Lebensbedarf)

R246

1) Zu den danach für das vorliegende Verfahren bindenden Grundlagen des Urteils vom 27. April 1981 gehört die Feststellung, daß die Beibehaltung des in der Ehe erreichten Lebensstandards der Beklagten monatlich 12 632,36 DM zuzüglich 2086 DM als Kosten einer angemessenen Versicherung für den Fall des Alters sowie der Berufs- und Erwerbsunfähigkeit erfordert. Diese Beträge stellen den an den ehelichen Lebensverhältnissen orientierten Lebensbedarf der Beklagten im Zeitpunkt der Scheidung dar. Sie bestimmen gemäß § 1578 I BGB das Maß des nachehelichen Unterhalts und

a

R249   Anhang R. Rechtsprechung

bleiben als rechnerische, auf einen vergangenen Zeitpunkt bezogene Bemessungsgrundlage von nachträglichen Änderungen der Verhältnisse grundsätzlich unberührt.

2) Der für die Unterhaltsbemessung maßgebende Lebensbedarf eines Ehegatten wird in der Regel ohne Rücksicht auf dessen tatsächliche Lebensführung bestimmt, indem etwa gemäß den in der Praxis verwendeten Unterhaltstabellen eine Quote des im Zeitpunkt der Scheidung für Unterhaltszwecke eingesetzten Einkommens gebildet wird. Dies trägt dem GrundsatzURechnung, daß insoweit ein objektiver Maßstab anzulegen ist und eine nach den gegebenen Verhältnissen zu dürftige Lebensführung ebenso außer Betracht zu bleiben hat wie ein übertriebener Aufwand (FamRZ 1982/151, 152 m. w. N.). Wenn vorliegend im Ausgangsverfahren der Lebensbedarf der Beklagten konkret errechnet worden ist, weil die vom Gericht allgemein verwendete Unterhaltstabelle bei einem monatlichen Familieneinkommen von 7700 DM ende, so ist die Frage der Bindung für nachfolgende Abänderungsverfahren nicht anders zu beantworten, als wenn der Lebensbedarf pauschal durch eine Einkommensquote bestimmt worden wäre. Es kommt im wesentlichen auf das gefundene Ergebnis an. Die Feststellung der einzelnen Bedarfsposten basiert auch auf der Lebensführung während einer (noch) bestehenden Ehe, die sich nach deren Scheitern naturgemäß anders entwickeln kann. Diese andere Entwicklung ist keine Änderung der Verhältnisse, die im Sinne des § 323 I ZPO für die Bestimmung der Höhe des Bedarfs maßgebend waren. Anders ist es, wenn der Unterhalt mit Rücksicht auf einen besonderen Bedarf des Unterhaltsberechtigten höher bemessen worden ist, als es sonst den ehelichen Lebensverhältnissen entsprochen hätte. Dann würde der Fortfall dieses besonderen Bedarfs den Unterhaltsanspruch entsprechend ermäßigen. So liegt es hier indessen nicht.

(Zu Zinsen aus einem vom Unterhalt ersparten Kapital)

b   5) Der Kläger behauptet, die Beklagte habe seit der Trennung aufgrund des ihr zugesprochenen Unterhalts monatlich mindestens 5000,– DM angespart und dieses Geld verzinslich angelegt. Daß das OLG dem nicht nachgegangen ist, rügt die Revision zu Recht. Im vorangegangenen Urteil sind auf den Unterhaltsbedarf der Klägerin monatlich 1045,– DM als erzielbare Erträgnisse aus Spareinlagen von insgesamt 188 000,– DM angerechnet worden. Dies entspricht dem zwingenden Vorschrift des § 1577 I BGB. Dabei kommt es nicht auf die Herkunft des ertragbringenden Vermögens an oder darauf, ob die Anrechnung der Erträge der Billigkeit entspricht. Zwar muß im vorliegenden Fall Vermögen, das die Beklagte in dem Zeitraum von der Trennung bis zur letzten Tatsachenverhandlung im Ausgangsverfahren durch Ersparnisse gebildet haben soll, wegen der Präklusionsvorschrift des § 323 II ZPO außer Betracht bleiben. Danach sind aber bis zur Entscheidung des OLG im vorliegenden Verfahren rund 30 Monate verstrichen, in denen, wenn die Behauptungen des Klägers zutreffen, insgesamt 150 000,– DM angespart worden wären. Da aus einem solchen Kapital Erträgnisse erzielt werden können, die im Sinn von § 323 ZPO wesentlich sind, mußte der vom Kläger angetretene Beweis erhoben werden. Das OLG hat bereits erzielbare Erträge aus einem Kapital von 246 467 DM berücksichtigt, das der Beklagten aus der Versteigerung von Grundstücksanteilen zugeflossen ist. Eine Anrechnung auf den Unterhaltsanspruch der Beklagten hat es nur deshalb nicht vorgenommen, weil dieser in Höhe der früher freiwillig vom Kläger bezahlten Beträge von monatlich 2000,– DM nicht tituliert sei und die Erträge jedenfalls diese Grenze nicht überschritten. Wenn aber der bisher übergangene Vortrag des Klägers über weitere Ersparnisse von 5000,– DM im Monat richtig wäre, wird diese Grenze überschritten.

BGH v. 30. 1. 85 – IVb ZR 63/83 – FamRZ 85, 376 = NJW 85, 1345

R249   *(Zur Klageart bei wiederholter Abänderung des Titels)*

Hat ein Unterhaltsgläubiger ein Urteil erstritten, das ihm eine Unterhaltsrente zuerkennt, und kommt es wegen Rückgangs oder Fortfalls von Leistungsfähigkeit oder Bedürftigkeit zur Abänderung des Titels nach § 323 ZPO, so ist im Falle einer späteren abermaligen wesentlichen Änderung der für die (abgeänderte) Rente maßgebenden Verhältnisse erneut die Abänderungsklage nach § 323 ZPO gegeben. Das leuchtet ohne weiteres ein, wenn das abändernde Urteil die Unterhaltsrente nur reduziert. Es hat aber auch zu gelten, wenn das Urteil die Unterhaltsrente ganz entfallen läßt, denn auch hier geht es immer noch um die Modifikation des ersten Urteils (Seuffert/Walsmann, ZPO, Band I, 12. Aufl., § 323 Anm. 2). Kommt es zu einer Entscheidung nach § 323 ZPO, so hat das Gericht – im Zuge der Korrektur der ursprünglichen Prognose – seinerseits die künftige Entwicklung der Verhältnisse vorausschauend zu berücksichtigen (vgl. auch BGH, FamRZ 82/792, 794 m. w. N.); zustimmend Thomas/Putzo, ZPO, 12. Aufl., § 323 Anm. 4 d). Demgemäß beruht das abändernde Urteil sowohl im Falle der Reduzierung als auch bei völliger Streichung der Unterhaltsrente weiterhin auf einer Prognose der zukünftigen Entwicklung und stellt den Rechtszustand auch für die Zukunft fest. Eine spätere Klage auf Wiedergewährung oder Erhöhung der Unterhaltsrente stellt daher abermals die Geltendmachung einer von der Prognose abweichenden tatsächlichen Entwicklung der

Verhältnisse dar, für die das Gesetz die Abänderungsklage vorsieht, um die (erneute) Anpassung der Entscheidung an die veränderten Urteilsgrundlagen zu ermöglichen. Insoweit gilt nichts anderes als im Falle eines Urteils, durch das der Unterhaltsanspruch für eine bestimmte Zeit zugesprochen und – etwa wegen der Annahme künftigen Wegfalls der Bedürftigkeit – ab einem in der Zukunft liegenden Zeitpunkt aberkannt worden ist. Hier beruht die Aberkennung auf der richterlichen Prognose, daß die zukünftige Entwicklung zu einem Wegfall des Anspruchs führen wird. Demgemäß hat der Senat entschieden, daß bei einer von dieser Prognose abweichenden tatsächlichen Entwicklung die Abänderung des Urteils nach § 323 ZPO in Frage kommt (FamRZ 84/353, 354 f; ebenso OLG Hamm, FamRZ 82/920, 921). Ebenso kommt § 323 ZPO auch dann zur Anwendung, wenn ein Unterhaltsgläubiger, der seinen Unterhalt erfolgreich eingeklagt hatte, dessen Unterhaltsrente jedoch später – etwa wegen Wegfalls der Bedürftigkeit – im Wege der Abänderung aberkannt worden ist, in der Folge erneut Unterhalt verlangt, weil sein Unterhaltsbedarf nicht mehr gedeckt sei (vgl. auch Seuffert/Walsmann, a.a.O.). Hiernach kann auch die Klägerin ihr Begehren nicht im Wege der Leistungsklage, sondern nur im Wege der Abänderungsklage geltend machen. Daß ihre frühere Unterhaltsrente nicht durch Urteil zuerkannt war, sondern der ursprüngliche Unterhaltstitel in einem Prozeßvergleich bestand, rechtfertigt keine abweichende Behandlung. Hier bleibt der in dem Vergleich zum Ausdruck gekommene Parteiwille im Verständnis und in der Ausgestaltung, die er durch die späteren abändernden Entscheidungen des Amtsgerichts und des LG erfahren hat, bei weiteren Abänderungsentscheidungen zu berücksichtigen (vgl. BGH, FamRZ 79/694, 695; FamRZ 83/260, 261). Damit ist die von der Klägerin erhobene Klage unzulässig, weil ihr die Rechtskraft der früheren Abänderungsentscheidungen entgegensteht. Die Umdeutung des Begehrens in eine Abänderungsklage scheidet aus. Zwar hat der Senat im umgekehrten Fall, in dem die Durchsetzung eines Unterhaltsbegehrens im Wege der Abänderungsklage unzulässig und nur durch eine Leistungsklage möglich war, ein Abänderungsbegehren in eine Leistungsklage umgedeutet (BGH, FamRZ 83/892, 893 f.). Die dort aufgestellten Grundsätze lassen eine Umdeutung im vorliegenden Fall jedoch nicht zu. Vor allem erfüllt der bisherige Klagevortrag nicht die Erfordernisse, die an die Begründung der Abänderungsklage nach § 323 ZPO zu stellen sind. Er verhält sich im wesentlichen lediglich über die derzeitigen Einkommens- und Lebensverhältnisse der Parteien sowie über den daraus abzuleitenden Unterhaltsanspruch der Klägerin, zeigt aber nicht auf, daß in dem für die Aberkennung der Unterhaltsrente maßgebenden Verhältnisse zur Zeit der damaligen Tatsachenverhandlung eine wesentliche Änderung eingetreten ist. Dies für die Zulässigkeit der Abänderungsklage erforderliche Vorbringen (vgl. BGH, FamRZ 84/355) läßt sich auch nicht dem Gesamtzusammenhang des Parteivortrags entnehmen; vielmehr hat der Beklagte eine Änderung der maßgebenden Verhältnisse seit der landgerichtlichen Entscheidung vom 28. 11. 1957 ausdrücklich und mit näherer Begründung in Abrede gestellt. Bei dieser Sachlage ist eine Umdeutung des Klagebegehrens in eine Abänderungsklage nicht statthaft (vgl. auch BGH, NJW 62/1820 f.).

BGH v. 30. 1. 85 – IVb ZR 65/83 – FamRZ 86, 458

(Zur Anpassung des in einer Unterhaltsvereinbarung geregelten nachehelichen Unterhalts an die Steigerung der Lebenshaltungskosten nach der Scheidung und zur Auslegung einer Unterhaltsvereinbarung)

5) Das OLG ist in Einklang mit der Rechtsprechung des BGH zutreffend davon ausgegangen, daß Unterhalts- (und sonstige Versorgungs-)verträge, in denen Parteien die Leistung einer festen Rente – auch ohne ausdrücklich vorgesehene Anpassung – vereinbart haben, grundsätzlich der Anpassung unter dem Gesichtspunkt der §§ 157, 242 BGB unterliegen (VersR 1968/450, 451; NJW 1962/2147 = VersR 1962/805, 806 m. w. N.). Eine solche Anpassung kann im Einzelfall auch auf die verringerte Kaufkraft der Währung gestützt werden (VersR 1966/37, 38). Eine Anpassung kommt allgemein nur dann nicht in Betracht, wenn sie durch ausdrückliche Erklärung der Parteien ausgeschlossen worden ist. Da das nach der – wie dargelegt, revisionsrechtlich nicht zu beanstandenden – Auffassung des OLG hier nicht der Fall war, hat das Gericht rechtsfehlerfrei eine Anpassung des vereinbarten Unterhaltsbeitrages an den veränderten Kaufkraftwert der DM – in dem mit der Widerklage begehrten Umfang – vorgenommen. Die Revision rügt in diesem Zusammenhang, das OLG habe den Vortrag des Kl. unberücksichtigt gelassen, den Parteien sei schon bei Abschluß des Vergleichs bekannt gewesen, daß ein stetiger Kaufkraftverlust der DM stattfinde; infolgedessen hätten sich die bei Abschluß des Vergleichs zugrunde gelegten Verhältnisse nicht geändert, vielmehr sei nur das eingetreten, was ohnehin zu erwarten gewesen sei. Das trifft in dieser Form nicht zu. Der Kl. hat – im Berufungsrechtszug – lediglich geltend gemacht, die Vereinbarung v. 13. 4. 1973 sei zu einer Zeit getroffen worden, in der die Kaufkraft der DM schon ins Wanken geraten war ..., vor und zu jener Zeit habe die DM schon fortgesetzt an Kaufkraft verloren ... In diesem Vortrag war indessen nicht zugleich die Behauptung enthalten, daß damit ein laufender Kaufkraftverlust der DM Geschäftsgrundlage der Vereinbarung gewesen wäre mit der Folge, daß die Parteien deshalb eine Anpassung ausgeschlossen hätten. Der Umstand allein, daß die Währung bei Abschluß des Vergleichs nicht

stabil war, steht einer Anpassung des seinerzeit vereinbarten Unterhaltsbeitrages mit Rücksicht auf den inzwischen eingetretenen Kaufkraftverlust unter dem Gesichtspunkt des § 242 BGB – aus den oben dargelegten Gründen – nicht entgegen. Diese Entscheidung des OLG ist allerdings nicht in dem Sinn zu verstehen, daß danach in Zukunft laufende Fortschreibungen des Unterhaltsbeitrages ohne Rücksicht auf die Entwicklung der beiderseitigen Lebensverhältnisse der Parteien – allein unter Berufung auf den Kaufkraftverlust der DM – in Betracht kommen könnten. Im gegenwärtigen Verfahren sind jedoch keine Umstände vorgetragen worden, die der Anpassung des Unterhaltsbeitrages in dem begehrten Umfang entgegenstehen.

BGH v. 30. 1. 85 – IVb ZR 67/83 – FamRZ 85, 371 = NJW 85, 1340

R251 *(Zur Verurteilung über einen freiwillig bezahlten Betrag hinaus)*

a I 1a) Ein Urteil, das eine Unterhaltsrente über freiwillig bezahlte Beträge hinaus zuspricht, ergeht auf eine entsprechende Teilklage des Unterhaltsberechtigten. Dieser gibt durch seinen Klageantrag zu erkennen, daß er lediglich die Titulierung eines Teils seines Unterhaltsanspruchs begehrt, nämlich des sog. Spitzenbetrages, während er hinsichtlich des sog. Grund- oder Sockelbetrages voraussetzt, daß dieser nicht nur derzeit, sondern auch künftig freiwillig bezahlt wird, so daß es einer gerichtlichen Entscheidung darüber nicht bedarf. Ein derartiges prozessuales Vorgehen des Unterhaltsberechtigten bietet wegen der damit verbundenen Kostenersparnis Vorteile, hat aber andererseits auch Nachteile. So unterbricht etwa die Erhebung einer Teilklage nicht die Verjährung des weiteren Anspruchs (vgl. BGHZ 85/367, 370 ff.). Auch ist die Rechtswirkung des zusprechenden Urteils geringer als diejenige eines Urteils, das den gesamten Unterhaltsanspruch tituliert. Allgemein reicht nach § 322 I ZPO die Rechtskraft eines Urteils nur soweit, als es über den erhobenen Anspruch entschieden hat. Bei der Geltendmachung von Teilansprüchen ergreift die Rechtskraft nur diesen Teil, so daß das Urteil, das einen Teilanspruch zuspricht oder aberkennt, nicht darüber Rechtskraft bewirkt, ob dem Kläger mehr als der geltend gemachte Teil oder noch andere Ansprüche aus dem Sachverhalt zustehen, selbst wenn sich das Urteil darüber ausläßt (es folgen Nachweise). Dieser Grundsatz war bereits in der Rechtsprechung des Reichsgerichts anerkannt (Nachweise) und entspricht auch der herrschenden Meinung im Schrifttum (es folgen Nachweise). Gegenüber § 322 I ZPO versagen logische Erwägungen, wie etwa, daß die Zuerkennung des Restbetrages einer Forderung die Bejahung der Gesamtforderung voraussetzt. Die Rechtskraft reicht in diesen Fällen nicht soweit wie die Folgerichtigkeit der Entscheidungsgründe; diese nehmen an der Rechtskraft nicht teil (es folgen Nachweise). Daraus folgt für Unterhaltsurteile der hier in Rede stehenden Art, daß sie den Unterhaltsanspruch nur in Höhe des titulierten Teiles rechtskräftig feststellen. Zwar setzt die Verurteilung zur Zahlung des Spitzenbetrages materiell-rechtlich voraus, daß der Kläger außer diesem auch den freiwillig bezahlten Betrag beanspruchen kann. Bis zur Höhe dieses Betrages ist der Unterhaltsanspruch aber nicht Streitgegenstand des Verfahrens (so schon Senatsurteil vom 3. 2. 1982 – IV b ZR 601/80 – FamRZ 82/479, 480), sondern nur ein für die zutreffende Entscheidung vorgreifliches Rechtsverhältnis, das als bloßes Urteilselement an der Rechtskraft nicht teilnimmt (vgl. dazu auch BGHZ-GSZ-13/265, 278; BGHZ 42/340, 350; 83/391, 394 f.). Danach geht das OLG zu Unrecht davon aus, daß die in den Vorprozessen ausgeurteilten Unterhaltsbeträge rechtskräftig „als Spitzenbeträge" feststünden. Die Bindung für nachfolgende Prozesse ist nicht anders zu beurteilen, als wenn es sich um entsprechende Grund- oder Sockelbeträge gehandelt hätte. Im Ergebnis zutreffend meint das OLG, daß die Kläger den hier streitbefangenen Teil ihrer Ansprüche durch die nicht den Bindungen des § 323 ZPO unterworfene Leistungs-(Nachforderungs-)Klage geltend machen müssen, wie es auch geschehen ist. In seinem Urteil vom 16. 1. 1985 (IV b ZR 62/83) hat der Senat dargelegt, daß der Unterhaltsschuldner, der in Fällen der vorliegenden Art aufgrund veränderter Verhältnisse nicht nur die freiwilligen Zahlungen einstellen, sondern auch eine Herabsetzung des titulierten Unterhaltsanspruchs erreichen will, die Abänderungsklage nach § 323 ZPO erheben muß, da er anders die Rechtskraft des Urteils nicht durchbrechen kann. Im vorliegenden Fall geht es indessen um die prozessualen Möglichkeiten des Unterhaltsgläubigers. Wie bereits ausgeführt, ist sein Unterhaltsanspruch nur im Umfang des titulierten Teils rechtskräftig zuerkannt; Rechtskraftwirkungen darüber hinaus bestehen nicht. Zwar hat der BGH entschieden, daß die Abänderungsklage nicht auf die Fälle beschränkt ist, in denen eine Rechtskraftwirkung beseitigt werden muß (BGHZ 34/110, 116). In der gleichen Entscheidung ist aber auch ausgeführt, daß die Nachforderungsklage zu erheben ist, wenn der Kläger im ersten Verfahren nur eine Teilklage erhoben hat (a.a.O., Seite 118 f.). Dem hat sich der Senat bereits in seinem Urteil vom 18. 4. 1984 (IVb ZR 59/82 – FamRZ 84/772, 773) angeschlossen. In dem zugrunde liegenden Fall hatte der Unterhaltsgläubiger zunächst Titel der hier in Rede stehenden Art erwirkt, in einem dritten Vorprozeß aber die Titulierung des Gesamtanspruchs erbeten. Nachdem dies geschehen war, war er, wie der Senat ausgesprochen hat, wegen weiterer Erhöhungen seines Unterhalts auf die Abänderungsklage verwiesen, die nur auf Gründe gestützt werden konnte, die nach dem Schluß der mündlichen Verhandlung im dritten Vorprozeß entstanden waren. Für die

Anhang R. Rechtsprechung **R252**

Frage, ob in diesen Fällen die Abänderungs- oder die Leistungsklage zulässig ist, kommt es danach entscheidend darauf an, ob der Unterhaltsgläubiger sich zuvor auf eine oder mehrere Teilklagen beschränkt oder ob er bereits seinen gesamten Unterhaltsanspruch eingeklagt und das Gericht darüber entschieden hat. Im ersten Fall ist für die Mehrforderungen die Leistungsklage gegeben und nur diese, im zweiten die Abänderungsklage mit ihren besonderen Zulässigkeitsvoraussetzungen. Wenn – wie hier – ausschließlich Urteile vorliegen, die eine Unterhaltsrente über freiwillig bezahlte Beträge hinaus zusprechen, handelt es sich eindeutig nur um solche über Teilklagen, die keine Entscheidung über den Unterhaltsanspruch insgesamt getroffen haben. Die Titulierungslücke, die im Umfang des freiwillig bezahlten Betrages besteht, ist nur durch eine Leistungsklage zu schließen. Für eine Anpassung nach § 323 ZPO ist dann kein Raum, entgegen der vom Kl. beiläufig geäußerten Auffassung auch nicht, wenn der Unterhaltsgläubiger mehr Unterhalt will als die Summe des nicht titulierten Sockelbetrags und des Spitzenbetrags (a. A. offenbar auch OLH Schleswig, SchlHA 81/67 – LS). Die Beschränkung des Unterhaltsgläubigers auf die Leistungsklage vor der gerichtlichen Entscheidung über seinen Gesamtanspruch ist für ihn nicht nur von Vorteil: Mit dieser Klage hat er ohne Rücksicht auf das Ergebnis des Vorprozesses sämtliche Anspruchsgrundlagen neu vorzutragen und notfalls zu beweisen; er ist wiederum allen Einwendungen des Beklagten ausgesetzt, auch solchen, die im Vorprozeß bereits abschlägig beschieden worden sind (BGHZ 34/110, 117). Diese Folgen muß er in Kauf nehmen, weil er sich im Vorprozeß auf eine Teilklage beschränkt hat.

(An dem Lebensbedarf im Zeitpunkt der Scheidung ist auch ein späterer Unterhalt auszurichten)

II 2) Darüber hinaus war es nach § 1578 I BGB notwendig, zunächst den den ehel. Lebensverhältnissen im Zeitpunkt der Scheidung entsprechenden Lebensbedarf festzustellen, weil an diesem die Bemessung des Unterhalts auch in späteren Zeiträumen auszurichten ist. **b**

(Für die Unterhaltsbemessung maßgeblicher Zeitraum)

III 2) Anders als beim Unterhaltsanspruch des gesch. Ehegatten, dessen Maß sich nach den ehel. Lebensverhältnissen richtet, wird die Lebensstellung eines Kindes (§ 1601 I BGB) in wirtschaftlicher Hinsicht nicht durch den Zeitpunkt der Auflösung der Ehe seiner Eltern festgelegt. Es nimmt an der Entwicklung des Lebensstandards des barunterhaltspflichtigen Elternteils in ähnlicher Weise teil wie während der intakten Ehe der Eltern (FamRZ 1983/473). Danach ist der in diesem Zusammenhang wiederholte Hinweis der Revision auf eine sparsame Lebensführung der Familie während der Ehe unerheblich. Die Kl. zu 2) und 3) sind ungeachtet ihrer Volljährigkeit noch wirtschaftlich unselbständig, so daß es im wesentlichen auf die Einkommens- und Vermögensverhältnisse des Bekl. in den Zeiträumen ankommt, für die Unterhalt gefordert wird. **c**

BGH v. 30. 1. 85 – IVb ZR 70/83 – FamRZ 85, 471

(Maßgeblichkeit des zuletzt erzielten Einkommens bei stetiger Weiterentwicklung der Einkünfte) **R252**

II 2a) Um Zufallsergebnisse zu vermeiden, darf bei Einkünften aus selbständiger Tätigkeit von einem mehrjährigen Durchschnitt ausgegangen werden, wenn mit Schwankungen in der Zukunft zu rechnen ist (FamRZ 82/151; FamRZ 82/680 und FamRZ 83/680). Es wird im Einzelfall allerdings auch in Betracht kommen, daß der Tatrichter das zuletzt erreichte Einkommen zugrunde legt, wenn mit einer stetigen Weiterentwicklung der Einkünfte zu rechnen ist. **a**

(Abzug beim Verpflichteten)

II 2a) Es fehlt an einer tatrichterlichen Feststellung, ob die für die Alters- und Krankheitsvorsorge aufgewendeten Beträge angemessen sind, ferner an der Überprüfung, ob die steuerlich erklärten Einkünfte zur Ermittlung des unterhaltsrechtlich maßgebenden Einkommens um allein steuerrechtlich relevante Beträge (Abschreibungen, Freibeträge usw.) korrigiert werden müssen (FamRZ 80/770 und FamRZ 84/39, 41), und an der ebenfalls dem Tatrichter obliegenden Prognose, welches Einkommen für den in Frage stehenden Zeitraum zugrunde zu legen ist. b) Die Revision rügt mit Erfolg, daß das Berufungsgericht auf seiten des Ehemanns von monatlichen Nettoeinkünften von 4200 DM ausgegangen ist, ohne hinreichend seinen Vortrag zu beachten, wonach er von diesen schriftsätzlich erklärten Einkünften noch erhebliche Aufwendungen für eine angemessene Alters- und Krankheitsvorsorge zu bestreiten hatte. Als den ehelichen Lebensstandard prägend können nur solche Einkünfte berücksichtigt werden, die für die allgemeine Lebensführung der Eheleute tatsächlich zu Verfügung gestanden haben. Das in die Berechnung des Unterhaltsbedarfs einfließende Einkommen muß daher zunächst auf denjenigen Betrag „bereinigt" werden, der dieser Voraussetzung entspricht. **b**

(Bei der Hochrechnung auf ein fiktives Bruttoentgelt sind außer den Sozialversicherungsbeiträgen auch die Lohnsteuer zu berücksichtigen)

c II 3 c) Die vom Berufungsgericht zur Bemessung des Vorsorgeunterhalts verwendete sogenannte mehrstufige Berechnungsmethode hat der Senat bereits mehrfach gebilligt (FamRZ 1983/888 m. w. N.). Jedoch reicht es für die an der Regel des § 14 II SGB IV orientierte Hochrechnung des „vorläufigen" Elementarunterhalts auf ein fiktives Bruttoarbeitsengelt nicht aus, die Sozialversicherungsbeiträge (seinerzeit 18,5 %) zu berücksichtigen. Die vom Senat gebilligte Berechnungsmethode geht vielmehr davon aus, daß außer den Beiträgen zur gesetzlichen Rentenversicherung und dem Beitrag an die Bundesanstalt für Arbeit auch die aus dem Bruttoeinkommen abzuführende Lohnsteuer bei der Hochrechnung einbezogen wird (FamRZ 1981/442, 444).

(Zu Erträgen aus Verkaufserlös für gemeinschaftliches Haus)

d II 3 d) Entgegen der vom Berufungsgericht vertretenen Auffassung wird die Bedürftigkeit der Ehefrau dadurch gemindert, daß sie aus der Verwertung ihres Grundeigentums Kapital erlangt hat und daraus Nutzungen zieht. § 1577 I BGB bestimmt, daß der geschiedene Ehegatte Unterhalt nicht verlangen kann, solange und soweit er sich aus seinen Einkünften und seinem Vermögen selbst unterhalten kann. Erträge aus Kapitalvermögen mindern dabei – im Gegensatz zum Stamm des Vermögens (vgl. dazu § 1577 III BGB) – in jedem Fall den Unterhaltsbedarf des Berechtigten (nicht veröffentlichtes Senatsurteil vom 4. 4. 84 – IV b ZR 77/82). Da das Gesetz nicht nach der Herkunft des Kapitals unterscheidet, ist es unerheblich, ob es erst als Zugewinnausgleich oder aus dem Verkauf gemeinschaftlichen Eigentums der Eheleute erwachsen ist (FamRZ 85/357 = NJW 85/909). Das Berufungsgericht wird daher bei der erneuten Entscheidung den Vortrag des Ehemannes berücksichtigen müssen, wonach die Ehefrau aus der Anlage eines Verkaufserlöses von 220 000,– DM Kapitalerträge von monatlich mehr als 1700,– DM erzielt, und es wird feststellen müssen, in welcher Höhe diese Erträge nach Abzug von Steuern und Werbungskosten unterhaltsdeckend verfügbar sind.

(Vorrang des Geschiedenen gegenüber Volljährigen. Parteistellung des Volljährigen im Unterhaltsrechtsstreit)

e II 3 e) Entgegen der Auffassung der Revision mindert sich die Leistungsfähigkeit des Ehemannes indessen nicht um die Beträge, die er als Unterhalt an seine volljährigen Söhne zahlt; denn ihnen gegenüber kommt dem Unerhalt der geschiedenen Ehefrau Vorrang zu (§ 1609 II Satz 2 BGB).
Hat ein Ehegatte im Verbundverfahren rechtzeitig die Regelung der gesetzlichen Unterhaltspflicht gegenüber einem minderjährigen ehelichen Kind begehrt, dann tritt das Kind selbst als Partei in das Verfahren ein, wenn es volljährig geworden ist und infolgedessen sein Elternteil die Befugnis verloren hat, im eigenen Namen Unterhaltsansprüche des Kindes gegen den anderen Elternteil geltend zu machen.
III 1) Der Sohn Matthias ist im Verlaufe des Revisionsverfahrens volljährig geworden. Damit ist hinsichtlich dieses Kindes die Prozeßführungsbefugnis der Ehefrau entfallen. Für ein Verfahren, in dem die Entscheidung über den Kindesunterhalt nicht für den Fall der Scheidung zusammen mit dem Scheidungsantrag begehrt worden war, sondern in einem isolierten Unterhaltsverfahren, hat der Senat entschieden, daß das volljährig gewordene Kind selbst in den Rechtsstreit eintritt und ihm nunmehr die verfahrensrechtliche Disposition zusteht (FamRZ 1983/474, 475). Im vorliegenden Fall, in dem das Verfahren in erster Instanz zusammen mit dem Scheidungsantrag geführt worden ist, kann nichts anderes gelten.
Durch die Regelung des § 1629 III BGB wollte der Gesetzgeber vermeiden, daß ein minderjähriges Kind als Partei am Scheidungsverfahren seiner Eltern beteiligt wird. Daß auch ein volljähriges Kind, dessen Unterhaltsregelung ebenfalls eine Familiensache nach § 621 I Nr. 4 ZPO darstellt, am Scheidungsverfahren seiner Eltern nicht beteiligt sein kann, läßt sich dem Gesetz nicht entnehmen. Die Beteiligung des ehel. Kindes am Scheidungsverfahren seiner Eltern folgt aus der ges. Regelung, nach der über die ges. Unterhaltspflicht gegenüber einem ehel. Kind (§ 621 I Nr. 4 ZPO) zusammen mit einem (erfolgreichen) Scheidungsantrag zu entscheiden ist, wenn dies von einem Ehegatten rechtzeitig begehrt wird, solange das Kind (noch) minderjährig ist (§ 623 I S. 1 ZPO). Endet in einem solchen Fall die Prozeßführungsbefugnis des vertretungsberechtigten Elternteils, weil das Kind das 18. Lebensjahr vollendet hat, müßte ein gleichwohl von dem Elternteil aufrechterhaltenes Unterhaltsbegehren als unzulässig abgewiesen werden. Der bereits bestehenden Beteiligung des Kindes am Rechtsstreit kann daher auf keine andere Weise Rechnung getragen werden als durch die Einräumung einer eigenen Parteistellung.
Ob es aus Gründen des Einzelfalles geboten ist, daß in entsprechender Anwendung des § 628 I S. 3 i.V. mit § 623 I S. 2 ZPO „diese Familiensache abgetrennt" wird, braucht der Senat nicht zu entscheiden. Im vorliegenden Fall besteht dazu kein Anlaß; mit dem Scheidungsausspruch sind die Rechtsmittelinstanzen nicht befaßt.
Demgemäß ist in der mündl. Verhandlung vor dem Senat das Kind Matthias selbst als Partei –

Anhang R. Rechtsprechung   R254

nämlich als Kl. und Revisionsbekl. zu 2) – aufgetreten. Das ändert jedoch nichts am Bestand der Entscheidungen der Vorinstanzen in dem Umfang, in dem sie von der Ehefrau aufgrund ihrer seinerzeit gegebenen Prozeßführungsbefugnis beauftragt worden waren und von dem Rechtsmittel des Ehemannes nicht betroffen sind. Es gibt keinen Grund, der es rechtfertigen könnte, dem volljährig gewordenen Kind die Rechte vorzuenthalten, die es in prozessual zulässiger Weise erlangt hat.

BGH v. 6. 3. 85 – IVb ZR 74/83 – FamRZ 85, 584 = NJW 85, 1339
(Unwirksamkeit der Bestimmung wegen tatsächlicher Undurchführbarkeit)   R254

Eine gemeinsame Unterhaltsbestimmung getrennt lebender Eltern gegenüber dem unverheirateten Kind, wonach dieses den vollen Unterhalt in Natur bei einem Elternteil entgegenzunehmen hat, wird wegen tatsächlicher Undurchführbarkeit unwirksam, wenn die gewählte Art der Unterhaltsgewährung für das Kind nicht mehr erreichbar ist, etwa weil dieser Elternteil sich einseitig von einer entsprechenden Vereinbarung löst. (L. S.)   a

1a) Ein unverheiratetes Kind kann seinen Unterhalt nicht in Form einer Geldrente fordern, wenn die Eltern wirksam bestimmt haben, daß der Unterhalt durch Gewährung von Kost und Wohnung geleistet und Barbeträge lediglich als Taschengeld und für zweckbestimmte Sachaufwendungen zur Verfügung gestellt werden sollen (sog. Naturalunterhalt; FamRZ 81/250 = NJW 81/574). Die Bekl. hat vorgetragen, der Vater der Kl. habe nach ihrem Auszug aus der ehelichen Wohnung erklärt, er übernehme die Betreuung der Kinder und komme auch für deren Barbedarf allein auf. So sei die Unterhaltsgewährung auch bis nach Rechtskraft der Scheidung tatsächlich gehandhabt worden. Sie habe hierwegen keinen Unterhalt von dem Vater der Kl. verlangt. Da das OLG unterstellt hat, daß der Vater die behauptete Erklärung abgegeben hat, ist für die Revisionsinstanz von dem Zustandekommen einer elterlichen Vereinbarung des Inhalts auszugehen, daß der Vater den vollen Unterhalt in Natur gewähren und gegenüber den Kl. eine entsprechende gemeinsame Unterhaltsbestimmung der Eltern erfolgen sollte. In der tatsächlichen Handhabung der Unterhaltsgewährung gegenüber den Kl. in der Folgezeit kann auch eine dieser Vereinbarung entsprechende elterliche Unterhaltsbestimmung durch schlüssiges Verhalten gesehen werden (FamRZ 83/369 = NJW 83/2198).

b) Eine Bestimmung im Sinn von § 1612 II 1 BGB, die geschuldeten Unterhalt tatsächlich verweigert, ist unwirksam. Allerdings kann ein solcher Fall nicht schon dann angenommen werden, wenn der Verpflichtete nicht in Person, sondern durch einen Dritten Unterhalt leisten will. So ist eine elterliche Bestimmung als unbedenklich angesehen worden, den Unterhalt von einem anderen erwachsenen Kinde entgegenzunehmen, dem von den Eltern ein Grundstück überlassen worden war (KGJ 53/25). Das RG hat die Bestimmung eines getrennt lebenden Vaters als wirksam angesehen, daß das Kind von der Mutter, der er die dafür erforderlichen Mittel zur Verfügung gestellt hatte, in Natur versorgt werde (WarnRspr. 1913 Nr. 188). Auch sonst grenzt das OLG den Spielraum der Eltern für eine einvernehmliche Unterhaltsbestimmung im Fall des Getrenntlebens zu eng ein. Es ist denkbar, daß sich im vorliegenden Fall der Vater zur Leistung vollen Unterhalts in Natur an die Kl. bereit erklärt hat, weil ihm die Bekl. auf anderem Gebiet Zugeständnisse gemacht hat. Eine darauf fußende elterliche Unterhaltsbestimmung wäre rechtlich bedenkenfrei gewesen. Davon ist der Senat bereits in seinem Urteil vom 26. 10. 1983 (FamRZ 84/37, 38 = NJW 84/305) ausgegangen. Für den von der Klage erfaßten Zeitraum kann sich die Bekl. aber aus einem anderen Grund nicht auf die von ihr geltend gemachte Unterhaltsbestimmung berufen.

c) Zum Schutz des Kindes ist in der Rechtsprechung des RG schon früh (JW 1901/870, 871) der Grundsatz entwickelt worden, daß die Verweisung auf ausschließlichen Naturalunterhalt nur dann wirksam ist und bleiben kann, wenn diese Art der Unterhaltsgewährung für das unterhaltsberechtigte Kind tatsächlich erreichbar ist und es nicht ohne eigenes Verschulden außerstande ist, der entsprechenden Unterhaltsbestimmung Folge zu leisten (RGZ 57/69, 77; RGJW 1911/53, 54; BGH NJW 81/574). Die tatsächliche Undurchführbarkeit, die einer elterlichen Unterhaltsbestimmung die Wirksamkeit nimmt, ist gerade für Fälle angenommen worden, in denen Streitigkeiten zwischen den Eltern aufgekommen waren, etwa wenn das Kind den Unterhalt in Natur beim Vater entgegennehmen sollte, die Mutter es diesem aber widerrechtlich vorenthielt. Im vorliegenden Fall ist den Kl. ein Unterhalt in der ursprünglich abredegemäß bestimmten Form tatsächlich nicht mehr angeboten worden. Sie könnten auf keinen Fall darauf verwiesen werden, den Vater zur Einhaltung der früheren Vereinbarung anzuhalten. Die rechtliche Folge ist vielmehr, daß die gewählte Art der Unterhaltsgewährung vom Standpunkt der Kläger aus undurchführbar geworden und ihr grundsätzlich bestehender Anspruch auf Unterhalt durch Gewährung einer Geldrente nach § 1612 I 1 BGB wieder aufgelebt ist.

Dem steht nicht das Urteil des Senats vom 1. 6. 1983 (FamRZ 83/892 = NJW 83/2200) entgegen, in dem u. a. dargelegt ist, daß sich ein Elternteil nicht ohne besondere Gründe einseitig von einer mit dem anderen Elternteil getroffenen Vereinbarung über die Art der Unterhaltsgewährung lösen kann. In dem zugrundeliegenden Fall war die tatsächliche Durchführbarkeit der der bestehenden

1265

R 256   Anhang R. Rechtsprechung

Vereinbarung entsprechenden Unterhaltsbestimmung nicht in Frage gestellt, weil der nicht vertragstreue Elternteil ohnehin Barunterhalt leisten und nicht – wie hier – u. a. ausschließlich von seinem Willen abhängige Versorgungsleistungen erbringen sollte. Nur unter der Voraussetzung, daß die der Vereinbarung entsprechende Unterhaltsgewährung für das Kind erreichbar bleibt, kann jedenfalls an dem im Urteil vom 1. 6. 1983 aufgestellten Grundsatz, daß eine einseitige Lösung von einer derartigen Vereinbarung unbeachtlich ist, festgehalten werden. Hier hatte die Bekl. ohnehin gemäß § 1612 II 3 BGB in der Zeit, in der das Sorgerecht für die damals noch minderjährigen Kinder allein dem Vater übertragen war, kein Recht auf Unterhaltsbestimmung für dieses Kind, weil es nicht in ihren Haushalt, sondern in denjenigen des Vaters aufgenommen war. In dieser Zeit konnte der Vater wirksam eine anderweitige Unterhaltsbestimmung treffen.

(Willensrichtung des zuwendenden Dritten, der auch ein Elternteil sein kann)

b   2) Die unterhaltsrechtliche Bedürftigkeit der Kl. (volljähriges Kind) ist durch die tatsächliche Unterhaltsgewährung des Vaters nicht entfallen. Die Kl. selbst hatte aus der von der Bekl. (Mutter) geltend gemachten Elternvereinbarung jedenfalls keinen Rechtsanspruch auf Gewährung vollen Unterhalts gegen den Vater. In der Vereinbarung lag weder ein entsprechender echter Vertrag zu ihren Gunsten (FamRZ 82/587 = NJW 83/684), noch konnte durch sie zu ihren Lasten der Unterhaltsanspruch gegen die Bekl. eingeschränkt oder aufgehoben werden (FamRZ 80/342, 343). Bei Zuwendungen Dritter, auf die der Unterhaltsberechtigte keinen Anspruch hat, hängt die Anrechenbarkeit von der Willensrichtung des Zuwendenden ab; eine Entlastung des Unterhaltspflichteten tritt nicht ein, wenn dieser nur den Unterhaltsberechtigten selbst unterstützen wollte (FamRZ 80/40 = NJW 80/344; FamRZ 80/879). Nach der Erklärung der Bekl. in der Berufungsverhandlung will sie selbst nicht behaupten, der Vater habe der Kl. Unterhalt mit dem Willen geleistet, dadurch die Verpflichtung beider Elternteile zu erfüllen. Das OLG hat zusätzlich aus einem Anwaltsschreiben gefolgert, daß der Vater mit der Unterhaltsgewährung an die Kl. die Bekl. nicht entlasten wollte. Insgesamt ist die tatrichterliche Würdigung, die nach den gegebenen Umständen naheliegt, rechtlich bedenkenfrei. Daß die Unterhaltsleistungen des Vaters keine Erfüllung der auf eine Unterhaltsrente gerichteten Ansprüche der Kl. gegen die Bekl. bewirkt haben, wurde zutreffend dargelegt. Wenn die Leistung durch einen Dritten erfolgt (§ 267 BGB), muß dieser den Willen haben, die fremde Schuld zu tilgen, und dies auch zum Ausdruck bringen (NJW 80/452). Der Anspruch der Kl. auf eine Geldrente gegen die Bekl. ist danach unter keinen rechtlichen Gesichtspunkten durch die tatsächliche Unterhaltsgewährung des Vaters berührt worden.

BGH v. 3. 4. 85 – IVb ZR 14/84 – FamRZ 85, 1245

R 256   *(Verschärfte Erwerbsobliegenheit des Volljährigen, Teilerwerbsobliegenheit einer Mutter von 3 Kindern im Alter von 2, 7 und 16 Jahren, die von ihren Eltern Unterhalt will. Grundsatz der wirtschaftlichen Eigenverantwortung des Volljährigen)*

B II 3 b aa) Im Rahmen von Ansprüchen nach § 1601 BGB sind daher schärfere Anforderungen an die Erwerbsobliegenheit des Unterhaltsberechtigten zu stellen. Wenn es sich – wie hier – darum handelt, ob ein erwachsenes, gesundes Kind, das sich nicht in der Ausbildung befindet, seine Eltern in Anspruch nehmen kann, steht die Beurteilung, dieses sei außerstande, seinen Lebensunterhalt selbst zu verdienen, unter strengen Voraussetzungen. Die Vorschrift des § 1602 I BGB gibt der wirtschaftlichen Eigenverantwortung den Vorrang. Der gesunde Volljährige ist gehalten, auch berufsfremde Tätigkeiten aufzunehmen. Ihm sind auch Arbeiten unterhalb seiner gewohnten Lebensstellung zuzumuten. Für die Obliegenheit des erwachsenen Unterhaltsgläubigers zur Nutzung seiner Arbeitskraft gelten mithin ähnliche Maßstäbe wie für den barunterhaltspflichtigen Elternteil im Verhältnis zu dem minderjährigen Kind (FamRZ 1985/273, 274). bb) Daraus folgt ohne weiteres, daß die Kl. nicht deshalb von der Teilerwerbsobliegenheit befreit ist, weil sie den Sohn R. zu betreuen hat, der zu Beginn des Anspruchszeitraums bereits 16 Jahre alt war. Die Versorgung eines Kindes dieses Alters, das die Schule besucht, begründet nicht einmal nach § 1570 BGB einen Unterhaltsanspruch seiner Mutter gegen ihren gesch. Mann, den Vater des Kindes. Das Heranwachsen eines Kindes in dieses Alter eröffnet dem betreuenden Elternteil vielmehr in aller Regel die Möglichkeit, eine Vollzeitbeschäftigung aufzunehmen (FamRZ 1984/149). Daß daneben eine Tochter zu betreuen ist, die zu Beginn des Anspruchszeitraumes nahezu sieben Jahre alt, also bereits schulpflichtig ist, würde zwar im Recht des Kindes nachehel. Unterhalts im allgemeinen noch für eine kurze Zeit einer Erwerbsobliegenheit der Mutter entgegenstehen (FamRZ 1984/356). Da die Erwerbsanforderungen im Unterhaltsrechtsverhältnis zu dem Vater der Unterhaltsgläubigerin, der für das Kind keine gesteigerte Mitverantwortung trägt, jedoch erheblich höher sind, hindert die Betreuung auch dieses Kindes, das jedenfalls während der Schulzeit weithin versorgt ist, eine Teilerwerbsobliegenheit der Kl. nicht. Eine Teilerwerbsobliegenheit ist schließlich auch nicht deshalb zu verneinen, weil die Kl. zusätzlich

Anhang R. Rechtsprechung   R257

zu der ihr verbleibenden Versorgung der älteren Kinder noch das dritte, zu Beginn des Anspruchszeitraums zwei Jahre alte Kind zu betreuen hat. Das OLG hat nicht festgestellt, daß die Kl. – bei entsprechender Fremdbetreuung dieses jüngsten Kindes – einem Teilzeiterwerb nicht nachzugehen vermöchte. Eine solche Beurteilung widerspräche auch angesichts der von der Revision zu Recht hervorgehobenen Vielzahl alleinstehender und gleichwohl berufstätiger Mütter der Erfahrung des Lebens. Daß die Kl. sich so nicht verhalten will, befreit sie nicht von der Obliegenheit zu einem Teilzeiterwerb. Wie der Senat in dem Urteil v. 6. 12. 1984 (FamRZ 1985/273) entschieden hat, steht es – wie im Falle des § 1615 l II S. 2 und 3 BGB im Verhältnis zu dem ne. Erzeuger, so auch im Verhältnis zu den nachrangig zu Unterhalt haftenden Eltern – nicht im Belieben der Kindesmutter, ob sie selbst das Kind versorgen möchte. Hier wie dort ist nicht schon ihre Willensentscheidung beachtlich, das Kind ausschließlich selbst zu versorgen und zu erziehen. In der konflikthaften Situation würde vielmehr der (Teil-)Erwerbsobliegenheit der Kindesmutter nur entgegenstehen, daß die ganztägige Betreuung und Versorgung des Kindes durch sie selbst in dessen – objektivem – Interesse erforderlich ist, weil eine Möglichkeit zu einer Teilzeitversorgung, z. B. in einer Tagesheimstätte, in einem Kindergarten oder bei Verwandten, nicht besteht. Damit sind die Ausführungen unvereinbar, mit denen das OLG die Ansicht vertreten hat, die Kl. dürfe sich, ohne daß ihr im Verhältnis zum Bekl. unterhaltsrechtliche Nachteile entständen, dafür entscheiden, die jüngeren Kinder selbst zu betreuen und zu erziehen; sie brauche also damit keine Einrichtungen (wie Kindergärten und Kindertagesheime) oder die Großeltern zu betrauen.
c aa) Die kraft Sorgerechts bestehende Befugnis der Kindesmutter zur Bestimmung der Modalitäten der Erziehung kann das unterhaltsrechtliche Verhältnis zu ihren Eltern nicht bestimmen (anders allein für den Barunterhaltsanspruch eines minderjährigen Kindes; FamRZ 1983/48). Die – im Regelfall wohl beste – vollständige Selbstbetreuung der Kinder zu wählen, steht der Mutter zwar kraft ihres Sorgerechtes frei. Damit ist aber nichts darüber gesagt, daß sie diese Entscheidung auf Kosten ihrer Eltern treffen könnte. Ein solches Recht stände ihr – wie dargelegt – nicht einmal im ersten Jahr nach der Entbindung gegenüber dem vorrangig haftenden Kindesvater zu (§ 1615 l II S. 2 und 3, III S. 2 BGB). bb) Die Regelung in § 1603 BGB gibt entgegen der Auffassung des OLG für die Beurteilung der hier zu entscheidenden Frage nichts Entscheidendes her. Nach § 1603 I BGB besteht allerdings Unterhaltspflicht unter Verwandten nur bis zur Grenze der Gefährdung des eigenen angemessenen Unterhalts; gegenüber minderjährigen unverheirateten Kindern hingegen sind Eltern verpflichtet, alle verfügbaren Mittel zu ihrem und der Kinder Unterhalt gleichmäßig zu verwenden (§ 1603 II S. 1 BGB). Daraus ergäben sich, worauf die Revision zu Recht hinweist, unterschiedlich hohe Anforderungen an die Kl., wenn diese von dem Bekl. und von ihren Kindern auf Unterhalt in Anspruch genommen würde. Darum geht es hier jedoch nicht. Die Unterhaltsverpflichtung des Bekl. gegenüber der Kl., also die Verpflichtung von Eltern gegenüber ihrem erwachsenen Kind, das seinerseits minderjährige Kinder hat, wird durch die Regelung in § 1603 II S. 1 BGB nicht tangiert, insbesondere nicht erweitert. cc) Schließlich sind die Befürchtungen des OLG zu möglicherweise auftretenden Problemen versorgungstechnischer Art im Falle einer Halbtagserwerbstätigkeit der Kl. bei entsprechender Fremdbetreuung der Kinder (mangelnde Versorgung im Krankheitsfall, etwaige Entfernungs- und Verkehrsprobleme, fehlende Koordinierung von Betriebs- und Kindergartenferien) nicht geeignet, die Kl. von vornherein davon zu entbinden, sich um eine in Frage kommende Arbeitsstelle zu bemühen. Insoweit handelt es sich bisher um abstrakte Überlegungen des OLG. Daß die genannten Schwierigkeiten notwendig auftreten müßten und aus tatsächlichen Gründen eine Halbtagsbeschäftigung zwingend ausschlössen, hat das OLG nicht festgestellt; das widerspräche auch – wiederum – angesichts der Vielzahl von Arbeitsverhältnissen alleinstehender erwerbstätiger Mütter auch kleinerer Kinder der Lebenserfahrung. Wie das OLG sieht, besteht im vorliegenden Fall u. U. sogar die Möglichkeit, daß die Kl. in demselben Kindergarten eine Anstellung findet, in dem ihr Kind betreut werden kann. Die Besorgnis, die Kl. könne bei Eingehung eines Arbeitsverhältnisses gehindert sein, ihr Kind zu pflegen, wenn dieses einmal erkranke, geht an der Vorschrift des § 616 I BGB in der Ausprägung durch die Rechtsprechung des BAG (NJW 1980/903 = FamRZ 1980/135 [LS.]) vorbei.

BGH v. 3. 4. 85 – IVb ZR 15/84 – FamRZ 85, 791 = NJW 85, 1699

(Anspruchsvoraussetzungen, Ende und Wiederaufleben eines Anspruches nach § 1573 I BGB, wenn die Erwerbstätigkeit nicht nachhaltig gesichert ist. Scheidung als frühester Zeitpunkt für die Beurteilung einer nachhaltigen Unterhaltssicherung; bei späterer Aufnahme einer Erwerbstätigkeit bedarf es einer objektiven Beurteilung aller Umstände; vorausschauende Betrachtung und nachträgliche Sicht)   R257

I 1a) Nach § 1573 I BGB kann ein geschiedener Ehegatte, dem grundsätzlich die Bestreitung seines Unterhalts durch Erwerbstätigkeit obliegt, gleichwohl Unterhalt verlangen, solange und soweit er nach der Scheidung keine angemessene Erwerbstätigkeit zu finden vermag. Dieser Anspruch findet mit der Aufnahme einer (ersten) angemessenen, zur Deckung des Unterhalts ausreichenden Er-   **a** werbstätigkeit nach der Scheidung sein Ende. Er lebt nach § 1573 I BGB indessen wieder auf, wenn die Einkünfte aus der angemessenen Erwerbstätigkeit wegfallen, weil es dem Berechtigten trotz seiner Bemühungen nicht gelungen war, den Unterhalt durch die aufgenommene Erwerbstätigkeit nach der Scheidung nachhaltig zu sichern.

Von welchem Zeitpunkt aus zu beurteilen ist, ob es dem Bedürftigen gelungen war, durch eine nach der Ehescheidung aufgenommene Erwerbstätigkeit seinen Unterhalt „nachhaltig zu sichern", hatte der Senat bisher nicht zu entscheiden. Er hat lediglich in Fällen vor der Scheidung bereits begonnener Erwerbstätigkeit als frühest möglichen Zeitpunkt für diese Beurteilung den der Scheidung angesehen (NJW 1985/430 = FamRZ 1985/53 [55]). Daran kann indessen in Fällen, in denen zur Zeit der Scheidung die erstrebte Erwerbstätigkeit noch nicht begonnen hatte und der Zeitpunkt ihrer Aufnahme noch nicht sicher abzusehen war, nicht angeknüpft werden. Hier muß der Zeitpunkt notwendigerweise später liegen.

Der Gesetzgeber hat bewußt darauf verzichtet, näher zu bestimmen, was unter nachhaltiger Sicherung des Unterhalts zu verstehen sei. Im Gesetzgebungsverfahren sind die Versuche, den dem Wiedergutmachungsrecht (§ 75 BEG) entnommenen Begriff zu konkretisieren, mit der Begründung aufgegeben worden, daß dieses in gesetzestechnisch einwandfreier Weise nicht möglich sei. In der zur Heranziehung empfohlener Rechtsprechung zum Entschädigungsrecht (vgl. Amtl. Begr. des RegE zum 1. EheRG, BT-Dr 7/650, S. 127) hat der BGH die Frage, ob eine Erwerbstätigkeit nachhaltig eine Lebensgrundlage gewähre, danach beurteilt, ob sie vom Standpunkt eines optimalen Betrachters im Zeitpunkt der Aufnahme der Tätigkeit nach objektiven Maßstäben und allgemeiner Lebenserfahrung mit einer gewissen Sicherheit als dauerhaft angesehen werden könne (BGH, RzW 1958/267; zu weiteren Entscheidungen vgl. die Zusammenstellung bei Vogt, FamRZ 1977/105). Die Nachhaltigkeit der Unterhaltssicherung aus einer vorausschauenden Betrachtung im Zeitpunkt der Aufnahme der Tätigkeit zu beurteilen („ex ante"), wird demgemäß auch von einem Teil des Schrifttums vertreten. Demgegenüber halten andere Autoren die Heranziehung der Rechtsprechung zu § 75 BEG nicht für geeignet, um unterhaltsrechtlich vertretbare Ergebnisse zu erreichen; sie befürworten eine nachträgliche Sicht („ex post"), weil von Nachhaltigkeit erst gesprochen werden könne, wenn die Sicherung des Unterhalts auf eine angemessene Zeitdauer gelungen sei, so daß sich der andere Ehegatte auf eine Inanspruchnahme auf Unterhalt nicht mehr einzustellen brauchte. Der vorliegende Fall nötigt nicht zu einer abschließenden Entscheidung der Streitfrage, denn hier führt die vorausschauende Betrachtung nicht zu einem von der nachträglichen Sicht abweichenden Ergebnis. Auch die Vertreter einer Ex-ante-Betrachtung gehen davon aus, daß die nachhaltige Sicherung des Unterhalts nicht aufgrund einer subjektiven Vorausschau nach dem Erkenntnisstand des Unterhaltsberechtigten oder des Unterhaltsverpflichteten zur Zeit der Aufnahme der Erwerbstätigkeit zu beurteilen ist, sondern daß eine objektive Betrachtung unter Einschluß aller Umstände geboten ist, die schon bei Beginn der Erwerbstätigkeit bestanden, auch wenn sie erst später zutage getreten sind (treffend als „nachträgliche Prognose" bezeichnet bei Massfeller-Böhmer-Coester, FamR, § 1573 BGB Anm. 4). Dazu gehörte hier neben der fachlichen auch die gesundheitliche Eignung der Kl. für die dauerhafte Ausübung der beabsichtigten Lehrtätigkeit. Wenn eine 30 Jahre alte Lehrerin zwei Tage nach ihrem ersten Dienstantritt wegen einer Nervenerkrankung dienstunfähig wird und ihre Dienstfähigkeit auch im Laufe zweier Jahre nicht einmal vorübergehend wiederhergestellt werden kann, rechtfertigt das selbst dann die Beurteilung, daß ihr für diesen Beruf schon bei Aufnahme des Dienstes die erforderliche gesundheitliche Eignung fehlte, wenn sich Krankheitssymptome vorher nicht gezeigt haben sollten. Danach wäre die Beurteilung des BerGer. selbst dann nicht rechtsfehlerhaft, wenn die Frage, ob der Unterhalt der Kl. nachhaltig gesichert war, nach einer Prognose im Zeitpunkt der Aufnahme der Tätigkeit zu entscheiden wäre.

(Zur Auskunftspflicht)

b II 1) Die Verurteilung des Bekl. zur Auskunftserteilung über sein gegenwärtiges Einkommen und auf Vorlage einer Gehaltsbescheinigung des Arbeitgebers hat das BerGer. wie folgt begründet: Zu den für die Unterhaltsbemessung maßgeblichen ehelichen Lebensverhältnissen gehöre nicht lediglich das zur Zeit der Scheidung vom Bekl. erzielte Einkommen nach BAT II a, sondern auch die bereits voraussehbare Einkommenssteigerung. Der Bekl. habe schon während der Ehe mit seiner Promotion begonnen. Es habe bereits damals der Lebenserfahrung entsprochen, daß er nicht auf Dauer wissenschaftlicher Mitarbeiter bleiben würde und daß seine Einkünfte sich nach der Promotion erheblich steigern würden. Demgegenüber vertritt die Revision den Standpunkt, daß die berufliche Entwicklung des Bekl. nach der Scheidung nicht vorhersehbar gewesen sei und deshalb auch nicht unterhaltsrechtlich zu berücksichtigen sei: Im Sommer 1978 habe lediglich festgestanden, daß der Arbeitsvertrag des Bekl. als wissenschaftliche Hilfskraft – nicht etwa als promovierter Hochschulassistent im Sinne des Hochschulrahmengesetzes – zum Ende des Jahres 1980 auslaufen werde und eine Weiterbeschäftigung an der Hochschule unwahrscheinlich sein würde. Die Promotion sei erst nach der Scheidung erfolgt. Die vom Bekl. 1981 angenommene Stelle als Systemprogrammierer habe seiner ursprünglichen Ausbildung nicht entsprochen. Das bei der Einstellung vereinbarte Gehalt sei nur möglich gewesen, weil die Thematik der Dissertation für die Computerfirma als Berufserfahrung habe gewertet werden können. Das heutige Einkommen des Bekl. beruhe dagegen darauf, daß er bei den jährlichen Leistungsbeurteilungen seiner Firma stets überdurchschnittlich abgeschnitten habe.

2) In diesem Punkt hat die Revision Erfolg; das Auskunftsverlangen der Kl. ist unbegründet.
a) Gem. § 1580 S.1 BGB sind geschiedene Ehegatten verpflichtet, auf Verlangen über ihre Einkünfte und ihr Vermögen Auskunft zu erteilen. Nach dem gem. § 1580 S. 2 BGB entsprechend anwendbaren § 1605 I 1 BGB ist die Auskunft zu erteilen, soweit dies zur Feststellung eines Unterhaltsanspruchs oder einer Unterhaltsverpflichtung erforderlich ist. Der Senat hat daraus gefolgert, daß die Auskunft nach § 1580 BGB nur verlangt werden kann, wenn sie für den Unterhaltsanspruch relevant ist, also für die Bemessung des Unterhalts von Bedeutung sein kann; dagegen besteht eine Verpflichtung zur Auskunftserteilung nicht, wenn feststeht, daß die begehrte Auskunft den Unterhaltsanspruch unter keinem Gesichtspunkt beeinflussen kann (NJW 1982/2771 = FamRZ 1982/996 m. w. Nachw.). b) Für die Feststellung der Unterhaltsverpflichtungen des Bekl. bzw. des Unterhaltsanspruchs der Kl. ist nach den Ausführungen zu § 1573 BGB (oben unter I.) die Auskunft nicht erforderlich. Sie könnte sich noch auf die Höhe des zu gewährenden Unterhalts (die Unterhaltsbemessung) auswirken. Das BerGer. ist insoweit zutreffend davon ausgegangen, daß das Maß des Unterhaltsbedarfs der Kl. sich nach den ehelichen Lebensverhältnissen der Parteien (§ 1578 I BGB) im Zeitpunkt der Scheidung bestimmt (std. Rspr. des Senats, vgl. NJW 1982/1870 = FamRZ 1982/576 [577] m. w. Nachw.).

Die ehelichen Lebensverhältnisse werden im allgemeinen durch das Einkommen bestimmt (st. Rspr., vgl. Senatsurt., NJW 1982/2771); in einer Ehe, in der nur einer der Ehegatten einer Erwerbstätigkeit nachgeht und keine sonstigen Einkünfte erzielt werden, prägt allein dessen Einkommen den Lebensstandard. Im vorliegenden Fall kommt es daher auf das Gehalt an, das der Bekl. im Zeitpunkt der Scheidung im Sommer 1978 aufgrund seiner damaligen Stellung als wissenschaftlicher Angestellter nach BAT IIa bezogen hat. Zu dessen Feststellung – einschließlich der seither zum Ausgleich von Kaufkraftverlusten und zur Anpassung an allgemeine Einkommenssteigerungen etwa eingetretenen Erhöhungen – bedarf die Kl. nicht einer Auskunft über die gegenwärtigen, auf anderer Basis dem Bekl. von seinem jetzigen Arbeitgeber gewährten Vergütungen.

(Prägung der ehelichen Lebensverhältnisse nur wenn im Zeitpunkt der Scheidung eine künftige konkrete Einkommenssteigerung erwartet werden konnte)

II 2 c) Nach der Rechtsprechung des Senats können erst nach der Scheidung eintretende Einkommensverbesserungen in Ausnahmefällen noch die Höhe des nachehelichen Unterhalts beeinflussen, wenn ihnen eine Entwicklung zugrunde liegt, die aus der Sicht des Zeitpunkts der Scheidung mit hoher Wahrscheinlichkeit zu erwarten war, und die Ehegatten daher ihren Lebenszuschnitt im Hinblick auf die künftige Entwicklung gestalten konnten. Diese Voraussetzungen hat der Senat für eine wegen der Beförderungspraxis sich verwirklichende Laufbahnerwartung eines kriegsgedienten Offiziers der Bundeswehr bejaht (FamRZ 1982, 684 [686]). Ebensowenig hat der Senat beanstandet, daß eine nach der Scheidung realisierte Anstellung als Kraftfahrzeugmeister in einem Fall bereits den ehelichen Lebensverhältnissen zugerechnet worden ist, in dem der Ehegatte die Meisterprüfung schon während der Ehe abgelegt hatte, seine Mitprüflinge auch bereits die Meisterstelle erreicht hatten und sich dies bei dem Betroffenen nur deshalb verzögert hatte, weil bei seinem Arbeitgeber eine entsprechende Stelle erst frei werden mußte (Urt. v. 27. 6. 1984 – IV b ZR 23/83 – nicht veröffentlicht). Auf der anderen Seite hat der Senat es gebilligt, daß der Tatrichter aus der Sicht einer im Jahre 1946 erfolgten Scheidung die Entwicklung einer gerade erst eröffneten Arztpraxis unter den besonderen Verhältnissen der Nachkriegszeit als ungewiß beurteilt und den später tatsächlich eingetretenen Einkommenssteigerungen keinen Einfluß auf die ehelichen Lebensverhältnisse beigemessen hatte (FamRZ 1982/895 [896]).

Die Revision beanstandet zu Recht, daß das BerGer. einer danach nur ausnahmsweise zu berücksichtigenden nachehelichen beruflichen Entwicklung des erwerbstätigen Ehegatten im vorliegenden Fall Bedeutung beigemessen hat. Ob es der Lebenserfahrung entsprach, daß der Bekl. nicht auf Dauer wissenschaftlicher Mitarbeiter bleiben, vielmehr nach Abschluß seiner Promotion eine höher dotierte Stellung erreichen werde, ist nicht der ausschlaggebende Gesichtspunkt. Es kommt darauf an, ob die Erwartung einer künftigen konkreten Einkommenssteigerung schon die ehelichen Lebensverhältnisse zur Zeit der Scheidung geprägt hat. Dafür liefert der festgestellte Sachverhalt jedoch keine ausreichenden Anhaltspunkte. Zur Zeit der Scheidung bestand lediglich das nach BAG IIa vergütete Anstellung des Bekl. im Hochschuldienst, die noch etwa zwei und ein halbes Jahr – bis Ende 1980 – weiterlief. Welche Tätigkeit der Bekl. nach Auslaufen dieses Anstellungsvertrages ausüben würde, lag noch im Ungewissen. Es war weder vorgegeben noch hinreichend wahrscheinlich, daß die Tätigkeit des Bekl. als wissenschaftlicher Mitarbeiter im Hochschuldienst nach der Promotion in eine besser bezahlte Stellung in der Computerindustrie einmünden werde.

BGH v. 3. 4. 85 – IVb ZR 18/84 – FamRZ 85, 691 = NJW 85, 2029

R258 *(Zur Billigkeitsabwägung nach § 1581 BGB)*

II 1) Das OLG hat den Ehemann für leistungsunfähig gehalten und dazu ausgeführt: Er sei infolge der im August 1983 erlittenen Gehirnblutungen arbeitsunfähig und habe keine Einnahmen; er erhalte auch kein Krankengeld oder Übergangsgeld. Da schließlich über seinen Antrag auf Gewährung einer Rente wegen Erwerbs- oder Berufsunfähigkeit noch nicht entschieden sei, sei er nicht in der Lage, Unterhalt an die Ehefrau zu leisten. Von dem Verdienst aus einer Tätigkeit in Saudi Arabien seien dem Ehemann zwar 15 000 DM Ersparnisse verblieben. Dieses Geld brauche er aber nicht für den Unterhalt der Ehefrau zur Verfügung zu stellen; denn er benötige es, um seine eigenen aufgrund der Erkrankung erhöhten Bedürfnisse zu befriedigen. So müsse er den ersparten Betrag einsetzen, um die Pflege in der Familie seines Bruders zu bezahlen, zu der er sich nach seiner Entlassung aus dem Rehabilitationszentrum begeben wolle. Die Aussicht auf den Bezug einer Sozialrente rechtfertige keine andere Beurteilung, da ungewiß sei, wann und in welcher Höhe die Rente anfallen werde. 2) Diesen Ausführungen tritt die Revision insbesondere mit dem Hinweis auf § 1581 BGB entgegen. Sie macht geltend: a) Der Umfang der Leistungsfähigkeit des Unterhaltsverpflichteten richte sich nach § 1581 BGB. Daher setze die Feststellung, daß der Verpflichtete von seiner Unterhaltsverpflichtung frei sei, die Prüfung der Tatbestandsmerkmale dieser Vorschrift voraus. Diese Prüfung habe das OLG unterlassen. Das trifft nicht zu. Das OLG hat zwar bei der Prüfung der Leistungsfähigkeit des Ehemannes nicht ausdrücklich die Vorschrift des § 1581 BGB erwähnt. Es hat jedoch, wie sich aus dem Zusammenhang der angestellten Erwägungen ergibt, unter Billigkeitsgesichtspunkten – und damit nach dem Maßstab des § 1581 BGB – abgewogen, ob der Ehemann, ohne die Gefährdung seines eigenen angemessenen Unterhalts zu Leistungen an die Ehefrau außerstande sei, der Ehefrau Unterhalt zu gewähren habe. Daß das OLG dies nach dem bisher festgestellten Sachverhalt verneint hat, ist revisionsrechtlich nicht zu beanstanden. b) Die Revision rügt weiter, der Feststellung des OLG über die Höhe der Ersparnisse des Ehemannes fehlte die tatsächliche Grundlage. Der Ehemann habe seine Rücklagen mit Schriftsatz v. 4. 1. 1984 unter Beweisantritt auf 15 000 DM beziffert; das OLG habe jedoch keinen Beweis über diese Behauptung erhoben. Das war auch nicht erforderlich. In der mündlichen Verhandlung vor dem OLG v. 10. 1. 1984 hat der Prozeßbevollmächtigte des Ehemannes die bisherigen schriftsätzlichen Ausführungen zu diesem Punkt dahin erläutert, daß dem Ehemann aus Ersparnissen nach Abzug der bestehenden Schulden ein Restbetrag von 15 000 DM verblieben sei. Diesem Vortrag ist der Prozeßbevollmächtigte der Ehefrau nicht entgegengetreten. Damit war die Höhe der restlichen Ersparnisse des Ehemannes unstreitig.

BGH v. 3. 4. 85 – IVb ZR 19/84 – FamRZ 85, 690 = NJW 85, 1701

R259 *(Vorsorgeunterhalt muß gesondert geltend gemacht werden und kann nicht von Amts wegen zugesprochen werden. Das Verlangen von Quotenunterhalt beinhaltet keinen Vorbehalt der Nachforderung von Vorsorgeunterhalt. Bei Abänderungsklage kann auch erstmals Vorsorgeunterhalt für die Zukunft verlangt werden, sofern die sonstigen Voraussetzungen einer Abänderung vorliegen. Wegen der zweistufigen Berechnung des Vorsorgeunterhalts kann dies eine Kürzung des Elementarunterhalts zur Folge haben)*

Die Revision weist mit Recht darauf hin, daß nicht davon ausgegangen werden kann, in einer Quote sei auch der Vorsorgeunterhalt gemäß § 1578 II oder III BGB enthalten (FamRZ 1982/887, 890). Ihr kann aber nicht gefolgt werden, wenn sie daraus schließt, die Klägerin habe sich im Vorprozeß erkennbar die Nachforderung von Vorsorgeunterhalt vorbehalten. Ob ein Unterhaltsgläubiger neben dem laufenden Unterhalt (Elementarunterhalt) Vorsorgeunterhalt fordern will, steht in seinem freien Ermessen; von Amts wegen wird er nicht zugesprochen. Dies gilt gerade in den Fällen, in denen der Elementarunterhalt nach einer Quote des Einkommens des Unterhaltsverpflichteten berechnet wird und die Forderung von Vorsorgeunterhalt zu einer Verkürzung des sonst erreichbaren laufenden Unterhalts führt, ohne daß durch die Art der Antragstellung beeinflußt werden kann, welcher Teil des Gesamtunterhalts für den laufenden Verbrauch und welcher zweckbestimmt für Vorsorgekosten zu verwenden ist. Motiv für die unterlassene Geltendmachung von Vorsorgeunterhalt kann daher die fehlende Bereitschaft sein, unter Konsumverzicht Altersvorsorge zu betreiben. Dies schließt bei der Geltendmachung von Quotenunterhalt die Annahme eines erkennbaren Vorbehalts der Nachforderung von Vorsorgeunterhalt aus. Auch in den Fällen, in denen sich der Unterhaltsgläubiger hierbei nicht bewußt Vorsorgeunterhalt verlangen zu können, kann ein solcher Vorbehalt nicht bejaht werden. Aus der Sicht des Klägers ist nämlich der gesamte Unterhalt geltend gemacht worden, während die Annahme eines Vorbehalts voraussetzt, daß dieser sich des Bestehens einer weiteren Forderung bewußt war.

Hat somit die Klägerin im Vorprozeß ihren Gesamtunterhalt eingeklagt, kann sie wegen ihres dabei nicht geltend gemachten Vorsorgebedarfs nach § 1578 III BGB allenfalls im Wege der Abänderungsklage eine Erhöhung der zugesprochenen Unterhaltsrente erreichen. Soweit der Senat in sei-

Anhang R. Rechtsprechung R262

nem Urteil vom 24. November 1982 (IV b ZR 327/81) eine abweichende Behandlung gebilligt hat, hält er daran nicht mehr fest. Für den Sonderfall, daß ein bestehender Titel über Trennungsunterhalt nach Rechtshängigkeit des Scheidungsverfahrens und Eintritt der Voraussetzungen des § 1361 I Satz 2 BGB um die Kosten der Altersvorsorge erhöht werden sollte, ist er in seinem Urteil vom 17. Februar 1982 (FamRZ 1982/465) schon von der Zulässigkeit der Abänderungsklage ausgegangen. Wie bereits eingangs ausgeführt, steht dem nicht entgegen, daß der Vorsorgeunterhalt, der zwar ein unselbständiger Unterhaltsbestandteil (FamRZ 1982/255), aber im Hinblick auf seine Zweckbindung besonders geltend zu machen ist, noch nicht Gegenstand des Vorprozesses war und demgemäß keine Rechtskraftwirkung der dort ergangenen Urteile zu beseitigen ist. Daher ist in den Fällen, in denen erst nach der Titulierung des Gesamtunterhalts die Voraussetzungen des § 1361 I Satz 2 BGB oder diejenigen des § 1578 III BGB eintreten, die Abänderungsklage der allein mögliche Rechtsbehelf. In Fällen der vorliegenden Art haben allerdings die Voraussetzungen des § 1578 III BGB im wesentlichen bereits im Vorprozeß vorgelegen; gefehlt hat lediglich der Entschluß des Unterhaltsgläubigers, Altersvorsorge zu betreiben, ggf. unter Einschränkung des laufenden Verbrauchs. Es entspricht dem Sinn des § 323 ZPO, den Gläubiger bei ansonsten gleichgebliebenen Verhältnissen zunächst an der von ihm im Vorprozeß getroffenen Wahl festzuhalten. Erst wenn eine Unterhaltsanpassung dadurch eröffnet wird, daß sich die seinerzeit maßgebend gewesenen Verhältnisse wesentlich geändert haben, kann auch Vorsorgeunterhalt mit Wirkung für die Zukunft (§ 323 III ZPO) verlangt werden. Ein weiteres Festhalten an der Nichtforderung von Vorsorgeunterhalt wäre dann ebensowenig mit den Grundsätzen der Billigkeit zu vereinbaren wie die Bindung an das Urteil eines Vorprozesses, in dem der Kläger weniger Unterhalt gefordert hat, als das Gericht nach den von ihm allgemein verwendeten Richtlinien als angemessen erachtet hat. Kommt es bei einer derartigen Nachforderung von Vorsorgeunterhalt zu einer zweistufigen Berechnung des Elementarunterhalts (FamRZ 1981/ 442, 444 f.), kann das Abänderungsverfahren zwar zu einem höheren Gesamtunterhalt führen, aber zu einem gegenüber dem Urteil des Vorprozesses verringerten laufenden Unterhalt. Auch das Abänderungsurteil hat den Anteil des Gesamtunterhalts, der auf den Vorsorgeunterhalt entfällt, im Hinblick auf dessen Zweckbindung im Entscheidungssatz besonders auszuweisen.

BGH v. 24. 4. 85 – IVb ZR 9/84 – FamRZ 85, 782 = NJW 85, 1695
(Ausbildungsunterhalt bei Trennung und Scheidung) R262

II) Zutreffend ist das BerGer. bei der Beurteilung des geltend gemachten Unterhaltsanspruchs von § 1361 BGB ausgegangen, der die Anspruchsgrundlage für den Unterhalt getrennt lebender Ehegatten darstellt. Es hat die von dieser Vorschrift nach allgemeinen unterhaltsrechtlichen Grundsätzen vorausgesetzte Bedürftigkeit (§ 1602 I BGB) nur insoweit bejaht, als der Unterhaltsbedarf der Kl. nicht durch das Einkommen aus einer Tätigkeit als Operationsschwester gedeckt sei. Das OLG hat eine Erwerbsobliegenheit der Kl. bejaht und ihr nach dem Grundsatz, daß ein Ast. sich so behandeln lassen muß, wie wenn er das aus der ihm obliegenden Erwerbstätigkeit erzielbare Einkommen tatsächlich erhielte, ein entsprechendes fiktives Einkommen angerechnet.

Der rechtliche Bestand dieser Beurteilung hängt davon ab, ob die Kl. sich nach § 1361 II BGB darauf verweisen lassen muß, ihren Unterhalt durch die ihr angesonnene Erwerbstätigkeit selbst zu verdienen. Nach der genannten Vorschrift darf der getrennt lebende nicht erwerbstätige Ehegatte nur darauf verwiesen werden, seinen Unterhalt durch eine Erwerbstätigkeit zu verdienen, wenn dies von ihm nach seinen persönlichen Verhältnissen, insbesondere wegen einer früheren Erwerbstätigkeit unter Berücksichtigung der Dauer der Ehe, und nach den wirtschaftlichen Verhältnissen beider Ehegatten erwartet werden kann. Für die Beurteilung der Ausgangsfrage ist daher wesentlich, ob der Kl. nach ihren persönlichen Verhältnissen die Aufnahme der Erwerbstätigkeit zugemutet werden kann.

1) Bereits vor dem Inkrafttreten des 1. EheRG ist die Auffassung vertreten worden, daß § 1361 BGB a. F. einen Anspruch auf Unterhalt zur Beendigung einer vor der Trennung im Einvernehmen mit dem anderen Ehegatten begonnenen Ausbildung sowie zur Erlangung einer den ehelichen Lebensverhältnissen entsprechenden Ausbildung gewähre. Zu § 1361 BGB in der Fassung des 1. EheRG hat der Senat in einem Fall, in dem die Ausbildung bereits geraume Zeit vor der Trennung begonnen hatte, entschieden, daß die Finanzierung der Ausbildung auch nach der Trennung von der ehelichen Unterhaltspflicht umfaßt wird, wenn sie den ehelichen Lebensverhältnissen und dem von den Ehegatten im Laufe der Ehe einvernehmlich entwickelten Lebensplan entspricht, wobei es dann unerheblich ist, ob es sich um eine Erst- oder Zweitausbildung handelt (NJW 1981/1214 = FamRZ 1981/439 [1440]).

Aus diesen Grundsätzen läßt sich jedoch eine Verpflichtung des Bekl. zur Finanzierung der von der Kl. begonnenen Ausbildung nicht ableiten, auch wenn man den Vortrag der Kl. in Betracht zieht, zwischen den Ehegatten habe über das Medizinstudium der Kl. Einverständnis bestanden. Nach diesem von der Kl. behaupteten Einvernehmen sollte sie nämlich ihre Ausbildung erst aufnehmen, wenn der Bekl. sein Studium abgeschlossen und eine eigene Arztpraxis eingerichtet hatte.

Während er sein Studium schon vor der Eheschließung der Parteien erfolgreich beendet hatte, stand seine Niederlassung als Arzt indessen noch bevor. Dabei war abzusehen, daß gerade diese Phase des beruflichen Werdegangs des Bekl. wegen der mit der Praxiseinrichtung verbundenen Kosten und der zu erwartenden vorübergehenden Einkommenseinbußen besondere wirtschaftliche Belastungen für die Ehegatten mit sich bringen würde. Wenn die Kl. dennoch, ohne die erfolgreiche Niederlassung des Bekl. abzuwarten, ihre bisherige Erwerbstätigkeit aufgab und ihre Ausbildung begann, so kann das nicht als von dem einvernehmlich entwickelten Lebensplan umfaßt angesehen werden; vielmehr geschah das gerade in Abweichung davon – im Hinblick auf den Verfall der Ehe und die befürchtete Hinfälligkeit des gemeinsamen Lebensplanes – zur Sicherung und Verbesserung der eigenen zukünftigen Lebensverhältnisse und damit in Verfolg ihres eigenen Lebensplanes. Unter diesen Umständen kann sich die Kl. zur Begründung ihres Unterhaltsbegehrens auf die obengenannte Senatsrechtsprechung nicht berufen.

Ebensowenig kann sie sich auf die Grundsätze stützen, die für die Verpflichtung zur Finanzierung einer Ausbildung während des ehelichen Zusammenlebens der Ehegatten gelten, da auch dort die Übereinstimmung der Ausbildung mit dem gemeinsamen Lebensplan der Ehegatten wesentlich ist (vgl. Senatsurt. NJW 1985, 803). Vielmehr kommt es für die Rechtfertigung ihres Anspruchs auf Trennungsunterhalt darauf an, ob der Kl. ein anzuerkennendes Interesse daran zuzugestehen war, ihre Erwerbstätigkeit als Operationsschwester aufzugeben und in Verfolgung ihres eigenen Lebensplanes die Ausbildung zu beginnen.

2) Es ist anerkannt, daß getrennt lebende Ehegatten im Zweifel unterhaltsrechtlich nicht schlechter gestellt werden dürfen, als sie im Falle der Scheidung ständen. Deshalb können die Tatbestände über den nachehelichen Unterhalt Maßstäbe für die Anwendung des § 1361 liefern (NJW 1980/2247 = FamRZ 1980/981 [982]). Das gilt auch für die Auslegung von § 1361 I BGB, wo die Unterhaltsbestände der Konkretisierung des Begriffs „persönliche Verhältnisse" dienen können. Davon ist offensichtlich auch das BerGer. ausgegangen, das im Rahmen des Trennungsunterhalts einen Anspruch auf Finanzierung einer Ausbildung grundsätzlich bejahen und ihn den Grundsätzen des § 1575 BGB entsprechend beurteilen möchte. Dieser Standpunkt des OLG kann indessen nicht in vollem Umfang geteilt werden.

a) Ein Anspruch auf Ausbildungsunterhalt während des Getrenntlebens kommt in Betracht, wenn der Ehegatte sich darauf einzustellen hat, daß die eheliche Lebensgemeinschaft zerrüttet und die Trennung endgültig ist. Das wird einmal bei lange andauerndem Getrenntleben der Fall sein, kann aber auch sonst eintreten, etwa wenn ein Ehegatte sich auf die Scheidungsabsicht seines Ehepartners und die Endgültigkeit der von diesem vollzogenen Trennung einrichten muß. Es ist anerkannt, daß eine lange Dauer des Getrenntlebens oder die auf sonstige Weise erkennbare Zerrüttung der Ehe für den unterhaltsbedürftigen Ehegatten die Obliegenheit begründen kann, sich auf die neue Lage einzustellen und nach seinen Möglichkeiten um eine (Wieder-)Eingliederung in das Erwerbsleben zu bemühen. Die Verschärfung des Zumutbarkeitsmaßstabes, welcher der unterhaltsbedürftige Ehegatte unter diesen Umständen im Rahmen von § 1361 II BGB unterliegt und die eine weitgehende Annäherung an die Anforderungen des nachehelichen Unterhaltsrechts bewirkt, kann im Einzelfall dazu führen, daß, wie es § 1574 III BGB für die Zeit nach der Scheidung vorsieht, der bedürftige Ehegatte sich einer zur Erlangung einer angemessenen Erwerbstätigkeit erforderlichen Ausbildung unterziehen muß. Daß der Ehegatte, der einer derartigen Obliegenheit nachkommt, für die Zeit der Ausbildung zur Deckung seines Lebensbedarfs sowie der eigentlichen Ausbildungskosten (vgl. § 1578 II BGB) nach § 1361 BGB Unterhalt beanspruchen kann, steht außer Frage.

Darüber hinaus muß dem unterhaltsbedürftigen Ehegatten aber auch sonst bei entsprechender Dauer des Getrenntlebens oder einer auf Scheidung abzielenden Trennung die Möglichkeit offenstehen, im Interesse seiner wirtschaftlichen Selbständigkeit eine Ausbildung aufzunehmen, die zur Ausübung einer angemessenen Erwerbstätigkeit erforderlich ist. Eine derartige frühzeitige Bemühung um eine (Wieder-)Eingliederung in das Erwerbsleben kommt den Intentionen entgegen, die das von dem Grundsatz der Eigenverantwortung ausgehende Gesetz beim nachehelichen Unterhalt verfolgt, und liegt in aller Regel auch im Interesse des Ehepartners. Das rechtfertigt es, daß der Unterhaltsanspruch nach § 1361 BGB auch die solchermaßen entstehende Bedürfnislage des getrennt lebenden Ehegatten umfaßt.

b) Indessen geht der Anwendungsbereich des § 1575 I BGB über den Fall, daß der Unterhaltsbedürftige ohne die Ausbildung zur Aufnahme und Ausübung einer angemessenen Erwerbstätigkeit nicht in der Lage ist, hinaus. Im Gegensatz zu § 1573 I i.V. mit § 1574 III BGB kommt ein Unterhaltsanspruch nach § 1575 I BGB auch in Frage, wenn der Ehegatte eine nach § 1574 II BGB angemessene Erwerbstätigkeit an sich finden könnte. Insoweit hat die Bestimmung neben der Erlangung oder Festigung der wirtschaftlichen Selbständigkeit vor allem den Ausgleich von Nachteilen zum Ziel, die ein Ehegatte in seinem beruflichen Fortkommen mit Rücksicht auf die Ehe auf sich genommen hat.

Zwar hat die im Gesetzgebungsverfahren ursprünglich vorgesehene Fassung der Vorschrift

(§ 1576 I RegE) auf Vorschlag des Rechtsausschusses des Deutschen Bundestages eine Einschränkung erfahren. Die Fassung wurde dahin geändert, daß die Ausbildung aufgenommen werden muß, „um eine angemessene Erwerbstätigkeit, die den Unterhalt nachhaltig sichert, zu erlangen". Daraus kann jedoch nicht abgeleitet werden, daß die Ausbildung zur Erlangung einer angemessenen Erwerbstätigkeit erforderlich sein muß und ein Anspruch entfällt, wenn der Ehegatte auch ohne die Ausbildung eine derartige Erwerbstätigkeit ausüben kann. Nicht jede berufliche Qualifikation, die die Aufnahme einer angemessenen Erwerbstätigkeit ermöglicht, ist auch erforderlich; das ist eine Ausbildung vielmehr nur, wenn ohne sie die Ausübung einer angemessenen Erwerbstätigkeit nicht möglich ist (NJW 1984/1685 = FamRZ 1984/561 [563]). Die gesetzliche Einschränkung, daß die Ausbildung zu einer angemessenen Erwerbstätigkeit führen muß, stellt lediglich sicher, daß nicht etwa ein Studium, das zum bloßen Vergnügen betrieben wird, von dem Unterhaltspflichtigen finanziert werden muß. Dagegen schließt sie den Ehegatten, der zwar eine angemessene Erwerbstätigkeit aufnehmen könnte, jedoch durch eine Ausbildung eine ohne die Ehe schon früher erreichte Verbesserung seines Status im Erwerbsleben anstrebt, nicht von dem Anspruch nach § 1575 I BGB aus.

c) Ob § 1575 BGB insoweit, als er derartige Bedürfnislagen anerkennt, zur Begründung eines Ausbildungsanspruchs im Rahmen des Trennungsunterhalts herangezogen werden kann, erscheint zweifelhaft. Dagegen spricht zunächst die Fassung des § 1361 I 1 BGB, wonach der bedürftige Ehegatte von dem andern den nach den ehelichen Lebensverhältnissen sowie den Erwerbs- und Vermögensverhältnissen der Ehegatten angemessenen Unterhalt verlangen kann. Die Verknüpfung mit den ehelichen Lebensverhältnissen, die in dieser die Höhe des Unterhaltsanspruchs regelnden Bestimmung vorgesehen ist, ist schwerlich vereinbar mit einer Ausdehnung des Anspruchs auf Bedürfnislagen, deren Berücksichtigung letztlich nicht der Erhaltung des ehelichen Lebensstandards dient, sondern den Niveausteigerungen gegenüber den ehelichen Lebensverhältnissen ermöglicht. Außerdem fällt auf, daß § 1361 I 2 BGB generell vom Zeitpunkt der Rechtshängigkeit des Scheidungsverfahrens an Anspruch auf einen angemessenen Vorsorgeunterhalt gewährt, während § 1578 III BGB den Anspruch auf Ausbildungsunterhalt nach § 1575 BGB ausdrücklich vom Kreis der Unterhaltstatbestände ausnimmt, aufgrund deren auch Vorsorgeunterhalt verlangt werden kann. Auch hierin kann ein Indiz dafür gesehen werden, daß das Gesetz einen allein von § 1575 BGB, nicht aber (auch) von § 1573 I i.V. mit § 1574 III BGB umfaßten Ausbildungsunterhalt im Rahmen des Trennungsunterhalts nicht berücksichtigt sehen will. Eine innere Rechtfertigung dafür kann darin erblickt werden, daß sich die Ehegatten während des Getrenntlebens in einem Stadium befinden, in dem die Ehe noch nicht endgültig aufgelöst, eine Wiederherstellung der ehelichen Lebensgemeinschaft nicht gänzlich auszuschließen und damit noch nicht klar ist, ob es letztlich zu einem Scheitern des gemeinsamen Lebensplanes kommt, an dessen Stelle der eigene voreheliche Lebensplan des seine berufliche Weiterentwicklung betreibenden Ehegatten treten könnte. Angesichts dieses provisorischen Charakters des Getrenntlebens sowie der für diesen Zeitraum konzipierten Unterhaltslösung kann es für den unterhaltspflichtigen Ehegatten als unzumutbar angesehen werden, für den Ehepartner in größerem Maße aufzukommen als durch die Aufrechterhaltung des ehelichen Lebensstandards geboten.

Hiernach muß als Grundsatz gelten, daß während der Trennung ein Anspruch auf Ausbildungsunterhalt nur insoweit in Betracht kommt, als er sich nach den Kriterien des § 1573 II i.V. mit § 1574 III BGB begründen läßt. Ein darüber hinausgehender, allein nach den Maßstäben des § 1575 BGB zu rechtfertigender Anspruch muß dagegen ausscheiden.

d) Dieser Grundsatz kann indessen nicht uneingeschränkt gelten. Deuten die Umstände darauf hin, daß die Trennung auf eine Scheidung abzielt und diese nur noch eine Frage der Zeit ist, so kann der Ehegatte, dem ein nachehelicher Anspruch auf Ausbildungsunterhalt nach § 1575 BGB zustehen wird, ein berechtigtes Interesse daran haben, seinen Ausbildungsentschluß ehestmöglich zu verwirklichen. Das gilt jedenfalls, wenn dieser Ehegatte sich auf die Endgültigkeit einer von seinem Ehepartner vollzogenen Trennung und auf dessen konkret zum Ausdruck gebrachte Scheidungsabsicht einstellen muß. Hier ist es dem Ehepartner billigerweise verwehrt, von dem anderen die Zurückstellung des Ausbildungswunsches und die (Wieder-)Aufnahme einer Erwerbstätigkeit bis zur Scheidung zu verlangen. Der alsbaldige Ausbildungsbeginn kommt unter solchen Umständen letztlich auch der Intention des Gesetzes entgegen, die in § 1575 I 1 BGB verlangt, daß die Ausbildung „sobald wie möglich" aufgenommen wird. Bei dieser Sachlage ist das Interesse des ausbildungswilligen Ehegatten an einer alsbaldigen Verwirklichung der Ausbildung seinen persönlichen Verhältnissen i. S. von § 1361 II BGB zuzurechnen und gegebenenfalls geeignet, die Unzumutbarkeit einer Erwerbstätigkeit nach dieser Vorschrift zu begründen. Allerdings kommt es auf diese Weise dazu, daß die Ausbildung noch während der Ehe aufgenommen und nach der Scheidung lediglich fortgesetzt wird, eine Konstellation, die an sich vom Wortlaut des § 1575 BGB nicht erfaßt wird. Gleichwohl muß sie aber jedenfalls hier in den Anwendungsbereich dieser Bestimmung fallen, weil die Ausbildung während des Getrenntlebens in derartigen Fällen nur in Vorwegnahme des nachehelichen Ausbildungsbeginns aufgenommen wird.

3) Ein Ausnahmefall der vorstehenden Art, in dem die Ausbildung während des Getrenntlebens im Vorgriff auf einen nachehelichen Unterhaltsanspruch nach § 1575 I BGB aufgenommen wird und deswegen eine Erwerbsobliegenheit nach § 1361 II BGB zu verneinen ist, kommt an sich auch im vorliegenden Fall in Betracht, weil nach den Feststellungen des BerGer. davon auszugehen ist, daß der Bekl. sich auf Dauer von der Kl. getrennt hat und endgültig die Scheidung betreibt. Indessen scheidet ein so begründeter Anspruch auf Trennungsunterhalt hier aus, weil der Kl. nach der Scheidung ein Unterhaltsanspruch nach § 1575 BGB nicht zusteht.

a) Zweifel an einem derartigen Unterhaltsanspruch ergeben sich bereits aus § 1581 BGB. Gemessen an den ehelichen Verhältnissen, in denen die Parteien gelebt haben, bevor die Kl. ihre Erwerbstätigkeit aufgab und die Ausbildung am Ruhr-Kolleg aufnahm, würde der angemessene Lebensbedarf des Bekl. gefährdet, wenn dieser aus seinen Einkünften den vollen Unterhalt der Kl. aufbringen müßte. Damit wäre er nach § 1581 BGB nur zur Leistung des sogenannten Billigkeitsunterhalts verpflichtet. Ob und inwieweit ein Ehegatte unter den Voraussetzungen des § 1581 BGB Unterhalt für eine Ausbildung verlangen kann, die nicht zur Erlangung einer angemessenen Erwerbstätigkeit erforderlich ist, sondern aufgenommen wird, um eine höhere berufliche Qualifikation zu erwerben, ist fraglich, weil die nach Billigkeitsgrundsätzen zu bemessende Leistungspflicht nach § 1581 BGB grundsätzlich voraussetzt, daß der Bedarf des Unterhalts begehrenden Ehegatten anders nicht aufzubringen ist, und die mit den Unterhaltsleistungen verbundenen Belastungen und Einschränkungen für den Schuldner nur zumutbar erscheinen, wenn auch dem anderen Ehegatten Einschränkungen und Opfer zugemutet werden. Dieser Frage braucht hier indessen nicht weiter nachgegangen zu werden, weil ein Unterhaltsanspruch der Kl. nach § 1575 BGB jedenfalls aus einem anderen Grund ausscheidet.

b) Wie bereits dargelegt, umfaßt § 1575 I BGB nicht nur Fälle, in denen der Unterhaltsbedürftige ohne die Ausbildung zur Ausübung einer angemessenen Erwerbstätigkeit außerstande wäre, sondern kommt auch dann in Betracht, wenn der Ehegatte an sich eine angemessene Erwerbstätigkeit finden könnte. Hieraus folgt indessen nicht, daß der Ehegatte den früheren Ehepartner auch dann noch auf Ausbildungsunterhalt in Anspruch nehmen kann, wenn er bereits über eine abgeschlossene Berufsausbildung verfügt, die ihm die Ausübung einer einträglichen, angemessenen Erwerbstätigkeit ermöglicht. Vielmehr ist in Übereinstimmung mit dem BerGer. davon auszugehen, daß in diesem Fall die Verpflichtung zur Finanzierung der Zweitausbildung über den Bereich ehelicher Solidarität hinausginge. Das leuchtet ohne weiteres ein, wenn der Ehegatte bereits nachgewiesenermaßen nach der Scheidung absolviert und nach § 1575 I BGB von seinem früheren Ehepartner finanziert erhalten hat. Das gleiche gilt, wenn der Ehegatte die Ausbildung während der Ehe erlangt hat, wobei es nicht von ausschlaggebender Bedeutung sein kann, inwieweit sein Ehepartner die mit der Ausbildung verbundenen finanziellen Lasten (allein) getragen hat. Nichts anderes hat aber auch dann zu gelten, wenn die Berufsausbildung teilweise oder in vollem Umfang vor der Ehe stattgefunden hat.

Für dieses Verständnis des § 1575 I BGB spricht zunächst Abs. 2 der Vorschrift. Diese Bestimmung, die die nacheheliche Finanzierung von Fortbildung oder Umschulung des unterhaltsbedürftigen Ehegatten zum Gegenstand hat, beschränkt den Unterhaltsanspruch ausdrücklich auf Maßnahmen zum Ausgleich ehebedingter Nachteile und sieht damit insoweit strengere generelle Voraussetzungen vor als Abs. 1, wo außer dem ehebedingten Ausbildungsmangel auch ein solcher genügt, der lediglich in einem zeitlichen Zusammenhang mit der Ehe steht (vgl. auch Begr. des Entw. zum 1. EheRG, S. 132). Wenn aber die Finanzierung von Maßnahmen der Fortbildung, der in der Regel ebenfalls eine abgeschlossene Berufsausbildung vorausgegangen ist, die aber ihrem Umfang nach hinter einer weiteren vollständigen Berufsausbildung zurückbleibt, von Voraussetzungen abhängig gemacht wird, die über das in § 1575 I BGB bestimmte Maß hinausgehen, so wäre es ungereimt, wenn nach § 1575 I BGB und damit unter geringeren Voraussetzungen die Finanzierung von Zweit- (oder gar Dritt-)Ausbildungen verlangt werden könnte. Das gilt jedenfalls, wenn diese, wie im vorliegenden Fall, ein Studium erfordern. Eine derartige Ausbildungsmaßnahme bleibt im Rahmen von § 1575 II BGB von vornherein unberücksichtigt, weil das Arbeitsförderungsgesetz, dessen Verständnis der Begriffe Fortbildung (§ 41 I AFG) und Umschulung (§ 47 I AFG) auch für § 1575 II BGB maßgeblich sein soll, die Hochschul- und Fachhochschulbildung aus seinem Förderungsbereich ausschließt (§ 34 IV AFG).

Weitere Anhaltspunkte gegen eine Verpflichtung zur Finanzierung einer – nicht notwendigerweise aufgenommenen – Zweitausbildung nach § 1575 BGB ergeben sich auch aus dem Recht des Kindesunterhalts. Nach den Rechtsgrundsätzen, die der IV. Zivilsenat des BGH in BGHZ 69/190 (= NJW 1977/1774) entwickelt und die der erkennende Senat seither in ständiger Rechtsprechung fortgeführt hat, sind auch Eltern grundsätzlich nicht verpflichtet, ihren Kindern eine zweite Ausbildung zu finanzieren (FamRZ 1980/1115 und FamRZ 1981/437). Dabei kommt es nicht darauf an, ob die Eltern bereits für die Erstausbildung finanzielle Leistungen erbracht haben. Auch wenn diese Erstausbildung den Unterhaltspflichtigen keine Kosten verursacht hat oder wenn solche Kosten nicht von ihnen getragen worden sind, führt das nicht dazu, daß das Kind von seinen Eltern die Finanzie-

Anhang R. Rechtsprechung R263

rung einer Zweitausbildung verlangen kann (FamRZ 1981/437 [438]). Entsprechend ist auch i. R. von § 1575 BGB davon auszugehen, daß die Verpflichtung zur Finanzierung einer Zweitausbildung, die zur Erlangung einer angemessenen Erwerbstätigkeit nicht erforderlich ist, über den Bereich gebotener Solidarität hinausgeht.

c) Hiernach kommt es im vorliegenden Fall darauf an, ob die Kl. aufgrund ihrer bisherigen abgeschlossenen Berufsausbildung bereits die Möglichkeit zu einer angemessenen Erwerbstätigkeit hat. Das hat das OLG zutreffend bejaht. Seine Beurteilung, die Kl. habe durch die während der Ehe vervollständigte Ausbildung in der Krankenpflege mit ihrer Qualifikation als Operationsschwester einen Beruf erreicht, der ihr eine angemessene Erwerbstätigkeit ermögliche, ist aus Rechtsgründen nicht zu beanstanden. Ob die Erwerbstätigkeit als angemessen anzusehen ist und dem Ehegatten insbesondere eine ausreichende berufliche Entfaltung ermöglicht, ist unter Zumutbarkeitskriterien zu beantworten. Eine optimale berufliche Erfüllung kann nicht verlangt werden (FamRZ 1984/988 [989]).

Danach läßt die Beurteilung, daß der Kl., die vor und während der Ehe bis nach der Trennung der Parteien als Krankenschwester tätig gewesen ist, die Fortsetzung ihrer Tätigkeit zuzumuten sei, keinen Rechtsfehler erkennen. Hieran vermag auch die von ihr behauptete Übereinkunft mit dem Bekl., daß sie im Anschluß an seine Berufsausbildung und Niederlassung als Arzt studieren solle, nichts zu ändern. Das gleiche gilt für den von der Revision geltend gemachten Umstand, daß die Kl. mit dem aus einer Tätigkeit als Operationsschwester erzielten Einkommen ihren nach den ehelichen Lebensverhältnissen zu bemessenden Unterhaltsbedarf nicht decken könne. Die für einen Ehegatten erreichbare Erwerbstätigkeit ist nicht erst dann angemessen, wenn das damit erzielte Einkommen den vollen Unterhalt deckt.

4) Damit ergibt sich, daß der Kl. ein nachehelicher Anspruch auf Ausbildungsunterhalt nach § 1575 BGB nicht zustehen wird, so daß auch für die Zeit des Getrenntlebens ein auf die Aufnahme der Ausbildung gestützter Unterhaltsanspruch ausscheidet. Die Kl. kann daher nach § 1361 BGB keinen Unterhalt verlangen, soweit sie sich durch Einkünfte aus der Ausübung ihres Berufs als Operationsschwester selbst zu unterhalten vermag.

BGH v. 5. 6. 85 – IVb ZR 24/84 – FamRZ 85, 917 = NJW 85, 2590
(Unwirksame Unterhaltsbestimmung bei abweichender Aufenthaltsbestimmung eines Gebrechlichkeitspflegers des Kindes) R263

I 1) Das KG hat den Anspruch der Kl. gegen den Bekl. auf Zahlung einer Unterhaltsrente a (§ 1754 I BGB i.V. mit §§ 1601, 1602 I, 1610, 1612 I S.1 BGB) nicht daran scheitern lassen, daß der Bekl. gemäß § 1612 II S.1 BGB die Bestimmung getroffen hat, ihr in seinem Haushalt Naturalunterhalt zu gewähren. Zur Begründung hat es im wesentlichen ausgeführt: Auch wenn der Elternteil, der von dem volljährigen Kind auf Unterhalt in Anspruch genommen werde, eine solche Bestimmung nach § 1612 II S.1 BGB allein treffen könne, sei die Rechtslage hier so zu sehen, als ob die Bestimmung nicht getroffen worden sei. Denn sie sei unzulässig, wenn sie aus tatsächlichen oder rechtlichen Gründen nicht befolgt werden könne. So liege es hier. Die geschäftsunfähige Kl. werde durch ihren Pfleger vertreten. Dieser habe im Rahmen seines Wirkungskreises in nicht zu beanstandender Weise bestimmt, daß sie schon um der Kontinuität der bisherigen Förderung und Erziehung willen weiter bei ihrer Mutter bleiben solle. Wenn das Aufenthaltsbestimmungsrecht eines Gebrechlichkeitspflegers in seinen Auswirkungen mit dem elterlichen Unterhaltsbestimmungsrecht des § 1612 II S.1 BGB kollidiere, so gehe das Aufenthaltsbestimmungsrecht in aller Regel vor, damit es nicht zum Nachteil des Pfleglings unterlaufen werden könne. Eine andere rechtliche Beurteilung würde im Streitfall auch schutzwürdige Belange der Kl. und ihrer Mutter verletzen. 2) Gegen diese Beurteilung wendet sich die Revision ohne Erfolg.

In der Zeit vor der Einfügung des § 1612 II S.3 BGB durch das Gesetz über die rechtliche Stellung der nichtehelichen Kinder v. 19. 8. 1969 (BGBl I 1243) hatten die Gerichte wiederholt über Kollisionsfälle zu entscheiden, in denen ein Elternteil, der nach einer Scheidung das Sorgerecht für ein minderjähriges Kind verloren hatte, durch seine Unterhaltsbestimmung versuchte, die Aufenthaltsbestimmung des anderen, sorgeberechtigten Elternteils außer Kraft zu setzen, indem er Unterhalt bei sich anbot. Soweit derartige Unterhaltsbestimmungen der Aufenthaltsentscheidung des Sorgeberechtigten widersprachen, hat die Rechtsprechung sie für unwirksam erklärt (vgl. RGZ 74/76, 77 f.; w. Nachw. bei Roettig, Das Unterhaltsbestimmungsrecht der Eltern, 1984, S. 20). Auch im Schrifttum bestand Einigkeit darüber, daß die Bestimmung, das der Personensorge eines Elternteils anvertraute Kind solle den Unterhalt von dem anderen Elternteil in dessen Wohnung in Natur entgegennehmen, unwirksam war und das Kind in einem solchen Falle ohne weiteres, d. h. ohne Einschaltung des VormG, auf Gewährung der ihm zustehenden Geldrente klagen konnte. Die Bestimmung wurde in derartigen Fällen überwiegend als auf etwas Undurchführbares gerichtet und deshalb unwirksam angesehen (ebenso BT-Drucks. V/2370, S. 42: „Der Unterhaltspflichtige kann ... gegen den Willen des Sorgeberechtigten nicht bestimmen, daß das Kind den Unterhalt im Haushalt des Unterhaltspflichtigen in Empfang zu nehmen habe"). Diese Beurteilung greift auch dann Platz, wenn – wie im vorliegenden Fall – die Unterhaltsbestimmung eines Elternteils mit einer abweichenden Aufenthaltsbestimmung durch den Gebrechlichkeitspfleger eines geschäftsunfähigen volljährigen Kindes kollidiert. Jede Unterhaltsbestimmung, die das Recht eines anderen verletzt, den Aufenthalt des Kindes zu bestimmen, ist unwirksam. Andernfalls würde das – jedenfalls wesentlich – der Erleichterung der Unterhaltslast dienende Bestimmungsrecht des § 1612 II S.1 BGB zu einem Mittel, die zum höherrangigen Wohl des Schutzbefohlenen getroffene Aufenthaltsbestimmung durch den Gebrechlichkeitspfleger zu unterlaufen. Das liefe regelmäßig – und auch hier – auf die Herbeiführung eines Zustandes hinaus, der mit der gerichtlichen Pflegerbestellung, welche den unterhaltspflichtigen Elternteil gerade nicht berücksichtigt hat, unvereinbar wäre. Allerdings müßte ein geschäftsfähiges volljähriges Kind trotz seines Rechtes, über den eigenen Aufenthalt selbst zu entscheiden, einer Bestimmung gemäß § 1612 II S.1 BGB grundsätzlich bei Meidung des Unterhaltsverlustes folgen (FamRZ 1981/250; FamRZ 1983/369; FamRZ 1984/37). Daraus kann jedoch nicht gefolgert werden, daß auch das Aufenthaltsbestimmungsrecht des Gebrechlichkeitspflegers, der ein geschäftsunfähiges volljähriges Kind vertritt, einer Unterhaltsbestimmung gemäß § 1612 II S.1 BGB weichen müßte. Der Pfleger versieht ein ihm vom Staat übertragenes Amt. Das Recht zur Aufenthaltsbestimmung übt er kraft dieses Amtes zum Wohle seines Pfleglings aus. Daher kann nicht – mit der Revision – gesagt werden, der im Streitfall zu entscheidende Konflikt zwischen Aufenthalts- und Unterhaltsbestimmung sei ein solcher zwischen der Tochter und dem Vater. Er besteht vielmehr zwischen dem sein Amt ausübenden Gebrechlichkeitspfleger und dem unterhaltspflichtigen Vater. Für seine Lösung sind andere Erwägungen maßgebend als für die Entscheidung im Konflikt zwischen der eigenen Aufenthaltsbestimmung des geschäftsfähigen volljährigen Kindes und der Unterhaltsbestimmung durch die Eltern. Letztere hat – neben der im Vordergrund stehenden Erleichterung der Unterhaltslast – auch den Zweck, den Eltern einen weitergehenden Einfluß auf die Lebensführung des Kindes zu verschaffen, als dies bei einer Unterhaltsgewährung in Geld möglich ist (FamRZ 1981/250, 252 m. w. N.). Gegenüber dem nichtgeschäftsfähigen, unter Gebrechlichkeitspflegschaft stehenden volljährigen Kind hingegen scheiden derartige Gründe für das Angebot von Naturalunterhalt im Haushalt des Unterhaltspflichtigen regelmäßig aus. Die Maßnahmen zum Wohle des Pflegebefohlenen obliegen vielmehr dem Gebrechlichkeitspfleger, der sie in Ausübung des ihm vom Staat übertragenen Amtes bereits bei der Entscheidung zum Aufenthalt des Pfleglings zu treffen hat.

(Erhöhung des Normalbedarfs eines volljährigen Kindes von DM 750,– um behinderungsbedingte Mehrkosten bei behindertem Kind. Veränderung des Verteilungsschlüssels bei Barunterhaltspflicht beider Eltern im Hinblick auf den erhöhten Einsatz dieses Elternteils wegen der Behinderung. Anrechnung von Pflegegeld als Einkommen des Kindes)

b II 1) Zur Höhe des Unterhaltsanspruchs hat das KG erwogen: Die Einkommens- und Vermögensverhältnisse beider Eltern seien im wesentlichen gleich. Das rechtfertige die Gleichbehandlung der Eltern in Ansehung der Unterhaltsansprüche der Kl. Der angemessene Unterhaltsbedarf eines volljährigen Kindes von Eltern in durchschnittlichen bis guten Einkommensverhältnissen belaufe sich auf rund 750 DM monatlich. Der Mehrbedarf der Kl. gegenüber einem gesunden volljährigen Kind sei unter Berücksichtigung des besonderen Betreuungsbedarfs und des erhöhten Kosten für Bekleidung, Schuhwerk und sonstige Anschaffungen bis hin zu logopädischen Hilfsmitteln und Spielsachen auf rund 450 DM monatlich zu schätzen. Er erreiche nicht den Pflegegeldsatz von 745 DM, weil die Kl. an fünf Werktagen in der Woche von 8.00 Uhr bis 15.00 Uhr – ohne besondere Kosten – in einem Heilpädagogischen Therapeutikum betreut werde und auch gelernt habe, stundenweise in der Wohnung allein zu sein. Von dem sich somit ergebenden Gesamtbedarf von (750 DM + 450 DM =) 1200 DM sei ein auf 500 DM zu schätzender Teilbetrag durch Leistungen gedeckt, die die Mutter mit der Wohnraumgewährung und durch die Erledigung aufwendiger Betreuungsaufgaben in den Morgen- und Abendstunden sowie an den Wochenenden erbringe. Bedarfsmindernd wirke sich das Pflegegeld in Höhe des den Unterhaltsmehrbedarf von 450 DM übersteigenden Betrages von monatlich 295 DM aus. In dieser Höhe müsse es – ebenso wie das staatliche Kindergeld – beiden Eltern zu gleichen Teilen, also mit je 147,50 DM, zugute kommen. Bei einem Gesamtunterhaltsbedarf von 1200 DM und Naturalleistungen der Mutter von rund 500 DM blieben durch Barleistungen noch 700 DM zu decken. Davon entfielen auf den Bekl. entsprechend seinem Haftungsanteil am Gesamtunterhaltsbedarf (½ von 1200 DM =) 600 DM, so daß er nach Anrechnung des Mehrbedarf übersteigenden anteiligen Pflegegeldes und des anteiligen staatlichen Kindergeldes monatlich (600 DM – 147,50 DM – 25 DM =) 427,50 DM aufzubringen habe. 2. Ein Teil dieser Ausführungen hält der rechtlichen Überprüfung nicht stand. a) Allerdings dringen die Angriffe der Revision dagegen, daß das KG den Gesamtbedarf der Kl. mit monatlich 1200 DM veranschlagt hat, nicht durch. Zu diesem Betrag ist das KG auf rechtlich nicht angreifbare Weise im Wege der Schätzung gelangt,

Anhang R. Rechtsprechung R264 – R265

indem es den Normalbedarf eines volljährigen Kindes um behinderungsbedingte Mehrkosten erhöht hat. Art und Notwendigkeit der zusätzlichen Aufwendungen waren Gegenstand von Erörterungen im Rechtsstreit, so daß die Rüge einer Verletzung der Hinweispflicht (§ 139 ZPO) nicht durchgreift. Als Hauptposten hat das KG ersichtlich den besonderen Betreuungsbedarf der Kl. berücksichtigt, der zutage liegt und Teil des gesamten Lebensbedarfs ist (§ 1610 II BGB). b) Von diesem gesamten Unterhaltsbedarf wird ein Teil durch das Pflegegeld der Kl. i. H. von monatlich 745 DM gedeckt. Das Pflegegeld nach § 2 III Stufe III ZGHG ist keine Leistung der Sozialhilfe, sondern wird dem Behinderten unbeschadet seines sonstigen Einkommens gewährt (§ 3 I ZGHG). Daher ist es als Einkommen der Kl. zu berücksichtigen (§ 1602 I BGB). Somit bleibt ein ungedeckter Unterhaltsbedarf der Kl. i. H. von (1200 DM – 745 DM =) 455 DM. c) Die unangegriffene Feststellung des KG, die Einkommens- und Vermögensverhältnisse beider Eltern seien im wesentlichen gleich, würde ohne Vorliegen weiterer Besonderheiten die gleichmäßige Heranziehung beider Eltern zur Deckung dieses verbleibenden Unterhaltsbedarfs rechtfertigen (§ 1606 III S.1 BGB), so daß auf jeden von ihnen eine Unterhaltslast von (455 DM : 2 =) 227,50 DM entfielen, die sich wegen des anteiligen Kindergeldes auf 202,50 DM ermäßigen würde. Eine derartige Heranziehung zum Unterhalt nach gleichen Quoten trüge jedoch nicht dem Umstand Rechnung, daß die Mutter mit der von ihr übernommenen Pflege der behinderten Kl. auch unter Berücksichtigung des Umstandes, daß diese tagsüber ohne besondere Kosten in einem Heilpädagogischen Therapeutikum betreut wird, außergewöhnliche Leistungen erbringt. Sie zur Deckung des Unterhaltsbedarfs in gleichem Maße zu verpflichten wie den Bekl., wäre daher unbillig. Deshalb ist es geboten, im Verhältnis der Eltern die mit dem erhöhten Einsatz der Mutter verbundene Belastung durch eine Veränderung des Verteilungsschlüssels zu ihren Gunsten aufzufangen (FamRZ 1983/689, 690). d) Weil Art und Umfang der von der Mutter erbrachten Pflegeleistungen festgestellt sind und nicht zu erwarten ist, daß eine erneute tatrichterliche Befassung noch neue, entscheidungserhebliche Tatsachen ergäbe, ist der Senat in der Lage, selbst in der Sache zu entscheiden; der Rechtsstreit ist zur Endentscheidung reif (§ 565 III Nr. 1 ZPO). Der Senat bemißt den vom Bekl. durch Barleistungen zu erbringenden Unterhaltsteil unter Beachtung von Ausmaß und Schwere der durch die Mutter geleisteten Pflege und Betreuung auf monatlich 300 DM. Dabei ist das staatliche Kindergeld, das beiden Eltern zu gleichen Teilen zugute kommt, bereits berücksichtigt. Soweit die Barbeträge, die die Kl. mit dem Pflegegeld und den Unterhaltszahlungen des Bekl. bekommt, ihren Barbedarf übersteigen und mithin der Mutter zur Befriedigung persönlicher Bedürfnisse zur Verfügung stehen (FamRZ 83/689, 690 = NJW 83/2083), liegt darin keine unangebrachte „Monetarisierung" elterlicher Fürsorge. Vielmehr wird auf diese Weise lediglich erreicht, daß das Pflegegeld und die Betreuungsleistungen der Mutter nicht einseitig den Bekl. von seiner Unterhaltspflicht entlasten, sondern beide Eltern in angemessener Weise zum Unterhalt der Kl. beitragen.

BGH v. 5. 6. 85 – IVb ZR 27/84 – FamRZ 85, 902

(Unterhaltspflicht umfaßt nicht die Verpflichtung, Schulden des anderen Ehegatten zu tilgen) **R264**

3 b) Ein anderes Ergebnis kommt auch nicht deshalb in Betracht, weil die – mittellose – Ehefrau des Bekl. nach der Beendigung des Rechtsstreits weiterhin mit den Kosten für die Inanspruchnahme der Kl. belastet bleibt. Diese Belastung begründet keinen unterhaltsrechtlichen Sonderbedarf der Ehefrau gegenüber dem Bekl. Denn die Unterhaltspflicht umfaßt grundsätzlich nicht die Verpflichtung, Schulden des anderen Ehegatten zu tilgen (FamRZ 1964/558, 559). Demgemäß geht auch die durch § 1360a IV BGB begründete Verpflichtung nicht dahin, daß der leistungsfähige Ehegatte – endgültig – die seinem Ehepartner auferlegten Prozeßkosten zu tragen hätte (FamRZ 1971/360, 362).

BGH v. 19. 6. 85 – IVb ZR 30/84 – FamRZ 85, 916 = NJW 85, 2331

(BAföG-Leistungen als Darlehen) **R265**

II 1) Unterhaltsberechtigt gegenüber Verwandten ist nur, wer außerstande ist, sich selbst zu unterhalten (§ 1602 I BGB). Das Berufungsgericht geht zu Recht davon aus, daß als Zuschuß gewährte Förderungsleistungen nach dem BAföG den Unterhaltsbedarf des Empfängers – ganz oder teilweise – decken und deshalb seinen bürgerlich-rechtlichen Unterhaltsanspruch ausschließen oder verringern. Etwas anderes würde gelten, wenn die Ausbildungsförderung in dem Sinne subsidiär gewährt würde, daß Vorausleistungen nach Überleitung (oder infolge Übergangs; § 37/I BAföG i. d. Fassung vom 6. Juni 1983) des Unterhaltsanspruchs von dem Unterhaltsverpflichteten zurückgefordert werden könnten (FamRZ 1980/126, 128). Das ist indes hier nicht der Fall; die Förderung erfolgt nicht durch Vorausleistungen i. S. von § 36 BAföG.

2) Die BAföG-Leistungen mindern auch insoweit die Bedürftigkeit der Kläger, als sie darlehnsweise gewährt werden.

a) Allerdings hat der Bundesgerichtshof in dem bereits genannten Urteil in einem Fall, der nachehelichen Unterhalt betraf, lediglich für solche BAföG-Leistungen, die nicht nur darlehnsweise gewährt werden, ausgesprochen, sie seien nach § 1577 I BGB als Einkünfte auf den Unterhaltsanspruch gegen den geschiedenen Ehegatten anzurechnen (a. a. O. S. 128). Eine nähere Begründung für diese Einschränkung, auf die es in jenem Falle für die Entscheidung nicht ankam, enthält das Urteil nicht. Die Rechtsprechung der Oberlandesgerichte ist jedoch der Meinung, BAföG-Darlehen beeinflußten den Unterhaltsanspruch des Geförderten nicht, überwiegend gefolgt (vgl. zuletzt OLG Karlsruhe FamRZ 1984/927; weitere Nachweise bei Graba FamRZ 1985/118, 119 Fn. 24), wenn sich auch neuerdings in Leitlinien und Rechtsprechungshinweisen zunehmend die gegenteilige Beurteilung findet; s. Kölner Unterhaltsrichtlinien FamRZ 1985/24, 26 unter A IV 8.3: Anrechnung von darlehnsweise gewährten BAföG-Leistungen nach Billigkeit; Leitlinien der Familiensenate des OLG Bremen FamRZ 1985/28, 29 zu A und B Anm. I 2 b: vollständige Anrechnung auch bei darlehnsweiser Gewährung (Ausnahme: Vorausleistungen nach § 36 BAföG); Hinweise der Münchner Familiensenate FamRZ 1983/20, 21 unter Kindesunterhalt 2.3: volle Anrechnung der BAföG-Leistungen (auch Darlehen); ebenso Graba a. a. O.

b) Im Unterhaltsrecht obliegt es unter Umständen dem Verpflichteten, zur Erhaltung seiner Leistungsfähigkeit einen Kredit aufzunehmen (FamRZ 1982/365, 366 f.). Für den Unterhaltsberechtigten gilt Entsprechendes. Er hat die Möglichkeit zur Kreditaufnahme auszunutzen, um nicht unterhaltsbedürftig zu werden. Diese Obliegenheit zur Selbsthilfe besteht freilich nur im Rahmen des Zumutbaren (FamRZ 1982/678, 679 – FamRZ 1966/28, 29; OLG Hamburg FamRZ 1980/912, 913). Eine weitere Einschränkung gilt bei minderjährigen unverheirateten Kindern, die nach § 1602 II BGB schon den Stamm ihres Vermögens und erst recht möglichen Kredit nicht in Anspruch zu nehmen brauchen. Die Kläger sind jedoch volljährig.

c) Von diesen Grundsätzen ist das Berufungsgericht ausgegangen. Es hat – wie schon das Amtsgericht – ausgeführt, die Aufnahme des Kredites in Form der darlehnsweise gewährten BAföG-Leistungen sei den Klägern bei angemessener Berücksichtigung der beiderseitigen Interessen im Hinblick auf die außerordentlich günstigen Darlehnsbedingungen zumutbar. Das hält der rechtlichen Überprüfung stand:

Bei dem Besuch von Höheren Fachschulen, Akademien und Hochschulen wird Ausbildungsförderung nunmehr – abgesehen von dem Ausnahmefall der Übergangsregelung in § 66 a IV BAföG, die für den Kläger zu 2. eingreift – nur noch als Darlehen gewährt (§ 17 II BAföG i. d. Fassung vom 6. Juni 1983, BGBl I 645). Das Darlehen ist zinslos (§ 18 I BAföG). Es ist in gleichbleibenden monatlichen Raten, mindestens solchen von 120 DM innerhalb von 20 Jahren zurückzuzahlen. Die erste Rate ist erst fünf Jahre nach dem Ende der Förderungshöchstdauer (vgl. § 15 BAföG) zu leisten (§ 18 III BAföG). Das Darlehen kann vorzeitig zurückgezahlt werden; dann wird auf Antrag ein Nachlaß von der Darlehensschuld gewährt (§ 18 V b BAföG). Der Darlehensnehmer ist zur Rückzahlung nur verpflichtet, soweit sein Einkommen bestimmte, nach Familienstand und Kinderzahl gestaffelte Beträge übersteigt (§ 18 a BAföG). 25 vom Hundert der Darlehensschuld werden ihm erlassen, wenn er nach dem Ergebnis der Abschlußprüfung zu den ersten 30 vom Hundert der Geförderten gehört, die die Prüfung im selben Kalenderjahr abgelegt haben. 5000 DM werden auf Antrag bei erfolgreichem Abschluß des Studiums vor Ende der Förderungshöchstdauer erlassen. Weiterhin können bestimmte soziale Gründe zu einem Teilerlaß führen (§ 18 b BAföG).

Das Darlehen nach § 17 II BAföG wird mithin unter sehr günstigen Bedingungen gewährt. Die Zinslosigkeit und zudem die schonenden Vorschriften über die Rückzahlung lassen die Belastung des nach dem Studium mit einer hochqualifizierten Ausbildung ins Berufsleben eintretenden Geförderten als gering erscheinen. Im vorliegenden Fall sind bei gleichbleibend hoher Förderung und ohne einen Teilerlaß der Rückzahlungsverpflichtung für den Kläger zu 1. monatliche Rückzahlungsraten von weniger als 150 DM und für den Kläger zu 2. solche von nur 120 DM zu erwarten. Besondere Anhaltspunkte dafür, daß die Einkommensmindestbeträge, von deren Überschreiten nach § 18 b BAföG die Rückzahlungspflicht abhängt, zum Unterhalt der Kläger nicht ausreichen würden, sind nicht ersichtlich.

Auf der anderen Seite haben die nach bürgerlichem Recht Unterhaltspflichtigen, im Regelfall also die Eltern, die Kinder, die jetzt Ausbildungsförderung durch Darlehen erhalten können, im allgemeinen bereits über die sonst übliche Ausbildungszeit hinaus bis hin zur Erlangung der Hochschulreife unterhalten. Sie selbst gelten nach dem System der Einkommens- und Vermögensanrechnung in §§ 21 ff. und 26 ff. BAföG in Höhe der als Ausbildungsförderung in Betracht kommenden Darlehensbeträge als nicht leistungsverpflichtet, so daß jedenfalls nicht von besonders günstigen wirtschaftlichen Verhältnissen und deshalb nicht davon ausgegangen werden kann, daß ihnen die Unterhaltsgewährung leichtfällt. All dies gilt auch im vorliegenden Fall.

Eine Gesamtschau dieser Umstände rechtfertigt es, die eigene Finanzierung des eine gehobene Berufsausbildung vermittelnden Studiums durch die günstigen BAföG-Darlehen, auf die nach den Einkommens- und Vermögensverhältnissen ein Anspruch besteht, im Falle der Kläger als zumutbar

Anhang R. Rechtsprechung R266

anzusehen. Besondere Umstände, die eine andere Beurteilung veranlassen könnten, sind weder festgestellt noch behauptet.

BGH v. 19. 6. 85 – IVb ZR 31/84 – FamRZ 85, 908 = NJW-RR 86, 68

(Vereinbarung über Trennungsunterhalt gilt in der Regel nicht für die Zeit nach der Scheidung; Nichtidentität) R266

II) Den nachehelichen Unterhalt der Kl. für die Zeit ab Dezember 1980 hat das OLG nicht weiterhin auf der Grundlage der Vereinbarung v. 25. 7. 1978, sondern nach Maßgabe der gesetzlichen Vorschriften ermittelt. Es ist dabei in Anlehnung an den Grundsatz der Nichtidentität zwischen Trennungs- und Geschiedenenunterhalt davon ausgegangen, daß eine während der Trennungszeit der Eheleute geschlossene Vereinbarung in der Regel nicht (auch) für die Zeit nach der Scheidung gelte, wenn die Eheleute nicht ausdrücklich etwas anderes bestimmt hätten. Hierzu hat das OLG im einzelnen ausgeführt: Die Kl. habe den ihr insoweit obliegenden Beweis nicht erbracht. Wenn sie nämlich eine Ausnahme von der genannten Regel behaupte, trage sie dafür die Darlegungs- und Beweislast. Für ihren Standpunkt spreche der Umstand, daß die Vereinbarung keine zeitliche Begrenzung enthalte, dagegen jedoch die Tatsache, daß jedenfalls ein Teil der Vereinbarung ersichtlich nur eine Regelung des Trennungszustandes betroffen habe. Die persönliche Anhörung der Parteien habe ergeben, daß bei Niederlegung der Unterhaltsverpflichtung von der Scheidung nicht die Rede gewesen sei und keine der Parteien an die Zeit nach einer Scheidung gedacht habe, vielmehr beide nur bestrebt gewesen seien, die unmittelbar bevorstehende Trennungszeit zu regeln. Danach habe seinerzeit nur für die Trennungszeit ein Regelungsbedürfnis bestanden. Diese Ausführungen sind aus Rechtsgründen nicht zu beanstanden.

a

(Keine Prägung der ehelichen Lebensverhältnisse durch fiktiv zuzurechnende Einkünfte; Anrechnungsmethode und Differenzmethode)

II 2) Eine Unterhaltsberechnung unter Anwendung der sog. Differenzmethode entspricht im vorliegenden Fall nicht dem Bemessungsmaßstab der ehel. Lebensverhältnisse nach § 1578 I BGB. Diese wurden, da während der Ehe nur der Bekl. einer Erwerbstätigkeit nachgegangen ist, allein durch sein Einkommen bestimmt. Hingegen hat sich das von ihr fiktive Einkommen der Kl., welches ihr zudem erstmals für die Zeit nach Rechtskraft der Scheidung angerechnet wird, auf die ehel. Lebensverhältnisse der Parteien nicht ausgewirkt. Der von dem OLG angewandten Differenzmethode liegt demgegenüber die Vorstellung zugrunde, daß beide Ehegatten in der Ehe bereits erwerbstätig sind und mit ihren beiderseitigen Einkünften die ehel. Lebensverhältnisse geprägt haben. Da das hier jedoch nicht der Fall war, kann der Unterhalt der Kl. entgegen der Auffassung des OLG nicht im Wege der Differenzmethode bemessen werden. Das angefochtene Urteil kann daher nicht bestehen bleiben. Zu einer eigenen abschließenden Entscheidung ist der Senat nicht in der Lage. Die Bemessung des angemessenen Unterhalts ist vielmehr dem Tatrichter vorzubehalten. Dieser wird, falls die Aufteilung nach Quoten beibehalten werden soll, im Ansatz so zu verfahren haben, daß er das Einkommen des von Anfang an erwerbstätigen Bekl. entsprechend aufteilt und sodann von der auf die Kl. entfallenden Quote ihr eigenes (ggf. fiktives) Einkommen abrechnet (FamRZ 1983/144, 146; FamRZ 1984/356, 357; st. Rspr.).

b

Die Bemessung des angemessenen Unterhalts ist vielmehr dem Tatrichter vorzubehalten. Dieser wird, falls die Aufteilung nach Quoten beibehalten werden soll, im Ansatz so zu verfahren haben, daß er das Einkommen des von Anfang an erwerbstätigen Bekl. entsprechend aufteilt und sodann von der auf die Kl. entfallenden Quote ihr eigenes (ggf. fiktives) Einkommen abrechnet (NJW 1983/1483 = FamRZ 1983/144 [146]; NJW 1984/1537 = FamRZ 1984/356 [357] ständige Rechtsprechung). Dabei wird allerdings zu beachten sein, daß es einer – insoweit mehrfach vom Senat gebilligten – weitgehend üblichen Praxis entspricht, einem erwerbstätigen unterhaltspflichtigen Ehegatten eine höhere Quote seines Einkommens zuzubilligen als seinem nicht erwerbstätigen Ehegatten, damit auf diese Weise dem mit einer Berufstätigkeit allgemein verbundenen erhöhten Aufwand des Erwerbstätigen Rechnung getragen und zugleich der Anreiz zur Ausübung einer Erwerbstätigkeit gesteigert wird (FamRZ 1981/1165 [1166] m. w. N.). Dieser Grundsatz dürfte in entsprechender Weise auch bei dem Ansatz des anzurechnenden eigenen Einkommens der Kl. heranzuziehen sein. Denn auch auf ihrer Seite kann die Ausübung einer Erwerbstätigkeit mit erhöhtem Aufwand verbunden sein. Darüber hinaus liegt es im Interesse der Gleichbehandlung der Eheleute nahe, auch ihr als Anreiz für die (weitere) Erwerbstätigkeit einen – maßvollen – Ausgleich zuzubilligen und ihr deshalb einen entsprechenden Anteil ihres eigenen Einkommens ohne Anrechnung auf den Unterhaltsanspruch gegenüber dem Bekl. zu belassen (FamRZ 1985/161, 164; allgemein: Hampel, FamRZ 1984/621, 628, 633).

R267 Anhang R. Rechtsprechung

(Verrechnung von Schulden)

c III. 1. Das OLG hat die der Kl. für die Zeit vom 1. 8. 1979 bis zum 30. 4. 1981 noch zustehenden Unterhaltsansprüche als Rückstand zusammengefaßt, die von dem Bekl. für diesen Zeitraum geleisteten Zahlungen abgesetzt und sodann den verbleibenden restlichen Unterhalt in einer Summe (zwei Beträge von 1200 DM und 1736 DM) ausgeurteilt. Gegen die hierin liegende Verrechnung der Schulden mit den Zahlungen des Bekl. für den genannten Zeitraum haben beide Parteien keine Einwendungen erhoben. Es bestehen daher grundsätzlich keine Bedenken dagegen, auch bei der erneut zu treffenden Entscheidung wieder in dieser Weise vorzugehen. Bei der Feststellung des sich sodann ergebenden Rückstandes wird allerdings zu berücksichtigen sein, daß der Bekl. in der Folgezeit ab Mai 1981 in nicht unerheblichem Umfang Überzahlungen geleistet hat. Das OLG wird daher zu prüfen haben, ob er mit seinen (etwaigen) Rückforderungsansprüchen aus den Überzahlungen gegen die Forderung der Kl. auf die Unterhaltsrückstände aus der Zeit bis April 1981 – ggf. konkludent – aufgerechnet hat.

BGH v. 19. 6. 85 – IVb ZR 38/84 – FamRZ 85, 912 = NJW 85, 2713

R267 *(Keine Bindung an Betrag und Anerkenntnis bei Vorsorgeunterhalt)*

a 2) Einen Altersvorsorgeunterhalt in Höhe von monatlich 950 DM (§ 1578 III BGB) hat das OLG der AGg. allein aufgrund des Anerkenntnisses des ASt. zugesprochen. Dies begegnet in mehrfacher Hinsicht Bedenken. Zum einen ist, wie ausgeführt, das in zweiter Instanz abgegebene Anerkenntnis über monatlich 950 DM nicht wirksam. Ferner ist zu beachten, daß im Unterhaltsprozeß hinsichtlich der Verteilung des Gesamtunterhalts auf den Elementar- und den Vorsorgeunterhalt nach § 1578 II und III BGB die Dispositionsbefugnis des Unterhaltsberechtigten eingeschränkt ist. Der Senat hat entschieden, daß dieser aus dem zustehenden Gesamtunterhaltsbetrag nach freiem Ermessen auf den Elementar- und den Vorsorgeunterhalt verteilen kann; das Gericht ist auch nicht gehalten, bei der Bemessung des Elementarunterhalts von dem Betrag auszugehen, den der Berechtigte hierfür verlangt (FamRZ 1982/465 und FamRZ 1982/887, 890). Dies muß sich auch auf die Tragweite prozessualer Anerkenntnisse des Unterhaltsverpflichteten auswirken. Allgemein findet die Wirksamkeit prozessualer Anerkenntnisse dort ihre Grenze, wo keine Parteiherrschaft über den Streitgegenstand besteht. Es würde zu Unzuträglichkeiten insbesondere für spätere Abänderungsverfahren (§ 323 ZPO) führen, wenn in Unterhaltsprozessen der Richter eine nicht sachgerechte Verteilung jener Unterhaltsbestandteile nur deswegen hinzunehmen hätte, weil der Berechtigte entsprechende Anträge gestellt und der Verpflichtete diese anerkannt hätte. Daher hat das Gericht in Fällen der vorliegenden Art zwar ohne Rücksicht auf die materielle Rechtslage mindestens auf einen Gesamtunterhalt zu erkennen, der der Summe der anerkannten Einzelbeträge entspricht, es hat aber bei der Bemessung des Elementarunterhalts im Verhältnis zu den Unterhaltsbestandteilen nach § 1578 II und III BGB ohne Bindung an die Anerkenntnisse die allgemeinen Regeln zu beachten. Vorliegend ist nicht auszuschließen, daß das OLG den Vorsorgeunterhalt nach § 1578 III BGB anderweitig bemessen hätte, wenn es das Anerkenntnis des ASt. insoweit als nicht bindend erkannt hätte.

(Vorabzug von Volljährigenunterhalt, weil dieser für den Lebensbedarf der Eheleute nicht zur Verfügung steht; Vorrang des Ehegatten nur im Mangelfall bedeutsam)

b III 3) Das OLG hat festgestellt, daß der ASt. an die beiden volljährigen Kinder der Parteien, die ein Hochschulstudium absolvieren, monatlich je 572 DM zahlt. Es hat diese Zahlungen bei der Bemessung des Unterhaltsanspruchs der AGg. unberücksichtigt gelassen, weil auch diese neben Naturalleistungen, die sie bei Bedarf erbringe, zum Barunterhalt der Kinder beitrage. Dies greift die Revision des ASt. zu Recht an. Der Senat hat bereits in seinem Urteil v. 23. 11. 1983 (FamRZ 1984/151, 153) gebilligt, daß das unterhaltserhebliche Einkommen des Verpflichteten vorab um – auch volljährige – Kinder gezahlten Unterhalt vermindert wird. Es hat sich um einen Fall gehandelt, wie hier – bei alleiniger Erwerbstätigkeit des Mannes die ehelichen Lebensverhältnisse mit dadurch geprägt wurden, daß die entsprechenden Beträge nicht für den Lebensbedarf der Ehegatten zur Verfügung standen. Da der geschiedene Ehegatte nach § 1578 I S. 1 BGB nur Anspruch auf einen den ehelichen Lebensverhältnissen entsprechenden Unterhalt hat, ist in diesen Fällen grundsätzlich geboten, bei der Unterhaltsbemessung entsprechende Vorwegabzüge vom Einkommen des Verpflichteten zu machen. Soweit der berechtigte Ehegatte – möglicherweise freiwillig – trotz Fehlens eigener anrechenbarer Einkünfte zum Barunterhalt der Kinder beiträgt, muß dies außer Betracht bleiben, weil sein Unterhaltsanspruch nach § 1578 I S. 2 BGB nur der Deckung des eigenen Lebensbedarfs dient (ebenso OLG Köln, FamRZ 1981/966, 968). Der unterhaltsrechtliche Vorrang des geschiedenen Ehegatten gegenüber volljährigen Kindern nach § 1609 II S. 2 BGB wirkt sich nur dann aus, wenn die verbleibenden Einkünfte des Verpflichteten nicht ausreichen, um den angemessenen Unterhalt des Berechtigten zu gewährleisten. Dann – und erst dann – hat ein Vorwegabzug des Kindesunterhalts zu unterbleiben (ähnlich etwa „Kölner Unterhaltsrichtlinien", Stand 1.1. 1985, FamRZ 1985/24, 28 unter D 26.0). Im vorliegenden Fall sind diese Voraussetzungen nicht gegeben, weil schon die vom ASt. anerkannten 4475 DM monatlich, die der AGg. mindestens verbleiben müssen, einen angemessenen Lebensunterhalt garantieren.

BGH v. 3. 7. 85 – IVb ZR 16/84 – FamRZ 85, 911 = NJW 85, 2268

(Aufstockungsunterhalt bei Einkünften, die dem Bedürftigen fiktiv zuzurechnen sind; unerheblicher Berufswechsel des Verpflichteten, solange sich die Einkünfte in einer vergleichbaren Größenordnung bewegen; Abzug von ehebedingten Kreditverbindlichkeiten)

I) Zwischen den Parteien steht außer Streit, daß die Kl. von dem Bekl. sog. Aufstockungsunterhalt nach § 1573 II BGB verlangen kann. Unter den Verhältnissen der Parteien ergeben sich auch keine rechtlichen Bedenken gegen die Auffassung des OLG, daß der Unterhaltsanspruch auf $3/7$ der Differenz zwischen den beiderseitigen anrechenbaren Einkünften zu veranschlagen sei. Ebenso hält es der Überprüfung stand, daß das OLG dabei auf seiten der Kl. nicht lediglich das Einkommen aus der tatsächlich ausgeübten Teilzeitarbeit zugrunde gelegt, sondern ein Einkommen aus einer Ganztagstätigkeit unterstellt hat, da ihr eine solche zumutbar sei und sie sie auch hätte finden können. Diese Beurteilung liegt im wesentlichen auf tatrichterlichem Gebiet. Soweit sie davon ausgeht, daß den ehelichen [ehel.] Lebensverhältnissen der Parteien (§ 1578 I S. 1 BGB) eine Ganztagstätigkeit der Kl. entspreche, findet dies eine ausreichende Grundlage in dem vom OLG festgestellten Umstand, daß die Kl. in der Ehe nach 1969 über mehrere Jahre hin einer Ganztagstätigkeit nachgegangen ist. Der Bestand des Berufungsurteils wird auch nicht dadurch in Frage gestellt, daß das OLG auf seiten des Bekl. dessen Einkommen aus seinem jetzigen Beruf als Zechenarbeiter zugrunde gelegt hat, obwohl er in der für die Beurteilung der ehel. Lebensverhältnisse maßgeblichen Zeit als Bankangestellter einen ganz anderen Beruf gehabt hat. Das gereicht der Kl. hier im Ergebnis deshalb nicht zum Nachteil, weil sich die früheren und die jetzigen Einkünfte des Bekl. in einer vergleichbaren Größenordnung bewegen und das frühere Einkommen jedenfalls nicht höher war. Ferner ist es nicht zu beanstanden, daß das OLG von dem Einkommen des Bekl. einen Teil seiner Kreditverpflichtungen in Abzug gebracht hat; denn die zugrundeliegenden Verbindlichkeiten rühren – ungeachtet einer zwischenzeitlichen Umschuldung – insoweit noch aus der Ehe her oder hängen mit der Scheidung zusammen.

(Splittingvorteil und andere Steuervergünstigungen)

II. Der Erfolg der Revision hängt unter diesen Umständen davon ab, ob das Einkommen des Bekl. auch insoweit der Bemessung des Unterhaltsanspruchs zugrunde zu legen ist, als ihm ein Steuervorteil zugute kommt, weil er wieder geheiratet hat und daher nach Lohnsteuertarif III (statt Lohnsteuertarif I) besteuert wird.

1) Das OLG hat diesen sog. Splittingvorteil bei der Bemessung des Unterhalts der Kl. von dem anrechenbaren Einkommen des Bekl. mit Rücksicht auf die Unterhaltsbedürfnisse seiner jetzigen Ehefrau in Abzug gebracht. Zwar seien deren Unterhaltsansprüche an sich außer acht zu lassen, da die Kl. jedenfalls wegen der langen Dauer der Ehe der Parteien vorgehe (§ 1582 I S. 2 BGB). Jedoch erscheine es unbillig, ihr den Steuervorteil aus der Wiederverheiratung des Bekl. zugute kommen zu lassen, wenn andererseits der Unterhaltsbedarf der jetzigen Ehefrau des Bekl. ungedeckt sei.

2) Diesen Ausführungen ist nicht in der Begründung, jedoch im Ergebnis zuzustimmen.

a) Der Senat hat durch Urteil v. 25. 6. 1980 (FamRZ 1980/984, 985) die Auffassung abgelehnt, daß der dem Unterhaltspflichtigen bei Wiederverheiratung zugute kommende Splittingvorteil allgemein seiner neuen Familie zu verbleiben habe, und sich auf den Standpunkt gestellt, daß auch in diesem Falle für die Bemessung des Unterhaltsanspruchs des früheren Ehegatten grundsätzlich von dem Einkommen auszugehen sei, welches sich nach Abzug der Steuern in ihrer tatsächlichen Höhe ergebe. Auf die Ausführungen in dem genannten Urteil wird Bezug genommen. Der Senat hält daran nach Überprüfung fest. Daß der Splittingvorteil unterhaltsrechtlich allein der neuen Familie zugute zu kommen habe und deshalb bei der Bemessung der Ansprüche anderer Unterhaltsgläubiger außer Ansatz zu lassen sei, findet im Gesetz keinen Ausdruck. Vielmehr unterliegt der Splittingvorteil – im Rahmen der allgemeinen Pfändungsvorschriften – der Pfändung nicht nur anderer Unterhaltsberechtigter, sondern auch sonstiger Gläubiger. Eine unterhaltsrechtliche Reservierung zugunsten der neuen Familie stünde auch nicht mit dem in § 1609 I BGB verankerten Grundsatz in Einklang, daß die minderjährigen Kinder des Unterhaltspflichtigen gleich zu behandeln sind; denn die Unterhaltsrenten der Kinder aus der früheren Ehe würden nach einem niedrigeren Einkommen als die der Kinder aus der jetzigen Ehe bemessen. Allerings hat das BVerfG in der Zwischenzeit unter Hinweis auf die Gesetzesmaterialien betont, dem Splittingverfahren liege der Gedanke zugrunde, daß zusammenlebende Eheleute eine Gemeinschaft des Erwerbs und Verbrauchs bildeten, in der ein Ehegatte an den Einkünften und Lasten des anderen wirtschaftlich jeweils zur Hälfte teilhabe; ferner stelle das Splittingverfahren eine besondere Anerkennung der Aufgabe der Ehefrau als Hausfrau und Mutter dar (BVerfGE 61/319, 345 f. = FamRZ 1983/129, 132). Der Senat hat mit Blick auf diese Ausführungen erwogen, ob der Splittingvorteil jedenfalls zur Hälfte unterhaltsrechtlich auszusondern und dem neuen Ehepartner zuzuordnen ist. In diesem Sinne können indessen die wiedergegebenen Erwägungen des BVerfG nicht verstanden werden. Sie dienen der Begründung, daß ein gleichartiger Steuervorteil von Verfassungs wegen nicht auch den Alleinerziehenden zugute kommen müsse, und beleuchten in diesem Zusammenhange die öffentlich-rechtliche Zweckbestimmung der steuerrechtlichen Regelung. Sie sprechen jedoch nicht zwingend gegen die unterhaltsrechtliche Betrachtungsweise, wonach die öffentlich-rechtliche Zweckbestimmung staatlicher Zuwendungen und Vergünstigungen, soweit sich aus dem Gesetz nichts anderes ergibt, auf die Unterhaltsbemessung nicht durchschlägt (FamRZ 1983/674 f. m. w. N.). Eine Zuordnung des – hälftigen – Splittingsvorteils zu dem Vermögen des anderen Ehegatten würde sich darüber hinwegsetzen, daß dieser Vorteil allein in der Person des Steuerpflichtigen entsteht. Er besteht in der geringeren Besteuerung seines Einkommens. Dieses ist auch in Höhe des Steuervorteils nichts anderes als Einkommen des Steuerpflichtigen und unterliegt daher, wie ausgeführt, der Zwangsvollstreckung in gleicher Weise wie das Einkommen im Ganzen. Im übrigen käme es selbst dann zu einer mit § 1609 I BGB nicht zu vereinbarenden Schlechterstellung der Kinder aus der früheren Ehe, wenn man den Splittingvorteil – zur Hälfte – dem jetzigen Ehepartner vorbehalten wollte; denn die Kinder aus der neuen Ehe würden im Rahmen des Familienunterhalts auch an dieser Hälfte partizipieren. Nach alledem ist der Grundsatz, daß bei der Bemessung des Unterhalts die Steuern in der tatsächlich anfallenden Höhe in Abzug zu bringen sind, auch in bezug auf den Splittingvorteil aufrechtzuerhalten. Er ist bei der Bestimmung des unterhaltspflichtigen Einkommens ebensowenig abzusetzen wie andere Steuervergünstigungen, wie sie der Steuergesetzgeber aus den verschiedensten Gründen etwa durch Freibeträge und Abschreibungsmöglichkeiten gewährt. Etwas anderes gilt, soweit nicht § 1579 I Nr. 4 BGB eingreift, auch nicht bei unterhaltsrechtlichem Vorrang des früheren vor dem jetzigen Ehegatten, wie er zugunsten der Kl. – wie das OLG rechtsfehlerfrei ausgeführt hat – jedenfalls deshalb besteht, weil die Ehe der Parteien mit rund 20 Jahren „von langer Dauer" gewesen ist, § 1582 I S. 2 BGB (FamRZ 1983/886, 888). Dieses Rangverhältnis wirkt nicht auf die Frage zurück, welches Einkommen (oder sonstige Vermögen) bei der Bemessung des Unterhalts heranzuziehen ist. Diese Frage ist vielmehr zuvor und unabhängig davon zu klären, wie das unterhaltsrechtlich relevante Einkommen (oder sonstige Vermögen) bei konkurrierenden Unterhaltsbedürfnissen aufzuteilen und welches Rangverhältnis dabei gegebenenfalls zu beachten ist. Ein Vorrang nach § 1582 I S. 3 BGB läßt die Grundsätze, die sich zur Bestimmung des unterhaltspflichtigen Einkommens (oder sonstigen Vermögens) herausgebildet haben, unberührt und besagt lediglich, daß bei dessen Verteilung die Unterhaltsbedürfnisse des jetzigen Ehegatten des Unterhaltspflichtigen gegenüber dem früheren Ehegatten außer Betracht zu bleiben haben. Dieser Vorrang des geschiedenen vor dem neuen Ehegatten ist vom BVerfG für den Fall, daß beide an einer Erwerbstätigkeit durch die Pflege und Erziehung eines Kindes gehindert sind (BVerfGE 66/84 = FamRZ 1984/346), und im Anschluß daran vom erkennenden Senat auch für den hier gegebenen Fall als verfassungskonform befunden worden, daß der frühere Gatte erwerbstätig, der jetzige aber erwerbsunfähig ist (FamRZ 1985/362 f.). Für Billigkeitserwägungen, wie sie das OLG anstellt, ist im Rahmen des § 1582 I S. 2 BGB kein Raum. Im Gesetzgebungsverfahren ist der Vorschlag, den unterhaltsrechtlichen Nachrang des neuen Ehegatten durch eine Härteklausel abzuschwächen, nicht übernommen worden.

(§ 1579 Nr. 7 [Nr. 4 a. F.] bei Splittingvorteil im Mangelfall)

c II 2 b) Es wäre in hohem Maße unbefriedigend, wenn der nach § 1582 I BGB unterhaltsrechtlich vorrangige frühere Ehegatte selbst dann an dem Splittingvorteil teilhätte, wenn dem Unterhaltspflichtigen nicht genügend Mittel für den Unterhalt seines neuen Ehegatten verbleiben. Das Unterhaltsrecht stellt indessen mit § 1579 I Nr. 4 BGB ein Regulativ zur Verfügung. Der Senat trägt keine durchgreifenden Bedenken, davon auch in einem Fall wie dem vorliegenden Gebrauch zu machen. Die Auffangregelung des § 1579 I Nr. 4 BGB will allgemein eine unverhältnismäßige Belastung des Unterhaltspflichtigen vermeiden (FamRZ 1985, 51, 52 f.) und greift Platz, wenn eine Inanspruchnahme, sei es auch nur aus objektiven Gründen, für den Unterhaltspflichtigen die Grenze des Zumutbaren in unerträglicher Weise übersteigen würde (FamRZ 1983/569, 572; FamRZ 1984/986, 987; FamRZ 1985, 267, 268). Eine solche Situation ist im allgemeinen auch dann gegeben, wenn der wiederverheiratete Unterhaltspflichtige sogar den Splittingvorteil – teilweise – an den nach § 1582 I BGB bevorrechtigten früheren Ehegatten weitergeben müßte, obwohl er nicht über genügend Mittel zur Unterhaltung des neuen Ehegatten verfügt. Er kommt nur deshalb in den Genuß des Splittingvorteils, weil er erneut geheiratet hat und mit dem neuen Ehepartner zusammenlebt; die ihm dadurch entstehende wirtschaftliche Belastung soll durch das Splittingverfahren gemindert werden. Für den Unterhaltsverpflichteten, der sich naturgemäß gerade seinem neuen Ehepartner verpflichtet

Anhang R. Rechtsprechung R271

fühlt und die ihm verbleibenden Mittel mit diesem zu teilen hat, wäre es grob unbillig, wenn er diesen ihm um der neuen Ehe willen gewährten Steuervorteil selbst dann für den Unterhalt des früheren Ehegatten einzusetzen hätte, wenn er den Betrag der Steuerersparnis für den Unterhalt seines jetzigen Ehepartners benötigt. Zur Vermeidung dieses Ergebnisses ist es unter den genannten Voraussetzungen, nämlich bei Vorrang des früheren Ehegatten einerseits und Bedürftigkeit des neuen Ehegatten andererseits, im allgemeinen gerechtfertigt, den Unterhaltsanspruch des früheren Ehegatten in Anwendung von § 1579 I Nr. 4 BGB auf denjenigen Betrag zu kürzen, der sich nach dem Einkommen des Unterhaltspflichtigen ohne den Splittingvorteil ergibt.

c) Vorliegend sind die dargelegten Voraussetzungen gegeben. Die Kl. geht der jetzigen Ehefrau des Bekl., wie ausgeführt, unterhaltsrechtlich vor. Soweit die Revision darauf verweist, daß die Kl. in zweiter Instanz das Vorbringen des Bekl. zur krankheitsbedingten Arbeitsunfähigkeit seiner jetzigen Ehefrau bestritten habe, ist dies unerheblich. Die jetzige Ehefrau leistet ihren Beitrag zum Familienunterhalt durch die Führung des Haushalts (§ 1360 S. 2 BGB). Ihre Unterhaltsbedürftigkeit besteht daher unabhängig davon, ob sie gesundheitlich in der Lage wäre, einer Erwerbstätigkeit nachzugehen. Es erscheint somit zur Vermeidung eines grob unbilligen Ergebnisses angezeigt, den Unterhaltsanspruch der Kl. in der aufgezeigten Weise zu kürzen. Dies bestätigt sich in den Beträgen, die sodann auf die Beteiligten entfallen. Während auf seiten der Kl. nach der rechtsfehlerfreien Feststellung des OLG ein erzielbares Einkommen von 1125 DM monatlich in Ansatz zu bringen ist und sie nach der insoweit rechtskräftigen Entscheidung des FamG noch 150 DM monatlich Unterhalt bekommt, verbleiben dem Bekl. nach Abzug der Unterhaltsleistung von 150 DM und anrechenbaren Kreditverbindlichkeiten von 100 DM für sich und seine jetzige Ehefrau lediglich 1475 DM monatlich. Eine weitere Verschiebung zu Lasten des Bekl. und seiner jetzigen Ehefrau, wie sie sich bei Beteiligung der Kl. auch an dem Splittingvorteil ergäbe, wäre unter den gegebenen beengten Verhältnissen grob unbillig.

BGH v. 25. 9. 85 – IVb ZR 48/84 = NJW 86, 722

(Zur Einseitigkeit des schwerwiegenden ehelichen Fehlverhaltens, wenn dieses zeitlich dem Trennungswunsch des Verpflichteten vorausging und dem Pflichtigen bei Trennung noch nicht bekannt war) **R271**

Das OLG ist zwar in Übereinstimmung mit der Rechtsprechung des Senats davon ausgegangen, daß ein die Voraussetzungen des § 1579 I Nr. 4 BGB erfüllendes Fehlverhalten insbesondere darin liegen kann, daß ein Ehegatte sich gegen den Willen des anderen von diesem trennt und mit einem anderen Partner eine eheähnliche Gemeinschaft eingeht oder ein auf Dauer angelegtes intimes Verhältnis begründet; seine Beurteilung, daß sich ein die Voraussetzungen des § 1579 I Nr. 4 BGB erfüllendes Fehlverhalten der Kl. nicht feststellen lasse, unterliegt jedoch durchgreifenden rechtlichen Bedenken.

1) Daß die Kl. mit Einverständnis des Bekl. ausgezogen ist und dieser es war, der als erster einen Rechtsanwalt aufgesucht und eindeutig den Willen zur Trennung bekundet hat, steht einer Anwendung der Härteklausel nicht von vornherein entgegen. Allerdings hat der Senat die Verneinung eines einseitigen evidenten Fehlverhaltens in einem Fall gebilligt, in dem der auf Unterhalt in Anspruch genommene Ehegatte als erster Scheidungsabsichten geäußert und selbst die Trennung sowie den Auszug des anderen Ehegatten aus dem gemeinsam bewohnten Hause gewünscht hatte (BGH, NJW 1981/1782 = FamRZ 1981/752 [753]). Indessen hatte sich dort auch der unterhaltsbedürftige Ehegatte dem anderen Partner erst zugewandt, nachdem der andere Ehegatte zuvor Trennungswünsche geäußert und sich von seinen ehelichen Bindungen distanziert hatte. Kehrt sich diese zeitliche Folge dagegen um und geht die Hinwendung des unterhaltsbedürftigen Ehegatten zum anderen Partner der Abkehr des Unterhaltsverpflichteten von der Ehe voraus, ist sie für diesen gar der Anlaß, sich seinerseits von der Ehe abzuwenden und die Trennung zu betreiben, können die Grundsätze jener Entscheidung nicht herangezogen werden. Vielmehr kommt in einem solchen Fall die Anwendung der Härteklausel, die nicht nur durch die Aufnahme nachhaltiger intimer Beziehungen nach der Trennung, sondern auch durch ein solches Verhalten während der häuslichen Gemeinschaft oder gar der ehelichen Lebensgemeinschaft verwirklicht werden kann (NJW 1981/1214 = FamRZ 1981/439 [440 f.] und FamRZ 1983, 670), trotz des geschilderten Verhaltens des Unterhaltsverpflichteten weiter in Betracht.

2) Im vorliegenden Fall ist für die Revisionsinstanz davon auszugehen, daß die Kl. bereits während des Zusammenlebens der Parteien ein nachhaltiges, auf längere Dauer angelegtes intimes Verhältnis mit K unterhalten hat: Das OLG hat ausgeführt, die Behauptung des Bekl. über die intimen Beziehungen der Kl. zu K seit dem Jahre 1979 könnten als richtig unterstellt werden. Dieser Vortrag, der danach der revisionsgerichtlichen Beurteilung zugrunde zu legen ist, geht dahin, daß die Kl. während eines im Herbst 1979 mit neun weiteren Teilnehmerinnen unternommenen Kegelausflugs den Zeugen K, den sie bereits im Jahr zuvor bei gleicher Gelegenheit kennengelernt habe, wieder getroffen habe. Sie habe mit ihm die restlichen drei Tage des Ausflugs verbracht und während dieser

Zeit mehrfach geschlechtlich mit ihm verkehrt. Bis zum Herbst 1980 habe sie sich regelmäßig mit K getroffen, Tanzlokale der näheren Umgebung aufgesucht und auch weiterhin geschlechtlichen Umgang mit ihm gepflogen. Dabei habe sie diese Zusammenkünfte vor dem Bekl. dadurch verheimlicht, daß sie den Besuch eines Kochkurses mit anschließendem Beisammensein der Kursteilnehmer vorgeschützt habe. Bei einem weiteren Ausflug des Kegelclubs im Herbst 1980 habe sie sogleich im Hotelzimmer des Zeugen Quartier bezogen und den Aufenthalt mit ihm verbracht. Sie habe in der Öffentlichkeit und vor den übrigen Teilnehmerinnen Zärtlichkeiten mit ihm ausgetauscht und wissen lassen, daß sie das Bett mit ihm teile. Ende 1980 habe sie es abgelehnt, an einer zwischen Weihnachten und Neujahr beabsichtigten, seit Jahren üblichen Ausflugsreise der Parteien mit Freunden teilzunehmen, weil sie „etwas am Bein habe", und sich dann während der Abwesenheit des Bekl. täglich mit K getroffen. Auch nach der Trennung habe die Kl. das intime Verhältnis fortgesetzt.

3) Auf der Grundlage dieses behaupteten Sachverhalts konnte das BerGer. ein die Voraussetzungen der §§ 1361 III, 1579 I Nr. 4 BGB erfüllendes schwerwiegendes und einseitiges eheliches Fehlverhalten der Kl. nicht ohne weiteres verneinen. a) Mit den geschilderten, für die weitere Beurteilung zu unterstellenden Beziehungen zu K hat die Kl. hinter dem Rücken des Bekl. ein nachhaltiges, auf Dauer angelegtes intimes Verhältnis zu einem anderen Partner begründet. Darin ist ein schwerwiegendes eheliches Fehlverhalten zu erblicken, wie es die Verwirklichung des § 1579 I Nr. 4 BGB nach der Senatsrechtsprechung erfordert (vgl. NJW 1981/1214 = FamRZ 1981/439 [440 f.]). Allerdings kann ein solches Verhalten des Unterhalt begehrenden Ehegatten die Anwendung der Härteklausel nur begründen, wenn es sich um ein eindeutig bei ihm liegendes Fehlverhalten handelt. b) Das OLG hat eine solche Einseitigkeit des Fehlverhaltens der Kl. verneint. Es hat hierzu dargelegt, wie schon das AG ausgeführt habe, habe die Anhörung der Parteien ergeben, daß es schon im Jahre 1979 zu Streitigkeiten aus geringstem Anlaß gekommen sei, die schließlich dazu geführt hätten, daß die Kl. im August 1980 den ehelichen Verkehr verweigert und der Bekl. ihr daraufhin die Bankvollmacht entzogen habe. Daß die ehelichen Schwierigkeiten allein auf die Beziehungen der Kl. zu K zurückzuführen seien, lasse sich nicht feststellen. Diese Beurteilung wird den Grundsätzen, die nach der Senatsrechtsprechung insoweit zu beachten sind, nicht gerecht. Nach dieser Rechtsprechung ist aus der grundsätzlichen Abkehr des Gesetzes vom Verschuldensprinzip zu folgern, daß bei der Prüfung, ob ein Fehlverhalten eindeutig bei dem Unterhalt begehrenden Ehegatten liegt, nicht jeglichen Vorwürfen gegen den anderen Ehegatten nachzugehen ist; vielmehr können nur konkret vorgebrachte Verfehlungen von einigem Gewicht Bedeutung erlangen, die dem Unterhalt begehrenden Ehegatten das Festhalten an der Ehe erheblich erschwert haben und sein eigenes Fehlverhalten in einem milderen Licht erscheinen lassen (NJW 1982/1461 = FamRZ 1982/463 [464] und st. Rspr.). Solche Verfehlungen des Bekl. hat das OLG nicht festgestellt. In dem amtsgerichtlichen Urteil, auf das das BerGer. wegen der bereits 1979 vorgekommenen Streitigkeiten Bezug genommen hat, werden diese als „ab 1979 einsetzende lauthals geführte Streitgespräche aus geringstem Anlaß, wie z. B. Streit um das leidige Rasenmähen", konkretisiert. Derartigen Vorgängen sind keine Umstände zu entnehmen, welche die bezeichnete Einseitigkeit des Fehlverhaltens entfallen ließen. Zur Darlegung der weiteren bis Anfang 1981 aufgetretenen ehelichen Schwierigkeiten heißt es im Berufungsurteil, die Kl. habe bei ihrer amtsgerichtlichen Vernehmung als Partei auf ständige Streitigkeiten und beleidigende Vorwürfe durch den Bekl. verwiesen. Ausweislich der Vernehmungsniederschrift vom 16. 9. 1983, auf die das OLG hierzu Bezug nimmt, hat die Kl. insoweit bekundet, sie hätte vor Januar 1981 einige Streitigkeiten und im August 1980 eine heftige Auseinandersetzung gehabt, in der der Bekl. ihr u. a. vorgeworfen habe, sie sei nicht richtig im Kopfe und könne keine drei vernünftigen Sätze formulieren. In den nachfolgenden Streitigkeiten habe er ihr zu verstehen gegeben, er kriege sie noch so klein, daß sie vor ihm auf den Knien krieche. Auch diesem Verhalten des Bekl. kann kein hinreichendes Gewicht beigemessen werden, um einem lange vorher begonnenen nachhaltigen ehebrecherischen Umgang der Kl. den Charakter eines eindeutig bei ihr liegenden schwerwiegenden Fehlverhaltens zu nehmen.

Schließlich hat das OLG darauf abgestellt, daß der Bekl., nachdem er die Anfang 1981 auftauchenden Gerüchte über ein Verhältnis der Kl. zu einem anderen Mann und die ehelichen Schwierigkeiten zum Anlaß genommen habe, einen Rechtsanwalt aufzusuchen und seinen Willen zur Trennung zu bekunden, alsbald Beziehungen zu Frau T aufgenommen habe, mit dieser sogar schon im Februar und März 1981, also noch vor der endgültigen räumlichen Trennung der Parteien, in Urlaub gefahren sei und mit ihr seit November 1981 eheähnlich zusammenlebe. Auch diese Begründung reicht nicht aus. Ehewidrige Beziehungen des in Anspruch genommenen Ehegatten sind geeignet, dem Fehlverhalten des anderen Ehegatten die Einseitigkeit in dem dargelegten Sinne zu nehmen, wenn sie diesem Fehlverhalten den Boden bereitet haben. Werden sie dagegen erst aufgenommen, nachdem die intimen Beziehungen des Unterhalt begehrenden Ehegatten bereits seit längerem bestanden, können sie auf dessen Abkehr von der Ehe nicht von Einfluß gewesen sein. Wenn und soweit aufgrund der nachhaltigen Beziehungen dieses Ehegatten die Voraussetzungen für einen Ausschluß oder eine Kürzung des Unterhaltsanspruchs nach § 1579 I Nr. 4 BGB eingetreten waren, entfallen diese dadurch, daß der in Anspruch genommene Ehegatte später seinerseits ehewidrige Beziehungen aufnimmt, nicht mehr ohne weiteres. Das schließt nicht aus, daß die nachträgliche Aufnahme ehewidriger Beziehungen unter besonderen Umständen im Rahmen der Prüfung, ob und inwieweit seine Inanspruchnahme grob unbillig i. S. von § 1579 I BGB ist, Bedeutung erlangen kann. So mag etwa aus der nachträglichen Aufnahme der ehewidrigen Beziehungen zu folgern sein, daß auch auf seiten dieses Ehegatten die ehelichen Gefühle bereits im Zeitpunkt der Abkehr des Unterhalt begehrenden Ehegatten erkaltet waren und er von dessen Fehlverhalten nicht mehr wesentlich betroffen wurde (Senat, Urt. v. 15. 6. 1983 – IV b ZR 392/81 – nicht veröff.). Hiernach muß dem Umstand, daß der Bekl. im Februar 1981 Beziehungen zu Frau T aufgenommen hat, eine die Einseitigkeit des Fehlverhaltens der Kl. beseitigende Wirkung abgesprochen werden, da es außer Frage steht, daß die Aufnahme dieser Beziehungen auf einen seit 1979 bestehenden ehebrecherischen Umgang der Kl. und die darin liegende Abkehr von der Ehe nicht von Einfluß gewesen sind. Daran ändert nichts, daß dem Bekl. die intimen Beziehungen der Kl. zu K nach den Feststellungen des BerGer. Anfang 1981 in den später im Prozeß vorgetragenen Einzelheiten noch nicht bekannt waren, er vielmehr nur gerüchteweise von einem Verhältnis der Kl. zu einem anderen Mann gehört hatte. Selbst wenn es der Kl. gelungen wäre, ihr Verhältnis zu K bis zur Trennung der Parteien vor dem Bekl. zu verheimlichen, dieser also bei der Aufnahme seiner Beziehungen zu Frau T von dem Verhältnis der Kl. nichts gewußt hätte, wäre die darin liegende Verwirklichung der Härteklausel durch ihr lang andauerndes Verhältnis zu K infolge der späteren Beziehungen des Bekl. zu Frau T nicht wieder weggefallen. Vielmehr wäre die Berücksichtigung dieses Verhaltens des Bekl. der Prüfung der Unbilligkeit seiner Inanspruchnahme vorzubehalten. Ebenso kann auch der Umstand, daß der Bekl. bei der Anknüpfung seiner Beziehungen zu Frau T von dem Verhältnis der Kl. zu K lediglich vage Kenntnis hatte, allenfalls im Rahmen der Billigkeitsabwägung Bedeutung gewinnen.

BGH v. 25. 9. 85 – IVb ZR 49/84 – FamRZ 86, 443 = NJW 86, 722

(Ausschluß aufgrund objektiver Umstände; Berücksichtigung der Ehedauer bei der Billigkeitsabwägung; zur neuerlichen Entscheidung über den Unterhaltsanspruch nach vorherigem Ausschluß gemäß § 1579 BGB bei veränderten Verhältnissen)

I) Das OLG hat den geltend gemachten Unterhaltsanspruch der ASt. für unbegründet erachtet, weil die Inanspruchnahme des AGg. nach § 1579 I Nr. 4 BGB grob unbillig wäre. Die ASt. habe mit K., unter Einsatz der Ersparnisse des Zeugen und ihres Anspruchs aus der zu erwartenden Vermögensauseinandersetzung mit dem AGg., ein Mehrfamilienhaus gekauft. Dadurch habe sie mit ihm eine gemeinsame Lebensgrundlage geschaffen. Seit August 1983 lebe und wirtschafte sie auch eheähnlich mit ihm zusammen. Wer sich in solcher Weise wirtschaftlich und sozial mit einem anderen Partner zusammentue, könne nicht mehr seinen Ehepartner für sein Auskommen ganz oder teilweise verantwortlich machen. Hinzu komme, daß die ASt i. H. von monatlich 500 DM durch eigene zumutbare Erwerbstätigkeit selbst für ihren Unterhaltsbedarf sorgen könne. In dieser Situation sei dem AGg. eine Unterstützung der ASt. nicht mehr zumutbar. II) Diese Beurteilung wird von der Revision erfolglos angegriffen. 2) Das OLG hat die Voraussetzungen der Härteklausel [§ 1579 I Nr. 4 BGB a. F.] aus objektiven Umständen für erfüllt und deswegen den nachehelichen Anspruch der ASt. auf Ergänzungsunterhalt für ausgeschlossen erachtet. Dabei hat es sich auf die Rechtsprechung des Senats gestützt, wonach das für die Anwendung von § 1579 I Nr. 4 BGB wesentliche Erfordernis, daß die aus der Unterhaltspflicht erwachsende Belastung für den Verpflichteten die Grenze des Zumutbaren übersteigt, nicht nur aus einem schwerwiegenden einseitigen Fehlverhalten des Berechtigten, sondern auch aus objektiven Gegebenheiten und Entwicklungen der Lebensverhältnisse der Ehegatten folgen kann (FamRZ 1983/569, 572; FamRZ 1983/996, 997; FamRZ 1984/986, 987). Die Beurteilung des OLG, daß die ASt. und K. sich durch den gemeinsamen Kauf des Dreifamilienhauses und das eheähnliche Zusammenleben in einer der Wohnungen wirtschaftlich und sozial in einer Weise zusammengetan hätten, daß die Inanspruchnahme des AGg. für das Auskommen der ASt. bei der gegebenen Situation nicht mehr zumutbar sei, wird den Grundsätzen jener Senatsrechtsprechung gerecht und läßt keine Rechtsfehler erkennen. Auch der Hinweis der Revision auf die lange Dauer der Ehe, aus der drei Kinder hervorgegangen seien, stellt die Beurteilung des OLG nicht in Frage. Allerdings ist davon auszugehen, daß eine lange Ehedauer bei der Anwendung der Härteklausel im Rahmen der gebotenen Abwägung aller Umstände des Falles zugunsten des Unterhaltsbedürftigen zu berücksichtigen ist. Mit der Zunahme der Ehedauer geht in der Regel eine zunehmende Verflechtung der Lebensverhältnisse beider Ehegatten und eine wachsende wirtschaftliche Abhängigkeit des unterhaltsbedürftigen Ehegatten einher, gegenüber der sich der Ehegatte durch die unterhaltsrechtliche Solidarität des Ehepartners abgesichert zu fühlen pflegt (FamRZ 1981/140, 142). Demgemäß wird der unterhaltsbedürftige Ehegatte im allgemeinen um so schwerer durch den Verlust oder eine Beschränkung des Unterhaltsanspruchs getroffen, je länger die Ehe gedauert hat. Auch das Gesetz mißt der Zunahme der Ehedauer eine die Grundlagen der Unterhaltspflicht verstärkende Wirkung bei. Das ergibt sich sowohl aus § 1579 I Nr. 1 BGB wie auch vor allem aus § 1582 I S. 2 BGB, wo dem Ehegatten nach langer Ehedauer ein verstärkter unterhaltsrechtlicher Vorrang gegenüber einem neuen Ehegatten eingeräumt wird. Unter diesen Umständen erscheint es grundsätzlich geboten, die lange Dauer der Ehe zugunsten des Unterhaltsbedürftigen in die Billigkeitsabwägung einzubeziehen. Die aufgezeigten Gesichtspunkte treten allerdings in Fällen wie dem vorliegenden im Hinblick auf den festen wirtschaftlichen und sozialen Zusammenschluß des unterhaltsbedürftigen Ehegatten und seines Partners zurück, weil hier davon auszugehen ist, daß beide im Rahmen ihrer sozialen Verbindung auch – wie in einer Ehe – zu einer Unterhaltsgemeinschaft gelangen und der bedürftige Ehegatte hier sein Auskommen findet. Erst wenn sich diese Einschätzung infolge eines Zerbrechens der Verbindung ändert, erlangen die aufgezeigten Gesichtspunkte wieder Bedeutung, weil derartige Beziehungen zu einem anderen Partner keinen gesetzlichen Unterhaltsanspruch begründen. Demgemäß kann bei einer neuerlichen Zumutbarkeitsabwägung die lange Ehedauer zugunsten des unterhaltsbedürftigen Ehegatten zu berücksichtigen sein. Eine derartige neuerliche Entscheidung über den Unterhaltsanspruch kommt entgegen einer in Rechtsprechung und Schrifttum vertretenen Auffassung auch nach einem vorherigen Ausschluß des Unterhaltsanspruchs in Betracht: Ändern sich die Gegebenheiten, welche die Unzumutbarkeit der Inanspruchnahme des Verpflichteten begründet haben, so kann eine erneute Prüfung der Frage gerechtfertigt sein, ob die aus der Unterhaltspflicht erwachsende Belastung für den Verpflichteten weiterhin die Zumutbarkeitsgrenze überschreitet. Danach kann es rechtlich nicht beanstandet werden, daß das OLG bei der hier vorgenommenen Zumutbarkeitsprüfung nicht auf die lange Ehedauer der Parteien abgestellt hat.

BGH v. 9. 10. 85 – IVb ZR 39/84 – FamRZ 85, 1232 = NJW 86, 254

R273 *(Realsplitting und Anspruch auf Erstattung steuerlicher Nachteile; keine Anwendung von § 1585 III BGB auf diesen Anspruch)*

1) Nach der Rechtsprechung des Senats (FamRZ 83/576 = NJW 83/1545 und FamRZ 84/1211 = NJW 85, 195) kann der unterhaltsverpflichtete Ehegatte die Zustimmung des anderen zum sog. begrenzten Realsplitting nach § 10 I Nr. 1 EStG regelmäßig nur Zug um Zug gegen eine bindende Erklärung verlangen, durch die er sich zur Freistellung des unterhaltsberechtigten Ehegatten von der Steuerschuld verpflichtet, die diesem als Folge der Besteuerung der erhaltenen Unterhaltszahlungen erwächst. Die diesbezüglichen Verpflichtungen beider Seiten sind Ausprägungen des Grundsatzes von Treu und Glauben (§ 242 BGB) im Rahmen des zwischen ihnen bestehenden gesetzlichen Unterhaltsrechtsverhältnisses. Die bindende Erklärung des Unterhaltsverpflichteten begründet aber seine Freistellungsverpflichtung nicht erst, sondern sichert sie lediglich. Wenn der Bekl. daher im vorliegenden Fall derartige Erklärungen nicht abgegeben hat, obwohl die Kl. auch einem nur begrenzten Realsplitting für die Jahre 1981 und 1982 zugestimmt hat, ändert dies nichts an seiner Verpflichtung, die der Kl. aufgrund ihrer Zustimmung erwachsenden steuerlichen Nachteile auszugleichen.

2) § 1585 b III BGB schränkt die Forderung von Unterhalt für eine mehr als ein Jahr zurückliegende Zeit sowie von entsprechenden Erfüllungssurrogaten ein, weil die Unterhaltsverpflichtung grundsätzlich darauf gerichtet ist, die Mittel für den laufenden Lebensbedarf des Berechtigten zur Verfügung zu stellen. Auch soll der Schuldner vor Härten geschützt werden, die sich aus der Inanspruchnahme für eine Zeit ergeben, in der er sich auf eine Unterhaltsverpflichtung nicht einzurichten brauchte. Der Ausgleichsanspruch nach Zustimmung zum begrenzten Realsplitting dient demgegenüber nicht der Befriedigung von Lebensbedürfnissen in einer bestimmten Zeit, sondern soll gewährleisten, daß dem unterhaltsberechtigten Ehegatten aus der ihm abverlangten Zustimmungserklärung keine Nachteile entstehen, wobei hierher auch Nachteile beim Bezug öffentlicher Transferleistungen gehören (FamRZ 83/576). Es handelt sich um einen Anspruch eigener Art, der – anders als der Unterhaltsanspruch – nicht davon abhängig ist, daß die Leistungsfähigkeit des Verpflichteten und die Unterhaltsbedürftigkeit des Berechtigten gegeben sind. Er beruht auch nicht darauf, daß der Schuldner früher seine Unterhaltsverpflichtung nicht oder nicht gehörig erfüllt hätte. Vielmehr ist er aus Billigkeitsgründen gewährt, damit die Zustimmung zum begrenzten Realsplitting für den Berechtigten zumutbar ist. Der Unterhaltsverpflichtete, der das Realsplitting in Anspruch nimmt, kann und muß sich von vornherein auf den späteren Ausgleich der steuerlichen Nachteile des Berechtigten einstellen. § 1585 b III BGB ist auf diesen Anspruch daher weder unmittelbar noch sinngemäß anzuwenden.

3) Wie der Senat in seinem Urteil v. 26. 9. 1984, FamRZ 84/1211, dargelegt hat, hat der Unterhaltsberechtigte in Fällen der vorliegenden Art keinen Anspruch auf eine unmittelbare Beteiligung an den aus dem Realsplitting erwachsenden Steuerersparnissen des Unterhaltsschuldners, sondern diese sind, sobald sie sich realisiert haben, in die Berechnung des für die Unterhaltsbemessung maßgebenden Nettoeinkommens einzubeziehen; nur so kann sich gegebenenfalls eine Erhöhung des Unterhaltsanspruchs ergeben, wobei auf der anderen Seite auch die Steuererstattungen an den Berechtigten

Anhang R. Rechtsprechung   R274

zu berücksichtigen sind. Soweit die Parteien im vorliegenden Fall beim Vergleich v. 17. 3. 1981 das Nettoeinkommen des Bekl. zugrunde gelegt haben, das die Steuervorteile aus dem begrenzten Realsplitting einschloß, hätte es nahegelegen, auch den Anspruch der Kl. auf den Ausgleich ihrer das Realsplitting verursachten Steuerbelastung zu regeln. Das OLG hat jedoch nicht festgestellt, daß dies geschehen ist. Auch rügt die Revision nicht, daß es insoweit erheblichen Prozeßstoff übergangen habe. Tatsächlich hat der Bekl. auch nicht vorgetragen, daß die Parteien den Anspruch der Kl. auf Ausgleich ihrer steuerlichen Mehrbelastung in dem Vergleich geregelt hätten. Er hat lediglich geltend gemacht, die Kl. habe bereits vorher (durch den anwaltschaftlichen Schriftwechsel vom April 1980) auf ihren Anspruch verzichtet, womit er – wie unter 4) noch auszuführen sein wird – nicht durchdringen kann. Bei dieser Sachlage muß der Senat nach § 561 ZPO davon ausgehen, daß der Anspruch der Kl. durch den Vergleich unberührt geblieben ist. Sobald der Bekl. ihn erfüllt hat, mindert sich seine Leistungsfähigkeit entsprechend, was ggf. Anlaß für seine Abänderungsklage (§ 323 ZPO) sein kann. Den einzigen ihm möglicherweise eröffneten Weg, eine Überzahlung von Unterhalt in der Vergangenheit geltend zu machen, nämlich den der Aufrechnung, hat der Bekl. nicht beschritten.

BGH v. 9. 10. 85 – IVb ZR 56/84 – FamRZ 85, 1234 = NJW 86, 375
(Nachhaltige Sicherung des Unterhalts)   R274

Für die „nachhaltige" Sicherung des Unterhalts ist grundsätzlich maßgebend, ob die Erwerbstätigkeit des geschiedenen Ehegatten im Zeitpunkt ihrer Aufnahme nach objektiven Maßstäben und allgemeiner Lebenserfahrung mit einer gewissen Sicherheit als dauerhaft angesehen werden konnte oder ob befürchtet werden mußte, daß der Bedürftige sie durch außerhalb seiner Entschließungsfreiheit liegende Umstände in absehbarer Zeit wieder verlieren würde (LS). 3) Nach Auffassung des Senats wird die allein rückschauende Betrachtung dem kasuistischen Unterhaltssystem des 1. EheRG und den Interessen des Unterhaltsverpflichteten nicht gerecht. In der Regierungsbegründung zum 1. EheRG ist u. a. dargelegt, daß es bei der Beurteilung der Frage, ob ein Arbeitsplatz nachhaltig gesichert ist, nicht entscheidend auf die tatsächliche Dauer der Tätigkeit ankommt, sondern darauf, ob zu erwarten war, die Tätigkeit werde auf Dauer ausgeübt werden können (BT-Drucks. 7/650, S. 127). Das Gesetz grenzt in § 1573 IV BGB das Risiko des unvorhergesehenen Verlustes eines Arbeitsplatzes danach ab, ob dieser zuvor als nachhaltig gesichert angesehen werden konnte oder nicht. War das der Fall, war also der geschiedene Ehegatte wieder voll in das Erwerbsleben eingegliedert, soll er auch die Gefahr unvorhersehbarer Ereignisse und Entwicklungen tragen, ohne sich noch an seinen früheren Ehepartner halten zu können. Auch bei einer kurzen tatsächlichen Beschäftigungszeit kann die Frage, ob der Arbeitsplatz nachhaltig gesichert war, nicht immer verneint werden, wie etwa das Beispiel zeigt, daß der Bedürftige nach Abschluß eines langfristigen Anstellungsvertrages nur deswegen die Stelle verloren hat, weil der Arbeitgeber völlig unerwartet in Konkurs gefallen ist. Insbesondere wenn der tatsächliche Verlust einer Erwerbstätigkeit ersichtlich auf unvorhergesehenen Umständen beruht, ist daher zu prüfen, ob aus früherer Sicht mit deren Erhaltung gerechnet werden konnte. Sonst hätte der Einsatzzeitpunkt des § 1573 I BGB (Scheidung) kaum praktische Bedeutung und würde es dem Unterhaltsverpflichteten über Gebühr erschwert, im Hinblick auf die Erwerbstätigkeit des geschiedenen Ehegatten Dispositionen zu treffen. Wie schon im Gesetzgebungsverfahren empfohlen (vgl. BT-Drucks., a.a.O.), kann bei der Anwendung des § 1573 IV BGB auf die Rechtsprechung zu § 75 Bundesentschädigungsgesetz [BEG] zurückgegriffen werden, der das Wort „nachhaltig" gleichfalls verwendet. Danach ist grundsätzlich maßgebend, ob die Erwerbstätigkeit im Zeitpunkt ihrer Aufnahme nach objektiven Maßstäben und allgemeiner Lebenserfahrung mit einer gewissen Sicherheit als dauerhaft angesehen werden konnte oder ob befürchtet werden mußte, daß der Bedürftige sie durch außerhalb seiner Entschließungsfreiheit liegende Umstände in absehbarer Zeit wieder verlieren würde. Dabei sind, wie der Senat bereits in seinem Urteil v. 3. 4. 1985 (FamRZ 1985/791, 792) dargelegt hat, vom Standpunkt eines optimalen Betrachters aus, auch Umstände in die Beurteilung einzubeziehen, die zwar schon zu diesem Zeitpunkt bestanden, aber erst später zutage getreten sind, wie etwa eine latent bestehende Krankheit, wegen der die angetretene Stellung in absehbarer Zeit wieder aufgegeben werden mußte. Nicht selten wird diese objektivierte vorausschauende Betrachtung zum selben Ergebnis führen wie eine Beurteilung aus nachträglicher Sicht. Es ist auch nicht ausgeschlossen, daß – etwa im Falle der Vereinbarung einer Probezeit – die nachhaltige Sicherung des Arbeitsplatzes bei Antritt der Stellung noch zu verneinen, aber zu einem späteren Zeitpunkt, der vor der tatsächlichen Beendigung des Beschäftigungsverhältnisses liegt, zu bejahen ist (vgl. dazu auch BGH, Urteil v. 19. 12. 1962 – IV ZR 142/62 – RzW 1963, 273, 274). Hier muß eine nachfolgende unvorhergesehene Entwicklung, die tatsächlich zum Verlust des Arbeitsplatzes geführt hat, gleichfalls zu Lasten des Unterhalt begehrenden Ehegatten gehen. Dieser hat nach der Fassung des Gesetzes darzulegen und notfalls zu beweisen, daß eine nachhaltige Sicherung seines Unterhalts nicht zu erreichen war.

BGH v. 23. 10. 85 − IVb ZR 52/84 − FamRZ 86, 48 = NJW-RR 86, 66

R275 (*Zahlung von krankheitsbedingtem Mehrbedarf und Regelbedarf, solange dadurch der „Selbstbehalt" nicht berührt wird*)

a B III 2 b) Die Revision wendet sich auch zu Recht gegen die Annahme des OLG, daß dem Bekl. aus seinem verfügbaren Einkommen ebensoviel zustehe wie der Tochter, diese also zu ihrem Unterhalt nicht mehr beanspruchen könne, als dem Bekl. unter Berücksichtigung seiner weiteren Unterhaltsverbindlichkeiten für seine eigene Lebensführung verbleibe. Diese Betrachtungsweise findet im Gesetz keine Stütze. Vielmehr hat der Unterhaltspflichtige für den gesamten Unterhaltsbedarf des Unterhaltsberechtigten aufzukommen, soweit ihm dies ohne Gefährdung seines angemessenen Unterhalts möglich ist (§ 1603 I BGB). Solange dieser „Selbstbehalt" nicht berührt wird, hat er den Unterhaltsbedarf des Berechtigten selbst dann zu befriedigen, wenn dieser Bedarf höher ist als sein eigener. Diese Situation ist gerade bei Krankheit und dadurch bedingtem Mehrbedarf des Berechtigten nicht selten. Daß der Unterhaltspflichtige mehr herzugeben hat, als er behält, ist im übrigen häufig, wenn er mehreren Personen Unterhalt gewähren muß.

(*Nachrang Volljähriger im Mangelfall und Unterhaltsbemessung*)

b III 2 b) Auf der anderen Seite ist freilich die Regelung des § 1609 I, II S. 1 BGB zu beachten, wonach in Fällen, in denen der Unterhaltsschuldner nicht allen Unterhaltspflichtigen genügen kann, dem Unterhaltsanspruch eines volljährigen Kindes die Unterhaltsansprüche minderjähriger Kinder und der Ehefrau des Unterhaltspflichtigen vorgehen. Daß hier die − volljährige − Tochter des Bekl. behindert und deswegen nicht erwerbsfähig ist, führt nicht zu einer unterhaltsrechtlichen Behandlung als minderjähriges Kind (FamRZ 84/683, 685). Demzufolge ist aus dem unterhaltsrechtlich relevanten Einkommen des Bekl. vorab der Unterhaltsbedarf der Ehefrau und − bis zur Volljährigkeit − des Sohnes des Bekl. abzudecken. Die volljährige Tochter kann, soweit ihr Unterhaltsbedarf reicht, nur die Differenz zwischen dem verbleibenden Einkommen und dem Selbstbehalt beanspruchen. Für die Zeit ab Volljährigkeit des Sohnes ist allein der Unterhalt der Ehefrau vorweg zu bedienen. Soweit das verbleibende Einkommen des Bekl. nach Abzug seines angemessenen Selbstbehalts für den Unterhaltsbedarf der Tochter und des dann ebenfalls volljährigen Sohnes nicht ausreicht, ist der verfügbare Betrag zwischen ihnen nach dem Verhältnis der Bedarfsbeträge aufzuteilen. Die hiernach für die Bemessung des Unterhaltsanspruchs der Tochter benötigten Werte − Selbstbehalt des Bekl. sowie Unterhaltsbedarf der Ehefrau einerseits und des Sohnes andererseits − hängen gleichfalls von dem noch festzustellenden unterhaltsrechtlich relevanten Einkommen des Bekl. (s. oben zu a) ab und unterliegen im einzelnen der tatrichterlichen Einschätzung. Auch aus diesem Grund ist der Rechtsstreit in dem dargelegten Umfange an das OLG zurückzuverweisen.

(*Grundsätze zur Verwertung des Vermögensstammes beim Kindesunterhalt. Obliegenheit des Verpflichteten zur Verwertung eines Ferienhauses*)

c III 2 c) Die Revision steht weiter zu Recht auf dem Standpunkt, daß der Bekl., soweit seine laufenden Einkünfte zur Befriedigung des Unterhaltsbedarfs der Tochter nicht ausreichen, seinen Miteigentumsanteil an dem ihm zusammen mit seiner Ehefrau zu je ½ gehörenden Ferienhaus zu verwerten hat. In Ermangelung sonstiger Mittel hat ein Unterhaltspflichtiger grundsätzlich auch den Stamm seines Vermögens zur Bestreitung des Unterhalts einzusetzen. Eine allgemeine Billigkeitsgrenze, wie sie insoweit etwa für den Unterhalt zwischen geschiedenen Ehegatten gilt (§ 1581 S. 2 BGB; FamRZ 1985/360, 361 f.), sieht das Gesetz beim Unterhalt zwischen Verwandten gerader Linie, um den es hier geht, nicht vor. Dort ist allein auf § 1603 I BGB abzustellen. Danach entfällt die Unterhaltspflicht erst, wenn der Berechtigte bei Berücksichtigung seiner sonstigen Verpflichtungen außerstande ist, ohne Gefährdung seines angemessenen Unterhalts den Unterhalt zu gewähren. Außerstande zur Unterhaltsgewährung ist jedoch nicht, wer verwertbares Vermögen verfügt (FamRZ 1980/43 ff. m. w. N.). Einschränkungen der Obliegenheit zum Einsatz auch des Vermögensstammes ergeben sich allein daraus, daß nach dem Gesetz auch die sonstigen Verpflichtungen des Unterhaltsschuldners zu berücksichtigen sind und er seinen eigenen angemessenen Unterhalt nicht zu gefährden braucht. Daraus folgt, daß eine Verwertung des Vermögensstammes nicht verlangt werden kann, wenn sie den Unterhaltsschuldner von fortlaufenden Einkünften abschneiden würde, die er zur Erfüllung weiterer Unterhaltsansprüche oder anderer berücksichtigungswürdiger Verbindlichkeiten (FamRZ 1982/157 f.) oder zur Bestreitung seines eigenen Unterhalts benötigt. Auch die Verwertung, jedenfalls die Veräußerung, eines nach den übrigen Verhältnissen der Familie angemessenen Familieneigenheims wird im allgemeinen nicht verlangt werden können, weil es ebenfalls der Befriedigung des Unterhaltsbedarfs des Schuldners selbst und gegebenenfalls weiterer Familienangehöriger dient und zugleich Mietaufwendungen erspart (vgl. auch − zur Bedeutung des Familienheims für die Erfüllung des Wohnbedarfs der Familie − FamRZ 1982/157, 159).

Allgemein braucht der Unterhaltsschuldner den Stamm seines Vermögens nicht zu verwerten, wenn dies für ihn mit einem wirtschaftlich nicht mehr vertretbaren Nachteil verbunden wäre (BGH, a. a. O.); denn auch das wäre mit der nach dem Gesetz gebotenen Berücksichtigung der ansonsten zu erfüllenden Verbindlichkeiten nicht zu vereinbaren und müßte letztlich den eigenen angemessenen Unterhaltsbedarf des Verpflichteten in Mitleidenschaft ziehen. Mit diesen Grundsätzen ist es nicht zu vereinbaren, daß das OLG eine Obliegenheit des Bekl. zur Verwertung seines Miteigentumsanteils an dem Ferienhaus verneint hat. Dieses dient hier weder als Einkommensquelle noch ist es zur Befriedigung des Wohnbedarfs der Familie vonnöten. Ein solcher Vermögensgegenstand muß, wenn die laufenden Einkünfte nicht ausreichen, für berechtigte Unterhaltsbedürfnisse eingesetzt werden. Die unterhaltsrechtlichen Vorschriften lassen es nicht zu, einen Unterhaltsbedürftigen öffentlicher Hilfe anheimfallen zu lassen, während der unterhaltspflichtige Verwandte (Mit-)Eigentümer eines eigenen Ferienhauses ist. Ein Unterhaltspflichtiger in dieser Lage ist nicht i. S. des § 1603 I BGB „außerstande", für den Unterhalt des Bedürftigen zu sorgen. Daß hier eine Verwertung zu wirtschaftlich vertretbaren Bedingungen nicht möglich wäre, hat der Bekl. in seinen von dem OLG in bezug genommenen Schriftsätzen selbst nicht geltend gemacht. Er hat lediglich eingewendet, daß ein Verkauf des Ferienhauses nicht ausreichen werde. Darauf kommt es jedoch nicht an. Die unterhaltsrechtliche Obliegenheit zur Verwertung von Vermögen entfällt nicht deshalb, weil der Unterhaltsschuldner nur vorübergehend in die Lage versetzt würde, den vollen Unterhaltsbedarf zu befriedigen. Er ist dann eben nach der Erschöpfung der erzielten Geldmittel wieder nur in geringerem Umfange leistungsfähig. Eine Unverwertbarkeit zu wirtschaftlichen Bedingungen ergibt sich vorliegend auch nicht aus der Erwägung des OLG, daß das Ferienhaus dem Bekl. nur zusammen mit seiner Ehefrau gehöre, ein derartiger Miteigentumsanteil kaum verwertbar sei und die Ehefrau zu einer gemeinschaftlichen Verwertung nicht gezwungen werden könne. Das OLG übersieht dabei, daß jedenfalls einer Verwertung des Miteigentumsanteils in der Form der Beleihung (vgl. insoweit RG, JW 1907/674) nichts im Wege steht, ferner, daß der Bekl. jederzeit die Auseinandersetzungsversteigerung betreiben kann, wenn sich die Ehefrau nicht zu einer gemeinschaftlichen freihändigen Veräußerung bereitfindet. Im übrigen kommt in Betracht, daß die Ehefrau, bei der es sich offenbar um die Mutter des Kindes handelt, ihrerseits zur Verwertung des Ferienhauses gehalten ist. Wieweit sich die Obliegenheit des Bekl. zur Verwertung seines Miteigentumsanteils an dem Ferienhaus auf die hier zu treffende Entscheidung auswirkt, läßt sich nach dem derzeitigen Sachstand nicht abschließend beurteilen. Zu diesem Rückgriff auf den Vermögensstamm ist der Bekl. nur insoweit gehalten, als seine laufenden Einkünfte nicht ausreichen. Es ist daher zunächst festzustellen, wie hoch das unterhaltsrechtlich relevante Einkommen des Bekl. unter Mitberücksichtigung des Wohnens im eigenen Haus ist und wieviel davon nach den dargelegten Verteilungsgrundsätzen der Tochter zusteht. Erst dann läßt sich übersehen, in welchem Umfange der Unterhaltsbedarf der Tochter aus der Verwertung des Ferienhauses zu decken ist. Davon wiederum hängt es ab, ob dem Bekl. eine Verwertung durch Veräußerung obliegt oder ihm zuzugestehen ist, auf eine Beleihung auszuweichen, um auf diese Weise den endgültigen Verlust des Ferienhauses zu vermeiden. In diesem Zusammenhange verdient ggf. auch die von der Revision angestellte Erwägung Berücksichtigung, daß eine Beleihung mindestens insoweit naheliegen kann, als der Kredit mit Hilfe des Ferienhauses erzielbaren Einkünften verzinst werden kann. Weiter kommt es etwa darauf an, welcher Erlös bei der Veräußerung des Miteigentumsanteils erzielbar ist bzw. in welchem Umfange eine Beleihung in Betracht kommt. Letztlich ist nicht auszuschließen, daß sich die Unterhaltspflicht des Bekl. ermäßigt, wenn nämlich seine Ehefrau als die Mutter des Kindes ebenfalls zur Verwertung ihres Anteils an dem Ferienhaus gehalten ist und darüber ihrerseits als teilweise leistungsfähig anzusehen ist. Alle diese Fragen erfordern teils weitere tatsächliche Feststellungen, teils Wertungen im tatrichterlichen Verantwortungsbereich und sind daher insgesamt der Entscheidung des OLG zu überlassen.

(Mehrjahresdurchschnitt bei schwankenden Mieteinnahmen)
c) Für die neue Verhandlung und Entscheidung weist der Senat auf folgendes hin: Soweit die **d** Mieteinnahmen noch nicht greifbar sind und deshalb aus den bisherigen Mieteinnahmen Rückschlüsse auf die Höhe dieser Einnahmen in der Folgezeit gezogen werden müssen, dürfen nicht ohne weiteres die Verhältnisse des zuletzt belegten Jahres zugrunde gelegt werden, wie es das OLG für die Zeit ab 1. 1. 1983 auf der Basis der Werte des Jahres 1982 getan hat. Vielmehr ist angesichts der in den Jahren 1980 bis 1982 nicht unerheblich schwankenden Höhe der Mieteinnahmen des Bekl. ein – möglichst zeitnaher – Mehrjahresdurchschnitt zu bilden, damit nicht ein zufällig günstiges oder ungünstiges Jahr als Maßstab für die Zukunft dient (FamRZ 1985, 357/358 ff.).

BGH v. 23. 10. 85 – IVb ZR 68/84 – FamRZ 86, 553 = NJW 86, 985

R276 *(Obliegenheit zu angemessener Erwerbstätigkeit und entsprechende Vor- bzw. Ausbildung; Prognose der künftigen Entwicklung. Zeitlich begrenzter Unterhaltsanspruch für die zu erwartende Dauer einer erforderlichen Ausbildung nach § 1574 III BGB)*

a 1) Das OLG hat einen Unterhaltsanspruch der Ehefrau (eines Oberstudiendirektors) nach § 1573 I BGB für nicht gegeben erachtet, obwohl sie bisher tatsächlich keine Erwerbstätigkeit ausübt und nach den getroffenen Feststellungen auch keine – sichere – Aussicht hat, nach rechtskräftiger Scheidung durch Ausübung einer angemessenen Erwerbstätigkeit eigene Einkünfte zu erzielen. Das OLG hat der AGg. lediglich einen Anspruch auf Ergänzungsunterhalt nach § 1573 II BGB zugebilligt, weil sie in der Lage sei, sich nach Rechtskraft des Scheidungsurteils durch eine angemessene Erwerbstätigkeit – teilweise – selbst zu unterhalten (FamRZ 1985/158, 160). Dazu hat es ausgeführt: Zwar setze die Obliegenheit zu einer angemessenen Erwerbstätigkeit regelmäßig erst mit der Rechtskraft des Scheidungsurteils ein. Im vorliegenden Fall gelte aber im Hinblick auf die schon seit September 1979 andauernde Trennung der Parteien etwas anderes. So sei mit Rücksicht auf § 1566 II BGB von der AGg. zu fordern, daß sie spätestens nach dem Ablauf von drei Trennungsjahren, d. h. seit September 1982, den ernsthaften Versuch unternahm, sich in das Erwerbsleben einzugliedern. Zu den Bemühungen um eine angemessene Erwerbstätigkeit gehöre nach § 1574 III BGB auch die Aufnahme einer den Fähigkeiten entsprechenden Ausbildung, Fortbildung oder Umschulung, die einen erfolgreichen Abschluß erwarten ließen. Derartige Bemühungen hätten von der AGg. seit September 1982 erwartet werden können, zumal die Tochter der Parteien seit 1981 bei Verwandten untergebracht und deshalb nicht mehr auf eine persönliche Betreuung durch die Mutter angewiesen gewesen sei; der Sohn sei bereits volljährig. Das Studium des Zen-Buddhismus, dem sich die AGg. gewidmet habe, entspreche keiner Ausbildung, die eine nachhaltig gesicherte Erwerbstätigkeit erwarten lasse. Es sei offen, ob die AGg. ihren Lebensunterhalt einmal als Zen-Lehrerin werde sichern können; insoweit seien ihre Erwartungen nicht hinreichend konkret. Als angemessene Erwerbstätigkeit i. S. von § 1574 BGB komme bei Berücksichtigung der bisherigen Ausbildung der AGg., ihrer Fähigkeiten, ihres Alters und ihres Gesundheitszustandes nicht nur eine Tätigkeit in Betracht, die der eines Akademikers entspreche, sondern beispielsweise eine Tätigkeit bei Presse oder Rundfunk nach vorangegangenem Volontariat, das inzwischen hätte abgeschlossen sein können; ferner eine Tätigkeit als Fremdsprachenkorrespondentin oder Dolmetscherin, für die ebenfalls zwischenzeitlich die erforderliche Ausbildung wie Stenografie- und Schreibmaschinenlehrgang oder Besuch einer Dolmetscherschule hätten beendet sein können. Angemessen wäre auch eine Tätigkeit bei einer Fluggesellschaft (nach dem Erwerb von Zusatzkenntnissen, etwa in der Datenverarbeitung) oder im Touristikgewerbe als Reiseleiterin, speziell für ostasiatische Studienreisen. In all diesen Berufen hätte die AGg. auf den durch ihr Studium erworbenen Kenntnissen der englischen Sprache und – beschränkt – auch auf ihren japanischen Sprachkenntnissen aufbauen können; zudem wäre ihr ihre gute Allgemeinbildung zugute gekommen. Das Alter der AGg. würde der Aufnahme einer Erwerbstätigkeit in dem dargelegten Rahmen zur Überzeugung des Senats nicht im Wege stehen, wenn sie sich zwischenzeitlich entsprechend fortgebildet und sich ernstlich auf dem Arbeitsmarkt umgesehen hätte.

2) Das OLG hat hiermit die Prognose der zukünftigen Entwicklung der für den Unterhaltsanspruch maßgebenden Verhältnisse (FamRZ 1984/988, 989) dahin getroffen, daß die AGg. nach Rechtskraft des Scheidungsurteils aufgrund eigener Erwerbsmöglichkeit teilweise nicht unterhaltsbedürftig sein werde. Diese Prognose kann nach der vom OLG selbst vorgenommenen Bewertung der für die AGg. in Betracht kommenden Erwerbstätigkeiten sowie auf der Grundlage der hierzu bisher tatrichterlich getroffenen Feststellungen nicht bestehen bleiben. So hat das Gericht als angemessene, der AGg. nach den ehel. Lebensverhältnissen zumutbare Erwerbstätigkeiten Tätigkeiten bei Presse oder Rundfunk, bei einer Fluggesellschaft, im Touristikgewerbe als Reiseleiterin oder auch als Fremdsprachenkorrespondentin oder Dolmetscherin angenommen. Diese tatrichterliche Wertung ist als solche nicht zu beanstanden (FamRZ 1983/144, 145). Auch die Revision erhebt dagegen im Grundsatz keine Bedenken. Alle diese Tätigkeiten setzen indessen eine Vor- bzw. Ausbildung voraus, die die AGg., wie auch das OLG nicht verkennt, nicht besitzt. Eine angemessene Erwerbstätigkeit ohne eine noch zu absolvierende Vorbildung kommt hiernach (abgesehen von einem etwa möglichen Bestreiten ihres Lebensunterhalts aus der Betätigung auf dem Gebiet des Zen-Buddhismus, dazu s. unten in Abschnitt 4) nicht in Betracht. Hatte die AGg. aber in dem für die Beurteilung maßgeblichen Zeitpunkt der letzten mündlichen Verhandlung vor dem OLG die notwendigen Voraussetzungen für die Aufnahme einer nach den ehel. Lebensverhältnissen angemessenen Erwerbstätigkeit nicht erfüllt und bestanden auch keine konkreten Anhaltspunkte dafür, daß sie die erforderliche Vorbildung in nächster Zukunft erfolgreich (§ 1574 III BGB) beendet haben würde, so war sie mangels angemessener Erwerbsmöglichkeit – in vollem Umfang – bedürftig und auf nachehel. Unterhaltsleistungen des ASt. angewiesen. Sowohl die Höhe der der AGg. gegebenenfalls zuzubilligenden nachehel. Unterhaltsrente als auch die voraussichtliche Dauer der Unterhaltsverpflichtung des ASt.

Anhang R. Rechtsprechung R276

hängen davon ab, welche konkreten Erwerbsmöglichkeiten die AGg. nach der Scheidung haben wird. Dazu bedarf es weiterer tatrichterlicher Feststellungen.

Das OLG hat zwar ausgeführt, welche Tätigkeiten allgemein als angemessene Erwerbstätigkeiten für eine Frau in der Situation der AGg. in Erwägung gezogen werden können. Es hat jedoch nicht geprüft, ob diese Tätigkeiten gerade für die AGg. persönlich nach ihrer Veranlagung und subjektiven Eignung, ihren besonderen Lebensumständen, ihrem Alter und Gesundheitszustand in Betracht kommen und ob eine einigermaßen sichere Aussicht besteht, daß sie die für die genannten Tätigkeiten notwendige Vor- bzw. Ausbildung erfolgreich wird abschließen können (§ 1574 III BGB). Da die AGg. nicht nur für die voraussichtliche Dauer einer Ausbildung, sondern zeitlich unbegrenzt Unterhalt begehrt, ist darüber hinaus zu prüfen, ob und inwieweit unter Berücksichtigung der Lage auf dem Arbeitsmarkt eine konkrete Aussicht besteht, daß sie in ihrem Alter und bei ihrer Vorbildung unter Einsatz aller zumutbaren Anstrengungen – nach Abschluß der erforderlichen Vorbildung – eine entsprechende Tätigkeit finden kann (FamRZ 1984/683, 684). Das setzt die Feststellung voraus, ob objektiv ein Bedarf an Arbeitskräften in den in Betracht kommenden Bereichen besteht, der auch Personen im Alter der Ehefrau eine Anstellung finden läßt. Für die insoweit anzustellende Prognose wird das OLG die Verhältnisse zugrunde zu legen haben, wie sie bei Erlaß seiner Entscheidung bestehen (FamRZ 84/988, 989). Kommt es dabei zu dem Ergebnis, daß ein erfolgreicher Abschluß der in Betracht zu ziehenden Ausbildung erwartet werden kann und daß damit zu rechnen ist, die AGg. werde im Anschluß an die Ausbildung voraussichtlich auch eine Erwerbstätigkeit finden, so wird es unter Umständen eine zeitlich begrenzte Unterhaltsverpflichtung des ASt. für die zu erwartende Dauer der Ausbildung der AGg. festzulegen haben.

(Mutwillige Herbeiführung der Bedürftigkeit nach § 1579 Nr. 3 BGB, wenn ein Ehegatte trotz bestehender Erwerbs- und Ausbildungsobliegenheit eine als notwendig erkannte erfolgversprechende Ausbildungsmaßnahme in Kenntnis der unterhaltsrechtlichen Auswirkungen unterläßt; Beweislast des Verpflichteten)

3) Auch ein solcher zeitlich begrenzter Unterhaltsanspruch der AGg. könnte allerdings zu verneinen sein, soweit diese die erforderliche Ausbildung schon in der Vergangenheit ganz oder teilweise hätte absolvieren können. So könnte sie sich auf ihre Unterhaltsbedürftigkeit gemäß § 1579 I Nr. 3 BGB nicht berufen, wenn ihr bisheriges Verhalten als mutwillige Herbeiführung der Bedürftigkeit i. S. dieser Vorschrift zu werten wäre. Feststellungen in dieser Richtung hat das OLG bisher nicht getroffen. Insoweit könnte gegebenenfalls in Betracht kommen, daß sich die AGg. einer als notwendig erkannten, erfolgversprechenden Ausbildungsmaßnahme für eine angemessene nacheheliche Erwerbstätigkeit „mutwillig" verschlossen hätte, um den Unterhaltsanspruch gegenüber dem Ehemann nicht zu gefährden. In diesem Zusammenhang kann der Umstand Bedeutung gewinnen, daß das OLG in dem angefochtenen Urteil v. September 1984 eine Ausbildungsobliegenheit für die AGg. bejaht und daß auch der Senat in einer – späteren – Entscheidung v. 24. 4. 1985 (FamRZ 1985/782, 784, m. w. N.) unter bestimmten Umständen eine Obliegenheit bereits des getrennt lebenden Ehegatten angenommen hat, sich bei langer Dauer des Getrenntlebens oder einer auf sonstige Weise erkennbaren Zerrüttung der Ehe auf die neue Lage einzustellen und nach seinen Möglichkeiten, unter Umständen durch Aufnahme einer zur Erlangung einer angemessenen Erwerbstätigkeit erforderlichen Ausbildung, um eine (Wieder-) Eingliederung in das Erwerbsleben zu bemühen. Ob und inwieweit der AGg. unter diesem Gesichtspunkt eine mutwillige Herbeiführung ihrer Bedürftigkeit anzulasten wäre, müßte allerdings der ASt. nachweisen.

(Vorwegabzug des Unterhalts Volljähriger, wenn die Aufnahme des Studiums dem gemeinsamen Willen der Eheleute entsprochen hat und kein Mangelfall vorliegt; fiktive Anrechnung eines erzielbaren Einkommens aus unterlassener Erwerbstätigkeit des Ehegatten und Anspruch nach § 1573 II BGB)

5 a) Das OLG ist bei der Bemessung des Ergänzungsunterhalts nach § 1573 II BGB von einem bereinigten Nettoeinkommen des ASt. – nach Abzug der Kosten für den Unterhalt der bei Verwandten lebenden (bei Erlaß des Berufungsurteils noch minderjährigen, inzwischen aber volljährigen) Tochter – i. H. von monatlich 4325,68 DM ausgegangen. Diesen Betrag hat es vorab um den Ausbildungsunterhalt für den volljährigen Sohn i. H. von monatlich 765 DM gekürzt mit der Begründung: Da der Sohn nach dem gemeinsamen Entschluß der Eltern studieren solle, seien die ehel. Lebensverhältnisse im Zeitpunkt der Stellung des Scheidungsantrags hierdurch geprägt worden. Wenn auch nach § 1609 II BGB ein volljähriges Kind mit seinem Unterhaltsanspruch grundsätzlich dem Ehegatten nachgehe, entstehe hier doch angesichts der verhältnismäßig günstigen Einkommensverhältnisse des ASt. kein Rangproblem. Denn es könnten sowohl der Unterhalt des Sohnes als auch der angemessene Unterhalt der AGg. aus dem unterhaltserheblichen Einkommen des ASt. gedeckt werden. Ein sog. Mangelfall liege nicht vor. Deshalb könne dahingestellt bleiben, ob die Eheleute die Regel des § 1609 II BGB zumindest stillschweigend abbedungen hätten. Auf der so gewonnenen Grundlage hat das OLG den Unterhaltsbedarf der AGg. mit monatlich 1424,27 DM ($^2/_5$ des verbleibenden Einkommens des ASt. von 3560,68 DM) angesetzt, wobei es – mangels konkreter Darle-

1291

gung – keinen zusätzlichen trennungsbedingten Mehrbedarf berücksichtigt hat (FamRZ 1983/886, 887, m. w. N.). Sodann hat das Gericht ausgeführt: Auf den Bedarf von monatlich 1424,27 DM müsse sich die AGg. eigenes fiktives Einkommen aus der ihr obliegenden Arbeitstätigkeit anrechnen lassen. Es könne offen bleiben, ob es sich dabei, wie die AGg. allenfalls für möglich halte, um einen Betrag von 1000 DM oder, wie von dem FamG angenommen, um einen solchen von 1200 DM handele. In beiden Fällen ergebe sich kein höherer als der titulierte Unterhaltsanspruch. b) Diese Ausführungen sind auf der Grundlage der bisher von dem OLG angenommenen Erwerbs- und Einkommensverhältnisse der AGg. revisionsrechtlich nicht zu beanstanden. Der unterhaltsrechtliche Vorrang des geschiedenen Ehegatten gegenüber volljährigen Kindern nach § 1609 II S. 2 BGB wirkt sich, wie der Senat vor Erlaß des angefochtenen Urteils – insoweit in Übereinstimmung mit der Auffassung des OLG – entschieden hat (FamRZ 1985/912, 916, m. w. N.), nur dann aus, wenn die verbleibenden Einkünfte des Verpflichteten nicht ausreichen, um den angemessenen Unterhalt des Berechtigten zu gewährleisten. Dann – und erst dann – hat ein Vorwegabzug des Kindesunterhalts zu unterbleiben (FamRZ 1986, 48). Andernfalls steht § 1609 II S. 2 BGB dem Vorwegabzug insoweit nicht entgegen, als die ehel. Lebensverhältnisse im Zeitpunkt der Scheidung (nicht schon des Scheidungsantrags) dadurch geprägt sind, daß die für den Unterhalt eines studierenden volljährigen Kindes erforderlichen Beträge den Eheleuten für die Dauer des Studiums – insoweit in Übereinstimmung mit ihren allgemeinen Lebensbedarf zur Verfügung stehen. Ob dies im Einzelfall anzunehmen ist, unterliegt der Beurteilung des Tatrichters. Das OLG hat insoweit bei der Berücksichtigung des Unterhaltsbedarfs des Sohnes rechtsfehlerfrei darauf abgestellt, daß das Studium einem gemeinsamen Entschluß der Parteien – und damit einer entsprechenden übereinstimmenden Disposition über ihre Einkommensverhältnisse für die voraussichtliche Studiendauer – entspricht. Bei der erneuten Prüfung und Entscheidung wird das Gericht auch dem Umstand Rechnung zu tragen haben, daß die Tochter inzwischen ebenfalls volljährig geworden ist und gegebenenfalls ihrerseits Ausbildungsunterhalt beansprucht. Ob und in welcher Höhe die AGg. den ASt. endgültig auf nachehel. Unterhalt in Anspruch nehmen kann, hängt von dem Ergebnis der weiteren Feststellungen des OLG ab. Je nachdem, welche Beträge ihr danach als angemessener Unterhalt zustehen, ist erneut zu prüfen, ob die Einkünfte des ASt. ausreichen, um seine Unterhaltsverpflichtungen sowohl gegenüber den beiden volljährigen Kindern als auch gegenüber der AGg. zu erfüllen. Nur wenn das nicht der Fall sein sollte, scheidet ein Vorwegabzug des Unterhalts für Kinder aus.

BGH v. 6. 11. 85 – IVb ZR 45/84 – FamRZ 86, 151 = NJW-RR 86, 426

R277 *(Lebensstellung des Volljährigen; Bedarfsbemessung bei Barunterhaltspflicht beider Eltern nach der Summe der Einkommen beider Eltern, bei Barunterhaltspflicht eines Elternteils nur nach dessen Einkommen. Im Einzelfall in den ersten Jahren nach Eintritt der Volljährigkeit auch entsprechende Anwendung des § 1606 III 2 BGB möglich)*

a 2) Den Unterhaltsbedarf des Kl. für den Verurteilungszeitraum hat das OLG mit monatlich 660 DM bemessen. Hierbei hat es die von ihm ständig angewendete Düsseldorfer Tabelle herangezogen. Es hat die Einkommen des Bekl. und der Mutter zusammengerechnet (= 3503,58 DM) und den daraus folgenden Bedarfssatz für Kinder vom 13. bis 18. Lebensjahr von 460 DM um den Alterszuschlag Anm. 7 der Tabelle) von hier 70 DM und einen pauschalierten ausbildungsbedingten Mehrbedarf von 130 DM (Anm. 8 Abs. 1 der Tabelle) erhöht. Hiergegen bestehen keine durchgreifenden rechtlichen Bedenken. Der Senat billigt in std. Rspr. die Verwendung der in der Praxis gebräuchlichen Unterhaltstabellen und Leitlinien, die auf langjähriger gerichtlicher Erfahrung beruhen und einer gleichmäßigen Rechtsanwendung dienlich sind, sofern sie den anzuwendenden Rechtsgrundsätzen entsprechen und die Ergebnisse im Einzelfall angemessen sind (FamRZ 1983/678). Im Schrifttum werden teilweise gegen die Anwendung der Düsseldorfer Tabelle zur Bestimmung des Unterhaltsbedarfs volljähriger Kinder grundsätzliche Bedenken erhoben; es wird für richtiger gehalten, bei Schülern, Auszubildenden und Studenten insoweit von festen Regelbedarfssätzen auszugehen, die gegebenenfalls – bei Wohnen im Haushalt eines Elternteils – um ersparte Wohnkosten zu vermindern seien (vgl. etwa KG, FamRZ 1985/419, 422 f., und OLG Hamburg, FamRZ 1984/190; einen Regelbedarfssatz sehen auch vor die Leitlinien des OLG Celle – Stand 1. 1. 1982: FamRZ 1982/131, 132 unter II B 1 – und des OLG Stuttgart – Stand 1. 1. 1985: FamRZ 1984/1197 unter I). Es kann dahinstehen, ob auch der Ansatz von Regelbedarfssätzen zu angemessenen Ergebnissen führt. Der hier vom Tatrichter eingeschlagene Weg ist mit den anzuwendenden Rechtsgrundsätzen jedenfalls vereinbar. Der Unterhalt des Kindes bemißt sich gemäß § 1610 I BGB nach seiner Lebensstellung. Diese Lebensstellung ist auch nach Erlangung der Volljährigkeit zunächst von der der Eltern abgeleitet, solange das Kind kein zur wirtschaftlichen Selbständigkeit erforderliches Einkommen oder Vermögen besitzt. Da der Kl. in dem hier zu beurteilenden Zeitraum lediglich die Ausbildungsvergütung bezog, richtete sich seine Lebensstellung mithin nach den wirtschaftlichen Verhältnissen seiner Eltern. Es ist daher unbedenklich, in dieser Übergangszeit zur Bestimmung seines Unterhaltsbedarfs nach dem Einkommen der Eltern zu differenzieren, wie es bei Anwendung der Düsseldorfer Tabelle geschieht. Bei

Anhang R. Rechtsprechung R278

überdurchschnittlichen wirtschaftlichen Verhältnissen der Eltern ist allerdings zu beachten, daß die besondere Lage des noch in der Ausbildung befindlichen Kindes, das noch keine berufliche Lebensstellung besitzt, eine Begrenzung des Bedarfs nach oben rechtfertigen kann. Denn aus § 1610 I BGB folgt in diesen Fällen nicht, daß dem Kind eine der Lebensführung der Eltern entsprechende Lebensgestaltung ermöglicht werden müßte (FamRZ 1969/205, 207; FamRZ 1983/473, 474). Ein derartiger Fall liegt aber bei einem Monatsbetrag von 660 DM ersichtlich nicht vor.

Nach der Rechtsprechung des Senats (FamRZ 1981, 543/545, m. w. N.) richtet sich der Bedarf des minderjährigen Kindes allein nach den Einkommensverhältnissen des Barunterhalt leistenden Elternteils, wenn die Einkünfte beider Eltern sich im mittleren Bereich halten und das Einkommen des Naturalunterhalt leistenden Elternteils nicht höher ist als das des anderen. Dieser Grundsatz gilt aber nicht ohne weiteres auch für den Unterhaltsanspruch volljähriger Kinder, weil er voraussetzt, daß die Gleichwertigkeit des Bar- und des Naturalunterhalts (§ 1606 III S. 2 BGB) bejaht werden kann. Nur dann erscheint unangemessen, daß der barunterhaltspflichtige Elternteil allein deswegen zu höheren Geldbeträgen herangezogen wird, weil auch der betreuende und deswegen von jeder Barunterhaltspflicht befreite Elternteil Einkünfte erzielt. Der Senat hat zwar weiter entschieden, daß im Einzelfall noch in den ersten Jahren nach dem Eintritt der Volljährigkeit eines Kindes eine entsprechende Anwendung des § 1606 III S. 2 BGB in Betracht kommt, hat die Beurteilung insoweit aber dem Tatrichter überlassen (FamRZ 1981/541, 543). Vorliegend hat das OLG die entsprechende Anwendung des § 1606 III S. 2 BGB nicht für gerechtfertigt erachtet. Dies ist aus Rechtsgründen nicht zu beanstanden. In einem solchen Fall kann für die Bestimmung des Unterhaltsbedarfs des volljährigen Kindes die Summe der Einkommen beider Elternteile zugrunde gelegt werden; auch das Einkommen der Mutter beeinflußt hier die Lebensstellung des Kl. Das gewonnene Ergebnis ist – wie stets bei der Anwendung von Tabellen – auf die Angemessenheit zu überprüfen.

(Unbeachtliche Unterhaltsbestimmung, wenn sie nicht den gesamten Lebensbedarf des Kindes umfaßt)

3 a) Die Revision des Kl. macht geltend, die Eltern hätten in ihrem Prozeßvergleich v. b
30. 1. 1980 die Art der Unterhaltsgewährung in der Weise bestimmt, daß der Bekl. Barunterhalt, die Mutter Naturalunterhalt leiste. Die darin liegende Unterhaltsbestimmung nach § 1612 II S. 1 BGB gelte über den Zeitpunkt der Volljährigkeit des Kl. fort, weil eine Abänderung nicht erfolgt sei. Unstreitig sei im übrigen, daß die Mutter nach wie vor ihrer Unterhaltspflicht durch Leistung von Naturalunterhalt nachkomme. Nach dem Eintritt der Volljährigkeit handele es sich lediglich nicht mehr um Pflege und Erziehung, sondern um Sach- und Dienstleistungen. Diese vom OLG offenbar übersehene Ausgangslage verbiete die Annahme einer anteiligen Barunterhaltspflicht beider Eltern. Diese Rüge greift nicht durch. Da der Prozeßvergleich v. 30. 1. 1980, soweit er den Unterhalt des Kl. betrifft, ausdrücklich bis zu dessen Volljährigkeit befristet ist, kann nicht angenommen werden, er habe für die Zeit danach als elterliche Unterhaltsbestimmung i. S. von § 1612 II S. 1 BGB Bedeutung behalten. Soweit der Kl. im Rechtsstreit vorgetragen hat, seine Eltern hätten das auch gegenüber dem volljährigen Kinde bestehende Bestimmungsrecht dahin ausgeübt, daß „ein Teil" des Unterhalts in Form von Betreuungsleistungen und Wohnungsgewährung durch die Mutter geleistet werde, ist dieser Vortrag weder hinreichend substantiiert noch schlüssig. Eine Unterhaltsbestimmung der Eltern muß grundsätzlich den gesamten Lebensbedarf des Kindes umfassen. Zwar kann sie ausnahmsweise zum Inhalt haben, daß der Unterhalt zu einem abgrenzbaren Teil in Natur (z. B. durch Wohnungsgewährung und/oder Verpflegung) und im übrigen durch die Überlassung von Geldbeträgen gewährt wird (FamRZ 1983, 369, m. w. N.). Auch einen solchen Ausnahmefall ergibt aber der Vortrag des Kl. nicht, weil „Betreuungsleistungen" keinen hinreichend abgrenzbaren Ausschnitt des Unterhaltsbedarfs eines volljährigen Kindes darstellen. Aus dem gleichen Grunde ist eine Bestimmung in der Weise, daß „der auf einen Elternteil entfallende Haftungsanteil" in Natur geleistet werden soll – eine solche hält das OLG offenbar für rechtlich möglich –, nicht wirksam. Eine beachtliche Unterhaltsbestimmung i. S. von § 1612 II S. 1 BGB liegt daher nicht vor.

BGH v. 6. 11. 85 – IVb ZR 69/84 – FamRZ 86, 153 = NJW-RR 86, 293

(Abänderung eines Unterhaltsvergleichs bei erhöhtem Bedarf nach Aufnahme eines Studiums; Wegfall des Be- R278
treuungsunterhalts nach Volljährigkeit)

II 1) Die Klage auf Abänderung des Prozeßvergleichs, die auch für die Zeit vor der Klageerhebung a
zulässig ist (BGHZ – GSZ – 85/64 = FamRZ 1983/22), bringt den materiell-rechtlichen Gesichtspunkt der Änderung oder des Wegfalls der Geschäftsgrundlage zur Geltung (BGHZ 85/64, 69, 73). Eine Änderung der Geschäftsgrundlage liegt nach dem unstreitigen Sachverhalt vor: Seit der Aufnahme des Studiums benötigt der Sohn einen erhöhten Barunterhalt von 765 DM monatlich; sein Unterhaltsbedarf kann nicht mehr wie zuvor zu einem Teil durch Naturalleistungen der Mutter gedeckt werden. Das erfordert eine neue Unterhaltsbemessung. Diese ergibt jedoch keinen höheren als

1293

den vom AmtsG zugesprochenen Anspruch gegen den Bekl. 2) Die Bestimmung der Höhe des Barunterhaltsanspruchs des Sohnes gegen den Bekl. in dem Prozeßvergleich beruhte ersichtlich auch darauf, daß die Mutter Betreuungsunterhalt leistete. Für den – ab Oktober 1981 eingetretenen – Fall, daß wegen der Aufnahme des Hochschulstudiums Betreuungsunterhalt nicht mehr oder jedenfalls nur noch in unbedeutendem Umfang erbracht werden kann, sind der Vereinbarung Maßstäbe für die nunmehr vorzunehmende Verteilung des erhöhten Barunterhalts nicht zu entnehmen. Das OLG hat deshalb, wie bereits das AmtsG, zu Recht – von der Revision unangefochten – anstelle der Vereinbarung nunmehr die gesetzliche Regelung für maßgebend gehalten.

(Ermittlung der Haftungsanteile der Eltern nach Vorabzug eines Sockelbetrages sowie sonstiger Unterhaltsverpflichtungen)

b II 3) Das OLG ist davon ausgegangen, daß Eltern als gleich nahe Verwandte der aufsteigenden Linie ihren volljährigen Kindern gemäß § 1606 III S. 1 BGB anteilig nach ihren Erwerbs- und Vermögensverhältnissen haften. Das ist richtig (FamRZ 1980/994). Die Vorschrift begründet Teilschulden. Wenn also auch auf die Mutter ein Haftungsanteil entfällt, kann gegen den Vater nur der verbleibende Teil des Unterhaltsanspruchs geltend gemacht werden. Die Vorschrift des § 1606 III S. 1 BGB hat ihre heutige Fassung durch das Gesetz über die rechtliche Stellung der nichtehelichen Kinder – NEhelG – v. 19. 8. 1969 (BGBl I 1243) erhalten. Danach haften mehrere gleich nahe Verwandte für den Unterhalt anteilig nach ihren Erwerbs- und Vermögensverhältnissen. Es handelt sich um eine Verteilung der Unterhaltslastquoten nach der Leistungsfähigkeit (vgl. die Amtliche Begründung des Regierungsentwurfs, abgedruckt bei Jansen/Knöpfel, Das neue Unehelichengesetz, S. 158 ff., 160). a) Diese wurde auf seiten des Bekl. im Anspruchszeitraum durch notwendig erfüllte Verpflichtungen vorab geschmälert. Insoweit ist neben der – auch von der Revision nicht beanstandeten – Berücksichtigung der Krankenversicherungsbeiträge (FamRZ 1984/39, 41, m. w. N.) der Abfluß von monatlich 880 DM für den Unterhalt seiner geschiedenen Ehefrau und seiner Tochter zu beachten. Diese Unterhaltszahlungen für den zurückliegenden, abgeschlossenen Zeitraum verringerten hier die für den Bekl. selbst und für den Unterhalt des Sohnes verbleibenden Mittel endgültig. Das rechtfertigt ihren Vorwegabzug. Sie werden auch nach Grund und Höhe von keiner Seite in Zweifel gezogen. b) Keinen durchgreifenden rechtlichen Bedenken begegnet auch, daß das OLG von den Einkünften beider Elternteile weiterhin jeweils einen Betrag für die Bestreitung ihres eigenen angemessenen Lebensunterhalts abgesetzt und erst danach die anteiligen Haftungsquoten nach dem Verhältnis der verbleibenden Mittel bestimmt hat. Die Vorschrift, daß mehrere gleich nahe Verwandte anteilig nach ihren Erwerbs- und Vermögensverhältnissen auf Unterhalt haften, würde bei schematischer Quotierung nach der Höhe der Einkünfte im Bereich kleiner und mittlerer Einkommen dazu führen, daß Unterhaltsschuldner mit unterschiedlich hohen Einkünften je nachdem, wie weit die Mittel den für den eigenen Unterhalt erforderlichen Betrag übersteigen, in ihren Möglichkeiten der Lebensführung ungleich einschneidend beschränkt würden. Die erst in einem weiteren Schrit vorzunehmende Kontrollrechnung nach § 1603 I BGB (vgl. OLG Düsseldorf – 2. FamS –, FamRZ 1982/1101) vermöchte dem nicht im notwendigen Maße entgegenzuwirken. Sie würde den Unterhaltspflichtigen allein gegen einen Eingriff in seinen angemessenen Eigenbedarf schützen. In Fällen jedoch, in denen – wie hier – das Einkommen des geringer Verdienenden immerhin so hoch ist, daß die streng proportional der beiderseitigen Einkommenshöhe errechnete anteilige Unterhaltspflicht den angemessenen Eigenunterhalt noch nicht beeinträchtigt, bliebe es dabei, daß der die Eigenbedarfsgrenze übersteigende Einkommensteil bei ihm im Verhältnis zu dem besser Verdienenden unverhältnismäßig stark in Anspruch genommen würde (so zutreffend OLG Düsseldorf – 5. FamS –, FamRZ 1984/ 1134, 1135). Die Lösung muß vielmehr bereits bei dem Verständnis der im Gesetz angeordneten anteiligen Haftung nach den Erwerbs- und Vermögensverhältnissen (§ 1606 III S. 1 BGB) ansetzen. Bei der gebotenen wertenden Betrachtung ist die Vorschrift auch dann, wenn allein Barunterhalt – aus Einkünften – in Betracht kommt, nicht dahin zu verstehen, daß die Beteiligung an der Unterhaltslast stets linear nach dem Verhältnis der beiderseits vorhandenen Mittel bestimmt werden kann. Eine sachgerechte Auslegung muß vielmehr die unterschiedliche Belastung der Bezieher unterschiedlich hoher Einkünfte vermeiden, wie sie durch eine schematische Quotierung proportional zur Höhe der Einkünfte entstehen kann. In welcher Weise dies geschieht, ist weitgehend Sache der Beurteilung des Tatrichters, der das Ergebnis der von ihm angewandten Berechnungsmethode zudem abschließend auf seine Angemessenheit zu überprüfen haben wird. Bei beiderseits sehr guten wirtschaftlichen Verhältnissen kann hiernach auch eine Verteilung der Unterhaltslast proportional zur Höhe der Einkünfte am Platze sein. Eine jedenfalls bei Einkünften der hier vorliegenden Größenordnung billigenswerte Methode, die ungleich belastende Heranziehung unterschiedlich verdienender, gleich naher Verwandter zum Unterhalt zu vermeiden, besteht darin, die Haftungsquoten erst nach dem Abzug der für den eigenen Unterhalt erforderlichen Beträge nach dem Verhältnis der verbleibenden Mittel zu bestimmen. Diesen Weg des Vorwegabzuges von Sockelbeträgen hat das OLG gewählt. Es ist damit einer verbreiteten Praxis gefolgt (OLG Köln, FamRZ 1985/90, 91; OLG Düsseldorf – 5.

FamS –, FamRZ 1984/1134; OLG Stuttgart, FamRZ 1984/1251). Auch gegen die Bemessung des für den eigenen Bedarf der Elternteile erforderlichen „Sockelbetrages" auf jeweils monatlich 1200 DM bestehen bei den hier vorliegenden Einkommensverhältnissen keine Bedenken.

(Erwerbseinkommen und Unterhalt als Ausgangsbetrag bei der Quotierung der anteiligen Unterhaltslast)

II 6 c) Schließlich verhilft die Erwägung, der nacheheliche Unterhalt, den die Mutter in der hier interessierenden Zeit bezogen habe, müsse bei der Bemessung der Unterhaltsansprüche des Sohnes außer Betracht bleiben, der Revision nicht zum Erfolg. Die damit aufgeworfene Rechtsfrage kann auf sich beruhen. Zur Deckung ihres Lebensbedarfs standen der Mutter die diesem Zweck dienende Unterhaltsrente von monatlich 500 DM sowie ein Teil ihres Erwerbseinkommens zur Verfügung. Allein der überschießende Teil ihres Erwerbseinkommens gewinnt also für die Verteilung der gegenüber dem Sohn bestehenden Unterhaltslast Bedeutung. Dieser Einkommensteil beträgt aufgrund der bedenkenfrei getroffenen tatrichterlichen Feststellung, der angemessene Eigenbedarf sei mit monatlich 1200 DM anzunehmen, 460 DM. Daher ergibt sich die oben unter Ziffer 4 dargestellte Quotierung der Unterhaltslast nach den Erwerbs- und Vermögensverhältnissen (d. h.: nach den Einkommens- und Vermögensverhältnissen; vgl. die Amtliche Begründung des Regierungsentwurfs bei Jansen/Knöpfel, a. a. O.). Die Revision weist zwar darauf hin, daß es an anderer Stelle in dem Berufungsurteil heißt, es sei unstreitig, daß der von dem Bekl. geleistete Unterhaltsbetrag von 500 DM „dem Bedarf" entspreche. Diese Wendung in dem angefochtenen Urteil stellt jedoch die Feststellung, der i. S. des § 1603 I BGB angemessene Unterhalt der Mutter betrage nur 1200 DM monatlich, nicht in Frage. Bei ihr handelt es sich um die Darlegung, daß der Bekl. seiner geschiedenen Ehefrau Unterhalt über das nach den ehelichen Lebensverhältnissen Geschuldete hinaus geleistet hat; mit dem „Bedarf" ist also der in § 1578 I S. 2 BGB genannte „gesamte Lebensbedarf" gemeint, den der Bekl. mit dem Unterhalt gemäß § 1573 II BGB erfüllt habe.

BGH v. 27. 11. 85 – IVb ZR 78/84 – FamRZ 86, 148 = NJW 86, 720

(Einkommenszurechnung bei Ausbildung während der Ehe und erstmalige Anstellung als Assistenzarzt nach der Scheidung)

a) Nach der Rechtsprechung des Senats schließt die Ausrichtung des Unterhaltsanspruches an den zur Zeit der Scheidung bestehenden ehel. Lebensverhältnissen es nicht notwendig und in jedem Falle aus, später eintretende Veränderungen zu berücksichtigen, wenn ihnen eine Entwicklung zugrunde liegt, die aus der Sicht des Zeitpunkts der Scheidung mit hoher Wahrscheinlichkeit zu erwarten war und ihre Erwartung die ehel. Lebensverhältnisse bereits geprägt hat (FamRZ 1982/684, 686; FamRZ 1985/791, 793, m. w. N.). Die Beurteilung in diesem Rahmen ist wesentlich Sache der tatrichterlichen Würdigung und daher in der Revision nur beschränkt nachprüfbar (vgl. auch RGZ 75/124, 128).

b) Der Bekl. hat im vorliegenden Fall sein Medizinstudium nach den Bestimmungen der Approbationsordnung für Ärzte v. 28. 10. 1970 absolviert. Danach besteht die ärztliche Ausbildung in einem Hochschulstudium von sechs Jahren, dessen letztes Jahr in einer zusammenhängenden praktischen Ausbildung im Krankenhaus abzuleisten ist. Zwei Jahre nach Studienbeginn ist die ärztliche Vorprüfung abzulegen; die früher einheitliche Abschlußprüfung gliedert sich nunmehr in drei Teilabschnitte, wovon der erste ein Jahr nach Bestehen der Vorprüfung, der zweite drei Jahre nach Bestehen der Vorprüfung und der letzte im Anschluß an die praktische Ausbildung im Krankenhaus zu durchlaufen ist. Im Zeitpunkt der Scheidung hatte der Bekl. die ersten beiden Teilabschnitte der ärztlichen Prüfung bestanden und noch einen Teil seiner praktischen Ausbildung im Krankenhaus sowie den dritten Abschnitt der ärztlichen Prüfung vor sich. Das vorklinische Studium war abgeschlossen, das klinische schon überwiegend durchlaufen. Auch mit der Promotion zum „Dr. med." hatte er bereits begonnen. Die Annahme des OLG, daß in diesem Stadium der erfolgreiche Abschluß der Ausbildung mit hoher Wahrscheinlichkeit zu erwarten war, ist bei dieser Sachlage revisionsrechtlich nicht zu beanstanden. Die Rüge der Revision, diese Annahme verstoße gegen Erfahrungssätze und setze sich über den durch eine Auskunft der Bayerischen Ärztekammer unter Beweis gestellten Vortrag des Bekl. hinweg, wonach „bei medizinischen Staatsexamen" Durchfallquoten von mehr als 40 % „üblich" seien, ist unbegründet. Die Beurteilung von Examensaussichten hängt wesentlich von den individuellen Verhältnissen des Prüflings ab und erst in zweiter Linie von erfahrungsmäßigen oder statistischen Aussagen. Das Gericht brauchte dem ohnehin sehr allgemein gehaltenen Beweisantrag nicht nachzugehen, sondern konnte seine Annahme rechtsbedenkenfrei darauf stützen, daß der Bekl. seine bisherige medizinische Ausbildung zielstrebig und reibungslos durchlaufen und zwei Teilabschnitte der dreiaktigen Abschlußprüfung bereits bestanden hatte. Nach eigenen Angaben hatte er das „Physikum" als einer der Besten bestanden und haben seine Leistungen in der Folgezeit über dem Durchschnitt gelegen. Etwa drei Monate nach dem Abschluß der ärztlichen Prüfung hat der Bekl. tatsächlich eine Anstellung als Assistenzarzt in einem Krankenhaus erlangt. Aus Rechtsgründen kann nicht beanstandet werden, daß das OLG annimmt, diese Anstellung sei ebenfalls mit hoher Wahrscheinlichkeit zu erwarten gewesen. Da der Bekl. Unterhalt für das gemeinschaftliche Kind aus der Ehe der Parteien zu leisten hatte und darüber hinaus gewillt war, beträchtliche Unterstützungsleistungen zurückzuzahlen, konnte zudem zugrunde gelegt werden, daß er sich mit allem Nachdruck und hohem persönlichen Einsatz um die Erlangung einer solchen Stelle, die überdies zur normalen beruflichen Entwicklung eines Arztes gehört, bemühen werde und daß diese Bemühungen trotz der allgemein schwierigen Lage in absehbarer Zeit von Erfolg gekrönt sein würden. Auch insoweit bedurfte es daher nicht der Erholung der angebotenen Auskunft der Bayerischen Ärztekammer darüber, daß von den erfolgreichen Examenskandidaten weniger als die Hälfte eine Assistentenstelle in einem Krankenhaus erhielten.

c) Bei einer Ehe, wie sie die Parteien geführt haben, muß ausnahmsweise auch das Einkommen den ehel. Lebensverhältnissen zugerechnet werden können, das der kurz vor dem erfolgreichen Abschluß seines Studiums stehende Ehegatte aus der erstmals nach der Scheidung, aber in nahem zeitlichen Zusammenhang damit aufgenommenen Erwerbstätigkeit in dem angestrebten akademischen Beruf erzielt. Daß insoweit eine Entwicklung vorliegt, die in den Verhältnissen während der Ehe angelegt war, liegt auf der Hand. Die Kl., die nach allgemeinen Grundsätzen keine Erwerbsobliegenheit traf, solange das von ihr betreute Kind noch nicht acht Jahre alt war (FamRZ 1983/456, 458, m. w. N.), hat zunächst ganztags und später halbtags als Laborantin gearbeitet und ist offenbar im Hinblick auf den gemeinsamen Lebensplan der Parteien überobligationsmäßig erwerbstätig gewesen. Die weiteren Mittel, mit denen die Parteien ihren Lebensunterhalt bestritten haben, nämlich Zuwendungen von Verwandten des Bekl. sowie BAföG-Leistungen, sind im Hinblick auf das Studium des Bekl. und begrenzt auf dessen Dauer zugeflossen. Von einer dauerhaften, die Gewähr der Stetigkeit in sich tragenden wirtschaftlichen Grundlage der Ehe, die normalerweise den Unterhaltsmaßstab des § 1578 I BGB abgibt, kann insoweit nicht ausgegangen werden (FamRZ 1983/146, 149). Andererseits hat der Bekl. sein Studium in einer Weise betrieben, daß die Parteien die begründete Erwartung hegen konnten, die wirtschaftlichen Verhältnisse der Studienzeit würden nur vorübergehend sein und in absehbarer Zeit in diejenigen einer Arztfamilie einmünden. Bereits in seinem Urteil v. 27. 6. 1984 (IV b ZR 23/83 – nicht veröffentlicht) hat es der Senat gebilligt, daß der Tatrichter an eine die ehel. Lebensverhältnisse prägende Erwartung auf eine Verbesserung der Einkommensverhältnisse angeknüpft hatte, die dadurch begründet war, daß der Ehemann vor der Scheidung die Meisterprüfung im Kraftfahrzeughandwerk abgelegt hatte und mit hoher Wahrscheinlichkeit auf eine entsprechende Anstellung bei seinem Arbeitgeber rechnen konnte. Nicht entscheidend ist in diesen Fällen, ob es sich um einen beruflichen Aufstieg oder um die erstmalige Aufnahme einer Erwerbstätigkeit handelt. Es geht darum, ob eine wirtschaftliche Entwicklung nach der Scheidung auf die ehel. Lebensverhältnisse bezogen werden kann. Dafür ist insbesondere von Bedeutung, ob sie der Erwartung aus der Sicht des Scheidungszeitpunkts entspricht oder unvorhersehbar war und ob sie sich in engem zeitlichen Zusammenhang mit der Scheidung verwirklicht hat. Im vorliegenden Fall bestehen insgesamt keine durchgreifenden rechtlichen Bedenken dagegen, daß der Tatrichter die Einkünfte des Bekl. aus der Anfangsstellung seiner beruflichen Laufbahn als Arzt den ehel. Lebensverhältnissen zugerechnet hat. Es müßte auch auf Unverständnis stoßen, wenn in Fällen, in denen – wie hier – die Ehefrau durch die Betreuung eines Kindes und obendrein überobligationsmäßige Erwerbstätigkeit während der Ehe das Studium des Ehemannes mit ermöglicht hat, diese an den bedrängten Verhältnissen während der Ehe nur deswegen festgehalten würde, weil es kurz vor Beginn der akademischen Karriere des Ehemannes zur Scheidung gekommen ist.

BGH v. 27. 11. 85 – IVb ZR 79/84 – FamRZ 86, 244 = NJW 86, 718

(Prägung der ehelichen Lebensverhältnisse durch das Einkommen; zu berücksichtigende Einkommensänderungen zwischen Trennung und Scheidung; maßgebliche gegenwärtige Einkommensverhältnisse; Beweislast für unerwartete außergewöhnliche Entwicklung; Anspruch auch bei extrem langer Trennung oder wenn er längere Zeit nicht verlangt wurde)

a II 1) Leben Ehegatten getrennt, kann der Bedürftige von dem anderen den nach den Lebensverhältnissen und den Erwerbs- und Vermögensverhältnissen der Ehegatten angemessenen Unterhalt verlangen (§ 1361 I S. 1 BGB). Zu Recht ist das OLG daher von der Frage ausgegangen, auf welche Weise der angemessene Unterhalt der Kl. zu bestimmen ist, und hat erst anschließend geprüft, ob sie außerstande ist, diesen Bedarf ohne Unterhaltsleistungen des Bekl. zu decken. Es begegnet indessen durchgreifenden Bedenken, daß das OLG den Unterhaltsbedarf der Kl. nur nach ihrem eigenen Erwerbseinkommen und der Nutzung ihres Hausbesitzes bemessen hat. a) Mit der Rechtsprechung des Senats stimmt es im Ansatz überein, daß die für die Höhe eines Anspruchs maßgeblichen ehel. Lebensverhältnisse im allgemeinen durch das Einkommen geprägt werden, in einer Doppelverdienerehe daher durch die (zusammengerechneten) Einkünfte beider Ehegatten (std. Rspr. FamRZ 1980/

876, 877). Beide Ehegatten haben an dem durch die Einkünfte bestimmten Lebensstandard grundsätzlich gleichen Anteil; demgemäß werden sie regelmäßig von der Entwicklung während der Ehe bis zu deren Auflösung in gleichem Maße betroffen (std. Rspr., FamRZ 1980/770; FamRZ 1984/ 561, 562). Veränderungen der Einkommensverhältnisse, die erst nach der Trennung der Ehegatten bis zur Scheidung eingetreten sind, beeinflussen daher die für die Unterhaltsbemessung maßgeblichen ehel. Lebensverhältnisse, es sei denn, daß sie auf einer unerwarteten und vom Normalverlauf erheblich abweichenden Entwicklung beruhen (FamRZ 1982/575 und 576, FamRZ 1982/892, 893). Derartige außergewöhnliche Umstände ergeben sich aus den Feststellungen des OLG jedoch nicht. Der Bekl. ist wie schon während des Zusammenlebens der Parteien als Betriebsleiter in derselben Firma tätig und der Kl. obliegt – vorbehaltlich ihres Gesundheitszustandes – ebenfalls unverändert eine Erwerbstätigkeit, wie sie nach Art und Umfang schon während ihres Aufenthaltes in K. ausgeübt hat. b) Haben sich die Einkommensverhältnisse bei keinem der getrennt lebenden Ehegatten außergewöhnlich verändert, bestimmen sie weiterhin die ehel. Lebensverhältnisse. Da es sich hierbei um eine objektiv bestimmbare Größe handelt, kommt es entgegen der Auffassung des OLG nicht darauf an, wie ein getrennt lebender Ehegatte die wirtschaftliche Lage des anderen einschätzt und ob er demgemäß einen ergänzenden Unterhalt verlangt oder anbietet. Hat der besser verdienende Ehegatte nach der Trennung zum Unterhalt des anderen nicht beigetragen, so daß sich der Lebensstandard beider Ehegatten in tatsächlicher Hinsicht unterschiedlich gestaltet hat, kann hieraus keine Beschränkung des Unterhaltsbedarfs des Ehegatten mit dem geringeren Einkommen abgeleitet werden (FamRZ 1980/876). Entgegen der Auffassung des OLG braucht deshalb ein Ehegatte, der nach längerer Trennungszeit erstmals einen Unterhaltsanspruch geltend macht, nicht durch substantiierten Tatsachenvortrag zu erklären, daß er sich in der Vergangenheit mit einem geringeren als dem ehegemessenen Unterhalt zufriedengegeben und einen bestehenden Unterhaltsanspruch lediglich nicht geltend gemacht habe. Für einen Anspruch auf Trennungsunterhalt sind vielmehr regelmäßig nur die gegenwärtigen beiderseitigen Einkommens- und Vermögensverhältnisse darzulegen. Es ist Sache des Ehegatten, der sich auf eine unerwartete und außergewöhnliche Entwicklung der Einkünfte seit der Trennung berufen und daraus Rechte herleiten will, dies durch Tatsachenvortrag darzulegen und notfalls zu beweisen (FamRZ 1983/352, 353). c) Aus dem eigenen Verhalten der Kl. in den ersten zehn Jahren nach der Trennung können für die Bemessung ihres Unterhaltsbedarfs nicht die vom OLG angenommenen Schlüsse gezogen werden. Verlangt ein Ehegatte über eine längere Zeit keinen Unterhalt, wird das allerdings in vielen Fällen darauf beruhen, daß keine Bedürftigkeit bestand (FamRZ 1982/898 = BGHZ 84/280, 284). Es können aber auch persönliche Motive dieses Verhalten bestimmt haben, etwa Stolz oder Rücksichtnahme auf den Ehegatten. In diese Richtung weist, daß beide Parteien im ersten Rechtszug vorgetragen haben, sie hätten auch nach der Trennung keine Scheidung angestrebt, weil abgesprochen gewesen sei, unter Umständen wieder zusammenzuleben, wenn die Kinder groß und aus dem Hause seien. Zu bedenken ist auch, daß in den ersten Trennungsjahren, nämlich bis zum Inkrafttreten des 1. EheRG am 1. 7. 1977, der Anspruch auf Trennungsunterhalt gemäß § 1361 BGB a. F. noch von Billigkeitsgesichtspunkten abhing, vor allem vom Trennungsverschulden – über das die Parteien sich möglicherweise nicht auseinandersetzen wollten –, aber auch von der Dauer der Ehe. Auf der Grundlage des reformierten Rechts steht die Auffassung des OLG jedoch vor allem im Widerspruch zu § 1361 III BGB, wonach die Vorschrift des § 1579 I Nr. 1 BGB von der entsprechenden Anwendung auf den Trennungsunterhalt ausgenommen ist. d) Aus alledem folgt bereits, daß der für den nachehelichen Unterhalt in § 1573 IV BGB zur Geltung gebrachte Gedanke, mit der nachhaltigen Sicherung des Unterhalts durch eine eigene Erwerbstätigkeit des einen Ehegatten entfalle eine fortwirkende unterhaltsrechtliche Verantwortung des anderen, auf Fälle des Getrenntlebens nicht angewendet werden kann. Eine nur formell bestehende Ehe mit anderen (verminderten) als den gesetzlichen Rechten und Pflichten gibt es nicht. Auch bei extrem langer Trennung (z. B. OLG Hamm, FamRZ 1979/581: mehr als 30 Jahre nach sechstägigem Zusammenleben) kann nur geprüft werden, ob ein Ausschluß oder eine Herabsetzung des Unterhaltsanspruchs gemäß § 1361 III i.V. mit § 1579 I Nr. 2 bis 4 BGB gerechtfertigt ist. Unter diesem Gesichtspunkt, den offenbar das AmtsG seiner Beurteilung zugrunde gelegt hat, ist dem vorliegenden Sachverhalt nach den bisher getroffenen Feststellungen indessen kein eine Kürzung rechtfertigender Grund zu entnehmen.

(Anforderungen an Art und Ausmaß der Bemühungen um einen Arbeitsplatz; Darlegungs- u. Beweislast; subjektive Arbeitsbereitschaft und Verschleierung der Arbeitswilligkeit)

II 2) Wie die Revision nicht in Abrede stellt, trifft die Kl. vorbehaltlich ihres Gesundheitszustandes nach ihren persönlichen Verhältnissen, insbesondere wegen ihrer bisherigen Erwerbstätigkeit, eine Erwerbsobliegenheit (§ 1361 II BGB). Für seine Bedürftigkeit trägt der Unterhaltbegehrende die Darlegungs- und Beweislast (vgl. FamRZ 1982/255, 257). Soweit er für Zeiten der Arbeitslosigkeit Unterhalt beansprucht, muß er, um dieser Darlegungslast zu genügen, daher in nachprüfbarer Weise vortragen, welche Schritte er im einzelnen unternommen hat, um einen zumutbaren Arbeitsplatz zu finden und sich bietende Erwerbsmöglichkeiten zu nutzen. Die bloße Meldung beim Arbeitsamt kann nicht genügen. Die Anforderungen, die an den Vortrag des Unterhaltsbegehrenden zu stellen sind, können jedoch nicht in allen denkbaren Fällen gleich sein. Art und Ausmaß der Bemühungen, die der Bedürftige darzulegen hat, hängen im Einzelfall sowohl von den objektiven Bedingungen für die Erwerbsmöglichkeit als auch von den subjektiven Voraussetzungen ab, unter denen er Arbeit suchen muß. In Zeiten der Vollbeschäftigung müssen an den Nachweis vergeblichen Bemühens höhere Anforderungen gestellt werden als bei einem hohen Anteil von Arbeitslosen auf dem betroffenen Arbeitsmarkt. In dicht besiedelten Bezirken mit hohem Beschäftigungsstand bestehen generell bessere Bedingungen als in strukturschwachen und weniger bevölkerten Landesteilen. Für den Erfolg bei der Bewerbung um einen freien Arbeitsplatz kommt es zudem nicht nur auf die Zahl der Mitbewerber an; zwischen diesen besteht keine Chancengleichheit, weil sie sich nach Alter, Geschlecht und Familienstand unterscheiden und außerdem ihre jeweilige Ausbildung und etwaige berufliche Erfahrungen mit ins Gewicht fallen. Bei der Beurteilung, ob ein Vortrag ausreicht, um das ernsthafte und nachhaltige Bemühen um eine Erwerbstätigkeit darzutun, darf aber vor allem nicht außer Betracht bleiben, ob sich aus der Arbeitsbiographie oder anderen Umständen Erkenntnisse über die subjektive Arbeitsbereitschaft des Anspruchstellers gewinnen lassen. Diesem Gesichtspunkt muß der Richter schon deshalb besondere Aufmerksamkeit schenken, weil nicht auszuschließen ist, daß eine Unterhalt begehrende Partei versuchen könnte, ihre mangelnde Arbeitswilligkeit dadurch zu verschleiern, daß sie zu mißglückten Versuchen, eine Beschäftigung zu finden, zwar umfangreich vorträgt, zumutbare Stellenangebote jedoch verschweigt. Nach diesen Maßstäben hat das OLG im vorliegenden Fall die Anforderungen an die Darlegungslast der Kl. überspannt. Schon die von der Kl. nach der Trennung der Parteien ausgeübten Erwerbstätigkeiten sprechen dagegen, daß sie es an der nötigen Bereitschaft hat fehlen lassen, eine zumutbare Beschäftigung anzunehmen und jede Möglichkeit zu nutzen, ihren Lebensunterhalt selbst zu verdienen. Denn die Kl., die Kinderpflege gelernt hat, hat durch die Aufnahme von für sie zunächst berufsfremden Tätigkeiten mehrfach ihre Anpassungsfähigkeit und ihren Arbeitswillen unter Beweis gestellt. So war sie zunächst noch jahrelang als Bankangestellte tätig, seit Januar 1976 dann ein Jahr lang als Sprechstundenhilfe in einer Arztpraxis und seit dem 1. 7. 1978 für mehr als zwei Jahre als medizinisch-technische Gehilfin mit Nachtarbeit in einer Kurklinik. Auch in der Zeit, für die sie Trennungsunterhalt geltend macht, hat sie als Hauspflegerin – teilweise wiederum in Nachtarbeit – im kirchlichen Sozialdienst immer wieder Einkünfte erzielt, solange der Evangelische Kirchenkreis E. dafür Mittel bereitstellen konnte. Wenn sie als inzwischen über fünfzig Jahre alte Frau auf dem Hintergrund dieses bisherigen Erwerbslebens unter Beweisangebot vorträgt, ihre Bemühungen, weitere Arbeit zu finden, seien – mit Ausnahme der erwähnten zeitlich befristeten Tätigkeit beim kirchlichen Sozialdienst in den Jahren 1982 und 1983 – bisher erfolglos geblieben, obwohl sie immer wieder telefonisch bei potentiellen Arbeitgebern anfrage, kann das jedenfalls dann nicht als unzureichend angesehen werden, wenn gleichzeitig auf dem Arbeitsmarkt im Wohnbezirk der Kl. die vorgetragenen Verhältnisse bestehen. Denn eine allgemeine Arbeitslosenquote von mehr als 20 % wirkt sich erfahrungsgemäß auf weibliche Arbeitsuchende in der Altersgruppe der Kl. besonders ungünstig aus. Die entgegenstehende Annahme des OLG, unabhängig von der Höhe der in einem konkreten Arbeitsamtsbezirk bestehenden Arbeitslosenquote ließen sich auch in Zeiten eines angespannten Arbeitsmarktes über Zeitungsanzeigen erfahrungsgemäß immer wieder Stellen finden, kann jedenfalls unter den bei der Kl. vorliegenden besonderen Verhältnissen keine Geltung beanspruchen. Das angefochtene Urteil muß daher aufgehoben werden. Deshalb kann offen bleiben, ob die Revision auch zu Recht rügt, das OLG habe der Kl. zur Frage der Arbeitssuche kein ausreichendes rechtliches Gehör gewährt (§§ 139, 526 II ZPO), weil es die Kl. nicht rechtzeitig vor dem Verhandlungstermin darauf hingewiesen habe, daß ihre schriftsätzlich vorgetragenen Bemühungen um einen Arbeitsplatz nicht genügten.

III) Im weiteren Verfahren wird die Kl. Gelegenheit haben, die mit der Revision geltend gemachten Einwände gegen die Beurteilung ihrer Erwerbsunfähigkeit aufgrund ihres Gesundheitszustandes dem OLG erneut vorzutragen. Rechtlich ist hierzu nicht zu beanstanden, daß das OLG von einer Darlegungs- und Beweislast der Kl. ausgegangen ist. Denn auch wer seine Bedürftigkeit mit Erwerbsunfähigkeit rechtfertigt, muß deren Gründe und Umfang im einzelnen vortragen und bei Bestreiten beweisen.

BGH v. 11. 12. 85 – IVb ZR 82/84 – FamRZ 86, 434 = NJW 86, 1340

R282

(Wohnvorteil des Verpflichteten durch Wohnen im eigenen Haus und Abzug von Belastungen; Gebrauchsvorteil ist auch die Möglichkeit zur Nutzung einer Garage)

a   2 a) Die Lebensverhältnisse der Parteien, nach denen sich gemäß § 1361 I BGB der Unterhalt bemißt, werden durch ihre Einkünfte bestimmt. Diese bestehen zunächst aus den beiderseits bezogenen Renten. Da sie diese in annähernd gleicher Höhe schon im Zeitpunkt der Trennung bezogen haben, stellt sich nicht die Frage, ob und inwieweit Einkommensänderungen nach der Trennung sich

Anhang R. Rechtsprechung R282

auf die ehelichen Lebensverhältnisse auswirken (FamRZ 1984/149). Zu den Einkünften rechnen ferner die Vorteile, die die Parteien dadurch gehabt haben, daß sie ein eigenes Haus bewohnt haben. Es handelt sich um Nutzungen des Vermögens, hier des Grundstückseigentums, i. S. des § 100 BGB (FamRZ 1985/357, 359), und zwar in der Form der Gebrauchsvorteile. Soweit deren Wert die Belastungen übersteigt, die durch allgemeine Grundstücksunkosten und -lasten sowie ggf. durch Zins- und Tilgungsverpflichtungen entstehen, ist er bei der Bestimmung der ehel. Lebensverhältnisse den Einkünften der Eheleute hinzuzurechnen (FamRZ 1985, 354, 356). Ob der Wert der Nutzung sich durch den Auszug der Kl. vermindert hat, kann auf sich beruhen. Denn da der Bekl. das Haus weiter bewohnt, ist bei ihm der (Netto-)Wert der von ihm gezogenen Gebrauchsvorteile als Einkommen zu berücksichtigen, wie es das OLG zutreffend getan hat. Auch die durch Vermietung der Garage erzielten Einkünfte, bei denen es sich um „Früchte" i. S. des § 99 III BGB handelt, hat das OLG mit Recht angesetzt. Ob die Garage schon vor der Trennung der Parteien vermietet war, kann auf sich beruhen. Soweit dies nicht der Fall war, rechnete die Möglichkeit zur Nutzung der Garage zu den Gebrauchsvorteilen i. S. des § 100 BGB.

(Zur Bewertung des Wohnvorteils im Rahmen des unterhaltsrechtlich angemessenen Wohnbedarfs und Obergrenze bei der Bewertung; nicht substantiiert bestrittener Wohnwert)

2 b) Gegen die Bewertung des Vorteils, den der Bekl. durch das Wohnen im eigenen Haus hat, **b** wendet die Revision ein, das OLG habe fälschlich eine Wohnfläche von ca. 103 qm zugrunde gelegt. Tatsächlich seien es nur 70,27 qm, was der Bekl. auf richterliche Frage (§ 139 ZPO) vorgetragen hätte. Diese Rüge ist unbegründet. Das OLG hat seine Feststellung entscheidend nicht auf die Größe der Wohnfläche des Hauses, sondern darauf gestützt, daß der Bekl. den von der Kl. behaupteten Nutzungswert des Hauses nicht substantiiert bestritten habe. Die Revision rügt nicht, daß es dabei erhebliches Vorbringen des Bekl. übergangen habe. Zu einem Hinweis nach § 139 ZPO hatte das Gericht schon deshalb keinen Anlaß, weil Parteien derartige Ansätze nicht selten – etwa zur Vermeidung von Sachverständigenkosten – unstreitig stellen. Außerdem übersteigt der Betrag von monatlich 550 DM offensichtlich nicht den unterhaltsrechtlich angemessenen Wohnbedarf, der bei der Bewertung mietfreien Wohnens während der Trennungszeit vielfach als Obergrenze angesehen wird. Denn nach den unangegriffenen Feststellungen des OLG betrug das Renteneinkommen des Bekl. im Juni 1983 insgesamt 2926,43 DM und stieg bis Juli 1984 auf monatlich 2988,43 DM. Da die Feststellungen des OLG über die Höhe der Belastungen, die dem Bekl. für Wohnhaus und Garage entstehen, von der Revision nicht angegriffen werden, ist der Wert der Vermögenseinkünfte aus Haus und Garage mit monatlich 445 DM bindend festgestellt.

(Abweichung vom Grundsatz der hälftigen Teilung)

2 d) Durch die weitere Berechnung des Anspruchs wird jedenfalls der Bekl. rechtlich nicht be- **c** nachteiligt. Da die Lebensverhältnisse der Parteien, wie unter a) schon ausgeführt, auch durch das Einkommen der Kl. bestimmt worden sind, konnte das OLG ohne Rechtsfehler die sog. Differenzmethode anwenden. Da der Bekl. nicht erwerbstätig, sondern Rentner ist, durfte vom Grundsatz der gleichmäßigen Teilhabe der Ehegatten am ehel. Lebensstandard allerdings nicht ohne besondere Gründe abgewichen werden (FamRZ 1982/894, 895; FamRZ 1984/662, 664). Daß das OLG der Kl. nur $^3/_7$ der Einkommensdifferenz zugesprochen hat, gereicht dem Bekl. (der allein Revision eingelegt hat) aber nicht zum Nachteil.

(Keine mutwillige Herbeiführung der Bedürftigkeit durch Auszug aus der Ehewohnung und dadurch verursachten trennungsbedingten Mehrbedarf)

4 a) Die Revision meint, die Kl. habe ihre Bedürftigkeit i. S. des § 1579 I Nr. 3 BGB mutwillig **d** herbeigeführt, weil sie nach 44jähriger Ehe aus der ehel. Wohnung ausgezogen und dadurch erst bedürftig geworden sei. Im Rahmen der durch § 1361 III BGB angeordneten entsprechenden Anwendung dieser Härteklausel seien weniger strenge Anforderungen zu stellen als beim Anspruch auf nachehelichen Unterhalt, weil die Ehepartner während des Bestehens der Ehe zu besonderer gegenseitiger Rücksichtnahme verpflichtet seien. Im vorliegenden Fall gelte dies in besonderem Maße, weil die Kl. den Bekl. nach sehr langer Ehe verlassen habe.
Dem kann nicht gefolgt werden. Nach der Neufassung des § 1361 BGB durch das 1. EheRG richtet sich der Anspruch auf Trennungsunterhalt allein nach den Lebens-, Erwerbs- und Vermögensverhältnissen der Ehegatten, ohne daß es auf die Gründe der Trennung ankommt. Das Verhalten des Unterhalt begehrenden Ehegatten, das zur Trennung geführt hat, kann nur nach Maßgabe der Härteregelung berücksichtigt werden (FamRZ 1979/569 = NJW 1979/1348). Dem liegt die gesetzgeberische Wertung zugrunde, daß die Trennung als solche keine unterhaltsrechtlichen Sanktionen zur Folge haben soll. Wenn ein Ehegatte seinen Entschluß zur Aufhebung der ehel. Lebensgemeinschaft verwirklicht, begibt er sich notwendigerweise der Möglichkeit, seinen Unterhalt in Form des

1299

R283 Anhang R. Rechtsprechung

Familienunterhalts (§ 1360 a BGB) entgegenzunehmen, und verursacht vielfach sog. trennungsbedingten Mehrbedarf, insbesondere durch zusätzliche Wohnkosten. Würden ihm schon diese mit der Trennung verbundenen Folgen nach der Härteregelung entgegengehalten werden können, würde ein mittelbarer Zwang zur Aufrechterhaltung der ehel. Gemeinschaft ausgeübt und müßte – wie nach früherem Rechtszustand – im Einzelfall erforscht werden, ob der Ehegatte zur Trennung „berechtigt" war. Nach geltendem Recht soll der bedürftige getrenntlebende Ehegatte aber – wie ausgeführt – grundsätzlich ohne Rücksicht auf die Gründe der Trennung angemessenen Unterhalt in Form einer Geldrente (§ 1361 IV S. 1 BGB) beanspruchen können. Dies entspricht auch der einhelligen Auffassung in Rechtsprechung und Schrifttum (vgl. *OLG Karlsruhe,* FamRZ 1981/452, 453; *OLG Hamm,* FamRZ 1979/508, 509; *OLG München,* FamRZ 1979/34, 35).

Da der Bekl. den Vorwurf, die Kl. habe ihre Bedürftigkeit mutwillig herbeigeführt, allein damit begründet, daß sie aus der ehel. Wohnung ausgezogen sei und dadurch Mehrbedarf verursacht habe, trifft mithin die Auffassung des OLG zu, daß die Voraussetzungen des § 1579 I Nr. 3 BGB nicht erfüllt sind. Daran ändert sich nichts, wenn die Kl. – wie der Bekl. behauptet hat – es abgelehnt hat, in das Haus der Parteien zurückzukehren und dort von ihm getrennt zu leben.

(Werfen mit Gegenständen als nicht schwerwiegendes eheliches Fehlverhalten)

e   4 b) Bei der Auseinandersetzung der Parteien am 1. 6. 1983 hat die Kl. dem Bekl. einen mit Reis gefüllten Teller nachgeworfen. Sie hat dies unwiderlegt damit erklärt, der Bekl. habe sie zuvor geohrfeigt und sie habe weitere Tätlichkeiten abwehren wollen. Hiernach ist ein eindeutig von ihr liegendes Fehlverhalten von einigem Gewicht, das den Tatbestand des § 1579 I Nr. 4 BGB*) erfüllen könnte, nicht dargelegt, geschweige denn bewiesen. Diese Beurteilung des OLG steht in Einklang mit der std. Rspr. des Senats (FamRZ 1982/463, 464 und FamRZ 1983/456, 457, m. w. N.). Aus der Abkehr vom Schuldprinzip, der in § 1579 I Nr. 4 BGB enthaltenen Bezugnahme auf die Schwere der zu Nr. 1 bis 3 aufgeführten Härtegründe und dem Merkmal der groben Unbilligkeit ergibt sich insoweit eine erhebliche Beschränkung der Berücksichtigungsfähigkeit persönlicher Verfehlungen. Selbst nach der Darstellung des Bekl. käme dem Vorfall kein derartiges Gewicht zu, daß er einen Ausschluß oder auch nur eine Herabsetzung des Unterhaltsanspruchs rechtfertigen würde.

BGH v. 11. 12. 85 – IVb ZR 83/84 – FamRZ 86, 436 = NJW 86, 1339

R283   *(Zur Frage, ob ein Ehegatte ein Nutzungsentgelt dafür beanspruchen kann, daß der andere nach der Trennung die Ehewohnung auf dem im Miteigentum beider stehenden Grundstück allein bewohnt, wenn dieser Gebrauchsvorteil bereits bei der Regelung des Trennungsunterhalts berücksichtigt worden ist.)*

I 2) Die rechtskräftige Regelung des vom Bekl. an die Kl. für die Zeit seit dem 1. 4. 1982 zu leistenden Trennungsunterhalts gemäß Urteil des 3. FamS des OLG Schleswig v. 27. 4. 1984 steht einer Entscheidung über den hier erhobenen Anspruch nicht entgegen, denn der Streitgegenstand ist in den beiden Verfahren nicht identisch. Im Unterhaltsverfahren hat zwar der Nutzungswert der früheren Ehewohnung insofern Bedeutung erlangt, als bei der Bemessung des Unterhaltsanspruchs der Kl. dem Einkommen des Bekl. ein vom Gericht angenommener „Mietwert" von 500 DM für das eigengenutzte Einfamilienhaus hinzugerechnet worden ist. Über den Anspruch der Kl. auf ein Nutzungsentgelt hat der FamS damit jedoch weder entschieden noch entscheiden wollen. Das ergibt sich eindeutig aus dem Tatbestand und den Entscheidungsgründen des Unterhaltsurteils, die zur Auslegung der Urteilsformel heranzuziehen sind, um den Umfang der von Amts wegen zu beachtenden Rechtskraft des Urteils zu ermitteln (vgl. BGHZ 36/365, 367 = FamRZ 1962/359).

II) Das OLG hat der Kl. einen Anspruch auf Nutzungsentgelt im Anschluß an die bereits zitierte Entscheidung des V. ZS des BGH v. 7. 4. 1978 (BGHZ 71/216 = FamRZ 1978/496) versagt. Zur Begründung hat es ausgeführt, die Kl. könne eine Nutzungsvergütung nicht neben dem Trennungsunterhalt verlangen, da bei dessen Regelung die von den Parteien einvernehmlich herbeigeführte Nutzung der Ehewohnung durch den Bekl. berücksichtigt worden sei. Während der Dauer der Ehe könne kein Ehegatte vom anderen fordern, daß das Familienwohnheim veräußert oder an Fremde vermietet werde. Es diene als Bestandteil des Vermögens der Ehegatten, unabhängig von den Eigentumsrechten, zur Befriedigung des angemessenen Unterhalts der Familie (§ 1360 S. 1 BGB), der gemäß § 1360a I BGB auch die Wohnbedürfnisse beider Ehegatten umfasse. Wenn der Eigentümer-Ehegatte von dem anderen trotz der Berücksichtigung des Wohnwerts bei der Unterhaltsbemessung noch ein Nutzungsentgelt für die Ehewohnung – für die Dauer des deshalb geführten Rechtsstreits sogar rückwirkend – verlangen könnte, würde die Unterhaltsregelung unterlaufen. Zudem würde der in Anspruch genommene Ehegatte gezwungen, jeweils sogleich die Abänderung der Unterhaltsregelung zu beantragen, um seiner Belastung durch die Zahlung eines Nutzungsentgelts und der entsprechenden Einkommensverbesserung auf der Gegenseite Rechnung zu tragen. Gegen diese Beurteilung wendet sich die Revision im Ergebnis ohne Erfolg. Der Anspruch auf ein Nutzungsentgelt

1300

Anhang R. Rechtsprechung   R284

kann sich nur auf die allgemeinen zivilrechtlichen Vorschriften gründen. Wie die Revision im Ansatz mit Recht geltend macht, sind Ehegatten, die Miteigentümer des mit dem Familienheim bebauten Grundstücks sind, nicht nur in ehelicher [ehel.] Lebensgemeinschaft verbunden, sondern als Teilhaber einer Gemeinschaft nach Bruchteilen auch aus den §§ 741 ff. BGB einander berechtigt und verpflichtet. Die Regeln der Bruchteilsgemeinschaft werden zwar durch die Wirkungen der Ehe nach den §§ 1353 ff. BGB modifiziert, solange die ehel. Lebensgemeinschaft verwirklicht wird. Die gemeinsame Nutzung eines Grundstücks als Ehewohnung ohne Rücksicht auf bestehende Eigentumsrechte beider Ehegatten beruht darauf, daß sie einander verpflichtet sind, mit ihrem Vermögen die Familie angemessen zu unterhalten; das umfaßt die Befriedigung der Wohnbedürfnisse (§§ 1360 S. 1, 1360a I und II S. 1 BGB). Leben die Ehegatten getrennt, läßt sich die Nutzung einer auch im Miteigentum des anderen Ehegatten stehenden Immobilie aber nicht mehr aus den Vorschriften über den Familienunterhalt herleiten, die eine intakte Ehe voraussetzen. Der laufende Unterhalt ist bei Getrenntleben durch Gewährung einer Geldrente zu leisten (§ 1361 IV S. 1 BGB). Anders als im Unterhaltsrecht zwischen Verwandten (§ 1612 I S. 2, II BGB) kann keiner der getrennt lebenden Ehegatten eine andere Art der Unterhaltsgewährung verlangen. Das Scheitern der Ehe, das durch die Trennung und die Einreichung eines Scheidungsantrages indiziert wird, führt zu einer Änderung auch solcher Rechtsverhältnisse, die vorher durch die Besonderheiten der ehel. Lebensgemeinschaft bestimmt waren (BGHZ 87/265, 270 ff. = FamRZ 1983/795 ff., in Fortführung von BGH, FamRZ 1982/355 = NJW 1982/1753, jeweils m. w. N.). Der IX. ZS des BGH hat in den beiden vorgenannten Urteilen daher ausgesprochen, die endgültige Trennung von Ehegatten, die bisher ein in ihrem Miteigentum stehendes Haus bewohnt hatten, bedeute eine so grundlegende Änderung der Verhältnisse, daß jeder Ehegatte gemäß § 745 II BGB eine Neuregelung der Verwaltung und Benutzung verlangen könne. Der Senat folgt grundsätzlich dieser Auffassung. Sie schließt es allerdings nicht aus, einen Ehegatten im Einzelfall jedenfalls bis zur Scheidung an der bisherigen Regelung der Verwaltung und Benutzung weiter festzuhalten, etwa wenn der in der gemeinschaftlichen Haus verbleibende Ehegatte wirtschaftlich zur Übernahme von Gegenleistungen für eine ihm aufgedrängte Alleinnutzung des Hauses nicht in der Lage ist und daher gezwungen würde, zur Vermeidung solcher Lasten seinerseits die Ehewohnung aufzugeben. Nach § 745 II BGB kann der Teilhaber an einer Gemeinschaft nur eine solche Verwaltung und Benutzung verlangen, die nach billigem Ermessen dem Interesse aller Teilhaber entspricht. Entgegen der Ansicht der Revision kommen für eine Neuregelung daher auch andere Gestaltungen als die in Betracht, daß der Ehegatte, der das Haus nach der Trennung allein bewohnt, dem Ausgezogenen ein Nutzungsentgelt etwa in Höhe der Hälfte einer angemessenen Miete zahlt. In BGHZ 87/265, 271, 272 (FamRZ 1983/795 ff.) hat der BGH als eine andere Form des angemessenen Ausgleichs für die alleinige Nutzung angesehen, daß der das gemeinschaftliche Grundstück bewohnende Ehegatte die Hauskosten – insbesondere die Bedienung von für die Hausfinanzierung aufgenommenen Krediten – allein übernimmt. Es ist rechtlich aber auch nicht zu beanstanden, wenn der Tatrichter bei der Entscheidung, inwieweit eine Neuregelung der Verwaltung und Benutzung gerechtfertigt ist, die zwischen den Teilhabern rechtskräftig getroffene Unterhaltsregelung berücksichtigt, die den gleichen Zeitraum betrifft und bei der die Gebrauchsvorteile, die der eine von ihnen durch das weitere Wohnen in dem ihnen gemeinschaftlich gehörenden Hause hat, als Einkommen angemessen bewertet worden sind. Die Beibehaltung dieser Regelung während der Trennungszeit entspricht billigem Ermessen um so mehr, als in der Regel davon ausgegangen werden kann, daß das, was der ausgezogene Teilhaber bei einer Neuregelung als Nutzungsentgelt erhielte, seinen ungedeckten Unterhaltsbedarf und damit seinen Unterhaltsanspruch entsprechend mindern würde.

BGH v. 15. 1. 86 – IVb ZR 22/85 – FamRZ 86, 556 = NJW-RR 86, 685

(Zur Obliegenheit eines Ehegatten, Unterhalt für den getrennt lebenden Ehepartner durch Verwertung oder Teilverwertung seines Vermögens [hier: landwirtschaftliches Anwesen] aufzubringen.)   R284

2) Zutreffend ist das OLG davon ausgegangen, daß ein Rückgriff des verpflichteten Ehegatten auf den Vermögensstamm in Betracht kommen kann, um den Trennungsunterhalt aufzubringen. Der im Schrifttum vereinzelt vertretenen Ansicht, daß der Verpflichtete im Rahmen von § 1361 BGB den Stamm seines Vermögens nicht einzusetzen brauche, kann nicht gefolgt werden. Bei der Beurteilung, ob und inwieweit ein auf Trennungsunterhalt in Anspruch genommener Ehegatte, der den Unterhalt aus seinen Einkünften nicht oder nicht voll aufbringen kann, sich wegen verwertbaren Vermögens als leistungsfähig behandeln lassen muß, bietet das Gesetz in § 1581 S. 2 BGB einen Anhalt. Nach dieser Vorschrift, die den nachehelichen Unterhalt regelt, braucht der Verpflichtete den Stamm seines Vermögens nicht zu verwerten, soweit die Verwertung unwirtschaftlich oder unter Berücksichtigung der beiderseitigen wirtschaftlichen Verhältnisse unbillig wäre. Bei der Heranziehung dieser Grundsätze für den Unterhaltsanspruch nach § 1361 BGB sind allerdings die Besonderheiten zu berücksichtigen, die das Verhältnis der Ehegatten zueinander während des Getrenntlebens im Vergleich zu demjenigen nach der Scheidung kennzeichnen. So tragen die Ehegatten während der Ehe

füreinander mehr Verantwortung als nach der Scheidung. Diesen Gesichtspunkt hat der Senat bereits im Urteil v. 16. 1. 1985 (FamRZ 1985/360) hervorgehoben, in dem er sich mit der Obliegenheit des getrennt lebenden unterhaltsbedürftigen Ehegatten auseinandergesetzt hat, seinen Unterhaltsbedarf aus dem Stamm seines Vermögens zu decken. Er hat dargelegt, daß diese Obliegenheit im allgemeinen nicht so weit geht wie die eines Geschiedenen nach § 1577 III BGB. Die in dieser Vorschrift bestimmten Billigkeits- und Wirtschaftlichkeitsmaßstäbe setzen eine äußerste Grenze, bis zu der der getrennt lebende unterhaltsberechtigte Ehegatte allenfalls auf die Verwertung seines Vermögensstammes verwiesen werden darf (a. a. O., S. 361). Die stärkere Verantwortung, welche die Ehegatten füreinander tragen, kann es dem Verpflichteten gebieten, dem anderen durch Unterhaltsleistungen den Verbrauch eigenen Vermögens auch dann zu ersparen, wenn dieser sich nach der Scheidung gemäß § 1577 III BGB auf die Verwertung seines Vermögensstammes verweisen lassen müßte. Diese stärkere Verantwortung der Ehegatten während der Ehe beeinflußt auch die Entscheidung, ob und inwieweit es einem Ehegatten obliegt, Unterhalt für den getrennt lebenden Ehepartner durch Verwertung seines Vermögens aufzubringen. Um die für Unterhaltsleistungen erforderlichen Mittel zu beschaffen, kommen verschiedene Arten der Vermögensverwertung in Betracht, nämlich nicht allein ein mit einer Substanzverringerung einhergehender Verbrauch, sondern auch – wie gerade im vorliegenden Fall – eine „Umschichtung" des Vermögens mit dem Ziel, durch eine andere Art der Vermögensanlage Erträge zu erzielen, aus denen der Unterhalt geleistet werden kann. Um welche Art der Vermögensverwertung es aber auch geht: Die Obliegenheit zum Einsatz des Vermögens wird während der Ehe durch ein höheres Maß an Verantwortung gegenüber dem unterhaltsbedürftigen Ehegatten bestimmt, als sie unter Geschiedenen besteht. Das ist auch bei der in Anlehnung an die Grundsätze des § 1581 S. 2 BGB vorzunehmenden Abwägung zu berücksichtigen und kann dazu führen, daß die Obliegenheit des Unterhaltsverpflichteten zum Einsatz seines verwertbaren Vermögens während des Getrenntlebens weiter geht als nach der Scheidung. Auf der anderen Seite erlegt die besondere Verbundenheit, von der das Verhältnis der Ehegatten geprägt wird, auch dem Unterhaltsberechtigten während des Getrenntlebens ein höheres Maß an Rücksichtnahme auf die Interessen des Verpflichteten auf als nach der Scheidung. Diese Pflicht kann einem der Vermögensverwertung entgegenstehenden besonderen Interesse des Verpflichteten überwiegendes Gewicht verleihen und dazu führen, daß dem Verpflichteten die Verwertung seines Vermögens nicht zugemutet werden kann, während er es nach der Scheidung für den Unterhalt des anderen einsetzen müßte. Darüber hinaus ist zu berücksichtigen, daß sich die Ehegatten während des Getrenntlebens in einem Stadium befinden, in dem die Ehe noch nicht aufgelöst ist und die Wiederherstellung der ehelichen Lebensgemeinschaft nicht ausgeschlossen ist. In dieser Situation dürfen die Ehegatten bei der Regelung ihrer unterhaltsrechtlichen Beziehungen im Interesse der Aufrechterhaltung ihrer Ehe möglichst nicht zu Änderungen ihrer Lebensverhältnisse gedrängt werden,die sich zerrüttungsfördernd auswirken oder sonst die Aussichten für eine Wiederaufnahme der Lebensgemeinschaft beeinträchtigen können. Eine solche Beeinträchtigung kann sich auch aus einer irreversiblen Vermögensverwertung auf seiten des unterhaltsverpflichteten Ehegatten ergeben. Das gilt etwa für die Veräußerung des Familienheims, kommt aber auch sonst in Betracht, wenn der Vermögensstand den Ehegatten während des Zusammenlebens (mit) als Existenzgrundlage gedient hat und diese Einsatzmöglichkeit durch die in Frage kommende Verwertung ihr Ende fände. Solange die Ehe besteht, ist dem Unterhaltsverpflichteten daher grundsätzlich eine Vermögensverwertung, die ihm die Grundlage seiner beruflichen Existenz entziehen und die gemeinsame Lebensgrundlage im Falle einer Fortsetzung der ehelichen Lebensgemeinschaft gefährden würde, nicht zuzumuten (vgl. auch OLG Koblenz, FamRZ 1985/812). Insoweit ergeben sich für den Trennungsunterhalt Einschränkungen gegenüber dem Geschiedenenunterhalt, in dessen Rahmen eine Obliegenheit zur Verwertung des Vermögens nicht schon deshalb ausscheidet, weil der Unterhaltsverpflichtete dadurch seinen Beruf verlöre. Danach bestehen hier keine rechtlichen Bedenken dagegen, daß das OLG während der Trennungszeit der Parteien eine Obliegenheit des Bekl. zur Veräußerung des gesamten landwirtschaftlichen Anwesens verneint hat, weil mit der Aufgabe der vormaligen gemeinsamen Lebensgrundlage der Parteien eine Verschlechterung der Aussichten auf eine Fortsetzung der Ehe verbunden gewesen wäre. Dennoch hat die angefochtene Entscheidung keinen Bestand. Auch wenn dem Bekl. nicht angesonnen werden konnte, den landwirtschaftlichen Betrieb während der Trennungszeit aufzugeben und das Anwesen zu veräußern, wäre doch die Möglichkeit einer Teilverwertung, etwa in Form von Verkäufen des auf dem Hof gehaltenen Viehbestand oder auch eine Veräußerung einzelner Grundstücke zu prüfen gewesen. Eine solche Teilverwertung war entgegen der Ansicht des OLG nicht deshalb unwirtschaftlich oder sonst unzumutbar, weil die Unterhaltsbedürftigkeit der Kl. auch in Zukunft fortbesteht. Die Befürchtung des OLG, daß Teilverwertungen zur Aufzehrung des Hofes führten, trifft für die Zeit des Getrenntlebens der Parteien schon deshalb nicht zu, weil die dem Bekl. in dieser Zeit zuzumutenden Verwertungsmaßnahmen nach den vorstehenden Ausführungen die Fortführung des Betriebes als Existenzgrundlage einer bäuerlichen Familie gerade nicht in Frage stellen durften. Ob und in welcher Weise der Bekl. sein Vermögen nach der Scheidung einzusetzen hat, um die fortbestehende Unterhaltsbe-

Anhang R. Rechtsprechung   **R 285**

dürftigkeit der Kl. zu decken, ist eine andere Frage, die nicht Gegenstand des vorliegenden Rechtsstreits ist und deren Beantwortung auch nicht dadurch vorausbestimmt wird, daß für die Trennungszeit eine Obliegenheit zur Teilverwertung des Vermögens bejaht wird. Sonstige Umstände, die einer entsprechenden Obliegenheit nach dem Maßstab des § 1581 S. 2 BGB entgegengestanden hätten, sind nicht ersichtlich. Vor allem war es unter Berücksichtigung der beiderseitigen wirtschaftlichen Verhältnisse nicht unbillig, wenn der Bekl. sein Vermögen angreifen mußte, um den Trennungsunterhalt der Kl. aufzubringen. Im Gegenteil erschiene es unerträglich, die mittellose Kl. nach über 20jähriger Ehe und ebenso langer voller Mitarbeit auf dem Hof ohne Trennungsunterhalt zu lassen, wenn der Bekl. in der Lage gewesen wäre, den Unterhalt in der geschilderten Weise durch eine teilweise Verwertung des Vermögensstammes aufzubringen. Im Gegensatz zur Verwertung des gesamten Hofes waren dem Bekl. für eine solche Teilverwertung auch keine längeren Überlegungs- und Sondierungsfristen einzuräumen; vielmehr traf ihn eine dahingehende Obliegenheit alsbald nach der Trennung der Ehegatten.

3) Hiernach kann die auf mangelnde Leistungsfähigkeit des Bekl. gestützte Abweisung der Unterhaltsklage nicht bestehen bleiben. Eine abschließende Beurteilung und Entscheidung des Rechtsstreits in der Sache selbst ist dem Senat indessen nicht möglich, weil es weiterer Feststellungen bedarf, ob und in welchem Umfang die ins Auge gefaßte Teilverwertung ohne Gefährdung der Fortführung des Betriebes möglich war und etwa im Blick auf dingliche Belastungen des Grundbesitzes eine Veräußerung einzelner Grundstücke in Frage kam.

BGH v. 15. 1. 86 – IVb ZR 6/85 – FamRZ 86, 444 = NJW 86, 1167

(Sittenwidrige Freistellungsvereinbarung bei Koppelung mit einem gemeinsamen Vorschlag zur Übertragung des   **R 285**
Sorgerechts, wenn dieser Vorschlag dem Kindeswohl nicht entspricht oder wenn das Einverständnis zur Erlangung sonstiger wirtschaftlicher Vorteile abgegeben wurde)

2) Eine Freistellung von Unterhaltsansprüchen – auch solcher von gemeinschaftlichen Kindern – ist rechtlich möglich. Für den Unterhalt haften Eltern als gleichnahe Verwandte ihren gemeinschaftlichen Kindern anteilig nach ihren Erwerbs- und Vermögensverhältnissen (§ 1606 III S. 1 BGB). Eine Mutter, die ihre Unterhaltspflicht nicht durch Pflege und Erziehung der minderjährigen unverheirateten Kinder erfüllt (§ 1606 III S. 2 BGB), muß grundsätzlich ebenso zum Barbedarf beitragen wie der Vater. Die Eltern können sich im Verhältnis zueinander über die von ihnen zu leistenden Unterhaltsbeiträge verständigen und grundsätzlich auch einen von ihnen von einer Unterhaltsleistung vollständig freistellen. Das Verbot, auf künftigen Unterhalt zu verzichten (§ 1614 I BGB), steht dem nicht entgegen, weil der Unterhaltsanspruch des Kindes gegen seine Eltern durch die Vereinbarung nicht betroffen wird. Die zwischen den Eltern verabredete Freistellung von Unterhaltsansprüchen gemeinschaftlicher Kinder ist vielmehr als Erfüllungsübernahme anzusehen; aufgrund einer solchen Abrede kann der vom Kinde auf Unterhalt in Anspruch genommene Elternteil vom anderen verlangen, daß er den Anspruch des Kindes befriedigt.

3) Die Freistellungsvereinbarung ist auch nicht deshalb gemäß § 138 I BGB unwirksam, weil die Bekl. in der gleichen Vereinbarung der Übertragung der elterl. Sorge für die beiden Kinder auf den Kl. zugestimmt hat. a) Allerdings verstößt es gegen die guten Sitten (§ 138 I BGB), wenn ein Elternteil seine Zustimmung zu dem nach § 1671 BGB möglichen Elternvorschlag zur Sorgerechtsregelung für gemeinschaftliche Kinder in anstößiger Weise zur Erlangung wirtschaftlicher Vorteile einsetzt. So hat der Senat eine Vereinbarung als sittenwidrig angesehen, bei der die zugesagte Unterhaltsfreistellung einen ständigen Anreiz bieten konnte, ohne Rücksicht auf das Wohl des Kindes aus finanziellen Gründen von der Ausübung des (generell unverzichtbaren) Umgangsrechtes abzusehen (FamRZ 1984/778 = JR 1984/499). Eine anstößige Verbindung liegt aber nicht schon dann vor, wenn der Elternvorschlag und die Freistellungsabrede zusammen mit weiteren Scheidungsfolgen in einer gemeinsamen Vereinbarung geregelt werden. Das OLG hat mit Recht darauf hingewiesen, daß das Gesetz die konzentrierte Regelung aller materiellen und immateriellen Folgen einer Scheidung unter möglichst weitgehender Einigung der Ehegatten anstrebt (vgl. §§ 623, 630 ZPO). Eine Trennung der mit der Sorgerechtsübertragung verbundenen Fragen von solchen der Unterhaltsregelung für die Kinder und die geschiedenen Ehegatten ist schon deshalb nicht möglich, weil sie inhaltlich voneinander abhängen. Wäre beispielsweise im vorliegenden Fall der Bekl. die Sorge über die im Zeitpunkt der Scheidung erst vier und fünf Jahre alten Kinder übertragen worden, hätte auf Jahre hinaus von ihr eine Erwerbstätigkeit nicht erwartet werden können mit der Folge, daß sie vom Kl. den vollen nach den ehel. Lebensverhältnissen angemessenen Unterhalt hätte verlangen können (§§ 1570, 1578 BGB). Wenn andererseits das FamG dem Elternvorschlag folgend die Sorge über die Kinder dem Kl. übertrug, bestand die Möglichkeit, daß die Bekl. aus einer ihr obliegenden Erwerbstätigkeit nicht die für ihren eheangemessenen Unterhalt erforderlichen Mittel zurückbehielt, wenn sie anteilig zum Barunterhalt der beiden minderjährigen Kinder beizutragen hatte. Der Kl. war im Zeitpunkt des Vertragsschlusses hinsichtlich der Einkommensverhältnisse eindeutig besser

gestellt als die Bekl. Er bezog in ungekündigter Stellung als Prokurist einer Lebensversicherung ein überdurchschnittliches Gehalt, während die Bekl. noch nicht erwerbstätig war und nur hoffen konnte, nach einer Übergangszeit in ihrem erlernten Beruf als Bankangestellte Arbeit zu finden. Entgegen der Auffassung der Revision verletzt es nicht von vornherein das Anstandsgefühl aller billig und gerecht Denkenden, wenn in einer solchen Lage ein Elternteil sich nicht zu einem übereinstimmenden Vorschlag zur Regelung der elterl. Sorge an das FamG bereitfindet, bevor nicht über die Unterhaltsfolgen Einigkeit besteht. Eine Unterhaltsfreistellung ist sittenwidrig, wenn ein damit verbundener Elternvorschlag zur Regelung der elterl. Sorge über gemeinschaftliche Kinder sich über deren Wohl bewußt hinwegsetzt. Die Rechtsordnung kann nicht eine Vereinbarung anerkennen, die nicht dem Wohl des Kindes, sondern egoistischen materiellen Interessen eines Elternteils dient. Dabei kommt es nicht entscheidend darauf an, ob das FamG dem Vorschlag der Eltern gefolgt ist oder ob es anerkannt hat, daß zum Wohle des Kindes eine vom Vorschlag abweichende Entscheidung über das Sorgerecht erforderlich ist. Der Vorschlag der Parteien widersprach jedoch nicht dem Wohl der Kinder. Nach den Feststellungen des OLG fehlt dafür jeder Anhalt. Die Revision macht dies auch nicht geltend: Gerade der Kl. hat im vorliegenden und in allen vorangegangenen Rechtsstreitigkeiten der Parteien stets den Standpunkt eingenommen, daß nur die vorgeschlagene und vom FamG verwirklichte Übertragung der elterl. Sorge über beide Kinder auf ihn deren Wohl entsprochen habe. b) Hiernach bleibt nur zu prüfen, ob das Einverständnis der Bekl. zum gemeinsamen Elternvorschlag deshalb anstößig ist, weil sie es zur Erlangung sonstiger wirtschaftlicher Vorteile eingesetzt hat.

Das OLG ist zu Recht nicht der Ansicht des Kl. gefolgt, alle im Scheidungsfolgenvergleich vorgesehenen wirtschaftlich relevanten Leistungen des Kl. seien als „Gegenleistung" für die Zustimmung der Bekl. zu dem gemeinsamen Elternvorschlag zu werten. Die Revision übersieht, daß der Unterhaltsverzicht der Bekl. nach Ablauf des Jahres 1978 für den Kl. einen bedeutenden wirtschaftlichen Wert darstellte. Er befreite ihn von dem Risiko, der Bekl. Unterhalt zahlen zu müssen, wenn sie nach der Scheidung keine angemessene oder nur eine ihren vollen Unterhalt nicht deckende Erwerbstätigkeit zu finden vermochte (§ 1573 I und II BGB). Darüber hinaus versetzte die Übertragung des Sorgerechts auf den Kl. die Bekl. erst in die Lage, ihrerseits eine Erwerbstätigkeit aufnehmen zu können. Bei Übertragung des Sorgerechts auf die Bekl. hätte der Kl. mit einer langjährigen und hohen Unterhaltsverpflichtung gegenüber der Bekl. (§ 1570 BGB) und den beiden Kindern rechnen müssen, die seine wirtschaftliche Bewegungsfreiheit weitaus mehr eingeengt hätte als die von den Parteien tatsächlich vereinbarte Lösung. Wird weiter berücksichtigt, daß durch die beiden zusammengehörigen Vereinbarungen v. 23. 12. 1977 auch die gesamte Vermögensauseinandersetzung der Parteien einschließlich eines Zugewinnausgleichs erledigt wurde, läßt sich dem Umfang der vermögenswerten Leistungen des Kl. nicht entnehmen, er habe damit die Zustimmung der Bekl. zur Sorgerechtsregelung erkauft. Die Vereinbarungen über die materiellen Scheidungsfolgen hätten vielmehr ebenso getroffen werden können, wenn die Parteien keinen gemeinsamen Vorschlag zur Sorgerechtsregelung unterbreitet hätten, diese vielmehr allein deshalb im Sinne des Kl. getroffen worden wäre, weil sie dem Wohle der Kinder am besten entsprach.

BGH v. 15. 1. 86 – IVb ZR 81/84 = NJW-RR 86, 748

R286 *(Im Regelfall bei Minderjährigen hälftige Anrechnung eines Ausbildungszuschusses auf den Unterhalt; gleiches gilt für jede Art von Einkommen des Kindes)*

2 b) Wie der Senat in NJW 1981/168 = FamRZ 1980/1109 (1111 f.) und NJW 1981/2462 = FamRZ 1981/541 (543) für den Bezug einer Waisenrente eines minderjährigen Kindes nach seinem Stiefvater und für eine Lehrlings-Ausbildungsvergütung entschieden hat, muß das Einkommen eines von den Eltern unterhaltenen minderjährigen Kindes grundsätzlich beiden Elternteilen im Verhältnis ihrer Haftungsanteile zugute kommen. Kommen die Eltern, wie es auch hier der Fall ist, in der Weise für den Unterhalt des Kindes auf, daß der Vater den Barunterhalt und die Mutter den Naturalunterhalt leistet, so ist entsprechend der Regel des § 1606 III 2 BGB davon auszugehen, daß das Kindeseinkommen die Eltern zu gleichen Teilen entlastet. Das hat für jede Art von Einkommen zu gelten, durch das die Bedürftigkeit des Kindes gemindert wird (NJW 1980/2081 = FamRZ 1980/771 [772]), also grundsätzlich auch für Leistungen nach dem Bundesausbildungsförderungsgesetz und im vorliegenden Fall entsprechend für den Zuschuß nach dem Niedersächsischen Ausbildungsförderungsgesetz (vgl. zu BAföG-Leistungen, NJW 1985/2331 = FamRZ 1985/916). Der monatliche Zuschuß von 150 DM, den die Bekl. nach Maßgabe des Niedersächsischen Ausbildungsförderungsgesetzes erhält, mindert ihre Unterhaltsbedürftigkeit in dieser Höhe (§ 1602 BGB) und entlastet in demselben Maße die Eltern, denen gem. §§ 1602 II, 1606 III BGB die Verpflichtung obliegt, anteilig den – sonst bestehenden – Unterhaltsbedarf des Kindes zu erfüllen. Hiermit ist die Entscheidung des OLG, das den Ausbildungszuschuß ausschließlich dem Kl. hat zugute kommen lassen, nicht zu vereinbaren. Sie widerspricht dem in § 1606 III 1 BGB niedergelegten Grundsatz der anteiligen Haftung beider Eltern für den Unterhaltsbedarf ihres Kindes, die nur dann gewahrt wird, wenn Barein-

Anhang R. Rechtsprechung R288

künfte des unterhaltsberechtigten Kindes zur Entlastung beider Eltern – nach ihren Haftungsanteilen – verwendet werden. Dies führt – entgegen einem im Schrifttum teilweise erhobenen Vorwurf – nicht zu einer unangebrachten „Monetarisierung" des Betreuungsaufwandes (NJW 1983/2082 = FamRZ 1983/689 [690]; NJW 1982, 2664 = FamRZ 1982/779 [780]; NJW 1985/2590 = FamRZ 1985/917 [919]).

BGH v. 29. 1. 86 – IVb ZR 9/85 – FamRZ 86, 437 = NJW 86, 1342

(Wohnvorteil aus vor der Trennung gemeinsam bewohntem Haus prägt die ehelichen Lebensverhältnisse; keine Änderung durch Auszug eines Ehegatten) R288

I 1) Zuzustimmen ist dem KG darin, daß zu den Einkünften der Parteien, durch die ihre für den **a** Unterhalt maßgeblichen Lebensverhältnisse bestimmt wurden (§ 1578 I BGB), auch die Vorteile zählen, die sie dadurch gehabt haben, daß sie bis zu ihrer Trennung das Haus des ASt. bewohnt haben. Diese Beurteilung entspricht der ständigen Rechtsprechung des Senats, wonach es sich bei derartigen Vorteilen um Nutzungen des Vermögens, hier des Grundstückseigentums, i. S. von § 100 BGB, und zwar in der Form von Gebrauchsvorteilen, handelt. Soweit deren Wert die Belastungen übersteigt, die durch allgemeine Grundstückskosten und -lasten sowie gegebenenfalls durch Zins- und Tilgungsverpflichtungen entstehen, sind sie bei der Bestimmung der ehel. Lebensverhältnisse den Einkünften der Ehegatten zuzurechnen. Dieser Berücksichtigung des Wertes der Vermögensnutzung steht es nicht, wie die Revision meint, entgegen, daß die AGg. bei der Trennung aus dem Einfamilienhaus ausgezogen ist und es damit im Zeitpunkt der Scheidung nur noch der ASt. war, dem der Vorteil der Wohnung im eigenen Haus zugute kam, während die AGg. zur Miete wohnte. Zwar sind für die Bemessung des nachehelichen Unterhalts nach §§ 1573 II, 1578 BGB die ehel. Lebensverhältnisse im Zeitpunkt der Scheidung maßgebend (BGHZ 89/108, 109 f. = FamRZ 1984/149). Indessen sind unter diesen Lebensverhältnissen allgemein diejenigen Einkommens- und Vermögensverhältnisse zu verstehen, die während der Ehe den Lebensstandard beider Ehegatten – nachhaltig – geprägt haben. Für ihre Beurteilung soll der Lebenszuschnitt maßgebend sein, den die Eheleute während ihres Zusammenlebens in der Ehe durch ihre Leistungen begründet haben, wobei eine normale Entwicklung der wirtschaftlichen Verhältnisse bis zur Scheidung grundsätzlich mit einbezogen sein soll (FamRZ 1982/576, 577). Diesem Verständnis würde es widersprechen, wenn den Auswirkungen der Trennung auf die Einkommensverhältnisse Einfluß auf die für die Unterhaltsbemessung maßgeblichen ehel. Lebensverhältnisse beigemessen würde. Eine solche Handhabung liefe der Intention des Gesetzes zuwider, den bedürftigen Ehegatten vor einem sozialen Abstieg infolge der Scheidung zu bewahren. Der Ausfall der Nutzungen infolge des Auszugs der AGg. aus dem zuvor gemeinsam bewohnten Haus des ASt. hat daher ebensowenig Einfluß auf die ehel. Lebensverhältnisse wie sonstige trennungsbedingte Mehrkosten der Lebensführung.

(Differenzmethode und Arbeitsanreiz für beide Parteien)

II 1) Das KG hat den Unterhaltsanspruch der AGg. nach der sog. Differenzmethode berechnet **b** und ihr die Hälfte der Differenz zwischen den Erwerbseinkünften beider Parteien als Aufstockungsunterhalt zugestanden. Es hat ausgeführt, eine von dieser hälftigen Aufteilung abweichende Verteilung der Einkommensdifferenz sei nur dann gerechtfertigt, wenn besondere Gründe die Abweichung geböten. So billige es einem allein berufstätigen unterhaltsverpflichteten Ehegatten zur Abgeltung seiner berufsbedingten Aufwendungen „einen Bonus von $^{1}/_{7}$ des Einkommens" zu. Dieser Gesichtspunkt müsse indessen hier ausscheiden, weil beide Parteien einer Berufstätigkeit nachgingen und demgemäß bei beiden berufsbedingte Aufwendungen anfielen. Diese Beurteilung unterliegt Bedenken.

Wie die Berücksichtigung des erhöhten Aufwandes bei einem allein berufstätigen unterhaltspflichtigen Ehegatten erkennen läßt, geht das KG von dem Grundsatz aus, daß dieser Aufwand in Abhängigkeit zur Höhe des Einkommens steht und proportional zum Einkommen bemessen werden kann. Warum es diesem Grundsatz bei der Bemessung des Aufwandes der beiden Parteien nicht gefolgt ist, hat es nicht begründet. Insbesondere hat es keine konkreten Umstände dargelegt, die eine solche Abweichung rechtfertigen könnten. Daß beide Ehegatten erwerbstätig sind, stellt keinen Grund dar, den berufsbedingten erhöhten Aufwand bei dem Unterhaltsverpflichteten niedriger anzunehmen, als wenn dieser allein einer Erwerbstätigkeit nachginge. Unter diesen Umständen ist nicht auszuschließen, daß dieser Aufwand hier bei dem ASt. nach dem vom KG selbst zugrunde gelegten Maßstab zu niedrig bemessen worden ist. Den Gesichtspunkt der Steigerung des Anreizes zur Erwerbstätigkeit, den die Rechtsprechung, auch des Senats, im Rahmen einer umfassenden Würdigung als billigenswertes Kriterium der Unterhaltsbemessung ansieht, hat das KG nicht in Erwägung gezogen, ohne daß ein aus den Besonderheiten des Falles folgender Grund dafür dargelegt oder sonst ersichtlich wäre.

R289 Anhang R. Rechtsprechung

(Wohnvorteil und Abzug von Kreditraten für Zugewinnausgleich, der bezüglich des Hauses bezahlt werden mußte)

c II 2) Bei der Beurteilung der Leistungsfähigkeit des ASt. wird das KG zu berücksichtigen haben, daß auf seiner Seite möglicherweise wegen der Vorteile, die er durch das Wohnen im eigenen Hause hat, Einkommen aus Vermögensertrag anzusetzen ist. Allerdings ist bei der Ermittlung des maßgeblichen Nettowertes dieser Vermögensnutzung zu prüfen, ob neben den laufenden Grundstücksunkosten die Schuldraten für den nach dem Vortrag des ASt. aufgenommenen Kredit zur Finanzierung des Zugewinnausgleichs abzusetzen sind (vgl. hierzu OLG Hamm, FamRZ 1985/483). Bei der Beurteilung, inwieweit die Bedürftigkeit der AGg. durch Kapitaleinkünfte gemindert ist, wird sich das KG mit ihrem Sachvortrag auseinandersetzen müssen, daß sie nur etwa die Hälfte des Geldes aus der Zugewinnausgleichszahlung gewinnbringend habe anlegen können, während sie das übrige zur Schuldentilgung und Anschaffung notwendiger Einrichtungsgegenstände habe aufwenden müssen. Zur Frage einer Obliegenheit der AGg. zur Verwertung ihres Vermögensstammes nach § 1577 III BGB wird auf die Grundsätze verwiesen, die der Senat in den inzwischen ergangenen Urteilen v. 27. 6. 1984 (FamRZ 1985/354, 356 f.) und v. 16. 1. 1985 (FamRZ 1985/357, 359 f.) niedergelegt hat.

BGH v. 19. 2. 86 – IVb ZR 13/85 – FamRZ 86, 441 = NJW-RR 86, 682

R289 *(Prägung der ehelichen Lebensverhältnisse durch kurz nach der Scheidung einsetzenden Rentenbezug und durch Wohnvorteil; Zurechnung des Wohnwertes als Gebrauchsvorteil nach Abzug von Kosten und Lasten; trennungsbedingter Mehrbedarf)*

a 2) Den Lebensbedarf der Bekl. hat das OLG auf 1520 DM bemessen und dazu ausgeführt: Zur Bestimmung der nach § 1578 I BGB maßgebenden ehel. Lebensverhältnisse sei ausnahmsweise nicht von den Erwerbseinkünften des Kl. auszugehen, weil im Zeitpunkt der Scheidung sein Ausscheiden aus dem Erwerbsleben unmittelbar bevorgestanden habe. Die Lebensverhältnisse der Parteien seien auf Dauer daher durch die Renteneinkommen geprägt worden, die der Kl. zu erwarten hatte und die die Bekl. bereits bezog; nach der Ehescheidung bis einschließlich Juni 1984 hätten die Altersruhegelder und Betriebsrenten beider Parteien insgesamt 2373 DM und ab 1. 7. 1984 aufgrund der gesetzlichen Rentenanpassung 2403 DM betragen (jeweils monatlich), so daß von einem nachhaltigen Renteneinkommen von etwa 2400 DM ausgegangen werden könne; hiervon entfalle auf jeden Ehegatten die Hälfte (1200 DM). Zur Bestimmung des Unterhaltsbedarfs müsse dieser Betrag jedoch – teils unter dem rechtlichen Gesichtspunkt der Vermögensnutzung, teils unter dem trennungsbedingten Mehraufwandes – um die volle von der Bekl. gezahlte und nicht unangemessene Miete für ihre neue Wohnung (321 DM) auf monatlich rund 1520 DM erhöht werden, da die Parteien ihren Wohnbedarf nicht aus ihren Erwerbs- und Renteneinkünften, sondern durch die Nutzung des gemeinsamen Vermögens aufgebracht hätten. Eine (weitere) Verbesserung der ehel. Lebensverhältnisse durch einen Anteil am Mietertrag der weiteren, vermietet gewesenen Wohnung komme jedoch nicht in Betracht, da nach dem Vortrag der Parteien ein Überschuß der erzielten Mieteinnahmen über die Grundstückskosten nicht gesichert sei. Auch diese Ausführungen, gegen die sich die Revision nicht wendet, lassen keinen Rechtsfehler zum Nachteil des Kl. erkennen. Es ist insbesondere nicht zu beanstanden, daß das OLG die ehel. Lebensverhältnisse nach dem zum 1. 1. 1984 eintretenden Verhältnissen bestimmt hat, weil Erwerbseinkünfte des Kl. nur noch für wenige Tage nach der Scheidung zu erwarten waren. Weiterhin entspricht es der std. Rspr. des Senats, daß den Einkünften der Ehegatten, durch die ihre für die Unterhaltsbemessung maßgeblichen ehel. Lebensverhältnisse bestimmt werden (§ 1578 I BGB), die Vorteile zuzurechnen sind, die sie durch die Nutzung ihres Vermögens auch in der Form von Gebrauchsvorteilen an einem Grundstück (§ 100 BGB) erzielen. Deren Wert wird, soweit es sich um die mit dem Grundeigentum verbundenen Kosten und Lasten übersteigt, zwar regelmäßig rechnerisch ermittelt und sodann den Einkünften der Ehegatten hinzugerechnet werden müssen (FamRZ 86/434). Daß das OLG eine derartige Berechnung unterlassen hat, stellt den Bestand des angefochtenen Urteils indessen nicht in Frage. Betrug der hälftige Wert des mietfreien Wohnens nämlich weniger als monatlich 321 DM, ist die Differenz zu 321 DM zu Recht als trennungsbedingter Mehrbedarf bei der Ermittlung der Bedürftigkeit der Bekl. berücksichtigt worden (FamRZ 1983/146, 150); lag der Hälfteanteil dagegen über 321 DM und wäre er in Höhe des Mehrbetrages dem Unterhaltsbedarf der Bekl. zuzurechnen, ist der Kl. durch die Berücksichtigung nur eines Wertes von 321 DM nicht benachteiligt.

(Minderung der Bedürftigkeit durch Kapitalerträge; kein Abzug zum Ausgleich eines inflationsbedingten Wertverlustes des Vermögensstammes)

b 3) Auf den Bedarf der Bekl. von 1520 DM hat das OLG ihr monatliches Renteneinkommen (1090 DM im Juni 1984 und 1104 DM ab 1. 7. 1984) voll angerechnet. Es hat sodann ausgeführt, wegen des ungedeckten Teils des Bedarfs brauche sich die Bekl. nicht auf den Verbrauch des ihr im Mai

Anhang R. Rechtsprechung R289

1984 zugeflossenen Vermögens verweisen zu lassen: Da die Parteien während der Ehe (nur) die Einkünfte, nicht jedoch den Vermögensstamm zu Unterhaltszwecken verbraucht hätten und beide nach der Auseinandersetzung der Gütergemeinschaft über nicht unbeachtliche Vermögenswerte verfügten, wäre es unbillig (§ 1577 III BGB), nur von der Bekl. zu verlangen, anders als während der über 40jährigen Ehe nunmehr den Stamm ihres Vermögens zu verwerten, obwohl der Kl. den Unterhalt ohne weiteres aus seinen (höheren) laufenden Einkünften aufbringen könne, ohne dabei seinen eigenen vollen Unterhalt zu gefährden und den Stamm seines Vermögens einzusetzen. Die Bekl. müsse sich jedoch die erzielten oder zumutbar zu erzielenden Vermögenserträge auf ihren Unterhaltsbedarf anrechnen lassen. Sie habe nach Abzug von Kosten und Rückführung von Verbindlichkeiten aus dem ihr zugeflossenen Kapital rund 79 000 DM übrig behalten. Wenn davon ausgegangen werde, daß ein kleiner Teil davon als Notreserve auf ein Sparbuch gelegt werden durfte, habe sie bei sicherer Anlage i. J. 1984 durchschnittlich annähernd 7 % oder knapp 5500 DM jährlich an Zinsen erzielen können; nach Steuern ergebe das einen monatlichen Ertrag von etwa 400 DM. Hiervon dürfe sie jedoch nach den derzeitigen Verhältnissen monatlich etwa 170 DM (jährlich etwa 2000 DM) dem Kapital wieder zuführen, um den inflationsbedingten Wertverlust auszugleichen und die Kaufkraft des Kapitals zu erhalten. Zur Deckung ihres Unterhaltsbedarfs verfüge sie daher aus den Zinserträgen nur über monatlich 230 DM. Daher verbleibe für Juni 1984 ein Unterhaltsanspruch von 200 DM und ab Juli 1984 ein solcher von monatlich 180 DM. Gegen die Beurteilung der unterhaltsrechtlich einzusetzenden Vermögenseinkünfte bestehen durchgreifende Bedenken. a) Allerdings geht das OLG zu Recht davon aus, daß die Bekl. Unterhalt nicht verlangen kann, soweit sie ihren durch Renteneinkünfte nicht gedeckten Unterhaltsbedarf durch Erträge befriedigen kann, die sie aus dem im Wege der Auseinandersetzung der Gütergemeinschaft erlangten Vermögen erzielt (FamRZ 1985/354; FamRZ 1985/357, 359, m. w. N.). Die Berechnung der von der Bekl. einzusetzenden Vermögenseinkünfte ist jedoch nicht frei von Rechtsfehlern. b) Der Auffassung, von dem mit jährlich etwa 4800 DM angenommenen Nettozinsertrag könne die Bekl. 2000 DM absetzen, die sie dem Kapital zum Ausgleich eines inflationsbedingten Kaufkraftschwundes wieder zuführen dürfe, kann nicht zugestimmt werden. Sie wird, soweit ersichtlich, in der Literatur nicht und in der Rechtsprechung nur vereinzelt (vgl. außer dem Berufungsgericht OLG Saarbrücken, FamRZ 1985/477, 479) vertreten. Im Gesetz findet sie keine Stütze. Gesichtspunkte der Unbilligkeit oder Unwirtschaftlichkeit dürfen erst berücksichtigt werden, soweit eine Obliegenheit zur Verwertung des Vermögensstammes in Frage steht (§ 1577 III BGB). Alle Einkünfte und daher auch die Erträge aus dem Kapitalvermögen mindern hingegen die Bedürftigkeit grundsätzlich in der Höhe, in der sie dem Unterhaltsgläubiger (nach Abzug von Steuern und notwendigen Beschaffungskosten) tatsächlich zufließen (§ 1577 I BGB). Wertveränderungen des Vermögensstammes, die sich auf den Nominalertrag nicht ausgewirkt haben, bleiben ohne Einfluß auf die Prüfung, inwieweit sich der geschiedene Ehegatte gemäß § 1577 I BGB aus seinen Kapitaleinkünften selbst unterhalten kann. Hinzu kommt, daß sich Veränderungen infolge inflationärer (oder deflationärer) Entwicklung des Geldwertes nicht mit der nötigen Sicherheit prognostizieren lassen. Würde einem Unterhaltsgläubiger zugestanden, einen Teil seiner Nettoeinkünfte aus Kapital (hier nach den Berechnungen des OLG etwa 42 %) zur Bildung von neuem Kapital investieren zu dürfen, um möglicherweise eintretende Inflationsverluste auszugleichen, so würde das mit jedem Kapitalbesitz verbundene Geldentwertungsrisiko einseitig auf den Unterhaltsschuldner verlagert, der einen entsprechend größeren Teil des noch offenen Unterhaltsbedarfs mit seinen Unterhaltszahlungen abzudecken hätte. Dem auf Unterhalt in Anspruch genommenen geschiedenen Ehegatten darf aber nicht angesonnen werden, durch Unterhaltszahlungen eine inflationsgeschützte Vermögenserhaltung beim Unterhaltsberechtigten zu ermöglichen (vgl. OLG Düsseldorf, FamRZ 1985/392, 393). Die Berücksichtigung eines Inflationsausgleichs könnte schließlich auch zu unangemessenen Ergebnissen führen, etwa dann, wenn der Kaufkraftverlust dem Prozentsatz entspricht, den das Kapital (nach Steuern) als Nettozinsertrag in der gleichen Zeit erbringt; in einem solchen Fall müßten unter Zugrundelegung der Auffassung des OLG die Zinseinkünfte unberücksichtigt bleiben, gleichgültig wie groß das Kapital ist, aus dem sie geflossen sind. Die Berücksichtigung eines Inflationsausgleichs läßt sich auch nicht aus den Grundsätzen herleiten, die der BGH zur Ermittlung des Zugewinns bei einer durch Kaufkraftschwund eingetretenen nominellen Wertsteigerung des Anfangsvermögens entwickelt hat (vgl. BGHZ 61/385 = FamRZ 1974/83; FamRZ 1975/87), denn im vorliegenden Fall geht es nicht um Fragen der Bewertung des gleichen Vermögens zu verschiedenen Zeitpunkten.

(Überlegungsfrist für Anlage von Kapital; Darlegungs- und Beweislast des Bedürftigen zu Art und Zeitpunkt seiner Anlageentscheidung und zu den daraus geflossenen Beträgen; Zurechnung fiktiver Erträge)

4 a) Das OLG ist nicht von einem tatsächlichen Bruttozinsertrag von jährlich 5500 DM ausgegangen, sondern es hat einen solchen Ertrag fiktiv bei sicherer Anlage eines Kapitals von 79 000 DM zu einem – unter den Verhältnissen des Jahres 1984 erzielbaren – Durchschnittszins von annähernd 7 % als für die Zeit ab Juni 1984 erzielbar gehalten. Das bedarf einer erneuten Überprüfung. Es trifft zwar

c

1307

R290   Anhang R. Rechtsprechung

zu, daß nicht nur derjenige keinen Unterhalt beanspruchen kann, der sich aus real erlangten Vermögenseinkünften selbst zu unterhalten vermag, sondern daß auch (fiktive) Erträge aus einem tatsächlich zur Verfügung stehenden Kapital anzurechnen sind, die in zumutbarer Weise hätten erzielt werden können (vgl. Senatsurteile v. 27. 4. 1983 – IV b ZR 376/81 –, nicht veröffentlicht, und FamRZ 85/354, 356, jeweils m. w. N.). Das bedeutet jedoch, daß der Bedarf eines Unterhaltsberechtigten nicht unmittelbar von dem Zeitpunkt an, in dem ihm ein anlagefähiges Kapital zugeflossen ist, schon in Höhe des Zinsertrags aus einer bestimmten Anlageform als gedeckt angesehen werden darf. Der Unterhaltsberechtigte kann vielmehr eine angemessene Frist für die Überlegung beanspruchen, auf welche Weise er das ihm aus dem Zugewinnausgleich oder aus der Auseinandersetzung einer Gütergemeinschaft zugeflossene Kapital anlegen will. Das OLG wird daher in der neuen Verhandlung zu prüfen haben, bis zu welchem Zeitpunkt die Bekl. über die Anlage des ihr nach dem 22. 5. 1984 zugeflossenen Guthabens Bestimmungen treffen mußte und ob sie Anlageentscheidungen ganz oder teilweise auch deshalb zurückstellen durfte, weil im Sommer 1984 der Versorgungsausgleich noch nicht ausgeführt worden war, der Kl. aber bereits seit März 1984 keinen Unterhalt mehr bezahlte. Die darlegungs- und beweisbelastete Bekl. wird Gelegenheit haben, ihren Vortrag zu Art und Zeitpunkt ihrer Anlageentscheidungen und der daraus geflossenen Erträge zu ergänzen. Waren ihr günstigere Anlagen als die, die sie tatsächlich vorgenommen hat, nicht zumutbar, sind diese unterhaltsrechtlich hinzunehmen. Eine fiktive Berechnung der Erträge kommt insoweit nicht in Betracht.

BGH v. 19. 2. 86 – IVb ZR 16/85 – FamRZ 86, 439 = NJW-RR 86, 683

R290   (*Keine Prägung der ehelichen Lebensverhältnisse durch Erträge aus der Veräußerung des Familienheimes während der Trennung, wenn die Veräußerung ohne die Trennung nicht erfolgt wäre*)

a   2) Den an den ehel. Lebensverhältnissen ausgerichteten Unterhaltsbedarf der Kl. hat das OLG mit monatlich 1412,38 DM angenommen.

a) Zutreffend legt es dabei zugrunde, daß die ehel. Lebensverhältnisse der Parteien durch die Einkünfte des Bekl. sowie das mietfreie Wohnen in dem 1968 bezogenen Einfamilienhaus bestimmt waren. Das durch die Veräußerung des Familienheims erzielte Kapital und dessen Erträge läßt es mit der Erwägung außer Betracht, daß es sich bei der Veräußerung um eine unerwartete, vom Normalverlauf erheblich abweichende Entwicklung in den wirtschaftlichen Verhältnissen der Parteien handele, zu der es nicht gekommen wäre, wenn die Ehe Bestand gehabt hätte. Dies ist nicht zu beanstanden. Zwar können auch Vermögenserträge und sonstige wirtschaftliche Nutzungen des Vermögens die ehel. Lebensverhältnisse mitbestimmen, wenn sie die wirtschaftlichen Verhältnisse der Ehegatten dauerhaft und nachhaltig prägen. Dies scheidet für den Verkaufserlös des Familienheims und dessen Erträge aber aus. Derartige Änderungen der Vermögens- und Erwerbssituation können nur dann den Lebensverhältnissen der Ehegatten im Sinne des § 1361 I BGB zugerechnet werden, wenn die zugrunde liegende wirtschaftliche Entwicklung auch ohne die Trennung erfolgt wäre (*BGHZ 89/ 108, 112 = FamRZ 1984/149, 150, FamRZ 1985/354, 356*). Den unangegriffenen Festlegungen des OLG ist insoweit zu entnehmen, daß die Veräußerung des Familienheims trennungsbedingt war.

(*Obliegenheit des Unterhaltsberechtigten, eigenes Vermögen so ertragreich wie möglich anzulegen. Minderung der Bedürftigkeit durch Erträge, die durch eine Vermögensumschichtung erzielbar wären; Rücklage für Not- u. Krankheitsfälle. Wohnvorteilanrechnung beim Bedürftigen mindestens in Höhe des angemessenen Wohnbedarfs, Zumutbarkeitsabwägung*)

b   3) Das OLG hat der Kl. ab 1. 5. 1984 erzielbare Kapitalerträge von monatlich 1000 DM bedarfsmindernd angerechnet und hierzu ausgeführt: Sie könne dem Bekl. nicht entgegenhalten, daß sie den am 30. 4. 1984 aus dem Hausverkauf erhaltenen Betrag von 204 297,41 DM für den Erwerb einer Eigentumswohnung verwendet habe. Denn sie sei unterhaltsrechtlich verpflichtet gewesen, das Kapital mit einer höheren Rendite anzulegen, als sie durch einen Immobilienkauf erzielbar sei. Im Frühjahr 1984 hätte sie auf dem Kapitalmarkt festverzinsliche Papiere mit einer Nettorendite von jährlich 6 % (bei einem Kapital von 200 000 DM also monatlich 1000 DM) erwerben können. Da sie aufgrund des Erwerbs der Eigentumswohnung lediglich einen Wohnbedarf von monatlich 300 DM decke, müsse sie sich so behandeln lassen, als hätte sie den wirtschaftlich sinnvollen Weg der Anlage in festverzinslichen Wertpapieren gewählt. Diese Beurteilung greift die Revision mit Recht an.

a) Tatsächlich erzielte Vermögenserträge mindern nach der std. Rspr. des Senats ohne Rücksicht auf die Herkunft des Vermögens und Billigkeitsgründe gemäß § 1577 I BGB die Bedürftigkeit des Unterhaltsberechtigten (FamRZ 1985/357, 359, m. w. N.). Zur Minderung der Bedürftigkeit durch eine Umschichtung erzielbaren Vermögenserträgen hat der Senat bisher noch nicht Stellung genommen. Darauf kommt es an, weil in dem hier zu beurteilenden Unterhaltszeitraum die Kl. den ihr zugeflossenen Geldbetrag bereits in Wohneigentum angelegt hatte. Die herrschende Ansicht geht von einer Obliegenheit des Unterhaltsberechtigten aus, eigenes Vermögen so ertragreich wie möglich anzulegen, weil auch solche Einkünfte die Bedürftigkeit mindern, die in zumutbarer Weise eingezogen werden könnten, aber nicht eingezogen werden (FamRZ 1980/126, 128). Dem ist grundsätzlich zuzustimmen; da es sich um eine aus § 242 BGB abgeleitete Obliegenheit handelt, ist allerdings stets eine Zumutbarkeitsprüfung vorzunehmen, bei der die Belange des Unterhaltsberechtigten und -verpflichteten unter Berücksichtigung der Umstände des Einzelfalles angemessen gegeneinander abzuwägen sind. Wenn der Unterhaltsberechtigte ertragsloses Vermögen besitzt (z. B. eine Münzsammlung, vgl. dazu Senatsurteil v. 29. 6. 1983 – IV b ZR 395/81 –, nicht veröffentlicht), wird ihm die Umschichtung in ein Erträge abwerfendes Vermögen in der Regel zuzumuten sein. Geht es hingegen darum, ob in einer anderen Anlageform eine höhere Rendite erzielbar ist, ist Zurückhaltung geboten und muß dem Vermögensinhaber eine gewisse Entscheidungsfreiheit belassen werden. Ihm kann etwa nicht angesonnen werden, wegen möglicher höherer Erträge die Sicherheit der Vermögensanlage zu vernachlässigen oder eine im Verkehr ungewöhnliche Anlageform zu wählen. Grundlegende Veränderungen der getroffenen Vermögensanlage werden nur unter besonderen Umständen und nicht kurzfristiger Vorteile wegen verlangt werden können. Auch ist auf eine herkömmliche Anlage Rücksicht zu nehmen und darauf, ob den Unterhaltsverpflichteten die Unterhaltslast besonders hart trifft. Stets muß sich die tatsächliche Anlage des Vermögens als eindeutig unwirtschaftlich darstellen, ehe der Unterhaltsberechtigte auf eine anderweitige Anlage und daraus erzielbare Einkünfte verwiesen werden kann.

b) Daß sich die Kl. eindeutig unwirtschaftlich verhalten hat, läßt sich den bisherigen Feststellungen des OLG auch von dessen Standpunkt aus nicht zweifelsfrei entnehmen. Die Annahme einer erzielbaren Nettorendite von monatlich 1000 DM aus einem Kapital von 200 000 DM läßt zunächst außer acht, daß dem Unterhaltsberechtigten eine gewisse Rücklage für Not- und Krankheitsfälle zuzubilligen ist, bei der in der Regel nur die Rendite für kurzfristig verfügbare Spargthaben in Ansatz gebracht werden kann (FamRZ 1984/364, 367; FamRZ 85/354, 357; das OLG Düsseldorf, FamRZ 85/392, setzt unter diesem Gesichtspunkt aus einem Kapital von 250 000 DM einen Betrag von 20 000 DM an).

Bei der hier gebotenen wirtschaftlichen Betrachtungsweise muß ferner der Kaufkraftverlust von Geldvermögen im Verhältnis zu Immobilienwerten bedacht werden. Dem nach seiner Ansicht erzielbaren Ertrag von 1000 DM monatlich stellt das OLG den Betrag von monatlich 300 DM als geschätzten Wohnbedarf der Kl. während des Zusammenlebens der Parteien gegenüber. Auch dies begegnet Bedenken. Der Kl. ist insoweit gemäß § 1577 I BGB grundsätzlich der Wert der tatsächlich gezogenen Gebrauchsvorteile ihrer Eigentumswohnung anzurechnen. Soweit dabei allerdings aufgrund der teilweisen Fremdfinanzierung der Betrag unterschritten werden sollte, der von ihrem vollen Unterhalt der Deckung ihres angemessenen Wohnbedarfs zu dienen bestimmt ist (zur Berechnung vgl. Graba, FamRZ 1985/657, 658, m. w. N.), ist dieser maßgebend. Dies folgt aus dem Grundsatz, daß der Unterhaltsberechtigte nicht auf Kosten des Unterhaltsverpflichteten Vermögen bilden kann. Insgesamt ist nicht auszuschließen, daß ein höherer Monatsbetrag in Betracht kommt als die vom OLG veranschlagten 300 DM.

c) Das Berufungsurteil läßt ferner nicht erkennen, daß hinreichend geprüft worden ist, ob der Kl. nach den gegebenen Umständen die angesonnene Vermögensumschichtung zuzumuten ist. In diesem Rahmen fällt zu ihren Gunsten besonders ins Gewicht, daß sie seit dem Jahre 1968 Miteigentümerin des von der Familie bewohnten Einfamilienhauses gewesen ist und es von ihrem Standpunkt aus verständlich erscheinen mußte, den daraus erzielten Verkaufserlös wiederum in Wohneigentum anzulegen, zumal dieses auch den Wohnbedürfnissen eines gemeinschaftlichen Kindes dient. Weiterhin hat sie vorgetragen, daß der Bekl. in der notariellen Kaufurkunde v. 2. 12. 1983 seine Zustimmung zum Erwerb der Eigentumswohnung erteilt hat; der Bekl. hat dem nicht widersprochen und auch nicht dargelegt, daß er seine Einwilligung nicht aus freien Stücken gegeben hätte, etwa allein im Hinblick auf § 1365 II BGB. Seine wirtschaftlichen Verhältnisse sind nicht so beengt, daß ihn der begehrte Unterhalt ungewöhnlich hart treffen müßte, zumal im Hinblick auf den auch ihm zugeflossenen Erlösanteil. Das der Kl. angesonnene Verhalten, eine Wiederveräußerung ihrer Eigentumswohnung und die Anschaffung von Wertpapieren für den Erlös, stellt eine grundlegende Vermögensumschichtung dar, die nicht kurzfristig durchführbar ist und vor rechtskräftiger Scheidung der Ehegatten nur unter besonderen Umständen verlangt werden kann. Der Grundsatz, daß die Obliegenheit eines getrennt lebenden Ehegatten zur Verwertung seines Vermögensstamms im allgemeinen nicht so weit geht wie diejenige eines Geschiedenen (FamRZ 1985/360, 361), muß entsprechend für die Obliegenheit zu einer Vermögensumschichtung gelten. Das OLG hätte aus diesem Grunde auch prüfen müssen, ob es den Belangen des Bekl. nicht schon Rechnung tragen würde, wenn von der Kl. verlangt würde, die für ihre Bedürfnisse mit 91 m² sehr geräumige Eigentumswohnung vorerst teilweise zu vermieten und dadurch höhere Erträge zu erzielen.

(Darlegung konkreter Tatsachen zum trennungsbedingten Mehrbedarf)

c 3 d) Die Kl., die mit der Revision u. a. die Nichtberücksichtigung trennungsbedingten Mehrbedarfs gerügt hat, wird im weiteren Verfahren Gelegenheit haben, hierzu konkrete Tatsachen darzulegen, weil nur dann ein solcher berücksichtigt werden kann (FamRZ 1984/151, 153, m. w. N.).

BGH v. 19. 2. 1986 – IVb ZR 71/81 = NJW 86, 1751

R291 *(Schadensersatzanspruch nach § 826 BGB)*

a Die Vorschrift des § 826 BGB verschafft nicht nur die Möglichkeit, unter bestimmten Umständen auf Unterlassung der Vollstreckung aus einem erschlichenen oder unrichtig gewordenen Urteil zu klagen und der Berufung auf die Rechtskraft einer solchen Entscheidung mit dem Einwand der Arglist zu begegnen. Vielmehr knüpft das Gesetz an eine vorsätzliche, sittenwidrige Schädigung die Rechtsfolge der Schadensersatzpflicht. Es gelten die Bestimmungen der §§ 249 ff. BGB. Ein eingetretener Vermögensschaden ist danach in Geld zu entschädigen (§ 251 I BGB). Demgemäß ist in der Rechtsprechung des BGH anerkannt, daß die sittenwidrige Ausnutzung eines unrichtigen Urteils zu der Verpflichtung führen kann, Schadensersatz zu leisten … e) Allein die vorsätzliche Ausnutzung des als unrichtig erkannten Titels rechtfertigt noch nicht die Anwendung des § 826 BGB. Sittenwidrig im Sinne dieser Vorschrift ist das – für sich bereits anstößige – Verhalten vielmehr erst dann, wenn besondere Umstände hinzutreten, nach denen es in hohem Maße unbillig und geradezu unerträglich wäre, die Ausnutzung zuzulassen. Nur in einem solchen Fall muß der Grundsatz der Rechtskraft zurücktreten.

(Auskunft auf Verlangen und Verpflichtung zur ungefragten Information)

b Obwohl dem deutschen Recht eine allgemeine Auskunftspflicht fremd ist (s. BGH, NJW 1983, 2318 = LM § 284 BGB Nr. 27 = FamRZ 1983, 352 (354) m. w. Nachw.), haben Rechtsprechung und Schrifttum schon vor der gesetzlichen Regelung des Auskunftsanspruchs durch das 1. EheRG in § 1605 BGB (i. V. mit § 1361 IV 4 und § 1580 S. 2 BGB) einen Auskunftsanspruch für die Partner eines Unterhaltsrechtsverhältnisses entwickelt und aus § 242 BGB abgeleitet. Auch die jetzt in den genannten Bestimmungen gesetzlich geregelte Pflicht zur Auskunftserteilung beruht letztlich auf dem Grundsatz von Treu und Glauben (BGH, NJW 1983, 279 = FamRZ 1982, 1189 (1192) und NJW 1983, 1429 = LM § 1610 BGB Nr. 9 = FamRZ 1983, 473). Für den – früher – noch nicht kodifizierten Auskunftsanspruch wurde vertreten, daß Auskunft nur zu erteilen brauche, wer darum gebeten werde; (auch) im Unterhaltsrecht gebe es keine Pflicht zur unaufgeforderten Offenlegung der Einkommens- und Vermögensverhältnisse (Mutschler, FamRZ 1976, 221). Die jetzige gesetzliche Regelung sieht ebenfalls nur eine Auskunft auf Verlangen vor (§§ 1605, 1580 BGB), also einen „verhaltenen Anspruch", der jeweils der Aktualisierung durch den Gläubiger bedarf (Gernhuber, FamR, 3. Aufl., § 41 IV 2).

Gleichwohl kann neben dieser Pflicht zur Auskunftserteilung auf Verlangen in besonderen Fällen eine Verpflichtung zur ungefragten Information des Partners des Unterhaltsrechtsverhältnisses bestehen. Sie stellt ebenfalls eine Ausprägung des Grundsatzes von Treu und Glauben (§ 242 BGB) im Rahmen des gesetzlichen Unterhaltsrechtsverhältnisses dar (vgl. zu dem insoweit zwischen Ehegatten und Geschiedenen bestehenden Gebot der Schonung der Interessen des anderen bereits BGH, NJW 1977, 378 = LM § 1381 BGB Nr. 8 = FamRZ 1977, 38 (40) und NJW 1983, 1545 = LM § 1569 BGB Nr. 13 = FamRZ 1983, 576 (577) §. Daß eine solche, aus dem Grundsatz von Treu und Glauben abgeleitete Pflicht zur unaufgeforderten Mitteilung (allgemein: Palandt-Heinrichs, BGB, 45. Aufl., § 242 Anm. 4 Bd m. w. Nachw.) auch im Unterhaltsrecht bestehen kann und neben die dort geregelte Pflicht zur Auskunft auf Verlangen tritt, wird zwar bisweilen geleugnet (vgl. etwa DIVGutachten vom 8. 4. 1982, DAVorm 1983, 114, das nach der Art der vorliegenden Unterhaltstitel differenzieren will), in neuerer Rechtsprechung und im Schrifttum jedoch zunehmend anerkannt (neben dem Berufungsurteil: AG Rüsselsheim, FamRZ 1985, 605; AG Hersbruck, FamRZ 1985, 633 (634 f.); Mutschler, in: RGRK, 12. Aufl., § 1605 Rdnr. 2; Brüne, FamRZ 1983, 658; Göppinger, UnterhaltsR, 4. Aufl. Rdnr. 1404; Palandt-Diederichsen, § 1605 Anm. 1; s. auch Palandt-Thomas, § 826 Anm. 8 o). Sofern gravierende neue Umstände in den wirtschaftlichen Verhältnissen einer Seite auftreten, die zu erfragen der andere Teil keine Veranlassung hat, über die er jedoch nach der unter gerecht und billig Denkenden herrschenden Auffassung redlicherweise unaufgeforderte Aufklärung erwarten darf, wäre die generelle Verneinung einer solchen Offenbarungspflicht ein Rückschritt hinter die Annahme entsprechender Nebenpflichten in Schuldverhältnissen. Das verträgt sich nicht damit, daß anders als in nichtfamilienrechtlichen Dauerschuldverhältnissen, in denen das Maß der Loyalitätspflichten eher geringer ist, im Familienrecht, das durch verwandtschaftliche oder partnerschaftliche Beziehungen geprägt ist, allgemein eine stärkere gegenseitige Obliegenheit zu Achtung, Beistand und Rücksicht besteht (insoweit zutreffend Brüne, FamRZ 1983, 658 m. w.

Nachw.; vgl. § 1618a BGB sowie § 1353 I 2 BGB und dazu PalandtDiederichsen, § 1353 Anm. 2b dd).

Die Pflicht zur unverlangten Information des anderen Teiles besteht allerdings nicht bereits dann, wenn eine i. S. des § 323 I ZPO wesentliche Änderung der Einkommens- und Vermögensverhältnisse eingetreten ist. Die Vorschrift des § 1605 II BGB zeigt vielmehr, daß es auch in einem solchen Falle im Grundsatz bei einem verhaltenen, vom Auskunftsgläubiger zu aktualisierenden Auskunftsanspruch bleibt: Vor Ablauf von zwei Jahren kann Auskunft erneut nur verlangt werden, wenn glaubhaft gemacht wird, daß der zur Auskunft Verpflichtete wesentlich höhere Einkünfte oder weiteres Vermögen erworben hat. Es ist also auch dann Sache des anderen Teils, sich Gewißheit über eingetretene Änderungen zu verschaffen. Die Annahme einer allgemeinen Pflicht zur ungefragten Offenbarung solcher Veränderungen (mit der möglichen Folge der Schadensersatzpflicht bei ihrer Verletzung) wäre mit dieser Entscheidung des Gesetzes nicht zu vereinbaren. Die Pflicht muß deshalb auf Ausnahmefälle beschränkt bleiben, in denen das Schweigen über eine günstige, für den Unterhaltsanspruch ersichtlich grundlegende Änderung der wirtschaftlichen Verhältnisse evident unredlich erscheint. Das kann jedenfalls dann angenommen werden, wenn der Unterhaltsschuldner aufgrund vorangegangenen Tuns des Unterhaltsgläubigers sowie nach der Lebenserfahrung keine Veranlassung hat, sich des Fortbestandes der anspruchsbegründenden Umstände durch ein Auskunftsverlangen zu vergewissern, der Unterhaltsgläubiger sodann trotz einer für den Schuldner nicht erkennbaren Veränderung in seinen wirtschaftlichen Verhältnissen, die den materiell-rechtlichen Unterhaltsanspruch ersichtlich erlöschen läßt, eine festgesetzte Unterhaltsrente weiter entgegennimmt und dadurch den Irrtum befördert, in seinen Verhältnissen habe sich erwartungsgemäß nichts geändert.

Daß das BerGer. die Behauptung der Bekl. als wahr unterstellt hat, sie habe vor der Aufnahme ihrer Erwerbstätigkeit im Juni 1979 einen Rechtsanwalt befragt, ob sie die Arbeitsaufnahme der Kl. unaufgefordert mitteilen müsse, was dieser verneint habe, mußte nicht zu einer anderen Beurteilung führen. Oben (unter c) ist bereits dargelegt worden, daß diese – angebliche – Auskunft die tatrichterliche Feststellung der Kenntnis der Bekl. von der Unrichtigkeit des Unterhaltstitels wegen des Wegfalls der Bedürftigkeit ab 1. 1. 1980 nicht in Frage stellt. Sie veranlaßt auch nicht die Verneinung der Sittenwidrigkeit der Schädigung. Ob eine Handlung gegen die guten Sitten verstößt, bestimmt sich nach dem Anstandsgefühl aller billig und gerecht Denkenden, also nach einem objektiven Maßstab (Palandt-Thomas, § 826 Anm. 2a). Wie schon der Wortlaut des § 826 BGB ergibt, wird Vorsatz des Täters nur in bezug auf die Schadenszufügung gefordert. Mithin gehört Kenntnis (Bewußtsein) der Sittenwidrigkeit nicht zum Tatbestand des § 826 BGB. Vielmehr genügt grundsätzlich, daß der Handelnde – wie hier tatrichterlich festgestellt – die Tatumstände des Falles gekannt hat, die dem Richter objektiv sein Verhalten als Verstoß gegen die guten Sitten erscheinen lassen.

BGH v. 5. 3. 86 – IVb ZR 12/85 – FamRZ 86, 560 = NJW-RR 86, 746

(Umfassende Billigkeitsabwägung; zumutbare Verwertung während der voraussichtlichen Lebensdauer; zumutbare Vermögensumschichtung unter Beachtung des unterhaltsrechtlichen Gebotes wirtschaftlichen Verhaltens; eingeschränkte revisible Nachprüfung)

3 a) Nach § 1577 III BGB braucht der Unterhaltsberechtigte den Stamm seines Vermögens nicht zu verwerten, soweit die Verwertung unwirtschaftlich oder unter Berücksichtigung der beiderseitigen wirtschaftlichen Verhältnisse unbillig wäre. Die zweite Alternative dieser Vorschrift hat das OLG mit folgender Begründung bejaht: Der Kl. sei Alleininhaber bzw. Mehrheitsgesellschafter von Pumpenfabriken und Teilhaber von mehreren weiteren Unternehmen im In- und Ausland. Zu seinem Vermögen gehöre umfangreicher Grundbesitz, der weitaus größer sei als der der Bekl. Seine Vermögensverhältnisse seien außerordentlich günstig, und seine Leistungsfähigkeit stehe außer Streit. So sei er der Widerklage auf Auskunft über seine Einkommens- und Vermögensverhältnisse mit dem Einwand entgegengetreten, daß er seine Leistungsfähigkeit nicht in Abrede stelle. Daß allein eine ihm gehörende Pumpenfabrik in B. einen Jahresumsatz von 36 Mio. DM erziele, wobei das Anlagevermögen nebst Warenlager rund 8 Mio. DM und das Fabrikgelände 5 bis 6 Mio. DM wert sei, habe er nicht substantiiert bestritten. Das Vermögen der Bekl. sei danach im Vergleich zu dem des Kl. verhältnismäßig klein. Es sei unbillig, von ihr zu verlangen, daß sie den Stamm ihres Vermögens verwerte, um daraus ihren Unterhalt zu bestreiten, obwohl der Kl., ohne sich einschränken zu müssen, den Unterhalt der Bekl. aus seinem laufenden Einkommen bezahlen könne.

Die Billigkeitsabwägung i. R. des § 1577 III BGB ist Sache des Tatrichters und kann revisionsrechtlich nur darauf überprüft werden, ob das Gericht von unzutreffenden rechtlichen Vorstellungen ausgegangen ist oder wesentliche Gesichtspunkte übersehen hat (FamRZ 1985/354, 357). Beides vermag die Revision nicht darzutun. Insbesondere hat sich das OLG die Frage vorgelegt, ob die Bekl. gehalten sei, lediglich einen Teil ihres Besitzes zu veräußern oder zu belasten. Es hat dies im Hinblick auf die außerordentlich günstigen wirtschaftl. Verhältnisse des Kl. in rechtlich nicht zu beanstandender Weise verneint. Es liegt auch kein Widerspruch darin, daß das OLG zunächst dargelegt hat, grundsätzlich habe der Berechtigte sein Vermögen so zu verwerten, daß der Vermögensstamm bei Berücksichtigung der überschaubaren wirtschaftlichen Entwicklung zu seinem Unterhalt während der voraussichtlichen Dauer seines Lebens gerade ausreiche, dann aber jede Obliegenheit der Bekl. zur Verwertung ihres Vermögensstamms verneint hat. Denn seine Ausführungen ergeben, daß es aus Billigkeitsgründen i. S. des § 1577 III BGB eine Ausnahme von dem zunächst dargelegten Grundsatz angenommen hat.

b) Wie der Senat inzwischen entschieden hat (FamRZ 1986/439), bestimmt sich die Obliegenheit des Unterhaltsberechtigten zu einer Vermögensumschichtung zum Zwecke der Erzielung höherer Erträge nach Zumutbarkeitsgrundsätzen, wobei unter Berücksichtigung der Umstände des Einzelfalls die Belange beider Ehegatten gegeneinander abzuwägen sind und dem Vermögensinhaber ein gewisser Entscheidungsspielraum belassen werden muß. Die tatsächliche Vermögensanlage muß sich auch als eindeutig unwirtschaftlich darstellen, ehe der Unterhaltsberechtigte darauf verwiesen werden kann, aus einer anderen Anlageform höhere Erträge zu erzielen. Das OLG hat eine Obliegenheit der Bekl. zur Umschichtung ihres Vermögens mit folgender Begründung verneint: Sie verstoße nicht gegen die Gebote wirtschaftl. Vernunft, wenn sie den ererbten Grundbesitz behalte und Mieteinkünfte daraus ziehe. Das in beiden Grundstücken investierte Kapital erbringe Nettoerträge, die einer Verzinsung von annähernd 3,9 % entsprächen. Dieser Ertrag liege für Immobilienvermögen innerhalb des üblichen Rahmens. Zwar würde die Anlage des Veräußerungserlöses aus einem Verkauf der Grundstücke kurzfristig eine höhere Verzinsung einbringen. Mit Rücksicht auf die auch in Zukunft zu erwartende Geldentwertung sei jedoch Grundbesitz auf lange Sicht als die besser abgesicherte Kapitalanlage zu werten. Deshalb sei der Bekl. unter dem Gesichtspunkt des unterhaltsrechtlichen Gebots wirtschaftlichen Verhaltens eine Umschichtung des Immobilienvermögens nicht zuzumuten. Diese Ausführungen stehen im Einklang mit den im Senatsurteil v. 19. 2. 1986 (FamRZ 86/439) dargelegten Grundsätzen. Das OLG hat rechtlich bedenkenfrei angenommen, daß die Bekl. sich nicht eindeutig unwirtschaftlich verhält, wenn sie den ererbten Grundbesitz behält und daraus die üblichen Erträge erzielt. Es kommt hinzu, daß die vom OLG in anderem Zusammenhang dargelegten wirtschaftl. Verhältnisse des Kl. keine Rücksicht in dem Sinne erfordern, daß aus dem Vermögen der Bekl. unbedingt der höchstmögliche Ertrag erzielt werden muß.

c) Wenn von der Vermögenslage ausgegangen wird, wie sie am 19. 2. 1982 tatsächlich bestanden hat, besaß die Bekl. neben dem ererbten Immobilienvermögen das nunmehr entschuldete Reihenhaus. Die Frage, ob sie die Substanz des letzteren für ihren Unterhalt zu verwerten (§ 1577 III BGB) oder das darin gebundene Kapital zum Zwecke der Erzielung höherer Erträge umzuschichten hat, ist ebenso zu verneinen wie hinsichtlich des ererbten Immobilienvermögens. Da es der Bekl. nicht zuzumuten ist, das ererbte Grundvermögen ganz oder teilweise zur Erzielung höherer Erträge aus Kapitalvermögen zu veräußern, muß dies erst recht für das Eigenheim gelten, in dem sie selbst wohnt.

(Zur Anwendung des § 1579 I Nr. 3 BGB, wenn der unterhaltsberechtigte geschiedene Ehegatte in der Vergangenheit Kapitalvermögen zum Erwerb eines Eigenheims verwandt hat.)

b 4 b) Die Anschlußrevision macht geltend, bei der Prüfung der Frage, ob dem Unterhaltsberechtigten fiktive Einkünfte aus Kapitalvermögen anzurechnen seien, komme es darauf an, ob ein Kapital tatsächlich noch vorhanden sei. Wenn – wie hier – ein solches in dem zu beurteilenden Unterhaltszeitraum nicht mehr zur Verfügung stehe, könne dies nur dann zu Lasten des Unterhaltsberechtigten gehen, wenn die Voraussetzungen des § 1579 I Nr. 3 BGB (mutwillige Herbeiführung der Bedürftigkeit) vorlägen. Das sei hier nicht der Fall. Wenn die Bekl. den ihr nach Abzug der Nachlaßverbindlichkeiten verbliebenen Betrag des Mobiliarnachlasses dazu verwendet habe, die Belastung auf dem zur Deckung des Wohnbedarfs angeschafften Einfamilienhaus zu tilgen, handele es sich um eine Disposition, die dem Unterhaltsberechtigten nicht als mutwillig angesehen werden könne, weil sie von einem erheblichen Teil der Bevölkerung geübt und für sinnvoll gehalten werde.

Diese Rüge greift durch. Die Bekl. ist in dem hier zu beurteilenden Zeitraum teilweise deswegen bedürftig, weil sie früher in bestimmter Weise über Kapitalvermögen verfügt hat. Soweit aber die Bedürftigkeit des Unterhaltsberechtigten ganz oder teilweise auf ein Verhalten in der Vergangenheit zurückzuführen ist, ist die Sondervorschrift des § 1579 I Nr. 3 BGB zu beachten, die in ihrem Geltungsbereich den Rückgriff auf allgemeine Grundsätze ausschließt. Die Vorschrift sieht eine Sanktion für den Fall vor, daß der Unterhaltsberechtigte seine Bedürftigkeit ganz oder teilweise selbst herbeigeführt hat. Andererseits schützt die Bestimmung ihn insoweit, als sein Verhalten keine Auswirkung auf den Unterhaltsanspruch haben soll, wenn ihm Mutwilligkeit nicht vorgeworfen werden kann. Entsprechendes hat der Senat bereits für die vergleichbaren Vorschriften des § 65 I EheG (Urteil v. 18. 5. 1983, a. a. O.) und des § 1611 I BGB (BGHZ 93/123, 133 = FamRZ 1985/273, 275) entschieden, die sittliches Verschulden voraussetzen.

Das OLG hat diese Frage nicht geprüft, obwohl die Bekl. ihre Vermögensdisposition bereits vor dem 19. 2. 1982 getroffen hat. Der Senat ist insoweit zu einer eigenen Beurteilung in der Lage und verneint unter den gegebenen Umständen ein mutwilliges Verhalten der Bekl. Dafür ist mindestens eine unterhaltsbezogene Leichtfertigkeit erforderlich, die vorliegt, wenn sich der Unterhaltsberechtigte unter grober Nichtachtung dessen, was jedem einleuchten muß, oder in Verantwortungs- und Rücksichtslosigkeit gegen den Unterhaltspflichtigen über die erkannte Möglichkeit nachteiliger Folgen für seine Bedürftigkeit hinweggesetzt hat (FamRZ 1984/364, 367, m. w. N.). Die nachteiligen Folgen der Disposition der Bekl. für ihre Bedürftigkeit halten sich hier in Grenzen, weil es letztlich wiederum nur um den Unterschied zwischen den erzielbaren Erträgnissen aus Mobiliar- und Immobilienvermögen geht. Wenn die Bekl. auch während eines bestehenden Unterhaltsrechtsverhältnisses und damit unterhaltsbezogen gehandelt hat, so liegt ihrem Verhalten ein verständliches Motiv zugrunde, da sie in ein von ihr selbst bewohntes Haus investiert hat. Es kann schließlich auch kein verantwortungs- und rücksichtsloses Verhalten gegenüber dem Kl. angenommen werden, dessen wirtschaftl. Lage besonders günstig ist.

BGH v. 19. 3. 86 – IVb ZR 18/85 – FamRZ 86, 668 = NJW 86, 1869
(Zur Obliegenheit eines wiederverheirateten Elternteils, für den Barunterhalt eines minderjährigen Kindes aus der früheren Ehe auch das Taschengeld einzusetzen, sowie zumutbare Erwerbstätigkeit; Verpflichtungen des neuen Partners)

2 a) Nach der durch die Entscheidung BGHZ 75/272 (= FamRZ 1980/43) begründeten und vom Senat fortgesetzten Rechtsprechung (FamRZ 1982/25; FamRZ 1982/590 zuletzt NJW 1985/318), die nach Entscheidung des BVerfG v. 14. 11. 1984 (FamRZ 1985, 143 ff.) verfassungsrechtlich unbedenklich ist, trifft den wiederverheirateten Ehegatten ungeachtet seiner Pflichten aus der neuen Ehe die Obliegenheit, durch Aufnahme eines Nebenerwerbs zum Unterhalt von minderjährigen unverheirateten Kindern aus früheren Ehen beizutragen. Der neue Ehepartner hat die Erfüllung dieser Obliegenheit nach dem Rechtsgedanken des § 1356 II BGB zu ermöglichen, zumal bei der Aufgabenverteilung in der neuen Ehe die beiderseits bekannte Unterhaltslast gegenüber Kindern aus früheren Ehen berücksichtigt werden muß.
b) Fiktive Einkünfte können einem Unterhaltsverpflichteten nur dann zugerechnet werden, wenn er sie bei einem Verhalten, das seinen unterhaltsrechtlichen Obliegenheiten entspricht, tatsächlich erzielen könnte. Dies trifft für den vom OLG angesetzten Geldbetrag von monatlich 1600 DM nicht zu. Da die Bekl. mit ihrem jetzigen Ehemann zusammenlebt, hat sie keinen Anspruch auf eine Unterhaltsrente in Geld gemäß § 1361 IV S. 1 BGB. Ihr Anspruch auf Familienunterhalt gemäß §§ 1360, 1360a BGB ist überwiegend auf Naturalleistungen gerichtet, wie Gewährung von Wohnung, Verpflegung, Bekleidung usw. Auch ein der Bekl. möglicherweise zustehender Anspruch auf Wirtschafts- und Haushaltsgeld hilft weiter, da die insoweit gezahlten Beträge nur treuhänderisch zur Verwendung für die Bedürfnisse der Familie überlassen werden. Als echter Geldanspruch kommt nur derjenige auf Taschengeld zur Befriedigung persönlicher Bedürfnisse in Betracht, der aber offensichtlich nicht den vom OLG angesetzten Betrag von monatlich 1600 DM erreicht. Der jetzige Ehemann der Bekl. ist auch nicht deswegen zu höheren Barleistungen verpflichtet, weil sie eine Erwerbstätigkeit, aus der sie die Mittel zu einem Unterhaltsbeitrag für den Kl. verdienen könnte, nicht finden und demzufolge sich ausschließlich ihren Aufgaben in der neuen Ehe widmen kann. Weder kann ihm auf diese Weise ein Arbeitsmarktrisiko aufgebürdet noch kann davon ausgegangen werden, er erspare sonst erforderliche Baraufwendungen. Da er für den Kl. nicht unterhaltspflichtig ist, beschränken sich seine Verpflichtungen darauf, einer Erfüllung der Unterhaltspflicht durch die Bekl. nicht im Wege zu stehen und ihr durch eigene Mitarbeit im Haushalt eine Erwerbstätigkeit zu ermöglichen. Die Annahme einer Verpflichtung zu erhöhten Barleistungen an die Bekl. würde diesen Rahmen sprengen und letztlich zu einer mittelbaren Unterhaltspflicht gegenüber dem Kl. führen.
3) Bei der Prüfung, ob die Bekl. einer Erwerbstätigkeit nachgehen und eine entsprechende Stellung finden kann, hat das OLG bisher lediglich Bürotätigkeiten in Betracht gezogen. Einer Mutter in der Lage der Bekl. muß aber auch angesonnen werden, durch häusliche Erledigung einfacher Lohnarbeiten (Heimarbeit) oder durch Übernahme leichterer Arbeiten in einem fremden Haushalt die Mittel für einen Unterhaltsbeitrag zu verdienen (FamRZ 82/25 u. FamRZ 82/590). Derartige Tätigkeiten sind mit ihrem festgestellten Gesundheitszustand ebenfalls vereinbar. Ob sie auch in diesem Bereich keine Arbeit zu finden vermag, hat das OLG bisher nicht geprüft. Ferner erscheint im Hinblick auf die verhältnismäßig günstigen Einkommensverhältnisse ihres Ehemannes in der kinderlosen neuen Ehe nicht ausgeschlossen, daß die Bekl. aus dem ihr zustehenden Taschengeld einen nennenswerten Unterhaltsbeitrag für den Kl. leisten kann. In dem bereits angeführten Beschluß v. 14. 11. 1984 hat das BVerfG u. a. ausgeführt (FamRZ 85/143, 146), in Fällen der vorliegenden Art sei es verfassungsrechtlich bedenkenfrei zu verlangen, das Taschengeld für den Unterhalt von Kindern aus früheren Ehen einzusetzen, zumal der neue Ehepartner keinen Einfluß auf die Verwendung dieser Mittel habe.

(Anteilige Barunterhaltspflicht bei Haftung der „Hausfrau" für minderjähriges Kind, das vom vollerwerbstätigen Vater versorgt wird; Vorwegabzug eines Sockelbetrages für Eigenbedarf beim Vater; kein Vorwegabzug oder Selbstbehalt bei der Mutter wegen der Unterhaltsleistungen des Mannes aus 2. Ehe; Veränderung der Verteilungsquote zugunsten des Vaters wegen Betreuung des Kindes)

b 4) Der Kl. wird im weiteren Verfahren Gelegenheit haben, sein Revisionsvorbringen zur Arbeitsmarktlage im Bereich des Wohnsitzes der Bekl. dem OLG zu unterbreiten. Soweit dieses aufgrund der neuen Verhandlung wiederum die Leistungsfähigkeit der Bekl. bejaht, wird wegen der Verteilung der Unterhaltslast auf sie und den gleichfalls barunterhaltspflichtigen Vater des Kl. gemäß § 1606 III S. 1 BGB auf das zwischenzeitlich ergangene Senatsurteil v. 6. 11. 1985 (FamRZ 1986/153) hingewiesen. Danach ist bei Einkünften der hier in Betracht kommenden Größenordnung keine schematische Quotierung des Unterhaltsbedarfs nach der Höhe der beiderseitigen Einkommen vorzunehmen, sondern ist eine wertende Betrachtung geboten. Beim Vater des Kl. wird zunächst der Vorwegabzug eines Betrages von seinem Einkommen angebracht sein, der der Deckung seines Eigenbedarfs entspricht. Bei der Bekl. scheidet dies aus, weil ihr Eigenbedarf durch die Unterhaltsleistungen ihres Ehemannes gewährleistet ist. Aus diesem Grunde steht ihr auch kein Selbstbehalt zu. Ferner wird zu berücksichtigen sein, daß der Vater neben einer Vollerwerbstätigkeit den Kl. versorgt und betreut und dadurch beträchtliche Einschränkungen im persönlichen Bereich in Kauf nehmen muß. Dem kann rechtlich bedenkenfrei in der Weise Rechnung getragen werden, daß die einkommensorientierte Verteilungsquote weiterhin zu seinen Gunsten verändert wird (FamRZ 1983/689, 690).

BGH v. 19. 3. 86 – IVb ZR 19/85 – FamRZ 86, 661

R294 *(Abzug von Aufwendungen für Zugehfrau und Eigenanteil für Arzt- und Arzneimittelkosten bei Pensionisten)*

3 b) Weiter hat das OLG das monatl. Nettoeinkommen des Bekl., bestehend aus Pensionsbezügen samt anteiligem Weihnachtsgeld und Renteneinkommen, für Juni 1984 mit 2865,61 DM und ab 1. 7. 1984 mit 2861,26 DM festgestellt und ist unter Abzug der vom Bekl. geltend gemachten Sonderaufwendungen für die Beschäftigung einer Zugehfrau in Höhe von 300 DM und 80 DM Entgelt an Arzt- und Arzneimittelkosten zu einem anzurechnenden monatl. Einkommen des Bekl. von 2485,61 DM für den erstgenannten Zeitraum und von 2481,26 DM für die Zeit ab 1. 7. 1984 gelangt. Auch das läßt keinen Rechtsfehler zum Nachteil des Beklagten erkennen.

BGH v. 23. 4. 86 – IVb ZR 29/85 – NJW 86, 2047

R296 *(Schadensersatzanspruch nach § 826 BGB)*

a 2. a) Das BerGer. hat – im Gegensatz zu dem FamG – einen Schadensersatzanspruch des Kl. nach § 826 BGB, der zur Durchbrechung der Rechtskraft führen könnte (vgl. dazu BGH, NJW 1986, 1751), verneint und dazu ausgeführt: Es erscheine bereits zweifelhaft, ob die Bekl. verpflichtet gewesen sei, dem Kl. von sich aus mitzuteilen, daß sie seit Januar 1982 eine Berufstätigkeit aufgenommen habe. Jedenfalls sei aber die weitere Voraussetzung eines Schadensersatzanspruchs aus § 826 BGB nicht erfüllt, daß nämlich die Annahme der Unterhaltszahlungen durch die Bekl. sittenwidrig, also in besonderem Maße unbillig und geradezu unerträglich gewesen sei. So sei der Bekl. zuzugestehen, daß die materielle Unrichtigkeit des Urteils vom 7. 9. 1981 als Folge ihrer Erwerbstätigkeit für sie nicht in vollem Ausmaß erkennbar gewesen sei. Wenn sie im Ergebnis auch sofort habe erkennen können und müssen, daß der zugesprochene Unterhalt in der Höhe nicht mehr gerechtfertigt sein könne, da sie infolge ihres Eigenverdienstes inzwischen höhere Beträge zur Verfügung gehabt habe als der Kl., so sei doch nicht zu verkennen, daß ihr Bedarf in dem Urteil vom 7. 9. 1981 nicht konkret berechnet worden sei. Sie habe daher im einzelnen nicht übersehen können, in welchem Maße sich die Unterhaltsverpflichtung des Kl. reduzierte. Immerhin habe sie sich darauf berufen können, daß ihr infolge ihrer Berufstätigkeit zusätzliche Fahrtaufwendungen entstanden seien, und daß sie im Hinblick auf die Betreuung der beiden minderjährigen Kinder einen gewissen Mehraufwand geltend machen könne, der bei der Unterhaltsberechnung mit zu berücksichtigen sei. Im übrigen habe sich der Kl. selbst bis Mai 1982 in keiner Weise darum gekümmert, ob die Bekl. inzwischen eine Erwerbstätigkeit aufgenommen habe. Eine Nachfrage wäre aber angesichts der Tatsache, daß der Senat ihr in dem Urteil vom 7. 9. 1981 fiktive Einkünfte zugerechnet und ihr dringend eine Arbeitsaufnahme angeraten habe, naheliegend gewesen. Bei Beachtung aller Umstände, auch den Höhe der streitigen Beträge, sei das Verhalten der Bekl., die Unterhaltszahlungen des Kl. trotz ihres eigenen Verdienstes weiter angenommen habe, nicht als geradezu unerträglich im Sinne einer vorsätzlich sittenwidrigen Schädigung des Kl. zu werten.

b) Die Revision vertritt demgegenüber den Standpunkt, dem Kl. stehe ein Anspruch auf Schadensersatz wegen Verletzung der zwischen geschiedenen Eheleuten bestehenden Auskunftspflicht zu. Es gehöre zu den nachehelichen Verpflichtungen sowohl des Unterhaltsverpflichteten als auch des Unterhaltsberechtigten, den anderen Teil auf Veränderungen hinzuweisen, die Grund und Höhe des Unterhaltsanspruchs beeinflussen könnten. So müsse der Unterhaltsverpflichtete den Unterhaltsberechtigten unterrichten, wenn sich seine Einnahmen in einer Weise erhöhten, die auf die Unterhaltsrente von Einfluß sein könne; andererseits sei der Unterhaltsberechtigte zu einem Hinweis verpflichtet, wenn er eigene Einkünfte erziele und deshalb für den anderen Teil eine Unterhaltsverpflichtung nicht mehr bestehe. Nur auf diese Weise könne sichergestellt werden, daß der Betroffene rechtzeitig von einer wesentlichen Änderung der Verhältnisse Kenntnis erlange. Hingegen laufe die Auffassung des OLG darauf hinaus, daß der Kl. die Bekl. in geeigneter Form ständig, mindestens allmonatlich, hätte beobachten (lassen) müssen, um zu erfahren, ob sie inzwischen eine Erwerbstätigkeit aufgenommen habe. Das sei unzumutbar.

(Verpflichtung zur ungefragten Information)

Der Senat hat nach Erlaß der angefochtenen Entscheidung in dem Urteil vom 19. 2. 1986 (NJW 1986, 1751) entschieden, unter welchen Voraussetzungen eine Auskunftspflicht unter geschiedenen Ehegatten über § 1580 BGB hinaus in Betracht kommt. Danach kann als Ausprägung des Grundsatzes von Treu und Glauben in besonderen Fällen – neben der Pflicht zur Auskunftserteilung auf Verlangen (§ 1580 BGB) – auch eine Verpflichtung zur ungefragten Information des anderen Partners eines Unterhaltsrechtsverhältnisses bestehen. Das ist aber nicht schon dann der Fall, wenn eine i. S. des § 323 I ZPO wesentliche Änderung der Einkommens- und Vermögensverhältnisse eingetreten ist. Vielmehr bleibt es auch unter solchen Umständen im Grundsatz bei der Auskunftspflicht nur auf Verlangen mit der Folge, daß es dem anderen Teil obliegt, sich Gewißheit über eingetretene Änderungen zu verschaffen. Lediglich in Ausnahmefällen, in denen das Schweigen über eine günstige, für den Unterhaltsanspruch ersichtlich grundlegende Änderung der wirtschaftlichen Verhältnisse evident unredlich erscheint, kann eine Pflicht zur ungefragten Offenbarung derartiger Veränderungen eingreifen. Das kann etwa dann angenommen werden, wenn der Unterhaltsschuldner aufgrund vorangegangenen Tuns des Unterhaltsgläubigers sowie nach der Lebenserfahrung keine Veranlassung hat, sich des Fortbestandes der anspruchsbegründenden Umstände durch ein Auskunftsverlangen zu vergewissern, der Unterhaltsgläubiger sodann trotz einer für den Schuldner nicht erkennbaren Veränderung seiner wirtschaftlichen Verhältnisse, die den materiell-rechtlichen Unterhaltsanspruch ersichtlich erlöschen läßt, eine festgesetzte Unterhaltsrente weiter entgegennimmt und dadurch den Irrtum befördert, in seinen Verhältnissen habe sich erwartungsgemäß nichts geändert.

Mit diesen Grundsätzen läßt sich der von der Revision vertretene Standpunkt nicht in Einklang bringen. Insbesondere kann ihr nicht gefolgt werden, soweit sie eine allgemeine nacheheliche Auskunftspflicht sowohl des Unterhaltsgläubigers als auch des Unterhaltsschuldners bei Eintritt jeder wesentlichen Änderung der für eine Unterhaltsverpflichtung maßgeblichen Umstände voraussetzt. Nach der Rechtsprechung des Senats besteht keine allgemeine Pflicht zur ungefragten Offenbarung veränderter Verhältnisse.

BGH v. 23. 4. 86 – IVb ZR 30/85 – FamRZ 86, 790 = NJW 86, 2054

(Betreuungsbonus, wenn der Verpflichtete für ein gemeinschaftliches Kind Bar- und Betreuungsunterhalt leistet)

III 3 b) Im Rahmen der Feststellung der Leistungsfähigkeit des Kl. hat das OLG dem Umstand, daß er im November 1984 auch den Sohn Kai-Uwe zu sich genommen hat und seine neue Ehefrau nunmehr – neben einem eigenen Kind – beide Söhne der Parteien betreut, dadurch Rechnung getragen, daß es ihm Einkommen in Höhe von monatlich 300 DM unangerechnet gelassen hat. Dazu hat es ausgeführt, der Kl. erbringe zumindest jetzt, seitdem Kai-Uwe bei ihm lebten, eine Arbeitsleistung, die im Verhältnis zu der Bekl. über das ihm zuzumutende Maß hinausgehe. Er wäre daher zur Verringerung seiner Arbeitsleistung im Beruf berechtigt, wenn er die Versorgung selbst erbrächte. Nach Treu und Glauben wäre dann eine Teilabsetzung seines Einkommens geboten. Hier leiste allerdings seine Ehefrau die Betreuung. Sie sei dazu der Bekl. gegenüber jedoch nicht verpflichtet. Daher biete es sich an, die Bekl. dem Kl. gegenüber so zu behandeln, als erbrächte er die Betreuung der gemeinschaftlichen Kinder in eigener Person, so daß ihm ein Betreuungsbonus gutzubringen sei. Das ist rechtlich nicht zu beanstanden; es entspricht dem Urteil des Senats v. 29.6. 1983 (IV b ZR 379/81, nicht veröffentlicht). Die Revision macht nicht geltend, daß der Betrag von 300 DM zu niedrig sei.

(Berechtigung des pauschalen Abzuges von 5 % für berufsbedingte Aufwendungen, wenn sich die Parteien auf den Pauschalabzug verständigt haben)

III 3 c) Das OLG hat es abgelehnt, von dem Einkommen des Kl. berufsbedingte Aufwendungen abzuziehen. Dazu hat es erwogen, in dem Vergleich v. 20. 4. 1983 seien solche Aufwendungen mit einem Pauschalbetrag berücksichtigt worden, obwohl sie schon damals nicht im einzelnen geltend gemacht worden seien. Deshalb seien in dem Vergleich auch nicht etwa tatsächliche Verhältnisse festgeschrieben worden, sondern das AmtsG habe bei dem Vergleichsvorschlag seine ständige Praxis einfließen lassen, berufsbedingte Aufwendungen pauschal mit etwa 5 % des Nettoeinkommens abzusetzen. An diese Beurteilung des AmtsG bei dem Vergleichsvorschlag, den die Parteien offenbar übernommen hätten, sei das Gericht bei der Entscheidung im Abänderungsverfahren nicht gebunden. Es handele sich nicht um die Festlegung tatsächlicher Aufwendungen, sondern um die Anwendung von Erfahrungssätzen und Pauschalen, die bei einer Abänderung nicht bindend seien. Das OLG berücksichtige in ständiger Rechtsprechung nur tatsächlich anfallende Aufwendungen, die hier jedoch weder geltend gemacht noch sonst ersichtlich seien, so daß auch ein Hinweis nicht geboten erscheine. Dagegen wendet sich die Revision zu Recht. Auf die in der Rechtsprechung unterschiedlich beantwortete Frage, ob für Aufwendungen, die notwendigerweise mit der Erwerbstätigkeit verbunden sind, ein pauschaler Abzug vom Einkommen vorzunehmen ist oder die Aufwendungen konkret zu berechnen sind, kommt es insoweit nicht an. Denn die Parteien haben sich, wie das Sitzungsprotokoll v. 20. 4. 1983 zeigt, auf einen Pauschalabzug verständigt. Ein solcher entsprach daher ihrem Willen. Daß der Vergleich auf einem Vorschlag des Gerichts beruhte, steht dem nicht entgegen. Die Anpassung des Unterhaltsvergleichs hat den Parteiwillen bei der Bewertung des jetzt erzielten Einkommens des Kl. zu beachten (s. oben I). Daraus, daß das Gericht im Abänderungsverfahren an Unterhaltsrichtlinien, die bei einer früheren Entscheidung angewendet worden sind, nicht gebunden ist (FamRZ 1984/374, 376), folgt nichts gegen die hier geforderte Beachtung des Parteiwillens. Bei der vorliegenden Frage handelt es sich nicht um die Anwendung von Unterhaltsrichtlinien in der Spruchpraxis. Die Entscheidung, in welcher Höhe der Pauschalabzug bei nunmehr leicht gestiegenen Einkünften vorzunehmen ist, obliegt dem Tatrichter, der sie aufgrund einer — erforderlichenfalls ergänzenden — Auslegung des gerichtlichen Vergleichs zu treffen haben wird.

(Unterhaltsvorrang bei anrechenbarer Ehedauer von 16 Jahren; Anspruch auf vollen Unterhalt, auch wenn dann der Mindestbedarf des neuen Ehegatten nicht gedeckt werden kann)

c III 3 d) Das OLG hat sich auf den Standpunkt gestellt, die Wiederverheiratung des Kl. verringere den Unterhaltsanspruch der Bekl. nicht, weil der Unterhaltsanspruch seiner jetzigen Ehefrau gemäß § 1582 I BGB nachrangig sei. Es hat den Vorrang der Bekl. aus der langen Ehedauer einschließlich der Zeit der Unterhaltsberechtigung nach § 1570 BGB wegen der Pflege oder Erziehung des gemeinschaftlichen Kindes Kai-Uwe (§ 1582 I S. 2, 2. Alternative, und S. 3 BGB) abgeleitet. Die Revision stellt zur Überprüfung, ob die genannten Voraussetzungen des Vorrangs erfüllt seien. Das ist der Fall.

aa) Aufgrund der Feststellungen des OLG ist davon auszugehen, daß der Kl. außerstande ist, der Bekl. neben dem Unterhalt für seine beiden Söhne und für seine jetzige Ehefrau den ihr zustehenden Unterhalt zu leisten, ohne seinen eigenen angemessenen Unterhalt zu gefährden. Das ist angesichts der mitgeteilten Einkommens- und Unterhaltsverhältnisse, die durch die Unterhaltsverpflichtung für die jetzige Ehefrau noch eine weitere Einengung erfahren würden, richtig.

bb) Die Bekl. geht der jetzigen Ehefrau des Kl. unterhaltsrechtlich im Rang vor, denn die Annahme des OLG, die Ehe mit der Bekl. sei — einschließlich der Zeit der Anspruchsberechtigung nach § 1570 BGB — von langer Dauer gewesen, läßt keinen Rechtsfehler erkennen. Nach der Rechtsprechung des Senats liegt eine den Unterhaltsvorrang sichernde lange Ehedauer jedenfalls von Ablauf von 15 Jahren vor, gerechnet von der Eheschließung bis zur Rechtshängigkeit des Scheidungsverfahrens (FamRZ 1983/886, 888, FamRZ 1985/362). Die Parteien haben am 13. 12. 1968 geheiratet; der Scheidungsantrag ist am 22. 6. 1981 zugestellt worden. An diese rund 12½ Jahre schloß (bis November 1984) eine mehr als 3¼jährige Zeit an, in der die Bekl. wegen der Pflege des gemeinschaftlichen Kindes Kai-Uwe nach § 1570 BGB anspruchsberechtigt war. Es ergibt sich eine Gesamtzeit von nahezu 16 Jahren. Das trägt die Annahme des Unterhaltsvorrangs der Bekl.

cc) Im Gegensatz zum AmtsG hat das OLG angenommen, der Vorrang sei nicht darauf beschränkt, daß der geschiedenen [gesch.] Ehefrau jedenfalls der Mindestbedarf verbleiben müsse. Es hat vielmehr ihren vollen — vereinbarten — Unterhaltsanspruch für gegenüber dem Unterhalt der neuen Ehefrau vorrangig gehalten. Dem tritt die Revision vergeblich unter Berufung auf die Entscheidung des OLG Schleswig, FamRZ 1982/705, 706, entgegen. Allerdings wird die Meinung vertreten, in Fällen, die jedenfalls noch eine Befriedigung des allseitigen sog. Mindestbedarfs ermöglichten, sei es mit Blick auf den Schutz der neuen Ehe (Art. 6 I GG) geboten, § 1582 I BGB verfassungskonform dahin auszulegen, daß zunächst ein Mindestbedarf der früheren wie auch der neuen Ehefrau sichergestellt und (nur) das dann verbleibende, zur Verteilung noch zur Verfügung stehende Einkommen des Unterhaltspflichtigen nach Maßgabe der §§ 1581, 1582 BGB aufgeteilt werde (OLG Schleswig, a.a.O., und FamRZ 1983/282, 284 — Vorlagebeschluß zu BVerfGE 66/84 = FamRZ 1984/346). Ob ein solcher Fall hier vorliegt, mag dahinstehen. Der Auffassung, die Widerspruch gefunden hat, vermag der Senat nicht beizutreten.

Anhang R. Rechtsprechung R298

Das Gebot verfassungskonformer Auslegung verlangt, von mehreren möglichen Normdeutungen, die teils zu einem verfassungswidrigen, teils zu einem verfassungsmäßigen Ergebnis führen, diejenige vorzuziehen, die mit dem Grundgesetz in Einklang steht (BVerfGE 32/373, 383 f.; vgl. auch BVerfGE 59/360, 386 = FamRZ 1982/463). Für seine Anwendung ist hier kein Raum. Die Vorschrift des § 1582 I S. 2 (und S. 3) BGB besagt, daß bei der Verteilung des für Unterhaltszwecke einzusetzenden Einkommens oder Vermögens die Unterhaltsbedürfnisse des jetzigen Ehegatten des Unterhaltspflichtigen gegenüber dem früheren Ehegatten außer Betracht zu bleiben haben. Im Gesetzgebungsverfahren ist der Vorschlag, den unterhaltsrechtlichen Nachrang des neuen Ehegatten durch eine Härteklausel abzuschwächen („Die Unterhaltspflicht gegenüber einem neuen Ehegatten ist nur zu berücksichtigen, wenn dieser bei entsprechender Anwendung der §§ ... unterhaltsberechtigt wäre und die Leistung von Unterhalt zur Vermeidung unbilliger Härten erforderlich ist") nicht übernommen worden. Damit, sowie nach dem Wortlaut der Vorschrift, die den Vor- und Nachrang abschließend regelt, ist eine Auslegung des Inhalts, daß zunächst der Mindestunterhalt des vorrangigen Ehegatten zu sichern, sodann derjenige des nachrangigen Ehegatten zu bedienen und erst danach der verbleibende Rest nach §§ 1581, 1582 BGB zu verteilen sei, nicht vereinbar. Die Vorschrift des § 1582 I BGB verstößt auch in diesem Verständnis nicht gegen das Grundgesetz. Das hat der Senat – im Anschluß an BVerfGE 66/84 = FamRZ 1984/346 – für Fälle entschieden, in denen der Vorrang des geschiedenen vor einem neuen Ehegatten auf der langen Dauer der Ehe beruht und keiner von beiden wegen der Pflege oder Erziehung eines gemeinschaftlichen Kindes (§ 1570 BGB) unterhaltsberechtigt ist oder wäre (FamRZ 85/362, 363). Durch Art. 6 I GG wird nicht nur die bestehende Ehe geschützt, sondern auch die Folgewirkung einer gesch. Ehe, wozu auch die Unterhaltsregelung gehört. Deshalb muß unter Heranziehung des allgemeinen Gleichheitssatzes (Art. 3 I GG) geprüft werden, ob es hinreichende Gründe für die unterschiedliche Behandlung der unterhaltsrechtlichen Position der gesch. und der neuen Ehefrau durch den Gesetzgeber gibt. Für den unterhaltsrechtlichen Vorrang der gesch. Ehefrau ist in erster Linie bestimmend, daß ihr Anspruch schon besteht und demgemäß das wirtschaftliche Leistungsvermögen des Unterhaltsverpflichteten von vornherein belastet, wenn die neue Ehe geschlossen wird. Hierauf muß sich ein neuer Ehegatte des Unterhaltsverpflichteten ebenso einstellen wie auf dessen sonstige Verbindlichkeiten. Als weiteren Sachgrund durfte der Gesetzgeber berücksichtigen, daß sich ein unterhaltsbedürftiger Ehegatte nach dem Scheidungsrecht des 1. EheRG dem Scheidungsbegehren des anderen nicht auf Dauer mit Erfolg widersetzen und damit verhindern kann, daß dieser eine neue Ehe eingeht. Demgegenüber wird die Verfassungsmäßigkeit der gesetzlichen Regelung nicht in Frage gestellt, wenn der Vorrang der gesch. Ehefrau bewirkt, daß die dem unterhaltspflichtigen Ehegatten verbleibenden Mittel nicht ausreichen, seine neue Familie gemäß § 1360 BGB angemessen zu unterhalten. Der Streitfall entspricht der Konstellation, für die der Senat in dem bereits genannten Urteil v. 16. 1. 1985 die vorstehenden Grundsätze aufgestellt hat: Der Vorrang der Bekl. vor der jetzigen Ehefrau beruht auf der langen Dauer der gesch. Ehe, und keine der beiden Frauen ist oder wäre für die Zeit ab November 1984 wegen der Pflege oder Erziehung eines gemeinschaftlichen Kindes unterhaltsberechtigt nach § 1570. In der vorhergehenden Zeit ab Klageerhebung beruhte von den Unterhaltsberechtigungen allerdings diejenige der Bekl. auf der Pflege oder Erziehung des gemeinschaftlichen Kindes Kai-Uwe. Das stellt jedoch ihren Vorrang nicht in Frage, da das Gesetz – im Gegenteil – die Versorgung eines gemeinschaftlichen Kindes als einen den Unterhaltsvorrang bewirkenden Umstand wertet (arg. § 1582 I S. 2 BGB).

BGH v. 23. 4. 86 – IVb ZR 33/85 – FamRZ 86, 798 = NJW 86, 2758

(Der Steuervorteil aus einer neuen Ehe des Unterhaltspflichtigen [sog. Splittingvorteil] kommt auch den unterhaltsberechtigten Kindern aus früherer Ehe zugute) R298

II) Die Ausführungen des OLG halten der rechtlichen Überprüfung insofern nicht stand, als das Berufungsgericht die Steuerersparnis, die dem Beklagten infolge seiner Wiederverheiratung zugute kommt (Veranlagung nach der sog. Splitting-Tabelle und Verdoppelung der abzugsfähigen Vorsorgeaufwendungen sowie des Sonderausgaben-Pauschbetrages), nicht nur im Verhältnis zu der Klägerin zu 1) als der nach § 1582 I BGB unterhaltsrechtlich vorgehenden geschiedenen Ehefrau (FamRZ 1985/911), sondern auch im Verhältnis zu der Klägerin zu 2) von dem für Unterhaltszwecke anrechenbaren Einkommen des Beklagten in Abzug gebracht hat. Der Senat hat bereits im Urteil vom 25. Juni 1980 (FamRZ 1980/984, 985) die Auffasung abgelehnt, daß der dem Unterhaltspflichtigen bei Wiederverheiratung zugute kommende Steuervorteil allgemein seiner neuen Familie zu verbleiben habe, und sich auf den Standpunkt gestellt, daß auch in diesem Falle für die Bemessung des Unterhaltsanspruches grundsätzlich von dem Einkommen auszugehen ist, welches sich nach Abzug der Steuern in ihrer tatsächlichen Höhe ergibt. An dieser Auffassung hat der Senat in dem bereits angeführten weiteren Urteil vom 3. Juli 1985 (FamRZ 85/911) festgehalten. Die Erwägungen des Berufungsgerichts geben zu einer Änderung des in den genannten Senatsentscheidungen eingenommenen Rechtsstandpunkts keine Veranlassung. Allerdings ging es in diesen Entscheidungen jeweils um

1317

den Unterhaltsanspruch der geschiedenen Ehefrau. Für den Unterhaltsanspruch eines Kindes aus geschiedener Ehe, wie er hier in Frage steht, ist jedoch in gleicher Weise das Einkommen des Unterhaltspflichtigen auch insoweit zugrunde zu legen, als ihm als Folge einer neuen Eheschließung Steuererleichterungen zugute kommen. Einem Kind aus geschiedener Ehe gegenüber diesen Steuervorteil außer Ansatz zu lassen, würde dem in § 1609 I BGB verankerten Grundsatz zuwiderlaufen, daß die minderjährigen Kinder des Unterhaltspflichtigen – gleich aus welcher Ehe – unterhaltsrechtlich gleichstehen. Denn dann würde der Unterhalt dieses Kindes nach einem niedrigeren Einkommen des Unterhaltspflichtigen bemessen als der eines Kindes aus der späteren Ehe. Der Unterhaltspflichtige muß das ihm tatsächlich zur Verfügung stehende Einkommen gleichmäßig zum Unterhalt aller seiner minderjährigen Kinder verwenden. Die Teilhabe des Kindes aus früherer Ehe an der dem Unterhaltspflichtigen bei Wiederverheiratung zugute kommenden Steuerersparnis erscheint auch angemessen. Freilich hat der Senat in dem bereits genannten Urteil vom 3. Juli 1985 Veranlassung zu einer Korrektur nach § 1579 I Nr. 4 BGB a. F. gesehen, wenn der Unterhaltspflichtige den ihm nur um der neuen Ehe willen gewährten Steuervorteil für den Unterhalt des früheren Ehegatten einsetzen müßte, obwohl er den Betrag der Steuerersparnis für den Unterhalt seines jetzigen Ehepartners benötigt. Dem lag jedoch ein Fallgestaltung zugrunde, in der der frühere Ehegatte des Unterhaltspflichtigen dem neuen Ehegatten nach § 1582 I BGB unterhaltsrechtlich vorging. In einem solchen Falle wäre es in hohem Maße unbefriedigend, wenn der frühere Ehegatte selbst dann auf den sog. Splittingvorteil zurückgreifen könnte, wenn dem Unterhaltspflichtigen nicht genügend Mittel für den Unterhalt des neuen Ehegatten verbleiben. Insofern ging es bei der Senatsentscheidung vom 3. Juli 1985 um eine angemessene Begrenzung des unterhaltsrechtlichen Vorrangs des früheren Ehegatten. Im Verhältnis zwischen minderjährigen Kindern aus einer früheren und der jetzigen Ehe ist für entsprechende Erwägungen kein Raum. Sie haben unterhaltsrechtlich den gleichen Rang. Würden die Unterhaltsansprüche der Kinder aus früherer Ehe nach einem um die Steuerersparnis gekürzten Einkommen des Unterhaltspflichtigen bemessen, so würden diese Kinder entgegen § 1609 I BGB gegenüber den Kindern aus der späteren Ehe benachteiligt; denn diese würden anders als jene an dem Steuervorteil partizipieren. Nach alledem hat das Berufungsgericht bei der Bemessung des Unterhalts der Klägerin zu 2) die Steuervorteile, die dem Beklagten infolge seiner Wiederverheiratung zugute kommen, zu Unrecht bei seinem für Unterhaltszwecke verfügbaren Einkommen in Abzug gebracht. Ohne diesen Abzug sind nach dem im übrigen nicht zu beanstandenden Rechenwerk des Berufungsgerichts die von der Klägerin zu 2) verlangten Unterhaltsbeträge in vollem Umfang zuzusprechen.

BGH v. 23. 4. 86 – IVb ZR 34/85 – FamRZ 86, 783 = NJW 87, 58

R299 *(Keine Prägung, wenn eine zwar während der Ehe bereits geplante Erwerbstätigkeit bis zur Scheidung nicht wenigstens teilweise verwirklicht worden ist)*

a II 2 b) Nach der std. Rspr. des Senats werden die für den nachehel. Unterhalt maßgebenden ehel. Lebensverhältnisse (§ 1578 I BGB) durch das bis zur Scheidung nachhaltig erreichte Einkommen bestimmt (FamRZ 1984/149, 150; FamRZ 1985/161, 162, jeweils m. w. N.). Ist nur einer der Ehegatten erwerbstätig und sind andere Einkünfte nicht vorhanden, prägt daher im allgemeinen nur dessen Arbeitseinkommen die Lebensstandard der Ehegatten. Dieser die ökonomische Grundlage der Ehe betreffende Tatbestand wird nicht dadurch berührt, daß Haushaltsführung und Kinderbetreuung durch den nicht erwerbstätigen Ehegatten wirtschaftlich der Erwerbstätigkeit des anderen grundsätzlich gleichwertig sind (FamRZ 85/161, 163). Regelmäßig setzt die Scheidung den Endpunkt, bis zu dem beide Ehegatten an der Entwicklung ihrer Einkommensverhältnisse in gleicher Weise teilhaben. Nur in besonderen Ausnahmefällen können erst nach der Scheidung eintretende Einkommensentwicklungen noch die ehel. Lebensverhältnisse und dadurch auch die Bemessung des nachehel. Unterhalts beeinflussen. Nach der Scheidung eingetretene Änderungen sind etwa zu berücksichtigen, wenn ihre Entwicklung zugrunde liegt, aus der Sicht des Zeitpunktes der Scheidung mit hoher Wahrscheinlichkeit zu erwarten war, und wenn ihre Erwartung die ehel. Lebensverhältnisse bereits geprägt hat (FamRZ 1986/148, m. w. N.). Das ist aber nicht bereits dann anzunehmen, wenn sich nach der Vorstellung der Ehegatten ihre wirtschaftlichen Verhältnisse erst zu einem zukünftigen Zeitpunkt dadurch verbessern sollen, daß der bisher allein mit der Haushaltsführung befaßte Ehepartner eine Erwerbstätigkeit aufnimmt. Ein solches Verständnis ließe außer Betracht, daß eine gleichmäßige Teilhabe beider Ehegatten an einer günstigen oder ungünstigen wirtschaftlichen Entwicklung allein aus der ehelichen Bindung heraus gerechtfertigt ist, die mit der Scheidung endet. Nach der Scheidung gilt – stärker noch als während einer Trennung der Eheleute (FamRZ 1984/149, 150 f.) – der Grundsatz, daß jeder Ehegatte selbst für seinen Unterhalt zu sorgen hat; denn dieser Grundsatz liegt der gesetzlichen Regelung des nachehel. Unterhalts zugrunde und wird ihr in § 1569 BGB ausdrücklich vorangestellt. Einkünfte, die ein Ehegatte aus einer erst während der Trennung aufgenommenen oder ausgeweiteten Erwerbstätigkeit bezieht, können ausnahmsweise die ehel. Lebensverhältnisse prägen, wenn nämlich die Aufnahme dieser Erwerbstätigkeit oder ihre Ausweitung schon während des Zusammenlebens der Eheleute geplant oder doch vorauszusehen war (FamRZ 1984/149, 150). Entgegen der Ansicht des OLG läßt sich diese Regel aber auf den hier zu beurteilenden Fall der Aufnahme einer Erwerbstätigkeit erst nach der Scheidung nicht übertragen. Dem steht die unterhaltsrechtliche Eigenverantwortung jedes Ehegatten entgegen, die – wie dargelegt – mit der Scheidung verstärkt einsetzt. Würde einem allgemeinen Lebensplan, den die Ehegatten bis zur Scheidung auch nur teilweise noch nicht verwirklicht hatten, gleichwohl Einfluß auf die ehel. Lebensverhältnisse beigemessen, ließen sich zudem keine sicheren Abgrenzungskriterien zur grundsätzlich unbeachtlichen nachehel. Entwicklung finden. Denn nach heutigem Eheverständnis und besonders im Hinblick auf die zunehmende berufliche Ausbildung auch der Frauen stellt es keine Besonderheit dar, daß Ehegatten übereinkommen, einer von ihnen – meist die Ehefrau – solle wegen der Pflege und Erziehung von Kindern eine Erwerbstätigkeit vorübergehend unterlassen oder einschränken, bis die Kinder ein bestimmtes Lebensalter erreicht haben, danach aber durch Aufnahme oder Ausweitung einer Erwerbstätigkeit die wirtschaftliche Basis der Familie verbessern. Einer solchen Planung kann Einfluß auf die ehel. Lebensverhältnisse allenfalls zukommen, wenn sie schon vor der Scheidung teilweise verwirklicht worden ist. Nach den dargelegten Grundsätzen kann den Erwerbseinkünften der Bekl. kein prägender Einfluß auf die ehel. Lebensverhältnisse beigemessen werden. Als die Bekl. eine regelmäßige Erwerbstätigkeit aufnahm, war die Ehe bereits fast zwei Jahre geschieden. Damit fehlte es bereits an einem engen zeitlichen Zusammenhang, dem der Senat in der bereits zitierten Entscheidung v. 27. 11. 1985 (FamRZ 86/148) Bedeutung beigemessen hat. In jenem Fall war die auf eine ärztliche Berufstätigkeit des Ehemannes abzielende Lebensplanung der Ehegatten bereits bis zur Scheidung weitgehend dadurch verwirklicht worden, daß der Ehemann kurz vor dem erfolgreichen Abschluß seiner zielstrebig betriebenen medizinischen Ausbildung stand und die im Hinblick hierauf – offenbar überobligationsmäßig – ausgeübte Erwerbstätigkeit der Ehefrau dem Zwecke diente, mit den daraus erzielten Mitteln neben Zuwendungen Dritter die absehbare Zeit bis zur Aufnahme der ärztlichen Tätigkeit zu überbrücken. Im vorliegenden Fall liegen die Verhältnisse dagegen anders. Entgegen der Annahme des OLG reichte die bloße Planung einer späteren Erwerbstätigkeit der Ehefrau nicht aus. Der Plan ist bis zur Scheidung auch nicht wenigstens teilweise verwirklicht worden. Daß die Bekl. schon früher erwerbstätig geworden wäre, wenn sie eine geeignete Beschäftigung gefunden hätte, reicht ebensowenig aus wie der Umstand, daß sie bereits Ende April 1979 – vierzehn Monate nach der Scheidung – für kurze Zeit halbtags gearbeitet hat. Die Berechnung des Unterhaltsanspruchs der Bekl. nach der sog. Differenzmethode unter Einbeziehung ihrer eigenen Einkünfte entspricht daher nicht dem Bemessungsmaßstab der ehel. Lebensverhältnisse nach § 1578 I BGB. Die dieser Methode zugrundeliegende Vorstellung, daß beide Ehegatten bereits während der Ehe mit ihren beiderseitigen Einkünften die wirtschaftliche Grundlage der Ehe geprägt haben (FamRZ 1984/356, 357), trifft hier nicht zu. Das angefochtene Urteil kann daher nicht bestehen bleiben.

(Quotenunterhalt, trennungsbedingter Mehrbedarf und voller Bedarf sowie Anhebung des Unterhaltsanspruchs bei verbesserter wirtschaftlicher Lage bis zur Deckung des eheangemessenen Bedarfs)

II 3 a) Wenn der Unterhaltsbedarf der Bekl. mit einer Quote des Einkommens des Kl. bemessen **b** und das eigene Einkommen der Bekl. darauf angerechnet wird, muß die auf diese Weise bestimmte Neuregelung des Unterhalts vom Tatrichter auf ihre Angemessenheit kontrolliert werden (FamRZ 1981/539, 541 – std. Rspr.). Damit steht im Einklang, wenn das OLG – wie es in seinen Hilfserwägungen dargelegt hat – dem durch die Trennung verursachten Mehrbedarf für Wohnkosten Rechnung tragen will, obwohl in dem abzuändernden Vergleich trennungsbedingte Mehrkosten weder bei der Bekl. noch beim Kl. berücksichtigt worden sind. Bei dem seinerzeit vereinbarten Unterhalt mußten die Parteien davon ausgehen, daß nur das bereinigte Nettoeinkommen des Kl. aufgeteilt werden konnte, weil andere Einkünfte nicht zur Verfügung standen. Die Bekl. mußte sich ersichtlich mit Rücksicht auf die Leistungsfähigkeit des Kl. (§ 1581 BGB) mit einer Quote seines Einkommens zufriedengeben, die ihren an den ehel. Lebensverhältnissen ausgerichteten vollen Unterhaltsbedarf nicht deckte. Daraus folgt aber nicht, daß die Bekl. trotz einer durch ihre eigene Erwerbstätigkeit verbesserten wirtschaftlichen Lage weiterhin an eine derartige Einschränkung gebunden bleibt. Reichen die zur Verfügung stehenden Mittel für eine höhere Leistung nunmehr aus, ist der Unterhaltsanspruch bis zur Deckung des eheangemessenen Bedarfs anzuheben (FamRZ 1980/771). Bedenken bestehen indessen dagegen, einem gesteigerten Wohnbedarf durch eine Erhöhung der Quote um 11,5 % des Einkommens Rechnung zu tragen, weil die Mieten und Mietnebenkosten vergleichbarer Haushalte im statistischen Mittel der Jahre 1979 bis 1983 um etwa 23 % des Einkommens gestiegen seien. Dies stände nicht im Einklang mit der Rechtsprechung, nach der trennungsbedingte Mehrkosten konkret dargelegt werden müssen (FamRZ 1983/886, 887, m. w. N.).

(Vorwegabzug des ungekürzten Tabellenunterhalts oder des einvernehmlich in anderer Höhe tatsächlich geleisteten Unterhalts)

c II 3 b) In dem abzuändernden Vergleich haben die Parteien vor der Quotenbildung das Nettoeinkommen des Kl. nicht nur um die von ihm für seine Krankenversicherung zu leistenden Beiträge gekürzt, sondern auch um den mit 460 DM angesetzten Kindesunterhalt. Das OLG hat angenommen, damit sei bindend vereinbart worden, vor der Quotierung solle der nach den jeweils geltenden Sätzen der Düsseldorfer Tabelle geschuldete Kindesunterhalt (bei Vergleichsschluß 2 x 260 = 520 DM) abgezogen werden, jedoch vermindert um die Hälfte des von der Bekl. für die beiden Kinder bezogenen Kindergeldes (damals 120 : 2 = 60 DM). Auch in diesem Punkt bestehen Bedenken gegen die Annahme einer fortwirkenden Bindung an die in dem Vergleich vorgenommenen Berechnungsschritte. Die Revision weist zu Recht darauf hin, daß der Abzug des staatlichen Kindergeldes vom Kindesunterhalt zur Folge hat, daß auf seiten des Kl. das hälftige Kindergeld unterhaltsrechtlich als Einkommen berücksichtigt wird, während auf seiten der Bekl. eine solche Anrechnung nicht erfolgt. Daraus, daß die Parteien eine derartige Vereinbarung während des Bestehens der Mangellage getroffen haben, kann nicht auf einen fortwirkenden Parteiwillen für die Zeit nach Behebung dieses Mangels geschlossen werden. Soweit bei der Ermittlung des der Quotierung unterliegenden bereinigten Nettoeinkommens des Kl. der Vorwegabzug des (ungekürzten) Kindesunterhalts weiterhin dem Parteiwillen entspricht, wird zu beachten sein, daß für die von der Klage umfaßten vergangenen Zeiträume nicht der Abzug von Tabellenwerten in Betracht kommt, wenn der Kl. – möglicherweise im Einvernehmen mit der sorgeberechtigten Bekl. – für die beiden Kinder tatsächlich in anderer Höhe Unterhalt geleistet hat (FamRZ 1986/153, 154).

(Pauschaler Ausgleich für berufsbedingte Aufwendungen; bei Erwerbseinkommen höhere Quote für Verpflichteten und Berechtigten zum Ausgleich für erhöhten Aufwand und als Anreiz zur Erwerbstätigkeit)

d II 3 c) Entgegen der Auffassung der Revision ist das Nettoeinkommen des Kl. vor der Quotierung jedoch nicht vorweg zum pauschalen Ausgleich berufsbedingter Aufwendungen um 5 % zu kürzen. Das OLG hat rechtsfehlerfrei dargelegt, daß sich eine solche Berechnungsweise nicht aus dem Vergleich herleiten läßt. Im übrigen wird dem mit einer Berufstätigkeit allgemein verbundenen erhöhten Aufwand eines Erwerbstätigen (und zugleich dem Anreiz zur Ausübung der Erwerbstätigkeit) schon dadurch Rechnung getragen, daß ihm eine höhere Quote als 50 % seines Einkommens zugebilligt wird (FamRZ 1981/1165, 1166).

d) Nach dem gleichen Grundsatz sieht sich das OLG zu Recht nicht gehindert, auch auf seiten der Bekl. zum Ausgleich eines mit ihrer Erwerbstätigkeit verbundenen erhöhten Aufwands und als Anreiz für ihre weitere Erwerbstätigkeit einen maßvollen Anteil ihres eigenen Einkommens auf den Unterhaltsbedarf nicht anzurechnen (FamRZ 1985/161, 164).

BGH v. 7. 5. 86 – IVb ZR 49/85 – FamRZ 86, 793 = NJW 86, 2057

R300 *(Verschärfte Haftung nach § 818 IV BGB)*

2. Der Kl. hat in der Zeit vom 13. 5. 1980 bis 30. 1. 1983 unstreitig 13 325 DM mehr an die Bekl. gezahlt, als er auf der Grundlage des seit dem 4. 8. 1983 rechtskräftigen Abänderungsurteils des AG München vom 30. 11. 1982 als Unterhalt hätte zahlen müssen. In dieser Höhe hat die Bekl. daher Leistungen ohne Rechtsgrund erhalten, die sie nach § 812 I BGB herausgeben müßte. Das BerGer. hat aber festgestellt, daß die Bekl. dieses Geld restlos für ihre Lebensbedürfnisse verbraucht und sich davon auch keine noch vorhandenen Vermögenswerte geschaffen oder von Verbindlichkeiten befreit hat. Gegen diese Feststellung und die Beurteilung, daß die Bekl. danach zur Herausgabe des überzahlten Unterhalts nicht in der Lage ist, wendet sich die Revision nicht. Sie bekämpft die weitere Auffassung des BerGer., die Bekl. brauche Wertersatz (§ 818 II BGB) nicht zu leisten, weil sie sich auf den Wegfall der Bereicherung berufen könne (§ 818 III BGB). Die Revision meint, daß die Bekl. ab Eintritt der Rechtshängigkeit der Abänderungsklage (13. 5. 1980) nach den allgemeinen Vorschriften (§ 818 IV BGB) mit der Folge hafte, daß sie selbst ein unverschuldetes Unvermögen zur Rückzahlung zu vertreten habe (§§ 275, 279 BGB). Mit diesem Angriff dringt die Revision jedoch nicht durch.

Der Senat hat es, worauf das BerGer. zutreffend verweist, für den Eintritt der verschärften Haftung gem. § 818 IV BGB nicht genügen lassen, daß zwischen dem Leistenden und dem Leistungsempfänger in einer beliebigen Prozeßform darüber gestritten wird, ob und gegebenenfalls in welcher Höhe ein Rechtsgrund für die Leistung besteht. So tritt für den Empfänger von Unterhaltsleistungen, die aufgrund einer nicht dem materiellen Recht entsprechenden einstweiligen Anordnung geleistet worden sind, die Haftungsverschärfung nicht schon mit der Rechtshängigkeit der Klage auf Feststellung ein, daß die Unterhaltspflicht nicht besteht (BGHZ 93, 183 = NJW 1985, 1074). Vielmehr knüpft die verschärfte Haftung gem. § 818 IV BGB konkret an die Rechtshängigkeit der Klage

Anhang R. Rechtsprechung R301

auf Herausgabe des Erlangten (§ 812 BGB) oder auf Leistung von Wertersatz (§ 818 II BGB) an; für eine erweiternde Auslegung dieser Ausnahmevorschrift ist kein Raum.

Diese Gründe gelten erst recht, wenn nicht im Wege der Feststellungsklage über den Bestand einer nur vorläufig titulierten Unterhaltspflicht gestritten wird, sondern die Bemessung eines bereits titulierten Unterhaltsanspruchs Gegenstand einer Abänderungsklage ist. Letztere betrifft ebenso wie die Feststellungsklage nur ein für den Bereicherungsanspruch vorgreifliches Rechtsverhältnis. Die Erhebung einer Abänderungsklage des Schuldners bewirkt zwar, daß eine Herabsetzung des titulierten Anspruchs in den Bereich des Möglichen rückt. Darauf kommt es indessen nicht entscheidend an, denn der Gesetzgeber hat die Zerstörung des Vertrauensschutzes aus Gründen der Rechtssicherheit formalisiert und für die Haftung nach den allgemeinen Vorschriften allein auf die Erhebung einer auf Herausgabe der Bereicherung oder auf Leistung von Wertersatz gerichteten Klage abgestellt. Andere Akte, seien sie außergerichtlicher oder gerichtlicher Art, führen die Rechtsfolge des § 818 IV BGB nicht herbei, selbst wenn der Leistungsempfänger daraufhin mit einer Rückforderung des Geleisteten rechnen muß. Das BerGer. hat demgemäß zutreffend weder dem Hinweis des Kl. auf ein künftiges Erstattungsverlangen hinsichtlich überzahlten Unterhalts (Anwaltschreiben vom 16. 3. 1981) noch seiner Aufrechnungserklärung (Anwaltschreiben vom 10. 3. 1983) eine die Haftungsverschärfung auslösende Wirkung beigemessen. Entgegen der Auffassung der Revision kommt eine solche Wirkung deshalb auch weder der Erhebung einer Abänderungsklage noch den im Abänderungsverfahren ergangenen Entscheidungen zu.

Durch diese Rechtslage ist der Unterhaltsschuldner ebensowenig rechtlos gestellt wie bei den Fallgestaltungen, die den früheren Senatsentscheidungen zugrunde lagen (vgl. außer BGHZ 93, 183 = NJW 1985, 1074 dazu die Urteile NJW 1983, 1330 = FamRZ 1983, 355 und NJW 1984, 2095 = FamRZ 1984, 767, jeweils m. w. Nachw.). Ist aufgrund einer (behaupteten) wesentlichen Änderung derjenigen Verhältnisse, die für die Unterhaltsbemessung maßgebend waren, eine Abänderungsklage erhoben, kann das Prozeßgericht in entsprechender Anwendung des § 769 ZPO auf Antrag anordnen, daß bis zum Erlaß des Abänderungsurteils die Zwangsvollstreckung aus dem abzuändernden Urteil gegen oder ohne Sicherheitsleistung eingestellt wird (BGH, LM § 323 ZPO Nr. 1). Das hat der Kl. nach seinem Vorbringen hier auch zu erreichen versucht. Aus welchen Gründen der von ihm gestellte Einstellungsantrag nicht beschieden worden ist, hat der Kl. nicht vorgetragen. Daß für ihn keine Möglichkeit bestanden hätte, auf dem genannten Wege vorläufigen Vollstreckungsschutz zu erreichen, kann der Revision daher nicht eingeräumt werden. Der Senat verkennt andererseits nicht die Schwierigkeiten, als Unterhalt gezahlte Beträge später zurückzubekommen, wenn das Unterhaltsurteil gem. § 323 III ZPO für einen zurückliegenden Zeitraum abgeändert wird. Im Hinblick hierauf wird das mit dem Einstellungsantrag befaßte Gericht in besonderer Verantwortung prüfen müssen, ob und unter welchen Voraussetzungen es eine weitere Vollstreckung aus einem Titel gestatten will, dessen Bestand wegen einer rechtshängigen Abänderungsklage fraglich ist.

Kann die Bekl. einem auf §§ 812, 818 II BGB gestützten Bereicherungsanspruch des Kl. wegen der Unterhaltsüberzahlungen entgegenhalten, daß sie nicht mehr bereichert ist, und haftet sie nicht gem. § 818 IV BGB nach allgemeinen Vorschriften auf Rückzahlung, war ein vom Kl. zur Aufrechnung gestellter Anspruch gegenüber den Unterhaltsforderungen der Bekl. für die Zeit ab 1. 2. 1983 bis 30. 9. 1984 nicht gegeben.

BGH v. 7. 5. 86 – IVb ZR 55/85 – FamRZ 86, 780 = NJW-RR 86, 1002

(Anrechnung aller Einkünfte, die zur Deckung des Lebensbedarfs zur Verfügung stehen. Bei Vorliegen besonderer R301
Aufwendungen ist der die Aufwendungen übersteigende Teil der Bezüge als Einkommen zuzurechnen)

2 b) Nach der ständigen Rechtsprechung des Senats sind sowohl bei der Bestimmung der für einen a
Unterhaltsanspruch maßgeblichen ehel. Lebensverhältnisse als auch bei der Ermittlung der Leistungsfähigkeit des Unterhaltsschuldners zur Feststellung des unterhaltsrechtlich relevanten Einkommens grundsätzlich alle Einkünfte heranzuziehen, die dem Unterhaltsschuldner zufließen, gleich welcher Art diese Einkünfte sind und aus welchem Anlaß sie im einzelnen erzielt werden (FamRZ 1981/541, 542). Handelt es sich um öffentlich-rechtliche Leistungen, so ist deren sozialpolitische Zweckbestimmung für die unterhaltsrechtliche Beurteilung nicht ohne weiteres maßgebend. Ausschlaggebend ist vielmehr, ob die Einkünfte tatsächlich zur (teilweisen) Deckung des Lebensbedarfs zur Verfügung stehen (FamRZ 1981/338, 339; FamRZ 1984/769, 771, m. w. N.) und dafür eingesetzt werden bzw. bei Anlegung eines objektiven Maßstabs (FamRZ 1982/151, 152) eingesetzt werden könnten. Dabei sind zur Bestimmung der ehel. Lebensverhältnisse nur regelmäßig und nachhaltig erzielte, dauerhafte Einkünfte heranzuziehen, die den ehel. Lebensstandard tatsächlich geprägt haben (FamRZ 1984/364, 365). Stehen den Einkünften besondere Aufwendungen gegenüber, für deren Abgeltung sie gewährt, durch die sie aber nicht voll aufgezehrt werden, dann ist der die Aufwendungen übersteigende Teil der Bezüge unterhaltsrechtlich als Einkommen des Empfängers anzusehen, das zur Befriedigung des allgemeinen Lebensbedarfs geeignet ist (FamRZ 84/769, 772). In diesem

Sinn hat es der BGH bereits i. J. 1960 gebilligt, daß eine Aufwandsentschädigung für auswärtige Diensttätigkeit bei der Bemessung von Unterhaltsansprüchen der Angehörigen zum Teil dem Einkommen des Empfängers zugerechnet wird, weil derartige Entschädigungen nach der Lebenserfahrung nicht voll für die Mehraufwendungen aus Anlaß der Dienstreise verwendet würden mit der Folge, daß von dem nicht verbrauchten Teil auch die Familiengemeinschaft einen Vorteil habe (VersR 1960, 801). In einem Urteil v. 16. 1. 1980 (FamRZ 1980/342 ff.) hat der BGH bei der Einkommensermittlung zur Bemessung des Unterhalts den Auslandszuschlag eines Beamten (Soldaten) nach § 55 BBesG mit angerechnet und dazu ausgeführt: Die Bestimmung einer Leistung zum Ausgleich besonderer Aufwendungen oder zu ähnlichen Verwendungszwecken führe nicht dazu, daß sie von vornherein außer Ansatz zu lassen wäre; vielmehr komme es insoweit auf den tatsächlichen Mehraufwand an, den der Empfänger einer derartigen Zulage habe; soweit der Auslandszuschlag den Mehraufwand übersteige, sei er bei der Einkommensermittlung mit heranzuziehen. Der erkennende Senat hat es gebilligt, daß Sitzungsgelder, die ein Ehegatte für seine Mitwirkung in einer kommunalen Bezirksvertretung bezog, zu einem Teilbetrag seinem unterhaltspflichtigen Einkommen zugerechnet wurden, mit der Begründung: Der Einbeziehung stehe nicht entgegen, daß die Sitzungsgelder lediglich zur Abgeltung der Sitzungsauslagen bestimmt seien. Die Zweckbestimmung öffentlich-rechtlicher Leistungen schließe ihre Behandlung als unterhaltspflichtiges Einkommen nicht aus. Entscheidend sei vielmehr, ob sich die betreffenden Bezüge dahin auswirkten, daß mehr Geld für den Familienunterhalt zur Verfügung stehe. Die Leistungen seien daher als unterhaltspflichtiges Einkommen anzusehen, soweit sie nicht durch konkreten Mehrbedarf aufgezehrt würden. Das gelte auch für die Sitzungsgelder einer kommunalen Bezirksvertretung (FamRZ 1983/670, 672, 673). Diese Grundsätze sind in entsprechender Weise auch auf die unterhaltsrechtliche Behandlung der Kostenpauschale eines (Bundestags-/Landtags-)Abgeordneten anzuwenden, wobei der besonderen Bedeutung der Pauschale Rechnung zu tragen ist.

(Aufwandsentschädigung – Kostenpauschale – eines Abgeordneten; Darlegungslast zu Art und Höhe konkreter mandatsbedingter Aufwendungen)

b 2b) Die Aufwandsentschädigung (Kostenpauschale), die der ASt. erhält, wird nach Art. 6 II BayAbgG für allgemeine Unkosten gewährt, insbesondere für die Betreuung des Stimm- und Wahlkreises, Bürokosten, Porto und Telefon sowie sonstige Auslagen, die sich aus der Stellung als Mitglied des Bayerischen Landtags ergeben (Nr. 1); zur Abgeltung von Mehraufwendungen für Verpflegung und Übernachtung am Sitz des Bayerischen Landtags und bei Reisen (Nr. 2); sowie von Kosten für Fahrten in Ausübung des Mandats, soweit nicht besondere Reisekostenvergütung geleistet wird (Nr. 3). Die Aufwandsentschädigung wird nicht gegen Nachweis tatsächlicher Aufwendungen des einzelnen Abgeordneten geleistet, sondern in der Form einer am tatsächlichen Aufwand einer repräsentativen Zahl von Abgeordneten orientierten Pauschalierung, bei der bestimmte – auf Erfahrungswerten beruhende – Einsatzbeträge für Reisekosten, Bürokosten einschließlich Fachliteratur, Übernachtungs- und Verpflegungskosten sowie für Öffentlichkeitsarbeit und Wahlkreisbetreuung zugrunde gelegt werden. Die Bemessung der Amtsausstattung in pauschalierter Form hat zur Folge, daß es Fälle geben kann, in denen die Aufwendungen eines Abgeordneten regelmäßig unter der Kostenpauschale liegen, ebenso wie auch Fälle denkbar sind, in denen die Pauschale zur Deckung des tatsächlichen Aufwandes nicht ausreicht. Denn da die Abgeordneten bei der Ausübung ihres politischen Mandats unabhängig sind, bestimmen sie im wesentlichen selbst, wie sie ihr Amt ausüben, wo sie den Schwerpunkt ihrer Arbeit sehen und welche Unkosten sie dabei auf sich nehmen. In jedem Fall ist die Kostenpauschale eines Abgeordneten dadurch gekennzeichnet, daß ihr typischerweise mandatsbedingte Aufwendungen gegenüberstehen, zu deren Abgeltung sie bestimmt ist. Im Umfang des hierfür erforderlichen Aufwandes scheidet ihre Heranziehung zu Unterhaltszwecken von vornherein aus. Welchen Anteil der Pauschale dies ausmacht, entzieht sich einer allgemeinen Beurteilung, da jeder Abgeordnete den Umfang seiner Mandatstätigkeit und der mit ihr verbundenen Aufwendungen eigenverantwortlich selbst bestimmt. Aus diesem Grund kommt eine Berücksichtigung der Kostenpauschale als unterhaltsrechtlich relevantes Einkommen mit einer bestimmten Quote, etwa, wie es die AGg. in Anlehnung an die Richtwerte der Nürnberger Tabelle bei Spesen und Auslösungen geltend macht, mit einem Drittel ihres Betrages, grundsätzlich nicht in Betracht. Da die Aufwandsentschädigung nicht gegen Einzelnachweis der mandatsbedingten Aufwendungen, sondern allen Abgeordneten pauschal in derselben Höhe gewährt wird, ist nicht auszuschließen, daß sie in Einzelfällen die mit dem Mandat verbundenen Aufwendungen eines Abgeordneten – regelmäßig – übersteigt und ihm dementsprechend zu einem Teil laufend als freies Einkommen zur allgemeinen Verwendung zur Verfügung steht. Wenn und soweit dies der Fall ist, ist auch die Kostenpauschale eines Abgeordneten nach den allgemeinen Grundsätzen des Unterhaltsrechts als unterhaltsrechtlich erhebliches Einkommen zu behandeln. Verfassungsrechtliche Bedenken sind insoweit entgegen der Auffassung des OLG nicht begründet. Da eine (anteilige) Heranziehung der Kostenpauschale zu Unterhaltszwecken von vornherein nur unter der Voraussetzung in Betracht kommt, daß die entspre-

Anhang R. Rechtsprechung   R 301

chenden Beträge nicht für mandatsbedingte Aufwendungen des Abgeordneten erforderlich sind, führt ihre Einbeziehung in das unterhaltserhebliche Einkommen nicht dazu, daß dem Abgeordneten teilweise die finanzielle Grundlage seiner Mandatstätigkeit entzogen und damit seine Unabhängigkeit (Art. 13 II S. 2 Bayer. Verfassung) beeinträchtigt wird. Dem OLG ist daher auch nicht darin zu folgen, daß der Abgeordnete hiermit in verfassungsrechtlich bedenklicher Weise verpflichtet würde, Teile der ihm ausschließlich für die Mandatsausübung zugewendeten Gelder zweckwidrig zur Alimentation von Unterhaltsberechtigten zu verwenden. Die Beträge, um die es hier geht, sind nach der eigenverantwortlichen Disposition des Abgeordneten für die Ausübung seines Mandats nicht erforderlich, sondern stehen zu seiner freien Verfügung. Ihre Berücksichtigung als unterhaltsrechtlich relevantes Einkommen scheitert unter diesen Umständen weder daran, daß die Kostenpauschale steuerfrei gewährt wird, noch daran, daß der Anspruch auf die Pauschale nach Art. 26 S. 2 BayAbgG nicht übertragbar und damit auch nicht pfändbar ist (FamRZ 1980/342, 344). Für die unterhaltsrechtliche Beurteilung kommt es – wie bei allen sonstigen Einkünften – ausschlaggebend (nur) darauf an, ob entsprechende Beträge dem Abgeordneten zur – teilweisen – Deckung seines Lebensbedarfs tatsächlich zur Verfügung stehen, und ob sie seinen ehelichen Lebensstandard nachhaltig (mit-) geprägt haben. Das muß im Einzelfall festgestellt werden.

3) Daß eine unterhaltsrechtliche Berücksichtigung von Teilen der Kostenpauschale – zumindest aus tatsächlichen Gründen – von vornherein nicht in Betracht kommen, eine Feststellung der nicht für mandatsbedingte Aufwendungen erforderlichen Beträge also praktisch nie möglich sein werde, wie die Revisionserwiderung in der mündl. Verhandlung vor dem Senat geltend gemacht hat, kann schon deshalb nicht angenommen werden, weil auch ein Abgeordneter als Unterhaltsschuldner wie jede Prozeßpartei der prozessualen Wahrheitspflicht nach § 138 I ZPO unterliegt. Allerdings führen weder die prozessuale Wahrheitspflicht nach § 138 I und II ZPO noch die allgemeinen Grundsätze des Prozeßrechts zur Darlegungs- und Beweislast dazu, daß ein Abgeordneter im Unterhaltsrechtsstreit gehalten wäre, die Notwendigkeit mandatsbedingter Ausgaben darzulegen und zu rechtfertigen und – in irgendeiner Weise – Rechenschaft zu legen über seine Mandatsausübung und die mit ihr verbundenen Aufwendungen. Dem steht die verfassungsrechtlich gewährleistete Unabhängigkeit des Abgeordneten bei der Ausübung seines Mandats entgegen. Das schließt jedoch – andererseits – nicht aus, daß von einem Abgeordneten im Unterhaltsrechtsstreit eine Darlegung seiner Aufwendungen etwa nach den Kriterien verlangt werden kann, die als Modell für die Berechnung der monatlichen Kostenpauschale gedient haben, so daß im einzelnen darzulegen ist, ob und in welcher Höhe Bürokosten (Mietkosten, Telefon, Porto, Büromaterial, Fachliteratur), Kosten für Wahlkreisbetreuung, Reisekosten (Fahrten zur Wahrnehmung von Mandatspflichten oder andere mandatsbedingte Reisen), Kosten für Wohnung und Verpflegung am Sitz des Bayerischen Landtags und bei sonstigen Reisen monatlich im Durchschnitt erwachsen. Unter Umständen kann auch die Angabe eines allgemeinen Postens „sonstige Ausgaben" in Betracht kommen, den das Gericht im Einzelfall – bei Anerkennung eines „Vertrauensbonus" für den Abgeordneten – großzügig beurteilen kann (FamRZ 1981/338, 340). Eine Obliegenheit zur Vorlage von Belegen ist nicht von vornherein auszuschließen. Vielmehr kann beispielsweise die private Telefonkostenrechnung des Abgeordneten vorgelegt werden und Aufschluß darüber geben können, welche Kosten das im privaten Bereich Übliche überschreiten und deshalb ersichtlich mandatsbedingt entstehen. Büro-Mietkosten, Lohn- und Gehaltsabrechnungen für Angestellte und Rechnungen für Fachliteratur werden in der Regel ebenso belegt bzw. vorgelegt werden können wie Nachweise über Übernachtungen am Sitz des Bayerischen Landtags und über Verpflegungskosten. Im übrigen wird, je nach den vorgetragenen Umständen des Einzelfalls, in geringerem oder größerem Umfang eine Schätzung des geltend gemachten Aufwandes nach Maßgabe des § 287 II ZPO erforderlich und vertretbar sein. Eine solche kann sich insbesondere für die Beurteilung der Durchschnittsbeträge der – teilweise periodisch schwankenden – mandatsbedingten Aufwendungen als notwendig erweisen, wobei es sachgerecht sein kann, die Darlegung auf einen längeren Zeitraum in der Vergangenheit (unter Umständen bis zur Dauer einer Legislaturperiode) zu erstrecken und zugleich die mit einiger Sicherheit voraussehbare künftige Entwicklung mit in Betracht zu ziehen (FamRZ 1984/39, 41, m. w. N.). In einem so verstandenen Sinn begegnet die prozessuale Darlegungslast eines (Bundestags-/Landtags-) Abgeordneten über die Verwendung seiner Aufwandsentschädigung – entgegen der Auffassung des OLG – weder verfassungsrechtlichen noch sonst rechtlichen Bedenken. Insbesondere kann dem OLG nicht darin zugestimmt werden, daß die geschilderte Darlegungslast gegenüber Personen und Stellen außerhalb der Legislative mit der in Art. 13 II der Bayerischen Verfassung garantierten Unabhängigkeit eines Abgeordneten nicht vereinbar sei. Die Aufwandsentschädigung wird den Abgeordneten deshalb ohne konkrete Nachweispflicht in pauschalierter Form gewährt, weil die andernfalls in Betracht zu ziehende Methode der Ermittlung und Vergütung der im einzelnen nachzuweisenden tatsächlichen Aufwendungen „als ein sowohl für die Rechnunglegenden als auch für die Rechnungsprüfenden ungemein zeitraubendes bürokratisches Verfahren" beurteilt wurde, dem „darüber hinaus einleuchtende sachliche Bedenken entgegenstanden, die vornehmlich auf die Sicherung der Unabhängigkeit der mandatsbeding-

ten, häufig innerhalb einer und meist zwischen den politischen Parteien konkurrierenden Tätigkeit abstellten". Der Beirat für Entschädigungsfragen beim Präsidium des Deutschen Bundestages hat sich für eine pauschale Erstattung mandatsbedingter Aufwendungen deshalb ausgesprochen, weil „der Einzelnachweis mandatsbedingter Aufwendungen den Abgeordneten in unverhältnismäßiger, seiner Stellung nach unzumutbarer Weise belasten würde; ebenso auch die Verwaltung; der Einzelnachweis wäre, da die Aufgaben eines Abgeordneten nicht in abschließender Form bestimmt werden können, auch mit gewissen Abgrenzungsschwierigkeiten verbunden". Aus diesem Grund war der Beirat der Auffassung, „daß es dem Verfassungsgrundsatz des freien Mandats am besten entspreche, wenn die mandatsbedingten Aufwendungen der Abgeordneten in Form des pauschalierten Unkostenersatzes abgegolten" würden. Diese Erwägungen zeigen, daß für die pauschale Abgeltung mandatsbedingter Aufwendungen ersichtlich in erster Linie Gründe nicht der Geheimhaltung, sondern des Arbeits- und Verwaltungsaufwandes maßgebend waren. Darüber hinaus wurde auch das Gebot hervorgehoben, die Unabhängigkeit der mandatsbedingten Tätigkeit sowohl innerhalb der einzelnen Partei als auch im Verhältnis zu konkurrierenden Parteien zu sichern. Dieser politische Bereich wird indessen nicht berührt, wenn ein Abgeordneter in einem Unterhaltsrechtsstreit mit seinen Familienangehörigen seine mandatsbedingten Aufwendungen in der oben geschilderten Weise darlegt. Die Unabhängigkeit des Abgeordneten wird hierdurch nicht beeinflußt. Soweit das OLG erwägt, die gegnerische Partei eines Unterhaltsrechtsstreits werde nicht immer Gewähr für eine vertrauliche Behandlung der gemachten Angaben bieten, kann dem Geheimhaltungsinteresse des Abgeordneten, wie ausgeführt, weitgehend mit den Mitteln des § 287 II ZPO Rechnung getragen werden. Im übrigen hat der Senat aber bereits entschieden, daß im Unterhaltsrecht Belange Dritter an der Geheimhaltung bestimmter Vorgänge regelmäßig hinter dem Interesse der Unterhaltsberechtigten zurücktreten müssen (FamRZ 1982/680, 682; FamRZ 1982/151, 152; vgl. auch Urteil v. 26. 10. 1983 – IV b ZR 16/82, nicht veröffentlicht). Das gilt im Grundsatz – mit den oben gemachten Einschränkungen – auch für die durch die Mandatsausübung eines Abgeordneten betroffenen Belange.

4) Wird die Kostenpauschale eines Abgeordneten nach alledem unter keinen Umständen in voller Höhe – sondern, wenn überhaupt, zu einem je nach den Umständen größeren oder geringeren Teil – als unterhaltserhebliches Einkommen in Betracht kommen, so hat die AGg. dem für den vorliegenden Fall insofern Rechnung getragen, als sie von vornherein nur eine unterhaltsrechtliche Berücksichtigung der Pauschale des ASt. mit einem Drittel ihres Betrages begehrt hat. Im übrigen hat die AGg. Anhaltspunkte dafür vorgebracht, daß der ASt. die Aufwandsentschädigung nicht in vollem Umfang mandatsbedingt verbrauche; denn sie hat geltend gemacht, er spare die Kosten für eine Zweitwohnung in M. dadurch, daß er – aus Anlaß von Sitzungen – in seinem Büro im Landtagsgebäude schlafe; außerdem erhalte er durch den Unterbezirk ... seiner Partei finanzielle Unterstützung dergestalt, daß er keine Ausgaben für Porto, Telefon und ähnliches habe, wenn er Wahlkampfarbeit leiste. Unter diesen Umständen ist entgegen der Auffassung der Revisionserwiderung nicht davon auszugehen, daß die Kostenpauschale des Ehemannes von vornherein unterhaltsrechtlich außer Betracht zu bleiben habe. Vielmehr ist der ASt. gehalten, nach Maßgabe der aufgezeigten Grundsätze darzutun und gegebenenfalls zu belegen, in welchem Umfang er die Aufwandsentschädigung – durchschnittlich – für mandatsbedingte Aufwendungen benötigt.

BGH v. 4. 6. 86 – IVb ZR 45/85 – FamRZ 86, 885 = NJW 86, 3080

R302 *(Schätzung von Bedarfspositionen, Mehrbedarf und Höhe fiktiver Einkünfte; keine Schätzung bei Anspruchsvoraussetzungen, z. B. ob der Berechtigte keine angemessene Arbeit zu finden vermag; Darlegungs- und Beweislast)*

a 3b aa) Soweit es darum geht, ob die Kl. eine andere – ihr angemessene – Erwerbstätigkeit hätte finden können, hat das OLG ausgeführt: Zwar habe sich die Kl. nicht gehörig um eine Anstellung bemüht. Insbesondere habe sie sich nicht hinreichend auf Zeitungsanzeigen beworben. Dies sei jedoch für ihre Arbeitslosigkeit nicht ursächlich. Aus den Bekundungen des als sachverständiger Zeuge vernommenen Sachbearbeiters F. vom Arbeitsamt K. ergebe sich vielmehr, daß die Kl. auch bei intensiveren Bemühungen keine Anstellung gefunden hätte. Allerdings sei nicht auszuschließen, daß sich bei weiteren Bemühungen infolge außergewöhnlicher Umstände doch noch die Möglichkeit einer Anstellung hätte ergeben können. Indessen komme der Kl. die Beweiserleichterung des § 287 II ZPO zugute. bb) Diese Ausführungen stoßen auf Bedenken. Für eine Beweiserleichterung nach § 287 II ZPO ist in dem hier gegebenen Zusammenhang kein Raum. Freilich kommt die Anwendung des § 287 ZPO auch im Unterhaltsprozeß in Betracht. Es handelt sich bei ihm um eine vermögensrechtliche Streitigkeit i. S. des § 287 II ZPO, bei der die vollständige Aufklärung der für die Höhe der Forderung maßgeblichen Umstände mit unverhältnismäßigen Schwierigkeiten verbunden sein und deshalb Veranlassung zu einer richterlichen Schätzung bestehen kann. So kann nach der Rechtsprechung des Senats etwa der Anteil, der dem Unterhaltspflichtigen von seiner – im übrigen anzurechnenden – Grundrente (§ 31 BVersG) für seinen schädigungsbedingten Mehrbedarf zu be-

Anhang R. Rechtsprechung

lassen ist, nach Maßgabe des § 287 ZPO geschätzt werden (FamRZ 1981/338, 340; FamRZ 1981/ 1165 f. und FamRZ 1982/252, 253). Ebenso sind Bedarfspositionen auf seiten des Unterhaltsberechtigten der Schätzung zugänglich (FamRZ 1983/689, 690). Ferner kann die Höhe fiktiver Einkünfte, wie sie bei der Bemessung des Unterhalts sowohl auf seiten des Unterhaltsberechtigten einzustellen sein können, im allgemeinen nur im Wege der Schätzung ermittelt werden (FamRZ 1984/662, 663 sowie OLG Düsseldorf, FamRZ 1981/255, 256 f.). Darüber hinaus mögen auch die Grundsätze, nach denen die Rechtsprechung § 287 ZPO auf die Frage der Kausalität zwischen anspruchsbegründendem Ereignis und Anspruchsumfang entsprechend anwendet (BGHZ 7/287, 295; 4/192, 196; BGH, NJW 1968/985; VersR 1975/540, 541; NJW 1963/998 f.), auf den Unterhaltsanspruch übertragbar sein, soweit Ursachenabläufe in Frage stehen, die sich auf den Umfang des Unterhaltsanspruchs auswirken, sei es, daß sie den Anspruch ausfüllen oder – etwa bei einer Obliegenheitsverletzung des Unterhaltsberechtigten – verringern. Eine Beweiserleichterung nach § 287 ZPO scheidet jedoch jedenfalls aus, soweit es um den „eigentlichen" Anspruchsgrund geht, d. h. um diejenigen Anspruchsvoraussetzungen, von denen das Gesetz den Anspruch vorbehaltlich seines Umfangs abhängig macht (vgl. – bezogen auf Schadensersatzansprüche – BGH, a. a. O.). Für diese Anspruchsvoraussetzungen bleibt es bei den allgemeinen Beweisregeln. Danach ist hier § 287 ZPO nicht anwendbar. Es geht um die Frage, ob die Kl. Unterhalt verlangen kann, weil sie, wie es § 1573 I BGB zur Anspruchsvoraussetzung macht, „keine angemessene Erwerbstätigkeit zu finden vermag". Damit geht es nicht um die Ausfüllung ihres Unterhaltsanspruchs, sondern darum, ob überhaupt ein Unterhaltstatbestand – nämlich der des § 1573 I BGB – erfüllt ist. Hierfür ist die Kl. uneingeschränkt darlegungs- und beweispflichtig, ohne daß ihr insoweit die Beweiserleichterung des § 287 II ZPO zugute kommen kann.

(Anforderungen an den Nachweis, keine Arbeit finden zu können; Zweifel geht zu Lasten des beweispflichtigen Berechtigten)

3 b cc) Ob ein Arbeitsuchender eine Stelle finden kann, hängt von den Verhältnissen auf dem **b** Arbeitsmarkt und den persönlichen Voraussetzungen des Bewerbers (Alter, Vorbildung, Berufserfahrung usw.) ab (BGH, FamRZ 1986/244, 246). Je nach diesen Gegebenheiten können die Anforderungen, die an den Nachweis des Unterhaltstatbestandes des § 1573 I BGB zu stellen sind, unterschiedlich ausfallen. Einerseits darf dem Unterhalt begehrenden geschiedenen Ehegatten der Nachweis, daß er keine Arbeit zu finden vermöge, nicht zu leicht gemacht werden, weil sonst die Gefahr besteht, daß er sich nicht intensiv genug um eine Anstellung bemüht und die Hände vorzeitig in den Schoß legt. Andererseits dürfen die Anforderungen nicht überspannt werden. Eine absolute Sicherheit, daß bei weiterer Arbeitsuche keine angemessene Stelle zu finden wäre, gibt es nicht. Es kommt stets hypothetisch in Betracht, daß dem betreffenden Ehegatten doch noch eine angemessene Beschäftigung angeboten würde. Dieses Unsicherheitsmoment ist tatrichterlich zu bewältigen. Der Tatrichter muß sich die Frage vorlegen, ob die Chance, daß der betreffende Ehegatte bei weiterer Arbeitsuche Arbeit fände, real oder doch nicht völlig irreal oder nur theoretischer Art ist. Jeder ernsthafte Zweifel geht zu Lasten des Unterhaltsklägers, da er für die Voraussetzungen des § 1573 I BGB die Beweislast trägt. Die Unterhaltsklage ist daher abzuweisen, soweit für den Fall sachgerechter Bemühungen eine nicht ganz von der Hand zu weisende Beschäftigungschance besteht. Eine ganz unrealistische und bloß theoretische Beschäftigungschance steht jedoch der Bejahung des § 1573 I BGB nicht entgegen. Der Nachweis, daß der Anspruchsteller i. S. § 1573 I BGB keine angemessene Erwerbstätigkeit zu finden vermag, ist daher schon dann als geführt anzusehen, wenn nach dem Ergebnis der tatrichterlichen Beweiswürdigung die Beschäftigungschance „gleich Null" ist, eine Beschäftigung also praktisch ausscheidet (BGHZ 53/245, 256; BGH, NJW 1978/1919 f., NJW 1982/2874, 2875). Eben diese Überzeugung hat sich das OLG vorliegend nach Beweiserhebung gebildet. Es hat den Sachbearbeiter F. des Arbeitsamts K. als sachverständigen Zeugen vernommen, der die Kl. bei der Arbeitsuche beraten hat, und sich seiner Einschätzung der Beschäftigungschancen der Kl. angeschlossen, die auf der Erfahrung des Zeugen als Arbeitsvermittler und seiner Kenntnis des regionalen Arbeitsmarkts, jeweils bei Berücksichtigung der persönlichen Verhältnisse der Kl., beruhe. Aus der Aussage des Zeugen ergebe sich, daß die Kl. vor allem mangels Berufspraxis seit rund 20 Jahren und angesichts ihres Alters von mehr als 50 Jahren unter den obwaltenden Arbeitsmarktbedingungen auf absehbare Zeit „keine Möglichkeit" habe, eine Arbeit zu finden, und zwar weder durch Vermittlung des Arbeitsamtes noch aufgrund eigener Bemühungen. Dementsprechend, so das OLG weiter, sei es nur unter außergewöhnlichen Umständen vorstellbar, daß es der Klägerin doch gelungen wäre, eine Anstellung zu erhalten. Damit hat das OLG rechtsfehlerfrei eine Situation angenommen, derzufolge eine Beschäftigung für die Kl. praktisch ausscheidet. Unter diesen Umständen erweist sich ihr auf § 1573 I BGB gestütztes Unterhaltsbegehren auch ohne Zuhilfenahme des § 287 ZPO als gerechtfertigt. Soweit der Senat in dem von der Revision herangezogenen Urteil v. 4. 11. 1981 (FamRZ 1982/ 255, 257) gebilligt hat, daß der Tatrichter in jenem Falle der Unterhalt begehrenden Ehefrau die Berufung auf „absolute Vermittlungsunfähigkeit" versagt hat, ergibt sich kein Widerspruch zu der hier

getroffenen Entscheidung. Es kommt auf den Einzelfall an. Der damalige Fall lag anders. Insbesondere lag die Berufstätigkeit der Kl. des damaligen Verfahrens noch nicht so lange zurück wie die der Kl. des vorliegenden Verfahrens, so daß von noch verwertbaren beruflichen Erfahrungen ausgegangen werden konnte und etwa Bewerbungen auf Stellenangebote in Zeitungen nicht von vornherein aussichtslos erschienen. Bei Berücksichtigung dieser Umstände liegt es durchaus auf der hier dargelegten Linie, daß der Tatrichter in dem damaligen Fall den nach § 1573 I BGB erforderlichen Nachweis nicht als geführt angesehen hat.

BGH v. 4. 6. 86 – IVb ZR 48/85 – FamRZ 86, 889 = NJW-RR 86, 1194

(*Zur Subsidiarität einer wiederauflebenden Witwenversorgung gegenüber einem nach § 1579 gekürzten Unterhaltsanspruch aus 2. Ehe. Anrechnung von Unterhaltsansprüchen auf die wiederaufgelebte Witwenrente*)

1) Die wiederaufgelebte Versorgung einer Kriegerwitwe (§ 44 II BVersG) beeinflußt aus Rechtsgründen deren Unterhaltsbedürftigkeit und damit die Verpflichtung ihres geschiedenen zweiten Ehemannes zur Zahlung nachehel. Unterhalts (§§ 1569 ff. BGB) nicht. Vielmehr sind auf Hinterbliebenenrenten nach dem ersten Ehemann, die durch die zweite Eheschließung weggefallen sind und nach der Auflösung der zweiten Ehe wieder aufleben, Versorgungs-, Renten- und Unterhaltsansprüche anzurechnen, die sich aus der neuen Ehe herleiten (§ 44 V S. 1 BVersG; im Grundsatz ebenso § 61 III BeamVG, § 68 II S. 1 HS. 2 AVG, § 1291 II S. 1 HS. 2 RVO, § 83 III S. 1 Hs. 2 RKG). Nur wenn und soweit die Versorgung aus der zweiten Ehe den damit gleichsam garantierten Versorgungsstand nach dem ersten Ehegatten („Mindestversorgungsgarantie", BSGE 22/78, 80; Ruland, MDR 1976/453, 457) nicht erreicht, lebt also die Erstversorgung wieder auf. Damit ordnet das Gesetz die Subsidiarität der Witwenversorgung an. Bei der Prüfung, ob und in welcher Höhe der Unterhaltsanspruch der geschiedenen Frau gegen ihren geschiedenen zweiten Ehemann besteht, bleibt mithin die wiederaufgelebte Witwenrente unberücksichtigt (FamRZ 79/211, 212 ff.; BSGE 42/110, 112). Die Frau muß so angesehen werden, als bezöge sie keine Rente (OLG Düsseldorf, FamRZ 1978/695, 696).

2) Daraus, daß der Unterhaltsanspruch der Bekl. eine Kürzung gemäß § 1579 I Nr. 4 BGB a. F. (heute: § 1579 Nr. 6 BGB i. d. F. des Gesetzes zur Änderung unterhaltsrechtlicher, verfahrensrechtlicher und anderer Vorschriften – UÄndG – v. 20. 2. 1986, BGBl I 301) erfahren hat, ergeben sich keine Besonderheiten. Es ist anerkannten Rechtes, daß die wiederaufgelebte Witwenversorgung auch gegenüber dem Anspruch des bedürftigen geschiedenen Ehegatten auf einen Unterhaltsbeitrag subsidiär ist, den § 60 EheG a. F. nach einer Scheidung aus beiderseitigem Verschulden vorsah, wenn und soweit dies mit Rücksicht auf die Bedürfnisse und die Vermögens- und Erwerbsverhältnisse des anderen Ehegatten und der unterhaltspflichtigen nahen Verwandten der Billigkeit entsprach (FamRZ 1979/470, 471; BSGE 30/220, 222 = FamRZ 1970/314 [LS.]). Gleiches gilt gegenüber dem Billigkeitsunterhalt des § 61 II EheG a. F. (OLG Düsseldorf, FamRZ 1978/597). In gleicher Weise besteht Subsidiarität gegenüber dem nach einer Teilaberkennung gemäß § 1579 BGB verbleibenden Restanspruch auf Unterhalt nach einem der Unterhaltstatbestände der §§ 1570 bis 1573, 1575 BGB.

3) Die Revision vertritt den Standpunkt, in die durch § 1579 BGB geforderte Billigkeitsprüfung sei auch die subsidiäre Witwenrente einzubeziehen. Wenn der Unterhaltsanspruch trotz der Verwirklichung eines der in der Vorschrift genannten Ausschlußgründe nicht vollständig versagt, sondern wegen der wirtschaftlichen Schwäche des Betroffenen nur herabgesetzt werde, so werde dem unterhaltspflichtigen geschiedenen Ehegatten ein Vermögensopfer auferlegt. Das sei nur dann zulässig, wenn es zur Existenzsicherung des anderen unumgänglich sei. Deshalb müßten bei der Billigkeitsprüfung gemäß § 1579 BGB auch solche Einkünfte des Unterhaltsberechtigten berücksichtigt werden, die diesem freiwillig von Dritten oder aufgrund subsidiärer Ansprüche gewährt würden. Nur so könne vermieden werden, daß der durch eine schwere Eheverfehlung verletzte Unterhaltsschuldner ein Vermögensopfer leisten müsse, obgleich dieses gar nicht zur Existenzsicherung des anderen erforderlich sei. Auch vorliegend würden der Kl. Leistungen abverlangt, die ihn selbst zu einem bescheidenen Lebenswandel verpflichteten, ohne daß eine Notlage der Bekl. ersichtlich sei, die im Rahmen der Billigkeitsprüfung ihrem ehel. Fehlverhalten gegenüberzustellen wäre. Damit kann die Revision nicht durchdringen. Sie berücksichtigt zunächst nicht hinreichend, daß für die Belassung eines Unterhaltsteils im Rahmen der durch § 1579 BGB geforderten Prüfung, ob und inwieweit die Inanspruchnahme des Verpflichteten grob unbillig wäre, nicht allein die Bedürftigkeit des Berechtigten maßgebend ist, sondern daß eine bloße Herabsetzung des Unterhalts, welche die neue Fassung des § 1579 BGB jetzt auch ausdrücklich vorsieht, immer dann zu erkennen ist, wenn der vollständige Ausschluß nicht geboten erscheint, um einen groben Widerspruch mit dem Gerechtigkeitsempfinden zu vermeiden (FamRZ 1982/582 f., FamRZ 1983/670, 672). Dabei können neben der Unterhaltsbedürftigkeit des Berechtigten auch sonstige Umstände, wie etwa die Schwere des Verwirkungsgrundes, eine lange Dauer der Ehe sowie Verdienste um die Familie, insbesondere bei der Pflege und Erziehung von Kindern, berücksichtigt werden. Letzteres hat auch im Streitfall eine Rolle gespielt.

Anhang R. Rechtsprechung R304

Insbesondere aber zeigt die oben (unter 2) genannte Rechtsprechung zur Subsidiarität der wiederaufgelebten Witwenrente gegenüber Unterhaltsansprüchen aus §§ 60, 61 II EheG a. F., daß selbst dann, wenn die Zubilligung des Unterhaltsanspruchs ihren Grund in der wirtschaftlichen Schwäche des Berechtigten und in der Leistungsfähigkeit des Verpflichteten hat, kein hinreichender Grund anzunehmen ist, die Leistungspflicht von dem zweiten Ehepartner auf den Träger der Versorgung nach dem ersten Ehegatten und damit auf die Solidargemeinschaft zu überbürden. Das Wiederaufleben der Versorgung nach dem ersten Ehegatten hat den rechtspolitischen Zweck, durch Überwindung der Scheu vor einer erneuten Eheschließung die Zahl der sog. Rentenkonkubinate („Onkelehen") hintanzuhalten. Es dient jedoch nicht der Entlastung des neuen Ehepartners von Unterhaltsverpflichtungen nach einem Scheitern der Ehe. Die wiederauflebende Witwenversorgung hat nach dem System der gesetzlichen Regelung keine Unterhaltsersatzfunktion in bezug auf die neue Ehe (BVerfGE 38/187, 200 = FamRZ 1975/157, 160). Danach führt das Wiederaufleben der Witwenrente eines geschiedenen Ehegatten auch nicht zu einer Minderung seines nach § 1579 BGB gekürzten Unterhalts. Ob dieser Grundsatz in Ausnahmefällen, wie sie im Urteil des BGH v. 4. 4. 1979 (FamRZ 1979/470, 471) bezeichnet werden, zur Vermeidung einer unverhältnismäßigen Belastung des Unterhaltspflichtigen eingeschränkt werden muß, braucht hier nicht erörtert zu werden, da ein solcher Ausnahmefall nicht vorliegt. Zu Unrecht macht die Revision schließlich geltend, jedenfalls die Verpflichtung des Kl. zur Tragung der Kosten der Krankenversicherung müsse entfallen, weil der Bekl. nunmehr ein eigener Anspruch auf Krankenversorgung nach dem Bundesversorgungsgesetz zustehe. Auch das vernachlässigt die gesetzlich angeordnete Subsidiarität der wiederaufgelebten Witwenversorgung. Auf die Witwenrente sind Unterhaltsansprüche aus der neuen Ehe nach § 44 V S. 1 BVersG schlechthin, ohne die von der Revision gewünschte Einschränkung, anzurechnen. Zu dem anzurechnenden Unterhaltsanspruch gehört deshalb auch der Anspruchsteil, der – im Rahmen des gesamten Lebensbedarfs (§ 1578 I BGB) – die Kosten einer angemessenen Versicherung für den Fall der Krankheit deckt (§ 1578 II BGB). Auch insoweit besteht kein Anlaß, die Kosten der Krankheitsvorsorge, mag diese nunmehr auch nach den Vorschriften des Bundesversorgungsgesetzes gewährt werden, von dem zweiten Ehemann auf die Solidargemeinschaft zu überbürden.

BGH v. 4. 6. 86 – IVb ZR 50/85 – FamRZ 86, 881 = NJW-RR 86, 1196

(Zur Ausgleichspflicht nach § 426 BGB wegen Zins- und Tilgungsleistungen für ein Haus vor und nach der Trennung; abweichende Bestimmung i. S. des § 426 I S. 1 BGB auf Grund der besonderen Gestaltung der Verhältnisse. Neuregelung der Miteigentümerverhältnisse nach § 745 II BGB) R304

2 a) Das OLG hat dem Kl. einen Ausgleichsanspruch in Höhe der Hälfte seiner Zins- und Tilgungsleistungen auf der Grundlage des § 426 I S. 1 BGB zugesprochen. Nach dieser Vorschrift haften Gesamtschuldner im Verhältnis zueinander zu gleichen Teilen, soweit nicht ein anderes bestimmt ist. Ist im Einzelfall eine andere Bestimmung getroffen, so ist diese maßgebend und tritt an die Stelle der sonst vorgesehenen hälftigen Ausgleichspflicht im Innenverhältnis. Unter diesem rechtlichen Gesichtspunkt – auf den auch die Angriffe der Revision im Ergebnis hinzielen – hat das OLG den Sachverhalt nicht gewürdigt, obwohl nach den unstreitigen tatsächlichen Verhältnissen die Annahme naheliegt, daß die Parteien i. S. des § 426 I S. 1 BGB etwas „anderes bestimmt" hatten.
2 b) Eine abweichende Bestimmung i. S. § 426 I S. 1 BGB kann sich aus dem Gesetz, einer – ausdrücklich oder stillschweigend (BGH, WM 1983/1386, 1387) getroffenen – Vereinbarung, aus Inhalt und Zweck eines zwischen den Gesamtschuldnern bestehenden Rechtsverhältnisses oder der Natur der Sache, mithin aus der besonderen Gestaltung des tatsächlichen Geschehens ergeben (BGHZ FamRZ 80/664, 665; FamRZ 83/795; WM 86/208 = NJW 86/1491, m. w. N.). aa) Für die Dauer des Zusammenlebens der Parteien ist das OLG davon ausgegangen, daß sie – seit dem Erwerb des Hausgrundstücks – zumindest stillschweigend eine andere Regelung als die einer anteiligen Ausgleichungspflicht im Innenverhältnis getroffen haben. Das ergibt sich aus dem Hinweis des OLG auf die Entscheidung in BGHZ 87/265 ff. (= FamRZ 83/795) und die Erwägung zu der während des Bestehens der Ehe geltenden Verwaltungsregelung in dem angefochtenen Urteil. Gegen diese Annahme bestehen aus Rechtsgründen keine Bedenken.
Solange die Parteien zusammenlebten, hat der Kl. nach den bisher getroffenen Feststellungen die gesamten Schuldenlasten für das Hausgrundstück getragen, ohne im Innenverhältnis einen Ausgleich von der Bekl. zu verlangen. In dem Haus befand sich aber – anders als in dem der Entscheidung BGHZ 87/265 (= FamRZ 83/795) zugrundeliegenden Fall – nicht nur die gemeinsame Ehewohnung. Vielmehr nutzte die im Miteigentum der Bekl. stehende Ehefrau das insbesondere zu gewerblichen Zwecken und erzielte aus dieser gewerblichen Nutzung sein laufendes Einkommen. Dabei überwog der Wert der gewerblichen Nutzung nach den Angaben der Bekl. – Pachtwert für die Gaststätte mit Kegelbahn monatlich 1500 DM und Einnahmen aus Zimmervermietung bis zu monatlich 1000 DM – den Mietwert der Wohnung – von monatlich 900 DM – in erheblichem Maße. Anhaltspunkte dafür, daß der Kl. der Bekl. einen auf sie entfallenden Anteil der „Gaststätten-

pacht" und der Erlöse aus Vermietungen gezahlt hätte, sind im Verfahren nicht hervorgetreten. Diese tatsächliche Handhabung läßt darauf schließen, daß die Parteien während des Zusammenlebens – jedenfalls stillschweigend – vereinbart hatten, der Kl. solle einerseits berechtigt sein, die Gaststätte mit Kegelbahn und die Fremdenzimmer in dem gemeinschaftlichen Haus zu Erwerbszwecken zu nutzen, und andererseits die Verpflichtung übernehmen, die Zins- und Tilgungsraten für das Haus zu tragen. Da die Schuldenlasten nach dem Vortrag des Kl. monatlich durchschnittlich rund 2100 bis 2200 DM betrugen, bestand zwischen dem Nutzungsvorteil und dem Schuldendienst ein grundsätzlich ausgewogenes Verhältnis. Soweit die Zins- und Tilgungsleistungen des Kl. auch die Ehewohnung betrafen, entspricht es ohnehin allgemeiner Übung, daß der alleinverdienende Ehegatte die gemeinschaftlichen finanziellen Verpflichtungen trägt, auch wenn sie, wie bei der Finanzierung eines im Miteigentum stehenden Hauses, dem gemeinsamen Vermögenserwerb dienen, während der andere Teil durch die Haushaltsführung und Erziehung der Kinder seinen – grundsätzlich gleichwertigen – Beitrag zur ehel. Lebensgemeinschaft leistet (vgl. §§ 1360 S. 2, 1606 III S. 2 BGB; BGHZ 87/ 265, 269, 270 = FamRZ 83/795, 796). Hiervon ist ersichtlich auch das OLG ausgegangen. bb) Mit dem Auszug der Bekl. aus der ehel. Wohnung im November 1979 hat sich an den tatsächlichen Nutzungsverhältnissen des Hauses – bis auf die Benutzung der Ehewohnung – nichts geändert. Die Bekl. hat dem Kl. weiterhin die alleinige Nutzung der Gaststätte und Kegelbahn sowie der Fremdenzimmer – ohne Entgelt – belassen, und der Kl. hat diese bis zu seinem Auszug nach der Zwangsversteigerung i. J. 1984 auch tatsächlich in der bisherigen Weise fortgeführt. Zugleich hat er, wie bisher, die Kredite weiter bedient. In diesem Sinn sind die Grundlagen der früher von den Parteien (stillschweigend) getroffenen und tatsächlich gehandhabten Vereinbarung insoweit unverändert bestehen geblieben. Der Kl. hat im übrigen weder behauptet, die frühere Vereinbarung sei nach dem Auszug der Bekl. einverständlich aufgehoben worden, noch hat er einen Grund dargelegt, der ihn zur einseitigen Kündigung der Abmachung berechtigte. Allein der Umstand, daß die Bekl. aus der Ehewohnung auszog und ihre Haushaltsführung für die Familie aufgab, reichte – bei sonst fortbestehender „Geschäftsgrundlage" der getroffenen Vereinbarung – hierfür nicht aus, da dem Kl. die gewerbliche Nutzungsmöglichkeit des gemeinschaftlichen Anwesens, die den wesentlichen wirtschaftlichen Wert des Grundbesitzes ausmachte, erhalten blieb (vgl. dazu auch BGHZ FamRZ 67/320, 323). Diese Umstände legen die Annahme nahe, daß die während des Zusammenlebens bestehende abweichende Bestimmung i. S. von § 426 I S.1 BGB auch nach der Trennung der Parteien fortbestanden hat. Hierin unterscheidet sich der vorliegende Fall wesentlich von dem in BGHZ 87/265 (= FamRZ 83/795) entschiedenen, in dem sich die Finanzierungslasten auf ein nur als Ehewohnung dienendes Haus bezogen. Inwieweit die in dieser Entscheidung entwickelten Grundsätze über die Ausgleichspflicht zwischen Ehegatten nach der Trennung allgemein zu sachgerechten Lösungen führen, braucht hier nicht erörtert zu werden. Jedenfalls werden sie den Besonderheiten des vorliegenden Falles, insbesondere dem Umstand, daß dem Kl. nach der Trennung die Möglichkeit der gewerblichen Nutzung des gemeinschaftlichen Anwesens erhalten blieb, nicht ausreichend gerecht. Soweit ein Ehegatte nach der endgültigen Trennung von seinem Partner ein im Miteigentum beider Eheleute stehendes, bisher ausschließlich zu Wohnzwecken benutztes Haus allein weiter nutzt, hat der Senat – insoweit in Übereinstimmung mit den Ausführungen in BGHZ 87/265, 271, 272 = FamRZ 83/795, 796 – eine mögliche Form der Neuregelung des Miteigentümerverhältnisses (§ 745 II BGB) darin gesehen, daß der Ehegatte, der das Haus in Zukunft allein nutzt, als Ausgleich für die alleinige Nutzung die Kosten des Hauses, insbesondere die Bedienung der für das Haus aufgenommenen Kredite, (allein) übernimmt (BGH, FamRZ 86/436, 437). Eine entsprechende – stillschweigend getroffene – Vereinbarung kann, soweit es die Ehewohnung angeht, auch im vorliegenden Fall in Betracht kommen, nachdem im übrigen ohnehin die bisher gehandhabte Übung beibehalten wurde, nämlich der Kl. die gewerbliche Nutzung des Anwesens fortsetzte und – wie es sich nach den tatsächlichen Verhältnissen darstellte, zum Ausgleich dafür – die Darlehensschulden weiter beglich.

2 c) Das OLG hat die insoweit erheblichen Umstände nicht geprüft. Auch der Parteivortrag hat diese Gesichtspunkte nicht berücksichtigt. Er war vielmehr von Anfang an auf die Entscheidung BGHZ 87, 265 (= FamRZ 83, 795) ausgerichtet, ohne daß die Parteien den sich aus der gewerblichen Nutzung des gemeinschaftlichen Grundbesitzes ergebenden Besonderheiten Rechnung trugen, die dem vorliegenden Fall – im Gegensatz zu dem der Entscheidung BGHZ 87/265 (= FamRZ 83/795) zugrundeliegenden Sachverhalt – ihr Gepräge gaben. Hierauf beruhen u. a. die Ausführungen des OLG, die grundsätzliche Verpflichtung, dem Kl. die Hälfte seiner Aufwendungen auf die gemeinsamen Schulden zu erstatten, werde von der Bekl. nicht in Zweifel gezogen. Dem lag keine Einigung der Parteien über einen bestimmten Sachverhalt zugrunde, sondern nur eine von der Bekl. vertretene Rechtsauffassung, welche sie von Anbeginn an mit dem Einwand verknüpft hatte, der Kl. müsse sich anrechnen lassen, daß er seit der Trennung außer der Ehewohnung die Gastwirtschaft mit Kegelbahn und die Gästezimmer in dem gemeinschaftlichen Haus allein genutzt habe. Soweit die Bekl. hieraus einen Gegenanspruch hergeleitet und zur Aufrechnung gestellt hat, scheidet eine Aufrech-

Anhang R. Rechtsprechung

nung aus, sofern – und solange – über den Schuldausgleich der Parteien im Innenverhältnis abweichend von der hälftigen Ausgleichungspflicht etwas „anderes bestimmt" (§ 426 I S. 1 BGB), nämlich vereinbart war, daß der Kl. während der Dauer seiner gewerblichen Nutzung des im Miteigentum der Bekl. stehenden Grundbesitzes die zur Finanzierung des Anwesens aufgenommenen Kredite allein zurückführen sollte.

BGH v. 4. 6. 86 – IVb ZR 51/85 – FamRZ 87, 58 = NJW-RR 86, 1261

(Bei einem Studenten ohne eigenes Einkommen fehlt es an einer unterhaltsrechtlich relevanten originären Lebensstellung, so daß auch nach Eintritt der Volljährigkeit seine Lebensstellung von der seiner Eltern abgeleitet wird. Unterhaltsgewährung für Kinder vermögender Eltern bedeutet Befriedigung ihres gehobenen Lebensbedarfs, jedoch nicht Teilhabe am Luxus.)

II 1) Das KG geht davon aus, daß die Kl. dem Grunde nach als volljähriges Kind des Bekl. von diesem Unterhalt verlangen könne, solange sie als Studentin noch außerstande sei, sich selbst zu unterhalten (§§ 1601, 1602 I, 1610 I und II BGB). Das ist richtig und wird von der Revision nicht angegriffen. 2. Den monatl. Unterhaltsbedarf der Kl. hat das KG auf 1700 DM bemessen und dies wie folgt begründet: Die Lebensstellung der Kl., nach der sich das Maß des zu gewährenden Unterhalts bestimmt (§ 1610 I BGB), richte sich während ihres Studiums nach der ihrer Eltern und deren wirtschaftlichen Verhältnissen, die weit über dem Durchschnitt lägen. Der Bekl. habe selbst das steuerpflichtige Einkommen beider Elternteile i. J. 1982 mit 671 319 DM angegeben und zugestanden, daß davon über 99 % auf ihn selbst entfielen. Auch habe er den von der Kl. mit rund 40 Millionen DM bezifferten Wert seines Vermögens nicht substantiiert bestritten. Die Maßgeblichkeit der Verhältnisse der Eltern bedeute zwar nicht, daß der Kl. eine der Lebensführung der Eltern entsprechende Lebensgestaltung zu ermöglichen sei, vielmehr rechtfertige die besondere Lage eines noch in der Ausbildung stehenden Kindes eine Begrenzung des Unterhalts. Gleichwohl könne ihr Unterhaltsbedarf aber weder pauschal auf eine etwa bei 900 DM zu ziehende Obergrenze beschränkt noch unter Anwendung von Tabellengrößen, Richtwerten oder sogar einem für alle Studenten gültigen Einheitssatz bestimmt werden. Der Monatsbetrag von 1700 DM sei nach den individuellen Verhältnissen vertretbar und nach dem von der Kl. konkret geltend gemachten Bedarf angemessen und erforderlich. Da die Kl. schon i. J. 1980 aufgrund einer Vereinbarung mit dem Bekl. ihre eigene Wohnung bezogen und er ihr 1983 den bereits vorher zur Verfügung gestellten Pkw übereignet habe, gehöre zu ihrem monatl. Unterhaltsbedarf der geltend gemachte und im einzelnen nicht bestrittene Betrag von 876 DM für Miete, Strom, Gas, Telefon, Rundfunk, Krankenkasse, Kfz-Kosten (Haftpflichtversicherung, Steuer und Benzin) und private Versicherungen. Sie könne dazu für Lebensmittel 400 DM und für eine Urlaubsreise (anteilig) 100 DM beanspruchen, ferner 75 DM für Bekleidung und Schuhe und weitere 250 DM als Taschengeld und zur Deckung des sonstigen Bedarfs (Bücher, Zeitschriften, Pflegemittel, Theater- und Konzertbesuche und dergleichen). Diese Beurteilung steht im Einklang mit dem Gesetz und den zu seiner Anwendung entwickelten Grundsätzen der Rechtsprechung; sie hält den Angriffen der Revision stand.

a) Die Revision vertritt die Auffassung, die Ableitung der Lebensstellung des Kindes von der der Eltern müsse eingeschränkt werden, wenn ein volljähriges Kind wie hier die Kl. nicht mehr mit einem Elternteil zusammenlebe. Die Lebensstellung eines Studenten müsse als selbständige beurteilt werden, wenn er wie hier die Kl. ein eigenständiges Leben führe. Die Unterhaltsgewährung habe sich daran am Zweck zu orientieren, einem Studenten ohne Einschränkung und Mängel die Berufsausbildung zu ermöglichen, nicht aber eine aufwendige oder gar verschwenderische Lebensweise zu finanzieren. Ob in der Ausbildung befindliche volljährige Kinder generell eine eigene Lebensstellung besitzen oder ob das wenigstens für Studenten zutrifft, weil diese sich – wie es im Hinblick auf moderne soziologische Erkenntnisse vertreten wird – im allgemeinen von den früheren Bindungen gelöst hätten und für sich in Anspruch nähmen, ihre eigenen Angelegenheiten selbst zu bestimmen und zu regeln (vgl. etwa KG, FamRZ 1982/516, 517), kann auf sich beruhen. Unterhaltsrechtlich kommt es nur darauf an, ob während der Ausbildungszeit bereits eine wirtschaftliche Selbständigkeit besteht. Hat ein Student – wie regelmäßig – keine eigenen Einkünfte, so fehlt es an einer unterhaltsrechtlich relevanten originären Lebensstellung; solange das Kind auch nach Eintritt der Volljährigkeit für seinen Lebensunterhalt auf die ihm von seinen Eltern zur Verfügung gestellten Mittel angewiesen ist, bleibt seine Lebensstellung von ihnen abgeleitet. Die insoweit zugewiesenen Beträge waren indessen weder in der Vergangenheit noch sind sie gegenwärtig für alle Studenten gleich. Sie werden in der Wirklichkeit des Lebens in erster Linie von den Einkommens- und Vermögensverhältnissen der Eltern bestimmt. Deshalb geht der Senat in ständiger Rechtsprechung davon aus, daß die nach § 1610 I BGB maßgebliche Lebensstellung auch des volljährigen Kindes sich während der Zeit seines Studiums noch nach den wirtschaftlichen Verhältnissen seiner Eltern richtet (FamRZ 1986/151, m. w. N.). Bei überdurchschnittlichen Einkommens- oder Vermögensverhältnissen der Eltern ist allerdings zu beachten, daß die besondere Lage des noch in der Ausbildung befindlichen Kindes, das noch keine berufliche Lebensstellung selbst erworben hat, eine Begrenzung des Bedarfs nach oben rechtfertigen kann. Insoweit gilt auch für volljährige Kinder während der Ausbildung, was der Senat im Urteil v. 23. 2. 1983 (FamRZ 1983/473, 474 = NJW 1983/1429) zur Unterhaltsbegrenzung für minderjährige Kinder entschieden hat: Unterhaltsgewährung für Kinder bedeutet Befriedigung ihres gesamten – auch eines gehobenen – Lebensbedarfs, nicht aber Teilhabe am Luxus. Das KG hat indessen keine davon abweichenden Rechtsgrundsätze angewendet.

b) Die Revision beanstandet ohne Erfolg, daß das KG von dem konkret geltend gemachten monatl. Lebensbedarf der Kl. Wohnungskosten mit zusammen 474 DM (412 DM Miete und 62 DM Energiekosten), Kraftfahrzeugkosten mit zusammen 223 DM sowie die anteiligen Beträge für eine Ferienreise und für sonstigen Bedarf anerkannt hat. Daß sich in diesen geltend gemachten Beträgen eine besonders aufwendige Lebensführung widerspiegele, die bereits über den Rahmen eines gehobenen Unterhaltsbedarfs hinausgeht, kann nicht angenommen werden. Revisionsrechtlich läßt sich die Berücksichtigung dieser Positionen nicht dadurch in Frage stellen, daß der Bekl. ihre Angemessenheit anders beurteilt als der Tatrichter. Ob der Bekl. die Kl. auf die Möglichkeit verweisen könnte, zur Senkung der Wohnungskosten in einem separaten Appartement in seinem Einfamilienhaus zu wohnen, bedarf keiner Entscheidung (FamRZ 1984/37 = NJW 1984/305). Denn der Bekl. macht schon nicht geltend, daß er gegenüber der Kl. eine derartige Unterhaltsbestimmung getroffen hat. c) Die Revision meint, die Kl. könne auch deshalb keinen höheren Betrag als monatlich 900 DM beanspruchen, weil sie sich bis einschließlich Januar 1984 mit diesem vom Bekl. gezahlten Unterhalt „zufriedengegeben" habe; das stelle eine stillschweigende Vereinbarung dar, von der sie sich nicht einseitig habe lösen können. Auch damit dringt die Revision nicht durch. Aus dem Vortrag des Bekl. ergibt sich nicht, daß die Unterhaltsleistung des Bekl. zu irgendeinem Zeitpunkt durch eine Vereinbarung der Parteien geregelt worden ist. Dies hat er im Verfahren weder ausdrücklich behauptet noch Tatsachen vorgetragen, aus denen sich ein entsprechender rechtsgeschäftlicher Bindungswille beider Parteien entnehmen läßt. Gegen eine (vertragliche) Begrenzung auf monatlich 900 DM spricht vielmehr, daß der Bekl. nicht in Abrede nimmt, der Kl. früher über den in dieser Höhe gezahlten Barunterhalt hinaus regelmäßig weitere geldwerte Leistungen gewährt zu haben, nämlich u. a. die Nutzung eines ihr überlassenen Pkw bei kostenlosem Tanken, die Beteiligung an Urlaubsreisen und andere Sachleistungen zum Lebensunterhalt; der Bekl. hat lediglich bestritten, daß die Summe seiner Leistungen den von der Kl. in erster Instanz begehrten Betrag (2000 DM) erreicht habe. Außerdem hat die Kl. unstreitbar während der ersten Studiensemester bis etwa 1983 noch eigene Einkünfte aus Tätigkeiten als Werkstudentin erzielt und damit teilweise ihren Unterhalt selbst gedeckt. Bei dieser Sachlage kommt es nicht mehr darauf an, ob eine Vereinbarung, wäre sie geschlossen, auch im Hinblick darauf rechtswirksam wäre, daß für die Zukunft auf den Unterhalt nicht verzichtet werden kann (§ 1614 I BGB); denn eine vertragliche Regelung, die sich nicht mehr innerhalb des Rahmens der Angemessenheit nach § 1610 I BGB hält, könnte als unzulässiger Teilverzicht beurteilt werden.

(Zur anteiligen Barunterhaltspflicht der Eltern gegenüber Volljährigen bei wirtschaftlich besonders guten Verhältnissen der Eltern)

b 3) Die Leistungsfähigkeit des Bekl. stellt die Revision nicht in Frage. Sie wendet sich jedoch dagegen, daß das KG der Mutter der Kl. keinen Haftungsanteil am Unterhaltsbedarf der Kl. zugemessen hat. Auch insoweit hält das angefochtene Urteil jedoch den Revisionsangriffen stand. a) Das KG ist zutreffend davon ausgegangen, daß Eltern als gleichnahe Verwandte ihrem volljährigen Kind gemäß § 1606 III S. 1 BGB an sich anteilig nach ihren Erwerbs- und Vermögensverhältnissen haften. Es hat die alleinige Haftung des Bekl. jedoch schon mit den bestehenden Einkommensverhältnissen begründet, denn der Bekl. habe zugestanden, daß auf ihn mehr als 99 % des i. J. 1982 erzielten steuerpflichtigen Einkommens der Eltern i. H. von 671 319 DM entfielen; auch aus den unterschiedlichen Vermögensverhältnissen der Eltern ließe sich eine Haftungsbeteiligung der vom Bekl. mit monatlich 5000 DM unterhaltenen Mutter der Kl. nicht herleiten, denn sie verfüge gegenüber den substantiiert nicht bestrittenen Vermögenswerten des Bekl. von rund 40 Millionen DM nur über solche von höchstens 580 000 DM, wovon der Bekl. noch 440 000 DM aus dem Erlös für ein von der Mutter verkauftes Grundstück für sich beanspruche. b) Die in bezug auf die festgestellten Einkommens- und Vermögensverhältnisse erhobenen Revisionsangriffe sind nicht begründet. Entgegen der Behauptung der Revision ist das KG nicht von einem jährlichen Nettoeinkommen des Bekl. von 1,2 Millionen DM ausgegangen, das die Kl. in der Klageschrift genannt hatte, sondern hat – wie von der Revision für richtig gehalten – das steuerpflichtige Einkommen des Bekl. (1982: 671 319 DM abzüglich der darin enthaltenen Einkünfte seiner Ehefrau i. H. von 6288 DM) seiner Berechnung zugrunde gelegt. Auf den weiteren in diesem Zusammenhang angestellten Erörterungen beruht das Urteil nicht. Das KG hat zu Recht nicht berücksichtigt, in welcher Höhe das FamG der Mutter der Kl. im Scheidungsverbundurteil einen nachehel. Unterhaltsanspruch gegen den Bekl. zugesprochen hat. Das KG hat nicht festgestellt, daß die Ehe der Eltern der Kl. rechtskräftig geschieden ist. Auch die

Anhang R. Rechtsprechung R305

Revision macht nicht geltend, daß der Bekl. den in seiner Berufungserwiderung genannten, vom FamG zugesprochenen Betrag von monatlich 20 000 DM als Unterhalt an die Mutter der Kl. bereits zahlt. Ob ein (späterer) tatsächlicher Bezug von Unterhalt in dieser Größenordnung Anlaß geben könnte, die Frage der Haftungsanteile der Eltern für den Unterhalt der Kl. anders zu entscheiden, kann danach offenbleiben (FamRZ 1986/153, 154).

BGH v. 2. 7. 86 – IVb ZR 37/85 – FamRZ 86, 1085 = NJW-RR 87, 196

(Angemessene Erwerbstätigkeit nach § 1574 II BGB und Obliegenheit, sich fortbilden, ausbilden oder umschulen zu lassen, nach § 1574 III BGB) R305

II Das OLG hat der Ehefrau auch einen Unterhaltsanspruch gemäß § 1573 I i.V. mit § 1574 III a BGB versagt und dazu ausgeführt: Für die Ehefrau bestehe keine Notwendigkeit, sich zur Aufnahme einer angemessenen Erwerbstätigkeit in den Beruf einer Altenpflegerin umschulen zu lassen. Ihr obliege vielmehr, in ihrem Beruf einer Programmiererin erwerbstätig zu sein, den sie während der Ehe neun Jahre lang ausgeübt habe und der auch im Blick auf die berufliche Stellung des Ehemannes als Ingenieur nicht unangemessen sei. Ausreichende Bemühungen um eine Anstellung als Programmiererin habe sie aber nicht dargelegt. Zweifel an der Ernsthaftigkeit solcher Bemühungen begründe schon die Tatsache, daß sie bereits am 15. 9. 1982 eine Praktikantenstelle in einem Altenheim angetreten habe. Es reiche nicht, daß sie daneben vom 10. 12. 1982 bis 18. 10. 1983 beim Arbeitsamt H. als arbeitslos gemeldet und eine Vermittlung als Programmiererin während dieser Zeit nach der Bescheinigung des Amtes nicht möglich gewesen sei. Auch die Bewilligung einer Umschulungsmaßnahme nach dem Arbeitsförderungsgesetz durch das Arbeitsamt habe die Ehefrau nicht davon entbunden, sich weiter um eine Anstellung als Programmiererin zu bemühen. Diese Beurteilung hält den Revisionsangriffen nicht in allen Punkten stand.

1) Ein geschiedener Ehegatte kann nach § 1573 I BGB Unterhalt verlangen, solange und soweit er nach der Scheidung keine angemessene Erwerbstätigkeit zu finden vermag. Angemessen ist eine Tätigkeit aber nicht allein deshalb, weil sie vor der Ehe oder wie hier in den ersten (neun) Ehejahren ausgeübt worden ist. Die Kriterien der Angemessenheit bestimmt vielmehr § 1574 II BGB. Danach ist eine Erwerbstätigkeit angemessen, wenn sie der Ausbildung, den Fähigkeiten, dem Lebensalter und dem Gesundheitszustand des geschiedenen Ehegatten sowie den ehel. Lebensverhältnissen entspricht. Kommt nach den Umständen des Falles nur eine Tätigkeit in Betracht, die im Zeitpunkt der Scheidung nach den genannten Kriterien nicht (mehr) angemessen wäre, kann die Aufnahme einer solchen Erwerbstätigkeit nicht erwartet werden (FamRZ 1983/144 ff.). An die Stelle der Obliegenheit zur Aufnahme einer Erwerbstätigkeit tritt unter den in § 1574 III BGB genannten Voraussetzungen die Obliegenheit des geschiedenen Ehegatten, sich ausbilden, fortbilden oder umschulen zu lassen, soweit es zur Aufnahme einer angemessen Erwerbstätigkeit erforderlich ist (FamRZ 1984/561, 562).

2) Gegen die Feststellung des OLG, die Ehefrau könne nach der Scheidung den Beruf einer Programmiererin als angemessene Erwerbstätigkeit ausüben, erhebt die Revision Verfahrensrügen.

a) Sie macht geltend, das OLG habe ihren unter Beweis gestellten Vortrag übergangen (§ 286 ZPO), sie sei aufgrund ihres Gesundheitszustandes zur Ausübung dieses Berufes nicht mehr in der Lage. Diese Rüge ist begründet. Die Ehefrau hat (mit Schriftsatz v. 7. 5. 1984) geltend gemacht, sie habe nach ihrer Rückkehr nach H. auch aufgrund ihrer gesundheitlichen Situation den früher ausgeübten Beruf nicht mehr nachgehen können. Sie hat sich dazu auf das Zeugnis der Ärztin Dr. Sch. bezogen und deren ärztliche Bescheinigung v. 21. 2. 1983 vorgelegt, in der es heißt, daß es bereits 1978 bis 1980 mehrfach zu nervösen Versagenszuständen und depressiven Phasen gekommen sei, die mehrmonatige Arbeitsunfähigkeit und Heilbehandlungen zur Folge hatten, und daß die Patientin aus psychischen Gründen nicht mehr in der Lage sei, in dem Beruf einer Programmiererin tätig zu sein. Da die gesundheitliche Eignung zu den Kriterien gehört, von denen gemäß § 1574 II BGB die Angemessenheit der dem geschiedenen Ehegatten obliegenden Erwerbstätigkeit abhängt, hätte das OLG diesen Vortrag nicht übergehen dürfen. Dem steht nicht entgegen, daß es sich um Vorbringen aus der ersten Instanz handelt. Die Ehefrau hatte sich darauf in der Berufungserwiderung zwar nur ganz allgemein bezogen. Als Berufungsbekl. brauchte sie ihren Sachvortrag aber nicht in allen Einzelheiten zu wiederholen; nachdem das FamG ihrem Unterhaltsbegehren stattgegeben hatte, durfte sie sich auf die Verteidigung des angefochtenen Urteils beschränken. Das OLG hat die Kl. auch nicht rechtzeitig vor dem Verhandlungstermin darauf hingewiesen, daß es die Anspruchsgrundlage anders beurteilt als das erstinstanzliche Gericht (vgl. BGH, MDR 1982/29).

b) Die Revision rügt weiter, daß das OLG auch den unter Beweis durch Sachverständigengutachten gestellten Vortrag der Ehefrau übergangen habe, sie sei aufgrund ihrer Ausbildung und nach ihren Fähigkeiten nicht geeignet, nach der Scheidung wieder als Programmiererin erwerbstätig zu sein, weil sie in diesem Beruf i.J. 1970 nur vier Monate lang angelernt worden sei und nur eine einzige, heute nicht mehr verwendbare, Computersprache beherrsche. Die Revision macht geltend, das

OLG habe diesen Vortrag, den die Ehefrau aufgrund des richterlichen Hinweises auf Zweifel am Vorliegen des Tatbestandes des § 1573 BGB in der mündl. Verhandlung v. 12. 3. 1985 in angemessen kurzer Frist nachgereicht habe, noch berücksichtigen und die mündl. Verhandlung wiedereröffnen müssen (§ 156 ZPO). Es kann dahinstehen, ob eine sinnvolle Handhabung der gemäß § 139 I und II ZPO bestehenden Frage- und Hinweispflichten des Vorsitzenden sowie das Gebot, ausreichend rechtliches Gehör zu gewähren, die Wiedereröffnung der mündl. Verhandlung aufgrund des nachgereichten Schriftsatzes der Ehefrau zwingend erforderte, etwa weil sich daraus ergab, daß die bisherige Verhandlung den Sachvortrag nur lückenhaft erfaßt hatte (vgl. dazu BGHZZ 30/60, 65 = FamRZ 1959/283, 285; BGHZ 53/245, 262). Denn da bereits wegen der begründeten Verfahrensrüge zur Feststellung einer gesundheitlichen Eignung der Ehefrau für die angefochtene Urteil aufgehoben und die Sache mangels anderweitiger Entscheidungsreife an das OLG zurückverwiesen werden muß, hat die Ehefrau Gelegenheit, in der neuen Verhandlung ihren Vortrag zu den ihr fehlenden beruflichen Fähigkeiten für die Erwerbstätigkeit einer Programmiererin zu erneuern. Falls es auf diesen Gesichtspunkt noch entscheidend ankommen sollte, wird der Tatrichter zur Beurteilung dieser Frage sachverständiger Hilfe voraussichtlich nicht entbehren können, weil sich die Arbeitsmaterialien und die Arbeitsanforderungen in den fünfzehn Jahren, die seit der Anlernphase für die Ehefrau vergangen sind, einschneidend verändert haben.

(Darlegungs- und Beweislast für Bemühungen um einen Arbeitsplatz)

b II 3 a) Richtig ist, daß ein Ehegatte, der wegen Erwerbslosigkeit Unterhalt beansprucht, die Darlegungs- und Beweislast für seine Bedürftigkeit trägt und daher grundsätzlich in nachprüfbarer Weise vortragen muß, welche Schritte er im einzelnen unternommen hat, um einen Arbeitsplatz zu finden und sich bietende Erwerbsmöglichkeiten zu nutzen, wobei die bloße Meldung beim Arbeitsamt nicht genügt (FamRZ 1986/244; FamRZ 1986/885).

(Bemühungen um Erwerbstätigkeit bei Trennung und Scheidung; § 1579 Nr. 3 BGB bei mutwillig unterlassenen Bemühungen während der Trennung; zu den Anforderungen an die Art der Berufsausübung des Unterhaltsberechtigten nach der Scheidung, wenn eine Arbeit im erlernten Beruf nicht mehr möglich erscheint)

c 3 b) Rechtsfehlerhaft ist es jedoch, die Frage, ob der Unterhalt begehrende Ehegatte nach der Scheidung keine angemessene Erwerbstätigkeit zu finden vermag (§ 1573 I BGB), danach zu beantworten, ob er während der Trennungszeit einer Obliegenheit zur Erwerbstätigkeit gem. § 1361 II BGB genügt hat. Eine Erwerbsobliegenheit während der Ehe ist an andere Voraussetzungen geknüpft als die in § 1569 BGB hervorgehobene Obliegenheit eines geschiedenen Ehegatten, selbst für seinen Unterhalt zu sorgen. Der Ehefrau kann daher nicht schon deshalb ein nachehelicher Unterhaltsanspruch aus § 1573 I BGB versagt werden, weil sie sich nach der Trennung der Parteien und ihrer Rückkehr nach Hamburg im Frühjahr 1982 nicht sofort intensiv um eine Stellung als Programmiererin bemüht, sondern ein halbes Jahr später eine Ausbildung zur Altenpflegerin begonnen hat. Dabei ist zu berücksichtigen, daß es der Ehefrau grundsätzlich freisteht, die Art der ihr zuzumutenden Erwerbstätigkeit selbst zu bestimmen; sie kann daher – auch abgesehen von den gesundheitlichen Gesichtspunkten – unterhaltsrechtlich nicht ohne weiteres auf die Wiederaufnahme einer früheren Tätigkeit verwiesen werden. Ergibt die dem BerGer. obliegende Prognose, daß die Ehefrau wegen der in die Würdigung einzubeziehenden Lage auf dem Arbeitsmarkt eine ihren Unterhalt auf Dauer sichernde Anstellung als Altenpflegerin eher finden wird als in ihrem früheren Beruf, so wird auch eine zeitlich begrenzte Fortdauer der 1982 begonnenen Ausbildung nach der Scheidung hinzunehmen sein (NJW 1986/985 = FamRZ 1986/553 [555]).

(§ 1579 Nr. 3 BGB bei unterlassenen Bemühungen um einen Arbeitsplatz in einem früheren Beruf zugunsten einer unterhaltsrechtlich unnötigen Ausbildung oder Umschulung für einen anderen Beruf)

d Während der Trennungszeit unterlassene Bemühungen um einen Arbeitsplatz in einem früheren Beruf zugunsten einer in einem neuen Beruf begonnenen Ausbildung könnten die Inanspruchnahme des geschiedenen Ehegatten auf Unterhalt allenfalls nach § 1579 Nr. 3 BGB als grob unbillig erscheinen lassen, wenn sich nämlich der Unterhaltsberechtigte auf diese Weise selbst bedürftig gemacht hat und der Unterhaltspflichtige die Folgen einer leichtfertigen Herbeiführung der Bedürftigkeit unterhaltsrechtlich mittragen müßte (zum Tatbestandsmerkmal „mutwillig" FamRZ 1984/364, 367). Im vorliegenden Fall liegt jedoch die Annahme fern, daß die Vorstellungen und Antriebe, die die Ehefrau bewogen haben, die Berufsausbildung zur Altenpflegerin aufzunehmen, in verantwortungs- und rücksichtsloser Weise das Bewußtsein einschlossen, als Folge dieser Ausbildung werde ihre Bedürftigkeit herbeigeführt. Die Umschulung diente jedenfalls längerfristig gerade der Behebung einer Erwerbslosigkeit und nahm allenfalls für eine übersehbar kurze Zeit nach der Scheidung noch die Bedürftigkeit als Folge hin. Ob die Inanspruchnahme des Ehemannes auf Unterhalt wegen der in dieser Übergangszeit bestehenden Bedürftigkeit – wenn sie auf einer unterhaltsrechtlich unnöti-

Anhang R. Rechtsprechung

gen Ausbildung beruhen sollte – grob unbillig ist, wird das OLG zu prüfen haben, falls es aufgrund der neuen Verhandlung nicht ohnehin zu dem Ergebnis gelangt, daß die Umschulung zur Altenpflegerin eine zur Aufnahme einer angemessenen Erwerbstätigkeit erforderliche Ausbildung darstellte. Bei der für diesen Fall möglicherweise anzustellenden Billigkeitsprüfung wird allerdings einzubeziehen sein, daß die Ehefrau durch ihre Erwerbstätigkeit während der Ehe dem Ehemann ein achtjähriges Ingenieurstudium ermöglicht hat.

BGH v. 2. 7. 86 – IVb ZR 57/85 = NJW-RR 86, 1262

(Der volljährige Unterhaltsberechtigte ist gehalten, zur Deckung seines Unterhalts die Möglichkeit der Kreditaufnahme zu nutzen. Die Aufnahme eines BAföG-Darlehens ist ihm im allgemeinen zumutbar)   R306

1. Das OLG ist mit dem AG – offenbar in Anlehnung an gängige Tabellenwerte – davon ausgegangen, daß der Unterhaltsbedarf des studierenden Kl. 765 DM beträgt. Es hat davon einen Teilbetrag von 50 DM für durch das staatliche Kindergeld gedeckt gehalten, so daß ein Restbedarf von monatlich 715 DM verbleibt. Das begegnet keinen rechtlichen Bedenken; solche wirden auch von den Parteien nicht erhoben. 2. Der verbleibende monatliche Bedarf wurde durch die BAföG-Förderungsleistungen (bis September 1984 720 DM, danach 750 DM) gedeckt. Dabei handelt es sich nicht um Vorausleistungen nach § 36 BAföG, die in dem Sinne subsidiär gewährt werden, daß sie nach Überleitung (jetzt: Übergang) des Unterhaltsanspruchs von dem Unterhaltspflichtigen zurückgefordert werden können. Die Förderungsleistungen hat der Kl. darlehensweise erhalten. Entgegen der Ansicht des BerGer. beseitigen sie gleichwohl die Unterhaltsbedürftigkeit. Der volljährige Unterhaltsberechtigte hat die Möglichkeit der Kreditaufnahme zu nutzen, um nicht unterhaltsbedürftig zu werden. Diese Obliegenheit zur Selbsthilfe besteht freilich nur im Rahmen des Zumutbaren. Die Aufnahme der unter sehr günstigen Bedingungen gewährten BAföG-Darlehen ist im allgemeinen zumutbar (NJW 1985/2331 = FamRZ 1985/916 [917]). Besondere Umstände, die eine andere Beurteilung veranlassen könnten, sind hier weder festgestellt noch behauptet.

BGH v. 9. 7. 86 – IVb ZR 39/85 – FamRZ 86, 886 = NJW 86, 2832

(Keine Ehe von kurzer Dauer bei 2½ Jahren, wenn die Parteien ihre Ehe in wechselseitiger Abhängigkeit bereits auf ein gemeinsames Lebensziel ausgerichtet hatten. Ein zwischenzeitliches Scheidungsverfahren verkürzt nicht die Ehezeit)   R307

2 a) Der Senat hat wiederholt entschieden, daß eine Ehe nur dann i. S. des § 1579 I Nr. 1 BGB a. F. von kurzer Dauer ist, wenn sie auch ihrem rechtlichen Bande nach als kurz zu beurteilen ist (FamRZ 1980/981, 983, und FamRZ 1981/140, 141). In seinem Urteil v. 7. 7. 1982 (FamRZ 1982/894, 895) hat er es in einem Fall, in dem zuvor eine Scheidungsklage nach altem Recht abgewiesen worden war, demgemäß abgelehnt, auf die Rechtshängigkeit dieser Klage abzustellen oder aus diesem Verfahren sonstige für die Ehefrau nachteiligen Folgen abzuleiten. An dieser Rechtsprechung ist auch nach der Neufassung des § 1579 BGB durch Art. 1 Nr. 7 des Gesetzes v. 20. 2. 1986 (UÄndG) festzuhalten, da der Tatbestand der Nr. 1 der Vorschrift keine Änderung erfahren hat; der Eingangssatz des § 1579 BGB n. F. stellt lediglich klar, daß bei allen Tatbeständen als Rechtsfolge auch die zeitliche Begrenzung des Unterhaltsanspruchs in Frage kommt. Entgegen der Meinung der Revision kommt es nicht darauf an, ob es sich bei dem vorausgegangenen Scheidungsverfahren um ein solches nach altem oder nach neuem Recht gehandelt hat und ob bis zur Einleitung des neuen, zur Scheidung führenden Verfahrens längere oder kürzere Zeit verstrichen ist. Die Berücksichtigung des Scheidungsbegehrens im vorausgegangenen Verfahren verbietet sich schon deswegen, weil infolge der Abweisung jenes Begehrens das rechtliche Band der Ehe unberührt geblieben ist. Die Rechtskraft des abweisenden Urteils verwehrt es den Parteien ferner, sich darauf zu berufen, der Rechtsstreit sei unrichtig entschieden worden (§§ 322 I, 325 I ZPO). Aus diesem Grunde kann der ASt. auch nichts daraus herleiten, daß nach seiner Ansicht die Entscheidungsgründe dieses Urteils nicht in allen Teilen zutreffen. Das OLG hat seiner Beurteilung daher die richtige Ehedauer zugrunde gelegt.

b) Im Regelfall ist nach der ständigen Senatsrechtsprechung eine Ehedauer von bis zu zwei Jahren als kurz, eine solche von mehr als drei Jahren als nicht mehr kurz anzusehen. Da vorliegend die Ehedauer im Zwischenbereich liegt, hat das OLG mit Recht darauf abgehoben, ob die Parteien ihre Lebensführung in der Ehe bereits aufeinander eingestellt und in wechselseitiger Abhängigkeit auf ein gemeinsames Lebensziel ausgerichtet hatten (FamRZ 1982/582 = NJW 1982/2064). Zur Begründung seiner Auffassung, die Ehe der Parteien sei danach nicht mehr als kurz zu beurteilen, hat es ausgeführt: Es fehle nur wenig an einer dreijährigen Ehedauer. Die AGg. habe ihre Lebensumstände im Hinblick auf die Eheschließung mit dem ASt. einschneidend geändert. Sie habe i. J. 1977 ihre Wohnung in H. aufgelöst, um mit ihren beiden Töchtern aus zweiter Ehe zum ASt. nach A. zu ziehen.

Dabei habe sie ihre Arbeitsstelle als Buffethilfe aufgegeben, durch die sie zwischen 850 und 1000 DM im Monat verdient habe. In A. habe sie zwar zunächst noch von November 1977 bis September 1978 gearbeitet, nach Bezug von Krankengeld und später Arbeitslosengeld habe sie dann aber im Einverständnis mit dem ASt. eine Erwerbstätigkeit nicht mehr aufgenommen, weil sich diese wegen der bevorstehenden Eheschließung steuerlich nicht mehr gelohnt habe. Auch habe sie im Verfolg der gemeinschaftlichen Pläne der Parteien bedeutsame Vermögensdispositionen getroffen. Da der ASt. im Jahre 1978 ein Einfamilienhaus – die spätere Ehewohnung – gebaut habe, habe sie eine Kommanditbeteiligung im damaligen Wert von ca. 60 000 DM gekündigt, aus der sie bis dahin monatlich 600 DM bezogen habe. Von den ihr daraus zugeflossenen Mitteln habe sie dem ASt. ca. 42 000 DM darlehensweise zur Verfügung gestellt, um die erforderlichen Hypothekenkredite zu verringern und die Zinsen in der Familie zu halten. Die Zinsen von 6% und Tilgungsleistungen von 1%, die der ASt. ihr aufgrund des Darlehens überwiesen habe, seien in den gemeinsamen Haushalt geflossen. Erst nach der Trennung der Parteien sei das Darlehen vollständig zurückbezahlt worden. Ohne entscheidende Bedeutung sei, daß diese Vorgänge teilweise zeitlich vor der Eheschließung der Parteien lägen; denn der ASt. sei seinerzeit noch verheiratet und hierdurch an einer früheren Eheschließung mit der AGg. gehindert gewesen. Diese Feststellungen tragen die Auffassung des OLG, die Ehe der Parteien sei nicht mehr kurz i. S. des § 1579 Nr. 1 BGB.

(Herabsetzung nach § 1578 BGB; Kriterien der Billigkeitsabwägung; Bemessung der Schonfrist)

b 3) Die Revision begehrt hilfsweise eine Herabsetzung des Unterhalts der AGg. aufgrund des durch das UÄndG neu eingeführten § 1578 I S. 2 BGB n. F. Dem hat der Senat nachzugeben; denn das Revisionsgericht hat das bei Erlaß seiner Entscheidung geltende Recht anzuwenden, auch wenn das Gericht der Vorinstanz, wie hier, diese Rechtslage bei seiner Entscheidung noch nicht berücksichtigen konnte (FamRZ 1983, 1003, 1004, m. w. N.). Art. 6 Nr. 2 UÄndG bestimmt zudem, daß Tatsachen, die erst durch dieses Gesetz erheblich geworden sind, noch in der Revisionsinstanz vorgebracht werden können; insoweit wird im Interesse der Beschleunigung zusätzlich § 561 ZPO ausgeschaltet. Wenn hinsichtlich der neuen Tatsachen eine Beweisaufnahme erforderlich wird, ist nach Art. 6 Nr. 2 UÄndG die Sache an das OLG zurückzuverweisen. Das muß erst recht gelten, wenn nach neuem Recht erhebliche Tatsachen bereits in der Berufungsinstanz vorgetragen, aber noch nicht festgestellt und gewürdigt worden sind. Soweit derartige Tatsachen bereits eingetreten oder zuverlässig vorauszusehen sind, kann die Entscheidung schon wegen § 323 II ZPO nicht einer Änderungsklage überlassen bleiben, sondern ist bereits im Ausgangsverfahren über den Unterhalt zu treffen (vgl. auch Beschlußempfehlung und Bericht des Rechtsausschusses, BT-Drucks. 10/4514, S. 22). Die Revision bringt zur Begründung des Hilfsbegehrens u. a. neue Tatsachen vor, die ein Fehlverhalten der ASt. dartun sollen. Dieser Vortrag ist unerheblich. Die Rechtsfolgen eines Fehlverhaltens des Unterhaltsberechtigten sind abschließend in § 1579 BGB geregelt; ein solches ist daher nicht im Rahmen der Billigkeitsabwägung nach den durch das UÄndG neu eingeführten §§ 1573 V, 1578 I S. 2 und 3 BGB nicht relevant. § 1573 V BGB n. F., der u. a. auf Unterhaltsansprüche nach Abs. 2 der Vorschrift (Aufstockungsunterhalt) anwendbar ist, greift im vorliegenden Fall nicht ein. Denn die AGg. hat gemäß § 1572 Nr. 1 BGB Anspruch auf den vollen, den ehel. Lebensverhältnissen entsprechenden Unterhalt; ihr Anspruch beruht auch nicht teilweise auf § 1573 II BGB. Gemäß § 1578 I S. 2 BGB n. F. kann die Bemessung des Unterhaltsanspruchs nach den ehel. Lebensverhältnissen zeitlich begrenzt und danach auf den angemessenen Lebensbedarf abgestellt werden, „soweit insbesondere unter Berücksichtigung der Dauer der Ehe sowie der Gestaltung von Haushaltsführung und Erwerbstätigkeit eine zeitlich unbegrenzte Bemessung nach Satz 1 der Vorschrift unbillig wäre". Diese Vorschrift gilt für alle Unterhaltstatbestände, also auch für § 1572 Nr. 1 BGB. Sie verlangt eine umfassende Billigkeitsabwägung unter Einbeziehung der Umstände des Einzelfalls, wobei die Dauer der Ehe sowie die Gestaltung von Haushaltsführung und Erwerbstätigkeit besonders hervorgehoben und daher stets zu berücksichtigen sind. Auf die im zweiten Halbsatz geregelte Berücksichtigung der Kindesbetreuung kommt es vorliegend nicht an, weil aus der Ehe der Parteien keine Kinder hervorgegangen sind. Was die Dauer der Ehe betrifft, so liegt zunächst nahe, darunter die Zeit zwischen der Eheschließung und der Rechtshängigkeit des zur Scheidung führenden Antrags zu verstehen, ebenso wie bei der Anwendung des § 1579 Nr. 1 BGB und des § 1582 BGB, wo an die lange Dauer einer Ehe Rechtsfolgen geknüpft werden (FamRZ 1983/886, 887). Die danach im vorliegenden Fall gegebene Ehedauer von zwei Jahren und etwas mehr als 10½ Monaten liegt nicht in einem Bereich, der es von vornherein ausschließt, eine zeitlich unbegrenzte Bemessung des Unterhalts nach den ehel. Lebensverhältnissen (§ 1578 I S. 1 BGB) als unbillig zu betrachten. Indessen ist es auch bei einer Ehedauer, wie sie hier vorliegt, nicht ausgeschlossen, wegen sonstiger Umstände von einer zeitlichen Begrenzung abzusehen. Das Merkmal der „Gestaltung von Haushaltsführung und Erwerbstätigkeit" ist auf Vorschlag des Rechtsausschusses in das Gesetz aufgenommen worden, um den häufigsten Fall einer ehebedingten Unterhaltsbedürftigkeit aufzugreifen, nämlich die sog. Hausfrauenehe (vgl. BT-Drucks. 10/4514, S. 6, 21 f.).

Soweit z. B. ein Ehegatte eigene Berufs- und Erwerbsaussichten zurückgestellt hat, um durch Übernahme der Haushaltsführung dem anderen Ehegatten die volle berufliche Entfaltung zu ermöglichen, soll dies zu seinen Gunsten berücksichtigt werden. Daraus ist allgemein zu folgern, daß eine zeitliche Begrenzung des vollen Unterhalts um so weniger in Betracht kommt, je mehr die Bedürftigkeit des Berechtigten auf ehebedingte Nachteile zurückzuführen ist. Unter diesem Gesichtspunkt ist im vorliegenden Fall zu berücksichtigen, daß die AGg. ihre Erwerbstätigkeit als Buffethilfe im Hinblick auf die Haushaltsführung in der Ehe mit dem ASt. aufgegeben hat, andererseits aber auch, daß dies nicht allein ihm, sondern auch ihren beiden Töchtern aus früherer Ehe zugute gekommen ist. Ferner hat die AGg. vorgetragen und unter Beweis gestellt, daß sie auf Wunsch des ASt. beim Bau des späteren Familienheimes mitgeholfen und sich dabei durch Heben schwerer Lasten und Arbeiten „über Kopf" ein schweres Rückenleiden zugezogen habe. Auch ihre Schilddrüsenerkrankung habe sich dadurch verschlimmert. Dieser Vortrag, zu dem bisher Feststellungen nicht getroffen worden sind, ist durch das UÄndG ebenfalls erheblich geworden. Von Bedeutung kann auch sein, ob die AGg. durch die Kündigung ihres Kommanditanteils, aus dem sie Einkünfte von monatlich 600 DM bezogen hatte, ehebedingte Nachteile erlitten hat. Da zu diesen Punkten tatsächliche Feststellungen getroffen werden müssen, ohne die eine umfassende Billigkeitsentscheidung nicht möglich ist, muß das angefochtene Urteil im Umfang der Anfechtung durch den ASt. aufgehoben und die Sache an das OLG zurückverwiesen werden ...

5 a) Gelangt das OLG aufgrund der neuen Verhandlung zu dem Ergebnis, daß eine zeitliche Begrenzung des vollen Unterhalts der AGg. aufgrund des § 1578 I S. 2 BGB n. F. der Billigkeit entspricht, so ist zu beachten, daß die vom ASt. begehrte sofortige Herabsetzung auf den angemessenen Lebensbedarf schon nach dem Wortlaut des Gesetzes in aller Regel ausscheidet (vgl. BT-Drucks. 10/2888, S. 18, 19). Für die Bemessung der Zeitspanne, für die dem Berechtigten nach der Scheidung noch der eheangemessene Unterhalt zu gewähren ist, kann eine Rolle spielen, welche Zeit er braucht, um sich auf die anschließende Kürzung des Unterhalts einzustellen. Auch wenn das Gesetz, das die Berücksichtigung insbesondere der Ehedauer vorschreibt, damit eine Beziehung zwischen der Dauer der Ehe und der Dauer der Gewährung vollen Unterhalts herstellt, ist nicht an eine schematische Anbindung im Sinne einer zeitlichen Entsprechung gedacht.

b) Der „angemessene Lebensbedarf" i. S. des § 1578 I S. 2 BGB n. F. ist nicht gleichbedeutend mit dem Billigkeitsunterhalt i. S. von § 1581 BGB. Hiermit ist vielmehr eine dem Einzelfall gerecht werdende Bemessungsgrundlage gemeint, für die als Anknüpfungspunkte im Gesetzgebungsverfahren die Lebensstellung des Berechtigten vor der Ehe oder die Lebensstellung, die er ohne die Ehe hätte, genannt worden sind (vgl. BT-Drucks. 10/4514, S. 22). Durch die Formulierung „angemessen" bringt das Gesetz zum Ausdruck, daß der Bedarf oberhalb des Existenzminimums und des notwendigen Unterhalts liegen soll; auch wird entsprechend der Zielrichtung des UÄndG, den Ausgleich ehebedingter Nachteile zu gewährleisten, ein Lebensbedarf nicht als angemessen angesehen werden können, der den vorehelichen Lebensstandard unterschreitet. Den Feststellungen des angefochtenen Urteils ist zu entnehmen, daß die AGg. vorehelich zwischen 850 DM und 1000 DM im Monat als Buffethilfe verdiente sowie monatlich 600 DM aus ihrer Kommanditbeteiligung bezog. Dies wird bei der Bemessung ihres vorehelichen Lebensstandards ggf. zu berücksichtigen sein.

BGH v. 17. 9. 86 – IV b ZR 59/85 – FamRZ 87, 40 = NJW 87, 1546
(Zur Rücknahme von Verzugsfolgen) R308

a) Eine Mahnung ist eine Erklärung oder sonstige tatsächliche Handlung, durch die der andere Teil zur Leistung aufgefordert wird. Sie ist keine rechtsgeschäftliche Willenserklärung, weil ihre Rechtsfolge – der Verzug (§§ 284, 285 BGB) – nicht durch den Willen des Mahnenden, sondern kraft Gesetzes eintritt (BGHZ 47, 352 (357) = NWJ 1967, 1800). Als „historischer Vorgang" kann diese tatsächliche Handlung nicht durch eine nachträgliche „Rücknahme" ungeschehen gemacht werden. Allerdings steht die Mahnung den rechtsgeschäftlichen Willenserklärungen nahe und wird daher zu den rechtsgeschäftsähnlichen Willensäußerungen und Mitteilungen gerechnet, auf die allgemeine Vorschriften über Willenserklärungen entsprechend angewandt werden (BGHZ 47, 352 = NJW 1967, 1800 m. w. Nachw.), insbesondere die Vorschriften über die Geschäftsfähigkeit, die Stellvertretung, die Auslegung und den Zugang (Palandt-Heinrichs, BGB, 45. Aufl., § 284 Anm. 3a; Walchshöfer, in: MünchKomm, § 284 Rdnr. 30). So wird eine Mahnung entsprechend § 130 I 2 BGB nicht wirksam, wenn dem anderen Teil vorher oder gleichzeitig ein Widerruf zugeht. Auch mit dem rechtsgeschäftlichen Charakter der Mahnung läßt sich indessen nicht begründen, daß die durch sie ausgelöste Rechtsfolge durch einseitige „Rücknahme" entfällt; denn abgesehen von dem Fall des § 130 I 2 BGB ist derartiges auch für Willenserklärungen nicht allgemein, sondern nur bei bestimmten einseitigen Rechtsgeschäften vorgesehen (Widerruf der Auslobung nach § 658 I 1 BGB, des Testaments nach §§ 2253 ff. BGB). Hingegen kann etwa die Kündigung eines Miet- oder eines Dienstvertrages – jedenfalls nach ganz herrschender Ansicht – nicht einseitig zurückgenommen (widerrufen) werden; vielmehr bedarf es dazu einer Vereinbarung der Vertragspartner, soweit nach Kündigung nicht überhaupt nur der Abschluß eines neuen Vertrages in Betracht kommt (vgl. Palandt-Putzo, Vorb. §§ 620–628 Anm. 2a jj).

In seinem Urteil vom 26. 1. 1983 (NJW 1983, 2318 (2320) = FamRZ 1983, 352 (354)) hat der Senat allerdings davon gesprochen, die (damalige) Unterhaltskl. habe durch die Zurücknahme einer früheren Unterhaltsklage auch die Mahnung zurückgenommen, die nach § 284 I 2 BGB in der Erhebung der Klage gelegen habe. Damals ging es indessen allein um die Frage, ob die Kl. nach § 1613 I BGB Unterhalt für einen zurückliegenden Zeitraum verlangen konnte, der zeitlich nach der Zurücknahme der früheren Unterhaltsklage lag. Der Senat hat diese Frage verneint, da zwar eine Mahnung wegen laufenden Unterhalts im allgemeinen nicht monatlich wiederholt zu werden brauche, von einer zurückgenommenen Mahnung aber keinerlei Rechtswirkungen für künftigen Unterhalt ausgehen könnten. Jenes Urteil und die dort vom Senat gebrauchten Wendungen besagen daher nicht, eine Mahnung könne mit der Folge zurückgenommen werden, daß ihre Rechtswirkungen rückwirkend entfielen. Im Schrifttum wird aus dieser Entscheidung denn auch lediglich der Schluß gezogen, daß die Rücknahme der Mahnung den Verzug beende (Walchshöfer, in: MünchKomm, § 284 Rdnr. 46; Palandt-Heinrichs, § 284 Anm. 6c ee).

Aus den oben dargelegten Gründen ist der Senat vielmehr der Ansicht, daß die durch eine Mahnung ausgelösten Rechtsfolgen nicht dadurch rückwirkend beseitigt werden, daß der Mahnende die Mahnung einseitig zurücknimmt. Darin sieht er sich durch das Schrifttum bestätigt, soweit dort die Auffassung vertreten wird, daß eingetretene Verzugsfolgen nur durch Verzicht (Erlaß), also durch Vertrag (§ 397 I BGB) beseitigt werden können, während eine Beendigung des Verzuges (etwa durch Stundung, Angebot der Leistung oder Erlöschen der Forderung) lediglich bedeutet, daß keine weiteren Verzugsfolgen entstehen. Soweit im Schrifttum – ohne nähere Begründung – die Auffassung vertreten wird, die (einseitige) Rücknahme der Mahnung lasse die Verzugsfolgen rückwirkend entfallen, vermag der Senat dem aus den dargelegten Gründen nicht zu folgen.

b) In Übereinstimmung mit den überwiegenden Stellungnahmen im Schrifttum (s. oben zu a) können bereits eingetretene Rechtsfolgen einer Mahnung vielmehr nur durch Vereinbarung rückgängig gemacht werden. Daneben kommt nur in Betracht, daß der Gläubiger sich aus besonderen Gründen nach Treu und Glauben (§ 242 BGB) – insbesondere unter dem Gesichtspunkt der Verwirkung – auf diese Rechtsfolgen nicht berufen kann. Bei einer Vereinbarung der gedachten Art wird es sich rechtlich regelmäßig um einen Erlaßvertrag handeln, durch den etwa der Anspruch auf Ersatz des Verzugsschadens (§ 286 I BGB) zum Erlöschen gebracht wird (§ 397 I BGB). Die Rechtsfolge der Mahnung, um die es im vorliegenden Fall geht, besteht darin, daß der Verzug des Bekl. der Kl. gem. § 1613 I BGB die ihr sonst verschlossene Möglichkeit eröffnete, Unterhalt (auch) für die Vergangenheit zu verlangen. Eine nachträgliche Beseitigung dieser Rechtsfolge bedeutet, daß der Unterhaltsanspruch für die in Rede stehende Zeit von November 1982 bis August 1983 endgültig an § 1613 I BGB scheitert; denn da Unterhalt für die Vergangenheit nach dieser Vorschrift erst für die Zeit nach Eintritt des Verzuges (oder Rechtshängigkeit des Unterhaltsanspruchs) verlangt werden kann, läßt sich die Rechtswirkung des Verzuges nicht nachträglich wiederherstellen. Bei dieser Rechtslage läuft eine vertragliche Beseitigung der durch die Mahnung eingetretenen Rechtsfolgen auf einen Erlaß des Unterhaltsanspruchs für die fragliche Zeit hinaus.

BGH v. 1. 10. 86 – IVb ZR 68/85 – FamRZ 87, 36 = NJW-RR 87, 194

R310 (*Zur Berücksichtigung von Steuerersparnissen durch die Beteiligung an einem Bauherrenmodell bei der Bemessung des Ehegattenunterhalts*)

a II 1a, bb) Die Revision rügt, daß das OLG von dem Bruttoeinkommen des Kl. Steuern i. H. von 30 895,20 DM in Abzug gebracht hat, obwohl den Kl. durch Steuerersparnisse als Folge der Beteiligung an einem sog. Bauherrenmodell tatsächlich nur eine Steuerbelastung von 3931 DM jährlich trifft. Bei dem – fiktiven – Betrag von 30 895,20 DM ist das OLG von den Steuern ausgegangen, die der Kl. auf sein Bruttoeinkommen nach der Grundtabelle zu zahlen hätte. Hiervon hat es „anrechenbare Einkünfte aus Vermögensnutzung aus dem Bauherrenmodell" in Höhe desjenigen Betrages in Abzug gebracht, um den die Steuerersparnis (Tabellensteuer – gezahlte Steuer) die im Rahmen des Bauherrenmodells erbrachten Aufwendungen (Zinsen und Tilgung) noch übersteigt. Die Ausklammerung der Steuerersparnis des Kl. ist unter den Besonderheiten des Falles rechtlich nicht zu beanstanden. Allerdings ist nach der std. Rspr. des Senats bei der Bemessung des Unterhalts grundsätzlich von dem Einkommen auszugehen, welches nach Abzug der Steuern in ihrer tatsächlichen Höhe ergibt (FamRZ 1980/984, 985; FamRZ 1985/911 f.; FamRZ 1986/798). Indessen ist die Steuerersparnis, die der Kl. hier erzielt, die Folge von tatsächlichen Aufwendungen, die er unter Nutzung der Vorteile des Bauherrenmodells zur Vermögensbildung erbringt. Der Kl. kann sich auf diese Aufwendungen gegenüber der Bekl. nicht berufen. Der Unterhaltsverpflichtete ist nicht berechtigt, auf Kosten des Unterhaltsbedürftigen Vermögen zu bilden (h. M., FamRZ 1984/149, 151).

Anhang R. Rechtsprechung   **R310**

Andererseits kann dem Unterhaltsverpflichteten die Bildung von Vermögen nicht verwehrt sein, soweit die Belange des Unterhaltsberechtigten nicht berührt werden. Dieser kann lediglich verlangen, so gestellt zu werden, als ob die vermögensbildenden Aufwendungen nicht stattfänden. Für den vorliegenden Fall der Vermögensbildung im Wege des Bauherrenmodells bedeutet das, daß zwar einerseits die in diesem Rahmen anfallenden Zins- und Tilgungsaufwendungen nicht als einkommensmindernd berücksichtigt werden dürfen, daß aber andererseits auch die dadurch erzielte Steuerersparnis außer Betracht bleiben muß, weil sie ohne jene Aufwendungen nicht einträte. Die Art und Weise, in der das OLG die Steuerbelastung des Kl. bei Weglassung der mit dem Bauherrenmodell zusammenhängenden Steuerersparnis ermittelt hat, enthält keinen Rechtsfehler zum Nachteil der Bekl. Soweit dabei die Steuerersparnis um „Einkünfte aus Vermögensnutzung" in Höhe der die Aufwendungen übersteigenden Ersparnis geringer angesetzt worden ist, ist dies aus der Sicht der Revision nur günstig, so daß es keiner Entscheidung des Senats bedarf, ob diese Handhabung geboten ist.

(Bezieht der Unterhaltsberechtigte Leistungen aus einer privaten Krankentage- und/oder Krankenhaustagegeldversicherung, entfällt insoweit seine Unterhaltsbedürftigkeit)

II 2 a) Für die Zeit vom 1. 9. 1983 bis 30. 6. 1984 mag zweifelhaft sein, ob und inwieweit die ehel.   **b** Lebensverhältnisse der Parteien durch die Leistungen mit „geprägt" wurden –, FamRZ 1984, 364, 365), welche die Bekl. während dieser Zeit von ihrer privaten Krankentage- und Krankenhaustagegeldversicherung bezogen hat. Die Frage kann indes dahinstehen. Sieht man diese Versicherungsleistungen nicht als die ehel. Lebensverhältnisse „prägend" an, so muß die Bekl. sie sich jedenfalls auf ihren Unterhaltsbedarf anrechnen lassen. In dem einen wie dem anderen Falle ergibt sich, daß der Bekl. für die Monate September und Oktober 1983 keine und für die Zeit vom 1. 11. 1983 bis 30. 6. 1984 keine über das Berufungsurteil hinausgehende Unterhaltsrente zusteht. Die Einwände, die die Revision gegen die unterhaltsrechtliche Berücksichtigung der Krankentage- und Krankenhaustagegelder schlechthin erhebt, greifen nicht durch. Soweit die Bekl. auf diese Weise Mittel zur Bestreitung ihrer allgemeinen Lebensaufwendungen in die Hand bekommen hat, ist sie nicht unterhaltsbedürftig. Abzusetzen ist freilich derjenige Teil der in Frage stehenden Tagegelder, der für krankheitsbedingte Mehrkosten benötigt wurde. Das hat das OLG jedoch beachtet und unter diesem Gesichtspunkt das Krankenhaustagegeld, das täglich 220 DM betrug, nur mit täglich 53 DM zur Anrechnung gebracht. Daß während der stationären Behandlung der Bekl. über diese Differenz von täglich 167 DM hinausgehende krankheitsbedingte Mehrkosten angefallen sind, ist nicht dargetan, desgleichen nicht, daß nach der Entlassung aus dem Krankenhaus von dem Krankentagegeld krankheitsbedingte Mehrkosten zu bestreiten waren. Die Revision vermißt im übrigen zu Unrecht die Berücksichtigung des Umstandes, daß die Bekl. während ihrer Krankheit weiterhin die Krankenversicherungsprämie aufbringen mußte. Das OLG hat die der Bekl. angerechneten Mittel um diesen Betrag vermindert.

(Kein Anspruch auf Vorsorgeunterhalt bei krankheitsbedingter Arbeitslosigkeit, weil rentenrechtliche Ausfallzeit)

II 2 b) Die Revision kommt darauf zurück, daß die Bekl., nachdem sie ihre (damalige) Arbeitsstel-   **c** le verloren gehabt habe, während der Zeit ihrer Erkrankung nicht in der Lage gewesen sei, Leistungen zur gesetzlichen [ges.] Rentenversicherung [RV] zu erbringen. Sie vertritt die Auffassung, daß dies unterhaltsrechtlich einen Ausgleich durch Zubilligung eines Zuschlags in Höhe freiwilliger Beiträge zur ges. RV erfordere, und macht in dieser Weise und in diesem Umfange für die Zeit bis zum 1. 7. 1984 (Wiederaufnahme einer Erwerbstätigkeit) der Sache nach Vorsorgebedarf i. S. des § 1361 I S. 2 BGB geltend. Dabei läßt sie jedoch außer acht, daß nach § 36 I Nr. 1 a AVG Zeiten, in denen eine versicherungspflichtige Beschäftigung oder Tätigkeit durch eine infolge Krankheit bedingte Arbeitsunfähigkeit unterbrochen worden ist, rentenrechtlich Ausfallzeiten sind. Die Voraussetzungen dieser Vorschrift sind hier ersichtlich erfüllt. Insbesondere hat die Arbeitsunfähigkeit der Bekl. vor dem 1. 1. 1984 begonnen. Auch eine „Unterbrechung" der versicherungspflichtigen Beschäftigung im Sinne der genannten Bestimmung ist gegeben. Sie liegt vor, wenn die krankheitsbedingte Arbeitslosigkeit einer versicherungspflichtigen Tätigkeit unmittelbar nachgefolgt ist (vgl. BSGE 16/120, 121 ff.). So war es im Falle der Bekl. Wie sich aus den von dem OLG in Bezug genommenen Angaben der Zeugin K. ergibt, hat die Bekl. noch bis Ende August 1983 Gehalt bezogen, war aber zu diesem Zeitpunkt bereits krank gemeldet. Mithin hat sich ihre krankheitsbedingte Arbeitslosigkeit unmittelbar an eine versicherungspflichtige Beschäftigung angeschlossen.

1337

(Abzug von Aufwendungen zur Vermögensbildung beim Verpflichteten nach Verringerung um trennungsbedingten Mehrbedarf des Berechtigten; objektiver Maßstab bei Ermittlung der ehelichen Lebensverhältnisse; konkrete Feststellungen sind nötig)

d II 3 a) Die Revision wendet ein, daß das OLG von den Einkünften der Parteien – zusammen (gerundet) 8273 DM monatlich – zunächst einen Anteil von 1600 DM monatlich für Vermögensbildung ausgesondert und den Unterhaltsbedarf der Bekl. erst nach den verbleibenden Mitteln bestimmt hat. (bis hier kein Originaltext!)

Dies begegnet jedoch unter den Gegebenheiten des Falles keinen durchgreifenden Bedenken. Die Bekl. kann zufolge § 1361 I S. 1 BGB nur den „nach den Lebensverhältnissen der Ehegatten angemessenen" Unterhalt verlangen. Bei gehobenem Einkommen kann es aber zu den Lebensverhältnissen der Ehegatten gehören, daß das Einkommen nicht gänzlich verbraucht, sondern teilweise der Vermögensbildung zugeführt wird. Dementsprechend können nach der std. Rspr. des Senats Teile des Einkommens als nach den ehel. Lebensverhältnissen der Vermögensbildung vorbehalten bei der Unterhaltsbemessung außer Betracht zu lassen sein (FamRZ 1980/665, 669; FamRZ 1980/771; FamRZ 1982/151, 152).

Ob und ggf. in welchem Umfange Familieneinkommen der Vermögensbildung zuzuordnen ist, kann freilich nicht Gegenstand eines Erfahrungssatzes sein. Von dem für Unterhaltszwecke heranzuziehenden Einkommen darf daher nicht pauschal eine Vermögensbildungsrate abgesetzt werden (FamRZ 1983/678 f.). So ist das OLG aber auch nicht verfahren. Es hat vielmehr, insoweit unangefochten, festgestellt, daß die Parteien während ihres Zusammenlebens (bis Sommer 1981) ca. 1100 DM pro Monat und nochmals 2000 DM bis 3000 DM pro Jahr für die Bildung von Vermögen aufgewendet haben, und daraus im Wege der Schätzung gefolgert, daß angesichts der inzwischen gestiegenen Einkünfte der Parteien nunmehr 1600 DM monatlich der Vermögensbildung vorzubehalten seien. Gegen diese tatrichterliche Anpassung des Betrages der – festgestellten – Vermögensbildung an verbesserte Einkommensverhältnisse ist revisionsrechtlich nichts zu erinnern. Auch die Revision stellt nicht in Frage, daß bei Fortdauer des Zusammenlebens der Parteien unter ihren jetzigen Einkommensverhältnissen ein Betrag von 1600 DM monatlich für Vermögensbildung abgezweigt würde. Damit kann auf diesen Betrag nach den ehel. Lebensverhältnissen für den laufenden Lebensaufwand nicht zurückgegriffen werden. Der Revision ist zuzugeben, daß die Aussonderung einer Vermögensbildungsrate aus dem für die Unterhaltsbemessung maßgeblichen Einkommen dazu führen kann, daß (weiteres) Vermögen allein in der Hand des unterhaltspflichtigen Ehegatten entsteht, während der unterhaltsberechtigte Ehegatte nur seine laufenden Lebensaufwendungen zu bestreiten vermag. Indessen gehört es nicht zu den Zwecken des Rechts des Ehegattenunterhalts, dem Unterhaltsberechtigten in gleicher Weise wie dem Unterhaltsverpflichteten die Bildung von Vermögen zu ermöglichen. Seine Aufgabe erschöpft sich vielmehr darin, dem bedürftigen Ehegatten, soweit die Leistungsfähigkeit des Verpflichteten reicht, diejenigen Geldmittel zur Verfügung zu stellen, die er benötigt, um seine laufenden Lebensbedürfnisse so zu befriedigen, wie es den ehel. Lebensverhältnissen – dem in der Ehe erreichten Lebensstandard – entspricht. Ist nach den ehel. Lebensverhältnissen ein Teil des Einkommens der Vermögensbildung vorbehalten und damit der Befriedigung der laufenden Lebensbedürfnisse entzogen, kann daher dieser Teil des Einkommens bei der Unterhaltsbemessung nicht mit herangezogen werden. Der Unterhaltsberechtigte würde sonst besser gestellt, als er während des Zusammenlebens der Ehegatten gestanden hat. Ein gewisses Regulativ ergibt sich allerdings aus dem in der Rechtsprechung des Senats wiederholt hervorgehobenen Grundsatz, daß bei der Ermittlung der ehel. Lebensverhältnisse ein objektiver Maßstab anzulegen ist und deshalb bei der Bemessung des Unterhalts ebenso wie eine zu aufwendige auch eine – gemessen am verfügbaren Einkommen – zu dürftige Lebensführung außer Betracht zu bleiben hat (FamRZ 1982/151, 152; FamRZ 1983/678, 679; FamRZ 1984/358, 360). Der unterhaltsbedürftige Ehegatte braucht sich daher eine das verfügbare Einkommen unangemessen einschränkende Vermögensbildung nicht entgegenhalten zu lassen, mag er sie auch während des Zusammenlebens der Ehegatten widerspruchslos hingenommen haben. Darüber hinaus braucht sich ein Ehegatte an einem zugunsten der Vermögensbildung gewählten Konsumverzicht selbst dann, wenn ein solcher während intakter Ehe seine Berechtigung hatte, nach dem Scheitern der Ehe nicht festhalten zu lassen, weil damit die personale Grundlage für eine derartige Einschränkung der Lebensführung entfallen ist (FamRZ 1984/358, 360 f.). Diese die Aussparung einer Vermögensbildungsrate einschränkenden Grundsätze wirken sich indessen vorliegend nicht aus. Es bestehen keine greifbaren Anhaltspunkte für die Annahme, daß die Lebensführung, die die Einkünfte der Parteien bei Aussparung einer Vermögensbildungsrate von 1600 DM monatlich erlauben, zu dürftig oder für die Bekl. mit einem unangemessenen Konsumverzicht verbunden wäre. Das OLG hat den von ihm angenommenen Unterhaltsbedarf der Bekl. als eine solchen bewertet, der, gemessen an den ehel. Lebensverhältnissen der Parteien, einer weder zu dürftigen noch zu aufwendigen Lebensführung entspreche. Dieser Beurteilung ist, soweit es um den allgemeinen Lebensaufwand geht, auch die Revision nicht entgegengetreten. Sie macht lediglich geltend, daß „beiden Parteien gleichermaßen" eine Vermögensbildung möglich sein müsse. Dies liegt

Anhang R. Rechtsprechung   **R312**

jedoch, wie ausgeführt, außerhalb der Zwecke des Unterhaltsrechts. b) Für die Berücksichtigung eines trennungsbedingten Mehrbedarfs der Bekl. – um den gegebenenfalls die Vermögensbildungsrate zu verringern wäre (FamRZ 1984/149, 151) – hat das OLG ausdrücklich keine Veranlassung gesehen, ohne daß die Revision hiergegen irgendwelche Beanstandungen erhoben hat.

(Differenzmethode oder Abzug des Einkommens des Berechtigten von der Hälfte des Gesamteinkommens der Parteien bei 50-%-Quote)

II 3 c) Letztlich läßt es auch keinen Rechtsfehler zum Nachteil der Bekl. erkennen, daß das OLG   **e** den Unterhalt der Bekl. nicht nach einer Quote der Differenz der beiderseitigen Einkünfte, sondern nach der Hälfte der Gesamteinkünfte der Parteien unter Anrechnung der eigenen Bezüge der Bekl. bestimmt hat (6673 DM : 2 = gerundet 3350 DM – gerundet 2970 DM = 380 DM). Die Bedenken, die der BGH gegen die Bemessung des Unterhalts nach einer Quote der addierten Einkommen der Ehegatten erhoben hat (FamRZ 1979/692, 693 f.; FamRZ 1981/539, 541), wirken sich nicht aus, wenn der Tatrichter, wie es hier geschehen ist, eine jeweils gleichhohe (hälftige) Beteiligung an den die ehel. Lebensverhältnisse prägenden beiderseitigen Einkünften für angemessen erachtet. Solchenfalls deckt sich das Ergebnis notwendig mit demjenigen, zu dem die sog. Differenzmethode führt.

BGH v. 15. 10. 86 – IVb ZR 78/85 – FamRZ 87, 259 = NJW 87, 1201

(Darlegungs- und Beweislast des Klägers im Abänderungsverfahren)   **R312**

1) Zutreffend ist das OLG davon ausgegangen, daß die Kl. für die Steigerung des Einkommens   **a** des Bekl. darlegungspflichtig ist. Die Klagepartei des Abänderungsverfahrens (§ 323 ZPO) trägt die Darlegungs- und Beweislast für die wesentlichen Veränderungen der Umstände, die für die Festsetzung der Unterhaltsrente maßgebend waren.

(Geständnisfiktion des § 138 III ZPO bei nichtsubstantiiertem Bestreiten von Tatsachen aus dem eigenen Wahrnehmungsbereich sowie freie Beweiswürdigung nach § 286 ZPO; substantiiertes Bestreiten durch Vorlage von Bilanzen und Gewinn- und Verlustrechnungen)

A I 1) Nicht zu beanstanden ist ferner, daß das OLG dem Bekl. die Möglichkeit verwehrt, die Be-   **b** hauptung der Kl. über den Anstieg seines Einkommens einfach zu bestreiten, und von ihm verlangt, daß er dem gegnerischen Vorbringen positive Angaben entgegensetzt. Eine derartige Last der beklagten Partei zum substantiierten Bestreiten besteht zwar nicht schlechthin; sie ist nach der Rspr. des *BGH* jedoch zu bejahen, wenn eine darlegungspflichtige Partei außerhalb des von ihr darzulegenden Geschehensablaufs steht und keine nähere Kenntnis der maßgebenden Tatsachen besitzt, während der Prozeßgegner sie hat und ihm nähere Angaben zumutbar sind (NJW 1961/826, 828, NJW 1983/687, 688). Diese Voraussetzungen hat das OLG im vorliegenden Fall zu Recht bejaht, da die von der Kl. behaupteten Tatsachen sämtlich im Wahrnehmungsbereich des Bekl. lagen und es diesem im Hinblick auf die ihm nach § 242 BGB obliegende unterhaltsrechtliche Auskunftspflicht (FamRZ 1982/1189) zuzumuten ist, sich zu der gegnerischen Behauptung näher zu erklären. Zuzustimmen ist dem OLG schließlich darin, daß das Bestreiten eines Sachvortrages ohne die nach den Umständen zumutbare Substantiierung nicht wirksam ist und die Geständnisfiktion des § 138 III ZPO nach sich zieht.

2) Von einem derartigen ungenügenden Bestreiten des gegnerischen Sachvortrages kann hier jedoch nicht ausgegangen werden.
Der Bekl. ist der Behauptung der Kl. entgegengetreten, indem er seinerseits unter Vorlage seiner Bilanzen sowie der Gewinn- und Verlustrechnungen für die Jahre 1981 bis 1983 näher aufgeschlüsselte Angaben über sein zu versteuerndes Einkommen (nicht Nettoeinkommen, wie vom OLG angenommen) gemacht hat. Damit hat er der insoweit bestehenden Darlegungslast genügt und das Vorbringen der Kl. substantiiert bestritten. Daran ändert auch der Umstand nichts, daß das Gericht den Gegenvortrag für nicht glaubwürdig gehalten hat und aufgrund der Lebensverhältnisse des Bekl., insbesondere wegen der Höhe seiner regelmäßigen finanziellen Verpflichtungen, zu der Ansicht gelangt ist, daß sein Einkommen höher sein müsse als von ihm vorgetragen und mindestens den von der Kl. behaupteten Betrag erreichen müsse. Derartige Umstände konnte das Gericht bei der Einkommensfeststellung im Rahmen der freien Beweiswürdigung nach § 286 I S. 1 ZPO berücksichtigen (FamRZ 1981/347, 349); sie berechtigten jedoch nicht zu der Annahme, der Bekl. habe das gegnerische Vorbringen nicht wirksam bestritten, so daß es nach § 138 III ZPO als zugestanden gelte. Hieran vermögen auch die privaten Aufstellungen über Einnahmen und Ausgaben für 1983 und die ersten drei Monate des Jahres 1984 nichts zu ändern, die der Bekl. auf die Auflage des OLG v. 24. 10. 1984 zusammen mit den Einkommensteuererklärungen für 1981 bis 1983 und dem Einkommensteuerbescheid für 1983 vorgelegt hat und zu denen er in der Berufungsverhandlung erklärt hat, daß von den darin ausgewiesenen Einnahmen die Geschäftskosten abzuziehen seien. Soweit das OLG darlegt, daß dieses „Argument" nicht „überzeugt", und ausführt, daß das Abstreiten weiterer

Einnahmen nicht richtig sein könne, wenn man die Zahlung dieser Kosten unterstelle, handelt es sich gleichfalls um Erwägungen, die im Rahmen der Beweiswürdigung ihren Platz haben, nicht aber das Eingreifen der Geständnisfiktion des § 138 III ZPO rechtfertigen.

Im übrigen hat das OLG bei der weiteren Beurteilung des anrechnungsfähigen Einkommens des Bekl. trotz Anwendung von § 138 III ZPO nicht entsprechend der Behauptung der Kl. ein Nettoeinkommen von 3300 DM monatlich zugrunde gelegt, sondern von diesem nach dem Klagevortrag bereits um die entsprechende Einkommensteuer gekürzten Betrag nochmals einen Einkommensteuerbetrag abgezogen.

3) Die Ausführungen zum Einkommen des Bekl. lassen sich auch nicht dahin verstehen, daß das OLG in Wirklichkeit in freier Beweiswürdigung unter Berücksichtigung der gesamten Umstände des Falles, insbesondere der Art und Weise des Vorbringens der Parteien, eine entsprechende Feststellung hat treffen und das Vorbringen der Kl. ohne weitere Beweisaufnahme als wahr hat ansehen wollen. Eine derartige Möglichkeit, eine Parteibehauptung ohne Beweisaufnahme als wahr anzusehen, ist dem Tatrichter nach § 286 ZPO aus Rechtsgründen an sich nicht verwehrt (MDR 1974/831). Indessen steht einer solchen Auslegung der Ausführungen im Berufungsurteil entgegen, daß das Gericht sich ausdrücklich auf § 138 III ZPO und die dort vorgesehene Geständnisfiktion gestützt hat. Darüber hinaus spricht gegen ein solches Verständnis, daß das Gericht offensichtlich nicht alle für eine derartige umfassende Beweiswürdigung in Betracht kommenden Umstände berücksichtigt hat. Das gilt einmal für den Umstand, daß die Kl. ihre Behauptung zur Einkommenshöhe selbst als lediglich auf Annahmen und Schätzungen beruhend bezeichnet hat. Vor allem aber hätte das OLG sich im Rahmen einer solchen umfassenden Beweiswürdigung mit dem Vorbringen des Bekl. auseinandersetzen müssen, soweit er in der Vergangenheit besondere finanzielle Engpässe durchzustehen gehabt habe, hätten ihm Eltern und Geschwister geholfen.

(Zur Berücksichtigung des Pflegegeldes als bedürftigkeitsminderndes Einkommen der Pflegeperson)

c   IV 1) Jenes Pflegegeld, bei dem es sich um Leistungen des Trägers der Sozialhilfe nach § 69 III und IV BSHG handelt, ist grundsätzlich dem Einkommen der Kl. zuzurechnen. Davon ist auch das OLG ausgegangen. Gestützt auf die Grundsätze des *Senats*urteils v. 18. 4. 1984 (FamRZ 1984/769, 771 f.), in dem es der *Senat* gebilligt hat, daß ein nach §§ 6, 5 JWG gewährtes Pflegegeld mit dem durch die Versorgung des Pflegekindes nicht verbrauchten Teil der Pflegeperson für die Zwecke des Unterhaltsrechts als eigenes Einkommen zugerechnet worden war, hat das OLG den Standpunkt eingenommen, daß das Pflegegeld grundsätzlich die Bedürftigkeit der Kl. mindere. Daß Anspruchsberechtigter des Pflegegeldes allein der Pflegebedürftige und nicht die Pflegeperson sei, stehe hier einer derartigen unterhaltsrechtlichen Berücksichtigung ebensowenig im Wege wie bei Pflegegeld, das einem in Familienpflege aufgenommenen Pflegekind gewährt werde.

Dieser Beurteilung stimmt der *Senat* zu. Er vermag der Auffassung der Anschlußrevision, daß eine derartige Behandlung des Pflegegeldes mit dessen Zweck nicht vereinbar wäre, nicht zu teilen. Wie bei sonstigen nicht subsidiären Sozialleistungen steht auch hier die sozialrechtliche Zweckbestimmung dieses Pflegegeldes der unterhaltsrechtlichen Berücksichtigung nicht entgegen.

BGH v. 15. 10. 86 – IVb ZR 79/85 – FamRZ 87, 46 = NJW 87, 776

R313   *(Einkünfte aus zumutbarer und unzumutbarer Erwerbstätigkeit sind auf den vollen Bedarf anzurechnen; dieser kann bei beschränkter Leistungsfähigkeit mit dem Mindestbedarfssatz bemessen werden)*

a   I) Der Kl. steht ein gesetzlicher Unterhaltsanspruch gemäß § 1570 BGB zu, denn von ihr kann wegen der Pflege und Erziehung der beiden gemeinschaftlichen Kinder nicht erwartet werden, durch eine Erwerbstätigkeit für ihren Unterhalt in vollem Umfang selbst zu sorgen. Die Revision vertritt die Auffassung, die Kl. treffe eine gesteigerte Erwerbsobliegenheit, weil die Leistungsfähigkeit des Bekl. aufgrund seiner eingeschränkten Einkünfte vermindert sei (§ 1581 BGB). Damit wird aber ein Rechtsfehler zum Nachteil des Bekl. nicht aufgezeigt. Das OLG hat beachtet, daß für einen Ehegatten, der zwei Kinder im schulpflichtigen Alter zu betreuen hat, eine Erwerbstätigkeit nicht von vornherein unzumutbar ist (FamRZ 1982/148) und daß im Rahmen der Zumutbarkeitsprüfung verschärfte Anforderungen an die Erwerbsobliegenheit des Unterhaltsberechtigten gestellt werden können, wenn der unterhaltspflichtige geschiedene Ehegatte nur nach Maßgabe des § 1581 BGB zu Unterhaltsleistungen imstande ist (FamRZ 1983/569). Es kann jedoch auf sich beruhen, ob die Kl. eine Teilerwerbsobliegenheit trifft. Das OLG hat nämlich – von der Revision unbeanstandet – festgestellt, daß der nach den ehel. Lebensverhältnissen bestimmte monatl. Lebensbedarf der Kl. für das Jahr 1984 wenigstens 900 DM und ab 1984 wenigstens 990 DM beträgt. Die Unterhaltsbeträge, die der Kl. wegen der eingeschränkten Leistungsfähigkeit des Bekl. zugesprochen worden sind, decken diesen Bedarf nur in so geringem Umfang ab, daß die Kl. einen neben der Kinderbetreuung etwa erzielbaren Verdienst benötigen würde, um den ungedeckten Teil ihres Bedarfs zu befriedigen.

Anhang R. Rechtsprechung   R314

(Steuerrechtlich beachtliche Aufwendungen oder Abschreibungen können ganz oder teilweise unberücksichtigt bleiben, wenn ihre unterhaltsrechtliche Abzugsfähigkeit nicht näher dargelegt oder nachgewiesen wird)

III 1. Das OLG ist von den vom Bekl. vorgelegten, nach steuerrechtlichen Gesichtspunkten erstellten Gewinn- und Verlustrechnungen der Jahre 1982 und 1983 ausgegangen, die Gewinne für 1982 von 22 252,21 DM und für 1983 von 39 628,82 DM ausweisen. Es hat aber die Geltendmachung von Bewirtungskosten (1982: 3511,60 DM; 1983: 2192,81 DM) und Repräsentationskosten (1983: 220,65 DM) nicht anerkannt, weil ihre unterhaltsrechtliche Beachtlichkeit nicht dargetan sei, und hat diese Beträge daher den Gewinnen hinzugerechnet. Ferner hat es die Abschreibung der Anschaffungskosten für einen im Jahre 1982 vom Bekl. erworbenen neuen Pkw (jährlich 4464,26 DM) um ein Drittel (jährlich 1488 DM) gekürzt, weil die Lebensdauer des Wagens tatsächlich länger sei, als steuerrechtliche Abschreibungen auf das Fahrzeug zulässig sind, und der Bekl. in Anbetracht der wirtschaftlichen Verhältnisse der Parteien ein zu teures Fahrzeug angeschafft habe. Aus den, nach Abzug der im Jahre 1982 gezahlten Steuern (1334,16 DM) danach auf 25 917,65 DM für 1982 und auf 43 529,77 DM für 1983 berichtigten, unterhaltsrechtlich relevanten Einkünften hat das OLG einen Mittelwert gebildet und diesen in ein durchschnittliches Nettomonatseinkommen des Bekl. von 2893,64 DM umgerechnet. Von einem mindestens gleichhohen Einkommen auch für die in Frage stehende Zeit ab Februar 1984 ist das OLG ausgegangen, weil der Bekl. einerseits seine Einkünfte nur lückenhaft und nicht für einen ausreichend langen Zeitraum dargelegt habe und auch die geltend gemachten Aufwendungen nicht in einer Weise dargelegt habe, die eine Überprüfung auf ihre unterhaltsrechtliche Beachtlichkeit zuließen, andererseits seinen Lebensstandard gegenüber der früheren Zeit aber auch nicht eingeschränkt habe, sondern in der Lage sei, mit seiner jetzigen Ehefrau ein Haus zu bauen oder zu erwerben und weiterhin einen Pkw der gehobenen Mittelklasse zu fahren. Die Revision bekämpft die Absetzung der Bewirtungs- und Repräsentationskosten, die in einem angemessenen Verhältnis zu den Umsätzen ständen; blieben sie unterhaltsrechtlich gleichwohl unberücksichtigt, müsse sich jedoch die Kl. auch eine fiktive höhere Steuerbelastung des Bekl. entgegenhalten lassen; die Kürzung der Abschreibung für den Pkw berücksichtige zudem nicht, daß der Bekl. sich etwa alle zweieinhalb Jahre einen neuen Wagen anschaffen müsse. Dieser Vortrag ist nicht geeignet, der Revision zum Erfolg zu verhelfen. Es ist rechtlich nicht zu beanstanden, daß das OLG das steuerlich relevante Einkommen zur Ermittlung des unterhaltspflichtigen Einkommens berichtigt hat, weil beide nicht identisch sind und der Bekl. sich als Unterhaltspflichtiger nicht auf die steuerrechtlich beachtlichen Aufwendungen und Abschreibungen beziehen konnte, ohne ihre unterhaltsrechtliche Abzugsfähigkeit näher darzulegen (FamRZ 1985, 357, 359). Die Umstände, auf die das OLG seine Beurteilung wegen der Bewirtungs- und Repräsentationskosten sowie bezüglich der Abschreibung des Pkw gestützt hat, halten sich in dem der tatrichterlichen Überzeugungsbildung und sind revisionsrechtlich nicht angreifbar. Verfahrensrügen sind insoweit nicht erhoben. Es ist auch nicht widersprüchlich, daß das OLG steuerliche Auswirkungen seiner aus unterhaltsrechtlicher Sicht für notwendig gehaltenen Korrekturen der Gewinnermittlung nicht berücksichtigt hat; denn die Steuern, die der Bekl. für seine Einkünfte in den Jahren 1982 und 1983 zu zahlen hat, stellen in den vom OLG ausgewerteten Gewinnermittlungen keine Rechnungsposten dar.

BGH v. 29. 10. 86 – IVb ZR 82/85 – FamRZ 87, 144 = NJW 87, 898

*(Subjektive und objektive Voraussetzungen eines Unterhaltsanspruchs wegen Erwerbslosigkeit; Bestehen einer   R314
realen Beschäftigungschance)*

2) Nach § 1573 I BGB kann ein geschiedener Ehegatte, dem es grundsätzlich obliegt, durch Erwerbstätigkeit für seinen Lebensunterhalt selbst zu sorgen, gleichwohl Unterhalt verlangen, solange und soweit er nach der Scheidung keine angemessene Erwerbstätigkeit „zu finden vermag". Aus dem zuletzt genannten Tatbestandsmerkmal ist zwar zunächst zu folgern, daß der bedürftige Ehegatte sich um die Findung einer angemessenen Erwerbsmöglichkeit nach Kräften bemühen muß. In der Auferlegung der dem Anspruchsteller subjektiv zuzumutenden Anstrengungen erschöpft sich die Bedeutung des Tatbestandsmerkmals indessen nicht. Ob ein Arbeitsuchender die an ihn eine angemessene Erwerbstätigkeit geeignete Stelle finden kann, ist auch von objektiven Voraussetzungen wie den Verhältnissen auf dem Arbeitsmarkt und den persönlichen Eigenschaften des Bewerbers (Alter, Ausbildung, Berufserfahrung, Gesundheitszustand) abhängig (FamRZ 1986/244, 246). Die auf § 1573 I BGB gestützte Unterhaltsklage darf daher nicht schon abgewiesen werden, wenn zureichende Bemühungen um eine Erwerbsmöglichkeit nicht bewiesen sind, sondern erst dann, wenn feststeht oder zumindest nicht auszuschließen ist, daß bei ausreichenden Bemühungen eine reale Beschäftigungschance bestanden hätte (FamRZ 1986/885, 886). Da das OLG wegen seiner abweichenden Rechtsauffassung hierzu nichts festgestellt hat, kann das angefochtene Urteil nicht bestehen bleiben. Die Sache muß zur Nachholung der dem Tatrichter vorbehaltenen Feststellungen zurückverwiesen werden. Dies gibt der Kl. zugleich Gelegenheit, zum Umfang ihrer auch i. J. 1983 unternommenen Bemühungen um eine angemessene Tätigkeit weiter vorzutragen und Beweise anzutreten. Es bedarf

daher keiner Stellungnahme zu der Frage, ob das OLG dadurch gegen § 286 ZPO verstoßen hat, daß es die im Berufungsverfahren angebotenen Beweise nicht erhoben hat.

3) Für die neue Verhandlung sind folgende Hinweise veranlaßt:
a) Der Unterhalt begehrende Ehegatte trägt, wenn er den Anspruch auf § 1573 I BGB stützt, zwar die Darlegungs- und Beweislast dafür, daß er nach der Scheidung keine angemessene Erwerbstätigkeit zu finden vermag. Wie der Senat in dem bereits zitierten Urteil v. 4. 6. 1986 (FamRZ 86/885) näher ausgeführt hat, dürfen aber die Anforderungen, die insoweit zu stellen sind, nicht überspannt werden, sondern müssen den Umständen des Falles entsprechen. Der Nachweis, daß der Anspruchsteller i. S. des § 1573 I BGB keine angemessene Tätigkeit zu finden vermag, ist unter entsprechenden Umständen schon dann als geführt anzusehen, wenn nach dem Ergebnis der tatrichterlichen Würdigung eine Beschäftigungschance praktisch nicht bestanden hat. Im vorliegenden Fall läßt sich den bisher getroffenen Feststellungen entnehmen, daß die Kl. trotz hinreichend ernsthafter Suche im Anschluß an die im Juni 1982 erfolgte Scheidung weder in jenem Jahr noch in den Jahren 1984 und 1985 eine Anstellung zu finden vermochte. Das kann die Annahme nahelegen, daß auch intensives Bemühen i. J. 1983 nicht zum Erfolg geführt hätte; denn bisher fehlen Anhaltspunkte dafür, daß 1983 bessere Beschäftigungsmöglichkeiten bestanden als davor oder danach. b) Gemäß § 1573 I BGB braucht der geschiedene Ehegatte nur eine ihm angemessene Erwerbstätigkeit auszuüben; demgemäß obliegt ihm auch (nur) eine entsprechende Suche. Das OLG wird daher prüfen müssen, ob die Tätigkeit einer Bürogehilfin für die Kl. angemessen ist. Die zwischen Trennung und Scheidung erlangte Ausbildung stellt dafür nicht das einzige Kriterium dar. Nach § 1574 II BGB kommt es auch darauf an, ob die Tätigkeit den Fähigkeiten, dem Lebensalter und dem Gesundheitszustand der Kl. sowie den ehel. Lebensverhältnissen entspricht; bei diesen sind die Dauer der Ehe und die Dauer der Pflege und Erziehung gemeinschaftlicher Kinder zu berücksichtigen. Insoweit fällt daher ins Gewicht, daß die Kl. über 20 Jahre lang als Ehefrau eines Lehrers nicht erwerbstätig war, sondern den Haushalt geführt und zwei Kinder geboren und großgezogen hat.

BGH v. 26. 11. 86 – IVb ZR 91/85 – FamRZ 87, 257 = NJW-RR 87, 516

R316 *(Sind in einem abzuändernden Urteil die ehelichen Lebensverhältnisse nicht festgestellt worden, hat der Richter im Abänderungsverfahren den angemessenen Unterhalt zu bestimmen; an Verhältnisse, die dem Ersturteil zugrunde lagen und in ihm bewertet wurden, bleibt er gebunden, sofern es sich nicht um Grundsätze zur Ausfüllung des „angemessenen Unterhalts" handelt)*

I 1) Das OLG ist zutreffend davon ausgegangen, daß im Abänderungsverfahrern für die Unterhaltsbemessung Bindungen bestehen; insbesondere können diejenigen Verhältnisse, die bereits dem ersten Urteil zugrunde lagen und dabei eine Bewertung erfahren haben, nicht abweichend beurteilt werden. Die Abänderungsentscheidung kann nur in einer unter Wahrung der Grundlagen des Unterhaltstitels vorzunehmenden Anpassung des Unterhalts an veränderte Verhältnisse bestehen (FamRZ 1986/790, m.w.N.).

a) Hiermit stimmt überein, daß das OLG bei der Ermittlung der für Unterhaltszwecke einzusetzenden Nettoeinkünfte des Kl. die ihm wegen seiner Tätigkeit im Ausland zufließenden steuerfreien Spesen (Fahrtkosten, Auslösebeträge, Unterkunftsgeld) nicht berücksichtigt hat, denn das ist im abzuändernden Urteil ebenfalls nicht geschehen. Ebenso ist weiterhin davon auszugehen, daß der Kl. seiner jetzigen Ehefrau unterhaltspflichtig ist. Die Bindung an diese Grundlagen des Unterhaltstitels für 1974 ist für den Kl. günstig; demgemäß führt die Revision insoweit auch keine Angriffe.

b) Eine Bindung an die im abzuändernden Urteil genannten Grundsätze der *LGe Hamburg* und *Düsseldorf* lehnt das OLG in Übereinstimmung mit der Rechtsprechung des *Senats* (FamRZ 1984/374, 375) zwar ab, es hält sich indessen an den vom AmtsG zur Ermittlung des Unterhaltsanspruchs der Bekl. angewandten Berechnungsweg gebunden, den es als „Differenzmethode" bezeichnet. Dazu hat es ausgeführt, zu den tatsächlichen Verhältnissen, die als Grundlagen des Urteils im Abänderungsverfahren unverändert bleiben müßten, gehöre der Umstand, daß es dem Richter seinerzeit nach eingehender Ermittlung der familiären und wirtschaftlichen Verhältnisse der Beteiligten aus Billigkeitsgründen unter Abwägung des jedem der Ehegatten letztlich zur Verfügung stehenden Betrags angezeigt erschien, bei der Unterhaltsbemessung das Einkommen der Bekl. von dem bereinigten (das heißt dem nach Abzug eines Viertels verbleibenden) Einkommen des Kl. abzusetzen und der Bekl. sodann die übliche Unterhaltsquote aus der verbleibenden Differenz zuzusprechen. Demgemäß sei vom derzeitigen Nettoeinkommen des Kl. (2850 DM) wiederum zuerst ein Betrag für die Unterhaltsbedürfnisse der jetzigen Ehefrau abzuziehen; diesen hat das OLG aber nicht mit einem Viertel von 2850 DM, sondern im Anschluß an die *Düsseldorfer Tabelle* (Abschnitt B V 2, FamRZ 1984/961, 962) mit dem Mindestbedarf einer nicht erwerbstätigen und nicht getrenntlebenden Ehefrau i. H. von 665 DM angesetzt. Aus dem verbleibenden Einkommen des Kl. (2185 DM) und dem der Bekl. (1480 DM) ergebe sich eine Differenz von 705 DM, wovon der Bekl. ein Anteil von $^3/_7$ oder abgerundet 300 DM gebühre (alle Beträge monatlich).

Anhang R. Rechtsprechung R317

Dieser Beurteilung kann nicht gefolgt werden, denn sie ist von Rechtsirrtum beeinflußt.
In dem abzuändernden Urteil sind für die Unterhaltsbemessung ehel. Lebensverhältnisse nicht festgestellt worden. Die vom Gericht seinerzeit ermittelten Vermögens- und Erwerbsverhältnisse beider Parteien und die Verpflichtung des Kl., nach Wiederheirat einem neuen Ehegatten Unterhalt zu gewähren, erlaubten es damals nicht, der Bekl. den zur Deckung ihres vollen Unterhaltsbedarfs erforderlichen Betrag zuzusprechen. Das ergibt sich unzweifelhaft aus den Überlegungen, die der Richter des damaligen Verfahrens zur Kontrolle des gefundenen Ergebnisses angestellt und am Ende der Urteilsgründe niedergelegt hat. Bei dem vom Gericht angesichts dieser Lage damals bestrittenen Berechnungsweg handelte es sich daher nicht um ein beizubehaltendes Element des damaligen Urteils, sondern um ein Hilfsmittel, das der Richter erklärtermaßen unter Orientierung an der in der Rechtsprechung der *LGe Düsseldorf* und *Hamburg* dazu entwickelten Grundsätzen (vgl. etwa *Düsseldorfer Tabelle,* Stand: 1. 1. 1973, DAVorm 1973/35) zur Ausfüllung des unbestimmten Rechtsbegriffs „angemessener Unterhalt" (in § 58 I EheG) verwendete und an das keine Bindung im Abänderungsverfahren besteht (FamRZ 1984/374). Dem steht nicht entgegen, daß der damals angewandte Berechnungsweg mit Differenzbeträgen und Quotenbildungen arbeitete. Solche mit Rechenwegen häufig verbundenen Elemente machen die damalige Unterhaltsbemessung noch nicht zu einem Anwendungsfall der sog. „Differenzmethode", wie sie in der Rechtsprechung nach dem Inkrafttreten des 1. EheRG bei Einkommen beider Ehegatten zur Ermittlung des Unterhaltsanspruchs des weniger verdienenden angewendet wird. Entgegen der in der Revisionserwiderung vertretenen Auffassung lassen sich aus diesem im abzuändernden Urteil beschrittenen Berechnungsweg daher auch keine bindenden Feststellungen dazu entnehmen, ob die ehel. Lebensverhältnisse der Parteien bereits durch beiderseitige Erwerbseinkünfte geprägt waren.
Haben sich die Einkommensverhältnisse seit der letzten mündl. Verhandlung in dem Verfahren, in dem das abzuändernde Urteil ergangen ist, soweit verbessert, daß jetzt eine Deckung des vollen an den ehel. Lebensverhältnissen ausgerichteten Unterhaltsbedarfs möglich ist, besteht kein Grund, die Parteien an der früheren Beschränkung festzuhalten (FamRZ 1980/771). In einem solchen Fall ist für die Unterhaltsbemessung ohne Bindung an die früher verwendeten Hilfsmittel allein nach der materiellen Rechtslage zu entscheiden. Das angefochtene Urteil, das irrtümlich von einer Bindung an den im früheren Urteil eingeschlagenen Berechnungsweg ausgegangen ist, kann daher keinen Bestand behalten.

BGH v. 10. 12. 86 – IVb ZR 63/85 – FamRZ 87, 252 = NJW-RR 87, 514

(Erwerbsobliegenheit des wiederverheirateten Verpflichteten bei Anspruch nach § 1570 BGB; Leistungsfähigkeit **R317**
in Höhe der früheren Vollzeitarbeit beim gleichen Arbeitgeber bei zumutbarer Ganztagstätigkeit)

II 1) Das OLG hat die Widerklage, ebenso wie die übrige Anschlußberufung, für nicht begründet **a** gehalten: Die Unterhaltspflicht des Bekl. gegenüber der Kl. sei durch die Verringerung seiner Arbeitszeit von täglich acht auf 5,5 Stunden nicht entfallen. Er müsse sich vielmehr von der Kl. an seinem früheren, aus der Ganztagsarbeit erzielten Einkommen festhalten lassen. Zwar stehe es geschiedenen Unterhaltspflichtigen grundsätzlich frei, in einer zweiten Ehe – ganz oder teilweise – die Kindesbetreuung zu übernehmen und die Erwirtschaftung des Familieneinkommens dem neuen Ehepartner zu überlassen. Eine hierdurch bedingte Leistungsunfähigkeit des Geschiedenen dürfe jedoch nicht in unzumutbarer Weise die Belange des Unterhaltsberechtigten aus der früheren Verbindung beeinträchtigen. Das gelte wie gegenüber Kindern aus der früheren Ehe auch gegenüber dem geschiedenen Ehegatten. Die Übernahme der Kindesbetreuung und die damit verbundene Einschränkung der Leistungsfähigkeit beseitige oder mindere die Unterhaltsverpflichtung ihm gegenüber nur dann, wenn diese Aufgabenverteilung wirtschaftlich sinnvoll sei oder aus sonstigen Gründen geboten erscheine. Beides sei hier nicht der Fall. Der Bekl. habe bei Vollzeitarbeit monatlich brutto rund 3300 DM verdient, seine Ehefrau erziele nur brutto 3000 DM. Das Familieneinkommen in der neuen Ehe gestalte sich somit durch die Arbeitsaufnahme der Ehefrau nicht günstiger als bei einer vollen Erwerbstätigkeit des Bekl. und Kindesbetreuung durch die Ehefrau. Anders wäre es freilich dann, wenn allein der Bekl., nicht jedoch seine Ehefrau, einer Teilzeitbeschäftigung nachgehen könnte. Dafür ergäben sich jedoch keine Anhaltspunkte. Auch sonstige Gründe für die gewählte Art der Aufgabenverteilung seien nicht ersichtlich. Deshalb müsse sich der Bekl. unterhaltsrechtlich so behandeln lassen, als erziele er noch sein früheres Nettoeinkommen von 2282 DM pro Monat. Dagegen wendet sich die Revision ohne Erfolg.
... II 2a) Daß die Kl. in der Lage ist, sich einer Ausbildung zu unterziehen, die einen Teil ihrer Zeit in Anspruch nimmt, was ihre Mutter ihr insoweit die Kindesbetreuung abnimmt, ist jedoch auch sachlich-rechtlich ungeeignet, ihren Unterhaltsanspruch aus § 1570 BGB zu Fall zu bringen. Dies gilt schon deshalb, weil aus der – unstreitigen – tatsächlichen Handhabung nicht gefolgert werden kann, daß die Kl. auch imstande wäre, anstelle der Ausbildung einer (Teilzeit-)Erwerbstätigkeit nachzugehen. Denn es ist nicht ersichtlich, daß ihre Mutter bereit wäre, das Kind der Parteien

auch dann zeitweise zu betreuen, wenn damit bezweckt würde, der Kl. eine – den Bekl. unterhaltsmäßig entlastende – Berufsarbeit zu ermöglichen. Solches ist auch vor dem Tatrichter nicht vorgetragen worden.

II 2 b) Wie sich aus § 1581 BGB ergibt, setzt die gesetzliche Unterhaltspflicht gegenüber dem geschiedenen Ehegatten Leistungsfähigkeit des Schuldners voraus. Eine solche ist hier – entgegen der Ansicht der Revision – unbedenklich angenommen worden. Der Behandlung des Bekl. als weiterhin nach Maßgabe seines bis Ende Januar 1985 erzielten Arbeitseinkommens leistungsfähig liegt ersichtlich zugrunde, daß er bei seinem – beibehaltenen – Arbeitgeber wieder vollzeitig erwerbstätig sein könnte, wenn er dies wollte. Es handelt sich also nicht darum, daß der Unterhaltsschuldner nicht (voll) leistungsfähig ist, weil er seinen Arbeitsplatz (teilweise) eingebüßt und einen neuen (Vollzeitarbeitsplatz) nicht zu erlangen vermag (FamRZ 1985/158, 159 f.). Ist hingegen der Unterhaltsschuldner – wie hier – in der Lage, den zur Erfüllung seiner Unterhaltspflicht erforderlichen Arbeitsverdienst zu erzielen, so stellt sich allein die Frage, ob ihm die dazu erforderliche Erwerbstätigkeit auch zugemutet werden kann. Unter dieser Voraussetzung wird der Unterhaltspflichtige, der seine Arbeitsfähigkeit nicht ausnutzt, als leistungsfähig angesehen, wie wenn er das erreichbare Einkommen tatsächlich erzielte. Leistungsunfähigkeit liegt dann nicht vor. Die Leistungsfähigkeit wird also nicht allein durch tatsächlich vorhandenes Vermögen und Einkommen des Unterhaltspflichtigen bestimmt, sondern auch durch seine Arbeits- und Erwerbsfähigkeit. Das entspricht der übereinstimmenden Auffassung in Rechtsprechung und Schrifttum (s. nur BGHZ 75/272, 274 f. = FamRZ 1980/43, FamRZ 1984/374, 377, jeweils m. w. N.). Die Beurteilung des OLG, dem Bekl. sei zuzumuten, weiterhin ganztägig erwerbstätig zu sein, hält den Angriffen der Revision stand.

BGH v. 14. 1. 87 – IVb ZR 3/86 – NJW-RR 87, 386

R318 *(Zinsen bei Verzug)*

Nach der Entscheidung des BerGer. kann die Kl. eine vierprozentige Verzinsung der ihr in dem Urteil vom 6. 2. 1984 zugesprochenen Unterhaltsbeträge mangels Verzugs des Bekl. zu einem früheren Zeitpunkt erst ab Rechtshängigkeit ihrer Unterhaltsansprüche in dem Vorprozeß beanspruchen. Unter diesen Umständen nötigt der Fall nicht zu einer näheren Erörterung der in Rechtsprechung und Schrifttum umstrittenen Frage, ob § 288 I 1 BGB, demzufolge Geldschulden während des Verzugs – als gesetzlich fingierter verzugsbedingter Mindestschaden (s. insoweit BGH, NJW 1979, 540; NJW 1980, 1955 (1956); BGH, NJW 1983, 2191 = BB 1983, 1179) – mit vier vom Hundert zu verzinsen sind, nach dem Sinn und Zweck der Vorschrift auch für Unterhaltsschulden gilt (bejahend OLG Hamburg, FamRZ 1984, 87; OLG München, FamRZ 1984, 310 (311); OLG Hamm, FamRZ 1984, 478; Gernhuber, FamilienR, 3. Aufl., § 41 IX 2 S. 620; Göppinger, UnterhaltsR, 4. Aufl., Rdnr. 1308; Walchshöfer, in: MünchKomm, 2. Aufl., § 288 Rdnr. 3; Palandt-Heinrichs, BGB, 46. Aufl., § 288 Anm. 1; verneinend OLG Celle, FamRZ 1983, 525; Brüggemann, Festschr. f. Bosch, 1976, S. 89, 96 ff.; ders., FamRZ 1983, 525; Jauernig-Vollkommer, BGB, 3. Aufl., § 288 Anm. 1c; offengelassen Senat, NJW 1985, 486 = FamRZ 1985, 155 (158)). Denn ab Rechtshängigkeit werden 4 % Zinsen in jedem Fallle nach § 291 S. 1 i. V. mit § 288 I 1 BGB geschuldet. Die Verzinsungspflicht nach dieser Regelung ist nicht etwa ein Unterfall der Verzinsungspflicht wegen Verzuges, sondern ihrem Wesen nach etwas anderes (s. schon BGHZ 10, 125 (129) = NJW 1953, 1387 sowie Martens, NJW 1965, 1703; Walchshöfer, in: MünchKomm, § 291 Rdnr. 1; Staudinger-Löwisch, § 291 Rdnr. 1). Ihr selbständiger Rechtsgrund ist allein die Rechtshängigkeit (s. etwa Erman-Battes, BGB, 7. Aufl., § 291 Rdnr. 1). Nach dem gesetzgeberischen Zweck des § 291 BGB wird der Schuldner schon deshalb einer Zinspflicht unterworfen, weil er es zum Prozeß hat kommen lassen und für das damit eingegangene Risiko einstehen soll (s. BGH, NJW 1965, 531 (532); Brüggemann, Festschr. f. Bosch, S. 100 Fußn. 44; Martens, NJW 1965, 1703; Walchshöfer, in: MünchKomm, § 291 Rdnr. 1; Alff, in: RGRK, 12. Aufl., § 291 Rdnr. 2; Staudinger-Löwisch, § 291 Rdnr. 1). Auch soweit vertreten wird, daß § 288 I BGB auf Unterhaltsschulden keine Anwendung finde, wird ein Zinsanspruch nach § 291 BGB nicht in Zweifel gezogen (Brüggemann, in: Festschr. f. Bosch, S. 100). Der Senat ist ebenfalls bereits in der Vergangenheit davon ausgegangen, daß ein Verzinsungsanspruch jedenfalls nach § 291 BGB auch im Unterhaltsrecht besteht (Senat, NJW 1985, 486). Er ergreift nicht nur die bei Klageerhebung und Ausurteilung bereits fällig gewordenen, sondern von der jeweiligen Fälligkeit an auch die zugesprochenen künftig zu entrichtenden Unterhaltsraten, soweit sie nicht rechtzeitig gezahlt werden (s. §§ 258 ZPO, 291 S. 1 Halbs. 2 BGB).

Es begegnet auch keinen durchgreifenden Bedenken, daß der Zinsanspruch hier nach dem rechtskräftigen Abschluß des eigentlichen Unterhaltsprozesses gesondert geltend gemacht wird. Die Entscheidung über den Hauptanspruch schließt einen Zinsanspruch nur insoweit aus, als die Klage abgewiesen wird. In diesem Umfange erstreckt sich die Rechtskraft der Entscheidung über den Hauptanspruch auch auf den Zinsanspruch. Wird der Hauptanspruch dagegen für begründet erachtet, ist die Rechtskraft dieser Entscheidung auf den Hauptanspruch beschränkt und die zusätzliche und

Anhang R. Rechtsprechung R320

nachträgliche Einklagung von Zinsen nicht verwehrt (vgl. auch BGH, NJW 1979, 720). Soweit der Senat ausgesprochen hat, daß eine Unterhaltsklage im Zweifel nicht als Teilklage anzusehen sei (Senat, NJW 1984, 1458 = FamRZ 1984, 374 (376), Senat, NJW 1985, 1701 = FamRZ 1985, 690), bezieht sich dies allein auf den Unterhaltsanspruch als solchen und auf die Frage, ob eine Nachforderungsklage wegen eines weiteren (unselbständigen) Bedarfspostens – etwa wegen Vorsorgeunterhalts zulässig ist. Die hierzu angestellten Erwägungen sind auf das Verhältnis von Unterhaltsanspruch und Anspruch auf Prozeßzinsen nach § 291 BGB nicht übertragbar. Insofern gilt vielmehr der allgemeine Grundsatz, daß sich ein Kl. über den Klageanspruch hinausgehende Ansprüche nicht eigens vorzubehalten braucht (vgl. BGHZ 34, 337 (340) = NJW 1961, 917).

BGH v. 14. 1. 87 – IVb ZR 65/85 – FamRZ 87, 356, 357 = NJW 87, 893, 894

(Anspruchsmindernde Anrechnung einer Vergütung für dem neuen Partner geleistete Dienste und für Wohnungsgewährung beim Trennungsunterhalt) R320

B II 1) Der Anspruch aus § 1361 BGB setzt Bedürftigkeit der Unterhalt beanspruchenden Partei **a** und Leistungsfähigkeit des in Anspruch Genommenen voraus (NJW 85/732 = FamRZ 85/158 [159] und NJW 85/907 = FamRZ 85/360). a) Die Leistungsfähigkeit des Kl., der als Rechtsanwalt tätig ist, hat das BerGer. rechtlich unbedenklich bejaht. Insoweit erhebt auch die Revision keine Einwendungen. b) Zur Unterhaltsbedürftigkeit der Bekl. in der Zeit bis zur Ehescheidung (15. 2. 1980) hat das BerGer. festgestellt, sie habe keine Erwerbstätigkeit ausgeübt. In diesem Zusammenhang hat es zu Recht geprüft, ob die Bekl., wie der Kl. behauptet hat, bereits in der Karibik mit ihrem jetzigen Ehemann K in einer eheähnlichen Gemeinschaft zusammengelebt und ihm den Haushalt geführt habe. In einem solchen Falle wäre nach der ständigen Rechtsprechung des Senats die zumindest anspruchsmindernde Anrechnung einer Vergütung für dem neuen Partner geleistete Dienste sowie gegebenenfalls für Wohnungsgewährung in Betracht gekommen (NJW 1980/344 = FamRZ 80/40 [42]; NJW 1980/1686 = FamRZ 80/665 [668] und FamRZ 80/879 [880]). Das BerGer. hat jedoch aufgrund der Parteivernehmung der Bekl. festgestellt, daß sie in der Karibik nicht mit K zusammengelebt hat.

(Zur Frage, ob der personensorgeberechtigte Elternteil seinen Unterhaltsanspruch dadurch gemäß § 1579 I Nr. 4 BGB a. F. ganz oder teilweise verliert, daß er mit den Kindern auswandert und damit dem anderen Elternteil die Ausübung des Umgangsrechtes erschwert.)

3) Das BerGer. hat sich auf den Standpunkt gestellt, die Bekl. habe ihren Unterhaltsanspruch auch **b** nicht dadurch gem. § 1579 I Nr. 4 BGB a. F. (für den Trennungsunterhalt: i. V. mit § 1361 III BGB) verloren, daß sie das Recht der Personensorge dazu benutzt habe, den Wohnsitz der Kinder so zu bestimmen, daß er gehindert sei, sein Recht zum Umgang mit ihnen (§ 1634 I 1 BGB) auszuüben.

a) Dazu hat das *OLG* im wesentlichen ausgeführt: Obwohl die Bekl. auf Unterhaltsleistungen des Kl. angewiesen sei, stehe es ihr frei, wo sie nach dem Scheitern der Ehe ihr Leben verbringe. Auch wer gemeinsame Kinder betreue und deshalb unterhaltsberechtigt sei, könne nicht gezwungen werden, seinen neuen Lebenskreis so einzurichten, daß Besuchskontakte zwischen dem anderen Elternteil und den Kindern reibungslos möglich seien. Eine erhebliche Erschwernis oder auch ein faktischer Ausschluß des persönlichen Umgangs mit einem gemeinsamen Kinde sei schon dann denkbar, wenn die Eltern innerhalb der Bundesrepublik Deutschland weit voneinander entfernt lebten. Für einen Aufenthalt im Ausland könne letztlich nichts anderes gelten. Telefonische und briefliche Kontakte seien auch dann möglich; ferner könnten die persönlichen Beziehungen durch Übersenden von Geschenken aufrechterhalten bleiben. Zudem seien bei ernsthaftem Bemühen aller Beteiligten auch vereinzelte Besuche durchaus denkbar. Schließlich sei es das persönliche Schicksal des nicht sorgeberechtigten Elternteils, daß seine Ehe zerstört und dadurch der Kontakt zu den Kindern auf ein Mindestmaß beschränkt sei. Im vorliegenden Falle komme hinzu, daß gerade der Kl. zu dieser Situation entscheidend beigetragen habe, indem er sich aus der ehelichen Lebensgemeinschaft gelöst und Beziehungen zu einer anderen Frau aufgenommen habe. Er habe sich damit – zumindest auch – selbst zuzuschreiben.

Ob die rechtliche Lage anders zu beurteilen sei, wenn der sorgeberechtigte Elternteil den Wohnsitz nur zur Vereitelung der Besuchskontakte so wähle, daß ein Umgang kaum noch durchführbar sei, könne dahinstehen. So liege der Fall nicht. Die Bekl. sei nicht mit solchen Motiven in die Karibik verzogen, sondern sie habe auf Anraten ihres Vaters von der eingetretenen ehelichen Situation Abstand gewinnen wollen. Die durch eine solche, menschlich verständliche Entscheidung eingetretene Verhinderung des persönlichen Kontaktes des Kl. zu den Kindern könne sich unterhaltsrechtlich nicht auswirken. Hiernach sei nicht von ausschlaggebender Bedeutung, ob die Bekl. zugesagt habe, nach Deutschland zurückzukehren. Schließlich habe sie die Kinder nicht in rechtswidriger Weise in das Ausland verbracht. Aufgrund der einstweiligen Anordnung vom 24. 7. 1978 sei sie Inhaberin der elterlichen Sorge gewesen. Obgleich sie mit den Kindern unverhofft und entgegen vorherigen Äußerungen in die Karibik verzogen sei, könne ihr Handeln unter unterhaltsrechtlichem Aspekt nicht mißbilligt werden.

b) Die angefochtene Entscheidung hält auch insoweit den Angriffen der Revision stand. Die Ablehnung des – allein in Betracht kommenden – Härtegrundes des § 1579 I Nr. 4 BGB a. F. ist nicht rechtsfehlerhaft. Auf § 1579 II BGB a. F. kommt es infolgedessen nicht an, mithin auch nicht darauf, ob ein „besonders gelagerter Härtefall" i. S. des Urteils des *BVerfG* vom 14. 7. 1981 (*BVerfE* 57/361 = NJW 1981/1771) vorliegt und welches Recht dann anzuwenden wäre.

aa) Nach der ständigen Rechtsprechung des *BGH* ist jedes klar bei einem Ehegatten liegende Fehlverhalten geeignet, die Voraussetzungen der Vorschrift zu erfüllen. Allerdings muß das Fehlverhalten, damit es einen Wegfall oder eine Herabsetzung des Unterhalts rechtfertigen kann, schwerwiegend sein (*BGH,* NJW 1979/1349 = FamRZ 1979/569 [570]; NJW 1979/1452 = FamRZ 1979/571 [573]; *Senat,* NJW 1980/1686 = FamRZ 1980/665 [666]; NJW 1981/1214 = FamRZ 1981/439 [440]; NJW 1981/1782 und NJW 1982/1461). Dies ergibt sich aus der in § 1579 I Nr. 4 BGB a. F. enthaltenen Bezugnahme auf die *Schwere* der in den Nummern 1 bis 3 der Vorschrift aufgeführten Gründe und aus dem Merkmal der *groben* Unbilligkeit (*BGH,* NJW 1979/1452).

Nach diesen Maßstäben ist die Beurteilung des BerGer. auch unter Beachtung der von der Revision erneut hervorgehobenen Umstände im Vorfeld der gerichtlichen Sorgerechtsregelung nicht zu beanstanden. Das BerGer. hat damit das Vorliegen eines für einen Wegfall oder eine Herabsetzung des Unterhalts ausreichenden Fehlverhaltens der Bekl. im Ergebnis rechtsfehlerfrei verneint.

Allerdings kann die Überlegung, es sei das persönliche Schicksal des nicht sorgeberechtigten Elternteils, daß seine Ehe zerstört und dadurch der Kontakt zu den Kindern auf ein Mindestmaß beschränkt sei, dem in § 1634 I Nr. 1 BGB normierten Umgangsrecht nichts von seiner Bedeutung nehmen. Zu einer Übertragung der Personensorge auf nur einen Elternteil und damit zu der Situation, die eine Befugnis des nicht betreuenden Teils zum persönlichen Umgang mit dem Kinde erfordert, kommt es stets und gerade wegen des Scheiterns der Ehe der Eltern. Dieser Gesichtspunkt ist daher nicht geeignet, das Umgangsrecht des nicht betreuenden Elternteils zu relativieren.

Auch den Erwägungen des BerGer. dazu, daß bereits ein Umzug an einen weiter entfernten Ort innerhalb der Bundesrepublik Deutschland das Umgangsrecht des nicht sorgeberechtigten Elternteils erheblich beeinträchtigen könne, sowie den Überlegungen zur möglichen Aufrechterhaltung eines gewissen Kontaktes durch Telefonanrufe, Briefe und Geschenke vermag der *Senat* keine entscheidende Bedeutung beizumessen. Das Recht zum persönlichen Umgang mit dem Kinde geht weiter. Es soll dem Elternteil die Möglichkeit geben, sich von dem körperlichen und geistigen Befinden seines Kindes und seiner Entwicklung durch Augenschein und gegenseitige Aussprache fortlaufend zu überzeugen, die verwandtschaftlichen Beziehungen aufrechtzuerhalten, einer Entfremdung vorzubeugen sowie dem gegenseitigen Liebesbedürfnis Rechnung zu tragen (*BGHZ* 42/364 [371] = NJW 1965/394; *BGHZ* 51/219 [222] = NJW 1969/422). Ein derartiger Umgang wird jedenfalls durch eine Auswanderung in überseeische Gebiete regelmäßig – und auch im vorliegenden Fall – praktisch verhindert (vgl. dazu bereits *RGZ* 141/319 [321]); der verbleibende Rest an Kontaktmöglichkeiten ist gering.

Gleichwohl kann eine Auswanderung des Sorgeberechtigten mit dem Kinde gegen den Willen des anderen Elternteils, dessen Umgangsbefugnis damit jedenfalls erheblich behindert wird, nicht regelmäßig als ein schwerwiegendes Fehlverhalten mit der Folge des Verlustes oder der Verringerung des Unterhaltsanspruchs gem. § 1579 I Nr. 4 BGB a. F. gewertet werden. Das Personensorgerecht und das Umgangsrecht des anderen Elternteils stehen einander als selbständige Rechte gegenüber. Das Umgangsrecht des einen schränkt das Personensorgerecht des anderen ein (*BGHZ* 51/219 [221]). Umgekehrt muß das nur im Rahmen der tatsächlichen Wohnsitzverhältnisse praktisch ausübbare Umgangsrecht, dem eine Umgangspflicht nicht entspricht, bisweilen als das schwächere Recht dem stärkeren Sorgerecht weichen. Das kommt insbesondere im Falle einer Auswanderung ins Ausland in Betracht (vgl. *RGZ* 141/319 [321 f.]) = JW 1933/2587). Wenn mißbräuchliche Ausübung der elterlichen Sorge das Kindeswohl gefährdet, so ist dem – wie stets – gem. § 1666 BGB entgegenzutreten. Die Auswanderung kann u. U. auch Veranlassung bieten, eine Entscheidung des *FamG* gem. § 1696 BGB mit dem Ziel einer Änderung der Sorgerechtsregelung im Interesse des Kindes zu beantragen. Darüber, unter welchen Voraussetzungen im einzelnen trotz der Freizügigkeit des sorgeberechtigten Elternteils und seines verfassungsmäßigen Rechtes auf freie Entfaltung seiner Persönlichkeit (Art. 2 I GG) eine solche Entscheidung ergehen kann, sind die angeführten Meinungen in Rechtsprechung und Schrifttum nicht ganz einheitlich. Indes zieht sich durch das gesamte Bild der Meinungen der Gedanke, daß im Konfliktfall, wie ihn eine Auswanderung mit den Kindern darstellt, das Personensorgerecht als das stärkere den Vorzug genießen muß. Weitere Erwägungen dazu sind hier nicht veranlaßt. Einen Antrag auf Abänderung der Sorgerechtsregelung hat der Kl. nicht gestellt, und zwar nach seinem Vortrag deshalb nicht, weil er eine solche Abänderung für unerreichbar gehalten hat. Jedenfalls würde ein Antrag auf Übertragung der elterlichen Sorge von der Bekl. auf den Kl. – wenn

Anhang R. Rechtsprechung R321

überhaupt – nur unter dem Gesichtspunkt des Wohles der Kinder Erfolg haben können (§§ 1671 II, 1696 I BGB).

Eine Auswanderung des Sorgeberechtigten mit den ihm anvertrauten Kindern regelmäßig i. R. des § 1579 Abs. 1 Nr. 4 BGB a. F. als ein schwerwiegendes Fehlverhalten zu qualifizieren, das zum Wegfall oder zur Einschränkung des Unterhalts aus §§ 1361 oder 1570 BGB führen könnte, wäre mit der rechtlichen Stellung, die ihm hiernach die Übertragung des Personensorgerechts vermittelt, nicht zu vereinbaren. Vielmehr handelt er auch dann, wenn er gegen den Wunsch des anderen Elternteils auswandert, im allgemeinen jedenfalls nicht so schwerwiegend fehlsam, daß er deshalb den Verlust oder eine Herabsetzung seines Unterhaltsanspruchs nach § 1579 I Nr. 4 BGB a. F. gewärtigen müßte. Dies gilt jedenfalls dann, wenn die Auswanderung mit den Kindern – wie hier tatrichterlich festgestellt – nicht in der Absicht erfolgt, das Umgangsrecht des anderen Elternteils zunichte zu machen, sondern auf anderen, verständlichen Motiven beruht. In einem solchen Falle ist von dem nicht sorgeberechtigten Unterhaltsverpflichteten regelmäßig zu verlangen, daß er an den anderen Ehegatten auch weiterhin Betreuungsunterhalt leistet, zumal damit wesentlich dem Interesse der Kinder gedient wird.

Allerdings ist der Revision zuzugeben, daß in der Täuschung über ihre Auswanderungsabsichten ein schuldhaftes Fehlverhalten der Bekl. gegenüber dem Kl. gesehen werden kann, das Gewicht hat. Indessen reicht dieses auch in Verbindung mit der Aufnahme der Beziehungen zu K angesichts der vorausgegangenen Verfehlung des Kl., der sich als erster von der Ehe losgesagt und damit die familiären Bindungen bereits entscheidend geschwächt hatte, nicht aus, um ein klar bei der Bekl. liegendes schwerwiegendes Fehlverhalten im Sinne der Rechtsprechung zu § 1579 I Nr. 4 BGB a. F. anzunehmen.

bb) In der Rechtsprechung des *Senats* ist anerkannt, daß § 1579 I Nr. 4 BGB a. F. auch dann zum Ausschluß oder zur Herabsetzung des Unterhalts führen kann, wenn nicht ein Fehlverhalten des Unterhaltsberechtigten, sondern objektive Gegebenheiten und Entwicklungen der Lebensverhältnisse der Ehegatten die Unzumutbarkeit der Unterhaltsbelastung ergeben (NJW 1983/1548 = FamRZ 1983/569 [572]; NJW 1984/2692 = FamRZ 1984/986 [987] und FamRZ 1986/443 [444]). Auch unter diesem Gesichtspunkt kommt indes ein Ausschuß oder eine Herabsetzung des Unterhaltsanspruchs der Bekl. nicht in Betracht. Ihre Auswanderung mit den Kindern beeinträchtigt den Kl. allein durch die Behinderung seiner Umgangsbefugnis. Dies aber stellt die Zumutbarkeit der verlangten Unterhaltszahlungen nicht in Frage. Die Ansicht der Revision, es sei ein Korrelat der Unterhaltspflicht gem. § 1570 BGB, daß die unterhaltsberechtigte Elternteil die Kinder so erziehe und ihren Aufenthalt so bestimme, daß der Unterhaltsverpflichtete sein Umgangsrecht wahrnehmen könne, findet im Gesetz keine Stütze. Das Umgangsrecht besteht unabhängig davon, ob der Sorgeberechtigte auch Unterhaltsgläubiger nach § 1570 BGB ist. Es steht dem Vater in gleicher Weise zu, wenn die sorgeberechtigte Mutter nach § 1577 I BGB keinen nachehelichen Unterhalt verlangen kann, weil sie sich aus ihrem Vermögen selbst zu unterhalten vermag. Dadurch, daß die Mutter Unterhalt nach § 1570 BGB zu beanspruchen hat und erhält, wird die Umgangsbefugnis des Vaters weder begründet noch verstärkt. Sie beruht vielmehr auf dem natürlichen Elternrecht (BGHZ 42/364 [370] = NJW 1965/394; BGHZ 51/219 [221] = NJW 1969/422). Umgekehrt hängt auch der Unterhaltsanspruch aus § 1570 BGB nicht davon ab, daß der Elternteil, der das Kind nicht betreut, das Recht zum persönlichen Umgang mit dem Kinde ausüben kann. Stehen die tatsächlichen Verhältnisse der Ausübung des Umgangsrechts entgegen, so macht dieser objektive Umstand die Erfüllung der nachehelichen Unterhaltspflicht gegenüber dem das Kind betreuenden geschiedenen Ehegatten noch nicht unzumutbar.

BGH v. 14. 1. 87 – IVb ZR 89/85 – FamRZ 87, 359 = NJW 87, 1554

(Zur unterhaltsrechtlichen Beurteilung einer bei Auflösung des Arbeitsverhältnisses gewährten Abfindung, die der Arbeitgeber für den Unterhaltspflichtigen und den Unterhaltsberechtigten hinterlegt hat) R321

II 1a) Der Unterhaltsschuldner ist im Falle beengter wirtschaftlicher Verhältnisse verpflichtet, eine ihm aus Anlaß der Aufhebung seines Anstellungsvertrages zugeflossene Abfindung im Rahmen einer sparsamen Wirtschaftsführung zur Deckung des Unterhaltsbedarfs seiner Unterhaltsgläubiger zu verwenden (FamRZ 1982/250, 252). Die vorgenannten Entscheidungen betrafen zwar Sachverhalte, in denen über Trennungsunterhalt bzw. Kindesunterhalt zu entscheiden war; die dargelegten Grundsätze lassen sich aber unbedenklich auf Ansprüche wegen nachehel. Unterhalts übertragen. Ihnen ist indessen nicht zu entnehmen, daß der Abfindungsbetrag müsse bis zu seinem vollständigen Verbrauch dazu verwendet werden, die aus dem (verminderten) laufenden Einkommen nicht mehr finanzierbaren Ansprüche der Unterhaltsgläubiger bis zu ihrer nach dem früheren Erwerbseinkommen berechneten Höhe weiterzuzahlen und dies selbst dann, wenn für den gleichen Zeitraum dem Unterhaltsschuldner nicht mehr der frühere Anteil an seinem Einkommen verbleibt, sondern – wie im vorliegenden Fall – nur wenig mehr oder sogar weniger als der sog. „billige Eigenbedarf" (Selbstbe-

a

halt), der nach den vom OLG angewendeten Leitlinien seit dem 1.1.1985 mit monatlich 1150 DM, für die Jahre davor mit 1050 DM angenommen wird. Eine solche Verteilung widerspricht dem Grundgedanken, der die Heranziehung der Abfindung zu Unterhaltszwecken rechtfertigt: Als (teilweiser) Ersatz des fortgefallenen Arbeitseinkommens soll sie es dem (früheren) Arbeitnehmer ermöglichen, trotz des Verlustes des Arbeitsplatzes eine gewisse Zeitlang seine bisherigen wirtschaftlichen Verhältnisse aufrechtzuerhalten und damit auch seinen eigenen Unterhaltsbedarf in der bisherigen Höhe sicherzustellen. Die Abfindung darf daher nicht erst bei der Prüfung der Leistungsfähigkeit des Unterhaltsschuldners berücksichtigt werden. Vielmehr muß der Abfindungsbetrag zuerst auf eine angemessene Zeit (in der Regel einige Jahre) verteilt werden. Erst dann kann beurteilt werden, ob und gegebenenfalls zu welchem Zeitpunkt sich die Einkommensverhältnisse des Unterhaltspflichtigen so geändert haben, daß eine Anpassung des Unterhalts an die geänderten Verhältnisse in Betracht kommt. Das kann möglicherweise schon mit dem Verlust des Arbeitsplatzes der Fall sein, wenn der bei der angemessenen Verteilung der Abfindung errechnete Anteil nicht ausreicht, um die Einbuße im Arbeitseinkommen voll auszugleichen.

b) Bedenken bestehen auch dagegen, daß das OLG die Abfindung dem verfügbaren Einkommen des Kl. aus Billigkeitsgründen in voller Höhe zugerechnet hat, obwohl der Arbeitgeber sie am 8.3.1984 zugunsten des Kl. gemäß § 372 BGB beim AmtsG D. unter Rücknahmeverzicht hinterlegt hat, weil er die Empfangsberechtigung nicht mehr zu beurteilen vermochte, nachdem beide Parteien, die Bekl. aufgrund einer Lohnpfändung, Anspruch auf die volle Abfindungssumme erhoben hatten. Der Bekl. stand zum Zeitpunkt der Hinterlegung nach den Feststellungen des OLG rückständiger Unterhalt aus der Zeit vor dem 1.2.1984 nur i. H. von 13 119,91 DM zu. Selbst wenn der laufende Unterhalt für Februar und März 1984 (je 882 DM) hinzugerechnet wird, der vor der Hinterlegung fällig geworden war und dessen Zahlung nicht festgestellt ist, betrug die Forderung der Bekl. höchstens 14 883,91 DM. Bis zu dieser Höhe darf die Bekl. in der Tat der Bekl. die Hinterlegung nicht entgegenhalten, weil sie dadurch gegen Treu und Glauben (§ 242 BGB) verstoßen würde. Nach den Grundsätzen, die der Senat zur Berufung des Unterhaltspflichtigen auf eine von ihm selbst herbeigeführte Leistungsunfähigkeit entwickelt hat, darf dieser sich auf sein eigenes Verhalten jedenfalls dann nicht berufen, wenn es in besonderem Maße vorwerfbar ist, wobei sich eine solche Bewertung gerade aus einem Bezug zur Unterhaltspflicht ergibt (FamRZ 1985/158, 160, m. w. N.). Soweit der Kl. einen Unterhaltsrückstand gegenüber der Bekl. hat entstehen lassen, liegt ein solcher Bezug vor; er muß sich daher in Verhältnis zu ihr so behandeln lassen, als hätte er regelmäßig gezahlt und wäre der hinterlegte Betrag insoweit für ihn verfügbar, denn andernfalls würde er aus der vorangegangenen Nichterfüllung seiner Unterhaltspflicht ungerechtfertigt Vorteile ziehen. In Höhe der Differenz zwischen dem Rückstand und dem hinterlegten Betrag verweigert die Bekl. hingegen dem Kl. ohne Grund die Zustimmung zur Freigabe. Der Kl. braucht sich insoweit nicht so behandeln zu lassen, als ob er auch über diesen Teil der Abfindung frei verfügen könnte. Ohne Zustimmung der Bekl. könnte er seine Berechtigung nur durch eine rechtskräftige Entscheidung nachweisen (§ 13 II Nr. 2 HinterlO). Auf die Erhebung einer entsprechenden Klage kann die Bekl. den Kl. jedoch nicht verweisen; denn da sie selbst Schuldnerin des Anspruchs wäre, würde sie sich entgegen Treu und Glauben (§ 242 BGB) in Widerspruch zu ihrem eigenen Verhalten setzen (FamRZ 1986/434, 435).

(Mutwilligkeit durch Unterlassen geeigneter und zumutbarer Maßnahmen zur Wiederherstellung der Erwerbsfähigkeit.)

b III 1) Das OLG ist davon ausgegangen, daß die Bekl. seit langem im Übermaß dem Alkohol zugesprochen und dadurch ihre Gesundheit erheblich mit der Folge geschädigt hat, daß sie erwerbsunfähig ist. Es hat aus den gesamten Umständen aber nicht zu folgern vermocht, daß sich die Vorstellungen und Antriebe, die die Bekl. in Alkoholabhängigkeit geführt haben, unterhaltsbezogen auf den Eintritt der Bedürftigkeit als Folge des unvernünftigen Verhaltens erstreckt hätten. Demgemäß hat es keinen Anlaß gesehen, der Bekl. den Unterhaltsanspruch unter Billigkeitsgesichtspunkten abzuschneiden, weil sie ihre Bedürftigkeit mutwillig herbeigeführt hätte (§ 1579 I Nr. 3 BGB a. F., § 1579 Nr. 3 BGB n. F.). Das ist entgegen der Meinung der Revision rechtlich nicht zu beanstanden. Die Beurteilung des OLG steht im Einklang mit den Grundsätzen, die in der Rechtsprechung des Senats zu den Voraussetzungen einer mutwilligen Herbeiführung der Bedürftigkeit entwickelt worden sind (FamRZ 1981/1042 und FamRZ 1984/364, 367). Die seit dem 1.4.1986 geltende neue Fassung des § 1579 Nr. 3 BGB hat in dieser Hinsicht nichts verändert.

2) Die Bedürftigkeit kann i. S. der §§ 1579 I Nr. 3 BGB (a. F.), 1579 Nr. 3 BGB (n. F.) auch dadurch mutwillig herbeigeführt sein, daß der Unterhaltsberechtigte es, in vorwerfbarer Weise unterlassen hat, durch geeignete und zumutbare Maßnahmen seine Erwerbsfähigkeit wieder herzustellen. Das OLG hat daher zu Recht geprüft, ob eine Herabsetzung des Unterhaltsanspruchs unter Billigkeitsgesichtspunkten in Betracht kommt, weil die Bekl. bis zur mündl. Verhandlung vor dem OLG offenbar keine Maßnahmen gegen die erkannte Alkoholabhängigkeit ergriffen hatte. Die Frage, von welchem Zeitpunkt an der Bekl. die Erkenntnis über die Art ihrer Erkrankung zugerechnet werden

Anhang R. Rechtsprechung

kann, und die Beurteilung des Zeitraums, innerhalb dessen sie gehalten war, wirksame Maßnahmen zur Wiederherstellung ihrer Gesundheit zu ergreifen, sind Gegenstand tatrichterlicher Beurteilung.

BGH v. 14. 1. 87 – IVb ZR 93/85 – FamRZ 87, 266 = NJW 87, 897

(Keine Mindestbedarfssätze für eheangemessenen Unterhalt des Berechtigten; im Mangelfall Rentenanhebung unter dem Gesichtspunkt des trennungsbedingten Mehrbedarfs möglich) R322

III) Dem OLG ist darin beizupflichten, daß der einem Unterhaltsberechtigten zuzubilligende volle Unterhalt auch unterhalb des Betrages bleiben kann, den die sog. Düsseldorfer Tabelle als notwendigen Eigenbedarf vorsieht (derzeit 910 DM monatlich). Die Bedarfssätze eines Tabellenwerks wie der Düsseldorfer Tabelle sind lediglich eine Orientierungshilfe. Sie können bei der konkreten tatrichterlichen Verteilung der verfügbaren Mittel über- oder unterschritten werden. Gesetzlicher Maßstab für den Unterhaltsanspruch nach § 1361 I BGB ist allein die Angemessenheit nach den jeweiligen Lebensverhältnissen und den Erwerbs- und Vermögensverhältnissen der Ehegatten. Für einen von den ehelichen Verhältnissen unabhängigen generellen Mindestbedarf bietet das Gesetz keine Grundlage (FamRZ 1984/356, 357). Unbeschadet dessen verdient freilich gegebenenfalls Berücksichtigung, daß gerade unter beengten wirtschaftlichen Verhältnissen der Gesichtspunkt des trennungsbedingten Mehrbedarfs (FamRZ 1982/255, 257, FamRZ 1983/146, 150) Bedeutung gewinnt. Mußten Ehegatten während des Zusammenlebens mit verhältnismäßig geringen Mitteln auskommen, fallen die Mehrkosten, die getrennte Haushalte mit sich bringen, um so stärker ins Gewicht, zumal der auf den Wohnbedarf entfallende Anteil der Lebenshaltungskosten bei niedrigen Einkünften erfahrungsgemäß besonders hoch ist. In diesen Fällen kommt daher dann, wenn auf seiten des Verpflichteten mehr als der sog. Selbstbehalt verbleibt (etwa weil der Berechtigte eine Erwerbstätigkeit aufgenommen hat und dadurch eine Entlastung des Verpflichteten eintritt), bei der Bemessung der Unterhaltsrente eine Anhebung unter dem Gesichtspunkt des trennungsbedingten Mehrbedarfs in Betracht.

BGH v. 11. 2. 87 – IVb ZR 15/86 – FamRZ 87, 572 = NJW 87, 1761

(Unmutsäußerungen bei ehelichen Auseinandersetzungen sind kein Ausschlußgrund nach Nr. 6) R323

III 3 d) Ohne Erfolg macht die Revision in diesem Zusammenhang weiter geltend, das OLG habe a im Rahmen einer Gesamtbetrachtung mit berücksichtigen müssen, daß die Ehefrau das Scheitern der Ehe forciert habe, indem sie dem Ehemann bereits am 21. 4. 1982 erklärt habe, er brauche überhaupt nicht mehr nach E. zu kommen, und ihm durch Anwaltsschreiben v. 6. 5. 1982 habe erklären lassen, die Eheschließung sei ein Fehler gewesen und die Scheidung sei die beste Lösung. Die Würdigung des OLG ist aus Rechtsgründen nicht zu beanstanden, zumal es sich hierbei um Äußerungen während der Auseinandersetzungen der Parteien um die Korrektur der ursprünglichen Wohnsitzwahl handelt, aus denen daher kaum ein offensichtlich schwerwiegendes, eindeutig bei ihr liegendes Fehlverhalten der Ehefrau hergeleitet werden könnte. Das OLG hat den Vortrag auch nicht übergangen. Aus seiner Beurteilung, die Ehefrau habe noch mit Anwaltsschreiben v. 18. 5. 1982 eindeutig die Herstellung der ehel. Lebensgemeinschaft gefordert, ergibt sich zugleich die von der Revision vermißte Berücksichtigung der vorangegangenen Äußerungen. Die Würdigung selbst liegt auf dem der Revision verschlossenen Gebiet tatrichterlicher Feststellungen.

(Verhältnis von Nr. 7 zu Nr. 1 mit 6)

III 4) Die Revision vertritt die Auffassung, der festgestellte Sachverhalt rechtfertige eine Versa- b gung oder Herabsetzung des Unterhaltsanspruchs jedenfalls gemäß § 1579 Nr. 7 BGB, da ein anderer Grund vorliege, der ebenso schwer wiege wie die in den Nummern 1 bis 6 aufgeführten. Denn selbst wenn der Ehefrau ihre Weigerung, die ehel. Lebensgemeinschaft nach den Vorschlägen des Ehemannes herzustellen, subjektiv nicht vorzuwerfen sei, bleibe allein die objektive Tatsache dieser Weigerung ein ausreichender Härtegrund. Dem kann nicht gefolgt werden. Es trifft allerdings zu, daß die Auffangregelung des § 1579 Nr. 7 BGB, die dem § 1579 I Nr. 4 BGB (a. F.) entspricht, allgemein eine unverhältnismäßige Belastung des Unterhaltspflichtigen vermeiden will und daher auch Platz greift, wenn allein objektive Gründe vorliegen, die eine Inanspruchnahme des Pflichtigen als unzumutbar erscheinen lassen (FamRZ 1985/ 51, 52 und FamRZ 1985/911, jew. m. w. N.). In den Fällen, in denen gemäß § 1579 Nr. 1 bis 6 BGB ein Härtegrund nur unter besonderen Voraussetzungen anerkannt wird, kann jedoch, wenn es an einem der dort genannten gesetzlichen Tatbestandsmerkmale fehlt, der gleiche Sachverhalt nicht nochmals als „anderer Grund" nach Nr. 7 berücksichtigt werden. So kann der Umstand, daß die Ehe der Parteien ohne Berücksichtigung der Zeit der Kindererziehung i. S. der Nr. 1 nur etwas über 18 Monate gedauert haben würde und die Parteien nur während einer zweiwöchigen Reise und an einigen Wochenenden tatsächlich zusammengelebt haben, nicht nach Nr. 7 als Härtegrund gewertet werden (FamRZ 1980/981, 983). Auch wenn die Weigerung der Ehefrau, dem vom Ehemann gewünschten Wohnsitz zuzustimmen, objektiv zum Scheitern der Ehe beigetragen hat, muß sie daher nach Nr. 7 außer Betracht bleiben, da sie der Ehefrau nach Nr. 6 nicht als offensichtlich schwerwiegendes Fehlverhalten vorzuwerfen ist.

(Fehlverhalten ist bei der Billigkeitsabwägung nach § 1578 I 2 BGB nicht zu berücksichtigen)

c   IV) Die Revision hält eine neue tatrichterliche Würdigung im Hinblick auf die durch das UÄndG eingeführte Möglichkeit der zeitlichen Begrenzung des Unterhaltsanspruchs gemäß § 1573 V oder § 1578 I S. 2 BGB für geboten. Auch darin kann ihr nicht gefolgt werden. § 1573 V BGB greift schon deshalb nicht ein, weil – wie oben zu II dargelegt – der Unterhaltsanspruch der Ehefrau nicht auf § 1573 II BGB beruht. Nach § 1578 I S. 2 BGB kann die Unterhaltsbemessung nach den ehel. Lebensverhältnissen zeitlich begrenzt und danach auf den angemessenen Lebensbedarf abgestellt werden, soweit insbesondere unter Berücksichtigung der Dauer der Ehe sowie der Gestaltung von Haushaltsführung und Erwerbstätigkeit eine zeitlich unbegrenzte Bemessung nach § 1578 I S. 1 BGB unbillig wäre; dies gilt in der Regel nicht, wenn der Unterhaltsberechtigte nicht nur vorübergehend ein gemeinschaftliches Kind allein oder überwiegend betreut hat oder betreut. Da nach § 1578 I S. 3 BGB die Zeit der Kindesbetreuung der Ehedauer gleichsteht, wird diese voraussichtlich eine Länge erreichen, die eine zeitliche Begrenzung der Bemessung des Unterhalts nach den ehelichen Lebensverhältnissen ausschließt. Sollten Umstände eintreten, auf Grund derer diese Frage anders beurteilt werden müßte, wären sie durch Abänderungsklage geltend zu machen. Aus der Weigerung der Ehefrau, seinen Wünschen zur Neubestimmung eines Wohnsitzes zu folgen, kann der Ehemann allein keinen Grund für eine zeitliche Begrenzung herleiten. Denn die Rechtsfolgen eines Fehlverhaltens des Unterhaltsberechtigten sind abschließend in § 1579 BGB geregelt; Fehlverhalten ist daher im Rahmen der Billigkeitsabwägung nach § 1578 I S. 2 BGB nicht relevant (FamRZ 86/886).

(Maßgeblich addierte Einkünfte beider Ehegatten bei Scheidung; gemeinsame Wirtschaftsführung nicht nötig)

d   V) Das OLG hat die Höhe des der Ehefrau zugesprochenen Unterhalts nach der Differenzmethode bemessen, weil die ehel. Lebensverhältnisse von Anfang an und noch im maßgeblichen Zeitpunkt der Scheidung durch die volle Erwerbstätigkeit beider Parteien geprägt waren. Es hat das anrechenbare monatl. Nettoeinkommen der Ehefrau mit 1220 DM und das des Ehemannes mit 3378,63 DM festgestellt und der Ehefrau einen $^3/_7$-Anteil aus der Differenz zugesprochen. Auch dies hält der rechtlichen Prüfung stand.

1) Ob die Erwerbseinkünfte der Ehefrau bis zur Eheschließung niedriger waren oder ob diese nach der Scheidung gleich hoch oder noch höher liegen als vorher, ist für den nach den ehel. Lebensverhältnissen zu bestimmenden Unterhaltsanspruch ohne Belang. Die Lebensverhältnisse in einer Ehe, in der beide Partner einer Erwerbstätigkeit nachgehen, werden von den addierten Einkünften beider Ehegatten im Zeitpunkt der Scheidung bestimmt (std. Rspr. des Senats, FamRZ 1985/161, m. w. N.). Der geringer verdienende Ehegatte nimmt daran grundsätzlich ebenso teil wie der besser verdienende. Nicht entscheidend ist, wie lange die Ehe gedauert hat oder ob es überhaupt zu einer gemeinsamen Wirtschaftsführung gekommen ist (FamRZ 1980/876 und v. 21. 4. 1982 – IV b ZR 693/80 –, nicht veröffentlicht). Entgegen der Auffassung der Revision besteht daher bei der Bemessung des Unterhaltsanspruchs nach den ehel. Lebensverhältnissen auch kein Anlaß zu einer Korrektur im Hinblick darauf, daß die Ehefrau mit dem ihr zugesprochenen Unterhalt und ihren eigenen Erwerbseinkünften mehr hat als bei Fortschreibung ihres vorehel. Einkommens.

(Kein Abzug von Tilgungskosten beim nachehelichen Unterhalt, weil vermögensbildende Aufwendungen)

e   V 2) Die Revision beanstandet weiter, daß das OLG auf seiten des Ehemannes monatl. Belastungen i. H. von 881 DM nicht einkommensmindernd berücksichtigt hat, die er für den Erwerb der Eigentumswohnung i. H. von 728 DM als Zins- und Tilgungsleistungen an eine Bausparkasse und mit weiteren 153 DM für Nebenkosten behauptet hat. Hierzu hat das OLG ausgeführt, i. H. von 500 bis 600 DM stehe der Belastung die Ersparnis einer andernfalls aufzubringenden Miete gegenüber; den übersteigenden Betrag könne der Ehemann nicht als Verbindlichkeit absetzen, weil es sich insoweit um den Tilgungsanteil und damit um Ausgaben zur Vermögensbildung handle, die der Unterhaltsverpflichtete nicht auf Kosten des Berechtigten betreiben dürfe. Diese Beurteilung läßt einen Rechtsfehler nicht erkennen. Sie steht im Einklang mit der Rechtsprechung des Senats, nach der die für die Finanzierung eines Eigenheims oder einer Eigentumswohnung laufend zu entrichtenden Zins- und Tilgungsleistungen einkommensmindernd im Rahmen normaler Lebenshaltungskosten dem Wohnbedarf entsprechen (FamRZ 1984, 358, 360). Die darüber hinaus zur Tilgung von Bauspardarlehen aufgewendeten Beträge haben als vermögensbildende Leistungen unterhaltsrechtlich grundsätzlich außer Betracht zu bleiben. Das OLG hat auch geprüft, ob hier ausnahmsweise eine Berücksichtigung aus Billigkeitsgründen angezeigt ist. Es hat dies indessen in tatrichterlicher Verantwortung verneint. Die Revision kann dem nicht erfolgreich

Anhang R. Rechtsprechung R324

mit einer abweichenden eigenen Würdigung entgegengetreten. Zu Unrecht rügt sie, der Vortrag des Ehemannes sei übergangen, wonach ein Verkauf der Eigentumswohnung aus wirtschaftlichen Gründen ausscheide und eine Vermietung sich nicht rentiere. Das OLG hat vielmehr ausdrücklich der Auffassung des Ehemannes zugestimmt, eine Verwertung der Eigentumswohnung erscheine unzumutbar, und hat seine Billigkeitserwägungen unter dieser Prämisse angestellt.

BGH v. 11. 2. 87 – IVb ZR 20/86 – FamRZ 87, 459 = NJW 87, 1555

(Eheliche Lebensverhältnisse im Zeitpunkt der Scheidung; Bedarfsbemessung nach den in diesem Zeitpunkt erzielten Einkünften) R324

II 1) Das OLG geht zutreffend davon aus, daß die für die Höhe des Unterhalts maßgeblichen ehel. **a**
Lebensverhältnisse (§ 1578 I S. 1 BGB) nach den Verhältnissen zum Zeitpunkt der Scheidung zu beurteilen sind (FamRZ 1980/770, FamRZ 1982/576, 577) und dabei im wesentlichen auf die in diesem Zeitpunkt erzielten – gegebenenfalls beiderseitigen – Einkünfte abzustellen ist (FamRZ 1980/876, 877, FamRZ 1981/241).

(Das auf dem Versorgungsausgleich beruhende Renteneinkommen des Unterhaltsberechtigten ist nicht [schon] bei der Bestimmung der ehelichen Lebensverhältnisse, sondern [erst] als bedarfsmindernd zu berücksichtigen)

II 2) Dem OLG ist darin beizupflichten, daß bei der Bestimmung der ehel. Lebensverhältnisse **b**
der Parteien derjenige Teil der Rente der Kl. außer Ansatz zu lassen ist, der auf dem VersAusgl beruht. Die diesbezügliche Erhöhung der Rente ist keine Fortentwicklung der ehel. Lebensverhältnisse, sondern eine Folge der Scheidung der Ehe. Der auf den VersAusgl zurückzuführende Teil der Rente ist daher nicht (schon) bei der Bestimmung der ehel. Lebensverhältnisse, sondern (erst) als bedarfsmindernd zu berücksichtigen. Dadurch ermäßigt sich, wie der Senat schon in anderem Zusammenhang ausgesprochen hat, der Unterhaltsanspruch auf den Unterschiedsbetrag zwischen diesem Teil der Rente und dem eheangemessenen Unterhalt (BGHZ 83/278, 281 f. = FamRZ 1982/470, 471). Hiermit steht das Berufungsurteil im Einklang.

(Zur Frage der Berücksichtigungsfähigkeit späterer Einkommenssteigerungen bei der Bemessung des nachehelichen Unterhalts)

3) Auf durchgreifende rechtliche Bedenken stößt indes, daß das OLG die Möglichkeit einer Beteiligung der Kl. an späteren Einkommensverbesserungen des Bekl. von vornherein ausgeschlossen **c**
und auf den nach den Verhältnissen zur Zeit der Scheidung geschuldeten Unterhalt lediglich einen Aufschlag entsprechend der Steigerung der allgemeinen Lebenshaltungskosten vorgenommen hat.

a) Das OLG ist, wie auch aus seinen Darlegungen zur Leistungsfähigkeit des Bekl. ergibt, davon ausgegangen, daß seine anrechenbaren Einkünfte vom Jahre 1984 an nicht unerheblich gestiegen sind. Es hat ferner – ohne freilich, von seinem Standpunkt aus folgerichtig, auf diese Frage näher einzugehen – für möglich gehalten, daß es sich dabei um zur Zeit der Scheidung (schon) „erwartete (oder erwartbare)" Einkommensverbesserungen handelt, ist jedoch mit der wiedergegebenen Begründung (s. o. I) der Auffassung, daß die Berücksichtigung solcher Einkommensverbesserungen bei der Bestimmung des Maßes des ehel. Unterhalts „regelmäßig, so auch hier", nicht gerechtfertigt sei (ebenso OLG Stuttgart, FamRZ 1985/491, 493). Indem es statt dessen eine Anpassung des für den Zeitpunkt der Scheidung errechneten Unterhalts nach der Entwicklung der allgemeinen Lebenshaltungskosten befürwortet, sucht es der „rechtspolitisch und menschlich nicht wünschenswerten Konsequenz" zu entgehen, „daß Menschen, deren personale Bindungen durch die Scheidung zerschnitten sind, wirtschaftlich u. U. ein Leben lang aneinander gekettet bleiben" (Luthin, FamRZ 1983/1236, 1237).

b) Der Senat hält demgegenüber an seiner ständigen Rechtsprechung fest, daß nach der Scheidung eintretende Einkommensverbesserungen bei der Bemessung des nachehel. Unterhalts zu berücksichtigen sind, wenn ihnen eine Entwicklung zugrunde liegt, die aus der Sicht zum Zeitpunkt der Scheidung mit hoher Wahrscheinlichkeit zu erwarten war, und diese Erwartung die ehel. Lebensverhältnisse bereits mitgeprägt hat (FamRZ 1979/692, 693; FamRZ 1982/684, 686; FamRZ 1982/895, 896; v. 27. 6. 1984 – IV b ZR 23/83 –, nicht veröffentlicht; FamRZ 1985/791, 793; FamRZ 1986/148 f.).

Er verkennt nicht, daß die Handhabung des OLG einen Teil der bei der Bemessung des nachehel. Unterhalts auftretenden Probleme vermeiden könnte. Sie würde aber andere Probleme nach sich ziehen. So wäre etwa zweifelhaft, was gelten soll, wenn die Lebenshaltungskosten stärker steigen als die Einkünfte des Verpflichteten oder diese gar fallen. Es wäre unbefriedigend, wenn der Verpflichtete auch in diesen Fällen bis an die Grenze seines sog. Selbsthalts im Verhältnis zu dem Berechtigten für steigende Lebenshaltungskosten aufkommen müßte. Außerdem ist der Lebenshaltungskostenindex für die individuellen Verhältnisse des Berechtigten nur von begrenztem Aussagegehalt, da es sich um einen rein statistischen Wert handelt, in den Faktoren einfließen, die im Falle des einzelnen Berechtigten ohne Bedeutung sein können. Unabhängig von alledem muß sich die Lösung am Begriff der vom Gesetz zum Maßstab erhobenen „ehel. Lebensverhältnisse" (§ 1578 I S. 1 BGB) ausrichten. Insoweit aber legt bereits der Gedanke der nachehel. Solidarität, in dem das gesamte Recht des nachehel. Unterhalts seine eigentliche Rechtfertigung findet, die Auslegung nahe, daß der unterhaltsbedürftige Teil an Einkommensverbesserungen zu beteiligen ist, deren Grund in der Ehe gelegt worden ist und die sich zum Zeitpunkt der Ehescheidung bereits abzeichneten. Auch pflegen sich die Ehegatten auf hinreichend sichere Einkommensverbesserungen schon im vorhinein bei der Gestaltung ihrer Verhältnisse einzustellen und sie in ihre Entscheidungen einzubeziehen. In dieser Weise entfalten voraussehbare Einkommensverbesserungen schon bevor sie eingetreten sind eine die ehel. Lebensverhältnisse prägende Wirkung. Zu bedenken ist weiter, daß die „ehel. Lebensverhältnisse" mehr sind als die aktuellen Einkommensverhältnisse. Sie umfassen alles, was für den Lebensunterhalt der Ehegatten tatsächlich eine Rolle spielt. Dazu aber gehört auch die begründete Aussicht, daß sich die Lebensumstände in kalkulierbarer Weise künftig günstiger gestalten werden. Freilich ist, wie der Senat mehrfach betont hat, bei der Einbeziehung einer künftigen Entwicklung in die ehel. Lebensverhältnisse Zurückhaltung angezeigt. Daher muß eine Einkommensverbesserung, die zur Zeit der Scheidung noch im ungewissen lag, außer Betracht bleiben (FamRZ 85/791, 793). Entscheidend ist, ob sie zur Zeit der Scheidung derart wahrscheinlich war, daß die Ehegatten ihren Lebenszuschnitt vernünftigerweise bereits darauf einstellen konnten. Liegen diese Voraussetzungen aber vor, wird die Berücksichtigung einer solchen Einkommensverbesserung dem Maßstab des Gesetzes („ehel. Lebensverhältnisse") besser gerecht als ein pauschales Abstellen lediglich auf den Lebenshaltungskostenindex. Ein Abgehen von der dargelegten Auffassung ist um so weniger veranlaßt, als das Gesetz nunmehr in § 1578 I S. 2 BGB (n. F.) die Möglichkeit eröffnet, die Bemessung des nachehel. Unterhalts nach den ehel. Lebensverhältnissen unter den in der Vorschrift genannten Voraussetzungen zeitlich zu begrenzen und danach auf den „angemessenen Unterhalt" zurückzugehen. Damit steht ein Regulativ für diejenigen Fälle zur Verfügung, in denen eine unbefristete Beteiligung des geschiedenen Ehegatten an Einkommenssteigerungen auf seiten des Verpflichteten, mögen sie auch zur Zeit der Scheidung bereits abzusehen gewesen sein, nicht angemessen wäre.

c) Hiernach kann das Berufungsurteil mit seiner bisherigen Begründung keinen Bestand haben. Vielmehr kommt es für die Bemessung der Unterhaltsrente der Kl. darauf an, ob dem ab 1984 gestiegenen Einkommen des Bekl. eine Entwicklung zugrunde liegt, die nach den Verhältnissen zur Zeit der Scheidung mit hoher Wahrscheinlichkeit zu erwarten war und die ehel. Lebensverhältnisse bereits mitgeprägt hat. Dies ist ersichtlich der Fall. Die Einkünfte, die der Bekl. nach seiner mit Schriftsatz v. 29. 8. 1985 überreichten und von dem OLG zugrunde gelegten Aufstellung v. 20. 8. 1985 in den Jahren 1984 und 1985 bezogen hat, sind ihrer Art nach sämtlich den ehel. Lebensverhältnissen zuzurechnen. Das liegt auf der Hand, soweit der Bekl. wie schon zur Zeit der Ehescheidung eine Unfallrente, soweit er noch einige Monate Gehalt und soweit er i. J. 1984 Krankengeld erhalten hat, bei welchem es sich um Ersatz für Lohnausfall wegen Krankheit handelt (s. § 182 I Nr. 2, III, IV RVO). Auch soweit der Bekl. seit 1984 Renten der Landesversicherungsanstalt (LVA) einerseits und der Versorgungsanstalt der Deutschen Bundespost (VAP) andererseits bezieht, handelt es sich um Einkommen, das den ehel. Lebensverhältnissen zuzurechnen ist, weil die Grundlage des Rentenbezugs in der Ehezeit gelegt worden ist und mit diesen Bezügen schon zum Zeitpunkt der Scheidung zu rechnen war.

d) Unbeschadet dessen läßt der derzeitige Sach- und Streitstand eine abschließende Entscheidung nicht zu. Dem Berufungsurteil läßt sich, auch soweit darin auf die Aufstellung über die Bezüge des Bekl. v. 20. 8. 1985 Bezug genommen wird, nicht zuverlässig entnehmen, in welcher Höhe die VAP-Rente, die der Bekl. seit Januar 1984 bezieht, in die Berechnung des Unterhaltsbedarfs der Kl. einzustellen ist. Die Revisionserwiderung macht zu Recht geltend, daß es bei dieser Rente, wie das OLG in anderem Zusammenhang festgestellt hat, zwischen Januar 1984 und April 1985 zu einer Überzahlung von 5399,51 DM gekommen ist, die ab Juli 1985 mit monatl. Einbehaltungen von 163,70 DM ausgeglichen wird. Sowohl diese Überzahlung als auch die monatl. Einbehaltungen müssen bei der Bestimmung des eheangemessenen Bedarfs der Kl. außer Betracht bleiben, weil diese Vorgänge mit den ehel. Lebensverhältnissen, wie sie sich zum Zeitpunkt der Scheidung darstellten, nichts zu tun haben. Andererseits kann die Überzahlung bei der Ermittlung des Betrages, der dem Bekl. als VAP-Rente tatsächlich zustand, nicht einfach auf die Zeit von Januar 1984 bis April 1985 umgelegt werden. Denn der Bekl. war ersichtlich, wohl weil er nach der von ihm vorgelegten Aufstellung zeitweise gleichzeitig Gehalt und Krankengeld bezogen hat, in unterschiedlicher Höhe rentenberechtigt, wie sich auch darin zeigt, daß die Beträge, die er seitens der VAP erhalten hat, erheblich schwankten (bis Juli 1984 monatlich 347 DM, bis November 1984 monatlich 719,10 DM, im Dezember 1984 682,79 DM, bis April 1985 monatlich 1852,52 DM). Auch für die Zeit ab Mai 1985 wird nicht klar, wie die von da an in der Aufstellung des Bekl. ausgewiesenen VAP-Zahlungen von 1486,19 DM im Mai und Juni 1985 und 1340,26 DM ab Juli 1985 zustande kommen. Es bedarf mithin der Klärung, in welcher Höhe dem Bekl. jeweils die VAP-Rente zustand. Erst auf dieser Grundlage läßt sich – un-

Anhang R. Rechtsprechung

ter Hinzurechnung der weiteren Bezüge des Bekl. – das Einkommen bestimmen, nach dem der Unterhaltsanspruch der Kl. unter Berücksichtigung ihres eigenen Renteneinkommens zu berechnen ist. Zur Nachholung der hiernach erforderlichen Feststellungen verweist der Senat den Rechtsstreit an das OLG zurück.

BGH v. 11. 2. 87 – IVb ZR 25/86 – FamRZ 87, 470 = NJW 87, 1557

(Pflicht, ein Studium zielstrebig und mit Fleiß zu betreiben; Abschluß innerhalb angemessener und üblicher Dauer; Anspruchsverlust bei Bummelstudium; Studienabbruch; Kontrollmöglichkeiten der Eltern nach § 242 BGB)

2b) Wie der Senat bereits entschieden hat (FamRZ 1984/777, 778, m. w. N.), ist ein in Ausbildung stehender Unterhaltsberechtigter im Verhältnis zum Unterhaltsverpflichteten gehalten, seine Ausbildung mit dem gehörigen Fleiß und der gebotenen Zielstrebigkeit zu betreiben, damit er sie innerhalb angemessener und üblicher Dauer beenden kann. Ein Student hat grundsätzlich den für seinen Studiengang maßgeblichen Studienplan einzuhalten, wobei ihm lediglich ein gewisser Spielraum für einen eigenverantwortlichen Aufbau des Studiums zuzugestehen ist. Daß der Unterhaltsverpflichtete ein „Bummelstudium" nicht zu finanzieren braucht, ergibt sich nach herrschender Ansicht daraus, daß Unterhaltsleistungen nach § 1610 II BGB zweckgebunden sind und nur insoweit geschuldet werden, als sie für eine angemessene Vorbildung zu einem Beruf erforderlich sind. Zwar hat der Unterhaltsverpflichtete nach Treu und Glauben (§ 242 BGB) Verzögerungen hinzunehmen, die auf ein vorübergehend leichteres Versagen des Studenten zurückzuführen sind, zumal auch dessen Krankheit oder sonstige zwingende Umstände eine vorübergehende Unterbrechung des Studiums bedingen können. Wenn der Student aber nachhaltig seine Obliegenheit verletzt, dem Studium pflichtbewußt und zielstrebig nachzugehen, büßt er den Unterhaltsanspruch nach § 1610 II BGB ein und muß sich darauf verweisen lassen, seinen Lebensbedarf durch Erwerbstätigkeit selbst zu verdienen. Im vorliegenden Fall hat sich der Sohn des Bekl. nach den Feststellungen des OLG nicht wirklich um sein Studium gekümmert, sondern hat allenfalls in den ersten beiden Semestern einige Veranstaltungen besucht. Im dritten Semester ist er Studien überhaupt nicht mehr nachgegangen. Damit liegt offensichtlich eine nachhaltige Verletzung der Obliegenheit zum Betreiben der Ausbildung vor, in jedem Falle ab dem 21. 7. 1982. Dieser Zeitpunkt liegt kurz vor dem Ende des zweiten Semesters, in dem er insgesamt seinem Studium nicht ordnungsgemäß nachgegangen ist. Daß er in den anschließenden Semesterferien, die dem eindeutig „verbummelten" dritten Semester vorausgingen, noch studiert hätte, ist eine fernliegende Annahme; dafür ist auch nichts vorgetragen. Ein Unterhaltsanspruch nach § 1610 II BGB, der auf den Kl. hätte übergehen können, ist somit für den noch strittigen Zeitraum nicht begründet. Soweit die Revision geltend macht, nach dem Einschlagen des Studiums sei der Sohn des Bekl. erst nach und nach zu der Erkenntnis gelangt, daß dieses sich nicht für ihn eigne, und meint, daß ihm vor dem Studienabbruch eine angemessene Spanne als Überlegungs- und Erfahrungszeit zugestanden habe, steht dies nicht mit der Feststellung des OLG in Einklang, er habe sich nicht ernsthaft um sein Studium gekümmert. Zweckentsprechende Erfahrungen in diesem Sinne können im allgemeinen auch nur gewonnen werden, wenn jedenfalls zunächst die nach dem Studienplan vorgesehenen Vorlesungen besucht werden. Im übrigen wird es regelmäßig mit den schutzwürdigen Belangen des Unterhaltsverpflichteten unvereinbar sein, einem Studenten vor dem Abbruch des eingeschlagenen Studiums wegen mangelnder Eignung eine „Überlegungs- und Erfahrungszeit" von insgesamt drei Semestern zuzugestehen. Der vorliegende Fall nötigt jedoch nicht zu einer abschließenden Stellungnahme zu dieser Frage, weil die Feststellungen des OLG den Schluß rechtfertigen, daß der Sohn des Bekl. am 21. 7. 1982 einen Studienwillen bereits endgültig aufgegeben hatte.

3. Die Erwägung der Revision, ohne das Eintreten des Kl. mit Förderungsleistungen und den dadurch bewirkten zeitlichen Aufschub der Klärung der Unterhaltsfrage hätte der Bekl. die Untätigkeit seines Sohnes nicht erkennen und sie dessen Unterhaltsforderung nicht entgegensetzen können, rechtfertigt es nicht, den diesbezüglichen Einwand des Bekl. abzuschneiden. Die naturgemäß generalisierende Handhabung der staatlichen Ausbildungsförderung ist kein hinreichender Grund, im Unterhaltsprozeß der Entscheidung einen nur gedachten und nicht festgestellten Sachverhalt zugrunde zu legen (FamRZ 1977, 629, 630, zum Verhältnis der Ausbildungsförderung zum materiellrechtlichen Unterhaltsanspruch). Der Gesetzgeber hat für den Rückgriff auf unterhaltspflichtige Eltern keinen besonderen Erstattungsanspruch geschaffen, sondern sich für den Rechtsübergang des materiell-rechtlichen Unterhaltsanspruches entschieden, der nach allgemeinen Grundsätzen zu beurteilen ist. Im übrigen ist nicht auszuschließen, daß der Bekl. bei unmittelbarer Inanspruchnahme auf Unterhalt durch seinen Sohn mit Erfolg von den ihm nach § 242 BGB zustehenden Kontrollmöglichkeiten Gebrauch gemacht hätte und es daraufhin jedenfalls für die hier noch strittige Zeit nicht zu Unterhaltsleistungen über die freiwilligen Zahlungen von monatlich 230/300 DM hinaus gekommen wäre.

BGH v. 11. 2. 87 – IVb ZR 81/85 – FamRZ 87, 472 = NJW 87, 1549

R327 *(Keine Anwendung der „Hausmannsrechtsprechung" auf volljährige Kinder)*

a I 2 b) Das OLG hat ausgeführt, der Bekl. brauche sich auch kein fiktives Einkommen aus einer tatsächlich nicht ausgeübten, unterhaltsrechtlich aber gebotenen Erwerbstätigkeit zurechnen zu lassen. Die Berufung auf seine gegenwärtige Rolle als Hausmann und die damit verbundene Minderung seiner Leistungsfähigkeit wäre ihm nach der Rechtsprechung des BGH nur dann verwehrt, wenn die Unterhaltsansprüche der Kl. denjenigen seines Kindes aus zweiter Ehe gleichrangig wären. Das sei aber hinsichtlich der Unterhaltsansprüche der Kl. zu 1 nicht – und hinsichtlich der Ansprüche des Kl. zu 2 nur bis zu dessen Volljährigkeit – der Fall. Im übrigen seien die Kl. wegen ihrer Volljährigkeit als nachrangig zu behandeln (§ 1609 I BGB) und müßten deshalb die vom Bekl. in der zweiten Ehe gewählte Rollenverteilung hinnehmen. Diese Beurteilung läßt einen Rechtsfehler nicht erkennen. Nach § 1356 I BGB können Ehegatten die Haushaltsführung in gegenseitigem Einvernehmen regeln und dabei einem von ihnen – auch dem Ehemann – die Haushaltsführung allein überlassen. Unterhaltsrechtlich entlastet die Führung des Haushalts den betreffenden Ehegatten jedoch nur gegenüber den Mitgliedern der durch die neue Ehe begründeten Familie. Minderjährigen unverheirateten Kindern aus einer früheren Ehe, die nicht innerhalb der neuen Familie leben, kommt sie nicht zugute. Da diese Kinder den Mitgliedern der neuen Familie unterhaltsrechtlich nicht nachstehen (§ 1609 BGB), darf sich der Unterhaltspflichtige nicht ohne weiteres auf die Sorge für die Mitglieder seiner neuen Familie beschränken. Er ist hierzu auch seinem Ehegatten gegenüber nicht verpflichtet, darf vielmehr gerade im Hinblick auf Unterhaltspflichten gegenüber den mit dem Mitgliedern seiner neuen Familie gleichrangig Berechtigten grundsätzlich von seinem auch dem Ehegatten gegenüber bestehenden Recht auf Erwerbstätigkeit Gebrauch machen. Dieser hat auf die Unterhaltsverpflichtungen seines Partners nach § 1356 II BGB Rücksicht zu nehmen. Eine unterhaltsrechtliche Obliegenheit, von der Wahl der Hausmann-(Hausfrauen-)Rolle abzusehen und statt dessen (voll-)erwerbstätig zu sein, besteht im Rahmen des Zumutbaren. Die Übernahme der Betreuung des Kindes aus der neuen Ehe muß jedenfalls dann hingenommen werden, wenn sich der Familienunterhalt in der neuen Ehe dadurch, daß der andere Ehegatte voll erwerbstätig ist, wesentlich günstiger gestaltet als es der Fall wäre, wenn dieser die Kindesbetreuung übernähme und der unterhaltspflichtige Elternteil voll erwerbstätig wäre. Muß der Unterhaltsberechtigte es hiernach hinnehmen, daß der Unterhaltspflichtige in seiner neuen Ehe die Rolle des Hausmannes (der Hausfrau) gewählt hat, so trifft diesen eine Obliegenheit zu einem Nebenerwerb, um daraus zum Unterhalt des Kindes aus der früheren Ehe beizutragen (BGHZ 75/272, 275 bis 278 = FamRZ 1980/43, 44). All dies gilt jedoch nur, wenn das unterhaltsberechtigte Kind aus der früheren Ehe ebenfalls unterhaltsberechtigten Angehörigen der neuen Familie, die der Unterhaltspflichtige durch seine Hausarbeits- und Betreuungsleistungen versorgt, unterhaltsrechtlich im Range gleichsteht (FamRZ 1982/25, 26; FamRZ 1982/590, 591; FamRZ 1984/374, 377; FamRZ 1987/252). Das ist nach § 1609 BGB nur dann der Fall, wenn es sich um ein unverheiratetes minderjähriges Kind handelt. Die Kl. zu 1 ist bereits seit dem 6. 8. 1983 volljährig. Deshalb muß sie es sich für den Anspruchszeitraum entgegenhalten lassen, wenn der Bekl. wegen der Übernahme der häuslichen Aufgaben in seiner zweiten Ehe außerstande ist, ihr ohne Gefährdung des eigenen angemessenen Unterhalts Unterhalt zu gewähren (§ 1603 I BGB).

c) Das OLG hat diese rechtliche Beurteilung nicht verkannt. Es hat jedoch gemeint, obwohl seine Wahl der Hausmannsrolle hinzunehmen sei, müsse der Bekl. – außer dem Kl. zu 2 (vgl. dazu unter II) – auch der Kl. zu 1 die Einkünfte von monatlich 390 DM aus seiner Nebentätigkeit zu Unterhaltszwecken zur Verfügung stellen. Ihn treffe noch eine Mitverantwortung für die aus erster Ehe stammenden Kinder. Ihnen eine Ausbildung zu ermöglichen, gehöre nach wie vor zu seinen Pflichten, soweit er dazu finanziell in der Lage sei und sein eigener Unterhalt dadurch nicht gefährdet werde. Es erscheine nicht unbillig, wenn sich der Bekl. mit den ihm monatlich zufließenden 390 DM am Unterhalt der volljährigen Kl. beteilige. Wegen seines eigenen Lebensbedarfs könne und müsse er seine zweite Ehefrau in Anspruch nehmen, mit deren Zustimmung er die Rolle des Hausmannes übernommen habe. Diese Ausführungen bekämpft die Revision zu Recht. Die Einkünfte von monatlich 390 DM sind nach tatrichterlicher Feststellung das einzige Erwerbseinkommen des Bekl. Dieses Einkommen benötigt er zur (Teil-)Deckung seines eigenen Unterhalts; mit monatlich 390 DM liegt der ihm insoweit zur Verfügung stehende Betrag erheblich unter jedem in Betracht kommenden Satz für den sog. Selbsterhalt des Unterhaltspflichtigen. Der Auffassung, der Bekl. habe dieses Einkommen zur Zahlung von Unterhalt an die Kl. zu 1 zu verwenden und müsse wegen seines eigenen Lebensbedarfs seine zweite Ehefrau in Anspruch nehmen, vermag der Senat nicht zu folgen. Sie träfe zu, wenn die – unverheiratete – Kl. zu 1 noch minderjährig wäre und dem Bekl. deshalb nach der bereits genannten Rechtsprechung des Senats im Rahmen des Zumutbaren neben der Hausmannsarbeit eine Nebentätigkeit abverlangt würde. Dann käme in der Tat für den Bekl. bei hinreichender Leistungsfähigkeit seiner zweiten Ehefrau die Inanspruchnahme eines Selbstbehalts nicht in Frage. Denn dann würde seine Obliegenheit zur Nebentätigkeit bestehen, damit er trotz seines häuslichen Aufgabenbereichs in der neuen Ehe jedenfalls ein geringes Einkommen erzielen und mit diesem Betrag zum Unterhalt der Tochter aus erster Ehe beitragen könnte. Die Erwerbsobliegenheit gegenüber dem gleichrangig unterhaltsberechtigten Kind aus der ersten Ehe würde an der Verpflichtung seiner erwerbstätigen zweiten Ehefrau, ihn im Rahmen der zwischen den Eheleuten getroffenen Aufgabenverteilung zu unterhalten (§§ 1360, 1360a BGB), nichts ändern, so daß der Bekl. die aus dem Nebenerwerb erzielten Einkünfte ohne den Einbehalt eines für seinen eigenen Lebensunterhalt erforderlichen Betrages für den Unterhalt des Kindes aufwenden müßte (FamRZ 1982/590, 592). So liegt der Streitfall jedoch nicht. Den Ertrag von monatlich 390 DM aus der Tätigkeit, die dem Bekl. zwar unter dem besonderen rechtlichen Aspekt der sog. Hausmannsrechtsprechung nicht abverlangt wird, die er jedoch tatsächlich ausübt, braucht er für den Unterhalt der volljährigen Kl. zu 1 nicht heranzuziehen. Das gilt unabhängig davon, ob – was der tatrichterlichen Beurteilung nicht deutlich zu entnehmen ist – die Belastung mit der Tätigkeit im Betrieb der Ehefrau neben Hausarbeit und Kindesbetreuung dem Bekl. unter dem allgemeinen Gesichtspunkt der unterhaltsrechtlich geschuldeten Ausnutzung der Arbeitskraft zuzumuten ist oder insoweit als überobligationsmäßig gelten muß. Es bedarf deshalb keiner Erwägungen dazu, welche rechtlichen Folgerungen für den Anspruch der Kl. zu 1 als eines volljährigen Kindes zu ziehen wären, wenn die Tätigkeit des Bekl. im Betrieb seiner Ehefrau als überobligationsmäßig qualifiziert werden müßte (vgl. zur Berücksichtigung der Einkünfte aus überobligationsmäßiger Arbeit des Unterhaltspflichtigen nach Maßgabe von Treu und Glauben im Recht des Ehegattenunterhalts: FamRZ 1982/779, 780; FamRZ 1983/146, 147 f.; FamRZ 1983/569, 570). Denn selbst in dem für den Bekl. ungünstigen Fall, daß seine Arbeit in Familie und Betrieb nicht überobligationsmäßig ist, schuldet er der Kl. zu 1 aus der Vergütung von monatlich 390 DM, die er für seine Erwerbstätigkeit erhält, keinen Unterhalt. Seine Unterhaltspflicht setzt, wie dargelegt, nach § 1603 I BGB erst ein, wenn der eigene angemessene Unterhalt nicht gefährdet wird, regelmäßig also erst bei Einkünften oberhalb des sog. Selbstbehalts. Bis zu dieser Höhe benötigt der Unterhaltsschuldner die Einkünfte zur Deckung seines eigenen Lebensbedarfs. Ein rechtlicher Ansatzpunkt, seinen Ehegatten für seinen Unterhalt auch insoweit heranzuziehen, als er selbst verdient, damit er sein Einkommen an das – unterhaltsrechtlich nachgeordnete – volljährige Kind aus der früheren Ehe weitergeben kann, besteht nicht. Er ist durch eine Billigkeitserwägung nicht zu ersetzen. Das schließt freilich nicht aus, daß der Unterhaltsschuldner die ihm zur Verfügung stehenden Geldmittel zum Unterhalt einzusetzen hat, wenn und soweit er sie zur Bestreitung des eigenen angemessenen Lebensunterhalts nicht benötigt. Derartiges kommt in Betracht, wenn der von den erwerbstätigen neuen Ehegatten nach §§ 1360, 1360a BGB zu leistende Familienunterhalt so auskömmlich ist, daß der gegenüber den Kindern aus der früheren Ehe barunterhaltspflichtige Elternteil daraus i. S. des § 1603 I BGB angemessen unterhalten wird. Soweit er des Ertrages seiner Nebentätigkeit zum angemessenen Unterhalt in der neuen Familie nicht bedarf, steht dieser – sowie unter Umständen ein Teil solcher Barmittel, die ihm von seinem neuen Ehegatten im Rahmen des Familienunterhalts zur Erfüllung von persönlichen Bedürfnissen zufließen (FamRZ 1986/668, 669) – für Unterhaltszwecke zur Verfügung. Im vorliegenden Fall hat die Ehefrau des Bekl. jedoch Familienunterhalt in solcher Höhe aufzubringen, daß dadurch nicht nur ihr eigener und der Bedarf des Bekl., sondern auch derjenige des Kindes aus der Ehe gedeckt wird. Angesichts der vorgetragenen Einkommensverhältnisse deutet nichts darauf, daß der Bekl. aus diesem Familienunterhalt auch ohne den Einsatz des eigenen Arbeitsverdienstes bereits angemessen i. S. des § 1603 I BGB unterhalten wird.

(Zur Berechnung des fiktiven Entgelts für eine Nebentätigkeit des „Hausmannes")

II 2 c) Die Obliegenheit des wiederverheirateten Unterhaltsschuldners zu einem Nebenerwerb **b** kann nur so weit reichen, daß die unterhaltsberechtigten Kinder aus der früheren Ehe nicht schlechter gestellt werden, als sie ständen, wenn der ihnen Unterhaltspflichtige sich in seiner neuen Ehe nicht auf die Rolle des Hausmannes (der Hausfrau) zurückgezogen hätte, sondern erwerbstätig geblieben wäre. Für diesen – gedachten – Fall kann im allgemeinen nicht ohne weiteres davon ausgegangen werden können, daß auch der jetzige Ehegatte des Unterhaltsschuldners dann in der Lage gewesen wäre, erwerbstätig zu bleiben und so zum Unterhalt der neuen Familie beizutragen. Der den Kindern aus der früheren Ehe Unterhaltspflichtige wäre also bei Fortführung seiner Vollerwerbstätigkeit nicht nur zur Aufbringung des Barunterhalts für diese Kinder verpflichtet, sondern er müßte – jedenfalls in der Regel – aus dem dann von ihm allein erzielten Einkommen auch seine neue Familie unterhalten; vor einer dadurch bedingten Schmälerung ihres Barunterhalts wären die Kinder aus der früheren Ehe nicht geschützt (FamRZ 1982/590, 592). Die insoweit aufgrund von Annäherungswerten anzustellende – fiktive – Bestimmung der Höchstgrenze der Nebenerwerbsobliegenheit müßte nach dem weiteren Senatsurteil v. 26. 9. 1984 (NJW 1985/318 f.) auch den in dem gedachten Fall der Fortführung der Vollerwerbstätigkeit in Betracht kommenden, gegebenenfalls nach § 1603 II S. 1 BGB verringerten („notwendigen") Selbstbehalt des Unterhaltspflichtigen in die Berechnung einbeziehen. Wie der Revision zuzugeben ist, sind Erwägungen dieser Art dem Urteil des OLG nicht zu entnehmen. Das ist jedoch unter den besonderen Umständen des Falles unschädlich.

Die Beträge von zunächst 250 DM und ab 1. 10. 1984 259,50 DM, die der Bekl. dem Kl. zu 2 nach dem Berufungsurteil aus dem Erlös seiner monatlich 390 DM abwerfenden Nebentätigkeit schuldet, sind verhältnismäßig niedrig. Der i. J. 1945 geborene Bekl. ist nach seinem eigenen Vorbringen aus gesundheitlichen Gründen nur an einer Tätigkeit als Busfahrer und an schwerer körperlicher Arbeit gehindert. Ohne entsprechenden Sachvortrag kann nicht davon ausgegangen werden, daß er eine durchschnittlich bezahlte andere Arbeit nicht zu finden vermöchte. In seiner neuen Familie hätte der Bekl. im gedachten Falle seiner Vollerwerbstätigkeit außer seiner Ehefrau und sich selbst nur das noch kleine Kind aus dieser Ehe zu unterhalten. Bei dieser Sachlage ist es nicht rechtsfehlerhaft, daß das OLG den Bekl. für verpflichtet gehalten hat, 250 DM bzw. 259,50 DM (297 DM als Mindestunterhalt gemäß § 1610 III S. 1 i. V. mit § 1615f BGB und § 1 der Regelunterhaltsverordnung abzüglich des hälftigen Kindergeldes von 37,50 DM) aus seinem Nebenerwerb als Unterhalt an den Kl. zu 2 zu leisten.

BGH v. 25. 2. 87 – IVb ZR 28/86 – FamRZ 87, 930 = NJW-RR 87, 706

R328 *(Deckung des Unterhaltsbedarfs durch Übergangsbeihilfe der Bundeswehr; Sparsame Verwendung einer Übergangsbeihilfe der Bundeswehr bei gesteigerter Unterhaltspflicht gegenüber Minderjährigen)*

a I 2 b) Von der Leistungsfähigkeit des Bekl. (§ 1603 BGB) ist auszugehen. Der Bekl. macht zwar geltend, er sei als Student seit April 1983 nahezu ohne Einkünfte und daher nicht in der Lage gewesen, Unterhalt an den Kl. zu zahlen. Für die Dauer der Minderjährigkeit des Kl. muß er sich indessen als leistungsfähig behandeln lassen; denn er war nach § 1603 II BGB verpflichtet, alle verfügbaren Mittel zu seinem und dem Unterhalt des Kl. gleichmäßig zu verwenden. Ab September 1980 bis März 1983 bezog der Bekl. BAföG-Leistungen in Höhe von zunächst durchschnittlich 690 DM, später ab August 1982 monatlich 750 DM bzw. (ab Januar 1983) monatlich 758 DM und dazu seit August 1982 (bis März 1984) eine Hilfsassistentenvergütung von monatlich rund 170 DM. Die BAföG-Leistungen entsprachen nahezu dem zunächst auf monatlich 700 DM, seit 1982 auf monatlich 765 DM bezifferten Bedarfssatz für volljährige Studenten nach der Düsseldorfer Tabelle. Für den Unterhalt des Kl. konnte der Bekl. hiervon nicht aufkommen. Für diesen Zweck stand ihm jedoch zumindest die bei seinem Ausscheiden aus der Bundeswehr erhaltene Übergangsbeihilfe von rund 21 000 DM zur Verfügung.

Die Übergangsbeihilfe ist dazu bestimmt, dem ausscheidenden Soldaten den Übergang in einen Zivilberuf zu erleichtern, und dient damit, ähnlich wie eine aus Anlaß der Aufhebung eines Anstellungsvertrages gezahlte Abfindung, dazu, die Übergangszeit bis zum Erwerb eines (neuen) Arbeitsplatzes zu überbrücken. Insoweit kommt ihr auch eine unterhaltsrechtliche Funktion zu. Der aus der Bundeswehr ausscheidende Soldat ist demgemäß – entsprechend den Grundsätzen der Senatsrechtsprechung zur Verwendung arbeitsvertraglicher Abfindungen – verpflichtet, die Übergangsbeihilfe im Rahmen einer sparsamen Wirtschaftsführung auch zur Deckung des Unterhalts der ihm gegenüber unterhaltsberechtigten Personen zu verwenden (vgl. Senat, NJW 1987/1554). Mit Rücksicht auf die gesteigerte Unterhaltspflicht nach § 1603 II BGB war der Bekl. hiernach gehalten, die ihm zur Verfügung stehenden Mittel für seinen eigenen Bedarf sparsam einzusetzen, um den notwendigen Unterhalt des Kl. jedenfalls bis zu dessen Volljährigkeit aus der Übergangsbeihilfe sicherstellen zu können. Hierzu benötigte er für die Dauer von drei Jahren (Herbst 1980 bis September 1983) einen Betrag von rund 7000 DM, also etwa 1/3 der gesamten Übergangshilfe. Da er keine weiteren Unterhaltspflichten zu erfüllen hatte, standen ihm noch der restliche Betrag von über 14 000 DM zur Deckung seines eigenen Bedarfs in der Zeit, als er, insbesondere nach Beendigung der BAföG-Unterstützung, abgesehen von den geringen Assistentenbezügen keine sonstigen Einkünfte hatte. Ein Einsatz der Übergangsbeihilfe in dem genannten Umfang für den Unterhalt des minderjährigen Kl. war dem Bekl. im Hinblick auf § 1603 II BGB zumutbar. Außerdem hätte er in den Jahren 1977 bis 1980 bei der gebotenen Einschränkung seiner eigenen Ausgaben Teilbeträge aus den monatlichen Übergangsgebührnissen zurücklegen können, um sie für den späteren Unterhalt des Kl. zu verwenden.

3) Die Mutter des Kl. hat nach den tatsächlichen Verhältnissen nur den Naturalunterhalt für ihn geleistet. Sie ist daher nicht auch noch zur Tragung der (restlichen) Barunterhaltsbeträge von monatlich 200 DM heranzuziehen, § 1603 II 2 BGB (NJW 1981/1559 = FamRZ 1981/543 [544]; NJW 1984/303 = FamRZ 1984/39 [40]; Urt. v. 18. 4. 1984 – IV b ZR 82/82).

(Wer verantwortungslos oder zumindest leichtfertig seine Leistungsunfähigkeit oder eine beschränkte Leistungsfähigkeit herbeiführt, darf sich nach Treu und Glauben hierauf nicht berufen. Berufswechsel, weitere Ausbildung, Verselbständigung ohne vorherige Sicherstellung der Leistungsfähigkeit durch Rücklagenbildung oder Kreditaufnahme; Zumutbarkeitsabwägung)

b II 2 b) Nach § 1603 I BGB besteht eine Unterhaltspflicht nicht, wenn der an sich Verpflichtete bei Berücksichtigung seiner sonstigen Belastungen außerstande ist, ohne Gefährdung seines eigenen angemessenen Unterhalts den Unterhalt zu gewähren. Hierauf beruft sich der Bekl. mit der Behauptung, seine i. J. 1977 erhaltene Übergangsbeihilfe sei längst für seinen und den Unterhalt des Kl. verbraucht, auch von den Übergangsgebührnissen und den BAföG-Beträgen sei seit geraumer Zeit nichts mehr vorhanden; die Referendarbezüge von monatlich 1298,50 DM benötige er für den eigenen dringenden Lebensbedarf. Wie der Senat in dem Urteil v. 26. 9. 1984 (FamRZ 1985/158) näher ausgeführt hat, ist die tatsächlich bestehende Leistungsunfähigkeit eines Unterhaltspflichtigen, auch wenn er sie selbst herbeigeführt hat, grundsätzlich zu beachten, und nur schwerwiegende Gründe sind geeignet, ihm – sowohl im Verhältnis zu seinem Ehegatten als auch gegenüber verwandten Unterhaltsberechtigten – nach den Grundsätzen von Treu und Glauben die Berufung auf seine Leistungsunfähigkeit zu verwehren. Ein Verstoß gegen Treu und Glauben, der dazu führen kann, daß der Unterhaltsverpflichtete sich trotz Leistungsunfähigkeit oder beschränkter Leistungsfähigkeit weiter als (voll) leistungsfähig behandeln lassen muß, kommt im allgemeinen nur in Betracht, wenn dem Pflichtigen ein verantwortungsloses, zumindest leichtfertiges Verhalten zur Last zu legen ist. Ob das der Fall ist, kann sich insbesondere aus dem Bezug seines Verhaltens zu der Unterhaltspflicht ergeben (FamRZ 1987/372). Als Beispiele unterhaltsrechtlich treuwidrigen – und deshalb im Verhältnis zu dem Unterhaltsberechtigten unbeachtlichen – Verhaltens in diesem Sinn sind etwa die Fälle einzuordnen, in denen ein Unterhaltspflichtiger (Ehegatte oder Elternteil) nach Abschluß einer Berufsausbildung oder Ausübung eines erlernten Berufs eine weitere Ausbildung (Berufsaufbauschule, Hochschule) auf sich nahm, ohne daß der Unterhalt seiner Angehörigen gesichert war. Soweit der Unterhaltsschuldner in diesen Fällen Erwerbsmöglichkeiten in seinem erlernten Beruf hatte, die ihm – gegebenenfalls nach einem zumutbaren Ortswechsel – eine ausreichende Lebensgrundlage boten, hat ihm der Senat die Berufung auf die selbst herbeigeführte Leistungsunfähigkeit nach den Grundsätzen von Treu und Glauben versagt und ihn weiterhin als unterhaltsrechtlich leistungsfähig behandelt (FamRZ 1980/1113, 1114). In Fällen, in denen ein Unterhaltspflichtiger seine Anstellung aufgab, um sich selbständig zu machen, hat der Senat unter demselben rechtlichen Gesichtspunkt gefordert, der Verpflichtete müsse, bevor er diesen Plan ins Werk setze, zunächst in geeigneter Weise, etwa durch Aufnahme eines Kredits oder Bildung von Rücklagen, sicherstellen, daß er seine Unterhaltspflicht jedenfalls vorerst auch bei geringeren Einkünften weiter erfüllen könne (FamRZ 1982/365, 366; FamRZ 1987/372). Maßgebender Gedanke war hierbei stets die Forderung, daß ein Unterhaltspflichtiger, jedenfalls im Verhältnis zu seinen unverheirateten minderjährigen Kindern und dem diesen im Rang gleichstehenden Ehegatten, seine Arbeitskraft so gut wie möglich einsetzen und sich Einkünfte anrechnen lassen muß, die er bei gutem Willen durch zumutbare Erwerbstätigkeit erreichen könnte (FamRZ 1981/539, 540; v. 15. 6. 1983 – IV b ZR 381/81). Dieser Obliegenheit hat der Unterhaltsschuldner bei seinen beruflichen Dispositionen, gegebenenfalls schon bei einer ersten Berufswahl oder auch einem späteren Berufswechsel, in angemessener Weise Rechnung zu tragen (FamRZ 1983/140 f.). Setzt er sich leichtfertig hierüber hinweg und trifft er ohne Rücksicht auf seine bestehenden Unterhaltsverpflichtungen eigennützig eine berufliche Entscheidung, die ihn auf längere Sicht unterhaltsrechtlich leistungsunfähig macht, dann kann ein derartiges verantwortungsloses Verhalten dazu führen, daß ihm die Berufung auf die Leistungsfähigkeit nach Treu und Glauben verwehrt ist. Das ist jedoch bei dem Bekl. nicht der Fall.

Als er sich im Oktober 1977 nach seinem Ausscheiden aus der Bundeswehr entschloß, ein Hochschulstudium zu ergreifen, setzte er sich damit nach dem Scheitern seines Versuchs, in die gehobene Finanzverwaltung übernommen zu werden, nicht in einen unverantwortlichen Widerspruch zu den Interessen des seinerzeit erst 12jährigen Kl. Er konnte damit rechnen, daß er den vereinbarten Kindesunterhalt während der drei ersten Studienjahre aus den monatlichen Übergangsgebührnissen und in den folgenden Jahren bis zum Eintritt der Volljährigkeit des Kl., notfalls noch für eine gewisse Zeit darüber hinaus (FamRZ 1987/372), unter teilweisem Einsatz der Übergangsbeihilfe würde bestreiten können, wobei er allerdings in Erwägung ziehen mußte, unter Umständen in den Semesterferien arbeiten zu müssen, um seinen eigenen restlichen Lebensbedarf sicherzustellen. Anders als in den oben erwähnten Fällen, in denen der Unterhaltspflichtige nach Abschluß einer (ersten) Berufsausbildung eine (weitere) Ausbildung auf sich genommen hatte, stand der Bekl. im Herbst 1977 nach seinem Ausscheiden aus der Bundeswehr erstmals vor der Wahl eines Berufs für das Zivilleben. Da seine Bemühungen um Aufnahme in den gehobenen öffentlichen Dienst bei mehreren Verwaltungen gescheitert waren, war er in seinem eigenen wirtschaftlichen Interesse, auch im Hinblick auf eine etwaige spätere unterhaltsrechtliche Leistungsfähigkeit, genötigt, eine seinen Fähigkeiten, seiner Begabung und seinen Neigungen entsprechende andere Berufswahl zu treffen. Wenn er sich in dieser Lage entschloß, das Studium für das Lehramt an höheren Schulen (unter Umständen für die Tätigkeit an einer Berufsschule) zu beginnen, nachdem er bereits 1964 ein Studium an einer Ingenieurschule angestrebt hatte, gereicht ihm dies unterhaltsrechtlich nicht zum Vorwurf, da das Studium, wie die bisherige Entwicklung gezeigt hat, seinen Fähigkeiten entsprach. Der Bekl. hatte noch keinen zivilen Beruf erlernt, der ihm nach Beendigung des Wehrdienstes ausreichende Erwerbsmöglichkeiten gesichert hätte. Da er nur dem Kl. gegenüber unterhaltspflichtig war, brauchte er bei seiner Berufswahl zumutbarerweise nur diese Verpflichtung in Rechnung zu stellen. Diese konnte er, wie oben näher dargelegt, aus den ihm zur Verfügung stehenden Übergangsgebührnissen und der Übergangsbeihilfe jedenfalls bis zur Volljährigkeit des Kl. erfüllen. Das OLG gibt in diesem Zusammenhang zu bedenken, der Bekl. habe zu Beginn seines Studiums nicht damit rechnen können, daß der Kl. bei Erreichen der Volljährigkeit seine Berufsausbildung bereits abgeschlossen haben würde. Das trifft grundsätzlich zu. Gleichwohl führt diese Überlegung unter den hier gegebenen Umständen nicht dazu, daß sich der Bekl. seinen i. J. 1977 gefaßten Entschluß, ein Hochschulstudium aufzunehmen – statt einen Arbeitsplatz zu suchen, der seinem Dienstrang bei der Bundeswehr entsprach – als unterhaltsrechtlich verantwortungsloses, treuwidriges Verhalten entgegenhalten lassen müßte. Der Bekl. war bei seiner ersten zivilen Berufswahl berechtigt, seinen Interessen, Fähigkeiten und Neigungen insoweit Rechnung zu tragen, als sie sich mit seiner gesteigerten Unterhaltpflicht gegenüber dem damals minderjährigen Kl. nach § 1603 II BGB in Einklang bringen ließen. Wenn die eingeschlagene Ausbildung später dazu führte, daß er zeitweise nur nach Maßgabe einer eingeschränkten Leistungsfähigkeit zu Unterhaltsbeiträgen für den dann volljährigen Kl. herangezogen werden konnte, mußte der Kl. dies hinnehmen, zumal die Ausbildung des Bekl. auf Dauer die Aussicht auf eine gesteigerte Leistungsfähigkeit eröffnete. Daß sich die Berufspläne des Kl. wegen des im November 1983 erlittenen Unfalles zunächst nicht, wie vorgesehen, verwirklichen lassen würden, konnte der Bekl. bei seiner Ausbildungswahl i. J. 1977 nicht vorhersehen; die eingetretene Entwicklung gereicht ihm daher aus unterhaltsrechtlicher Sicht nicht – nachträglich – zum Vorwurf. Ein Abbruch des Studiums mit Rücksicht auf den Unfall des Kl. – etwa Ende 1983/Anfang 1984 – war dem Bekl. nach dem damaligen Stand seiner Ausbildung nicht zumutbar (FamRZ 83/140), zumal nicht ersichtlich ist, welche Erwerbsmöglichkeiten er in diesem Fall ohne abgeschlossene Berufsausbildung gehabt haben könnte.

c) Der Bekl. ist mithin entgegen der Auffassung des OLG nicht so zu behandeln, als ob er ein fiktives Einkommen von monatlich rund 1700 bis 1900 DM erzielte. Seine Unterhaltpflicht für die Zeit ab Januar 1984 bemißt sich vielmehr nach seiner tatsächlichen Leistungsfähigkeit. Zu dieser hat das OLG – von seinem Standpunkt aus folgerichtig – bisher keine ausreichenden Feststellungen getroffen.

BGH v. 25. 2. 87 – IVb ZR 36/86 – FamRZ 87, 456 = NJW 87, 1551

R329 *(Arbeitslosenhilfe, die einem unterhaltsbedürftigen geschiedenen Ehegatten gewährt wird, gehört grundsätzlich nicht zu den Einkünften i. S. von § 1577 I BGB)*

a 3 a) Zu Recht wendet sich die Revision dagegen, daß das OLG die Arbeitslosenhilfe, welche die Bekl. in der Zeit vom 5. 3. bis 30. 9. 1985 bezogen hat, zu ihren Einkünften i. S. von § 1577 I BGB gerechnet hat. Allerdings hat Arbeitslosenhilfe, ebenso wie Arbeitslosengeld, eine Lohnersatzfunktion (vgl. BGH, NJW 1984/1811, 1812, 1813). Demgemäß ist anerkannt, daß sie auf seiten des Unterhaltspflichtigen als Einkommen zu berücksichtigen ist (vgl. BSG, FamRZ 1985/379, 380). Andererseits ist Arbeitslosenhilfe eine Sozialleistung, für die der Grundsatz der Subsidiarität gilt (§§ 134 I Nr. 3, 137 I, 138 I Arbeitsförderungsgesetz [AFG]). Zu den Leistungen Dritter, die hier angerechnet werden, gehören insbesondere auch solche, die der Arbeitslose von seinem geschiedenen Ehegatten als Unterhalt beanspruchen kann. Kann der Arbeitslose diese bestehenden Ansprüche (noch) nicht durchsetzen, bietet § 140 I AFG dem Arbeitsamt die Möglichkeit, dem Arbeitslosen zur Vermeidung von Härten Arbeitslosenhilfe zu zahlen. Nach § 140 I S. 2 AFG hat das Arbeitsamt die Gewährung der Arbeitslosenhilfe dem Leistungspflichtigen unverzüglich anzuzeigen. Die Anzeige bewirkt, daß der Anspruch des Arbeitslosen gegen den Leistungspflichtigen in Höhe der an Arbeitslosenhilfe erbrachten Leistungen auf den Bund übergeht (§ 140 I S. 3 AFG). Nach der Rechtsprechung des BGH stellen die einem Unterhaltsberechtigten gewährten Sozialleistungen keine Einkünfte dar, die seine Unterhaltsbedürftigkeit mindern, wenn die Leistungen nur subsidiär gewährt werden und Vorleistungen nach Überleitung des entsprechenden Unterhaltsanspruchs vom Unterhaltsverpflichteten zurückgefordert werden können (FamRZ 1980/126, 128; FamRZ 1982/587, FamRZ 1979/211, 212 ff., FamRZ 1979/470, 471, FamRZ 1986/889). Hiernach hat auch die Arbeitslosenhilfe, die einem Unterhaltsbedürftigen geleistet wird, auf dessen Unterhaltsanspruch grundsätzlich keinen Einfluß; sie mindert seine Bedürftigkeit im Verhältnis zum Unterhaltspflichtigen nicht und gehört nicht zu den Einkünften i. S. von § 1577 I BGB. In Einschränkung dieses Grundsatzes wird in der Rechtspraxis verschiedentlich der Standpunkt vertreten, daß die Arbeitslosenhilfe dann als Einkommen des Unterhaltsberechtigten zu berücksichtigen sei, wenn das Arbeitsamt den Unterhaltsanspruch nicht auf den Bund überleite. Inwieweit dem zu folgen ist, braucht hier nicht näher erörtert zu werden (zur Beurteilung dieser Frage bei Gewährung von Sozialhilfe, FamRZ 1984, 364, 366, sowie FamRZ 1985, 1245). Auch wenn jener Standpunkt zu teilen und mithin dem OLG darin zuzustimmen wäre, daß die Arbeitslosenhilfe der Bekl. als bedürftigkeitsminderndes Einkommen zu berücksichtigen sei, falls das Arbeitsamt den Unterhaltsanspruch nicht nach § 140 AFG auf den Bund über-

Anhang R. Rechtsprechung R330

leite, kann die Beurteilung des OLG hier doch keinen Bestand haben. Da nicht davon ausgegangen werden kann, daß das Unterbleiben einer Anspruchsüberleitung in der Praxis die Regel ist, rügt die Revision zu Recht, daß das OLG nicht ohne entsprechenden Sachvortrag der Parteien davon ausgehen durfte, das Arbeitsamt habe hier von einer Überleitung des Unterhaltsanspruchs abgesehen. Außerdem durfte das Gericht, nachdem die Frage der Anrechnung der Arbeitslosenhilfe im Rechtsstreit von keiner Seite angesprochen worden war, nicht ohne entsprechenden vorherigen Hinweis die Arbeitslosenhilfe als bedürftigkeitsminderndes Einkommen i. S. von § 1577 I BGB berücksichtigen. Hiernach ist für die materiell-rechtliche Beurteilung in der Revisionsinstanz davon auszugehen, daß der von der Revision angekündigte Sachvortrag bewiesen worden wäre und der Unterhaltsanspruch der Bekl. gegen den Kl. auf den Bund übergeleitet worden ist, so daß die Arbeitslosenhilfe nicht als Einkommen berücksichtigt werden durfte.

(Bei der Bemessung des Unterhalts eines geschiedenen Ehegatten nach einer Quote vom Einkommen des Unterhaltspflichtigen ist ein Vorwegabzug des Kindesunterhalts nur dann rechtlich bedenkenfrei, wenn es um den Unterhalt für ein gemeinschaftliches Kind der Ehegatten oder für ein Kind des Unterhaltspflichtigen geht, für das er bereits während der Ehe aufzukommen hatte, so daß bereits die ehelichen Lebensverhältnisse durch diese Unterhaltsverpflichtung mit geprägt wurden)

3 b) Ein weiteres durchgreifendes Bedenken gegen die Berechnung des Unterhaltsanspruchs durch **b** das OLG ergibt sich aus dem Vorwegabzug des Kindesunterhalts. Dieses Bedenken besteht nicht nur insoweit, als von dem Nettoeinkommen des Kl. mehr als der Tabellensatz der untersten Einkommensgruppe als Mindestbedarfsatz abgezogen worden ist, sondern gegen den Vorwegabzug überhaupt. Ein derartiger Vorwegabzug des Kindesunterhalts, wie er in der Rechtspraxis bei der Bemessung des Ehegattenunterhalts nach einer Quote vom Einkommen des Unterhaltspflichtigen oder von der Differenz der beiderseitigen Einkünfte üblich ist, ist nur dann rechtlich bedenkenfrei, wenn es um den Unterhalt für ein gemeinschaftliches Kind der Ehegatten oder für ein Kind des Unterhaltspflichtigen geht, für das er bereits während der Ehe aufzukommen hatte, so daß bereits die ehel. Lebensverhältnisse durch diese Unterhaltsverpflichtung mit geprägt wurden. Da der geschiedene Ehegatte nach § 1578 I S. 1 BGB Anspruch auf einen den ehel. Lebensverhältnissen entsprechenden Unterhalt hat, ist es in derartigen Fällen gerechtfertigt und grundsätzlich sogar geboten, bei der Unterhaltsbemessung entsprechende Vorwegabzüge vom Einkommen des Verpflichteten zu machen, soweit die sich daraus ergebende Verteilung der zum Unterhalt von Ehegatten und Kindern zur Verfügung stehenden Mittel nicht in einem Mißverhältnis zum wechselseitigen Lebensbedarf der Beteiligten steht. Das hat der Senat selbst für den Fall entschieden, daß der Unterhalt an volljährige Kinder zu entrichten ist (FamRZ 1981/241, 242; FamRZ 1984/151, 153; FamRZ 1985/912, 916). Derselbe aus § 1578 I S. 1 BGB abgeleitete Sachgrund steht einem Vorwegabzug des Kindesunterhalts jedoch entgegen, wenn der Verpflichtete den Unterhalt für ein Kind zu entrichten hat, das, wie im vorliegenden Fall, aus einer späteren Ehe hervorgegangen ist. Hier liefe der Vorwegabzug des Kindesunterhalts von dem Einkommen des Unterhaltspflichtigen auf eine Schmälerung des Unterhaltsanspruchs des geschiedenen Ehegatten hinaus, die dieser als mit dem minderjährigen Kinde gleichrangiger Unterhaltsberechtigter (FamRZ 1983/678, 680) nicht hinzunehmen braucht. Das gilt grundsätzlich selbst dann, wenn der Unterhaltspflichtige nur beschränkt leistungsfähig ist; denn auch hier ist die Konkurrenz der Ansprüche nicht im Wege des Vorwegabzuges des Kindesunterhalts, sondern dadurch zu regeln, daß der Betrag, der nach Abzug des Selbstbehalts des Unterhaltspflichtigen für die Unterhaltsberechtigten verbleibt, zwischen ihnen unter Berücksichtigung der Rangverhältnisse nach dem Verhältnis der Bedarfsbeträge aufzuteilen ist (FamRZ 1986/48, 50, zur Bemessung der Unterhaltsansprüche gleichrangiger – volljähriger – Kinder in einem Mangelfall).

BGH v. 18. 3. 87 – IVb ZR 31/86 – FamRZ 87, 916

(Der unterhaltsrechtliche Vorrang eines geschiedenen vor einem neuen Ehegatten gemäß § 1582 I BGB ist jedenfalls dann verfassungsrechtlich bedenkenfrei, wenn der Mindestbedarf des unterhaltspflichtigen geschiedenen Ehegatten und seines neuen Ehegatten nicht gefährdet ist) R330

2 a) Das OLG hat darüber hinaus eine wesentliche Änderung der für die Bemessung des Unterhaltsanspruchs der Bekl. maßgeblichen Verhältnisse auch nicht darin gesehen, daß der Kl. seit Anfang 1985 seiner zweiten Ehefrau gegenüber unterhaltspflichtig geworden ist; denn der Unterhaltsanspruch der Bekl. gehe wegen der langen Dauer ihrer mit dem 30jährigen Kl. dem Unterhaltsanspruch der jetzigen Ehefrau vor. Zwar könne der Kl. von einem Einkommen von etwa 3200 DM neben dem Unterhalt für seine jetzige Ehefrau den für die Bekl. festgesetzten Unterhalt von monatl. 900 DM nicht leisten, ohne seinen eigenen angemessenen Unterhalt zu gefährden. Bei dieser Sachlage komme jedoch der unterhaltsrechtliche Vorrang der Bekl. als geschiedener Ehefrau nach § 1582 BGB zum Zuge, der jedenfalls dann uneingeschränkt eingreife, wenn dem Unter-

haltspflichtigen, wie hier dem Kl., nach Abzug des Unterhalts für die geschiedene Ehefrau ein Betrag verbleibe, von dem er und seine jetzige Ehefrau deutlich mehr als den notwendigen Unterhalt bestreiten könnten. Gegen die Verfassungsmäßigkeit des § 1582 I S. 2 BGB bestünden, zumindest in einem solchen Fall, keine durchgreifenden Bedenken. b) Hiergegen wendet sich die Revision ohne Erfolg.

Die nach der Behauptung des Kl. zum Jahresanfang 1985 eingetretene Erwerbsunfähigkeit seiner jetzigen Ehefrau stellt keinen Abänderungsgrund i. S. von § 323 I ZPO dar; denn der Kl. ist nicht berechtigt, der Bekl. seine Unterhaltspflicht gegenüber der jetzigen Ehefrau entgegenzuhalten. aa) Das OLG hat angenommen, der Kl. sei nicht in der Lage, von seinem Einkommen von ca. 3200 DM neben dem Unterhalt für seine jetzige Ehefrau der Bekl. den titulierten Unterhalt von monatl. 900 DM zu leisten, ohne seinen eigenen angemessenen Unterhalt zu gefährden (§ 1581 S. 1 BGB). Das begegnet keinen rechtlichen Bedenken, zumal der angemessene Unterhaltsbedarf des Kl. im Verhältnis zur Bekl. auf der Grundlage der (fortgeschriebenen) ehel. Lebensverhältnisse der Parteien mindestens in derselben Höhe wie ihr angemessener Bedarf und damit in einem Bereich von monatl. ca. 1800 DM anzusetzen ist. bb) Bei dieser Sachlage kommt die Regelung des § 1582 I BGB zur Anwendung. Nach dessen Satz 1 geht bei der Ermittlung des Unterhalts der geschiedene Ehegatte dem neuen Ehegatten vor, wenn dieser nicht bei entsprechender Anwendung der §§ 1569 bis 1574, 1576 und 1577 I BGB unterhaltsberechtigt wäre. Hierzu hat das OLG zwar – was unter den gegebenen Verhältnissen auch nicht veranlaßt war – keine näheren Feststellungen getroffen. Auch wenn der Kl. aber im Falle einer Scheidung seiner jetzigen Ehefrau nach § 1572 BGB Unterhalt leisten müßte, gebührt der Bekl. gleichwohl der unterhaltsrechtliche Vorrang, da die Ehe der Parteien, wie das OLG in Übereinstimmung mit der Rechtsprechung des Senats (FamRZ 1983/886, 888) rechtsfehlerfrei angenommen hat, bei einer Dauer von mehr als 30 Jahren „von langer Dauer" i. S. des § 1582 I S. 2 BGB war. Das stellt auch die Revision nicht in Abrede. cc) Die Revision vertritt indessen die Auffassung, die uneingeschränkte Anwendung des § 1582 I BGB in der vom OLG angenommenen Weise unterliege verfassungsrechtlichen Bedenken aus Art. 6 I GG und führe dazu, daß die neue Ehe unterhaltsrechtlich als Ehe zweiten Ranges behandelt werde. So wirke sich der an sich nur relative Vorrang des Unterhaltsanspruchs der geschiedenen Ehefrau gegenüber der neuen Ehefrau, wenn er deren Unterhaltsbedarf völlig außer Betracht lasse, im Ergebnis praktisch als absoluter Vorrang aus mit der Folge, daß der eigene angemessene Unterhalt des Kl. entgegen § 1581 S. 1 BGB über Gebühr geschmälert werde. Es sei daher im Hinblick auf Art. 6 I GG geboten, zunächst für alle Beteiligten den sog. Mindestbedarf sicherzustellen und erst danach das verbleibende Einkommen des Unterhaltspflichtigen zur Befriedigung des weitergehenden vollen Bedarfs auf den früheren Ehegatten, den Unterhaltspflichtigen selbst und etwaige Kinder aufzuteilen, wie es den Unterhaltsrechtlichen Leitlinien des OLG Hamm (Stand: Januar 1985, FamRZ 1984/963 ff.) und schon einem Vorschlag des OLG Schleswig aus dem Jahre 1982 (FamRZ 1982, 705) entspreche. Zur Anwendung dieser Grundsätze bezieht sich die Revision auf eine Berechnung, mit der der Kl. im Berufungsverfahren den der Bekl. zustehenden Unterhalt wie folgt ermittelt hat: Nach Nr. 41 der Hammer Leitlinien sei für den hier einschlägigen Fall, daß der Unterhaltspflichtige nicht erwerbstätig sei, dessen Einkommen bei Berücksichtigung von zwei Ehegatten im Verhältnis von (richtig) 3,5 zu 3,5 zu 3 (3 Anteile für die zweite Ehefrau mit Rücksicht auf die Ersparnisse des Zusammenlebens mit dem Kl.) zu quoteln. Das ergebe bei einem anzusetzenden Einkommen des Kl. von 3128,16 DM Beträge von je 1094,85 DM für den Kl. und die Bekl. und von 938,45 DM für die jetzige Ehefrau. Dieser letztere Betrag sei als Verbindlichkeit vorab von dem Einkommen des Kl. abzuziehen. Damit verbleibe ein anrechenbares Einkommen von 2189,71 DM. Die Differenz zwischen diesem Einkommen und den Renteneinkünften der Bekl. belaufe sich auf 1217,71 DM; hiervon stehe der Bekl. die Hälfte, also ein Betrag von monatl. 608,85 DM, als Unterhalt zu. dd) Dieser Berechnungsmethode kann schon nach dem eigenen Ansatz der Revision nicht gefolgt werden. Denn sie regelt die Verteilung des zur Verfügung stehenden Einkommens unter mehreren gleichrangigen Ehegatten (Hammer Leitlinien, Abschnitt IV c, a.a.O., S.966), während der Bekl., wie dargelegt, gemäß § 1582 I BGB der Vorrang vor der zweiten Ehefrau des Kl. gebührt. Für diesen Fall sehen die Hammer Leitlinien aber in Abschnitt IV e, Nr. 46 eigene, von Nr. 41 abweichende Berechnungsrichtlinien vor. Soweit sich die Revision auf die von dem OLG Schleswig (FamRZ 1982, 705, 706) entwickelten Rechtsgrundsätze stützt, hat der Senat deren Anwendbarkeit bereits in den Urteilen v. 16. 1. 1985 (FamRZ 1985/362) und v. 23. 4. 1986 (FamRZ 1986/790, 792) abgelehnt. In den genannten Entscheidungen hat sich der Senat auch mit den – seinerzeit ebenfalls geltend gemachten – verfassungsrechtlichen Bedenken gegen § 1582 BGB auseinandergesetzt und diese letztlich für nicht durchgreifend erachtet. Auf die neuerlich von der Revision erhobenen Zweifel gegen die Wirksamkeit des § 1582 BGB braucht unter den hier gegebenen Umständen nicht näher eingegangen zu werden, weil auch bei Gewährung des titulierten Unterhalts für die Bekl. jedenfalls der sog. Mindestbedarf des Kl. und seiner neuen Ehefrau nicht gefährdet ist. In einem derartigen Fall bestehen aber, wie das OLG zutreffend angenommen hat, gegen die Beachtung des unterhaltsrechtlichen Vorrangs des geschiedenen Ehegatten von vornherein keine

Anhang R. Rechtsprechung   **R331**

verfassungsrechtlichen Bedenken. Die Einkünfte des Kl. ermöglichen ihm die weitere Gewährung der titulierten Unterhaltsrente an die Bekl. auch unter Beachtung der Grundsätze des § 1581 S. 1 BGB. Nach dieser Vorschrift bestimmt sich die Leistungsfähigkeit eines Unterhaltsverpflichteten im Verhältnis zu seinem geschiedenen Ehegatten nach Billigkeitsgesichtspunkten, wenn der Verpflichtete nach seinen Erwerbs- und Vermögensverhältnissen außerstande ist, ohne Gefährdung des eigenen angemessenen Unterhalts dem Berechtigten Unterhalt zu gewähren. Mit dieser Regelung hat das Gesetz – ähnlich wie in der früheren Vorschrift des § 59 I S. 1 EheG – eine Haftungsgrenze zugunsten des unterhaltsverpflichteten Ehegatten vorgesehen, die in der unterhaltsrechtlichen Praxis durch die Gewährung des sog. „großen Selbstbehalts" gegenüber Unterhaltsansprüchen eines geschiedenen Ehegatten konkretisiert wird (Senatsurteil v. 20. 3. 1985 – nicht veröffentlicht). Dieser wird zur Zeit im allgemeinen mit monatl. 1100 DM bis 1200 DM angesetzt (vgl. etwa: OLGe Braunschweig, Oldenburg und Schleswig: 1100 DM, NJW 1984/279; OLG Hamm: 1150 DM, FamRZ 1984/965 Nr. 33; OLGe Celle, Frankfurt, Hamburg, Düsseldorf: 1200 DM, NJW 1984/283, 279, 278; weitergehend: OLG Bremen: 1250 DM, NJW 1984/282). Da der Kl. über bereinigte Einkünfte von monatl. knapp 3200 DM verfügt, von denen ihm nach Abzug des Unterhalts für die Bekl. monatl. mehr als 2200 DM verbleiben, ist der „große Selbstbehalt" für seine eigenen Bedürfnisse gesichert. Daneben kann der Kl. jedenfalls auch noch den Mindestunterhalt für seine jetzige Ehefrau aufbringen. Das gilt selbst dann, wenn dieser nicht mit monatl. nur 665 DM (Hammer Leitlinien, Abschnitt III, Nr. 33; vgl. auch Düsseldorfer Tabelle, Stand: 1. 1. 1985, Abschnitt B V 2 b, FamRZ 1984/962), sondern – im Hinblick auf den Grundsatz der gleichmäßigen Teilhabe beider Ehegatten an den ehel. Lebensverhältnissen in der neuen Ehe, allerdings unter Berücksichtigung der möglichen Ersparnisse aus dem Zusammenleben – höher angenommen wird (vgl. hierzu OLG Hamm, FamRZ 1987/193). ee) Wie der Senat in den bereits erwähnten Urteilen v. 16. 1. 1985 und v. 23. 4. 1986 unter Hinweis auf die Gründe der Entscheidung des BVerfG v. 10. 1. 1984 (BVerfGE 66/84, 93 ff., 98 ff. = FamRZ 1984/346, 348 f., 350) näher ausgeführt hat, ist die Regelung des § 1582 I S. 2 BGB mit dem Grundgesetz auch für den Fall vereinbar, daß der Vorrang des geschiedenen Ehegatten auf der langen Dauer der geschiedenen Ehe beruht und weder er noch der neue Ehegatte nach § 1570 BGB unterhaltsberechtigt ist oder wäre. Hieran ist aus den dort dargelegten Gründen festzuhalten. Der von der Revision in diesem Zusammenhang besonders hervorgehobene Umstand, daß der Vorrang des geschiedenen Ehegatten in einem Fall wie dem vorliegenden im Ergebnis entgegen § 1581 S. 1 BGB zu einer Schmälerung des eigenen angemessenen Unterhalts des Verpflichteten führe, stellt die Verfassungsmäßigkeit der gesetzlichen Regelung des § 1582 I S. 2 BGB nicht in Frage. Insoweit hat das OLG zutreffend und im Einklang mit dem BVerfG (BVerfGE, a.a.O., S. 98 = FamRZ 1984/346, 350) darauf abgehoben, daß das wirtschaftliche Leistungsvermögen des Unterhaltsverpflichteten bereits mit den Verbindlichkeiten aus der früheren Ehe belastet war, als er die neue Ehe einging. Diese ist damit von vornherein auf einer für beide Ehegatten entsprechend eingeschränkten wirtschaftlichen Basis geschlossen worden.

BGH v. 25. 3. 87 – IVb ZR 32/86 – FamRZ 87, 684 = NJW 87, 2229

(Zum Einsatzzeitpunkt bei Unterhalt wegen Krankheit)   **R331 a**

I 2) Die Feststellung des OLG, daß die Kl. (jedenfalls) seit dem 5. 6. 1985 infolge ihrer Leiden völlig erwerbsunfähig ist, trägt für die Zeit seitdem seine Beurteilung, daß sie von dem Bekl. ihren vollen eheangemessenen Unterhalt verlangen kann. Dieser Anspruch ergibt sich – ebenso wie der ihr im Vorprozeß zuerkannte – aus § 1572 BGB.

a) Allerdings setzt diese Vorschrift voraus, daß die Erwerbsfähigkeit des Unterhalt begehrenden Ehegatten von bestimmten Einsatzzeitpunkten an durch Krankheit beeinträchtigt worden ist. Im Falle der Kl. kommt insoweit allein der Zeitpunkt der Scheidung in Betracht, also der 21.7. 1983, während der Eintritt ihrer völligen Erwerbsunfähigkeit erst für den 6. 6. 1985, die wesentliche Verschlechterung ihres Gesundheitszustandes für keinen früheren Zeitpunkt als Anfang Januar 1985 festgestellt ist. Trotzdem sind die (weitere) Herabsetzung und der völlige Ausschluß ihrer Erwerbsfähigkeit, die für diese Zeitpunkte festgestellt sind, noch dem Einsatzzeitpunkt der Ehescheidung zuzurechnen. Nach den Feststellungen des OLG leidet die Kl. unter Abnutzungserscheinungen beider Hüftgelenke, der Wirbelsäule und des rechten Kniegelenkes, allergischer Bronchitis, Kreislauf- und Herzrhythmusstörungen sowie ausgeprägten nervösen und depressiven Erschöpfungszuständen. Derartige Leiden lagen bereits der Feststellung des OLG im Berufungsurteil v. 6. 6. 1983 zugrunde, die Kl. sei nur zu einer halbtägigen Erwerbstätigkeit in der Lage. Denn in dem im Vorprozeß eingeholten ärztlichen Gutachten v. 31. 3. 1983, auf das sich das Urteil v. 6.6. 1983 stützt, ist eine orthostatisch bedingte Kreislaufregulationsstörung festgestellt und zusammenfassend ausgeführt worden, bei der Kl. handele es sich um eine körperlich und psychisch verringert belastbare Persönlichkeit mit Neigung zu depressiven Reaktionen. Ferner ist auf ärztliche Atteste hingewiesen worden, die ihr u. a. rezidivierende Bronchitiden und wirbelsäulenbedingte Beschwerden bescheinigen. Die Feststellungen des OLG ergeben daher, daß eine Verschlimmerung im wesentlichen derselben Leiden, deretwegen die Kl. bereits im Zeitpunkt der Scheidung teilweise erwerbsunfähig war, zu dem für das Jahr 1985 festgestellten weitergehenden und schließlich völligen Ausschluß ihrer Erwerbsfähigkeit geführt hat. Jedenfalls unter solchen Umständen ist den zeitlichen Voraussetzungen des § 1572 BGB genügt, so daß die Kl., soweit sie bedürftig ist, nach dieser Vorschrift seit dem Eintritt ihrer völligen Erwerbsunfähigkeit Anspruch auf den vollen eheangemessenen Unterhalt hat (OLG Stuttgart, FamRZ 1983/501, 503).

(Hat ein unterhaltsberechtigter geschiedener Ehegatte in der Vergangenheit Vorsorgeunterhalt nicht bestimmungsgemäß verwendet, so berührt dies seinen Unterhaltsanspruch nur unter den Voraussetzungen des § 1579 Nr. 3 BGB (mutwillige Herbeiführung der Bedürftigkeit). Geltendmachung durch Abänderungsklage; Vorrang des Elementarunterhalts im Mangelfall.)

b I 2 c) Der Anspruch der Kl. auf Elementarunterhalt wird nicht dadurch berührt, daß sie in der Vergangenheit Vorsorgeunterhalt bestimmungswidrig für ihren laufenden Bedarf verwandt hat.

aa) Nach der ständigen Rechtsprechung des Senats ist der Vorsorgeunterhalt gemäß § 1578 III BGB ein zweckgebundener, im Urteil besonders auszuweisender – Bestandteil des nachehelichen Unterhalts, den der Berechtigte für eine entsprechende Versicherung zu verwenden hat (FamRZ 1981/442, 445 und FamRZ 1982/887, 890). In seinem Urteil v. 6. 10. 1982 (FamRZ 1982, 1187, 1189) hat der Senat beiläufig ausgesprochen, der Unterhaltsgläubiger sei bei zweckwidriger Verwendung der als Vorsorgeunterhalt geleisteten Beträge später so zu behandeln, als hätten diese zu einer entsprechenden Versicherung geführt. Das Vorbringen des Bekl., das auf diesem Gedanken aufbaut, geht stillschweigend davon aus, daß die Kl. die als Vorsorgeunterhalt erhaltenen Beträge von monatl. 145 DM bei der BfA zur Aufstockung ihrer aus dem VersAusgl erlangten Rentenanwartschaften habe einzahlen müssen. Dabei wird aber das dem Unterhaltsberechtigten grundsätzlich zustehende Recht übersehen, die Art und Weise seiner Vorsorge selbst zu wählen. Es mag sein, daß im vorliegenden Fall die Entrichtung freiwilliger Beiträge an die BfA die wirtschaftlich sinnvollste Form der Vorsorge war. Diese war der Kl. jedoch nicht vorgeschrieben, sondern auch der Abschluß einer privaten Rentenversicherung wäre in Betracht gekommen und hätte nicht außerhalb der unterhaltsrechtlichen Zweckbindung gelegen (FamRZ 1983/152, 153 f. und FamRZ 82/1187, 1189). Hätte die Kl. die Beträge für eine private Rentenversicherung verwendet, die – in Anbetracht der verhältnismäßig geringen Höhe der Beiträge – nur das Altersrisiko und nicht auch das Risiko der Berufs- oder Erwerbsunfähigkeit abgedeckt hätte, könnte ihr daher eine Obliegenheitsverletzung nicht vorgeworfen werden. Schon diese Überlegung zeigt, daß das Vorbringen des Bekl. nicht schlüssig ist. Ob die Kl. bei Einzahlung der Vorsorgeunterhaltsbeträge bei der BfA einen Invaliditätsschutz hätte erreichen können, kann dahingestellt bleiben, weil sie auch auf andere Weise dem Gebot bestimmungsgemäßer Verwendung hätte Rechnung tragen können, ohne bereits im gegenwärtigen Zeitpunkt einen Rentenanspruch zu erwerben.

bb) Weiterhin kann hier die Vorschrift des § 1579 Nr. 3 BGB nicht außer Betracht bleiben, die – wie der Senat bereits mehrfach entschieden hat – in ihrem Regelungsbereich den Rückgriff auf allgemeine Grundsätze ausschließt (FamRZ 1986/560, 562, m. w. N.). Die Vorschrift sieht eine Sanktion für den Fall vor, daß die gegenwärtige Bedürftigkeit des Unterhaltsberechtigten ganz oder teilweise durch ein eigenes Verhalten in der Vergangenheit herbeigeführt worden ist. Sie hat auf der anderen Seite Schutzwirkung insoweit, als das frühere Verhalten des Unterhaltsberechtigten keine Auswirkung auf seinen Unterhaltsanspruch haben soll, wenn ihm Mutwilligkeit nicht vorgeworfen werden kann. In seinem Urteil v. 18. 5. 1983 (FamRZ 1983/803, 804) hat der Senat bereits die rechtsähnliche Vorschrift des § 65 EheG in einem Fall herangezogen, in dem das OLG einem nach altem Recht geschiedenen Ehegatten, der es unterlassen hatte, durch zumutbare Arbeit Anwartschaften der gesetzlichen Rentenversicherung zu begründen, ein fiktives Renteneinkommen zugerechnet hatte. § 1579 Nr. 3 BGB ist auch anwendbar, wenn Vorsorgeunterhalt nicht zweckentsprechend verwendet worden ist. Gerade der vorliegende Fall, in dem die Kl. sich in einer Notlage befunden hat, macht deutlich, daß es nicht sachgerecht wäre, einen Unterhaltsberechtigten, der Vorsorgeunterhalt bestimmungswidrig verwandt hat, ohne Rücksicht auf den Grad der Vorwerfbarkeit so zu behandeln, als habe er eine Versorgung erlangt. Die Sperrwirkung des § 1579 Nr. 3 BGB ist geeignet, in derartigen Fällen unbillige Ergebnisse zu vermeiden.

Das OLG hat eine Prüfung unter diesem rechtlichen Gesichtspunkt nicht vorgenommen. Da weitere Feststellungen nicht erforderlich sind, ist der Senat insoweit zu einer eigenen Beurteilung in der Lage und verneint unter den besonderen Umständen des vorliegenden Falles ein mutwilliges Verhalten der Bekl. Ein solches würde mindestens eine unterhaltsbezogene Leichtfertigkeit voraussetzen, die vorliegt, wenn sich der Unterhaltsberechtigte unter grober Nichtachtung dessen, was jedem einleuchten muß, oder in Verantwortungs- und Rücksichtslosigkeit gegen den Unterhaltsverpflichteten über die erkannte Möglichkeit nachteiliger Folgen für seine Bedürftigkeit hinweggesetzt hat (FamRZ 1984/364, 367, m. w. N.). Wie dem Sinnzusammenhang der Gründe des angefochtenen Urteils zu entnehmen ist, ist das OLG – von der Revision unangegriffen – davon ausgegangen, daß sich die Kl. nach dem Erlaß des Urteils v. 6.6. 1983 in einer Notsituation befunden hat, weil sie trotz hinreichender Bemühungen keinen geeigneten Arbeitsplatz hat finden können. Außerdem hat sich ihr Gesundheitszustand mehr und mehr verschlechtert, bis spätestens am 5.6. 1985 die volle Erwerbsunfähigkeit eingetreten ist. Sie hatte in dieser Zeit tatsächlich keine weiteren Einkünfte für ihren Lebensunterhalt zur Verfügung als die vom Bekl. bezahlten insgesamt 747 DM pro Monat. Bei derartigen Einkünften, die unterhalb des sog. notwendigen Selbstbehalts liegen, besteht keine Obliegenheit zu Vorsorgemaßnahmen nach § 1578 III BGB, wie sich aus dem Grundsatz ergibt, daß dem laufenden Unterhalt im Verhältnis zum Vorsorgeunterhalt der Vorrang zukommt (FamRZ 1981/ 442, 445 = FamRZ 1982/887, 890).

Der Kl. muß allerdings der Vorwurf gemacht werden, daß sie die Abänderungsklage (§ 323 ZPO) nicht früher erhoben hat, um eine Anpassung des Urteils im Vorprozeß an die seinerzeit nicht vorausgesehene Entwicklung der Verhältnisse zu erreichen, anstatt in der geschehenen Weise eigenmächtig zu handeln. Dieser Vorwurf wird nur dadurch abgeschwächt, daß die in einfachen Verhältnissen lebende Kl. nicht, wie es nach der bereits angeführten Rechtsprechung des Senats geboten gewesen wäre, durch die Fassung des Urteilstenors auf die Zweckbestimmung eines Teils der zugesprochenen Unterhaltsrente als Vorsorgeunterhalt hingewiesen worden ist. Bei Würdigung der gesamten Umstände kann daher letztlich nicht von einer Verantwortungs- und Rücksichtslosigkeit der Kl. ausgegangen werden, so daß ihr auch künftig nicht vorgeworfen werden kann, sie habe ihre Bedürftigkeit i. S. des § 1579 Nr. 3 BGB dadurch (teilweise) mutwillig herbeigeführt, daß sie es unterlassen hat, durch entsprechende Verwendung des Vorsorgeunterhalts eine Versorgung – etwa nach Erreichen der Altersgrenze eine Altersrente aus einer privaten Lebensversicherung – zu erwerben.

d) Was die Bemessung des Elementarunterhalts betrifft, so gehört es zu den für das Abänderungsverfahren bindenden Grundlagen des im Vorprozeß ergangenen Urteils, daß die Kl. zur Aufrechterhaltung des ehel. Lebensstandards monatl. 1142 DM benötigt (FamRZ 1985/582, 583). Die Lebenshaltungskosten haben sich seither nicht vermindert, so daß die unveränderte Übernahme dieses Betrages keinen Fehler zum Nachteil des Bekl. darstellt.

(Zum Einsatzzeitpunkt bei einem Anspruch nach § 1573 I BGB)

I 3 b) Soweit es um die verbleibende Zeit vom 7. 1. bis 4. 6. 1985 geht, wird die Beurteilung des OLG, daß die Kl. nunmehr den vollen eheangemessenen Unterhalt verlangen könnte, durch seine bisherigen Feststellungen nicht getragen. Die Feststellung, Kl. sei in dieser Zeit gesundheitlich „allenfalls" noch zu stundenweiser einfacher Frauenarbeit in der Lage gewesen, ergibt nicht, daß sie wegen Krankheit völlig erwerbsunfähig war und daher nach § 1572 BGB den vollen eheangemessenen Unterhalt verlangen konnte. Mit seiner weiteren Begründung, bei dieser Sachlage habe der Kl. keine Arbeit mehr vermittelt werden können, will das OLG denn auch ersichtlich die Vorschrift des § 1573 I BGB als weitere Anspruchsgrundlage heranziehen. Deren tatbestandliche Voraussetzungen sind indessen nicht festgestellt. Nach § 1573 I BGB kann der geschiedene Ehegatte Unterhalt verlangen, solange und soweit er „nach der Scheidung" keine angemessene Erwerbstätigkeit zu finden vermag. Wie schon der Gesetzeswortlaut zeigt, ist der Einsatzzeitpunkt dieses Unterhaltsanspruchs nicht so eng an die Scheidung gebunden wie bei den Unterhaltstatbeständen der §§ 1571 Nr. 1, 1572 Nr. 1 BGB, deren Voraussetzungen „im Zeitpunkt der Scheidung" bzw. „vom Zeitpunkt der Scheidung an" gegeben sein müssen. Andererseits ist „nach der Scheidung" nicht als zeitlich unbegrenzt zu verstehen; vielmehr muß zumindest noch ein zeitlicher Zusammenhang mit der Scheidung bestehen. Die Feststellungen des OLG ergeben indessen lediglich, daß die Kl. spätestens ab Anfang Januar 1985 eine ihr gesundheitlich noch mögliche Erwerbstätigkeit nicht zu finden vermochte. Dieser Zeitpunkt liegt so weit nach der Scheidung (21. 7. 1983), daß nicht einmal mehr ein zeitlicher Zusammenhang mit dieser bestand. Allerdings legen die festgestellten Leiden der Kl. die Annahme nahe, ihre Erwerbsfähigkeit sei auch schon vor Januar 1985 so weit herabgesetzt gewesen, daß ihr keine Arbeit mehr vermittelt werden konnte. Ob der Beginn dieses Zustandes so weit zurückliegt, daß den zeitlichen Erfordernissen des § 1573 I BGB genügt ist, ist dem Berufungsurteil nicht zu entnehmen. Hiernach kann das angefochtene Urteil keinen Bestand haben, soweit der für die Zeit vom 7. 1. bis 4. 6. 1985 heraufgesetzte Unterhaltsanspruch der Kl. aus § 1573 I BGB hergeleitet worden ist. Da das OLG diesen Teil des Unterhaltsanspruchs gegen den auf § 1572 BGB gestützten betragsmäßig nicht abgegrenzt hat, kann die Zubilligung höheren Elementarunterhalts für diesen Zeitraum insgesamt nicht bestehen bleiben. Vielmehr muß insoweit das angefochtene Urteil aufgehoben und die Sache zur Nachholung der erforderlichen weiteren Feststellungen an das OLG zurückverwiesen werden. Für das weitere Verfahren weist der Senat darauf hin, daß ein Anspruch aus § 1572 BGB auf den vollen eheangemessenen Unterhalt auch dann in Betracht kommt, wenn die Kl. zur fraglichen Zeit nur auf die Gefahr hin, ihren Gesundheitszustand akut zu verschlechtern, noch stundenweise Arbeiten übernehmen konnte.

(Zur Darlegungslast eines Unterhaltsgläubigers, der Zahlung von Vorsorgeunterhalt an sich selbst nicht verlangen kann. Hat der Unterhaltsgläubiger einen Titel auf Zahlung von Vorsorgeunterhalt an ihn selbst erlangt, so kann der Schuldner den Einwand, wegen bestimmungswidriger Verwendung von Vorsorgeunterhalt könne nur noch Zahlung unmittelbar an einen Versicherungsträger verlangt werden, nur mit der Abänderungsklage [§ 323 ZPO] geltend machen.)

d II 3) Ob der Bekl. berechtigt ist, den der Kl. zustehenden Vorsorgeunterhalt unmittelbar an den Versicherungsträger zu zahlen, hängt davon ab, ob das Verlangen der Kl. auf Zahlung an sich selbst aufgrund besonderer Umstände treuwidrig ist, insbes. weil begründete Zweifel daran bestehen, daß sie an sie selbst gezahlte Beträge zweckentsprechend verwenden wird (FamRZ 82/1187, 1189). Ob dies der Fall ist, ist im vorliegenden Rechtsstreit zu entscheiden, ohne daß die Prüfungs- und Entscheidungsbefugnis durch das im Vorprozeß ergangene Urteil v. 6. 6. 1983 eingeschränkt würde. Soweit der Bekl. mit dem Hilfsantrag seiner Widerklage die Berechtigung erstrebt, den der Kl. im Vorprozeß zuerkannten Vorsorgeunterhalt von monatl. 145 DM für die Zeit ab 1. 3. 1985 unmittelbar an die BfA zu zahlen, handelt es sich allerdings, wie oben ausgeführt und vom OLG richtig gesehen, um eine Abänderungsklage. Diese eröffnet aber eine uneingeschränkte Prüfung, weil sich die für ihre Beurteilung maßgebenden Verhältnisse nachträglich geändert haben (§ 323 I und II ZPO) und die Frage, ob die Kl. Zahlung des Vorsorgeunterhalts an sich selbst oder nur an einen Versicherungsträger verlangen kann, im Vorprozeß weder von den Parteien aufgeworfen noch vom Gericht erwogen worden ist. Die nachträgliche Änderung der Verhältnisse ist bereits darin zu sehen, daß die Kl. den ihr zuerkannten Vorsorgeunterhalt nicht bestimmungsgemäß, sondern für ihren laufenden Bedarf verwendet hat. Schon diese Verhaltensweise als solche kann Bedeutung für die Beurteilung haben, ob sie treuwidrig handelt, wenn sie (weiterhin) Zahlung des Vorsorgeunterhalts an sich selbst fordert. Das hat das OLG verkannt, als es einen Abänderungsgrund i. S. des § 323 ZPO deshalb verneint hat, weil die Kl. nicht vorwerfbar gehandelt habe. Da hiernach ein Abänderungsgrund besteht, kann auf sich beruhen, ob es seiner auch insoweit bedarf, als der Bekl. sich mit seinem Begehren, den Vorsorgeunterhalt an den Versicherungsträger zahlen zu dürfen, gegen die auf Erhöhung des Vorsorgeunterhalts gerichtete Abänderungsklage der Kl. wendet. Das angefochtene Urteil läßt nicht erkennen, daß das OLG die hiernach anzustellende Sachprüfung vorgenommen hat. Aus diesem Grunde (für die Zeit vom 7. 1. bis 4. 6. 1985: auch aus diesem Grunde) ist die Entscheidung über die Anhebung des Vorsorgeunterhalts aufzuheben. Die Sache muß insoweit an das OLG zurückverwiesen werden, weil dem Senat eine abschließende Entscheidung nicht möglich ist.

Macht der Berechtigte erstmals Vorsorgeunterhalt geltend, braucht er allerdings grundsätzlich keine konkreten Angaben über die Art und Weise der von ihm beabsichtigten Vorsorge zu machen (FamRZ 83/152, 154). Gleiches kann jedoch nach den Grundsätzen von Treu und Glauben (§ 242 BGB) nicht gelten, wenn er in der Vergangenheit, sei es auch nicht vorwerfbar, als Vorsorgeunterhalt erhaltene Beträge nicht bestimmungsgemäß verwendet hat. Hier kommt hinzu, daß sich die Kl. insoweit auf einen Irrtum beruft, obwohl sie im Vorprozeß Vorsorgeunterhalt gefordert und auch zugesprochen erhalten hat. Bisher hat sie sich nicht dazu erklärt, wie sie es künftig damit halten will. Auch wenn eine Notsituation bei ihr nicht mehr in Rechnung gestellt werden muß, sind darum Zweifel an einer zweckentsprechenden Verwendung künftig geleisteten Vorsorgeunterhalts nicht von der Hand zu weisen, zumal dazu eine gewisse Geschäftsgewandtheit gehört, die bei der Kl. nicht ohne weiteres vorausgesetzt werden kann. Sie wird daher gehalten sein, zu diesem Punkt Vortrag nachzuholen, damit die Frage der Direktzahlung des Vorsorgeunterhalts an einen Versicherungsträger sachgerecht beurteilt werden kann.

Sofern das OLG aufgrund der neuen Verhandlung zu dem Ergebnis gelangt, daß die Kl. Zahlung an sich selbst nicht verlangen kann, kommt die Verurteilung des Bekl. zur Zahlung an einen Versicherungsträger in Betracht. Zu einer solchen Zahlung wäre er zu verpflichten, nicht lediglich zu „berechtigen", wie es im Hilfsantrag seiner Widerklage heißt; denn es handelt sich nicht um eine bloße Abwendungsbefugnis, die dem Bekl. die Möglichkeit zur Leistung an die Kl. selbst beließe. Eine Verurteilung des Bekl. zur Zahlung an einen Versicherungsträger würde ferner voraussetzen, daß die Kl. in Ausübung ihres Wahlrechts (s. oben zu I. 2. b aa) einen geeigneten Versicherungsträger benennt und darlegt, daß Zahlungen an diesen zu einem Versicherungsschutz führen, der dem § 1578 III BGB entspricht. Ohne solche Darlegungen wäre ihre Forderung auf Vorsorgeunterhalt nicht schlüssig begründet und müßte schon deswegen abgewiesen werden.

III. Das weitere Hilfsbegehren des Bekl. auf Rückzahlung des für die Zeit vom 1. 7. 1983 bis 31. 12. 1984 geleisteten Vorsorgeunterhalts hat das OLG zu Recht mit der Begründung abgewiesen, daß die Leistungen aufgrund des rechtskräftigen Urteils im Vorprozeß und damit nicht ohne rechtlichen Grund i. S. des § 812 I BGB erfolgt sind. Wie der Senat in seinem Urteil v. 2. 12. 1981 (FamRZ 1982/259, 260) dargelegt hat, stellt ein stattgebendes Urteil über die Entrichtung einer Unterhaltsrente nicht nur den Rechtszustand zur Zeit der letzten mündl. Verhandlung des Gerichts fest; vielmehr ergreift die Rechtskraft auch die erst künftig zu entrichtenden Unterhaltsleistungen, deren Festsetzung auf einer Prognose der künftigen Entwicklung beruht. Soweit sich die Revision demge-

Anhang R. Rechtsprechung R332

genüber auf das in BGHZ 83/278 (FamRZ 1982/470) veröffentlichte Senatsurteil beruft, so betrifft dieses den Ausnahmefall der nachträglichen Erfüllung und anderer Einwendungen, die geeignet sind, die Vollstreckungsabwehrklage (§ 767 ZPO) gegen das Unterhaltsurteil zu begründen (a. a. O., S. 281). Um einen solchen Fall handelt es sich nicht, wenn der Unterhaltsberechtigte durch Urteil zugesprochenen Vorsorgeunterhalt nicht bestimmungsgemäß verwendet. Eine derartige Einwendung ist unter dem Gesichtspunkt der fehlgegangenen Prognose des Gerichts mit der Abänderungsklage geltend zu machen, die die Rechtskraftwirkungen des abzuändernden Urteils bis zur Rechtshängigkeit der neuen Klage unberührt läßt (§ 323 III ZPO).

BGH v. 1. 4. 87 – IVb ZR 33/86 – FamRZ 87, 691 = NJW 87, 2739

(Erwerbslosigkeitsunterhalt; angemessene Erwerbstätigkeit, nach § 1574 II Bemühungen um Wiedereingliederung in das Erwerbsleben bei 57jähriger Hausfrau nach 32jähriger Ehedauer; keine Herabsetzung nach § 1573 V BGB; vorrangiger Anspruch nach § 1571 BGB, wenn Ausbildung wegen des Alters nicht mehr sinnvoll ist) R332

II 1) Das OLG hat die Ehefrau für bedürftig angesehen, weil sie über Einkünfte weder aus Erwerbstätigkeit noch aus Vermögen verfüge. Es hat offengelassen, ob sie schon aufgrund ihres Alters (§ 1571 BGB) oder wegen Krankheit (§ 1572 BGB) gehindert sei, einer Erwerbstätigkeit nachzugehen; jedenfalls könne sie gemäß § 1573 I BGB Unterhalt verlangen, weil sie keine angemessene Erwerbstätigkeit zu erlangen vermöge. Die Ausübung einer untergeordneten Tätigkeit sei nach den ehelichen Lebensverhältnissen nicht angemessen; für eine qualifizierte Arbeit fehle der seit 1956 ausschließlich hauswirtschaftlich tätigen Ehefrau sowohl die Ausbildung wie die berufliche Erfahrung. Im Hinblick auf ihr Lebensalter von knapp 57 Jahren obliege es ihr auch nicht mehr, sich noch für eine angemessene Erwerbstätigkeit ausbilden zu lassen, denn nach Abschluß einer solchen Ausbildung könne sie fast schon in den Ruhestand treten. Die Revision vertritt demgegenüber die Auffassung, der Ehefrau könne ein Unterhaltsanspruch gemäß § 1573 I BGB nicht zugesprochen werden, weil sie nicht dargelegt habe, sich um eine angemessene Erwerbstätigkeit überhaupt bemüht zu haben; eine entsprechende Obliegenheit habe spätestens während des Getrenntlebens eingesetzt. Sie benötige auch keine Ausbildung, sondern habe eine Beschäftigung als Haushälterin oder Betreuerin in einem Altenheim finden können. Das angefochtene Urteil hält sowohl diesen Angriffen als auch im Ergebnis der materiell-rechtlichen Prüfung stand. Zunächst trifft es nicht zu, daß sich die Ehefrau schon seit dem Auszug des Ehemannes aus der gemeinsamen Wohnung Anfang 1982 um eine (Wieder-)Eingliederung in das Erwerbsleben zu bemühen hatte. Eine solche Obliegenheit hätte selbst dann nicht bestanden, wenn die Ehefrau alsbald erkannt haben sollte, daß die Trennung der Parteien von Dauer sein werde und mit dem Scheitern der Ehe ernsthaft zu rechnen sei. Denn der getrennt lebende nicht erwerbstätige Ehegatte darf gemäß § 1361 II BGB nur dann darauf verwiesen werden, seinen Unterhalt durch eine Erwerbstätigkeit selbst zu verdienen, wenn von ihm nach seinen persönlichen Verhältnissen, insbesondere wegen einer früheren Erwerbstätigkeit unter Berücksichtigung der Dauer der Ehe und nach den wirtschaftlichen Verhältnissen beider Ehegatten, erwartet werden kann (FamRZ 1985/782, 783). Die vom OLG festgestellten Verhältnisse tragen die Beurteilung, daß der Ehefrau die Aufnahme einer Erwerbstätigkeit noch vor der Scheidung nicht zugemutet werden konnte; denn sie war bis zur Trennung seit etwa 26 Jahren nicht mehr erwerbstätig gewesen und die wirtschaftlichen Verhältnisse der Parteien waren dadurch gekennzeichnet, daß der Ehemann Anfang der achtziger Jahre Einkünfte von etwa 350 000 DM im Jahr (vor Steuern) erzielt hatte. Daher kann auch nicht darauf beruhen, ob es den Unterhaltsanspruch der Ehefrau berühren würde (§ 1579 Nr. 3 BGB), wenn sie in der Vergangenheit einer Erwerbsobliegenheit nicht nachgekommen wäre. Allerdings erscheint fraglich, ob der Anspruch der Ehefrau auf § 1573 I BGB mit einer Begründung gestützt werden kann, die möglicherweise einen vorrangigen Unterhaltsanspruch nach § 1571 Nr. 1 BGB trüge, gleichwohl aber offenbleiben kann, ob der Anspruch nach dieser Vorschrift zuzusprechen ist. Wenn ein Ehegatte nach längerer Tätigkeit ausschließlich im eigenen Haushalt aufgrund seines Lebensalters eine angemessene (§ 1574 II BGB) Erwerbstätigkeit nicht ohne vorherige Ausbildung zu finden vermag, diese aber wegen seines Alters nicht mehr sinnvoll ist, könnte § 1571 BGB auch dann zum Zuge kommen, wenn der Berechtigte das sog. Rentenalter noch nicht erreicht hat (FamRZ 1983/144, 145; FamRZ 1985/371, 373). Die Frage kann hier indessen offenbleiben, weil das OLG ohne Rechtsfehler die Voraussetzungen eines Unterhaltsanspruchs nach § 1573 I BGB festgestellt hat und sich hieran jedenfalls im vorliegenden Fall die gleichen Rechtsfolgen knüpfen wie an den Tatbestand des § 1571 BGB. Nach § 1573 V BGB kann der Unterhaltsanspruch nach § 1573 I BGB zwar zeitlich begrenzt werden, soweit insbes. unter Berücksichtigung der Dauer der Ehe sowie der Gestaltung von Haushaltsführung und Erwerbstätigkeit ein zeitlich unbegrenzter Unterhaltsanspruch unbillig wäre. Bei einer hier bis zur Zustellung des Scheidungsantrags erreichten Ehedauer von etwa 32 Jahren kommt eine solche zeitliche Begrenzung des Unterhaltsanspruchs der Ehefrau aus Billigkeitsgründen jedoch nicht mehr in Betracht (FamRZ 1986/886). Die Voraussetzungen eines Anspruchs nach § 1573 I BGB hat das OLG ohne Rechtsfehler angenommen. Es ist rechtlich nicht zu beanstanden, daß es die Ausübung untergeordneter Tätigkeiten durch die Ehefrau als Haushaltshilfe oder Altenpflegerin angesichts der bis zur Scheidung erreichten ehelichen Lebensverhältnisse nicht als angemessene Erwerbstätigkeit angesehen hat. Neben den überdurchschnittlich guten wirtschaftlichen Verhältnissen der Parteien war gemäß § 1574 II BGB bei dieser Beurteilung zu berücksichtigen, daß die Ehe der Parteien bis zur Zustellung des Scheidungsantrages fast 32 Jahre bestanden und die Ehefrau in dieser Zeit zwei Söhne geboren und großgezogen hat. Die abweichende Auffassung der Revision zur Frage der Angemessenheit stellt eine ihr verschlossene anderweitige Würdigung der festgestellten Tatsachen dar.

(Zur konkreten Bemessung des Unterhaltsbedarfs)

b III) Zur Bemessung des Unterhaltsanspruchs hat das OLG die benötigten Lebenshaltungskosten konkret ermittelt. Es hat den Wohnbedarf der Ehefrau auf absehbare Zeit dadurch als gedeckt angesehen, daß sie weiterhin das im Miteigentum der Parteien stehende Einfamilienhaus bewohne, für das der Ehemann gegenwärtig alle Lasten trage. Zur Deckung ihres weiteren Bedarfs könne sie monatlich 2000 DM beanspruchen, denn sie habe während der Ehe monatlich 1000 DM im wesentlichen für Kleidung, Geschenke, die Tätigkeit einer Putzhilfe und ähnliches allein verbrauchen dürfen. Ein gleich hoher Betrag komme für die notwendigen Lebenshaltungskosten einschließlich Reisen und Urlaub, für sportliche Aktivitäten und für die Nutzung eines dem Ehemann gehörenden Pkw hinzu. In Höhe dieses Betrages zusätzlich zu den mit dem Hausgrundstück verbundenen Lasten sei der Ehemann als leistungsfähig anzusehen, denn er habe – obwohl insoweit darlegungsbelastet – zu seinem jetzigen Einkommen nicht nachvollziehbar vorgetragen. Auch in diesem Punkt ist gegen das Berufungsurteil rechtlich nichts einzuwenden. Der Tatrichter ist nicht gehindert, den eheangemessenen Unterhaltsbedarf konkret durch die Feststellung der Kosten zu ermitteln, die für die Aufrechterhaltung des bis zur Scheidung erreichten Lebensstandards erforderlich sind.

BGH v. 1. 4. 87 – IVb ZR 35/86 – FamRZ 87, 795 = NJW 87, 2233

R333 *(Anspruchsvoraussetzungen nach § 1575 I BGB; notwendige Ausbildung, die zu einer angemessenen Erwerbstätigkeit führt; Ausbildungsverhältnis bei anerkanntem Ausbilder; unzumutbare Finanzierung einer Ausbildung)*

a 2. Der von der AGg. – wenn auch ohne zeitliche Begrenzung auf die voraussichtliche Dauer der Ausbildung (FamRZ 1986, 553, 555) – geltend gemachte Anspruch auf Finanzierung ihres nicht durch Kapitalerträgnisse und Mieteinnahmen gedeckten Lebensbedarfs als Ausbildungs-Unterhalt scheitert jedenfalls daran, daß sie mit dem selbständigen Betrieb eines Einzelhandels mit Büchern keine Ausbildung betreibt, sondern eine Erwerbstätigkeit ausübt.
a) Nach § 1575 I BGB kann ein geschiedener Ehegatte für die voraussichtliche Dauer einer Ausbildung Unterhalt verlangen, wenn er in Erwartung der Ehe oder während der Ehe eine Schul- oder Berufsausbildung nicht aufgenommen oder abgebrochen hat, sofern er diese oder eine entsprechende Ausbildung sobald wie möglich aufnimmt, um eine angemessene Erwerbstätigkeit, die den Unterhalt nachhaltig sichert, zu erlangen, und wenn der erfolgreiche Abschluß der Ausbildung zu erwarten ist. Die Ausbildung, für deren Dauer § 1575 I BGB einen Unterhaltsanspruch gewährt, muß also notwendig sein, um eine angemessene Erwerbstätigkeit zu sichern. Das bedeutet allerdings nicht, daß ein Anspruch nach § 1575 I BGB von vornherein entfällt, wenn der Ehegatte auch ohne die erstrebte Ausbildung in der Lage wäre, eine angemessene Erwerbstätigkeit auszuüben. Die gesetzliche Einschränkung, daß die Ausbildung zu einer angemessenen Erwerbstätigkeit führen muß, stellt – wie der Senat in dem Urteil v. 24. 4. 1985 (FamRZ 1985/782, 784) näher dargelegt hat – lediglich sicher, daß der Unterhaltspflichtige nicht gezwungen ist, etwa ein zum bloßen Vergnügen betriebenes Studium zu finanzieren. Hingegen schließt sie einen Ehegatten, der zwar eine angemessene Erwerbstätigkeit aufnehmen könnte, jedoch durch eine Ausbildung eine ohne die Ehe schon früher erreichte Verbesserung seines Status im Erwerbsleben anstrebt, nicht von dem Anspruch nach § 1575 I BGB aus (Senatsurteil, a. a. O., m. w. N.).
Das verhilft der AGg. indessen bei den hier gegebenen Verhältnissen nicht zu einem Unterhaltsanspruch nach § 1575 I BGB. Denn ihre Tätigkeit in dem Buchhandel ist keine „Ausbildung" i. S. von § 1575 BGB. Davon abgesehen dient die von der AGg. erstrebte Qualifikation als ausgebildete Buchhändlerin keiner – weiteren – Verbesserung ihres Status im Erwerbsleben. Einen solchen wirtschaftlich und sozial verbesserten Status nach ihren Wünschen hat sie sich vielmehr bereits dadurch geschaffen, daß sie die in der Ehe jahrelang ausgeübte Tätigkeit als angelernte Büroangestellte eines Steuerberaters als auf Dauer nicht angemessen aufgegeben und sich statt dessen als Mitunternehmerin an dem Buchhandel beteiligt hat. Mit der Ausübung der Tätigkeit als selbständige (Mit-)Unternehmerin eines Einzelhandels mit Büchern geht die AGg. einer beruflichen Beschäftigung nach, die die Annahme einer in dieser Beschäftigung liegenden „Ausbildung" zu dem Beruf einer Buchhändlerin i. S. des § 1575 I BGB ausschließt. Es fehlt an den für eine „Ausbildung" wesentlichen Voraus-

Anhang R. Rechtsprechung R333

setzungen, nämlich an einem – nach einem bestimmten Ausbildungsplan ausgerichteten – Ausbildungsverhältnis zu einem Ausbilder, der die Ausbildung leitet.

Die Revision qualifiziert die Tätigkeit der AGg. als die einer „Hilfskraft", die sich „in der Ausbildung befinde". Dem kann jedoch nach dem festgestellten Sachverhalt nicht gefolgt werden. Die AGg. übt den Beruf einer Einzelhändlerin mit Büchern in freier, unternehmerischer Eigenverantwortung aus und nicht in einer durch Ausbildungszwecke geprägten und damit notwendigerweise abhängigen, untergeordneten Stellung. Als „Hilfskraft" kann sie im übrigen schon deshalb nicht bezeichnet werden, weil sie in dem Buchhandel gleiche Rechte und Pflichten hat wie die beiden anderen Gesellschafterinnen. Da keine von diesen als Buchhändlerin ausgebildet ist, scheidet auch die Annahme aus, die AGg. sei ihnen mit Rahmen eines Ausbildungsverhältnisses als auszubildende Hilfskraft zugeordnet.

Hieran ändert der Umstand nichts, daß die AGg. bestrebt ist, eine weitere Qualifikation – als ausgebildete Buchhändlerin – zu erlangen, und mit ihrer Tätigkeit die Kenntnisse und Erfahrungen für diese Qualifikation sammeln will. Wie sie dazu unter Hinweis auf die ihr erteilte Bescheinigung der Industrie- und Handelskammer L. v. 14. 2. 1985 vorgetragen hat, beabsichtigt sie, „zu einem späteren Zeitpunkt eine Prüfung im Ausbildungsberuf ‚Buchhändlerin' nach § 40 II S. 1 Berufsbildungsgesetz (BBiG) vor einer Industrie- und Handelskammer abzulegen". Nach dieser Vorschrift, die die Zulassung zur Abschlußprüfung in besonderen Fällen ohne Ausbildungszeit in einem abhängigen Ausbildungsverhältnis regelt, ist zur Abschlußprüfung „auch zuzulassen, wer nachweist, daß er mindestens das Zweifache der Zeit, die als Ausbildungszeit vorgeschrieben ist, in dem Beruf tätig gewesen ist, in dem er die Prüfung ablegen will" (vgl. dazu Verordnung über die Berufsausbildung zum Buchhändler/zur Buchhändlerin v. 11. 12. 1979, BGBl 1979 I 2138). Die Regelung will also auch Außenseitern, die kein Berufsausbildungsverhältnis durchlaufen haben, Gelegenheit geben, ihre berufliche Qualifikation nachzuweisen. Voraussetzung für ihre Zulassung zu der Prüfung ist eine während bestimmter Dauer ausgeübte „Tätigkeit in dem Beruf, in dem die Prüfung abgelegt" werden soll. Die Möglichkeit zur Erfüllung dieser Voraussetzung hat sich die AGg. dadurch geschaffen, daß sie unter Investition von 10 000 DM zusammen mit den beiden anderen Frauen den Buchhandel eröffnet hat, den die drei Beteiligten nach entsprechender Gewerbeanmeldung in der Form einer Gesellschaft bürgerlichen Rechts selbständig betreiben, ohne daß (bisher) eine von ihnen ausgebildete Buchhändlerin ist; die beiden anderen Gesellschafterinnen haben im Gegensatz zu der AGg nicht einmal die Absicht, die Prüfung zur Buchhändlerin abzulegen. Das ist für die Führung des Buchladens auch nicht erforderlich. Der Grundsatz der Gewerbefreiheit erlaubt den Einzelhandel mit Büchern, ohne daß der Betreiber eine Ausbildung zum Buchhändler absolviert haben muß. Insoweit gewährleistet Art. 12 I GG das Recht, jede Arbeit, für die der einzelne sich geeignet glaubt, als „Beruf" zu ergreifen, d. h. zur Grundlage seiner Lebensführung zu machen; zugleich schützt die Vorschrift im Rahmen einer solchen Berufstätigkeit grundsätzlich auch die Gewerbe- und Unternehmerfreiheit, also die freie Gründung und Führung von Unternehmen (vgl. BVerfGE 41/205, 228; 50/290, 362, 363).

Auch wenn sich die AGg. hiernach, wie die Revision hervorhebt, mit ihrer Beteiligung an der Buchhandlung die Möglichkeit geschaffen hat, sich in dem erstrebten Beruf zu betätigen und damit eine Zulassungsvoraussetzung für die Abschlußprüfung nach § 40 II S. 1 BBiG zu erfüllen, ist ihre Tätigkeit in dem Buchhandel gleichwohl keine „Ausbildung" i. S. des § 1575 I BGB, während der die ASt. sie zu unterhalten hätte. Da § 1575 BGB ohnehin erhebliche Anforderungen an die nacheheliche. Solidarität des unterhaltspflichtigen Ehegatten stellt (FamRZ 1985/782, 786, m. w. N.), ist der Anwendungsbereich der Vorschrift nicht über den Rahmen einer Ausbildung innerhalb eines Ausbildungsverhältnisses – etwa im Sinne des Arbeitsförderungsgesetzes – hinaus auszudehnen. Das ist schon deshalb geboten, weil nur auf diese Weise eine gewisse Gewähr dafür gegeben ist, daß die von dem geschiedenen Ehegatten zu finanzierende Ausbildung nach einem von vornherein abzusehenden Zeitraum beendet sein wird. Im Fall der § 40 II S. 1 BBiG kann hiervon nicht ausgegangen werden, da die Zulassung zu der Abschlußprüfung nach der Vorschrift in zeitlicher Hinsicht nur davon abhängt, daß der zu Prüfende „mindestens das Zweifache" der üblichen Ausbildungszeit in dem Beruf tätig gewesen ist. Eine zeitliche Begrenzung nach oben enthält die Vorschrift hingegen nicht. Für einen unterhaltspflichtigen Ehegatten erscheint es jedoch in der Regel nicht zumutbar, auf nicht absehbare Dauer Ausbildungsunterhaltsansprüchen des geschiedenen Ehepartners ausgesetzt zu sein. Beim Fehlen eines festen Ausbildungsverhältnisses besteht auch von vornherein generell ein größeres Risiko, daß der Ehegatte sich der Abschlußprüfung entgegen seiner ursprünglichen Planung später doch nicht unterzieht oder sie nicht mit Erfolg ablegt. Auch im Hinblick hierauf verbietet es sich, die Tätigkeit der AGg. als Ausbildung i. S. des § 1575 I BGB zu beurteilen, auch wenn sie persönlich bemüht sein mag, sich der Abschlußprüfung zum frühestmöglichen Zeitpunkt zu unterziehen, sie zu bestehen und auf diese Weise die Qualifikation einer Buchhändlerin zu erlangen.

(Ausbildungsunterhaltsvoraussetzungen nach § 1575 II oder §§ 1574 III i.V. 1573 I BGB)

b   2 b) Die Voraussetzungen eines Unterhaltsanspruchs nach § 1575 II BGB wegen Fortbildung (Umschulung scheidet von vornherein aus) sind schon deshalb nicht erfüllt, weil das Ausbildungsförderungsgesetz (AFG), dessen Verständnis der Begriffe Fortbildung (§ 41 I AFG) und Umschulung (§ 47 I AFG) auch für § 1575 II BGB maßgeblich sein soll (BT-Drucks. 7/650, S. 132; FamRZ 1985/ 782, 786), für die berufliche Fortbildung eine abgeschlossene Berufsausbildung oder eine angemessene Berufserfahrung verlangt (§ 41 I AFG; vgl. BSGE 40/234 ff.; 41/225 ff.; SozR 4100, § 41 AFG Nr. 24, Nr. 26). Beides hat die AGg. bisher nicht erlangt, sondern will es erst erreichen bzw. erwerben. Davon abgesehen scheitert ein Anspruch nach § 1575 II BGB – ebenso wie im Fall des § 1575 I BGB – auch daran, daß die AGg. nicht wegen einer Fortbildung an der Ausübung einer Erwerbstätigkeit gehindert ist, sondern einer solchen bereits nachgeht. Die Teilnahme an einzelnen Fortbildungsmaßnahmen, so an dem Förderungskurs vom 22. 4. bis zum 10. 5. 1985, ist nicht geeignet, einen Anspruch auf laufenden Unterhalt zu begründen.

c) Einen Unterhaltsanspruch nach Maßgabe des § 1573 I i.V. mit § 1574 III BGB hat das OLG der AGg. ebenfalls zu Recht versagt. Dieser Anspruch setzt voraus, daß der geschiedene Ehegatte nach der Scheidung keine angemessene Erwerbstätigkeit zu finden vermag (§ 1573 I BGB) und sich deshalb, soweit es zur Aufnahme einer solchen Tätigkeit erforderlich ist, einer Ausbildung oder Fortbildung unterzieht (§ 1574 III BGB). Das ist, wie oben unter a) und b) näher dargelegt, bei der AGg. nicht der Fall. Sie befindet sich weder in einer „Ausbildung" noch in einer „Fortbildung" i. S. der unterhaltsrechtlichen Vorschriften.

(Feststellungen zur angemessenen Erwerbstätigkeit beim Anspruch nach § 1573 BGB)

c   3) Das OLG hat nicht geprüft, ob der AGg. ein Unterhalts-Ergänzungsanspruch nach § 1573 II BGB zusteht. Da sie in der Buchhandlung einer Erwerbstätigkeit nachgeht, kann ein Anspruch nach dieser Vorschrift in Betracht kommen. Er setzt voraus, daß die Tätigkeit in dem Buchhandel nach Inhalt und Umfang eine für die AGg. angemessene Erwerbstätigkeit darstellt, durch deren Ausübung sie ihrer unterhaltsrechtlichen Erwerbsobliegenheit genügt, und daß die Einkünfte, die sie aus der Tätigkeit erzielt, nicht zu ihrem vollen Unterhalt ausreichen. Der revisionsrechtlich zugrunde zu legende Sachverhalt schließt nicht aus, daß diese Anspruchsvoraussetzungen gegeben sind. Jedoch hat das OLG hierzu bisher keine ausreichenden Feststellungen getroffen. Es hat zwar im Rahmen der Erörterung eines Anspruchs aus §§ 1573 I, 1574 III BGB ausgeführt, die AGg. hätte näher darlegen müssen, weshalb die geplante Ausbildung erforderlich sei, um eine „sowohl von ihr selbst für angemessen gehaltene als angesichts ihrer Vorbildung, ihren Fähigkeiten, ihrem Lebensalter und ihrem Gesundheitszustand auch objektiv als solche einzustufende Tätigkeit" (als selbständige Unternehmerin im Buchhandel) durch eine einem niedrigeren sozialen Niveau zuzuordnende Tätigkeit (als Angestellte in abhängiger Stellung) zu ersetzen. Damit hat das Gericht aber erkennbar keine umfassende und abschließende Prüfung der Angemessenheit der Erwerbstätigkeit i. S. von § 1574 BGB vornehmen wollen, zumal auch die AGg. selbst nicht – in der für einen Anspruch aus § 1573 II BGB gebotenen Weise – geltend gemacht hatte, daß sie mit der Tätigkeit in dem Buchladen eine volle, angemessene Erwerbstätigkeit ausübe. Das OLG hat zwar angenommen, die Tätigkeit als Unternehmerin im Buchhandel sei ihrer Art nach für die AGg. nach Maßgabe des § 1574 II BGB grundsätzlich angemessen. Ob die AGg. aber mit dieser Tätigkeit ihrer Erwerbsobliegenheit in vollem Umfang nachkommt und sie in dem Buchladen überhaupt vollschichtig arbeitet, ist bisher nicht festgestellt. Demgemäß fehlen auch Feststellungen dazu, ob die AGg. gehalten ist, neben der Tätigkeit in dem Buchladen eine weitere (Teilzeit-)Beschäftigung, etwa in der Art ihrer früheren Arbeit bei dem Steuerberater, aufzunehmen, um ihre Arbeitskraft angemessen einzusetzen und entsprechende angemessene Erwerbseinkünfte zu erzielen. Ob das der Fall ist, wird nicht zuletzt davon abhängen, welches Einkommen die AGg. sich seit der Scheidung aufgrund der wirtschaftlichen Entwicklung des Buchhandels zumutbarerweise für ihre Tätigkeit zurechnen lassen muß.

BGH v. 1. 4. 87 – IVb ZR 41/86 – FamRZ 87, 682 = NJW-RR 87, 1474

R334   *(Bedarf eines im Ausland lebenden Berechtigten; Umtausch nach dem amtlichen Wechselkurs)*

6 a) Lebt der Unterhaltsberechtigte im Ausland, so sind für die Höhe des Unterhaltsanspruchs die Geldbeträge maßgebend, die er an seinem Aufenthaltsort aufwenden muß, um den ihm gebührenden Lebensstandard aufrechtzuerhalten. Der Lebensstandard, der der Bekl. gebührt, deckt sich mit den ehel. Lebensverhältnissen i. S. des § 1578 I BGB. Da die Parteien die Ehe in der Bundesrepublik Deutschland geführt haben, konnte das OLG ohne Rechtsverstoß von den Beträgen ausgehen, die die Bekl. in deutscher Mark fordern könnte, wenn sie noch hier lebte. Soweit die Revision darauf verweist, daß ein polnischer Staatsbeamter in einer mit der Stellung des Kl. vergleichbaren Position monatlich lediglich 17 896 Zloty verdiene, was einem Betrag von 332 DM entspreche, so ist dies

nicht erheblich. Da das Gesetz nicht auf einen „standesgemäßen" Unterhalt abstellt, ist die Bekl. nicht lediglich so zu stellen wie die geschiedene Ehefrau eines polnischen Staatsbediensteten in einer Position, die mit derjenigen des Kl. vergleichbar ist, sondern sie hat so viel Kaufkraft zu beanspruchen, daß sie sich in Polen die dem ehel. Lebensstandard in der Bundesrepublik entsprechenden Bedarfsgüter beschaffen kann.

b) Im übrigen ist es Sache der tatrichterlichen Beurteilung, in Fällen der vorliegenden Art die Höhe des am Aufenthaltsort des Berechtigten erforderlichen finanziellen Aufwandes zu bestimmen, da es wesentlich auf die dortigen tatsächlichen Versorgungsmöglichkeiten und deren Kosten ankommt. Das Revisionsgericht kann nur prüfen, ob der Tatrichter insoweit den Prozeßstoff erschöpfend gewürdigt und einen rechtlich bedenkenfreien Weg eingeschlagen hat. Wenn das OLG im vorliegenden Fall mangels anderweiter Anhaltspunkte die Vergleichswerte herangezogen hat, die in einer Veröffentlichung des Statistischen Bundesamts von 1985 für das Kaufkraftverhältnis zwischen der Bundesrepublik Deutschland und Polen angegeben sind, ist dies aus Rechtsgründen nicht zu beanstanden. Die Revision rügt insoweit auch nur, daß das Gericht nicht in der mündl. Verhandlung auf die von ihm beabsichtigte Verwendung dieser Veröffentlichung hingewiesen hat. Ob eine solche Verpflichtung des Gerichts bestanden hat, kann im Hinblick darauf zweifelhaft sein, daß es sich dabei um ein allgemein zugängliches Erkenntnismittel über Umstände handelt, von denen die Parteien wußten, daß sie für die Entscheidung erheblich waren.

c) Die Revision macht weiter geltend, daß die Bekl. in der Lage sei, deutsche Währung ohne Verletzung polnischer Strafbestimmungen zu einem freien Kurs – aus deutscher Sicht Schwarzmarktkurs – zu tauschen, der den amtlichen Kurs um das 3,5fache übersteige. Dazu sei sie auch verpflichtet, weil sie die Belastung des Kl. so gering wie möglich zu halten habe. Das OLG habe diesen Umstand bei seiner Unterhaltsbemessung zu Unrecht unberücksichtigt gelassen, zumal die Bekl. eingeräumt habe, daß sie sich bereits in Deutschland Unterhaltsbeträge in deutscher Währung habe aushändigen lassen. Dieses Revisionsvorbringen vermag den Bestand des angefochtenen Urteils nicht zu gefährden. Wie der Senat bereits entschieden hat (FamRZ 1987/370), ist in Fällen der vorliegenden Art der Unterhalt so zu erbringen, wie es den durch das Devisenrecht vorgezeichneten tatsächlichen Erfüllungsmöglichkeiten entspricht. Das OLG hat hier aufgrund einer Auskunft der Deutschen Bundesbank v. 21. 6. 1985 festgestellt, daß der Kl. den Unterhalt über ein deutsches Kreditinstitut oder die Deutsche Bundespost nach Polen überweisen kann, wobei die Einzahlung in Deutscher Mark erfolgen muß und in Polen nach Umrechnung zum amtlichen Wechselkurs in Zloty ausbezahlt wird. In dieser Auskunft heißt es auch, daß andere legale Möglichkeiten, polnischen Staatsbürgern wiederkehrende Unterhaltsleistungen zur Verfügung zu stellen, nach Wissen der Deutschen Bundesbank nicht bestünden. Es werden zwar Wege aufgezeigt, polnischen Staatsangehörigen Beträge in Deutscher Mark zukommen zu lassen, aber diese beziehen sich auf Einzelzuwendungen. Danach konnte das OLG seiner Entscheidung den normalen Übermittlungsweg für Unterhaltsleistungen im Verhältnis zwischen der Bundesrepublik Deutschland und Polen zugrunde legen. Der Bekl. kann entgegen der Auffassung der Revision nicht angesonnen werden, sich illegal zu verhalten und Deutsche Mark zu einem Schwarzmarktkurs zu tauschen. Daß sie es bisher getan hätte, ist im übrigen eine bloße Vermutung des Kl. Auf Warengutscheine braucht sie sich schon deshalb nicht verweisen zu lassen, weil der Unterhalt nach § 1585 I S. 1 BGB durch eine Geldrente zu erbringen ist.

BGH v. 21. 4. 87 – IVb ZR 94/85 – FamRZ 87, 372 = NJW-RR 87, 770

(Zur Obliegenheit des Unterhaltspflichtigen, den Kindesunterhalt bei voraussehbarer rückläufiger Einkommensentwicklung durch Bildung von Rücklagen bzw. durch Kreditaufnahme sicherzustellen)

II 2 c) Der Bekl. mußte bei der freiwilligen Einschränkung seiner Leistungsfähigkeit auch seinen bestehenden Unterhaltsverpflichtungen – jedenfalls für eine Übergangszeit – in verantwortungsvoller, zumutbarer Weise Rechnung tragen. So hat der Senat bereits in dem Urteil v. 20. 1. 1982 (FamRZ 1982/365, 366, 367) für einen Fall dieser Art maßgebend auf Zumutbarkeitsgesichtspunkte abgestellt und entschieden, einem Unterhaltsschuldner, der nach seinem freien Willensentschluß eine voraussehbare rückläufige Entwicklung in seinen Einkünften herbeiführe, sei zuzumuten, diesen Plan erst dann zu verwirklichen, wenn er in geeigneter Weise, etwa durch Bildung von Rücklagen oder durch Aufnahme eines Kredits, sichergestellt habe, daß er seine Unterhaltspflichten vorerst auch bei geringeren Einkünften werde erfüllen können. Nachdem der Bekl. bei der Firma D. S. jahrelang hohe Einkünfte bezogen hatte und für den Fall des Wechsels zu der Firma Z. von vornherein damit rechnen mußte, während – notfalls – geraumer Zeit erheblich geringere Bezüge zu erzielen, war ihm jedenfalls zumutbar, mit Rücksicht auf seine Unterhaltsverpflichtungen rechtzeitig, schon im Vorgriff auf die bevorstehende Übergangszeit, seine Ausgaben einzuschränken und entsprechende Rücklagen zur Erfüllung der Unterhaltspflichten zu bilden, wenn er sich nicht darauf einrichtete, die Übergangszeit durch Aufnahme von Krediten zu überbrücken. Hierzu war er nicht nur im Verhältnis zu dem noch minderjährigen Bruder der Kl., sondern auch gegenüber ihr selbst verpflichtet, auch wenn sie im Februar 1982 volljährig geworden war. Sie besuchte noch die Schule und war damit zunächst in gleicher Weise wie zur Zeit ihrer Minderjährigkeit wirtschaftlich unselbständig und von der Unterhaltsgewährung durch die Eltern abhängig (FamRZ 1986/151; FamRZ 1981/541, 543). Als Zeitraum, für den der Bekl. hiernach unterhaltsrechtlich Vorsorge hätte treffen müssen, kam in erster Linie die Dauer des Schulbesuchs der Kl. bis zu der im Juni 1984 bevorstehenden Reifeprüfung in Betracht. Im Anschluß daran mußte sich der Bekl. noch für einige Zeit weiter auf volle Unterhaltsgewährung einrichten. Denn es vergeht erfahrungsgemäß eine gewisse Zeit, bevor ein Abiturient einen angemessenen Ausbildungsplatz findet. Bei der eigenen Ausbildung des Bekl. lag es im übrigen nahe, daß auch die Kl. ein Hochschulstudium anstrebte; das Wintersemester begann jedoch erst im November 1984. Unter diesen Umständen traf den Bekl. jedenfalls für die – hier streitige – Zeit bis zum 30. 9. 1984 nach den Grundsätzen von Treu und Glauben die Verpflichtung, durch Rücklagen, Kreditaufnahme oder in sonstiger Weise für den Unterhalt der Kl. in angemessenem Umfang vorzusorgen, wenn er nicht berechtigterweise davon ausgehen konnte, im Jahre 1984 bereits ausreichende Einkünfte aus der Firma Z. zu erzielen. Da die Kl. als Schülerin – und ebenso in der sich an den Schulbesuch erfahrungsgemäß anschließenden Übergangszeit – wirtschaftlich unselbständig war, leitete sie ihre Lebensstellung weiter von der ihrer Eltern ab (FamRZ 81/541). Danach richtete sich die Höhe ihres Unterhaltsbedarfs. Diesen hat das OLG in rechtlich nicht zu beanstandender Weise für den hier streitigen Zeitraum auf monatlich insgesamt 715 DM bemessen. Dagegen erhebt auch die Revision keine gezielten Einwendungen. Nach alledem mußte der Bekl., als er sich entschloß, seine Stellung bei der Firma D. S. aufzugeben, um in der Firma Z. selbständig unternehmerisch tätig zu werden, in einem – ihm nach seinen bisherigen Einkommensverhältnissen zumutbaren – Rahmen finanziell Vorsorge treffen, der es ihm erlaubte, seinen Unterhaltsverpflichtungen während des hier maßgebenden Zeitraums in der von dem OLG angenommenen Höhe nachzukommen ...

BGH v. 6. 5. 87 – IVb ZR 61/86 – FamRZ 87, 689 = NJW 87, 3129

R337 *(Einkünfte, die geschiedenen Ehegatten wegen der Versorgung eines neuen Partners zugerechnet werden, können nicht im Sinne des § 1573 IV BGB den Einkünften aus einer angemessenen Erwerbstätigkeit gleichgestellt werden)*

a 1a) Aus § 1573 IV BGB läßt sich der Unterhaltsanspruch der Ehefrau nicht herleiten. Nach dieser Bestimmung kann der geschiedene Ehegatte Unterhalt verlangen, wenn die Einkünfte aus einer angemessenen Erwerbstätigkeit wegfallen, weil es ihm trotz seiner Bemühungen nicht gelungen war, den Unterhalt durch die Erwerbstätigkeit nach der Scheidung nachhaltig zu sichern. Die Bestimmung stellt auf die Unterhaltssicherung durch eine Erwerbstätigkeit ab. Das ist in Rechtsprechung und Wissenschaft bislang auch einhellig, wenngleich nicht immer ausgesprochen, angenommen worden (FamRZ 85/791, 792 und FamRZ 85/1234). Nach den getroffenen Feststellungen ist die Ehefrau indessen weder im Zeitpunkt der Scheidung noch danach erwerbstätig gewesen, sondern sie ist bis zum 12. 9. 1985 in vollem Umfang von einem neuen Partner, mit dem sie in eheähnlicher Gemeinschaft zusammenlebte, unterhalten worden. Finanzielle Mittel, die ein Unterhaltsberechtigter zur Bestreitung der gemeinsamen Lebenshaltungskosten von einem neuen Partner entgegennimmt, können zwar unter Umständen die Bedürftigkeit mindern; gleiches gilt, wenn er dem neuen Partner durch die Haushaltsführung und sonstige Versorgung Dienstleistungen erbringt, die dieser zu vergüten in der Lage wäre und für die dem Unterhaltsberechtigten daher ein Entgelt zugerechnet wird (FamRZ 80/40, 42, FamRZ 80/665, 668, FamRZ 80/879, 880). Daraus ergibt sich aber kein hinreichender Grund, solche Entgelte den Einkünften aus einer Erwerbstätigkeit i. S. des § 1573 IV BGB gleichzusetzen. Dem steht von vornherein entgegen, daß auf Zahlungen des Partners kein Rechtsanspruch besteht, diese vielmehr wie auch hier jederzeit wegfallen können. Entgegen der Auffassung der Revision ist aber auch nicht entscheidend, ob im Zeitpunkt der Scheidung erwartet werden konnte, der Unterhalt der Ehefrau werde dadurch nachhaltig gesichert sein, daß sie ihr künftiges Auskommen aufgrund der ökonomischen Solidarität in einer neuen nichtehelichen Gemeinschaft finden werde. Weder aus § 1573 IV BGB noch aus anderen Regelungen läßt sich ein allgemeiner Grundsatz herleiten, daß ein geschiedener Ehegatte Unterhalt nicht mehr beanspruchen kann, wenn im Zeitpunkt der Scheidung zu erwarten war, sein Unterhalt werde wegen des Bestehens bestimmter Lebensverhältnisse nachhaltig gesichert sein. Eine solche Regelung enthält das Gesetz nur noch als (weitere) Ausnahmeregel in § 1577 IV S.1 BGB für den Fall, daß ein Vermögen später wegfällt, aus dessen Ertrag oder Substanz der Unterhalt des Berechtigten zunächst nachhaltig gesichert zu sein schien. Dieser Regelung liegt derselbe Gedanke zugrunde wie der Bestimmung in § 1573 IV BGB: Nur derjenige Ehegatte, dessen Unterhalt entweder durch eine Erwerbstätigkeit oder durch vorhandenes Vermögen nachhaltig gesichert ist, soll auf eine nachwirkende eheliche Solidarität später nicht mehr zurückgreifen dürfen, sondern alle Folgen der noch ungewissen künftigen Entwicklung unterhaltsrechtlich allein tragen.

Anhang R. Rechtsprechung R337

(Zum Wiederaufleben eines Anspruchs nach § 1573 I BGB bei Beendigung einer nichtehelichen Lebensgemeinschaft)

1 b) Sind die unterhaltsrechtlichen Beziehungen der Parteien – vorbehaltlich des Eingreifens der **b** Härteklausel des § 1579 BGB (dazu unter 2) – durch die vorübergehende anderweitige Deckung des Lebensbedarfs der Ehefrau nicht erloschen, kann sie nach dem Eintritt ihrer Bedürftigkeit nunmehr Unterhalt nach § 1573 I BGB verlangen, solange und soweit sie nach der Scheidung keine angemessene Erwerbstätigkeit zu finden vermag. Zu den Voraussetzungen des Unterhaltsanspruchs aus § 1573 I BGB hat der Senat – nach Verkündung des Berufungsurteils – in mehreren Entscheidungen Stellung genommen (FamRZ 1986/885, 886; FamRZ 1987/144). Damit steht in Einklang, daß das OLG den Anspruch der Ehefrau nicht daran hat scheitern lassen, daß sie sich in der Zeit des Zusammenlebens mit dem neuen Partner nicht um eine angemessene Erwerbstätigkeit bemüht hat. Den Feststellungen des OLG ist zu entnehmen, daß sie auch bei entsprechenden Bemühungen keine Arbeit gefunden hätte, die ihren Unterhalt nachhaltig gesichert hätte. Nach der tatrichterlichen Überzeugung war aufgrund der bestehenden objektiven Bedingungen (Behinderung an der rechten Hand, Alter, fehlende Ausbildung, Arbeitsmarktlage) die Suche nach einem geeigneten Arbeitsplatz selbst nach einer der Behinderung Rechnung tragenden Umschulung nahezu aussichtslos. Die Revision macht nicht geltend, daß das OLG diese Feststellungen verfahrensfehlerhaft getroffen habe. Für eine von der Revision versuchte eigene, von der tatrichterlichen abweichende Würdigung der gegebenen Verhältnisse steht das Revisionsverfahren nicht zur Verfügung. Damit waren die in § 1573 I BGB genannten Anspruchsvoraussetzungen seit der Scheidung erfüllt, jedoch konnte die Ehefrau den Unterhalt so lange nicht verlangen, wie sie nicht bedürftig war (§ 1577 I BGB).

(Zur Frage, ob und unter welchen Voraussetzungen ein nach § 1579 Nr. 7 BGB ausgeschlossener Unterhaltsanspruch wiederaufleben kann, wenn sich die die Unzumutbarkeit der Inanspruchnahme begründenden Umstände später geändert haben)

2) Das OLG hat es abgelehnt, den Unterhaltsanspruch der Ehefrau gemäß § 1579 Nr. 7 BGB – **c** der dem § 1579 I Nr. 4 BGB (a. F.) entspricht – zu versagen oder zu begrenzen. Dazu ist ausgeführt: Soweit der Anspruch wegen einer „ehegleichen ökonomischen Solidarität" entsprechend den hierzu vom BGH aufgestellten Grundsätzen ausgeschlossen sei, könne dies, wenn überhaupt, hier nur für die Zeit bis zum 12. 9. 1985 gelten. Nachdem sich die Ehefrau von ihrem neuen Partner getrennt habe, erscheine eine Inanspruchnahme des Ehemannes auch unter dem Gesichtspunkt des Vertrauensschutzes nicht grob unbillig, zumal der Ehemann noch bis zum August 1984 Unterhaltsleistungen erbracht habe. Die Revision macht zutreffend geltend, daß diese Erwägungen nicht hinreichend erkennen lassen, ob das OLG die für die Anwendung der Härteklausel bedeutsamen Umstände vollständig gewürdigt hat. § 1579 Nr. 7 BGB greift ein, wenn die aus einer Unterhaltspflicht entstehende Belastung für einen unterhaltspflichtigen geschiedenen Ehegatten die Grenzen des Zumutbaren überschreitet. Nach der zu § 1579 I Nr. 4 BGB (a. F.) entwickelten std. Rspr. des Senats kann sich dies aus objektiven Gegebenheiten und Veränderungen der Lebensverhältnisse der früheren Ehegatten ergeben (FamRZ 1983/569, 572; FamRZ 1983/996, 997 und FamRZ 1984/986, 987).

Ein solcher Fall kommt in Betracht, wenn – wie vorliegend bis zum 12. 9. 1985 – ein fester sozialer und wirtschaftlicher Zusammenschluß des unterhaltsbedürftigen Ehegatten mit einem neuen Partner über eine längere Zeit besteht, in dessen Folge beide ähnlich wie in einer Ehe zu einer Unterhaltsgemeinschaft gelangen. Ein während der Dauer solcher Lebensverhältnisse veranlaßter Ausschluß des Unterhaltsanspruchs muß jedoch nicht notwendig endgültig sein. Ändern sich später die Gegebenheiten, die die Unzumutbarkeit der Inanspruchnahme des früheren Ehegatten auf Unterhalt begründet haben, bleiben diese Änderungen weder unberücksichtigt noch führen sie ohne weiteres zur Wiederherstellung der unterhaltsrechtlichen Lage, die vor dem Eintritt der die Unzumutbarkeit begründenden Umstände bestanden hat. Erforderlich ist vielmehr eine neue umfassende Prüfung, ob die aus einer wiederauflebenden Unterhaltspflicht erwachsende Belastung für den Unterhaltspflichtigen weiterhin die Zumutbarkeitsgrenze überschreitet (FamRZ 1986/443, 444, m. w. N.). In diese Prüfung sind grundsätzlich alle Umstände einzubeziehen, die die gebotene Billigkeitsabwägung beeinflussen können. Wesentliche Bedeutung kommt dabei zunächst dem Zeitfaktor zu. Je länger die Ehe gedauert hat, desto stärker haben sich in der Regel die Lebensverhältnisse der Ehegatten miteinander verflochten und desto mehr trifft demgemäß eine Begrenzung des Unterhaltsanspruchs denjenigen Ehegatten, der wirtschaftlich vom verpflichteten Ehegatten abhängig geworden ist. Auf der anderen Seite ist ebenso zu berücksichtigen, wie lange die Verhältnisse gedauert haben, die eine Unterhaltsgewährung als objektiv unzumutbar erscheinen ließen. Je länger der Verpflichtete aus Zumutbarkeitsgründen von einer Inanspruchnahme auf nachehelichen Unterhalt ganz oder teilweise verschont geblieben ist, um so mehr wird der Gedanke in den Hintergrund treten, für den Unterhalt des Bedürftigen aufgrund einer fortwirkenden ehelichen Solidarität wieder uneingeschränkt aufkommen zu müssen, und um so härter wird ihn eine (erneute) Inanspruchnahme objektiv treffen.

Im vorliegenden Fall haben die Parteien seit der Eheschließung bis zur Trennung etwa zwölf Jahre,

1371

danach die Ehefrau mit ihrem neuen Partner etwa sieben Jahre zusammengelebt. Bei solchen Verhältnissen wird sich nicht ohne weiteres feststellen lassen, daß die aus der ehelichen Verbindung erwachsene wirtschaftliche Abhängigkeit der Ehefrau schon deshalb erheblich schwerer wiegt, weil sie die Dauer ihrer nichtehelichen Partnerschaft um einige Jahre übersteigt. Gegen ein Wiederaufleben des Unterhaltsanspruchs kann es sprechen, wenn der Unterhaltspflichtige auf den endgültigen Wegfall der Verpflichtung vertrauen konnte und sich darauf, etwa durch wirtschaftliche Dispositionen, eingestellt hat, ohne daß er dies dem Berechtigten unterhaltsrechtlich entgegenhalten könnte, beispielsweise durch Aufnahme von Krediten oder durch Übernahme neuer Unterhaltspflichten, etwa durch eine neue Ehe. In diesem Zusammenhang hat das OLG zwar zutreffend darauf hingewiesen, daß der Ehemann noch nach der Scheidung die als Trennungsunterhalt titulierte monatliche Rente bis August 1984 weitergezahlt hat. Es fehlen indessen Feststellungen dazu, ob diese Zahlungen in Kenntnis der anderweitigen Deckung des Unterhalts der Ehefrau und im Bewußtsein einer fehlenden Rechtspflicht erfolgt sind. Die Revision verweist zu Recht darauf, daß aus diesen Zahlungen keine Billigkeitserwägung zugunsten der Ehefrau hergeleitet werden kann, wenn der Ehemann sie in Unkenntnis der tatsächlichen Lage erbracht haben sollte. Bei der erneuten Abwägung gemäß § 1579 BGB ist schließlich auch einzubeziehen, daß die Vorschrift Begrenzungen des Anspruchs nach Zeit und Höhe erlaubt. Eine nach alledem gebotene umfassende Prüfung der für die Entscheidung maßgebenden Umstände ist dem angefochtenen Urteil nicht zu entnehmen. Der Senat kann auch nicht selbst in der Sache entscheiden, da weitere Feststellungen erforderlich sind, die der Tatrichter treffen muß, bevor er die ihm obliegende Abwägung nach § 1579 BGB vornehmen kann. Das veranlaßt die Aufhebung des angefochtenen Urteils und die Zurückverweisung des Rechtsstreits an das OLG.

BGH v. 20. 5. 87 – IVb ZR 50/86 – FamRZ 87, 1011 = NJW-RR 87, 1282

R338 *(Im Rahmen der Prüfung der Zumutbarkeit von Unterhaltsleistungen gemäß § 1579 Nr. 7 BGB kann nicht angenommen werden, der Unterhaltsberechtigte finde sein Auskommen zumindest teilweise in dem Zusammenleben mit dem neuen Partner, wenn dieser gleichzeitig als nicht hinreichend leistungsfähig für Unterhaltsbeiträge angesehen wird)*

a II 2 a) Zutreffend ist der Ausgangspunkt des OLG. § 1579 Nr. 7 BGB greift in den Fällen ein, in denen die aus einer Unterhaltspflicht entstehende Belastung für einen unterhaltspflichtigen geschiedenen Ehegatten die Grenzen des Zumutbaren überschreitet. Es entspricht der ständigen Rechtsprechung des Senats (zu § 1579 Nr. 4 BGB a. F.), daß sich dies aus objektiven Gegebenheiten und Veränderungen des Lebensverhältnisses der früheren Ehegatten ergeben kann; das kommt in Betracht, wenn wie hier ein fester sozialer und wirtschaftlicher Zusammenschluß des unterhaltsbedürftigen Ehegatten mit einem neuen Partner über eine längere Zeit besteht, in dessen Folge beide ähnlich wie in einer Ehe zu einer Unterhaltsgemeinschaft gelangen (FamRZ 1987/689).

b) Die Anschlußrevision der Bekl. macht aber zu Recht geltend, das OLG habe nicht davon ausgehen dürfen, sie finde ihr Auskommen zumindest teilweise in dem Zusammenleben mit einem neuen Partner, wenn es diesen andererseits als nicht hinreichend fähig ansehe, Beiträge zu ihrem Unterhalt zu leisten. Diese Ausführungen sind widersprüchlich. Dadurch ist der Feststellung des OLG, die Bekl. lebe in Unterhaltsgemeinschaft mit dem neuen Partner, die Grundlage entzogen. Das veranlaßt die Aufhebung des Berufungsurteils auch auf die Anschlußrevision. Da ergänzende tatrichterliche Feststellungen erforderlich sind, kann der Senat nicht selbst abschließend entscheiden, sondern muß den Rechtsstreit an das OLG zurückverweisen.

(Bedürftigkeitsmindernde Anrechnung von Einkünften aus einer Erwerbstätigkeit, deren Umfang über die im Zeitpunkt der Scheidung ausgeübte Teilzeittätigkeit hinausgeht)

b III 1) Einkünfte der Bekl. aus einer Erwerbstätigkeit, deren Umfang über die im Zeitpunkt der Scheidung ausgeübte Teilzeitarbeit hinausgeht, beeinflussen zwar nicht die Berechnung ihres vollen Unterhalts (§ 1578 I BGB); sie sind jedoch für die Frage bedeutsam, ob sich die Bekl. aus ihren Einkünften selbst unterhalten kann, § 1577 I BGB. Allerdings sind Einkünfte aus einer die Halbtagsarbeit übersteigenden Erwerbstätigkeit nur zu berücksichtigen, wenn sie anzurechnen sind. Das hängt zunächst davon ab, ob der Bekl. im Hinblick auf das Alter des von ihr betreuten gemeinschaftlichen Kindes eine Ausdehnung der Halbtagsarbeit zuzumuten ist (NJW 1984/292). Handelte es sich danach bei den vom Kl. behaupteten Mehreinkünften um solche, die die Bekl. aus einer von der nach § 1570 BGB nicht zu erwartenden Tätigkeit erzielt, richtet sich die Anrechnung nach der Vorschrift des § 1577 II BGB (NJW 1983/933 = FamRZ 1983/146 ff.). Die insoweit erforderliche tatrichterliche Beurteilung wird gegebenenfalls nachzuholen sein. 3) In der neuen Verhandlung kann der Kl. auf seine Behauptung zurückkommen, die Bekl. habe bislang von der Eingehung einer Ehe mit ihrem neuen Partner nur abgesehen, um ihren vermeintlichen Unterhaltsanspruch nicht zu gefährden. Daß sich aus den Motiven, die die ohne Eheschließung zusammenlebenden Partner zur Bestimmung die-

Anhang R. Rechtsprechung R339

ser Lebens- und Wirtschaftsform bewogen haben, zusätzliche Gesichtspunkte für die Anwendung der Härteklausel des § 1579 Nr. 7 BGB gewinnen lassen, ist nicht von vornherein auszuschließen. Wegen der Darlegungs- und Beweislast in diesem Bereich verweist der Senat auf seine Urteile vom 26. 1. 1983 (NJW 1983/1548 = FamRZ 1983/569 [572]) und vom 11. 7. 1984 (NJW 1984/2692 = FamRZ 1984/986).

(Wird im Falle des eheähnlichen Zusammenlebens mit einem neuen Partner eine Vergütung für Haushaltsführung und Versorgung angerechnet, so handelt es sich hierbei nicht um Einkünfte aus Erwerbstätigkeit, sondern um eine besondere Art anderweitiger Deckung des Unterhaltsbedarfs, den unberücksichtigt zu lassen unbillig wäre. Die Frage der Zumutbarkeit einer Erwerbstätigkeit stellt sich deshalb in diesem Zusammenhang nicht zur Leistungsfähigkeit des neuen Partners)

III 2) Die Zurückverweisung gibt Gelegenheit, die Bedürftigkeit der Bekl. auch im Hinblick darauf erneut zu prüfen, daß sie ihrem neuen Partner den Haushalt führt und ihn versorgt. Das OLG hat ausgeführt, neben der Betreuung des Kindes sei der Bekl. eine über die ausgeübte Halbtagstätigkeit hinausgehende Erwerbstätigkeit nicht zuzumuten. Außerdem komme die Anrechnung von Einkünften auch deshalb nicht in Betracht, weil der Partner nicht hinreichend leistungsfähig sei, denn ihm verbleibe von seinem monatl. Nettoeinkommen (1650 DM) nach Abzug von Unterhaltsschulden (284 DM) mit 1366 DM kaum mehr als der angemessene Selbstrhalt. Dem kann nicht gefolgt werden. Wenn im Falle des eheähnlichen Zusammenlebens mit einem neuen Partner in einer Wohn- und Wirtschaftsgemeinschaft nach der Rechtsprechung des Senats unterhaltsrechtlich eine – tatsächliche oder angenommene – Vergütung für die Haushaltsführung und Versorgung angerechnet wird (FamRZ 80/665, 668 und FamRZ 84/662, 663), handelt es sich nicht um Einkünfte aus Erwerbstätigkeit, sondern um eine besondere Art anderweitiger Deckung des Unterhaltsbedarfs, den unberücksichtigt zu lassen unbillig erschiene. Die Frage der Zumutbarkeit einer – regelmäßig außerhalb des Haushalts zu leistenden – echten Erwerbstätigkeit stellt sich deshalb in diesem Zusammenhang nicht. Soweit es im Blick auf § 1577 II BGB auch auf die Zumutbarkeit der durch Beiträge des Partners entgoltenen Haushaltstätigkeit noch ankommen sollte, stellt die tatsächliche Übernahme von derartigen Versorgungsdiensten ein gewichtiges Indiz für die Zumutbarkeit dar. Eine solche Versorgung kann auch regelmäßig neben der Betreuung eines elfjährigen Kindes ohne weiteres geleistet werden. Es trifft zu, daß die Meinung der Unterhaltsbedürftigkeit durch die Betreuung eines neuen Partners voraussetzt, daß dieser in der Lage ist, die ihm erbrachten Leistungen zu vergüten. Das OLG wird daher erneut zu prüfen haben, ob bei den jetzt festgestellten Einkommensverhältnissen des Partners (anders als im Vorprozeß) nicht davon auszugehen ist. Der verfügbare Nettobetrag von 1366 DM erlaubt jedenfalls die Vergütung von solchen Versorgungsleistungen der Bekl., die aus der Sicht des Partners seinem eigenen Unterhalt dienen. Würde er nicht mit der Bekl. zusammen wirtschaften, sondern allein leben, müßte er entsprechende Aufwendungen ebenfalls aus seinem verfügbaren Einkommen finanzieren.

(Motive, von einer Eheschließung abzusehen, Zumutbarkeitskriterien)

3) In der neuen Verhandlung kann der Kl. auf seine Behauptung zurückkommen, die Bekl. habe bislang von der Eingehung einer Ehe mit ihrem neuen Partner nur abgesehen, um ihren vermeintlichen Unterhaltsanspruch nicht zu gefährden. Daß sich aus den Motiven, die den ohne Eheschließung zusammenlebenden Partner zur Bestimmung dieser Lebens- und Wirtschaftsform bewogen haben, zusätzliche Gesichtspunkte für die Anwendung der Härteklausel des § 1579 Nr. 7 BGB gewinnen lassen, ist nicht von vornherein auszuschließen. Wegen der Darlegungs- und Beweislast in diesem Bereich verweist der Senat auf seine Urteile v. 26. 1. 1983 (FamRZ 1983/569, 572) und v. 11. 7. 1984 (FamRZ 1984/986).

4) Die Bekl. erhält Gelegenheit, ihren Vortrag zu erneuern, wonach im Berufungsurteil nicht dargetan sei, daß die aus einer fortdauernden Inanspruchnahme des Kl. auf (erhöhten) Unterhalt erwachsende Belastung für ihn die Grenze des Zumutbaren übersteige.

BGH v. 3. 6. 87 – IVb ZR 64/86 – FamRZ 87, 913 = NJW-RR 87, 1218

(Prägung der ehelichen Lebensverhältnisse durch eine Erwerbsunfähigkeitsrente, die erst nach Scheidung gewährleistet wird; keine Prägung, wenn die Rente auf dem Versorgungsausgleich beruht; zur Frage, ob die einem Ehegatten nach der Ehescheidung gewährte Erwerbsunfähigkeitsrente bei der Bestimmung der ehelichen Lebensverhältnisse berücksichtigt werden kann, wenn die für den Erhalt der Rente erforderliche Mindestwartezeit dadurch erfüllt worden ist, daß im Zuge des Versorgungsausgleichs zugunsten des Ehegatten eine Rentenanwartschaft übertragen worden ist)

I 1) Bei der Bestimmung der ehel. Lebensverhältnisse, nach denen das OLG den Unterhaltsanspruch der Bekl. bemessen hat, hat es außer dem Einkommen des Kl. auch die Erwerbsunfähigkeitsrente der Bekl. einbezogen, die dieser erst nach der Scheidung, nämlich ab 1. 12. 1983, gewährt worden ist. Das OLG hat ausgeführt, der Einfluß dieser Rente auf die ehel. Lebensverhältnisse sei anders zu beurteilen als derjenige von Einkünften aus einer nach der Scheidung aufgenommenen Erwerbstätigkeit. Der Rentenantrag sei vor der Scheidung gestellt worden. Auch der Versicherungsfall sei ausweislich des Rentenbescheides lange vorher, nämlich am 8. 5. 1979, eingetreten. Auf den Zeitpunkt der Rentenbewilligung habe die Bekl. keinen Einfluß gehabt. Ausschlaggebend sei, daß die Rente aus Anwartschaften resultiere, welche die Bekl. durch ihre Erwerbstätigkeit vor und während der Ehe begründet habe. Solange die Bekl. arbeitsfähig gewesen sei und die Parteien nicht getrennt gelebt hätten, habe eine echte Doppelverdienerehe bestanden. Auch danach habe die Bekl. nach ihren gesundheitlichen Möglichkeiten durch Tätigkeiten als Küchenhilfe und Altenpflegerin und schließlich durch das zwischenzeitlich bezogene Krankengeld zum Lebensunterhalt der Parteien beigetragen. Diese gesamten Umstände rechtfertigen es, die ehel. Lebensverhältnisse als von den Einkommen beider Parteien, also auch von der Erwerbsunfähigkeitsrente der Bekl., geprägt anzusehen. Diese Beurteilung hat aus Rechtsgründen keinen Bestand.

a) Allerdings ist es nicht von vornherein ausgeschlossen, daß die einem Ehegatten nach der Scheidung bewilligte Erwerbsunfähigkeitsrente die ehel. Lebensverhältnisse und dadurch auch die Bemessung des nachehel. Unterhalts beeinflußt. Zwar sind die für die Höhe des Unterhalts maßgeblichen ehel. Lebensverhältnisse (§ 1578 I S. 1 BGB) nach den Verhältnissen zum Zeitpunkt der Scheidung zu beurteilen und dabei im wesentlichen nach den in diesem Zeitpunkt erzielten Einkünften der Ehegatten zu bestimmen (BGHZ 89/108, 110 = FamRZ 1984/149; FamRZ 1985/161, 162, m. w. N.). Indessen sind auch nach der Scheidung eintretende Änderungen in den Einkünften der Ehegatten zu berücksichtigen, wenn ihnen eine Entwicklung zugrunde liegt, die aus der Sicht des Scheidungszeitpunktes mit hoher Wahrscheinlichkeit zu erwarten war und ihre Erwartung die ehel. Lebensverhältnisse bereits mitgeprägt hat (FamRZ 1986/783, 785; FamRZ 1987/459, 460, m. w. N.). Für eine derartige Beziehung zu den ehel. Lebensverhältnissen spricht es bereits, wenn die Einkommensänderung in einem derart engen zeitlichen Zusammenhang mit der Scheidung steht wie im vorliegenden Fall und nicht unvorhersehbar war, sondern vorheriger, bereits während der Ehezeit gehegter Erwartung entspricht (FamRZ 1986/148, 149). Demgemäß wird in Fällen, in denen eine in der Ehe ausgeübte Erwerbstätigkeit eines Ehegatten infolge seiner Erkrankung abreißt und sich nach einiger Zeit ergibt, daß der Ehegatte wegen der Krankheit auf nicht absehbare Zeit erwerbsunfähig ist, die an die Stelle von Erwerbseinkommen und anschließendem Krankengeld tretende Erwerbsunfähigkeitsrente regelmäßig auch dann den ehel. Lebensverhältnissen zugerechnet werden können, wenn zwar der Versicherungsfall der Erwerbsunfähigkeit vor der Scheidung eintritt, aber die Rente erst von einem nach der Scheidung liegenden Zeitpunkt an gewährt wird. In dem bereits erwähnten Urteil v. 11. 2. 1987 (FamRZ 87/459, 460) hat der Senat sogar in einem Fall, in dem der Ehegatte nach der Scheidung noch einige Monate Gehalt, dann Krankengeld und Renten der Landesversicherungsanstalt sowie der Zusatzversorgung des öffentlichen Dienstes erhielt, durchgehend Einkommen angenommen, das den ehel. Lebensverhältnissen zuzurechnen sei, weil die Grundlage des Rentenbezuges in der Ehezeit gelegt worden war und mit Bezügen schon zum Zeitpunkt der Scheidung zu rechnen war (a.a.O., S. 461).

b) Dennoch kann bisher nicht davon ausgegangen werden, daß die der Bekl. unmittelbar nach der Scheidung gewährte Erwerbsunfähigkeitsrente die ehel. Lebensverhältnisse der Parteien mitbestimmt hat. Ausweislich der vom OLG beigezogenen Akten des Scheidungsverbundverfahrens, auf deren Inhalt das Berufungsurteil zur Ergänzung des Tatbestandes verweist, hat das AmtsG durch das Verbundurteil eine Anwartschaft in der gesetzlichen Rentenversicherung von 70,35 DM monatl., bezogen auf den 31. 7. 1980, auf das Versicherungskonto der Bekl. übertragen. Der auf dieser Anwartschaft beruhende Teil der Erwerbsunfähigkeitsrente ist von vornherein bei der Bestimmung der ehel. Lebensverhältnisse außer Ansatz zu lassen, weil er keine Fortentwicklung der ehel. Lebensverhältnisse, sondern eine Folge der Scheidung darstellt (FamRZ 87/459, 460). Aber auch darüber hinaus beruht der Bezug der Rente nach dem Inhalt der beigezogenen Akten entscheidend auf Umständen, die sich nicht aus den ehel. Lebensverhältnissen und ihrer Fortentwicklung nach der Scheidung, sondern aus dem mit der Scheidung verbundenen Versorgungsausgleich [VersAusgl] ergeben. So heißt es im Bescheid des Rentenversicherungsträgers über die Anerkennung des Anspruchs auf Erwerbsunfähigkeitsrente v. 23. 12. 1983, daß aufgrund des nunmehr durchgeführten VersAusgl die Mindestwartezeit erfüllt sei und die monatl. Rentenzahlung mit Ablauf des Monats beginne, in dem das Urteil Rechtskraft erlangt habe. Danach wäre die Bekl. ohne die Durchführung des VersAusgl zum 1. 12. 1983 nicht in den Genuß der Erwerbsunfähigkeitsrente gekommen. Damit ist auch die Zurechnung der Rentenbezüge zu den ehel. Lebensverhältnissen in Frage gestellt. Sie wäre nur zu rechtfertigen, wenn die Bekl. auch ohne die übertragene Anwartschaft die erforderliche Wartezeit erreicht und – wenn auch zu einem späteren Zeitpunkt – eine Erwerbsunfähigkeitsrente erhalten hätte und wenn dieser Zeitpunkt noch in einem derartigen zeitlichen Zusammenhang mit der Scheidung gestanden hätte, daß die mit dem Rentenbezug verbundene Einkommensverbesserung aus der Sicht

Anhang R. Rechtsprechung R339

des Scheidungszeitpunkts als in hohem Maße wahrscheinlich erschienen wäre. Ob das der Fall gewesen wäre, läßt sich aufgrund der bisherigen Feststellungen nicht beurteilen, sondern bedarf der tatrichterlichen Prüfung.

(Quotenunterhalt berücksichtigt Arbeitsanreiz und erhöhten berufsbedingten Aufwand und verstößt deshalb nicht gegen den Grundsatz der hälftigen Einkommensverteilung)

I 2) Das OLG hat den eheangemessenen Bedarf der Bekl. mit der Hälfte der Summe der für maß- **b** gebend erachteten beiderseitigen Einkommen angenommen, jedoch nicht näher dargelegt, warum es diese strikt hälftige Aufteilung gewählt hat. Es hat lediglich auf den Grundsatz der gleichmäßigen Teilhabe der Ehegatten an dem ehel. Lebensstandard verwiesen und dazu (ausschließlich) die Urteile des Senats v. 7. 7. 1982 (FamRZ 1982/894, 895) und v. 28. 3. 1984 (FamRZ 1984/662, 664) Bezug genommen. Diese Entscheidungen betreffen indessen beide den Fall eines aus dem Erwerbsleben ausgeschiedenen, Rente bzw. Pension beziehenden Unterhaltspflichtigen, mithin eine der vorliegenden entgegengesetzte Konstellation. In ihnen wird gerade in der Erwerbstätigkeit das entscheidende Kriterium dafür gesehen, ob dem Unterhaltspflichtigen eine höhere Unterhaltsquote als dem Berechtigten zugebilligt werden kann oder nicht. Wenn das OLG unter Berufung auf die dort dargelegten Verteilungsgrundsätze trotz der Erwerbstätigkeit des unterhaltspflichtigen Kl. zu einer strikten Halbteilung der verteilungsfähigen Einkommenssumme gelangt, ohne konkrete Gründe dafür darzulegen, so stellt sich die Frage, ob es sich dadurch nicht mit den selbst gewählten Maßstäben in Widerspruch setzt (FamRZ 81/442, 444; FamRZ 1986/437, 439). Im übrigen ist es zwar grundsätzlich Sache der tatrichterlichen Beurteilung, die den Ehegatten zukommenden Quoten zu bemessen. Der Senat hat jedoch bereits wiederholt zum Ausdruck gebracht, daß es im Einklang mit dem Grundsatz gleichmäßiger Teilhabe an dem ehel. Lebensstandard steht, wenn dem erwerbstätigen Unterhaltsverpflichteten eine höhere Quote als dem nichterwerbstätigen bedürftigen Ehegatten zugebilligt wird, wie es etwa die sog. Düsseldorfer Tabelle für derartige Fälle vorsieht, weil dadurch dem erhöhten Aufwand, der mit der Berufstätigkeit verbunden ist, in maßvoller Weise Rechnung getragen und zugleich der Anreiz zur Erwerbstätigkeit in billigenswerter Weise gesteigert wird (FamRZ 1981/1165, 1166). Er hat dargelegt, daß eine derartige Aufteilung in Wirklichkeit einer hälftigen Verteilung gleichkommt und damit eine darüber hinausgehende Zahlungsverpflichtung des Unterhaltsverpflichteten das Gleichgewicht stört (FamRZ 1981/442, 444 f.). Ob es sich hiernach im Rahmen zulässiger tatrichterlicher Beurteilung hält, wenn das OLG eine zahlenmäßig strikt hälftige Aufteilung der Einkommenssumme vornimmt, ohne vom Erwerbseinkommen des Kl. berufsbedingte Mehraufwendungen abzusetzen und dafür konkrete Gründe anzuführen, erscheint fraglich, kann aber – ebenso wie die zuvor aufgeworfene Frage – auf sich beruhen, da die Beurteilung des OLG jedenfalls aus einem anderen Grunde keinen Bestand haben kann. Wie die Revision zutreffend darlegt, ist auch die Bekl. bei der Bemessung ihres Unterhaltsanspruchs in der Widerklageschrift immer nur von einer Quote der Einkommensdifferenz i. H. von 40 % ausgegangen und hat an dem so errechneten Unterhaltsbetrag von 1771,43 DM im weiteren Rechtsstreit festgehalten. Ebenso hat das AmtsG seiner Unterhaltsbemessung diese Quote zugrunde gelegt. Unter diesen Umständen rügt die Revision zu Recht, daß das OLG den Kl. nach § 139 I ZPO auf seine Absicht einer strikt hälftigen Aufteilung hätte hinweisen und ihm Gelegenheit geben müssen, seinen mit der Berufsausübung verbundenen besonderen Aufwand darzutun. Danach kann die Zuordnung des verteilungsfähigen beiderseitigen Einkommens durch das OLG jedenfalls wegen dieses Verfahrensverstoßes keinen Bestand haben. Zugleich ergibt sich, daß das angefochtene Urteil insgesamt aufgehoben und die Sache an das OLG zurückverwiesen werden muß.

(Vom Normalverlauf abweichende Entwicklung des beruflichen Werdeganges nach Trennung)

II 1) Das OLG hat das i. J. 1983 bezogene Einkommen des Kl. aus seiner Tätigkeit bei der Firma **c** B. (auf der Grundlage einer fiktiven Nettogehaltsberechnung) in vollem Umfang bei der Bestimmung der ehel. Lebensverhältnisse berücksichtigt und dazu ausgeführt, daß die gute Einkommensentwicklung, die in der Zeit von 1976 bis 1983 einen kontinuierlichen Anstieg des jährlichen Bruttoeinkommens von rund 50 000 auf etwa 75 500 DM aufweise, in den ehel. Lebensverhältnissen angelegt gewesen sei. Die besondere Steigerung um rund 10 000 DM von 1978 auf 1979 resultiere aus der Beförderung des Kl. und seiner Übernahme in das Angestelltenverhältnis. Diese Beförderung habe zwar zu einer Zeit stattgefunden, als die Parteien vorübergehend getrennt gelebt hätten; sie habe aber aufgrund des erneuten Zusammenlebens im Jahre 1979 die ehel. Lebensverhältnisse mitgeprägt. Gegen diese Beurteilung erhebt die Revision insoweit berechtigte Einwände, als das OLG bisher nicht geprüft hat, ob das Erwerbseinkommen des Kl. nicht seit der Trennung der Parteien mit seiner Steigerung von 61 689 DM i. J. 1979 auf 75 509 DM i. J. 1983 (und gar 84 066 DM i. J. 1985; jeweils brutto) eine unerwartete, vom Normalverlauf erheblich abweichende Entwicklung genommen hat. Soweit diese Einkommenssteigerungen darauf zurückzuführen sein sollten, daß der Kl. Anfang der 80er Jahre freigestellter Betriebsrat geworden ist, könnten sie bei der Außergewöhnlichkeit und Unvorhersehbarkeit dieses beruflichen Werdeganges nicht in vollem Umfang bei der Erfassung der ehel. Lebensverhältnisse berücksichtigt werden (FamRZ 1982/575 und 576).

(Keine Berechtigung zur Fortsetzung einer Vermögensbildung bei trennungsbedingtem Mehrbedarf)

d II 2) Soweit der Kl. bereits während des Zusammenlebens der Parteien mit Einverständnis der Bekl. einen Teil des Familieneinkommens zur Vermögensbildung eingesetzt hat, hat das OLG das als nach den Lebensverhältnissen der Parteien angemessen beurteilt und zutreffenderweise das verbleibende, für den laufenden Lebensbedarf zur Verfügung stehende Einkommen als für die ehel. Verhältnisse maßgebend angesehen. Soweit sich die Revision in diesem Zusammenhang gegen die Feststellungen des OLG über die Höhe der laufenden Belastungen aus dem Vermögenserwerb während des Zusammenlebens und deren Fortschreibung wendet, wird der Kl. in der neuen Berufungsverhandlung Gelegenheit haben, seine Einwände vorzubringen. Im übrigen ist darauf hinzuweisen, daß dem Unterhaltspflichtigen selbst die Fortsetzung der Vermögensbildung in dem vor der Trennung als angemessen zu erachtenden Rahmen nach der Trennung nicht mehr freisteht, wenn der in der Ehe erreichte Lebensstandard wegen des trennungsbedingten Mehrbedarfs durch die zur Verfügung stehenden Mittel nicht mehr voll gedeckt ist. Hier muß der Unterhaltspflichtige zur Wahrung seiner Leistungsfähigkeit selbst eine derartige Vermögensbildung einschränken oder ganz unterlassen und finanzielle Lasten abbauen, die er aus Gründen der Vermögensbildung eingegangen ist.

BGH v. 24. 6. 87 – IVb ZR 73/86 – FamRZ 87, 838 = NJW-RR 87, 1285

R341 *(Trennungsunterhalt bei Erwerbseinkünften beider Eheleute und getrenntem Wirtschaften mit getrennten Kassen. Objektiver Maßstab. Es kommt nicht darauf an, inwieweit die Eheleute ihre beiderseitigen – auch wirtschaftlichen – Lebenspositionen aufeinander abgestimmt haben)*

I) Das KG hat ausgeführt, der Kl. stehe nach ihrem eigenen Vortrag ein Anspruch auf Trennungsunterhalt nicht zu. Gem. § 1361 I 1 BGB könne ein getrennt lebender Ehegatte von dem anderen den nach den Lebensverhältnissen und den Erwerbs- und Vermögensverhältnissen der Ehegatten angemessenen Unterhalt verlangen. Bei beiderseitiger Erwerbstätigkeit würden die Lebensverhältnisse im allgemeinen durch das gemeinsame Einkommen beider Ehegatten bestimmt. Nach der Rechtsprechung des BGH komme es nicht darauf an, inwieweit die Ehegatten ihre Lebensgemeinschaft verwirklicht und ihre Lebensdispositionen aufeinander abgestimmt hätten. Deshalb sei grundsätzlich unerheblich, ob sie nur wenige Wochen oder gar überhaupt nicht zusammengelebt hätten. Das solle nach dieser Rechtsprechung auch dann gelten, wenn sie zu keinem Zeitpunkt ihres Zusammenlebens eine wirtschaftliche Einheit gebildet, sondern mit getrennten Kassen gelebt hätten. Im vorliegenden Falle seien jedoch die ehelichen Lebensverhältnisse während des Zusammenlebens so gestaltet gewesen, daß die Bemessung des Trennungsunterhalts nach dem beiderseitigen Einkommen der Parteien ausnahmsweise nicht gerechtfertigt sei. Die Parteien hätten nämlich nicht nur rein tatsächlich die beiderseitigen Einkünfte getrennt verwaltet, ohne sie für den Unterhalt des anderen und für die gemeinsame Lebensführung zur Verfügung zu stellen. Vielmehr hätten sie hierüber eine Übereinkunft getroffen. An diese sei die Kl., die durch die Trennung grundsätzlich nicht besser gestellt werden dürfe, gebunden. Jede Partei habe ihre Einkünfte zur eigenen Verfügung gehabt und finanziell völlig getrennt von der anderen gewirtschaftet. Keine habe Zahlungen auf Verbindlichkeiten aus der Sphäre der anderen erbracht. Die von dem Bekl. zu den Kosten des gemeinsamen Haushalts geleisteten Beiträge – nach dem Vortrag der Kl. durchschnittlich monatlich 800 DM – hätten keinen Unterhaltscharakter gehabt. Durch diese Zahlungen hätten vielmehr, jeweils nach entsprechender vorheriger Absprache, lediglich die von der Kl. verauslagten und zusammengestellten Kosten für Wohnung und Lebensmittel sowie Wohnungsnebenkosten ausgeglichen werden sollen. Nach den gesamten vorgetragenen Umständen sei der Lebensstandard der Kl. vereinbarungsgemäß ausschließlich durch ihre eigenen Einkünfte bestimmt gewesen.

II) Diese Darlegungen ergeben nicht, daß der Kl. ein Anspruch auf Trennungsunterhalt nach § 1361 I 1 BGB nicht zusteht. Daraus, daß die Parteien – wegen der monatlichen Beteiligung des Bekl. an den Kosten des gemeinsamen Haushalts weitgehend – getrennt gewirtschaftet und beide auch jetzt noch – unterschiedlich hohe – eigene Erwerbseinkünfte haben, folgt nicht, daß deshalb der genannte Unterhaltsanspruch von Rechts wegen ausscheidet. 1. Wie das BerGer. an sich nicht verkennt, werden die nach § 1361 I 1 BGB maßgebenden Lebensverhältnisse in einer Ehe, in der beide Partner einer Erwerbstätigkeit nachgehen, im allgemeinen durch das zusammengerechnete Einkünfte beider Ehegatten bestimmt (NJW 1980/2349 = FamRZ 1980/876 [877] und NJW 1981/753 = FamRZ 1981/241). Der Anspruch auf Trennungsunterhalt ist grundsätzlich nicht davon abhängig, in welchem Maße die Ehegatten im Einzelfall ihre Einkünfte für den Unterhalt des anderen und für eine gemeinsame Lebensführung verwendet haben. Es kommt nicht darauf an, inwieweit sie die Lebensgemeinschaft verwirklicht und ihre beiderseitigen – auch wirtschaftlichen – Lebensdispositionen aufeinander abgestimmt haben (NJW 1985/1345 = FamRZ 1985/376 [378]). Demgemäß hat der Senat einen Anspruch auf Trennungsunterhalt auch dann bejaht, wenn die Ehegatten zu keinem Zeitpunkt ihres Zusammenlebens eine wirtschaftliche Einheit gebildet, sondern mit getrennten Kassen (Urt. v. 21. 4. 1982 – IV b ZR 693/80) und sogar dann, wenn sie von Anfang an getrennt gelebt haben (NJW 1982/1460 = FamRZ 1982/573 [574/575] m. w. Nachw.). In dem genannten Urteil vom 21. 4. 1982 ist ausgeführt, daß der besser verdienende Partner sich seiner Unterhaltsverpflichtung nach § 1361 I BGB grundsätzlich nicht mit dem Hinweis darauf entziehen kann, daß er während des Zusammenlebens seinen Unterhalt im wesentlichen aus seinem Einkommen selbst bestritten und keinen Beitrag zu den Kosten einer gemeinsamen Lebensführung geleistet habe. Wenn der Ehegatte, der das höhere Einkommen erzielt, nichts zum Lebensunterhalt des anderen Teils entsprechend den Lebensverhältnissen beider Eheleute beigesteuert hat und als Folge hiervon die Lebensstellung des geringer verdienenden Ehegatten hinter der des anderen zurückgeblieben ist, so führt dies nicht zu einer Beschränkung des Unterhaltsbedarfs des Ehegatten mit dem geringeren Einkommen. Bei der Bemessung des ehelichen – wie des nachehelichen – Unterhalts ist ein objektiver Maßstab anzulegen. Entscheidend ist derjenige Lebensstandard, der nach den ehelichen Lebensverhältnissen vom Standpunkt eines vernünftigen Betrachters aus angemessen erscheint (NJW 1982/1645 = FamRZ 1982/151 [152] und NJW 1984/1237 = FamRZ 1984/358 [360]). Die Kl. ist daher aus Rechtsgründen nicht gehindert, auf der Erfüllung ihres Unterhaltsanspruchs nach § 1361 I 1 BGB zu bestehen, auch wenn sie sich während des Zusammenlebens der Parteien mit der für sie möglicherweise ungünstigeren Handhabung, auf die das BerGer. im wesentlichen abgestellt hat, zufriedengegeben hat (Urt. v. 21. 4. 1982 – IV b ZR 693/80). Deshalb kommt es darauf, daß die Parteien die getrennte Kassenführung einvernehmlich praktiziert haben, entgegen der Auffassung des BerGer. nicht entscheidend an. Die Gestaltung der wirtschaftlichen Verhältnisse innerhalb der Ehe beruht in aller Regel auf einer entsprechenden Verständigung der Partner. Ein – wirksamer – Verzicht auf künftigen Trennungsunterhalt, den offenbar auch das BerGer. nicht angenommen hat, kann darin schon wegen der Regelung in §§ 1361 IV 4, 1360 a III, 1614 I BGB nicht gesehen werden.

BGH v. 1. 7. 87 – IVb ZR 74/86 – FamRZ 87, 1014 = NJW-RR 87, 1220

(§ 1585 III BGB bei übergeleiteten Ansprüchen) **R342**

a) § 1585b III BGB gilt uneingeschränkt auch für den Fall, daß der Unterhaltsanspruch, wie hier, nach § 90 I BSHG durch Überleitung auf den Träger der Sozialhilfe übergegangen ist. Die Überleitung wirkt wie eine Abtretung (s. etwa Göppinger, UnterhaltsR, 6. Aufl., Rdnr. 1454). Die Rechtsnatur des Anspruchs bleibt unverändert (s. etwa Gottschick-Giese, BSHG, 9. Aufl., § 90 Rdnr. 17; Schellhorn-Jirasek-Seipp, BSHG, 12. Aufl., § 90 Rdnr. 26). Er unterliegt daher der nämlichen rechtlichen Beurteilung wie ohne die Überleitung, soweit das Gesetz keine besonderen Regelungen aufstellt (vgl. BGHZ 74, 121 (124 f.) = NJW 1979, 1456). Dementsprechend kann der Träger der Sozialhilfe den Unterhaltspflichtigen auch für die Vergangenheit grundsätzlich nur in dem Umfange in Anspruch nehmen, in dem dies dem Unterhaltsberechtigten nach bürgerlichem Recht möglich wäre (Göppinger, Rdnr. 1444). Eine Erweiterung der Zugriffsmöglichkeiten des Trägers der Sozialhilfe ergibt sich lediglich aus § 91 II BSHG. Diese Regelung läßt jedoch § 1585 III BGB unberührt.

BGH v. 30. 9. 87 – IVb ZR 71/86 – FamRZ 88, 46 = NJW 88, 557

(Keine Identität zwischen dem Anspruch auf nachehelichen Unterhalt und einem wiederauflebenden Unterhaltsanspruch nach § 1586 a BGB) **R343**

1) Der am 15. 4. 1981 geschlossene Prozeßvergleich regelte nur den Unterhaltsanspruch der Bekl. für die Zeit ab Scheidung der Ehe der Parteien. Mit diesem durch die Wiederheirat der Bekl. gemäß § 1586 I BGB erloschenen Anspruch ist ein nach der Auflösung ihrer zweiten Ehe möglicherweise gemäß § 1586 a I BGB bestehender Unterhaltsanspruch der Bekl. nicht identisch. Das hat zur Folge, daß ein Titel über den nachehel. Unterhalt den Anspruch aus § 1586 a I BGB nicht umfaßt.

a) Die Rechtslage wäre nur anders zu beurteilen, wenn die Parteien in dem Prozeßvergleich v. 15. 4. 1981 nicht nur den nachehel. Unterhaltsanspruch der Bekl. nach der Scheidung ihrer Ehe (§§ 1569 ff. BGB) geregelt hätten, sondern wenn der Vergleich auch einen nach der Auflösung einer neuen Ehe der Bekl. entstehenden Anspruch gemäß § 1586 a BGB umfassen sollte.

b) Der gesetzliche Unterhaltsanspruch – den die Parteien durch den Vergleich v. 15. 4. 1981 lediglich näher ausgestaltet, nicht aber in einen vertraglichen umgewandelt haben (FamRZ 1984/874, 875, unter 4 b) – erlischt kraft Gesetzes mit der Wiederheirat des Berechtigten (§ 1586 I BGB). Der Gesetzgeber des 1. EheRG hat mit dieser Bestimmung den vor dem 1. 7. 1977 bestehenden Rechtszustand fortgeschrieben, wonach „die Unterhaltspflicht" mit der Wiederverheiratung des Berechtigten erlosch (§ 67 EheG). Dieses Erlöschen umfaßt den Unterhaltsanspruch insgesamt, ohne nach einzelnen Unterhaltstatbeständen zu differenzieren. Diese Rechtslage wird entgegen der Auffassung des OLG nicht dadurch berührt, daß die Ehe, deren Schließung zum Erlöschen des Anspruchs geführt hat, wieder aufgelöst wird. Die (zweite) Eheschließung ist nicht im Sinne einer Bedingung zu verstehen, deren Auflösung etwa wie bei einem auflösend bedingt vorgenommenen Rechtsgeschäft gemäß § 158 II BGB zur Wiederherstellung des früheren Rechtszustandes führt. Eine solche Rechtswirkung tritt auch dann nicht ein, wenn der Ehegatte aus der zweiten Ehe unstreitig dem Berechtigten aus der ersten Ehe keinen nachehel. Unterhalt schuldet (§ 1586 a II BGB). Die Auflösung der zweiten Ehe eröffnet dem aus erster Ehe Unterhaltsberechtigten lediglich die Möglichkeit, unter gesetzlich bestimmten engen Voraussetzungen den früheren Ehegatten ausnahmsweise (wieder) auf Unterhalt in Anspruch zu nehmen (§ 1586 a I BGB: „... kann ... verlangen, wenn ..."). Von einem „Wiederaufleben" des alten Anspruchs ist im Gesetz nicht die Rede. Der Verwendung dieses Ausdrucks in der Amtlichen Begründung (BT-Drucks. 7/650, S. 151) kommt daher keine ausschlaggebende Bedeutung zu, abgesehen davon, daß der Begriff des „Wiederauflebens" nicht eindeutig ist.

c) Ein Unterhaltsanspruch nach wieder aufgelöster Zweitehe gemäß § 1586 a I BGB weist gegenüber dem durch die Wiederheirat erloschenen Unterhaltsanspruch so erhebliche Unterschiede in der gesetzlichen Ausgestaltung auf, daß materiell-rechtlich von jeweils besonderen Ansprüchen ausgegangen werden muß, zwischen denen keine Identität besteht. Während die nachehel. Unterhaltspflicht an eine ganze Reihe von Bedürfnislagen anknüpft (§§ 1570 ff. BGB), die im jeweiligen Einsatzzeitpunkt vorliegen müssen, ist die Unterhaltspflicht nach aufgelöster Zweitehe des Berechtigten weiter abgeschwächt und kommt nur noch in Betracht, wenn die Bedürftigkeit des Berechtigten darauf beruht, daß er wegen der Pflege oder Erziehung eines gemeinschaftlichen Kindes aus der früheren Ehe nicht erwerbstätig sein kann. Das nötigt in Streitfällen zu entsprechenden Feststellungen, wenn etwa der berechtigte Ehegatte durch diese Kindesbetreuung nur teilweise an einer Erwerbstätigkeit gehindert wird, im übrigen aber von Anfang an – und nicht erst als Anschlußtatbestand (§ 1586 a I S. 2 BGB) – auch andere Gründe für seine Bedürftigkeit vorliegen. Ferner kann die Bemessung des Unterhaltsanspruchs nach den ehel. Lebensverhältnissen (§ 1578 I S. 1 BGB) in der ersten Ehe Probleme aufwerfen, wenn die Lebenssituation des Unterhaltsberechtigten durch ungünstigere Verhältnisse in der aufgelösten Zweitehe weit stärker geprägt worden ist; in der Literatur wird teilweise die Berücksichtigung einer solchen Einbuße befürwortet. Kommt eine zeitliche Begrenzung des Unterhaltsanspruchs nach den ehel. Lebensverhältnissen gemäß § 1578 I S. 2 und 3 BGB in Betracht, muß darüber entschieden werden, ob die Zeit der Kindesbetreuung während des Bestandes der zweiten Ehe gleichwohl der Dauer auch der ersten Ehe zugerechnet werden kann, und – wenn man dies bejaht – ob und gegebenenfalls wie sich die Dauer der zweiten Ehe auf die zu treffende Billigkeitsentscheidung auswirkt. Vor allem aber stellt die Subsidiaritätsklausel des § 1586 a II BGB für den Bestand des Unterhaltsanspruchs gegen den früheren ersten Ehegatten zusätzliche Voraussetzungen auf. Das erfordert gegebenenfalls die Prüfung eines Anspruchs gegen den später geschiedenen Ehegatten im Rahmen des Prozesses gegen den ersten Ehegatten (vgl. OLG Hamm, FamRZ 1986/364). Dabei ist zu entscheiden, ob der Berechtigte bereits den früheren Ehegatten in Anspruch nehmen kann, wenn er (wie auch hier) gegenüber dem Ehegatten der später aufgelösten Ehe vertraglich auf Unterhalt verzichtet hat. Selbst wenn eine derartige Vereinbarung rechtswirksam ist (FamRZ 1983/137, FamRZ 1985/788, 789, und FamRZ 1987/46, 47), stellt sich die weitere Frage, ob sie dem auf Unterhalt in Anspruch genommenen ersten Ehegatten entgegengehalten werden kann; das wird möglicherweise davon abhängen, ob der Berechtigte Sachgründe für den vereinbarten Verzicht geltend machen kann (z. B. wenn die zweite Ehe nur von kurzer Dauer war, so daß einem Unterhaltsbegehren § 1579 Nr. 1 BGB entgegengehalten hätte) oder ob ihm andererseits mit Erfolg entgegengehalten werden kann, er habe durch die Vereinbarung seine Bedürftigkeit mutwillig herbeigeführt (§ 1579 Nr. 3 BGB). Zu prüfen ist auch, ob eine allein tatsächliche Unmöglichkeit, den zweiten Ehegatten auf Unterhalt in Anspruch zu nehmen (z. B. wegen Auslandsaufenthalt oder nach fruchtlosen Vollstreckungsversuchen), bereits ausreicht, um den ersten haften zu lassen.

d) Aus der unterschiedlichen Ausgestaltung der Unterhaltsansprüche des geschiedenen und des nach Wiederheirat erneut geschiedenen Ehegatten folgt, daß ein Titel über den zuerst genannten Anspruch den letzteren nicht umfaßt. Diese Auffassung führt auch zu angemessenen praktischen Ergebnissen. Der unterhaltsbedürftige Ehegatte, der für den Anspruch aus § 1586 a I BGB auf den Weg einer neuen Klage verwiesen ist, muß nach allgemeinen Regeln die Voraussetzungen dieses Anspruchs darlegen und beweisen. Es wird ihm nicht gestattet, sich auf den Fortbestand eines von solchen Voraussetzungen abhängigen (früheren) Unterhaltsanspruchs mit der Folge zu berufen, daß der in Anspruch genommene frühere Ehegatte etwa zu den Verhältnissen vortragen müßte, die einer Inanspruchnahme des primär haftenden späteren Ehegatten entgegenstehen.

Anhang R. Rechtsprechung   R344

BGH v. 30. 9. 87 – IVb ZR 79/86 – FamRZ 87, 1238 = NJW-RR 88, 70

(Kein endgültiger Unterhaltsausschluß nach § 1579 Nr. 6 oder Nr. 7 BGB, solange Belange eines gemeinsamen   R344
Kindes zu wahren sind)

2) Vor dem Verurteilungszeitraum (1. 12. 1983) hat das OLG einen Unterhaltsanspruch der Kl.   a
wegen eines schwerwiegenden, eindeutig bei ihr liegenden Fehlverhaltens als ausgeschlossen angesehen. Für die Zeit ab 1. 12. 1983 führe hingegen die im Eingangssatz des § 1579 BGB n. F. vorgeschriebene „Wahrung der Belange eines dem Berechtigten zur Pflege oder Erziehung anvertrauten gemeinschaftlichen Kindes" dazu, daß ihr ein Unterhaltsanspruch nicht mehr ganz zu versagen sei, sondern daß lediglich eine Herabsetzung in Betracht komme. Dies hält die Revision im Hinblick auf den Ausschluß des Unterhaltsanspruchs in dem vorangegangenen Zeitraum für rechtlich nicht möglich, weil ein Unterhaltsanspruch, der einmal „verwirkt" worden sei, nicht wieder aufleben könne. Ein Anspruch der Kl. aus § 1361 BGB sei als endgültig erloschen anzusehen. Dieser Auffassung kann nicht gefolgt werden. Für Fälle, in denen die Unterhaltsberechtigte mit einem neuen Partner eine Lebensgemeinschaft eingegangen war und für die Dauer dieser Gemeinschaft wegen Unbilligkeit (§ 1579 I Nr. 4 a. F. oder § 1579 Nr. 7 BGB n. F.) keinen Unterhalt verlangen konnte, hat der Senat bereits entschieden, daß der Ausschluß des Unterhaltsanspruchs nicht notwendig endgültig sein muß, daß vielmehr bei einer späteren Änderung der Gegebenheiten, etwa dem Zerbrechen der Lebensgemeinschaft, erneut umfassend zu prüfen ist, ob die aus einer wiederauflebenden Unterhaltspflicht erwachsende Belastung für den Verpflichteten weiterhin die Zumutbarkeitsgrenze überschreitet (NJW 1986/722, 724 bzw. FamRZ 1986/443, 444, sowie FamRZ 1987/689, 690). Dabei hat er auch dargelegt, daß er die teilweise im Schrifttum vertretene gegenteilige Auffassung, auf die sich hier die Revision beruft, nicht für richtig hält. Das Gesetz spricht in § 1579 BGB nicht wie in § 66 EheG von einer Verwirkung des Anspruchs, die als endgültig angesehen wurde (zu § 66 EheG vgl. FamRZ 1973, 182, 183). Für die Tatbestände des § 1579 BGB ist wegen dieser Frage eine differenzierende Betrachtungsweise angezeigt, wobei es teilweise sogar auf die jeweiligen Umstände des Einzelfalles ankommen mag. Soweit nach dem Eingangssatz des § 1579 BGB n. F. die Belange eines gemeinschaftlichen Kindes zu wahren sind, kann dies nicht davon abhängig sein, ob der Unterhaltsberechtigte für einen vorangegangenen Zeitraum wegen Fehlverhaltens seinen Unterhaltsanspruch eingebüßt hatte. Wie das BVerfG bei der verfassungsrechtlichen Überprüfung des § 1579 II BGB a. F. ausgeführt hat, kommt den Belangen des Kindes gegenüber denen des unterhaltsverpflichteten Elternteils grundsätzlich der Vorrang zu. Dieser kann unter den Voraussetzungen der Härteregelung nur insoweit von Unterhaltszahlungen freigestellt werden, wie die Interessen des Kindes nicht entgegenstehen. Der Lebensstandard eines Kindes soll nicht wegen eines Fehlverhaltens des betreuenden Elternteils absinken, das von ihm nicht zu verantworten ist (vgl. BVerfGE 57/361, 383 ff. = FamRZ 1981/745, 749 ff.). Aus diesen Gründen wurden im Gesetzgebungsverfahren zum UÄndG die nach dem Regierungsentwurf zu § 1579 BGB insoweit vorgesehenen Worte „Berücksichtigung der Belange" durch die schärfere Formulierung „Wahrung der Belange" ersetzt (BT-Drucks. 10/4514, S. 20). Der Gesetzgeber hat hierbei aufgrund seiner verfassungsrechtlichen Verpflichtung gehandelt, die Lebensbedingungen des Kindes zu sichern, die für sein gesundes Aufwachsen erforderlich sind. Eine Auslegung des § 1579 BGB, die die Belange des Kindes ganz vernachlässigen würde, nur weil der betreuende Ehegatte zuvor seinen Unterhaltsanspruch wegen Fehlverhaltens eingebüßt hatte, wäre danach mit verfassungsrechtlichen Grundsätzen unvereinbar. Wenn die Voraussetzungen des hier erörterten Eingangssatzes des § 1579 BGB neu eintreten, ist der Unterhaltsanspruch des betreuenden Elternteils vielmehr unter Einbeziehung der Belange des Kindes umfassend neu zu prüfen. Die hierin liegende Privilegierung des unterhaltsberechtigten Elternteils gilt ähnlich wie im Falle des § 1570 BGB, solange er das Kind tatsächlich betreut, und zwar entweder im Einverständnis mit dem anderen Elternteil oder aufgrund einer gerichtlichen Entscheidung.

(Erwägungen zum Ausmaß einer Unterhaltsherabsetzung nach § 1579 Nr. 6 oder Nr. 7)

3) Zum Ausmaß der Herabsetzung des Unterhaltsanspruchs hat das OLG erwogen, daß ein besonders schwerwiegendes Fehlverhalten der Kl. vorliege und auch die Lebensumstände des von ihr betreuten gemeinschaftlichen Kindes, das vom Bekl. einen monatlichen Unterhalt von 260 DM erhalte, nicht nur durch das Zusammenleben mit ihr geprägt würden. Es sei nicht zu erwarten, daß sich für das Kind besondere Nachteile ergäben, wenn sich seine Mutter einschränken müsse. Seine Belange erschienen als ausreichend gewahrt, wenn nur deren notdürftiger Unterhalt gesichert werde. Außerdem müsse ihr angesonnen werden, unter Verzicht auf das heute übliche Maß an Freizeit einer Halbtagsbeschäftigung nachzugehen, auch wenn im Regelfalle einer Mutter von Kindern im Alter von weniger als zehn Jahren derartiges nicht zugemutet werde. Dadurch habe sie bis Ende 1984 monatlich 600 DM, danach monatlich 650 DM verdienen können. Wenn ihr Bedarf bis Ende 1984 mit monatlich 825 DM, danach auf monatlich 910 DM angesetzt werde, sei sie für die Zeit bis 31. 12. 1984 auf Unterhaltsleistungen des Bekl. von monatlich 225 DM, danach auf solche von monatlich 260 DM angewie-   b

sen. Diese Beträge könne der Bekl. bis zum 31. 3. 1985 voll leisten. Ab April 1985 betrage sein bereinigtes Nettoeinkommen lediglich monatlich 873,45 DM, so daß er nicht als leistungsfähig anzusehen sei. Ab September 1985 sei sein anrechnungsfähiges Einkommen wieder gestiegen, so daß er bis zum Ende dieses Jahres unter Berücksichtigung eines notwendigen Eigenbedarfs von 990 DM an die Bekl. monatlich 121 DM zahlen könne. Diese Ausführungen werden von der Revision nicht angegriffen und lassen auch keinen Rechtsfehler zum Nachteil des Bekl. erkennen.

BGH v. 4. 11. 87 – IVb ZR 75/86 – FamRZ 88, 159 = NJW 88, 2371

R346 *(In der Regel kein Unterhaltsbedarf eines Minderjährigen über den Höchstbetrag der Düsseldorfer Tabelle hinaus)*

a   I 1) Den (Bar-)Unterhaltsbedarf des Sohnes, der bei Erlaß des angefochtenen Urteils noch minderjährig war, hat das OLG in Fortführung des abzuändernden Urteils bei nach wie vor mietfreiem Wohnen im Hause der Mutter mit monatlich 785 DM, dem höchsten Regelbetrag der Düsseldorfer Tabelle, Stand: 1. 1. 1985 (FamRZ 1984/961), angesetzt. In dem Urteil v. 26. 3. 1982 war insoweit ausgeführt, ein Unterhaltsbedarf über den Höchstbetrag der Düsseldorfer Tabelle hinaus könne in der Regel auch bei Kindern von Eltern in überdurchschnittlichen wirtschaftlichen Verhältnissen nicht angenommen werden. Insofern wird das angefochtene Urteil von der Revision nicht in Frage gestellt und ist es rechtlich bedenkenfrei.

(Die Ausbildungsvergütung, gekürzt um ausbildungsbedingten Mehrbedarf, ist Einkommen des Kindes)

b   I 2) Zur Höhe der Einkünfte des Sohnes hat das OLG festgestellt:
a) Er erhalte eine Ausbildungsvergütung von monatlich ca. 575 DM, von der ihm bei einem ausbildungsbedingten Mehrbedarf von 145 DM monatlich 430 DM verblieben. Auch insoweit erinnert die Revision nichts und bestehen keine rechtlichen Bedenken. Daß Ausbildungsvergütungen, die ein Kind erhält, bei ihm als Einkommen berücksichtigt werden, entspricht der Rechtsprechung des Senats (FamRZ 1981/541, 542 f.). Das OLG hat die Vergütung zu Recht um ausbildungsbedingten Mehrbedarf gekürzt. Daß es diesen zu gering bemessen hätte, macht die Revision nicht geltend.

(§ 1611 I BGB ist auf den Unterhaltsanspruch eines volljährigen Kindes nach Abs. II der Vorschrift nicht anwendbar, wenn seine Unterhaltsbedürftigkeit auf Handlungen beruht, die es als Minderjähriger begangen hat)

c   I 2b) Haben die Bekl., wie sie behaupten, ihre finanziellen Mittel für die Rückführung der auf dem Hausgrundstück der Mutter ruhenden Belastungen eingesetzt, so verfügen sie seitdem nicht mehr über das ertragbringende Kapital. Ihnen steht auch keine rechtliche Möglichkeit zur Verfügung, ihre Mutter auf Rückzahlung oder Verzinsung des Geldes in Anspruch zu nehmen; eine Anspruchsgrundlage dafür ist nicht ersichtlich. Damit scheidet der vom OLG gewählte Ansatz fiktiver Zinseinkünfte aus. Fiktive Einkünfte sind dem Unterhaltsgläubiger anzurechnen, soweit er – in zumutbarer Weise – Einkünfte erzielen kann, dies jedoch unterläßt, dann fehlt es insoweit an der Bedürftigkeit. So liegt der Streitfall nach der Behauptung der Bekl. nicht. Haben sie das Kapital ausgegeben, so können sie daraus keine Zinsen mehr erzielen, die ihre Unterhaltsbedürftigkeit mindern. Der Vorwurf, die Bekl. hätten sich durch den von ihnen behaupteten Einsatz des Kapitals ohne hinreichenden Grund bedürftig gemacht, ist nach der vom OLG nicht geprüften Vorschrift des § 1611 BGB zu beurteilen, die in ihrem Geltungsbereich den Rückgriff auf allgemeine Grundsätze ausschließt (FamRZ 1987/259; FamRZ 1983/803, 804; FamRZ 1986/560, 562). Danach kann ein sittliches Verschulden des Unterhaltsberechtigten zu einer Einschränkung seines Unterhaltsanspruchs auf einen bloßen Beitrag zum Unterhalt führen. Die Vorschrift des § 1611 II BGB schützt jedoch die Unterhaltsansprüche minderjähriger unverheirateter Kinder gegen ihre Eltern vor einer solchen Herabsetzung. Schon deshalb lassen sich die Folgerungen, die das OLG an die behauptete Verwendung des Kapitals geknüpft hat, im Ergebnis auch nicht auf dem Weg einer Einschränkung des Unterhaltsanspruchs nach § 1611 BGB rechtfertigen.

(Zum Lebensbedarf des Minderjährigen im Sinn von § 1610 BGB zählen Barbedarf, Wohnbedarf und Betreuungsbedarf)

d   I 3) Nach § 1610 II BGB umfaßt der Unterhaltsanspruch den gesamten Lebensbedarf. Insoweit kommt es nicht nur auf erforderliche Geld- und Sachleistungen an. Nach früherer Auffassung wurden allerdings zum Unterhalt nur derartige Leistungen gerechnet, nicht aber die Tätigkeit der Mutter zur Führung des Haushalts und zur Betreuung der Kinder. Mit der Aktualisierung der Gleichberechtigung hat der Unterhaltsbegriff jedoch einen Wandel erfahren. Im Lichte des Art. 3 II GG sind auch die Leistungen der Frau bei der Führung des Haushalts und bei der Pflege und Erziehung der Kinder als Unterhaltsleistungen zu werten, die gleichwertig neben der Bereitstellung der notwendigen Barmittel stehen. Diesem zunächst von der Rechtsprechung herausgearbeiteten Rechtsgedanken

Anhang R. Rechtsprechung   **R346**

(BVerfGE 3/225, 245 f. = FamRZ 1954/15; BVerfGE 17/1, 12 = FamRZ 1963/496, 498; BGH, NJW 1957/537) hat das Gleichberechtigungsgesetz v. 18. 6. 1957 (BGBl I 609) in den damaligen §§ 1360 S. 2 Hs. 1, 1360 a II und 1606 III S. 2 BGB Rechnung getragen (vgl. BVerfGE 26/265, 273 f. = FamRZ 1969/467, 469); die heutige Fassung der genannten Vorschriften führt ihn fort. Bei der Ermittlung des gesamten Unterhaltsbedarfs ist also im Grundsatz außer dem Bedarf an Barmitteln auch derjenige an Pflege und Betreuung zu berücksichtigen (FamRZ 1983/689, 690, und FamRZ 1985/917, 919). Werden mit den zur Befriedigung des Barbedarfs erforderlichen Mitteln nicht auch die Kosten des Wohnbedarfs des Unterhaltsgläubigers gedeckt, etwa weil das Kind bei dem betreuenden Elternteil frei wohnt, so ist zusätzlich auch der Wohnbedarf anzusetzen.

(Bedarfsminderung durch eigenes Einkommen des Kindes abzüglich Werbungskosten)

I 3. Nach § 1602 I BGB ist unterhaltsberechtigt nur, wer außerstande ist, sich selbst zu unterhalten.   **e**
Hat der Unterhaltsberechtigte eigenes Einkommen (Ausbildungsvergütung), so deckt dieses Einkommen, soweit es nicht durch Aufwendungen aufgezehrt wird, die zur Einkommenserzielung notwendig sind (Werbungskosten), seinen Bedarf, entweder gänzlich oder zu einem entsprechenden Teil. Soweit der Bedarf gedeckt wird, besteht nach § 1602 I BGB kein Unterhaltsanspruch. Wird der Bedarf nur teilweise durch eigenes Einkommen gedeckt, beschränkt sich der Anspruch mithin auf den nicht gedeckten Teil. Nur für diesen Teil kommt eine Haftung des Unterhaltspflichtigen also überhaupt in Betracht.

(Anteilige Haftung der Eltern nach § 1606 III 1 BGB für den Teil des gesamten Lebensbedarfs, der nicht durch eigenes Einkommen des Kindes gedeckt ist)

Sind mehrere gleich nahe Verwandte unterhaltspflichtig, wie Eltern gegenüber dem Kind, so haften sie nach § 1606 III S. 1 BGB anteilig nach ihren Erwerbs- und Vermögensverhältnissen. Da nur gehaftet wird, soweit ein Unterhaltsanspruch besteht, beschränkt sich auch diese anteilige Haftung notwendigerweise auf den Teil des Bedarfs, der nicht durch eigenes Einkommen des Unterhaltsberechtigten gedeckt ist. Wie oben ausgeführt, umfaßt der Bedarf den gesamten Lebensbedarf i. S. des § 1610 II BGB. Das gilt selbstverständlich auch, wenn der nicht durch eigenes Einkommen des Unterhaltsberechtigten gedeckte Bedarf ermittelt wird, für den die Unterhaltspflichtigen anteilig haften (FamRZ 1983/689, 690; FamRZ 1985/917, 919). In solchen Fällen muß also grundsätzlich der gesamte Lebensbedarf festgestellt und beziffert werden; nach Abzug des durch eigenes (ggf. um Werbungskosten bereinigtes) Einkommen des Unterhaltsberechtigten gedeckten Teils verbleibt dann der restliche Bedarf, für den allein die Unterhaltspflichtigen anteilig haften.

(Grundsätzliche Gleichwertigkeit von Bar- und Betreuungsunterhalt für jedes Alter bis zur Volljährigkeit)

Nach § 1606 III S. 2 BGB erfüllt der Elternteil eines minderjährigen unverheirateten Kindes, bei   **g**
dem dieses lebt, seine Unterhaltsverpflichtung in der Regel durch dessen Pflege und Erziehung. Die Vorschrift stellt klar, daß die mit der Pflege und Erziehung des Kindes erbrachten Leistungen und die Barleistungen des anderen Elternteils grundsätzlich gleichwertig sind. Mit dieser Regelung wird das Gesetz nicht nur der gerade für das Unterhaltsrecht unabweisbaren Notwendigkeit gerecht, die Bemessung der anteilig zu erbringenden Leistungen zu erleichtern, sondern trägt auch der Tatsache Rechnung, daß eine auf den Einzelfall abstellende rechnerische Bewertung des Betreuungsaufwandes zumeist unzulänglich bliebe und insbesondere Bedenken bestehen müßten, den Geldwert der Betreuung, die im Einzelfall sehr unterschiedlich sein kann, ähnlich wie im Schadensersatzrecht beim Ausfall von Leistungen der Hausfrau und Mutter durch den Ansatz der Aufwendungen, die für die Besorgung vergleichbarer Dienste durch Hilfskräfte erforderlich sind, oder durch ähnliche Schätzungen zu ermitteln (FamRZ 1980/994). Für den Sohn gilt nicht schon deshalb etwas anderes, weil er zu Beginn des Anspruchszeitraums am 1. 12. 1985 bereits 17 Jahre alt war. Die aus § 1606 III S. 2 BGB abgeleitete Regel der Gleichwertigkeit von Bar- und Betreuungsunterhalt gilt für jedes Kindesalter bis hin zum Erreichen der Volljährigkeit (FamRZ 1980/994, 995). Sie trägt auf praktikabel pauschalierende Weise einem nach Art und Umfang unterschiedlichen Betreuungsbedarf des Kindes in den verschiedenen Lebensaltersstufen der Minderjährigkeit Rechnung. Deshalb kommt es nicht darauf an, daß es im Berufungsurteil heißt, es sei nicht erkennbar, daß die Mutter dem Sohne – abgesehen von der Wohnungsgewährung – wesentliche Naturalleistungen erbringe.

(Hälftige Anrechnung von Einkünften des Minderjährigen – Ausbildungsvergütung – auf den Unterhaltsanspruch im Regelfall; Abweichungen vom Regelfall; keine Entlastung des Barunterhaltspflichtigen durch Mehrleistung des Sorgeberechtigten)

Sind Bar- und Betreuungsunterhalt einander gleichwertig und erfüllt der Elternteil, der den letzteren erbringt, dadurch nach der Regel des § 1606 III S. 2 BGB seine Unterhaltspflicht, so gilt dies in   **h**
Fällen, in denen der Unterhaltsbedarf des Kindes teilweise durch eigenes Einkommen gedeckt wird,

1381

selbstverständlich auch für die anteilige Haftung der Eltern für den ungedeckten Restbedarf. Die Unterhaltspflicht des den Barunterhalt leistenden Elternteils, die ohne die Eigeneinkünfte des Kindes bestände, mindert sich dann um die Hälfte der (ggf. bereinigten) Einkünfte, so daß die durch das Eigeneinkommen des Kindes bewirkte Bedarfsminderung im praktischen Ergebnis beiden Eltern zu gleichen Teilen zugute kommt (FamRZ 1981/541, 543 – NJW 1981/2462, 2463 f.). Der Grundsatz, daß die Mutter eines minderjährigen unverheirateten Kindes durch dessen Pflege und Erziehung ihre Unterhaltspflicht erfüllt, gilt nach § 1606 III S. 2 BGB allerdings nicht stets, sondern nur in der Regel. Daher können besondere Umstände im Einzelfall eine weitergehende Unterhaltspflicht der Mutter bedingen. Solche besonderen Umstände können sich insbesondere aus den Erwerbs- und Vermögensverhältnissen ergeben, die nach der allgemeinen Vorschrift des § 1606 III S. 1 BGB für die Haftungsanteile gleich naher Verwandter maßgebend sind. Die für die Haftung von Eltern gegenüber ihren minderjährigen unverheirateten Kindern geltende Sonderregelung in Satz 2 der Vorschrift schließt einen Rückgriff auf die generelle Norm nicht schlechthin aus. Daher könnte ins Gewicht fallen, daß die Mutter der Bekl. nicht nur eigenes Arbeitseinkommen hat, sondern Alleineigentümerin des von ihr bewohnten Hauses ist, dessen Belastungen nach der Behauptung der Bekl. aus deren Kapital zurückgeführt worden sind. Das könnte die Beurteilung rechtfertigen, daß die Mutter dem Sohn nicht allein die Betreuung, sondern auch die Wohnung in ihrem Haus in Erfüllung ihrer eigenen Unterhaltspflicht gewährt. Im praktischen Ergebnis ließe sich der Barunterhaltsanspruch des Sohnes gegen den Kl. dann in der Weise ermitteln, daß der ohne die eigenen Einkünfte des Sohnes gegebene Anspruch um die Hälfte der (bereinigten) Ausbildungsvergütung gekürzt wird. Das und die weitere Frage, ob eine noch weitergehende Abweichung der elterlichen Haftungsanteile von der Regel des § 1606 III S. 2 BGB geboten ist, muß der tatrichterlichen Beurteilung überlassen werden, die die (bisher nicht festgestellten) Erwerbs- und Vermögensverhältnisse der Kl. einzubeziehen hat. Die Ansicht des OLG, die Ausbildungsvergütung des Sohnes mindere in voller Höhe seinen Barunterhaltsanspruch gegen den Kl., wird nach alledem durch den bisher festgestellten Sachverhalt nicht getragen. Wie sich aus dem Gesagten ergibt, kommt es nicht darauf an, ob und aus welchen Gründen der Sohn sein Einkommen (teilweise) an seine Mutter weitergibt. Soweit diese ihm sein Einkommen beläßt und ihm durch Betreuung und Wohnungsgewährung mehr zuwendet als dem Anteil ihrer Haftung für seinen Restbedarf entspricht, will sie mit dieser Mehrleistung nach der Lebenserfahrung nicht den barunterhaltspflichtigen Kl. entlasten (FamRZ 1985/584, 585; FamRZ 1986/151, 152).

(Kein Betreuungsbedarf beim Volljährigen; Bemessung des Barbedarfs einer Volljährigen in Anlehnung an die Düsseldorfer Tabelle und zusätzliche Berücksichtigung eines Wohnbedarfs)

i II 1) Das OLG ist zutreffend davon ausgegangen, daß für die seit 14. 7. 1985 volljährige Tochter ein Betreuungsbedarf nicht mehr in Betracht kommt, weil der Volljährige im Regelfall keine nennenswerte Betreuung mehr benötigt (§ 1606 III S. 2 BGB). Die Höhe des Unterhaltsbedarfs der Tochter hat das OLG, angelehnt an die Sätze der bereits im vorausgegangenen Verfahren zugrunde gelegten Düsseldorfer Tabelle, mit monatlich 910 DM angesetzt (höchster Regelbetrag zuzüglich des Zuschlags von 125 DM für volljährige Kinder nach Anm. 7). Seit dem 1. 5. 1986 wohnt die Tochter im Schwesternheim des Krankenhauses, in dem sie ausgebildet wird. Die dafür anfallenden Mietkosten von monatlich 131,68 DM hat das OLG ab 1. 5. 1986 als zusätzlichen Bedarfsposten berücksichtigt und ist so für diese Zeit zu einem Unterhaltsbedarf von (910 DM + 131,68 DM =) 1041,68 DM – oder rund 1040 DM – gelangt. Diese Bestimmung des Unterhaltsbedarfs ist frei von rechtlichen Bedenken, soweit es sich um die Zeit ab 1. 5. 1986 handelt. Für die vorausgegangene Zeit vom 1. 12. 1985 bis 30. 4. 1986 ist der Unterhaltsbedarf jedoch um den – insoweit noch nicht festgestellten – Wohnbedarf zu erhöhen, weil die tatrichterliche Ermittlung des finanziellen Bedarfs der Tochter – wie des Sohnes – von „mietfreiem Wohnen" im Hause der Mutter ausgeht. Gewährte aber die Mutter der Tochter bereits zur Zeit der letzten mündlichen Verhandlung des Vorprozesses und auch noch im Anspruchszeitraum vom 1. 12. 1985 bis 30. 4. 1986 freie Wohnung und war dies – wovon das OLG ersichtlich ausgeht – Grundlage der Bemessung des Unterhaltsanspruchs gegen den Kl., so ergeben erst der vom OLG ermittelte Barbedarf und der Wohnbedarf der Tochter zusammen deren gesamten Lebensbedarf (§ 1610 II BGB).

(Keine Anwendung des § 1611 I BGB auf den Unterhaltsanspruch eines Volljährigen, wenn die sittenwidrige Handlung während der Minderjährigkeit begangen wurde)

j II 2 b) Das OLG hat auch der Tochter monatlich 150 DM fiktive Zinseinkünfte als Einkommen angerechnet. Das begegnet wie im Falle des Sohnes durchgreifenden rechtlichen Bedenken. Einer Einschränkung des Unterhaltsanspruchs auf eine Beihilfe zum Unterhalt gemäß § 1611 I BGB steht auch im Falle der Tochter die Regelung in § 1611 II BGB entgegen. Allerdings war die Tochter im Anspruchszeitraum ab 1. 12. 1985 bereits volljährig. In den Jahren 1982/83, als nach ihrer Behauptung das Kapital ausgegeben worden ist, war sie es jedoch noch nicht. Handlungen eines Minderjährigen können diesem nach § 1611 II BGB auch dann nicht entgegengehalten werden, wenn er nach dem

Anhang R. Rechtsprechung

Eintritt der Volljährigkeit noch unterhaltsbedürftig ist; es kommt nur darauf an, wann der Verwirkungstatbestand eingetreten ist. Der Verpflichtung der Eltern, das Kind zu erziehen und zu beaufsichtigen, würde es nicht entsprechen, wenn im Falle einer sittlichen oder sonstigen Fehlentwicklung des Kindes die Unterhaltspflicht der Eltern ganz oder teilweise wegfiele. Dieser gesetzgeberische Grund für die Regelung in § 1611 II BGB steht einer mit dem Erreichen der Volljährigkeit eintretenden Unterhaltskürzung wegen solcher Handlungen entgegen, die der Unterhaltsgläubiger zuvor als Minderjähriger begangen hat.

BGH v. 4. 11. 87 – IVb ZR 81/86 – FamRZ 88, 145 = NJW-RR 88, 514

(Keine Erwerbsobliegenheit bei 2 Kindern im Alter von 6 und 8 Jahren)

I 1) Das OLG hat der Kl. Unterhalt auf der Grundlage des § 1570 BGB zugesprochen, weil sie wegen der Pflege und Erziehung der beiden gemeinschaftlichen Kinder (6 und 8 Jahre) nicht in der Lage sei, ihren Unterhalt durch Ausübung einer (vollen) Erwerbstätigkeit allein sicherzustellen. Das ist angesichts des Alters der beiden Kinder aus Rechtsgründen nicht zu beanstanden (FamRZ 1984/662; FamRZ 1982/148, 150). Besondere Umstände, die hier ausnahmsweise eine andere Beurteilung rechtfertigen könnten, sind nicht behauptet. Schon deshalb kann die Rüge der Revision, eine Unterhaltspflicht nach § 1570 BGB könne nicht abstrakt beurteilt werden, sondern erfordere eine nähere Abwägung der Umstände des Einzelfalles unter Beachtung der Betreuungsbedürftigkeit, des Alters und des Gesundheitszustandes sowie der allgemeinen und schulischen Entwicklung der betreuten Kinder, das angefochtene Urteil nicht in Frage stellen. Das OLG hat mithin rechtsfehlerfrei eine Unterhaltspflicht des Bekl. nach § 1570 BGB sowohl für die Zeit vom 1. 9. 1981 bis zum 31. 7. 1983 bejaht, in der die Kl. keiner Erwerbstätigkeit nachging, wie auch für die anschließende Zeit ab Aufnahme ihrer Teilzeitarbeit (FamRZ 1987/572, 573).

(Einkünfte des Verpflichteten aus einer erst nach der Trennung aufgenommenen Erwerbstätigkeit sind prägend, wenn sie sich im Rahmen einer normalen beruflichen Entwicklung bewegen; hier Assistenzarzt – Oberarzt)

I 2 a) Den Maßstab für die Höhe des der Kl. zustehenden Unterhalts hat das OLG den ehel. Lebensverhältnissen der Parteien entnommen, die in den letzten Ehejahren, in denen die Kl. wegen der Betreuung der Kinder an einer Erwerbstätigkeit gehindert war, entscheidend durch das Einkommen des Bekl. zunächst als Assistenzarzt und seit April 1980 als Oberarzt – im Rahmen einer normalen beruflichen Entwicklung – geprägt worden seien. Seine Einkünfte aus dieser Tätigkeit seien deshalb in dem Zeitraum bis Ende 1983 der Unterhaltsbemessung zugrunde zu legen. Dies entspricht der in ständiger Rechtsprechung vertretenen Auffassung des Senats. Danach werden die für den nachehel. Unterhalt maßgeblichen Lebensverhältnisse i. S. von § 1578 I BGB durch das bis zur Scheidung nachhaltig erreichte Einkommen bestimmt, in Fällen, in denen nur einer der Ehegatten erwerbstätig ist, im allgemeinen durch dessen Arbeitseinkommen (FamRZ 1986/783, 785, m. w. N.). Das OLG hat mithin die ehel. Lebensverhältnisse der Parteien zutreffend nach den Einkünften ausgerichtet, die der Bekl. im Zeitpunkt der Scheidung aus seiner Tätigkeit als Oberarzt erzielte. Die Revision vertritt die Auffassung, die Anstellung des Bekl. als Oberarzt in dem Krankenhaus K. habe keinen Einfluß auf die Lebensverhältnisse der Parteien gehabt; denn diese seien durch die gemeinsame Absicht bestimmt gewesen, daß der Lebensunterhalt der Familie durch eine Tätigkeit des Bekl. als Frauenarzt mit eigener Praxis bestritten werden solle. Die Tätigkeit in dem Krankenhaus K. habe der Bekl. erst nach der Trennung der Parteien aufgenommen, um durch überobligationsmäßige Arbeit den durch die Verbindung mit seiner jetzigen Ehefrau entstandenen Mehrbedarf zu decken. Einkünfte aus einer erst während des Getrenntlebens aufgenommenen Tätigkeit seien aber für die Bestimmung der ehel. Lebensverhältnisse nur dann von Bedeutung, wenn die Aufnahme der Tätigkeit schon während des Zusammenlebens der Eheleute geplant oder doch vorauszusehen gewesen sei. Das sei hier nicht der Fall gewesen. Wenn die Ehe nicht geschieden wäre, hätte der Bekl. die Tätigkeit in dem Krankenhaus K. nicht übernommen, sondern sich bereits früher als selbständiger Frauenarzt niedergelassen. Dieser Einwand vermag die angegriffene Entscheidung nicht in Frage zu stellen. Zwar hebt die Revision rechtlich zutreffend hervor, daß die Einkünfte aus einer erst nach der Trennung der Ehegatten aufgenommenen Tätigkeit die ehel. Lebensverhältnisse dann nicht prägen, wenn die Aufnahme der Tätigkeit eine außergewöhnliche, während des Zusammenlebens der Parteien nicht geplante und nicht vorhergesehene Entwicklung darstellt (FamRZ 86/785, m. w. N.). Ein derartiger Sachverhalt liegt hier jedoch nach den tatsächlichen Feststellungen des OLG nicht vor. Denn danach hat sich die Tätigkeit des Bekl. zunächst als Assistenzarzt und seit April 1980 als Oberarzt in verschiedenen Krankenhäusern „im Rahmen einer normalen beruflichen Entwicklung" bewegt. Diese Feststellung entspricht im übrigen allgemeiner Erfahrung und ist aus Rechtsgründen nicht zu beanstanden. Soweit die Revision demgegenüber erstmals behauptet, der Bekl. hätte ohne das Scheitern der Ehe die Tätigkeit im Krankenhaus K. nicht übernommen, sondern sich schon früher als

Frauenarzt niedergelassen, ist dieser neue Tatsachenvortrag für die revisionsrechtliche Beurteilung unbeachtlich (§ 561 I ZPO). Er wäre überdies aus den dargelegten Gründen ohnehin nicht geeignet, die Beurteilung in Frage zu stellen, daß die ehel. Lebensverhältnisse der Parteien durch das Einkommen des Bekl. aus seiner im Zeitpunkt der Scheidung tatsächlich ausgeübten Tätigkeit als Oberarzt in einem Krankenhaus bestimmt wurden.

(Keine Prägung der ehelichen Lebensverhältnisse durch Einkünfte aus einer erstmals nach Scheidung aufgenommenen Erwerbstätigkeit, auch wenn dies auf einem vorgefaßten Lebensplan der Eheleute beruht)

c I 2 b) Dem Umstand, daß die Kl. nach der Scheidung der Parteien ihren Lehrerberuf – mit halber Stundenzahl – wieder aufgenommen hat, hat das OLG zu Recht keinen Einfluß auf die ehel. Lebensverhältnisse beigemessen, auch wenn eine spätere erneute Berufstätigkeit der Kl. einer Planung der Eheleute während ihres Zusammenlebens entsprach. Wie der Senat in dem Urteil v. 23. 4. 1986 (FamRZ 86/785) näher dargelegt hat, entspricht es nach heutigem Eheverständnis, insbesondere auch im Hinblick auf die zunehmende berufliche Ausbildung der Frauen, einer weitgehend üblichen Entwicklung, daß einer der Ehegatten, zumeist die Ehefrau, zugunsten der Pflege und Erziehung der Kinder die berufliche Tätigkeit aufgibt oder einschränkt, bis die Kinder ein bestimmtes Lebensalter erreicht haben, später aber in den Beruf zurückkehrt oder einen solchen erstmals aufnimmt. Auch wenn eine derartige Entwicklung auf einem vorgefaßten Lebensplan der Eheleute beruht, kann ihr ein Einfluß auf die ehel. Lebensverhältnisse allenfalls in Ausnahmefällen dann zukommen, wenn die Planung schon vor der Scheidung wenigstens teilweise verwirklicht worden ist. Da das hier nicht der Fall war – die beiden Kinder waren im Zeitpunkt der Scheidung erst vier und sechs Jahre alt, die Kl. war bis Februar 1984 aus dem Schuldienst beurlaubt –, hat das OLG die Einkünfte aus ihrer zwei Jahre nach der Scheidung (vorzeitig) wieder aufgenommene Berufstätigkeit rechtsfehlerfrei bei der Bestimmung der ehel. Lebensverhältnisse außer Betracht gelassen.

(Keine Wohnwertzurechnung, wenn ein Haus von den Parteien niemals gemeinsam bewohnt worden ist)

d 2 b) Das Gericht hat auch zu Recht davon abgesehen, bei der Beurteilung der ehel. Lebensverhältnisse das Wohnen in einem eigenen – luxuriösen – Haus mit zu berücksichtigen. Das Haus, in dem die Kl. inzwischen mit den beiden Kindern lebt, ist niemals gemeinsam von den Parteien bewohnt worden.
(Das von den Eltern finanzierte Haus war bei Trennung erst im Rohbau fertiggestellt.)

(Darlegungspflicht des Unterhaltsschuldners für eine rückläufige Entwicklung seiner Einkünfte)

e I 2 d) Für die Zeit vom 1. 10. bis zum 31. 12. 1983, in der der Bekl. aus dem Krankenhaus ausgeschieden ist und Landarztvertretungen übernommen hat, hat das OLG seine Unterhaltsverpflichtung gleichwohl nach seinen bisherigen Einkünften bemessen, weil er für diesen Zeitraum seine Einkommensverhältnisse nur unvollständig vorgetragen und – obgleich für eine Leistungsunfähigkeit darlegungspflichtig – nicht in ausreichender Weise substantiiert dargetan habe, daß er den Unterhaltsbedarf der Kl. in der bisherigen Höhe nicht weiterhin habe erfüllen können. Das OLG ist damit von im wesentlichen gleichgebliebenen Einkünften des Bekl. und dementsprechend von einem unveränderten ehel. Lebensstandard der Parteien ausgegangen. Das ist nach der festgestellten Sachlage revisionsrechtlich nicht zu beanstanden. Da die Kl. ihren Unterhaltsanspruch auf die Behauptung stützt, daß sich das Einkommen des Bekl. auch während der Landarztvertretungen in der bisherigen Höhe bewegt habe, hätte es an dem Bekl. gelegen, eine etwa ins Gewicht fallende Änderung seines Einkommens darzulegen. Das hat er nicht getan. Soweit die Revision sich in diesem Zusammenhang darauf beruft, daß der Bekl. eine Lohnsteuerkarte vorgelegt habe, und meint, die darauf vermerkten Einkünfte seien ohne weiteres zugrunde zu legen, dringt dieser Einwand nicht durch. Mit den Eintragungen in der Lohnsteuerkarte hat sich das OLG auseinandergesetzt. Dabei hat es festgestellt, daß diese teilweise im Widerspruch stünden zu den von dem Bekl. vorgelegten Bescheinigungen über die behaupteten Entgelte für die geleisteten Vertretungen. Auf diese Widersprüche geht die Revision nicht ein, und sie greift auch die entsprechenden Feststellungen in dem angefochtenen Urteil nicht an. Damit hat ihre Rüge keinen Erfolg.

(Unterhaltsrechtliche Obliegenheit, seine Arbeitsfähigkeit so gut wie möglich einzusetzen; keine Änderung des eheangemessenen Unterhalts durch freiwillig herbeigeführte, vorübergehende Einkommensminderungen, die der Verpflichtete durch Kreditaufnahme oder Rücklagenbildung auffangen kann)

f I 2 e) Das OLG hat die ehel. Lebensverhältnisse der Parteien mit Rücksicht auf die Einkommenseinbuße, die für den Bekl. mit der Eröffnung der eigenen Praxis zunächst verbunden war, mit einem geringeren Betrag als in der vorhergehenden Zeit, nämlich nur noch mit 3000 DM bis 4000 DM monatlich beziffert. Da die Kl. das Berufungsurteil insoweit nicht angegriffen hat, kann auf sich beruhen, ob die ehel. Lebensverhältnisse als Maßstab für die Bemessung ihres Unterhalts tatsächlich – wie

Anhang R. Rechtsprechung R347

das OLG meint – zu ihren Ungunsten verändert worden sind. Denn jedenfalls rechtfertigt der in diesem Revisionsverfahren zugrunde zu legende Sachverhalt keine weitergehende Herabsetzung des Bemessungsmaßstabs, als das OLG sie vorgenommen hat. Nach seinen Feststellungen, die auch der Lebenserfahrung entsprechen, hat der Bekl. die mit seiner Niederlassung als frei praktizierender Arzt zunächst verbundene Einkommensminderung in der Erwartung in Kauf genommen, sie werde nach einer Anlaufzeit durch steigende Praxiseinkünfte kompensiert werden. Tatsächlich hat die Praxis ihm nach anfänglichen Verlusten bereits im zweiten Jahr ihres Bestehens einen nicht ganz unerheblichen Überschuß eingetragen. Auch wenn die weitere Entwicklung der Praxis bisher nicht festgestellt ist, kann hiernach davon ausgegangen werden, daß der Bekl. durch den beruflichen Wechsel vom angestellten Oberarzt eines Krankenhauses zum frei praktizierenden Arzt nicht gegen seine unterhaltsrechtliche Obliegenheit verstoßen hat, seine Arbeitsfähigkeit so gut wie möglich einzusetzen (FamRZ 1981/539, 540; FamRZ 1985/158, 159, m. w. N.). Daher stellt sich nicht die Frage, ob eine Einkommensminderung, die auf einer Verletzung der genannten Obliegenheit beruht, die ehel. Lebensverhältnisse zum Nachteil des Unterhaltsberechtigten verändern kann. Auch wenn der Unterhaltspflichtige seine beruflichen Verhältnisse aber in einer Weise ändert, die der Unterhaltsberechtigte hinnehmen muß, kann dies nicht bedeuten, daß jede vorübergehende Einkommensminderung, die damit verbunden ist, sogleich auf den Maßstab für die Bemessung des Unterhalts durchschlägt. Vielmehr sind hier die Grundsätze heranzuziehen, die in solchen Fällen für die Leistungsfähigkeit des Unterhaltspflichtigen gelten. Führt dieser freiwillig eine voraussehbare rückläufige Entwicklung seiner Einkünfte herbei, so ist es ihm zuzumuten, seinen Plan erst dann zu verwirklichen, wenn er in geeigneter Weise, etwa durch Bildung von Rücklagen oder Aufnahme eines Kredits, sichergestellt hat, daß er seinen Unterhaltspflichten vorerst auch bei geringerem Einkommen nachkommen kann (FamRZ 1987/372, 374; FamRZ 1982/365, 366, 367). Daraus folgt, daß die für den Umfang der Unterhaltspflicht maßgebenden ehel. Lebensverhältnisse nicht durch solche freiwillig herbeigeführten, vorübergehenden Einkommensminderungen beeinflußt werden, die der Unterhaltspflichtige durch zumutbare Vorsorge auffangen konnte. Das OLG hat daher zutreffend darauf abgehoben, daß der Bekl. gehalten gewesen sei, aus den Krediten, die er für die Eröffnung seiner Praxis benötigte, während einer Übergangszeit auch den Lebensunterhalt seiner Familie zu finanzieren. Daß es dabei das Maß des dem Bekl. Zumutbaren verkannt habe, wird von der Revision nicht geltend gemacht und ist auch nicht ersichtlich. Aus Rechtsgründen nicht zu beanstanden ist auch die tatrichterliche Würdigung, den Parteien hätten in der Übergangsphase monatlich etwa 3000 bis 4000 DM für ihren eigenen Lebensbedarf zur Verfügung gestanden. Jedenfalls dieser Betrag ist daher für die Zeit ab Januar 1984 der Unterhaltsbemessung zugrunde zu legen. Die Dauer der Übergangszeit, während der der Bekl. den Unterhalt seiner Familie mangels ausreichender Praxiseinkünfte im Kreditwege zu finanzieren hat, braucht in diesem Revisionsverfahren nicht näher eingegrenzt zu werden. Da das angefochtene Urteil aber der Revision aus anderen Gründen nicht standhält (s. unten zu 4)) und die Sache an das OLG zurückverwiesen werden muß, haben die Parteien Gelegenheit, die Entwicklung der Praxiseinnahmen des Bekl. über das Jahr 1985 hinaus vorzutragen. Nur wenn sich herausstellen sollte, daß die Einkünfte unter Berücksichtigung einer angemessenen Tilgung der aufgenommenen Kredite seinen früheren Verdienst als Oberarzt nicht wieder erreicht haben, sondern voraussichtlich auf Dauer abgesunken sind, stellt sich die – vom Senat bisher nicht entschiedene – Frage, ob und wie sich eine solche nach der Scheidung eintretende Einkommensminderung auf die ehel. Lebensverhältnisse auswirkt.

(Anrechnung von Einkünften aus unzumutbarer Erwerbstätigkeit nach § 1577 II 1 u. 2; auch eine vor der Trennung geplante Erwerbstätigkeit kann bei Betreuungsunterhalt wegen 2 Kindern [6 u. 8 Jahre] überobligationsmäßig sein)

I 3e) Das OLG hat die Arbeitseinkünfte, die die Kl. seit dem 1. 8. 1983 erzielt, nach Abzug der **g** mit der Berufstätigkeit verbundenen Kosten mit monatlich 1159 DM angenommen und zur Höhe des der Kl. nunmehr zustehenden Unterhalts ausgeführt: Da die beiden gemeinschaftlichen Kinder im Zeitpunkt der Arbeitsaufnahme noch der vollen Betreuung durch die Kl. bedurft hätten, erziele diese ihre Einkünfte aus einer unterhaltsrechtlich an sich unzumutbaren Tätigkeit. Die Anrechnung der Einkünfte richte sich daher nach § 1577 II BGB. Nach dieser Vorschrift verblieben die Einkünfte des Unterhaltsberechtigten anrechnungsfrei, soweit sie zusammen mit dem geleisteten (bzw. an sich geschuldeten) Unterhalt den „vollen Unterhalt" nicht überstiegen. Der volle Unterhalt bestimme sich nach den ehel. Lebensverhältnissen unter Berücksichtigung trennungsbedingter Mehraufwendungen, hier also nach einem monatlichen durchschnittlichen Einkommen des Bekl. von 6934 DM, das sich nach Abzug des Kindesunterhalts auf 5404 DM ermäßige. Trennungsbedingte Mehrkosten seien bereits bei Ermittlung des unterhaltsrechtlich relevanten Einkommens der Kl. angerechnet worden und deshalb nicht zusätzlich zu berücksichtigen. Bei einem danach zugrunde zu legenden anrechenbaren Einkommen des Bekl. von monatlich 5404 DM belaufe sich der – an der $2/5$-Quote orientierte – volle Unterhalt der Kl. auf monatlich 2162 DM. In Anbetracht einer Unterhaltsleistung des Bekl. gemäß dem Urteil des Familiengerichts i. H. von monatlich 1627,25 DM verbleibe somit

1385

ein Einkommensteil von 534,75 DM (2162 DM abzüglich 1627,25 DM) anrechnungsfrei. Eine Anrechnung des Mehrbetrages der von der Kl. erzielten Einkünfte (1159 DM abzüglich 534,75 DM) richte sich gemäß § 1577 II S. 2 BGB nach Billigkeitsgesichtspunkten unter Berücksichtigung der beiderseitigen wirtschaftlichen Verhältnisse. Eine Anrechnung erscheine jedoch nicht billig. Denn zum einen bestehe kein gewichtiger Grund, den Bekl. von der überobligationsmäßigen Anstrengung der Kl. profitieren zu lassen. Zum anderen stehe weder der Kl. unverhältnismäßig viel Geld für ihre Lebenshaltung zur Verfügung, noch werde der Bekl. bei einer Elementarunterhaltsleistung von monatlich 1627,25 DM unverhältnismäßig schwer belastet. Diese auf zutreffenden rechtlichen Erwägungen beruhende tatrichterliche Würdigung läßt einen Rechtsfehler nicht erkennen. Die Revision greift die Auffassung an, daß die Berufstätigkeit der Kl. überobligationsmäßig sei, und macht dazu geltend: Das OLG habe übersehen, daß die Wiederaufnahme einer beruflichen Tätigkeit der Kl. in den gemeinsamen Lebensplan der Parteien einbezogen gewesen sei. Die Durchführung eines gemeinsamen Lebensplanes könne aber nicht als unzumutbare Arbeitstätigkeit eingestuft werden; andernfalls stelle sich ein geschiedener Ehegatte besser als ein Ehegatte während der Ehe. Hiermit kann die Revision nicht durchdringen. Ob eine Erwerbstätigkeit überobligationsmäßig, nämlich unter Berücksichtigung der Pflichten gegenüber minderjährigen Kindern unzumutbar ist, beurteilt sich nach der konkreten Situation, in der sich der Ehegatte nach der Trennung oder Scheidung befindet. In dieser Situation kann eine ursprünglich gemeinsame Lebensplanung regelmäßig nicht mehr in der früher vorgesehenen Weise verwirklicht werden, weil die Mehrbelastung des die Kinder betreuenden Ehegatten nicht wie in bestehender Ehe durch den anderen Ehepartner aufgefangen werden kann. Schon das rechtfertigt die Beurteilung des OLG, daß die Erwerbstätigkeit, die die Kl. neben der alleinigen Erziehung und Betreuung der beiden seinerzeit erst sechs und acht Jahre alten Kinder auf sich genommen hat, ihre unterhaltsrechtliche Erwerbsobliegenheit im Hinblick auf § 1570 BGB überstieg. Daher kann auf sich beruhen, ob und inwieweit die Zumutbarkeit einer Erwerbstätigkeit überhaupt danach beurteilt werden kann, daß diese einem ehemals gemeinsamen Plan der Ehegatten entspricht.

(Zumutbarkeitsprüfung nach § 1577 I und III BGB, ob der Berechtigte ein Haus ganz oder teilweise vermieten oder veräußern sollte)

h I 4) Ob die Kl. ihren Unterhaltsbedarf – ganz oder teilweise – unter Einsatz ihres Einfamilienhauses zu decken gehalten ist, bestimmt sich nach § 1577 I und III BGB. a) Nach § 1577 I BGB kann ein geschiedener Ehegatte Unterhalt u. a. nach § 1570 BGB nicht verlangen, solange und soweit er sich aus seinen Einkünften und seinem Vermögen selbst unterhalten kann. Daraus ergibt sich grundsätzlich seine Obliegenheit, vorhandenes Vermögen so ertragreich wie möglich anzulegen, weil auch solche Einkünfte die Bedürftigkeit mindern, die zwar tatsächlich nicht gezogen werden, aber in zumutbarer Weise gezogen werden könnten (FamRZ 1986/439, 440, m. w. N.; FamRZ 1986/560, 561). Wie der Senat betont hat, setzt die Annahme einer solchen Obliegenheit allerdings jeweils eine Zumutbarkeitsprüfung voraus, bei der die Belange des Unterhaltsberechtigten und des -verpflichteten unter Berücksichtigung der Umstände des Einzelfalles angemessen gegeneinander abzuwägen sind. Nach diesen Grundsätzen könnte eine Obliegenheit der Kl. in Betracht kommen, ihr offenbar großes und luxuriöses Einfamilienhaus zu einem entsprechenden Mietzins zu vermieten, selbst mit ihren Kindern eine weniger kostspielige Wohnung zu beziehen und die überschüssigen Mieteinnahmen zur Deckung ihres Unterhaltsbedarfs einzusetzen. Ihre Obliegenheit könnte auch darin bestehen, durch Vermietung einzelner Räume des Hauses Mieteinnahmen zu erzielen. Ob die Kl. unterhaltsrechtlich zu solchen Maßnahmen gehalten ist, hat das OLG nicht geprüft, sondern allein auf die Wünsche und Vorstellungen ihrer Eltern verwiesen, die einer Vermietung oder sonstigen Verwertung des Hauses entgegenstünden. Damit läßt sich eine Obliegenheit der Kl. zu möglichst ertragreichen Nutzung des Hauses indessen nicht verneinen. Da das OLG nicht festgestellt hat, daß die Eltern der Kl. im Falle einer Veräußerung oder Vermietung des Hauses einen Rechtsanspruch auf Rückgewähr der dafür aufgewandten Gelder haben, ist für dieses Revisionsverfahren zugunsten des Bekl. davon auszugehen, daß die Kl. einem solchen Anspruch nicht ausgesetzt wäre. Rechtlich nicht durchsetzbare Wünsche ihrer Eltern allein können ihren unterhaltsrechtlichen Obliegenheiten aber nicht entgegenstehen. Vielmehr ist davon auszugehen, daß es sich bei dem Haus um ihr eigenes Vermögen i. S. des § 1577 BGB handelt.

(Zweck des Vorsorgeunterhalts Nachteile auszugleichen, die aus der ehebedingten Behinderung der Erwerbstätigkeit erwachsen; der Vorsorgeunterhalt ist am jeweiligen Elementarunterhalt auszurichten. Dies gilt sowohl bei einem Unterhaltsanspruch nach § 1573 II BGB als auch bei einem Unterhalt nach bedarfsmindernder Anrechnung von Einkünften aus unzumutbarer Erwerbstätigkeit nach § 1577 II BGB. Bei zeitlich schwankenden Vorsorgeunterhaltsbeträgen können Versicherungsprämien aus eigenen Einkünften aufgestockt werden)

i II 1) Der Vorsorgeunterhalt ist dazu bestimmt, als Teil des einheitlichen, den gesamten Lebensbedarf des Berechtigten umfassenden Unterhaltsanspruchs die Nachteile auszugleichen, die dem unter-

Anhang R. Rechtsprechung R349

haltsberechtigten geschiedenen Ehegatten aus der ehebedingten Behinderung seiner Erwerbstätigkeit erwachsen (FamRZ 1981/442, 444; FamRZ 1982/255; FamRZ 1981/864, 865). Auch die Kl. ist in ihrer Erwerbstätigkeit ehebedingt behindert; denn sie hat mit Rücksicht auf die Kinderbetreuung ihre Berufstätigkeit i. J. 1975 eingeschränkt, ab Anfang 1978 völlig aufgegeben und später zunächst nur in der Form einer Halbtagstätigkeit wieder aufgenommen. Hierdurch sind ihre beamtenrechtlichen Versorgungsansprüche verkürzt, ihr Besoldungsdienstalter ist bereits unter Berücksichtigung der fehlenden Dienstzeit neu festgesetzt worden. Ob und gegebenenfalls inwieweit sich dies auf die Höhe ihrer späteren Pension auswirken wird, läßt sich bisher nicht verläßlich beurteilen. Darauf kommt es indessen für die Frage, ob der Kl. ein Anspruch auf Vorsorgeunterhalt zusteht, nicht entscheidend an. Der Senat hat es abgelehnt, den Vorsorgeunterhalt nach der Höhe einer später zu erwartenden, den Lebensbedarf des Berechtigten sodann in angemessener Weise deckenden Versorgungsleistung auszurichten und zu bemessen, zumal es in der Regel mit erheblichen Schwierigkeiten verbunden sein dürfte, den angemessenen Lebensbedarf für den Zeitpunkt des Versicherungsfalles zu beurteilen (FamRZ 81/442, 444). Statt dessen ist der Vorsorgeunterhalt an dem zugebilligten Elementarunterhalt auszurichten; ein Anspruch auf Elementarunterhalt nach §§ 1570 bis 1573 oder 1576 BGB zieht in der Regel auch einen Anspruch auf Altersvorsorgeunterhalt nach sich, § 1578 III BGB. Unter diesem Gesichtspunkt ist auch für die Kl. ein ergänzender Versorgungsbedarf anzuerkennen, den sie, wie das OLG insoweit zutreffend dargelegt hat, beispielsweise durch den Abschluß einer Lebensversicherung in angemessener Weise befriedigen könnte. Die hierfür erforderlichen Mittel hat ihr der Bekl. im Rahmen seiner Unterhaltsverpflichtung als Vorsorgeunterhalt zur Verfügung zu stellen. Für die Bemessung des Vorsorgeunterhalts kann an den laufenden Elementarunterhalt angeknüpft werden, so wie das OLG in anderem Zusammenhang zutreffend vorgegangen ist. Das – im allgemeinen – im Wege einer zweistufigen Berechnung zu ermittelnde Ergebnis ist sodann tatrichterlich auf seine Angemessenheit zu überprüfen (FamRZ 81/442; FamRZ 82/255).

II 2 b) Sollten die als Vorsorgeunterhalt zu leistenden Beträge nach Zeitabschnitten schwanken, so ist es der Kl. unbenommen, etwa die Prämien für eine Lebensversicherung aus ihren eigenen Einkünften aufzustocken. 2 c) Für die Ermittlung des nach dem 1.8.1983 zu leistenden Vorsorgeunterhalts wird vorsorglich auf folgendes hingewiesen: In Fällen etwa des § 1573 II BGB, in denen der Unterhaltsberechtigte durch eine ihm zuzumutende Erwerbstätigkeit eine der Höhe seines Einkommens entsprechende eigene Altersvorsorge begründet, dient der zuzubilligende Vorsorgeunterhalt lediglich der Ergänzung der durch die eigene Tätigkeit erlangten Altersvorsorge (Senatsurteil v. 4.11. 1981, a. a. O., S. 257). Auch in derartigen Fällen kann für die Bemessung des Vorsorgebeitrags an den geschuldeten Elementarunterhalt angeknüpft werden. Nach diesen Grundsätzen träfe die Berechnung des OLG in dem angefochtenen Urteil dann zu, wenn sich der Elementarunterhaltsanspruch der Kl. nur auf monatlich 371 DM beliefe. Da das jedoch nicht der Fall ist und die Kl. ihre Altersvorsorge auch nicht mit Hilfe einer zumutbaren, sondern im Gegenteil aus einer überobligationsmäßigen Berufstätigkeit erzielt, unterliegt die Berechnungsweise des OLG rechtlichen Bedenken. Sie läßt die Regelung des § 1577 II BGB außer Betracht, die bei der Bemessung nicht des Elementarunterhalts, sondern in entsprechender Weise auch des Vorsorgeunterhalts – als eines unselbständigen Teiles des Gesamtunterhalts – zu berücksichtigen ist. Da der Vorsorgeunterhalt in der Regel nach dem Anspruch auf den Elementarunterhalt zu bemessen ist, richtet er sich auch dann nach dem zuzusprechenden Elementarunterhalt, wenn dieser unter Heranziehung des § 1577 II BGB ermittelt wird. Rechtfertigende Gründe für eine hiervon abweichende Beurteilung sind nach dem – oben dargelegten – Sinn und Zweck des Vorsorgeunterhalts nicht ersichtlich. Ein unterhaltsberechtigter geschiedener Ehegatte, der eine unzumutbare Erwerbstätigkeit ausübt, muß sich daher auch die durch diese Tätigkeit erlangte Altersvorsorge nur im Rahmen des § 1577 II BGB anrechnen lassen. Das OLG wird daher bei der Bemessung der Vorsorgebeiträge auch hier an den zu zahlenden Elementarunterhalt anzuknüpfen haben; allerdings kann die nach § 1577 II BGB anzustellende Billigkeitsabwägung ggf. durch die zusätzliche Verpflichtung des Bekl. zur Leistung des Vorsorgeunterhalts beeinflußt werden.

BGH v. 25. 11. 87 – IVb ZR 109/86 – FamRZ 88, 386 = NJW-RR 88, 582

(Eine Verweisung des Kindes auf Naturalunterhalt ist nur dann wirksam, wenn diese Art der Unterhaltsgewährung für das Kind auch tatsächlich erreichbar ist) R349

2) Das OLG hat die Auffassung vertreten, der Bekl. könne sich für die hier in Rede stehende Zeit nicht darauf berufen, dem Kind den Unterhalt in anderer Art als durch Entrichtung einer Geldrente angeboten zu haben. Die Verweisung auf Naturalunterhalt (Deckung des vollen Unterhaltsbedarfs durch Sach- und Betreuungsleistungen im elterlichen Haushalt) sei unwirksam, weil diese Art der Unterhaltsgewährung für das Kind nicht erreichbar gewesen sei. Die Tochter Petra habe aufgrund ihres Alters und der Lebensumstände einer solchen Unterhaltsbestimmung nicht folgen können. Die Weigerung ihrer Stiefgroßmutter, sie den sorgeberechtigten Eltern zurückzugeben, habe das Kind

daran gehindert, den angebotenen Naturalunterhalt entgegenzunehmen. Von der tatsächlichen Undurchführbarkeit der Unterhaltsbestimmung sei daher auch im Falle einer widerrechtlichen Vorenthaltung des Kindes auszugehen. Diese Beurteilung hält den Angriffen der Revision stand. Sie steht im Einklang mit den zum Schutz des Kindes entwickelten Grundsätzen über das Bestimmungsrecht der Eltern, einem unverheirateten Kind den Unterhalt nicht durch Entrichtung einer Geldrente, sondern durch Gewährung von Kost und Wohnung zu leisten (§ 1612 II S. 1 BGB). Danach ist die Verweisung auf Naturalunterhalt nur dann wirksam, wenn diese Art der Unterhaltsgewährung für das berechtigte Kind tatsächlich erreichbar ist und es nicht ohne eigenes Verschulden außerstande ist, der entsprechenden Unterhaltsbestimmung Folge zu leisten (FamRZ 1985/584, 585 = NJW 1985/1339 ff., m. w. N.). Die Beurteilung des OLG, ein Naturalunterhalt beim Bekl. sei für Petra tatsächlich nicht erreichbar gewesen, ist nicht rechtsfehlerhaft. Von einem Kind im Alter von fünf bis sieben Jahren, das sich seit seinem ersten Lebensjahr ununterbrochen in der Obhut einer anderen Person befindet, kann nicht erwartet werden, daß es diese auf Wunsch des leiblichen Vaters verläßt, um auf Dauer zu ihm zu ziehen. Es kann daher auf sich beruhen, daß der Bekl. im ganzen Verfahren auch nicht vorgetragen hat, ob und gegebenenfalls wann er seine Tochter Petra dazu aufgefordert hat. Für ein Verschulden der Frau Z., die nicht gesetzliche Vertreterin des Kindes war, hat dieses nicht einzustehen. Ob ausnahmsweise eine Inanspruchnahme des barunterhaltspflichtigen Elternteils nach Treu und Glauben (§ 242 BGB) ausscheidet, wenn er alles nur erdenklich Mögliche versucht hat, ein ihm widerrechtlich vorenthaltenes Kind zurückzubekommen, um ihm Naturalunterhalt gewähren zu können, kann auf sich beruhen; ein solcher Ausnahmefall widerrechtlicher Vorenthaltung des Kindes liegt nicht vor. Nach den getroffenen Feststellungen war der Bekl. als Mitinhaber des Sorgerechts für Petra mit der Pflege des Kindes durch die Stiefmutter seiner Ehefrau ursprünglich einverstanden; erst nach etwa drei Jahren begann er nach seiner eigenen Darstellung mit Bemühungen, das Kind in seine inzwischen gegründete Familie zu überführen; im Rahmen der seit 1983 begonnenen vormundschaftsgerichtlichen Auseinandersetzungen um die Herausgabe des Kindes war der Bekl. noch im Sommer 1984 im Interesse des Kindes mit Besuchsregelungen einverstanden. Eine gerichtliche Herausgabeanordnung zugunsten des Bekl. und seiner Ehefrau ging – wiederum nach der eigenen Darstellung des Bekl. – erst nach einer eingehenden psychologischen Begutachtung, die im Blick auf das Wohl des betroffenen Kindes erforderlich war, im September 1986. Für die anschließende Zeit ist eine Barunterhaltspflicht des Bekl. nicht im Streit. Bei dieser Sachlage kann eher die Frage aufgeworfen werden, ob nicht der Bekl. im Hinblick auf sein früheres Verhalten gegenüber dem Kind das Bestimmungsrecht des § 1612 II S. 1 BGB unzulässig ausgeübt hat (§ 242 BGB), wenn er die Entgegennahme des Naturalunterhalts von einem fünfjährigen Kind verlangte, das auch in seinem Einvernehmen kurz nach der Geburt für eine unbegrenzte Zeit der Pflege und Erziehung in einer anderen Familie überantwortet gewesen war.

BGH v. 25. 11. 87 – IVb ZR 96/86 = NJW 88, 1965

R350 *(Schadensersatzanspruch nach § 826 BGB; Verpflichtung zur ungefragten Information)*

a) Falls die Auslegung der Parteivereinbarung zu dem Ergebnis führt, daß die Kl. umfassend auf ihre Rechte aus dem Prozeßvergleich verzichtet hat und deshalb daraus nicht mehr vollstrecken kann, käme eine Schadensersatzverpflichtung des Bekl. gem. § 826 BGB in Betracht.

b) Das BerGer. ist zutreffend von den Grundsätzen ausgegangen, die der Senat im Urt. v. 19. 2. 1986 (NJW 1986, 1751 = FamRZ 1986, 450 (451)) zu den Voraussetzungen einer Auskunftspflicht unter geschiedenen Ehegatten dargelegt und im Urteil vom 23. 4. 1986 (NJW 1986, 2047 = FamRZ 1986, 794 (796)) bestätigt hat. Danach kommt als Ausprägung des Grundsatzes von Treu und Glauben neben der Pflicht zur Auskunftserteilung auf Verlangen, [Verlangen] die seit dem Inkrafttreten des 1. EheRG in § 1850 BGB gesetzlich normiert ist, unter besonderen Umständen auch eine Verpflichtung zur ungefragten Information des anderen Beteiligten über Unterhaltsrechtsverhältnisse in Betracht. Eine solche Pflicht zur ungefragten Offenbarung einer i. S. des § 323 I ZPO wesentlichen Änderung der Einkommens- und Vermögensverhältnisse besteht, wenn das Schweigen über eine günstige, für den Unterhaltsanspruch ersichtlich grundlegende Änderung der wirtschaftlichen Verhältnisse evident unredlich erscheint. Der Senat hat ausgeführt, das könne jedenfalls dann angenommen werden, wenn der Unterhaltsschuldner aufgrund vorangegangenen Tuns des Unterhaltsgläubigers sowie nach der Lebenserfahrung keine Veranlassung hatte, sich des Fortbestandes der anspruchsbegründenden Umstände durch ein Auskunftsverlangen zu vergewissern, der Unterhaltsgläubiger sodann trotz einer für den Schuldner nicht erkennbaren Veränderung seiner wirtschaftlichen Verhältnisse, die den materiellrechtlichen Unterhaltsanspruch ersichtlich erlöschen läßt, eine festgesetzte Unterhaltsrente weiter entgegennimmt und dadurch den Irrtum befördert, in seinen Verhältnissen habe sich erwartungsgemäß nichts geändert. Diese Grundsätze, an denen der Senat festhält, sind nicht nur anzuwenden, wenn die wesentliche Änderung der Verhältnisse auf seiten des Unterhaltsgläubigers dessen Bedürftigkeit ganz oder teilweise behebt; sie gelten vielmehr in gleicher

Anhang R. Rechtsprechung R351

Weise für den Unterhaltsschuldner in Fällen, in denen das Verschweigen einer grundlegenden Verbesserung seiner Leistungsfähigkeit evident unredlich ist. Denn die Pflichtenlage besteht als Nachwirkung der Ehe grundsätzlich gleichermaßen für beide am Unterhaltsrechtsverhältnis Beteiligten.

Die Anwendung dieser Grundsätze käme im vorliegenden Fall in Betracht. Er gewinnt seine besondere Ausprägung dadurch, daß die Parteien während des Scheidungsverfahrens die nacheheliche Unterhaltsverpflichtung des Bekl. in einem Prozeßvergleich vertraglich ausgestaltet hatten und der Bekl. im Jahre 1973 (außergerichtlich) die Herabsetzung seiner monatlichen Zahlungsverpflichtung von 500 DM auf 60 DM mit der im Abänderungsverfahren vorgetragenen Behauptung erreicht hatte, er habe aus Gesundheitsgründen auf Dauer jede Erwerbstätigkeit einstellen müssen und sei daher in Zukunft allein auf sein Renteneinkommen angewiesen. Unter diesen besonderen Umständen kann in dem Verschweigen der Wiederaufnahme einer vollen Berufstätigkeit, die über eine bei Rentnern nicht seltene Nebentätigkeit geringen Umfangs weit hinausging, eine zum Schadensersatz führende Verletzung der Auskunftspflicht des Bekl. gesehen werden.

b) In subjektiver Hinsicht erfordert der Tatbestand des § 826 BGB zwar nicht das Bewußtsein, sich sittenwidrig zu verhalten; es genügt grundsätzlich, daß der Handelnde (bzw. Unterlassende) die Tatumstände des Falles gekannt hat, die sein Verhalten objektiv als Verstoß gegen die guten Sitten erscheinen lassen (vgl. Senat, NJW 1986, 1751 = FamRZ 1986, 454 m. w. Nachw.). Vorsatz wird indessen in bezug auf die Schadenszufügung gefordert. Das nötigt das BerGer. gegebenenfalls zu Feststellungen, ob der Bekl. unterhaltsrechtlich gehalten war, das aus einer wiederaufgenommenen Erwerbstätigkeit erzielte Einkommen zumindest teilweise auch zum Unterhalt der Kl. einzusetzen, und ob ihm dies bewußt war.

BGH v. 9. 12. 87 – IVb ZR 5/87 – FamRZ 88, 268, 269 = NJW 88, 1906

(Ein Elternteil, der von einem volljährigen gemeinschaftlichen Kind auf Unterhalt in Anspruch genommen wird, kann zur Berechnung seines Haftungsanteils von dem anderen Elternteil Auskunft über dessen Einkünfte verlangen) R351

1) Das Berufungsgericht hat zutreffend dargelegt, daß der geltend gemachte Anspruch nicht unmittelbar aus einer der für die Auskunftspflicht im Familienrecht bestehenden besonderen Gesetzesvorschrift hergeleitet werden kann. Die Parteien sind zwar geschiedene Ehegatten, die gemäß § 1580 Satz 1 BGB einander verpflichtet sind, auf Verlangen über ihre Einkünfte und ihr Vermögen Auskunft zu erteilen. Eine nach dem Wortlaut dieser Bestimmung scheinbar mögliche generelle Auskunftspflicht dieser Art besteht zwischen geschiedenen Ehegatten jedoch nicht. Denn aus der Stellung dieser Vorschrift in den §§ 1569 ff. BGB und aus § 1580 Satz 2 BGB, wonach § 1605 entsprechend anzuwenden ist, ergibt sich, daß das Gesetz die in § 1580 Satz 1 geregelte Verpflichtung an die Voraussetzung knüpft, daß die Auskunft zur Feststellung eines Unterhaltsanspruchs oder einer Unterhaltsverpflichtung zwischen den geschiedenen Ehegatten erforderlich ist. Ein solches Ziel verfolgt das Auskunftsbegehren des Klägers nicht. § 1605 I BGB kommt als Anspruchsgrundlage schon deshalb nicht in Betracht, weil die Parteien nicht in gerader Linie verwandt sind.

2) Ob in einem Fall, in dem es um die Ermittlung der Haftungsanteile von Eltern für den Unterhalt eines volljährigen gemeinschaftlichen Kindes geht, ein Auskunftsanspruch mit der entsprechenden Anwendung des § 1605 BGB begründet werden kann, ist umstritten. Das Oberlandesgericht Braunschweig hat die Frage bejaht (FamRZ 1981/383) und in der Kommentarliteratur Zustimmung gefunden. Dieser Auffassung ist jedoch zu Recht mit der Begründung widersprochen worden, einer Analogie stehe entgegen, daß im Verhältnis der Eltern zueinander die Auskunft gerade nicht der Vorbereitung eines Unterhaltsanspruchs der einen gegen die andere Seite diene und daher keine mit den in den §§ 1580 und 1605 BGB geregelten Fällen rechtsähnliche oder vergleichbare Rechtslage bestehe (OLG Hamm, FamRZ 1987/745).

3) Aber auch wenn die Verpflichtung der Beklagten, dem Kläger die beanspruchte Auskunft über ihr Einkommen zu erteilen, nicht mit einer entsprechenden Anwendung der §§ 1580, 1605 BGB begründet werden kann, folgt daraus noch nicht, daß die Verpflichtung nicht besteht. Die Auskunftspflicht der Beklagten ergibt sich hier unmittelbar aus § 242 BGB als Folge der zwischen den Parteien bestehenden besonderen Rechtsbeziehung als Eltern, die gegenüber gemeinschaftlichen Kindern gleichrangig unterhaltspflichtig sind. a) Das deutsche Recht kennt zwar keine allgemeine Auskunftspflicht; niemand ist rechtlich verpflichtet, bestimmte Tatsachen einem anderen schon deshalb zu offenbaren, weil dieser an der Kenntnis ein rechtliches Interesse hat (FamRZ 1983/352, 354). Nach ständiger Rechtsprechung besteht aber nach Treu und Glauben (§ 242 BGB) dann ein Auskunftsanspruch, wenn zwischen den Beteiligten besondere rechtliche Beziehungen vertraglicher oder außervertraglicher Art bestehen, die es mit sich bringen, daß der Auskunftsbegehrende entschuldbar über das Bestehen oder den Umfang seines Rechts im unklaren und deshalb auf die Auskunft des Verpflichteten angewiesen ist, während dieser die Auskunft unschwer erteilen kann und dadurch nicht unbillig belastet wird (vgl. BGHZ 10/385, 387; 55/201, 203; 61/180, 184; 82/132, 137). Dieser Grund-

satz gilt trotz der mit dem 1. EheRG geschaffenen Sonderbestimmungen nach wie vor auch im Familienrecht. Die §§ 1580 und 1605 BGB regeln nur einen Teilbereich, in dem der Gesetzgeber die gegenseitigen Rechte und Pflichten präzisieren wollte. Dadurch wird aber eine in besonderen Fällen aus § 242 herzuleitende Informationspflicht nicht ausgeschlossen (FamRZ 1986/450, 453 m. w. N.; FamRZ 1984/465, 467). b) Die Parteien, die als Eltern mit ihren gemeinschaftlichen Kindern gleich nah verwandt sind, haften für den von der Tochter geltend gemachten Unterhalt gemäß § 1606 III Satz 1 BGB anteilig nach ihren Erwerbs- und Vermögensverhältnissen. Wird ein Elternteil von einem gemeinschaftlichen Kinde auf Unterhalt in Anspruch genommen, stellt sich die Frage der Berechnung der Haftungsanteile, wenn auch der andere Einkommen erzielt und ohne Gefährdung seines angemessenen Unterhalts dem volljährigen Kinde ebenfalls Unterhalt gewähren könnte. Der in Anspruch genommene Elternteil ist zur Berechnung seines Haftungsanteils nur in der Lage, wenn ihm die Einkommens- und Vermögensverhältnisse des anderen Elternteils bekannt sind. Das zwischen den Eltern gemäß § 1606 III BGB bestehende besondere Rechtsverhältnis reicht danach aus, den Auskunftsanspruch zu begründen. Es kann auf sich beruhen, ob eine Auskunft auch dann begehrt werden kann, wenn der in Anspruch Genommene aus freien Stücken dem Kind vollen Unterhalt leistet und sich nicht darauf beruft, den Unterhalt nur teilweise zu schulden. Hier hat der Kläger von Anfang an durch sein Verhalten gegenüber der Tochter und der Beklagten deutlich gemacht, daß er eine anteilige Beteiligung der Beklagten am Unterhalt des Kindes in dem Umfang wünschte, der ihrem Einkommen im Verhältnis zu seinem entspricht. Es besteht auch kein Anlaß zu näheren Ausführungen zu den Grenzen der Auskunftspflicht, die hier nach allgemeinen Rechtsgrundsätzen ebenso bestehen wie bei den gesetzlich geregelten Auskunftsansprüchen im Familienrecht (FamRZ 1982/996, 997 m. w. N.). Die Beklagte hat weder geltend gemacht, daß der Kläger bereits ausreichende Kenntnisse über ihre Einkünfte besitze, noch Umstände vorgetragen, aus denen sich ein schutzwertes Interesse ergibt, die beanspruchten Informationen nicht zu erteilen. Schließlich kann dahinstehen, ob der Kläger die begehrte Auskunft (auch) benötigt, um einen – bisher aber nicht geltend gemachten – familienrechtlichen Ausgleichsanspruch gegen die Beklagte zu berechnen, den der Bundesgerichtshof zugelassen hat, um die Unterhaltslast gegenüber Kindern auch im Innenverhältnis zwischen den Eltern entsprechend ihrem Leistungsvermögen gerecht zu verteilen (BGHZ 31/329, 332; 50/266, 270; FamRZ 1981/761, 762).

4) Einem Auskunftsanspruch steht nicht entgegen, daß der Kläger einen anderen Weg beschreiten könnte, um sein Interesse durchzusetzen, nicht über den auf ihn entfallenden Anteil am Kindesunterhalt hinaus in Anspruch genommen zu werden. Er hätte die Möglichkeit, ein auf Gewährung des angemessenen Unterhalts gerichtetes Begehren des Kindes ganz oder teilweise zurückzuweisen und dadurch das Kind möglicherweise zu zwingen, zunächst seinen gemäß § 1605 BGB bestehenden Auskunftsanspruch gegen beide Eltern geltend zu machen, um danach das den wirtschaftlichen Verhältnissen der Eltern entsprechende anteilige Unterhaltsbegehren gegen jeden Elternteil gesondert darzulegen. Ein solches Verhalten darf dem Kläger aber nicht zugemutet werden, denn es liefe darauf hinaus, daß er sein Kind in eine – möglicherweise auf dem Prozeßweg auszutragende – Auseinandersetzung mit dessen nicht auskunftswilliger Mutter drängen müßte. Der Kläger verstieße damit gleich auf doppelte Weise gegen das zur Gesetzesnorm erhobene Gebot (§ 1618 a BGB), nach dem Eltern und Kinder einander Beistand und Rücksicht schuldig sind. Nach der vom Rechtsausschuß des Deutschen Bundestages formulierten Begründung (BT-Drucks. 8/2788, S. 36) ist die Norm geeignet, zur Ausfüllung von Lücken im Familienrecht herangezogen zu werden. Für den Auskunftsanspruch folgt aus der Leitbildfunktion der Bestimmung, daß ein Elternteil das gemeinschaftliche Kind wegen der benötigten Informationen nicht auf eine Inanspruchnahme des anderen Elternteils zu verweisen braucht.

BGH v. 9. 12. 87 – IVb ZR 97/86 – FamRZ 88, 259 = NJW 88, 2376

R352

a

(*Zur Bedarfsbemessung ist das gesamte Einkommen zu ermitteln. Konsumverhalten und objektiver Maßstab*)

I 8a) Die Revision der Klägerin hat gerügt, daß das Berufungsgericht den unter Beweis gestellten Behauptungen über höhere Einkünfte des Beklagten als im Berufungsurteil festgestellt, insbesondere aus Vermögenserträgen einschließlich Mieteinnahmen aus dem im Miteigentum des Beklagten stehenden Haus in H., nicht nachgegangen ist und die Steuervorteile, in deren Genuß der Beklagte auch nach der Annahme des Berufungsgerichts gelangt ist, ohne nähere Feststellungen (lediglich) in Höhe des Krankenversicherungsaufwands angesetzt und berücksichtigt hat. Diese Rügen sind begründet. Für die Ermittlung des vollen Unterhalts der Klägerin ist es notwendig, daß das Berufungsgericht das Einkommen des Beklagten insgesamt ermittelt. Daß dieses Einkommen nach der aus Rechtsgründen an sich nicht zu beanstandenden Beurteilung des Berufungsgerichts teilweise nicht zum Konsum zur Verfügung gestanden und danach nicht in vollem Umfang die ehelichen Lebensverhältnisse der Parteien geprägt hat, ändert daran nichts. Es ist nicht auszuschließen, daß das Berufungsgericht im Falle der Feststellung höherer Einkünfte in der maßgebenden Zeit auch den

Anhang R. Rechtsprechung R352

ehelichen Lebensstandard höher eingestuft hätte, zumal bei der Bemessung des Unterhalts ein objektiver Maßstab anzulegen ist. Entscheidend ist der Lebensstandard, der nach den Einkommensverhältnissen vom Standpunkt eines vernünftigen Betrachters aus angemessen ist. Nur in diesem Rahmen kann das tatsächliche Konsumverhalten der Ehegatten während des ehelichen Zusammenlebens Berücksichtigung finden (FamRZ 1982/151, 152; FamRZ 1984/358, 360 sowie FamRZ 1983, 678, 679).

(Weitere Einkommenssteigerungen aufgrund eines vor der Trennung erfolgten beruflichen Aufstiegs sind als prägend zuzurechnen. Objektiver Maßstab; kein Konsumverzicht zugunsten weiterer Vermögensbildung; halbe Quote bei Renteneinkommen)

II 3) Daß die eingetretenen Einkommensverbesserungen ohne Auswirkungen auf die ehelichen Lebensverhältnisse geblieben wären, und die Klägerin sich weiterhin an dem früheren Betrag für den Lebensaufwand festhalten lassen muß, trifft nicht zu. Der für die Einkommenssteigerung entscheidende berufliche Aufstieg, die Bestellung des Beklagten zum geschäftsführenden Direktor der Sparkasse, lag vor der Trennung der Ehegatten und war schon deshalb für die ehelichen Lebensverhältnisse mitbestimmend. Die nach diesem Aufstieg eingetretenen weiteren Einkommensverbesserungen waren dann nicht mehr unerwartet und außergewöhnlich. Bei dieser Sachlage läßt es keinen Rechtsfehler zum Nachteil des Beklagten erkennen, wenn das Berufungsgericht aus der Höhe des Einkommens während der Trennung einen Unterhaltsbedarf der Klägerin in Höhe von 2500 DM monatlich abgeleitet hat. Eine dahingehende Erhöhung gegenüber der Zeit des Zusammenlebens findet ihre Rechtfertigung in dem bereits erwähnten objektiven Maßstab, der bei der Bemessung des ehelichen Unterhalts anzulegen ist und den unterhaltsbedürftigen Ehegatten davor bewahrt, an einer während des ehelichen Zusammenlebens erfolgten Einschränkung des Konsums zugunsten der Bildung von Vermögen unverändert festgehalten zu werden (FamRZ 1984/358, 360). Mit der Pensionierung des Beklagten gingen die Bezüge zwar zurück. Sie erreichten nach den Feststellungen des Berufungsgerichts ohne Berücksichtigung von Steuervorteilen und „eventuellen Nebeneinkünften" mit durchschnittlichen Nettobeträgen von 7500 DM je Monat, von denen nach Absetzung des Unterhalts für die Kinder und die erste Ehefrau des Beklagten sowie eines Betrages von 568 DM für seine Betreuung etwas über 5000 DM je Monat verblieben, immer noch eine Höhe, welche die Annahme des monatlichen Unterhaltsbedarfs der Klägerin in Höhe von 2500 DM rechtfertigte, zumal, wie das Berufungsgericht zutreffend angenommen hat, nach dem Ausscheiden des Unterhaltspflichtigen aus dem Erwerbsleben das verteilungsfähige Einkommen grundsätzlich hälftig aufzuteilen ist (FamRZ 1984/662, 664).

(Zuzurechnende Vergütung für Versorgung des neuen Partners ist keine Einkunft aus Erwerbstätigkeit, sondern eine zu berücksichtigende anderweitige Deckung des Unterhaltsbedarfs)

II 4) Im Ergebnis nicht zu beanstanden ist die Auffassung des Berufungsgerichts, die Klägerin habe in der hier maßgebenden Zeit nicht darauf verwiesen werden können, einer Erwerbstätigkeit nachzugehen. Allerdings kann dem Oberlandesgericht nicht gefolgt werden, wenn es im Blick auf die Zeit, in der wegen des fortschreitenden Alters der Kinder an die Aufnahme einer Teilerwerbstätigkeit zu denken gewesen sei, ausführt, daß die Klägerin dieser Obliegenheit durch die als vergütungspflichtig anzusehende Betreuung ihres Partners gerecht geworden sei. Wenn im Falle des eheähnlichen Zusammenlebens mit einem neuen Partner in einer Wohn- und Wirtschaftsgemeinschaft nach der Rechtsprechung unterhaltsrechtlich eine Vergütung für die Haushaltsführung und Versorgung angerechnet wird, handelt es sich nicht um Einkünfte aus Erwerbstätigkeit, sondern um eine besondere Art anderweitiger Deckung des Unterhaltsbedarfs, der nicht unberücksichtigt bleiben kann (FamRZ 87/1011, 1013). Es kann daher grundsätzlich nicht davon die Rede sein, daß der bedürftige Ehegatte mit diesen Betreuungsleistungen eine etwaige Erwerbsobliegenheit erfüllte. Das schließt jedoch nicht aus, daß die Aufnahme einer zumutbaren Teilerwerbstätigkeit die Bedürftigkeit des unterhaltsberechtigten Ehegatten möglicherweise nicht stärker mindern würde als die Betreuung des Partners und die darauf beruhende Anrechnung einer Vergütung. Von einem solchen Fall ist das Berufungsgericht, das die der Klägerin anzurechnende Vergütung auf 1000 DM monatlich bemessen hat, hier offensichtlich ausgegangen. Das ist frei von rechtlichen Bedenken.

(Obliegenheit, zur Bedarfsminderung einen Kredit aufzunehmen, besteht nur im Rahmen des Zumutbaren)

II 5) Die Revision greift ferner die Beurteilung des Berufungsgerichts an, eine Verwertung des Miteigentumsanteils an dem gemeinsamen Hausgrundstück zur Deckung ihres Unterhaltsbedarfs sei der Klägerin nicht zuzumuten gewesen, weil eine derartige Verwertung vor der Aufhebung der Miteigentumsgemeinschaft, welche die Klägerin während der Trennung zwar verfolgt, aber nicht durchgesetzt habe, unwirtschaftlich sei. Sie führt aus, der Beklagte habe der Klägerin das Angebot gemacht, ihr ein zinsfreies Darlehen über monatlich 1000 DM auszuzahlen, das aus dem Verkaufserlös des gemeinsamen Hauses habe getilgt werden sollen. Die fehlende Wirtschaftlichkeit dieses Vorschlags, mit dem er ihr den Zugriff auf das in dem Haus gebundene Vermögen vorzeitig eröffnet habe, sei nicht erkennbar. Auch damit dringt die Revision nicht durch.

Allerdings kann es dem Unterhaltsberechtigten unter Umständen obliegen, zur Behebung oder Verminderung seiner Bedürftigkeit einen Kredit aufzunehmen (FamRZ 1983/574, 575 und FamRZ 1985/916, 917 m. w. N.). Gegen eine solche Obliegenheit, die nur im Rahmen des Zumutbaren besteht, hat die Klägerin indessen hier nicht verstoßen. Das Angebot des Beklagten war nicht geeignet, das Immobilienvermögen der Klägerin vor der Aufhebung der Miteigentumsgemeinschaft vorab in wirtschaftlich zumutbarer Weise für die Klägerin verwertbar zu machen. Es war letztlich darauf gerichtet, einen etwaigen Anspruch des Beklagten auf Rückzahlung der als Unterhalt geleisteten Beträge in einen Darlehensanspruch umzuwandeln und diesen zudem dinglich zu sichern. Darauf brauchte sich die Klägerin nicht einzulassen.

BGH v. 9. 12. 87 – IVb ZR 99/86 – FamRZ 88, 478

R353 *(Beseitigung der Verzugsfolgen, Erlaßvertrag)*

a   Nachdem der Bekl. durch die Mahnungen der Kl. in Verzug gekommen und damit die Rechtsfolge des § 1613 I BGB eingetreten ist, kann diese grundsätzlich nur durch Vereinbarung der Parteien, also durch einen Verzicht der Kl. in der Form eines Erlaßvertrages (§ 397 I BGB), wieder beseitigt worden sein. Daneben könnte unter Umständen in Betracht kommen, daß sich die Kl. aus besonderen Gründen nach Treu und Glauben (§ 242 BGB) – insbesondere unter dem Gesichtspunkt der Verwirkung – nicht auf die Verzugsfolgen berufen könnte (*Senats*urteil v. 17. 9. 1986, a.a.O.).
Beides ist jedoch nicht der Fall.

a) Für die Annahme einer – ggf. durch schlüssiges Verhalten zustande gekommenen – vertraglichen Vereinbarung der Parteien, durch die die Kl. auf ihre Unterhaltsansprüche für die Monate März bis Juni 1983 verzichtet hätte, bietet der festgestellte Sachverhalt weder objektiv noch subjektiv hinreichend begründete Anhaltspunkte.

aa) Die Kl. hat zu keinem Zeitpunkt durch ihr Verhalten im Verlauf des Vorprozesses zum Ausdruck gebracht, daß sie auf eine – weitere – Geltendmachung ihrer mit dem Schreiben v. 28. 2. 1983 angemahnten Unterhaltsansprüche für die Zeit ab März 1983 verzichten wolle. Daß sie in der mündl. Verhandlung vor dem AmtsG v. 7. 3. 1984 die Verurteilung des Bekl. zu der begehrten Unterhaltsleistung „ab Rechtshängigkeit" beantragt hat, ergibt nicht, daß sie den Unterhalt für die Zeit seit ihrer ersten Mahnung nicht mehr geltend machen wollte. Mit der Berufungserwiderung v. 12. 10. 1984 hat sie sich sodann ausdrücklich die Erhebung einer Anschlußberufung wegen der rückständigen Unterhaltsbeträge vorbehalten und damit unmißverständlich ihren Willen zu erkennen gegeben, weiterhin auf der Erfüllung auch dieser Forderung zu bestehen. Daß sie sodann in dem Verfahren, in dem ihre Unterhaltsansprüche erheblich umstritten waren, von der Erhebung einer Anschlußberufung abgesehen hat, kann ohne besondere Anhaltspunkte nicht als Verzicht auf die Unterhaltsrückstände gewertet werden, zumal die Kl. den Bekl. unmittelbar nach Erlaß des Berufungsurteils v. 5. 12. 1984 mit ihrem Schreiben v. 19. 12. 1984 an die Zahlung der Unterhaltsrückstände erinnert hat.

bb) Dies gilt insbesondere deshalb, weil die Annahme eines Erlaßvertrages den rechtsgeschäftlichen Willen des „Verzichtenden" zum Erlaß der Forderung voraussetzt. An die Feststellung eines solchen Willens sind strenge Anforderungen zu stellen, wobei ein allgemeiner Erfahrungssatz dahingeht, daß der Verzicht auf ein Recht niemals zu vermuten ist (*BGH*, Urteil v. 20. 12. 1983 – VI ZR 19/82 –, NJW 1984, 1346, 1347). Auch im Unterhaltsrecht wird erfahrungsgemäß – ohne Gegenleistung – nur in seltenen Fällen und auch dann nur aus besonderen Gründen auf eine einmal begründete Forderung verzichtet (vgl. *Senats*urteil v. 17. 9. 1986, a.a.O.). Gründe, die hier für die Annahme eines solchen Ausnahmefalles sprechen könnten, sind indessen nicht ersichtlich. Immerhin hatte die Kl. im Vorprozeß bereits mit der Klageschrift v. 21. 3. 1983 und mit einem weiteren Schriftsatz v. 26. 4. 1983 darauf hinweisen lassen, daß sie keinen Beruf erlernt habe, angesichts ihres Alters von 54 Jahren und auch aus Gesundheitsgründen nicht in der Lage sei, ihren Lebensunterhalt selbst zu verdienen, und daß sie deshalb völlig mittellos und auf Unterhaltszahlungen des Bekl. angewiesen sei. Überdies hatte sie den Bekl. sowohl für die erste als auch für die zweite Instanz auf Zahlung eines Prozeßkostenvorschusses in Anspruch genommen. Im vorliegenden Verfahren schließlich hat sie vorgetragen, sie habe sich infolge der verzögerten Unterhaltszahlungen des Bekl. und für die Einrichtung eines eigenen Haushalts bei ihrer Bank in einer Weise verschuldet, daß sie noch jetzt mit einem Soll-Saldo von über 40 000 DM belastet sei.

Anhang R. Rechtsprechung   R354

(Verwirkung beim Unterhaltsrückstand)

b) Die Kl. ist unter den gegebenen Umständen auch nicht – ausnahmsweise – nach den Grundsätzen von Treu und Glauben an einer Geltendmachung der Unterhaltsrückstände gehindert. Insoweit teilt der Senat die Auffassung des OLG, das – wenn auch ohne nähere Begründung – der Meinung des FamG entgegengetreten ist und sich auf den Standpunkt gestellt hat, der allgemeine Einwand der Verwirkung stehe dem geltend gemachten Anspruch nicht entgegen.

Von den Voraussetzungen der Verwirkung, nämlich dem „Zeitmoment" und dem „Umstandsmoment" (vgl. *BGHZ* 25, 47, 51, 52; 43, 289, 292; *Palandt/Heinrichs*, 46. Aufl., § 242 Anm. 9 d) ist schon das erstere nicht erfüllt.

aa) Für die zeitlichen Voraussetzungen einer Verwirkung sind im Unterhaltsrecht besondere Anforderungen zu beachten. Einerseits gilt auch hier, wie allgemein, der Grundsatz, daß je kürzer die Verjährungsfrist ist, desto seltener Raum für eine Verwirkung sein wird (*BGH*, Urteile v. 12. 5. 1959 – VIII ZR 43/58 –, NJW 1959, 1629; v. 21. 4. 1960 – II ZR 193/58 –, VersR 1960, 604, 605; v. 17. 2. 1969 – II ZR 30/65 –, BB 1969, 332). Da Ansprüche auf rückständigen Unterhalt – abgesehen von der (hier eingreifenden) Besonderheit des § 204 S. 1 BGB – in vier Jahren verjähren (§ 197 BGB), könnte eine Verwirkung hiernach zwar grundsätzlich seltener eingreifen als bei Ansprüchen mit der regelmäßigen 30jährigen Verjährung (§ 195 BGB), jedoch häufiger als in den Fällen der kürzer verjährenden Forderungen des täglichen Lebens (§ 196 BGB; vgl. *Senats*urteil, BGHZ 84, 280 = FamRZ 1982, 898). Andererseits kann auch im Rahmen der Grundsätze von Treu und Glauben nicht unberücksichtigt bleiben, daß sich der Unterhaltsgläubiger den Rückgriff auf rückständigen Unterhalt – neben der Klageerhebung – nur durch Inverzugsetzung, also durch Mahnung des Schuldners, erhalten kann (§ 1613 I BGB). Wie ausgeführt, braucht eine Mahnung zwar im allgemeinen nicht monatlich wiederholt zu werden, um die Wirkungen des Verzuges aufrechtzuerhalten. Da aber auch die Interessen des Unterhaltsschuldners angemessen gewahrt werden müssen und dieser ein Recht darauf hat, zu wissen, welchen (Nach-) Forderungen des Unterhaltsgläubigers er für vergangene Zeiträume – in der Regel neben der Verpflichtung zur Zahlung des laufenden Unterhalts – noch ausgesetzt sein wird, kann der Unterhaltsgläubiger nach einer einmal ausgesprochenen Mahnung unter dem Gesichtspunkt von Treu und Glauben nicht beliebig lange Zeit verstreichen lassen, bevor er den angemahnten Betrag gerichtlich geltend macht oder in sonstiger Weise auf die Mahnung zurückgreift (§ 242 BGB).

Die Kl. hat jedoch ihre Mahnung im Verlauf des Vorprozesses in regelmäßigen Zeitabständen erneuert und durch ihr Verhalten deutlich zu erkennen gegeben, daß sie nicht von der Geltendmachung ihrer Unterhaltsforderung auch für die zurückliegenden Monate März bis Juni 1983 absehen wolle. Nach den ersten Mahnungen v. 28. 2. und 10. 3. 1983 hat sie am 7. 7. 1983 den Zahlungsantrag der Stufenklage angekündigt, ohne ihre Forderung zu diesem Zeitpunkt auf einen Zeitraum zu beschränken, der die Unterhaltsansprüche für März bis Juni 1983 nicht umfaßte. Eine solche Beschränkung ließ sich, wie bereits erwähnt, auch nicht aus ihrem Antrag v. 7. 3. 1984 entnehmen, mit dem sie die Verurteilung des Bekl. zur Zahlung von Trennungsunterhalt „ab Rechtshängigkeit" begehrte. Nachdem das FamG ihr daraufhin Unterhalt erst für die Zeit ab 1. 7. 1983 zugesprochen hatte, hat die Kl. mit der Berufungserwiderung v. 12. 10. 1984 klargestellt, daß sie weiterhin auf der Erfüllung ihrer Unterhaltsforderung auch für die zurückliegenden Monate März bis Juni 1983 bestehe. Schließlich hat sie den Bekl. nach Abschluß des Vorprozesses durch das Urteil des OLG v. 5. 12. 1984 innerhalb weniger Wochen, mit Schreiben v. 19. 12. 1984, erneut gemahnt, und die Mahnung nochmals durch schlüssiges Verhalten mit dem Antrag v. 5. 2. 1985 auf Zahlung eines Prozeßkostenvorschusses für die Klage wiederholt, bevor sie sodann im Juli 1985 die Klage erhoben hat.

BGH v. 16. 12. 87 – IVb ZR 102/86 – FamRZ 88, 265 = NJW 88, 2369

(Kein Anspruch nach § 1573 II BGB, sondern nach § 1573 I BGB, wenn der teilzeitarbeitende Berechtigte   R354
aus Gründen der Arbeitsmarktlage keine angemessene vollschichtige Erwerbstätigkeit findet)

I 2 b) Der Anspruch auf Aufstockungsunterhalt (§ 1573 II BGB) setzt voraus, daß der Unterhalt a
begehrende geschiedene Ehegatte eine angemessene Erwerbstätigkeit ausübt. Die für die Angemessenheit maßgebenden Kriterien bestimmt § 1574 II BGB. Nach ihnen ist die den Ausführungen des Berufungsgerichts ersichtlich zugrunde liegende Beurteilung, daß die Tätigkeit in einer chemischen Reinigung für die Ehefrau angemessen sei, nicht zu beanstanden. Den Feststellungen des Berufungsgerichts ist aber nicht zu entnehmen, unter welchen Umständen sie hindern, einer vollschichtigen Erwerbstätigkeit nachzugehen. Auf die von der Ehefrau insoweit vorgetragenen Gründe ist das Berufungsgericht nicht eingegangen; statt dessen hat es einige der Umstände, nach denen sich gemäß § 1574 II BGB die Angemessenheit einer Erwerbstätigkeit bestimmt, mit solchen vermengt, aus denen sich ergeben könnte, daß die Ehefrau aus Gründen der Arbeitsmarktlage keine vollschichtige Arbeit zu finden vermag und daher in Höhe ihres durch den Teilzeiterwerb nicht gedeckten Bedarfs Unterhalt

1393

nach § 1573 I BGB beanspruchen kann. Entsprechende Feststellungen hat das Berufungsgericht aber nicht getroffen, obwohl die Ehefrau für den Sachverhalt, an den das Gesetz einen Unterhaltsanspruch knüpfte, die Beweislast trägt. Diese hat ihren Anspruch bisher auch selbst nicht auf § 1573 I BGB gestützt; auch hat sie nicht behauptet, sie sehe die Teilzeitarbeit in der chemischen Reinigung nur als Übergangslösung an und bemühe sich um einen Vollzeiterwerb.

(Vollerwerbsobliegenheit bei 17jähriger Tochter und bei Alter von 48 Jahren nach §§ 1570, 1571)

b I 3) Die Betreuung der im Haushalt der Ehefrau lebenden Tochter der Parteien, die bei der Scheidung der Parteien 17 Jahre alt war und das Gymnasium besucht, beschränkt deren Erwerbsobliegenheit nicht auf eine Teilzeitarbeit (FamRZ 1985/50, 51). Auch im Hinblick auf ihr Alter kann von der Ehefrau, die im Zeitpunkt der Scheidung im 48. Lebensjahr stand, grundsätzlich noch eine Vollerwerbstätigkeit erwartet werden. Daher kann ein Unterhaltsanspruch sowohl nach § 1570 BGB wie nach § 1571 BGB ausgeschlossen werden.

(Der Bedarf des Erwerbstätigen ist generell nicht in gleicher Höhe anzusetzen wie der Bedarf des Nichterwerbstätigen. Unterschiedliche Quoten, die in angemessener Weise einen berufsbedingten höheren Aufwand berücksichtigen und einen Anreiz zur Erwerbstätigkeit schaffen, entsprechen dem Halbteilungsgrundsatz; keine Rechtfertigung einer Differenzkontrollrechnung aus § 1581 BGB)

c II 2) Der Unterhalt ist nach den §§ 1569 ff., 1578 I BGB so zu bemessen, daß beide (geschiedene) Ehegatten grundsätzlich in gleicher Weise am ehelichen Lebensstandard teilnehmen, so daß jedem die Hälfte des verteilungsfähigen Einkommens zuzubilligen ist (ständige Rechtsprechung des Senats – FamRZ 1981/1165, 1166 m. w. N.). Der Senat hat aber stets betont, daß es dem Halbteilungsgrundsatz nicht widerspricht, zugunsten des erwerbstätigen Unterhaltsverpflichteten von einer strikt hälftigen Aufteilung in maßvoller Weise abzuweichen, um den mit einer Berufsausübung verbundenen höheren Aufwand zu berücksichtigen und zugleich einen Anreiz zur Erwerbstätigkeit zu schaffen. Er hat demgemäß die in der Rechtsprechung der Oberlandesgerichte entwickelten Richtlinien gebilligt, bei deren Anwendung dem erwerbstätigen Ehegatten ein Bonus seines verfügbaren Einkommens vorab verbleibt. Auf der anderen Seite hat der Senat in Fällen, in denen das Einkommen des Unterhaltsverpflichteten nicht auf Erwerbstätigkeit beruht, für eine vom Grundsatz der hälftigen Aufteilung abweichende Unterhaltsbemessung die Feststellung ausreichender anderer Gründe verlangt (FamRZ 1982/894; FamRZ 1984/662, 664). An diesen Grundsätzen hält der Senat auch nach erneuter Prüfung fest. Er ist darüber hinaus der Auffassung, daß der Unterhaltsbedarf des erwerbstätigen Verpflichteten generell nicht in gleicher Höhe anzusetzen ist wie der des nicht erwerbstätigen Ehegatten. Eine solche gleichmäßige Aufteilung läßt sich auch nicht mit der Erwägung des Berufungsgerichts rechtfertigen, daß es (zunächst) nur um die Bemessung des Bedarfs gehe, nicht aber (schon) um die Feststellung der Höhe des Unterhaltsanspruchs. Beides fällt nach der Berechnungsmethode des Berufungsgerichts nur dann auseinander, wenn für die Deckung des Unterhaltsbedarfs Mittel zur Verfügung stehen, die die ehelichen Lebensverhältnisse nicht geprägt hatten. Die Bemessung des Unterhaltsbedarfs kann aber nicht davon abhängen, ob und in welchem Umfang der Ehegatte seinen Bedarf aus solchen Einkünften zu decken vermag. Derartige Mittel vermindern gemäß § 1577 I BGB allein den ungedeckten Teil des – vorher festzustellenden – Bedarfs; darin besteht gerade der Sinn der Anrechnungsmethode, die dem gesetzlichen Ziel dient, die wirtschaftliche Eigenverantwortung des geschiedenen Ehegatten zu verwirklichen (§ 1569 BGB). Der volle Unterhalt nach § 1578 I BGB ist jedoch unabhängig davon zu bemessen, ob der Pflichtige ihn in vollem Umfang befriedigen muß oder deshalb nur teilweise, weil der Berechtigte ihn im übrigen selbst durch Einkommen deckt, das die ehelichen Lebensverhältnisse nicht geprägt hat. Das Berufungsgericht gerät auch in Widerspruch mit einem selbst gesetzten Verteilungsmaßstab, wenn es (auf einer dritten Berechnungsstufe) das Ergebnis seiner Berechnung daraufhin überprüft, ob die Ehefrau nicht mit mehr als $^3/_7$ an dem verteilungsfähigen Einkommen des Ehemannes beteiligt wird (vgl. dazu die Senatsurteile vom 25. Februar 1981 – FamRZ 1981/442, 444 und vom 3. Juni 1987; FamRZ 1987/913, 915 m. w. N.). Es ist nicht erkennbar, auf welcher rechtlichen Grundlage die Unterhaltspflicht des Ehemannes auf einen $^4/_7$ seines verteilungsfähigen Einkommens übersteigenden Betrag beschränkt werden kann, wenn eine derartige Quotierung nicht bereits als Anteil am ehelichen Lebensstandard aus § 1578 I BGB herzuleiten ist. Auf § 1581 BGB ist diese Begrenzung schon deshalb nicht zu stützen, weil der eigene angemessene Unterhalt des Verpflichteten auch nach der Rechtsprechung des Berufungsgerichts nicht schon gefährdet ist, wenn er mehr als $^3/_7$ seines verteilungsfähigen Einkommens als Unterhalt leisten muß, sondern erst, wenn der sog. Selbstbehalt nicht mehr gewährleistet ist.

(Erwerbstätigenbonus auch bei Anrechnungsmethode)

d II 3) Wenn das Berufungsgericht dem Ehemann den „Erwerbstätigenbonus" in der Weise verschafft, daß es ihm bei der Unterhaltsbemessung eine 50 % übersteigende Quote seines Einkommens

Anhang R. Rechtsprechung R355

beläßt, wird dies in entsprechender Weise mit dem anzurechnenden eigenen Einkommen der Ehefrau zu geschehen haben. Denn auch ihr ist nunmehr der mit der Ausübung der Erwerbstätigkeit verbundene höhere Aufwand abzugelten und ein Anreiz für die (weitere) Erwerbstätigkeit zuzubilligen (FamRZ 1985/161, 164). Diese Gleichbehandlung vermeidet zugleich einen Widerspruch zur sog. Differenzmethode, die bei Prägung der ehelichen Lebensverhältnisse durch beiderseitige Erwerbstätigkeit auf dem gleichen Gedanken beruht und jedem Ehegatten einen gleichen Prozentanteil an seinem eigenen Einkommen vorab beläßt.

(Zur unterhaltsrechtlichen Darlegung von einkommensmindernden Aufwendungen)

III 1) Der Vortrag des Verpflichteten läßt nicht eindeutig erkennen, ob und gegebenenfalls in welcher Höhe die von ihm geltend gemachten Kosten für die Benutzung eines privaten Kraftfahrzeugs zu dienstlichen Zwecken und die Verpflegungsmehrkosten bei Wahrnehmung auswärtiger Termine Abzugsposten zur Berechnung seines Nettoeinkommens darstellen sollen. Bisher ist nicht auszuschließen, daß er die genannten Beträge als Werbungskosten von dem zu versteuernden Einkommen absetzen kann und für diesen Zweck errechnet hat. Erforderlich ist indessen, die behaupteten Aufwendungen so darzustellen, daß die nur steuerrechtlich relevanten von denen abgegrenzt werden können, die unterhaltsrechtliche Bedeutung haben (FamRZ 1985/357, 359).   e

BGH v. 23. 12. 87 – IVb ZR 108/86 – FamRZ 88, 256 = NJW-RR 88, 519

(Keine prägende Einkünfte sind beim Trennungsunterhalt: fiktiv zugerechnete Einkünfte, Einkünfte aus unzumutbarer Erwerbstätigkeit und Einkünfte aus erst nach der Trennung aufgenommener Erwerbstätigkeit, wenn diese ohne die Trennung nicht aufgenommen worden wäre)   R355

2) Es ist aus Rechtsgründen nicht zu beanstanden, daß das Berufungsgericht die ehelichen Lebensverhältnisse der Parteien allein nach dem Einkommen des Beklagten bemessen hat. Für das Jahr 1985 trifft dies schon deshalb zu, weil die Klägerin in dieser Zeit tatsächlich keiner Erwerbstätigkeit nachgegangen ist. Die Einkünfte, die das Berufungsgericht ihr im Hinblick auf eine Erwerbsobliegenheit fiktiv zugerechnet hat, wirken sich auf die ehelichen Lebensverhältnisse nicht aus (FamRZ 1985/908, 910). Aber auch die Einkünfte der Klägerin aus der ab 1. Januar 1986 tatsächlich ausgeübten Erwerbstätigkeit hat das Berufungsgericht bei der Bestimmung der ehelichen Lebensverhältnisse zu Recht außer Betracht gelassen. Soweit es sich um Einkünfte aus überobligationsmäßiger Arbeit handelt, folgt dies schon daraus, daß solche Einkünfte die ehelichen Lebensverhältnisse nicht prägen (FamRZ 1983/146, 149). Aber auch soweit die Einkünfte auf der der Klägerin zugemuteten Halbtagstätigkeit beruhen, gilt nichts anderes. Einkünfte aus einer Erwerbstätigkeit, die ein Ehegatte (erstmals) nach der Trennung der Eheleute aufnimmt, wirken sich auf die ehelichen Lebensverhältnisse nur aus, wenn er auch ohne die Trennung erwerbstätig geworden wäre (BGHZ 89/108, 112 f.). Das Berufungsgericht hat aber nicht festgestellt, daß das hier der Fall gewesen wäre. Seiner Feststellung, die Parteien hätten eine Mitarbeit der Klägerin in der Arztpraxis des Beklagten vorgesehen, soweit dies mit ihren Pflichten als Hausfrau und Mutter vereinbar war, läßt sich entgegen der Ansicht der Revision nichts Derartiges entnehmen. Denn eine solche Mitarbeit, über deren Beginn, Umfang, Ausgestaltung und Vergütung zudem nichts festgestellt ist, wäre mit der tatsächlich ausgeübten Tätigkeit als angestellter Kinderkrankenschwester nicht ohne weiteres zu vergleichen. Da die Klägerin die Darlegungs- und Beweislast dafür trägt, daß und zu welchem Zeitpunkt sie auch ohne die Trennung erwerbstätig geworden wäre (Senatsurteil BGHZ a. a. O.), liegt daher der Regelfall vor, daß Einkünfte aus nach der Trennung aufgenommener Erwerbstätigkeit die ehelichen Lebensverhältnisse nicht beeinflussen.   a

(Bemessung des Trennungsunterhalts nach dem jeweiligen Stand der wirtschaftlichen Verhältnisse, an deren Entwicklung die Ehegatten bis zur Scheidung gemeinschaftlich teilhaben, und Ausnahmen von diesem Grundsatz)

4a) Anders als der Anspruch auf nachehelichen Unterhalt, für den die ehelichen Lebensverhältnisse im Zeitpunkt der Scheidung maßgebend sind (FamRZ 1980/770), bemißt sich der Anspruch auf Trennungsunterhalt grundsätzlich nach dem jeweiligen Stand der wirtschaftlichen Verhältnisse, an deren Entwicklung bis zur Scheidung die Ehegatten gemeinschaftlich teilhaben (FamRZ 1986/244, 245 m. w. N.). Ausnahmen hat der Senat bisher vornehmlich für Fälle unerwarteter und vom Normalverlauf erheblich abweichender sowie trennungsbedingter Einkommenssteigerungen nach der Trennung anerkannt (FamRZ 1982, 576, 578: außergewöhnliche geschäftliche Entwicklung eines Pelzhandels; BGHZ 89/108: trennungsbedingte Aufnahme einer Erwerbstätigkeit; FamRZ 1986/439, 440: trennungsbedingte Veräußerung des Familienheims). Ob unter solchen Voraussetzungen auch Einkommensminderungen zwischen Trennung und Scheidung außer Betracht bleiben können, ist zweifelhaft. Es müßte beispielsweise auf Unverständnis stoßen, wenn eine in dieser Zeit unerwartet eintretende Arbeitslosigkeit des unterhaltspflichtigen Ehegatten nicht schon die ehelichen Le-   b

R355　　　　　　　　　　　　　　　　　　　　　　　　　　　　Anhang R. Rechtsprechung

bensverhältnisse, sondern erst seine Leistungsfähigkeit beeinflußte. Dieser vom Senat bisher nicht entschiedenen Frage braucht hier jedoch nicht nachgegangen zu werden, weil die Niederlassung des Beklagten nach den Feststellungen des Berufungsgerichts schon während des Zusammenlebens der Parteien geplant, also weder unvorhergesehen noch trennungsbedingt war.

(Obliegenheit, seine Arbeitsfähigkeit so gut wie möglich einzusetzen, und Grundrecht auf freie Berufswahl und Berufsausübung)

c　4 b) In seinem Urteil vom 4. November 1987 (FamRZ 88/145) hat der Senat offengelassen, ob die ehelichen Lebensverhältnisse durch eine Einkommensminderung verändert werden, die ein Ehegatte unter Verletzung seiner unterhaltsrechtlichen Obliegenheit, seine Arbeitsfähigkeit so gut wie möglich einzusetzen (FamRZ 1981/539, 540; FamRZ 1985/158, 159 m. w. N.), selbst herbeiführt. Die Frage kann auch hier auf sich beruhen, weil dem Beklagten eine solche Obliegenheitsverletzung nach den rechtsfehlerfrei getroffenen Feststellungen des Berufungsgerichts nicht zur Last fällt. Das Grundrecht auf freie Berufswahl und Berufsausübung (Art. 12 GG), von dem der Beklagte mit dem Wechsel vom angestellten Krankenhausarzt zum frei praktizierenden Arzt Gebrauch gemacht hat, steht zwar in Wechselwirkung zu seiner aus Art. 6 GG folgenden Verantwortung für seine Familie (FamRZ 1985/158; BVerfG, FamRZ 1985/143, 145), muß aber im Zweifel dazu führen, daß seine berufliche Entscheidung zu respektieren ist. Daher ist die Beurteilung des Berufungsgerichts rechtlich nicht zu beanstanden, die auf der tatrichterlichen Feststellung beruht, die Niederlassung des Beklagten als frei praktizierender Arzt lasse nach vorübergehenden Anfangsschwierigkeiten eine Steigerung seines Einkommens erwarten. Diese ersichtlich aufgrund der Lebenserfahrung getroffene Prognose wird von der Revision zwar angegriffen; diese vermag aber keine ihr entgegenstehenden, greifbaren Umstände aufzuzeigen, die das Berufungsgericht nicht beachtet habe (§ 286 ZPO). Die zeitweilige Absenkung der ehelichen Lebensverhältnisse auf monatlich 4300 DM, die mit der beruflichen Veränderung des Beklagten verbunden ist, besagt nicht, daß er dadurch gegen seine unterhaltsrechtliche Obliegenheit verstoßen hat.

(Unterhaltssicherung durch Rücklagenbildung oder Kreditaufnahme bei Berufswechsel; zeitweilige Unterhaltsherabsetzung nach Zumutbarkeitsabwägung möglich; Schätzung nach § 287 II ZPO)

d　4 c) In dem Urteil vom 4. November 1987 (FamRZ 88/145), in dem es um nachehelichen Unterhalt ging, hat der Senat dargelegt, daß die ehelichen Lebensverhältnisse nicht durch solche freiwillig herbeigeführten vorübergehenden Einkommensminderungen beeinflußt werden, die der Unterhaltspflichtige durch zumutbare Vorsorge auffangen konnte. Nach der ständigen Rechtsprechung des Senats ist ihm nämlich grundsätzlich zuzumuten, einen beruflichen Wechsel erst dann zu verwirklichen, wenn er in geeigneter Weise, etwa durch Bildung von Rücklagen oder Aufnahme eines Kredits, sichergestellt hat, daß er seinen Unterhaltspflichten vorerst auch bei geringeren Einkünften nachkommen kann (FamRZ 1987/372, 374 m. w. N.). Diese Grundsätze gelten entsprechend für den Trennungsunterhalt, da auch hier nur nachhaltige Veränderungen der wirtschaftlichen Verhältnisse zu berücksichtigen sind. Auch unter diesem Gesichtspunkt bestehen gegen die Beurteilung, daß die ehelichen Lebensverhältnisse durch die Niederlassung des Beklagten (zunächst) herabgesetzt worden sind, keine durchgreifenden rechtlichen Bedenken. Da der Beklagte unstreitig keine Rücklagen gemacht hatte, konnte er während der Anlaufphase der Praxis den Unterhalt der Klägerin und des Kindes wie den eigenen nur durch Kredite finanzieren. Mit der Niederlassung zu warten, bis er entsprechende Rücklagen angesammelt hatte, kam für den damals schon 46 Jahre alten Beklagten ersichtlich nicht in Betracht. Denn das Berufungsgericht hebt hervor, schon aus Altersgründen habe er die Gelegenheit ergreifen müssen, sich eine freiberufliche Existenz mit Hilfe einer Fremdfinanzierung zu schaffen. Den – insoweit freilich knapp gehaltenen – Ausführungen des Berufungsgerichts ist ferner die Feststellung zu entnehmen, daß der Beklagte mit den aufgenommenen Krediten von insgesamt 280 000 DM die durch seine Niederlassung zunächst bedingten Einkommensminderungen nicht vollständig auffangen konnte. Soweit die Revision sich hiergegen wendet, zeigt sie keine nach § 286 ZPO beachtlichen Verfahrensfehler auf, sondern bewegt sich auf dem ihr verschlossenen Gebiet der tatrichterlichen Würdigung. Daß für den Beklagten zur Deckung des Unterhaltsbedarfs seiner Familie eine höhere Verschuldung zumutbar gewesen sei, macht die Revision nicht geltend. Angesichts dieses Sachverhalts muß der Senat davon ausgehen, daß der Beklagte die zeitweilige Absenkung der ehelichen Lebensverhältnisse nur durch einen Verzicht auf die Eröffnung einer eigenen Arztpraxis hätte vermeiden können. Ob ihm dies zuzumuten war, hängt davon ab, ob sein Interesse an der beruflichen Veränderung in Rede stehenden Auswirkungen auf die ehelichen Lebensverhältnisse rechtfertigt oder ob dem Interesse der Klägerin an der Beibehaltung des bisherigen Lebensstandards (FamRZ 1981, 439, 440) das größere Gewicht zukommt. Es ist aus Rechtsgründen nicht zu beanstanden, daß das Berufungsgericht, das die Notwendigkeit einer solchen Abwägung und die dabei in Betracht zu ziehenden Umstände ersichtlich nicht verkannt hat, das Interesse des Beklagten als vorrangig angesehen hat. Mit Recht hat es dabei dem Umstand besondere Bedeutung beigemessen,

Anhang R. Rechtsprechung   R355

daß die gemeinsame Zukunftsplanung der Parteien vor ihrer Trennung dahin ging, der Beklagte solle sich nach Erlangung der Facharztqualifikation selbständig machen. Die Klägerin hat bei ihrer Parteivernehmung vom 28. Mai 1986 bestätigt, daß dieser Plan schon vor der Trennung teilweise ins Werk gesetzt worden war; so hatte der Beklagte bereits an seiner Arbeitsstelle verlauten lassen, daß er in naher Zukunft ausscheiden und eine eigene Praxis eröffnen wolle. Bei dieser Sachlage muß der Klägerin ein vorübergehendes Absinken der ehelichen Lebensverhältnisse auf ein Niveau zugemutet werden, das auch unter Berücksichtigung des vorherigen, als gehoben zu bezeichnenden Einkommens als angemessen anzusehen ist (FamRZ 1984/662, 663 f.). Da die Klägerin sich hiernach zeitweilig Einschränkungen gefallen lassen mußte, damit der Beklagte seinen Wunsch nach einer eigenen Praxis verwirklichen konnte, kann sie andererseits verlangen, daß der Bemessungsmaßstab für ihren Unterhalt zumindest auf das während der Tätigkeit des Beklagten als Krankenhausarzt zuletzt erreichte Niveau angehoben wird, sobald und soweit die Einkünfte aus seiner Praxis unter Berücksichtigung einer angemessenen Tilgung der aufgenommenen Kredite es erlauben. Ob und inwieweit sie, wie das Berufungsgericht meint, an darüber hinausgehenden Einkommenssteigerungen teilhat, bedarf hier keiner Erörterung. Die vorstehende Beurteilung der ehelichen Lebensverhältnisse während der Anlaufphase der Praxis hängt davon nicht ab. d) Soweit die Revision rügt, daß das Berufungsgericht die während der Anlaufphase der Arztpraxis verminderten ehelichen Lebensverhältnisse auf nicht mehr als 4300 DM geschätzt hat, hat sie keinen Erfolg. Bei der Bemessung der ehelichen Lebensverhältnisse ist ein objektiver Maßstab anzulegen; entscheidend ist ein Lebensstandard, der vom Standpunkt eines vernünftigen Betrachters nach dem sozialen Status der Ehegatten im Regelfalle gewählt wird (FamRZ 1982/151, 152). Daher ist das zumutbare Ausmaß der Minderung der Lebensverhältnisse daran zu orientieren, wie Ehegatten, die wie die Parteien situiert sind, in ihrer Lebensführung auf die besonderen wirtschaftlichen Gegebenheiten der Anlaufphase reagieren. Ein Ehegatte, der sich – wie hier der Kläger – seinen Berufswunsch erfüllt, muß bei der Aufnahme von Krediten nicht nur den eigenen, sondern auch den Lebensbedarf seiner Angehörigen berücksichtigen. Andererseits pflegt sich der andere Ehegatte in seiner Lebensführung vorübergehend Beschränkungen aufzuerlegen, um die finanziellen Lasten in einem gewissen Umfang zu erleichtern. Aufgrund der aus § 1353 BGB herzuleitenden Verpflichtung zur gegenseitigen Rücksichtnahme kann dies auch von einer Ehefrau erwartet werden, die sich – wie die Klägerin – bereits endgültig von ihrem Mann getrennt hatte. Den nach diesen Grundsätzen festzulegenden Unterhaltsmaßstab wird der Tatrichter im allgemeinen nur im Wege der Schätzung gemäß § 287 II ZPO ermitteln können (zur Schätzung im Unterhaltsprozeß – FamRZ 1986/885 f.). Wenn das Berufungsgericht auf diese Weise ein Absinken des Unterhaltsmaßstabes von 5500 DM auf 4300 DM monatlich als gerechtfertigt angesehen, der Klägerin also im Ergebnis angesonnen hat, für eine übliche Anlaufzeit der Arztpraxis des Beklagten monatlich etwa 600 DM weniger für den eigenen Lebensbedarf auszugeben, ist dies aus Rechtsgründen nicht zu beanstanden.

(Halbtagserwerbsobliegenheit bei 12jährigem Kind; Darlegungs- und Beweislast für ausreichende Bemühungen um einen geeigneten Arbeitsplatz; fiktive Zurechnung von Einkünften)

5) Die Revision wendet sich dagegen, daß das Berufungsgericht der Klägerin ab Januar 1985 fiktive Erwerbseinkünfte von monatlich 1100 DM zugerechnet hat. Damit hat sie indessen keinen Erfolg. Die Klägerin war nach ihrer Ausbildung, ihrem Lebensalter und den Umständen der Trennung trotz der Betreuung des die Hauptschule besuchenden, fast 13jährigen Sohnes unterhaltsrechtlich (§ 1361 II BGB) gehalten, sich nach der Trennung eine Halbtagsbeschäftigung zu suchen (FamRZ 1981/752, 754; FamRZ 1986/244, 246). Eine derartige Erwerbsobliegenheit der Klägerin zieht die Revision auch selbst nicht in Zweifel, sondern meint lediglich, es könne nicht ohne weiteres davon ausgegangen werden, daß sie (schon) seit dem 1. Januar 1985 eine Anstellung habe finden können. Indessen trägt der Unterhalt begehrende Ehegatte die Darlegungs- und Beweislast dafür, daß er trotz ausreichender Bemühungen einen geeigneten Arbeitsplatz nicht hat erlangen können (FamRZ 86/244 = NJW 86/718). Die Klägerin hat aber nicht behauptet, sie habe sich schon zum 1. Januar 1985 um eine Erwerbstätigkeit bemüht, sondern hat im Gegenteil zum Ausdruck gebracht, nach ihrer Ansicht habe der Beklagte sie voll unterhalten müssen. Aus Rechtsgründen ist daher nicht zu beanstanden, daß das Berufungsgericht der Klägerin für das Jahr 1985 fiktive Einkünfte von monatlich 1100 DM zugerechnet hat.

(Bei Anrechnungsmethode nur Anrechnung von $^6/_7$ des Arbeitseinkommens des Berechtigten als Arbeitsanreiz)

6) Der eheangemessene Unterhalt der Klägerin ist so zu bemessen, daß dem Beklagten ein die Hälfte übersteigender Teil seines anrechenbaren Einkommens verbleibt. Entsprechend einer in der Praxis verbreiteten, vom Senat bereits mehrfach gebilligten Bemessungsmethode setzt er daher als vollen Unterhalt der Klägerin eine $^3/_7$-Quote des um den Kindesunterhalt bereinigten Nettoeinkommens des Beklagten an, also $^3/_7$ von (5500 − 605 =) 4895 = 2097,86 DM. Hiervon sind abzusetzen $^6/_7$ ihres erzielbaren Einkommens von monatlich 1100 DM (= 942,86 DM; vgl. dazu FamRZ 1985/908,

R356

910; FamRZ 1986/437, 439), so daß 1155 DM verbleiben, mithin monatlich 648 DM über den bereits titulierten Monatsbetrag von 507 DM hinaus.

BGH v. 13. 1. 88 – IVb ZR 15/87 – FamRZ 88, 375 = NJW 88, 1147

R356 *(Krankheitsunterhalt nach § 1572 Nr. 1 BGB bei Alkoholiker)*

a II 1) Die Voraussetzungen eines Unterhaltsanspruchs gemäß § 1572 Nr. 1 BGB seien erfüllt, weil von der Ehefrau – wie bereits während des Getrenntlebens – auch im Zeitpunkt der Scheidung eine Erwerbstätigkeit wegen Krankheit oder Schwäche ihrer geistigen Kräfte nicht habe erwartet werden können. Sachverständig beraten, hat es dazu festgestellt, die Ehefrau habe aufgrund ihrer spätestens seit 1978 gegebenen, bis zur Krankheit gesteigerten Alkohol- und Tablettenabhängigkeit ihren Lebensunterhalt nicht durch eigene Erwerbstätigkeit zu sichern vermocht. Sie sei nicht in der Lage gewesen, eine Arbeitsstelle einfachster Art über einen nennenswerten Zeitraum beizubehalten, weil sie infolge krankhafter Willensschwäche keine geregelte Erwerbstätigkeit habe durchhalten können. Damit sind die Voraussetzungen des § 1572 Nr. 1 BGB rechtsfehlerfrei bejaht. Insoweit sowie zu der vom OLG ebenfalls rechtlich bedenkenfrei angenommenen Leistungsfähigkeit des Bekl. in Höhe der zuerkannten Unterhaltsbeträge führt auch die Revision keine Angriffe.

(Zur mutwillig herbeigeführten Bedürftigkeit nach § 1579 Nr. 3 BGB infolge chronischen Alkohol- und Tablettenmißbrauchs; keine Mutwilligkeit, wenn der Alkoholiker auf Dauer nicht in hinreichendem Maß einsichtsgemäß handeln kann.)

b II 2) Sie wendet sich jedoch gegen die Auffassung des OLG, der Unterhaltsanspruch sei nicht nach § 1579 Nr. 3 BGB auszuschließen, herabzusetzen oder zeitlich zu begrenzen. a) Insoweit hat das OLG seine Beurteilung auf folgende Feststellungen gestützt: Die Ehefrau habe mannigfache Anstrengungen und Bemühungen unternommen, um von der Sucht loszukommen, die bereits i. J. 1978 das Stadium des chronischen Alkohol- und Tablettenmißbrauchs erreicht habe. Sie habe sich von Mai 1978 bis Juni 1979 in die Behandlung der Nervenärztin Dr. K.-S. und nach einer dreiwöchigen zwangsweisen Unterbringung im Landeskrankenhaus N. ab 6. 7. 1979 in die Behandlung einer Ärztin für Neurologie und Psychiatrie Dr. H. begeben. Allerdings habe sie die Behandlung bei Frau Dr. K.-S. von sich aus abgebrochen und eine von dieser Ärztin im Februar 1979 empfohlene Entziehungskur nicht durchführen lassen. Ferner habe sie nach der Zwangseinweisung vom 5. bis zum 25. 6. 1979 den Rat des Arztes im Landeskrankenhaus N. ausgeschlagen, eine freiwillige Entziehungskur anzuschließen; eine am 21. 3. 1980 begonnene stationäre Entwöhnungsbehandlung im „G.-hof" habe sie am 10. 4. 1980 abgebrochen. Gleichwohl hat das OLG gemeint, ihr könne nicht der Vorwurf gemacht werden, sie habe in leichtfertiger Weise ihre Erwerbsunfähigkeit aufrechterhalten und ihre dauernde Bedürftigkeit begründet. Nach den Ausführungen des vom OLG zugezogenen Sachverständigen sei sie aufgrund ihrer Alkohol- und Tablettensucht im intoxizierten Zustande nicht in der Lage, die Notwendigkeit einer ärztlichen Behandlung und einer Entziehungskur einzusehen. Im nicht intoxizierten Zustande habe sie zwar, was ihre Bemühungen um ärztliche Hilfe belegten, die Notwendigkeit einer Entziehungs- und Entwöhnungsbehandlung einzusehen vermocht; jedoch sei sie wegen der bei ihr vorliegenden Persönlichkeitsstörung und der daraus resultierenden Einschränkung ihrer Steuerungsfähigkeit und wegen ihrer Willensschwäche nicht in der Lage gewesen, nach dieser Einsicht zu handeln. Hier lägen auch die Gründe dafür, daß die ihr gebotenen und selbst die in Angriff genommenen Maßnahmen, von der Sucht loszukommen, letztlich gescheitert seien. b) Diese Feststellungen tragen die Beurteilung des OLG, die Ehefrau habe ihre Bedürftigkeit nicht i. S. des § 1579 I Nr. 3 BGB a. F. (FamRZ 1987/356, 357) mutwillig herbeigeführt. „Mutwilligkeit" verlangt zwar kein vorsätzliches, auf die Herbeiführung der Bedürftigkeit gerichtetes Verhalten. Andererseits reicht einfaches Verschulden nicht aus. Erforderlich ist vielmehr eine zumindest leichtfertige Herbeiführung der Bedürftigkeit. Die Mutwilligkeit muß unterhaltsbezogen sein; die Vorstellung und Antriebe, die dem zu beurteilenden Verhalten zugrunde liegen, müssen sich also (auch) auf die Bedürftigkeit als Folge des Verhaltens erstrecken. Diese insbesondere in dem Urteil v. 8. 7. 1981 (FamRZ 1981/1042, 1044 f.) entwickelten Grundsätze hat der Senat in jener Entscheidung für den Fall einer wegen Alkoholabhängigkeit erwerbsunfähigen Ehefrau dahingehend konkretisiert, daß es darauf ankommt, ob sie zu einer Zeit, als ihre Einsicht und die Fähigkeit, danach zu handeln, dies noch zuließen, eine ihr angeratene Entziehungskur unterlassen hatte und sich der Möglichkeit bewußt war, sie werde infolgedessen im Falle einer Trennung der Eheleute außerstande sein, eine Berufstätigkeit aufzunehmen und ihren Unterhalt selbst zu verdienen (a.a.O., S. 1045). Von diesem Grundgedanken ist auch das OLG zutreffend ausgegangen. Mit der Feststellung, die Ehefrau habe zwar im nicht intoxizierten Zustand die Notwendigkeit einer Entziehungs- und Entwöhnungsbehandlung einsehen können, aber infolge ihrer Persönlichkeitsstörung und der daraus resultierenden Einschränkung ihrer Steuerungsfähigkeit sowie wegen ihrer Willensschwäche nicht nach dieser Einsicht zu handeln

Anhang R. Rechtsprechung   **R357**

vermocht, hat das OLG danach eine mutwillige Herbeiführung der Bedürftigkeit rechtlich unangreifbar verneint. Die Beanstandung der Revision, die auf sachverständiger Beratung beruhenden Feststellungen seien in sich widersprüchlich, greift nicht durch. Entgegen der Darstellung der Revision hat das OLG deutlich auseinandergehalten, daß die Ehefrau im intoxizierten Zustande die Behandlungsbedürftigkeit nicht eingesehen, sie hingegen im nicht intoxizierten Zustande zwar eingesehen, aber nicht nach dieser Einsicht hat handeln können. Letzteres ist ersichtlich in dem Sinne zu verstehen, daß die Ehefrau nicht auf Dauer in hinreichendem Maße einsichtgemäß zu handeln vermochte; denn so erklärt das OLG, dem Sachverständigen folgend, den Mißerfolg auch selbst in Angriff genommener, also zunächst auf einsichtgemäßem Verhalten beruhender therapeutischer Maßnahmen. Die Revision wendet sich weiterhin dagegen, daß das OLG entsprechend der Beurteilung durch den zugezogenen Sachverständigen die Möglichkeit einsichtgemäßen Verhaltens verneint hat. Sie meint zu Unrecht, die in diesem Zusammenhang genannte Willensschwäche müsse als Kriterium ausscheiden. Wieso die tatrichterlich festgestellte Willensschwäche der Ehefrau für das Durchstehenkönnen einer Entziehungsbehandlung irrelevant sein soll, ist nicht ersichtlich. Auch der Angriff auf die Feststellung einer insoweit vom OLG ebenfalls für kausal gehaltenen Persönlichkeitsstörung verhilft der Revision nicht zum Erfolg. Diese Feststellung beruht auf der tatrichterlichen Überzeugung von der Richtigkeit der Beurteilung durch den Sachverständigen, der in seinem Gutachten das Bild einer kindlichen, neurotisch gestörten, speziell „Ich-schwachen" Persönlichkeit ohne Durchhaltevermögen gezeichnet hat, die in der Anspruchszeit nicht in der Lage war, nach vorhandener Krankheitseinsicht zu handeln.

BGH v. 13. 1. 88 – IVb ZR 7/87 – FamRZ 88, 370 = NJW 88, 1137
(Mahnung beim nachehelichen Unterhalt)   **R357**

3. Den Angriffen der Revision hält weiter stand, daß das OLG die Fortdauer des Verzuges des **a** Bekl. über den Zeitpunkt der Rechtskraft des Scheidungsurteils hinaus (10. 7. 1984) verneint hat. Zwar sind, wie ausgeführt, periodisch wiederholte Mahnungen entbehrlich, solange die anspruchsbegründenden Voraussetzungen des in Frage stehenden Unterhaltsrechts fortbestehen. Mit der Rechtskraft des Scheidungsurteils erlosch aber der Anspruch der Kl. auf Trennungsunterhalt, weil § 1361 BGB u. a. voraussetzt, daß Berechtigter und Verpflichteter miteinander verheiratet sind. Soweit die Voraussetzungen für einen Anspruch auf nachehelichen Unterhalt (§§ 1570 ff. BGB) gegeben waren, entstand für die Kl. ein neues Recht auf wiederkehrende Unterhaltsleistungen (zu den Unterschieden zwischen Trennungsunterhalt und nachehelichem Unterhalt vgl. auch Senat, NJW 1981, 978 = FamRZ 1981, 242). Hierwegen wäre der Bekl. nur in Verzug geraten, wenn die Kl. diesen Anspruch neu angemahnt hätte, was aber nach der Feststellung des OLG nicht der Fall war. Nach allgemeinen Grundsätzen ist eine bereits vor der Entstehung eines Anspruchs ausgesprochene Mahnung wirkungslos und bleibt es auch nach dem Eintritt dieser Voraussetzung (vgl. BGHZ 77, 60 (64) = NJW 1980, 1955; Alff, in: RGRK, 12. Aufl., § 284 Rdnr. 16). Die Willensrichtung des Mahnenden ist ohne Bedeutung. Somit kann die Mahnung wegen Trennungsunterhalts nicht auch den Verzug wegen eines künftigen Anspruchs auf nachehelichen Unterhalt bewirken.

(Verwirkung bei Unterhaltsrückständen)

a) Das OLG vertritt die Ansicht, die drei Jahre, die die Kl. zwischen dem Mahnschreiben vom **b** 20. 7. 1982 und der gerichtlichen Geltendmachung im September 1985 hat verstreichen lassen, seien grundsätzlich geeignet, den Einwand der Verwirkung gegenüber dem Anspruch auf rückständigen Unterhalt zu begründen (sogenanntes Zeitmoment). Die Revision verweist demgegenüber auf die maßgebende Verjährungsfrist von vier Jahren (§§ 197, 218 II BGB); vor Ablauf einer derart kurzen Verjährungsfrist könne eine Verwirkung nach allgemeiner Ansicht nur aus ganz besonderen Gründen angenommen werden (vgl. etwa BGH, NJW 1969, 879 = Betr 1969, 569). Indessen beachtet sie hierbei nicht, daß nach § 204 S. 1 BGB die Verjährung von Ansprüchen zwischen Ehegatten gehemmt ist, solange die Ehe besteht. Da danach vor der Rechtskraft des Scheidungsurteils eine kurze Verjährungsfrist für Ansprüche auf Trennungsunterhalt nicht effektiv werden kann, gibt der von der Revision ins Feld geführte Gesichtspunkt im vorliegenden Fall nichts her (ebenso für den Anwendungsbereich des § 204 S. 2 BGB: OLG München, FamRZ 1986, 504 (505)). Auf der anderen Seite spricht vieles dafür, bei der Frage der Verwirkung von Trennungsunterhalt an das „Zeitmoment" keine strengen Anforderungen zu stellen. Nach § 1613 I BGB kann Unterhalt für die Vergangenheit ohnehin nur ausnahmsweise gefordert werden „in praeteritum non vivitur"). Von einem Unterhaltsgläubiger, der lebensnotwendig auf Unterhaltsleistungen angewiesen ist, ist eher als von einem Gläubiger anderer Forderungen zu erwarten, daß er sich zeitnah um die Durchsetzung des Anspruchs bemüht. Tut er das nicht, erweckt sein Verhalten in der Regel den Eindruck, er sei in dem fraglichen Zeitraum nicht bedürftig, zumal seine wirtschaftlichen Verhältnisse dem Unterhaltsschuldner meist nicht genau bekannt sind (vgl. dazu Göppinger-Stöckle, Rdnr. 1349; Knorn, FamRZ 1964, 285). Wie auch der vorliegende Fall zeigt, können Unterhaltsrückstände zudem zu einer erdrückenden Schuldenlast anwachsen, die auch die Leistungsfähigkeit des Unterhaltsverpflichteten für den laufenden Unterhalt beeinträchtigen kann. Schließlich sind im Unterhaltsprozeß die für die Unterhaltsbemessung maßgeblichen Einkommensverhältnisse der Parteien nach längerer Zeit oft nur schwer aufklärbar. Dem OLG ist daher darin beizupflichten, wenn es meint, der Ablauf von drei Jahren sei regelmäßig geeignet, das „Zeitmoment" für die Verwirkung rückständigen Trennungsunterhalts zu erfüllen. Im vorliegenden Fall lagen allerdings im Zeitpunkt der Klageerweiterung im September 1985 lediglich die Unterhaltsansprüche der Kl. für August und September 1982 drei Jahre und mehr zurück; der letzte nach Auffassung des OLG noch von der Verwirkung erfaßte Anspruch war hingegen erst im Juli 1984 fällig geworden, war also im Zeitpunkt der Geltendmachung erst seit etwa 14 Monaten einforderbar. Da ein Unterhaltsanspruch nicht verwirkt sein kann, bevor er überhaupt fällig geworden ist, müssen gegebenenfalls die in Frage kommenden Zeitabschnitte gesondert betrachtet werden (vgl. Knorn, FamRZ 1984, 285). Nach Auffassung des Senats sind aber die bereits angeführten Gründe, die eine möglichst zeitnahe Geltendmachung von Unterhalt nahelegen, so wichtig, daß das „Zeitmoment" für die Verwirkung von Trennungsunterhalt auch dann erfüllt sein kann, wenn die Rückstände des Unterhaltsberechtigten betreffen, die – wie hier – etwas mehr als ein Jahr zurückliegen. Nachehelicher Unterhalt kann gem. § 1585b III BGB für eine mehr als ein Jahr vor Rechtshängigkeit liegende Zeit nur verlangt werden, wenn sich der Verpflichtete der Leistung absichtlich entzogen hat. Hier erschwert das Gesetz also die Nachforderung über das Erfordernis des Verzuges hinaus (vgl. dazu Senat, NJW-RR 1987, 1220 = BGHR BGB § 1585b III Sozialhilfe 1 = FamRZ 1987, 1014). Sonderbedarf für die Vergangenheit kann gem. § 1613 II 1 BGB grundsätzlich uneingeschränkt gefordert werden, nicht aber nach Ablauf eines Jahres seit seiner Entstehung; dann ist § 1613 II 2 BGB Verzug oder Rechtshängigkeit erforderlich.

Nach § 1615i II 1 BGB können rückständige Unterhaltsbeträge für ein nichteheliches Kind, die länger als ein Jahr vor Anerkennung der Vaterschaft oder Erhebung der Klage auf Feststellung der Vaterschaft fällig geworden sind, zur Vermeidung unbilliger Härten auf Antrag erlassen werden. Danach schenkt das Gesetz bei Unterhaltsrückständen für eine mehr als ein Jahr zurückliegende Zeit dem Schuldnerschutz besondere Beachtung. Diesem Rechtsgedanken kann im Rahmen der Bemessung des „Zeitmoments" für die Verwirkung von Trennungsunterhalt in der Weise Rechnung getragen werden, daß das Verstreichenlassen einer Frist von mehr als ein Jahr ausreichen kann. Mit dieser Frist dürfte allerdings die äußerste Grenze erreicht sein. War der Unterhaltsberechtigte durch besondere Umstände, insbesondere durch solche, die im Verantwortungsbereich des Schuldners liegen, an einer zeitnahen Geltendmachung seines Rechts gehindert, gebieten die der Verwirkung zugrundeliegenden Grundsätze von Treu und Glauben, daß das „Zeitmoment" diesen Umständen anzupassen ist und unter Umständen weit längere Fristen ins Auge zu fassen sind. Bei der im vorliegenden Fall gegebenen Sachlage bestehen aber gegen die Beurteilung des OLG, daß das „Zeitmoment" für die gesamten Ansprüche der Kl. auf rückständigen Trennungsunterhalt erfüllt ist, keine durchgreifenden Bedenken.

b) Neben dem „Zeitmoment" kommt es für die Verwirkung auf das sogenannte „Umstandsmoment" an, d. h. es müssen besondere Umstände hinzutreten, aufgrund derer der Unterhaltsverpflichtete sich nach Treu und Glauben darauf einrichten durfte und eingerichtet hat, daß der Unterhaltsberechtigte sein Recht nicht mehr geltend machen werde (vgl. etwa BGHZ 84, 280 (281) = NJW 1982, 1999; OLG München, OLGZ 1976, 216 (219 f.)). Hierzu hat das OLG ausgeführt, daß die Ansprüche der Kl. von Anfang an umstritten gewesen seien, weil sie erwerbstätig gewesen sei und daraus Einkünfte erzielte habe, die nach Meinung der Bekl. für ihren Lebensunterhalt ausreichend gewesen seien; sie habe nämlich ein durchschnittliches monatliches Nettoeinkommen von 1466 DM im Jahre 1982, von 1957 DM im Jahre 1983 und von 2150 DM im Jahre 1984 gehabt. Sie habe zudem mietfrei das frühere Familienheim der Parteien bewohnt, während der Bekl. in nicht unerheblichem Umfang für den gemeinsamen Sohn Unterhalt bezahlt habe. Wenn sie die gesamte Trennungszeit und das Ehescheidungsverfahren habe verstreichen lassen, ohne den Anspruch auf den ursprünglich mit großem Nachdruck geforderten Unterhalt zu verfolgen, habe der Bekl. davon ausgehen dürfen, nicht mehr in Anspruch genommen zu werden. Die hierin liegende tatrichterliche Würdigung, daß sich der Bekl. darauf einrichten durfte, die Kl. werde Ansprüche auf Trennungsunterhalt nicht mehr geltend machen, ist aus Rechtsgründen nicht zu beanstanden. Nach dem Inhalt des Schreibens vom 20. 7. 1982 hat die Kl. einen Unterhaltsprozeß in so bestimmter Weise in Aussicht gestellt, daß ihr Untätigbleiben trotz Nichtzahlung von Unterhalt beim Bekl. den Eindruck erwecken konnte, sie habe ihren Rechtsstandpunkt letztlich aufgegeben. Auch hat das OLG mit Recht darauf hingewiesen, daß ein bedürftiger Ehegatte im Scheidungsverbundverfahren regelmäßig Unterhalt begehrt, während die Kl. dies nicht getan hat.

Anhang R. Rechtsprechung   R358

BGH v. 10. 2. 88 – IV ZR 16/87 – FamRZ 88, 927 = NJW-RR 88, 1218
(Unterhaltsherabsetzung nach § 1579 Nr. 7 BGB, bei Herbeiführung der Erwerbsunfähigkeit durch Medikamentenmißbrauch, wenn ein erhebliches eigenes Verschulden und eine mutwillige Herbeiführung der Bedürftigkeit nach § 1579 Nr. 3 BGB nicht angenommen werden könne)   R358

I 3) Den danach an sich auf diesen Betrag bemessenen Unterhaltsanspruch hat das OLG für die   a
Zeit von Mai 1980 bis Juli 1981 nach § 1579 Nr. 7 BGB um 1000 DM monatlich herabgesetzt, ab 16. 10. 1982 unter Anrechnung von erzielbaren eigenen Einkünften i. H. von mindestens 1000 DM monatlich in dieser Höhe gemindert und für die dazwischen liegende Zeit des stationären Aufenthalts der Kl. im Landeskrankenhaus sowie des anschließenden Aufenthalts in dem Übergangsheim wegen anderweitiger Deckung des Unterhaltsbedarfs ganz entfallen lassen. Im einzelnen hat es dazu ausgeführt: Die Kl. habe durch ihren Medikamentenmißbrauch ihre Abhängigkeit und dadurch ihre Erwerbsunfähigkeit herbeigeführt. Wenn auch wegen der langen, im einzelnen nicht mehr aufklärbaren Vorgeschichte und wegen der psychisch labilen Persönlichkeit der Kl. ein erhebliches eigenes Verschulden an dieser Erwerbsunfähigkeit nicht bewiesen sei und eine mutwillige Herbeiführung der Bedürftigkeit nach § 1579 Nr. 3 BGB nicht angenommen werden könne, so führe der Umstand, daß die Arbeitsunfähigkeit durch die Medikamentenabhängigkeit verursacht sei, doch zu einer Kürzung des Unterhaltsanspruchs nach § 1579 Nr. 7 BGB. Das Verhalten der Kl. wiege bei unterhaltsrechtlicher Wertung ebenso schwer wie die in § 1579 Nr. 1 bis 6 BGB aufgeführten Gründe. Es könne nicht ohne Auswirkungen auf die Unterhaltspflicht des Bekl. bleiben, weil dies für ihn unzumutbar wäre. Eine Unterhaltspflicht in voller Höhe der selbst herbeigeführten Bedürftigkeit sei selbst bei einem nicht feststellbaren Verschulden der Kl. für den Bekl. grob unbillig. Wenn die Kl. nicht infolge der Tablettenabhängigkeit erwerbsunfähig gewesen wäre, hätte sie eine Bürotätigkeit ausüben und eigenes Einkommen von monatlich mindestens 1000 DM netto erzielen können. Um diesen Betrag hat das OLG den Unterhaltsanspruch der Kl. ab Mai 1980 für die Dauer ihrer Erwerbsunfähigkeit herabgesetzt. Nach ihrem Aufenthalt in Landeskrankenhaus und Übergangsheim, während dessen das OLG eine anderweitige Deckung des Unterhaltsbedarfs angenommen hat, war die Kl. nach der Beurteilung des OLG wieder arbeitsfähig. Von da ab (16. 9. 1982) steht der Kl. nach den Ausführungen des OLG wieder ein Unterhaltsanspruch nach § 1573 I BGB zu, auf den sie sich aber fiktives Einkommen anrechnen lassen müsse, weil sie ihrer Obliegenheit zu nachhaltigem Bemühen um eine Erwerbstätigkeit nicht ausreichend nachgekommen sei. Sie müsse sich so behandeln lassen, als ob sie eine Tätigkeit im Bürofach gefunden hätte. Durch eine solche hätte sie ein monatl. Nettoeinkommen von mindestens 1000 DM erzielen können, das in voller Höhe auf ihren Unterhaltsanspruch anzurechnen sei. (Diese Ausführungen werden vom BGH bestätigt).

(Anspruch nach § 1573 I BGB setzt voraus, daß der Bedürftige aus Gründen des Arbeitsmarktes keinen Arbeitsplatz findet; kein Anspruch nach § 1573 I BGB bei krankheitsbedingter Erwerbsunfähigkeit)

II 1a) Die Vorschrift setzt nach ihrem Wortlaut voraus, daß der bedürftige geschiedene Ehegatte   b
keinen Unterhaltsanspruch nach §§ 1570 bis 1572 BGB hat und nach der Scheidung keine angemessene Erwerbstätigkeit zu finden vermag. Nach der Beurteilung des OLG hatte die Kl. im Zeitpunkt der Scheidung (19. 2. 1980) keinen Unterhaltsanspruch nach den genannten Bestimmungen. Ferner enthalten die Darlegungen des Gerichts zu dem zuerkannten Anspruch ersichtlich die Feststellung, daß die Kl. zu diesem Zeitpunkt keinen angemessenen Arbeitsplatz finden konnte. Damit waren die genannten Voraussetzungen der Vorschrift im Anschluß an die Scheidung an sich erfüllt. Indessen ergeben die Feststellungen des OLG weiter, daß die Kl. ab Mai 1980, mithin beginnend mit dem Zeitpunkt, von dem ab sie mit ihrer Klage Unterhalt verlangt, infolge des Medikamentenmißbrauchs erwerbsunfähig wurde. Mit dem Eintritt ihrer Erwerbsunfähigkeit beruhte die Unterhaltsbedürftigkeit nicht (mehr) darauf, daß sie aus Gründen des Arbeitsmarktes keinen Arbeitsplatz finden vermochte; entscheidend war vielmehr ihre krankheitsbedingte Unfähigkeit, einer Erwerbstätigkeit nachzugehen. Eine solche Bedürfnislage wird von § 1573 I BGB nicht erfaßt. Vielmehr geht dieser Unterhaltstatbestand gerade davon aus, daß der Bedürftige zur Erwerbstätigkeit und zu Bemühungen um einen Arbeitsplatz gehalten ist, eine Obliegenheit, die einen Erwerbsunfähigen nicht treffen kann. Kann von dem bedürftigen geschiedenen Ehegatten wegen seiner gesundheitlichen Verfassung eine Erwerbstätigkeit nicht erwartet werden, so kann er allenfalls nach Maßgabe der übrigen Vorschriften, wie § 1571 oder § 1572 BGB, nicht aber nach § 1573 I BGB Unterhalt verlangen.

(Anspruch nach § 1572 Nr. 4 BGB, wenn bei Eintritt der krankheitsbedingten Erwerbsunfähigkeit ein Anspruch nach § 1573 I BGB bestanden hatte)

II 1b) Indessen erweist sich die Bejahung des Unterhaltsanspruchs aus einem anderen Grunde als   c
richtig (§ 563 ZPO). Wie bereits dargelegt, waren die Voraussetzungen des § 1573 I BGB nach der Beurteilung des OLG, die insoweit rechtsbedenkenfrei ist und auch von der Revision nicht angegriffen wird, im Anschluß an die Scheidung der Parteien erfüllt. Sie fielen, wie ausgeführt, weg, als die

Kl. erwerbsunfähig wurde. Diese krankheitsbedingte Erwerbsunfähigkeit konnte zwar nicht die Voraussetzungen des § 1572 Nr. 1 BGB erfüllen. Indessen begründete sie den Unterhaltsanspruch nach § 1572 Nr. 4 BGB; denn sie begann zu dem dort bezeichneten Einsatzzeitpunkt des Wegfalls eines Unterhaltsanspruchs nach § 1573 BGB. Damit ist der Unterhaltsanspruch der Kl. für den Zeitraum, in welchem sie infolge ihrer Medikamentenabhängigkeit erwerbsunfähig war, zwar nicht gemäß § 1573 I, wohl aber gemäß § 1572 Nr. 4 BGB dem Grunde nach gerechtfertigt.

(Kein Anspruch nach § 1573 I BGB, sondern nach § 1573 II BGB, wenn der Bedürftige sich nicht ausreichend um eine Erwerbstätigkeit bemüht und ihm deshalb ein fiktives Einkommen zugerechnet wird, das seinen vollen Unterhalt nicht deckt)

d II 2) Auch für die Zeit nach dem 15. 9. 1982 scheidet ein Unterhaltsanspruch nach § 1573 I BGB aus. Zwar kam für diese Zeit, als die Kl. ihre Erwerbstätigkeit wiedererlangt hatte und damit der Anspruch nach § 1572 Nr. 4 BGB entfiel, an sich ein Unterhaltsanspruch nach § 1573 BGB in Betracht, da die Absätze I und II der Bestimmung nach Abs. III entsprechend gelten, wenn Unterhalt nach den §§ 1570 bis 1572, 1575 BGB zu gewähren war, die Voraussetzungen dieser Vorschriften aber entfallen sind. Indessen hat das OLG angenommen, daß die Kl. ihrer Obliegenheit, sich um eine Erwerbstätigkeit zu bemühen, nicht ausreichend nachgekommen ist. Damit hat die Kl. die bereits dargelegte Voraussetzung eines Unterhaltsanspruchs nach § 1573 I BGB nicht erfüllt und kann nach dieser Vorschrift daher keinen Unterhalt verlangen. Das OLG hat der Kl. indessen keinen Unterhalt zugesprochen, soweit diese ihren Lebensbedarf durch eine eigene Erwerbstätigkeit hätte decken können. Es hat sie vielmehr so behandelt, als ob sie eine angemessene Tätigkeit gefunden hätte, und ist insoweit von einem fiktiven Nettoeinkommen von 1000 DM monatlich ausgegangen. Unterhalt hat es der Kl. nur insoweit zugebilligt, als durch dieses fiktive Einkommen der volle Bedarf der Kl. nicht gedeckt war. Ein solcher Unterhaltsanspruch findet seine Grundlage nicht in § 1573 I BGB, sondern in Abs. II der Vorschrift. Danach hat ein geschiedener Ehegatte an sich Anspruch auf Aufstockungsunterhalt, wenn er eine Erwerbstätigkeit ausübt, die Einkünfte daraus aber zum vollen Unterhalt nicht ausreichen. Entsprechendes gilt auch, wenn der Berechtigte, wie hier, sich um die ihm obliegende Erwerbstätigkeit nicht genügend bemüht, die ihm deshalb anzurechnenden fiktiven Einkünfte aber seinen vollen Unterhalt nicht decken würden (FamRZ 1985/908, 910 m. w. N.). Danach ergibt sich der Unterhaltsanspruch der Kl. für diesen Zeitabschnitt aus § 1573 II BGB.

(Prägung der ehelichen Lebensverhältnisse durch Einkünfte aus freiberuflicher Tätigkeit [Praxisgründung eines Arztes], die in zeitlichem Zusammenhang mit der Trennung aufgenommen worden ist und vom Berechtigten gebilligt worden ist)

e II 3) Die Revision wendet sich gegen den Standpunkt des OLG, daß die für den Unterhaltsanspruch der Kl. maßgeblichen ehel. Lebensverhältnisse durch das Einkommen des Bekl. nach seiner Niederlassung als Facharzt bestimmt gewesen seien. Sie macht geltend, der Bekl. habe vorgetragen, daß er nach dem Lebensplan der Parteien in der Radiologieabteilung des Krankenhauses in W. habe tätig sein sollen. Lediglich aufgrund der nicht vorhersehbaren und völlig unerwarteten Entwicklung, daß der zugesagte Ausbau jener Abteilung nicht realisiert worden sei, habe der Bekl. seine dortige Stelle aufgeben müssen. Erst daraufhin – nach der Trennung – sei er gezwungen gewesen, sich freiberuflich eine Existenz aufzubauen. Daher erweise sich die Einkommensentwicklung des Bekl. nach der Trennung als vom Normalverlauf abweichend und unerwartet und könne bei der Bestimmung der ehel. Lebensverhältnisse nicht berücksichtigt werden. Wenn das OLG diese Grundsätze beachtet und den Sachvortrag des Bekl., insbesondere im Schriftsatz v. 24. 9. 1981, nicht übergangen hätte, hätte es sich allenfalls an dem bis zur Trennung verdienten Einkommen orientieren können.

Einkünfte aus einer erst nach der Trennung der Ehegatten aufgenommenen Tätigkeit prägen die ehel. Lebensverhältnisse allerdings auch dann nicht, wenn die Aufnahme der Tätigkeit eine außergewöhnliche, während des Zusammenlebens der Parteien nicht geplante und nicht vorhergesehene Entwicklung darstellt (FamRZ 1986/783, 785, m. w. N.). Das trifft für die Niederlassung des Bekl. und seine anschließende Tätigkeit als selbständiger Röntgenfacharzt jedoch nicht zu. Der Bekl. hat im Berufungsbegründungsschriftsatz v. 24. 9. 1981 vorgetragen, er sei ab Mai 1977 an das Krankenhaus in W. gewechselt, um dort als Chefarzt einer zu gründenden Abteilung für Radiologie tätig zu werden. Nachdem sich der zugesagte Ausbau der Abteilung zerschlagen habe, sei er gezwungen gewesen, seine Chefarztstelle zu kündigen. Nach reiflicher Überlegung habe er sich entschieden, als freiberuflicher Röntgenologe zu praktizieren. Dieser Entschluß und der Aufbau der Gemeinschaftspraxis in N. seien in eine Zeit gefallen, als die Parteien bereits ein Jahr getrennt gelebt hätten. Dabei hatte der Bekl. zuvor die Auffassung dargelegt, daß der Trennungszeitpunkt bereits im Mai 1977 anzunehmen sei, weil durch den späteren Versöhnungsversuch und durch seine spätere Rückkehr in das Haus in N. die ehel. Lebensgemeinschaft nicht wieder hergestellt worden sei. Diesem Vortrag ist das OLG gefolgt, soweit es den Zeitpunkt der Niederlassung des Bekl. betrifft, und hat – in anderem Zusammenhang – ausgeführt, daß er im Juni 1978 seine Tätigkeit als selbständiger Röntgenfacharzt

Anhang R. Rechtsprechung　　　　　　　　　　　　　　　　　　　　　　　　　　　　　　R 359

begonnen habe. Dagegen hat es sich dem in dem Schriftsatz verfochtenen Standpunkt des Bekl. zum Trennungszeitpunkt nicht angeschlossen, sondern hat – in Übereinstimmung mit dem Scheidungsurteil – angenommen, daß die Parteien seit Juni 1978 getrennt leben. Das läßt keinen Rechtsfehler erkennen und wird auch von der Revision insoweit nicht angegriffen. Damit ergibt sich, daß die Trennung der Parteien und die Praxisgründung des Bekl. zeitlich zusammenfielen. Die zu der beruflichen Veränderung führende Entwicklung und der Entschluß zur Niederlassung fallen danach in die Zeit des Zusammenlebens. Bei seiner Anhörung im amtsgerichtlichen Verhandlungstermin v. 4. 5. 1981 hat der Bekl. erklärt, als sich der Ausbau der Röntgenabteilung im Krankenhaus in W. zerschlagen habe, sei sein Arbeitsverhältnis zum Ende des Jahres 1977 gekündigt, aber aufgrund seines Einspruches bis Juni 1978 verlängert worden. Er hat ferner vorgetragen, daß die Kl. damals seine Entscheidung zu freiberuflicher Tätigkeit akzeptiert und gebilligt habe. Unter diesen Umständen hat das OLG in der Niederlassung des Bekl. zu Recht keine Entwicklung gesehen, die während des Zusammenlebens noch nicht geplant und abzusehen war. Die Berücksichtigung des Einkommens, das der Bekl. im Zeitpunkt der Scheidung erzielte, ist damit aus Rechtsgründen nicht zu beanstanden.

BGH v. 10. 2. 88 – IVb ZR 19/87 – FamRZ 88, 486 = NJW 88, 2105

(Anrechnungsmethode, wenn die ehelichen Lebensverhältnisse nur durch das Einkommen des Verpflichteten geprägt worden sind; Anrechnung auf den vollen Unterhalt)　　　　　　　　　　　　　　　R 359

1) Das OLG geht davon aus, daß die Kl. gegen den Bekl. einen Anspruch auf Aufstockungsunterhalt (§ 1573 II BGB) hat, soweit ihre Einkünfte in der zu beurteilenden Zeit ab Mai 1985 nicht ausreichen, um ihren an den ehel. Lebensverhältnissen ausgerichteten vollen Unterhalt (§ 1578 I BGB) zu decken. Die ehel. Lebensverhältnisse der Parteien seien ausschließlich durch das Arbeitseinkommen des Bekl. geprägt worden, so daß bei der Unterhaltsbemessung die sog. Anrechnungsmethode anzuwenden sei. Hierbei könne der tatsächlich von ihm in den Jahren 1985 und 1986 erzielte Verdienst zugrunde gelegt werden, da seit dem maßgebenden Zeitpunkt der Scheidung insoweit keine wesentliche Veränderung eingetreten sei. Auch auf seiten der Kl. sei auf ihren tatsächlichen Verdienst abzustellen, da sie nach besten Kräften ihrer Erwerbsobliegenheit nachgekommen sei, so daß die Anrechnung eines fiktiven höheren Einkommens ausscheide. Ihr Unterhaltsanspruch gehe demjenigen der zweiten Ehefrau des Bekl. im Range vor, u. a. weil die Ehe der Parteien von langer Dauer gewesen sei (§ 1582 I S. 2 BGB). Diese Ausführungen sind rechtlich bedenkenfrei und werden von den Parteien auch nicht angegriffen. **a**

(Bei der Unterhaltsberechnung ist auch bei Wiederverheiratung grundsätzlich die tatsächliche Besteuerung maßgeblich. Nur in Mangelfällen kann nach § 1579 Nr. 7 der Splittingvorteil dem Verpflichteten belassen werden.)

2 a) Der Senat hat bereits mehrfach abgelehnt, den steuerlichen Splittingvorteil, der dem Unterhaltspflichtigen bei einer Wiederverheiratung zugute kommt, ausschließlich der neuen Familie vorzubehalten und ihn bei der Bemessung des Unterhalts eines früheren Ehegatten außer Betracht zu lassen. Eine Ausnahme hat er in dem Urteil v. 3. 7. 1985 (FamRZ 88/911) lediglich unter den Voraussetzungen der unterhaltsrechtlichen Härteklausel (§ 1579 I Nr. 4 BGB a. F.; dem entspricht für nach dem 31. 3. 1986 fällig gewordenen Unterhalt § 1579 Nr. 7 BGB n. F.) zugelassen, die im allgemeinen lediglich in Mangelfällen vorliegen werden (FamRZ 88/145). Daran hält er auch im vorliegenden Fall fest. Soweit das OLG meint, die Ausklammerung des Splittingvorteils sei unabhängig von den Voraussetzungen der unterhaltsrechtlichen Härteklausel gerechtfertigt, vermag der Senat dem jedenfalls unter den im vorliegenden Fall gegebenen Umständen nicht zuzustimmen. Der Bekl. war lediglich in dem auf die Scheidung folgenden Kalenderjahr (1983) in die Lohnsteuerklasse I eingestuft, ab 1984 hingegen wieder in die Steuerklasse III wie auch während des Zusammenlebens der Parteien. Es kann dahinstehen, ob eine Einkommensminderung infolge des Wegfalls des Splittingvorteils unter dem Unterhaltsmaßstab des § 1578 I BGB beeinflußt wie nachhaltig so erheblich ist, daß die Berücksichtigung erst im Rahmen der Leistungsfähigkeit des Unterhaltspflichtigen (so etwa OLG Düsseldorf, FamRZ 1987/595) dem Grundsatz der gleichmäßigen Teilhabe der geschiedenen Ehegatten am ehel. Lebensstandard nicht gerecht würde. Im vorliegenden Fall kann wegen der nur vorübergehenden steuerlichen Mehrbelastung des Bekl. i. J. 1983 schon von einer nachhaltigen Einkommensminderung nicht ausgegangen werden. Auch waren in dem zu beurteilenden Unterhaltszeitraum ab Mai 1985 insoweit die Verhältnisse wiederhergestellt, wie sie während des Zusammenlebens der Parteien bestanden. In einem solchen Fall ist in keiner Weise gerechtfertigt, im Rahmen des § 1578 I BGB nicht die tatsächliche Besteuerung zugrunde zu legen, die grundsätzlich maßgebend ist (FamRZ 1983/152, 153), sondern eine fiktive nach der Steuerklasse I. b) Für die Anwendung der unterhaltsrechtlichen Härteklausel hat das OLG als ausreichend angesehen, daß der nach seiner Berechnung dem Bekl. in den Jahren 1985/86 entstandene Splittingvorteil durch einen ungedeckten Bedarf seines neuen Ehegatten kompensiert wird. Dies begegnet durchgreifenden rechtlichen Be- **b**

1403

denken. Die Härteregelung des Gesetzes will, wie in dem Tatbestandsmerkmal der groben Unbilligkeit zum Ausdruck kommt, eine unverhältnismäßige Belastung des Unterhaltspflichtigen vermeiden und kann daher in Fällen der vorliegenden Art nur Platz greifen, wenn anders für den Unterhaltspflichtigen die Grenze des Zumutbaren in unerträglicher Weise überschritten würde (FamRZ 1985/ 911, 912). Dies kann nicht allein aufgrund einer Gegenüberstellung des dem Unterhaltsverpflichteten entstandenen Splittingvorteils mit dem von ihm zu deckenden Bedarf des neuen Ehegatten beurteilt werden, sondern es ist eine umfassende Abwägung der gegebenen Umstände erforderlich. Dabei ist insbesondere von Bedeutung, zu welcher Belastung des Unterhaltsverpflichteten und seiner neuen Familie es im konkreten Fall kommt, wenn der Splittingvorteil bei der Bemessung des Unterhaltsanspruchs des geschiedenen Ehegatten nicht außer Betracht bleibt.

BGH v. 24. 2. 88 – IVb ZR 29/87 – FamRZ 88, 607 = NJW 88, 1720

R360 *(Keine familienrechtliche Verpflichtung eines Elternteils, einer anderen als hälftigen Aufteilung des Ausbildungsfreibetrages und des Pauschbetrages für ein körperbehindertes Kind nach § 33 a EStG zuzustimmen, wenn die sich daraus ergebenden Nachteile nicht ersetzt wurden)*

a II) Nach § 33 a II EStG ist es steuerrechtlich an sich möglich, Ausbildungsfreibetrag und Pauschbetrag anders als hälftig und damit auch in dem Verhältnis auf beide Elternteile aufzuteilen, in dem die im Einzelfall von ihnen tatsächlich getragenen Aufwendungen zueinander stehen. Jedoch macht das Steuerrecht eine derartige Verteilung von einem einvernehmlichen Antrag abhängig, ohne zugleich zu regeln, ob und inwieweit ein Elternteil gegenüber dem anderen zur Mitwirkung an einer solchen Antragstellung verpflichtet ist. Diese Frage ist nicht aus dem Steuerrecht, sondern nach bürgerlichem Recht zu beantworten.

III) Davon ist auch das OLG ausgegangen. Es ist zu dem Ergebnis gelangt, daß die Bekl. nach bürgerlichem Recht unter keinem rechtlichen Gesichtspunkt verpflichtet ist, den Antrag auf eine im Vergleich zur Halbteilung für sie ungünstigere Aufteilung der Freibeträge zu stellen. Seine Beurteilung hält der rechtlichen Überprüfung stand.

1) Zu Recht hat das OLG geprüft, ob sich eine Verpflichtung zur Mitwirkung bei dem Antrag auf eine andere Aufteilung der Freibeträge in Anlehnung an die Grundsätze ergibt, aus denen in der Rechtsprechung, auch des Senats, die Verpflichtung des unterhaltsberechtigten (geschiedenen) Ehegatten abgeleitet wird, dem sog. begrenzten Realsplitting zuzustimmen (FamRZ 84/1211, m. w. N.). Zwar wird diese Verpflichtung als Ausprägung des Grundsatzes von Treu und Glauben im Rahmen des gesetzlichen Unterhaltsrechtsverhältnisses zwischen den (geschiedenen) Ehegatten verstanden, eine Grundlage, die bei der hier umstrittenen Aufteilung der Freibeträge auf die Elternteile nicht gegeben zu sein braucht und auch im vorliegenden Fall ausscheidet, weil die Parteien einander nicht unterhaltspflichtig sind. Indessen steht hinter dieser unterhaltsrechtlichen Nebenpflicht zugleich die umfassende familienrechtliche Verpflichtung, die sich aus dem Wesen der Ehe ergibt und beiden Ehegatten aufgibt, die finanziellen Lasten des anderen Teils nach Möglichkeit zu vermindern, soweit dies ohne Verletzung eigener Interessen möglich ist. Sie bleibt als Nachwirkung der Ehe auch nach der Scheidung bestehen (FamRZ 77/38, 40, zur Frage der gemeinsamen Veranlagung geschiedener Eheleute zur Einkommensteuer). Aufgrund dieser familienrechtlichen Verpflichtung kommt auch in dem hier betroffenen Bereich die Mitwirkungspflicht der Elternteile bei der Beantragung einer abweichenden Aufteilung der einkommensteuerrechtlichen Freibeträge in Betracht. Das gilt etwa, wenn ein Elternteil über kein zu versteuerndes Einkommen verfügt oder die Freibeträge sich sonst bei ihm nicht oder jedenfalls nicht voll steuermindernd auswirken oder wenn sich überhaupt die Steuersätze der beiden Elternteile erheblich unterscheiden und sich die abweichende Aufteilung zur Ausschöpfung eines größtmöglichen Steuervorteils empfiehlt. Dabei geht die Verpflichtung jedoch nicht so weit, daß der Elternteil, zu dessen Ungunsten die Aufteilung der Freibeträge geändert werden soll, im Ergebnis einer zusätzlichen finanziellen Belastung ausgesetzt sein müßte. Vielmehr braucht er – entsprechend den Grundsätzen beim begrenzten Realsplitting – einem Antrag nach §§ 33 a II S. 5, 33 b V S. 3 EStG nur Zug um Zug gegen eine bindende Erklärung zuzustimmen, daß sich der Elternteil, der durch die abweichende Aufteilung der Freibeträge begünstigt wird, zum Ausgleich der dem anderen entstehenden finanziellen Nachteile verpflichtet. Unter diesen Umständen hat das OLG eine aus den dargelegten Grundsätzen abgeleitete Pflicht der Bekl. zur Mitwirkung bei der vom Kl. angestrebten Antragstellung jedenfalls deshalb zu Recht verneint, weil es dem Kl. gerade auf die finanziellen Vorteile aus der erstrebten Aufteilung der Freibeträge ankommt und er es ausdrücklich abgelehnt hat, sich zum Ausgleich der Nachteile der Bekl. zu verpflichten. Der Standpunkt der Revision, dem Kl. habe eine derartige Verpflichtung ohne die vorherige Äußerung der Bekl. über ihr eigenes Einkommen, das Einkommen ihres neuen Ehegatten und den von ihr gewählten Steuertarif nicht abverlangt werden dürfen, kann nicht geteilt werden.

2) Das OLG hat dargelegt, der Kl. könne die entschädigungslose anderweitige Aufteilung der steuerlichen Freibeträge auch nicht mit der Behauptung erzwingen, daß er unter den Parteien die

Hauptlast des Aufwandes für das gemeinsame Kind getragen habe. Allein die unterschiedliche Barunterhaltspflicht zweier Eltern gegenüber ihrem auswärts untergebrachten und betreuten Kinde lasse die hälftige Aufteilung der Freibeträge noch nicht als unbillig erscheinen; denn auch in einem solchen Fall sei grundsätzlich davon auszugehen, daß jeder von beiden nach seinen Kräften zum Unterhalt beitrage. Für das staatliche Kindergeld könne allerdings bei unterschiedlich hoher Barunterhaltsbelastung der Eltern eine unterschiedliche Anrechnung in Betracht kommen. Die dafür maßgebenden Gründe könnten hier jedoch nicht herangezogen werden, weil das Kindergeld im Gegensatz zu „Steuererstattungen" nicht zum Einkommen rechne und die Höhe des Unterhalts nicht beeinflusse. Danach bestehe keine Notwendigkeit, in Fortbildung der zum begrenzten Realsplitting entwickelten Grundsätze aus Billigkeitsgründen einen Anspruch auf Verteilung der kinderbedingten Steuerbegünstigungen entsprechend dem Verhältnis der tatsächlich erbrachten Leistungen einzuführen. Demgegenüber will die Revision den Anspruch des Kl. aus Billigkeitsgründen bejaht wissen. Sie macht geltend, daß die steuerlichen Freibeträge gleich dem Kindergeld eine „Leistung" der öffentlichen Hand zur Förderung des Kindesunterhalts und deshalb entsprechend dem Kindergeld zu behandeln seien. Außer dem unter 1) erörterten familienrechtlichen Anspruch geschiedener oder getrennt lebender Ehegatten hat die Rechtsprechung auch für das Verhältnis von Eltern, die einem gemeinsamen Kinde unterhaltspflichtig sind, angenommen, daß sich zwischen ihnen – ohne eine ausdrückliche gesetzliche Grundlage – Ansprüche familienrechtlicher Art ergeben können, die auf den Ersatz oder die Erstattung erbrachter Unterhaltsleistungen, auf die Entlastung eines Elternteils oder sonst auf einen spezifisch familienrechtlichen Ausgleich gerichtet sind. So ist seit der Entscheidung BGHZ 31/329 (= FamRZ 60/194) anerkannt, daß ein Elternteil, der allein für den Unterhalt eines gemeinsamen ehelichen Kindes aufgekommen ist, gegenüber dem anderen Elternteil einen Ersatzanspruch haben kann, der die Rechtsnatur eines familienrechtlichen Ausgleichsanspruchs hat. Dieser Anspruch folgt aus der gemeinsamen Unterhaltspflicht der Eltern und aus der Notwendigkeit, die Unterhaltslast im Innenverhältnis zwischen ihnen entsprechend ihrem Leistungsvermögen gerecht zu verteilen (FamRZ 68/450 ff., FamRZ 81/761, 762). Auch in einem derartigen zwischen Eltern in Betracht kommenden familienrechtlichen Ausgleich findet der Anspruch des Kl. indessen keine rechtliche Grundlage. a) Die Aufteilungsvorschriften in §§ 33 a II S. 4 bis 7, 33 b V S. 2 bis 5 EStG sind durch das Steueränderungsgesetz 1979 v. 30. 11. 1978 (BGBl I 1849) eingefügt worden. Durch sie ist dem Beschluß des BVerfG v. 8. 6. 1977 (BVerfGE 45/104 = FamRZ 77/611) Rechnung getragen worden, wonach die durch das Einkommensteuerreformgesetz vom 5. 8. 1974 (BGBl I 1769) ab dem Jahre 1975 eingeführten Regelungen zur einkommensteuerrechtlichen Behandlung geschiedener und dauernd getrennt lebender Eltern sowie von Eltern nichtehelicher Kinder mit Art. 3 I GG insoweit nicht vereinbar waren, als sie den nicht zuordnungsberechtigten Elternteil von kinderbedingten Einkommenserleichterungen auch dann völlig ausschlossen, wenn er seiner Unterhaltsverpflichtung gegenüber dem Kinde nachkam.

Zur Beseitigung dieser Verfassungswidrigkeit, die das BVerfG dem Gesetzgeber überlassen hatte, hat die Bundesregierung verschiedene Lösungsmöglichkeiten geprüft, darunter auch die Verteilung der kinderbedingten Erleichterungen auf beide Elternteile nach dem Verhältnis ihrer Unterhaltsleistungen sowie die weiteren die uneingeschränkt hälftige Verteilung auf beide Elternteile. Der erstgenannten Lösungsmöglichkeit, dem Gesetz an sich nicht fernstand, weil sie der bereits bestehenden Regelung des § 33 a I S. 5 EStG entsprach, stand nach der Beurteilung der Bundesregierung vor allem entgegen, daß ihre Verwirklichung zu einem tiefen Eindringen in die persönlichen Verhältnisse der Betroffenen und damit auch in vielen Fällen zu unlösbaren Bewertungsfragen hinsichtlich der Unterhaltsleistungen beider Elternteile führen müsse. Von der anderen Lösungsmöglichkeit wurde angenommen, daß sie als generelles Prinzip nicht zu befriedigenden Ergebnissen führen könne und insbesondere in Fällen als nicht angemessen erscheine, in denen ein Elternteil über kein zu versteuerndes Einkommen verfügt. Deshalb wurde der Lösungsvorschlag gewählt, der grundsätzlich eine hälftige Aufteilung auf beide Elternteile vorsah und, soweit praktikabel, eine andere Verteilung zuließ. b) Hieraus ergibt sich, daß die Verteilung nach dem Verhältnis der entsprechenden Aufwendungen beider Elternteile an sich als sachgerecht angesehen worden ist und letztlich nur aus Gründen mangelnder Praktikabilität als Lösung ausgeschieden ist. Das kann jedoch nicht den Schluß rechtfertigen, daß diesem Prinzip nunmehr im Rahmen des modifizierten Halbteilungsgrundsatzes, wie er Gesetz geworden ist, mit unterhalts- oder familienrechtlichen Mitteln nach Möglichkeit Geltung verschafft werden müßte (für die Zeit ab dem Jahre 1986 wurde die Aufteilung des Ausbildungsfreibetrages durch das Steuersenkungsgesetz 1986/1988 v. 26. 6. 1985 – BGBl I 1153 – inzwischen wiederum neu geregelt: Danach ist die zuvor mögliche anderweitige Aufteilung nicht mehr zulässig; wohl aber kann ein Elternpaar gemeinsam beantragen, daß der einem Elternteil zustehende hälftige Anteil am Abzugsbetrag – voll – auf den anderen Elternteil übertragen wird). Dafür besteht aus Gründen einer gerechten Verteilung der Unterhaltslast zwischen den Eltern keine Notwendigkeit. Insoweit unterscheiden sich kinderbedingte Steuererleichterungen und staatliches Kindergeld in wesentlichen Punkten. Könnte der Elternteil das volle Kindergeld, das ihm ausgezahlt wird, für sich behalten und unterläge er keiner Ausgleichspflicht, so wäre er deswegen nicht in höherem Maße unterhaltspflichtig. Ebenso träfe den anderen Elternteil, der das Kindergeld nicht erhält, deswegen keine geringere Unterhaltslast. Das verhält sich bei den kinderbedingten Steuererleichterungen grundsätzlich anders. Da Einkünfte, die infolge steuerlicher Freibeträge und dadurch ermäßigter Einkommensteuer erhalten bleiben, wie sonstiges Einkommen bei der Unterhaltsbemessung zu berücksichtigen sind, haben Veränderungen der Freibetragsquote bei einem Elternteil, der dem Kinde Barunterhalt zu leisten hat, grundsätzlich Auswirkungen auf die Höhe des zu leistenden Unterhalts: Je höher der Freibetrag, um so höher ist auch das nach Abzug der Steuer verbleibende Einkommen und damit die Unterhaltslast gegenüber dem Kinde. Sind beide Eltern barunterhaltspflichtig, etwa weil das Kind auswärts untergebracht und betreut wird oder weil es erwachsen ist (FamRZ 86/153), und kommen die Eltern für den gesamten Kindesunterhalt auf, so hat eine veränderte Verteilung der Freibeträge grundsätzlich Einfluß auf die Unterhaltsquoten, welche die Eltern im Verhältnis zueinander zu tragen haben. Bei dem Elternteil, dem ein höherer Teil der Freibeträge zugestanden wird, kommt es zu einer Steigerung seines nach Abzug der Steuer verbleibenden Einkommens und damit auch seiner Leistungsfähigkeit. Auf seiten des anderen Elternteils ermäßigen sich die entsprechenden Posten. Dadurch kann es zu einer entsprechenden Verschiebung der Unterhaltslastquoten kommen. Dieser Ausgleichseffekt relativiert das Bedürfnis, die Freibeträge im Wege eines eigenen familienrechtlichen Ausgleichs anderweitig zu verteilen. Ist nur einer der Eltern barunterhaltspflichtig, während der andere das Kind betreut, so erscheint die im Gesetz vorgesehene hälftige Zuordnung der Freibeträge im Hinblick auf die Gleichwertigkeit der beiderseitigen Unterhaltsleistungen (§ 1606 III S. 2 BGB) ohnehin als sachgerecht. Daß es im vorliegenden Fall trotz der Barunterhaltspflicht beider Parteien nicht zu dem erwähnten Ausgleichseffekt über die Unterhaltslastquoten der Eltern kommt, liegt vor allem darin begründet, daß die Unterhaltsleistungen der Parteien den Lebensbedarf ihres Kindes bei weitem nicht decken. Indessen ist die Verteilung der durch das Kind bedingten Steuervergünstigungen deshalb für den Kl. nicht unerträglich: Ihm steht die Hälfte des Freibetrages und des Pauschbetrages zu, obwohl er nur für weit weniger als die Hälfte des Lebensbedarfs des Kindes aufzukommen hat. Im übrigen bleibt ihm die Wahl zwischen der Inanspruchnahme des halben Pauschbetrages und dem Abzug der vollen Aufwendungen nach § 33 EStG.

Hiernach können die Grundsätze, die die Rechtsprechung zur gerechten Verteilung der Unterhaltslast im Verhältnis der Eltern zueinander oder sonst zur Beseitigung unerträglicher Verzerrungen der tatsächlichen Unterhaltslasten entwickelt hat, auf einen Sachverhalt der vorliegenden Art nicht übertragen werden. Mit gleicher Berechtigung wie eine anderweitige Verteilung kinderbedingter Freibeträge könnte ein Elternteil sonst auch den Ausgleich der Steuerentlastungen beanspruchen, die bei ihm und dem anderen Elternteil wegen des Kindes tatsächlich eingetreten sind. Eine (teilweise) Weitergabe solcher Beträge oder sonst ein dahingehender Ausgleich kommt jedoch nicht in Betracht. Er ist auch vom BVerfG nicht in Erwägung gezogen worden, als es in dem genannten Beschluß v. 8. 6. 1977 die strikte Zuordnung der kinderbedingten Einkommenserleichterungen zu einem Elternteil als verfassungswidrig beanstandete, während es beim Kindergeld die Zahlung an einen Elternteil gerade wegen der Möglichkeit des Ausgleichs und der Verrechnung des anderen Elternteils für zulässig erachtete (BVerfGE 45/104, 132 ff. = FamRZ 77/611, 616 ff.). Auch bei den durch entsprechende steuerliche Vergünstigungen eingetretenen Entlastungen und finanziellen Vorteilen muß es dabei bleiben, daß die Beträge lediglich das maßgebende Einkommen jedes Elternteils erhöhen (vgl. auch OLG Frankfurt, FamRZ 80/183, 184).

BGH v. 24. 2. 88 – IVb ZR 3/87 – FamRZ 88, 604 = NJW 88, 2799

(Zeitanteilige Berechnung des Unterhalts ab Volljährigkeit; der Unterhalt als Minderjähriger endet mit dem Tag der Volljährigkeit, nicht erst am Monatsende)

I 3 b) Die Beklagte ist am 9. Dezember 1984 volljährig geworden. Ihr gegenüber stand dem Kläger daher bis einschließlich 8. Dezember 1984 nur der kleine Selbstbehalt (§ 1603 II BGB) zu, der nach der Feststellung des Berufungsgerichts (oben zu 2) gewahrt ist. Die Beklagte kann daher für diese Zeit noch den anteiligen Monatsbetrag verlangen ($^{8}/_{31}$ von 94 = 24,25 DM). Den vollen Monatsbetrag von 94 DM kann sie für Dezember 1984 nicht beanspruchen, auch wenn ihr Anspruch auf die Rente für diesen Monat zu Monatsbeginn fällig wurde, § 1612 III Satz 1 BGB. Insoweit fehlt es – im Gegensatz zu den ausdrücklich geregelten Fällen etwa der §§ 1612 III Satz 2 und 1585 I Satz 3 BGB, auf die Luthin in FamRZ 1985/262, 263 verweist – an einer gesetzlichen Regelung, kraft welcher der Unterhaltsverpflichtete für den Monat, in dem ein minderjähriges Kind volljährig wird, noch den vollen Monatsbetrag des Minderjährigenunterhalts zu zahlen hätte (= FamRZ 88/370).

Anhang R. Rechtsprechung R361

(Kindergeld oder Kindergeldzuschuß sind Einkommen des Empfängers und auch bei dessen Leistungsunfähigkeit nicht an das Kind auszukehren; das Kind kann eine Auszahlung an sich nur nach § 48 SGB verlangen)

II 1 c) Der Senat hat bislang nicht entschieden, ob ein Elternteil, der seinem unterhaltsbedürftigen **b** Kind (sonst) keinen Unterhalt leistet, ihm wenigstens das Kindergeld oder die dieses gemäß § 8 BKGG verdrängenden Zulagen oder Zuschüsse zur Rente „auskehren" muß, auch wenn ihm selbst danach weniger als der ihm zustehende Selbstbehalt verbleibt (FamRZ 1984/1000 = NJW 1984/ 1614). Er hat lediglich in einem Urteil v. 18. 4. 1984 (FamRZ 1984, 769, 772) ausgesprochen, daß bei angemessener Versorgung des Kindes die Weiterreichung des Kindergeldes an das Kind nicht geschuldet werde. Welche Grundsätze zu gelten haben, wenn ein Kind nicht „angemessen versorgt", sein Bedarf also nicht anderweitig gedeckt ist, steht hier nicht zur Entscheidung. Ein Unterhaltsanspruch, auch der eines Kindes gegen seine Eltern, setzt Bedürftigkeit des Anspruchstellers und Leistungsfähigkeit des in Anspruch Genommenen voraus. Ist der in Anspruch genommene Elternteil nicht leistungsfähig, nämlich bei Berücksichtigung seiner sonstigen Verpflichtungen außerstande, ohne Gefährdung seines eigenen angemessenen Unterhalts den begehrten Kindesunterhalt zu gewähren, so ist er nicht unterhaltspflichtig; § 1603 I BGB. Gegenüber minderjährigen unverheirateten Kindern wird der Selbstbehalt des Elternteils, von dem er hiernach keinen Unterhalt zu leisten braucht, allerdings dahin eingeschränkt, daß er alle verfügbaren Mittel zu seinem und der Kinder Unterhalt gleichmäßig verwenden muß, § 1603 II S. 1 BGB. Soweit keine in diesem Sinne „verfügbaren" Mittel vorhanden sind, gilt aber auch hier der Grundsatz des Abs. I der Vorschrift, daß eine Unterhaltspflicht nicht besteht. Die Revision meint, der Grundsatz des § 1603 I BGB müsse in Fällen der vorliegenden Art mit Rücksicht auf die Zweckbestimmung von Kindergeld und Kinderzulage zumindest unter Billigkeitsgesichtspunkten durchbrochen werden. Dafür bietet das Gesetz indessen keine Handhabe. Auch die Revision stellt nicht in Abrede, daß das Kindergeld Einkommen des unterhaltsverpflichteten Elternteils ist (vgl. § 1 BKGG), wenn es auch dem Zweck dienen soll, die mit der Versorgung und Erziehung eines Kindes nach der Lebenserfahrung allgemein verbundene Unterhaltslast zu erleichtern (BGHZ 70/151, 153 = FamRZ 1978/177; BVerfGE 45/104, 131 = FamRZ 1977/611, 616). Für den Kinderzuschuß zu einer Versichertenrente und die Kinderzulage zu der Verletztenrente nach §§ 580, 583 RVO, die hier der Kl. bezieht, gilt nichts anderes. Sie sind Bestandteil der Rente und stehen als solcher dem Rentenempfänger zu, auch wenn sie nach ihrer öffentlichrechtlichen Zweckbestimmung „im wirtschaftlichen Endergebnis dazu bestimmt sind, dem vom Rentenberechtigten zu unterhaltenden Kind zuzufließen". Diese öffentlich-rechtliche Zweckbestimmung wird jedoch vom privaten Unterhaltsrecht nicht berücksichtigt. Der Senat entscheidet in ständiger Rechtsprechung, daß die konkrete Zweckbestimmung von Sozialleistungen oder sonstigen öffentlich-rechtlichen Zuwendungen für die Beurteilung der unterhaltsrechtlichen Leistungsfähigkeit oder Bedürftigkeit des Empfängers nicht ohne weiteres maßgebend ist (FamRZ 1980/770, 772; FamRZ 1981/338, 339; FamRZ 1981/1165, 1166; FamRZ 1986/269; FamRZ 1980, 342 ff.). Demzufolge behandelt er auch zweckbestimmte Sozialleistungen im privaten Unterhaltsrecht grundsätzlich wie sonstiges Einkommen, soweit sie geeignet sind, den allgemeinen Lebensunterhalt des Leistungsempfängers und seiner Familie zu decken (FamRZ 81/338, 339). Das ist auch bei dem staatlichen Kindergeld und den Kinderzuschüssen und -zulagen zu Versicherten- und Verletztenrenten der Fall und hat zur Folge, daß sie bei der Beurteilung der Leistungsfähigkeit des Elternteils, dem sie zufließen, wie sonstiges Einkommen zu berücksichtigen sind. Ist der Elternteil auch unter Berücksichtigung des Kindergeldes oder Kinderzuschusses (der Kinderzulage) nicht leistungsfähig, dann steht dem bedürftigen Kind – ungeachtet der „Zweckverfehlung" der Leistung des Kindergeldes bzw. Zuschusses aus öffentlich-rechtlicher Sicht – nach dem Grundsatz des § 1603 I BGB kein Unterhaltsanspruch gegen ihn zu, auch nicht in Höhe des Kindergeldes oder des Kinderzuschusses (der Kinderzulage). Eine „Auskehrung" dieser Sozialleistungen unabhängig von der Leistungsfähigkeit des in Anspruch Genommenen kann das Kind mit den Mitteln des privaten Unterhaltsrechts nicht beanspruchen. Wollte man einen solchen Anspruch zuerkennen, so würde es sich nicht um einen Unterhaltsanspruch handeln, sondern um einen eigenständigen Anspruch auf „Auskehrung" des Kindergeldes (Kinderzuschusses oder der Kinderzulage), den das Gesetz jedoch nicht kennt, für dessen Begründung auch keine Notwendigkeit besteht. Das Kind kann vielmehr auf dem Weg des öffentlichen Rechts das Ziel einer Auskehrung des Kindergeldes, Kinderzuschusses oder der Kinderzulage erreichen. So kann es unter den Voraussetzungen des § 48 SGB I begehren, daß „laufende Geldleistungen, die der Sicherung des Lebensunterhalts zu dienen bestimmt sind", ihm selbst ausgezahlt werden, wenn der (bisherige) Leistungsempfänger seiner gesetzlichen Unterhaltspflicht ihm gegenüber nicht nachkommt (§ 48 I) oder wenn er ihm gegenüber nicht kraft Gesetzes unterhaltspflichtig ist und ihm keinen Unterhalt leistet (§ 48 II). Diese Regelung erfaßt neben der Rechtsprechung des BSG neben dem Kindergeld, das ausnahmsweise an das Zählkind selbst ausgezahlt werden kann, insbesondere die Kinderzuschüsse und Kinderzulagen zu Versicherten- und Verletztenrenten. So hat das BSG ausgeführt: „Erhält ein Rentenempfänger, der nicht für ein Kind aufkommt, für dieses einen Kinderzuschuß, so kann der Kinderzuschuß selbst dann bis zu seiner vollen Höhe an das Kind selbst

1407

(§ 48 I S. 1 SGB I) oder an die Unterhalt gewährende Person oder Stelle (§ 48 I S. 2 SGB I) ausgezahlt werden, wenn er höher ist als der gesetzliche Unterhaltsanspruch". Feststellungen zur Unterhaltsbedürftigkeit des Kindes einerseits und zur Unterhaltsfähigkeit des Leistungsberechtigten (= Rentenempfängers) anderseits brauchen die Gerichte der Sozialgerichtsbarkeit dabei nicht zu treffen. Sie können sich vielmehr, sofern ein Antrag nach § 48 SGB gestellt wird, „auf die Feststellung beschränken, ob der Leistungsberechtigte (Rentenempfänger) das Kind, für das ihm eine Geldleistung erbracht wird, tatsächlich unterhält. Ist das nicht der Fall, so sind allein damit die tatbestandsmäßigen Voraussetzungen der Abzweigung einer für das Kind erbrachten Geldleistung jedenfalls nach § 48 II SGB erfüllt. Ob das auch für die Voraussetzungen des Abs. I der Vorschrift gilt, kann dann auf sich beruhen".

(Bei Leistungsunfähigkeit sind fiktiv Einkünfte zuzurechnen, die zumutbarerweise erzielt werden könnten; nach § 1603 I BGB ist im allgemeinen auch der Vermögensstamm zu verwerten)

c II 3 b) Das OLG hat bei der Beurteilung der Leistungsfähigkeit des Kl. sowohl den unbestrittenen Vortrag der Bekl. zur Höhe des hinterlegten Versteigerungserlöses als auch ihre Behauptung über die Erbschaft des Kl. nach seiner Mutter, der er ebenfalls nicht entgegengetreten war, außer Betracht gelassen. Da sich der Kl. auf mangelnde Leistungsfähigkeit beruft, oblag ihm indessen der Nachweis, daß er trotz eines ihm zustehenden Hälfteanteils an dem restlichen Versteigerungserlös von mehr als 140 000 DM sowie einer Erbschaft von rund 50 000 DM nicht in der Lage ist, den verbleibenden Unterhaltsbedarf der Bekl. zu decken.

Ein Unterhaltsschuldner muß zur Erfüllung seiner Unterhaltsverpflichtung nicht nur diejenigen Einkünfte verwenden, die er tatsächlich erzielt, sondern muß sich fiktiv auch solche Einkünfte zurechnen lassen, die er zumutbarerweise erzielen könnte (FamRZ 1986/441, 443, m. w. N.). Als solche Einkünfte kommen hier erzielbare Zinseinnahmen aus dem behaupteten Vermögen des Kl. in Betracht. Außerdem hat ein unterhaltsverpflichteter Elternteil zum Unterhalt seiner Kinder im Rahmen des § 1603 I BGB grundsätzlich auch den Stamm seines Vermögens einzusetzen (FamRZ 1986/48, 50). Eine Obliegenheit zur Verwertung des Vermögensstammes trifft ihn nur dann nicht, wenn dies – angesichts seiner sonstigen Verbindlichkeiten und des eigenen Unterhaltsbedarfs – mit einem wirtschaftlich nicht mehr vertretbaren Nachteil für ihn verbunden wäre.

Ob das im einzelnen der Fall ist, hat der Tatrichter unter Würdigung aller maßgeblichen Umstände bei Berücksichtigung sämtlicher verfügbaren Einkünfte zu beurteilen. Diese Prüfung hat das OLG rechtsfehlerhaft unterlassen. Aus diesem Grund kann das angefochtene Urteil nicht bestehen bleiben.

BGH v. 16. 3. 88 – IVb ZR 40/87 – FamRZ 88, 701 = NJW 88, 2034

R362 *(Zum Verhältnis des Aufstockungsunterhalts nach § 1573 II BGB zu den Unterhaltstatbeständen des § 1573 I und IV BGB; Einsatzzeitpunkt; nachhaltige Unterhaltssicherung; Anspruch nach Abs. IV)*

a I 2) Ein Anspruch auf Aufstockungsunterhalt nach § 1573 II BGB setzt nach der Systematik des Gesetzes voraus, daß der geschiedene Ehegatte eine angemessene Erwerbstätigkeit ausübt und daher nicht bereits aufgrund eines anderen gesetzlichen Tatbestandes Anspruch auf den nach den ehelichen Lebensverhältnissen zu bemessenden (vollen) Unterhalt hat (FamRZ 1987/572, 573; FamRZ 1988/265, 266). Als derartige Tatbestände kommen nicht nur die im Gesetz ausdrücklich genannten §§ 1570 bis 1572 BGB in Betracht. Ist ein geschiedener Ehegatte, von dem eine Erwerbstätigkeit erwartet wird, nicht oder nicht vollschichtig tätig, muß vielmehr zuerst gefragt werden, ob er nach § 1573 I oder IV BGB anspruchsberechtigt ist. Nach den Feststellungen des OLG war die Kl. jedenfalls seit März 1986 erwerbslos, so daß Anlaß für die Prüfung bestand, ob sie aus diesem Grunde vom Bekl. Unterhalt verlangen kann. Unterhalt verlangen kann. Allerdings erweist sich das angefochtene Urteil nicht schon deshalb als fehlerhaft, weil das OLG auf den Tatbestand des § 1573 I BGB nicht eingegangen ist. Denn der Eintritt der Erwerbslosigkeit im März 1986 liegt so weit nach der Scheidung (22. 11. 1983), daß der erforderliche zeitliche Zusammenhang zwischen beiden Ereignissen fehlt (FamRZ 1987/684, 687). Rechtlich zu beanstanden ist indessen die unterlassene Prüfung des erhobenen Anspruchs nach § 1573 IV BGB. Nach dieser Bestimmung kann der geschiedene Ehegatte Unterhalt verlangen, wenn die Einkünfte aus einer angemessenen Erwerbstätigkeit wegfallen, weil es ihm trotz seiner Bemühungen nicht gelungen war, den Unterhalt durch die Erwerbstätigkeit nach der Scheidung nachhaltig zu sichern. Auch wenn sich die Kl. nicht ausdrücklich auf diese Bestimmung berufen hatte, bestand schon wegen der relativ kurzen Dauer ihrer im Zeitpunkt der Scheidung ausgeübten Tätigkeit bei der Maklerfirma und ihrer danach – zudem nur probeweise – aufgenommenen Beschäftigung bei der D. Bank ausreichender Anlaß, der Frage nachzugehen, ob sie schon wieder voll in das Erwerbsleben eingegliedert war und – entsprechend dem Grundgedanken des § 1569 BGB – das Risiko eines unvorhergesehenen Verlustes ihrer Anstellungen selbst tragen muß. Für die Beurteilung, ob

Anhang R. Rechtsprechung R362

der Unterhalt durch eine Erwerbstätigkeit nachhaltig gesichert erscheint, ist maßgebend, ob diese im Zeitpunkt ihrer Aufnahme nach objektiven Maßstäben und allgemeiner Lebenserfahrung mit einer gewissen Sicherheit als dauerhaft angesehen werden kann oder ob befürchtet werden muß, daß der Bedürftige sie durch außerhalb seiner Entschließungsfreiheit liegende Umstände in absehbarer Zeit wieder verliert; dabei sind vom Standpunkt eines optimalen Betrachters auch solche Umstände in die Beurteilung einzubeziehen, die zwar schon zu diesem Zeitpunkt bestehen, aber erst später zutage treten (FamRZ 1985/791; FamRZ 1985/1234). Ob der Unterhalt der Kl. in diesem Sinne durch die Tätigkeit bei dem Immobilienmakler nachhaltig gesichert war, läßt sich den bisher getroffenen Feststellungen nicht zuverlässig entnehmen. Das OLG ist offenbar davon ausgegangen, daß die Tätigkeit trotz ihrer Fortdauer bis zum März 1985 schon im Zeitpunkt der Scheidung nicht als dauerhaft und beständig angesehen werden konnte. Anders wäre kaum verständlich, daß es der Kl. angelastet hat, zugunsten dieser Tätigkeit – mit der sie monatlich 1800 bis 1900 DM netto nahezu ebensoviel verdiente wie später bei der D. Bank – eine Fortbildung unterlassen zu haben. Auf den Vortrag der Kl. in der Berufungserwiderung zu den Gründen der Kündigung ist das OLG nicht eingegangen. Aus diesem Vortrag ist aber auch nicht zu entnehmen, ob die von der Kl. genannten Gründe (Entwicklung auf dem Immobilienmarkt und Umstellung auf elektronische Datenverarbeitung) ihre Anstellung schon im Zeitpunkt der Scheidung als ungesichert erscheinen ließen oder ob erst eine danach einsetzende Entwicklung dieser Art allein oder neben weiteren, bisher nicht erörterten Umständen zur Beendigung des Arbeitsverhältnisses geführt hat. Danach ist nicht auszuschließen, daß der Tatbestand des § 1573 IV BGB für den in Rede stehenden Zeitraum erfüllt ist.

(§ 1579 Nr. 3 bei vorzuwerfender unterhaltsbezogener Leichtfertigkeit)

I 3) Die angefochtene Entscheidung stellt sich auch nicht aus anderen Gründen als richtig dar (§ 563 ZPO). Denn wenn ein Unterhaltsanspruch gemäß § 1573 IV S. 1 BGB besteht, kann er der Kl. nicht mit der Begründung versagt werden, sie müsse sich unterhaltsrechtlich so behandeln lassen, wie wenn sie ab Mitte 1985 einen sicheren Arbeitsplatz als Bankangestellte oder in einem ähnlichen Beruf gehabt hätte. Dabei kann offenbleiben, ob die Kl. im Hinblick auf die ihr vom Bekl. bis zum Sommer 1985 zugesagten einkommensunabhängigen Unterhaltszahlungen gehalten war, die im Zeitpunkt der Scheidung und des Vergleichsschlusses schon seit etwa drei Wochen ausgeübte Tätigkeit bei der Maklerfirma wieder aufzugeben, um sich statt dessen fortzubilden und Kenntnisse aus der Jahrzehnte zurückliegenden Tätigkeit als Bankangestellte aufzufrischen. Denn selbst wenn der Bekl. – wofür allerdings konkrete Hinweise fehlen und Feststellungen auch nicht getroffen sind – mit der Leistung des im Vergleich ohne Rücksicht auf die Bedürftigkeit der Kl. zugesagten Unterhalts eine derartige Vorstellung verbunden haben sollte, könnte die Kl. nicht allein wegen einer zweckwidrigen Verwendung dieser Mittel so behandelt werden, als habe sie sich beruflich fortgebildet und ihre Qualifikation so verbessert, daß sie den Anforderungen einer Erwerbstätigkeit als Bankangestellte gewachsen war oder jedenfalls nicht mangels Qualifikation einen solchen Arbeitsplatz nicht gefunden oder wieder verloren hätte. In derartigen Fällen ist die Bestimmung des § 1579 Nr. 3 BGB zu beachten, wonach aus dem früheren Verhalten eines Unterhaltsberechtigten negative Auswirkungen auf seinen Unterhaltsanspruch nur dann hergeleitet werden können, wenn ihm Mutwilligkeit bei der Herbeiführung seiner gegenwärtigen Bedürftigkeit vorgeworfen werden kann (FamRZ 1987/684, m. w. N.).

Für eine der Kl. wegen ihres beruflichen Verhaltens nach dem 22. 11. 1983 vorzuwerfende unterhaltsbezogene Leichtfertigkeit fehlen aber nicht nur Feststellungen des OLG, sondern bietet der Sachvortrag auch nicht den geringsten Anhalt.

(Zur Auswirkung auf die ehelichen Lebensverhältnisse, wenn die Unterhaltslast für ein gemeinschaftliches Kind nach der Scheidung wegfällt)

II 2) Die Revision vertritt die Auffassung, daß ein nachträglich eintretender Umstand die ehelichen Lebensverhältnisse auch dann noch mitprägen könne, wenn es an einem engen zeitlichen Zusammenhang mit der Scheidung fehle. So liege es insbesondere dann, wenn wie hier, ein gemeinschaftliches Kind in das Berufsleben eintrete und selbst für seinen Unterhalt sorge. Eine entsprechende Erwartung präge bereits die ehelichen Lebensverhältnisse. Dem kann jedenfalls für den vorliegenden Fall nicht gefolgt werden. Zwar können die ehelichen Lebensverhältnisse und dadurch auch die Bemessung des nachehelichen Unterhalts in Ausnahmefällen noch durch Umstände beeinflußt werden, die erst nach der Scheidung verwirklichen, auch wenn dieser Zeitpunkt regelmäßig den Endpunkt setzt, nach dem die für die Beurteilung maßgebenden Verhältnisse zu bestimmen sind. Der Senat hat demgemäß nach der Scheidung eintretenden Änderungen in den Einkünften der Ehegatten Bedeutung beigemessen, wenn ihnen eine Entwicklung zugrunde liegt, die aus der Sicht des Scheidungszeitpunkts mit hoher Wahrscheinlichkeit zu erwarten war, und wenn diese Erwartung die ehelichen Lebensverhältnisse bereits mitgeprägt hat (FamRZ 1986/783, 785 und FamRZ 1987/ 459, 460, m. w. N.). Entsprechendes muß gelten, wenn sich eine Verbesserung der wirtschaftlichen

1409

Verhältnisse nicht aus einer Erhöhung der Einkünfte ergibt, sondern darauf beruht, daß regelmäßig wiederkehrende Verbindlichkeiten, etwa Kreditraten, erwartungsgemäß zu einem bestimmten nach der Scheidung liegenden Zeitpunkt entfallen.

(Einkünfte aus erstmaliger Erwerbstätigkeit nach Trennung)

d II 3) Die Bemessung des Unterhaltsbedarfs der Kl. steht auch insoweit im Einklang mit der Rechtsprechung des Senats (FamRZ 1984/149 f.), wie das von der Kl. im Zeitpunkt der Scheidung erzielte Einkommen aus der Tätigkeit bei dem Immobilienmakler unberücksichtigt geblieben ist; denn Einkünfte aus einer Erwerbstätigkeit, die ein Ehegatte erstmals nach der Trennung aufnimmt, wirken sich auf die ehelichen Lebensverhältnisse nur aus, wenn es dazu auch ohne die Trennung gekommen wäre.

(Berücksichtigung von trennungsbedingtem Mehrbedarf)

e II 4) Auf rechtliche Bedenken stößt die Unterhaltsbemessung jedoch insoweit, wie der von der Kl. geltend gemachte trennungsbedingte Mehrbedarf bei der Ermittlung ihres Unterhaltsbedarfs nicht berücksichtigt worden ist. Diesen hatte sie im Schriftsatz v. 9. 9. 1986 im einzelnen dargelegt und beziffert; der Bekl. hatte den Vortrag – soweit ersichtlich – nicht widersprochen; er war ausweislich des Tatbestandes des angefochtenen Urteils auch Entscheidungsgrundlage. Daß das OLG dem bei der Bedarfsermittlung keine Beachtung geschenkt, sondern allein die Hälfte des nach Abzug des Kindesunterhalts verbleibenden Nettoeinkommens des Bekl. (zuzüglich des Wohnvorteils) zugrunde gelegt hat, steht nicht im Einklang mit der Rechtsprechung des Senats (FamRZ 1982/255, 257; FamRZ 1983/146, 150).

(Erwerbstätigenbonus auch bei Anrechnungsmethode)

f II 4) In dem nach Erlaß des Berufungsgerichts ergangenen Urteil v. 16. 12. 1987 (FamRZ 1988/ 265) hat der Senat entschieden, daß zugunsten des erwerbstätigen Ehegatten für die Unterhaltsbemessung von einer strikt hälftigen Aufteilung in maßvoller Weise abgewichen werden muß, um den mit einer Berufsausübung verbundenen höheren Aufwand zu berücksichtigen und zugleich einen Anreiz zur Erwerbstätigkeit zu schaffen. Wenn demgemäß aufgrund der neuen Verhandlung ein Unterhaltsanspruch der Kl. mit Hilfe der Anrechnungsmethode nach einer Quote berechnet werden sollte, die dem Bekl. einen „Erwerbstätigenbonus" verschafft, darf auch ein eigenes Einkommen der Kl. nicht in voller Höhe auf ihren Bedarf angerechnet werden. Auch ihr ist als Anreiz für die Erwerbstätigkeit und zum Ausgleich des damit verbundenen höheren Aufwandes ein entsprechender Teil ihres Einkommens anrechnungsfrei zu belassen.

BGH v. 16. 3. 88 – IVb ZR 41/87 – FamRZ 88, 597 = NJW 88, 2239

R363 *(Einem arbeitsunfähig erkrankten Unterhaltsschuldner kann die Berufung auf eine dadurch herbeigeführte Leistungsunfähigkeit nach Treu und Glauben verwehrt sein, wenn er zuvor in verantwortungsloser, zumindest leichtfertiger Weise die versicherungspflichtige Arbeit verloren oder ausgeschlagen hat, die ihm während seiner Krankheit Lohnfortzahlung oder Krankengeld verschafft hätte)*

B II 3) Das OLG hat den Unterhaltsanspruch für die Zeit von Ende August 1984 bis Ende Februar 1985 an fehlender Leistungsfähigkeit des Bekl. scheitern lassen. Der Bekl. sei bis Februar 1985 arbeitsunfähig krank gewesen und habe keinerlei Einkommen erzielt. Für diese Zeit der Arbeitsunfähigkeit könne nicht gleichwohl Leistungsfähigkeit mit der Begründung angenommen werden, daß sein Lohn für sechs Wochen fortbezahlt worden wäre und er anschließend Krankengeld erhalten hätte, wenn er zuvor pflichtgemäß eine unselbständige Erwerbstätigkeit aufgenommen hätte. Diese Beurteilung läßt einen Rechtsfehler nicht erkennen. Während der Zeit der Erwerbsunfähigkeit war der Bekl. ohne Einkommen und konnte Einkünfte auch nicht erzielen. Damit war er nicht leistungsfähig. Leistungsunfähigkeit ist grundsätzlich auch dann zu beachten, wenn der Unterhaltsschuldner selbst sie – auch schuldhaft – herbeigeführt hat (FamRZ 85/158; FamRZ 87/372). 4) Das OLG hat sodann geprüft, ob Treu und Glauben dem Bekl. die Berufung auf seine Leistungsunfähigkeit verbieten. Es hat ausgeführt, das setze ein verantwortungsloses, zumindest leichtfertiges Verhalten voraus; eine solche Bewertung werde sich vielfach aus dem Bezug dieses Verhaltens zur Unterhaltspflicht ergeben. Hierfür fehlten jedoch Anhaltspunkte. Der Vortrag des Kl., der Bekl. habe die Kündigung durch seinen bisherigen Arbeitgeber H. Ende Oktober 1983 verschuldet, sei zu unbestimmt. Der Ausgangspunkt dieser Erwägungen trifft zu. Die Voraussetzungen, unter denen im Einzelfall besondere, schwerwiegende Gründe dem Unterhaltspflichtigen die Berufung auf seine Leistungsunfähigkeit nach den Grundsätzen von Treu und Glauben verwehren können, hat das OLG in Anlehnung an das Senatsurteil v. 26. 9. 1984 (FamRZ 85/160) richtig umschrieben. Liegen sie vor, so kann dem Unterhaltsschuldner die Berufung auf seine Leistungsunfähigkeit auch dann verschlossen sein, wenn das in bezug auf seine Unterhaltspflicht verantwortungslose Verhalten, das ihm vorzu-

Anhang R. Rechtsprechung R364

werfen ist, dazu geführt hat, daß ihm im Krankheitsfalle Lohnfortzahlung und anschließendes Krankengeld nicht zur Verfügung stehen und er deshalb vorhersehbar außerstande ist, Unterhalt zu leisten. Der Unterhaltpflichtige muß auch den jederzeit möglichen Fall einer Erkrankung ins Auge fassen und geeignete Vorsorge treffen, um seiner Unterhaltspflicht auch dann nachkommen zu können. Ein Verstoß gegen diese Obliegenheit mit der Folge, daß er sich auf eine krankheitsbedingte Leistungsunfähigkeit nicht berufen kann, kommt hier in Betracht, wenn der Bekl. in verantwortungsloser, zumindest leichtfertiger Weise die Kündigung seines früheren Arbeitsverhältnisses bei der Firma H. verschuldet oder eine ihm gebotene Möglichkeit, eine zumutbare andere versicherungspflichtige Arbeit aufzunehmen, nicht wahrgenommen hat. Denn die selbständige Tätigkeit als Versicherungsvertreter, der der Bekl. sich zugewandt hat, bot den Umständen nach keinen vergleichbaren Schutz gegen die wirtschaftlichen Folgen einer krankheitsbedingten Erwerbsunfähigkeit. Soweit das OLG die Behauptung des Kl., der Bekl. habe die Kündigung seines früheren Arbeitsverhältnisses selbst verschuldet, für zu unbestimmt gehalten hat, hat es dessen Sachvortrag, wie die Revision zu Recht beanstandet, nicht ausgeschöpft. Der Kl. hat nicht nur unter Beweisantritt behauptet, der Arbeitgeberkündigung aus Oktober 1983 mit der Folge einer Sperre des Arbeitslosengeldes für zwei Monate habe ein Verhalten des Bekl. zugrunde gelegen, das eine fristlose Kündigung gerechtfertigt habe. Vielmehr hat er, ebenfalls unter Beweisantritt, weiter vorgetragen, der damals 26 Jahre alte und völlig gesunde Bekl., der vom 13. bis 29. 3. 1984, also in der Zeit seiner an sich bestehenden Arbeitslosigkeit, samstags bei der Präzisionsschleiferei R. (oder B.) in K. gearbeitet habe, habe eine ihm dort angebotene Übernahme in ein geregeltes Arbeitsverhältnis, das auch die Möglichkeit zur Leistung von Überstunden geboten habe, abgelehnt und sei weiter arbeitslos geblieben. Einen ihm vom Arbeitsamt bezahlten CNC-Steuerungslehrgang habe er ohne zwingenden Grund am 19. 3. 1984 abgebrochen. Um eine Tätigkeit im erlernten Beruf habe der Bekl. sich nicht weiter bemüht, sondern am 1. 6. 1984 die ihm völlig fremde, ohne Leistungswillen angegangene und deshalb sicher vorhersehbare erfolglose Tätigkeit eines freien Versicherungsvertreters aufgenommen. Es läßt sich nicht ausschließen, daß das OLG, wenn es diesen Sachvortrag des Kl. vollständig gewürdigt und die angebotenen Beweise erhoben hätte, zu dem Ergebnis gekommen wäre, daß die Voraussetzungen vorliegen, unter denen einem Unterhaltspflichtigen die Berufung auf seine Leistungsunfähigkeit ausnahmsweise nach den Grundsätzen von Treu und Glauben verwehrt ist. Insoweit kann auch das zeitliche Zusammentreffen der unsteten Beschäftigung und der Anstellungslosigkeit des Bekl. mit der Trennung von seiner Familie Bedeutung gewinnen (FamRZ 85/160).

BGH v. 13. 4. 88 – IVb ZR 34/87 – FamRZ 88, 705 = NJW 88, 1722
(Unverschuldeter Einkommensrückgang nach Scheidung)   R364 a

II 1) Das OLG hat die Unterhaltsbedürftigkeit der Kl. rechtsfehlerfrei bejaht. Die Leistungsfähigkeit des Bekl. hat es nicht nach einem fiktiv fortgeschriebenen Einkommen bemessen, wie er es bei der Firma S. in Deutschland hätte erzielen können, sondern nach seinem tatsächlichen Einkommen bei der Firma S.-L. in Südafrika. Denn der Bekl. habe bei Antritt dieser Stelle – nach dem damaligen Kurs der dortigen Währung – nicht nennenswert weniger verdient als in Deutschland; er habe deshalb davon ausgehen dürfen, daß er in Südafrika im wesentlichen den gleichen Verdienst erzielen werde wie in seinem Arbeitsverhältnis in Deutschland. Daß er im Zeitpunkt des Arbeitsplatzwechsels die Instabilität der außenpolitischen Entwicklung Südafrikas und deren negative Auswirkungen auf die wirtschaftlichen Verhältnisse nicht erkannt und den späteren drastischen Verfall der südafrikanischen Währung nicht vorausgesehen habe, gereiche ihm unterhaltsrechtlich nicht zum Verschulden. Demgemäß beruhe die durch den Währungsverfall bewirkte Verminderung seiner Leistungsfähigkeit nicht auf einem mutwilligen, verantwortungslosen oder zumindest leichtfertigen Verhalten des Bekl., so daß ihm der freiwillige Arbeitsplatzwechsel nach Südafrika unter unterhaltsrechtlichen Gesichtspunkten nicht vorzuwerfen sei. Diese Ausführungen halten sich im Rahmen der Rechtsprechung des Senats (FamRZ 1985/158, 159, m. w. N.; FamRZ 1988/145; FamRZ 1988/256) und sind aus Rechtsgründen nicht zu beanstanden. 2) Die ehelichen Lebensverhältnisse, nach denen sich der Unterhaltsanspruch der Kl. zu 1) bemißt (§ 1578 BGB), werden mithin durch die Einkünfte des allein verdienenden Bekl. aus seiner Tätigkeit bei der Firma S.-L. in J. bestimmt. Nach diesen Einkünften berechnen sich auch die Unterhaltsansprüche der Kl. zu 2) und 3). Da der für die Verhältnisse in der Bundesrepublik Deutschland maßgebende Wert dieser Einkünfte in den Jahren seit der Scheidung nachhaltig zurückgegangen ist, ohne daß den Bekl. eine Verantwortung hierfür trifft und er sich deshalb ein fiktives höheres Einkommen zurechnen lassen müßte, können die Kl. nur an dem tatsächlichen Einkommen des Bekl. teilhaben. Die Kl. zu 1) muß hinnehmen, daß der Bemessungsmaßstab für ihren Unterhaltsanspruch gegenüber den Verhältnissen im Zeitpunkt der Scheidung abgesunken ist; sie könnte auch während bestehender Ehe nur an dem – unter Ausnutzung der familienrechtlichen Erwerbsobliegenheit des Bekl. erzielbaren – tatsächlich vorhandenen Einkommen mit dem ihr gebührenden Anteil partizipieren.

(Treffen in Mangelfällen minderjährige unverheiratete Kinder sowohl mit einem nach § 1582 BGB bevorrechtigten geschiedenen Ehegatten als auch mit einem neuen Ehegatten des Verpflichteten zusammen, so ist § 1609 II S. 1 BGB in dem Sinn einschränkend auszulegen, daß der dort vorgesehene unterhaltsrechtliche Gleichrang mit den Kindern nur für den geschiedenen Ehegatten gilt)

b II 4) Das OLG ist zutreffend davon ausgegangen, daß die Kl. zu 1), deren Unterhaltsanspruch sich auf § 1570 BGB gründet, nach § 1582 I S. 1 BGB der – ebenfalls unterhaltsbedürftigen – jetzigen Ehefrau des Bekl. im Range vorgeht. Ist der Ehemann in einem solchen Fall zusätzlich minderjährigen unverheirateten Kindern zum Unterhalt verpflichtet, wie hier der Bekl. den Kl. zu 2) und 3), so ist die gesetzliche Rangregelung nach dem Wortlaut der maßgeblichen Vorschriften in sich widersprüchlich. Denn § 1609 II S. 1 BGB bestimmt, daß „der Ehegatte" – also jeder, sowohl der geschiedene als auch der neue Ehegatte (BVerfG 66/84, 87 = FamRZ 1984/346, 347) – den minderjährigen unverheirateten Kindern im Rang gleichsteht. Hiernach hätten also die Kl. zu 1) und die jetzige Ehefrau des Bekl. beide denselben Unterhaltsrang wie die Kl. zu 2) und 3). Reichen die Mittel, die nach Deckung des Selbstbedarfs des Verpflichteten für den Unterhalt mehrerer Berechtigter zur Verfügung stehen, nicht aus, sämtliche Ansprüche zu erfüllen, so sind gleichrangige Berechtigte anteilig zu befriedigen. Hingegen kommt ein nachrangig Berechtigter mit seinem Anspruch nur zum Zuge, soweit nach voller Befriedigung der vorrrangigen Ansprüche ein freier Betrag verbleibt (FamRZ 1980/555, 557). Hiernach wären die Ansprüche sowohl der Kl. zu 1) wie der jetzigen Ehefrau des Bekl. – je für sich betrachtet – neben den Ansprüchen der Kl. zu 2) und 3) anteilig zu befriedigen. Im Verhältnis zur jetzigen Ehefrau des Bekl. könnte die Kl. zu 1) hingegen volle Befriedigung verlangen, ehe jene berücksichtigt wird. Da das Gesetz für die hier in Rede stehenden Fälle wegen des Widerspruchs zwischen § 1582 BGB einerseits, § 1609 II S. 1 BGB andererseits keine nachvollziehbare Regelung trifft, bedarf es der berichtigenden, den Widerspruch seines Wortlauts auflösenden Auslegung. Diese muß sich von dem Ziel leiten lassen, dem mit den Rangregelungen verfolgten Sinn des Gesetzes gerecht zu werden, der darin zu sehen ist, in Mangelfällen in erster Linie den Unterhalt bestimmter, als besonders schutzwürdig anerkannter Angehöriger zu sichern. Zu den nach dem Willen des Gesetzes in besonderem Maße schutzbedürftigen und schutzwürdigen Unterhaltsberechtigten gehören zunächst die minderjährigen unverheirateten Kinder (§ 1609 I und II BGB), denen die Eltern nach § 1603 II BGB – über den Maßstab des § 1603 I BGB hinaus – erweitert unterhaltspflichtig sind. Neben ihnen räumt das Gesetz in den Fällen des § 1582 BGB als Nachwirkung der früheren Ehe dem geschiedenen Ehegatten ein besonderes Schutzbedürfnis ein, das in der Vorrangstellung gegenüber einem neuen Ehegatten des Unterhaltsverpflichteten seinen Niederschlag findet. Diese Vorrangstellung des geschiedenen Ehegatten setzt sich in Mangelfällen uneingeschränkt durch (FamRZ 1986/790, 792), selbst wenn der neue Ehegatte hierdurch im äußersten Fall darauf verwiesen wird, für seinen Unterhalt Sozialhilfe in Anspruch zu nehmen, oder der Unterhaltspflichtige auf diese Weise gehalten ist, den ihm an sich für seine eigenen Bedürfnisse zustehenden Selbstbehalt mit dem neuen Ehegatten zu teilen (BVerfGE 66/84, 94 ff. = FamRZ 1984/346, 349 ff.). Dem in dieser Weise gekennzeichneten Rangverhältnis zwischen dem geschiedenen und dem neuen Ehegatten kann bei Vorhandensein minderjähriger unverheirateter Kinder nur dadurch Rechnung getragen werden, daß der Anwendungsbereich des § 1609 II S. 1 BGB – zur Wahrung der der gesetzlichen Regelung immanenten Teleologie – bei einer Kollision mit der Rangregel des § 1582 BGB in Mangelfällen dahin eingeschränkt wird, daß der in § 1609 II S. 1 BGB angeordnete Gleichrang mit „dem Ehegatten" nur für den nach § 1582 BGB privilegierten geschiedenen, und nicht auch für den (relativ) nachrangigen neuen Ehegatten gilt. Nur bei dieser Auslegung läßt sich eine Verletzung der nach dem ausdrücklichen Willen des Gesetzes als vorrangig erachteten Rechtsprinzipien vermeiden, die einerseits in §§ 1609 I und II, 1603 II BGB und zum anderen in § 1582 BGB ihren Niederschlag gefunden haben. Diese würden nicht gewahrt, wenn etwa dem geschiedenen Ehegatten der absolute Vorrang auch gegenüber den minderjährigen unverheirateten Kindern und diesen auf einer zweiten Rangstufe der gleiche „Nachrang" wie dem neuen Ehegatten zugewiesen würde. Ein derartiges Verständnis des § 1582 BGB ließe sich mit dem Grundprinzip des § 1609 I und II S. 1 BGB nicht vereinbaren, nach welchem den minderjährigen unverheirateten Kindern stets der erste Unterhaltsrang zukommen soll. Andererseits entspräche es auch nicht dem durch die unterschiedlichen Rangstufungen verfolgten Zweck der gesetzlichen Regelung, den minderjährigen unverheirateten Kindern den alleinigen Unterhaltsvorrang gegenüber allen Ehegatten einzuräumen und erst im Bereich einer zweiten und dritten Rangstufe den relativen Vorrang des geschiedenen Ehegatten zu sichern. Hierdurch würde die unterhaltsrechtliche Position des geschiedenen Ehegatten in einer Weise eingeschränkt, die in klarem Widerspruch zu dem aus § 1582 i.V. mit § 1609 II S. 1 BGB ersichtlichen Grundgedanken der unterhaltsrechtlichen Neuregelung stände, nach welchem ein Ehegatte zum Ausgleich dafür, daß er sich nach Einführung des Zerrüttungsprinzips grundsätzlich einer Scheidung seiner Ehe auf Dauer nicht widersetzen kann, jedenfalls mit seinem nachehelichen Unterhaltsanspruch – bei Vorliegen der Voraussetzungen der §§ 1570 ff. BGB – weitestmöglich gesichert sein soll. Durchgreifende verfassungsrechtliche Bedenken stehen der einschränkenden Interpretation des

Anhang R. Rechtsprechung R364

§ 1609 II BGB nicht entgegen; denn sie gewährleistet sowohl den im Grundgesetz verankerten Schutz der minderjährigen Kinder (BVerfGE 57/361, 382 f., m. w. N. = FamRZ 1981/745, 749) als auch die ebenfalls unter dem Schutz des Art. 6 I GG stehenden Folgewirkungen der geschiedenen Ehe. Daß der Ehegatte der – gleichfalls in den Schutzbereich des Art. 6 I GG fallenden – neuen Ehe (vgl. BVerfGE 66/84, 93, m. w. N. = FamRZ 1984/346, 348 f.) im Widerstreit der beiderseits durch Art. 6 I GG geschützten Rechtspositionen in den Fällen des § 1582 BGB zurücktreten muß, ist unter verfassungsrechtlichen Gesichtspunkten hinzunehmen (BVerfGE 66, a.a.O.). Das gilt auch im Verhältnis zu den minderjährigen Kindern aus der früheren Ehe, deren Vorhandensein und Unterhaltsbedürftigkeit ihm bei Eingehung seiner Ehe bekannt war (vgl. BVerfGE 66/84, 96 = FamRZ 1984/346, 349). Soweit die Lösung dazu führt, daß der neue Ehegatte auch gegenüber minderjährigen unverheirateten Kindern aus seiner eigenen Ehe im Rang zurücktritt und – äußerstenfalls – gezwungen wird, zur Sicherstellung seines eigenen Lebensbedarfs einer Erwerbstätigkeit nachzugehen mit der Folge, daß er seinen Kindern die umfassende persönliche Betreuung vorenthalten muß, begründet dies, wie das BVerfG für einen solchen Fall ausdrücklich entschieden hat, keine verfassungsrechtlichen Bedenken gegen die zugrunde liegende gesetzliche Regelung des § 1582 i.V. mit § 1609 II BGB (BVerfGE 66/84, 86, 87, 97 = FamRZ 1984/346 ff.).

(Unterhaltsberechnung im Mangelfall in 2 Stufen; zunächst Ermittlung der Unterhaltsansprüche aller vorrangig Berechtigten; keine Berücksichtigung der nachrangigen 2. Frau des Verpflichteten; kein Mindestbedarf im Rahmen des § 1578 BGB und bei Kindern; Haftungsgrenze des Verpflichteten nach §§ 1581, 1603 I BGB in Höhe des angemessenen Selbstbehalts; gesonderte Ermittlung eines vergleichbaren Selbstbehalts im Ausland; bei minderjährigen Kindern ist der notwendige Selbstbehalt die Haftungsgrenze; Gleichrang eines Kindes aus neuer Ehe mit anderen Kindern; ausnahmsweise § 1579 Nr. 7 BGB bei besonderer Unbilligkeit der starren Vorrangregelung des § 1582 BGB)

II 5) Ausgehend von den vorstehend dargelegten Grundsätzen sind die Unterhaltsansprüche der c
Kl. nach folgendem Ansatz zu berechnen: a) In einer ersten Berechnungsstufe sind die Unterhaltsansprüche aller vorrangig Berechtigten, hier also der Kl., zu ermitteln. aa) Der Unterhaltsbedarf der jetzigen Ehefrau des Bekl. kann in dieser Berechnungsstufe nicht, und zwar auch nicht mit einem „Mindest-Einsatzbetrag", berücksichtigt werden, da sie erst nach voller Befriedigung aller Kl. mit ihrem Unterhaltsanspruch zum Zuge kommen kann. bb) Als Unterhaltsbedarf der Kl. zu 1) ist – in der ersten Berechnungsstufe – der Betrag einzusetzen, den sie nach dem Maßstab des § 1578 BGB beanspruchen könnte (FamRZ 1983/678, 679; FamRZ 1987/266, 267), und nicht ein sog. allgemeiner Mindestbedarf für einen nicht erwerbstätigen Ehegatten. Die Berechnung mit einem Mindestbedarfssatz als Einsatzbetrag für den geschiedenen Ehegatten ist, daß er den sich aus dem ehelichen Lebensverhältnissen ergebenden Unterhalt übersteigt. Da in Mangelfällen in der Regel eine Kürzung der Ansprüche aller Berechtigten nach Billigkeitsgesichtspunkten – zur Anpassung an die Leistungsfähigkeit des Verpflichteten – stattfinden muß (FamRZ 83/678 = NJW 83/1733, a.a.O.), bewirkt der Einsatz eines nach dem Maßstab des § 1578 BGB zu hohen „Mindestbedarfs" im Ergebnis eine nicht gerechtfertigte Verzerrung des Verhältnisses der einzelnen Unterhaltsansprüche. Daß der Unterhaltsverpflichtete seinerseits in Mangelfällen einen bestimmten „Selbstbehalt" für sich beanspruchen kann, der unter Umständen über der $^4/_7$-Quote seines verfügbaren Einkommens liegt, steht dem nicht entgegen, sondern beruht auf der ausdrücklichen Regelung des § 1581 BGB, nach der eine Gefährdung des eigenen angemessenen Unterhalts des Verpflichteten unter Billigkeitsgesichtspunkten vermieden werden soll. cc) Für die Kl. zu 2) und zu 3) sind in der ersten Berechnungsstufe ebenfalls die Beträge des angemessenen Unterhalts als Einsatzbeträge festzustellen, d. h. die Unterhaltsbeträge, die den Kindern bei voller Leistungsfähigkeit des Bekl. nach dessen Einkommen zuständen. Ein Ansatz der Mindestbeträge nach den unterhaltsrechtlichen Leitlinien würde auch hier bei der in der zweiten Berechnungsstufe gebotenen proportionalen Kürzung der Ansprüche zu unzutreffenden, dem Gesetz nicht entsprechenden Ergebnissen führen. dd) Für 1985 ist hiernach von folgenden Einsatzbeträgen auszugehen: Bereinigtes Einkommen des Bekl. ap 2580,95 DM
Anspruch des Kl. zu 2) (Einkommensgruppe 4, Altersklasse 2) = 360 DM abzüglich anteiliges Kindergeld von 37,50 DM = 322,50 DM Anspruch des Kl. zu 3): 322,50 DM
Anspruch der Kl. zu 1) (2580,95 – 645) (x $^3/_7$ = 829,70 DM
(zu dem Vorwegabzug der Kindesunterhaltsbeträge – FamRZ 1987, 456). b) Damit wären insgesamt 1474,70 DM erforderlich, um die angemessenen Unterhaltsansprüche der Kl. zu befriedigen. Dem Bekl. selbst verbliebe sodann ein Restbetrag von nur 1106,25 DM zur Befriedigung seines eigenen Lebensbedarfs. Er ist indessen nach §§ 1581, 1603 BGB grundsätzlich berechtigt, zunächst seinen eigenen angemessenen Unterhalt sicherzustellen, bevor er Unterhaltsansprüche Dritter erfüllt. Die Haftungsgrenze, die § 1581 BGB und entsprechend § 1603 I BGB zugunsten des Unterhaltspflichtigen vorsehen, wird in der unterhaltsrechtlichen Praxis durch die Gewährung des sog. großen Selbstbehalts konkretisiert. Dieser wird seit 1. 1. 1985 sowohl nach der vom OLG als Orientierungshilfe herangezogenen Düsseldorfer Tabelle als auch in der sonstigen Praxis (jedenfalls im

1413

Verhältnis zu volljährigen Kindern, unterschiedlich im Verhältnis zu Ehegatten) weitgehend mit monatlich 1300 DM angenommen und läge damit über dem bei Befriedigung der Unterhaltsansprüche aller drei Kl. für den Bekl. verbleibenden Restbetrag von 1106,25 DM. Hier ist jedoch zu berücksichtigen, daß der Bekl. in Südafrika lebt. Für die Ermittlung des „angemessenen Selbstbehalts", den er benötigt, um seinen Unterhalt sicherzustellen, sind deshalb die Geldbeträge maßgebend, die er an seinem Aufenthaltsort aufwenden muß, um nach den dortigen Verhältnissen den vergleichbaren „angemessenen" Lebensstandard aufrechtzuerhalten = FamRZ 1987, 682). Daß hierzu Beträge in einer Höhe erforderlich sind, die dem Wert des großen Selbstbehalts in Deutschland, übertragen auf südafrikanische Rand nach dem amtlichen Wechselkurs, entsprechen, kann nicht ohne weiteres angenommen werden. Der außenwirtschaftliche Kurs der südafrikanischen Währung ist nicht notwendig ein Spiegelbild ihres Binnenwertes und braucht sich mit der Kaufkraft des Rand im Inland nicht zu decken. Sodann sind die mit insgesamt 1474,70 DM ermittelten Bedarfsbeträge der Kl. zu 1) bis 3) – in einer zweiten Berechnungsstufe – verhältnismäßig in dem Umfang herabzusetzen, der sich ergibt, wenn der angemessene Selbstbehalt des Bekl. von seinem Einkommen abgezogen und die Differenz zu dem Bedarfsbetrag von 1474,70 DM ins Verhältnis gesetzt wird. 6) Für das weitere Verfahren weist der Senat auf folgendes hin:
a) Für den Unterhalt der minderjährigen unverheirateten Kl. zu 2) und zu 3) muß der Bekl. – über den Maßstab des § 1603 I BGB hinaus – nach § 1603 II BGB alle verfügbaren Mittel in einer Weise einsetzen, daß er für seinen eigenen Bedarf nur den sog. notwendigen Selbstbehalt beanspruchen kann. Dieser wird nach den Wertverhältnissen in der Bundesrepublik Deutschland, von denen das OLG – insoweit hier rechtsfehlerhaft – ausgegangen ist, seit 1. 1. 1985 auf monatlich 990 DM bemessen. Wie der notwendige Selbstbehalt auf der Grundlage der Verhältnisse in Südafrika zu bemessen ist, wird das OLG ggf. zu ermitteln haben. Alsdann kann sich die Frage stellen, welcher Selbstbehalt zugrunde zu legen ist, wenn der Unterhaltspflichtige gegenüber mehreren gleichrangigen Berechtigten – wie hier der Bekl. gegenüber der Kl. zu 1) einerseits, den Kl. zu 2) und 3) andererseits – unterschiedlich hohe Selbstbehalte in Anspruch nehmen kann. Diese Frage hat der Senat bisher nicht entschieden. Er sieht daher im Rahmen dieser Hinweise von einer Stellungnahme ab. b) Geht aus der neuen Ehe des Bekl. ein Kind hervor, dann ist dieses bei der Berechnung der Unterhaltsansprüche der Kl. mit zu berücksichtigen. Es erhält nach § 1609 I und II BGB denselben Rang wie die Kl. zu 2) und zu 3) und die – gemäß § 1582 BGB – im Verhältnis zu der jetzigen Ehefrau des Bekl. bevorrechtigte Kl. zu 1) und geht damit grundsätzlich seiner eigenen Mutter im Rang vor. Diese Rechtsfolge hat das BVerfG (66/84, 97 ff. = FamRZ 1984/346, 349 f.) ausdrücklich gebilligt. Allerdings hat es sich dabei, wie oben unter 4) ausgeführt, wesentlich auf die Überlegung gestützt, daß die wirtschaftlichen Belastungen für die neue Familie, insbesondere die neue Ehefrau des Unterhaltspflichtigen, im äußersten Fall durch die Bereitstellung öffentlicher Mittel, insbesondere in der Form von Sozialhilfe, abgefangen werden können. Sollte sich herausstellen, daß die jetzige Ehefrau des Bekl. in Südafrika keinen Zugang zu entsprechenden öffentlichen Mitteln hat, also etwa keine der Sozialhilfe vergleichbare Leistungen erhalten kann, dann verlöre die Argumentation des BVerfG unter diesen besonderen Umständen ihre Hauptgrundlage. Für diesen besonderen Fall wäre die Härteregelung des § 1579 Nr. 7 BGB in Betracht zu ziehen, mit deren Hilfe das Ergebnis der starren Vorrangregelung des § 1582 BGB ausnahmsweise aus Billigkeitsgründen im Interesse der jetzigen Ehefrau des Bekl. – und damit zu Lasten der Kl. zu 1) – abgemildert werden könnte. Bei der Festsetzung des Unterhaltsanspruchs der Kl. zu 1) wäre allerdings vorab zu beachten, daß sie trotz Hinzutritts eines Kindes aus der neuen Ehe gleichwohl nur den Vorwegabzug der Unterhaltsansprüche der Kl. zu 2) und zu 3) als der gemeinsamen ehelichen Kinder hinnehmen muß (FamRZ 87/456, 458 = NJW 87/1551, 1553).

BGH v. 13. 4. 88 – IVb ZR 46/87 – FamRZ 88, 820 = NJW 88, 2886

R365 *(Schadensersatzanspruch bei Verletzung von Mitwirkungspflichten zum Realsplitting; zum Anspruch des Berechtigten auf Erstattung von Kosten eines Steuerberaters, die ihm durch die Zustimmung zum steuerlichen Realsplitting entstehen)*

2a) Das Berufungsgericht ist zu Recht davon ausgegangen, daß ein getrennt lebender oder geschiedener Ehegatte, der seine Zustimmung zum steuerlichen Realsplitting verweigert, sich gegenüber dem unterhaltspflichtigen Ehegatten schadensersatzpflichtig machen kann. Zwar geht es hierbei um die Verletzung einer letztlich aus dem Wesen der Ehe folgenden und nach der Scheidung als Nachwirkung der Ehe fortbestehenden Rechtspflicht. Indessen können auch Verstöße gegen solche Pflichten, soweit sie nicht die höchstpersönlichen Beziehungen der Parteien, sondern den rein geschäftsmäßigen vermögensrechtlichen Bereich betreffen, Schadensersatzansprüche begründen. Das hat der Bundesgerichtshof bereits für den Fall einer Verweigerung der Zustimmung zur steuerlichen Zusammenveranlagung entschieden und eine Schadensersatzpflicht des Ehegatten bejaht, der diese Zustimmung unberechtigt verweigert hat (FamRZ 77/38, 41; FamRZ 88/143). Für die hier in Frage

Anhang R. Rechtsprechung R365

kommende Verletzung der Mitwirkungspflicht beim begrenzten Realsplitting gilt nichts anderes. b) Die Verpflichtung des unterhaltsberechtigten Ehegatten, dem steuerlichen Realsplitting zuzustimmen, ist davon abhängig, daß der Unterhaltspflichtige die finanziellen Nachteile ausgleicht, die dem Berechtigten daraus erwachsen (FamRZ 83/576 f.; FamRZ 84/1211, 1212; FamRZ 85/1232, 1233). Zu diesen Nachteilen gehört in erster Linie die Steuerbelastung oder Steuermehrbelastung, die sich für den Unterhaltsempfänger aus der Besteuerung der erhaltenen Unterhaltszahlungen ergibt. Von dieser Einkommensteuerschuld hat der Unterhaltsverpflichtete den anderen freizustellen. Er kann dessen Zustimmung zum Realsplitting nur Zug um Zug gegen eine derartige Freistellungsverpflichtung verlangen. Von einer entsprechenden Verpflichtung zum Ausgleich sonstiger Nachteile kann der Unterhaltsberechtigte seine Zustimmung nur abhängig machen, wenn er diese Nachteile im Einzelfall substantiiert darlegt (FamRZ 83/576). Zu den sonstigen Nachteilen hat der Senat in der vorgenannten Entscheidung insbesondere finanzielle Auswirkungen gerechnet, die sich aus Gesetzen außerhalb des Einkommensteuerrechts ergeben, etwa weil diese bei der durch das Realsplitting gegebenen Höhe des zu versteuernden Einkommens eine Kürzung oder den Entzug öffentlicher Leistungen vorsehen. Es können im Einzelfall aber auch Kosten darunterfallen, die der Unterhaltsberechtigte aus Anlaß der Zustimmung zum Realsplitting zur sachgerechten Wahrnehmung seiner Interessen aufwendet. Die Mitwirkung beim Realsplitting muß für ihn aus unterhaltsrechtlicher Sicht bei Abwägung der beiderseitigen Interessen zumutbar sein (FamRZ 83/576). Entscheidend ist danach, ob dem Unterhaltsberechtigten die Zustimmung zum Realsplitting ohne die Aufwendung der jeweiligen Kosten zugemutet werden kann. c) Das Berufungsgericht hat diese Frage für die Kosten der von der Beklagten für notwendig gehaltenen Inanspruchnahme eines Steuerberaters verneint. Seine Beurteilung kann aus Rechtsgründen nicht beanstandet werden. Allerdings wird es im allgemeinen nicht notwendig sein, daß ein Unterhaltsempfänger sich zunächst an einen Steuerberater wendet, ehe er sich über die Erteilung der Zustimmung zum Realsplitting schlüssig wird, oder daß er diesen sonst im Zuge der Steuerveranlagung einschaltet. Erklärt der Unterhaltspflichtige von vornherein verbindlich, daß er den anderen von den ihn dadurch treffenden steuerlichen Lasten freistellt, so hat dieser im allgemeinen keinen Anlaß, wegen des Realsplittings noch den Rat oder die Unterstützung eines Steuerberaters in Anspruch zu nehmen. So lag es hier jedoch nicht, vielmehr hatte der Kläger von der Beklagten die Ausschöpfung „sämtlicher Steuervorteile" verlangt und seine Freistellungserklärung entsprechend eingeschränkt. Unter diesen Umständen und bei der vom Berufungsgericht festgestellten Unerfahrenheit der Beklagten in steuerlichen Dingen einerseits sowie der Zerstrittenheit der Parteien andererseits kann es nicht als rechtsfehlerhaft angesehen werden, wenn das Gericht die Beklagte für berechtigt gehalten hat, sich an einen Steuerberater zu wenden, und ohne die Bereitschaft des Klägers, die dadurch entstehenden Kosten auszugleichen, eine Pflicht zur Mitwirkung beim Realsplitting verneint hat. Was die Revision dagegen vorbringt, dringt nicht durch.

Ihrer Ansicht, daß es der Einschaltung eines Steuerberaters nicht bedurft hätte, weil die Beklagte sich vom zuständigen Finanzamt hätte beraten lassen können, kann nicht gefolgt werden. Die Beklagte hatte bis dahin weder Lohn- oder Einkommensteuer entrichtet noch war sie zur Einkommensteuer veranlagt worden. Ob sie in den Jahren 1980 und 1981 Einkommensteuererklärungen hätte abgeben müssen, wie der Kläger im Berufungsverfahren vorgetragen hat, ist insoweit ohne Belang. Jedenfalls steht zwischen den Parteien außer Streit, daß die Beklagte tatsächlich keine Steuererklärungen abgegeben hat. Damit hatte sie nicht die Möglichkeit, an bereits vorliegende Veranlagungen und Bescheide anzuknüpfen und sich unter Bezugnahme darauf wegen lediglich ergänzender Fragen an das Finanzamt zu wenden. Vielmehr kam es auf eine erstmalige, umfassende Auskunft und Beratung an, um sich gegenüber den Forderungen und Vorbehalten des Klägers in dessen Verpflichtungserklärung abzusichern und vor finanziellen Einbußen zu schützen. Eine solche Beratung konnte die Beklagte von ihrem Finanzamt nicht erwarten. Entgegen der Ansicht der Revision obliegt den Finanzbehörden keine allgemeine Auskunfts- und Beratungspflicht. Soweit ihnen in § 89 AO Fürsorge- und Betreuungspflichten gegenüber den Steuerpflichtigen auferlegt werden, beziehen sich diese auf die Wahrung der Rechte und Pflichten in verfahrensrechtlicher, nicht aber in materiell-rechtlicher Hinsicht. Das schließt zwar ggf. auch Hinweise zu materiellen Rechtsfragen ein, soweit dies für eine zweckentsprechende Antragstellung erforderlich ist. Eine Pflicht zur allgemeinen Rechtsberatung in steuerlicher Hinsicht wird dadurch aber nicht begründet. Vielmehr entspricht es allgemeiner Auffassung, daß § 89 AO die Finanzbehörden gerade nicht mit der Rolle eines Beraters in steuerrechtlichen Fragen betraut. Auch aus § 151 AO ergibt sich nichts anderes. Unter diesen Umständen ist es rechtlich nicht zu beanstanden, wenn das Berufungsgericht den Standpunkt eingenommen hat, die Beklagte sei nicht darauf beschränkt gewesen, bei ihrem Finanzamt Rat zu suchen, sondern habe sich von einem fachkundigen Dritten beraten lassen dürfen.

1415

R366   Anhang R. Rechtsprechung

BGH v. 13. 4. 88 – IVb ZR 49/87 – FamRZ 88, 1039

R366   *(Abänderungsklage nach Eintritt der Volljährigkeit wegen gesteigertem Bedarf; anteilige Haftung beider Eltern für den Unterhalt nach § 1606 III 1 BGB wegen Wegfall der Betreuungspflichten bei Volljährigkeit)*

a   1) Zutreffend geht das KG davon aus, daß der Kl. Änderungen in der Höhe des Unterhaltsanspruchs auch für die Zeit nach Eintritt seiner Volljährigkeit mit der Abänderungsklage geltend zu machen hat (FamRZ 1984/682, 683). Die Unterhaltspflicht des Bekl. beruht weiterhin auf § 1601 BGB. Das KG hat die Abänderungsklage auch ohne Rechtsfehler für zulässig angesehen; denn der Kl. hat sie darauf gestützt, daß sein Unterhaltsbedarf wegen des nunmehr erreichten Lebensalters gestiegen sei und das Einkommen des Bekl. sich nach Schluß der letzten mündlichen Verhandlung im Vorprozeß erhöht habe. 2) Das KG hat den Unterhaltsbedarf des Kl. für die Zeit nach Eintritt seiner Volljährigkeit neu bemessen. Es hat den in dem abzuändernden Urteil eingeschlagenen Berechnungsweg, der dem Bedarfssatz aus der Düsseldorfer Tabelle nur das Nettoeinkommen des allein barunterhaltspflichtigen Bekl. zugrunde gelegt hatte, nicht mehr beibehalten, weil nach dem Wegfall ihrer Betreuungspflichten jetzt auch die erwerbstätige Mutter des Kl. barunterhaltspflichtig sei. Das steht im Einklang mit der Rechtsprechung des Senats zum Fortfall von Bindungen, die im Abänderungsverfahren an sich für die Unterhaltsbemessung bestehen (FamRZ 1986/790, m. w. N.; FamRZ 1987/257). Der Senat hat zwar für einen Einzelfall entschieden, daß der Tatrichter für eine Übergangszeit auch nach dem Eintritt der Volljährigkeit des Kindes erbrachte Betreuungsleistungen eines Elternteils als dem Barunterhalt des anderen gleichwertig erachten darf (FamRZ 1981/541, 543). Ob daran festzuhalten ist, kann dahinstehen (FamRZ 1988/159, 162). Jedenfalls ist rechtlich nicht zu beanstanden, daß das KG davon ausgegangen ist, nach dem Eintritt der Volljährigkeit des Kl. müßten für seinen Unterhalt künftig beide Eltern als gleich nahe Verwandte der aufsteigenden Linie anteilig nach ihren Erwerbs- und Vermögensverhältnissen haften (§ 1606 III S. 1 BGB). Der Kl. kann daher vom Bekl. nur den Teil des Unterhalts verlangen, der nicht auf seine Mutter entfällt.

(Bedarfsbemessung nach der Summe der Einkommen beider Eltern; Bedarfsbegrenzung nach oben auf 800,– DM abzüglich einer Bedarfsminderung von 50,– DM für das Zusammenwirtschaften mit einem Elternteil, bei dem der Volljährige wohnt)

b   3) Zur Höhe des Unterhaltsanspruchs des Kl. hat das KG die Auffassung vertreten, in mittleren bis gehobenen Einkommensverhältnissen (zwischen etwa 4000 bis 6000 DM monatlich), wie sie hier bei Zusammenrechnung der von den geschiedenen Eltern erzielten Nettoeinkommen vorlägen, sei es nicht gerechtfertigt, dem volljährigen Kind einen höheren Unterhaltsbedarf als monatlich 800 DM zuzubilligen. Weil der Kl. mit seiner Mutter, bei der er wohne, zusammen wirtschaften könne, mindere sich sein Bedarf noch um 50 DM auf monatlich 750 DM. Nach der im Einverständnis aller Beteiligten erfolgten Verrechnung des auf den Kl. entfallenden Kindergeldanteils von 75 DM verbleibe ein monatl. Bedarf von 675 DM. Diese Berechnung, die sich in einem dem Tatrichter eingeräumten Beurteilungsrahmen hält, wird von der Revision nicht angegriffen. Sie ist auch rechtlich nicht zu beanstanden. Die für die Unterhaltsbemessung maßgebliche Lebensstellung des Kindes (§ 1610 I BGB) leitet sich nach Eintritt der Volljährigkeit weiterhin von den wirtschaftlichen Verhältnissen seiner Eltern ab, solange das Kind nicht durch eigene Einkünfte oder Vermögen wirtschaftlich selbständig wird. Zur Bestimmung des Unterhaltsbedarfs kann die Summe der Einkommen beider Elternteile zugrunde gelegt werden; dabei kommt eine Begrenzung des Bedarfs nach oben in Betracht (FamRZ 1983/473, 474, FamRZ 1986/151).

(Anteilige Haftung der Eltern nach § 1606 III 1 BGB für den Unterhalt Volljähriger, nach den für Unterhaltszwecke tatsächlich verfügbaren Mitteln; Vorabzug vom Einkommen von Barunterhalt für minderjährige Kinder, nicht von Betreuungsunterhalt. Der Volljährige hat keinen Anspruch auf Betreuung; Vorabzug eines Sockelbetrages; kein Abzug von Raten aus Rückzahlung zweckfremd verwendeter Unterhaltsmittel)

c   4) Kernpunkt des Streites ist die Bestimmung der Haftungsanteile des Bekl. und der Mutter des Kl. für dessen Unterhalt. Das KG hat sie verhältnismäßig aus den Nettoeinkommen der beiden Elternteile jeweils nach Abzug der für deren eigenen Unterhalt erforderlichen Beträge ermittelt. b) Das bereinigte Nettoeinkommen der Mutter des Kl. hat das KG aus ihren Einkünften i. J. 1985 unter Hinzurechnung einer Gehaltserhöhung von 3,5 % für 1986 mit durchschnittlich 2555 DM festgestellt. Insoweit beanstandet die Revision, daß monatl. Ratenzahlungen von 100 DM nicht abgesetzt worden sind, die aus einer Schuld der Mutter des Kl. gegenüber dem Bezirksamt T. wegen der Kosten einer zeitweisen Heimunterbringung der Schwester des Kl. stammen. Der Angriff hat keinen Erfolg. Nach dem eigenen Vortrag des Kl. ist die Verpflichtung für einen Zeitraum (1.1. 1983 bis 31. 8. 1983) entstanden, in dem der Bekl. für die Schwester des Kl. unstreitig Barunterhalt i. H. von monatlich 422,50 DM an die Mutter des Kl. geleistet hat. Daher ist es nicht rechtsfehlerhaft, daß das KG die aus einer zweckfremden Verwendung dieser Mittel durch die Mutter des Kl. entstandene Abzahlungsverpflichtung bei der Ermittlung der Haftungsanteile außer Betracht gelassen hat. Andernfalls würde der Bekl. trotz Erfüllung seiner Unterhaltsverpflichtung gegenüber der Tochter mit diesen Kosten indirekt – nämlich durch eine Erhöhung seines Anteils am Unterhalt des Kl. – noch einmal belastet werden. c) Das für die Anteilsberechnung nach § 1606 III S. 1 BGB relevante Einkommen des Bekl. hat das KG für die Zeit der Minderjährigkeit der Schwester des Kl. (also bis zum 30. 6. 1987) um weitere 605 DM von 3566,52 DM auf (abgerundet) 2960 DM gekürzt, weil er an sie – unter Einschluß des Kindergeldanteils – in dieser Höhe monatlich Barunterhalt zahlen müsse. Andererseits hat es das Einkommen der Mutter des Kl. ungekürzt der Berechnung zugrunde gelegt, weil die von ihr der Schwester des Kl. gewährten Betreuungsleistungen ihr einsatzpflichtiges Einkommen nicht verringerten. Die Revision sieht hierin einen Widerspruch gegen die Gleichwertigkeit von Bar- und Naturalunterhalt. Sie beanstandet das Ergebnis, das ihrer Auffassung nach trotz geringerem Einkommen zu einer höheren Unterhaltsbelastung der Mutter des Kl. für die beiden Kinder führe, als sie der Bekl. zu tragen habe. Das angefochtene Urteil hält jedoch auch diesen Angriffen stand.

Bei der Bemessung der Haftungsanteile gemäß § 1606 III S. 1 BGB handelt es sich um die Verteilung der Unterhaltslast nach der Leistungsfähigkeit zwischen gleichrangig Verpflichteten (hier: der Eltern). Diese ist nach den für Unterhaltszwecke tatsächlich verfügbaren Mitteln zu bestimmen. Das rechtfertigt es, auf seiten des Bekl. den an seine Tochter während deren Minderjährigkeit zu zahlenden Barunterhalt von 605 DM vorweg abzusetzen, denn dieser Betrag steht ihm selbst eigenen und den Unterhalt des Kl. nicht mehr zur Verfügung (vgl. FamRZ 1986/153, 154). Demgegenüber wird auf seiten der Mutter des Kl. deren verfügbares Einkommen nicht dadurch geschmälert, daß sie ihrer Tochter Betreuungsunterhalt leistet. Durch die Pflege und Erziehung der Tochter erfüllt die Mutter zwar ihre Verpflichtung, zu deren Unterhalt beizutragen (§ 1606 III S. 2 BGB). Das hat indessen nur zur Folge, daß sie während der Minderjährigkeit der Tochter zu deren Unterhalt nicht außerdem durch Barleistungen beitragen muß. Aus der Bestimmung läßt sich aber nicht herleiten, daß die Mutter ihre Einkünfte um einen fiktiven Betrag kürzen kann, um die für die Berechnung des Haftungsanteils am Unterhalt des (volljährigen) Kl. maßgeblichen Erwerbsverhältnisse zu ihren Gunsten zu beeinflussen. Auch wenn die der Tochter erbrachten Betreuungsleistungen die Kräfte der Mutter neben ihrer Erwerbstätigkeit zusätzlich beanspruchen, bleibt das tatsächlich verfügbare Einkommen der Mutter unangetastet; sie wird durch den mit der Betreuung des noch minderjährigen Kindes verbundenen Arbeits- und Zeitaufwand allenfalls daran gehindert, einem Nebenerwerb (z. B. Nachhilfestunden) nachzugehen und dadurch ihre Barmittel noch zu erhöhen. Die Entscheidung des KG führt auch zu dem Ergebnis, daß die Mutter des Kl. diesem mehr Unterhalt zu leisten hat als der Bekl. Die Revision übersieht, daß ein volljähriges Kind neben dem in Form einer Geldrente (§ 1612 I S. 1 BGB) zu gewährenden Unterhalt keinen zusätzlichen Anspruch auf Betreuung hat. Das schließt freilich nicht aus, daß die Mutter des Kl. mit seinem Einverständnis ihrer Unterhaltspflicht in der Weise nachkommt, daß sie ihn in ihrem Haushalt versorgt. Soweit sie ihm dabei mehr zuwendet, als ihrem Haftungsanteil entspricht, etwa indem sie ihm die vom Bekl. gezahlten Unterhaltsbeträge voll zur freien Verfügung beläßt, statt die Versorgung von der Zahlung von Kostgeld abhängig zu machen, oder indem sie ihm neben der Versorgung gar noch selbst Geld gibt, handelt es sich um freiwillige Leistungen.

5) Vor Ausführung der gemäß § 1606 III S. 1 BGB erforderlichen Verhältnisrechnung hat das KG bei beiden Elternteilen jeweils einen Betrag von monatlich 1300 DM für die Bestreitung ihres eigenen angemessenen Lebensunterhalts abgesetzt. Gegen diesen Abzug des sog. Selbstbehalts bestehen keine rechtlichen Bedenken (FamRZ 1986/153, 154, unter 6 b, m. w. N.); er wird von der Revision auch nicht angegriffen. a) Die für die Zeit vom 10. 4. 1986 bis zum 30. 6. 1987 für die Berechnung des Anteils des Bekl. am Barunterhalt des Kl. verbleibenden Mittel sind danach auf seiten des Bekl. mit (2960 − 1300 =) 1660 DM und bei der Mutter des Kl. i. H. von (2555 − 1300 =) 1255 DM rechtsfehlerfrei festgestellt. Der sich daraus für diesen Zeitraum ergebende Anteil des Bekl. liegt mit 385 DM (von 675 DM) unterhalb dessen, was im abzuändernden Urteil dem Kl. zugesprochen war. Das KG hat deshalb zu Recht dessen Abänderungsklage abgewiesen und für die Zeit ab Zustellung der Abänderungswiderklage (16. 9. 1986) den vom Bekl. zu zahlenden Unterhalt antragsgemäß auf monatlich 400 DM herabgesetzt. b) Für die Zeit ab 1. 7. 1987 (Volljährigkeit der Schwester des Kl.) ist die Bemessung des auf den Kl. entfallenden Unterhaltsanteils (im Tenor des Berufungsurteils: 425,80 DM; in den Entscheidungsgründen: 425,33 DM) dagegen teilweise fehlerhaft. Die Revision des Kl. rügt für diesen Zeitraum zu Recht, daß das KG die 1986 eingetretene Gehaltserhöhung im öffentlichen Dienst auf seiten des Bekl. nicht berücksichtigt. Das ergibt sich daraus, daß es bei ihm von dem für 1985 festgestellten bereinigten Monatsnettoeinkommen (3437,85 DM) ausgegangen ist, statt das für 1986 ermittelte (3566,52 DM) zugrunde zu legen. Tatsächlich erhöht sich bei richtiger Berechnung der Einsatzwert für die Anteilsberechnung auf seiten des Bekl. dadurch, daß die Abzugsberechtigung für den Unterhalt seiner minderjährigen Schwester entfallen ist, von 1660 DM um 605 DM auf 2265 DM (nicht, wie vom KG angenommen, auf 2138 DM). Der Haftungsanteil des Bekl. errechnet sich danach wie folgt: 675 DM (x 2265 DM : 3520 DM = 435 DM).

Die Revision des Kl. war danach mit der Maßgabe zurückzuweisen, daß der vom Bekl. ab 1.7. 1987 an den Kl. zu zahlende monatl. Unterhalt 435 DM beträgt.

BGH v. 27. 4. 88 – IVb ZR 56/87 – FamRZ 88, 831 = NJW 88, 1974

R367 *(Zum Unterhaltsbestimmungsrecht eines getrennt lebenden Elternteils gegenüber einem volljährigen Kinde; Bestimmung des gesamten Unterhalts und Fähigkeit, diesen Unterhalt zu leisten; Rücksichtnahme auf Belange des anderen Elternteils unter Abwägung der Interessen beider Eltern)*

2 a) Nach § 1612 II Satz 1 BGB können Eltern, die einem unverheirateten Kind Unterhalt zu gewähren haben, bestimmen, in welcher Art der Unterhalt geleistet werden soll. Das gilt auch für die Unterhaltsgewährung nach Eintritt der Volljährigkeit des Kindes (FamRZ 1981/250, 251). Wer die Bestimmung wirksam treffen kann, wenn die Eltern getrennt leben oder geschieden sind, ist im Falle der Volljährigkeit des Kindes – anders als bei seiner Minderjährigkeit (vgl. § 1612 II Satz 3 BGB) – nicht ausdrücklich geregelt. b) Vordringlicher Gesichtspunkt bei der Beurteilung der Ausgangsfrage muß die Sicherung des Unterhaltsbedarfs des volljährigen Kindes sein. Dieses darf in seinen unterhaltsrechtlichen Belangen nicht dadurch beeinträchtigt werden, daß die Eltern über die Art der Unterhaltsgewährung keine Übereinstimmung erzielen. Bietet ein Elternteil bei der Ausübung seines Bestimmungsrechts den gesamten Unterhalt an und ist er zu einer entsprechenden Unterhaltsgewährung imstande, so werden diese Belange des unterhaltsberechtigten volljährigen Kindes grundsätzlich nicht beeinträchtigt. Es kommt in den Genuß des vollen ihm zustehenden Unterhalts und hat insoweit unter etwaigen Streit der Eltern nicht zu leiden. Im übrigen kann das Kind nach § 1612 II BGB beim Vormundschaftsgericht die Änderung der Unterhaltsbestimmung herbeiführen, wenn besondere Gründe vorliegen. Im vorliegenden Fall umfaßt die Unterhaltsbestimmung des Beklagten den vollen Unterhalt des Klägers. Es kann auch davon ausgegangen werden, daß der Beklagte in der Lage ist, diesen Unterhaltsbedarf im Wege des Naturalunterhalts aufzubringen. Daß er sich vorbehält, die Mutter des Klägers auf Ausgleich in Anspruch zu nehmen, stellt das nicht in Frage. Damit ist aus der Sicht der Unterhaltssicherung des Klägers gegen die Wirksamkeit der Unterhaltsbestimmung des Beklagten nichts einzuwenden. c) Neben der Sicherung des Kindesunterhalts geht es bei der Beurteilung einer einseitigen Unterhaltsbestimmung aber auch um die Interessen der beteiligten Eltern. Auch wenn ein Elternteil aufgrund seiner einseitigen Unterhaltsbestimmung allein für den Unterhalt des Kindes aufkommt, können schutzwürdige Belange des anderen Elternteils berührt werden. Darauf hat der Senat bereits in der genannten Entscheidung vom 26. Oktober 1983 (FamRZ 84/37) hingewiesen und als Beispiel den Fall angeführt, daß das Kind während der Minderjährigkeit bei einem Elternteil gelebt hat und die einseitige Bestimmung, die der andere Elternteil nach Eintritt der Volljährigkeit trifft, auf eine Veränderung lange bestehender Lebensverhältnisse nicht nur des Kindes, sondern auch des Elternteils hinwirken würde. Der Senat hat daran die Frage geknüpft, ob in solchen und anderen Fällen einer unangebrachten Handhabung des Bestimmungsrechts durch die Anrufung des Vormundschaftsgerichts nach § 1612 II Satz 2 BGB ausreichend begegnet werden kann oder ob die Wirksamkeit der Bestimmung zur Vermeidung ungerechtfertigter Auswirkungen von einer Mitwirkung des anderen Elternteils abhängig gemacht werden muß. Er hat die Frage nicht abschließend beantwortet, weil in dem damaligen Fall durch die einseitig getroffene Bestimmung schutzwürdige Belange des anderen Elternteils offensichtlich nicht berührt waren (a.a.O. S. 39). Was die Abänderung der Unterhaltsbestimmung durch das Vormundschaftsgericht nach § 1612 II Satz 2 BGB betrifft, so steht dieser Weg nach dem Wortlaut des Gesetzes nur dem Kinde, nicht aber dem Elternteil offen, der sich durch die Unterhaltsbestimmung des anderen in seinen Belangen beeinträchtigt fühlt. Das Antragsrecht des volljährigen Kindes bietet indessen keine generelle Gewähr für die Wahrung der Belange des durch die einseitige Unterhaltsbestimmung tangierten Elternteils; dafür können dessen Interessen und diejenigen des Kindes zu sehr divergieren. Zweck des Verfahrens nach § 1612 II Satz 2 BGB ist nach seiner gesetzgeberischen Konzeption, die Kinder gegen Willkür und mißbräuchliche Ausübung des elterlichen Bestimmungsrechts zu schützen. Damit ist dieses Verfahren zur Entscheidung des Interessengegensatzes zwischen Kindern und Eltern, nicht jedoch zur (isolierten) Regelung des Interessenkonflikts der Eltern untereinander geschaffen. Aus diesem Grunde kann das in § 1612 II Satz 2 BGB vorgesehene Antragsrecht nicht auf den Elternteil erstreckt werden, der sich gegen die einseitige Unterhaltsbestimmung des anderen zur Wehr setzen will. Ebensowenig kommt dafür das Verfahren nach § 1628 BGB in Betracht. Eine analoge Anwendung dieser Vorschrift scheidet aus, weil die dort vorgesehene Regelung elterlicher Meinungsverschiedenheiten den Bereich des Sorgerechts betrifft und als Entscheidungsmaßstab das Kindeswohl vorgesehen ist, auf das es bei dem Interessenkonflikt der Eltern untereinander im Falle einer Unterhaltsbestimmung der vorliegenden Art jedoch nicht (primär) ankommt (vgl. OLG Hamm FamRZ 1983/1050, 1052). Damit muß ein derartiger Interessenkonflikt der Eltern im Rahmen des Zivilrechtsstreits berücksichtigt werden, in dem es auf die Unterhaltsbestimmung ankommt. Wird das Unterhaltsbestimmungsrecht von einem Elternteil allein und ohne Zustimmung des anderen ausgeübt, so unterliegt

es inhaltlichen Schranken, die sich aus dem Gebot der Rücksichtnahme auf die Belange des anderen Elternteils ergeben. Zwar gewährt § 1612 II BGB dem auf Kindesunterhalt in Anspruch genommenen Elternteil die Möglichkeit, durch die Bestimmung der Art der Unterhaltsgewährung seine Unterhaltslast zu erleichtern; er darf dieses Recht jedoch nicht mißbräuchlich ausüben (FamRZ 1981/ 250, 252) und muß schutzwürdige Interessen des anderen Elternteils beachten. Stehen dessen Belange der Unterhaltsbestimmung entgegen, so sind die beiderseitigen Interessen gegeneinander abzuwägen. Die Unterhaltsbestimmung kann nur Bestand haben, wenn die Gründe, die den Elternteil zu der Unterhaltsbestimmung veranlassen, so schwer wiegen, daß dem anderen Elternteil unter Berücksichtigung seiner entgegenstehenden Interessen zugemutet werden kann, die beabsichtigte Art der Unterhaltsgewährung hinzunehmen. Hierbei verdienen auf seiten dessen, der eine andere Art der Unterhaltsgewährung anstrebt, vor allem auch wirtschaftliche Gründe Beachtung. Wird der Elternteil durch die Entrichtung einer Geldrente besonders beschwert, während er aufgrund seiner häuslichen oder sonstigen Lebensverhältnisse zu Verpflegungsleistungen und Gewährung von Wohnraum unschwer in der Lage ist, so fällt die Entlastung, die für ihn mit der Gewährung von Naturalunterhalt verbunden ist, auch im Verhältnis zum anderen Elternteil erheblich ins Gewicht. Dessen Belange werden andererseits durch die Unterhaltsbestimmung vor allem dann tangiert, wenn die angeordnete Art der Unterhaltsgewährung einen Eingriff in seine Lebensgestaltung und seine Lebensverhältnisse zur Folge hat, wie etwa in dem bereits erwähnten Fall, daß das Kind bei ihm lebt. Ähnlich können seine Belange im Falle gerechtfertigter Erwartung einer bestimmten Gestaltung der unterhaltsrechtlichen Beziehungen und darauf gestützter Dispositionen betroffen sein, wie etwa nach einer Absprache der Eltern über den Kindesunterhalt (FamRZ 83/895). d) Das Berufungsgericht hat die Unterhaltsbestimmung des Beklagten für unwirksam gehalten, weil dieser sich vorbehalten hat, im Wege eines familienrechtlichen Ausgleichsanspruchs gegen die Mutter des Klägers Rückgriff zu nehmen. In einer so gearteten Unterhaltsbestimmung hat es allgemein die Gefahr einer Beeinträchtigung der Rechte des anderen Elternteils erblickt, weil dieser sich im Falle der Annahme dieses Unterhaltsangebotes durch das Kind der Ausgleichforderung ausgesetzt sähe. Es hat ausgeführt, die Interessen des anderen Elternteils könnten insbesondere in den Fällen ungerechtfertigt beeinträchtigt werden, in denen dieser zwar in gewissem Umfang Barleistungen erbringen könne, wirtschaftlich aber von vornherein zu schwach sei, den vollen Unterhalt anzubieten, und deshalb eine wirksame Unterhaltsbestimmung nicht vornehmen könne. Diese Nachteile seien so erheblich, daß es nicht als gerechtfertigt angesehen werden könne, einem Elternteil ein einseitiges Bestimmungsrecht zuzubilligen, soweit für diesen noch die Inanspruchnahme des anderen Elternteils in Frage komme. Diese Ausführungen hinterlassen Zweifel, ob das Berufungsgericht die Unterhaltsbestimmung des Beklagten zu Recht als unwirksam angesehen hat. Vor allem enthalten sie keine ausreichende Würdigung und Abwägung der näheren Umstände des konkreten Falles, wie es für die Beurteilung anhand der dargelegten Grundsätze notwendig ist. Nicht in allen Fällen einer einseitigen Unterhaltsbestimmung, in denen ein Rückgriff im Wege des Ausgleichsanspruchs gegen den anderen Elternteil zu erwarten ist, werden die Belange des anderen Elternteils übermäßig beeinträchtigt. Auch in der vorliegenden Sache ist davon nicht auszugehen. Nach den bisherigen Feststellungen ist nicht einmal auszuschließen, daß ein solcher familienrechtlicher Ausgleich, wie er nach der Rechtsprechung zwischen teilhaftenden Eltern im Falle der Erfüllung des Kindesunterhalts durch einen von ihnen in Betracht kommt (vgl. BGHZ 31/329 – für einen Fall der Leistung von Naturalunterhalt –; ferner BGHZ 50/266 ff. sowie FamRZ 1984/775), hier sogar hinter den Baraufwendungen zurückbleibt, welche die Mutter dem Kläger unter den gegenwärtigen Verhältnissen im Rahmen ihres Haftungsanteils erbringen muß. Zwar wohnt der Kläger mit erstem Wohnsitz bei ihr; er hält sich jedoch – bis auf die Wochenenden und die schulfreien Tage – am Schulort auf, wo er offensichtlich eine entsprechende Unterkunft gemietet hat. Damit dürften bereits die Geldbeträge, die die Mutter dem Kläger gegenwärtig zu überlassen hat, kaum niedriger sein als der Ausgleich, der im Falle der Realisierung der Unterhaltsbestimmung des Beklagten in Betracht käme. Das gilt um so mehr, als ein solcher Ausgleichsanspruch nur auf eine Art Aufwendungsersatz hinausliefe und damit hinter dem Barunterhalt zurückbleiben dürfte, den die Mutter dem Kläger schulden würde. Es ist auch nicht festgestellt, daß der Mutter des Klägers aus Gründen wirtschaftlichen Unvermögens eine Unterhaltsbestimmung verschlossen wäre und damit der Fall vorliegt, in dem das Berufungsgericht eine besonders gravierende Beeinträchtigung des betroffenen Elternteils erblickt. Der bisherige Prozeßstoff spricht vielmehr eher dafür, daß die wirtschaftlichen Möglichkeiten der Mutter des Klägers – unter Berücksichtigung der jeweiligen Belastungen – denen des Beklagten keineswegs nachstehen und daß die Mutter nicht finanziell außerstande ist, ihrerseits eine den vollen Unterhalt umfassende Unterhaltsbestimmung zu treffen. Der Beklagte hat vorgebracht, bei der Zahlung von Barunterhalt gerate er in Schwierigkeiten, da er ein Haus erworben habe und außer dem Kläger dessen Bruder und die drei Kinder aus den späteren Ehen unterhalten müsse. Der Kläger habe mit seinem Bruder im Souterrain des Hauses eine abgeschlossene Wohnung von wenigstens 80 qm nutzen können und innerhalb dieser Wohnung ein eigenes Zimmer von 30 bis 35 qm gehabt, das ihm nach wie vor zur

R368 Anhang R. Rechtsprechung

Verfügung stehe. Mit diesem Vortrag hat sich das Berufungsgericht – von seinem Rechtsstandpunkt aus folgerichtig – ebensowenig auseinandergesetzt wie mit der Frage, inwieweit es die Lebensverhältnisse der Mutter des Klägers geprägt hat, daß dieser im Juni 1986 zu ihr gezogen ist, allerdings die Woche über in seiner Zweitwohnung am Schulort lebt.

3) Unter diesen Umständen kann die Beurteilung der Unterhaltsbestimmung des Beklagten durch das Oberlandesgericht nicht bestehen bleiben. Der Senat ist nicht in der Lage, die Frage der Wirksamkeit der in Rede stehenden Bestimmung selbst abschließend zu beantworten. Dazu bedarf es ergänzender Feststellungen sowie einer in tatrichterlicher Verantwortung vorzunehmenden Abwägung der Interessen beider Elternteile. Ferner müssen die Parteien im Hinblick auf die dargelegten Rechtsgrundsätze Gelegenheit zu ergänzendem Sachvortrag haben. Deshalb ist die Sache unter Aufhebung des angefochtenen Urteils zur neuen Verhandlung und Entscheidung an das Berufungsgericht zurückzuverweisen.

BGH v. 27. 4. 88 – IVb ZR 58/87 – FamRZ 88, 930 = NJW-RR 88, 834

R368 *(Einkünfte aus einer Arbeitsaufnahme des Verpflichteten nach der Trennung, die bei Trennung bereits angestrebt war, prägen die ehelichen Lebensverhältnisse)*

a 2 a) Als Bemessungsmaßstab für die Höhe des Unterhaltsanspruchs hat das BerGer. einerseits das Erwerbseinkommen des Bekl. bei der Firma A und zum anderen das Pflegegeld der Kl. zugrunde gelegt, soweit es nicht – in Höhe von monatlich (mindestens) 150 DM – durch tatsächliche Mehraufwendungen aufgezehrt werde. Durch diese Einkünfte seien die ehelichen Lebensverhältnisse der Parteien (§ 1578 BGB) in dem für die Beurteilung maßgeblichen Zeitpunkt der Scheidung geprägt worden, auch wenn der Bekl. während des Zusammenlebens mit der Kl. noch kein Arbeitseinkommen habe, sondern als arbeitsuchend gemeldet gewesen und erst seit der Trennung erwerbstätig sei. Die Aufnahme der Erwerbstätigkeit und der hieraus erzielte Verdienst stellten unter den gegebenen Umständen – nach Überwindung einer Übergangszeit im Anschluß an die Haftentlassung des Bekl. – keine unerwartete, vom Normalverlauf abweichende Entwicklung während des Getrenntlebens dar; vielmehr habe die Aufnahme der Tätigkeit dem gemeinsamen Lebensplan der Parteien entsprochen, so daß das Einkommen als in der Ehe angelegt zu behandeln sei. b) Auch diese Ausführungen stehen im Einklang mit der Rechtsprechung des Senats und unterliegen keinen rechtlichen Bedenken. Die Revision macht dazu geltend: Im Zeitpunkt der Trennung der Parteien am 7. 7. 1985 seien die ehelichen Lebensverhältnisse auf seiten des Bekl. noch vom Bezug des Arbeitslosengeldes geprägt worden; zu diesem Zeitpunkt sei gerade auch im Hinblick auf die mehrjährige Strafverbüßung noch nicht abzusehen gewesen, wann er einen Arbeitsplatz erhalten werde. Hiermit hat die Revision indessen keinen Erfolg. Abgesehen davon, daß sich der Unterhalt nach der ständigen Rechtsprechung des Senats nicht nach den Verhältnissen im Zeitpunkt der Trennung, sondern dem (hier nur rund drei Monate später liegenden) Zeitpunkt der Scheidung bemißt (FamRZ 1986/783 [785] m. w. Nachw.) – als der Bekl. einer Erwerbstätigkeit nachging und daraus Einkommen erzielte – hat er im Schriftsatz vom 1. 10. 1986 selbst vorgetragen, er habe nach seiner Haftentlassung im Bestreben nach finanzieller Unabhängigkeit eine feste Erwerbstätigkeit gesucht; aus diesem Grunde sei es letztlich zur Trennung der Parteien gekommen. Da er die Arbeit bei der Firma A im unmittelbaren zeitlichen Zusammenhang mit der Trennung angetreten hat, hat das BerGer. die seit der Haftentlassung angestrebte Aufnahme der Erwerbstätigkeit rechtsfehlerfrei den geplanten und verwirklichten ehelichen Lebensverhältnissen der Parteien zugeordnet.

(Darlegungs- und Beweislast des Verpflichteten für gleichrangige Unterhaltsverpflichtung gegenüber 2. Ehefrau; keine Hinweispflicht nach §§ 139, 278 III ZPO)

b 4) Die Bedenken gegen die Leistungsfähigkeit des Bekl. (§ 1581 BGB), die die Revision in der mündlichen Verhandlung vorgebracht hat, greifen nicht durch. Das angefochtene Urteil enthält keine Feststellung dahin, daß den Bekl. außer der Unterhaltspflicht gegenüber der Kl. etwa (seit Eingehung seiner zweiten Ehe) eine – gleichrangige – Unterhaltsverpflichtung gegenüber seiner jetzigen Ehefrau träfe. Das würde voraussetzen, daß die jetzige Ehefrau unterhaltsbedürftig ist. Dazu hat der Bekl. indessen in den Vorinstanzen nichts vorgetragen. Er hat nicht behauptet, daß seine Ehefrau kein eigenes Einkommen habe. Die Darlegungs- und Beweislast für seine behauptete Leistungsfähigkeit lag jedoch bei dem Bekl., der demgemäß auch seine laufenden Unkosten (einschließlich Kosten für Wohnung, Heizung, Strom, Telefon und Zeitung) sowie seine berufsbedingten Aufwendungen und Kreditbelastungen im einzelnen dargelegt hat. Es hätte daher an ihm gelegen, sich auf eine durch die zweite Eheschließung begründete Unterhaltsverpflichtung gegenüber seiner jetzigen Ehefrau zu berufen. Das BerGer. hatte keine Veranlassung, dem ohne entsprechenden Sachvortrag nachzugehen (NJW 1987/1142). Immerhin bestand die Möglichkeit, daß die neue Ehefrau des Bekl. über Renten- oder Vermögenseinkünfte verfügte oder neben der Betreuung ihrer Kinder eine (Teil-)Er-

Anhang R. Rechtsprechung **R368**

werbstätigkeit ausübte. 5 b cc) Die Revision rügt in diesem Zusammenhang, das BerGer. habe einen Vorhalt nach § 278 III ZPO machen müssen. Daraufhin hätte der Bekl. die Beiziehung der Strafakten und der Strafvollstreckungsunterlagen beantragt; aus diesen hätte sich ergeben, daß er gemäß einer Anweisung in dem Entlassungsbeschluß gehalten gewesen sei, bei der Kl. Wohnung zu nehmen; eine andere Möglichkeit habe er daher gar nicht gehabt. Weiterhin hätte der Bekl. auf entsprechenden gerichtlichen Vorhalt vorgetragen, daß auch die Zeugung eines Kindes mit der Kl. dazu gedient habe, eine vorzeitige Haftentlassung zu erreichen. Hierauf kommt es indessen, wie ausgeführt, für die Beurteilung des Unterhaltsanspruchs der Kl. schon aus Rechtsgründen nicht an. Davon abgesehen trifft das BerGer. aber, wie ebenfalls dargelegt, unter verfahrensrechtlichen Gesichtspunkten nicht der Vorwurf einer Verletzung der Hinweispflicht nach § 278 III ZPO. dd) Das BerGer. war, wie oben unter 4. ausgeführt, aus verfahrensrechtlichen Gründen nicht gehalten, sich ohne entsprechenden Tatsachenvortrag des Bekl. nach den Einkommensverhältnissen seiner jetzigen Ehefrau zu erkundigen.

(Keine Ehe von kurzer Dauer bei 4 Jahren u. 8 Monaten; aber Nr. 7, wenn die Eheleute tatsächlich nur wenige Monate zusammengelebt haben; Billigkeitsabwägung und zeitliche Begrenzung, Ermessensspielraum des Tatrichters zur Wahl der Rechtsfolgen und zur Unterhaltshöhe)

5) Das OLG hat den der Kl. demnach zustehenden Unterhalt auf die Dauer von fünf Jahren seit **c** Rechtskraft des Scheidungsurteils begrenzt, weil es eine zeitlich unbegrenzte Unterhaltspflicht des Bekl. unter den gegebenen Umständen für grob unbillig hielt. a) Dies folge zwar nicht aus § 1579 Nr. 1 BGB; denn die Ehe der Parteien habe seit der Eheschließung bis zur Zustellung des Scheidungsantrags vier Jahre und rund acht Monate gedauert und sei damit nicht „von kurzer Dauer" gewesen. Die zeitliche Begrenzung des Unterhaltsanspruchs rechtfertige sich aber – ausnahmsweise – aus § 1579 Nr. 7 BGB, da eine unbefristete Inanspruchnahme auf nachehel. Unterhalt den Bekl. objektiv unzumutbar und damit in grob unbilliger Weise belasten würde. Dies hat das OLG im einzelnen auf folgende Erwägungen gestützt: Die Parteien hätten nach der Haftentlassung des Bekl. am 5. 10. 1984 „nur bis zum 9. 9. 1985, also ca. neun Monate" zusammengelebt. Erst während dieser Zeit habe sich ihre Ehe bewähren können. In der kurzen Zeit des ehel. Zusammenlebens hätten sie jedoch ihre Lebensdispositionen nicht aufeinander einstellen können, zumal der Bekl. in dieser Zeit arbeitslos gewesen sei und nur Arbeitslosenunterstützung bezogen habe, die für eine gemeinsame Lebensgrundlage der Parteien ohnehin nicht ausgereicht hätte. Im Rahmen der Billigkeitsabwägung nach § 1579 Nr. 7 BGB sei darüber hinaus auch zu berücksichtigen, daß die Kl. schon vor der Eheschließung behindert und auf Dauer erwerbsunfähig gewesen sei. Die Eheschließung habe sie daher nicht an der Aufnahme einer geregelten Erwerbstätigkeit und damit an der Sicherstellung ihres Unterhalts gehindert. Bei dieser Sachlage erscheine es nicht billig, den Bekl. auf unabsehbare Zeit mit Unterhaltsansprüchen zugunsten der erst 31jährigen Kl. zu belasten. Eine solche unbegrenzte Belastung wäre auch unter Berücksichtigung des Wesens der Ehe und der nachehelichen Solidarität nicht gerechtfertigt, zumal die Unterhaltspflicht den Bekl. zumindest dann erheblich belasten werde, wenn aus einer zweiten Ehe Kinder hervorgehen sollten und die neue Ehefrau im Interesse der Versorgung der Kinder nicht erwerbstätig und damit unterhaltsbedürftig werden sollte. Die Unterhaltslasten wären dann vom Bekl. nach seinen Einkommensverhältnissen kaum zu tragen. Aus diesen Gründen gebiete es die Billigkeit, nach Ablauf eines angemessenen Zeitraumes die schicksalhafte Unterhaltsbedürftigkeit der Kl., für welche nicht sie, aber auch nicht der Bekl. verantwortlich sei, von der Allgemeinheit tragen zu lassen, wie dies auch ohne die Eheschließung der Fall gewesen wäre. b) Die hiermit begründete Anwendung der Härteklausel des § 1579 Nr. 7 BGB hält sich – vom Ansatz her – im Rahmen der Rechtsprechung des Senats zu § 1579 I Nr. 4 BGB [a. F.], nach der das für die Heranziehung der Vorschrift wesentliche Erfordernis, daß die aus der Unterhaltspflicht erwachsende Belastung für den Verpflichteten die Grenze des Zumutbaren übersteigt, auch an objektiven Gegebenheiten und Entwicklungen der Lebensverhältnisse der Ehegatten folgen kann (FamRZ 1986/443, 444, m. w. N.). § 1579 BGB sieht neben der Versagung und Herabsetzung des Unterhaltsanspruchs für alle Unterhaltstatbestände, also auch den hier auf § 1572 BGB gestützten Anspruch der Kl. – unabhängig von den besonderen Kriterien des § 1573 V BGB – eine zeitliche Begrenzung vor, sofern einer der Härtegründe der Nr. 1 bis Nr. 7 der Vorschrift eingreift. Hieraus hat das OLG die Begrenzung der Unterhaltsverpflichtung des Bekl. auf die Dauer von fünf Jahren seit Rechtskraft des Scheidungsurteils hergeleitet. Gegen diese zeitliche Begrenzung als solche erhebt die Revision, da die Regelung des Bekl. begünstigt, keine Einwände. Sie hält jedoch einen gänzlichen Ausschluß der Unterhaltsverpflichtung des Bekl. für geboten mit der Begründung: das OLG habe bei Ausschöpfung und Abwägung aller Umstände, insbesondere bei richtiger Gewichtung der beiderseitigen Interessenlagen, einen nachehel. Unterhaltsanspruch der Kl. in vollem Umfang versagen müssen. ee) Soweit die Revision in diesem Zusammenhang rügt, das Gericht habe die für einen gänzlichen Ausschluß des Unterhaltsanspruchs der Kl. sprechenden Umstände nicht ausreichend gewichtet und die beiderseitigen Interessenlagen nicht sachgerecht abgewogen, kann sie mit diesem Angriff nicht

durchdringen. Bei der Anwendung der Härteklausel des § 1579 Nr. 7 BGB und der Würdigung der beiderseitigen Rechts- und Interessenlagen im Rahmen der hierfür gebotenen Zumutbarkeitsprüfung hat der Tatrichter einen ihm vorbehaltenen Beurteilungsspielraum, der nur einer rechtlichen Kontrolle durch das Revisionsgericht unterliegt (FamRZ 1988/304; FamRZ 1979/477, 489). Die von dem OLG vorgenommene Würdigung und Abwägung der Belange beider Parteien läßt jedoch keinen Rechtsfehler erkennen. Das Gericht hat die schicksalsbedingte allgemeine Lebenssituation der Kl. und die durch die neue Ehe begründete Interessenlage des Bekl. ebenso wie das Zustandekommen und den Verlauf der Ehe der Parteien sorgfältig und umfassend gegeneinander abgewogen und nach dem Maßstab der Zumutbarkeit einer lebenslangen Unterhaltsverpflichtung für den Bekl. bewertet. Daß es dabei eine zeitliche Begrenzung des Unterhaltsanspruchs der Kl. überhaupt für vertretbar und geboten erachtet hat, ist aus Rechtsgründen ebensowenig in Frage zu stellen wie die Dauer der von ihm – unter Beachtung der maßgeblichen Kriterien – für angemessen gehaltenen Begrenzung auf insgesamt fünf Jahre nach Rechtskraft des Scheidungsurteils.

6) Die Revision beanstandet schließlich, das OLG habe aus den dargelegten Gründen, wenn nicht den gänzlichen Unterhaltsausschluß, so doch eine pauschale Herabsetzung auf die Hälfte des zugesprochenen monatlichen Betrages vornehmen müssen; dafür spreche zusätzlich die Überlegung, daß die Aufnahme einer Erwerbstätigkeit des Bekl. angesichts der bloßen Zweckheirat der Parteien keinem gemeinsamen Lebensplan entsprochen habe. Auch hiermit hat die Revision keinen Erfolg. Abgesehen davon, daß die Arbeitseinkünfte des Bekl. wie bereits ausgeführt, aus Rechtsgründen Bestandteil der ehel. Lebensverhältnisse der Parteien i. S. von § 1578 BGB waren, fällt auch die Bemessung der Höhe des Unterhaltsanspruchs im Rahmen von § 1579 Nr. 7 BGB in den Bereich der tatrichterlichen Beurteilung und ist damit einer Angemessenheitskontrolle durch das Revisionsgericht entzogen.

BGH v. 11. 5. 88 – IVb ZR 42/87 – FamRZ 88, 817 = NJW 88, 2101

R369 *(Neubemessung des Unterhaltsbedarfs im Abänderungsverfahren, wenn die Bedarfsbemessung in der früheren Entscheidung von Billigkeitsgesichtspunkten gemäß § 1581 BGB beeinflußt war)*

a II 2) Im Einklang mit der Rechtsprechung des Senats steht ferner die Auffassung des OLG, daß der angemessene Unterhalt zu bestimmen ist, weil der im abzuändernden Urteil zugrunde gelegte Unterhaltsbedarf der Bekl. von insgesamt 1150 DM (einschließlich des ihr damals zuerkannten Vorsorgeunterhalts für Alter und Krankheit) nicht auf einer Bemessung nach den ehel. Lebensverhältnissen beruhte, sondern von Billigkeitsgesichtspunkten beeinflußt war (FamRZ 1987/257). Die Rechtsmittel der Parteien führen hiergegen auch keinen Angriff.

(Steuererstattungen sind nur dann einkommenserhöhend zuzurechnen, wenn künftig mit gleichbleibenden Steuererstattungen zu rechnen ist)

b Zu Recht vermißt die Revision auch eine Begründung dafür, daß mit einer Steuererstattung im bisherigen Umfang auch für die dem Jahre 1986 folgenden Jahre zu rechnen ist. Nach dem Einkommensteuerbescheid beruhte die Erstattung für 1985 zu einem erheblichen Teil darauf, daß das Finanzamt Unterhaltsleistungen i. H. von 12000 DM als abzugsfähige Sonderausgaben nach § 10 I Nr. 1 EStG anerkannt hat. Da der an die erstehelichen Kinder geleistete Unterhalt im Rahmen der seinerzeit geltenden Höchstbeträge mit zusammen 2440 DM zusätzlich als außergewöhnliche Belastung nach § 33a EStG anerkannt worden war, muß es sich bei den abgezogenen Sonderausgaben jedenfalls zu einem erheblichen Anteil um den an die Bekl. i. J. 1985 gezahlten Unterhalt gehandelt haben; da dieser jedoch ab 1. 2. 1986 – wenn überhaupt – in wesentlich geringerem Umfang zu leisten ist, fehlt für die Annahme künftiger gleichbleibender Steuererstattungen der rechtfertigende Grund.

(Renten des Berechtigten, die auf dem Versorgungsausgleich oder auf einer Erwerbstätigkeit vor Eheschließung beruhen, prägen die ehelichen Lebensverhältnisse nicht. Der Berechtigte kann aber verlangen, daß der Bemessungsmaßstab für seinen Bedarf auf dem in der Ehe erreichten Niveau belassen wird, soweit diesem nach der Scheidung eintretenden Absinken der Einkünfte des in der Ehe allein Erwerbstätigen für den Versorgungsfall vorgesehene Bezüge des Berechtigten ausgleichend gegenüberstehen. Eine Bedarfsbemessung nach den ehelichen Lebensverhältnissen bildet stets die Obergrenze.)

c III 2 d) Soweit das Oberlandesgericht für die Bemessung des Unterhaltsbedarfs der Beklagten dem Ruhegehalt des Klägers das Altersruhegeld der Beklagten hinzugerechnet hat, besteht Anlaß zu folgendem Hinweis. Die der Beklagten nach Vollendung ihres 60. Lebensjahres – mehr als drei Jahre nach der Scheidung – gewährten Renten haben nach § 1578 I Satz 1 BGB maßgeblichen ehelichen Lebensverhältnisse nicht mitbestimmt. Für den Teil ihrer Altersrente, der auf dem Versorgungsausgleich beruht, folgt das schon daraus, daß es sich insoweit allein um eine Folge der Scheidung handelt (FamRZ 1987/459, 460). Aber auch im übrigen beruht der Rentenbezug nicht auf fortwir-

Anhang R. Rechtsprechung   **R372**

kenden ehelichen Lebensverhältnissen, denn die Beklagte war während der Ehe der Parteien – abgesehen von einer kurzen Zeit zu ihrem Beginn – nicht erwerbstätig und hat die Rentenanwartschaften nahezu ausschließlich vor der Ehe erworben. Gleichwohl ist die Berücksichtigung dieser Renten für die Bemessung ihres Unterhaltsbedarfs unter den Gegebenheiten des Falles nicht rechtsfehlerfrei. Die ehelichen Lebensverhältnisse waren durch die Bezüge des Klägers als im aktiven Dienst stehender Studiendirektor bestimmt. Das Absinken seiner Einkünfte durch den Eintritt in den Ruhestand müßte die Beklagte grundsätzlich in gleichem Maße tragen wie der Kläger. Bei Fortbestand der Ehe hätte dieser Einbuße der zu erwartende Rentenbezug der Beklagten ausgleichend gegenübergestanden. Es wäre in hohem Maße unbillig, dem Rentenbezug nach der Scheidung keinen ausgleichenden Einfluß auf die Bedarfsbemessung zuzuerkennen, den Bedarf vielmehr nur aus dem Ruhegehalt des Klägers zu ermitteln und der Beklagten darauf ihr Renteneinkommen in vollem Umfang anzurechnen. Denn dadurch würde der gesundheits- und altersbedingte Wechsel der Einkommensquellen einseitig die Beklagte belasten und den Kläger entsprechend begünstigen. Das stände auch nicht im Einklang mit der Lebenserfahrung, nach der Ehegatten die Fortentwicklung ihres (gemeinsamen) Lebensstandards bei Aufgabe der Erwerbstätigkeit danach zu beurteilen pflegen, welche Versorgungs- und Versicherungsleistungen sie beide in Zukunft zu erwarten haben. Der Unterhaltsberechtigte kann daher verlangen, daß der Bemessungsmaßstab für seinen Bedarf auf dem in der Ehe erreichten Niveau belassen wird, soweit einem nach der Scheidung eintretenden Absinken der Einkünfte des in der Ehe allein erwerbstätigen Unterhaltspflichtigen für den Versorgungsfall vorgesehene Bezüge ausgleichend gegenüberstehen. Durch das Hinzutreten solcher ausgleichender Einkommensquellen darf jedoch der Bedarf nicht über den gesetzlichen Bemessungsmaßstab hinaus erhöht werden; die Bemessung nach den ehelichen Lebensverhältnissen bildet stets die Obergrenze. Das Oberlandesgericht wird daher bei der neuen Entscheidung zu prüfen haben, ob die Einbeziehung des Renteneinkommens der Beklagten in die Unterhaltsbemessung nicht zu einem höheren Bedarf führt, als er sich unter Zugrundelegung nur der aktiven Dienstbezüge des Klägers ergeben würde.

(§ 1579 Nr. 3 BGB, wenn Vorsorgeunterhalt mutwillig nicht bestimmungsgemäß verwendet worden ist)

IV 2) Einen weiteren Betrag von monatlich 80 DM hat das Berufungsgericht abgesetzt, weil die **d** Beklagte jahrelang den vom Kläger aufgrund der früheren Verurteilung für Altersvorsorgeunterhalt geleisteten Betrag von unstreitig insgesamt 8166,46 DM nicht zweckentsprechend verwendet habe. Die Beklagte könne sich nicht darauf berufen, daß sie aufgrund einer Überleitungsanzeige des Sozialamtes der Stadt W. vom 13. September 1983 verpflichtet gewesen sei, wegen in der Zeit bis zum April 1985 in einer Gesamthöhe von 11 876,59 DM beanspruchter Sozialhilfe die vom Kläger geleisteten Unterhaltszahlungen an das Sozialamt abzuführen. Wenn der Unterhaltsberechtigte den für seine Altersvorsorge beanspruchten Unterhalt nicht entsprechend verwende, müsse er sich so behandeln lassen, als habe er eine entsprechende Versorgung erworben. Diese Auffassung greift die Anschlußrevision der Beklagten mit Erfolg an. Hat ein unterhaltsberechtigter geschiedener Ehegatte in der Vergangenheit Vorsorgeunterhalt nicht bestimmungsgemäß verwendet, so berührt das seinen Unterhaltsanspruch nur unter den Voraussetzungen des § 1579 Nr. 3 BGB (FamRZ 87/684 = NJW 87/2229). Er kann daher nicht ohne weiteres so behandelt werden, als habe er eine mit dem Vorsorgeunterhalt erreichbare Altersversorgung auch tatsächlich erlangt. Das Berufungsurteil kann deshalb in diesem Punkt ebenfalls keinen Bestand behalten. Das Berufungsgericht wird vielmehr bei der neuen Verhandlung zu prüfen haben, ob der Beklagten mutwilliges Verhalten vorgeworfen werden kann, indem sie sich durch die Abführung des erlangten Unterhalts an das Sozialamt leichtfertig oder verantwortungslos über die erkannten nachteiligen Folgen für ihre (spätere) Bedürftigkeit hinweggesetzt hat.

BGH v. 8. 6. 88 – IVb ZR 68/87 – FamRZ 88, 1145 = NJW-RR 88, 1282

(Prägung der ehelichen Lebensverhältnisse durch Kapital- und andere Vermögenserträge sowie durch Erträge aus **R372** *einem durch Erbfall erworbenen Vermögen eines der Ehegatten; Zinseinkünfte aus geerbtem Kapital mindern die Bedürftigkeit ab Geldanlage, nicht erst ab Gutschrift der Zinsen)*

1b aa) Nach der std. Rspr. des Senats werden die ehel. Lebensverhältnisse nicht nur durch Erwerbseinkünfte geprägt, sondern ebenso durch Kapital- und andere Vermögenserträge sowie sonstige wirtschaftliche Nutzungen, soweit diese den Eheleuten während des Zusammenlebens zur Verfügung gestanden haben (FamRZ 1985/354, 356; FamRZ 1986/434; FamRZ 1986/437, 438). Das stellt auch die Revision nicht in Abrede. Da sich die ehel. Lebensverhältnisse ausschließlich danach bestimmen, welche Einkünfte tatsächlich für den Unterhalt der Familie verfügbar waren, ohne Rücksicht darauf, ob sie nur von einem oder von beiden Ehegatten – in gleicher oder unterschiedlicher Höhe – erzielt worden sind (etwa Arbeitseinkommen des allein erwerbstätigen Ehegatten; FamRZ 1981, 241), können auch – für den Familienunterhalt verfügbare – Erträge aus einem durch Erbfall erworbenen Vermögens eines der beiden Ehegatten nicht ausgenommen werden. So hat der Senat bereits Einkünfte aus einem Pflichtteil eines Ehegatten für grundsätzlich unterhaltsbestimmend angesehen, sofern sie bei intakter Ehe zum Unterhalt der Familie zur Verfügung stehen (FamRZ 1982/ 996, 997). 2 d) Die Revision wendet sich weiter dagegen, daß das OLG das Zinseinkommen von monatlich 600 DM aus der Erbschaft der Kl. erst ab 1. 1. 1985 angerechnet hat, obwohl die Kl. die Erbschaft bereits im Mai 1984 erhalten und im übrigen selbst vorgetragen habe, sie habe davon 100 000 DM zu 8 % angelegt, bevor sie im November 1984 10 000 DM Inhaberschuldverschreibungen wieder verkauft habe. Diese Rüge greift durch und führt zu einer Teilabänderung des angefochtenen Urteils, ohne daß es insoweit einer Zurückverweisung der Sache in die Vorinstanz bedarf. Es ist zwischen den Parteien unstreitig, daß die Kl. im Mai 1984 117 500 DM geerbt hat, wovon sie zunächst 100 000 DM, ab November 1984 noch 90 000 DM zu 8 % verzinslich anlegte. Die Zinseinkünfte, die sie hieraus erzielte, minderten ihre Bedürftigkeit, § 1577 I BGB, und zwar nicht erst ab Januar 1985, sondern bereits seit dem Zeitpunkt der Geldanlage, hier also jedenfalls seit September 1984. Daran ändert es nichts, wenn sie die Zinsen tatsächlich erst im nachhinein – zum Vierteljahres- oder Jahresende oder einem sonstigen Fälligkeitszeitpunkt – ausgezahlt erhielt. Maßgeblich ist vielmehr, daß sie aus dem angelegten Vermögen entsprechende Einkünfte bezog, die sie sich als laufende Einnahmen bedarfsmindernd anrechnen lassen muß.

(Dem berechtigten Ehegatten steht es grundsätzlich frei, die Art der zuzumutenden angemessenen Erwerbstätigkeit im Sinn von § 1574 II BGB selbst zu bestimmen. Anspruch auf Ausbildungsunterhalt während der Trennungszeit. Trennungsunterhalt, wenn nach der Ausbildung keine angemessenen Gewinne aus selbständiger Tätigkeit erzielt wurden)

b 2 c) Selbst wenn sich eine Beschäftigung der Kl. als Industriekauffrau im Rahmen des Lebenszuschnittes der Parteien halten würde, ist doch die Auffassung des OLG aus Rechtsgründen nicht zu beanstanden, daß sie nach der jahrelangen berufsfremden Tätigkeit jedenfalls nicht ohne weitere Fortbildung auf den erlernten Beruf habe zurückgreifen können. Dabei ist zu berücksichtigen, daß es der Kl. grundsätzlich freistand, die Art der ihr zuzumutenden – für sie angemessenen (§ 1574 II BGB) – Erwerbstätigkeit selbst zu bestimmen (FamRZ 1986/1085, 1086; FamRZ 1984/561, 563). Sie brauchte sich daher angesichts der Lebensverhältnisse während der mehr als 20jährigen Ehe nicht zwingend auf eine Angestelltentätigkeit verweisen zu lassen. Der Lebensstandard der Parteien war dadurch geprägt, daß der Bekl. einen größeren Betrieb mit mehreren Filialen führte, in dem er selbst in der Backstube mitarbeitete, während die Kl. die Buchhaltung führte, bei der Beaufsichtigung der Filialen mitwirkte, gelegentlich auch Backwaren mit ausfuhr und im Verkauf aushalf. Beide Parteien arbeiteten also – in unterschiedlichen Funktionen – in dem Bäckereibetrieb mit, wobei die Kl. zwar in einem Angestelltenverhältnis stand, jedoch als Ehefrau des Betriebsinhabers an den Erträgen und Gewinnen (sowie etwaigen Verlusten) des Betriebes teilhatte. Insoweit unterschied sich ihre Stellung maßgeblich von der einer Angestellten in einem fremden Betrieb. Bei dieser Situation ist rechtlich nichts dagegen einzuwenden, daß die Kl. nach der Trennung der Parteien eine selbständige Erwerbstätigkeit anstrebte, sich zu diesem Zweck zur Kosmetikerin ausbilden ließ und diese Tätigkeit seit Oktober 1986 in einem eigenen Salon ausübt. Das OLG hat der Kl. daher rechtsfehlerfrei – zunächst – für die Dauer ihrer Ausbildung Trennungsunterhalt nach § 1361 I und II BGB zugebilligt. Allerdings kommt Ausbildungsunterhalt nach der Trennung im Anspruch auf Ausbildungsunterhalt im allgemeinen nur insoweit in Betracht, als er sich nach den Kriterien des § 1573 I i.V. mit § 1574 III BGB begründen läßt (FamRZ 1985/782, 785). Diese Voraussetzungen sind jedoch unter den gegebenen Umständen, wie dargelegt, zu bejahen. Der Kl. war es auch nicht verwehrt, ihre Berufsplanung bereits vor der Scheidung zu verwirklichen, da sie sich angesichts des Verhaltens des Bekl., der eine neue Bindung zu einer anderen Partnerin eingegangen war, auf eine endgültige Trennung einstellen mußte. In dieser Situation mußte ihr die Möglichkeit offenstehen, im Interesse ihrer späteren wirtschaftlichen Unabhängigkeit eine Ausbildung aufzunehmen, die zur Ausübung einer angemessenen Erwerbstätigkeit führen sollte (FamRZ 85/782, 784).

Nach den Feststellungen des OLG erzielt sie aus dem Betrieb des Kosmetiksalons noch keine ihren Unterhaltsbedarf sichernden Einkünfte. Das Gericht hat den Bekl. deshalb zu Recht für verpflichtet gehalten, ihr über die Zeit ihrer Ausbildung hinaus zunächst weiterhin Trennungsunterhalt zu leisten. Ob eine entsprechende Unterhaltsverpflichtung des Bekl. auch dann (weiter) bestehen würde, wenn die Kl. nach der allgemein üblichen Anfangsphase weiterhin keine angemessenen Gewinne aus dem Kosmetiksalon erwirtschaften sollte, braucht im vorliegenden Verfahren nicht entschieden zu werden. Soweit die Revision beanstandet, daß die Kl. in ihrem Salon eine Kosmetikerin angestellt hat, sich aber gleichwohl auf ihre fortbestehende Unterhaltsbedürftigkeit beruft, ist diese Frage in der mündlichen Verhandlung vor dem OLG erörtert worden. Die Kl. hat dazu vorgetragen, die Angestellte mache nicht nur Kosmetikbehandlungen, sondern auch Fußpflege; „die Fußpflege habe sie (die Kl.) zusätzlich aufgenommen, um die Erlössituation zu verbessern". Dem ist der Bekl. nicht entgegengetreten. Hat die Kl. danach aber das Leistungsangebot in dem Salon – mit der Anstellung ei-

Anhang R. Rechtsprechung   **R372**

ner Kosmetikerin und Fußpflegerin – erweitert, um die Ertragslage zu verbessern, so kann ihr diese Entscheidung vorbehaltlich der weiteren Entwicklung unterhaltsrechtlich nicht entgegengehalten werden.

(Krankenkassenkosten sind vom Einkommen abzuziehen, weil sie für den allgemeinen Lebensbedarf nicht zur Verfügung stehen)

3) Neben dem Elementarunterhalt hat das OLG der Kl. vom 1. 2. 1986 an monatlich 246,52 DM   **c** Krankenversicherungskosten zugesprochen, die auch während des Zusammenlebens der Parteien in dieser Höhe aus den gemeinsamen Einkünften getragen worden seien. Das hält der rechtlichen Nachprüfung stand. Auch die Revision, die sich zwar insgesamt gegen eine Verpflichtung zur Leistung von Krankenversicherungsbeiträgen wendet, erhebt insoweit grundsätzlich keine Einwände. Sie macht allerdings geltend, die Kosten des Krankheits-Vorsorgeunterhalts müßten von vornherein von dem für die ehel. Lebensverhältnisse maßgeblichen Einkommen abgezogen werden, weil das Einkommen in Höhe dieser Aufwendungen für den allgemeinen Lebensbedarf der Parteien nicht zur Verfügung gestanden habe. Das trifft indessen nach den tatsächlichen Verhältnissen in der Ehe der Parteien nicht zu. Diese haben in der mündlichen Verhandlung vor dem OLG übereinstimmend erklärt, das zuletzt bezogene Nettogehalt der Kl. im Betrieb des Bekl. habe monatlich 2164,30 DM betragen; daneben habe der Bekl. die Krankenkassenbeiträge von monatlich 246,52 DM gezahlt. Diese wurden also praktisch als zusätzlicher Teil des Gehalts der Kl. behandelt und hatten auf die für den allgemeinen Lebensunterhalt der Parteien zur Verfügung stehenden Einkünfte von zusammen rund 6600 DM keinen Einfluß.

(Anspruch auf Vorsorgeunterhalt ist unabhängig von den Aufwendungen für eine Alterssicherung während des Zusammenlebens. Anspruch entfällt erst, wenn der Berechtigte eine Altersversorgung erwartet, die diejenige des Verpflichteten erreicht.)

4 c) Es entspricht der Rechtsprechung des Senats, daß hinsichtlich des Vorsorgebeitrags ein Unter-   **d** haltsbedürfnis des berechtigten Ehegatten – unabhängig davon, in welcher Weise während des Zusammenlebens der Eheleute Aufwendungen für seine Alterssicherung gemacht wurden – erst dann zu verneinen ist, wenn für ihn eine Altersversorgung zu erwarten steht, die diejenige des Unterhaltsverpflichteten erreicht (FamRZ 1981/442, 445). Da dies bei der Kl. bisher nicht der Fall ist, hat das OLG zu Recht ihren Altersvorsorgebedarf bejaht.

(Der Ausbildungsunterhalt bei Trennung umfaßt nach § 1361 I 2 BGB auch den Altersvorsorgebedarf ab Rechtshängigkeit des Scheidungsantrages)

4 d) Die Revision hält den Anspruch auf den Vorsorgeunterhalt jedenfalls „für die Zeit der zweiten   **e** Berufsbildung" der Kl. für nicht begründet, da Zeiten der Berufsausbildung grundsätzlich nicht zugleich Zeiten der Altersvorsorge seien. Wenn die Kl. schon den kostspieligen Weg einer zweiten Berufsausbildung gewählt habe, müsse sie sich hinsichtlich der Altersvorsorge mit den Nachteilen dieses Weges abfinden und könne diese nicht zusätzlich unter unterhaltsrechtlichen Gesichtspunkten dem Bekl. aufbürden. Auch das trifft in dieser Weise nicht zu. Zwar nimmt § 1578 III BGB für den nachehelichen Unterhalt die Tatbestände des Ausbildungs- und Fortbildungsunterhalts nach § 1574 III und § 1575 BGB von den einen Anspruch auf Altersvorsorge umfassenden Unterhaltsansprüchen ausdrücklich aus. § 1361 BGB enthält indessen für den Trennungsunterhalt keine derartige Einschränkung (Abs. I S. 2 der Vorschrift), sondern knüpft den Anspruch auf die Alters- und Invaliditätsvorsorgekosten lediglich an den Eintritt der Rechtshängigkeit des Scheidungsverfahrens. Erfaßt daher der Anspruch auf Trennungsunterhalt ausnahmsweise, wie es hier der Fall ist, auch die durch eine Ausbildung bedingte Bedürftigkeit des berechtigten Ehegatten, dann umfaßt der Unterhaltsanspruch gemäß § 1361 I S. 2 BGB grundsätzlich auch den Alters-Vorsorgebedarf. Insoweit setzt sich der allgemeine gesetzliche Zweck dieser Vorschrift durch, der darauf gerichtet ist, eine infolge des gemäß § 1587 II BGB zeitlich eingeschränkten Anwendungsbereichs des Versorgungsausgleichs sonst entstehende Lücke in der Versorgungsbilanz des berechtigten Ehegatten zu schließen. Da eine derartige Lücke ohne Rücksicht darauf einträte, aus welchem konkreten Grund der getrennt lebende Ehegatte im Einzelfall unterhaltsbedürftig ist, und da sich überdies die Bedeutung des § 1361 I S. 2 BGB in der Ausfüllung dieser Lücke erschöpft, kommt in diesem Bereich – anders als im Fall des § 1578 III BGB – eine unterschiedliche Behandlung des Anspruchs auf den Vorsorgeunterhalt je nach dem Anlaß der Unterhaltsbedürftigkeit des betroffenen Ehegatten nicht in Betracht.

(Keine 2stufige Berechnung des Elementarunterhalts bei besonders günstigen wirtschaftlichen Verhältnissen)

4 e) Zur Höhe des der Kl. in dem angefochtenen Urteil zugebilligten Altersvorsorgeunterhalts   **f** macht die Revision schließlich – ebenso wie für die Krankheitskosten – geltend: Die Zubilligung dieses Unterhaltsteils könne nicht ohne Konsequenzen für die Höhe des Elementarunterhalts blei-

ben. Vielmehr hätten die Kosten des Altersvorsorgeunterhalts zunächst von dem unterhaltserheblichen Nettoeinkommen abgezogen und der Elementarunterhaltsanspruch der Kl. erst danach auf der Grundlage des sodann für den allgemeinen Lebensbedarf verbleibenden Resteinkommens ermittelt werden müssen. Auch hiermit kann die Revision bei den gegebenen Verhältnissen nicht durchdringen. Der Senat hat bereits entschieden, daß in Fällen besonders günstiger wirtschaftlicher Verhältnisse die sonst allgemein übliche zweistufige Berechnung des Elementarunterhalts, auf welche die Revision hier hinzielt, nicht erforderlich ist (FamRZ 1982/1187, 1188), da diese nur sicherstellen soll, daß nicht zu Lasten des Unterhaltsverpflichteten über den Grundsatz der gleichmäßigen Teilhabe der Ehegatten am ehel. Lebensstandard hinausgegangen wird. Sind die wirtschaftlichen Verhältnisse in einer Ehe aber so günstig, daß der Vorsorgebedarf neben dem laufenden Unterhaltsbedarf befriedigt werden kann, dann besteht keine Notwendigkeit für die zweistufige Berechnungsweise.

BGH v. 13. 7. 88 – IVb ZR 39/87 – FamRZ 88, 1031 = NJW-RR 88, 1093

R373 *(Einkommenssteigerungen nach der Scheidung sind dem Verpflichteten zuzurechnen, wenn mit ihnen bei normaler beruflicher Entwicklung gerechnet werden konnte)*

a   I 1) Der Ansicht des Bekl., sein ab Oktober 1982, also erst nach der Scheidung, erzieltes Einkommen könne bei der Bestimmung der ehel. Lebensverhältnisse nicht voll berücksichtigt werden, weil es in der Ehe noch nicht angelegt gewesen sei und die ehel. Lebensverhältnisse nicht geprägt habe, ist das OLG nicht gefolgt. Es hat vielmehr in der Einkommenssteigerung – nach der nur einmonatigen Arbeitslosigkeit im September 1982 – eine normale, erwartungsgemäß verlaufende berufliche Entwicklung gesehen. 2) Der Ansatz der in der Zeit nach der Scheidung erhöhten Einkünfte des Bekl. begegnet keinen durchgreifenden rechtlichen Bedenken. Sie halten sich im durchschnittlichen Einkommensbereich, mit dessen Erreichen bei normaler beruflicher Entwicklung gerechnet werden konnte. Auch die Revision erhebt insoweit keine Einwände.

(Vorabzug des Unterhalts für vor der Scheidung geborenes nichteheliches Kind. Die Regelunterhaltssätze, die Mindestunterhaltsbeträge darstellen, gelten nicht, wenn das Kind in den Haushalt des Verpflichteten aufgenommen ist)

b   I 3) Weil die nichteheliche Tochter bereits vor der Ehescheidung geboren ist, hat das OLG auch zu Recht bei der Bestimmung der ehel. Lebensverhältnisse von dem Nettoeinkommen des Bekl. vorab den Kindesunterhalt abgesetzt (FamRZ 1987/456, 458 f.). Insoweit beanstandet die Revision jedoch, daß das OLG die Unterhaltsverpflichtung lediglich in Höhe des Regelunterhalts (abzüglich des halben Kindergeldes) angesetzt hat. Dafür fehlt in der Tat bisher eine tragfähige Begründung. Die Regelunterhaltssätze gelten nicht, wenn das nichteheliche Kind in den väterlichen Haushalt aufgenommen ist; sie stellen im übrigen nur Mindestbeträge dar (§ 1615 f I S. 1 BGB). Das OLG, an das der Rechtsstreit aus anderem Grunde (unten IV.) zurückzuverweisen ist, wird sich daher erneut die Frage vorlegen müssen, in welcher Höhe den Bekl. die Unterhaltsverpflichtung für seine Tochter monatlich belastet. Dabei wird das Heranwachsen des Kindes, das im Dezember 1986 das sechste Lebensjahr vollendet hat, zu berücksichtigen sein.

(Keine mutwillige Herbeiführung der Bedürftigkeit nach § 1579 Nr. 3 BGB, wenn der Berechtigte einen Rechtsstreit wegen des Kostenrisikos und wegen der damit notwendig verbundenen psychischen Belastungen unterläßt)

c   III. 1) Das OLG hat erwogen, nach dem Vorbringen der Kl. – daß nämlich der Fahrer vor der Unfallfahrt nur wenig Alkohol getrunken habe – sei der von der Haftpflichtversicherung erhobene Vorwurf eines Mitverschuldens an dem Unfall ungerechtfertigt und erscheine deshalb ihr Anspruch auf Schadensersatz wegen Verdienstausfalls als begründet. Es hat dem Bekl. auch darin beigepflichtet, daß die Kl. deshalb an sich gehalten gewesen sei, auf einer Regulierung des Verdienstausfallschadens zu bestehen und ihn notfalls gerichtlich durchzusetzen, zumal die Beweislast für das ihr vorgeworfene Mitverschulden – Mitfahren trotz ersichtlicher Fahruntüchtigkeit ihres Begleiters – bei dessen Haftpflichtversicherung gelegen habe. Das OLG hat jedoch gemeint, daß die Kl. nicht so vorgegangen sei, reiche nicht aus, ihre Unterhaltsbedürftigkeit in Höhe des Verdienstausfallschadens zu verneinen. Ob und unter welchen Voraussetzungen eine selbst verursachte oder mitverursachte Unterhaltsbedürftigkeit zu einem Wegfall oder zu einer Minderung des Unterhaltsanspruchs führe, sei in § 1579 Nr. 3 BGB abschließend geregelt. Voraussetzung dafür sei eine unterhaltsbezogene Mutwilligkeit, d. h. zumindest Leichtfertigkeit und damit eine Vorwerfbarkeit von erheblichem Gewicht. Daß das Verhalten der Kl., die von der Durchsetzung des nach ihrer Meinung begründeten Verdienstausfallschadens abgesehen habe, einen Vorwurf dieser schwerwiegenden Art rechtfertige, sei nicht hinreichend dargetan und ergebe sich nicht bereits aus den Umständen des Falles.

2) Dagegen wendet sich die Revision mit der Erwägung, wenn ein Unterhaltsgläubiger in der vom OLG zugrunde gelegten beweisrechtlichen Lage von der gerichtlichen Durchsetzung seines

Anhang R. Rechtsprechung R373

Verdienstausfallschadens absehe und gleichzeitig eine entsprechend höhere Unterhaltsforderung gegen den geschiedenen Ehegatten erhebe, so liege die Mutwilligkeit dieses Vorgehens auf der Hand. Weitere Darlegungen dazu seien von dem Bekl. nicht zu verlangen gewesen, da die Leichtfertigkeit sich schon aus dem äußeren Geschehensablauf ergebe.

3) Damit dringt die Revision nicht durch. Wie sie nicht verkennt, reicht einfaches Verschulden an der Herbeiführung der Unterhaltsbedürftigkeit nicht aus, um die Sanktion des § 1579 Nr. 3 BGB eingreifen zu lassen. Erforderlich ist vielmehr Mutwilligkeit, die sich zumindest als unterhaltsbezogene Leichtfertigkeit darstellen muß. Die Vorstellungen und Antriebe, die dem zu beurteilenden Verhalten zugrunde liegen, müssen sich (auch) auf die Bedürftigkeit als Folge dieses Verhaltens erstrecken. Leichtfertig handelt der unterhaltsberechtigte Ehegatte, wenn er die Möglichkeit des Eintritts der Bedürftigkeit als Folge seines Verhaltens erkennt und im Bewußtsein dieser Möglichkeit handelt, wobei er sich unter grober Nichtachtung dessen, was jedem einleuchten muß, oder in Verantwortungslosigkeit und Rücksichtslosigkeit gegen den Unterhaltspflichtigen über die erkannte Möglichkeit nachteiliger Folgen für seine Bedürftigkeit hinwegsetzt (FamRZ 1981/1042, 1044 f., FamRZ 1984/364, 367). Daß das OLG diese Voraussetzungen hier nicht festgestellt hat, läßt einen Rechtsfehler nicht erkennen. Die Kl. ist, wie aufgrund der zahlreichen bei den Akten befindlichen ärztlichen Zeugnisse belegt und zwischen den Parteien unstreitig ist, infolge des erlittenen schweren Schädel-Hirn-Traumas stark behindert. Daß sie sich nicht zur gerichtlichen Durchsetzung des neben dem Schmerzensgeld geltend gemachten Verdienstausfallschadens entschlossen hat, dem die gegnerische Haftpflichtversicherung wiederholt den Einwand des Mitverschuldens mit der aus dem – damaligen – Quotenvorrecht des Rentenversicherungsträgers sich ergebenden Rechtsfolge entgegengehalten hat, kann trotz der Beweislast der Haftpflichtversicherung für die Berechtigung ihres Einwandes nicht als grobe Nichtachtung dessen, was jedem einleuchten muß, oder als Verantwortungs- und Rücksichtslosigkeit gegenüber dem unterhaltspflichtigen Bekl. gewertet werden. Aus dem im Laufe des Rechtsstreits eingereichten und mehrfach in den Schriftsätzen angesprochenen Schriftwechsel zwischen dem anwaltlichen Vertreter der Kl. und der Haftpflichtversicherung des Fahrers ergibt sich, daß die Versicherung den Mitverschuldenseinwand auf den Inhalt der Strafakten und dabei insbesondere auf die Aussage der Zeugin A. gestützt hat. Diese hatte in der Hauptverhandlung gegen den Fahrer des Unfallwagens bekundet, er sei vor dem Unfall bereits mit einer „Alkoholfahne" erschienen und habe dann im Beisein der Kl., zunächst bei der Zeugin und später in G., noch weiter Bier zu sich genommen; er habe „mit Sicherheit zuviel zum Fahren getrunken". Daß die Kl. es bei dieser Sachlage nicht auf sich genommen hat, dem Mitverschuldenseinwand der Haftpflichtversicherung mit einer Klage auf Ersatz ihres Verdienstausfalls zu begegnen, erscheint vielmehr nicht nur wegen des Kostenrisikos, sondern insbesondere angesichts der mit einem solchen Rechtsstreit notwendig verbundenen psychischen Belastung der schwerverletzten und durch die Unfallfolgen nervlich erheblich geschwächten Kl. als nicht unverständlich, mag auch bei einer objektiven Betrachtung die ihr günstige Beweislastverteilung eher für die Durchführung eines solchen Prozesses gesprochen haben. Jedenfalls kann von einer groben Nichtachtung dessen, was jedem einleuchten muß, oder von Verantwortungs- und Rücksichtslosigkeit gegenüber dem unterhaltspflichtigen Bekl. nicht gesprochen werden.

(Berechnung des Quotenunterhalts bei prägendem Renteneinkommen des Berechtigten)

IV 1) Das Berufungsgericht hat den monatlichen Unterhaltsanspruch der Kl. danach rechnerisch **d** wie folgt ermittelt: für Mai und Juni 1985 mit $3/7$ der Differenz zwischen 2013 DM und 1094 DM = rund 393 DM; für Juli 1985 bis Juni 1986 mit $3/7$ der Differenz zwischen 2013 DM und 1109 DM = rund 387 DM; ab Juli 1986 mit $3/7$ der Differenz zwischen 2013 DM und 1133 DM = rund 377 DM. Die Wahl der Berechnungsmethode, nach der in einer Ehe, die durch beiderseitiges Einkommen geprägt war, dem weniger verdienenden Ehegatten eine Quote der Einkommensdifferenz zugebilligt wird (sog. Differenzmethode), ist rechtlich nicht zu beanstanden. Rechtlichen Bedenken begegnet indessen die angewendete Verteilungsquote. Sie verschafft im Ergebnis beiden Parteien einen sogenannten Erwerbstätigenbonus in Höhe eines Siebtels ihres Einkommens. Weshalb er auch der Kl. zugute kommen soll, ist jedoch nicht ersichtlich. Sie steht nicht im Erwerbsleben, sondern bezieht eine Rente, bedarf des Bonus daher nicht zum Ausgleich eines erhöhten, mit der Berufstätigkeit verbundenen Aufwandes; auch der Gesichtspunkt, den Anreiz zur Erwerbstätigkeit zu steigern, scheidet bei ihr aus. Es könnte daher näher liegen, dem um den Erwerbstätigenbonus – und Kindesunterhalt – bereinigten Einkommen des Bekl. das ungekürzte Renteneinkommen der Kl. gegenüberzustellen und ihr die Hälfte der Differenz als Unterhalt zuzuerkennen. Die aus anderem Grunde erforderliche Zurückverweisung der Sache gibt insoweit Gelegenheit zur neuen tatrichterlichen Erwägung.

(Anrechnung eines Wohnvorteils nach § 1577 I BGB, der durch Schmerzensgeldzahlungen erworben wurde. Schmerzensgeldzahlungen sind nicht für den Unterhalt zu verwenden, wohl aber Erträge aus dem angelegten Kapital. Der Gebrauchsvorteil ist zu bemessen nach dem Wert der Räume für den Benutzer)

e 2) Das OLG hat ausgeführt, auf die von ihm errechneten Beträge müsse sich die Kl. ab Mai 1986 monatlich 137 DM und ab Juli 1986 monatlich 127 DM anrechnen lassen, weil sie die aufgrund des Abfindungsvergleichs Ende April 1986 von der Haftpflichtversicherung erhaltenen restlichen 60 000 DM dazu verwendet habe, ein lebenslanges, dinglich gesichertes Wohnrecht an ihrer Wohnung zu erwerben. Zwar würde eine Anrechnung von Schmerzensgeld als bedarfsminderndes Einkommen im Hinblick auf den besonderen Charakter des Schmerzensgeldes regelmäßig zu einer Zweckverfehlung derartiger Leistungen führen, so daß sie jedenfalls insoweit nicht in Betracht komme, als dies auf eine Verwertung des Schmerzensgeldes hinauslaufen würde. Werde das Kapital aber nicht verbraucht, sondern ertrag- oder nutzbringend angelegt, so erscheine hinsichtlich der erzielten Erträge oder Nutzungen eine andere Betrachtung angezeigt. Denn nach § 1577 I BGB könne der geschiedene Ehegatte Unterhalt insoweit nicht verlangen, als er sich aus seinen Einkünften und seinem Vermögen selbst unterhalten könne. Dabei seien zu den Einkünften auch Erträge und Nutzungen des Vermögens zu rechnen, ohne daß es auf die Herkunft des Vermögens ankomme. Das von der Kl. mit einem Teil des Abfindungsbetrages erworbene Wohnrecht stelle einen solchen Nutzungsvorteil dar. Es könne deshalb bei der Beurteilung ihrer Unterhaltsbedürftigkeit ab Mai 1986 nicht unberücksichtigt bleiben. Nach dem Wortlaut des § 1577 I BGB sei an sich eine volle Anrechnung des mit dem Wohnrecht verbundenen Nutzungsvorteils geboten, weil insoweit – anders als bei der Frage, ob eine Verwertung des Vermögens selbst zumutbar sei (§ 1577 III BGB) – eine Billigkeitsabwägung nicht stattfinde. Gleichwohl erscheine hier eine völlige Anrechnung nicht vertretbar. Sie würde dazu führen, daß der Bekl. durch den Unfall der Kl. unterhaltsrechtlich besser gestellt würde, als wenn die Kl. den Unfall nicht erlitten hätte und weiterhin ihrer vor dem Unfall ausgeübten vollschichtigen Erwerbstätigkeit nachginge. Das würde auch hinsichtlich der Behandlung der Nutzungen des Schmerzensgeldkapitals zu einer Zweckverfehlung führen und könne deshalb nicht hingenommen werden. Hiernach erscheine „eine Anrechnung des Nutzungsvorteils des Wohnrechts" nur in dem Umfang angezeigt, in dem der ohne Berücksichtigung dieses Wohnrechts ermittelte Unterhaltsanspruch der Kl. ab Mai 1986 über den Anspruch hinausgehe, der ihr bei Fortführung ihrer Erwerbstätigkeit gemäß § 1573 II BGB gegen den Bekl. zugestanden hätte. Das sei zunächst i. H. von rund 137 DM und ab Juli 1986 i. H. von rund 127 DM monatlich der Fall. Denn das zur Zeit des Unfall von der Kl. erzielte durchschnittliche monatliche Nettoeinkommen von rund 1200 DM würde sich unter Berücksichtigung der allgemeinen Einkommenssteigerungen seit 1980 inzwischen auf etwa 1400 bis 1450 DM monatlich belaufen, so daß ein Aufstockungsunterhalt von rund 250 DM monatlich zu veranschlagen wäre. Auf den ab Mai 1986 mit rund 387 DM und ab Juli 1986 mit rund 377 DM ermittelten monatlichen Unterhaltsanspruch sei daher der mit jedenfalls nicht unter insgesamt 300 DM zu bewertende Wohnvorteil in Höhe der Differenz zwischen 387 DM bzw. 377 DM und 250 DM anzurechnen, so daß sich die Unterhaltspflicht des Bekl. ab Mai 1986 auf monatlich 250 DM reduziere.

Die Revision rügt, das OLG habe seine Erwägungen ohne zureichenden Grund auf die Schlußzahlung in Höhe von 60 000 DM beschränkt. Anhand der Regelung in § 1577 BGB sei zu prüfen gewesen, ob in welcher Weise die Kl. das gesamte Vermögen, d. h. von 120 000 DM für ihren Unterhalt einzusetzen gehabt habe. Auch die Betrachtung, daß sie aus dem erworbenen Vermögen tatsächlich Nutzungen ziehe, habe nicht auf das Ergebnis der Anlage der letzten 60 000 DM (für das Wohnrecht) beschränkt werden dürfen. Die Kl., die nach der Feststellung des OLG zuvor bereits 40 000 DM zum Ausbau der Wohnung in dem Hause ihrer Schwester und ihres Schwagers verwandt habe, ziehe damit Nutzungen aus einem eingesetzten Kapital von zumindest 100 000 DM. Rechtsfehlerhaft sei auch, daß das OLG die tatsächlich gezogenen Nutzungen nur zu einem Teil berücksichtigen wolle. Tatsächlich erzielte Vermögenserträge vermindern gemäß § 1577 I BGB ohne Rücksicht auf die Herkunft des Vermögens und auf Billigkeitsgründe die Bedürftigkeit des Unterhaltsberechtigten. Mit einem Teil dieser Angriffe hat die Revision Erfolg.

a) Allerdings läßt sich daraus, daß die Kl. aus den ersten Abschlagszahlungen auf das Schmerzensgeld nach ihrem Vortrag 20 000 DM für ihren Lebensunterhalt verwendet hat, nichts gegen ihren Unterhaltsanspruch herleiten. Dies wäre nur unter den Voraussetzungen des § 1579 Nr. 3 BGB möglich, also bei mutwilliger Herbeiführung der Bedürftigkeit. Eine solche scheidet hier jedoch offensichtlich aus, zumal es sich bei den für den Lebensunterhalt eingesetzten Mitteln um Schmerzensgeld gehandelt hat, das zur beliebigen Verfügung des Empfängers steht, um diesem nach seinen Wünschen und Interessen einen gewissen Ausgleich für den erlittenen immateriellen Schaden zu ermöglichen. b) Durchgreifenden rechtlichen Bedenken begegnet indessen die Behandlung der Erträge des in der Wohnung der Kl. angelegten Vermögens durch das OLG. Nach § 1577 I BGB kann ein geschiedener Ehegatte Unterhalt insoweit nicht verlangen, als er sich aus seinen Einkünften und seinem Vermögen selbst unterhalten kann. Zu den Einkünften rechnen auch Nutzungen einer Sache oder eines Rechts und damit auch die Gebrauchsvorteile (§ 100 BGB) des Wohnens im eigenen Hause (FamRZ 1986/434, FamRZ 1986/437, 438) oder – wie hier – kraft dinglichen Wohnrechts. Es verringert den ungedeckten Unterhaltsbedarf des Berechtigten, also seine Bedürftigkeit. Zur Höhe dieses Gebrauchsvorteils hat das OLG sich – von seinem Standpunkt aus zu Recht – auf die Feststellung beschränkt, er sei jedenfalls mit nicht weniger als (monatlich) 300 DM zu bewerten. Das OLG hätte den danach möglicherweise höheren Wert des Gebrauchsvorteils jedoch feststellen müssen, und zwar auf der Grundlage der im Anspruchszeitraum vorliegenden tatsächlichen und rechtlichen Verhältnisse. Maßgebend ist insoweit der Wohnwert der Räume für die Kl. Gegebenenfalls ist auch eine Erhöhung des Gebrauchsvorteils zu berücksichtigen, die durch die Umbauarbeiten eingetreten ist, welche die Kl. schon vor dem Erwerb des dinglichen Wohnrechts unter Einsatz von 40 000 DM aus den ersten Schmerzensgeldzahlungen vorgenommen hat. Die Gründe dafür, daß das OLG gemeint hat, von einer genaueren Bewertung der Gebrauchsvorteile absehen zu können, daß nämlich aufgrund der besonderen Umstände des Falles nur eine Teilanrechnung in Betracht komme, greifen nicht durch. Mit ihnen will das OLG der Kl. im Ergebnis einen für den Fall der Fortführung ihrer Erwerbstätigkeit ohne Unfall gedachten Aufstockungsunterhalt sichern, weil der Bekl. durch ihren Unfall unterhaltsrechtlich nicht besser gestellt werden dürfe, als er ohne den Unfall stände. Weder dies noch der ebenfalls vom OLG genannte Gedanke einer sonst eintretenden Zweckverfehlung des Schmerzensgeldes ist jedoch rechtlich tragfähig. Nach der Regelung des § 1577 I BGB sind Vermögenserträgnisse, wie das OLG an sich nicht verkennt, in jedem Fall und einschränkungslos anzurechnen. Anders als bei der Prüfung, ob der Vermögensstamm zu verwerten ist (§ 1577 III BGB), findet eine Billigkeitsabwägung nicht statt. Auf die Herkunft des Vermögens kommt es nicht an. Entscheidend ist allein, ob und in welcher Höhe der geschiedene Ehegatte seinen Unterhaltsbedarf aus den Erträgen seines Vermögens bestreiten kann (FamRZ 1985/354, 356; FamRZ 1985/357, 359, FamRZ 1985/582, 583; FamRZ 1986/439, 440, FamRZ 1986/441, 442). Danach sind auch Einkünfte aus der Anlage von Schmerzensgeld für den eigenen Unterhalt zu verwenden, mindern also den ungedeckten Unterhaltsbedarf und damit den Unterhaltsanspruch. Das System des nachehelichen Unterhaltsrechts, das auf Bedarfsdeckung im Rahmen der Leistungsfähigkeit des Schuldners ausgerichtet ist, bietet keinen Raum für die Erwägung, der Bekl. dürfe durch den Unfall der Kl. nach der Trennung der Parteien unterhaltsrechtlich nicht besser gestellt werden, als wenn die Kl. den Unfall nicht erlitten hätte und erwerbstätig geblieben wäre. Diese Überlegung vernachlässigt den Umstand, daß die Kl. das Schmerzensgeldkapital tatsächlich erhalten hat und aus seiner Anlage Erträge erzielt, die ihre Bedürftigkeit verringern. Das angefochtene Urteil kann daher keinen Bestand haben.

Die wegen der Bewertung des Gebrauchsvorteils erforderliche Zurückverweisung an den Tatrichter gibt Gelegenheit zu Vortrag und Feststellungen auch dazu, ob bereits die – offensichtlich im Einvernehmen mit den Hauseigentümern vorgenommenen – Umbauarbeiten an den sodann von der Kl. bewohnten Räumen bewirkt haben, daß ihr schon vor der Einräumung des dinglich gesicherten Wohnrechts, also vor Mai 1986, als Vermögensnutzung aufzufassende Vorteile, etwa in Form eines Mietnachlasses wegen ihres Kapitaleinsatzes, zugeflossen sind.

(Keine zeitliche Begrenzung nach § 1578 I 2 BGB bei überwiegender Haushaltsführung in 8jähriger Ehe bis zum Scheidungsantrag)

V) Das OLG hat es abgelehnt, gemäß § 1578 I S. 2 BGB die Bemessung des Unterhaltsanspruchs nach den ehel. Lebensverhältnissen zeitlich zu begrenzen. Dagegen wendet sich die Revision ohne Erfolg. Die in der gesetzlichen Vorschrift „insbesondere" als insoweit berücksichtigungsfähig genannten Umstände der Dauer der Ehe (hier: rund acht Jahre bis zur Stellung des Scheidungsantrages) sowie der Gestaltung von Haushaltsführung und Erwerbstätigkeit (hier: ganz überwiegend Haushaltsführung und Erwerbstätigkeit auch der Ehefrau) lassen eine zeitlich unbegrenzte Bemessung des nachehelichen Unterhalts nach den ehel. Lebensverhältnissen nicht als unbillig erscheinen. Dies gilt um so mehr, als der an den ehel. Lebensverhältnissen ausgerichtete Unterhaltsbedarf der Kl., wie das OLG rechtlich bedenkenfrei ausgeführt hat, ihren eheunabhängigen angemessenen Lebensbedarf nur geringfügig übersteigt.

BGH v. 13. 7. 88 – IVb ZR 85/87 – FamRZ 88, 1156

(Eine auf dem Versorgungsausgleich oder vereinbarten Beitragszahlungen beruhende Rente ist bedürftigkeitsmindernd auf einen titulierten Unterhaltsanspruch anzurechnen. Sein teilweiser Wegfall kann mit der Vollstreckungsabwehrklage geltend gemacht werden)

2) Ob die Rentenanwartschaften, auf denen der Rentenbezug des Unterhaltsgläubigers beruht, nach § 1587 b I BGB auf ihn übertragen worden sind oder ob sie im Wege des Quasi-Splittings (§ 1587 b II BGB) oder durch Zahlung von Beiträgen nach § 1587 b III S. 1 BGB a. F. oder § 3 b I Nr. 2 VAHRG für ihn begründet worden sind, kann weder für die materiellrechtliche Auswirkung

der Rente auf den bestehenden Unterhaltsanspruch noch für die Frage, wie der Unterhaltsschuldner den zwischenzeitlichen Rentenbezug geltend machen kann, einen Unterschied machen. Da die auf dem VersAusl beruhende Rente eine Folge der Scheidung und keine Fortentwicklung der ehelichen Lebensverhältnisse darstellt, bleibt sie bei der Bestimmung der ehelichen Lebensverhältnisse von vornherein außer Ansatz (FamRZ 1987/459, 460 und FamRZ 1987/913, 914). Gleichgültig in welcher der angeführten Formen der Wertausgleich vorgenommen worden ist, ermäßigt sich der Unterhaltsanspruch im Ergebnis auf den Unterschiedsbetrag zwischen der auf dem Ausgleich beruhenden Rente und dem angemessenen Unterhalt (FamRZ 1982/470). Sein (teilweiser) Wegfall kann mit der Vollstreckungsabwehrklage gegen das Unterhaltsurteil geltend gemacht werden. Das gilt, entgegen der Ansicht des OLG, auch für den Rentenbezug der Bekl., der auf der Beitragszahlung des Kl. beruht. Daß diese Beitragszahlung nicht auf einer Verpflichtung durch das Gericht beruhte, wie sie in dem Beschluß des AmtsG ausgesprochen worden war, sondern auf einer Vereinbarung der Parteien nach § 1587 o I BGB, macht keinen Unterschied. Denn diese Vereinbarung trat an die Stelle einer gerichtlichen Verpflichtung nach § 1587 b III S. 1 BGB a. F. und diente – wie diese – dem Ausgleich der Anwartschaften des Kl. auf Leistungen der betrieblichen Altersversorgung. Daß die Parteien dabei übereinkamen, den verabredeten Betrag nicht zur Beitragszahlung nach § 83 b I AVG (§ 1304 b I RVO), sondern zur Nachentrichtung freiwilliger Beiträge einzusetzen und damit die Vorteile zu nutzen, die sich für die Bekl. aufgrund von Art. 2 § 49 a II und III AnVNG boten, rechtfertigt keine andere Beurteilung. Dadurch wurde der Charakter jener Zahlung als Leistung des Kl. zum Ausgleich seiner Versorgungsanrechte nicht verändert. Daß während der Mitarbeit der Bekl. in der Versicherungsagentur des Kl. aufgrund ihrer Befreiung von der Versicherungspflicht keine Versicherungsbeiträge entrichtet worden sind, kann an dieser Einschätzung nichts ändern. Gegenstand des Prozeßvergleichs war der Ausgleich der betrieblichen Altersversorgung des Kl. zugunsten der Bekl., nicht deren Verzicht auf einen diesen Ausgleich gegen Gewährung einer Geldzuwendung. Demgemäß hat das damalige Beschwerdegericht den Parteien im Anschluß an die Protokollierung der Vereinbarung eröffnet, daß es über die Genehmigung gemäß § 1587 o II S. 2 BGB erst entscheiden werde, wenn der Bekl. eine Bestätigung der BfA über die Vornahme der Nachversicherung vorlege, und hat in dem nach erfolgter Nachversicherung ergangenen Genehmigungsbeschluß festgestellt, daß das Beschwerdeverfahren durch den Vergleich der Parteien erledigt sei. Damit handelt es sich bei der aufgrund der Vereinbarung erbrachten Zahlung um einen Teil des VersAusgl, der zwischen den Parteien durchgeführt worden ist und durch das Auskommen der Bekl. im Alter sowie im Falle der Invalidität sichergestellt werden sollte. Die daraus erlangten Rentenbezüge ermäßigen den Unterhaltsanspruch der Bekl. daher in gleicher Weise wie diejenigen, die aus den übertragenen Rentenanrechten resultieren. Damit hat das OLG auch den auf der Beitragszahlung des Kl. beruhenden Teil der Rente zu ermitteln und ihn ebenso bei seiner Entscheidung zu berücksichtigen wie die übrige VersAusgl-Rente.

BGH v. 5. 10. 88 – IVb ZR 91/87 – FamRZ 89, 150 = NJW 89, 526

R 375 *(Bei vertraglich geregeltem nachehelichem Unterhalt kann rückständiger Unterhalt grundsätzlich auch für eine Zeit verlangt werden, in der der Verpflichtete nicht in Verzug und nicht rechtshängig war. Für eine länger als ein Jahr vor Rechtshängigkeit liegende Zeit besteht ein Anspruch nur, wenn sich der Verpflichtete der Leistung absichtlich entzogen hat; kein Verzug nach § 284 II 1 BGB bei nicht eindeutiger kalendermäßigen Fälligkeit)*

2) Nach § 64 EheG, der inhaltlich § 1585 b II und III BGB entspricht, kann der Berechtigte Unterhalt für die Vergangenheit erst von der Zeit an fordern, in der der Unterhaltsverpflichtete in Verzug gekommen oder der Unterhaltsanspruch rechtshängig geworden ist, für eine länger als ein Jahr vor der Rechtshängigkeit liegende Zeit jedoch nur, soweit anzunehmen ist, daß der Verpflichtete sich der Leistung absichtlich entzogen hat.

b) Das RG führt in RGZ 164/65, 69 aus, der Grundsatz, daß für die Vergangenheit regelmäßig kein Unterhalt verlangt werden könne, beruhe darauf, daß der Unterhalt seinem Wesen nach zur Bestreitung der laufenden Lebensbedürfnisse diene und daß der Verpflichtete in die Lage versetzt werden müsse, sich auf die laufende Unterhaltsleistung einzurichten. Dieser Grundsatz erleide nach dem Gesetze eine Durchbrechung für den Fall, daß der Unterhaltsverpflichtete in Verzug gekommen oder der Unterhaltsanspruch rechtshängig geworden sei. Diese Einschränkung habe den Sinn, daß der Verpflichtete, sobald der Berechtigte den Unterhalt einmal gefordert habe und sich der Verpflichtete darauf einstellen könne, es unmöglich in der Hand haben dürfe, durch Nichterfüllung von der Leistung frei zu werden. Das Gesetz erwähne zwar nur die Fälle des Verzuges und der Rechtshängigkeit. Die gleichen Erwägungen träfen aber zu, wenn der Schuldner sich dem Berechtigten gegenüber durch Vertrag zu Unterhaltsleistungen in bestimmter Höhe verpflichtet habe. Durch einen solchen Vertrag sei unter den Beteiligten klargestellt, daß Unterhalt geschuldet werde, daß der Berechtigte die Erfüllung seines Anspruchs verlange und in welcher Höhe der Unterhalt zu leisten sei, so daß es weder einer den Schuldnerverzug begründenden Mahnung noch der Erörterung des Anspruchs im

Anhang R. Rechtsprechung R375

Rechtsstreit bedürfe, um den Schuldner auf seine Leistungspflicht hinzuweisen und zu veranlassen, daß er sich entsprechend einrichte.

Diesen überzeugenden Ausführungen tritt der *Senat* bei. Eine vertragliche Regelung des Unterhalts ist der nach §§ 64 EheG, 1585 b II BGB erforderlichen Mahnung oder Klageerhebung gleichzusetzen; dabei handelt es sich nicht etwa um die Unanwendbarkeit dieser Vorschriften auf vertraglichen Unterhalt, sondern um eine Analogie zu den in diesen Vorschriften gesetzlich geregelten Fällen (Verzug und Rechtshängigkeit), in denen für die Vergangenheit Unterhalt verlangt werden kann.

Die Regelung kann in einer Weise geschehen, daß ein Verzug des Unterhaltsschuldners ohne Mahnung schon aufgrund des § 284 II S. 1 BGB (Kalenderfälligkeit) eintritt (vgl. FamRZ 1983/352, 354, sowie *OLG Zweibrücken*, FamRZ 1987/1301 = DAVorm 1987/702). Im vorliegenden Fall kann dies allerdings nicht angenommen werden. Zwar waren die im Streit befindlichen Erhöhungsbeträge nach Nr. 1 IV des Vergleichs jeweils in dem auf die Einkommensveränderung folgenden Monat fällig. Da aber andererseits bei den Einkommensveränderungen auch ein so schwankender Posten wie „ein Drittel der monatlichen Spesen" zu berücksichtigen war (Nr. 4 des Vergleichs), hätte der Bekl. sich auch vertragsgerecht verhalten, wenn er etwa längere Zeitabschnitte abgewartet hätte, um Erhöhungen seiner Leistungen eine praktikable Durchschnittsrechnung zugrunde zu legen (§ 157 BGB); die Kl. selbst hat in ihrer Klage sogar eine Durchschnittsrechnung nach Kalenderjahren aufgemacht. Da somit von einer eindeutigen kalendermäßigen Fälligkeit nicht ausgegangen werden kann, scheidet ein Verzugseintritt gemäß § 284 II S. 1 BGB aus.

Andererseits besteht entgegen der Auffassung der Revision kein Anlaß, die dargelegten Grundsätze des *RG* deswegen für unanwendbar zu halten, weil die genaue Höhe des Unterhalts erst nach den im Vergleich vereinbarten Rechenschritten zu ermitteln ist. Abgesehen davon, daß keine besonders schwierige Regelung vorliegt, kann grundsätzlich nicht auf die Schwierigkeitsgrad einer etwa erforderlichen Berechnung abgehoben werden. Wenn sich der Schuldner in dem Vertrag auf ein solches Verfahren zur Ermittlung der Unterhaltshöhe einläßt oder gar darauf hinwirkt, setzt er sich regelmäßig den Grundsätzen von Treu und Glauben zuwider zu seinem eigenen Tun in Widerspruch, wenn er später geltend macht, wegen zu komplizierter Berechnung sei ihm die genaue Höhe des zu leistenden Unterhalts nicht hinreichend bekannt gewesen.

Der Einschränkung von Unterhaltsforderungen für eine Zeit, die länger als ein Jahr vor der Rechtshängigkeit liegt, liegt ein anderer Rechtsgedanke zugrunde. Das Gesetz will eine besonders verspätete Geltendmachung des Unterhaltsrechts dadurch sanktionieren, daß sie nur unter einer erschwerenden Voraussetzung durchgreifen kann. Dem Wesen nach handelt es sich um eine Ausformung des Rechtsinstituts der Verwirkung, die an eine „illoyal verspätete Geltendmachung" des Rechts nachteilige Folgen für den Rechtsinhaber knüpft (FamRZ 1982/898, FamRZ 1988/370, 372 f.). Der Gläubiger soll dadurch veranlaßt werden, um eine zeitnahe Verwirklichung des Unterhaltsanspruchs besorgt zu sein, etwa damit nicht beim Schuldner eine übergroße Schuldenlast anwächst (FamRZ 1987/1014, 1015). Das Gesetz bringt im übrigen in weiteren Regelungen zum Ausdruck, daß Unterhaltsforderungen aus einer weit zurückliegende Zeit mit einer besonderen Schwäche behaftet sind (vgl. neben §§ 1613 II S. 2, 1615 i II S. 1 BGB insbesondere § 850 d I S. 4 ZPO, wonach in diesem Fall das allgemeine Pfändungsvorrecht titulierter Unterhaltsansprüche nur dann gilt, wenn der Schuldner sich seiner Zahlungspflicht absichtlich entzogen hat). Aus diesen Gründen wird dem Zweck des Gesetzes nicht schon durch die vertragliche Regelung des Unterhalts genügt; in einem solchen Fall erscheinen zwar Mahnung und Klageerhebung entbehrlich, nicht aber auch die Einhaltung der Einjahresgrenze. Gerade in Fällen der vorliegenden Art, in denen es um eine vertraglich geregelte Anhebung des Unterhalts wegen veränderter Verhältnisse geht, ist eine verzögerliche Geltendmachung denkbar, die das Gesetz auch deswegen in Grenzen halten will, weil nach längerer Zeit die Aufklärung der maßgebenden Umstände vielfach erheblich erschwert ist.

Zwar besteht nach dem Schutzzweck der Regelung kein Anlaß, einem vertraglichen Verzicht des Schuldners auf die Einhaltung der Einjahresgrenze die Anerkennung zu versagen. Nach allgemeinen Grundsätzen ist aber zu fordern, daß der Vertrag eindeutige Anhaltspunkte für einen entsprechenden Verzichtswillen des Schuldners enthält, wenn ein solcher – etwa im Wege der Auslegung – bejaht werden soll. Dafür sind im vorliegenden Fall keine hinreichenden Anhaltspunkte ersichtlich. Entgegen der Auffassung des OLG kann somit die Kl. für die im Revisionsverfahren noch strittige Zeit vom 1. 1. 1981 bis 20. 10. 1984 Unterhaltsrückstände nur unter der Voraussetzung fordern, daß sich der Bekl. der Leistung absichtlich entzogen hat.

3. Das OLG hat die Frage, ob der Bekl. sich den noch strittigen Unterhaltsleistungen absichtlich entzogen hat, geprüft und verneint. Es sei nämlich nicht ausreichend, daß der Bekl. seiner im Vergleich übernommenen Verpflichtung nicht nachgekommen sei, jede Veränderung seines Einkommens unaufgefordert anzuzeigen und den Unterhalt von sich aus entsprechend zu erhöhen. Zwar habe er mit diesem Verhalten die Erwartung verbunden, seiner Unterhaltsverpflichtung zu entgehen, es lasse sich aber nicht feststellen, daß er darüber hinaus etwas mit dem Ziel unternommen habe, die Erfüllung seiner Verpflichtung zu hintertreiben.

1431

Diese Ausführungen ergeben, daß das OLG an die Voraussetzungen, unter denen i. S. des § 64 EheG (und des § 1585 b III BGB) sich der Verpflichtete der Leistung absichtlich entzieht, zu strenge Anforderungen gestellt hat. Ein aktives Hintertreiben der Unterhaltsverpflichtung ist nicht immer erforderlich, sondern es genügt jedes zweckgerichtete Verhalten (auch Unterlassen) des Schuldners, das die zeitnahe Realisierung der Unterhaltsschuld verhindert oder zumindest wesentlich erschwert hat. Darüber hinaus ist nach herrschender Auffassung aus der Fassung des Gesetzes („wenn anzunehmen ist") zu folgern, daß der Unterhaltsberechtigte im Prozeß nur solche Umstände darzulegen und zu beweisen hat, die nach der Lebenserfahrung den Schluß auf ein Sichentziehen rechtfertigen. Sache des Verpflichteten ist es dann, die gegen ihn sprechende tatsächliche Vermutung dadurch zu entkräften, daß er Tatsachen darlegt und beweist, die jene Schlußfolgerung zu erschüttern vermögen. Dem schließt sich der Senat an, da es sich bei dem Tatbestandsmerkmal „absichtlich" um eine innere Tatsache handelt, die sich regelmäßig nur indirekt aus dem zutage getretenen Verhalten der Partei erschließen läßt. Auch können insoweit keine zu hohen Anforderungen gestellt werden, wenn dem Zweck der Regelung, einem unredlich handelnden Schuldner den Schutz der Einjahresgrenze zu versagen, praktische Bedeutung zukommen soll (FamRZ 1973/133).

BGH v. 19. 10. 88 – IVb ZR 97/87 – FamRZ 89, 159 = NJW-RR 89, 322

R377 *(Bedürftigkeitsmindernder Rentenbezug des Berechtigten; Klage nach § 323 ZPO wegen Änderung der wirtschaftlichen Verhältnisse; adäquate Kürzung der Rentenbezüge des anderen Ehegatten wegen Versorgungsausgleich)*

a II 2 c) Der erst nach der Unterhaltstitulierung einsetzende Rentenbezug des Unterhaltsberechtigten, der auf der Übertragung von Versorgungsanwartschaften beim Versorgungsausgleich beruht, läßt sich nicht nur entweder dem Anwendungsbereich des § 323 ZPO oder dem des § 767 ZPO zuordnen. Er hat vielmehr eine doppelte Bedeutung. Einerseits bezieht der Berechtigte die Rente aufgrund eigenen Rechts, das vom Versorgungsschicksal seines geschiedenen Ehegatten losgelöst ist. Wie jedes andere Einkommen, das der Berechtigte erzielt, mindert der Rentenbezug unterhaltsrechtlich seine Bedürftigkeit. Damit liegt eine Änderung in den wirtschaftlichen Verhältnissen vor, die dem Anwendungsbereich des § 323 ZPO zuzuordnen ist. Andererseits ist nicht zu verkennen, daß in den Fällen, in denen der Unterhaltsverpflichtete selbst schon Rente bezieht, die nunmehr infolge des Versorgungsausgleichs gekürzt wird, durch die etwa gleichhohen Rentenzahlungen an den Unterhaltsberechtigten ein der Erfüllung wirtschaftlich gleichkommender Vorgang einsetzt (vgl. BGHZ 83/278). Die sich hieraus ergebende Einwendung muß der Schuldner dem Gläubiger stets entgegensetzen können; soweit eine Abänderung gemäß § 323 ZPO wegen der Zeitschranke des III ZPO der Vorschrift nicht mehr möglich ist, gemäß § 767 ZPO. Soweit Hoppenz (a.a.O., S. 1100) hierzu eine andere Ansicht vertritt, vermag der Senat ihm nicht zu folgen. Soweit sich im übrigen aus der Ambivalenz des Rentenbezuges Überschneidungen zwischen Abänderungsklage und Vollstreckungsabwehrklage ergeben, sind sie hinzunehmen. 3) Die Zulässigkeitsvoraussetzungen einer Abänderungsklage wegen des zuletzt durch das Teilanerkenntnisurteil vom 16. September 1983 zugesprochenen Unterhalts hat das Berufungsgericht rechtsfehlerfrei angenommen. Wie die zeitliche Sperre des § 323 III ZPO steht auch die sogenannte Wesentlichkeitsschwelle des § 323 I ZPO dem Widerklagebegehren nicht entgegen. Das bedarf mit Blick auf die Höhe der der Klägerin gewährten Erwerbsunfähigkeitsrente keiner näheren Begründung. Demgemäß kann auch offenbleiben, ob an das Merkmal der Wesentlichkeit geringere Anforderungen zu stellen sind, als sie in der tatrichterlichen Praxis zur Bemessung von Unterhaltsleistungen sonst gestellt werden, wenn wie hier dem einsetzenden Rentenbezug des Unterhaltsberechtigten eine wirtschaftlich adäquate Kürzung der Versorgungsbezüge des Unterhaltspflichtigen gegenübersteht, weil sich in der beiderseitigen Rentenhöhe der Versorgungsausgleich in gegenläufigen Richtungen auswirkt.

(Keine Prägung der ehelichen Lebensverhältnisse durch Erwerbsunfähigkeitsrente, die auf dem Versorgungsausgleich beruht; Obergrenze für die Unterhaltsbemessung sind die bei Scheidung bestehenden Verhältnisse; vereinfachte Unterhaltsberechnung durch Addition der beiden Rentenbezüge)

b II 4) Auch die Unterhaltsbemessung hält der revisionsrechtlichen Überprüfung stand. Die maßgeblichen ehelichen Lebensverhältnisse der Parteien sind zwar durch die Erwerbsunfähigkeitsrente der Klägerin nicht geprägt worden, die wie dargelegt auf dem Versorgungsausgleich beruht und somit erst eine Folge der Scheidung ist (FamRZ 1987/459, 460). Im Zeitpunkt der Scheidung standen für den Lebensunterhalt der Parteien allein die Einkünfte des Beklagten – insbesondere dessen Renten – zur Verfügung. Das nacheheliche Absinken seiner Knappschaftsrente infolge der Auswirkungen des Versorgungsausgleichs beeinflußt die Bedarfsbemessung jedoch nicht, weil dem hier ein ausgleichender Rentenzufluß auf seiten der Klägerin gegenübersteht (FamRZ 1988/817, 819). Allerdings ist dabei zu beachten, daß die bei Scheidung bestehenden Verhältnisse die Obergrenze für die Bemes-

Anhang R. Rechtsprechung R378

sung des Unterhalts bilden. Grundsätzlich ist daher zu prüfen, ob ein nach der Scheidung einsetzender und die ehelichen Lebensverhältnisse nicht prägender Rentenbezug in vollem Umfang auf dem Versorgungsausgleich beruht. Soweit das nicht der Fall ist, kann er nicht herangezogen werden. Zum gleichen Ergebnis würde führen, wenn (nur) die Renteneinkünfte zugrunde gelegt würden, die der ausgleichspflichtige Ehegatte ohne Kürzung infolge Versorgungsausgleichs beziehen würde. Es ist jedoch nicht zu beanstanden, wenn in Fällen der vorliegenden Art, in denen der nachehelich einsetzende Rentenbezug auch der Höhe nach ausschließlich auf den beim Versorgungsausgleich übertragenen Anwartschaften beruht und ihm eine entsprechende Kürzung der Rente des Ausgleichspflichtigen gegenübersteht, zur rechnerischen Vereinfachung die nunmehr von beiden Ehegatten bezogenen Renten addiert werden, wie es das Oberlandesgericht gemacht hat.

(Vorabzug von ehebedingten Schulden u. von Kindesunterhalt vom Einkommen; Quote aus den für Unterhaltszwecke verbleibenden Mitteln)

II 5) Im Einklang mit der ständigen Rechtsprechung des Senats zur fortwirkenden Bindung an c
unveränderte Grundlagen des abzuändernden Urteils (FamRZ 1987/259, 263 m. w. N., FamRZ 1980/771 im Anschluß an BGH, FamRZ 1979/694) steht die Berücksichtigung der bereits im Erstprozeß anerkannten Belastungen des Beklagten durch die Abtragung eines während der Ehezeit aufgenommenen Kredits und des Unterhalts für die Tochter der Parteien. Zutreffend hat das Berufungsgericht von den nach Abzug dieser Belastungen (zusammen 815 DM monatlich) für Unterhaltszwecke verfügbar bleibenden Mitteln jeder Partei für die jeweiligen Berechnungsabschnitte je 50 % zugemessen und auf den so ermittelten Betrag der Klägerin angerechnet, was sie mit ihrer Rente schon erhält.

(Unterhaltskürzung gemäß § 1581 BGB nach Billigkeitsgesichtspunkten; auf der Leistungsstufe sind nur tatsächliche Einkünfte zu berücksichtigen; Leistungsunfähigkeit ist grundsätzlich auch zu beachten, wenn sie der Verpflichtete selbst schuldhaft herbeigeführt hat; ausnahmsweise kann dem Verpflichteten nach Treu und Glauben die Berufung auf Leistungsunfähigkeit verwehrt sein, wenn ihm ein verantwortungsloses, zumindest leichtfertiges Verhalten vorgeworfen werden kann)

6) Die Revision des Bekl. beanstandet jedoch mit Erfolg, daß das BerGer. nicht geprüft hat, ob d
der Bekl. für die danach verbleibenden und ihm auferlegten Unterhaltszahlungen in voller Höhe leistungsfähig ist. Gem. § 1581 BGB kommt eine Kürzung der Ansprüche nach Billigkeitsgesichtspunkten in Betracht, wenn der Bekl. nach seinen Erwerbs- und Vermögensverhältnissen unter Berücksichtigung seiner sonstigen Verpflichtungen außerstande ist, ohne Gefährdung seines eigenen angemessenen Unterhalts den nach den ehelichen Lebensverhältnissen geschuldeten (vollen) Unterhalt zu gewähren. Auf dieser Berechnungsstufe ist nicht mehr von dem Einkommen des Bekl. auszugehen, das er hätte, wenn seine Knappschaftsrente nicht als Folge des Versorgungsausgleichs gekürzt worden wäre, sondern es sind seine tatsächlichen Einkünfte zugrunde zu legen. Dieser hat jedoch weiter geltend gemacht, daß ihm die Renten in der zugrunde gelegten Höhe tatsächlich nicht ausbezahlt wurden und werden, weil die Bundesknappschaft seit dem 1. 5. 1985 jährlich wechselnde monatliche Raten zwischen 186,80 DM und 265,20 DM einbehält, um die Rentenüberzahlung abzudecken, die durch die rückwirkende Bewilligung der Erwerbsfähigkeit an die Kl. ab 1. 10. 1982 und die dadurch bedingte auf den gleichen Zeitpunkt rückwirkende Kürzung seiner Knappschaftsrente entstanden war. Die Berücksichtigung dieser zusätzlichen Abzüge, durch die der dem Bekl. verbleibende Teil seines Einkommens nicht nur unter den eheangemessenen Bedarf, sondern sogar unter den in der unterhaltsrechtlichen Praxis anerkannten sogenannten Selbstbehalt absinken würde, ist nach den bisher getroffenen Feststellungen aus Rechtsgründen nicht ausgeschlossen. Denn Leistungsunfähigkeit ist grundsätzlich auch dann zu beachten, wenn der Unterhaltsschuldner selbst sie – sogar schuldhaft – herbeigeführt hat. Zwar kann einem Unterhaltsschuldner ausnahmsweise die Berufung auf seine Leistungsunfähigkeit nach Treu und Glauben verwehrt sein. Das setzt jedoch ein verantwortungsloses, zumindest leichtfertiges Verhalten von erheblichem Gewicht voraus, was eine wertende Betrachtung aller Umstände des Einzelfalles erfordert (NJW 1985/732 – FamRZ 1985, 158 m. w. N.; NJW-RR 1987/770 – FamRZ 1987/372; NJW 1988/2239 – FamRZ 1988/597).

BGH v. 2. 11. 88 – IVb ZR 101/87 – NJW-RR 89, 196

(Prägung der ehelichen Lebensverhältnisse i. S. des § 1361 BGB durch schwere Erkrankung; und die darauf beru- R378
hende Hilfsbedürftigkeit; krankheitsbedingter Mehrbedarf durch notwendige Pflege; keine Anrechnung freiwilliger Dienstleistungen Dritter)

Das Klagebegehren ist schon deshalb unbegründet, weil der Kl. nach den Lebensverhältnissen und den Erwerbs- und Vermögensverhältnissen der Parteien gem. § 1361 BGB kein Anspruch auf Trennungsunterhalt zusteht. Die Lebensverhältnisse des Bekl. werden auch durch seine schwere

1433

Krankheit geprägt. Nach den Feststellungen des BerGer. ist er nicht mehr in der Lage, allein das Haus zu verlassen. Wenn er stürzt, vermag er sich aus eigener Kraft nicht wieder zu erheben. Er kann sich kein Essen mehr zubereiten und kommt bei vielerlei täglichen Verrichtungen nicht ohne fremde Hilfe aus. Bereits hochgradig pflegebedürftig, hat er öffentliche Einrichtungen und Pflegedienste bisher nur deshalb noch nicht in Anspruch nehmen müssen, weil ihm die nötige Hilfe durch seine jetzige Lebensgefährtin und die Nachbarin zuteil wird. Danach wird der eigene Lebensbedarf des Bekl. wesentlich durch seine auf der Krankheit beruhende Hilfsbedürftigkeit mitbestimmt. Wie den Feststellungen des BerGer. ohne weiteres zu entnehmen ist, steigert sie seinen Bedarf in einem Maße, daß der ehegemessene Bedarf der Kl. nach dem Grundsatz des gleichmäßigen Teilhabe beider Ehegatten nicht den Betrag übersteigt, den sie durch eigene Erwerbstätigkeit verdient. Daß die notwendige Pflege dem Bekl. durch die beiden Frauen unentgeltlich gewährt wird, ändert nichts. Bei diesen Dienstleistungen handelt es sich um freiwillige Zuwendungen Dritter. Wenn solche Zuwendungen – wie es hier offensichtlich der Fall ist – nach dem Zweck der Leistung allein den persönlichen Bedarf des Empfängers befriedigen, nicht aber einem anderen zugute kommen sollen, bleiben sie unterhaltsrechtlich außer Betracht (vgl. NJW 1980/1686 = FamRZ 1980/665 [669]; st. Rspr. zuletzt NJW 1988/2377 = FamRZ 1988/159 [162]).

BGH v. 2. 11. 88 – IVb ZR 7/88 – FamRZ 89, 170 = NJW 89, 524

R 379 *(Gesteigerte Unterhaltspflicht der Eltern nach § 1603 II 1 BGB und Leistungsfähigkeit; notwendiger Selbstbehalt als unterste Opfergrenze; keine Obliegenheit zum Einsatz des Vermögensstammes, wenn der notwendige Eigenbedarf des Verpflichteten unter Berücksichtigung seiner voraussichtlichen Lebensdauer sowie unter Einbeziehung etwa zu erwartender künftiger Erwerbsmöglichkeiten bis an das Lebensende nicht gesichert ist)*

a 2 a) Zutreffend geht das BerGer. davon aus, daß ein Unterhaltsanspruch, auch eines Kindes gegen seine Eltern, neben der Bedürftigkeit des Anspruchstellers Leistungsfähigkeit des Inanspruchgenommenen voraussetzt. Ein Elternteil ist nach § 1603 I BGB nicht unterhaltspflichtig, wenn er bei Berücksichtigung seiner sonstigen Verpflichtungen außerstande ist, ohne Gefährdung seines eigenen angemessenen Unterhalts den begehrten Kindesunterhalt zu gewähren. Gegenüber minderjährigen unverheirateten Kindern wird diese Unterhaltspflicht des Elternteils allerdings dahin gesteigert, daß er nach § 1603 II 1 BGB alle verfügbaren Mittel zu seinem und des Kindes Unterhalt gleichmäßig zu verwenden hat. Soweit keine in diesem Sinne „verfügbaren" Mittel vorhanden sind, gilt aber auch hier der Grundsatz des Absatzes 1 der Vorschrift, daß eine Unterhaltspflicht nicht besteht (NJW 1988/2799; FamRZ 1988/604 [606]). b) Zur Frage, wo danach die gesteigerte Unterhaltspflicht der Eltern nach § 1603 II 1 BGB endet, hat bereits das RG ausgesprochen, daß jede Unterhaltspflicht ihre Grenze dort findet, wo die Möglichkeit der Fortexistenz des Unterhaltspflichtigen in Frage gestellt würde und ihm nicht mehr die Mittel zur Bestreitung des unentbehrlichen Lebensbedarfs verbleiben würden (JW 1903, Beil. S. 29). Praxis und Lehre stehen heute übereinstimmend auf dem Standpunkt, daß die Mittel, die einer Person auch in einfachsten Lebensverhältnissen für den eigenen Unterhalt verbleiben müssen, nicht als „verfügbar" im Sinne der Vorschrift anzusehen sind. Dem hat sich der Senat insbesondere für Fälle wie den vorliegenden angeschlossen, in denen der Unterhaltspflichtige und das Kind in getrennten Haushalten leben (NJW 1984/1614). c) Die damit definierte unterhaltsrechtliche Opfergrenze der Eltern gegenüber minderjährigen unverheirateten Kindern erfährt in der Rechtspraxis unter dem Begriff des notwendigen oder kleinen Selbstbehalts (auch notwendiger Eigenbedarf genannt) bei der Bestimmung des Betrages ihre Konkretisierung, der dem Unterhaltspflichtigen von seinem Einkommen mindestens für den eigenen Unterhalt erhalten bleiben muß. Sie greift aber auch dort ein, wo der Kindesunterhalt – wie hier – nur aus dem Stamm des Vermögens aufgebracht werden kann. Daß der unterhaltspflichtige Elternteil in Ermangelung sonstiger Mittel grundsätzlich auch den Vermögensstamm zur Bestreitung des Unterhalts einsetzen muß, steht außer Frage. Eine allgemeine Billigkeitsgrenze, wie sie insoweit etwa für den Unterhalt zwischen geschiedenen Ehegatten gilt (§ 1581 S. 2 BGB), sieht das Gesetz beim Unterhalt zwischen Verwandten nicht vor. Indessen findet auch die Obliegenheit zum Einsatz des Vermögensstammes dort ihre Grenze, wo der Eigenbedarf des Unterhaltspflichtigen tangiert wird. So hat der Senat bereits entschieden, daß eine Verwertung des Vermögensstammes nicht verlangt werden kann, wenn sie den Unterhaltsschuldner von fortlaufenden Einkünften abschneiden würde, die er zur Bestreitung seines eigenen Unterhalts benötigt (NJW-RR 1986/66 = FamRZ 1986/48 [50]). Dabei wird das Maß für den auch unter die erweiterte Unterhaltspflicht nach § 1603 II 1 BGB geht, gleichfalls durch die vorgenannte Opfergrenze bestimmt und damit auf den notwendigen Eigenbedarf beschränkt. Bleiben die Einkünfte des Elternteils aus dem Vermögen von vornherein hinter diesem Maß zurück und muß er mangels sonstiger Mittel sogar zur Sicherstellung dieses eigenen Bedarfs den Stamm des Vermögens angreifen, so geht er deswegen nicht des Schutzes des notwendigen Selbstbehalts verlustig. Daß die unvermeidliche Inanspruchnahme des Vermögens für den eigenen Unterhalt in absehbarer Zeit zur Erschöpfung der Mittel führen und der Elternteil

Anhang R. Rechtsprechung R379

deshalb später voraussichtlich auf Leistungen Dritter oder öffentliche Unterstützung angewiesen sein wird, rechtfertigt es nicht, ihn als weniger schonungsbedürftig anzusehen und ohne weiteres zur Deckung des Mindestbedarfs des Kindes heranzuziehen. Dem gegenteiligen Standpunkt des BerGer. kann nicht gefolgt werden. Eine derartige Behandlung liefe dem Gesetz ebenso zuwider, wie wenn einem Elternteil, der nicht über Vermögen, sondern nur über (geringes) Einkommen verfügt, der Schutz des Selbstbehalts deswegen von vornherein verwehrt würde, und ihm Unterhaltszahlungen in Höhe des Mindestbedarfs zugemutet würden, weil seine Einkünfte hinter dem Betrag des notwendigen Selbstbehalts zurückbleiben und er ohnehin auf anderweitige Unterstützung angewiesen ist. Muß ein Unterhaltspflichtiger seinen eigenen Unterhalt ganz oder teilweise aus seinem Vermögensstamm bestreiten, so kann ihm auch nach § 1603 II 1 BGB nicht schlechthin zugemutet werden, den Mindestbedarf des unterhaltsbedürftigen Kindes zu decken. Vielmehr muß die Sicherung des Eigenbedarfs auch die Gewährleistung des künftigen eigenen Unterhalts einschließen. Leistungsfähig ist er nur, wenn er auf Dauer selbst gesichert ist. Bei der Bestimmung des Vermögens, das zur Sicherung des eigenen Unterhalts zu schonen ist, ist daher die gesamte voraussichtliche Lebensdauer des Unterhaltspflichtigen zu berücksichtigen. Auch im Rahmen der erweiterten Unterhaltspflicht nach § 1603 II 1 BGB kann der Vermögensstamm selbst zur Befriedigung des Mindestbedarfs des Kindes nur in dem Maße herangezogen werden, daß unter Berücksichtigung der voraussichtlichen Lebensdauer, freilich unter gleichzeitiger Einbeziehung etwa zu erwartender künftiger Erwerbsmöglichkeiten, der notwendige Eigenbedarf des Unterhaltspflichtigen bis an das Lebensende gesichert bleibt. Sind danach keine Mittel für den Unterhalt des Berechtigten übrig, so begründet das Vermögen keine Leistungsfähigkeit und damit keine Unterhaltsverpflichtung, auch nicht zur Befriedigung des Mindestbedarfs des bedürftigen Verwandten.

(Im Rahmen der gesteigerten Unterhaltspflicht ist auch Schmerzensgeld für den Unterhalt zu verwenden)

II) Für die neue Verhandlung wird auf folgendes hingewiesen: Die Revision greift das Urteil auch **b** deshalb an, weil die Abfindungssumme zumindest teilweise als Schmerzensgeld gezahlt worden sei. Dieser Teil der Schadensersatzleistung, dessen Höhe das BerGer. nach § 287 II ZPO hätte schätzen müssen, habe zur Vermeidung einer Zweckverfehlung von vornherein bei der unterhaltsrechtlichen Beurteilung der Leistungsfähigkeit außer Betracht bleiben müssen. Das hält der Senat nicht für zutreffend. Auch soweit sich entgegen der bisherigen Beurteilung des OLG ein abgrenzbarer Teil des Abfindungsbetrages feststellen läßt, der sich auf den immateriellen Schaden des Bekl. bezieht, kann er im Rahmen der Unterhaltspflicht gegenüber dem minderjährigen unverheirateten Kinde nicht von vornherein außer Ansatz gelassen werden. Dem steht die spezifische schadensersatzrechtliche Funktion des Schmerzensgeldes – Ausgleich immaterieller Beeinträchtigungen des Betroffenen und Genugtuung – nicht entgegen. Der Senat hat bereits zu öffentlich-rechtlichen Sozialleistungen, denen – wie etwa der Grundrente nach § 31 BVG – gleichfalls nach ihrer Zweckbestimmung sowohl eine immaterielle als auch eine wirtschaftliche Ausgleichsfunktion zukommt, entschieden, daß deren Zweckbestimmung für die unterhaltsrechtliche Leistungsfähigkeit des Empfängers nicht ohne weiteres maßgebend ist (NJW 1981/1313 = FamRZ 1981/338 [339] und NJW 1982/41 = FamRZ 1981/1165). Ferner hat er es als naheliegend bezeichnet, daß auch der Zweckbestimmung von Leistungen aus dem Bereich des Arbeitsrechts, die im Rahmen eines Sozialplans nach § 112 II BetrVG gewährt werden und auch der Abgeltung immaterieller Nachteile dienen, unterhaltsrechtlich keine weitergehende Bedeutung beizumessen sei (NJW 1982/822). Im Bereich gesteigerter Unterhaltspflicht hat der BGH auch die Zweckbestimmung von Unterhaltsleistungen als unmaßgeblich angesehen und entschieden, daß ein Elternteil nach § 1603 II 1 BGB Unterhaltszahlungen, die ihm zur Deckung seines eigenen Lebensbedarfs gewährt werden, zu seinem und des Kindes Unterhalt einsetzen muß (BGH, NJW 1980/934 = LM § 1603 BGB Nr. 2 = FamRZ 1980/555 [556]). Gerade diese erweiterte Unterhaltspflicht, die auf der besonderen familienrechtlichen Verantwortung der Eltern für ihre minderjährigen unverheirateten Kinder beruht, gebietet es, die Leistungsfähigkeit im Grundsatz unabhängig davon zu beurteilen, woher die zur Verfügung stehenden Mittel stammen und auf welche Zuwendung beruht. Das rechtfertigt es, auch das Schmerzensgeld zu den Mitteln zu rechnen, deren Einsatz dem Elternteil in § 1603 II 1 BGB zugemutet wird. Dieser Einsatz schließt es nicht aus, der besonderen Ausgleichsfunktion, die dem Schmerzensgeld für den Empfänger zukommt, bei der Bestimmung der ihm zumutbaren unterhaltsrechtlichen Opfergrenze in billiger Weise Rechnung zu tragen. Hat der Schmerzensgeldempfänger derartige körperliche Verletzungen davongetragen, daß er während des Unterhaltszeitraums unter andauernden oder schwerwiegenden Behinderungen zu leiden hat, so ist solchen Belastungen durch eine maßvolle, die Belange des Kindes berücksichtigende Anhebung dessen Rechnung zu tragen, was ihm als unterhaltspflichtigen Elternteil zur Deckung seines notwendigen Eigenbedarfs zu belassen ist. Eine solche Anhebung kommt auch hier in Betracht, da die körperlichen Beeinträchtigungen des Bekl. die genannten Voraussetzungen ohne Zweifel erfüllen.

BGH v. 23. 11. 88 – IVb ZR 20/88 – FamRZ 89, 172 = NJW 89, 1033

R380 *(Kindbezogene Steigerungsbeträge zum Ortszuschlag eines Beamten sind auch insoweit Einkommen, wie der Beamte das Kindergeld für Stiefkinder bezieht, denen er nicht unterhaltspflichtig ist; Berechnung des Nettoeinkommens durch Abzug von Steuern und Krankenkassenbeiträgen)*

a 3 a) Der Kl. ist den Bekl. zu 2-4 als seinen minderjährigen Kindern aus der Ehe mit der Bekl. zu 1 gem. § 1601 BGB unterhaltspflichtig. Das Maß des zu gewährenden Unterhalts bestimmt sich nach der Lebensstellung der Kinder (§ 1610 I BGB). Da diese nach der Scheidung der Ehe ihrer Eltern von der einkommenslosen Bekl. zu 1 betreut werden, bestimmen sich ihre Lebensverhältnisse allein nach dem Einkommen des Kl. (st. Rspr. des Senats seit dem Urt. v. 8. 4. 1981, NJW 1981, 1559 [1560] = FamRZ 1981, 543 [545]. Das BerGer. hat das Einkommen des Kl. nach der Besoldung bestimmt, die er als Beamter in der Besoldungsgruppe A 13 bezieht. Dabei ist es in den einzelnen beurteilten Zeitabschnitten jeweils von den tatsächlichen Jahresbezügen ausgegangen. Diese hat es um die abgeführten Steuern vermindert und die dem Kl. im Laufe des gleichen Jahres erstatteten Steuern anteilig hinzugerechnet. Die sich danach ergebende Summe hat es auf Monatsbeträge umgerechnet, um besondere Belastungen bereinigt und vorweg die Krankenkassenbeiträge abgezogen, die der Kl. für sich selbst und für die Bekl. aufbringt. Das so ermittelte Monatseinkommen hat das BerGer. dann der Bedarfsberechnung anhand der von ihm als Richtlinien verwendeten Düsseldorfer Tabelle zugrunde gelegt. b) Die Revision des Kl. beanstandet, daß auf diese Weise der erhöhte Ortszuschlag berücksichtigt worden ist, den der Kl. ausweislich seiner vom BerGer. zugrunde gelegten Besoldungs-Stammblätter seit dem 1. 11. 1983 im Hinblick darauf erhält, daß er auch für die drei erstehelichen Kinder seiner jetzigen Ehefrau bezugsberechtigt für das Kindergeld ist. Dieser Angriff bleibt ohne Erfolg. Dem unterhaltserheblichen Einkommen eines Beamten sind grundsätzlich alle Bestandteile seines Gehaltes zuzurechnen. Dazu gehört demgemäß auch der Ortszuschlag, der dem Beamten gem. §§ 1 II Nr. 3, 39 ff. BBesG gewährt wird. Die Höhe des Ortszuschlags ist zwar auch von der Zahl der Kinder abhängig, für die dem Beamten Kindergeld zusteht (§ 40 III BBesG). Eine darin etwa liegende öffentlich-rechtliche Zweckbestimmung würde jedoch nichts daran ändern, daß das Einkommen unterhaltsrechtlich ungekürzt einbezogen wird (FamRZ 1980/342 [343]). Der Senat hat es deshalb bereits abgelehnt, kindbezogene Bestandteile der Beamtenbezüge nach ähnlichen Gesichtspunkten wie das zum allgemeinen Familienlastenausgleich bestimmte Kindergeld zwischen den Eltern auszugleichen (vgl. FamRZ 1983/49 ff.) oder auf den Barunterhaltsanspruch eines Kindes gegen den nichtbetreuenden Elternteil die kindbezogenen Steigerungsbeträge zum Ortszuschlag anzurechnen, die der betreuende Elternteil als Teil seines Einkommens erhält (FamRZ 1984/374 [376]). Ebensowenig besteht ein Grund, einzelne kindbezogene Zuschläge zum Grundgehalt des Kl. unterhaltsrechtlich anders als sein sonstiges Einkommen zu behandeln. Der Ortszuschlag ist lediglich eines der Elemente für die Berechnung der Dienstbezüge. Der Dienstherr will dadurch pauschal Nachteile ausgleichen, die der Beamte möglicherweise durch gesteigerten Aufwand erleidet. Die Höhe des Ortszuschlages hängt nicht davon ab, ob der Beamte den in seinem Haushalt aufgenommenen Personen unterhaltspflichtig ist. Das zeigt der vorliegende Fall; denn der Kl. ist den bei ihm lebenden Kindern aus der ersten Ehe seiner Ehefrau unterhaltspflichtig, nachdem sein Versuch, ihnen durch Adoption die Stellung von ehelichen Kindern zu verschaffen, keinen Erfolg hatte. Für diese Beurteilung ist nicht entscheidend, ob der Unterhaltsbedarf der Stiefkinder des Kl. durch Unterhaltsleistungen ihrer Eltern gesichert ist. Ob sie von ihrem Vater Unterhalt nicht zu erlangen vermögen und ob deshalb – wie mit der Revisionsbegründung erstmals vorgetragen wird – die jetzige Ehefrau des Kl. allein den Unterhalt ihrer erstehelichen Kinder decken muß, kann die Ansprüche der Bekl. zu 2-4 nicht schmälern.

(Maßgeblich ist auch bei Steuervorteilen wegen Wiederverheiratung und wegen Stiefkindern nur die tatsächliche Steuerlast)

b I 3 c) Die Revision des Kl. wendet sich auch dagegen, daß das OLG bei der Berechnung seines der Bedarfsmittlung für die Bekl. zu 2) bis 4) zugrunde gelegten Einkommens die Steuervorteile mitberücksichtigt hat, die er nach seiner Behauptung wegen der erstehelichen Kinder seiner jetzigen Ehefrau hat. Die Revision vertritt die Auffassung, diese Vorteile müßten ihm verbleiben, denn die Einkommensberechnung anhand der tatsächlich gezahlten Steuern begünstige die Bekl. zu 2) bis 4) zu Lasten der Stiefkinder. Auch dem vermag der Senat nicht zu folgen. Der Kl. hat schon nicht dargelegt, ob und gegebenenfalls in welcher Höhe er überhaupt Steuervorteile wegen der erstehelichen Kinder seiner jetzigen Ehefrau erlangt. Abgesehen davon kommt es unterhaltsrechtlich auch in diesem Zusammenhang zunächst nur darauf an, welche Steuern den Kl. effektiv belasten und was ihm demgemäß als Nettoeinkommen verbleibt. Der Senat hat es bereits abgelehnt, den aus einer Wiederheirat entstandenen Splittingvorteil ausschließlich der neuen Familie vorzubehalten und ihn bei der Bemessung des Unterhalts des früheren Ehegatten außer Betracht zu lassen (FamRZ 1988/486, 487, m. w. N.). Die Steuervorteile, die aus öffentlich-rechtlichen Zweckerwägungen an bestimmte Tatbe-

Anhang R. Rechtsprechung   **R381**

stände geknüpft werden, sind keine staatlichen Zuwendungen in der Art von Sozialleistungen, sondern sie führen (nur) dazu, daß dem Steuerpflichtigen ein größerer Teil seines Einkommens belassen wird, als er ohne Anerkennung der steuerlich beachtlichen Tatbestände hätte (FamRZ 1980/984, 985). Es spricht nichts dagegen, das auf diese Weise verbleibende (höhere) Nettoeinkommen in vollem Umfang der unterhaltsrechtlichen Bedarfsermittlung zugrunde zu legen. Eine andere Behandlung würde die Kinder aus der ersten Ehe des unterhaltspflichtigen Vaters gegenüber solchen Kindern benachteiligen, die – wie hier der Sohn F. des Kl. – aus späterer Ehe stammen und an dem durch die effektive Steuerbelastung bestimmten Nettoeinkommen des Vaters teilhaben.

(An Besoldungsverbesserungen eines Beamten nimmt der Berechtigte auch nach der Scheidung teil)

II 2 b aa) Es ist nicht gerechtfertigt, das Nettoeinkommen des Klägers von Juni 1983 unverändert auch noch der Unterhaltsbemessung für das Jahr 1984 zugrunde zu legen. Ab 1. Juli 1983 sind die Bezüge der Beamten aufgrund des Besoldungsanpassungsgesetzes 1983 erhöht worden. Der Kläger ist außerdem ab 1. September 1983 in eine höhere Besoldungsstufe aufgerückt, wie sich aus den Feststellungen des Berufungsgerichts zu gleichartigen Vorgängen in den Jahren 1985 und 1987 ergibt. Beide Besoldungsverbesserungen sind zwar nach der Scheidung eingetreten, gehören jedoch zu den sicher zu erwartenden Einkommensentwicklungen, an denen der geschiedene Ehegatte nach der ständigen Rechtsprechung des Senats weiter teilnimmt (FamRZ 1987/459, m. w. N.). Sie hätten daher berücksichtigt werden müssen.

(Nachrang des 2. Ehegatten auch bei Kindern aus beiden Ehen)

II 2 b bb) Das OLG hat nicht beachtet, daß die Begründung, mit der es den Unterhalt der Bekl. zu 1) i. J. 1983 auf eine unterhalb ihres Bedarfs liegende Größe herabgesetzt hat, für die Zeit ab 1. 1. 1984 nicht mehr zutrifft. Die Leistungsfähigkeit des Kl. war nach den Feststellungen, die das OLG im Zusammenhang mit dem Unterhalt der Bekl. zu 2) bis 4) getroffen hat, nunmehr nicht mehr eingeschränkt. Denn ihm verblieben nach Abzug des den Kindern zu zahlenden Unterhalts nicht mehr nur monatlich 2063,64 DM (wie bis zum 31. 12. 1983), sondern jetzt waren monatlich 2675,12 DM zuzüglich des anteiligen Kindergeldes verfügbar. Eine mit dem 1. 8. 1984 einsetzende Unterhaltspflicht gegenüber seiner seit von diesem Zeitpunkt an vorübergehend nicht mehr berufstätigen jetzigen Ehefrau kann der Kl. – wie das OLG für die Zeit ab 1985 richtig sieht – der Bekl. zu 1) nicht entgegenhalten, weil diese gemäß § 1582 I S. 2 BGB dem neuen Ehegatten unterhaltsrechtlich vorgeht und ein Gleichrang auch nicht dadurch entsteht, daß beide mit den Bekl. zu 2) bis 4) unterhaltsrechtlich gleichen Rang haben (FamRZ 1988/705).

BGH v. 7. 12. 88 – IVb ZR 15/88 – FamRZ 89, 272 = NJW 89, 523

(Der angemessene Selbstbehalt muß auch in den untersten Einkommensgruppen der Nürnberger Tabelle höher sein als der notwendige Selbstbehalt)   **R381**

2) Nach § 1603 I BGB ist nicht unterhaltspflichtig, wer bei Berücksichtigung seiner sonstigen Verpflichtungen außerstande ist, ohne Gefährdung seines angemessenen Unterhalts den Unterhalt zu gewähren. Ob er bei Gewährung des Unterhalts seinen eigenen „angemessenen Unterhalt" gefährden würde, beurteilt sich nach den individuellen Bedürfnissen des Verpflichteten, dem die Mittel zur Deckung des seiner Lebensstellung entsprechenden allgemeinen Bedarfs belassen bleiben sollen (FamRZ 1987/472, 473). Diesen Bedarf von vornherein dadurch zu beschränken, daß er auch das Unterhaltsbedürfnis volljähriger Kinder mitberücksichtigen müsse, widerspricht dem Sinn und Zweck des § 1603 I BGB im Vergleich mit Abs. 2 der Vorschrift. Der Hinweis auf die übliche Lebensgestaltung in einem intakten Familienverband, mit dem das Berufungsgericht seine Auffassung begründet hat, erscheint zwar lebensnah und insoweit auch überzeugend. Das Gesetz hat jedoch den Konflikt zwischen dem Unterhaltsbedürfnis eines volljährigen Kindes und dem Recht des an sich unterhaltspflichtigen Elternteils auf seine eigene angemessene Lebensführung in anderer Weise gelöst. Das hat die Rechtsprechung zu respektieren. Entgegen der Auffassung des Berufungsgerichts, das sich für seine Meinung auf die Richtsätze der Nürnberger Tabelle gestützt hat, gewährleistet § 1603 I BGB jedem unter diese Regelung fallenden Unterhaltsschuldner vorrangig die Sicherung seines eigenen angemessenen Unterhalts, unabhängig von der Höhe seines Einkommens. Soweit daher die Nürnberger Tabelle in Raster C (ebenso wie in Raster A und B) in der untersten Einkommensstufe (in Raster C: bei Einkommen bis 2124 DM, in Raster A: bis 1620 DM, in Raster B: bis 1850 DM) den angemessenen Unterhalt mit dem notwendigen Eigenbedarf (notwendigen Unterhalt) von monatlich 890 DM gleichsetzt und einem Unterhaltsschuldner in den Einkommensverhältnissen des Beklagten demgemäß – generell – im Verhältnis zu einem volljährigen ehelichen Kind nur einen Selbstbehalt in Höhe von monatlich 890 DM zubilligt, steht diese Richtlinie nicht im Einklang mit § 1603 Abs. 1 BGB. Der angemessene Selbstbedarf eines Unterhaltspflichtigen gegenüber einem voll-

jährigen Kind (§ 1603 I BGB) ist nämlich jedenfalls höher anzusetzen als der nach § 1603 II BGB im Verhältnis zu einem minderjährigen Kind maßgebliche notwendige Selbstbehalt (FamRZ 1984/ 682, 684). Daß das Berufungsgericht den angemessenen Selbstbehalt des Beklagten nur mit 890 DM bemessen hat, beruht danach auf einer fehlerhaften Anwendung des Gesetzes.

BGH v. 7. 12. 88 – IVb ZR 23/88 – FamRZ 89, 483 = NJW-RR 89, 386

(Krankheitsvorsorgeunterhalt bei Beamten; objektiver Maßstab zur Aufrechterhaltung eines gleichwertigen Versicherungsschutzes; Berechnung des Altersvorsorgeunterhalts bei Krankheitsvorsorgeunterhalt. Abweichende tatrichterliche Verteilung des Unterhalts auf die Unterhaltsbestandteile; kein Nachrang des Krankheitsvorsorgeunterhalts; Zweckbindung des Krankheitsvorsorgeunterhalts; Nachteile nach § 1579 Nr. 3 BGB bei zweckwidriger Verwendung und direkte Zahlung an die Krankenversicherung)

a 3) Zum Anspruch auf Vorsorgeunterhalt für den Fall der Krankheit (§ 1578 II BGB) sowie des Alters (§ 1578 III BGB) hat das BerGer. ausgeführt: Es bestimme sich nach den ehelichen Lebensverhältnissen, welche Krankheitsvorsorge angemessen sei, wobei es dem Unterhaltsberechtigten obliege, die kostengünstigste Art einer hiernach angemessenen Versicherung zu wählen. Während der Ehe der Parteien habe der eine Beamtenfamilie kennzeichnende Versicherungsschutz durch die Beihilfeberechtigung des Ehemannes und eine ergänzende Privatversicherung bestanden. Die Ehefrau könne daher nach der Scheidung grundsätzlich eine private Krankenversicherung abschließen. Auch insoweit sei allerdings ein objektiver Maßstab anzulegen. Es komme darauf an, was nach den gegebenen Einkommensverhältnissen vom Standpunkt eines objektiven Betrachters angemessen sei. Zur Aufrechterhaltung eines Versicherungsschutzes der Ehefrau, wie er während der Ehe bestanden habe, sei nach den eingeholten Auskünften mindestens ein Betrag von monatlich 530,49 DM erforderlich. Ein so aufwendiger Versicherungsschutz habe bei verständiger Würdigung der wirtschaftlichen Verhältnisse der Parteien auszuscheiden. Andererseits habe sich im Laufe des Rechtsstreits gezeigt, daß die Ehefrau aufgrund verschiedener gesundheitlicher Belastungen über Jahre hinweg häufig der ärztlichen Behandlung bedurft habe. Dies werde sich mit zunehmendem Alter nach der Lebenserfahrung nicht ändern. Bei einem Krankenversicherungsschutz zu einem Beitrag von monatlich 316,02 DM, wie er der Ehefrau weiter angeboten worden sei, habe diese bei Leistungen für ambulante Heilbehandlung eine Selbstbeteiligung von 20 % für Medikamente und Hilfsmittel zu tragen. Von den Kosten einer Zahnbehandlung erhalte sie nur 90 % und von den Kosten für Zahnersatz und Kieferorthopädie nur 60 % erstattet. Dieser Versicherungsschutz sei ihr nicht zumutbar, weil sie nicht in der Lage wäre, aus dem ihr zuzuerkennenden Elementarunterhalt die von der Versicherung nicht gedeckten Krankheitskosten aufzubringen. In die gesetzliche Krankenversicherung könne sie nach §§ 176, 176 b RVO nicht eintreten. Angemessen sei daher der Versicherungsschutz, wie er sich aus einem anderen Angebot zu einem Monatsbeitrag von 450,74 DM ergebe. Er sehe für ambulante Heilbehandlung eine Selbstbeteiligung von 100 DM vor. Erstattung von 100 % der Kosten einer Zahnbehandlung und von 75 % der Kosten für Zahnersatz und Kieferorthopädie. Bei der Bemessung des Altersvorsorgeunterhalts sei an den Anspruch auf Elementarunterhalt anzuknüpfen, wobei dem Berechnungsmodell des OLG Bremen gefolgt werde. Nach diesen Grundsätzen ergebe sich folgende Berechnung:

bereinigtes Einkommen des Ehemannes:	2777,56 DM
abzüglich Krankheitsvorsorgeunterhalt der Ehefrau:	450,74 DM
restliches Einkommen:	2326,82 DM
davon $^2/_5$ als vorläufiger Elementarunterhalt:	930,73 DM
daraus fiktives Bruttoarbeitsentgelt:	1172,72 DM
davon 18,7 % als Altersvorsorgeunterhalt:	219,30 DM
Resteinkommen abzüglich Altersvorsorgeunterhalt:	2107,52 DM
davon $^2/_5$ als endgültiger Elementarunterhalt:	843,01 DM
Insgesamt stünden der Ehefrau damit zu:	
Elementarunterhalt:	843,00 DM
Krankheitsvorsorgeunterhalt:	450,74 DM
Altersvorsorgeunterhalt:	219,30 DM
Gesamtunterhalt rund:	1513,00 DM

Darauf müsse sich die Ehefrau Zinseinkünfte von monatlich 130 DM anrechnen lassen, die sie aus der Anlage einer im Januar 1987 ausbezahlten Lebensversicherung erziele. Dies verringere den Altersvorsorgeunterhalt auf monatlich 89,30 DM. Da sie aber als Krankheits- und Altersvorsorgeunterhalt insgesamt nur einen Betrag von 500 DM fordere, sei der Altersvorsorgeunterhalt nur in Höhe von 49,26 DM zuzusprechen. Was die Revision gegen diese Bemessungsweise vorbringt, die methodisch dem Urteil des Senats vom 1. 6. 1983 (NJW 1983/2937 = FamRZ 1983/888) entspricht, greift im wesentlichen nicht durch. a) Sie beanstandet, daß bei der Bemessung des Krankheitsvorsorgeunterhalts den finanziellen Verhältnissen des Ehemannes nicht genügend Rechnung getragen worden

Anhang R. Rechtsprechung　　　　　　　　　　　　　　　　　　　　　　　　　　**R382**

sei. Der kostengünstige Versicherungsschutz gegen Krankheit in einer Beamtenehe werde nur der bestehenden Ehe zuteil, so daß an diesen nicht angeknüpft werden könne. Auch stehe hier der Krankheitsvorsorgeunterhalt in keinem vernünftigen Verhältnis zum Elementarunterhalt mehr. Es müsse bezweifelt werden, daß die Ehefrau bei einem Elementarunterhalt von monatlich nur 843 DM für die Absicherung des Krankheitsrisikos monatlich 450,74 DM ausgebe. Die Revision stellt zu Unrecht in Frage, daß die Ehefrau nach den maßgebenden ehelichen Lebensverhältnissen im Zeitpunkt der Scheidung grundsätzlich einen Krankenversicherungsschutz beanspruchen kann, wie er für die Beamtenfamilie kennzeichnend ist (NJW 1983/1552 [1554] = FamRZ 1983/676 [677]). Ein solcher ist ihr während der Ehe einschließlich der Trennungszeit nachhaltig zuteil geworden. Da ihr als geschiedener Ehefrau eines Beamten eine freiwillige Versicherung in der gesetzlichen Krankenversicherung nicht möglich ist (§§ 176, 176 b RVO) – ein unbefriedigender und reformbedürftiger Rechtszustand –, hat bereits das BerGer. im Hinblick auf die finanziellen Verhältnisse des Ehemannes und den bei der Unterhaltsbemessung anzulegenden objektiven Maßstab die Aufrechterhaltung eines gleichwertigen Versicherungsschutzes als zu aufwendig und nur den Versicherungsschutz zu einem Monatsbeitrag von 450,74 DM als angemessen angesehen. Der Revision ist zuzugeben, daß auch dieser Betrag noch verhältnismäßig hoch ist, wenn er ins Verhältnis zu dem Elementarunterhalt gesetzt wird, der sich bei zusätzlicher Berücksichtigung des Altersvorsorgeunterhalts ergibt. In derartigen Fällen kann der Tatrichter gehalten sein, den Gesamtunterhalt in einer den Interessen beider Parteien gerecht werdenden Weise abweichend auf die Unterhaltsbestandteile zu verteilen. Dabei ist allerdings zu beachten, daß anders als beim Altersvorsorgeunterhalt (NJW 1981/1556 [1558] = FamRZ 1981/442 [445]) kein grundsätzlicher Vorrang des laufenden Unterhalts besteht, weil auch die Versicherung gegen Krankheit als wichtiger Teil des gegenwärtigen Unterhaltsbedarfs des Berechtigten angesehen werden muß, zumal, wenn nach dessen Gesundheitszustand damit zu rechnen ist, daß er auf häufige ärztliche Betreuung angewiesen sein wird. Daher hat das BerGer. mit Recht besonders berücksichtigt, daß die Ehefrau über Jahre hinweg häufig der ärztlichen Behandlung bedurft hat und dies auch für die Zukunft zu erwarten ist. Damit liegt ein nicht zu gering bemessener Krankenversicherungsschutz auch insofern im Interesse des Ehemannes, als er dadurch unter Umständen vor einer sonst möglichen Inanspruchnahme auf Sonderbedarf wegen der durch die Versicherung nicht gedeckten Krankheitskosten bewahrt bleibt. Insgesamt ist daher unter den besonderen Umständen des vorliegenden Falles nicht zu beanstanden, daß das BerGer. neben einem Elementarunterhalt von monatlich 843 DM einen Krankheitsvorsorgeunterhalt von monatlich 450,74 DM für angemessen angesehen hat. Allein in einem Mißverhältnis der beiden Unterhaltsbestandteile könnte ohnehin eine Beschwer des Ehemannes nicht gesehen werden, da sich die Zweckbindung des Vorsorgeunterhalts für ihn günstig auswirkt. Die Ehefrau ist aufgrund dieser Zweckbindung verpflichtet, den Betrag von monatlich 450,74 DM tatsächlich für eine Krankenversicherung einzusetzen. Handelte sie dieser Verpflichtung zuwider, hätte sie im Krankheitsfall unterhaltsrechtliche Nachteile aus § 1579 Nr. 3 BGB zu gewärtigen; auch könnte der Ehemann in diesem Falle durch eine Abänderungsklage (§ 323 ZPO) erreichen, daß der Krankheitsvorsorgeunterhalt direkt an eine Versicherung gezahlt wird (NJW 1983/1554 = FamRZ 1983/678 und NJW 1987/2229 = FamRZ 1987, 684 zum insoweit gleich zu behandelnden Altersvorsorgeunterhalt).

(Beihilfe des Beamten zählt zum prägenden Lebensstandard; vergleichbarer Versorgungsstandard; anteilige Verrechnung nicht prägender Zinseinkünfte mit Elementar- und Krankheitsvorsorgeunterhalt. Keine Bindung an Parteierklärungen bei Bemessung des Vorsorgeunterhalts im Verhältnis zum Elementarunterhalt)

3 b) Die Revision macht weiter geltend, mit dem Grundsatz der gleichmäßigen Teilhabe der Ehegatten am ehelichen Lebensstandard (NJW 1988/2369 [2371] = FamRZ 1988/265 [267]) sei es nicht zu vereinbaren, daß der Unterhaltsbedarf der Ehefrau nach der Berechnung des BerGer. auf insgesamt monatlich 1513,05 DM veranschlagt werde, während das anrechnungsfähige Einkommen des Ehemannes, erhöht um den an eigenen Krankenversicherungsbeitrag, nur 2949,58 DM betrage. Diese Rüge ist unbegründet. Zum Lebensstandard des Ehemannes gehört auch sein beamtenrechtlicher Anspruch auf Beihilfe im Krankheitsfall, sowie auf eine beitragsfreie Invaliditäts- und Altersversorgung, der in dem Betrag von 2949,58 DM nicht ausgedrückt ist. Sein Versorgungsstandard übertrifft insgesamt den der Ehefrau deutlich, wenn in Betracht gezogen wird, was diese mit Aufwendungen von monatlich 450,74 DM und 219,30 DM an Vorsorge erreichen kann. Für den Elementarbedarf hat die Ehefrau nach der Bemessungsweise des BerGer. monatlich 843 DM zur Verfügung, während dem Ehemann nach Abzug des Gesamtbedarfs der Ehefrau rund 1264 DM verbleiben. Danach ist dem Grundsatz durchaus Rechnung getragen, daß der Unterhaltsbedarf des erwerbstätigen Unterhaltsverpflichteten höher anzusetzen ist als der des nicht erwerbstätigen geschiedenen Ehegatten (NJW 1988/2371 = FamRZ 1988/267). c) Daß das BerGer. die von der Ehefrau erzielten Zinseinkünfte von monatlich 130 DM, die gem. § 1577 I BGB ihre Bedürftigkeit mindern, auf den ihr zustehenden Altersvorsorgeunterhalt angerechnet hat, erscheint allerdings nicht unbedenklich. Ihr dringendster Bedarf ist derjenige auf Elementar- und Krankheitsvorsorgeunterhalt, so daß eine an-

1439

teilige Verrechnung auf diese Unterhaltsbestandteile naheliegt. Auch dies wird im weiteren Verfahren ggf. zu berücksichtigen sein. Zu Bedenken gibt weiterhin Anlaß, daß das BerGer. die nach seiner Berechnung verbleibenden 89,30 DM deswegen nur in Höhe von 49,26 DM zugesprochen hat, weil die Ehefrau im Rechtsstreit lediglich insgesamt 500 DM als Krankheits- und Altersvorsorgeunterhalt gefordert habe (§ 308 ZPO). Dies steht nicht im Einklang mit der Regel, daß bei der Bemessung des Vorsorgeunterhalts im Verhältnis zum Elementarunterhalt weitgehend unabhängig von Parteierklärungen zu verfahren ist (NJW 1985/2713 [2716] = FamRZ 1985/912 [915] zum prozessualen Anerkenntnis). Dieser Regel hätte vielmehr entsprochen, eine Bindung an den Antrag der Ehefrau nur insoweit anzunehmen, als kein höherer Gesamtunterhalt als monatlich 1600 DM zugesprochen werden darf. Insoweit liegt aber kein Rechtsfehler zum Nachteil des Ehemannes vor.

(Kurze Ehe bei knapp 2 Jahren; grobe Unbilligkeit; ehebedingte Nachteile sind nur dann zu berücksichtigen, wenn sie bei Scheidung noch fortwirken; Billigkeitsabwägung; wirtschaftliche Verhältnisse des Verpflichteten; nicht zu berücksichtigender Verlust eines Unterhaltsanspruchs durch Heirat)

c 4) Das OLG hat geprüft, ob der Unterhaltsanspruch der Ehefrau nach der gesetzlichen Härteregelung (§ 1579 BGB) zu versagen, herabzusetzen oder zeitlich zu begrenzen ist. Soweit es die Erfüllung der tatbestandlichen Voraussetzungen des § 1579 Nr. 2, Nr. 4, Nr. 5 und Nr. 7 BGB verneint hat, bestehen keine rechtlichen Bedenken und werden von der Revision auch keine Angriffe erhoben. Zu § 1579 Nr. 1 BGB (kurze Ehedauer) hat das OLG ausgeführt: Die Ehe der Parteien habe vom 23.3.1978 bis zum 19.3.1980 gedauert, mithin knapp zwei Jahre. Bei diesem Zeitraum liege eine Ehe von kurzer Dauer i. S. des § 1579 Nr. 1 BGB vor. Trotzdem sei der Unterhaltsanspruch der Ehefrau nicht ohne weiteres auszuschließen, herabzusetzen oder zeitlich zu begrenzen, sondern es komme darauf an, ob bei einer Gesamtwürdigung der gegebenen Umstände die Inanspruchnahme des Ehemannes grob unbillig wäre. Die danach gebotene Billigkeitsabwägung führe zu dem Ergebnis, daß § 1579 Nr. 1 BGB nicht anzuwenden sei. Der Ehemann halte es für grob unbillig, wenn er der Ehefrau nach der kurzen Ehe und einer ehelichen Lebensgemeinschaft von allenfalls dreizehn Monaten auf Lebenszeit vollen Unterhalt zahlen müsse. Dieser Gesichtspunkt gehe aber nicht über die Tatbestandsvoraussetzung „kurze Ehedauer" hinaus. Es fehlten Umstände, die die dauerhafte Inanspruchnahme des Ehemannes als grob unbillig erscheinen ließen. Solche Umstände könnten zum Beispiel darin liegen, daß die Ehegatten eine eheliche Lebensgemeinschaft nicht begonnen oder daß sie ihre Lebensführung nicht aufeinander abgestellt hätten, oder etwa darin, daß der Unterhalt begehrende Ehegatte den anderen im hilflosen Zustand verlassen habe. Im vorliegenden Fall sei nichts Vergleichbares gegeben. Die Parteien hätten nach der Heirat ein gemeinsames Leben begonnen und ihre Lebensführung aufeinander eingestellt. Die Trennung sei nicht von der Ehefrau herbeigeführt worden. Daß der Ehemann die Eheschließung als Fehlentscheidung empfinde, habe seinen Grund möglicherweise darin, daß beide Parteien bei der Heirat schon im fortgeschrittenen Alter gewesen seien (der Ehemann 53 Jahre, die Ehefrau 46 Jahre alt) und es ihnen deshalb nicht gelungen sei, ihre im Laufe des Lebens erworbenen Eigenheiten einander anzupassen. Das rechtfertige aber kein Abgehen von der gesetzlichen Unterhaltsregel, zumal die Ehefrau durch die Heirat ihren Unterhaltsanspruch gegen ihren ersten Mann verloren habe, der nach der Scheidung dieser Ehe nicht wiederherzustellen sei. Ihre gegenwärtige Bedürftigkeit stehe somit im Zusammenhang mit der Eheschließung. Die Ehefrau habe sich durch den Entschluß zur Heirat in eine wirtschaftliche Abhängigkeit zum Ehemann begeben. Diese Ausführungen sind nicht in allen Punkten rechtsbedenkenfrei und würdigen die maßgeblichen Umstände nicht vollständig. Zwar geht das OLG entgegen der Auffassung der Revision zutreffend davon aus, daß für Einschränkungen des Unterhaltsanspruchs gemäß § 1579 Nr. 1 BGB das Vorliegen einer kurzen Ehe nicht ausreicht, sondern zusätzlich zu prüfen ist, inwieweit eine Insanspruchnahme des Verpflichteten grob unbillig wäre (FamRZ 1982/582). Bei einer Ehedauer von bis zu zwei Jahren, wie sie hier vorliegt, sind an die Feststellung von Unbilligkeitsgründen aber keine allzu hohen Anforderungen zu stellen. Denn schon wegen einer derart kurzen Dauer der Ehe kann die innere Rechtfertigung für eine unbeschränkte Unterhaltsverpflichtung fehlen, was das OLG nach den von ihm angeführten Beispielen offenbar nicht gesehen hat (für den Fall extrem kurzer Ehedauer –, FamRZ 1981/944, 945 f.). Nicht bedenkenfrei ist auch, daß es zugunsten der Ehefrau berücksichtigt hat, die Trennung der Parteien sei nicht von ihr herbeigeführt worden. Seit der Abkehr vom Verschuldensprinzip kann unterhaltsrechtlich nur ein eindeutiges und klar bei einem Ehegatten liegendes Trennungsschulden von Bedeutung sein. Daß dies dem Ehemann zur Last läge, ist nicht festgestellt. Das OLG hat ferner dem Umstand, daß die Ehefrau durch ihre Heirat einen Unterhaltsanspruch gegen ihren ersten Mann verloren hat, Bedeutung beigemessen, ohne zu prüfen, ob dieser Anspruch im Zeitpunkt der Scheidung überhaupt noch von wirtschaftlichem Wert war. Dies rügt die Revision zu Recht. Ehebedingte Nachteile verdienen in diesem Zusammenhang allgemein nur dann Beachtung, wenn sie bei Einsetzen des Unterhaltsanspruchs noch fortwirken und nicht schon durch eine Änderung der Verhältnisse überholt sind (vgl. dazu auch OLG Düsseldorf, FamRZ 1987/1254, 1256). Die Ehefrau hat im Rechtsstreit indessen mehrfach hervorgehoben, der Unterhalts-

Anhang R. Rechtsprechung   **R382**

anspruch gegen ihren ersten Ehemann habe schon seit längerer Zeit mangels dessen Leistungsfähigkeit keine praktische Bedeutung mehr; dies war unstreitig. Damit dürfte der Verlust dieses Anspruchs auch nicht mehr zu ihren Gunsten berücksichtigt werden. Schließlich stellt das Gesetz ausdrücklich darauf ab, ob die Inanspruchnahme des Verpflichteten grob unbillig wäre. Es kommt deswegen bevorzugt darauf an, in welcher Weise die Unterhaltspflicht im konkreten Fall den Schuldner trifft (vgl. FamRZ 82/583). Die Ausführungen des OLG ergeben nicht, daß es die Belange des Ehemannes mit dem ihnen hiernach zukommenden Gewicht in seine Würdigung einbezogen hätte. Es hätte insbesondere in Betracht ziehen müssen, welche wirtschaftlichen Verhältnisse sich als Folge der uneingeschränkten Unterhaltspflicht für den Ehemann ergeben. Insgesamt kann danach die Billigkeitsabwägung des OLG keinen Bestand haben, weil nicht auszuschließen ist, daß es bei vollständiger und rechtlich einwandfreier Beurteilung zu einem anderen Ergebnis gelangt wäre (FamRZ 1983/670, 672).

(Zeitliche Begrenzung nach § 1573 V BGB; diese verdrängt praktisch § 1579; keine grobe Unbilligkeit erforderlich; zur Billigkeitsabwägung nach § 1573 V BGB keine beruflichen Nachteile; kinderlose Ehe von kurzer Dauer)

5) Eine zeitliche Begrenzung des Unterhaltsanspruchs der Ehefrau gemäß § 1573 V BGB hat das OLG mit folgenden Erwägungen abgelehnt: Nach der Vorstellung des Gesetzgebers komme eine solche Begrenzung vor allem dann in Frage, wenn die Arbeitslosigkeit des Unterhaltsberechtigten auf konjunkturellen Gründen beruhe. Dieser Gesichtspunkt stehe im vorliegenden Fall jedoch nicht im Vordergrund. Daß die Ehefrau trotz ihrer vielfältigen Bemühungen keinen Arbeitsplatz finde, liege hauptsächlich daran, daß sie älter als 50 Jahre sei, auf den vor 30 Jahren erlernten Beruf einer Modistin, in dem sie nicht oder nur kurze Zeit nach Abschluß der Lehre tätig gewesen sei, nicht zurückgreifen könne und seit rund 20 Jahren überhaupt keiner Erwerbstätigkeit nachgegangen sei. Solche Personen fänden auch in Zeiten der Hochkonjunktur nur schwer einen Arbeitsplatz, wobei hier zusätzlich zu berücksichtigen sei, daß die Ehefrau gewisse gesundheitliche Einschränkungen habe, die ihre Beschäftigungschancen noch verminderten. Die lebenslange Unterhaltung durch den Ehemann sei nicht deshalb unbillig, weil er für diese Umstände nicht verantwortlich sei. Sie seien in gleicher oder ähnlicher Weise schon im Zeitpunkt der Heirat der Parteien gegeben gewesen. Eine Unbilligkeit lasse sich allenfalls bejahen, wenn die Ehefrau bei der Eheschließung nur von Sozialhilfe gelebt hätte. Sie habe aber, wie dem Ehemann bekannt gewesen sei, vor der Heirat einen Unterhaltsanspruch gegen ihren ersten Ehemann i. H. v. monatlich 440 DM gehabt und sei nur im übrigen auf Sozialhilfe angewiesen gewesen. Weil ihr der Unterhaltsanspruch durch die Heirat genommen worden sei, sei es nicht billig, ihren Unterhaltsanspruch aus § 1573 I BGB über die diesem immanente zeitliche Grenze hinaus zu beschränken, die darin bestehe, daß er nur so lange gegeben sei, wie sie trotz intensiver Bemühungen keinen Arbeitsplatz zu finden vermöge. Daß sie durch die Heirat einen etwa doppelt so hohen Elementarunterhaltsanspruch erhalte, wie sie ihn gegenüber ihrem ersten Ehemann gehabt habe, könne für sich allein eine grobe Unbilligkeit nicht begründen. Auch insoweit bestehen durchgreifende Bedenken. Zunächst hat das OLG auch in diesem Zusammenhang berücksichtigt, daß die Ehefrau durch ihre Heirat einen Unterhaltsanspruch gegen ihren ersten Ehemann verloren hat. Wie bereits ausgeführt, kann im vorliegenden Fall insoweit nicht von einem fortwirkenden ehebedingten Nachteil ausgegangen werden, da der verlorene Anspruch im Zeitpunkt der Scheidung unstreitig keinen Wert mehr besitzt. Für die zeitliche Begrenzung eines Unterhaltsanspruchs nach § 1573 I BGB ist nach § 1573 V BGB grobe Unbilligkeit nicht erforderlich; § 1579 Nr. 1 BGB wird insoweit praktisch verdrängt. Dies scheint das OLG nicht richtig zu sehen, wenn es im Rahmen seiner Billigkeitsabwägung u. a. darauf abhebt, daß es eine „grobe" Unbilligkeit nicht begründe, wenn die Ehefrau einen doppelt so hohen Anspruch wie gegenüber ihrem ersten Ehemann erhalte. Im Rahmen der umfassenden Billigkeitsabwägung, die die Vorschrift ebenso wie der weithin gleichlautende § 1578 BGB verlangt, ist nach dem Gesetz stets zu prüfen die Dauer der Ehe, die Gestaltung von Haushaltsführung und Erwerbstätigkeit sowie die Betreuung gemeinschaftlicher Kinder (FamRZ 1986/886, 888). Die Ehefrau hat nach den Feststellungen des OLG berufliche Nachteile durch die Übernahme der Haushaltsführung in der Ehe nicht erlitten; die Ehe war im übrigen kinderlos und von kurzer Dauer. Es ist auch nicht widerspruchsfrei, wenn das OLG eine immanente zeitliche Schranke des Anspruchs nach § 1573 I BGB in Rechnung stellt, obwohl es davon ausgeht, daß die Ehefrau unabhängig von konjunkturellen Gründen wegen ihres Alters und ihres Gesundheitszustandes kaum einen Arbeitsplatz finden könne. Auch die Beurteilung nach § 1573 V BGB kann danach keinen Bestand haben.

(Nach § 1578 I 2 BGB kann auch ein Krankheitsvorsorgeunterhalt gekürzt werden und ein Altersvorsorgeunterhalt ganz entfallen, wenn dies den Verhältnissen vor der Eheschließung entspricht)

6) Bei der Prüfung, ob der Unterhaltsanspruch der Ehefrau gem. § 1578 I 2 BGB nach einer Übergangszeit auf einen angemessenen Lebensbedarf herabzusetzen ist, hat das BerGer. lediglich darauf

verwiesen, daß der zugebilligte Elementarunterhalt von monatlich 843 DM gerade ausreiche, um ihr Existenzminimum zu gewährleisten, so daß eine Herabsetzung nach dieser Vorschrift nicht in Betracht komme. Dies trifft zu, soweit der bisher zugebilligte Elementarunterhalt der Ehefrau in Frage steht (NJW 1986/2834 = FamRZ 1986/889). Einer besonderen Betrachtung bedarf aber der der Ehefrau darüber hinaus zugebilligte Vorsorgeunterhalt für den Fall der Krankheit und des Alters. Da ein Bezugspunkt für eine Herabsetzung des eheangemessenen Unterhalts gem. § 1578 I 2 BGB die Lebensstellung des Berechtigten vor der Ehe ist, muß in Erwägung gezogen werden, daß die Ehefrau nach eigenen Angaben vorehelich lediglich freiwillige Beiträge in die gesetzliche Krankenversicherung von monatlich 73 DM entrichtete und aus finanziellen Gründen offensichtlich keinerlei Altersvorsorge betreiben konnte. Das Berufungsurteil läßt die Prüfung vermissen, ob sich die Ehefrau etwa nach einer Übergangszeit mit einer weniger aufwendigen Krankenversicherung als zu einem Monatsbeitrag von 450,74 DM zufriedengeben muß und ein Anspruch auf Altersvorsorgeunterhalt dann ganz entfällt.

BGH v. 21. 12. 88 – IVb ZR 18/88 – FamRZ 89, 487 = NJW 89, 1083

R383 *(Keine Erwerbsobliegenheit bei Kind bis 8 Jahren; Erwerbsobliegenheit bei Kind zwischen 8 und 11 Jahren nach den Umständen des Einzelfalls; hierbei zu berücksichtigende Umstände)*

a 1 a) Das Oberlandesgericht hat der Ehefrau Unterhalt nach § 1570 BGB zugesprochen, weil sie die – im Zeitpunkt der Berufungsverhandlung acht Jahre alte – gemeinschaftliche Tochter betreue und nicht über eigene Einkünfte verfüge, aus denen sie ihren Unterhalt bestreiten könne. Daß sie die Aushilfstätigkeit nach dem Umzug in ihre jetzige Wohnung aufgegeben habe, stehe ihrem Unterhaltsbegehren nicht entgegen. Der sorgeberechtigte Elternteil könne in eigener Verantwortung entscheiden, ob ihm neben der Betreuung eines – wie hier – erst acht Jahre alten Kindes eine Erwerbstätigkeit möglich sei oder nicht. Aus diesem Grund treffe die Ehefrau trotz der einmal ausgeübten Aushilfstätigkeit keine weitere Erwerbsobliegenheit, zumal nicht ersichtlich sei, daß ihr Dritte bei der Betreuung des Kindes helfen könnten. b) Gegen diese Ausführungen wendet sich die Revision mit der Rüge, das Oberlandesgericht habe sich unter Verletzung seiner Begründungspflicht nicht damit auseinandergesetzt, in welchem Umfang die Ehefrau durch die Pflege und Erziehung des Kindes tatsächlich in Anspruch genommen werde, und ob sie nach den konkreten Verhältnissen wirklich gehindert sei, auch nur einer Teilzeitbeschäftigung in der Art der früher ausgeübten Aushilfstätigkeit nachzugehen. Nachdem die Tochter das achte Lebensjahr vollendet habe und inzwischen die Schule besuche, spreche jedenfalls kein allgemeiner Erfahrungssatz für die Unzumutbarkeit einer Teilzeitbeschäftigung neben der Erziehung des Kindes. Das Berufungsgericht hätte daher nur nach umfassender Prüfung der tatsächlichen Verhältnisse feststellen dürfen, daß die Ehefrau durch die Betreuung des Kindes auch an einer Teilzeitarbeit gehindert sei. c) Hiermit kann die Revision im Ergebnis nicht durchdringen.
Der Senat hat eine Erwerbsobliegenheit des betreuenden Elternteils bisher regelmäßig – im Sinne eines allgemeinen Erfahrungssatzes – verneint, solange das betreute Kind noch nicht acht Jahre alt ist (FamRZ 1983/456, 458; FamRZ 1984/356; FamRZ 1982/25, 27). Hingegen hat der Senat noch nicht entschieden, wie die Erwerbsobliegenheit des betreuenden Elternteils während der weiteren Grundschuljahre des Kindes bis etwa zu seinem elften Lebensjahr zu beurteilen ist. Bei Kindern dieser Altersstufe läßt sich keine allgemeine Regel aufstellen; vielmehr richten sich die Voraussetzungen eines Unterhaltsanspruchs aus § 1570 BGB hier jeweils nach den konkreten Umständen des einzelnen Falles. Neben der persönlichen Situation des Unterhalt begehrenden Elternteils, wie seinem Alter und Gesundheitszustand, seiner Berufsausbildung und Arbeitsmarktchance, kommt es auch auf die sonstigen Verhältnisse an. Unter diesem Gesichtspunkt sind außer einer etwaigen früheren beruflichen Betätigung des Ehegatten die Dauer der Ehe und die wirtschaftliche Lage der Parteien maßgeblich mit zu berücksichtigen (FamRZ 1982/148, 150 m. w. N.; FamRZ 1984/662). Der Revision ist zuzugeben, daß das Berufungsurteil die hiernach gebotene Prüfung der Anspruchsvoraussetzungen des § 1570 BGB nicht im einzelnen erkennen läßt. Trotzdem hält es der Revision in diesem Punkt im Ergebnis stand. Das Berufungsgericht hat nämlich entscheidend darauf abgehoben, daß die Ehefrau ersichtlich keine Betreuungsperson habe, die ihr – im Falle berufsbedingter Abwesenheit – bei der Versorgung der Tochter zur Seite stehen könnte. In Verbindung mit der Tatsache, daß die Ehefrau während der Ehe seit der Geburt der Tochter keiner Erwerbstätigkeit nachgegangen ist, rechtfertigt dies angesichts der guten wirtschaftlichen Verhältnisse des Ehemannes jedenfalls zur Zeit noch einen – grundsätzlich – vollen Unterhaltsanspruch der Ehefrau nach § 1570 BGB.

(Bedürftigkeit, soweit der Bedarf nach § 1578 BGB nicht auf andere Weise gedeckt werden kann)

b 3 a) Die Ehefrau kann den vollen nach den ehel. Lebensverhältnissen (§ 1578 BGB) bemessenen Bedarf nur beanspruchen, soweit sie bedürftig ist, also ihren Bedarf nicht auf andere Weise deckt oder in zumutbarer Weise decken kann (§ 1577 I BGB).

Anhang R. Rechtsprechung R383

(Härtegrund nach Nr. 6 durch Aufnahme intimer Beziehungen; kein Härtegrund, wenn die Ehe zu dieser Zeit nicht mehr intakt war und der Verpflichtete seinerseits ehewidrige Beziehungen zu 2 Frauen unterhalten hat; nach der Scheidung besteht keine eheliche Treuepflicht mehr)

4) Die Sache wäre im Sinne des Revisionsbegehrens abschließend zu entscheiden, wenn ein Här- **c** tegrund i. S. von § 1579 BGB vorläge und die Inanspruchnahme des Ehemannes über einen monatlichen Unterhalt von 1300 DM hinaus unter Wahrung der Belange der gemeinschaftlichen Tochter L. grob unbillig wäre. Das kann indessen nach dem festgestellten Sachverhalt bisher – noch – nicht angenommen werden.

a) Einen Härtegrund nach § 1579 Nr. 6 BGB hat das OLG verneint, weil nicht festgestellt werden könne, daß der Ehefrau ein evidentes einseitiges Fehlverhalten im Sinne dieser Vorschrift zur Last liege. Selbst wenn sie bereits 1982 intime Beziehungen zu M. aufgenommen habe, sei darin kein Ausbrechen aus einer intakten Ehe zu sehen; denn die Ehe der Parteien sei zu diesem Zeitpunkt nicht mehr intakt gewesen, sondern habe sich seit der Geburt der Tochter in einer nicht bewältigten Krise befunden. Der Ehemann habe seinerseits ehewidrige Beziehungen zu zwei Frauen unterhalten. Außerdem habe er in dem früheren Unterhaltsverfahren eingeräumt, die Ehefrau geschlagen zu haben. Bei dieser Sachlage sei der Ehemann zu den Voraussetzungen des § 1579 Nr. 6 BGB beweisfällig geblieben.

Diese Ausführungen begegnen aus Rechtsgründen keinen Bedenken. Auch die Revision erhebt insoweit keine Einwände. Die nach der Scheidung anhaltenden Beziehungen der Ehefrau zu M. erfüllen den Tatbestand des § 1579 Nr. 6 BGB schon deshalb nicht, weil ihre Verpflichtung zur ehel. Treue mit der Scheidung ihr Ende gefunden hat (FamRZ 1983/569, 572).

(Härtegrund nach Nr. 7 bei Lebensgemeinschaft mit neuem Partner)

4b) Einen sonstigen Härtegrund i. S. des § 1579 Nr. 7 BGB hat das OLG ebenfalls nicht für gege- **d** ben erachtet, weil die Ehefrau nicht über eigene Einkünfte verfüge, aus denen sie ihren Unterhalt bestreiten könnte, und von ihrem neuen Partner M. keine finanzielle Unterstützung erwarten könne. Daher sei es dem Ehemann zuzumuten, den vollen Unterhalt zu zahlen. Denn andernfalls sei die Ehefrau darauf angewiesen, zur Bestreitung ihres den ehel. Lebensverhältnissen entsprechenden Unterhalts eine unzumutbare Erwerbstätigkeit auszuüben, wodurch die Erziehung und Pflege des gemeinsamen Kindes gefährdet werden könne. Diese Ausführungen schöpfen die Gesichtspunkte, die nach § 1579 Nr. 7 BGB zu berücksichtigen sind, nicht aus. Gleichwohl ist ihr Ergebnis unter den bisher festgestellten Umständen rechtlich nicht zu beanstanden. aa) Allein die Tatsache, daß der Unterhaltsberechtigte eine intime Beziehung – auch in der Form einer nichtehelichen Lebensgemeinschaft – zu einem neuen Partner eingeht und unterhält, stellt keinen „anderen Grund" i. S. des § 1579 Nr. 7 BGB dar. Derartige Beziehungen zwischen nicht miteinander verheirateten Personen werden vom heutigen Verständnis in einem Maße hingenommen, daß eine Unterhaltsverpflichtung gegenüber einem geschiedenen Ehegatten, der eine solche Beziehung unterhält, nicht schon aus diesem Grunde generell als unzumutbar angesehen werden kann. Der Hinweis der Revision in der mündl. Verhandlung vor dem Senat, der Verpflichtete könne in die Lage geraten, daß der Berechtigte aus dem ihm gezahlten Unterhalt seinen neuen Partner mit unterhalte, stellt diese Beurteilung nicht grundsätzlich in Frage. Denn der Berechtigte kann über den ihm zustehenden Unterhalt frei verfügen. bb) Wie der Senat bereits entschieden hat, gilt indessen etwas anderes, wenn sich der Unterhaltsberechtigte dem neuen Partner schon während der Ehe zugewandt hatte und ihm deshalb ein offensichtlich schwerwiegendes, eindeutig bei ihm liegendes Fehlverhalten i. S. des § 1579 Nr. 6 BGB zur Last liegt. Obwohl nach der Scheidung, wie oben unter a) ausgeführt, nicht mehr von einem Fehlverhalten gesprochen werden kann, kann in einem solchen Fall eine (uneingeschränkte) Inanspruchnahme auch auf nachehel. Unterhalt für den Verpflichteten unzumutbar sein und daher den Härtegrund des § 1579 Nr. 7 BGB erfüllen (FamRZ 1983/676; 1984/154, 155). Die wirtschaftliche Lage des neuen Partners wird hierbei nicht von entscheidender Bedeutung sein können. Für den Verpflichteten kann die Unterhaltsbelastung daher unter solchen Umständen auch dann die Grenze des Zumutbaren überschreiten, wenn der neue Lebensgefährte des Berechtigten finanziell nicht in der Lage ist, diesen in einer Weise zu unterhalten, wie sie dem früheren ehelichen Lebensstandard entspricht. Ein solcher Sachverhalt liegt hier jedoch nicht vor. Zwar hat die Ehefrau die Beziehung zu M. schon vor der Scheidung aufgenommen. Wie unter a) dargelegt, handelt es sich aber nicht um ein eindeutig bei ihr liegendes Fehlverhalten i. S. des § 1579 Nr. 6 BGB. cc) Ähnlich wie unter bb) kann es zu beurteilen sein, wenn die Beziehung des Unterhaltsberechtigten zu seinem neuen Lebensgefährten wegen besonderer, etwa kränkender oder sonst anstößiger Begleitumstände geeignet ist, den Verpflichteten in außergewöhnlicher Weise zu treffen, ihn in der Öffentlichkeit bloßzustellen oder sonst in seinem Ansehen zu schädigen (vgl. etwa die Fälle nach § 66 EheG a. F.; FamRZ 1981/752, 753; vgl. auch Senatsbeschluß v. 23. 11. 1983 – IV b ZB 748/81 – zu § 1587 c Nr. 1 BGB). Derartige Umstände sind hier aber weder festgestellt noch behauptet. dd) Als Härtegrund i. S. des § 1579 Nr. 7 BGB hat es der Senat ferner angesehen, wenn der Unterhaltsberechtigte von einer Eheschließung mit seinem neuen

1443

Partner nur deshalb absieht, weil er den Unterhaltsanspruch gegen seinen geschiedenen Ehegatten nicht verlieren will (FamRZ 1984/986, 987; FamRZ 1987/1011, 1014; zu § 66 EheG, FamRZ 1982/ 896, 897). Dabei können die finanziellen Verhältnisse des neuen Partners insofern eine Rolle spielen, als sie den Unterhaltsberechtigten von einer Eheschließung mit ihm abhalten und daher der Annahme entgegenstehen können, dieser heirate den neuen Partner nur deshalb nicht, um seinen Unterhaltsanspruch aus der geschiedenen Ehe nicht zu verlieren (FamRZ 84/986). Ein Sachverhalt, der unter diesem rechtlichen Gesichtspunkt einen Härtegrund abgeben könnte, ist im vorliegenden Fall nicht festgestellt. ee) Auch wenn der Unterhaltsberechtigte, der mit einem neuen Partner dauerhaft in einer festen sozialen Verbindung zusammenlebt, von einer neuen Eheschließung aus hinzukommenden Gründen absieht, kann die neue Verbindung dazu führen, daß die Fortdauer der Unterhaltsbelastung und des damit verbundenen Eingriffs in die Handlungsfreiheit und Lebensgestaltung des Unterhaltspflichtigen für diesen unzumutbar wird. Das ist der Fall, wenn kein verständlicher Grund dafür ersichtlich ist, daß die Partner nicht zu einer „ehegleichen ökonomischen Solidarität" – also zu einer Unterhaltsgemeinschaft – gelangen, mithin gemeinsam wirtschaften, wobei der den Haushalt führende Partner wie in einer Ehe von dem anderen unterhalten wird (FamRZ 83/569, 572). Auf eine derartige Unterhaltsgemeinschaft kann der Unterhaltspflichtige den Unterhaltsberechtigten allerdings nur verweisen, soweit dieser in der neuen Gemeinschaft wirtschaftlich sein Auskommen finden kann. Hat sein neuer Partner nicht die dazu erforderlichen Mittel, so kommt ein Ausschluß oder auch nur eine Herabsetzung oder eine zeitliche Begrenzung der Unterhaltsverpflichtung nach § 1579 Nr. 7 BGB unter diesem Gesichtspunkt in der Regel nicht in Betracht. Soweit die Revision in der mündl. Verhandlung die Auffassung vertreten hat, ein unterhaltsberechtigter geschiedener Ehegatte, der mit einem finanziell schlechter gestellten neuen Partner eine nichteheliche Gemeinschaft eingehe, begebe sich dadurch auf dessen Lebensstandard und könne Unterhalt nicht mehr nach dem Maßstab der ehel. Lebensverhältnisse, sondern nur noch nach den Lebensverhältnissen des neuen Partners verlangen, vermag der Senat dem nicht beizutreten. Diese Auffassung findet im Gesetz keine Stütze, das die Lebensverhältnisse der geschiedenen Ehe als Maßstab für die Bemessung des Unterhaltsanspruchs bestimmt (§ 1578 I S. 1 BGB). Abgesehen von der in § 1578 I S. 2 BGB vorgesehenen Möglichkeit, diesen Maßstab unter den dort bestimmten Voraussetzungen zu verlassen und statt dessen auf den angemessenen Lebensbedarf abzustellen, kann der Unterhaltsanspruch nur nach § 1579 BGB herabgesetzt werden. Da im vorliegenden Fall keiner der in Nr. 1 bis 6 dieser Vorschrift genannten Härtegründe eingreift, müßte dazu ein anderer, ebenso schwerwiegender Grund i. S. des § 1579 Nr. 7 BGB vorliegen. Wie oben (zu aa)) schon ausgeführt worden ist, kann ein solcher Grund nicht schon in der Beziehung der Ehefrau zu M. erblickt werden. Sie führt als solche also weder zu einem Ausschluß noch zu einer Einschränkung des Unterhaltsanspruchs. Dies kann nicht deshalb anders beurteilt werden, weil M. in bescheideneren Lebensverhältnissen lebt als die Parteien während ihrer Ehe. Es ist nicht zu erkennen, weshalb Unterhaltsleistungen nach dem gesetzlichen Maßstab der ehel. Lebensverhältnisse für den Ehemann aus diesem Grunde – teilweise – die Grenze des Zumutbaren überschreiten sollten. Wenn die Ehefrau ihren neuen Partner möglicherweise – schon in Gestalt der Mietzahlungen – an den Unterhaltsleistungen des Ehemannes teilhaben läßt, begründet dies verständigerweise keine Unzumutbarkeit. Wie ebenfalls unter aa) schon ausgeführt worden ist, kann sie über den ihr zustehenden Unterhalt frei verfügen. Dem Ehemann kommt es auch nicht zu, auf ihre Entscheidung für einen neuen Partner mit den Mitteln des Unterhaltsrechts Einfluß zu nehmen. Unter dem Gesichtspunkt der Unterhaltsgemeinschaft kommt ein Härtegrund i. S. des § 1579 Nr. 7 BGB daher nur in Betracht, wenn und soweit die Ehefrau durch das Zusammenleben mit M. angesichts dessen finanzieller Möglichkeiten ihr den ehelichen Lebensverhältnissen der Parteien entsprechendes Auskommen finden kann. Nach den Einkommensverhältnissen und den sonstigen Verpflichtungen des M., wie sie nach den Darlegungen oben zu bb) in Betracht zu ziehen sind, ist ihr dies derzeit nicht möglich. Die aus anderem Grunde erforderliche Zurückverweisung der Sache gibt jedoch Gelegenheit, diese Frage anhand der aktuellen, ggf. noch vorzutragenden Verhältnisse neu zu prüfen. ff) Lassen die Einkommens- und Vermögensverhältnisse des M. die Begründung einer Unterhaltsgemeinschaft der Ehefrau mit ihm nicht zu, so kann die zwischen ihnen bestehende Beziehung gleichwohl unter einem anderen Gesichtspunkt die Voraussetzungen eines Härtegrundes i. S. von § 1579 Nr. 7 BGB erfüllen. Nach der std. Rspr. des Senats setzt ein „anderer Grund" im Sinne der genannten Vorschrift, aus dem die Inanspruchnahme des Verflichteten grob unbillig sein kann, einen Sachverhalt voraus, der dazu führt, daß die aus der Unterhaltspflicht erwachsende Belastung die Grenze des ihm Zumutbaren überschreitet. Dabei kann sich eine Unzumutbarkeit unabhängig von der Vorwerfbarkeit bestimmter Verhaltensweisen auch aus objektiven Gegebenheiten und Veränderungen der Lebensverhältnisse der früheren Ehegatten ergeben (FamRZ 1987/689). Wenn der Unterhaltsberechtigte zu einem neuen Partner ein auf Dauer angelegtes Verhältnis aufnimmt, kann das Erscheinungsbild dieser Verbindung in der Öffentlichkeit unter Umständen dazu führen, daß die Fortdauer der Unterhaltsbelastung und des damit verbundenen Eingriffs in seine Handlungsfreiheit und Lebensgestaltung für den Unterhaltspflichtigen unzumutbar wird (FamRZ

1983/569, 572). Die wirtschaftliche Lage des neuen Partners des Berechtigten spielt hierbei – anders als im Fall der Verweisung auf eine Unterhaltsgemeinschaft – keine Rolle. Zur Annahme eines Härtegrundes i. S. von § 1579 Nr. 7 BGB – mit der Folge der Unzumutbarkeit einer weiteren (uneingeschränkten) Unterhaltsbelastung für den Verpflichteten – kann das Zusammenleben des Berechtigten mit einem neuen Partner dann führen, wenn sich diese Beziehung in einem solchen Maße verfestigt, daß damit gleichsam „ein nichteheliches Zusammenleben an die Stelle einer Ehe getreten ist". Nach welchem Zeitablauf – und unter welchen weiteren Umständen – dies angenommen werden kann, wird sich allerdings nicht allgemein verbindlich festlegen lassen. Eine gewisse Mindestdauer, die im Einzelfall kaum unter zwei bis drei Jahren liegen dürfte, wird in der Regel nicht unterschritten werden dürfen. Denn vor Ablauf einer solchen zeitlichen Mindestgrenze wird sich im allgemeinen nicht verläßlich beurteilen lassen, ob die Partner nur „probeweise" zusammenleben, etwa um eine spätere Eheschließung vorzubereiten – ein Verhalten, das keinen Härtegrund i. S. von § 1579 Nr. 7 BGB erfüllt –, oder ob sie auf Dauer in einer verfestigten Gemeinschaft leben und nach dem Erscheinungsbild der Beziehung in der Öffentlichkeit diese Lebensform bewußt auch für ihre weitere Zukunft gewählt haben. Ist diese Voraussetzung erfüllt, dann kann von dem Zeitpunkt an, in dem sich das nichteheliche Zusammenleben der neuen Partner als eine solchermaßen verfestigte Verbindung darstellt, die Bedeutung der geschiedenen Ehe als Grund für eine fortdauernde unterhaltsrechtliche Verantwortung des Verpflichteten gegenüber seinem geschiedenen Ehegatten zurücktreten, und es kann für den Verpflichteten objektiv unzumutbar werden, den früheren Ehegatten unter derartig veränderten Lebensumständen – als Folgewirkung aus der geschiedenen Ehe – gleichwohl weiterhin (uneingeschränkt) unterhalten zu müssen. In diesem Fall kann der Unterhaltsanspruch des Berechtigten herabgesetzt oder versagt, gegebenenfalls auch für eine bestimmte weitere Dauer zeitlich begrenzt werden, soweit die Inanspruchnahme des Verpflichteten – unter Wahrung der Belange gemeinschaftlicher Kinder – grob unbillig wäre, § 1579 Nr. 7 BGB. Bei der hiernach gebotenen Billigkeitsprüfung können – neben anderen Kriterien – auch die wirtschaftlichen Verhältnisse des neuen Partners des Berechtigten mit zu berücksichtigen sein.

BGH v. 15. 2. 89 – IVb ZR 41/88 – FamRZ 89, 718 = NJW 89, 1990

(Erstattungsanspruch des Verpflichteten bei Rentennachzahlung an den Berechtigten für die Zeit und in der Höhe, in der sich der Unterhaltsanspruch ermäßigt hätte, wenn die Rente schon während der fraglichen Zeit gezahlt worden wäre. Diesem Erstattungsanspruch steht ein rechtskräftiges Unterhaltsurteil nicht entgegen. Erforderlich ist eine tatrichterliche Billigkeitsabwägung nach § 242 BGB)

2 a) Im Urteil vom 23. 3. 1983 (FamRZ 83/574 = NJW 83/1481) hat der Senat ausgeführt: Wenn ein unterhaltsberechtigter geschiedener Ehegatte einen Antrag auf Erwerbsunfähigkeitsrente gestellt habe und während der Dauer des Rentenverfahrens weiterhin Unterhalt in Anspruch nehme, könne dies im Fall rückwirkender Rentengewährung zu Benachteiligungen des Unterhaltsverpflichteten führen. Zur Vermeidung solcher Benachteiligungen habe dieser die Möglichkeit, dem Berechtigten zur Abwendung seiner unterhaltsrechtlichen Bedürftigkeit bis zur Bewilligung der Rente zins- und tilgungsfreie Darlehen mit der Verpflichtung anzubieten, im Falle endgültiger Ablehnung des Rentenantrags auf deren Rückzahlung zu verzichten, während das Darlehen im Falle der Rentenbewilligung zurückzugewähren seien. Dem Unterhaltsberechtigten obliege es, einen in dieser Weise angebotenen Kredit zur Behebung seiner Bedürftigkeit aufzunehmen; denn es sei mit den Grundsätzen von Treu und Glauben nicht vereinbar, wenn er durch die Ablehnung eines solchen zumutbaren Kreditangebots seine Bedürftigkeit zu Lasten des Unterhaltsverpflichteten aufrechtzuerhalten trachte.

Allerdings könne der Unterhaltspflichtige die Bedürftigkeit des Berechtigten auf die dargelegte Weise nicht mehr – vorübergehend – beheben, wenn er von dem Antrag auf Bewilligung einer Erwerbsunfähigkeitsrente nichts erfahre. Wenn in einem solchen Fall dem Berechtigten die Rente für die Zeit zwischen der Antragstellung und dem Einsetzen der laufenden Zahlungen in vollem Umfang nachgezahlt werde, könne ein Erstattungsanspruch des Unterhaltspflichtigen in der Höhe in Betracht kommen, in der sich der Unterhaltsanspruch des Berechtigten ermäßigt hätte, wenn die Rente sofort bewilligt worden wäre. Ein solcher Anspruch lasse sich aus dem Grundsatz von Treu und Glauben herleiten, der auch das gesetzliche Unterhaltsschuldverhältnis zwischen geschiedenen Ehegatten beherrsche und es ausschließe, dem Unterhaltsberechtigten die nachträglich gezahlte Rente ungeschmälert für einen Zeitraum zu belassen, in dem der Verpflichtete Unterhalt geleistet habe.

b) An diesen Grundsätzen hält der *Senat* fest. Sie beanspruchen in besonderem Maße Geltung, wenn die dem Unterhaltsberechtigten gewährte Rente aus dem VersAusgl stammt und die Rentennachzahlung demgemäß, wie hier, dem Unterhaltspflichtigen im Wege der Kürzung seiner bereits laufenden (Alters-)Rente abgezogen wird (§ 96 IV RKnG, entsprechend §§ 83 a IV AVG, 1304 a IV RVO). Hier verwirklicht sich auf seiten des Berechtigten der mit dem VersAusgl verfolgte Zweck, der Sicherung seines Unterhalts im Falle der Invalidität und im Alter zu dienen (*BGHZ* 74/38, 44 ff. = FamRZ 1979/477) und damit den Verpflichteten – in entsprechender Höhe – von der Unterhaltslast zu befreien. Wird aber dem Berechtigten eine Rente rückwirkend für einen Zeitraum nachgezahlt, in dem sein Unterhaltsanspruch bereits durch Leistungen des Verpflichteten erfüllt worden ist, so „verfehlt" die Nachzahlung den eigentlich mit ihr verfolgten Zweck, den Unterhaltsbedarf zu sichern. Zugleich führt die Kürzung der Rente des Verpflichteten bei diesem zu einer doppelten Belastung, da er den Unterhalt in der Vergangenheit bereits einmal aus seinen laufenden Renteneinkünften gezahlt hat.

In einem solchen Fall widerspricht es, wie das OLG zutreffend ausgeführt hat, grundsätzlich dem Gebot von Treu und Glauben, dem Unterhaltsberechtigten für den Zeitraum, in dem er den Unterhalt bezogen hat, auch die nachgezahlte Rente – zu Lasten des Unterhaltspflichtigen – in vollem Umfang zu belassen.

3. a) Die Revision hält dem angefochtenen Urteil entgegen:

Für einen familienrechtlichen Ausgleichsanspruch fehle es an einer Rechtsgrundlage. Da der Kl. die Rückzahlung des für die Zeit vom 14. 8. 1982 bis zum 30. 4. 1983 der Bekl. gewährten Unterhalts begehre, müsse er sich gegen das rechtskräftige Unterhaltsurteil v. 2. 6. 1981 wenden. Im vorliegenden Fall greife aber keine Norm ein, die eine Durchbrechung der Rechtskraft ermögliche. Weder die Voraussetzungen einer Vollstreckungsabwehrklage nach § 767 ZPO oder auch einer Bereicherungsklage als sog. verlängerter Vollstreckungsabwehrklage noch die einer Abänderungsklage nach § 323 ZPO seien erfüllt. Auch ein Schadensersatzanspruch nach § 826 BGB wegen sittenwidriger Erschleichung oder Ausnutzung eines rechtskräftigen Titels komme nicht in Betracht.

b) Mit dieser Rüge hat die Revision keinen Erfolg. Der Kl. begehrt nicht die Rückzahlung des aufgrund des Urteils v. 2. 6. 1981 beigetriebenen Unterhalts, sondern beansprucht einen Teil der der Bekl. zugeflossenen Rentennachzahlung. Diesem Begehren, das – wie dargelegt – seine Rechtsgrundlage in dem auch das gesetzliche Unterhaltsverhältnis zwischen geschiedenen Ehegatten beherrschenden Grundsatz von Treu und Glauben (§ 242 BGB) findet, steht die Rechtskraft des über den Unterhaltsanspruch der Bekl. ergangenen Urteils v. 2. 6. 1981 nicht entgegen.

Das hier zu beurteilende Klagebegehren unterscheidet sich insoweit von demjenigen, das dem *Senats*urteil v. 17. 2. 1982 (*BGHZ* 83/278 = FamRZ 1982/470) zugrunde lag. Damals hat der *Senat* in einem sonst vergleichbaren Fall einer Klage des geschiedenen Ehemannes auf Rückzahlung des auf einen rechtskräftigen Titel geleisteten nachehelichen Unterhalts entsprochen, weil die Entstehung des Rentenanspruchs der geschiedenen Ehefrau aus dem VersAusgl ein der Erfüllung ihres Unterhaltsanspruchs gleichkommender Vorgang sei, der mit der Vollstreckungsabwehrklage habe geltend gemacht werden können, deren rechtliche Möglichkeiten sich nach der Beendigung der Zwangsvollstreckung in der materiell-rechtlichen Bereicherungsklage fortsetzen (*BGHZ*, a. a. O., S. 280, 281 f.). Einen Anspruch auf Rückzahlung geleisteten Unterhalts erhebt der Kl. – wie ausgeführt – indessen nicht. Daher kann auf sich beruhen, ob die tatbestandlichen Voraussetzungen einer Vollstreckungsabwehrklage erfüllt wären, insbesondere ob schon der Eintritt der gesetzlichen Voraussetzungen des Anspruchs der Bekl. auf Erwerbsunfähigkeitsrente eine Einwendung gegen ihren Unterhaltsanspruch i. S. des § 767 I ZPO begründete, obwohl er – solange die Rente nicht tatsächlich gezahlt wurde – ihre unterhaltsrechtliche Bedürftigkeit nicht entfallen ließ (FamRZ 1983/574).

Ebensowenig begehrt der Kl. für die noch umstrittene Zeit – wie es in der durch *Senats*urteil v. 19. 10. 1988 (FamRZ 1989, 159) entschiedenen Sache der Fall gewesen war – Abänderung des Unterhaltsurteils. Daher kommt es nicht darauf an, ob für den in Rede stehenden Unterhaltszeitraum im Hinblick auf die Erwerbsunfähigkeitsrente der Bekl. ein Abänderungsgrund i. S. des § 323 I ZPO vorliegt.

4. Die Billigkeitsabwägung, die das OLG im Rahmen des § 242 BGB vorgenommen hat, ist im wesentlichen seiner tatrichterlichen Beurteilung vorbehalten. Sie unterliegt der revisionsrechtlichen Nachprüfung nur im Hinblick darauf, ob sie einen Rechtsirrtum oder einen Verstoß gegen allgemeine Erfahrungssätze enthält oder wesentliches Vorbringen der Parteien ersichtlich unberücksichtigt gelassen hat. Das ist nicht der Fall.

Die Bekl. beruft sich zwar darauf, daß sie die erhaltene Nachzahlung nach längeren entbehrungsreichen Jahren zur Tilgung von Schulden und für besondere Ausgaben verwendet habe, zu denen sie zuvor nicht in der Lage gewesen sei; im übrigen sei sie gutgläubig gewesen. Dem steht jedoch entgegen, daß der Kl. den streitigen Betrag aus seiner Rente zweimal geleistet hat (bzw. zum Teil noch zurückzahlen muß), während die Bekl. ihn tatsächlich – ohne insoweit einen Anspruch zu haben – doppelt erhalten hat. Als sie die Nachzahlung bekam, wußte sie zudem, daß es sich um Beträge für einen Zeitraum handelte, in dem sie bereits Unterhalt vom Kl. bezogen hatte. Sie hätte sich deshalb jedenfalls mit dem Kl. ins Benehmen setzen müssen, bevor sie über das Geld verfüge.

Bei Berücksichtigung dieser Umstände kann es nicht als rechtsfehlerhaft angesehen werden, wenn das OLG es für billig gehalten hat, der Bekl. die Rückzahlung des Betrages von 6987,85 DM aufzuerlegen, zumal ihr ein Restbetrag von 1408,25 DM aus der Nachzahlung ohnehin verbleibt.

Anhang R. Rechtsprechung R387 – R388

BGH v. 22. 2. 89 – IVb Z 5/89 – FamRZ 89, 731

(Genaue Bezeichnung der geforderten Belege, unzulässige Vollstreckung bei nicht existierenden Belegen) R387

b) Der Bekl. ist verurteilt worden, Auskunft über seine Einkünfte in den Jahren 1985 bis 1987 sowie über den Bestand seines Vermögens am 15. 12. 1987 zu erteilen und zu diesem Zweck entsprechende Verzeichnisse sowie „Unterlagen für die Bewertung der einzelnen Positionen" vorzulegen, insbesondere die Einkommens- und Vermögenssteuererklärungen für die Jahre 1985, 1986 und 1987. Weiterhin soll er „auf Verlangen einzelne Titel erläutern". Die sofortige Beschwerde weist darauf hin, daß Vermögenssteuererklärungen nach dem Gesetz nur alle drei Jahre abzugeben und Einkommensteuererklärungen vom Bekl. erst bis zum Jahre 1984 einschließlich erstellt worden seien. Soweit dieser danach Steuererklärungen nicht vorlegen kann, weil sie nicht existieren, hat das erstinstanzliche Urteil keinen vollstreckungsfähigen Inhalt, weil eine Zwangsvollstreckung unzulässig ist, soweit die titulierte Leistung unmöglich ist (vgl. etwa *KG*, NJW 1977, 2093; *Baumbach/Lauterbach/Albers/Hartman*, ZPO, 47. Aufl., § 888 Anm. 1 A).

Wie sich aus dem Urteil des *Senats* vom 26. 1. 1983 (IV b ZR 355/81 –, FamRZ 1983, 454) ergibt, ist die Vollstreckungsfähigkeit weiter insoweit in Frage gestellt, als der Bezeichnung „Unterlagen für die Bewertung der einzelnen Positionen" die notwendige Bestimmtheit fehlt (vgl. auch *OLG Karlsruhe*, FamRZ 1983, 631). Ähnliches gilt für den Ausspruch des Urteils, daß der Bekl. „auf Verlangen einzelne Titel erläutern" muß. Zwar kann danach der Bekl. diesbezüglichen Vollstreckungsversuchen aus Rechtsgründen entgegentreten; es ist jedoch nicht zu verkennen, daß auch damit ein erheblicher Arbeitsaufwand verbunden ist. Der Bekl. hat weiter zu gewärtigen, daß ihn der Kl. zunächst mit dem Verlangen bedrängt, den titulierten Leistungspflichten, so wie er sie versteht, freiwillig nachzukommen. Die Erwägungen des OLG lassen nicht erkennen, daß es diese Umstände in seine Beurteilung einbezogen hat. Damit ist nicht abzusehen, ob die vorgenommene Ermessensausübung dem Gesetz entspricht. Es steht nicht außer jedem Zweifel, daß die Wertbemessung auch unter Berücksichtigung dieser Umstände die Berufungssumme des § 511a ZPO nicht erreicht. Unter Aufhebung des angefochtenen Beschlusses ist daher die Sache an das OLG zurückzuverweisen (vgl. auch *Senats*beschluß v. 22. 2. 1989 – IV b ZB 186/88).

BGH v. 26. 4. 89 – IVb ZR 59/88 – FamRZ 89, 842 = NJW-RR 89, 1992

(Unterhalt nach § 58 EheG; Klage nach § 323 ZPO bei Bezug einer Rente; Renteneinkünfte sind nichtprägend, wenn ihre Grundlagen nicht schon in der Ehe gelegt waren; keine Bedarfsbemessung wie in einer Erstentscheidung, wenn im Vorverfahren wegen beschränkter Leistungsfähigkeit nur ein Billigkeitsunterhalt zugesprochen worden war) R388

II 1) Zutreffend ist das Berufungsgericht davon ausgegangen, daß sich die Unterhaltspflicht des a
Klägers weiterhin nach § 58 EheG bestimmt, weil die Ehe der Parteien vor dem Inkrafttreten der geltenden Bestimmungen über die Unterhaltspflicht zwischen geschiedenen Ehegatten (§§ 1569 ff. BGB) am 1. Juli 1977 geschieden worden ist (Art. 12 Nr. 3 Abs. 2 des 1. EheRG). Nach § 58 EheG hat der Kläger der Beklagten den nach den Lebensverhältnissen der Parteien angemessenen Unterhalt zu gewähren, soweit die Einkünfte aus ihrem Vermögen und die Erträgnisse einer Erwerbstätigkeit – denen eine Rente wegen Erwerbsunfähigkeit gleichsteht – nicht ausreichen. Die vom Kläger erstrebte Abänderung kann nur in einer unter Wahrung der Grundlagen des abzuändernden Titels vorzunehmenden Anpassung des Unterhalts an veränderte Verhältnisse bestehen; unveränderte Verhältnisse, die bereits dem ersten Urteil zugrunde lagen und in ihm bewertet worden sind, können nicht abweichend beurteilt werden (ständige Rechtsprechung des Senats – FamRZ 1986/790; FamRZ 1987/257, m. w. N.). Das Oberlandesgericht hat ausgeführt, in beiden früheren Verfahren seien die für die Bemessung des Unterhaltsbedarfs der Beklagten maßgeblichen ehelichen Lebensverhältnisse nicht festgestellt worden; denn wegen der damaligen knappen Einkommensverhältnisse habe der Unterhalt auf den Betrag begrenzt werden müssen, den der Kläger nach seinen Einkünften aufbringen konnte. Daraus ergebe sich jedoch nicht die Bindung, weiterhin ausschließlich an die Leistungsfähigkeit des Klägers anzuknüpfen; der Bedarf sei vielmehr jetzt nach den ehelichen Lebensverhältnissen zu bestimmen. Diese Beurteilung, die die Revision nicht angreift, steht im Einklang mit der Rechtsprechung des Senats, nach der in solchen Fällen die ehelichen Lebensverhältnisse wie in einer Erstentscheidung nach der materiellen Rechtslage zu ermitteln sind (FamRZ 1985/374, 375, FamRZ 1986/790 u. FamRZ 1987/257). Danach besteht kein Grund, die Parteien an der früheren Beschränkung festzuhalten, wenn sich die Einkommensverhältnisse seit der letzten mündlichen Verhandlung in dem Verfahren, in dem das abzuändernde Urteil ergangen ist, soweit verbessert haben, daß jetzt eine Deckung des vollen an den ehelichen Lebensverhältnissen ausgerichteten Unterhaltsbedarfs möglich ist. 2a) Bei der Bemessung des Unterhaltsbedarfs der Beklagten ist das Berufungsgericht von den Verhältnissen zur Zeit der Scheidung ausgegangen. Dazu hat es festgestellt, daß die ehelichen Lebensverhältnisse im Jahre 1976 allein durch ein monatliches Nettoeinkommen des Klägers

aus Erwerbstätigkeit in Höhe von durchschnittlich 1350 DM dauerhaft geprägt waren; davon abweichende Feststellungen lägen auch dem Abänderungsurteil vom 8.März 1979 nicht zugrunde. Einkommen der Beklagten hat das Berufungsgericht nicht hinzugerechnet, weil sie schon zum Zeitpunkt der Scheidung erwerbslos gewesen sei, nur noch Arbeitslosenhilfe bezogen habe und danach nicht wieder erwerbstätig geworden sei; den ehelichen Lebensverhältnissen könnten die Sozialleistungen ebensowenig zugerechnet werden wie die erheblich später bewilligte Erwerbsunfähigkeitsrente, denn es bestünden keine Anhaltspunkte dafür, daß die Grundlage dieses Rentenbezuges schon in der Ehe gelegt und mit diesen Bezügen schon zum Zeitpunkt der Scheidung zu rechnen gewesen sei. Gegen diese für den Kläger günstige Beurteilung wendet sich seine Revision nicht; sie ist als tatrichterliche Wertung im Ergebnis auch nicht zu beanstanden.

(Der Erwerbstätigenbonus entspricht dem Halbteilungsgrundsatz; er ist bereits bei der Bedarfsbemessung, nicht erst bei einem Billigkeitsunterhalt nach § 1581 BGB zu berücksichtigen; unerheblich sind dazu die Verhältnisse in intakter Ehe)

b II 2e) Rechtlicher Prüfung hält dagegen nicht stand, daß das Berufungsgericht den eheangemessenen Bedarf der Beklagten durch Halbteilung und damit in gleicher Höhe wie den des Klägers ermittelt hat. Es hat den Kläger – ungeachtet seiner derzeitigen Arbeitslosigkeit – so behandelt, als übe er weiterhin eine seiner früheren Tätigkeit entsprechende Erwerbstätigkeit aus und erziele daraus ein – auf die heutigen Verhältnisse übertragenes – Einkommen wie früher. Der Unterhaltsbedarf eines erwerbstätigen Unterhaltspflichtigen ist jedoch generell nicht in gleicher Höhe anzusetzen wie der des nichterwerbstätigen Ehegatten. Der Senat hat wiederholt entschieden und eingehend begründet, daß es dem Halbteilungsgrundsatz nicht widerspricht, sondern mit dem Grundsatz gleichmäßiger Teilhabe am ehelichen Lebensstandard in Einklang steht, wenn dem erwerbstätigen Unterhaltsverpflichteten eine höhere Quote als dem nichterwerbstätigen bedürftigen Ehegatten zugebilligt wird (FamRZ 1987/913 und 1988/265, jeweils m. w. N.). Diese Rechtsprechung ist zwar auch nach Veröffentlichung des zuletzt genannten Urteils angegriffen worden (vgl. Luthin FamRZ 1988/ 1109, 1113; Hampel FamRZ 1989/113 114, jeweils m. w. N.); zur – teilweise – abweichenden Rechtsprechung der Oberlandesgerichte Düsseldorf, Hamm und Karlsruhe; siehe auch die Leitlinien zum Unterhaltsrecht der Familiensenate einerseits des OLG Düsseldorf, FamRZ 1987/1113, und andererseits des OLG Hamm, FamRZ 1988/1017). Der Senat hält jedoch auch nach erneuter Prüfung daran fest, daß bei der Bemessung des nachehelichen Unterhaltsbedarfs nach dem Maßstab des § 1578 I Satz 1 BGB dem erwerbstätigen Unterhaltspflichtigen ein die Hälfte des verteilungsfähigen Einkommens maßvoll übersteigender Betrag verbleiben muß. Für diese Beurteilung ist nicht maßgeblich, ob während des Bestehens der ehelichen Lebensgemeinschaft einem der Ehegatten typischerweise ein höherer Anteil am verfügbaren Einkommen zukommt als dem anderen; in intakter Ehe pflegen Ehegatten das Einkommen nicht in einer Weise zwischen sich aufzuteilen, wie es gegebenenfalls zur Berechnung des Trennungs- oder des nachehelichen Unterhalts erforderlich wird. Wenn das Gesetz in § 1578 I Satz 1 BGB als Maß des nachehelichen Unterhalts den Rückgriff auf die ehelichen Lebensverhältnisse vorschreibt, kann damit keine Aufteilung gemeint sein, wie sie während des Zusammenlebens der Ehegatten gerade nicht nötig war. Es ist daher unergiebig, danach zu fragen, ob während der intakten Ehe ein Bonus als Anreiz zur Erwerbstätigkeit oder zum Ausgleich berufsbedingter Nachteile erforderlich war. Diese Frage stellt sich erstmals, wenn es um die Bemessung des Trennungs- oder nachehelichen Unterhalts geht. Den von der Gegenmeinung vorgeschlagenen Weg, einen Zuschlag für die Erwerbstätigkeit erst bei der Prüfung der Leistungsfähigkeit im Rahmen der Billigkeitsabwägung nach § 1581 BGB zu berücksichtigen, hält der Senat weiterhin für mit dem Gesetz nicht vereinbar. Bemessungsmaßstab ist allein § 1578 I Satz 1 BGB. Eine Korrektur gemäß § 1581 BGB kommt zudem nicht in Betracht, wenn die Leistungsfähigkeit des Verpflichteten nicht berührt ist. Auch in solchen Fällen muß nach Auffassung des Senats aber wegen der Erwerbstätigkeit ein die Hälfte des verteilungsfähigen Einkommens maßvoll übersteigender Anteil des Unterhaltspflichtigen gewährleistet sein.

(Schätzung eines trennungsbedingten Mehrbedarfs nach § 287 II ZPO; ausreichende Begründung der Höhe)

c II 2e) Das Berufungsgericht hat an dem danach verbleibenden Einkommen des Klägers – nach seiner Berechnung (2030 – 235 =) 1795 DM, richtig (1890 – 235 =) 1655 DM – beiden Parteien einen gleichen Anteil zugemessen. Den eheangemessenen Bedarf der Beklagten hat es nach Hinzurechnung eines gemäß § 287 ZPO geschätzten trennungsbedingten Mehrbedarfs danach mit monatlich 1075 DM errechnet. Der für diesen Mehrbedarf angesetzte Posten bemißt sich bei richtiger Rechnung allerdings nicht auf den im Berufungsurteil angegebenen Betrag von „etwa 200 DM"; denn bei der vorausgesetzten „gleichen Anteilhabe" an einem Nettomonatseinkommen von 1795 DM ergibt sich ein Betrag von 897,50 DM, so daß zu dem vom Berufungsgericht ermittelten eheangemessenen Bedarf von 1075 DM für den trennungsbedingten Mehrbedarf nur eine Differenz von 177,50 DM verbleibt. Es mag zweifelhaft sein, ob die Höhe dieses Postens mit dem Hinweis auf

§ 287 ZPO ausreichend begründet ist. Immerhin ist aber zugunsten der Beklagten zu berücksichtigen, daß die Parteien während des Zusammenlebens mit verhältnismäßig geringen Mitteln auskommen mußten, so daß die durch die Trennung verursachten Mehrkosten stärker ins Gewicht fallen (FamRZ 1987/266, m. w. N.). Auch diese Frage kann indessen offenbleiben, weil es für die Entscheidung auf sie letztlich ebenfalls nicht ankommt und die Revision insoweit auch keinen Angriff führt.

BGH v. 26. 4. 89 – IVb ZR 64/88 – FamRZ 90, 266
(Darlegungs- und Beweislast bei Auslösen) R389

2. Die Revision greift diese Unterhaltsermittlung mit der Rüge an, das OLG habe seiner Berechnung verfahrensfehlerhaft ein unzutreffendes anrechenbares Einkommen des Bekl. zugrunde gelegt. a

a) So sei nicht belegt, ob tatsächlich Fahrtkosten in der angenommenen Höhe entstanden seien. Die Beweislast für seine Leistungsunfähigkeit trage aber der unterhaltsverpflichtete Bekl.

Mit dieser Rüge kann die Revision nicht durchdringen. Das BerGer. hat sich ersichtlich auf den detaillierten Vortrag des Bekl. aus seiner Berufungsbegründung vom 17. 2. 1988 gestützt, er habe von seinem Arbeitgeber nur gegen konkreten Nachweis der tatsächlich angefallenen Fahrtkosten Fahrgelderstattung erhalten, infolge einer besonderen Abrechnungsmodalität sogar weniger als die entstandenen Kosten. Da die Kl. diesem substantiierten und unter Beweis gestellten Vorbringen des Bekl. nur mit allgemeinem Bestreiten entgegengetreten sind, konnte das OLG ihn ohne Rechtsverstoß seiner Entscheidung zugrunde legen (§§ 138 II, 286 ZPO; vgl. BGH, NJW-RR 1987, 754; NJW 1960, 100 = LM § 286 (B) ZPO Nr. 10). b) Entsprechendes gilt für die dem Bekl. von seinem Arbeitgeber gezahlte Auslösung in Höhe von monatlich 128,99 DM. Auch diese hält die Revision nicht für abzugsfähig, da der insoweit beweisbelastete Bekl. nicht belegt habe, daß der Auslösung ein Mehraufwand in gleicher Höhe gegenübergestanden habe.

Der Bekl. hat indessen auch zu diesem Punkt unter Beweisantritt substantiiert vorgetragen, daß er die Auslösung bei Arbeitseinsätzen in größerer Entfernung von seinem Wohnort einerseits als zusätzliche Fahrgelderstattung für Wochenendheimfahrten und andererseits als Aufwandsentschädigung für doppelte Haushaltsführung erhalten habe, wobei die Spesen von täglich 16 DM durch die Einnahme einer warmen Mahlzeit in Gaststätten voll verbraucht worden seien. Auch auf dieses Vorbringen haben die Kl. lediglich mit einfachem Bestreiten reagiert. Das BerGer. war daher verfahrensrechtlich nicht gehindert, seiner Entscheidung die Angaben des Bekl. zugrunde zu legen. Hieran ändert nichts der Hinweis der Revision auf das Urteil des BGH vom 16. 1. 1980 (BGH, LM BBesG Nr. 2 = FamRZ 1980, 342 (344)). In jenem Urteil ist zwar als Erfahrungssatz niedergelegt, der „wirkliche Mehraufwand liege vielfach unter der gewährten Zulage". Diese Aussage bezog sich jedoch auf die Auslandszulage eines Beamten nach § 55 BBesG. Sie kann auf die im Rahmen eines individuellen Arbeitsverhältnisses gewährte – konkret errechnete – Auslösung nicht übertragen werden. Abgesehen davon ist hier, wie dargelegt, im einzelnen geltend gemacht worden, daß die Spesenbeträge für entsprechende Mehraufwendungen voll verbraucht worden seien.

BGH v. 7. 6. 89 – IVb ZR 51/88 – FamRZ 89, 853 = NJW 89, 2253
(Von den Eltern geschuldete Ausbildung) R391

2) Nach § 1610 II BGB umfaßt der Unterhalt eines Kindes die Kosten einer angemessenen Vorbildung zu einem Beruf. Darunter ist eine Berufsausbildung zu verstehen, die der Begabung und den a
Fähigkeiten, dem Leistungswillen und den beachtenswerten Neigungen des Kindes am besten entspricht und die sich in den Grenzen der wirtschaftlichen Leistungsfähigkeit der Eltern hält. Geschuldet wird also die den Eltern wirtschaftlich zumutbare Finanzierung einer optimalen begabungsbezogenen Berufsausbildung ihres Kindes, die dessen Neigungen entspricht, ohne daß sämtliche Neigungen und Wünsche berücksichtigt werden müssen, insbesondere nicht die, die sich als nur flüchtig oder vorübergehend erweisen oder mit den Anlagen und Fähigkeiten des Kindes oder den wirtschaftlichen Verhältnissen der Eltern nicht zu vereinbaren sind (FamRZ 1980/1115).

(Pflicht zur Finanzierung einer Weiterbildung nach Abschluß einer praktischen Ausbildung, wenn die Weiterbildung oder das Hochschulstudium mit den vorausgegangenen Ausbildungsabschnitten in einem engen sachlichen und zeitlichen Zusammenhang steht und den Eltern die weitere Finanzierung wirtschaftlich zugemutet werden kann)

2) Hiernach hat der Senat in ständiger Rechtsprechung entschieden, daß Eltern, die ihrem Kind b
eine Berufsausbildung haben zukommen lassen, welche der Begabung und den Fähigkeiten, dem Leistungswillen und den beachtenswerten Neigungen des Kindes entspricht, ohne Rücksicht auf die Höhe der Kosten, die sie für die Ausbildung haben aufwenden müssen, ihrer Unterhaltspflicht

grundsätzlich in ausreichendem Maße nachgekommen und deshalb nicht verpflichtet sind, danach noch Kosten einer weiteren Ausbildung zu tragen. Eine Ausnahme hiervon hat er nur unter besonderen Umständen angenommen, nämlich wenn ein Berufswechsel notwendig ist, das Kind von den Eltern in einen unbefriedigenden, seiner Begabung nicht hinreichend Rechnung tragenden Beruf gedrängt worden ist oder sich herausstellt, daß die erste Ausbildung auf einer deutlichen Fehleinschätzung der Begabung des Kindes beruhte. Ferner hat er eine Unterhaltspflicht der Eltern in Betracht kommen lassen, wenn die weitere Ausbildung zweifelsfrei als eine bloße Weiterbildung anzusehen ist und die Weiterbildung von vornherein angestrebt war oder während der ersten Ausbildung eine besondere, die Weiterbildung erfordernde Begabung des Kindes deutlich wurde (vgl. FamRZ 1980/1115; FamRZ 1981/346 und FamRZ 1981/437 sowie die nichtveröffentlichten Urteile vom 25. Februar 1981 – IV b ZR 568/80 –, 11. März 1981 – IV b ZR 567/80 –, 4. November 1981 – IV b ZR 635/80 –, 18. April 1984 – IV b ZR 81/82). Diese Grundsätze hat der Senat auch auf Fälle angewandt, in denen das Kind, wie hier, nach Erlangung der Hochschulreife eine praktische Ausbildung durchlaufen hatte und es darum ging, ob die Eltern danach noch ein Hochschulstudium zu finanzieren verpflichtet waren (vgl. Urteil vom 20. März 1985 – IV b ZR 10/84). Insoweit bedürfen die Grundsätze indessen wegen des inzwischen veränderten Ausbildungsverhaltens der Modifizierung.

a) Diese Veränderung ist einerseits gekennzeichnet durch einen allgemeinen Rückgang der Studierneigung und eine damit verbundene verstärkte Hinwendung der Studienberechtigten zu praktischer beruflicher Ausbildung. Nach dem Bericht der Bundesregierung über die Entwicklung der beruflichen Bildung für Abiturienten im dualen System vom 10. Juli 1986 (BT-Drucks. 10/5835, im folgenden: Bericht) stieg der Anteil der Bewerber mit Studienberechtigung an der Gesamtzahl der gemeldeten Ausbildungsplatzbewerber von 6 % im Jahre 1980/81 auf 14,6 % im April 1986 (Bericht S. 4 f, 13). Andererseits besteht die Veränderung darin, daß ein beabsichtigtes oder erwogenes Studium immer seltener unmittelbar an den Erwerb der Hochschulreife angeschlossen und statt dessen zunächst eine praktische Berufsausbildung aufgenommen wird (Bericht S. 8). 15 % der Studierwilligen des Abiturientenjahrgangs 1985 wollten dem Studium eine anderweitige Ausbildung vorschalten, wobei „erste Wahl" vor allem die betriebliche Ausbildung war (Bericht S. 4). Immer mehr Studienberechtigte, die ein Studium für ihren beruflichen Weg nicht von vornherein ausschließen, wollen sich zunächst durch eine Berufsausbildung eine sichere Lebensgrundlage schaffen. Eine Kombination von Berufsausbildung und Studium wird von den Studienberechtigten ganz überwiegend als der beste Ausbildungsweg angesehen (Bericht S. 6, 10, 20). Demgemäß ist neben den herkömmlichen Ausbildungsweg (Schule – Abitur – Studium) in zunehmendem Maße die Alternative getreten, daß die Studienberechtigten nach dem Schulabschluß zunächst eine praktische berufliche Ausbildung absolvieren und erst danach ein Studium aufnehmen (sog. Abitur – Lehre – Studium-Fälle).

b) Diese Änderungen im Ausbildungsverhalten können bei der Beurteilung der elterlichen Unterhaltspflicht nicht unberücksichtigt bleiben. Sie erfordern eine Überprüfung des bisherigen Verständnisses der gesetzlichen Regelung insbesondere dahin, was unter einer angemessenen Vorbildung zu einem Beruf im Sinne des § 1610 II BGB zu verstehen ist.

aa) Daß sich die Ausbildung, die nach dem Abitur über eine Lehre, ein Volontariat oder dergleichen zum Studium führt, zu einem eigenen und durchgängigen Bildungsweg entwickelt hat, spricht dafür, sie auch unterhaltsrechtlich insgesamt als einen Ausbildungsgang zu werten, der dem Studienberechtigten neben der herkömmlichen Ausbildung offen steht. Dabei muß jedoch die Einheitlichkeit, die das Gesetz in § 1610 II BGB in dem Merkmal der Vorbildung zu einem Beruf grundsätzlich voraussetzt, insoweit gewahrt sein, als die einzelnen Abschnitte in einem engen sachlichen und zeitlichen Zusammenhang stehen müssen. Praktische Ausbildung und Studium müssen derselben Berufssparte angehören oder jedenfalls so zusammenhängen, daß das eine für das andere eine fachliche Ergänzung, Weiterführung oder Vertiefung bedeutet oder daß die praktische Ausbildung, wie es das Oberlandesgericht dargelegt hat, eine sinnvolle Vorbereitung auf das Studium darstellt. Der zeitliche Zusammenhang erfordert, daß der Auszubildende nach dem Abschluß der Lehre das Studium mit der gebotenen Zielstrebigkeit aufnimmt. Übt er im Anschluß an die Lehre den erlernten Beruf aus, obwohl er mit dem Studium beginnen könnte, und wird der Entschluß zum Studium auch sonst nicht erkennbar, so wird der Zusammenhang und damit die Einheitlichkeit des Ausbildungsganges aufgehoben. Daß der Studienentschluß nicht von vornherein, sondern erst nach Beendigung der Lehre gefaßt wird, steht der Einheitlichkeit dagegen nicht entgegen. Es entspricht gerade der Eigenart dieses Bildungsweges, daß die praktische Ausbildung vielfach aufgenommen wird, ohne daß sich der Auszubildende bereits endgültig schlüssig ist, ob er es bei dieser Ausbildung bewenden lassen oder nach deren Abschluß ein Studium anschließen soll. Dieser Besonderheit würde es nicht gerecht, wenn die Einheitlichkeit des Ausbildungsganges davon abhinge, daß das Studium bereits von Anfang an geplant war. Dadurch würde der Auszubildende überfordert. Deshalb muß es ausreichen, wenn er seine Entscheidung sukzessive mit dem Erreichen der jeweiligen Ausbildungsstufe trifft und den Entschluß zur Weiterführung der Ausbildung durch ein Studium nach der Beendigung der praktischen Ausbildung faßt.

bb) Nach der Rechtsprechung des Bundesgerichtshofs, auch des Senats, haben Eltern ihren Kindern nur für eine Berufsausbildung aufzukommen, deren Finanzierung sich in den Grenzen ihrer wirtschaftlichen Leistungsfähigkeit hält (FamRZ 1981/344, 345). Die damit gebotene Prüfung der wirtschaftlichen Zumutbarkeit gewinnt in den sog. Abitur – Lehre – Studium-Fällen besonderes Gewicht, weil die Eltern durch diesen Ausbildungsweg in ihren wirtschaftlichen Belangen stärker betroffen sein können als bei der herkömmlichen Ausbildung. Geht dem Studium eine Lehre voraus, so wird sich dadurch die Gesamtdauer der Ausbildung regelmäßig verlängern, woraus sich ein Anstieg der insgesamt zu erbringenden Ausbildungskosten ergeben kann. Allerdings wird die Unterhaltslast der Eltern während der praktischen Ausbildung in der Regel durch die von den Kindern bezogene, in manchen Berufszweigen nicht unbeträchtliche Vergütung sowie durch steuerliche Vorteile und das Kindergeld gemindert. Außerdem können sich belastende Auswirkungen ergeben, wenn die Ausbildung durch die Verlängerung in eine Zeit fällt, in der die Eltern bereits ein besonderes Interesse an einer Entlastung von der Unterhaltspflicht haben. Das ist einmal der Fall, wenn der Auszubildende mit der Beendigung der praktischen Ausbildung ein Alter erreicht hat, in dem die Eltern nicht mehr damit rechnen mußten, daß er im Anschluß daran noch ein Studium aufnehmen werde. Ähnlich verhält es sich, wenn die Eltern in der gerechtfertigten Erwartung eines früheren Ausbildungsabschlusses anderweitige Disposition getroffen haben, die ihre Leistungsfähigkeit in Anspruch nehmen und nicht oder nur unter Einbußen rückgängig zu machen sind. Auch sonst kann sich aus den Verhältnissen der Eltern, etwa ihrem Alter oder ihrer Lebensplanung, ein derartiges Interesse ergeben. Nähern sie sich bereits der beruflichen Altersgrenze, so muß ihnen ein besonderes Interesse zugestanden werden, ihre Geldmittel baldmöglich frei von Unterhaltsansprüchen zur eigenen Verfügung zu haben. Die vorgenannten Gesichtspunkte treten indessen zurück, wenn die Eltern in besonders günstigen wirtschaftlichen Verhältnissen leben und ihr Lebensstandard durch den Ausbildungsunterhalt nicht oder nur unwesentlich berührt wird. Sind solche Voraussetzungen gegeben, so ist es ihnen zuzumuten, den Abitur – Lehre – Studium-Ausbildungsgang zu finanzieren. Von diesen Fällen abgesehen ist die Frage, ob der Ausbildungsgang im Hinblick auf die wirtschaftlichen Belange der Eltern eine angemessene Vorbildung zu einem Beruf ist, aufgrund einer umfassenden tatrichterlichen Zumutbarkeitsprüfung zu beurteilen.

3. Hiernach hat das Oberlandesgericht den Beklagten zu Recht für verpflichtet gehalten, seiner Tochter für das Architekturstudium Ausbildungsunterhalt zu gewähren. Wie die Feststellungen des Berufungsgerichts ergeben, steht das Studium in dem engen sachlichen und zeitlichen Zusammenhang zu der vorausgegangenen praktischen Ausbildung, der für die Annahme eines einheitlichen Ausbildungsganges erforderlich ist. Die Bauzeichnerlehre hat eine sachliche Beziehung zu dem Studium der Architektur und war eine sinnvolle, fachbezogene Vorbereitung darauf. Die Aufnahme des Studiums ist zum frühestmöglichen Zeitpunkt nach Abschluß der Ausbildung zur Bauzeichnerin erfolgt. Daß der von der Tochter gewählte Ausbildungsgang dem Beklagten auch wirtschaftlich zumutbar ist, steht außer Zweifel, da ihn die Studienkosten nach den nicht angegriffenen Feststellungen des Berufungsgerichts, die sich auf die eigenen Erklärungen des Beklagten bei seiner persönlichen Anhörung stützen, „in keiner Weise belasten".

BGH v. 7. 6. 89 – IVb ZR 63/88 – FamRZ 90, 258 = NJW-RR 89, 1154

(Eheliche Lebensverhältnisse nach § 58 EheG sind inhaltsgleich mit denen nach § 1578 BGB)

III 1) Zutreffend ist das BerGer. davon ausgegangen, daß sich die Unterhaltspflicht des Kl. weiterhin nach § 58 EheG bestimmt, weil die Ehe der Parteien vor dem Inkrafttreten der geltenden Bestimmungen über die Unterhaltspflicht zwischen geschiedenen Ehegatten (§§ 1569 ff. BGB) am 1. 7. 1977 geschieden worden ist (Art. 12 Nr. 3 II des 1. EheRG). Nach § 58 EheG hat der Kl. der Bekl. den nach den Lebensverhältnissen der Parteien angemessenen Unterhalt zu gewähren, soweit die Erträgnisse ihrer eigenen Erwerbstätigkeit (oder andere Einkünfte) nicht ausreichen. Der Maßstab der ehelichen Lebensverhältnisse ist dabei kein anderer als der auch in § 1578 I 1 BGB zugrunde gelegte.

(Änderungen nach der Scheidung können die ehelichen Lebensverhältnisse ausnahmsweise nur noch dann beeinflussen, wenn die Änderung bei Scheidung zu erwarten war und wenn diese Erwartung die Lebensverhältnisse der Ehegatten bereits geprägt hat. Ein enger zeitlicher Zusammenhang mit der Scheidung kann einen solchen Einfluß indizieren. Der Wegfall des Unterhalts für ein Kind nach mehr als 3 Jahren ist bei einer Unterhaltsänderung zu berücksichtigen, wenn die Eheleute nach ihrer Lebensplanung bei beschränkten Einkommensverhältnissen ihren Konsum mit Rücksicht auf die Kinder eingeschränkt hatten)

III 3) Da die ehelichen Lebensverhältnisse, nach denen sich die nacheheliche Unterhaltsbemessung gem. § 1578 I BGB ebenso wie gem. § 58 EheG richtet, in der Regel nur durch die bis zur Scheidung eingetretene Entwicklung bestimmt werden, können nachträglich eintretende Umstände sie nur noch ausnahmsweise beeinflussen. In den genannten Entscheidungen hat der Senat ausdrücklich anerkannt, daß der Wegfall von Unterhaltslasten gegenüber Kindern eine solche Ausnahme bilden kann. Voraussetzung ist allerdings, daß die Änderung aus der Sicht des Scheidungszeitpunktes nicht nur mit hoher Wahrscheinlichkeit zu erwarten war – was beim Wegfall des Kindesunterhalts regelmäßig der Fall ist –, sondern daß diese Erwartung die Lebensverhältnisse der Ehegatten bereits geprägt hatte. Besteht zwischen Scheidung und Wegfall der Unterhaltslast ein enger zeitlicher Zusammenhang, so kann schon dies allein hinreichend sicher einen solchen Einfluß indizieren. Ist die Änderung dagegen erst längere Zeit nach der Scheidung zu erwarten, dann kann von einem solchen Einfluß nicht mehr ohne weiteres ausgegangen werden. Ein allgemeiner Erfahrungssatz, wonach in jeder Ehe die ökonomischen Verhältnisse durch den späteren Wegfall von Unterhaltslasten gegenüber Kindern geprägt werden, besteht nicht. Im vorliegenden Fall hat das BerGer. aber aus den festgestellten persönlichen und wirtschaftlichen Verhältnissen der Parteien rechtsfehlerfrei entnommen, daß sie beide ihren Lebensstandard von vornherein nur für die Zeit (erheblich) eingeschränkt haben, in der sie die Lebensbedürfnisse ihrer Kinder gleichrangig zu befriedigen hatten, also jedenfalls solange diese noch nicht volljährig waren. Es besteht kein Grund, dieses in der Lebensplanung beider Parteien während ihres Zusammenlebens angelegte Opfer nach dem Eintritt der Volljährigkeit auch des jüngsten ihrer sechs Kinder einseitig nur noch der Bekl. abzuverlangen, indem bei der Bemessung ihres Unterhaltsbedarfs weiterhin die Last des Kindesunterhalts berücksichtigt wird. In einem Mangelfall der Art, wie er hier vorliegt, kommt dem Umstand, daß die erwartete Entlastung erst in einem größeren zeitlichen Abstand zur Scheidung eingetreten ist, keine ausschlaggebende Bedeutung zu. Diese Auffassung liegt bereits den beiden genannten Senatsurteilen vom 16. 3. 1988 (NJW 1988/2034 = FamRZ 1988/701) und (NJW 1988/2101 = FamRZ 1988/817) zugrunde. Ob in Fällen, in denen die ehelichen Lebensverhältnisse nicht wie hier infolge der Lebensbedürfnisse von Kindern erheblich eingeschränkt waren, stets ein enger zeitlicher Zusammenhang zwischen der Scheidung und dem Eintritt eines veränderten Umstandes vorliegen muß, damit dieser berücksichtigt werden kann, oder ob durch ein solches Erfordernis der Beurteilungsraum für den Tatrichter zu stark eingeengt würde, bedarf daher keiner Entscheidung.

(Trennungsbedingter Mehrbedarf darf nicht generell bestimmt und nach einem prozentualen Anteil des Bedarfs während der Ehe bemessen werden. Quotenbonus bei Erwerbseinkommen schafft einen Arbeitsanreiz und verstößt nicht gegen den Halbteilungsgrundsatz. Solche Mehrkosten sind konkret darzulegen und tatrichterlich zu ermitteln. Schätzung nach § 287 ZPO ist möglich)

c III 4) Bei der Ermittlung des Unterhaltsbedarfs der Bekl. hat das OLG den Berechnungsweg des FamG mißbilligt, das eine Quote von zwei Fünfteln des bereinigten Nettoeinkommens des Kl. gebildet und darauf zur Abdeckung eines trennungsbedingten Mehrbedarfs pauschal 20 % aufgeschlagen hatte. Statt dessen hat das BerGer. den Bedarf der Bekl. auf 50 % des verfügbaren Einkommens des Unterhaltspflichtigen bemessen und zur Begründung ausgeführt, daß dadurch den Kriterien „trennungsbedingter Mehrbedarf" und „Anreiz für den Erwerbstätigen" auf seiten des Unterhaltsberechtigten Rechnung getragen werde: als Anreiz für die Aufrechterhaltung der Berufstätigkeit werde an sich jedem Ehegatten ein Fünftel seines eigenen Einkommens gutgebracht; mit der Methode, von 50 % auszugehen und darauf das eigene Einkommen des Berechtigten zu 100 % anzurechnen, werde jedoch in Fällen, in denen der unterhaltsberechtigte Ehegatte trennungsbedingten Mehrbedarf habe, ein gerechteres Ergebnis erzielt als bei der Anrechnung von 80 % des eigenen Einkommens des Berechtigten auf eine Quote von nur 40 %. Die Revision beanstandet zu Recht, daß dieser Berechnungsweg nicht im Einklang mit den Grundsätzen steht, die der Senat zur Berücksichtigung eines trennungsbedingten Mehrbedarfs des unterhaltsberechtigten Ehegatten entwickelt hat. Zutreffend ist der Ausgangspunkt, den das OLG seinen Überlegungen zugrunde legt. Es entspricht der inzwischen gefestigten Rechtsprechung des Senats, daß bei der Bemessung des Unterhaltsbedarfs nach den ehelichen Lebensverhältnissen dem erwerbstätigen Unterhaltsverpflichteten die Hälfte des verteilungsfähigen Einkommens maßvoll übersteigender Betrag verbleiben muß, um insbesondere einen Anreiz für die weitere Erwerbstätigkeit zu bieten (NJW 1989/1992 = FamRZ 1989/842, in dem der Senat sich auch mit den kritischen Äußerungen der Literatur zu seinem Urteil NJW 1988/2369 = FamRZ 1988/265 befaßt hat). Insoweit wäre daher nicht zu beanstanden, wenn der Unterhaltsbedarf entsprechend den Richtlinien der Frankfurter Rechtsprechung (zunächst) auf eine Quote von zwei Fünfteln des verfügbaren Einkommens bemessen würde. Auf Bedenken stößt hingegen, daß die Vorinstanzen die auf diese Weise ermittelte Unterhaltsquote durch einen pauschalen Zuschlag erhöht haben, um einen nicht konkret geltend gemachten, sondern unterstellten trennungsbedingten Mehrbedarf abzudecken. Dieses Bedenken gilt gleichermaßen der Berechnung des AG, das die Quote von 40 % des verfügbaren Einkommens um 20 % dieser Quote und damit auf insgesamt 48 % des Einkommens erhöht hat, wie auch dem Weg des OLG, dessen Berechnung einer Anhebung der Zwei-Fünftel-Quote sogar um 25 % (auf 50 % des verfügbaren Einkommens) entspricht. Der Senat hat wiederholt dargelegt, daß trennungsbedingter Mehrbedarf nicht generell bestimmt und nach einem prozentualen Anteil des Bedarfs während der Ehe bemessen werden kann; solche Mehrkosten

Anhang R. Rechtsprechung R393

sind vielmehr vom Unterhaltsberechtigten konkret darzulegen und vom Tatrichter unter Berücksichtigung der Umstände des Einzelfalles zu ermitteln, wobei es diesem nicht verwehrt ist, unter Zuhilfenahme allgemeiner Erfahrungssätze nach § 287 ZPO zu verfahren (NJW 1982/1873 [1875] = FamRZ 1982/255 [257] und NJW 1983/2321 [2322] = FamRZ 1983/886 [887]). An dieser Beurteilung hält der Senat auch nach erneuter Überprüfung fest. Ein Mehrbedarf ist mit der Trennung nicht ausnahmslos und schon gar nicht in Höhe eines bestimmten prozentualen Zuschlags zur Unterhaltsquote verbunden. Das OLG nennt selbst den Fall, daß der Unterhaltsverpflichtete mit einer erwerbstätigen Frau wiederverheiratet ist und durch gemeinsames Wirtschaften die gleichen Vorteile wie während der Ehe mit dem unterhaltsberechtigten früheren Ehegatten. Aber auch dieser kann durch Lebensumstände, die nach der Scheidung eingetreten sind, möglicherweise den ehelichen Lebensstandard aufrechterhalten, ohne dafür die Unterhaltsquote übersteigende Mehrkosten aufwenden zu müssen. Andererseits können durch die Trennung Kosten entstehen, die einen in der gerichtlichen Praxis etwa festgelegten prozentualen Zuschlag noch übersteigen. Trennungsbedingte Veränderungen sind ebensowenig pauschalierbar wie die ehelichen Lebensverhältnisse selbst. Es bedarf daher, wie auch sonst bei der Unterhaltsbemessung, der Darlegung konkreter Tatsachen, aus denen sich die gebotene individuelle Beurteilung – notfalls mit Hilfe des § 287 ZPO – gewinnen läßt.

BGH v. 21. 6. 89 – IVb ZR 73/88 – FamRZ 89, 1054 = NJW-RR 89, 1218

(Mutwillige Herbeiführung der Bedürftigkeit bei fehlgeschlagenem Selbsttötungsversuch; ein leichtfertiges Verhalten ist ausreichend; bezüglich der möglichen Folgen eines Tuns ist Erkenntnis- und Einsichtsfähigkeit Voraussetzung; Darlegungs- und Beweislast des Verpflichteten; der Richter muß ein Sachverständigengutachten nur einholen, wenn ihm zur Beurteilung einer Frage die nötige Sachkunde fehlt) R393

II 1. Der geschiedene Ehemann habe seine Bedürftigkeit nicht mutwillig herbeigeführt, § 1579 a Nr. 3 BGB. Mutwilligkeit setze zwar kein vorsätzliches oder gar absichtliches Verhalten des Unterhaltsgläubigers voraus, sondern es genüge ein leichtfertiges Verhalten, bei dem sich der Ehegatte allerdings der Möglichkeit des Eintritts der Bedürftigkeit als Folge seines Tuns bewußt gewesen sei und dennoch in grober Mißachtung dessen, was jedem vernünftigen Menschen einleuchte, oder in Verantwortungs- und Rücksichtslosigkeit gegenüber den Interessen des unterhaltpflichtigen Ehegatten gehandelt habe; die Vorstellungen und Antriebe, die seinem Handeln zugrunde lagen, müßten sich auch auf die Bedürftigkeit als Folge seines Verhaltens erstreckt haben. Der am 20. 11. 1977 unternommene dritte Selbsttötungsversuch des geschiedenen Ehemannes, der zu seiner Erwerbsunfähigkeit und Pflegebedürftigkeit geführt habe, erfülle diese Voraussetzungen nicht. Der Ehemann habe nach dem eigenen Vortrag der Bekl. seit längerem an Depressionen gelitten, deretwegen er in ständiger ärztlicher Behandlung gestanden habe. Ob es sich um eine organisch bedingte endogene Depression oder um lediglich psychogen verursachte depressive Reaktionen auf äußere Belastungen gehandelt habe, könne dahinstehen; denn die Depression habe in beiden Formen echten Krankheitswert und gehe mit Suizid-Gefährdung einher. Aus der von der Bekl. vorgetragenen bisherigen Krankengeschichte und dem Krankheitsbild des Ehemannes in der letzten Phase vor dem 20. 11. 1977 ergebe sich weder ein Anhalt dafür, daß dem Ehemann bei seinem dritten Selbsttötungsversuch die Möglichkeit bewußt gewesen sei, daß er diesmal im Gegensatz zu den folgenden gebliebenen früheren Versuchen dauernde, die Erwerbsfähigkeit nach sich ziehende Folgeschäden davontragen könne, noch daß er sich trotz Kenntnis dieser Möglichkeit in Verantwortungs- und Rücksichtslosigkeit gegenüber der unterhaltspflichtigen Bekl. darüber hinweggesetzt habe. Zwar könne zugunsten der Bekl. unterstellt werden, daß der Ehemann aufgrund der beiden vorausgegangenen Selbsttötungsversuche die Möglichkeit nicht ausgeschlossen habe, auch der dritte Versuch könne wiederum fehlschlagen. Soweit die Bekl. daraus jedoch den Schluß ziehen wolle, der Ehemann habe auch gewußt, daß erhebliche gesundheitliche Beeinträchtigungen mit Verlust der Erwerbsfähigkeit die Folge sein könnten, könne ihr nicht gefolgt werden. Ihrer insoweit im Bereich bloßer Vermutung liegenden Behauptung stehe bereits die Tatsache entgegen, daß die früheren Selbsttötungsversuche des Ehemannes letztlich folgenlos geblieben seien. Der Ehemann sei bis zuletzt noch berufstätig gewesen. Auf ein konkretes, aus den vorausgegangenen Versuchen gewonnenes Erfolgswissen des Ehemannes könne die Behauptung der Bekl. daher nicht gestützt werden. Im übrigen habe diese nicht dargetan, daß der Ehemann gerade zu dem Zeitpunkt, als er die selbstschädigende Handlung vornahm, die nötige Erkenntnisfähigkeit gehabt habe, um die möglichen Folgen seines Tuns, insbesondere den Eintritt einer Unterhaltsbedürftigkeit zu erkennen und nach dieser Erkenntnis zu handeln. Sowohl die Erkenntnis- als auch die Einsichtsfähigkeit seien aber Voraussetzung einer Mutwilligkeit i. S. von § 1579 Nr. 3 BGB. Der in der kritischen Phase vor dem letzten Selbsttötungsversuch bei dem Ehemann bestehende Zustand völliger Antriebsschwäche und Interesselosigkeit lege vielmehr den Schluß nahe, daß er zur maßgeblichen Zeit nicht mehr in der Lage gewesen sei, an mögliche andere Folgen als den von ihm zum wiederholten Mal herbeigewünschten Tod zu denken. Dafür, daß er bewußt in Kauf genommen habe, er könne in einer Weise überleben, die ihm seine oh-

nehin verabscheute Existenz noch lebensunwerter mache, habe die insoweit darlegungs- und beweispflichtige Bekl. nichts vorgetragen. Da der Ehemann im übrigen seit längerer Zeit wegen seiner Erkrankung in ärztlicher Behandlung gestanden habe, könne ihm auch nicht vorgeworfen werden, er habe leichtfertig eine – erfolgversprechende – Heilungschance ausgeschlagen. 2. Diese Ausführungen halten den Angriffen der Revision stand.
a) Das OLG hat die Merkmale, nach denen sich die Mutwilligkeit i. S. von § 1579 Nr. 3 BGB bestimmt, in Anlehnung an die in der Rechtsprechung des erkennenden Senats entwickelten Grundsätze (FamRZ 1981/1042, 1044; FamRZ 1984/364, 367; FamRZ 1988/375, 377; FamRZ 1988/1031, 1033) zutreffend dargelegt und den festgestellten Sachverhalt anhand dieser Merkmale umfassend und erschöpfend gewürdigt. Daß es dabei zu dem Ergebnis gelangt ist, die Voraussetzungen des § 1579 Nr. 3 BGB seien nicht erfüllt, unterliegt weder sachlichen noch rechtlichen Bedenken.

(Keine grobe Unbilligkeit nach Nr. 7 bei Unterhaltsbedürftigkeit infolge fehlgeschlagenem Selbsttötungsversuch. Das Schicksal eines in Not geratenen Partners muß nach der Scheidung auch dann mitgetragen werden, wenn den Verpflichteten keine Mitschuld an der Notlage trifft)

b II 3. a) Einen Ausschluß des Unterhaltsanspruchs nach § 1579 Nr. 4 a. F. bzw. Nr. 7 n. F. BGB hat das OLG ebenfalls verneint, und zwar weil keine so gravierenden Gründe hierfür sprächen, daß ihre Nichtbeachtung zu einem dem Gerechtigkeitsempfinden zuwiderlaufenden Ergebnis führen würde. Insoweit müsse neben der objektiven Unzumutbarkeit – die hier in dem Umstand der vom Ehemann schuldlos, jedoch selbst herbeigeführten Unterhaltsbedürftigkeit liegen könne – das Merkmal der groben Unbilligkeit erfüllt sein, wobei die Gesamtumstände des Eheverlaufs sowie persönliche und wirtschaftliche Verhältnisse beider Ehegatten in die Billigkeitsabwägung mit einfließen müßten. An beidem fehle es jedoch. Es gehöre zum Wesen der Ehe als einer Lebens- und Schicksalsgemeinschaft und dem daraus folgenden Gebot nachehelicher Solidarität, daß das Schicksal eines in Not geratenen Partners mitgetragen werden müsse, und zwar auch dann, wenn den verpflichteten Ehegatten wie auch immer geartete Mitschuld an der Notlage treffe. Angesichts der ausreichenden wirtschaftlichen Verhältnisse der Bekl. erscheine ihre Belastung mit dem von dem Kl. geforderten Unterhaltsbeitrag von monatlich 153 DM im übrigen auch unter wirtschaftlichen Gesichtspunkten nicht grob unbillig. b) Auch diese Ausführungen des OLG sind frei von Rechtsfehlern und halten sich im Rahmen der Grundsätze, die der Senat zu der unterhaltsrechtlichen Härteklausel des § 1579 Nr. 4 a. F. bzw. Nr. 7 n. F. entwickelt hat (FamRZ 1987/689, 690).

BVerfG v. 4. 7. 89 – 1 BvR 537/87 – FamRZ 89, 941 = NJW 89, 2807

R394 *(Zur kurzen Ehe nach § 1579 Nr. 1 BGB bei Kinderbetreuung)*

I. 1. Der BGH hat im Rahmen der Prüfung des Härtegrundes nach § 1579 Nr. 1 BGB angenommen, daß die Ehe des Bf. nicht von kurzer Dauer gewesen sei, obwohl nach seiner Rechtsprechung eine zweijährige Ehe als kurz i. S. der Vorschrift angesehen wird (vgl. BGH, FamRZ 1986, 886 (887)). Das davon abweichende Ergebnis beruht darauf, daß der BGH die Jahre, für welche die geschiedene Ehefrau voraussichtlich Betreuungsunterhalt erhalten kann, der tatsächlichen Ehedauer zugerechnet hat.

2. Die gesetzliche Regelung stellt nach ihrem Wortlaut darauf ab, für welche Zeit der Berechtigte wegen der Pflege und Erziehung eines gemeinschaftlichen Kindes Unterhalt nach § 1570 BGB verlangen konnte. Das könnte dahin verstanden werden, daß sich die Dauer der Ehe nur um bereits zurückliegende Zeiten der Kinderbetreuung erhöht, so daß der Bf. eine Kurzzeitehe geführt hätte. Der Wortlaut des § 1579 Nr. 1 BGB ist durch die Neuregelung der Vorschrift nicht geändert worden. Aus der Entstehungsgeschichte dieser Regelung ergibt sich, daß mit der Zurechnung der Erziehungszeiten bei der Ermittlung der Ehedauer eine Rechtsschutzlücke aus Billigkeitsgründen geschlossen werden sollte. In den Fällen nämlich, in denen der geschiedene Ehegatte wegen der Betreuung gemeinschaftlicher Kinder einen Unterhaltsanspruch nach § 1570 BGB hatte, sollte vermieden werden, daß sich der Unterhaltsverpflichtete nach Beendigung der Kinderversorgung gegenüber Unterhaltsansprüchen seines früheren Ehepartners etwa wegen Krankheit oder Alters auf eine Kurzzeitehe als Ausschlußgrund berufen konnte (BT-Dr 7/4361, S. 33, 91). Diesem gesetzgeberischen Anliegen entspricht die Formulierung: „Der Ehedauer steht die Zeit gleich, in welcher der Berechtigte wegen der Pflege oder Erziehung eines gemeinschaftlichen Kindes nach § 1570 BGB Unterhalt verlangen konnte."

3. Unabhängig davon, ob der Wortlaut des § 1579 Nr. 1 BGB unter Berücksichtigung seiner Entstehungsgeschichte eine Einbeziehung zukünftiger Kinderbetreuungszeiten bei der Berechnung der Ehedauer zuläßt, darf jedenfalls die Auslegung und Anwendung der Norm nicht zu verfassungswidrigen Ergebnissen führen. Dies ist dann der Fall, wenn der Härtetatbestand der Kurzzeitehe bei einer Ehe mit einem Kind überhaupt nicht mehr erfüllt sein kann.

Anhang R. Rechtsprechung R395

a) Nach der alten Regelung war der eheangemessene Unterhaltsanspruch des kinderbetreuenden Ehegatten auch bei Vorliegen eines Härtefalles gegeben, denn § 1579 II BGB a. F. verbot die Anwendung des Absatzes 1 ausnahmslos, solange und soweit von dem Berechtigten wegen der Pflege oder Erziehung eines gemeinschaftlichen Kindes eine Erwerbstätigkeit nicht erwartet werden kann. Diese stringente Formulierung des § 1579 II BGB, der durch das Unterhaltsänderungsgesetz aufgehoben wurde, trug nicht in ausreichendem Maße dem Verhältnismäßigkeitsprinzip Rechnung (BVerfGE 57, 361 (388) = NJW 1981, 2771).

Grundsätzlich hat das BVerfG die Grenzen des Zumutbaren eines schuldunabhängigen Unterhaltsanspruchs dort für überschritten erachtet, wo ein getrennt lebender oder geschiedener Ehegatte Unterhaltsansprüche seines Partners zu erfüllen hätte, obwohl dieser sich gegen ihn oder einen seiner Angehörigen eines Verbrechens oder vorsätzlichen Vergehens schuldig gemacht und sich damit ganz bewußt von jeglichen ehelichen Bindungen gelöst hat. Das gleiche gilt für die übrigen Ausschlußtatbestände des § 1579 I BGB. Im anderen Fall wäre die Beschränkung der Dispositionsfreiheit des Verpflichteten im finanziellen Bereich als Folge der Unterhaltsansprüche des Bedürftigen nicht mehr Bestandteil der verfassungsmäßigen Ordnung und könnte vor dem Grundrecht des Art. 2 I GG nicht bestehen (BVerfGE 57, 361 (381) = NJW 1981, 1771).

Das BVerfG hat andererseits selbst bei einem schweren ehelichen Fehlverhalten des Elternteils, der die Kinder betreut, einen völligen Ausschluß seines Unterhaltsanspruchs nicht für geboten erachtet. Es hat vielmehr ausgeführt, daß es dem Wohl des Kindes entspricht, wenn es sich auch nach der Trennung seiner Eltern in der Obhut eines Elternteils weiß, der hinreichend Zeit hat, auf seine Fragen, Wünsche und Nöte einzugehen. Das setzt aber voraus, daß der Elternteil, bei dem sich das Kind befindet, durch seinen Anspruch auf Unterhalt von einer Erwerbstätigkeit freigestellt wird. In dieser Sicht dient der Unterhaltsanspruch des bedürftigen Ehegatten zur Sicherung der Wahrnehmung seiner Elternverantwortung, die einen wesensbestimmenden Bestandteil des Elternrechts nach Art. 6 II 1 GG bildet (BVerfGE 57, 361 (382 f.) = NJW 1981, 1771). In besonderen Härtefällen muß jedoch nach dem Grundsatz der Verhältnismäßigkeit auch insoweit ein Ausschluß oder eine Herabsetzung des Unterhaltsanspruchs möglich sein (BVerfG, a. a. O., Leitsatz und S. 388). Danach sind grundrechtswidrige Ergebnisse weitgehend durch eine Reduzierung des eheangemessenen Unterhalts auf das zur Kindesbetreuung erforderliche Maß vermeidbar.

b) Der Gesetzgeber hat dieser Entscheidung durch die Neuregelung des § 1579 BGB Rechnung getragen, indem er bei Vorliegen eines Härtetatbestandes eine Abwägung vorschreibt: Ein Unterhaltsanspruch ist zu versagen, herabzusetzen oder zeitlich zu begrenzen, soweit die Inanspruchnahme des Verpflichteten auch unter Wahrung der Belange eines dem Berechtigten zur Pflege oder Erziehung anvertrauten gemeinschaftlichen Kindes grob unbillig wäre. Dabei ist nicht auszuschließen, daß die Prüfung im Einzelfall einen Anspruch des bedürftigen Ehegatten auf den vollen eheangemessenen Unterhalt ergibt.

c) In seiner zum Verfahren abgegebenen Stellungnahme vertritt der BGH die Auffassung, daß wegen der Zurechnung der Kinderbetreuungszeiten der Härtegrund der kurzen Ehedauer praktisch zumeist von vornherein ausscheide, denn aus der Ehe ein Kind hervorgegangen sei, Ehedauer und Kinderbetreuungszeit ergäben zusammen regelmäßig Zeiten, die nicht mehr als kurz bezeichnet werden könnten. Der BGH hält seine Auslegung der Norm zur Vermeidung unverständlicher und vom Gesetzgeber nicht gewollter Ergebnisse im Hinblick etwa auf den Schutz von Unterhaltsanschlußansprüchen für angebracht. Seine Überlegungen sind aber nicht geeignet, die verfassungswidrige Beeinträchtigung des unterhaltsverpflichteten Ehegatten zu rechtfertigen. Um zu vermeiden, daß die vom BVerfG beanstandete Rechtslage hinsichtlich des Härtegrundes der kurzen Ehedauer fortbesteht, ist es danach geboten, bei der Auslegung und Anwendung des § 1579 Nr. 1 BGB zunächst auf die tatsächliche Ehezeit abzustellen, und wenn diese als kurz zu beurteilen ist, anschließend die gesetzlich vorgesehene Abwägung durchzuführen.

BGH v. 12. 7. 89 – IVb ZR 66/88 – FamRZ 89, 1160 = NJW 89, 2809

(Voraussetzungen einer angemessenen Erwerbstätigkeit nach § 1361 II BGB; in den Urteilsgründen sind nur Umstände von besonderem Gewicht abzuhandeln) R395

1) Der nicht erwerbstätige Ehegatte kann im Rahmen des § 1361 II BGB nur unter wesentlich engeren Voraussetzungen darauf verwiesen werden, seinen Unterhalt durch Erwerbstätigkeit selbst zu verdienen, als dies gemäß § 1574 BGB nach der Scheidung der Ehe der Fall ist (FamRZ 1981/242, 243). Für die Beurteilung kommt es nicht allein auf den Gesundheitszustand des Ehegatten an, sondern es ist eine Gesamtwürdigung anzustellen, in die neben den sonstigen persönlichen Verhältnissen, zu denen auch die Betreuung von nicht gemeinschaftlichen Kindern gehört, insbesondere die Dauer der Ehe und der Zuschnitt der ehelichen Lebensverhältnisse einzubeziehen sind (FamRZ 1981/17, 18). Die Entscheidungsgründe des angefochtenen Urteils ergeben, daß das Oberlandesgericht eine in diesem Sinne sachentsprechende Würdigung vorgenommen hat. Was den Gesundheits-

a

zustand der Klägerin betrifft, konnte es das von ihm verwertete Gutachten des Gesundheitsamts L. vom 2. April 1986 zugrunde legen, ohne daß eine weitere Begutachtung angezeigt war (vgl. § 412 I ZPO und BGHZ 53/245, 258 f). Es ergibt eine schon wegen ihrer erheblichen Sehbehinderung stark eingeschränkte Arbeitsfähigkeit der Klägerin. Unter weiterer Berücksichtigung ihrer längeren Hausfrauentätigkeit, der Dauer der Ehe und der wirtschaftlichen Verhältnisse der Parteien konnte das Berufungsgericht daher ohne Rechtsverstoß zu dem Ergebnis gelangen, daß der Klägerin eine Erwerbstätigkeit nicht zuzumuten ist. Ihre ehrenamtliche Tätigkeit für den Tierschutz ist in diesem Zusammenhang kein Umstand von besonderem Gewicht, der in den Urteilsgründen ausdrücklich hätte abgehandelt werden müssen.

(Während der Trennungszeit kann dem Berechtigten ein Auszug aus einem Familienheim oder eine Teilvermietung nicht zugemutet werden; die Wiederherstellung der ehelichen Lebensgemeinschaft darf nicht erschwert werden, dagegen ist die Verpachtung eines Wochenendgrundstücks zumutbar)

b 2. Die Revision stellt die Bedürftigkeit der Kl. unter folgenden Gesichtspunkten in Frage: Nach ihrer Ansicht habe ihr obgelegen, aus dem früheren Familienheim auszuziehen, für sich und ihre beiden Kinder aus erster Ehe eine weniger kostspielige Wohnung anzumieten, das Haus für ca. 1000 DM pro Monat zu vermieten und die überschüssigen Mieteinnahmen zur Deckung ihres Unterhaltsbedarfs einzusetzen; zumindest aber zwei Zimmer im Obergeschoß des Hauses abzuvermieten und daraus Mieteinnahmen von je 200 DM bis 250 DM zu erzielen; ein ihr gehöriges Wochenendgrundstück in L. für monatlich 150 DM zu verpachten. Da sie diesen Obliegenheiten nicht nachgekommen sei, seien ihr entsprechende fiktive Einkünfte zuzurechnen. Dem kann nicht gefolgt werden.

a) Das Ansinnen, in eine weniger kostspielige Wohnung umzuziehen, stellte der Bekl. an die Kl. erstmals im Revisionsverfahren, weshalb das OLG hierzu nichts ausgeführt hat. Es ist auch nicht gerechtfertigt. Das Senatsurteil v. 4. 11. 1987 (FamRZ 1988/145, 149), auf das die Revision sich beruft, betrifft nicht Trennungs-, sondern nachehelichen Unterhalt, bei dem, ähnlich wie bei der Erwerbsobliegenheit, strengere Grundsätze gelten. Während des Getrenntlebens ist es dem Ehegatten in aller Regel nicht zumutbar, die frühere Ehewohnung, die er allein bewohnt, zur Steigerung der Einkünfte anderweitig zu verwerten, etwa durch Vermietung. Dies gilt insbesondere deswegen, weil in dieser Zeit eine Wiederherstellung der ehelichen Lebensgemeinschaft noch nicht ausgeschlossen ist, die nicht erschwert werden darf. Daß aufgrund besonderer Umstände im vorliegenden Fall etwas anderes zu gelten hätte, ist nicht ersichtlich und geht aus dem Vorbringen der Revision nicht hervor. b) Eine Abvermietung von Zimmern im Obergeschoß des Hauses hat das OLG schon deswegen als der Kl. nicht zumutbar angesehen, weil die fraglichen Räume von der übrigen Wohnung nicht abgeschlossen seien. Auch die vom Bekl. vorgeschlagenen Umbaumaßnahmen zur Behebung dieses Zustandes kämen nicht in Betracht, da dadurch das Haus seinen bisherigen großzügigen Charakter verlöre und der im bereits anhängigen Verfahren der Teilungsversteigerung zu erwartende Erlös beeinträchtigt werden könnte. Der Antrag des Bekl. auf Einholung einer Auskunft der Universität M., den die Revision in diesem Zusammenhang als übergangen rügt, bezog sich nicht auf die vom OLG mit Recht als ausschlaggebend angesehenen tatsächlichen Verhältnisse, sondern auf die Vermietbarkeit der fraglichen Zimmer an Studierende der Universität. Diese kann als gegeben angenommen werden, ohne daß dies dem im Urteil vertretenen Standpunkt entgegensteht. Schon die anstehende Teilungsversteigerung rechtfertigt die Beurteilung des OLG. c) Eine Verpachtung des Wochenendgrundstücks hat das OLG grundsätzlich als der Kl. zumutbar angesehen; es ist jedoch zu dem Ergebnis gelangt, sie habe hinreichend dargetan, daß ihr eine Verpachtung nicht möglich gewesen sei. Die Revision hält dem entgegen, die Kl. habe sich insoweit auf den Mißerfolg einer einzigen Zeitungsanzeige berufen, mithin sich nicht ausreichend um eine Verpachtung bemüht. Indessen hat das OLG ersichtlich Erfahrungen des täglichen Lebens hinsichtlich der Verwertbarkeit derartiger unbebauter Grundstücke mitberücksichtigt, was ihm aus Rechtsgründen nicht verwehrt war.

(Objektiver Maßstab für die Bedarfsbemessung; kein Festhalten an einer tatsächlichen Einschränkung des Konsumverhaltens zugunsten einer Vermögensbildung, wenn ein trennungsbedingter Mehrbedarf besteht)

c 3) Das Oberlandesgericht hat festgestellt, daß die Parteien während ihres Zusammenlebens in beträchtlichem Umfang Vermögen gebildet haben. Vor allem die Jahresprämien, die der Arbeitgeber des Beklagten diesem regelmäßig gewährt habe, seien zum Ankauf von Aktien verwendet worden. Erträge des angelegten Vermögens seien ebenfalls nicht für den laufenden Lebensbedarf verwendet worden. Trotzdem könne der Beklagte nicht verlangen, daß bei der Bemessung des Unterhaltsbedarfs der Klägerin ein entsprechender Anteil seines Einkommens außer Betracht bleibe. Soweit Ehegatten nämlich während des Zusammenlebens ihren Konsum zugunsten der Vermögensbildung eingeschränkt hätten, brauche sich der unterhaltsberechtigte Ehegatte nach der Trennung nicht daran festhalten zu lassen, wenn der eheliche Lebensstandard sich wegen trennungsbedingten Mehrbedarfs anders nicht aufrechterhalten lasse. Ein solcher Fall sei vorliegend gegeben. Die Revision, die die Feststellungen des Gerichts über die den Parteien nach der Trennung zur Verfügung stehenden Mittel

Anhang R. Rechtsprechung
R395

nicht angreift (beim Beklagten einschließlich Jahresprämie und Kapitalerträge für 1986 monatlich 3131 DM, ab 1987 weniger; bei der Klägerin Kapitalerträge von monatlich 280 DM, ab 1987 weniger), beharrt auf dem Standpunkt, daß bei der Unterhaltsbemessung unter dem Gesichtspunkt der Vermögensbildung während des ehelichen Zusammenlebens vom Einkommen des Beklagten monatlich mindestens 700 DM bis 800 DM abzusetzen seien; die Parteien seien immer noch miteinander verheiratet, so daß eine Änderung des Lebensstils nicht in Betracht komme. Damit kann sie nicht durchdringen. Nach der ständigen Rechtsprechung des Senats ist bei der Bemessung des Ehegattenunterhalts ein objektiver Maßstab anzulegen, so daß eine aus dieser Sicht zu dürftige Lebensführung ebenso außer Betracht bleibt wie ein übertriebener Aufwand. Nur in diesem Rahmen kann das tatsächliche Konsumverhalten der Ehegatten während des ehelichen Zusammenlebens berücksichtigt werden, zumal weitere Vermögensbildung beim Unterhaltsverpflichteten dem Berechtigten regelmäßig nicht mehr zugute kommt (FamRZ 1982/151, 152, FamRZ 1984/358, 360 f und FamRZ 1987/913, 916). Dem Oberlandesgericht ist darin beizupflichten, daß bei den Einkommensverhältnissen der Parteien eine weitere Vermögensbildung durch den Beklagten den Unterhalt der Klägerin unangemessen beeinträchtigen würde.

(Wohnwertzurechnung als Gebrauchsvorteil des Vermögens, nach Abzug der Hauslasten; der durch den Auszug eines Ehegatten entfallende Nutzungsteil ist bei der Bedarfsbemessung von beiden Ehegatten zu gleichen Teilen zu tragen; keine Einkommenserhöhung beim Verpflichteten, wenn dieser auszieht. Kein „Erwerbstätigenbonus" beim zuzurechnenden Wohnwert; der Wohnvorteil kann nur mit einem unterhaltsrechtlich angemessenen Betrag zugerechnet werden, dessen Obergrenze mit etwa einem Drittel des Betrages anzusetzen ist, den der Berechtigte für die Deckung seines Unterhaltsbedarfs insgesamt zur Verfügung hat)

5) Die Klägerin hat einen wirtschaftlichen Vorteil dadurch, daß sie nach der Trennung der Parteien das frühere Familienheim bewohnt. Das Oberlandesgericht hat hierzu ausgeführt, anstelle des Wohnwertes des gesamten Hauses sei als „einkommensgleicher Vermögensbestandteil" nur der Betrag in Rechnung zu stellen, den die Klägerin für eine angemessene kleinere Wohnung für sich und ihre Töchter als Mietzins zahlen müßte; diesen Betrag könne das Gericht aus eigener Sachkunde auf monatlich 600 DM schätzen. Bei der Ermittlung der für die Bemessung des Unterhalts der Klägerin maßgebenden Einkünfte sei zu berücksichtigen, daß dieser „restliche Wohnwert" beiden Parteien je zur Hälfte „gebühre", so daß jeder von ihnen monatlich 300 DM „zuzurechnen" seien. Erst bei der Bestimmung des Unterhaltsanspruches nach einer Quote des Wertunterschiedes sei „durch einen entsprechenden Zu- oder Abschlag" dem Umstand Rechnung zu tragen, daß einer von ihnen (hier die Klägerin) nicht nur den eigenen, sondern auch den auf den anderen entfallenden Anteil des Wohnwertes nutze. Darlehens- und sonstige Hauskosten, die im beiderseitigen Einverständnis von einer der Parteien getragen würden, seien von den Einkünften der Partei abzusetzen, die sie erbringe. Hiernach hat das Oberlandesgericht den beiderseitigen monatlichen Netto-Einkünften (beim Beklagten aus Erwerbstätigkeit und Kapitalvermögen, bei der Klägerin allein aus Kapitalvermögen) jeweils 300 DM als Wohnwertanteil zugeschlagen, von der Differenz der so ermittelten Einkünfte eine $^3/_7$-Quote gebildet und diese der Klägerin vermindert um einen „Abschlag" von 300 DM wegen alleiniger Nutzung des Hauses als Unterhalt zugesprochen. Diese Unterhaltsbemessung, die von beiden Parteien angegriffen wird, ist nicht frei von rechtlichen Bedenken, hält der Nachprüfung aber im Ergebnis stand.

a) Bei der Bestimmung der Lebensverhältnisse, nach denen sich der Unterhaltsbedarf der Klägerin bemißt, sind zu den Einkünften der Parteien die Vorteile zu rechnen, die sie dadurch gehabt haben, daß sie ein eigenes Haus bewohnt haben. Hierbei handelt es sich um Vermögensnutzungen im Sinne des § 100 BGB, und zwar in der Form von Gebrauchsvorteilen. Wie der Senat bereits ausgesprochen hat, ist deren Wert den Einkünften hinzuzurechnen, soweit er die Belastungen übersteigt, die durch allgemeine Grundstücksunkosten und -lasten sowie gegebenenfalls durch Zins- und Tilgungsverpflichtungen entstehen (FamRZ 1986/434 m. w. N.; FamRZ 1986/437, 438). Hiervon ist das Oberlandesgericht zutreffend ausgegangen. Die Belastungen hat es dadurch berücksichtigt, daß es bei den Einkünften jeder Partei die von ihr getragenen Hauslasten abgesetzt hat. Das Oberlandesgericht hat den Wert dieser Nutzung mit monatlich 600 DM berücksichtigt. Dies ist nicht der volle Wohnwert des Hauses; denn es hat den Gebrauchsvorteil nur in Höhe des Betrages in Rechnung gestellt, der für eine „angemessene, kleinere Wohnung" als Mietzins gezahlt werden müßte. Es ist also davon ausgegangen, daß das Haus für die Klägerin und ihre Töchter zu groß ist, und hat den ursprünglich auf den Beklagten entfallenden Teil der Nutzung, der seit seinem Auszug nicht mehr gezogen wird (vgl. Graba NJW 1987/1721, 1727 „Totes Kapital"), außer Betracht gelassen. Dies ist im Ergebnis nicht zu beanstanden. Allerdings hat der Senat in seinem Urteil vom 29. Januar 1986, a. a. O., in dem es um nachehelichen Unterhalt ging, hervorgehoben, daß der Ausfall eines Teiles der Nutzung in solchen Fällen auf der Trennung der Eheleute beruhe, deren Auswirkungen auf die ehelichen Lebensverhältnisse ebensowenig Einfluß hätten wie sonstige trennungsbedingte Mehrkosten der Lebensführung. Das angefochtene Urteil wird in diesem Punkt aber dadurch gerechtfertigt, daß der Ausfall eines Teiles der

1457

Nutzungen, der durch den Auszug des Beklagten entstanden ist, bei der Ermittlung des angemessenen Unterhalts der Klägerin von beiden Parteien zu gleichen Teilen getragen werden muß (ebenso Graba a.a.O.). Die von der Anschlußrevision geäußerten Bedenken, die diese damit begründet, daß der Beklagte seine Familie grundlos verlassen habe und ohne gewichtigen Anlaß aus dem Haus ausgezogen sei, greifen nicht durch. Wie der erkennende Senat bereits entschieden hat, führt ein Ehegatte nicht dadurch mutwillig seine Bedürftigkeit herbei, daß er aus der Ehewohnung auszieht und trennungsbedingten Mehrbedarf verursacht (FamRZ 86/434, 435). Was dort für den Unterhaltsberechtigten gesagt ist, muß entsprechend für den unterhaltspflichtigen Ehegatten gelten; Nutzungen der Ehewohnung, die er infolge der Trennung der Eheleute nicht mehr zu ziehen vermag, bleiben daher bei der Ermittlung seiner Unterhaltsverpflichtung außer Betracht, ohne daß es auf die Gründe der Trennung ankommt. Die Bewertung der von der Klägerin mit ihren Töchtern gezogenen Nutzung mit monatlich 600 DM wird als solche im Revisionsverfahren von keiner Seite angegriffen.

b) Das Oberlandesgericht, das den Unterhaltsanspruch der Klägerin in einem ersten Rechenschritt nach Art der Differenzmethode ermittelt hat, hat angenommen, hierbei jeder Partei die Hälfte des ermittelten „restlichen Wohnwertes", also monatlich 300 DM, als Einkommen anrechnen zu müssen. Da es der Klägerin eine Quote von $3/7$ der sich so ergebenden Einkommensdifferenz zugebilligt hat, führt dies dazu, daß jeder Partei $1/7$ ihrer Einkünfte, also auch des ihr angerechneten Anteils am Wohnwert, als sog. Erwerbstätigenbonus verbleibt. Der im zweiten Berechnungsschritt vorgenommene „Abschlag" von monatlich 300 DM, also der anderen Hälfte des Wertes der von der Klägerin gezogenen Nutzung, hat demgegenüber zur Folge, daß ihr dieser Teil voll angerechnet wird. Diese schon in sich widersprüchliche Handhabung kann nicht hingenommen werden. Dabei kann hier auf sich beruhen, ob der Wohnwert in einem Fall dieser Art überhaupt als Einkommen aufzuteilen ist (FamRZ 86/434, 435). Der Rechenweg des Berufungsgerichts krankt jedenfalls daran, daß es die beiden Parteien zugerechneten Einkünfte unterschiedslos mit ihren vollen Beträgen in seine Differenzberechnung eingestellt hat. Denn der sich daraus ergebende „Erwerbstätigenbonus" ist ohne weiteres nur gerechtfertigt, soweit es sich um Erwerbseinkünfte handelt. Bei sonstigen Einkünften, wie sie hier in Gestalt der Gebrauchsvorteile (und der Kapitaleinkünfte) vorliegen, bedarf es besonderer Gründe (FamRZ 1982/894, 895 für Renteneinkommen; zum Wohnvorteil s. a. Graba, a. a. O., S. 1726), für die hier nichts ersichtlich ist. Da die Gebrauchsvorteile mithin Einkommen sind, an dem die Klägerin zur Hälfte (und nicht mit einer davon abweichenden Quote) teilhat, stellt sich nicht die Frage, ob sie ihr allein oder auch dem Beklagten als Einkommen zuzurechnen sind. Da die Klägerin – wie ausgeführt – auch an den beiderseitigen Kapitaleinkünften zur Hälfte zu beteiligen ist, ist vielmehr lediglich sicherzustellen, daß dem Beklagten von seinen Erwerbseinkünften ein die Hälfte übersteigender Teil verbleibt (FamRZ 1988/265 = NJW 1988/2369; FamRZ 89/842 = NJW 89/1992). Das geschieht am einfachsten in der Weise, daß in einen aus der Summe sämtlicher Einkünfte beider Parteien gebildeten Bemessungsmaßstab, dessen Hälfte den Unterhaltsbedarf der Klägerin ergibt, das Erwerbseinkommen des Beklagten nur gekürzt, nach der vom Oberlandesgericht gewählten Quotierung zu $6/7$, eingeworfen wird. Für die Zeit ab Januar 1988 ergibt sich dann folgende Berechnung:

Erwerbseinkommen des Beklagten	3 055 DM	
./. berufsbedingte Aufwendungen	285 DM	
	2 770 DM	
davon $6/7$ = rund	2 374 DM	
Kapitaleinkünfte des Beklagten	105 DM	
./. Hauslasten des Beklagten	195 DM	2 284 DM
Kapitaleinkünfte der Klägerin	150 DM	
./. Hauslasten der Klägerin	40 DM	110 DM
Wohnwert		600 DM
zusammen:		2 994 DM
davon ½ als Unterhaltsbedarf		1 497 DM
gedeckt durch Bareinkünfte (netto)	110 DM	
Wohnung	600 DM	710 DM
ungedeckter Bedarf		787 DM

c) Dieser Betrag von monatlich 787 DM, der um etwa 50 DM monatlich hinter dem vom Oberlandesgericht für den fraglichen Zeitraum zugesprochenen Unterhalt zurückbleibt, bedarf jedoch der Korrektur, um ein angemessenes Ergebnis zu erzielen (dazu grundsätzlich FamRZ 1983, 678). Nach einhelliger Auffassung in Rechtsprechung und Schrifttum kann dem unterhaltsberechtigten Ehegatten in derartigen Fällen der Wohnvorteil nur mit einem unterhaltsrechtlich angemessenen Betrag angerechnet werden. Dessen Obergrenze wird weithin mit etwa einem Drittel des Betrages angesetzt, den der Berechtigte für die Deckung seines Unterhaltsbedarfs insgesamt zur Verfügung hat (vgl. OLG Karlsruhe FamRZ 1984/1019, 1021; Unterhaltsrechtliche Leitlinie der Familiensenate des

Anhang R. Rechtsprechung R396

OLG München, Stand 1. Juli 1988, FamRZ 1988/1021, unter 1.9; Unterhaltsrechtliche Leitlinien des Schleswig-Holsteinischen Oberlandesgerichts, Stand 1. Januar 1989, FamRZ 1989/22 = NJW 1989/83, unter A III. 2; Graba FamRZ 1985/657, 658; Wendl/Staudigl, Unterhaltsrecht in der familienrichterlichen Praxis 1986 S. 46 f; Borth in Schwab, Handbuch des Scheidungsrechts, 2. Aufl., Teil IV Rdn. 709, S. 786). Ein mit 600 DM angerechneter Wohnwert würde diesen Bruchteil deutlich überschreiten, da die Klägerin sonst neben dem errechneten Unterhalt von monatlich 787 DM nur über Nettoeinkünfte von monatlich 110 DM verfügt. Hingegen genügt der vom Oberlandesgericht zugesprochene Unterhalt von monatlich 835 DM dem Erfordernis der Angemessenheit. Zwar übersteigt auch ein nur mit etwa 550 DM monatlich angerechneter Wohnwert immer noch die Drittelgrenze. Jedoch ist zugunsten des Beklagten zu berücksichtigen, daß die Klägerin ihren beiden Töchtern Wohnung gewährt, für die deren Vater monatlich 700 DM Unterhalt zahlt. Es erscheint daher angemessen, wenn von diesem Betrag ein Teil für die Unterkunft der Töchter verwandt wird. Andererseits ist das vom Oberlandesgericht gefundene Ergebnis auch im Hinblick auf den Beklagten angemessen, da ihm von seinem Erwerbseinkommen mehr als die Hälfte verbleibt; daß sein Anteil $^4/_7$ nicht erreicht, muß er angesichts der Bedürfnisse der Klägerin im Rahmen des Trennungsunterhalts hinnehmen.

BGH v. 27. 9. 89 – IVb ZR 78/88 – FamRZ 89, 1279

(Härtegrund nach Nr. 6 bei nachhaltigen intimen Beziehungen zu einem Dritten; eindeutiges und einseitiges R396
Fehlverhalten; krankheitsbedingte Verhaltensauffälligkeiten sind keine Verfehlungen im Sinn der Nr. 6; die Belange eines Kindes sind nicht gewahrt, wenn die betreuende Mutter bei Unterhaltsversorgung auf Sozialhilfe verwiesen werden kann; ein Unterhaltsanspruch von 910 bzw. 950 DM wird 1988 in der Rechtsprechung zu Recht als Existenzminimum angesehen)

II. Das OLG hat der Kl. den begehrten Unterhalt versagt, da sie den Anspruch durch ihre Beziehung zu S. „verwirkt" habe. Insoweit hält die angefochtene Entscheidung der rechtlichen Nachprüfung nicht stand. 1. Allerdings liegt der Härtegrund des § 1579 Nr. 6 BGB (i. V. mit § 1361 III BGB) vor. Da die Kl. während ihrer Ehe eine nachhaltige, von ihr selbst als ernsthaft bezeichnete intime Beziehung zu S. aufgenommen hat, die im Zeitpunkt der Berufungsverhandlung noch andauerte, liegt ihr ein offensichtlich schwerwiegendes Fehlverhalten im Sinne dieser Vorschrift zur Last. Durch eine solche Zuwendung zu einem anderen Partner kehrt sich ein Ehegatte von den ehelichen Bindungen, die während des Getrenntlebens weiter bestehen, so offensichtlich ab, daß nach dem Grundsatz der Gegenseitigkeit, der dem ehelichen Unterhaltsanspruch zugrunde liegt, die Inanspruchnahme des anderen Ehegatten regelmäßig grob unbillig erscheint (FamRZ 1983/142; FamRZ 1983/569, 571; NJW 1986/722). Dieses Fehlverhalten liegt auch eindeutig bei der Kl. Sie wirft dem Bekl. zwar Verhaltensauffälligkeiten im Zusammenhang mit einer sein Befinden weiterhin beeinflussenden psychischen Erkrankung vor. Krankheitsbedingte Verhaltensauffälligkeiten sind jedoch keine Verfehlungen im Sinne der Härteregelung, da diese ein schuldhaftes Verhalten voraussetzt (NJW 1982/100 zu § 1579 I Nr. 2 BGB a. F.), und schon deshalb nicht geeignet, dem Fehlverhalten der Kl. den Charakter der Einseitigkeit zu nehmen. Ob krankheitsbedingtes Fehlverhalten in solchen Fällen geeignet sein kann, die Inanspruchnahme des Verpflichteten als nicht grob unbillig erscheinen zu lassen, kann auf sich beruhen. Denn was die Kl. hierzu bisher vorgetragen hat, ist zu allgemein gehalten und zeitlich zu wenig fixiert, um entscheidend ins Gewicht zu fallen. Da mithin ein Härtegrund i. S. des § 1579 Nr. 6 BGB vorliegt, kommt es nicht darauf an, ob – wie das OLG gemeint hat – (auch) ein Härtegrund im Sinne der Nr. 7 der Vorschrift gegeben ist.

2. Da die Kl. im Einvernehmen mit dem Bekl. den im Jahre 1985 geborenen Sohn der Parteien betreut, ist ihr Unterhaltsanspruch nach § 1579 BGB nur zu versagen, herabzusetzen oder zeitlich zu begrenzen, soweit die Inanspruchnahme auch unter Wahrung der Belange des Kindes grob unbillig wäre. a) Das OLG, das einen besonders schwerwiegenden Härtefall angenommen hat, hat die Auffassung vertreten, die Belange des Kindes seien auch bei völliger Versagung eines Unterhaltsanspruchs der Kl. gewahrt. Es hat dazu ausgeführt, sie werde dadurch nicht zur Aufnahme einer Erwerbstätigkeit genötigt, weil sie ohnehin nicht arbeitsfähig sei, sondern werde zur Deckung ihres Unterhalts auf den Bezug von Sozialhilfe verwiesen. Auch die materiellen Bedürfnisse des Sohnes, dem der Bekl. monatlich 360 DM Barunterhalt leiste, würden dadurch nicht eingeschränkt, da die Kl. weniger Unterhalt verlange, als sie an Sozialhilfe zu erwarten haben werde. b) Diese Auffassung begegnet, wie die Revision zu Recht beanstandet, durchgreifenden rechtlichen Bedenken.

1459

BGH v. 27. 9. 89 – IV b ZR 83/88 – FamRZ 90, 149 = NJW-RR 90, 327

R397 *(Abitur – Lehre – Studium)*

a Der Senat hat aber entschieden, daß der Unterhalt eines Kindes, das nach Erlangung der Hochschulreife eine praktische Ausbildung durchläuft, auch die Kosten eines Hochschulstudiums umfaßt, wenn dieses mit den vorausgegangenen Ausbildungsabschnitten in einem engen sachlichen und zeitlichen Zusammenhang steht und die Finanzierung des Ausbildungsganges den Eltern wirtschaftlich zumutbar ist (NJW 1989, 2253 = FamRZ 1989, 853). Im Einklang mit den Grundsätzen dieser Entscheidung steht die Annahme des OLG, daß das Studium der Agrarwirtschaft mit der landwirtschaftlichen Lehre sachlich so zusammenhängt, daß es eine fachliche Ergänzung und Weiterführung darstellt und unterhaltsrechtlich mithin von einem einheitlichen Ausbildungsgang ausgegangen werden kann.

(Kein Unterhalt für wertloses Teilstudium)

b Vor allem aber ist es verfehlt, bei der Beurteilung des Anspruchs auf Ausbildungsunterhalt einen nur gedachten und nicht den gegebenen Sachverhalt zugrunde zu legen (vgl. auch Senat, NJW 1987, 1557 (1559) = LM § 1610 Nr. 14 = FamRZ 1987, 470 (471 f.)). So kann die Finanzierung einer Zweitausbildung nicht mit der Begründung verlangt werden, die Eltern hätten die Erstausbildung nicht finanziert und könnten die insoweit ersparten Kosten für eine an sich nicht geschuldete Zweitausbildung verwenden (vgl. Senat, FamRZ 1981, 437 (439)). Deswegen vermag die Erwägung des OLG, der Bekl. hätte für ein zielstrebig aufgenommenes Studium seines Sohnes in Anbetracht seiner wirtschaftlichen Verhältnisse aufkommen müssen, die Unterhaltspflicht des Bekl. auch nicht teilweise zu begründen. Werden die tatsächlichen Verhältnisse zugrunde gelegt, gibt es keinen Sinn, eine Unterhaltspflicht nur für die ersten 15 Monate eines vierjährigen Studiums anzunehmen, da ein solches Teilstudium wertlos wäre. Die Finanzierung einer wertlosen Ausbildung wird nach § 1610 II BGB nicht geschuldet. Die Unterhaltspflicht kann daher nur für ein Studium insgesamt bejaht oder verneint werden. Besaß der Sohn des Bekl. bei Aufnahme seines Studiums einen Unterhaltsanspruch, so dauert dieser jedenfalls bis zu dessen frühestmöglichem Abschluß, wie die Revision mit Recht geltend macht.

(Leichteres, vorübergehendes Versagen des Kindes)

c Wenn die zwischen der Beendigung der Lehre und der Aufnahme des Studiums verstrichene Zeit auf zwangsläufige, dem Sohn des Bekl. nicht anzulastende Umstände zurückzuführen ist, muß der zeitliche Zusammenhang jedenfalls als gewahrt angesehen werden. Aber auch auf ein leichteres, nur vorübergehendes Versagen zurückzuführende Verzögerungen brauchen nicht die schwerwiegende Folge eines Verlusts des Unterhaltsanspruchs zu haben. Der Kl. hat im Vorprozeß u. a. geltend gemacht, das gewählte Studium habe nur zum jeweiligen Wintersemester aufgenommen werden können; Bewerbungen dafür hätten in der Regel bis zum 15. 7. des Jahres vorliegen müssen. Der Sohn des Bekl. habe sein Lehrzeugnis erst am 31. 7. 1980 erhalten und habe bis zum Bewerbungsschluß allenfalls eine kurze Bedenkzeit gehabt. Seine vor Studienbeginn abgeleistete Praxis habe sich studienverkürzend ausgewirkt, weil sie eine Befreiung von berufspraktischen Studien ermöglicht habe. Schließlich könnte von Bedeutung sein, ob die durch die Scheidung der Eltern bedingten familiären Schwierigkeiten mit angeblich nachfolgenden Unterhaltsprozessen, die über viele Jahre andauerten, zu einer nachhaltigen Entwicklungsstörung beim Sohn des Bekl. geführt haben; dies könnte die Verzögerung bei der Aufnahme seines Studiums um ein Jahr als nicht vorwerfbar oder doch als nur leichteres Versagen erscheinen lassen (vgl. dazu auch Senat, FamRZ 1981, 437 (439)).

BGH v. 18. 10. 89 – IVb ZR 89/88 – FamRZ 90, 260 = NJW 90, 1172

R399 *(Krankheitsunterhalt; Einsatzzeitpunkt nach § 1572 Nr. 2 BGB bei Wegfall der Kindesbetreuung in der Regel mit Vollendung des 15. oder 16. Lebensjahres eines einzelnen Kindes)*

a III 1) Das Berufungsgericht hat offengelassen, ob als Einsatzzeitpunkt für den Unterhaltsanspruch der Beklagten nach § 1572 Nr. 2 BGB der 18. Geburtstag der Tochter Ursula oder ein um ein oder zwei Jahre früherer Zeitpunkt anzusetzen sei. Die Frage ist grundsätzlich dahin zu beantworten, daß – entgegen dem insoweit mißverständlichen Wortlaut der Vorschrift – nach deren Sinn und Zweck auf den Zeitpunkt abzustellen ist, in dem die Voraussetzungen für einen auf § 1570 BGB gestützten Unterhaltsanspruch entfallen, bei der Betreuung eines einzelnen Kindes in der Regel dann, wenn dieses das 15. oder 16. Lebensjahr vollendet (BGHZ 89/108, 111). Betreut der Ehegatte allerdings mehrere Kinder, so kann seine Erwerbsobliegenheit später einsetzen. Das das Berufungsgericht hier als möglichen Einsatzzeitpunkt nicht nur den 18. Geburtstag der Tochter Ursula am 18. März 1987, sonder auch „einen um ein oder zwei Jahre früheren Zeitpunkt" und damit auch den 16. Geburtstag der Tochter angenommen hat, bestehen gegen das angefochtene Urteil insoweit aus Rechts-

Anhang R. Rechtsprechung

gründen keine Bedenken. Daß die Beklagte bereits im Jahre 1985 an den Krankheiten litt, die einer Erwerbstätigkeit (auch) 1987 entgegenstanden, hat das Oberlandesgericht unter Bezugnahme auf das Sachverständigengutachten vom 26. Februar 1987 unangefochten festgestellt. Es ist mithin aus Rechtsgründen nicht zu beanstanden, daß es die Anspruchsvoraussetzungen des § 1572 Nr. 2 BGB bejaht hat.

(Bei Gefährdung des eheangemessenen Unterhalts im Sinn von § 1578 I 1 BGB ist auf Grund einer individuellen Billigkeitsabwägung der Billigkeitsunterhalt nach § 1581 BGB zu ermitteln unter Berücksichtigung der zur Verfügung stehenden Mittel sowie der beiderseits zu befriedigenden Bedürfnisse. Als untere Opfergrenze für den Verpflichteten ist der angemessene Selbstbehalt ein Anhalt, der auch unterschritten werden kann bis zum notwendigen Selbstbehalt, wenn der Berechtigte aus besonderen Gründen ähnlich bedürftig ist wie ein minderjähriges Kind. Mindestbedarf des Berechtigten in Höhe des notwendigen Selbstbehalts unter Berücksichtigung von nicht unerheblichem trennungsbedingtem Mehrbedarf wegen wirtschaftlich bedrängter Verhältnisse)

III 2 a) Die Leistungsfähigkeit des Klägers hat das Berufungsgericht für 1986 und 1987 auf der Grundlage des bezogenen Arbeitslosen- bzw. Krankengeldes sowie der Abfindung der Firma K von 13 000 DM bejaht; diese Abfindung habe er auch bei Berücksichtigung seiner sonstigen Aufwendungen und Belastungen für die Unterhaltsverpflichtungen einsetzen müssen. Damit sei er bei Wahrung des eigenen notwendigen Selbstbehalts in der Lage gewesen, den laufenden Unterhalt von monatlich 383,30 DM an die Beklagte zu zahlen.

Für die Zeit ab 1. Januar 1988 hat das Berufungsgericht die Leistungsfähigkeit des Klägers nach seinem wechselnden Einkommen aus Krankengeld, Arbeitslosengeld und Steuererstattung beurteilt. Es hat monatliche Einkünfte von 1252,08 DM für Januar bis April 1988, 1258,60 DM für Mai 1988, 1265,12 DM für Juni bis Dezember 1988 und 1191,46 DM für die Zeit ab Januar 1989 festgestellt. Diese erlaubten ihm, hat es ausgeführt, nicht mehr die Zahlung des vollen begehrten Unterhalts von monatlich 383,50 DM. Vielmehr verblieben nach Abzug seines notwendigen Selbstbehalts, der nach der Rechtsprechung des Gerichts im Jahre 1988 monatlich 910 DM und ab 1. Januar 1989 monatlich 1000 DM betrage, für die Beklagte nur die ausgeurteilten Beträge. Hierzu hat das Berufungsgericht näher ausgeführt: Es entspreche seiner ständigen Rechtsprechung, daß dem geschiedenen Unterhaltspflichtigen in Mangelfällen, wie hier, in der Regel nur der notwendige Selbstbehalt zu belassen sei. Soweit der Entscheidung des Bundesgerichtshofs vom 13. April 1988 (FamRZ 1988/705) zu entnehmen sei, daß dem Unterhaltsverpflichteten stets oder auch nur in der Regel der angemessene Selbstbehalt verbleiben müsse, sei dem nicht zu folgen. § 1581 BGB besage nicht, daß ein Unterhaltsanspruch entfalle, soweit der angemessene Unterhalt des Verpflichteten tangiert werde. Die Vorschrift bestimme vielmehr, daß bei Gefährdung seines angemessenen Unterhalts eine Billigkeitsprüfung stattzufinden habe. Bei dieser könne es sinnvollerweise nur darum gehen, in welchem Umfang der Verpflichtete eine Kürzung seines angemessenen Unterhalts hinzunehmen habe; denn die Beträge, die er ohne Gefährdung des angemessenen Unterhalts entbehren könne, stünden dem Berechtigten ohnehin – ohne Billigkeitsprüfung – zu. § 1581 BGB sei nicht dahin zu verstehen, daß die Billigkeitsprüfung auf den in vielen Fällen ohnehin nicht existierenden Unterschiedsbetrag zwischen dem nach den ehelichen Lebensverhältnissen angemessenen Unterhalt und dem sog. großen Selbstbehalt beschränkt sei. Insoweit unterscheide sich die Vorschrift grundsätzlich von der Regelung des § 1603 I BGB. Die Billigkeitsabwägung nach § 1581 BGB müsse, entgegen einer teilweise vertretenen Auffassung, in der Regel nicht dazu führen, daß dem Verpflichteten ein Betrag verbleibe, der zumindest nennenswert über dem notwendigen Selbstbehalt liege. Sie werde vielmehr in Fällen, in denen, wie hier, das Existenzminimum des Unterhaltsberechtigten nicht sichergestellt sei, regelmäßig zur Folge haben, daß sich der Unterhaltsverpflichtete mit dem notwendigen Selbstbehalt begnügen müsse, wenn nicht besondere Bedürfnisse auf seiner Seite bestünden. Dies sei auch der Standpunkt der Düsseldorfer Tabelle (Stand 1985), die – um Mißverständnisse zu vermeiden – im Gegensatz zu der Tabelle 1982 einen angemessenen Eigenbedarf beim Ehegattenunterhalt nicht mehr vorsehe.

b) Diesen Ausführungen hält die Revision entgegen, der Kläger sei nicht leistungsfähig. Ihm müsse der große Selbstbehalt verbleiben, der im Verhältnis zu dem geschiedenen Ehegatten weitgehend mit monatlich 1300 DM angenommen werde. Das Berufungsgericht wende § 1581 BGB in einer Weise an, die der Rechtsprechung des Bundesgerichtshofs widerspreche. Keinesfalls habe es aber den angemessenen Unterhalt des Klägers, der durch Unterhaltsansprüche der Beklagten auch unter Billigkeitsgesichtspunkten nicht gefährdet werden dürfe, mit dem sogenannten notwendigen Selbstbehalt gleichsetzen dürfen. Das gelte um so mehr, weil das Gericht für die Beklagte einen Unterhaltsbedarf von monatlich mindestens 990 DM festgestellt habe, während es für den Kläger ohne nähere Begründung von monatlich 910 DM für 1988 ausgegangen sei. Das verstoße gegen die Grundsätze des § 1581 BGB, nach denen aus Gründen der Gleichbehandlung der angemessene Unterhalt des Verpflichteten nach demselben Maßstab zu bestimmen sei, der auch für den Berechtigten angewandt werde.

c) Die rechtliche Nachprüfung führt zur Aufhebung des angefochtenen Urteils und zur Zurückverweisung der Sache an das Oberlandesgericht zum Zwecke der erneuten Abwägung im Rahmen des § 1581 BGB.

aa) Nach dieser Vorschrift braucht der Verpflichtete, der nach seinen Erwerbs- und Vermögensverhältnissen unter Berücksichtigung seiner sonstigen Verpflichtungen außerstande ist, „ohne Gefährdung des eigenen angemessenen Unterhalts" dem Berechtigten Unterhalt zu gewähren, „nur insoweit Unterhalt zu leisten, als es mit Rücksicht auf die Bedürfnisse und die Erwerbs- und Vermögensverhältnisse der geschiedenen Ehegatten der Billigkeit entspricht". Nach welchem Maßstab sich hierbei der „eigene angemessene Unterhalt" des Verpflichteten richtet, bei dessen Gefährdung die Billigkeitsprüfung einzusetzen hat, ist dem Wortlaut der Vorschrift nicht zu entnehmen. Das Gesetz gibt keinen näheren Anhaltspunkt, ob sich der eigene angemessene Unterhalt nach den ehelichen Lebensverhältnissen im Sinne von § 1578 BGB bestimmt (so etwa Soergel/Häberle BGB 12. Aufl. § 1581 Rdn. 12 m. w. N.; Göppinger/Wenz Unterhaltsrecht 5. Aufl. Rdn. 1212; Schwab/Borth Handbuch des Scheidungsrechts § 1581 Rdn. 752; Hampel FamRZ 1989/113, 115; unklar: MünchKomm/Richter 2. Aufl. § 1581 Rdn. 11) oder nach einem anderen, generellen Maßstab, etwa im Sinne des sog. angemessenen oder großen Selbstbehalts (so ersichtlich Johannsen/Henrich/Voelskow, Eherecht § 1581 Rdn. 3; Künkel DAVorm 1988, 641, 655; Weychardt DAVorm 1979, 321 ff.; offen: BGB/RGRK – Cuny 12. Aufl. § 1581 Rdn. 4), jedenfalls sofern dieser im Einzelfall unter dem nach § 1578 BGB maßgeblichen Betrag liegt.

Ein Vergleich mit der Vorschrift des § 1603 I BGB, nach der nicht unterhaltspflichtig ist, wer bei Berücksichtigung seiner sonstigen Verpflichtungen außerstande ist, „ohne Gefährdung seines angemessenen Unterhalts" den Unterhalt zu gewähren, bietet keinen verläßlichen Aufschluß. Auch diese Vorschrift bestimmt das Maß des angemessenen Unterhalts nicht näher. Im übrigen gelten für den Verwandtenunterhalt – abgesehen von den unterschiedlichen Rechtsfolgen des § 1581 BGB einerseits und des § 1603 I BGB andererseits – ohnehin nicht durchgehend dieselben Maßstäbe wie für den Unterhalt geschiedener Ehegatten.

Auch die Entstehungsgeschichte des § 1581 BGB – auf dem Boden der entsprechenden früheren gesetzlichen Regelungen – führt nicht zu einer klaren Inhaltsbestimmung des „eigenen angemessenen Unterhalts" als der „Opfergrenze" für den Eintritt in die Billigkeitsabwägung. Allerdings enthielt bereits § 1579 BGB a. F. eine dem heutigen § 1581 BGB verwandte Regelung. Danach bestand das Kriterium für eine eingeschränkte Unterhaltspflicht des geschiedenen (allein schuldigen) Ehegatten in der „Gefährdung seines standesgemäßen Unterhalts"; war diese Voraussetzung erfüllt, dann war der Unterhaltsschuldner berechtigt, $2/3$ seiner verfügbaren Einkünfte oder, wenn dies zu seinem notdürftigen Unterhalt nicht ausreiche, so viel zurückzubehalten, als zu dessen Bestreiten erforderlich war. Auch die nachehelich an den unterhaltsberechtigten Ehegatten zu leistenden Beträge umfaßten nach § 1578 BGB a. F. grundsätzlich den „standesgemäßen Unterhalt". Schon das Ehegesetz vom 6. Juli 1938 stellte sodann in § 67 I Satz 1 – insoweit wortgleich mit dem späteren § 59 I Satz 1 des Ehegesetzes vom 20. Februar 1946 – für den Eintritt der Billigkeitsregelung auf die Gefährdung des „eigenen angemessenen Unterhalts" ab, wobei der allein oder überwiegend für schuldig erklärte Mann der geschiedenen Frau ebenfalls den „nach den Lebensverhältnissen der Ehegatten angemessenen Unterhalt" zu gewähren hatte (§ 66 I EheG 1938, § 58 I EheG 1946). In dem Regierungsentwurf des 1. EheRG lautete die entsprechende Vorschrift des § 1582 E, der Verpflichtete brauche bei mangelnder Leistungsfähigkeit nur insoweit Unterhalt zu gewähren, als es mit Rücksicht auf die Bedürfnisse und die Erwerbs- und Vermögensverhältnisse der geschiedenen Ehegatten der Billigkeit entspreche (Abs. 1 Satz 1); „mangelnde Leistungsfähigkeit" lag vor, wenn der Verpflichtete nach seinen Erwerbs- und Vermögensverhältnissen unter Berücksichtigung seiner sonstigen Verpflichtungen außerstande war, „ohne Gefährdung des eigenen angemessenen Unterhalts" dem Berechtigten Unterhalt zu gewähren (Abs. 2 Satz 1). Diese Formulierung wurde aus Gründen der redaktionellen Vereinfachung nicht in das Gesetz übernommen; eine sachliche Änderung war jedoch mit der Gesetz gewordenen Fassung des § 1581 BGB nicht beabsichtigt.

bb) Der Senat hat zu § 1581 BGB bisher in einer Reihe von Entscheidungen eher beiläufig Stellung genommen, ohne eine durchgehend einheitliche Auffassung herausgebildet zu haben. Seine Äußerungen haben teilweise Kritik erfahren.

In einem Urteil vom 13. Juni 1979 (FamRZ 1979/692) hatte der frühere IV. Zivilsenat zu § 59 EheG ausgeführt, diese Vorschrift sei als „umfassende Regelung des Einflusses der eingeschränkten Leistungsfähigkeit auf den Unterhaltsanspruch anzusehen"; er hatte es auf dieser Grundlage bei offensichtlich unzulänglicher Leistungsfähigkeit des Verpflichteten für möglich gehalten, ohne Festlegung der Höhe des angemessenen Unterhalts nach § 58 EheG „das geringe Einkommen des Verpflichteten unter den geschiedenen Ehegatten nach Billigkeitsgrundsätzen aufzuteilen". Auf diese Entscheidung hat der Senat im Urteil vom 27. April 1983 (FamRZ 1983/678, 679) zu § 1581 BGB billigend Bezug genommen und dargelegt, die Bemessung des Unterhaltsanspruchs nach Billigkeitsgrundsätzen sei stufenweise vorzunehmen. Zunächst müsse der nach den ehelichen Lebensverhältnissen der geschiedenen Ehegatten erforderliche volle Unterhalt ermittelt werden, gegebenenfalls

Anhang R. Rechtsprechung R399

unter Feststellung des angemessenen Unterhalts für andere Berechtigte. Auf der zweiten Berechnungsstufe finde sodann eine Kürzung der Ansprüche nach Billigkeitsgrundsätzen zur Anpassung an die Leistungsfähigkeit des Verpflichteten statt.

In dem Urteil vom 25. Januar 1984 (FamRZ 1984/358, 360) ist – unter näherer Auseinandersetzung mit der Differenzmethode – ausgeführt, der im Wege der Differenzberechnung ermittelte Quotenunterhalt für den berechtigten Ehegatten biete nicht die Gewähr, daß er den vollen, nach den ehelichen Lebensverhältnissen bemessenen Unterhaltsbedarf nach § 1578 I BGB decke; vielmehr bleibe er in der Regel, schon wegen des trennungsbedingten Mehrbedarfs, hinter dem vollen Unterhalt zurück und „stelle nur den Unterhalt dar, der gemäß § 1581 BGB nach den Erwerbs- und Vermögensverhältnissen der geschiedenen Ehegatten der Billigkeit entspreche". Hier ist der Quotenunterhalt (von $3/7$ der Differenz zwischen den beiderseitigen Einkünften) also mit dem zu leistenden Billigkeitsunterhalt gleichgesetzt worden, ohne daß zuvor die Höhe des „eigenen angemessenen Unterhalts" des Verpflichteten und seine Gefährdung – als Einstieg in die Billigkeitsprüfung – festgelegt wurden. Ein Mangelfall lag dieser Entscheidung allerdings nicht zugrunde.

Ähnlich wie in der genannten Entscheidung vom 27. April 1983 hat der Senat auch in einem Urteil vom 24. April 1985 (FamRZ 1985/782, 785) – in einem Fall, in dem die Ehefrau während der Ehe zunächst gearbeitet und später eine weiterführende Ausbildung begonnen hatte – zur Unterhaltsverpflichtung des Ehemannes ausgeführt, „gemessen an den ehelichen Verhältnissen", in denen die Parteien gelebt hätten, bevor die Klägerin ihre Erwerbstätigkeit aufgegeben und die Ausbildung aufgenommen habe, werde der „angemessene Lebensbedarf" des Beklagten gefährdet, wenn er aus seinen Einkünften den vollen Unterhalt der Klägerin aufbringen müsse; damit sei er nach § 1581 BGB nur zur Leistung des sog. Billigkeitsunterhalts verpflichtet. Auch in dieser Entscheidung ist der Haftungsmaßstab als Einstiegsgrenze für die Billigkeitsprüfung also nach dem vollen eheangemessenen Unterhalt im Sinne von § 1578 BGB bestimmt worden.

Zur Haftungsgrenze – im Gegensatz zu dem Haftungsmaßstab als Einstiegs- oder „Opfergrenze" für die Billigkeitsprüfung – hat der Senat in einem Fall, in dem die laufenden Einkünfte des unterhaltspflichtigen Ehemannes bei gesichertem Wohnbedarf auf weniger als 667 DM monatlich abgesunken waren und er eine titulierte Unterhaltslast von monatlich 1143 DM allein aus dem Stamm seines Vermögens hätte aufbringen müssen, mit Urteil vom 20. März 1985 (IV b ZR 8/84 – nicht veröffentlicht) wiederum den Grundsatz des § 1581 Satz 1 BGB herangezogen und dazu ausgeführt: Die „Haftungsgrenze", die das Gesetz in dieser Vorschrift zugunsten eines unterhaltsverpflichteten Ehegatten (aus dem früheren Recht des § 59 I Satz 1 EheG) beibehalten habe, werde „in der unterhaltsrechtlichen Praxis durch die Gewährung des sog. großen Selbstbehalts gegenüber Unterhaltsansprüchen eines geschiedenen Ehegatten konkretisiert". Hierauf hat der Senat in einem weiteren Urteil vom 18. März 1987 (FamRZ 1987/916, 917) Bezug genommen und in einem Fall, in dem der Ehemann zu monatlichen Unterhaltszahlungen von 900 DM verurteilt war und bei einem Einkommen von knapp 3200 DM mit Rücksicht auf die Bedürftigkeit seiner zweiten Ehefrau Herabsetzung der Unterhaltspflicht verlangte, erneut entschieden: Mit der Regelung des § 1581 Satz 1 BGB habe das Gesetz, ähnlich wie früher in § 59 I Satz 1 EheG, eine Haftungsgrenze zugunsten des unterhaltsverpflichteten Ehegatten vorgesehen, die in der unterhaltsrechtlichen Praxis durch die Gewährung des sog. großen Selbstbehalts konkretisiert werde. Diesen großen Selbstbehalt des Ehemannes hat der Senat in jenem Fall auch bei Weiterentrichtung der titulierten Unterhaltsrente und unter Berücksichtigung des Unterhalts für die zweite Ehefrau als gewahrt angesehen und deshalb – mit dem Berufungsgericht – die begehrte Herabsetzung der Unterhaltsverpflichtung abgelehnt.

Das Verständnis des großen Selbstbehalts als einer im Rahmen der Billigkeitsabwägung zu wahrenden Haftungsgrenze, wie es in den zuletzt genannten Entscheidungen zum Ausdruck kommt, deckt sich nicht mit der Aussage in dem Urteil vom 16. Dezember 1987 (FamRZ 1988/265, 267), in dem der Senat in einem Fall der Bemessung von Aufstockungsunterhalt unter Anwendung der Anrechnungsmethode den Standpunkt vertreten hat, der „eigene angemessene Unterhalt" des Verpflichteten im Sinne von § 1581 BGB sei nicht schon gefährdet, wenn dieser mehr als $3/7$ seines verteilungsfähigen Einkommens als Unterhalt leisten müsse, sondern erst, wenn der große Selbstbehalt nicht mehr gewährleistet sei. Hiermit ist also der große Selbstbehalt als Einstiegsgrenze in die Billigkeitsabwägung nach § 1581 BGB behandelt worden.

In dem Urteil vom 13. April 1988 (FamRZ 88/705, 708 = NJW 88/1722, 1725) ist der Senat sodann grundsätzlich zu der früher vertretenen Auffassung zurückgekehrt mit der Aussage, nach der Regelung des § 1581 BGB solle „eine Gefährdung des eigenen angemessenen Unterhalts des Verpflichteten unter Billigkeitsgesichtspunkten vermieden werden"; deshalb könne der Verpflichtete in Mangelfällen einen bestimmten Selbstbehalt für sich beanspruchen, der unter Umständen über der $4/7$-Quote seines verfügbaren Einkommens liege (a.a.O. S. 168 f.). Diese Äußerung zielt auf die im Anschluß wiedergegebene Überlegung, daß die Haftungsgrenze in § 1581 BGB und entsprechend in § 1603 I BGB in der unterhaltsrechtlichen Praxis durch die Gewährung des großen Selbstbehalts konkretisiert werde (a.a.O. S. 169 f.). Der Senat hat sich damit (erneut) für eine Wahrung des großen Selbstbehalts als Haftungsuntergrenze ausgesprochen, und zwar nicht nur für § 1603 I BGB, sondern auch im Rahmen von § 1581 BGB, ohne dabei allerdings die Einstiegsgrenze in die Billigkeitsabwägung nach § 1581 BGB deutlich zu umschreiben.

cc) Nach erneuter Prüfung stellt sich der Senat auf den Standpunkt, daß der eigene angemessene Unterhalt im Sinne von § 1581 BGB, dessen Gefährdung den Einstieg in die Billigkeitsprüfung eröffnet, grundsätzlich mit dem ehengemessenen Unterhalt nach § 1578 BGB gleichzusetzen ist. Dieses Verständnis der Vorschrift fügt sich in die gesetzliche Regelung ein, die in § 1578 BGB die ehelichen Lebensverhältnisse für den Regelfall zum Maß des nachehelichen Unterhalts bestimmt. Da die (geschiedenen) Eheleute grundsätzlich in gleicher Weise am verfügbaren Einkommen teilhaben (zum sog. Erwerbstätigenbonus vgl. Senatsurteil vom 16. Dezember 1987 FamRZ 1988/265, 267 m. w. N.), gibt der dem Berechtigten geschuldete Unterhalt regelmäßig auch den Maßstab für den eigenen „angemessenen Unterhalt" des Verpflichteten, wie es schon in den früheren Regelungen der §§ 1578 und 1579 BGB a. F. der Fall war. Die Gleichsetzung des eigenen angemessenen Unterhalts in § 1581 BGB mit dem ehengemessenen Unterhalt im Sinne des § 1578 BGB – und nicht mit dem aus § 1603 II BGB entlehnten, nicht selten unter dem ehengemessenen Unterhalt liegenden angemessenen (großen) Selbstbehalt – vermeidet insbesondere, daß der Unterhaltsberechtigte unter Verstoß gegen den Grundsatz der gleichmäßigen Teilhabe seinen vollen ehengemessenen Unterhalt erhält, während der Verpflichtete erst als nicht mehr voll leistungsfähig behandelt wird, wenn ein generell bestimmter, womöglich unter seinem ehengemessenen Bedarf liegender Selbstbedarf gefährdet würde. Die in § 1581 BGB vorgeschriebene Abwägung hat neben der Sicherung des Eigenbedarfs des Unterhaltspflichtigen auch den Zweck, das verfügbare Einkommen so unter den (geschiedenen) Eheleuten zu verteilen, daß die dem Berechtigten zustehenden Unterhaltsleistungen nicht in einem unbilligen Verhältnis zu den Mitteln stehen, die dem Verpflichteten für seinen eigenen Bedarf verbleiben. Um diesem Zweck voll gerecht zu werden, muß sie aber bereits eröffnet sein, wenn der Verpflichtete den vollen geschuldeten Unterhalt nicht ohne Gefährdung seines eigenen ehengemessenen Unterhalts leisten kann.

Der Senat verkennt nicht, daß als Folge der hiermit vertretenen Auffassung in einer Vielzahl von Fällen – und zwar stets dann, wenn das verfügbare Einkommen nicht ausreicht, um den beiderseitigen vollen ehengemessenen Unterhalt einschließlich des typischerweise trennungsbedingt auftretenden Mehrbedarfs zu befriedigen – der Unterhalt des berechtigten Ehegatten nach Billigkeitsgrundsätzen zu ermitteln sein wird. Das muß jedoch im Interesse angemessener Lösungen hingenommen werden.

b) Ist der Verpflichtete nach seinen Erwerbs- und Vermögensverhältnissen bei Berücksichtigung seiner sonstigen Belastungen außerstande, ohne Gefährdung seines eigenen ehengemessenen Unterhalts den vollen nach § 1578 BGB geschuldeten Unterhalt zu leisten, so schlägt der Unterhaltsanspruch des Berechtigten in einen Billigkeitsanspruch um, dessen Umfang das Gericht unter Abwägung der beiden Eheleuten zur Verfügung stehenden Mittel sowie der beiderseits zu befriedigenden Bedürfnisse nach individuellen Gesichtspunkten zu bestimmen hat.

Da die hierbei zu treffende Entscheidung jeweils auf den Einzelfall abstellt, kann der dem Verpflichteten nach § 1581 BGB zu belassende Teil seiner Mittel nicht generell für alle Fälle gleich sein. Das schließt indessen nicht aus, eine Mindestgrenze zu bestimmen, die grundsätzlich nicht unterschritten werden soll. Diese Untergrenze wird von dem Berufungsgericht, gestützt auf die Düsseldorfer Tabelle, „regelmäßig" (erst) bei dem sog. notwendigen Selbstbehalt angesetzt, also dem Betrag, der dem unterhaltspflichtigen Elternteil als Existenzminimum selbst im Verhältnis zu minderjährigen Kindern zu belassen ist (§ 1603 II BGB). Diesen Standpunkt teilen eine Reihe von Oberlandesgerichten (Braunschweig, Karlsruhe, Koblenz, Stuttgart, Zweibrücken, offen: Bremen), wobei einzelne von ihnen zusätzlich danach unterscheiden, ob der berechtigte Ehegatte mit minderjährigen Kindern zusammenlebt, und nur in diesen Fällen den Verpflichteten auf den notwendigen Selbstbehalt verweisen (Hamm, München, Saarbrücken; vgl. Kalthoehner/Büttner, Die Rechtsprechung zur Höhe des Unterhalts 4. Aufl. Rdn. 41 S. 69 f.). Andere Gerichte, wie das Kammergericht sowie die Oberlandesgerichte Celle, Frankfurt, Oldenburg, Schleswig und wohl auch Köln setzen den „Selbstbehalt", der dem Unterhaltspflichtigen nach § 1581 BGB grundsätzlich zu verbleiben habe, höher an, und zwar derzeit auf Beträge zwischen 1200 DM (Oldenburg) und 1400 DM (Frankfurt). Sie orientieren sich damit in etwa an dem großen Selbstbehalt im Sinne von § 1603 I BGB.

Nach erneuter Prüfung hält es der Senat aus Rechtsgründen nicht für vertretbar und in diesem Sinn nicht für „billig", einem unterhaltspflichtigen geschiedenen Ehegatten im Verhältnis zu dem anderen, dessen Existenzminimum nicht sichergestellt ist, regelmäßig nur den notwendigen Selbstbehalt zu belassen. Die hierin zum Ausdruck kommende generelle unterhaltsrechtliche Gleichbehandlung des geschiedenen Ehegatten mit den minderjährigen Kindern, wie sie für das Rangverhältnis in § 1609 II Satz 1 BGB angeordnet ist, ist im Rahmen der Billigkeitsregelung nach § 1581 BGB nicht gerechtfertigt. Sie berücksichtigt nicht den Regelungshintergrund des § 1603 II BGB, der wesentlich darin zu sehen ist, daß minderjährigen Kindern wegen ihres Alters von vornherein die Mög-

Anhang R. Rechtsprechung   R399

lichkeit verschlossen ist, durch eigene Anstrengungen zur Deckung ihres notwendigen Lebensbedarfs beizutragen (FamRZ 1986/254, 257). Bei Erwachsenen, auch wenn diese aus Gesundheits-, Alters- oder sonstigen Gründen auf vollen Unterhalt angewiesen sind, ist dies grundsätzlich nicht in demselben Maße der Fall. Wenn allerdings ein unterhaltsberechtigter Ehegatte im Einzelfall aus besonderen Gründen ähnlich hilflos und bedürftig ist wie ein minderjähriges Kind, so steht nicht im Wege, dem Unterhaltsschuldner bei der Billigkeitsabwägung nach § 1581 BGB ausnahmsweise eine Unterhaltsverpflichtung bis zur Grenze des eigenen notwendigen Selbstbehalts aufzuerlegen. Für den *Regelfall* kann das indessen, entgegen der Auffassung des Berufungsgerichts, nicht als der Billigkeit entsprechend gelten. Hieran vermag die Tatsache nichts zu ändern, daß der unterhaltsberechtigte geschiedene Ehegatte auf diese Weise gezwungen sein kann – überhaupt oder in stärkerem Maße, als es sonst der Fall wäre –, öffentliche Mittel für seinen Unterhalt in Anspruch zu nehmen. Dies ist – auch unter verfassungsrechtlichen Gesichtspunkten – nicht zu beanstanden (vgl. hierzu BVerfGE 66/84, 97 f.) und läßt sich bei Abwägung mit dem widerstreitenden eigenen Unterhaltsinteresse des Verpflichteten auf den in § 1569 BGB niedergelegten Grundsatz der Eigenverantwortlichkeit jedes früheren Ehegatten für seinen Unterhalt nach der Scheidung zurückführen. Der den §§ 1570 bis 1576 BGB zugrundeliegende Grundsatz der fortwirkenden Verantwortung der Ehegatten füreinander auch nach Beendigung der Ehe stößt an seine Grenzen, wenn andernfalls der Unterhaltspflichtige auf das eigene Existenzminimum zurückgedrängt würde. In diesem Punkt unterscheidet sich die Regelung in § 1581 BGB von § 1579 BGB a. F., wonach der Verpflichtete bei Gefährdung seines standesgemäßen Unterhalts durch die Leistung des Unterhalts an den anderen Ehegatten von den zu seinem Unterhalt verfügbaren Einkünften (nur) so viel zurückbehalten durfte, als zur Bestreitung seines „notdürftigen" Unterhalts erforderlich war.

Aus dem Erfordernis, die nach § 1581 BGB zu treffende Billigkeitsabwägung jeweils nach den Besonderheiten des Einzelfalls vorzunehmen, ergibt sich andererseits, daß auch der sogenannte große Selbstbehalt im Sinne von § 1603 I BGB nicht für den Regelfall als untere Grenze des dem Unterhaltspflichtigen zu belassenden Betrages gelten kann. Diese Größe kann allenfalls einen Anhalt bieten. Je nach den Umständen des Falles, insbesondere auch den Verhältnissen des Berechtigten, kann der dem Verpflichteten zu belassende Teil seines Einkommens aber auch unter dem großen Selbstbehalt liegen.

3. a) Das Berufungsgericht hat den eheangemessenen Unterhalt im Sinne von § 1578 BGB für beide Parteien nicht festgestellt, sondern – ersichtlich nach einem allgemeinen Maßstab auf der Grundlage der Düsseldorfer Tabelle – den Bedarf der (insoweit wohl mit einem voll Erwerbstätigen gleichgesetzten) Beklagten einschließlich trennungsbedingten Mehrbedarfs mit monatlich 990 DM, den Bedarf des Klägers hingegen mit monatlich 910 DM angesetzt. Diese Bemessung widerspricht bei der ihr gegebenen Begründung dem Grundsatz des gleichmäßigen Anteils beider Ehegatten an den ehelichen Lebensverhältnissen.

Im Ergebnis kann indessen davon ausgegangen werden, daß der eheangemessene Bedarf der Beklagten sich auf den vom Oberlandesgericht angenommenen Betrag von monatlich 990 DM beläuft. Er entspricht der Hälfte des festgestellten verfügbaren Einkommens des auch im Zeitpunkt der Scheidung allein erwerbstätig gewesenen Klägers zuzüglich eines hier nicht unerheblichen trennungsbedingten Mehrbedarfs. Auch die Revision greift diese Bewertung nicht an. Für den Kläger ergibt sich damit seinerseits ein entsprechender eheangemessener Unterhalt, der für die Zeiten, in denen der Lebensbedarf aus seinen Erwerbseinkünften zu bestreiten war, maßvoll zu erhöhen wäre (FamRZ 88/265, 267).

Nach den Feststellungen des Berufungsgerichts wird der Unterhaltsbedarf der Beklagten teilweise durch ihr zugerechnete Erwerbseinkünfte gedeckt, die das Gericht „nach Abzug berufsbedingter Aufwendungen" (also wohl einschließlich der Berücksichtigung der der Beklagten als Erwerbstätiger vorab zu belassenden Quote; FamRZ 88/265, 267) auf monatlich rund 400 DM geschätzt hat. Damit ergäbe sich ein Unterhaltsanspruch der Beklagten in Höhe von 590 DM. Da der Kläger diesen bei einem zur Verfügung stehenden Einkommen zwischen monatlich 1150 DM (zuzüglich anteilige Abfindung) und 1265 DM nicht ohne Gefährdung seines eigenen eheangemessenen Unterhalts von (mindestens) 990 DM aufbringen kann, ist das Berufungsgericht zu Recht in die Billigkeitsprüfung nach § 1581 BGB eingetreten.

b) In deren Rahmen hat sich das Gericht für die Entscheidung des konkreten Falles auf die Feststellung beschränkt, es entspreche seiner ständigen Rechtsprechung und auch dem Standpunkt der Düsseldorfer Tabelle, daß sich der geschiedene Unterhaltspflichtige in Mangelfällen, wie hier, regelmäßig mit dem notwendigen Selbstbehalt begnügen müsse, wenn nicht besondere Bedürfnisse auf seiner Seite bestünden. Das wird von der Revision zu Recht angegriffen.

Zwar unterliegt eine vom Tatrichter nach Billigkeitsgesichtspunkten getroffene Entscheidung nur in eingeschränktem Umfang der revisionsrechtlichen Überprüfung. Diese ist aber eröffnet, wenn die tatrichterliche Entscheidung den gesetzlich vorgegebenen Ermessensspielraum nicht ausschöpft oder auch gesetzlich vorgesehene Wertungen außer Betracht läßt.

R400   Anhang R. Rechtsprechung

Das ist hier schon deshalb der Fall, weil das Berufungsgericht die gesetzlich vorgeschriebene individuelle Billigkeitsabwägung durch den Hinweis auf eine regelmäßige Übung in Mangelfällen ersetzt hat. Mit dieser Betrachtungsweise hat es den Ermessensspielraum für die individuelle Abwägung der beiderseitigen Bedürfnisse und Interessen in unzulässiger Weise vorab verkürzt. Ohne Rechtfertigung durch besondere individuelle Umstände des Einzelfalls, die das Berufungsgericht indessen nicht dargelegt hat, entspricht es, wie ausgeführt, grundsätzlich nicht der Billigkeit im Sinne von § 1581 BGB, den verpflichteten Ehegatten für seinen eigenen Unterhalt von vornherein auf den notwendigen Selbstbehalt zu verweisen. Die von dem Berufungsgericht vorgenommene Billigkeitsabwägung kann daher nicht bestehen bleiben. Vielmehr ist die Sache zur Nachholung der erforderlichen Feststellungen und zur erneuten Billigkeitsprüfung an das Berufungsgericht zurückzuverweisen.

IV. Die neue Verhandlung vor dem Oberlandesgericht bietet der Beklagten Gelegenheit, auf ihre in der mündlichen Verhandlung erhobenen Rügen zurückzukommen und nochmals zur Entscheidung zu stellen,

ob sich der Kläger unmittelbar nach seinem Ausscheiden bei der Fima K – und auch später – ausreichend um eine Wiedereingliederung in das Arbeitsleben bemüht hat,

für welchen Gesamtzeitraum (evtl. bis Dezember 1988?) und jeweils in welcher monatlichen Höhe die Abfindung der Firma K für Unterhaltszwecke einzusetzen war,

aufgrund welcher Erkenntnisse des Gerichts sie angesichts ihres durch das Sachverständigengutachten belegten schlechten Gesundheitszustandes eine reale Erwerbschance auf dem Arbeitsmarkt hat.

BGH v. 15. 11. 89 – IVb ZR 3/89 – FamRZ 90, 283 = NJW-RR 90, 323

R400   *(Prozeßstandschaft für Minderjährige)*

a   2. Keine Bedenken bestehen dagegen, daß der Sohn K nach Erlangung der Volljährigkeit durch die Einlegung der Revision als Kl. in den Prozeß eingetreten ist. Bis zu seiner Volljährigkeit lagen die Voraussetzungen vor, unter denen die Ehefrau gem. § 1629 III 1 BGB den Unterhalt auch für ihn in eigenem Namen geltend machen konnte. Wie der Senat bereits entschieden hat, umfaßt die Prozeßführungsbefugnis nach dieser Vorschrift auch die Geltendmachung von Kindesunterhalt außerhalb des Scheidungsverbundverfahrens (Senat, NJW 1983, 2084 = LM § 1629 BGB Nr. 9 = FamRZ 1983, 474). Als während des Berufungsverfahrens in dem gleichzeitig anhängigen Verbundverfahren der Scheidungsausspruch rechtskräftig wurde, änderte sich an der Prozeßführungsbefugnis der Ehefrau nichts (vgl. Johannsen-Henrich-Sedemund=Treiber, EheR, § 621 ZPO Rdnr. 56; Zöller-Philippi, ZPO, 15. Aufl., § 623 Rdnr. 7; Bergerfurth, FamRZ 1982, 563 (564); Künkel, FamRZ 1984, 1062 (1064); OLG Düsseldorf, FamRZ 1987, 1183; OLG Hamburg, FamRZ 1984, 706). Wenngleich das Gesetz die Prozeßstandschaft nach § 1629 III 1 BGB an das Getrenntleben der Eltern oder die Anhängigkeit der Ehesache knüpft, entspricht es dem Rechtsgedanken des § 265 II 1 ZPO und unabweisbaren praktischen Bedürfnissen, daß ein Unterhaltsprozeß, der berechtigt in Prozeßstandschaft eingeleitet worden ist, in dieser Form auch zum Abschluß gebracht werden kann, und zwar jedenfalls dann, wenn bis dahin – wie hier – die elterliche Sorge für das Kind keinem anderen übertragen worden ist. Die Prozeßstandschaft der Ehefrau endete allerdings für den Sohn K mit dessen Volljährigkeit (vgl. Senat, NJW 1983, 2084 (2085) = LM § 1629 BGB Nr. 9 = FamRZ 1983, 474 (475) und NJW 1985, 1347 (L) = LM § 623 ZPO Nr. 14 = FamRZ 1985, 471 (473)). Von seinem Recht, nunmehr selbst als Partei in den Prozeß einzutreten, hat er in zulässiger Weise durch die Einlegung der Revision neben seiner Mutter Gebrauch gemacht.

(Zeitpunkt der Mahnung und Verzugseintritt; Stufenmahnung)

b   II. 1) Das OLG hat die Ansprüche auf Trennungsunterhalt nach § 1361 BGB und auf Kindesunterhalt nach § 1601 BGB grundsätzlich bejaht, sie aber – ohne nähere Begründung – zeitlich erst am 28. 11. 1986 einsetzen lassen. Damit hat es sich offenbar dem amtsgerichtlichen Urteil angeschlossen, das zu diesem Punkt ausführt, der Ehemann sei erst durch Zugang des anwaltlichen Mahnschreibens vom 27. 11. 1986 in Verzug gekommen, so daß gem. § 1613 BGB, der nach § 1361 IV 4 i. V. mit § 1360a III BGB auf den Trennungsunterhalt entsprechend anzuwenden ist, frühestens ab dem 28. 11. 1986 Unterhalt gefordert werden könne. Die Revisionen berufen sich demgegenüber auf eine vereinzelt vertretene Ansicht, wonach Unterhaltsansprüche erst mit dem ersten Tag des nächsten Monats der Vergangenheit angehören, so daß eine im Laufe des Monats zugegangene Mahnung Verzug mit der Unterhaltsschuld für den gesamten Monat begründe (vgl. OLG Hamm, FamRZ 1980, 916; zustimmend Palandt-Diederichsen, BGB, 48. Aufl., § 1613 Anm. 2a). Der Senat, der eine derartige Rückbeziehung des den Verzug auslösenden Vorgangs bereits für die endgültige Leistungsverweigerung abgelehnt hat (vgl. Senat, NJW 1985, 486 = LM § 284 BGB Nr. 30 = FamRZ 1985, 155 (157 f.)), vermag diese Auffassung ebensowenig zu teilen wie eine andere, die den Verzug in einem

solchen Fall regelmäßig erst mit dem Beginn des Folgemonats eintreten läßt (vgl. OLG Bamberg, FamRZ 1980, 916; OLG Köln, FamRZ 1985, 1168 (1169); Kalthoener-Büttner, Die Rechtsprechung zur Höhe des Unterhalts, 4. Aufl., Rdnr. 191; Köhler, in: MünchKomm, 2. Aufl., § 1613 Rdnr. 3a).
Da der Verzug nach § 284 I 1 BGB erst „durch" die Mahnung eintritt, genügt es nicht, daß der Unterhalt für den gesamten Monat bereits am vorausgegangenen Monatsersten fällig war. Gründe der Vereinfachung der Unterhaltsberechnung oder des Schuldnerschutzes rechtfertigen es andererseits nicht, dem Berechtigten einen nach materiellem Recht zustehenden Unterhaltsanspruch teilweise zu nehmen, indem der Verzugseintritt auf den Beginn des Folgemonats verlegt wird (richtig KG, FamRZ 1984, 1131 (1134)). Das OLG hat daher zutreffend angenommen, daß Unterhalt erst ab 28. 11. 1986 gefordert werden kann.
Die dem Bestimmtheitsgebot unterliegende Mahnung kann jedoch keinen Verzug wegen höherer Unterhaltsbeträge begründen, als mit ihr gefordert werden (vgl. Senat, NJW 1982, 1983 (1985) = LM § 1578 BGB Nr. 12 = FamRZ 1982, 887 (890)). Mit der Mahnung vom 27. 11. 1986 sind lediglich Ansprüche auf Trennungsunterhalt von monatlich 902,67 DM sowie auf Kindesunterhalt von monatlich 413,33 DM für die beiden älteren Kinder und von monatlich 338,33 DM für das jüngste Kind geltend gemacht worden. Hinsichtlich der darüber hinausgehenden Ansprüche kommt es daher auf einen neuen verzugsbegründenden Vorgang an. Dieser ist in dem Zugang des vorliegende Verfahren einleitenden Prozeßkostenhilfegesuches an den Ehemann zu sehen, das einer Mahnung gleichsteht. Das ist frühestens am 28. 1. 1987 geschehen. Das Gesuch enthielt die im Rahmen einer Stufenklage zulässigen Sachanträge, also ein Auskunftsbegehren verbunden mit einem unbezifferten Unterhaltsbegehren. Die Zustellung einer Stufenklage erfüllt die Erfordernisse des § 1613 I BGB bezüglich des unbezifferten Unterhaltsanspruchs, der sich nach der Auskunftserteilung als gerechtfertigt ergibt (vgl. Köhler, in: MünchKomm, § 1613 Rdnr. 3). Das gleiche muß für eine inhaltlich entsprechende Mahnung gelten, da der Unterhaltsgläubiger in diesen Fällen ohne die Auskunft seinen Unterhaltsanspruch nicht beziffern kann, andererseits der Unterhaltsschuldner nach Treu und Glauben nicht Vorteile daraus ziehen kann, daß er die geschuldete Auskunft bisher nicht erteilt hat.

(Engere Voraussetzungen nach § 1361 BGB für Erwerbsobliegenheit bei Kindesbetreuung als nach § 1570 BGB. Annäherung an die Maßstäbe nach §§ 1569ff. BGB mit zunehmender Verfestigung der Trennung; zur Beurteilung der Erwerbsobliegenheit beim Trennungsunterhalt ist eine Würdigung aller wesentlichen Umstände erforderlich. Betreuung von 3 Kindern im Alter von 9, 13 und 16 Jahren; Recht auf Fortbildung)

II 3) Das Oberlandesgericht hat weiter angenommen, daß es der Ehefrau in dem zu beurteilenden Zeitraum obgelegen habe, durch eine sozialversicherungsfreie Beschäftigung, etwa Betreuung von Kindern oder von alten Menschen oder – auch zu Hause verrichtbare – Bürohilfsarbeiten, ihren Lebensunterhalt teilweise selbst zu decken. Da sie dieser Obliegenheit nicht nachgekommen sei, seien ihr fiktive Einkünfte von monatlich 410 DM im Jahre 1986 und 430 DM ab Januar 1987 anzurechnen. Im einzelnen hat es dazu ausgeführt: Die Eheleute hätten seit August 1985 getrennt gelebt, und es sei die Ehefrau gewesen, die im Oktober 1986 den Scheidungsantrag erhoben habe. Ab diesem Zeitpunkt habe sie sich auf eine selbständige Existenz einstellen müssen. Wegen der Betreuung ihrer Kinder könne sie sich nicht auf § 1570 BGB berufen, da diese Vorschrift nur für den nachehelichen Unterhalt gelte. Bei der Betreuung mehrerer Kinder sei nach den unterhaltsrechtlichen Leitlinien des Gerichts eine Erwerbsobliegenheit regelmäßig dann anzunehmen, wenn das jüngste Kind das dritte Grundschuljahr beendet habe und neun Jahre alt sei. Hier habe das jüngste Kind bereits im Mai 1986 das neunte Lebensjahr vollendet. Von der Ehefrau habe mit Rücksicht darauf, daß sie insgesamt drei Kinder zu betreuen gehabt habe, zwar keine Halbtagstätigkeit erwartet werden können, wohl aber eine sozialversicherungsfreie Beschäftigung. Dies sei keine Schlechterstellung gegenüber den Verhältnissen während des Zusammenlebens der Eheleute, da die Ehefrau damals neben den Kindern auch den Ehemann habe versorgen müssen. Sie sei zwar von Beruf Ingenieurin für Obst- und Gemüseverarbeitung und daneben ausgebildete Gärtnergehilfin. Sie habe seit 1976 neben berufsfremde Teilzeitbeschäftigungen ausgeübt, nämlich während der „Kampagne" im Labor einer Zuckerfabrik gearbeitet und gelegentlich an der Kasse eines Supermarktes ausgeholfen. Wenn sie sich seit dieser Zeit auch ausschließlich ihrer Familie gewidmet habe, würden die Kinder nicht benachteiligt, wenn sie nunmehr wiederum einige Stunden wöchentlich entgeltliche Arbeiten verrichte. Um in Frage kommende Arbeitsplätze, die nicht vom Arbeitsamt vermittelt würden, sondern nur durch persönliche Initiative ausfindig zu machen seien, habe sie sich nicht ausreichend bemüht. Soweit sie Ablehnungsschreiben von Firmen vorgelegt habe, sei nicht dargetan, für welche Tätigkeiten und mit welchen Angaben über ihre Kenntnisse, Fähigkeiten und Einsatzbereitschaft sie sich beworben habe. Zwar könne davon ausgegangen werden, daß sie arbeitsbereit und sich darüber im klaren sei, eine Verzögerung der Arbeitsaufnahme werde ihr erhebliche Nachteile bringen. Andererseits habe sie nach dem Eindruck des Gerichts geglaubt, in erster Linie ihren Kindern besondere Betreuung zu schulden. Auch diese Beurteilung hält den Angriffen der Revision nicht stand.
   a) Soweit das Oberlandesgericht darlegt, daß sie Ehefrau sich wegen der Betreuung der Kinder

nicht auf § 1570 BGB berufen könne, weil diese Vorschrift nur für den nachehelichen Unterhalt gelte, geht es von falschen rechtlichen Vorstellungen aus. Nach allgemeiner Ansicht, die auch vom Senat in ständiger Rechtsprechung vertreten wird, kann ein getrennt lebender Ehegatte unterhaltsrechtlich jedenfalls nicht schlechter stehen als ein geschiedener (FamRZ 1985/782, 784 und FamRZ 1989/1160). Der nicht erwerbstätige Ehegatte kann vielmehr nach der Schutzvorschrift des § 1361 II BGB grundsätzlich nur unter engeren Voraussetzungen darauf verwiesen werden, seinen Unterhalt durch Erwerbsmäßigkeit selbst zu verdienen, als dies gemäß § 1574 II BGB nach der Scheidung der Fall ist. Daraus folgt, daß dann, wenn ein geschiedener Ehegatte nach § 1570 BGB wegen der Betreuung gemeinschaftlicher Kinder Unterhalt verlangen könnte, dies während der Trennung erst recht gelten muß.

b) Während im ersten Trennungsjahr in der Regel für den im Zeitpunkt der Trennung längere Zeit nicht erwerbstätig gewesenen Ehegatten gemäß § 1361 II BGB keine Erwerbsobliegenheit besteht, sind mit zunehmender Verfestigung der Trennung, insbesondere wenn die Scheidung nur noch eine Frage der Zeit ist, die Voraussetzungen, unter denen eine Erwerbstätigkeit obliegt, immer mehr den Maßstäben anzunähern, die nach den §§ 1569 ff. BGB für den nachehelichen Unterhalt gelten. Am 28. November 1986 lag die Trennung der Eheleute rund 15 Monate zurück; die Ehefrau hatte bereits im Oktober des Jahres das Scheidungsverfahren eingeleitet, das binnen Jahresfrist zur Scheidung geführt hat. Unter diesen Umständen ist zwar aus Rechtsgründen nicht zu beanstanden, daß das Oberlandesgericht die Erwerbsobliegenheit der Ehefrau unter dem Gesichtspunkt gesteigerter Eigenverantwortlichkeit beurteilt hat; seinen Ausführungen ist aber nicht zu entnehmen, daß es dabei alle wesentlichen Umstände in seine Betrachtung einbezogen und zutreffend gewürdigt hat.

c) Erheblich ins Gewicht fällt die Betreuung dreier gemeinschaftlicher Kinder im Alter von 9, 13 und 16 Jahren, die sämtlich noch die Schule besuchten. Im Schrifttum wird die Auffassung vertreten, daß die Betreuung von drei oder mehr Kindern unter 18 Jahren einer Erwerbsobliegenheit schlechthin entgegenstehe. Der Senat, der in seinem Urteil vom 28. März 1984 (FamRZ 1984/662) die Verneinung einer Erwerbsobliegenheit bei Betreuung von zwei Kindern im Alter von 11 und 13 Jahren bei günstigen wirtschaftlichen Verhältnissen gebilligt hat, hat stets betont, daß die Frage nur aufgrund einer umfassenden Würdigung aller Umstände entschieden werden kann, wobei neben den persönlichen Verhältnissen des unterhaltsbegehrenden Ehegatten wie Alter, Gesundheitszustand und Berufsausbildung, insbesondere einer früheren beruflichen Betätigung, die Dauer der Ehe und die wirtschaftlichen Verhältnisse der Eheleute zu berücksichtigen sind (FamRZ 1982/148, 150 m. w. N.). Wird dem Ehegatten die Ausübung einer unqualifizierten berufsfremden Tätigkeit angesonnen, wie das Oberlandesgericht es hier getan hat, muß außerdem besonders geprüft werden, ob dies nach dem sozialen Status der Ehegatten angemessen ist.

d) Was die Betreuung der drei gemeinschaftlichen Kinder angeht, hat das Oberlandesgericht lediglich auf seine unterhaltsrechtlichen Leitlinien verwiesen, die zudem zu diesem Punkt in ihrer Allgemeinheit nicht unbedenklich erscheinen. Es hat weiter festgestellt, daß die Ehefrau eine ihrer Ausbildung entsprechende Tätigkeit seit Oktober 1970 nicht mehr ausgeübt hat, hat aber wesentlich darauf abgehoben, daß sie bis 1976 auch unqualifizierten Teilzeitbeschäftigungen nachgegangen sei. Hierbei hätte es in Betracht ziehen müssen, daß sie damit einen entlastenden Beitrag zum Familieneinkommen während einer Zeit beengter wirtschaftlicher Verhältnisse geleistet hatte, die inzwischen aber überwunden waren. Es ist auch nicht ersichtlich, daß es die beträchtliche Dauer der Ehe und die hierfür erbrachten Leistungen der Ehefrau gebührend gewürdigt hat. Daß es die relativ günstigen wirtschaftlichen Verhältnisse des Ehemanns, die nicht zuletzt auf die Erträgnisse des gemeinsam geschaffenen Vierfamilienhauses zurückgeführt sind, berücksichtigt hat, geht aus seinen Ausführungen ebenfalls nicht hervor. Diese waren aber auch für die vom Oberlandesgericht bejahte Frage bedeutsam, ob sich die Ehefrau trotz ihrer qualifizierten Ausbildung alsbald nach Ablauf des ersten Trennungsjahres auf sozialversicherungsfreie Beschäftigungen verweisen lassen muß. Im Hinblick auf den von den Eheleuten erreichten sozialen Status hätte geprüft werden müssen, ob sie sich nicht länger als ihr zugestanden um qualifizierte Tätigkeiten hat bemühen dürfen und ob sie nach einem Mißerfolg ihrer Bemühungen nicht zunächst das Recht hatte, sich auf Kosten des Ehemannes fortzubilden oder umschulen zu lassen, um mit ihrer bisherigen Ausbildung vergleichbare berufliche Qualifikation zu erreichen, die bessere Aussichten am Arbeitsmarkt bietet (vgl. dazu etwa OLG Hamburg FamRZ 1985/1260, 1261). e) Mit der bisherigen Begründung kann nach allem die Annahme einer Erwerbsobliegenheit keinen Bestand haben. Es bedarf einer neuen Würdigung des Sachverhalts, die auf alle wesentlichen Umstände eingeht.

(Keine Bemessung des Trennungsunterhalts nach dem vor der Trennung bezahlten Haushaltsgeld, sondern nach den aktuellen Einkommensverhältnissen, an deren Entwicklung die Eheleute bis zur Scheidung gemeinschaftlich teilhaben; objektiver Maßstab für die Unterhaltsbemessung und Konsumverhalten)

d II 2) Der Ehemann schuldet nach § 1361 I Satz 1 BGB der Ehefrau den nach den Lebensverhältnissen und den Erwerbs- und Vermögensverhältnissen der Eheleute angemessenen Trennungsunterhalt.

Anhang R. Rechtsprechung R400

Das Oberlandesgericht hat einen Monatsbetrag von 900 DM als bestimmend angesehen und dazu ausgeführt: Die Lebensverhältnisse der Eheleute seien durch die Erwerbseinkünfte des Ehemannes und den zeitweisen Verdienst der Ehefrau geprägt gewesen, den diese neben der Haushaltsführung und der Betreuung von drei Kindern erarbeitet habe, um die wegen des Hausbaues angespannten wirtschaftlichen Verhältnisse zu entlasten. Die Ehefrau habe nach eigenen Angaben während der Zeit des Hausbaues monatlich 1000 DM Haushaltsgeld erhalten, zuletzt noch weniger; dabei habe ihr zeitweise ein PKW Volkswagen (Käfer) zur Verfügung gestanden. Unter Berücksichtigung aller Umstände könne davon ausgegangen werden, daß sie für ihre Bedürfnisse monatlich nicht mehr als 900 DM zur Verfügung gehabt habe. Dem hält die Revision der Ehefrau zu Recht entgegen, daß der den ehelichen Lebensverhältnissen angemessene Unterhalt im Sinne des § 1361 I Satz 1 BGB nicht auf der Grundlage des vor der Trennung bezahlten Haushaltsgeldes bestimmt werden kann, zumal dabei die Deckung des Wohnbedarfs des unterhaltsberechtigten Ehegatten unberücksichtigt bliebe. Nach der ständigen Rechtsprechung des Senats kommt es für die Bestimmung des Unterhaltsbedarfs gemäß § 1361 I Satz 1 BGB vielmehr auf die aktuellen Einkommensverhältnisse an, da die Ehegatten an der Entwicklung der wirtschaftlichen Verhältnisse bis zur Scheidung gemeinschaftlich teilhaben (FamRZ 1988/256, 257). Es ist daher rechtsfehlerhaft, wenn das Oberlandesgericht wesentlich auf eine beengte wirtschaftliche Lage der Eheleute während eines Hausbaues abgestellt hat, der unstreitig bereits im Jahre 1976 abgeschlossen war. Die Ehefrau kann auch nicht an einem während des Zusammenlebens der Eheleute im Interesse der Vermögensbildung geübten Konsumverzicht festgehalten werden. Insgesamt ist ein objektiver Maßstab anzulegen, bei dem eine nach den gegebenen Verhältnissen zu dürftige Lebensführung ebenso außer Betracht bleibt wie ein übertriebener Aufwand (vgl. Senatsurteil vom 23. Dezember 1987 a.a.O. S. 258). Die Beurteilung des Oberlandesgerichts kann daher in diesem Punkt keinen Bestand haben.

(Darlegungs- und Beweislast des Verpflichteten für Umstände, mit denen er die unterhaltsrechtliche Erheblichkeit von ihm eingegangener Verbindlichkeiten begründet; unterhaltsrechtliche Berücksichtigung von Schulden des Verpflichteten)

II 5 a) Zu der umstrittenen Absetzung der Darlehenszinsen von monatlich 573,06 DM hat das Oberlandesgericht ausgeführt: Die Ehefrau habe geltend gemacht, das zugrundeliegende Darlehen habe der Ehemann in Kenntnis ihrer Scheidungsabsicht nur zu dem Zweck aufgenommen, ihre Ansprüche auf Zugewinn und Unterhalt zu schmälern. Es sei ihr zuzugeben, daß der Zeitpunkt der Darlehensaufnahme (7. Dezember 1984) zu Bedenken berechtigte. Andererseits könne sie keinen die Behauptungen des Ehemannes widerlegenden Sachvortrag bringen, wonach das Geld dazu verwendet worden sei, einen privaten Kredit zurückzuzahlen, der zur Finanzierung des Vierfamilienhauses gedient habe. Auch unter Berücksichtigung der von der Mutter des Ehemannes beigesteuerten 70 000 DM und sonstiger von der Ehefrau eingeräumter Verbindlichkeiten bleibe es unwahrscheinlich, daß allein damit die Errichtung des Vierfamilienhauses habe finanziert werden können. Es sei daher nicht unwahrscheinlich und nicht ohne weiteres und ohne entsprechende Belege abzutun, daß der Ehemann das Darlehen zu einem seinen Behauptungen entsprechenden Zweck aufgenommen habe. Diesen Ausführungen entnehmen die Revisionen mit Recht, daß das Oberlandesgericht insoweit die Verteilung der Darlegungs- und Beweislast unzutreffend beurteilt hat. Ob von Unterhaltsverpflichteten eingegangene Schulden unterhaltsrechtlich zu berücksichtigen sind, ist unter umfassender Interessenabwägung zu beurteilen, wobei es insbesondere auf den Zweck der Verbindlichkeiten, den Zeitpunkt und die Art ihrer Entstehung, die Kenntnis des Unterhaltsverpflichteten von Grund und Höhe der Unterhaltsschuld und andere Umstände ankommt (FamRZ 1982, 157, 158). Die Darlegungs- und Beweislast für die Umstände, die die Berücksichtigungswürdigkeit ergeben sollen, trägt nach allgemeinen Grundsätzen der Unterhaltsschuldner, da er hierbei die Minderung seiner Leistungsfähigkeit geltend macht (FamRZ 1980, 770). Mit diesem Grundsatz ist nicht zu vereinbaren, daß das Oberlandesgericht sich letztlich damit begnügt hat, der vom Ehemann behauptete Verwendungszweck des Darlehens sei „nicht unwahrscheinlich", und daß es ein anderes Ergebnis davon abhängig gemacht hat, daß die Ehefrau diesen Zweck widerlegt und entsprechende Belege beibringt. Es steht auch fest, daß der Ehemann den fraglichen Kredit zeitlich nach dem Empfang eines Anwaltsschreibens vom 5. Oktober 1984 aufgenommen hat, durch das er anläßlich einer schon damals aufgetretenen Ehekrise zur Zahlung von Ehegatten- und Kindesunterhalt aufgefordert worden ist. Die Kenntnis der Unterhaltsverpflichtung verwehrt es dem Pflichtigen in der Regel, sich auf eine infolge von Schulden eingetretene Verminderung der Leistungsfähigkeit zu berufen; es sei denn, deren Eingehung sei notwendig und unausweichlich gewesen; dafür muß er im Streitfall vollen Beweis erbringen. Der Ehemann hat aber nicht einmal den privaten Kreditgeber benannt, den er mit dem am 7. Dezember 1984 aufgenommenen Bankkredit befriedigt haben will, da dieser „nicht genannt werden wolle". Das Oberlandesgericht, das bei dieser Sachlage offenbar letzte Zweifel nicht hat überwinden können, hätte somit die Zinsbelastung nicht zugunsten des Ehemannes berücksichtigen dürfen.

(Wohnvorteil eines Eigenheimes; Abzug von Belastungen; Maßgeblich ist nicht der objektive Mietwert des Hauses, sondern der Gebrauchsvorteil, der nach dem Abzug des anderen Ehegatten gezogen wird und dessen Obergrenze mit etwa einem Drittel des Betrages anzusetzen ist, den der Verpflichtete zur Deckung seines eigenen Unterhaltsbedarfs zur Verfügung hat)

f II 5) Nach der ständigen Rechtsprechung des Senats gehört zu dem unterhaltsrechtlich relevanten Einkommen auch der Vorteil mietfreien Wohnens, soweit dessen Wert die Belastungen übersteigt, die durch allgemeine Grundstückskosten und -lasten sowie gegebenenfalls durch Zins- und Tilgungsverpflichtungen entstehen (FamRZ 89/1162). Unstreitig bewohnt der Ehemann ein ihm gehöriges Einfamilienhaus mit einer Wohnfläche von 140 qm, in das er auch seine Mutter aufgenommen hat. Die Ehefrau hat den Mietwert mit 500 bis 600 DM angegeben und hierfür Sachverständigenbeweis angeboten. Die jährlichen Lasten hat der Ehemann lediglich mit 1017,04 DM beziffert, ohne sich auf Zins- und Tilgungsleistungen zu berufen, hat aber die Auffassung vertreten, die „ersparte Miete" könne höchstens mit monatlich 350 DM angesetzt werden. Wie die Revisionen mit Recht rügen, konnte sich das Oberlandesgericht nicht damit begnügen, den anzurechnenden Wohnvorteil entsprechend der Angabe des Ehemannes auf monatlich 350 DM zu schätzen, ohne die Grundlagen dieser Schätzung aufzuzeigen. Da die Vorstellungen der Parteien über diesen Punkt nicht unerheblich differierten, hätte das Gericht mangels eigener Sachkunde notfalls das angebotene Sachverständigengutachten einholen müssen. Allerdings kommt es letztlich nicht auf den objektiven Mietwert des Hauses an, sondern darauf, inwieweit der Ehemann nach dem Auszug der Ehefrau anzurechnende Gebrauchsvorteile i. S. des § 100 BGB zieht. Im einzelnen wird wegen dieser Frage auf die Grundsätze des Senatsurteils vom 12. Juli 1989 (a. a. O. S. 1162 f) hingewiesen; nach deren Maßgabe werden die Parteien ihren Vortrag zweckmäßigerweise noch zu ergänzen haben.

(Ein unterhaltsrechtlich relevantes Einkommen sind auch Einkünfte des Verpflichteten, die er zumutbarerweise erzielen könnte, aber nicht erzielt; bei einem vorwurfbaren Verstoß sind fiktive Einkünfte in erzielbarer Höhe zuzurechnen)

g II 5 c) Die Ehefrau hat unter anderem vorgetragen, der Ehemann nutze insgesamt drei Garagen, die an das Einfamilienhaus angebaut seien, darüberhinaus eine Doppelgarage des Vierfamilienhauses. Für die Nutzung von insgesamt vier Garagen bei Haltung nur eines Fahrzeuges sei kein verständiger Grund vorhanden. Dem Ehemann sei zuzumuten, drei Garagen zu vermieten, wodurch er Einnahmen von monatlich je 50 DM erzielen könne. Dieses Vorbringen, dessen Sachverhalt der Ehemann nicht substantiiert bestritten hat, hat das Oberlandesgericht übergangen; die diesbezügliche Rüge der Revisionen ist daher begründet. Zu dem unterhaltsrechtlich relevanten Einkommen eines Unterhaltsverpflichteten zählen auch Einkünfte, die er zumutbarerweise erzielen könnte, aber nicht erzielt (FamRZ 1980/126, 128). Den Ehemann trifft im Interesse seiner Ehefrau und seiner drei Kinder die Obliegenheit, seine Leistungsfähigkeit nach Möglichkeit zu stärken. Hat er hiergegen in vorwerfbarer Weise verstoßen, sind ihm fiktive Einkünfte in der erzielbaren Höhe zuzurechnen.

BGH v. 15. 11. 89 – IVb ZR 95/88 – FamRZ 90, 280 = NJW-RR 90, 194

R401 *(Konkrete Bedarfsermittlung)*

a c) Zu den für das vorliegende Verfahren bindenden Grundlagen des Urteils vom 20. 2. 1985 gehört die Feststellung, daß sich der Elementarunterhaltsbedarf der Kl. nach den ehelichen Lebensverhältnissen der Parteien im Zeitpunkt der Scheidung – neben dem Wohnbedarf – auf monatlich 4000 DM beläuft. Abweichend von der verbreiteten Praxis, anhand einer Unterhaltstabelle eine Quote des im Zeitpunkt der Scheidung für Unterhaltszwecke eingesetzten Einkommens zu bilden, hat das Gericht den sich aus den ehelichen Lebensverhältnissen ergebenden Elementarunterhaltsbedarf (§ 1578 BGB) durch eine Schätzung der Kosten gewonnen, die die Kl. nach der Scheidung zur Aufrechterhaltung des in der Ehe erreichten, gehobenen Lebensstandards benötigt. Es ist davon ausgegangen, daß sie imstande sein müsse, ein Kraftfahrzeug der Mittelklasse zu unterhalten, sich angemessen zu kleiden, kulturellen Bedürfnissen nachzugehen, Sport zu treiben (auch Golf, wie schon während des Zusammenlebens), jährlich jedenfalls eine Urlaubsreise zu machen und sich für ihr großes Haus eine Putzhilfe zu leisten. Auf diese Weise ist es auf einen nach der Deckung des Wohnbedarfs noch bestehenden Elementarunterhaltsbedarf von monatlich 4000 DM gekommen, neben dem die Kl. noch Krankheitsvorsorgeunterhalts in Höhe ihres Krankenkassenbeitrags von monatlich 454 DM bedürfe.

Nach dieser konkreten Ermittlung des an den tatsächlich gelebten ehelichen Lebensverhältnissen ausgerichteten Unterhaltsbedarfs (vgl. dazu Senat, NJW 1985, 1343 (1344) = LM § 323 ZPO Nr. 42 = FamRZ 1985, 582 (583)), die nicht dadurch zu einer Bedarfsbemessung nach Einkommensquoten wird, weil bei Ansatz einer $^3/_7$-Quote ein ähnliches Ergebnis erzielt worden wäre, hat das Gericht geprüft, ob der Bekl. in Höhe von monatlich 4454 DM leistungsfähig ist. Nur im Rahmen dieser Prü-

Anhang R. Rechtsprechung **R403**

fung hat es das Nettoeinkommen des Bekl. – mit monatlich durchschnittlich 11694,88 DM – ermittelt. Es hat ausgeführt, hiervon könne er den genannten Betrag leisten, ohne seinen eigenen angemessenen Unterhalt zu gefährden. Bei dem ermittelten Einkommen sei er sogar für einen noch darüber hinausgehenden Unterhalt leistungsfähig; das vermöge aber eine Erhöhung der Ansprüche der Kl. über ihren nach den ehelichen Lebensverhältnissen angemessenen Elementarunterhalt hinaus nicht zu rechtfertigen.

Damit hat sich auf die Unterhaltsbemessung in dem Urteil vom 20. 2. 1985 nicht ausgewirkt, daß und um wieviel das Nettoeinkommen des Bekl. über dem Betrag lag, der es ihm nach der Auffassung des Gerichts ermöglichte, ohne Gefährdung seines eigenen angemessenen Unterhalts der Kl. monatlich 4454 DM zu zahlen. Sein höheres Einkommen hat die durch den Unterhaltsbedarf nach den ehelichen Lebensverhältnissen nach oben begrenzte Unterhaltsfestsetzung also nicht berührt. Auch ein weiteres Ansteigen des Einkommens des Bekl. ist daher keine Änderung derjenigen Verhältnisse, die für die Bestimmung der Höhe der Unterhaltsleistungen maßgebend waren.

(Unterhalt dient nicht zur Schuldentilgung des Berechtigten)

Die Kosten, deren Berücksichtigung die Kl. erstrebt, stammen ersichtlich aus bereits beendeten **b** wie aus noch laufenden Rechtsstreitigkeiten zwischen den Parteien. Kosten aus abgeschlossenen Prozessen treffen die Kl. nur, soweit sie ihr wegen Unterliegens auferlegt worden sind oder sie sie übernommen hat. Derartige Kosten begründen keinen unterhaltsrechtlichen (Sonder-)Bedarf; denn die Unterhaltspflicht umfaßt, wie das BerGer. zutreffend annimmt, grundsätzlich nicht die Verpflichtung, Schulden des anderen Ehegatten zu tilgen (Senat, NJW 1985, 2265 = LM § 1360a BGB Nr. 11 = FamRZ 1985, 902 m. w. Nachw.). Wegen der Kosten aus noch laufenden gerichtlichen Verfahren käme unterhaltsrechtlich nur ein Anspruch auf Prozeßkostenvorschuß in Betracht. Ein solcher besteht aber zwischen geschiedenen Ehegatten nicht (Senat, BGHZ 89, 33 = NJW 1984, 291 = LM § 1360a BGB Nr. 7). Damit fehlt es an der Grundlage für einen entsprechenden Unterhaltsanspruch. Die Berufung auf Treu und Glauben vermag sie nicht zu ersetzen. Das Abänderungsbegehren ist also auch insoweit unbegründet, als es auf eine Bedarfserhöhung durch regelmäßig entstehende Prozeßkosten gestützt wird.

BGH v. 29. 11. 89 – IVb ZR 16/89 – FamRZ 90, 394 = NJW 90, 713

(Im Regelfall kein ergänzender Unterhaltsanspruch des Wehrpflichtigen; ein auf besonderen Gründen beruhender **R403**
Mehrbedarf muß konkret vorgetragen werden)

I. Das Berufungsgericht führt aus, die Leistungen der Bundesrepublik Deutschland hätten den Unterhaltsbedarf des Klägers während des Wehrdienstes zwar weitgehend, jedoch nicht in vollem Umfange abgedeckt, so daß ein von den Eltern zu tragender Restbedarf verblieben sei. Als Wehrpflichtiger habe der Kläger freie Unterkunft und Verpflegung, kostenlose Heilfürsorge sowie freie Wochenendheimfahrten erhalten, auch sei ihm Dienstkleidung gestellt worden. Für verbleibende Bedürfnisse, insbesondere Taschengeld, musische und kulturelle Bedürfnisse, weitere Heimfahrten, Zivilkleidung und Urlaub habe er einen Wehrsold von monatlich 290 DM erhalten. Damit werde in einfachen und mittleren Verhältnissen der gesamte notwendige Bedarf gedeckt, so daß in der Regel ein weiterer Unterhaltsbedarf nicht bestehe. Eine andere Beurteilung sei jedoch geboten, wenn sich die Eltern, wie hier, in außerordentlich günstigen wirtschaftlichen Verhältnissen befänden und der Sohn noch keine eigene Lebensstellung begründet habe, sich seine Lebensstellung mithin noch nach derjenigen der Eltern bestimme. Nach der Rechtsprechung des Bundesgerichtshofs behielten volljährige, außerhalb des Elternhauses studierende Kinder die von den Eltern abgeleitete Lebensstellung. Für die Zeit des Wehrdienstes könne jedenfalls dann nichts anderes gelten, wenn dieser sich – wie hier – zwischen Schule und weiterer Ausbildung einschiebe. Das Berufungsgericht hat es als unergiebig angesehen, für die Bemessung des ungedeckten Unterhaltsbedarfs die Leistung der Bundeswehr zu „monetarisieren". Maßgeblich sei vielmehr, wie sich diese Leistungen aus der Perspektive des Unterhaltsberechtigten bedarfsdeckend auswirkten und ob ein weitgehender, an dem sozialen Maßstab der Eltern zu messender Bedarf verbleibe. Danach könne die Situation des Wehrpflichtigen mit derjenigen eines nicht am Wohnort der Eltern studierenden Kindes verglichen werden, dessen Bedarf nach dem vom Berufungsgericht ständig angewandten Regelwerk der Düsseldorfer Tabelle in Frankfurter Praxis bis Ende 1988 mit monatlich 800 DM veranschlagt worden sei. Demgegenüber sei der tabellarische Bedarf des volljährigen Klägers auf der Basis der zusammengerechneten Einkünfte der Eltern zuzüglich Volljährigenzuschlag mit 910 DM monatlich zu bemessen, liege also bereits um 110 DM monatlich darüber. Mindestens weitere 40 DM an zusätzlichem Bedarf ergäben sich aus den häufigen Fahrten zur Wohnung der Mutter, wo der Kläger seinen sozialen Mittelpunkt beibehalten habe; zu diesem Zweck habe er – entsprechend dem sozialen Status seiner Eltern – ein Kraftfahrzeug vorgehalten. Von dem monatlichen Mehrbedarf von 150 DM müsse der Beklagte nach den Einkommensverhältnissen beider Eltern monatlich 60 DM tragen. Daraus ergebe sich für die Gesamtzeit ein Unterhaltsanspruch von (60 DM (x 14 =) 840 DM. II. Gegen diese Ausführungen wendet sich die Revision zu Recht.

1. Nach §§ 1601 ff. BGB sind Verwandte in gerader Linie verpflichtet, einander Unterhalt zu gewähren (§ 1601 BGB). Anspruchsberechtigt ist nur, wer außerstande ist, sich selbst zu unterhalten (§ 1602 I BGB). Das Maß des zu gewährenden Unterhalts bestimmt sich nach der Lebensstellung des Bedürftigen (angemessener Unterhalt); der Unterhalt umfaßt den gesamten Lebensbedarf (§ 1610 I und II BGB). 2. Der Kläger ist nicht anspruchsberechtigt, weil sein Vortrag nicht ergibt, daß er während des Wehrdienstes außerstande war, sich selbst zu unterhalten. a) Nach § 31 Satz 2 des Soldatengesetzes (SG) hat für das Wohl des Soldaten, der auf Grund der Wehrpflicht Wehrdienst leistet, der Bund zu sorgen. Der wehrpflichtige Soldat hat Anspruch auf Geld- und Sachbezüge sowie Heilfürsorge nach Maßgabe besonderer Gesetze (§ 30 I Satz 1 SG). Dabei handelt es sich um die Sicherstellung seines Unterhalts. Die Bezüge sind näher bestimmt in den §§ 1 ff. des Wehrsoldgesetzes – WSG – i. d. F. der Bekanntmachung vom 20. Februar 1978, BGBl I 265, mehrfach geändert. Danach erhält der Wehrpflichtige während seiner Dienstzeit Wehrsold sowie eine besondere Zuwendung im Monat Dezember, Verpflegung, Unterkunft, Dienstkleidung und Heilfürsorge. Der tägliche Wehrsold betrug in den Jahren 1987 und 1988 für den Grenadier 9,50 DM, für den Gefreiten 11 DM und für den Obergefreiten 11,90 DM (Wehrsoldtabelle, Anlage zu § 2 I WSG i. d. F. des Art. 1 Nr. 7 des Zwölften Gesetzes zur Änderung des Wehrsoldgesetzes vom 19. Dezember 1986, BGBl I 2550), die besondere Zuwendung belief sich auf 340 DM (§ 7 II Satz 1 WSG i. d. F. des Art. 1 Nr. 5 Buchst. a des Gesetzes vom 19. Dezember 1986). Die Verpflegung wird als Gemeinschaftsverpflegung unentgeltlich bereitgestellt. Für die Tage, an denen der Soldat von der Teilnahme an der Gemeinschaftsverpflegung befreit ist, erhält er ein Verpflegungsgeld in Höhe des Betrages, den Berufssoldaten und Soldaten auf Zeit für die Teilnahme an der Gemeinschaftsverpflegung zu entrichten haben. Für die Dauer des Erholungsurlaubs wird der doppelte Betrag des Verpflegungsgeldes gewährt (§ 3 WSG i. d. F. des Art. 1 Nr. 3 des Gesetzes vom 19. Dezember 1986). Unterkunft und Dienstbekleidung werden unentgeltlich bereitgestellt (§§ 4, 5 WSG), die Heilfürsorge besteht in unentgeltlicher truppenärztlicher Versorgung (§ 6 WSG). Zudem erhält der Soldat einen Freifahrtschein der Deutschen Bundesbahn für seine Fahrten zwischen der Kaserne und dem Heimatort. b) Zahlreiche Stimmen in Rechtsprechung und Schrifttum nehmen an, daß diese Leistungen für die Dauer des 15monatigen Dienstzeit den gesamten Lebensbedarf des Wehrpflichtigen decken, der durch die besondere Situation des kasernierten jungen Soldaten geprägt werde (vgl. – mit unterschiedlichen Akzenten der Begründung – OLG Hamm, 10. FamS, FamRZ 1986/502 f. und 1987/1071; OLG Düsseldorf FamRZ 1989/91 f.; AG Waiblingen FamRZ 1981/1007; AG Bottrop FamRZ 1986/1029 – für Wehr- und Zivildienst; Heiß/Heiß, a.a.O. sowie in Unterhaltsrecht, Ein Handbuch für die Praxis I 3. 110/111; Palandt/Diederichsen, BGB 48. Aufl. § 1602 Anm. 2 b; Soergel/Häberle, BGB 12. Aufl. § 1610 Rdn. 8; Vespermann, Familiensachen Band 2 Anhang 1 Rdn. 146; Wendl/Staudigl, Das Unterhaltsrecht in der familiengerichtlichen Praxis S. 1567). Bei den als auskömmlich angesehenen unterhaltssichernden Leistungen der Bundesrepublik Deutschland besitze der Wehrpflichtige eine eigene Lebensstellung i. S. des § 1610 I BGB (so insbesondere OLG Düsseldorf a.a.O.). Die Gegenmeinung kommt zwar im Regelfall ebenfalls nicht zu einem Anspruch des Wehrpflichtigen gegen seine Eltern auf (ergänzenden) Unterhalt, weil im allgemeinen der Unterhaltsbedarf des Soldaten durch die Leistungen der Bundesrepublik gedeckt sei. Sie will aber von dieser Beurteilung abweichen, wenn sich die Eltern des Wehrpflichtigen in (besonders) günstigen wirtschaftlichen Verhältnissen befinden und er, bevor er den Wehrdienst antrat, noch keine eigene Lebensstellung begründet hatte. In einem solchen Fall, wie ihn das Berufungsgericht auch hier annimmt, soll sich das Maß des Unterhalts für den Wehrdienst oder Ersatzdienst Leistenden wie für ein volljähriges, auswärts studierendes Kind noch aus einer von den Eltern abgeleiteten Lebensstellung ergeben. Ein solcherart noch an den günstigen wirtschaftlichen Verhältnissen der Eltern ausgerichteter Unterhaltsbedarf könne den Wert der Leistungen, die die Bundeswehr erbringt, übersteigen, so daß die Eltern den ungedeckten Unterhaltsbedarf noch zu befriedigen hätten. Wer als unterhaltsabhängiger junger Mann, wenn er nicht bei der Bundeswehr wäre, einen Anspruch auf gehobene Unterhaltszuwendungen hätte, brauche sich für seine Lebensbedürfnisse nicht mit den Leistungen der Bundeswehr zu begnügen, die nach Art und Umfang an eher durchschnittlichen Maßstäben orientiert seien. Er könne vielmehr erwarten, daß er von dem unterhaltspflichtigen Elternteil einen weiteren Unterhaltsbeitrag erhalte, der ihn in die Lage versetze, auch als Soldat den Lebensstandard nach der elterlichen Lebensstellung i. S. des § 1610 I BGB zu wahren (so insbesondere OLG Hamm, FamRZ 1986/832; FamRZ 1989/531; OLG Bamberg FamRZ 1987/1071, 1072 f.; OLG München FamRZ 1988/756, 757; AG Schorndorf FamRZ 1989/424 f.; ebenso wohl OLG Stuttgart FamRZ 1987/409, 410; aus dem Schrifttum Deisenhofer in Unterhaltsrecht, Ein Handbuch für die Praxis I 12. 52/53; Kalthoener/Büttner, Die Rechtsprechung zur Höhe des Unterhalts 4. Aufl. Rdn. 145 sowie in NJW 1989/2777, 2778; Schwab/Borth, Handbuch des Scheidungsrechts 2. Aufl. Teil V Rdn. 30; s. auch Freygang FamRZ 1989, 425, 426; Glombitza FamRZ 1988/757,

Anhang R. Rechtsprechung

758). c) Für die danach allein unterschiedlich beurteilten Fälle, in denen die wirtschaftliche Lage der Eltern des Wehrpflichtigen überdurchschnittlich günstig ist und er bis zum Antritt des Wehrdienstes noch keine eigene Lebensstellung begründet hatte, führt keine der beiden dargestellten Beurteilungen zu stets billigenswerten Ergebnissen.

BGH v. 13. 12. 89 – IVb ZR 79/89 – FamRZ 90, 492 = NJW 90, 1847

(*Zumutbare Erwerbstätigkeit trotz Betreuung eines Kleinkindes, soweit die in der Ehe ausgeübte Berufstätigkeit nach der Trennung fortgesetzt wird; Abgrenzung § 1570 BGB und § 1573 II BGB bei Teilerwerbstätigkeit*)

II. 1. Das Berufungsgericht hat den Unterhaltsanspruch der Ehefrau aus den §§ 1570 und 1573 II BGB hergeleitet und zur Begründung ausgeführt, die ehelichen Lebensverhältnisse der Parteien seien von Anfang an durch die volle Erwerbstätigkeit beider Parteien geprägt worden. Die Ehefrau habe bis zur Geburt des Kindes ihren Beruf ausgeübt und ihn, nach zwischenzeitlichem Bezug von Mutterschaftsgeld, seit dem 13. Februar 1983 mit einer wegen der Kindesbetreuung eingeschränkten Wochenarbeitszeit von 30 Stunden wiederaufgenommen. In diesem Umfang erscheine ihre Erwerbstätigkeit weiterhin zumutbar. Da sie auch beibehalten worden wäre und die ehelichen Lebensverhältnisse künftig mitbestimmt hätte, wenn die Ehe nicht gescheitert wäre, sei von einer Doppelverdienerehe auszugehen.

2. Diese Ausführungen, die an sich rechtsfehlerfrei sind und im Einklang mit der bisherigen Rechtsprechung des Senates stehen, stoßen insoweit auf rechtliche Bedenken, als das Berufungsgericht nicht unterscheidet, inwieweit der Unterhaltsanspruch einerseits auf § 1570 BGB und andererseits auf § 1573 II BGB beruht. Die Revision beanstandet zu Recht, daß als Folge der unterlassenen Klärung dieser Frage die tatrichterliche Prüfung unterblieben ist, ob der Unterhaltsanspruch, soweit er auf § 1573 II BGB beruht, gemäß Abs. 5 dieser Vorschrift zeitlich zu begrenzen ist.

a) Allerdings ist umstritten, ob der Anspruch eines geschiedenen Ehegatten teilweise auf § 1573 II BGB beruht, wenn von ihm wegen der Pflege und Erziehung eines gemeinschaftlichen Kindes keine volle Erwerbstätigkeit erwartet werden kann, er jedoch in erheblichem Umfang teilzeitbeschäftigt ist. Der Senat hat in dem bereits genannten Urteil vom 9. Juli 1986 (a.a.O. unter 3) entschieden, daß der Unterhaltsanspruch auch nicht teilweise auf § 1573 II BGB beruhe, wenn ein unterhaltsberechtigter geschiedener Ehegatte schon nach § 1572 BGB Anspruch auf den nach den ehelichen Lebensverhältnissen bemessenen Unterhalt habe. Den gleichen Standpunkt hat er in dem ersten Revisionsurteil in der vorliegende Sache vom 11. Februar 1987 (FamRZ 87/572, 573) und in einem Urteil vom 20. Mai 1987 (FamRZ 1987/1011, 1012 für den Fall eingenommen, daß ein Anspruch auf den vollen Unterhalt nach § 1570 BGB besteht. In dem Urteil vom 16. Dezember 1987 (FamRZ 1988/ 265, 266 f.) hat der Senat die Frage allerdings für einen Unterhaltsanspruch aus § 1572 BGB offengelassen. Im Schrifttum wird demgegenüber teilweise die Auffassung vertreten, § 1573 II BGB greife auch dann (ergänzend) ein, wenn der aus § 1578 BGB unterhaltsberechtigte Ehegatte Einkünfte aus einer angemessenen Teilzeittätigkeit erziele, solche Einkünfte aber selbst bei Ausdehnung auf eine Vollzeittätigkeit – die aber gerade wegen der Kindesbetreuung nicht zumutbar ist – nicht ausreichten, um den vollen nach den ehelichen Lebensverhältnissen bemessenen Unterhalt zu decken.

Der Meinungsstreit hat nicht nur theoretische Bedeutung. Seit dem Inkrafttreten des UÄndG können Unterhaltsansprüche aus § 1573 I bis IV BGB nach Abs. 5 dieser Vorschrift zeitlich begrenzt werden. Dieser Gesichtspunkt sowie ein im Unterhaltsrecht stets zu besorgendes Abänderungsbegehren zwingen daher regelmäßig zu einer genauen Bestimmung der Anspruchsgrundlage. Nur in Ausnahmefällen kann die Differenzierung unterbleiben, nämlich wenn sich eine unterschiedliche Rechtsfolge im konkreten Fall nicht ergibt (FamRZ 88/265).

b) Nach ganz herrschender, auch vom Senat stets vertretener Auffassung beruht der Unterhaltsanspruch eines Berechtigten, der durch Kindesbetreuung vollständig an einer Erwerbstätigkeit gehindert wird, allein auf § 1570 BGB. Es kommt nicht darauf an, ob er durch eine volle Erwerbstätigkeit den eheangemessenen Unterhalt selbst verdienen könnte, wenn er daran nicht durch die Betreuung gehindert wäre. Auch soweit das nicht der Fall ist, beruht der Anspruch des Berechtigten mithin allein auf § 1570 und nicht etwa auf § 1573 II BGB. Auf diese Weise wird die praktische Schwierigkeit vermieden, daß in vielen Fällen nicht festgestellt werden könnte, was ein nicht erwerbstätiger Unterhaltsberechtigter verdienen würde, wenn er tätig wäre.

Der Senat hat diesen Grundsatz, an dem er festhält, bisher auch angewendet, wenn der Berechtigte nur teilweise an einer Erwerbstätigkeit gehindert war. Für Fälle solcher Teilzeittätigkeiten gibt er den bisher vertretenen Standpunkt jedoch auf. Er läßt sich aus dem Gesetz nicht zwingend herleiten. Der in § 1573 II BGB enthaltene Nebensatz „... soweit er nicht bereits einen Unterhaltsanspruch nach den §§ 1570 bis 1572 hat" ist undeutlich und kann für jede der beiden Auffassungen herangezogen werden, je nachdem, ob man aus dem Wort „soweit" eine Aussage nur zum Grund oder auch zum Umfang des Anspruchs ableitet. Nach dem Sinn und Zweck der in ihrem Gesamtzusammenhang zu sehenden Regelung – auf den daher abzustellen ist – erscheint dem Senat nach erneuter

Prüfung die Auslegung geboten, daß ein geschiedener Ehegatte, von dem wegen der Pflege oder Erziehung eines gemeinschaftlichen Kindes (nur) eine Teilerwerbstätigkeit erwartet werden kann, nach § 1570 BGB Unterhalt nur bis zur Höhe des Mehreinkommens verlangen kann, das er durch eine Vollerwerbstätigkeit erzielen könnte. Wenn der ihm hiernach zustehende Unterhalt zusammen mit dem Einkommen aus der Teilerwerbstätigkeit zu seinem vollen Unterhalt (§ 1578 BGB) nicht ausreicht, kommt zusätzlich ein Unterhaltsanspruch nach § 1573 II BGB in Betracht. Es erscheint nicht gerechtfertigt, den Aufstockungsteil des Unterhaltsanspruchs – der auf der weiteren Teilhabe an dem die ehelichen Lebensverhältnisse in einer Doppelverdienerehe prägenden höheren Einkommen des Unterhaltsschuldners beruht – in die Privilegien einzubeziehen, die das Gesetz allein für den Anspruch aus § 1570 BGB gewährt (vgl. dazu §§ 1577 IV Satz 2, 1582 I Sätze 2 und 3, 1586 a I BGB). Dementsprechend ist es nicht ungerecht, wenn der Aufstockungsteil des im übrigen aus § 1570 BGB hergeleiteten Unterhaltsanspruchs der zeitlichen Begrenzung nach § 1573 V BGB unterliegt. Das macht der vorliegende Fall besonders deutlich: Da die Ehefrau ihren Beruf mit 30 Wochenstunden weiter ausübt, ist sie durch die Kindesbetreuung nur in relativ geringem Umfang an einer vollen Erwerbstätigkeit gehindert. Praktische Schwierigkeiten bei der Ermittlung des möglichen Einkommens treten hier nicht auf, weil lediglich festgestellt werden muß, welcher Verdienst bei Ausdehnung der tatsächlich ausgeübten Teilzeitarbeit auf eine volle Erwerbstätigkeit erzielt würde.

Allerdings führt diese Auffassung dazu, daß ein (auch nur teilweise) erwerbstätiger Unterhaltsgläubiger schlechter steht als ein nichterwerbstätiger; denn dessen auf den vollen Unterhalt gerichteter Anspruch unterliegt nicht, auch nicht teilweise, der zeitlichen Begrenzung nach § 1573 V BGB. Diese Konsequenz, die der Senat durch seine bisherige Rechtsprechung hatte vermeiden wollen, beruht indessen auf der Konstruktion des Gesetzes; sie kann durch die Rechtsprechung nicht behoben werden.

(Zeitliche Begrenzung ist trotz Kindesbetreuung möglich, wenn der Berechtigte keine beruflichen Nachteile oder nur kurzfristige Einkommenseinbußen erlitten hat)

b II 4) Die Feststellung des Aufstockungsteils des Unterhaltsanspruchs der Ehefrau und die Prüfung, ob dieser gemäß § 1573 V BGB zeitlich zu begrenzen ist, obliegen dem Tatrichter. Wegen der aus anderem Grund gebotenen Aufhebung des Berufungsurteils (vgl. unter III.) wird Gelegenheit bestehen, hierzu weiter vorzutragen. Der Senat beschränkt sich daher auf den Hinweis, daß die Begrenzung nach dieser Vorschrift nicht die Feststellung einer groben Unbilligkeit erfordert (FamRZ 1989/ 483, 486 unter 5 m. n. N.). Sie kann auch trotz einer Kindesbetreuung in Betracht kommen, wenn der Berechtigte durch diese keine beruflichen Nachteile oder nur kurzfristige Einkommenseinbußen erlitten hat. Andererseits kann – etwa für die Bemessung der Übergangsfrist – zugunsten des Berechtigten berücksichtigt werden, daß er seine (Teil-)Erwerbstätigkeit trotz der Übernahme der mit der Kindesbetreuung verbundenen zusätzlichen Belastungen aufrechterhält (vgl. Hahne FamRZ 1986/305, 308 unter d; Johannsen/Henrich/Voelskow Eherecht BGB § 1573 Rdn. 21; Soergel/Haeberle BGB 12. Aufl. § 1573 Rdn. 40 ff.).

(Auch bei Kindesbetreuung ist zunächst auf die tatsächliche Ehezeit abzustellen und sodann zu prüfen, ob eine ungekürzte und unbefristete Unterhaltszahlung unter Wahrung der Belange des Kindes und dem Verhältnismäßigkeitsgrundsatz grob unbillig ist)

c III. 1. Die Frage, ob sich der Ehemann gegenüber einem Unterhaltsanspruch der Ehefrau auf die Härteklausel des § 1579 BGB berufen kann, hat das Berufungsgericht nur unter dem Gesichtspunkt des § 1579 I Nr. 4 a. F. geprüft. Im ersten Revisionsurteil hat es der Senat gebilligt, daß der Anspruch nicht nach Nr. 1 dieser Vorschrift beschränkt worden ist. Er hat den Standpunkt eingenommen, daß die Ehe der Parteien nicht von kurzer Dauer im Sinne dieser Vorschrift gewesen sei, weil der tatsächlichen Ehedauer die Zeit gleichstehe, in welcher der Berechtigte wegen der Pflege oder Erziehung eines gemeinschaftlichen Kindes nach § 1570 BGB Unterhalt verlangen könne. Da die Ehefrau aufgrund der nicht angefochtenen Sorgerechtsentscheidung im Verbundurteil die Tochter der Parteien auf Jahre hinaus zu pflegen und zu erziehen habe, könne § 1579 Nr. 1 nicht angewendet werden. 2. Das Bundesverfassungsgericht hat dazu entschieden, die Auslegung und Anwendung des § 1579 Nr. 1 BGB dürfe unabhängig davon, ob der Wortlaut der Vorschrift unter Berücksichtigung ihrer Entstehungsgeschichte eine Einbeziehung zukünftiger Kinderbetreuungszeiten bei der Berechnung der Ehedauer zulasse, nicht zu verfassungswidrigen Ergebnissen führen. Das sei der Fall, wenn der Härtetatbestand der Kurzzeitehe bei einer Ehe mit Kind überhaupt nicht mehr erfüllt sein könne. Unter Hinweis auf seine zu § 1579 II BGB a. F. ergangene Entscheidung (BVerfGE 57/361) hat es den Standpunkt eingenommen, bei allen Ausschlußtatbeständen des § 1579 BGB müsse geprüft werden können, ob die Grenze des Zumutbaren eines schuldunabhängigen Unterhaltsanspruchs überschritten werde. Nach dem Grundsatz der Verhältnismäßigkeit müsse in besonderen Härtefällen ein Ausschluß oder eine Herabsetzung des Anspruchs möglich sein, da andernfalls die Beschränkung der Dispositionsfreiheit des Verpflichteten im finanziellen Bereich als Folge der Un-

Anhang R. Rechtsprechung R404

terhaltsansprüche des Bedürftigen nicht mehr Bestandteil der verfassungsmäßigen Ordnung sei und vor dem Grundrecht des Art. 2 Abs. 2 GG nicht bestehen könne. Danach sei es geboten, bei der Auslegung und Anwendung des § 1579 Nr. 1 BGB zunächst auf die tatsächliche Ehezeit abzustellen, und, wenn diese als kurz zu beurteilen ist, anschließend die zur Wahrung der Belange des Kindes gesetzlich vorgesehene Abwägung vorzunehmen. 3. Diese Auffassung des Bundesverfassungsgerichts, die die tragende Begründung für die Aufhebung des ersten Revisionsurteils darstellt, ist gemäß § 31 BVerfGG für die mit dem Rechtsstreit befaßten Gerichte bindend. Das angefochtene Berufungsurteil kann aus diesem Grunde keinen Bestand haben. Denn ohne die Berücksichtigung einer Kinderbetreuungszeit war die Ehe der Parteien von kurzer Dauer. Nach der ständigen Rechtsprechung des Senats ist dafür die Zeit von der Eheschließung bis zur Rechtshängigkeit des Scheidungsantrages maßgebend (FamRZ 1982/894, 895; FamRZ 1986/886, 887), hier demnach die Zeit vom 5. März 1982 bis zum 21. September 1983. Mit ihrer Dauer von etwa 18 Monaten liegt sie damit deutlich in dem Bereich bis zu zwei Jahren, in dem eine Ehe in der Regel als kurz anzusehen ist (FamRZ 1981/140). Besondere Umstände, die eine andere Beurteilung erlauben könnten, sind nicht ersichtlich. Es bedarf danach der Prüfung, inwieweit die Inanspruchnahme des Ehemannes auf ungekürzten und unbefristeten Unterhalt auch unter Wahrung der Belange des der Ehefrau zur Pflege und Erziehung anvertrauten Kindes der Parteien grob unbillig und dem Grundsatz der Verhältnismäßigkeit widerspricht. Sie obliegt dem Tatrichter. Entgegen der von der Revisionserwiderung vertretenen Auffassung hat das Berufungsgericht eine derartige Prüfung bisher nicht vorgenommen. Die in dem angefochtenen Urteil angestellte Hilfserwägung betrifft die Prüfung, ob ein besonderer Härtefall im Sinne der Rechtsprechung des Senats zu § 1579 II BGB a. F. vorliegt. Diese ist mit der nunmehr gebotenen tatrichterlichen Beurteilung nicht gleichzusetzen. Danach ist die Zurückverweisung der Sache an das Berufungsgericht geboten. Der Senat verbindet sie mit dem Hinweis auf seine inzwischen ergangenen Urteile vom 9. Dezember 1987 (IV b ZR 97/86 – FamRZ 1988/259, 260 unter 4 b) und vom 7. Dezember 1988 (IV b ZR 23/88 a. a. O.).

(Kein Fehlverhalten i. S. von Nr. 6, wenn sich der Berechtigte aus beachtlichen Gründen weigert, umzuziehen)

IV. 1. Die Revision greift die Auffassung des Berufungsgerichtes an, die fehlende Bereitschaft der Ehefrau, die eheliche Lebensgemeinschaft mit dem Ehemann aufzunehmen, stelle keinen Härtegrund im Sinne des § 1579 I Nr. 4 BGB a. F. beziehungsweise – seit dem 1. April 1986 – des § 1579 Nr. 6 BGB n. F. dar. Sie meint, daß die Ehefrau verpflichtet gewesen sei, eine Korrektur der Entscheidung zur Begründung des gemeinsamen Wohnsitzes in E. mitzutragen, nachdem sich der geplante Umzug des Ehemannes nach Nordrhein-Westfalen aus beruflichen Gründen als unmöglich erwiesen habe. 2. Die Beurteilung des Berufungsgerichtes, das Verhalten der Ehefrau könne auf dem Hintergrund der bei der Eheschließung getroffenen Wohnsitzwahl jedenfalls nicht als ein einseitiges schwerwiegendes Fehlverhalten eingestuft werden, hält jedoch revisionsrechtlicher Prüfung stand. a) In dem ersten Revisionsurteil hat der Senat – ohne daß die verfassungsgerichtliche Prüfung insoweit Anlaß zu Beanstandungen ergeben hat – dazu folgendes ausgeführt: Gemäß § 1353 I S. 2 BGB sind Ehegatten einander zur ehelichen Lebensgemeinschaft verpflichtet. Dazu gehört nach allgemeiner Auffassung das Zusammenleben in häuslicher Gemeinschaft an einem von den Ehegatten gemeinsam gewählten Wohnsitz. Die Parteien haben eine solche Wahl nach den unangegriffenen Feststellungen des Berufungsgerichts dadurch getroffen, daß sie bei der Eheschließung E. als ihren künftigen Wohnsitz bestimmt haben. Einer der für diese Wahl maßgebenden Umstände hat allerdings in der Erwartung der Parteien gelegen, der Ehemann werde in absehbarer Zeit in den Justizdienst des Landes Nordrhein-Westfalen überwechseln können. Als dies nicht gelang, ist eine wesentliche Voraussetzung für die getroffene Wohnsitzwahl entfallen mit der Folge, daß keine Partei die andere an der früheren Vereinbarung noch festhalten durfte. Deswegen konnte der Ehemann aber nunmehr nicht verlangen, daß die Ehefrau zu ihm nach Niedersachsen zog, damit er ohne häufige Bahnfahrten seiner beruflichen Tätigkeit nachgehen konnte. Entfällt die bindende Wirkung einer Einigung über den künftigen Wohnsitz, weil sich die dafür maßgebenden Umstände wesentlich geändert haben, müssen sich beide Ehegatten weiterhin im gegenseitigen Einvernehmen um eine Lösung der (wieder offenen) Wohnsitzfrage bemühen. Das folgt aus ihrer Verpflichtung zur ehelichen Lebensgemeinschaft. Kommt es zu keinem Einvernehmen, weil sich beide Seiten auf beachtliche Gründe für die Beibehaltung ihres bisherigen Wohnsitzes berufen, haben sie das grundsätzlich gegenseitig hinzunehmen. Die geltende Rechtsordnung, die die Ehe als partnerschaftliche Verbindung auf der Grundlage der Gleichberechtigung versteht (vgl. BT-Drucks. 7/650 S. 71, 75), kennt weder den Stichentscheid eines Ehegatten noch eine Entscheidungskompetenz Dritter. Mißlingt die einvernehmliche Regelung des Wohnsitzes, weil keiner der Ehegatten zum Nachgeben oder Verzicht bereit ist, hat es dabei sein Bewenden. Aus dem Scheitern einer Einigung kann sich ergeben, daß die Ehegatten ihre Lebensgemeinschaft zumindest vorerst ohne eine gemeinsame Ehewohnung verwirklichen und sich auf gegenseitige Besuche, Telefonate und gemeinsame Urlaubsreisen beschränken. Verstehen sich die

1475

Ehegatten nicht auf eine solche Übergangs- oder Ersatzlösung, kann dies allerdings auch – wie im vorliegenden Fall – zum Scheitern der Ehe führen. Eine Sanktion für einen Ehegatten, etwa in Form des Verlustes eines Unterhaltsanspruchs, ist damit jedoch noch nicht verbunden. Nach § 1579 Nr. 6 BGB kann eine Herabsetzung oder ein Ausschluß des Unterhaltsanspruchs erst dann in Betracht kommen, wenn sich der Berechtigte ohne sachliche Gründe von einigem Gewicht einem objektiv vernünftigen und zumutbaren Vorschlag des Verpflichteten willkürlich verschlossen hat, so daß seine Weigerung als offensichtlich schwerwiegendes, eindeutig bei ihm liegendes Fehlverhalten gewertet werden muß.

Nach diesen Maßstäben ist die Beurteilung des BerGer. auch unter Beachtung der von der Revision erneut hervorgehobenen Umstände im Vorfeld der gerichtlichen Sorgerechtsregelung nicht zu beanstanden. Das BerGer. hat damit das Vorliegen eines für einen Wegfall oder eine Herabsetzung des Unterhalts ausreichenden Fehlverhaltens der Bekl. im Ergebnis rechtsfehlerfrei verneint. Allerdings kann die Überlegung, es sei das persönliche Schicksal des nicht sorgeberechtigten Elternteils, daß seine Ehe zerstört und dadurch der Kontakt zu den Kindern auf ein Mindestmaß beschränkt sei, dem in § 1634 I Nr. 1 BGB normierten Umgangsrecht nichts von seiner Bedeutung nehmen. Zu einer Übertragung der Personensorge auf nur einen Elternteil und damit zu der Situation, die eine Befugnis des anderen Teils zum persönlichen Umgang mit dem Kinde erfordert, kommt es stets und gerade wegen des Scheiterns der Ehe der Eltern. Dieser Gesichtspunkt ist daher nicht geeignet, das Umgangsrecht des nicht betreuenden Elternteils zu relativieren. Auch den Erwägungen des BerGer. dazu, daß bereits ein Umzug an einen weiter entfernten Ort innerhalb der Bundesrepublik Deutschland das Umgangsrecht des nicht sorgeberechtigten Elternteils erheblich beeinträchtigen könne, sowie den Überlegungen zur möglichen Aufrechterhaltung eines gewissen Kontaktes durch Telefonanrufe, Briefe und Geschenke vermag der Senat keine entscheidende Bedeutung beizumessen. Das Recht zum persönlichen Umgang mit dem Kinde geht weiter. Es soll dem Elternteil die Möglichkeit geben, sich von dem körperlichen und geistigen Befinden seines Kindes und seiner Entwicklung durch Augenschein und gegenseitige Aussprache fortlaufend zu überzeugen, die verwandtschaftlichen Beziehungen aufrechtzuerhalten, einer Entfremdung vorzubeugen sowie dem gegenseitigen Liebesbedürfnis Rechnung zu tragen (BGHZ 42/364 [371] = NJW 1965/394; BGHZ 51/219 [222] = NJW 1969/422). Ein derartiger Umgang wird jedenfalls durch eine Auswanderung in überseeische Gebiete regelmäßig – und auch im vorliegenden Fall – praktisch verhindert (vgl. dazu bereits RGZ 141/319 [321]); der verbleibende Rest an Kontaktmöglichkeiten ist gering. Gleichwohl kann eine Auswanderung des Sorgeberechtigten mit dem Kinde gegen den Willen des anderen Elternteils, dessen Umgangsbefugnis damit jedenfalls erheblich behindert wird, nicht regelmäßig als ein schwerwiegendes Fehlverhalten mit der Folge des Verlustes oder der Verringerung des Unterhaltsanspruchs gem. § 1579 I Nr. 4 BGB a. F. gewertet werden. Das Personensorgerecht und das Umgangsrecht des anderen Elternteils stehen einander als selbständige Rechte gegenüber. Das Umgangsrecht des einen schränkt das Personensorgerecht des anderen ein (BGHZ 51/219 [221]). Umgekehrt muß das nur im Rahmen der tatsächlichen Wohnsitzverhältnisse praktisch ausübbare Umgangsrecht, dem die Umgangspflicht nicht entspricht, bisweilen das schwächere Recht dem stärkeren Sorgerecht weichen. Das kommt insbesondere im Falle einer Auswanderung ins Ausland in Betracht (vgl. RGZ 141/319 [321 f.]) = JW 1933/2587). Wenn mißbräuchliche Ausübung der elterlichen Sorge das Kindeswohl gefährdet, so ist dem – wie stets – gem. § 1666 BGB entgegenzutreten. Die Auswanderung kann u. U. auch Veranlassung bieten, eine Entscheidung des FamG gem. § 1696 BGB mit dem Ziel einer Änderung der Sorgerechtsregelung im Interesse des Kindes zu beantragen. Darüber, unter welchen Voraussetzungen im einzelnen trotz der Freizügigkeit des sorgeberechtigten Elternteils und seines verfassungsmäßigen Rechtes auf freie Entfaltung seiner Persönlichkeit (Art. 2 I GG) eine solche Entscheidung ergehen kann, sind die angeführten Meinungen in Rechtsprechung und Schrifttum nicht ganz einheitlich. Indes zieht sich durch das gesamte Bild der Meinungen der Gedanke, daß im Konfliktfall, wie ihn eine Auswanderung mit den Kindern darstellt, das Personensorgerecht als das stärkere den Vorzug genießen muß. Weitere Erwägungen dazu sind hier nicht veranlaßt. Einen Antrag auf Abänderung der Sorgerechtsregelung hat der Kl. nicht gestellt, und zwar nach seinem Vortrag deshalb nicht, weil er eine solche Abänderung für unerreichbar gehalten hat. Jedenfalls würde ein Antrag auf Übertragung der elterlichen Sorge von der Bekl. auf den Kl. – wie überhaupt – nur unter dem Gesichtspunkt des Wohles der Kinder Erfolg haben können (§§ 1671 II, 1696 I BGB). Eine Auswanderung des Sorgeberechtigten mit den ihm anvertrauten Kindern regelmäßig i. R. des § 1579 Abs. 1 Nr. 4 BGB a. F. als ein schwerwiegendes Fehlverhalten zu qualifizieren, das zum Wegfall oder zur Einschränkung des Unterhalts aus §§ 1361 oder 1570 BGB führen könnte, wäre mit der rechtlichen Stellung, die ihm hiernach die Übertragung des Personensorgerechts vermittelt, nicht zu vereinbaren. Vielmehr handelt er auch dann, wenn er gegen den Wunsch des anderen Elternteils auswandert, im allgemeinen jedenfalls nicht so schwerwiegend und deshalb den Verlust oder eine Herabsetzung seines Unterhaltsanspruchs nach § 1579 I Nr. 4 BGB a. F. gewärtigen müßte. Dies gilt jedenfalls dann, wenn die Auswanderung mit den Kindern – wie hier tatrichterlich festgestellt

Anhang R. Rechtsprechung   **R405**

– nicht in der Absicht erfolgt, das Umgangsrecht des anderen Elternteils zunichte zu machen, sondern auf anderen, verständlichen Motiven beruht. In einem solchen Falle ist von dem nicht sorgeberechtigten Unterhaltsverpflichteten regelmäßig zu verlangen, daß er an den anderen Ehegatten auch weiterhin Betreuungsunterhalt leistet, zumal damit wesentlich dem Interesse der Kinder gedient wird. Allerdings ist der Revision zuzugeben, daß in der Täuschung über ihre Auswanderungsabsichten ein schuldhaftes Fehlverhalten der Bekl. gegenüber dem Kl. gesehen werden kann, das Gewicht hat. Indessen reicht dieses auch in Verbindung mit der Aufnahme der Beziehungen zu K angesichts der vorausgegangenen Verfehlung des Kl., der sich als erster von der Ehe losgesagt und damit die familiären Bindungen bereits entscheidend geschwächt hatte, nicht aus, um ein klar bei der Bekl. liegendes schwerwiegendes Fehlverhalten im Sinne der Rechtsprechung zu § 1579 I Nr. 4 BGB a. F. anzunehmen. bb) In der Rechtsprechung des Senats ist anerkannt, daß § 1579 I Nr. 4 BGB a. F. auch dann zum Ausschluß oder zur Herabsetzung des Unterhalts führen kann, wenn nicht ein Fehlverhalten des Unterhaltsberechtigten, sondern objektive Gegebenheiten und Entwicklungen der Lebensverhältnisse der Ehegatten die Unzumutbarkeit der Unterhaltsbelastung ergeben (NJW 1983/1548 = FamRZ 1983/569 [572]; NJW 1984/2692 = FamRZ 1984/986 [987] und FamRZ 1986/443 [444]). Auch unter diesem Gesichtspunkt kommt indes ein Ausschluß oder eine Herabsetzung des Unterhaltsanspruchs der Bekl. nicht in Betracht. Ihre Auswanderung mit den Kindern beeinträchtigt den Kl. allein durch die Behinderung seiner Umgangsbefugnis. Dies aber stellt die Zumutbarkeit der verlangten Unterhaltszahlungen nicht in Frage. Die Ansicht der Revision, es sei ein Korrelat der Unterhaltspflicht gem. § 1570 BGB, daß der unterhaltsberechtigte Elternteil die Kinder so erziehe und ihren Aufenthalt so bestimme, daß der Unterhaltsverpflichtete sein Umgangsrecht wahrnehmen könne, findet im Gesetz keine Stütze. Das Umgangsrecht besteht unabhängig davon, ob der Sorgeberechtigte auch Unterhaltsgläubiger nach § 1570 BGB ist. Es steht dem Vater in gleicher Weise zu, wenn die sorgeberechtigte Mutter nach § 1577 I BGB keinen nachehelichen Unterhalt verlangen kann, weil sie sich aus ihrem Vermögen selbst zu unterhalten vermag. Dadurch, daß die Mutter Unterhalt nach § 1570 BGB zu beanspruchen hat und erhält, wird die Umgangsbefugnis des Vaters weder begründet noch verstärkt. Sie beruht vielmehr auf dem natürlichen Elternrecht (BGHZ 42/364 [370] = NJW 1965/394; BGHZ 51/219 [221] = NJW 1969/422). Umgekehrt hängt auch der Unterhaltsanspruch aus § 1570 BGB nicht davon ab, daß der Elternteil, der das Kind nicht betreut, das Recht zum persönlichen Umgang mit dem Kinde ausüben kann. Stehen die tatsächlichen Verhältnisse der Ausübung des Umgangsrechts entgegen, so macht dieser objektive Umstand die Erfüllung der nachehelichen Unterhaltspflicht gegenüber dem das Kind betreuenden geschiedenen Ehegatten noch nicht unzumutbar.

BGH v. 19. 12. 89 – IVb ZR 9/89 – FamRZ 90, 269 = NJW 90, 709

(Fiktive Einkünfte sind bedürftigkeitsmindernd anzurechnen, wenn sie in zumutbarer Weise gezogen werden   **R405**
könnten, aber nicht gezogen werden. Voraussetzung ist eine Zumutbarkeitsabwägung der Belange des Berechtigten und des Verpflichteten unter Berücksichtigung der Umstände des Einzelfalles. Von einem volljährigen Kind mit eigenem Einkommen ist für die Wohnungsüberlassung ein entsprechendes Entgelt zu verlangen und im Fall seiner Weigerung die Wohnung anderweitig zu vermieten. Unterläßt dies der Berechtigte, können ihm fiktive Einkünfte zugerechnet werden)

Eine weitere Änderung der maßgeblichen Verhältnisse hat das Gericht in dem Rentenbezug der   **a**
Beklagten gesehen und hat die daraus fließenden Einkünfte bedürftigkeitsmindernd berücksichtigt. Dagegen hat es „unterhaltsbezogene wesentliche Änderungen bezüglich des Wohnbereichs der Parteien, der Hausnutzung, beziehungsweise der Verwendung des Erlöses" verneint und insoweit ausgeführt: Das mietfreie Wohnen der Beklagten im eigenen Haus entspreche den ehelichen Lebensverhältnissen. Das gelte auch für die Überlassung der Dachgeschoßräume an den Sohn der Parteien. Wie der Kläger selbst vortrage, seien diese Räume stets von den volljährigen Kindern bewohnt worden. Ein von den ehelichen Lebensverhältnissen abweichender Nutzungswert des Hauses habe sich für die Beklagte nur insoweit ergeben, als sie wegen des nicht mehr für den Kläger benötigten Wohnraumes zu einer Teilvermietung imstande sei. Das könne indessen nicht zu einer Zurechnung von Mieteinkünften führen. Selbst wenn sich – für die Wohnung im Erdgeschoß – Einnahmen in der vom Kläger behaupteten Höhe von 475 DM monatlich erzielen ließen, würden diese durch die Belastungen ausgeglichen, deren Höhe der Kläger selbst mit 500 DM monatlich angebe und die die Beklagte allein hinsichtlich der von ihr aufzubringenden Finanzierungszinsen mit rund 730 DM monatlich beziffere. a) Diese Beurteilung der Einkommensverhältnisse der Beklagten wird von der Revision angegriffen. Sie rügt, daß das Berufungsgericht die für die Dachgeschoßwohnung erzielbare Miete unberücksichtigt gelassen habe. Zwar seien diese Räume stets von den volljährigen Kindern bewohnt worden. Das Berufungsgericht habe jedoch nicht den unwidersprochen gebliebenen Vortrag des Klägers berücksichtigt, daß der Sohn Werner, der jetzt die Dachgeschoßwohnung benütze, im Gegensatz zu früher eigenes Einkommen habe und nicht mehr auf eine kostenfreie Überlassung

von Wohnraum angewiesen sei. Darin liege eine wesentliche und zu berücksichtigende Änderung der Verhältnisse. Darüber hinaus habe der Kläger vorgetragen, daß die Dachgeschoßwohnung auch einmal fremdvermietet gewesen sei. Die für diese Wohnung einschließlich Garage erzielbare Miete, nach dem Vortrag des Klägers monatlich 350 DM, müsse sich die Beklagte als Einkommen anrechnen lassen. Die Rüge greift durch. Daß die Dachgeschoßwohnung im früher gemeinschaftlichen und im Februar 1986 von der Beklagten zu Alleineigentum erworbenen Hause während der Ehe stets den volljährigen Kindern unentgeltlich überlassen worden ist, hat zwar zur Folge, daß ein jetzt erzielbarer Mietzins auf den nach den ehelichen Lebensverhältnissen zu bemessenden Unterhaltsbedarf der Beklagten keinen Einfluß hat; eine bedürftigkeitsmindernde Anrechnung dieser Einnahme wird dadurch jedoch nicht verhindert. Nach § 1577 I BGB kann ein geschiedener Ehegatte, der, wie die Beklagte, an sich unterhaltsberechtigt ist, Unterhalt nicht verlangen, solange und soweit er sich aus seinen Einkünften und seinem Vermögen selbst unterhalten kann. Daraus ergibt sich seine Obliegenheit, vorhandenes Vermögen so ertragreich wie möglich zu nutzen, weil auch solche Einkünfte die Bedürftigkeit mindern, die zwar tatsächlich nicht gezogen werden, aber in zumutbarer Weise gezogen werden könnten (FamRZ 1988/145, 149 m. w. N.). Sofern sich daher für die Beklagte seit dem Vorprozeß die Möglichkeit und daher die Obliegenheit ergeben haben, für die Dachgeschoßwohnung Miete einzunehmen, ist das ebenso eine Änderung der maßgebenden Verhältnisse nach § 323 I ZPO wie der Rentenbezug der Beklagten. Nach der Rechtsprechung des Senats setzt die Annahme einer solchen Obliegenheit allerdings jeweils eine Zumutbarkeitsprüfung voraus, bei der die Belange des Unterhaltsberechtigten und des Unterhaltsverpflichteten unter Berücksichtigung der Umstände des Einzelfalles angemessen gegeneinander abzuwägen sind (vgl. Senatsurteil a. a. O.). Es kann jedoch nicht ausgeschlossen werden, daß sich die Vermietung der Wohnung bei einer solchen Interessenabwägung für die Beklagte als zumutbar erweist. Das gilt jedenfalls dann, wenn der Sohn der Parteien, wie der Kläger vorgetragen hat, aufgrund seines Einkommens ohne weiteres in der Lage ist, die Kosten einer eigenen Wohnung und der Garagenbenützung zu bestreiten, und daher nicht mehr auf die kostenlose Überlassung angewiesen ist. In diesem Fall kommt daher eine Obliegenheit der Beklagten in Betracht, dem Sohn für die Wohnungsüberlassung ein entsprechendes Entgelt abzuverlangen und im Falle seiner Weigerung die Wohnung anderweitig zu vermieten, um ihr finanzielles Auskommen zu verbessern und den Kläger zu entlasten. Ob und inwieweit sich hiernach die Bedürftigkeit der Beklagten gemindert hat, kann der Senat jedoch nicht abschließend entscheiden, zumal sie unter Beweisantritt vorgetragen hat, daß das Dachgeschoß aus bauaufsichtlichen Gründen nicht zu Wohnzwecken benutzt werden dürfe und die dort liegenden Räume ihrem Zustand nach nicht vermietbar seien (Berufungserwiderung S. 5). Deshalb ist das Urteil aufzuheben, soweit die Herabsetzung der Unterhaltsrente um weitere 350 DM monatlich abgelehnt worden ist, und die Sache an das Oberlandesgericht zurückzuverweisen.

(Verteilung eines Abfindungsbetrages wegen Ausscheidens aus dem Erwerbsleben auf längere Zeit. Verwendung der Abfindungssumme [nicht eines verzinslich anzulegenden Betrages] im Rahmen sparsamer Wirtschaftsführung zur Deckung des nach den früheren Verhältnissen bemessenen Bedarfs)

b I 3 b) Auch die Anschlußrevision wendet sich gegen die berufungsgerichtliche Beurteilung der Einkommensverhältnisse der Parteien. aa) Sie macht geltend, das Berufungsgericht habe den Kläger zwar wegen der Abfindung von 35 988 DM zu Recht so behandelt, als ob er auch nach seinem Ausscheiden aus dem Erwerbsleben weiterhin monatliche Bezüge von 2700 DM gehabt habe. Dabei habe es jedoch außer acht gelassen, daß der Kläger den Abfindungsbetrag damit nicht auf einmal, sondern nur allmählich über Jahre hinweg für seinen Lebensunterhalt verbraucht habe. Er habe den jeweils verbleibenden Kapitalbetrag so günstig wie möglich verzinslich angelegt. Das habe die Beklagte ausdrücklich vorgetragen, ohne daß der Kläger dem entgegengetreten sei. Es sei folglich davon auszugehen, daß dieser so verfahren sei und den Abfindungsbetrag zu dem mindesterzielbaren Zinssatz von 3 bis 3,5 % angelegt habe. Das ergebe einen weiteren Betrag von jedenfalls 2000 DM, so daß die Abfindungssumme nicht schon im Dezember 1988, sondern erst im März 1989 verbraucht gewesen sei. Dieser Angriff geht fehl. Dabei kann dahinstehen, ob der Beklagte die Abfindungssumme in der von der Anschlußrevision geltend gemachten Weise verzinslich angelegt hat. Auch wenn davon auszugehen ist, läßt es keinen Rechtsfehler zum Nachteil der Beklagten erkennen, wenn das Berufungsgericht lediglich den Abfindungsbetrag selbst herangezogen hat, um nicht nur für die Übergangszeit vom Ausscheiden des Klägers aus dem Erwerbsleben (Ende März 1985) bis zum Bezug der Rente aus der gesetzlichen Rentenversicherung (1. Juni 1987), sondern auch noch darüber hinaus den Unterhaltsanspruch der Beklagten nach einem höheren als dem Renteneinkommen des Klägers zu bemessen. Zwar ist der Unterhaltsschuldner im Falle beengter wirtschaftlicher Verhältnisse verpflichtet, eine ihm aus Anlaß der Aufhebung seines Anstellungsvertrages zugeflossene Abfindung im Rahmen sparsamer Wirtschaftsführung zur Deckung des Unterhaltsbedarfs seiner Unterhaltsgläubiger zu verwenden. Er ist jedoch nicht gehalten, die ihm insoweit zur Verfügung stehenden Mittel bis zum vollständigen Verbrauch einzusetzen, um die aus dem verminderten laufenden Einkommen nicht finanzierbaren Ansprüche der Unterhaltsgläubiger bis zu ihrer nach dem früheren Erwerbseinkommen berechneten Höhe weiterzuzahlen. Das gilt insbesondere dann, wenn dem Unterhaltsschuldner selbst, wie hier, nur ein Betrag in der Größenordnung des sogenannten „billigen Eigenbedarfs" verbleibt (FamRZ 1987/359, 360 m. w. N.). Wenn der Kläger nach seinem Ausscheiden aus dem Erwerbsleben außer für den Unterhalt der Beklagten zeitweise auch für den Kindesunterhalt aufzukommen hatte, so war er dadurch in einer Weise belastet, daß es ihm nicht zuzumuten war, mehr als vom Berufungsgericht angenommen einzusetzen, um den nach den früheren Verhältnissen bemessenen Unterhaltsbedarf der Beklagten entsprechend länger zu sichern.

(Keine Einkommenserhöhung bei späterem Wegfall von Kindesunterhalt, wenn der Kindesunterhalt in einem vorangegangenen Vergleich nicht durch Vorwegabzug vom Einkommen berücksichtigt worden ist. Außerdem keine Unterhaltserhöhung, die über die Hälfte des verteilungsfähigen Einkommens hinausgeht)

I 3 bb) Die Anschlußrevision rügt ferner, daß das Berufungsgericht den Wegfall der Unterhaltsleistungen des Klägers an die gemeinsamen Kinder im Rahmen des Ehegattenunterhalts nicht als Steigerung des unterhaltspflichtigen Einkommens gewertet habe. Sie führt aus, in dem Prozeßvergleich vom 14. März 1985 seien die an die Kinder gezahlten Beträge ausdrücklich als einkommensmindernd berücksichtigt worden. Entsprechend müsse ihr Wegfall zu einer Erhöhung des maßgebenden Einkommens führen. Diesem sei deshalb ein Betrag von (265 + 342 =) 607 DM zuzuschlagen. Die Rüge hat keinen Erfolg. Zwar geht die Unterhaltsberechnung in dem Prozeßvergleich davon aus, daß der Kläger noch 607 DM monatlich Unterhalt an die bereits volljährigen Kinder zu zahlen hatte. Dieser Unterhalt wurde jedoch nicht im Wege des Vorwegabzuges berücksichtigt, sondern führte nach den insoweit von keiner Seite angegriffenen Feststellungen des Berufungsgerichts nur dazu, daß es die Parteien trotz eines mit 1350 DM angenommenen monatlichen Unterhaltsbedarfs der Beklagten bei der von dem Amtsgericht zuerkannten Unterhaltsrente von 1110 DM monatlich beließen. Die Annahme des eheangemessenen Unterhaltsbedarfs mit 1350 DM und des zugrundeliegenden Einkommens des Klägers mit 2700 DM monatlich sind folglich von den Unterhaltsleistungen an die Kinder nicht beeinflußt. Diese Beträge sind daher auch nach dem Wegfall der Leistungen für den Kindesunterhalt nicht höher anzusetzen. Im übrigen handelt es sich bei dem Betrag von 1350 DM ebenso wie bei dem ab Anfang 1989 angenommenen Unterhaltsbedarf von 1143 DM jeweils um die Hälfte des maßgebenden Einkommens des Klägers. Über diese hälftige Quote hinaus scheidet ein weiterer Anstieg des Unterhaltsbedarfs der Beklagten aus. Daran vermag der Wegfall der Unterhaltsleistungen an die Kinder nichts zu ändern. Ihm kommt danach im Rahmen der Abänderung auch keine den Unterhalt erhöhende Wirkung zu.

(Zinserträge aus der Anlage des Verkaufserlöses eines Familienheimes sind auch beim Verpflichteten nichtprägend. Prägend bleibt der den Aufwand für das Haus übersteigende Wohnvorteil. Ein solcher Wohnvorteil ist den prägenden Einkünften dann nicht zuzurechnen, wenn die Parteien in einem vorangegangenen Vergleich diesen Wohnvorteil bei der Bedarfsbemessung völlig unberücksichtigt gelassen hatten)

I 3 b cc) Zu Unrecht rügt die Anschlußrevision, daß das Berufungsgericht die Zinserträge des Klägers aus dem Veräußerungserlös für das früher gemeinsame Haus, welche die Beklagte mit monatlich 396,88 DM vorgetragen habe, nicht berücksichtigt hat. Das Berufungsgericht hat diese Erträge als für die Unterhaltsbemessung unmaßgeblich angesehen, weil sie keinen Einfluß auf die ehelichen Lebensverhältnisse gehabt hätten. Das ist rechtlich nicht zu beanstanden. Da die Zinserträge, die ein geschiedener Ehegatte aus der Anlage seines Erlösanteils aus dem Verkauf des früheren ehelichen Anwesens erzielt, die ehelichen Lebensverhältnisse nicht geprägt haben, können sie nicht zu den Einkünften gerechnet werden, die für die Bemessung des nachehelichen Unterhalts maßgebend sind (FamRZ 1985/354, 356). Allerdings können die ehelichen Lebensverhältnisse der Ehegatten in derartigen Fällen durch Nutzungen aus dem früheren gemeinsamen Anwesen mitgeprägt worden sein. Soweit der Nutzungswert des Hauses den von den Ehegatten zu tragenden Aufwand überstieg, hätte diese Differenz die ehelichen Lebensverhältnisse mitbestimmt und wäre danach den für die Unterhaltsbemessung maßgebenden Einkünften hinzuzurechnen (Senatsurteil a.a.O.). Das gilt im vorliegenden Fall jedoch nicht. Denn die Parteien haben in dem Vergleich den etwaigen Vorteil, den sie während der Ehezeit durch das Wohnen in dem damals gemeinsamen Haus genossen haben, bei der Bestimmung des eheangemessenen Unterhaltsbedarfs der Beklagten völlig unberücksichtigt gelassen. Die sich daraus ergebende Einschränkung der Abänderbarkeit ist im vorliegenden Verfahren zu beachten. Damit kann auch einer Einkommensquelle, die an die Stelle des früheren Wohnvorteils getreten sein könnte, keine Auswirkung auf die Unterhaltsbemessung nach den ehelichen Lebensverhältnissen zukommen.

(Durch eine Rentennachzahlung wird die Bedürftigkeit nicht rückwirkend gemindert. Insoweit entsteht hinsichtlich des Nachzahlungsteilbetrages, der auf die weiter zurückliegende Zeit entfällt, ein Erstattungsanspruch des Verpflichteten nach § 242 BGB)

e   I 3 b) dd) Mit Erfolg beanstandet die Anschlußrevision hingegen, daß das Oberlandesgericht der Beklagten bereits für die Zeit ab Oktober 1987 Einkünfte in Form monatlicher Rentenbezüge angerechnet hat, während die laufende Rentenzahlung erst im Juni 1988 begann. Zwar hat die Beklagte mit Bescheid vom 13. Mai 1988 außer der laufenden Rente eine Nachzahlung erhalten. Dadurch ist ihre Bedürftigkeit jedoch nicht rückwirkend gemindert worden. Vielmehr war sie bis zum tatsächlichen Erhalt der Rente auf die Unterhaltsleistungen des Klägers angewiesen (FamRZ 1983/574). Danach führt die Rentennachzahlung, die dem Zeitraum seit der Erhebung der Abänderungsklage zuzurechnen ist, nicht zu einer Herabsetzung des während dieser Zeit zu gewährenden Unterhalts; vielmehr kommt – ebenso wie hinsichtlich des Nachzahlungsteilbetrages, der auf die weiter zurückliegende Zeit entfällt – allein ein Erstattungsanspruch des Klägers nach § 242 BGB in Betracht.

(Erstattungsanspruch des Verpflichteten nach § 242 BGB bei einer Rentennachzahlung an den Berechtigten für eine Zeit, in der Unterhalt bezahlt worden ist. Die Höhe bemißt sich nach der Unterhaltsermäßigung, wenn die Rente schon während des fraglichen Zeitraumes gezahlt worden wäre. Der Erstattungsanspruch beinhaltet keine Unterhaltsabänderung nach § 323 ZPO)

f   II 2 a) Soweit Unterhalt für eine Zeit geleistet worden ist, für die dem Unterhaltsberechtigten, wie hier, nachträglich eine Erwerbsunfähigkeitsrente bewilligt wird, kommt nach der Rechtsprechung des Senats ein auf Treu und Glauben (§ 242 BGB) beruhender Anspruch auf Erstattung der Rentennachzahlung in Betracht, dessen Höhe sich danach bemißt, inwieweit sich der Unterhaltsanspruch ermäßigt hätte, wenn die Rente schon während des fraglichen Zeitraumes gezahlt worden wäre (FamRZ 1983/574, 575 und FamRZ 1989/718, 719 f.). Diese Art der Bemessung steht nicht in Widerspruch zu § 323 ZPO; denn es geht nicht um eine Abänderung des früheren Unterhaltstitels oder sonst eine Entscheidung über den Unterhaltsanspruch; vielmehr ist allein der Anspruch auf einen Teil der Rentennachzahlung betroffen. Deshalb kommt es nicht darauf an, ob der Bezug der Erwerbsunfähigkeitsrente und die Nachzahlung für den entsprechenden Unterhaltszeitraum einen Abänderungsgrund darstellen und dieser nach § 323 II und III ZPO geltend gemacht werden könnte. Daß es bei der Beurteilung des Anspruchs auf Erstattung der Rentennachzahlung im Rahmen der Gesamtbetrachtung zur Prüfung der Frage kommt, welcher Unterhaltsanspruch dem Berechtigten bei Berücksichtigung des Rentenbezuges von Anfang an zugestanden hätte, ist hier im Blick auf § 323 ZPO ebensowenig bedenklich wie in anderen Fällen, in denen – etwa im Deliktsrecht – im Rahmen sonstiger Rechtsbeziehungen die Höhe eines Unterhaltsanspruchs unter Berücksichtigung bestimmter hinzutretender Umstände fiktiv zu beurteilen ist.
Die Erwägungen, mit denen der Senat in Fällen rückwirkender Bewilligung einer Erwerbsfähigkeitsrente an einen Unterhaltsberechtigten einen Anspruch auf Erstattung der Rentennachzahlung anerkannt hat, haben nicht nur dann Gültigkeit, wenn infolge der Rentenbewilligung die Rente des Unterhaltsverpflichteten rückwirkend gekürzt wird und der Rentenversicherungsträger eine entsprechende Überzahlung feststellt und zurückfordert. Derartige Umstände lassen allerdings einen Ausgleich zwischen den Unterhaltspartnern als besonders dringlich erscheinen. Unverzichtbar für einen Erstattungsanspruch sind sie jedoch nicht. Vielmehr kann dieser auch in anderen Fällen einer nachträglichen Rentengewährung in Betracht kommen. In dem bereits erwähnten Urteil vom 15. Februar 1989 (FamRZ 89/718 = NJW 89/1990) hat der Senat ausgeführt, in den Fällen, in denen die Rente des Unterhaltsberechtigten vollständig oder zum großen Teil auf einem Versorgungsausgleich beruhe, verfehle eine rückwirkend gewährte Rente ihren eigentlichen Zweck, wenn der Verpflichtete dem Berechtigten für eben diesen zurückliegenden Zeitraum bereits Unterhalt gewährt habe. Das gilt unabhängig davon, ob es auf seiten des Verpflichteten zugleich zu einer rückwirkenden oder – aus welchen Gründen auch immer – nur zu einer fortan einsetzenden Kürzung seiner Rente kommt. Auch wenn die Rente nicht auf einem Versorgungsausgleich beruht, sondern, wie es hier teilweise der Fall ist, aufgrund von Anwartschaft gewährt wird, die der Unterhaltsberechtigte durch eigene Erwerbstätigkeit erlangt hat, ist in der dargelegten Zweckverfehlung ein Umstand zu erblicken, der einen Erstattungsanspruch rechtfertigen kann.

BGH v. 17. 1. 90 – XII ZR 23/89 – NJW 90, 1853

R406   *(„Unverzüglich" bei Rechtswahrungsanzeige)*

3. Hingegen greift die Rüge der Revision durch, das BerGer. habe den Begriff „unverzüglich" i. S. des § 91 II BSHG rechtsirrtümlich angewendet.
Zutreffend geht allerdings das BerGer. davon aus, daß „unverzüglich" gleichbedeutend mit „ohne schuldhaftes Zögern" ist (Knopp-Fichtner, BSHG, 6. Aufl., § 91 Rdnr. 19; SchellhornJirasek-Seipp,

Anhang R. Rechtsprechung R407

BSHG, 13. Aufl., § 91 Rdnr. 62; Gottschick-Giese, BSHG, 9. Aufl., Rdnr. 9.2.). Im Rahmen der Prüfung, ob eine Rechtswahrungsanzeige schuldhaft verspätet ist, ist aber zu beachten, daß der Behörde eine angemessene Überlegungsfrist einzuräumen ist, ob sie ihre Rechte durch Anzeige wahren muß (OLG Düsseldorf, FamRZ 1979, 701 (702); Knopp-Fichtner, § 91 Rdnr. 19a; ähnlich BVerwGE 29, 229 (232)). Welche Überlegungsfrist angemessen ist, kann nur nach den Umständen des Einzelfalles beurteilt werden.

Bei der Gewährung der Hilfe zur Erziehung am 20. 5. 1980 war noch offen, ob K das Erziehungsheim – wie besprochen – tatsächlich aufsuchen werde; ein Sinneswandel der Mutter oder sonstige Gründe konnten dies verhindern. Da eine Rechtswahrungsanzeige nur sinnvoll war, wenn wirklich Unterbringungskosten entstanden und zu tragen waren, gereicht es dem Kl. nicht zum Verschulden, wenn das Kreisjugendamt zunächst abwartete, ob K das Erziehungsheim ab 17. 8. 1980 auch besuchte. Dieser Termin, der durch das Ende der Schulferien vorgegeben war, lag noch innerhalb eines überschaubaren Zeitraums. Das Interesse des Bekl., nicht mit einer Unterhaltsforderung für einen zurückliegenden längeren Zeitraum überrascht zu werden, wurde nicht berührt, weil der Kl. Unterhaltsansprüche des Kindes ohnehin nur für die Zeit ab dessen Aufnahme in das Heim auf sich überleiten und geltend machen konnte. Das Verhalten des Kreisjugendamts ist ihm deshalb bis zu diesem Zeitpunkt nicht vorzuwerfen. Die anschließend nach nur elf Tagen abgesandte Mitteilung vom 28. 8. 1980 kann daher nicht als verspätet betrachtet werden.

Das angegriffene Urteil kann deshalb keinen Bestand haben, ohne daß es noch darauf ankommt, ob die Rechtswahrungsanzeige, wäre sie nicht unverzüglich mitgeteilt worden, wirkungslos wäre, wie der Senat in einem in dem früheren Urteil vom 24. 2. 1988 gegebenen Hinweis gemeint hat, oder ob sie dann die Inanspruchnahme des Bekl. wenigstens für die Zeit ab ihrem Zugang eröffnet hätte.

BGH v. 24. 1. 90 – XII ZR 2/89 – FamRZ 90, 499 = NJW 90, 1477

(Erwerbslosigkeitsunterhalt [§ 1573 I BGB] bei vergeblichen Bemühungen um eine angemessene Erwerbstätigkeit oder bei Fehlen einer realen Beschäftigungschance; ausreichende Bemühungen um eine Erwerbstätigkeit; Meldung beim Arbeitsamt; Bewerbungen auf Anzeigen; Aufgabe von Anzeigen; Vorlage von Ablehnungsschreiben; Sachkunde des Gerichts zur Arbeitsmarktlage; Aufstockungsunterhalt [§ 1573 II BGB] bei nicht ausreichenden Bemühungen um eine angemessene Vollerwerbstätigkeit) R407

II 2. Die Voraussetzungen eines Unterhaltsanspruchs nach § 1573 II BGB hat das Berufungsgericht a ohne nähere Auseinandersetzung mit der Vorschrift ersichtlich in der Annahme als erfüllt angesehen, daß die Klägerin bei Ausübung einer ihr zumutbaren angemessenen Erwerbstätigkeit keine ihren vollen Unterhalt deckenden Einkünfte erzielen könnte.

a) Es hat dazu erwogen: Die Klägerin sei im Jahre 1985 erst 36 Jahre alt gewesen und sei nach wie vor voll erwerbsfähig. Sie habe zwar keine abgeschlossene Berufsausbildung, verfüge aber über Berufserfahrung. Aus den Vorprozessen wisse sie, daß sie zu einer Vollerwerbstätigkeit und zu weit intensiveren Bemühungen um eine solche verpflichtet sei, als sie im vorliegenden Verfahren nachgewiesen habe. Nach dem persönlichen Eindruck, den sie dem Senat vermittelt habe, wie auch generell für eine Frau ihres Alters seien im Mönchengladbacher Raum durchaus geeignete Arbeitsplätze zu finden, wie zum Beispiel als Verkäuferin, Kassiererin, Sortiererin, Packerin oder als ungelernte Kraft in einer Fabrik, als Haushaltshilfe in einem privaten Haushalt oder als Mitarbeiterin im sozialen Dienst. Da sie vor der Ehe, vor rund 20 Jahren, bereits 750 DM verdient habe, erscheine es angemessen – und entspreche dem Anfangseinkommen einer ungelernten weiblichen Arbeitskraft von etwa 1600 bis 1650 DM brutto –, ihr für das Jahr 1985 und 1986 ein Eigeneinkommen von netto 1100 DM anzurechnen. Ab 1987 sei das anzurechnende Einkommen mit monatlich 1250 DM netto anzunehmen. Bei dem zurückhaltend berechneten Anfangsgehalt von 1100 DM sei den Anfangsschwierigkeiten einer ungelernten Kraft Rechnung getragen. Habe sie den beruflichen Anschluß gefunden sei, lasse sich bei gehöriger Anstrengung die Position ausbauen und eine entsprechende Verdiensterhöhung erreichen. Daß sich derartige Verdienstmöglichkeiten für sie nicht eröffnet hätten, könne den im Ergebnis zu spärlichen Bemühungen der für ihre Bedürftigkeit darlegungs- und beweispflichtigen Klägerin nicht entnommen werden. Die hiermit angenommenen möglichen Eigeneinkünfte der Klägerin von monatlich 1100 DM bzw. 1250 DM hat das Berufungsgericht nicht für ausreichend angesehen, um ihren eheangemessenen Bedarf zu decken.

b) Gegen die Annahme, die Klägerin habe sich nicht ausreichend um eine besser dotierte Vollzeittätigkeit bemüht, hätte eine solche aber im Raum Mönchengladbach finden können, wendet sich die *Anschlußrevision* mit einer Rüge aus § 286 ZPO. Sie macht im übrigen geltend: Das Oberlandesgericht habe übersehen, daß ein Anspruch auf Aufstockungsunterhalt voraussetze, daß der geschiedene Ehegatte eine angemessene Erwerbstätigkeit ausübe und daher nicht bereits aufgrund eines anderen gesetzlichen Tatbestandes einen Anspruch auf den nach den ehelichen Lebensverhältnissen zu bemessenden vollen Unterhalt habe. Wenn ein geschiedener Ehegatte, wie hier die Klägerin, nicht

1481

vollschichtig tätig sei, müsse zuerst geprüft werden, ob er nach § 1573 I BGB anspruchsberechtigt sei. Könne der Berechtigte nach der Scheidung keine vollschichtige angemessene Erwerbstätigkeit finden, so daß die Voraussetzungen des § 1573 I BGB erfüllt seien, komme es nicht darauf an, welches Einkommen er durch eine angemessene Tätigkeit erzielen könne. So liege es hier. Im übrigen könne ein auf § 1573 I BGB gestütztes Unterhaltsbegehren erst zurückgewiesen werden, wenn feststehe oder zumindest nicht auszuschließen sei, daß bei ausreichenden Bemühungen des Unterhaltsberechtigten eine reale Beschäftigungschance bestanden hätte. Insoweit habe das Berufungsgericht seine behauptete Sachkunde nicht belegt.

c) Diese Rügen greifen durch.

Zwar setzt ein Anspruch auf Aufstockungsunterhalt gemäß § 1573 II BGB nach der Systematik des Gesetzes voraus, daß der geschiedene Ehegatte eine angemessene Erwerbstätigkeit ausübt und daher nicht bereits aufgrund eines anderen gesetzlichen Tatbestandes Anspruch auf den nach den ehelichen Lebensverhältnissen zu bemessenden Unterhalt hat; als anderer zunächst zu prüfender Tatbestand kann auch der des § 1573 I BGB in Betracht kommen (FamRZ 1988/701 m. w. N.). Dieser Tatbestand ist erfüllt, wenn sich der Unterhaltsberechtigte ernsthaft, aber vergeblich um eine angemessene Erwerbstätigkeit bemüht hat, oder wenn für ihn selbst bei ausreichenden Bemühungen keine reale Beschäftigungschance bestanden hätte (FamRZ 1987/144), so daß auf diesem Hintergrund festgestellt werden kann, er vermöge keine angemessene Erwerbstätigkeit zu finden. Eine solche Situation hat das Berufungsgericht indessen im Fall der Klägerin aus tatsächlichen Gründen nicht für gegeben erachtet; denn es hat angenommen, sie sei ihrer Obliegenheit, sich um eine angemessene Vollzeitbeschäftigung – die sie nach der Auffassung des Berufungsgerichts hätte finden können – zu bemühen, nicht ausreichend nachgekommen. Damit waren die Voraussetzungen eines Unterhaltsanspruchs nach § 1573 I BGB nicht gegeben, und es ist aus Rechtsgründen nicht zu beanstanden, daß das Berufungsgericht die Grundlage des geltend gemachten Unterhaltsanspruchs der Klägerin nicht in § 1573 I BGB, sondern in Abs. 2 der Vorschrift gesehen hat (FamRZ 1988/927, 929).

Die Anschlußrevision greift die Annahme nicht ausreichender Arbeitsbemühungen der Klägerin mit der Rüge an, das Berufungsgericht habe ihre zahlreichen Bewerbsunterlagen nicht hinreichend berücksichtigt; es habe im übrigen zumindest eine sachverständige Auskunft des zuständigen Arbeitsamts einholen müssen, bei dem sich die Klägerin in regelmäßigen Abständen gemeldet habe, ohne jedoch – wegen ihrer fehlenden Berufsausbildung – vermittelt werden zu können. Damit hat sie indessen keinen Erfolg.

Das Oberlandesgericht hat sich zwar in den Entscheidungsgründen des angefochtenen Urteils nicht näher mit den vorgetragenen Bemühungen der Klägerin um eine angemessene Erwerbstätigkeit auseinandergesetzt, sondern diese nur allgemein als zu spärlich qualifiziert. Das Gericht hatte hierzu jedoch im Prozeßkostenhilfeverfahren in seiner Beschwerdeentscheidung vom 2. Dezember 1986 näher ausgeführt: Die Klägerin müsse sich im gebotenen Maße bemühen, eine ihr zumutbare Tätigkeit zu finden. Sich regelmäßig beim Arbeitsamt zu melden, reiche nicht aus. Der zur Erwerbstätigkeit Verpflichtete müsse sich vielmehr mehrmals wöchentlich auf Stellenangebote in der örtlichen Presse bewerben. Er müsse auch regelmäßig monatlich eigene Anzeigen aufgeben; wenn er dazu finanziell nicht in der Lage sei, müsse er sich verstärkt auf Anzeigen in der Presse bewerben. Die Klägerin sei jetzt 37 Jahre alt. Schon seit zwei bis drei Jahren sei sie durch die Betreuung der (damals) 19 Jahre alten Tochter nicht mehr gehindert, sich durch eine Ganztagstätigkeit eine dauerhafte Existenzgrundlage aufzubauen. Sie habe hierzu auf Grund der vorangegangenen Unterhaltsverfahren jeden Anlaß gehabt und habe sich auch vor Augen halten müssen, daß sie dem Beklagten bei späteren Unterhaltsforderungen über das Ausmaß ihrer Bemühungen rechenschaftspflichtig sein werde. Vor diesem Hintergrund sei der Vortrag der Klägerin insbesondere in ihren Schriftsätzen vom 25. September 1986 und vom 20. November 1986 teils unsubstantiiert, teils seien die vorgetragenen Bemühungen unzureichend. Daß die Klägerin bei ihrer Arbeitssuche die Spannweite sämtlicher für sie in Betracht kommenden Tätigkeiten ausgeschöpft, sich regelmäßig mehrmals wöchentlich beworben habe und dies auch in geeigneter Weise geschehen sei, lasse sich ihrem Vorbringen konkret nicht entnehmen und ergebe sich auch nicht aus der pauschalen Behauptung, regelmäßig das Arbeitsamt zur Weitervermittlung aufgesucht und sich auch selbst regelmäßig um einen besserdotierten Arbeitsplatz bemüht zu haben.

Daraufhin hatte die Klägerin mit Schriftsatz vom 8. Februar 1988 weitere vergebliche Bewerbungen vorgetragen, zu denen das Amtsgericht in dem erstinstanzlichen Urteil ausgeführt hat: Sie habe für den Zeitraum seit der Scheidung der Parteien, also von 3½ Jahren, insgesamt acht ablehnende Stellungnahmen von Firmen vorgelegt, wobei auffalle, daß offensichtlich vier der angeschriebenen Firmen keinerlei Stellenangebote veröffentlicht hätten. Insgesamt acht Bewerbungen in 3½ Jahren könnten nicht als ausreichende Bemühungen zur Erlangung einer angemessenen Erwerbstätigkeit angesehen werden; hierauf sei die Klägerin auch in dem Beschluß des Oberlandesgerichts vom 2. Dezember 1986 hingewiesen worden.

Mit der Berufung gegen dieses Urteil hat die Klägerin sodann vorgetragen: Aufgrund der Vielzahl

Anhang R. Rechtsprechung   R407

fehlgeschlagener Bemühungen habe sich bei ihr der Eindruck verstärkt, sie könne sowieso keine Stelle mehr erhalten, jedenfalls nicht bei der derzeitigen Arbeitsmarktlage. Ungeachtet ihrer bislang fehlgeschlagenen privaten Bemühungen habe sie sich aber stets beim Arbeitsamt gemeldet. Sie sei jedoch nicht vermittelbar, weil es für ungelernte Kräfte im Großraum M in ihrem Alter „praktisch keine reale Beschäftigungschance" gebe; dieser Punkt solle jedoch „nicht weiter vertieft werden". Beweis hat sie hierzu im Berufungsrechtszug nicht mehr angeboten.

Angesichts dieser Sachlage hat sich das Berufungsgericht nicht unter Verstoß gegen Verfahrensgrundsätze über erhebliche Beweisangebote der Klägerin hinweggesetzt. Daß diese sich wiederholt vergeblich bei dem zuständigen Arbeitsamt gemeldet habe, hat das Berufungsgericht ersichtlich unterstellt (vgl. den Beschluß vom 2. Dezember 1986), jedoch nicht für ausreichend erachtet; denn es hat sie unter anderem auf mögliche Erwerbstätigkeiten verwiesen, die, wie etwa Tätigkeiten als Haushaltshilfe in einem privaten Haushalt oder als Mitarbeiterin im sozialen Dienst, erfahrungsgemäß nicht über das Arbeitsamt, sondern durch private Kontakte vermittelt oder durch persönliche Initiative gefunden werden.

Soweit das Berufungsgericht die Erwerbsmöglichkeiten im Mönchengladbacher Raum beurteilt hat, ohne seine Sachkunde näher darzulegen, begründet auch dies keinen zur Aufhebung des angefochtenen Urteils nötigenden Verfahrensfehler. Es kann davon ausgegangen werden, daß ein seit Jahren bestehender Familiensenat eines Oberlandesgerichts über die notwendige Erfahrung verfügt, um die Arbeitsmarktlage in seinem Zuständigkeitsbereich mit den sich danach für Frauen in der Situation der Klägerin bietenden Erwerbsmöglichkeiten beurteilen zu können.

d) Das Berufungsgericht hat der Klägerin nach alledem zu Recht einen Aufstockungsunterhalt nach § 1573 II BGB zugesprochen, da sie sich aufgrund ihrer nicht ausreichenden Bemühungen um eine volle Erwerbstätigkeit behandeln lassen muß, als erziele sie Einkünfte aus einer solchen Tätigkeit, die jedoch nicht ausreichen, um ihren vollen eheangemessenen Unterhalt zu decken (FamRZ 88/927, 929).

(Einkommenserhöhung, wenn der Wegfall einer Unterhaltspflicht bei Scheidung absehbar war und sich auf die ökonomischen Verhältnisse durch eine Ausbildungsvergütung des Kindes und eine Erwerbsobliegenheit des Berechtigten bereits ausgewirkt hat)

II 3 b) Das Berufungsgericht hat bei der Unterhaltsbemessung nach § 1578 I Satz 1 BGB den Umstand mit berücksichtigt, daß die Unterhaltsverpflichtung des Beklagten gegenüber der Tochter mit deren beruflicher Selbständigkeit zum 1. August 1986 weggefallen ist; dies sei im Zeitpunkt der Scheidung absehbar gewesen und habe sich bereits auf die ökonomischen Verhältnisse während der Ehe dadurch ausgewirkt, daß die Unterhaltslast des Beklagten mit Rücksicht auf die Ausbildungsvergütung der Tochter gesunken sei und andererseits für die Klägerin wegen der zunehmenden Selbständigkeit der Tochter schon während des Getrenntlebens eine Erwerbsobliegenheit eingesetzt habe. b

Auch gegen diese Wertung bestehen aus Rechtsgründen keine Bedenken (FamRZ 1988/817, 819 m. n. N.).

(Bedarfsbemessung nach der konkreten, auch trennungsbedingt geänderten Steuerbelastung des Pflichtigen)

d) In einem weiteren Schritt hat das BerGer. das verfügbare Nettoeinkommen des Bekl. um einen Betrag von 420 DM als steuerlichen Splittingvorteil, bereinigt um 5 % berufsbedingte Aufwendungen, erhöht. Dies hat es mit der Notwendigkeit begründet, für die Ermittlung des Unterhaltsbedarfs der Kl. die trennungsbedingte Verminderung des Nettoeinkommens des Bekl. durch Änderung der Steuerklasse (von Klasse III in Klasse I) außer Ansatz zu lassen. Die mit dem Wechsel der Steuerklasse verbundene Einkommensminderung müsse entgegen der Rechtsprechung des BGH bei der Bemessung der ehelichen Lebensverhältnisse außer Betracht bleiben, weil sie nicht eingetreten wäre, wenn die Parteien sich nicht getrennt hätten. Mit ähnlicher Begründung hat das BerGer. für die Bedarfsbestimmung dem Einkommen des Bekl. das Kindergeld von monatlich 50 DM hinzugerechnet, weil es den Ehegatten ebenfalls für den Lebensunterhalt zur Verfügung gestanden hätte, wenn sie noch zusammengelebt hätten. c

An dem auf diese Weise errechneten Einkommen von monatlich 2922,69 DM hat das Gericht die Kl. bei der Bedarfsberechnung zur Hälfte beteiligt, weil Ehegatten während des Zusammenlebens an dem ehelichen Lebensstandard gleichen Anteil hätten. Auf den sich ergebenden Betrag von 1461,35 DM zuzüglich trennungsbedingten Mehrbedarfs (von 150 DM) hat es das der Kl. zugerechnete fiktive Einkommen (von 1100 DM abzüglich 80 DM berufsbedingte Aufwendungen) angerechnet und ist auf diese Weise zu dem ihr zugesprochenen Unterhalt von monatlich 590 DM gelangt.

4. Gegen diese Bedarfsbemessung erhebt die Revision zu Recht Bedenken. Ihr kann nicht gefolgt werden, wie der Senat bereits in den Urteilen vom 16. 12. 1987 (NJW 1988, 2369 = LM § 1569 BGB Nr. 28 = BGHR BGB § 1578 Abs. 1 Satz 1 Unterhaltsbemessung 8 = FamRZ 1988, 265), vom 11. 5. 1988 (NJW 1988, 2101 = LM § 1578 BGB Nr. 52 = BGHR BGB § 1578 Abs. 1 Satz 1 Unterhaltsbemessung 13 = FamRZ 1988, 817) und zuletzt – nach Erlaß des Berufungsurteils – vom 26. 4. 1989

1483

(NJW 1989, 1992 = LM § 1569 BGB Nr. 34 = FamRZ 1989, 842) dargelegt und begründet hat. An der Senatsrechtsprechung wird festgehalten. Die ehelichen Lebensverhältnisse der Parteien, die den Maßstab für den Unterhaltsanspruch der Kl. bilden, wurden durch das Einkommen geprägt, das der Bekl. durch seine im Zeitpunkt der Scheidung ausgeübte Tätigkeit als Maschinenschlosser erzielte. Da er dieser Tätigkeit – bei derselben Arbeitgeberin – weiterhin nachgeht, bietet das hierdurch erzielte, in normaler Entwicklung fortgeschriebene Einkommen, wie das BerGer. insoweit ebenfalls angenommen hat, auch den Maßstab für die Höhe des der Kl. zustehenden Unterhaltsanspruchs nach § 1578 I BGB. Das verfügbare Einkommen des Bekl. belief sich für den maßgeblichen Zeitraum ab August 1985 auf monatlich 2452,69 DM, errechnet auf der Grundlage einer Besteuerung nach der Lohnsteuerklasse I. Eine günstigere Besteuerung nach Steuerklasse III, also den von dem BerGer. angesetzten Splittingvorteil, konnte der Bekl. gesetzlich nicht erlangen (vgl. Graba, NJS 1989, 2786 (2788)). Ein höheres Einkommen als monatlich 2452,69 DM stand ihm also nicht zur Verfügung und kann deshalb auch nicht den Maßstab für einen nach seinem Einkommen zu ermittelnden Unterhaltsanspruch der Kl. abgeben (vgl. Senat, NJW 1982, 1986 = LM § 1578 BGB Nr. 11 = FamRZ 1983, 152 (153)). Gleichwohl hat der Senat seine Rechtsprechung auch auf Gründe der Praktikabilität gestützt, weil die Ermittlung eines fiktiven Einkommens unter Ansatz einer anderen als der tatsächlich zugrunde gelegten Steuerklasse mit Schwierigkeiten und Unsicherheiten behaftet sein könne. Das BerGer. hält diese Begründung für nicht durchschlagend. Es stützt seine abweichende Meinung insbesondere auf folgende (ähnlich auch in dem Urteil des OLG Hamm – 8. FamS –, FamRZ 1989, 742 angestellten) Überlegungen:

Die Auffassung des BGH, eine Umrechnung eines Nettoeinkommens von Steuerklasse I in Steuerklasse III sei mit erheblichen Unsicherheiten behaftet und stelle den Tatrichter vor kaum lösbare Probleme, überzeuge nicht; der Unterschiedsbetrag könne oft ohne Probleme aus den üblichen Steuertabellen abgelesen werden; im übrigen müsse der Tatrichter in Unterhaltsrechtsstreitigkeiten auch sonst mit Schätzungen und fiktiven Einkünften arbeiten. Überzeugen könne auch nicht die weitere Begründung des BGH, daß beide Ehegatten das mit der Besteuerung nach Steuerklasse I verbundene Absinken der Nettoeinkünfte gleichermaßen tragen müßten; denn der unterhaltsberechtigte Ehegatte solle seinen in der Ehe erworbenen Lebensstandard beibehalten können; die Höhe des hierfür benötigten Betrages könne grundsätzlich nicht davon abhängen, wie sich die Einkommensverhältnisse des Unterhaltsschuldners nach der Scheidung entwickelten; die notwendige Korrektur habe bei der Beurteilung der Leistungsfähigkeit stattzufinden. Da der Unterhaltsbedarf des Berechtigten nach den ehelichen Lebensverhältnissen zu bestimmen sei, müßten solche Umstände ausgegrenzt werden, die nur als Folge der Trennung eingetreten seien und die ehelichen Lebensverhältnisse nicht beeinflußt hätten; aus diesem Grund müsse die Verminderung des Nettoeinkommens durch die Änderung der Steuerklasse unberücksichtigt bleiben, wenn sie, wie hier, ausschließlich trennungsbedingt sei.

Diese Argumente geben dem Senat auch nach nochmaliger Überprüfung des eigenen Rechtsstandpunkts keinen Anlaß zu einer Änderung der bisherigen Rechtsprechung. Die Behauptung, die Umrechnung des auf der Grundlage einer Besteuerung nach Steuerklasse I tatsächlich erzielten Nettoeinkommens in ein fiktives Einkommen gemäß Steuerklasse III biete in der Regel keine Probleme, ist nicht belegt (vgl. etwa zur Ermittlung der Auswirkungen des steuerlichen Realsplittings Buob, FamRZ 1981, 233). Das BerGer. führt selbst aus, der Unterschiedsbetrag könne „oft" – also nicht stets – ohne Probleme aus den üblichen Steuertabellen abgelesen werden. Da die Ermittlung der Steuerabzüge in jedem Einzelfall durch vielfältige steuerrechtlich relevante Umstände, durch steuerliche Abzugsmöglichkeiten und Vergünstigungen, beeinflußt werden kann, hält der Senat – zur möglichst weitgehenden Vermeidung von Unsicherheiten – an seinem Standpunkt fest, daß für die Bemessung des Unterhaltsanspruchs des Berechtigten an das tatsächliche Einkommen des Verpflichteten anzuknüpfen ist.

Das hat zwar, wie das BerGer. hervorhebt, zur notwendigen Folge, daß sich die damit verbundene Verringerung des Bemessungsmaßstabes auf die Höhe des Unterhaltsanspruches des Berechtigten auswirkt. Andererseits wird aber auch der Verpflichtete durch den tatsächlichen Rückgang seines Nettoeinkommens betroffen. Diese durch die Steuergesetzgebung vorgegebene Entwicklung des Nettoeinkommens ist der Disposition beider Ehegatten nach der Trennung entzogen. Als Ausgleich für die Änderung der Steuerklasse nach der Trennung bisher zusammenveranlagter Ehegatten gewährt das Steuerrecht indessen die Möglichkeit des sog. begrenzten Realsplittings nach § 10 I Nr. 1 EStG, an dessen Vorteilen auch der Unterhaltsberechtigte beteiligt wird, wenn und soweit der Verpflichtete Steuererstattungen erhält, die seinem unterhaltsrechtlich erheblichen Einkommen schon bei der Bestimmung des Bemessungsmaßstabes hinzuzurechnen sind. Die Meinung des Senats steht im übrigen in Einklang mit seinem in ständiger Rechtsprechung vertretenen Standpunkt – von dem abzuweichen keine Veranlassung besteht –, daß die ehelichen Lebensverhältnisse nach § 1578 I BGB im wesentlichen durch die Einkünfte geprägt werden, die im Zeitpunkt der Scheidung für die Lebenshaltung verfügbar sind (Senat, BGHZ 89, 108 (110) = NJW 1984, 292 = LM § 1578 BGB

Anhang R. Rechtsprechung   R407

Nr. 26). Soweit das BerGer. dem entgegenhält, die Änderung der Steuerklasse habe die ehelichen Lebensverhältnisse nicht geprägt, weil sie typisch trennungsbedingt sei, trifft das zwar zu, nötigt aber nicht zu einer Änderung der Auffassung des Senats. Insoweit setzt sich vielmehr der – in seiner Bedeutung vorrangige – Gesichtspunkt durch, daß die ehelichen Lebensverhältnisse und damit der Bemessungsmaßstab für den Unterhaltsanspruch des Berechtigten durch das tatsächliche Einkommen des Verpflichteten geprägt werden.

Das BerGer. berücksichtigt allerdings den Splittingvorteil nur bei der Ermittlung des Bedarfs der Ehefrau und überprüft den so errechneten Bedarfsbetrag nach Abzug ihres bereinigten Eigeneinkommens gegebenenfalls im Rahmen des § 1581 BGB noch anhand der üblichen $^3/_7$-Quote (vgl. hierzu Senat, NJW 1988, 2369 = LM § 1569 BGB Nr. 28 = FamRZ 1988, 265). Diese Verfahrensweise hat der Senat jedoch in dem Urteil NJW 1988, 2369 = LM § 1569 BGB Nr. 28 = FamRZ 1988, 265 als nicht dem Gesetz entsprechend mißbilligt, und er hat diese Auffassung in dem ebenfalls genannten Urteil NJW 1989, 1992 = LM § 1569 BGB Nr. 34 = FamRZ 1989, 842 ausdrücklich bestätigt.

(Das Kindergeld für Volljährige ist dem Verpflichteten als Einkommen zuzurechnen, auch wenn es der andere Elternteil erhält; es ist bedarfsmindernd anzurechnen; der Nachrang des Volljährigen ist nur im Mangelfall relevant)

II 4. Bei der Bemessung des Unterhaltsbedarfs der Klägerin nach dem Maßstab der ehelichen Lebensverhältnisse im Sinne von § 1578 I BGB ist demnach auf das Nettoeinkommen abzustellen, das der Beklagte aufgrund der tatsächlichen Besteuerung nach Steuerklasse I zur Verfügung hat. Diesem Einkommen ist – wiederum zum Zweck der Bemessung des Unterhaltsbedarfs der Klägerin – in Übereinstimmung mit dem Berufungsurteil das Kindergeld für die im Anspruchszeitraum bereits volljährige Tochter Angela in voller Höhe von monatlich 50 DM zuzurechnen. Denn nach den Einkommens- und Vermögensverhältnissen der Parteien ist davon auszugehen, daß die Unterhaltsverpflichtung gegenüber der Tochter gemäß § 1606 III Satz 1 BGB nach deren Volljährigkeit allein den Beklagten traf, so daß auch das (weiter an die Klägerin ausgezahlte) Kindergeld im Verhältnis zwischen den Parteien allein zur Erleichterung seiner Unterhaltslast dienen sollte (vgl. BGHZ 70/151, 153). d

Der Höhe nach erschöpfte sich die Unterhaltsverpflichtung des Beklagten gegenüber der Tochter nach den Feststellungen des Berufungsgerichts in einem monatlichen Betrag von 188 DM. Um diesen ist das maßgebliche Einkommen des Beklagten daher für die Unterhaltsberechnung zu kürzen, ohne daß sich insoweit, da ein Mangelfall nicht vorliegt, Fragen des Rangverhältnisses stellen.

(Zur Ermittlung des trennungsbedingten Mehrbedarfs; ein nur allgemeines Bestreiten ist nicht ausreichend. Die Ehegattenquote ist um trennungsbedingten Mehrbedarf zu erhöhen)

II 5. Der Senat kann auf der Grundlage der von dem Berufungsgericht getroffenen Feststellungen abschließend in der Sache entscheiden. Es unterliegt zwar grundsätzlich der tatrichterlichen Beurteilung, die den Ehegatten zukommenden Unterhaltsquoten zu bemessen. Eine Zurückverweisung allein wegen dieser Bemessung ist jedoch hier entbehrlich, weil das Berufungsgericht auf dem Boden der Grundsätze und Richtlinien der Düsseldorfer Tabelle entschieden hat. Die maßgebliche Unterhaltsquote für die Ehefrau kann deshalb entsprechend der Düsseldorfer Tabelle mit dem von dem Berufungsgericht in ständiger Rechtsprechung angewandten Satz von $^3/_7$ angenommen werden. e

Das führt zu folgender Unterhaltsbemessung:
a) 1. August 1985 bis 31. Juli 1986:

Bereinigtes Einkommen des Beklagten	
(2 640,69 DM + 50 DM − 188 DM)	2 502,69 DM.
hiervon $^3/_7$	1 072,58 DM.
trennungsbedingter Mehrbedarf	150,00 DM.
Unterhaltsbedarf der Klägerin	1 222,58 DM.

Gegen den Ansatz des trennungsbedingten Mehrbedarfs wendet sich die Revision mit der Rüge, das Berufungsgericht habe unter Verstoß gegen § 286 ZPO keine Feststellungen zur Höhe der behaupteten trennungsbedingt erwachsenen Kosten getroffen. Im übrigen lasse die tatrichterliche Würdigung nicht erkennen, ob das Gericht sämtliche für den Mehrbedarf von der Klägerin, allerdings ohne Beweisangebot, geltend gemachten Umstände berücksichtigt habe, unter anderem die Tatsache, daß sie in dem hier maßgeblichen Zeitraum nicht allein, sondern mit der seit August 1986 volljährigen Tochter zusammengelebt habe.

Hiermit kann die Revision nicht durchdringen. Die Klägerin hat im Berufungsrechtszug mit Schriftsätzen vom 10. Mai und vom 27. Juli 1988 vorgetragen, sie müsse als Trennungsfolge 700 DM Miete zahlen und außerdem an die Krankenversicherung 104 DM abführen; für die Hausratversicherung fielen jährlich 167 DM und an Telefonkosten monatlich ca. 65 DM an. Darauf hat der Beklagte mit Schriftsatz vom 12. Juli 1988 lediglich erwidert, der trennungsbedingte Mehrbedarf werde be-

1485

R412   Anhang R. Rechtsprechung

stritten; insbesondere wohne die Klägerin mit der Tochter zusammen. Angesichts dieses nur allgemeinen Bestreitens konnte das Berufungsgericht seiner Schätzung ohne Rechtsverstoß die Angaben der Klägerin zugrunde legen (vgl. Senatsurteil vom 26. April 1989 – IV b ZR 64/88 = BGHR ZPO § 138 II Bestreiten, allgemeines 1). Da sich das Gericht im übrigen auf seine durch langjährige Praxis gewonnene Erfahrung berufen hat, ist die hierauf gestützte Schätzung, daß der Mehrbedarf – für Mietnebenkosten und Aufwendungen für einen Telefonanschluß, Zeitungen, Hausratversicherung und ähnliche Positionen – für die Zeit, in der die Tochter ihren Unterhalt noch nicht selbst verdiente, bei monatlich 150 DM liege, aus Rechtsgründen nicht zu beanstanden.

Auf den errechneten Unterhaltsbedarf von monatlich 1222,58 DM muß sich die Klägerin bedarfsdeckend das ihr zugerechnete Einkommen aus einer zumutbaren Vollerwerbstätigkeit anrechnen lassen, das vom Berufungsgericht mit monatlich 1100 DM, vermindert um berufsbedingte Aufwendungen von 80 DM (vgl. hierzu Düsseldorfer Tabelle, Stand 1. Januar 1985 = FamRZ 1984/961, A Anm. 3) angenommen worden ist. Da dem Beklagten bei der Unterhaltsbemessung eine 50 % übersteigende Quote seines Einkommens belassen wird, muß in entsprechender Weise auch bei dem der Klägerin angerechneten Einkommen verfahren werden (vgl. Senatsurteil vom 16. Dezember 1987, FamRZ 1988/267 unter II 3). Ihr Unterhaltsbedarf in Höhe von 1222,58 DM wird daher durch eigenes anrechenbares Einkommen von (1020 – 145,70 =) 874,30 DM gedeckt. Damit verbleibt als ungedeckter Bedarf ein Aufstockungsunterhalt von monatlich 348,28 DM = 348 DM.

b) 1. August 1986 bis 31. Dezember 1986:
Bereinigtes Einkommen des Beklagten ohne Kindergeldanteil und ohne Abzug
von Kindesunterhalt   2640,69 DM
hiervon $3/7$ 1131,72 DM
trennungsbedingter Mehrbedarf, den das Berufungsgericht nunmehr –
rechtsfehlerfrei auf monatlich   80,00 DM
geschätzt hat, weil die Tochter seit dem 1. August 1986 eigene Einkünfte erziele und
sich deshalb an den Kosten der gemeinsamen Haushaltsführung zu beteiligen habe;
Unterhaltsbedarf der Klägerin   1211,72 DM
Eigeneinkommen der Klägerin   874,30 DM,
ungedeckter Restbedarf und damit Aufstockungsunterhalt rund   338,00 DM.

BGH v. 31. 1. 90 – XII ZR 21/89 – FamRZ 90, 979 = NJW-RR 1990, 578

R412   *(Aufstockungsunterhalt auch bei nur fiktivem Einkommen)*

a   1. Es bestehen keine rechtlichen Bedenken dagegen, daß das BerGer. die Anspruchsgrundlage in § 1573 II BGB gesehen hat; auch die Revision erhebt solche nicht. Nach dieser Vorschrift hat ein geschiedener Ehegatte Anspruch auf Aufstockungsunterhalt, wenn er eine Erwerbstätigkeit ausübt, die Einkünfte aber zu seinem vollen Unterhalt nicht ausreichen. Entsprechendes gilt, wenn dem Berechtigten wegen Verletzung seiner Erwerbsobliegenheit fiktive Einkünfte anzurechnen sind, diese aber seinen vollen Unterhalt nicht decken würden (Senat, NJW-RR 1988, 1218 = FamRZ 1988, 927 (929) und NJW 1990, 1477).

(Erwerbstätigenbonus; Bonus und 5 % pauschale berufsbedingte Aufwendungen)

c   5. Die Revision rügt weiter, daß das BerGer. bei der Bestimmung des Unterhaltsbedarfs der Ehefrau von der Hälfte des unterhaltspflichtigen Einkommens des Ehemanns ausgegangen ist. Sie macht geltend, dem erwerbstätigen Ehegatten müsse der sogenannte Erwerbstätigenbonus zugebilligt werden. Wenn der dem Ehemann verbleibende Bonus – wie üblich – mit einem Siebtel der anrechenbaren Erwerbseinkünfte angesetzt werde, belaufe sich der Unterhaltsbedarf der Ehefrau nur auf $3/7$ – statt ½ – des unterhaltspflichtigen Manneseinkommens. Auch dieser Angriff der Revision hat Erfolg. Bereits bei der Bemessung des Unterhaltsbedarfs nach den ehelichen Lebensverhältnissen muß dem erwerbstätigen Unterhaltspflichtigen ein die Hälfte des verteilungsfähigen Einkommens maßvoll übersteigender Betrag verbleiben. Das hat der Senat – nach der Verkündung des angefochtenen Urteils – unter Auseinandersetzung mit den teilweise abweichenden Meinungen in Literatur und Rechtsprechung entschieden und damit seine frühere Rechtsprechung zu dieser Frage bestätigt und weiterentwickelt (Senat, NJW 1989, 1992 = FamRZ 1989, 842 (843)). Das Berufungsurteil enthält dazu keine neuen Gesichtspunkte.

Bei der erneuten Befassung wird das BerGer. Anlaß zu der Prüfung haben, ob es gerechtfertigt ist, zugunsten des Ehemannes 5 % seines Nettoeinkommens für berufsbedingten Aufwand anzusetzen, obwohl er auf Befragen im Termin keine nennenswerten Aufwendungen nennen konnte. Für den Fall, daß das BerGer. erneut zu einem solchen Ansatz kommt, wird bei der tatrichterlichen Bemessung der Höhe der gebotenen, maßvollen Abweichung von der Halbteilung des Einkommens zu beachten sein, daß diese Abweichung dann, wenn die berufsbedingten Aufwendungen mit dem Satz

Anhang R. Rechtsprechung R413

von 5 % des Nettoeinkommens gedeckt sind, allein noch dazu dient, einen Anreiz zur Erwerbstätigkeit zu schaffen (vgl. zu dem doppelten Zweck des sogenannten Erwerbstätigenbonus Senat, NJW 1982, 41 = LM § 1603 BGB Nr. 9 = FamRZ 1981, 1165 (1166); NJW-RR 1986, 68 = LM § 1569 BGB Nr. 19 = FamRZ 1985, 908 (910) und NJW 1988, 2369 = LM § 1569 BGB Nr. 28 = FamRZ 1988, 265 (267)). Das könnte nahelegen, den Erwerbstätigenbonus geringer als sonst üblich zu bemessen.

(Bonus bei fiktiven Einkünften)

Für die weitere Behandlung der Sache weist der Senat noch auf folgendes hin: Das Berufungsurteil läßt nicht erkennen, ob beim Ansatz der fiktiven monatlichen Nettoeinkünfte der Ehefrau aus Erwerbstätigkeit in der geschätzten Höhe von 800 DM auch auf ihrer Seite ein Erwerbstätigenbonus berücksichtigt worden ist. Das ist erforderlich; die Ehefrau muß so gestellt werden, als erzielte sie das erreichbare Erwerbseinkommen.   d

BGH v. 31. 1. 90 – XII ZR 35/89 – FamRZ 90, 503 = NJW-RR 90, 514

(Ausnahmen vom In-Prinzip bei Steuern; Erwerbstätigenbonus) R413

1. Bei der Ermittlung der ehelichen Lebensverhältnisse gem. § 1578 I 1 BGB ist grundsätzlich auf das tatsächliche, auf der Grundlage der konkreten Steuerbelastung verfügbare Nettoeinkommen des Ehegatten abzustellen, der während der Ehe durch seine Erwerbstätigkeit (allein) die für den Unterhalt der Ehegatten benötigten Mittel erwirtschaftet hat. Entgegen der Darstellung im angefochtenen Urteil folgt der Senat hierbei seiner ständigen Rechtsprechung (vgl. BGHZ 89, 108 (110) = NJW 1984, 292 = LM § 1578 BGB Nr. 26 sowie NJW 1982, 1986 = LM § 1578 BGB Nr. 11 = FamRZ 1983, 152 (153); NJW 1988, 2105 = LM § 1579 BGB Nr. 36 = FamRZ 1988, 486 und NJW 1988, 2101 = LM § 1578 BGB Nr. 52 = FamRZ 1988, 817 (818)). Diese hat er mit Urteil vom 24. 1. 1990 (XII ZR 2/89) erneut bestätigt und sich dabei auch bereits mit den vom BerGer. für wesentlich abweichende Auffassung vorgetragenen Gesichtspunkten auseinandergesetzt. Darauf wird verwiesen. Entgegen der Auffassung des OLG ist bei der Bedarfsbemessung nicht auf die erzielten Nettoeinkünfte in der Zeit des Zusammenlebens („während intakter Ehe") abzustellen; vielmehr sind grundsätzlich auch nach der Trennung eintretende Änderungen zu berücksichtigen, weil die Verhältnisse zum Zeitpunkt der Scheidung maßgebend sind. Selbst für die Folgezeit können sich ausnahmsweise noch bestimmte Umstände auswirken, wenn nämlich ihr Eintritt mit großer Wahrscheinlichkeit zu erwarten war und sich die Ehegatten in ihren Dispositionen darauf bereits einrichten konnten (vgl. Senat, LM § 1578 BGB Nr. 7 = FamRZ 1982, 684 (686) und NJW 1985, 1699 = LM § 1573 BGB Nr. 14 = FamRZ 1985, 791 (793) m. w. Nachw.). Der Senat hat es somit abgelehnt, den unterhaltsberechtigten Ehegatten von späteren Veränderungen von vornherein auszuschließen und für die Unterhaltsbemessung nach der Scheidung etwa nur noch an die allgemeine Entwicklung der Lebenshaltungskosten anzuknüpfen (Senat, NJW 1987, 1555 = LM § 1578 BGB Nr. 43 = FamRZ 1987, 459 (460)).

Dieser Grundsätze über die Berücksichtigung zu erwartender nachehelicher Veränderungen bedarf es jedoch nicht, soweit es sich darum handelt, Einkünfte in der Höhe in die Unterhaltsbemessung einzustellen, wie sie sich aus den bisherigen Einkommensquellen [Einkommensquellen] als Nettoeinkünfte nunmehr ergeben. Dabei sind gesetzlich bestimmte Abzüge (Steuern, Sozialabgaben) oder in Lohn-, Besoldungs- und Versorgungssystemen vorgesehene Zuschläge stets zu berücksichtigen, auch soweit sie einer Änderung der persönlichen Verhältnisse des Einkommensbeziehers Rechnung tragen. Deshalb ist auch die Lohnsteuerlast in ihrer jeweiligen realen Höhe maßgeblich, unabhängig davon, ob sie im konkreten Fall seit der Trennung gestiegen oder gesunken ist und ob das auf einem gesetzlich vorgeschriebenen Wechsel der Steuerklasse oder auf einer Änderung des Steuertarifs beruht. Berichtigungen der tatsächlichen, durch Steuerbescheid oder Lohnabrechnung nachgewiesenen Nettoeinkünfte sind danach nur in besonders liegenden Fällen vorzunehmen. Sie können etwa erforderlich werden, wenn in das versteuerte Einkommen Einkünfte aus einer Erwerbstätigkeit oder einer sonstigen Erwerbsquelle eingeflossen sind, die die ehelichen Lebensverhältnisse nicht geprägt haben und deshalb bei der Bemessung des Unterhaltsbedarfs nach § 1578 I 1 BGB ausgeschieden werden müssen (vgl. etwa Senat, NJW 1983, 933 = LM § 1361 BGB Nr. 35 = FamRZ 1983, 146 (149)), oder wenn steuerrechtlich mögliche Abschreibungen vorgenommen worden sind, die nach den insoweit von der Rechtsprechung entwickelten Grundsätzen (vgl. Senat, NJW 1985, 909 = LM § 1577 BGB Nr. 6 = FamRZ 1985, 357 (359) und NJW 1987, 776 = LM § 242 (D) BGB Nr. 96 = FamRZ 1987, 46 (48)) m. w. Nachw.) dem Unterhaltsgläubiger nicht einkommens- und damit bedarfsmindernd entgegengehalten werden können, oder wenn erreichbare Steuervorteile entgegen einer insoweit bestehenden Obliegenheit nicht in Anspruch genommen worden sind (vgl. dazu Kalthoener/Büttner, Die Rechtsprechung zur Höhe des Unterhalts, 4. Aufl., Rdnrn. 774 ff.).

BGH v. 31. 1. 90 – XII ZR 36/89 – FamRZ 90, 496 = NJW 1990, 2752

R414 *(Erwerbsobliegenheit bei Betreuung eines 16jährigen Kindes; Darlegungs- und Beweislast)*

a Wie der Senat bereits entschieden hat, hindert die Betreuung eines Kindes ab dem Alter von etwa 16 Jahren im allgemeinen nicht an einer vollen Erwerbstätigkeit. Für eine abweichende Beurteilung müssen besondere Gründe vorliegen. Solche besonderen Gründe sind im Prozeß von demjenigen darzulegen und notfalls zu beweisen, der sich auf das Fortbestehen eines Anspruchs auf Betreuungsunterhalt beruft (vgl. Senat, NJW 1985, 429 = LM § 1570 BGB Nr. 5 = FamRZ 1985, 50 (51)). Diese Verteilung der Darlegungs- und Beweislast gilt auch im Abänderungsprozeß jedenfalls dann, wenn derartige Gründe – wie hier – im Vorprozeß noch nicht vorgebracht und bewertet worden sind. Mit Recht hat daher das BerGer. die Bekl. als darlegungspflichtig für Umstände angesehen, die über den 1. 7. 1985 hinaus eine Verhinderung an der Aufnahme einer Erwerbstätigkeit aufgrund der Kindesbetreuung ergeben könnten.

Wenn es ihrem Vortrag über die erforderliche Überwachung der Tabletteneinnahme keine derartigen Umstände entnommen hat, ist dies aus Rechtsgründen nicht zu beanstanden. Die Bekl. ist in der Berufungsverhandlung auf diesbezügliche Bedenken des Gerichts hingewiesen worden, hat aber offenbar nicht vorgetragen, eine Tabletteneinnahme morgens und abends, wie vom Gericht erwogen, sei nach ärztlichem Urteil oder aus sonstigen Gründen unzureichend. Die Revision macht auch nicht geltend, daß das BerGer. eine derartige Behauptung der Bekl. übergangen habe. Soweit sie rügt, das BerGer. habe seiner Entscheidung ärztlichen Sachverstand zugrunde gelegt, den es nicht belegt habe und nicht besitze, geht die Rüge fehl. Das BerGer. hat nicht festgestellt, daß eine – von der Bekl. zu überwachende – Tabletteneinnahme morgens und abends genüge, sondern hat lediglich diese Möglichkeit als nicht ausgeräumt angesehen.

(Einsatzzeit bei § 1572 BGB)

b Wie die Revision mit Recht rügt, durfte ein Anschlußtatbestand nach § 1572 Nr. 4 BGB i. V. mit § 1573 I BGB unter diesen besonderen Umständen nicht ohne weiteres damit verneint werden, daß die Bekl. für die Zeit seit Juli 1985 keine Bemühungen um eine Erwerbstätigkeit behauptet hat. Vielmehr kommt in Betracht, daß der Kl. sich hierauf nach Treu und Glauben nicht berufen kann (vgl. Soergel-Häberle, BGB, 12. Aufl., § 1573 Rdnr. 8). Soweit bisher ersichtlich, hat er die Bekl. erst mit Anwaltsschreiben vom 16. 9. 1986 auf ihre Erwerbsobliegenheit hingewiesen und aufgefordert, auf ihre Rechte aus dem Unterhaltstitel zu verzichten. Zudem ist das mit dem Heranwachsen eines Kindes verbundene Auslaufen des Anspruchs auf Betreuungsunterhalt kein für jedermann ohne weiteres erkennbarer Vorgang. Daher durfte die Bekl. möglicherweise darauf vertrauen, daß ihr – obendrein titulierter – Unterhaltsanspruch fortbestehe und sie sich nicht um eine Erwerbstätigkeit bemühen müsse.

Allerdings müssen bei der hier gebotenen Abwägung auch die schutzwürdigen Interessen des Kl. berücksichtigt werden, dessen Rechtsposition nicht schon deshalb nachhaltig verschlechtert werden darf, weil er sich später als möglich gegen den Unterhaltstitel gewandt und bis dahin u. U. zeitweise eine Unterhaltspflicht erfüllt hat, der er mit Erfolg hätte begegnen können. Indessen sind Umstände denkbar, unter denen seine Interessen zurücktreten müssen. Unzweifelhaft wäre dies der Fall, wenn er die Bekl. durch Fortzahlung des Unterhalts bewußt von Erwerbsbemühungen abgehalten, sie also in Sicherheit gewiegt hätte. Bei derart arglistigem Verhalten, für das bisher freilich nichts vorliegt, könnte er sich nicht darauf berufen, daß der Einsatzzeitpunkt für einen Anschlußunterhalt nach § 1572 Nr. 4 BGB verfehlt sei. Zu demselben Ergebnis kann es aber etwa auch führen, wenn er seine Zahlungen während einer Zeit widerspruchslos fortgesetzt hat, in der die Bekl. erkennbar im Vertrauen auf eine fortbestehende Betreuungsbedürftigkeit der Tochter von Erwerbsbemühungen abgesehen hat. Derartiges ist hier schon deshalb nicht auszuschließen, weil die Bekl. sich gegen die Abänderungsklage damit verteidigt hat, die Tochter habe über die Vollendung des sechzehnten Lebensjahres hinaus in einer Weise der Betreuung bedurft, die sie – die Bekl. – an einer Erwerbstätigkeit gehindert habe. Es bedarf mithin weiterer Sachaufklärung und einer umfassenden, in erster Linie tatrichterlicher Würdigung vorbehaltenen Abwägung unter Berücksichtigung aller wesentlichen Umstände einschließlich der schutzwürdigen Belange beider Parteien. Da diese bisher fehlt, kann das angefochtene Urteil keinen Bestand haben.

(zu § 1576 BGB)

c Für das weitere Verfahren weist der Senat darauf hin, daß nach einer verbreiteten Auffassung im Schrifttum die Voraussetzungen des § 1576 BGB zu prüfen sind, sofern die Zubilligung eines Anspruchs auf Unterhalt wegen Krankheit lediglich am Einsatzzeitpunkt scheitert (vgl. Soergel-Häberle, § 1576 Rdnr. 10; Richter, in: MünchKomm, 2. Aufl., § 1576 Rdnr. 12; Schwab-Borth, Hdb. des ScheidungsR, 2. Aufl., Teil IV, Rdnr. 260 ff.).

Anhang R. Rechtsprechung   R415 – R416

BGH v. 14. 2. 90 – XII ZR 39/89 – FamRZ 90, 491 = NJW 1990, 1476
(Rückforderung eines Prozeßkostenvorschusses)   R415

Ebenso wie der Anspruch auf Prozeßkostenvorschuß nach §§ 1360a IV, 1361 IV 4 BGB, der unterhaltsrechtlicher Natur ist (BGHZ 56, 92 (94) = NJW 1971, 1262; BGHZ 89, 33 (38 f.) = NJW 1984, 291), läßt sich auch der Anspruch auf Rückzahlung eines geleisteten Prozeßkostenvorschusses aus den Vorschriften des Unterhaltsrechts herleiten. Mangels einer speziellen gesetzlichen Regelung ist dabei der den §§ 1360 ff. BGB zugrundeliegende Rechtsgedanke heranzuziehen, und zwar unter Berücksichtigung des Vorschußcharakters der Leistung (BGHZ 56, 92 (96 f.) = NJW 1971, 1262 = LM § 1360a BGB Nr. 6; Senat, BGHZ 94, 316 (318) = NJW 1985, 2263 = LM § 1360a BGB Nr. 10). Hiernach kann der Vorschuß zurückgefordert werden, wenn die Voraussetzungen, unter denen er verlangt werden konnte, nicht mehr bestehen, insbesondere weil sich die wirtschaftlichen Verhältnisse des Empfängers wesentlich gebessert haben; ferner, wenn die Rückzahlung aus anderen Gründen der Billigkeit entspricht (BGHZ 56, 92 (96, 97) = NJW 1971, 1262, BGHZ 94, 316 (318) = NJW 1985, 2263).

BGH v. 14. 2. 90 – XII ZR 51/89 – FamRZ 90, 981 = NJW-RR 1990, 580
(Abweichung von Halbteilungsprinzip bei Renten wegen Mehrbedarfs)   R416

1. Für die Zeit bis Ende 1988 hat das BerGer. – wie das AG im Ausgangsurteil – den Unterhalt **a** nach einer Quote von $^2/_5$ der Differenz der beiderseitigen bereinigten Einkommen bemessen. Das begegnet keinen durchgreifenden rechtlichen Bedenken. Ob dies schon deshalb gilt, weil bereits das Ausgangsurteil den Unterhalt nach einer hinter der Hälfte der Einkommensdifferenz zurückbleibenden Quote bemessen hat und das Gericht im Abänderungsverfahren an die Grundlagen des bisherigen Titels gebunden ist (vgl. Senat, NJW 1984, 1458 = LM § 1610 BGB Nr. 10 = FamRZ 1984, 374 (375) m. w. Nachw.), kann offenbleiben. Auch wenn die Bindung an den bestehenden Titel nicht so weit reicht, ist die maßvolle Abweichung vom Halbteilungsgrundsatz unbedenklich. Allerdings verschafft die Anwendung der gewählten Verteilungsquote im Ergebnis beiden Parteien einen Bonus in Höhe eines Fünftels ihres Einkommens. Ein solcher steht der Bekl., wie das BerGer. nicht verkennt, unter dem Gesichtspunkt des mit einer Berufsausübung verbundenen höheren Aufwandes und des Anreizes zur Erwerbstätigkeit (sog. Erwerbstätigen-Bonus) nicht zu, weil sie nur Renteneinkünfte bezieht (vgl. Senat, NJW 1982, 2442 = LM § 1578 BGB Nr. 15 = FamRZ 1982, 894 (895)). Er ist jedoch durch besondere Gründe anderer Art gerechtfertigt. Das BerGer. hat rechtsfehlerfrei ausgeführt, die Bekl. erleide krankheitsbedingte Nachteile, die Veranlassung böten, die für einen Erwerbstätigen geltenden Grundsätze entsprechend anzuwenden. Werde jener zum Erhalt seiner Arbeitsfreude und zum Ausgleich berufsbedingter Nachteile bevorzugt, so seien bei der Bekl. krankheitsbedingte, ihre Lebensgestaltung beeinträchtigende Nachteile zu verzeichnen, die es angezeigt erscheinen ließen, auch ihr einen entsprechenden Bonus zu gewähren. Jedenfalls das rechtfertigt seinen Ansatz in der tatrichterlich bestimmten, rechtlich unbedenklichen Höhe auch im Abänderungsverfahren.

(Tabellen und Leitlinien)

2. Ab Anfang 1989 ist das BerGer. von der $^2/_5$-Quote zu einer solchen in Höhe von $^3/_7$ übergegangen, **b** wie sie unter anderem die Düsseldorfer Tabelle, Stand 1. 1. 1985 und 1. 1. 1989, vorsieht (vgl. NJW 1984, 2330 = FamRZ 1984, 961 (962) und NJW 1988, 2352 = FamRZ 1988, 911 (912)). Darin ist kein Verstoß gegen den Grundsatz der Bindung an die im Ausgangsurteil enthaltene Beurteilung zu sehen; auch die Revision beanstandet das nicht. Denn das Gericht des Abänderungsverfahrens ist nicht verpflichtet, seiner Unterhaltsbemessung im Ersturteil benutzten Unterhaltsrichtlinien, Tabellen oder – wie hier – Verteilungsschlüssel zugrunde zu legen. Insoweit handelt es sich lediglich um Hilfsmittel, die der Richter zur Ausfüllung der unbestimmten Rechtsbegriffe „Unterhalt nach den ehelichen Lebensverhältnissen" (§ 1578 I 1 BGB) und „angemessener Unterhalt" (§ 1610 I BGB) verwendet, um gleichartige Lebenssachverhalte möglichst gleichartig zu behandeln. Sie stellen daher im Einzelfall keine Urteilselemente dar, die im Abänderungsverfahren beibehalten werden müßten (vgl. Senat, NJW 1984, 1458 = LM § 1610 BGB Nr. 10 = FamRZ 1984, 374 (375) – zum Kindesunterhalt).

(In-Prinzip bei Steuern)

3. Die Revision beanstandet, daß das BerGer. die Nettoeinkünfte des Kl. auf der Grundlage der **c** Besteuerung nach der infolge seiner Wiederverheiratung maßgebenden Steuerklasse III in die Unterhaltsberechnung eingestellt hat. Sie führt aus, der Richter des Ausgangsverfahrens habe die ehelichen Lebensverhältnisse im Zeitpunkt der Scheidung festgestellt, der Bedarfsberechnung den durch den

Wechsel der Steuerklasse – von III nach I infolge der damals bereits mehrere Jahre zurückliegenden Trennung – verursachten Rückgang der Nettoeinkünfte des Kl. zugrunde gelegt und der Bekl. den sich danach ergebenden vollen Unterhalt zuerkannt. Deshalb sei auch für das Abänderungsverfahren von einer Besteuerung des Kl. nach der Steuerklasse I auszugehen, weil dieser Umstand nach Auffassung des Richters des Ausgangsverfahrens die ehelichen Lebensverhältnisse im Zeitpunkt der Scheidung geprägt habe. Der nach der Wiederheirat entstandene Splittingvorteil sei klageweise nicht geltend gemacht. Damit kann die Revision nicht durchdringen.

a) In dem Verfahren nach § 323 ZPO, in dem der Kl. eine Einkommenssteigerung der Bekl. sowie erhöhte eigene Belastungen geltend macht, ist eine Einkommenssteigerung auf seiner Seite zu beachten, ohne daß es dazu der Erhebung einer (Wider-)Klage durch die andere Partei bedarf.

b) Der Angriff gegen die Berücksichtigung des wiedererlangten Splittingvorteils geht auch im übrigen fehl. Zu den im Abänderungsverfahren beizubehaltenden Grundlagen des abzuändernden Titels gehören nicht Art und Höhe der Besteuerung, die zu dem Nettoeinkommen geführt hat, welches der Unterhaltsbemessung im Ausgangsverfahren zugrunde gelegt worden ist. Abgesehen davon, daß das AG damals eine Obliegenheit des Kl. zur Wahrnehmung ihm zustehender Steuervorteile angenommen hat und insoweit von einem fiktiv erhöhten Nettoeinkommen ausgegangen ist, hat es die real anfallenden Steuern und damit das tatsächliche Nettoeinkommen des Kl. nach Steuern zur Zeit der Scheidung berücksichtigt. Daß das BerGer. in gleicher Weise das tatsächliche Einkommen nach Abzug von Steuern zugrunde gelegt hat, begegnet danach keinen aus der Regelung des § 323 ZPO abzuleitenden rechtlichen Bedenken.

c) Den durch die Wiederheirat erlangten Splittingvorteil bei der Bemessung des Unterhalts für die Bekl. auszuscheiden, ist auch nicht deshalb veranlaßt, weil das materielle Unterhaltsrecht in § 1578 I 1 BGB eine Bedarfsbemessung nach den ehelichen Lebensverhältnissen vorsieht, der mit der Wiederverheiratung verbundene Steuervorteil des Ehegattensplittings aber erst nach der Scheidung eintritt. Allerdings ist nach der genannten Vorschrift auf die Lebensverhältnisse zur Zeit der Scheidung abzustellen (BGHZ 89, 108 (110) = NJW 1984, 292 = LM § 1578 BGB Nr. 26; ständige Rspr. des Senats). Das Ende der Ehe setzt damit für die Berücksichtigung erst später eintretender Umstände eine Grenze, die nur ausnahmsweise überschritten werden darf, wenn der Eintritt des neuen Umstandes mit hoher Wahrscheinlichkeit zu erwarten war und die Ehegatten sich darauf in ihren Dispositionen bereits einrichten konnten (vgl. Senat, LM § 1578 BGB Nr. 7 = FamRZ 1982, 686 und NJW 1985, 1699 = LM § 1573 BGB Nr. 14 = FamRZ 1985, 791 (793) m. w. Nachw.). Um einen für die Bemessung des Unterhaltsbedarfs grundsätzlich unbeachtlichen, nur ausnahmsweise zu berücksichtigenden Eintritt späterer Änderungen der die ehelichen Lebensverhältnisse prägenden Umstände handelt es sich jedoch nicht, wenn nach der Scheidung das aus der fortgeführten bisherigen Tätigkeit oder beibehaltenen sonstigen Einkommensquelle erzielte Nettoeinkommen Schwankungen, auch größeren Umfangs, erfährt, die sich aus gesetzlich bestimmten Abzügen (Steuern, Sozialabgaben) oder aus Erwerb oder Verlust von in Lohn-, Besoldungs- und Versorgungssystemen vorgesehenen Zuschlägen ergeben. Das gilt nach dem Urteil des Senats, NJW-RR 1990, 514 auch dann, wenn diese Abzüge und Zuschläge einer Änderung in den persönlichen Verhältnissen des Einkommensbeziehers Rechnung tragen. Deshalb ist die Lohnsteuerlast in ihrer jeweiligen realen Höhe maßgeblich, unabhängig davon, ob sie im konkreten Fall gestiegen oder gesunken ist und ob das auf einem gesetzlich vorgeschriebenen Wechsel der Steuerklasse oder auf einer Änderung des Steuertarifs beruht. Berichtigungen des tatsächlichen, durch Steuerbescheid oder Lohnabrechnung nachgewiesenen Nettoeinkommens sind danach nur in besonders liegenden Fällen vorzunehmen. Diese können etwa erforderlich werden, wenn in das versteuerte Einkommen Einkünfte aus einer Erwerbstätigkeit oder einer sonstigen Erwerbsquelle eingeflossen sind, die die ehelichen Lebensverhältnisse nicht geprägt haben und deshalb bei der Bemessung des Unterhaltsbedarfs ausgeschieden werden müssen, wenn steuerrechtlich mögliche Abschreibungen vorgenommen worden sind, die dem Unterhaltsberechtigten nicht einkommens- und damit bedarfsmindernd entgegengehalten werden können, oder wenn erreichbare Steuervorteile entgegen einer Obliegenheit nicht in Anspruch genommen worden sind (vgl. auch insoweit Senat, NJW-RR 1990, 514 m. w. Nachw.). Im übrigen sind Einkünfte, die die ehelichen Lebensverhältnisse bestimmt haben, an der Höhe in die Bemessung des nachehelichen Unterhalts einzustellen, wie sie sich jeweils als Nettobeträge ergeben (s. dazu bereits Senat, NJW 1982, 1986 = LM § 1578 BGB Nr. 11 = FamRZ 1983, 152 (153)).

Mithin kommt es nicht darauf an, ob das Absinken der Nettoeinkünfte des Kl. durch den Wechsel der Steuerklasse von III nach I während der verhältnismäßig langen Zeit des Getrenntlebens nachhaltig war, wie der Senat (NJW 1988, 2105 = LM § 1579 BGB Nr. 36 = BGHR BGB § 1578 Abs. 1 Splittingvorteil 1 = FamRZ 1988, 486 (487)) erwogen hat. Der kraft Gesetzes infolge der neuen Eheschließung eingetretene Wiedererwerb des Splittingvorteils ist zu berücksichtigen, weil sich die Unterhaltsbemessung nach den Nettoeinkünften der Parteien richtet.

Ihn wegen seines sozialpolitischen Zwecks ausschließlich der neuen Familie des Unterhaltspflichtigen vorzubehalten, hat der Senat schon bisher in ständiger Rechtsprechung abgelehnt (NJW 1980,

Anhang R. Rechtsprechung **R417**

2551 = LM § 1603 BGB Nr. 5 = FamRZ 1980, 984 (985); NJW 1985, 2268 = FamRZ 1985, 911 f. und NJW-RR 1988, 514 = LM § 1578 BGB Nr. 48 = FamRZ 1988, 145 (148); im Schrifttum ebenso Göppinger-Kindermann, UnterhaltsR, 5. Aufl., Rdnr. 1048; Johannsen-Henrich-Voelskow, EheR, § 1578 BGB Rdnr. 27; Kalthoener-Büttner, Die Rechtsprechung zur Höhe des Unterhalts, 4. Aufl., Rdnr. 777; anders Schwab-Borth, Hdb. des ScheidungsR, 2. Aufl., Teil IV, Rdnr. 564; Weychardt, FamRZ 1988, 930). Der Unterhaltsberechtigte kann den durch Wiederheirat des Unterhaltspflichtigen eintretenden steuerlichen Splittingvorteil unter den Voraussetzungen des § 323 ZPO zur Geltung bringen (Senat, NJW 1988, 2101 = LM § 1578 BGB Nr. 52 = BGHR BGB § 1578 Abs. 1 Satz 1 Unterhaltsbemessung 13 = FamRZ 1988, 817 (818)).

Den um der neuen Ehe willen gewährten Steuervorteil für den Unterhalt des früheren Ehegatten einsetzen zu müssen, kann jedoch für den Unterhaltsverpflichteten grob unbillig sein, wenn er den Betrag der Steuerersparnis für den Unterhalt seines jetzigen Ehepartners benötigt. In einem solchen Fall kommt bei Unterhaltsvorrang des geschiedenen gegenüber dem neuen Ehegatten, wie er auch hier besteht, eine Kürzung des Unterhaltsanspruchs nach § 1579 Nr. 7 BGB in Betracht, soweit der geschiedene Ehegatte an dem steuerlichen Splittingvorteil des Unterhaltspflichtigen teilhaben würde (Senat, NJW 1985, 2268 = FamRZ 1985, 911 f.). Diese rechtliche Möglichkeit hat das BerGer. nicht übersehen, sondern einen derartigen Mangelfall (vgl. dazu auch Senat, NJW-RR 1988, 514 = LM § 1578 BGB Nr. 48 = FamRZ 1988, 145 (148)) verneint. Das läßt einen Rechtsfehler nicht erkennen. Das BerGer. hat insoweit zutreffend darauf hingewiesen, daß bei der Berechnung des Unterhaltsanspruchs der Bekl. der von dem Kl. zu erbringende Kindesunterhalt in voller tabellarischer Höhe berücksichtigt worden ist, die tatsächliche Unterhaltslast des Kl. jedoch durch das Kindergeld in Höhe von 560 DM für die drei Kinder aus zweiter Ehe – das bei der Bemessung des nachehelichen Unterhalts unberücksichtigt geblieben ist – sowie durch Anrechnung von 25 DM Kindergeld auf den Unterhalt für den Sohn S aus der ersten Ehe erheblich gemindert ist. Weiterhin stehen dem Kl. und seiner jetzigen Ehefrau die vom BerGer. nicht einkommenserhöhend berücksichtigten Steuererstattungsbeträge zum Lebensunterhalt zur Verfügung. Schließlich hat er seit 1988 Bezüge der Besoldungsgruppe A 13; die durch die Beförderung vom Amtsrat zum Oberamtsrat eingetretene Besoldungserhöhung hat das BerGer. als eine zur Zeit der Scheidung nicht zu erwartende Änderung der Lebensverhältnisse bei der Bemessung des Unterhaltsanspruchs der Bekl. außer Ansatz gelassen.

(Berücksichtigung der in einer neuen Ehe erworbenen Orts- und Kinderzuschläge)

4. Die Revision macht geltend, das BerGer. habe weitere auf der Wiederverheiratung beruhende **d** Steigerungen des Einkommens des Kl., nämlich den nunmehr erhöhten Ortszuschlag und Kinderzuschläge für seine drei Kinder aus der zweiten Ehe, bei der Bemessung des Unterhalts der Bekl. vorab ausscheiden müssen. Auch diese Rüge greift nicht durch. Das jeweilige Nettoeinkommen ist vielmehr für die Unterhaltsbemessung auch insoweit maßgebend, als es auf im Besoldungssystem vorgesehenen Zuschlägen beruht, die den persönlichen Verhältnissen des Einkommensbeziehers Rechnung tragen (s. oben unter 3). Das BerGer. hat danach zu Recht davon abgesehen, das anrechenbare Einkommen des Kl. um diese Zuschläge zu bereinigen.

BGH v. 28. 3. 90 – XII ZR 64/89 – FamRZ 90, 857 = NJW 90, 2810

(zeitliche Begrenzung des Aufstockungsunterhalts) **R417**

aa) Das Gesetz legt, wie die Revision nicht verkennt, ebenso wie in § 1578 I 2 BGB so auch in § 1573 V BGB keine bestimmte Ehedauer, also auch nicht eine solche von zehn Jahren, fest, von der ab eine zeitliche Begrenzung des Unterhaltsanspruchs – im Sinne eines Stichtagsprinzips – nicht mehr in Betracht kommen könnte. Es hebt lediglich neben anderen Gesichtspunkten die Dauer der Ehe als eines der Merkmale hervor, die in die Billigkeitsabwägung mit dem Ziel einer angemessenen Entscheidung jedes Einzelfalls einzubeziehen sind. Welches Gewicht der Ehedauer im Rahmen der Billigkeitsprüfung zukommt, läßt sich nur von Fall zu Fall entscheiden, wobei nicht zu verkennen ist, daß mit zunehmender Ehedauer in der Regel eine zunehmende Verflechtung der Lebensverhältnisse beider Ehegatten und häufig auch eine wachsende wirtschaftliche Abhängigkeit des Unterhaltsberechtigten von dem anderen Ehegatten einhergeht (vgl. Senat, NJW 1986, 722 (723)) m. Hinw. auf Senat, NJW 1981, 754 = LM § 1579 BGB Nr. 5 = FamRZ 1981, 140 (142)). Je mehr die Bedürftigkeit des Unterhaltsberechtigten auf eine solche wachsende wirtschaftliche Abhängigkeit von dem Verpflichteten und – in diesem Sinn – auf ehebedingte Umstände zurückzuführen ist, um so weniger wird eine zeitliche Begrenzung des Unterhalts in Betracht kommen (Senat, NJW 1986, 2832 = LM § 1578 BGB Nr. 40 = BGHR BGB § 1578 Abs. 1 Satz 2 n. F. Begrenzung, zeitliche 1 = FamRZ 1986, 886 (888)).

bb) Mit Rücksicht darauf, daß einerseits § 1578 I 2 und § 1573 V BGB „nach der Zielsetzung des Gesetzgebers ein Regulativ gegen überzogene Unterhaltsansprüche seien" (Hahne, FamRZ 1986,

305 (307, 310)), andererseits aber die zeitliche Begrenzung des ehemgemessenen Unterhalts Ausnahmecharakter haben solle (Giesing, FamRZ 1986, 937 (938); Soergel-Häberle, BGB, 12. Aufl., § 1573 Rdnr. 29), haben sich – sehr früh – einige Autoren dafür ausgesprochen, die zeitliche Begrenzung des Unterhalts nur bei einer Ehedauer von maximal zehn Jahren in Betracht zu ziehen (Hahne, FamRZ 1986, 305 (307, 310) sowie FamRZ 1985, 113 (115); Giesing, FamRZ 1986, 938; zu dem Gesetzentwurf bereits Eyrich, FamRZ 1984, 944 Fußn. 40). Dem haben sich in neuerer Zeit etwa Richter (in: MünchKomm, 2. Aufl., § 1573 Rdnr. 34) und Häberle (§ 1573 Rdnr. 31) sowie einige Gerichte (OLG Düsseldorf, FamRZ 1988, 838 (839); wohl auch OLG Hamburg, FamRZ 1987, 1250 (1253); OLG Hamm, FamRZ 1986, 908 (909)) angeschlossen. Diese Meinung ist jedoch bei anderen Autoren (u. a. Johannsen-Henrich-Voelskow, EheR, § 1573 Rdnr. 19; Schwab-Borth, Hdb. des ScheidungsR, 2. Aufl., Teil IV Rdnr. 198; Palandt-Diederichsen, BGB, 49. Aufl., § 1573 Anm. 5b aa; Kalthoener-Büttner, Die Rechtsprechung zur Höhe des Unterhalts, 4. Aufl., Rdnr. 937; wohl auch Cuny, in: RGRK, 12. Aufl., § 1578 Rdnr. 30) auf Widerspruch gestoßen; auch haben sich einige Gerichte ausdrücklich gegen eine Zeitschranke von zehn Jahren für die Möglichkeit einer Begrenzung des Unterhalts ausgesprochen (neben dem BerGer. OLG Düsseldorf, FamRZ 1987, 945; OLG Karlsruhe/Freiburg, FamRZ 1989, 511). Dabei wird darauf hingewiesen, daß eine solche Zeitschranke angesichts der vielfältigen persönlichen und wirtschaftlichen Gestaltungsmöglichkeiten einer Ehe zu eng sei und die mit § 1573 V BGB bezweckte Billigkeitsentscheidung unzulässig behindern könne (Voelskow, § 1573 Rdnr. 19). Auch wird geltend gemacht: So sehr die Anknüpfung an formal nachzuvollziehende Tatbestandsmerkmale die Rechtsanwendung und damit die Rechtsklarheit fördern möge, bestünden doch Bedenken, eine Ehedauer von etwa zehn Jahren allgemein als Richtschnur für die Anwendung oder Ablehnung des § 1573 V BGB heranzuziehen; zwar sei nicht zu verkennen, daß die über eine Ehedauer von zehn Jahren hinausgehende Bereich sich einer Ehe von langer Dauer nähere; auch spreche die Lebenserfahrung dafür, daß die Ehegatten mit fortschreitender Ehedauer ihre Lebensführung wechselseitig aufeinander eingestellt und sich insoweit wechselseitige Abhängigkeiten entwickelt hätten; gleichwohl könne für die gebotene Billigkeitsabwägung nur die jeweilige Lebenssituation der Ehegatten – und nicht eine von vornherein festgelegte Ehedauer – maßgebend sein (Schwab-Borth, Teil IV Rdnr. 198).

cc) Das hält der Senat für zutreffend. Es widerspräche in der Tat dem Sinn und Zweck der gesetzlichen Regelung des § 1573 V BGB, den Billigkeitsgesichtspunkt „Dauer der Ehe" im Sinne einer festen Zeitgrenze – von zehn Jahren – zu bestimmen, von der ab der Unterhaltsanspruch grundsätzlich keiner zeitlichen Begrenzung mehr zugänglich sein sollte. Andererseits ist nicht zu verkennen, daß sich eine Ehedauer von mehr als zehn Jahren dem Grenzbereich nähern dürfte, in dem, vorbehaltlich stets zu berücksichtigender besonderer Umstände des Einzelfalls, der Dauer der Ehe als Billigkeitskriterium im Rahmen von § 1573 V BGB ein durchschlagendes Gewicht für eine dauerhafte Unterhalts„Garantie" und gegen die Möglichkeit zeitlicher Begrenzung des Unterhalts zukommen wird. Ob dieser Grenzbereich, wie das BerGer. meint, von einer Ehedauer von 15 Jahren erreicht ist, bedarf hier keiner Entscheidung. Das angefochtene Urteil ist jedenfalls entgegen der Auffassung der Revision aus Rechtsgründen nicht deshalb zu beanstanden, weil das BerGer. den Unterhalt der Kl. trotz einer Ehezeit von insgesamt wenig mehr als zehn Jahren zeitlich begrenzt hat. 2. Die Revision macht weiter geltend:

a) Nach zehn Jahren Ehezeit müsse grundsätzlich angenommen werden, daß eine Unterhaltsbeschränkung grob unbillig sei, weil von einem hohen Grad beiderseitiger wirtschaftlicher Verflechtungen und Abhängigkeiten der Ehegatten während dieser Dauer der Ehe auszugehen sei. Aus diesem Grund biete es sich an, ab einer Ehedauer von zehn Jahren dem Unterhaltsverpflichteten die Beweislast dafür aufzuerlegen, daß der Unterhaltsberechtigte keine ehebedingten Nachteile erlitten habe. Im übrigen sei nach zehn Jahren Anpassung und Rücksichtnahme auf den Ehegatten mit dem maßgeblichen Einkommen ohne weitere Nachweise von erlittenen ehebedingten Nachteilen des Unterhaltsberechtigten auszugehen. Auch im vorliegenden Fall seien nach der Lebenskonzeption der Parteien grundsätzlich ehebedingte Nachteile der Kl. zu bejahen. Diese habe, wie in den Vorinstanzen vorgetragen, in den Jahren der beruflichen Entwicklung des Bekl. auf eine eigene berufliche Weiterbildung verzichtet und ihre eigenen Interessen zurückgestellt, weil sie am Status des Bekl. habe teilhaben sollen. Als sie heiratete, sei sie 35 Jahre alt gewesen; es sei davon auszugehen, daß sie sich noch fortgebildet und dadurch beruflich bessere Chancen gehabt hätte; zumindest wäre ihre berufliche Situation günstiger gewesen, wenn sie nicht dem Bekl. zuliebe mehrmals umgezogen wäre und den Arbeitsplatz gewechselt hätte. Das habe das BerGer. zu Unrecht nicht berücksichtigt, wobei es zu hohe Anforderungen an die Darlegungspflicht der Kl. gestellt habe.

b) Mit diesem Angriff kann die Revision nicht durchdringen. Das BerGer. hat weder die Darlegungs- und Beweislast verkannt noch die Anforderungen an die Darlegungslast der Kl. überspannt.

aa) Da § 1573 V BGB keine anspruchsbegründende Norm ist, sondern als unterhaltsbegrenzende Norm Ausnahmecharakter hat, trifft die Darlegungs- und Beweislast für die Tatsachen, die für ihre

Anhang R. Rechtsprechung   **R418**

Anwendung sprechen, nach allgemeinen Beweislastregeln grundsätzlich den Unterhaltsverpflichteten (Cuny, in: RGRK, § 1573 Rdnr. 23; Richter, in: MünchKomm, § 1573 Rdnr. 40; Schwab-Borth, IV Rdrn. 218 ff.; Soergel-Häberle, § 1573 Rdnr. 38), der auch die Umstände darlegen und notfalls beweisen muß, die für eine möglichst kurze Übergangsfrist sprechen (Voelskow, § 1573 Rdnr. 33). Ihm wird die Beweisführung allerdings in der Regel dadurch erleichtert, daß der Berechtigte im Rahmen eines Unterhaltsanspruchs nach § 1573 I BGB oder – wie hier – nach Abs. 2 der Vorschrift bereits seinerseits die Umstände vorbringen und gegebenenfalls beweisen muß, die für seine Bedürftigkeit ursächlich sind, so zum Beispiel, daß er eine innegehabte Arbeitsstelle verloren habe und keine angemessene Erwerbstätigkeit finde (Schwab-Borth, IV Rdnr. 220) oder daß seine Einkünfte aus einer ausgeübten angemessenen Erwerbstätigkeit gleichwohl nicht zu seinem vollen Unterhalt ausreichten. Sind indessen nach den objektiv nachprüfbaren Gegebenheiten in Verbindung mit dem Vortrag der Parteien die für eine Anwendung des § 1573 V BGB sprechenden Billigkeitsgründe dargetan, so trägt wiederum der Unterhaltsberechtigte die Darlegungs- und Beweislast für die Umstände, die im Rahmen der zu treffenden Billigkeitsabwägung zu seinen Gunsten, also gegen eine zeitliche Begrenzung seines Unterhaltsanspruchs oder zumindest für eine längere „Schonfrist" sprechen (Soergel-Häberle, § 1573 Rdnr. 38; Cuny, in: RGRK, § 1573 Rdnr. 23; Schwab-Borth, IV Rdnr. 220; Voelskow, § 1573 Rdnr. 33; Diederichsen, NJW 1986, 1283 (1288 unter III 3 b)).

BGH, Urteil v. 11. 4. 1990 – XII ZR 42/89 – FamRZ 90, 989 = NJW 90, 3274

(Wohnwert als Einkommen)   R418

1. a) Zutreffend hat das KG zur Feststellung der Lebensverhältnisse der Parteien im Rahmen der **a**
Bedarfsbemessung zunächst die Einkünfte des Kl. aus dessen Erwerbstätigkeit herangezogen (§ 1361 I BGB). Es hat jedoch nicht berücksichtigt, daß zu den Einkünften der Parteien, die für den eheangemessenen Unterhalt bestimmend sind, auch das mietfreie Wohnen im Familienheim gehört. Denn zu den Einkünften rechnen auch die Vorteile, die die Parteien dadurch gehabt haben, daß sie ein eigenes Haus bewohnt haben. Es handelt sich um Nutzungen des Vermögens, hier des Grundstückseigentums i. S. des § 100 BGB, und zwar in der Form der Gebrauchsvorteile. Soweit deren Wert die Belastungen übersteigt, die durch allgemeine Grundstücksunkosten und -lasten sowie gegebenenfalls durch Zins- und Tilgungsverpflichtungen entstehen, sind sie bei der Bestimmung der Lebensverhältnisse den Einkünften der Eheleute hinzuzurechnen (Senat, NJW 1986, 1340 = FamRZ 1986, 434; Senat, NJW-RR 1986, 683 = Ez FamRZ, BGB § 1577 Nr. 7 = FamRZ 1986, 439; NJW 1989, 2809 = FamRZ 1989, 1160 (1162) m. w. Nachw.).

(Angemessener Wohnwert nach Drittelobergrenze in Trennungszeit; kein Erwerbstätigenbonus bei Wohnwert)

a) Das KG wird zunächst den Wohnwert des Hauses festzustellen und danach den Unterhaltsbedarf **b**
der Bekl. neu zu bemessen haben. Dabei wird zu beachten sein, daß die Anrechnung eines „Erwerbstätigenbonus" regelmäßig nur bei Erwerbseinkünften, nicht dagegen bei sonstigen Einkünften, wie sie hier in der Gestalt von Gebrauchsvorteilen vorliegen, gerechtfertigt ist. An diesen Gebrauchsvorteilen hat die Bekl. vielmehr zur Hälfte (und nicht mit einer davon abweichenden Quote) teil (vgl. Senat, NJW 1989, 2809 = LM § 1365 BGB Nr. 56 = FamRZ 1989, 1160 (1162)). Daneben wird auch zu beachten sein, daß der Bekl. der Wohnvorteil für die Zeit bis Juli 1988 (Hinweis Redaktion = Verkauf des Hauses in Trennungszeit) nur mit einem unterhaltsrechtlich angemessenen Betrag als Einkommen angerechnet werden darf. Dessen Obergrenze wird weithin mit etwa $1/3$ des Betrags angesetzt, den der Berechtigte für die Deckung seines Bedarfs insgesamt zur Verfügung hat (vgl. Senat, NJW 1989, 2809 = LM § 1365 BGB Nr. 56 = FamRZ 1989, 1160 (1163)).

(Zu 5-% und $1/7$-Erwerbsbonus)

Das KG wird auch Anlaß zur Prüfung haben, ob es neben der Bemessung des Unterhaltsbedarfs **c**
der Bekl. nach einer $3/7$-Quote gerechtfertigt ist, zugunsten des Ehemannes 5 % seines Nettoeinkommens für berufsbedingten Aufwand anzusetzen; denn das Berufungsurteil enthält keine Feststellungen darüber, daß er berufsbedingten Aufwand hat. Für den Fall, daß das BerGer. erneut zu einem solchen Ansatz kommt, wird bei der tatrichterlichen Bemessung der Höhe der gebotenen maßvollen Abweichung von der Halbteilung des Einkommens zu beachten sein, daß diese Abweichung dann, wenn die berufsbedingten Aufwendungen durch den Abzug von 5 % des Nettoeinkommens gedeckt sind, allein noch dazu dient, einen Anreiz zur Erwerbstätigkeit zu schaffen (vgl. zu dem doppelten Zweck des Erwerbstätigenbonus Senat, NJW 1982, 41 = LM § 1603 BGB Nr. 9 = FamRZ 1981, 1165 (1166); Senat, NJW-RR 1986, 68 = LM § 1569 BGB Nr. 19 = FamRZ 1985, 908 (910); Senat, NJW 1988, 2369 = LM § 1569 BGB Nr. 28 = FamRZ 1988, 265 (267)).

R419 – R420 Anhang R. Rechtsprechung

(Fiktive Zinsen nur ansetzbar, wenn eine mutwillige Herbeiführung der Bedürftigkeit vorliegt)

d b) Das KG hat für die Zeit ab Oktober 1988 einen Unterhaltsanspruch der Bekl. verneint. Es hat die Bekl. für gehalten angesehen, die Zinsen aus dem ihr hälftig zugeflossenen Erlös aus dem Hausverkauf für ihren Unterhalt einzusetzen. Dieser Obliegenheit habe sie mindestens fahrlässig dadurch zuwider gehandelt, daß sie ungeachtet des ihr zugeteilten Hausrats für sich und die Kinder ungewöhnlich viele und in dieser Weise sowie Höhe nicht sogleich notwendige Neuanschaffungen von Hausrat vorgenommen, eine außerordentlich hohe Einmalprämie für eine neue Lebensversicherung bezahlt und weitere hohe Beträge den Kindern zugewendet habe, ohne genügend ihren eigenen laufenden Lebensunterhalt zu berücksichtigen. Das KG hat ihr deshalb fiktive Zinsen in Höhe von 562,50 DM monatlich als Einkommen angerechnet, [angerechnet] die sie aus einem Kapital von 150 000 DM hätte ziehen können, da dieses Kapital „bei der gebotenen sparsamen Verwendung" verfügbar gewesen wäre. Auch diese Erwägungen begegnen Bedenken, worauf die Revision mit Recht hinweist.

Dem Ausgangspunkt des KG ist allerdings zuzustimmen, daß den Unterhaltsberechtigten die Obliegenheit trifft, eigenes Vermögen so ertragreich wie möglich anzulegen, weil auch solche Einkünfte die Bedürftigkeit mindern, die in zumutbarer Weise eingezogen werden könnten, aber nicht eingezogen werden (Senat, EzFamR BGB § 1577 Nr. 7. w. Nachw.).

Ein Ansatz fiktiver Zinseinkünfte scheidet jedoch aus, wenn das einzusetzende Kapital nicht mehr vorhanden ist (Senat, NJW 1988, 2371 (2372) = LM § 1603 BGB Nr. 13). Nach dem Vortrag der Bekl., den das BerGer. seiner Erwägung zugrunde legt, hat sie den ihr zugeflossenen Verkaufserlös bis auf einen Restbetrag von 40 000 DM verbraucht. Als Einkünfte können deshalb zunächst nur die Zinsen aus der Anlage dieser 40 000 DM angesetzt werden. Die Ausgabe von ca. 165 000 DM kann nur dann zu Lasten der Bekl. gehen, wenn die Voraussetzungen des § 1579 Nr. 3 BGB gegeben sind (Senat, NJW-RR 1986, 746 = LM § 1577 BGB Nr. 10 = FamRZ 1986, 560 (562)).

Für eine mutwillige Herbeiführung der Bedürftigkeit i. S. des § 1579 Nr. 3 BGB ist mindestens eine unterhaltsbezogene Leichtfertigkeit Voraussetzung, die vorliegt, wenn sich der Unterhaltsberechtigte unter grober Mißachtung dessen, was jedem einleuchten muß, oder in Verantwortungs- und Rücksichtslosigkeit gegen den Unterhaltspflichtigen über die erkannte Möglichkeit nachteiliger Folgen für seine Bedürftigkeit hinweggesetzt hat (vgl. Senat, LM § 1579 BGB Nr. 21 = FamRZ 1984, 364 (367) m. w. Nachw.). Daß die Bekl. beim Abschluß der Rentenversicherung in diesem Sinn mutwillig gehandelt habe, wird sich kaum sagen lassen, da diese Versicherung der Altersvorsorge diente und als teilweiser Ersatz für den Verlust des Familienheimes angesehen werden konnte, dem ebenfalls in gewissem Umfang Sicherungsfunktion für das Alter zukam. Mutwilligkeit in dem genannten Sinne läßt sich auch bei den umzugsbedingten Neuanschaffungen nicht pauschal, sondern nur nach Prüfung der jeweiligen einzelnen Anschaffung bejahen, da Umzüge erfahrungsgemäß dazu führen, daß vorhandene Einrichtungsgegenstände in der neuen Wohnung nicht passen oder aus anderen Gründen ersetzt werden müssen, wobei dem Umziehenden ein Ermessen zuzubilligen ist.

Hinsichtlich des Sparbriefes in Höhe von 21 000 DM für K hat die Bekl. vorgetragen, daß diese Zuwendung zum teilweisen und versprochenen Ausgleich für die frühere Verwendung von 20 000 DM aus einer dem Kind angefallenen Erbschaft geschehen sei. Nach dem schriftlichen Willen der Erblasserin seien die 20 000 DM als Aussteuer für die Tochter gedacht gewesen. Dieser – unbestrittene – Vortrag spricht ebenfalls gegen eine Mutwilligkeit der Bekl.

BGH v. 2. 5. 90 – XII ZR 72/89 – FamRZ 90, 849 = NJW 91, 356

R419 *(Keine Leistungsfähigkeit bei eigenem Sozialhilfebedarf)*

Jede Unterhaltspflicht findet dort ihre Grenze, wo dem Betroffenen nicht die Mittel für den eigenen notwendigen Lebensbedarf verbleiben. Diese Opfergrenze, der sog. Selbstbehalt, wird allgemein etwas über dem Sozialhilfebedarf des in Anspruch Genommenen angesetzt (vgl. Senat, NJW 1984, 1614 (1615) = LM § 1603 BGB Nr. 24). Im Falle des Bekl., der pflegebedürftig und auf Dauer in einem Heim untergebracht ist, liegt der unterhaltsrechtliche Selbstbehalt danach nicht unter den dafür erforderlichen Kosten. Seine Renteneinkünfte erreichen insgesamt nicht einmal diese Kosten. Damit kann die Kl. keinen Unterhalt von ihm beanspruchen.

BGH v. 16. 5. 90 – XII ZR 40/89 – FamRZ 90, 851 = NJW 90, 2252

R420 *(Unterhalt bei Gütergemeinschaft)*

II. Da die Parteien getrennt leben, kann die Kl. vom Bekl. nach § 1361 I BGB den nach den Lebensverhältnissen und den Erwerbs- und Vermögensverhältnissen der Parteien angemessenen Unterhalt verlangen. Dieser Anspruch besteht unabhängig von dem zwischen Eheleuten geltenden Güterstand (Palandt-Diederichsen, BGB, 49. Aufl., § 1361 Anm. 1 c; Finke, in: RGRK, 12. Aufl., § 1447

Anhang R. Rechtsprechung
R 420

Rdnr. 10 a. E.; Göppinger-Wenz, UnterhaltsR, 5. Aufl., Rdnr. 1182; für § 1360 BGB vgl. auch: Soergel-Lange, BGB, 12. Aufl., § 1360 Rdnr. 2 und Soergel-Gaul, § 1420 Rdnr. 1). Er steht der Kl. daher zu, obwohl sie mit dem Bekl. in Gütergemeinschaft lebt.

Trotzdem ist zu fragen, ob dieser Unterhaltsanspruch durch die Gütergemeinschaft inhaltlich beeinflußt wird. Diese Frage hat das BerGer. sich nicht vorgelegt. Es hat insoweit lediglich geprüft, ob der Unterhaltsbedarf der Kl. dadurch gedeckt ist, daß sie an den Einkünften des Gesamtgutes, das beiden Parteien zur gesamten Hand gehört (§§ 1416 I, 1419 I BGB), rechtlich teilhat und daß für den Unterhalt der Familie gem. § 1420 BGB primär diese Einkünfte zu verwenden sind. Damit wird jedoch die eigentliche Frage verfehlt. Darauf weist die Revision zutreffend hin, wenn sie geltend macht, es gehe um die Verwaltung des Gesamtgutes; um ihren Unterhalt sicherzustellen, müsse die Kl. die Zustimmung des Bekl. zu entsprechenden Verwaltungsmaßnahmen erwirken.

Nach § 1361 IV 1 BGB ist der laufende Unterhalt durch Zahlung einer Geldrente zu gewähren. Die Vorschrift gibt dem unterhaltsbedürftigen Ehegatten also gegen den anderen einen Zahlungsanspruch. Für die Gütergemeinschaft bestimmt hingegen § 1420 BGB, daß „für den Unterhalt der Familie" die Einkünfte, die in das Gesamtgut fallen, vor den in das Vorbehaltsgut fallenden Einkünften „zu verwenden" sind, und der Stamm des Gesamtgutes vor dem Stamm des Vorbehalts- und des Sondergutes. Wie die Worte „Unterhalt der Familie" zeigen, hat die Vorschrift ersichtlich den Unterhalt nach § 1360 BGB im Auge. Leben die Ehegatten jedoch wie hier die Parteien – getrennt, muß sie in gleicher Weise für den Trennungsunterhalt nach § 1361 BGB gelten. Die Vereinbarung von Vorbehaltsgut (§ 1418 BGB) ist nicht behauptet. Nach § 1420 BGB sind daher für den Unterhalt der Kl. in erster Reihe die Einkünfte des Gesamtgutes und dessen Stamm zu verwenden. Erst wenn und soweit diese Vermögenswerte dazu nicht ausreichen, ist für den Unterhalt das Sondergut heranzuziehen.

Zum Gesamtgut der Parteien gehören gem. § 1416 I BGB die Einkünfte aus den beiden Renten des Bekl. sowie aus der Vermietung des Bauernhofes in A. Sondergut, das nach § 1417 I BGB vom Gesamtgut ausgeschlossen ist, sind gem. Abs. 2 der Vorschrift lediglich die Rentenstammrechte und die daraus fließenden Rentenansprüche des Bekl., soweit sie gem. §§ 54 f. SGB I (Erwerbsunfähigkeitsrente) oder §§ 850 II, 850a ff. ZPO (Rente der Versorgungsanstalt des Bundes und der Länder; vgl. Zöller-Stöber, ZPO, 15. Aufl., § 850 Rdnr. 7: Ruhegeld) unpfändbar sind und daher nach § 400 BGB nicht abgetreten werden können. Hingegen fallen die einzelnen Rentenzahlungen gem. § 1417 III BGB in das Gesamtgut (vgl. BSG, FamRZ 1980, 676 (677); Soergel-Gaul, § 1417 Rdnr. 3; Kanzleiter, in: MünchKomm, 2. Aufl., § 1417 Rdnr. 4; Palandt-Diederichsen, § 1417 Anm. 3; s. auch Senat, NJW 1985, 2706 = LM § 1587g BGB Nr. 4 = FamRZ 1985, 263 f.). Die Guthaben auf den von den Parteien oder dem Bekl. allein eingerichteten Bankkonten sind pfändbar und unterliegen nicht dem Abtretungsverbot des § 400 BGB, auch soweit sie aus der Überweisung von Rentenbeträgen herrühren. Der beschränkte Pfändungsschutz solcher Guthaben gem. §§ 55 SGB I, 850k ZPO steht dem nicht entgegen. Nach § 55 SGB I (vgl. dazu Burdenski-v. Maydell-Schellhorn, SGB AT, 1976, § 55 Rdnr. 44) ist die Unpfändbarkeit der durch solche Überweisungen entstehenden Guthaben auf die Dauer von sieben Tagen seit der Gutschrift beschränkt. § 850k ZPO gibt lediglich dem Vollstreckungsgericht die Möglichkeit, die Pfändung eines bestimmten, von der Zeit zwischen der Pfändung und dem nächsten Zahlungstermin abhängigen Teils des Guthabens auf Antrag des Schuldners aufzuheben. Da diese Vorschriften zudem die bestimmungsgemäße Verwendung der überwiesenen Bezüge für den laufenden Lebensbedarf sichern wollen (Stein-Jonas-Münzberg, ZPO, 20. Aufl., § 850i Rdnr. 119, § 850k Rdnr. 1), hindern sie nicht die Zugehörigkeit der Guthaben zum Gesamtgut, aus dem nach § 1420 BGB gerade der Unterhalt der Familie in erster Reihe zu bestreiten ist. Auch die Bankguthaben fallen daher in das Gesamtgut. Das gilt auch für die vom Bekl. allein auf seinen Namen eingerichteten Konten; denn nach § 1416 I und II BGB wird das Vermögen beider Ehegatten Gesamtgut, ohne daß es der Übertragung der einzelnen Gegenstände bedarf.

Nach den Feststellungen, die das BerGer. zur Höhe der Einkünfte getroffen hat, muß der Senat davon ausgehen, daß das Gesamtgut ausreicht, neben dem entsprechenden eigenen Bedarf des Bekl. auch den angemessenen Unterhaltsbedarf der Kl. zu decken. Gegenteiliges ist weder festgestellt, noch auch nur behauptet. Unter Hinweis darauf, daß der Bekl. die Renten und die Mieten aus dem Anwesen A. vereinnahme, hat das BerGer. vielmehr seine Leistungsfähigkeit als unstreitig festgestellt. Für den Unterhalt der Kl. ist daher nach § 1420 I BGB ausschließlich das Gesamtgut zu verwenden, während ihr der Zugriff auf das Sondergut des Bekl. verschlossen ist. Für die Unterhaltsberechtigung der Kl. ergibt sich daraus folgendes:

Da der Ehevertrag der Parteien keine Bestimmung über die Verwaltung des Gesamtgutes trifft, wird es von beiden gemeinschaftlich verwaltet (§ 1421 S. 2 BGB). Beide Parteien sind demzufolge nur gemeinschaftlich zu Verfügungen über das Gesamtgut berechtigt (§ 1450 I 1 BGB). Jeder Ehegatte ist jedoch dem anderen gegenüber verpflichtet, an Maßregeln mitzuwirken, die zur ordnungsmäßigen Verwaltung des Gesamtgutes erforderlich sind (§ 1451 BGB). Zur ordnungsgemäßen Verwaltung gehört auch die Leistung des aus dem Gesamtgut zu erbringenden Unterhalts (vgl. Finke, in: RGRK, § 1469 Rdnr. 10; Soergel-Gaul, § 1435 Rdnr. 3), hier also auch des Trennungsunterhalts der Kl. Soweit der Bekl. die Kl. also daran hindert, aus dem Gesamtgut ihren angemessenen Unterhaltsbedarf zu befriedigen, verletzt er seine Pflicht zur ordnungsmäßigen Verwaltung des Gesamtgutes. Die Kl. kann daher von ihm verlangen, daß er an den Maßregeln mitwirkt, die zur Deckung ihres angemessenen Bedarfs erforderlich sind. Soweit dazu nicht der Weg des § 1452 BGB in Betracht kommt, also die vormundschaftsgerichtliche Ersetzung der Zustimmung des Bekl. zu einem Rechtsgeschäft, kann die Kl. diesen Anspruch im Prozeßwege durchsetzen und vollstrecken. Die Auffassung, nach § 1451 BGB bestehe kein klagbarer Anspruch auf Mitwirkung zu einzelnen Verwaltungsmaßnahmen, vielmehr sei nur eine Klage auf Herstellung des ehelichen Lebens gegeben (Soergel-Gaul, § 1451 Rdnr. 5; ebenso wohl Palandt-Diederichsen, § 1451 Anm. 1), so daß ein darauf ergehendes Urteil nicht vollstreckbar wäre (§ 888 II ZPO), vermag der Senat zumindest für Fälle wie den vorliegenden nicht zu teilen. Denn hier geht es um die Erfüllung des Rechts eines getrennt lebenden Ehegatten auf Unterhalt, also um einen rein vermögensrechtlichen Anspruch (ebenso allg. bei „Überwiegen des vermögensrechtlichen Elements": Kanzleiter, in: MünchKomm, § 1451 Rdnr. 8; s. auch Finke, in: RGKR, § 1451 Rdnr. 4).

Es bleibt daher zu fragen, ob die Kl. neben diesem auf Mitwirkung zur ordnungsmäßigen Verwaltung gerichteten Anspruch aus § 1451 BGB noch Zahlung einer Unterhaltsrente verlangen kann. Das ist jedoch nach dem Zusammenhang der güterrechtlichen Vorschriften nicht der Fall. Allerdings kommt neben dem Anspruch aus § 1451 BGB nach h. M. ein Schadensersatzanspruch entsprechend § 1435 S. 3 BGB in Betracht, der aber nur auf Ersatz einer durch Verletzung der Mitwirkungspflicht eingetretenen Minderung des Gesamtgutes gerichtet ist (Senat, FamRZ 1986, 40 (42); Kanzleiter, in: MünchKomm, Rdnr. 9; Soergel-Gaul, § 1451 Rdnr. 5; Finke, in: RGKR § 1451 Rdnr. 6; Erman-Heckelmann, BGB, 8. Aufl., § 1451 Anm. 1). Beharrliche und nicht ausreichend begründete Weigerung eines Ehegatten, zur ordnungsmäßigen Verwaltung des Gesamtgutes mitzuwirken, berechtigt den anderen außerdem zur Klage auf Aufhebung der Gütergemeinschaft (§ 1469 Nr. 2 BGB). Hingegen sieht das Gesetz nicht vor, daß ein Ehegatte, dem der andere pflichtwidrig die Mitwirkung zur ordnungsmäßigen Verwaltung des Gesamtgutes verweigert, von diesem über die dargelegten Ansprüche und Rechte hinaus Erfüllung oder Schadensersatz verlangen kann. Im Gegenteil bestimmt § 1468 BGB, daß ein Ehegatte, was er zum Gesamtgut oder zum Vorbehalts- oder Sondergut des anderen schuldet, erst nach Beendigung der Gütergemeinschaft zu leisten braucht. Diese Vorschrift, die die Fälligkeit solcher Schulden grundsätzlich bis zur Beendigung der Gütergemeinschaft aufschiebt, gilt für schuldrechtliche Verbindlichkeiten aller Art (Finke, in: RGRK, § 1468 Rdnr. 2, 4; Kanzleiter, in: MünchKomm, § 1468 Rdnr. 2, § 1446 Rdnr. 2; Soergel-Gaul, § 1468 Rdnr. 3), etwa auch für den erwähnten Schadensersatzanspruch entsprechend § 1435 S. 3 BGB (Erman-Heckelmann, § 1451 Anm. 1). Sie würde daher auch einen Zahlungsanspruch der Kl. aus § 1361 BGB erfassen, der nach § 1417 II BGB i. V. mit §§ 400 BGB, 850b I Nr. 2 ZPO in ihr Sondergut fiele (Soergel-Gaul, § 1417 Rdnr. 5; Erman-Heckelmann, § 1417 Rdnr. 3; OLG Posen, OLGZ 43, 336). Allerdings sieht § 1468 BGB eine Ausnahme für den Fall vor, daß das eigene Vorbehalts- und Sondergut des Ehegatten zur Erfüllung seiner Schuld ausreichen. Diese Ausnahme könnte der Kl. aber nicht zugute kommen, weil sie – wie dargelegt – nach § 1420 BGB gehindert ist, solche Vermögensmassen des Bekl. für ihren Unterhalt heranzuziehen. Diese materielle Rechtslage findet ihre Entsprechung im Vollstreckungsrecht, wonach eine Zwangsvollstreckung in von den Ehegatten gemeinschaftlich verwaltetes Gesamtgut nur zulässig ist, wenn beide zur Leistung verurteilt sind (§ 740 II ZPO). Die Vollstreckung eines der Ehegatten in das Gesamtgut, zu der dann ein Titel gegen den anderen genügen müßte, ist im Gesetz nicht vorgesehen.

Bei dieser Rechtslage ist die Kl. auf die ihr güterrechtlich eröffneten Wege angewiesen, wenn sie die ordnungsmäßige Verwendung des Gesamtgutes für ihren Unterhalt erreichen will. Ein Zahlungsanspruch gegen den Bekl. nach § 1361 BGB stände ihr daher nur zu, wenn für ihren Unterhalt (auch) sein Sondergut (und falls vorhanden: Vorbehaltsgut) zu verwenden wäre. Das ist aber – wie ausgeführt – nach § 1420 BGB nicht der Fall, da das Gesamtgut ausreicht.

III. Das angefochtene Urteil, das hiernach von der ihm gegebenen Begründung nicht getragen wird, erweist sich aber mit Einschränkung – aus anderen Gründen – als richtig (§ 563 ZPO).

1. Wie unter II. ausgeführt, kann die Kl. nach § 1451 BGB verlangen, daß der Bekl. zu der ordnungsmäßigen Verwaltung des Gesamtgutes einschließlich seiner Verwendung für ihren Unterhalt mitwirkt. Es stellt sich die Frage, ob ihr Klagebegehren nach dieser Vorschrift begründet ist. Da sich ein solcher Anspruch aus dem ehelichen Güterrecht herleitet, handelt es sich nach § 23b I 2 Nr. 9 GVG auch insoweit um eine Familiensache, für die nach § 621 I Nr. 8 ZPO die Familiengerichte zuständig sind.

Wie unter II. schon ausgeführt, hat die Kl. nach § 1451 BGB einen durchsetzbaren Anspruch auf die Mitwirkung des Bekl. zu einzelnen Maßregeln, die zur ordnungsmäßigen Verwendung des Gesamtgutes (auch) für ihren Unterhalt erforderlich sind. Welche Maßregeln in diesem Sinne erforderlich sind, richtet sich nach den jeweiligen Besonderheiten. Hier ist der Sachverhalt dadurch gekennzeichnet, daß der Bekl. die für den Unterhalt der Kl. wesentlichen Teile des Gesamtgutes dadurch in seine tatsächliche Verfügungsmacht gebracht hat, daß er Renten- und Mieteinnahmen auf von ihm allein auf seinen Namen eingerichtete Bankkonten einzieht. Solange dieser von ihm herbeigeführte Zustand, den die Kl. nach §§ 1450, 1451 BGB nicht hinzunehmen brauchte, andauert, kann er die ordnungsmäßige Verwendung des Gesamtgutes für den Unterhalt der Kl. ohne ihr Zutun dadurch bewirken, daß er ihr aus den Kontoguthaben die zur Deckung ihres Bedarfs erforderlichen Geldmittel zur Verfügung stellt, wie er es in Höhe von monatlich 800 DM bereits tut. Auf die dazu erforderlichen Handlungen reduziert sich daher seine „Mitwirkung", wie die Kl. sie – soweit es allein um ihren Unterhalt geht – nach § 1451 BGB erreichen kann.

Da die Kl. nur Mitwirkung zur ordnungsmäßigen Verwaltung des Gesamtgutes verlangen kann, bedeutet dies allerdings nicht, daß der Bekl. uneingeschränkt zur Zahlung verurteilt werden kann, wie das FamG es getan und das BerGer. es gebilligt hat. Denn aus einem solchen Titel, der nach den Vorschriften des 2. Abschnittes des 8. Buches der ZPO („Zwangsvollstreckung wegen Geldforderungen") zu vollstrecken wäre, könnte die Kl. in das Sondergut (und – falls vorhanden – Vorbehaltsgut) des Bekl. vollstrecken, das aber nach § 1420 BGB nicht zu ihrem Unterhalt zu verwenden ist. Vielmehr kann die Kl. nur verlangen, daß der Bekl. die Handlungen vornimmt, die erforderlich sind, damit sie aus dem Gesamtgut die ihr zustehenden Geldmittel erhält. Ihr Anspruch richtet sich daher auf unvertretbare Handlungen, die im Weigerungsfall durch Zwangsvollstreckung nach § 888 ZPO erwirkt werden können. Da diese Handlungen aber ebenso wie Geldzahlungen der Überlassung von Geldbeträgen dienen, ist das auf ihre Vornahme gerichtete Begehren in dem Zahlungsantrag der Klage enthalten, so daß eine entsprechende Verurteilung nicht gegen das Verbot des § 308 I ZPO verstößt. 2. Die Revision meint allerdings weiter, der Klage fehle das Rechtsschutzbedürfnis, weil der Kl. der einfachere Weg des vormundschaftsgerichtlichen Verfahrens nach § 1452 BGB offenstehe. Dieser Einwand ist jedoch unbegründet, weil nicht davon auszugehen ist, daß die Kl. durch Anrufung des VormG zu ihrem Unterhalt kommen kann. Nach § 1452 BGB kann das VormG auf Antrag die ohne ausreichenden Grund verweigerte Zustimmung des anderen Ehegatten zu einem Rechtsgeschäft ersetzen, dessen Vornahme zur ordnungsmäßigen Verwaltung des Gesamtgutes erforderlich ist. Es ist jedoch nicht ersichtlich, daß es eines Rechtsgeschäftes der Kl. bedarf, damit das Gesamtgut ordnungsgemäß (auch) zu ihrem Unterhalt verwendet wird. Der Bekl. zieht die in Rede stehenden Einkünfte auf Bankkonten ein, die er allein auf seinen Namen eingerichtet hat. Im Verhältnis zu den Geldinstituten ist er daher allein zur Verfügung über die Konten befugt. Zwar könnte die Kl. mit seiner Zustimmung, etwa mit einer ihr von ihm erteilten Bankvollmacht, Abhebungen vornehmen. Doch ist ein solches Vorgehen angesichts der Verfügungsbefugnis und Möglichkeit des Bekl. nicht „erforderlich" i. S. des § 1452 BGB, um ihr hier allein zu beurteilendes Unterhaltsbegehren durchzusetzen.

3. Welche Geldbeträge die Kl. hiernach über die freiwillig gezahlten monatlich 800 DM hinaus aus dem Gesamtgut verlangen kann, beurteilt sich nach der Höhe ihres angemessenen Lebensbedarfs. Dieser ist nach den Maßstäben zu bestimmen, die nach § 1361 BGB für den Anspruch auf Trennungsunterhalt gelten. Insoweit hält das angefochtene Urteil den Angriffen der Revision stand.

Das BerGer. hat ausgeführt: Die ehelichen Lebensverhältnisse der Parteien seien unstreitig jedenfalls durch die beiden Renten des Bekl. und die Mieteinnahmen aus dem Hof in A. ohne Pachtzinsen für die Felder geprägt worden. Daß die Kl. ihren Unterhaltsanspruch unter Beschränkung auf einen Teil der Einkünfte geltend mache, sei prozessual und materiellrechtlich zulässig. So wie es ihr unbenommen sei, von vornherein nur einen der Höhe nach begrenzten Teil ihres Unterhalts geltend zu machen, könne sie ihr Unterhaltsbegehren auch auf einen Teil der Einkünfte des Bekl. beschränken. Auch dieser wende sich dagegen nicht.

Ob der Sohn R. nach dem 31. 12. 1987 Miete für die mit seiner Familie bewohnte Erdgeschoßwohnung in dem Haus in N., die die Kl. zur Berechnung ihres Unterhaltsbegehrens mit heranziehe, an den Bekl. zahlen oder an das Gesamtgut zahlen müßte, könne offenbleiben; denn das Ergebnis werde hierdurch nicht berührt. Die sich aus den beiden Renten und der Miete aus dem Anwesen A. ergebenden Gesamteinkünfte von 3226,48 DM monatlich seien für die Bemessung des Unterhaltsbedarfs um Aufwendungen für Haftpflichtversicherung, Hausratversicherung und Familien- und Verkehrsrechtsschutzversicherungen von monatlich insgesamt 65,11 DM zu kürzen. Nicht zu berücksichtigen seien hingegen die Heizkosten für die von den Parteien bewohnte Wohnung; sie gehörten zum allgemeinen Lebensbedarf. Auch die Nebenkosten für das Wohnhaus hätten außer Betracht zu bleiben, weil der Nutzungswert der eigenen Wohnung und Mietzinsen für die Wohnung des Sohnes R ebenfalls nicht angesetzt würden. Nutzungswert und Mieteinnahmen des Hauses machten insgesamt etwa 1200 DM monatlich aus. Die von den Parteien erörterten Lasten des Hauses blieben, soweit es sich überhaupt um allgemeine Lebenshaltungskosten wie Strom, Wasser, Heizmaterial u. a. handele, weit darunter.

Den Parteien stünden demnach zur Deckung ihres Lebensbedarfs mindestens 3161,37 DM monatlich zur Verfügung. Beide Ehegatten nähmen gleichmäßig an den ehelichen Lebensverhältnissen teil.

Da die maßgeblichen Einkünfte nicht aus einer Erwerbstätigkeit stammten, stehe der Kl. die Hälfte der Einkünfte zu, also monatlich 1580,69 DM. Nachdem der Bekl. seit dem 1. 1. 1988 freiwillig monatlich 800 DM zahle, rechtfertige sich hiermit der von dem AG zugesprochene zusätzliche Unterhalt von monatlich 752 DM.

Die Revision wendet sich mit folgenden Einwänden dagegen, daß das BerGer. bei der Bedarfsbemessung eine Reihe von Aufwendungen unberücksichtigt gelassen hat: Da der Bekl. die gesamten Nebenkosten aus dem Gesamtgut trage, müßten bei der Berechnung des der Kl. zustehenden Anteils auch sämtliche die Gütergemeinschaft belastenden Kosten von dem die ehelichen Lebensverhältnisse prägenden Gesamtbetrag der Einkünfte abgezogen werden. Das gelte zunächst für die Kosten des gemeinsam bewohnten Hauses, nämlich Grundsteuer, Müllabfuhr, Wasser und Abwasser sowie Rücklagen für Reparaturen in einem Gesamtbetrag von monatlich 220,34 DM. Daneben müßten die Heizkosten in der von dem AG angesetzten Höhe von 200 DM monatlich als Aufwendungen, die das Gesamtgut beträfen, abgesetzt werden. Dem Unterhaltsanspruch der Kl. könnten daher allenfalls Einkünfte von 2637,72 DM zugrunde gelegt werden.

Das trifft nicht zu. Das BerGer. hat die Nebenkosten zu Recht dem Nutzwert des gemeinsamen Hauses gegenübergestellt, den es mit monatlich 1200 DM angenommen hat. Bei der Bemessung des Unterhaltsbedarfs der Kl. ist aber die Miete für die Wohnung des Sohnes R mit in Ansatz zu bringen. Denn der Anspruch auf diese Miete hat die Lebensverhältnisse der Parteien geprägt und prägt sie noch, da dieser – zum Gesamtgut gehörende – Anspruch nach wie vor besteht. Der Sohn R hat nach dem Bezug der Wohnung aufgrund einer Vereinbarung mit beiden Ehegatten jahrelang einen monatlichen Mietzins von 500 DM geleistet. Soweit der Bekl. ihm die Zahlung gemäß seiner Erklärung vom 1. 3. 1988 einseitig, gegen den Willen der Kl., erlassen hat, ist dieser Erlaß nach §§ 1453 I, 1366 I BGB unwirksam. Der Bekl. kann den Anspruch auf die Miete also weiterhin durchsetzen – die Einwilligung der Kl. hierzu liegt vor – und den Sohn zur Weiterentrichtung des Mietzinses anhalten.

Werden aber bei Berücksichtigung der erzielbaren Mieteinnahmen die von der Revision angesprochenen Nebenkosten des Hauses einkommensmindernd mit in Ansatz gebracht, so führt dies nicht zu einer Herabsetzung des der Kl. zustehenden Unterhalts. Denn die Nebenkosten liegen mit monatlich insgesamt 420,34 DM unter der Miete von 500 DM für die Wohnung des Sohnes S. Es kann daher offenbleiben, ob die Heizkosten, wie üblich, auch im Güterstand der Gütergemeinschaft zur allgemeinen Lebenshaltung zu zählen (vgl. Kalthoener-Büttner, Die Rspr. zur Höhe des Unterhalts, Rdnr. 875) und deshalb unterhaltsrechtlich nicht gesondert zu berücksichtigen sind, oder ob insoweit eine andere Beurteilung deshalb geboten ist, weil der unterhaltsbedürftige Ehegatte an der Aufbringung der Kosten für das Heizungsmaterial aus den Mitteln des Gesamtguts in gleicher Weise wie der unterhaltsverpflichtete mit beteiligt ist.

Das BerGer. hat nach alledem den der Kl. zustehenden laufenden Trennungsunterhalt zu Recht in der (noch) geltend gemachten Höhe von monatlich 752 DM über freiwillig gezahlte monatlich 800 DM hinaus bemessen.

Soweit sich das Begehren der Kl. allerdings auf Unterhaltsrückstände für die Zeit von Februar bis einschließlich April 1988 erstreckt, ist das angefochtene Urteil auf die Revision des Bekl. aufzuheben und die Klage insoweit abzuweisen. Die Kl. hat unstreitig in der Zeit vom 13. 1. bis zum 14. 4. 1988 insgesamt 5083 DM von dem Sparkonto der Parteien bei der R-Bank abgehoben und hiervon nach ihrem eigenen Vorbringen – neben anderen Angaben – vorläufig ihren Unterhaltsbedarf gedeckt. Sie war also dieser Zeit noch in der Lage, unter Mitwirkung des Bekl. kraft ihres eigenen (Mit-) Verwaltungsrechts auf das Gesamtgut zuzugreifen. Da der Bekl., wie dargelegt, nur verpflichtet ist, dazu mit- bzw. darauf hinzuwirken, daß die Kl. aus dem Gesamtgut die zur Deckung ihres Lebensbedarfs erforderlichen Geldmittel erhält, kann die Kl. eine solche Mitwirkung nicht nachträglich für Zeiträume verlangen, in denen sie diese Mittel bereits aus dem – für den Unterhalt bestimmten – Gesamtgut erhalten hat.

BGH v. 30. 5. 90 – XII ZR 57/89 – Fam RZ 90, 1095 = NJW-RR 90, 1410

R421 *(Keine Präklusion bei Fortdauer betrügerischen Verhaltens)*

a   Die Rüge hat keinen Erfolg. Zwar kann die Abänderungsklage auf Gründe, die vor dem Schluß der mündlichen Verhandlung im Vorprozeß bereits vorhanden waren, auch dann nicht gestützt werden, wenn sie dort nicht vorgetragen worden und deshalb noch nicht Gegenstand der gerichtlichen Beurteilung gewesen sind (Senat, BGHZ 98, 353 (358 f.) = NJW 1987, 1201 = LM § 323 ZPO Nr. 53). Das steht der Berücksichtigung des der Bekl. angelasteten Verhaltens jedoch nicht entgegen. Denn dieses Verhalten fand mit der mündlichen Verhandlung des Vorprozesses nicht sein Ende; vielmehr dauerte und wirkte es weiter fort, und zwar sowohl bis zur Verkündung des Urteils vom 16. 7. 1986, durch das sich der Erfolg des betrügerischen Verhaltens verfestigte, als auch danach, als die Bekl. dem Kl. trotz weiterbestehender Offenbarungspflicht die Beendigung des Ausbildungsverhält-

Anhang R. Rechtsprechung

nisses verschwieg. Unter diesen Umständen konnte das BerGer. die Geltendmachung des betrügerischen Verhaltens ohne Rechtsirrtum als Vorbringen ansehen, das durch § 323 II ZPO nicht präkludiert ist.

(Verwirkung bei Prozeßbetrug)

c) ... Auch sonst begegnet es keinen durchgreifenden rechtlichen Bedenken, daß das BerGer. b das betrügerische Verhalten der Bekl. als Verstoß gegen § 1579 Nrn. 2 und 4 BGB angesehen hat. Dieses hat die Möglichkeiten des Kl., sich erfolgreich gegen den Unterhaltsanspruch zur Wehr zu setzen, erheblich beeinträchtigt. Die betrügerische Erwirkung des Urteils vom 16. 7. 1986 hatte insbesondere zur Folge, daß bei der gerichtlichen Auseinandersetzung um den Unterhaltsanspruch der Bekl. die Darlegungs- und Beweislast von ihr auf den Kl. überging. Darin ist eine Verletzung der Vermögensinteressen zu sehen, die geeignet war, den Kl. empfindlich zu schädigen.

BGH v. 12. 7. 90 – XII ZR 85/89 – FamRZ 90, 1091 = NJW 90, 3020

(Einkommensänderungen nach der Scheidung) R422

Die angefochtene Entscheidung steht insoweit im Einklang mit der ständigen Rechtsprechung a des Senats, nach der Einkommensänderungen nach der Scheidung bei der Bemessung des nachehelichen Unterhalts zu berücksichtigen sind, wenn ihnen eine Entwicklung zugrunde liegt, die aus der Sicht zum Zeitpunkt der Scheidung mit hoher Wahrscheinlichkeit zu erwarten war und wenn diese Erwartung die ehelichen Lebensverhältnisse bereits mit geprägt hat (Senat, NJW 1987, 1555 = LM § 1578 BGB Nr. 43 = BGHR BGB § 1578 Abs. 1 Satz 1 – Unterhaltsbemessung 2 = FamRZ 1987, 459 (460) m. w. Nachw.). Darunter fallen jedenfalls die normalen Gehaltssteigerungen und die in den Lohn-, Besoldungs- und Versorgungssystemen vorgesehenen Zuschläge, auch soweit sie einer Änderung der persönlichen Verhältnisse des Einkommensbeziehers (durch Wiederheirat, Erhöhung der Kinderzahl o. ä.) Rechnung tragen (Senat, NJW-RR 1990, 514 = FamRZ 1990, 503 (504)).

(Abzug des Kindesunterhalts nur in der tatsächlich geschuldeten Höhe)

3. Die Höhe des Unterhalts für den Sohn M, der bei der Bedarfsermittlung zu berücksichtigen b ist, hat das BerGer. im Grundsatz zutreffend danach bemessen, wie er sich aus materiellem Recht ergibt, ab April 1989 mithin in Höhe von monatlich 580 DM. In welcher Höhe der Unterhalt des Kindes tituliert ist, ist im Regelfall ohne Bedeutung, denn es kann davon ausgegangen werden, daß bei Abweichungen von der materiellen Rechtslage die Abänderung des Titels möglich ist. Eine Ausnahme hat der Senat allerdings für den Fall anerkannt, daß ein höherer als der nach der materiellen Rechtslage geschuldete Unterhalt aufgrund eines Titels bereits während der Ehe mehrere Jahre lang tatsächlich gezahlt worden war und diese Verbindlichkeit daher die ehelichen Lebensverhältnisse geprägt hatte (NJW-RR 1990, 578).

(Einheitliche Billigkeitsabwägung nach § 1577 II 2 und § 1579 Nr. 1 BGB)

4. Wegen der Frage, wann die Belange eines dem Berechtigten zur Pflege oder Erziehung anvertrauten gemeinschaftlichen Kindes gewahrt sind (§ 1579 BGB), verweist der Senat auf sein Urteil vom 27. 9. 1989 (NJW 1990, 523 = LM § 1579 BGB Nr. 39 = BGHR BGB § 1579, Kindesbelange 1 = FamRZ 1989, 1279 (1280)). Kommt das BerGer. zu einer Billigkeitsabwägung, so wird es in seine Würdigung erneut einzubeziehen haben, ob die Einkünfte, die die Bekl. aus einer überobligationsmäßigen Erwerbstätigkeit erzielt, im gleichen Ausmaß wie in dem angefochtenen Urteil auf ihren Unterhaltsbedarf anzurechnen sind. Denn was der Billigkeit entspricht, kann nur einheitlich beurteilt werden (vgl. etwa Senat, LM § 1576 BGB Nr. 1 = FamRZ 1983, 800 (802) unter 3 c).

BGH v. 20. 7. 90 – XII ZR 73/89 – Fam RZ 90, 1085 = NJW 1990, 2886

(Keine Bindungswirkung durch Tabellen und Leitlinien) R423

2. Wie sich aus den Entscheidungsgründen des Urteils vom 5. 8. 1981 ergibt, waren die danach a maßgebenden Lebensverhältnisse der Parteien durch Einkünfte des Kl. als angestellter Vertriebsingenieur und der Bekl. aus einer Halbtagsbeschäftigung bestimmt. Für die Zeit ab 1. 1. 1981 ist der Unterhalt der Bekl. im Wege der Differenzmethode mit monatlich 609 DM errechnet worden (2170 DM − 750 DM = 1420 DM; davon $3/7$ = 609 DM). Die Rüge der Revision, wegen der Bindung an die Grundlagen des abzuändernden Titels müsse daher weiterhin die Differenzmethode angewendet werden, geht jedoch fehl. Unterhaltsrichtlinien und dergleichen sind Hilfsmittel, deren sich der Richter zur Ausfüllung des unbestimmten Rechtsbegriffs „angemessener Unterhalt" bedient, und nehmen an der Bindungswirkung des Urteils nicht teil (Senat, NJW 1984, 1458 (1459) = FamRZ 1984, 374 (375 f.)).

R423　　　　　　　　　　　　　　　　　　　　　　　　　　Anhang R. Rechtsprechung

(Nichtprägender beruflicher Aufstieg; Darlegungs- und Beweislast)

b　b) Als Erwerbseinkünfte des Kl. hat das BerGer. nicht die Bezüge zugrunde gelegt, die er seit Mai 1988 aufgrund seines Aufstiegs zum Geschäftsführer der GmbH erhält (mehr als 100 000 DM brutto jährlich), sondern fiktive Einkünfte als angestellter Vertriebsingenieur von jährlich 85 000 DM brutto, die um rund 390 DM monatlich höher liegen als sein Gehalt am 1. 1. 1982 (zuzüglich damaliger Sachbezüge). Es hat hierzu ausgeführt:

Selbst wenn der berufliche Aufstieg des Kl. im Zeitpunkt der Scheidung nicht zu erwarten gewesen sei, könne dies nicht dazu führen, daß für alle Zukunft die bis April 1988 tatsächlich erzielten Einkünfte maßgebend seien. Vielmehr müßten zumindest die aufgrund normaler beruflicher Entwicklung anfallenden Gehaltserhöhungen berücksichtigt werden. Zwar sei das Gehalt des Kl. seit seinem Eintritt in die GmbH am 1. 1. 1982 unverändert geblieben, seine Kenntnisse und Erfahrungen seien für seinen Arbeitgeber aber besonders wertvoll gewesen, wie seine schließliche Ernennung zum Geschäftsführer zeige. Wenn er nicht in dieser Weise aufgestiegen wäre, hätte er zumindest eine Anhebung seines Gehalts durchsetzen können. Zwar habe er geltend gemacht, daß die bisherigen Geschäftsführer eine Gehaltserhöhung stets abgelehnt hätten; durch deren Tod sei aber insoweit eine veränderte Situation eingetreten, die auch den tatsächlichen Aufstieg des Kl. zur Folge gehabt habe.

Daß der Aufstieg des Kl. zum Geschäftsführer als eine unerwartete Entwicklung nach der Scheidung unberücksichtigt geblieben ist, ist rechtsbedenkenfrei (vgl. z. B. Senat, BGHZ 89, 108 (110) = NJW 1984, 292 = LM § 1361 BGB Nr. 37) und wird auch nicht angegriffen. Hingegen macht die Revision mit Recht geltend, daß der Ansatz fiktiver Bruttoeinkünfte von jährlich 85 000 DM ab Mai 1988 keine hinreichende Grundlage im Tatsachenvortrag der Parteien hat. Das BerGer. ist insoweit ohne jeden konkreten Anhalt ersichtlich davon ausgegangen, die früheren Geschäftsführer der GmbH hätten in der Zeit vom 1. 1. 1982 bis zu ihrem Tode im Frühjahr 1988 Gehaltserhöhungen für den Kl. aus rein persönlichen Gründen abgelehnt, so daß mit ihrem Tode eine veränderte Sachlage eingetreten sei. Ebenso denkbar ist aber, daß für ihr Verhalten sachliche Gründe vorgelegen haben, etwa aufgrund der Geschäftslage der GmbH. Die Schätzung des BerGer. wäre daher allenfalls gerechtfertigt, wenn die für den Unterhaltsmaßstab darlegungs- und beweispflichtige Bekl. (vgl. Senat, LM § 323 ZPO Nr. 61 = FamRZ 1990, 496 (497)) solche anderen Gründe ausgeräumt hätte.

Auch im Rahmen der Schätzung gem. § 287 ZPO behält nämlich die Darlegungs- und Beweislast ihre Bedeutung (vgl. BGH, NJW 1970, 1970 (1971) = LM § 287 ZPO Nr. 39). Als konkreten Anhaltspunkt für eine Schätzung hätte sie etwa auch dartun können, was der Nachfolger in der beruflichen Position des Kl. seit Mai 1988 verdient. Aufgrund des bisherigen Streitstands hält somit der Ansatz jährlicher Bruttoeinkünfte von 85 000 DM den Angriffen der Revision nicht stand.

(Abzug von Steuern und Vorsorgeaufwendungen nach den persönlichen Verhältnissen des Einkommensbeziehers)

c　c) Mit Recht beanstandet die Revision auch, daß das BerGer. die angenommenen Bruttoeinkünfte des Kl. nicht um die Steuern bereinigt hat, die seinem Familienstand als Geschiedenen entsprechen, sondern lediglich um $^1/_{12}$ von fiktiven Steuern, die bei einer Zusammenveranlagung der Parteien aufgrund der Splittingtabelle anfallen würden. Nach der ständigen Rechtsprechung des Senats ist bei der Ermittlung der ehelichen Lebensverhältnisse auf das Nettoeinkommen abzustellen, das sich unter Berücksichtigung der gesetzlich bestimmten Abzüge (Steuern, Sozialabgaben usw.) nach den jeweiligen persönlichen Verhältnissen des Einkommensbeziehers ergibt. Gegenüber den Einwänden des BerGer. gegen diese Rechtsprechung wird auf die Senatsentscheidungen vom 24. und 31. 1. 1990 verwiesen (NJW 1990, 1477 = FamRZ 1990, 499 und NJW-RR 1990, 514 = FamRZ 1990, 503). Hier hat der Senat seine Rechtsprechung erneut bestätigt und sich dabei auch mit den vom BerGer. für seine abweichende Auffassung ins Feld geführten Gesichtspunkten auseinandergesetzt. Auf die tatsächlich vom Kl. gezahlten Steuern kann zwar vorliegend nicht abgehoben werden, weil ein Teil seiner Einkünfte als nicht den ehelichen Lebensverhältnissen entsprechend ausgeschieden werden muß. Das ändert aber nichts daran, daß er sich als Geschiedener nicht der auf diesem Umstand fußenden gesetzlichen Besteuerung nach der Lohnsteuerklasse I entziehen kann. Das muß auch berücksichtigt werden, wenn es darum geht, die Steuerbelastung des Teils seiner Einkünfte festzustellen, die für den Unterhaltsmaßstab des § 1578 I 1 BGB heranzuziehen sind. In diesem Punkt kann somit das angefochtene Urteil ebenfalls keinen Bestand haben.

($^1/_7$ Erwerbstätigenbonus neben 5 % berufsbedingter Aufwendungen)

d　d) Das BerGer. hat es ferner abgelehnt, dem vom Senat in ständiger Rechtsprechung vertretenen Grundsatz zu folgen, daß schon bei der Bedarfsberechnung dem erwerbstätigen Unterhaltspflichtigen ein die Hälfte des verteilungsfähigen Einkommens maßvoll übersteigender Betrag verbleiben muß (vgl. etwa Senat, NJW 1989, 1992 = LM § 1569 BGB Nr. 34 = FamRZ 1989, 842 und zuletzt NJW-RR 1990, 514 = FamRZ 1990, 503). Der Senat hält auch in der vorliegenden Sache daran fest.

Anhang R. Rechtsprechung   R423

Die Ansicht des BerGer., es handele sich dabei in Wahrheit um trennungsbedingten Mehrbedarf, trifft nicht zu; es geht vielmehr darum, dem erhöhten Aufwand, der mit der Berufstätigkeit verbunden ist, Rechnung zu tragen und zugleich den Anreiz zur Erwerbstätigkeit zu steigern. Die Bemessung dieses „Bonus" – in der Praxis verbreitet ist ein Abschlag von $^1/_7$ von dem unterhaltsrechtlich maßgebenden Einkommen – ist Sache des Tatrichters. Soweit wegen berufsbedingter Aufwendungen vorab pauschal 5 % abgezogen worden sind, erscheint angebracht, den weiter nur noch als Anreiz zur Erwerbstätigkeit zu gewährenden Bonus geringer zu bemessen (vgl. Senat, NJW-RR 1990, 578). Das BerGer. hat in einer Hilfsbegründung auf den von ihm vorgenommenen pauschalen Abzug von 5 % unter dem Gesichtspunkt berufsbedingter Aufwendungen hingewiesen sowie darauf, daß es das Eigeneinkommen der Bekl. voll und nicht nur zu $^6/_7$ angerechnet habe. Letzteres trifft aber nicht zu, weil es beim Eigeneinkommen der Bekl. ebenfalls pauschale berufsbedingte Aufwendungen berücksichtigt hat. Da jedenfalls der Anreizgedanke auf beiden Seiten unberücksichtigt geblieben ist, begegnet die angefochtene Entscheidung auch in diesem Punkt durchgreifenden Bedenken.

(Wegfall von Kinderunterhalt nach Scheidung)

e) Dem fast acht Jahre nach der Scheidung eingetretenen Wegfall der Unterhaltsverpflichtung gegenüber dem Sohn S hat das BerGer. erhöhenden Einfluß auf den Unterhaltsbedarf der Bekl. eingeräumt und das Begehren des Kl. abgelehnt, bei seinen Einkünften aufgrund der Unterhaltsverpflichtung im Zeitpunkt der Scheidung insoweit eine fiktive Unterhaltslast von monatlich 610 DM anzusetzen. Es hat dargelegt, soweit die Rechtsprechung des erkennenden Senats (NJW 1988, 2034 = LM § 1573 BGB Nr. 23 =FamRZ 1988, 701 (703) und NJW 1988, 2101 = LM § 1578 BGB Nr. 52 = FamRZ 1988, 817 (819)) dem entgegenstehe, könne ihr nicht gefolgt werden, und hat hierzu ausgeführt:
Wenn im Zeitpunkt der Scheidung und noch Jahre danach mehrere Kinder zu versorgen seien, führe die Nichtberücksichtigung des späteren Wegfalls der Unterhaltslast bei der Bemessung des nachehelichen Unterhalts dazu, daß der Unterhaltsanspruch des bedürftigen Ehegatten trotz gehobener beruflicher Stellung des Unterhaltsschuldners für immer auf relativ niedrigem Niveau festgehalten werde. Dies komme auf längere Sicht einem sozialen Abstieg des Unterhaltsberechtigten gleich; denn dem bedürftigen Ehegatten, im Regelfall der die Kinder betreuenden Ehefrau, würde durch die Ehescheidung die sichere Erwartung genommen, in absehbarer Zeit einmal über Mittel zu verfügen, um eigene – wegen der Versorgung und Berufsausbildung der Kinder zunächst zurückgestellte – Bedürfnisse zu befriedigen. Es möge zwar Fälle geben, in denen die Eltern weder vor noch nach der Trennung wegen der Versorgung von Kindern Einschränkungen ihres Lebensstandards hinzunehmen bräuchten. Diese Fälle bildeten jedoch erfahrungsgemäß die absolute Ausnahme.
Dem ist im Ergebnis beizupflichten. An entgegenstehender Rechtsprechung (krit. auch Ewers, FamRZ 1988, 704; Hampel, FamRZ 1989, 113 (123); OLG Hamm, FamRZ 1989, 870) hält der Senat nach erneuter Überprüfung nicht fest. Der allgemeine Grundsatz, daß die ehelichen Lebensverhältnisse i. S. von § 1578 I BGB durch die im Zeitpunkt der Scheidung gegebenen Verhältnisse bestimmt werden und nachträgliche Veränderungen nur ausnahmsweise zu berücksichtigen sind, ist kein sachgerechter Ansatz für die Beurteilung der Frage, wie sich der Unterhaltsbedarf von gemeinschaftlichen Kindern auf die Bemessung des nachehelichen Unterhalts auswirkt. Es ist nicht zu verkennen, daß insbesondere bei kleinen und mittleren Einkommen die Entwicklung der Kinder bis zu ihrer wirtschaftlichen Selbständigkeit und die damit verbundenen Unterhaltslasten die Lebensverhältnisse der Eltern dauerhaft prägen. Für die Bemessung des nachehelichen Unterhalts kann daher nicht entscheidend sein, in welcher Phase dieser Entwicklung es zur Scheidung kommt und wie hoch die wirtschaftlichen Lasten gerade zu diesem Zeitpunkt sind. Vielmehr muß der Unterhaltsmaßstab des § 1578 I BGB schon vom Grundsatz her den Veränderungen folgen, die sich aus dem jeweiligen Unterhaltsbedarf der Kinder ergeben. Dem entspricht auch die Rechtsprechung des Senats zum Vorwegabzug des Kindesunterhalts vom unterhaltsrechtlich relevanten Einkommen: der Unterhalt selbst volljähriger Kinder kann in der jeweils tatsächlich geschuldeten Höhe abgesetzt werden, sofern die sich daraus ergebende Verteilung der zur Verfügung stehenden Mittel auf den geschiedenen Ehegatten und die Kinder nicht in einem Mißverhältnis zu dem beiderseitigen Lebensbedarf steht (vgl. Senat, NJW 1981, 753 = LM § 1571 BGB Nr. 2 = FamRZ 1981, 241 (242) und NJW 1985, 2713 = LM VAHRG Nr. 10 = FamRZ 1985, 912 (916)). Der Kindesunterhalt wird der Höhe nach ohnehin nicht nach den Verhältnissen im Zeitpunkt der Scheidung bestimmt (vgl. Senat, NJW 1983, 1429 = LM § 1610 BGB Nr. 9 = FamRZ 1983, 473).
Werden mit der wirtschaftlichen Selbständigkeit der Kinder Mittel frei, die zuvor für deren Unterhalt aufgewendet werden mußten, spricht diese Veränderlichkeit des Unterhaltsmaßstabes dafür, daß sich der Unterhaltsbedarf des geschiedenen Ehegatten entsprechend erhöht. Das ist nur dann nicht der Fall, wenn anzunehmen ist, daß die freiwerdenden Mittel nach den jetzt gegebenen Verhältnissen der Vermögensbildung oder anderen nicht dem Lebensbedarf zuzurechnenden Zwecken dienen. An Einkommen, das bei vernünftiger Lebensführung nicht für die Deckung des laufenden

1501

Lebensaufwandes verwendet wird, nimmt der geschiedene Ehegatte nach allgemeinen Grundsätzen nicht teil (vgl. etwa Senat, NJW 1984, 292 = LM § 1361 BGB Nr. 37 = FamRZ 1984, 149 (151) m. w. Nachw.). Dies wird allerdings in den hier erörterten Fällen nur bei sehr günstigen wirtschaftlichen Verhältnissen in Betracht kommen. Dabei kommt es nicht entscheidend darauf an, ob die Ehegatten während der Ehe Vermögen gebildet haben oder nach Wegfall des Kindesunterhalts Vermögen bilden würden, wenn sie noch verheiratet wären. Denn die Beweggründe einer durch Konsumverzicht erkauften Vermögensbildung können durch Trennung und Scheidung der Eheleute ganz oder teilweise entfallen sein (vgl. Senat, NJW 1984, 1237 (1239) = LM § 1581 BGB Nr. 3 = FamRZ 1984, 358 (360 f.)). Auch können freiwerdende Mittel nunmehr durch trennungsbedingten Mehrbedarf aufgezehrt werden. Die – letztlich hypothetische – Beurteilung in diesem Rahmen ist Sache des Tatrichters, der notfalls anhand der gegebenen Einkommens- und Vermögensverhältnisse unter Anlegung des gebotenen objektiven Maßstabs (dazu Senat, NJW 1982, 1645 = LM § 1578 BGB Nr. 2 = FamRZ 1982, 151 (152)) nach § 287 ZPO schätzen kann. Das BerGer. hat sich allerdings die Frage der Verwendung der bei Wegfall der Unterhaltszahlungen für den Sohn S freiwerdenden Mittel nicht vorgelegt. Es ist jedoch in der Lage, sie aufgrund der getroffenen tatsächlichen Feststellungen selbst zu beantworten. Die vom Kl. erzielten Einkünfte bewegten sich unter Berücksichtigung der fortbestehenden Unterhaltsverpflichtung für den Sohn D und die Tochter E nicht in einer Höhe, die bei vernünftiger Betrachtung eine Verwendung für andere Zwecke als den laufenden Lebensbedarf nahelegte. Danach hat es das BerGer. im Ergebnis zutreffend abgelehnt, die Bekl. an den insoweit freiwerdenden Mitteln nicht zu beteiligen.

(Kein pauschaler trennungsbedingter Mehrbedarf)

f   Nach der ständigen Rechtsprechung des Senats ist der Tatrichter zwar befugt, die Höhe derartigen trennungsbedingten Mehrbedarfs zu schätzen (§ 287 ZPO), aber nur auf der Grundlage konkreter Darlegungen der Partei über ihre Mehraufwendungen (vgl. Senat, NJW 1982, 1873 = LM § 236 (A) ZPO Nr. 6 = FamRZ 1982, 255 (257); NJW 1983, 2321 = LM § 1578 BGB Nr. 23 = FamRZ 1982, 886 (887) und zuletzt NJW-RR 1990, 578). An dieser Rechtsprechung hält er nach wie vor fest. Ein Mehrbedarf ist mit der Trennung nicht ausnahmslos verbunden, schon gar nicht in Höhe eines bestimmten prozentualen Zuschlags zu dem jeweils verfügbaren beiderseitigen Einkommen. So wird vertreten, daß solche Mehrkosten überhaupt nicht entstehen, wenn der Unterhaltsberechtigte mit einem anderen Partner zusammenlebt (vgl. OLG Frankfurt, FamRZ 1982, 376). Trennungsbedingte Veränderungen sind in Anbetracht der Vielgestaltigkeit des Lebens ebensowenig pauschalierbar wie die ehelichen Lebensverhältnisse selbst (vgl. Senat, NJW-RR 1989, 1154 = FamRZ 1990, 258 (260)).

BGH v. 20. 7. 90 – XII ZR 74/89 – FamRZ 90, 1090 = NJW-RR 90, 1346

R424   *(Prägendes Einkommen bei üblicher Einkommenssteigerung)*

a   2. Bei der Bemessung des Unterhaltsbedarfs der Kl. nach den ehelichen Lebensverhältnissen ist das OLG davon ausgegangen, daß der Aufstieg des Bekl. zum Reviersteiger jedenfalls damals der regelmäßigen beruflichen Entwicklung eines Steigers entsprochen habe. Da der Bekl. zum Zeitpunkt der Scheidung bereits im zehnten Jahre Maschinensteiger gewesen sei, sei seine alsbaldige Beförderung zum Reviersteiger mit hoher Wahrscheinlichkeit zu erwarten gewesen und nach dem unwidersprochenen Vortrag der Kl. von den Parteien auch erwartet worden. Der Aufstieg zum Reviersteiger sei somit Ausdruck einer in den ehelichen Lebensverhältnissen angelegten beruflichen Entwicklung des Bekl. gewesen, deren Eintritt so wahrscheinlich gewesen sei, daß die Parteien ihren Lebenszuschnitt bereits darauf hätten einstellen können. Diese Ausführungen stehen in Übereinstimmung mit der ständigen Rechtsprechung des Senats (LM § 1578 BGB Nr. 7 = FamRZ 1982, 684 (686); NJW 1987, 1555 = LM § 1578 BGB Nr. 43 = FamRZ 1987, 459 (460) m. w. Nachw.).

(Erwerbstätigenbonus und berufsbedingte Aufwendungen)

b   Der Senat hat wiederholt entschieden, daß dem erwerbstätigen Unterhaltsverpflichteten eine höhere Quote als dem nichterwerbstätigen bedürftigen Ehegatten zugebilligt werden muß (vgl. zuletzt Senat, NJW 1989, 1992 = FamRZ 1989, 842 m. w. Nachw. und NJW-RR 1990, 514 = FamRZ 1990, 503). In den genannten Entscheidungen hat er sich mit den Einwänden gegen seine Rechtsprechung auseinandergesetzt. Er hält daran fest, daß bei der Bemessung des nachehelichen Unterhaltsbedarfs nach dem Maßstab des § 1578 I 1 BGB wie des § 58 EheG dem erwerbstätigen Unterhaltspflichtigen ein die Hälfte des verteilungsfähigen Einkommens maßvoll übersteigender Betrag verbleiben muß. Der Berechnung des OLG kann deshalb nicht gefolgt werden.

5. Der Senat ist zu einer abschließenden Entscheidung in der Sache nicht in der Lage. Es unterliegt grundsätzlich der tatrichterlichen Beurteilung, den Bedarf der Kl. zu bemessen. Ferner ist noch zu

Anhang R. Rechtsprechung

prüfen, ob es im Hinblick darauf, daß das OLG die berufsbedingten Aufwendungen des Bekl. konkret festgestellt und sein Nettoeinkommen um diesen Betrag bereinigt hat, geboten erscheint, den Erwerbstätigenbonus geringer als sonst üblich zu bemessen. Denn bei Ansatz berufsbedingter Aufwendungen dient der Bonus lediglich noch dazu, einen Anreiz zur Erwerbstätigkeit zu schaffen (vgl. zu dem doppelten Zweck des Erwerbstätigenbonus Senat, NJW 1982, 41 = LM § 1603 BGB Nr. 9 = FamRZ 1981, 1165 (1166); NJW-RR 1986, 68 = LM § 1563 BGB Nr. 19 = FamRZ 1985, 908 (910) und NJW 1988, 2369 = LM § 1569 BGB Nr. 28 = FamRZ 1988, 265 (267)). Daneben muß den Parteien Gelegenheit gegeben werden, sich zur Höhe des hier in Betracht kommenden Erwerbstätigenbonus auf der Grundlage der Senatsrechtsprechung zu äußern.

BGH v. 26. 9. 90 – XII ZR 45/89 – FamRZ 91, 304 = NJW-RR 91, 132
(Prägender Abzug von Steuern und Vorsorgeaufwendungen; Erwerbstätigenbonus)

R425

Der Senat ist hiernach zum einen dabei geblieben, daß bei der Ermittlung der ehelichen Lebensverhältnisse auf das tatsächliche Nettoeinkommen abzustellen ist, wie es sich unter Berücksichtigung der gesetzlich bestimmten Abzüge – Steuern, Sozialabgaben usw. – nach den jeweiligen persönlichen Verhältnissen des Einkommensbeziehers ergibt. Bei der Bemessung des Unterhaltsbedarfs der Kl. nach dem Maßstab der ehelichen Lebensverhältnisse (§ 1578 I 1 BGB) ist deshalb entgegen der Auffassung des BerGer. das Nettoeinkommen zugrunde zu legen, das der Bekl. aufgrund der tatsächlichen Besteuerung nach Steuerklasse I zur Verfügung hat (Senat, NJW 1990, 2886; NJW 1990, 1477 = LM § 1578 BGB Nr. 56). Ebenso hat der Senat – zum anderen – daran festgehalten, daß bei der Bemessung des Unterhaltsbedarfs nach den ehelichen Lebensverhältnissen dem erwerbstätigen Unterhaltspflichtigen ein die Hälfte des verteilungsfähigen Einkommens maßvoll übersteigender Betrag verbleiben muß; hiermit soll unabhängig von den speziellen Gegebenheiten des einzelnen Falles dem erhöhten Aufwand, der typischerweise mit der Berufstätigkeit verbunden ist, Rechnung getragen und zugleich der Anreiz zur (weiteren) Ausübung einer Erwerbstätigkeit gesteigert werden. Diese Gesichtspunkte gelten grundsätzlich für jeden erwerbstätigen Ehegatten. Daher muß auch dem unterhaltsberechtigten Ehegatten, der nach der Scheidung seinerseits eine Erwerbstätigkeit aufgenommen hat oder dem, wie hier, ein erzielbares Eigeneinkommen aus zumutbarer Erwerbstätigkeit angerechnet wird, von seinem Einkommen ein entsprechender Teil anrechnungsfrei belassen werden.

BGH v. 29. 11. 90 – IX ZR 94/90 – FamRZ 91, 295 = NJW 91, 839
(Prozeßstandschaft und Zwangsvollstreckung)

R426

Im vorliegenden Fall hat die Mutter der Kl. die Zwangsvollstreckung aufgrund des ihr selbst zuerkannten Rechts betrieben. Soweit sie im Pfändungs- und Überweisungsbeschluß als „gesetzliche Vertreterin" der Kl. bezeichnet ist, kann das hier im Hinblick auf § 750 I 1 ZPO nicht als ein Handeln in fremdem Namen und kraft fremden Rechts, sondern lediglich als ungenauer Hinweis auf die Zweckbestimmung der Pfändung (Prozeßstandschaft) verstanden werden. Der Prozeßstandschafter bleibt vollstreckungsbefugt, solange nicht die Klausel auf den materiellen Anspruchsinhaber umgeschrieben worden ist (vgl. BGH, NJW 1983, 1678 = LM § 2 AnfG Nr. 7 = JZ 1983, 150 (151); NJW 1984, 806 = LM § 727 ZPO Nr. 5 = MDR 1984, 385; Baumbach-Lauterbach-Hartmann, ZPO, 48. Aufl., § 727 Anm. 3 B). Das gilt auch für die Prozeßstandschaft gem. § 1629 III BGB (LG Düsseldorf, Rpfleger 1985, 497; vgl. ferner OLG Karlsruhe, FamRZ 1980, 1059 (1060); OLG Köln, FamRZ 1985, 626 f.; Stein-Jonas-Münzberg, ZPO, 20. Aufl., § 727 Rdnrn. 30, 44). Die aufgrund der Zwangsvollstreckung von der Drittschuldnerin gezahlten Beträge wurden an die Vollstreckungsgläubigerin geleistet, unabhängig davon, wer nach materiellem Recht Forderungsinhaber war.

4. Das BerGer. hat aber mit Recht die vom Bekl. erklärte Aufrechnung in Höhe von 9741,86 DM für unwirksam gehalten, weil sie dem Zweck der geschuldeten Leistung widersprach. Über die gesetzlich oder vertraglich ausdrücklich geregelten Fälle hinaus ist eine Aufrechnung ausgeschlossen, wenn das nach dem besonderen Inhalt des zwischen den Parteien begründeten Schuldverhältnisses als stillschweigend vereinbart (§ 157 BGB) angesehen werden muß oder wenn die Natur der Rechtsbeziehung oder der Zweck der geschuldeten Leistung eine Erfüllung im Wege der Aufrechnung als mit Treu und Glauben (§ 242 BGB) unvereinbar erscheinen läßt (RGZ 160, 52 (60); BGHZ 14, 342 (347) = NJW 1954, 1722 = LM § 387 BGB Nr. 13a; BGHZ 71, 380 (383) = NJW 1978, 1807 = LM § 55 KO Nr. 9). Insbesondere aus der erkennbaren Zweckgebundenheit des Rechtsgeschäfts ist gefolgert worden, daß gegen die sich daraus ergebenden Forderungen nicht mit Ansprüchen aufgerechnet werden darf, die ihren Grund nicht in demselben Geschäft haben (BGHZ 25, 211 (214 f.) = NJW 1957, 1759 = LM § 399 BGB Nr. 4; BGHZ 95, 109 (113) = NJW 1985, 2820 = LM

§ 398 BGB Nr. 54; BGH, LM § 549 ZPO Nr. 81 = WM 1970, 253 (254) unter II. 3. a), sondern nur mit solchen, deren Erfüllung demselben Zweck dient (BGHZ 54, 244 (247) = NJW 1970, 2019 = LM § 387 BGB Nr. 47). Soweit die Zweckbindung gem. § 851 I ZPO i. V. mit § 399 BGB sogar zu einer Unpfändbarkeit der Ansprüche führt (vgl. dazu BGH, LM § 851 ZPO Nr. 3 (unter II. 1.); OLG Düsseldorf, NJW 1988, 1676 (1677 a. E.); Stein-Jonas-Münzberg, § 851 Rdnrn. 19–24; Baumbach-Lauterbach-Hartmann, § 851 Anm. 2 B; Zöller-Stöber, ZPO, 16. Aufl., § 851 Rdnr. 3; Thomas-Putzo, ZPO, 15. Aufl., § 851 Anm. 2 a; Hillebrand, Rpfleger 1986, 464 (465)), folgt der Aufrechnungsausschluß außerhalb des Rahmens der Zweckgebundenheit schon aus § 394 BGB (vgl. BGHZ 94, 316 (322); Stein-Jonas-Münzberg, § 851 Rdnr. 22; Stöber, Forderungspfändung, 9. Aufl., Rdnr. 14).

Vollstreckt ein Elternteil aus einem gem. § 1629 III BGB erwirkten Titel, so unterliegen die beigetriebenen Unterhaltsleistungen einer treuhandartigen Zweckbindung zugunsten des Kindes. Diese folgt aus dem Sinn der gesetzlichen Regelung. Durch sie soll das Kind aus dem Streit der Eltern herausgehalten werden (vgl. Begr. des BReg. zu Art. 1 Nr. 19 des Entwurfs des 1. EheRG v. 14. 6. 1976, BT-Dr 7/650, S. 176 und Bericht des Rechtsausschusses des BT zu Art. 1 Nr. 7a des Entwurfs zum Unterhaltsrecht-Änderungsgesetz v. 20. 2. 1986, BT-Dr 10/4514, S. 23 unter h). Die Prozeßstandschaft des Elternteils soll den Schutz des minderjährigen Kindes dienen (vgl. Begr. zum Unterhaltsrecht-Änderungsgesetz, aaO). Der Gesetzgeber wollte eine Rechtsform, die das Kind bei der Durchsetzung seiner Ansprüche möglichst wenig belastet und ihm die Mittel zu seinem Unterhalt einfacher und schneller verschafft, nicht aber den Unterhaltsanspruch aus seinem Vermögen ausgliedert. Damit wäre es unvereinbar, wenn der dem Kind gebührende Unterhalt – sogar im Rahmen der allgemeinen Schutzvorschriften für Unterhaltsansprüche (§§ 850b I Nr. 2 und II ZPO, 394 BGB) – dem Zugriff persönlicher Gläubiger des für das Kind handelnden Elternteils ausgesetzt würde. Die allgemeinen Pfändungsschutzvorschriften für Unterhaltsrenten sichern dagegen nicht hinreichend. Zum einen dienen die gem. § 1629 III BGB beigetriebenen Beträge gerade nicht dem Unterhalt des Elternteils, gegen den sich die Gegenforderung richtet; allgemein wird angenommen, gesetzlicher Pfändungsschutz komme nur in Betracht, wenn er zugunsten des Inhabers oder wenigstens Mitinhabers der zu beschlagnahmenden Forderung bestehe (vgl. BGH, NJW 1988, 709 = LM § 55 BGB Nr. 1 = WM 1987, 1418 (1419)). Zum anderen genießen Unterhaltsrückstände, die im Wege der Zwangsvollstreckung eingezogen wurden, nicht den Schutz des § 850k ZPO und allenfalls eingeschränkt denjenigen des § 811 Nr. 8 ZPO; ob der an die Stelle der Unterhaltsforderung getretene Anspruch des Berechtigten gegen seinen Verfahrensbevollmächtigten auf Auszahlung des Erlöses noch von § 850b I Nr. 2 ZPO erfaßt wird, ist streitig (bejahend LG Koblenz, MDR 1955, 618; Zöller-Stöber, § 850b Rdnr. 3 a. E. – verneinend LG Berlin, DGVZ 1976, 154 (155); LG Düsseldorf, Rpfleger 1977, 183 f.; Stein-Jonas-Münzberg, § 850 Rdnr. 9; Stöber, Rdnr. 17). Hingegen setzt sich die Zweckgebundenheit einer gem. § 1629 III BGB titulierten Unterhaltsforderung des Kindes mit ihrem erfüllungsbedingten Erlöschen an dem Auszahlungsanspruch gegen den bevollmächtigten Empfänger fort, der vereinbarungsgemäß die Leistung in Kenntnis ihrer Zweckbindung erhalten hat. Diese ist unabhängig von den sonstigen allgemeinen Voraussetzungen eines Treuhandverhältnisses, das allerdings regelmäßig noch nicht schon durch einen dem Rechtsanwalt erteilten Einziehungsauftrag zugunsten des Auftraggebers begründet werden mag (vgl. BGHZ 71, 380 (383) = NJW 1978, 1807 = LM § 55 KO Nr. 9; BGH, NJW 1971, 559 (560)). Da und soweit das Kind nicht selbst Gebührenschuldner des die Vollstreckung betreibenden Rechtsanwalts ist, hat dieser den Erlös wie Fremdgeld zu behandeln.

Eine Ausnahme von diesem Grundsatz mag allenfalls für solche Ansprüche des Anwalts gegen den als Prozeßstandschafter handelnden Elternteil naheliegen, die im Zusammenhang gerade mit dieser seiner prozessualen Stellung und der Durchsetzung des Unterhaltsanspruchs erwachsen sind. Jedoch braucht der Senat darüber nicht abschließend zu entscheiden, weil schon das BerGer. die Aufrechnung mit den entsprechenden Honorarforderungen des Bekl. – gegen deren Berechnung im einzelnen die Revision sich nicht wendet – unangefochten zugelassen hat.

BGH v. 10. 10. 90 – XII ZR 99/89 – FamRZ 91, 307 = NJW-RR 91, 130

R427 *(Prägender beruflicher Aufstieg)*

a Wie die Revision nicht verkennt, hat das BerGer. bei der Beurteilung der für das Maß des Unterhalts ausschlaggebenden ehelichen Lebensverhältnisse nach § 1578 I BGB die rechtlich zutreffenden Kriterien zugrunde gelegt: Danach ist grundsätzlich an die ehelichen Lebensverhältnisse, geprägt insbesondere durch die Einkommensverhältnisse, im Zeitpunkt der Scheidung anzuknüpfen. Allerdings sind Einkommenssteigerungen, die erst nach der Trennung der Eheleute eingetreten sind, ausnahmsweise außer Betracht zu lassen, wenn sie auf einer unerwarteten, vom Normalverlauf erheblich abweichenden Entwicklung beruhen. Einkommen, das die ehelichen Lebensverhältnisse zu keinem Zeitpunkt geprägt hat, auch nicht dadurch, daß die zu diesem Einkommen führende berufliche

Anhang R. Rechtsprechung R427

Entwicklung während des Zusammenlebens der Eheleute angelegt war und erwartet werden konnte, ist daher im Rahmen des § 1578 BGB unberücksichtigt zu lassen (Senat, NJW 1982, 1870 = FamRZ 1982, 576 (578). Daß der berufliche Werdegang des Ehemannes seit der Trennung der Parteien auf einer solchen unerwarteten und außergewöhnlichen Entwicklung beruht, hat dieser jedoch, wie das BerGer. rechtsfehlerfrei angenommen hat, nicht darzulegen vermocht: Als es im Herbst 1968 zur Trennung der Parteien kam, befand sich der Ehemann seit etwa einem halben Jahr auf dem Lehrgang der „Akademie der Arbeit" in Frankfurt. Dieser Lehrgang sollte nach der eigenen Einlassung des Ehemannes bei seiner Anhörung vor dem AG „generell Betriebsratsmitgliedern die Gelegenheit geben, die Gewerkschaftsarbeit umfassend kennenzulernen, auch aus betriebswirtschaftlichen Gesichtspunkten heraus". Der Lehrgang war also nicht etwa dazu bestimmt, dem Ehemann eine Fortbildung auf fachlichem Gebiet in seinem erlernten Beruf als Schweißer zu vermitteln. Die Revision macht geltend, mit der Teilnahme an dem Lehrgang habe der Ehemann von der in § 37 VI 1 BetrVG vorgesehenen Möglichkeit Gebrauch gemacht, im Einvernehmen mit dem Arbeitgeber an einer Schulungs- und Bildungsveranstaltung teilzunehmen, die Kenntnisse vermittle, welche für die Arbeit des Betriebsrats erforderlich seien. Das trifft jedoch nicht zu.

Nach § 37 II BetrVG sind die Mitglieder des Betriebsrats von ihrer beruflichen Tätigkeit ohne Minderung des Arbeitsentgelts zu befreien, wenn und soweit es nach Umfang und Art des Betriebs zur ordnungsgemäßen Durchführung ihrer Aufgaben erforderlich ist. Nach Abs. 6 Satz 1 der Vorschrift gilt Abs. 2 entsprechend „für die Teilnahme an Schulungs- und Bildungsveranstaltungen, soweit diese Kenntnisse vermitteln, die für die Arbeit des Betriebsrats erforderlich sind". Der Lehrgang an der „Akademie der Arbeit", an dem der Ehemann teilnahm, entsprach weder nach der Zielsetzung noch nach seiner zeitlichen Dauer den Voraussetzungen einer derartigen Schulungsveranstaltung. Zu den anzuerkennenden Inhalten einer Schulungsveranstaltung i. S. von § 37 VI BetrVG gehört die Vermittlung aller derjenigen Kenntnisse, die unter Berücksichtigung der konkreten Verhältnisse im Betrieb und im Betriebsrat notwendig sind, damit der Betriebsrat seine gegenwärtigen oder in naher Zukunft anstehenden Aufgaben sach- und fachgerecht erfüllen kann (Fitting-Auffarth-Kaiser-Heither, BetrVG, 16. Aufl. (1990), § 37 Rdnr. 80 m. Hinw. auf die Rspr. des BAG). Hingegen fallen Veranstaltungen, die der gewerkschaftlichen Funktionärsschulung dienen, nicht unter die Regelung des § 37 VI BetrVG (Fitting-Auffarth-Kaiser-Heither, § 37 Rdnr. 78).

Der Lehrgang an der „Akademie der Arbeit", deren Träger neben dem Land Hessen und der Stadt Frankfurt die IG-Metall und der DGB sind, gehört nach dem Ausbildungsinhalt zu der letztgenannten Gruppe. Das wird bestätigt durch den Umstand, daß der Betriebsrat der M-GmbH aufgrund der Teilnahme des Ehemannes an dem Lehrgang in Frankfurt umgebildet und ein anderer Betriebsratsvorsitzender gewählt wurde. Der Lehrgang diente also nicht dem Ziel, dem Ehemann Kenntnisse zu vermitteln, die ihm bei der sach- und fachgerechten Erfüllung „gegenwärtiger oder in naher Zukunft anstehender" Aufgaben als Betriebsratsvorsitzender helfen sollten. Derartige Aufgaben hatte er gegenwärtig und in naher Zukunft nicht mehr zu erwarten, nachdem er nicht mehr Vorsitzender (und Mitglied) des Betriebsrats war.

Der Charakter einer Schulungsveranstaltung i. S. von § 37 VI BetrVG fehlte dem Lehrgang an der „Akademie der Arbeit" aber insbesondere auch im Hinblick auf seine Dauer von fast einem Jahr. Ausbildungs- und Schulungsveranstaltungen, die in die laufende Arbeit des Betriebsrats eingebunden werden, dauern üblicherweise einige Tage, gegebenenfalls auch ein bis zwei Wochen (Fitting-Auffarth-Kaiser-Heither, § 37 Rdnr. 98 m. Nachw. sowie BAG, AP § 37 BetrVG 1972 Nrn. 18, 24, 26, 30, 33, 35, 54 und 58). Für Fortbildungsveranstaltungen nach § 37 VII BetrVG, die Kenntnisse vermitteln, welche allgemein im Zusammenhang mit der Betriebsratsarbeit stehen und dieser im weiten Sinn dienlich und förderlich sind (Fitting-Auffarth-Kaiser-Heither, § 37 Rdnr. 108), sieht das Gesetz eine Dauer von drei, unter bestimmten Voraussetzungen von vier Wochen vor. Ein knapp einjähriger Lehrgang übersteigt diesen zeitlichen Rahmen um ein Vielfaches und ließe sich mit der ordnungsgemäßen betriebsbedingten (Weiter-)Arbeit des Betriebsrats nicht vereinbaren. Da der Lehrgang mithin weder der fachlichen Fortbildung des Ehemannes in seinem erlernten Beruf noch der betrieblichen Schulung für eine Tätigkeit als Betriebsratsvorsitzender diente, sondern der allgemeinen gewerkschaftlichen Ausbildung und damit der Gewerkschaftsarbeit, legte er den Grund für eine – jedenfalls mögliche – neue berufliche Tätigkeit im gewerkschaftlichen Bereich. Zu einer derartigen Tätigkeit war der Ehemann nach dem Abschluß des Lehrgangs ohne weitere Vorbildung in der Lage, wie die Entwicklung – einjährige Assistententätigkeit mit Lehraufgaben an der Bundesschule des DGB in Springe und anschließend hauptamtliche Tätigkeit als Gewerkschaftssekretär – zeigt. Damit war mit dem Besuch des Frankfurter Lehrgangs die berufliche Entwicklung des Ehemannes zu seiner jetzigen Position als Gewerkschaftssekretär bereits während des ehelichen Zusammenlebens der Parteien objektiv angelegt, ohne daß es noch darauf ankommt, ob der Ehemann von vornherein eine neue hauptberufliche Tätigkeit im Gewerkschaftsbereich anstrebte.

Daß der Werdegang zum Gewerkschaftssekretär nach dem Besuch des Lehrgangs in Frankfurt keine unerwartete, vom Normalverlauf erheblich abweichende Entwicklung darstellte, ergibt sich im übrigen auch aus dem unstreitigen Parteivorbringen: so hat die Ehefrau mit Schriftsatz vom 22. 11. 1988 vorgetragen, ein weiteres Betriebsratsmitglied der M-GmbH, der W, habe ebenfalls, wie noch andere Mitarbeiter des Betriebes, den Lehrgang besucht und sei ebenso wie der Ehemann nach verhältnismäßig kurzer Zeit Gewerkschaftssekretär geworden; keiner der Mitarbeiter, die den Lehrgang angetreten hätten, sei wieder in die gleiche Stellung zu der M-GmbH zurückgekehrt. Dem ist der Ehemann nicht entgegengetreten.

(Bereinigung des Nettoeinkommens)

b   3. a) Das BerGer. hat das der Unterhaltsbemessung hiernach zugrunde zu legende Nettoeinkommen des Ehemannes für 1988 nach Abzug berufsbedingter Aufwendungen und Berücksichtigung einer möglichen Steuerrückzahlung mit monatlich 4672,78 DM ermittelt. Dagegen bestehen aus Rechtsgründen keine Bedenken. Auch die Revision greift die Feststellung des unterhaltserheblichen Einkommens des Ehemannes durch das BerGer. nicht an. b) Von diesem Betrag hat das Gericht vorab den an den Sohn gezahlten Unterhalt von monatlich 640 DM sowie den zwischen den Parteien unstreitigen Krankenversicherungsbeitrag der Ehefrau von monatlich 147,63 DM abgezogen und alsdann auf der Grundlage des verbleibenden Einkommens von monatlich 3885,78 DM (rechnerisch richtig: 3885,15 DM) nach Maßgabe der Bremer Tabelle (vgl. FamRZ 1988, 141) einen Vorsorgeunterhalt von monatlich 420,41 DM errechnet. Diesen hat es auf den von der Ehefrau geltend gemachten Betrag von (nur) 377,79 DM begrenzt. Auf dieser Grundlage hat es als Elementarunterhaltsbedarf der Ehefrau einen Betrag von monatlich 1503,15 DM (4672,78 DM. /. 640 DM = 4032,78 DM . /. 147,63 DM sowie 377, 79 DM = 3507,36 DM, davon $^3/_7$) errechnet, auf den zur Ermittlung des Elementarunterhaltsanspruchs der Ehefrau deren fiktiv anzusetzendes Eigeneinkommen von 440 DM mit einem Anteil von $^6/_7$ (377,14 DM) anzurechnen sei. Damit ergab sich der der Ehefrau zugebilligte Elementarunterhalt von monatlich gerundet 1126 DM. Denselben Betrag hat das OLG auch für den ab 1989 zu zahlenden Unterhalt zugrunde gelegt, da einer geringfügigen Steigerung der fiktiven Einkommenssituation der Ehefrau (Anstieg des sozialversicherungsfreien Bereichs von monatlich 440 DM auf 450 DM) eine entsprechende Einkommenssteigerung beim Ehemann gegenüberstehe. Gegen die aufgezeigte Berechnung des Unterhaltsanspruchs der Ehefrau sind aus Rechtsgründen keine Einwendungen zu erheben.

(Erwerbstätigenbonus bei fiktivem Einkommen)

c   Die Revision wendet sich zwar dagegen, daß das BerGer. das fiktive Einkommen der Ehefrau nur zu einem Anteil von $^6/_7$ auf ihren Unterhaltsanspruch angerechnet hat; wenn im Rahmen der Abzugsmethode von der grundsätzlich vollen Anrechnung des Einkommens des Berechtigten abgesehen werde, müsse näher begründet werden, auf welchen Billigkeitsgesichtspunkten die teilweise Nichtanrechnung beruhe. Daran fehle es hier. Diese Rüge ist nicht begründet.

Wie der Senat inzwischen mehrfach entschieden hat, gebieten es der Grundsatz der unterhaltsrechtlichen Halbteilung und der Gedanke der Gleichbehandlung beider Ehegatten, daß dem Unterhaltsberechtigten, der nach der Scheidung seinerseits eine Erwerbstätigkeit aufgenommen hat oder dem, wie hier, ein fiktives Eigeneinkommen angerechnet wird, ebenso wie dem unterhaltspflichtigen Ehegatten ein entsprechender Teil seines Eigeneinkommens anrechnungsfrei belassen wird (Senat, NJW 1988, 2369 = LM § 1569 BGB Nr. 28 = BGHR BGB § 1578 Abs. 1 Satz 1 Unterhaltsbemessung 8 = FamRZ 1988, 265 (267); NJW 1990, 1477 = FamRZ 1990, 499 (503); v. 26. 9. 1990 – XII ZR 45/89).

BGH v. 10. 10. 90 – XII ZR 111/89 – FamRZ 91, 320 = NJW-RR 91, 195

R428   *(Lehre, Fachoberschule, Fachhochschule)*

b) Nach der Grundsatzentscheidung BGHZ 69, 190 f. = NJW 1977, 1774 = LM § 1610 BGB Nr. 4 sind Eltern, die ihrer Pflicht, ihrem Kind eine angemessene Berufsausbildung zu gewähren, in rechter Weise nachgekommen sind, im allgemeinen nicht verpflichtet, die Kosten einer weiteren Ausbildung zu tragen. Anderes kann gelten, wenn eine Weiterbildung von vornherein angestrebt worden war, wobei im allgemeinen nicht darauf abgestellt werden kann, ob die weitere Ausbildung als eine Weiterbildung oder eine Zweitausbildung zu qualifizieren ist, zumal insoweit nicht selten erhebliche Abgrenzungsschwierigkeiten bestehen (BGHZ 69, 190 = NJW 1977, 1774 = LM § 1610 BGB Nr. 4).

Wie dem Gesamtzusammenhang seiner Entscheidungsgründe entnommen werden kann, ist das BerGer. offensichtlich davon ausgegangen, daß die Ausbildung zum Bürokaufmann damals der Begabung und den Fähigkeiten, dem Leistungswillen und den beachtenswerten Neigungen des Sohnes des Bekl. entsprach und damit – für sich betrachtet – eine ihm angemessene Berufsausbildung war. Dies wird auch von der Revision nicht in Zweifel gezogen.

Anhang R. Rechtsprechung   **R 429**

Mit Erfolg rügt die Revision jedoch, daß das BerGer. dem Beweisantrag des Kl. nicht nachgegangen ist, der Sohn des Bekl. habe schon bei Beginn seiner Ausbildung zum Bürokaufmann ein Studium im sozialwissenschaftlichen Bereich angestrebt und habe diesen Plan mit seiner sorgeberechtigten Mutter abgestimmt. Trifft nämlich diese Behauptung zu, so bildeten die einzelnen Ausbildungsabschnitte Lehre, Besuch der Fachoberschule zur Erlangung der Fachhochschulreife und Studium an der Fachhochschule eine einheitliche Berufsausbildung, deren Einheitlichkeit durch den Plan des Sohnes begründet wurde. Dies gilt jedenfalls deshalb, weil er den Plan zu studieren nach der Behauptung des Kl. schon bei Beginn der Ausbildung zum Bürokaufmann gefaßt hatte. Ob die Einheitlichkeit auch dann bejaht werden könnte, wenn die Absicht, zu studieren erst zu einem späteren Zeitpunkt gefaßt worden wäre, braucht daher nicht entschieden zu werden.

Allerdings muß die Absicht, über eine (gegenwärtige) Lehre hinaus eine berufliche Weiterbildung anzustreben, erkennbar geworden sein; ein geheimer Vorbehalt des Geförderten würde dazu nicht genügen. In welcher Weise diese Absicht kundzutun ist, läßt sich nicht allgemein sagen, vielmehr kommt es auf die Umstände des Einzelfalles an. Der Kl. behauptet, der Sohn des Bekl. habe seine Absicht zu studieren mit seiner Mutter, bei der er lebte, abgesprochen. In einem solchen ernsthaften Gespräch mit seiner Mutter wäre sein Plan ausreichend erkennbar geworden.

Der Senat hält es nicht für erforderlich, daß der Sohn auch den Bekl. von seiner Absicht unterrichtete. Als Teil der gesetzlichen Unterhaltspflicht besteht die Verpflichtung nach § 1610 II BGB kraft Gesetzes, wenn ihre Voraussetzungen erfüllt sind, ohne daß es erst einer Mitteilung an den Verpflichteten oder gar einer Zahlungsaufforderung bedürfte. Wenn dieser von dem Ausbildungsplan allerdings erst nachträglich erfährt, etwa zu einem Zeitpunkt, zu dem er nicht mehr damit rechnen muß, zu weiteren Ausbildungskosten herangezogen zu werden, kann dies im Rahmen einer Zumutbarkeitsprüfung Bedeutung erlangen (vgl. auch Senat, NJW 1989, 2253 = FamRZ 1989, 855).

BGH v. 24. 10. 90 – XII ZR 124/89 – FamRZ 91, 322 = NJW-RR 91, 194
(Zweitausbildung; Fehleinschätzung der Begabung des Kindes)   **R 429**

a) Haben Eltern ihrem Kind eine angemessene Berufsausbildung gewährt, sind sie im allgemeinen nicht verpflichtet, die Kosten einer weiteren Ausbildung zu tragen (BGHZ 69, 190 = NJW 1977, 1774 = LM § 1610 BGB Nr. 4 und st. Rspr. des Senats, zuletzt NJW-RR 1990, 327 = FamRZ 1990, 149). Die Annahme des BerGer., daß der Bekl. seinen Verpflichtungen nicht schon dadurch nachgekommen ist, daß er seiner Tochter die Ausbildung zur medizinisch-technischen Assistentin ermöglicht hat, wird jedoch durch die von ihm getroffenen Feststellungen getragen. Danach lagen die Verhältnisse so, daß nach dem Schulabschluß ein Hochschulstudium der Biologie als angemessene Ausbildung i. S. von § 1610 II BGB angesehen werden mußte. Ein solches Hochschulstudium hat der Bekl. seiner Tochter aber aus Kostengründen verweigert. Schon in der bisherigen Rechtsprechung ist anerkannt, daß Eltern ihrem Kind ausnahmsweise eine zweite Ausbildung finanzieren müssen, wenn sie es in einen unbefriedigenden, seiner Begabung nicht hinreichend Rechnung tragenden Beruf gedrängt haben (vgl. BGHZ 69, 190 (194) = NJW 1977, 1774 = LM § 1610 BGB Nr. 4; Senat, FamRZ 1980, 1115 f.). Einem solchen Fall steht gleich, wenn – wie hier – dem Kind die angemessene Ausbildung verweigert worden ist und es sich aus diesem Grunde zunächst für einen Beruf entschieden hat, der seiner Begabung und seinen Neigungen nicht entspricht. Die in der bisherigen Rechtsprechung entwickelten Ausnahmen von dem Grundsatz der Verpflichtung zur Finanzierung nur einer Ausbildung können keinesfalls als abschließender, andere Fallgruppen ausschließender Katalog verstanden werden (so zutreffend OVG Berlin, FamRZ 1989, 1014 (1016)).

b) Die Revision rügt es als eine unzulässige Ex-Post-Betrachtung, daß das OLG seine Beurteilung, der Begabung der Tochter des Bekl. habe von Anfang an ein Hochschulstudium entsprochen, nicht nur auf ihre in der Schulzeit hervorgetretenen Interessen für Biologie und die in diesem Fach gezeigten Leistungen gestützt habe, sondern auch auf die Leistungen im Studium sowie auf das positive Urteil einer Lehrkraft der Hochschule. Letzteres habe den Eltern nicht bekannt sein können, als sie sich im Jahre 1983 entschlossen hätten, der Tochter nur eine Ausbildung zur medizinisch-technischen Assistentin zu finanzieren.

Diese Rüge geht fehl. Zwar ist die Frage der beruflichen Eignung eines Kindes grundsätzlich aus der Sicht bei Beginn der Ausbildung und den zu dieser Zeit zutage getretenen Anlagen zu beantworten (vgl. etwa Senat, FamRZ 1981, 437 (438); Kalthoener-Büttner, Rechtsprechung zur Höhe des Unterhalts, 4. Aufl., Rdnr. 255). Um eine unangemessene Benachteiligung von sogenannten Spätentwicklern zu vermeiden, gilt dies aber schon dann nicht, wenn sich später herausstellt, daß die zunächst getroffene Entscheidung auf einer deutlichen Fehleinschätzung der Begabung des Kindes beruhte (vgl. etwa Kalthoener-Büttner, Rdnr. 281; Paulus, FamRZ 1981, 134). Von einem solchen Fall könnte hier im Hinblick auf die Entwicklung der Tochter des Bekl. im Hochschulstudium ausgegangen werden, wenn ihre Begabung nicht schon beim Schulabschluß hervorgetreten wäre. Das OLG ist ersichtlich davon ausgegangen, daß schon die bei Schulabschluß zutage getretenen Anlagen der Tochter auf ein Hochschulstudium als angemessene Ausbildung hinreichend hingewiesen haben; die Entwicklung während des Studiums hat es nur als diese Einschätzung bestätigend herangezogen. Außerdem war der Bekl. tatsächlich aus Kostengründen gegen ein Studium eingestellt, nicht weil er seine Tochter dazu für ungeeignet hielt.

BGH v. 7. 11. 90 – XII ZR 123/89 – FamRZ 91, 182 = NJW 91, 697

R430 *(Barunterhaltspflicht des betreuenden Elternteils)*

a   Diese Ausführungen halten der rechtlichen Nachprüfung nicht stand. Die Bekl. kann mit der gegebenen Begründung nicht zur Unterhaltszahlung nach Maßgabe des § 1603 II 1 BGB herangezogen werden.

Die Verpflichtung, gem. § 1603 II 1 BGB zum Unterhalt minderjähriger unverheirateter Kinder auch Mittel zu verwenden, die der Elternteil für den eigenen angemessenen Unterhalt benötigen würde, tritt nach § 1603 II 2 BGB nicht ein, wenn ein anderer unterhaltspflichtiger Verwandter vorhanden ist. Das kann entgegen den insoweit vom BerGer. geäußerten Bedenken auch der andere Elternteil sein (§ 1606 III BGB), sofern er gem. § 1603 I BGB leistungsfähig ist (Senat, Urt. v. 26. 10. 1983 – IV b ZR 9/82; BGH, NJW 1980, 934 = LM § 1603 BGB Nr. 2 = FamRZ 1980, 555 (556)). Zwar erfüllt der Elternteil, der – wie hier der Vater der Kl. – minderjährige Kinder betreut, durch deren Pflege und Erziehung seine Unterhaltspflicht regelmäßig in vollem Umfang (§ 1606 III 2 BGB), und er ist, auch wenn er über eigenes Einkommen verfügt, daneben grundsätzlich nicht zum Barunterhalt verpflichtet. Hat indessen der andere Ehegatte nur wesentlich geringere Einkünfte, so daß seine Inanspruchnahme zu einem erheblichen finanziellen Ungleichgewicht zwischen den Eltern führen würde, kann eine andere Regelung in Betracht kommen (Senat, Urt. v. 26. 10. 1983 – IV b ZR 9/82; NJW 1980, 2306 = LM § 1603 BGB Nr. 6 = FamRZ 1980, 994 (995); NJW 1981, 923 = FamRZ 1981, 347 (348); NJW 1981, 1559 = LM § 1606 BGB Nr. 14 = FamRZ 1981, 543 (544); BGH, NJW 1980, 934 = LM § 1603 BGB Nr. 2 = FamRZ 1980, 555 (556)). Unter diesem Gesichtspunkt könnte im vorliegenden Fall eine Unterhaltspflicht der Bekl. entfallen, wenn der Vater der Kl. neben deren Pflege und Erziehung auch ihren Barbedarf ohne Gefährdung seines eigenen angemessenen Unterhalts tragen kann.

Die Annahme des BerGer., daß dies nicht der Fall sei, ist nicht haltbar.

Es steht nicht im Einklang mit der Rechtsprechung des Senats, daß das OLG entgegen dem von ihm insoweit nicht für entscheidend gehaltenen Wortlaut des § 1603 BGB den angemessenen Selbstbehalt des Vaters der Kl. „erheblich höher" angesetzt hat als nach den von ihm im übrigen herangezogenen Grundsätzen der Düsseldorfer Tabelle, weil andernfalls die Gleichwertigkeit von Betreuungs- und Barunterhalt völlig außer acht gelassen und ein erhebliches Ungleichgewicht zu Lasten des betreuenden Elternteils herbeigeführt würde. Es trifft zwar zu, daß die Betreuung, die ein Elternteil minderjährigen Kindern gewährt, grundsätzlich gleichwertig ist mit dem von dem anderen Elternteil zu leistenden Barunterhalt (Senat, NJW 1981, 1559 = LM § 1606 BGB Nr. 14 = FamRZ 1981, 543 (544) m. w. Nachw.). Wie der Senat in dem bereits erwähnten Urteil vom 26. 10. 1983 – IV b ZR 9/82 – entschieden hat, bedeutet das aber nicht, daß der Wert der Betreuungsleistungen rechnerisch – etwa in derselben Höhe wie der geschuldete Barunterhalt – anzusetzen und bei der Ermittlung der (weiteren) Leistungsfähigkeit des betreuenden Elternteils im Hinblick auf § 1603 II 2 BGB von dessen Einkommen vorweg abzuziehen wäre. Ebensowenig geht es an, das unterhaltserhebliche Einkommen durch „erhebliche Erhöhung" des angemessenen Selbstbedarfs praktisch vorab um den Wert der Betreuung zu vermindern. Durch ein solches Vorgehen würde, wie der Fall zeigt, zum einen die Beurteilung der (weiteren) Leistungsfähigkeit des betreuenden Elternteils entgegen dem Sinn und Zweck des § 1603 II 2 BGB verzerrt. Zum andern würde es eine Prüfung der Leistungsfähigkeit des anderen, an sich zum Barunterhalt verpflichteten Elternteils nach dem Maßstab des § 1603 II 1 BGB insoweit überflüssig machen, als der Wert des (mit der Betreuung gleichwertigen) Barunterhalts bereits als zusätzliche Leistung des betreuenden Elternteils berücksichtigt würde (vgl. Senat, Urt. v. 26. 10. 1983 – IV b ZR 9/82). Soweit der Vater den Kl. neben der Betreuung tatsächlich noch Barunterhalt erbracht hat und erbringt, hat dies bei der Prüfung der Leistungsfähigkeit beider Eltern nach den Grundsätzen des § 1603 II 1 und 2 BGB i. V. mit § 1603 I BGB außer Betracht zu bleiben (Senat, Urt. v. 26. 10. 1983 – IV b ZR 9/82).

(Überobligationsmäßige Tätigkeit des Pflichtigen bei Erwerbstätigkeit trotz Kinderbetreuung; Betreuungsbonus)

b   Die Erwägung des BerGer., daß das Einkommen des Vaters der Kl. gem. § 242 BGB nur zum Teil anzurechnen sei, weil ihn angesichts des Alters der Kinder an sich keine volle Erwerbsobliegenheit treffe, ist im Ansatz rechtlich nicht zu beanstanden. Wenn auch die Vorschriften über den Kindesunterhalt nach §§ 1601 ff. BGB keine ausdrückliche Regelung über die Behandlung von Einkünften aus „unzumutbarer" Erwerbstätigkeit enthalten, so bedeutet das doch nicht, daß derartige Einkünfte des-

Anhang R. Rechtsprechung R430

halb – stets – in voller Höhe als Bestandteil des unterhaltserheblichen Einkommens angesehen werden müßten. Wie das BerGer. zutreffend angenommen hat, ist vielmehr jeweils nach den Grundsätzen von Treu und Glauben unter Berücksichtigung der konkreten Umstände des Einzelfalls zu entscheiden, in welchem Umfang das (Mehr-) Einkommen eines Elternteils aus einer Erwerbstätigkeit, die er neben der Betreuung ehelicher Kinder über das ihm obliegende Maß hinaus ausübt, bei der Bemessung der unterhaltsrechtlichen Leistungsfähigkeit zu berücksichtigen ist (vgl. Senat, NJW 1982, 2664 = LM § 1361 BGB Nr. 27 = FamRZ 1982, 779 (780); Urt. v. 26. 10. 1983 – IV b ZR 9/82).

Den hierbei zu stellenden Anforderungen an die Prüfung unter dem Gesichtspunkt des § 242 BGB genügt das angefochtene Urteil indessen nicht. Es läßt bereits die konkrete Feststellung vermissen, daß dem Vater der Kl. angesichts ihrer Betreuung die von ihm tatsächlich ausgeübte Vollerwerbstätigkeit nicht zumutbar sei. Soweit das BerGer. nur eine Teilerwerbstätigkeit für zumutbar hält, trifft es ferner keine Feststellung dazu, in welchem zeitlichen Umfang eine solche Tätigkeit nach den Besonderheiten der von dem Vater ausgeübten Arbeit in Betracht kommen sollte, um die notwendige Betreuung der Kinder (außerhalb der Schulzeiten?) sicherzustellen. Darüber hinaus läßt das angefochtene Urteil nicht erkennen, aufgrund welcher konkreten Umstände das BerGer. bei den gegebenen Einkommensverhältnissen der Eltern die anrechenbaren Einkünfte des Vaters der Kl. um ein volles Drittel – und damit um nennenswert mehr als den Höchstbetrag des für beide Kl. geltend gemachten Barunterhalts von zusammen monatlich 589 DM – auf monatlich 1900 DM bis 2000 DM herabgesetzt hat. Allein die Erwägung, daß sich der Vater auf die Ausübung einer Teilerwerbstätigkeit beschränken könnte, rechtfertigt diese Herabsetzung nicht. Selbst wenn das BerGer. hierbei annehmen wollte, bei Ausübung einer Teilerwerbstätigkeit könne der Vater der Kl. einen Verdienst von etwa 1900 DM bis 2000 DM erzielen, hätte dies nicht zur Folge, daß dieser Betrag als Grundlage einer Beurteilung nach § 1603 II 2 BGB dienen könnte. Denn der Vater geht tatsächlich einer vollen Erwerbstätigkeit nach und erzielt daraus Einkünfte von monatlich 2900 DM netto. Darüber hinaus bezieht er das Kindergeld für die Kl. in Höhe von monatlich 150 DM, das seinem Einkommen hinzuzurechnen ist (Senat, NJW-RR 1991, 578 = FamRZ 1990, 979 (980) m. Nachw.). Damit ist ein Einkommen des Vaters von insgesamt monatlich 3050 DM als Ausgangspunkt für eine – ausgewogene und angemessene – Beurteilung nach § 242 BGB anzusetzen.

Von dem von ihm als anrechenbar angesehenen Einkommen von monatlich 1900 DM bis 2000 DM hat das BerGer. bei der Prüfung der Leistungsfähigkeit des Vaters Kosten einer Kindertagesstätte in Abzug gebracht, ohne daß im Verfahren behauptet worden ist, die Kinder besuchten, etwa während der berufsbedingten Abwesenheit des Vaters, eine solche Tagesstätte. Das Berufungsurteil trifft dazu auch keine Feststellung, ebensowenig zur Höhe der Kosten.

Auch der Abzug dieser Kosten hält der Nachprüfung nicht stand. Zwar kann ein Elternteil, der neben der Betreuung minderjähriger Kinder eine Erwerbstätigkeit ausübt, von seinem für Unterhaltszwecke einzusetzenden Einkommen vorweg die Kosten absetzen, die er für die infolge seiner Berufstätigkeit notwendig werdende anderweitige Betreuung der Kinder aufwenden muß (Senat, Urt. v. 15. 6. 1983 – IV b ZR 394/81; NJW 1982, 2664 = LM § 1361 BGB Nr. 27 = FamRZ 1982, 779 (780) m. w. Nachw. – zum Ehegattenunterhalt). Auch kann ein Betreuungsbonus in Betracht kommen, wenn sich die Betreuung zwar ohne konkreten Kostenaufwand, jedoch nur unter besonderen Erschwernissen bewerkstelligen läßt (vgl. Senat, Urt. v. 29. 6. 1983 – IV b ZR 379/81; NJW 1986, 2054 = LM § 323 ZPO Nr. 48 = FamRZ 1986, 790 (791); FamRZ 1988, 1039 (1041)). Dazu ist indessen weder etwas festgestellt noch vorgetragen.

Da das Berufungsurteil den dargelegten Anforderungen an die Bestimmung der unterhaltsrechtlichen Leistungsfähigkeit des Vaters der Kl. nicht genügt, kann es nicht bei Bestand bleiben. Der Senat ist zu einer eigenen abschließenden Entscheidung nicht in der Lage. Diese setzt vielmehr weitere Feststellungen und eine dem Tatrichter vorbehaltene Abwägung unter dem Gesichtspunkt des § 242 BGB voraus. Die Sache ist daher zur erneuten Prüfung und Entscheidung an das BerGer. zurückzuverweisen. Dieses wird nach den dargelegten Grundsätzen erneut die Frage zu beurteilen haben, ob der Vater der Kl. neben der Betreuung auch ihren Barbedarf ohne Gefährdung seines eigenen angemessenen Unterhalts tragen kann.

Bei der dem OLG hiernach obliegenden Prüfung wird zu beachten sein, daß sich der Vater im Rahmen des § 1603 I BGB unter Umständen Einschränkungen zugunsten der Kl. gefallen lassen muß, sofern das Einkommen der Bekl. nicht ausreicht, um ihren angemessenen Eigenbedarf zu befriedigen (vgl. zu § 1606 III 1 BGB Senat, FamRZ 1988, 1039 (1041); NJW-RR 1986, 293 = LM § 1606 BGB Nr. 21 = FamRZ 1986, 153 (154)). Falls das OLG bei Beachtung dieses Gesichtspunkts zu dem Ergebnis gelangt, daß der Vater gemessen an dem verhältnismäßig geringen Einkommen der Bekl. seinerseits gem. § 1603 I BGB auch zur Leistung des vollen Barunterhalts in der Lage ist, entfällt eine Leistungspflicht der Bekl. auf der Grundlage des § 1603 II 1 BGB.

Soweit die erneute Prüfung des BerGer. ergibt, daß der Vater nicht zum Barunterhalt der Kinder herangezogen werden kann, greift in diesem Umfang die gesteigerte Unterhaltspflicht der Bekl. nach § 1603 II 1 BGB ein. Für diesen Fall stellt sich wiederum die Frage ihrer Leistungsfähigkeit.

R431 Anhang R. Rechtsprechung

(Schätzung nach § 287 ZPO bei Trinkgeldern)

c Das BerGer. hat dem nachgewiesenen Nettoeinkommen der Bekl. von monatlich 1200,96 DM im Jahre 1988 und 1287,32 DM ab 1989 Trinkgelder in geschätzter Höhe von monatlich 220 DM hinzugerechnet, obwohl sie unter Beweisantritt geltend gemacht hat, ihre Trinkgelder bewegten sich nur in einer Höhe zwischen 60 DM bis 80 DM pro Monat. Daß das BerGer. diesem Beweisangebot nicht nachgegangen ist – weil die Trinkgeldhöhe nicht „schlüssig vorgetragen" worden sei –, wird von der Revision zu Recht als Verletzung des § 286 ZPO gerügt. Es mag zwar sein, daß die Lebenserfahrung eher für die Ansicht des BerGer. spricht. Die Bekl. hat jedoch konkret und hinreichend substantiiert einen anderen Sachverhalt vorgetragen und diesen in zulässiger Weise unter Beweis gestellt. Dem Beweisantritt mußte nachgegangen werden, bevor eine Beweiswürdigung, gegebenenfalls unter Heranziehung allgemeiner Erfahrungssätze, vorgenommen wurde.

(Ersparnisse durch gemeinsame Haushaltsführung in der neuen Ehe)

d d) Auch die gesteigerte Unterhaltspflicht nach § 1603 II 1 BGB findet dort ihre Grenze, wo die Möglichkeit der Fortexistenz des Unterhaltspflichtigen selbst in Frage gestellt würde und ihm nicht mehr die Mittel zur Bestreitung des unentbehrlichen Lebensbedarfs verblieben. Die damit definierte unterhaltsrechtliche Opfergrenze, die in der Praxis durch den Begriff des notwendigen Selbstbehalts (oder des notwendigen Eigenbedarfs) konkretisiert wird, ist auch im Verhältnis der Eltern gegenüber minderjährigen unverheirateten Kindern zu wahren (vgl. Senat, NJW 1984, 1614 = LM § 1603 BGB Nr. 24; NJW 1989, 524 = LM § 1603 BGB Nr. 37 = FamRZ 1989, 170 (171)). Die Revision beanstandet daher zu Recht, daß das BerGer. den notwendigen Eigenbedarf der Bekl. für die Zeit nach ihrer erneuten Eheschließung unter dem Selbstbehaltssatz von seinerzeit monatlich 990 DM, ab 1989 von monatlich 1100 DM angesetzt hat. Die Erwägung, mit der das BerGer. dieses Vorgehen begründet hat, ist rechtlich nicht haltbar. Der Hinweis auf den geringeren Bedarf eines Unterhaltsberechtigten bei gemeinsamer Haushaltsführung mit dem Unterhaltspflichtigen, also auf eine Fallgestaltung, bei der Unterhaltsgläubiger und -schuldner einen gemeinsamen Haushalt mit den sich daraus für beide ergebenden Möglichkeiten zu kostengünstiger Lebensgestaltung führen, greift hier nicht. Denn der jetzige Ehemann der Bekl. steht außerhalb ihres Unterhaltsverhältnisses zu den Kl. und ist rechtlich nicht verpflichtet, sich zu deren Gunsten in seiner eigenen Lebensführung einzuschränken. Ob der notwendige Eigenbedarf der Bekl. gleichwohl infolge der gemeinsamen Haushaltsführung mit ihrem neuen Ehemann aus tatsächlichen Gründen niedriger angesetzt werden kann als mit den in der Praxis entwickelten Richtsätzen, kann nur aufgrund einer individuellen Prüfung der Lebensverhältnisse in der neuen Ehe der Bekl. sachgerecht beurteilt werden. Dabei sind neben den Einkommensverhältnissen beider Eheleute – bei der Bekl. das Einkommen auf der Grundlage einer Steuerbelastung als Verheiratete (vgl. Senat, NJW 1990, 1477 = FamRZ 1990, 499; NJW-RR 1990, 514 = LM § 1578 BGB Nr. 57 = FamRZ 1990, 503 m. w. Nachw.) – auch die aus ihren Einkünften zu tilgenden Verbindlichkeiten und Belastungen angemessen zu berücksichtigen. Das BerGer. wird für die Beurteilung der Leistungsfähigkeit der Bekl. auch diese Prüfung gegebenenfalls nachzuholen haben.

BGH v. 28. 11. 90 – XII ZR 1/90 – FamRZ 91, 670 = NJW 91, 1290

R431 *(Keine Pauschale für trennungsbedingten Mehrbedarf; Berücksichtigung der tatsächlichen Steuerlast; Erwerbstätigenbonus)*

a Daß das BerGer. bei der Bedarfsbemessung das Einkommen des Bekl. nicht um die Steuern vermindert hat, die er als Geschiedener tatsächlich zu tragen hat, sondern um fiktive Beträge der Steuerklasse III/1, begegnet ebenso durchgreifenden rechtlichen Bedenken wie seine Ansicht, dem Bekl. seien statt eines die Hälfte seines Einkommens maßvoll übersteigenden Betrages, der ein erhöhten, mit der Erwerbstätigkeit verbundenen Aufwand Rechnung trägt und zugleich einen Anreiz zur Erwerbstätigkeit darstellt, lediglich vorweg 5% wegen berufsbedingter Aufwendungen zu belassen. Insoweit wird – wegen der Berücksichtigung der Steuer – auf die Senatsurteile vom 24. 1. 1990 (NJW 1990, 1477 = FamRZ 1990, 499), 31. 1. 1990 (NJW-RR 1990, 514 = FamRZ 1990, 503) sowie zuletzt vom 26. 9. 1990 (NJW 1991, 224) und – wegen des Erwerbstätigenbonus – auf die Senatsurteile vom 26. 4. 1989 (NJW 1989, 1992 = FamRZ 1989, 842 (844)), 31. 1. 1990 (NJW-RR 1990, 514 = FamRZ 1990, 503 (504)) und 11. 4. 1990 (NJW 1990, 3274 = FamRZ 1990, 989 (991)) verwiesen, in denen sich der Senat mit den vom BerGer. für seine abweichende Auffassung angeführten Gründen bereits auseinandergesetzt hat.

Keinen Bestand hat ferner der Ansatz des trennungsbedingten Mehrbedarfs in Höhe von 220 DM monatlich. Dessen Schätzung ist dem Tatrichter zwar nicht schlechthin versagt, er darf sie jedoch nur auf der Grundlage konkreter Darlegungen der Partei über ihre Mehraufwendungen vornehmen (st. Rspr. des Senats, vgl. etwa NJW 1990, 2886); denn ein Mehrbedarf ist mit der Trennung nicht ausnahmslos verbunden. Der Schätzung des BerGer. liegen keine konkreten Darlegun-

Anhang R. Rechtsprechung   **R432**

gen der Kl. zugrunde. Das Gericht stützt sich lediglich auf die allgemeine Erwägung, daß der Mehrbedarf bei doppelter Haushaltsführung für Miete, Grundgebühren für Strom und Wasser, Zeitung, Fernsehen, Telefon, Versicherungen und ähnliches anfalle, und verweist auf die „Verhältnisse der Parteien", ohne daß diese insoweit konkretisiert worden wären. Es berücksichtigt auch nicht, daß die Kl. nach seinen Feststellungen jedenfalls bis Ende Februar 1989 eheähnlich mit dem Zeugen L zusammengelebt und möglicherweise deshalb keinen oder nur einen geringeren trennungsbedingten Mehraufwand gehabt hat. Die Kl. selbst hat in ihrer Berufungsbegründung – zur Abwehr einer Anspruchsreduzierung wegen des Zusammenlebens mit L – vorgetragen, das – einmal unterstellte – Zusammenleben könne allenfalls dazu führen, daß kein trennungsbedingter Mehrbedarf hinzuzurechnen sei. Sonst hat sie zur Frage des trennungsbedingten Mehrbedarfs nicht Stellung genommen. Hiernach kann dessen Ansatz nicht bestehen bleiben.

(Darlegungs- und Beweislast bei Verwirkung)

a) Allerdings wendet sich die Revision ohne Erfolg gegen die vom BerGer. angenommene Beweislastverteilung. Da § 1579 BGB eine rechtsvernichtende Einwendung gewährt, hat der Unterhaltspflichtige die tatsächlichen Voraussetzungen des Ausschließungsgrundes darzulegen und zu beweisen.   **b**

(§ 1579 Nr. 7 BGB nach Scheidung, wenn in Trennungszeit § 1579 Nr. 6 BGB vorlag)

In dem Verhalten, das der Bekl. der Kl. in diesem Vorbringen angelastet hat, konnte nach der Rechtsprechung des Senats ein offensichtlich schwerwiegendes, eindeutig bei der Kl. liegendes Fehlverhalten (vgl. zuletzt Senat, NJW 1990, 253 = LM § 1579 BGB Nr. 39 = FamRZ 1989, 1279 (1280) m. w. Nachw.) und damit ein Härtegrund nach § 1579 Nr. 6 BGB gesehen werden, der nicht nur einen Anspruch auf Trennungsunterhalt (§ 1361 III BGB), sondern auch eine Inanspruchnahme auf nachehelichen Unterhalt unzumutbar machen und insoweit den Härtegrund des § 1579 Nr. 7 BGB mit der Rechtsfolge eines dauerhaften Unterhaltsausschlusses erfüllen konnte (vgl. Senat, NJW 1989, 1083 = LM § 1577 BGB Nr. 15 = FamRZ 1989, 487 (489) m. w. Nachw.).   **c**

BGH v. 28. 11. 90 – XII ZR 16/90 – FamRZ 91, 306 = NJW 91, 913

(Verzicht auf Betreuungsunterhalt vor der Eheschließung)   **R432**

a) Nach der Rechtsprechung des Senats besteht für Vereinbarungen, durch die während der Ehe oder sogar schon vorher vorsorglich für den Fall der Scheidung der nacheheliche Unterhalt oder sonstige vermögensrechtliche Angelegenheiten geregelt werden, grundsätzlich volle Vertragsfreiheit, die auch einen Verzicht auf den Unterhaltsanspruch gem. § 1570 BGB einschließt, § 1585c BGB (vgl. z. B. Senat, NJW 1985, 1833 = FamRZ 1985, 788 (789) und zuletzt NJW 1990, 703 = FamRZ 1990, 372 (373)). Daran wird auch gegenüber der neuerlichen Kritik von Bosch (in: Festschr. f. Habscheid, 1989, S. 23 (34 ff.)) festgehalten. Schranken ergeben sich allein aus §§ 134, 138 BGB. Ob eine Vereinbarung im Einzelfall gegen die guten Sitten verstößt, das heißt dem Anstandsgefühl aller billig und gerecht Denkenden zuwiderläuft (BGHZ 69, 295 (297) = NJW 1977, 2356 = LM § 138 (Be) BGB Nr. 17) hängt von ihrem aus Inhalt, Beweggrund und Zweck zu entnehmenden Gesamtcharakter ab, wobei sich aus dem zeitlichen Abstand zu einer nicht beabsichtigten, sondern nur für denkbar gehaltenen Scheidung zusätzliche Gesichtspunkte ergeben können. Es reicht für sich nicht aus, daß sie in dem Bestreben abgeschlossen worden ist, sich von sämtlichen nachteiligen Folgen einer Scheidung freizuzeichnen.

b) Der Revision ist zuzugeben, daß das OLG die Sittenwidrigkeit des Ehevertrages vom 22. 11. 1985 wesentlich aus Umständen gefolgert hat, die durch das Scheitern der Ehe schon im Jahre 1988 bedingt sind. Maßgebender Zeitpunkt für die Beurteilung ist aber grundsätzlich derjenige des Vertragsabschlusses (vgl. Soergel-Häberle, BGB, 12. Aufl., § 1585c Rdnr. 14). Wenn die Ehe so lange gedauert hätte, daß die Ehefrau nach deren Scheitern durch die Kindesbetreuung nicht mehr an einer Erwerbstätigkeit gehindert wäre, hätte die Sittenwidrigkeit des Vertrages jedenfalls nicht aus ihrer Zwangslage gefolgert werden können, entweder Sozialhilfe in Anspruch nehmen oder die Kindesbetreuung vernachlässigen zu müssen. Wenn sie sich lediglich durch „einfache Frauenarbeit" selbst hätte unterhalten können, wäre der Unterhaltsverzicht nicht schon aus diesem Grunde anstößig; es wäre lediglich verschärft auf die gesetzliche Regel des § 1569 BGB abgehoben. Das OLG hat auch nicht festgestellt, daß die Verlobten bei Vertragsschluß tatsächlich nur mit einer kurzfristigen Ehe gerechnet haben; daß diese Möglichkeit „nicht ganz ferngelegen" hat, reicht nicht aus. Es hat ferner nicht festgestellt, daß Auswirkungen des Unterhaltsverzichts, wie sie im strittigen Zeitraum tatsächlich eingetreten sind, seinerzeit bedacht und zumindest mit in Kauf genommen worden sind. Insgesamt hat es danach die Voraussetzungen des § 138 I BGB zu Unrecht bejaht.

c) Seine Entscheidung stellt sich jedoch aus anderen Gründen als richtig dar (§ 563 ZPO). Nach

1511

der Rechtsprechung des Senats kann sich ein Unterhaltspflichtiger auch auf einen wirksamen Unterhaltsverzicht nicht berufen, wenn dies aufgrund einer späteren Entwicklung mit Treu und Glauben (§ 242 BGB) unvereinbar ist. Das ist insbesondere für Fälle entschieden worden, in denen überwiegende schutzwürdige Interessen gemeinschaftlicher Kinder der Geltendmachung des Verzichts entgegenstanden (vgl. NJW 1985, 1833 = LM § 1569 BGB Nr. 18 = FamRZ 1985, 788; NJW 1987, 776 = LM § 242 (D) BGB Nr. 96 = FamRZ 1987, 46 (47)). Hiernach kann sich auch ergeben, daß die Berufung auf einen Unterhaltsverzicht zeitlich begrenzt ausgeschlossen ist, etwa für die Zeit, in der wegen der Betreuung eines gemeinschaftlichen Kindes eine Erwerbstätigkeit nicht möglich ist und der Verzichtende mangels anderer Mittel auf Sozialhilfe angewiesen wäre (vgl. OLG Hamm, NJW-RR 1989, 1413 = FamRZ 1989, 398). Ein solcher Fall liegt hier nach den getroffenen Feststellungen vor, ohne daß es zu dieser Beurteilung einer Zurückverweisung an die Vorinstanz bedarf.

BGH v. 28. 11. 90 – XII ZR 26/90 – FamRZ 91, 542 = NJW-RR 91, 514

R433 (*Abänderung notarieller Urkunden*)

I. 1. Das BerGer. geht – ohne dies allerdings zu begründen – zu Recht davon aus, daß die Voraussetzungen einer Abänderungsklage vorliegen. Bei dem notariellen Vertrag vom 25. 11. 1983 handelt es sich um eine Urkunde i. S. des § 794 I Nr. 5 ZPO, in welcher Leistungen der in § 323 I ZPO bezeichneten Art übernommen worden sind. Da der Kl. eine wesentliche Änderung der Verhältnisse, die für sein Leistungsversprechen bestimmend waren, geltend macht, ist er nach § 323 IV ZPO berechtigt, die Abänderung im Wege der Klage zu verlangen. Abänderung kann der Kl. grundsätzlich auch schon für die Zeit vor Erhebung der Klage verlangen, hier also für die Monate ab 1. 8. 1987. Dafür ist nicht entscheidend, ob die Bekl. durch das Anwaltsschreiben vom 14. 7. 1987 mit einem Verzicht auf ihre Rechte aus der Urkunde in Verzug gesetzt worden ist. Der Grund liegt vielmehr darin, daß die zeitliche Beschränkung des § 323 III ZPO nur für die Abänderung von Urteilen, nicht hingegen für die von Parteivereinbarungen gilt (BGHZ 85, 64 (73 ff.) = NJW 1983, 228 = LM § 323 ZPO Nr. 31; seither st. Rspr. des Senats, vgl. zuletzt NJW 1990, 3274 = NJW 1990, 989 m. w. Nachw.). Handelt es sich wie hier bei dem abzuändernden Titel um eine notarielle Urkunde, kommt es nicht darauf an, ob die Voraussetzungen des § 323 I ZPO vorliegen. Maßgebend sind vielmehr die Regeln des materiellen Rechts. Es ist zu entscheiden, ob in den Verhältnissen, die die Parteien zur Grundlage ihres Vertrages gemacht hatten, derart gewichtige Änderungen eingetreten sind, daß nach den Grundsätzen über den Wegfall der Geschäftsgrundlage ein unverändertes Festhalten an den vereinbarten Leistungen gegen Treu und Glauben (§ 242 BGB) verstoßen würde und daher dem Schuldner nicht zumutbar wäre (Senat, NJW 1986, 2054 = LM § 323 ZPO Nr. 48 = FamRZ 1986, 790 m. w. Nachw.).

BGH v. 19. 12. 90 – XII ZR 27/90 – FamRZ 91, 416 = NJW 91, 1049

R435 (*Angemessene Erwerbstätigkeit*)

a   Soweit das BerGer. seine Berurteilung daneben auf den in 23jähriger Ehezeit erreichten sozialen Status gestützt hat, ist dem zwar im Ausgangspunkt insoweit zu folgen, als § 1574 II BGB die Angemessenheit einer Erwerbstätigkeit des geschiedenen Ehegatten auch von den ehelichen Lebensverhältnissen – in der ganzen Breite dieses Kriteriums – abhängig macht. Dennoch steht auch die Berücksichtigung der ehelichen Lebensverhältnisse unter dem vorrangig zu beachtenden Gebot der wirtschaftlichen Eigenverantwortung (§ 1569 BGB), die es dem geschiedenen Ehegatten grundsätzlich auferlegt, selbst für seinen Unterhalt zu sorgen. Da er allerdings gem. § 1574 I BGB nur eine ihm angemessene Erwerbstätigkeit auszuüben braucht, kann sich bei langer Ehedauer in gehobenen wirtschaftlichen Verhältnissen der Kreis der als angemessen in Betracht kommenden Erwerbstätigkeiten verengen. Das bedeutet aber nicht, daß für eine Ehefrau von 50 Jahren, deren frühere Ausbildung unter Umständen der heute gesetzlich vorgesehenen Qualifikation für den Beruf einer Erzieherin nicht (mehr) entspricht, nach 23jähriger Ehe in guten finanziellen Verhältnissen praktisch keine angemessene Erwerbsmöglichkeit auf dem Arbeitsmarkt bestünde. Ebensowenig kann bei den gegebenen Verhältnissen die Tätigkeit als Verkäuferin in einem gehobenen Einrichtungshaus von vornherein als nicht angemessen beurteilt werden, ohne daß nähere Feststellungen etwa zu dem Stil des Hauses und den dort herrschenden Arbeitsbedingungen, etwa zu Art und Umfang des regelmäßigen Publikumsverkehrs, getroffen sind. Die Beurteilung, ob die derzeitige Tätigkeit der Ehefrau für sie angemessen i. S. von § 1574 II BGB ist, setzt nach alledem in mehrfacher Hinsicht weitere tatsächliche Feststellungen voraus.

Anhang R. Rechtsprechung R436 – R437

(Pauschale von 5 % und Bonus von $1/_7$)

Dieses wird im weiteren Verfahren Anlaß zu der Prüfung haben, ob es gerechtfertigt ist, vom Einkommen des Ehemannes eine Pauschale von 260 DM vorweg als berufsbedingten Aufwand anzusetzen, obwohl auch die Abweichung von dem Halbteilungsgrundsatz bei der Bemessung des Unterhaltsanspruchs der Ehefrau (mit $4/_7$ Anteilen für den Ehemann) ihre innere Rechtfertigung – mit – daraus ableitet, daß der mit der Ausübung einer Erwerbstätigkeit verbundene Aufwand berücksichtigt werden muß (vgl. Senat, NJW-RR 1990, 578 = FamRZ 1990, 979 (981) m. w. Nachw.). **b**

BGH v. 7. 5. 91 – XII ZR 69/90 – FamRZ 91, 1414 = NJW-RR 91, 1346

(Erwerbsbonus und Bedarf) R436

Das BerGer. hat den Bedarf der Kl. durch strikte Halbteilung des Einsatzeinkommens ermittelt. Auch dagegen wendet sich die Revision mit Erfolg. Der Senat hat sich mit der von seiner ständigen Rechtsprechung abweichenden Auffassung, auch des BerGer., inzwischen mehrfach auseinandergesetzt und daran festgehalten, daß bei der Bemessung des Unterhaltsbedarfs nach den ehelichen Lebensverhältnissen (§ 1578 I 1 BGB) dem erwerbstätigen Unterhaltspflichtigen ein die Hälfte des verteilungsfähigen Einkommens maßvoll übersteigender Betrag verbleiben muß (vgl. zuletzt Senat, NJW-RR 1991, 132 =FamRZ 1991, 304 (305) m. w. Nachw.). Die insoweit maßgeblichen Gesichtspunkte Anreiz zur weiteren Ausübung einer Erwerbstätigkeit und Abgeltung eines mit der Berufstätigkeit typischerweise verbundenen, nicht durch bezifferbare Kosten nachweisbaren Aufwandes – gelten auch hier. Die gleichen Erwägungen gelten auf seiten des unterhaltsberechtigten Ehegatten für die Beurteilung, inwieweit sein Unterhaltsbedarf gedeckt ist. Wenn diesem wie hier ein erzielbares Eigeneinkommen aus zumutbarer Erwerbstätigkeit angerechnet wird, muß daher auch von diesem Einkommen ein entsprechender Teil anrechnungsfrei belassen werden.

BGH v. 10. 7. 91 – XII ZR 166/90 – FamRZ 91, 1163 = NJW 91, 2703

(Abzug von Kindesunterhalt beim Berechtigten) R437

1. Das BerGer. hat offengelassen, in welcher Höhe die Kl. für einen anderweitig nicht gedeckten **a** Unterhaltsbedarf ihrer Tochter D aufkommen muß. Denn eine solche Unterhaltspflicht könne sie dem Bekl. nicht entgegenhalten. Werde eine solche Verpflichtung einkommensmindernd berücksichtigt, hätte das zur Folge, daß der Bekl. mittelbar für eine Unterhaltsverpflichtung (mit-)einstehen müsse, die ihn rechtlich nichts angehe. Es komme nicht darauf an, daß in der Zeit des Zusammenlebens der Parteien Zahlungen an die Tochter D tatsächlich aus dem Gesamteinkommen der Familie geleistet worden seien.

Dem kann in dieser Allgemeinheit nicht zugestimmt werden. Es trifft zwar zu, daß der Lebensbedarf eines Unterhaltsberechtigten grundsätzlich nicht die Mittel umfaßt, die er zur Deckung seiner eigenen Unterhaltspflichten gegenüber Dritten benötigt. Ein erwerbstätiger Ehemann braucht daher seiner Frau, die sich ausschließlich der Haushaltsführung widmet, keine Mittel zur Verfügung zu stellen, damit sie ihre bedürftige Verwandten – auch nichteheliche Kinder aus einer früheren Ehe – unterhalten kann (vgl. nur Göppinger-Kindermann, UnterhaltsR, 5. Aufl., Rdnr. 974).

Im vorliegenden Fall geht es indessen um eine andere Fragestellung. Wenn der Trennungsunterhalt begehrende Ehegatte, wie hier die Kl., eigene Einkünfte erzielt, die für die Bemessung seines Unterhalts nach der Differenzmethode herangezogen werden, besteht von Gesetzes wegen kein Grund, diese Einkünfte ungeachtet der Unterhaltsansprüche Dritter ungeschmälert nur zur unterhaltsrechtlichen Entlastung des anderen Ehegatten einzusetzen. Es kann dahinstehen, ob ein solcher Vorrang für die Bemessung des nachehelichen Unterhalts aus dem Grundsatz der Eigenverantwortlichkeit (§ 1596 BGB) und der Regelung des § 1577 BGB hergeleitet werden könnte. Für den Anwendungsbereich des § 1361 BGB fehlen entsprechende Bestimmungen. Nach der Rechtsprechung des BGH muß es ein alleinverdienender Ehegatte während bestehender Ehe gegebenenfalls sogar dulden, daß sein an sich nur den Haushalt führender Ehegatte aus einer Nebentätigkeit Mittel erwirtschaftet, die ausschließlich für den Barunterhalt anderweit betreuter Kinder, etwa aus einer früheren Ehe, verwendet werden (BGHZ 75, 272 = NJW 1980, 340 = LM § 1356 BGB (L) Nr. 21; vgl. auch Senat, NJW 1986, 1869 = LM § 1603 BGB Nr. 31 = FamRZ 1986, 668). Daß Einkünfte eines Ehegatten aus Vermögenserträgen, die er bereits während des Zusammenlebens zur Deckung des Unterhalts seines erstehelichen Kindes eingesetzt hat, von der Trennung an nur noch für den Unterhaltsbedarf der Eheleute verfügbar sein sollen, ist nicht einzusehen. Solche Verbindlichkeiten weiterhin einkommensmindernd zu berücksichtigen, gebietet nicht zuletzt der Grundsatz der Gleichbehandlung (zutreffend Schwab-Borth, Hdb. d. ScheidungsR, 2. Aufl., IV Rdnr. 607; Soergel-Hermann Lange, BGB, 12. Aufl., § 1361 Rdnr. 9; vgl. OLG Stuttgart, FamRZ 1987, 1030 (1031)). Denn beim Unterhaltspflichtigen kann – selbst noch für den nachehelichen Unterhalt – bei der Bemessung des Unterhaltsbedarfs nach einer Quote aus der Differenz beiderseitiger Einkünfte vorweg der Kindesunterhalt abgezogen werden, auch wenn es um die Unterhaltspflicht für ein nicht gemeinschaftliches Kind geht, für das er bereits während der Ehe aufzukommen hatte, so daß bereits die ehelichen Lebensverhältnisse dadurch mitgeprägt waren. Der Senat hat entsprechende Vorwegabzüge vom Einkommen des Verpflichteten grundsätzlich sogar für geboten erachtet, soweit die sich daraus ergebende Verteilung der zum Unterhalt von Ehegatten und Kindern zur Verfügung stehenden Mittel nicht in einem Mißverhältnis zum wechselseitigen Lebensbedarf der Beteiligten steht; dies gilt auch für den Fall, daß der Unterhalt an ein volljähriges Kind zu entrichten ist (Senat, NJW-RR 1990, 578 = FamRZ 1990, 979 (980 unter 4); NJW 1987, 1551 = LM § 1577 BGB Nr. 12 = FamRZ 1987, 456 (458 f.) m. w. Nachw. zur Senatsrechtsprechung). Gewährt ein getrennt lebender Ehegatte seinem Kind aus früherer Ehe aus eigenen Einkünften Unterhalt, sind daher diese Unterhaltsleistungen, soweit ihnen eine Verpflichtung zugrunde liegt, bei der Bemessung des Trennungsunterhalts jedenfalls dann vorweg abzusetzen, wenn er das Kind schon während des Zusammenlebens der Ehegatten unterhalten hat. Da es danach entgegen der Auffassung des BerGer. nicht unerheblich ist, in welchem Umfang die Kl. für einen ungedeckten Unterhaltsbedarf ihrer erstehelichen Tochter D aufzukommen hat, und ob entsprechende Unterhaltsleistungen an dieses Kind bereits die ehelichen Lebensverhältnisse geprägt haben, müssen die dazu erforderlichen tatrichterlichen Feststellungen nachgeholt werden.

(Aufgedrängte Vermögensbildung)

b 2. Durchgreifenden Bedenken unterliegt das Berufungsurteil auch in der Beurteilung der Frage, ob die von der Kl. erzielten Einkünfte aus dem Gewerbeobjekt M. um Tilgungsleistungen zu kürzen sind, die sie vertragsmäßig an den Kreditgeber jährlich zu erbringen hat. a) Die Kl. erzielt ihre Einkünfte aus einem zur Zeit an die Firma X verpachteten Ladenlokal in einem Gebäude, das im sogenannten Bauherrenmodell errichtet worden ist. Den Kaufpreis hat sie durch Kredite in Höhe von zusammen 1,2 Mio. DM voll finanziert, die – beginnend mit dem 5. 3. 1983 – mit jährlich 1 % auf die jeweils bestehende Schuld zu tilgen sind. Das BerGer. hat zugunsten der Kl. unterstellt, daß eine Umstellung der Finanzierung mit einer Ermäßigung der Gesamtbelastung nicht möglich und ein Verkauf des Objektes wirtschaftlich nicht sinnvoll ist, weil günstigere Vermögenserträge dadurch nicht erzielt werden können. Davon ist revisionsrechtlich auszugehen.

Seine Auffassung, daß die Tilgungsleistungen nicht einkommensmindernd berücksichtigt werden könnten, hat das BerGer. damit begründet, daß dem Gesichtspunkt der Vermögensbildung das größere Gewicht zukomme; es erscheine nicht angemessen, diese durch Unterhaltsleistungen des Verpflichteten mitfinanzieren zu lassen. Dem weiteren von der Kl. verfolgten Zweck, nämlich überhaupt Einnahmen zu erzielen, hat das BerGer. keine ausschlaggebende Bedeutung zugemessen. In einer Kontrollberechnung hat es dargelegt, daß der Kl. trotz der Tilgungsleistungen unter Einschluß des ausgeurteilten Unterhaltsanspruchs noch ein einigermaßen auskömmliches Resteinkommen verbleibe, nämlich monatlich 4038 DM im Jahre 1988 und monatlich 3066 DM im Jahre 1989.

b) Im Ausgangspunkt ist dem OLG zuzustimmen. In welchem Umfang Kreditverbindlichkeiten bei der Unterhaltsbemessung einkommensmindernd zu berücksichtigen sind, läßt sich nicht generell und nach bestimmten, ausnahmslos gültigen Grundsätzen beurteilen, sondern hängt in mehrfacher Hinsicht von den Umständen des Einzelfalles ab. In Fällen, in denen die Leistungsfähigkeit eines Unterhaltsverpflichteten zu beurteilen war, hat der Senat den Standpunkt eingenommen, daß zwischen berücksichtigungswürdigen und anderen Verbindlichkeiten zu unterscheiden ist. Da jede Rechtsposition unter dem Vorbehalt von Treu und Glauben steht, kann sich der Unterhaltspflichtige nicht auf Verbindlichkeiten berufen, die er ohne verständigen Grund eingegangen ist. Erforderlich ist eine umfassende Interessenabwägung nach billigem Ermessen. Bedeutsame Umstände sind dabei insbesondere der Zweck der Verbindlichkeiten sowie der Zeitpunkt und die Art ihrer Entstehung. Rühren die Schulden aus der gemeinsamen Lebensführung zur Zeit des Zusammenlebens der Eheleute her, so sind sie grundsätzlich zu berücksichtigen (Senat, NJW 1984, 1237 = FamRZ 1984, 358 (360)). Andererseits ist ein unterhaltspflichtiger Ehegatte nicht berechtigt, auf Kosten des Unterhaltsbedürftigen Vermögen zu bilden, mit der Folge, daß die Zins- und Tilgungsaufwendungen, die bei Beteiligung an einem Bauherrenmodell anfallen, nicht einkommensmindernd berücksichtigt werden können (Senat, NJW-RR 1987, 194 = FamRZ 1987, 36 (37); NJW-RR 1987, 1218 = FamRZ 1987, 913 (916)). Ähnliche Gesichtspunkte sind für die Beurteilung heranzuziehen, ob und inwieweit es auf seiten des Unterhaltsberechtigten zu berücksichtigen ist, daß seine in die Differenzberechnung eingehenden Einkünfte durch Tilgung von Krediten geschmälert werden.

Die Revision rügt mit Erfolg, daß das BerGer. wesentliche Gesichtspunkte nicht oder nicht ausreichend in seine Abwägung einbezogen hat. Die Kl., die damals einkommenslos war, kann während der Ehe im Rahmen eines Bauherrenmodells ein finanzielles Engagement in Millionengröße nur mit Wissen und Wollen des Bekl. eingegangen sein; dessen überdurchschnittliche Einkünfte erlaubten es den Parteien nicht nur, in erheblichem Umfang Verbindlichkeiten einzugehen, sondern legten es ihnen geradezu nahe, Vermögensanlageformen zu suchen, die eine Verminderung der Einkom-

Anhang R. Rechtsprechung   R437

mensteuerlast mit sich brachten. Unstreitig hat der Bekl. durch die Ausnutzung der Abschreibungsmöglichkeiten, die mit dem in Rede stehenden Gewerbeobjekt in Verbindung mit der gemeinsamen Veranlagung der Parteien verbunden waren, mehrere Jahre lang erhebliche Steuerersparnisse erzielt. Dieser Zweck dürfte nach der Lebenserfahrung auch ein stärkeres Motiv für die Anlageentscheidung der Parteien dargestellt haben als nur die Möglichkeit einer Vermögensbildung, für die es günstigere Formen gegeben hätte. Jedenfalls steht außer Zweifel, daß beide Parteien von der Beteiligung an diesem Bauvorhaben wirtschaftlich profitiert haben und dadurch jedenfalls ihre ehelichen Lebensverhältnisse geprägt worden sind. Der eheliche Lebensstandard ist durch die jährlich aufzubringende Tilgung von 1 % des Restkapitals nicht wesentlich beeinträchtigt worden, denn ihre zusammengerechneten Monatseinkünfte von über 10 000 DM erlaubten die Vermögensanlage in der in Rede stehenden Größe. Unter diesen Voraussetzungen erscheint es schwer erträglich, nach der Trennung der Parteien nunmehr diesen Tilgungsbetrag – den die Kl. mit monatlich 1855,60 DM berechnet, der aber im Lauf der Jahre durch fortschreitende Tilgung bei festen Annuitäten zunimmt – in voller Höhe ihren Einkünften zuzurechnen mit der Folge, daß sich die ihr für den laufenden Lebensbedarf verbleibenden Mittel erheblich verringern und ein sozialer Abstieg eintritt, der durch die Regelung des § 1361 BGB gerade vermieden werden soll.

Die Kontrollberechnung des BerGer. gibt kein zutreffendes Bild über die ihr zur Verfügung stehenden Mittel. So ist für das Jahr 1989 nicht von monatlichen Barmitteln in Höhe von 4028,51 DM auszugehen, denn in diesem Betrag ist der Wohnvorteil enthalten. Ohne den ausgeurteilten Unterhalt hatte die Kl. lediglich Pachteinnahmen in Höhe von 3374,75 DM. Hätte sie davon die Tilgungsleistungen mit monatlich 1855,60 DM zu tragen, verblieben ihr bei gedecktem Wohnbedarf lediglich 1519,15 DM, die sich bei Unterhaltsleistungen an die Tochter D noch weiter vermindern würden. Jedenfalls liegt auf der Hand, daß die Kl. auch bei Hinzurechnung des vom BerGer. zugesprochenen Unterhalts von monatlich 893 DM nicht mehr über Mittel verfügen würde, die ihr ohne erhebliche Einschränkung ihres ehelichen Lebensstandards weiterhin eine Vermögensbildung in Höhe von monatlich 1855,60 DM erlauben könnten.

In einem derartigen Fall, der als eine durch die Verhältnisse „aufgedrängte" Vermögensbildung bezeichnet werden könnte, muß nach einer Lösung gesucht werden, die die Folgen der während des Zusammenlebens der Eheleute getroffenen Anlageentscheidung nicht einseitig auf den wirtschaftlich schwächeren und daher unterhaltsbedürftigen Ehegatten verlagert. Leben die Ehegatten, wie hier, im gesetzlichen Güterstand, bietet es sich an, jedenfalls für die Zeit bis zur Erhebung des Scheidungsantrages derartige Tilgungsleistungen unterhaltsrechtlich von den Einkünften des Berechtigten abzusetzen, da sie ihm tatsächlich nicht für die Deckung seines Lebensbedarfes zur Verfügung stehen, während andererseits der Unterhaltsverpflichtete an Vermögenszuwächsen bis zu diesem Zeitpunkt im Wege des Zugewinnausgleichs noch teilnimmt. Für die anschließende Zeit bis zur Scheidung (und für den hier jedoch nicht in Frage stehenden nachehelichen Unterhalt) ließe sich daran denken, unterhaltsrechtlich in gleicher Weise zu verfahren, den sich dadurch ergebenden (höheren) Unterhaltsanspruch jedoch gem. § 1361 III i.V. mit § 1579 Nr. 7 BGB unter Billigkeitsgesichtspunkten maßvoll herabzusetzen; dabei wäre einerseits dem Umstand Rechnung zu tragen, daß der Verpflichtete an einer Vermögensmehrung auf seiten des Berechtigten nicht (mehr) teilnimmt, andererseits der Berechtigte durch die – im Verhältnis zu seinen sonstigen Mitteln – zu hohen Tilgungsleistungen Einbußen in seinem Lebensstandard hinnehmen muß, die aus einer unter ganz anderen Verhältnissen einvernehmlich getroffenen Anlageentscheidung nachwirken, die aufrechtzuerhalten aber auch im Interesse des Unterhaltsverpflichteten liegt (vgl. zu diesem Gesichtspunkt Palandt-Diederichsen, BGB, 50. Aufl., § 1361 Rdnr. 17).

(Kein Abzug von $^1/_7$ bei sonstigen Einkünften)

Für die neue Verhandlung erscheint folgender Hinweis veranlaßt: Falls das BerGer. erneut den c
Unterhaltsanspruch der Kl. nach einer $^3/_7$-Quote aus der Differenz der beiderseitigen Einkünfte berechnen will, wird es sich die Frage vorlegen müssen, ob das unter den Gegebenheiten des Falles gerechtfertigt ist. Es bewirkt nämlich, daß beiden Parteien ein Bonus von $^1/_7$ aus ihren sämtlichen Einkünften vorab belassen wird, also auch soweit es sich um Kapitalerträge, Einkünfte aus Vermietung und Verpachtung und Gebrauchsvorteile handelt. Soweit Einkünfte nicht aus einer Erwerbstätigkeit herrühren, bedarf eine Abweichung vom Grundsatz der gleichmäßigen Teilhabe der Ehegatten am ehelichen Lebensstandard aber einer besonderen Begründung (vgl. Senat, NJW 1982, 2442 = FamRZ 1982, 894 (895); NJW 1984, 2358 = FamRZ 1984, 662 (664)). Falls diese nicht besteht, wird der Bonus nur von den Einkünften des Bekl. aus Erwerbstätigkeit gewährt werden dürfen. Der Unterhaltsanspruch der Kl. ist dann in Höhe der Hälfte aus der Differenz ihrer Einkünfte zur Summe aus den (vollen) Mieteinkünften und $^6/_7$ der Erwerbseinkünfte des Bekl. zu bilden (vgl. Senat, NJW 1989, 2809 = LM § 1361 BGB Nr. 56 = FamRZ 1989, 1160 (1162 f. unter 5 b)).

1515

BGH v. 9. 10. 91 – XII ZR 170/90 – FamRZ 92, 162 = NJW 92, 364

R438 *(Leistungen nach dem Kindererziehungsleistungsgesetz)*

Die sozialpolitische Zweckbestimmung der Einkünfte ist für die unterhaltsrechtliche Beurteilung nicht ohne weiteres maßgebend. Ausschlaggebend ist vielmehr, ob die Einkünfte tatsächlich zur (teilweisen) Deckung des Lebensbedarfs zur Verfügung stehen (Senat, NJW-RR 1986, 1002 = LM § 1569 BGB angerechnet wird, und die der Bund den Versicherungsträgern aus Steuermitteln erstattet. Sie wird nur Müttern gewährt, wobei Voraussetzung für die Zahlung lediglich die Geburt eines Kindes ist. Sie wird unabhängig davon gezahlt, ob die Frau selbst oder ihr Ehemann in der gesetzlichen Rentenversicherung versichert ist oder ob versicherungsrechtliche Voraussetzungen erfüllt sind. Es kommt auch nicht darauf an, ob die Mutter das Kind aufgezogen hat. Die Leistung wird nicht als Rente betrachtet, sondern als „Leistung besonderer Art", durch die – neben der Verbesserung der finanziellen Situation älterer Mütter – die außergewöhnliche Belastung durch die Kindererziehung in besonders schwierigen Zeiten anerkannt werden soll (BT-Dr 11/197, S. 9 f., 13). Die Leistungen nach dem Kindererziehungsleistungs-Gesetz haben damit einen versicherungsrentenähnlichen Charakter. Schon dies legt es nahe, sie wie eine Versicherungsrente selbst als Einkommen der Empfängerin zu betrachten, das ihre Bedürftigkeit mindert. Es wäre auch schwer verständlich, eine Rente, die sich durch Anerkennung von Kindererziehungszeiten nach dem Hinterbliebenenrenten- und Erziehungszeiten-Gesetz erhöht, als Einkommen einer Unterhaltsgläubigerin zu betrachten, Leistungen nach dem Kindererziehungsleistungs-Gesetz hingegen nicht, obwohl die Regelung für die älteren Mütter im Grundsatz mit der Regelung übereinstimmt, die für die Mütter der Geburtsjahrgänge ab 1921 durch das Hinterbliebenenrenten- und Erziehungszeiten-Gesetz getroffen worden ist (BT-Dr 11/197, S. 9).

BGH v. 23. 10. 91 – XII ZR 174/90 – FamRZ 92, 170 = NJW 92, 501

R439 *(Abitur-Lehre-Studium)*

Nach § 1610 II BGB umfaßt der Unterhalt eines Kindes die Kosten einer angemessenen Vorbildung zu einem Beruf. Darunter ist eine Berufsausbildung zu verstehen, die der Begabung und den Fähigkeiten, dem Leistungswillen und den beachtenswerten Neigungen des Kindes am besten entspricht und die sich in den Grenzen der wirtschaftlichen Leistungsfähigkeit der Eltern hält. Geschuldet wird damit die den Eltern wirtschaftlich zumutbare Finanzierung einer begabungsbezogenen Berufsausbildung ihres Kindes, die dessen nicht nur flüchtigen Neigungen entspricht, soweit diese mit den wirtschaftlichen Verhältnissen der Eltern zu vereinbaren sind (BGHZ 69, 190 (192 f.) = NJW 1977, 1774 m. Anm. Diederichsen = Senat, FamRZ 1980, 1115).

Hiernach hat der Senat zunächst in ständiger Rechtsprechung entschieden, daß Eltern, die ihrem Kind eine Berufsausbildung haben zukommen lassen, welche dessen Begabung und Fähigkeiten, Leistungswillen und beachtenswerten Neigungen entspricht, ohne Rücksicht auf die Höhe der Kosten, die sie für die Ausbildung haben aufwenden müssen, ihrer Unterhaltspflicht grundsätzlich in ausreichendem Maße nachgekommen und deshalb nicht verpflichtet sind, Kosten einer weiteren Ausbildung zu tragen (s. die Nachw. in BGHZ 107, 376 (379 f.) = NJW 1989, 2253 = LM § 1610 BGB Nr. 18).

Schon unter Anlegung der Maßstäbe jener Rechtsprechung konnte der zweijährige Dienst von Schulabgängern mit allgemeiner Hochschulreife als Zeitsoldat nicht als eine angemessene Vorbildung zu einem Beruf (§ 1610 II BGB) angesehen werden; mit seiner Ableistung wurden die Eltern also bereits nach dieser Rechtsprechung nicht von der unterhaltsrechtlichen Pflicht zu einer Ausbildungsfinanzierung frei.

Mit dem zweijährigen Dienst bei der Bundeswehr als Soldat auf Zeit wird, obwohl er aufgrund freiwilliger Verpflichtung geleistet wird, ganz überwiegend der Wehrpflicht genügt (so unter Hinweis auf § 4 III und § 7 I WPflG zutreffend OVG Münster, Urt. v. 15. 5. 1991–16 A 1418/89). Ob er als „Ausbildung" einzustufen ist, der dann i. S. des § 11 III 1 Nr. 5 BAföG später eine „weitere" folgte, ist bereits sehr zweifelhaft (verneinend OVG Münster), kann hier jedoch auf sich beruhen. Auch wenn man ihn als Ausbildung qualifiziert, haben die Eltern damit ihrer Unterhaltspflicht gem. § 1610 II BGB noch nicht genügt. Denn durch die Vermittlung der vorwiegend dem militärischen Bereich angehörenden Kenntnisse und Fähigkeiten in der zweijährigen Dienstzeit ist der zum Hoch-

Anhang R. Rechtsprechung R439

schulstudium berechtigte M nicht berufsbezogen ausgebildet worden. Die Ausbildung schöpft – nach der Feststellung des Tatrichters auch in seinem Falle – die Ausbildungsmöglichkeiten nicht entsprechend den Fähigkeiten und dem Leistungswillen eines Abiturienten aus. Es handelt sich, sofern überhaupt von einer berufsqualifizierenden Ausbildung gesprochen werden kann, um eine solche zum Unteroffizier, die den im Abiturzeugnis ausgewiesenen Fähigkeiten und der Begabung des M nicht entspricht. Daß sie u. U. auch die Möglichkeit erschließt, später Berufsoffizier zu werden (vgl. § 39 SoldG), ändert nichts an dieser Beurteilung, in der der Senat ebenfalls mit dem OVG Münster (Urt. v. 15. 5. 1991–16A 1418/89) übereinstimmt.

Diese Frage allgemein anders zu entscheiden hieße, die zum Studium berechtigten Wehrpflichtigen, die sich für den zweijährigen Dienst als Soldat auf Zeit verpflichtet haben, unterhaltsrechtlich bereits auf die spätere Laufbahn eines Berufssoldaten festzulegen. Das stände mit dem tatsächlichen Werdegang zahlreicher Zeitsoldaten, die sich nach dem zweijährigen Dienst durch Studium oder Lehre für einen anderen Beruf vorbilden, nicht in Einklang.

2. Nach der Auffassung des BerGer. ist der Bekl. verpflichtet, die Kosten des Studiums der Rechtswissenschaften zu tragen, obwohl M zuvor bereits die Banklehre durchlaufen und erfolgreich abgeschlossen hat. Für diese Beurteilung hat es sich auf die bereits genannte Senatsentscheidung BGHZ 107, 376 (= NJW 1989, 2253 = LM § 1610 BGB Nr. 18) berufen, wonach der Unterhalt eines Kindes, das nach Erlangung der Hochschulreife zunächst eine praktische Ausbildung durchlaufen hat, auch die Kosten eines Hochschulstudiums umfaßt, wenn dieses mit den vorausgegangenen Ausbildungsabschnitten in einem engen sachlichen und zeitlichen Zusammenhang steht und die Finanzierung des Ausbildungsweges den Eltern wirtschaftlich zumutbar ist. Auch dagegen wendet sich die Revision ohne Erfolg.

a) Die Erwägungen der Revision wie auch vereinzelt im Schrifttum geäußerte Bedenken (D. Schwab, in: Festschrf. f. Jauch, 1990, S. 201 (210 ff.)) veranlassen den Senat auch bei erneuter Überprüfung nicht, die Grundsätze der Entscheidung BGHZ 107, 376 (NJW 1989, 2253 = LM § 1610 BGB Nr. 18) zur elterlichen Unterhaltspflicht in den Fällen Abitur-Lehre-Studium aufzugeben. Sie stimmen im übrigen mit der bereits zuvor verbreiteten Rechtsprechung der Oberlandesgerichte überein (vgl. dazu Miesen, FamRZ 1991, 125 (127)).

b) Dem BerGer. ist auch darin zu folgen, daß die Banklehre und das Studium der Rechtswissenschaft, die hier zeitlich dicht aufeinander folgten, auch in dem vom Senat geforderten engen sachlichen Zusammenhang stehen. Sie gehören zwar nicht derselben Berufssparte an. Die praktische Ausbildung zum Bankkaufmann ist aber, wie das BerGer. zutreffend dargelegt hat, eine sinnvolle und nützliche Vorbereitung auf das Studium der Rechtswissenschaft. Die Ausbildung zum Bankkaufmann nutzt dem Juristen im Studium wie auch bei der späteren Berufsausübung in vielfältiger Weise. Schon der Erwerb der während der Banklehre vermittelten wirtschaftlichen Kenntnisse verschafft dem Absolventen der Lehre Vorteile in einem anschließenden Jurastudium, wobei es nicht darauf ankommt, ob und inwieweit die Ausbildungsordnungen die Teilnahme an volks- und betriebswirtschaftlichen Lehrveranstaltungen vorsehen. Zudem führt die Einführung in die typischen Bankgeschäfte einer Universalbank (u. a. Einlagen-, Kredit-, Diskont-, Effekten-, Depot-, Investment-, Garantie- und Girogeschäft) notwendig zu einer solchen Vielzahl rechtlicher Einsichten in die Bereiche etwa des Darlehens- und des Kreditsicherungsrechts, des Wertpapier- und des Gesellschaftsrechts, des Konkurses und des Vergleichsverfahrens sowie der Zwangsvollstreckung, daß die Banklehre auch deshalb weithin und zu Recht als eine sinnvolle Vorbereitung auf das rechtswissenschaftliche Studium angesehen wird.

c) Soweit die Revision unter Hinweis auf das Senatsurteil vom 10. 10. 1990 (NJW-RR 1991, 195 = FamRZ 1991, 320) eine rechtzeitige Bekanntgabe der Absicht zu studieren vermißt, stellt sie eine Anforderung, die für die sog. Abitur-Lehre-Studium-Fälle nicht gilt (BGHZ 107, 376 (382) = NJW 1989, 2253 = LM § 1610 BGB Nr. 18). Dem Urteil vom 10. 10. 1990 lag kein solcher Fall zugrunde; deshalb konnte dort ein frühzeitig verlautbarter Studienentschluß als Klammer für die dadurch mögliche Annahme einer einheitlichen Ausbildung rechtliche Bedeutung gewinnen.

d) Zur Zumutbarkeit der Unterhaltsgewährung für das Studium des Sohnes hat das BerGer. im wesentlichen ausgeführt: Eltern hätten nur für eine solche Berufsausbildung aufzukommen, deren Finanzierung sich in den Grenzen ihrer wirtschaftlichen Leistungsfähigkeit halte. Die damit gebotene Prüfung der wirtschaftlichen Zumutbarkeit gewinne in den sog. Abitur-Lehre-Studium-Fällen ein besonderes Gewicht, weil die Eltern durch diesen Ausbildungsweg in ihren wirtschaftlichen Belangen stärker betroffen sein könnten, als dies bei der herkömmlichen Ausbildung der Fall sei. Das gelte in besonderem Maße, wenn zusätzlich auch noch ein vorausgegangener Wehrdienst die Gesamtdauer der Ausbildung verlängere. Belastende Auswirkungen könnten sich auch dadurch ergeben, daß die Ausbildung durch ihre Verlängerung in eine Zeit falle, in der die Eltern bereits ein besonderes Interesse an einer Beendigung ihrer Unterhaltspflicht hätten. Ob der gewählte Ausbildungsgang danach im Hinblick auf die wirtschaftlichen Belange der Eltern eine angemessene Vorbildung zu einem Beruf sei (§ 1610 II BGB), müsse aufgrund einer umfassenden tatrichterlichen Zu-

1517

mutbarkeitsprüfung beurteilt werden. Dabei sei hier zu berücksichtigen, daß der Bekl. in gesicherten Einkommens- und Vermögensverhältnissen lebe. Er sei als Major bei der Bundeswehr tätig und habe bereits im Jahre 1986 ein Bruttoeinkommen von 65 870 DM erzielt, das sich durch die inzwischen eingetretenen Besoldungserhöhungen weiter erhöht haben werde. Unterhaltspflichten träfen ihn nur gegenüber seinem Sohn und seiner nunmehr erwerbsunfähigen Ehefrau. Weitere finanzielle Verpflichtungen von besonderem Gewicht seien nicht dargetan. Unter diesen Umständen sei die Belastung mit den Kosten der weiteren Ausbildung wirtschaftlich zumutbar, zumal der Bekl. während der bisherigen Ausbildung des Sohnes bei der Bundeswehr und bei der Bank durch den nicht unerheblichen Wehrsold und die Ausbildungsvergütung weitgehend von seinen Unterhaltspflichten entlastet gewesen sei. Auch der Umstand, daß der Bekl. möglicherweise bis zu seinem Ausscheiden aus dem Dienst als Berufsoffizier mit Vollendung des 54. Lebensjahres zu Unterhaltszahlungen herangezogen werde, rechtfertige keine abweichende Beurteilung; andere Unterhaltsschuldner müßten in diesem Lebensalter ebenfalls noch Unterhalt für ihre in der Ausbildung befindlichen Kinder aufbringen. Das vergleichsweise frühe Ausscheiden des Bekl. aus dem Dienst sei zudem nicht unbedingt mit seinem endgültigen Ausscheiden aus dem Berufsleben gleichzusetzen.

Auch diese Ausführungen halten den Angriffen der Revision stand. Sie gehen von zutreffenden rechtlichen Erwägungen aus und genügen den Anforderungen, die insoweit nach der Rechtsprechung des Senats an die tatrichterliche Zumutbarkeitsprüfung zu stellen sind (BGHZ 107, 376 (382 ff.) = NJW 1989, 2253 = LM § 1610 BGB Nr. 18). Daß die Beiträge, die der Bekl. bis zum Tode seiner Mutter im November 1989 zu deren Unterhalt geleistet hat, ihn gehindert hätten, der Unterhaltsverpflichtung gegenüber M nachzukommen, macht er nicht geltend. Die Revision meint, der Bekl. habe der noch etwa in der Mitte der zweijährigen Banklehre ausdrücklich geäußerten Absicht seines Sohnes, für den weiteren Verlauf seines beruflichen Lebens Offizier sein zu wollen, vertrauen dürfen und brauche sich nicht dessen als Willkür zu qualifizierender Wankelmütigkeit zu unterwerfen. Damit kann sie jedoch nicht durchdringen. Selbst wenn der Studienentschluß erst nach der Beendigung einer Lehre gefaßt wird, steht das der Einheitlichkeit der Ausbildung nicht entgegen. Vielmehr reicht es in den sog. Abitur-Lehre-Studium-Fällen aus, daß der Unterhaltsberechtigte seine Entscheidung sukzessive mit dem Erreichen der jeweiligen Ausbildungsstufe trifft und den Entschluß zur Weiterführung der Ausbildung durch ein Studium erst nach der Beendigung der praktischen Ausbildung faßt (BGHZ 107, 376 (382) = NJW 1989, 2253 = LM § 1610 BGB Nr. 18). Daß M gegen Mitte der Banklehre die Absicht geäußert hat, es nach dem Abschluß der Lehre bei den erlangten Ausbildungen bewenden zu lassen und sein weiteres berufliches Leben als Offizier zu verbringen, macht daher die spätere Änderung dieser Lebensplanung durch Aufnahme des Jurastudiums unterhaltsrechtlich nicht unbeachtlich. Im übrigen ist nicht ersichtlich, welche einer weiteren Unterhaltsbelastung entgegenstehenden Vermögensdispositionen der Bekl. im Vertrauen auf die Ankündigung des Sohnes, Berufsoffizier werden zu wollen, getroffen hat.

BGH v. 27. 11. 91 – XII ZR 226/90 – FamRZ 92, 291 = NJW 92, 906

R440 *(Ärztliche Behandlung als Lebensbedarf)*

1. Ärztliche Behandlungen sind, wie der Senat in dem Urteil vom 13. 2. 1985 (BGHZ 94, 1 (6) = NJW 1985, 1394 in Übereinstimmung mit der h. M. im Schrifttum entschieden hat, zum Lebensbedarf der Familie i. S. von § 1357 BGB zu rechnen, da sie der Gesundheit als dem „primären und ursprünglichen Lebensbedarf" dienen. 2. Bei der Beurteilung der Frage, ob eine ärztliche Behandlung zur „angemessenen" Deckung des Lebensbedarfs der Familie bestimmt ist, hat sich der Senat in dem genannten Urteil mit der im Gesetzgebungsverfahren zu § 1357 I BGB n. F. geäußerten Vorstellung auseinandergesetzt, Geschäfte größeren Umfangs, die ohne Schwierigkeiten zurückgestellt werden könnten, sollten nicht unter § 1357 BGB fallen; auf diese Weise solle der an dem Rechtsgeschäft nicht beteiligte Ehegatte vor einer überraschenden Inanspruchnahme aus Alleingeschäften größeren Umfangs geschützt werden, die der andere Ehegatte ohne vorherige Abstimmung mit ihm eingegangen sei. Der Senat hat diese in erster Linie auf größere Anschaffungen und Investitionen zugeschnittenen Kriterien in dem damals zur Entscheidung stehenden Fall auch angewandt auf den Abschluß eines Behandlungsvertrages über kostspielige Wahlleistungen bei privater Behandlung der Ehefrau durch den Chefarzt. Dies steht im Einklang mit der auch im Schrifttum vertretenen Auffassung, daß eine besonders teure, aber in sachlicher oder zeitlicher Hinsicht nicht gebotene ärztliche Behandlung – z. B. spezieller Zahnersatz, privatärztliche Behandlung, Zusatzleistungen eines Krankenhauses – in der Regel nur dann unter § 1357 BGB fällt, wenn sich die Ehegatten hierüber ausdrücklich abgestimmt haben (vgl. Wacke, in: MünchKomm, 2. Aufl., § 1357 Rdnr. 30, 31; Soergel-Lange, BGB, 12. Aufl., § 1357 Rdnr. 14). Nur unter dieser Voraussetzung dient die Inanspruchnahme derartiger besonders kostspieliger, medizinisch nicht indizierter Sonderleistungen der – nach den individuellen Verhältnissen der Eheleute zu beurteilenden – „angemessenen" Deckung des Lebensbedarfs (BGHZ 94, 1 (9) = NJW 1985, 1394; vgl. Erman-Heckelmann, BGB, 8. Aufl., § 1357 Rdnrn. 11 ff., 14).

Anhang R. Rechtsprechung

So liegt der Fall hier jedoch nicht. Der verstorbene Ehemann der Bekl. hat keine ärztlichen Sonderleistungen in Anspruch genommen; auch war die Behandlung, der er sich unterzog, unaufschiebbar, medizinisch notwendig und bot ohne Alternative die einzige Heilungschance. Bei dieser Sachlage diente die Behandlung trotz der mit ihr verbundenen erheblichen Kosten, die die finanziellen Möglichkeiten der Eheleute sichtlich überstiegen, der angemessenen Deckung des Lebensbedarfs der Familie.

BGH v. 11. 12. 91 – XII ZR 245/90 – FamRZ 92, 426 = NJW 92, 974
(Unterhaltsbestimmung nach § 1612 III BGB) R441

3. Der Bekl. ist seinen ehelichen, einkommens- und vermögenslosen Kindern nach den §§ 1601, 1602 BGB unterhaltspflichtig. Nach § 1612 I 1 BGB ist der Unterhalt durch eine Geldrente zu gewähren. Sein Einwand, die Kinder hätten den Unterhalt in Natur bei ihm entgegenzunehmen, greift nicht durch.

a) Das BerGer. ist der Auffassung, eine während des Zusammenlebens der Parteien stillschweigend getroffene Bestimmung, ihren Kindern Naturalunterhalt zu leisten, habe mit der Trennung der Parteien ihre Wirksamkeit verloren, da sie nicht mehr durchführbar gewesen sei. Das ist rechtsbedenkenfrei (vgl. Senat, NJW 1985, 1339 = FamRZ 1985, 584 (585); Köhler, in: MünchKomm, 2. Aufl., § 1612 Rdnr. 19) und wird auch von der Revision nicht in Zweifel gezogen.

b) Auch die weitere Auffassung des BerGer., die vom Bekl. nach der Trennung erklärte Bestimmung i. S. von § 1612 II 1 BGB hindere die Kl. nicht, eine Geldrente als Unterhalt für die Kinder zu verlangen, ist zutreffend. Allerdings ergibt sich diese Befugnis entgegen der Auffassung des BerGer. nicht aus § 1629 II 2 BGB. Diese Bestimmung regelt nur, unter welchen Voraussetzungen ein Elternteil gegen den anderen Unterhaltsansprüche des Kindes geltend machen kann; über die Art des zu gewährenden Unterhalts läßt sich ihr nichts entnehmen. Etwas anderes ergibt sich auch nicht aus der vom BerGer. herangezogenen Entscheidung des BGH vom 6. 11. 1964 (NJW 1965, 394). Soweit in ihr auf den Zweck der Vorschrift abgestellt wurde, geschah dies nur, um die Vertretungsbefugnis des einen Elternteils ohne Inanspruchnahme der VormG zu begründen.

Hingegen stützt das BerGer. seine Auffassung mit Recht auf die zum Schutz des Kindes entwickelten Grundsätze über das Bestimmungsrecht der Eltern, einem unverheirateten Kind den Unterhalt nicht durch Entrichtung einer Geldrente, sondern durch Gewährung von Kost und Wohnung zu leisten (§ 1612 II 1 BGB). Danach ist die Verweisung auf Naturalunterhalt nur dann wirksam, wenn diese Art der Unterhaltsgewährung für das berechtigte Kind tatsächlich erreichbar ist und es nicht ohne eigenes Verschulden außerstande ist, der Unterhaltsbestimmung Folge zu leisten (Senat, NJW 1985, 1339 = FamRZ 1985, 584 (585 m. w. Nachw.); NJW-RR 1988, 582 = FamRZ 1988, 386). Diese Grundsätze verhindern es, daß sich der Streit der Eltern zum Nachteil der Kinder auswirkt. Dies wäre aber der Fall, wenn der Bekl. durch eine Bestimmung i. S. von § 1612 II 1 BGB den geschuldeten Unterhalt verweigern könnte.

Die Beurteilung des BerGer., ein Naturalunterhalt sei für die Kinder J und K nicht erreichbar, ist rechtsfehlerfrei. Von Kindern im Alter von 12 und 7 Jahren, die sich bei ihrer Mutter befinden, kann nicht erwartet werden, daß sie diese auf Wunsch des Vaters verlassen, um bei ihm den Unterhalt in Natur entgegenzunehmen.

4. Die Unterhaltsbemessung des BerGer. greift die Revision nicht an. Sie läßt einen Rechtsfehler zum Nachteil des Bekl. auch nicht erkennen. Die Leistungsfähigkeit des Bekl. ist ebenfalls nicht im Streit.

BGH v. 18. 12. 91 – XII ZR 2/91 – FamRZ 92, 423 = NJW 92, 1044
(Wohnwert bei Kindesunterhalt) R442

a) Die Berechnung des BerGer. ist schon deshalb rechtlich zu beanstanden, weil sie nicht berücksichtigt, daß das Haus außer von der Ehefrau auch von den beiden Kindern bewohnt wird, für die der Ehemann Unterhaltsrenten entrichtet, die bis einschließlich Juni 1990 monatlich insgesamt 1220 DM betragen haben und von da ab unter Berücksichtigung des seit Juli 1990 der Ehefrau zufließenden Kindergeldes monatlich insgesamt 1310 DM ausmachen. Ein Teil dieser Beträge ist für den Wohnbedarf der Kinder bestimmt und deckt daher die der Ehefrau selbst erwachsenden Wohnkosten entsprechend (vgl. Senat, NJW 1989, 2809 = LM § 1361 BGB Nr. 56 = FamRZ 1989, 1160 (1163)).

(Keine Verpflichtung des Unterhaltsschuldners zur Tilgung von Schulden des Berechtigten oder Finanzierung der Vermögensbildung des Berechtigten; kein Schuldenabzug bei nichtprägendem Wohnwert)

b b) Auch sonst unterliegt die Entscheidung durchgreifenden rechtlichen Bedenken. Der Sachverhalt wirft zwei Fragen auf, die es zu unterscheiden gilt. Da die Ehefrau für den Hausbau Kreditverbindlichkeiten von 200 000 DM aufgenommen hat, aus denen ihr nach den Feststellungen des BerGer. monatliche Belastungen von 1400 DM erwachsen, stellt sich zunächst die Frage, ob diese Belastungen unterhaltsrechtlich zu berücksichtigen sind. Die andere Frage ergibt sich daraus, daß die Ehefrau den ihr zugeflossenen Betrag aus dem Hausverkauf vor dem hier zu beurteilenden Unterhaltszeitraum für den Bau eines Eigenheimes verwendet hat. Sie geht dahin, ob es der Ehefrau obliegt, ihr in dem Eigenheim gebundenes Vermögen zur Erzielung höherer Erträge (wieder) umzuschichten und auf diese Weise ihren Bedarf zu decken.

aa) Die erstgenannte Frage, die das BerGer. nicht erörtert hat, ist zu verneinen. Soweit es um die Beiträge zur Lebensversicherung geht, die der Tilgung der Kredite dienen, ergibt sich das schon daraus, daß es nicht zu den Zwecken des Ehegattenunterhalts gehört, dem Unterhaltsberechtigten die Bildung von Vermögen zu ermöglichen, auch wenn der Unterhaltsverpflichtete dazu in der Lage ist (vgl. Senat, NJW-RR 1987, 194 = FamRZ 1987, 36 (39)). Nichts anderes gilt aber auch für die übrigen Verbindlichkeiten. Denn die Unterhaltspflicht umfaßt grundsätzlich nicht die Verpflichtung, Schulden des anderen Ehegatten zu tilgen (Senat, NJW 1085, 2265 = LM § 1360a BGB Nr. 1 = FamRZ 1985, 902 m. w. Nachw.). Etwas anderes mag in Betracht kommen, wenn ein Berechtigter eigene Einkünfte hat, die an sich den Bedarf – ganz oder teilweise – zu decken geeignet sind, die er jedoch (teilweise) zur Tilgung seiner Verbindlichkeiten einsetzt (vgl. Schwab-Borth, Hdb. d. ScheidungsR, 2. Aufl., Teil IV Rdnr. 607 sowie auch Palandt-Diederichsen, BGB, 50. Aufl., § 1361 Rdnr. 17). Das ist hier jedoch nicht der Fall. Vielmehr hat die Ehefrau die Kredite in Kenntnis der Tatsache aufgenommen, daß sie die daraus resultierenden laufenden Belastungen nicht aus eigenen Einkünften aufzubringen vermag. Auch wenn man in diesen laufenden Belastungen eine Erhöhung ihrer Bedürftigkeit erblickt (vgl. Hoppenz, NJW 1984, 2327), führt das nicht zu einer entsprechenden Erhöhung der Unterhaltspflicht. Aus der Verpflichtung des Unterhaltsschuldners, für den angemessenen Wohnbedarf des Unterhaltsberechtigten zu sorgen, kann kein Anspruch auf Ermöglichung des Erwerbs von Wohneigentum und Zahlung von Unterhalt hergeleitet werden, der die laufenden Kosten der Finanzierung eines solchen Eigentumserwerbs deckt (vgl. Senat, Urt. v. 4. 4. 1984 – IVb ZR 77/82).

(Obliegenheit zur Vermögensumschichtung; objektive Marktmiete bei Wohnwert nach Scheidung)

c bb) Damit kommt es für die Prüfung, ob die Ehefrau entsprechend der Beurteilung des BerGer. die Differenz zwischen ihrem Unterhaltsbedarf und dem ermittelten Gebrauchsvorteil aus dem eigenen Haus als Unterhalt beanspruchen kann, auf die andere der oben genannten Fragen, mithin darauf an, ob sie eine Obliegenheit zur Vermögensumschichtung und zu ertragreicherer Anlage trifft.

Das hängt entgegen der Ansicht des BerGer. nicht davon ab, ob die Voraussetzungen des § 1579 Nr. 3 BGB erfüllt sind, insbesondere der Ehefrau mutwilliges Verhalten vorzuwerfen ist. Denn es geht nicht um den Ausschluß eines an sich zu bejahenden Unterhaltsanspruchs, sondern um die Prüfung, ob die Voraussetzungen eines Unterhaltsanspruchs überhaupt erfüllt sind. Ist die Obliegenheit zu bejahen, so ist die Ehefrau nicht bedürftig, soweit sie durch eine ihr obliegende Vermögensumschichtung höhere Erträge erzielen würde als bisher, und hat sie insoweit keinen Unterhaltsanspruch. Ob eine Obliegenheit zur Vermögensumschichtung besteht, bestimmt sich nach Zumutbarkeitsgesichtspunkten, wobei unter Berücksichtigung der Umstände des Einzelfalles die Belange des Unterhaltsberechtigten und des -verpflichteten gegeneinander abzuwägen sind. Es kommt darauf an, ob den Unterhaltsverpflichteten die Unterhaltslast besonders hart trifft; andererseits muß dem Vermögensinhaber ein gewisser Entscheidungsspielraum belassen werden. Die tatsächliche Anlage des Vermögens muß sich als eindeutig unwirtschaftlich darstellen, ehe der Unterhaltsberechtigte auf eine andere Anlageform und daraus erzielbare Beträge verwiesen werden kann (vgl. Senat, NJW-RR 1986, 683 = FamRZ 1986, 439 (440); NJW-RR 1986, 786 = FamRZ 1986, 560 (567)).

Eine derartige Abwägung hat das BerGer. nicht vorgenommen. Es hat lediglich auf die ehelichen Lebensverhältnisse abgehoben, die durch die Vermögensanlage der Ehefrau nur fortgesetzt würden, und ausgeführt, daß in dieser Vermögensdisposition kein mutwilliges Verhalten liege. Das reicht nicht aus, um die erörterte Obliegenheit zu verneinen. Wie die Revision zutreffend geltend macht, ist bislang nicht festgestellt, welche Rendite die Ehefrau bei einer anderen Anlageform erzielen könnte. Die Revision weist darauf hin, der vom BerGer. beauftragte Sachverständige habe in seinem Gutachten über die ortsübliche Vergleichsmiete dargelegt, daß die erzielbare Mindestrentabilität bei einer Summe von 300 000 DM üblicherweise nach dem Ertrag zu bemessen sei, den eine Anlage in öffentlichen Anleihen erbringe. Dieser Ertrag belaufe sich auf einen monatlichen Betrag von nominell 2100 bis 2200 DM und „real" von ca. 1500 DM bei relativ geringen, noch zu berücksichtigenden Werbungskosten. Dabei versteht der Sachverständige unter der „Real"-Rendite den um die Preissteigerungsrate gekürzten Zinsertrag. Eine solche Berücksichtigung der Preissteigerungsrate steht indessen im Widerspruch zur Rechtsprechung des Senats, wonach Kapitalerträge die Bedürftigkeit in der Höhe mindern, in der sie dem Ehegatten nach Abzug von Werbungskosten und Steuern tatsächlich zufließen, und nicht noch einem Abzug zum Ausgleich inflationsbedingter Wertverluste unterliegen (Senat, NJW-RR 1986, 687 = LM § 1577 BGB Nr. 8 = FamRZ 1986, 441). Danach kann hier auf die „Real"-Rendite nicht abgestellt werden; vielmehr ist zugunsten der Revision davon auszugehen, daß sich bei einer herkömmlichen, hinreichend sicheren Anlageform eine monatliche Rendite von 2100 bis 2200 DM erzielen ließe. Demgegenüber hat das BerGer. die ortsübliche monatliche Miete für das Haus mit 1750 DM festgestellt. Dieser Betrag kann jedoch nicht als der Ertrag angesehen werden, den der zugeflossene Erlösanteil durch seine Anlage in dem Eigenheim erbringt. Vielmehr muß die Ehefrau, um in den Genuß der Gebrauchsvorteile des Hauses zu gelangen, für die auf dem Haus ruhenden Belastungen nach den Feststellungen des BerGer. monatlich 1400 DM aufwenden. Damit beträgt die verbleibende Rendite 350 DM monatlich. Bei einem derartigen Unterschied zwischen der zu erreichenden und der tatsächlich erzielten Rendite muß die tatsächliche Anlage des Vermögens als eindeutig unwirtschaftlich angesehen werden. Unter diesen Umständen läßt sich eine Obliegenheit der Ehefrau zur Umschichtung ihres Vermögens nach den bisher getroffenen Feststellungen nicht verneinen.

(Bedarfsdeckung durch nichtprägenden Wohnwert oder Zinsen; kein Vorsorgeunterhalt bei Kapitaleinkünften)

5. Hiernach muß das Urteil, soweit es angefochten ist, insgesamt aufgehoben werden. Der Senat vermag nicht auszuschließen, daß im Falle einer Bejahung der Obliegenheit die Bedürftigkeit der Ehefrau vollständig entfällt, weil die erzielbaren Einkünfte ihren Unterhaltsbedarf in vollem Umfang decken. Dabei kommt es allein auf den Bedarf an, der den Elementar- und den Krankenvorsorgeunterhalt betrifft. Ein Altersversorgungsunterhalt steht ihr in diesem Fall nicht zu, weil es sich bei den möglicherweise erzielbaren Einkünften um Kapitaleinkünfte handelt, die der Ehefrau auch im Alter sowie bei Berufs- oder Erwerbsunfähigkeit unverändert zufließen, so daß ein Bedarf nach § 1578 II BGB ausscheidet.

(Nichtprägender Wohnwert; Wohnkostenzuschuß im Kindesunterhalt)

Die Sache ist an das BerGer. zurückzuverweisen, das die fehlenden Tatsachenfeststellungen treffen und danach die Obliegenheit der Ehefrau zu einer Vermögensumschichtung aufgrund der erforderlichen umfassenden Zumutbarkeitsprüfung tatrichterlich beurteilen muß. Falls das BerGer. zur Verneinung einer solchen Obliegenheit gelangt, wird es den Wohnvorteil der Ehefrau mindestens in Höhe des Betrages auf den Bedarf anzurechnen haben, der von dem vollen Unterhalt der Deckung ihres angemessenen Wohnbedarfs bestimmt ist. Das entspricht dem im Senatsurteil vom 19. 2. 1986 (NJW-RR 1986, 687 = LM § 1577 BGB Nr. 8 = FamRZ 1986, 441) dargelegten Rechtsstandpunkt, an dem der Senat festhält. Außerdem wird das Gericht der Frage nachzugehen haben, inwieweit der Unterhaltsbedarf der Ehefrau sich dadurch reduziert, daß ein Teil des Unterhalts, den die Kinder erhalten, für deren Wohnbedarf bestimmt und die Wohnkosten der Ehefrau reduziert.

BGH v. 18. 12. 91 – XII ZR 79/91 – FamRZ 92, 535 = NJW-RR 92, 450
(Unzulässige Vollstreckung bei unmöglicher Leistung)   R443

Wie bereits die Berufung geltend gemacht hat und nunmehr die Revision zu Recht hervorhebt, kann der Ehemann die eidesstattliche Versicherung, zu der er verurteilt worden ist, nicht abgeben. Das AG hat ihn verurteilt, an Eides Statt zu versichern, „daß seine Angaben zum Endvermögen am 17. 11. 1988, enthalten in (den Schriftsätzen) ... vom 12. 1. 1990 ... (und) ... vom 11. 6. 1990," vollständig und richtig sind. Angaben zum Endvermögen am 17. 11. 1988 hat der Ehemann aber in den beiden genannten Schriftsätzen nicht gemacht. Die dort erteilten Auskünfte beziehen sich vielmehr auf sein Vermögen am 31. 10. 1988. Für diesen Termin hatte die Ehefrau die Auskunft auch verlangt, und zwar offenbar in der Annahme, das Recht des Zugewinnausgleichs enthalte eine dem § 1587 II BGB entsprechende Vorschrift, und damit unter Verkennung der in § 1384 BGB getroffenen Stichtagsregelung, wonach es für das Endvermögen – und damit für den Gegenstand der Auskunftspflicht nach § 1379 BGB – auf den Zeitpunkt der Rechtshängigkeit des Scheidungsantrages ankommt. Es gab mithin zum Zeitpunkt der Einlegung der Berufung, es auf die für die Zulässigkeit des Rechtsmittels im Grundsatz ankommt (BGHZ 1, 29 = NJW 1951, 195), keine Angaben des Ehemannes zu seinem Endvermögen am 17. 11. 1988, enthalten in den Schriftsätzen vom 12. 1. und 11. 6. 1990, deren Vollständigkeit und Richtigkeit er eidesstattlich hätte versichern können. Angaben des Ehemannes zu seinem Vermögen am Stichtag 17. 11. 1988 lagen vielmehr nicht vor. Es kann auch nicht davon ausgegangen werden, daß die für den 31. 10. 1988 erteilte Auskunft mit der für den 17. 11. 1988 übereinstimmt. Der Ehemann ist mithin zu einer unmöglichen Leistung verurteilt worden.

R444 Anhang R. Rechtsprechung

Soweit die titulierte Leistung unmöglich ist, ist die Vollstreckung aus dem Titel unzulässig; der Titel hat keinen vollstreckungsfähigen Inhalt (vgl. Senat, FamRZ 1989, 731 (732)).

BGH v. 29. 1. 92 – XII ZR 239/90 – FamRZ 92, 539 = NJW 92, 1621

R444 *(Abänderung eines Unterhaltsvergleichs)*

a Da es sich bei dem abzuändernden Unterhaltstitel nicht um ein Urteil, sondern um einen Prozeßvergleich handelt, erfolgt die in § 323 IV i. V. mit § 794 I Nr. 1 ZPO vorgesehene Anpassung des Titels an veränderte Umstände wie bei sonstigen privatrechtlichen Rechtsgeschäften allein nach den Regeln des materiellen Rechts. § 323 I ZPO ist in diesem Fall bedeutungslos. Maßgeblich sind die aus § 242 BGB abgeleiteten Grundsätze über die Veränderung oder den Fortfall der Geschäftsgrundlage, die eine Anpassung rechtfertigen, wenn es einem Beteiligten nach Treu und Glauben nicht zugemutet werden kann, an der bisherigen Regelung festgehalten zu werden. Das kann bei einem gerichtlichen Vergleich über Unterhaltsleistungen, wie er hier zugrunde liegt, vor allem bei beengten wirtschaftlichen Verhältnissen bereits deutlich unterhalb einer Schwelle von etwa 10 % der Fall sein, wie sie als Anhaltspunkt für eine wesentliche Veränderung der Verhältnisse i. S. von § 323 I ZPO befürwortet wird. Die nach § 242 BGB maßgebliche Frage, ob bei einem Festhalten an einem gerichtlichen Unterhaltsvergleich die Opfergrenze überschritten würde, entzieht sich einer derartigen schematischen Beurteilung und kann von dem Tatrichter nur aufgrund einer an den Verhältnissen des Falles ausgerichteten umfassenden Würdigung aller Umstände sachgerecht beantwortet werden (Senat, NJW 1986, 2054 = FamRZ 1986, 790 (791)).

Diesem Erfordernis trägt das Berufungsurteil in angemessener Weise Rechnung. Das BerGer. hat rechtsfehlerfrei einen Wegfall der Geschäftsgrundlage des gerichtlichen Vergleichs deshalb bejaht, weil einerseits eine weitere Unterhaltspflicht des Kl. gegenüber seinem Sohn aus zweiter Ehe begründet worden ist und andererseits sowohl der Bedarf der Bekl. als auch das Einkommen des Kl. seit 1985 gestiegen sind. Soweit das BerGer. die Unterhaltsbeträge für die Bekl. zu 1 nur um knapp 4 % (223,17 DM statt 215 DM), für den Bekl. zu 3 um knapp 13 % (188,46 DM statt 167 DM) erhöht hat, begegnet dies aus den dargelegten Gründen keinen rechtlichen Bedenken.

(Vorrang der geschiedenen Ehegatten und Mangelfallberechnung)

b a) Das OLG hat für die Neufestsetzung der Unterhaltsrenten der Bekl. eine zweistufige Mangelfallberechnung durchgeführt. Dabei hat es den Bedarf der zweiten Ehefrau des Kl. außer Betracht gelassen, da ihr Unterhaltsanspruch gemäß §§ 1582 I, 1570 BGB nachrangig sei und die vorhandenen Mittel des Kl. nicht einmal zur Deckung des Mindestbedarfs der vorrangig Berechtigten ausreichten.

Das entspricht der Rechtsprechung des Senats (BGHZ 104, 158 ff. = FamRZ 1988, 705).

b) Das BerGer. hat die angenommenen Mindestbedarfssätze nicht um das anteilige Kindergeld gekürzt. Dieses solle den Kindern zugute kommen und dürfe deshalb nicht herangezogen werden, um einen höheren Unterhaltsanspruch der Mutter der Bekl. zu begründen. Im übrigen erhielten die Bekl. nicht einmal einschließlich ihres Kindergeldanteils den Mindestbedarf, so daß das Kindergeld zur Auffüllung ihres Unterhaltsanspruchs dringend benötigt werde.

Hiergegen wendet sich die Revision ohne Erfolg. Der etwa gebotene Ausgleich des Kindergeldes betrifft nur das Verhältnis zwischen dem Kl. und seiner geschiedenen Ehefrau; für die Berechnung des Kindesunterhalts hat er keine Bedeutung. Das BerGer. hat daher rechtsfehlerfrei Mindestbedarfssätze für die Bekl. zu 1 von monatlich 304 DM bis zum 12. 1. 1990, danach von monatlich 360 DM und für die Bekl. zu 2 und zu 3 von durchgängig monatlich je 304 DM in seine Berechnung eingestellt.

c) Den Bedarf der geschiedenen Ehefrau des Kl. hat das BerGer. – in Abweichung von der ständigen Rechtsprechung des Senats (vgl. BGHZ 104, 158 (168) = NJW 1988, 1722 = LM § 1582 BGB Nr. 4; NJW 1987, 897 = LM § 1361 BGB Nr. 50 = BGHR BGB § 1578 Abs. 1 Unterhaltsbedarf 1) – mit einem Mindestbetrag von 1000 DM angesetzt, weil für jeden Ehegatten unabhängig von den Einkommensverhältnissen des Unterhaltspflichtigen ein Bedarf anzuerkennen sei, der ihm wenigstens das Überleben sichere. Nur so lasse sich auch der in § 1609 II 1 BGB bestimmte Gleichrang mit den Ansprüchen minderjähriger Kinder wahren, deren Bedarf nicht unter den Mindestbedarf nach der Tabelle sinken könne. Der danach für die Ehefrau im Mangelfall anzusetzende Bedarf werde seit Anfang 1989 in Anknüpfung an den anerkannten Mindestselbstbehalt des unterhaltspflichtigen Ehegatten, der diesem ebenfalls als Existenzminimum verbleiben müsse, auf monatlich 1000 DM bemessen. Dieser Ansatz sei zwar noch verhältnismäßig niedrig, finde seine Rechtfertigung aber darin, daß die Lebenshaltungskosten im Bezirk des BerGer., vor allem wegen geringerer Wohnkosten, unter dem Bundesdurchschnitt lägen. Eine Ermittlung des Bedarfs der geschiedenen Ehefrau nach den ehelichen Lebensverhältnissen – mit einem $^{3}/_{7}$-Anteil an dem Kl. nach Abzug des Kindesunterhalts verbleibenden Resteinkommen – würde demgegenüber hier für die Zeit ab 13. 1. 1990 nur zu einem Betrag von 425,38 DM führen (2211,55 – 360 – 304 – 304 – 251; hiervon $^3/_7$); von einem derart geringen Betrag könne sie unter keinen Umständen leben.

Diese Berechnung trifft insoweit nicht zu, als das BerGer. auch den Unterhalt des Sohnes T aus der zweiten Ehe vorweg abgezogen hat. Die geschiedene Ehefrau des Kl. hat jedoch trotz des Hinzutritts von T nur den Vorwegabzug der Unterhaltsansprüche der Bekl. als der gemeinsamen ehelichen Kinder hinzunehmen (BGHZ 104, 172 = NJW 1988, 2741 = LM § 292 ZPO Nr. 3).

Hiervon abgesehen ist dem BerGer. allerdings darin zuzustimmen, daß der nach Maßgabe der ehelichen Lebensverhältnisse ermittelte Unterhaltsanspruch des geschiedenen Ehegatten bei wirtschaftlich besonders beengten Verhältnissen häufig nicht ausreichen wird, um dessen Existenzminimum zu sichern. Gleichwohl hat es der Senat bisher abgelehnt, dem dadurch abzuhelfen, daß bei der Mangelfallberechnung ein genereller Mindestbetrag, etwa in Höhe des notwendigen Selbstbehalts des Verpflichteten, für den berechtigten Ehegatten angesetzt wird, zumal hierdurch die Ansprüche der minderjährigen Kinder verkürzt würden. Der Senat hat sich dabei u. a. von der Überlegung leiten lassen, daß minderjährigen Kindern wegen ihres Alters von vorneherein die Möglichkeit verschlossen ist, durch eigene Anstrengungen zur Deckung ihres notwendigen Lebensbedarfs beizutragen, während dies für Erwachsene, auch wenn sie aus Gesundheits-, Alters- oder sonstigen Gründen auf vollen Unterhalt angewiesen sind, grundsätzlich nicht in gleicher Weise der Fall ist (vgl. BGHZ 109, 72 (85) = NJW 1990, 1172 = LM § 1581 BGB Nr. 7; BGHZ 104, 158 (168) = NJW 1988, 1722 = LM § 1582 BGB Nr. 4). Allerdings hat der Senat stets eine Überprüfung des gewonnenen Ergebnisses dahin gefordert, ob die Aufteilung der verfügbaren Mittel einerseits auf die minderjährigen Kinder und andererseits auf den geschiedenen Ehegatten insgesamt angemessen und billig ist (vgl. NJW 1989, 2544 = FamRZ 1990, 266 (269)).

Dem hält das BerGer. entgegen, es sei abzusehen, daß eine Angemessenheitskontrolle im verschärften Mangelfall häufiger Anlaß zu einer Änderung des Ergebnisses geben werde; eine Methode, die für viele Fälle von vorneherein die Korrektur ihrer Ergebnisse ins Auge fassen müsse, begegne aber schon aus diesem Grund Bedenken.

Dieser Einwand ist durchaus erwägenswert.

(Kein Erwerbstätigenbonus neben 5 % pauschalen berufsbedingten Aufwendungen im Mangelfall)

Ausgangspunkt für die Berechnung des Unterhaltsbedarfs der geschiedenen Ehefrau nach § 1578 I 1 BGB ist das bereinigte Erwerbseinkommen des Kl., das die ehelichen Lebensverhältnisse geprägt hat. Hinzu kommt das volle Kindergeld für die drei Bekl., da es im Verhältnis der Eltern zueinander als Einkommen gilt (vgl. Senat, NJW-RR 1990, 578 = FamRZ 1990, 979 (980)). Von dem sich hiernach ergebenden Gesamtbetrag von 2581,55 DM, ab 1. 7. 1990 von 1611, 55 DM ist der Bedarf der drei Bekl. mit zunächst 912 DM (3 x 304 DM) und ab 13. 1. 1990 mit 968 DM (360 x 2 + 304 DM) vorweg abzuziehen. Damit errechnet sich ein für den Kl. und seine geschiedene Ehefrau verfügbares Einkommen von monatlich 1669,55 DM für die Zeit vom 15. 12. 1989 bis 12. 1. 1990, 1613,55 DM für die Zeit vom 13. 1. bis zum 30. 6. 1990 und 1643,55 DM für die Zeit ab 1. 7. 1990. Da Ehegatten in gleicher Weise an dem ehelichen Lebensstandard teilnehmen, ist von diesem verteilungsfähigen Einkommen jedem die Hälfte zuzubilligen (st. Rspr. des Senats; vgl. NJW 1988, 2369 = LM § 1569 BGB Nr. 28 = BGHR BGB § 1578 Abs. 1 Satz 1 Unterhaltsbemessung 8 = FamRZ 1988, 265). Zwar ist zugunsten des erwerbstätigen Unterhaltsverpflichteten von einer strikt hälftigen Aufteilung des Einkommens in maßvoller Weise abzuweichen, um den mit einer Berufsausübung verbundenen höheren Aufwand zu berücksichtigen und zugleich einen Anreiz zur weiteren Erwerbstätigkeit zu schaffen (Senat, NJW 1988, 2369 = LM § 1569 BGB Nr. 28 = FamRZ 1988, 265). Nachdem sich die Parteien hier jedoch schon auf einen Vorwegabzug von 5 % des Nettoeinkommens für „berufsbedingte Aufwendungen" zugunsten des Kl. geeinigt haben, hält der Senat unter den gegebenen besonders beengten wirtschaftlichen Verhältnissen eine weitere Abweichung von der strikt hälftigen Aufteilung zu Lasten der geschiedenen Ehefrau nicht für angemessen. Hier muß vielmehr der 5 %ige Vorwegabzug insgesamt ausreichen, um den doppelten Zweck des sogenannten Erwerbstätigenbonus zu erfüllen (vgl. dazu FamRZ 1990, 979 (981)).

(Kindergeld als Einkommen im Mangelfall)

Damit bemißt sich der eheangemessene Unterhaltsbedarf der geschiedenen Ehefrau für die Zeit vom 15. 12. 1989 bis 12. 1. 1990 auf 834,77 DM, für die Zeit vom 13. 1. bis zum 30. 6. 1990 auf monatlich 806,77 DM und ab 1. 7. 1990 auf monatlich 821,77 DM. Dieser Bedarf wird teilweise gedeckt durch den der Ehefrau im Verhältnis zu dem Kl. zustehenden hälftigen Anteil an dem von ihr bezogenen Kindergeld, also für die Zeit bis zum 30. 6. 1990 i. H. von monatlich 185 DM und danach von monatlich 200 DM. Damit verbleibt ein ungedeckter Unterhaltsbedarf der geschiedenen Ehefrau nach dem Maßstab der ehel. Lebensverhältnisse für die Zeit vom 15. 12. 1989 bis 12. 1. 1990 von 649,77 DM und ab 13. 1. 1990 von 621,77 DM monatlich.

BGH v. 26. 2. 92 – XII ZR 93/91 – FamRZ 92, 795 = NJW 92, 1393

(Selbstbehalt bei Unterhaltsanspruch der Eltern gegen das Kind)

4. Der Revision ist einzuräumen, daß gegen den Berechnungsweg Bedenken erhoben werden können, auf dem das BerGer. den Grenzwert bestimmt hat, bei dessen Unterschreitung der eigene angemessene Unterhalt der Bekl. gefährdet wäre. Indem das BerGer. von dem in der Düsseldorfer Tabelle für den angemessenen Eigenbedarf gegenüber einem volljährigen Kind genannten Betrag von in der Regel mindestens 1300 DM (Stand: 1. 1. 1985, vgl. NJW 1984, 2330 = FamRZ 1984, 961 ff.) ausgegangen und diesen sodann um 200 DM auf 1500 DM erhöht hat, hat es einen Ausgangspunkt gewählt, der an sich nicht den Erfahrungen entspricht, die das BerGer. seinen eigenen unterhaltsrechtlichen Leitlinien zugrunde gelegt hat. Aus dem Vergleich der beiden Tabellenwerke ergibt sich, daß das BerGer. für seinen Bezirk den Selbstbehalt gegenüber einem volljährigen Kind nach dem Stand vom 1. 1. 1990 nur mit mindestens 1200 DM bemißt (Abschn. VI 1) und damit generell um 200 DM niedriger als das OLG Düsseldorf, in dessen Tabelle dieser Wert seit dem genannten Zeitpunkt mit 1400 DM angenommen wird.

Gleichwohl bleiben die Angriffe der Revision im Ergebnis erfolglos. Denn es kommt nicht entscheidend darauf an, daß sich die Tabellenwerte des OLG Düsseldorf und des BerGer. in der Höhe des Selbstbehalts gegenüber einem Unterhaltsbegehren volljähriger Kinder unterscheiden. Das BerGer. war an den Wert, den es hierfür in seinen Leitlinien genannt hat, nicht gebunden. Es steht dem Tatrichter frei, sich von solchen Werten zu lösen, wenn andere Lebensverhältnisse zu beurteilen sind als diejenigen, auf die sie abgestellt sind (Senat, NJW 1982, 1050 = LM § 1603 BGB Nr. 12 = FamRZ 1982, 365 (366), NJW 1983, 1733 = LM § 1578 BGB Nr. 21 = FamRZ 1985, 354 (356); st. Rspr.). Auf dieser Grundlage hält die Beurteilung, alle drei Bekl. seien aufgrund der festgestellten Einkommensverhältnisse bei Berücksichtigung ihrer sonstigen Verpflichtungen außerstande, ohne Gefährdung ihres angemessenen Unterhalts den Eltern Unterhalt zu leisten, der rechtlichen Prüfung stand.

a) § 1603 I BGB gewährleistet jedem Unterhaltspflichtigen vorrangig die Sicherung seines eigenen angemessenen Unterhalts; ihm sollen grundsätzlich die Mittel belassen bleiben, die er zur Deckung des seiner Lebensstellung entsprechenden allgemeinen Bedarfs benötigt (vgl. Senat, NJW 1989, 523 = FamRZ 1989, 272 m. w. Nachw.). Wie hoch der angemessene Unterhalt des Verpflichteten zu bemessen ist, obliegt der tatrichterlichen Beurteilung des Einzelfalles.

b) Für den Selbstbehalt bei Unterhaltsansprüchen von Eltern gegen ihre erwachsenen Kinder gibt es keine von den OLG entwickelten Leitlinien oder Tabellen. Sie können auch nicht entwickelt werden, denn derartige Verhältnisse unterliegen in der Berufungsinstanz in aller Regel nicht der Beurteilung eines OLG. Familiensachen sind nur solche Streitigkeiten, die die gesetzliche Unterhaltspflicht „gegenüber einem ehelichen Kind" betreffen (§ 23b I Nr. 5 GVG). Für die Beurteilung eines sonstigen durch Verwandtschaft begründeten gesetzlichen Unterhaltsverhältnisses ist die allgemeine Prozeßabteilung des AG zuständig (§ 23a Nr. 2 GVG); BerGer. ist insoweit eine Zivilkammer des LG (§ 72 GVG), gegen deren Entscheidung ein weiteres Rechtsmittel nicht stattfindet.

c) Soweit die Praxis gleichwohl zur Bestimmung des angemessenen Lebensbedarfs eines Unterhaltspflichtigen gegenüber einem volljährigen Verwandten auf die Bedarfssätze der Düsseldorfer Tabelle zurückgreift, wird zu Recht betont, daß es sich insoweit nur um einen Mindestbetrag handelt, der je nach den Umständen des Einzelfalles auch deutlich höher angesetzt werden kann (vgl. Schwab-Borth, Hdb. d. UnterhaltsR, 2. Aufl., Rdnr. IV 752). Es ist nicht rechtsfehlerhaft, wenn der Tatrichter den angemessenen Selbstbehalt, den er dem Verpflichteten bei durchschnittlichen Einkommensverhältnissen gegenüber einem Unterhaltsbegehren eines volljährigen Kindes als Mindestbetrag gewährt, um einen maßvollen Zuschlag erhöht, wenn das Unterhaltsbegehren anderer Verwandter – wie hier der Eltern – zu beurteilen ist (vgl. Göppinger-Wenz, UnterhaltsR, 5. Aufl., Rdnr. 1215). Denn dem in den Unterhaltstabellen angesetzten Selbstbehalt liegen andere Lebensverhältnisse zugrunde. Eltern müssen zwar regelmäßig damit rechnen, ihrem Kinde auch über die Vollendung des 18. Lebensjahres hinaus Unterhalt zu gewähren, bis es eine – heute nicht selten langjährige – Berufsausbildung abgeschlossen hat und wirtschaftlich selbständig ist. Mit einer solchen, der natürlichen Generationenfolge entsprechenden Entwicklung kann nicht der Fall gleichgesetzt werden, daß Eltern nach ihrem Ausscheiden aus dem Erwerbsleben ihre Kinder, die selbst inzwischen Familien gegründet haben, auf Unterhalt für ihren notwendigen Lebensbedarf in Anspruch nehmen müssen. In aller Regel besteht eine für diese Kosten ausreichende Altersversorgung, so daß die Kinder allenfalls wegen einer unerwarteten Hilfsbedürftigkeit eines oder beider Elternteile mit ihrer Beteiligung an den dafür zusätzlich entstehenden Kosten rechnen müssen. Es entspricht auch verbreiteter Anschauung, daß zur Sicherstellung des Ausbildungsunterhalts für das gerade volljährig gewordene Kind dem Unterhaltspflichtigen größere Opfer angesonnen werden können, als wenn es etwa um die Heimkosten der Eltern geht (Künkel, FamRZ 1991, 14 (22 ff.)). Damit wird einer grundlegend anderen Lebenssituation des zum Unterhalt herangezogenen Verwandten Rechnung getragen, der nicht mehr – wie das seine Ausbildung betreibende Kind – seine Lebensstellung noch von der des Pflichtigen ableitet, sondern – oft seit langem – seine eigene Lebensstellung erlangt hat. Das Gesetz erlaubt bei der Bestimmung der Leistungsfähigkeit ausdrücklich die Berücksichtigung sonstiger Verpflichtungen, zu denen auch solche gerechnet werden dürfen, die sich nicht in einer konkreten Zahlungspflicht ausdrücken, sondern auf Vorsorge – etwa der angemessenen Bildung von Rücklagen – beruhen.

Die unter der Geltung des Grundgesetzes vollzogene Entwicklung des Sozialrechts spiegelt die eingetretenen Veränderungen in den Rechtsbeziehungen innerhalb der Familie nicht nur wider, sondern die Sozialgesetzgebung hat ihrerseits diese Entwicklung beeinflußt. Seit der Rentenreform von 1957 obliegt es den im aktiven Berufsleben stehenden Kindern ohnehin bereits, durch ihre Sozialversicherungsabgaben in Höhe von zur Zeit etwa 20 % des Einkommens die ganze Elterngeneration im Alter angemessen zu versorgen (vgl. Kohleiss, FamRZ 1991, 8 (12 ff.) m. w. Nachw.). Der Sozialgesetzgeber billigt einem Unterhaltspflichtigen für den Einsatz von Einkommen und Vermögen Schutz- und Schongrenzen zu, die bei der Gewährung von Hilfe in besonderen Lebenslagen noch beträchtlich erweitert werden (§ 91 I 2 BSHG). Vielfach gewähren die Sozialhilfeträger aber auch schon bei Hilfe zum Lebensunterhalt dem nicht gesteigert pflichtigen Unterhaltsschuldner Freibeträge, die an den „Empfehlungen für die Heranziehung Unterhaltspflichtiger" des Deutschen Vereins für öffentliche und private Fürsorge ausgerichtet sind (veröffentlicht im Nachrichtendienst des Deutschen Vereins – NDV 1987, 273 ff.). Nicht selten ergeben sich durch diese Berechnungen weit über den sogenannten großen Selbstbehalt hinausgehende Beträge (vgl. auch dazu Künkel, FamRZ 1991, 14 (21 ff.) und als Beispiel aus der neueren Rechtsprechung: LG Duisburg, FamRZ 1991, 1086 (1089)).

d) Es ist nach alledem rechtlich nicht zu beanstanden, daß das OLG in tatrichterlicher Verantwortung den Bekl. zu 1 bei einem ihm für den eigenen Unterhalt verbleibenden Monatseinkommen von höchstens 1400 DM, den Bekl. zu 2 bei einem verbleibenden Monatseinkommen zwischen 1186,50 DM und 1463,50 DM und den Bekl. zu 3 bei einem verbleibenden Monatseinkommen von höchstens 1235 DM (bei allen Bekl. noch ohne Berücksichtigung der Verpflichtung, anteilig zu den Hauskosten beizutragen) für außerstande erachtet hat, ohne Gefährdung ihres angemessenen Unterhalts den vom Kl. beanspruchten Unterhalt für Vater und Mutter zu gewähren.

BGH v. 26. 2. 92 – XII ZR 97/91 – FamRZ 92, 1064 = NJW-RR 92, 1026

(Auslandsstudium) R446

a) Haben Eltern ihrem Kind als angemessene Ausbildung ein Studium zu finanzieren, so steht dem Kind unbeschadet seiner Verpflichtung, seine Ausbildung mit Fleiß und Zielstrebigkeit zu betreiben, damit sie sie innerhalb angemessener und üblicher Dauer beenden kann, ein gewisser Spielraum bei der selbständigen Auswahl der Lehrveranstaltungen und dem eigenverantwortlichen Aufbau des Studiums zu, sofern dadurch nicht der ordnungsgemäße Abschluß des Studiums innerhalb angemessener Frist gefährdet wird (Senat, NJW 1987, 1557 = LM § 1610 BGB Nr. 14 = FamRZ 1987, 470 (471); NJW 1984, 1961 = LM § 1601 BGB Nr. 8 = FamRZ 1984, 777). Innerhalb dieses Rahmens kann das Kind auch den Studienort wechseln. Grundsätzlich ist dafür allerdings Voraussetzung, daß der Ortswechsel der Ausbildung dient. Dies ist jedenfalls dann der Fall, wenn Kenntnisse erworben, vertieft oder erweitert werden sollen, die seine fachliche Qualifikation und seine Berufsaussichten fördern. Soweit mit einem Ortswechsel, der aufgrund einer solchen Entscheidung vorgenommen wird, ein erhöhter Unterhaltsbedarf des Kindes entsteht, ist dieser regelmäßig vom Unterhaltsverpflichteten zu tragen, sofern sich die Finanzierung in den Grenzen seiner wirtschaftlichen Leistungsfähigkeit hält. Die Finanzierung des Mehrbedarfs darf dem Verpflichteten wirtschaftlich nicht unzumutbar sein.

b) Die Entscheidung des BerGer. hält sich an diese Grundsätze. Zutreffend geht es davon aus, daß juristische Auslandssemester, die im Inland anerkannt werden, auch im Hinblick auf die künftige europäische Gemeinschaft für Juristen grundsätzlich empfehlenswert sind, insbesondere dann, wenn dabei die Kenntnis einer europäischen Fremdsprache vertieft werden kann.

Diesen Ausgangspunkt greift die Revision auch nicht an, sondern meint, die Auslandssemester der Kl. widersprächen dem Gebot, die Studienkosten so niedrig wie möglich zu halten, und verlängerten die sonst mögliche Studiendauer um ein Jahr. Damit kann die Revision jedoch nicht durchdringen. Die Verpflichtung des Kindes, seine Ausbildung mit Fleiß und Zielstrebigkeit zu betreiben, damit es sie innerhalb angemessener und üblicher Zeit beenden kann, bedeutet nicht, daß es auf Möglichkeiten weiteren Kenntniserwerbs, der seiner angemessenen Berufsausbildung dient, stets zu verzichten hat, um den Unterhaltspflichtigen zu entlasten. Der Bekl. hat nicht vorgetragen, die teilweise Finanzierung des Auslandsstudiums der Kl. sei für ihn unzumutbar. Ob die Auslandssemester der Kl. die übliche Studienzeit tatsächlich verlängern werden, ist offen. Selbst wenn dies aber der Fall wäre, hätte der Bekl. es hinzunehmen, da das Auslandsstudium der Kl. für ihre Berufsausbildung sinnvoll ist. Aus diesem Grund kommt es auch nicht darauf an, wie die Revision weiter meint, ob die Kl. besondere Voraussetzungen an Sach- und Fachkenntnis für die Auslandssemester mitgebracht hat.

Die Meinung der Revision, dieselben Kenntnisse hätte die Kl. auch im Inland erwerben können, berücksichtigt nicht ausreichend die Vorteile eines Auslandsstudiums. Ein Studium in einem anderen Sprachgebiet vermittelt, wie die Revisionserwiderung zutreffend anführt, neben zusätzlichem Wissen auch die Erfahrung, wie man sich in ausländischen Institutionen zurechtfindet, sowie die Übung, eine ausländische Sprache beim Studium und im Alltag zu gebrauchen. Diese Vorteile kann ein Studium im Inland nicht in gleicher Weise bieten.

BGH v. 18. 3. 92 – XII ZR 1/91 – FamRZ 92, 797 = NJW 92, 1624

R447 *(Berücksichtigung von Schulden beim Kindesunterhalt)*

a   Ob vom Unterhaltsverpflichteten eingegangene Schulden unterhaltsrechtlich zu berücksichtigen sind, ist unter umfassender Interessenabwägung zu beurteilen, wobei es insbesondere auf den Zweck der Verbindlichkeiten, den Zeitpunkt und die Art ihrer Entstehung, die Kenntnis des Unterhaltsverpflichteten von Grund und Höhe der Unterhaltsschuld und andere Umstände ankommt. Die Darlegungs- und Beweislast für die Umstände, die die Berücksichtigungswürdigkeit ergeben sollen, trägt nach allgemeinen Grundsätzen der Unterhaltsschuldner, da er hierbei die Minderung seiner Leistungsfähigkeit geltend macht (vgl. Senat NJW-RR 1990, 323 = FamRZ 1990, 283 (287) m. w. Nachw.). Im vorliegenden Fall geht es um den Unterhalt minderjähriger unverheirateter Kinder, denen der Bekl. nach § 1603 II 1 BGB verschärft unterhaltspflichtig ist und denen jede Möglichkeit fehlt, durch eigene Anstrengungen zur Deckung des notwendigen Unterhaltsbedarfs beizutragen. Wenn die fragliche Verbindlichkeit vom Bekl. im Einverständnis mit ihrer Mutter eingegangen und der Kreditbetrag von dieser verwendet worden ist, so wäre dieser Umstand zwar geeignet, die Berücksichtigungsfähigkeit der Verbindlichkeit gegenüber einem Anspruch der Mutter auf Ehegattenunterhalt zu begründen (vgl. dazu Senat, NJW 1982, 232 = LM § 1361 BGB Nr. 16 = FamRZ 1982, 23 (24)); das gilt aber nicht auch für den Anspruch auf Kindesunterhalt, etwa wenn die Mutter mit den Mitteln rein persönliche Bedürfnisse befriedigt hat.

(Behandlung titulierter Kindesunterhaltsansprüche im Mangelfall)

b   Die Unterhaltsansprüche ehelicher und nichtehelicher Kinder haben gleichen Rang (vgl. Köhler, in: MünchKomm, 2. Aufl., § 1609 Rdnr. 16). Wie sich aus § 1615h I BGB ergibt, bleibt in Mangelfällen der vom nichtehelichen Kind zu beanspruchende Regelunterhalt nicht unangetastet. Nach der Rechtsprechung des BGH (vgl. NJW 1980, 934 = LM § 1603 BGB Nr. 2 = FamRZ 1980, 555 (557) und zuletzt NJW 1990, 3020 = LM § 1578 BGB Nr. 58 = FamRZ 1990, 1091 (1094 f.)) wird ein Unterhaltsanspruch grundsätzlich nicht dadurch rechtlich beeinträchtigt, daß ein anderer Unterhaltsberechtigter bereits einen rechtskräftigen Titel über seinen Anspruch erwirkt hat und daraus vollstrecken kann. Er ist vielmehr so zu beurteilen wie bei gleichzeitiger Entscheidung über alle Unterhaltsansprüche. Das gilt nicht nur, wenn der Titel den Anspruch eines nachrangig Berechtigten zum Gegenstand hat, sondern auch dann, wenn die Berechtigten – wie hier – unterhaltsrechtlich gleichen Rang haben. Der Unterhaltsverpflichtete ist gegebenenfalls darauf verwiesen, Abhilfe im Wege der Abänderungsklage nach § 323 ZPO zu suchen.

Diese Grundsätze hat das OLG nicht beachtet. Soweit der Bekl. an M in der Vergangenheit mehr Unterhalt bezahlt hat, als er unter Berücksichtigung der Unterhaltsberechtigung seiner ehelichen Kinder ohne den Titel geschuldet hätte, dies auch durch eine Abänderungsklage (infolge der Sperre des § 323 III ZPO) nicht behebbar ist, können die überschießenden Beträge allenfalls entsprechend den Grundsätzen behandelt werden, die für die Berücksichtigung sonstiger Verbindlichkeiten eines Unterhaltspflichtigen gelten. Dabei ist auch das Verhalten des Bekl. in dem Verfahren zu würdigen, in dem der Titel zustande gekommen ist; insbesondere kann von Bedeutung sein, ob er dort schuldhaft Umstände nicht geltend gemacht hat, die geeignet gewesen wären, die Verurteilung zu in dieser Höhe nicht geschuldetem Unterhalt zu vermeiden. Eine Beurteilung in dieser Richtung wird nachzuholen sein.

(Klage des Trägers der Sozialhilfe auf künftigen Unterhalt)

c   II. Den Angriffen der Revision hält weiterhin nicht stand, daß das BerGer. die Klage auf nach Schluß der Berufungsverhandlung fällig werdenden Unterhalt mit der Begründung abgewiesen hat, ein Sozialhilfeträger könne die gem. § 90 BSHG auf sich übergeleiteten Unterhaltsansprüche nur für die Vergangenheit, nicht aber auch für die Zukunft geltend machen. Diese Auffassung erscheint von vornherein als wenig praktikabel, da sie den Sozialhilfeträger zu einer Reihe von aufeinanderfolgenden Prozessen zwingen würde. Sie wird in Rechtsprechung und Schrifttum auch fast einhellig abgelehnt. Danach ist die Klage des Sozialhilfeträgers auf künftig fällig werdenden übergeleiteten Unterhalt zulässig, wenn auch unter der in der Urteilsformel zum Ausdruck zu bringenden Bedingung, daß künftig Sozialhilfeleistungen ohne mehr als zweimonatige Unterbrechung mindestens in Höhe der Verurteilung erbracht werden (vgl. OLG Düsseldorf, FamRZ 1979, 1010; OLG Hamm, FamRZ 1980, 890 (891); OLG Schleswig, SchlHA 1984, 57; OLG Bremen, FamRZ 1984, 1256; Göppinger-Wax, UnterhaltsR, 5. Aufl., Rdnr. 3034; Heiß-Schlüter, Hdb. d. UnterhaltsR II, 22.6; Seetzen, NJW 1978, 1350 (1352)).

Der Senat sieht keinen Anlaß, von der herrschenden Auffassung abzuweichen. Nach § 90 II BSHG bewirkt die schriftliche Anzeige des Sozialhilfeträgers an den Unterhaltspflichtigen den Übergang des Unterhaltsanspruchs für die Zeit, für die dem Hilfeempfänger Hilfe ohne Unterbrechung von mehr als zwei Monaten gewährt wird; sie umfaßt also grundsätzlich auch künftige Unterhaltsansprüche. Insoweit steht der Anspruchsübergang lediglich unter der aufschiebenden Bedingung, daß die Sozialhilfebehörde tatsächlich Leistungen in entsprechender Höhe erbringt (vgl. BGHZ 20, 127 (131) = NJW 1956, 790; Senat, NJW 1988, 1147 = FamRZ 1988, 375 (376)). Es ist nicht gerechtfertigt, die Klage auf künftig fällig werdende wiederkehrende Leistungen wegen dieser Bedingung nicht zuzulassen. Zwar hält sich eine solche Klage nicht im Regelungsbereich des § 258 ZPO, weil die begehrten Leistungen nicht nur noch vom Zeitablauf abhängig sind. Es liegt aber eine unter § 259 unterfallende Klage vor, die allerdings zur Voraussetzung hat, daß den Umständen nach die Besorgnis gerechtfertigt ist, der Schuldner werde sich der rechtzeitigen Leistung entziehen (vgl. dazu BGHZ 43, 28 (31) = NJW 1965, 440 = LM Vorb. z. § 145 BGB Nr. 10). Diese Voraussetzung ist aber schon dann erfüllt, wenn der Unterhaltsverpflichtete den erhobenen Anspruch ernstlich bestreitet (vgl. BGHZ 5, 342 (344) = NJW 1952, 817 = LM § 400 BGB Nr. 2; Seetzen, NJW 1978, 1350 (1352)). Die Erteilung der Vollstreckungsklausel für ein der Klage stattgebendes Urteil setzt den Nachweis des Sozialhilfeträgers voraus, daß die Bedingung eingetreten ist, daß er also die Verurteilung erreichende Unterstützungsleistungen laufend gezahlt hat (§§ 726 I bzw. 731 ZPO; vgl. Seetzen, NJW 1978, 1350 (1352)).

Zwar hat der Senat entschieden, daß der Unterhaltsberechtigte selbst auch nach Überleitung seines Unterhaltsanspruchs auf den Sozialhilfeträger für die Zukunft Zahlung an sich verlangen kann (vgl. NJW 1982, 232 = FamRZ 1982, 23 (25)). Vor einer doppelten Inanspruchnahme ist der Unterhaltsverpflichtete jedoch hinreichend geschützt. Der Unterhaltsberechtigte und der Sozialhilfeträger können nicht gleichzeitig klagen; der späteren Klage stünde die Einrede der Rechtshängigkeit entgegen (§ 261 III Nr. 1 ZPO; vgl. Seetzen, NJW 1978, 1350 (1352)). Hat der Unterhaltsberechtigte bereits einen Titel erwirkt, ist eine erneute Klage des Sozialhilfeträgers grundsätzlich unzulässig, weil er die einfachere Möglichkeit einer Umschreibung des Titels gem. § 727 ZPO hat (vgl. Göppinger-Wax, Rdnrn. 3036, 3357 m. w. Nachw.). Der Unterhaltsberechtigte könnte lediglich den die Sozialhilfeleistungen übersteigenden Unterhaltsteil gesondert geltend machen; derartiges wird aber selten vorkommen. Für das Klagerecht des Sozialhilfeträgers besteht auch durchaus ein praktisches Bedürfnis, etwa wenn der Unterhaltsberechtigte selbst hilflos oder geschäftsungewandt ist. Der Unterhaltsverpflichtete kann im übrigen ungeachtet des § 90 BSHG an den Unterhaltsberechtigten befreiend zahlen (vgl. Senat, NJW 1982, 232 = LM § 1361 BGB Nr. 16 = FamRZ 1982, 23 (25). Einer unberechtigten Vollstreckung aus dem vom Sozialhilfeträger erwirkten Titel kann der Unterhaltsverpflichtete solchenfalls durch Vollstreckungsgegenklage (§ 767 ZPO) begegnen.

Das BerGer. verweist auf Schwierigkeiten, die seiner Ansicht nach dann entstehen können, wenn der Unterhaltsschuldner infolge einer Veränderung der Verhältnisse den titulierten Unterhalt nicht oder nicht mehr in gleicher Höhe schuldet. Da die Verhältnisse, die der Unterhaltsbemessung zugrunde lägen, von Gläubiger und Schuldner des Unterhaltsanspruchs beträfen, müsse sich eine Abänderungsklage (§ 323 ZPO) gegen den Unterhaltsberechtigten und nicht gegen den Sozialhilfeträger richten. Bei einer in der Praxis in Rechnung zu stellenden Klage gegen die falsche Partei entstünden dann aufgrund von § 323 III ZPO nicht behebbare Rechtsnachteile. Diese Befürchtungen gehen indessen von der unzutreffenden Annahme aus, eine Abänderungsklage sei auch dann gegen den Unterhaltsberechtigten zu richten, wenn der Sozialhilfeträger den Unterhaltstitel erwirkt habe. In Wahrheit kann der Unterhaltsschuldner in diesen Fällen die Abänderungsklage gegen den Sozialhilfeträger richten, da er Partei des Prozesses war, in dem die abzuändernde Entscheidung ergangen ist, und Inhaber des Titels ist (vgl. Senat, NJW 1983, 684 (685)). Eine Überleitung nach § 90 BSHG ändert an den Voraussetzungen des Unterhaltsanspruchs nichts, so daß der Sozialhilfeträger sich gegebenenfalls entgegenhalten lassen muß, daß dieser Anspruch aufgrund einer Veränderung der Verhältnisse ganz oder teilweise entfallen ist (ebenso im Ergebnis Seetzen, NJW 1978, 1350 (1353); Göppinger-Wax, Rdnr. 3280). Auch im umgekehrten Fall der Erhöhung des Unterhaltsanspruchs infolge einer Veränderung der Verhältnisse ist der Sozialhilfeträger im Rahmen seiner Leistungen für eine Klage nach § 323 ZPO aktivlegitimiert (vgl. dazu OLG Zweibrücken, FamRZ 1986, 190).

Das OLG durfte die Klage auf künftig fällig werdenden Unterhalt schließlich nicht deshalb abweisen, weil die Kl. uneingeschränkt Zahlung an sich selbst beantragt hatte, während, wie ausgeführt, in die Urteilsformel die Bedingung künftiger, nicht länger als zwei Monate unterbrochener

R448

Sozialhilfeleistungen aufzunehmen ist. Die gebotene bedingte Verurteilung ist nämlich gegenüber einem solchen uneingeschränkten Begehren lediglich ein Weniger.

III. Nach allem kann die Abweisung der Klage im angefochtenen Umfang keinen Bestand haben. Der Senat ist zu einer abschließenden Entscheidung nicht in der Lage, da weitere tatrichterliche Feststellungen erforderlich sind und die Parteien Gelegenheit haben müssen, zu den erst in der Revisionsinstanz hervorgetretenen rechtlichen Gesichtspunkten ergänzend vorzutragen. Der Rechtsstreit ist daher an das BerGer. zurückzuverweisen.

Der Senat weist auf folgendes hin: Soweit es im weiteren Verfahren auf ein – zu dessen Beweislast stehendes – Vorbringen der Bekl. ankommen sollte, das eigene Wahrnehmungen oder Handlungen der Mutter und gesetzlichen Vertreterin der ehelichen Kinder betrifft, wird die Kl. sich nicht auf ein Bestreiten mit Nichtwissen beschränken können, sondern wird bei dieser in Ausübung ihres Auskunftsrechts nach §§ 412, 402 BGB Erkundigungen anstellen und deren Ergebnis vortragen müssen. Der Senat teilt die Auffassung des BerGer., daß unter den gegebenen Umständen eine Erklärung mit Nichtwissen ohne Ausschöpfung dieser zumutbaren Informationsmöglichkeit durch § 138 IV ZPO nicht gedeckt wäre und deshalb die Geständnisfiktion des § 138 III ZPO auslösen könnte.

BGH v. 18. 3. 92 – XII ZR 23/91 – FamRZ 92, 1045 = NJW 92, 2477

R448

(Bei der Bedarfsbemessung nach § 1578 BGB keine fiktive Zurechnung von Einkünften, die nicht nachhaltig zur Verfügung standen)

a   Die für den nachehelichen Unterhalt maßgebenden Lebensverhältnisse i. S. von § 1578 I BGB werden durch das bis zur Scheidung nachhaltig erreichte Einkommen bestimmt (st. Rspr. des Senats; vgl. BGHZ 89, 108 (110) = NJW 1984, 292 = LM § 1578 BGB Nr. 26 L sowie NJW 1987, 58 = LM § 1578 BGB Nr. 38 = FamRZ 1986, 783 (785); NJW-RR 1988, 514 = LM § 1578 BGB Nr. 48 = FamRZ 1988, 145 (146)). Der Vorschrift liegt das gesetzgeberische Anliegen zugrunde, dem bedürftigen Ehegatten den in der Ehe erreichten bisherigen Lebensstandard zu erhalten (BT-Dr 7/650, S. 136; vgl. BVerfGE 57, 361 (389 ff.) = NJW 1981, 1771). Dabei sind grundsätzlich auch solche Veränderungen der Einkommensverhältnisse zu berücksichtigen, die während der Trennung bis zur Scheidung eintreten, gleichgültig, ob sie zu einer Erhöhung oder Verringerung des Lebensstandards führen. Denn erst mit der Scheidung tritt eine Zäsur in der beiderseitigen Teilhabe der Ehegatten an den wirtschaftlichen Verhältnissen ein (Senat, NJW 1985, 1347 L = LM § 623 ZPO Nr. 14 = FamRZ 1985, 471 (472)). Demnach ist eine tatsächliche Entwicklung des Einkommens bis zur Scheidung grundsätzlich beachtlich (vgl. Senat, NJW 1982, 1870 = FamRZ 1982, 576 (578); NJW 1982, 2433 = FamRZ 1982 (893); NJW 1983, 2318 = FamRZ 1983, 852 (853) = NJW 1982, 576 (578); NJW 1982, 892 (893); FamRZ 1983, 352 (353)). Unerwartete und vom Normalverlauf erheblich abweichende Entwicklungen bleiben dabei außer Betracht, was der Senat bisher aber nur für Fälle der Einkommenssteigerung entschieden hat (Senat, NJW 1982, 1870 = FamRZ 1982, 576 (578); NJW 1982, 2439 = FamRZ 1982 (893); NJW 1983, 2318 = FamRZ 1983, 852 (853)).

Handelt es sich um Einkommensminderungen, die auf freiwilligen beruflichen oder wirtschaftlichen Dispositionen des Unterhaltspflichtigen beruhen, etwa in Gestalt eines Berufswechsels, den der Unterhaltsberechtigte hinnehmen muß, so schlägt dies nicht ohne weiteres auf den Maßstab für die Bemessung des Unterhaltsbedarfs durch. Denn dem Unterhaltspflichtigen obliegt es, in einem solchen Fall zumutbare Vorsorgemaßnahmen zu treffen, um sicherzustellen, daß er seinen Unterhaltspflichten vorerst auch bei geringeren Einkünften nachkommen kann (Senat, NJW-RR 1988, 514 = LM § 1578 BGB Nr. 48 = FamRZ 1988, 145 (147) zum nachehelichen Unterhalt). Erst wenn solche Vorsorge nicht oder nicht in vollem Umfang möglich ist, kann dem Unterhaltsberechtigten ein vorübergehendes Absinken des ehelichen Lebensstandards zuzumuten sein, wenn bei einer Abwägung der beiderseitigen Interessen dasjenige des Unterhaltspflichtigen an der beruflichen Veränderung überwiegt (Senat, NJW-RR 1988, 519 = LM § 1361 BGB Nr. 53 = FamRZ 1988, 256 (258) zum Trennungsunterhalt). Den vom Senat bisher entschiedenen Fällen war allerdings gemeinsam, daß die Einkommenseinbuße auf einem zwar bewußten, aber nicht gegen seine Erwerbsobliegenheit verstoßenden Verhalten des Unterhaltspflichtigen beruhte. Ob die ehelichen Lebensverhältnisse auch durch eine Einkommensminderung verändert werden, die ein Ehegatte unter Verletzung seiner Pflicht, die Arbeitskraft so gut wie möglich einzusetzen, selbst herbeigeführt hat, konnte bisher offenbleiben. Ein solcher Fall ist aber nunmehr gegeben, da der Ehemann nach den Feststellungen des OLG seine Erwerbsobliegenheit verletzt hat.

a) Die ehelichen Lebensverhältnisse der Parteien waren in den Jahren bis zur Trennung von einem überdurchschnittlich guten Einkommen geprägt, das der Ehemann durch seine Tätigkeit als Handelsvertreter und Geschäftsführer erzielte. Dies hat das OLG unter zulässiger Bezugnahme auf sein ausreichend bezeichnetes, zwischen den Parteien ergangenen Urteil vom 22. 12. 1987 (vgl. BGHZ 39, 333 (345) = NJW 1963, 2272) für den Zeitraum 1983–1985 festgestellt. Dabei lagen der Gewinn (vor Steuern) aus der Handelsvertretung 1983 bei 71 633 DM, 1984 bei 123 816 DM, das Brutto-Geschäfts-

Anhang R. Rechtsprechung   **R448**

führergehalt 1983 bei 131 899 DM, 1984 bei 164 816 DM. Erst ab der Trennung der Parteien gingen die Einkünfte zurück, was sich jedoch für 1985 zunächst nur in einer Herabsetzung des dem Ehemann von ihm selbst bewilligten Geschäftsführergehalts von 164 816 DM auf 49 296 DM und für 1986 auf 54 940 DM zeigte; der Gewinn aus der Handelsvertretung lag 1985 bei 124 627 DM, 1986 immer noch bei 109 711 DM. Erst ab Februar 1987 bewilligte sich der Ehemann kein Geschäftsführergehalt mehr; der Gewinn aus der Handelsvertretung belief sich nach der vorläufigen Gewinnermittlung 1987 auf 68 843 DM.

b) Diese rückläufige Einkommensentwicklung beruht nicht etwa auf Einflüssen, die der Ehemann nicht zu vertreten hat. Ursächlich war vielmehr sein eigenes, in unmittelbarem Zusammenhang mit der Auflösung der Ehe stehendes Verhalten. Denn wie das OLG festgestellt hat, hat er seine Erwerbstätigkeit auf den Umfang einer Halbtagstätigkeit reduziert. Ob sein Motiv die Erlangung des Sorgerechts für das gemeinsame Kind war oder ob er sein Einkommen von vornherein mit Blick auf den Unterhaltsrechtsstreit gezielt reduziert hat, kann dahinstehen. Denn die Entscheidung des FamG, durch die die elterliche Sorge auf die Ehefrau übertragen worden war, wurde mit dem Urteil des OLG vom 3. 11. 1987 rechtskräftig. Spätestens seither oblag es dem Ehemann, seine Erwerbstätigkeit im früheren Umfang wieder aufzunehmen.

c) Ein Verhalten des Unterhaltspflichtigen, das gegen seine Pflicht verstößt, seine Arbeitskraft so gut wie möglich einzusetzen, kann die ehelichen Lebensverhältnisse nicht zum Nachteil des Unterhaltsberechtigten verändern. Es ist vielmehr den Fällen gleichzusetzen, in denen nach der Trennung eine unerwartete und vom Normalverlauf erheblich abweichende Entwicklung einsetzt, die nicht geeignet ist, die ehelichen Lebensverhältnisse zu prägen (vgl. Senat, NJW 1982, 1870 = LM § 1578 BGB Nr. 8 = FamRZ 1982, 576 (578); NJW 1983, 2318 = LM § 284 BGB Nr. 27 = FamRZ 1983, 852 (853)). Daher ist an das frühere Einkommen anzuknüpfen, das den Lebensstandard der Ehegatten bis zur Trennung geprägt hat und das der Unterhaltspflichtige bei zumutbarem Einsatz seiner Arbeitskraft auch künftig erzielen könnte. Zwar ist der Revision einzuräumen, daß lediglich gedachte wirtschaftliche Verhältnisse, die keine Grundlage in der tatsächlichen Einkommenssituation der Ehegatten während der Ehe haben, die ehelichen Lebensverhältnisse nicht prägen können. Daher kann ein nachehelicher Unterhaltsbedarf nicht aus fiktiven Mitteln hergeleitet werden, die den Ehegatten während des Zusammenlebens objektiv nie oder jedenfalls nicht nachhaltig zur Verfügung gestanden haben. Das wäre etwa dann der Fall, wenn ein Ehegatte nach seinen Kenntnissen und Fähigkeiten und bei zumutbarem Einsatz seiner Arbeitskraft während des Zusammenlebens ein höheres Einkommen hätte erzielen können, dies aber – z. B. aus Bequemlichkeit – unterlassen hat, und sich daher beide Ehegatten von vornherein mit einem geringeren Lebensstandard begnügen mußten. Ein solcher Fall liegt hier indessen nicht vor. Der hier zu beurteilende Sachverhalt wird vielmehr dadurch gekennzeichnet, daß der Ehemann nach der Trennung der Parteien unter Verletzung seiner Erwerbsobliegenheit bewußt Dispositionen getroffen hat, die zu einer deutlichen Verringerung seines bisherigen Einkommens geführt haben.

(Abgrenzung prägendes und nichtprägendes Einkommen)

Darüber hinaus fehlt es auch an einer nachhaltigen Einkommensverringerung. Einkommensveränderungen zwischen Trennung und Scheidung sind nur dann beachtlich, wenn ihnen eine gewisse Dauerhaftigkeit eigen ist. Eine nur vorübergehende Veränderung (Verbesserung oder Verschlechterung) der Einkommensverhältnisse vor der Scheidung kann die ehelichen Lebensverhältnisse nicht nachhaltig mit der Folge prägen, daß sie für die nacheheliche Unterhaltsbemessung bestimmend ist. Vielmehr ist zu fragen, ob die bis zur Scheidung eingetretene Veränderung als dauerhaft anzusehen ist oder ob es sich nur um eine vorübergehende Erscheinung handelt und sich die wirtschaftlichen Verhältnisse (voraussichtlich) wieder auf dem früheren Niveau stabilisieren werden. Eine solche Erwartung liegt um so näher, wenn der Unterhaltsverpflichtete es selbst in der Hand hat, seine Einkünfte zu steigern. Angesichts der erst nach der Trennung einsetzenden negativen Einkommensentwicklung sind daher diejenigen Einkünfte zugrunde zu legen, die der Ehemann bei zumutbarem Einsatz seiner Arbeitskraft hätte erzielen können. Daß das OLG dieses erzielbare Einkommen auf monatlich 8000 DM netto geschätzt hat, ist aus Rechtsgründen nicht zu beanstanden. **b**

(Einheitliche Billigkeitsabwägung nach §§ 1577 II 2 BGB und 1579 Nr. 1 BGB)

Es ist daher rechtlich nicht zu beanstanden, daß das OLG im Rahmen einer Billigkeitsprüfung, in der es die wirtschaftliche und persönliche Situation der Parteien gegeneinander abgewogen hat, zu dem Ergebnis gelangt ist, daß zwar eine uneingeschränkte Inanspruchnahme des Ehemannes grob unbillig wäre, ein völliger Ausschluß des Unterhaltsanspruchs der Ehefrau aber nicht zu vertreten sei. Dieses Ergebnis hat es in der Weise verwirklicht, daß es die überobligationsmäßig erzielten Arbeitseinkünfte der Ehefrau, bereinigt um den berufsbedingten Aufwand, jeweils in vollem Umfang auf den Unterhaltsbedarf von 2500 DM angerechnet hat. Darin liegt kein Rechtsfehler zum Nachteil des Ehemannes, da Billigkeitsabwägungen – wie hier nach § 1577 II 2 und § 1579 Nr. 1 BGB – nur **c**

R449

einheitlich getroffen werden können (vgl. hierzu Senat, NJW 1990, 3020 = LM § 1578 BGB Nr. 58 = FamRZ 1990, 1091 (1095)).

BGH v. 29. 4. 92 – XII ZR 105/91 – FamRZ 92, 920 = NJW 92, 1956

R449 *(Voraussetzungen einer wirksamen Mahnung für nachehelichen Unterhalt)*

a   Dem vermag der Senat nicht beizupflichten. Wie er bereits entschieden hat, setzt die Mahnung wegen Trennungsunterhalts den Schuldner nicht auch wegen eines künftigen Anspruchs auf nachehelichen Unterhalt in Verzug, weil eine bereits vor der Entstehung eines Anspruchs ausgesprochene Mahnung wirkungslos ist und dies auch nach der Entstehung des Anspruchs bleibt (vgl. BGHZ 103, 62 (66) = NJW 1988, 1137 = LM § 242 (Cc) BGB Nr. 44; ebenso OLG Hamm, FamRZ 1989, 634; Palandt-Diederichsen, BGB, 51. Aufl., § 1585b Rdnr. 4; Erman-Dieckmann, BGB, 8. Aufl., § 1585b Rdnr. 3; a. A. Schmitz, FamRZ 1988, 700 (701); Kalthoener-Büttner, Rspr. zur Höhe des Unterhalts, 4. Aufl., Rdnr. 192; OLG Schleswig, FamRZ 1989, 1092 (1093 f)). Zwar war Gegenstand des Mahnschreibens vom 7. 2. 1989 nicht der Anspruch der Kl. auf Trennungsunterhalt, sondern sie ließ den Bekl. ausdrücklich auffordern, „auch nach durchgeführter Scheidung" Unterhalt zu zahlen. Nach dem klaren Wortlaut des Gesetzes (§ 284 I 1 BGB) kommt der Schuldner aber nur durch eine Mahnung in Verzug, „die nach dem Eintritte der Fälligkeit erfolgt". Diese Voraussetzung lag nicht vor: Der Anspruch auf nachehelichen Unterhalt war bei Zugang der Mahnung nicht nur noch nicht fällig, sondern er war vor dem Eintritt der Rechtskraft des Scheidungsausspruchs auch noch nicht entstanden. Deswegen kann dem Schreiben vom 7. 2. 1989 keine verzugsbegründende Wirkung beigemessen werden.

§ 1585b II BGB, wonach Unterhalt für die Vergangenheit erst von der Zeit an gefordert werden kann, in der der Unterhaltspflichtige in Verzug gekommen oder der Unterhaltsanspruch rechtshängig geworden ist, beruht auf dem Gedanken, daß Unterhalt seinem Wesen nach zur Bestreitung des laufenden Lebensbedarfs dient und die Befriedigung der Bedürfnisse einer zurückliegenden Zeit an sich nicht möglich ist, so daß grundsätzlich keine Notwendigkeit besteht, darauf beruhende Ansprüche fortdauern zu lassen. Auch soll der Unterhaltspflichtige gegen Härten geschützt werden, die sich aus einer Inanspruchnahme für eine Zeit ergeben können, in der er mit dem Unterhaltsanspruch nicht rechnen mußte (vgl. etwa Senat, BGHZ 105, 250 (253 f.) = NJW 1989, 526 = LM § 64 EheG Nr. 2; Richter, in: MünchKomm, 2. Aufl., § 1585b Rdnr. 1). Es mag zutreffen, daß auch einer kurz vor Entstehung und Fälligkeit des Unterhaltsanspruchs ausgesprochenen Mahnung Warnfunktion zukommt; damit wird aber nicht ausgeräumt, daß es nach der Gesetzeslage nicht pflichtwidrig ist, eine solche Warnung zu mißachten. Wenn es der Gläubiger zudem unterläßt, um eine zeitnahe Verwirklichung seines Anspruchs besorgt zu sein, vielmehr – wie hier – fast ein Jahr verstreichen läßt, ehe er dazu geeignete Schritte unternimmt, steht der weitere Grundgedanke des Gesetzes im Vordergrund, daß grundsätzlich nur die Befriedigung des laufenden Lebensbedarfs in der Gegenwart geschuldet wird. Die vom BerGer. ins Feld geführte, speziell bei der Aufeinanderfolge von Trennungsunterhalt und nachehelichem Unterhalt auftretende Schwierigkeit, den für die Entstehung des letzteren maßgebenden Zeitpunkt der Scheidung festzustellen, wiegt angesichts der vom Gesetzgeber des 1. EheRG für den Regelfall vorgesehenen Möglichkeit, nachehelichen Unterhalt im Scheidungsverbundverfahren geltend zu machen, nicht schwer. Ist ein Unterhaltsgläubiger dringend auf nachehelichen Unterhalt angewiesen, kann er zumutbarerweise diesen Weg beschreiten; dabei kann es zu den vom BerGer. angeführten Schwierigkeiten nicht kommen. Auch kann er bereits während der Trennungszeit eine einstweilige Anordnung gem. § 620 Nr. 6 ZPO erwirken, die gem. § 620 f ZPO für die Zeit nach der Scheidung fortwirkt, bis eine anderweite Regelung wirksam wird (vgl. Senat, NJW 1981, 978 = LM § 1361 BGB Nr. 10 = FamRZ 1981, 242 (243)).

(Endgültige Erfüllungsverweigerung)

b   Weder das Schweigen noch die Nichtleistung von Unterhalt können als eine die Mahnung entbehrlich machende Erfüllungsverweigerung gewertet werden (vgl. Senat, NJW 1983, 2318 = LM § 284 BGB Nr. 27 = FamRZ 1983, 352 (355)).

(Mahnung durch Übersendung eines Prozeßkostenhilfegesuchs)

c   Allerdings hat die Zahlungspflicht des Bekl. aus einem anderen Grund nicht erst mit der Rechtshängigkeit des Verfahrens eingesetzt (13. 3. 1990). Zuvor ist ihm nämlich das Prozeßkostenhilfegesuch der Kl. vom 19. 2. 1990 zugegangen, das inhaltlich die Erfordernisse einer Mahnung erfüllt. Es ist an den Prozeßbevollmächtigten des Bekl. am 22. 2. 1990 (Donnerstag) abgesandt worden, so daß sein Zugang spätestens für Montag, den 26. 2. 1990 angenommen werden kann. Zu diesem Zeitpunkt ist der Bekl. damit in Verzug gekommen (vgl. Senat, NJW 1983, 2200 = LM § 1612 BGB Nr. 3 = FamRZ 1983, 892 (894)). Nur für einen geringen Teil der von der Kl. geltend gemachten

Anhang R. Rechtsprechung   R452

Rückstände, nämlich diejenigen für die Zeit seit dem 26. 2. 1990, sind danach die Voraussetzungen des § 1585b II BGB gegeben. Die Revision des Bekl. ist daher nur erfolglos, soweit sie sich auf diesen Zeitraum bezieht. Im übrigen ist die Klage auf Unterhaltsrückstände abzuweisen.

BGH v. 17. 6. 92 – XII ZR 119/91 – FamRZ 92, 1152 = NJW 92, 2415

(Rückforderungsansprüche aus § 812 BGB)   R452

I. Zutreffend ist das BerGer. von einer Bereicherung gem. § 812 I 2 Alt. 1 BGB ausgegangen. **a** Bei erbrachten, aber nicht geschuldeten Unterhaltsleistungen findet ein Ausgleich grundsätzlich nach den Regeln über die ungerechtfertigte Bereicherung statt. Das hat der Senat bisher unter anderem bei Unterhaltsleistungen aufgrund einer einstweiligen Anordnung im Scheidungsverfahren angenommen, wenn diese über Bestand oder Höhe des materiell geschuldeten Unterhalts hinausgeht (vgl. BGHZ 93, 183 ff. = NJW 1985, 1074; BGH, NJW 1984, 2095 = FamRZ 1984, 767 ff.), ferner bei Unterhaltszahlungen des Scheinvaters an das Kind, wenn dessen Nichtehelichkeit rechtskräftig festgestellt worden ist und die zunächst bestehende Unterhaltspflicht rückwirkend weggefallen ist (BGHZ 78, 201 ff. = NJW 1981, 48; Senat, NJW 1981, 2183 = FamRZ 1981, 764 ff.). Entsprechendes gilt für Unterhaltszahlungen, die aufgrund eines Prozeßvergleichs erbracht werden. Soweit dieser gem. § 323 ZPO rückwirkend zugunsten des Unterhaltsschuldners abgeändert wird, entfällt nachträglich die Rechtsgrundlage für den bisher geleisteten Unterhalt (§ 812 I 2 Alt. 1 BGB). Der Unterhaltsschuldner kann dann grundsätzlich Herausgabe des Erlangten bzw. Wertersatz gem. § 818 II BGB verlangen. Da der Kl. während der genannten Zeit mehr an die Bekl. gezahlt hat, als er nach dem Abänderungsurteil des OLG verpflichtet war, steht ihm grundsätzlich ein Anspruch auf Rückzahlung des rechtsgrundlos Geleisteten zu.

(Entreicherung; Kausalität zwischen Vermögensvorteil und Entreicherung; Beweislast)

II. Der Anspruch scheitert jedoch daran, daß die Bekl. nicht mehr bereichert ist (§ 818 III BGB) **b** und auch keiner verschärften Haftung gem. §§ 818 IV, 819, 820 BGB unterliegt.
1. Zur Frage der Entreicherung hat das BerGer. anhand der von der Bekl. vorgelegten Kontenauszüge und Kreditunterlagen festgestellt, daß sie – mit Ausnahme von Schuldtilgungsraten – sämtliche Unterhaltszahlungen des Kl. für ihre laufenden Lebensbedürfnisse aufgebraucht habe. Abbuchungen, die auf die Ansammlung von Sparvermögen schließen ließen, seien nicht ersichtlich. Anderweitige Mittel, die sie infolge des Verbrauchs der Unterhaltszahlungen hätte sparen können, hätten ihr im fraglichen Zeitraum nicht zur Verfügung gestanden. Auch die Mittel aus einem im Jahre 1980 aufgenommenen und im Mai 1986 aufgestockten Darlehen habe sie bereits im Juni 1986, also noch vor September 1986, für den Kauf eines gebrauchten Pkw ausgegeben. Aus dem Eigentum am Pkw ergebe sich keine fortbestehende Bereicherung, da nichts dafür spreche, daß die Bekl. ihn bei geringeren Unterhaltszahlungen des Kl. zur Bestreitung ihres Lebensunterhalts wieder veräußert hätte. Allerdings habe die Bekl. seit 1980 und auch im fraglichen Zeitraum auf das Darlehen gleichbleibend monatlich 267 DM gezahlt. Um den Wert der getilgten Schuld sei sie aber von vornherein nicht bereichert, weil sie diese Raten unter Einschränkung ihrer übrigen Bedürfnisse auch in der Zeit bezahlt habe, als sie wegen der vorläufigen Einstellung der Zwangsvollstreckung nur einen geringeren Unterhalt erhalten habe. Sie habe die Zahlungen daher nicht aus den überzahlten Teilbeträgen, sondern aus dem Sockelbetrag des Unterhalts erbracht und die rechtsgrundlose Überzahlung selbst für eine aufwendigere Lebenshaltung verbraucht. Damit fehle es an der notwendigen kausalen Verknüpfung zwischen der Überzahlung und der Schuldtilgung.
Diese Beurteilung hält der rechtlichen Nachprüfung stand.
a) Gem. § 818 III BGB ist eine Verpflichtung zur Herausgabe des Erlangten oder zum Wertersatz ausgeschlossen, soweit der Empfänger nicht mehr bereichert ist. Die Vorschrift dient dem Schutz des „gutgläubig" Bereicherten, der das rechtsgrundlos Empfangene im Vertrauen auf das (Fort-)Bestehen des Rechtsgrundes verbraucht hat und daher nicht über den Betrag einer wirklichen (bestehengebliebenen) Bereicherung hinaus zur Herausgabe oder zum Wertersatz verpflichtet werden soll (BGHZ 55, 128 (134) = NJW 1971, 609; MDR 1957, 598 = BB 1956, 771; BGH, NJW 1984, 2095 = FamRZ 1984, 767 (768)). Bei der Überzahlung von Unterhalt kommt es daher darauf an, ob der Empfänger die Beträge restlos für seine laufenden Lebensbedürfnisse verbraucht oder sich damit noch in seinem Vermögen vorhandene Werte oder Vorteile verschafft hat (BGH, NJW 1984, 2095; BGH, NJW 1981, 2183). Letzteres ist etwa der Fall bei anderweitigen Ersparnissen oder Anschaffungen. Auch die infolge Tilgung eigener Schulden mittels des rechtsgrundlos erlangten Geldes eintretende Befreiung von Verbindlichkeiten zählt zu den bestehenbleibenden Vermögensvorteilen, die einem Wegfall der Bereicherung grundsätzlich entgegenstehen (BGH, NJW 1984, 2095; BGH, NJW 1985, 2700; BVerwGE 28, 68 (75)). Die rechtsgrundlose Zahlung muß jedoch für diesen Vermögensvorteil ursächlich gewesen sein (Heimann-Trosien, in: RGRK, 12. Aufl., § 818 Rdnr. 40 m. w.

Nachw.). Das wird besonders deutlich, wenn gerade die Zahlung selbst zu der Befreiung von der Verbindlichkeit geführt hat, sei es, daß infolge einer Fehlüberweisung ein Soll-Konto des Bereicherungsschuldners aufgefüllt worden ist, sei es, daß der Bereicherungsschuldner selbst die erlangte Summe dazu genutzt hat, Schulden zu tilgen, die er andernfalls nicht getilgt haben würde. Denn dann setzt sich der rechtsgrundlos erhaltene Betrag in der bestehenbleibenden Schuldbefreiung gleichsam fort. Umgekehrt kann sich der Bereicherungsschuldner aber auf den Wegfall der Bereicherung berufen, wenn er die Schulden mit einem anderen als dem rechtsgrundlos erhaltenen Betrag, etwa mit von dritter Seite geschenktem Geld zahlt und das Erhaltene ersatzlos verbraucht. Denn ein Bereicherungsschuldner, der Verbindlichkeiten aus anderen ihm zur Verfügung stehenden Mitteln tilgt, kann nicht schlechter stehen als ein Bereicherungsschuldner, der nur über die Bereicherung verfügt und diese aufzehrt.

b) Gegen das Erfordernis der ursächlichen Verknüpfung von Bereicherung und dadurch eingetretenem bleibenden Vermögensvorteil des Bereicherungsschuldners wendet sich die Revision ersichtlich nicht.

Sie meint jedoch, nur bei Unterhaltszahlungen im Bereich des notwendigen Selbstbehalts sei davon auszugehen, daß sie restlos für den laufenden Lebensbedarf aufgezehrt werden. Dagegen seien die Anforderungen an den Verwendungsnachweis durch den Unterhaltsgläubiger in Fällen, in denen die Unterhaltszahlung über dem notwendigen Selbstbehalt liegt, höher anzusetzen. Für eine interessengerechte Lösung müsse zugunsten des Unterhaltsschuldners die konkret zu widerlegende Vermutung gelten, daß der Unterhaltsgläubiger noch vorhandene Vermögenswerte oder die Tilgung eigener Schulden mit Beträgen finanziert habe, die aus der Überzahlung stammten. Es gebe keinen Erfahrungssatz, daß Kreditschuldner bei Schmälerung ihrer Bezüge sofort säumig würden. Andernfalls könne der Bereicherungsschuldner dem Bereicherungsgläubiger immer entgegenhalten, daß er unabhängig von der Höhe des gezahlten Unterhalts sich in jedem Falle einen bestimmten Vermögensgegenstand angeschafft oder Schulden getilgt hätte.

Damit hat die Revision jedoch keinen Erfolg.

Der Bereicherte hat den Wegfall der Bereicherung zu beweisen, da es sich um eine rechtsvernichtende Einwendung handelt (BGH, NJW 1958, 1725). Für die Überzahlung von Gehalts- oder Versorgungsbezügen von Beamten, die nach ihrem Wesen und Zweck einer Unterhaltsrente gleichkommen, hat die Rechtsprechung Beweiserleichterungen geschaffen, wenn aus der Überzahlung in der fraglichen Zeit keine besonderen Rücklagen oder andere Vermögensvorteile gebildet worden sind. Auch ohne besonderen Verwendungsnachweis spricht dann aufgrund der Lebenserfahrung – insbesondere bei unteren und mittleren Einkommen – zugunsten des Empfängers die Vermutung, daß er die Überzahlung zur Verbesserung seines Lebensstandards ausgegeben hat (RGZ 83, 161 (163); BGH, LM Nieders. BesG Nr. 3 = MDR 1959, 109 (110); BVerwGE 13, 107 (110); Lieb, in: MünchKomm, 2. Aufl. (1986) § 818 Rdnr. 83; Heimann=Trosien, in: RGRK, 12. Aufl., Rdnr. 40).

Aber auch, wenn ein bleibender Vermögensvorteil geschaffen worden ist, ist die Erleichterung nicht von vornherein ausgeschlossen. Das BVerwG (BVerwGE 15, 15 (18)) hat einen Wegfall der Bereicherung gem. § 818 III BGB auch dann angenommen, wenn der Beamte mit dem überzahlten Betrag Schulden getilgt hat, die er ohne die Überzahlung unter Einschränkung seines Lebensstandards ebenso getilgt hätte. Denn die Zuvielzahlung bewirke lediglich, daß der Beamte seine Lebenshaltung in Anpassung an den zur Verfügung stehenden Mehrbetrag weniger einschränke, als er es bei Schuldentilgung aus dem ihm zustehenden geringeren Gehalt getan hätte. Nach diesen Grundsätzen, denen sich der Senat anschließt, kommt es für den Nachweis der Entreicherung nicht darauf an, ob der bestehengebliebene Vermögensvorteil aus dem rechtsgrundlos gezahlten Mehrbetrag oder aus dem mit Rechtsgrund gezahlten Sockelbetrag erworben worden ist. Aus welchem der beiden Beträge eine Schuld getilgt wird, läßt sich meist nicht feststellen, weil geschuldeter und nicht geschuldeter Betrag in der Regel in einer Gesamtsumme gezahlt werden und der Empfänger nicht unterscheidet, aus welchem Teilbetrag er seine laufende Lebenshaltung einerseits und die Schuldtilgung oder Anschaffung von Vermögensgegenständen andererseits finanziert (Lieb, in: MünchKomm, 2. Aufl. (1986) Rdnr 83). Entscheidend ist vielmehr der Nachweis, daß der Bereicherte den Vermögensvorteil in jedem Fall auch ohne die Überzahlung – notfalls unter Einschränkung des Lebensstandards – erworben hätte, so daß die Überzahlung für den Vermögensvorteil nicht ursächlich war.

Die Revision macht ohne Erfolg geltend, bei Überzahlung von Unterhalt, der über dem notwendigen Selbstbehalt liege, müßten zum Schutz des Unterhaltsschuldners strengere Beweisregeln gelten. Die zu den Beamtenfällen entwickelten Beweisgrundsätze sind vielmehr auch auf privatrechtliche Lohn- oder Unterhaltszahlungen übertragbar. Denn die Situation ist mit derjenigen bei Beamtenbezügen vergleichbar (vgl. BAG, AP § 394 BGB Nr. 5; RGZ 63, 38 (41); Heimann=Trosien, in: RGRK, 12. Aufl., Rdnr. 42). Das trifft gerade auch auf den vorliegenden Fall zu. Der Unterhalt der Bekl. liegt mit monatlich 1800 DM im Bereich eines unteren bis mittleren Beamtengehalts. Daß das Ausgabeverhalten [Ausgabeverhalten] eines Beamten sich von dem eines Unterhaltsgläubigers unter-

Anhang R. Rechtsprechung   **R452**

scheidet, ist nicht ersichtlich. Auch sonst liegen keine Gründe vor, die eine Differenzierung rechtfertigen könnten. Das Interesse des Bereicherungsgläubigers erfordert auch keine Vermutung des Inhalts, daß ein beim Bereicherungsschuldner vorhandener Vermögensvorteil mit dem Überzahlungsbetrag finanziert worden ist mit der Folge, daß diese Vermutung nur durch einen konkreten Nachweis der anderweitigen Verwendung des streitigen Betrags widerlegt werden kann. Sie würde im Gegenteil die Beweisanforderungen überspannen und im Widerspruch zu dem Gesetzeszweck stehen, der die Ersatzpflicht des Bereicherungsschuldners an die echte Vermögensmehrung aufgrund des rechtsgrundlosen Empfangs knüpft (BGHZ 55, 128 (134) = NJW 1971, 609). Das gilt um so mehr, als in diesen Einkommensbereichen größere Anschaffungen wie Hausrat oder ein Pkw in der Regel mittels Krediten finanziert werden, die hierfür nötigen Zins- und Tilgungsraten unter Verzicht auf andere Ausgaben erbracht werden. Andernfalls wäre der Entreicherungseinwand in nahezu allen diesen Fällen ausgeschlossen. Es genügt daher der Nachweis, daß die Bekl. auch ohne die Überzahlung ihre Schulden bezahlt hätte. Diesen Nachweis hat die Bekl. erbracht. Unstreitig hat sie die Rate von monatlich 267 DM seit 1980 bis in die jüngste Zeit unverändert weiter bezahlt, und zwar unter Einschränkung ihres laufenden Lebensbedarfs auch während der Monate, in denen sie wegen der vorläufigen Einstellung der Zwangsvollstreckung nur einen Unterhalt von 1000 DM monatlich zur Verfügung gehabt hat. Das BerGer. hat außerdem unangegriffen festgestellt, daß die Bekl. keine größeren Abbuchungen vorgenommen hat, die auf anderweitige Ersparnisse schließen lassen, ferner, daß sie auch über keine anderen Mittel verfügt hat, die sie für ihren Unterhalt hätte einsetzen können. Daraus konnte das BerGer. den Schluß ziehen, daß die Darlehenstilgung schon zuvor als fester Bestandteil ihrer vorweg zu bestreitenden monatlichen Ausgaben eingeplant war und daß darüber hinausgehende Mittel wie die Überzahlung dazu gedient haben, ihren Lebensstandard zu verbessern.

Auch hinsichtlich des Pkw kann sich die Bekl. auf den Wegfall der Bereicherung berufen, da sie ihn bereits zuvor aus anderen, nämlich aus Darlehensmitteln finanziert hatte.

(Verschärfte Haftung nach § 818 IV BGB)

2. Eine verschärfte Haftung der Bekl. nach §§ 818 IV, 819 I, 820 I BGB hat das BerGer. ohne   **c**
Rechtsfehler verneint.

a) Gem. § 818 IV BGB kann sich der Empfänger einer rechtsgrundlosen Leistung vom Eintritt der Rechtshängigkeit an nicht mehr auf den Wegfall der Bereicherung berufen, sondern haftet nach den allgemeinen Vorschriften. Wie der Senat bereits entschieden hat, knüpft diese verschärfte Haftung nicht an die Rechtshängigkeit eines beliebigen Prozesses an, in dem über Grund und Höhe der fraglichen Leistung gestritten wird, sondern an die Rechtshängigkeit der Klage auf Herausgabe des Erlangten (§ 812 BGB) oder auf Wertersatz (§ 818 II BGB). Für eine erweiternde Auslegung der Vorschrift hat er weder bei einer Feststellungsklage gegen einen Unterhaltspflichtigen aufgrund einer einstweiligen Anordnung (BGHZ 93, 183 ff. = NJW 1985, 1074) noch bei einer Unterhaltsabänderungsklage gem. § 323 ZPO (BGH, NJW 1986, 2057 = FamRZ 1986, 793) Raum gesehen, weil die Regelung des § 818 IV BGB eine eng zu sehende Ausnahme von dem Grundsatz ist, daß der Bereicherte auf Ersatz nur bis zur Grenze einer noch vorhandenen Bereicherung haftet, und weil der Unterhaltsschuldner wegen der Möglichkeit der Einstellung der Zwangsvollstreckung nicht schutzlos ist.

Die Revision hält letzterem entgegen, daß es in der Praxis nur in seltenen Fällen zur Einstellung der Zwangsvollstreckung komme und das Risiko der Entreicherung dadurch ganz auf den Unterhaltsschuldner abgewälzt werde.

Dieser Einwand gibt zu einer Änderung der Senatsrechtsprechung keinen Anlaß. Bei einem Antrag auf Einstellung der Zwangsvollstreckung hat das Gericht immer zu prüfen, ob die in der Abänderungsklage vorgetragenen Gründe eine Einstellung rechtfertigen. Es hat dabei besonders mit Blick auf die Schwierigkeiten, die einer Rückforderung zuviel gezahlten Unterhalts im Falle einer rückwirkenden Abänderung entgegenstehen, die Interessen von Unterhaltsgläubiger und Unterhaltsschuldner gegeneinander abzuwägen (BGH, NJW 1984, 2057 = FamRZ 1986, 793 (794)). Wenn die Praxis dem nicht immer gerecht wird, vermag dies an der Rechtslage selbst nichts zu ändern. Dem Kl. ist außerdem entgegenzuhalten, daß seine in erster Instanz gestellten Einstellungsanträge wiederholt daran gescheitert sind, daß er die behauptete Einkommensverschlechterung nicht hat darlegen können.

(Möglichkeiten des Verpflichteten gegen Entreicherungseinwand)

Der Gefahr des Entreicherungseinwandes hätte er auf verschiedene Weise begegnen können. Es   **d**
war ihm unbenommen, die Bereicherungsklage alsbald nach der Unterhaltsleistung ohne Rücksicht auf die vorherige Abänderung des Unterhaltstitels zu erheben, wodurch er die Wirkungen des § 818 IV BGB jedenfalls hinsichtlich noch nicht verbrauchter Zahlungen hätte auslösen können (BGHZ 93, 183 (189) = NJW 1985, 1074 = LM § 818 Abs. 4 BGB Nr. 8). Möglich wäre auch gewesen, bereits die Abänderungsklage im Wege der Klagehäufung mit einer Klage auf künftige Rückzahlung des

R 453   Anhang R. Rechtsprechung

während der Dauer des Abänderungsverfahrens zuviel gezahlten Unterhalts zu verbinden (§ 258 ZPO), und zwar zur Vermeidung eines Kostenrisikos hilfsweise für den Fall, daß das Abänderungsbegehren Erfolg hatte. § 260 ZPO steht nicht entgegen. Schließlich hätte er der Bekl. die Überzahlungen als zins- und tilgungsfreies Darlehen anbieten können, verbunden mit der Verpflichtung, im Falle der Abweisung des Abänderungsbegehrens auf die Rückzahlung zu verzichten. Der Senat hat in Fällen, in denen Unterhalt geleistet werden muß, nachdem der Unterhaltsberechtigte einen Rentenantrag gestellt hat, in einer darlehensweisen Unterhaltsgewährung einen Weg gesehen, dem Unterhaltsschuldner einen Rückzahlungsanspruch für den Fall zu sichern, daß die Rente rückwirkend bewilligt wird. Dem Unterhaltsberechtigten obliegt es dann nach Treu und Glauben, einen in solcher Weise angebotenen Kredit anzunehmen (BGH, NJW 1983, 1481 = FamRZ 1983, 574 (575); NJW 1989, 1990 = FamRZ 1989, 718 (719)). Das erscheint auch in einem Fall wie hier möglich.

(Verschärfte Haftung nach § 819 I BGB)

e   b) Gem. § 819 I i. V. mit § 818 IV BGB tritt eine verschärfte Haftung des Bereicherungsempfängers bereits ab dem Zeitpunkt ein, zu dem er den Mangel des rechtlichen Grundes erfährt. Hierfür muß der Bereicherungsempfänger das Fehlen des rechtlichen Grundes selbst und die sich daraus ergebenden Rechtsfolgen gekannt haben; die bloße Kenntnis von Tatsachen, auf denen das Fehlen des Rechtsgrundes beruht, reicht nicht aus (Lieb, in: MünchKomm, 2. Aufl. (1986), § 819 Rdnr. 2; Palandt-Thomas, BGB, 51. Aufl. (1992), § 819 Rdnr. 3; Heimann=Trosien, in: RGRK, 12. Aufl., § 819 Rdnr. 3). Das BerGer. hat zwar offengelassen, ob die Bekl. Kenntnis von den die Abänderung des Unterhaltsvergleichs tragenden tatsächlichen Verhältnissen hatte, so daß für dieses Revisionsverfahren zugunsten des Kl. von dieser Kenntnis auszugehen ist. Es hat aber eine Bösgläubigkeit mangels Kenntnis der Rechtsfolgen verneint; weil die Bekl. angesichts der wiederholten Zurückweisung der Anträge des Kl. auf Einstellung der Zwangsvollstreckung und der Abweisung der Klage in erster Instanz bis zum Erlaß des Berufungsurteils vom 19. 12. 1988 darauf habe vertrauen dürfen, daß ihr weiterhin monatlich 1800 DM zuständen. Das ist nicht zu beanstanden. Die Ungewißheit des Prozeßausgangs spricht für die Bekl. Wenn die Revision demgegenüber meint, daß ein Unterhaltsgläubiger bereits ab Erhebung der Abänderungsklage keinen Vertrauensschutz mehr verdiene, so daß er als bösgläubig angesehen werden müsse, so verkennt sie, daß ein solches Ergebnis den in § 818 IV BGB zum Ausdruck kommenden Schutz des Bereicherungsempfängers unterlaufen würde (vgl. oben II 2 a). Denn er wäre gezwungen, bereits ab diesem Zeitpunkt den Unterhalt für Rückforderungen bereitzuhalten, obwohl § 818 IV BGB dies von ihm erst ab dem Zeitpunkt fordert, zu dem er mit der Bereicherungsklage des Unterhaltsschuldners konfrontiert wird.

(Verschärfte Haftung nach § 820 I BGB)

f   c) Auch eine verschärfte Haftung nach der allein in Betracht kommenden zweiten Alternative des § 820 I 2 BGB greift nicht ein. Danach muß die Leistung aus einem Rechtsgrund erfolgt sein, dessen Wegfall nach dem Inhalt des Rechtsgeschäfts als möglich angesehen wurde und der später tatsächlich wegfällt. Sinn der Regelung ist, daß ein Empfänger, der von vornherein mit seiner Rückgabeverpflichtung rechnet, sich so einrichten muß, als müsse er die empfangene Leistung zurückgeben. Dabei muß sich bereits aus dem Inhalt des Rechtsgeschäfts ergeben, daß beide Parteien sich die Möglichkeit des Wegfalls des Rechtsgrundes nicht nur beiläufig, sondern besonders vergegenwärtigt haben [haben] (BGH, MDR 1961, 832 = BB 1961, 844; BGH, NJW 1984, 2095 = FamRZ 1984, 767 (768); Palandt-Thomas, BGB, 51. Aufl. (1992), § 820 Rdnr. 2).

BGH v. 20. 5. 92 – XII ZR 131/91 – FamRZ 92, 1407 = NJW-RR 92, 1090

R 453   *(Abitur-Lehre-Studium)*

Haben Eltern ihrem Kind eine angemessene Berufsausbildung gewährt, sind sie im allgemeinen nicht verpflichtet, die Kosten einer weiteren Ausbildung zu tragen (BGHZ 69, 190 = NJW 1977, 1774 und st. Rspr. des Senats; vgl. zuletzt NJW 1992, 501 = LM § 1610 BGB Nr. 20). Die Beurteilung des BerGer. (s. FamRZ 1991, 1472), daß die Bekl. ihrer aus § 1610 II BGB folgenden Verpflichtung schon dadurch nachgekommen ist, daß sie ihrem Sohn die Ausbildung zum Speditionskaufmann ermöglicht hat, hält den Angriffen der Revision stand.

a) Nach den Grundsätzen, die der Senat für die Fälle Abitur-Lehre-Studium in BGHZ 107, 376 = NJW 1989, 2253 = LM § 1610 BGB Nr. 18 aufgestellt hat, umfaßt der Unterhalt eines Kindes, das nach Erlangung der Hochschulreife zunächst eine praktische Ausbildung durchlaufen hat, dann auch die Kosten eines Hochschulstudiums, wenn dieses mit den vorangegangenen Ausbildungsabschnitten in einem engen sachlichen und zeitlichen Zusammenhang steht und die Finanzierung des Ausbildungsganges den Eltern wirtschaftlich zumutbar ist. Nach Auffassung des BerGer. besteht zwischen dem Studium der Rechtswissenschaft und einer vorausgegangenen Lehre zum Speditionskaufmann kein enger sachlicher Zusammenhang in diesem Sinne.

Anhang R. Rechtsprechung   R453

Es hat dazu ausgeführt, weder gehörten beide Ausbildungsgänge derselben Berufssparte an noch könne davon ausgegangen werden, daß die Lehre eine sinnvolle Vorbereitung auf das Studium darstelle. Das Jurastudium stelle für einen Speditionskaufmann keine fachliche Ergänzung, Weiterführung oder Vertiefung seiner Ausbildung dar. Berührungspunkte über das Handelsrecht oder die im Rahmen des Studiums geforderte Beschäftigung mit der Volkswirtschaftslehre begründeten eine solche Annahme nicht, da vielfältige Bereiche der modernen Industriegesellschaft einen irgendwie gearteten Zusammenhang mit der Rechtswissenschaft hätten. Der Schwerpunkt des Berufs des Speditionskaufmanns liege nicht auf rechtlichem, sondern auf kaufmännischem und technischem Gebiet.

Diesen Ausführungen ist zu folgen. Die Ausbildung zum Speditionskaufmann hat eine wesentlich andersartige Wissensvermittlung zum Gegenstand als das Jurastudium. Der Sohn der Bekl. hat die Lehre auch nicht gewählt, weil sie ihm bei einem Jurastudium nützlich sein könne, sondern nach eigener Bekundung zur Absicherung für den Fall, daß er den Anforderungen des Studiums nicht gewachsen sei. Da somit der erforderliche sachliche Zusammenhang zwischen Lehre und Studium fehlt, kommt es auf weitere in der angeführten Senatsentscheidung aufgestellte Voraussetzungen nicht mehr an, die das BerGer. ebenfalls als nicht gegeben angesehen hat.

b) Die Revision macht geltend, das BerGer. habe die Voraussetzungen eines Anspruchs auf Finanzierung des Studiums deswegen zu Unrecht verneint, weil es nicht berücksichtigt habe, daß der Sohn der Bekl. von vornherein das Studium der Rechtswissenschaft angestrebt habe. Sie bezieht sich hierbei auf das Senatsurteil vom 10. 10. 1990 (NJW-RR 1991, 195 = FamRZ 1991, 320); dort sei unter der Voraussetzung eines vorgefaßten Planes die Einheitlichkeit eines Ausbildungsganges vom Bürokaufmann zu dem in einer Fachhochschule erworbenen Diplom eines Sozialarbeiters bejaht worden.

Indessen ist der dieser Entscheidung zugrundeliegende Fall schon deswegen mit dem vorliegenden nicht vergleichbar, weil dort das Kind die (Fach-)Hochschulreife erst noch anstrebte, als es sich zum Bürokaufmann ausbilden ließ, während der Sohn der Bekl. bei Antritt der Lehre die Hochschulreife bereits besaß. Der Senat hat in seinem späteren Urteil vom 12. 6. 1991 (NJW-RR 1991, 1156 = FamRZ 1991, 1044) zudem klargestellt, daß ein Kind, das von vornherein die Ausbildung zu zwei verschiedenen Berufen anstrebt, nicht schon deswegen Unterhalt gem. § 1610 II BGB für beide Ausbildungen verlangen kann. Nur wenn die weitere Ausbildung als bloße Weiterbildung anzusehen ist, kann in den Fällen eines vorgefaßten Plans in Betracht gezogen werden, daß die Eltern ihrer Verpflichtung, die Kosten einer angemessenen Berufsausbildung zu tragen, noch nicht vollständig nachgekommen sind, wenn sie nicht auch die Kosten der Weiterbildung übernehmen. In der Grundsatzentscheidung BGHZ 69, 190 (194 f.) = NJW 1977, 1774 ist zwar auf die Schwierigkeit hingewiesen worden, eine Weiterbildung von anderen Ausbildungen abzugrenzen, aber auch dargelegt worden, daß ehestens dann von einer Finanzierungspflicht der Eltern ausgegangen werden kann, wenn die weitere Ausbildung zweifelsfrei als bloße Weiterbildung anzusehen ist (vgl. auch Soergel-Häberle, BGB, 12. Aufl., § 1610 Rdnr. 22). Eine Weiterbildung zielt grundsätzlich darauf ab, bereits erworbene Kenntnisse und Fähigkeiten auszubauen und zu vertiefen, um dadurch bessere Aufstiegs- oder Erwerbschancen zu erlangen (vgl. OLG Hamm, FamRZ 1984, 924 (925) für das Verhältnis einer Banklehre zum Studium der Betriebswirtschaft). Ist – wie hier – ein enger sachlicher Zusammenhang zwischen Lehre und Studium im Sinne der durch das Urteil BGHZ 107, 376 (= NJW 1989, 2253 = LM § 1610 BGB Nr. 18) begründeten Senatsrechtsprechung zu verneinen, kann es sich schlechthin auch nicht um eine bloße Weiterbildung handeln. Somit kann die Revision aus dem Gesichtspunkt, daß der eingeschlagene Ausbildungsgang auf einem vorgefaßten Plan beruhe, nichts für sich herleiten. Daher kann dahinstehen, ob der Sohn der Bekl. seinen Plan überhaupt in zureichender Weise verlautbart und ihn nicht durch seine schriftliche Äußerung gegenüber der Bekl. nach Beginn einer Erwerbstätigkeit in rechtserheblicher Weise aufgegeben hat.

c) Die Revision beruft sich schließlich darauf, die Wahl des Berufes eines Speditionskaufmanns habe auf einer deutlichen Fehleinschätzung der Begabung des Sohnes der Bekl. beruht, auch wenn er von seinen Eltern nicht in diesen Beruf gedrängt worden sei. Auch damit hat sie keinen Erfolg. In der Rechtsprechung ist bisher nur eine Fehleinschätzung der Begabung eines Kindes durch die Eltern als rechtserheblich angesehen worden (vgl. insb. Senat, FamRZ 1980, 1115), während hier offenbar eine Fehleinschätzung durch das Kind selbst geltend gemacht werden soll. Der Fehleinschätzung seiner Begabung durch das Kind selbst wird indessen durch die Grundsätze Rechnung getragen, die der Senat für die Fälle Abitur-Lehre-Studium entwickelt hat, die aber, wie oben zu a) ausgeführt, eine Unterhaltspflicht der Bekl. nicht zu begründen vermögen. Im übrigen ergibt die erfolgreiche Ablegung der Zwischenprüfung nach vier Fachsemestern noch nicht, daß die Wahl des Berufes eines Speditionskaufmannes auf einer deutlichen Fehleinschätzung seiner Begabung beruhte.

BGH v. 8. 7. 92 – XII ZR 127/91 = NJW-RR 92, 1282

R454 *(Angemessene Erwerbstätigkeit)*

1. Die Ehefrau hat nach § 1573 I i. V. mit § 1578 BGB Anspruch auf nachehelichen Unterhalt. Der Anspruch beruht für die Zeit vom 23. 6. bis einschließlich September 1989 darauf, daß sie damals trotz ausreichender Bemühungen keine angemessene Erwerbstätigkeit zu finden vermochte (§ 1573 I BGB). Für die Zeit ab Oktober 1989 rechtfertigt sich das Begehren der Ehefrau daraus, daß sie ihren Unterhalt seither nicht durch eigene Einkünfte aus einer ihr i. S. von § 1574 II BGB angemessenen Erwerbstätigkeit bestreiten kann und die Einkünfte aus der Tätigkeit als Verkaufshilfe, soweit sie sich diese anrechnen lassen muß, nicht zu ihrem vollen Unterhalt nach dem Maßstab der ehelichen Lebensverhältnisse ausreichen.

Ob ihr Unterhaltsanspruch seine Rechtsgrundlage insoweit teilweise in § 1573 II BGB findet, kann dahingestellt bleiben, da auch für die Zeit ab Oktober 1989 jedenfalls die Voraussetzungen des § 1573 I BGB erfüllt sind. Im Blick auf § 1573 V BGB bedarf es ebenfalls keiner näheren Bestimmung der Anspruchsgrundlage. Insoweit unterliegen die Ansprüche sowohl nach § 1573 I als auch nach § 1573 II BGB derselben Kürzungsmöglichkeit (vgl. Senat, NJW 1988, 2369 = LM § 1569 BGB Nr. 28 = FamRZ 1988, 265 (266, 267) unter I. 4).

a) Das BerGer. hat die derzeitige Tätigkeit der Ehefrau bei der Firma L auch nach erneuter Prüfung als nicht angemessene Erwerbstätigkeit i. S. von § 1574 I und II BGB beurteilt und dazu im einzelnen ausgeführt:

Die Tätigkeit entspreche weder den gehobenen ehelichen Lebensverhältnissen noch insbesondere dem individuellen Berufsstatus der Ehefrau. Diese sei nach einer Ausbildung zur Kinderpflegerin ab Oktober 1957 zur Kindergärtnerin ausgebildet worden. Sie habe zunächst zwei Jahre lang das Fröbel-Seminar, eine staatliche Fachschule für Erzieher, besucht und anschließend ein Praktikantenjahr absolviert. Sodann sei sie ab November 1960 als Kindergärtnerin, zuletzt als Leiterin einer Gruppe von fünf- bis sechsjährigen Kindern im Rahmen der Vorschulerziehung, tätig gewesen und nach BAT VII bezahlt worden. Mit den Aufgaben und dem Niveau einer zuletzt als Gruppenleiterin eingesetzten Kindergärtnerin sei die jetzige Tätigkeit der Ehefrau weder nach der Art noch nach dem Ort ihrer Ausübung vergleichbar. Die Ehefrau sei nämlich mangels entsprechender fachlicher Ausbildung nicht als Fachverkäuferin, sondern als bloße Verkaufshilfe – ohne Aufstiegschancen – eingestellt worden. Ihre Tätigkeit beschränkte sich auf den Verkauf kunstgewerblicher Artikel wie Kerzen, Servietten, Wandteller und Keramikartikel, hingegen sei sie nicht mit dem Verkauf von Waren für spezielle gehobene Ansprüche befaßt. Anders als eine Fachverkäuferin dürfe sie auch nicht selbständig über Bestellungen entscheiden und in gewissem Rahmen selbst Preisgestaltungen vornehmen. Sie sei vielmehr in ihrem Tätigkeitsbereich in hohem Maße unselbständig. Dem entspreche auch ihr Arbeitsplatz, der sich im Eingangsbereich neben den automatisch öffnenden und schließenden Türen befinde und nicht in einem Bereich, der aufgrund seiner besonderen Lage und Ausstattung gehobeneren Kundenwünschen gerecht werde.

b) Gegen diese tatrichterliche Beurteilung der Angemessenheit der ausgeübten Erwerbstätigkeit i. S. von § 1574 II BGB sind aus Rechtsgründen keine Bedenken zu erheben. Das BerGer. hat seine Beurteilung auf nähere Feststellungen einerseits über die berufliche Ausbildung der Ehefrau und zum anderen über die Art und Weise ihrer derzeitigen Tätigkeit gestützt, wie sie der Senat in dem ersten Revisionsurteil für erforderlich gehalten hat. Das BerGer. hat dabei die notwendigen Feststellungen über den Inhalt und Abschluß der Ausbildung der Ehefrau zur Kindergärtnerin in den 50er Jahren getroffen und auf diese Weise ihr Ausbildungsniveau aufgeklärt. Die Feststellungen werden von der Revision nicht angegriffen. Ihre Wertung durch das BerGer. ist revisionsrechtlich nicht zu beanstanden. Sie hält den Angriffen der Revision stand, die, wie schon in dem ersten Revisionsverfahren, insbesondere das Gebot der wirtschaftlichen Eigenverantwortung des geschiedenen Ehegatten hervorhebt und erneut den Standpunkt vertritt, den ehelichen Lebensverhältnissen komme für die Beurteilung der Angemessenheit einer nachehelichen Erwerbstätigkeit nur dann Bedeutung zu, wenn der eheliche Lebenszuschnitt von dem anderen Ehegatten mit erarbeitet worden sei; das sei bei der Ehefrau nicht der Fall gewesen.

Wie der Senat bereits in dem ersten Revisionsurteil betont hat, wird das Gebot der wirtschaftlichen Eigenverantwortung des geschiedenen Ehegatten (§ 1569 BGB) durch § 1574 I BGB dahin relativiert, daß der Ehegatte nur eine ihm angemessene Erwerbstätigkeit auszuüben braucht. Das ist bei der Tätigkeit als Verkaufshilfe, der die Ehefrau derzeit nachgeht, nach den Feststellungen des BerGer. – wie dargelegt – nicht der Fall. Eine Tätigkeit in ihrem erlernten Beruf als Kindergärtnerin oder Erzieherin hat die Ehefrau nicht zu finden vermocht, obwohl sie sich darum, wie schon in dem ersten Berufsurteil – mit Billigung des Senats – näher ausgeführt, hinreichend bemüht hat. Ein Verstoß gegen die ihr obliegende wirtschaftliche Eigenverantwortung ist der Ehefrau daher nicht vorzuwerfen. Daß für die Beurteilung der Angemessenheit einer Erwerbstätigkeit neben anderen Kriterien auch die durch das Einkommen des alleinverdienenden Ehegatten geprägten ehelichen Lebensverhältnisse mit herangezogen werden können, hat der Senat unter Hinweis auf § 1574 II BGB bereits in dem ersten Revisionsurteil hervorgehoben.

Anhang R. Rechtsprechung   R455

BGH v. 9. 7. 92 – XII ZR 57/91 – FamRZ 92, 1403 = NJW 92, 3164
(Nichtiger Unterhaltsverzicht)   R455

a) Allerdings kann eine Vereinbarung, durch die Verlobte oder Eheleute für den Fall der Scheidung a
ihrer Ehe auf nachehelichen Unterhalt verzichten, nach deren aus der Zusammenfassung von Inhalt,
Beweggrund und Zweck zu entnehmendem Gesamtcharakter gegen die guten Sitten verstoßen und
daher nach § 138 I BGB nichtig sein, falls die Vertragschließenden dadurch bewußt eine Unterstützungsbedürftigkeit zu Lasten der Sozialhilfe herbeiführen, auch wenn sie eine Schädigung des Trägers der Sozialhilfe nicht beabsichtigten (Senat, BGHZ 86, 82 (88) = NJW 1983, 1851 = LM § 72
EheG Nr. 11; vgl. auch Senat, NJW 1991, 913 = LM § 138 (Cd) BGB Nr. 28 = FamRZ 1991, 306
(307)).
Die Parteien haben durch den Unterhaltsverzicht im Vertrag v. 22. 8. 1984 jedoch keine Unterstützungsbedürftigkeit der Ehefrau zu Lasten der Sozialhilfe herbeigeführt. Sie waren damals noch nicht
verheiratet; den Unterhaltsleistungen, die der Ehemann erbrachte, lag daher keine Rechtspflicht zugrunde. Da er die Eingehung der Ehe unstreitig von dem Unterhaltsverzicht abhängig machte, hatte
die Ehefrau auch keine Aussicht, künftig einen Anspruch auf nachehelichen Unterhalt über das ihr
im Vertrag v. 22. 8. 1984 Zugebilligte hinaus zu erwerben. Auf den – zeitlich begrenzten – Unterhaltsanspruch nach § 1615 l BGB, den sie nach der Geburt des gemeinschaftlichen Kindes gegen den
Ehemann gehabt hätte, wenn es nicht zur Heirat gekommen wäre, konnte sie für die Zukunft nicht
wirksam verzichten (§§ 1615 l III S. 1, 1614 I BGB) und hat sie auch nicht verzichtet.
Der Unterhaltsverzicht hat daher ihre Bedürftigkeit und damit das Risiko, zur Bestreitung ihres
Lebensunterhalts auf Sozialhilfe angewiesen zu sein, nicht erhöht. Im Gegenteil hat er ihr eine bis
dahin nicht bestehende rechtliche Sicherung verschafft, weil sie während der durch den Verzicht ermöglichten Ehe Anspruch auf Familienunterhalt (§§ 1360, 1360 a BGB) und für den Fall einer später
als fünf Jahre nach der Heirat beantragten Ehescheidung den begrenzten Unterhaltsanspruch nach
III. 2. des Vertrages hatte.
Schon aus diesen Gründen ist der Unterhaltsverzicht daher nicht deshalb nach § 138 I BGB nichtig, weil er zu Lasten der Sozialhilfe geschlossen worden ist, ohne daß es noch darauf ankommt, ob
die subjektiven Voraussetzungen vorliegen (auf die der Senat im Urteil v. 28. 11. 1990, a.a.O., für den
damals zu beurteilenden Verzicht abgestellt hat).
b) Soweit die Revision auf die persönliche Situation der Ehefrau bei Abschluß der Vereinbarung
v. 22. 8. 1984 verweist, will sie offenbar die Voraussetzungen des § 138 II BGB angenommen wissen.
Diese Norm betrifft jedoch lediglich Austauschgeschäfte (BGH, Urteil v. 4. 7. 1990 – IV ZR 121/89 –,
FamRZ 1990, 1343, 1344, m. N.). Die dazu entwickelten Rechtsgrundsätze lassen sich auf familienrechtliche Verträge nicht übertragen (Senatsurteil v. 24. 4. 1985 – IVb ZR 22/84 –, FamRZ 1985, 788,
789).
Allerdings können Rechtsgeschäfte, die den Tatbestand des § 138 II BGB nur zum Teil erfüllen,
nach § 138 I BGB nichtig sein (Palandt/Heinrichs, BGB, 51. Aufl., § 138 Rz. 66 mit Rz 24 ff.). Das
Verhalten des Ehemannes erfüllt jedoch den Tatbestand dieser Vorschrift auch nicht teilweise. …

(Betreuungsunterhalt trotz Verzicht)

a) Nach der Rechtsprechung des Senats ist dem auf Unterhalt in Anspruch genommenen geschie b
denen Ehegatten die Berufung auf einen Unterhaltsverzicht des anderen unter Umständen nach
§ 242 BGB verwehrt, weil sie gegen Treu und Glauben verstößt (Senat, NJW 1985, 1835 = FamRZ
1985, 787; NJW 1985, 1833 = FamRZ 1985, 788 (789); zuletzt NJW 1991, 913 = LM § 138 (Cd) BGB
Nr. 28 = FamRZ 1991, 306 (307)). Das hat der Senat insbesondere für Fälle entschieden, in denen
sich die zur Zeit des Unterhaltsverzichts bestehenden oder erwarteten Verhältnisse nachträglich so
entwickelt hatten, daß überwiegende schutzwürdige Interessen gemeinschaftlicher Kinder der Geltendmachung des Verzichts entgegenstanden (vgl. NJW 1985, 1835 = FamRZ 1985, 787; NJW 1987,
776 = FamRZ 1987, 46 (47 f.)). Er hat diese Rechtsprechung aber von vornherein nicht auf Sachverhalte beschränkt, in denen erst eine nachträgliche und unvorhergesehene Entwicklung ergibt, daß
die Berufung auf den Unterhaltsverzicht mit Treu und Glauben nicht zu vereinbaren ist (vgl. NJW
1985, 1833). In seinem schon vom BerGer. herangezogenen Urteil vom 28. 11. 1990 (NJW 1991, 913))
hat er die Berufung auf einen Unterhaltsverzicht versagt, den die damals schon schwangere Frau –
wie im vorliegenden Fall – kurz vor der Heirat erklärt hatte, wobei den (künftigen) Eheleuten bekannt gewesen oder allenfalls infolge grober Fahrlässigkeit verborgen geblieben war, daß sie im Falle
einer (baldigen) Scheidung ohne Unterhaltsleistungen des Mannes darauf angewiesen war, entweder
Sozialhilfe in Anspruch zu nehmen oder unter dem Kindeswohl zuwiderlaufender Einschränkung
der Kindesbetreuung einer Erwerbstätigkeit nachzugehen. Hiernach steht der Anwendung des vom
Senat entwickelten Grundgedankens, wonach dem Unterhaltspflichtigen die Berufung auf einen –
an sich wirksamen – Unterhaltsverzicht nach Treu und Glauben verwehrt sein kann, nicht entgegen,
daß die Parteien beim Abschluß des Vertrages vom 22. 8. 1984 bereits die dann tatsächlich eingetrete-

ne Entwicklung bedacht haben, nämlich eine Scheidung der Ehe zu einer Zeit, als die Betreuung des Kindes die Mutter an jedem eigenen Erwerb hinderte und sie daher mangels eigenen Einkommens und Vermögens auf Unterhaltsleistungen angewiesen war ...

Das bedeutet indessen nicht, daß sich der Ehemann auf den Unterhaltsverzicht schlechthin nicht berufen kann. Wie sich aus dem Dargelegten ergibt, verlangt das Kindeswohl von ihm vielmehr nur, es der Ehefrau durch Unterhaltsleistungen zu ermöglichen, sich der Pflege und Erziehung des Kindes zu widmen. Dazu bedarf sie keines Unterhalts nach dem Maßstab der ehel. Lebensverhältnisse (§ 1578 BGB); vielmehr ist es aus Rechtsgründen nicht zu beanstanden, daß das OLG dem Ehemann die Berufung auf den Unterhaltsverzicht nur insoweit verwehrt hat, wie die Ehefrau lediglich den notwendigen Unterhalt verlangt. Besondere Umstände, die aus Gründen des Kindeswohls die Zubilligung eines höheren Unterhalts gebieten, sind weder festgestellt noch vorgetragen. Da sich die Beschränkung daraus ergibt, daß die Geltendmachung des Unterhaltsverzichts im übrigen nicht gegen Treu und Glauben verstößt, greift der Hinweis der Revision auf § 1578 BGB und die Rechtsnatur des Anspruchs auf nachehel. Unterhalt als eines einheitlichen Anspruchs nicht durch. Außerdem steht § 242 BGB der Geltendmachung des Unterhaltsverzichts nur so lange und so weit entgegen, wie die Ehefrau neben der Betreuung des Kindes nicht mindestens ihren notwendigen Bedarf durch eigene Erwerbstätigkeit decken kann. Auch das hat das OLG richtig gesehen.

BGH v. 23. 9. 92 – XII ZR 157/91 – FamRZ 93, 43 = NJW-RR 92, 1474

R456

a *(Abänderung von DDR-Entscheidungen)*

... 1. Mit Recht hat das BezG für die Beurteilung der erst nach dem Wirksamwerden des Beitritts rechtshängig gewordenen Klage § 323 ZPO herangezogen. Im Einigungsvertrag ist diese Vorschrift als einer der Rechtsbehelfe, die gegen vor dem Wirksamwerden des Beitritts rechtskräftig gewordene Entscheidungen stattfinden, ausdrücklich genannt (Anl. I Kap. III Sachgeb. A Nr. 5 lit. i). Buchstabe e regelt die rechtsähnliche Frage, wann das Vereinfachte Verfahren zur Abänderung von Unterhaltstiteln minderjähriger Kinder (§§ 641l ff. ZPO) in Kraft gesetzt wird. Damit ist positiv-rechtlich entschieden, daß für die Abänderung rechtskräftiger Urteile von Gerichten der DDR über nachehelichen Unterhalt ab dem 3. 10. 1990 die Rechtsschutzform des § 323 ZPO gilt, der die § 10 I Nr. 4 DDRZPO, § 33 DDR-FGB insoweit verdrängt. Darüber besteht auch im Schrifttum weitgehende Übereinstimmung (vgl. Zöller-Vollkommer, ZPO, 17. Aufl., § 323 Rdnr. 50; Johannsen-Henrich, EheR, 2. Aufl., Art. 234 EGBGB § 5 Rdnr. 14; Gottwald, FamRZ 1990, 1177 (1182); Eberhardt, in: Familienrecht und Deutsche Einigung, 1991, S. 155, 160; Vogel, DtZ 1991, 338 (339); a. A. Palandt-Diederichsen, BGB, 51. Aufl., EGBGB Art. 234 § 5 Rdnr. 3). Teilweise wird allerdings die Auffassung vertreten, daß § 323 ZPO nur insoweit anwendbar sei, als typisch verfahrensrechtliche Voraussetzungen in Frage stünden (Johannsen-Henrich), oder daß bei Anwendbarkeit von DDR-Recht auf den Unterhaltsanspruch eine Abänderung nur unter Beachtung der aus § 33 DDR-FGB folgenden Abweichungen möglich sei (Eberhardt verweist auf die Begrenzung einer Erhöhung laufenden Unterhalts nach Satz 2 dieser Vorschrift; Vogel befürwortet die Anwendung von Satz 3 i. V. mit § 22 II DDR-FGB anstelle von § 323 III ZPO für Zeiten bis 2. 10. 1990). Im vorliegenden Fall braucht diesen Fragen nicht nachgegangen zu werden, weil abweichendes DDR-Recht keine Rolle spielt. Soweit § 323 ZPO rein verfahrensrechtlichen Charakter hat, ist die Vorschrift uneingeschränkt anzuwenden. Im Schrifttum wird vor allem vertreten, Absatz 3 (Abänderung nur für die Zeit nach Erhebung der Klage) sei materiellrechtlich zu qualifizieren (vgl. Gottwald, in: MünchKomm-ZPO, § 323 Rdnr. 98; ders., in: Festschrift für Schwab, 1990, S. 150 (157 f.); a. A. die h. M., vgl. Johannsen-Henrich-Brudermüller, § 323 Rdnr. 107 m. w. Nachw.).

b *(Gleichrang der Ehegatten nach § 86 II FGB)*

Das maßgebende DDR-Recht enthält nämlich in § 86 II DDR-FGB eine abweichende Regelung. Danach sind die Unterhaltsansprüche des geschiedenen Ehegatten, der Kinder und des neuen Ehegatten gleichrangig (vgl. FGB-Komm., § 86 Anm. 2; Eberhardt, S. 149 (151)). Die irrtümliche Anwendung des § 1582 BGB kann auch ursächlich dafür sein, daß das BezG für die noch strittige Zeit den ausgeurteilten Unterhalt bestehen gelassen hat. Denn ein Einkommen von rund 1000 DM liegt in der Nähe des Betrags, der einem nicht erwerbstätigen Unterhaltspflichtigen gegenüber dem Unterhaltsanspruch des geschiedenen Ehegatten als Eigenbedarf zu belassen ist (vgl. etwa Sächsische Unterhaltstabelle, DtZ 1992, 241 = FamRZ 1992, 769: nach Nr. 5 c monatlich 920 DM). Hätte daher das BezG den Unterhaltsbedarf der jetzigen Ehefrau des Kl. mitberücksichtigt, ist nicht auszuschließen, daß es den zugunsten der Bekl. titulierten Unterhalt jedenfalls teilweise angetastet hätte.

Anhang R. Rechtsprechung   R457 – R458

BVerfG v. 21. 10. 92 – 1 BvR 1233/91 – FamRZ 93, 171 = NJW 93, 2926

(Lebensstandardgarantie des § 1573 II BGB nicht verfassungswidrig)   R457

Die Verfassungsbeschwerde hat keine hinreichende Aussicht auf Erfolg.

Die gesetzliche Ausgestaltung des Aufstockungsunterhalts, die ungeachtet des Grundsatzes der Eigenverantwortung der Ehegatten einen Unterhaltsanspruch für bestimmte Bedürfnislagen vorsieht, ist Ausdruck der auch nach Scheidung der Ehe fortwirkenden Mitverantwortung der Eheleute, die durch Art. 6 I GG geschützt wird (vgl. dazu BVerfGE 57, 361 (389 f.) = NJW 1981, 1771) und der auch die in § 1578 I 1 BGB enthaltene Regelung Rechnung trägt, wonach sich das Maß des Unterhalts an den ehelichen Lebensverhältnissen ausrichtet. Die angegriffenen Entscheidungen haben unter Berücksichtigung der über 27 Jahre dauernden Ehe, in der die nichterwerbstätige Ehefrau fünf gemeinsame Kinder großgezogen und den Haushalt der Familie geführt hat, eine Verpflichtung des Bf. zur Zahlung von Aufstockungsunterhalt gem. § 1573 II BGB bejaht, weil die von der geschiedenen Ehefrau durch eigene Erwerbstätigkeit erzielbaren Einkünfte nicht zur Deckung ihres vollen Unterhaltsbedarfs nach Maßgabe der ehelichen Lebensverhältnisse ausreichten. Von Verfassungs wegen ist es nicht zu beanstanden, daß die Gerichte die Vorschrift des § 1578 I 1 BGB im Sinne der Sicherung des in der Ehe erreichten Lebensstandards so ausgelegt haben, daß an die zum Zeitpunkt der Scheidung für Unterhaltszwecke verfügbaren Mittel anzuknüpfen ist. Daß die angegriffenen Entscheidungen diesen Unterhaltsanspruch nicht gem. § 1578 I 2 BGB zeitlich begrenzt oder den Anspruch auf andere Weise reduziert haben, läßt weder eine übermäßige Belastung des Bf. noch eine Verletzung des Gleichheitssatzes oder einen Verstoß gegen Art. 6 I GG erkennen.

BGH v. 25. 11. 92 – XII ZR 164/91 – FamRZ 93, 417 = NJW-RR 93, 322

(Subsidiäre Sozialleistungen kein Einkommen)   R458

b) Die Revision wendet sich dagegen, daß das BerGer. das von J bezogene Pflegegeld nach dem Landespflegegeldgesetz bedarfsdeckend angerechnet hat. Damit bleibt die Revision ohne Erfolg.

Sozialleistungen sind im privaten Unterhaltsrecht grundsätzlich wie sonstiges Einkommen zu behandeln, soweit sie geeignet sind, den allgemeinen Lebensunterhalt zu decken, es sei denn, sie sind subsidiär (vgl. Senat, NJW 1981, 1313 = FamRZ 1981, 338 und NJW 1987, 1551 = FamRZ 1987, 456 (458) m. Nachw.). Pflegegeld nach dem Landespflegegeldgesetz stellt keine nachrangige Sozialleistung dar, sondern wird Schwerbehinderten ohne Rücksicht auf ihr Einkommen gewährt. Das Gesetz enthält keinen entsprechenden Vorbehalt. Seiner Entstehungsgeschichte ist zu entnehmen, daß davon bewußt Abstand genommen wurde. Da Sachleistungen und persönliche Hilfe, die der Schwerbehinderte benötigt, im Verhältnis zur Situation des Nichtbehinderten einen erheblichen Mehraufwand erfordern, wurde es aus Gründen sozialer Gerechtigkeit für geboten angesehen, den Schwerbehinderten durch staatliche Leistungen in die Lage zu versetzen, diesen Mehraufwand zu bestreiten. Dieses Ziel sollte durch die Gewährung eines Pflegegeldes erreicht werden, das unter dem Gesichtspunkt der Chancengerechtigkeit ohne Berücksichtigung von Einkommen oder Vermögen geleistet wird (Begr. des Entwurfs, LT-Dr 7/2727, Vorblatt sowie S. 9). Macht der Pflegebedürftige einen Unterhaltsanspruch geltend, so muß er sich das Pflegegeld jedenfalls auf seinen behinderungsbedingten Mehrbedarf anrechnen lassen (vgl. auch Senat, NJW 1985, 2590 = FamRZ 1985, 917 (919); Kalthoener-Büttner, Die Rspr. zur Höhe des Unterhalts, 4. Aufl., Rdnr. 491; a. A. Palandt-Diederichsen, BGB, 51. Aufl., § 1602 Rdnr. 9). Dem steht auch § 1610 a BGB nicht entgegen.

Entgegen der Ansicht der Revision ergibt sich aus der Bestimmung des § 6 I 2 LPflGG, wonach Leistungen aus bürgerlichrechtlichen Unterhaltsansprüchen auf das Pflegegeld nicht angerechnet werden, nichts Gegenteiliges. Solche Unterhaltsansprüche wurden von der Anrechnung ausgenommen, um den nach bürgerlichem Recht Unterhaltspflichtigen nicht schlechter zu stellen als den Schwerbehinderten selbst (Begr. des Entwurfs, LT-Dr 7/2727, S. 11 zu § 6). Eine derartige Schlechterstellung träte jedoch ein, verneinte man die Anrechnung des Pflegegeldes auf den behinderungsbedingten erhöhten Unterhaltsbedarf. Unter welchen Voraussetzungen ein Teil des Pflegegeldes, der über die Deckung des Pflegeaufwands hinausginge, auf den allgemeinen Lebensbedarf angerechnet werden könnte, kann auf sich beruhen, da dieser Fall nicht vorliegt.

c) Das BerGer. hat seine Beurteilung, die gewährte Hilfe zur Pflege nach § 69 BSHG (106 DM) sei anrechenbares Einkommen des Sohnes, mit folgender Erwägung begründet: Zwar handele es sich bei der Hilfe zur Pflege um eine subsidiäre Sozialleistung, die grundsätzlich nicht zum unterhaltsrechtlich relevanten Einkommen zähle. Dies gelte nach der Rechtsprechung des BGH jedenfalls dann, wenn die Möglichkeit bestehe, Vorleistungen nach Überleitung des entsprechenden Unterhaltsanspruchs zurückzufordern. Sei diese Möglichkeit aber nicht gegeben, so ende die Subsidiarität. Die Leistung verbleibe dem Empfänger dann endgültig. Bei anderer Betrachtungsweise habe der Unterhaltsberechtigte die Möglichkeit, seinen Bedarf zusätzlich gegenüber dem Unterhaltspflichtigen geltend zu machen, der leisten müsse, obwohl der Sozialhilfeträger von seiner Inanspruchnahme abgesehen habe. Vorliegend sei eine Überleitung wegen der dem J gewährten Hilfe zur Pflege durch das Sozialamt der Kl. nicht erfolgt.

Gegen diese Ausführungen wendet sich die Revision zu Recht. Wie unter 2 b bereits ausgeführt, stellen die einem Unterhaltsberechtigten gewährten Sozialleistungen keine Einkünfte dar, die seine Unterhaltsbedürftigkeit mindern, wenn die Leistungen nur subsidiär gewährt werden und Vorleistungen nach Überleitung des entsprechenden Unterhaltsanspruchs vom Unterhaltsverpflichteten zurückgefordert werden können. Hiernach hat auch die Hilfe zur Pflege, die einem Unterhaltsbedürftigen nach § 69 BSHG geleistet wird, auf dessen Unterhaltsanspruch grundsätzlich keinen Einfluß; sie mindert seine Bedürftigkeit im Verhältnis zum Unterhaltsverpflichteten und gehört nicht zu den Einkünften i. S. von § 1602 I BGB (vgl. Senat, NJW 1987, 1551 = FamRZ 1987, 456 (458)).

In Einschränkung dieses Grundsatzes wird die Auffassung vertreten, eine Anrechnung der Sozialhilfeleistung auf den Unterhaltsanspruch komme ausnahmsweise in Frage, wenn ein Rückgriff der Behörde beim Unterhaltspflichtigen mangels Überleitungsmöglichkeit ausgeschlossen sei (Mutschler, in: RGRK, 12. Aufl., Vorb. § 1601 Rdnr. 23 m. Nachw.; Göppinger, UnterhaltsR, 5. Aufl., Rdnr. 218; Kalthoener-Büttner, Rdnr. 501; OLG Schleswig, FamRZ 1985, 68 f.; wohl auch OLG Hamm, FamRZ 1987, 742 f.). Der Senat hat die Frage bisher nicht zu entscheiden brauchen (vgl. NJW 1987, 1551 = FamRZ 1987, 456 (458)). Der wiedergegebenen Auffassung ist der BGH nunmehr – nach Erlaß der angefochtenen Entscheidung – durch Urteil vom 1. 10. 1991 (BGHZ 115, 228 (231 f.) = NJW 1992, 115) unter Hinweis auf die Systematik des BSHG und die Entstehungsgeschichte des 3. Gesetzes zur Änderung des BSHG, das die Überleitungsbefugnis in § 91 I 1 BSHG zugunsten Unterhaltsverpflichteter eingeschränkt hat, entgegengetreten. Dieser Entscheidung des VI. Zivilsenats schließt sich der erkennende Senat jedenfalls für die Fälle an, in denen – wie hier – einer Überleitung des Unterhaltsanspruchs des Hilfeempfängers ein gesetzliches Überleitungsverbot nicht entgegensteht. Die fernliegende Möglichkeit, daß ein Unterhaltsberechtigter trotz gewährter Sozialhilfe Unterhaltsansprüche gegen einen Verpflichteten geltend machen könnte, vermag an der gesetzlich normierten Subsidiarität der Sozialhilfe nichts zu ändern. Im übrigen dürfte einem solchen Begehren der Grundsatz von Treu und Glauben, der auch im Unterhaltsrecht gilt (Senat, NJW 1991, 913 = FamRZ 1991, 306 (307) und NJW 1992, 3164) entgegenstehen.

In dieser Beurteilung liegt keine Abkehr von der Rechtsprechung des Senats, nach der er es gebilligt hat, daß gewährtes Pflegegeld mit dem durch die Versorgung des Pflegebedürftigen nicht verbrauchten Teil der Pflegeperson für die Zwecke des Unterhaltsrechts als eigenes Einkommen zugerechnet worden ist (Senat, NJW 1984, 2355 = FamRZ 1984, 769 (771 f.); NJW 1987, 1201 = FamRZ 1987, 259 (261), insoweit teilweise in BGHZ 98, 353 (354) nicht abgedr.). Denn es geht nicht um die unterhaltsrechtliche Beziehung der Pflegeperson zu einem Dritten, sondern um den Unterhaltsanspruch des Pflegebedürftigen selbst. Die Entscheidung des BerGer., die gewährte Hilfe zur Pflege sei anrechenbares Einkommen des Sohnes J, kann deshalb keinen Bestand haben.

d) Ohne Erfolg wendet sich die Revision dagegen, daß das BerGer. die Pflegeleistungen des Lebenspartners der Bekl. wie deren eigene Pflegeleistungen angesehen und auf den Bedarf des J angerechnet hat. Allerdings berühren freiwillige Leistungen Dritter, auf die der Unterhaltsberechtigte keinen Anspruch hat, im allgemeinen seine Bedürftigkeit nicht. Anderes gilt jedoch, wenn der Dritte seinen Willen zum Ausdruck bringt, mit seinen Leistungen den Unterhaltsverpflichteten zu entlasten (BGH, NJW 1980, 344 = FamRZ 1980, 40 (42); Mutschler, in: RGRK, § 1602 Rdnrn. 4, 5; Köhler, in: MünchKomm, 3. Aufl., § 1602 Rdnr. 13; Kalthoener-Büttner, Rdnr. 464; Göppinger-Kindermann, Rdnr. 1076).

Letzteres ist hier der Fall. Entgegen der Ansicht der Revision hat das BerGer. festgestellt, daß die Pflegeleistungen des Partners der Bekl. deren Entlastung dienen sollen. Es ist deshalb rechtlich nicht zu beanstanden, daß es diese Pflegeleistungen auf den Bedarf des Sohnes in gleicher Weise angerechnet hat wie die Pflegeleistungen der Bekl. selbst.

BGH v. 13. 1. 93 – XII ZR 212/90 – FamRZ 93, 676 = NJW-RR 93, 386

R459 *(Nutzungsentgelt und Gesamtschulden)*

Gem. § 426 I BGB haften Gesamtschuldner im Innenverhältnis zu gleichen Anteilen, wenn sich nicht aus Gesetz, einer ausdrücklichen oder stillschweigenden Vereinbarung, Inhalt und Zweck des Rechtsverhältnisses oder aus der besonderen Gestaltung des tatsächlichen Geschehens etwas anderes ergibt (BGHZ 87, 265 (268) = NJW 1983, 1845; Senat, NJW-RR 1986, 1196 = FamRZ 1986, 881 (882); Senat, NJW-RR 1988, 259 = FamRZ 1988, 264). In ähnlicher Weise läßt sich aus den Bestimmungen über die Bruchteilsgemeinschaft (§§ 748, 755 BGB) ableiten, daß die Teilhaber für Verbindlichkeiten in bezug auf den gemeinschaftlichen Gegenstand nach dem Verhältnis ihrer Anteile haften, wenn sich nicht aus einer Vereinbarung oder aus den besonderen Umständen des Falles etwas anderes ergibt (BGH, WM 1975, 196 (197); BGHZ 87, 265 (269) = NJW 1983, 1845; Senat, NJW-RR 1988,

259 = FamRZ 1988, 264). Während intakter Ehe kann die grundsätzlich hälftige Beteiligung der Miteigentümer und Gesamtschuldner an den Belastungen von der ehelichen Lebensgemeinschaft der Parteien in der Weise überlagert werden, daß sich im Innenverhältnis zwischen den Ehegatten eine andere Aufteilung ergibt, etwa dergestalt, daß der alleinverdienende Teil zugunsten des haushaltsführenden Teils die gemeinschaftlichen Verpflichtungen allein trägt und daher ein Ausgleichsanspruch ausscheidet. Mit dem Scheitern der Ehe, das sich hier in der Erhebung des Scheidungsantrags am 2. 12. 1981 manifestiert, entfällt in der Regel jener Grund für eine von der hälftigen Ausgleichsregel abweichende Gestaltung (BGHZ 87, 265 (270) = NJW 1983, 1845; Senat, NJW 1986, 1339 = FamRZ 1986, 436 (437)). Denn nach Aufhebung der ehelichen Lebensgemeinschaft besteht für einen Ehegatten im Zweifel kein Anlaß mehr, dem anderen eine weitere Vermögensmehrung zukommen zu lassen (BGH, NJW 1983, 2449 = FamRZ 1983, 797 (799)). Das bedeutet indessen noch nicht, daß damit die hälftige Ausgleichsregelung ohne weiteres wieder zum Tragen kommt. Es ist vielmehr danach zu fragen, ob an die Stelle derjenigen Rechtsbeziehungen, die durch die Besonderheiten der ehelichen Lebensgemeinschaft geprägt waren, eine andere rechtliche oder tatsächliche Ausgestaltung der Verhältnisse tritt, die in ähnlicher Weise wie zuvor Einfluß auf das Ausgleichsverhältnis nehmen kann. Denkbar sind nämlich auch andere Umstände, die – als anderweitige Bestimmung – einem hälftigen Ausgleichsanspruch eines Ehegatten nach Erhebung des Scheidungsantrags entgegenstehen können. Ein solcher Umstand kann darin gesehen werden, daß der allein verdienende Ehegatte mit Duldung des anderen das Haus nach der Trennung weiterhin nutzt und wie bisher die Lasten trägt, ohne zu erkennen zu geben, daß er einen hälftigen Ausgleich geltend zu machen beabsichtigt, und ohne daß der andere Ehegatte ihm ein Nutzungsentgelt abverlangt. Zwar löst der Umstand der alleinigen Nutzung durch einen Teilhaber normalerweise noch keine Entschädigungsrechte des anderen Teilhabers aus. Daß ein Teilhaber von seiner Befugnis aus § 743 II BGB keinen Gebrauch macht, ist deshalb kein Grund für eine von der hälftigen Ausgleichsregel abweichende Lastenverteilung (BGHZ 87, 265 (271) = NJW 1983, 1845). Eine Nutzungsentschädigung steht dem weichenden Teilhaber frühestens ab dem Zeitpunkt zu, ab dem er gem. § 745 II BGB eine Neuregelung der Verwaltung und Benutzung verlangen kann und auch tatsächlich mit hinreichender Deutlichkeit verlangt (vgl. dazu Senat, NJW 1986, 1339 = FamRZ 1986, 434 (435)). Gleichgültig, ob der Anspruch auf Neuregelung auf eine Geldentschädigung oder darauf gerichtet ist, daß der nutzende Teilhaber die Lasten übernimmt, wirkt er jedenfalls nur ex nunc (vgl. BGHZ 87, 265 (271) = NJW 1983, 1845; Senat, NJW 1986, 1339 = FamRZ 1986, 434 (437); BGH, NJW 1989, 1030 (1031); Karsten Schmidt, in: MünchKomm, 2. Aufl., § 745 Rdnr. 30). Das OLG hat daher folgerichtig der Bekl. ein Nutzungsentgelt für die Zeit vom 2. 12. 1981 bis 31. 5. 1985 versagt. Denn sie hatte ausweislich des Urteils des LG vom 4. 5. 1987 im Nutzungsentgeltverfahren ein solches erst ab Juni 1985 verlangt. Das bedeutet andererseits aber nicht, daß der dargestellte Umstand der alleinigen Nutzung durch den Kl. bei der Beurteilung seines Ausgleichsanspruchs nicht berücksichtigt werden dürfte. Denn der Ausgleichsanspruch als solcher wird von einem etwaigen Anspruch der Bekl. auf Nutzungsentgelt nicht berührt; letzterer kann allenfalls einen aufrechenbaren Gegenanspruch darstellen. Soweit es daher um den Ausgleichsanspruch an sich geht, ist die Frage einer anderweitigen Bestimmung im Sinne der Ausgleichsregeln des § 426 BGB und der Vorschriften über die Bruchteilsgemeinschaft gesondert zu betrachten.

Bei dieser Betrachtung spielt zum einen eine Rolle, daß eine gemeinschaftliche Berechtigung von Ehegatten auch nach dem Scheitern ihrer Ehe mit anderen Maßstäben zu messen ist als eine übliche Bruchteilsgemeinschaft. Bei letzterer ist es einem Teilhaber in der Regel zuzumuten, von seinem Nutzungsrecht Gebrauch zu machen. Er kann sich durch freiwilligen Nichtgebrauch nicht seiner Pflicht zur anteiligen Lastentragung entziehen, sondern wird davon allenfalls frei, wenn ihm der Mitgebrauch durch den anderen Teilhaber absichtlich entzogen oder sonst verweigert wird. Haben dagegen Ehegatten ein in ihrem Miteigentum stehendes Haus gemeinsam als Ehewohnung genutzt und scheitert ihre Lebensgemeinschaft, ist dem trennungswilligen Ehegatten ein weiteres Zusammenleben unter einem Dach in aller Regel nicht mehr zumutbar, auch wenn ihm der andere Ehegatte die Mitbenutzung in Gestalt einer Aufteilung der Räumlichkeiten anbietet. Hier ergäbe sich die unbillige Konsequenz, daß der weiter nutzende und die Lasten tragende Ehegatte rückwirkend einen hälftigen Ausgleichsanspruch hätte, während dem weichenden Ehegatten nur in die Zukunft wirkender Anspruch auf Neuregelung bzw. Nutzungsentgelt zustände, mit dem er die bisher aufgelaufenen Ausgleichsansprüche nicht abwehren könnte. Das ist insbesondere dann unverständlich, wenn die Ehegatten nach der Trennung zunächst stillschweigend von der bisherigen Handhabung ausgegangen sind und der weichende Ehegatte nicht sogleich ein Nutzungsentgelt verlangt hat, sondern die alleinige Nutzung des Hauses durch den anderen hinnimmt und darauf vertraut, daß dieser dafür auch die Lasten trägt. Bei einer solchen Fallgestaltung ist der Ausgleichsanspruch des die Lasten tragenden Ehegatten von vornherein beschränkt. Je nachdem, in welchem Verhältnis der Nutzungswert einerseits und die Lasten und Kosten andererseits stehen, kann sich ein Restausgleich ergeben oder aber ein Ausgleich ganz ausscheiden. Dadurch wird der Ehegatte, der das gemeinschaftliche Haus nicht nutzt, ebenso gestellt, als wenn er einen rückwirkenden Nutzungsentgeltanspruch dem anderen Ehegatten im Wege der Einwendung entgegenhalten würde (vgl. OLG Celle, NJW-RR 1990, 265 (266); Palandt-Thomas, BGB, 52. Aufl., § 745 Rdnr. 5).

BGH v. 27. 1. 93 – XII ZR 206/91 – FamRZ 93, 789 = NJW-RR 93, 898

R460 *(Differenzierung zwischen Kranken- und Aufstockungsunterhalt)*

a e) Bei der Beurteilung des Unterhaltsanspruchs nach § 1573 II BGB hat das BerGer. nicht unterschieden, inwieweit der Unterhaltsanspruch einerseits auf § 1572 und § 1573 I BGB, andererseits auf § 1573 II BGB beruhen soll. Das hat die Revision in der mündlichen Verhandlung zu Recht geltend gemacht. Die Ansprüche aus § 1573 I und II BGB sind gegenüber § 1572 BGB grundsätzlich subsidiär. Der Senat hat aber – in Abkehr von seiner bisherigen Rechtsprechung, wonach ein Unterhaltsanspruch auch nicht teilweise auf § 1573 II BGB gestützt werden konnte, wenn schon nach § 1572 BGB ein Anspruch auf den nach den ehelichen Lebensverhältnissen bemessenen Unterhalt bestand (Senat, NJW 1986, 2832 = LM § 1578 BGB Nr. 40 = BGHR ZPO § 549 Rechtsänderung 1 = FamRZ 1986, 886 (888)) – für den Fall des § 1570 BGB entschieden, daß ein Ehegatte, von dem wegen der Kindesbetreuung nur eine Teilerwerbstätigkeit erwartet werden kann, nach § 1570 BGB Unterhalt nur bis zur Höhe des durch eine Vollerwerbstätigkeit erzielbaren Mehreinkommens verlangen kann. Daneben kann er Aufstockungsunterhalt nach § 1573 II BGB beanspruchen, wenn sein Eigenverdienst zusammen mit dem Teilanspruch aus § 1570 BGB zu seinem vollen Unterhalt (§ 1578 BGB) nicht ausreicht (Senat, NJW 1990, 1847 = FamRZ 1990, 492 (494); vgl. auch Senat, NJW 1991, 224 = LM § 1572 BGB Nr. 4 = BGHR BGB § 1573 Abs. 2 Ergänzungsanspruch 5 = FamRZ 1991, 170 (171)). Gleiches gilt für den Fall, daß ein Ehegatte krankheitsbedingt nur eine Teilerwerbstätigkeit ausüben kann, mit der er seinen vollen Unterhalt nicht verdienen kann (Wendl/Staudigl, Das Unterhaltsrecht in der familienrechtlichen Praxis, 2. Aufl., S. 264 (unter 5. b)).

Dieses mögliche Nebeneinander von verschiedenen Anspruchsgrundlagen macht regelmäßig deren genaue Differenzierung erforderlich. Das gilt zum einen mit Blick auf ein späteres Abänderungsverfahren, zum anderen deshalb, weil die zeitliche Begrenzungsmöglichkeit nach § 1573 V BGB nur Ansprüche nach § 1573 I bis IV BGB betrifft, nicht hingegen die anderen Anspruchsgrundlagen (Senat, NJW 1988, 2369 = LM § 1569 BGB Nr. 28 = BGHR BGB § 1573 Abs. 2 Ergänzungsanspruch 1 = FamRZ 1988, 265 (267); NJW 1990, 1847 = LM § 1570 BGB Nr. 13). Nur ausnahmsweise kann die genaue Bestimmung unterbleiben, wenn im Einzelfall eine zeitliche Begrenzung aus Billigkeitsgründen unter Berücksichtigung der Ehedauer, der Kindesbetreuung und der Gestaltung von Haushaltsführung und Erwerbstätigkeit ohnehin ausscheidet.

(Objektiver Maßstab für eheliche Verhältnisse; Einkommensschätzung)

b Das steht nicht im Einklang mit der gesetzlichen Regelung. Das Maß des vollen nachehel. Unterhalts richtet sich gemäß § 1578 I BGB nach den ehel. Lebensverhältnissen, die insbesondere von den Einkommens- und Vermögensverhältnissen im Zeitpunkt der Rechtskraft der Scheidung (vgl. dazu Senatsurteile v. 16. 1. 1985 – IVb ZR 59/83 –, FamRZ 1985, 357, 359, und v. 30. 1. 1985 – IVb ZR 67/83 –, FamRZ 1985, 371, 373) bestimmt werden. Diese sind daher in jedem Einzelfall konkret festzustellen, was das OLG unterlassen hat. Die Bedarfssätze von Tabellenwerken sind lediglich Orientierungshilfen, die bei der tatrichterlichen Verteilung der verfügbaren Mittel über- oder unterschritten werden können und daher eine konkrete Bedarfsfeststellung nicht entbehrlich machen (std. Rspr., vgl. u. a. Senatsurteile v. 4. 11. 1981 – IVb ZR 624/80 –, FamRZ 1982, 151, 152; v. 25. 1. 1984 – IVb ZR 51/82 –, FamRZ 1984, 356, 357; v. 14. 1. 1987 – IVb ZR 93/85 –, FamRZ 1987, 266, 267; Senat, BGHZ 104, 158, 168).

Einzelne Bedarfsposten wie Wohnungsmiete oder sonstiges Konsumverhalten der Ehegatten können nur Indizien sein, die zudem am objektiven Maßstab eines vernünftigen Betrachters gemessen werden. Eine nach den Verhältnissen zu dürftige Lebensführung bleibt ebenso außer Betracht wie ein übertriebener Aufwand (Senatsurteil v. 4. 11. 1981, a.a.O.). Das gilt insbesondere dann, wenn die Lebenshaltungskosten, wie der Ehemann unwidersprochen vorgetragen hat, vom tatsächlichen Einkommen nicht mehr gedeckt waren und zum Teil durch Kredite finanziert wurden. Daß ein Unterhaltspflichtiger bei einem Berufswechsel und einem daraus folgenden vorübergehenden Einkommensverlust Vorsorge, notfalls durch Kreditaufnahme, treffen muß, um seinen Unterhaltspflichten gegenüber der Familie nachkommen zu können (vgl. Senatsurteil v. 4. 11. 1987 – IVb ZR 81/86 –, FamRZ 1988, 145, 147), steht dazu nicht in Widerspruch. Ein solcher Fall liegt hier nicht vor. Schließlich sind auch nicht punktuell die Verhältnisse der Jahre 1987 oder 1989 maßgebend, sondern diejenigen im Zeitpunkt der rechtskräftigen Scheidung, wobei bei Selbständigen allerdings in der Regel ein Durchschnittseinkommen aus den letzten drei Jahren zu errechnen ist (Senatsurteil v. 4. 11. 1981, a.a.O.).

a) Der Tatrichter hat den Umfang der Leistungsfähigkeit und das zur Verteilung verfügbare Einkommen zu ermitteln. Er hat dabei im Rahmen einer umfassenden Beweiswürdigung nach § 286 I ZPO die vom darlegungs- und beweispflichtigen Unterhaltsschuldner vorgelegten Unterlagen auf ihre Vollständigkeit und Richtigkeit zu überprüfen. Dabei ist es Sache des Unterhaltsschuldners, seine Einnahmen und Ausgaben so darzustellen, daß die steuerlich beachtlichen Aufwendungen von den unterhaltsrechtlich relevanten abgegrenzt werden können (Senat, NJW 1980, 2086 = FamRZ 1980, 770 (771); NJW 1985, 1347 L = FamRZ 1985, 471 (472)). Dem kann in der Regel durch Vorlage von Gewinn- und Verlustrechnungen, Einkommensteuererklärungen und Steuerbescheiden genügt werden (vgl. Senat, NJW 1982, 1645 = FamRZ 1982, 151 (152); NJW 1987, 1201 = FamRZ 1987, 259 (260)). Insbesondere aus den Gewinn- und Verlustrechnungen ist ersichtlich, welche Positionen von vornherein für die Unterhaltsberechnung ganz oder teilweise außer Betracht bleiben (etwa Privatanteile von Kfz, Telefon, Reise- und Bewirtungskosten, erhöhte Abschreibungsraten für Einrichtungsgegenstände, Eigenanteil für Wohnungsmiete, verschleierte Personalkosten bei Ehegattenarbeitsverträgen u. ä.; vgl. Schwab-Borth, IV Rdnr. 588). Vermag das Gericht anhand der Unterlagen – notfalls unter Hinzuziehen eines Sachverständigen – eine solche Abgrenzung nicht zu treffen oder ergeben sich aufgrund unvollständiger Aufzeichnungen und widersprüchlicher Angaben konkrete Zweifel am behaupteten unterhaltsrechtlich relevanten Einkommen, kann es solche Posten gem. § 286 ZPO als unwahr zurückweisen. Es kann darüber hinaus gem. § 287 II ZPO solche unklaren Positionen auch unter Zuhilfenahme von Erfahrungswerten in vergleichbaren Fällen schätzen und so zur Annahme eines gegebenenfalls höheren Einkommens gelangen. Der Senat hat mehrfach entschieden, daß § 287 II ZPO auch im Unterhaltsprozeß Anwendung findet und vom Tatrichter insbesondere in Fällen der Ermittlung eines behaupteten Mehrbedarfs oder bei der Ansetzung eines fiktiven Einkommens herangezogen werden kann (vgl. Senat, NJW 1986, 3080 = LM § 1573 BGB Nr. 18 = FamRZ 1986, 885 (886)) m. w. Nachw.). Das gilt entsprechend für die Ermittlung des zur Verfügung stehenden Einkommens beim Unterhaltsverpflichteten (Wendl-Staudigl, S. 39, 53, 136). Voraussetzung für § 287 II ZPO ist aber, daß die weitere Aufklärung und Beweisaufnahme unverhältnismäßig schwierig ist und zu dem Umfang der Unterhaltsforderung in keinem Verhältnis steht.

b) Das BerGer. hat seine Schlußfolgerung, der Ehemann sei im Umfang von 700 DM leistungsfähig, auf § 287 ZPO gestützt. Hierzu ist es aber nicht etwa deshalb gelangt, weil es bei Überprüfung der vom Ehemann für die Jahre 1987 bis 1990 vollständig vorgelegten Einkommensteuererklärungen, Steuerbescheide sowie Gewinn- und Verlustrechnungen auf konkrete Zweifel oder Unrichtigkeiten gestoßen wäre, deren Aufklärung sich als unverhältnismäßig schwierig erwiesen hätte. Es hat das unterhaltsrechtlich relevante Einkommen vielmehr nur pauschal – und zwar lediglich für das Jahr 1990 – ermittelt. Sodann hat es aus einem Vergleich mit einzelnen Ausgaben des Ehemannes gefolgert, daß er noch zusätzlich verfügbare Mittel habe, ohne indes festzustellen, von welchem unterhaltsrechtlich maßgebenden Einkommen es letztlich ausgeht, um zu einem Unterhaltsanspruch der Ehefrau in Höhe von 700 DM zu gelangen. Für diese Vorgehensweise kann es sich nicht auf eine Einkommensschätzung nach § 287 II ZPO berufen, da dessen Voraussetzungen nicht vorliegen. Die Revision rügt im übrigen zutreffend, daß sich das BerGer. mit dem durch Unterlagen belegten Vortrag des Ehemannes (Kredit; Überziehungskonto) nicht auseinandergesetzt hat, daß er den Lebensunterhalt zum Teil durch Kontoüberziehungskredite und Darlehen der X-Bank finanziert habe und noch finanziere. Zudem gibt es keinen Erfahrungssatz des Inhalts, daß zwangsläufig auf ein verschleiertes höheres Einkommen zu schließen ist, wenn die Ausgaben die behaupteten Einnahmen übersteigen.

BGH v. 21. 4. 93 – XII ZR 248/91 – FamRZ 93, 1065 = NJW 93, 1920

(Obliegenheit zur Verwertung von Pflichtteilsrechten)

Die Revision beanstandet jedoch zu Recht, daß das BerGer. die Frage, ob der Unterhaltsberechtigte einen Pflichtteilsanspruch geltend machen muß, aus Gründen der Gleichbehandlung nicht nach den Grundsätzen beantworten will, die im genannten Urteil zur Frage der Zumutbarkeit der Geltendmachung eines dem Unterhaltspflichtigen zustehenden Pflichtteilsanspruchs entwickelt worden sind. In jener Entscheidung ging es im Rahmen eines Verbundverfahrens um die erstmalige Bestimmung des Unterhaltsbedarfs nach den ehelichen Lebensverhältnissen (§ 1578 I BGB). Es war die Frage zu beantworten, ob diese auch durch (fiktive) Erträge aus einem während bestehender Ehe entstandenen, aber nicht geltend gemachten Pflichtteilsanspruch des Unterhaltsverpflichteten im Hinblick darauf geprägt sein konnten, daß im Unterhaltsrecht grundsätzlich alle Einkünfte und Vermögenswerte der Ehegatten zu berücksichtigen sind. Unter diesem Gesichtspunkt hat der Senat eine Obliegenheit des unterhaltspflichtigen Ehemannes zur Geltendmachung des Pflichtteilsanspruchs verneint, weil – nicht zuletzt wegen einer im gemeinschaftlichen Testament seiner Eltern enthaltenen Verfallklausel – davon auszugehen war, daß er auch bei fortbestehender Ehe und weiterem Zusammenleben mit der Ehefrau von einer Geltendmachung des Pflichtteils abgesehen hätte mit der Folge, daß der Pflichtteil für den Familienunterhalt nicht zur Verfügung gestanden hätte. Demgegenüber ist hier der Unterhaltsbedarf der Bekl. unstreitig ohne Rücksicht auf einen Pflichtteilsanspruch festgestellt, der erst nach Eintritt der Rechtskraft des Scheidungsausspruchs entstanden ist. Daß sich der im Vorprozeß ermittelte Unterhaltsbedarf der Bekl. zwischenzeitlich geändert habe, behauptet der Kl. nicht.

Die Frage, ob die Bekl. einen Pflichtteilsanspruch gegen ihre Mutter geltend machen muß, ist für den Fortbestand ihres Unterhaltsanspruchs gleichwohl relevant, weil sie ihre (weitere) Unterhaltsbedürftigkeit betrifft. Nach § 1577 I BGB kann ein geschiedener Ehegatte Unterhalt – auch, wie hier, nach § 1570 BGB – nicht (mehr) verlangen, solange und soweit er sich aus seinen Einkünften und seinem Vermögen selbst unterhalten kann. Daraus ergibt sich die Obliegenheit, vorhandenes Vermögen so ertragreich wie möglich anzulegen und es gegebenenfalls sogar umzuschichten, denn auch solche Einkünfte und Vermögenserträge mindern die Bedürftigkeit, die zwar tatsächlich nicht gezogen werden, aber in zumutbarer Weise gezogen werden könnten (vgl. Senat, NJW-RR 1986, 683 = FamRZ 1986, 439 (440); Senat, NJW-RR 1988, 514 = FamRZ 1988, 145 (149); Senat, NJW 1992, 1044 = LM H. 8/1992 § 1577 BGB Nr. 16 = FamRZ 1992, 423, jeweils m. w. Nachw.). Grundsätzlich ist zur Behebung der Bedürftigkeit auch die Verwertung des Vermögensstammes geboten; eine Einschränkung besteht gem. § 1577 III BGB nur dahin, daß die Verwertung nicht zugemutet wird, soweit sie unwirtschaftlich oder unter Berücksichtigung der beiderseitigen wirtschaftlichen Verhältnisse unbillig wäre. Es besteht aber kein Grund, von den Vermögensbestandteilen, deren Verwertung dem Unterhaltsberechtigten zuzumuten ist, einen Pflichtteilsanspruch von vornherein auszunehmen (zust. Göppinger-Kindermann, UnterhaltsR, 5. Aufl., Rdnr. 1973 bei Fußn. 4; Richter, in: MünchKomm, 2. Aufl., § 1577 Rdnr. 16; Winkler v. Mohrenfels, FamRZ 1981, 521 (523)). Die Revision weist zu Recht darauf hin, daß es sich bei diesem Anspruch in aller Regel um einen fälligen Zahlungsanspruch handelt, dessen Geltendmachung nicht generell als unwirtschaftlich angesehen werden kann.

Da das OLG die erforderliche Abwägung zu der Frage, ob die Geltendmachung eines Pflichtteilsanspruchs für die Bekl. unbillig wäre, auf der Grundlage der vom Senat für einen Unterhaltspflichtigen entwickelten Kriterien beurteilt hat, die auf die hier bestehende Interessenlage nicht übertragen werden können, kann die angefochtene Entscheidung nicht bestehenbleiben.

(Verwertung des Pflichtteilsanspruches)

b b) Soweit nach alledem ein Pflichtteilsanspruch der Bekl. gegen ihre Mutter besteht, muß sie diesen zur Behebung ihrer Bedürftigkeit grundsätzlich verwerten und über seinen Bestand daher dem Kl. Auskunft erteilen. Sie kann sich dieser Verpflichtung weder mit dem Argument entziehen, ihre Mutter sei gezwungen, zur Befriedigung eines Pflichtteilsanspruchs unwirtschaftliche Veräußerungen von Nachlaßwerten vorzunehmen, noch kann sie dem Kl. ohne weiteres entgegenhalten, die Geltendmachung eines solchen Anspruchs gefährde ihre spätere Erbeinsetzung durch die Mutter. Allerdings sind bei der gem. § 1577 III BGB gebotenen Prüfung, inwieweit es im Blick auf die beiderseitigen wirtschaftlichen Verhältnisse unbillig wäre, einen Pflichtteilsanspruch zu erheben, Zumutbarkeitsgesichtspunkte zu berücksichtigen. Würde sich beispielsweise der Unterhaltsanspruch der Bekl. wesentlich ändern, weil die aus dem Pflichtteilserwerb zu erwartenden Erträge die Bedürftigkeit nur geringfügig beheben würden, könnte sich die Realisierung des Pflichtteilsanspruchs für die Bekl. zumal im Hinblick auf die hohen Einkünfte des Kl. aus seiner Erwerbstätigkeit und den Erträgen seines umfangreichen Immobilien- und Anlagevermögens – als unzumutbar erweisen.

BGH v. 12. 5. 93 – XII ZR 18/92 – FamRZ 93, 1057 = NJW 93, 2238

R462 *(Abitur-Lehre-Studium)*

a Mit Rücksicht darauf, daß Eltern ihren Kindern gem. § 1610 II BGB grundsätzlich nur eine – angemessene – Berufsausbildung (und nicht mehrere) zu gewähren haben (vgl. hierzu Senat, NJW-RR 1991, 1156 = FamRZ 1991, 1044), hat der Senat auch für den mehrstufigen Ausbildungsweg Abitur-Lehre-Studium neben dem zeitlichen Zusammenhang als Voraussetzung für den gebotenen engen sachlichen Zusammenhang gefordert, praktische Ausbildung und Studium müßten derselben Berufssparte angehören oder jedenfalls so zusammenhängen, daß das eine für das andere eine fachliche Ergänzung, Weiterführung oder Vertiefung bedeute, oder daß die praktische Ausbildung eine sinnvolle Vorbereitung auf das Studium darstelle (BGHZ 107, 376 (382) = NJW 1989, 2253).

Diese Voraussetzungen sind entgegen der Auffassung des BerGer. hier nicht erfüllt. Denn die Ausbildung zum Industriekaufmann hat eine wesentlich andersartige Wissensvermittlung zum Gegenstand als das Studium des Maschinenbaus.

Soweit das BerGer. angenommen hat, die Ausbildung zum Industriekaufmann stelle eine fachliche Ergänzung für das Studium des Maschinenbaus dar, kann dem nicht beigetreten werden. Durch das technische Kenntnisse und Fertigkeiten vermittelnde Studium des Maschinenbaus werden das

Anhang R. Rechtsprechung R462

bei der kaufmännischen Lehre erworbene Wissen und in diesen Bereich fallende Fähigkeiten nicht ergänzt, weitergeführt oder vertieft. Jedenfalls fehlt ein enger Zusammenhang, wie er nach der Senatsrechtsprechung erforderlich ist. In dieser ist etwa eine Ausbildung zum Bankkaufmann wegen der vielfältigen Berührungspunkte mit dem Studium und der späteren Berufsausbildung eines Juristen als sinnvolle Vorbereitung auf das Studium der Rechtswissenschaft beurteilt worden (Senat, NJW 1992, 501 = LM § 1610 BGB Nr. 20 = BGHR BGB § 1610 Abs. 2 Studium 5 = FamRZ 1992, 170), während ein enger sachlicher Zusammenhang zwischen der Ausbildung zum Speditionskaufmann und dem Jurastudium verneint worden ist (Senat, NJW-RR 1992, 1090 = BGHR BGB § 1610 Abs. 2 Studium 6 = FamRZ 1992, 1407). Dabei hat der Senat in der letztgenannten Entscheidung die Auffassung bestätigt, daß allein die im Rahmen des Jurastudiums geforderte Beschäftigung mit der Volkswirtschaftslehre den gebotenen sachlichen Zusammenhang zwischen den beiden Ausbildungen nicht zu begründen vermöge, da vielfältige Bereiche der modernen Industriegesellschaft einen irgendwie gearteten Zusammenhang mit der Rechtswissenschaft hätten. Der Schwerpunkt des Berufs des Speditionskaufmannes liege aber nicht auf rechtlichem, sondern auf kaufmännischem Gebiet.

Ähnlich liegen die Dinge hier. Der Schwerpunkt des Berufs des Industriekaufmanns liegt im kaufmännischen Bereich, der des Maschinenbauingenieurs hingegen auf technischem Gebiet. Die Erwägung des OLG, es könne für einen leitenden Diplomingenieur in einer kleineren Firma „oft sehr wichtig sein", wenn er sich im technischen und im kaufmännischen Bereich auskenne, vermag die Annahme eines engen sachlichen Zusammenhangs zwischen den beiden Ausbildungen nicht zu rechtfertigen, weil sie einen nur möglichen Einzelfall aufgreift und nicht in der gebotenen Weise typisiert. Es kann auch nicht genügen, daß durch eine Lehre zusätzlich erworbene Kenntnisse im späteren Berufsleben nützlich sind; dies wird fast immer der Fall sein. Andernfalls müßte beispielsweise eine Ausbildung an einer Fremdsprachenschule für eine Vielzahl nicht artverwandter Studiengänge (etwa Rechtswissenschaft, Betriebswirtschaftslehre, Volkswirtschaftslehre, technische Studiengänge u. ä.) als fachlich sinnvolle Vorbereitung auf das Studium angesehen werden. Damit würde der in § 1610 II BGB abgesteckte Rahmen der elterlichen Unterhaltspflicht gesprengt, weil das Merkmal „angemessen" auch eine gebührende Berücksichtigung der Belange der Eltern erfordert. Zwar zeigt der verschiedentlich angebotene Studiengang „Wirtschaftsingenieur" auf, daß es im akademischen Bereich eine sinnvolle Verbindung zwischen Ökonomie und Technik gibt. Diesen Studiengang hat der Sohn des Bekl. aber nicht eingeschlagen, weil er sich offenbar schwerpunktmäßig zur Technik hingezogen fühlt. Die kaufmännische Lehre hat er seinerzeit nur begonnen, weil er später ein Studium der Volkswirtschafts- oder Betriebswirtschaftslehre aufzunehmen beabsichtigte. Hätte er sogleich Maschinenbau studieren wollen, hätte er schwerlich die kaufmännische Lehre vorgeschaltet – das wäre ihm auch nicht von der Berufsberatung empfohlen worden.

(Zur angemessenen Ausbildung bei gutem Abitur)

Wie bereits ausgeführt, umfaßt der Unterhalt eines Kindes (unter anderem) die Kosten einer „angemessenen" Vorbildung zu einem Beruf. Demgemäß hat der BGH schon in der grundlegenden Entscheidung BGHZ 69, 190 ff. = NJW 1977, 1774 darauf abgehoben, daß nur Eltern, die ihrer Pflicht, dem Kind eine angemessene Berufsausbildung zu gewähren, bereits in rechter Weise nachgekommen sind, in der Regel keine Kosten für eine weitere (zweite) Ausbildung zu tragen haben. Hingegen ist eine Verpflichtung zur Finanzierung einer weiteren Ausbildung grundsätzlich nicht ausgeschlossen, wenn eine angemessene Ausbildung noch nicht gewährt worden ist (BGHZ 69, 190 (194) = NJW 1977, 1774). In seinem Urteil zu den Abitur-Lehre-Studium-Fällen (BGHZ 107, 376 ff. = NJW 1989, 2253 =), durch das die Unterhaltspflicht der Eltern für diese Ausbildungsgänge unter den dort dargelegten Voraussetzungen modifiziert und erweitert worden ist, hat der Senat vornehmlich die Fälle im Auge gehabt, in denen der Unterhaltsberechtigte mit der zunächst durchlaufenen Lehre an sich eine für ihn angemessene Ausbildung erhalten hatte und deshalb nach der früheren Rechtsprechung grundsätzlich keine Finanzierung des anschließenden Studiums hätte verlangen können.

b) Ob indessen die Ausbildung zum Industriekaufmann für den Sohn des Bekl. eine angemessene Berufsausbildung i. S. von § 1610 II BGB war, nämlich seiner Begabung, seinen Fähigkeiten, seinem Leistungswillen und seinen beachtenswerten Neigungen – als Berufsziel – entsprach, hat das OLG nicht festgestellt. Diese tatrichterliche Beurteilung muß daher nachgeholt werden, wobei den Parteien Gelegenheit zu weiterem Vortrag zu geben ist.

Nach den bisher festgestellten Umständen bestehen zumindest Bedenken dagegen, die Lehre zum Industriekaufmann als eine für den Sohn des Bekl. angemessene Vorbildung zu einem Beruf anzusehen. Seine Leistungen im Abitur – mit einem im oberen Leistungsbereich liegenden Notendurchschnitt – ließen auf eine Eignung und Begabung für eine weiterführende wissenschaftliche Ausbildung schließen. Der Kl. hat geltend gemacht, die Absolvierung einer Lehre habe die Begabungen und Fertigkeiten des Sohnes des Bekl. nicht in hinreichendem Maße ausschöpfen können. Dieser selbst beabsichtigte von Anfang an die Aufnahme eines Studiums. Der Bekl. war mit diesem Vorhaben ersichtlich einverstanden, wie sich daraus entnehmen läßt, daß er seinen Sohn im Herbst 1984

1545

R462A

aufforderte, er solle, ebenso wie seine Schwester, sofort studieren und nicht zwei Ausbildungen absolvieren (vgl. hierzu auch Senat, FamRZ 1981, 344 (346)).

c) War die Lehre zum Industriekaufmann für den Sohn des Bekl. keine angemessene Vorbildung zu einem Beruf, so folgt daraus die grundsätzliche Verpflichtung des Bekl., im Rahmen seiner wirtschaftlichen Leistungsfähigkeit das Studium des Sohnes zu finanzieren (BGHZ 107, 376 (382 f.) = NJW 1989, 2253 = LM § 1610 BGB Nr. 18 m. w. Nachw.). Bedenken können sich allerdings daraus ergeben, daß dieser das Studium nicht mit der gebotenen Zielstrebigkeit aufgenommen hat, weil er zuvor eine Lehre absolviert und die eigene Neigung und Begabung nicht sogleich richtig eingeschätzt hat (vgl. dazu Senat, NJW 1984, 1961 = FamRZ 1984, 777 (778); NJW 1987, 1557 = FamRZ 1987, 470).

Bei der Prüfung, ob dem Sohn des Bekl. insoweit eine Obliegenheitsverletzung anzulasten ist, wird das OLG zu berücksichtigen haben, daß auf ein leichteres, nur vorübergehendes Versagen zurückzuführende Verzögerungen der Ausbildungszeit nicht immer die schwerwiegende Folge eines Verlustes des Unterhaltsanspruchs haben müssen (vgl. Senat, NJW-RR 1990, 327 = BGHR BGB § 1610 Abs. 2 Studium 3 = FamRZ 1990, 149 (150)). Die Vorschaltung einer Lehre war hier wesentlich beeinflußt durch den Rat einer Behörde, auf deren Fachkunde der Sohn des Bekl. ersichtlich vertraute. Soweit er schon vor Abschluß der Lehre erkannte, daß seine Neigungen auf technischem Gebiet lagen, diese aber dennoch nicht sogleich abbrach und zunächst – ersichtlich mit gutem Erfolg – sich der Abschlußprüfung unterzog, ist zu berücksichtigen, daß ein solches Verhalten vernünftiger, auch im Interesse der Eltern liegender Daseinsvorsorge entsprach. Da die zunächst beabsichtigten Stufen – kaufmännische Lehre und anschließendes Wirtschaftsstudium – als einheitlicher Ausbildungsgang [Ausbildungsgang] im Sinne der Senatsrechtsprechung (BGHZ 107, 376 (381 f.) = NJW 1989, 2253 = LM § 1610 BGB Nr. 18) anzuerkennen gewesen wären, wird das Verhalten des Sohnes des Bekl. ähnlich wie bei einem Ausbildungswechsel zu beurteilen sein.

BGH v. 12. 5. 93 – XII ZR 24/92 – FamRZ 93, 1055 = NJW 93, 1974

R462A *(Mahnung nicht formbedürftig; endgültige Erfüllungsverweigerung)*

a) a) Gegen die danach ausgeurteilte Erhöhung der Unterhaltsleistung des Bekl. bestehen für den genannten Zeitraum keine rechtlichen Bedenken. Solche werden von der Revision nicht erhoben. Sie wendet sich allein dagegen, daß das OLG den Bekl. verurteilt hat, die vor Rechtshängigkeit (25. 1. 1991) fällig gewordenen Unterhaltsrückstände mit 4 % zu verzinsen, weil er am 8. 12. 1990 dadurch in Verzug geraten sei, daß er das fernmündlich unterbreitete Verlangen der Kl. nach höheren Unterhaltsleistungen – das auf die veränderten Verhältnisse und den abschlägig beschiedenen Antrag auf Ausbildungsförderung gestützt war – eindeutig und endgültig abgelehnt habe. Die Revision vertritt die Auffassung, die Weigerung habe nicht als endgültig verstanden werden dürfen; der Kl. wäre zumindest zuzumuten gewesen, ihre Unterhaltsforderung dem Bekl. schriftlich zu unterbreiten und ihm eine Frist zu setzen.

Dem kann nicht gefolgt werden. Die Feststellung des OLG beruht auf dem unbestrittenen Vortrag der Kl., daß der Bekl. auf ihr Verlangen nach Unterhaltserhöhung anläßlich eines Telefongespräches am 8. 12. 1990 entgegnete, er werde keine höheren Zahlungen an sie leisten. Wenn das OLG hierin eine den Verzug begründende endgültige Leistungsverweigerung erblickt hat, die nach Treu und Glauben eine (bezifferte) Mahnung erübrigt habe, so ist das rechtlich nicht zu beanstanden.

(Unterhaltsbezogenes leichtfertiges Verhalten)

b 2. Soweit das OLG dem Erhöhungsbegehren der Kl. auch für die Zeit ab dem 1. 4. 1991 (bis zum 31. 7. 1993) in vollem Umfang stattgegeben hat, hält die Entscheidung rechtlicher Prüfung nicht stand.

a) Das BerGer. ist davon ausgegangen, daß die Leistungsfähigkeit des Bekl. dadurch erheblich eingeschränkt worden ist, daß sein bisheriger Arbeitgeber (ein Automobilunternehmen) das Arbeitsverhältnis durch Schreiben vom 26. 3. 1991 fristlos gekündigt und eine Bitte um Wiedereinstellung mit Schreiben vom 13. 5. 1991 abgelehnt hat. Es hat festgestellt, daß er aus einem neuen Arbeitsverhältnis bei einer Bauunternehmung in den Monaten April bis September 1991 nur noch monatliche Nettoeinkünfte zwischen 1725 DM und 2447 DM hatte. Es hat dem Bekl. jedoch verwehrt, sich auf die Verminderung seiner Leistungsfähigkeit zu berufen, und hat ihm weiterhin (fiktiv) die früheren Einkünfte aus der höher bezahlten Tätigkeit zugerechnet. Zur Begründung hat es ausgeführt, der Bekl. habe unstreitig seinen Arbeitgeber bestohlen; es habe auf der Hand gelegen, daß die Aufdeckung dieser Tat zwangsläufig den Verlust des Arbeitsplatzes habe nach sich ziehen müssen. Dem Bekl. habe sich auch die damit verbundene Gefährdung für den Unterhalt der Kl. aufdrängen müssen, denn es habe ihm klar sein müssen, daß es schwerfallen werde, alsbald eine neue Arbeitsstelle mit gleichhoher Bezahlung wie bei dem früheren Arbeitgeber, für den er fast zwanzig Jahre tätig gewesen sei, wiederzufinden. Dem Bekl. sei danach in unterhaltsrechtlicher Beziehung ein verantwortungsloses, zumindest leichtfertiges Verhalten vorzuwerfen. Nach Treu und Glauben (§ 242 BGB) könne er sich auf eine in dieser Weise selbst herbeigeführte Verminderung seiner Leistungsfähigkeit nicht berufen.

b) Diesen Erwägungen kann nicht in allen Teilen zugestimmt werden. Die Unterhaltspflicht gegenüber einem Verwandten setzt nach dem klaren Wortlaut des § 1603 I BGB die Leistungsfähigkeit voraus. Es entspricht daher der ständigen Rechtsprechung des Senats, daß die Verminderung oder der Wegfall der Leistungsfähigkeit grundsätzlich auch dann zu beachten ist, wenn der auf Unterhalt in Anspruch Genommene sie selbst – auch schuldhaft – herbeigeführt hat und daß nur besondere, schwerwiegende Gründe dem Unterhaltspflichtigen im Einzelfall die Berufung auf eine Leistungsunfähigkeit nach den Grundsätzen von Treu und Glauben verwehren können (vgl. Senat, NJW 1985, 732 = FamRZ 1985, 158 (159 f.); NJW-RR 1987, 770 = FamRZ 1987, 372; NJW 1988, 2239 = FamRZ 1988, 597 (599 unter II 4)). Unter Hinweis auf die Voraussetzungen, unter denen ein Unterhaltsberechtigter nach den §§ 1579 I Nr. 3 BGB oder § 1611 I BGB bei selbstverschuldeter Herbeiführung seiner Bedürftigkeit den Unterhaltsanspruch verliert, hat der Senat auch dem Verpflichteten die Berufung auf seine Leistungsunfähigkeit versagt, wenn ihm ein verantwortungsloses, zumindest leichtfertiges Verhalten vorzuwerfen ist; eine solche Bewertung werde sich, so hat der Senat dargelegt, vielfach aus dem Bezug seines Verhaltens zur Unterhaltspflicht ergeben. Unter diesem Gesichtspunkt ist einem Unterhaltspflichtigen (Ehegatten oder Elternteil) die Berufung auf seine Leistungsunfähigkeit beispielsweise versagt worden, wenn er eine gesicherte und einkömmliche Erwerbstätigkeit in einem erlernten Beruf zugunsten einer weiteren Ausbildung aufgegeben hatte, ohne den Unterhalt seiner Angehörigen sicherzustellen (Senat, NJW 1981, 1609 = FamRZ 1981, 539 (540)), oder wenn ein Arbeitnehmer in verantwortungsloser, zumindest leichtfertiger Weise die Kündigung seines bisherigen versicherungspflichtigen Arbeitsverhältnisses verschuldet oder eine ihm gebotene Möglichkeit, eine zumutbare andere versicherungspflichtige Arbeit aufzunehmen, nicht wahrgenommen hat und sich statt dessen ohne Versicherungsschutz als freier Vertreter betätigt und dann durch einen Arbeitsunfall keine Einkünfte aus Lohnfortzahlung oder Krankengeld erzielte (Senat, NJW 1988, 2239 = FamRZ 1988, 597 (599)). Beim Wechsel von einer angestellten in eine selbständige unternehmerische oder freiberufliche Tätigkeit, die zunächst mit erheblichen Einkommenseinbußen verbunden war, hat der Senat die dadurch eingetretene Verminderung der Leistungsfähigkeit zwar grundsätzlich für beachtlich gehalten, aber verlangt, daß der Pflichtige jedenfalls für die Übergangszeit der zu erwartenden Entwicklung durch Bildung von Rücklagen oder Kreditaufnahmen Rechnung trägt (Senat, NJW-RR 1987, 770 = FamRZ 1987, 372 (374)).

Auf der anderen Seite hat der Senat einem Strafgefangenen, soweit er nicht gerade wegen einer Verletzung seiner Unterhaltspflicht oder wegen schwerer Verfehlungen gegen das Leben oder die Gesundheit des Unterhaltsberechtigten oder seiner Angehörigen eine Freiheitsstrafe verbüßt, die Berufung auf die durch die Haft eingetretene Leistungsunfähigkeit nicht verschlossen (vgl. Senat, NJW 1982, 1812 = FamRZ 1982, 792 (794 unter II 4); NJW 1982, 2491 = FamRZ 1982, 913 (914)).

Danach ist der Fall eines zwar selbst verschuldeten, aber doch ungewollten Arbeitsplatzverlustes unterhaltsrechtlich nicht den Fällen freiwilliger Aufgabe einer versicherungspflichtigen Tätigkeit gleichzustellen. Auch das Schrifttum tritt dafür ein, die unterhaltsrechtliche Vorwerfbarkeit einer dadurch entstehenden Einkommensminderung auf schwerwiegende Fälle zu beschränken und Fälle leichteren Verschuldens auszunehmen, zumal wenn sich das Fehlverhalten nicht gegen den Unterhaltsberechtigten gerichtet hat (vgl. etwa Kalthoener-Büttner, Die Rspr. zur Höhe des Unterhalts, 4. Aufl. Rdnr. 563; Mutschler, in: RGRK, 12. Aufl., § 1603 Rdnr. 7; Griesche, in: FamGb, § 1603 BGB Rdnr. 61). Für den unterhaltsrechtlichen Bezug insbesondere einer Straftat reicht es nicht aus, daß sie für den Arbeitsplatzverlust kausal geworden ist. Es bedarf vielmehr einer auf den Einzelfall bezogenen Wertung dahin, ob die der Tat zugrundeliegenden Vorstellungen und Antriebe sich auch auf die Verminderung der unterhaltsrechtlichen Leistungsfähigkeit als Folge des strafbaren Verhaltens erstreckt haben (vgl. dazu schon Senat, NJW 1985, 732 = FamRZ 1985, 158 (160)). Dem werden die Ausführungen des BerGer. nicht voll gerecht.

Feststellungen dazu, daß der Bekl. sich mit dem ihm zur Last gelegten Diebstahl bei seinem früheren Arbeitgeber der Unterhaltspflicht hat entziehen wollen oder daß ihm auch nur bewußt gewesen wäre, er könnte infolge seines Verhaltens leistungsunfähig werden, hat das BerGer. nicht getroffen. Daß sich ihm solche Folgen „aufdrängen" mußten, trifft nicht zu, wenn bei objektiver Betrachtung auch eine Nachsicht des Arbeitgebers oder mildere Sanktionen als eine Kündigung ernsthaft in Betracht kamen. Der Bekl. hatte dazu geltend gemacht, er habe sich gegen den Diebstahlsvorwurf und die darauf gestützte fristlose Kündigung vom 26. 3. 1991 auf anwaltlichen Rat nicht gerichtlich zur Wehr gesetzt, sondern sich statt dessen – wenn letztlich auch vergebens – um eine Wiedereinstellung bemüht; denn er sei fast 20 Jahre lang bei dieser Firma beschäftigt gewesen und seine Tat habe darin bestanden, aus einer Kiste einige Teile mitzunehmen, die aus alten, gebrauchten Motoren ausgebaut und in den Schrott gegeben worden seien. Irgendein Zusammenhang zwischen seinem

Verhalten und der Unterhaltspflicht gegenüber der Kl. liege nicht vor; er habe überhaupt nicht damit gerechnet, durch sein Verhalten seinen gut bezahlten Arbeitsplatz aufs Spiel zu setzen; die Unterhaltspflicht gegenüber der Kl., die zeitlich begrenzt und im Verhältnis zu seinen Arbeitseinkünften nicht ins Gewicht gefallen sei, habe keine Rolle gespielt. Er habe nach der Entlassung auch sofort bei einem Bauunternehmer eine neue, wenn auch schlechter bezahlte Tätigkeit begonnen und bleibe weiterhin intensiv bemüht, eine wieder besser bezahlte Beschäftigung zu finden. Es ist nicht erkennbar, daß das BerGer. diese Gesichtspunkte hinreichend in seine Beurteilung einbezogen hätte. Es hat sich auch nicht mit der Frage befaßt, ob eine schwerwiegende Straftat des Bekl. oder nur ein leichteres Versagen im Sinne des vorstehend Dargelegten vorliegt. Daß der Bekl. strafrechtlich belangt worden ist, ist nicht festgestellt. Für den notwendigen unterhaltsrechtlichen Bezug seiner Straftat reicht es nicht aus, daß der dadurch verursachte Arbeitsplatzverlust sich nicht nur auf den Lebensstandard des Täters auswirkt, sondern daß dessen unterhaltsberechtigte Angehörigen mit betroffen werden. Denn derartige Folgen treffen die Angehörigen auch in einer intakten Familie und werden in der Regel als durch die Wechselfälle des Lebens bedingt hingenommen.

BGH v. 16. 6. 93 – XII ZR 6/92 – FamRZ 93, 1186 = NJW 93, 2105

R463   *(Modalitäten der Aufrechnung)*

1. Das BerGer. führt aus, an sich könne der Kl. gegen den Unterhaltsanspruch seiner geschiedenen Ehefrau nicht wirksam mit einer Gegenforderung aufrechnen (§ 394 BGB i. V. mit § 850b I Nr. 2 ZPO). Eine Ausnahme werde aber von der Rechtsprechung zugelassen, wenn mit einem Schadensersatzanspruch aus einer im Rahmen des Unterhaltsverhältnisses begangenen vorsätzlichen unerlaubten Handlung aufgerechnet werde. Dann handle der Unterhaltsberechtigte nämlich rechtsmißbräuchlich, wenn er sich auf das Aufrechnungsverbot berufe. Ein solcher Ausnahmefall sei vorliegend gegeben.

Diese Ausführungen stehen im Einklang mit der Rechtsprechung des BGH (BGHZ 30, 36 (38 ff.) = NJW 1959, 1275; BGH, FamRZ 1969, 210 (211); ebenso Soergel-Zeiss, BGB, 12. Aufl., § 394 Rdnr. 5; Staudinger-Kaduk, BGB, 12. Aufl., § 394 Rdnr. 28 m. w. Nachw.; Göppinger, UnterhaltsR, 5. Aufl., Fußn. 17 zu Rdnr. 342) und werden auch in der Revisionsinstanz nicht angegriffen.

2. Weiter führt das BerGer. aus, obgleich demnach kein Aufrechnungsverbot entgegenstehe, scheitere die Vollstreckungsgegenklage daran, daß der Kl. die Aufrechnung schon im Vorprozeß hätte erklären können und müssen (§ 767 II ZPO). Gegen diese Annahme wendet sich die Revision mit Erfolg.

a) Das BerGer. geht zwar zutreffend davon aus, daß eine Aufrechnung nicht mehr mit der Vollstreckungsgegenklage geltend gemacht werden kann, wenn die Aufrechnungsmöglichkeit schon im Vorprozeß bestanden hat, aber nicht genutzt wurde (st. Rspr. des BGH: u. a. BGHZ 24, 97 (98 f.) = NJW 1957, 986, BGHZ 38, 122 (123) = NJW 1963, 244; vgl. auch Karsten Schmidt, in: MünchKomm-ZPO, § 767 Rdnrn. 80 f. m. w. Nachw.). Zu Unrecht nimmt es aber an, die Aufrechnungslage, aus der der Kl. im vorliegenden Rechtsstreit eine Einwendung gegen den titulierten Unterhaltsanspruch herleitet, habe schon im Vorprozeß bestanden.

b) Nach § 387 BGB kann u. a. nur aufgerechnet werden, wenn der Aufrechnende „die ihm obliegende Leistung bewirken kann", was bei erst künftig fällig werdenden Forderungen bedeutet, daß sie zumindest erfüllbar sein müssen. Mithin hätte eine Aufrechnungslage im Vorprozeß nur dann bestanden, wenn der Kl. berechtigt gewesen wäre, schon am 27. 3. 1990 – dem Zeitpunkt der letzten mündlichen Verhandlung – die ab dem 1. 10. 1990 fällig werdenden Unterhaltsansprüche der Bekl. vorab zu befriedigen (vgl. BGH, NJW 1972, 154; BGH, NJW-RR 1990, 159 (160) = LM § 12 VVG Nr. 39 = BGHR BGB § 387, Aufrechnungslage 1). Das BerGer. nimmt dies an und führt aus, für den Unterhalt für einen geschiedenen Ehegatten könne, schon bevor er fällig werde, für eine beliebige Zeit im voraus gezahlt werden (ebenso ohne nähere Begründung: Mutschler, in: RGRK, 12. Aufl., § 1614 Rdnr. 6; Köhler, in: MünchKomm, 3. Aufl., § 1614 Rdnr. 5; Palandt-Diederichsen, BGB, 52. Aufl., § 1585 Rdnr. 3; Göppinger, Fußn. 4 zu Rdnr. 351). Dem kann nicht gefolgt werden.

c) Der Gesetzgeber hat ausdrücklich angeordnet, daß derjenige, der einem Verwandten oder seinem Ehegatten während bestehender Ehe zum Unterhalt verpflichtet ist, auf eigene Gefahr handelt, wenn er Vorauszahlungen auf den Unterhalt für mehr als drei Monate leistet (§§ 1614 II, 760 II, 1361 IV, 1360a III BGB). Leistet er Vorauszahlungen für einen längeren Zeitraum und benötigt der Unterhaltsberechtigte nach Ablauf von drei Monaten erneut Mittel für seinen Lebensunterhalt, etwa weil er sich die Vorauszahlungen nicht richtig eingeteilt oder sie verschwendet hat oder weil ihm das Geld abhanden gekommen ist, so muß der Unterhaltsverpflichtete erneut leisten (vgl. Köhler, in: MünchKomm, § 1614 Rdnrn. 4 f.). Diese spezielle, praktisch wenig bedeutsame Regelung gilt für Ansprüche auf nachehelichen Unterhalt nach der Systematik des Gesetzes nicht. Angesichts der Unterschiede in der Ausgestaltung der ehelichen und der nachehelichen Unterhaltspflicht (vgl. dazu etwa Senat,

Anhang R. Rechtsprechung   R463

NJW 1981, 978 = FamRZ 1981, 242 (243)) erscheint es auch nicht gerechtfertigt, sie auf solche Ansprüche entsprechend anzuwenden.
 d) Daraus folgt aber noch nicht, daß ein Anspruch auf nachehelichen Unterhalt für eine beliebige Zeit im voraus erfüllbar wäre. Die Frage ist nach der allgemeinen Regel des § 271 II BGB zu beantworten. Danach ist zwar im Zweifel anzunehmen, daß der Schuldner eine Leistung, für die (wie bei einer Unterhaltsrente) eine Zeit bestimmt ist, schon vorher bewirken kann. Dies gilt aber nach allgemeiner Ansicht nicht, wenn sich aus dem Gesetz, aus einer Vereinbarung der Parteien oder aus den Umständen ergibt, daß der Schuldner nicht berechtigt sein soll, die Leistung schon vor der Zeit zu erbringen. Ein Ausschluß von Vorausleistungen ergibt sich aus den Umständen, wenn die Leistungszeit nicht nur im Interesse des Schuldners hinausgeschoben ist, sondern auch wenn der Gläubiger ein rechtlich geschütztes Interesse daran hat, die Leistung nicht vorzeitig entgegennehmen zu müssen (vgl. Soergel-Wolf, § 271 Rdnr. 25; Staudinger-Sell, § 271 Rdnrn. 10 f.; Keller, in: MünchKomm, 2. Aufl., § 271 Rdnr. 24; Palandt-Heinrichs, § 271 Rdnr. 11) ... Beim Anspruch auf nachehelichen Unterhalt ist zu berücksichtigen, daß das Gesetz in § 1585 I BGB auch im Interesse des Berechtigten eine monatlich im voraus zahlbare Geldrente vorsieht, ohne daß der Verpflichtete – von vertraglichen Gestaltungen abgesehen – die Möglichkeit hat, eine abweichende Form der Unterhaltsgewährung einseitig durchzusetzen (vgl. Richter, in: MünchKomm, § 1585 Rdnr. 1). Zweck dieser Regelung ist die Sicherung des laufenden Lebensbedarfs des Berechtigten in den jeweiligen Zeitabschnitten. Dieser Zweck könnte gefährdet werden, wenn Vorauszahlungen für einen beliebigen Zeitraum entgegengenommen werden müßten; zu denken ist etwa an die unüberlegte, nicht zweckbestimmte Verwendung eines größeren Kapitalbetrages. Der Unterhaltsanspruch ist der Höhe nach nicht für alle Zukunft festgelegt, wie sich aus § 323 ZPO ergibt, ohne daß sich künftige Veränderungen sicher abschätzen lassen. Vorausleistungen für entferntere Zeitabschnitte der Zukunft können daher Anlaß für Streitigkeiten über die Frage der Erfüllung geben. Auf der anderen Seite sieht das Gesetz in § 1614 II BGB vor, daß selbst bei Kindesunterhalt eine Vorausleistung für drei Monate nicht zurückgewiesen werden darf. Eine geringere Zeitspanne für den weitaus disponibleren nachehelichen Unterhalt (vgl. § 1614 I BGB gegenüber § 1585c BGB) kann daher schwerlich angenommen werden. Unter Abwägung dieser Gesichtspunkte hält der Senat es für angemessen, den Zeitraum, für den nachehelicher Unterhalt im voraus geleistet werden kann, auf sechs Monate anzusetzen, ebenso wie in dem durch Urteil vom 28. 10. 1971 (NJW 1972, 154) entschiedenen Fall ...
 e) Da somit die Bekl. nicht verpflichtet war, Vorauszahlungen auf ihren Anspruch auf nachehelichen Unterhalt für mehr als sechs Monate anzunehmen, konnte gegen ihren Anspruch auf künftigen Unterhalt nur wegen der in den nächsten sechs Monaten fällig werdenden Beträge wirksam aufgerechnet werden. Zur Zeit der letzten mündlichen Verhandlung des Vorprozesses am 27. 3. 1990 bestand daher wegen der ab dem 1. 10. 1990 fällig werdenden Unterhaltsbeträge keine Aufrechnungslage. Der von dem Kl. mit der vorliegenden Vollstreckungsgegenklage geltend gemachte Einwand ist nicht nach § 767 II ZPO ausgeschlossen. Das angefochtene Urteil kann deshalb mit der gegebenen Begründung keinen Bestand haben.
 3. Soweit der Kl. begehrt hat, daß die Unzulässigkeit der Zwangsvollstreckung wegen der nach dem 27. 3. 1992 fälligen Unterhaltszahlungen ausgesprochen wird, hat das BerGer. die Vollstreckungsgegenklage aber im Ergebnis zu Recht abgewiesen (§ 563 ZPO). Der Kl. hat in der Klageschrift die Aufrechnung erklärt gegen die Unterhaltsansprüche, die der Bekl. für die Zeit vom 1. 10. 1990 bis zum 30. 6. 1994 zugesprochen sind. Aus dem oben Ausgeführten ergibt sich, daß der Kl. damals nur wirksam aufrechnen konnte gegen die Forderungen, die in der Vergangenheit bereits fällig geworden waren, sowie gegen die Forderungen, die in den nächsten sechs Monaten – also bis 27. 6. 1991 – fällig werden würden. Allerdings konnte der Kl. im Verlaufe des Rechtsstreits in regelmäßigen Abständen – jeweils für sechs Monate im voraus – die Aufrechnung erneut erklären (vgl. hierzu BGH, NJW 1972, 154 = LM § 387 BGB Nr. 50). Zwar hat er ausdrücklich keine weiteren Aufrechnungserklärungen abgegeben. Es reicht jedoch aus, wenn nach geschehener Aufrechnung in angemessenen Abständen der Wille zum Ausdruck gebracht wird, an der Aufrechnung festzuhalten (BGH, NJW 1972, 154). Dieser Wille war dem Vortrag des Kl. in den beiden Tatsacheninstanzen durchgängig zu entnehmen; zuletzt hat er ihn in der letzten mündlichen Verhandlung der Berufungsinstanz am 27. 9. 1991 dadurch zum Ausdruck gebracht, daß er mit der Begründung, er habe wirksam aufgerechnet, den Antrag gestellt hat, unter Abänderung des erstinstanzlichen Urteils die Zwangsvollstreckung für die Zeit vom 1. 10. 1990 bis zum 31. 12. 1993 für unzulässig zu erklären. Am 27. 9. 1991 konnte der Kl. aber nur gegen die Forderungen wirksam aufrechnen, die in der Vergangenheit fällig geworden waren und die bis einschließlich 27. 3. 1992 fällig werden würden. Das bedeutet, daß im übrigen die Klage zu Recht abgewiesen worden ist, soweit sie in zweiter Instanz noch aufrechterhalten worden war.
 4. Soweit die Vollstreckungsgegenklage die in der Zeit vom 1. 10. 1990 bis zum 27. 3. 1992 fällig gewordenen Unterhaltsleistungen betrifft, kann der Senat nicht abschließend entscheiden, weil weitere Feststellungen erforderlich sind. Auch wenn das gegenüber dem Unterhaltsanspruch grundsätz-

lich bestehende Aufrechnungsverbot durch den Einwand der Arglist außer Kraft gesetzt ist, muß gewährleistet bleiben, daß dem Berechtigten durch die Aufrechnung nicht das Existenzminimum entzogen wird. Das BerGer. ist dieser Frage nicht nachgegangen, weil es die Klage schon aufgrund der Präklusionsvorschrift des § 767 II ZPO für unbegründet gehalten hat.

Das Aufrechnungsverbot gegenüber einem Unterhaltsanspruch besteht nicht nur im Interesse des Unterhaltsberechtigten, sondern auch im Interesse der Allgemeinheit. Der Unterhaltsberechtigte wäre regelmäßig auf Sozialhilfe angewiesen, wenn ihm im Wege der Aufrechnung auch die zum Existenzminimum benötigten Geldmittel entzogen würden. Der Einwand der Arglist rechtfertigt es nicht, Schadensersatzansprüche des Unterhaltsverpflichteten im wirtschaftlichen Ergebnis aus Mitteln der öffentlichen Hand zu befriedigen.

Zu einer vergleichbaren Fallgestaltung im Arbeitsrecht hat das BAG entschieden, der Arbeitgeber könne zwar, wenn ihm der Arbeitnehmer im Rahmen des Arbeitsverhältnisses vorsätzlich einen Schaden zugefügt habe, mit seinem Schadensersatzanspruch gegen den Lohnanspruch des Arbeitnehmers ohne Rücksicht auf die nach §§ 850ff. ZPO pfändungsfreien Beträge aufrechnen. Dieser „Einbruch des schadensersatzfordernden Arbeitgebers in den allgemeinen Sozialschutz" sei aber nicht unbegrenzt zulässig. Der Sozialschutz mindere sich zwar, bleibe jedoch in dem Umfang erhalten, den das Gesetz in § 850d ZPO als Existenzminimum bestimme (BAG, AP § 394 BGB Nr. 8 m. Anm. Pohle). Der dieser Entscheidung zugrundeliegende Rechtsgedanke ist auch in Fällen der vorliegenden Art heranzuziehen (ebenso Staudinger-Kaduk, § 394 Rdnr. 29; Soergel-Zeiss, § 394 Rdnr. 5; Palandt-Heinrichs, § 394 Rdnr. 2; a. A. v. Feldmann, in: MünchKomm, 2. Aufl., § 394 Rdnr. 8).

Was dem Berechtigten hiernach als Existenzminimum verbleiben muß, kann nach den Grundsätzen bemessen werden, die im Unterhaltsrecht für den sogenannten notwendigen Selbstbehalt gelten. Dieser liegt in der Regel etwas oberhalb der Sozialhilfesätze (vgl. dazu Senat, NJW 1984, 1614). Handelt es sich bei dem Anspruch auf nachehelichen Unterhalt um Aufstockungsunterhalt (§ 1573 II BGB) oder hat der Berechtigte sonst andere eigene Einkünfte, so muß er diese in erster Linie heranziehen, um sein Existenzminimum zu bestreiten. Reichen sie hierzu aus, ist die Aufrechnung uneingeschränkt zulässig. Im Streitfall fehlt es zu diesem Punkt bisher an den notwendigen tatsächlichen Feststellungen, die das BerGer. nachholen muß.

BGH v. 16. 6. 93 – XII ZR 49/92 – FamRZ 93, 1304 = NJW-RR 93, 1283

R464 *(Fiktives Einkommen bei unrentabler Landwirtschaft)*

a Der Revision ist zuzugeben, daß bei der Bestimmung der ehelichen Lebensverhältnisse, für die grundsätzlich das im Zeitpunkt der Scheidung erreichte Einkommensniveau maßgebend ist, gerade bei Selbständigen mit schwankendem Einkommen auch die mit einiger Sicherheit vorauszusehende künftige Entwicklung in die Betrachtung einzubeziehen ist. Dazu gehört auch ein mit hoher Wahrscheinlichkeit eintretender und nicht abzuwendender Einkommensrückgang, auf den sich die Eheleute auch bei Fortbestehen der Ehe einrichten müssen (vgl. neben dem von der Revision angeführten Schrifttum Cuny, in: RGRK, 12. Aufl., § 1578 Rdnr. 14; Göppinger-Kindermann, UnterhaltsR, 5. Aufl., Rdnr. 1045). Das kann aber nicht ohne weiteres auch für einen Einkommensrückgang gelten, der so einschneidend ist, daß er den erreichten Lebensstandard grundlegend verändert, und der, wie der Bekl. selbst geltend macht, von unabsehbarer Dauer und ohne Aussicht auf Besserung ist. Unter solchen Umständen gewinnt die unterhaltsrechtliche Erwerbsobliegenheit besondere Bedeutung, wonach ein Unterhaltspflichtiger seine Arbeitskraft und sonstige zu Gebote stehenden Einkommensquellen so gut wie möglich einzusetzen hat, um den einmal erreichten ehelichen Lebensstandard zu halten. Der Senat hat bereits in anderem Zusammenhang entschieden, daß ein Verhalten des Unterhaltsverpflichteten, das gegen seine unterhaltsrechtliche Erwerbsobliegenheit verstößt, die ehelichen Lebensverhältnisse zum Nachteil des Unterhaltsberechtigten verändern kann (Senat, NJW 1992, 2477 = LM H. 1/1993 § 1578 BGB Nr. 60 = FamRZ 1992, 1045 (1046)). Dieser Grundsatz, den der Senat in der angeführten Entscheidung für das Verhalten des Unterhaltspflichtigen in der Zeit zwischen Trennung und Scheidung entwickelt hat, gilt gleichermaßen für die Zeit nach der Scheidung. Auch hier verstößt es gegen die unterhaltsrechtliche Erwerbsobliegenheit, wenn der Unterhaltspflichtige seine Einkommensmöglichkeiten nicht so gut wie möglich nutzt.

Nach diesen Grundsätzen ist es auch dem Bekl., der im Zeitpunkt der Scheidung 36 Jahre alt war und voll erwerbsfähig ist, verwehrt, sich gegenüber den Unterhaltsansprüchen seiner geschiedenen Ehefrau und seiner beiden minderjährigen Kinder darauf zu berufen, daß er auf Dauer aus der von ihm betriebenen Landwirtschaft nur mehr Einkünfte in der Größenordnung von 1316 DM monatlich erzielen könne. Bei einem derartigen Rückgang der Einkünfte muß er entweder auf Nebenerwerbslandwirtschaft übergehen oder notfalls die Landwirtschaft ganz aufgeben und eine höhere Einkünfte versprechende Erwerbstätigkeit aufnehmen. Der Senat hat keinen Zweifel, daß der Bekl., dessen Anwesen unweit der Stadt K. liegt, bei gehörigen Bemühungen jedenfalls eine Teilzeitbe-

Anhang R. Rechtsprechung R464

schäftigung findet, die ihm die Ausübung einer Nebenerwerbslandwirtschaft ermöglicht. Eine Übergangszeit könnte er durch die Verpachtung oder den Verkauf von Teilen des Grundbesitzes überbrücken, zumal dieser gegebenenfalls auf die besondere Lage einer Nebenerwerbslandwirtschaft zuzuschneiden wäre. Der Bekl. hat nach seinem Vorbringen die ungünstige Entwicklung und ihre Folgen klar erkannt, dennoch aber jegliche Bemühungen unterlassen, ihnen im dargelegten Sinn zu begegnen, wohl in der Annahme, die Kl. gegebenenfalls öffentlicher Unterstützung überlassen zu können. Diese Annahme trifft nicht zu; denn seine Leistungsfähigkeit wird nicht nur durch das tatsächlich erzielte Einkommen bestimmt, sondern auch durch seine Arbeits- und Erwerbsfähigkeit (vgl. BVerfG, NJW 1985, 1211 = FamRZ 1985, 143). Er muß sich hier so behandeln lassen, wie wenn er seiner unterhaltsrechtlichen Obliegenheit nachgekommen wäre und dadurch ein Absinken des ehelichen Lebensstandards verhindert hätte. Aus diesem Grunde ist die Entscheidung des BerGer. im Ergebnis nicht zu beanstanden. Sollte künftig aufgrund der gebotenen Bemühungen des Bekl. ein höheres Einkommensniveau erreicht werden, ist die Kl. allerdings darauf beschränkt, Unterhalt nach dem im Zeitpunkt der Scheidung erreichten Lebensstandard zu verlangen.

(Fiktives Einkommen bei unrentabler Landwirtschaft; für den Kindesunterhalt ist das gesamte Einkommen des Pflichtigen heranzuziehen)

4. Was vorstehend für die Bemessung der ehelichen Lebensverhältnisse ausgeführt wurde, gilt in b
verstärktem Maße für den Unterhaltsbedarf der Kl. zu 2 und 3, bei denen nach ihrem Alter von vornherein jede Möglichkeit ausscheidet, durch eigene Anstrengungen zur Deckung ihres Unterhalts beizutragen. Insoweit ist anerkannt, daß die Leistungsfähigkeit des Unterhaltsverpflichteten nicht nur durch die tatsächlich vorhandenen, sondern auch durch solche Mittel bestimmt wird, die er bei gutem Willen durch zumutbare Erwerbstätigkeit, unter Umständen im Wege eines Orts- und Berufswechsels, erreichen könnte (vgl. z. B. Senat, NJW 1981, 1609 = LM § 1603 BGB Nr. 8 = FamRZ 1981, 539 (540); NJW 1984, 2351 = LM § 1361 BGB Nr. 39 = FamRZ 1984, 657 (659)). Auch der Stamm des Vermögens muß notfalls angegriffen werden (vgl. BGHZ 75, 272 (278) = NJW 1980, 340 = LM § 1356 BGB Nr. 21 L).

Der Unterhaltsbedarf minderjähriger unverheirateter Kinder richtet sich letztlich nach der jeweiligen Leistungsfähigkeit des Unterhaltsverpflichteten (vgl. Göppinger-Kindermann, Rdnr. 622) und ist nicht auf die Lebensstellung beschränkt, die gerade im Zeitpunkt der Scheidung erreicht worden ist (vgl. Senat, NJW 1983, 1429 = FamRZ 1983, 473). Soweit das BerGer. im vorliegenden Fall den Unterhaltsbedarf der Kl. zu 2 und 3 auf der Grundlage der Düsseldorfer Tabelle (Abdruck FamRZ 1988, 911) nach einem Einkommen von 3126 DM mit monatlich je 400 DM bestimmt hat, ist dies rechtlich nicht zu beanstanden, weil dieses Einkommen, soweit nicht tatsächlich erzielt, jedenfalls vom Bekl. erzielbar wäre. Der Ansatz eines Unterhaltsbedarfs unterhalb von monatlich 304 DM scheidet ohnehin gem. § 1610 III BGB aus, da bei diesem Betrag hier der Regelsatz für nichteheliche Kinder läge ...

($^1/_7$ Bonus und 5 % Pauschale)

... 6. Den nachehelichen Unterhalt der Kl. zu 1 hat das BerGer. nach einer Quote von $^3/_7$ der Dif- c
ferenz der beiderseitigen anrechnungsfähigen Einkommen bemessen und dabei auf beiden Seiten einen sogenannten Erwerbstätigen-Bonus von $^1/_7$ berücksichtigt (vgl. dazu Senat, NJW 1988, 2369 = LM § 1569 BGB Nr. 28 = FamRZ 1988, 265 (267) = BGHR BGB § 1578 I 1 Unterhaltsbemessung 8). Die Revision beanstandet, daß es dabei zuvor das mit monatlich 682 DM festgestellte Einkommen der Kl. zu 1 aus einer Teilzeitarbeit unter dem Gesichtspunkt berufsbedingter Aufwendungen um 5 % vermindert hat, ohne daß solche Aufwendungen konkret dargelegt worden seien. Diese Rüge übersieht, daß die Kl. zu 1 geltend gemacht hat, ihr entstünden für notwendige Fahrten zum Arbeitsplatz mit einem Pkw monatliche Kosten von 100,80 DM; einen Teilbetrag hiervon hat das BerGer. mit dem Abzug von 5 % berücksichtigt (rechnerisch rund 34 DM), was rechtlich nicht zu beanstanden ist. Allerdings hat der Senat mehrfach ausgesprochen, daß es näherer Prüfung und Begründung bedarf, wenn der üblicherweise mit $^1/_7$ bemessene Erwerbstätigen-Bonus in voller Höhe gewährt wird, nachdem berufsbedingte Aufwendungen schon gesondert berücksichtigt wurden (vgl. Senat, NJW-RR 1990, 1346 = FamRZ 1990, 1090 (1091) m. w. Nachw.; krit. hierzu Scholz, FamRZ 1990, 1088 (1089)). Dem braucht aber vorliegend nicht weiter nachgegangen zu werden, weil die Entscheidung des BerGer. zu diesem Punkt den Bekl. im Ergebnis nicht benachteiligt. Es hat nämlich auf seiner Seite den Erwerbstätigen-Bonus auch aus dem mit 400 DM veranschlagten Wohnvorteil angesetzt. Dies ist an sich ungerechtfertigt (vgl. Senat, NJW 1989, 2809 = FamRZ 1989, 1160 (1162)) und kompensiert den möglichen Rechtsfehler zu seinen Ungunsten (rechnerischer Vorteil 51 DM).

7. Das angefochtene Urteil läßt auch im übrigen keinen Fehler zum Nachteil des Bekl. erkennen. Soweit auf die Möglichkeit einer zeitlichen Begrenzung des eheangemessenen Unterhalts der Kl. zu 1 gem. § 1578 I 2 BGB hingewiesen wird, wird dieser Gesichtspunkt in der Revisionsinstanz erst-

mals geltend gemacht. Im Hinblick auf die Dauer der Ehe und vor allem die anschließende Betreuung gemeinschaftlicher Kinder durch die Kl. zu 1 liegen die Voraussetzungen einer solchen Begrenzung auch nicht vor (vgl. dazu Senat, NJW-RR 1991, 130 = FamRZ 1991, 307 (310)).

BGH v. 29. 9. 93 – XII ZB 97/93 – FamRZ 94, 101 = NJW 93, 3206

R465 *(Nicht vollstreckungsfähiger Titel auf Auskunft bei unbestimmter Gegenleistung)*

Diesen Ausführungen liegen unzutreffende rechtliche Vorstellungen zugrunde, soweit es um die Frage geht, welche Auswirkungen die mangelnde Bestimmtheit der nach dem amtsgerichtlichen Urteil von der Ast. Zug um Zug zu erbringenden Gegenleistung hat. Insoweit kommt keine Vollstreckung durch den Ag. gem. § 883 ZPO in Betracht, sondern die Ast. muß, wenn sie wegen der titulierten Auskunftsverpflichtung des Ag. gem. § 888 ZPO vollstrecken will, dem Vollstreckungsgericht gem. § 765 nachweisen, daß der Ag. hinsichtlich der von ihr zu erbringenden Gegenleistung befriedigt oder im Verzug der Annahme ist. Ist in einem Titel die Zug um Zug zu erbringende Gegenleistung nicht eindeutig bestimmt, ist ein solcher Nachweis nicht möglich mit der Folge, daß auch wegen der Hauptleistung, hier der Auskunftsverpflichtung des Ag., nicht vollstreckt werden kann (vgl. BGHZ 45, 287 (288) = LM § 565 Abs. 1 ZPO Nr. 6; BGH, NJW 1993, 324 = LM H. 4/1993 § 504 BGB Nr. 14 = BGHR ZPO § 253 Abs. 2 Nr. 2 Zug-um-Zug-Verurteilung 2 = RPfleger 1993, 206; Zöller-Stöber, ZPO, 18. Aufl., § 726 Rdnr. 8 und § 756 Rdnr. 3 m. w. Nachw.). Demnach hat die Ast. im vorliegenden Fall wegen ihres Anspruchs aus § 1379 BGB durch die amtsgerichtliche Entscheidung einen Titel erlangt, der vom Ag. zwar freiwillig erfüllt, aber gegen ihn nicht im Vollstreckungswege durchgesetzt werden kann. Dieser Umstand muß bei der Bewertung ihres Rechtsmittelinteresses berücksichtigt werden, da Ziel des Rechtsmittels ist, einen vollstreckungsfähigen Titel wegen des Auskunftsanspruchs herbeizuführen.

Danach kann es bei der angefochtenen Entscheidung nicht verbleiben, da ganz erhebliche Werte in Frage stehen. Mangels eines durchsetzbaren Titels über ihren Auskunftsanspruch ist die Ast. bisher gegenüber einer Abweisung des Anspruchs praktisch nicht bessergestellt. Für den Beschwerdegegenstand des Berufungsverfahrens ist daher darauf abzustellen, welches Interesse sie an der begehrten Auskunft überhaupt hat. Da insoweit zureichende Anhaltspunkte fehlen, sieht der Senat vorläufig davon ab, einen Wert für das vorliegende Beschwerdeverfahren festzusetzen.

BGH v. 6. 10. 93 – XII ZR 112/92 – FamRZ 94, 21 = NJW 94, 134

R466 *(Fliegerzulagen)*

a a) Nach der ständigen Rechtsprechung des Senats sind sowohl bei der Bestimmung der für einen Unterhaltsanspruch maßgebenden ehelichen Lebensverhältnisse als auch bei der Ermittlung der Leistungsfähigkeit des Unterhaltsschuldners zur Feststellung des unterhaltsrechtlich relevanten Einkommens grundsätzlich alle Einkünfte heranzuziehen, die dem Unterhaltsschuldner zufließen, gleich welcher Art diese Einkünfte sind und aus welchem Anlaß sie im einzelnen erzielt werden (Senat, NJW-RR 1986, 1002 = FamRZ 1986, 780 (781)). Demgemäß hat der BGH Aufwandsentschädigungen für auswärtige Tätigkeiten und Auslandszuschläge gem. § 55 BBesG als Arbeitseinkommen angesehen, da sie im Hinblick auf das Arbeits- oder Dienstverhältnis gewährt werden. Auch die Bestimmung einer Leistung zum Ausgleich besonderer Aufwendungen oder ähnlichen Verwendungszwecken führt nicht dazu, daß sie bei der Unterhaltsberechnung von vornherein außer Ansatz bleiben. Vielmehr kommt es darauf an, ob und in welchem Umfang sie für tatsächliche Mehraufwendungen des Empfängers aufgezehrt werden und ob sie daneben zur (teilweisen) Deckung des Lebensbedarfs zur Verfügung stehen (Senat, FamRZ 1980, 342 (343); NJW 1983, 2318 = FamRZ 1983, 352 (353)). Gleiches gilt für öffentlichrechtliche Leistungen, die für Tätigkeiten im öffentlichen Interesse gewährt werden, wie Sitzungsgelder kommunaler Bezirksvertretungen (Senat, FamRZ 1983, 670 (672)) oder Aufwandsentschädigungen für Abgeordnete (Senat, NJW-RR 1986, 1002 = FamRZ 1986, 780 (781)). Schließlich können auch zweckbestimmte Sozialleistungen im privaten Unterhaltsrecht wie sonstiges Einkommen des Empfängers behandelt werden, soweit sie geeignet sind, neben einem tatsächlichen Mehraufwand auch den allgemeinen Lebensbedarf des Leistungsempfängers und seiner Familie zu decken (vgl. etwa Senat, NJW 1981, 1313 = FamRZ 1981, 338 (339) – Grundrente; NJW 1982, 1593 = FamRZ 1982, 252 (253) – gesetzliche Unfallrente; NJW 1980, 2081 = FamRZ 1980, 771 – Wohngeld; NJW 1983, 684 = FamRZ 1982, 587 – Wohngeld).

b) Diese Grundsätze gelten in entsprechender Weise auch für die hier gewährte Entschädigung gem. § 17 BBesG i. V. mit den Richtlinien des Bundesministers für Verteidigung (ebenso OLG Hamm, FamRZ 1991, 576). Sie wird nach Nr. 1 der Richtlinien „ ... zum Ausgleich von Mehraufwendungen gezahlt, die wegen der mit dem dienstlich angeordneten fliegerischen Einsatz verbundenen besonderen physischen und psychischen Belastungen zur Erhaltung der fliegerischen Lei-

Anhang R. Rechtsprechung   **R467**

stungsfähigkeit erforderlich sind". Ob diese Beschreibung nur auf den Ausgleich materieller Mehraufwendungen abstellt oder die Entschädigung auch die Funktion eines Ausgleichs für die immateriellen, über das normale Maß hinausgehenden gesundheitlichen Belastungen haben soll, kann dahinstehen. Denn selbst wenn man, was nach den Besonderheiten des Führens von Kampfflugzeugen naheliegt, mit der Revision von einer materiellen und immateriellen Ausgleichsfunktion ausgeht, ändert dies nichts daran, daß die Entschädigung zur Deckung des allgemeinen Lebensbedarfs heranzuziehen ist, soweit sie nicht durch tatsächlich entstehende, finanziell faßbare Mehraufwendungen aufgezehrt wird. Auch die Grundrente nach § 31 BVersG hat eine ideelle und eine materielle Funktion und soll dem Betroffenen wegen der gesundheitlichen und wirtschaftlichen Folgen einer Schädigung, die er in Ausübung des militärischen Dienstes erlitten hat, einen Ausgleich verschaffen (Senat, NJW 1981, 1313 = FamRZ 1981, 338 (339) m. w. Nachw.). Ungeachtet dieser sozialrechtlichen Sicht ist sie auch für Zwecke des privaten Unterhaltsrechts einzusetzen.

Zwar hat die Entschädigung keine sozialrechtliche Komponente, sondern wird aus Anlaß des besonderen Dienstes gewährt. Sie ist hierin aber dem Auslandszuschlag nach § 55 BBesG unmittelbar vergleichbar. Auch dieser dient gem. § 55 VI und VII BBesG dem Ausgleich der besonderen materiellen und immateriellen Belastungen in der Lebensführung, die aus den Besonderheiten des Dienstes und den Lebensbedingungen im Ausland folgen, wie klimatisch bedingte Gesundheitsgefährdungen, mangelnde Hygiene, Ungeziefer, psychische Belastungen durch Beschränkung der Bewegungsfreiheit oder Dauerbewachung, Gefahr für Leib und Leben bei politischen Unruhen und ähnlichem (s. Kalthoener-Büttner, Die Rspr. zur Höhe des Unterhalts, 4. Aufl., Rdnr. 632). Dessen ungeachtet wird er, soweit nicht durch tatsächlichen Mehraufwand des Empfängers verbraucht, zur Erfüllung privater Unterhaltsverpflichtungen herangezogen. Für die Entschädigung kann damit nichts anderes gelten.

(Darlegungs- und Beweislast bei Sozialleistungen nach § 1610a BGB)

c) Dieses Ergebnis steht auch in Einklang mit § 1610a BGB, der durch das Gesetz zur unterhaltsrechtlichen Berechnung von Aufwendungen für Körper- und Gesundheitsschäden vom 15. 1. 1991 (BGBl I, 46) eingeführt wurde. Der Gesetzgeber hat hier für bestimmte Einkommensarten, nämlich für Sozialleistungen wegen eines Körper- oder Gesundheitsschadens, eine Änderung der Darlegungs- und Beweislast geschaffen. Danach wird zugunsten des Leistungsempfängers (widerlegbar) vermutet, daß die Sozialleistungen durch die schadensbedingten Mehraufwendungen aufgezehrt werden. Dagegen hat er den von der Rechtsprechung aufgestellten Grundsatz, daß zum unterhaltsrelevanten Einkommen auch öffentlichrechtliche Leistungen ohne Rücksicht auf ihre Zweckbindung gehören, nicht angetastet. Außerdem hat er die Regelung auf Sozialleistungen wegen Körper- und Gesundheitsschäden beschränkt, so daß andere Einkommensarten unberührt bleiben (BR-Dr 386/89, S. 3, 7, 9, 14; Johannsen/Henrich/Graba, EheR, 2. Aufl., § 1610a BGB Rdnrn. 1 und 4; Köhler, in: MünchKomm, 3. Aufl., § 1610a Rdnr. 2). Wenn er danach bewußt davon abgesehen hat, im materiellen Unterhaltsrecht eine generelle Nichtanrechenbarkeit von schadensbedingten Leistungen anzuordnen, sondern nur im prozessualen Bereich die Beweislast ändert, und diese Regelung obendrein auf bestimmte Sozialleistungen beschränkt, muß daraus umgekehrt geschlossen werden, daß es bei der grundsätzlichen unterhaltsrechtlichen Anrechenbarkeit anderer Leistungen wie hier der Fliegeraufwandsentschädigung verbleibt, und daß der Empfänger seinen Mehraufwand ohne die Hilfe einer gesetzlichen Vermutung darzulegen und zu beweisen hat. Anschließend billigte es der BGH, daß das OLG im Wege der Schätzung ²/₃ der Zulage zum Einkommen rechnete.

BGH v. 6. 10. 93 – XII ZR 116/92 – FamRZ 94, 28 = NJW 93, 3262

(Als Beleg ist u. U. auch der Arbeitsvertrag vorzulegen)   **R467**

b) Vergeblich bekämpft die Revision eine Verpflichtung des Bekl., als Beleg über die Höhe der Einkünfte gem. § 1605 I 2 BGB seinen Dienstvertrag mit der FAO vorzulegen. Das Gesetz erläutert allerdings nicht näher, welche Art von Schriftstücken unter den Begriff „Belege" fallen, sondern nennt nur beispielhaft („insbesondere") Bescheinigungen des Arbeitgebers. Soweit eine Verdienstbescheinigung vorgelegt wird, die für den nachzuweisenden Zeitraum lückenlos sämtliche Einkünfte aus dem Arbeitsverhältnis ausweist, wird die Verpflichtung zur Vorlage von Belegen in der Regel damit erfüllt sein mit der Folge, daß der Auskunftsberechtigte nicht die Vorlage weiterer Dokumente – etwa des Arbeitsvertrages – verlangen kann. Liegt aber – wie hier vom OLG dargelegt – keine Verdienstbescheinigung vor, aus der sich zweifelsfrei entnehmen läßt, in welcher Höhe der Auskunftspflichtige für einen bestimmten Zeitraum Einkünfte aus dem Arbeitsverhältnis bezogen hat, kann grundsätzlich auch die Vorlage solcher Schriftstücke verlangt werden, aus denen sich entsprechende Erkenntnisse gewinnen lassen. Das ergibt sich aus dem Sinn und Zweck der Bestimmung, die sicherstellen soll, daß der Berechtigte aufgrund der belegten Auskunft in die Lage versetzt wird, den

Unterhaltsanspruch konkret zu berechnen und im Verfahren einen entsprechenden bezifferten Klageantrag zu stellen.

In der Rechtsprechung des Senats ist anerkannt, daß von einem selbständigen Gewerbetreibenden die Vorlage des Einkommensteuerbescheides als Beleg verlangt werden kann (Senat, NJW 1982, 1645 = FamRZ 1982, 680 (682 unter 3)); von einem Gesellschafter und Geschäftsführer einer GmbH, der vom Gewinn der GmbH abhängige Einkünfte bezieht, kann auch die Vorlage von Bilanzen nebst Gewinn- und Verlustrechnungen der GmbH verlangt werden (Senat, NJW 1982, 1642 = FamRZ 1982, 680 (681 unter 2); NJW 1983, 2243 = FamRZ 1983, 996 (998)). Ob und gegebenenfalls unter welchen Voraussetzungen ein unselbständig Erwerbstätiger seinen Dienst- oder Arbeitsvertrag vorlegen muß, hatte der Senat bisher zwar nicht zu entscheiden. Es bestehen jedoch keine grundsätzlichen Bedenken gegen eine derartige Verpflichtung, wenn durch eine Bescheinigung des Arbeitgebers die tatsächliche Höhe der insgesamt bezogenen Einkünfte nicht ausreichend belegt wird (vgl. Schwab-Borth, Hdb. d. ScheidungsR, 2. Aufl., Teil IV Rdnr. 504, 506; Griesche, in: Familiengerichtsbarkeit, § 1605 BGB Rdnr. 17). Das trifft vor allem bei einer Tätigkeit im Ausland zu, wenn sich wie hier aus den vorgelegten Dokumenten nicht ergibt, welcher Betrag für welchen Zeitraum konkret ausgezahlt wurde, und ob daneben weitere Zahlungen erfolgen, weil sich das Gehaltsgefüge des Arbeitgebers möglicherweise aus mehreren im einzelnen nicht bekannten Elementen zusammensetzt und auch Aufwands- oder andere Entschädigungen geleistet werden (zutr. OLG München, FamRZ 1993, 202 (203)). Dem steht nicht entgegen, daß ein Arbeitsvertrag regelmäßig nicht nur Bestimmungen zur Vergütung der Arbeitstätigkeit enthält. Soweit der Gesetzeszweck des § 1605 I BGB reicht, hat ein Interesse des Auskunfts- und Belegpflichtigen an der Verdeckung von individuellen Verhältnissen zurückzutreten.

BGH v. 20. 10. 93 – XII ZR 89/92 – FamRZ 94, 87 = NJW 94, 190

R468 *(Abgrenzung prägend – nichtprägend)*

a 2. Das BerGer. ist bei der Ermittlung des Unterhaltsbedarfs der Kl. nach den ehelichen Lebensverhältnissen davon ausgegangen, daß diese durch die vollen Erwerbseinkünfte des Bekl. einerseits und Einkünfte der Kl. aus einer Halbtagsbeschäftigung andererseits geprägt worden seien, weil die Kl. in den letzten 1$\frac{1}{4}$ Jahren vor der Trennung auch nur halbtags gearbeitet habe und die Wiederaufnahme einer Vollzeitbeschäftigung von den Parteien nicht geplant gewesen sei. Die anzusetzenden Halbtagseinkünfte der Kl. seien damit nach der Differenzmethode in die Unterhaltsberechnung einzubeziehen. Soweit die Kl. zeitweise höhere Einkünfte erzielt habe, seien die über ein Halbtagseinkommen hinaus erzielten Beträge nach Maßgabe der Anrechnungsmethode bedarfsdeckend zu berücksichtigen. Dieser von dem BerGer. gewählte Ansatz für die Bemessung des Unterhaltsanspruchs der Kl. ist aus Rechtsgründen nicht zu beanstanden. Er entspricht der Rechtsprechung des erkennenden Senats (vgl. BGHZ 89, 108 (111 ff.) = NJW 1984, 292 = LM § 1578 BGB (L) Nr. 26 m. w. Nachw.) und wird von der Revision nicht in Zweifel gezogen.

(PKW-Kosten)

b Zwar ist die Bestimmung der Höhe berufsbedingter Aufwendungen des Unterhaltspflichtigen in erster Linie dem Tatrichter vorbehalten. Da das OLG hier aber der ihm insoweit obliegenden Prüfung nicht nachgekommen ist, ist der Senat nicht gehindert, die Prüfung selbst vorzunehmen und dabei auf die Grundsätze seiner inzwischen zu dieser Frage entwickelten Rechtsprechung zurückzugreifen. Danach ist bereits in dem Urteil vom 7. 5. 1991 (NJW-RR 1991, 1346 = FamRZ 1991, 1414), auf das auch die Revision verweist, ausgeführt worden, ein Kilometersatz von 0,40 DM komme den tatsächlichen Kosten erheblich näher als der von dem BerGer. seinerzeit angenommene Satz von 0,10 DM pro Kilometer. Im Ergebnis ist in jenem Fall der damals begehrte Betrag von 0,36 DM pro Kilometer angesetzt worden, wobei der Senat ausdrücklich darauf hingewiesen hat, daß er einen geringeren Ansatz für nicht vertretbar halte. In einem weiteren, nach Erlaß des Berufungsurteils ergangenen Urteil vom 8. 7. 1992 hat der Senat sodann – ebenfalls für Fahrtkosten in den Jahren 1989 und 1990 – entschieden, mangels sonstiger konkreter Anhaltspunkte erscheine es grundsätzlich angemessen, als Kilometerpauschale den auch sonst in der gerichtlichen Praxis herangezogenen Satz gem. § 9 III des Gesetzes über die Entschädigung von Zeugen und Sachverständigen von derzeit 0,40 DM anzusetzen (NJW-RR 1992, 1282 = BGHR BGB § 1578 Abs. 1 Satz 1 Unterhaltsbemessung 29 m. w. N.). Das gilt auch für den vorliegenden Fall. Das Einkommen des Bekl. ist daher um berufsbedingte Aufwendungen von monatlich 367 DM (2 x 25 km x 0,40 DM 2 x 220 Tage : 12) zu bereinigen.

Anhang R. Rechtsprechung   R468

(Unterhalt für ein in der Trennungszeit gezeugtes Kind)

bb) Gegen diese Ausführungen erhebt die Revision zu Recht Bedenken. Sie stehen, wie das Ber- c
Ger. selbst zutreffend hervorhebt, im Gegensatz zu der Meinung, die der erkennende Senat in dem
Urteil vom 13. 7. 1988 (NJW-RR 1988, 1093 = LM § 1577 BGB Nr. 14 = FamRZ 1988, 1031 (1032))
vertreten hat. Dort hat der Senat für einen Fall, in dem die Eheleute nach einer am 1. 11. 1979 vollzogenen Trennung im September 1982 geschieden wurden und während der Trennungszeit im Dezember 1980 ein nichteheliches Kind des unterhaltsverpflichteten Mannes geboren wurde, zum nachehelichen Unterhalt entschieden:

Weil die nichteheliche Tochter bereits vor der Ehescheidung geboren sei, habe das OLG zu Recht bei der Bestimmung der ehelichen Lebensverhältnisse von dem Nettoeinkommen des Bekl. vorab den Kindesunterhalt abgesetzt. Zur näheren Begründung ist dabei auf die Ausführungen in dem Urteil vom 25. 2. 1987 (NJW 1987, 1551 = FamRZ 1987, 456 (458)) verwiesen worden, nach denen ein Vorwegabzug des Kindesunterhalts, wie er in der Rechtspraxis bei der Bemessung des Ehegattenunterhalts nach einer Quote vom Einkommen des Unterhaltspflichtigen oder der Differenz der beiderseitigen Einkünfte üblich sei, nur dann rechtlich bedenkenfrei sei, wenn es um den Unterhalt für ein gemeinschaftliches Kind der Ehegatten oder für ein Kind des Unterhaltspflichtigen gehe, für das er bereits während der Ehe aufzukommen hatte, so daß schon die ehelichen Lebensverhältnisse durch diese Unterhaltsverpflichtung mit geprägt worden seien; da der geschiedene Ehegatte nach § 1578 I 1 BGB Anspruch auf einen den ehelichen Lebensverhältnissen entsprechenden Unterhalt habe, sei es in derartigen Fällen gerechtfertigt und grundsätzlich sogar geboten, bei der Unterhaltsbemessung entsprechende Vorwegabzüge vom Einkommen des Verpflichteten zu machen.

Diese Überlegungen gelten für den Trennungsunterhalt, der sich ebenfalls nach den Lebensverhältnissen und den Erwerbs- und Vermögensverhältnissen der Ehegatten bestimmt, in entsprechender Weise. Es kommt für die Bestimmung des Unterhaltsbedarfs gem. § 1361 I 1 BGB jeweils auf den aktuellen Stand der wirtschaftlichen Verhältnisse an, da die Ehegatten an deren Entwicklung bis zur Scheidung gemeinschaftlich teilhaben (st. Rspr., vgl. Senat, NJW 1986, 718 = FamRZ 1986, 244 (245); NJW-RR 1988, 519; NJW-RR 1990, 323 = LM § 546 ZPO Nr. 129 = BGHR BGB § 1578 I – Lebensverhältnisse 1). Veränderungen der Einkommensverhältnisse, die erst nach der Trennung der Ehegatten bis zur Scheidung eintreten, beeinflussen daher grundsätzlich die für die Unterhaltsbemessung maßgeblichen ehelichen Lebensverhältnisse, es sei denn, daß sie auf einer unerwarteten und vom Normalverlauf erheblich abweichenden Entwicklung beruhen (Senat, NJW 1986, 718; vgl. dazu auch Senat, NJW 1982, 1870 = FamRZ 1982, 576).

Das BerGer. will ersichtlich hier einen solchen Ausnahmefall annehmen. Diese Auffassung vertritt – unter anderem – auch das KG, das in einem Urteil vom 13. 8. 1987 (FamRZ 1988, 720 (721)) ausgeführt hat: Die „Einkommensminderung", die der unterhaltsverpflichtete Bekl. wegen der Unterhaltsansprüche seines erst nach der Trennung (aber vor der Scheidung) nichtehelich geborenen Kindes hinzunehmen habe, stelle eine unerwartete, den ehelichen Lebensverhältnissen nicht mehr zurechenbare Entwicklung dar. Dem haben sich (etwa) Voelskow (in: Johannsen/Henrich, EheR, 2. Aufl., § 1361 Rdnr. 46) und Griesche (in: FamGb, § 1361 Rdnr. 23) angeschlossen (vgl. auch Soergel/Hermann Lange, BGB, 12. Aufl., § 1361 Rdnr. 19). Der Senat hält dies nicht für zutreffend. Ausgangspunkt für die Bestimmung der ehelichen Lebensverhältnisse während der Trennungszeit ist die Erwägung, daß sich die Eheleute während des Getrenntlebens in einem Stadium befinden, in dem die Ehe noch nicht endgültig aufgehoben und eine Wiederherstellung der ehelichen Lebensgemeinschaft nicht gänzlich auszuschließen ist (vgl. Senat, NJW 1981, 1214 = FamRZ 1981, 439 (440)). Wird ein Ehegatte aber während der Trennung mit der Unterhaltsverpflichtung gegenüber einem nichtehelichen Kind belastet, so würde diese Unterhaltsverpflichtung auch im Falle einer möglichen Aufhebung der Trennung und Wiederherstellung der ehelichen Lebensgemeinschaft fortbestehen und damit die ehelichen Lebensverhältnisse der Eheleute in Zukunft prägen. Führt die Trennung nicht zu einer Wiederherstellung der ehelichen Lebensgemeinschaft, sondern zur Scheidung der Ehe, dann ist bei der Bemessung des nachehelichen Unterhaltsanspruchs zu berücksichtigen, daß im dem – insoweit maßgeblichen – Zeitpunkt der Scheidung die Unterhaltsverpflichtung gegenüber dem nichtehelichen Kind besteht und von dem Verpflichteten erfüllt werden muß mit der Folge, daß die dafür erforderlichen Mittel den geschiedenen Ehegatten nicht für ihren Lebensbedarf zur Verfügung stehen. Die mit der Geburt eines nichtehelichen Kindes entstehende Unterhaltsbelastung des Verpflichteten kann – entgegen der Auffassung des BerGer. und des KG – nicht unter Bezugnahme auf die Senatsrechtsprechung zu unerwarteten Einkommensentwicklungen nach der Trennung bei der Bestimmung der ehelichen Lebensverhältnisse außer Betracht gelassen werden. Der Senat hat diese Rechtsprechung zunächst für außergewöhnliche Einkommenssteigerungen nach der Trennung entwickelt (= NJW 1982, 1870 und NJW-RR 1988, 519) und sie später anhand von Fällen entsprechender Einkommensminderungen überprüft (Senat, NJW 1992, 2477 = FamRZ 1992, 1045 m. w. Nachw.). Dabei hat es sich indessen stets um Einkommensveränderungen aufgrund geschäftlicher, beruflicher oder wirtschaftlicher, d. h. im weiteren Sinn vermögensrechtlicher Dispositionen oder

1555

Ereignisse gehandelt. Nur auf Entwicklungen in diesem Bereich ist die behandelte Senatsrechtsprechung demgemäß zugeschnitten. Sie läßt sich auf die Auswirkungen einer neu entstehenden Unterhaltsverpflichtung gegenüber einem nichtehelichen Kind nicht übertragen. Insoweit ergibt sich schon aus dem Umstand, daß die – persönlichen – „Lebensverhältnisse" des Unterhaltsverpflichteten i. S. von § 1361 I 1 BGB oder § 1578 I 1 BGB maßgeblich durch das Vorhandensein eines ihm gegenüber unterhaltsberechtigten minderjährigen (nichtehelichen oder erstehelichen) Kindes bestimmt werden, die Konsequenz, daß diese Unterhaltspflicht auch bei der Ermittlung des Unterhaltsbedarfs des anderen Ehegatten – dem das Kind gem. § 1609 II 1 BGB im Rang gleichsteht – mit zu berücksichtigen ist. Umstände oder Ereignisse, die wie die Geburt eines nichtehelichen Kindes Rechtsfolgen nach sich ziehen, denen sich der Verpflichtete nicht entziehen kann, gehören daher – anders als die oben behandelten wirtschaftlichen Dispositionen, Verhaltensweisen und ihre Auswirkungen – grundsätzlich in den Bereich der für die Unterhaltsbemessung beachtlichen ehelichen Lebensverhältnisse.

Ist ein Ehegatte einem während der Trennung geborenen nichtehelichen Kind zu Unterhalt verpflichtet, so ist diese Unterhaltslast demgemäß bei der Bestimmung der ehelichen Lebensverhältnisse sowohl nach § 1361 I 1 BGB als auch nach § 1578 I 1 BGB grundsätzlich ebenso zu berücksichtigen wie etwa eine Unterhaltsverpflichtung gegenüber einem Kind aus einer außerehelichen Beziehung, das während des Zusammenlebens der Ehegatten geboren wird und ihren ehelichen Lebensstandard entsprechend beeinflußt.

cc) Das unterhaltserhebliche Einkommen des Bekl. ist demgemäß – entgegen der Auffassung des BerGer. – auch um den Unterhalt für die im Dezember 1988 geborene nichteheliche Tochter zu bereinigen. Dieser beträgt nach einer vollstreckbaren Urkunde des Kreisjugendamts P. vom 8. 2. 1989 für die Zeit vom 16. 1. 1989 bis zum 16. 12. 1994 monatlich 402 DM. Gegen die Bemessung dieser Unterhaltshöhe bestehen aus Rechtsgründen keine Bedenken. Das für die Unterhaltsbemessung maßgebliche Nettoeinkommen des Bekl. ist danach zusätzlich um den Monatsbetrag von 402 DM zu bereinigen.

BGH v. 10. 11. 93 – XII ZR 113/92 – FamRZ 94, 240 = NJW 94, 258

(Fiktive Einkünfte bei Arbeitsplatzverlust wegen Trunkenheit)

Der Revision ist zwar zuzugeben, daß sich der Kl. „in grober Weise arbeitsvertragswidrig" verhalten haben dürfte, als er innerhalb kurzer Zeit zweimal, beim zweiten Mal noch dazu trotz vorheriger Abmahnung durch den Arbeitgeber, unter Alkoholeinfluß an seinem Arbeitsplatz erschienen ist. Gleichwohl kann hieraus unter den hier festgestellten Umständen nicht auch auf ein in unterhaltsrechtlicher Hinsicht schwerwiegendes Fehlverhalten des Kl. in dem Sinn geschlossen werden, daß ihn deshalb, wie die Revision geltend macht, der Vorwurf einer groben unterhaltsbezogenen Verantwortungslosigkeit träfe. Dem steht die tatrichterliche Beurteilung der Persönlichkeit des Kl. entgegen, aus der das BerGer. die Erklärung für sein Verhalten hergeleitet hat.

Das OLG ist dabei zwar davon ausgegangen, daß die hier maßgebliche unterhaltsbezogene Leichtfertigkeit „gleichbedeutend (sei) mit der Voraussetzung des bedingten Vorsatzes". Das trifft so nicht zu. Vielmehr kann auch bewußte Fahrlässigkeit die Voraussetzungen der unterhaltsrechtlichen Leichtfertigkeit erfüllen; dies wird sogar überwiegend der Fall sein (vgl. zu § 1579 I Nr. 3 BGB Senat, NJW 1981, 2805 = FamRZ 1981, 1042 (1044 f.) unter 2b cc m. w. N.). Gleichwohl hält die Beurteilung des BerGer. trotz des von ihm zugrunde gelegten unzutreffenden Maßstabes der rechtlichen Nachprüfung im Ergebnis stand. Denn das Gericht hat nach dem Inhalt und Zusammenhang der in dem angefochtenen Urteil dargelegten Gründe letztlich rechtsfehlerfrei ein unterhaltsbezogen leichtfertiges Verhalten des Kl. nach seiner Persönlichkeit und seinem Naturell verneint.

So hat das BerGer. den Kl. nach dem Eindruck, den er in der Verhandlung vermittelt hat, als einen einfach strukturierten jungen (1966 geborenen) Mann beurteilt, der sich offenbar durch „unbedachtes und sorgloses Verhalten" zu den Gaststättenbesuchen und dem Alkoholgenuß vor Antritt seiner Spätschicht habe hinreißen lassen. Diese Bewertung findet eine Bestätigung in dem Umstand, daß der Kl. den Ablauf der Geschehnisse, die zu seiner Kündigung geführt haben, in der mündlichen Verhandlung vor dem FamG offen, sachlich und erkennbar zutreffend geschildert hat, ohne nach Ausflüchten zu suchen oder sich – abgesehen von dem Hinweis, daß er irgendwie einen „Blackout" gehabt haben müsse – auf Rechtfertigungsgründe zu berufen. Das BerGer. hat es unter den gegebenen Umständen als möglich – und wohl auch wahrscheinlich – angesehen, daß es sich bei beiden Vorfällen, ähnlich wie bei dem Führen eines Kraftfahrzeuges unter Alkoholeinfluß, um ein typisch jugendlich unüberlegtes Vorgehen gehandelt habe, verbunden mit dem Gedanken, „schon nicht aufzufallen". Gegen diese Beurteilung sind aus Rechtsgründen keine Bedenken zu erheben. Sie schließt die Annahme aus, die Vorstellungen und Antriebe des Kl. hätten sich bei Antritt der Gaststättenbesuche und dem dortigen Alkoholkonsum nicht nur auf einen drohenden Verlust seines Arbeitsplatzes, sondern darüber hinaus auch auf eine Verminderung seiner unterhaltsrechtlichen Leistungsfähigkeit

Anhang R. Rechtsprechung
R470

erstreckt. Der Kl. hat zwar nach der Beurteilung des BerGer. sorglos und leichtsinnig gehandelt. Es bestehen aber keine greifbaren Anhaltspunkte dafür, daß er sich mit seinem Verhalten seiner Unterhaltsverpflichtung hat entziehen wollen oder auch nur an die Möglichkeit unterhaltsrechtlicher Konsequenzen des Alkoholgenusses gedacht hat. Dies war ersichtlich in der „einfach strukturierten" Persönlichkeit des jungen und noch wenig gereiften Kl. begründet, durch die seine Erwerbs- und Leistungsfähigkeit i. S. der §§ 1603, 1361 I 1 BGB als Grundlage der Lebensverhältnisse der Familie geprägt war. Daß ihn insoweit nicht der Vorwurf grober unterhaltsrechtlicher Verantwortungslosigkeit trifft, wird vor allem auch bestätigt durch seine – offenbar ohne Verzögerung und mit Nachdruck aufgenommenen – Bemühungen um einen neuen Arbeitsplatz, die innerhalb kurzer Zeit zu einem Erfolg geführt haben.

BGH v. 10. 11. 93 – XII ZR 127/92 – FamRZ 94, 160 = NJW 94, 382
(Zum innerdeutschen Kollisionsrecht) R470

a) Art. 234 § 5 S. 1 EGBGB i. d. F. des Einigungsvertrages bestimmt unter Einschränkung des **a** § 1 der Regelung, daß für den Unterhaltsanspruch eines Ehegatten, dessen Ehe vor dem Wirksamwerden des Beitritts geschieden worden ist, das bisherige Recht maßgebend bleibt. Wie der Senat bereits im Urteil vom 23. 9. 1992 (NJW-RR 1992, 1474 = LM H. 2/1993 § 323 ZPO Nr. 67 = FamRZ 1993, 43 (44)) dargelegt hat, ergibt sich aus dieser intertemporalen Übergangsvorschrift nicht, in welchen Fällen das Recht der DDR „bisheriges Recht" war; vielmehr ist die Frage nach dem innerdeutschen Kollisionsrecht zu beantworten.

b) In den alten Bundesländern ist ein besonderes innerdeutsches Kollisionsrecht in Anlehnung an das internationale Privatrecht des EGBGB entwickelt worden, während die Rechtspraxis in der DDR insoweit unmittelbar die Bestimmungen des im Verhältnis zum Ausland geltenden DDR-Rechtsanwendungsgesetzes (DDR-RechtsanwendungsG) herangezogen hat. Käme hier der für den nachehelichen Unterhalt einschlägige § 20 I DDR-RechtsanwendungsG zum Zuge, würde dies zur Anwendung des § 29 DDR-FGB führen, weil die Parteien zur Zeit der Erhebung der Scheidungsklage ihren gewöhnlichen Aufenthalt in der damaligen DDR hatten (vgl. Senat, NJW-RR 1992, 1474 = LM H. 2/1993 § 323 ZPO Nr. 67 = FamRZ 1993, 43 (44)). Das kann hier jedoch nicht gelten. Dabei braucht nicht zu der umstrittenen Frage Stellung genommen zu werden, inwieweit auch nach dem Beitritt aufgrund entsprechender Anwendung des Art. 236 § 1 EGBGB noch das Kollisionsrecht der DDR maßgebend bleibt (vgl. dazu Palandt/Heldrich, BGB, 52. Aufl., Art. 236 EGBGB Rdnr. 4 m. w. Nachw.). Das ist jedenfalls zu verneinen für solche Fälle vor dem Beitritt in der damaligen DDR geschiedener Ehen, in denen einem Ehegatten im Zeitpunkt des Wirksamwerdens des Beitritts aufgrund des nach innerdeutschem Kollisionsrecht der alten Bundesländer anzuwendenden Rechts ein Anspruch auf nachehelichen Unterhalt zustand. Nach dem Einigungsvertrag sollte in eine so entstandene Rechtsposition nicht eingegriffen werden. Dies geht aus den Erläuterungen zum Einigungsvertrag (BGBl II 1990, 888) hervor, in denen ausgeführt ist, es bestehe kein Anlaß, bei in der DDR geschiedenen, aber schon vor dem Beitritt im bisherigen Gebiet der Bundesrepublik lebenden Ehegatten von der Anwendung bundesdeutschen Rechts abzuweichen, [abzuweichen] soweit dieses einmal auf der Grundlage der höchstrichterlichen Rechtsprechung (angeführt werden die Senatsentscheidungen BGHZ 85, 16 = NJW 1983, 279 = LM § 1695 BGB (L) Nr. 5; BGHZ 91, 186 = NJW 1984, 2361 = LM Art. 17 EGBGB Nr. 18, zum innerdeutschen Kollisionsrecht) maßgeblich geworden sei (vgl. Abdruck des Nomos-Verlages, S. 68, sowie auch Adlerstein/Wagenitz, FamRZ 1990, 1300 (1301); Pirrung, RabelsZ 1991, 211 (234, 238); Stoll, in: Festschr. f. Lorenz, S. 577, 589).

(Statutenwechsel bei Übersiedlung des Pflichtigen vor dem Beitritt)

d) Der Senat schließt sich der überwiegenden Auffassung zum Einfluß des IPR-Neuregelungsge- **b** setzes 1986 auf das innerdeutsche Kollisionsrecht an. Unter der Geltung des alten Rechts hat er seine Ansicht zur interlokalen Anwendbarkeit der §§ 1569 ff. BGB wie folgt begründet: Die in der Bundesrepublik ansässige Partei solle grundsätzlich alle Rechte genießen, die ihr aus dem in Frage stehenden familienrechtlichen Verhältnis nach der hier geltenden Rechtsordnung zustünden, sofern im Hinblick auf bestehende oder nachwirkende Beziehungen zum Rechtsbereich der DDR aus Gründen der kollisionsrechtlichen Sachgerechtigkeit nicht anderes geboten sei. Solche Beziehungen bestünden nicht mehr, wenn jeder der geschiedenen Ehegatten seinen gewöhnlichen Aufenthalt aus der DDR in die Bundesrepublik verlegt habe. Beim nachehelichen Unterhalt handele es sich nicht um eine mit der Ehescheidung abgeschlossene Entwicklung, da der Anspruch in jedem Zeitpunkt, in dem seine Voraussetzungen vorlägen, neu entstehe. Die vorherige Beziehung zur DDR wirke nach der Verlegung des gewöhnlichen Aufenthalts beider Ehegatten nicht in einer für den Unterhalt erheblichen Weise fort, da die Lebensumstände der Beteiligten, auf die das Unterhaltsrecht abstelle,

R471   Anhang R. Rechtsprechung

sich regelmäßig nach den im Aufenthaltsland gegebenen sozialen Verhältnissen bestimmten (BGHZ 85, 16 (25) = NJW 1983, 279).

Es liegt nahe, diese auf der Grundlage des seinerzeit geltenden Internationalen Privatrechts entwickelten Grundsätze an die Wertungen anzupassen, die das IPR-Neuregelungsgesetz 1986 eingeführt hat. Aufgrund des Art. 18 V EGBGB n. F. tritt dadurch im Ergebnis nur insoweit eine Änderung ein, als für die Anwendbarkeit bundesdeutschen Rechts nicht mehr zu fordern ist, daß beide geschiedenen Ehegatten vor dem 3. 10. 1990 in die damalige Bundesrepublik übergesiedelt sind, sondern daß es genügt, wenn der unterhaltsverpflichtete Ehegatte dies getan hat. Diese Änderung ist geboten, da im innerdeutschen Verhältnis schwerlich strengere Voraussetzungen für die Anwendbarkeit der §§ 1569 ff. BGB aufgestellt werden können, als dies im Verhältnis zum Ausland der Fall ist.

BGH v. 24. 11. 93 – XII ZR 136/92 – FamRZ 94, 228 = NJW 94, 935

R471 *(Differenzierung zwischen Alters- und Aufstockungsunterhalt)*

a   1. Das OLG hat der Kl. einen Unterhaltsanspruch aus §§ 1571 und 1573 II BGB zugesprochen und dazu ausgeführt, daß ein Aufstockungsunterhalt neben dem Altersunterhalt bestehe, weil die Kl. ihren vollen Unterhalt aus ihrem eigenen Einkommen nicht decken könne. Es hat dabei allerdings nicht unterschieden, inwieweit der Anspruch einerseits auf § 1571, andererseits auf § 1573 II BGB beruht.

Der dagegen erhobene Einwand der Revision ist grundsätzlich zutreffend, führt aber im vorliegenden Fall im Ergebnis nicht zum Erfolg. Zwar macht das mögliche Nebeneinander von verschiedenen Anspruchsgrundlagen regelmäßig deren genaue Differenzierung erforderlich. Das gilt zum einen mit Blick auf ein späteres Abänderungsverfahren, zum anderen deshalb, weil die zeitliche Begrenzungsmöglichkeit nach § 1573 V BGB nur Ansprüche nach den Abs. 1 bis 4 des § 1573 BGB betrifft, aber nicht andere Anspruchsgrundlagen. Eine genaue Bestimmung kann aber ausnahmsweise unterbleiben, wenn im Einzelfall eine solche zeitliche Begrenzung aus Billigkeitsgründen unter Berücksichtigung der Ehedauer, Kindesbetreuung, Gestaltung von Haushaltsführung und Erwerbstätigkeit von vornherein ausscheidet (Senat, NJW 1987, 2739 = FamRZ 1987, 691 (693); NJW 1988, 2369 = FamRZ 1988, 265 (267); NJW 1990, 1847 = FamRZ 1990, 492 (494)). Zwar enthält das Berufungsurteil keine ausdrücklichen Ausführungen dazu, ob es einen solchen Ausnahmefall angenommen und deshalb von einer Differenzierung abgesehen hat. Jedoch liegt angesichts des Alters der Ehefrau und der langen Ehedauer von 36 Jahren, in denen sie keiner Erwerbstätigkeit nachgegangen ist, sondern den Haushalt geführt und sieben Kinder erzogen hat, die Annahme einer zeitlichen Begrenzung von vornherein so fern, daß dem OLG kein Rechtsfehler vorzuwerfen ist, wenn es die zeitliche Begrenzungsmöglichkeit nicht ausdrücklich verneint hat (Senat, NJW-RR 1991, 130 = FamRZ 1991, 307 (310)). Daran ändert auch der Umstand der Trennung ab 1974 nichts.

2. Der Berechnung des der Kl. zustehenden eheangemessenen Unterhalts hat das OLG auf seiten des Bekl. seine Leibrente in der fiktiven Höhe von 9100 DM monatlich zugrunde gelegt und dazu ausgeführt, daß eine Berücksichtigung nur des Zins-, nicht aber auch des Tilgungsanteils unterhaltsrechtlich nicht in Betracht komme. Ungeachtet der wirtschaftlichen und steuerrechtlichen Betrachtungsweise, nach der bei Leibrenten zwischen dem Ertrag aus dem Rentenrecht und dem Kapitalanteil unterschieden werde, sei unterhaltsrechtlich nicht auf ihren Einkommenscharakter als regelmäßig wiederkehrende, einheitlich gezahlte Leistung abzustellen. Selbst wenn man aber eine Trennung vornehme, ändere dies nichts an der vollen Heranziehung der Leibrente zum Unterhalt, da der Bekl. nach § 1581 BGB verpflichtet sei, auch seinen Vermögensstamm zum Unterhalt einzusetzen, es sei denn, eine Verwertung sei unwirtschaftlich oder würde dazu führen, daß bei Aufzehrung des Kapitals der spätere angemessene Unterhalt des Verpflichteten gefährdet werde. Das sei hier nicht der Fall, da der Bekl. sein Vermögen bereits freiwillig in Form einer Leibrente verwertet habe und durch die gleichbleibender Höhe bis zum Lebensende gezahlte Rente voll abgesichert sei. Daß der Bekl. im Falle der Zahlung eines Zugewinnausgleichs an die Kl. gezwungen sein könnte, einen weiteren Teil seiner Leibrente zu rekapitalisieren, stehe dem nicht entgegen, da sich die Höhe der derzeitigen Leibrente dadurch nicht rückwirkend ändere.

Die am 10. 3. 1990 vereinbarte weitere Reduzierung der Leibrente auf monatlich 7614 DM entlaste den Bekl. ebenfalls nicht, da er die aus der Anteilsveräußerung herrührende Steuerschuld bereits aus der ersten, zur Kürzung auf 9100 DM führenden Rekapitalisierung seiner Leibrente habe bezahlen können. Er habe dabei nicht einmal auf den neben der ursprünglich vereinbarten Leibrente von 14 000 DM gezahlten Barpreis von 120 000 DM zurückgreifen müssen. Nach der Vereinbarung vom 15. 4. 1987 und aus Billigkeitsgründen könne er sich auf eine weitere Rekapitalisierung wegen zusätzlicher Steuerschulden gegenüber der Kl. nicht berufen, zumal er für diese aus früheren Jahren stammenden Steuerschulden aus seinem Einkommen von 300 000 bis 400 000 DM jährlich rechtzeitig hätte Rücklagen bilden können und müssen.

Anhang R. Rechtsprechung   R471

(Prägende Einkünfte; Leibrente)

a) Die für den nachehelichen Unterhalt maßgebenden ehelichen Lebensverhältnisse werden durch **b**
das bis zur Scheidung nachhaltig erzielte Einkommen geprägt, wobei tatsächliche Veränderungen
bis zur Scheidung grundsätzlich beachtlich sind, es sei denn, es handele sich um unerwartete und
vom Normalverlauf erheblich abweichende Entwicklungen (Senat, NJW 1992, 2477 = LM H. 1/
1993 § 1578 BGB Nr. 60 = FamRZ 1992, 1045 (1046) m. w. Nachw.). Der eheliche Lebensstandard
der Parteien war zunächst durch ein durchschnittliches Jahreseinkommen des Bekl. aus seiner Gesellschafterstellung und seiner Tätigkeit bei der KG in Höhe von 300 000 bis 400 000 DM bestimmt.
Dieses kann einer Bedarfsberechnung indes nicht mehr zugrunde gelegt werden, sondern es ist auf
die Leibrente abzustellen. Die Veräußerung seines Gesellschaftsanteils im Oktober 1986 entsprach
der Lebensplanung des Bekl., sich gegen Ende seines Erwerbslebens aus den aktiven Geschäften zurückzuziehen, seine Unternehmertätigkeit aufzugeben und den weiteren Lebensbedarf aus dem Veräußerungserlös zu bestreiten. Dieser Entwicklung muß Rechnung getragen werden, da sie nicht als
vom Normalverlauf abweichend angesehen werden kann. Auch eine damit gegebenenfalls verbundene Absenkung des Lebensstandards muß – als der natürlichen Entwicklung am Ende jeden Erwerbslebens entsprechend – hingenommen werden.

(Prägende Einkünfte; Leibrente)

b) Die Frage, welche Einkünfte nach Art und Umfang sowohl bei der Bestimmung der für einen **c**
Unterhaltsanspruch maßgebenden ehelichen Lebensverhältnisse als auch bei der Ermittlung der Leistungsfähigkeit des Unterhaltsschuldners zur Feststellung des unterhaltsrechtlich relevanten Einkommens maßgeblich sind, hat der Senat dahin beantwortet, daß grundsätzlich alle Einkünfte heranzuziehen sind, gleich welcher Art sie sind und aus welchem Anlaß sie erzielt werden. Maßgebend ist
nur, daß sie geeignet sind, den laufenden Lebensbedarf des Unterhaltspflichtigen und seiner Unterhaltsgläubiger zu decken (vgl. Senat, NJW-RR 1986, 1002 = LM § 1569 BGB Nr. 24 = FamRZ
1986, 780 (781) und NJW 1994, 134, jeweils m. w. Nachw.). Das gilt auch für Leibrenten, Altenteile
oder sonstige private Rentenzahlungen aus Anlaß von Vermögensübertragungen (Wendl/Staudigl,
Das Unterhaltsrecht in der familienrichterlichen Praxis, 2. Aufl. S. 83). Daß sich diese Leistungen
nach wirtschaftlicher oder steuerlicher Betrachtungsweise aus einem Zins- und einem Tilgungsanteil
zusammensetzen, wobei nur der Zinsanteil als Ertragsanteil Einkunftscharakter hat, dagegen der
Tilgungsanteil als Kapitalrückzahlung angesehen wird, ist unterhaltsrechtlich ohne Bedeutung
(OLG Köln, FamRZ 1983, 643 (645); Göppinger/Wenz, UnterhaltsR, 5. Aufl., Rdnr. 1181; Heiß/
Heiß, UnterhaltsR, Stichwort „Leibrente" 3.83a, 84; vgl. auch Kalthoener/Büttner, Die Rspr. zur
Höhe des Unterhalts, 4. Aufl., Rdnr. 452).

Zwar wird vorgebracht, daß in der Heranziehung der Leibrente zugleich die restlose Verwertung
des Vermögensstammes liegen kann, welcher nach dem Willen des Gesetzgebers nicht ohne weiteres
zu Unterhaltszwecken zur Verfügung stehen soll (vgl. Göppinger/Wenz, Rdnr. 1181; Heiß/Heiß,
Stichwort „Leibrente" 3.83a, 84). Gem. § 1581 S. 2 BGB gebietet es der Schutz des Unterhaltspflichtigen, von einer Verwertung des Vermögensstammes bei Unwirtschaftlichkeit oder Unbilligkeit abzusehen. Dieser Schutzgedanke trifft indes auf Leibrenten der hier vereinbarten Art nicht zu. Typischerweise liegt einer Veräußerung von Vermögen gegen Zahlung einer Leibrente die Absicht zugrunde, Vermögen, das bisher in Form von Immobilien, Beteiligungen o. ä. gebunden war, einem
vollständigen Verbrauch zum Zwecke der Deckung des Lebensbedarfs zuzuführen. Durch den Leibrentenvertrag wird für den Berechtigten auf Lebenszeit ein Rentenstammrecht geschaffen, aus dem
die einzelnen Rentenleistungen als wiederkehrende Leistungen fließen (Pecher, in: MünchKomm,
2. Aufl., § 759 Rdnrn. 2, 14; Palandt/Thomas, BGB, 52. Aufl., § 759 Rdnrn. 1, 3, 7; v. Gamm, in:
RGRK, 12. Aufl., § 759 Rdnr. 5).

So ist es auch hier. Indem der Bekl. seinen Gesellschaftsanteil verkauft und in ein Rentenstammrecht
umgewandelt hat, aus dem wiederkehrende Leistungen fließen, hat er im Ergebnis den Vermögensstamm bereits für sich selbst angegriffen und zum laufenden Verbrauch bis zu seinem Lebensende –
bzw. für seine Erben bis zum Jahre 2006 – bestimmt. Die nunmehr aus der Veräußerung fließenden
Leibrentenzahlungen sind damit von vornherein nicht als Vermögensstamm i. S. von § 1581 S. 2 BGB
anzusehen. Denn zum Vermögensstamm gehört nur das Rentenstammrecht, die laufenden Bezüge zählen dagegen nicht dazu (Gernhuber, FamR, 3. Aufl., S. 624 m. w. Nachw.). Eine Verwertung des Vermögensstammes i. S. von § 1581 S. 2 BGB würde daher nur dann vorliegen, wenn das Rentenstammrecht
selbst – etwa durch eine Rekapitalisierung – angegriffen würde. Dagegen ist die unterhaltsrechtliche
Inanspruchnahme der laufenden Leibrentenzahlungen in voller Höhe – auch wenn darin wirtschaftlich
gesehen ein Tilgungsanteil enthalten ist – im unterhaltsrechtlichen Sinne nicht als Verwertung des Vermögensstammes anzusehen. Daher stellt sich hier auch nicht die im Rahmen des § 1581 S. 2 BGB sonst
relevante Frage, ob, wie lange und in welchem Umfang der Vermögensstamm erhalten bleiben muß, um
dem Unterhaltsverpflichteten fortlaufende Einkünfte zur Deckung des eigenen Lebensbedarfs zu sichern (vgl. dazu Senat, NJW 1989, 524 = LM § 1603 BGB Nr. 37 = FamRZ 1989, 170 (171)).

c) Ein Einwand des Bekl., das OLG habe verkannt, daß § 1581 S. 2 BGB u. a. den Erhalt des Vermögensstammes zugunsten der Erben bezwecke und daß deshalb die Absicherung seiner zweiten Ehefrau (und späteren Erbin) berücksichtigt werden müsse, geht fehl. Dabei kann dahinstehen, ob § 1581 S. 2 BGB nach seiner Zielsetzung auch den Schutz der Erben bezweckt (verneinend Wendl/ Staudigl, S. 404; Heiß/Heiß, 3.84). Auch hier ist entgegenzuhalten, daß die unterhaltsrechtliche Heranziehung der Leibrente keine Verwertung des Vermögensstammes i. S. von § 1581 S. 2 BGB ist. Außerdem liefe ein Vorwegabzug von Rücklagen aus den laufenden Leibrentenzahlungen zur Absicherung seiner zweiten Ehefrau darauf hinaus, ihr vorrangig einen Altersvorsorgeunterhalt zu zahlen. Das ginge zu Lasten der wegen der langen Ehe bevorrechtigten ersten Ehefrau (= Kl.) und widerspräche dem Rechtsgedanken des § 1582 I 2 BGB.

BGH v. 1. 12. 93 – XII ZR 150/92 – FamRZ 94, 303 = NJW 94, 938

R472 *(Unterhalt bei Ersatzdienst)*

a a) Die Revision stellt nicht in Frage, daß ein Unterhaltsanspruch eines Zivildienstleistenden gegen seine Eltern nach denselben Grundsätzen zu beurteilen ist wie derjenige eines den Wehrdienst leistenden Soldaten, die der Senat in dem Urteil vom 29. 11. 1989 (NJW 1990, 713 = LM § 1602 BGB Nr. 14 = FamRZ 1990, 394) dargelegt hat. Das folgt schon daraus, daß auf den Dienstpflichtigen in Fragen der Fürsorge, der Heilfürsorge, der Geld- und Sachbezüge, der Reisekosten sowie des Urlaubs die Bestimmungen entsprechend Anwendung finden, die für einen Soldaten des untersten Mannschaftsdienstgrades gelten, der aufgrund der Wehrpflicht Wehrdienst leistet (§ 35 I ZDG i. d. F. der Bekanntmachung v. 31. 7. 1986, BGBl I, 1205). Daraus ergibt sich, daß der auch einem Zivildienstleistenden gewährte Sold einschließlich der Dezemberzuwendung im wesentlichen zur Befriedigung des nach anderweitiger Deckung der elementaren Lebensbedürfnisse (Verpflegung, Wohnung, eventuelle Dienstkleidung sowie Heilfürsorge) verbleibenden Freizeitbedarfes zur Verfügung steht. Ein Unterhaltsanspruch gegen die Eltern kann daneben nicht schon deswegen bestehen, weil diese in günstigen wirtschaftlichen Verhältnissen leben, sondern nur, wenn im Einzelfall ein besonderer Bedarf dargelegt wird, den der Dienstleistende aus den ihm seitens der Dienststelle zufließenden Mitteln nicht zu befriedigen vermag.

(Zivildienstsold reicht nicht für Wohnkosten)

b Das BerGer. ist in tatrichterlicher Beurteilung zu dem Ergebnis gelangt, daß der Sold des Bekl. einschließlich der Dezemberzuwendung nicht ausreiche, um davon (ganz oder teilweise) noch die Wohnkosten zu tragen, denn ein den Zivildienst Leistender dürfe wie ein Wehrpflichtiger seinen Sold für die Kosten der Freizeitgestaltung verwenden.

(Mietbeihilfe für Zivildienstleistende)

c Der Senat stimmt dem BerGer. insbesondere aber darin zu, daß kein überzeugender Grund besteht, weshalb ein Zivildienstleistender, der nicht auf dienstliche Anordnung verpflichtet ist, in einer dienstlichen Unterkunft zu wohnen (vgl. § 31 ZDG), und der ohne Anspruch auf Kostenerstattung (vgl. dazu Schieckel/Brandmüller, ZDG, Stand Dezember 1992, § 31 Anm. 1) weiterhin bei einem Elternteil wohnt, unterhaltsmäßig schlechtergestellt sein soll als ein Zivildienstleistender mit einer eigenen Wohnung, der nach § 78 I Nr. 2 ZDG i. V. mit § 7a UnterhaltssicherungsG eine Mietbeihilfe beanspruchen kann. Auch bei einem wehrpflichtigen Soldaten oder einem Zivildienstleistenden, der in einer dienstlichen Unterkunft zu wohnen hat, wird der Wohnbedarf zusätzlich gedeckt mit der Folge, daß der Sold einschließlich der Dezemberzuwendung uneingeschränkt zur Befriedigung der in der Freizeit auftretenden Lebensbedürfnisse zur Verfügung steht.

Das BerGer. ist zu Recht davon ausgegangen, daß der Bekl. eine Mietbeihilfe nicht beanspruchen kann. Diese erhalten gem. § 7a UnterhaltssicherungsG – der gem. § 78 I Nr. 2 ZDB entsprechend für anerkannte Kriegsdienstverweigerer gilt – nur Wehrpflichtige, die alleinstehend und Mieter von Wohnraum sind; alleinstehend sind Wehrpflichtige, die nicht mit Familienangehörigen in einer Wohn- und Wirtschaftsgemeinschaft leben. Dem Bekl. gereicht es im vorliegenden Fall auch nicht zum Nachteil, daß er sich zur Ableistung des Zivildienstes eine Beschäftigungsstelle hat zuweisen lassen, die ihm keine dienstliche Unterkunft zur Verfügung stellt. Zwar ist es möglich, hinsichtlich des Dienstortes Wünsche zu äußern und die Einberufung zu einer bestimmten Dienststelle anzuregen (vgl. Harrer/Haberland, ZDG, 3. Aufl., Nr. 5 zu § 19); ein Dienstpflichtiger, der wie bisher in der Wohnung der Eltern oder eines Elternteils verbleiben kann und demgemäß keinen erhöhten Wohnbedarf verursacht, ist aber unterhaltsrechtlich grundsätzlich nicht gehalten, die Einberufung zu einer Beschäftigungsstelle anzustreben, die eine dienstliche Unterkunft gewährt.

Anhang R. Rechtsprechung   R473

BGH v. 15. 12. 93 – XII ZR 172/92 – FamRZ 94, 372 = NJW 94, 1002
(Abänderung von DDR-Unterhaltstiteln nach § 323 ZPO; keine fiktiven Einkünfte bei Erstausbildung bzw.   R473
Umschulung in den neuen Bundesländern)

1. Für die Beurteilung der erst nach dem Wirksamwerden des Beitritts rechtshängig gewordenen   a
Abänderungsklage hat das BezG zu Recht die Vorschrift des § 323 ZPO herangezogen. Alte, auf
Mark lautende Unterhaltstitel gelten an sich fort, sind aber jetzt aufgrund der Währungsumstellung
im Verhältnis 1 zu 1 in DM zu erfüllen (Vertrag über die Schaffung einer Währungs-, Wirtschafts-
und Sozialunion vom 18. 5. 1990, Anl. I Art. 7 § 1 II Nr. 3; vgl. BR-Dr 350/90, S. 335; Köhler, in:
MünchKomm, 3. Aufl., Vorb. § 1601 Rdnr. 31). Im Einigungsvertrag (Anl. I Kap. III Sachgeb. A
Abschn. III Nr. 5i) ist geregelt, daß für die Abänderung rechtskräftiger Urteile von Gerichten der
DDR ab dem 3. 10. 1990 die Rechtsschutzform des § 323 ZPO gilt, der die maßgebenden Vorschriften der §§ 10 I Nr. 4 DDR-ZPO, 87 i. V. mit 22 DDR-FGB verdrängt (vgl. zum nachehelichen Unterhalt Senat, NJW-RR 1992, 1474 = LM H. 2/1993 § 323 ZPO Nr. 67 = BGHR § 323 DDR-Unterhaltstitel 1 = FamRZ 1993, 43). Die Abänderungsklage ist auch zulässig, da sich die Kl. auf eine wesentliche Veränderung der der Verurteilung zugrundeliegenden wirtschaftlichen Verhältnisse seit
dem Beitritt beruft, die sich in der Veränderung der Tabellensätze der Sächsischen Unterhaltstabelle
ausdrücken, auf die sie ihr Erhöhungsbegehren stützt (vgl. Johannsen/Henrich/Brudermüller,
EheR, 2. Aufl., § 323 ZPO Rdnr. 61 m. w. Nachw.).

(Maßgebliches Recht)
a) Daß das BezG den Unterhaltsanspruch der Kl. nach den §§ 1601 ff. BGB beurteilt hat, ist aller-   b
dings nicht zu beanstanden. Nach Art. 230 II, 234 § 1 EGBGB gilt das Verwandtenunterhaltsrecht
seit dem 3. 10. 1990 auch in den Beitrittsländern.

(Leistungsfähigkeit bei Umschulung)
b) Richtig ist auch der Ansatzpunkt, daß die für den Unterhaltsanspruch in § 1603 I BGB voraus-   c
gesetzte Leistungsfähigkeit des Unterhaltspflichtigen nicht allein durch sein tatsächlich vorhandenes Einkommen bestimmt wird, sondern auch durch seine Erwerbsfähigkeit. Reichen seine tatsächlichen Einkünfte nicht aus, so trifft ihn unterhaltsrechtlich die Obliegenheit, die ihm zumutbaren
Einkünfte zu erzielen, insbesondere seine Arbeitsfähigkeit so gut wie möglich einzusetzen und eine
ihm mögliche Erwerbstätigkeit auszuüben (Senat, NJW 1985, 732 = FamRZ 1985, 158 (159) m. w.
Nachw.). Dabei legt ihm die sich aus § 1603 II BGB ergebende verstärkte Unterhaltspflicht gegenüber minderjährigen Kindern eine erhöhte Arbeitspflicht unter gesteigerter Ausnutzung seiner Arbeitskraft auf. Er ist unter Umständen auch verpflichtet, in zumutbaren Grenzen einen Orts- oder
Berufswechsel vorzunehmen, wenn er nur auf diese Weise seine Unterhaltspflicht erfüllen kann (Senat, NJW 1980, 414 = FamRZ 1980, 1113 (1114)). Kommt er dieser Erwerbsobliegenheit nicht nach,
muß er sich so behandeln lassen, als ob er ein Einkommen, das er bei gutem Willen erzielen könnte,
auch tatsächlich hätte (Senat, NJW 1985, 732 = FamRZ 1985, 158 (159)).
Eine solche Erwerbsobliegenheit bestand aber nicht für den Monat August 1991, in dem der Bekl.
unstreitig noch bis einschließlich 26. 8. 1991 arbeitsunfähig krankgeschrieben war. Daher scheidet
hier die Anrechnung eines fiktiven Einkommens von vornherein aus. Nach dem unbestrittenen Vortrag des Bekl. betrug sein Krankengeld, welches als Lohnersatzleistung ebenfalls zum Unterhalt herangezogen werden kann (vgl. Schwab/Borth, Hdb. des ScheidungsR, 2. Aufl., IV Rdnr. 428), im
Monat August für 23 Tage kalendertäglich 29,98 DM netto, somit insgesamt rund 690 DM. Zusammen mit seinem Arbeitslosengeld von wöchentlich 126,60 DM lag er damit in einem Einkommensbereich, der selbst unter Berücksichtigung eines niedrigeren Selbstbehalts, als ihm die Sächsische
Unterhaltstabelle, Stand bis 30. 6. 1992, mit 750 DM für erwerbslose Unterhaltspflichtige zubilligt
(vgl. DtZ 1992, 117 = FamRZ 1992, 400), keine Unterhaltserhöhung für die Kl. zuläßt, ohne daß sein
eigener notwendiger Unterhalt gefährdet wäre. Denn auch die gesteigerte Unterhaltspflicht nach
§ 1603 II 1 BGB findet dort ihre Grenze, wo dem Unterhaltspflichtigen nicht mehr die Mittel zur
Bestreitung des unentbehrlichen Lebensbedarfs verbleiben (Senat, NJW 1991, 697 = FamRZ 1991,
182 (184f.) m. w. Nachw.).
Soweit das BezG die Auffassung vertritt, der Bekl. könne sich schon deshalb nicht auf seine Leistungsunfähigkeit berufen, weil er sich nicht mittels einer Kündigungsschutzklage gegen seine betriebsbedingte Kündigung gewehrt habe, kann ihm ebenfalls nicht gefolgt werden. Wie der Senat
bereits mehrfach ausgeführt hat (NJW 1985, 732 = FamRZ 1985, 158 (159); NJW-RR 1987, 706 =
FamRZ 1987, 930 (993); NJW 1993, 1974 = FamRZ 1993, 1055 (1056); NJW 1994, 258), ist eine tatsächliche Leistungsunfähigkeit grundsätzlich sogar dann beachtlich, wenn der Unterhaltspflichtige
sie selbst – auch schuldhaft – herbeigeführt hat. Nur schwerwiegende Gründe, die sich aus einem
verantwortungslosen, zumindest aber leichtfertigen und unterhaltsbezogenen Verhalten des Unterhaltsschuldners ergeben, vermögen ihm nach Treu und Glauben die Berufung auf seine Leistungsun-

1561

fähigkeit zu versagen. Diesem Maßstab wird das BezG nicht gerecht, wenn es dem Bekl. eine Berufung auf seine Leistungsunfähigkeit versagt, weil er sich gegen die betriebsbedingte Maßnahme seines Arbeitgebers nicht mit einer Kündigungsschutzklage zur Wehr gesetzt hat. Darin ist kein verantwortungsloses Verhalten zu erblicken, das es rechtfertigen könnte, den Bekl. trotz Verlustes des Arbeitsplatzes in gleicher Weise als leistungsfähig zu behandeln wie zuvor. Ob im Einzelfall ein unterlassener Rechtsbehelf gegen eine offensichtlich unbegründete Kündigung leichtfertig wäre, kann dahinstehen, da ein solcher Fall nicht vorliegt.

c) Auch die Beurteilung des Folgezeitraums nach der Gesundung des Bekl. bis zum Beginn seiner Umschulung im Februar 1992 ist nicht frei von Rechtsfehlern. Zwar ist das BezG zutreffend davon ausgegangen, daß es nicht ausreicht, sich beim Arbeitsamt als Arbeitsuchender zu melden. Der Arbeitslose muß sich vielmehr auch sonst auf dem Arbeitsmarkt intensiv um eine Anstellung bemühen, so durch Bewerbungen auf Stellenanzeigen, Vorsprache bei möglichen Arbeitgebern und Aufgabe von Stellengesuchen. Diese vom Senat bisher für den Unterhaltsbegehrenden aufgestellten Grundsätze (vgl. NJW 1982, 1873 = FamRZ 1982, 255 (257 unter 2. a); NJW 1986, 718 = FamRZ 1986, 244 (246) unter 2.) gelten in gleicher Weise für den Unterhaltsschuldner (vgl. Köhler, in: MünchKomm, § 1603 Rdnr. 4 und 33 a; Soergel/Häberle, BGB, 12. Aufl., § 1603 Rdnr. 9; Staudinger/Kappe, BGB, 12. Aufl., § 1603 Rdnr. 118). Insbesondere im Rahmen der gesteigerten Erwerbsobliegenheit gegenüber minderjährigen Kindern ist dem Unterhaltspflichtigen auch zuzumuten, in Ermangelung anderer Arbeiten Gelegenheits- und Aushilfstätigkeiten zu suchen (vgl. OLG Hamburg, FamRZ 1984, 924).

Das hat der Bekl. unstreitig nicht getan. Gleichwohl rechtfertigt das allein nicht, ihm ein fiktives Einkommen von 1400 DM anzurechnen. Der Senat hat im Rahmen des auf Arbeitslosigkeit gestützten Unterhaltsanspruchs des Ehegatten nach § 1573 I BGB ausgeführt, daß eine Unterhaltsklage nicht schon dann abgewiesen werden darf, wenn der Anspruchsteller die ihm subjektiv zuzumutenden Anstrengungen, eine angemessene Erwerbstätigkeit zu finden, nicht oder nicht ausreichend unternommen hat. Vielmehr muß feststehen oder zumindest nicht auszuschließen sein, daß bei genügenden Bemühungen eine reale Beschäftigungschance mit einem höheren erzielbaren Einkommen bestanden hätte. Dabei sind in erster Linie objektive Voraussetzungen, wie die Verhältnisse auf dem Arbeitsmarkt, persönliche Eigenschaften des Bewerbers wie Alter, Gesundheit, Ausbildung und Berufserfahrung, mit zu würdigen (Senat, NJW-RR 1987, 962 = FamRZ 1987, 912 (913) und NJW 1987, 898 = LM § 1573 BGB Nr. 13 = FamRZ 1987, 144 (145)). Entsprechende Grundsätze gelten auch für die Erwerbsobliegenheit eines auf Unterhalt in Anspruch Genommenen (vgl. auch Senat (160 f. unter II.)). Denn ebenso wie beim Unterhaltsberechtigten kann das Unterlassen von Bewerbungen dann nicht vorwerfbar sein, wenn auch zumutbare Anstrengungen aller Voraussicht nach nicht zum Erfolg geführt hätten.

Das BezG hat lediglich ausgeführt, es verkenne nicht die derzeit angespannte Arbeitsmarktlage im Beitrittsgebiet; dennoch sei dem Bekl. entweder eine Aushilfstätigkeit oder ein Ortswechsel in die alten Bundesländer und die Aufnahme einer besserbezahlten Tätigkeit, gegebenenfalls auch Anlerntätigkeit möglich. Es hätte sich aber näher damit auseinandersetzen müssen, daß der Bekl. über keine abgeschlossene Berufsausbildung verfügt, was ihm auch die Arbeitsuche in den alten Bundesländern erschweren dürfte, und daß die vom Arbeitsamt vorgeschlagene Umschulungsmaßnahme zumindest ein Indiz dafür ist, daß der Bekl. jedenfalls vom Arbeitsamt nicht zu vermitteln ist. Angesichts dessen hätte es näherer Feststellungen dazu bedurft, welche realen Beschäftigungschancen für den Bekl. auf dem freien Arbeitsmarkt außerhalb der Vermittlung durch das Arbeitsamt bestanden, und ob er damit ein Einkommen von 1400 DM hätte erzielen können. Es ist auch nicht erkennbar, auf welche konkreten Umstände das BezG seine Einschätzung stützt, der Bekl. könne bei einem Wechsel in die alten Bundesländer eine entsprechend dotierte Arbeit finden. Andererseits kann der Senat mangels gegenteiliger Feststellungen nicht in der Sache selbst entscheiden und die Berufung der Kl., mit der sie ihren Erhöhungsantrag weiterverfolgt, für den Zeitraum bis zur Umschulung zurückweisen. Die Sache ist vielmehr insoweit zur erneuten tatrichterlichen Klärung, ob der Bekl. in diesem Umfang als leistungsfähig angesehen werden kann, zurückzuverweisen. In diesem Zusammenhang wird erneut zu prüfen sein, ob dem Bekl. bereits während seiner Erkrankung eine Arbeitssuche zumutbar war. Eine solche Obliegenheit ist nicht von vornherein auszuschließen und hängt maßgeblich von Art und Schwere der Erkrankung ab. Es ist dabei Sache des Bekl., darzutun, daß aufgrund seiner Krankheit eine derartige Obliegenheit für ihn nicht bestand. Allerdings steht auch dies unter dem Vorbehalt, daß bei möglichen früheren Bemühungen um Arbeit eine reale Beschäftigungschance bestanden hätte.

(Vorrang der Erstausbildung vor Erwerbsobliegenheit)

d Zu Recht greift die Revision auch die Erwägung des BezG an, der Bekl. müsse seine Umschulung zugunsten einer Anlerntätigkeit gegebenenfalls in den alten Bundesländern aufgeben. Zwar hat das Interesse eines unterhaltspflichtigen Elternteils, unter Zurückstellung bestehender Erwerbsmöglich-

Anhang R. Rechtsprechung   **R474**

keiten eine Aus- oder Weiterbildung aufzunehmen, grundsätzlich hinter dem Unterhaltsinteresse seiner Kinder zurückzutreten. Das gilt vor allem dann, wenn der Unterhaltspflichtige bereits über eine Berufsausbildung verfügt und ihm die Erwerbsmöglichkeiten in dem erlernten Beruf – wenn auch möglicherweise nach einem zumutbaren Ortswechsel – eine ausreichende Lebensgrundlage bieten. Anders kann es dagegen sein, wenn es nicht um die Aufgabe einer Berufstätigkeit zum Zwecke einer Zweitausbildung oder der Weiterbildung in dem erlernten Beruf, sondern darum geht, erstmals eine abgeschlossene Berufsausbildung zu erlangen. Einer solchen Erstausbildung ist unter Umständen Vorrang auch gegenüber der Obliegenheit zur Ausübung einer Erwerbstätigkeit zur Sicherstellung des Kindesunterhalts einzuräumen. Denn die Erlangung einer angemessenen Vorbildung zu einem Beruf gehört zum eigenen Lebensbedarf die Unterhaltspflichtigen, den dieser grundsätzlich vorrangig befriedigen darf (vgl. Palandt/Diederichsen, § 1603 Rdnr. 10; Staudinger/Kappe, § 1603 Rdnr. 121 m. w. Nachw.). Das mag anders sein, wenn der Unterhaltspflichtige sich in der Vergangenheit stets auf die Ausübung von ungelernten Tätigkeiten beschränkt hat und sich erst später zur Aufnahme einer Berufsausbildung entschließt, obwohl sich der Anlaß, seine Arbeits- und Verdienstchancen durch eine Ausbildung zu verbessern, für ihn nicht verändert hat. In derartigen Fällen wird zu prüfen sein, ob es dem Unterhaltspflichtigen nicht zuzumuten ist, die nunmehr angestrebte Ausbildung zu verschieben und ihre Aufnahme so lange zurückzustellen, bis die Kinder nicht mehr unterhaltsbedürftig sind oder mit einem etwaigen reduzierten Unterhalt, den der Unterhaltspflichtige auch während der Ausbildung zu leisten vermag, ihr Auskommen finden.

Um einen solchen Fall geht es hier nicht. Vielmehr ist die wirtschaftliche Situation des Bekl. dadurch gekennzeichnet, daß er unter den Verhältnissen der früheren DDR mit seiner Tätigkeit als „Zerspaner" eine dauerhafte Beschäftigung gefunden hatte, die ihm sein Auskommen auch in der Zukunft zu sichern schien. Das hat sich durch die wirtschaftliche Entwicklung im Gefolge des Beitritts der neuen Bundesländer grundlegend geändert. Diese Entwicklung hat dazu geführt, daß der Bekl. in seinem bisherigen Tätigkeitsbereich keine Beschäftigungschancen mehr hat und daß er vor die Notwendigkeit gestellt wurde, sich beruflich neu zu orientieren. Dabei ergab sich, daß seine Chancen als ungelernter Arbeiter in den Beitrittsländern, aber auf Dauer auch in den alten Bundesländern ungünstig sind. Wenn er unter diesen Umständen das Angebot der örtlichen Arbeitsverwaltung annahm, im Wege der Umschulung eine Ausbildung zum Einzelhandelskaufmann zu absolvieren und dadurch erstmals eine Berufsausbildung zu erlangen, so hat die Kl. das hinzunehmen und sich für die Dauer der Umschulung weiterhin mit dem bisher titulierten Betrag zu begnügen. Letztlich entspricht es auch ihrem Interesse, wenn der Bekl. durch die Berufsausbildung in die Lage versetzt wird, den Unterhalt später durch eine besser qualifizierte, dauerhafte Erwerbstätigkeit aufzubringen.

BGH v. 2. 2. 94 – XII ZR 191/92 – FamRZ 94, 562 = DtZ 94, 371

(Abänderung einer DDR-Vereinbarung; maßgebliches Recht)   **R474**

b) Der gesetzliche Unterhaltsanspruch der Kl. richtet sich inzwischen nicht mehr nach den Vorschriften des DDR-FGB, sondern nach den §§ 1569 ff. BGB. Art. 234 § 5 S. 1 EGBGB i. d. F. des Einigungsvertrages bestimmt unter Einschränkung des § 1 der Regelung, daß für den Unterhaltsanspruch eines Ehegatten, dessen Ehe vor dem Wirksamwerden des Beitritts geschieden worden ist, das bisherige Recht maßgebend bleibt. Aus dieser intertemporalen Übergangsvorschrift ergibt sich nicht, in welchen Fällen das Recht der DDR „bisheriges Recht" war. Diese Frage ist vielmehr nach dem innerdeutschen Kollisionsrecht zu beantworten (vgl. Senat, NJW-RR 1992, 1474 = LM H. 2/1993 § 323 ZPO Nr. 67 = BGHR EGBGB Art. 234 § 5 Fortgeltung 1 = FamRZ 1993, 43 (44)).

Wie der Senat hierzu in dem Urteil vom 10. 11. 1993 (NJW 1993, 201 = LM H. 3/1993 § 2 AVB f. Unfallvers. Nr. 8 im einzelnen dargelegt hat, ist seit dem Inkrafttreten des IPR-Neuregelungsgesetzes 1986 im innerdeutschen Kollisionsrecht der alten Bundesländer die Bestimmung des Art. 18 V EGBGB entsprechend heranzuziehen. Danach ist für den Anspruch auf nachehelichen Unterhalt das bundesdeutsche Recht maßgebend, wenn zumindest der unterhaltspflichtige geschiedene Ehegatte vor dem Wirksamwerden des Beitritts am 3. 10. 1990 aus der ehemaligen DDR in die Bundesrepublik übergesiedelt ist (vgl. auch Senat, FamRZ 1994, 824).

(Materielle Abänderungsgrundsätze)

b) Demgemäß erfolgt eine Abänderung der Einigung wie bei einem Prozeßvergleich nach § 323   **b**
IV ZPO in der Form des § 323 I ZPO. Inhaltlich bestimmt sie sich dementsprechend nicht nach § 323 I ZPO, sondern nach den aus § 242 BGB abgeleiteten Grundsätzen über die Veränderung oder den Wegfall der Geschäftsgrundlage (BGHZ 85, 64 (73) = NJW 1983, 228 = LM § 323 ZPO Nr. 31; Senat, NJW 1986, 2054 = LM § 323 ZPO Nr. 48 = FamRZ 1986, 790 – st. Rspr.). Dabei kommt, da sich der Unterhaltsanspruch der Kl. nach den Vorschriften des BGB richtet, den Vorschriften des

DDR-FGB keine Bedeutung mehr zu. Das gilt insbesondere für die Regelung des § 33 DDR-FGB, nach der eine Erhöhung des Unterhaltsbetrages bei wesentlicher Änderung der Umstände, die zur Festsetzung des Unterhalts geführt haben (§ 33 S. 1) nur zulässig ist, „wenn der Unterhaltsverpflichtete im Zeitpunkt der Scheidung ein sein normales Einkommen wesentlich unterschreitendes Einkommen gehabt hat" (§ 33 S. 2 DDR-FGB). Die in dieser Vorschrift enthaltene einschränkende Regelung für den Unterhaltsanspruch eines geschiedenen Ehegatten ist, soweit sie verfahrensrechtlichen Charakter hat, durch § 323 ZPO verdrängt worden (vgl. Senat, NJW-RR 1992, 1474 = LM H. 2/1993 § 323 ZPO Nr. 67 = FamRZ 1993, 43 (44)). Soweit ihr materiellrechtliche Bedeutung zukommt, gilt an ihrer Stelle das Unterhaltsrecht des BGB.

BGH v. 9. 2. 94 – XII ZR 183/92 – FamRZ 94, 566 = NJW 94, 1286

R475 *(Keine Verwirkung bei unerkannten vorehelichen Krankheiten)*

Es kann dahinstehen, ob die Krankheitssymptome der Bekl. bereits vorehelich gegeben waren. Einer weiteren Aufklärung bedurfte es insoweit nicht. Denn ebensowenig, wie der Tatbestand des § 1572 BGB davon abhängt, ob die Erkrankung des bedürftigen Ehegatten ehebedingt ist, und etwa deshalb ausgeschlossen ist, weil sie schon vor der Ehe bestanden hat, wird in einem solchen Fall die Anwendung des § 1579 Nr. 7 BGB von diesem Umstand beeinflußt. Der Senat hat – gestützt auf den Wortlaut und die Entstehungsgeschichte des § 1572 BGB – bereits entschieden, daß als nicht ehebedingte, aber von § 1572 BGB ebenfalls erfaßte Bedürfnislage auch diejenige anzusehen ist, die auf einer bereits vor der Ehe eingetretenen, im Zeitpunkt der Scheidung oder zu den übrigen Einsatzzeitpunkten weiterhin bestehenden Erkrankung beruht (Senat, NJW 1982, 40 = LM § 1569 BGB Nr. 3 = FamRZ 1981, 1163 (1164)). Ob die Krankheit erst während der Ehe oder schon vorher eingetreten ist, kann bei der in § 1572 BGB geregelten Anknüpfung an die scheidungsbedingte Bedürftigkeit nicht ausschlaggebend sein, weil sich die Bedürfnislage des Ehegatten in beiden Fällen gleich darstellt. Bis zum Zeitpunkt der Scheidung teilen die Ehegatten ihr gemeinsames Schicksal noch in einem solchen Umfang, daß der Leistungsfähige für den kranken Ehegatten einstehen muß. Es soll jede Krankheit des geschiedenen Ehegatten, nicht nur die ehebedingte, die Unterhaltspflicht des anderen auslösen. Nur schicksalsbedingte Ereignisse, die sich erst nach der Scheidung im Leben eines Ehegatten einstellen, sollen grundsätzlich nicht mehr zu Lasten des anderen gehen (RegE BT-Dr 7/650, S. 124). Es gehört danach geradezu typisch zum Wesen der ehelichen Lebensgemeinschaft und der daraus folgenden nachehelichen Solidarität, daß schicksalhafte Entwicklungen grundsätzlich gemeinsam getragen werden müssen, auch wenn und soweit sie schon vorehelich angelegt waren und über den Zeitpunkt der Scheidung oder einen der anderen Einsatzzeitpunkte des § 1572 BGB hinaus fortwirken.

Diesem Verständnis des § 1572 BGB liefe die von der Revision vertretene Sicht des § 1579 Nr. 7 BGB zuwider. Denn damit würde der Umstand einer vorehelichen Erkrankung, dessen Vorliegen nach der gesetzgeberischen Zielsetzung die Erfüllung des Tatbestandes des § 1572 BGB gerade nicht hindern soll, auf dem Weg über die negative Härteklausel zu einem gegenläufigen Ergebnis, nämlich zu einem – ganzen oder teilweisen – Ausschluß des Anspruchs führen. § 1579 Nr. 7 BGB kann aber nicht mittelbar dazu dienen, den Anwendungsbereich des § 1572 BGB zu verändern. § 1572 BGB ist in besonderem Maße Ausdruck der durch die Ehe begründeten nachehelichen Mitverantwortung der Ehegatten füreinander, aufgrund derer der sozial Stärkere für die Bedürfnislage des sozial Schwächeren einzustehen hat (vgl. BVerfGE 57, 361 (389) = NJW 1981, 1771). Daß der Gesetzgeber diese Schutzfunktion nicht einschränken wollte, zeigt sich auch daran, daß er mit dem Gesetz zur Änderung unterhaltsrechtlicher u. a. Vorschriften (UÄndG) vom 20. 2. 1986 (BGBl I, 301) zwar die Unterhaltstatbestände des Unterhalts wegen Arbeitslosigkeit und des Aufstockungsunterhalts mit einer zeitlichen Beschränkungsmöglichkeit versehen hat (§ 1573 V BGB), dagegen § 1572 BGB unverändert gelassen hat. Der Umstand, daß eine schon vorehelich bestehende Erkrankung des bedürftigen Ehegatten dazu führt, daß der leistungsfähige Ehegatte das Lebensschicksal des anderen in Form einer dauernden Unterhaltslast mittragen muß, ist danach nicht geeignet, die Unzumutbarkeit zu begründen.

c) Eine andere, davon zu unterscheidende Frage ist dagegen, ob § 1579 BGB nicht aus anderen Gründen eingreift. So hat der Senat in einem ähnlich gelagerten Fall eine Unterhaltsbeschränkung nicht wegen der bei Eheschluß noch nicht in Erscheinung getretenen psychischen Erkrankung des Ehegatten, sondern wegen der noch als kurz anzusehenden Ehe gem. § 1579 I Nr. 1 BGB für möglich gehalten (Senatsurt. v. 15. 6. 1983 – IVb ZR 381/81 – nicht veröffentlicht). § 1579 Nr. 7 BGB kann auch aus objektiven Gegebenheiten und Entwicklungen der Lebensverhältnisse folgen, etwa dann, wenn die Ehe zwar nicht von kurzer Dauer war, aber die Eheleute tatsächlich nur wenige Monate zusammengelebt und ihre Lebensverhältnisse noch nicht aufeinander eingerichtet haben (vgl. Senat, NJW-RR 1988, 834 = FamRZ 1988, 930 (932)). Beides greift hier nicht ein. Ob § 1579 Nr. 7 BGB zur Anwendung kommen kann, wenn der bedürftige Ehegatte seine Erkrankung schon vor Einge-

Anhang R. Rechtsprechung

hung der Ehe gekannt, aber dem anderen bewußt verschwiegen hat, hat der Senat im Urteil vom 23. 9. 1981 (NJW 1982, 40 = LM § 1569 BGB Nr. 3 = FamRZ 1981, 1163 (1163)) offengelassen. Auch hier bedarf es dazu keiner Stellungnahme, weil keine Anhaltspunkte für ein solches Verhalten der Bekl. gegeben sind. Ob schließlich im Einzelfall das Ausmaß der Belastung die Grenze des Zumutbaren übersteigen und damit allein eine Anwendung des § 1579 Nr. 7 BGB rechtfertigen kann (so wohl OLG Oldenburg, FamRZ 1991, 827 (828)), kann hier ebenfalls unerörtert bleiben. Zwar muß der Staat auch bei der Regelung des Privatrechtsverhältnisses zwischen den Ehegatten nach der Scheidung den Grundsatz der Verhältnismäßigkeit beachten und unverhältnismäßige Belastungen des einen Ehegatten zugunsten des anderen vermeiden (BVerfGE 57, 361 (388) = NJW 1981, 1771). Dem trägt § 1579 BGB Rechnung, indem er – neben dem Vorliegen der Härtegründe der Nrn. 1–7 – eine billige Abwägung der beiderseitigen Verhältnisse verlangt (Johannsen/Henrich/Voelskow, EheR, 2. Aufl., § 1579 BGB Rdnr. 6 m. w. Nachw.). Dem ist hier aber Genüge getan, weil nach den rechtsfehlerfreien Feststellungen des OLG dem Kl. mehr als sein angemessener Selbstbehalt verbleibt.

BGH v. 9. 2. 94 – XII ZR 220/92 – FamRZ 94, 558 = NJW-RR 94, 644

(Versagung von Trennungsunterhalt bei nur formaler Ehe) R476

Eine nur formell bestehende Ehe mit anderen (verminderten) als den gesetzlichen Rechten und Pflichten gibt es nicht, so daß es nur darauf ankommen kann, ob ein Ausschluß, eine Herabsetzung oder eine zeitliche Begrenzung des Unterhaltsanspruchs gem. § 1361 III i. V. mit § 1579 Nrn. 2 bis 7 BGB gerechtfertigt ist (Senat, NJW 1986, 718 = LM § 1361 BGB Nr. 44 = FamRZ 1986, 244 (246)).

Diese Grundsätze hat das OLG beachtet. Es hat die Unbilligkeit des Begehrens des Kl. nicht darin gesehen, daß die Parteien keine tatsächliche Gemeinschaft begründet haben, sondern darin, daß der Kl. – insoweit in Übereinstimmung mit der Bekl. – die Eheschließung vom 11. 11. 1988 aus Gründen des von beiden für maßgeblich erachteten koptischen Kirchenrechts und des Heimatrechts der Bekl. als für sie persönlich unverbindlich angesehen hat und – entgegen der Hoffnung der Bekl. – nicht bereit war, durch eine kirchliche Scheidung seiner vorangegangenen Ehe die Voraussetzung für eine auch nach jenen Rechten (vgl. dazu Art. 13 I EGBGB, Art. 12 des ägyptischen Bürgerlichen Gesetzbuches, § 21 des Einheitlichen Familienrechts für alle christlichen Konfessionen in Ägypten, letztere Bestimmungen wiedergegeben bei Bergmann/Ferid, Int. Ehe- und KindschaftsR, Arabische Republik Ägypten S. 14 und 85) gültige Ehe herbeizuführen, gleichwohl aber Unterhalt verlangt. Danach erschöpfte sich das Verhalten des Kl. nicht darin, vom Zusammenleben der Parteien Abstand zu nehmen; vielmehr war er sich darüber hinaus bewußt, daß sich die Ehe der Parteien sowohl nach dem Heimatrecht der Bekl. als auch nach dem von beiden als verbindlich angesehenen Kirchenrecht als „absolut ungültig" darstellte.

Es ist revisionsrechtlich nicht zu beanstanden, daß das BerGer. darin einen Härtegrund i. S. des § 1579 Nr. 7 BGB sieht. Wer – wie der Kl. – einerseits die Vorstellung seines Partners kennt und teilt, der Eheschluß vor dem Standesbeamten sei wegen einer noch nicht kirchlich geschiedenen Vorehe nach dem von ihnen beiden als verbindlich angesehenen Kirchenrecht irrelevant, und deshalb von der Aufnahme einer ehelichen Lebensgemeinschaft absieht, kann nicht andererseits einen Unterhaltsanspruch aus der formalen Rechtsstellung herleiten, die ihm die Eheschließung nach deutschem Recht gibt. Er hält sich mit seinem Begehren nicht an die mit seinem Partner getroffene Vereinbarung über die internen Folgen der Eheschließung und setzt sich in Widerspruch zu seinem eigenen Verhalten. Mit Recht sieht das OLG in dieser Sachlage einen Grund, der ebenso schwer wiegt wie die in § 1579 Nrn. 2 bis 6 BGB aufgeführten Gründe. Dabei kommt es nicht darauf an, ob ein schuldhaftes Verhalten des Kl. darin gesehen werden kann, daß er es unterläßt, die kirchliche Scheidung seiner Vorehe zu betreiben. Das für die Heranziehung der Vorschrift des § 1579 Nr. 7 BGB wesentliche Erfordernis, daß die aus der Unterhaltspflicht erwachsende Belastung für den Verpflichteten die Grenze des Zumutbaren übersteigt, kann auch aus objektiven Gegebenheiten und Entwicklungen der Lebensverhältnisse der Ehegatten folgen.

BGH v. 2. 3. 94 – XII ZR 215/92 – FamRZ 94, 696 = NJW 94, 1530

(Unterhaltsbemessung in Abänderungsverfahren) R477

I.1. Das OLG hat den Barunterhaltsbedarf des Kl. für den Zeitraum vom 1. bis zum 25. 9. 1991, in dem er noch minderjährig war, allein nach dem Einkommen des Bekl. bemessen. a

Abgesehen hiervon würde sich aber die von dem OLG für das vorliegende Abänderungsverfahren vorgenommene Höhergruppierung des Bekl. um zwei Einkommensstufen aus den dafür herangezogenen Gründen selbst dann rechtfertigen, wenn sich der Wille der Parteien bei Abschluß des Vergleichs v. 6. 9. 1989 nicht mehr verbindlich feststellen ließe.

II. 1. Für den Zeitraum vom 26. 9. bis zum 31. 12. 1991, also nach Eintritt der Volljährigkeit des Kl., hat das BerGer. die Abänderungsklage zwar – wegen der Identität des Unterhaltsanspruchs des minderjährigen mit dem des volljährigen Kindes – für zulässig, in der Sache aber für nicht begründet gehalten ...

aa) Die Unterhaltsbemessung im Abänderungsverfahren bestimmt sich, wenn es sich bei dem abzuändernden Titel wie hier um einen Prozeßvergleich handelt, nach std. Rspr. nicht nach § 323 I ZPO, sondern nach den aus § 242 BGB abgeleiteten Grundsätzen über die Veränderung oder den Wegfall der Geschäftsgrundlage (BGHZ-GS- 85, 64, 73 = FamRZ 1983, 22; Senatsurteil v. 23. 4. 1986 – IVb ZR 30/85 –, FamRZ 1986, 790). Ob eine solche Änderung eingetreten ist, richtet sich nach dem dem Vergleich zugrunde gelegten Parteiwillen. Dieser ist der Geltungsgrund des Vergleichs, und er entscheidet, welche Verhältnisse zur Grundlage des Vergleichs gehören und wie die Parteien diese Verhältnisse bewerten (Senatsurteil v. 23. 4. 1986, a.a.O., std. Rspr.). Ist in den maßgeblichen Verhältnissen seit Abschluß des Vergleichs eine Änderung eingetreten, so muß die danach gebotene Anpassung der getroffenen Regelung an die veränderten Verhältnisse nach Möglichkeit unter Wahrung der dem Parteiwillen entsprechenden Grundlagen erfolgen. Soweit diese sich allerdings so tiefgreifend geändert haben, daß dem Parteiwillen für die vorzunehmende Änderung kein hinreichender Anhaltspunkt mehr zu entnehmen ist, kann in Betracht kommen, die Abänderung auch ausnahmsweise ohne fortwirkende Bindung an die (unbrauchbar gewordenen) Grundlagen des abzuändernden Vergleichs vorzunehmen und – im Falle einer Unterhaltsregelung – den Unterhalt wie bei einer Erstfestsetzung nach den gesetzlichen Vorschriften zu bemessen. Auch in solchen Fällen bleibt allerdings zu prüfen, ob dem Vergleich Elemente entnommen werden können, die trotz der tiefgreifenden Änderung der Verhältnisse nach dem erkennbaren Parteiwillen weiterwirken sollen (vgl. Senatsurteil v. 20. 3. 1985 – IVb ZR 8/84 –, nicht veröffentlicht).

(Bemessung des Volljährigenunterhalts nach dem zusammengerechneten Einkommen der Eltern)

b   Mit der Vollendung des 18. Lebensjahres des Kl. haben sich die maßgeblichen Verhältnisse, die dem Vergleich vom 6. 9. 1989 zugrunde lagen, geändert: Ein Betreuungsbedarf kommt für den nunmehr volljährigen Kl. kraft Gesetzes nicht mehr in Betracht (vgl. Senat, NJW 1988, 2371 = LM § 1602 BGB Nr. 13 = FamRZ 1988, 159 (162)). An seine Stelle ist ein erhöhter Barunterhaltsbedarf getreten. Die Mutter des Kl. geht inzwischen einer vollschichtigen Erwerbstätigkeit nach und verfügt ebenfalls über eigene Einkünfte. Damit bestimmt sich die Lebensstellung des Kl., also sein angemessener Unterhaltsbedarf, grundsätzlich nicht mehr allein nach dem Einkommen des (früher allein) barunterhaltspflichtigen Bekl., sondern nach den zusammengerechneten Einkünften beider Elternteile, die anteilig nach ihren Erwerbs- und Vermögensverhältnissen für den Unterhalt aufzukommen haben (§ 1606 III 1 BGB).

cc) Läßt sich danach ein Parteiwille bei Abschluß des Vergleichs für die Bemessung des dem Kl. nach Eintritt der Volljährigkeit zustehenden Unterhalts nicht ermitteln, so ist dieser – mit dem BerGer. – auf der Grundlage der gesetzlichen Vorschriften festzulegen. Das BerGer. hat insoweit rechtlich zutreffend angenommen, daß in Fällen, in denen beide Elternteile einer Erwerbstätigkeit nachgehen, der Unterhaltsbedarf des volljährigen Kindes – selbst wenn dieses noch im Haushalt eines Elternteils wohnt – grundsätzlich nach den zusammengerechneten Einkünften beider Eltern zu bemessen ist (vgl. Senat, NJW-RR 1986, 426 = FamRZ 1986, 151 (152); NJW-RR 1986, 1261 = FamRZ 1987, 58 (60)). Gewisse Betreuungsleistungen, die, wie im vorliegenden Fall, die Mutter dem volljährigen Kind noch erbringt, stellen sich überlicherweise als freiwillige Leistungen oder als solche Leistungen dar, die im Einvernehmen mit dem Kind bei der Bemessung des Haftungsanteils der Mutter zu berücksichtigen sind (vgl. Staudinger/Kappe, BGB, 12. Aufl., § 1606 Rdnr. 23; auch Senat, FamRZ 1988, 1039 (1041) = NJW-RR 1986, 426 = FamRZ 1986, 151 (152)).

(Keine Fortdauer der Betreuung nach Volljährigkeit)

c   dd) Dem BerGer. ist entgegen der Auffassung der Revision darin zu folgen, daß die Leistungen, die die Mutter des Kl. noch über die Vollendung seines 18. Lebensjahres hinaus in Natur für ihn erbringt, nicht mehr als Betreuungsunterhalt i. S. von § 1606 III 3 BGB zu bewerten sind. Der Senat hat zwar, worauf das BerGer. zutreffend hingewiesen hat, in dem Urteil vom 8. 4. 1981 (NJW 1981, 2462 = LM § 253 ZPO Nr. 65 = FamRZ 1981, 541 (543)) entschieden, die Regelung des § 1606 III 2 BGB schließe nicht aus, im Einzelfall auch in den ersten Jahren nach Eintritt der Volljährigkeit eines Kindes – jedenfalls bei Verhältnissen, wie sie in jenem Fall vorlagen – weiterhin von der Gleichwertigkeit des Barunterhalts und der Betreuungsleistungen auszugehen, etwa wenn und solange sich der Barbedarf gegenüber den üblichen Werten für minderjährige Kinder nicht wesentlich erhöhe; letztlich sei diese Beurteilung jedoch Sache des Tatrichters. In dem damals entschiedenen Fall war die geschiedene Ehefrau nicht erwerbstätig, und sie betreute in ihrem Haushalt neben dem inzwischen volljährigen Kind weiter eines der vier ehelichen Kinder, das noch minderjährig war.

Ob an jener seinerzeit in einem Einzelfall vertretenen Auffassung grundsätzlich festgehalten wer-

Anhang R. Rechtsprechung   R478

den sollte, hat der Senat in späteren Entscheidungen dahinstehen lassen (vgl. FamRZ 1988, 1039 (1041) = BGHR BGB § 1606 Abs. 3 Satz 2 Betreuungsfortsetzung 1; NJW 1988, 2371 = LM § 1602 BGB Nr. 13 = FamRZ 1988, 159 (162)). Sie stellte jedenfalls eine auf die damals gegebenen Umstände bezogene Ausnahme dar, die auf den hier vorliegenden Fall, in dem beide Eltern einer vollen Erwerbstätigkeit nachgehen, nicht übertragen werden kann (vgl. dazu Griesche, in: FamGb, § 1606 Rdnr. 29; Mutschler, in: RGRK, 12. Aufl., § 1606 Rdnr. 26; Schwab/Borth, Hdb. des ScheidungsR, V Rdnr. 26; Köhler, in: MünchKomm, 3. Aufl., § 1606 Rdnr. 9a; Soergel/Häberle, BGB, 12. Aufl., § 1610 Rdnr. 7; Staudinger/Kappe, § 1606 Rdnr. 23; differenzierend: Johannsen/Henrich/Graba, EheR, 2. Aufl., § 1606 Rdnr. 9). Mit dem Eintritt der Volljährigkeit endet die elterliche Sorge im Rechtssinne und – als Teil hiervon – die Personensorge (§§ 1626, 1631 BGB) des betreuenden Elternteils. Damit entfällt nach dem Gesetz die Grundlage für eine Gleichbewertung von Betreuungs- und Barunterhalt ohne Rücksicht darauf, ob im Einzelfall etwa ein volljähriger Schüler weiter im Haushalt eines Elternteils lebt und von diesem noch gewisse Betreuungsleistungen erfährt. Geht dieser Elternteil allerdings, wie hier die Mutter des Kl., einer eigenen vollen Erwerbstätigkeit nach, so werden seine Betreuungsleistungen in der Regel schon vom Umfang her nicht das Maß einer vollwertigen Unterhaltsgewährung erreichen. Hat der Elternteil die Erwerbstätigkeit bereits vor Eintritt der Volljährigkeit des Kindes aufgenommen und damit naturgemäß den Umfang seiner Betreuung reduzieren müssen, rechtfertigt die Regelung des § 1606 III 2 BGB gleichwohl bis zum Eintritt der Volljährigkeit des Kindes die Beurteilung, daß auch dieser reduzierte Betreuungsunterhalt dem Barunterhalt des anderen Elternteils noch gleichwertig ist. Hier wirkt sich aus, daß der Betreuungsbedarf des Kindes in den verschiedenen Lebensalterstufen der Minderjährigkeit nach Art und Umfang unterschiedlich hoch ist. Dem trägt die gesetzliche Regelung des § 1606 III 2 BGB in praktikabel pauschalierender Weise für die gesamte Dauer der Minderjährigkeit unter Einschluß auch der letzten Jahre vor Vollendung des 18. Lebensjahres Rechnung (vgl. Senat, NJW 1988, 2371 = LM § 1602 BGB Nr. 13 = FamRZ 1988, 159 (160 ff.)). Vom Eintritt der Volljährigkeit des Kindes an besteht nach dem Gesetz jedoch kein rechtfertigender Grund mehr, weiter nur den bisher allein barunterhaltspflichtigen Elternteil mit dem nunmehr insgesamt in Form einer Geldrente zu entrichtenden Unterhalt des Kindes zu belasten, wenn auch der andere Elternteil über Einkünfte verfügt, die ihn zur Zahlung von Unterhalt instandsetzen.

BGH v. 16. 3. 94 – XII ZR 225/92 – FamRZ 94, 829 = NJW 94, 1733

(Abtretung von Unterhaltsansprüchen an das Sozialamt)   R478

a) Davon ausgehend, daß die §§ 90, 91 BSHG a. F. zwingendes Recht enthalten, macht die Kl. geltend, sie könne im vorliegenden Fall gegen die Unterhaltsverpflichteten nicht im Wege einer Anspruchsüberleitung vorgehen. Denn für die in Frage stehenden Zeitraum (August 1989 bis einschließlich Juni 1990), in dem sie der Frau M Sozialhilfe gewährt habe, bestehe kein Unterhaltsanspruch mehr, weil der Unterhaltsschuldner den Unterhalt zu Händen der Bekl. geleistet habe.

Damit dringt die Revision nicht durch. Für die Frage, ob anstelle eines Verwaltungshandelns mit öffentlichrechtlichen Mitteln ein privatrechtlicher Abtretungsvertrag geschlossen werden durfte, kommt es nicht auf die Rechtslage an, die dadurch entstanden ist, daß die Kl. von der Möglichkeit einer Überleitung keinen Gebrauch gemacht hat. Die Kl. wußte – wie sich aus ihrem Schreiben an die Bekl. vom 27. 7. 1989 ergibt – schon vor der Gewährung der Sozialhilfe in dem in Frage stehenden Zeitraum, daß der getrennt lebende Ehegatte der Hilfeempfängerin seiner gesetzlichen Unterhaltspflicht seinerzeit nicht nachkam und die Bekl. mit der gerichtlichen Durchsetzung der Unterhaltsansprüche beauftragt war. Zu diesem Zeitpunkt war die Kl. nicht gehindert, den Nachrang der Sozialhilfe durch die Überleitung des Unterhaltsanspruchs gem. §§ 90, 91 BSHG a. F. zu realisieren. Darüber hinaus verfügte sie – wie bereits das AG zutreffend dargelegt hat – über andere Möglichkeiten, auf öffentlichrechtlichem Wege den Nachrang der zu gewährenden Sozialhilfe zu sichern; etwa unter den Voraussetzungen des § 15b BSHG durch die Gewährung von Geldleistungen als Darlehen. Aus dem Umstand, daß die Kl. von keiner der verfügbaren öffentlichrechtlichen Gestaltungsmöglichkeiten Gebrauch gemacht hat, läßt sich kein Argument für die Befugnis gewinnen, von Anfang an auch auf privatrechtliche Gestaltungen auszuweichen.

b) Die Revision wendet sich dagegen, daß die privatrechtliche Abtretung ihrer Unterhaltsansprüche für Frau M Nachteile i. S. des § 32 SGB I mit sich bringe.

Zwar habe diese das volle Prozeßrisiko in dem Unterhaltsverfahren gegen ihren Ehemann selbst tragen müssen. Das sei jedoch keine Folge der Abtretungsvereinbarung, denn auch ohne eine solche hätte Frau M das gleiche Risiko getragen. Die Kl. habe sich auch nicht sämtliche Unterhaltsbeträge abtreten lassen, denn ein Forderungsübergang trete nur in Höhe der tatsächlichen Hilfeleistung ein. Bei der Bekl. als einer Behörde könne von vornherein ausgeschlossen werden, daß sie aufgrund der Abtretung einen höheren Betrag beanspruche, als der von ihr geleisteten Sozialhilfe entspreche; eine ausdrückliche Einschränkung der Abtretung sei daher nicht erforderlich gewesen. Unerheblich sei die Nichtbeachtung der Schuldnerschutzvorschrift des § 91 BSHG a. F. Zum einen könne es der Hilfeempfängerin gleich sein, ob der Selbstbehalt des Unterhaltsschuldners sozialrechtlich oder nach bürgerlichem Recht berechnet werde; die Abtretung beziehe sich nur auf den tasächlich vom Schuldner gezahlten Betrag. Zum anderen betreffe der Schutz des § 91 BSHG nur den desjenigen Schuldners, der noch nicht gezahlt habe, während im vorliegenden Fall der Unterhaltsanspruch erfüllt worden sei.

Auch diesen Überlegungen vermag der Senat nicht zuzustimmen. Die Frage, ob eine privatrechtliche Vereinbarung den Sozialleistungsberechtigten i. S. des § 32 SHB I benachteiligt, ist auf der Grundlage einer Gesamtwürdigung aller konkreten Umstände zu beantworten (Verbandskomm. z. Recht der gesetzlichen Rentenversicherung, § 32 SGB I Rdnr. 4). Die Sozialhilfe wird unter den Voraussetzungen des § 2 I BSHG im Grundsatz als verlorener Zuschuß gewährt, d. h. für den Empfänger besteht ein Anspruch auf Leistung (§ 4 BSHG) ohne Rückerstattungsverpflichtung. Es ist Sache des Trägers der Sozialhilfe, auf den gesetzlich vorgesehenen Wegen den Nachrang der Sozialhilfe durch Geltendmachung von Ansprüchen gegen Dritte, insbesondere gegen einen Unterhaltsschuldner, zu realisieren. In den §§ 90, 91 BSHG a. F. stellt das Gesetz dem Träger der Sozialhilfe hierfür ein ausreichendes Instrumentarium zur Verfügung, das diesen in die Lage versetzt, durch Eintritt in die Gläubigerposition den gewollten Vorrang der Verpflichtungen anderer nachträglich zu verwirklichen (BVerwG, NJW 1992, 3313 = FamRZ 1993, 183 (184)). Eine privatrechtliche Vereinbarung mit dem Hilfeempfänger, der auf eigenes Prozeßkostenrisiko den Unterhaltsanspruch gegen einen Verpflichteten einklagt, den dadurch erlangten oder sogar erst beigetriebenen Betrag bis zur Höhe der geleisteten Sozialhilfe an den Träger der Sozialhilfe abzuführen, bedeutet dagegen der Sache nach die nachträgliche Umwandlung der Hilfeleistung in ein Darlehen (zutr. Künkel, FamRZ 1991, 14 (20)). Schon das allein stellt einen gravierenden Nachteil für den Hilfeempfänger dar. Zugleich liegt darin aber auch eine unzulässige Umgehung der für die Gewährung von Leistungen zum Lebensunterhalt auf Darlehensbasis bestehenden besonderen Voraussetzungen (§§ 15b, 89 BSHG) mit der Folge, daß ein solches Verfahren gegen § 31 SGB I verstößt, weil es vom Gesetz nicht mehr gedeckt ist.

Die Auffassung, daß sich der Träger der Sozialhilfe bei der Verwirklichung des Nachranggrundsatzes nicht beliebig bürgerlichrechtlicher Gestaltungsformen bedienen kann, entspricht sowohl der im Schrifttum überwiegend vertretenen Meinung (vgl. Schellhorn/Jirasek/Seipp, Komm. z. BSHG, 14. Aufl., § 2 Rdnrn. 15, 50; § 90 Rdnr. 12; Gottschalk/Giese, BSHG, 9. Aufl., § 90 Rdnr. 3.3; teilweise a. A. Knopp/Fichtner, BSHG, 7. Aufl., § 90 Rdnr. 5a) wie auch der Rechtsprechung. Im Bereich der Sozialleistungen hat der Gesetzgeber umfassende gesetzliche Regelungen getroffen, die im einzelnen bestimmen, ob und unter welchen Voraussetzungen der Empfänger derartige Leistungen beanspruchen kann und sie gegebenenfalls zurückgewähren muß. Diese teils in sich abgeschlossenen Gesetze, zu denen das BSHG gehört, dienen nicht nur dem Schutz des Leistungsträgers, sondern auch dem des Leistungsempfängers (vgl. schon BGHZ 33, 243 (245) = NJW 1961, 118 = LM § 21a FürsorgepflVO Nr. 6). Für den Bereich der öffentlichrechtlichen Versorgungsansprüche hat der BGH entschieden, die zur Ausführung eines Gesetzes berufene Verwaltungsbehörde sei nicht befugt, über die in einem solchen Gesetz abschließend enthaltenen Regeln hierzu weitergehende Erstattungsmöglichkeiten etwa im Wege der bürgerlichrechtlichen Abtretung zu suchen (NJW 1988, 819 = LM § 400 BGB Nr. 8 = BGHR BGB § 400 Unfallrente 1). Ebenso hat das BVerwG ausgesprochen, ein Sozialhilfeträger, der von der – zwecks Wahrung des Nachrangs gegebenen – Möglichkeit der Überleitung eines Anspruchs des Hilfeempfängers gegen vorrangig Verpflichtete keinen Gebrauch gemacht habe, könne seine Säumnis nicht dadurch kompensieren, daß er die ursprünglich rechtmäßig geleistete Sozialhilfe nachträglich – im Hinblick auf anderweitig zugeflossene deckungsgleiche Zahlungen – wieder zurückfordere (BVerwGE 58, 146 (152)). Ferner hat dieses Gericht ausgeführt, daß die dem Nachranggrundsatz dienenden Überleitungsvorschriften sowie die Regeln über den Einsatz eigenen Einkommens und Vermögens, über den Kostenersatz und die Verpflichtung anderer nicht nur die Verweisung des Hilfeempfängers auf Selbsthilfe ermöglichten, sondern diese auch begrenzten. Hieraus müsse geschlossen werden, daß ein Sozialhilfeträger, der durch Überleitung nicht zum Ersatz seiner Aufwendungen gelangen könne, auch nicht im Wege der Abtretung zum Ziele kommen könne. Eine gleichwohl erwirkte Abtretung sei unwirksam (BVerwGE 41, 216 (220)).

Dieser Auffassung schließt der Senat sich an. Danach hat das OLG die vorliegende Abtretungsvereinbarung zu Recht als unwirksam beurteilt.

Bei dieser Rechtslage kommt es nicht mehr darauf an, ob Vereinbarungen des Sozialamtes mit einem Hilfeempfänger, die durch einen Unterhaltsprozeß erlangten rückständigen Unterhaltsbeträge bis zur Höhe der geleisteten Sozialhilfe abzuführen, auch wegen einer unzulässigen Umgehung der Schuldnerschutzvorschriften des § 91 I, III BSHG a. F. unwirksam sind (Künkel, FamRZ 1991, 14 (20); Schellhorn, FuR 1990, 20 (22) m. w. Nachw. bei Fußn. 16; Empfehlungen des 7. Deutschen Familiengerichtstages, FamRZ 1988, 469 unter A I 2c bb; vgl. auch BVerwGE 34, 219 ff.). Diese Frage bedarf daher hier keiner Entscheidung.

Anhang R. Rechtsprechung   R479

BGH v. 5. 5. 94 – III ZR 98/93 – FamRZ 95, 348 = NJW 94, 2895
(Kostenerstattungsanspruch bei nach Auskunftserteilung „erledigter" Leistungsstufe)   R479

1. Das *OLG* hat allerdings zu Recht angenommen, daß eine Erledigung des Rechtsstreits in der   **a**
Hauptsache nicht eingetreten ist.
    Eine wirksame Erledigterklärung liegt nach der Rspr. des *BGH* nur vor, wenn die Klage im Zeitpunkt des nach ihrer Zustellung eingetretenen erledigenden Ereignisses zulässig und begründet war (vgl. *BGH*, Urteil v. 6. 12. 1994 – VII ZR 64/84 –, BGHWarn 1984 Nr. 376 = NJW 1986, 588, m. w. N.). Das war hier nicht der Fall. Die von der Kl. ursprünglich erhobenen weiteren Klageanträge, insbesondere der Zahlungsantrag, waren von vornherein unbegründet. Nach der von der Bekl. erteilten – unbestrittenen – Auskunft hatte die Kl. keine Forderung gegen die Bekl.
    Soweit in Rspr. und Schrifttum, worauf die Revision hinweist, etwas anderes vertreten wird (vgl. insbesondere *Stein/Jonas/Bork*, ZPO, 21. Aufl., § 91 a Rz. 7, m. w. N. in Fn. 30, und *Zöller/Vollkommer*, ZPO, 18. Aufl., § 91 a Rz. 58 Stichwort „Stufenklage". a. E., m. w. N.), ist dem nicht zu folgen. Bei der Stufenklage (§ 254 ZPO) sind die einzelnen Ansprüche zwar ihrem Zweck nach miteinander verknüpft, um insbesondere Doppelprozesse über denselben Lebenssachverhalt zu vermeiden. Die einzelnen Ansprüche bleiben aber prozessual selbständig (vgl. *BGHZ*, 76, 9, 12). Ergibt sich daher (wenn auch erst) aufgrund der Rechnungslegung, daß ein Leistungsanspruch aus dem zugrundeliegenden Rechtsverhältnis nicht besteht, so ist gleichwohl insoweit eine Erledigung der Hauptsache nicht eingetreten. Das wird in Rspr. und Schrifttum auch überwiegend so angenommen (vgl. *Stein/Jonas/Schumann*, ZPO, 20. Aufl., § 254 Rz. 31; *Zöller/Greger*, a. a. O., § 254 Rz. 5; *Baumbach/Lauterbach/Albers/Hartmann*, ZPO, 52. Aufl., § 254 Rz. 8; *Thomas/Putzo*, ZPO, 18. Aufl., § 254 Rz. 6; *MünchKomm/Lüke*, ZPO, § 254 Rz. 24, auch Rz. 3, jeweils m. w. N.).
    2. Die Revision erstrebt eine entsprechende Anwendung des § 93 ZPO zugunsten der Kl. Damit kann sie keinen Erfolg haben.
    Zwar wird in Rspr. und Schrifttum auch die Auffassung vertreten, daß in Fällen der vorliegenden Art bei sofortigem Fallenlassen des Leistungsantrags durch den Kl., insbesondere bei einem Klageverzicht oder einer Klagerücknahme, entgegen der Regelung der §§ 306, 91 ZPO und § 269 III S. 2 ZPO die Prozeßkosten in entsprechender Anwendung des § 93 ZPO dem Bekl. zur Last fallen können (vgl. *MünchKomm/Lüke*, a. a. O., § 254 Rz. 24; *Zöller/Herget*, a. a. O., § 93 Rz. 6 Stichwort „Stufenklage"; *Zöller/Greger*, a. a. O., § 254 Rz. 5; *Rixecker*, MDR 1985, 633, 635, jeweils m. w. N., str., a. A. z. B. *MünchKomm/Belz*, a. a. O., § 93 Rz. 4; *MünchKomm/Musielak*, a. a. O., § 306 Rz. 7; *Thomas/Putzo*, a. a. O., § 306 Rz. 4).
    Dieser Lösung kann jedoch nicht gefolgt werden. Eine entsprechende Anwendung des § 93 ZPO scheidet hier aus, wie der *BGH* bereits entschieden hat (vgl. BGH, Urteil v. 14. 5. 1979 – II ZR 15/79, BGHZ 79, 275, 279, 280; *BGH*, Urteil v. 4. 2. 1981 – VIII ZR 43/80 –).
    Diese Norm enthält eine Ausnahme von der allgemeinen Regelung, daß grundsätzlich der Unterlegene die Kosten zu tragen hat (§§ 91 ff. ZPO); sie bezieht sich eindeutig auf das Anerkenntnisverfahren und stellt dort den Bekl., der keinen Anlaß zur Klageerhebung gegeben hat, von den Verfahrenskosten zu Lasten des Kl. im Falle eines sofortigen Anerkenntnisses des erhobenen Anspruchs frei. Dieser Fall ist nicht dem hier gegebenen vergleichbar, in dem der Bekl. im Prozeß, nämlich im Verfahren der Stufenklage durch Auskunftserteilung und Rechnungslegung, dartut, daß der erhobene Zahlungsanspruch von Anfang an unbegründet war (vgl. *BGH*, a. a. O.).
    Eine entsprechende Anwendung des § 93 ZPO kommt hier auch im Rahmen einer gemäß § 91 a ZPO nach Billigkeitsgesichtspunkten zu treffenden Kostenentscheidung, wie die Revision unter Hinweis auf diese Vorschrift meint, nicht in Betracht. Für eine Anwendung des § 91 a ZPO ist im Streitfall schon deshalb von vornherein kein Raum, weil diese Bestimmung eine übereinstimmende Erledigterklärung der Hauptsache durch beide Parteien voraussetzt, an der es hier gerade fehlt (vgl. *BGH*, a. a. O.).
    3. Das angefochtene Urteil hat jedoch aus materiellrechtlichen Gründen deshalb keinen Bestand, weil das OLG, wie schon zuvor das LG, nicht beachtet hat, daß der ursprünglichen Kl. und jetzt den Kl. als ihren Rechtsnachfolgern ein materiellrechtlicher Schadensersatzanspruch wegen der streitigen Kosten gegen die Bekl. zusteht.

(Anspruch auf Kostenersatz bei verspäteter Auskunft)

Dem Gläubiger eines Anspruchs auf Auskunftserteilung und Rechnungslegung kann gegen den   **b**
Schuldner der Auskunftsverpflichtung ein Schadensersatzanspruch wegen der Kosten einer unbegründeten Klage zustehen, die er infolge der Nichterteilung der Auskunft erhoben hat (vgl. *BGHZ* 79, 275, 280 f., und *BGH*, Urteil v. 4. 2. 1981 – VIII ZR 43/80 –, WM 1981, 386, 387 f. zu § 840 ZPO). Ein solcher Schadensersatzanspruch kann im Wege des Feststellungsantrags in demselben Prozeß geltend gemacht werden; eine hierin liegende Klageänderung ist nach § 263 ZPO als sachdienlich anzusehen, so daß dahingestellt bleiben kann, ob eine Klageänderung nach § 264 Nr. 3

1569

ZPO zulässig wäre. Für die Begründetheit einer derartigen Feststellungsklage bedarf es nur der Prüfung, ob der Gläubiger erst durch die verspätete Auskunftserteilung Klarheit über das Nichtbestehen eines Leistungsanspruchs hatte und der Schuldner schuldhaft seiner Auskunftsverpflichtung nicht oder nicht rechtzeitig nachgekommen ist (vgl. *BGH*, a.a.O.).

Auch im Streitfall sind diese Grundsätze anzuwenden. Die Voraussetzungen für einen Schadensersatzanspruch liegen vor, wie der erkennende *Senat* selbst beurteilen kann. Der Schadensersatzanspruch ergibt sich aus dem rechtlichen Gesichtspunkt des Verzuges (§ 286 BGB; vgl. auch *BGH*, Urteil v. 30. 11. 1983 – IVb ZR 31/82 –, BGHWarn 1983 Nr. 356 = FamRZ 1984, 163, 164). Die Bekl. war der Kl. nach §§ 675, 666, 259 BGB zur Auskunftserteilung und Rechnungslegung verpflichtet, wie schon das LG in seinem Teilurteil rechtsfehlerfrei angenommen hat. Die Bekl. ist dieser Verpflichtung erst nach rechtskräftiger Verurteilung nachgekommen. Daß sie an der Nichterfüllung kein Verschulden traf (§ 285 BGB), ist weder dargetan noch ersichtlich. Erst nachdem die Bekl. – nach Erhebung der Stufenklage – Rechnung gelegt hatte, zeigte sich, daß die Kl. keine Zahlung von ihr beanspruchen konnten. Bei dieser Sachlage steht den Kl. gegen die Bekl. ein Anspruch auf Erstattung der durch die verspätete Auskunft entstandenen Verfahrenskosten zu. Dazu zählen die Kosten der Stufenklage, soweit die LG und das OLG sie den Kl. auferlegt haben. Denn die Erhebung der Stufenklage, die das Gesetz den Parteien in Fällen der vorliegenden Art in § 254 ZPO aus Gründen der Prozeßökonomie zur Verfügung stellt, ist in solchen Fällen die adäquate Folge des säumigen Verhaltens des Auskunftsschuldners. Die Kl. war entgegen der von der Bekl. in der mündlichen Revisionsverhandlung vertretenen Meinung nicht gehalten, zunächst (nur) auf Auskunft zu klagen.

Prozessual ist dem – wie ausgeführt, unbegründeten – Antrag der Kl., die Erledigung der Hauptsache festzustellen und der Bekl. die Kosten des Rechtsstreits aufzuerlegen, zugleich das Begehren zu sehen, die Ersatzpflicht der Bekl. für die nutzlos aufgewendeten Kosten festzustellen. Es bestehen keine Bedenken dagegen, den Antrag der Kl. in diesem Sinne auszulegen (vgl. *BGH*, Urteil v. 4. 2. 1981, a.a.O.).

4. Unter Aufhebung des angefochtenen Urteils und in Abänderung des Schlußurteils des LG, soweit darin zum Nachteil der Kl. anerkannt worden ist, ist hiernach auszusprechen, daß die Bekl. verpflichtet ist, den Kl. die Kosten zu ersetzen, die durch die ursprünglich erhobenen und nicht durch das Teilurteil des LG beschiedenen Klageanträge angefallen sind.

Daß in einem Falle, in dem – wie hier – dem klagenden Gläubiger außer den unnütz aufgewandten Prozeßkosten kein weiterer Schaden entstand, die Feststellung der Schadensersatzverpflichtung des Auskunftsschuldners sich im Ergebnis mit der Kostenentscheidung deckt, ändert nichts daran, daß der Ausspruch hinsichtlich des Verzugsschadens eine sachliche Entscheidung, der Kostenausspruch gemäß § 91 ZPO dagegen eine prozessuale Entscheidung ist. Die Kostenentscheidung beruht hier, soweit sie die für die ursprünglich erhobenen – unbegründeten – weiteren Klageanträge angefallenen Kosten betrifft, auf der materiell-rechtlichen Regelung des Verzuges (§ 286 BGB). Im übrigen ergibt sie sich aus § 91 ZPO. Die Kostenentscheidung enthält also, abweichend von der Regel der §§ 91 ff. ZPO, einen materiellen Teil wegen des Schadensersatzanspruches der Kl., den diese in dem anhängigen Verfahren durchsetzen können (vgl. BGHZ 79, 275, 281; *BGH*, Urteil v. 4. 2. 1981, a.a.O.).

BGH v. 25. 5. 1994 – XII ZR 17/93 – FamRZ 95, 540

R479A *(Härtegrund nach § 1579 Nr. 7 BGB bei Zusammenleben mit neuem Partner)*

Das OLG hat das Verhalten der Kl. und ihre Beziehung zu dem neuen Partner S. in rechtlich nicht zu beanstandender Weise unter allen maßgeblichen Gesichtspunkten geprüft, die hier nach der Rspr. des Senats als Härtegrund gemäß § 1579 Nr. 7 BGB in Betracht kommen (vgl. insbesondere Senatsurteil v. 21. 12. 1988 – IVb ZR 18/88 –, NJW 1989, 1083 = FamRZ 1989, 487 ff., m. w. N.).

aa) Dabei hat es rechtlich zutreffend in der Tatsache als solcher, daß die Kl. eine Beziehung zu einem anderen Mann unterhält, keinen Härtegrund i. S. von § 1579 Nr. 7 BGB gesehen.

bb) Ein Härtegrund i. S. von § 1579 Nr. 7 BGB ist nach der Rspr. des Senats anzunehmen, wenn der Unterhaltsberechtigte von einer Eheschließung mit seinem neuen Partner nur deshalb absieht, weil er den Unterhaltsanspruch gegen seinen geschiedenen Ehegatten nicht verlieren will (vgl. Senatsurteil v. 21. 12. 1988, a.a.O., m. w. N.). Eine derartige Motivation haben die Kl. und S. nach der Feststellung des OLG indessen in Abrede gestellt. Wenn das OLG nach dem Ergebnis der mündlichen Verhandlung keinen Anlaß gesehen hat, die entsprechenden Erklärungen der Kl. und ihres Partners als Zweck- oder Schutzbehauptungen abzutun, so ist dies aus Rechtsgründen nicht zu beanstanden. Insoweit kommt es entgegen der Auffassung der Revision nicht entscheidend darauf an, ob der Zeuge S. finanziell in der Lage wäre, die Kl. (als Ehefrau) zu unterhalten. Maßgeblich ist vielmehr, daß er den Gedanken an eine Eheschließung mit der Kl. ablehnt und das OLG diese Einlassung nach dem Ergebnis der von ihm durchgeführten Beweisaufnahme für vertretbar hält.

Anhang R. Rechtsprechung R480

cc) Auch wenn ein geschiedener Unterhaltsberechtigter von einer neuen Eheschließung aus hinzunehmenden Gründen absieht, kann eine von ihm eingegangene neue Verbindung dennoch dazu führen, daß die Fortdauer der Unterhaltsbelastung für den geschiedenen Unterhaltspflichtigen im Sinne von § 1579 Nr. 7 BGB unzumutbar wird. Das kann dann der Fall sein, wenn kein verständlicher Grund ersichtlich ist, weshalb die Partner nicht zu einer „ehegleichen ökonomischen Solidarität" i. S. einer Unterhaltsgemeinschaft gelangen, mithin gemeinsam wirtschaften, wobei der den Haushalt führende Partner wie in einer Ehe von dem anderen unterhalten wird. Voraussetzung hierfür ist allerdings, daß der Unterhaltsberechtigte mit seinem neuen Partner dauerhaft in einer festen sozialen Verbindung zusammenlebt (Senatsurteil v. 21. 12. 1988, a.a.O.).

Unter diesem Gesichtspunkt hat das OLG die Beziehung zwischen der Kl. und dem Zeugen S. ebenfalls geprüft. Es hat sich jedoch nach den in der Berufungsverhandlung getroffenen Feststellungen nicht in der Lage gesehen, die hierfür erforderlichen Voraussetzungen als erfüllt anzunehmen. Dagegen sind aus Rechtsgründen keine Einwände zu erheben. Es ist grundsätzlich dem Tatrichter vorbehalten, die Feststellungen zu treffen, die die Annahme rechtfertigen können, ob zwei Partner in einer festen sozialen Verbindung zusammenleben und dabei gleichwohl ohne verständlichen Grund nicht zu einer Unterhaltsgemeinschaft gelangen. Eine solche Verbindung hat das Gericht in den Beziehungen zwischen der Kl. und S. nicht festzustellen vermocht. Es hat die Gestaltung ihrer Lebensführung mit getrennten Wohnungen und getrennter Haushaltsführung – trotz sonst bestehender enger persönlicher Bindungen – in dieser Form für nicht ausreichend gehalten. Diese Beurteilung ist revisionsrechtlich nicht zu beanstanden, zumal im Haushalt des Zeugen S. auch dessen Sohn aus der geschiedenen Ehe lebt und die Kl. ihrerseits weiterhin den Kontakt zu ihren Kindern unterhält, wobei die Tochter der Parteien zeitweise mit in ihrer Wohnung gewohnt hat.

Soweit die Revision hierzu geltend macht, es sei kein verständlicher Grund ersichtlich, weshalb die Kl. und der Zeuge S. – die in einer dauerhaften festen sozialen Verbindung zusammenlebten – nicht zusammenzögen und eine Unterhaltsgemeinschaft bildeten, kann ihr nicht gefolgt werden. Die Entscheidung, ob ein geschiedener Ehegatte und sein neuer Partner in einer gemeinsamen Wohnung zusammenleben oder aber ihre jeweiligen Lebensbereiche insoweit getrennt erhalten wollen, treffen die Beteiligten in eigener Verantwortung.

dd) Lassen die Einkommens- und Vermögensverhältnisse des neuen Partners die Begründung einer Unterhaltsgemeinschaft in dem vorgenannten Sinn – in deren Rahmen der Partner die geschiedene Ehefrau wie in einer Ehe unterhält – nicht zu, so kann ihre bestehende Beziehung nach der Rspr. des Senats gleichwohl unter einem anderen Gesichtspunkt die Voraussetzungen eines Härtegrundes i. S. von § 1579 Nr. 7 BGB erfüllen und damit zur Unzumutbarkeit einer weiteren (uneingeschränkten) Unterhaltsbelastung für den verpflichteten geschiedenen Ehegatten führen. Das kann dann anzunehmen sein, wenn sich die Beziehung des geschiedenen Ehegatten zu seinem neuen Partner in einem solchen Maße verfestigt, daß damit – nach einer zu fordernden gewissen Mindestdauer – gleichsam ein nichteheliches Zusammenleben an die Stelle einer Ehe getreten ist.

Das OLG hat auch diesen Härtegrund in seine Erwägungen einbezogen, wie der Hinweis auf das genannte Senatsurteil v. 21. 12. 1988 in Berufungsurteil zeigt. Es hat jedoch – auf dem Hintergrund der Tatsache, daß die Kl. und der Zeuge S. zwar seit Jahren intim befreundet sind und einen erheblichen Teil ihrer (freien) Zeit gemeinsam verbringen, aber eben nicht zusammen wohnen und leben – die Voraussetzungen nicht als erfüllt angesehen, unter denen eine volle oder teilweise Kürzung des Unterhaltsanspruchs der Kl. wegen der Führung einer nichtehelichen [ne.] Lebensgemeinschaft mit dem Zeugen S. in Betracht kommen könnte. Auch gegen diese tatrichterliche Würdigung der Gestaltung der Beziehungen zwischen der Kl. und ihrem neuen Partner durch das OLG sind aus Rechtsgründen keine durchgreifenden Bedenken zu erheben. Die Annahme einer ne. Lebensgemeinschaft bzw. eines ne. Zusammenlebens setzt zwar nicht zwingend voraus, daß die Partner räumlich zusammen wohnen, leben und einen gemeinsamen Haushalt führen, wenngleich eine solche Form des Zusammenlebens ein typisches Anzeichen hierfür sein dürfte. Letztlich obliegt es aber der verantwortlichen Beurteilung des Tatrichters, ob er den Tatbestand des „ne. Zusammenlebens" aus tatsächlichen Gründen für gegeben erachtet oder nicht.

BGH v. 25. 5. 94 – XII ZR 78/93 – FamRZ 94, 1102 = NJW 94, 2234
(Familienrechtlicher Ausgleichsanspruch) R480

2. In der Rechtsprechung des BGH ist ein familienrechtlicher Ausgleichsanspruch gegenüber dem anderen Elternteil für Fälle anerkannt, in denen ein Elternteil allein für den Unterhalt eines gemeinsamen ehelichen Kindes aufgekommen ist, obwohl auch der andere dem Kind unterhaltspflichtig war. Dieser Ausgleichsanspruch beruht auf der Unterhaltspflicht beider Eltern gegenüber ihrem Kind und ergibt sich aus der Notwendigkeit, die Unterhaltslast im Verhältnis zwischen ihnen entsprechend ihrem Leistungsvermögen gerecht zu verteilen (Senat, NJW 1989, 2816 = LM § 1606 BGB Nr. 27 = FamRZ 1989, 850 (851 re. Sp.) m. Nachw.). Der BGH hat den Anspruch jedoch an die

Voraussetzung geknüpft, daß der den Unterhalt leistende Elternteil mit seiner Leistung eine im Innenverhältnis der Eheleute zueinander dem anderen Elternteil obliegende Verpflichtung gegenüber dem Kind erfüllt haben müsse. Der den Unterhalt anstelle des anderen leistende Elternteil muß mit seiner Leistung eine Verbindlichkeit erfüllt haben, die sich im Verhältnis zu dem Kind als Verpflichtung des anderen Elternteils darstellte (Senat, NJW 1981, 2578 = LM § 1606 BGB Nr. 16 = FamRZ 1981, 761 (762 li. Sp.)). Diese Voraussetzung ist vorliegend nicht gegeben. Es kann deshalb dahingestellt bleiben, ob der Vater seine Absicht, von der Mutter für seine Aufwendungen Ersatz zu verlangen, durch sein Schreiben vom 15. 2. 1990 deutlich gemacht hat (vgl. zu letzterem BGHZ 50, 266 ff. = NJW 1968, 1780 = LM § 1360b BGB Nr. 1).

a) Durch die von ihm geleistete Betreuung hat der Vater nicht eine der Mutter gegenüber der C obliegende Unterhaltsverpflichtung erfüllt. Zwar haben Kinder gegenüber ihren Eltern ein Recht auf Betreuung, jedoch beruht dieses Recht nicht auf ihrem Unterhaltsanspruch. Nach § 1612 I 1 BGB ist der Unterhalt durch Entrichtung einer Geldrente zu gewähren. Der Unterhaltsanspruch ist daher auf eine Geldleistung gerichtet. Das Gesetz geht in § 1606 III 2 BGB lediglich davon aus, daß der Elternteil, bei dem das minderjährige unverheiratete Kind lebt, seine Unterhaltsverpflichtung in der Regel durch die Pflege und Erziehung des Kindes erfüllt und deshalb grundsätzlich nicht zu Geldleistungen verpflichtet ist. Ein unterhaltsrechtlicher Anspruch des Kindes auf Betreuung ergibt sich aus dieser Bestimmung aber nicht. Die Vorschrift des § 1612 III 1 BGB, die den Eltern unverheirateter Kinder gestattet zu bestimmen, in welcher Art und für welche Zeit im voraus sie den Unterhalt gewähren wollen, gibt den Kindern nicht einmal ein Wahlrecht auf Naturalunterhalt (vgl. Köhler, in: MünchKomm, 3. Aufl., § 1612 Rdnr. 6 m. w. Nachw.). Ein Elternteil, der einem gemeinsamen ehelichen Kind Betreuungs- und Barunterhalt erbracht hat, kann daher vom anderen Elternteil im Wege des familienrechtlichen Ausgleichsanspruchs grundsätzlich nur Erstattung geleisteten Barunterhalts, nicht dagegen Ersatz für geleistete Betreuung verlangen. Es bedarf deshalb keiner Entscheidung, ob der Auffassung des OLG gefolgt werden könnte, in Fällen der vorliegenden Art entspreche der Wert der Betreuung regelmäßig dem Wert des bereits ausgeurteilten Barunterhalts (vgl. dazu Senat, NJW 1991, 697 = LM § 1603 BGB Nr. 40 = FamRZ 1991, 182 (183 re. Sp.).

b) Allerdings kommt in Betracht, daß die Mutter während des Aufenthalts von C beim Vater verpflichtet war, einer Unterhaltspflicht gegenüber C durch Zahlung einer Geldrente nachzukommen, §§ 1601, 1612 I 1 BGB. Dennoch kann sich der Vater nicht darauf berufen, mit seinen Barleistungen an C eine etwa bestehende Verpflichtung der Mutter zur Leistung von Barunterhalt erfüllt zu haben. Denn er war selbst durch das Urteil des AG Essen-Borbeck vom 21. 9. 1989 verpflichtet, an C Barunterhalt zu leisten. Im Verhältnis zur unterhaltsberechtigten Tochter ist deshalb der Vater mit Barleistungen seiner eigenen rechtskräftig festgestellten Unterhaltspflicht nachgekommen und hat insoweit nicht − anstelle der Mutter − eine Unterhaltsverbindlichkeit erfüllt, die dieser gegenüber der Tochter obgelegen hätte (Senat, NJW 1981, 2348 = LM § 1606 BGB Nr. 16 = FamRZ 1981, 761 (762 li. Sp.); Köhler, in. MünchKomm, § 1606 Rdnr. 16; Johannsen/Henrich/Graba, EheR 2. Aufl., § 1606 Rdnr. 12; einschränkend Schwab/Borth, Hdb. d. ScheidungsR, 2. Aufl., Teil V Rdnr. 110).

3. Entgegen der Auffassung des OLG entspräche die Zubilligung eines familienrechtlichen Ausgleichsanspruchs im vorliegenden Fall auch nicht dem Sinn und Zweck, dem dieser Anspruch nach den Grundsätzen der Entscheidungen BGHZ 31, 329 ff. = NJW 1960, 957 = LM § 197 BGB Nr. 3; BGHZ 50, 266 ff. = NJW 1968, 1780 = LM § 1360b BGB Nr. 1 dienen soll. Danach ist der Ausgleichsanspruch jedenfalls nicht dazu bestimmt, gerichtlich festgesetzte Unterhaltsverpflichtungen, die auf einer Abwägung der Leistungsfähigkeit beider Elternteile beruhen, durch „Ausgleich" von Unterhaltsanteilen im Verhältnis der Eltern zueinander abzuändern (Senat, NJW 1981, 2348 = LM § 1606 BGB Nr. 16 = FamRZ 1981, 761 (762 li. Sp.); NJW 1988, 2375 = LM § 1606 BGB Nr. 26 = FamRZ 1988, 834 (835 re. Sp.)). Eine derartige Änderung ist dem Verfahren nach § 323 ZPO vorzubehalten. Demgemäß ist auch hier die Frage der Barunterhaltspflicht, die bereits Gegenstand des Unterhaltsrechtsstreits zwischen C und dem Vater war, nur unter den Voraussetzungen und auf dem Wege des § 323 ZPO erneut zur Entscheidung zu stellen. Deshalb kann der Ansicht des OLG nicht gefolgt werden, die Sperrwirkung des Unterhaltsrechtsstreits zwischen C und dem Vater stehe der Zuerkennung eines Ausgleichsanspruchs deshalb nicht entgegen, weil durch das Überwechseln der Tochter in den Haushalt des Vaters eine Änderung der Verhältnisse i. S. des § 323 ZPO eingetreten sei und es nicht darauf ankomme, ob eine Abänderungsklage erhoben worden sei. Diese Auffassung ist mit dem Gesetz nicht vereinbar. Nach § 323 I ZPO ist bei einer Verurteilung zur Zahlung wiederkehrender Leistungen eine wesentliche Änderung der dem Titel zugrunde liegenden Verhältnisse im Wege der Klage geltend zu machen; die wesentliche Veränderung der Verhältnisse allein genügt nicht. Das Urteil darf auch nur für die Zeit nach Erhebung der Klage abgeändert werden, § 323 III ZPO. Diese Bestimmungen liefen leer, würde bereits eine wesentliche Änderung der Verhältnisse zur Bejahung eines familienrechtlichen Ausgleichsanspruchs des zu Barunterhaltsleistungen verurteilten Elternteils gegenüber dem anderen führen, obwohl über dessen Anteil an den Unterhaltslei-

Anhang R. Rechtsprechung R481

stungen im Vorprozeß mitentschieden worden ist. Es hätte deshalb vorliegend zunächst einer Klage des Vaters auf Abänderung des Urteils des AG Essen-Borbeck bedurft, wenn der Vater von der Mutter Ersatz für von ihm über die Betreuung hinaus erbrachte Barleistungen verlangen wollte. Da dies nicht geschehen ist, steht ihm insoweit kein familienrechtlicher Ausgleichsanspruch zu.

4. Der geltend gemachte Anspruch läßt sich auch nicht auf die §§ 670, 683, 677 BGB oder die Bestimmungen über die Herausgabe eine ungerechtfertigten Bereicherung (§§ 812 ff. BGB) stützen. Regelt bereits ein Urteil, welcher der Elternteile zu Barunterhalt verpflichtet ist, und ist deshalb während des Bestands dieses Urteils ein familienrechtlicher Ausgleichsanspruch des barleistungspflichtigen Elternteils auf Erstattung seiner Leistungen gegenüber dem anderen Elternteil ausgeschlossen, kann ein Erstattungsanspruch auch nicht auf andere Rechtsgrundlagen gestützt werden. Es wäre widersinnig, wenn der Erstattunganspruch wegen der Wirkung des Urteils im Unterhaltsprozeß des Kindes gegen den Vater zwar nicht mit einem familienrechtlichen Ausgleichsanspruch, wohl aber aus anderen Rechtsgründen geltend gemacht werden könnte. Das würde der Rechtswirkung, die dem Urteil des Vorprozesses zukommt und auf der Verneinung des familienrechtlichen Ausgleichsanspruchs beruht, widersprechen (BGHZ 50, 266 (270) = NJW 1968, 1780 = LM § 1360b BGB Nr. 1; vgl. auch Senat, NJW 1984, 2158 = LM 1606 BGB Nr. 19 = FamRZ 1984, 775 (777); Gernhuber/Coester-Waltjen, Lehrb. d. FamR, 4. Aufl., § 46 II 7; Johannsen/Henrich/Graba, § 1606 Rdnr. 12; Schwab/Borth, Rdnr. 110). Die Urteile der Vorinstanzen können deshalb keinen Bestand haben, ohne daß es auf die von der Mutter erklärte Aufrechnung ankommt.

BGH v. 22. 6. 94 – XII ZR 100/93 – FamRZ 94, 1169 = NJW 94, 2618

(Keine Auskunft bei fehlender Relevanz für den Unterhaltsanspruch; Unterhaltsbestimmung nach dem konkreten Bedarf) R481

Nach § 1580 S. 1 i. V. mit § 1605 I 1 BGB sind geschiedene Ehegatten einander verpflichtet, auf Verlangen über ihre Einkünfte und ihr Vermögen Auskunft zu erteilen, soweit dies zur Feststellung eines Unterhaltsanspruchs oder einer Unterhaltsverpflichtung erforderlich ist. Die begehrte Auskunft muß also für den Unterhaltsanspruch relevant sein, wobei es genügt, daß die Auskunft für die Bemessung des Unterhalts von Bedeutung sein kann. Im Scheidungsverbundverfahren besteht die Auskunftspflicht von der Rechtshängigkeit des Scheidungsantrags an (vgl. Senat, NJW 1982, 1645 = LM § 1578 BGB Nr. 2 = FamRZ 1982, 151). Eine Auskunftsverpflichtung besteht allerdings dann nicht, wenn feststeht, daß die begehrte Auskunft den Unterhaltsanspruch oder die Unterhaltsverpflichtung unter keinem Gesichtspunkt beeinflussen kann (vgl. Senat, NJW 1982, 2771 = LM § 1580 BGB Nr. 3 = FamRZ 1982, 996 (997); NJW 1993, 1920 = LM H. 8/1993 § 1577 BGB Nr. 17 = FamRZ 1993, 1065 (1066); Göppinger/Vogel, UnterhaltsR, 6. Aufl., Rdnr. 2562).

2. Letzteres ist entgegen der Auffassung des BerGer. hier der Fall. Zwischen den Parteien steht außer Streit, daß der Ag. nach der Scheidung der Parteien dem Grunde nach ein Unterhaltsanspruch nach Maßgabe der §§ 1569 ff. BGB gegen den Ast. zusteht. Der Höhe nach bestimmt sich der Anspruch nach den ehelichen Lebensverhältnissen (§ 1578 I 1 BGB).

a) Für die Beurteilung der hiernach maßgeblichen ehelichen Lebensverhältnisse sind – nach insoweit geltenden allgemeinen Grundsätzen – die Einkünfte des erwerbstätigen Ehegatten (bzw. beider Eheleute) sowie gegebenenfalls sonstige Einnahmen, u. U. auch Vermögenserträge von Bedeutung, die den ehelichen Lebensstandard während der Ehe geprägt haben. Der unterhaltsberechtigte Ehegatte bedarf daher in der Regel einer Auskunft des Verpflichteten über dessen Einkünfte und sonstige Einnahmen, um anhand der auf diese Weise erlangten Kenntnis seinen Unterhaltsanspruch im einzelnen ermitteln und berechnen zu können.

b) Das ist hier indessen ausnahmsweise nicht der Fall. Die Lebensverhältnisse der Parteien sind durch außergewöhnlich hohe Einkünfte und ein ebenfalls außerordentlich großes Vermögen des Ast. in der Weise geprägt worden, daß für den – gehobenen – Lebensunterhalt der Familie nur Teile der laufenden Einnahmen verwendet wurden, während die „Einkommensüberschüsse" zur Stärkung der Kapitalgrundlage des Familienunternehmens eingesetzt und damit der Vermögensbildung zugeführt wurden. Dieser Teil der Einkünfte hat bei der Unterhaltsbemessung außer Betracht zu bleiben (vgl. Senat, NJW-RR 1987, 194 = FamRZ 1987, 36 (39); Göppinger/Kindermann, Rdnr. 1252). Das Maß des der Ag. zustehenden nachehelichen Unterhalts richtet sich nach den dargelegten besonderen ehelichen Lebensverhältnissen. Da die Ag. beanspruchen kann, auch nach der Scheidung grundsätzlich weiterhin an dem in der Ehe geübten gehobenen Lebensstandard teilzuhaben, bestimmt sich die Höhe ihres Unterhaltsanspruchs im wesentlichen danach, in welchem Umfang die Familieneinkünfte während des Zusammenlebens der Parteien für den allgemeinen Lebensunterhalt verwendet wurden. Der Ag. kommt als Unterhalt der Betrag zu, der erforderlich ist, um ihr die Aufrechterhaltung des ehelichen Lebensstandards zu ermöglichen. Dieser Betrag bestimmt sich bei den gegebenen überdurchschnittlich günstigen wirtschaftlichen Verhältnissen nicht nach einem Anteil (einer Quote) an den Einkünften des Ast. Für seine Ermittlung kann vielmehr an die Aufwendungen angeknüpft werden, mit denen die Parteien während ihres Zusammenlebens ihren allgemeinen Lebensstandard bestritten haben, wenn auch letztlich – objektiviert – der Lebenszuschnitt maßgebend ist, den entsprechend situierte Ehegatten im Regelfall wählen (vgl. Senat, Urt. v. 22. 12. 1982 – IVb ZR 340/81 (unveröff.); NJW 1983, 1547 = LM § 1578 BGB Nr. 17 = FamRZ 1982, 1187 (1188); NJW 1985, 1343 = LM § 323 ZPO Nr. 42 = FamRZ 1985, 582 (583); NJW-RR 1990, 194 = FamRZ 1990, 280 (281); Gernhuber/Coester-Waltjen, Lehrb. des FamilienR, 4. Aufl., § 30 X 1 S. 445, 446).

Diese Aufwendungen kann die Ag. aus eigenem Wissen zur Begründung der Höhe des ihr zustehenden Unterhalts konkret darlegen (vgl. dazu Eschenbruch/Loy, FamRZ 1994, 665 (667 ff.)), ohne daß sie insoweit auf Auskünfte über die Höhe des Einkommens des Ast. angewiesen wäre. Mit der Zusammenstellung von Bedarfsposten, wie sie als Anlage zu dem Schriftsatz vom 20. 6. 1990 vorgelegt worden ist, hat sie insoweit bereits den richtigen Weg eingeschlagen. Im einzelnen wird sie etwa die Kosten für die Instandhaltung und Pflege des ihr von dem Ast. zur Verfügung gestellten Hauses und Grundbesitzes (soweit der Ast. diese Kosten nicht selbst trägt) ebenso ansetzen können wie die Kosten für die Haltung, Wartung und regelmäßige Erneuerung eines Pkw. Dasselbe gilt für die Aufwendungen für ihr Personal (z. B. Gärtner, Haushaltshilfe, Putzhilfe). Bei dem Ansatz der allgemeinen Lebenshaltungskosten kann sie u. U. auf die Höhe eines ihr früher zur Verfügung stehenden Haushaltsgeldes abstellen und danach den ihr zustehenden entsprechenden Anteil ermitteln. Dazu werden die Kosten für ihren privaten Bedarf kommen, wie für Kleidung, Kosmetik, Friseur etc., ebenso wie für eine angemessene Freizeitgestaltung etwa in der Form kultureller und sportlicher Betätigung, wobei sich letztere nach dem Lebensalter und dem Gesundheitszustand der Ag. ausrichten wird (etwa: Golf spielen statt des in der Familie üblichen Reitens). Hinzu kommen können Aufwendungen für Reisen und Erholungsaufenthalte in dem in der Ehe der Parteien geübten gehobenen Zuschnitt, nachdem [nachdem] die Eheleute – nach dem Vortrag der Ag. – während ihres Zusammenlebens Reisen in das In- und Ausland unternommen und dabei stets die besten Hotels bewohnt haben. Auf der Grundlage einer derartigen – im vorstehenden beispielhaft aufgeführten – Zusammenstellung wird sodann die Höhe des Ag. zustehenden eheangemessenen Unterhalts (ggf. durch Schätzung) zu ermitteln und festzulegen sein (vgl. dazu Senat, Urt. v. 22. 12. 1982 – IVb ZR 340/81 (unveröff.); auch Eschenbruch/Loy, in: FamRZ 1994, 665 (671 ff.)).

Nach der Einlassung des Ast. ist davon auszugehen, daß ein so ermittelter Bedarf aufgrund des von ihm zugestandenen Einkommens voll gedeckt werden kann und folglich die von der Ag. erstrebte Auskunft unter diesem Gesichtspunkt für ihren Unterhaltsanspruch nicht relevant ist (vgl. Kalthoener/Büttner, Die Rspr. zur Höhe des Unterhalts, 5. Aufl., Rdnr. 589).

BGH v. 29. 6. 94 – XII ZR 79/93 – FamRZ 94, 1100 = NJW-RR 94, 1155

R482 *(Keine Bindungswirkung an Berechnungsmaßstab im Abänderungsverfahren)*

a   Allerdings ermöglicht das Abänderungsverfahren weder eine freie, von der bisherigen Höhe unabhängige Neufestsetzung des Unterhalts noch eine abweichende Beurteilung derjenigen Verhältnisse, die bereits im Endurteil eine Bewertung erfahren haben. Vielmehr besteht die Abänderungsentscheidung in einer unter Wahrung der Grundlage des Unterhaltstitels vorzunehmenden Anpassung des Unterhalts an veränderte Verhältnisse. Für das Ausmaß der Abänderung kommt es darauf an, welche Umstände für die Bemessung der Unterhaltsrente seinerzeit maßgebend waren und welches Gewicht ihnen dabei zugekommen ist. Auf dieser durch Auslegung zu ermittelnden Grundlage hat der Richter im Abänderungsverfahren unter Berücksichtigung der neuen Verhältnisse festzustellen, welche Veränderungen in diesen Umständen eingetreten sind und welche Auswirkungen sich daraus für die Höhe des Unterhalts ergeben (st. Rspr. des Senats, vgl. NJW 1984, 1458 = LM § 1610 BGB Nr. 10 = FamRZ 1984, 374 (375); NJW 1986, 2054 = LM § 323 ZPO Nr. 48 = FamRZ 1986, 790 und NJW-RR 1990, 194 = FamRZ 1990, 280 (281) jeweils m. w. Nachw.). Wie der Senat weiter entschieden hat, erfaßt die rechtliche Bindung des Abänderungsrichters an die Grundlagen des Ersturteils aber nur solche unverändert gebliebenen tatsächlichen Verhältnisse, die der Richter im früheren Verfahren festgestellt und denen er Bedeutung für Unterhaltsbemessung beigelegt hat. Die Bindung kann sich danach u. a. erstrecken auf die Ermittlung der Einkommensverhältnisse, die Einbeziehung fiktiver Einkünfte oder besonderer Belastungen (Senat, NJW 1984, 1458 = LM § 1610 BGB Nr. 10 = FamRZ 1984, 374 (375)), auf den Pauschalabzug berufsbedingter Aufwendungen, soweit dies in einem Prozeßvergleich dem Parteiwillen entsprach (Senat, NJW 1986, 2054 = LM § 323 ZPO Nr. 48 = FamRZ 1986, 790), auf einen konkret ermittelten Lebensbedarf (Senat, NJW 1985, 1343 = LM § 323 ZPO Nr. 42 = FamRZ 1985, 582 (583) und NJW-RR 1990, 194 = FamRZ 1990, 280 (281)) oder die Anrechnung oder Nichtanrechnung von bestimmten Einkommensanteilen, z. B. den Kinderzuschuß zur Rente (Senat, NJW-RR 1990, 580 = BGHR ZPO § 323 Abs. 1 – Bindung 5 = FamRZ 1990, 981 (984)). Dagegen kommt den von der unterhaltsrechtlichen Praxis entwickelten Unterhaltsrichtlinien, Tabellen, Verteilungsschlüsseln oder sonstigen Berechnungsmethoden keine ähnliche Bindungswirkung zu, weil sie keine beizubehaltenden Urteilselemente, sondern nur Hilfsmittel zur

Ausfüllung der unbestimmten Rechtsbegriffe „angemessener Unterhalt" oder „Unterhalt nach den ehelichen Lebensverhältnissen" sind (Senat, NJW 1984, 1458 = LM § 1610 BGB Nr. 10 = FamRZ 1984, 374 (375)). Der Senat hat daher z. B. bestimmten Unterhaltsquoten, die im Ersturteil zur Bemessung des den ehelichen Lebensverhältnissen entsprechenden Unterhalts angewandt wurden, ebensowenig bindende Wirkung beigemessen, wie Art und Höhe der Besteuerung des zugrunde gelegten Nettoeinkommens (vgl. Senat, NJW-RR 1987, 516 = LM § 58 EheG Nr. 18 = FamRZ 1987, 257 (258) und NJW-RR 1990, 580 = FamRZ 1990, 981 (982)).

Zu dem Kreis dieser nicht bindenden, lediglich als Hilfsmittel zur Berechnung des geschuldeten Unterhalts herangezogenen Verteilungsmethoden gehört auch der Berechnungsansatz, mit dem hier das Ausgangsgericht die Tatsache, daß die Bekl. die den Parteien gemeinsam gehörende Eigentumswohnung allein nutzt und die Parteien zu unterschiedlichen Anteilen die Kosten und Lasten tragen, berücksichtigt hat. Seinem Urteil kommt eine Bindungswirkung nur insoweit zu, als dieser Umstand überhaupt in die Berechnung des Unterhalts mit eingeflossen und nicht etwa als Gegenstand einer gesonderten Geltendmachung eines Nutzungsentgeltes im Rahmen der Miteigentumsgemeinschaft (§ 745 II BGB) ausgeschieden worden ist (vgl. dazu Senat, NJW 1986, 1340 = LM § 745 BGB Nr. 17 = FamRZ 1986, 434 (435) und NJW 1986, 1339 = LM § 741 BGB Nr. 11 = FamRZ 1986, 436 (437)). In welcher Weise und bei welchem Berechnungsschritt die mit der Nutzung der Eigentumswohnung zusammenhängenden Vor- und Nachteile einbezogen werden, ist dagegen kein tragendes Urteilselement, das im Falle einer Veränderung der tatsächlichen Verhältnisse beibehalten werden müßte. Daß das OLG bei der Abänderung keinen die gesamten Kosten übersteigenden Wohnvorteil festgestellt und deshalb zunächst den Unterhaltsbedarf der Bekl. unabhängig von einem anzurechnenden Wohnwert und unabhängig von den Kosten und Lasten errechnet und erst im Anschluß hieran bei der Berechnung des geschuldeten Unterhaltsanspruchs den Wohnvor- und -nachteilen Rechnung getragen hat, ist keine andere rechtliche Betrachtungsweise, [Betrachtungsweise] wie die Revision meint, sondern lediglich ein anderer Berechnungsansatz. Denn auch das Ausgangsgericht hatte – obwohl es bei der Bestimmung des Bedarfs nach den ehelichen Lebensverhältnissen den Einkünften beider Parteien zunächst den halben Wohnwert zugerechnet hatte – im Ergebnis keinen die ehelichen Lebensverhältnisse prägenden tatsächlichen Wohnvorteil zugrunde gelegt, weil es andererseits die mit dem Wohnungseigentum verbundenen gesamten Kosten und Lasten, die auch früher den Wohnwert überstiegen, bei beiden Parteien einkommensmindernd berücksichtigt hat. Auch hatte es nach Feststellung des eheangemessenen Unterhaltsbedarfs – bei der Berechnung des Unterhaltsanspruchs der Bekl. den hälftigen Wohnwert, den ihr der Kl. überläßt, abgezogen und auf diese Weise dem Umstand Rechnung getragen, daß sie dessen Miteigentum nutzt.

(Wohnwert im Abänderungsverfahren; objektive Marktmiete nach Scheidung; Abzug von Zins und Tilgung bei prägendem Wohnwert)

Was die rechtliche Wertung angeht, so stimmt das OLG mit dem Ausgangsgericht im Ergebnis darin überein, daß es die Bekl. zu gleichen Anteilen an den Kosten und Lasten der Wohnung beteiligt, ohne eine Begrenzung nach dem angemessenen Wohnbedarf in Höhe eines Drittels ihrer Einkünfte vorzunehmen. Das OLG hat dies damit begründet, daß es nicht angemessen sei, die Parteien hinsichtlich der Belastung aus der im hälftigen Miteigentum stehenden Wohnung unterschiedlich zu behandeln, wenn die Bekl. sich einer wirtschaftlich sinnvollen Verwertung derselben widersetze. Das entspricht der Rechtsauffassung des Ausgangsgerichts, welches der Bekl. den hälftigen Wohnwert ohne diese Begrenzung angerechnet hat, weil sie den Verkauf der für sie zu großen Wohnung ablehne.

4. Die Bemessungsweise des OLG ist auch in materieller Hinsicht nicht zu beanstanden. Daß ein Wohnwert sowohl bei der Frage des Bedarfs als auch bei der Frage der Leistungsfähigkeit nur dann einkommenserhöhend zu berücksichtigen ist, wenn er die für das Eigentum aufgewendeten Kosten und Lasten übersteigt, sich also als ein Wohnvorteil gegenüber sonst entstehenden Mietaufwendungen erweist, entspricht der Rechtsprechung des Senats (vgl. u. a. Senat, FamRZ 1985, 354 (356); NJW 1985, 909 = LM § 1577 BGB Nr. 6 = FamRZ 1985, 357 (360); NJW-RR 1986, 66 = LM § 1603 BGB Nr. 29 = FamRZ 1986, 48 (49) und NJW 1989, 2809 = LM § 1361 BGB Nr. 56 = FamRZ 1989, 1160 (1162)). Der daraus abgeleitete Berechnungsansatz enthält keinen Rechtsfehler. Der über den Unterhaltsanspruch vorgenommene hälftige Ausgleich der Belastungen zwischen den Ehegatten entspricht im Ausgangspunkt dem Gedanken der §§ 745 II, 748 BGB und vermeidet zugleich ein weiteres Verfahren über eine Nutzungsentschädigung (vgl. Senat, NJW 1986, 1340 = LM § 745 BB Nr. 17 = FamRZ 1986, 434 (435); NJW 1986, 1339 = LM § 741 BGB Nr. 11 = FamRZ 1986, 436 (437); Kalthoener/Büttner, Die Rechtsprechung zur Höhe des Unterhalts, 5. Aufl., Rdnr. 783). Den Wohnwert nur in Höhe von $^1/_3$ des Einkommens der Bekl. auf ihren Unterhaltsbedarf anzurechnen, hat der Tatrichter wegen ihrer ablehnenden Haltung gegenüber einer wirtschaftlich sinnvolleren Verwertung des gemeinsamen Eigentums abgelehnt. Das ist rechtlich nicht zu beanstanden (vgl. Senat, NJW 1989, 2809 = LM § 1361 BGB Nr. 56 = FamRZ 1989, 1160 (1163)) und entspricht, wie ausgeführt, der Wertung im Ausgangsverfahren.

R482A – R482B Anhang R. Rechtsprechung

BGH v. 21. 9. 1994 – XII ZR 161/93 – NJW-RR 1995, 129

R482A *(Berücksichtigung von Abzahlungen auf ein Einfamilienhaus, das vor der Scheidung als Familienheim diente und inzwischen vermietet ist, beim Kindesunterhalt)*

6. a) Die Revision wendet sich weiter dagegen, daß das OLG die Finanzierungskosten für das Eigenheim des Bekl. in F. als abzugsfähig anerkannt hat, und sie meint dazu:
Insoweit widerspreche das Berufungsurteil der höchstrichterlichen Rechtsprechung. Das OLG verkenne bei seinen Ausführungen zur Berücksichtigung von Verbindlichkeiten eines Unterhaltsschuldners, daß sich Zins- und Tilgungsleistungen für ein Eigenheim im Regelfall schon vom Ansatz her von anderen Schulden und Verbindlichkeiten unterschieden. Zins und Tilgung für Immobiliendarlehen würden dafür aufgewendet, daß in der Gegenwart ein mietzinsfreies Wohnen ermöglicht und für die Zukunft lastenfreies Immobilieneigentum geschaffen werde. Damit handele es sich um Aufwendungen zur Vermögensbildung und nicht um Schulden im eigentlichen Sinn. Derartige Verbindlichkeiten seien nicht vergangenheits-, sondern gegenwarts- und zukunftsorientiert und deshalb bei der Unterhaltsberechnung nicht abzugsfähig.

b) Auch diese Rüge der Revision greift nicht durch. Einen Widerspruch in den Ausführungen des angefochtenen Urteils zur Rechtsprechung des *Senats* zeigt die Revision nicht auf. Der *Senat* hat zur Frage der Berücksichtigung von Verbindlichkeiten im Unterhaltsrecht stets betont, daß diese regelmäßig eine umfassende Interessenabwägung zwischen den Belangen der einzelnen Betroffenen voraussetzt, die in erster Linie dem Tatrichter vorbehalten ist (vgl. *Senat,* FamRZ 1982, 157 [158]; NJW-RR 1986, 428 = LM § 1603 BGB Nr. 30 = FamRZ 1986, 254 [256 f.] m. Nachw.). Das gilt grundsätzlich auch für mehr „gegenwarts- und zukunftsorientierte" Verbindlichkeiten (vgl. dazu *OLG Stuttgart,* FamRZ 1984, 105 [1107]), zu denen im übrigen auch Kosten der Anschaffung von Verbrauchsgütern wie etwa Kraftfahrzeugen und Fernsehgeräte gehören dürften.

Bestehen Verbindlichkeiten und Belastungen im Zusammenhang mit dem Erwerb oder der Erhaltung eines Eigenheims, so können die unterhaltsrechtlich maßgeblichen Umstände in Ausnahmefällen eine Vermögensumschichtung bzw. die Veräußerung des Grundbesitzes nahelegen, wenn dies bei Abwägung der beiderseitigen Belange aus der Sicht des Unterhaltsberechtigten notwendig und für den Verpflichteten zumutbar erscheint (vgl. dazu – zu § 1577 I und III BGB – *Senat,* NJW-RR 1988, 514 = LM § 1578 BGB Nr. 48 = FamRZ 1988, 145 [149 f.]; außerdem *Senat,* NJW 1984, 1237 = LM § 1581 BGB Nr. 3 = FamRZ 1984, 358 [360]; NJW-RR 1986, 66 = LM § 1603 BGB Nr. 29 = FamRZ 1986, 48 [50]). Das hat das OLG für den vorliegenden Fall rechtsfehlerfrei verneint, wobei es sich u. a. auf die Erwägung gestützt hat, daß ein etwaiger Verkauf des Hausgrundstücks keinen nennenswerten Überschuß erbringen würde. Damit scheidet eine ertragsteigernde Vermögensumschichtung ebenso aus wie eine zumutbare Veräußerung des Grundbesitzes, zumal der Bekl. bereits mindestens 45 000 DM darauf abgezahlt hatte. Eine Veräußerung seines Hauses, das er zudem nach der Feststellung des OLG in Zukunft selbst wieder bewohnen will, kann daher von dem Bekl. unterhaltsrechtlich nicht verlangt werden (vgl. insoweit auch *Senat,* NJW-RR 1986, 66 = LM § 1603 BGB Nr. 29 = FamRZ 1986, 48 [50]; *Schwab/Borth,* Hdb. des ScheidungsR, 2. Aufl., V Rdnr. 78).

Kommt eine Verwertung in der Form der Veräußerung eines Eigenheims nicht in Betracht, so kann es gleichwohl geboten sein, die Tilgungsrate für einen Hauskredit unterhaltsrechtlich außer Ansatz zu lassen, wenn die Berücksichtigung dieser Verbindlichkeiten dazu führen würde, daß der Unterhaltsschuldner unberechtigterweise auf Kosten des Unterhaltsbedürftigen Vermögen bildet (vgl. *Senat,* NJW 1984, 292 = LM § 1578 BGB Nr. 26 L = FamRZ 1984, 149 [151]; NJW-RR 1987, 194). Grundsätzlich sind auch Hausbauverbindlichkeiten wie andere Verbindlichkeiten unter umfassender Berücksichtigung aller Umstände des Einzelfalls zu behandeln. Dabei kann insb. die Tatsache, daß ein Haus als Familienheim gedient hat, für eine unterhaltsrechtliche Anerkennung der darauf bezogenen Schulden sprechen, sofern diese sich in einem angemessenen und zumutbaren Rahmen halten (vgl. *Senat,* NJW 1984, 1237 = LM § 1581 BGB Nr. 3 = FamRZ 1984, 358 [360]; *Kalthoener/Büttner,* Rdnr. 773). Das zu beurteilen unterliegt generell der Prüfung und Entscheidung des Tatrichters in seinem tatrichterlichen Ermessen.

Das OLG ist bei der von ihm vorgenommenen Billigkeits- und Interessenabwägung rechtlich zutreffend von den dargelegten Grundsätzen ausgegangen. Seine Ausführungen und das bei der Abwägung gewonnene Ergebnis halten sich im Rahmen der ihm obliegenden tatrichterlichen Wertung der Verhältnisse und lassen keinen Rechts- oder Verfahrensfehler erkennen. Auch die Revision zeigt einen solchen nicht auf.

BGH v. 28. 9. 94 – XII ZR 250/93 – FamRZ 95, 799

R482B *(Zeitpunkt der Zustellung mittels Empfangsbekenntnis)*

1. Das OLG ist zutreffend davon ausgegangen, daß das gemäß § 212 a ZPO mit Datum und Unterschrift versehene schriftliche Empfangsbekenntnis des RA F. grundsätzlich den Beweis dafür er-

Anhang R. Rechtsprechung R483

bringt, daß das erstinstanzliche Urteil dem Prozeßbevollmächtigten der Kl. am 31. 3. 1993 zugestellt worden ist, und daß demgemäß durch die am 3. 5. 1993 beim *OLG* eingegangene Berufungsschrift die Monatsfrist des § 516 ZPO nicht gewahrt worden wäre. Es unterliegt auch keinem Zweifel, daß die formellen Voraussetzungen einer wirksamen Urteilszustellung gegeben waren, denn diese war gemäß § 270 I ZPO von Amts wegen und gemäß §§ 208, 209 ZPO von der Geschäftsstelle zu besorgen und sie mußte gemäß § 176 ZPO an den von der Kl. für den ersten Rechtszug bestellten Prozeßbevollmächtigten erfolgen. Der Urkundsbeamte konnte nach seinem pflichtgemäßen Ermessen die Zustellung an RA F. auf dem durch § 212 a ZPO eröffneten Wege vornehmen.

Das *OLG* hat auch nicht verkannt, daß das von einem RA ausgestellte Empfangsbekenntnis eine Privaturkunde i. S. des § 416 ZPO darstellt und daher grundsätzlich Beweis dafür erbringt, daß die darin enthaltene Erklärung vom Aussteller abgegeben worden ist, jedoch nicht den Beweis ausschließt, daß diese Erklärung inhaltlich unzutreffend ist (std. Rspr. vgl. *Senats*beschlüsse v. 28. 10. 1981 – IV b ZB 687/81 –, VersR 1982, 160 und v. 4. 12. 1985 – IV b ZB 68/85 –, VersR 1986, 371, 372; *BGH*, Beschluß v. 18. 9. 1990 – XI ZB 8/90 – NJW 1991, 42 = VersR 1991, 124, 125).

Für den Beweis der Unrichtigkeit einer Datumsangabe in dem von einem RA ausgestellten Empfangsbekenntnis reicht dabei nicht aus, daß Zweifel geweckt werden, ob die angegebene Datierung zutrifft. Der Gegenbeweis ist vielmehr erst dann geführt und die Beweiswirkung des § 212 a ZPO bezüglich der Datumsangabe entkräftet, wenn jede Möglichkeit ausgeschlossen werden kann, daß der angegebene Zeitpunkt richtig ist (vgl. *BGH*, Urteil v. 7. 6. 1990 – III ZR 216/89 –, NJW 1990, 2125 f., unter Bezugnahme auf die frühere Rspr. des *BGH*; vgl. ferner *Stein/Jonas/Roth*, ZPO, 21. Aufl., § 212a Rz. 6, i. V. mit § 198 Rz. 25; *MünchKomm/v. Feldmann*, ZPO, § 212a Rz. 4, i. V. mit § 198 Rz. 11; *Zöller/Stöber*, ZPO, 18. Aufl., § 198 Rz. 15; *Baumbach/Lauterbach/Hartmann*, ZPO, 52. Aufl., § 212a Rz. 14; *Thomas/Putzo*, ZPO, 18. Aufl., § 198 Rz. 16).

Der Senat folgt der Auffassung, daß an die Führung des die Beweiswirkung eines anwaltlichen Empfangsbekenntnisses beseitigenden Gegenbeweises strenge Anforderungen zu stellen sind. Denn durch eine Aushöhlung der Beweiskraft einer solchen Urkunde würde der durch § 212 a ZPO eröffnete Zustellungsweg, der im Hinblick auf die Einschaltung des RA als Organ der Rechtspflege Erleichterung bringen soll, gefährdet werden.

BGH v. 9. 11. 94 – XII ZR 206/93 – FamRZ 95, 215 = NJW 95, 717
(Kosten des Umgangsrechts) R483

Zutreffend ist allerdings der Ausgangspunkt des OLG, daß eine Berücksichtigung von Umgangskosten zu Lasten des unterhaltsberechtigten Ehegatten auf eng begrenzte Ausnahmefälle beschränkt bleiben muß. Grundsätzlich hat der Umgangsberechtigte die üblichen Kosten, die ihm bei der Ausübung des Umgangsrechtes entstehen, wie Fahrt-, Übernachtungs-, Verpflegungskosten und ähnliches, selbst zu tragen und kann sie weder unmittelbar im Wege einer Erstattung noch mittelbar im Wege einer Einkommensminderung geltend machen. Das gilt grundsätzlich sowohl gegenüber dem unterhaltsberechtigten Kind als auch gegenüber dem unterhaltsberechtigten Ehegatten (vgl. *OLG Bamberg*, FamRZ 1987, 1295; *OLG Frankfurt/M. – 3. FamS –*, FamRZ 1987, 1033; *OLG Karlsruhe*, FamRZ 1992, 58 f.; *Johannsen/Henrich/Jaeger*, Eherecht, 2. Aufl., § 1634 BGB Rz. 31; *Rolland/Nehlsen-v. Stryk*, FamK, § 1634 BGB Rz. 23; *Soergel/Strätz*, BGB, 12. Aufl., § 1634 Rz 20; *Staudinger/Peschel-Gutzeit*, BGB, § 1634 Rz. 325; *Kalthoener/Büttner*, Rechtsprechung zur Höhe des Unterhalts, 5. Aufl., Rz. 386, 994; ähnlich auch *Göppinger/Strohal*, Unterhaltsrecht, 6. Aufl., Rz. 271, 675; abweichend für den Ehegattenunterhalt *OLG Frankfurt/M. – 1. FamS –*, FamRZ 1984, 178; 1991, 78; ihm folgend *MünchKomm/Hinz*, BGB, 3. Aufl., § 1634 Rz. 34; *Palandt/Diederichsen*, BGB, 53. Aufl., § 1634 Rz. 41, und *Heiß/Heiß*, Unterhaltsrecht, I 3.161; vgl. aber auch *Heiß/Deisenhofer*, a.a.O., 12.28). Denn die Wahrnehmung des persönlichen Kontaktes mit seinem Kind ist unmittelbar Ausfluß seiner elterl. Verantwortung gemäß §§ 1618 a, 1626, 1631 BGB und seines höchstpersönlichen Rechtes aus § 1634 BGB. Die dabei anfallenden Belastungen sind Kosten, die er im eigenen und im Interesse des Kindes grundsätzlich selbst aufzubringen hat. Zur Entlastung dienen ihm dabei staatliche Vergünstigungen wie das Kindergeld, das ihm im Verhältnis zum anderen sorgeberechtigten Elternteil hälftig zusteht. (Bis einschließlich 1989 gab es ferner noch den vom zu versteuernden Einkommen absetzbaren sog. Besucherfreibetrag gemäß § 33 a I a EStG a. F.; vgl. *OLG Frankfurt/M. – 3. FamS –*, a.a.O., S. 1034; *Staudinger/Peschel-Gutzeit*, a.a.O., Rz. 327; *Schmidt/Glanegger*, EStG, 8. Aufl., § 33a Anm. 3.)

Die einkommensmindernde Berücksichtigung der Umgangskosten beim Unterhaltsverpflichteten würde demgegenüber zu einer teilweisen Verlagerung dieser Lasten auf den unterhaltsberechtigten Sorgerechtsinhaber führen, die mit dem Gesetz grundsätzlich nicht in Einklang steht. Sie würde letztlich möglicherweise auch die Lebenshaltung des Kindes beeinträchtigen, das mit dem sorgeberechtigten Elternteil in einem Haushalt lebt und vielfach tatsächlich an dessen Unterhalt teilnimmt. Eine Abweichung von diesen Grundsätzen hat sich daher in engen Grenzen zu halten und ist nur aus Billigkeitsgründen unter Abwägung aller Umstände des Einzelfalles zu rechtfertigen.

Die vom OLG herangezogenen Gesichtspunkte reichen hierfür nicht aus. Der Umstand, daß die Kl. mit dem Kind vom ehemaligen Ehewohnsitz in einen 160 km entfernten Ort verzogen ist, wo sie eine neue Lebensgemeinschaft begründet hat, berechtigt den Bekl. noch nicht zu einer Unterhaltskürzung. Grundsätzlich kann ein sorgeberechtigter Ehegatte seinen künftigen Wohnort und Lebenskreis selbst bestimmen und ist nicht gehalten, am ehemaligen Familienwohnsitz oder in dessen unmittelbarer Nähe zu bleiben, um dem anderen Ehegatten die Besuchskontakte mit den Kindern möglichst zu erleichtern. Erst wenn er in einer solchen Entfernung wohnt, daß angesichts ohnehin beengter wirtschaftlicher Verhältnisse die Kostenbelastung für den Umgangsberechtigten schlechthin unzumutbar ist und dazu führt, daß dieser sein Umgangsrecht nicht oder nur noch in erheblich eingeschränktem Umfang ausüben könnte, greifen Billigkeitserwägungen ein. In einem solchen Fall kann es dem unterhaltsberechtigten Ehegatten zuzumuten sein, sich in seiner eigenen Lebensführung einzuschränken, um dem unterhaltsverpflichteten Ehegatten zumindest die Mittel zu belassen, die zur Ausübung eines den wirtschaftlichen Verhältnissen angepaßten Umgangsrechts nötig sind. Dies entspricht auch der elterl. Verantwortung des sorgeberechtigten Ehegatten gegenüber dem Kind, dem der Kontakt mit dem anderen Elternteil erhalten bleiben muß.

Bei der dabei gebotenen Abwägung der wirtschaftlichen und persönlichen Verhältnisse der Parteien ist indes auf eine ausgewogene Lastenverteilung zu achten. Die Opfergrenze für den sorgeberechtigten Ehegatten wird dort überschritten, wo er – wie es hier der Fall ist – weniger als das Existenzminimum erhält, während der unterhaltsverpflichtete Ehegatte nach Vorwegabzug berufsbedingter Aufwendungen, berücksichtigungsfähiger Schuldentilgung für einen Pkw und weiterer Verpflichtungen über einen Selbstbehalt von monatlich 1100 DM bzw. 1300 DM verfügt. In diesem Falle muß es bei der Grundregel bleiben, daß der Unterhaltsverpflichtete die ihm entstehenden Umgangskosten trägt, ohne sie unterhaltsmindernd geltend machen zu können. Das ist hier um so mehr geboten, als die Entfernung vom Wohnort des Kindes nur 160 km beträgt und die Kosten einer Rückfahrkarte nach den Feststellungen des OLG bei nur 88 DM liegen, und sich dieser Betrag bei Inanspruchnahme von vergünstigten Angeboten der Bahn noch verringern läßt.

BGH v. 9. 11. 94 – IV ZR 66/94 – FamRZ 95, 160 = NJW 95, 323

R484 *(Abtretung nach § 90 BSHG)*

4. Im übrigen läßt § 90 I S. 4 BSHG die Überleitung eines Anspruchs ausdrücklich selbst dann zu, wenn der Anspruch nicht übertragen, verpfändet oder gepfändet werden kann. Ein derartiges Hindernis könnte deshalb auch einer Abtretung an einen Träger der Sozialhilfe nicht entgegenstehen, der zu einer Überleitung des abgetretenen Anspruchs befugt ist. § 90 BSHG macht die Abtretung zwar entbehrlich, untersagt sie aber nicht. Der Träger der Sozialhilfe darf eine Abtretung nur dann nicht verlangen, wenn er sich dadurch weitergehende Erstattungsmöglichkeiten erschließen würde, als sie ihm durch § 90 BSHG eröffnet sind (*BGH*, Urteil v. 16. 3. 1994 – XII ZR 225/92 –, FamRZ 1994, 829 = NJW 1994, 1733, 1734 unter 2 b, m. w. N.). Daß der Anspruch aus § 528 BGB gemäß § 90 BSHG übergeleitet werden kann, steht außer Frage.

BGH v. 23. 11. 94 – XII ZR 168/93 – FamRZ 95, 221

R485 *(Abänderungsklage bei Änderung der DT)*

a 2. Greift die Sperre des § 323 V ZPO somit nicht ein, können mit der Abänderungsklage nicht nur individuelle Änderungen der Verhältnisse geltend gemacht werden, sondern grundsätzlich auch solche allgemeiner Art, wie etwa die generelle Entwicklung der Einkommen und Lebenshaltungskosten (*BGHZ* 101, 235, 243 f. = FamRZ 1987, 1021). Diese stellen bei Titeln über den Unterhalt ein Indiz für die Änderung der tatsächlichen Verhältnisse im Einzelfall dar und eröffnen somit grundsätzlich die Möglichkeit der Abänderung nach § 323 ZPO (*Johannsen/Henrich/Brudermüller*, Eherecht, 2. Aufl., § 323 ZPO Rz. 59).

Voraussetzung für die Zulässigkeit einer solchen Abänderungsklage bleibt aber in jedem Falle, daß eine die Wesentlichkeitsschwelle des § 323 I ZPO übersteigende Veränderung der tatsächlichen Verhältnisse behauptet wird. Diesem Erfordernis genügt der Vortrag der Kl.

a) Zutreffend ist der Ausgangspunkt des OLG, daß Unterhaltsrichtlinien als solche, wie etwa die Düsseldorfer Tabelle, keine tatsächlichen Umstände darstellen, sondern lediglich richterliche Entscheidungshilfen sind (vgl. *Senats*urteil v. 26. 11. 1986 – IV b ZR 91/85 –, FamRZ 1987, 257, 258), und daß Neufestsetzungen der in solchen Tabellen festgelegten Bedarfssätze für sich allein genommen noch keine Abänderungsklage nach § 323 ZPO rechtfertigen. Etwas anderes ist auch der Entscheidung des *BGH*, Urteil v. 21. 12. 1977 – IV ZR 4/77 – FamRZ 1978, 177, 179, nicht zu entnehmen: Darin wird lediglich ausgeführt, daß eine wesentliche Änderung der Unterhaltsrichtsätze nicht in einem Verfahren nach § 767 ZPO berücksichtigt werden sondern nur im Wege der Abänderungs-

Anhang R. Rechtsprechung R485

klage des § 323 ZPO geltend gemacht werden kann. Zu der Frage, ob der Abänderungskl. mit dem bloßen Hinweis auf eine solche Änderung der Richtsätze seiner Darlegungslast genügt, läßt sich dieser Entscheidung nicht entnehmen. Auch die Entscheidungen *OLG Hamburg*, FamRZ 1989, 885 f., *OLG Bamberg*, FamRZ 1985, 1151, 1152 = NJW 1986, 730, und *OLG Saarbrücken*, FamRZ 1987, 615, auf die die Revision sich stützt, sehen einen Abänderungsgrund nicht in der Änderung der Richtsätze als solcher, sondern in den Änderungen tatsächlicher Art, die in der Neufassung der Tabelle zum Ausdruck gekommen sind (so auch *Derleder/Lenze*, FamRZ 1989, 558, 559; *Graba*, NJW 1988, 2343, 2346; *Zöller/Vollkommer*, ZPO, 18. Aufl., § 323 Rz. 33; ähnlich *MünchKomm/Gottwald*, ZPO, § 323 Rz. 54; kritisch *Niklas*, DAVorm 1987, 2, 3; a. A. *Schwab/Maurer*, Handbuch des Scheidungsrechts, 2. Aufl., Teil I Rz. 1038 f.).

b) Die ungefähr alle drei bis vier Jahre erfolgende Fortschreibung der Düsseldorfer Tabelle stellt allerdings keine (im Rahmen des § 323 ZPO unbeachtliche) bloße Änderung der rechtlichen Beurteilung der unterhaltsrelevanten Verhältnisse dar. Sie trägt vielmehr dem Umstand Rechnung, daß sich die wirtschaftlichen Verhältnisse sowohl auf seiten des Bedürftigen als auch auf seiten des Verpflichteten infolge Änderungen der Lebenshaltungskosten und der Einkommensverhältnisse seit der letzten Festsetzung dieser Sätze gewandelt haben, und ist damit zugleich Ausdruck der Veränderung dieser tatsächlichen Verhältnisse (vgl. *Senats*urteil v. 15. 12. 1993 – XII ZR 172/92 –, FamRZ 1994, 372, 373 = BGHR, ZPO § 323 DDR-Unterhaltstitel 2; SchlHOLG, SchlHA 1978, 198; *OLG Bamberg*, a.a.O.; *OLG Saarbrücken*, a.a.O.; *OLG Hamburg*, a.a.O.; *Johannsen/Henrich/Brudermüller*, a.a.O., § 323 ZPO Rz. 261; *Derleder/Lenze*, a.a.O.; *Köhler/Luthin*, Handbuch des Unterhaltsrechts, 8. Aufl., Rz. 957; ähnlich *MünchKomm/Gottwald*, ZPO, § 323 Rz. 54; *Graba*, a.a.O.; *OLG Karlsruhe*, FamRZ 1986, 582f.; *Stein/Jonas/Leipold*, ZPO, 20. Aufl., § 323 Rz. 22; einschränkend *Göppinger/Vogel*, Unterhaltsrecht, 6. Aufl., Rz. 2408 ff.).

In dem Vorbringen einer Partei, die ihr Abänderungsverlangen auf eine Änderung der Bedarfssätze der Düsseldorfer oder einer vergleichbaren Tabelle stützt, ist daher regelmäßig auch die Behauptung zu sehen, daß sich die Einkommen und/oder die Lebenshaltungskosten seit der vorausgegangenen Fassung dieser Tabelle allgemein in einem Maße verändert hätten, wie dies der Änderung der Bedarfssätze entspreche.

(Tabellenänderung als wesentliche Änderung nach § 323 I ZPO)

d) Die Notwendigkeit der Neufassung einer solchen Unterhaltstabelle deutet in aller Regel zugleich darauf hin, daß die wirtschaftlichen Veränderungen, die ihr zugrunde liegen, wesentlich i. S. des § 323 ZPO sind (vgl. *Derleder/Lenze*, a.a.O., S. 560). Im vorliegenden Fall bestehen insoweit ohnehin keine Zweifel, da sich die für die Einkommensgruppe 5 der Düsseldorfer Tabelle – Stand: 1. 7. 1992 [FamRZ 1992, 398] – maßgeblichen Bedarfssätze (410/495/590 DM) gegenüber dem Stand 1. 1. 1989 (365/440/525 DM) um jeweils deutlich mehr als 10 % erhöht haben. Diese Tabellenänderungen sind daher – zumindest, soweit sie den Unterhalt minderjähriger Kinder betreffen – grundsätzlich geeignet, eine Abänderungsklage zu begründen, ohne daß der Abänderungskl. darüber hinaus im einzelnen darlegen muß, daß im Zuge der allgemeinwirtschaftlichen Veränderungen auch eine wesentliche Veränderung der individuellen Verhältnisse (Bedarf des Unterhaltsberechtigten und/oder Einkommen des Verpflichteten) eingetreten sei.

(Zeitschranke bei Anwendung von Tabellen)

b) Die Abänderungsklage der Kl. zu 1 unterliegt hingegen der Zeitschranke des § 323 II ZPO, da sie auf die Abänderung eines zuletzt auf die mündliche Verhandlung vom 25. 3. 1992 geänderten Unterhaltstitels gerichtet ist. Die Kl. zu 1 kann sich daher grundsätzlich nur auf solche Veränderungen berufen, die nach dem 25. 3. 1992 eingetreten sind.

Die vom 1. 7. 1992 an geltenden Änderungen der Richtsätze der Düsseldorfer Tabelle sind aber wie eine an diesem Stichtag eingetretene Veränderung der tatsächlichen wirtschaftlichen Verhältnisse zu behandeln, so daß auch die Kl. zu 1 nicht gehindert ist, sich in vollem Umfang darauf zu berufen.

Dies folgt aus der Eigenart der Düsseldorfer Tabelle und vergleichbarer Unterhaltsrichtlinien, die den angemessenen Unterhalt im Interesse der Rechtssicherheit und Praktikabilität schematisierend bestimmen.

Richtig ist zwar, daß die wirtschaftlichen Verhältnisse, die Anlaß zur Neufassung solcher Tabellen geben, sich nicht sprunghaft, sondern allmählich ändern. Nichts anderes gilt aber auch für den mit fortschreitendem Lebensalter kontinuierlich steigenden Unterhaltsbedarf minderjähriger Kinder, dem die Düsseldorfer Tabelle ebenfalls schematisierend durch Einteilung in drei Altersgruppen Rechnung trägt. Zu Recht weist die Revision darauf hin, daß der erhöhte Unterhaltsbedarf bei Erreichen der nächsten Altersstufe der Unterhaltstabelle als ausreichender Abänderungsgrund nach § 323 ZPO angesehen wird (vgl. *Johannsen/Henrich/Brudermüller*, a.a.O., § 323 ZPO Rz. 60, m. N.) und nicht einzusehen sei, warum dies für den erhöhten Unterhaltsbedarf, der in einer Anhebung der Richtsätze selbst zum Ausdruck komme, nicht gelten solle.

Die Schematisierung durch Unterhaltstabellen hat sich in der Praxis bei der Unterhaltsbemessung bewährt. Sie hat allerdings zur Folge, daß einem Unterhaltsberechtigten, der seinen Unterhaltsanspruch erst gegen Ende des Geltungszeitraums einer solchen Tabelle gerichtlich geltend macht, in aller Regel nur der Unterhaltsatz der jeweils aktuellen Tabellenfassung zuerkannt wird, auch wenn sich die allgemeinwirtschaftlichen Verhältnisse seit der letzten Änderung dieses Unterhaltssatzes verändert haben. Die Notwendigkeit eines – etwa an der Steigerung der allgemeinen Lebenshaltungskosten orientierten – „Aufschlages" auf die Richtsätze einer bereits seit längerer Zeit geltenden Tabelle würde die Unterhaltsbemessung in der Praxis außerordentlich erschweren und widerspräche Sinn und Zweck derartiger Richtsätze (vgl. die Fußnote 2 zur Düsseldorfer Tabelle, FamRZ 1992, 398, derzufolge die Zahlenwerte der neuen Tabelle ab 1. 7. 1992 gelten und bis zum 30. 6. 1992 die Zahlenwerte der bisherigen Tabelle anzuwenden sind).

Unter diesen Umständen muß dieser Schematisierung auch im Rahmen des Abänderungsverfahrens nach § 323 ZPO Rechnung getragen werden. Wenn der Kindesunterhalt seinerzeit nach den Richtsätzen der Düsseldorfer Tabelle festgesetzt wurde und nunmehr den neuen Richtsätzen entsprechend abgeändert werden soll, müßte es letztlich auf Unverständnis stoßen, wenn dem Abänderungskl. § 323 II ZPO insoweit entgegenzuhalten wäre, als die Änderung der wirtschaftlichen Verhältnisse, die ihren Niederschlag in den neuen Richtsätzen gefunden hat, teilweise bereits vor dem nach dieser Vorschrift maßgeblichen Zeitpunkt eingetreten war. Durch eine derartige Anwendung der Vorschrift würde dem Unterhaltsberechtigten die Geltendmachung seines erhöhten Bedarfs ganz oder teilweise auf Dauer abgeschnitten, nämlich im Ausgangsverfahren infolge der Schematisierung der Tabelle und im Abänderungsverfahren duch Präklusion. Änderungen der wirtschaftlichen Verhältnisse seit der letzten Neufassung der Düsseldorfer Tabelle, die im Ausgangsverfahren wegen der Anwendung der Richtsätze dieser Tabelle keine Berücksichtigung gefunden haben, sind daher im nachfolgenden Abänderungsverfahren nicht präkludiert (vgl. auch *Niklas*, a.a.O., S. 6).

BGH v. 24. 11. 94 – GSZ 1/94 – FamRZ 95, 349 = NJW 95, 664

R485A *(Beschwerdewert bei Verurteilung zur Auskunftserteilung)*

b) Für die bisherige std. Rspr. sprechen gewichtige Gründe.

Den Wert des Beschwerdegegenstandes, § 511 a I ZPO, hat das Gericht gemäß §§ 2, 3 ZPO nach seinem freien Ermessen festzusetzen, wenn – wie bei der Auskunftsklage – die §§ 4 bis 9 ZPO nicht eingreifen. Der Beschwerdegegenstand der Berufung wird durch den Berufungsantrag, § 519 II Nr. 1 ZPO, im Rahmen der Beschwer bestimmt (vgl. *MünchKomm/Lappe*, ZPO, § 3 Rz. 9). Maßgebend ist das wirtschaftliche Interesse des Rechtsmittelkl. an dem Erfolg seines Rechtsmittels (vgl. *BGH*, Beschluß v. 14. 2. 1973 – V ZR 179/72 –, NJW 1973, 654; *Hillach/Rohs*, Handbuch des Streitwerts in bürgerlichen Rechtsstreitigkeiten, 8. Aufl., S. 95).

Dabei ist grundsätzlich nur auf den unmittelbaren Gegenstand der Entscheidung abzustellen. Der tatsächliche oder rechtliche Einfluß der Entscheidung auf andere Rechtsverhältnisse bleibt außer Betracht (vgl. *Hillach/Rohs*, a. a. O., S. 98). Daraus folgt, daß der Wert des Beschwerdegegenstandes – auch bei unverändertem Streitgegenstand – niedriger, ggf. aber auch höher sein kann als der für den Kl. nach seinem Antrag im ersten Rechtszug festgesetzte Wert (vgl. als Beispiele für einen höheren Beschwerdewert *BGH*, Urteil v. 10. 12. 1993 – V ZR 168/92 –, NJW 1994, 735, und Beschluß v. 22. 2. 1990 – III ZR 1/90 –, NJW 1991, 824).

Der Anspruch auf Auskunft bezieht seinen wirtschaftlichen Wert typischerweise daraus, daß mit ihm die Durchsetzung eines Hauptanspruchs vorbereitet werden soll (vgl. *MünchKomm/Lappe*, a. a. O., § 3 Rz. 51). Der wirtschaftliche Zweck des Auskunftsverlangens besteht im allgemeinen darin, eine der Grundlagen zu schaffen, die für den Anspruch auf die Hauptleistung erforderlich sind. Diese enge Verknüpfung zwischen Auskunfts- und Hauptanspruch läßt es angebracht erscheinen, den Wert des Auskunftsanspruchs mit einem Bruchteil des Hauptanspruchs festzusetzen (std. Rspr. *BGH*, Urteil v. 31. 3. 1993 – XII ZR 67/92 –, FamRZ 1993, 1189, m. w. N.). Damit orientiert sich die Wertfestsetzung am unmittelbaren Gegenstand der Auskunftsklage, nicht an anderen, über diesen Gegenstand hinausgehenden Interessen.

Demgegenüber ist Gegenstand des Rechtsmittels des im Auskunftsverfahren unterlegenen Bkl. das Ziel, keine Auskunft erteilen zu müssen. Hat sein dahingehender Antrag Erfolg, erspart er die Kosten, die mit dem Aufwand der Auskunftserteilung verbunden sind. Diese Kostenersparnis ist grundsätzlich maßgebend für die Festsetzung des Beschwerdewertes. Das etwa daneben bestehende Interesse des Bekl., die Durchsetzung des Hauptanspruchs zu verhindern, geht über den unmittelbaren Gegenstand der Entscheidung hinaus. Es hat deshalb bei der Festsetzung des Beschwerdewertes außer Betracht zu bleiben.

c) Das Ergebnis eines verschieden hohen Beschwerdewertes bei Kl. und Bekl. verletzt nicht den Gleichheitssatz des Art. 3 I GG. Insbesondere liegt kein Verstoß gegen das Gebot der Rechtsanwendungsgleichheit (vgl. *BVerfGE* 65, 76, 91) oder das auch im Zivilprozeß geltende Gebot der prozes-

Anhang R. Rechtsprechung
R485B

sualen Waffengleichheit (vgl. *BVerfGE* 74, 78, 92, 95) vor. Dem Bekl. wird freilich häufiger der Zugang zur Rechtsmittelinstanz versagt sein, weil der Betrag des mit der Auskunftserteilung verbundenen Aufwandes die Rechtsmittelsumme nicht erreicht, während der unterlegene Kl. wegen des höheren Beschwerdewertes ein Rechtsmittel einlegen kann. Damit wird aber nicht Gleiches ungleich behandelt. Für beide Parteien gilt der gleiche Ausgangspunkt: das wirtschaftliche, auf den unmittelbaren Gegenstand des Antrags bezogene Interesse an der Einlegung des Rechtsmittels. Die unterschiedlichen Auswirkungen auf die Zulässigkeit des Rechtsmittels rechtfertigen sich daraus, daß dieses Interesse verschieden hoch zu bewerten ist, weil das Verfahrensergebnis sich für die Parteien unterschiedlich auswirkt. Da der Kl. mit der Auskunftsklage sich die Kenntnis über einen Teil des Anspruchsgrundes für den Hauptanspruch verschaffen will, bedeutet ein den Auskunftsanspruch rechtskräftig abweisendes Urteil, daß die Durchsetzung seines Hauptanspruchs aus tatsächlichen Gründen in Frage gestellt ist. Dagegen hat der im Auskunftsverfahren unterlegene Bekl. weiterhin Gelegenheit, sich gegen den Hauptanspruch zu wehren. Er kann im Verfahren über den Hauptanspruch sein Interesse, diesen abzuwehren, in vollem Umfang geltend machen. Wegen dieses Unterschieds, das Angriffs- und das Abwehrinteresse geltend machen zu können, hat der *BGH* verschiedentlich zum Ausdruck gebracht, der Kl. sei auf den Auskunftsanspruch angewiesen, während der Bekl. sich gegen den Hauptanspruch weiterhin wehren könne. Durch die Verurteilung zur Auskunft erwachse der Grund des Hauptanspruchs nicht in Rechtskraft (Urteil v. 19. 10. 1993 – XI ZR 73/93 –, NJW-RR 1994, 174).

BGH v. 30. 11. 1994 – XII ZR 59/93 – FamRZ 95, 216 = NJW 95, 652
(Neuregelung der Verwaltung und Nutzung eines gemeinsamen Eigenheims nach § 745 II BGB) R485B

Die Bekl. beruft sich zur Stützung ihrer gegenteiligen Ansicht zu Unrecht darauf, daß nach der a Rechtsprechung des *BGH* ein Ehegatte, der nach dem Scheitern der Ehe aus dem beiden Ehegatten gehörenden und bisher von beiden gemeinsam bewohnten Haus ausgezogen ist, von dem anderen, weiter in dem Haus wohnenden Ehegatten eine Nutzungsentschädigung erst von dem Zeitpunkt an verlangen kann, in dem er eine Neuregelung der Nutzung des Hauses oder ein „Neuregelungsentgelt" verlangt hat (vgl. *BGH*, NJW 1982, 1753 f. = LM § 745 BGB Nr. 11). Die beiden Fälle sind nicht miteinander vergleichbar. Grundsätzlich löst der Umstand, daß ein Teilhaber ein im Miteigentum stehendes Grundstück allein nutzt, keine Entschädigungsrechte des anderen Teilhabers aus (*BGHZ* 87, 265 [271] = NJW 1983, 1845 m. Nachw.). Nach § 745 II BGB kann jeder Teilhaber eine dem Interesse aller Teilhaber nach billigem Ermessen entsprechende Regelung der Benutzung verlangen, und zwar bei einer nachträglichen Änderung der tatsächlichen Verhältnisse auch entgegen einer vertraglichen Regelung, an der er mitgewirkt hat (vgl. *Karsten Schmidt*, in: MünchKomm, 2. Aufl., § 745 Rdnr. 29 m. Nachw.). Im Falle des § 745 II BGB führen somit veränderte Umstände (hier: die Aufhebung der ehelichen Lebensgemeinschaft) nicht ohne weiteres zu einer Änderung der rechtlichen Beziehungen der Beteiligten zueinander; sie berechtigen den durch die Veränderung der Umstände benachteiligten Teilhaber lediglich, eine Neuregelung zu verlangen. Solange er sie nicht verlangt, kann er keine Rechte daraus herleiten, daß die bisherige Regelung oder Handhabung aufgrund der veränderten Verhältnisse nicht mehr angemessen ist.

Eine § 745 II BGB entsprechende Regelung enthält § 426 BGB gerade nicht. Im Rahmen dieser Vorschrift hat vielmehr „die besondere Gestaltung des tatsächlichen Geschehens" – wie bereits ausgeführt ist – von vornherein einen unmittelbaren Einfluß auf die Rechtsbeziehungen der Gesamtschuldner zueinander, ohne daß es in irgendeiner Weise auf eine gestaltende Handlung der Gesamtschuldner ankäme.

Der Revision ist einzuräumen, daß die Mitteilung des allein zahlenden Ehegatten, er werde nach dem Scheitern der Ehe die gemeinsamen Belastungen nicht mehr allein tragen, den anderen Ehegatten veranlassen könnte, sich – z. B. durch das Bilden von Rücklagen – rechtzeitig darauf einzustellen, daß er die gemeinsamen Belastungen nun – auch rückwirkend – mittragen muß. Dieser Gesichtspunkt reicht aber nicht aus, um eine solche Mitteilung zur Voraussetzung für den Ausgleichsanspruch des zahlenden Ehegatten zu machen. Auch ohne eine solche Mitteilung kann der andere Ehegatte nicht darauf vertrauen, sein Ehepartner werde auch nach dem Scheitern der Ehe und nach der Aufhebung der ehelichen Lebensgemeinschaft die gemeinsamen Schulden weiterhin allein tragen. Nach Aufhebung der ehelichen Lebensgemeinschaft besteht für einen Ehegatten im Zweifel kein Anlaß mehr, dem anderen durch die Übernahme seiner Schuldverpflichtungen eine Vermögensmehrung zukommen zu lassen (*Senat*, NJW-RR 1993, 386).

R486 Anhang R. Rechtsprechung

(Kein Ausschluß von Ausgleichsansprüchen nach § 426 I BGB, wenn im Unterhaltsvergleich diese Frage ausdrücklich ausgeklammert wurde)

b 4. Zu Unrecht meint die Revision, die vom Kl. geltend gemachten Ausgleichsansprüche nach § 426 I BGB seien durch den abgeschlossenen Unterhaltsvergleich ausgeschlossen; anderenfalls ergebe sich zumindest aus diesem Vergleich nach einer Anpassung nach den Regeln über den Wegfall der Geschäftsgrundlage, daß der Kl. der Bekl. einen um die von ihr zu leistenden Ausgleichszahlungen erhöhten Aufstockungsunterhalt zahlen müsse, mit dem sie hilfsweise gegen die Klageforderung aufrechne. Das BerGer. legt den Unterhaltsvergleich dahin aus, daß die Frage, ob dem Kl. solche Ausgleichsansprüche zustehen oder nicht, gerade ausgeklammert und offengehalten werden sollte und daß der Kl. der Bekl. einen Aufstockungsunterhalt von 1000 DM im Monat zahlen sollte unabhängig davon, ob die Bekl. sich an dem Schuldendienst für den gemeinsamen Grundbesitz beteiligen müßte. Bei dem Vergleich handelt es sich um einen Prozeßvergleich. Ob die Auslegung eines Prozeßvergleichs in der Revisionsinstanz nur in beschränktem Umfang, also nur darauf überprüft werden kann, ob die gesetzlichen Auslegungsregeln, Denkgesetze, Erfahrungssätze oder Verfahrensvorschriften verletzt sind, oder ob, weil es sich (auch) um eine Prozeßhandlung handelt, eine Auslegung frei nachprüfbar ist, wird in der Rechtsprechung des *BGH* nicht einheitlich beantwortet (vgl. zum Meinungsstand *BGH*, NJW 1971, 1844 = LM § 239 ZPO Nr. 9 = WM 1971, 1513 [1514]). Die Frage bedarf hier jedoch keiner Entscheidung. Denn der *Senat* würde der tatrichterlichen Auslegung auch dann folgen, wenn sie voll überprüfbar sein sollte. Aus dem Wortlaut des Vertrages ergibt sich eindeutig, daß der Kl. wegen des von ihm allein geleisteten Schuldendienstes Ausgleichsansprüche gegen die Bekl. angemeldet hatte, daß die Bekl. solche Ausgleichsansprüche nicht anerkannte und daß die Parteien die Frage, ob dem Kl. solche Ausgleichsansprüche zustehen oder nicht, bewußt offengelassen haben. Würde man der von der Revision vertretenen Auslegung des Vertrages folgen, so hätten sich die Parteien im Gegensatz dazu im wirtschaftlichen Ergebnis darauf geeinigt, daß der Kl. die monatlichen Belastungen allein zu tragen habe. Im wirtschaftlichen Ergebnis ist es nämlich gleichgültig, ob Ausgleichsansprüche des Kl. durch den Vergleich ausgeschlossen sind oder ob sie zwar bestehen, aber durch einen entsprechend höheren Unterhalt kompensiert werden.

In der vom BerGer. vorgenommen, zutreffenden Auslegung steht der Unterhaltsvergleich den Ausgleichsansprüchen des Kl. nicht entgegen. Die von der Revision geltend gemachte Anpassung des Vergleichs nach den Regeln über den Wegfall der Geschäftsgrundlage scheidet schon deshalb aus, weil die Parteien den Bestand des Unterhaltsvergleichs gerade nicht davon abhängig machen wollten, daß dem Kl. keine Ausgleichsansprüche nach § 426 I BGB zustehen.

BGH v. 30. 11. 94 – XII ZR 215/93 – FamRZ 95, 416 = NJW 95, 718

R486 *(Lehre – Fachoberschule – Studium)*

2. Diese Ausführungen halten den Angriffen der Revision stand.

a) Nach § 1610 II BGB umfaßt der Unterhalt eines Kindes die Kosten einer angemessenen Vorbildung zu einem Beruf. Geschuldet wird danach eine Berufsausbildung, die der Begabung und den Fähigkeiten, dem Leistungswillen und den beachtenswerten Neigungen des Kindes am besten entspricht und sich in den Grenzen der wirtschaftlichen Leistungsfähigkeit der Eltern hält. Eltern, die ihrem Kind eine solche Berufsausbildung gewährt haben, sind daher nicht verpflichtet, auch noch Kosten einer weiteren Ausbildung zu tragen. Ausnahmen hat der *Senat* nur unter besonderen Umständen angenommen, nämlich wenn der Beruf etwa aus gesundheitlichen oder sonstigen, bei Ausbildungsbeginn nicht vorhersehbaren Gründen nicht ausgeübt werden kann oder wenn das Kind von den Eltern in einen seiner Begabung nicht hinreichend Rechnung tragenden Beruf gedrängt wurde oder die Erstausbildung auf einer deutlichen Fehleinschätzung der Begabung beruht. Ferner kommt eine weitergehende Unterhaltspflicht in Betracht, wenn die weitere Ausbildung zweifelsfrei als eine bloße sachlichen und zeitlichen Zusammenhang stehende Weiterbildung zu dem bisherigen Ausbildungsweg anzusehen ist und von vornherein angestrebt war oder während der ersten Ausbildung eine besondere, die Weiterbildung erfordernde Begabung deutlich wurde (*BGHZ* 69, 190 f. [194] = NJW 1977, 1774 = LM § 1610 BGB Nr. 4 = FamRZ 1977, 629; *Senat*, FamRZ 1980, 1115; NJW-RR 1991, 770 = FamRZ 1991, 931; w. Nachw. in *BGHZ* 107, 376 [380] = NJW 1989, 2253 = LM § 1610 BGB Nr. 18 = FamRZ 1989, 853 [854]).

Diese Grundsätze hat der *Senat* für die Fälle modifiziert, in denen ein Kind nach Erlangung der Hochschulreife auf dem herkömmlichen schulischen Weg (Abitur) eine praktische Ausbildung (Lehre) absolviert und sich erst danach zu einem Studium entschließt (sog. Abitur-Lehre-Studium-Fälle, *BGHZ* 107, 376 [380] = NJW 1989, 2253 = LM § 1610 BGB Nr. 18 = FamRZ 1989, 853 [854]; krit. dazu *Schwab*, in: Festschr. f. Jauch, 1990, S. 201 [210 f.]). Grund für die Modifizierung war das zunehmend geänderte Ausbildungsverhalten der Studienberechtigten, die sich durch eine praktische Berufsausbildung eine sichere Lebensgrundlage schaffen, ein anschließendes Studium aber nicht von vornherein ausschließen wollen. Dabei hat der *Senat* allerdings wegen des aus § 1610 II BGB abzuleitenden Merkmals der Einheitlichkeit des Ausbildungsganges daran festgehalten, daß die einzelnen Ausbildungsabschnitte in engem zeitlichen und sachlichen Zusammenhang stehen und die praktische Ausbildung und das Studium sich jedenfalls sinnvoll ergänzen müssen (*BGHZ* 107, 376 [382] = NJW 1989, 2253 = LM § 1610 BGB Nr. 18 = FamRZ 1989, 853 [854]; *Senat*, NJW-RR 1990, 327 = FamRZ 1990, 149; NJW-RR 1991, 1156 = FamRZ 1991, 1044 [1045]; NJW 1992, 501 = FamRZ 1992, 170; NJW 1993, 2238 = LM § 1610 BGB Nr. 22 = FamRZ 1993, 1057; NJW-RR 1992, 1090 = FamRZ 1992, 1407). Er hat es jedoch genügen lassen, daß der Studienentschluß nicht von vornherein, sondern erst nach Beendigung der Lehre gefaßt wird, weil es gerade der Eigenart des vom herkömmlichen Bild abweichenden Ausbildungsverhaltens entspricht, daß sich der Abiturient bei Aufnahme der praktischen Ausbildung vielfach noch nicht über ein anschließendes Studium schlüssig ist (*BGHZ* 107, 376 [380 ff.] = NJW 1989, 2253 = LM § 1610 BGB Nr. 18 = FamRZ 1989, 853 [854]).

b) Eine Übertragung dieser für die Fälle Abitur – Lehre – Studium entwickelten Grundsätze auf die Fälle Lehre – Fachoberschule – Fachhochschulstudium hat der *Senat* bereits verneint (*Senat*, NJW-RR 1991, 195 = BGHR BGB § 1610 Abs. 2 Studium 4 = FamRZ 1991, 320 [321]; zur mangelnden Vergleichbarkeit der Fälle vgl. im übrigen *Senat*, NJW-RR 1992, 1090 = FamRZ 1992, 1407; NJW-RR 1991, 1156 = FamRZ 1991, 1044 [1045]; NJW 1992, 501 = LM H. 6/1992 § 1610 BGB Nr. 2 = FamRZ 1992, 170). Er hat darauf abgestellt, daß die einzelnen Ausbildungsabschnitte dann eine einheitliche, von den Eltern zu finanzierende Berufsausbildung darstellen, wenn schon bei Beginn der praktischen Ausbildung erkennbar eine Weiterbildung einschließlich eines Studiums angestrebt wurde. Er hat allerdings offengelassen, ob die Einheitlichkeit auch dann bejaht werden könnte, wenn die Studienabsicht erst zu einem späteren Zeitpunkt gefaßt worden wäre.

c) Der vorliegende Fall gibt keine Veranlassung, von den bisher entwickelten Leitgedanken abzuweichen und ihn den Abitur-Lehre-Studium-Fällen uneingeschränkt gleichzustellen.

aa) Auszugehen ist von dem Grundsatz, daß die Eltern nicht für die Kosten einer zweiten oder weiteren Ausbildung herangezogen werden können, wenn sie ihre Unterhaltspflicht durch Finanzierung einer begabungsgerechten, abgeschlossenen Berufsausbildung in rechter Weise erfüllt haben (*BGHZ* 69, 190 f. [193] = NJW 1977, 1774 = LM § 1610 BGB Nr. 4 = FamRZ 1977, 629). Dahinter steht der Gedanke, daß die Reichweite der Unterhaltspflicht der Eltern von der Frage mitbestimmt wird, inwieweit sie damit rechnen müssen, daß ihr Kind nach einem Schulabschluß und einer zu Ende geführten, in sich geschlossenen Berufsausbildung noch eine berufsqualifizierende Ausbildung – gegebenenfalls über weitere Ausbildungsstufen hinweg – anstreben werde. Die Belange der Unterhaltspflichtigen dürfen dabei nicht unberücksichtigt bleiben. Denn die Eltern müssen sich in ihrer eigenen Lebensplanung in etwa darauf einstellen können, wie lange sie mit einer Unterhaltslast zu rechnen haben. Hat etwa der Auszubildende mit Abschluß seiner praktischen Ausbildung bereits ein Alter erreicht, in dem die Eltern nicht mehr damit rechnen müssen, daß er noch eine weiterführende Schule und ein Studium anschließen wird, so wird eine Verpflichtung zur Finanzierung dieser weiteren Ausbildung um so weniger in Betracht kommen. Auch ist das Ausbildungsunterhaltsverhältnis zwischen Eltern und Kindern insoweit von gegenseitiger Rücksichtnahme geprägt, als einerseits die Eltern leichtere Verzögerungen oder ein zeitweiliges Versagen hinnehmen müssen (*Senat*, NJW-RR 1990, 327 = BGHR BGB § 1610 Abs. 2 Studium 3 = FamRZ 1990, 149), andererseits das Kind seine Ausbildung mit Fleiß und Zielstrebigkeit angehen (vgl. NJW 1984, 1961 = LM § 1610 BGB Nr. 8 = FamRZ 1984, 777 [778]; NJW 1987, 1557 = LM § 1610 BGB Nr. 14 = BGHR BGB § 1610 Abs. 2 Studium 1 = FamRZ 1987, 470 [471]) und den Eltern Auskunft über den Stand und die Dauer der geplanten Ausbildung geben muß (*Senat*, NJW 1987, 1557 = LM § 1610 BGB Nr. 14 = BGHR BGB § 1610 Abs. 2 Studium 1 = FamRZ 1987, 470 [471]). Diese Gesichtspunkte wirken sich nicht erst bei der Frage der wirtschaftlichen Zumutbarkeit für die Eltern aus, sondern haben bereits Einfluß darauf, ob und unter welchen Voraussetzungen ein Ausbildungsweg noch als geschuldete einheitliche Vorbildung zu einem Beruf oder als grundsätzlich nicht mehr geschuldete Zweitausbildung anzusehen ist.

Vor diesem Hintergrund ergeben sich wesentliche Unterschiede zwischen den beiden Ausbildungsvarianten Abitur – Lehre – Studium einerseits und mittlere Reife – Lehre – Fachoberschule – Fachhochschule andererseits, die es rechtfertigen, jeweils auf andere Kriterien abzustellen. Während der Abiturient insbesondere in der Oberstufe mehr an das theoretische Denken herangeführt und damit auf das Hochschulstudium vorbereitet wird, gewährt der Realschulabschluß dem Absolventen eine Vorbildung, die Grundlage für eine praxisorientierte Berufsausbildung sein kann. Hat ein Kind auf dem herkömmlichen schulischen Weg das Abitur und damit die Zugangsberechtigung zum Studium erlangt, müssen die Eltern regelmäßig von vornherein mit einer Hochschulausbildung rechnen. Aufgrund des allgemein geänderten Ausbildungsverhaltens der Abiturienten müssen sie dabei allerdings gewärtigen, daß eine praktische Ausbildung vorgeschaltet und der Entschluß zu dem fachlich darauf aufbauenden Studium erst anschließend gefaßt wird. Eine solche Vorausschau ergibt sich demgegenüber nicht ohne weiteres in den Fällen, in denen ein Kind, nachdem es aufgrund seiner Fähigkeiten und seines Leistungswillens einen Haupt- oder Realschulabschluß erreicht hat, im Anschluß an eine Lehre zunächst durch Wiederaufnahme einer schulischen Ausbildung die Fachhochschulreife zu erlangen sucht, um alsdann ein Fachhochschulstudium anzuschließen.

Das spricht dafür, in den letztgenannten Fällen die Einheitlichkeit der Ausbildung jedenfalls dann zu verneinen, wenn das Kind nicht von vornherein die Absicht hatte, nach der Lehre die Fachoberschule zu besuchen und anschließend zu studieren, und die Eltern mit einem derartigen beruflichen Werdegang des Kindes auch nicht aufgrund sonstiger besonderer Anhaltspunkte zu rechnen brauchen, die sich etwa aus der bisherigen schulischen Entwicklung ergeben oder sich auch in der anschließenden Lehre zeigen können, indem sie eine deutliche Begabung, insbesondere in theoretischer Hinsicht, für einen Fachbereich und für eine Weiterbildung auf diesem Gebiet erkennen lassen.

Ob etwas anderes gelten müßte, wenn sich auch insoweit ein allgemein geändertes Ausbildungsverhalten feststellen ließe und sich etwa ergäbe, daß Kinder mit Realschulabschluß in zunehmendem Maße nach einer praktischen Ausbildung die Fachoberschule besuchen und alsdann studieren, kann hier dahinstehen. Auch wenn das der Fall wäre, müßte die Einheitlichkeit der Ausbildung weiterhin verneint werden, wenn die schulische Ausbildung (zunächst) scheitert und beim Eintritt in die praktische Berufsausbildung weder die Absicht besteht, nach deren Abschluß die Fachoberschule zu besuchen und zu studieren, noch sonst nach der erkennbar gewordenen Begabung oder nach der Leistungsbereitschaft und dem Leistungsverhalten des Kindes eine entsprechende Weiterbildung nach Abschluß der Lehre zu erwarten steht. Hier braucht der Unterhaltspflichtige nicht damit zu rechnen, nach dem Abschluß der berufsqualifizierenden praktischen Ausbildung des Kindes zu weiteren Unterhaltsleistungen herangezogen zu werden.

BGH v. 30. 11. 94 – XII ZR 226/93 – FamRZ 95, 291 = NJW 95, 717

R487 *(Rechtsmißbräuchliche Berufung auf Unterhaltsverzicht; Darlegungs- und Beweislast bei Versorgungsleistungen; prägender Wohnwert; Zahlungseinstellung)*

a   In seinem Urteil v. 9. 7. 1992 (a.a.O.) hat der *Senat* im einzelnen dargelegt, daß in Fällen der vorliegenden Art Grund und Höhe eines trotz des Unterhaltsverzichts verbleibenden Anspruchs ausschließlich am Kindeswohl zu orientieren sind. Dem Grunde nach ist der Anspruch nicht auf Sachverhalte beschränkt, in denen erst eine nachträgliche und unvorhergesehene Entwicklung ergibt, daß die Berufung auf den Unterhaltsverzicht mit Treu und Glauben nicht zu vereinbaren ist. Der Höhe nach ist der Anspruch so zu bemessen, daß dem betreuenden Elternteil ermöglicht wird, sich der Pflege und Erziehung des Kindes zu widmen, ohne eine Erwerbstätigkeit aufzunehmen oder Sozialhilfe zu beanspruchen. Dazu bedarf es in der Regel keines Unterhalts nach dem Maßstab des § 1578 BGB; ein höherer als der notwendige Unterhalt kann vielmehr nur verlangt werden, wenn besondere Umstände vorliegen, die dies aus Gründen des Kindeswohls gebieten (a.a.O., S. 1405).

Soweit die *Senats*rspr. nicht überhaupt als Entwertung des Unterhaltsverzichts abgelehnt wird (so etwa *Johannsen/Henrich/Voelskow*, Eherecht, 2. Aufl., § 1585c BGB Rz. 21), wird im Schrifttum durchweg ebenfalls vertreten, daß der Unterhaltsverzicht sich auch auf die Höhe eines verbleibenden Anspruchs auswirken müsse und infolgedessen mehr als der notwendige Unterhalt grundsätzlich nicht gefordert werden könne (vgl. *MünchKomm/Richter*, BGB, 3. Aufl., § 1585c Rz. 20; *FamK-Rolland/Hülsmann*, § 1585c BGB Rz. 26; *Palandt/Diederichsen*, BGB, 53. Aufl., § 1585c Rz. 11; *Göppinger/Hoffmann*, Unterhaltsrecht, 6. Aufl., Rz. 1779; *Griesche*, in: FamGb, § 1585c BGB Rz. 25; *Schwab/Borth*, Handbuch des Scheidungsrechts, 2. Aufl., Teil IV, Rz. 909 f.; *Langenfeld*, Anm. LM § 138 BGB (Ca) Nr. 23; *Koch*, JR 1993, 197 f.). Daß Gründe des Kindeswohl einen höheren als den notwendigen Unterhalt erfordern können, ist etwa im Hinblick auf die erhöhte Betreuungsbedürftigkeit eines behinderten Kindes vertreten worden (vgl. OLG Hamburg, FamRZ 1992, 444).

Die Erwägungen des OLG rechtfertigen es danach nicht, der Ehefrau mehr als den notwendigen Unterhalt zuzubilligen, weil sie nicht aufzeigen, daß dies aus Gründen des Kindeswohls geboten ist. Dabei kommt es nicht darauf an, was die Ehefrau ggf. durch eine Erwerbstätigkeit verdienen könnte, weil ausschließlich die Belange des Kindes zu berücksichtigen sind. Der Maßstab des § 1578 BGB kann auch nicht herangezogen werden, soweit in Abs. I S. 2 der Vorschrift auf den angemessenen Lebensbedarf des Berechtigten abgehoben wird; dem hierfür bedeutsamen vorehel. Lebensstandard der Ehefrau (vgl. dazu *Senats*urteil v. 9. 7. 1986 – IV b ZR 39/85 –, FamRZ 1988, 886, 889) fehlt der erforderliche Bezug zum Kindeswohl. Das gleiche gilt für die Frage, ob der umfassende Unterhaltsverzicht vor oder nach der Eheschließung vereinbart und ob dabei die spätere Geburt eines Kindes vorhergesehen wurde oder nicht. Die vom OLG festgestellten Umstände ergeben insgesamt nicht, daß das Kindeswohl eine vom Regelfall abweichende Beurteilung erfordert. Allein die Möglichkeit der Inanspruchnahme von Sozialhilfe durch den betreuenden Elternteil reicht zur Wahrung der Kindesbelange nicht aus, wie der *Senat* bereits ausgesprochen hat (vgl. Urteil v. 27. 9. 1989 – IV b

Anhang R. Rechtsprechung **R487**

ZR 78/88 –, FamRZ 1989, 1279, 1280 f.; s. a. *Koch*, a.a.O.). Die Entscheidung des OLG zur Anspruchshöhe kann nach allem keinen Bestand haben.

3. Da in Fällen der vorliegenden Art die Berufung auf den Unterhaltsverzicht nur zeitlich begrenzt ausgeschlossen ist, nämlich solange die Notwendigkeit einer Betreuung des Kindes andauert, kommt der Verpflichtung des Gerichts, bei der Beurteilung eines Unterhaltsanspruchs auch die künftige Entwicklung der Verhältnisse vorausschauend zu berücksichtigen (vgl. dazu etwa *Senat*surteil v. 21. 4. 1982 – IV b ZR 696/80 –, FamRZ 1982, 792, 794; *OLG Frankfurt/M.*, FamRZ 1989, 83), besondere Bedeutung zu. Vorliegend lag der Zeitpunkt der letzten mündlichen Verhandlung rund elf Monate vor der Vollendung des achten Lebensjahres des Kindes der Parteien (5. 5. 1994). Unterhalt für die Zeit danach konnte der Ehefrau unverändert nur unter der Voraussetzung zugesprochen werden, daß sich hinsichtlich der Beurteilung ihrer Erwerbsobliegenheit nichts änderte. Eine solche Annahme bedurfte aber besonderer Rechtfertigung, da in der Regel die Erwerbsobliegenheit des betreuenden Elternteils – jedenfalls zu einer Teilzeitbeschäftigung – nur zu verneinen ist, solange das Kind noch nicht acht Jahre alt ist (vgl. *Senat*surteil v. 21. 12. 1988 – IV b ZR 18/88 – FamRZ 1989, 487, m. w. N.). Daß das OLG eine Prüfung in diesem Rahmen unterlassen hat, rügt die Revision zu Recht. Aus diesem Grunde kann das angefochtene Urteil keinen Bestand haben, soweit Unterhalt von mehr als monatlich 500 DM für einen Zeitraum nach der Aufnahme des Kindes in die dritte Grundschulklasse zugesprochen worden ist (vgl. dazu auch *OLG Bamberg*, FamRZ 1991, 1060 = NJW 1991, 2776, 2777).

(Abzug von Belastungen bei prägendem Wohnwert)

4. Die Ehefrau wohnt mit dem gemeinsamen Kind in einem Anwesen, das ihr und dem Ehemann **b** gemeinsam gehört. Letzterer hat im Prozeß vorgetragen, daß er die bisher von ihm allein geleisteten Zahlungen auf die Finanzierungsdarlehen i. H. von monatlich 2800 DM eingestellt habe und daß deswegen die Zwangsversteigerung drohe. Entgegen der Auffassung der Revision hat es bei dieser Sachlage das OLG zu Recht abgelehnt, den Unterhalt der Ehefrau unter dem rechtlichen Gesichtspunkt mietfreien Wohnens zu mindern. Der Vorteil mietfreien Wohnens ist unterhaltsrechtlich nur zu berücksichtigen, soweit er nicht durch damit verbundene Belastungen und Unkosten aufgezehrt wird (vgl. etwa *Senat*surteil v. 18. 3. 1992 – XII ZR 23/91 –, FamRZ 1992, 1045, 1049, m. w. N.). Wenn auch – was nicht festgestellt ist – die Ehefrau auf die Belastungen nichts zahlen sollte, ist sie doch nach dem eigenen Vortrag des Ehemannes Gesamtschuldnerin der aufgenommenen Finanzierungskredite. Unter solchen Umständen kann von einem anrechenbaren Wohnvorteil ebensowenig ausgegangen werden wie im Falle eines Mieters, der tatsächlich geschuldete Miete nicht zahlt.

(Darlegungs- und Beweislast bei Versorgungsleistungen)

5. Der Ehemann hat sich in zweiter Instanz u. a. darauf berufen, daß die Ehefrau seit November **c** 1992 eheähnlich mit einem anderen Mann zusammenlebe und sich deswegen ein Entgelt für Haushalts- und Versorgungsleistungen anrechnen lassen müsse. Diesen Vortrag hat das OLG als verspätet unberücksichtigt gelassen (wohl gemäß §§ 523, 282, 296 II ZPO). Es hat dazu ausgeführt, die behauptete Haushaltsgemeinschaft solle schon seit einem halben Jahr vor der Schlußverhandlung bestanden haben. Diesbezüglicher Vortrag des Ehemannes sei aber erst in einem unmittelbar vor dieser Verhandlung eingereichten Schriftsatz enthalten, obwohl ihm der Vorgang, falls zutreffend, von Anfang an nicht habe verborgen bleiben können, weil er im selben Haus wohne. Gründe für sein verzögerliches Verhalten habe er nicht mitgeteilt; entschuldigende Umstände seien auch sonst nicht ersichtlich. Er könne daher mit dem wegen Verletzung seiner Prozeßförderungspflicht verspäteten Vortrag nicht gehört werden.

Dem hält die Revision entgegen, daß der Ehemann sich auf ein eheähnliches Verhältnis der Ehefrau schon mit dem rechtzeitig eingereichten Schriftsatz v. 19. 3. 1993 berufen habe; in dem zeitnah vor der Schlußverhandlung liegenden Schriftsatz v. 17. 6. 1993 habe er dieses Vorbringen lediglich wiederholt und den Namen des Mannes berichtigt. Außerdem habe die Ehefrau dieses Vorbringen nicht bestritten, so daß dessen Berücksichtigung ohne jede Verzögerung des Verfahrens möglich gewesen wäre. Diese Rüge dringt im Ergebnis durch.

Die Ehefrau ist zwar auf das fragliche Vorbringen schriftsätzlich nicht eingegangen, aber aufgrund der – nicht gemäß § 320 ZPO eingereichten – Feststellung im Tatbestand des Berufungsurteils, „Die Antragsgegnerin hat ein eheähnliches Verhältnis bestritten und sich im übrigen wegen des neuen Vortrags auf Verspätung berufen", ist gemäß § 314 ZPO davon auszugehen, daß sie entsprechende Erklärungen in der mündlichen Verhandlung abgegeben hat. Gleichwohl ist das Verfahren des OLG insoweit zu beanstanden. Die Revision weist mit Recht darauf hin, daß der fragliche Vortrag schon im Schriftsatz des Ehemannes v. 19. 3. 1993 enthalten ist, der zu einem Zeitpunkt eingereicht worden ist, als im Hinblick auf den behaupteten Beginn des eheähnlichen Verhältnisses (November 1992) kein Verstoß gegen die Prozeßförderungspflicht angenommen werden konnte. Ob ein Zusammenleben „eheähnlich" ist, erweist sich nämlich erst geraume Zeit nach der Aufnahme. Bis zur Schlußver-

R 488 Anhang R. Rechtsprechung

handlung v. 25. 6. 1993 verblieb der Ehefrau hinreichend Zeit, um sich dazu zu äußern und ggf. Beweis anzubieten. Da sie die Darlegungs- und Beweislast für ihre Bedürftigkeit trägt, hatte sie entgegenstehenden Vortrag des Ehemannes zu widerlegen, darunter fallen Behauptungen der hier in Rede stehenden Art (vgl. *Senats*urteile v. 28. 11. 1990 – XII ZR 1/90 –, FamRZ 1991, 670, 673, und v. 8. 12. 1982 – IV b ZR 331/81 –, FamRZ 1983, 150, 152; ebenso *Griesche*, in: FamGb § 1577 Rz. 17; *Göppinger/van Els*, a.a.O., Rz. 1007; *Palandt/Diederichsen*, a.a.O., § 1577 Rz. 5). Hier kann allein aufgrund des Urteilstatbestandes, der lediglich einfaches „Bestreiten" bezeugt, nicht davon ausgegangen werden, daß die Ehefrau durch eine Gegendarstellung (die den Bereich ihrer eigenen Handlungen und Wahrnehmungen betrifft) ihrer Darlegungslast hinreichend substantiiert nachgekommen wäre. Wäre es trotz eines diesbezüglichen Hinweises des Gerichts gemäß § 278 III ZPO dabei geblieben, hätte das OLG daher seiner Entscheidung die Richtigkeit des Vortrags des Ehemannes zugrunde legen müssen. Das hätte zur Folge gehabt, daß sich die Ehefrau eine Vergütung für Versorgungsleistungen hätte anrechnen lassen müssen (vgl. dazu etwa *Senats*urteil v. 21. 12. 1988 – IV b ZR 18/88 –, FamRZ 1989, 487 ff., m. w. N.).

BGH v. 14. 12. 94 – XII ZR 180/93 – FamRZ 95, 344 = NJW 95, 655

R 488 *(Keine nacheheliche Treuepflicht; Verwirkung wegen anstößiger oder kränkender Begleitumstände einer Beziehung)*

a bb) Das OLG hat offengelassen, ob es innerhalb der „Lebensgemeinschaft" zwischen der Kl. und ihrer Freundin zu Intimitäten komme, wie der Bekl. durch Antrag auf Vernehmung eines von ihm beauftragten Detektivs unter Beweis gestellt habe. Auch wenn danach für die revisionsrechtliche Beurteilung davon auszugehen ist, daß die entsprechende Behauptung des Bekl. zutrifft, rechtfertigt dieser Umstand keine andere Beurteilung. Denn der Vortrag des Bekl. betrifft den reinen Intimbereich der Kl. und besagt nichts darüber, daß dessen Gestaltung nach außen in die Öffentlichkeit dringe. Es liegt also keiner der Fälle vor, in denen eine Verwirkung des Unterhaltsanspruchs nach § 1579 Nr. 6 und 7 BGB (entsprechend früher nach § 66 EheG) darauf gestützt wird, daß die Beziehung des Unterhaltsberechtigten zu einem neuen Lebenspartner – und dies könnte grundsätzlich auch für einen gleichgeschlechtlichen Partner gelten – wegen besonderer, etwa kränkender oder sonst anstößiger Begleitumstände geeignet ist, den Verpflichteten in außergewöhnlicher Weise zu treffen, bloßzustellen oder in seinem Ansehen zu schädigen (vgl. *Senats*urteil v. 21. 12. 1988, a.a.O., FamRZ 1989, 490, unter cc), m. w. N.). Fehlt es aber an derartigen besonderen Begleitumständen, dann gilt der allgemeine Grundsatz, daß ein geschiedener Ehegatte in der privaten Gestaltung seines Lebens frei und dem Unterhaltsschuldner gegenüber weder zu „nachehelicher Treue" verpflichtet noch ihm – soweit nur eine allgemein gebotene Rücksichtnahme wegen des fortbestehenden Unterhaltsrechtsverhältnisses nicht verletzt wird – in sonstiger Weise verantwortlich ist.

(Verwirkung bei gleichgeschlechtlicher Lebensgemeinschaft)

b Ihre Rüge zielt auf eine Anwendung der Rspr.-Grundsätze, nach denen ein Härtegrund i. S. von § 1579 Nr. 7 BGB mit der Folge der Unzumutbarkeit einer weiteren Unterhaltsbelastung für den Verpflichteten dann anzunehmen sein kann, wenn der Unterhaltsberechtigte seit längerer Zeit mit einem neuen, verschiedengeschlechtlichen Partner zusammenlebt und diese Beziehung sich in einem solchen Maße verfestigt hat, daß damit gleichsam „ein nichteheliches Zusammenleben an die Stelle einer Ehe getreten ist"; auf die Einkommens- und Vermögensverhältnisse des neuen Partners kommt es in diesem Fall nicht entscheidend an (vgl. *Senats*urteil v. 21. 12. 1988, a.a.O., BGHR, Härtegrund 5, m. w. N.).

Diese Grundsätze können entgegen der Ansicht der Revision nicht (ohne weiteres) auf die Verhältnisse in einer gleichgeschlechtlichen Lebensgemeinschaft übertragen werden. Wenn der Härtegrund i. S. von § 1579 Nr. 7 BGB bei der verfestigten Beziehung zwischen einem Mann und einer Frau darin gesehen wird, daß deren Zusammenleben gleichsam an die Stelle einer Ehe getreten ist, so beruht diese Rspr. letztlich darauf, daß der Gesetzgeber für das Zusammenleben zwischen Mann und Frau in einer festen Verbindung das Institut der Ehe geschaffen hat, und zwar mit den unterhaltsrechtlichen Folgen, die sich sodann einerseits aus §§ 1360 ff. BGB für die Ehegatten in ihrem Verhältnis zueinander und andererseits aus § 1586 BGB für die Unterhaltsverpflichtung aus einer früheren Ehe ergeben. Verwirklichen zwei Partner durch ihre Lebensgestaltung das „Leitbild" einer Ehe, indem sie ihre Lebensverhältnisse so aufeinander abstellen, daß sie sich gegenseitig versorgen und füreinander einstehen – ohne aber, aus welchen Gründen auch immer, die Ehe zu schließen –, so rechtfertigt dies aus der Sicht des Unterhaltsverpflichteten grundsätzlich die Annahme, der Berechtigte sei in der neuen Verbindung „wie in einer Ehe" versorgt. Vor diesem Hintergrund kann sodann die Fortdauer der Unterhaltsbelastung und des damit verbundenen Eingriffs in die Handlungs- und Lebensgestaltung des Verpflichteten, dessen Unterhaltspflicht mit einer Eheschließung der neuen Partner nach § 1586

Anhang R. Rechtsprechung R489

BGB erlöschen würde, auch ohne die Eheschließung unzumutbar werden (vgl. *Senats*urteil v. 21. 12. 1988, a.a.O.).

Für eine Beziehung zwischen zwei gleichgeschlechtlichen Partnern existiert hingegen kein der Ehe vergleichbares Rechtsinstitut. Der Gesetzgeber des BGB hat derartige Verhältnisse nicht geregelt, und auch das GG stellt sie, anders als die Ehe nach Art. 6 I GG, nicht unter besonderen Schutz. Das schließt es aus, die aufgezeigten Grundsätze auf ein Zusammenleben zwischen zwei gleichgeschlechtlichen Partnern entsprechend anzuwenden, auch wenn diese ihre Verbindung im Einzelfall als „Verantwortungs- und Einstehensgemeinschaft" verstehen mögen, wie das *BVerfG* für eine eheähnliche Gemeinschaft zwischen Mann und Frau formuliert hat (*BVerfGE* 87, 234, 265 = FamRZ 1993, 164). Anders als bei einer Ehe und auch bei einer eheähnlichen Gemeinschaft, die als Lebensform in der gesellschaftlichen Wirklichkeit zunehmend Anerkennung findet, besteht für eine gleichgeschlechtliche Partnerschaft kein allgemeingültiges Leitbild, das die Annahme rechtfertigen könnte, die Verhältnisse in einer solchen Verbindung gewährleisten nach der Natur des Zusammenlebens die gegenseitige Versorgung der Partner. Aus diesem Grund kommt ein Fortfall der Unterhaltsverpflichtung aus geschiedener Ehe nach § 1579 Nr. 7 BGB allein wegen eines dauerhaft „verfestigten Zusammenlebens" des Unterhaltsberechtigten in einer gleichgeschlechtlichen Gemeinschaft grundsätzlich nicht in Betracht.

(Versorgungsleistungen für neuen Partner)

a) Aus der Gestaltung eines gleichgeschlechtlichen Verhältnisses, in dem ein unterhaltsberechtigter **c** geschiedener Ehegatte lebt, können sich nach allgemeinen Grundsätzen Auswirkungen auf seine unterhaltsrechtliche Bedürftigkeit ergeben. Diese kann, teilweise oder auch vollständig, entfallen, wenn der Berechtigte Zuwendungen von dem Partner erhält, die ihm – etwa wegen ihres Charakters als Entgelt für Haushaltsführung oder sonstige Versorgungsleistungen (vgl. *Senats*urteile v. 23. 4. 1980 – IV b ZR 527/80 –, FamRZ 1980, 665, 668; v. 20. 5. 1987 – IV b ZR 50/86 –, FamRZ 1987, 1011, 10913) – als Einkommen zuzurechnen sind. Darüber hinausgehende Zuwendungen können die Bedürftigkeit je nach der Willensrichtung des Zuwendenden dann beeinflussen, wenn dieser damit freiwillig eine bestehende Rechtsanspruch der Verantwortung für den Lebensunterhalt des Berechtigten übernehmen will. Hingegen gilt das nicht, wenn der Wille des Zuwendenden nur darauf gerichtet ist, den Empfänger der Zuwendung persönlich zu bedenken oder zu unterstützen, ohne damit aber den Unterhaltspflichtigen zu entlasten (vgl. *BGH*, Urteil v. 26. 9. 1979 – IV ZR 87/79 –, FamRZ 19880, 40, 42; *Senats*urteile v. 23. 4. 1980, a.a.O.; v. 25. 6. 1980 – IV b ZR 523/80 –, FamRZ 1980, 879, 880).

Im vorliegenden Fall bestehen indessen nach den Feststellungen des OLG keine Anhaltspunkte dafür, daß die Kl. für Frau W. Versorgungsleistungen erbringt und ihrerseits Zuwendungen von dieser erhält.

b) Ob der Bedarf eines unterhaltsberechtigten geschiedenen Ehegatten unter Umständen deshalb – geringfügig – niedriger anzusetzen ist, weil dieser sich Haushaltsersparnisse infolge gemeinschaftlichen Wirtschaftens mit einem gleichgeschlechtlichen Partner entgegenhalten lassen muß (vgl. dazu *OLG Hamburg*, FamRZ 1987, 1044, 1045: für Haushaltsgemeinschaft mit einem verschiedengeschlechtlichen Partner bei gleichmäßiger Beteiligung an den Lebenshaltungskosten; *OLG Frankfurt/M.*, FamRZ 1985, 957, 958: für gemeinsames Wohnen mit einem verschiedengeschlechtlichen Partner mit der Folge geringerer Generalunkosten), wird sich jeweils nach den Umständen des Einzelfalles richten (vgl. *Kalthoener/Büttner*, Die Rechtsprechung zur Höhe des Unterhalts, 5. Aufl., Rz. 493; Schleswiger Leitlinien C 5, abgedruckt in FamRZ 1992, 907, sowie bei *Kalthoener/Büttner*, a.a.O., Rz. 28, S. 68 ff.). Dabei wird allerdings, vor allem bei wirtschaftlich engen Verhältnissen, die Ersparnis durch gemeinsame Haushaltsführung nicht selten lediglich den zunächst als Folge der Trennung aufgetretenen Mehrbedarf des Berechtigten wieder ausgleichen (vgl. *Soergel/Häberle*, a.a.O., § 1577 Rz. 12; *Griesche*, in: FamGb, § 1577 Rz. 18) und sich deshalb im Ergebnis nicht bedarfsmindernd auswirken.

BGH v. 11. 1. 95 – XII ZR 236/93 – FamRZ 95, 343 = NJW 95, 962

(Haushaltsführung für neuen Lebensgefährten bei voller Erwerbstätigkeit) R489

a) Das OLG hat den Vortrag des Bekl., daß die Kl. seit Juni 1993 mit L. in einer Wohn- und Wirt- **a** schaftsgemeinschaft zusammenlebt, als wahr unterstellt, ohne dem Beweisangebot der Kl. nachzugehen, es handle sich ausschließlich um eine Wohngemeinschaft. Daher ist für die Revisionsinstanz davon auszugehen, daß die Kl., die in die Wohnung des neuen Partners gezogen ist, diesem auch den Haushalt führt und ihm Versorgungsleistungen erbringt, wie es einer Wirtschaftsgemeinschaft entspricht.

b) Die in diesen Bereich fallenden Leistungen der Kl. hat das OLG als überobligationsmäßig, also unzumutbar, beurteilt, weil die Kl. daneben voll erwerbstätig sei. Insoweit ist zunächst zu berücksichtigen, daß die Annahme der Unzumutbarkeit im vorliegenden Zusammenhang nicht schon dann gerechtfertigt ist, wenn nach sonstigen Maßstäben eine Erwerbstätigkeit, etwa wegen Kindesbetreuung oder Alters, unzumutbar wäre; denn Haushaltsarbeit ist erfahrungsgemäß eher mit anderweitigen Verpflichtungen vereinbar (vgl. *Kalthoener/Büttner*, Rechtsprechung zur Höhe des Unterhalts, 5. Aufl., Rz. 492). Der *Senat* hat bereits ausgesprochen, daß die nach std. Rspr. anzusetzende Vergütung für Versorgungsleistungen der hier erörterten Art insoweit nicht einem Einkommen aus Erwerbstätigkeit gleichzusetzen ist, daß vielmehr die tatsächliche Übernahme und Ausübung der Versorgungsdienste ein gewichtiges Indiz für deren Zumutbarkeit darstellt (vgl. Urteil v. 20. 5. 1987 – IV b ZR 50/86 –, FamRZ 1987, 1011, 1013). Im Schrifttum wird die Ansicht vertreten, daß dann, wenn Betreuungsleistungen in einem eheähnlichen Verhältnis denen in der geschiedenen Ehe entsprechen, es sich nicht um eine unzumutbare Tätigkeit handele (vgl. *Soergel/Häberle*, BGB, 12. Aufl., § 1577 Rz. 12). Es ist daher rechtlich bedenklich, daß das OLG im vorliegenden Fall zur Annahme der Unzumutbarkeit gelangt ist, ohne nähere Feststellungen zu Art und Umfang der Versorgungsleistungen sowie zu den näheren Umständen der Erwerbstätigkeit der Kl. zu treffen.

Jedenfalls hat das OLG nicht berücksichtigt, daß auch im Falle der Unzumutbarkeit die Anrechnung der insoweit anzusetzenden Vergütung nicht eine weitere vollständig ausscheidet, sondern differenziert gemäß § 1577 II BGB zu beurteilen ist. Diese Vorschrift regelt allgemein die Anrechnung von Einkünften aus unzumutbarer Tätigkeit des Unterhaltsberechtigten (vgl. grundlegend *Senats*urteil v. 24. 11. 1982 – IV b ZR 310/81 –, FamRZ 1983, 146). Soweit es sich um die Anrechnung von Vergütungen für nicht zumutbare Versorgungsleistungen der hier erörterten Art handelt, ist die Vorschrift ebenfalls heranzuziehen, und zwar auch im Rahmen des Trennungsunterhalts (vgl. *Senats*urteile v. 24. 11. 1982, a.a.O., S. 149, und v. 20. 5. 1987, a.a.O.; *Kalthoener/Büttner*, a.a.O.; s. a. *Erman/ Dieckmann*, BGB, 8. Aufl., § 1577 Rz. 13).

Eine Anrechnungsfreiheit nach Satz 1 scheidet aus, weil der Bekl. den vollen Unterhalt leisten kann. Es greift Satz 2 ein, wonach eine Anrechnung insoweit in Betracht kommt, als dies unter Berücksichtigung der beiderseitigen wirtschaftlichen Verhältnisse der Billigkeit entspricht. Die danach erforderliche Billigkeitsabwägung, bei der jede Schematisierung zu vermeiden ist und die nur in seltenen Ausnahmefällen zu einer vollen Anrechnungsfreiheit gelangt (vgl. dazu *MünchKomm/Richter*, BGB, 3. Aufl., § 1577 Rz. 26; *BGB-RGRK/Cuny*, 12. Aufl., § 1577 Rz. 28), läßt das angefochtene Urteil vermissen. Dies begegnet durchgreifenden rechtlichen Bedenken. Der Umstand, daß die Unterhaltsberechtigte voll berufstätig ist, reicht nicht in jedem Falle aus, um die vollständige Anrechnungsfreiheit zu rechtfertigen (abweichende Stimmen berücksichtigen § 1577 II S. 2 BGB nicht; *OLG Karlsruhe*, FamRZ 1988, 99, 100; *Griesche*, in: FamGB, § 1577 BGB Rz. 13; *Schwab/Borth*, Handbuch des Scheidungsrechts, 2. Aufl., Teil IV Rz. 742).

Eine wenigstens teilweise Anrechnung könnten die Grundsätze der Billigkeit hier etwa erfordern, wenn der neue Lebenspartner der Kl. in gehobenen wirtschaftlichen Verhältnissen lebte und sie daran teilhaben ließe. Es müßte auf Unverständnis stoßen, wenn sie tatsächlich wirtschaftlich bessergestellt wäre als der Bekl., gleichwohl aber von ihm noch den ausgeurteilten Aufstockungsunterhalt fordern könnte. Nach dem Sinn des § 1577 II S. 2 BGB sollen Einkünfte aus unzumutbaren Erwerbsquellen nicht völlig unangetastet bleiben, sondern – bei Sicherung des vollen Unterhalts – in begrenztem Umfang auch zur Entlastung des Unterhaltsschuldners herangezogen werden (vgl. *BGB-RGRK/Cuny*, a.a.O., Rz. 27).

(Darlegungs- und Beweislast bei Einkommen aus Haushaltsführung für neuen Lebensgefährten)

b c) der Bekl. hat u. a. geltend gemacht, daß die Kl. durch das Zusammenleben mit ihrem neuen Partner Mietaufwand erspare, ohne daß sich die Kl. zu diesem Punkt substantiiert eingelassen hätte. Sie hat sich darauf beschränkt, eine Wohngemeinschaft mit L. einzuräumen, durch die aber nach ihrer Darstellung „verbrauchsabhängige Kosten wie Strom, Gas, Wasser oder Telefon nicht erspart" würden. Insbesondere fehlt Vortrag zu der Frage, wie die Mietzinsen aufgebracht werden. Wenn die Mietzinsen allein von ihrem neuen Partner getragen würden, könnte sie nicht den vollen Unterhalt verlangen, sondern nur einen solchen, der aufgrund der anderweitigen Deckung ihres Wohnbedarfs reduziert ist; auf konkrete Absprachen mit dem Partner zu diesem Punkt oder darauf, ob der Bekl. zu entlasten gewillt ist, kommt es nicht an (vgl. *Senats*urteil v. 23. 4. 1980 – IV b ZR 527/80 –, FamRZ 1980, 665, 668; *MünchKomm/Richter*, a.a.O., § 1577 Rz. 13; s. a. *Senats*urteil v. 8. 12. 1983 – IV b ZR 331/81 –, FamRZ 1983, 150, 152).

Da die Darlegungs- und Beweislast für ihre Bedürftigkeit die Kl. trägt (vgl. *Senats*urteile v. 28. 11. 1990 – XII ZR 1/90 –, FamRZ 1991, 670, 673, und v. 30. 11. 1994 – XII ZR 226/93 –, FamRZ 1995, 291; *Griesche*, in: FamGB, § 1577 BGB Rz. 17; *Göppinger/van Els*, Unterhaltsrecht, 6. Aufl., Rz. 1007), treffen sie die nachteiligen Folgen einer insoweit verbleibenden Ungewißheit. Infolgedessen kann sie nach dem bisherigen Sach- und Streitstand auch unter diesem Gesichtspunkt keinen ungekürzten Unterhalt verlangen.

Anhang R. Rechtsprechung R490

(Keine Berücksichtigung des trennungsbedingten Mehrbedarfs, wenn die Eheleute nur über prägende Einkünfte verfügen)

d) Soweit die Revision geltend macht, über die vorstehend behandelten Punkte hinaus müsse eine c
Ersparnis von Generalunkosten berücksichtigt werden, die durch das Zusammenleben in einer Haushaltsgemeinschaft regelmäßig eintrete (vgl. *OLG Hamburg*, FamRZ 1987, 1044, 1045: regelmäßig 20 bis 25 % der Lebenshaltungskosten), kann dem nicht gefolgt werden. Der nach § 1361 I S. 1 BGB geschuldete Unterhalt knüpft an das Zusammenleben während der Ehe und die damit einhergehenden wirtschaftlichen Vorteile an und ist demgemäß in der Regel bereits unter Einschluß dieser Vorteile bemessen. Nur wenn im Einzelfall bei der Bestimmung des Unterhalts sog. trennungsbedingter Mehrbedarf zugebilligt worden ist, wird dieser infolge der Begründung einer Wirtschaftsgemeinschaft mit einem neuen Partner regelmäßig entfallen. Hier ist der Unterhalt der Kl. im Wege der sog. Differenzmethode bemessen worden, die den trennungsbedingten Mehrbedarf eines Ehegatten nicht besonders berücksichtigt (vgl. *Senats*urteil v. 25. 1. 1984 – IV b ZR 43/82 –, FamRZ 1984, 358, 360; *MünchKomm/Richter*, a.a.O.). Daher ist es nicht gerechtfertigt, auch unter dem Blickwinkel der Ersparnis von Generalunkosten eine Reduzierung des Unterhalts der Kl. zu erwägen.

BGH v. 11. 1. 95 – XII ZR 122/93 – FamRZ 95, 346 = NJW 95, 963

(Kein Mindestbedarf beim Ehegattenunterhalt) R490

Gemäß § 1578 I S. 1 BGB bestimmt sich das Maß des Unterhalts nach den ehel. Lebensverhältnis- a
sen. Nach der std. Rspr. des *Senats* erfordert die Bedarfsermittlung deshalb in jedem Einzelfall eine konkrete Feststellung der Einkommens- und Vermögensverhältnisse, die bis zum Zeitpunkt der Scheidung den ehel. Lebensstandard bestimmt haben (vgl. *BGHZ* 104, 158, 168 = FamRZ 1988, 705; zuletzt Urteil v. 27. 1. 1993 – XII ZR 206/91 –, FamRZ 1993, 789, 7892 unter 2, jeweils m. w. N.).

Hat in einem Fall wie dem vorliegenden allein das aus der Erwerbstätigkeit des Unterhaltspflichtigen erzielte Nettoeinkommen die ehel. Lebensverhältnisse geprägt, so bildet es auch nach der Scheidung den Ausgangspunkt für die Berechnung des Unterhaltsbedarfs. Nur das, was als verteilungsfähiges Einkommen bis zur Scheidung zu Unterhaltszwecken verwendet werden konnte, kann – ggf. nach dem rechtlich unbedenklichen Abzug des für ein gem. Kind erforderlichen Unterhaltes (vgl. *Senats*urteil v. 25. 2. 1987 – IV b ZR 36/86 –, FamRZ 1987, 456) – auch den Maßstab für die Verteilung zwischen den geschiedenen Ehegatten liefern. Dieser Rechtslage entspricht auch im Ausgangspunkt noch die vom OLG zunächst angestellte Berechnung, soweit das nach Abzug des Kindesunterhalts verbleibenden anrechnungsfähigen Einkommen des Beklagten i. H. von 2298,56 DM auf die Kl. entfallende Anteil mit einer Quote von $^3/_7$ i. H. von 985,10 DM gebildet wird. Dagegen findet die Erhöhung dieses Betrages um über 300 DM auf einen abstrakten tabellarischen Wert von 1300 DM im Gesetz keine Stütze. Eine Abweichung ist vielmehr nur bei konkreten Feststellungen zu bedarfserhöhenden Umständen – insbesondere zu trennungsbedingten Mehrkosten der Lebensführung – rechtlich zulässig. Der *Senat* verkennt nicht, daß auch in den unterhaltsrechtlichen Leitlinien anderer OLGe (Stand jeweils 1. 7. 1992) empfohlen wird, den notwendigen Bedarf eines unterhaltsberechtigten Ehegatten mit dem notwendigen Selbstbehalt eines unterhaltspflichtigen Ehegatten gleichzusetzen. Zumeist wird dabei allerdings der monatliche Eigenbedarf („Existenzminimum") des Berechtigten ausdrücklich „einschließlich des trennungsbedingten Mehrbedarfs" mit einem festen Regelbedarfssatz angesetzt (z. B. *Düsseldorfer Tabelle* zu B V, FamRZ 1992, 398, 399; *OLG Hamm* zu III Nr. 33, FamRZ 1992, 520, 523; *OLG Oldenburg* zu V 1 c, FamRZ 1992, 903, 905; *OLG Stuttgart* zu II 2, FamRZ 1992, 1274).

Soweit derartige Richtlinien dahin zu verstehen sein sollten, daß es nicht der ausdrücklichen Geltendmachung von konkreten Mehrkosten bedarf, die durch die Trennung unvermeidlich entstanden sind, würden die gleichen Bedenken wie gegenüber den vom OLG verwendeten Leitlinien bestehen. Zulässig kann es allenfalls sein, zur Feststellung der behaupteten Mehrkosten – denen gerade unter beengten wirtschaftlichen Verhältnissen besondere Bedeutung zukommt – von der Möglichkeit der Schätzung ihres Umfangs großzügig Gebrauch zu machen (§ 287 ZPO); auf die konkrete Darlegung entsprechender tatsächlicher Voraussetzungen kann indessen nicht verzichtet werden. Dieser Rechtslage entsprechen daher die unterhaltsrechtlichen Leitlinien derjenigen OLGe, in denen empfohlen wird, für die Ermittlung des Unterhaltsbedarfs von einer Quotierung von den konkret festgestellten Lebensverhältnisse prägenden Einkünfte auszugehen und zusätzlich den konkret festgestellten trennungsbedingten Mehrbedarf zu berücksichtigen (z. B. *KG* zu B 34 bis 36, FamRZ 1992, 900 ff.; *OLG Celle* zu III 1, FamRZ 1992, 644, 645; *OLG Frankfurt/M.* zu III 6, FamRZ 1992, 773, 775; *OLG Köln* zu Nr. 12, 13 und 47, FamRZ 1988, 1241 ff.; 1992, 520; *OLG München* zu 3.1, FamRZ 1992, 648, 650).

Daß auf diese Weise auch ein Unterhaltsbedarf ermittelt werden kann, der unter dem Selbstbehalt

R490A   **Anhang R. Rechtsprechung**

eines Unterhaltsverpflichteten gegenüber (volljährigen oder sogar minderjährigen) Kindern liegt, veranlaßt keine Korrektur. Der ehel. Lebensstandard ist grundsätzlich individuell angelegt. Er kann wirtschaftlich über oder unter dem Niveau von Tabellenwerten liegen, die in der Regel auf querschnittlich ermittelten Kosten der allgemeinen Lebensführung beruhen und Besonderheiten daher nicht berücksichtigen. Der Bedarf eines unterhaltsberechtigten Ehegatten kann indessen auch nach der Scheidung je nach den Umständen des Einzelfalles beispielsweise dadurch beeinflußt werden, daß infolge gem. Wirtschaftens mit anderen Personen – etwa Verwandten – die Generalkosten insbesondere für Wohnen niedriger gehalten werden können als im Fall des Alleinlebens. Die Einsparungen können sogar den als Folge der Trennung zunächst aufgetretenen Mehrbedarf des Berechtigten übersteigen. Inhalt der Unterhaltspflicht gegenüber einem geschiedenen Ehegatten ist es auch nicht, dem Berechtigten unter allen Umständen das sogenannte Existenzminimum zu sichern – das ist notfalls Sache des Sozialhilfeträgers –, sondern nach Maßgabe des § 1578 I S. 1 BGB die Fortsetzung derjenigen – möglicherweise auch engen – Lebensverhältnisse zu ermöglichen, die die Ehe geprägt haben. Davon ist i. ü das OLG bei der Unterhaltsbemessung für die Zeit bis zum 30. 6. 1992 – die nicht Gegenstand des Revisionsverfahrens ist – auch selbst zu Recht ausgegangen und hat den Unterhaltsbedarf der Kl. nach einer Quote mit monatlich 1004,38 DM errechnet. Damit steht aber in unlösbarem Widerspruch, für die anschließende Zeit einen um fast 300 DM höheren Bedarf anzusetzen, ohne daß sich in den tatsächlichen Verhältnissen etwas geändert hat.

Der vorliegende Fall nötigt nicht zu einer Stellungnahme zu der Frage, ob es in einem echten Mangelfall – der durch die mangelnde Fähigkeit des Unterhaltspflichtigen gekennzeichnet ist, den ungedeckten Unterhaltsbedarf eines oder mehrerer gleichrangiger Unterhaltsberechtigter zu befriedigen – gerechtfertigt wäre, vor einer verhältnismäßigen Kürzung aller Unterhaltsansprüche denjenigen eines geschiedenen Ehegatten auf einen tabellarischen Mindestsatz zu reduzieren, wenn auch die konkurrierenden Ansprüche anderer Berechtigter, etwa Kinder, mit Tabellenwerten in die Ausgangsberechnung eingestellt werden. Ein derartiger Mangelfall liegt hier nicht vor, denn der Bekl. ist nach den getroffenen Feststellungen ohne weiteres in der Lage, den infolge eines anzurechnenden eigenen Erwerbseinkommens der Kl. verbleibenden Unterhaltsanspruch neben dem des gem. Kindes voll zu decken.

(Bonus bei fiktivem Einkommen; kein weiterer Bonus bei Abzug von $^1/_7$)

b   4. Für die weitere Verhandlung weist der *Senat* darauf hin, daß die Angriffe der Revision im übrigen unbegründet sind.

a) Es ist rechtlich nicht zu beanstanden, daß das OLG das fiktive Eigeneinkommen, das es der Kl. i. H. von monatlich 800 DM zurechnet, nur i. H. von 685 DM auf ihren eheangemessenen Unterhaltsbedarf angerechnet hat. Es entspricht der Gleichbehandlung der Eheleute, daß auch dem Unterhaltsberechtigten ein sog. Erwerbstätigen-Bonus verbleiben muß, wenn sein Einkommen wie hier auf den ermittelten Unterhaltsbedarf angerechnet wird (vgl. *Senats*urteil v. 19. 6. 1985 – IV b ZR 31/94 –, FamRZ 1985, 908, 910 unter II 2). Daß es sich im vorliegenden Fall um die Berücksichtigung eines nur fiktiven Einkommens handelt, vermag dabei eine unterschiedliche Behandlung nicht zu begründen.

b) Der Auffassung der Revision, vom Nettoeinkommen des Bekl. müßten 5 % zu seinen Gunsten vorweg als Verdienerabzug abgesetzt werden, kann nicht gefolgt werden. Eine derartige Kürzung ist nicht gerechtfertigt, wenn der mit der Berufstätigkeit verbundene Mehraufwand – neben dem Anreiz für die Erwerbstätigkeit – bereits in einer vom Halbteilungsgrundsatz maßvoll abweichenden Bemessung der anteiligen Quote (hier mit $^4/_7$ für den Bekl.) berücksichtigt wird (vgl. *Senats*urteil v. 31. 1. 1990 – XII ZR 21/89 – = FamRZ 1990, 979, 981).

BGH v. 25. 1. 1995 – XII ZR 195/93 – FamRZ 95, 1405 = NJW-RR 95, 449

R490A   *(Auffangregelung des § 1579 Nr. 7 BGB auch bei Vorliegen objektiver Gründe; keine Befristung des nachehelichen Unterhalts nach § 1579 Nr. 7 BGB wegen einer in der Ehe ausgebrochenen schweren Erkrankung)*

a   1. Das BerGer. führt aus, die Kl. habe für die Zeit ab September 1991 Anspruch auf nachehelichen Unterhalt nach § 1572 BGB, da sie krankheitsbedingt erwerbsunfähig sei. Aufgrund der in erster Instanz durchgeführten Beweisaufnahme stehe fest, daß sie infolge ihrer Erkrankung nicht in der Lage sei, ihren Beruf als Ärztin auszuüben und ihren Lebensunterhalt – auch nur teilweise – selbst zu verdienen. Die Wurzeln der Erkrankung der Kl. reichten in die Zeit vor der Eheschließung zurück, auch wenn das Krankheitsbild erst durch die besonderen familiären und beruflichen Belastungen seit 1987 in seiner vollen Tragweite sichtbar geworden sei. Bemessungsmaßstab für die Höhe des Unterhaltsanspruchs der Kl. sei das Einkommen des Bekl., das allein die ehelichen Lebensverhältnisse im Zeitpunkt der Scheidung geprägt habe. Entgegen der Annahme des *FamG* habe die Kl. ihren Unterhaltsanspruch auch nicht gem. § 1579 Nr. 3 BGB wegen Tablettenmißbrauchs teilweise verwirkt.

Anhang R. Rechtsprechung R490A

Diese Ausführungen des BerGer., die revisionsrechtlich nicht zu beanstanden sind, nimmt die Revision als ihr günstig hin.

Weiter führt das BerGer. aus, auch ohne ein vorwerfbares Verhalten der Kl. sei wegen der besonderen objektiven Gegebenheiten und wegen der Entwicklungen der beiderseitigen Lebensverhältnisse eine Herabsetzung des Unterhalts auf den angemessenen Bedarf und eine zeitliche Begrenzung auf die Dauer von knapp vier Jahren nach Rechtskraft des Scheidungsurteils nach § 1579 Nr. 7 BGB gerechtfertigt. Die aus der Unterhaltspflicht erwachsende Belastung sei für den Bekl. unzumutbar, wenn die Kl. auf Dauer den vollen Unterhalt verlangen könne. Die Ehe der Parteien habe von der Eheschließung bis zur Zustellung des Scheidungsantrags Ende 1988 nur etwas mehr als fünf Jahre gedauert. Schon vorher – dreieinhalb Jahre nach der Eheschließung – hätten die Parteien den Entschluß zur Trennung gefaßt. Nach der Einschätzung des in erster Instanz eingeholten Sachverständigengutachtens sei bei der erst 39 Jahre alten Kl. inzwischen von einem „chronifizierten" Krankheitszustand auszugehen. Es sei nicht damit zu rechnen, daß sie in absehbarer Zeit einer geregelten beruflichen Tätigkeit nachgehen könne. Die Erkrankung der Kl. sei bereits vor der Ehe angelegt gewesen. Auch wenn die Einkommensverhältnisse des Bekl. überdurchschnittlich gut seien, werde bei einer Gesamtabwägung aller maßgeblichen Kriterien die Zumutbarkeitsgrenze für den Bekl. in nicht mehr hinnehmbarer Weise überschritten, wenn er auf Dauer den vollen Unterhalt zahlen müsse. Die Kl. habe durch die Eheschließung mit dem Bekl. nur finanzielle Vorteile, keinerlei Nachteile gehabt. Sie habe ohne finanzielle Sorgen auf Kosten des Bekl. ihr Studium beenden können, ohne jemals nennenswerte Aufgaben im Haushalt übernommen zu haben. Die Parteien seien übereinstimmend davon ausgegangen, daß die Kl. in kürzester Zeit ihren Unterhalt als Ärztin selbst verdienen könne und keine Unterhaltsleistungen von dem Bekl. verlangen werde. Die Absicht der Kl., an sich keinen Unterhalt von dem Bekl. zu verlangen, habe ihren sichtbaren Ausdruck darin gefunden, daß sie sich jahrelang mit dem Notwendigsten begnügt habe, obwohl sie die Möglichkeit gehabt habe, über das Konto des Bekl. frei zu verfügen. Diese Ausführungen des BerGer. halten einer rechtlichen Überprüfung nicht stand.

2. Es ist allerdings zutreffend, daß die Auffangregelung des § 1579 Nr. 7 BGB, die dem § 1579 I Nr. 4 BGB a. F. entspricht, allgemein eine unverhältnismäßige Belastung des Unterhaltspflichtigen vermeiden will und daher auch anwendbar sein kann, wenn allein objektive Gründe vorliegen, die die Inanspruchnahme des Unterhaltspflichtigen als unzumutbar erscheinen lassen (vgl. *Senat*, NJW 1985, 428 = LM § 1579 BGB Nr. 25 = FamRZ 1985, 51 [52] und NJW 1985, 2268 = FamRZ 1985, 911, jeweils m. Nachw.). Das BerGer. nimmt aber zu Unrecht an, daß im vorliegenden Fall auch ohne ein vorwerfbares Verhalten der Kl. solche Gründe gegeben sind. Das BerGer. stellt zur Begründung seiner gegenteiligen Ansicht entscheidend darauf ab, daß die Ehe der Parteien nur von kurzer Dauer gewesen sei und daß man dem Bekl. nicht zumuten könne, auf Dauer auf einen Teil seines Einkommens deshalb zu verzichten, weil die Kl. aufgrund einer Krankheit, die schon vor der Ehe zumindest angelegt gewesen sei, ihren Beruf als Ärztin nicht ausüben könne. Beide Gesichtspunkte tragen die Entscheidung des BerGer. nicht. Der Hinweis des BerGer., die Parteien seien übereinstimmend davon ausgegangen, daß die Kl. nach Abschluß ihres vom Bekl. finanzierten Studiums keine Unterhaltsansprüche gegen den Bekl. geltend machen werde, enthält keine darüber hinausgehende Begründung. Diese Vorstellung der Parteien hängt nämlich unmittelbar damit zusammen, daß für sie die Tragweite der Erkrankung der Kl. nicht erkennbar war und daß sie deshalb – wie sich herausgestellt hat zu Unrecht – damit rechneten, die Kl. werde nach Abschluß ihres Studiums als Ärztin arbeiten und auf diese Weise ihren Lebensunterhalt selbst verdienen können.

(Bestimmung der Ehedauer von Eheschließung bis Rechtshängigkeit des Scheidungsverfahrens; keine kurze Ehe nach § 1579 Nr. 1 BGB bei Ehedauer von knapp 5 Jahren)

3. Nach § 1579 Nr. 1 BGB kann es einen besonderen Härtegrund darstellen, der zur Herabsetzung **b** oder zeitlichen Begrenzung des Unterhaltsanspruchs führen kann, wenn die Ehe nur von kurzer Dauer war. Das BerGer. zieht zu Recht nicht einmal in Erwägung, daß diese Bestimmung im vorliegenden Fall anwendbar sein könnte. Unter Ehedauer i. S. dieser Vorschrift ist die Zeit von der Eheschließung bis zur Rechtshängigkeit des Scheidungsantrags zu verstehen, durch den das zur Scheidung der Ehe führende Verfahren eingeleitet worden ist (st. Rspr.; vgl. *Senat*, NJW 1986, 2832 = LM § 1578 BGB Nr. 40 = FamRZ 1986, 886 [887]; *Soergel/Häberle*, BGB, 12. Aufl., § 1579 Rdnr. 4; *Johannsen/Henrich/Voelskow*, EheR, 2. Aufl., § 1579 Rdnr. 13; *Palandt/Diederichsen*, BGB, 53. Aufl., § 1579 Rdnr. 13). Im Regelfall ist nach der ständigen Rechtsprechung des *Senats* eine Ehedauer von mehr als drei Jahren nicht mehr als kurz i. S. des § 1579 Nr. 1 BGB anzusehen (vgl. *Senat*, NJW 1986, 2832 = LM § 1578 BGB Nr. 40 = FamRZ 1986, 886 [887] m. Nachw.; vgl. auch *Göppinger/Kindermann*, UnterhaltsR, 6. Aufl., Rdnr. 1290; *Soergel/Häberle*, § 1579 Rdnr. 5; *Johannsen/Henrich/Voelskow*, § 1579 Rdnr. 11; *Schwab/Borth*, Hdb. des ScheidungsR, 2. Aufl., IV Rdnr. 307). Die Ehe der Parteien hat bis zum Einreichen des Scheidungsantrages knapp fünf Jahre gedauert. Anhaltspunkte dafür, daß im vorliegenden Fall aufgrund besonderer Umstände dennoch von einer kurzen Ehedauer auszuge-

1591

R491 Anhang R. Rechtsprechung

hen sei, sind nicht ersichtlich. Die Parteien haben nach der Eheschließung bis zur Trennung ca. dreieinhalb Jahre zusammengelebt. Hinzu kommt, daß sie auch schon vor der Ehe etwa drei Jahre zusammengelebt haben, insgesamt also mehr als sechs Jahre. Daß Ehegatten vor der Eheschließung längere Zeit zusammengelebt haben, hat zwar keinen Einfluß auf die Bestimmung der Ehedauer, läßt aber zusätzliche Rückschlüsse darauf zu, daß sie ihre Lebensführung bereits aufeinander eingestellt und in wechselseitiger Abhängigkeit auf ein gemeinschaftliches Lebensziel ausgerichtet haben (vgl. *Schwab/Borth*, Rdnr. 309).

(Keine Verwirkung des Unterhalts nach § 1579 Nr. 7 BGB wegen einer in der Ehe aufgetretenen schweren Erkrankung, die bereits bei Eheschließung vorhanden war)

c 4. Auch daß die Kl. aufgrund einer schon vor der Ehe (zumindest latent) vorhandenen Erkrankung, die erst nach der Trennung der Parteien in ihrem vollen Ausmaß erkennbar geworden ist, erwerbsunfähig und damit unterhaltsbedürftig geworden ist und daß dieser Umstand für den Bekl. zu einer erheblichen und dauernden Unterhaltslast führen kann, rechtfertigt nicht die Herabsetzung oder zeitliche Begrenzung des Unterhaltsanspruchs der Kl. aufgrund der Härteregelung des § 1579 Nr. 7 BGB. Dies hat der *Senat* in einem Urteil, das dem BerGer. noch nicht bekannt sein konnte, bereits entschieden (NJW 1994, 1286 = LM H. 6/1994 § 1572 BGB Nr. 5 = FamRZ 1994, 566). Die Frage, ob ein geschiedener Ehegatte gegen den anderen aufgrund einer nach der Scheidung bestehenden krankheitsbedingten Erwerbsunfähigkeit einen Unterhaltsanspruch hat, ist in § 1572 BGB geregelt. Das BerGer. führt zutreffend (und im Einklang mit der Rechtsprechung des *Senats*: vgl. NJW 1982, 40 = LM § 1569 BGB Nr. 3 = FamRZ 1981, 1163 [1164]) aus, daß ein Unterhaltsanspruch der Kl. nach dieser Vorschrift gegeben ist, weil die voreheliche Erkrankung der Kl. schon zum Zeitpunkt der Scheidung zu einer krankheitsbedingten Erwerbsunfähigkeit geführt hat (vgl. auch *Johannsen/ Henrich/Voelskow*, § 1572 Rdnrn. 5 f.; *Soergel/Häberle*, § 1572 Rdnr. 6; *Palandt/Diederichsen*, § 1572 Rdnr. 6). Wenn gerade die schon vor der Eheschließung bestehende und von dem Zeitpunkt der Scheidung an fortdauernde Erkrankung der Kl. nach § 1572 Nr. 1 BGB einen Unterhaltsanspruch der Kl. gegen den Bekl. auslöst, dann kann nicht dieselbe Erkrankung einen „anderen Härtegrund" i. S. der Auffangregelung des § 1579 Nr. 7 BGB darstellen und auf diese Weise zu dem gegenläufigen Ergebnis führen, daß der Unterhaltsanspruch der Kl. ganz oder teilweise ausgeschlossen ist (vgl. *Senat*, NJW 1994, 1286 = LM H. 6/1994 § 1572 BGB Nr. 5 = FamRZ 1994, 566 f.).

BGH v. 25. 1. 95 – XII ZR 240/93 – FamRZ 95, 475 = NJW 95, 1215

R491 *(Verwirkung wegen Umgangsverweigerung)*

a c) Diese Ausführungen der Revision sind nicht geeignet, der Entscheidung des Berufungsgerichts die Grundlage zu entziehen.

Wenn die Klägerin dem Beklagten im Juli 1991 keine Angaben über ihre Zukunftspläne und ihren Werdegang machte, so ist zu beachten, daß sie damals, wie der Beklagte wußte, noch die Schule besuchte und erst im folgenden Jahr das Abitur ablegen wollte. Ihr Unterhaltsbegehren und die darauf zielende Bitte um Auskunft über die Einkünfte des Beklagten bezogen sich zunächst auf den Zeitraum ihres weiteren Schulbesuchs.

Der Einreichung der Unterhaltsklage im Februar 1992 war nicht nur das Anwaltsschreiben vom 26. 9. 1991, sondern auch eine weitere Mitteilung vom 14. 11. 1991 mit Übersendung der erbetenen Bescheinigung über den Schulbesuch der Klägerin vorausgegangen. Nachdem der Beklagte trotz Erhalt dieser Mitteilungen seit August 1991 keinen Unterhalt an die als Schülerin weiterhin unterhaltsbedürftige und auf seine Zahlungen angewiesene Klägerin geleistet hatte, stellte sich die gerichtliche Geltendmachung des Unterhaltsanspruchs nach Ablauf von rund sieben Monaten nicht als Fehlverhalten der Klägerin im Sinne von § 1611 Abs. 1 BGB dar.

Schließlich ist auch der Auffassung der Revision zu der nicht ausreichenden Kontaktbereitschaft der Klägerin als Grund für eine Herabsetzung oder einen Ausschluß des Unterhaltsanspruchs – zumal die Klägerin von dem Beklagten „etwas wolle" – unter den gegebenen Umständen nicht zu folgen.

Sowohl in der Rechtsprechung, insbesondere der OLGe, als auch im Schrifttum werden unterschiedliche Ansichten dazu vertreten, ob und unter welchen Voraussetzungen die mangelnde Bereitschaft eines volljährigen Kindes zum persönlichen Kontakt mit dem auf Unterhalt in Anspruch genommenen Elternteil als schwere Verfehlung im Sinne von § 1611 Abs. 1 BGB anzusehen sein kann (vgl. etwa *OLG Frankfurt/M.* – 1. Familiensenat –, FamRZ 1990, 789; *OLG Frankfurt/M.* – 2. Familiensenat in Kassel –, FamRZ 1991, 1477; *OLG Bamberg* – 7. Zivilsenat – FamRZ 1991, 1476, und FamRZ 1992, 717; *OLG München*, FamRZ 1992, 595; sowie *Ewers*, FamRZ 1992, 719; *Schütz*, FamRZ 1992, 1338, und *Breiholdt*, NJW 1993, 305, sämtlich zu *OLG Bamberg*, FamRZ 1992, 717; *MünchKomm/ Köhler*, BGB, 3. Aufl., § 1611 Rz. 6 a; *Griesche* in FamGb § 1611 Rz. 8). Dabei gehen insbesondere das

Anhang R. Rechtsprechung   **R491**

OLG München und der 2. Familiensenat des OLG Frankfurt/M. in Kassel ebenso wie *Griesche* davon aus, daß eine Minderung des Unterhaltsanspruchs aus solchem Grund nur in seltenen Ausnahmefällen, bei Hinzutreten weiterer gravierender Umstände – wie sie das OLG Bamberg in dem von ihm in FamRZ 1992, 717, entschiedenen Fall wohl als gegeben angenommen hat – in Erwägung zu ziehen sein wird. Zur Begründung dieser Auffassung wird u. a. darauf hingewiesen, daß es einem Kind in der Regel nicht als schwerer Schuldvorwurf angelastet werden könne, wenn es „während seiner Minderjährigkeit durch die Trennungsgeschichte seiner Eltern und unter dem Einfluß des sorgeberechtigten Elternteils in eine Konfrontationshaltung zu dem unterhaltsverpflichteten Elternteil hineinwächst und diese Haltung auch über die Volljährigkeit hinaus beibehält" (*OLG Frankfurt/M. – 2. Familiensenat in Kassel* –, a.a.O.; vgl. auch *Ewers*, a.a.O.), zumal solche Beziehungsstörungen „durch die Reife und Verselbständigung des Kindes nicht ohne weiteres behoben werden" (*OLG München*, a.a.O., S. 597; in diesem Sinn auch *Deisenhofer*, in: *Heiß*, Unterhaltsrecht 12.61).

Demgegenüber betonen vor allem das OLG Bamberg (a.a.O.) und der 1. Zivilsenat des OLG Frankfurt/M. (a.a.O., S. 789), daß ein erwachsenes, Unterhalt forderndes Kind grundsätzlich als einsichtsfähig zu gelten habe und für sein Verhalten im Rahmen von § 1611 Abs. 1 BGB verantwortlich zu machen sei.

Diese Überlegung kann es indessen nicht rechtfertigen, den gesetzlich normierten Maßstab einer vorsätzlichen schweren Verfehlung des Unterhaltsberechtigten zu verlassen und schon die Ablehnung jeder persönlichen Kontaktaufnahme zu dem unterhaltsverpflichteten Elternteil allein oder auch in Verbindung mit unhöflichen und unangemessenen Äußerungen diesem gegenüber als Grund für eine Herabsetzung oder den Ausschluß des Unterhalts nach § 1611 Abs. 1 BGB zu bewerten (vgl. dazu *Senats*urteil v. 24. 10. 1990 – XII ZR 124/89 = FamRZ 1991, 322, 323). Noch weniger kann ein Fehlverhalten im Sinne dieser Vorschrift darin gesehen werden, daß das unterhaltsberechtigte Kind, wie es hier seit dem 14. Lebensjahr der Klägerin offensichtlich der Fall war, die Beziehungen zu dem unterhaltsverpflichteten Elternteil über Jahre hinweg einschlafen läßt.

Die Annahme einer vorsätzlichen schweren Verfehlung des Unterhalt begehrenden Kindes setzt im übrigen grundsätzlich eine umfassende Abwägung aller maßgeblichen Umstände voraus, die auch das eigene Verhalten des unterhaltsverpflichteten Elternteils – und zwar sowohl gegenüber dem Kind als auch gegebenenfalls gegenüber dem geschiedenen Elternteil, der das Kind jahrelang versorgt und betreut und bei dem dieses seit seiner Minderjährigkeit gelebt hat – angemessen zu berücksichtigen hat (vgl. *Senats*urteil v. 24. 10. 1990, a.a.O.). Auch unter diesem Gesichtspunkt hat das OLG die Voraussetzung des § 1611 Abs. 1 BGB für den vorliegenden Fall rechtsfehlerfrei verneint. Der Beklagte hat nämlich, worauf das Berufungsgericht im Rahmen der von ihm vorgenommenen Abwägung nach § 1611 Abs. 1 BGB zutreffend abgehoben hat, der Klägerin nicht einmal zu ihrem 18. Geburtstag gratuliert, und er hat von sich aus keine Anteilnahme an ihren Ausbildungs- und Zukunftsplänen gezeigt. Darüber hinaus ist er, wie die Klägerin unbestritten vorgetragen hat, aus Anlaß des Termins vor dem Familiengericht vom 24. 7. 1992 vor der Verhandlung „mit wüsten Beschimpfungen über die Mutter der Klägerin hergezogen", hat dieses Verhalten trotz Zuredens seines Prozeßbevollmächtigten fortgesetzt und auch der Klägerin selbst Vorhaltungen wegen ihrer guten Beziehungen zu ihrer Mutter gemacht. Die Klägerin, die sich damals – nach ihrem Vortrag – vorgestellt hatte, das Zusammentreffen mit dem Beklagten könne zu einem Versöhnungsgespräch führen, sah sich durch dieses Verhalten des Vaters in ihrer Hoffnung schwer enttäuscht. Wenn die Revision in diesem Zusammenhang die Auffassung vertritt, da die Klägerin von dem Beklagten etwas wolle, liege es zumindest seit Eintritt der Volljährigkeit an ihr, die Initiative zu ergreifen, so kann dieser Ansicht unter den dargelegten Umständen nicht gefolgt werden.

(Nebentätigkeit von Studenten)

b) Nach allgemeiner – zutreffender – Auffassung trifft einen Studenten neben dem Studium in **b** der Regel keine Erwerbsobliegenheit. Denn er soll sich, auch im Interesse des Unterhaltspflichtigen, mit ganzer Kraft sowie dem gehörigen Fleiß und der gebotenen Zielstrebigkeit dem Studium widmen, um dieses innerhalb angemessener und üblicher Dauer zu beenden. Das gilt auch für die Zeit der Semesterferien, die neben der notwendigen Erholung der Wiederholung und Vertiefung des Stoffes dient, soweit sie nicht ohnehin durch studienbedingte Arbeiten (Hausarbeiten) ausgefüllt ist (vgl. *Kalthoener/Büttner*, Die Rechtsprechung zur Höhe des Unterhalts, 5. Aufl., Rz. 474, 475; *Strohal*, in: *Göppinger/Wax*, Unterhaltsrecht, 6. Aufl., Rz. 695, 291; *Schwab/Borth*, Handbuch des Scheidungsrechts, 2. Aufl. V, Rz. 65; *Griesche*, in: FamGb § 1601 Rz. 3; *MünchKomm/Köhler*, BGB, 3. Aufl., § 1602 Rz. 11d; *Soergel/Häberle*, BGB, 12. Aufl., § 1602 Rz. 16; auch *Senats*urteil v. 11. 2. 1987 – IV b ZR 23/86 = NJW 1987, 1557). Übt ein Student gleichwohl eine (Neben-)Erwerbstätigkeit aus, so stellt die Vergütung, die er hierfür erhält, grundsätzlich Einkommen aus überobligationsmäßiger Tätigkeit dar (vgl. *Deisenhofer*, in: *Heiß*, Unterhaltsrecht 12.54; *Griesche*, in: FamGb a.a.O., Rz. 4). Die Anrechnung solcher Einkünfte aus unzumutbarer Tätigkeit bestimmt sich auch im Verwandtenunterhaltsrecht nach dem – hier entsprechend heranzuziehenden – Rechtsgedanken des § 1577 Abs. 2

BGB (vgl. *Kalthoener/Büttner*, a.a.O., Rz. 480; *OLG Köln*, FamRZ 1991, 856; grundlegend zu § 1577 Abs. 2 *Senats*urteil v. 24. 11. 1982 – IV b ZR 310/81 = FamRZ 1983, 146 ff.; anders hingegen, nämlich gestützt auf allgemeine Billigkeitsabwägungen, etwa *OLG Koblenz*, FamRZ 1989, 1219). Danach bleiben Einkünfte anrechnungsfrei, soweit der Unterhaltsverpflichtete nicht den vollen Unterhalt leistet (§ 1577 Abs. 2 Satz 1 BGB). Darüber hinaus kommt eine Anrechnung insoweit in Betracht, als dies unter Berücksichtigung der beiderseitigen wirtschaftlichen Verhältnisse der Billigkeit entspricht (§ 1577 Abs. 2 Satz 2 BGB).

c) Das Berufungsgericht hat zwar den Maßstab des § 1577 Abs. 2 BGB bei seinen Ausführungen nicht ausdrücklich herangezogen. Die von ihm nach allgemeinen Billigkeitsgesichtspunkten tatrichterlich getroffene Entscheidung – die als solche nur in eingeschränktem Umfang revisionsrechtlicher Überprüfung unterliegt (vgl. *Senats*urteil BGHZ 109, 72, 88 = NJW 1990, 1172) – hält aber auch im Hinblick auf die Kriterien des § 1577 Abs. 2 BGB den Angriffen der Revision stand.

Die Klägerin nahm die Nebenerwerbstätigkeit Mitte November 1992 auf, nachdem ihr der Beklagte seit August 1991 keinen Unterhalt mehr gezahlt hatte. Sie war damit seit der letzten Unterhaltszahlung des Beklagten über ein Jahr lang auf Unterstützung Dritter angewiesen gewesen und hatte darüber hinaus seit der Aufnahme des Studiums und dem Auszug aus der Wohnung der Mutter einen gegenüber der Schul- und Nachschulzeit erhöhten Unterhaltsbedarf. Als sie unter diesen Umständen begann, eigene Erwerbseinkünfte zu erzielen, waren ihr diese – mangels Unterhaltsleistung des Beklagten – sowohl nach dem Rechtsgedanken des § 1577 Abs. 2 Satz 1 BGB als auch unter allgemeinen Billigkeitsgesichtspunkten nicht auf den von dem Beklagten geschuldeten, nachträglich beigetriebenen Unterhalt anzurechnen.

(Billigkeitsprüfung bei Nichtzahlung von Unterhalt)

c Mit dieser Rüge kann die Revision keinen Erfolg haben. Die Entscheidung des Berufungsgerichts findet im Gegenteil eine zusätzliche Rechtfertigung in dem Umstand, daß der Beklagte trotz Verkündung des erstinstanzlichen Urteils am 18. 8. 1992, welches ihn neben den Rückständen zu laufenden Unterhaltszahlungen von monatlich 615 DM verpflichtete, weiterhin keine Zahlungen an die Klägerin leistete, sondern sie auf den Weg der Zwangsvollstreckung verwies und deren Durchführung sogar noch erschwerte. Wann und in welchem Umfang die Zwangsvollstreckung zu einem Erfolg führen würde, war für die Klägerin nicht vorhersehbar. Allein die Aussicht auf die mögliche Beitreibung von Unterhaltsrückständen konnte ihren laufenden Unterhaltsbedarf nicht befriedigen. Tatsächlich erhielt die Klägerin erstmals Ende Dezember 1992 aus der Zwangsvollstreckung einen Betrag von 8000 DM ausgezahlt, als sich die bis dahin aufgelaufenen Rückstände – auf der Grundlage der Entscheidung des Familiengerichts – bereits auf 9190 DM beliefen.

Angesichts des erheblichen Nachholbedarfs, den die Klägerin im Jahre 1992 hatte, begegnet es keinen durchgreifenden rechtlichen Bedenken, daß ihr das Berufungsgericht trotz des ersten Erfolges der Zwangsvollstreckung die Einkünfte aus ihrer Nebenerwerbsbeschäftigung anrechnungsfrei zur Tilgung der Kosten für die Einrichtung ihrer Wohnung – nach ihrem unbestrittenen Vortrag für eine Küche, einen Kleiderschrank und ein Bett – sowie für die Kosten einer Urlaubsreise beließ. Zu letztem macht die Revision geltend, Aufwendungen für eine Urlaubsreise gehörten nicht zum anerkennungswerten Bedarf eines Studenten; denn auch im arbeitenden Mensch, dem nur der Selbstbehalt nach der Düsseldorfer Tabelle verbleibe, könne sich mit Sicherheit keine Urlaubsreise leisten. Abgesehen davon, daß dieser Behauptung in ihrer Allgemeinheit so nicht beigetreten werden kann, weil dies entscheidend von den jeweiligen Kosten einer Urlaubsreise abhängt, hat die Billigkeitsentscheidung des Berufungsgerichts aus anderen Gründen auch in diesem Punkt Bestand. Die Klägerin hatte nämlich wegen der Einstellung der Unterhaltszahlungen durch den Beklagten seit August 1991 keine Möglichkeit, etwa laufend geringe Beträge von ihrem Unterhalt für eine Urlausbreise anzusparen.

Unabhängig hiervon ist im übrigen darauf hinzuweisen, daß der Beklagte erst im Mai 1993 die bis dahin (nach der Berechnung des Familiengerichts) entstandenen Unterhaltsrückstände tilgte und erst in diesem Monat die laufenden Zahlungen wieder aufnahm. Nach dem Rechtsgedanken des § 1577 Abs. 2 Satz 1 und Satz 2 BGB unterliegen daher ohnehin nur die Erwerbseinkünfte der Klägerin aus den Monaten Mai bis (Anfang) Juli 1993 der Billigkeitsprüfung (vgl. insoweit zu der grundsätzlich gebotenen weiten Auslegung des § 1577 Abs. 2 BGB *Senats*urteil v. 24. 11. 1982, a.a.O., S. 149). Angesichts der verhältnismäßig geringen Höhe dieser Einkünfte ist die Entscheidung des Berufungsgerichts zur Anfechtungsfreiheit der Beträge aus den dargelegten Gründen revisionsrechtlich nicht zu beanstanden.

Dabei bedarf es entgegen der Auffassung des Berufungsgerichts keiner grundsätzlichen Auseinandersetzung mit der Frage, ob sich – im Rahmen von § 1577 Abs. 2 Satz 2 BGB – allgemeine Kriterien darüber aufstellen lassen, unter welchen Umständen und bis zu welcher Höhe einem Studenten, der regelmäßig Unterhalt von monatlich 950 DM erhält, Einkommen aus einer neben dem Studium ausgeübten Erwerbstätigkeit anrechnungsfrei zu belassen ist. Soweit das Berufungsgericht hier gene-

Anhang R. Rechtsprechung R492

rell einen Zusatzverdienst bis zur Höhe von monatlich 1300 DM – angelehnt an das „Existenzminimum", das jedem arbeitenden Menschen auch gegenüber Unterhaltsansprüchen seiner minderjährigen Kinder verbleiben müsse – für nicht anrechenbar hält, bestehen dagegen allerdings Bedenken.

BGH v. 25. 1. 95 – XII ZR 247/93 – FamRZ 95, 554 = NJW 95, 1345
(Anpassung einer Unterhaltsrente) R492

Art. 234 § 5 EGBGB bestimmt unter Einschränkung des Art. 234 § 1 EGBGB, daß für den Unterhaltsanspruch eines Ehegatten, dessen Ehe vor dem Wirksamwerden des Beitritts geschieden worden ist, das bisherige Recht maßgeblich bleibt. In welchen Fällen das Recht der DDR „bisheriges Recht" war, ist dabei nach dem innerdeutschen Kollisionsrecht zu beantworten, und zwar – im Interesse eines Entscheidungseinklanges – in der Ausprägung, die es in Anlehnung an das internationale Privatrecht der Art. 3 ff. EGBGB erfahren hat, lediglich mit dem Unterschied, daß in deutsch-deutschen Fällen nicht auf das Heimatrecht, sondern auf den gewöhnlichen Aufenthalt der Anknüpfungsperson abgestellt wird (*Senat, BGHZ* 85, 16, 22 f.; 124, 57 f. mit Anm. *Lohmann,* EWiR 1/94 zu Art. 18 EGBGB; *Senats*urteile v. 23. 9. 1992, a.a.O., S. 44, und v. 2. 2. 1994, a.a.O., S. 563; *BGHZ* 124, 270 f. mit Anm. *Thode,* JZ 1994, 472, 473; *Brudermüller,* FamRZ 1994, 1022 f.). Die Regeln des innerdeutschen Kollisionsrechts sind nach Art. 8 des Einigungsvertrages (Überleitung von Bundesrecht, vgl. Erläuterungen zum Einigungsvertrag Kapitel III Sachgebiet B Abschnitt II zu Art. 230 EGBGB) mit dem Wirksamwerden des Beitritts auch im Beitrittsgebiet zu beachten. Da die Ehe der Parteien nach DDR-Recht geschieden wurde, ist analog Art. 18 Abs. 4 EGBGB für die Unterhaltspflichten zwischen den geschiedenen Ehegatten und für die Änderung von Entscheidungen über diese Pflichten das DDR-Recht als das auf die Ehescheidung angewandte Recht maßgebend und gilt als Partikularrecht im Beitrittsgebiet fort (*Johannsen/Henrich,* a.a.O., Rz. 14). a

(Eingeschränkte Anwendung des Erhöhungsverbots nach § 33 S. 2 FGB)

c) Damit bleibt § 33 Satz 2 FGB als materiell-rechtliche Vorschrift für die Abänderung des nachehelichen Unterhaltsanspruchs in Altfällen weiterhin maßgebend. Das bedeutet indessen nicht, daß er jede Unterhaltserhöhung ausschließt. Vielmehr ergibt seine Auslegung, daß er angesichts der tiefgreifenden wirtschaftlichen und sozialen Veränderungen, die im Gefolge des Beitritts in den neuen Bundesländern aufgetreten sind und noch auftreten, einer Berücksichtigung dieser Veränderungen nicht entgegensteht. Das folgt aus dem auch hier anwendbaren Grundsatz von Treu und Glauben und dem daraus abgeleiteten Gedanken der clausula rebus sic stantibus, der eine Anpassung der Vereinbarung an die veränderten Verhältnisse erfordert. b

aa) Dem Argument des OLG, die clausula rebus sic stantibus könne nicht herangezogen werden, weil sie kein allgemeines Rechtsprinzip sei, kann nicht gefolgt werden. Zwar ist die ursprünglich als stillschweigende Vertragsbedingungen angesehene Klausel nicht ausdrücklich als Rechtssatz in das Bürgerliche Gesetzbuch aufgenommen worden (*RGZ* 50, 255, 257; *MünchKomm/Roth,* BGB, 3. Aufl., § 242 Rz. 501 m. N.). Sie ist jedoch – in ihrer Weiterentwicklung zur Lehre vom Wegfall der Geschäftsgrundlage bzw. der Vertragsanpassung an die veränderten Verhältnisse (vgl. *Gottwald,* FamRZ 1992, 1374, 1381 m. N.) – insbesondere für Dauerschuldverhältnisse und Verträge mit Versorgungscharakter von Bedeutung (*Palandt/Heinrichs,* a.a.O., § 242 Rz. 110 f. m. N.). Auch dem Rechtssystem der früheren DDR war sie nicht fremd. Sie fand hier sogar eine ausdrückliche Regelung in § 78 DDR-ZGB. Danach konnte ein Gericht auf Klage einen Vertrag ändern oder aufheben, wenn sich die für den Vertragsschluß maßgebenden Umstände später so verändert hatten, daß einem der Partner die Erfüllung nicht mehr zumutbar war. Auch §§ 22 und 33 FGB sind Anwendungsfälle der clausula rebus sic stantibus, die für Unterhaltsschuldverhältnisse eine grundsätzliche Abänderung ermöglichen, wenn sich die hierfür zugrunde gelegten Verhältnisse wesentlich geändert haben. Der Grundsatz von Treu und Glauben, als Ausprägung der Lehre vom Wegfall der Geschäftsgrundlage ist, beherrscht als übergesetzlicher Rechtssatz auch das hier fortgeltende DDR-Recht. Er hat in dem Gemeinsamen Protokoll über die Leitsätze zum Vertrag über die Schaffung einer Währungs-, Wirtschafts- und Sozialunion zwischen der Bundesrepublik Deutschland und der DDR vom 18. 5. 1990 unter A I Nr. 2 Satz 2 ausdrücklich Eingang gefunden (BGBl. II S. 537, 545). Die Leitsätze sind gemäß Art. 4 Abs. 1 Satz 1 des Vertrages verbindlich und bei der Auslegung fortbestehenden Rechts anzuwenden. Die Grundsätze über den Wegfall der Geschäftsgrundlage werden demgemäß auch auf vor dem 1. 7. 1990 in der DDR entstandene Altverträge, für die das DDR-Recht grundsätzlich weitergilt, angewendet (*BGHZ* 120, 10, 22; 121, 378, 391; *Palandt/Heinrichs,* a.a.O., Rz. 152 a).

bb) Diese Auslegung führt zu einer vom Standpunkt des OLG abweichenden Beurteilung. § 33 Satz 2 FGB trifft eine die allgemeine Abänderbarkeit einschränkende Sonderregelung, indem er Unterhaltserhöhungen auf den Ausnahmefall beschränkt, daß der Unterhaltsverpflichtete in dem für die Unterhaltsberechnung maßgebenden Zeitpunkt der Scheidung vorübergehend nicht über sein

Normaleinkommen verfüge, so daß bei einem späteren Wiederanstieg des Einkommens auf das während der Ehe erzielte Durchschnittsniveau der Unterhalt lediglich auf das an sich gerechtfertigte Maß angehoben wird (Kommentar zum FGB, a.a.O., § 33 Anm. 2). Kerngehalt der Bestimmung ist, die Höhe des Unterhaltsanspruchs auf die (Normal-)Verhältnisse zum Zeitpunkt der Scheidung festzuschreiben und den Unterhaltsberechtigten nicht mehr an einer späteren wirtschaftlichen Besserstellung des Unterhaltsverpflichteten teilhaben zu lassen, die dieser nach der Scheidung aufgrund von Umständen erzielt, die mit der Ehe nicht zusammenhängen und die auch nicht die Folge einer Einkommensentwicklung sind, deren Grund bereits in der Ehe geschaffen wurde und an der der Unterhaltsberechtigte aktiv beteiligt war (vgl. dazu *BG Dresden*, a.a.O.). Im wesentlichen betrifft dies individuelle Umstände, z. B. ein berufliches Fortkommen. Diese Regelung war nach den damaligen wirtschaftlichen Verhältnissen in der DDR auch für jene Fälle bedenkenfrei, in denen dem Unterhaltsberechtigten gemäß § 29 Abs. 2 FGB eine unbefristete, nach den beiderseitigen Verhältnissen angemessene (vgl. § 29 Abs. 1 FGB) Unterhaltsrente zugesprochen wurde, die ihm – allein oder zusammen mit eigenen Einkünften – einen Lebensunterhalt sichern sollte, der den zum Zeitpunkt der Scheidung gegebenen ehelichen Lebensverhältnissen entsprach. Denn da nach der damaligen Planwirtschaft in der DDR allgemeine Einkommenssteigerungen einerseits und inflationäre Entwicklungen andererseits nicht in dem Maße auftraten wie in der freien Marktwirtschaft, sondern wesentliche Einkommenserhöhungen in der Regel auf individuellen Umständen, etwa einem beruflichen Aufstieg, beruhten, blieben die für die Unterhaltsbemessung maßgebenden Grundlagen im wesentlichen stabil (vgl. *KG*, a.a.O., S. 569). Unter diesen Umständen konnte davon ausgegangen werden, daß auch unter der Regelung des § 33 Satz 2 FGB eine den Interessen beider Ehegatten gerecht werdende und auf längere Sicht ausgewogene Unterhaltsregelung möglich sei.

Mit dem beitrittsbedingten Übergang zur Marktwirtschaft änderten sich die wirtschaftlichen Ausgangsbedingungen indessen so grundlegend, daß das nach der damaligen sozialistischen Wirtschaftsordnung abgestimmte Verhältnis von § 29 Abs. 2 FGB einerseits und § 33 Satz 2 FGB andererseits empfindlich gestört wird. Diese Auswirkungen der wirtschaftlichen Neuordnung können bei der Anwendung des § 33 Satz 2 FGB nicht negiert werden. Denn die Beibehaltung des Nominalbetrages einer durch Urteil oder Prozeßvergleich festgelegten Unterhaltsrente ohne Anpassungsmöglichkeit an die veränderten Kaufkraftverhältnisse würde zu einem erheblichen Defizit führen, das sich mit zunehmender Angleichung der Preise und Einkommen in den Beitrittsländern an das Westniveau noch verstärken kann. Die Ausgewogenheit der Unterhaltsregelung wäre nicht mehr gewährleistet, da dem Unterhaltsberechtigten kein entsprechender Unterhaltsbeitrag mehr zustünde, mit dem er seine Unterhaltsbedürfnisse wie zum Zeitpunkt der Scheidung befriedigen könnte. Andererseits würde sich auf seiten des Unterhaltsverpflichteten, dessen Gehalt allein durch die beitrittsbedingte Einkommensangleichung angestiegen ist, die Unterhaltslast in einem Maße verringern, das mit der bisherigen Regelung nicht mehr in vernünftiger Relation steht. Ein solches Ergebnis stünde auch mit der nach dem früheren DDR-Verständnis gegebenen Zielsetzung der §§ 29 Abs. 2 und 33 Satz 2 FGB nicht in Einklang. Daher muß der Unterhaltsbetrag in einem Maße angehoben werden, das der nach dem Beitritt eingetretenen Veränderung der wirtschaftlichen Verhältnisse, d. h. dem Anstieg der Einkommen und Lebenshaltungskosten, im Beitrittsgebiet entspricht (vgl. *BGHZ* 123, 65, 73 für die Anpassung von sogenannten Ausgleichsansprüchen für erlittene Unfallfolgen; *Hampel*, Bemessung des Unterhalts, 1994, Rz. 185; *Rotax*, FamRZ 1993, 1143). Dieser nach der marktwirtschaftlichen Entwicklung bemessene Anstieg bildet zugleich die Obergrenze der Anpassung. Andererseits ist nicht ausgeschlossen, daß dabei gegenläufige Entwicklungen auf seiten des Unterhaltsverpflichteten, die seine Leistungsfähigkeit verringern, etwa in Gestalt von Arbeitslosigkeit oder Teilzeitbeschäftigung, nach § 33 Satz 1 FGB mitberücksichtigt werden, so daß der Unterhalt nur in geringerem Umfang anzuheben ist.

Bei einer derartigen Anpassung bleibt der Kerngehalt der Regelung des § 33 Satz 2 FGB nach dem unterhaltsrechtlichen Vorverständnis der früheren DDR erhalten. Denn diese Anpassung ist nicht einer Unterhaltserhöhung gleichzusetzen, die aus einer Teilhabe an individuellen nachehelichen Einkommensverbesserungen resultiert und die § 33 Satz 2 FGB vermeiden will. Soweit es sich daher um derartige, z. B. beruflich bedingte Einkommenssteigerungen handelt, die sich ein Ehegatte nach der Scheidung durch seinen persönlichen Arbeitseinsatz erwirbt, bleiben sie wie auch künftig außer Betracht. Dagegen beruhen die beitrittsbedingten Einkommenssteigerungen auf der grundlegenden Umgestaltung eines Wirtschaftssystems im Zuge eines außergewöhnlichen geschichtlichen Ereignisses. Sie sind mit den in § 33 Satz 2 FGB gemeinten Tatbeständen nicht vergleichbar. Der Anpassung eines Unterhaltsbetrages an solche gewandelten Verhältnisse steht § 33 Satz 2 FGB nicht entgegen.

cc) Gesichtspunkte des Vertrauensschutzes für den Unterhaltsverpflichteten hindern eine solche Anpassung nicht. Zwar wird unter Hinweis auf die gesetzgeberische Zielrichtung des Art. 234 § 5 EGBGB vertreten, daß es bei den Maßstäben des FGB verbleiben müsse und nicht die ehel. Lebensverhältnisse und ihre Aufrechterhaltung über die Scheidung hinaus, wie sie wesentliche Kriterien für den Scheidungsunterhalt nach dem BGB seien, in die FGB-Regelung hineingelegt werden dürften

Anhang R. Rechtsprechung R492

(so *Grandke*, a.a.O., S. 262; vgl. auch *Staudinger/Rauscher*, a.a.O., Rz. 4). Ob dem uneingeschränkt, insbesondere auch für die Fälle eines nur auf zwei Jahre befristeten Unterhalts (§ 29 I FGB) gefolgt werden kann, braucht im vorliegenden Fall nicht entschieden zu werden. Auch die verfassungsrechtliche Problematik stellt sich nicht. Die Grundsätze des FGB werden hier nicht aufgegeben. Vielmehr trägt dieses Verständnis des § 33 S. 2 FGB lediglich den veränderten Verhältnissen Rechnung. Die Parteien des EinigVtr haben eine Fortgeltung des bisherigen Unterhaltsrechts der DDR vereinbart in der Befürchtung, daß die Anwendung des bundesrepublikanischen Rechts auf die in der DDR geschiedenen Ehegatten zu einer erheblichen Störung des Rechtsfriedens führen würde, wenn Unterhaltsansprüche entstünden, mit denen keiner der Ehegatten gerechnet habe (vgl. Erläuterungen zu den Anlagen zum EinigVtr, BT-Drucks. 11/7817, S. 44). Dabei war in erster Linie an den Schutz jener Ehegatten gedacht, die sich unter der Geltung des eingeschränkten Unterhaltsrechts der DDR in ihrer Lebensführung darauf eingestellt haben, von Unterhaltslasten gegenüber dem geschiedenen Ehegatten in der Regel spätestens nach Ablauf von zwei Jahren frei zu sein. Ein solcher Fall liegt bei unbefristeten Unterhaltsregelungen gemäß § 29 II FGB – wie hier – nicht vor, weil der Unterhaltsverpflichtete nicht mit überraschenden neuen Unterhaltsansprüchen belastet wird. Auch nach DDR-Recht sollte in solchen Fällen dem Unterhaltsberechtigten ein auf Dauer auskömmlicher Lebensunterhalt zugesichert sein. Ein Vertrauensschutz kommt hier allenfalls insofern in Betracht, als der Unterhaltsverpflichtete nicht damit rechnen muß, seine – auf individuellen Umständen beruhenden – nachehel. Einkommensverbesserungen mit dem geschiedenen Ehegatten zu teilen. Dagegen besteht kein schützenswertes Vertrauen dahin, trotz des beitrittsbedingten erheblichen Anstiegs der Einkommen und der Lebenshaltungskosten weiterhin nur den Nominalbetrag einer (im Verhältnis 1:1 umgestellten) Unterhaltsrente zu zahlen. Denn dies würde im tatsächlichen Ergebnis dazu führen, daß die Unterhaltspflicht gegenüber dem Unterhaltsberechtigten auf einen Minimalbetrag zurückgeführt wird. Dies ist nicht Sinn des § 33 S. 2 FGB, der zwar den Unterhalt auf die Verhältnisse der Ehegatten im Scheidungszeitpunkt festschreibt, nicht aber einer dauerhaften Befriedigung der gerechtfertigten Bedürfnisse des Unterhaltsberechtigten entgegenstehen will (vgl. FGB, Textausgabe 1989, Anm. zu § 29 S. 19).

4. a) Die Vorschrift des Art. 234 § 5 S. 2 EGBGB, nach der Unterhaltsvereinbarungen „unberührt" bleiben sollen, steht einer Anpassung der Vereinbarung der Parteien nach diesen Grundsätzen nicht entgegen. Sie besagt lediglich, daß Unterhaltsvereinbarungen, die die Ehegatten früher nach dem Recht der DDR geschlossen haben, grundsätzlich weiterbestehen und sich ein Ehegatte davon nicht schon mit der Begründung lösen kann, durch die als Folge des Beitritts eingetretene allgemeine Rechtsänderung sei die Geschäftsgrundlage der Vereinbarung entfallen. Das schließt eine Abänderung wegen Veränderung der maßgeblichen Verhältnisse oder wegen Wegfalls der individuellen Geschäftsgrundlage nicht aus (Senatsurteil v. 2. 2. 1994, a.a.O., S. 563 f., m. N.).

b) Ob eine solche Veränderung eingetreten ist, bestimmt sich nach dem der Einigung zugrunde gelegten Parteiwillen. Er ist Geltungsgrund der Vereinbarung und entscheidet darüber, welche Verhältnisse zu ihrer Grundlage gehören und wie die Parteien sie bewerten. Liegt danach eine Veränderung der Verhältnisse oder Erwartungen vor, die von beiden Parteien oder zumindest von einer Partei in für die andere erkennbarer Weise dem Vertrag zugrunde gelegt worden sind, verstößt es gegen Treu und Glauben, wenn eine Partei unter diesen Umständen dennoch an der bisherigen Regelung festhält. Die Rechtsfolge besteht dann in einer Anpassung der Vereinbarung an die jetzigen Verhältnisse (vgl. Senatsurteile v. 26. 1. 1983 – IVb ZR 344/81 –, FamRZ 1983, 569, 574, und v. 2. 2. 1994, a.a.O., S. 564). Solange eine Bindung an den Vertrag grundsätzlich sinnvoll ist, sind die Eingriffe gering zu halten und Anpassungen haben nach Möglichkeit unter Wahrung der dem Parteiwillen entsprechenden Grundlagen zu erfolgen. Erst wenn die Verhältnisse sich so tiefgreifend verändert haben, daß dem Parteiwillen für die gebotene Abänderung des Vertrages keine Anhaltspunkte mehr zu entnehmen sind, kann eine Neufestsetzung des Unterhalts ohne fortwirkende Bindung an die unbrauchbar gewordenen Grundlagen vorzunehmen sein.

c) Das OLG hat – aus seiner Sicht folgerichtig – eine Auslegung der Parteivereinbarung unter dem Gesichtspunkt des Wegfalls der Geschäftsgrundlage nicht vorgenommen. Es fehlt daher bislang an einer Prüfung, von welchen Grundlagen die Parteien ausgegangen sind und welche Vorstellungen sie mit der Vereinbarung der unbefristeten Unterhaltsrente im einzelnen verbunden haben. Vor allem kommt es darauf an, ob die Parteien beim Abschluß der Vereinbarung im Juli 1989 in Vorausschau auf die nachfolgenden Ereignisse bereits die Möglichkeit tiefgreifender politischer und wirtschaftlicher Veränderungen in Betracht gezogen haben und gleichwohl davon ausgegangen sind, daß eine Erhöhung der Rente über den Nominalbetrag hinaus auch unter solchen Umständen ausgeschlossen sein solle, oder ob sie die Vereinbarung (lediglich) auf dem Boden des damals geltenden Unterhaltsrechts und der damals gegebenen und als fortbestehend angenommenen Verhältnisse getroffen haben. Für letzteres könnte der Wortlaut der Vereinbarung sprechen, der Anhaltspunkte dafür erkennen läßt, daß es sich allein um die vertragliche Ausgestaltung des gesetzlichen Unterhaltsanspruchs nach § 29 II FGB handeln sollte und dem Kl. mit dem Betrag der Unterhaltsrente – bei Fortgeltung der bisherigen allgemeinen wirtschaftlichen Verhältnisse – in Ergänzung seiner eigenen Invalidenrente ein Auskommen gesichert werden sollte, das den zum Zeitpunkt der Scheidung gegebenen Lebensverhältnissen der Parteien entspricht.

BGH v. 1. 2. 1995 – XII ZR 2/94 – FamRZ 95, 473 = DtZ 95, 207

(Bemessung des Bedarfs durch die Änderung der gesellschaftlichen und wirtschaftlichen Verhältnisse in der DDR nach der Wiedervereinigung)

1. Das OLG hat den Unterhaltsanspruch der Kl. nicht nach dem Recht der früheren DDR, sondern nach §§ 1569 ff. BGB beurteilt. Das steht im Einklang mit der Rspr. des Senats zum innerdeutschen Kollisionsrecht in vergleichbaren Fällen (BGHZ 124, 57 ff. = FamRZ 1994, 160, m. Anm. *Brudermüller*, S. 1022, und v. 21. 9. 1994 – XII ZR 115/93 –, FamRZ 1994, 1582 = LM Nr. 4 zu Art. 18 EGBGB) und wird auch von der Revision nicht angegriffen.

e) Zutreffend ist der Ausgangspunkt des OLG, daß sich die Höhe des von der Kl. wegen Krankheit geltend gemachten Unterhaltsanspruchs (§ 1572 Nr. 1 BGB) nach den ehel. Lebensverhältnissen richtet (§ 1578 I S. 1 BGB), und daß nach der Scheidung eintretende Einkommensverbesserungen grundsätzlich nur insoweit zu berücksichtigen sind, als ihnen eine Entwicklung zugrunde liegt, die aus der Sicht zum Zeitpunkt der Scheidung mit hoher Wahrscheinlichkeit zu erwarten war und die ehel. Lebensverhältnisse aufgrund dieser Erwartung bereits mit geprägt hat (std. Rspr., vgl. *Senats*urteil vom 11. 2. 1987 – IV b ZR 20/86 –, FamRZ 1987, 459, 460 = NJW 1987, 1555).

Im Zeitpunkt der Scheidung (8. 5. 1987) war zwar noch nicht vorauszusehen, daß beide Parteien ihren Aufenthalt aus dem Gebiet der früheren DDR nach Westdeutschland verlegen und dort weit höhere Einkünfte erzielen würden; eine entsprechende Erwartung konnte die ehel. Lebensverhältnisse somit noch nicht geprägt haben.

Gleichwohl ist revisionsrechtlich nicht zu beanstanden, daß das OLG bei der Bemessung des Unterhalts nicht auf die Einkünfte der Parteien abgestellt hat, die diese im Zeitpunkt der Scheidung in der DDR hatten, sondern auf die Einkünfte, die sie bei einer Projektion ihrer persönlichen Verhältnisse auf die entsprechenden Verhältnisse in der Bundesrepublik im Zeitpunkt der Scheidung erzielt hätten.

aa) Zu Recht weist das OLG darauf hin, daß die zu diesem Zeitpunkt herrschenden allgemeinen Erwerbs- und Lebensverhältnisse in der DDR mit denen in der Bundesrepublik aufgrund der unterschiedlichen gesellschaftlichen und wirtschaftlichen Entwicklung in weiten Teilen nicht mehr vergleichbar waren. Nach der Aufenthaltsverlegung im April bzw. Oktober 1989 und dem damit zwangsläufig verbundenen Wechsel nur partiell vergleichbarer Sozialsysteme stellen daher die Einkommens- und Vermögensverhältnisse, die im Zeitpunkt der Scheidung in der DDR bestanden haben, für die Unterhaltsbemessung nach § 1578 I BGB keinen geeigneten Anknüpfungspunkt mehr dar. Sie wären nämlich nicht geeignet, dem Bedürftigen in der Bundesrepublik den Lebensstandard zu garantieren, der die Anlegung eines objektiven Maßstabs (vgl. *Senats*urteil v. 4. 11. 1981 – IV b ZR 624/80 –, FamRZ 1982, 151, 152) dem in der DDR erreichten sozialen Status der Ehegatten im Regelfall entspricht (vgl. *Palandt/Diederichsen*, BGB, 54. Aufl., § 1578 Rz. 3, m. N.; *Hampel*, Bemessung des Unterhalts an Hand von Unterhaltstabellen und Unterhaltsrichtlinien der Oberlandesgerichte, Rz. 186).

bb) Die Lebensumstände der Beteiligten, auf die das Unterhaltsrecht abstellt, bestimmen sich regelmäßig nach den im Aufenthaltsland gegebenen sozialen Verhältnissen (vgl. *Senats*urteil, BGHZ 85, 16, 25 = FamRZ 1982, 1189 = NJW 1983, 279).

Wie das OLG zutreffend ausgeführt hat, ist daher auf die Lebensverhältnisse der Parteien abzustellen, die sich ergeben, wenn die persönlichen Verhältnisse der Parteien im Zeitpunkt der Scheidung auf die entsprechenden Verhältnisse in der Bundesrepublik projiziert werden. Ein sich daraus ergebendes höheres Einkommen ist ebenso wie ein wiedervereinigungsbedingter Einkommensanstieg, der seine Ursache in der Veränderung des gesamten Lohn-Preis-Gefüges sowie typischer Erwerbschancen hat, nicht als Karrieresprung, sondern als bereits in der Ehe angelegt anzusehen (vgl. zum wiedervereinigungsbedingten Einkommensanstieg *Kalthoener/Büttner*, Die Rechtsprechung zur Höhe des Unterhalts, 5. Aufl., Rz. 83; *Johannsen/Henrich/Voelskow*, Eherecht, 2. Aufl., § 1578 BGB Rz. 8; Empfehlungen des *9. Deutschen Familiengerichtstages*, A I 1.1 b, FamRZ 1992, 143; *Hampel*, a. a. O., Rz. 185 f.).

Das OLG hat bei der Bemessung des Unterhaltsanspruchs der Kl. im Ergebnis zu Recht auf die vom Bekl. ab 1990 tatsächlich erzielten Einkünfte aus seiner Tätigkeit als Feuerungsmaurer abgestellt. Des Vergleichs mit der Besoldung eines städtischen Baurats (A 13) und der daran anknüpfenden Vergleichsberechnung bedurfte es nicht. Während der Ehe der Parteien war der Bekl. bis 1977 in seinem erlernten Beruf als Ofenmaurer tätig, der seiner jetzigen Tätigkeit entspricht. Anhaltspunkte dafür, daß seine spätere Position im Bauamt der Stadt S. demgegenüber einen sozialen Abstieg bedeutete, sind weder vom Bekl. dargetan noch sonst ersichtlich. Seine derzeitige Erwerbstätigkeit beruht

Anhang R. Rechtsprechung R493

daher nicht etwa auf einem ungewöhnlichen, nicht vorhersehbaren Karriereverlauf, sondern auf den beruflichen Verhältnissen, die schon die Ehe der Parteien in der DDR geprägt hatten. Folglich können der Bemessung des Unterhaltsanspruchs unmittelbar die tatsächlichen Einkünfte zugrunde gelegt werden, die der Bekl. in der Zeit erzielt hat, für die die Kl. Unterhalt verlangt.

BGH v. 22. 2. 95 – XII ZR 80/94 – FamRZ 95, 537 = NJW 95, 1486
(Bemessung des Familienunterhalts) R493

Der in einer intakten Ehe bestehende Familienunterhaltsanspruch gemäß §§ 1360, 1360 a BGB läßt a
sich nicht ohne weiteres nach den zum Ehegattenunterhalt bei Trennung oder Scheidung (§§ 1361, 1569 f BGB) entwickelten Grundsätzen bemessen. Er ist seiner Ausgestaltung nach nicht auf die Gewährung einer laufenden Geldrente für den jeweils anderen Ehegatten gerichtet, die jedem von ihnen zur freien Verfügung steht. Er ist vielmehr als gegenseitiger Anspruch der Ehegatten darauf gerichtet, daß jeder von ihnen seinen Beitrag zum Familienunterhalt entsprechend seiner nach dem individuellen Ehebild übernommenen Funktion leistet (*MünchKomm/Wacke*, BGB, 3. Aufl., § 1360 Rz. 7, 10; *Soergel/Lange*, BGB, 12. Aufl., § 1360 Rz. 3, 15, und § 1360 a Rz. 13; *Gernhuber/Coester-Waltjen*, Lehrbuch des Familienrechts, 4. Aufl., S. 226 f.; *Schwab*, Familienrecht, 7. Aufl., Rz. 3130 f., 135). Seinem Umfang nach umfaßt er gemäß § 1360 a Abs. 1 BGB alles, was für die Haushaltsführung und die Deckung der persönlichen Bedürfnisse der Ehegatten und der gemeinsamen Kinder erforderlich ist (*BGH*, Urteil v. 6. 10. 1992 – VI ZR 305/91 –, NJW 1993, 124). Sein Maß bestimmt sich nach den ehelichen Lebensverhältnissen, so daß insoweit zwar § 1578 BGB als Orientierungshilfe herangezogen werden kann (*Göppinger/Kindermann*, Unterhaltsrecht, 6. Aufl., Rz. 1073). Der eheangemessene Unterhalt nach § 1578 BGB findet seine Untergrenze nicht am Tabellenmindestunterhalt, sondern kann im Einzelfall auch unter diesen Wert sinken (st. Rspr. des *Senats*, vgl. zuletzt Urteil v. 11. 1. 1995 – XII ZR 122/93, NJW 1995, 963 = LM Nr. 62 zu § 1578 BGB m. Anm. *Hohloch*). Das gleiche gilt auch für den Unterhaltsbetrag, der im Rahmen des Familienunterhalts für den Bedarf des Ehegatten anzunehmen ist. Auch dieser Betrag kann unter dem angegebenen Tabellenwert liegen. Bei dem hohen Renteneinkommen des Beklagten ist das indes nicht der Fall. Legt man diejenigen Beträge zugrunde, von denen der Kläger nach seinem eigenen Vortrag in der Berufungsbegründung vom 18. 11. 1993 unter Berücksichtigung der von ihm anerkannten Krankenkassenbeiträge und der krankheitsbedingten Rehabilitations- und Sachaufwendungen als für den Unterhalt der Ehegatten und des Sohnes des Beklagten zur Verfügung stehendem Resteinkommen ausgeht – nämlich von August bis Dezember 1989 3414 DM, von Januar bis Juli 1990 3139 DM und von August bis Dezember 1990 2858 DM –, wird ersichtlich, daß der angemessene Unterhalt für die Ehefrau in jedem Falle über 1100 DM liegt. Die Ehefrau muß sich gegenüber dem volljährigen erstehelichen Sohn des Beklagten auch nicht auf den Mindestunterhalt verweisen lassen. Wenn das OLG daher nur den Mindestunterhalt berücksichtigt hat, gereicht dies dem Kläger nicht zum Nachteil.

(Unentgeltliche Pflege- und Betreuungsleistungen für den Unterhaltspflichtigen rechtfertigen Freibeträge)

a) Auf ein fiktives Entgelt für die Pflegeleistungen der Ehefrau kann sich der Beklagte, wie das b
OLG zutreffend ausführt, nicht berufen. Selbst für einen überobligationsmäßigen, in Geld meßbaren Einsatz kennt das Gesetz zwischen Ehegatten keine laufende Vergütungspflicht. Ein Rückforderungs- oder Erstattungsanspruch ist im Zweifel ausgeschlossen (§ 1360 b BGB). Eine vertragliche Vereinbarung ist hier nicht festgestellt. Ob sich nach dem Scheitern der Ehe ein familienrechtlicher Ausgleichsanspruch (vgl. hierzu *BGHZ* 84, 361, und *Senats*urteil v. 13. 7. 1994 – XII ZR 1/93 –, FamRZ 1994, 1167) oder eine Berücksichtigung im Rahmen des Zugewinnausgleichs (vgl. *BGH*, Urteil v. 24. 2. 1983 – IX ZR 42/82 –, FamRZ 1983, 351) ergeben kann, ist hier ohne Belang. Ebensowenig ist der Rechtsgedanke aus § 850 h Abs. 2 ZPO anwendbar. Danach gilt zum Schutz des Gläubigers des dienstleistenden Schuldners eine angemessene Vergütung zwischen dem Schuldner und dem Dienstleistungsempfänger als geschuldet. Das gilt grundsätzlich auch in den Fällen einer familienrechtlichen Mitarbeitspflicht oder eines das geschuldete Maß übersteigenden Unterhalts (vgl. *Senats*urteil FamRZ 1980, 665, 668; *BAG*, Urteil v. 4. 5. 1977 – 5 AZR 151/76 –, NJW 1978, 343). Diesen Grundsatz hat der Senat auch zum Schutz des unterhaltspflichtigen Ehegatten herangezogen, wenn der unterhaltsbedürftige Ehegatte mit einem Dritten in einer eheähnlichen Gemeinschaft lebt und diesem den Haushalt führt. Auf den vorliegenden Fall läßt sich dies jedoch nicht übertragen, da der Schutzgedanke nicht für den Dienstleistungsempfänger – dies wäre hier der Beklagte – eingreift.

b) Die Revision rügt, daß das OLG die Leistungsfähigkeit des Beklagten verneint habe, weil es ihn unter Verweis auf § 69 BSHG zwar nicht für verpflichtet, wohl aber für berechtigt angesehen habe, seiner Ehefrau für die geleistete Pflege eine Vergütung zu gewähren. Das OLG verlasse damit in nicht zulässiger Weise den Anwendungsbereich des § 1603 Abs. 1 BGB, wenn es bei der Feststellung der Leistungsunfähigkeit des Beklagten nicht nur dessen Verpflichtungen für berücksichtigungsfähig erkläre, sondern auch dessen Berechtigung, bestimmte Aufwendungen zu machen, ohne Rücksicht darauf, ob sie tatsächlich gemacht werden.

Dieser Einwand besteht zu Recht. Grundsätze und Bestimmungen des auf Erwägungen der öffentlichen Fürsorge beruhenden Sozialhilferechts können zur Lösung privatrechtlicher Unterhaltsprobleme grundsätzlich nicht herangezogen werden. Der Bundesgerichtshof hat dies bereits in anderem Zusammenhang für §§ 16, 122 BSHG bei der Prüfung der Bedürftigkeit eines unterhaltsberechtigten Ehegatten, der mit einem Dritten in Haushalts- und Wirtschaftsgemeinschaft lebt, verneint (Urteil v. 26. 9. 1979 – IV ZR 87/78 –, FamRZ 1980, 40, 41 f.; *Senats*urteile v. 23. 4. 1980, a.a.O., S. 668; und v. 25. 6. 1980 – IV b ZR 523/80 –, FamRZ 1980, 879, 880). Entsprechendes gilt auch für § 69 BSHG.

Außer der Erstattung von – konkret nachzuweisenden – angemessenen Aufwendungen, die dem Pflegebedürftigen für die Pflegeperson entstehen (§ 69 Abs. 2 Satz 2 Halbs. 1 BSHG, z. B. notwendige Fahrtkosten, Verpflegungsmehraufwand und ähnliches) sowie einmaligen oder laufenden Beihilfen (§ 69 Abs. 2 Satz 2 Halbs. 2 BSHG, z. B. Taschengeld oder Ausgleich für Verdienstausfall oder sonstige Zuwendungen, vgl. *Knopp-Fichtner*, BSHG 7. Aufl., § 69 Rz. 6 und 7), wird dem Schwerstpflegebedürftigen gemäß § 69 Abs. 3 BSHG auch ein pauschaliertes, von keinem Einzelnachweis abhängiges Pflegegeld gewährt, wenn ihm nahestehende Personen oder Angehörige die Pflege unentgeltlich erbringen. Die besondere sozialpolitische Zweckbestimmung liegt nicht darin, den Pflegebedarf voll abzudecken oder die Pflegeperson zu entlohnen, sondern die Pflegebereitschaft nahestehender Personen zu fördern. Damit soll die Notwendigkeit kostspieliger stationärer Heimpflege oder Betreuung durch berufsmäßige Pfleger zugunsten einer häuslichen Pflege durch Verwandte und Freunde zurückgedrängt werden (*Knopp-Fichtner*, a.a.O., Rz. 10, 15; *Schellhorn/Jirasek/Seipp*, Bundessozialhilfegesetz, 14. Aufl., § 69 Rz. 1 und 2). Denn die Pflege in seiner gewohnten Umgebung durch vertraute Personen ist zum einen für den Behinderten angenehmer, zum anderen entlastet sie die öffentlichen Kassen. Solche fürsorgerischen und fiskalischen Erwägungen der öffentlichen Hand bestehen allein im Verhältnis zwischen Sozialhilfeträger und -hilfeempfänger, lassen sich aber nicht zu Lasten eines Unterhaltsgläubigers in das privatrechtliche Unterhaltsverhältnis zwischen Unterhaltsberechtigtem und Unterhaltsverpflichtetem übertragen. Zugleich scheidet eine analoge Anwendung der Beweislastumkehr gemäß der nur auf Sozialhilfeleistungen zugeschnittenen Ausnahmevorschrift des § 1610 a BGB aus (vgl. auch *Künkel*, FamRZ 1991, 1131, 1132).

c) Die Entscheidung erweist sich jedoch aus anderem Grunde als richtig (§ 563 ZPO).

Das Unterhaltsrecht wird u. a. von dem allgemeinen Grundsatz geprägt, daß ohne Rechtsanspruch gewährte, freiwillige Zuwendungen Dritter nur dem Zuwendungsempfänger allein zugute kommen, sich aber auf ein Unterhaltsrechtsverhältnis nicht auswirken sollen, es sei denn, dem Willen des Zuwendenden läßt sich anderes entnehmen. Dabei treten zwei Fallgestaltungen auf: So führen Leistungen eines Dritten an den Unterhaltsberechtigten, die an sich geeignet wären, dessen Unterhalt zu decken, im Verhältnis zum Unterhaltsverpflichteten nur dann zu einer Minderung seiner Bedürftigkeit, wenn der Dritte damit zugleich bezweckt, den Unterhaltsverpflichteten zu entlasten. Geht sein Wille dagegen dahin, nur den Beschenkten selbst zu unterstützen, berührt dies dessen Bedürftigkeit im Verhältnis zum Unterhaltsverpflichteten im allgemeinen nicht (*Senats*urteil v. 25. 11. 1992 – XII ZR 164/91 –, FamRZ 1993, 417, 419). Ähnlich sind freiwillige Leistungen Dritter an den Unterhaltsverpflichteten bei der Prüfung seiner Leistungsfähigkeit nur dann zu beachten, wenn sie nach dem Willen des Dritten nicht allein dem Unterhaltsverpflichteten zugute kommen sollen, sondern auch dem Unterhaltsberechtigten (*MünchKomm/Köhler*, a.a.O., § 1603 Rz. 18, 20; § 1602 Rz. 12a; *Gernhuber/Coester-Waltjen*, a.a.O. S. 672; *Göppinger/Strohal*, a.a.O., Rz. 535, 537). Liegt keine ausdrückliche Willensbestimmung des Zuwendenden vor, läßt sie sich meist aus den persönlichen Beziehungen der Beteiligten zueinander erschließen (*MünchKomm/Köhler*, a.a.O., § 1602 Rz. 13a; *Göppinger/Strohal*, a.a.O., Rz. 536; *Köhler/Luthin*, Handbuch des Unterhaltsrechts, 8. Aufl., Rz. 74). Zuwendungen in diesem Sinne können auch Naturalleistungen zur Bedarfsdeckung, wie etwa persönliche Dienstleistungen in Form von Pflege und Betreuung sein (*Göppinger/Strohal*, a.a.O., Rz. 538), für die der Zuwendungsempfänger andernfalls bezahlen müßte.

Derartige Zuwendungen sind auch hier gegeben. Zwischen den Parteien ist unstreitig, daß der Beklagte infolge seiner unfallbedingten Hilflosigkeit einen erhöhten Bedarf in Gestalt einer „rund um die Uhr" erforderlichen Pflege und Betreuung hat. Die ihm von seiner Ehefrau zur Deckung dieses Bedarfs gewährten Pflegeleistungen sind jedenfalls überwiegend als freiwillige Zuwendungen anzusehen. Die Revision kann diese Freiwilligkeit der Zuwendung nicht erfolgreich mit dem Einwand bekämpfen, daß die Ehefrau die Pflege als Teil ihrer Unterhaltspflicht nach § 1360 BGB schulde und der Beklagte hierauf einen Rechtsanspruch habe. Denn die Pflege eines Schwerstbehinderten geht jedenfalls weit über das hinaus, was im Rahmen der gegenseitigen Beistands- und Unterhaltspflicht der Ehegatten gemäß §§ 1353, 1360 BGB üblicherweise an Krankenpflege geschuldet wird, und ist insoweit überobligatorisch. Durch ihre unentgeltliche Pflege erspart die Ehefrau dem Beklagten

Anhang R. Rechtsprechung R493A – R493B

denjenigen Teil seines Einkommens, den er andernfalls angesichts seines Betreuungsbedarfs für Fremdpflegekosten ausgeben müßte. Das kann aber hier nicht zur Folge haben, daß diese ersparten Mittel nunmehr für den Unterhalt des Sohnes des Beklagten zur Verfügung stehen. Wenn die Ehefrau unter Abbruch ihres Studiums und Verzicht auf eigenes Einkommen und den Erwerb einer eigenen Altersversorgung den Beklagten unentgeltlich pflegt, so ist, wie das OLG in anderem Zusammenhang zutreffend feststellt, davon auszugehen, daß sie damit ausschließlich den Beklagten unterstützen, nicht aber seine unterhaltsrechtliche Leistungsfähigkeit im Verhältnis zu seinem erstehelichen Sohn gewährleisten will. Die durch ihre Leistung ersparten Mittel können daher nicht zum unterhaltsrelevanten Einkommen des Beklagten gezählt werden (vgl. auch *Senats*urteil v. 29. 6. 1983 – IV b ZR 379/81 – n. v., in dem der Senat einem zum nachehelichen Unterhalt Verpflichteten einen „Freibetrag" für Betreuungsleistungen zugebilligt hat, die seine neue Ehefrau seinen Kindern aus erster Ehe angedeihen ließ).

BGH v. 22. 3. 1995 – XII ZR 20/94 – FamRZ 95, 725 = NJW 95, 2032

(Kein Wegfall der Verzugsvoraussetzungen durch Abweisung eines Antrags auf einstweilige Anordnung und R493A
Nichterhebung einer Leistungsklage binnen 6 Monaten)

3. Diesen Einwänden bleibt der Erfolg im Ergebnis versagt.
a) Allerdings wäre die Bekl. angesichts des nur auf einer summarischen Prüfung beruhenden, nicht in materielle Rechtskraft erwachsenden Beschlusses über den Antrag auf einstweilige Anordnung prozessual nicht gehindert gewesen, ihren vermeintlichen rückständigen Trennungsunterhalt in einem isolierten Verfahren geltend zu machen. Auch ist mit der Revision davon auszugehen, daß nicht erst der Antrag auf einstweilige Anordnung im Scheidungsverfahren, sondern bereits die vorausgehenden Mahnschreiben der Bekl. vom 26. 6. 1990 und 17. 1. 1991 den Kl. in Verzug gesetzt und die Bekl. gem. § 1613 I BGB materiellrechtlich die ihr sonst verschlossene Möglichkeit eröffnet haben, Trennungsunterhalt auch für die Vergangenheit zu fordern. Diese Verzugswirkungen, gleichgültig, ob sie auf den Mahnschreiben oder dem Antrag auf einstweilige Anordnung beruhen, sind auch nicht ohne weiteres dadurch entfallen, daß der Antrag auf einstweilige Anordnung abgewiesen wurde und danach sechs Monate verstrichen sind, ohne daß die Bekl. innerhalb dieser Zeit Leistungsklage erhoben hat. Soweit das *OLG* glaubt, dies aus der *Senats*entscheidung vom 26. 1. 1983 (NJW 1983, 2318 = LM § 284 BGB Nr. 27 = FamRZ 1983, 352 [355]) folgern zu müssen, bedarf es einer Klarstellung. Dort ging es im Kern um die Frage, ob der in Verzug gesetzte Unterhaltsschuldner auf die Richtigkeit des den Unterhalt versagenden Beschlusses über die beantragte einstweilige Anordnung vertrauen und damit rechnen durfte, von der Unterhaltsgläubigerin für den vergangenen Zeitraum nicht mehr in Anspruch genommen zu werden. Der Senat hat dies verneint und im übrigen darauf abgehoben, daß die Unterhaltsgläubigerin auch nicht unbillig lange mit der Erhebung der Leistungsklage zugewartet habe, so daß ihr etwa aus einem Grunde nach Treu und Glauben die Berufung auf den Verzug verwehrt gewesen wäre. Das betrifft die Frage der Verwirkung, die nach den besonderen Umständen des Einzelfalles zu beurteilen ist und nicht von einem fest bemessenen Zeitablauf abhängt. Auch in der genannten Entscheidung hat der *Senat* die Verwirkung nicht an die aus dem Rechtsgedanken des § 212 II BGB hergeleitete Sechsmonatsfrist geknüpft, sondern nur dargelegt, daß Verwirkungsfolgen jedenfalls regelmäßig nicht vor Ablauf dieser Frist in Betracht kommen. Grundsätzlich können die für einen vergangenen Zeitraum eingetretenen Verzugswirkungen rückwirkend nur aus besonderen Gründen nach Treu und Glauben, insbesondere unter dem Gesichtspunkt der Verwirkung, entfallen, oder sie müssen durch Vereinbarung der Parteien, also durch einen Verzicht des Gläubigers in Form eines Erlaßvertrages (§ 397 BGB) beseitigt werden (*Senat*, NJW 1987, 1546 = LM § 138 [Ca] BGB Nr. 16 = FamRZ 1987, 40 [41]; FamRZ 1988, 478 [479]).

BGH v. 15. 3. 1995 – XII ZR 257/93 – FamRZ 95, 665 = NJW 95, 1891

(Der der Einigung zugrunde gelegte Parteiwillen bestimmt, ob eine Störung der Geschäftsgrundlage des Prozeß- R493B
vergleichs vorliegt, auch wenn es um die gemeinschaftliche Erwartung vom Fortbestand einer bestimmten Rechtslage geht)

a) Wenn es sich bei dem abzuändernden Titel wie hier um einen Prozeßvergleich handelt, erfolgt a
die in § 323 IV i. V. mit § 794 I Nr. 1 ZPO vorgesehene Anpassung an veränderte Verhältnisse allein nach den Regeln des materiellen Rechts. § 323 I ZPO hat keine praktische Bedeutung. Mangels besonderer Vereinbarungen über die Abänderbarkeit, die zulässig sind, sind die aus § 242 BGB abgeleiteten Grundsätze über den Fortfall der Geschäftsgrundlage maßgebend (vgl. BGHZ 85, 64 [73] = NJW 1983, 228 = LM § 323 ZPO Nr. 31; st. Rspr. des **Senats**).
Ob eine Störung der Geschäftsgrundlage eingetreten ist, bestimmt sich nach dem der Einigung zugrunde gelegten Parteiwillen. Dieser ist Geltungsgrund der Vereinbarung, und er allein entschei-

det, welche Verhältnisse zur Grundlage des Vergleichs gehören und wie die Parteien diese Verhältnisse bewertet haben. Außer einer Veränderung der individuellen Verhältnisse können auch Änderungen einer gefestigten höchstrichterlichen Rechtsprechung oder der Rechtslage zu Störungen einer vertraglichen Vereinbarung führen, die nach den Grundsätzen über den Wegfall der Geschäftsgrundlage im Wege der Anpassung zu bereinigen sind. Grundlage der Beurteilung in diesen Fällen ist, daß beim Abschluß einer Vereinbarung ein beiderseitiger Irrtum über die Rechtslage das Fehlen der Geschäftsgrundlage bedeuten kann, wenn die Vereinbarung ohne diesen Rechtsirrtum nicht oder nicht mit diesem Inhalt geschlossen worden wäre. Gleiches gilt, wenn der Geschäftswille der Parteien auf der gemeinschaftlichen Erwartung vom Fortbestand einer bestimmten Rechtslage aufgebaut war (vgl. *Senat,* NJW 1983, 1548 = LM § 242 [Bd] BGB Nr. 27 = FamRZ 1983, 569 [573] und DtZ 1994, 371 = LM H. 6/1994 § 323 ZPO Nr. 70 = FamRZ 1994, 562 [564]). Im Wege der Auslegung ist zu ermitteln, welche Verhältnisse die Parteien zur Grundlage ihrer Einigung gemacht haben. Erst auf der Grundlage des Ergebnisses dieser Auslegung kann beurteilt werden, welche Auswirkungen sich aus Umständen ergeben, die sich anders als erwartet entwickelt haben (vgl. *Senat,* NJW 1992, 1621 = LM H. 9/1992 § 1581 BGB Nr. 8 = FamRZ 1992, 539).

(Die Einführung der Unterhaltsbegrenzung nach § 1573 V BGB durch den Gesetzgeber läßt die Geschäftsgrundlage für die Festlegung unbefristeter Unterhaltsrenten nicht ohne weiteres entfallen)

b   b) Im vorliegenden Fall sind in den Prozeßvergleichen vom 13. 12. 1985 und 9. 5. 1988 für die Kl. zeitlich unbefristete Unterhaltsrenten festgelegt worden. Die getroffenen Regelungen einer künftigen Abänderbarkeit knüpfen ausschließlich an Veränderungen der beiderseitigen Einkommen an, ohne die gesetzlichen Voraussetzungen des § 1573 V BGB zu berühren. Das BerGer. scheint davon auszugehen, mit der Einführung dieser Vorschrift durch das Unterhalts-Änderungsgesetz (UÄndG) vom 20. 2. 1986 (BGBl I, 301) sei die Geschäftsgrundlage für die Festlegung unbefristeter Unterhaltsrenten für die Kl. entfallen. Hierfür fehlen jedoch ausreichende Feststellungen, wie die Revision zu Recht rügt.

Der Bekl. hat zwar u. a. vorgebracht, bei Abschluß der Unterhaltsvereinbarungen sei eine zeitliche Begrenzung des Unterhalts im Gesetz noch nicht vorgesehen gewesen, und aus diesem Grunde sei über diesen Punkt keine vertragliche Regelung getroffen worden. Die Kl. hat dies jedoch bestritten; nach ihrem Vortrag hat der Bekl. anläßlich des Abschlusses der notariellen Vereinbarung vom 3. 1. 1980 versichert, sie sei mit 20 % seines Nettoeinkommens „für die Zukunft abgesichert", was sie als „Gegenwert" ihres Verzichts auf den Versorgungsausgleich und den damit verbundenen Eintritt der Gütertrennung verstanden habe. Unter diesen Umständen mußte der Bekl. beweisen, daß das Fehlen einer gesetzlichen Regelung über die zeitliche Begrenzung von Ansprüchen auf nachehelichen Unterhalt Geschäftsgrundlage für die Vereinbarung zeitlich unbefristeter Unterhaltsrenten zugunsten der Kl. war; denn wer sich auf den Fortfall der Geschäftsgrundlage beruft, trägt die Beweislast für die dazu erforderlichen tatsächlichen Voraussetzungen (vgl. *Baumgärtel/Strieder,* Beweislast, 2. Aufl., Bd. 1, § 242 BGB Rdnr. 17). Demgemäß trägt der Abänderungskl. die Beweislast für einen Abänderungsgrund (vgl. *Senat,* NJW 1987, 1201 = LM § 323 ZPO Nr. 53 = FamRZ 1987, 259 [260]; *Schwab/Maurer,* Hdb. des ScheidungsR, 2. Aufl., Teil I, Rdnr. 1041). Dies hat das BerGer. verkannt, soweit es ausgeführt hat, die Kl. sei mit ihrem Vortrag beweisfällig geblieben, daß ihr von Anfang an eine unbefristete Unterhaltsgewährung verbrieft worden sei.

Gegen den vom Bekl. vorgebrachten Abänderungsgrund spricht, daß im Zeitpunkt des abzuändernden Prozeßvergleichs vom 9. 5. 1988 die Vorschrift des § 1573 V BGB bereits längere Zeit in Geltung war. Der Erwägung des BerGer., daß seinerzeit jedenfalls einschlägige höchstrichterliche Entscheidungen noch nicht vorgelegen hätten und infolgedessen der Bekl. sich nicht mit Aussicht auf Erfolg auf eine zeitliche Begrenzung des Unterhaltsanspruchs der Kl. habe berufen können, steht das seinerzeit bereits ergangene Senatsurteil vom 9. 7. 1986 (BJW 1986, 2832 = LM § 1578 BGB Nr. 40 = FamRZ 1986, 886) entgegen, das sich mit den weitgehend übereinstimmenden Voraussetzungen des § 1578 I 2 und des § 1573 V BGB befaßt.

Weiterhin trägt diese Erwägung nicht dem Umstand Rechnung, daß vom Fortfall der Geschäftsgrundlage nur ausgegangen werden kann, wenn Vorstellungen und Erwartungen beider Vertragsparteien fehl gegangen sind und nicht nur diejenigen eines Vertragspartners. Es fehlt aber substantiierter Vortrag des Bekl. dazu, daß bei den Unterhaltsvereinbarungen beide Parteien sich des Fehlens einer gesetzlichen Regelung zur zeitlichen Begrenzung von Unterhaltsansprüchen bewußt gewesen seien oder daß für die Kl. wenigstens ein diesbezüglicher Bewußtseinsstand des Bekl. erkennbar geworden sei (vgl. dazu *Palandt/Heinrichs,* BGB, 54. Aufl., § 242 Rdnr. 113 m. w. Nachw.). Soweit § 1573 V BGB bei den vorausgegangenen Vereinbarungen von 1980 und 1985 noch nicht gegolten hat, ist im übrigen zu berücksichtigen, daß bei einer zeitlichen Aufeinanderfolge von einvernehmlichen Regelungen der ursprüngliche Parteiwille nur im Verständnis und der Ausgestaltung des zeitlich letzten Rechtsgeschäftes von Bedeutung ist (vgl. dazu etwa *Senat,* NJW 1983, 1118 = LM § 323 ZPO Nr. 32 = FamRZ 1983, 260 [261] m. w. Nachw.). Erst nachdem der Bekl. den von ihm geltend

Anhang R. Rechtsprechung **R494**

gemachten Abänderungsgrund, nämlich den Fortfall der Geschäftsgrundlage für unbefristete Unterhaltsleistungen an die Kl., dargetan hatte, durfte das BerGer. auf die gesetzlichen Voraussetzungen des § 1573 V BGB eingehen.

(Wird im Abänderungsverfahren gemäß § 1573 V BGB der Wegfall des Anspruchs auf Aufstockungsunterhalt festgestellt, kann ein Anspruch auf Anschlußunterhalt wegen Alters oder Krankheit vorliegen)

b) Soweit das BerGer. wiederum zur Anwendbarkeit des § 1573 V BGB gelangen sollte, wird es **c** zu prüfen haben, ob der Kl. nach Wegfall der Voraussetzungen für einen Anspruch auf Aufstockungsunterhalt Anschlußunterhalt wegen Alters (§ 1571 Nr. 3 BGB) oder wegen Krankheit (§ 1572 Nr. 4 BGB) zustehen könnte. Der Anspruch aus den letztgenannten Vorschriften unterliegt keiner zeitlichen Begrenzung, sondern allenfalls einer Herabsetzung auf den angemessenen Lebensbedarf gem. § 1578 I 2 BGB. Ist nämlich der einem titulierten Unterhaltsanspruch zugrundeliegende Tatbestand wegen einer Veränderung der Verhältnisse weggefallen, kann die Aufrechterhaltung aufgrund eines anderen Unterhaltstatbestandes geboten sein (vgl. dazu *Senat*, NJW 1990, 2752 = LM § 323 ZPO Nr. 61 = FamRZ 1990, 496). Entgegen der Auffassung der Revisionserwiderung genügt es, daß die tatsächlichen Voraussetzungen anderer Unterhaltstatbestände nach dem feststehenden Sachverhalt in Betracht kommen.

BGH v. 29. 3. 1995 – XII ZR 45/94 – FamRZ 95, 869

(Zum eheprägenden Wohnwert. Abzug von Zins und Tilgung für Hauskredite bei der Bedarfsermittlung sowohl **R494** *bei Allein- als auch bei gemeinsamem Eigentum. Keine Berücksichtigung vermögensrechtlicher Fragen bei Unterhaltsbemessung)*

b) Gegen diese zuletzt dargestellte Bedarfserhöhung auf der Grundlage des Wohnwertes als Vermögenswert erhebt die Revision zu Recht Bedenken. Die Ausführungen des OLG hierzu stehen, wie dieses nicht verkennt, im Widerspruch zu der std. Rspr. des erkennenden Senats. Ihnen kann auch nicht gefolgt werden. Denn sie vermengen unterhaltsrechtlich relevante Überlegungen zur Bestimmung der ehel. Lebensverhältnisse i. S. von § 1578 I S. 1 BGB mit Erwägungen zur vermögensrechtlichen Situation geschiedener Eheleute und deren Teilhabe am „Familienvermögen", dessen Auseinandersetzung indessen eigenen rechtlichen Regeln folgt.

Wie der Senat bereits in dem vom OLG angeführten Urteil v. 27. 6. 1984 (IVb ZR 20/83 –, FamRZ 1985, 354 ff.) klargestellt hat, gehören zu den die ehel. Lebensverhältnisse bestimmenden Einkünften der Eheleute nicht nur Erwerbseinkünfte, sondern in gleicher Weise auch Vermögenserträge und sonstige wirtschaftliche Nutzungen, die die Eheleute aus ihrem Vermögen ziehen. Dazu können auch Nutzungen aus einem gemeinschaftlichen Anwesen zählen. Leben Eheleute in einem in ihrem Eigentum stehenden Haus, so entfällt für sie die Notwendigkeit der Mietzahlung, die in der Regel einen Teil des allgemeinen Lebensbedarfs ausmacht. Andererseits haben sie jedoch die allgemeinen Grundstückskosten und -lasten zu tragen und darüber hinaus die anfallenden Zins- und Tilgungsleistungen aufzubringen. Soweit bei einer Gegenüberstellung der ersparten Mietaufwendungen mit den mit dem Eigentum verbundenen Kosten der Nutzungswert eines Hauses im Einzelfall den von den Eigentümern zu tragenden Aufwand übersteigt, die Eigentümer also „billiger" wohnen als Eheleute, die für eine vergleichbare Wohnung Miete zu zahlen haben – und nur unter dieser Voraussetzung und in diesem Umfang –, ist die Differenz zwischen dem Nutzungswert des Grundeigentums einerseits und dem Aufwand andererseits für die Bestimmung der ehel. Lebensverhältnisse i. S. von § 1578 I BGB den Einkünften der Eheleute hinzuzurechnen. Nur insoweit werden die ehel. Lebensverhältnisse als Maßstab für die Höhe des nachehel. Unterhalts durch einen „Wohnvorteil" geprägt, weil sich dieser Differenzbetrag als Ersparnis einer sonst erforderlichen Mietzahlung in den für die Lebenshaltung verfügbaren Mitteln (Einkünften) niederschlägt (vgl. Senatsurteil v. 27. 6. 1984, a.a.O., S. 356).

An dieser Rspr. hat der Senat festgehalten (vgl. zuletzt Urteil v. 29. 6. 1994 – XII ZR 79/93 –, NJW-RR 1994, 1155 = FamRZ 1994, 1100, 1102, m. w. N.). Von ihr abzugehen, besteht kein begründeter Anlaß. Auch die Erwägungen des OLG in dem angefochtenen Urteil rechtfertigen keine andere Beurteilung.

Der Umstand, daß die Eheleute mit Hilfe der Tilgungsleistungen auf das aufgenommene Kapital im Ergebnis Vermögen bilden, hindert nicht, die für die Bemessung des nachehel. Unterhalts maßgeblichen ehel. Lebensverhältnisse so zu bestimmen, wie sie in der Ehe tatsächlich praktiziert worden sind. Solange die Eheleute dabei in einem Rahmen gehalten haben, der vom Standpunkt eines vernünftigen Betrachters aus – nach einem objektiven Maßstab – wirtschaftlich sinnvoll und angemessen erscheint (vgl. Senatsurteile v. 4. 11. 1981 – IVb ZR 624/80 –, FamRZ 1982, 151, 152; v. 12. 7. 1989 – IVb ZR 66/88 –, FamRZ 1989, 1160, 1161; auch v. 18. 12. 1991 – XII ZR 2/91 –, FamRZ 1992, 423, 424), bestimmt ihr tatsächliches Konsumverhalten während der ehel. Zusammenlebens auch den für § 1578 I S. 1 BGB maßgeblichen ehel. Lebensstandard. In diesem Umfang ist daher bei der Bemessung des nachehel. Unterhalts nach dem Maßstab der ehel. Lebensverhältnisse hinzunehmen, daß während der Ehe anstelle von Mietzahlungen Aufwendungen zur Vermögensbildung geleistet worden sind. Dies gilt i. ü., wie den vorstehenden Ausführungen zu entnehmen ist, unabhängig davon, ob mit den Zahlungen gemeinschaftliches Vermögen für beide Eheleute gebildet oder nur Vermögenswerte für einen von ihnen – als Alleineigentümer des bewohnten Familienheims – geschaffen worden sind. Für die Höhe, in der die in der Ehe vorhandenen Einkünfte zu Zins- und Tilgungszwecken verwendet wurden, ist dies ohne Bedeutung.

Der unterhaltsberechtigte Ehegatte braucht sich nach der std. Rspr. des Senats für die Bemessung seines nachehel. Unterhalts nur dann nicht an dem in der Ehe geübten Lebensstandard festhalten zu lassen, wenn sich die Eheleute zugunsten der Vermögensbildung in unverhältnismäßig hohem Umfang in ihrer Lebensführung eingeschränkt und nach den gegebenen Verhältnissen erkennbar zu dürftig gelebt haben (vgl. Senatsurteile v. 4. 11. 1981, a.a.O., und v. 12. 7. 1981, a.a.O.).

Für eine solche Annahme bestehen unter den hier gegebenen Umständen angesichts der Einkommensverhältnisse des Bekl. keine Anhaltspunkte. Auch die Kl. hat derartiges nicht vorgetragen.

Zu beachten bleibt in diesem Zusammenhang i. ü., daß die für die Unterhaltsbemessung maßgeblichen tatsächlichen Einkünfte der Ehegatten durch die Grundsätze zur Ermittlung des Wohnvorteils (auch in dem oben dargelegten Sinn) nicht berührt oder beeinträchtigt werden. Das verkennt auch das OLG nicht.

Soweit das OLG darauf hinweist, daß sich üblicherweise – bei gleichbleibenden Zahlungen – das Verhältnis von Zins- zu Tilgungsleistungen verschiebe und damit der Wert des erworbenen Grundvermögens laufend ansteige, vermag dies die dargelegte Senats-Rspr. nicht in Frage zu stellen. Da das OLG bei seinen Überlegungen selbst von regelmäßig gleichbleibenden Zahlungen ausgeht, bestimmen sich die für die Lebenshaltung der Eheleute verfügbaren Einkünfte – als Maßstab der ehel. Lebensverhältnisse – danach, in welcher Höhe die Eheleute unter Berücksichtigung dieser tatsächlich von ihnen geleisteten im wesentlichen gleichbleibenden Zahlungen sonst aufzubringende Mietzinsen erspart haben.

Welche Vermögenswerte die Eheleute auf diese Weise schaffen, ist für die Bemessung des Unterhalts nach § 1578 I S. 1 BGB demgegenüber irrelevant. Die Erwägungen, mit denen das OLG der Kl. letztlich bereits im Unterhaltsrecht einen Anteil an dem „Wert des durch die bisherige Tilgung erworbenen, lastenfreien Grundvermögens" (hier: ursprüngliches Miteigentum beider Parteien) und damit an dem geschaffenen „Familienvermögen" zukommen lassen will, verlassen den Rahmen des § 1578 I S. 1 BGB. Die Teilhabe des geschiedenen Ehegatten an dem in der Ehe erworbenen „Familienvermögen" wird nach den Regeln des Güterrechts, ggf. auch nach den Grundsätzen über die Auseinandersetzung einer Miteigentumsgemeinschaft verwirklicht. Auf diesem Weg erwirbt der geschiedene Ehegatte im Fall der Bildung von gemeinschaftlichem Vermögen den Vermögensanteil, der ihm gebührt und der in den Fällen, in denen die Eheleute bei sparsamer Lebensführung hohe Zins- und Tilgungsraten aufgebracht haben, einen entsprechend hohen Wert erreichen wird.

Der Hinweis des OLG auf den Extremfall einer kurz nach der Scheidung auslaufenden Darlehensrückzahlung rechtfertigt schließlich ebenfalls keine von der bisherigen Senats-Rspr. abweichende Beurteilung. In einem solchen Fall dürften nämlich die ehel. Lebensverhältnisse i. S. von § 1578 I BGB als bereits durch die sichere Erwartung des baldigen Wegfalls der Zins- und Tilgungslasten geprägt anzusehen sein mit der Folge, daß dieser – erst nach der Scheidung eintretende – Umstand ausnahmsweise bei der Bemessung des nachehel. Unterhalts mitberücksichtigt werden kann (vgl. Senatsurteil v. 16. 3. 1988 – IVb ZR 40/87 –, NJW 1988, 2034 = FamRZ 1988, 701, 703; insoweit durch das Senatsurteil v. 20. 7. 1990 – XII ZR 73/89 –, NJW 1990, 2886, nicht berührt).

c) Das angefochtene Urteil kann aus den dargelegten Gründen nicht bestehen bleiben und ist auf die Revision des Bekl. entsprechend abzuändern.

Dabei ist bei der Bemessung des nachehel. Unterhalts der Kl. ein Wohnvorteil nur insoweit zu berücksichtigen, als der Nutzungswert des Hauses der Parteien den von ihnen zu tragenden Aufwand an allgemeinen Grundstückskosten sowie Zins- und Tilgungsverpflichtungen überstieg (vgl. hierzu allgemein – im Gegensatz zu der Bemessung für den Trennungsunterhalt – *Gerhardt*, FamRZ 1993, 1139).

aa) Den Mietwert des Hauses hat das OLG, wie dargelegt, mit monatlich 1575 DM angesetzt.

BGH v. 20. 6. 95 – XI ZB 9/95 – FamRZ 95, 1137 = NJW 95, 2497

R495 *(Gerichtliche Selbstkorrektur bei Wiedereinsetzung unter Verletzung des rechtlichen Gehörs)*

a) Grundsätzlich sind die Gerichte an Beschlüsse, durch die sie einer Partei Wiedereinsetzung in den vorigen Stand gewährt haben, in entsprechender Anwendung des § 318 ZPO gebunden (*BGH*, Beschlüsse v. 5. 2. 1974 – I ZB 12/53 –, NJW 1954, 880, und v. 7. 4. 1993 – XII ZR 244/91 –, FamRZ 1993, 1191; *MünchKomm/Feiber*, ZPO, § 283 Rz. 13).

Anhang R. Rechtsprechung R496

Dieser Grundsatz bedarf jedoch in Fällen, in denen die Entscheidung unter Verletzung des Anspruchs der Gegenseite auf rechtliches Gehör ergangen ist, der Einschränkung.

Eine außerordentliche Beschwerdemöglichkeit besteht zwar auch in solchen Fällen entgegen der Ansicht des *OLG* regelmäßig nicht (*BGH*, Beschluß v. 27. 9. 1990 – III ZB 34/90; *Zöller/Greger*, ZPO, 19. Aufl., § 238 Rz. 6; a. M. *OLG Frankfurt/M.*, JurBüro 1981, 302, 303; *MünchKomm/Feiber*, a. a. O., Rz. 15; *Stein/Jonas/Roth*, ZPO, 21. Aufl., § 238 Rz. 13).

Die Eröffnung im Gesetz nicht vorgesehener oder sogar ausdrücklich ausgeschlossener weiterer Instanzen muß im Interesse der Rechtssicherheit auf gerichtliche Entscheidungen beschränkt bleiben, die „greifbar gesetzwidrig" in dem Sinne sind, daß sie jeder gesetzlichen Grundlage entbehren und inhaltlich dem Gesetz fremd sind. Ein Verstoß gegen die Grundsätze über das rechtliche Gehör reicht dafür regelmäßig nicht aus (*BGH*, Urteil v. 19. 10. 1989 – III ZR 111/88 –, NJW 1990, 838, 840, m. w. N.; Beschluß v. 27. 9. 1990, a. a. O.).

Das schließt jedoch die Möglichkeit nicht aus, daß ein Gericht auf Gegenvorstellungen des Betroffenen das versäumte rechtliche Gehör nachholt und seine eigene Entscheidung einer erneuten Überprüfung unterzieht. Eine solche Möglichkeit der Selbstkorrektur ist für den Bereich des Strafprozesses in § 33 a StPO gesetzlich anerkannt und wird vom *BVerfG* für alle Fachgerichtsbarkeiten befürwortet (*BVerfGE* 73, 322, 329 = NJW 1987, 1319, 1320) sowie für das Verwaltungsprozeßrecht vom *BVerfG* bejaht (Beschluß v. 22. 11. 1993 = NJW 1994, 674). Für das Gebiet des Zivilprozeßrechts hat der *BGH* die Frage für Beschlüsse über die Gewährung von Wiedereinsetzung in den vorigen Stand ausdrücklich offengelassen (Beschluß v. 7. 4. 1993, a. a. O.). Mehrere Instanzgerichte halten bei grundsätzlich unabänderlichen Beschlüssen auf die Verletzung rechtlichen Gehörs gestützte Gegenvorstellungen für zulässig (*OLG Nürnberg*, NJW 1979, 169; *OLG Frankfurt/M.*, FamRZ 1986, 183 = NJW 1986, 1052; *OLG Düsseldorf*, MDR 1988, 681, 682; *OLG Karlsruhe*, MDR 1993, 289, 290). Gleicher Ansicht ist die überwiegende Meinung im Schrifttum (*Stein/Jonas/Grunsky*, ZPO, 21. Aufl., § 567 Rz. 28; *Baumbach/Lauterbach/Albers/Hartmann*, ZPO, 53. Aufl., Übers. § 567 Rz. 6; *Zöller/Gummer*, ZPO, 19. Aufl., § 567 Rz. 22 ff.; *Weis*, NJW 1987, 1314 f.; jeweils m. w. N.; a. M. *MünchKomm/Braun*, a. a. O., vor § 567 Rz. 8).

b) Der erkennende *Senat* bejaht für die Wiedereinsetzungsbeschlüsse, die unter Verstoß gegen die Grundsätze für das rechtliche Gehör ergangen sind, die Möglichkeit einer gerichtlichen Selbstkorrektur jedenfalls während des Zeitraums, in dem noch kein die betreffende Instanz abschließendes Urteil ergangen ist. Diese Durchbrechung der Bindung der Gerichte an eigene Wiedereinsetzungsbeschlüsse ist gerechtfertigt, weil solche Beschlüsse im Falle einer Verletzung des rechtlichen Gehörs auf Verfassungsbeschwerde aufgehoben werden (*BVerfGE* 61, 14, 16 = NJW 1982, 2234) und damit letztlich keine Bestandskraft entfalten. Durch die Zulassung der Selbstkorrektur wird den Beteiligten der Umweg über das *BVerfG* und dem *BVerfG* die zusätzliche Belastung mit vermeidbaren Verfassungsbeschwerden erspart.

Die Frage, ob die zulässige Selbstkorrektur nur auf Gegenvorstellungen der von der Nichtgewährung rechtlichen Gehörs betroffenen Partei oder auch von Amts wegen (vgl. § 33 a StPO sowie *BVerwG*, a. a. O.) geschehen kann, braucht hier nicht entschieden zu werden. Die Kl. ist nämlich mit dem Antrag an das *OLG* herangetreten, die Wiedereinsetzung des Bekl. in den vorigen Stand rückgängig zu machen. Der Umstand, daß sie dieses Begehren in Verkennung der Rechtslage als Beschwerde bezeichnet hat und der Umdeutung in eine Gegenvorstellung ausdrücklich entgegengetreten ist, ist unschädlich, weil jede einfache Beschwerde der Sache nach eine Gegenvorstellung mit umfaßt (*MünchKomm/Braun*, a. a. O., Rz. 5).

Da der Beschluß des *OLG* über die Wiedereinsetzung des Bekl. in den vorigen Stand unter Verletzung des Anspruchs der Kl. auf rechtliches Gehör ergangen war, war das *OLG* befugt, die Entscheidung auf Initiative der Kl. einer erneuten Überprüfung zu unterziehen.

BGH v. 25. 10. 1995 – XII ZR 247/94 – FamRZ 96, 160 = NJW-RR 96, 321

(Verwandtenunterhalt; Lebensstellung des Kindes) R496

1. Nach diesen allgemeinen für den Verwandtenunterhalt geltenden Vorschriften bestimmt sich **a** das Maß des zu gewährenden „angemessenen Unterhalts" grundsätzlich nach der Lebensstellung des Bedürftigen (§ 1610 I BGB). Jedoch wird der Unterhalt nicht geschuldet, soweit der (an sich) Unterhaltspflichtige bei Berücksichtigung seiner sonstigen Verpflichtungen ohne Gefährdung seines eigenen angemessenen Unterhalts zur Zahlung außerstande ist (§ 1603 I BGB). Kriterium für die Bemessung des Verwandtenunterhalts im allgemeinen ist danach die Lebensstellung des Bedürftigen, gegebenenfalls begrenzt durch die Leistungsfähigkeit des Verpflichteten.

2. Das Recht des Kindesunterhalts ist demgegenüber dadurch gekennzeichnet, daß minderjährige Kinder ohne Einkünfte keine eigene unterhaltsrechtlich relevante Lebensstellung i. S. von § 1610 I BGB besitzen. Sie leiten ihre Lebensstellung vielmehr von derjenigen ihrer unterhaltspflichtigen Eltern ab. Lebt ein minderjähriges Kind, wie hier der Kl., bei dem einkommenslosen Elternteil und

R 496 Anhang R. Rechtsprechung

wird von ihm versorgt und betreut, so bestimmt sich seine Lebensstellung grundsätzlich nach den Einkommens- (und Vermögens-)Verhältnissen des anderen, barunterhaltspflichtigen Elternteils (st. Rspr; vgl. *Senat,* NJW 1981, 1559 = LM § 1606 BGB Nr. 14 = FamRZ 1981, 543 [544]; NJW-RR 1986, 1261; NJW 1989, 1033 = LM § 1610 BGB Nr. 17; auch *Köhler,* in: MünchKomm, 3. Aufl., § 1610 Rdnrn. 5, 8, 9; *Soergel/Häberle,* BGB, 12. Aufl., § 1610 Rdnr. 2). Dessen wirtschaftliche Verhältnisse prägen also die Lebensstellung des unterhaltsberechtigten minderjährigen Kindes und bestimmen damit das Maß des diesem zustehenden Unterhalts i. S. von § 1610 I BGB, allerdings mit der Maßgabe des Abs. 3 der Vorschrift.

(kein generelles Verbot des Abzugs berücksichtigungsfähiger Schulden beim Kindesunterhalt)

b 3. Im Rahmen der Ermittlung des unterhaltserheblichen Einkommens des Verpflichteten sind unterhaltsrechtlich relevante Verbindlichkeiten mit zu berücksichtigen (vgl. *Senat,* NJW-RR 1990, 323 = LM § 546 ZPO Nr. 129 = FamRZ 1990, 283 [287]; NJW 1992, 1624 = LM H. 9/1992 § 1603 BGB Nr. 43 = FamRZ 1992, 797 [798]). Denn der für die Unterhaltsbemessung maßgebliche Lebensstandard wird letztlich (nur) durch tatsächlich verfügbare Mittel geprägt mit der Folge, daß sich auch die abgeleitete Lebensstellung des Kindes nach diesen Verhältnissen richtet.

Dem entsprechen die unterhaltsrechtlichen Tabellen und Leitlinien der *Oberlandesgerichte,* die – im wesentlichen übereinstimmend – die berücksichtigungsfähige Schulden vom anrechenbaren Einkommen abziehen und bei der Festsetzung des je nach Einkommen geschuldeten Kindesunterhalts zugleich den notwendigen Eigenbedarf (Selbstbehalt) des Unterhaltsverpflichteten wahren (vgl. u. a. Düsseldorfer Tabelle, A Anm. 4; Düsseldorfer Leitlinien, A I 13; Leitlinien *OLG Celle,* I 8; *OLG Dresden,* I 8; *OLG München,* 1.22; *OLG Schleswig,* A II 3, sämtlich abgedr. in: Beil. zur NJW Heft 11/1995).

Der hiervon abweichenden Auffassung des BerGer., das bei der Ermittlung des Kindesunterhalts generell einen Vorwegabzug berücksichtigungsfähiger Schulden vom unterhaltserheblichen Einkommen des Verpflichteten ablehnt, ist nicht zu folgen. Der Wortlaut des § 1603 I BGB enthält dafür keine hinreichende Rechtfertigung. Denn diese Vorschrift regelt lediglich die Grenzen der Leistungsfähigkeit des Verpflichteten und erlangt ihre eigentliche Bedeutung damit nur in Mangelfällen. Der Hinweis darauf, daß eine frühere Verbesserung der Lebensstellung minderjähriger Kinder durch die mit den Krediten ermöglichten Anschaffungen und Aufwendungen nicht mehr besteht, ist in dieser Allgemeinheit ebenfalls nicht geeignet, die einkommensmindernde Absetzung von Schulden vor der Bestimmung des Kindesunterhalts zu versagen. Abgesehen davon, daß es jeweils von der Art der Aufwendung oder Anschaffung im Einzelfall abhängen dürfte, ob und inwiefern diese zu einer Verbesserung der Lebensstellung des Kindes führt, darf nicht außer Betracht bleiben, daß der für die Anschaffungen aufgewendete Kredit laufende Belastungen nach sich zieht, die ihrerseits dauerhaft die Lebensstellung des Kindes – in ihrer Abhängigkeit von derjenigen des unterhaltspflichtigen Elternteils – prägen. Solange der Unterhaltsverpflichtete die Schulden zu tilgen hat und nur über entsprechend geringere Einkünfte verfügen kann, nimmt das minderjährige Kind, dessen Lebensstellung nicht etwa durch die Verhältnisse im Zeitpunkt der Auflösung der Ehe seiner Eltern festgelegt wird (vgl. *Senat,* NJW 1983, 1429 = LM § 1610 BGB Nr. 9 = FamRZ 1983, 473), an dem wirtschaftlich geminderten Lebensstandard teil (vgl. *Soergel/Häberle,* § 1610 Rdnr. 2). Daß sich auf diese Weise Schuldverbindlichkeiten der Eltern (bzw. des unterhaltspflichtigen Elternteils) nachteilig für ein unterhaltsbedürftiges Kind auswirken, ist eine Folge seiner wirtschaftlichen Unselbständigkeit und Abhängigkeit von den Einkommensverhältnissen der Eltern. Das rechtfertigt es jedoch nicht, den Unterhaltsanspruch des Kindes abweichend von den Maßstäben der §§ 1601 ff. BGB zu bemessen.

(Berücksichtigungsfähige Verbindlichkeiten)

c Abzugsfähig sind nicht von vornherein sämtliche Schulden, die der Unterhaltsverpflichtete zu tilgen hat, sondern nur die unterhaltsrechtlich „berücksichtigungsfähigen" Verbindlichkeiten. Ob und wieweit dieses Merkmal im Einzelfall erfüllt ist, ist nach ständiger Rechtsprechung unter umfassender Interessenabwägung zu beurteilen, wobei es insbesondere auf den Zweck der Verbindlichkeiten, den Zeitpunkt und die Art ihrer Entstehung, die Kenntnis des Unterhaltsverpflichteten von Grund und Höhe der Unterhaltsschuld und auf andere Umstände ankommt. In die Abwägung mit einzubeziehen sind auch die Möglichkeiten des Unterhaltsschuldners, seine Leistungsfähigkeit in zumutbarer Weise ganz oder teilweise wiederherzustellen, sowie ggf. schutzwürdige Belange des Drittgläubigers. Soweit es um den Unterhalt minderjähriger unverheirateter Kinder geht, denen der unterhaltspflichtige Elternteil nach § 1603 III BGB verschärft unterhaltspflichtig ist, ist zusätzlich zu beachten, daß diesen Kindern jede Möglichkeit fehlt, durch eigene Anstrengungen zur Deckung ihres notwendigen Unterhaltsbedarfs beizutragen. Auf Schulden, die leichtfertig, für luxuriöse Zwecke oder ohne verständigen Grund eingegangen sind, kann sich der Unterhaltsverpflichtete grundsätzlich nicht berufen (vgl. *Senat,* NJW 1992, 1624 = LM H. 9/1992 § 1603 BGB Nr. 43 = FamRZ 1992,

Anhang R. Rechtsprechung

797 [798]; NJW-RR 1990, 323 = LM § 546 ZPO Nr. 129 = FamRZ 1990, 283 [287]; NJW 1984, 1237 = LM § 1581 BGB Nr. 3 = FamRZ 1994, 358 [360]; NJW 1982, 380 = LM § 1603 BGB Nr. 11 = FamRZ 1982, 157 [158]).

Nach diesen Kriterien dürften die hier streitigen Verbindlichkeiten des Bekl., jedenfalls soweit die bisher getroffenen Feststellungen reichen, als berücksichtigungsfähig anzuerkennen sein. Davon geht ersichtlich auch das BerGer. – im Grundsatz – aus. So ist im Hinblick auf den Zweck der im Jahre 1986 eingegangenen Verbindlichkeiten zunächst zu berücksichtigen, daß der Bekl. mit dem Ausbau der Räume im Haus seines Vaters eine Wohnung für die – damals intakte – Familie geschaffen hat, in der diese seit 1986 bis zur Trennung der Eheleute jahrelang lebte, wobei die erbrachten Leistungen abgewohnt wurden und (weitere) Mietzinsen nicht zu zahlen waren. Soweit es um das Fahrzeug geht, sprechen die geltend gemachten Fahrtkosten dafür, daß der Bekl. den Pkw für die Fahrten zu seiner Arbeitsstelle benötigt. Sollte das der Fall sein, dann hätte der Bekl. insoweit ggf. mit Hilfe der Kreditmittel sein Arbeitseinkommen erzielt und auf diese Weise den Lebensstandard der Familie finanziert. Der Zeitpunkt der Kreditaufnahme im Jahre 1986 dürfte einer unterhaltsrechtlichen Berücksichtigung der daraus herrührenden laufenden Verbindlichkeiten nicht entgegenstehen, da die Familie damals noch intakt war und der Bekl. mithin zwar für den allgemeinen Familienunterhalt aufkommen mußte, jedoch nicht mit der Notwendigkeit laufender Barunterhaltszahlungen an den Kl. zu rechnen brauchte.

Die Berücksichtigungsfähigkeit der für den Ausbau der Familienwohnung und den Erwerb des Pkw aufgenommenen – und noch zu tilgenden – Schulden wird entgegen der Auffassung des BerGer. nicht dadurch in Frage gestellt, daß die entsprechenden Anschaffungen dem Kl. seit 1992 keine Vorteile mehr bringen. Darauf kommt es nicht an. Denn der Kl. nimmt seit seinem Auszug aus der Wohnung des Bekl. im Jahre 1992 unterhaltsrechtlich weiterhin an dessen wirtschaftlicher Lebensstellung teil, auch soweit diese durch die laufenden Zins- und Tilgungsleistungen für den Kredit geprägt wird.

Abgesehen von den genannten beiden Verwendungszwecken des aufgenommenen Kredits ist bisher nicht festgestellt, worauf die Überziehung des Girokontos des Bekl. in Höhe von 6082,08 DM im Februar 1990 beruhte, die zusätzlich durch das zur Zeit noch zu tilgende Darlehen abgelöst wurde und einen nicht unerheblichen Teil der Darlehenssumme (von 40 000 DM auf der Grundlage der halbierten „Restsumme" des ursprünglichen Kredits in Höhe von 31 688,44 DM) ausmachte. Das BerGer. hat insoweit ersichtlich unterstellt, daß auch der Kontoüberziehung berücksichtigungsfähige Schulden zugrunde lagen. Es hat die Frage jedoch nicht näher geprüft. Ihr kann aber deshalb Bedeutung zukommen, weil der Überziehungsbetrag die Höhe der zu leistenden laufenden Kreditraten mit beeinflussen dürfte. Wäre der entsprechende Betrag unterhaltsrechtlich nicht zu berücksichtigen, dann wäre das Einkommen des Bekl. – zum Zwecke der Bemessung des Kindesunterhalts – ggf. nur um geringere laufende Verpflichtungen zu mindern.

BGH v. 15. 11. 1995 – XII ZR 231/94 – FamRZ 96, 345 = NJW 96, 517

(Zu Bemühungen um Arbeitsplatz) R497

d) Das BerGer. hat dem Kl. nach Treu und Glauben Einkünfte Kl. zur Darlegung seiner Bemühungen um eine Arbeitsstelle zu Recht als unsubstantiiert angesehen. Um im Falle der Arbeitslosigkeit der Darlegungslast für seine fehlende finanzielle Leistungsfähigkeit zu genügen, muß ein Unterhaltspflichtiger in nachprüfbarer Weise vortragen, welche Schritte er im einzelnen zu dem Zweck unternommen hat, einen zumutbaren Arbeitsplatz zu finden und sich bietende Erwerbsmöglichkeiten zu nutzen (so zur vergleichbaren Darlegungslast eines Unterhaltsberechtigten *Senat,* NJW 1986, 718 = FamRZ 1986, 244 [246]). Welche konkreten Anstrengungen der Kl. entfaltet, um eine anderweitige Beschäftigung zu erreichen, ist seinem pauschalen Vortrag indessen nicht zu entnehmen. Angaben darüber, wann und bei welchen Arbeitgebern er sich im einzelnen um eine Arbeitsstelle beworben hat, fehlen völlig. Das *OLG* hat deshalb das Vorbringen des Kl. als unzureichend angesehen, ohne dabei die Anforderungen an die Darlegungslast zu überspannen, und hat demgemäß folgerichtig von einer Beweiserhebung abgesehen.

a

(Bei Ansatz eines fiktiven Einkommens wegen Verstoß gegen die Erwerbsobliegenheit sind die persönlichen Eigenschaften des Bewerbers zu berücksichtigen)

e) Soweit das BerGer. von der Vermittelbarkeit des Kl. auf dem Arbeitsmarkt sowie von erzielbaren Einkünften in der früheren Höhe (= mindestens 2042 DM, s. oben 2 c) ausgegangen ist, läßt diese Annahme jedoch – wie die Revision zu Recht beanstandet – keine ausreichende Grundlage erkennen. Ob ein arbeitsloser Unterhaltspflichtiger einen neuen Arbeitsplatz gefunden hätte, wenn er sich in der gebotenen Weise darum bemüht hätte, hängt neben den Verhältnissen auf dem Arbeitsmarkt auch von den persönlichen Eigenschaften des Bewerbers (Alter, Ausbildung, Berufserfahrung,

b

Gesundheitszustand) ab (vgl. *Senat,* NJW 1986, 718 = FamRZ 1986, 244 [246]; *Senat,* NJW-RR 1987, 962 = FamRZ 1987, 912 [913]). Zu diesen – neben den fehlenden subjektiven Bemühungen – erforderlichen objektiven Voraussetzungen der Anrechnung fiktiver Einkünfte hat das *OLG* keine Festellungen getroffen. Auf welche konkreten Umstände es seine Einschätzung stützt, der Kl. könne – obwohl er die Umschulung zum Kfz-Mechaniker bereits nach ungefähr einem Jahr abgebrochen hat und in diesem Bereich nur ein knappes Jahr mit dem angenommenen Einkommen tätig war – regelmäßig Einkünfte in der früheren Höhe erzielen, ist deshalb nicht erkennbar.

(Auch im Mangelfall kein Mindestbedarf)

c Als Unterhaltsbedarf der Bekl., auf den ihr eigenes Einkommen gegebenenfalls anzurechnen ist, ist der Betrag anzusetzen, den sie nach Maßgabe der ehelichen Lebensverhältnisse (§ 1578 I 1 BGB) beanspruchen könnte und nicht ein an dem allgemeinen Mindestbedarf für einen nicht erwerbstätigen Ehegatten ausgerichtetes Existenzminimum. Dies entspricht der ständigen Rechtsprechung des *Senats,* die zuletzt im Urteil vom 11. 1. 1995 (NJW 1995, 963 = FamRZ 1995, 346 m. w. Nachw.) bestätigt worden ist. Hieran hält der *Senat* auch nach erneuter Überprüfung seines Rechtsstandpunkts – entgegen kritischen Stimmen im Schrifttum (vgl. *Luthin,* FamRZ 1995, 175 und 472; *Becker,* FamRZ 1995, 667) – fest. Die Kritik, die an dieser Auffassung geäußert worden ist, hebt vor allem hervor, der Festsetzung von Mindestbedarfssätzen für den Unterhaltspflichtigen liege die Erwägung zugrunde, daß ein Betrag in der Größenordnung des Mindestbedarfs auch ohne trennungsbedingten Mehrbedarf zum Leben dringend benötigt werde. Wenn dem erwerbstätigen Unterhaltspflichtigen mindestens 1300 DM monatlich verbleiben müßten, erscheine es nur billig, daß der unterhaltsberechtigte geschiedene Ehegatte einschließlich des anzurechnenden eigenen Einkommens wenigstens 1150 DM (wenn nicht sogar bis zu 1300 DM) zur Verfügung habe.

b) Diesen Überlegungen vermag der *Senat* nicht beizupflichten. Die Festlegung des Unterhaltsbedarfs auf der Grundlage eines Mindestbedarfssatzes steht im Widerspruch zu § 1578 I 1 BGB, da nicht auszuschließen ist, daß der pauschalierende Betrag den aus den ehelichen Lebensverhältnissen individuell ermittelten Unterhaltsbedarf übersteigt. Abweichungen von letzterem sind indessen nur bei konkreten Feststellungen zu bedarfserhöhenden Umständen, insbesondere zu trennungsbedingt eingetretenen Mehrkosten der Lebensführung, rechtlich zulässig, deren tatsächliche Voraussetzungen konkret darzulegen sind und deren Höhe gegebenenfalls geschätzt werden kann (§ 287 ZPO). Daß der Unterhaltspflichtige seinerseits jedenfalls einen bestimmten Selbstbehalt beanspruchen kann, steht nicht in Widerspruch zur individuellen Bedarfsermittlung nach Maßgabe des § 1578 BGB, sondern beruht auf der ausdrücklichen Regelung des § 1581 BGB, nach der eine Gefährdung des eigenen angemessenen Unterhalts des Verpflichteten unter Billigkeitsgesichtspunkten vermieden werden soll (vgl. hierzu die *Senats*urteile BGHZ 104, 158 [168] = NJW 1988, 1722 und NJW 1995, 963 = FamRZ 1995, 346 m. w. Nachw.).

c) Auch in einem echten Mangelfall, der durch die fehlende Fähigkeit des Unterhaltspflichtigen gekennzeichnet ist, den Unterhaltsbedarf eines oder mehrerer gleichrangiger Unterhaltsberechtigter zu befriedigen, besteht grundsätzlich kein Anlaß, vor einer verhältnismäßigen Kürzung aller Unterhaltsansprüche diejenigen des geschiedenen Ehegatten auf einen Mindestbedarfssatz anzuheben, weil in der Praxis in der Regel auch die Ansprüche der Kinder mit Tabellenwerten in die Ausgangsberechnung eingestellt werden. Dieser Auffassung liegt vor allem die Erwägung zugrunde, daß die Kürzung der Ansprüche aller Berechtigten nach Billigkeitsgesichtspunkten – zur Anpassung an die Leistungsfähigkeit des Verpflichteten – im Ergebnis eine nicht gerechtfertigte Verzerrung des Verhältnisses der einzelnen Unterhaltsansprüche bewirkt, wenn für den geschiedenen Ehegatten ein nach dem Maßstab des § 1578 BGB zu hoher Mindestbedarfssatz in die Berechnung eingestellt wird. Eine dadurch drohende Verkürzung der Unterhaltsansprüche minderjähriger Kinder erscheint u. a. deshalb nicht gerechtfertigt, weil ihnen – im Gegensatz zu Erwachsenen – wegen ihres Alters von vornherein die Möglichkeit verschlossen ist, durch eigene Anstrengungen zur Deckung ihres notwendigen Lebensbedarfs beizutragen (vgl. *Senats*urteile BGHZ 109, 72 [85] = NJW 1990, 1172; BGHZ 104, 158 [168] = NJW 1988, 1722; NJW 1992, 1621 = FamRZ 1992, 539 [541]). Das im Rahmen der Mangelverteilung gewonnene Ergebnis ist schließlich dahin zu überprüfen, ob die Aufteilung des verfügbaren Einkommens einerseits auf die minderjährigen Kinder und andererseits auf den geschiedenen Ehegatten, auch im Hinblick auf diesem eventuell anzurechnende eigene Einkünfte, insgesamt angemessen und billig ist (vgl. *Senat,* NJW 1987, 58 = LM § 1578 BGB Nr. 38 = FamRZ 1986, 783 [786]; NJW-RR 1989, 900 = FamRZ 1990, 266 [269]).

Anhang R. Rechtsprechung R498

BVerfG v. 18. 12. 1995 – 1 BvR 1206/92 – FamRZ 96, 343 = NJW 96, 915
(Keine fiktiven Einkünfte bei Einkommensminderungen, die durch Wahrnehmung des Elternrechts entstanden) R498

1. a) Die Auferlegung von Unterhaltsleistungen schränkt den Verpflichteten in seiner durch Art. 2 I GG geschützten allgemeinen Handlungsfreiheit ein. Diese ist allerdings nur im Rahmen der verfassungsmäßigen Ordnung gewährleistet, zu der auch die Vorschriften über Trennungsunterhalt und nachehelichen Unterhalt sowie über Kindesunterhalt gehören (vgl. *BVerfGE* 57, 361 [378] = NJW 1981, 1771; *BVerfGE* 68, 256 [266 ff.] = NJW 1985, 1211).

Bei der Ausgestaltung des Unterhaltsrechts nach Trennung und Scheidung ist der Gesetzgeber im Hinblick auf Art. 6 II 2 und Art. 2 I i.V. mit Art. 1 I GG gehalten, Regelungen zu vermeiden, die sich für die Entwicklung der Kinder nachteilig auswirken können. Dabei ist zu berücksichtigen, daß die ohnehin mit der Trennung der Eltern für die Kinder verbundenen nachteiligen Folgen noch erheblich verstärkt werden können, wenn sie in dieser Zeit auf die persönliche Betreuung durch einen Elternteil wegen dessen Erwerbstätigkeit verzichten müssen (vgl. *BVerfGE* 57, 361 [382] = NJW 1981, 1771; *BVerfGE* 55, 171 [184] = NJW 1981, 217). Auslegung und Anwendung der Vorschriften über Trennungsunterhalt und nachehelichen Unterhalt dürfen ebenfalls nicht zu verfassungswidrigen Ergebnissen führen (vgl. *BVerfGE* 80, 286 [294] = NJW 1989, 2807).

b) Wird bei Trennung oder Scheidung das Sorgerecht insgesamt oder ein Teil des Sorgerechts einem Elternteil zugeordnet, so stehen sowohl dieses Recht als auch die Rechte des anderen Elternteils, insbesondere das Umgangsrecht, unter dem Schutz des Art. 6 II 1 GG (vgl. *BVerfGE* 31, 194 [206] = NJW 1971, 1447; *BVerfGE* 64, 180 [187 f.] = NJW 1983, 2491). Bei einem Konflikt zwischen den Eltern muß die Lösung am Wohl des Kindes ausgerichtet sein. Dabei sind unter anderem auch die Betreuungsmöglichkeiten beider Elternteile zu berücksichtigen. Ein Primat des vorher nicht oder nur eingeschränkt berufstätigen Elternteils besteht aber bei der Sorgerechtsregelung nicht von vornherein (vgl. *BVerfGE* 55, 171 [184] = NJW 1981, 217). Vielmehr müssen alle Umstände des Einzelfalles und die gleichermaßen geschützten Rechtspositionen beider Eltern in die Betrachtung einbezogen werden. Im übrigen wäre die Festschreibung der Rollenverteilung, nach der Erziehung und Pflege der Kinder Sache der Mutter ist, mit Art. 3 II GG nicht vereinbar (vgl. *BVerfGE* 87, 1 [42] = NJW 1992, 2213).

2. Nach diesen Maßstäben verstößt das angegriffene Urteil gegen Art. 2 I i.V. mit Art. 6 II 1 GG, soweit das *OLG* in die Bemessung des vom Bf. an seine Ehefrau und seine Kinder zu zahlenden Unterhalts Einkünfte einbezogen hat, die der Bf. nach den gerichtlichen Feststellungen tatsächlich nicht mehr bezieht. Bei dieser Beurteilung kann dahingestellt bleiben, inwieweit sich schon aus der allgemeinen Handlungsfreiheit für sich genommen Grenzen für die Berücksichtigung fiktiven Einkommens bei der Unterhaltsbemessung ergeben. Bei der Einbeziehung von Einkünften, die wegen der Umgestaltung des Arbeitsverhältnisses im Hinblick auf die Betreuung von Kindern entfallen sind, muß jedenfalls die Bedeutung und Tragweite des Elternrechts Rechnung getragen werden.

Diesen Anforderungen wird das angegriffene Urteil gerecht. Das *OLG* hat die Umgestaltung der beruflichen Tätigkeit des Bf. als unterhaltsrechtlich nicht gerechtfertigt angesehen, weil der Bf. nicht schon aufgrund der vorläufigen Regelung des Aufenthaltsbestimmungsrechts eine endgültige und „angeblich nicht mehr rückgängig zu machende" Änderung des Arbeitsverhältnisses hätte vereinbaren dürfen. Dabei hat das Gericht nicht darauf abgestellt, ob der Bf. überhaupt von seiner Arbeitgeberin eine vorläufige Regelung hätte erreichen können, die nach der endgültigen Sorgerechtsregelung noch rückgängig gemacht werden konnte. Den Entscheidungsgründen ist vielmehr zu entnehmen, daß das Gericht dem Bf. fiktive Einkünfte ohne weiteres schon deshalb entsprechend seinen früheren Einkünften zugerechnet hat, weil der Bf. eine nicht nur vorläufige Vereinbarung getroffen hat.

Diese Beurteilung trägt nicht ausreichend der Tatsache Rechnung, daß der Bf. die Umgestaltung seines Arbeitsverhältnisses vereinbart hat, um seiner Elternverantwortung gegenüber den damals etwa eineinhalb und vier Jahre alten Kindern gerecht zu werden. Seine Entscheidung, die Kinder, für die ihm vorläufig das Aufenthaltsbestimmungsrecht übertragen wurde, weitgehend persönlich zu betreuen, entsprach, wie das *OLG* in seinem früheren Beschluß zur vorläufigen Regelung des Aufenthaltsbestimmungsrechts angenommen hat, dem Kindeswohl. Unter diesen Umständen durfte das Gericht nicht ohne nähere Prüfung der Umstände des Einzelfalles davon ausgehen, daß die Ehefrau, deren Rechte ebenfalls durch die Elternverantwortung geprägt sind, und die Kinder, deren Betreuung die berufliche Umstellung zugute kommen sollte, sich die damit verbundenen finanziellen Nachteile schon deshalb nicht entgegenhalten lassen müssen, weil der Bf. sich nur auf eine vorläufige Sorgerechtsregelung stützen konnte.

Allerdings ist es aus Verfassungsgründen nicht zu beanstanden, wenn von dem Elternteil, der vorher durch seine Erwerbstätigkeit für den finanziellen Familienunterhalt Sorge getragen hat, bei einer Umstellung seiner beruflichen Tätigkeit besondere Rücksichtnahme gefordert wird. Auch in diesem Zusammenhang ist von Bedeutung, daß sowohl die Unterhaltspflicht gegenüber dem (später wieder) betreuenden Elternteil als auch die Unterhaltspflicht gegenüber den Kindern durch die Elternverantwortung geprägt wird (vgl. *BVerfGE* 57, 361 [381 ff.] = NJW 1981, 1771; *BVerfGE* 68, 256 [267] =

NJW 1985, 1211). Das rechtfertigt es aber nicht, dem vorher berufstätigen Elternteil die Umgestaltung des Arbeitsverhältnisses mit Rücksicht auf die Betreuung der Kinder stets schon dann zu verwehren, wenn dies zu einer später nicht mehr rückgängig zu machenden Verminderung des Einkommens führt. Eine solche Beurteilung läßt nicht nur das Interesse der Kinder an persönlicher Betreuung durch den Elternteil, dem sie zugeordnet sind, außer acht, sondern beeinträchtigt auch das Elternrecht des berufstätigen Elternteils in erheblichem Maße. Dabei ist auch zu berücksichtigen, daß die Möglichkeit zur Wahrnehmung der Elternverantwortung aufgrund einer vorläufigen Sorgerechtsregelung faktisch die endgültige Sorgerechtsregelung beeinflussen kann. Eine dem Elternrecht genügende Entscheidung kann daher nur aufgrund der Abwägung aller Umstände des Einzelfalles getroffen werden.

BGH v. 7. 2. 96 – XII ZB 107/94 – FamRZ 96, 934

R499 *(Beginn der Wiedereinsetzungsfrist, sobald der zur Säumnis geführte Irrtum nicht mehr unverschuldet ist)*

Aus den Gründen: Das Wiedereinsetzungsgesuch ist unzulässig, weil es nicht innerhalb der Wiedereinsetzungsfrist des § 234 I ZPO bei Gericht eingegangen ist.

Nach dieser Vorschrift ist die Wiedereinsetzung innerhalb einer Frist von zwei Wochen zu beantragen. Diese Frist beginnt, sobald das der Fristwahrung entgegenstehende Hindernis behoben ist (§ 234 II ZPO). Im vorliegenden Fall bestand das Hindernis in der irrtümlichen Annahme der Prozeßbevollmächtigten des ASt., die Berufungsbegründungsfrist laufe – entsprechend der Eintragung im Fristenkalender – erst am 9. 3. 1994 ab. Das Hindernis war behoben, sobald dieser Irrtum der Rechtsanwältin nicht mehr unverschuldet war. Die Wiedereinsetzungsfrist beginnt in solchen Fällen deshalb spätestens mit dem Zeitpunkt, in dem der verantwortliche Anwalt bei Anwendung der unter den gegebenen Umständen von ihm zu erwartenden Sorgfalt die eingetretene Säumnis hätte erkennen können und müssen (st. Rspr. des *BGH*, vgl. z. B. Beschluß v. 6. 7. 1994 – VIII ZB 12/94 = NJW 1994, 2831).

BGH v. 13. 3. 1996 – XII ZR 2/95 – FamRZ 96, 796 = NJW 96, 1815

R500 *(Hausmann-Rechtsprechung; Rollenwahl)*

a 2. Das *OLG* ist zwar im Ansatz zutreffend von der sog. Hausmann-Rechtsprechung des *Senats* ausgegangen. Es hat aber die dort gesetzten Maßstäbe verkannt.

a) Auszugehen ist von dem Grundsatz, daß ein unterhaltspflichtiger Ehegatte seiner früheren Familie auch nach Eingehung einer neuen Ehe unterhaltspflichtig bleibt. Insbesondere dann, wenn er vorher durch seine Erwerbstätigkeit für den finanziellen Familienunterhalt gesorgt hat, ist von ihm bei einer Umstellung seiner beruflichen Tätigkeit eine besondere Rücksichtnahme auf die Belange der von ihm abhängigen Unterhaltsberechtigten zu fordern (vgl. *BVerfG*, NJW 1996, 915). Gegenüber minderjährigen unverheirateten Kindern aus der ersten Familie entfällt seine unterhaltsrechtliche Erwerbsobliegenheit nicht ohne weiteres dadurch, daß er in der neuen Ehe im Einvernehmen mit seinem Ehegatten allein die Haushaltsführung übernehmen will. Auch das Vorhandensein betreuungsbedürftiger Kinder aus der neuen Ehe ändert nichts daran, daß die Unterhaltsansprüche minderjähriger Kinder aus den verschiedenen Ehen gleichrangig sind (§ 1609 I BGB) und der Unterhaltspflichtige seine Arbeitskraft zum Unterhalt aller Kinder einsetzen muß.

Zwar können Ehegatten nach § 1356 I BGB die Aufteilung von Haushaltsführung und Erwerbstätigkeit im gegenseitigen Einvernehmen regeln und dabei die Haushaltsführung einem von ihnen allein überlassen. Diese Gestaltungsfreiheit gilt aber grundsätzlich nur im Verhältnis der neuen Ehegatten zueinander. Eine mit dem vereinbarten Rollenwechsel verbundene Verminderung der Leistungsfähigkeit des geschiedenen Ehegatten darf nicht in unzumutbarer Weise zu Lasten der Kinder aus erster Ehe gehen (*BVerfGE* 68, 256 f. = NJW 1985, 1211 = FamRZ 1985, 143 [145]). Unterhaltsrechtlich entlastet die häusliche Tätigkeit einen unterhaltspflichtigen Ehegatten nämlich nur gegenüber den Mitgliedern seiner neuen Familie, denen diese Fürsorge – im Gegensatz zu den nicht im neuen Familienverbund lebenden minderjährigen Kindern aus erster Ehe – allein zugute kommt. Der unterhaltsrechtliche Gleichrang der Kinder aus erster und zweiter Ehe verwehrt es dem unterhaltspflichtigen Ehegatten, sich nach Eingehung der neuen Ehe ohne weiteres auf die Sorge für die Mitglieder seiner neuen Familie zu beschränken. Auch sein neuer Ehegatte muß nach § 1356 II BGB auf die bestehenden Unterhaltspflichten seines Ehegatten Rücksicht nehmen und dessen dadurch bedingte verminderte Mithilfe im Haushalt und seine arbeitsbedingte Abwesenheit hinnehmen (st. Rspr.; vgl. u. a. *Senat*, BGHZ 75, 272 [275 f.] = NJW 1980, 340 = LM § 1356 BGB Nr. 21 L; NJW 1982, 175 = FamRZ 1982, 25 f.; NJW 1987 1549 = FamRZ 1987, 472 f. m. w. Nachw.).

Diese im Verhältnis zu unterhaltsberechtigten, minderjährigen unverheirateten Kindern aus einer früheren Ehe geltenden Grundsätze hat der *Senat* auch bei der Bestimmung der Erwerbsobliegenheit des Unterhaltsschuldners im Verhältnis zu seinem unterhaltsberechtigten geschiedenen Ehegatten herangezogen, da dieser unterhaltsrechtlich auf gleicher Rangstufe wie minderjährige Kinder steht. Das gilt insbesondere dann, wenn der Unterhaltsanspruch des früheren Ehegatten aus § 1570 BGB folgt, der im Interesse des Kindeswohls sicherstellen soll, daß das Kind nach der Trennung von dem einen Elternteil nicht auch noch weitgehend auf die persönliche Betreuung durch den sorgeberechtigten Elternteil verzichten muß, weil dieser sich seinen Lebensunterhalt durch eigene Erwerbstätigkeit verdienen muß (*Senat,* NJW-RR 1987, 514 = FamRZ 1987, 252 [254] m. w. Nachw.). Dabei ist von Bedeutung, daß sowohl die Unterhaltspflicht gegenüber dem Kinde selbst als auch die Unterhaltspflicht gegenüber dem betreuenden Ehegatten durch die Elternverantwortung geprägt wird (*BVerfGE* 68, 256 [267] = NJW 1985, 1211 = FamRZ 1985, 143 ff.). Deshalb muß der bisher Barunterhaltspflichtige bei der Rollenwahl in der neuen Familie auf das Kindeswohl der erstehelichen Kinder und die Interessen des geschiedenen Ehegatten in gleicher Weise Rücksicht nehmen.

Allerdings haben diese Grundsätze im Falle der Übernahme der Betreuung eines Kindes aus neuer Ehe eine gewisse Einschränkung insoweit erfahren, als die Rollenwahl – unter Abwägung der beiderseitigen Interessen im Einzelfall – dann hingenommen werden muß, wenn sich der Familienunterhalt in der neuen Ehe dadurch, daß der andere Ehegatte voll erwerbstätig ist, wesentlich günstiger gestaltet als es der Fall wäre, wenn dieser die Kindesbetreuung übernehmen würde und der bisher unterhaltsverpflichtete Elternteil voll erwerbstätig wäre. Das wurde damit begründet, daß es dem unterhaltspflichtigen Teil und seinem neuen Ehegatten nicht zugemutet werden kann, auf den Rollentausch zu verzichten und die wesentlich ungünstigere Verteilung der Aufgaben in der Ehe nur deshalb zu wählen, um Unterhaltsansprüche der Unterhaltsberechtigten aus früherer Ehe besser auszugestalten. Auch unter diesen Voraussetzungen gebietet es aber der unterhaltsrechtliche Gleichrang, die Beeinträchtigungen des Unterhaltsanspruchs der Unterhaltsberechtigten aus früherer Ehe so gering wie möglich zu halten. Der unterhaltspflichtige Ehegatte ist gehalten, seine häusliche Tätigkeit in der neuen Ehe auf das unbedingt notwendige Maß zu beschränken und wenigstens eine Nebentätigkeit aufzunehmen, um seiner Barunterhaltspflicht teilweise zu genügen, soweit er dadurch nicht im Verhältnis zu anderen, gleichrangig Unterhaltsverpflichteten unverhältnismäßig belastet wird. Ist die Rollenwahl dagegen nicht hinzunehmen, dem Unterhaltspflichtigen vielmehr weiterhin eine Vollzeiterwerbstätigkeit zuzumuten, gilt er in diesem Umfang als leistungsfähig und ist entsprechend unterhaltspflichtig (*BGHZ* 75, 272 [276] = NJW 1980, 340; *Senat,* NJW 1982, 175 = FamRZ 1982, 25 f.; NJW 1987, 1549 = FamRZ 1987, 472 f.).

In seiner Entscheidung vom 10. 12. 1986 (NJW-RR 1987, 514 = FamRZ 1987, 252 [254 f.]) hat der *Senat* im übrigen erkennen lassen, daß außer den wirtschaftlichen Gesichtspunkten auch sonstige Gründe, die einen erkennbaren Vorteil für die neue Familie mit sich bringen, im Einzelfall einen Rollentausch rechtfertigen können. Damit ist indes keine Auflockerung des bisherigen strengen, auf enge Ausnahmefälle begrenzten Maßstabs verbunden, der einen wesentlichen, den Verzicht auf den Rollentausch unzumutbar machenden Vorteil für die neue Familie voraussetzt und selbst im Falle eines zulässigen Rollentausches vom unterhaltspflichtigen Ehegatten verlangt, die Tätigkeit im Haushalt auf das unbedingt notwendige Maß zu beschränken und die Beeinträchtigung der Unterhaltsansprüche der Berechtigten so gering wie möglich zu halten. Vielmehr müssen die sonstigen Gründe von gleich großem Gewicht sein, wenn der Unterhaltspflichtige damit seine Aufgabenverteilung in der neuen Ehe gegenüber den Unterhaltsansprüchen seiner alten Familienmitglieder rechtfertigen will. Denn diese müssen eine Einbuße ihrer Unterhaltsansprüche nur dann hinnehmen, wenn das Interesse des Unterhaltspflichtigen und seiner neuen Familie an der Aufgabenverteilung ihr eigenes Interesse an der Beibehaltung ihrer bisherigen Unterhaltssicherung deutlich überwiegt. Dabei stellen jene Fälle, in denen die Übernahme der Haushaltsführung und Kindesbetreuung im Vergleich zur Erwerbstätigkeit in der früheren Ehe mit einem Rollenwechsel verbunden ist, eine besondere Kategorie dar, in denen die Gründe, die einen solchen Rollentausch rechtfertigen, besonders restriktiv zu fassen sind. Es ist sogar fraglich, ob es hierfür ausreichen kann, daß die andere Rollenverteilung zu einer wesentlich günstigeren Einkommenssituation der neuen Familie führt. Denn die Möglichkeit, in der neuen Ehe durch den Rollentausch eine Erhöhung des wirtschaftlichen Lebensstandards und eine Verbesserung der eigenen Lebensqualität zu erreichen, kann dann nicht mehr ohne weiteres als Rechtfertigung dienen, wenn sie gleichzeitig dazu führt, daß sich der Unterhaltspflichtige gegenüber dem Berechtigten auf seine damit einhergehende Leistungsunfähigkeit berufen und damit dessen bisherigen Lebensstandard verschlechtern kann. Es ist dann zu erwägen, ob der Unterhaltspflichtige nicht – ähnlich wie im Fall eines zulässigen Berufswechsels – zumutbare Vorsorgemaßnahmen zur Sicherstellung des Unterhalts des Berechtigten treffen muß (vgl. *Senat,* NJW-RR 1988, 514 = FamRZ 1988, 145 [147]).

b) Im vorliegenden Fall kann diese Frage aber offenbleiben, da sich der Kl. auf wirtschaftliche Gründe nicht berufen kann. Daß die Erwerbstätigkeit seiner jetzigen Ehefrau zu einem wesentlich höheren Familieneinkommen führt als er bei Beibehaltung seiner Erwerbstätigkeit selbst erzielen könnte, ist – wie bereits das *OLG* festgestellt hat – nicht der Fall. Die behaupteten besseren Aufstiegschancen seiner Frau hat der Kl. nicht hinreichend dargetan, so daß auch insoweit dahinstehen kann, ob eine solche nicht hinreichend gesicherte Erwartung überhaupt berücksichtigungsfähig wäre (vgl. *Senat,* NJW-RR 1987, 514 = FamRZ 1987, 252 [255]).

Die sonstigen vom Kl. geltend gemachten Gründe für seinen Rollentausch genügen dem restriktiven Maßstab nicht. Entgegen der Auffassung des *OLG* reicht es nicht aus, daß der Kl. nicht „zielgerichtet zum Nachteil seiner früheren Familie", sondern aus dem Motiv der Entwicklung intensiver Beziehungen zu seinem Kind und zur Vermeidung der Fehler, die zum Scheitern seiner ersten Ehe geführt hätten, gehandelt habe. Daß der Kl. nicht in Benachteiligungsabsicht handeln durfte, ist ohnehin selbstverständlich. Die Wertung des *OLG* läßt es darüber hinaus auch eine Abwägung mit den Interessen der Unterhaltsberechtigte aus erster Ehe vermissen. Es kommt nicht darauf an, ob der Wunsch des Kl. nach einer intensiveren Kindesbeziehung, an der er sich durch eine Fortführung seiner Berufstätigkeit gehindert sieht, aus seiner individuellen Sicht heraus verständlich ist; entscheidend ist vielmehr, ob sich seine von ihm abhängigen Unterhaltsberechtigten aus erster Ehe diesem Wunsch unterordnen und eine Beschränkung ihrer Unterhaltsansprüche hinnehmen müssen. Das muß verneint werden. Der Kl. kann, wie jeder ander voll berufstätige Elternteil auch, sein Kind in seiner Freizeit betreuen, erziehen und eine Beziehung zu ihm entwickeln. Das ist in der durchschnittlichen Familie, in der ein Elternteil die Rolle des Familienernährers übernimmt und der andere den Haushalt führt, auch der Regelfall. Es leuchtet zudem nicht ein, weshalb gerade der Kl. gegenüber anderen berufstätigen Elternteilen privilegiert sein sollte, insbesondere auch gegenüber seiner jetzigen Ehefrau, die – wäre die Auffassung des Kl. richtig – aufgrund ihrer vollen Berufstätigkeit ebenfalls keine ausreichend intensiven Beziehungen zu ihrem Kind entwickeln könnte. Es kommt hinzu, daß der Kl. bei seinem Arbeitgeber zu wechselnden Zeiten Schichtdienst leisten und durch diese flexiblere Gestaltung seinem Kind mehr an Zeit widmen könnte als ein Arbeitnehmer, der immer zu gleichen Zeiten bis zum späten Nachmittag oder Abend tätig ist.

Auch soweit der Kl. sich darauf beruft, ein verfassungsrechtlich geschütztes Recht auf den Erziehungsurlaub zu haben, mit dessen Inanspruchnahme sich die Bekl. abfinden müßte, kann ihm nicht gefolgt werden. Was der Staat dem einzelnen im Rahmen der Familienförderung gem. Art. 6 GG gewährt, führt zum einen noch nicht unmittelbar zu einer Einschränkung privater Rechte Dritter.

Das gilt vor allem dort, wo das ereheliche Kind durch die Scheidung der Eltern ohnehin den Verlust eines Elternteils hinnehmen muß und in besonderem Maße auf die persönliche Betreuung des verbliebenen Elternteils angewiesen ist. Dessen im Kindesinteresse wurzelnder Unterhaltsanspruch aus § 1570 BGB hat daher besonderes Gewicht (vgl. *Senat,* NJW-RR 1987, 514 = FamRZ 1987, 252 [254]). Eine Rechtsauffassung, die es dem Kl. nur aufgrund eines individuellen Interesses erlauben würde, seine Fürsorge allein seinem Kind aus zweiter Ehe angedeihen zu lassen und gleichzeitig seinem erstehelichen Kind die Mutter als Betreuungsperson weitgehend dadurch zu entziehen, daß diese für ihren Lebensunterhalt selbst aufkommen muß, trüge seiner für beide Kinder in gleicher Weise bestehenden Elternverantwortung nicht Rechnung und stände im Widerspruch zu Art. 6 GG. Auch entspräche die damit verbundene Verkürzung des Unterhaltsanspruchs der geschiedenen Ehegatten nicht der Wertung, die das Gesetz in § 1582 I 2 BGB mit dem unterhaltsrechtlichen Vorrang der geschiedenen Ehefrau gegenüber der neuen Ehefrau getroffen hat und die im Einklang mit der Verfassung steht (*BVerfGE* 66, 84f. = NJW 1984, 1523 = FamRZ 1984, 346 [349f.]).

Der Kl. muß sich nach allem fiktiv so behandeln lassen, als hätte er wie bisher ein volles Erwerbseinkommen.

(Hinzutreten weiterer Unterhaltsberechtigter; Nachrang der 2. Ehefrau)

b 3. Das führt indes noch nicht zur Abweisung seiner Abänderungsklage. Mit der Geburt des Kindes aus zweiter Ehe ist eine neuer Unterhaltsberechtigter hinzugetreten, der zu einer Verringerung der Unterhaltsansprüche der Mitglieder der früheren Familie führen kann. Das ist eine neue Tatsache, die im Rahmen des § 323 ZPO zu berücksichtigen ist. Der Kl. darf dadurch, daß er sich auf seine Rolle als Hausmann zurückgezogen hat, nicht schlechter stehen als wenn er erwerbstätig geblieben wäre. In diesem gedachten Fall müßte er den Barunterhalt für sein zweites Kind aufbringen. Vor einer dadurch bedingten Schmälerung ihres Unterhaltsanspruchs, die insbesondere im Mangelfall einträte, wäre die Bekl. nicht geschützt (vgl. *Senat,* NJW 1987, 1549 = FamRZ 1987, 472 [474]). Dagegen kommt eine Berücksichtigung der Unterhaltsbedürftigkeit seiner zweiten Ehefrau, falls diese ihre Berufstätigkeit zugunsten der Kindesbetreuung aufgeben würde, wegen ihres Nachranges gegenüber der Bekl. gem. § 1582 I 2 BGB nicht in Betracht.

Anhang R. Rechtsprechung   R501

BGH v. 20. 3. 1996 – XII ZR 45/95 – FamRZ 96, 798 = NJW 96, 1817

(Wahl des Studienfachs und des Studienorts durch das volljährige Kind)   R501

b) Der von den Bekl. im Förderungszeitraum zu gewährende Unterhalt umfaßte nach § 1610 II **a**
BGB auch die Kosten einer angemessenen Berufsausbildung. Wie auch die Bekl. nicht in Abrede stellen, waren sie daher angesichts ihrer wirtschaftlichen Leistungsfähigkeit und der Eignung und Begabung ihres Sohnes verpflichtet, diesem nach bestandenem Abitur ein Hochschulstudium zu ermöglichen. Die Wahl des Studienfaches, über die das volljährige Kind grundsätzlich in eigener Verantwortung entscheiden kann, war hier angemessen, von den Bekl. hinzunehmen und ist von ihnen auch gebilligt worden. Der Sohn der Bekl. hatte somit Anspruch darauf, seine Ausbildung im Herbst 1989 durch Aufnahme eines Studiums der Humanmedizin fortzusetzen. Dies war ihm wegen der für dieses Fach geltenden Zulassungsbeschränkung und der Zuweisung eines Studienplatzes an der Universität des Saarlandes durch die ZVS nur dort möglich, so daß die Bekl. verpflichtet waren, ihm die Aufnahme des Studiums im Saarland zu ermöglichen.

Etwas anderes ergibt sich auch nicht mit Rücksicht auf den Gesundheitszustand des Bekl. zu 1. Abgesehen davon, daß die Bekl. für ihre bestrittene Behauptung, der Bekl. zu 1 habe sich im Frühjahr 1989 einer Nierentransplantation unterzogen, keinen Beweis angetreten haben, läßt sich ihrem Vortrag auch nicht entnehmen, daß ein Verbleiben des Sohnes in München etwa zur Pflege seines Vaters erforderlich gewesen sei. Damit scheiden auch besondere familiäre Umstände aus, die den Sohn gegebenenfalls aus Gründen der Rücksichtnahme hätten veranlassen müssen, den Beginn einer angemessenen und seinen Neigungen und Fähigkeiten entsprechenden Ausbildung hinauszuschieben.

Dem Anspruch des Sohnes auf Ausbildungsunterhalt steht auch nicht entgegen, daß er der Anregung seiner Eltern nicht gefolgt ist, einen sog. Härtefallantrag zu stellen, um sogleich einen Studienplatz in München zu erhalten. Die Bekl. haben nicht darzulegen vermocht, daß ein solcher Antrag erfolgreich gewesen wäre. Abgesehen davon könnte ein solches Unterlassen nur nach Maßgabe des § 1611 I BGB zum Wegfall oder zu einer Beschränkung der Unterhaltsverpflichtung führen; die Voraussetzungen dieser Vorschrift sind aber nicht gegeben.

(Unwirksame Unterhaltsbestimmung bei Zuweisung eines auswärtigen Studienplatzes § 1612 II BGB)

c) Grundsätzlich ist der Unterhalt durch Entrichtung einer Geldrente zu gewähren, § 1612 I 1 **b**
BGB. Allerdings gewährt § 1612 II BGB den unterhaltspflichtigen Eltern – vorbehaltlich einer abweichenden Entscheidung des Vormundschaftsgerichts das Recht zu bestimmen, ob sie ihr unverheiratetes Kind durch eine Geldrente oder durch Sachleistungen unterhalten wollen. Das elterliche Bestimmungsrecht endet nicht mit der Volljährigkeit des Kindes (vgl. Senatsurteile *BGHZ* 104, 224 [225] = NJW 1988, 1974 und NJW 1981, 574 = FamRZ 1981, 250; krit. zur bestehenden Gesetzeslage *Göppinger/Wax/Kodal*, UnterhaltsR, 6. Aufl., Rdnr. 602; *Buchholz*, FamRZ 1995, 705 ff. jeweils m. Nachw.). Eine solche Bestimmung haben die Bekl. hier getroffen.

aa) Eine wirksame Bestimmung der Art der Unterhaltsleistungen bindet im Unterhaltsrechtsstreit das Prozeßgericht, solange sie nicht gem. § 1612 II 2 BGB durch das Vormundschaftsgericht geändert ist. Die Bestimmung entfaltet Wirkung auch gegenüber dem Träger der Ausbildungsförderung, führt also dazu, daß ein Anspruch auf Unterhalt in Geld, der nach § 37 I 1 BAföG übergehen könnte, nicht besteht (vgl. *Senat*, NJW 1984, 305 = FamRZ 1984, 37 [38] m. Nachw.).

bb) Die von den Bekl. getroffene Bestimmung, Ausbildungsunterhalt in Form von Naturalunterhalt an ihrem Wohnort in München zu gewähren, war jedoch im hier maßgeblichen Förderungszeitraum aus tatsächlichen und rechtlichen Gründen undurchführbar und daher unwirksam.

(1) Nach den Feststellungen im Berufungsurteil ist davon auszugehen, daß die Bekl. die fragliche Unterhaltsbestimmung getroffen und ihrem Sohn bekanntgegeben hatten, bevor dieser sein Studium im Saarland aufnahm. Ob die Bestimmung daher zunächst wirksam wird (vgl. *OLG Hamburg*, FamRZ 1987, 1183), bedarf hier keiner Entscheidung. Wird die gewählte Art der Unterhaltsgewährung erst später undurchführbar, wird die zunächst wirksame elterliche Unterhaltsbestimmung nämlich von diesem Zeitpunkt an unwirksam mit der Folge, daß der Anspruch auf Barunterhalt wieder auflebt und beim FamG geltend gemacht werden kann (vgl. *Senat*, NJW 1985, 1339 = FamRZ 1985, 584 [585]; *BayObLG*, FamRZ 1990, 905 [906]; *Griesche*, in: FamGb, § 1612 BGB Rdnr. 10).

(2) Der Kl. macht allein übergegangene Unterhaltsansprüche des Sohnes ab Oktober 1989, mithin nach Aufnahme des Studiums im Saarland, geltend. Von diesem Zeitpunkt an war der Sohn der Bekl. aus tatsächlichen und rechtlichen Gründen gehindert, den ihm angebotenen Naturalunterhalt in München entgegenzunehmen. Denn zum einen war eine tägliche Rückkehr von dem ihm zugewiesenen Ausbildungsort zur Wohnung der Eltern praktisch nicht möglich (vgl. *Staudinger/Kappe*, BGB, 12. Aufl. § 1612 Rdnr. 53), was auch die Revision nicht in Abrede stellt. Zum anderen war der Sohn der Bekl. wegen der geltenden Zulassungsbeschränkung nicht in der Lage, sein Studium dort zu beginnen, wo ihm Naturalunterhalt angeboten wurde.

1613

BGH v. 3. 4. 1996 – XII ZR 86/95 – FamRZ 96, 725 = NJW 96, 1894

R502 *(Zustimmung zur Übertragung von steuerrechtlichen Kinder- und Ausbildungsfreibeträgen; Verwirkung und Verjährung dieser Ansprüche)*

Aus den Gründen: 1. Die für die Streitjahre geltenden Vorschriften der §§ 32 VI, 33 a II EStG sehen vor, daß bei geschiedenen Ehegatten der an sich jedem Elternteil hälftig zustehende Kinderfreibetrag bzw. Ausbildungsfreibetrag voll auf einen Elternteil übertragen werden kann, wenn der andere Elternteil zustimmt bzw. an der erforderlichen Antragstellung mitwirkt. Das BerGer. geht mit Recht davon aus, daß ein einklagbarer Anspruch auf eine solche Zustimmung bzw. Mitwirkung insbesondere dann in Betracht kommt, wenn ein Elternteil – wie hier die Bekl. – über kein zu versteuerndes Einkommen verfügt und sich der begünstigte Elternteil verpflichtet, die dem anderen Teil entstehenden Nachteile zu ersetzen. Grundlage des Anspruchs ist eine sich als Nachwirkung der Ehe ergebende familienrechtliche Verpflichtung, die dahin geht, die finanziellen Lasten des anderen Teils nach Möglichkeit zu vermindern, soweit dies ohne Verletzung eigener Interessen möglich ist. Nicht erforderlich ist dabei, daß zwischen den Elternteilen ein Unterhaltsrechtsverhältnis besteht. Hierbei können weitgehend die Grundsätze herangezogen werden, die für das sog. begrenzte Realsplitting unter Ehegatten entwickelt worden sind (vgl. *Soergel/Häberle*, BGB, 12. Aufl., § 1578 Rdnr. 42 a. E.; *Herrmann/Heuer/Raupach*, § 32 EStG Rdnr. 192).

2. Vorliegend hat sich der Kl. verpflichtet, die der Bekl. selbst im Falle der Abgabe der begehrten Erklärungen entstehenden Nachteile auszugleichen, nicht aber solche, die damit zusammenhängen, daß sie mit ihrem jetzigen Ehemann die Zusammenveranlagung (§§ 26, 26 b EStG) gewählt hat und künftig wählen wird. Das BerGer. hat diese Verpflichtungserklärung mit Recht als ausreichend erachtet. Für die Fälle des begrenzten Realsplittings hat der *Senat* bereits entschieden, daß der durch die Zustimmung begünstigte Ehegatte nur zum Ausgleich der steuerlichen Nachteile verpflichtet ist, die dem anderen Ehegatten bei getrennter Veranlagung (§ 26 a EStG) entstehen würden, während die Vorteile, die durch das Splittingverfahren infolge des Fehlens eigener Einkünfte letztlich dem neuen Ehegatten des anderen Teils erwachsen, außer Betracht zu bleiben haben. Entsprechendes hat auch in Fällen der vorliegenden Art zu gelten. Da die Bekl. unstreitig in den streitgegenständlichen Zeiträumen kein steuerpflichtiges Einkommen erzielt hat, entstehen ihr selbst durch die Übertragung der strittigen Freibeträge auf den Kl. jedenfalls keine steuerlichen Nachteile.

3. Das BerGer. hat dem Übertragungsbegehren des Kl. nur zum Teil stattgegeben und die Klage abgewiesen, soweit sie die Jahre von 1986 bis 1989 betrifft. Zur Begründung hat es ausgeführt, die an die Bekl. und ihren jetzigen Ehemann gerichteten Steuerbescheide für diese Jahre seien bereits bestandskräftig. Mit der Geltendmachung der auf sie entfallenden hälftigen Freibeträge habe sich die Bekl. steuerlich korrekt verhalten. Ihr könne nicht zugemutet werden, die bereits abschließend zu ihren Gunsten berücksichtigten Freibeträge zur erneuten Geltendmachung dem Kl. zuzuwenden.

Die Revision des Kl. macht geltend, daß das BerGer. zu Unrecht in der Bestandskraft von Steuerbescheiden ein Hindernis für das Klagebegehren gesehen habe. Die Bestandskraft könne nämlich nach Maßgabe der §§ 172 ff. AO durchbrochen werden. Gebe die Bekl. die verlangten Erklärungen für die Jahre 1986 bis 1989 jetzt noch ab, könnten die sie betreffenden bestandskräftigen Steuerbescheide aufgrund von § 173 I Nr. 1 AO oder § 174 II AO geändert werden. Dies trifft an sich zu. Als mögliche Rechtsgrundlage für Änderungen von Steuerbescheiden bei nachträglicher Abgabe von Zustimmungserklärungen der hier erörterten Art wird im steuerrechtlichen Schrifttum neben den von der Revision genannten Vorschriften insbesondere § 175 I Nr. 2 AO angeführt, wonach in der nachträglichen Zustimmung ein Ereignis zu sehen ist, das im Sinne dieser Vorschrift „steuerliche Wirkungen für die Vergangenheit" hat (vgl. *Schmidt/Glanegger*, § 32 EStG Rdnr. 58; Altfelder, S. 80, *FG Rheinland Pfalz*, EFG 1991, 327). Was die gegen den Kl. bereits ergangenen Steuerbescheide angeht, hat das BerGer. ohnehin festgestellt, daß sie für die Zeit ab 1986 noch nicht bestandskräftig sind. Es würde ihm daher zugute kommen, wenn die Bekl. im jetzigen Zeitpunkt zur Abgabe der in der Berufungsinstanz noch begehrten Erklärungen verurteilt würde (vgl. *Herrmann/Heuer/Raupach*, § 32 EStG Rdnr. 192). Diese steuerrechtlichen Gesichtspunkte sind aber, wie allein maßgebend.

Für den familienrechtlichen Ausgleichsanspruch eines Elternteils, der ein eheliches Kind allein unterhalten hat, gegen den ebenfalls unterhaltspflichtigen anderen Elternteil gelten nach der Rechtsprechung die vierjährige Verjährung des § 197 BGB (*BGHZ* 31, 329 = NJW 1960, 957 = LM § 197 BGB Nr. 3) sowie die Beschränkung des § 1613 I BGB, d. h., der Anspruch kann für die Vergangenheit nur von der Zeit an geltend gemacht werden, zu dem der Verpflichtete in Verzug gekommen oder der Anspruch rechtshängig geworden ist (*Senat*, NJW 1984, 2158 = LM § 1606 BGB Nr. 19 = FamRZ 1984, 775). Auch der Anspruch eines Elternteils auf Ausgleich des dem anderen Elternteil gewährten staatlichen Kindergeldes unterliegt der Schranke des § 1613 I BGB (*Senat*, NJW 1988, 2375 = LM § 1606 BGB Nr. 26 = FamRZ 1988, 834). Grundgedanke dieser Rechtsprechung ist, daß der Schuldner in diesen Fällen vor Forderungen größeren Umfangs zu schützen ist, auf die er sich, weil er vom Berechtigten nicht zeitnah in Anspruch genommen wurde, durch seine Lebensführung oder in sonstiger Weise nicht eingerichtet hat. Für Ansprüche der vorliegenden Art, die die Vertei-

Anhang R. Rechtsprechung R503

lung des staatlichen „Familienlastenausgleichs" auf geschiedene Ehegatten betreffen, wird ebenfalls die Anwendung von § 1613 I BGB für gerechtfertigt erachtet (vgl. *OLG Köln,* FamRZ 1993. 806 [807]; zust. *Palandt/Diederichsen,* BGB, 55. Aufl., § 1613 Rdnr. 1). Dem pflichtet der *Senat* bei; wie beim Ausgleich des staatlichen Kindergeldes ist hier letztlich von einem Unterfall des familienrechtlichen Ausgleichsanspruchs auszugehen. Infolgedessen ist nicht nur die Schranke des § 1613 I BGB zu beachten: vielmehr darüber hinaus gilt auch die vierjährige Verjährungsfrist des § 197 BGB (NJW 1960, 957).

Vorliegend hat der Kl. mit Schreiben vom 28. 1. 1993 seinen Zustimmungsanspruch geltend gemacht und damit die Verzugsvoraussetzungen für den Veranlagungszeitraum 1992 geschaffen, da Steuererklärungen im Folgejahr abzugeben sind. Für die Jahre 1993 und 1994 ist die Voraussetzung der Rechtshängigkeit gegeben. Was hingegen das Begehren des Kl. für die Veranlagungszeiträume 1987 bis 1991 betrifft, wird ein familienrechtlicher Ausgleichsanspruch für die Vergangenheit geltend gemacht, ohne daß nach der jeweiligen Fälligkeit gemahnt worden ist und damit die Voraussetzungen des § 1613 I BGB erfüllt sind. Deswegen ist das Verlangen des Kl. insoweit unbegründet. Besonderer Betrachtung bedarf das Jahr 1986, da der Kl. durch seine Zustimmungsaufforderung im Folgejahr die Bekl. insoweit zunächst in Verzug gesetzt hat. Nach der Feststellung des BerGer. hat die Bekl. diese Aufforderung erneuert durch Schreiben vom 11. 9. 1987 abgelehnt. Der damit begründete Verzug endete aber durch die mit Ablauf des Jahres 1991 eingetretene Verjährung gem. § 197 BGB. Die Bekl. hat sich im Prozeß wegen der verstrichenen Zeit auf Verwirkung berufen, worin zugleich die Geltendmachung der Verjährungseinrede gesehen werden kann (vgl. *v. Feldmann,* in: MünchKomm, 3. Aufl., § 222 Rdnr. 3). Daher steht letztlich auch dem Zustimmungsanspruch für das Jahr 1986 die Vorschrift des § 1613 I BGB entgegen.

Es ergibt sich somit, daß der Anspruch des Kl. auf Zustimmung der Bekl. nur für die Veranlagungszeiträume ab 1992 begründet ist. Soweit das *OLG* Ansprüche bereits für die Jahre 1990 und 1991 als gerechtfertigt angesehen hat, kann sein Urteil keinen Bestand haben und ist entsprechend zu ändern. Die Revision des Kl., mit der Zustimmungserklärungen über das bereits zuerkannte Ausmaß erstrebt werden, ist zurückzuweisen, weil er seine Rechte nicht rechtzeitig wahrgenommen hat.

BGH v. 17. 4. 96 – XII ZB 27/96 – FamRZ 96, 1004
(Rückgabe des Empfangsbekenntnisses erst nach erfolgtem Fristenvermerk) R503

1. Die Berufung des Bekl. gegen das ihm am 13. 10. 1995 zu Händen seines Prozeßbevollmächtigten gemäß § 212 a ZPO zugestellte Urteil des AmtsG – FamG – ist zwar erst am 15. 11. 1995 und damit nach Ablauf der Monatsfrist des § 516 ZPO bei dem OLG eingegangen.

2. Die Versäumung der Berufungsfrist beruht jedoch entgegen der Auffassung des OLG nicht auf einem dem Bekl. zuzurechnenden Verschulden seines erstinstanzlichen Prozeßbevollmächtigten, sondern auf einem Versäumnis von dessen Angestellter Frau M., die die Anweisung des Prozeßbevollmächtigten, das angefochtene Urteil „mit dem Eingangsstempel v. 13. 10. 1995 zu versehen und die entsprechende Notfrist auf den 13. 11. 1995 zu notieren" nicht befolgt hat. Für das Verschulden der Anwaltssekretärin hat der Bekl. nicht einzustehen.

Ihm ist deshalb auf seinen rechtzeitig gestellten Antrag Wiedereinsetzung in den vorigen Stand gegen die Versäumung der Berufungsfrist zu gewähren (§ 233 ZPO).

a) Nach std. höchstrichterlicher Rspr. darf ein Rechtsanwalt [RA] das Empfangsbekenntnis über die Urteilszustellung erst unterzeichnen und zurückgeben, wenn der Zustellungszeitpunkt und damit der Beginn der Berufungsfrist entweder auf dem zugestellten Schriftstück selbst oder sonst in den Handakten vermerkt oder durch besondere Anordnung dafür Sorge getragen ist, daß das Zustellungsdatum festgehalten wird, damit anhand des entsprechenden Vermerks die Eintragung im Fristenkalender vorgenommen und auch kontrolliert werden kann (vgl. *Senats*beschlüsse v. 12. 6. 1985 – IV b ZB 23/85 –, VersR 1985, 962, 963; v. 23. 5. 1990 – XII ZB 62/90 –, FamRZ 1990, 1342).

Da der RA mit der Entgegennahme des Empfangsbekenntnisses gemäß § 212 a ZPO selbst den Zeitpunkt bestimmt, zu dem er das ihm zugegangene Urteil als zugestellt annimmt (vgl. *BGH,* Urteil v. 23. 1. 1974 – IV ZR 153/73 –, VersR 1974, 749), und das unterschriebene Empfangsbekenntnis anschließend an das Gericht zurückzugeben ist, läßt sich der Zeitpunkt, zu dem der RA das Empfangsbekenntnis unterschrieben hat, d. h. zu dem ihm das Schriftstück zugestellt worden ist, nur anhand seiner Kenntnis oder Erinnerung festlegen. Aus diesem Grund stellt der – von dem RA selbst vorgenommene oder veranlaßte – Vermerk für die weitere Bearbeitung der Sache den einzigen zuverlässigen Hinweis auf den Zeitpunkt der Zustellung und damit auf den Beginn der Rechtsmittelfrist dar.

b) Trotz dieser dem Zustellungsvermerk zukommenden besonderen Bedeutung verlangt die Rspr., wie angegeben, nicht, daß der RA den Zustellungszeitpunkt stets persönlich auf dem zugestellten Schriftstück oder sonst in den Handakten vermerken müsse. Sie läßt vielmehr im Interesse

1615

der eigenverantwortlichen Arbeitsgestaltung der Anwälte zu, daß der RA durch besondere Einzelanordnung für die Festlegung des Zustellungsdatums Sorge trägt.

BGH v. 17. 4. 96 – XII ZB 42/96 – FamRZ 96, 1004 = NJW 96, 2038

R504 *(Gegenbeweis gegen die anscheinende Richtigkeit eines Eingangsstempels)*

Die Berufung des Bekl. gegen das Urteil des LG v. 7. 6. 1995 ist zulässig. Sie ist sowohl fristgerecht eingelegt als auch rechtzeitig innerhalb der bis zum 30. 10. 1995 verlängerten Begründungsfrist – an diesem Tag – begründet worden.

Zwar trägt der Berufungsbegründungsschriftsatz v. 30. 10. 1995 den Eingangsstempel des OLG v. 2. 11. 1995, und dieser erbringt als öffentliche Urkunde gemäß § 418 I ZPO an sich den Beweis dafür, daß der Schriftsatz an diesem Tag bei Gericht einging. Dieser Beweis kann jedoch, wie auch das OLG in dem angefochtenen Beschluß zutreffend angenommen hat, gemäß § 418 II ZPO durch Gegenbeweis entkräftet werden, und zwar im Wege des Freibeweises. Der erforderliche Gegenbeweis kann daher auch durch eidesstattliche Versicherungen geführt werden, wenn diese dem Gericht die volle Überzeugung von der Richtigkeit der versicherten Behauptung vermitteln (vgl. *Senats*beschluß v. 2. 11. 1983 – IV b ZB 88/83; *BGH,* Urteil v. 18. 4. 1977 – VIII ZR 286/75 –, VersR 1977, 721, 722). Dabei gilt auch bei der Beweiserhebung über die behauptete Unrichtigkeit einer öffentlichen Urkunde uneingeschränkt der Grundsatz der freien Beweiswürdigung; den Gegenbeweis allgemein besonders erschwerende Beweisregeln gibt es insoweit nicht (vgl. *BGH,* Urteil v. 18. 4. 1977, a. a. O.)...

BGH v. 15. 5. 1996 – XII ZR 21/95 – FamRZ 96, 1067 = NJW-FER 96, 15

R505 *(Aufrechnung Unterhalt mit Nichtfamiliensache zulässig)*

a   a) Die Aufrechnung mit einem Unterhaltsanspruch gegen eine nicht familienrechtliche Forderung ist, wie das BerGer. nicht verkennt, grundsätzlich zulässig (vgl. § 394 BGB). Dementsprechend unterliegt es auch keinen rechtlichen Bedenken, die Aufrechnung mit einem Unterhaltsanspruch in einer Nichtfamiliensache vor einem allgemeinen Zivilgericht zu erklären (vgl. *Senat,* NJW-RR 1989, 173 = FamRZ 1989, 166 [167]).

(Verzug durch Aufrechnungserklärung mit Unterhaltsanspruch)

b   c) Die Regelung des § 1585 b II und III BGB steht der Durchsetzung des Unterhaltsanspruchs – entgegen den in dem angefochtenen Urteil angedeuteten Bedenken des BerGer. – nicht entgegen.

Nach § 1585 b II BGB setzt die Geltendmachung eines Unterhaltsanspruchs für die Vergangenheit Verzug des Unterhaltsverpflichteten voraus. Diese Voraussetzung ist erfüllt. Die Bekl. hat den Kl. zunächst mit dem bereits erwähnten Schreiben ihres Prozeßbevollmächtigten vom 15. 11. 1990 für die Zeit ab 1. 12. 1990 wirksam in Verzug gesetzt, und sie hat die Mahnung mit dem späteren Anwaltsschreiben vom 12. 12. 1990 – nach näherer Berechnung des geltend gemachten Unterhaltsbetrages – in Höhe von monatlich 747 DM nochmals wiederholt.

Gem. § 1585 b III BGB kann für eine mehr als ein Jahr vor der Rechtshängigkeit liegende Zeit Erfüllung des Unterhaltsanspruchs nur verlangt werden, wenn anzunehmen ist, daß sich der Verpflichtete der Leistung absichtlich entzogen hat. Die hierin liegende Zeitschranke schließt die von der Bekl. erhobenen Ansprüche nicht aus, da die Bekl., als sie mit diesen Ansprüchen in den Schriftsätzen vom 18. 2. und 19. 3. 1991 die Aufrechnung erklärt hat, an rückständigen Beträgen nur solche für die Zeit ab Dezember 1990 und damit für die letzten drei Monate (Dezember 1990 bis einschließlich Februar 1991) geltend gemacht hat.

d) Die Aufrechnungserklärung hat bewirkt, daß die Ausgleichsforderung des Kl. einerseits und die Unterhaltsansprüche der Bekl. andererseits, soweit sie sich der Höhe nach deckten, rückwirkend ab Dezember 1990 jeweils als in dem Zeitpunkt erloschen gelten, in dem sie sich – monatlich – aufrechenbar gegenüberstanden (§ 389 BGB). Der Umfang der dem Kl. gegebenenfalls noch zustehenden Ausgleichsforderung bestimmt sich demgemäß danach, in welcher Höhe die Bekl. für die Zeit von Dezember 1990 bis einschließlich Oktober 1991 Anspruch auf nachehelichen Unterhalt hatte.

BGH v. 3. 7. 1996 – XII ZR 99/95 – FamRZ 96, 1203 = NJW 96, 3273

R506 *(Abtretbarkeit von Unterhaltsforderungen)*

a   a) Der Abtretbarkeit der Unterhaltsforderungen steht allerdings § 400 BGB nicht entgegen. Nach dieser Bestimmung kann zwar eine Forderung nicht abgetreten werden, soweit sie – wie gesetzliche Unterhaltsansprüche gem. § 850 b I Nr. 2 ZPO – der Pfändung nicht unterworfen ist. Steht die For-

Anhang R. Rechtsprechung R506

derung aber nicht mehr dem Unterhaltsberechtigten, sondern aufgrund gesetzlichen Forderungsübergangs einem Dritten, der den Berechtigten unterhalten hat, zu, ist ihre Verkehrsfähigkeit nach dem Zweck der Vorschrift nicht mehr eingeschränkt (*BGH*, NJW 1982, 515 = FamRZ 1982, 50 [51]; vgl. auch NJW 1995, 323 = FamRZ 1995, 160 [161]).

(Unzulässigkeit der Rückabtretung nach der bis zum 31. 7. 1996 geltenden Fassung des § 91 BSHG und nach § 7 UVG)

c) Der *Senat* hat in seinem Urteil vom 16. 3. 1994 (NJW 1994, 1733 = FamRZ 1994, 829) zu **b** §§ 90, 91 BSHG a. F. entschieden, daß es Sache des Trägers der Sozialhilfe ist, auf den gesetzlich vorgesehenen Wegen den Nachrang der Sozialhilfe durch Geltendmachung von Ansprüchen gegen Dritte, insbesondere gegen eine Unterhaltsschuldner, zu realisieren und er sich hierbei nicht beliebig auch bürgerlichrechtlicher Gestaltungsformen bedienen kann. Eine privatrechtliche Vereinbarung mit dem Hilfeempfänger, der auf eigenes Prozeßrisiko den Unterhaltsanspruch gegen den Verpflichteten einklagt, den dadurch erlangten Betrag bis zur Höhe der geleisteten Sozialhilfe an den Träger der Sozialhilfe abzuführen, ist als eine den Hilfeempfänger benachteiligende nachträgliche Umwandlung der Hilfeleistung in ein Darlehen gewertet worden. Gleichzeitig ist darin eine unzulässige Umgehung der für die Gewährung von Leistungen zum Lebensunterhalt auf Darlehensbasis bestehenden besonderen Voraussetzungen gesehen worden. Diese Gesichtspunkte führten zur Unwirksamkeit der betreffenden Abtretungsvereinbarung.

Den jenem Urteil zugrundeliegenden Erwägungen kommt nicht nur Bedeutung für den entschiedenen Fall zu, sondern für alle Vereinbarungen, mit deren Hilfe Träger von Sozialleistungen versuchen, die Beitreibung übergegangener Unterhaltsansprüche auf die Unterhaltsberechtigten zurückzuverlagern (so auch *Seetzen*, NJW 1994, 2505 [2507], und *Brudermüller*, FuR 1995, 17).

d) Ein derartiges Bestreben ist mit der Zielsetzung des Unterhaltsvorschußgesetzes und der Neufassung des § 91 BSHG nicht in Einklang zu bringen. Das Unterhaltsvorschußgesetz soll den Schwierigkeiten begegnen, die alleinstehenden Elternteilen und ihren Kindern entstehen, wenn der andere Elternteil, bei dem das Kind nicht lebt, sich der Pflicht zur Zahlung von Unterhalt ganz oder teilweise entzieht oder zur Zahlung nicht oder nur in hinreichendem Maß in der Lage ist. Es soll den alleinstehenden Elternteil, der über die Unterhaltsfrage hinaus mit der persönlichen Betreuung typischerweise in besonderem Maße belastet ist, entlasten (*Scholz*, ÜVG, 2. Aufl., Einf. Rdnr. 1). Dieser Zielsetzung widerspricht es, wenn die nach § 7 I 1 UVG übergegangenen Unterhaltsansprüche auf das Kind als Gläubiger, vertreten durch den betreuenden Elternteil, zur klageweisen Geltendmachung zurückübertragen werden.

Die Neuregelung des § 91 BSHG soll vor allem den Durchgriff des Trägers der Sozialhilfe gegenüber einem nach bürgerlichem Recht Unterhaltspflichtigen erleichtern. Der Übergang des Unterhaltsanspruchs ist nicht mehr durch – anfechtbaren – Verwaltungsakt nach § 90 I I BSHG zu bewirken; er erfolgt – unanfechtbar – kraft Gesetzes. Mangels Anfechtbarkeit des Überleitungsakts entfällt die Zweigleisigkeit des Rechtswegs zu den Verwaltungsgerichten und zu den Zivilgerichten. Letzteren obliegt deshalb auch allein die Überprüfung der in § 91 II BSHG aufgenommenen sozialhilferechtlichen Schutzvorschriften (BT-Dr. 12/4401, S. 82). Diese den Zivilgerichten übertragene Aufgabe sowie allgemein der Zweck der Regelung, dem Sozialhilfeträger die Durchsetzung der Unterhaltsansprüche unmittelbar zu ermöglichen, werden indessen verfehlt, wenn jener sich der Geltendmachung entzieht und die Ansprüche auf den Hilfeempfänger zurücküberträgt, um ihm die Prozeßführung zu überlassen (vgl. auch *Brudermüller*, FamRZ 1995, 1035; *Vogel*, FamRZ 1994, 967 [968]; *Wohlgemut*, FamRZ 1995, 333 [336]).

e) Eine diesem Zweck dienende treuhänderische Rückabtretung weicht zum Nachteil des Sozialleistungsberechtigten von den Vorschriften des SGB, als dessen besondere Teile das Bundessozialhilfe- und das Unterhaltsvorschußgesetz gem. Art. II § 1 Nr. 15 und 18 SGB I gelten, ab und ist deshalb nach § 32 SGB I nichtig.

Nachteilige Auswirkungen auf den Unterhaltsberechtigten können entgegen der Auffassung der Revision nicht mit der Begründung verneint werden, der Hilfeempfänger sei nicht verpflichtet, den abgetretenen Anspruch einzuklagen, vielmehr sei er in seiner Entschließung, ob er den Unterhaltsrechtsstreit führen wolle, frei (so auch *OLG Frankfurt a. M.*, FamRZ 1995, 1173). Dem kann nicht gefolgt werden. Der Sozialleistungsberechtigte mag zwar entscheiden können, ob eine Abtretungsvereinbarung zustande kommt oder nicht. Nimmt er das entsprechende Angebot des Trägers der Sozialleistungen an, ist er indessen aufgrund der Treuhandvereinbarung verpflichtet, die Unterhaltsansprüche klageweise durchzusetzen. Andernfalls könnte – bei Aufrechterhaltung der Abtretung – der Regreß des Sozialleistungsträgers gegenüber dem Unterhaltspflichtigen nicht bewirkt werden. Deshalb ergibt sich die Verpflichtung zur Prozeßführung aus der Rückübertragungsvereinbarung.

Hierin liegt eine dem Sozialleistungsberechtigten nachteilige Abweichung von den Vorschriften des Sozialgesetzbuchs. Unterhaltsvorschuß und Sozialhilfe werden bei Vorliegen der gesetzlichen Voraussetzungen grundsätzlich ohne Rückerstattungsverpflichtung gewährt (*Senat*, NJW 1994, 1733

= FamRZ 1994, 829 [830]). Mit dem gesetzlichen Übergang der Unterhaltsansprüche auf den Sozialleistungsträger wird diesem die Verantwortung für den Unterhaltsprozeß zugewiesen. Könnte der Sozialleistungsträger die Unterhaltsansprüche auf den Unterhaltsgläubiger zurückübertragen und ihm die Prozeßführung überlassen, so würde dem Unterhaltsgläubiger das Prozeßrisiko mit der Folge überbürdet, daß er die Verantwortung für die Prozeßführung tragen und für eine Nicht- oder Schlechterfüllung der übernommenen Verpflichtung nach den Regeln des Auftragsrechts haften müßte (so auch *OLG Braunschweig* – 2. *Familiensenat* –, FamRZ 1996, 39). Bereits die hierin liegende Verschlechterung der Rechtsposition des Unterhaltsgläubigers läßt die treuhänderische Rückabtretung als nachteilig erscheinen.

Ein weiterer Nachteil entsteht für den Hilfeempfänger durch das Kostenrisiko, das er zu tragen hat. Würde er den auf die Rückabtretung gestützten Unterhaltsprozeß verlieren, wäre er dem Unterhaltspflichtigen gegenüber – selbst bei Bewilligung von Prozeßkostenhilfe – zur Erstattung der Kosten verpflichtet (vgl. § 123 ZPO). Eine derartige Erstattungspflicht mag zwar durch eine Freistellungsverpflichtung des Sozialleistungsträgers ausgeglichen werden. Indessen läuft der Hilfeempfänger in diesem Fall Gefahr, mit eigenen Kosten belastet zu bleiben, weil der Sozialleistungsträger bei Freistellung auch von solchen Last Kosten übernehmen müßte, die ihn bei eigener Prozeßführung gem. §§ 2 I GKG, 64 III 2 SGB X nicht treffen würden (so auch *OLG Nürnberg,* FamRZ 1995, 1170).

Schließlich birgt die aus dem Treuhandverhältnis folgende Verpflichtung, das aus dem Auftrag Erlangte an den Leistungsträger abzuführen, zumindest die Gefahr einer den Unterhaltsberechtigten benachteiligenden Regelung. Selbst wenn davon ausgegangen wird, daß der Sozialhilfeträger die Weiterleitung der eingeklagten Beträge nur in Höhe des gesetzlichen Forderungsübergangs beansprucht (was im vorliegenden Fall dem Schreiben des Landratsamts vom 8. 3. 1994 allerdings nicht zu entnehmen ist), kann es im Einzelfall zweifelhaft sein, welche Beträge ihm zustehen (so auch *Wohlgemut,* FamRZ 1995, 333 [336]). Der Anspruch des Unterhaltsgläubigers geht u. a. nur soweit, wie ein Hilfeempfänger sein Einkommen und Vermögen nach den Bestimmungen des Abschnitts 4 des Bundessozialhilfegesetzes mit Ausnahme des § 84 II BSHG oder des § 85 Nr. 3 S. 2 BSHG einzusetzen hat (§ 91 II 1 BSHG). Nachdem die Überprüfung dieser sozialhilferechtlichen Schutzvorschriften in die Kompetenz der Zivilgerichte fällt, diese sich aber im Fall einer einheitlichen Geltendmachung von rückabgetretenen und dem Unterhaltsgläubiger verbliebenen Unterhaltsansprüchen regelmäßig allein auf die Prüfung der unterhaltsrechtlich relevanten Fragen beschränken werden, was vor allem dann in Betracht kommen dürfte, wenn zur Maßgeblichkeit der Schuldnerschutzbestimmungen nichts vorgetragen wird, bleibt die Frage, welche Beträge dem Unterhaltsgläubiger selbst zustehen, ungeklärt, so daß er sich hierüber mit dem Sozialhilfeträger mit für ihn auszuschließenden nachteiligen Folgen auseinandersetzen muß.

Die Beurteilung, ob eine privatrechtliche Vereinbarung den Sozialleistungsberechtigten i. S. des § 32 SGB I benachteiligt, hat zwar auf der Grundlage einer Gesamtwürdigung aller konkreten Umstände zu erfolgen (*Senat,* NJW 1994, 1733 = FamRZ 1994, 829 [830]; Verbandskomm. zum Recht der gesetzlichen Rentenversicherung I, § 32 SGB I Anm. 6). Vorteile, welche die im Fall der Wirksamkeit einer Rückabtretungsvereinbarung bestehenden Nachteile überwiegen würden, liegen in der Person des Unterhaltsberechtigten indessen nicht vor.

Als Argument für die Zulässigkeit der treuhänderischen Rückübertragung wird im wesentlichen der Gesichtspunkt der Prozeßökonomie angeführt. Ohne Rückübertragung muß der öffentliche Leistungsträger die Unterhaltsansprüche für die Zeit vor Rechtshängigkeit prozessual selbst geltend machen, während der bisherige Anspruchsinhaber den in der Folgezeit fällig gewordenen Unterhalt als gesetzlicher Prozeßstandschafter gem. § 265 II ZPO im eigenen Namen einklagen kann. Daher kann es zu Parallelprozessen kommen, und zwar, soweit sich der Hilfeempfänger für die Zeit vor Rechtshängigkeit weitergehender eigener Ansprüche berühmt, sogar für denselben Zeitraum. Aus Gründen der Prozeßwirtschaftlichkeit wäre es deshalb sinnvoll, wenn die Unterhaltsansprüche insgesamt in einer Hand geltend gemacht werden könnten.

Derartige Praktikabilitätsgründe vermögen die aufgezeigten Nachteile jedoch nicht zu entkräften, zumal die Erforderlichkeit der zusätzlichen Prozeßführung nicht den Hilfeempfänger, sondern den Sozialleistungsträger trifft. Prozeßökonomische Erwägungen haben auch den Gesetzgeber nicht dazu veranlaßt, von der Neuregelung Abstand zu nehmen. Im übrigen kann sich ein weiterer Rechtsstreit mit dem Unterhaltsschuldner im Einzelfall als vermeidbar erweisen, wenn nämlich aufgrund der Ergebnisse im Rahmen des zuerst geführten Prozesses bereits beurteilt werden kann, welche Beträge dem öffentlichen Leistungsträger zustehen, und der Unterhaltsschuldner dementsprechend seiner Zahlungspflicht freiwillig nachkommt. Ein zusätzlicher Rechtsstreit zwischen Sozialhilfeträger und Hilfeempfänger über die ihnen jeweils zustehenden Anteile an den eingeklagten Beträgen ist infolge der getrennten Geltendmachung der Unterhaltsansprüche jedenfalls entbehrlich.

Anhang R. Rechtsprechung R506

(Einziehungsermächtigung; Prozeßstandschaft)

2. Die somit unwirksame Rückübertragung der Unterhaltsansprüche kann auch nicht in eine c
durch den Sozialleistungsträger erteilte rechtswirksame Einziehungsermächtigung umgedeutet werden, die die Kl. berechtigen würde, die übergegangenen Unterhaltsforderungen in Prozeßstandschaft einzuklagen und Zahlung an sich selbst zu verlangen.

a) Für eine Einziehungsermächtigung ist grundsätzlich Voraussetzung, daß der geltend gemachte Anspruch abgetreten werden kann (*Stein/Jonas/Bork,* ZPO, 21. Aufl., Vorb. § 50 Rdnr. 43 a; *Zöller/Vollkommer,* ZPO, 19. Aufl., Vorb. § 50 Rdnrn. 46, 52). Ist ein Abtretungsverbot dahin auszulegen, daß ein Recht nicht durch einen Dritten geltend gemacht werden kann, ist die Einziehungsermächtigung unzulässig (vgl. auch *Thomas/Putzo,* ZPO, 19. Aufl., § 51 Rdnr. 36).

b) Der Zulässigkeit stehen deshalb bereits die Umstände entgegen, die die Unwirksamkeit der Rückabtretungsvereinbarung begründen. Die den Hilfeempfänger benachteiligenden Folgen einer Rückabtretung erfahren keine qualitative Änderung dadurch, daß nicht das Vollrecht, sondern nur ein abgespaltenes Gläubigerrecht, das ihn zur Prozeßführung und Einziehung berechtigt, übertragen wird. Die Vereinbarung einer Einziehungsermächtigung ist deshalb gleichermaßen nach § 32 SGB I unwirksam (ebenso *Brudermüller,* FuR 1995, 18; *Derleder/Bartels,* FamRZ 1995, 1111 [1113]; *Seetzen,* NJW 1994, 2505 [2507]).

c) Zur gerichtlichen Geltendmachung der übergegangenen Ansprüche ist der Ermächtigte im übrigen nur berechtigt, wenn er ein eigenes schutzwürdiges Interesse an der Prozeßführung hat.

Ein solches kann nicht mit der Erwägung bejaht werden, es handele sich um die ursprünglich eigenen gesetzlichen Unterhaltsansprüche, die von dem Ermächtigten eingeklagt würden. Nachdem die Sozialleistung gewährt worden ist und eine Rückerstattungspflicht des Hilfeempfängers in der Regel nicht besteht, berührt es seine Interessen nicht mehr, ob und gegebenenfalls inwieweit die auf den Leistungsträger übergegangenen Ansprüche geltend gemacht werden. Soweit die Sozialleistungen für die Vergangenheit erbracht wurden und der gesetzliche Übergang den gesamten Unterhaltsanspruch erfaßt, scheidet deshalb ein eigenes schutzwürdiges Interesse des Unterhaltsberechtigten von vornherein aus (a. A. *OLG Koblenz,* FamRZ 1995, 169).

Wenn allerdings der Unterhaltsanspruch nicht in vollem Umfang gem. § 91 II BSHG bzw. § 7 II UVG auf den Leistungsträger übergegangen ist, wird die Auffassung vertreten, der Unterhaltsgläubiger besitze ein eigenes rechtliches Interesse, den Unterhaltsanspruch insgesamt im eigenen Namen geltend zu machen (*OLG Köln* – 10. Zivilsenat –, FamRZ 1994, 970; *OLG Düsseldorf* – 7. Familiensenat –, FamRZ 1995, 818; *OLG München,* FamRZ 1995, 1170; *OLG Schleswig,* FamRZ 1996, 40; *OLG Bamberg,* FamRZ 1995, 1173 [1174] für den Fall des sogenannten zeitverschobenen Teilübergangs; *Büttner,* NDV 1994, 330 [334]; *Künkel,* FamRZ 1994, 540 [542]; *Ott,* FamRZ 1995, 456 [458]; *Wohlgemut,* FamRZ 1995, 333 [334 f.]; *Schwab/Maurer,* Hdb. des ScheidungsR, 3. Aufl., I Rdnr. 527).

Dieser Ansicht vermag der Senat nicht zu folgen. Der zur Begründung maßgeblich herangezogene Gesichtspunkt der Prozeßökonomie kann ein eigenes schutzwürdiges Interesse nicht ersetzen. Ein solches Interesse hat der Hilfeempfänger nur im Umfang des ihm verbliebenen Unterhaltsanspruchs, der gesondert eingeklagt werden kann (vgl. *Senat,* NJW 1985, 1340 = FamRZ 1985, 371). Dem Umstand, daß der Unterhaltsgläubiger wegen seiner größeren Sachnähe, nämlich der Kenntnis der unterhaltsrelevanten Tatsachen, ein Rechtsstreit besser führen kann als der öffentliche Leistungsträger, steht – worauf das *OLG* zu Recht hingewiesen hat – entgegen, daß der Hilfeempfänger häufig damit überfordert sein dürfte, zu den gleichermaßen erheblichen sozialhilferechtlichen Voraussetzungen des Forderungsübergangs hinreichend Stellung zu nehmen. Im übrigen würde das Argument der größeren Sachnähe eher ein berechtigtes Interesse des Sozialleistungsträgers, nicht aber ein solches des Hilfeempfängers begründen.

Zu den genannten gegen die Zulassung der Einziehungsermächtigung sprechenden praktischen Gründen kommen die rechtlichen Unsicherheiten hinzu, die sich für den Hilfeempfänger im Falle einer derartigen Ermächtigung beim Abschluß eines Prozeßvergleichs oder eines außergerichtlichen Vernat des *BGH* im Urteil vom 12. 12. 1995 (NJW 1996, 726 = FamRZ 1996, 279 [281]) für die Fälle der Legalzession nach § 116 I SGB X zur Begründung der fiduziarischen Einziehungsermächtigung des Geschädigten gedient haben, um diesem die Möglichkeit zu eröffnen, durch die Einforderung der Schadensersatzleistung von dem Schädiger die Inanspruchnahme von Leistungen des Sozialhilfeträgers von vornherein unnötig zu machen und zu vermeiden.

Die rechtliche Möglichkeit, dem Hilfeempfänger eine Einziehungsermächtigung zur Geltendmachung rückständigen Unterhalts zu erteilen, ist danach zu verneinen (zum Fall einer lediglich prozessual wirkenden Ermächtigung vgl. *Senat,* NJW-RR 1996, 1345). Demgemäß ist es aus Rechtsgründen nicht zu beanstanden, daß das *OLG* der Kl. für die Zeit bis zum Ende des Monats, in dem die Rechtshängigkeit eingetreten ist (30. 4. 1994), im Umfang der gewährten Sozialleistungen keinen Unterhalt zuerkannt hat.

R507   Anhang R. Rechtsprechung

(Geltung des § 265 II 1 ZPO ab Rechtshängigkeit)

d   3. Den ab 1. 5. 1994 fällig gewordenen Unterhalt hat das *OLG* mit der Maßgabe zugesprochen, daß die Zahlungen an das Sozialamt bzw. bezüglich des Kindesunterhalts an das Sozialamt und die Unterhaltsvorschußkasse zu leisten seien. Auch das begegnet keinen rechtlichen Bedenken.
   b) Die Klage auf Zahlung von Trennungsunterhalt konnte die Kl. als bisherige Anspruchsinhaberin für die Zeit ab Rechtshängigkeit im eigenen Namen weiterführen (§ 265 II 1 ZPO). Sie war indessen gehalten, dem Anspruchsübergang auf das Sozialamt Rechnung zu tragen und den Klageantrag der veränderten materiellen Rechtslage anzupassen, also auf Leistung an den Rechtsnachfolger (Sozialamt) anzutragen. Dies hätte nur unterbleiben können, wenn ihr eine wirksame Einziehungsermächtigung erteilt worden wäre (vgl. *Senat,* NJW-RR 1995, 1217 = FamRZ 1995, 1131 [1133]). Eine solche liegt jedoch, wie unter II 2 b bereits ausgeführt wurde, nicht vor. Deshalb ist es nicht als der Kl. nachteilig zu beanstanden, daß das *OLG* den Trennungsunterhalt für die Zeit vom 1. 5. bis 31. 10. 1994 mit der Maßgabe zuerkannt hat, daß die Zahlungen an das Sozialamt zu erfolgen haben.

BGH v. 10. 7. 1996 – XII ZR 121/95 – FamRZ 96, 1272 = NJW 96, 2793

R507   *(§§ 1572, 1579 Nr. 7: Unbedingte Erwerbsunfähigkeit ist nicht erforderlich)*

a   2. Im Gegensatz zum *AG* hat das BerGer. die vom Kl. begehrte zeitliche Begrenzung des Unterhaltsanspruchs der Bekl. wegen krankheitsbedingter Erwerbsunfähigkeit (§ 1572 BGB) nicht für gerechtfertigt erachtet. Im Anschluß an das Senatsurteil vom 9. 2. 1994 (NJW 1994, 1286 = FamRZ 1994, 566) hat es dabei berücksichtigt, daß § 1572 BGB eine Ehebedingtheit der Erkrankung des Berechtigten nicht voraussetzt und deswegen der Umstand, daß die Unterhaltsbedürftigkeit der Bekl. hier nicht als ehebedingt anzusehen ist, auch über die Härteklausel des § 1579 Nr. 7 BGB nicht zu einer zeitlichen Begrenzung ihres Anspruchs führen kann. Die diesbezüglichen Ausführungen sind für die Revision günstig; sie lassen auch keinen Rechtsfehler erkennen (vgl. dazu auch *Senat,* NJW 1995, 1891 = FamRZ 1995, 665).
   3. Seine Auffassung, daß die Härteklausel des § 1579 Nr. 7 BGB aber für die Zeit ab 1. 8. 1995 eine Herabsetzung des Unterhalts der Kl. auf monatlich 200 DM rechtfertige, hat das BerGer. im wesentlichen wie folgt begründet:
   Müßte der Kl. an die Bekl., die im Verhältnis zu seiner zweiten Ehefrau keinen Vorrang nach § 1582 BGB genieße, den vereinbarten Unterhalt von monatlich 600 DM über den 31. 7. 1995 hinaus weiterzahlen, müßte seine neue Familie über Jahre hinaus unterhalb der Sozialhilfeschwelle leben. Der nach den Vorschriften des Sozialhilferechts zu veranschlagende Bedarf des Kl. und seiner mit ihm in Haushaltsgemeinschaft lebenden Angehörigen (zweite Ehefrau und drei Kinder) belaufe sich auf monatlich 3031 DM. Das Erwerbseinkommen des Kl. liege noch um 20 DM unter diesem Betrag, wenn sein Nettoeinkommen (3391,48 DM) um die sozialhilferechtlich zulässigen Abzüge für Pkw-Benutzung (120 DM) und Berufstätigenaufwand (260 DM) vermindert werde (es verblieben rund 3011 DM). Zwar erhielte der Kl. und seine jetzige Ehefrau zusätzlich Kindergeld von insgesamt 420 DM, so daß die Sozialhilfeschwelle im Ergebnis um 400 DM überschritten werde. Es wäre aber grob unbillig, wenn der Kl. nur deswegen den aus seiner Sicht für eine Übergangszeit vereinbarten Krankheitsunterhalt von 600 DM in voller Höhe weiterzahlen müßte. Die Folge wäre nämlich, daß auf seiner Seite Sozialhilfebedürftigkeit einträte; dies wäre nicht mit dem Grundgesetz (Art. 1, 20) vereinbar. Auch wenn allein auf die Person des Kl. abgestellt werde, ergebe sich nichts anderes. Sein angemessener Selbstbehalt sei unter Berücksichtigung der anfallenden Mietkosten von monatlich 972 DM auf 2000 DM zu veranschlagen. Wenn er weiter monatlich 600 DM an die Bekl. zahlen müsse, verbleibe ihm kaum der notwendige Unterhalt. Eine solche Lage sei für einen geschiedenen Ehemann, der bereits für eine der Ehedauer entsprechende Zeit nacheheliche Solidarität bewiesen habe, objektiv unzumutbar. Bei Abwägung der gegebenen Umstände erscheine vielmehr als gerecht und billig, den Unterhaltsanspruch der Bekl. vom 1. 8. 1995 ab auf monatlich 200 DM zu reduzieren. Dies könne zwar dazu führen, daß die Bekl. ergänzende Sozialhilfe in Anspruch nehmen müsse. Dies müsse aber in Kauf genommen werden, wenn als Alternative nur in Betracht komme, daß auch auf seiten des Kl. Sozialhilfebedürftigkeit eintreten würde.
   Diese Ausführungen halten rechtlicher Nachprüfung nicht stand.

(Sozialhilfebedürftigkeit und Nachrang der 2. Ehefrau)

b   a) Zwar ist auch in der Rechtsprechung des *Senats* der Grundsatz anerkannt, daß durch eine Unterhaltsleistung keine Sozialhilfebedürftigkeit eintreten darf (vgl. BGHZ 111, 194 = NJW 1991, 356; *Senat,* BGHZ 123, 49 = NJW 1993, 2105 = FamRZ 1993, 1186 [1188]). Dieser Grundsatz gilt jedoch nur zugunsten des Unterhaltsverpflichteten selbst, nicht auch zugunsten von Unterhaltsberechtigten, die mit ihm in einer Haushaltsgemeinschaft leben. Das Verhältnis mehrerer Unterhaltsberechtigter

Anhang R. Rechtsprechung   R508

zueinander wird durch die Rangvorschriften des BGB (§§ 1582, 1609 BGB) bestimmt, die nicht nach der Haushaltszugehörigkeit der Berechtigten unterscheiden. So kann ein nachrangiger Berechtigter, in vielen Fällen der neue Ehepartner des Unterhaltsverpflichteten, im Falle beschränkter Leistungsfähigkeit des Verpflichteten mit seinem Unterhaltsanspruch ganz ausfallen, und zwar ohne Rücksicht auf das Zusammenleben mit dem Verpflichteten und auch darauf, daß sich faktisch nachteilige Auswirkungen auf dessen eigenen Lebensstandard ergeben können (vgl. *Hampel,* FamRZ 1996, 513 [516]).

Vorliegend geht das BerGer. zutreffend davon aus, daß die Bekl., die zweite Ehefrau des Kl. und die drei Kinder aus der neuen Ehe unterhaltsrechtlich den gleichen Rang haben (vgl. *Senat,* NJW 1983, 1733 = FamRZ 1983, 678 [680]). Seine Auffassung, daß die „Sozialhilfeschwelle" der neuen Familie des Kl. nicht unterschritten werden dürfe, während die Bekl. auf ergänzende Sozialhilfe zu verweisen sei, ist mit diesem Gleichrang aller Berechtigten nicht zu vereinbaren. Denn dadurch würden die mit dem Kl. zusammenlebenden Unterhaltsberechtigten durch Errichtung einer Schranke, die für die Bekl. nicht gelten soll, einseitig begünstigt. Die Handhabung des § 1579 Nr. 7 BGB durch das BerGer. läuft somit darauf hinaus, die gesetzliche Rangregelung zu mißachten. Ihm kann daher insoweit nicht gefolgt werden. Dem gesetzlichen Gleichrang wird nur Rechnung getragen, wenn bei beschränkter Leistungsfähigkeit des Unterhaltsverpflichteten mehrere Unterhaltsgläubiger eine gleichmäßige Kürzung ihres Unterhaltsanspruchs hinzunehmen haben; auch in bezug auf die etwaige Inanspruchnahme ergänzender Sozialhilfe darf keiner bevorzugt behandelt werden.

BGH v. 13. 11. 1996 – XII ZR 125/95 – FamRZ 97, 484 = NJW 97, 731

(Naturalunterhalt durch Überlassung des Miteigentumsanteils der Ehewohnung; Neuregelung der Nutzung R508
und Verwaltung durch Berücksichtigung des mietfreien Wohnens beim Unterhalt mit der Verpflichtung, daß der andere Ehegatte wieder im Eigenheim wohnen darf; keine Nutzungsentschädigung, wenn mietfreies Wohnen bei Unterhaltsvereinbarung berücksichtigt wurde)

a) Das *OLG* hat dem Vergleich zutreffend entnommen, daß der Bekl. der Kl. seinen Miteigentumsanteil am Haus auch für die Zeit nach der Scheidung zur alleinigen Nutzung für sie und die gemeinsamen Kinder zur Verfügung zu stellen hatte, ohne hierfür ein Nutzungsentgelt zu verlangen. Der der Kl. zustehende Lebensbedarf, zu dem auch ihr Wohnbedarf gehört, sollte dadurch zum Teil in bar, zum Teil durch Naturalunterhalt gedeckt werden. Eine solche Art der Unterhaltsgewährung ist zulässig und in der Praxis auch nicht unüblich, insbesondere wenn es sich um eine Regelung für die Zeit zwischen Trennung und Scheidung handelt. Aber auch nach der Scheidung kann eine solche Bestimmung nach dem Willen der Parteien beibehalten werden. Zwar sieht das Gesetz grundsätzlich eine Unterhaltsgewährung in Geld vor (§ 1585 I 1 BGB). Die Parteien können aber jederzeit eine andere Art der Unterhaltsleistung vereinbaren (§ 1585 c BGB). Das gilt auch hinsichtlich der Nutzung eines den Ehegatten anteilig gehörenden und bisher gemeinsam genutzten Hauses, wenn einer von ihnen auszieht. Gem. § 745 II BGB kann jeder Teilhaber eine die Interessen beider berücksichtigende Neuregelung der Nutzung und Verwaltung verlangen; insbesondere kann der weichende Miteigentümer eine angemessene Nutzungsentschädigung für seinen Anteil beanspruchen (*BGH,* NJW 1982, 1753 = LM § 745 BGB Nr. 11 = FamRZ 1982, 355 f.). Möglich sind aber auch andere Arten der Neuregelung, etwa dahin, daß der das Haus bewohnende Ehegatte die Finanzierungskosten des Hauses übernimmt (vgl. *Senat,* BGHZ 87, 265 [271 f.] = NJW 1983, 1845) oder daß das Nutzungsentgelt in die Unterhaltsregelung mit einbezogen wird (vgl. *Senat,* NJW 1986, 1340 = LM § 745 BGB Nr. 17 = FamRZ 1986, 434 f. und NJW 1986, 1339 = LM § 741 BGB Nr. 11 = FamRZ 1986, 436 f.). Dabei kommt auch eine Kompensation mit einem ansonsten höheren Barunterhaltsanspruch des das Haus allein bewohnenden unterhaltsberechtigten Ehegatten in Betracht. Das *OLG* geht zutreffend davon aus, daß hierin zugleich eine von der gesetzlichen Regelung der Mitbenutzung des gemeinsamen Gegenstandes (§ 743 BGB) abweichende Vereinbarung liegt.

Eine solche Regelung haben die Parteien hier getroffen, und zwar, wie sich aus dem Wortlaut von Nr. 2 S. 3 des Vergleichs ergibt, auch für die Zeit nach Rechtskraft der Scheidung. Aus dem Verfahren ... *(AG L.),* in dem der Trennungsunterhalt und zugleich der nacheheliche Unterhalt durch den Vergleich geregelt wurden, ergibt sich nämlich, daß ohne eine solche Kompensation der Barunterhalt der Kl. – in Form des Elementarunterhalts und des von ihr ebenfalls verlangten Altersvorsorgeunterhalts – entsprechend höher ausgefallen wäre. Daraus folgt zugleich, daß es sich bei der Absprache in Nr. 3 des Vergleichs nicht lediglich um das Festhalten eines faktischen Zustands als Vergleichsgrundlage, nämlich der alleinigen Nutzung des Hauses durch die Kl. und die Kinder handelt, sondern daß der Vergleich eine verbindliche Regelung über die Art der Unterhaltsgewährung enthält. Davon ging ersichtlich auch der Bekl. aus, wenn er im Klageerwiderungsschriftsatz vom 4. 5. 1994 und im Schriftsatz vom 17. 8. 1994 selbst ausführte, daß es sich um eine „Regelung" handele, wonach die Kl. mit den Kindern weiterhin im gemeinsamen Haus wohnen bleiben könne und er die Finanzierungskosten nach wie vor allein tragen werde. Die im Vergleich getroffene Kompensationsregelung diente im übrigen auch dem Gericht des Unterhaltsabänderungsverfahrens, das die Kl. angestrengt hatte, dazu, ihrem Erhöhungsbegehren u. a. mit dem Hinweis auf die entgeltfreie Nutzung des Hauses entgegenzutreten.

War somit zwischen den Parteien verbindlich vereinbart, daß der Bekl. der Kl. einen Teil des Unterhalts in Natur, nämlich durch die Überlassung seines Hausanteils zur alleinigen Nutzung, zu gewähren hatte, befreite ihn die Veräußerung nicht von der mit der Kl. getroffenen Vereinbarung. Daraus, daß der Vergleich seinerzeit nicht als Belastung gem. § 1010 I BGB im Grundbuch eingetragen wurde und damit gegenüber der neuen Miteigentümerin keine Wirkung entfaltete, kann der Bekl. für sich im Verhältnis zur Kl. nichts herleiten. Auch auf einen Wegfall der Geschäftsgrundlage kann er sich nicht berufen, und zwar schon deshalb nicht, weil der Umstand, daß er nicht mehr den Hausanteil nicht mehr als Teil des geschuldeten Unterhalts zur Verfügung stellen kann, sondern diese sich den Nutzungsentgeltsansprüchen der neuen Miteigentümerin aus der Miteigentümergemeinschaft ausgesetzt sieht, auf eine Ursache zurückzuführen ist, die der Bekl. selbst gesetzt und zu vertreten hat (vgl. *Senat,* NJW 1995, 2031 [2032] = LM H. 9/1995 § 242 [Bb] BGB Nr. 155 m. Nachw.). Er muß die Kl. daher unterhaltsrechtlich so stellen, als ob er ihr seinen Hausanteil weiterhin nutzungsentgeltfrei überlassen könnte. Demgemäß hat er die Kl. von den Nutzungsentgeltansprüchen der neuen Miteigentümerin freizustellen (vgl. *BGHZ* 40, 326 [331] = NJW 1964, 648 = LM § 1010 BGB Nr. 1).

BGH v. 20. 11. 1996 – XII ZR 70/95 – FamRZ 97, 281 = NJW 97, 735

R509
a
(Fortgeltung von DDR-Titeln, Wirkung für und gegen das Kind)

I. 1. Für die Beurteilung der nach dem Wirksamwerden des Beitritts erhobenen Klage hat das BerGer., dessen Urteil teilweise in FamRZ 1995, 937 veröffentlicht ist, zu Recht die Vorschrift des § 323 ZPO herangezogen. Alte, auf Mark lautende Unterhaltstitel gelten an sich fort, sind aber jetzt aufgrund der Währungsumstellung im Verhältnis 1 zu 1 in DM zu erfüllen. Im Einigungsvertrag (Anl. I Kap. III Sachgeb. A Abschn. III Nr. 5 lit. i) ist geregelt, daß für die Abänderung rechtskräftiger Urteile von Gerichten der DDR ab dem 3. 10. 1990 die Rechtsschutzform des § 323 ZPO gilt, der die maßgebenden Vorschriften der §§ 10 I Nr. 4 DDR-ZPO, 87 i. V. mit 22 FGB verdrängt (*Senat,* NJW 1994, 1002 = FamRZ 1994, 372 [373]).

In der vorgenannten Entscheidung hat der *Senat* – ohne ausdrücklich hierauf einzugehen – die Prozeßführungsbefugnis eines Kindes, das Abänderung des in dem Scheidungsurteil eines Gerichts der ehemaligen DDR von einem Elternteil erwirkten Unterhaltstitels begehrt hat, bejaht. An dieser Auffassung hält er mit der in Rechtsprechung und Schrifttum vorherrschenden Auffassung, nach der ein solcher Titel Wirkung für und gegen das Kind entfaltet, fest (ebenso *Zöller/Vollkommer,* ZPO, 19. Aufl., § 32, Rdnr. 50; *Hinz,* in: MünchKomm, 3. Aufl., § 1629 Rdnr. 38; *Brudermüller,* FamRZ 1995, 915 [917]; *OLG Frankfurt a. M.,* FamRZ 1991, 1478 [1479]; *OLG Hamm,* FamRZ 1996, 1085 [1086]; a. A. *Maurer,* FamRZ 1994, 337 [344]). Auch die Revision erhebt hiergegen keine Einwendungen.

(Fortwirken eines Titels über Kindesunterhalt nach Wiederheirat und erneuter Trennung der Eltern)

b
Mit dem BerGer. ist weiter davon auszugehen, daß das Urteil des *KreisG F.* auch in dem hier maßgeblichen Zeitraum fortwirkt, auch wenn die Eltern wieder geheiratet und erneut – auch mit dem Kl. – zusammengelebt haben. Zwar bestand insoweit gem. § 1360 BGB die gegenseitige Verpflichtung der Ehegatten, die Familie angemessen zu unterhalten, die auch die Befriedigung des Lebensbedarfs der gemeinsamen unterhaltsberechtigten Kinder umfaßt (§ 1360 a I BGB). Der Unterhaltsanspruch der ehelichen Kinder nach den §§ 1601 ff. BGB gegen ihre Eltern besteht indessen neben dem wechselseitigen Unterhaltsanspruch der Eltern auf Gewährung von Familienunterhalt. Soweit das Kind in der Familie lebt und die Eltern beiderseits ihrer Pflicht zur Leistung des Familienunterhalts nachkommen, wird der nach §§ 1601 ff. BGB bestehende Unterhaltsanspruch erfüllt. Kommt ein Elternteil der Verpflichtung auf Leistung von Familienunterhalt nicht nach, so ergibt sich nur ein eigener einklagbarer Anspruch aus § 1360 BGB für das Kind nicht. Es kann vielmehr seinen Unterhaltsanspruch nach den §§ 1601 ff. BGB gegen den erwerbstätigen Elternteil geltend machen (*Göppinger/Strohal,* UnterhaltsR, 6. Aufl., Rdnrn. 130 f.; vgl. auch *Schwab/Borth,* Hdb. des ScheidungsR, 3. Aufl., Teil V Rdnr. 9). Demgemäß ist der titulierte Unterhaltsanspruch, wie das BerGer. zutreffend angenommen hat, während des Zusammenlebens der Familie erfüllt worden, nicht aber für die Zukunft weggefallen. Ob diese Erwägungen auch für den nach dem Recht der DDR ausgeurteilten Kindesunterhalt gelten, kann dahinstehen. Die Familie hat nämlich nach der Wiederheirat der Kl. und des Bekl. in den alten Bundesländern, in die Kl. im Februar 1987 zurückgekehrt waren, zusammengelebt, so daß von dieser Zeit an materiellrechtlich bundesdeutsches Recht maßgebend ist.

Anhang R. Rechtsprechung R509

(§ 265 II 1 ZPO bei Sozialhilfebezug)

2. Dem Abänderungsbegehren fehlt nicht die in jeder Lage des Verfahrens von Amts wegen zu berücksichtigende Prozeßvoraussetzung der – uneingeschränkten – Prozeßführungsbefugnis des Kl. Die Prozeßführungsbefugnis steht in der Regel den Trägern des streitigen Rechtsverhältnisses, auf der Kläger-Seite, also dem Inhaber des geltend gemachten Anspruchs zu. Verliert dieser den Anspruch im Verlauf des Rechtsstreits, etwa durch rechtsgeschäftliche Übertragung oder durch Übergang kraft Gesetzes auf einen Dritten, so hat das auf den Prozeß keinen Einfluß (§ 265 II 1 ZPO). Der bisherige Anspruchsinhaber führt den Prozeß im eigenen Namen in (gesetzlicher) Prozeßstandschaft weiter, muß allerdings den Klageantrag in der Regel an die veränderte materielle Rechtslage anpassen (*Senat,* NJW-RR 1995, 1217 = FamRZ 1995, 1131 [1133]).

Eine solche Prozeßführung liegt hier – soweit es um die bis vor der letzten mündlichen Verhandlung vor dem BerGer. fällig gewordenen Ansprüche auf Kindesunterhalt geht – teilweise vor. Diese standen dem Kl. uneingeschränkt zu, als er die Klage erhob. Sie sind bis zur Höhe der ihm ab 1. 7. 1992 gewährten Sozialhilfe erst im Laufe des Rechtsstreits nach § 91 I 1 BSHG in der Fassung des Gesetzes zur Umsetzung des Föderalen Konsolidierungsprogramms (FKPG vom 23. 6. 1993, in Kraft getreten am 27. 6. 1993, BGBl I, 944, 952) kraft Gesetzes auf den Träger der Sozialhilfe übergegangen, und zwar auch, soweit sie den Zeitraum vor Inkrafttreten des Gesetzes betreffen. Letzteres hat der *Senat –* nach Verkündung des Berufungsurteils – entschieden (*Senat,* NJW 1995, 3391 = LM H. 9/1995 BSozialhilfeG Nr. 29 = FamRZ 1995, 871 [872]) und an dieser Auffassung seitdem festgehalten (*Senat,* NJW-RR 1996, 13, 45 = LM H. 12/1996 BSozialhilfeG Nr. 36 = FamRZ 1996,1207 [1208]).

(Umdeutung einer Leistungsklage in eine Abänderungsklage)

3. Daß das BerGer. die Klage schon von dem Eintritt der Rechtshängigkeit (am 2. 5. 1991) an als Abänderungsklage behandelt hat, obwohl der Kl. erst im zweitinstanzlichen Termin vom 2. 2. 1995 erklärt hat, die Klage solle als Abänderungsklage – und nur hilfsweise als Leistungsklage – angesehen werden, ist rechtlich nicht zu beanstanden.

Eine fehlerhafte Prozeßhandlung, die wegen ihrer Eindeutigkeit und Klarheit einer berichtigenden Auslegung nicht zugänglich ist, kann in eine den gleichen Zwecken dienende zulässige Prozeßhandlung umgedeutet werden, sofern sie deren Voraussetzungen sie erfüllt. Die Umdeutung darf erfolgen, wenn ein entsprechender Parteiwille genügend erkennbar und kein schutzwürdiges Interesse des Gegners entgegensteht. Unter diesen Voraussetzungen ist auch die Umdeutung einer Leistungsklage in eine Abänderungsklage möglich (*Senat,* NJW 1992, 438 = FamRZ 1992, 298 [299]; NJW-RR 1993, 5 = FamRZ 1992, 1060 [1061]). Nach diesen Grundsätzen bestehen keine durchgreifenden Bedenken dagegen, daß das *OLG* die Leistungsklage in eine Abänderungsklage umgedeutet hat. Der Kl. hat in der Klageschrift vom 15. 4. 1991 bereits auf den bestehenden Unterhaltstitel im Teilurteil des *KreisG F.* hingewiesen, insofern aber ersichtlich die Auffassung vertreten, dieser hindere ihn unter den gegebenen Umständen nicht, eine Leistungsklage zu erheben. Die Erklärung, daß Leistungsklage erhoben werde, ist eindeutig und damit grundsätzlich einer Auslegung nicht zugänglich. Jedoch ergibt sich aus dieser Erklärung des Kl. zugleich, daß er eine Abänderungsklage in Betracht gezogen, die Klage aber wegen einer irrigen Beurteilung der Rechtslage nicht als Abänderungsklage bezeichnet hat. Zwar mag im allgemeinen eine Partei an ihren ihr ungünstigen Erklärungen festzuhalten sein. Das ist aber weitgehend anders, wenn sie bei ihrer Erklärung einem Irrtum zum Opfer gefallen ist (*BGH,* NJW 1962,1820 = LM ZPO-Allgemeines Nr. 5).

Die von dem Kl. erhobene Klage erfüllt entgegen der Auffassung der Revision – mit Ausnahme des Antrags – auch die Voraussetzungen einer Abänderungsklage. Dafür ist es erforderlich, daß der Kl. Tatsachen behauptet, die eine wesentliche Veränderung derjenigen Verhältnisse ergeben, die für die Verurteilung zu den Leistungen, für ihre Höhe oder die Dauer ihrer Entrichtung maßgebend waren (*Senat,* FamRZ 1984, 353 [355]). Der Kl. hat in der Klageschrift vorgetragen, daß sein – nach Vollendung des 12. Lebensjahres vom *KreisG* mit monatlich 125 Mark bemessener – Unterhaltsbedarf erheblich höher anzusetzen sei und der Bekl., dessen Einkommen seinerzeit mit monatlich „1000 Mark" aus Mieteinnahmen zugrunde gelegt worden war, nunmehr über Renteneinkünfte von 1500 DM monatlich sowie anteilige Mieteinnahmen von mindestens 6000 DM monatlich verfüge und darüber hinaus in dem Haus *M*-Straße 30 a mietfrei wohne, weshalb er aufgrund seiner Einkommensverhältnisse zu Unterhaltszahlungen entsprechend der Gruppe 8 der Düsseldorfer Tabelle verpflichtet sei. Damit hat der Kl. in ausreichendem Umfang eine wesentliche Veränderung derjenigen Verhältnisse vorgetragen, die für die Entscheidung des *KreisG F.* ersichtlich maßgebend waren.

Der Umdeutung stehen keine schutzwürdigen Interessen des Bekl. entgegen. Wie aus seinem Antrag auf Klageabweisung ergibt, ist sein Begehren darauf gerichtet, über den vom *KreisG* zuerkannten Monatsbetrag hinaus keinen weiteren Unterhalt leisten zu müssen. Diesem Begehren wird auch bei einer Umdeutung der Leistungsklage in eine Abänderungsklage Rechnung getragen. In welcher Weise sich der Bekl. gegen die Kl. anders verteidigt hätte, wenn der Kl. sie von vornherein als Abänderungsklage bezeichnet hätte, wird von der Revision nicht dargelegt und ist auch sonst

R509 Anhang R. Rechtsprechung

nicht erkennbar. Ferner konnte der Bekl. seit Erhebung der Klage nicht mehr darauf vertrauen, der Kl. werde sich mit den bisher ausgeurteilten Beträgen zufriedengeben.

(Keine Bindung an Leitlinien bei Abänderung eines Unterhaltstitels)

e a) Allerdings erweist sich der Ausgangspunkt des OLG, eine Neufestsetzung des Unterhalts sei ohne Relation zu dem früheren Einkommen des Bekl. vorzunehmen, im Ergebnis als zutreffend. Dabei kann dahinstehen, ob dies zwangsläufig bereits wegen der grundlegenden Veränderung der Verhältnisse gegenüber denen in der ehemaligen DDR gilt (ebenso *Brudermüller*, FamRZ 1995, 915; *Maurer*, FamRZ 1994, 336; *OLG Hamm*, FamRZ 1996, 1085 [1086]), und zwar auch wenn der Bekl. – worauf die Revision hinweist – bereits bei Erlaß der Vorentscheidung in der Bundesrepublik gelebt hat.

Für den vorliegenden Fall folgt dieses Ergebnis bereits aus der ständigen Rechtsprechung des *Senats*. Da die Abänderungsklage weder eine freie, von der bisherigen Höhe unabhängige Neufestsetzung des Unterhalts noch eine abweichende Beurteilung der Verhältnisse ermöglicht, die bereits im ersten Urteil eine Bewertung erfahren haben, besteht die Abänderungsentscheidung in einer unter Wahrung der Grundlagen des abzuändernden Titels vorzunehmenden Anpassung des Unterhalts an die veränderten Verhältnisse (*Senat*, NJW-RR 1994, 1155 = FamRZ 1994, 1100 [1101] m. Nachw.). Der Unterhaltsbedarf des Kl. hat sich – unabhängig von einer konkreten Bemessung – seit 1979 offenkundig aufgrund der seitdem deutlich gestiegenen Lebenshaltungskosten erhöht. Der zu seiner Bemessung damals herangezogenen Richtlinie kommt ebensowenig eine Bindungswirkung zu wie den in den alten Bundesländern von der unterhaltsrechtlichen Praxis entwickelten Unterhaltsrichtlinien, Tabellen, Verteilungsschlüsseln oder sonstigen Berechnungsmethoden (*Senat*, NJW 1992, 438 = NJW-RR 1993, 5 und NJW 1984, 1458 = LM § 1610 BGB Nr. 10 = FamRZ 1984, 374 [375]). Sind damit aber schon im Hinblick auf den gestiegenen Unterhaltsbedarf des Kl. die Voraussetzungen des § 323 ZPO gegeben, so wäre er selbst dann nicht gehindert, im Abänderungsverfahren den vollen Unterhalt geltend zu machen, wenn ihm im Vorprozeß allein ein begehrter Anteil zuerkannt worden sein sollte. Vielmehr kann er nach Eintritt der Abänderungsvoraussetzungen verlangen, daß der Abänderungsentscheidung der volle Unterhalt zugrunde gelegt wird (*Senat*, NJW 1984, 1458 = FamRZ 1984, 374 [376]; *BGHZ* 98, 353 = NJW 1987, 1201 = FamRZ 1987, 259 [262]). Hierfür ist das Einkommen des Bekl. in dem entscheidungserheblichen Zeitraum maßgebend.

(Unterhaltsbedarf des Kindes bei fiktivem Einkommen des Pflichtigen)

f c) Der Ermittlung des unterhaltsrelevanten Einkommens durch das BerGer. vermag der *Senat* indessen nicht zu folgen. Die Höhe eines – von der Einkommenssituation des Unterhaltspflichtigen abhängigen – Unterhaltsbedarfs kann nicht aus lediglich fiktivem Einkommen hergeleitet werden. Das hat der *Senat* für den nachehelichen Unterhaltsanspruch bereits entschieden (*Senat*, NJW 1992, 2477 = LM H. 1/1993 § 1578 BGB Nr. 60 = FamRZ 1992, 1045 [1047]). Für den Kindesunterhalt kann insoweit grundsätzlich nichts anderes gelten. Lediglich gedachte wirtschaftliche Verhältnisse, die keine Grundlage in der tatsächlichen Einkommenssituation des Unterhaltspflichtigen haben, können dessen Lebensstellung nicht prägen. Daher kann ein Unterhaltsbedarf nicht aus fiktiven Mitteln hergeleitet werden, die dem Unterhaltspflichtigen nie zur Verfügung gestanden haben. Das wäre jedoch der Fall, wenn der Unterhaltsbemessung Einkünfte des Bekl. zugrunde gelegt würden, die er erst aus der Verwertung von Teilen seines Vermögens einschließlich Kapitalverzehr erzielen könnte. Eine derartige Betrachtungsweise unterscheidet nicht genügend zwischen der Höhe des Unterhaltsbedarfs und der Prüfung der Leistungsfähigkeit des Unterhaltspflichtigen (*OLG Karlsruhe*, FamRZ 1993, 1481 [1482]).

(Steuerliche Absetzungen und Abschreibungen; Instandhaltungskosten)

g Die zu versteuernden Einkünfte eines Unterhaltspflichtigen sind in der Regel geringer als das Einkommen, nach dem sich der Unterhalt bemißt, weil eine Vielzahl von steuerspezifischen Absetzungs- und Abschreibungsmöglichkeiten unterhaltsrechtlich nicht einkommensmindernd berücksichtigt werden können (*Senat*, NJW 1980, 2083 = FamRZ 1980, 770). Dies gilt auch bei Einkünften aus Vermietung und Verpachtung. Hierbei wirken sich erfahrungsgemäß Abschreibungen für die Abnutzung von Gebäuden sowie Instandsetzungskosten erheblich zugunsten des Steuerpflichtigen aus, ohne daß diese Posten unterhaltsrechtlich in gleicher Weise anerkannt werden können. Abschreibungen für die Abnutzung von Gebäuden (die vorliegend für das Jahr 1990 allerdings nur insgesamt rund 2200 DM betrugen) berühren das unterhaltsrechtlich maßgebende Einkommen nicht. Instandsetzungskosten können unterhaltsrechtlich nur insoweit berücksichtigt werden, als es sich um notwendigen Erhaltungsaufwand handelt und nicht etwa um den Aufwand für eine Vermögensbildung, wie er etwa vorliegt, wenn Ausbauten und wertsteigernde Verbesserungen vorgenommen werden (*Senat*, NJW 1984, 303 = FamRZ 1984, 39 [41]).

Anhang R. Rechtsprechung **R509**

Die hiernach notwendige Differenz zwischen den steuerlich rücksichtigten bzw. vom Bekl. geltend gemachten Aufwendungen und dem unterhaltsrechtlich anzuerkennenden Aufwand ist bisher nicht erfolgt. Somit ist das den Unterhaltsbedarf des Kl. grundsätzlich bestimmende unterhaltsrechtlich relevante Einkommen des Bekl. bisher nicht festgestellt worden. Auch die weitere Frage, ob die Lebensstellung des Bekl. nicht über dieses Einkommen hinaus tatsächlich durch den Einsatz von Mieteinnahmen in einem höheren Umfang, der sich letztlich als Eingriff in die Vermögenssubstanz auswirkte, geprägt war, ist unbeantwortet geblieben. Dem Einsatz solcher Mittel könnte indessen ebenfalls Bedeutung für die Bedarfsbemessung zukommen.

(Kein fester Bedarfssatz für das volljährige Kind ohne eigene originäre Lebensstellung)

d) Daß das *OLG* den Unterhaltsbedarf des Kl. für die Zeit ab 1. 7. 1992 mit einem pauschalierten **h** Rechenbetrag angesetzt und entsprechend der Düsseldorfer Tabelle (Stand: 1. 7. 1992) mit 950 DM bemessen hat (vgl. Anm. 7: Bedarfssatz für ein Kind mit eigenem Haushalt), begegnet ebenfalls durchgreifenden rechtlichen Bedenken.

Die Annahme, der Kl. habe seit dem Auszug aus der ehelichen Wohnung eine eigene Lebensstellung inne, ist nach den getroffenen Feststellungen nicht gerechtfertigt. Er wohnt weiterhin in demselben Haus wie seine Eltern – seine beiden Zimmer befinden sich nur in der Wohnung der Schwester –, wird aufgrund seiner Behinderung nach wie vor von der Kl. betreut und versorgt und ist mit der ihm in der Behindertenwerkstatt gezahlten Vergütung (monatlich 90 DM bzw. ab 1. 9. 1992 monatlich 110 DM) auch wirtschaftlich nicht selbständig. Damit fehlt es dem Kl. aber an einer unterhaltsrechtlich relevanten originären Lebensstellung. Solange ein Kind auch nach Eintritt der Volljährigkeit für seinen Lebensunterhalt auf die ihm von seinen Eltern zur Verfügung gestellten Mittel angewiesen ist, bleibt seine Lebensstellung von ihnen abgeleitet (*Senat*, NJW-RR 1986, 1261 = FamRZ 1987, 58 [60]; NJW-RR 1986, 426 = LM § 1601 BGB Nr. 12 = FamRZ 1986, 151; *Griesche*, FamGb, § 1610 Rdnr. 5; vgl. auch *Schwab/Borth*, Teil V Rdnr. 21) Daran ändert unter den hier gegebenen Umständen auch der Umzug in die Wohnung der Schwester nichts. Folglich besteht auch für die Zeit ab 1. 7. 1992 die Notwendigkeit, den Unterhaltsbedarf des Kl. ausgehend von dem unterhaltsrechtlich relevanten Einkommen des Beklagten – gegebenenfalls unter Berücksichtigung einer tatsächlichen Verwendung zusätzlicher Mittel – zu bemessen. Da hierzu keine Feststellungen getroffen worden sind, kann die Entscheidung bezüglich des Kindesunterhalts insgesamt keinen Bestand haben.

(Bemessung des Trennungsunterhalts bei fiktivem Einkommen des Pflichtigen)

3. Diese Beurteilung ist, wie die Revision zu Recht geltend macht, nicht frei von Rechtsirrtum. **i**

a) Zutreffend ist allerdings der Ausgangspunkt des BerGer. Es entspricht der ständigen Rechtsprechung des *Senats,* daß bei der Bemessung des ehelichen und des nachehelichen Unterhalts ein objektiver Maßstab anzulegen ist. Eine nach den Verhältnissen zu dürftige Lebensführung bleibt ebenso außer Betracht wie ein übertriebener Aufwand. Nur in diesem Rahmen kann das tatsächliche Konsumverhalten der Ehegatten während des ehelichen Zusammenlebens berücksichtigt werden (*Senat,* NJW 1989, 2809 = LM § 1361 BGB Nr. 56 = FamRZ 1989 1160 [1161] m. Nachw.).

b) Für die Unterhaltsbemessung grundsätzlich maßgebend bleibt indessen der in der Ehe erreichte Lebensstandard. Die Aufgabe des Ehegattenunterhalts erschöpft sich darin, dem bedürftigen Ehegatten, soweit die Leistungsfähigkeit des Verpflichteten reicht, diejenigen Geldmittel zur Verfügung zu stellen, die er benötigt, um seine laufenden Lebensbedürfnisse so zu befriedigen, wie es den ehelichen Lebensverhältnissen entspricht. Ist nach diesen Verhältnissen etwa ein Teil des Einkommens der Vermögensbildung vorbehalten und damit der Befriedigung der laufenden Lebensbedürfnisse entzogen, kann dieser Teil des Einkommens nicht herangezogen werden. Der Unterhaltsberechtigte würde sonst bessergestellt, als er während des Zusammenlebens der Ehegatten gestanden hat. Insoweit ergibt sich ein gewisses Regulativ allerdings aus dem Grundsatz, daß bei der Ermittlung der ehelichen Lebensverhältnisse ein objektiver Maßstab anzulegen ist. Der unterhaltsbedürftige Ehegatte braucht sich eine das verfügbare Einkommen unangemessen einschränkende Vermögensbildung nicht entgegenhalten zu lassen (*Senat,* NJW-RR 1987, 194 = FamRZ 1987, 36 [39]). Der für solche Fälle zur Korrektur herangezogene objektive Maßstab darf indessen nicht dazu führen daß der Boden der ehelichen Lebensverhältnisse verlassen und Einkünfte des Unterhaltspflichtigen als prägend zugrunde gelegt werden, die tatsächlich nie vorhanden waren. Ein Unterhaltsanspruch kann deshalb grundsätzlich nicht aus fiktiven Mitteln hergeleitet werden. Folglich erfordert auch die Bemessung des der Kl. zustehenden Trennungsunterhalts die – hier fehlende – Feststellung des unterhaltsrechtlich relevanten Einkommens des Bekl. Darüber hinaus können auch die ehelichen Lebensverhältnisse dadurch geprägt gewesen sein, daß tatsächlich weitergehende Mittel für den Lebensunterhalt verwendet worden sind (vgl. hierzu die Ausführungen unter A II 2 c).

R510   Anhang R. Rechtsprechung

BGH v. 21. 1. 1997 – XII ZR 257/95 – FamRZ 97, 483 = NJW 97, 1439

R510 *(Zur Offenbarungspflicht des Berechtigten über – nach dem geltenden Unterhaltsvergleich – nicht anrechnungsfreie Einkünfte; Betrug bei Verstoß gegen die Verpflichtung zur ungefragten Information)*

a 1. Das BerGer. geht davon aus, daß die Bekl. aufgrund von Nr. 3 des Vergleichs vom 6. 10. 1989 verpflichtet gewesen sei, den Kl. ungefragt über ihre Einkünfte aus Erwerbstätigkeit zu informieren, sobald sie deutlich mehr als monatlich 600 DM netto verdient habe. Denn nach der getroffenen Vereinbarung habe sich dann die Höhe des ihr geschuldeten nachehelichen Unterhalts verringern müssen.

Dem hält die Revision entgegen, eine Pflicht zur unverlangten Information bestehe im Hinblick auf das Auskunftsrecht des Unterhaltsverpflichteten nur in Ausnahmefällen, in denen das Schweigen evident unredlich wäre. Das könne nicht schon dann angenommen werden, wenn eine wesentliche Änderung der Einkommens- und Vermögensverhältnisse i. S. des § 323 I ZPO eingetreten sei, sondern erst bei solchen Veränderungen, die den materiell-rechtlichen Unterhaltsanspruch ersichtlich erlöschen ließen oder zumindest grundlegend veränderten (Hinweis auf *Senat*, NJW 1986, 1751 = FamRZ 1986, 450 [453] und NJW 1986, 2047 = FamRZ 1986, 794 [7961]). Ein solcher Ausnahmefall sei vorliegend nicht gegeben.

Diese Rüge ist unbegründet. Die von der Revision angezogene Senatsrechtsprechung betrifft Informationspflichten, die den Unterhaltsberechtigten nach einem streitigen Urteil über die Tatbestände der §§ 1580, 1605 BGB hinaus aus § 242 BGB treffen. Geht es, wie hier, um die Durchführung einer Unterhaltsvereinbarung, erhöht sich dessen Pflicht zur Rücksichtnahme auf die Belange des anderen Teils (ebenso *Hoppenz*, FamRZ 1989, 337 [339]). Nach h. A. hat der Unterhaltsverpflichtete aufgrund der Bestimmung des § 1605 II BGB vor Ablauf von zwei Jahren seit Abschluß einer Unterhaltsvereinbarung (§ 1585 c BGB) ohnehin keine Möglichkeit, ein Auskunftsverlangen durchzusetzen (vgl. etwa *OLG Karlsruhe*, FamRZ 1991, 1470 m. w. Nachw.). Auch deswegen ist der Unterhaltsberechtigte im Hinblick auf seine vertragliche Treuepflicht gehalten, jederzeit und unaufgefordert dem anderen Teil Umstände zu offenbaren, die ersichtlich dessen Verpflichtungen aus dem Vertrag berühren (vgl. dazu auch *Palandt/Heinrichs*, BGB, 56. Aufl., § 242 Rdnr. 37). In einem Fall, in dem in einer Scheidungsvereinbarung der unterhaltsberechtigten Ehefrau zugestanden worden war, anrechnungsfrei monatlich 50 DM hinzuzuverdienen, hat der *BGH* bereits im Jahre 1959 eine vertragliche Pflicht zur unaufgeforderter Information über die Erzielung höherer Einkünfte bejaht (vgl. *BGHZ* 30, 36 [39] = NJW 1959, 1275; s. auch *OLG Hamm*, FamRZ 1994, 1265 [1266]). Im vorliegenden Fall hat deshalb das BerGer. zu Recht angenommen, daß die Bekl. aufgrund des Vergleichs vom 6. 10. 1989 verpflichtet war, dem Kl. einen deutlich über 600 DM liegenden monatlichen Nettoverdienst ungefragt mitzuteilen; es handelt sich dabei um eine durch Nr. 3 begründete vertragliche Nebenpflicht (zur entsprechenden Verpflichtung des Unterhaltsschuldners vgl. *Senat*, NJW 1988, 1965 = FamRZ 1988, 270 [271 f.]).

2. Dadurch, daß die Bekl. ihre höheren Einkünfte ab Mitte 1990 bis zum Wirksamwerden des Abänderungsbegehrens des Kl. am 16. 3. 1993 pflichtwidrig verschwieg, hat sie nach der Beurteilung des BerGer. einen vollendeten Betrug (§ 263 I StGB) begangen. Diese Ausführungen halten den Angriffen der Revision stand.

b) In dem Prozeßvergleich vom 6. 10. 1989 haben die Parteien unter Berücksichtigung des Umstands, daß die Bekl. die beiden gemeinschaftlichen Kinder betreuen würde, den anrechnungsfreien Zuverdienst der Bekl. auf monatlich 600 DM festgelegt. Allgemein kann eine neben der Kindesbetreuung ausgeübte Erwerbstätigkeit als überobligationsmäßig zu beurteilen sein mit der Folge, daß die daraus erzielten Einkünfte gem. § 1577 II BGB jedenfalls teilweise anrechnungsfrei bleiben (vgl. dazu *Senat*, NJW 1983, 933 = FamRZ 1983, 146 und NJW 1995, 962 = FamRZ 1995, 343). Vorliegend ist dieser Punkt vertraglich durch die Festlegung des Freibetrages von 600 DM geregelt worden. Es ist daher entgegen der Auffassung der Revision unerheblich, ob die Bekl. nach der gesetzlichen Regelung möglicherweise einen höheren Abzug hätte vornehmen können, auch insoweit war vielmehr allein die abgeschlossene Unterhaltsvereinbarung maßgebend.

c) Die Ansprüche auf Kindes- und Ehegattenunterhalt sind in dem Prozeßvergleich getrennt geregelt, wobei die Anrechnungsklausel nur auf den letzteren bezogen ist. Auch deswegen hat das *OLG* zu Recht angenommen, daß die Bekl. keine „interne Verrechnung" hat vornehmen dürfen, falls der Kl. wegen des Anstieges seines Einkommens höheren Kindesunterhalt als im Vergleich vereinbart geschuldet hat. Zutreffend sind auch die Ausführungen dazu, daß eine eigenmächtige Verrechnung mit sonstigen Abzugsposten die Bekl. der Informationspflicht nicht enthob.

(Zur Anwendung des § 1579 Nr. 2 BGB bei betrügerischem Verschweigen nicht anrechnungsfreier Einkünfte)

b 3. Das BerGer. wertet das Verhalten der Bekl. als schweres vorsätzliches Vergehen gegen den unterhaltsverpflichteten Kl. i. S. von § 1579 Nr. 2 BGB mit der Folge, daß ihr an sich bis zum 11. 8. 1997 bestehender Unterhaltsanspruch aus § 1570 BGB ab 16. 3. 1993 wegen grober Unbilligkeit der Inanspruchnahme des Kl. zu versagen sei. Auch dagegen wendet sich die Revision vergebens.

Anhang R. Rechtsprechung **R511**

a) Soweit sie rügt, dem Berufungsurteil seien keine hinreichenden Feststellungen dazu zu entnehmen, ob ein schweres Vergehen i. S. des § 1579 Nr. 2 BGB vorliege, kann ihr nicht gefolgt werden. Ob ein strafbares vorsätzliches Vergehen gegen den Unterhaltsverpflichteten schwer im Sinne dieser Vorschrift ist, hat der Tatrichter zu entscheiden. Das RevGer. kann nur prüfen, ob er dabei von richtigen Rechtsvorstellungen ausgegangen ist (vgl. *Senat*, NJW 1984, 296 = FamRZ 1984, 34 [35]). Das BerGer. hat hier im wesentlichen auf die lange Dauer der Tatverwirklichung und darauf abgehoben, daß die Handlungsweise der Bekl. dem Kl., der in dieser Zeit Einkünfte als Berufssoldat erzielte, empfindlich getroffen hat. Das ist aus Rechtsgründen nicht zu beanstanden.

b) Die Revision rügt weiter, das BerGer. habe nicht hinreichend abgewogen, ob mildere Sanktionen als die Versagung des Unterhalts ausreichend seien, nämlich die vom Gesetz alternativ vorgesehene Herabsetzung sowie die zeitliche Begrenzung des Unterhalts. Die völlige Versagung des Anrechts liege nicht im Ermessen des Gerichts, sondern sei auf Fälle beschränkt, bei denen jede Unterhaltsleistung schlechthin unerträglich wäre. Die pauschale Erwägung, daß beim Kl. ein bedeutender Schaden entstanden sei, sei nicht ausreichend, vielmehr seien konkrete Feststellungen zu dessen wirtschaftlichen Verhältnissen erforderlich. Die Bekl. habe auch nicht aus verwerflicher Gesinnung gehandelt, sondern habe allenfalls irrig angenommen, auch bei Erzielung höherer Einkünfte weiterhin uneingeschränkt unterhaltsberechtigt zu sein. Schließlich habe das BerGer. die Möglichkeit in Betracht gezogen, daß der Bekl. ein Unterhaltsanspruch wegen Krankheit (§ 1572 BGB) zustehen könnte, diesen Umstand aber bei seiner Abwägung nicht hinreichend berücksichtigt.

Auch damit kann die Revision nicht durchdringen. Das BerGer. war sich, wie seine Ausführungen zeigen, der verschiedenen Sanktionsmöglichkeiten im Rahmen des § 1579 BGB bewußt. Bei der Anwendung dieser Härteklausel unter Würdigung der Umstände des Einzelfalles und im Rahmen der dabei gebotenen Zumutbarkeitsprüfung hat der Tatrichter einen ihm vorbehaltenen Beurteilungsspielraum, der nur einer rechtlichen Kontrolle durch das RevGer. unterliegt (vgl. *Senat*, NJW-RR 1988, 834 = FamRZ 1988, 930 [933]). Die hier vom BerGer. vorgenommene Würdigung und Abwägung der Belange beider Parteien läßt keinen Rechtsverstoß erkennen. Der Vorwurf der Revision, daß die Entscheidung in bezug auf die wirtschaftlichen Verhältnisse des Kl. aufgrund unzulänglicher tatsächlicher Grundlage getroffen worden sei, ist unbegründet. Die Bekl. selbst fordert aufgrund ihres offenbar mittlerweile beträchtlichen Eigeneinkommens nur noch ergänzenden nachehelichen Unterhalt von monatlich 300 DM für die Zeit vom 16. 3. 1993 bis 31. 7. 1993 sowie von monatlich 100 DM für die Zeit danach. Der Ausschluß eines Restunterhalts in dieser Höhe begegnet bei dem evident unredlichen Verhalten der Bekl. keinen rechtlichen Bedenken. Was den Unterhaltsanspruch aus § 1572 BGB angeht, so hat ihn das BerGer. – ohne konkrete Anhaltspunkte für eine Krankheit oder ein Gebrechen nur in Betracht gezogen, weil nach seiner Beurteilung der bestehende Anspruch der Bekl. aus § 1570 BGB am 11. 8. 1997 ohnehin auslaufen würde. Es handelt sich demnach um keinen Umstand von großem Gewicht. Die Revisionserwiderung weist im übrigen zutreffend darauf hin, daß die Härteklausel des § 1579 BGB gegenüber jedem Anspruch auf nachehelichen Unterhalt durchgreifen kann.

c) Die Revision verweist schließlich darauf, daß die Härteklausel des § 1579 BGB nur unter Wahrung der Belange gemeinschaftlicher Kinder angewendet werden darf. Unter diesem Gesichtspunkt bestehen gegen die Entscheidung des BerGer. ebenfalls keine durchgreifenden Bedenken. Insoweit ist zu fordern, daß die Pflege und Erziehung von Kindern trotz der Anwendung der Härteklausel gesichert bleibt. Das ist in der Regel der Fall, wenn die dem betreuenden Ehegatten verbleibenden Mittel das Maß dessen übersteigen, was er zur Deckung seines Mindestbedarfs benötigt (vgl. *Senat*, NJW 1990, 253 [254]; NJW-RR 1988, 70 = FamRZ 1987, 1238 [1239]). Im Hinblick auf die von der Bekl. seit März 1993 erzielten Eigeneinkünfte liegt fern, daß ihr bei Versagung ihres restlichen Unterhaltsanspruchs Mittel in diesem Umfang nicht verbleiben.

BGH v. 19. 2. 1997 – XII ZR 236/95 – FamRZ 97, 608 = NJW-RR 97, 641
(Unwirksamkeit einer Rückabtretung nach § 91 IV BSHG vor dem 1. 8. 1996)   **R511**

2. Die Kl. hat die streitbefangenen Ansprüche auch nicht durch die Rückabtretungserklärung **a** der Stadt B. erworben.

Insoweit bedarf es keiner Prüfung, ob ein Abtretungsvertrag überhaupt zustande gekommen ist, ob also der SHTr die Rückabtretung angeboten hatte und eine Annahmeerklärung der Kl. ihm gegenüber nach § 151 S. 1 BGB entbehrlich war, oder ob das Angebot zur Rückabtretung der mit der Klage bereits geltend gemachten Ansprüche von der Kl. ausging, wie der zeitliche Ablauf diese nahelegt, und vom SHTr durch Zusendung der Abtretungserklärung angenommen wurde. Denn das OLG hat diese Abtretung zu Recht bereits aus anderen Gründen als unwirksam angesehen.

Es hat die Abtretungserklärung dahin ausgelegt, daß sie mit der Verpflichtung der Kl. verbunden sei, die Ansprüche im eigenen Namen und für Rechnung des SHTr gerichtlich durchzusetzen, mithin die hierdurch erlangten Unterhaltszahlungen an den SHTr abzuführen, und daß sie ohne diese

Verpflichtung nicht abgegeben worden wäre (§ 139 BGB). Gegen diese Auslegung wendet sich die Revision ohne Erfolg. Die Auslegung von Willenserklärungen ist grundsätzlich Sache des Tatrichters und unterliegt der revisionsrechtlichen Prüfung lediglich darauf, ob anerkannte Auslegungsgrundsätze, gesetzliche Auslegungsregeln, Denkgesetze oder Erfahrungssätze verletzt sind oder ob sie auf Verfahrensfehlern beruht, etwa indem unter Verstoß gegen Verfahrensvorschriften wesentliches Auslegungsmaterial außer acht gelassen wurde (vgl. *BGH,* Urteil v. 25. 2. 1992 – X ZR 88/90, NJW 1992, 1967). Derartige Verstöße zeigt die Revision nicht auf.

Der *Senat* hat eine solche Vereinbarung in seinem Urteil v. 16. 3. 1994 – XII ZR 225/92 –, FamRZ 1994, 829 ff., für unwirksam angesehen und dazu ausgeführt, daß es dem SHTr obliegt, den Nachrang der Sozialhilfe auf den gesetzlich vorgesehenen Wegen durch Geltendmachung von Ansprüchen gegen Dritte, insbesondere gegen einen Unterhaltsschuldner, zu realisieren, und er sich hierbei nicht beliebig auch bürgerlich-rechtlicher Gestaltungsformen bedienen kann. Eine privatrechtliche Vereinbarung mit dem Hilfeempfänger, der auf eigenes Prozeßrisiko den Unterhaltsanspruch gegen den Verpflichteten einklagt, den dadurch erlangten Betrag bis zur Höhe der geleisteten Sozialhilfe an den SHTr abzuführen, ist als eine den Hilfeempfänger benachteiligende nachträgliche Umwandlung der Hilfeleistung in ein Darlehen gewertet worden. Gleichzeitig ist darin eine unzulässige Umgehung der besonderen Voraussetzungen für die Gewährung von Leistungen zum Lebensunterhalt auf Darlehensbasis gesehen worden.

a) Den dieser Entscheidung zugrundeliegenden Erwägungen kommt nicht nur Bedeutung für den (zu §§ 90, 91 BSHG a. F.) entschiedenen Fall zu, sondern für alle Vereinbarungen, mit deren Hilfe Träger von Sozialleistungen versuchen, die Beitreibung übergegangener Unterhaltsansprüche auf den Unterhaltsberechtigten zurückzuverlagern (vgl. *Senat*surteil v. 3. 7. 1996 – XII ZR 99/95 –, FamRZ 1996, 1203, 1204, m. N.; *Seetzen,* NJW 1994; 2505, 2507).

Sie gelten insbesondere auch für die Fälle, in denen die Unterhaltsansprüche des Hilfeempfängers – wie hier – nicht durch Überleitung nach §§ 90, 91 BSHG a. F., sondern durch gesetzlichen Übergang nach § 91 I BSHG i. d. F. v. 23. 6. 1993 auf den SHTr übergegangen sind (vgl. *Brudermüller,* FuR 1995, 17, m. N.).

Diese Neuregelung des § 91 BSHG sollte vor allem den Durchgriff des SHTr gegenüber einem nach bürgerlichem Recht Unterhaltspflichtigen erleichtern. Der Übergang des Unterhaltsanspruchs ist nicht mehr durch – anfechtbaren – Verwaltungsakt zu bewirken, sondern erfolgt – unanfechtbar – kraft Gesetzes. Mangels Anfechtbarkeit des Überleitungsakts entfällt die Zweigleisigkeit des Rechtswegs zu den VerwGen und zu den Zivilgerichten. Letzteren obliegt deshalb auch allein die Überprüfung der in § 91 II BSHG aufgenommenen sozialhilferechtlichen Schutzvorschriften. Diese den Zivilgerichten übertragene Aufgabe sowie allgemein der Zweck der Regelung, dem SHTr die Durchsetzung der Unterhaltsansprüche unmittelbar zu ermöglichen, werden indessen verfehlt, wenn jener sich der Geltendmachung entzieht und die auf ihn übergegangenen Ansprüche auf den Hilfeempfänger zurücküberträgt, um ihm die Prozeßführung zu überlassen (*Senat*surteil v. 3. 7. 1996, a. a. O., S. 1205, m. N.).

b) Diese Grundsätze sind durch das Gesetz zur Reform des Sozialhilferechts v. 23. 7. 1996 (BGBl I 1088), das am 1. 8. 1996 in Kraft getreten ist, für vor diesem Zeitpunkt getroffene Vereinbarungen nicht gegenstandslos geworden. Zwar ist durch dieses Gesetz in § 91 IV BSHG eine Regelung eingefügt worden, die die Rückübertragung übergegangener Unterhaltsansprüche zur gerichtlichen Geltendmachung mit bestimmten Maßgaben ausdrücklich erlaubt. Dieser Bestimmung ist aber keine rückwirkende Kraft beigelegt worden, so daß zuvor getroffene treuhänderische Abtretungsvereinbarungen zum Nachteil des Hilfeempfängers von den im Zeitpunkt der Vereinbarung geltenden Vorschriften des SGB, als dessen besonderer Teil das BSHG gemäß Art. II § 1 Nr. 15 SGB I gilt, abweichen und deshalb nach (Art. 1) § 32 SGB I nichtig sind. Allein die spätere Rechtsänderung vermag das nichtige Rechtsgeschäft nicht zu heilen; es bedarf vielmehr der Neuvornahme gemäß § 141 BGB) (vgl. *OLG Düsseldorf,* DaVorm 1996, 897, m. N.; *Palandt/Heinrichs,* BGB, 56. Aufl., § 134 Rz. 13, m. N.; *Künkel,* FamRZ 1996, 1509, 1515).

(§ 32 SGB I)

b c) Entgegen der von der Revision vertretenen Ansicht rechtfertigen auch die Besonderheiten des vorliegenden Falles keine Abweichung von den Grundsätzen dieser Entscheidung.

Die Beurteilung, ob eine privatrechtliche Vereinbarung den Sozialleistungsberechtigten i. S. des § 32 SGB I benachteiligt, hat zwar auf der Grundlage einer Gesamtwürdigung aller konkreten Umstände zu erfolgen (*Senat*surteil v. 3. 7. 1996, a. a. O., S. 1205, m. N.). Dies bedeutet jedoch nicht, daß eine treuhänderische Rückabtretung stets schon dann als wirksam anzusehen ist, wenn sich aus ihr Vorteile ergeben, die damit verbundenen Nachteile überwiegen.

aa) Der von der Revision angeführte Gesichtspunkt der Prozeßökonomie ist schon deshalb nicht geeignet, den in der nachträglichen Umwandlung der Hilfeleistung in ein Darlehen liegenden Nachteil aufzuwiegen, weil die Erforderlichkeit der zusätzlichen Prozeßführung nicht den Hilfeempfän-

Anhang R. Rechtsprechung

ger, sondern den Träger der Sozialleistung trifft (vgl. *Senats*urteil v. 3. 7. 1996, a. a. O., S. 1206). Abgesehen davon hätte die Erforderlichkeit zusätzlicher Prozeßführung hier vermieden werden können, wenn die Kl. bei Einreichung der Klage beantragt hätte, diese sogleich und nicht erst nach Bewilligung von Prozeßkostenhilfe zuzustellen (§ 65 VII Nr. 3 und 4 GKG; vgl. *Seetzen*, a. a. O.; *Schöppe-Fredenburg*, FuR 1997, 7). Denn dann wäre der gesetzliche Übergang ihres Unterhaltsanspruchs erst nach Rechtshängigkeit erfolgt und hätte ihre Prozeßführungsbefugnis nicht entfallen lassen, § 265 ZPO.

bb) Der vorliegende Fall weist zwar die Besonderheit auf, daß der SHTr die Rückabtretung des streitbefangenen Anspruchs erst erklärte, nachdem die Kl. diesen bereits rechtshängig gemacht hatte und das damit verbundene Prozeßrisiko unabhängig von Absprachen mit dem Hilfeträger bereits entstanden war. Eine wirksame Rückabtretung wäre für sie insoweit von Vorteil gewesen, als sie voraussichtlich geeignet gewesen wäre, die Abweisung der Klage hinsichtlich des Zeitraums von Oktober 1994 bis Januar 1995 und die Belastung der Kl. mit einem entsprechenden Teil der Kosten zu vermeiden.

Es bedarf jedoch keiner Entscheidung, ob dieser Vorteil den mit der treuhänderischen Rückabtretung verbundenen Nachteil i. S. des § 32 SGB I unter wirtschaftlichen oder anderen Gesichtspunkten überwiegt.

Ein Teil der Literatur vertritt allerdings die Ansicht, daß sämtliche mit einer von den Vorschriften des Sozialrechts abweichenden privatrechtlichen Vereinbarung verbundenen Vor- und Nachteile gegeneinander abzuwägen seien und § 32 SGB I der Wirksamkeit einer solchen Vereinbarung nicht entgegenstehe, wenn die Vorteile die Nachteile überwiegen (sog. saldierende oder globale Betrachtungsweise, vgl. *Hauck/Haines*, SGB I, § 32 Rz. 5; *Peters*, Handbuch der Krankenversicherung, SGB AT, § 32 Rz. 6).

Der überwiegende Teil der Literatur folgt dieser Ansicht nicht. Die Vertreter der sog. „isolierenden Betrachtungsweise" (vgl. *Kasseler Kommentar/Seewald*, SGB I, § 32 Rz. 6; *Wannagat/Rüfner*, SGB AT, § 32 Rz. 7; *Burdenski/v. Maydell/Schellhorn*, SGB AT, 2. Aufl., § 32 Rz. 13; *Grüner/Dalichau*, SGB AT, § 32 Anm. III 3; *Mrozynski*, SGB I, 2. Aufl., § 32 Rz. 5; *Verbandskommentar* zum Recht der gesetzlichen Rentenversicherung, § 32 SGB I Rz. 5; *Maier*, DAngV 1975, 373, 377) lehnen jede Abwägung von Vorteilen und Nachteilen im Rahmen des § 32 SGB I ab. Die Vertreter der sog. limitierten Gesamtwürdigung (vgl. *SozVersGesKomm/Bley*, § 32 SGB I Rz. 4; *Bochumer Kommentar/Gitter*, § 32 SGB I Rz. 27, 29; *Bürck*, VSSR 1990, 287, 293 f.) wollen demgegenüber jedenfalls solche Vorteile kompensierend berücksichtigen, die in einer Verbesserung von Rechtspositionen des öffentlichen Rechts, insbesondere auf sozialrechtlichem Gebiet, bestehen.

Die höchstrichterliche Rspr. hat sich, soweit ersichtlich, bislang noch nicht für die eine oder andere dieser Auffassungen entschieden (vgl. BAGE 60, 135, 140).

Der „globalen Betrachtungsweise", die eine Berücksichtigung auch rein wirtschaftlicher Vorteile fordert, vermag der Senat nicht zu folgen, weil sie der ausdrücklichen Intention des Gesetzes widerspricht. Nach der Begründung zu § 32 des Regierungsentwurfs sind Vereinbarungen nichtig, „die dem Sozialleistungsberechtigten Nachteile bringen, und zwar auch dann, wenn den Nachteilen andere Vorteile gegenüberstehen" (BT-Drucks. 7/868, S. 27).

Für den vorliegenden Fall kann dahinstehen, ob die „isolierende Betrachtungsweise" oder die „limitierte Gesamtwürdigung" dem Schutzgedanken des § 32 SGB I besser gerecht wird. Denn andere als nur zivilrechtliche Vorteile für die Kl. sind nicht ersichtlich, so daß die treuhänderische Rückabtretung hier nach beiden Auffassungen unwirksam ist.

(Einziehungsermächtigung, Prozeßstandschaft)

3. Die nach alledem unwirksame Rückübertragung der Unterhaltsansprüche kann auch nicht in eine durch den Sozialleistungsträger erteilte wirksame Einziehungsermächtigung umgedeutet werden, die die Kl. berechtigt hätte, die übergegangenen Unterhaltsforderungen in Prozeßstandschaft für den SHTr einzuklagen.

Ohne ein eigenes schutzwürdiges Interesse an der Prozeßführung ist die Kl. nämlich zur gerichtlichen Geltendmachung der übergegangenen Ansprüche nicht befugt (vgl. BGHZ 96, 151, 156; *Stein/Jonas/Bork*, ZPO, 21. Aufl., vor § 50 Rz. 42; *Zöller/Vollkommer*, ZPO, 20. Aufl., vor § 50 Rz. 44, jeweils m. N.). An einem solchen schutzwürdigen Eigeninteresse des Hilfeempfängers fehlt es hier (vgl. *Senats*urteile v. 3. 7. 1996 – XII ZR 99/95 –, a. a. O., und – XII ZR 101/95 –, FamRZ 1996, 1207, 1208).

Insbesondere läßt sich ein schutzwürdiges Eigeninteresse der Kl. nicht aus dem Umstand herleiten, daß sie ihre Klage zu einem Zeitpunkt rechtshängig gemacht hatte, als sie bereits nicht mehr Inhaberin der geltend gemachten Unterhaltsansprüche für Oktober 1994 bis Januar 1995 war, und deshalb ein wirtschaftliches Interesse daran hat, in diesem Rechtsstreit nicht mangels Prozeßführungsbefugnis zu unterliegen und infolgedessen mit Kosten belastet zu werden. Zwar muß die Prozeßführungsbefugnis nicht schon bei Erhebung der Klage vorhanden sein; es genügt, wenn sie am Schluß der letzten mündlichen Verhandlung vorliegt (vgl. *Zöller/Vollkommer*, a. a. O., vor § 50 Rz. 19). Fehlt einer Partei indes mangels schutzwürdigen eigenen Interesses die Befugnis, ein fremdes Recht im eigenen Namen gerichtlich geltend zu machen, kann sie die fehlende Voraussetzung für die Zulässigkeit einer solchen Klage nicht schon dadurch herbeiführen, daß sie sie gleichwohl erhebt und damit ihr bislang fehlendes wirtschaftliches Eigeninteresse erst begründet. Ein solches Interesse ist nicht schutzwürdig. Andernfalls wäre eine mangels schutzwürdigen Eigeninteresses unzulässige Klage in gewillkürter Prozeßstandschaft undenkbar.

BGH v. 12. 3. 1997 – XII ZR 153/95 – FamRZ 97, 671 = NJW 97, 1851

R511A *(Langjähriges Zusammenleben mit einem neuen Partner als Verwirkungsgrund nach 1597 Nr. 7 BGB; Kriterium des Erscheinungsbildes in der Öffentlichkeit)*

a Nach der Rspr. des *Senats* kann das Zusammenleben des Unterhaltsberechtigten mit einem neuen Partner dann zur Annahme eines Härtegrundes i. S. von § 1579 Nr. 7 BGB – mit der Folge der Unzumutbarkeit einer weiteren (uneingeschränkten) Unterhaltsbelastung für den Verpflichteten – führen, wenn sich diese Beziehung in einem solchen Maße verfestigt, daß damit gleichsam ein ne. Zusammenleben an die Stelle einer Ehe getreten ist. Nach welchem Zeitablauf – und unter welchen weiteren Umständen – dies angenommen werden kann, läßt sich nicht allgemeinverbindlich festlegen. Vor Ablauf einer gewissen Mindestdauer, die im Einzelfall kaum unter zwei bis drei Jahren liegen dürfte, wird sich in der Regel nicht verläßlich beurteilen lassen, ob die Partner nur „probeweise" zusammenleben oder ob sie auf Dauer in einer verfestigten Gemeinschaft leben und nach dem Erscheinungsbild der Beziehung in der Öffentlichkeit diese Lebensform bewußt auch für ihre weitere Zukunft gewählt haben. *(Senatsurteile v. 21. 12. 1988 – IVb ZR 18/88 –, NJW 1989, 1083 = FamRZ 1989, 487, 490f.; v. 11. 7. 1984 – IVb ZR 22/83 –, FamRZ 1984, 986, 987 = NJW 1984, 2692; v. 29. 6. 1983 – IVb ZR 391/81 –, FamRZ 1983, 996, 997 = NJW 1983, 2243).*

Ist diese Voraussetzung erfüllt, dann kann von dem Zeitpunkt an, in dem sich das ne. Zusammenleben der neuen Partner als solchermaßen verfestigte Verbindung darstellt, die Bedeutung der geschiedenen Ehe als Grund für eine fortdauernde unterhaltsrechtliche Verantwortung des Verpflichteten gegenüber seinem geschiedenen Ehegatten zurücktreten, und es kann für den Verpflichteten objektiv unzumutbar werden, den früheren Ehegatten unter derartig veränderten Lebensumständen gleichwohl weiterhin (uneingeschränkt) unterhalten zu müssen *(Senatsurteil v. 21. 12. 1988, a.a.O.)*.

Das KG hat in diesem Zusammenhang die Frage aufgeworfen, ob die Annahme einer auf Dauer angelegten verfestigten Verbindung voraussetze, daß diese von der konkreten Umgebung des Berechtigten als ehegleiches Verhältnis wahrgenommen und gewertet werde, und hat deswegen die Revision zugelassen.

Bedenken gegen die vorgenannte Rspr. des *Senats* sind im Schrifttum dahin aufgekommen, ob das Erscheinungsbild der ne. Lebensgemeinschaft in der Öffentlichkeit maßgebend sein könne oder ob es nicht ausreichen müsse, wenn die Partner ihre Verbindung als dauerhaft ansähen, auch wenn sie es verstünden, die Beziehung in der Öffentlichkeit geheimzuhalten (so *Johannsen/Henrich/Voelskow*, Eherecht, 2. Aufl., § 1579 BGB Rz. 42; *MünchKomm/Richter*, BGB, 2. Aufl., § 1579 Rz. 47, vgl. auch 3. Aufl., § 1579 Rz. 47 a; a. A. *Griesche*, in: FamGb, § 1579 BGB Rz. 35; vgl. auch *Luthin*, FamRZ 1986, 1166, 1167).

Ob an dem Kriterium des Erscheinungsbildes in der Öffentlichkeit festzuhalten ist, bedarf vorliegend keiner Entscheidung, da die Bekl. und L. – wie die getroffenen Feststellungen zeigen – ihre Verbindung nicht geheimhalten. Die Frage, ob die Öffentlichkeit aus diesem Verhalten auch tatsächlich auf ein ehegleiches Verhältnis schließen muß, wird – soweit ersichtlich – in dieser Form im Schrifttum nicht ernsthaft diskutiert. Sie ist mit dem KG und mit der von diesem gegebenen Begründung auch zu verneinen. Die Maßgeblichkeit des Erscheinungsbildes einer neuen Partnerschaft des Unterhaltsberechtigten in der Öffentlichkeit als Grund für die Unzumutbarkeit einer weiteren (uneingeschränkten) Unterhaltsbelastung des Unterhaltsverpflichteten betrifft jedenfalls allein die Erkennbarkeit der Partnerschaft aufgrund der nach außen dringenden Gegebenheiten und setzt nicht voraus, daß die Partnerschaft auch tatsächlich in diesem Sinne bewertet wird.

Daß das KG zu der Annahme gelangt ist, vorliegend bestehe nunmehr der Härtegrund eines auf Dauer angelegten festen Verhältnisses der Bekl. zu dem Zeugen L. (§ 1579 Nr. 7 BGB), begegnet daher aus Rechtsgründen keinen Bedenken. Es obliegt letztlich der verantwortlichen Beurteilung des Tatrichters, ob er den Tatbestand des „ne. Zusammenlebens" aus tatsächlichen Gründen für gegeben erachtet oder nicht *(Senatsurteil v. 25. 5. 1994 – XII ZR 17/93 –, FamRZ 1995, 540, 543)*. Daß der Zeuge L. weiterhin eine eigene Wohnung besitzt, steht der Bewertung ebensowenig entgegen *(Senatsurteil v. 11. 7. 1984, a.a.O.)* wie der Umstand, daß sich die Beziehung in der letzten Zeit nach den Angaben des Zeugen flüchtiger gestaltete. Dieser Gesichtspunkt brauchte das KG, das die Änderung letztlich als prozeßbedingt angesehen hat, aufgrund der im übrigen getroffenen Feststellungen nicht zu einer anderen Beurteilung zu veranlassen.

Anhang R. Rechtsprechung R511B

(Wahrung der Kinderbelange bei einer Verwirkung nach § 1579 BGB)
Soweit die Revision sich gegen die Befristung des Unterhaltsanspruchs bis zum 30. 9. 1997 wendet, kann ihr der Erfolg allerdings nicht versagt werden. **b**
Da die Bekl. als Sorgeberechtigte die 1985 geborene gemeinsame Tochter betreut, ist ihr Unterhaltsanspruch nach § 1579 BGB nur zu begrenzen, soweit die Inanspruchnahme des Unterhaltspflichtigen auch unter Wahrung der Belange des Kindes, dessen Pflege und Erziehung gesichert bleiben muß, grob unbillig ist. Das ist grundsätzlich der Fall, soweit der Unterhalt das Maß dessen übersteigt, was der betreuende Elternteil – ggf. zusammen mit seinen Erwerbseinkünften – zur Deckung seines Mindestbedarfs benötigt, ferner, soweit dieser die dazu erforderlichen Mittel von anderer Seite erhalten kann und daher auf den Unterhalt nicht angewiesen ist. Schließlich können die Belange des Kindes gewahrt sein, wenn seine Pflege und Erziehung in anderer Weise als durch elterl. Betreuung sichergestellt werden kann (*Senats*urteil v. 27. 9. 1989 – IV b ZR 78/88 –, FamRZ 1989, 1279, 1280; *Johannsen/Henrich/Voelskow,* a.a.O., § 1579 BGB Rz. 9 f.; *Schwab/Borth,* Handbuch des Scheidungsrechts, 3. Aufl., Teil IV Rz. 418; *Göppinger/Kindermann,* Unterhaltsrecht, 6. Aufl. Rz. 1318; *Soergel/Häberle,* BGB, 12. Aufl., § 1579 Rz. 34 f.).
Ob es besonders schwerwiegende Härtefälle gibt, in denen diese Grenzen zur Vermeidung untragbarer Ergebnisse überschritten werden, in denen also die Belange des Kindes denen des Unterhaltspflichtigen in weiterem Umfang weichen müssen, kann dahinstehen, da ein solcher Ausnahmefalll hier nicht in Betracht kommt (*Senats*urteil v. 27. 9. 1989, a.a.O.). Davon ist auch das KG ausgegangen. Es hat indessen angenommen, die Bekl. werde nach dem 30. 9. 1997, auch im Hinblick auf das Alter des Kindes, selbst für ihren Unterhalt sorgen müssen, obwohl sie dann – wie für die Zeit vor dem 30. 9. 1997 ausgeführt wird – ihre derzeitige Teilzeitbeschäftigung erheblich ausweiten müßte.

(Vollzeitbeschäftigung bei Kindesbetreuung ab 15./16. Lebensjahr des Kindes, Teilzeitbeschäftigung zwischen dem 11. und 15. Lebensjahr; Anforderungen in die Einzelfallprüfung)
Daß und aufgrund welcher Umstände es der Bekl. zuzumuten sein wird, ihre derzeitige Teilzeit- **c**
beschäftigung erheblich auszuweiten, hat das KG nicht festgestellt. Bei der Betreuung eines einzelnen Kindes ist davon auszugehen, daß dessen Heranwachsen in ein Alter von 15 oder 16 Jahren dem betreuenden Elternteil in aller Regel die Möglichkeit eröffnet, eine Vollzeitbeschäftigung aufzunehmen (*Senats*urteile, BGHZ 89, 108, 111 = FamRZ 1984, 149; BGHZ 109, 72, 75 = FamRZ 1990, 260). Bei einem Kind zwischen dem 11. und 15. Lebensjahr ist weitgehend anerkannt, daß dem betreuenden Elternteil eine Teilzeitbeschäftigung zugemutet werden kann, die aber nicht stets den Umfang einer Halbtagsbeschäftigung erreichen muß (*Senats*urteil v. 18. 4. 1984 – IVb ZR 80/82 –, FamRZ 1984, 769, 770; *Schwab/Borth,* a.a.O., Teil IV Rz. 158; *Göppinger/Kindermann,* a.a.O., Rz. 1188; *Kalthoener/Büttner,* Die Rechtsprechung zur Höhe des Unterhalts, 5. Aufl., Rz. 403).
Das Maß der zumutbaren Tätigkeit richtet sich nach den Umständen des Einzelfalles. Insofern sind sowohl in der Person des Kindes (Kränklichkeit, Schulschwierigkeiten, Entwicklungsstörungen), des Betreuenden (Alter, Gesundheitszustand, Beschäftigungschancen, anderweitige Betreuungsmöglichkeiten) und in den weiteren Verhältnissen liegende Kriterien zu berücksichtigen (*Kalthoener/Büttner,* a.a.O., Rz. 404).

BGH v. 19. 3. 1997 – XII ZR 277/95 – FamRZ 97, 811 = NJW 97, 2176

(Vorbereitende Auskunftsansprüche, die nicht im Rahmen einer Stufenklage geltend gemacht werden, gehören R511B
nicht in den Scheidungsverbund)
Mit der dem Ehemann am 28. 10. 1994 zugestellten Antragsschrift begehrte die Ehefrau die Scheidung der Ehe, die Übertragung des Sorgerechts für die gemeinsamen Kinder auf sich sowie die Verurteilung des Ehemannes zu einer umfassenden Auskunftserteilung über seine Einkünfte in den Jahren 1991 bis 1993.
Das AmtsG – FamG – schied durch Verbundurteil die Ehe der Parteien, übertrug das Sorgerecht für die gemeinschaftlichen Kinder auf die Ehefrau und wies die Klage auf Auskunftserteilung ab. In letzterer Hinsicht ging das Gericht davon aus, daß die begehrte Auskunft die Unterhaltsverpflichtung des Ehemannes unter keinem Gesichtspunkt beeinflussen könne.
Gegen die Abweisung ihres Auskunftsbegehrens legte die Ehefrau Berufung ein, mit der sie ihre Ansprüche auf das Jahr 1994 ausdehnte und dazu – teilweise umformuliert – im wesentlichen die gleichen Anträge stellte wie in erster Instanz. Sie stellte klar, daß die Auskunft auch wegen der Bemessung des Kindesunterhalts verlangt werde.
Das OLG wies die Berufung zurück (veröffentlicht in FamRZ 1996, 736). Dagegen richtet sich die zugelassene Revision der Ehefrau, mit der sie ihren in zweiter Instanz gestellten Auskunftsanspruch weiter verfolgt.

R511B Anhang R. Rechtsprechung

Entscheidungsgründe:
Das Rechtsmittel führt zur Aufhebung und Zurückverweisung.
1. Das OLG hält die Geltendmachung des Auskunftsanspruchs der Ehefrau schon für unzulässig, weil dieser Anspruch zu Unrecht im Rahmen des Scheidungsverbundes erhoben worden sei. Dazu hat es ausgeführt: Nach § 623 I S. 1 ZPO könne nur über Folgesachen zusammen mit einer Ehesache verhandelt und entschieden werden. Der hier von der Ehefrau selbständig verfolgte Auskunftsanspruch gemäß §§ 1580, 1605 BGB stelle keine Folgesache dar, sondern solle eine Entscheidung über Folgesachen (hier nachehel. Unterhalt und Kindesunterhalt) lediglich vorbereiten. Der Scheidungsverbund solle aber Ehegatten nicht nur vor Augen halten, welche Auswirkungen ihre Trennung haben könne, sondern auch deren wichtigste Folgen gleichzeitig mit der Scheidung inhaltlich regeln. Wenn nur über ein Auskunftsbegehren entschieden werde, werde eine Regelung in diesem Sinne nicht erzielt.

Damit geht das OLG zwar zutreffend davon aus, daß das FamG zu Unrecht den Auskunftsanspruch der Ehefrau in das Scheidungsverbundverfahren einbezogen hat, zieht daraus aber die zu weit gehende Konsequenz der Abweisung des Anspruchs als unzulässig.

a) Die Frage, ob Auskunftsansprüche der vorliegenden Art, die nicht im Rahmen einer Stufenklage erhoben werden, im Scheidungsverbund geltend gemacht werden können, ist umstritten. Die wohl überwiegende Ansicht verneint die Frage im Anschluß an die bereits im Urteil des *BGH* v. 30. 5. 1979 (IV ZR 160/78 –, FamRZ 1979, 690, 692) enthaltene Erwägung, der Scheidungsverbund sei auf die Regelung der Scheidungsfolgen bezogen, nicht aber auf Entscheidungen, die eine solche Regelung erst vorbereiten. Dies komme auch im Wortlaut des § 623 I S. 1 ZPO zum Ausdruck, der auf Entscheidungen abstelle, die für den Fall der Scheidung zu treffen seien (vgl. *KG*, NJW-RR 1992, 450, 451; *OLG Hamm,* FamRZ 1993, 984; *MünchKomm/Gernhuber,* BGB, 3. Aufl., § 1379 Rz. 31; *Palandt/Diederichsen,* BGB, 56. Aufl., § 1379 Rz. 2; *Wendl/Staudigl,* Unterhaltsrecht in der familienrichterlichen Praxis, 3. Aufl., § 8 Rz. 53; a. A.: *OLG Frankfurt,* FamRZ 1987, 299, 300; *Zöller/Philippi,* ZPO, 20. Aufl., § 623 Rz. 21 b; *Schwab/Maurer,* Handbuch des Scheidungsrechts, 2. Aufl., I 341; *Bergerfurth,* Ehescheidungsprozeß, 10. Aufl., Rz. 366).

Auch nach Auffassung des *Senats* entspricht die Einbeziehung isoliert erhobener Auskunftsansprüche in den Scheidungsverbund nicht dem Gesetz. Mit der Entscheidung über solche Ansprüche wird der Zweck des Verbundes, eine sachgerechte Regelung der wichtigsten mit der Scheidung zusammenhängenden Fragen gleichzeitig mit dieser zu treffen und dadurch den Ehegatten, der an der Ehe festhalten will oder der der sozial schwächere Teil ist, zu schützen (vgl. BT-Drucks. 7/650, S. 61, 86), nicht oder nur unvollkommen erreicht. Die Behandlung dieser Auskunftsbegehren als Folgesache hätte auch zur Folge, daß im Falle fehlender Entscheidungsreife eine Vorabentscheidung über den Scheidungsantrag nur bei Vorliegen der strengen Voraussetzungen des § 628 I Nr. 3 ZPO möglich wäre, was im Hinblick auf die nur eingeschränkte Bedeutung solcher Ansprüche nicht gerechtfertigt wäre. Die Regelung des § 623 I S. 1 ZPO, daß über Folgesachen gleichzeitig mit der Scheidungssache zu verhandeln und zu entscheiden ist, stellt eine vom Gesetz ausdrücklich zugelassene Ausnahme von dem Verbindungsverbot des § 610 II ZPO dar (vgl. Satz 2), die eng auszulegen ist. Sofern es einem Ehegatten daran geht, gleichzeitig mit der Scheidung Ansprüche auf Unterhalt und Zugewinnausgleich geregelt zu wissen, steht ihm, auch wenn er die Abänderung eines bereits bestehenden Titels erstrebt (vgl. *Senats*urteil v. 21. 4. 1993 – XII ZR 248/91 –, FamRZ 1993, 1065), der Weg der Stufenklage zur Verfügung, wobei über den Auskunftsanspruch vorab durch Teilurteil entschieden wird und die Art der Endentscheidung dem Sinn und Zweck des auf endgültige Regelungen gerichteten Scheidungsverbundes entspricht. Erstrebt er nur eine Entscheidung über den vorbereitenden Auskunftsanspruch, wird seinem Anliegen auch die Behandlung in einem gesonderten Verfahren außerhalb des Scheidungsverbundes gerecht.

b) Es war danach zwar verfahrensfehlerhaft, daß das FamG über den von der Ehefrau geltend gemachten Auskunftsanspruch zusammen mit der Ehesache und der Regelung der elterl. Sorge verhandelt und entschieden hat. Richtigerweise hätte es das Verfahren über den Auskunftsanspruch gemäß § 145 ZPO abtrennen und gesondert darüber verhandeln und entscheiden müssen (vgl. OLG Hamm, FamRZ 1994, 773; *Baumbach/Lauterbach/Albers,* ZPO, 55. Aufl., § 610 Rz. 3; *Wendl/Staudigl,* a.a.O., § 8 Rz. 53).

Da aber durch Teilanfechtung nur die Entscheidung über den Auskunftsanspruch in die Berufungsinstanz gelangt ist, während der Scheidungsausspruch und die Regelung der elterl. Sorge noch vor der Berufungsverhandlung in Rechtskraft erwuchsen, war in zweiter Instanz der aufgetretene Verfahrensfehler prozessual überholt und bedeutungslos geworden. Wäre das Verbundurteil insgesamt angefochten worden, hätte sich eine Abtrennung des die Auskunft betreffenden Verfahrens durch das OLG angeboten. Die Abweisung des Auskunftsanspruchs als unzulässig war jedenfalls nicht gerechtfertigt und kann keinen Bestand haben.

Anhang R. Rechtsprechung   R512

BGH v. 16. 4. 1997 – XII ZR 233/95 – FamRZ 97, 806 = NJW 97, 1919
(Zwischen Trennung und Scheidung geborenes nichteheliches Kind prägend für ehel. Lebensverhältnisse; Kinder- R512
geld ohne Einfluß auf das Bemessungseinkommen für den Kindesunterhalt; Vorabzug des Kindesunterhalts ohne
Verrechnung des Kindergelds)

Als vorweg abzugsfähig hat es ferner nicht nur den Unterhalt für das 1990 geborene eheliche Kind, **a**
sondern auch den Unterhalt für das 1991 nach Trennung, aber noch vor der Rechtskraft des Scheidungsurteils geborene nichteheliche Kind des Bekl. angesehen. Letzteres steht im Einklang mit der Rechtsprechung des *Senats,* weil auch die Unterhaltsbelastung durch das nichteheliche Kind die ehelichen Lebensverhältnisse mitgeprägt hat (*Senat,* NJW-RR 1988, 1093 = LM § 1577 BGB Nr. 14 = FamRZ 1988, 1031 [1032] und NJW 1994, 130 = LM H. 3/1994 § 1361 BGB Nr. 62 = FamRZ 1994, 87 [89]). Den Unterhalt beider Kinder hat es entsprechend den Sätzen der Düsseldorfer Tabelle (Stand 1. 7.1992, abgedr. in NJW 1992, 1367 = FamRZ-Buch 1 FamilienR 96, S. 6) mit je 310 DM bemessen. Dabei ist es von dem vorläufig errechneten Einkommen von 2464 DM ausgegangen, dem es das vom Bekl. für das nichteheliche Kind bezogene Kindergeld von 130 DM hinzugerechnet hat (2594 DM).
Diese Berechnungsweise stößt auf Bedenken, weil der Unterhaltsbedarf eines Kindes vom staatlichen Kindergeld nicht beeinflußt wird. Staatliches Kindergeld wird den unterhaltspflichtigen Eltern zur Erleichterung ihrer Unterhaltslast gewährt, soll aber nicht den Unterhaltsanspruch des Kindes erhöhen (*Senat,* BGHZ 70, 151 [153] = NJW 1978, 753 = LM BundeskindergeldG Nr. 2; NJW 1987, 647 = LM § 1603 BGB Nr. 34 = FamRZ 1987, 270 [271]; NJW 1988, 2375 = LM § 1606 BGB Nr. 26 = FamRZ 1988, 834). Der Fehler wirkt sich aber im Ergebnis nicht aus, weil die maßgebende zweite Gehaltsstufe der Tabelle auch ohne Hinzurechnung dieses Kindergeldes erreicht wird.
Zutreffend ist auch, daß das *OLG* den nach materiellem Recht maßgebenden vollen Tabellenunterhalt (vgl. *Senat,* NJW 1990, 3020 = LM § 1578 BGB Nr. 58 = FamRZ 1990, 1091 [1094 f.]) ohne anteilige Verrechnung des Kindergeldes in die Berechnung einbezogen hat. Dadurch wird eine Ungleichbehandlung des unterhaltspflichtigen und unterhaltsberechtigten Ehegatten vermieden, die sich ergäbe, wenn beim Unterhaltspflichtigen das Kindergeld als Einkommen berücksichtigt würde, beim Unterhaltsberechtigten hingegen nicht (*Senat,* NJW 1987, 58 = LM § 1578 BGB Nr. 38 = FamRZ 1986,783 [786]). Nach Abzug des Kindesunterhalts von zusammen 620 DM ist das *OLG* zu einem Einkommen des Bekl. von (2464 DM – 620 DM =) 1844 DM gelangt.

(Vorabzug des Bonus (Additionsmethode); Herabsetzung des Bonus bei Vorabzug konkreten Erwerbsaufwands
auf $^1/_9$; Berechnung des Bonus aus dem verteilungsfähigen Einkommen)
2. Um dem mit der Erwerbstätigkeit verbundenen erhöhten Aufwand und dem Gedanken des Er- **b**
werbsanreizes für den Unterhaltspflichtigen Rechnung zu tragen, hat das *OLG* abweichend von der sonst üblichen vereinfachenden Aufteilungsmethode von $3/_7$ für den Unterhaltsberechtigten und $4/_7$ für den Unterhaltsverpflichteten – den sog. Erwerbstätigenbonus gesondert errechnet. In Anbetracht des Umstands, daß die tatsächlichen berufsbedingten Aufwendungen in Gestalt der Fahrtkosten schon vorweg abgezogen worden seien und im wesentlichen nur noch der Anreizgedanke zu berücksichtigen sei, hat es diesen Bonus geringer, nämlich mit $1/_9$ statt mit $1/_7$ angesetzt (1844 : 9 = 205 DM). Auch dies steht im Einklang mit der Rechtsprechung des *Senats,* der es für rechtlich unbedenklich erachtet hat, den Erwerbstätigenbonus geringer als üblich zu bemessen, wenn berufsbedingte Aufwendungen bei der Ermittlung des Nettoeinkommens bereits konkret berücksichtigt wurden (*Senat,* NJW 1990, 2886 = LM § 1578 BGB Nr. 59 = FamRZ 1990, 1085 [1087] und NJW-RR 1990, 1346 = FamRZ 1990, 1090 [1091] m. Nachw.). Im übrigen steht die Höhe des Erwerbstätigenbonus allein im Ermessen des Tatrichters (*Senat,* NJW 1990, 2886 = LM § 1578 BGB Nr. 59 = FamRZ 1990, 1085 [1087] und NJW-RR 1990, 1346 = FamRZ 1990, 1090 [1091]).
Demgegenüber meint die Revision, daß der Erwerbstätigenbonus aus einem Einkommen zu ermitteln sei, das vorab lediglich um die berufsbedingten Aufwendungen, nicht aber auch um den Kindesunterhalt und weitere Verbindlichkeiten bereinigt werden dürfe. Die gegenteilige Ansicht führe zu einer Aushöhlung des Erwerbstätigenbonus, die sich bei der hier angewandten Methode der gesonderten Ermittlung und der geringeren Quote um so mehr auswirke.
Dem vermag der *Senat* nicht zu folgen. Richtig ist zwar, daß der Bonus bei Vorwegabzug aller Verbindlichkeiten geringer ausfällt. Das ist indes nicht ausschlaggebend. Der *Senat* hat in ständiger Rechtsprechung darauf abgehoben, daß schon bei der Bemessung des Unterhaltsbedarfs nach den ehelichen Lebensverhältnissen dem erwerbstätigen Unterhaltspflichtigen im Verhältnis zum Unterhaltsberechtigten ein die Hälfte des „verteilungsfähigen Einkommens" maßvoll übersteigender Betrag verbleiben muß, um dem typischerweise mit der Berufstätigkeit verbundenen erhöhten Aufwand, auch soweit er sich nicht in konkret meßbaren Kosten niederschlägt, und dem Gedanken des Erwerbsanreizes Rechnung zu tragen (vgl. *Senat,* NJW 1988, 2369 = LM § 1569 BGB Nr. 28 = FamRZ 1988, 265 [267] und NJW-RR 1991, 132 = FamRZ 1991, 304 [305] m. Nachw.). Dabei muß

die Betonung vorliegend auf das „verteilungsfähige Einkommen" gelegt werden. Die ehelichen Lebensverhältnisse werden im wesentlichen geprägt durch die Mittel, die den Ehegatten nach Vorwegabzug ihrer Verbindlichkeiten Dritten gegenüber, wozu vor allem der Kindesunterhalt gehört, noch zum Verbrauch zur Verfügung stehen. Das gilt für den Unterhaltsverpflichteten in gleicher Weise wie für den Berechtigten. Auch der erwerbstätige Unterhaltsverpflichtete muß sich daher von vornherein auf dasjenige beschränken, was insgesamt nach Abzug der Verbindlichkeiten übrigbleibt. Soweit ihm aufgrund seiner Erwerbstätigkeit im Verhältnis zum anderen Ehegatten ein höherer Anteil des Einkommens zu belassen ist, kann sich dieser nur aus dem restlichen verteilungsfähigen Einkommen errechnen. Die Berechnung des Erwerbstätigenbonus aus einem unbereinigten oder jedenfalls nur um die meßbaren berufsbedingten Aufwendungen bereinigten Nettoeinkommen würde dagegen zu einem Ungleichgewicht zu Lasten des Unterhaltsberechtigten führen: Es müßte zum einen die volle Last der Verbindlichkeiten mittragen, zum anderen aber sich einem damit nicht konformen, weil überhöhten Erwerbstätigenbonus des anderen Ehegatten entgegenhalten lassen (wie hier *OLG Karlsruhe,* FamRZ 1992, 1438; *OLG München,* FamRZ 1993, 328 [329]; *OLG Düsseldorf,* FamRZ 1994, 1049 [1052]; *Kalthoener/Büttner,* Die Rspr. zur Höhe des Unterhalts, 5. Aufl., Rdnr. 35; a. A. *OLG Hamburg,* FamRZ 1991, 953).

Darüber hinaus ist zu bedenken, daß es sich bei den Unterhaltsfällen um Massenerscheinungen handelt, auf die aus Vereinfachungsgründen notwendig eine pauschalierende und typisierende Berechnungsmethode anzuwenden ist. Der *Senat* hat daher seit jeher gebilligt, daß nach Vorwegabzug aller anzuerkennenden Verbindlichkeiten das restliche Erwerbseinkommen nach einer pauschalen Quote (in der Regel $3/7 : 4/7$) zwischen erwerbstätigem und nicht erwerbstätigem Ehegatten aufgeteilt wird. Die hier vorliegende gesonderte Berechnung des Erwerbstätigenbonus ist lediglich eine andere, wenn auch kompliziertere Methode, die aber letztlich ebenfalls auf einer Pauschalierung beruht und es daher nicht rechtfertigt, vom System des Vorwegabzugs der Verbindlichkeiten abzuweichen.

(Additionsmethode gebilligt; Vorabzug des Erwerbstätigenbonus für Bedarfsermittlung; keine fiktive Zinsanrechnung)

c 3. Den eheangemessenen Unterhaltsbedarf der Kl. hat das *OLG* nach Abzug des Erwerbstätigenbonus – insoweit folgerichtig – zunächst mit $1/2$ des verbleibenden Einkommens bemessen, wobei es diesem Einkommen das vom Bekl. für das nichteheliche Kind bezogene Kindergeld von 130 DM hinzugerechnet hat. Es ist dabei zu einem Betrag von (1844 DM − 205 DM + 130 DM = 1769 DM : 2 =) gerundet 885 DM gelangt. Eigene Erwerbs- oder Kapitaleinkünfte, die auf diesen Bedarf anzurechnen wären, hat die Kl. nicht. Die Berücksichtigung fiktiver Zinseinkünfte aus den im Zugewinnausgleich enthaltenen 18 000 DM hat das *OLG* mit dem zutreffenden Hinweis darauf verneint, daß das Verhalten der Kl. keinen Anhaltspunkt für den Vorwurf eines leichtfertigen, unterhaltsbezogenen Verhaltens i. S. von § 1579 Nr. 3 BGB ergeben habe (vgl. *Senat,* NJW-RR 1986, 746 = LM § 1577 BGB Nr. 10 = FamRZ 1986, 560). Die Kl. hat das Geld für notwendige Lebenshaltungskosten, die ihr von ihren Eltern vorgestreckt waren, und für die Renovierung und Einrichtung einer Wohnung für sich und das Kind ausgegeben. Die Beurteilung, ob die Kl. hierbei verschwenderisch vorgegangen ist, liegt im tatrichterlichen Ermessen. Die Revision zeigt keine Gesichtspunkte auf, die eine Überschreitung dieses Ermessens begründen könnten.

(Notwendiger Selbstbehalt beim nachehelichen Unterhalt nur im Ausnahmefall; auch bei Mangelfallrechnung kein Mindestbedarf des Ehegatten)

d a) Gegen die Bemessung des Selbstbehalts des Bekl. wendet sich die Revision allerdings ohne Erfolg. Der *Senat* hat es zwar für nicht vertretbar gehalten, einem unterhaltspflichtigen geschiedenen Ehegatten im Verhältnis zum anderen Ehegatten, dessen Existenzminimum nicht sichergestellt ist, regelmäßig nur den notwendigen Selbstbehalt zu belassen. Jedoch kann ihm, wenn die besonderen Umstände des Einzelfalles und eine Abwägung der beiderseitigen Interessen und Bedürfnisse dies rechtfertigen, ausnahmsweise auch eine Unterhaltsverpflichtung bis zur Grenze des eigenen notwendigen Selbstbehalts auferlegt werden (*BGHZ* 109, 72 [85] = NJW 1990, 1172 = LM § 1581 BGB Nr. 7). Soweit das *OLG* hier einen solchen Ausnahmefall angesichts der individuellen äußerst beengten Verhältnisse und des Umstands, daß der Kl. und den Kindern im Vergleich zum Bekl. immer noch erheblich weniger zur Bedarfsdeckung verbleibt, angenommen hat, liegt dies im tatrichterlichen Ermessensbereich und ist aus Rechtsgründen nicht zu beanstanden (*BGHZ* 109, 72 [88] = NJW 1990, 1172 = LM § 1581 BGB Nr. 7).

b) Die Revision rügt aber zu Recht, daß das *OLG* den Bedarf der Kl. mit einem Mindestbedarfssatz – hier von 1150 DM entsprechend dem notwendigen Eigenbedarf für einen nicht erwerbstätigen Ehegatten (nach Düsseldorfer Tabelle Stand 1. 7. 1992) – angesetzt hat. Dies entspricht nicht der gesetzlichen Regelung (st. Rspr. des Senats: vgl. u. a. *BGHZ* 104, 158 [168] = NJW 1988, 1722 = LM § 1582 BGB Nr. 4; NJW 1995, 963 = LM H. 6/1995 § 1578 BGB Nr. 62 = FamRZ 1995, 346 f.). Der Unterhaltsbedarf eines geschiedenen Ehegatten bemißt sich vielmehr gem. § 1578 I 1 BGB nach den

Anhang R. Rechtsprechung　　　　　　　　　　　　　　　　　　　　　　　　　　　　　　**R512**

individuell ermittelten Lebens-, Einkommens- und Vermögensverhältnissen der Ehegatten, die bis zum Zeitpunkt der Scheidung den ehelichen Lebensstandard bestimmt haben, gegebenenfalls erhöht um einen konkret darzulegenden trennungsbedingten Mehrbedarf. Denn es ist nicht auszuschließen, daß der pauschalierende Mindestbetrag den aus den ehelichen Lebensverhältnissen individuell ermittelten Betrag übersteigt und somit zu einer ungerechtfertigten Bevorzugung des Ehegatten führt. Die zunächst noch offengelassene Frage, ob dies im Hinblick auf die Übung, auch die konkurrierenden Unterhaltsansprüche der Kinder nach Tabellenwerten zu bemessen und in die Berechnung einzustellen, auch in einem sogenannten echten Mangelfall gelte, der durch die mangelnde Fähigkeit des Unterhaltsverpflichteten gekennzeichnet sei, den ungedeckten Unterhaltsbedarf gleichrangiger Unterhaltsberechtigter zu decken (vgl. NJW 1995, 963 = LM H. 6/1995 § 1578 BGB Nr. 62 = FamRZ 1995, 346 [347]), hat der *Senat* inzwischen ebenfalls im obigen Sinne entschieden (*Senat,* NJW 1996, 517 = LM H. 4/1996 § 1581 BGB Nr. 10 = FamRZ 1996, 345 [346 f.]). Denn die Bemessung des Kindesunterhalts nach Tabellenwerten rechtfertigt es auch im echten Mangelfall nicht, den Unterhalt des geschiedenen Ehegatten auf einen Mindestbedarfssatz zu erhöhen, weil dies im Ergebnis zu einer nicht gerechtfertigten Verzerrung des Verhältnisses der einzelnen Unterhaltsansprüche zu Lasten der Kinder führen würde, die im Gegensatz zu Erwachsenen ihren eigenen Lebensbedarf auch nicht teilweise decken können und daher besonders schutzwürdig sind (*Senat,* NJW 1996, 517 = LM H. 4/1996 § 1581 BGB Nr. 10 = FamRZ 1996, 345 [346 f.]).

(Kein Mindestunterhalt für Kinder im Mangelfall; kein Abzug des Kindergelds vom Einsatzbetrag für Kinder)

4. Da das *OLG* somit seiner Unterhaltsberechnung einen (um 265 DM) zu hohen Unterhaltsbedarf der Kl. zugrunde gelegt hat, kann das Berufungsurteil nicht bestehenbleiben. Indessen ist die Sache nach dem feststehenden Sachverhalt zur Endentscheidung reif, so daß der *Senat* in der Sache selbst entscheiden kann (§ 565 III Nr. 1 ZPO). Im Rahmen der mehrstufigen Mangelfallberechnung sind zunächst die Einsatzbeträge für die Ermittlung der gekürzten Unterhaltsansprüche aller Unterhaltsberechtigten festzustellen.

a) Für die beiden Kinder des Bekl. hat das *OLG* nicht den zuvor ermittelten angemessenen Tabellenunterhalt von je 310 DM aus der zweiten Gehaltsstufe der Düsseldorfer Tabelle, in die der Bekl. entsprechend seinem Einkommen einzuordnen ist, zugrunde gelegt, sondern nur den Mindestbedarf von je 291 DM der ersten Gehaltsstufe. Es ist dabei den Leitlinien der Düsseldorfer Tabelle gefolgt, wonach der Kindesunterhalt im Mangelfall stets mit den Mindestsätzen aus der ersten Gehaltsgruppe zu bemessen sei (vgl. Erläuterungen zur Düsseldorfer Tabelle bei *Scholz,* FamRZ 1993, 125 [145]). Dieser Ansatz wäre zwar dann folgerichtig, wenn auch der Ehegattenunterhalt mit einem Mindestsatz einzustellen wäre, wie es die Düsseldorfer Leitlinien an sich vorsehen. Indessen sind ebenso, wie in der ersten Berechnungsstufe der eheangemessene Bedarf des Ehegatten nicht nach einem pauschalen Mindestbetrag, sondern individuell aus dem die ehelichen Lebensverhältnisse prägenden Einkommen zu berechnen ist, auf der gleichen Stufe auch die Bedarfsbeträge des angemessenen Unterhalts für andere Unterhaltsberechtigte festzustellen, d. h. hier die Beträge, die den Kindern bei voller Leistungsfähigkeit des Bekl. nach dessen Einkommen zuständen. Denn die zu berücksichtigenden Ansprüche müssen zu dem insgesamt für Unterhaltszahlungen verfügbaren Betrag in Relation gesetzt werden. Der Ansatz bloßer Mindestbeträge würde anderenfalls bei der in der zweiten Berechnungsstufe gebotenen proportionalen Kürzung aller Bedarfsbeträge zu verzerrten Ergebnissen führen und insbesondere auch mit dem aufgrund des angemessenen Kindesunterhalts ermittelten eheangemessenen Ehegattenunterhalt nicht in Einklang stehen (*Senat,* NJW 1983, 1733 = LM § 1578 BGB Nr. 21 = FamRZ 1983, 678 [679]; BGHZ 104, 158 [169] = NJW 1988, 1722 = LM § 1582 BGB Nr. 4). Danach verbleibt es hier bei einem Kindesunterhaltsbedarf von je 310 DM als Einsatzbetrag.

Der Unterhalt des ehelichen Kindes ist nicht vorab um den hälftigen Anteil des von der Kl. bezogenen Kindergeldes von 70 DM zu kürzen, da dieser Ausgleich nur das Verhältnis der Ehegatten zueinander betrifft und für die Berechnung des Unterhaltsbedarfs des Kindes keine Bedeutung hat. Andernfalls würde der betreuende Ehegatte im Ergebnis neben seinem eigenen Kindergeldanteil vorab noch eine Quote des Anteils des anderen Ehegatten erhalten (*Senat,* NJW 1987, 58 = LM § 1578 BGB Nr. 38 = FamRZ 1986, 783 [786] und NJW 1992, 1621 = LM H. 9/1992 § 1561 BGB Nr. 8 = FamRZ 1992, 539 [540]; *Schwab/Borth,* Hdb. des ScheidungsR. 3. Aufl., IV Rdnr. 1123). Soweit der *Senat* in BGHZ 104, 158 (169) = NJW 1988, 1722 = LM § 1582 *BGB* Nr. 4 eine andere Auffassung gebilligt hat, hält er hieran nicht fest.

(Kindergeld weder bei Bedarfsbemessung noch bei Leistungsfähigkeit als Einkommen berücksichtigen; Ausgleichsmaßstab für Kindergeld § 1606 III BGB; Anrechnung eines Zählkindvorteils nur im Ausnahmefall)

b) Für die Ermittlung des eheangemessenen Unterhaltsbedarfs der Kl. nach § 1578 BGB ist ferner bedeutsam, von welchem anrechnungsfähigen Einkommen des Bekl. auszugehen ist. Dabei ist fraglich, ob und in welcher Weise das Kindergeld in die Berechnung einzubeziehen ist, und zwar nicht nur das Kindergeld für gemeinsame Kinder, sondern auch für nicht gemeinsame Kinder. In beiden Fällen ist die Handhabung in Rechtsprechung und Literatur nicht einheitlich (vgl. die Übersichten bei *Hampel,* Bemessung des Unterhalts, Rdnr. 226 f., 421 f.; *Wendl/Gutdeutsch,* Das UnterhaltsR in der familienrichterlichen Praxis. 3. Aufl., § 5 Rdnr. 83 f.; *Köhler/Luthin,* Hdb. des UnterhaltsR, 8. Aufl., Rdnr. 544 f.).

Was das Kindergeld für ein gemeinsames Kind angeht, wird zum Teil vertreten, es bereits bei der Bedarfsbemessung zu berücksichtigen (*Wendl/Gutdeutsch,* § 5 Rdnr. 84). Nach den Düsseldorfer Leitlinien (Anm. C lfd. Nr. 45 in NJW 1993, 308 = FamRZ Buch S. 97) ist es dagegen bis zur Deckung des Mindestbedarfs erst in die Verteilungsmasse einzubeziehen. Dabei ist streitig, ob es insgesamt als Teil der Verteilungsmasse auf alle Berechtigten, also auf Kinder und Ehegatten, zu verteilen ist (so im Grundsatz *Scholz,* FamRZ 1993, 125 [146], jedoch differenzierend für den Fall, daß die unterhaltsberechtigte Ehefrau das Kindergeld bezieht; *Köhler/Luthin,* Rdnr. 545, 546; ähnlich *Graba,* FamRZ 1992, 541 [545]; Leitlinien *OLG München,* Nr. 4.2 in NJW 1992, 1741 = FamRZ Buch 1 FamR = 96, S. 158 f.) oder ob der Kindergeldausgleich erst im Anschluß an die Mangelfallberechnung durchzuführen und das Kindergeld bis zur Deckung des Mindestbedarfs in erster Linie für den Kindesunterhalt zu verwenden und nur hinsichtlich eines etwaigen Restes zwischen den Eltern zu verteilen ist (so *Schwab/Borth,* IV Rdnr. 1119; ähnlich *Hammer* Leitlinien Nr. 15 NJW 1992, 1368 = FamRZ Buch 1 FamR = 96, S. 116).

Ist das für ein nicht gemeinsames Kind gezahlte Kindergeld – wie hier – mit einem Zählkindvorteil für den Unterhaltsverpflichteten verbunden wird zum Teil vertreten, den Zählkindvorteil dem Einkommen des Verpflichteten zuzurechnen und bereits bei der Bedarfsbemessung zu berücksichtigen (*Wendl/Gutdeutsch,* § 5 Rdnr. 90). Nach anderer Ansicht soll es – ungeachtet des Grundsatzes, daß Zählkindvorteile unberücksichtigt bleiben – im Mangelfall zur Aufstockung des Kindesunterhalts bis zur Höhe des Tabellenmindestbedarfs dienen (*Hampel,* Rdnr. 434).

aa) Kindergeld für gemeinsame Kinder hat der *Senat* bisher bereits im Rahmen der Ermittlung des Unterhaltsbedarfs des berechtigten Ehegatten dem bereinigten Erwerbseinkommen des Unterhaltsverpflichteten hinzugerechnet, und zwar in voller Höhe, gleichgültig, ob es vom unterhaltsverpflichteten oder vom unterhaltsberechtigten Ehegatten bezogen wurde (vgl. *Senat,* NJW 1990, 1477 = LM § 1578 BGB Nr. 56 = FamRZ 1990, 499 [502]; NJW-RR 1990, 578 = FamRZ 1990, 979 [980] und NJW 1992, 1621 = LM H. 9/1992 § 1581 BGB Nr. 8 = FamRZ 1992, 539 [541]). In zwei Fällen handelte es sich dabei um Kindergeld für volljährige Kinder, das einmal vom allein barunterhaltspflichtigen Ehemann, das andere Mal von der unterhaltsberechtigten Ehefrau bezogen wurde, in einem weiteren Fall um Kindergeld für minderjährige Kinder, das die Ehefrau erhielt. Die Einbeziehung des Kindergeldes in die Bedarfsermittlung wurde damit begründet, daß es im Verhältnis der Ehegatten zueinander als Einkommen gelte, das die ehelichen Lebensverhältnisse geprägt habe und einkommenserhöhend wirke, da es nicht an das Kind weitergegeben zu werden brauche. Entsprechend wurde der dem unterhaltsberechtigten Ehegatten zustehende hälftige Kindergeldanteil von seinem – nach Vorwegabzug des Tabellenkindesunterhalts – ermittelten Unterhaltsbedarf als bedarfsdeckend abgezogen und der danach verbleibende Betrag als Einsatzbetrag in die weitere Kürzungsberechnung einbezogen (vgl. *Senat,* NJW 1992, 1621 = LM H. 9/1992 § 1581 BGB Nr. 8 = FamRZ 1992, 539 [541]).

Diese Behandlung des Kindergeldes hat allerdings in der Praxis bei der ohnehin komplizierten Berechnung von Mangelfällen nicht zu einer wünschenswerten einheitlichen Handhabung geführt. Sie ist auch nicht ohne sachliche Kritik geblieben, der sich der *Senat* nicht verschließen kann (vgl. *Graba,* FamRZ 1992, 541 [543]; *Hampel,* Rdnr. 424 f.). Er hält daher an dem Berechnungsansatz, das Kindergeld zum unterhaltsrelevanten Einkommen des Unterhaltsverpflichteten zu zählen und daraus den eheangemessenen Unterhaltsbedarf des Berechtigten zu ermitteln, nicht fest.

Dem steht nicht entgegen, daß der *Senat* zweckbestimmte Sozialleistungen im privaten Unterhaltsrecht grundsätzlich wie sonstiges Einkommen behandelt, soweit sie geeignet sind, den allgemeinen Lebensunterhalt des Leistungsempfängers und seiner Familie zu decken (vgl. *Senat,* NJW 1988, 2799 = LM § 1603 BGB Nr. 36 = FamRZ 1988, 604 [606]). Staatliches Kindergeld wird gewährt, um die Unterhaltslast der Eltern gegenüber ihren Kindern zu erleichtern. Diese öffentlich-rechtliche Zweckbestimmung als eine entlastende Leistung darf nicht dadurch in ihr Gegenteil verkehrt werden, daß sie – im Wege einer Zurechnung zum Einkommen des Unterhaltspflichtigen – zu einer Erhöhung des Unterhaltsbedarfs führt. Dieser für die Berechnung des Kindesunterhalts allgemein anerkannte Grundsatz (*BGHZ* 70, 151 [153] = NJW 1978, 753 = LM BundeskindergeldG Nr. 2) muß in gleicher Weise für den Unterhaltsbedarf eines Ehegatten gelten. Auch hier kann sich Kindergeld nicht bedarfserhöhend auswirken. Auch der Gedanke, daß Kindergeld im Verhältnis der Ehegatten zueinander als Einkommen gilt, weil es ihnen beiden anteilig zusteht und nicht direkt an das Kind weitergegeben werden muß, führt nicht dazu, es bereits in die Bedarfsermittlung des Ehegattenunterhalts einzubeziehen. Geht man von der vom Gesetz gewollten Funktion des Kindergeldes aus,

Anhang R. Rechtsprechung R512

beide Eltern in angemessener Weise bei der Erfüllung ihrer jeweiligen Unterhaltspflicht gegenüber den Kindern zu entlasten, so steht ihnen das Kindergeld jeweils entsprechend ihren Anteilen an der Erfüllung der Bar- und Naturalunterhaltspflicht zu. Der Leistungsempfänger, an den das Kindergeld ausgezahlt wird, muß dem anderen einen entsprechenden Ausgleich zukommen lassen. Dabei handelt es sich um einen Unterfall des von der Rechtsprechung entwickelten besonderen familienrechtlichen Ausgleichsanspruchs. Dieser Ausgleich vollzieht sich aus Vereinfachungsgründen zwar meist über die Unterhaltszahlungen des barunterhaltspflichtigen Elternteils für das Kind; das ändert jedoch nichts daran, daß es um ein eigenes Recht des jeweiligen Elternteils geht, der den anderen daher auch unmittelbar auf Auszahlung des anteiligen Kindergeldes in Anspruch nehmen kann (*Senat,* NJW 1988, 1720 = LM § 1569 BGB Nr. 30 = FamRZ 1988, 607 [609] und NJW 1988, 2375 = LM § 1606 BGB Nr. 26 = FamRZ 1988, 834 m. w. Nachw.).

Der Ausgleichsmaßstab folgt aus § 1606 III BGB. Bestreiten die Eltern den Unterhalt zu gleichen Anteilen, sei es, daß der eine den Barunterhalt, der andere den gleichwertigen Naturalunterhalt leistet (§ 1606 III 2 BGB), oder sei es, daß beide hälftig zum Barunterhalt beitragen, wird im allgemeinen auch ein hälftiger Ausgleich des Kindergeldes in Betracht kommen. Tragen sie zu verschiedenen Anteilen zur Erfüllung der Unterhaltspflicht bei, etwa zum Barunterhalt entsprechend ihren unterschiedlichen Erwerbs- und Vermögensverhältnissen (§ 1606 III 1 BGB), so ist auch das Kindergeld entsprechend aufzuteilen. Wird das Kindergeld dagegen bereits in die Bedarfsermittlung einbezogen, so unterliegt es ggf. einer abweichenden Aufteilungsquote nach § 1578 BGB und darüber hinaus der unterschiedlichen Quote bei der anschließenden Kürzung der Unterhaltsbedarfsbeträge im Rahmen der Mangelberechnung. Beides steht mit dem an sich vorrangigen Aufteilungsverhältnis nach § 1606 III BGB nicht in Einklang. Obwohl Kindergeld für ein gemeinsames Kind unterhaltsrechtlich zum Einkommen zählt, kann es nicht wie sonstiges Einkommen zur Bedarfsberechnung nach § 1578 BGB herangezogen werden, sondern unterliegt der Sonderbestimmung des § 1606 III BGB (so zutr. *Graba,* FamRZ 1992, 541 [543]).

bb) Für das dem Bekl. ausgezahlte erhöhte Kindergeld für sein nichteheliches Kind kann im Ergebnis nichts anderes gelten. Auch hier gilt in erster Linie der eingangs genannte allgemeine Grundsatz, daß öffentlich-rechtliche Sozialleistungen, die aufgrund ihrer Zweckbestimmung entlastend wirken sollen, nicht im Gegenteil zu einer Bedarfserhöhung führen dürfen. Im übrigen handelt es sich, zumindest was den Sockelbetrag dieses Kindergeldes angeht, von vornherein nicht um Einkommen des Bekl., das im Verhältnis zu seiner geschiedenen Frau als unterhaltsrelevantes Einkommen zu behandeln ist und beiden anteilig zusteht. Denn das Kindergeld wird für ein nicht gemeinsames Kind gezahlt, für das nicht der Kl., sondern der leiblichen Mutter ein Anteil gebührt. Ein Kindergeldausgleich zwischen geschiedenen Ehegatten kann nur insoweit stattfinden, als das Kindergeld für gemeinsame Kinder gezahlt wird (*Senat,* NJW 1984, 2694 = LM § 1601 BGB Nr. 9 = FamRZ 1984, 1000).

Aber auch soweit einem Ehegatten bei einem weiteren nicht gemeinsamen Kind wegen der Berücksichtigung gemeinsamer Kinder ein sogenannter Zählkindvorteil erwächst, ist dieser dem Kindergeld für die gemeinsamen Kinder weder ganz noch teilweise zuzurechnen und damit auch nicht in den Ausgleich einzubeziehen. Denn die Unterhaltslast, die einem Elternteil für ein gemeinsames Kind obliegt und die durch das staatliche Kindergeld erleichtert werden soll, wird nicht dadurch erhöht, daß der andere Ehegatte ein weiteres Kind hat. Im Innenverhältnis der Elternteile kommt daher demjenigen, der eine zusätzliche Unterhaltslast für ein nicht gemeinsames Kind hat, der damit verbundene Zählkindvorteil allein zugute. Hierin ist keine ungerechtfertigte Doppelbegünstigung des Ehegatten zu sehen. Denn nur er, nicht aber der andere Ehegatte, hat sowohl für die gemeinsamen Kinder als auch für sein weiteres Kind Unterhalt zu leisten. Vielmehr entspricht es dem Regelungszweck des Kindergeldgesetzes, mit dem Zählkindvorteil diese Doppelbelastung aufzufangen (st. Rspr.; *Senat,* NJW 1981, 170 = LM § 1602 BGB Nr. 5 = FamRZ 1981, 26 f.; LM § 1615 g BGB Nr. 3 = FamRZ 1981, 650 f. und NJW 1984, 2694 = LM § 1601 BGB Nr. 9 = FamRZ 1984, 1000).

Die Anrechnung eines Zählkindvorteils als unterhaltsrelevantes Einkommen ist nur ausnahmsweise dann gerechtfertigt, wenn der das erhöhte Kindergeld beziehende Ehegatte nur den bei ihm lebenden Kindern, nicht dagegen seinem anderweit betreuten sogenannten Zählkind Unterhalt gewährt. Da er in diesem Fall eine Entlastung nur hinsichtlich der bei ihm lebenden Kinder beanspruchen kann, ist der ihm zusätzlich zukommende Zählkindvorteil ein Vermögensvorteil, der außerhalb jener Zweckbestimmung liegt, und den er daher nicht für sich allein beanspruchen kann, sondern sich als verfügbares Einkommen zurechnen lassen muß (*Senat,* NJW 1987, 647 = LM § 1603 BGB Nr. 34 = FamRZ 1987, 270 [271]).

Diese Grundsätze, die der *Senat* bisher im Rahmen der Kindergeldanrechnung beim Kindesunterhalt aufgestellt hat, können hier gleichfalls herangezogen werden, weil es bei der Berücksichtigung des Zählkindvorteils nicht um den Ausgleich eines Vorteils zwischen dem barunterhaltspflichtigen Elternteil und den Kindern, sondern zwischen den Eltern geht (*Senat,* NJW 1981, 170 = LM § 1602 BGB Nr. 5 = FamRZ 1981, 26 [27]). Danach kommt eine Teilhabe der Kl. am Kindergeld für das nichteheliche Kind des Bekl., die sich bei einer Hinzurechnung zum unterhaltsrelevanten Einkommen des Bekl. im Rahmen der Bedarfsermittlung notwendig ergäbe, nicht in Betracht. Denn da der Bekl. hier beiden Kindern Unterhalt leistet, liegt auch der oben geschilderte Ausnahmefall nicht vor.

cc) Der eheangemessene Unterhaltsbedarf der Kl. nach § 1578 BGB errechnet sich somit gemäß der vom OLG gewählten Halbteilungsmethode aus einem um die regelmäßigen Kosten und Verbindlichkeiten, den Erwerbstätigenbonus und den Tabellenunterhalt der Kinder bereinigten Erwerbseinkommen des Bekl. mit (2756 DM −292 DM −205 DM −620 DM) = 1639 DM : 2 = 820 DM. Einen darüber hinausgehenden trennungsbedingten Mehrbedarf hat die Kl. nicht geltend gemacht. Auf diesen Unterhaltsbedarf ist der hälftige Kindergeldanteil der Kl. in dieser Berechnungsstufe nicht bedarfsdeckend anzurechnen, da sich andernfalls wiederum eine Verfälschung der Ausgleichsquote nach § 1606 II BGB ergäbe. Vielmehr ist für den Einsatzbetrag, der zur Errechnung der Kürzungsquote dient, der volle Bedarf maßgebend.

(Kein Vorabzug des Bonus im Mangelfall; Kindergeld erhöht nicht die Leistungsfähigkeit (Verteilungsmasse))

g   c) aa) In der zweiten Stufe der Mangelfallberechnung ist das zur Verteilung zur Verfügung stehende Einkommen des Bekl. abzüglich seines Selbstbehalts festzustellen. Es dient – wie die Einsatzbeträge des Unterhaltsbedarfs – der Ermittlung der Kürzungsquote. Dabei hat das OLG zutreffend lediglich die festen Abzüge (inkl. Fahrtkosten) von 292 DM, nicht aber den Erwerbstätigenbonus berücksichtigt. Da die Fahrtkosten bereits abgezogen sind, ist der im wesentlichen nur noch auf dem Anreizgedanken beruhende pauschale Erwerbstätigenbonus bereits in dem notwendigen Selbstbehalt von 1300 DM enthalten, den das OLG dem Bekl. im Vergleich zu einem nicht erwerbstätigen Ehegatten mit einem Selbstbehalt von nur 1150 DM in Anlehnung an die Beträge der Düsseldorfer Tabelle zugebilligt hat. Für eine darüber hinausgehende Privilegierung des Bekl. hat das OLG angesichts der beengten Verhältnisse keine Veranlassung gesehen. Diese im Rahmen tatrichterlichen Ermessen liegende Entscheidung ist aus Rechtsgründen nicht zu beanstanden (vgl. Senat, NJW 1992, 1621 = LM H. 9/1992 § 1581 BGB Nr. 8 = FamRZ 1992, 539 [541]).

bb) Eine weitere Frage ist, ob und in welcher Höhe das Kindergeld für das gemeinsame und das nicht gemeinsame Kind in das zur Verfügung stehende Einkommen einzubeziehen ist. Für die Einbeziehung könnte sprechen, daß das Kindergeld allgemein die Leistungsfähigkeit eines Verpflichteten erhöht, ferner, daß Eltern gem. § 1603 II BGB verpflichtet sind, in Mangelfällen alle verfügbaren Mittel zu ihrem und der minderjährigen Kinder Unterhalt gleichmäßig zu verwenden. Der *Senat* hält indes eine solche Einbeziehung in die Verteilungsmasse weder von Gesetzes wegen für geboten noch für zweckmäßig. Zum einen betrifft die Vorschrift des § 1603 II BGB nur den Kindesunterhalt, nicht den Ehegattenunterhalt. Für diesen fehlt eine entsprechende Bestimmung. Zum anderen würde der Kindergeldausgleich zwischen den Ehegatten entsprechend § 1606 III BGB – ähnlich wie bei einer Einbeziehung des Kindergeldes in die Bedarfsermittlung (vgl. oben zu 4 b aa) – aufgrund der unterschiedlichen Kürzungsquote verfälscht. Schwierigkeiten ergeben sich auch daraus, daß die Fälle unterschiedlich zu behandeln sind, je nachdem, ob der barunterhaltspflichtige oder der betreuende Elternteil das Kindergeld für das gemeinsame Kind erhält.

Diese Schwierigkeiten verstärken sich noch, wenn einer der Ehegatten – wie hier der Bekl. – Kindergeld einschließlich eines Zählkindvorteils für ein nicht gemeinsames Kind bezieht. Entgegen der Auffassung des OLG könnte dieses Kindergeld schon deshalb nicht in voller Höhe (130 DM) zum Einkommen des Bekl. gerechnet werden, weil zumindest ein Anteil von 35 DM (Hälfte des Sockelbetrages von 70 DM ohne Erhöhung durch den Zählkindvorteil) der leiblichen Mutter des Kindes zusteht und daher in das Unterhaltsverhältnis zwischen dem Bekl., seiner geschiedenen Ehefrau und dem ehelichen Kind nicht einbezogen werden darf (vgl. oben unter 4. b). Aber auch der dem Bekl. zustehende restliche Teil ist nicht zur Verteilungsmasse zu rechnen, und zwar aus den gleichen Gründen, die zur Nichtanrechenbarkeit des Zählkindvorteils führen (vgl. *Senat*, NJW 1984, 2694 = LM § 1601 BGB Nr. 9 = FamRZ 1984, 1000) und derentwegen sich auch eine Berücksichtigung bei der Bedarfsermittlung (vgl. oben) verbietet.

Hiervon für den Bereich des Mangelfalls eine Ausnahme zu machen, ist nicht geboten, da auch für Mangelfälle die Grundaussage bestehen bleibt, daß die einem Elternteil für ein gemeinsames Kind obliegende Unterhaltslast, die durch das staatliche Kindergeld erleichtert werden soll, nicht durch ein weiteres nicht gemeinsames Kind des anderen Ehegatten erhöht wird. Angesichts der Fülle von Variationsmöglichkeiten, in denen sich für das eine oder andere Ehegatten oder auch beide ein Zählkindvorteil ergeben kann, ist an dem Grundsatz des Nichteinbezugs dieses Kindergeldes festzuhalten. Dafür sprechen auch Gründe der Praktikabilität. Zwar verbleibt dann dem unterhaltspflichtigen Elternteil, hier dem Bekl., im Ergebnis mehr als der notwendige Selbstbehalt. Diese Ungereimtheit wurzelt aber in der gesetzgeberischen Entscheidung, Kindergeld für mehrere Kinder, gleichgültig, ob sie aus einer oder aus verschiedenen Verbindungen stammen, nicht in gleichbleibender, sondern in gestaffelter Höhe zu zahlen. Damit soll die Mehrbelastung ausgeglichen werden, die

Anhang R. Rechtsprechung R513

einen Unterhaltspflichtigen mit mehreren Kindern trifft. Fällt das erhöhte Kindergeld umgekehrt bei der unterhaltsberechtigten Ehefrau an, muß es ihr insoweit ebenfalls voll belassen werden.

Es errechnet sich somit eine Verteilungsmasse von (2756 DM Nettoeinkommen − 292 DM feste Kosten − 1300 DM Selbstbehalt) = 1164 DM.

d) Aus dem Verhältnis dieser Verteilungsmasse zum Unterhaltsbedarf aller (gleichrangigen) Unterhaltsberechtigten (310 DM + 310 DM + 820 DM = 1440 DM) errechnet sich die Quote, nach der der Unterhaltsbedarf des berechtigten Ehegatten zu kürzen ist. Für die Kl. ergibt sich danach ein Unterhalt von (1164 DM : 1440 DM = 0,8083 x 820 DM) = 663 DM (gerundet).

(Prüfung der Angemessenheit in 4. Stufe; Unzumutbarkeit des Kindergeldausgleichs im Mangelfall)

e) Erst in einer weiteren vierten Stufe ist das im Rahmen der Mangelverteilung gewonnene Ergebnis darauf zu überprüfen, ob im konkreten Einzelfall die Aufteilung des verfügbaren Einkommens auf die minderjährigen Kinder und die unterhaltsberechtigte Ehefrau − auch im Hinblick auf dieser evtl. anzurechnende eigene Einkünfte − insgesamt billig und angemessen ist (§ 1581 BGB; vgl. zuletzt *Senat*, NJW 1996, 517 = LM H. 4/1996 § 1581 BGB Nr. 10 = FamRZ 1996, 345 [347] m. w. Nachw.). Erst in diesem Rahmen ist auch die Frage des Ausgleichs des Kindergeldes für gemeinsame Kinder zu erörtern. Das gilt nicht nur für die bisherige Kindergeldregelung, sondern auch für die Neuregelung durch das Jahressteuergesetz 1996 vom 11. 10. 1995 (BGBl. I, 1250) mit ihren erhöhten Kindergeldbeträgen.

h

Der der Kl. zustehende hälftige Anteil von 35 DM an dem von ihr bezogenen Kindergeld ist ihr vorab anrechnungsfrei zu belassen. Eine Auskehrung des an sich dem Bekl. zustehenden hälftigen Kindergeldanteils an ihn erscheint hier wegen der beengten Verhältnisse, in denen die Kl. mit dem gemeinsamen Kind lebt und in denen auch der angemessene Unterhalt des Kindes nicht gedeckt ist, nicht zumutbar. Dabei bedarf es hier keiner Auseinandersetzung mit der strittigen Frage, ob der Kindergeldanteil des Verpflichteten − ggf. entsprechend der Kürzungsquote − allen Unterhaltsberechtigten zugute kommen oder in erster Linie der Aufstockung des Kindesunterhalts dienen soll (vgl. die Übersicht bei *Hampel* Rdnr. 230 ff., 435). Für den Regelfall ist nämlich nach der Lebenswirklichkeit davon auszugehen, daß eine Mutter, die das Kindergeld für die bei ihr lebenden und von ihr betreuten minderjährigen Kinder bezieht, es in vollem Umfang − und zwar sowohl was ihren eigenen als auch was den Anteil des Vaters betrifft − einsetzt, um ihren und der Kinder Unterhalt gleichmäßig zu befriedigen. Das entspricht auch der elterlichen Verpflichtung aus § 1603 II BGB. Eine besondere Aufteilung des Kindergeldanteils des Verpflichteten nach Kopfteilen oder nach einer Quote würde die Berechnung nur unnötig komplizieren, aber zu keinem nennenswert anderen tatsächlichen Ergebnis führen. Diese Handhabung des Kindergeldausgleichs erscheint auch für die neuen Kindergeldbeträge angemessen.

BGH v. 16. 04. 97 − XII ZR 293/95 − FamRZ 97, 873 = NJW-RR 97, 897

(Umfang eines Unterhaltsverzichts − Anspruch auf Betreuungsunterhalt trotz umfassenden Verzichts)   R513

Der Verzicht auf Unterhaltsansprüche kann zeitlich befristet, aufschiebend oder auflösend bedingt sowie der Höhe nach oder insgesamt auf Teile der Unterhaltsberechtigung beschränkt werden (vgl. *Schwab/Borth*, Hdb. d. ScheidungsR, 3. Aufl., IV Rdnrn. 1283 ff., 1288, 1291 m. Nachw.; *Richter*, in: MünchKomm, 3. Aufl., 1585c Rdnrn. 20 ff.). Verzichten Eheleute, wie auch im vorliegenden Fall, wechselseitig „für den Fall der Scheidung" auf Unterhaltszahlungen, so erfaßt ein solcher Verzicht − je nach seinem durch Auslegung zu ermittelnden Inhalt − in der Regel den gesamten nachehelichen Unterhalt, der in seiner Entstehung bedingt ist durch den Eintritt der Scheidung. Wenn indessen in einem solchen Fall das Wohl gemeinsamer Kinder Unterhaltszahlungen an den sorgeberechtigten Ehegatten erfordert und der unterhaltsverpflichtete Teil sich aus diesem Grund gem. § 242 BGB nicht auf den Unterhaltsverzicht des sorgeberechtigten Ehegatten berufen kann, bedeutet dies, daß dessen Verzichtserklärung nicht nur als durch den Eintritt der Scheidung (aufschiebend) bedingt, sondern in Anbetracht des § 242 BGB zusätzlich als nach Dauer und Höhe insoweit beschränkt zu gelten hat, als nicht das Kindeswohl ein Weiterbestehen des Unterhaltsanspruchs gebietet. Der fortbestehende Unterhaltsanspruch des sorgeberechtigten Ehegatten ist entgegen der Auffassung der Revision kein Anspruch aus § 242 BGB, sondern er bleibt seiner Rechtsnatur nach ein Anspruch wegen Kindesbetreuung i. S. von § 1570 BGB, der allerdings sowohl dem Umfang nach als auch zeitlich begrenzt nur soweit und solange gegeben ist, als die Belange des Kindeswohls es erfordern. Darüber hinaus führt der Unterhaltsverzicht zum Erlöschen des nachehelichen Unterhaltsanspruchs (vgl. *Senat*, NJW 1985, 1835 = LM § 1570 BGB Nr. 7 = FamRZ 1985, 787 f.; NJW 1985, 1833 = LM § 1569 BGB Nr. 18 = FamRZ 1985, 788 f.; NJW 1992, 3164 = LM H.1/1993 § 138 (Ca) BGB Nr. 23 = FamRZ 1992, 1403 ff.; NJW 1995, 1148 = LM H.6/1995 § 242 (Ca) BGB Nr. 340 = FamRZ 1995, 291 ff.; NJW 1991, 913 = LM § 138 (Ca) BGB Nr. 28 = FamRZ 1991, 306 f.).

a

R513 Anhang R. Rechtsprechung

3. a) Zum Umfang des der Kl. danach zustehenden Unterhaltsanspruchs hat das BerGer. den Standpunkt vertreten: Nach den dargelegten Grundsätzen habe die Kl. Anspruch auf Sicherung ihres Mindestbedarfs. Dieser sei als sogenanntes Existenzminimum mit monatlich 1150 DM anzusetzen und liege in dieser Höhe unter einem Anspruch nach Maßgabe der ehelichen Lebensverhältnisse von monatlich rund 1375 DM bzw. (bei Berücksichtigung des Unterhaltsbetrages für den volljährigen Sohn des Bekl. aus erster Ehe) rund 1230 DM. Dagegen sind aus Rechtsgründen keine Einwände zu erheben (vgl. *Senat*, NJW 1992, 3164 = LM H.1/1993 § 138 (Ca) BGB Nr. 23 = FamRZ 1992, 1403 (1405); NJW 1995, 1148 = LM H.6/1995 § 242 (Ca) BGB Nr. 340 = FamRZ 1995, 291 ff.).

(Nur Mindestbedarf [notwendiger Bedarf], wenn Betreuungsunterhalt trotz Unterhaltsverzichts zu leisten ist)

b Der Kl. steht in Anbetracht des von ihr erklärten Unterhaltsverzichts ein Unterhaltsanspruch gegenüber dem Bekl. nur deshalb und nur insoweit zu, als sie auf die Unterhaltsbeträge notwendigerweise angewiesen ist, um ihren Betreuungspflichten gegenüber den beiden Töchtern nachkommen zu können. Deren Wohl wäre nicht gewahrt, wenn die Kl. zur Deckung ihres notwendigen eigenen Lebensbedarfs – mangels sonst vorhandener Einkünfte – eine Erwerbstätigkeit aufnehmen müßte, anstatt sich der Pflege und Erziehung der Kinder widmen zu können. (Sonstige Betreuungsmöglichkeiten, etwa durch geeignete Verwandte der Kl., bestehen nach der unangegriffenen Feststellung des BerGer. nicht).

(Keine mutwillige Herbeiführung der Bedürftigkeit nach § 1579 Nr. 3 BGB; kein Vermögensverbrauch, der zum Ansatz fiktiver Zinsen führt, wenn Mindestbedarf nicht gedeckt ist)

c Die insoweit für den Unterhaltsanspruch der Kl. erforderliche Bedürftigkeit liegt hier – unabhängig von den Erwägungen des BerGer. – bereits deshalb vor, weil die Kl. den im Januar 1993 erhaltenen Erlösanteil aus der Veräußerung des früheren gemeinschaftlichen Hauses vollständig verbraucht hat. Nachdem sie die damals erhaltenen Beträge in einer Weise ausgegeben hat, daß ihr weder anderweitig verfügbare Werte noch erzielbare Einkünfte verblieben sind, ist sie zur Wahrnehmung ihrer elterlichen Fürsorge- und Erziehungspflichten gegenüber den beiden minderjährigen Kindern nur in der Lage, wenn und soweit ihr die persönliche Betreuung der Kinder ohne die Notwendigkeit, für ihren eigenen Unterhalt einer Erwerbstätigkeit nachzugehen, durch Zahlung eines unterhaltsrechtlichen Mindestbetrages von seiten des Bekl. ermöglicht wird. Hiernach muß der Kl. ein die Betreuung der Kinder ermöglichender Unterhaltsanspruch zugebilligt werden.

Entgegen der Ansicht des BerGer. braucht sich die Kl. nicht so behandeln zu lassen, als habe sie den Erlösanteil aus der Veräußerung des Hauses im wesentlichen behalten, so daß auch eine Verweisung auf den (tatsächlich verbrauchten) Vermögensstamm von vornherein ausscheidet. Dabei kommt es auf die Entscheidung der Frage, ob die Kl. den im Januar 1993 erhaltenen Betrag von rund 81 000 DM in unwirtschaftlicher, i. S. von § 1579 Nr. 3 BGB unterhaltsbezogen „mutwilliger" Weise ausgegeben und damit an sich die Voraussetzungen eines unterhaltsrechtlichen Härtegrundes i. S. der genannten Vorschrift verwirklicht hat, unter den hier gegebenen Umständen nicht einmal an.

Selbst bei Vorliegen einer der Härtegründe nach § 1579 Nrn. 1 bis 7 BGB, die grundsätzlich zum Wegfall eines nachehelichen Unterhaltsanspruchs führen können, ist nämlich der Unterhaltsanspruch eines sorgeberechtigten Ehegatten nur zu versagen, herabzusetzen oder zeitlich zu begrenzen, soweit die Inanspruchnahme des Verpflichteten auch unter Wahrung der Belange der dem Berechtigten zur Pflege und Erziehung anvertrauten gemeinschaftlichen Kinder grob unbillig wäre. Der Betreuungsunterhalt nach § 1570 BGB ist danach selbst bei Vorliegen der Härtegründe des § 1579 BGB in dem Sinn privilegiert, daß er im Interesse des Wohles der betreuten Kinder trotz Fehlverhaltens des sorgeberechtigten Ehegatten diesem gleichwohl die Wahrnehmung seiner Elternverantwortung sichern und gewährleisten soll. Dem wird in der Regel dadurch Genüge getan, daß der Unterhaltsanspruch auf das zur Kindesbetreuung notwendige Mindestmaß herabgesetzt wird (vgl. *Senat*, NJW 1992, 3164 = LM H.1/1993 § 138 (Ca) BGB Nr. 23 = FamRZ 1992, 1403 (1405) m. Nachw.; *Soergel/Häberle*, BGB, 12. Aufl., § 1579 Rdnrn. 31, 34; *Schwab/Borth*, IV Rdnrn. 430 ff.), so wie es gleichermaßen bei Zubilligung von Betreuungsunterhalt nach zuvor erklärtem Unterhaltsverzicht geschieht.

Ob etwas anderes zu gelten hat und der Unterhalt für den gemeinschaftliche Kinder betreuenden Ehegatten noch unter die Grenze des sogenannten Mindestbedarfs herabzusetzen ist – mit der Folge, daß der Ehegatte trotz der Kindesbetreuung in gewissem Umfang (u. U. abends) einer Teilerwerbstätigkeit nachgehen muß, um den eigenen notwendigen Bedarf sicherzustellen – wenn sich der Ehegatte ein besonders schwerwiegendes Fehlverhalten hat zuschulden kommen lassen (vgl. etwa *Senat*, NJW 1984, 296 = LM § 1579 BGB Nr. 19 = FamRZ 1984, 34 f.; NJW 1984, 297 = LM § 1579 Nr. 20 = FamRZ 1984, 154 ff.; *Schwab/Borth*, Rdnr. 431; auch *Griesche*, in: FamGB, § 1579 Nr. 41 m. Nachw.), braucht hier nicht entschieden zu werden. Ein solches Verhalten ist der Kl. jedenfalls nicht vorzuwerfen, so daß ihr Anspruch auf den Mindestunterhalt auf jeden Fall zuzugestehen ist. Einen sonstigen Rechtsgrund (über die Fälle des § 1579 BGB hinaus), der Kl. fiktive Kapitalwerte oder -einkünfte zuzurechnen, sieht das Gesetz nicht vor.

Anhang R. Rechtsprechung

(Zur Erwerbsobliegenheit des betreuenden Elternteils bei Betreuung von zwei schulpflichtigen Kindern)

Die Grundsätze, nach denen die Erwerbsobliegenheit eines Elternteils beurteilt wird, der ein einzelnes minderjähriges Kind betreut, sind bei der Betreuung von zwei schulpflichtigen Kindern nicht in entsprechender Weise anzuwenden. Hier wird vielmehr die Auffassung vertreten, daß eine Teilzeitbeschäftigung nicht vor Vollendung des 14. oder 15. Lebensjahres eines der beiden Kinder in Betracht zu ziehen sei (vgl. *Soergel/Häberle*, § 1570 Rdnr. 11; *Kalthoener/Büttner*, Die Rspr. zur Höhe des Unterhalts, 5. Aufl., Rdnr. 403 m. w. Nachw.).

d

BGH v. 1.10. 1997 – XII ZR 49/96 – FamRZ 98, 99 = NJW 98, 161

(Zeitschranke bei mehreren Abänderungsverfahren)

Die Beurteilung des *OLG*, daß der Zulässigkeit der Klage § 323 II ZPO entgegenstehe, ist nicht zu beanstanden.

1. Nach dieser Vorschrift ist die Abänderungsklage nur insoweit zulässig, als die Gründe, auf die sie gestützt wird, erst nach dem Schluß der mündlichen Verhandlung, in der eine Erweiterung des Klageantrags oder die Geltendmachung von Einwendungen spätestens hätte erfolgen müssen, entstanden sind. Insbesondere zur Absicherung der Rechtskraft unanfechtbar gewordener Entscheidungen ist danach eine Zeitschranke für die Berücksichtigung von Abänderungsgründen errichtet; denn der Möglichkeit einer Abänderung bedarf es nicht, wenn die veränderten Verhältnisse schon im Ausgangsprozeß zur Geltung gebracht werden konnten. Maßgebender Zeitpunkt ist der Schluß der mündlichen Verhandlung der letzten Tatsacheninstanz, also auch der Berufungsinstanz, wenn eine solche stattgefunden hat. Dabei kommt es grundsätzlich nicht auf die Parteistellung oder Zielrichtung des Vorprozesses an. Das folgt daraus, daß der Wortlaut des Gesetzes nicht nur auf die Erweiterung des Klageantrags, sondern auch auf die Geltendmachung von Einwendungen abstellt und damit beide Parteien dazu anhält, ihren Standpunkt bereits im Ausgangsprozeß zur Geltung zu bringen. So hat der *Senat* bereits entschieden, daß ein Unterhaltsgläubiger in einem vom Unterhaltsverpflichteten mit dem Ziel der Herabsetzung des erstinstanzlich ausgeurteilten Unterhalts angestrengten Berufungsverfahren gehalten ist, etwaige die Erhöhung des Unterhalts rechtfertigende Gründe im Wege der Anschließung an die Berufung des Gegners geltend zu machen, will er nicht mit diesen Gründen präkludiert sein (vgl. BGHZ 96, 205 = NJW 1986, 383 = LM § 323 ZPO Nr. 47). An dieser Rechtsprechung hat er später gegenüber kritischen Stimmen im Schrifttum festgehalten (vgl. BGHZ 103, 393 = NJW 1987, 1201 = LM § 323 ZPO Nr. 53); zwischenzeitlich entspricht sie herrschender Auffassung (vgl. *Stein/Jonas/Leipold*, ZPO, 20. Aufl., § 323 Rdnr. 47; *Gottwald*, in: MünchKomm-ZPO, § 323 Rdnr. 35; *Zöller/Vollkommer*, ZPO, 20. Aufl., § 323 Rdnr. 34; *Baumbach/Lauterbach/Albers/Hartmann*, ZPO, 54. Aufl., § 323 Rdnr. 49; *Thomas/Putzo*, ZPO, 20. Aufl., § 323 Rdnr. 24; ferner *Griesche*, in: FamGB § 323 ZPO Rdnr. 55; *Johannsen/Henrich/Brudermüller*, EheR, 2. Aufl., § 323 ZPO Rdnr. 98; *Schwab/Maurer*, Hdb. d. ScheidungsR I, 3. Aufl., 1056; *Göppinger/Vogel*, UnterhaltsR, 6. Aufl., Rdnr. 2363; *Heiß/Luthin*, UnterhaltsR, 23.10).

2. Im vorliegenden Fall besteht die Besonderheit, daß es sich bei dem vorausgegangenen Prozeß nicht um das Erstverfahren über den Unterhaltsanspruch der Bekl., sondern bereits um ein Abänderungsverfahren gem. § 323 ZPO gehandelt hat. Im Schrifttum besteht weitgehend Einigkeit darüber, daß bei mehreren aufeinanderfolgenden Abänderungsprozessen, die zu einer Abänderung geführt haben, für die Zeitschranke des § 323 II ZPO auf den Schluß der Tatsachenverhandlung des letzten Verfahrens abzustellen ist (vgl. *Stein/Jonas/Leipold*, § 323 Rdnr. 27; *Gottwald*, in: MünchKomm-ZPO, § 323 Rdnr. 59; *Thomas/Putzo*, § 323 Rdnr. 25; *Griesche*, in: FamGB § 323 ZPO Rdnr. 20; *Göppinger/Vogel*, Rdnr. 2400). Davon ist der *Senat* bereits in seinem Urteil vom 23. 11. 1994 (NJW 1995, 534 = FamRZ 1995, 221 [223]) ausgegangen.

Ähnlich wie bei der Fallgestaltung des Senatsurteils vom 6. 11. 1985 (BGHZ 96, 205 = NJW 1986, 383 = LM § 323 ZPO Nr. 47) kann es dann auch für die Präklusionswirkung nicht auf die Parteistellung oder Zielrichtung im vorangegangenen Verfahren ankommen. Hat es vielmehr der Gegner des früheren, auf Unterhaltserhöhung gerichteten Abänderungsprozesses versäumt, die bereits bestehenden, für eine Herabsetzung sprechenden Gründe geltend zu machen, wie hier der Kl., kann er auf diese Gründe keine neue Abänderungsklage stützen. § 323 II ZPO stellt damit sicher, daß nicht gesonderte Abänderungsverfahren für Erhöhungs- und Herabsetzungsverlangen zur Verfügung stehen, wie der Kl. anzunehmen scheint, sondern daß der Einfluß veränderter Umstände auf den titulierten Unterhaltsanspruch in einem einheitlichen Verfahren nach beiden Seiten hin geklärt werden muß. Bei einer Aufeinanderfolge von Abänderungsverfahren mit entgegengesetzter Zielrichtung wird dadurch vermieden, daß in jedem Prozeß eine andere Zeitschranke für die Berücksichtigung von Tatsachen gilt und daß es zu einer unzweckmäßigen Verdoppelung von Prozessen über den gleichen Lebenssachverhalt kommt mit der damit verbundenen Gefahr einander widersprechender gerichtlicher Entscheidungen. Soweit Abänderungsprozesse mit gegenläufigem Ziel nicht nacheinander, sondern gleichzeitig bei verschiedenen Gerichten eingeleitet werden, hat der *Senat* bereits entschieden, daß dem zeitlich später rechtshängig gewordenen Verfahren § 261 III Nr. 1 ZPO entgegensteht, daß also auch insoweit nur ein einheitliches Verfahren zulässig ist (*Senat,* NJWE-FER 1997, 40 = FamRZ 1997, 488 m. w. Nachw.). Die Abänderungsklage ist überhaupt erst zulässig, wenn – über etwaige Teilklagen hinaus – der volle Unterhalt tituliert worden ist (*Senat,* BGHZ 93, 330 [337] = NJW 1995, 1340). § 323 II ZPO gewährleistet, daß auch der Gegenstand einer zulässig eingeleiteten Abänderungsklage stets der volle Unterhalt ist und nicht nur die Frage, ob aufgrund veränderter Verhältnisse eine Erhöhung oder Herabsetzung in Betracht kommt.

3. Der verfahrensrechtliche Weg, der dem Kl. bereits im Vorprozeß zur Durchsetzung seines Standpunkts zu Gebote stand, war die Abänderungswiderklage, die er sich in zweiter Instanz auch ausdrücklich vorbehalten hat. Die Revision macht geltend, nach dem Wortlaut des § 323 II ZPO könne ein Bekl. des Vorprozesses nur mit „Einwendungen" präkludiert sein; eine Widerklage stelle aber keine Einwendung dar. Damit kann sie nicht durchdringen. Soweit das Gesetz in § 323 II ZPO in bezug auf die beklagte Partei des Vorprozesses den Begriff „Einwendungen" gebraucht, hat es ersichtlich den Normalfall einer gegen die erstmalige Titulierung eines Unterhaltsanspruchs gerichteten Abänderungsklage im Auge. Im Erstverfahren kann der Unterhaltsverpflichtete im günstigsten Falle die Abweisung der Unterhaltsklage erreichen; die Frage einer Widerklage stellt sich also nicht. Soweit § 323 II ZPO auch auf die Schlußverhandlung eines vorausgegangenen Abänderungsverfahrens bezogen werden muß, handelt es sich bereits um eine Interpretation der Vorschrift nach ihrem Sinn und Zweck. In diesen Fällen ist auch bei der Auslegung des Begriffs „Einwendungen" nicht am Wortlaut zu haften; vielmehr kommt es darauf an, welche verfahrensrechtlichen Mittel dem Bekl. des vorangegangenen Abänderungsverfahrens zu Gebote standen, um seinen dem Kl. gegenläufigen Standpunkt durchzusetzen. Im vorliegenden Fall ist demgemäß zu fragen, ob es dem jetzigen Kl. rechtlich möglich und zumutbar war, im Vorprozeß im Wege der Widerklage die Herabsetzung des im Jahre 1986 für die Bekl. titulierten Unterhalts zu beantragen. Die Frage ist zu bejahen. Schon in erster Instanz des Vorprozesses stritten die Parteien über die Erwerbsfähigkeit der Bekl.; es wurde hierzu ein Sachverständigengutachten eingeholt, das den Standpunkt des Kl. bestätigte. Bereits in erster Instanz war ihm daher die Erhebung einer Abänderungswiderklage rechtlich möglich und auch ohne weiteres zumutbar. Aber auch im zweiten Rechtszug wäre es ihm möglich und zumutbar gewesen, eine entsprechende Widerklage zu erheben. Die Sachdienlichkeit einer solchen Widerklage und die Gewähr ihrer Zulassung durch das Gericht (§ 530 I ZPO) ergeben sich bereits aus dem Anliegen, aufeinanderfolgende Abänderungsverfahren zu vermeiden.

4. Die Revision vertritt weiter die Auffassung, jedenfalls dann, wenn ein Unterhaltsschuldner, wie hier, sich im Vorprozeß ein weiteres Vorgehen ausdrücklich vorbehalte, könne ihm dies nicht verwehrt sein. Auch dem kann nicht gefolgt werden. § 323 II ZPO unterliegt nicht der Parteidisposition, sondern zwingt die Parteien dazu, wie bereits dargelegt, alle für die Beurteilung des Unterhaltsanspruchs relevanten Umstände, die bereits entstanden sind, im Vorprozeß geltend zu machen. Anders als im unterhaltsrechtlichen Erstverfahren, in dem Teilklagen und Nachforderungen möglich sind, können die Parteien eines Abänderungsprozesses sich nicht auf die teilweise Geltendmachung von Abänderungsgründen beschränken und die übrigen Gründe einer „Nachtragsabänderungsklage" vorbehalten (vgl. dazu *Stein/Jonas/Leipold,* § 323 Rdnr.47; a. A. *Schmidt,* MDR 1963, 187). Der hier vom Kl. im Vorprozeß gemachte Vorbehalt macht die vorliegende Abänderungsklage daher nicht zulässig.

Eine andere Frage ist, ob der Kl. dann, wenn sich die im Vorprozeß zugrunde gelegten Umstände wesentlich geändert haben und ihm dadurch ein neue Abänderungsklage eröffnet ist, auch in dem neuen Verfahren gehindert ist, die volle Erwerbsfähigkeit der Bekl. geltend zu machen. Die Frage ist zu verneinen. Da der Kl. im Vorprozeß mit seinem Klageabweisungsantrag voll durchgedrungen ist, muß durch die Berücksichtigung dieser „Alttatsache" keine Rechtskraftwirkung beseitigt werden. In diesem erweiterten Anwendungsbereich des § 323 ZPO (vgl. dazu BGHZ 34, 110 [116] = NJW 1961, 871 = LM § 323 ZPO Nr. 8) kann die Präklusionsvorschrift des Abs. 2 nicht uneingeschränkt angewendet werden (vgl. BGHZ 98, 353 [357 f.] = NJW 1987, 1201 = LM § 323 ZPO Nr. 53 mit weiteren Beispielen aus der Senatsrechtsprechung). Es wäre unerträglich und auch unverhältnismäßig, wenn in einem zulässig eröffneten neuen Verfahren, in dem wiederum der volle Unterhalt der Bekl. nach beiden Seiten hin geklärt werden soll, die Frage ihrer Erwerbsfähigkeit ausgeklammert bleiben müßte (ebenso *Zöller/Vollkommer,* § 323 Rdnr. 40a [unter b]).

BGH v. 22. 10. 1997 – XII ZR 278/95 – FamRZ 98, 357 = NJWE-FER 98, 64

R515 *(Darlehens- und Beweislast, wenn minderjährige Kinder nur den Mindestunterhalt verlangen; Unterschied zwischen steuerlich und unterhaltsrechtlich relevantem Einkommen)*

a II. 2. a) ... Der Bekl. hat sich für seine behauptete Leistungsunfähigkeit auf die in den vorgelegten Steuerbescheiden für die Jahre 1988 bis 1991 und 1993 ausgewiesenen Einkünfte bezogen. Die Höhe

Anhang R. Rechtsprechung R516

des die Leistungsfähigkeit bestimmenden Einkommens ist indessen nicht mit dem steuerpflichtigen Einkommen identisch. Das Steuerrecht privilegiert einzelne Einkommensarten und erkennt Aufwendungen als einkommensmindernd an, die keine wirkliche Vermögenseinbuße zum Gegenstand haben. Dem durch das steuerliche Institut der Abschreibung pauschal berücksichtigten Verschleiß von Gegenständen des Anlagevermögens entspricht oft keine tatsächliche Wertminderung in Höhe des steuerlich anerkennungsfähigen Betrages, erst recht keine entsprechende Minderung des Einkommens. Beruft sich der Unterhaltsschuldner, der eine Beschränkung seiner Leistungsfähigkeit behauptet, auf sein steuerpflichtiges Einkommen, so braucht er zwar nicht sämtliche Belege vorzulegen, durch die gegenüber der Steuerbehörde die behaupteten Aufwendungen glaubhaft zu machen sind. Er muß jedoch seine Einnahmen und behaupteten Aufwendungen im einzelnen so darstellen, daß die allein steuerlich beachtlichen Aufwendungen von solchen, die unterhaltsrechtlich von Bedeutung sind, abgegrenzt werden können (*Senat*, NJW 1980, 2086 = LM § 642a ZPO Nr. 2 = FamRZ 1980, 770 (771)). Daran fehlt es hier, obwohl nähere Angaben gerade deshalb in besonderem Maße erforderlich waren, weil nicht nachvollziehbar ist, wie der Bekl. etwa im Jahre 1993 bei angegebenen Einkünften von 12 538 DM allein Versicherungsbeiträge von 9359 DM aufgebracht, Zahlungen auf Darlehen geleistet und seinen Lebensunterhalt bestritten haben kann. Für die Jahre 1992 und 1994 hat der Bekl. lediglich pauschal behauptet, seine Einkünfte hätten den bereits vorgelegten Steuerbescheiden entsprochen. Bei dieser Sachlage ist das OLG zu Recht davon ausgegangen, der Bekl. habe seine tatsächlichen Einkommensverhältnisse und damit seine Leistungsunfähigkeit nicht hinreichend dargetan.

(Absagen auf regelmäßige, gezielte Bewerbungen um Arbeitsplätze sind vorzulegen; ein landwirtschaftlicher Betrieb ist bei unzureichenden Einkünften aufzugeben.)

b) Das OLG hat es letztlich jedoch offengelassen, ob der Bekl. nicht bereits aus den Erträgen der **b** Landwirtschaft den Mindestunterhalt der Kinder bestreiten könnte, und darauf abgestellt, daß er aufgrund seiner erweiterten Unterhaltspflicht gegenüber den minderjährigen Kindern nach § 1603 II BGB zu einer gesteigerten Ausnutzung seiner Arbeitskraft verpflichtet ist. Das ist rechtlich nicht zu beanstanden (vgl. *Senat*, NJW 1980, 2414 = FamRZ 1980, 1113 (1114)).
Die Leistungsfähigkeit eines Unterhaltspflichtigen wird nicht nur durch die tatsächlich vorhandenen, sondern auch durch solche Mittel bestimmt, die er bei gutem Willen durch zumutbare Erwerbstätigkeit erzielen könnte. Insoweit wäre dem Bekl. bei unzureichenden Erträgen aus der Landwirtschaft jedenfalls anzusinnen, zur Nebenerwerbslandwirtschaft überzugehen und notfalls die Landwirtschaft ganz aufzugeben und eine höhere Einkünfte versprechende anderweitige volle Erwerbstätigkeit aufzunehmen (vgl. *Senat*, NJW-RR 1993, 1283 = FamRZ 1993, 1304 (1306)). Daß er hierzu aus gesundheitlichen Gründen nicht in der Lage wäre, hat der Bekl., wie das OLG verfahrensfehlerfrei angenommen hat, nicht hinreichend dargetan. Aus keinem der von ihm vorgelegten ärztlichen Atteste ergeben sich Anhaltspunkte für eine dauerhafte Einschränkung der Erwerbsfähigkeit. Auch die vom Versorgungsamt bescheinigte Minderung der Erwerbsfähigkeit von 40 % wegen degenerativer Veränderungen der Hals- und Lendenwirbelsäule mit Nervenwurzelreizerscheinungen und hierdurch bedingter Migräne sowie wegen psychosomatischer Störungen ist insoweit nicht aussagekräftig. Es gibt durchaus Erwerbsmöglichkeiten, die mit den genannten Beschwerden zu vereinbaren sind. Daß für den 1953 geborenen Bekl., auch wenn er nur eine landwirtschaftliche Lehre im Betrieb seiner Eltern absolviert hat, keine reale Beschäftigungschance besteht (z. B. in der Lagerverwaltung oder in der Fabrikation), ist weder hinreichend dargetan — etwa durch Vorlage von Absagen auf regelmäßige, gezielte Bewerbungen um Arbeitsstellen — noch sonst ersichtlich. Aus diesem Grund begegnet die Auffassung des OLG, der Bekl. habe seine Leistungsunfähigkeit auch im Hinblick auf mögliche Einkünfte aus einer abhängigen Erwerbstätigkeit nicht hinreichend dargetan, keinen rechtlichen Bedenken.

BGH v. 22. 10. 1997 – XII ZR 12/96 – FamRZ 98, 87 = NJW 98, 753

(Objektive Merkmale beim nachehelichen Unterhalt) R516

3. Nach § 1578 I BGB bestimmt sich das Maß des nachehelichen Unterhalts nach den ehelichen **a** Lebensverhältnissen. Die ehelichen Lebensverhältnisse sind regelmäßig geprägt durch die Einkünfte beider Ehegatten (st.Rspr.; vgl. *Senat*, NJW 1982, 2439 = LM § 1578 BGB Nr. 13 = FamRZ 1982, 892 f. m. Nachw.). Einkünfte in diesem Sinne sind nicht nur Erwerbseinkünfte, sondern auch andere geldwerte Erträge, z. B. Erträge aus Kapitalvermögen oder aus Beteiligungen und auch die Nutzung eines Eigenheims, soweit der objektive Mietwert den Aufwand übersteigt (st.Rspr.; zuletzt *Senat*, NJW-RR 1995, 835 = LM H. 9/1995 § 1578 BGB Nr. 64 = FamRZ 1995, 869 [870 f.] m. Nachw.). Bei der Bemessung des Unterhaltsbedarfs der Ast. ist deshalb zu berücksichtigen, daß die Parteien zur Zeit der Ehe lastenfrei in einem eigenen Einfamilienhaus gewohnt haben.

(Nicht prägender Wohnwert ist bedarfsmindernd. Werden zum Erwerb der neuen Immobilie Kredite aufgenommen, kürzen nur die Zinsen, nicht die Tilgung den Wohnwert)

b Nach § 1577 I BGB kann der an sich unterhaltsberechtigte geschiedene Ehegatte Unterhalt nicht verlangen, solange und soweit er sich aus seinen Einkünften und seinem Vermögen selbst unterhalten kann. Auch in diesem Zusammenhang gehören zu dem anrechenbaren Einkommen Wohnvorteile wie das mietfreie Wohnen im eigenen Haus. Muß der Unterhaltsberechtigte – wie im vorliegenden Fall – monatliche Zahlungen leisten auf einen Kredit, den er zur Finanzierung des Eigenheims aufgenommen hat, so mindern diese Zahlungen den Wohnvorteil, soweit es sich um Zinsaufwand handelt. Der *Senat* stellt klar, daß dem Senatsurteil vom 18. 12. 1991 (NJW 1992, 1044 = LM H. 8/1992 § 1577 BGB Nr. 16 = FamRZ 1992, 423 [425]) nichts Gegenteiliges entnommen werden kann. Um Zahlungen, die der Rückführung des Darlehens und damit der Vermögensbildung des Unterhaltsberechtigten dienen, ist der Wohnvorteil dagegen nicht zu kürzen, weil es nicht zu den Zwecken des Ehegattenunterhalts gehört, dem Unterhaltsberechtigten die Bildung von Vermögen zu ermöglichen (vgl. *Senat*, NJW 1992, 1044 = LM H. 8/1992 § 1577 BGB Nr. 16 = FamRZ 1992, 423 [424] m. Nachw.).

Das BerGer. meint, der Wohnvorteil, den die Eheleute zur Zeit des Zusammenlebens durch das Wohnen im eigenen Haus gehabt hätten, und der Wohnvorteil, den die Ast. nach der Trennung der Parteien durch das Wohnen in einem Haus habe, das sie überwiegend mit Hilfe des Erlöses aus dem Verkauf des gemeinsamen Hauses erworben habe, „neutralisierten" sich gegenseitig. Sie könnten deshalb bei der Bemessung des Unterhaltsanspruchs der Ast. von vornherein unberücksichtigt bleiben. Dem kann nicht gefolgt werden. Die Ansicht des BerGer. ist mit der geschilderten Regelung des Gesetzes nicht vereinbar.

Der *Senat* hat es bereits abgelehnt, Zinsen, die der unterhaltsbedürftige, geschiedene Ehegatte aus einem im Wege des Zugewinnausgleichs erlangten Kapitalvermögen zieht oder ziehen könnte, pauschal aufzurechnen gegen seinen Anteil an den wirtschaftlichen Vorteilen, die während der Ehe den Ehegatten aus dem entsprechenden Vermögen zugeflossen sind und die ehelichen Lebensverhältnisse mitgeprägt haben (NJW 1986, 1342 = LM § 1569 BGB Nr. 22 = FamRZ 1986, 437 [438 f.]). Der vorliegende Fall ist damit durchaus vergleichbar. Der den Unterhaltsbedarf der Ast. erhöhende Wohnvorteil, den die Parteien zur Zeit der Ehe hatten, und der Vorteil, den die Ast. heute durch das Wohnen im eigenen Haus hat, kompensieren sich bei der Berechnung des Unterhaltsanspruchs der Ast. nur dann, wenn der Anteil der Ast. an dem früheren Wohnvorteil – regelmäßig die Hälfte – zufällig genausoviel wert ist wie ihr heutiger Wohnvorteil. Ist er höher oder niedriger, dann ergibt sich aus dem Gesetz keine Handhabe, diesen Umstand bei der Bemessung des Unterhalts unberücksichtigt zu lassen.

Die Argumente, die das BerGer. für seine gegenteilige Meinung anführt, sind nicht stichhaltig. Das BerGer. stellt entscheidend darauf ab, der „eheprägende Wohnvorteil" habe sich auf seiten beider Parteien in der Nutzungsmöglichkeit des an jede Partei geflossenen Erlösanteils fortgesetzt und „einem überschießenden Wohnvorteil der Ast." stehe gegenüber, daß der Ag. seinen Erlösanteil nutzen könne.

Dieser Argumentation kann schon deshalb nicht gefolgt werden, weil der Umstand, daß auch der Ag. seinen Erlösanteil erhalten hat, jedenfalls zunächst keine Auswirkung hat auf die Höhe des der Ast. zustehenden Unterhaltsanspruchs. Dieser Kapitalfluß hat die ehelichen Lebensverhältnisse nicht geprägt und hat deshalb keinen Einfluß auf den Unterhaltsbedarf der Ast. Schon gar nicht hat er Einfluß darauf, inwieweit die Ast. ihren Unterhalt selbst bestreiten kann. Er könnte allenfalls Bedeutung gewinnen im Zusammenhang mit der Prüfung der Leistungsfähigkeit des Ag. Die Leistungsfähigkeit des Ag. hat jedoch mit der hier erörterten Frage nichts zu tun. Außerdem hat der Ag. seine Leistungsfähigkeit – zu Recht – nicht in Frage gestellt.

Würde man sich der Rechtsansicht des BerGer. anschließen, so hätte das in einer Vielzahl von Fällen zur Folge, daß der unterhaltsberechtigte geschiedene Ehegatte seinen Unterhaltsanspruch dadurch erhöhen könnte, daß er Kapitalbeträge, die ihm aus der Vermögensauseinandersetzung oder auf andere Weise zugeflossen sind, in einer selbst genutzten Immobilie anlegt. Das würde bedeuten, daß der Unterhaltsverpflichtete dem Unterhaltsberechtigten durch erhöhte Unterhaltszahlungen die Bildung von Grundeigentum ermöglichen oder zumindest erleichtern müßte. Oben ist bereits ausgeführt, daß es grundsätzlich nicht zu den Zwecken des Ehegattenunterhalts gehört, dem Unterhaltsberechtigten die Bildung von Vermögen zu ermöglichen.

Der Wohnwert beider Häuser kann deshalb nicht unberücksichtigt bleiben. Das BerGer. hat weder den Wohnwert des von den Parteien verkauften Einfamilienhauses noch den Wohnwert des von der Ast. erworbenen Einfamilienhauses festgestellt.

Anhang R. Rechtsprechung R517

(Bei Neuerwerb einer Immobilie ist stets eine Vermögensumschichtung zu prüfen, wenn anderweitig günstigere Renditen erwirtschaftet werden können. Bei Aufnahme von Krediten sind Zins und Tilgung vom Wohnwert abzurechnen.)

4. Das Berufungsurteil kann aus einem weiteren Grunde mit der gegebenen Begründung keinen c
Bestand haben. Aus § 1577 I BGB ergibt sich für den unterhaltsberechtigten geschiedenen Ehegatten die Obliegenheit, vorhandenes Vermögen so ertragreich wie möglich anzulegen (*Senat,* NJW-RR 1988, 514 = LM § 1578 BGB Nr. 48 = FamRZ 1988, 145 [149] m.Nachw.). Deshalb darf der geschiedene Ehegatte den Erlös aus dem Verkauf eines bisher bewohnten Familienheims nicht ohne weiteres zum Erwerb eines Eigenheims verwenden, wenn durch eine verzinsliche Anlage des Kapitals höhere Erträge zu erwirtschaften wären. Er kann gehalten sein, sein Vermögen umzuschichten (vgl. *Johannsen/Henrich/Voelskow,* EheR, 2. Aufl., 1577 Rdnr. 4 m.Nachw.). Vermögenserträge, die der Unterhaltsberechtigte in zumutbarer Weise erzielen könnte, tatsächlich aber nicht erzielt, mindern als fiktives Einkommen seine Bedürftigkeit (vgl. *Lohmann,* Neue Rspr. des *BGH* zum FamR, 8. Aufl., Rdnr. 181 m.Nachw. aus der Rspr. des *Senats*).

Nach der Rechtsprechung des *Senats* setzt die Annahme einer solchen Obliegenheit, das vorhandene Vermögen durch Umschichtung ertragreicher einzusetzen, eine Zumutbarkeitsprüfung voraus. Die tatsächliche Anlage des Vermögens muß sich als eindeutig unwirtschaftlich darstellen (*Senat,* NJW 1992, 1044 = LM H. 8/1992 § 1577 BGB Nr. 16 = FamRZ 1992, 423 [425], und NJW-RR 1988, 514 = LM § 1578 BGB Nr. 48 = FamRZ 1988, 145 [149] m. w. Nachw. aus der Rspr. des *Senats*).

Das BerGer. hat die Frage, ob der Einsatz der der Ast. zugeflossenen 263 000 DM zum Ankauf eines Einfamilienhauses als eindeutig unwirtschaftlich zu beurteilen ist, – wie die Revision zu Recht rügt – mit unzureichender Begründung verneint. Bei der Beurteilung der Wirtschaftlichkeit der gewählten Anlage ist unter Berücksichtigung auch steuerlicher Gesichtspunkte darauf abzustellen, welchen Ertrag die gewählte Anlage erbringt und welcher Ertrag bei einer anderen Anlageform – z. B. der verzinslichen Anlage des Kapitals – erwirtschaftet werden könnte. Wird das Kapital – wie im vorliegenden Fall – eingesetzt, um ein Einfamilienhaus zu erwerben, so ist als Ertrag dieser Anlageform der Mietwert/Wohnwert dieses Einfamilienhauses anzusetzen. Reichte das Kapital nicht aus, um den Erwerb des Einfamilienhauses zu ermöglichen, und mußte deshalb ein Teil des Kaufpreises finanziert werden, so sind die Kosten der Finanzierung – im vorliegenden Fall 416,90 DM monatlich – von dem Mietwert des Hauses abzuziehen, bevor der Mietwert in Relation gesetzt wird zu dem möglichen Ertrag des Kapitals (*Senat,* NJW 1992, 1044 = LM H. 8/1992 § 1577 BGB Nr. 16 = FamRZ 1992, 423 [425]).

Wie bereits ausgeführt ist, hat das BerGer. den Wohnwert des von der Ast. erworbenen Hauses nicht festgestellt. Schon deshalb kann nicht beurteilt werden, ob dieser Wohnwert abzüglich der monatlichen Belastungen von 416,90 DM in einem hinnehmbaren Verhältnis steht zu den Erträgen, die die Ast. durch die zinsbringende Anlage des eingesetzten Kapitals hätte erzielen können.

BGH v. 5. 11. 1997 – XII ZR 20/96 – FamRZ 98, 367 = NJW 98, 978

(Ersatzansprüche wegen geleisteten Unterhalts gegen volljähriges Kind) R517

c) Die fraglichen Aufwendungen der Mutter der Kl. sind nach Grund und Höhe bestritten (hin- a
sichtlich des Pkw vgl. unten d). Sie können unterstellt werden, soweit es sich dabei darum gehandelt hat, Unterhaltsleistungen für die Kl. zu erbringen oder ihr Gelegenheitsgeschenke zu machen. Denn insoweit besteht kein Ersatzanspruch der Mutter.

Nach § 1648 letzter Halbs. BGB kann ein sorgeberechtigter Elternteil keinen Ersatz für geschuldete Unterhaltsleistungen verlangen. Soweit er über das geschuldete Maß hinausgehende Unterhaltsleistungen erbracht hat, greift die Vermutung des § 685 II BGB ein, wonach ihm regelmäßig die Absicht fehlt, vom Empfänger Ersatz zu verlangen (vgl. dazu *Staudinger/Engler,* BGB, 10./11. Aufl., § 1648 Rdnr. 2; *Palandt/Thomas,* 685 Rdnr. 3). Anhaltspunkte, die auf der Lebenserfahrung beruhende Vermutung des § 685 II BGB (vgl. BGHZ 38, 302 [305] = NJW 1963, 483 = LM § 683 BGB Nr. 14) hier entkräften können, sind nicht vorgetragen oder sonst ersichtlich. Danach scheiden diejenigen Aufwendungen in der Aufstellung als Grundlage für einen Ersatzanspruch der Mutter aus, die ihrer Art nach Unterhaltsgewährung darstellen. Darunter fallen insbesondere das in den Jahren 1985 bis 1993 gezahlte Taschengeld und die Aufwendungen für Bekleidung, ärztliche Behandlung sowie sportliche und musikalische Ausbildung (vgl. *Gernhuber/Coester-Waltjen,* FamR, 4. Aufl., § 57 IV 4, S. 865). Soweit es sich um Gelegenheitsgeschenke handelt (vgl. hierzu etwa die Posten „Steifftiere und Puppen", „Schmuck und Uhren"), gilt das gleiche nach dem Rechtsgedanken des § 534 BGB. Auf der Grundlage der Wertansätze der Aufstellung ergeben sich danach erhebliche Beträge, die dem Vermächtnisanspruch aus Rechtsgründen nicht entgegengesetzt werden können.

d) Außerhalb des erörterten Bereichs kann § 1648 BGB Ersatzansprüche des sorgeberechtigten Elternteils begründen, allerdings in engen Grenzen. Das Gesetz spricht von Aufwendungen, die der

Elternteil „den Umständen nach für erforderlich halten durfte". Dabei ist nach h. A., die der *Senat* teilt, nicht auf die objektive Notwendigkeit abzustellen, sondern darauf, was nach dem Sorgfaltsmaßstab des § 1664 BGB subjektiv für erforderlich gehalten werden durfte, auch und gerade im Hinblick auf die Vermögensverhältnisse des Kindes (vgl. etwa *Staudinger/Engler*, § 1648 Rdnr. 4; *Adelmann*, in: RGRK, 12. Aufl., 1648 Rdnr. 4). Ein Ersatzanspruch entfällt, wenn im Zeitpunkt der Aufwendung keine Absicht bestand, dafür Ersatz zu verlangen, wofür allerdings im Gegensatz zum Aufwendungsbereich des § 685 II BGB keine tatsächliche Vermutung spricht (vgl. etwa *Hinz*, in: MünchKomm, § 1648 Rdnr. 6).

Ob der Mutter der Kl. für einen Teil der in der Aufstellung angeführten Aufwendungen Ersatzansprüche zustanden, kann mangels hierzu getroffener Feststellungen nicht abschließend beurteilt werden. Eine Ausnahme gilt für den Betrag von 8000 DM, den die Mutter nach der vorgelegten Rechnung vom 24. 3. 1994 für die Anschaffung eines gebrauchten Pkw verwendet hat. Das Fahrzeug hat sie der Kl. zu ihrem 18. Geburtstag (26. 5. 1994) überlassen. Insoweit können die Voraussetzungen eines Ersatzanspruchs aus § 1648 BGB aufgrund des bereits feststehenden Sachverhalts bejaht werden. Es handelte sich um eine Aufwendung in beträchtlicher Höhe, die die Mutter im Hinblick auf die bevorstehende Erlangung der Volljährigkeit der Kl. und deren an sich bestehenden Vermächtnisanspruch jedenfalls subjektiv für erforderlich halten durfte. Die Umstände ergeben nicht, daß keine Absicht bestand, für die hohe Summe keinen Ersatz zu verlangen.

(Bedürftigkeit. Einziehung von Forderungen)

b   Ein Unterhaltsgläubiger ist aber nicht bedürftig, wenn er es unterläßt, eine Forderung einzuziehen, die er in zumutbarer Weise einziehen könnte (vgl. etwa *Senat*, NJW-RR 1989, 578 = LM BAföG Nr. 9 = FamRZ 1989, 499 [500]). Es bestehen keine Bedenken, die Kl. darauf zu verweisen, einen restlichen Vermächtnisanspruch gegen ihre Mutter zu realisieren, zumal diese die Mittel des Vermächtnisses zum Erwerb unbelasteten Grundbesitzes verwandt hat und letzterer zur Befriedigung eines Anspruchs der Kl. eingesetzt werden könnte (vgl. zum Pflichtteilsanspruch *Senat*, NJW 1993, 1920 = LM H. 8/1993 § 1577 BGB Nr. 17 = FamRZ 1993, 1065 [1067]).

(Verwertung des Vermögensstamms beim Verwandtenunterhalt; Affektionsinteresse hat bei hohen Vermögenswerten wenig Gewicht.)

c   a) Bei der Frage, inwieweit ein volljähriges Kind für seinen Unterhalt den Stamm seines Vermögens angreifen muß (Umkehrschluß aus § 1602 II BGB), scheint das *OLG* einer entsprechenden Anwendung des § 1577 III BGB zuzuneigen, einer Vorschrift aus dem Bereich des nachehelichen Unterhalts. Vor der Schaffung der Norm durch das 1.EheRG hat der *BGH* entschieden, daß das Vorhandensein von Vermögen bei einem volljährigen Kinde zwar nach dem Grundsatz die Bedürftigkeit ausschließt, daß aber die Vermögensverwertung im Einzelfall unzumutbar sein kann, insbesondere im Falle der Unwirtschaftlichkeit, auf die nunmehr auch § 1577 III BGB abstellt (vgl. RzW 1957, 154 = LM § 17 BEG 1956 Nr. 1 = FamRZ 1957, 120, und FamRZ 1966, 28 [29]). In bezug auf den Obliegenheitsmaßstab des Unterhaltsverpflichteten hat der *Senat* bereits ausgesprochen, daß das Gesetz im Bereich des Verwandtenunterhalts eine allgemeine Billigkeitsgrenze wie beim nachehelichen Unterhalt nicht vorsehe (NJW-RR 1986, 66 = LM § 1603 BGB Nr. 29 = FamRZ 1986, 48 [50]). Die Grenze der Unzumutbarkeit wird daher etwas enger als bei § 1577 III BGB zu ziehen sein, angenähert etwa dem Begriff der groben Unbilligkeit. Der Tatrichter hat darüber im Einzelfall im Rahmen einer umfassenden Zumutbarkeitsabwägung zu entscheiden, die alle bedeutsamen Umstände und insbesondere auch die Lage des Unterhaltsverpflichteten berücksichtigt (vgl. dazu etwa OLG Hamburg, FamRZ 1980, 912 [913]; *OLG Hamm*, FamRZ 1982, 1099 [1100]; *OLG Frankfurt a. M.*, FamRZ 1987, 1179 [1180]; a. auch *Köhler*, in: MünchKomm, § 1602 Rdnr. 8; *Mutschler*, in: RGRK, § 1602 Rdnr. 21). Soweit im Schrifttum auf die Frage einer entsprechenden Anwendung des § 1577 III BGB eingegangen wird, wird dies überwiegend verneint (vgl. *Soergel/Häberle*, No. 12. Aufl., § 1602 Rdnr. 4; *Staudinger/Kappe*, BGB, 1993, § 1602 Rdnr. 107; *Wendl/Scholz*, UnterhaltsR, 3. Aufl., § 2 Rdnr. 107; *Kalthoener/Büttner*, Rspr. zur Höhe des Unterhalts, 6. Aufl., Rdnr. 506; a. A. *Griesche*, in: FamGb, § 1602 Rdnr. 50; *Schwab/Barth*, Hdb. des ScheidungsR, 3. Aufl., Teil V, Rdnr. 124).

Ob dem Unterhaltsberechtigten insbesondere ein sogenannter Notgroschen für Fälle plötzlich auftretenden (Sonder-)Bedarfs zu belassen ist, wird ebenfalls nicht einheitlich beurteilt (dagegen etwa *Staudinger/Kappe*, § 1602 Rdnr. 122; *Göppinger/Strohal*, UnterhaltsR, Rdnr. 310). Der *Senat* schließt sich insoweit der bejahenden Auffassung an, die wohl als herrschend zu bezeichnen ist (vgl. OLG Düsseldorf, FamRZ 1990, 1137; *Köhler*, in: MünchKomm, § 1602 Rdnr. 21; *Erman/Holzhauer*, BGB, 9. Aufl., § 1602 Rdnr. 26; *Wendl/Scholz*, § 2 Rdnr. 107; *Gernhuber/Coester-Waltjen*, § 45 II 2, S. 667; s. für den Trennungsunterhalt *Senat*, NJW 1985, 907 = LM § 1361 BGB Nr. 42 = FamRZ 1985, 360 [361]).

b) Das *OLG* hat der Kl. unter dem Gesichtspunkt des „Notgroschens" Pfandbriefe im Nennwert von 10 000 DM belassen und daneben unter dem Gesichtspunkt des sogenannten Affektionsinteres-

Anhang R. Rechtsprechung R518

ses die drei Krügerrand-Münzen. Wenn es in ersterer Hinsicht auch Urlaubsreisen berücksichtigt, kann aber schwerlich von einem Notbedarf ausgegangen werden. Die Orientierung an Vorschriften des Sozialrechts bei der Bemessung eines solchen Freibetrages (§ 88 II Nr. 8 BSHG mit der DurchführungsVO v. 11. 2. 1988 – BGBl I, 150; § 6 AlhiVO) ist an sich nicht zu beanstanden (ausf. dazu *Müller*, FPR 1995, 190). Die in diesen Vorschriften genannten Beträge (2500 DM bzw. 4500 DM nach der DurchführungsVO, 8000 DM gem. § 6 AlhiVO) hat das *OLG* aber überschritten (*Müller*, FPR 1995, 190 [191], hält in der Regel einen Betrag von 5000 DM für angemessen).

c) Daß es der Kl. nach Auffassung des *OLG* nicht obliegt, den ihr von der Mutter gekauften Pkw zu veräußern und den Erlös für ihren Unterhalt einzusetzen, wird von der Revision nicht angegriffen. Es mag zwar zweifelhaft sein, ob allein der Hinweis des *OLG* auf die günstigen Einkommens- und Vermögensverhältnisse der Eltern und die daraus abzuleitende Lebensstellung der Kl. bis zur Erlangung eigener wirtschaftlicher Selbständigkeit diese Beurteilung rechtfertigt. Im Hinblick auf den starken Wertverfall gebrauchter Pkw ist die Entscheidung zu diesem Punkt jedenfalls unter dem Blickwinkel der Unwirtschaftlichkeit nicht zu beanstanden. Gebrauchte Gegenstände, deren Nutzen für den Bedürftigen wesentlich höher zu veranschlagen ist als der zu erwartende Erlös, müssen in der Regel nicht verwertet werden (vgl. *Mutschler*, in: RGRK, § 1602 Rdnr. 22).

d) Ein in Ausbildung befindliches volljähriges Kind ist nicht unter allen Umständen gehalten, zumutbar verwertbares Vermögen vollständig zu verbrauchen, ehe es von einem Elternteil Unterhalt in Anspruch nehmen kann. Im vorliegenden Fall liegt nahe, daß es Zweck des Vermächtnisses des Großvaters war, die Ausbildung der Kl. zu sichern. Es ist daher unter Zumutbarkeitsgesichtspunkten etwa nicht ausgeschlossen, die für den eigenen Unterhalt einzusetzenden Mittel der Kl. auf ihre voraussichtliche Ausbildungsdauer umzulegen (vgl. dazu *Griesche*, in: FamGb, § 1602 Rdnr. 50; OLG Düsseldorf, FamRZ 1985, 1281).

BGH v. 19. 11. 1997 – XII ZR 1/96 – FamRZ 98, 286 = NJW-RR 98, 505

(Barunterhaltspflicht des Elternteils, der ein minderjähriges Kind betreut; sog. Subsidiaritätshaftung nach R518
§ 1603 II 3 BGB; anteilige Haftung bei Zusatzbedarf)

2. Nach § 1606 III 1 BGB haften die Eltern für den Unterhalt eines Kindes nicht als Gesamtschuldner, sondern anteilig nach ihren Erwerbs- und Vermögensverhältnissen. Aus § 1606 III 2 BGB ergibt sich, daß im Falle des Getrenntlebens der Eltern der Elternteil, bei dem das Kind lebt, seinen Teil der Unterhaltspflicht grundsätzlich durch die Betreuung des Kindes in vollem Umfang erfüllt, während der andere Elternteil den Barunterhalt allein zu tragen hat. Dieser Grundsatz der Gleichwertigkeit von Barunterhalt und Betreuung gilt allerdings nicht uneingeschränkt. Er gilt z. B. nicht für Zusatzbedarf (*Senat*, NJW 1983, 2082 = LM § 1603 BGB Nr. 19 = FamRZ 1983, 689). Auch für den normalen Unterhaltsbedarf gilt er nicht, wenn die Vermögens- oder Einkommensverhältnisse des betreuenden Elternteils deutlich günstiger sind als die des anderen Elternteils. In einem solchen Falle kann die Barunterhaltspflicht des nicht betreuenden Elternteils sich ermäßigen oder ganz entfallen, insbesondere dann, wenn der nicht betreuende Elternteil zur Unterhaltszahlung nicht ohne Beeinträchtigung des eigenen angemessenen Unterhalts in der Lage wäre, während der andere Elternteil neben der Betreuung des Kindes auch den Barunterhalt leisten könnte, ohne daß dadurch sein eigener angemessener Unterhalt gefährdet würde. Die Inanspruchnahme des nicht betreuenden Elternteils zum Barunterhalt darf nicht zu einem erheblichen finanziellen Ungleichgewicht zwischen den Eltern führen (st. Rspr. des *Senats*; vgl. NJW 1991, 697 = LM § 1603 BGB Nr. 40 = FamRZ 1991, 182 [183] m. w. Nachw.).

3. Das *OLG* hat keine abschließenden Feststellungen zu den Vermögens- und Einkommensverhältnissen des Vaters der Kl. getroffen. Es hat lediglich festgestellt, daß er bei 13 Monatsgehältern 5200 DM brutto im Monat verdient. Es führt zutreffend aus, daß angesichts dieses Einkommens des Vaters der Kl. und der festgestellten Einkommensverhältnisse der Bekl. jedenfalls nicht von vornherein ausgeschlossen werden kann, daß sich auch der Vater der Kl. nach den dargelegten Grundsätzen an dem Barunterhalt beteiligen muß. Es meint jedoch, diesen Gesichtspunkt außer Betracht lassen zu können, weil die Bekl. wegen ihrer eingeschränkten Einkommensverhältnisse nicht einmal den Mindestunterhalt der Kl. zu zahlen habe. Diese Argumentation ist schon im Ansatz fehlerhaft. Daß die Bekl. jedenfalls nicht mehr zahlen kann als 223 bzw. 180 DM im Monat, hängt damit zusammen, daß sie wenig verdient und deshalb allenfalls eingeschränkt leistungsfähig ist. Die eingeschränkte Leistungsfähigkeit der Bekl. ist aber kein Argument gegen eine Beteiligung des Vaters der Kl. an dem Barunterhalt, sie ist im Gegenteil ein Argument für eine solche Beteiligung. Es mag richtig sein, daß sich der Vater ohnehin nur in gewissem Umfang am Barunterhalt beteiligt, weil die Bekl. nicht einmal den Mindestunterhalt zahlen kann. Dadurch wird aber nicht die rechtliche Beurteilung überflüssig, ob und in welchem Umfang er verpflichtet ist, Barunterhalt zu leisten, und wie sich das auf die Unterhaltsverpflichtung der Bekl. auswirkt.

4. Mit der gegebenen Begründung kann das Berufungsurteil deshalb keinen Bestand haben. Der

Senat ist auch nicht in der Lage, selbst abschließend zu entscheiden (§ 565 III ZPO). Die Feststellungen des *OLG* reichen nicht aus, um beurteilen zu können, ob sich der Vater der Kl. an ihrem Barunterhalt beteiligen muß. Insbesondere hat das *OLG* – von seinem Standpunkt aus zu Recht – keine ausreichenden Feststellungen dazu getroffen, in welchen wirtschaftlichen Verhältnissen der Vater der Kl. lebt. So hat es z. B. nur sein Bruttogehalt festgestellt, nicht aber sein (bereinigtes) Nettoeinkommen. Die Sache muß an das *OLG* zurückverwiesen werden, damit der Tatrichter die fehlenden Feststellungen nachholen und unter Berücksichtigung der dargelegten Grundsätze nach billigem Ermessen abwägen kann, ob sich der Vater der Kl. an dem Barunterhalt beteiligen muß (vgl. Senat, NJW 1991, 597 = LM § 1603 BGB Nr. 40 = FamRZ 1991, 182 [184]).

Hat sich der Vater der Kl. an deren Barunterhalt zu beteiligen, so wird eine völlig neue Berechnung des geltend gemachten Unterhaltsanspruchs erforderlich. Es ist jedenfalls nicht auszuschließen, daß die Bekl. dann nicht mehr an die Kl. zahlen müßte als die 145 DM monatlich, zu deren Zahlung sie bereits rechtskräftig verurteilt ist. Das gilt insbesondere auch deshalb, weil das *OLG* – von seinem Standpunkt aus zu Recht – von einer erweiterten Unterhaltspflicht der Bekl. gegenüber der minderjährigen Kl. nach § 1603 II 1 BGB ausgegangen ist und der Bekl. deshalb nur den notwendigen Selbstbehalt, den es mit 1200 DM im Monat annimmt, nicht den angemessenen Selbstbehalt. Nach § 1603 II 2 BGB tritt jedoch die erweiterte Unterhaltspflicht nicht ein, wenn ein anderer unterhaltspflichtiger Verwandter vorhanden ist. Dieser andere unterhaltspflichtige Verwandte kann auch der andere Elternteil sein, wenn er leistungsfähig ist (st. Rspr.; vgl. BGH, NJW 1980, 934 = LM § 1603 BGB Nr. 2 = FamRZ 1980, 555 [556]; NJW 1991, 697 = LM § 1603 BGB Nr. 40 = FamRZ 1991, 182 [184]).

Ist der Vater der Kl. verpflichtet, sich an deren Barunterhalt zu beteiligen, kann deshalb die gesteigerte Unterhaltspflicht der Bekl. entfallen mit der Folge, daß ihr der angemessene Selbstbehalt (§ 1603 I BGB) zu belassen ist (BGH, NJW 1980, 934 = LM § 1603 BGB Nr. 2 = FamRZ 1980, 555 [556]), den der Tatrichter zu bestimmen hat. Auch wenn der angemessene Selbstbehalt der Bekl. – wie im übrigen auch der notwendige Selbstbehalt – niedriger anzusetzen sein dürfte als die von der Praxis entwickelten Richtsätze, z. B. weil der Bedarf der Bekl. durch die gemeinsame Haushaltsführung mit ihrem ebenfalls berufstätigen Ehemann geringer sein dürfte (vgl. hierzu zutreffend *OLG Hamm*, FamRZ 1980, 916 [917] m. Nachw.), ist jedenfalls nicht auszuschließen, daß dieser angemessene Bedarf höher ist als die vom *OLG* als notwendiger Bedarf angerechneten 1200 DM.

(Hausmannsfälle, notwendiger bzw. angemessener Selbstbehalt)

b 5. Die Kl. meint demgegenüber, das *OLG* habe übersehen, daß die Bekl. nach den Grundsätzen der Rechtsprechung des *Senats* zu den sogenannten Hausmann-Fällen gehalten sei, einer Erwerbstätigkeit nachzugehen und das dabei erzielte Einkommen uneingeschränkt für den Unterhaltsbedarf der Kl. zu verwenden. Diese Obliegenheit der Bekl. habe keine gesteigerte Unterhaltspflicht nach § 1603 I 1 BGB zur Voraussetzung, sie folge vielmehr bereits aus dem in § 1609 BGB angeordneten Gleichrang der Unterhaltsansprüche der Kinder aus erster und zweiter Ehe. Die Bekl. könne sich nicht darauf berufen, daß sie ihr Arbeitseinkommen zur Deckung ihres eigenen Bedarfs benötige.

Dies ist nicht zutreffend. In den sog. Hausmann-Fällen hat sich der Ehemann mit seiner zweiten Ehefrau dahin geeinigt, daß sie berufstätig bleibt und den Lebensunterhalt der Familie verdient, während er seine Berufstätigkeit aufgibt und statt dessen das Kind aus zweiter Ehe betreut. Ist er einem Kind aus erster Ehe unterhaltspflichtig, liegt darin eine Obliegenheitsverletzung, weil er sich gleichrangig beiden Kindern widmen muß und seine Arbeitskraft nicht allein der Betreuung des Kindes aus zweiter Ehe zuführen darf. Er muß sich deshalb in einem solchen Fall „fiktiv so behandeln lassen, als hätte er wie bisher ein volles Erwerbseinkommen" (*Senat*, NJW 1996, 1815 = LM H. 7-1996 § 1570 BGB Nr. 16 = FamRZ 1996, 815 [817]). Bei der Berechnung des Unterhalts, den er aufgrund dieses fiktiven Einkommens entsprechend seiner Leistungsfähigkeit zu zahlen hat, ist der notwendige bzw. der angemessene Selbstbehalt zu berücksichtigen (*Senat*, NJW 1985, 318 [319]). Wenn der einem Kind aus erster Ehe barunterhaltspflichtige Elternteil nach wie vor voll erwerbstätig ist, obwohl er ein Kind aus zweiter Ehe hat, kann nichts anderes gelten.

BGH v. 17. 12. 1997 – XII ZR 38/96 – FamRZ 98, 426 = NJW 98, 1065

R519 *(Kein nachehelicher Unterhaltsanspruch für geschiedene Ehefrau wegen Betreuung eines nichtehelichen Kindes vom geschiedenen Ehemann)*

a a) Ungeachtet des Umstandes, daß die Parteien miteinander verheiratet waren, hat ihr gemeinschaftliches Kind den Status eines nichtehelichen Kindes, weil es nicht während der Ehe oder innerhalb von 302 Tagen nach deren rechtskräftiger Auflösung geboren worden ist (§ 1593 BGB). Da der Wortlaut des § 1570 BGB nicht auf den Status abhebt, sondern auf die Pflege und Erziehung eines gemeinschaftlichen Kindes, wird die Vorschrift wie vom *OLG* auch von einem Teil des Schrifttums

Anhang R. Rechtsprechung R519

auf Fälle der vorliegenden Art für anwendbar gehalten (vgl. *Soergel-Häberle*, BGB, 12. Aufl., § 1570 Rdnr. 5; *Palandt-Diederichsen*, BGB, 57. Aufl., § 1570 Rdnr. 9; *Göppinger-Kindermann*, UnterhaltsR, 6. Aufl., Rdnr. 1183; *Schwab-Borth*, Hdb. des ScheidungsR, 3. Aufl, Teil IV, Rdnr. 152). Die Gegenmeinung verneint die Frage, weil die Unterhaltsverpflichtung nicht auf einer Nachwirkung der Ehe beruhe und ein sachlicher Grund fehle, den an sich einschlägigen Unterhaltsanspruch aus § 1615 l BGB zu verstärken (vgl. *Richter*, in: MünchKomm, 3. Aufl., § 1570 Rdnr. 6; *Cuny*, in: RGRK, 12. Aufl., § 1570 Rdnr. 6; *Erman-Dieckmann*, BGB, 9. Aufl., § 1570 Rdnr. 9; *Griesche*, in: FamGb, § 1570 Rdnr. 8; *Heiß-Heiß*, UnterhaltsR, Anm. 1.5; *AG Erding*, FamRZ 1995, 1414; zweifelnd *Hülsmann*, in: FamK § 1570 Rdnr. 25). Andere differenzieren danach, ob bei der Geburt des Kindes noch ein zeitlicher Bezug zur Ehe bejaht werden kann (vgl. *Kalthoener-Büttner*, Rspr. zur Höhe des Unterhalts, 6. Aufl., Rdnr. 405). Der *Senat* schließt sich der Auffassung an, die eine Anwendung der Vorschrift auf Fälle der vorliegenden Art ablehnt. Soweit eine beiläufige Äußerung im *Senatsurteil* des vom 26. 10. 1984 (NJW 1985, 428 = LM § 1579 BGB Nr. 25 = FamRZ 1985, 51 [52]) anders verstanden werden könnte, hält er daran nicht fest.

b) Zwar läßt der Wortlaut des § 1570 BGB auch die erstgenannte Auslegung zu; denn die Kl. ist „ein geschiedener Ehegatte", der „ein gemeinschaftliches Kind" betreut. Es erhebt sich aber die Frage, ob Sinn und Zweck des Gesetzes nicht gebieten, den nachehelichen Unterhaltsanspruch aus § 1570 BGB auf Fälle zu beschränken, in denen das von dem geschiedenen Ehegatten betreute Kind den rechtlichen Status der Ehelichkeit hat. Dafür spricht schon der Umstand, daß der Unterhaltsanspruch einer Mutter, die ein nichteheliches Kind betreut, in § 1615 l BGB besonders geregelt ist, und daß andererseits die Betreuung eines sogenannten scheinehelichen Kindes, das also in Wahrheit kein gemeinschaftliches ist, den Unterhaltsanspruch aus § 1570 BGB auszulösen vermag, bis die Nichtehelichkeit rechtskräftig festgestellt ist (vgl. *Senat*, NJW 1985, 428 = LM § 1579 BGB Nr. 25 = FamRZ 1985, 51 [52]; *Bosch*, FamRZ 1981, 1064).

§ 1570 BGB wird als Ausdruck nachehelicher Solidarität verstanden. Wird das Kind lange nach der Scheidung gezeugt, etwa wie in dem vom *AG Erding*, FamRZ 1995, 1414, entschiedenen Fall viereinhalb Jahre danach, liegt es im Grunde nicht anders, als wenn ein nicht miteinander verheiratetes Paar ein Kind bekommt. Die Entscheidung davon abhängig zu machen, wie teilweise vertreten wird, ob bei der Geburt des Kindes noch ein zeitlicher Zusammenhang mit der aufgelösten Ehe bejaht werden kann, führte im Einzelfall zu Abgrenzungsschwierigkeiten, die die Vorschrift konturenlos machen und die Rechtssicherheit in Frage stellen würden.

Zu bedenken sind vor allem auch die Weiterungen, die sich bei einer Bejahung des vom Gesetz privilegierten Anspruchs aus § 1570 BGB ergeben würden. Der Höhe nach würde sich der Anspruch nach den ehelichen Lebensverhältnissen bei Eintritt der Rechtskraft der Scheidung (§ 1578 I BGB) bemessen, einem Zeitpunkt, der in Fällen der vorliegenden Art bei der Geburt des Kindes weit zurückliegen könnte. Ginge der Unterhaltsverpflichtete eine neue Ehe ein, genösse der Anspruch der Mutter gegenüber demjenigen des neuen Ehegatten den Vorrang aus § 1582 I 3 BGB. Im Falle des Scheiterns einer neuen Ehe der Mutter könnte der Anspruch unter den Voraussetzungen des § 1586 a BGB wieder aufleben. Schließlich könnten sich nach Beendigung der Pflege und Erziehung des Kindes weitere Unterhaltsansprüche der Mutter wegen Alters (§ 1571 Nr. 2 BGB), wegen Krankheit (§ 1572 Nr. 2 BGB) oder nach den Tatbeständen des § 1573 I und II i. V. mit Abs. 3 anschließen. All dies sind Rechtsfolgen, die ihre innere Berechtigung darin finden, daß das Kind einer ehelichen Lebensgemeinschaft entstammt.

Das Gesetz zur Reform des Kindschaftsrechts, das am 1. 7. 1998 in Kraft treten wird (BGBl I 1997, 2942 [2967]), hält daran fest, daß der Unterhaltsanspruch einer Mutter, die ein eheliches Kind betreut, und derjenige einer Mutter, die ein nichteheliches Kind betreut, unterschiedlich zu behandeln sind. Der Rechtsausschuß des Deutschen Bundestages hat zur Rechtfertigung der Differenzierung ausgeführt: Die Mutter eines nichtehelichen Kindes könne frei entscheiden, ob sie das Kind selbst betreuen wolle oder durch Dritte betreuen lasse. Das Kind habe keinen Anspruch auf Betreuung durch die Mutter und könne daher auch nicht Inhaber des Anspruchs auf Betreuungsunterhalt sein. Wenn es sich aber um einen Anspruch der Mutter gegenüber dem Vater des Kindes handele, sei die rechtliche Qualität der Elternbeziehung für die Ausgestaltung des Anspruchs von Bedeutung und erscheine es gerechtfertigt, den Anspruch der früheren Ehefrau unter dem Gesichtspunkt der nachehelichen Solidarität stärker auszugestalten als denjenigen der Mutter, die ein nichtehelich geborenes Kind betreut (vgl. BT-Dr 13–8511, S. 71). Dem ist zu folgen. In Fällen der vorliegenden Art kann die rechtliche Qualität der Elternbeziehung nicht mehr derjenigen während bestehender Ehe gleichgesetzt werden. Auch verfassungsrechtliche Gründe (Art. 6 V GG) gebieten es daher nicht, der Kl. einen Anspruch aus § 1570 BGB zuzubilligen.

c) Die Zubilligung des vom *OLG* in zweiter Linie in Betracht gezogenen Anspruchs aus § 1576 BGB scheidet ebenfalls aus. Es handelt sich dabei um eine Auffangvorschrift für im Gesetz nicht ausdrücklich geregelte Fälle nachehelichen Unterhalts, etwa wenn es um die Betreuung von während der Ehe in den gemeinsamen Haushalt aufgenommenen Pflegekindern oder von Kindern eines Ehegatten aus einer früheren Ehe geht (vgl. dazu *Senat,* LM § 1576 BGB Nr. 1 = FamRZ 1983, 800 [802]). Der Unterhaltsanspruch einer Mutter, die ein nichteheliches Kind betreut, ist in § 1615 l BGB aber ausdrücklich geregelt, und zwar in einer Weise, die als abschließend beurteilt werden muß. In Fällen der vorliegenden Art handelt es sich nicht um eine Bedürfnislage, die im Zeitpunkt der Scheidung besteht und der Ehe zuzurechnen ist.

Nach Inkrafttreten des Gesetzes zur Reform des Kindschaftsrechts wird § 1615 l BGB im übrigen eine Ausgestaltung erfahren, die die Unterschiede zu einem Anspruch aus § 1576 BGB zurücktreten läßt. Die bisherige zeitliche Begrenzung des Anspruchs der nichtehelichen Mutter auf drei Jahre nach der Entbindung wird unter der Voraussetzung aufgehoben, daß es „insbesondere unter Berücksichtigung der Belange des Kindes grob unbillig wäre, einen Unterhaltsanspruch nach Ablauf dieser Frist zu versagen". Auch der Unterhaltsanspruch aus § 1576 BGB hängt letztlich davon ab, daß die Versagung von Unterhalt unter Berücksichtigung der Belange beider Ehegatten grob unbillig wäre (vgl. *Senat,* LM § 1576 BGB Nr. 1 = FamRZ 1983, 800 [802]). Nach dem Rechtszustand ab 1. 7. 1998 würde es daher – von der Regelung des § 1582 BGB abgesehen – für die Mutter im Ergebnis kaum günstiger sein, wenn in Fällen der vorliegenden Art ihr Unterhaltsanspruch nach § 1576 BGB statt nach § 1615 l BGB beurteilt würde.

(Zum Übergangsrecht im Hinblick auf die zweimalige Änderung der gesetzlichen Befristung des § 1615l II S. 3 BGB)

b d) Schon durch das am 1. 10. 1995 in Kraft getretene Schwangeren- und Familienhilfeänderungsgesetz (BGBl I, 1050) ist der Unterhaltsanspruch der Mutter eines nichtehelichen Kindes gem. § 1615 l BGB gegenüber dem früheren Rechtszustand erheblich verstärkt worden. Der zeitliche Rahmen des Betreuungsunterhalts ist von einem Jahr auf drei Jahre nach der Entbindung ausgedehnt worden; ferner ist die Voraussetzung entfallen, daß eine Möglichkeit zur anderen Versorgung, z. B. in einer Tagesheimstätte oder bei Verwandten, nicht besteht (vgl. zum früheren Rechtszustand *Senat,* BGHZ 93, 123 [128] = NJW 1985, 806 = LM § 1602 BGB Nr. 11). Der Gesetzgeber beabsichtigte in Anlehnung an § 1570 BGB, eine Vollbetreuung des Kindes durch seine Mutter bis zum Kindergartenalter zu ermöglichen (vgl. BT-Dr 13–1850, S. 24). Diese Neuregelung kommt der Kl. nur deshalb nicht zugute, weil in ihrem Fall die Frist von drei Jahren nach der Entbindung am 16. 9. 1995, also noch vor dem Inkrafttreten dieser Neufassung des § 1615 l BGB, abgelaufen ist. Auf Unterhalt für Zeiten vor Inkrafttreten einer gesetzlichen Neuregelung bleibt das bisherige Recht anwendbar, falls, wie hier, keine anderweite Übergangsregelung getroffen worden ist (vgl. dazu *Jansen-Knöpfel,* UnehelichenG, 1967, S. 476; s. auch RGZ 49, 155 [157]).

e) Nach der am 1. 7. 1998 in Kraft tretenden Fassung des § 1615 l BGB durch das Gesetz zur Reform des Kindschaftsrechts ist im Hinblick auf den bereits angeführten Wegfall der Dreijahresgrenze nicht auszuschließen, daß die Kl. einen Anspruch auf Betreuungsunterhalt für die Zeit ab der zweiten Jahreshälfte 1998 erwerben könnte (vgl. auch *LG Arnsberg,* FamRZ 1997, 1297).

BGH v. 21. 1. 1998 – XII ZR 85/96 – FamRZ 98, 541 = NJW 98, 1309

R520 *(Zum Anspruch nach § 1615l I S. 1 BGB)*

a a) Anspruch aus § 1615 l I BGB: § 1615 l I BGB gewährt der Mutter gegen den Vater ihres nichtehelichen Kindes einen Unterhaltsanspruch für die Dauer von sechs Wochen vor bis acht Wochen nach der Geburt des Kindes. Dem *OLG* ist zwar einzuräumen, daß es für diesen Anspruch, wie bei jedem anderen Unterhaltsanspruch auch, allgemein auf die Bedürftigkeit der Mutter und die Leistungsfähigkeit des Vaters ankommt. Weitere Tatbestandsvoraussetzung ist indessen nur die Schwangerschaft und Geburt. Dagegen ist eine kausale Verknüpfung zwischen diesen Umständen und der Bedürftigkeit nicht erforderlich. Der Anspruch besteht vielmehr auch dann, wenn die Mutter bereits aus anderen Gründen, etwa wegen Krankheit, der Betreuung eines anderen Kindes oder mangels einer Beschäftigungsmöglichkeit auf dem Arbeitsmarkt ihren Bedarf nicht durch eigene Erwerbstätigkeit decken kann, wenn also die Bedürftigkeit nicht erst durch die Schwangerschaft, Entbindung und Versorgung des Neugeborenen eingetreten ist. Das folgt zum einen aus dem Wortlaut der Vorschrift, die im Gegensatz zu Abs. 2 Satz 1 der Regelung (s. unten) keine entsprechende Kausalität vorsieht, zum anderen aus ihrer Zielsetzung. § 1615 l I BGB soll – in Anlehnung an die Mutterschutzvorschriften – die Mutter in der kritischen Phase vor und nach der Entbindung allein mit Rücksicht auf die damit verbundenen Belastungen von jeder Erwerbspflicht freistellen. Außerdem soll das Kind dadurch geschützt werden, daß die Mutter in diesem Zeitraum in jedem Falle wirtschaftlich gesichert ist (allg. M., vgl. *Köhler,* in: MünchKomm, § 1615 l Rdnrn. 2 und 4; *Palandt-Diederichsen,* § 1615 l Rdnr. 2; *Soergel-Häberle,* § 1615 l Rdnr. 9; *Staudinger-Eichenhofer,* BGB, 12. Aufl., § 1615 l Rdnr. 5; *Mutschler,* in: RGRK, 12. Aufl., § 1615 l Rdnrn. 1 und 3; *Derleder,* in: AK, § 1615 l Rdnr. 2; *Göppinger-Maurer,* UnterhaltsR 6. Aufl., Rdnr. 969; *Odersky,* NEG, 4. Aufl., § 1615 l Anm. II 1; *OLG Hamm,* NJW 1991, 1763 = FamRZ 1991, 979). Demgemäß kann das Bestehen des Anspruchs aus Abs. 1 der

Anhang R. Rechtsprechung   R520

Regelung nicht mit dem Hinweis darauf verneint werden, daß die Bedürftigkeit der Kl. bereits auf der Betreuung ihrer ehelichen Kinder beruhe und es daher an der erforderlichen Kausalität fehle.

(Zum Anspruch nach § 1615l II S. 2 BGB)

b) Anspruch aus § 1615 l II 2 BGB: Entsprechendes gilt für den Anspruch aus § 1615 l II 2 BGB. **b**
§ 1615 l II BGB in der durch das Schwangeren- und Familienhilfeänderungsgesetz vom 21. 8. 1995 (BGBl I, 1050) mit Wirkung ab 1. 10. 1995 geänderten Fassung gewährt der Mutter in zwei Fällen einen Unterhaltsanspruch bis längstens drei Jahre nach der Entbindung, nämlich gem. Satz 1, soweit sie infolge der Schwangerschaft oder einer durch diese oder durch die Entbindung verursachten Krankheit keiner Erwerbstätigkeit nachgehen kann, und gem. Satz 2, soweit von ihr wegen der Pflege und Erziehung des Kindes eine Erwerbstätigkeit nicht erwartet werden kann. Beide Tatbestände unterscheiden sich hinsichtlich des Kausalitätserfordernisses.

Satz 1, der durch die Neuregelung nicht betroffen wurde, setzt voraus, daß die Schwangerschaft, Entbindung oder eine dadurch verursachte Krankheit zumindest mitursächlich für die Nichtaufnahme einer Erwerbstätigkeit sind, so daß ein Unterhaltsanspruch ausscheidet, wenn die Erwerbstätigkeit bereits aus anderen Gründen, etwa wegen einer davon unabhängigen Erkrankung, einer bereits zuvor bestehenden Erwerbslosigkeit oder der Versorgung anderer Kinder unterlassen wird. Denn die Unterhaltsverpflichtung des Vaters geht nur so weit, wie die Bedürftigkeit der Mutter von ihm mitverursacht worden ist (h. M., vgl. *Köhler,* in: MünchKomm, § 1615 l Rdnrn. 5 f.; *Palandt-Diederichsen,* § 1615 l Rdnr. 7; *Soergel-Häberle,* § 1615 l Rdnr. 10, und Ergänzungsband, § 1615 l Rdnr. 10; *Staudinger-Eichenhofer,* § 1615 l Rdnrn. 6–8; *Derleder,* in: AK, § 1615 l Rdnr. 3; *Mutschler,* in: RGRK, § 1615 l Rdnr. 5; *Gernhuber/Coester-Waltjen,* § 59 III 4; *Göppinger-Maurer,* Rdnrn. 947, 970; OLG Hamm, FamRZ 1989, 619; NJW 1991, 1763 = FamRZ 1991, 979; *OLG Düsseldorf,* FamRZ 1995, 690).

Demgegenüber enthält Satz 2 der Bestimmung seit der Neufassung nur noch ein eingeschränktes Kausalitätserfordernis. Nach der früheren Regelung, nach der die Nichterwerbstätigkeit der Mutter darauf beruhen mußte, daß das Kind andernfalls nicht versorgt werden konnte, stand es nicht im Belieben der Mutter, das Kind selbst zu versorgen, sondern verlangte den Nachweis, daß eine anderweitige Möglichkeit der Kindesbetreuung, z. B. in einer Kindertagesstätte, nicht bestand (vgl. *Senat,* BGHZ 93, 123 [128] = NJW 1985, 806 = LM § 1602 BGB Nr. 11). Nach Satz 2 der geltenden Fassung kommt dagegen ein Anspruch bereits dann in Betracht, wenn von der Mutter wegen der Pflege und Erziehung des Kindes eine Erwerbstätigkeit nicht erwartet werden kann. Zwar ist die Betreuungsbedürftigkeit des Kindes auch hier Voraussetzung. Mit der weitgehenden Angleichung der Anspruchsvoraussetzung an den für die Betreuung ehelicher Kinder geltenden § 1570 BGB sollte aber die soziale und wirtschaftliche Ausgangslage des nichtehelichen Kindes mittelbar dadurch verbessert werden, daß die Mutter nicht mehr nachweisen muß, daß sie mangels anderweitiger Versorgungsmöglichkeit des Kindes nicht erwerbstätig sein kann. Die Erweiterung des Betreuungsunterhaltsanspruches sollte den Vater mehr in die Verantwortung dafür einbeziehen, daß ein nichteheliches Kind während der ersten drei Lebensjahre in den Genuß der persönlichen Betreuung durch die Mutter kommt, die dafür durch den Unterhaltsanspruch sichergestellt wird (BT-Dr 13–1850, S. 24). Darauf, ob ohne die Kindesbetreuung eine Erwerbstätigkeit ausgeübt würde, wo also der Kindesbetreuung die alleinige Ursache für die Nichterwerbstätigkeit ist, kommt es demnach nicht mehr an. Vielmehr besteht ein Anspruch auch dann, wenn die Mutter schon zuvor erwerbslos war oder ein anderes Kind betreute, welches sie ebenfalls an einer Erwerbstätigkeit hinderte (OLG Hamm, FamRZ 1997, 632 [633]; *Palandt-Diederichsen,* § 1615 l Rdnr. 7).

(Zur Konkurrenz von Trennungsunterhalt nach § 1361 BGB und Unterhalt nach § 1615l I S. 1 und II S. 2 BGB)

c) Da somit Unterhaltsansprüche der Kl. gegen den Vater ihres nichtehelichen Kindes sowohl nach **c**
§ 1615 l I als auch nach Abs. 2 Satz 2 BGB in Betracht kommen, in die streitbefangene Zeit fallen und mit ihrem Anspruch auf Trennungsunterhalt gem. § 1361 BGB gegen ihren Ehemann konkurrieren, kommt es auf die Frage der Haftung des Vaters des nichtehelichen Kindes im Verhältnis zum Beklagten an. Das Gesetz hat diese Konstellation in § 1615 l III BGB, in dem die Reihenfolge der Unterhaltsverpflichtungen zwischen dem Vater und den Verwandten der Mutter sowie das Rangverhältnis zwischen der Mutter und der Ehefrau und den minderjährigen Kindern des Vaters geregelt sind, nicht mit aufgegriffen. Während das ältere Schrifttum von einem grundsätzlichen Vorrang der Haftung des Ehemannes vor dem Vater ausging (*Brühl,* FamRZ 1967, 130 [133]; *Brüggemann,* FamRZ 1971, 140 [147]), was unter anderem aus dem allgemeinen Verweis des § 1615 III BGB auf die Vorschriften des Verwandtenunterhalts und den dortigen § 1608 BGB mit der vorrangigen Haftung des Ehemannes vor den Verwandten gefolgert wurde, wird in der neueren Literatur und Rechtsprechung überwiegend die Auffassung vertreten, daß der Vater vor dem Ehemann haften soll. Dies wird aus einer analogen Anwendung des § 1615 l III 2 BGB abgeleitet, wonach der Vater vor den Verwandten der Mutter zur Unterhaltszahlung heranzuziehen ist. Da das Gesetz darin zum Ausdruck bringe, den

Vater vorrangig auf Unterhalt in Anspruch zu nehmen, der die Unterhaltsbedürftigkeit der Mutter zu verantworten habe, müsse der Ehemann ebenso wie die Verwandten der Mutter vor einer Inanspruchnahme geschützt werden, da für eine Ungleichbehandlung von Verwandten und Ehemann kein sachlicher Grund bestehe (*Köhler*, in: MünchKomm, § 1615 l Rdnr. 9 a; *Palandt-Diederichsen*, § 1615 l Rdnr. 5 und Ergänzungsband, § 1615 l Rdnr. 5; *Staudinger-Eichenhofer*, § 1615 l Rdnrn. 18 und 21; *Gernhuber/Coester-Waltjen*, § 59 III Anm. 3; *Odersky*, Anm. II 8 c; OLG Celle, FamRZ 1979, 119; OLG Koblenz, FamRZ 1981, 92; OLG Hamm, NJW 1991, 1763 = FamRZ 1991, 979; FamRZ 1997, 632; OLG Düsseldorf, FamRZ 1995, 690; abl., soweit ersichtlich, nur OLG München, FamRZ 1994, 1108). Dabei wird allerdings zum Teil angenommen, daß der Vorrang der Haftung des Vaters nur so weit reiche, als durch die Schwangerschaft oder Mutterschaft ein Mehrbedarf verursacht wird, während für den ohne sie bestehenden Grundbedarf allein der Ehemann hafte (*Mutschler*, in: RGRK, § 1615 l Rdnr. 11; *Göppinger-Maurer*, Rdnr. 981). Eine anteilige Haftung entsprechend § 1606 III 1 BGB wird dagegen überwiegend abgelehnt.

Der *Senat* hält demgegenüber in einem Fall wie dem vorliegenden eine Aufteilung der Verantwortlichkeiten zwischen dem Ehemann und dem Vater in entsprechender Anwendung des § 1606 III 1 BGB für geboten. § 1615 l III 1 BGB verweist allgemein auf eine entsprechende Anwendung der für die Unterhaltspflicht zwischen Verwandten geltenden Vorschriften. Dabei kommt die Heranziehung des § 1608 BGB mit der vorrangigen Haftung des Ehemannes vor den Verwandten der Mutter zur Lösung der vorliegenden Frage von vornherein nicht Betracht, weil der Vater des nichtehelichen Kindes den Verwandten der Mutter nicht gleichgesetzt werden kann. Das folgt bereits aus der Sonderbestimmung des § 1615 l III 2 BGB, nach der die Unterhaltsverpflichtung des Vaters vor derjenigen der Verwandten rangiert (vgl. *Köhler*, in: MünchKomm, § 1615 l Rdnr. 9 a). Diese Bestimmung geht als lex specialis dem § 1608 BGB vor.

Andererseits muß aber auch eine Gleichsetzung des Ehemannes mit den Verwandten der Mutter entsprechend § 1615 l III 2 BGB ausscheiden. Denn die daraus abgeleitete undifferenzierte vorrangige Haftung des Vaters vor dem Ehemann trägt dem Umstand nicht Rechnung, daß die Mutter auch wegen der notwendigen Betreuung der ehelichen Kinder an einer Erwerbstätigkeit gehindert ist. Die insoweit dem Ehemann zuzuschreibende Verantwortung würde, folgt man der überwiegenden Meinung, außer acht gelassen und der Ehemann gegenüber dem Vater des nichtehelichen Kindes in ungerechtfertigter Weise privilegiert. Eine solche Bevorzugung läßt sich nicht daraus herleiten, daß der Unterhaltsanspruch aus § 1615 l II BGB seit der Reform 1995 demjenigen aus § 1570 BGB angenähert wurde und, was die bisherige zeitliche Ausdehnung auf drei Jahre betrifft, mit der am 1. 7. 1998 in Kraft tretenden Kindschaftsrechtsreform weiter verlängerbar werden soll (vgl. § 1615 l II 3 BGB i. d. F. des G. zur Reform des Kindschaftsrechts vom 16. 12. 1997, BGBl I, 2942 f.). Auch die Regelung des § 1586 a II BGB, die bei einer Konkurrenz von Unterhaltsansprüchen gegen Ehegatten aus zwei geschiedenen Ehen eine Primärhaftung des Ehegatten aus der später aufgelösten Ehe anordnet (krit. dazu *Richter*, in: MünchKomm § 1586 a Rdnr. 8), kann mangels Vergleichbarkeit der Fallgestaltung nicht herangezogen werden.

Demgegenüber führt eine entsprechende Anwendung des von der Verweisung in § 1615 l III 1 BGB ebenfalls erfaßten § 1606 III 1 BGB zu ausgewogeneren Ergebnissen, weil damit der jeweiligen Verantwortung des Vaters und des Ehemannes flexibel Rechnung getragen werden kann. Nach § 1606 III 2 BGB haften gleichnahe Verwandte anteilig, und zwar nach dem Maßstab ihrer jeweiligen Erwerbs- und Vermögensverhältnisse. Vergleichbar damit können auch die jeweiligen Väter ehelicher und nichtehelicher Kinder für den betreuungsbedingten Unterhaltsbedarf der Mutter anteilig herangezogen werden. Die Aufteilung nach den jeweiligen Einkommens- und Vermögensverhältnissen wird dabei in einer Vielzahl von Fällen zu angemessenen Lösungen führen. Allerdings ist die Anknüpfung an diesen eher schematischen Maßstab nicht in jedem Fall zwingend. Da § 1606 III 1 BGB nur entsprechend anzuwenden ist, läßt er auch Raum für die Berücksichtigung anderer Umstände, insbesondere der Anzahl, des Alters, der Entwicklung und der Betreuungsbedürftigkeit der jeweiligen Kinder. So kann im Einzelfall von Bedeutung sein, daß die Mutter durch die vermehrte Betreuungsbedürftigkeit eines jüngeren oder gar eines behinderten Kindes von jeglicher Erwerbstätigkeit abgehalten wird, obwohl ihr das fortgeschrittene Alter der anderen Kinder an sich eine Voll- oder zumindest Teilerwerbstätigkeit erlauben würde. In einem solchen Falle wäre die schematische Aufteilung der Haftungsquote nach den jeweiligen Erwerbs- und Vermögensverhältnissen des Ehemannes und des Vaters unbefriedigend. Vielmehr müßte der Erzeuger des vermehrt betreuungsbedürftigen Kindes entsprechend höher, gegebenenfalls auch allein zum Unterhalt für die Mutter herangezogen werden. Die entsprechende Anwendung des § 1606 III 1 BGB ermöglicht es, auch solchen Einzelfällen in flexibler Weise gerecht zu werden. Soweit der Unterhalt vom Vater des nichtehelichen Kindes nicht erlangt werden kann, kommt im übrigen eine entsprechende Anwendung des § 1607 II BGB in Betracht (vgl. *Odersky*, Anm. II 8 c).

3. Das Maß des nach § 1615 l I und II BGB zu gewährenden Unterhalts bestimmt sich nach der Lebensstellung des Bedürftigen (§ 1615 l III 1 i. V. mit § 1610 I BGB). Diese ist hier geprägt durch die

Anhang R. Rechtsprechung R521

ehelichen Lebensverhältnisse der Kl. gem. § 1578 BGB, die daher auch den Maßstab für den Unterhaltsanspruch aus § 1615 l BGB gegen den Vater des nichtehelichen Kindes bilden.

Für die Bemessung der auf den Vater und den Bekl. entfallenden jeweiligen Haftungsquoten kommt es nach vorstehendem in erster Linie auf die Leistungsfähigkeit des Vaters an. Diese hat das *OLG* – aus seiner Sicht folgerichtig – nicht ermittelt, so daß das Verfahren auch aus diesem Grunde zurückverwiesen werden muß.

BGH v. 21. 1. 1998 – XII ZR 117/96 – FamRZ 98, 1501 = NJW-RR 98, 721

(Unzumutbarkeit einer in der Ehe aus Not trotz Betreuung kleiner Kinder aufgenommenen Tätigkeit. Zumutbarkeit einer aus freien Stücken trotz Kinderbetreuung in der Ehe aufgenommenen Tätigkeit; keine Prägung der ehelichen Lebensverhältnisse durch Einkommen aus unzumutbarer Tätigkeit, Beweislast) R521

1. a) Die Kl. hat nach § 1361 I BGB Anspruch auf den nach den Lebensverhältnissen und den Erwerbs- und Vermögensverhältnissen der Parteien angemessenen Trennungsunterhalt. Bei der Ermittlung des Unterhaltsbedarfs nach den ehelichen Lebensverhältnissen ist das BerGer. davon ausgegangen, daß diese allein durch die Einkünfte des Bekl. geprägt worden seien. Die Einkünfte der Kl. hat das BerGer. nicht für bedarfsprägend gehalten, weil die ihnen zugrundeliegende Erwerbstätigkeit im Hinblick auf die Betreuungsbedürftigkeit des gemeinschaftlichen Kindes als überobligationsmäßig anzusehen sei. Durch Einkünfte aus einer Tätigkeit, die ohne unterhaltsrechtliche Nachteile jederzeit eingestellt werden dürfe, könnten die ehelichen Lebensverhältnisse nicht nachhaltig mitbestimmt werden. **a**

Dieser Ansatz für die Bemessung des Unterhaltsanspruchs der Kl. ist aus Rechtsgründen nicht zu beanstanden. Er entspricht der Rechtsprechung des *Senats* (vgl. NJW 1983, 933 = LM § 1361 BGB Nr. 35 = FamRZ 1983, 146 [149f.]; LM § 1579 BGB Nr. 21 = FamRZ 1984, 364 [365f.]; NJW-RR 1988, 519 = LM § 1361 BGB Nr. 53 = FamRZ 1988, 256).

b) Die Revision wendet sich gegen die Beurteilung der Erwerbstätigkeit der Kl. als überobligationsmäßig. Sie weist darauf hin, daß der *Senat* zur Frage der Erwerbsobliegenheit getrenntlebender und vor allem geschiedener Eltern entschieden habe, daß schulpflichtige minderjährige Kinder den betreuenden Elternteil nicht ohne weiteres an der Aufnahme jeglicher Erwerbstätigkeit hinderten, vielmehr nach den Umständen des Einzelfalles eine Teilzeitarbeit bis hin zu einer Halbtagsbeschäftigung in Betracht komme und die Zumutbarkeit einer derartigen Erwerbstätigkeit erst recht zu bejahen sei, wenn diese bereits in der Ehe neben der Kinderbetreuung ausgeübt worden sei und es darum gehe, ob die Tätigkeit beizubehalten sei. Die Revision meint, diese Grundsätze könnten im Einzelfall auch die Zumutbarkeit der Erwerbstätigkeit eines Elternteils begründen, der ein noch nicht schulpflichtiges Kind betreue. Das BerGer. habe rechtsfehlerhaft nicht berücksichtigt, daß die Kl. die während der Ehe ausgeübte Tätigkeit fortsetze und zudem im Betrieb ihrer Eltern arbeite.

Damit kann die Revision nicht durchdringen. Der *Senat* hat hinsichtlich der Frage, ob einer Mutter, die zwei Kinder im Alter von elf und knapp sieben Jahren zu betreuen hatte, die Beibehaltung der schon vor der Trennung mit halber Arbeitskraft ausgeübten Tätigkeit als Lehrerin zugemutet werden könne, entscheidend darauf abgehoben, daß eine Erwerbstätigkeit, die nicht aus Not wegen unzureichender Versorgung durch den unterhaltspflichtigen Ehegatten, sondern aus freien Stücken aufgenommen werde, im allgemeinen Anlaß zu einer Überprüfung geben werde, ob nicht die Grenzen des Zumutbaren zunächst zu eng gezogen worden seien. Die Ausübung der Erwerbstätigkeit könne in diesem Zusammenhang ein bedeutsames Indiz sein (*Senat*, NJW 1981, 2804 = LM § 1361 BGB Nr. 15 = FamRZ 1981, 1159 [1161]). Eine derartige Fallgestaltung liegt hier indessen nicht vor. Nach dem eigenen Vorbringen des Bekl. hat die Kl. nämlich nicht aus freien Stücken gearbeitet, sondern damit die Parteien die Kosten des gemeinsamen Haushalts bestreiten konnten. Der in beengten finanziellen Verhältnissen aus Gründen wirtschaftlicher Notwendigkeit aufgenommenen Erwerbstätigkeit kommt eine indizielle Bedeutung für die Zumutbarkeit der Fortsetzung der Tätigkeit aber nicht zu. Davon ist ersichtlich auch das *OLG Köln* in seiner von der Revision angeführten Entscheidung in FamRZ 1990, 1241 (1242) ausgegangen.

Nach der Rechtsprechung des *Senats* braucht sich eine Ehefrau, die Unterhalt von ihrem Ehemann verlangt, im Regelfall jedenfalls nicht auf eine eigene Erwerbstätigkeit verweisen zu lassen, wenn sie ein noch nicht schulpflichtiges Kind betreut (NJW 1982, 175 = LM § 1356 BGB Nr. 22 = FamRZ 1982, 25 [27] und NJW 1983, 1427 = LM § 1570 BGB Nr. 2 = FamRZ 1983, 456 [458]). Dieser Grundsatz gilt zwar nur insoweit, als die Umstände des Einzelfalls eine Abweichung bedingen. Für derartige Ausnahmeumstände trägt aber derjenige die Darlegungs- und Beweislast, der eine Ausnahme von der erfahrungsgemäßen Regel der Betreuungsbedürftigkeit in Anspruch nimmt (*Senat*, NJW 1983, 1427 = LM § 1570 BGB Nr. 2 = FamRZ 1983, 456 [458]; *Richter*, in: MünchKomm, 3. Aufl., § 1570 Rdnr. 9). Im vorliegenden Fall hätte daher der Bekl. konkrete Umstände vorbringen müssen, die für eine Erwerbsobliegenheit der Kl. trotz der Betreuung des zu Beginn des hier maßgeblichen Zeitraums erst knapp zwei Jahre alten Kindes *M* hätten sprechen können. Dafür reicht der pauschale Hinweis auf die Beschäftigung der Kl. im Betrieb ihrer Eltern – ohne konkrete Angaben über die Betreuungssituation des Kindes – nicht aus.

Danach ist es aus Rechtsgründen nicht zu beanstanden, daß das OLG die Erwerbstätigkeit der Kl. als überobligationsmäßig angesehen und deshalb zur Bestimmung der ehelichen Lebensverhältnisse nicht herangezogen hat.

(Überhöhte Fahrtkosten durch Benutzung eines Pkw: Ansatz von 0,42 DM/km statt 0,40 DM in Leitlinien zulässig)

b Die Höhe der in Ansatz gebrachten Fahrtkosten beanstandet die Revision zu Recht. Zwar hat das BerGer. es unter den gegebenen Umständen rechtsfehlerfrei abgelehnt, einen Abzug in der für die Pkw-Nutzung geltend gemachten Höhe von 1200 DM vorzunehmen. Es ist aber nicht auszuschließen, daß dem Bekl. höhere Fahrtkosten als monatlich 462 DM zuzubilligen sind.

Das OLG ist aufgrund des Vorbringens des Bekl. ersichtlich davon ausgegangen, daß ihm die Benutzung öffentlicher Verkehrsmittel für die Fahrt zur Arbeitsstelle angesichts des damit verbundenen beträchtlichen Zeitaufwandes nicht zugemutet werden könne. Es hat deshalb grundsätzlich die Kosten der Pkw-Nutzung für berücksichtigungsfähig gehalten. Wenn der Bekl. seine Wohnung in M. beibehielte, ergäben sich unter Zugrundelegung der vom BerGer. angewandten Berechnungsart monatliche Fahrtkosten von nahezu 1200 DM, durch die das Nettoeinkommen des Bekl. zu mehr als einem Drittel aufgezehrt würde. Wenn die Kosten der Pkw-Nutzung indessen einen derart hohen, unverhältnismäßigen Aufwand verursachen, durch den angemessene Unterhaltsleistungen ausgeschlossen werden, ist zu prüfen, ob von dem Unterhaltspflichtigen nicht ein Wechsel des Wohnortes erwartet werden kann. Das kann etwa der Fall sein, wenn an eine Wiederherstellung der ehelichen Lebensgemeinschaft nicht zu denken ist, das Wohnen nahe am Arbeitsplatz nach den Lebensumständen zumutbar ist und mit zumutbarer Mietbelastung eine neue Wohnung gefunden werden kann (*Kalthoener-Büttner*, Die Rspr. zur Höhe des Unterhalts, 6. Aufl., Rdnr. 937; *Wendl-Haußleiter*, UnterhaltsR, 4. Aufl., § 1 Rdnr. 100; *Palandt-Diederichsen*, BGB, 57. Aufl., § 1603 Rdnr. 6; vgl. auch OLG Koblenz, FamRZ 1994, 1609 [1610]).

Daß eine Wiederherstellung der ehelichen Lebensgemeinschaft von den Parteien in Betracht gezogen worden wäre, hat der Bekl. nach seinem in dem Tatbestand des Berufungsurteils in Bezug genommenen schriftsätzlichen Vorbringen selbst nicht konkret geltend gemacht, vielmehr hat er eingeräumt, noch während des Trennungsjahres seine Freundin in die frühere Ehewohnung aufgenommen zu haben. Für die Zumutbarkeit eines Umzugs spricht weiterhin die seitens des Bekl. dargelegte Absicht, nach seinem Ausscheiden bei der Bundeswehr eine Berufsausbildung an der Fachhochschule in K. zu absolvieren, womit – ohne einen Umzug – noch höhere Fahrtkosten verbunden wären. Das BerGer. hat schließlich auch den Einwand des Bekl. berücksichtigt, daß er in D. bzw. in der unmittelbaren Umgebung von D. keine vom Mietzins her angemessene Wohnung hätte anmieten können und hat in tatrichterlicher Würdigung angenommen, daß dies jedenfalls in einem Umkreis von 30 km möglich gewesen wäre.

Die Höhe der als abzugsfähig anzuerkennenden Kosten zu bestimmen, ist in erster Linie dem Tatrichter vorbehalten. Wenn das BerGer. insoweit die in seinem Bezirk gebräuchlichen unterhaltsrechtlichen Leitlinien zugrunde gelegt hat, die einen Kostenansatz von 0,42 DM pro Kilometer vorsehen, so unterliegt das aus Rechtsgründen keinen Bedenken. Der *Senat* hat es in ständiger Rechtsprechung mangels sonstiger konkreter Anhaltspunkte für angemessen gehalten, die mit 0,40 DM pro Kilometer der Höhe nach in etwa vergleichbare Kilometerpauschale nach § 9 III des Gesetzes über die Entschädigung von Zeugen und Sachverständigen heranzuziehen (*Senat*, NJW-RR 1992, 1282 = BGHR BGB § 1578 Abs. 1 Satz 1 – Unterhaltsbemessung 29 und NJW 1994, 190 = LM H. 3–1994 § 1361 BGB Nr. 62 = FamRZ 1994, 87 [88]).

Die Revision wendet allerdings zu Recht ein, der Bekl. habe geltend gemacht, daß die Kosten der Inanspruchnahme öffentlicher Verkehrsmittel für die Fahrten von M. nach D. mit monatlich 606 DM anzusetzen seien. Da einem Unterhaltsschuldner grundsätzlich zugestanden werden muß, mit öffentlichen Verkehrsmitteln zu seiner Arbeitsstelle zu gelangen, kommt es für die Entscheidung darauf an, ob die behaupteten Kosten, deren Höhe die Kl. bestritten hat, zutreffend sind. Hierzu hat das BerGer. keine Feststellungen getroffen. Die Entscheidung kann deshalb keinen Bestand haben.

(Bei Leistungsfähigkeit sind nichtprägende, aber unumgängliche Schulden zu berücksichtigen; kein Mindestbedarf beim Ehegattenunterhalt)

c b) Die Revision wendet sich ferner dagegen, daß das OLG die von dem Bekl. geltend gemachte Ratenzahlung zur Tilgung des für die Anschaffung von Hausrat aufgenommenen Darlehens nur in Höhe von monatlich 50 DM als abzugsfähig anerkannt hat. Hierzu ist im Berufungsurteil ausgeführt, der Bekl. habe den notwendigsten Hausrat nach der Trennung der Parteien mit monatlich 50 DM finanzieren können; ein höherer Betrag erscheine unter den gegebenen Verhältnissen nicht angemessen. Die hiergegen gerichtete Rüge der Revision greift nicht durch.

Anhang R. Rechtsprechung **R522**

Zwar kann die Leistungsfähigkeit des Unterhaltspflichtigen durch zu tilgende Verbindlichkeiten in unterhaltsrechtlich beachtlicher Weise eingeschränkt werden. Das gilt aber grundsätzlich nicht, soweit es sich um Kosten der privaten Lebensführung handelt. Nur wenn und soweit etwa Anschaffungen zur normalen Haushaltsführung dringend erforderlich sind und nicht mit den zur Verfügung stehenden Mitteln finanziert werden können, kann wegen der betreffenden Aufwendungen ein Abzug in Betracht kommen. Das setzt indessen voraus, daß das Eingehen der Verbindlichkeit unvermeidbar war, was der Unterhaltspflichtige im einzelnen darzulegen hat (*Kalthoener-Büttner*, Rdnrn. 1008 f.).

Dem Bekl. waren nach seinem eigenen Vorbringen nach der Trennung von der Kl. die vorhandenen Möbel weitgehend verblieben. Er benötigte deshalb im wesentlichen Wäsche, Geschirr, Besteck usw. sowie ein Kinderbett für *M.* Wenn das BerGer. bei dieser Sachlage und unter Berücksichtigung der beengten finanziellen Verhältnisse in tatrichterlicher Würdigung zu der Beurteilung gelangt ist, dringend erforderlicher neuer Hausrat sei mit monatlichen Ratenzahlungen von 50 DM (anstatt von 250 DM, wie im Berufungsverfahren geltend gemacht) finanzierbar, ist das revisionsrechtlich nicht zu beanstanden.

3. Den Unterhaltsbedarf der Kl. hat das BerGer. allerdings nicht ausgehend von dem mit monatlichen 2197,40 DM für 1993 und monatlich 1997,24 DM für 1994 und 1995 festgestellten bereinigten Nettoeinkommen des Bekl., sondern mit einem als Existenzminimum angesehenen Mindestbedarfssatz von 1150 DM angesetzt. Das rügt die Revision zu Recht. Eine solche Vorgehensweise entspricht nicht der gesetzlichen Regelung (st. Rspr. des *Senats*; vgl. u. a. BGHZ 104, 158 [168] = NJW 1988, 1722 = LM § 1582 BGB Nr. 4 = FamRZ 1988, 705 [708]; NJW 1995, 963 = LM H. 6–1995 § 1578 BGB Nr. 62 = FamRZ 1995, 346 [347]; NJW 1996, 517 = LM H. 4–1996 § 1581 BGB Nr. 10 = FamRZ 1996, 345 [346]; NJW 1997, 1919 = FamRZ 1997, 806 [808]). Der Unterhaltsbedarf eines getrenntlebenden Ehegatten bemißt sich vielmehr gem. § 1361 I BGB nach den individuell ermittelten Lebens-, Einkommens- und Vermögensverhältnissen der Ehegatten. Es ist nicht auszuschließen, daß der pauschalierende Mindestbetrag den aus den ehelichen Lebensverhältnissen individuell ermittelten Betrag übersteigt. Abweichungen von der individuellen Bedarfsbemessung sind nur bei konkreten Feststellungen zu bedarfserhöhenden Umständen, insbesondere zu trennungsbedingt eingetretenen Mehrkosten der Lebensführung, rechtlich zulässig, deren Voraussetzungen konkret darzulegen sind und deren Höhe gegebenenfalls geschätzt werden kann (§ 287 ZPO). d

BGH v. 21. 1. 1998 – XII ZR 140/96 – FamRZ 98, 608 = NJW 98, 1553

(Keine Berufung auf Pfändungsverbot im Rahmen der Drittschuldnerklage) **R522**

1. Das *OLG* ist davon ausgegangen, daß der Kl. zur Geltendmachung des Taschengeldanspruchs a ungeachtet der streitigen Frage der Pfändbarkeit berechtigt sei, weil die Pfändung und Überweisung im Prozeß gegen den Drittschuldner als wirksam zu behandeln sei, solange sie – wie hier – nicht vom Vollstreckungsgericht auf Erinnerung aufgehoben sei.

Das ist aus Rechtsgründen nicht zu beanstanden. Es ist zutreffend, daß sich der Drittschuldner im Rahmen der Drittschuldnerklage nicht auf Pfändungsverbote oder -beschränkungen berufen kann. Auf die streitige Frage, ob der Taschengeldanspruch überhaupt pfändbar ist, kommt es daher nicht an (*OLG Hamm*, FamRZ 1978, 602; FamRZ 1985, 407; *OLG München*, FamRZ 1981, 449; *OLG Celle*, FamRZ 1986, 196; *Soergel-Lange*, BGB, 12. Aufl., § 1360 a Rdnr. 8; *Zöller-Stöber*, ZPO, 20. Aufl., § 850 b Rdnr. 17).

(Taschengeld als Teil des Familienunterhalts. Taschengeldanspruch auch für den zuverdienenden Ehegatten)

Der *Senat* teilt den Ausgangspunkt des *OLG*, daß ein Taschengeldanspruch nicht nur dem er- b werbslosen Ehegatten zusteht, sondern auch für den zuverdienenden Ehegatten in Betracht kommen kann (vgl. auch *Wendl-Scholz*, Das UnterhaltsR in der familienrichterlichen Praxis, 3. Aufl., § 3 Rdnrn. 43 u. 58). Keine Bedenken bestehen ferner gegen die Annahme, daß er nur dann besteht, wenn das dem weniger verdienenden Ehegatten zustehende Taschengeld höher ist als sein Eigeneinkommen.

a) Das Taschengeld ist Bestandteil des Familienunterhalts nach § 1360, § 1360 a BGB. Nach diesen Vorschriften sind Ehegatten einander verpflichtet, durch ihre Arbeit und ihrem Vermögen die Familie angemessen zu unterhalten (§ 1360 S. 1 BGB). Der angemessene Unterhalt umfaßt alles, was nach den Verhältnissen der Ehegatten erforderlich ist, um die Haushaltskosten zu bestreiten und die persönlichen Bedürfnisse der Ehegatten und den Lebensbedarf der gemeinsamen Kinder zu befriedigen (§ 1360 a I BGB). Dazu gehören u. a. Kosten für Wohnung, Nahrung, Kleidung, medizinische Versorgung, kulturelle Bedürfnisse, Kranken- und Altersversorgung, Urlaub usw., die in der Regel in Form des Naturalunterhalts gewährt werden. Außerdem hat jeder der Ehegatten Anspruch auf einen angemessenen Teil des Gesamteinkommens als Taschengeld, d. h. auf einen Geldbetrag, der ihm

1655

die Befriedigung seiner persönlichen Bedürfnisse nach eigenem Gutdünken und freier Wahl unabhängig von einer Mitsprache des anderen Ehegatten ermöglichen soll (*OLG München*, FamRZ 1981, 449 [450]; *Gernhuber/Coester-Waltjen*, FamR, 4. Aufl., § 21 I Nr. 15 = S. 235; *Palandt-Diederichsen*, BGB, 57. Aufl., § 1360 a Rdnr. 4; *Haumer*, FamRZ 1996, 193).

Der Familienunterhalt richtet sich nach den die ehelichen Lebensverhältnisse prägenden Einkommens- und Vermögensverhältnissen und dem jeweiligen Lebenszuschnitt der Ehegatten. Als Bestandteil dieses Familienunterhalts richtet sich der Taschengeldanspruch der Höhe nach ebenfalls nach den im Einzelfall gegebenen Einkommens- und Vermögensverhältnissen, dem Lebensstil und der Zukunftsplanung der Ehegatten. Dabei wird in der Rechtsprechung üblicherweise eine Quote von 5% bis 7% des zur Verfügung stehenden Nettoeinkommens angenommen (vgl. *Wacke*, in: MünchKomm, 3. Aufl., § 1360 a Rdnr. 6 Fußn. 16 m. w. Nachw.). Ein Taschengeldanspruch scheidet aus, wenn das Familieneinkommen nur zur Deckung des notwendigen Bedarfs der Familienmitglieder ausreicht (*OLG Hamm*, FamRZ 1986, 357; NJW-RR 1989, 516 = FamRZ 1989, 617; *Wacke*, in: MünchKomm, § 1360 a Rdnr. 6; *Palandt-Diederichsen*, § 1360 a Rdnr. 4; *Soergel-Lange*, § 1360 a Rdnr. 8).

b) Der Auffassung des *OLG*, daß der Taschengeldanspruch nach der Lebenserfahrung in der Weise befriedigt werde, daß der weniger verdienende Ehegatte das auf der Grundlage des Mehreinkommens des anderen Ehegatten berechnete Taschengeld von seinem Verdienst einbehalte und nur dann einen Anspruch habe, wenn sein Eigenverdienst zur Befriedigung nicht ausreiche, ist im Ergebnis zuzustimmen (so auch *KG*, FamRZ 1979, 428; NJW-RR 1992, 707; *Palandt-Diederichsen*, § 1360 a Rdnr. 4; *Wendl-Scholz*, § 3 Rdnr. 58; *Derleder*, JurBüro 1994, 195 f. [197]; *Rolland*, in: FamK, 1993, § 1360 a Rdnr. 5). Allerdings kommt es dabei nicht darauf an, was die Ehegatten über seine Ausgestaltung und Handhabung vereinbart haben, da es nicht von ihrem jeweiligen Willen im Einzelfall abhängen kann, ob ein Taschengeldanspruch besteht oder nicht. Der Taschengeldanspruch ist ein Baranspruch, der aus dem Gesetz folgt und in seinem Bestehen nicht von einem Organisationsakt oder einer Vereinbarung der Ehegatten abhängig ist (so zutr. *Büttner*, FamRZ 1994, 1433 [1439]). Auch das *BVerfG* hat bei der Frage, ob ein Taschengeldanspruch materiell-rechtlich besteht und gegebenenfalls zur Befriedigung von Gläubigern herangezogen werden kann, auf die materielle Rechtslage abgestellt, nicht aber darauf, wie die Ehegatten den Taschengeldanspruch im Einzelfall handhaben (BVerfGE 68, 256 = NJW 1985, 1211 = FamRZ 1985, 143 [146]; *BVerfG*, FamRZ 1986, 773; vgl. auch *Senat*, NJW 1986, 1869 = LM § 1603 BGB Nr. 31 = FamRZ 1986, 668 [669]).

Entscheidend ist vielmehr, daß der Taschengeldanspruch, obwohl er Teil des Familienunterhalts ist, ebenso wie der Anspruch auf Trennungs- oder Nachehelichenunterhalt ein auf Geld gerichteter Zahlungsanspruch gegen den anderen, mehr verdienenden Ehegatten ist. Vergleichbar mit dem Barunterhaltsanspruch eines getrenntlebenden oder geschiedenen Ehegatten, der seinen eheangemessenen Unterhaltsbedarf ganz oder zum Teil durch seinen Eigenverdienst decken kann und insoweit keinen Zahlungsanspruch mehr gegen den anderen Ehegatten hat, wird auch der Taschengeldbedarf durch den Eigenverdienst des Gläubigerehegatten ganz oder teilweise gedeckt, so daß insoweit kein weiterer Zahlungsanspruch gegen den Schuldnerehegatten besteht.

c) Danach besteht im vorliegenden Fall für den Ehemann kein Taschengeldanspruch mehr gegen die Bekl., den der Kl. aufgrund des Pfändungs- und Überweisungsbeschlusses des *AG* gegen die Bekl. geltend machen könnte (§ 1360, § 1360 a BGB, § 829 III, § 835 I, III 1 ZPO). Denn bei dem vom Kl. als Mittelwert für die Jahre 1991 und 1992 angenommenen, von der Bekl. nicht bestrittenen monatlichen Nettoeinkommen von 5122 DM und dem Eigeneinkommen des Ehemannes von 700 DM beläuft sich das Taschengeld selbst nach der vom *OLG* hier angenommenen Quote von 7% auf rund 407 DM monatlich, das der Ehemann durch seinen Eigenverdienst decken kann. Dies wäre erst recht bei einem höheren Eigeneinkommen des Ehemannes der Fall. Auch im übrigen sind die Ausführungen des *OLG* rechtlich nicht zu beanstanden.

BGH v. 4. 3. 1998 – XII ZR 173/96 – FamRZ 98, 671 = NJW 98, 1555

R523 *(Ausbildungsunterhalt, Gegenseitigkeitsprinzip, Verwirkung nach § 1611 BGB)*

a) Der Revision kann indessen nicht darin gefolgt werden, daß der Anspruch auf Ausbildungsunterhalt ausschließlich unter den Voraussetzungen der Verwirkung nach § 1611 I BGB wegfallen kann. Der aus § 1610 II BGB folgende Anspruch eines Kindes auf Finanzierung einer angemessenen, seiner Begabung, Neigung und seinem Leistungswillen entsprechenden Berufsausbildung ist vom Gegenseitigkeitsprinzip geprägt. Der Verpflichtung des Unterhaltsschuldners auf Ermöglichung einer Berufsausbildung steht auf seiten des Unterhaltsberechtigten die Obliegenheit gegenüber, sie mit Fleiß und der gebotenen Zielstrebigkeit in angemessener und üblicher Zeit zu beenden. Unterhaltsleistungen nach § 1610 II BGB sind zweckgebunden und werden nur insoweit geschuldet, als sie für eine angemessene Vorbildung zu einem Beruf erforderlich sind. Zwar muß der Verpflichtete nach Treu und Glauben (§ 242 BGB) Verzögerungen der Ausbildungszeit hinnehmen, die auf ein vorüberge-

Anhang R. Rechtsprechung R523

hendes leichteres Versagen des Kindes zurückzuführen sind. Verletzt dieses aber nachhaltig seine Obliegenheit, seine Ausbildung planvoll und zielstrebig aufzunehmen und durchzuführen, büßt es seinen Unterhaltsanspruch ein und muß sich darauf verweisen lassen, seinen Lebensunterhalt durch Erwerbstätigkeit selbst zu verdienen (st. Rspr., vgl. *Senat*, NJW 1984, 1961 = LM § 1601 BGB Nr. 8 = FamRZ 1984, 777; *Senat*, NJW 1987, 1557 = LM § 1610 BGB Nr. 14 = FamRZ 1987, 470; *Senat*, NJW 1993, 2238 = LM H. 1–1994 § 1610 BGB Nr. 22 = FamRZ 1993, 1057 [1059] m. w. Nachw.). Die Verletzung des dem § 1610 II BGB innewohnenden Gegenseitigkeitsverhältnisses führt also von selbst zum Wegfall des Unterhaltsanspruchs, ohne daß dies an die besonderen Verwirkungsvoraussetzungen des § 1611 I BGB gebunden wäre. Der von der Revision in diesem Zusammenhang gebrachte Hinweis auf die Senatsentscheidung in BGHZ 84, 280 f. = NJW 1982, 1999 = LM § 1361 BGB Nr. 30, nach der die allgemeinen Regeln der Verwirkung für das Unterhaltsrecht als Beendigungsgrund keine eigenständige Bedeutung haben, ist unerheblich; die angeführte Entscheidung betrifft nicht die vorliegende Fallgestaltung.

b) Auch im übrigen ist die Entscheidung des BerGer. aus Rechtsgründen nicht zu beanstanden. Aus dem Gegenseitigkeitsverhältnis folgt nicht nur die Obliegenheit des Kindes, die einmal gewählte Ausbildung, z. B. ein Hochschulstudium, zügig und – jedenfalls im Grundsatz – entsprechend den maßgeblichen Studienplänen durchzuführen. Die Rücksichtnahme auf die Belange der mit der Unterhaltszahlung belasteten Eltern erfordert es vielmehr auch, daß sich das Kind nach dem Abgang von der Schule binnen einer angemessenen Orientierungsphase für die Aufnahme einer seinen Fähigkeiten und Neigungen entsprechenden Ausbildung entscheidet.

Wie der *Senat* bereits für die sogenannten „Abitur-Lehre-Studium-Fälle" entschieden hat, muß neben dem sachlichen auch ein enger zeitlicher Zusammenhang zwischen Lehre und Studium derart bestehen, daß der Auszubildende nach dem Lehrabschluß das Studium baldmöglichst mit der gebotenen Zielstrebigkeit aufnimmt. Übt er im Anschluß an die Lehre den erlernten Beruf aus, obwohl er mit dem Studium beginnen könnte, wird der erforderliche zeitliche Zusammenhang aufgehoben (BGHZ 107, 376 [382] = NJW 1989, 2253 = LM § 1610 BGB Nr. 18; *Senat*, NJW-RR 1990, 327 = FamRZ 1990, 149 [150]). Dahinter steht der Gedanke, daß die Reichweite der Unterhaltspflicht der Eltern von der Frage mitbestimmt wird, inwieweit sie damit rechnen müssen, daß ihr Kind nach Schulabschluß und nach einer Lehre noch weitere Ausbildungsstufen anstrebt. Da es zu den schützenswerten Belangen des Unterhaltspflichtigen gehört, sich in der eigenen Lebensplanung darauf einstellen zu können, wie lange die Unterhaltslast dauern wird, wird eine Unterhaltspflicht um so weniger in Betracht kommen, je älter der Auszubildende bei Abschluß seiner praktischen Berufsausbildung ist. Denn um so weniger müssen die Eltern damit rechnen, daß er daran noch den Besuch einer weiterführenden Schule und ein Studium anschließen wird. Diese aus dem Gegenseitigkeitsverhältnis folgenden Gesichtspunkte wirken sich nicht erst bei der Prüfung der wirtschaftlichen Zumutbarkeit für die Eltern aus, sondern beeinflussen bereits die Frage, ob und unter welchen Voraussetzungen der eingeschlagene Ausbildungsweg noch Bestandteil der geschuldeten einheitlichen Vorbildung zu einem Beruf ist (*Senat*, NJW 1995, 718 = LM H. 4–1995 § 1610 BGB Nr. 26 = FamRZ 1995, 416 [417]). Daher hat der *Senat* einen weiteren Ausbildungsanspruch in der Regel für solche Fälle verneint, in denen dem Realschulabschluß zunächst eine Lehre, sodann die Fachoberschule und die Fachhochschule nachfolgen. Denn der Unterhaltspflichtige braucht hier – im Unterschied zu den Fällen, in denen die Eltern wegen des Abiturs des Kindes grundsätzlich von vornherein mit einem Hochschulstudium rechnen müssen – nicht davon auszugehen, daß ihn das Kind nach Abschluß der praktischen Berufsausbildung zu weiteren Unterhaltsleistungen heranzieht (*Senat*, NJW 1995, 718 = LM H. 4–1995 § 1610 BGB Nr. 26 = FamRZ 1995, 416).

Die geschilderten Fälle unterscheiden sich vom vorliegenden zwar dadurch, daß der Sohn des Bekl. nach Schulabgang im April 1982 bisher überhaupt keine Ausbildung durchlaufen hat. Indessen gelten die aus dem Gegenseitigkeitsverhältnis folgenden Grundsätze hier erst recht. Auch ein Schulabgänger muß sich im Verhältnis zum Unterhaltspflichtigen in angemessener Zeit darüber klar werden, welche Ausbildungsmöglichkeiten ihm nach seinem jeweiligen Schulabschluß zur Verfügung stehen. Er muß sich alsbald um einen entsprechenden Ausbildungsplatz bemühen und die Ausbildung zielstrebig angehen (vgl. *OLG Schleswig*, FamRZ 1986, 201 f.). Zwar ist einem jungen Menschen eine gewisse Orientierungsphase zuzugestehen, deren Dauer von Fall zu Fall unterschiedlich ist und sich jeweils nach Alter, Entwicklungsstand und den gesamten Lebensumständen des Auszubildenden richtet. Je älter er indessen bei Schulabgang ist und je eigenständiger er seine Lebensverhältnisse gestaltet, desto mehr tritt an die Stelle der Elternverantwortung die Eigenverantwortung für seinen Berufs- und Lebensweg. Selbst wenn er bisher noch keine Berufsausbildung erfahren hat, kann eine zu lange Verzögerung dazu führen, daß sein Ausbildungsanspruch entfällt und er sich daher seinen Lebensunterhalt mit ungelernten Tätigkeiten oder aufgrund sonstiger Begabungen und Fertigkeiten verdienen muß (vgl. *OLG Hamm*, FamRZ 1989, 1219 [1220]; FamRZ 1995, 1007 [1008]; *Wendl-Scholz*, Das UnterhaltsR in der familienrichterlichen Praxis, 3. Aufl., § 2 Rdnr. 65).

§ 1610 II BGB mutet den Eltern nicht zu, sich gegebenenfalls nach Ablauf mehrerer Jahre, in denen

1657

sie nach den schulischen Ergebnissen und dem bisherigen Werdegang des Kindes nicht mehr mit der Nachholung der Hochschulreife und der Aufnahme eines Studiums rechnen mußten, einem Ausbildungsanspruch des Kindes ausgesetzt zu sehen. Dabei fällt auch ins Gewicht, daß es sich dabei um Zeiträume handelt, in denen steuerliche Erleichterungen, Kindergeld oder kindbezogene Gehaltsbestandteile auf Grund des fortgeschrittenen Alters des Kindes unabhängig von seinem Ausbildungsstand wegfallen (vgl. *OLG Frankfurt a. M.*, FamRZ 1994, 1611, das bei einer Orientierungsphase von 31 Monaten den Unterhaltsanspruch versagt hat; abweichend *OLG Köln*, FamRZ 1986, 382; *OLG Stuttgart*, NJW-RR 1996, 2 = FamRZ 1996, 181; *Griesche*, in: FamGb, § 1610 Rdnr. 53, unter Hinweis auf *OLG Köln*, FamRZ 1986, 382).

c) Die tatrichterliche Beurteilung des BerGer. trägt diesen Grundsätzen Rechnung. Dabei mag dahinstehen, ob man vom Sohn des Bekl. bereits ab Eintritt der Volljährigkeit die nötige Einsicht in seine Ausbildungsobliegenheit erwarten und ihm ansinnen konnte, mit dem erreichten Realschulabschluß die Schule zu verlassen und eine praktische Ausbildung zu beginnen. Das BerGer. hat jedenfalls auch entscheidend darauf abgehoben, daß dem endgültigen Abgang vom Gymnasium zunächst 1$^{1}/_{2}$ Jahre teilweiser Erwerbstätigkeit und Arbeitslosigkeit, sodann rund 1$^{1}/_{2}$ Jahre Zivildienst und danach wiederum 1 Jahr mit wechselnden Zeiten der Erwerbstätigkeit folgten, ohne daß der Sohn des Bekl. in dieser Zeitspanne eine klare Planung oder Zielstrebigkeit dahingehend erkennen ließ, eine Berufsausbildung aufzunehmen. Er stand bei Beginn des Abendgymnasiums bereits im 24. Lebensjahr und bei Beginn des Studiums im 27. Lebensjahr und damit in einem Alter, in dem Eltern im Normalfall nicht mehr damit rechnen müssen, noch auf Ausbildungsunterhalt in Anspruch genommen zu werden. Daß das BerGer. bei diesem Sachverhalt von einer nicht mehr hinzunehmenden Überschreitung der Orientierungsphase ausgegangen ist und im Verhalten des Sohnes eine Verletzung seiner Ausbildungsobliegenheit gesehen hat, liegt im Rahmen der rechtlich möglichen tatrichterlichen Würdigung und ist revisionsrechtlich nicht zu beanstanden. Bei der gebotenen Interessenabwägung hat das BerGer. im übrigen zutreffend berücksichtigt, daß es nicht nur um die klageweise geltend gemachte Forderung für die ersten vier Semester geht, sondern um den Unterhaltsanspruch als solchen, der die gesamte Studiendauer umfaßt (vgl. *Senat*, NJW-RR 1990, 327 = FamRZ 1990, 149).

BGH v. 11. 3. 1998 – XII ZR 190/96 – FamRZ 98, 818 = NJW 98, 2219

(Fiktive Einkünfte sind kein Einkommen im Sinne des BSHG; sie gehen daher nicht auf den Träger der Sozialhilfe über)

2. a) Soweit die Kl. für die Zeit bis zur letzten mündlichen Verhandlung vor dem *OLG* Sozialhilfeleistungen für S erbracht hat, ist sie nur aktivlegitimiert, wenn und soweit die Unterhaltsansprüche des Kindes gem. § 91 I und II BSHG kraft Gesetzes auf sie übergegangen sind. Wegen der nach dem vorgenannten Zeitpunkt gewährten Sozialhilfe sowie für die Zukunft kann die Kl. bis zur Höhe der bisherigen monatlichen Aufwendungen nach § 91 III 2 BSHG auf Leistung klagen, wenn die Hilfe voraussichtlich auf längere Zeit gewährt werden muß, was die Kl. unwidersprochen geltend gemacht hat. Auch insoweit gelten die sich aus § 91 I und II BSHG ergebenden Einschränkungen.

b) Im vorliegenden Fall kann einer Inanspruchnahme des Bekl. durch die Kl. die Vorschrift des § 91 II 1 BSHG entgegenstehen, nach der ein Anspruchsübergang u. a. ausgeschlossen ist, soweit ein Hilfeempfänger sein Einkommen – über Vermögen verfügt der Bekl. unstreitig nicht – nicht einzusetzen hat. Hieraus folgt, daß der Träger der Sozialhilfe Einkünfte, die ein Hilfeempfänger nicht einzusetzen hätte, auch bei der Heranziehung Unterhaltsverpflichteter außer Betracht zu lassen hat.

Das sozialhilferechtlich zu berücksichtigende Einkommen ist bei der dem Kind gewährten Hilfe zum Lebensunterhalt nach den § 76 bis § 78 BSHG zu ermitteln. Nach § 76 I BSHG gehören zum Einkommen im Sinne dieses Gesetzes alle Einkünfte in Geld oder Geldeswert mit Ausnahme einiger ausdrücklich aufgeführter Einkünfte, u. a. der Leistungen nach dem Bundessozialhilfegesetz. Über effektives Einkommen – abgesehen von den nicht zu berücksichtigenden Sozialhilfeleistungen – verfügt der Bekl. nicht. Ihm sind unterhaltsrechtlich allenfalls fiktive Einkünfte wegen Verletzung seiner Erwerbsobliegenheit anzurechnen.

c) Ob derartige fiktive Einkünfte bei der anzustellenden sozialhilferechtlichen Vergleichsberechnung zu berücksichtigen sind, ist in Rechtsprechung und Schrifttum streitig. Teilweise wird die Auffassung vertreten, im Rahmen des § 91 II 1 BSHG sei insoweit eine einheitliche Behandlung von Unterhalts- und Sozialhilferecht geboten, bei der der weitergehenden unterhaltsrechtlichen Beurteilung der Vorrang eingeräumt werden könne (*OLG Karlsruhe, 2. Zivilsenat*, FamRZ 1995, 615 [616]; *Hampel*, FamRZ 1996, 513 [517]; *Brudermüller*, FuR 1995, 17 [20f.]; einschränkend in FamRZ 1995, 1033 [1037]; *Heiß-Hußmann*, UnterhaltsR, 4. Aufl. [1996], Anm. 16.47 f.). Nach überwiegender Meinung scheidet dagegen ein Anspruchsübergang im Falle der unterhaltsrechtlichen Anrechnung fiktiver Einkünfte aus (*OLG Karlsruhe, 16. Zivilsenat*, FamRZ 1997, 179 [180]; *OLG Koblenz*, NJWE-FER 1996, 2 = FamRZ 1996, 1548 [1549]; *OLG München*, FuR 1997, 277; *Blaese*, BRAK-Mitt. 1995,

Anhang R. Rechtsprechung R524

247 [248]; *Fröhlich*, FamRZ 1995, 772 [773]; *Künkel*, FamRZ 1991, 14 [23]; FamRZ 1996, 1509 [1512]; *Palandt-Diederichsen*, BGB, 57. Aufl., Vorb. § 1601 Rdnr. 24; *H. Schellhorn*, Das Verhältnis von SozialhilfeR und UnterhaltsR, S. 142 f.; *W. Schellhorn*, FuR 1990, 250 [252]; *Wendl-Scholz*, Das UnterhaltsR in der familienrichterlichen Praxis, 4. Aufl., § 6 Rdnr. 505). Der *Senat* schließt sich der zuletzt genannten Auffassung an.

d) Einkommen i. S. des § 75 I BSHG sind nur die Einkünfte, die tatsächlich zur Verfügung stehen. Anknüpfungspunkt für die Sozialhilfe ist, wie sich aus den § 3, § 11, § 88 und § 90 BSHG ergibt, die tatsächliche Lage der Hilfsbedürftigen. Deshalb können auch nur tatsächliche Einkünfte in Geld oder Geldeswert Einkommen i. S. des § 76 BSHG sein. Fiktive Einkünfte sind grundsätzlich nicht zu berücksichtigen (LPK-BSHG, 4. Aufl., § 76 Rdnr. 12; *Knopp-Fichtner*, BSHG, 7. Aufl., § 76 Rdnr. 6; *OVG Berlin*, info also 1992, 203 [204]; vgl. auch *Schellhorn-Jirasek-Seipp*, BSHG, 15. Aufl., § 76 Rdnr. 11).

Aus der Verletzung der Erwerbsobliegenheit, die unterhaltsrechtlich zur Anrechnung fiktiven Einkommens führen kann, sind im Sozialhilferecht andere Konsequenzen als im Unterhaltsrecht zu ziehen (*Wendl-Scholz*, § 6 Rdnr. 534). Nach § 25 I 1 BSHG i. d. F. des Gesetzes zur Reform des Sozialhilfrechts vom 23. 7. 1996 (BGBl I, 1088) hat derjenige, der sich weigert, zumutbare Arbeit zu leisten oder zumutbaren Maßnahmen nach den § 19 und § 20 BSHG nachzukommen, keinen Anspruch auf Hilfe zum Lebensunterhalt. Die Hilfe ist in einer ersten Stufe um mindestens 25% des maßgebenden Regelsatzes zu kürzen (§ 25 I 3 BSHG). Nach der Rechtsprechung des *BVerwG* dient § 25 I BSHG dazu, Maßnahmen der in §§ 18 ff. BSHG geregelten Hilfe zur Arbeit zu unterstützen. Wegen seiner Koppelung mit diesen Hilfenormen ist § 25 I BSHG selbst Hilfenorm. Sein Hilfszweck zeigt sich insbesondere darin, daß die Weigerung, zumutbare Arbeit zu leisten, nicht zur Folge hat, daß der Hilfesuchende (Hilfeempfänger) aus der Betreuung des Sozialhilfeträgers entlassen wird, sondern lediglich den Verlust des Rechtsanspruchs auf Hilfe zum Lebensunterhalt nach sich zieht. Der Träger der Sozialhilfe wird bei der Gestaltung der Hilfe und ihrer Anpassung an die Besonderheiten des Einzelfalles freier gestellt. Im Rahmen dieser Gestaltungsfreiheit kann z. B. – mindestens zeitweise – die Kürzung der Hilfe bis auf das Unerläßliche als ein Mittel in Betracht kommen, den Hilfesuchenden zur Arbeit anzuhalten, um ihn so letzten Endes auf den Weg zur Selbsthilfe zu führen (BVerwG, NJW 1995, 3200 = FamRZ 1996, 106 [107] m. w. Nachw.).

Hieraus wird deutlich, daß § 25 I BSHG, durch den auch der Nachranggrundsatz des § 2 BSHG konkretisiert wird (LPK-BSHG, § 25 Rdnr. 3), keine allgemeine Sanktion für unsachgemäßes, vorwerfbares Verhalten des Hilfeempfängers darstellt und nicht als Verwirkungstatbestand verstanden werden kann (*Knopp-Fichtner*, § 25 Rdnr. 3; LPK-BSHG, § 25 Rdnr. 7). Daß der Bestimmung insbesondere nicht der Gedanke einer Anrechnung fiktiver Erwerbseinkünfte zugrunde liegt, ergibt sich aus der regelmäßig erfolgenden zeitlichen Beschränkung einer Kürzung oder Streichung der Hilfe zum Lebensunterhalt. Wird erkennbar, daß die Verweigerung jeglicher Hilfe untauglich ist, ist die Hilfe zum Lebensunterhalt gegebenenfalls wieder voll aufzunehmen (*Knopp-Fichtner*, § 25 Rdnr. 3; LPK-BSHG, § 25 Rdnr. 7). Abgesehen davon kann die Weigerung eines Unterhaltspflichtigen, über seinen notwendigen Lebensunterhalt hinaus auch Mittel zur Bestreitung des Bedarfs eines Unterhaltsberechtigten zu erarbeiten, keine Folgen i. S. des § 25 I BSHG haben (LPK-BSHG, § 25 Rdnr. 4). Entgegen der Auffassung der Revision kann deshalb nicht davon ausgegangen werden, Unterhaltsrecht und Sozialhilferecht sanktionierten übereinstimmend die vorwerfbar verweigerte Arbeitsaufnahme. Eine Parallelität, die aus diesem Grund Anlaß zu einer einheitlichen Behandlung im Rahmen des § 91 II 1 BSHG geben könnte, liegt daher nicht vor.

Eine einheitliche Handhabung wäre auch, wie das BerGer. zu Recht ausgeführt hat, mit dem Schutzzweck des § 91 II BSHG nicht zu vereinbaren. Dem Unterhaltspflichtigen soll der gleiche Schutz zugute kommen, den er in der Lage des Hilfeempfängers hätte. In die Vorschrift des § 91 II BSHG sind durch das Gesetz zur Umsetzung des Föderalen Konsolidierungsprogramms vom 23. 6. 1993 (BGBl I, 944, 952) die Gedanken der Schutzvorschriften des früheren § 91 I 2 und III 1 BSHG übernommen und zum Teil verstärkt worden (BR-Dr 121/93, S. 218). Wenn aber nach der Intention des Gesetzgebers durch die Neufassung die Schuldnerschutzvorschriften stärkere Beachtung finden sollen (so auch *Brudermüller*, FamRZ 1995, 1033 [1037]), darf der angestrebte Schutz nicht durch eine einheitliche Betrachtungsweise von Unterhaltsrecht und Sozialhilferecht unterlaufen werden. Auch deshalb muß es bei der Frage der Berücksichtigung fiktiver Einkünfte bei der unterschiedlichen Betrachtungsweise bleiben. Soweit das *BVerwG* unter der Geltung des BSHG i. d. F. vom 18. 9. 1969 (BGBl I, 1688) von der früher bestehenden Möglichkeit des Sozialhilfeträgers, den Übergang eines Anspruchs des Hilfeempfängers gegen einen nach bürgerlichem Recht Unterhaltspflichtigen durch schriftliche Anzeige gem. § 90, § 91 BSHG in der damaligen Fassung zu bewirken, auch für den Fall einer nur zu unterstellenden Leistungsfähigkeit ausgegangen ist (BVerwGE 51, 61 [64]), wird durch diese Entscheidung nach der Änderung des § 91 BSHG durch das Gesetz zur Umsetzung des Föderalen Konsolidierungsprogramms die Auffassung des *Senats* nicht in Frage gestellt. Unterschiedliche Ergebnisse aus unterhaltsrechtlicher und sozialhilferechtlicher Sicht können im übrigen nicht nur

1659

bei der hier vorliegenden Fallgestaltung auftreten. Sie können vielmehr immer dann zutage treten, wenn die sozialhilferechtliche Vergleichsberechnung zu günstigeren Ergebnissen für den Unterhaltspflichtigen führt als das Unterhaltsrecht. Auch diesem Umstand ist für die Frage, ob ein Anspruchsübergang stattgefunden hat bzw. stattfinden wird, Rechnung zu tragen.

Das *OLG* ist deshalb zu Recht davon ausgegangen, daß etwaige Unterhaltsansprüche des Kindes S gegen den Bekl. nicht auf die Kl. übergegangen sind bzw. übergehen werden.

BGH v. 22. 4. 1998 – XII ZR 161/96 – FamRZ 98, 899 *(teilweise)* = NJW 98, 2821

R525 *(Der Wegfall von eheprägenden Verbindlichkeiten durch vorzeitige Rückzahlung der Schuld ist eheprägend; auch Konsumkredite sind bei den ehelichen Lebensverhältnissen zu berücksichtigen.)*

a Die weiteren Schulden, die der Bekl. im zeitlichen Zusammenhang mit der Trennung aus dem Schrebergarten-Verkaufserlös abgetragen hat, hat das BerGer. hingegen nicht als bedarfsprägend angesehen. Dazu hat es ausgeführt:

Die Kredite wären bei planmäßiger Tilgung in absehbarer Zeit spätestens bis November 1996 bzw. Ende 1996 abgelaufen gewesen, so daß in absehbarer Zeit nach der Trennung mit dem Fortfall der Belastung durch die Schulden zu rechnen gewesen sei. Zudem dienten Kontokorrentkredite mangels anderer Anhaltspunkte in der Regel der Vorfinanzierung konsumbedingter Ausgaben. Gegenteiliges habe der Bekl. auch im vorliegenden Fall nicht vorgetragen. Konsumkredite seien aber nicht bei der Bedarfsbemessung, sondern nur im Rahmen der Leistungsfähigkeit zu berücksichtigen. Da die Tilgungslast für den Bekl. entfallen sei, seien die früheren Schulden – ähnlich wie nach dem Wegfall von Unterhaltszahlungen für ein Kind – nicht mehr in die Unterhaltsberechnung einzustellen.

b) Gegen die letztgenannten Erwägungen des BerGer. wendet sich die Revision mit der Rüge, die außerplanmäßige, trennungsbedingte Tilgung von Schulden könne nicht mit dem Fortfall des Kindesunterhalts gleichgesetzt werden. Die Tilgung der Schulden der Parteien sei allenfalls ab November 1996, dem planmäßig erwarteten Abzahlungsendzeitpunkt, zu berücksichtigen. Denn die Abzahlung der Kredite mit dem Erlös des Schrebergartenverkaufs entspreche nicht den Verhältnissen, wie sie sich bei normalem Verlauf der Ehe ohne die Trennung verwirklicht hätten. Demgemäß habe sich der Unterhaltsbedarf der Kl. jedenfalls bis November 1996 an den Einkommensverhältnissen auszurichten, wie sie durch die Abtragung der Schulden geprägt gewesen seien.

Diese Rüge verhilft der Revision nicht zum Erfolg. Wie das BerGer. zu Recht hervorhebt, bestanden die Schulden zu dem Zeitpunkt, von dem an die Kl. Trennungsunterhalt begehrt, nicht mehr. Veränderungen der wirtschaftlichen Verhältnisse, die nicht auf einer vom Normalverlauf erheblich abweichenden Entwicklung beruhen, sind bei der Berechnung des Trennungsunterhalts grundsätzlich zu berücksichtigen (vgl. *Senat*, NJW 1986, 718 = LM § 1361 BGB Nr. 44 = FamRZ 1986, 244 [245]). Eine frühere Prägung der ehelichen Lebensverhältnisse durch die Schulden hat nach August 1994 nicht mehr – auch nicht in abgewandelter Weise – fortgewirkt. Insbesondere haben die Parteien nicht etwa geltend gemacht, der Besitz des Schrebergartens habe ihnen während der Ehe wirtschaftlich meßbare Vorteile gebracht, die seit dem Verkauf entfallen seien und nunmehr anstelle der früheren Schulden als Negativposten berücksichtigt werden müßten. Entgegen der Auffassung der Revision kann es je nach den Umständen des Einzelfalles durchaus als eine nicht vom Normalverlauf abweichende Entwicklung beurteilt werden, wenn ein Ehegatte nach der Trennung aus wirtschaftlich vernünftigen Überlegungen einen vorhandenen Kapitalwert einsetzt, um damit Schulden der inzwischen getrenntlebenden Eheleute abzulösen und auf diese Weise die beiderseitigen finanziellen Verhältnisse zu bereinigen. Unter Berücksichtigung dieser Umstände ist das von dem BerGer. in tatrichterlicher Beurteilung der besonderen Gegebenheiten des vorliegenden Falles gewonnene Ergebnis (vgl. dazu *Senat*, NJW 1984, 1237 = LM § 1581 BGB Nr. 3 = FamRZ 1984, 358 [360], und NJW 1991, 2703 = LM H. 6–1992 § 1361 BGB Nr. 60 = BGHR BGB § 1361 Abs. 1 Satz 1 Unterhaltsbemessung 4) aus Rechtsgründen nicht zu beanstanden. Auf die Hilfsbegründung des Gerichts zur (Nicht-)Berücksichtigung von „Konsumkrediten" im Rahmen der Bedarfsbemessung kommt es daneben nicht entscheidend an. Insoweit bestehen allerdings Bedenken gegen die Auffassung, daß die ehelichen Lebensverhältnisse in der Regel durch „Konsumkredite" nicht geprägt würden (vgl. dazu etwa *Wendl-Gerhardt*, Das UnterhaltsR in der familienrichterlichen Praxis, 3. Aufl., § 1 Rdnr. 516).

(Bei einer Umschuldung eines eheprägenden Kredits nach der Trennung ist die Eheschuld noch bis zum Ablauf des ursprünglichen Kredits prägend)

b c) Ohne Erfolg wendet sich andererseits die Anschlußrevision gegen die Weiterberücksichtigung der Kreditraten von monatlich 333 DM für einen Pkw in dem angefochtenen Urteil. Die Anschlußrevision macht hierzu geltend: Nachdem der Bekl. den Pkw im November 1995 veräußert habe, habe der Kredit nach der Lebenserfahrung durch den Verkaufserlös zurückgeführt werden müssen, zu-

Anhang R. Rechtsprechung

mal der Pkw als Kreditsicherheit gedient haben müsse. Etwas anderes könnte nur gelten, wenn der Kredit anläßlich der Anschaffung des neuen Fahrzeugs umgeschuldet worden sei. Die Kosten des neuen Fahrzeugs lasse das BerGer. jedoch zu Recht unberücksichtigt.

Mit diesen zum Teil auf Vermutungen basierenden Ausführungen kann die Anschlußrevision der Entscheidung des BerGer. nicht die Grundlage entziehen. Die Kreditraten für das während des Zusammenlebens der Parteien erworbene Fahrzeug waren als ehebedingte Verbindlichkeiten auch nach der Trennung weiter zu entrichten, und zwar, wie das BerGer. zutreffend dargelegt hat, unabhängig davon, daß der Bekl. während der Laufzeit des Kredits anstelle des bisherigen ein anderes Fahrzeug gekauft hat. Die Kreditraten für den Pkw haben die ehelichen Lebensverhältnisse geprägt. Sie sind deshalb für die Dauer der vereinbarten Laufzeit und in der seinerzeit vereinbarten Höhe bei der Unterhaltsbemessung zu berücksichtigen (vgl. hierzu auch *Wendl-Gerhardt*, § 1 Rdnr. 516).

(Kein Bonus von ¹/₇ neben 5 % Pauschalen berufsbedingten Aufwendungen)

b) Diesen Abzug eines $^7/_8$-Erwerbstätigenbonus neben einer Pauschale von 90 DM hält die Revision unter Hinweis auf die Rechtsprechung des *Senats* angesichts der geringen Höhe des Einkommens der Kl. für überhöht und nicht gerechtfertigt.

Der Revision ist einzuräumen, daß der *Senat* mehrfach zu bedenken gegeben hat, ob neben einem pauschalen Abzug von 5 % des Nettoeinkommens (vgl. Düsseldorfer Tabelle Stand 1. 7. 1992 Anm. 3: 5%, mindestens 90 DM) der Erwerbstätigenbonus gegebenenfalls geringer als sonst üblich zu bemessen sein sollte (vgl. z. B. *Senat*, NJW-RR 1990, 578 = FamRZ 1990, 979 [981] = BGHR BGB § 1578 Abs. 1 Satz 1 Unterhaltsbemessung 20). Diese Frage unterliegt jedoch letztlich der Verantwortung des Tatrichters im Rahmen seiner Beurteilung der Angemessenheit des zuzubilligenden Unterhaltsanspruchs. Da das *OLG* die rechnerisch ermittelten Unterhaltsbeträge anschließend einer Angemessenheitskontrolle unterzogen hat mit dem Ergebnis, daß es für den gesamten von der Klage erfaßten Zeitraum die zunächst errechneten Beträge – zugunsten des Bekl. – jeweils auf einen für angemessen gehaltenen Unterhaltsanspruch der Kl. ermäßigt hat, ließ die getroffene Entscheidung auch einen gewissen Spielraum für eine Verringerung des Erwerbstätigenbonus in den angestellten Berechnungen. Die Frage wird jedoch im weiteren Verlauf des Verfahrens, das aus anderen Gründen an das BerGer. zurückzuverweisen ist (s. unten Abschn. B 2), zu beachten sein. Dabei wird das BerGer. auch Gelegenheit haben zu überprüfen, ob es angesichts der Einkommensverhältnisse der Parteien in der Tat angemessen ist, der Kl. trotz festgestellter Fahrtkosten in Höhe von monatlich 56 DM gleichwohl die volle Pauschale von 90 DM für berufsbedingte Aufwendungen zuzugestehen, dem Bekl. hingegen bei seinen Nebeneinkünften aus dem Jahre 1994 mit Rücksicht auf die Höhe der Fahrtkosten nur die Hälfte der Pauschale.

(Einkommen aus trotz behaupteten gesundheitlichen Einschränkungen ausgeübten Tätigkeiten sind kein überobligatorisches Einkommen)

c) Die Anschlußrevision macht geltend, das BerGer. habe das Erwerbseinkommen der Kl. überhaupt nicht, jedenfalls nicht in vollem Umfang in die Unterhaltsberechnung einbeziehen dürfen. Die ausgeübte Teilzeitarbeit sei nämlich aus gesundheitlichen Gründen für die Kl. an sich nicht zumutbar, wie diese schon im ersten Rechtszug und – durch Bezugnahme – auch im Berufungsverfahren geltend gemacht habe. Das habe das BerGer. zu Unrecht nicht beachtet.

Diese Rüge hat keinen Erfolg. Wie der *Senat* bereits entschieden hat, rechtfertigen die „Erwerbsverhältnisse" der Ehegatten i. S. von § 1361 I 1 BGB in der Regel die Zumutbarkeit der Fortsetzung einer bereits – noch dazu seit längerem – ausgeübten Erwerbstätigkeit während der Trennungszeit. Das gilt insbesondere dann, wenn die Erwerbstätigkeit während des Zusammenlebens der Ehegatten trotz Belastung durch die Pflege und Erziehung von Kindern ausgeübt wurde und nach der Trennung nur in wesentlich gleichem Umfang wie bisher fortgeführt wird (vgl. *Senat*, NJW 1981, 2804 = LM § 1361 BGB Nr. 15 = FamRZ 1981, 1159 [1161]). So liegen die Verhältnisse auch hier. Das BerGer. ist daher ohne Rechtsverstoß davon ausgegangen, daß das Einkommen der Kl. aus ihrer – ohnehin geringfügigen und nur stundenweise, jedoch seit mehr als 30 Jahren ausgeübten – Tätigkeit, auch unter Beachtung ihres Alters und Gesundheitszustandes, in bereinigter Höhe in die Ermittlung des Trennungsunterhalts einzubeziehen ist.

(Bei Trennungsunterhalt ist unter Berücksichtigung des sog. toten Kapitals nur ein angemessener Wohnwertvorteil beim Bedarf als auch bei der Bedürftigkeit anzusetzen)

B. 1. Neben dem Erwerbseinkommen hat das BerGer. der Kl. den Wert ihres Wohnens in der ehelichen Eigentumswohnung zugerechnet mit der Begründung: Bei der Ermittlung des den ehelichen Lebensverhältnissen der Parteien entsprechenden Bedarfs der Kl. sei zu berücksichtigen, daß die Eheleute in einer ihnen gemeinsam gehörenden Eigentumswohnung gelebt hätten, deren objektiver Wohnwert von unstreitig 1414 DM monatlich die Belastungen (Annuitäten auf die Grundpfandrechte von monatlich 526,04 DM und verbrauchsunabhängige Kosten von monatlich „rund 140 DM") überstiegen habe. Der hierin liegende Gebrauchsvorteil i. S. von § 100 BGB bestimme die Lebensverhältnisse der Parteien seit der Trennung und der alleinigen Nutzung der Wohnung durch die Kl. allerdings nur noch zu einem Teil, weil die Wohnung für die Kl. zu groß sei und der ursprünglich auf den Bekl. entfallende Teil der Nutzungen, der seit seinem Auszug nicht mehr gezogen werde, als sogenanntes „totes Kapital" außer Betracht zu lassen sei. Da die Ehe der Parteien nicht geschieden und die Veräußerung der Eigentumswohnung beabsichtigt sei, sei der Kl. derzeit eine Aufgabe der Wohnung noch nicht zuzumuten.

Den mit dem Wohnen in der Eigentumswohnung verbundenen Wohnvorteil der Kl. hat das BerGer. in Höhe einer ersparten Miete angesetzt, die nach den wirtschaftlichen Verhältnissen der unterhaltsberechtigten Kl. angemessen sei. Dazu hat es ausgeführt: Angemessen sei vielfach eine ersparte Miete bis zu der zum Lebensunterhalt zur Verfügung stehenden Mittel. Das erscheine auch im vorliegenden Fall als das richtige Maß. Zur Ermittlung des danach als maßgeblich erachteten „Drittelwohnwerts" hat das BerGer. – unter Gegenüberstellung der bereinigten Nettobezüge des Bekl. abzüglich der von ihm getragenen Annuitäten und verbrauchsunabhängigen Kosten für die Eigentumswohnung und dem Anteil des Eigeneinkommens der Kl. – zunächst einen vorläufigen hälftigen Differenzunterhalt errechnet, den die Kl. beanspruchen könnte, wenn sie keinen Wohnvorteil hätte (für 1995: 2221,60 DM Einkommen des Bekl. abzüglich 587,43 DM = 1634,17 DM, davon $1/2$ = 817,09 DM). Aus der Gesamtsumme dieses vorläufigen Differenzunterhalts und des vollen Eigeneinkommens der Kl. (für 1995 berechnet: 645,67 DM – 90 DM Pauschale = rund 555 DM, zuzüglich Lohnsteuererstattung von 130,33 DM = 685,33 DM) hat das BerGer. den „Drittelwohnwert" errechnet (für 1995: 817,09 DM + 685,33 DM = 1502,42 DM, davon $1/3$), den es sodann – für 1995 in Höhe von 500,81 DM – in die endgültige Unterhaltsberechnung einbezogen hat.

Dabei hat es die Differenz zwischen den bereinigten Einkommen des Bekl. und dem Einkommen der Kl. zuzüglich Wohnwert (für 1995: 2221,60 DM – 587,43 DM – 500,81 DM – 1133,36 DM) ermittelt, die der Kl. im Prinzip zur Hälfte zustehe (566,68 DM), auf die sie sich jedoch die vom Bekl. für sie gezahlten verbrauchsabhängigen Kosten in Höhe von monatlich 362,96 DM als bereits geleistete Unterhaltszahlungen anrechnen lassen müsse. Den auf diese Weise für 1995 in Höhe von monatlich 203,72 DM ermittelten Unterhaltsanspruch der Kl. hat das OLG schließlich aus Billigkeitsgründen auf monatlich 150 DM herabgesetzt, weil die Unterhaltsberechnung nicht dazu führen dürfe, daß der Berechtigte durch sein Erwerbseinkommen und dem zu zahlenden Unterhalt über höhere Einkünfte verfüge, als dem Verpflichteten nach Zahlung anzuerkennender Schulden und des errechneten Unterhalts verblieben. Es sei angemessen, daß die Kl. dann insgesamt über monatlich 1699,10 DM (150 DM Unterhalt + 685,33 DM = $7/8$-Eigeneinkommen + 362,96 DM Verbrauchskosten + 500,81 DM Wohnvorteil) verfüge und der Bekl. über monatlich 1708,64 DM (2221,60 DM – 362,96 DM – 150 DM = 1708,64 DM).

Entsprechend ist das OLG auch für die übrigen von der Klage erfaßten Zeiträume vorgegangen. Dabei ist es bei der Festsetzung des Wohnwerts auf den jeweiligen Drittel-Betrag der der Kl. zur Verfügung stehenden Mittel für die Zeit von September bis Dezember 1994 (als das maßgebliche Einkommen der Kl. mangels Steuererstattung geringer und das des Bekl. höher war) zu einem Wert von monatlich 562,47 DM gelangt, für die Zeit von Januar bis März 1996 (als das maßgebliche Einkommen des Bekl. geringer war) zu einem Wert von monatlich 404,56 DM und für die Zeit von April bis Dezember 1996 (als vom Einkommen des Bekl. nur noch die Annuitäten von monatlich 526,04 DM abzusetzen waren, die Kl. hingegen die Grundsteuer und die verbrauchsunabhängigen Nebenkosten selbst trug), zu einem Wert von monatlich 283,20 DM.

Als Mittel, über die die Parteien nach Festlegung des der Kl. endgültig zugebilligten Unterhaltsbetrages damit letztlich verfügen könnten, hat das BerGer. in der geschilderten Weise für die Zeit vom September bis Dezember 1994 (bei Zugrundelegung eines Wohnvorteils von 562,47 DM) auf seiten der Kl. monatlich 1952,23 DM und auf seiten des Bekl. monatlich 1954,64 DM ermittelt und für angemessen gehalten, für die Zeit von Januar bis März 1996 (bei Zugrundelegung eines Wohnvorteils von 404,56 DM) auf seiten der Kl. monatlich 1479,96 DM und auf seiten des Bekl. monatlich 1477,08 DM, schließlich für die Zeit von April bis Dezember 1996 (bei Zugrundelegung eines Wohnvorteils von 283,20 DM) auf seiten der Kl. monatlich 1493,20 DM und auf seiten des Bekl. monatlich 1487,71 DM.

2. Gegen die dargestellte Berechnung und Berücksichtigung des Wohnvorteils der Kl. bei der Unterhaltsbemessung erheben sowohl die Revision als auch die Anschlußrevision zu Recht Bedenken.

a) Zunächst hat das BerGer. zwar im Eingang der Entscheidungsgründe des angefochtenen Urteils zutreffend auf die für den Unterhaltsbedarf der Kl. maßgeblichen ehelichen Lebensverhältnisse der Parteien abgestellt, die außer durch die beiderseitigen Einkünfte auch durch die Gebrauchsvorteile der Eigentumswohnung – im Umfang der seit der Trennung der Parteien noch geübten teilweisen Nutzung – geprägt worden seien. Bei der konkreten Unterhaltsberechnung ist das Gericht diesem

Ansatz jedoch nicht gefolgt. Es hat den Unterhaltsanspruch der Kl. letztlich bestimmt, ohne zuvor den nach den ehelichen Lebensverhältnissen unter Berücksichtigung des Wohnvorteils angemessenen Bedarf der Kl. festzulegen (vgl. dazu *Senat*, NJW 1990, 3274 = LM § 323 ZPO Nr. 63 = FamRZ 1990, 989 [990]). Ferner krankt seine Berechnungsweise daran, daß es den Wohnvorteil der Kl. von vorneherein unter Berücksichtigung eines „Drittelwohnwertes" errechnet hat. Hierbei geht es um die Frage, ob Wohnvorteil und die zur Deckung des sonstigen Lebensbedarfs verbleibenden Mittel in einem angemessenen Verhältnis zueinander stehen. Diese Frage kann erst in einem letzten Schritt der Unterhaltsberechnung beantwortet werden (vgl. *Senat*, NJW 1989, 2809 = LM § 1361 BGB Nr. 56 = FamRZ 1989, 1160 [1163]; *Schwab-Borth*, Hdb. des ScheidungsR, 3. Aufl., IV Rdnr. 1025).

Auch stehen die aufgrund einer Angemessenheitskontrolle gewonnenen Ergebnisse für die einzelnen Zeitabschnitte tatsächlich nicht im Einklang mit dem vom BerGer. insoweit selbst herangezogenen Grundsatz der Halbteilung der den Ehegatten zur Verfügung stehenden Mittel (vgl. *Senat*, NJW 1988, 2369 = LM § 1569 BGB Nr. 28 = FamRZ 1988, 265 [267]; st. Rspr.). Denn das BerGer. hat bei der entsprechenden Prüfung nicht berücksichtigt, daß der Bekl. von den ihm nach Abzug des Unterhalts der Kl. verbleibenden Mitteln zunächst die Miete für eine eigene angemessene Wohnung aufbringen muß. All dies nötigt zur Aufhebung des angefochtenen Urteils.

b) Gem. § 1361 I BGB bestimmt sich der Unterhaltsbedarf der Kl. nach den ehelichen Lebensverhältnissen. Diese werden zunächst durch die beiderseitigen bereinigten Einkünfte geprägt, d. h. – für das Jahr 1995, für das durchgängig von einheitlichen Beträgen auszugehen ist – von monatlich 2221,60 DM auf seiten des Bekl. und monatlich 587,43 DM auf seiten der Kl. Zusätzlich sind bei der Bestimmung der ehelichen Lebensverhältnisse die Gebrauchsvorteile (§ 100 BGB) zu berücksichtigen, die die Parteien dadurch gehabt haben, daß sie die ihnen gehörende Eigentumswohnung mietfrei genutzt haben. Nach der ständigen Rechtsprechung des *Senats* ist der Wert derartiger Nutzungsvorteile den sonstigen Einkünften der Parteien hinzuzurechnen, soweit er die Belastungen übersteigt, die durch allgemeine Grundstückskosten und -lasten, Zins- und Tilgungsleistungen und sonstige verbrauchsunabhängige Kosten entstehen (vgl. *Senat*, FamRZ 1985, 354 [356] unter 4b; NJW 1989, 2809 = LM § 1361 BGB Nr. 56 = FamRZ 1989, 1160, und NJW-RR 1995 = LM H. 9– 1995 § 1578 BGB Nr. 64 = BGHR BGB § 1578 Abs. 1 Satz 1 Unterhaltsbemessung 39 = FamRZ 1995, 869). Als Belastungen, die in diesem Sinne auf die eheliche Wohnung entfallen, hat das BerGer. die laufenden Annuitäten von monatlich 526,04 DM, die Grundsteuer von monatlich 34 DM und die verbrauchsunabhängigen Kosten von monatlich 134,95 DM festgestellt. Bei der Bedarfsbemessung hat es diese Belastungen rechtsfehlerfrei dadurch berücksichtigt, daß es das Einkommen des Bekl., der die Hauslasten 1995 voll getragen hat, um die entsprechenden Beträge auf den „bereinigten" Wert von monatlich 2221,60 DM ermäßigt hat. Auf diese Weise fallen die Kosten im Ergebnis rechtlich zutreffend beiden Parteien je zur Hälfte zur Last.

c) Der Wohnwert der insgesamt rund 100 m² großen Wohnung, der während des Zusammenlebens der Parteien neben den beiderseitigen bereinigten Einkünften ihren Lebensstandard geprägt hat, kommt seit dem Auszug des Bekl. aus der Ehewohnung nicht mehr in vollem Umfang zum Tragen. Denn der ursprünglich dem Bekl. zuzurechnende Teil der Wohnungsnutzung wird seit seinem Auszug nicht mehr gezogen. Dieser Anteil hat daher als „totes Kapital" bei der Bestimmung des Unterhaltsbedarfs der Kl. nach Maßgabe der ehelichen Lebensverhältnisse außer Betracht zu bleiben (vgl. *Senat*, NJW 1989, 2809 = LM § 1361 BGB Nr. 56 = FamRZ 1989, 1160 [1162]). Der Wohnwert ist demgemäß als – eingeschränkter – Gebrauchsvorteil nur noch in einer Höhe in Rechnung zu stellen, wie er sich als angemessene Wohnungsnutzung durch die Kl. allein darstellt. Insoweit verwirklichen sich, soweit es um die Nutzung der Ehewohnung geht, die ehelichen Lebensverhältnisse seit der Trennung der Parteien in Form eines entsprechend geringer anzusetzenden Gebrauchsvorteils als bedarfsprägender Wohnwert (vgl. hierzu *Schwab-Borth*, Rdnr. 1033; *Wendl-Gerhardt*, § 1 Rdnr. 217; *Graba*, FamRZ 1995, 385 [387]).

(Der angemessene Wohnwert darf nicht pauschal nach der sog. Drittelobergrenze ermittelt werden, sondern richtet sich nach dem Wert einer den ehelichen Lebensverhältnissen entsprechenden kleinen Wohnung)

Dieser verbleibende Gebrauchswert der insgesamt für den die Wohnung weiter nutzenden Ehegatten an sich zu großen Wohnung wird in der Regel danach zu bestimmen sein, welchen Mietzins der Ehegatte auf dem örtlichen Wohnungsmarkt für eine dem ehelichen Lebensstandard entsprechende angemessene kleinere Wohnung zahlen müßte (nach oben in jedem Fall begrenzt durch den vollen Wohnwert der Ehewohnung). Haben Eheleute im Einzelfall, gemessen an ihren sonstigen wirtschaftlichen Verhältnissen, zu aufwendig gewohnt, dann kann es angebracht sein, diesem Umstand bei der Bemessung des Trennungsunterhalts Rechnung zu tragen (vgl. hierzu *Senat*, NJW 1982, 1645 = LM § 1578 BGB Nr. 2 = FamRZ 1982, 151 [152]) und aus diesem Grund den verbleibenden Wohnwert des die Ehewohnung weiterhin nutzenden Ehegatten auf den angemessenen Betrag zurückzuführen, wie er für eine entsprechende kleinere Wohnung auf dem Wohnungsmarkt zu zahlen wäre.

Die Bestimmung des unter Berücksichtigung des „toten Kapitals" verbleibenden eingeschränkten

Wohnwerts nach den aufgezeigten Kriterien – als Bestandteil der für den angemessenen Bedarf des Unterhaltsberechtigten maßgeblichen ehelichen Lebensverhältnisse – ist grundsätzlich dem Tatrichter in eigener Verantwortung vorbehalten. Da das BerGer. diesen nicht ermittelt hat, ist die Sache zur Nachholung der erforderlichen Feststellungen an die Vorinstanz zurückzuverweisen.

d) Das BerGer. verkennt zwar nicht, daß es sich bei jeder Unterhaltsberechnung letztlich als notwendig erweisen kann, den rechnerisch ermittelten Unterhaltsbetrag auf seine Angemessenheit hin zu überprüfen (vgl. *Senat*, NJW 1983, 1733 = LM § 1578 BGB Nr. 21 = FamRZ 1983, 678, und NJW 1989, 2809 = LM § 1361 BGB Nr. 56 = FamRZ 1989, 1160 [1163]). Das rechtfertigt jedoch nicht von vornherein – unter dem Gesichtspunkt einer solchen Angemessenheitskontrolle – eine generelle Festlegung des jeweiligen Vorteils mietfreien Wohnens in einer Eigentumswohnung oder einem Einfamilienhaus mit einem Drittel der für den Unterhalt insgesamt zur Verfügung stehenden Mittel, wenn dieser Wert auch im Einzelfall seine Berechtigung haben mag.

Abgesehen davon, daß sich die Angemessenheitsprüfung nicht auf die Frage des Wohnvorteils beschränken darf, sondern die ehelichen Verhältnisse umfassend einbeziehen muß, erscheint es grundsätzlich nicht gerechtfertigt, für die Bewertung des Wohnvorteils eine schematische, von den tatsächlichen Gegebenheiten unabhängige „Ober-"Grenze festzulegen. Da der Wert der Wohnungsnutzung Ausprägung der jeweiligen individuellen ehelichen Lebensverhältnisse ist, hat er sich auch an diesen auszurichten. Dabei mag es im Einzelfall notwendig werden, den unter Ansatz des konkreten Wohnvorteils ermittelten Unterhaltsbetrag schließlich aus Billigkeitsgründen zu ändern, wie es der *Senat* auch in seinem Urteil vom 12. 7. 1989 (NJW 1989, 2809 = LM § 1361 BGB Nr. 56 = FamRZ 1989, 1160) gebilligt hat. Jedenfalls darf aber auf der anderen Seite nicht unberücksichtigt bleiben, daß der Verpflichtete in Fällen der vorliegenden Art genötigt ist, aus seinen nach Abzug des Unterhalts verbleibenden Mitteln seinen Wohnbedarf zu decken.

3. Wird zum Zwecke einer beispielhaften Berechnung unterstellt, daß der der Kl. zuzurechnende Wohnvorteil monatlich rund 900 DM beträgt, wie er nach dem Vortrag der Anschlußrevision (verbleibende Nutzbarkeit der Ehewohnung für die Kl. im Umfang von weniger als zwei Dritteln) den fortwirkenden ehelichen Lebensverhältnissen der Parteien entsprechen könnte und unter Umständen als Mietzins für eine angemessene kleinere Wohnung auf dem Wohnungsmarkt zu entrichten wäre, dann wären die ehelichen Lebensverhältnisse der Parteien im Jahre 1995 mit 3709,03 DM (2221,60 DM + 587,43 DM + 900 DM) zu veranschlagen. Als Unterhaltsbedarf der Kl. ergäbe sich damit ein Betrag von monatlich 1854,50 DM.

BGH v. 22. 4. 1998 – XII ZR 221/96 – FamRZ 98, 951 = NJW 98, 2433

R526   *(Wegfall der Bereicherung)*

a   Das *OLG* hat jedoch einen Wegfall der Bereicherung der Bekl. i. S. von § 818 III BGB angenommen, weil die Bekl. trotz der ihr zur Verfügung stehenden erheblichen Unterhaltsmittel und ihres eigenen Einkommens wegen des außerordentlich hohen Mietaufwands und der Betreuungskosten für das gemeinsame Kind von Anfang an nicht in der Lage gewesen sei, Ersparnisse anzusammeln oder Vermögensdispositionen zu treffen, um die sie noch bereichert sei. Vielmehr habe sie alles für die laufende Lebenshaltung verbraucht. Diese Beurteilung steht im Einklang mit der Rechtsprechung des *Senats* (BGHZ 118, 383 [388 f.] = NJW 1992, 2415 = LM H. 1–1993 § 812 BGB Nr. 231) und ist aus Rechtsgründen nicht zu beanstanden.

(Voraussetzungen der verschärften Haftung nach § 818 IV BGB)

b   a) Gem. § 818 IV BGB kann sich der Empfänger einer rechtsgrundlos erbrachten Leistung vom Eintritt der Rechtshängigkeit an nicht mehr auf den Wegfall der Bereicherung berufen, sondern haftet nach allgemeinen Vorschriften. Das *OLG* hat hierzu – unter Bezugnahme auf die Senatsrechtsprechung (NJW 1984, 2095 = LM § 818 Abs. 3 BGB Nr. 30 = FamRZ 1984, 767; BGHZ 93, 183 f. = NJW 1985, 1074 = LM § 818 Abs. 4 BGB Nr. 8; NJW 1986, 2057 = LM § 818 Abs. 4 BGB Nr. 9 = FamRZ 1986, 793, und BGHZ 118, 383 [390] = NJW 1992, 2415 = LM H. 1–1993 § 812 BGB Nr. 231) – zutreffend ausgeführt, daß es nicht bereits auf den Eintritt der Rechtshängigkeit der Abänderungsklage ankomme, mit der über die Höhe der im Prozeßvergleich festgelegten Unterhaltsleistungen gestritten werde. Maßgebend sei vielmehr der Eintritt der Rechtshängigkeit der auf die Bereicherung gestützten Rückforderungsklage, die hier erst am 28. 7. 1995, mithin nach dem Überzahlungszeitraum, erhoben worden sei. Die Belange des Unterhaltsschuldners seien ausreichend schon dadurch gewahrt, daß er während des Abänderungsverfahrens einen Antrag auf einstweilige Einstellung der Zwangsvollstreckung aus dem abzuändernden Titel analog § 769 ZPO stellen könne.

Die Revision meint demgegenüber, das Abstellen auf den Zeitpunkt der Erhebung der Rückforderungsklage sei systemwidrig, und bittet um Überprüfung dieser Rechtsprechung. Der Regelung des § 323 III ZPO, die eine Abänderung des Urteils für die Zeit nach Rechtshängigkeit der Abände-

Anhang R. Rechtsprechung R526

rungsklage erlaube, liege nämlich die gesetzliche Wertung zugrunde, daß der Abänderungsgegner bereits vom Zeitpunkt dieser Rechtshängigkeit an nicht mehr auf den Fortbestand seiner vermeintlichen Rechtsposition vertrauen dürfe, sondern auf die mögliche Rückzahlungspflicht hingewiesen werde, so daß er den Schutz des § 818 III BGB nicht mehr verdiene. Dem könne nicht mit dem Hinweis auf die Möglichkeit der Einstellung der Zwangsvollstreckung oder andere Maßnahmen, mit denen sich der Unterhaltsschuldner schützen könne, begegnet werden. Denn gerade an dem Umstand, daß dem anwaltlich gut beratenen Unterhaltsschuldner eine solche Absicherung möglich sei und der Unterhaltsgläubiger in diesem Fall notwendigerweise Sozialhilfe in Anspruch nehmen müsse, während er gegen den weniger gut beratenen Unterhaltsschuldner weiter vollstrecke und sich gegenüber einer späteren Rückforderungsklage auf Entreicherung berufen könne, zeige sich die Systemwidrigkeit dieser Rechtsprechung. Richtigerweise müßte der Unterhaltsschuldner in beiden Fällen auch ohne Einstellung der Zwangsvollstreckung einer Einbuße durch die Unterhaltsüberzahlung entgehen können.

Weder dieser Einwand noch die sonst in der Literatur zum Teil geäußerte Kritik (vgl. *Kohler*, ZZP 1986, 34 f.; *ders.*, FamRZ 1988, 1005 f.; *M. Schwab*, FamRZ 1994, 1567 f.; *Ditzen*, FamRZ 1988, 349 f.) rechtfertigen indes eine Änderung der bisherigen Senatsrechtsprechung. Daß es für die verschärfte Haftung nach § 818 IV BGB auf die Rechtshängigkeit der Rückforderungsklage ankommt und nicht auf eine diese Rückforderung erst vorbereitende Klage wie etwa eine Feststellungs- oder eine Abänderungsklage, ergibt sich, wie der *Senat* in BGHZ 93, 183 (185) (= NJW 1985, 1074 = LM §§ 818 Abs. 4 BGB Nr. 8) ausgeführt hat, bereits aus dem Wortlaut und dem Sinnzusammenhang der § 818 f. BGB selbst. In dem dem § 818 IV BGB vorausgehenden Absatz 3 wird an die Verpflichtung zur Herausgabe oder zum Wertersatz angeknüpft; auch § 819 I und § 820 I BGB machen die Haftung von der Rechtshängigkeit des Anspruchs auf Herausgabe bzw. Wertersatz abhängig. Anders als bei vergleichbaren Fällen, in denen die materiell-rechtlichen Wirkungen ausdrücklich an die Rechtshängigkeit nicht nur einer Leistungs-, sondern auch einer Feststellungsklage geknüpft werden, wie etwa die Unterbrechung der Verjährung durch Klageerhebung (§ 209 I BGB), ist in §§ 818 f. BGB immer nur von der (Leistungs-)Klage auf Herausgabe oder Wertersatz die Rede. Damit hat das Gesetz die Sachverhalte, in denen der Empfänger einer Leistung auf den Fortbestand der eingetretenen Vermögenslage vertrauen darf, aus Gründen der Rechtssicherheit dahin formalisiert, daß es auf die Zustellung der auf Herausgabe der Bereicherung gerichteten Klage abstellt. § 818 IV BGB ist eine Ausnahme von dem das Bereicherungsrecht allgemein beherrschenden Grundsatz, daß der gutgläubig Bereicherte nur bis zur Grenze einer etwa noch vorhandenen Bereicherung auf Rückgewähr haftet. Als Ausnahmevorschrift ist die Regelung einer Erweiterung dergestalt, daß auch andere gerichtliche Akte mit Warnfunktion ihrem Anwendungsbereich unterliegen, wie etwa die Erhebung einer negativen Feststellungsklage oder einer Abänderungsklage, die die Rückforderungsklage erst vorbereiten, nicht zugänglich (zust. insoweit auch *Kohler*, ZZP 1986, 34 [45]). Das gilt um so mehr, weil es sich um Unterhaltsfälle handelt, in denen der Unterhaltsberechtigte auf die laufende Zahlung zur Befriedigung seines Lebensbedarfs angewiesen ist und sich auf die Bestandskraft des rechtskräftigen Unterhaltstitels berufen kann.

Diese Sperre wird auch nicht durch den Rechtsgedanken aus § 323 III ZPO durchbrochen. Die dortige Zeitschranke erklärt sich zwar aus dem Vertrauensschutz für den Abänderungsgegner, dem keine rückwirkende Abänderung des Urteils zugemutet werden soll. Dieser Vertrauensschutz endet mit Erhebung der Abänderungsklage. Darin erschöpft sich aber die Bedeutung des § 323 III ZPO. Er bezieht sich nur auf die Wirkung der Abänderungsklage selbst. Der Abänderungsgegner muß ab Rechtshängigkeit der Abänderungsklage zwar darauf gefaßt sein, daß der Titel in der bisherigen Form nicht mehr fortbestehen wird. Er muß aber nicht damit rechnen, daß er automatisch auch einem Rückforderungsanspruch des Schuldners hinsichtlich des während des Verfahrens gegebenenfalls zuviel bezahlten Unterhalts ausgesetzt ist, ohne sich auf die Entreicherung nach § 818 III BGB berufen zu können. Die – anders ausgestalteten – Voraussetzungen eines Rückforderungsanspruchs aus § 818 I 1 i. V. mit § 818 IV BGB läßt § 323 III ZPO unberührt.

Darüber hinaus übersieht die Revision, daß hier ein Prozeßvergleich vorliegt, für den die Zeitschranke des § 323 III ZPO ohnehin nicht gilt (BGHZ 85, 64 [73 f.] = NJW 1983, 228 = LM § 323 ZPO Nr. 31 = FamRZ 1983, 22). Der Vertrauensschutz des Unterhaltsgläubigers wird hier gerade dadurch gewährleistet, daß er gegenüber dem Anspruch auf Rückzahlung des in der Vergangenheit zuviel geleisteten Unterhalts die Einrede des Wegfalls der Bereicherung geltend machen kann (BGHZ 85, 64 [69] = NJW 1983, 228 = LM § 323 ZPO Nr. 31 = FamRZ 1983, 22; *Senat*, NJW 1990, 3274 = LM § 323 ZPO Nr. 63 = FamRZ 1990, 989 [990] m. w. Nachw.).

Der Rechtsprechung des *Senats* kann auch nicht eine ungleiche Risikoverteilung zwischen Unterhaltsgläubiger und Unterhaltsschuldner entgegengehalten werden. Dem Unterhaltsschuldner stehen neben dem bei Abänderungsklagen möglichen Antrag auf Einstellung der Zwangsvollstreckung analog § 769 ZPO (vgl. *Senat*, NJW 1986, 2057 = LM § 818 Abs. 4 BGB Nr. 9 = FamRZ 1986, 793 [794]) mehrere Wege zur Verfügung, dem Entreicherungseinwand des Unterhaltsgläubigers zu entgehen. So kann er etwa die Bereicherungsklage schon erheben, ohne zuvor die Abänderung des alten Titels abzuwarten, oder die Abänderungsklage auch hilfsweise mit einer Klage auf künftige Rückzahlung der während der Dauer des Abänderungsverfahrens zuviel gezahlten Unterhaltsbeträge verbinden (vgl. BGHZ 118, 383 [391] = NJW 1992, 2415 = LM H. 1–1993 § 812 BGB Nr. 231). Damit ist dem Interesse des Unterhaltsschuldners ausreichend Rechnung getragen.

(Verschärfte Haftung nach § 819 I BGB)

c b) Nach § 819 I i. V. mit § 818 IV BGB haftet der Bereicherungsempfänger verschärft bereits ab dem Zeitpunkt, zu dem er den Mangel des rechtlichen Grundes erfährt. Er muß hierfür aber das Fehlen des rechtlichen Grundes selbst und die sich daraus ergebenden Rechtsfolgen kennen; die bloße Kenntnis von Umständen, auf denen das Fehlen des Rechtsgrundes beruht, reicht demgegenüber nicht aus (BGHZ 118, 383 [392] = NJW 1992, 2415 = LM H. 1–1993 § 812 BGB Nr. 231 m. w. Nachw.; zust. insoweit auch *Kohler*, ZZP 1986, 34 [45]). Aufgrund des Vergleichs war der Bekl. zwar bekannt, daß ihr Eigeneinkommen nur für die Dauer von drei Jahren anrechnungsfrei bleiben konnte. Danach sollte es zeitlich und der Höhe nach gestaffelt auf ihren Unterhalt angerechnet werden, allerdings nur in Höhe des „bereinigten" Nettobetrags. Fraglich war danach, ob und gegebenenfalls mit welchem Anteil sie etwa auch die hohen Fremdbetreuungskosten für das Kind und die Kosten des ebenfalls dadurch bedingten höheren Wohnbedarfs von ihrem Nettoeinkommen vorweg absetzen durfte. Da nicht auszuschließen war, daß ihr Eigenverdienst dadurch nahezu aufgezehrt werde, war offen, wie sich ihr Unterhaltsanspruch betragsmäßig gestalten würde. Es reicht für die verschärfte Haftung nach § 819 I BGB noch nicht aus, daß die uneingeschränkte Fortgeltung der ursprünglich im Vergleich festgelegten Unterhaltshöhe in Frage gestellt war (vgl. auch *OLG Zweibrücken*, FamRZ 1995, 175 [176]). Das *OLG* hat im Hinblick darauf zutreffend eine Bösgläubigkeit der Bekl. schon zum Zeitpunkt des Empfangs der fraglichen Unterhaltsleistungen verneint. Auch die Revision erinnert insoweit nichts.

(Voraussetzungen der verschärften Haftung nach § 820 BGB; Rechtsgrund der Unterhaltspflicht bei Unterhaltsvereinbarung)

d c) Auch die Voraussetzungen einer verschärften Haftung nach § 820 I 2 BGB hat das *OLG* im Ergebnis zutreffend verneint. Nach § 820 I 2 BGB muß die Leistung aus einem Rechtsgrund erfolgt sein, dessen Wegfall nach dem Inhalt des Rechtsgeschäfts als möglich angesehen wurde und der später tatsächlich wegfällt. Sinn dieser Regelung ist, daß ein Empfänger, der von vornherein mit seiner Rückgabeverpflichtung rechnet, sich so einrichten muß, als müsse er die empfangene Leistung zurückgeben. Dabei muß sich bereits aus dem Inhalt des Rechtsgeschäfts ergeben, daß beide Parteien sich die Möglichkeit des Wegfalls des Rechtsgrundes nicht nur beiläufig, sondern besonders vergegenwärtigt haben (BGHZ 118, 383 [393] = NJW 1992, 2415 = LM H. 1–1993 § 812 BGB Nr. 231 m. Nachw.). Das *OLG* hat dazu ausgeführt, daß diese Vorschrift jedenfalls nicht auf Fälle bloßer Unterhaltsanpassung anzuwenden sei, weil hier beim Leistungsempfang keine Ungewißheit über den Wegfall des Rechtsgrundes gegeben sei, dieser vielmehr für den weitaus größten Teil der ursprünglich ausbedungenen Zahlung weiter bestehe. Außerdem würde durch eine zu ausdehnende Anwendung des § 820 BGB die in § 818 IV BGB gewollte beschränkte Haftung des Leistungsempfängers unterlaufen.

Die Revision hält demgegenüber einen Anwendungsfall des § 820 I 2 BGB für gegeben, da der Kl. nicht (nur) aufgrund seiner gesetzlichen Unterhaltspflicht, sondern aufgrund der getroffenen Scheidungsfolgenvereinbarung, mithin aufgrund eines Rechtsgeschäfts i. S. des § 820 BGB, geleistet habe. Da im Vergleich eine ausdrückliche Regelung für den vorausgesehenen und später tatsächlich eingetretenen Fall der Wiederaufnahme einer eigenen Erwerbstätigkeit der Bekl. getroffen worden sei, sei ihr auch zuzumuten gewesen, sich von Anfang an auf die Notwendigkeit einer Rückzahlung des Unterhalts einzurichten.

Darin kann der Revision nicht gefolgt werden. Der *Senat* hat in seiner Entscheidung vom 9. 5. 1984 (NJW 1984, 2095 = LM § 818 Abs. 3 BGB Nr. 30 = FamRZ 1986, 767 [768]) über die Rückforderung von aufgrund einer einstweiligen Anordnung zuviel geleistetem Unterhalt darauf abgehoben, daß es sich in Fällen dieser Art nicht um eine Vermögensverschiebung aufgrund eines Rechtsgeschäfts handele, wie es § 820 BGB fordere, weshalb auch eine analoge Anwendung ausscheide (zust. insoweit *Olzen*, FamRZ 1986, 1169 [1174]; a. A. *Kohler*, ZZP 1986, 34 [49 f., 53], und FamRZ 1988, 1005 [1006]; *M. Schwab*, FamRZ 1994, 1567 [1571]). In seiner Entscheidung in BGHZ 118, 383 (393) = NJW 1992, 2415 = LM H. 1–1993 § 812 BGB Nr. 231, in der es wie hier um einen Prozeßvergleich ging, konnte der *Senat* offen lassen, ob § 820 BGB nach seinem Sinn und Zweck überhaupt auf Unterhaltsvereinbarungen, die immer unter dem Vorbehalt des Wegfalls der Geschäftsgrundlage stehen, anwendbar sei. Die Frage ist nunmehr dahin zu beantworten, daß § 820 I 2 BGB auch im Falle eines Prozeßvergleichs über einen gesetzlichen Unterhaltsanspruch weder unmittelbar noch entsprechend anwendbar ist.

Anhang R. Rechtsprechung   **R527**

Rechtsgrund für die gezahlten Unterhaltsbeträge war nicht der (nachträglich abgeänderte) Prozeßvergleich, sondern die gesetzliche Unterhaltspflicht, die sich aus den § 1570, § 1573 BGB ergab. Dieser Rechtsgrund wurde durch den geschlossenen Vergleich nicht ausgewechselt, sondern nur auf eine weitere schuldrechtliche Grundlage gestellt und mit einem vollstreckungsfähigen Titel (§ 794 I Nr. 1 ZPO) versehen (vgl. *Senat*, NJW 1979, 2517 = LM § 236 GVG Nr. 19 = FamRZ 1979, 1005, und NJW 1991, 2709 = FamRZ 1990, 867; *Mertens*, FamRZ 1994, 601 [603]). Der Vergleich hatte lediglich eine Modifizierung des gesetzlichen Unterhaltsanspruchs der Höhe und dem zeitlichen Umfang nach zum Inhalt, und zwar im wesentlichen dergestalt, daß er die gesetzlich an sich vorgegebenen Anrechnungsbestimmungen des § 1577 I und II BGB auf die besonderen Verhältnisse der Parteien abstimmte. Die gesetzlichen Grundvoraussetzungen der Bedürftigkeit des Unterhaltsberechtigten und der Leistungsfähigkeit des Unterhaltsverpflichteten ließ er unberührt. Mit diesem Fall einer gesetzlich vorgegebenen, lediglich vertraglich modifizierten Unterhaltspflicht sind die Fälle des § 820 I BGB nicht vergleichbar, in denen die Parteien die Vermögensverschiebung aufgrund einer rechtsgeschäftlichen Vereinbarung vornehmen (*Olzen*, FamRZ 1986, 1169 [1174]). Vergleichbar damit wäre allenfalls ein Unterhaltsanspruch, der schon dem Grunde nach nur auf einer vertraglichen Vereinbarung beruht. Wesensbestimmend für § 820 BGB ist ferner, daß die Parteien vermittels des Rechtsgeschäfts einen bestimmten Erfolg herbeiführen wollen oder an einem bestimmten Rechtsgrund leisten, dabei aber das Scheitern des Rechtsgeschäfts oder den Wegfall des Rechtsgrundes als möglich in Betracht ziehen und dennoch in Kauf nehmen. Auch dies findet keine Parallele in einem Vergleich über den gesetzlichen Unterhalt, der lediglich in Teilbereichen vertraglich modifiziert wird.

Außerdem muß die von den Parteien beiderseits in Betracht gezogene Ungewißheit über den Erfolgseintritt oder den Wegfall des Rechtsgrundes auf Umständen beruhen, die im Rechtsgeschäft selbst ihren Niederschlag gefunden haben und nicht durch sonstige, äußere Tatsachen veranlaßt sind (*Lieb*, in: MünchKomm, 3. Aufl., § 820 Rdnr. 5 m. Nachw. zur Rspr. des *RG*). Die Minderung des Unterhaltsanspruchs aufgrund (teilweisen) Wegfalls der Bedürftigkeit des Unterhaltsgläubigers ist aber ebenfalls ein bereits im Gesetz angelegter und von außen auf das Unterhaltsrechtsverhältnis einwirkender Umstand, den die Parteien hier lediglich modifiziert in ihre Vereinbarung einbezogen haben. Mit Recht hat schließlich das *OLG* ausgeführt, daß eine extensive Auslegung des § 820 BGB die in § 818 IV i. V. mit III BGB angelegte, auf den Zeitpunkt der Rechtshängigkeit der Rückforderungsklage beschränkte Haftung des Leistungsempfängers unterlaufen würde, indem sie den Zeitpunkt auf den Empfang der Leistung vorverlegt (vgl. auch *OLG Zweibrücken*, FamRZ 1995, 175 [177]; im Ergebnis auch *Heiß-Heiß*, Hdb. des UnterhaltsR, Bearb. April 1995, I, S. 8.6).

BGH v. 29. 4. 1998 – XII ZR 266/96 – FamRZ 98, 953 = NJW-RR 98, 1153

(Zustimmung zum Realsplitting auch bei Streit um Höhe und rechtliche Beurteilung geleisteter Zahlungen) **R527**

2. a) Nach der Rechtsprechung des *Senats* besteht eine Verpflichtung zur Zustimmung des unterhaltsberechtigten Ehegatten zum begrenzten Realsplitting als Ausprägung des Grundsatzes von Treu und Glauben im Rahmen des zwischen den Beteiligten bestehenden Unterhaltsrechtsverhältnisses, wenn der Unterhaltsverpflichtete die finanziellen Nachteile ausgleicht, die dem Berechtigten aus der Zustimmung erwachsen (*Senat*, NJW 1983, 1545 = LM § 1569 BGB Nr. 13 = FamRZ 1983, 576 [577]; NJW 1985, 195 = LM § 1569 BGB Nr. 17 = FamRZ 1984, 1211). Daraus folgt indessen nicht, daß die Zustimmungspflicht auf Fälle beschränkt ist, in denen ein Unterhaltsrechtsverhältnis besteht und Unterhalt in Form von Bar- oder Naturalunterhalt im Sinne des bürgerlichen Rechts gewährt worden ist.

Wie der *Senat* zu der Frage der Mitwirkung eines Ehegatten bei dem Antrag auf eine andere Aufteilung von steuerlichen Freibeträgen entschieden hat, steht hinter der unterhaltsrechtlichen Nebenpflicht zugleich die umfassende familienrechtliche Verpflichtung, die sich aus dem Wesen der Ehe ergibt und beiden Ehegatten aufgibt, die finanziellen Lasten des anderen Teils nach Möglichkeit zu vermindern, soweit dies ohne Verletzung eigener Interessen möglich ist (*Senat*, NJW 1988, 1720 = LM § 1569 BGB Nr. 30 = FamRZ 1988, 607 [608]; NJW 1996, 1894 = LM H. 8–1996 EStG Nr. 21 = FamRZ 1996, 725). Sie bleibt als Nachwirkung der Ehe auch nach der Scheidung bestehen (BGH, NJW 1977, 378 = LM § 1381 BGB Nr. 8 = FamRZ 1977, 38 [40] zur Frage der gemeinschaftlichen Veranlagung geschiedener Ehegatten zur Einkommensteuer).

Als eine Möglichkeit, die finanziellen Lasten des anderen Ehegatten zu vermindern, stellt sich regelmäßig das begrenzte Realsplitting dar, weil es im Falle der steuerrechtlichen Anerkennung der als Unterhaltsleistungen geltend gemachten Aufwendungen als Sonderausgaben gem. § 10 I Nr. 1 EStG zu einer Verringerung des zu versteuernden Einkommens und damit zu einer Verminderung des zu versteuernden Einkommens und damit zu einer Verminderung der Steuerbelastung führt. Zu den als Sonderausgaben abziehbaren Aufwendungen gehören unter den in § 10 I Nr. 1 EStG genannten weiteren Voraussetzungen Unterhaltsleistungen an den geschiedenen, unbeschränkt steuerpflichtigen Ehegatten aber nur dann, wenn der Unterhaltsleistende (Geber) dies mit Zustimmung des

Empfängers beantragt. Fehlt die Zustimmung des Empfängers, die – zusammen mit dem Antrag des Gebers – Merkmal des gesetzlichen Tatbestandes ist, so führt allein dieser Mangel notwendig zur Versagung des vom Unterhaltleistenden begehrten Sonderausgabenabzugs. Aus welchen Gründen im Einzelfall die Zustimmungserklärung nicht abgegeben wurde, ist dabei unbeachtlich (BFH, NJW 1991, 125 = FamRZ 1991, 75).

b) Würde die Verpflichtung eines Ehegatten zur Abgabe der Zustimmungserklärung – wie die Revision meint – voraussetzen, daß sich infolge der Erklärung die steuerliche Belastung des anderen Ehegatten vermindert, so wäre letzterem im Falle einer ablehnenden Entscheidung des *FamG* die Möglichkeit, eine steuerliche Entlastung zu erlangen, bereits genommen, ohne daß er eine Entscheidung der zuständigen Finanzbehörden erreichen könnte. Eine solchermaßen eingeschränkte Zustimmungspflicht steht indessen mit der familienrechtlichen Verpflichtung, dabei mitzuwirken, daß die finanziellen Lasten des anderen Ehegatten nach Möglichkeit vermindert werden, nicht in Einklang. Dieses Ziel kann nur erreicht werden, wenn dem steuerpflichtigen Ehegatten die Möglichkeit eröffnet wird, eine Klärung der Frage des Sonderausgabenabzugs durch die Finanzbehörden bzw. die Finanzgerichte herbeizuführen. Deshalb ist ein Ehegatte – bei Vorliegen der weiteren Voraussetzungen des Anspruchs – auch dann zur Abgabe der Zustimmungserklärung zu dem begrenzten Realsplitting verpflichtet, wenn es zweifelhaft erscheint, ob die steuerlich geltend gemachten Aufwendungen dem Grunde und der Höhe nach als Unterhaltsleistungen i. S. des § 10 I Nr. 1 EStG anerkannt werden (*OLG Düsseldorf*, FamRZ 1987, 1049 [1050]; *OLG Hamm*, FamRZ 1990, 1004 [1005]; *OLG München*, OLG-Report 1995, 236 [237]; *Palandt-Diederichsen*, BGB, 57. Aufl., § 1569 Rdnr. 14; *Kalthoener-Büttner*, Die Rspr. zur Höhe des Unterhalts, 6. Aufl., Rdnr. 877; *Wendl-Haußleiter*, Das UnterhaltsR in der familienrichterlichen Praxis, 4. Aufl., § 1 Rdnr. 474).

Die Bekl. ist danach verpflichtet, dem begrenzten Realsplitting zuzustimmen. Da der Kl. ausdrücklich seine Bereitschaft erklärt hat, sie von jedweden finanziellen Nachteilen, die ihr aus der Zustimmung erwachsen, freizustellen, ist eine Verletzung ihrer eigenen Interessen nicht zu besorgen.

3. Das *OLG* hat die Bekl. allerdings zusätzlich zu der Abgabe der Zustimmungserklärung verurteilt, die jeweilige Anlage U zu den Einkommensteuererklärungen des Kl. für die Jahre 1991 und 1992 zu unterzeichnen. Das begegnet durchgreifenden rechtlichen Bedenken.

Die Zustimmung zu dem begrenzten Realsplitting stellt eine öffentlich-rechtliche Willenserklärung dar, die mit der rechtskräftigen Verurteilung hierzu gem. § 894 ZPO als abgegeben gilt (BFH, FamRZ 1989, 738). Einen weitergehenden Anspruch auf Erteilung der Zustimmung in Form der Unterzeichnung des Vordrucks „Anlage U" hat der Kl. nicht. Die Zustimmung bedarf keiner besonderen Form, sondern es genügt, daß sie nachweisbar – etwa schriftlich oder zur Niederschrift des Finanzamts – erklärt wird (*Schmidt-Heinicke*, EStG, 16. Aufl., § 10 Rdnr. 54; *Hanke*, in: EStG 1988–1992, § 10 Rdnr. 36; *Göppinger-Märkle*, UnterhaltsR, 6. Aufl., Rdnr. 4056 Fußn. 2). Deshalb kann der Kl. die Unterzeichnung des Vordrucks „Anlage U" nicht verlangen.

Hinzu kommt, daß die Bekl. es nicht hinzunehmen braucht, Unterhaltsleistungen in einem Umfang als empfangen bestätigen zu müssen, die sie als wahrheitswidrig ansieht. Die Bekl. hat geltend gemacht, keinen Unterhalt erhalten zu haben, vielmehr habe der Kl. Leistungen zur Erfüllung seiner eigenen Verbindlichkeit in ihr nicht bekannter Höhe erbracht. Darüber hinaus hat sie eingewandt, das Darlehen habe nicht ausschließlich der Finanzierung der Ehewohnung gedient. Nach dem Wortlaut des Vordrucks „Anlage U" würde der zustimmende Ehegatte mit seiner Unterschrift aber gleichzeitig die Richtigkeit der von dem Ast. angegebenen Unterhaltsleistungen bestätigen (*Senat*, Urt. v. 26. 9. 1984 – IV b ZR 26–83 – unveröff.; *OLG Stuttgart*, FamRZ 1993, 206; a. A. *OLG Hamm*, FamRZ 1990, 1004 [1005]). Das kann von der Bekl. nicht verlangt werden. Das Berufungsurteil ist deshalb insoweit aufzuheben, als die Bekl. zur Unterzeichnung der Anlage U verurteilt worden ist.

BGH v. 1. 7. 1998 – XII ZR 271–97 – FamRZ 98, 1165 = NJW 98, 3116

R528 (*Rechtsschutzinteresse an voller Titulierung – Berücksichtigung freiwilliger Leistungen im Tenor*)

Das amtsgerichtliche Urteil beschwert den Bekl. mit der Verurteilung gemäß dem Tenor unter 1 a und 1 b entgegen der Auffassung des *OLG* nicht nur in Höhe von monatlich 2,81 DM, sondern in Höhe von monatlich zusammen 447,81 DM (264 DM für J und 183,81 DM für E). In dieser Höhe ist der Bekl. durch das *FamG* zur Unterhaltszahlung an die Kl. verurteilt worden, ohne daß dem Tenor eine Beschränkung in Form eines Hinweises auf bereits erbrachte Teilzahlungen oder ein Hinweis auf eine entsprechende Anrechnung schon geleisteter Beträge zu entnehmen ist (vgl. hierzu *Senat*, NJW 1984, 1685 = LM § 1573 BGB Nr. 11 = FamRZ 1984, 561 [563 unter 3 c]). Da der Urteilsausspruch des *FamG* für die Zeit von Oktober 1995 bis Januar 1997 hiernach eindeutig monatliche Zahlungen von jeweils – zusammen – 447,81 DM zum Gegenstand hat, kann er entgegen der Auffassung des BerGer. weder anders „verstanden" noch anders ausgelegt werden. Auch ein mit der Vollstreckung aus dem Urteil beauftragter Gerichtsvollzieher (§ 754, § 724 ZPO) müßte die Vollstreckung in Höhe von monatlich insgesamt 447,81 DM durchführen und hätte keinen Anlaß, sie auf monatlich je 2,81 DM zu beschränken. Das gilt abgesehen von der insoweit unmißverständlichen Fassung des Tenors auch deshalb, weil das *AG* in den Entscheidungsgründen seines Urteils ausdrücklich das Rechtsschutzinteresse der Kl. für das volle Klagebegehren bejaht hat.

Das *AG* konnte sich hierbei auf die inzwischen herrschende – auch vom *Senat* geteilte – Meinung in Schrifttum und Rechtsprechung beziehen, nach der das Rechtsschutzinteresse für eine Unterhaltsklage grundsätzlich auch dann zu bejahen ist, wenn der Verpflichtete den Unterhalt regelmäßig, pünktlich und in vollem Umfang bezahlt, zumal der Schuldner die freiwilligen Zahlungen jederzeit einstellen kann und der Gläubiger für diesen Fall einen Titel über den vollen Unterhalt benötigt (vgl. etwa *van Els*, in: *Göppinger-Wax*, UnterhaltsR, 6. Aufl., Rdnr. 2036; *Mutschler*, in: RGRK, 12. Aufl., Vorb. § 1601 Rdnr. 33; *Soergel-Häberle*, BGB, 12. Aufl., Vorb. § 1601 Rdnr. 12; auch *Köhler*, in: MünchKomm, 3. Aufl., § 1602 Rdnr. 46; *Zöller-Herget*, ZPO, 20. Aufl., § 9 Rdnr. 5; *OLG Karlsruhe*, FamRZ 1979, 630; FamRZ 1991, 468; *OLG München*, FamRZ 1990, 778; *OLG Düsseldorf*, FamRZ 1991, 1207; *OLG Hamm*, FamRZ 1992, 831).

Das *AG* hat allerdings übersehen, daß sich die genannte Auffassung auf das Rechtsschutzinteresse einer Unterhaltsklage für die Zukunft bezieht, während die Verurteilung für die Zeit von Oktober 1996 bis Januar 1997 im vorliegenden Fall bei Erlaß des amtsgerichtlichen Urteils am 14. 5. 1997 einen bereits in der Vergangenheit liegenden Zeitraum betraf. In diesem Fall mußten bereits freiwillig geleistete Unterhaltszahlungen bei der Fassung des Urteilstenors berücksichtigt werden, da der Bekl. die ausgeurteilten Beträge nur einmal schuldete (vgl. *Senat*, NJW 1984, 1685 = LM § 1573 BGB Nr. 11; *Wendl-Thalmann*, Das UnterhaltsR in der familienrechtlichen Praxis, 4. Aufl., § 8 Rdnr. 182).

BGH v. 25. 11. 1998 – XII ZR 33/97 – FamRZ 99, 372 = NJW-RR 99, 297

(Altersvorsorgeunterhalt bei Einkünften des Berechtigten ohne Versorgungswert)

Mit dieser Fallgestaltung ist die Lage eines Unterhaltsberechtigten, der über eigene Einkünfte sonstiger Art ohne Versorgungswert verfügt oder sich solche fiktiv anrechnen lassen muß, unter bestimmten weiteren Voraussetzungen vergleichbar. Wenn derartige Einkünfte – anders als Vermögenseinkünfte wie Zinsen aus Kapitalvermögen, Mieterträge oder Gebrauchsvorteile – im Alter nicht mehr vorhanden sein werden, der Unterhaltsberechtigte aber im Umfang dieser Einkünfte keine Altersversorgung erworben hätte, würde seine „soziale Biographie" insoweit eine Lücke aufweisen. Der mit dem Vorsorgeunterhalt beabsichtigte Zweck erfordert es deshalb, dem Unterhaltsberechtigten, der eine nicht versicherungspflichtige Teilzeitarbeit ausübt oder sich hieraus erzielbare Einkünfte anrechnen lassen muß, auch im Umfang dieser Einkünfte einen Anspruch auf Altersvorsorgeunterhalt zuzubilligen. Für die Bemessung des angemessenen Vorsorgeunterhalts ist deshalb an den Betrag anzuknüpfen, den der Unterhaltsberechtigte als Unterhalt verlangen könnte, wenn er über die genannten Einkünfte nicht verfügen würde

(Keine zweistufige Berechnung des Altersvorsorgeunterhalts bei nicht prägenden Zusatzeinkünften)

Im Regelfall ist der Betrag des Vorsorgeunterhalts von dem bereinigten Nettoeinkommen des Unterhaltspflichtigen abzusetzen und aus dem verbleibenden Einkommen anhand der maßgebenden Quote ein neuer (endgültiger) Elementarunterhalt zu bestimmen, um sicherzustellen, daß nicht zu Lasten des Unterhaltspflichtigen von dem Grundsatz der gleichmäßigen Teilhabe der Ehegatten am ehelichen Lebensstandard abgewichen wird (st. Rspr. des *Senats* seit NJW 1981, 1556 = LM § 1361 BGB Nr. 11 = FamRZ 1981, 442 [444 f.]). In Fällen besonders günstiger wirtschaftlicher Verhältnisse bedarf es nach Auffassung des *Senats* der zweistufigen Berechnung des Elementarunterhalts indessen nicht, weil der Vorsorgebedarf neben dem laufenden Unterhaltsbedarf befriedigt werden kann, ohne daß deshalb der Halbteilungsgrundsatz verletzt wird (*Senat*, NJW 1983, 1547 = LM § 1578 BGB Nr. 17 = FamRZ 1982, 1187 [1188] = NJW-RR 1988, 1282 = FamRZ 1988, 1145 [1148]). Das kann etwa der Fall sein, wenn der Elementarunterhaltsbedarf nicht nach einer Quote, sondern nach dem konkreten Bedarf ermittelt wird, oder wenn der Altersvorsorgeunterhalt aus früher zur Vermögensbildung verwendeten Einkünften aufgebracht werden kann.

Daß zu Lasten des Unterhaltspflichtigen über die Halbteilung hinausgegangen wird, ist aber auch dann nicht zu besorgen, wenn von der Unterhaltsquote tatsächlich vorhandene oder fiktiv anzurechnende Einkünfte des Unterhaltsberechtigten abgezogen werden, durch die die ehelichen Lebensverhältnisse nicht geprägt worden sind, wie es bei Anwendung der Anrechnungsmethode der Fall ist. Denn in Höhe des angerechneten Einkommens wird das die ehelichen Lebensverhältnisse bestimmende Einkommen des Unterhaltspflichtigen zwischen den Ehegatten nicht verteilt, sondern verbleibt ihm allein, so daß er entlastet wird. Das hat zur Folge, daß er Altersvorsorgeunterhalt bis zu der Höhe des angerechneten Einkommens zusätzlich zu dem Elementarunterhalt leisten kann, ohne daß ihm weniger als die ihm an sich zustehende Quote des für die ehelichen Lebensverhältnisse maßgebenden Einkommens verbleibt. Deshalb kann, wie das BerGer. zu Recht angenommen hat, in solchen Fällen auf eine zweistufige Berechnung des Elementarunterhalts verzichtet werden.

(Obliegenheit beim Realsplitting, wenigstens den unstreitigen Teil einer Unterhaltsforderung als Freibetrag in die Lohnsteuerkarte eintragen zu lassen)

c Für das Jahr 1997 hat das BerGer. der Unterhaltsberechnung wiederum ein monatliches Bruttoeinkommen des Ehemannes von 5539 DM zugrunde gelegt. Hinsichtlich des vorzunehmenden Steuerabzugs hat es die Auffassung vertreten, der Ehemann könne sich einen monatlichen Freibetrag für den Ehegattenunterhalt in Höhe von rund 960 DM auf der Lohnsteuerkarte eintragen lassen, so daß Steuern nur von dem Betrag von 4579 DM abzusetzen seien. Das begegnet durchgreifenden rechtlichen Bedenken.

Zwar besteht unterhaltsrechtlich die Obliegenheit, in zumutbarem Rahmen Steuervorteile wahrzunehmen, so daß der Unterhaltspflichtige gehalten sein kann, einen Freibetrag auf der Lohnsteuerkarte eintragen zu lassen (*Kalthoener-Büttner*, Rdnr. 857). Das kann dem Unterhaltspflichtigen aber nur dann angesonnen werden, wenn die betreffende Belastung feststeht. Das ist vorliegend in Höhe des Betrages von 960 DM (das ist der Gesamtunterhalt, den das BerGer. für 1997 errechnet hat) nicht der Fall, da der Ehemann eine Herabsetzung des Unterhalts auf den anerkannten Betrag von 545 DM erstrebt. Ihm oblag es deshalb lediglich, in dieser Höhe – ebenso wie für 1996 – einen Freibetrag eintragen zu lassen.

Dem Steuerabzug ist deshalb ein Einkommen von 4994 DM zugrunde zu legen, so daß sich ein Nettoeinkommen von 4370,39 DM ergibt (5539 DM ./. Lohnsteuer nach Steuerklasse I-0: 1029,66 DM;./. Solidaritätszuschlag nach Steuerklasse I-1: 63,16 DM; ./. Kirchensteuer nach Steuerklasse I-1: 75,79 DM). Nach Abzug der Beträge für Kranken- und Pflegeversicherung des Ehemannes und der Ehefrau, der berufsbedingten Aufwendungen, des Nettobetrages der vermögenswirksamen Leistungen und des Lebensversicherungsbeitrages, die weiterhin in der für 1996 berücksichtigten Höhe anfallen, verbleibt ein Einkommen von 3096,72 DM.

Diesem Betrag hat das BerGer. die für 1995 zu erwartende Steuererstattung hinzugerechnet, die es auf rund 493 DM monatlich geschätzt hat. Dazu hat es im wesentlichen ausgeführt: Mit Rücksicht auf den im einstweiligen Anordnungsverfahren abgeschlossenen Vergleich könne der Ehemann in Höhe von 12590 DM (10 x 1150 DM; 2 x 545 DM) die Durchführung des begrenzten Realsplitting beantragen. Darüber hinaus seien die gezahlte Kirchensteuer, der Werbungskosten- und der Kinderfreibetrag sowie die bereits für das Jahr 1994 abgezogenen Sonderausgaben zu berücksichtigen. Dann ergebe sich eine zu erwartende Erstattung von rund 5920 DM. Das ist aus Rechtsgründen nicht zu beanstanden und wird auch von den Parteien nicht angegriffen.

Nach Hinzurechnung des auf den Monat umgelegten Erstattungsbetrages errechnet sich ein Einkommen von 3589,72 DM. Nach Abzug des Kindesunterhalts (625 DM + 555 DM) verbleiben 2409,72 DM.

Der Altersvorsorgeunterhalt beträgt dann 241,09 DM ($^3/_7$ von 2409,72 DM = 1032,74 DM + 15% = 1187,65 DM; davon 20,3%). Der Elementarunterhalt beläuft sich auf 548,44 DM (1032,74 DM abzüglich fiktives Einkommen der Ehefrau, das das BerGer. für 1997 mit 610 DM angesetzt hat, so daß nach Abzug der berufsbedingten Aufwendungen von 45 DM und des Erwerbsbonus von $^1/_7$ 484,30 DM verbleiben). Daraus errechnet sich unter Berücksichtigung des Kranken- und Pflegevorsorgeunterhalts ein Gesamtunterhalt von 989,03 DM. In dieser Höhe ist der Ehemann auch leistungsfähig, da er für die Kinder nicht den vorstehend abgezogenen Unterhalt, sondern nur einen um das hälftige Kindergeld verminderten Betrag zu zahlen hat.

BGH v. 25. 11. 1998 – XII ZR 98/97 – FamRZ 99, 367 = NJW 99, 717

R530 *(Umfang der ehelichen Lebensverhältnisse; Bemessungszeitpunkt)*

a Gem. § 1578 I BGB richtet sich das Maß des vollen Unterhalts nach den ehelichen Lebensverhältnissen. Dabei wird im Gesetz weder näher definiert, welche Umstände die ehelichen Lebensverhältnisse bestimmen, noch wird der für diese Beurteilung maßgebliche Zeitpunkt festgelegt. Nach den von der Rechtsprechung des *Senats* hierzu entwickelten Grundsätzen, die in Rechtsprechung und Literatur weitgehend Zustimmung erfahren haben (s. hierzu Nachw. bei *Göppinger-Kindermann*, UnterhaltsR, 6. Aufl., Rdnr. 1255 Fußn. 36), umfassen die ehelichen Lebensverhältnisse alles, was während der Ehe für den Lebenszuschnitt der Ehegatten nicht nur vorübergehend tatsächlich von Bedeutung ist. Dazu gehören insbesondere die den Lebensstandard prägenden wirtschaftlichen Verhältnisse, also Einkommen und Vermögen, soweit es in die Bedarfsdeckung eingeflossen ist, sowie Belastungen. Als maßgeblichen Zeitpunkt für die Beurteilung hat der *Senat* – in Anlehnung an die früher nach § 58, § 59 EheG geltende Regelung – nicht denjenigen der Trennung, sondern denjenigen der Scheidung angesehen. Denn da die Ehe auch während der Trennung der Eheleute bis zur rechtskräftigen Schei-

Anhang R. Rechtsprechung R530

dung fortbesteht und die eheliche Lebensgemeinschaft grundsätzlich jederzeit wiederaufgenommen werden könnte, sind die Ehegatten bis zu diesem Zeitpunkt im unterhaltsrechtlichen Sinn auf der Grundlage ihrer ehelichen Lebensverhältnisse miteinander verbunden. Sie nehmen auch während der Trennungsphase an der Entwicklung der wirtschaftlichen Verhältnisse teil – es sei denn, diese beruhen auf einer unerwarteten, vom Normalverlauf erheblich abweichenden Entwicklung –, da erst die Rechtskraft der Scheidung den Endpunkt für die ehelichen Lebensverhältnisse setzt (vgl. grundlegend *Senat*, NJW 1982, 1863 = LM § 1578 BGB Nr. 4 = FamRZ 1982, 360 [361]; NJW 1982, 1870 = LM § 1578 BGB Nr. 8 = FamRZ 1982, 576 [577], und seither st.Rspr.). Diese Ausrichtung der ehelichen Lebensverhältnisse am Zeitpunkt der rechtskräftigen Scheidung entspricht der grundsätzlichen Intention des Gesetzgebers, den berechtigten Ehegatten an dem Lebenszuschnitt zu beteiligen, der sich bis zu diesem Endpunkt entwickelt hat (vgl. BT-Dr 7–650, S. 136). Auch das *BVerfG* (vgl. BVerfGE 57, 361 [389] = NJW 1981, 1771; *BVerfG*, NJW 1993, 2926 = FamRZ 1993, 171) hat es von Verfassungs wegen nicht beanstandet, daß für die Bemessung des Unterhalts nach § 1578 BGB an die zum Zeitpunkt der Scheidung für Unterhaltszwecke verfügbaren Mittel angeknüpft wird.

(Vorabzug des Kindesunterhalts beim Ehegatten, Ausnahmen vom Vorabzug bei Mißverhältnis im wechselseitigen Lebensbedarf der Beteiligten)

Dieselben Grundsätze hat der *Senat* auch angewandt, wenn der Unterhalt eines Ehegatten von der Unterhaltslast gegenüber Kindern mitbestimmt wird. Der in der Praxis für die Bemessung des Ehegattenunterhalts aus § 1361 oder §§ 1569 f. BGB übliche Vorwegabzug des Kindesunterhalts vom Einkommen des Unterhaltspflichtigen rechtfertigt sich dabei, soweit es um gemeinsame Kinder der Ehegatten geht, bereits aus der Überlegung, daß Eltern üblicherweise zuerst den Bedarf ihrer Kinder decken. Auch gegenüber dem getrenntlebenden oder geschiedenen unterhaltsberechtigten Ehegatten setzt sich diese Handhabung fort, soweit sich daraus nicht ein Mißverhältnis zum wechselseitigen Lebensbedarf der Beteiligten ergibt **b**

(Vorabzug des Kindesunterhalts nicht gemeinschaftlicher Kinder des Pflichtigen, die vor Rechtskraft der Scheidung geboren wurden)

Der unterhaltsberechtigte Ehegatte muß sich darüber hinaus auch den Vorwegabzug des Unterhalts von Kindern entgegenhalten lassen, die nicht von ihm abstammen. Das ist unmittelbar einleuchtend in Fällen, in denen der unterhaltspflichtige Ehegatte Kinder aus seiner früheren Verbindung in die Ehe mitbringt und dort mitunterhält oder, soweit sie beim anderen Elternteil verbleiben, ihnen Barunterhalt leistet. Dies gilt auch dann, wenn es sich um ein außereheliches Kind des unterhaltspflichtigen Ehegatten handelt, das während des Zusammenlebens der Ehegatten geboren wird. In allen diesen Fällen stellt sich der unterhaltsberechtigte Ehegatte in der Ehe darauf ein, daß die Unterhaltslast gegenüber dem – nicht von ihm abstammenden – Kind besteht und den gemeinsamen ehelichen Lebensstandard mindert. Kommt es dann zur Trennung, wirkt diese Belastung fort und der unterhaltsberechtigte Ehegatte muß sich – wiederum unter der Voraussetzung, daß hierdurch kein Mißverhältnis zum wechselseitigen Lebensbedarf entsteht – damit begnügen, daß nur dasjenige in die Bedarfsbemessung einfließt, was auch zuvor in der Ehe an verfügbaren Mitteln für die Ehegatten vorhanden war. **c**

Entsprechendes muß auch dann gelten, wenn das Kind erst während der Trennungszeit geboren wird. Da das Eheband auch während der Trennung weiterbesteht und demgemäß grundsätzlich alle in dieser Zeit eintretenden wirtschaftlichen und persönlichen Entwicklungen der Ehegatten in die ehelichen Lebensverhältnisse einfließen, nehmen die Ehegatten auch noch während der Trennung an diesen Veränderungen teil. Der *Senat* hat dabei auch darauf abgestellt, daß die Wiederherstellung der ehelichen Lebensgemeinschaft in der Trennungsphase nicht ausgeschlossen ist, so daß bei Eintritt dieses Falles die Unterhaltsverpflichtung gegenüber dem Kind weiterbestehen und damit die ehelichen Lebensverhältnisse in Zukunft prägen würde (*Senat*, NJW-RR 1988, 1093 = LM § 1577 BGB Nr. 14 = FamRZ 1988, 1031 [1032]; NJW 1994, 190 = LM H. 3–1994 § 1361 BGB Nr. 62 = FamRZ 1994, 87 [89]). Erst die rechtskräftige Scheidung setzt insofern einen Endpunkt. Daher scheidet ein Vorwegabzug des Unterhalts für ein Kind des Unterhaltsverpflichteten aus, das erst aus einer späteren Verbindung hervorgeht (*Senat*, NJW 1987, 1551 = LM § 1577 BGB Nr. 12 = FamRZ 1987, 456 [457]). Die diesem Kind gegenüber bestehende Unterhaltslast muß sich der Berechtigte nur im Rahmen des § 1581 BGB entgegenhalten lassen.

Die Rechtsprechung des *Senats* zum Vorwegabzug des Unterhalts eines in der Trennungszeit geborenen nichtehelichen Kindes ist nicht ohne Kritik geblieben (vgl. *Ewers*, FamRZ 1994, 816; *Johannsen-Henrich-Büttner*, EheR, 3. Aufl., § 1578 Rdnr. 17; *Palandt-Diederichsen*, BGB, 57. Aufl., § 1578 Rdnr. 12; *Schwab-Borth*, Hdb. des ScheidungsR, 3. Aufl., IV Rdnr. 918). Ihr ist einzuräumen, daß das Argument der möglichen Wiederherstellung der ehelichen Lebensgemeinschaft um so mehr zurücktreten muß, je länger die Trennung währt und je näher der Zeitpunkt der Geburt an den Zeitpunkt des Scheidungsausspruches heranrückt oder gar, wie im vorliegenden Fall, erst zwischen dem

Scheidungsausspruch und dessen Rechtskraft eintritt. Es entspricht in solchen Fällen nicht der Lebenswirklichkeit, daß sich die Ehegatten versöhnen und ihre eheliche Lebensgemeinschaft wiederaufnehmen, zumal die Geburt eines Kindes aus einer außerehelichen Verbindung die Zerrüttung der Ehe in der Regel vollends besiegeln wird. Auch das Gesetz geht in Gestalt einer unwiderleglichen Vermutung davon aus, daß die Ehe endgültig gescheitert ist und nicht mehr mit einer Wiederherstellung der ehelichen Lebensgemeinschaft gerechnet werden kann, wenn die Ehegatten – bei beiderseitigem Scheidungswillen – ein Jahr, andernfalls drei Jahre getrennt gelebt haben (§ 1566 I und II BGB).

Gleichwohl muß es auch in diesen Fällen bei der Rechtskraft des Scheidungsurteils als zeitlicher Zäsur für die Bemessung der ehelichen Lebensverhältnisse gem. § 1578 I BGB bleiben, weil sie die Gewähr für eine klare, praktikable und gleichmäßige Handhabung der Vielzahl von Unterhaltsfällen in der Praxis bietet. Weder die Trennung der Ehegatten (vgl. hierzu *Senat*, NJW 1981, 1870 = LM § 1578 BGB Nr. 8 = FamRZ 1982, 576) noch – wie die Revision meint – die Zerrüttung der Ehe sind demgegenüber vergleichbar geeignete Anknüpfungspunkte. Denn beide sind, was die Feststellung des Trennungszeitpunktes gem. § 1567 BGB und des Scheiterns der Ehe gem. § 1565 I oder § 1566 I und II BGB angeht, mit Unwägbarkeiten und Beweisschwierigkeiten behaftet, die ihre Anwendung in der Praxis erschweren. Der von der Revision befürchteten Manipulationsgefahr durch Verzögerung der Rechtskraft der Scheidung – die durch die Regelung des § 629a III ZPO zur Befristung von Rechtsmittelerweiterungen und Anschließung im Verbundverfahren ohnehin begrenzt wurde – kann im übrigen mit verfahrensrechtlichen Maßnahmen, etwa der Vorabentscheidung über die Scheidung durch Abtrennung gem. § 628 ZPO, begegnet werden (vgl. dazu *Baumbach-Lauterbach-Albers-Hartmann*, ZPO, 57. Aufl., § 628 Rdnrn. 6, 9). Daher greift auch der Einwand der Revision, es sei aus verfassungsrechtlichen Gründen nicht hinnehmbar, daß über die materiellrechtliche Frage des Vorwegabzugs von Kindesunterhalt bei der Bemessung von Ehegattenunterhalt nicht das materielle Recht, sondern der jeweilige Prozeßverlauf entscheide, nicht durch. Eine Verletzung des Gleichheitsgrundsatzes (Art. 3 GG) ist nicht gegeben, da gleichgelagerte Fälle nicht ungleich behandelt werden.

(Abzug des Erwerbstätigenbonus vom bereinigten Nettoeinkommen)

d) Die Revision wendet sich aber zu Recht dagegen, daß das *OLG* den Erwerbstätigenbonus des Ehemannes aus dessen Nettoeinkommen vor Abzug des Kindesunterhalts errechnet hat und daher zu Lasten der unterhaltsberechtigten Ehefrau zu einem zu hohen Bonus gelangt ist. Das widerspricht der – nach Erlaß des oberlandesgerichtlichen Urteils ergangenen – Entscheidung des *Senats*, wonach zur Vermeidung eines Ungleichgewichts der Bonus aus dem restlichen verteilungsfähigen Einkommen nach Abzug des Kindesunterhalts zu berechnen ist (*Senat*, NJW 1997, 1919 = LM H. 8–1997 § 1578 BGB Nr. 65 = FamRZ 1997, 806 [807]).

(Eheprägender Nebenverdienst der Ehefrau)

e) Gegen die Anwendung der Anrechnungsmethode bestehen indessen im vorliegenden Fall Bedenken, weil sie der praktischen Lebenswirklichkeit nicht entspricht. Vielmehr ist davon auszugehen, daß sowohl der Zuverdienst der Ehefrau als auch die Unterhaltslast für den in die Ehe mitgebrachten Sohn die ehelichen Lebensverhältnisse der Ehegatten während der Ehe insgesamt geprägt haben. Der Verdienst der Ehefrau ist in das Familieneinkommen miteingeflossen, aus dem die Ehegatten sowohl ihren eigenen Bedarf als auch den des gemeinsamen Kindes *S*, des erstehelichen Sohnes der Ehefrau *M* und den Barunterhaltsbedarf der erstehelichen Tochter des Ehemannes *A* den jeweiligen Bedürfnissen entsprechend bestritten haben. Daß für *M* eine gesonderte „Kasse" geführt worden sei, aus der dann sein – zwangsläufig geringerer – Unterhalt bestritten worden sei, ist nicht vorgetragen und entspräche auch nicht der üblichen Handhabung innerhalb einer intakten Familie. Es besteht kein Anlaß, den Anwendungsbereich der Anrechnungsmethode auf Fälle auszudehnen, in denen der unterhaltsberechtigte Ehegatte ein erstehliches Kind in die Ehe mitbringt und durch Eigenverdienst zu dessen Unterhalt beiträgt. Vielmehr bestimmt sich der Elementarunterhalt der Ehefrau nach den Grundsätzen der Differenzmethode. Daher kann die auf der Grundlage der Anrechnungsmethode ergangene Entscheidung nicht bestehenbleiben.

BGH v. 27. 1. 1999 – XII ZR 89/97 – FamRZ 99, 710 = NJW 99, 1630

(Ehedauer bis 2 Jahre i. d. R. kurz, über 3 Jahre nicht mehr kurz; Ehedauer von 5 Jahren kann nur bei Vorliegen besonderer Umstände noch als kurz angesehen werden; lebenslange Unterhaltsverpflichtung bei Bedürftigkeit)

a) 2. ... Das BerGer. kommt als Ergebnis seiner Überlegungen zu dem Schluß, das Verfassungsrecht zwinge zu der Annahme, daß die hier zu beurteilende Ehe von knapp über fünf Jahren – vor dem Hintergrund einer andernfalls lebenslangen Unterhaltsverpflichtung des Bekl. – als kurze Ehe i. S. von § 1579 Nr. 1 BGB beurteilt werden müsse. Diese Annahme ist nicht gerechtfertigt.

Anhang R. Rechtsprechung R531

Das *BVerfG* sieht das geltende Unterhaltsrecht, auch in seiner Ausgestaltung durch die höchstrichterliche Rechtsprechung, als Bestandteil der verfassungsmäßigen Ordnung an vgl. BVerfGE 57, 361 [378 ff.]), und zwar einschließlich der Regelung des § 1579 Nr. 1 BGB (vgl. BVerfG, FamRZ 1992, 1283 [1284]). Dabei leitet es die Rechtfertigung für die Beschränkung der an sich durch Art. 2 I GG geschützten – finanziellen – Handlungsfreiheit des Verpflichteten als Folge der Unterhaltsansprüche des bedürftigen Ehegatten aus der fortwirkenden nachehelichen Solidarität her, deren verfassungsrechtliche Grundlage sich aus Art. 6 I GG ergibt (vgl. BVerfGE 57, 361 [378 ff., 389]). Als Folge der fortwirkenden nachehelichen Verantwortung für den bedürftigen Partner muß sich der wirtschaftlich stärkere Ehegatte bei Erfüllung eines der Unterhaltstatbestände der §§ 1570 ff. BGB bis zur Grenze des Zumutbaren mit der finanziellen Unterhaltsbelastung abfinden (BVerfGE 57, 361 [380 f.]). Diese löst bei entsprechender Bedürftigkeit des Berechtigten (und bestehender Leistungsfähigkeit des Verpflichteten) grundsätzlich eine lebenslange Unterhaltsverpflichtung aus, soweit nicht im Einzelfall gesetzlich vorgesehene Beschränkungen eingreifen, wie sie etwa durch das Gesetz zur Änderung unterhaltsrechtlicher, verfahrensrechtlicher und anderer Vorschriften (UÄndG v. 20. 2. 1986, BGBl, S. 301 f.) in § 1573 V, § 1578 I 2 BGB und in der Neufassung des § 1579 S. 1 BGB eingeführt worden sind. Eine zeitliche Begrenzung der Unterhaltsverpflichtung in Anlehnung an die Dauer der Ehe sieht das Gesetz indessen nicht vor. Eine (automatische) Bindung der Dauer der Unterhaltspflicht an die Dauer der Ehe ist im Gesetzgebungsverfahren ausdrücklich abgelehnt worden (vgl. BT-Dr 10/2888, S. 18, dort zu § 1573 V BGB; *Schwab/Borth*, Hdb. des ScheidungsR, 3. Aufl., IV Rdnr. 302). Sie entspricht daher grundsätzlich nicht der gesetzlichen Regelung des Unterhaltsrechts. Diese geht vielmehr, wie dargelegt, – abgesehen von den genannten Ausnahmebestimmungen – allgemein von lebenslanger Unterhaltsverpflichtung aus (ggf. zeitlich und der Höhe nach begrenzt durch den Beginn des, auf auf dem Versorgungsausgleich beruhenden, Altersruhegeldes des Berechtigten, vgl. *Erman/Dieckmann*, BGB, 9. Aufl., § 1579 Rdnr. 6).

Danach verbietet es sich, den Härtegrund des § 1579 Nr. 1 BGB mit Rücksicht auf die sonst eingreifende lebenslange Unterhaltsbelastung des Verpflichteten aus Billigkeitserwägungen über seinen vorgegebenen Anwendungsbereich hinaus auszudehnen und damit den entsprechenden Unterhaltstatbestand, hier nach § 1572 Nr. 1 BGB, in einer gesetzlich nicht vorgesehenen Weise einzuschränken. Das Gesetz knüpft, wie auch das *BVerfG* betont hat (vgl. NJW 1993, 455 = FamRZ 1992, 1283 [1284]), an die Härtetatbestände als solche, einschließlich den des § 1579 Nr. 1 BGB, noch keine bestimmten Rechtsfolgen. Es setzt vielmehr zunächst die Prüfung der Voraussetzungen des jeweiligen Härtetatbestandes (ohne Billigkeitserwägungen) voraus, bevor unter Beachtung der Kriterien des § 1579 S. 1 Halbs. 1 BGB zu entscheiden ist, inwieweit eine Inanspruchnahme des Verpflichteten grob unbillig wäre (vgl. *BVerfG*, NJW 1993, 455 = FamRZ 1992, 1283 [1284]). Ob der Härtegrund des § 1579 Nr. 1 BGB vorliegt, d. h. ob eine Ehe von kurzer Dauer im Sinne dieser Vorschrift anzunehmen ist, bestimmt sich demgemäß nicht danach, ob eine lebenslange Unterhaltsbelastung des verpflichteten Ehegatten als Folge der Ehe angemessen erschiene, sondern nach allgemein verbindlichen, objektiven Kriterien.

Insoweit stellt der erkennende *Senat* grundsätzlich auf das Maß der Verflechtung der beiderseitigen Lebensdispositionen und auf den Grad der wirtschaftlichen Abhängigkeit des unterhaltsbedürftigen von dem anderen Ehegatten ab. Dem liegt der Gedanke zugrunde, daß die Lebenssituation der Partner in der Ehe durch den gemeinschaftlichen Lebensplan entscheidend geprägt wird und mit der Zunahme der Ehedauer auch eine zunehmende Verflechtung der beiderseitigen Lebensdispositionen sowie im allgemeinen eine wachsende wirtschaftliche Abhängigkeit des unterhaltsbedürftigen Ehegatten einhergeht, gegenüber der sich dieser durch die unterhaltsrechtliche Solidarität des Ehepartners abgesichert zu fühlen pflegt (vgl. *Senat*, NJW 1981, 754 = LM § 1579 BGB Nr. 5 = FamRZ 1981, 140 [142]; Urt. v. 15. 6. 1983 – IVb ZR 381/81; auch BVerfGE 80, 286 [293] = NJW 1989, 2807 m.Hinw. auf *BGH*, FamRZ 1986, 886 [887] und die dort zit. Rspr.).

Von einer entsprechenden ehelichen und unterhaltsrechtlichen Situation kann allerdings im allgemeinen erst nach einer gewissen Ehedauer ausgegangen werden. Dabei lassen sich für die Bemessung dieser Ehedauer im Grunde keine festen abstrakten Maßstäbe anlegen. Gleichwohl hat der *Senat* im Interesse der praktischen Handhabung des § 1579 Nr. 1 BGB die zeitlichen Bereiche, innerhalb derer eine Ehe als von kurzer Dauer oder nicht mehr kurzer Dauer ist, dahin konkretisiert, daß eine nicht mehr als zwei Jahre betragende Ehedauer in der Regel als kurz, eine solche von mehr als drei Jahren hingegen nicht mehr als kurz zu bezeichnen sei (vgl. *Senat*, NJW 1981, 754 = LM § 1579 BGB Nr. 5 = FamRZ 1981, 140 [142]; NJW 1982, 823 = LM § 1579 BGB Nr. 9 = FamRZ 1982, 254). Hierbei hat der *Senat* jedoch ausdrücklich betont, daß dieser Grundsatz nur für den Regelfall gelten solle und Ausnahmen nicht ausschließe, sofern sie wegen besonderer Umstände eines Einzelfalls eine andere Beurteilung der kurzen Ehedauer gem. § 1579 I Nr. 1 BGB geboten erscheinen ließen (vgl. *Senat*, NJW 1981, 754 = LM § 1579 BGB Nr. 5 = FamRZ 1981, 140 [142]; NJW 1982, 823 = LM § 1579 BGB Nr. 9 = FamRZ 1982, 254).

Daran ist festzuhalten. Die Voraussetzungen für die Annahme einer kurzen Ehedauer und damit die Möglichkeit zur Herabsetzung oder Begrenzung des Unterhalts nach § 1579 Nr. 1 BGB generell auszuweiten, erscheint um so weniger veranlaßt, als das Gesetz inzwischen durch die bereits erwähnte Einführung der § 1573 V und § 1578 I 2 BGB weitere Möglichkeiten der Unterhaltsbegrenzung geschaffen hat, bei der die Dauer der Ehe berücksichtigt werden kann. In der OLG-Rechtsprechung sind, vornehmlich in jüngerer Zeit, Ehen von bis zu vier Jahren Dauer und darüber hinaus wegen besonderer Einzelumstände noch als kurz i. S. des § 1579 I Nr. 1 BGB angesehen worden (vgl. etwa *OLG Düsseldorf*, FamRZ 1983, 1139 [1140]; *OLG Frankfurt a.M*, FamRZ 1989, 630; *OLG Hamm*, FamRZ 1992, 326 – bei höherem Alter der Ehegatten im Zeitpunkt der Eheschließung; *OLG Köln*, FamRZ 1992, 65 [67]). Der erkennende *Senat* selbst hat in dem bereits erwähnten Urteil vom 15. 6. 1983 sowie in einer weiteren Entscheidung (NJW 1987, 2161 = LM Vorb. zu Art. 13 EGBGB Nr. 1 = FamRZ 1987, 463 [466]) die Möglichkeit bejaht, eine Ehe von (jeweils) drei Jahren und vier Monaten noch als kurz zu beurteilen; in dem Urteil vom 25. 1. 1995 (NJW-RR 1995, 449 = FamRZ 1995, 1405 [1407]) hat er bei einer Ehedauer von knapp fünf Jahren Erwägungen zu § 1579 Nr. 1 BGB nicht von vorneherein mit dem Hinweis auf den Zeitablauf verworfen, sondern ausgeführt, es seien keine Anhaltspunkte dafür ersichtlich, daß aufgrund besonderer Umstände des Falles „dennoch von einer kurzen Ehedauer" auszugehen sei.

So liegt der Fall auch hier. Die Gründe, auf die das BerGer. seine abweichende Auffassung gestützt hat, tragen diese Ansicht nicht. Weder die Tatsache, daß aus der Ehe der Parteien keine Kinder hervorgegangenen sind, noch der Umstand, daß ihr Zusammenleben zeitweise durch erhebliche Zwistigkeiten geprägt war, noch schließlich die Erwägung, daß andernfalls unter Umständen eine mehr als 30jährige Unterhaltsbelastung des Bekl. in Betracht käme, lassen Rückschlüsse darauf zu, inwieweit sie ihre Lebensführung in der Ehe aufeinander eingestellt und in wechselseitiger Abhängigkeit auf ein gemeinschaftliches Lebensziel ausgerichtet haben. Darüber hinaus hat das BerGer., wie die Revision zu Recht hervorhebt, keine Gesichtspunkte festgestellt, die eine Abweichung von dem allgemeinen Erfahrungssatz begründen könnten, daß die Verflechtung der beiderseitigen Lebensdispositionen in aller Regel nach einer Ehedauer von drei Jahren einen Grad erreicht hat, der die Beurteilung der Ehe als nicht mehr kurz i. S. von § 1579 Nr. 1 BGB rechtfertigt. Weitere, ggf. abweichende tatrichterliche Feststellungen hierzu sind, da der Verlauf der Ehe in den insoweit maßgeblichen Beziehungen feststeht, auch nicht mehr zu erwarten.

Nachdem die bei Eheschließung knapp 51 Jahre alte Kl. – die zuvor seit etwa 5 Jahren arbeitslos gemeldet gewesen war – in der Ehezeit von Mitte 1989 bis Ende September 1993 nur gelegentlich Reinigungsarbeiten in geringem Umfang und ohne nennenswerte Begründung von Versorgungsanwartschaften ausgeübt hat, während der Bekl. über regelmäßige Einkünfte von durchschnittlich monatlich 3300 DM netto mit entsprechender Alterssicherung verfügte, deuten diese Umstände auf eine Gestaltung der Ehe hin, bei der die Ehegatten – wie weitgehend üblich – ihre beiderseitigen Lebensdispositionen zunehmend aufeinander eingestellt haben und die wirtschaftliche Abhängigkeit der – sozial schwächeren – Kl. von dem Bekl. sich entsprechend verfestigt hat. Hieraus folgt nach der ständigen Rechtsprechung des *Senats*, daß die Ehe der Parteien bei einer maßgeblichen Dauer von knapp 5¼ Jahren nicht mehr als kurz im rechtlichen Sinn angesehen werden kann.

Damit scheidet eine Anwendung der Härteklausel des § 1579 Nr. 1 BGB mit der Möglichkeit der Versagung, Herabsetzung oder zeitlichen Begrenzung der Unterhaltsverpflichtung des Bekl. aus. Eine Anwendung der Auffangregelung des § 1579 Nr. 7 BGB kommt, wie das BerGer. insoweit zutreffend dargelegt hat, unter den hier gegebenen Umständen aus Rechtsgründen nicht in Betracht (vgl. *Senat*, NJW-RR 1995, 449 = FamRZ 1995, 1405 [1407]).

(Kein vollständiger Wegfall des Unterhaltsanspruches nach § 1578 I S. 2 BGB)

b   Soweit es um das Maß des geschuldeten Unterhalts geht, kommt zwar nach § 1578 I 2 BGB bei allen Unterhaltstatbeständen der §§ 1570 ff. BGB unter bestimmten Billigkeitsvoraussetzungen eine zeitlich abgestufte Unterhaltsbemessung in Betracht in der Weise, daß der zunächst nach den ehelichen Lebensverhältnissen bestimmte Unterhalt nach einer gewissen zeitlichen Grenze auf den dem „angemessenen Lebensbedarf" entsprechenden Unterhalt ermäßigt werden kann. Den vollen Wegfall, auch des herabgesetzten Unterhalts, erlaubt diese Regelung indessen nicht.

BGH v. 3. 2. 1999 – XII ZR 146/97 – FamRZ 99, 708 = NJW 99, 1547

R532   *(Zur Abgrenzung von § 1571 und § 1573 I BGB)*

a   Das BerGer. hat die Kl. allerdings u. a. wegen ihres Alters sowie wegen der Situation auf dem Arbeitsmarkt für gehindert gehalten, eine vollschichtige Erwerbstätigkeit auszuüben. Diese Umstände rechtfertigen einen Anspruch auf Aufstockungsunterhalt nicht. In Betracht kommt insofern vielmehr eine Rechtfertigung des Unterhaltsanspruches aus § 1571 oder § 1573 I BGB, wobei § 1571 BGB erfüllt sein kann, wenn typischerweise in diesem Alter und der in Betracht kommenden Be-

Anhang R. Rechtsprechung R532

rufssparte keine angemessene Arbeit mehr gefunden werden kann, während § 1573 I BGB eingreift, wenn und soweit wegen der konkreten Einzelfallumstände aufgrund des Alters die Aufnahme einer angemessenen Arbeit scheitert (vgl. *Senat*, NJW 1987, 2739 = LM § 242 [A] BGB Nr. 68 = FamRZ 1987, 691 [693]; *Kalthoener/Büttner*, Die Rspr. zur Höhe des Unterhalts, 6. Aufl., Rdnr. 419).

(Genaue Differenzierung der Unterhaltstatbestände bei altersbedingter Beschränkung der Erwerbsfähigkeit)
Mit der Beurteilung des Unterhaltsanspruchs allein nach § 1573 II BGB hat das BerGer. somit **b** nicht unterschieden, inwieweit der Unterhaltsanspruch einerseits auf § 1571 oder § 1573 I BGB, andererseits auf § 1573 II BGB beruhen soll. Die Ansprüche aus § 1573 I und II BGB sind gegenüber denjenigen aus den § 1570 bis § 1572 BGB grundsätzlich subsidiär. Der Senat hat jedoch – in Abkehr von seiner früheren Rechtsprechung – für die Fälle der § 1570 und § 1572 BGB entschieden, daß ein Ehegatte, von dem wegen Kinderbetreuung oder wegen Krankheit nur eine Teilerwerbstätigkeit erwartet werden kann, nach § 1570 bzw. § 1572 BGB Unterhalt nur bis zu der Höhe des durch eine Vollerwerbstätigkeit erzielbaren Mehreinkommens verlangen kann. Daneben kann er Aufstockungsunterhalt nach § 1573 II BGB beanspruchen, wenn sein Eigenverdienst zusammen mit dem Teilanspruch aus § 1570 oder § 1572 BGB zu seinem vollen Unterhalt i. S. des § 1578 I 1 BGB nicht ausreicht (*Senat*, NJW 1990, 1847 = LM § 1570 BGB Nr. 13 = FamRZ 1990, 492 [494], und NJW-RR 1993, 898 = FamRZ 1993, 789 [791]). Das muß gleichermaßen für den Fall gelten, daß ein Ehegatte altersbedingt nur eine Teilerwerbstätigkeit ausüben kann, durch die er seinen vollen Unterhalt nicht zu bestreiten vermag.

Da folglich verschiedene Anspruchsgrundlagen nebeneinander bestehen können, ist es regelmäßig erforderlich, zwischen ihnen eine genaue Differenzierung vorzunehmen. Das gilt zum einen mit Blick auf ein späteres Abänderungsverfahren, zum anderen deshalb, weil die zeitliche Begrenzungsmöglichkeit nach § 1573 V BGB nur Ansprüche nach § 1573 I bis IV BGB betrifft, nicht hingegen die anderen Anspruchsgrundlagen (*Senat*, NJW 1988, 2369 = LM § 1569 BGB Nr. 28 = FamRZ 1988, 265 [267]). Eine genaue Bestimmung kann nur ausnahmsweise unterbleiben, wenn im Einzelfall eine zeitliche Begrenzung aus Billigkeitsgründen unter Berücksichtigung von Ehedauer, Kinderbetreuung und Gestaltung von Haushaltsführung und Erwerbstätigkeit von vornherein ausscheidet (*Senat*, NJW-RR 1993, 898 = FamRZ 1993, 789 [791]). Ein solcher Fall liegt hier nicht vor. Die deshalb erforderliche, hier indessen unterbliebene Feststellung des Aufstockungsteils des Unterhaltsanspruchs und die Prüfung, ob dieser gem. § 1573 V BGB zeitlich zu begrenzen ist, obliegen dem Tatrichter. Das angefochtene Urteil kann deshalb insoweit keinen Bestand haben.

(Keine festen Altersgrenzen auch bei Rentenbezug für Altersunterhalt vor dem vollendeten 65. Lebensjahr; grundsätzliche Erwerbsobliegenheit bis zur Vollendung des 65. Lebensjahres)
Nach § 1571 BGB kann ein geschiedener Ehegatte von dem anderen Ehegatten Unterhalt verlangen, **c** soweit von ihm zu bestimmten Zeitpunkten wegen seines Alters eine Erwerbstätigkeit nicht mehr erwartet werden kann. Eine feste Altersgrenze, bei deren Erreichen die Obliegenheit zur Ausübung einer Erwerbstätigkeit endet, nennt das Gesetz nicht. Der Vorschlag der Eherechtskommission, die gesetzliche Vermutung aufzustellen, daß eine Frau, die zur Zeit der Scheidung das 55. Lebensjahr vollendet hat, keine angemessene Erwerbstätigkeit mehr zu finden vermag, ist im Gesetzgebungsverfahren mit der Begründung abgelehnt worden, es sei für eine Frau unverhältnismäßig leichter nachzuweisen, daß sie keine angemessene Erwerbstätigkeit finde, als für den Mann, den Beweis zu erbringen, daß eine solche Erwerbsmöglichkeit vorhanden sei. Der Regierungsentwurf bringt allerdings zum Ausdruck, daß die Vorschrift in erster Linie für den geschiedenen Ehegatten gelten soll, der ein Alter erreicht hat, das Voraussetzung für die Gewährung einer öffentlichen Altersversorgung ist (BT-Dr 7/650, S. 123 f.). Daran anknüpfend wird in Rechtsprechung und Schrifttum mehrheitlich die Auffassung vertreten, daß jedenfalls dann, wenn die in der öffentlichen Rentenversicherung für den Bezug der Regelaltersrente (§ 35 SGB VI) und in der Beamtenversorgung (§ 25 BRRG, § 41 I BBG) festgelegte Altersgrenze von 65 Jahren erreicht ist, auch unterhaltsrechtlich eine Erwerbstätigkeit nicht mehr erwartet werden kann (vgl. *Senat*, NJW-RR 1992, 1474 = LM H. 2/1993 § 323 ZPO Nr. 67 = FamRZ 1993, 43 [44]; *Richter*, in: MünchKomm 3. Aufl., § 1571 Rdnr. 7; *Cuny*, in: RGRK, 12. Aufl., § 1571 Rdnr. 4; *Johannsen/Henrich/Büttner*, EheR, 3. Aufl., § 1571 Rdnr. 4; *Griesche*, in: FamGb, § 1571 Rdnr. 2; *Schwab/Borth*, Hdb. des ScheidungsR, 3. Aufl., Kap IV Rdnr. 185).

In zahlreichen gesetzlichen Vorschriften sind allerdings Regelungen vorgesehen, die unter bestimmten Voraussetzungen ein Ausscheiden aus dem Berufsleben vor dem vollendeten 65. Lebensjahr vorsehen (vgl. §§ 36 ff. SGB VI). Hierzu gehört auch § 39 SGB VI, der den Bezug der Altersrente für Frauen unter den im einzelnen geregelten weiteren Voraussetzungen ermöglicht, wenn das 60. Lebensjahr vollendet ist. Die Frage, ob sich ein geschiedener Ehegatte bereits mit dem Erreichen einer flexiblen Altersgrenze darauf berufen kann, daß eine Erwerbsobliegenheit nicht mehr bestehe, wird nicht einheitlich beantwortet. Teilweise wird vertreten, der Unterhaltsanspruch nach § 1571

R533   **Anhang R. Rechtsprechung**

BGB sei auch demjenigen Ehegatten zuzubilligen, der berechtigt sei, vorgezogenes Altersruhegeld zu fordern (*Soergel/Häberle*, BGB, 12. Aufl., § 1571 Rdnr. 2; *Göppinger/Kindermann*, UnterhaltsR, 6. Aufl., Rdnr. 1195; *Bastian/Roth-Stielow/Schmeiduch*, 1. EheRG, § 1571 Rdnr. 2; *Ambrock*, Ehe und Ehescheidung, § 1571 Anm. 3; *Dieckmann*, FamRZ 1977, 81 [95]). überwiegend hat sich dagegen die Auffassung durchgesetzt, vor Vollendung des 65. Lebensjahres könne kein bestimmtes Alter angenommen werden, ab dem in jedem Fall ein Altersunterhalt ohne Prüfung der Besonderheiten des Einzelfalles zuzuerkennen sei.

BGH v. 17. 3. 1999 – XII ZR 139/97 – NJW 99, 2365 = FamRZ 99, 843

R533   *(Subsidiarität der Sozialhilfe)*

a   In der Rechtsprechung der Oberlandesgerichte und im Schrifttum wird zwar – teilweise – die Auffassung vertreten, die Subsidiarität der Sozialhilfe ende, und eine erbrachte Sozialhilfeleistung sei bedarfsdeckend auf den Unterhaltsanspruch anzurechnen, wenn dieser nicht auf den Träger der Sozialhilfe übergehe. In einem solchen Fall sei der Bedarf des Unterhaltsberechtigten in Höhe der geleisteten Sozialhilfe endgültig gedeckt und der Unterhaltsanspruch damit erfüllt (vgl. *Hampel*, FamRZ 1996, 513 [521] m. w. Nachw.; auch Empfehlungen des 12. Deutschen Familiengerichtstags, FamRZ 1998, 473; *OLG Köln*, FamRZ 1997, 1101 [1102]; *OLG Nürnberg*, EZ FamR aktuell 1999, 39; *Mutschler*, in: RGRK, 12. Aufl. [1984], Vorb. § 1601 Rdnr. 20 und § 1602 Rdnr. 11; *Johannsen/Henrich/Büttner*, EheR, 3. Aufl., § 1361 Rdnr. 106; *Griesche*, in: FamGb, § 1602 Rdnr. 22; wohl auch *Göppinger/Strohal*, UnterhaltsR, 6. Aufl., Rdnrn. 493 f.; *Göppinger/van Els*, Rdnr. 1646 f.).

Diese Auffassung kann nicht geteilt werden (dagegen auch etwa *Johannsen/Henrich/Graba*, § 1601 Rdnr. 3, § 1602 Rdnr. 10; *Staudinger/Kappe/Engler*, 13. Bearb., § 1602 Rdnrn. 70 ff., 77; *Wendl/Scholz*, UnterhaltsR, 4. Aufl., § 6 Rdnrn. 567 ff.). Sie trägt den unterschiedlichen Voraussetzungen und Zielsetzungen des privaten Unterhaltsrechts einerseits und des öffentlichen Sozialhilferechts andererseits (vgl. *Münder*, NJW 1990, 2031 ff., und ders., FuR 1997, 281 [330 ff.]; *Schellhorn/Jirasek/Seipp*, BSHG, 15. Aufl., § 91 Rdnrn. 35 ff.) nicht in ausreichender Weise Rechnung und widerspricht dem sowohl in § 9 SGB I als auch in § 2 BSHG ohne Einschränkung niedergelegten Grundsatz der Subsidiarität der Sozialhilfe.

aa) Die Sozialhilfe ist generell dazu bestimmt, dem Hilfeempfänger ein menschenwürdiges Leben und die Teilnahme am Leben in der Gemeinschaft zu ermöglichen, § 9 SGB I. Sie dient der Schaffung sozialer Gerechtigkeit für jedermann und soll zugleich eine gewisse Chancengleichheit für die Bedürftigen garantieren (vgl. § 1 II BSHG; BVerwGE 36, 256 [258]; *Mrozynski*, SGB I, 2. Aufl., § 9 Rdnr. 18; *Kretschmer/v. Maydell/Schellhorn*, in: GK-SGB I, 3. Aufl., § 9 Rdnrn. 4, 14, 26, 29 bis 31). Da die Sozialhilfe jedoch im Blick auf diese umfassende Aufgabenstellung mit ihren Leistungsverpflichtungen andernfalls überfordert wäre, sieht die gesetzliche Regelung in den § 9 SGB I, § 2 BSHG als tragenden Grundsatz und unentbehrlichen Wesensbestandteil des Sozialhilferechts das Prinzip des Nachrangs der Sozialhilfe vor (vgl. *Kretschmer/v. Maydell/Schellhorn*, § 9 Rdnr. 17). So erhält nach § 2 I BSHG keine Sozialhilfe, wer sich selbst helfen kann oder wer die erforderliche Hilfe von anderen, besonders von Angehörigen oder von Trägern anderer Sozialleistungen, erhält. Hiermit statuiert das Bundessozialhilfegesetz zunächst eine relativ weitgehende Selbsthilfeverpflichtung, insbesondere zum Einsatz der eigenen Arbeitskraft des Bedürftigen (vgl. *Mrozynski*, § 9 Rdnr. 19). Darüber hinaus stellt § 2 I BSHG darauf ab, ob der Bedürftige Hilfe von anderen „erhält" und auf diese Weise über bereite Mittel verfügt. Zu den bereiten Mitteln im Sinne dieser Vorschrift gehören nur solche, die der Bedürftige hat oder sich mühelos verschaffen kann, nicht hingegen etwa ein Unterhaltsanspruch, der nicht unmittelbar erfüllt wird und dessen Realisierung dem Hilfesuchenden entweder nicht zuzumuten oder wegen Eilbedürftigkeit der Hilfe nicht möglich ist (vgl. *Mrozynski*, § 9 Rdnr. 19; *Oestreicher/Schelter/Kunz*, § 2 Rdnr. 6; *Kretschmer/v. Maydell/Schellhorn*, § 9 Rdnr. 17). Nur bereite Mittel in dem genannten Sinn sind geeignet, eine aufgetretene Hilfebedürftigkeit unmittelbar zu beseitigen.

§ 2 I BSHG verfolgt jedoch nicht das Ziel, in Fällen dieser Art – über die unmittelbare Hilfegewährung hinaus – eine endgültige Zahlungspflicht des Trägers der Sozialhilfe festzulegen. Vielmehr bestimmt § 2 II 1 BSHG, daß Verpflichtungen anderer, besonders Unterhaltspflichtiger (oder der Träger anderer Sozialleistungen) durch dieses Gesetz „nicht berührt" werden. Damit ist klargestellt, daß die Träger der Sozialhilfe dem Zweck dieser Sozialleistung entsprechend zwar häufig zur Vorleistung verpflichtet sind, so wenn ein i. S. von § 2 II 1 BSHG Verpflichteter seiner Leistungspflicht nicht nachkommt (vgl. *Oestreicher/Schelter/Kunz*, § 2 Rdnr. 17), daß die an sich vorrangige Verpflichtung des Dritten (besonders eines Unterhaltspflichtigen) hierdurch aber nicht beeinflußt wird, sondern weiter besteht und weiterhin zu erfüllen ist. Zu diesem Zweck sieht § 91 I 1 BSHG den Übergang des Unterhaltsanspruchs des Hilfeempfängers gegen den Unterhaltspflichtigen – für die Zeit, für die Hilfe gewährt wird, und bis zur Höhe der geleisteten Aufwendungen – auf den Träger der Sozialhilfe vor. Damit wird dieser in die Lage versetzt, mit Hilfe des auf ihn übergegangenen Unter-

Anhang R. Rechtsprechung R533

haltsanspruchs den Unterhaltspflichtigen auf Erstattung der dem Hilfebedürftigen erbrachten Leistungen in Anspruch zu nehmen mit der Folge, daß das gesetzlich gewollte Verhältnis des Nachrangs der Sozialhilfe gegenüber der Unterhaltspflicht – im Umfang des Anspruchsübergangs – verwirklicht wird (vgl. *Oestreicher/Schelter/Kunz*, § 91 Rdnr. 6; *Schellhorn*, FuR 1999, 4; *Senat*, NJW 1994, 1733 = LM H. 9/1994 § 31 SGB I Nr. 1 = FamRZ 1994, 829 [830] zu §§ 90 u. 91 BSHG a. F.; *BVerwG*, FamRZ 1993, 183 [184]).

bb) Das Bundessozialhilfegesetz verzichtet allerdings im Hinblick auf die von dem privaten Unterhaltsrecht abweichende Zielsetzung der Sozialhilfe darauf, sämtliche privatrechtlich begründeten Unterhaltsansprüche gewissermaßen automatisch und der Höhe nach uneingeschränkt dem Anspruchsübergang nach § 91 BSHG zu unterwerfen. So „verschont" § 91 BSHG (i. V. mit den in Bezug genommenen sonstigen Vorschriften des Gesetzes) einerseits bestimmte Gruppen bürgerlich-rechtlich Unterhaltsverpflichteter, wie beispielsweise die mit dem Hilfeempfänger im zweiten oder einem entfernteren Grad Verwandten; andererseits schränkt die Vorschrift auch den Einsatz der zu berücksichtigenden Mittel ein (vgl. dazu LPK-BSHG, § 91 Rdnrn. 10 ff.; *Oestreicher/Schelter/Kunz*, § 91 Rdnrn. 73, 77 ff.; *Schellhorn*, FuR 1999, S. 4 ff., auch BT-Dr 12/4401, S. 82 f.), ohne dabei jedoch den Grundsatz des § 2 II 1 BSHG für die genannten Fälle außer Kraft zu setzen oder auch nur in entsprechender Weise einzuschränken (vgl. dazu BGHZ 115, 228 [232] = NJW 1992, 115 = LM H. 6/1992 § 844 II BGB Nr. 90). Der Gesetzgeber hat danach durchaus gesehen, daß zwischen dem privaten Unterhaltsrecht und dem öffentlichen Sozialhilferecht kein völliger Gleichklang besteht (vgl. *Schellhorn*, FuR 1999, 10, sowie allg. *Wendl/Scholz*, § 6 Rdnrn. 500 ff. u. 568). Er hat aber gleichwohl von einer Angleichung abgesehen. Diese gesetzgeberische Entscheidung ist zu respektieren.

(Sozialhilfe ist kein bedarfsdeckendes Einkommen im Sinne des Unterhaltsrechts; fiktive Einkünfte)

cc) Das hat zur Folge, daß der in § 2 BSHG für den gesamten Bereich des Gesetzes niedergelegte **b** Grundsatz der Subsidiarität der Sozialhilfe nicht davon berührt wird, ob und in welchem Umfang im Einzelfall ein Unterhaltsanspruch nach Gewährung von Sozialhilfe auf einen nach bürgerlichem Recht Unterhaltsverpflichteten übergeht. Da das bürgerlich-rechtliche Unterhaltsverhältnis durch das Bundessozialhilfegesetz nicht berührt wird, haben die Leistungen nach diesem Gesetz keinen Einfluß auf den Inhalt und Umfang des Unterhaltsanspruchs und der Unterhaltsverpflichtung. Die Gewährung von Sozialhilfe ist demgemäß im Rechtssinn nicht als unterhaltsrechtlich bedarfsdeckende Leistung zu behandeln. Als solche würde sie den Unterhaltsanspruch – mit dem Wegfall der Bedürftigkeit in Höhe der gewährten Leistung – zum Erlöschen bringen (vgl. § 1569, § 1602 I). Für einen Übergang des Unterhaltsanspruchs, wie er in § 91 BSHG für die dort genannten Fälle vorgesehen ist, wäre damit von vornherein kein Raum.

dd) Es besteht kein sachlich gerechtfertigter Grund, die dargestellte Rechtslage anders zu beurteilen, soweit nach § 91 BSHG aus sozialhilferechtlichen Gründen ein Übergang des Unterhaltsanspruchs auf den Träger der Sozialhilfe ausscheidet. So geht nach § 91 II 1 BSHG der Unterhaltsanspruch nur über, „soweit ein Hilfeempfänger sein Einkommen und Vermögen nach den Bestimmungen des Abschn. 4 mit Ausnahme des § 84 II oder des § 85 I Nr. 3 S. 2 einzusetzen hat". Durch diese Regelung mit dem Hinweis auf die „Einkommensdefinition" der §§ 76 ff. BSHG (= Abschn. 4, vgl. dazu LPK-BSHG, § 91 Rdnr. 39) soll gewährleistet werden, daß der Unterhaltspflichtige sozialhilferechtlich den gleichen Schutz hinsichtlich des Einkommens und Vermögens genießt, den er hätte, wenn er selbst Hilfeempfänger der konkreten Hilfe wäre (vgl. LPK-BSHG, § 91 Rdnrn. 14 u. 39 ff.; *Oestreicher/Schelter/Kunz*, § 91 Rdnrn. 92 ff.; *Schellhorn/Jirasek/Seipp*, § 91 Rdnrn. 71 f., 73). Hierbei ist von Bedeutung, daß der Einkommensbegriff des Sozialhilferechts in einzelnen Punkten von dem des Unterhaltsrechts abweicht (vgl. *Oestreicher/Schelter/Kunz*, § 91 Rdnr. 59; *Wendl/Scholz*, § 6 Rdnrn. 527 f.). Eine dieser Abweichungen besteht darin, daß im Sozialhilferecht – anders als im Unterhaltsrecht – keine fiktiven Einkünfte zu berücksichtigen sind (*Senat*, NJW 1998, 2219 = LM H. 10/1998 BSozialhilfeG Nr. 39 = FamRZ 1998, 818 ff. m. Nachw.). Da der Unterhaltsanspruch der Kl. ebenso wie der der beiden Kinder hier auf der Grundlage eines dem Bekl. unterhaltsrechtlich zugerechneten fiktiven Einkommens ermittelt worden ist, greift im vorliegenden Fall die geschilderte Regelung des § 91 II 1 BSHG ein. Die Unterhaltsansprüche sind daher trotz Gewährung der Sozialhilfe nicht auf deren Träger übergegangen, sondern der Kl. und den Kindern als Unterhaltsgläubigern verblieben.

(Unterhaltsansprüche des Hilfeempfängers, wenn der Anspruchsübergang auf den Sozialhilfeträger bei fiktiven Einkünften des Schuldners ausgeschlossen ist.)

5. Diese sind unter den gegebenen Umständen auch nicht gehindert, die Ansprüche gegenüber **c** dem Bekl. geltend zu machen.

a) Gründe aus dem Bereich des Sozialhilferechts stehen dem, wie dargelegt, nicht entgegen. Soweit die Vertreter der Gegenmeinung darauf hinweisen, daß das mit den Schuldnerschutzvorschriften in § 91 BSHG verfolgte Ziel nur erreicht werden könne, wenn der Schuldner bei Ausschluß des

1677

Anspruchsübergangs auch tatsächlich von seiner Unterhaltslast befreit werde (vgl. *Hampel*, FamRZ 1996, 513 [521] m. Nachw. in Fußn. 51), verkennen sie die unterschiedliche Zielsetzung und den Mangel inhaltlicher Übereinstimmung von Unterhalts- und Sozialrecht. Das Unterhaltsrecht schützt den Verpflichteten nach Maßgabe seiner bürgerlich-rechtlich definierten Leistungsfähigkeit im Rahmen der § 1581, § 1603 BGB, wobei leichtfertig herbeigeführte Leistungsunfähigkeit unbeachtlich sein kann (vgl. *Senat*, NJW 1985, 732 = LM § 1361 BGB Nr. 41 = FamRZ 1985, 158 [160]; *Senat*, NJW 1988, 2239 = LM § 1581 BGB Nr. 6 = FamRZ 1988, 597 [599]; *Senat*, NJW 1994, 258 = LM H. 3/1994 § 1603 BGB Nr. 45 = FamRZ 1994, 240 [241]; *Senat*, NJW 1994, 1002 = LM H. 5/1994 § 1603 BGB Nr. 46 = FamRZ 1994, 373 [374]). Der Schuldnerschutz nach dem Bundessozialhilfegesetz folgt, wie dargelegt, anderen Kriterien. Liegen nach bürgerlichem Recht die Voraussetzungen für die Bejahung einer Unterhaltsverpflichtung des Schuldners vor, so ist für die unterhaltsrechtliche Beurteilung ohne Bedeutung, ob der Schuldner aus sozialhilferechtlicher Sicht nur in geringerem Umfang als leistungsfähig oder insgesamt als leistungsunfähig behandelt würde.

b) Auch unter zivilrechtlichen Gesichtspunkten unterliegt das Unterhaltsbegehren der Kl. und der Kinder bei den hier gegebenen Verhältnissen keinen durchgreifenden Bedenken.

aa) Der erkennende *Senat* hat allerdings in einem Urteil vom 25. 11. 1992 (NJW-RR 1993, 322 = LM H. 6/1993 § 1602 BGB = FamRZ 1993, 417 [419]) ausgeführt, einem nach Gewährung von Sozialhilfe, aber ohne Übergang des Unterhaltsanspruchs auf den Sozialhilfeträger erhobenen Unterhaltsbegehren des Berechtigten dürfte der auch im Unterhaltsrecht geltende Grundsatz von Treu und Glauben entgegenstehen. Diese Äußerung ist indessen nicht dahin zu verstehen, daß in den Fällen, in denen dem Unterhaltsberechtigten Sozialhilfe gewährt wurde, der Unterhaltsanspruch jedoch nach dem Bundessozialhilfegesetz nicht auf den Träger der Sozialhilfe übergeht, die gleichwohl von dem Unterhaltsgläubiger gegen den Unterhaltsschuldner erhobenen Unterhaltsansprüche generell an § 242 BGB scheitern würden. Denn das würde bedeuten, daß die gesetzlich gewollte Regelung der Subsidiarität der Sozialhilfe in den genannten Fällen mit Hilfe des § 242 BGB außer Kraft gesetzt würde. Das stünde im Widerspruch zu der oben aufgezeigten Rechtslage.

bb) Dies schließt jedoch nicht aus, gegebenenfalls vor dem Hintergrund des § 1581 BGB den Grundsatz des § 242 BGB heranzuziehen, um auf diese Weise unter Abwägung der Interessen von Unterhaltsschuldner und Unterhaltsgläubiger zu angemessenen, den Grundsätzen von Treu und Glauben entsprechenden Lösungen zu gelangen. Insoweit ist die Rechtslage nach Gewährung von Sozialhilfe an den Unterhaltsberechtigten vergleichbar mit den Fällen, in denen der Berechtigte freiwillige Leistungen von einem Dritten erhält. Geht in diesen Fällen der Wille des Zuwendenden dahin, daß nur der Beschenkte selbst unterstützt, der Unterhaltsschuldner aber nicht von seiner Verpflichtung befreit werden soll, dann ist die Zuwendung grundsätzlich nicht auf den Bedarf des Unterhaltsgläubigers anzurechnen, berührt seine Bedürftigkeit also nicht (st. Rspr., vgl. *BGH*, NJW 1980, 344 = LM § 546 ZPO Nr. 93 = FamRZ 1980, 42; *Senat*, NJW-RR 1993, 322 = LM H. 6/1993 § 1602 BGB = FamRZ 1993, 417 [419], jew. m. w. Nachw.). Zwar ist in diesen Fällen die Zielsetzung des Leistenden im Hinblick auf den Unterhaltsschuldner eine andere als bei der Gewährung von Sozialhilfe, da der Wille des freiwillig Zuwendenden darauf gerichtet ist, den Unterhaltsschuldner nicht zu entlasten, während § 91 II BSHG den Unterhaltsverpflichteten vor einer Inanspruchnahme durch den Unterhaltsberechtigten verschonen will. Aus der Sicht des Unterhaltsgläubigers ist die Lage jedoch bei beiden Fallgestaltungen vergleichbar: Er hat seinen Lebensunterhalt mit Hilfe der ihm von dritter Seite ohne Rückforderungsabsicht zur Verfügung gestellten Mittel bestritten und steht vor der Frage, nunmehr den Unterhaltsschuldner auf Erfüllung seiner Unterhaltspflicht für diesen – in der Vergangenheit liegenden – Zeitraum in Anspruch zu nehmen. Bei freiwilligen Zuwendungen von Dritten wird hierzu erwogen, in Mangelfallsituationen im Hinblick auf § 1581 BGB dennoch aus Billigkeitserwägungen entgegen dem Willen des Zuwendenden eine – jedenfalls teilweise – Anrechnung der Zuwendung auf den Unterhaltsbedarf in Betracht zu ziehen (vgl. etwa *Soergel/Häberle*, BGB, 12. Aufl., § 1581 Rdnr. 16, sowie *Rolland*, 1. EheRG, 2. Aufl., § 581 Rdnr. 4). Ähnliche Überlegungen können sich aus der Beurteilung der Anrechnung von Einkünften aus überobligationsmäßiger Tätigkeit i. S. von § 1577 II BGB ergeben (vgl. *Palandt/Diederichsen*, BGB, 58. Aufl., § 1577 Rdnr. 25).

Der *Senat* hält es etwa für möglich, in entsprechender Weise auch in der Situation des § 91 II BSHG in Mangelfällen unter dem Gesichtspunkt des § 242 BGB eine (Teil-)Anrechnung der dem Unterhaltsberechtigten gewährten Sozialhilfe auf seinen Unterhaltsanspruch vorzunehmen, wenn andernfalls die Gefahr für den Unterhaltsschuldner bestünde, mit derartig hohen Forderungen aus der Vergangenheit belastet zu werden, daß es ihm voraussichtlich auf Dauer unmöglich gemacht würde, diese Schulden zu tilgen und daneben noch seinen laufenden Verpflichtungen nachzukommen. Eine Korrektur der gesetzlichen Regelung in dem genannten Sinn – mit Hilfe des § 242 BGB – kommt allerdings, wie bereits angedeutet, grundsätzlich nur für Unterhaltsrückstände aus der Vergangenheit in Betracht. Für die Zukunft setzt sich hingegen der gesetzliche Nachrang der Sozialhilfe uneingeschränkt durch (vgl. *Wendl/Scholz*, § 6 Rdnr. 572), zumal die rechtliche Betrachtungsweise darauf abzustellen hat, daß der Schuldner in der Zukunft seiner Unterhaltsverpflichtung nachkommen und die Gewährung von Sozialhilfe an den Berechtigten damit insoweit entbehrlich machen werde.

Als maßgeblicher Anknüpfungspunkt, bis zu dem die bereits entstandenen Ansprüche als vergangene in dem oben dargelegten Sinn, und von dem an die demnächst entstehenden Ansprüche als zukünftige zu beurteilen sind, ist nach Auffassung des *Senats* in den hier zu beurteilenden Fällen der Zurechnung fiktiver Einkünfte bei dem Unterhaltsschuldner – nicht zuletzt aus Gründen der Rechtsklarheit und Praktikabilität – der Zeitpunkt der Zustellung der Klageschrift in dem Unterhaltsprozeß anzusetzen. Mit der Zustellung der Klageschrift wird der Unterhaltsschuldner, der bislang keiner Erwerbstätigkeit nachgegangen ist, eindringlich darauf hingewiesen, daß er ungeachtet seiner bisherigen Einkommenslosigkeit auf Erfüllung seiner Unterhaltspflicht in Anspruch genommen wird. Damit ist es ihm von diesem Zeitpunkt an verwehrt, sich etwa darauf zu verlassen, daß seine Gläubiger ihren Unterhaltsbedarf mit Mitteln der Sozialhilfe befriedigen und deshalb nicht auf seine Unterhaltsleistungen angewiesen seien. Jedenfalls erscheint es mit Wirkung ab Zustellung der Klageschrift nicht mehr gerechtfertigt, dem Unterhaltsschuldner aus Billigkeitsgründen entgegen der unterhaltsrechtlichen Gesetzeslage den geschilderten Schutz zuzubilligen und dem Unterhaltsbegehren des Gläubigers insoweit den Einwand des § 242 BGB entgegenzuhalten. Soweit demgegenüber die Auffassung vertreten wird, der Schuldner könne (erst) „seit der letzten mündlichen Verhandlung" als leistungsfähig behandelt und zu Unterhaltsleistungen nach Maßgabe seines fiktiven Einkommens verurteilt werden (*Wendl/Scholz*, § 6 Rdnr. 572), könnte eine solche Lösung zu unvertretbaren Vorteilen (wenn nicht sogar Anreizen) für den Unterhaltsschuldner führen, wenn dieser das Verfahren in die Länge zieht. Davon abgesehen läßt sich der Zeitpunkt der letzten tatrichterlichen mündlichen Verhandlung (ggfs. nach Zurückverweisung aus der Rechtsmittelinstanz) im Vorhinein nicht verläßlich ermitteln. Die etwa gebotene Billigkeitsabwägung müßte unter Umständen mehrfach, jeweils unter Berücksichtigung neu eingetretener tatsächlicher Entwicklungen, neu angestellt werden. Mit der Anknüpfung an die Zustellung der Klageschrift lassen sich diese Unsicherheiten weitgehend vermeiden.

cc) Da die Klageschrift im vorliegenden Verfahren im August 1994 zugestellt, der Bekl. aber durch das angefochtene Urteil zu Unterhaltszahlungen erst mit Wirkung vom 1. 1. 1996 an verurteilt worden ist, kommt hier aus den dargelegten Gründen eine (Teil-)Anrechnung der an die Kl. und die beiden Kinder gewährten Sozialhilfe auf deren Unterhaltsansprüche aus Billigkeitsgründen nicht in Betracht. Der Hinweis der Revision auf § 242 BGB bleibt damit im Ergebnis ohne Erfolg.

BGH v. 16. 6. 1999 – XII ZA 3/99 – FamRZ 1999, 1422 = NJWE-FER 1999, 269

(Verwirkung bei tituliertem Unterhalt) R534

Das OLG hat rechtlich zutreffend den in den Jahren 1985 und 1986 titulierten Unterhaltsanspruch der 1982 geborenen Bekl., den diese seit Einstellung der Zahlungen des Kl., ihres Vaters, im Januar 1990 bis Anfang 1997 nicht mehr geltend gemacht hat, für die Zeit von Januar 1990 bis Januar 1996 – wegen der näher dargelegten besonderen Umstände des Falles – für verwirkt (§ 242 BGB) gehalten. Wie der *Senat* bereits entschieden hat (BGHZ 84, 280, 282 = FamRZ 1982, 898), kann rückständiger Unterhalt grundsätzlich der Verwirkung unterliegen, wenn sich seine Geltendmachung unter dem Gesichtspunkt illoyal verspäteter Rechtsausübung als unzulässig darstellt (vgl. allg. *Stöckle*, in: *Brühl*, Unterhaltsrecht, 6. Aufl., Rz. 1444, 1452, 1463 ff., 1475). Dieser bislang für nicht titulierte Ansprüche aufgestellte Grundsatz erfährt auch für titulierte Ansprüche – deren Durchsetzung mit Hilfe des Titels eher näher liegen dürfte als bei nicht titulierten Forderungen – keine Einschränkung (vgl. *KG*, FamRZ 1994, 771; *OLG Karlsruhe*, FamRZ 1993, 1456, 1457).

Der Umstand, daß die Verjährung der Unterhaltsansprüche eines minderjährigen Kindes gegenüber seinen Eltern bis zur Volljährigkeit des Kindes gehemmt ist (§ 204 S. 2 BGB), steht der Annahme einer Verwirkung der Ansprüche während der Dauer der Minderjährigkeit dann nicht entgegen, wenn aus besonderen Gründen die Voraussetzungen sowohl des Zeit- als auch des Umstandsmoments für die Bejahung der Verwirkung erfüllt sind (vgl. *Senats*urteil, BGHZ 103, 62, 68 = FamRZ 1988, 370, m. Anm. *Schmitz*, S. 700, m. Hinw. auf *OLG München*, FamRZ 1986, 504, 505, zu § 204 S. 2 BGB).

Register der auszugsweise abgedruckten Entscheidungen

R001	BGH	22.04.1959	IV ZR 255/1958	FamRZ 1959, 288	
R007	BGH	29.06.1977	IV ZR 48/1976	FamRZ 1977, 629	NJW 1977, 1474
R028	BGH	16.05.1979	IV ZR 57/1978	FamRZ 1979, 694	NJW 1979, 1656
R032	BGH	26.09.1979	IVb ZR 87/1979	FamRZ 1980, 40	NJW 1980, 124
R034	BGH	24.10.1979	IV ZR 171/1978	FamRZ 1980, 126	NJW 1980, 393
R036	BGH	16.01.1980	IV ZR 115/1978	FamRZ 1980, 342	
R037	BGH	23.01.1980	IV ZR 2/1978	FamRZ 1980, 555	NJW 1980, 934
R038	BGH	23.04.1980	IVb ZR 510/1980	FamRZ 1980, 770	NJW 1980, 2083
R039	BGH	23.04.1980	IVb ZR 527/1980	FamRZ 1980, 665	NJW 1980, 1686
R040	BGH	21.05.1980	IVb ZR 522/1980	FamRZ 1980, 771	NJW 1980, 2081
R042	BGH	25.06.1980	IVb ZR 530/1980	FamRZ 1980, 984	NJW 1980, 2251
R046	BGH	09.07.1980	IVb ZR 528/1980	FamRZ 1980, 981	NJW 1980, 2247
R049	BGH	17.09.1980	IVb ZR 552/1980	FamRZ 1980, 1109	NJW 1981, 168
R054	BGH	15.10.1980	IVb ZR 503/1980	FamRZ 1981, 19	NJW 1981, 346
R055	BGH	05.11.1980	IVb ZR 549/1980	FamRZ 1981, 17	NJW 1981, 448
R056	BGH	05.11.1980	VIII ZR 280/1979		NJW 1981, 577
R057	BGH	26.11.1980	IVb ZR 542/1980	FamRZ 1981, 140	NJW 1981, 754
R058	BGH	03.12.1980	IVb ZR 532/1980	FamRZ 1981, 341	
R059	BGH	03.12.1980	IVb ZR 537/1980	FamRZ 1981, 250	NJW 1981, 574
R060	BGH	09.12.1980	VI ZR 234/1977	VersR 1981, 280	
R062	BGH	10.12.1980	IVb ZR 546/1980	FamRZ 1981, 344	
R064	BGH	14.01.1981	IVb ZR 554/1980	FamRZ 1981, 346	
R065	BGH	14.01.1981	IVb ZR 575/1980	FamRZ 1981, 242	NJW 1981, 978
R066	BGH	21.01.1981	IVb ZR 548/1980	FamRZ 1981, 338	NJW 1981, 1313
R067	BGH	28.01.1981	IVb ZR 573/1980	FamRZ 1981, 347	NJW 1981, 923
R068	BGH	25.02.1981	IVb ZR 543/1980	FamRZ 1981, 442	NJW 1981, 1556
R070	BGH	25.02.1981	IVb ZR 547/1980	FamRZ 1981, 437	
R072	BGH	08.04.1981	IVb ZR 559/1980	FamRZ 1981, 541	NJW 1981, 2462
R073	BGH	08.04.1981	IVb ZR 566/1980	FamRZ 1981, 539	NJW 1981, 1609
R076	BGH	20.05.1981	IVb ZR 556/1980	FamRZ 1981, 752	NJW 1981, 1782
R077	BGH	20.05.1981	IVb ZR 570/1980	FamRZ 1981, 763	
R080	BGH	24.06.1981	IVb ZR 592/1980	FamRZ 1981, 864	NJW 1981, 2112
R081	BGH	08.07.1981	IVb ZR 593/1980	FamRZ 1981, 1042	NJW 1981, 2805
R083	BGH	16.09.1981	IVb ZR 622/1980		NJW 1982, 100
R084	BGH	16.09.1981	IVb ZR 674/1980	FamRZ 1981, 1165	NJW 1982, 41
R086	BGH	23.09.1981	IVb ZR 600/1980	FamRZ 1981, 1159	NJW 1981, 2804
R087	BGH	07.10.1981	IVb ZR 598/1980	FamRZ 1982, 23	NJW 1982, 232
R088	BGH	07.10.1981	IVb ZR 611/1980	FamRZ 1982, 157	NJW 1982, 380
R089	BGH	08.10.1981	VII ZR 319/1980	FamRZ 1982, 28	
R090	BGH	21.10.1981	IVb ZR 605/1980	FamRZ 1982, 28	NJW 1982, 929
R091	BGH	21.10.1981	IVb ZR 619/1980	DAVorm 1982, 263	
R092	BGH	04.11.1981	IVb ZR 624/1980	FamRZ 1982, 151	NJW 1982, 1645
R093	BGH	04.11.1981	IVb ZR 625/1980	FamRZ 1982, 255	NJW 1982, 1873
R094	BGH	04.11.1981	IVb ZR 629/1980	FamRZ 1982, 148	NJW 1982, 326
R095	BGH	11.11.1981	IVb ZR 608/1980	FamRZ 1982, 145	NJW 1982, 328
R097	BGH	02.12.1981	IVb ZR 638/1980	FamRZ 1982, 259	
R098	BGH	23.12.1981	IVb ZR 604/1980	FamRZ 1982, 250/251	NJW 1982, 822
R099	BGH	23.12.1981	IVb ZR 639/1980	FamRZ 1982, 254	NJW 1982, 823
R100	BGH	20.01.1982	IVb ZR 647/1980	FamRZ 1982, 252	NJW 1982, 1593
R101	BGH	20.01.1982	IVb ZR 650/1980	FamRZ 1982, 360	NJW 1982, 1869
R102	BGH	20.01.1982	IVb ZR 651/1980	FamRZ 1982, 365	NJW 1982, 1050
R103	BGH	03.02.1982	IVb ZR 601/1980	FamRZ 1982, 479	
R104	BGH	03.02.1982	IVb ZR 654/1980	FamRZ 1982, 463	NJW 1982, 1461
R106	BGH	09.02.1982	IVb ZR 698/1980	FamRZ 1982, 892	NJW 1982, 2439
R107	BGH	16.02.1982	IVb ZR 709/1980	FamRZ 1982, 898	NJW 1982, 1999
R109	BGH	17.02.1982	IVb ZR 657/1980	FamRZ 1982, 470	NJW 1982, 1147

Entscheidungs-Reg.

Register der auszugsweise

R111	BGH	17.03.1982	IVb ZR 646/1980	FamRZ 1982, 587	NJW 1983, 684
R112	BGH	17.03.1982	IVb ZR 664/1980	FamRZ 1982, 573	NJW 1982, 1460
R113	BGH	31.03.1982	IVb ZR 652/1980	FamRZ 1982, 575	NJW 1982, 2063
R114	BGH	31.03.1982	IVb ZR 661/1980	FamRZ 1982, 576	NJW 1982, 1870
R116	BGH	31.03.1982	IVb ZR 667/1980	FamRZ 1982, 590	NJW 1982, 1590
R117	BGH	07.04.1982	IVb ZR 673/1980	FamRZ 1982, 579	NJW 1982, 1594
R118	BGH	07.04.1982	IVb ZR 678/1980	FamRZ 1982, 680	NJW 1982, 1642
R119	BGH	07.04.1982	IVb ZR 681/1980	FamRZ 1982, 678	NJW 1982, 1641
R120	BGH	21.04.1982	IVb ZR 687/1980	FamRZ 1982, 679	NJW 1982, 1987
R121	BGH	21.04.1982	IVb ZR 696/1980	FamRZ 1982, 792	NJW 1982, 1812
R122	BGH	21.04.1982	IVb ZR 741/1980	FamRZ 1982, 684	
R124	BGH	19.05.1982	IVb ZR 702/1982	FamRZ 1982, 779	NJW 1982, 2664
R125	BGH	19.05.1982	IVb ZR 705/1980	FamRZ 1982, 782	NJW 1982, 2072
R128	BGH	26.05.1982	IVb ZR 715/1980	FamRZ 1982, 887	NJW 1982, 1983
R130	BGH	09.06.1982	IVb ZR 704/1980	FamRZ 1982, 913	NJW 1982, 2491
R132	BGH	16.06.1982	IVb ZR 727/1980	FamRZ 1983, 152	NJW 1982, 1986
R133	BGH	30.06.1982	IVb ZR 695/1980	FamRZ 1982, 890	NJW 1982, 2438
R135	BGH	07.07.1982	IVb ZR 726/1980	FamRZ 1982, 894	NJW 1982, 2442
R136	BGH	07.07.1982	IVb ZR 738/1980	FamRZ 1982, 996	NJW 1982, 2771
R137	BGH	04.10.1982	GSZ 1/1982	FamRZ 1983, 22	NJW 1983, 228
R138	BGH	06.10.1982	IVb ZR 307/1981	FamRZ 1983, 29	NJW 1983, 224
R139	BGH	06.10.1982	IVb ZR 311/1981	FamRZ 1982, 1187	NJW 1983, 1547
R141	BGH	03.11.1982	IVb ZR 324/1981	FamRZ 1983, 48	NJW 1983, 393
R142	BGH	24.11.1982	IVb ZR 310/1981	FamRZ 1983, 146	NJW 1983, 933
R143	BGH	24.11.1982	IVb ZR 314/1981	FamRZ 1983, 142	NJW 1983, 541
R144	BGH	24.11.1982	IVb ZR 326/1981	FamRZ 1983, 144	NJW 1983, 1483
R145	BGH	08.12.1982	IVb ZR 331/1981	FamRZ 1983, 150	NJW 1983, 683
R147	BGH	22.12.1982	IVb ZR 320/1981	FamRZ 1983, 140	NJW 1983, 814
R149	BGH	12.01.1983	IVb ZR 348/1981	FamRZ 1983, 670	
R152	BGH	26.01.1983	IVb ZR 344/1981	FamRZ 1983, 569	NJW 1983, 1548
R153	BGH	26.01.1983	IVb ZR 347/1981	FamRZ 1984, 353	
R154	BGH	26.01.1983	IVb ZR 351/1981	FamRZ 1983, 352	NJW 1983, 2318
R155	BGH	26.01.1983	IVb ZR 355/1981	FamRZ 1983, 454	NJW 1983, 1056
R156	BGH	09.02.1983	IVb ZR 343/1981	FamRZ 1983, 352	NJW 1983, 1330
R157	BGH	09.02.1983	IVb ZR 354/1981	FamRZ 1983, 369	NJW 1983, 2198
R158	BGH	23.02.1983	IVb ZR 336/1981	FamRZ 1983, 456	NJW 1983, 1427
R160	BGH	23.02.1983	IVb ZR 362/1981	FamRZ 1983, 473	NJW 1983, 1429
R161	BGH	02.03.1983	IVb ARZ 49/1982	FamRZ 1983, 578	NJW 1983, 1859
R163	BGH	23.03.1983	IVb ZR 358/1981	FamRZ 1983, 574	NJW 1983, 1481
R164	BGH	23.03.1983	IVb ZR 369/1981	FamRZ 1983, 576	NJW 1983, 1545
R165	BGH	23.03.1983	IVb ZR 371/1981	FamRZ 1983, 676	NJW 1983, 1552
R166	BGH	13.04.1983	IVb ZR 373/1981	FamRZ 1983, 674	NJW 1983, 1783
R167	BGH	13.04.1983	IVb ZR 374/1981	FamRZ 1983, 680	NJW 1983, 1554
R168	BGH	27.04.1983	IVb ZR 372/1984	FamRZ 1983, 678	NJW 1983, 1733
R169	BGH	27.04.1983	IVb ZR 378/1981	FamRZ 1983, 689	NJW 1983, 2082
R170	BGH	11.05.1983	IVb ZR 382/1981	FamRZ 1983, 800	
R173	BGH	01.06.1983	IVb ZR 365/1981	FamRZ 1983, 892	NJW 1983, 2200
R174	BGH	01.06.1983	IVb ZR 386/1981	FamRZ 1983, 806	NJW 1983, 1976
R175	BGH	01.06.1983	IVb ZR 388/1981	FamRZ 1983, 888	NJW 1983, 2937
R176	BGH	01.06.1983	IVb ZR 389/1981	FamRZ 1983, 886	NJW 1983, 2321
R178	BGH	29.06.1983	IVb ZR 391/1981	FamRZ 1983, 996	NJW 1983, 2243
R180	BGH	26.10.1983	IVb ZR 13/1982	FamRZ 1984, 39	NJW 1984, 303
R182	BGH	09.11.1983	IVb ZR 14/1983	FamRZ 1984, 148	NJW 1984, 291
R183	BGH	09.11.1983	IVb ZR 22/1982	FamRZ 1984, 154	NJW 1984, 297
R184	BGH	09.11.1983	IVb ZR 8/1982	FamRZ 1984, 34	NJW 1984, 296
R186	BGH	23.11.1983	IVb ZR 15/1982	FamRZ 1984, 151	NJW 1984, 294
R187	BGH	23.11.1983	IVb ZR 21/1982	FamRZ 1984, 149	NJW 1984, 292
R189	BGH	30.11.1983	IVb ZR 31/1982	FamRZ 1984, 163	NJW 1984, 868
R190	BGH	01.12.1983	IVb ZR 41/1983	FamRZ 1984, 144	NJW 1984, 484
R191	BGH	14.12.1983	IVb ZR 29/1982	FamRZ 1984, 988	
R192	BGH	14.12.1983	IVb ZR 38/1982	FamRZ 1984, 364	
R193	BVerfG	10.01.1984	1 BvL 5/1983	FamRZ 1984, 346	NJW 1984, 1523

abgedruckten Entscheidungen | Entscheidungs-Reg.

R 194	BGH	11. 01. 1984	IVb ZR 10/1982	FamRZ 1984, 374	NJW 1984, 1458
R 196	BGH	25. 01. 1984	IVb ZR 28/1982	FamRZ 1984, 361	NJW 1984, 1538
R 197	BGH	25. 01. 1984	IVb ZR 43/1982	FamRZ 1984, 358	NJW 1984, 1237
R 198	BGH	25. 01. 1984	IVb ZR 51/1982	FamRZ 1984, 356	NJW 1984, 1537
R 201	BGH	08. 02. 1984	IVb ZR 50/1982	FamRZ 1984, 559	
R 202	BGH	08. 02. 1984	IVb ZR 52/1982	FamRZ 1984, 470	NJW 1984, 2826
R 203	BGH	08. 02. 1984	IVb ZR 54/1982	FamRZ 1984, 561	NJW 1984, 1685
R 207	BGH	20. 03. 1984	IVb ZR 14/1982		NJW 1984, 1811
R 208	BGH	21. 03. 1984	IVb ZR 68/1982	FamRZ 1984, 660	NJW 1984, 1816
R 209	BGH	21. 03. 1984	IVb ZR 72/1982	FamRZ 1984, 682	NJW 1984, 1613
R 210	BGH	28. 03. 1984	IVb ZR 53/1982	FamRZ 1984, 1000	NJW 1984, 1614
R 211	BGH	28. 03. 1984	IVb ZR 64/1982	FamRZ 1984, 662	NJW 1984, 2358
R 212	BGH	18. 04. 1984	IVb ZR 49/1982	FamRZ 1984, 683	NJW 1984, 1813
R 213	BGH	18. 04. 1984	IVb ZR 59/1982	FamRZ 1984, 772	
R 214	BGH	18. 04. 1984	IVb ZR 80/1982	FamRZ 1984, 769	NJW 1984, 2355
R 215	BGH	09. 05. 1984	IVb ZR 7/1983	FamRZ 1984, 767	NJW 1984, 2095
R 216	BGH	09. 05. 1984	IVb ZR 74/1982	FamRZ 1984, 657	NJW 1984, 2351
R 218	BGH	23. 05. 1984	IVb ZR 39/1983	FamRZ 1984, 777	NJW 1984, 1961
R 219	BGH	23. 05. 1984	IVb ZR 9/1983	FamRZ 1984, 778	NJW 1984, 1951
R 221	BSG	20. 06. 1984	7 RAr 18/1983	FamRZ 1985, 379	
R 222	BGH	27. 06. 1984	IVb ZR 20/1983	FamRZ 1985, 354	
R 223	BGH	27. 06. 1984	IVb ZR 21/1983	FamRZ 1984, 997	NJW 1984, 64
R 224	BGH	03. 07. 1984	IV ZR 42/1983	FamRZ 1985, 89	NJW 1985, 49
R 225	BGH	11. 07. 1984	IVb ZR 22/1983	FamRZ 1984, 986	NJW 1984, 2692
R 228	BGH	26. 09. 1984	IVb ZR 30/1983	FamRZ 1984, 1211	NJW 1985, 195
R 229	BGH	26. 09. 1984	IVb ZR 32/1983		NJW 1985, 318
R 230	BGH	10. 10. 1984	IVb ZR 12/1983	FamRZ 1985, 53	NJW 1985, 430
R 231	BGH	24. 10. 1984	IVb ZR 35/1983	FamRZ 1985, 166	NJW 1985, 1962
R 232	BGH	24. 10. 1984	IVb ZR 43/1983	FamRZ 1985, 155	NJW 1985, 486
R 233	BGH	26. 10. 1984	IVb ZR 36/1983	FamRZ 1985, 51	NJW 1985, 428
R 235	BVerfG	14. 11. 1984	1 BvR 14/1982	FamRZ 1985, 143	NJW 1985, 1211
R 236	BGH	14. 11. 1984	IVb ZR 38/1983	FamRZ 1985, 161	NJW 1985, 1026
R 238	BGH	05. 12. 1984	IVb ZR 55/1983	FamRZ 1985, 267	NJW 1985, 2266
R 239	BGH	06. 12. 1984	IVb ZR 53/1983	FamRZ 1985, 273	NJW 1985, 806
R 241	BGH	19. 12. 1984	IVb ZR 54/1983	FamRZ 1985, 374	
R 242	BGH	19. 12. 1984	IVb ZR 57/1983	FamRZ 1985, 353	NJW 1985, 803
R 243	BGH	16. 01. 1985	IVb ZR 59/1983	FamRZ 1985, 357	NJW 1985, 909
R 244	BGH	16. 01. 1985	IVb ZR 60/1983	FamRZ 1985, 360	NJW 1985, 907
R 245	BGH	16. 01. 1985	IVb ZR 61/1983	FamRZ 1985, 362	NJW 1985, 1029
R 246	BGH	16. 01. 1985	IVb ZR 62/1983	FamRZ 1985, 582	NJW 1985, 1343
R 249	BGH	30. 01. 1985	IVb ZR 63/1983	FamRZ 1985, 376	NJW 1985, 1345
R 250	BGH	30. 01. 1985	IVb ZR 65/1983	FamRZ 1986, 458	
R 251	BGH	30. 01. 1985	IVb ZR 67/1983	FamRZ 1985, 371	NJW 1985, 1340
R 252	BGH	30. 01. 1985	IVb ZR 70/1983	FamRZ 1985, 471	
R 254	BGH	06. 03. 1985	IVb ZR 74/1983	FamRZ 1985, 584	NJW 1985, 1339
R 256	BGH	03. 04. 1985	IVb ZR 14/1984	FamRZ 1985, 1245	
R 257	BGH	03. 04. 1985	IVb ZR 15/1984	FamRZ 1985, 791	NJW 1985, 1699
R 258	BGH	03. 04. 1985	IVb ZR 18/1984	FamRZ 1985, 691	NJW 1985, 2029
R 259	BGH	03. 04. 1985	IVb ZR 19/1984	FamRZ 1985, 690	NJW 1985, 1701
R 262	BGH	24. 04. 1985	IVb ZR 9/1984	FamRZ 1985, 782	NJW 1985, 1695
R 263	BGH	05. 06. 1985	IVb ZR 24/1984	FamRZ 1985, 917	NJW 1985, 2590
R 264	BGH	05. 06. 1985	IVb ZR 27/1984	FamRZ 1985, 902	
R 265	BGH	19. 06. 1985	IVb ZR 30/1984	FamRZ 1985, 916	NJW 1985, 2331
R 266	BGH	19. 06. 1985	IVb ZR 31/1984	FamRZ 1985, 908	NJW-RR 1986, 68
R 267	BGH	19. 06. 1985	IVb ZR 38/1984	FamRZ 1985, 912	NJW 1985, 2713
R 268	BGH	03. 07. 1985	IVb ZR 16/1984	FamRZ 1985, 911	NJW 1985, 2268
R 271	BGH	25. 09. 1985	IVb ZR 48/1984		NJW 1986, 722
R 272	BGH	25. 09. 1985	IVb ZR 49/1984	FamRZ 1986, 443	NJW 1986, 722
R 273	BGH	09. 10. 1985	IVb ZR 39/1984	FamRZ 1985, 1232	NJW 1986, 254
R 274	BGH	09. 10. 1985	IVb ZR 56/1984	FamRZ 1985, 1234	NJW 1986, 375
R 275	BGH	23. 10. 1985	IVb ZR 52/1984	FamRZ 1986, 48	NJW-RR 1986, 66
R 276	BGH	23. 10. 1985	IVb ZR 68/1984	FamRZ 1986, 553	NJW 1986, 985

Entscheidungs-Reg.

R277	BGH	06.11.1985	IVb ZR 45/1984	FamRZ 1986, 151	NJW-RR 1986, 426
R278	BGH	06.11.1985	IVb ZR 69/1984	FamRZ 1986, 153	NJW-RR 1986, 293
R279	BGH	27.11.1985	IVb ZR 78/1984	FamRZ 1986, 148	NJW 1986, 720
R280	BGH	27.11.1985	IVb ZR 79/1984	FamRZ 1986, 244	NJW 1986, 718
R282	BGH	11.12.1985	IVb ZR 82/1984	FamRZ 1986, 434	NJW 1986, 1340
R283	BGH	11.12.1985	IVb ZR 83/1984	FamRZ 1986, 436	NJW 1986, 1339
R284	BGH	15.01.1986	IVb ZR 22/1985	FamRZ 1986, 556	NJW-RR 1986, 685
R285	BGH	15.01.1986	IVb ZR 6/1985	FamRZ 1986, 444	NJW 1986, 1167
R286	BGH	15.01.1986	IVb ZR 81/1984		NJW-RR 1986, 748
R288	BGH	29.01.1986	IVb ZR 9/1985	FamRZ 1986, 437	NJW 1986, 1342
R289	BGH	19.02.1986	IVb ZR 13/1985	FamRZ 1986, 441	NJW-RR 1986, 682
R290	BGH	19.02.1986	IVb ZR 16/1985	FamRZ 1986, 439	NJW-RR 1986, 683
R291	BGH	19.02.1986	IVb ZR 71/1984		NJW 1986, 1751
R292	BGH	05.03.1986	IVb ZR 12/1985	FamRZ 1986, 560	NJW-RR 1986, 746
R293	BGH	19.03.1986	IVb ZR 18/1985	FamRZ 1986, 668	NJW 1986, 1869
R294	BGH	19.03.1986	IVb ZR 19/1985	FamRZ 1986, 661	
R296	BGH	23.04.1986	IVb ZR 29/1985		NJW 1986, 2047
R297	BGH	23.04.1986	IVb ZR 30/1985	FamRZ 1986, 790	NJW 1986, 2054
R298	BGH	23.04.1986	IVb ZR 33/1985	FamRZ 1986, 798	NJW 1986, 2758
R299	BGH	23.04.1986	IVb ZR 34/1985	FamRZ 1986, 783	NJW 1987, 58
R300	BGH	07.05.1986	IVb ZR 49/1985	FamRZ 1986, 793	NJW 1986, 2057
R301	BGH	07.05.1986	IVb ZR 55/1985	FamRZ 1986, 780	NJW-RR 1986, 1002
R302	BGH	04.06.1986	IVb ZR 45/1985	FamRZ 1986, 885	NJW 1986, 3080
R303	BGH	04.06.1986	IVb ZR 48/1985	FamRZ 1986, 889	NJW-RR 1986, 1194
R304	BGH	04.06.1986	IVb ZR 50/1985	FamRZ 1986, 881	NJW-RR 1986, 1196
R304A	BGH	04.06.1986	IVb ZB 51/1985	FamRZ 1987, 58	NJW-RR 1986, 1261
R305	BGH	02.07.1986	IVb ZR 37/1985	FamRZ 1986, 1085	NJW-RR 1987, 196
R306	BGH	02.07.1986	IVb ZR 57/1985		NJW-RR 1986, 1262
R307	BGH	09.07.1986	IVb ZR 39/1985	FamRZ 1986, 886	NJW 1986, 2832
R308	BGH	17.09.1986	IVb ZR 59/1985	FamRZ 1987, 40	NJW 1987, 1546
R310	BGH	01.10.1986	IVb ZR 68/1985	FamRZ 1987, 36	NJW 1987, 194
R312	BGH	15.10.1986	IVb ZR 78/1985	FamRZ 1987, 259	NJW 1987, 1201
R313	BGH	15.10.1986	IVb ZR 79/1985	FamRZ 1987, 46	NJW 1987, 776
R314	BGH	29.10.1986	IVb ZR 82/1985	FamRZ 1987, 144	NJW 1987, 898
R315	BGH	26.11.1986	IVb ZR 64/1985	FamRZ 1987, 270	NJW 1987, 647
R316	BGH	26.11.1986	IVb ZR 91/1985	FamRZ 1987, 257	NJW-RR 1987, 516
R317	BGH	10.12.1986	IVb ZR 63/1985	FamRZ 1987, 252	NJW-RR 1987, 514
R318	BGH	14.01.1987	IVb ZR 3/1986		NJW-RR 1987, 386
R320	BGH	14.01.1987	IVb ZR 65/1985	FamRZ 1987, 356	NJW 1987, 893
R321	BGH	14.01.1987	IVb ZR 89/1985	FamRZ 1987, 359	NJW 1987, 1554
R322	BGH	14.01.1987	IVb ZR 93/1985	FamRZ 1987, 266	NJW 1987, 897
R323	BGH	11.02.1987	IVb ZR 15/1986	FamRZ 1987, 572	NJW 1987, 1761
R324	BGH	11.02.1987	IVb ZR 20/1986	FamRZ 1987, 459	NJW 1987, 1555
R326	BGH	11.02.1987	IVb ZR 25/1986	FamRZ 1987, 470	NJW 1987, 1557
R327	BGH	11.02.1987	IVb ZR 81/1985	FamRZ 1987, 472	NJW 1987, 1549
R328	BGH	25.02.1987	IVb ZR 28/1986	FamRZ 1987, 930	NJW-RR 1987, 706
R329	BGH	25.02.1987	IVb ZR 36/1986	FamRZ 1987, 456	NJW 1987, 1551
R330	BGH	18.03.1987	IVb ZR 31/1986	FamRZ 1987, 916	
R331	BGH	25.03.1987	IVb ZR 32/1986	FamRZ 1987, 684	NJW 1987, 2229
R332	BGH	01.04.1987	IVb ZR 33/1986	FamRZ 1987, 691	NJW 1987, 2739
R333	BGH	01.04.1987	IVb ZR 35/1986	FamRZ 1987, 795	NJW 1987, 2233
R334	BGH	01.04.1987	IVb ZR 41/1986	FamRZ 1987, 682	NJW-RR 1987, 1474
R336	BGH	21.04.1987	IVb ZR 94/1985	FamRZ 1987, 372	NJW-RR 1987, 770
R337	BGH	06.05.1987	IVb ZR 61/1986	FamRZ 1987, 689	NJW 1987, 3129
R338	BGH	20.05.1987	IVb ZR 50/1986	FamRZ 1987, 1011	NJW-RR 1987, 1282
R339	BGH	03.06.1987	IVb ZR 64/1986	FamRZ 1987, 913	NJW-RR 1987, 1218
R341	BGH	24.06.1987	IVb ZR 73/1986	FamRZ 1989, 838	NJW-RR 1987, 1285
R342	BGH	01.07.1987	IVb ZR 74/1986	FamRZ 1987, 1014	
R343	BGH	30.09.1987	IVb ZR 71/1986	FamRZ 1988, 46	NJW 1988, 557
R344	BGH	30.09.1987	IVb ZR 79/1986	FamRZ 1987, 1238	NJW-RR 1988, 70
R346	BGH	04.11.1987	IVb ZR 75/1986	FamRZ 1988, 159	NJW 1988, 2371
R347	BGH	04.11.1987	IVb ZR 81/1986	FamRZ 1988, 145	NJW-RR 1988, 514

R 349	BGH	25. 11. 1987	IVb ZR 109/1986	FamRZ 1988, 386	NJW-RR 1988, 582
R 350	BGH	25. 11. 1987	IVb ZR 96/1986		NJW 1988, 1965
R 351	BGH	09. 12. 1987	IVb ZR 5/1987	FamRZ 1988, 268	NJW 1988, 1906
R 352	BGH	09. 12. 1987	IVb ZR 97/1986	FamRZ 1988, 259	NJW 1988, 2376
R 353	BGH	09. 12. 1987	IVb ZR 99/1986	FamRZ 1988, 478	
R 354	BGH	16. 12. 1987	IVb ZR 102/1986	FamRZ 1988, 265	NJW 1988, 2369
R 355	BGH	23. 12. 1987	IVb ZR 108/1986	FamRZ 1988, 256	NJW-RR 1988, 519
R 356	BGH	13. 01. 1988	IVb ZR 15/1987	FamRZ 1988, 375	NJW 1988, 1147
R 357	BGH	13. 01. 1988	IVb ZR 7/1987	FamRZ 1988, 370	NJW 1988, 1137
R 358	BGH	10. 02. 1988	IV ZR 16/1987	FamRZ 1988, 927	NJW-RR 1988, 1218
R 359	BGH	10. 02. 1988	IVb ZR 19/1987	FamRZ 1988, 486	NJW 1988, 2105
R 360	BGH	24. 02. 1988	IVb ZR 29/1987	FamRZ 1988, 607	NJW 1988, 1720
R 361	BGH	24. 02. 1988	IVb ZR 3/1987	FamRZ 1988, 604	NJW 1988, 2799
R 362	BGH	16. 03. 1988	IVb ZR 40/1987	FamRZ 1988, 701	NJW 1988, 2034
R 363	BGH	16. 03. 1988	IVb ZR 41/1987	FamRZ 1988, 597	NJW 1988, 2239
R 364	BGH	13. 04. 1988	IVb ZR 34/1987	FamRZ 1988, 705	NJW 1988, 1722
R 365	BGH	13. 04. 1988	IVb ZR 46/1987	FamRZ 1988, 820	NJW 1988, 2886
R 366	BGH	13. 04. 1988	IVb ZR 49/1987	FamRZ 1988, 1039	
R 367	BGH	27. 04. 1988	IVb ZR 56/1987	FamRZ 1988, 831	NJW 1988, 1974
R 368	BGH	27. 04. 1988	IVb ZR 58/1987	FamRZ 1988, 930	NJW-RR 1988, 834
R 369	BGH	11. 05. 1988	IVb ZR 42/1987	FamRZ 1988, 817	NJW 1988, 2101
R 372	BGH	08. 06. 1988	IVb ZR 68/1987	FamRZ 1988, 1145	NJW-RR 1988, 1282
R 373	BGH	13. 07. 1988	IVb ZR 39/1987	FamRZ 1988, 1031	NJW-RR 1988, 1093
R 374	BGH	13. 07. 1988	IVb ZR 85/1987	FamRZ 1988, 1156	
R 375	BGH	05. 10. 1988	IVb ZR 91/1987	FamRZ 1989, 150	NJW 1989, 526
R 377	BGH	19. 10. 1988	IVb ZR 97/1987	FamRZ 1989, 159	NJW-RR 1989, 322
R 378	BGH	02. 11. 1988	IVb ZR 101/1987		NJW-RR 1989, 196
R 379	BGH	02. 11. 1988	IVb ZR 7/1988	FamRZ 1989, 170	NJW 1989, 524
R 380	BGH	23. 11. 1988	IVb ZR 20/1988	FamRZ 1989, 172	NJW 1989, 1033
R 381	BGH	07. 12. 1988	IVb ZR 15/1988	FamRZ 1989, 272	NJW 1989, 523
R 382	BGH	07. 12. 1988	IVb ZR 23/1988	FamRZ 1989, 483	NJW-RR 1989, 386
R 383	BGH	21. 12. 1988	IVb ZR 18/1988	FamRZ 1989, 487	NJW 1989, 1083
R 386	BGH	15. 02. 1989	IVb ZR 41/1988	FamRZ 1989, 718	NJW 1989, 1990
R 387	BGH	22. 02. 1989	IVb ZB 5/1989	FamRZ 1989, 731	
R 388	BGH	26. 04. 1989	IVb ZR 59/1988	FamRZ 1989, 842	NJW 1989, 1992
R 389	BGH	26. 04. 1989	IVb ZR 64/1988	FamRZ 1990, 266	
R 391	BGH	07. 06. 1989	IVb ZR 51/1988	FamRZ 1989, 853	NJW 1989, 2253
R 392	BGH	07. 06. 1989	IVb ZR 63/1988	FamRZ 1990, 258	NJW-RR 1989, 1154
R 393	BGH	21. 06. 1989	IVb ZR 73/1988	FamRZ 1989, 1054	NJW-RR 1989, 1218
R 394	BVerfG	04. 07. 1989	1 BvR 537/1987	FamRZ 1989, 941	NJW 1989, 2807
R 395	BGH	12. 07. 1989	IVb ZR 66/1988	FamRZ 1989, 1160	NJW 1989, 2809
R 396	BGH	27. 09. 1989	IVb ZR 78/1988	FamRZ 1989, 1279	
R 397	BGH	27. 09. 1989	IVb ZR 83/1988	FamRZ 1990, 149	NJW-RR 1990, 327
R 399	BGH	18. 10. 1989	IVb ZR 89/1988	FamRZ 1990, 260	NJW 1990, 1172
R 400	BGH	15. 11. 1989	IVb ZR 3/1989	FamRZ 1990, 283	NJW-RR 1990, 323
R 401	BGH	15. 11. 1989	IVb ZR 95/1988	FamRZ 1990, 280	NJW-RR 1990, 194
R 403	BGH	29. 11. 1989	IVb ZR 16/1989	FamRZ 1990, 394	NJW 1990, 713
R 404	BGH	13. 12. 1989	IVb ZR 79/1989	FamRZ 1990, 492	NJW 1990, 1847
R 405	BGH	19. 12. 1989	IVb ZR 9/1989	FamRZ 1990, 269	NJW 1990, 709
R 406	BGH	17. 01. 1990	XII ZR 23/1989		NJW 1990, 1853
R 407	BGH	24. 01. 1990	XII ZR 2/1989	FamRZ 1990, 499	NJW 1990, 1477
R 412	BGH	31. 01. 1990	XII ZR 21/1989	FamRZ 1990, 979	NJW-RR 1990, 578
R 413	BGH	31. 01. 1990	XII ZR 35/1989	FamRZ 1990, 503	NJW-RR 1990, 514
R 414	BGH	31. 01. 1990	XII ZR 36/1989	FamRZ 1990, 496	NJW 1990, 2752
R 415	BGH	14. 02. 1990	XII ZR 39/1989	FamRZ 1990, 491	NJW 1990, 1476
R 416	BGH	14. 02. 1990	XII ZR 51/1989	FamRZ 1990, 981	NJW-RR 1990, 580
R 417	BGH	28. 03. 1990	XII ZR 64/1989	FamRZ 1990, 857	NJW 1990, 2810
R 418	BGH	11. 04. 1990	XII ZR 42/1989	FamRZ 1990, 989	NJW 1990, 3274
R 419	BGH	02. 05. 1990	XII ZR 72/1989	FamRZ 1990, 849	NJW 1991, 356
R 420	BGH	16. 05. 1990	XII ZR 40/1989	FamRZ 1990, 851	NJW 1990, 2252
R 421	BGH	30. 05. 1990	XII ZR 57/1989	FamRZ 1990, 1095	NJW-RR 1990, 1410
R 422	BGH	12. 07. 1990	XII ZR 85/1989	FamRZ 1990, 1095	NJW 1990, 3020

Entscheidungs-Reg.

R 423	BGH	20. 07. 1990	XII ZR 73/1989	FamRZ 1990, 1085	NJW 1990, 2886
R 424	BGH	20. 07. 1990	XII ZR 74/1989	FamRZ 1990, 1090	NJW-RR 1990, 1346
R 425	BGH	26. 09. 1990	XII ZR 45/1989	FamRZ 1991, 304	NJW-RR 1991, 132
R 426	BGH	29. 11. 1990	IX ZR 94/1990	FamRZ 1991, 295	NJW 1991, 839
R 427	BGH	10. 10. 1990	XII ZR 99/1989	FamRZ 1991, 307	NJW-RR 1991, 130
R 428	BGH	10. 10. 1990	XII ZR 111/1989	FamRZ 1991, 320	NJW-RR 1991, 195
R 429	BGH	24. 10. 1990	XII ZR 124/1989	FamRZ 1991, 322	NJW-RR 1991, 194
R 430	BGH	07. 11. 1990	XII ZR 123/1989	FamRZ 1991, 182	NJW 1991, 697
R 431	BGH	28. 11. 1990	XII ZR 1/1990	FamRZ 1991, 670	NJW 1991, 1290
R 432	BGH	28. 11. 1990	XII ZR 16/1990	FamRZ 1991, 306	NJW 1991, 913
R 433	BGH	28. 11. 1990	XII ZR 26/1990	FamRZ 1991, 542	NJW-RR 1991, 514
R 435	BGH	19. 12. 1990	XII ZR 27/1990	FamRZ 1991, 416	NJW 1991, 1049
R 436	BGH	07. 05. 1991	XII ZR 69/1990	FamRZ 1991, 1414	NJW-RR 1991, 1346
R 437	BGH	10. 07. 1991	XII ZR 166/1990	FamRZ 1991, 1163	NJW 1991, 2703
R 438	BGH	09. 10. 1991	XII ZR 170/1990	FamRZ 1992, 162	NJW 1992, 364
R 439	BGH	23. 10. 1991	XII ZR 174/1990	FamRZ 1992, 170	NJW 1992, 501
R 440	BGH	27. 11. 1991	XII ZR 226/1990	FamRZ 1992, 291	NJW 1992, 906
R 441	BGH	11. 12. 1991	XII ZR 245/1990	FamRZ 1992, 426	NJW 1992, 974
R 442	BGH	18. 12. 1991	XII ZR 2/1991	FamRZ 1992, 423	NJW 1992, 1044
R 443	BGH	18. 12. 1991	XII ZR 79/1991	FamRZ 1992, 535	NJW-RR 1992, 450
R 444	BGH	29. 01. 1992	XII ZR 239/1990	FamRZ 1992, 539	NJW 1992, 1621
R 445	BGH	26. 02. 1992	XII ZR 93/1991	FamRZ 1992, 795	NJW 1992, 1393
R 446	BGH	26. 02. 1992	XII ZR 97/1991	FamRZ 1992, 1064	NJW-RR 1992, 1026
R 447	BGH	18. 03. 1992	XII ZR 1/1991	FamRZ 1992, 797	NJW 1992, 1624
R 448	BGH	18. 03. 1992	XII ZR 23/1991	FamRZ 1992, 1045	NJW 1992, 2477
R 449	BGH	29. 04. 1992	XII ZR 105/1991	FamRZ 1992, 920	NJW 1992, 1956
R 452	BGH	17. 06. 1992	XII ZR 119/1991	FamRZ 1992, 1152	NJW 1992, 2415
R 453	BGH	20. 05. 1992	XII ZR 131/1991	FamRZ 1992, 1407	NJW 1992, 1090
R 454	BGH	08. 07. 1992	XII ZR 127/1991		NJW-RR 1992, 1282
R 455	BGH	09. 07. 1992	XII ZR 57/1991	FamRZ 1992, 1403	NJW 1992, 3164
R 456	BGH	23. 09. 1992	XII ZR 157/1991	FamRZ 1993, 43	NJW-RR 1992, 1474
R 457	BVerfG	21. 10. 1992	1 BvR 1233/1991	FamRZ 1993, 171	NJW 1993, 2926
R 458	BGH	25. 11. 1992	XII ZR 164/1991	FamRZ 1993, 417	NJW-RR 1993, 322
R 459	BGH	13. 01. 1993	XII ZR 212/1990	FamRZ 1993, 676	NJW-RR 1993, 386
R 460	BGH	27. 01. 1993	XII ZR 206/1991	FamRZ 1993, 789	NJW-RR 1993, 898
R 461	BGH	21. 04. 1993	XII ZR 248/1991	FamRZ 1993, 1065	NJW 1993, 1920
R 462	BGH	12. 05. 1993	XII ZR 18/1992	FamRZ 1993, 1057	NJW 1993, 2238
R 462A	BGH	12. 05. 1993	XII ZR 24/1992	FamRZ 1993, 1055	NJW 1993, 1974
R 463	BGH	16. 06. 1993	XII ZR 6/1992	FamRZ 1993, 1186	NJW 1993, 2105
R 464	BGH	16. 06. 1993	XII ZR 49/1992	FamRZ 1993, 1304	NJW-RR 1993, 1283
R 465	BGH	29. 09. 1993	XII ZB 97/1993	FamRZ 1994, 101	NJW 1993, 3206
R 466	BGH	06. 10. 1993	XII ZR 112/1992	FamRZ 1994, 21	NJW 1994, 134
R 467	BGH	06. 10. 1993	XII ZR 116/1992	FamRZ 1994, 28	NJW 1993, 3262
R 468	BGH	20. 10. 1993	XII ZR 89/1992	FamRZ 1994, 87	NJW 1994, 190
R 469	BGH	10. 11. 1993	XII ZR 113/1992	FamRZ 1994, 240	NJW 1994, 258
R 470	BGH	10. 11. 1993	XII ZR 127/1992	FamRZ 1994, 160	NJW 1994, 382
R 471	BGH	24. 11. 1993	XII ZR 136/1992	FamRZ 1994, 228	NJW 1994, 935
R 472	BGH	01. 12. 1993	XII ZR 150/1992	FamRZ 1994, 303	NJW 1994, 938
R 473	BGH	15. 12. 1993	XII ZR 172/1992	FamRZ 1994, 372	NJW 1994, 1002
R 474	BGH	02. 02. 1994	XII ZR 191/1992	FamRZ 1994, 562	DtZ 1994, 371
R 475	BGH	09. 02. 1994	XII ZR 183/1992	FamRZ 1994, 566	NJW 1994, 1286
R 476	BGH	09. 02. 1994	XII ZR 220/1992	FamRZ 1994, 558	NJW-RR 1994, 644
R 477	BGH	02. 03. 1994	XII ZR 215/1992	FamRZ 1994, 696	NJW 1994, 1530
R 478	BGH	16. 03. 1994	XII ZR 225/1992	FamRZ 1994, 829	NJW 1994, 1733
R 479	BGH	05. 05. 1994	XII ZR 98/1993	FamRZ 1995, 348	NJW 1994, 2895
R 479A	BGH	25. 05. 1994	XII ZR 17/1993	FamRZ 1995, 540	
R 480	BGH	25. 05. 1994	XII ZR 78/1993	FamRZ 1994, 1102	NJW 1994, 2234
R 481	BGH	22. 06. 1994	XII ZR 100/1993	FamRZ 1994, 1169	NJW 1994, 2618
R 482	BGH	29. 06. 1994	XII ZR 79/1993	FamRZ 1994, 1100	NJW-RR 1994, 1155
R 482A	BGH	21. 09. 1994	XII ZR 161/1993		NJW-RR 1995, 129
R 482B	BGH	28. 09. 1994	XII ZR 250/1993	FamRZ 1995, 799	
R 483	BGH	09. 11. 1994	XII ZR 206/1993	FamRZ 1995, 215	NJW 1995, 717

abgedruckten Entscheidungen **Entscheidungs-Reg.**

R 484	BGH	09. 11. 1994	XII ZR 66/1994	FamRZ 1995, 160	NJW 1995, 323
R 485	BGH	23. 11. 1994	XII ZR 168/1993	FamRZ 1995, 221	
R 485A	BGB	24. 11. 1994	GSZ 1/1994	FamRZ 1995, 349	NJW 1995, 664
R 485B	BGB	30. 11. 1994	XII ZR 59/1993	FamRZ 1995, 216	NJW 1995, 652
R 486	BGH	30. 11. 1994	XII ZR 215/1993	FamRZ 1995, 416	NJW 1995, 718
R 487	BGH	30. 11. 1994	XII ZR 226/1993	FamRZ 1995, 291	NJW 1995, 717
R 488	BGH	14. 12. 1994	XII ZR 180/1993	FamRZ 1995, 344	NJW 1995, 655
R 489	BGH	11. 01. 1995	XII ZR 236/1993	FamRZ 1995, 343	NJW 1995, 962
R 490	BGH	11. 01. 1995	XII ZR 122/1993	FamRZ 1995, 346	NJW 1995, 963
R 490A	BGB	25. 01. 1995	XII ZR 195/1993	FamRZ 1995, 1405	NJW-RR 1995, 449
R 491	BGH	25. 01. 1995	XII ZR 240/1993	FamRZ 1995, 475	NJW 1995, 1215
R 492	BGH	25. 01. 1995	XII ZR 247/1993	FamRZ 1995, 554	NJW 1995, 1345
R 492A	BGB	01. 02. 1995	XII ZR 2/1994	FamRZ 1995, 473	DtZ 1995, 207
R 493	BGH	22. 02. 1995	XII ZR 80/1994	FamRZ 1995, 537	NJW 1995, 1486
R 493A	BGB	22. 03. 1995	XII ZR 20/1994	FamRZ 1995, 725	NJW 1995, 2032
R 493B	BGB	15. 03. 1995	XII ZR 257/1993	FamRZ 1995, 665	NJW 1995, 1891
R 494	BGH	29. 03. 1995	XII ZR 45/1994	FamRZ 1995, 869	NJW-RR 1995, 835
R 495	BGH	20. 06. 1995	XI ZB 9/1995	FamRZ 1995, 1137	NJW 1995, 2497
R 496	BGH	25. 10. 1995	XII ZR 247/1994	FamRZ 1996, 160	NJW-RR 1996, 321
R 497	BGB	15. 11. 1995	XII ZR 231/1994	FamRZ 1996, 345	NJW 1996, 517
R 498	BVerfG	18. 12. 1995	1 BvR 1206/1992	FamRZ 1996, 343	NJW 1996, 915
R 499	BGH	07. 02. 1996	XII ZB 107/1994	FamRZ 1996, 934	
R 500	BGH	13. 03. 1996	XII ZR 2/1995	FamRZ 1996, 796	NJW 1996, 1815
R 501	BGH	20. 03. 1996	XII ZR 45/1995	FamRZ 1996, 798	NJW 1996, 1817
R 502	BGH	03. 04. 1996	XII ZR 86/1995	FamRZ 1996, 725	NJW 1996, 1894
R 503	BGH	17. 04. 1996	XII ZB 27/1996	FamRZ 1996, 1004	
R 504	BGH	17. 04. 1996	XII ZB 42/1996	FamRZ 1996, 1004	NJW 1996, 2038
R 505	BGH	15. 05. 1996	XII ZR 21/1995	FamRZ 1996, 1067	NJW E-FER 1996, 15
R 506	BGH	03. 07. 1996	XII ZR 99/1995	FamRZ 1996, 1203	NJW 1996, 3273
R 507	BGH	10. 07. 1996	XII ZR 121/1995	FamRZ 1996, 1272	NJW 1996, 2793
R 508	BGH	13. 11. 1996	XII ZR 125/1995	FamRZ 1997, 484	NJW 1997, 731
R 509	BGH	20. 11. 1996	XII ZR 70/1995	FamRZ 1997, 281	NJW 1997, 735
R 510	BGH	21. 01. 1997	XII ZR 257/1995	FamRZ 1997, 483	NJW 1997, 1439
R 511	BGH	19. 02. 1997	XII ZR 236/1995	FamRZ 1997, 608	NJW-RR 1997, 641
R 511A	BGH	12. 03. 1997	XII ZR 153/1995	FamRZ 1997, 671	NJW 1997, 1851
R 511B	BGH	19. 03. 1997	XII ZR 277/1995	FamRZ 1997, 811	NJW 1997, 2176
R 512	BGH	16. 04. 1997	XII 233/1995	FamRZ 1997, 806	NJW 1997, 1919
R 513	BGH	16. 04. 1997	XII ZR 293/1995	FamRZ 1997, 873	NJW-RR 1997, 897
R 514	BGH	01. 10. 1997	XII ZR 49/1996	FamRZ 1998, 99	NJW 1998, 161
R 515	BGH	22. 10. 1997	XII ZR 278/1995	FamRZ 1998, 357	NJW E-FER 1998, 64
R 516	BGH	22. 10. 1997	XII ZR 12/1996	FamRZ 1998, 87	NJW 1998, 753
R 517	BGH	05. 11. 1997	XII ZR 20/1996	FamRZ 1998, 367	NJW 1998, 978
R 518	BGH	19. 11. 1997	XII ZR 1/1996	FamRZ 1998, 286	NJW-RR 1998, 505
R 519	BGH	17. 12. 1997	XII ZR 38/1996	FamRZ 1998, 426	NJW 1998, 1065
R 520	BGH	21. 01. 1998	XII ZR 85/1996	FamRZ 1998, 541	NJW 1998, 1309
R 521	BGH	21. 01. 1998	XII ZR 117/1996	FamRZ 1998, 1501	NJW-RR 1998, 721
R 522	BGH	21. 01. 1998	XII ZR 140/1996	FamRZ 1998, 608	NJW 1998, 1553
R 523	BGH	04. 03. 1998	XII ZR 173/1996	FamRZ 1998, 671	NJW 1998, 1555
R 524	BGH	11. 03. 1998	XII ZR 190/1996	FamRZ 1998, 818	NJW 1998, 2219
R 525	BGH	22. 04. 1998	XII ZR 161/1996	FamRZ 1998, 899	NJW 1998, 2821
R 526	BGH	22. 04. 1998	XII ZR 221/1996	FamRZ 1998, 951	NJW 1998, 2433
R 527	BGH	29. 04. 1998	XII ZR 266/1996	FamRZ 1998, 953	NJW-RR 1998, 1153
R 528	BGH	01. 07. 1998	XII ZR 272/1997	FamRZ 1998, 1165	NJW 1998, 3116
R 529	BGH	25. 11. 1998	XII ZR 33/1997	FamRZ 1999, 372	NJW-RR 1999, 297
R 530	BGH	25. 11. 1998	XII ZR 98/1997	FamRZ 1999, 367	NJW 1999, 717
R 531	BGH	27. 01. 1999	XII ZR 89/1997	FamRZ 1999, 710	NJW 1999, 1630
R 532	BGH	03. 02. 1999	XII ZR 146/1997	FamRZ 1999, 708	NJW 1999, 1547
R 533	BGH	17. 03. 1999	XII ZR 139/1997	FamRZ 1999, 843	NJW 1999, 2365
R 534	BGH	16. 06. 1999	XII ZA 3/1999	FamRZ 1999, 1422	

Sachverzeichnis

Abänderung des Unterhalts:
- bei Änderungen der Bedürftigkeit: 4/541
- bei Änderungen der Leistungsfähigkeit: 5/31 f
- bei Änderung von Unterhaltstabellen: 2/227
- bei trennungsbedingtem Mehrbedarf: 4/432
- bei Vereinbarungen zum Ehegattenunterhalt: 6/601
- bei Verrentung: 4/338 ff
- bei Volljährigkeit: 2/19, 2/339
- bei Vorsorgeunterhalt: 4/459, 4/465, 4/489 f, 4/524

Abänderung des Vorsorgeunterhalts:
- erstmals V. bei Abänderung: 4/459, 4/490, 8/23, 8/24
- bei nicht bestimmungsgemäßer Verwendung: 4/465, 4/491, 4/524
- bei Veränderung des Elementarunterhalts: 4/489

Abänderungsklage:
Begründetheit:
- Änderung der Gesetzgebung: 8/163 a
- Änderung von Eckwerten: 8/158 b
- Änderung von Fiktionen: 8/158 c
- Änderung von Tabellensätzen: 8/158 b
- Anpassungsmaßstab: 8/165
- Anrechnungsmethode: 8/162 b
- Bestandskraft: 8/162
- Bindungswirkung: 8/162
- Differenzmethode: 8/162 b
- einzelne Abänderungsgründe: 8/159
- Erwerbstätigenbonus: 8/162 c
- höhere Altersstufe: 8/160 a
- Nachhaltigkeit: 8/158 a
- nachträgliche Änderung: 8/160
- offene Teilklage: 8/161
- Präklusion nicht vorgetragener Umstände: 8/160 b
- Prognoseänderungen: 8/158 a
- Rücklagenbildung: 8/165
- unschlüssige Abänderungsklage: 8/165 a
- verdeckte Teilklage: 8/161
- Vorsorgebedarf: 8/162 d
- Wegfall der Geschäftsgrundlage: 8/164
- Wesentlichkeit der Änderung: 8/158
- Wohnvorteil: 8/162 c

Zulässigkeit:
- allgemeine Prozeßvoraussetzungen: 8/154
- ausländische Urteile: 7/248
- Behauptung der wesentlichen Veränderung: 8/157
- besondere Prozeßvoraussetzungen: 8/155
- Identität der Parteien: 8/156
- Identität des Streitgegenstandes: 8/155
- Klagebefugnis des Rechtsnachfolgers: 8/156
- örtliche Zuständigkeit: 8/154

- Prozeßführungsbefugnis für Minderjährige: 8/155
- sachliche Zuständigkeit: 8/154
- Verbundentscheidung: 8/155
- Widerklage: 8/154
- Wohnsitzgerichtsstand: 8/154
- Abänderungkriterien bei Prozeßvergleichen: 8/169 ff
- Abänderungsentscheidung: 8/167
- Abgrenzung zu Rechtsmitteln: 8/153
- Abgrenzung zur Nachforderungsklage: 8/151
- Abgrenzung zur negativen Feststellungsklage: 8/150
- Abgrenzung zur Vollstreckungsabwehrklage: 8/145
- Abgrenzung zur Zusatzklage: 8/151
- Anwaltsvergleiche: 8/168
- Anwendungsbereich: 8/141
- außergerichtliche Vergleiche: 8/168
- Begründetheit: 8/158 ff
- Beschlüsse im vereinfachten Verfahren: 8/143 a
- Beweislast im Abänderungsverfahren: 8/166
- einstweilige Anordnungen: 8/144
- Erinnerung statt Abänderungsklage: 8/149
- gerichtliche Vergleiche: 8/143 a
- Gerichtsurkunden: 8/143 a
- Jugendamtsurkunden: 8/168
- Kapitalabfindung: 8/142
- klageabweisende Urteile: 8/142 a
- Kostenentscheidung: 8/167 a
- nach § 654 ZPO: 8/350 ff
- Notarurkunden: 8/143 a
- privatschriftliche Vereinbarungen: 8/144
- Prozeßvergleich: 8/168
- Schiedsvergleiche: 8/143 a
- Schuldtitel des § 323 IV ZPO: 8/168
- Streitgegenstand: 8/140
- Streitwert: 8/167 b
- Streitwert der: 8/102
- Titel im vereinfachten Verfahren: 8/168
- Unterwerfungserklärungen: 8/144 a
- und vereinfachtes Verfahren nach § 655 ZPO: 8/175
- vollstreckbare Urkunden: 8/168
- Zulässigkeit: 8/154 ff

Abfindungen: 8/35, 8/39
- allgemein: 1/16
- Verteilung auf größeren Zeitraum: 1/71, 2/257

s. a.: Kapitalabfindung

Abgabe: 8/12, 8/15

Abgeordnetenentschädigungen: 1/55

abhängige Arbeit:
s.: Einkünfte aus a. A.

1689

Sachverzeichnis

Abitur – Lehre – Studium: 2/80 ff
Ablehnung von Familienrichtern: 8/16 a
Abschreibungen:
- bei abhängig Beschäftigten: 1/102
- allgemein: 1/119
- bei bilanzierenden Unternehmern: 1/178
- bei Freiberuflern: 1/137
- bei geringwertigen Wirtschaftsgütern: 1/137
- bei Vermietung und Verpachtung: 1/200

Abschreibungsmodell: 1/202
Absehen von Eheschließung: 4/753
Absichtlicher Leistungsentzug: 6/103, 6/110 ff
- bei nichtehelichem Unterhalt: 6/103, 6/110 ff
- aus rechtlichen Gründen: 6/101 a, 6/105 a
- bei Trennungsunterhalt: 6/101 a, 6/105 a
- bei Verwandtenunterhalt: 6/101 a, 6/105 a

Abzug:
s.: Abzugsposten, Vorabzug

Abzugsposten:
- angemessener Wohnwert: 1/218
- Arbeitsloser: 1/504
- beim bereinigten Nettoeinkommen: 1/489 ff
- berücksichtigungswürdige Schulden: 1/516 ff
- berufsbedingte Aufwendungen: 1/489, 1/501 ff
- Direktversicherung: 1/437 a
- bei Einkünften Vermietung und Verpachtung: 1/198 ff
- Kindesunterhalt: 1/155 ff, 1/489, 4/188 ff
- Konsumkredit: 1/516
- Krankheit und Alter: 1/489
- Lehrling: 1/504
- Mehrbedarf: 1/505 ff
- Steuern: 1/489, 1/491 ff
- Unfallversicherung: 1/496
- vermögensbildete Aufwendungen: 1/489
- vermögenswirksame Leistungen: 1/560
- vorrangige Unterhaltspflichten: 1/558
- Vorsorgeaufwendungen: 1/489, 1/496 ff
- beim Wohnwert: 1/234 ff

s. a.: bereinigtes Nettoeinkommen, berücksichtigungswürdige Schulden, Kindesunterhalt als Abzugsposten

Additionsmethode: 4/386 ff
- Einkommensanrechnung bei A.: 4/532

Alkoholabhängigkeit:
- fiktives Einkommen: 1/416, 1/433
- Kündigung des Arbeitsplatzes: 4/284
- als Verwirkungsgrund: 4/673 ff

Alkoholmißbrauch:
- fiktives Einkommen bei A.: 1/416, 1/433

Alleinverdienerehe: 4/180
altersbedingter Mehrbedarf: 4/169
Altersstufe:
- Abänderungsklage bei Veränderung: 8/160 a

Altersunterhalt nach § 1571 BGB: 4/88 ff
- Abgrenzung zwischen Altersunterhalt und Erwerbslosigkeitsunterhalt nach § 1573 I: 4/91
- altersbedingte Hinderung an Erwerbstätigkeit: 4/90

- altersbedingte Teilerwerbsfähigkeit: 4/95
- angemessene Erwerbstätigkeit und Altersunterhalt: 4/90
- Anspruchsvoraussetzungen: 4/88 f
- Einsatzpunkte: 4/94
- maßgebliches Alter: 4/92
- Nebeneinander von Altersunterhalt mit Aufstockungsunterhalt nach § 1573 II: 4/95
- Umfang des Altersunterhalts als Anschlußunterhalt: 4/94

Altersvorsorge als Abzugsbetrag:
- bei nicht Selbständigen: 1/496
- bei Selbständigen: 1/498

s. a.: Vorsorgeunterhalt wegen Alters, Berufs- oder Erwerbsunfähigkeit

Altersvorsorgeunterhalt: 4/453
altes Recht:
- eheliche Lebensverhältnisse: 4/224
- unzumutbares Einkommen: 1/451
- Verwirkung: 4/607

anderer unterhaltspflichtiger Verwandter: 2/271 ff
- anderer Elternteil als a. u. V.: 2/274
- angemessener Bedarf der Eltern: 2/273
- angemessener Bedarf des Ehegatten: 2/273, 3/69
- Betreuungsbonus: 2/275
- Betreuungskosten: 2/275
- Beweislast: 2/281 a
- Großeltern als a. u. V.: 2/273
- keine gesteigerte Unterhaltspflicht des pflichtigen Elternteils: 2/271 ff
- Kindergeld: 2/276
- Ungleichgewicht der finanziellen Belastungen der Eltern: 2/274
- Unterhaltsberechnung: 2/277 ff

Änderungskorrekturklage:
- vereinfachtes Verfahren: 8/356

Anerkenntnis: 8/78 ff
Anerkenntnisurteil:
Anerkennung:
- und Abänderungsklage: 8/141

Anerkennung:
- ausländischer Entscheidungen: 7/237

angemessene Erwerbstätigkeit:
- bei Altersunterhalt: 4/90 f
- Angemessenheitskriterien nach § 1574 II BGB: 4/137 ff
- bei Aufstockungsunterhalt: 4/125
- Begriff nach § 1574 I und II BGB: 4/131 ff
- bei Erwerbslosigkeitsunterhalt nach § 1573 I BGB: 4/108
- bei Krankheitsunterhalt: 4/99
- bei Trennungsunterhalt: 4/24 ff

angemessener Bedarf:
- und eheangemessener Bedarf: 5/70

s. a.: angemessener Unterhalt

angemessener Selbstbehalt: 2/616 ff, 3/69, 4/573, 5/5
angemessener Selbstbehalt der Eltern beim Kindesunterhalt: 2/141, 2/272, 2/274, 2/407, 2/417 ff

Sachverzeichnis

- Düsseldorfer Tabelle: 2/417
- und eheangemessener Bedarf: 2/148, 2/272, 2/416
- des Ehegatten: 2/188, 2/274, 3/69
- Erhöhung: 2/423
- Herabsetzung: 2/428
- Leitlinien: 2/417 ff
- beim Minderjährigen: 2/272 ff
- neue Bundesländer: 6/632
- beim Volljährigen: 2/272
- Wohnkosten: 2/422, 2/426

angemessener Selbstbehalt von Verwandten: 2/273, 2/616 ff

angemessener Unterhalt:
- Verwandtenunterhalt: 5/62 a, 2/612

angemessener Wohnwert: 1/217 ff, 1/221 ff, 1/229 ff

Angemessenheitskontrolle beim Tabellenunterhalt: 2/124, 2/207, 2/242, 2/367

Anlagenverzeichnis: 1/162

Anpassungsklage: 8/221

Anpassungsmaßstab:
- Abänderungsklage: 8/165

Anrechnung des Einkommens auf den Bedarf: 4/540

s. a.: Bedürftigkeit

Anrechnung von Einkommen aus unzumutbarer Erwerbstätigkeit des Berechtigten: 4/542 ff
- nach altem Recht: 4/556
- Billigkeitsanrechnung: 4/550 ff
- Billigkeitskriterien: 4/550
- des Kindes: 2/88

anrechnungsfreier Betrag bei unzumutbarer Erwerbstätigkeit: 4/546 f

Anrechnungsmethode: 4/395
- Milderung durch trennungsbedingten Mehrbedarf: 4/429

Anschaffungskosten für Umlaufvermögen: 1/138

Anschlußberufung: 8/305 ff

Anschlußunterhalt: 4/48 ff
- Einsatzzeitpunkte: 4/48 ff
- Teilanschlußunterhalt: 4/50

Anschwärzen beim Arbeitgeber: 4/699

Ansprüche der nichtehelichen Mutter: 6/750 ff
- Allgemeines: 6/750 ff
- allgemeiner Anspruch (§ 1651 I BGB): 6/760
- beim Anspruch nach § 1615 I BGB: 6/760
- beim Anspruch nach § 1615 II BGB: 6/764
- besonderer Anspruch (§ 1615 II BGB): 6/761
- bei Schwangerschaftsabbruch: 6/767
- bei Totgeburt bzw. Fehlgeburt: 6/765
- einstweilige Verfügung: 6/774 ff
- Erstattung von Entbindungskosten: 6/755 ff
- gerichtliche Zuständigkeit: 6/751
- gesetzliche Neuregelung: 6/758
- kein Erlöschen bei Tod des Vaters: 6/754
- Maß des Unterhalts: 6/760, 6/764
- Rangfolge der Bedürftigen: 6/770
- Rangfragen: 6/768
- Rechtsnatur der Ansprüche: 6/753
- rechtswirksame Vaterschaftsfeststellung erforderlich: 6/752
- Subsidiarität des Anspruchs: 6/757
- Übernahme der Beerdigungskosten: 6/765
- Unterhaltsansprüche: 6/759 ff
- Unterhaltsrückstände: 6/771
- Verjährung: 6/765
- Verjährung der Unterhaltsansprüche: 6/773
- Vorrang des Vaters vor dem Ehemann: 6/769

Ansprüche gegen den nichtehelichen Vater:
s.: Ansprüche der nichtehelichen Mutter

Anwaltsvergleiche:
- Anwendbarkeit der Abänderungsklage: 8/168

Anwaltszwang: 8/123

Arbeitgebersparzulage: 1/55

Arbeitsanreiz: 4/373, 4/378

Arbeitsförderungsmaßnahmen:
- Übergang des Unterhaltsanspruchs auf Sozialhilfeträger: 6/522

Arbeitsgerichtsprozeß: 1/103

Arbeitslosengeld: 1/81, 4/238, 8/35

Arbeitslosenhilfe: 8/35
- Anspruchsvoraussetzungen: 6/593 f
- Auskunftsanspruch: 6/596
- als Einkommen: 1/82, 6/597
- Rückabtretung: 6/599
- Rückstand bei übergegangenem Anspruch: 6/102, 6/106 ff
- Überleitung des Unterhaltsanspruchs: 6/595

Arbeitslosenversicherung: 1/496

Arbeitsloser:
- berufsbedingte Aufwendungen: 1/504

Arbeitslosigkeit: 4/323, 4/331 ff
- prägendes und nichtprägendes Einkommen: 4/238, 4/284 ff

Arbeitsmittel: 1/103

Arbeitsplatzaufgabe: 1/413
- fiktive Einkünfte bei A.: 1/394
- Mangelfall: 5/27
- prägendes und nichtprägendes Einkommen: 4/284 ff

Arbeitsplatzrisiko des volljährigen Kindes: 2/63

Arbeitsplatzverlust:
- prägendes Einkommen: 4/232, 4/279
- prägendes und nichtprägendes Einkommen: 4/284 ff

Arbeitsplatzwechsel:
- fiktive Einkünfte: 1/394 f
- prägendes Einkommen: 4/232, 4/244, 4/280 ff

Arbeitsunfähigkeit:
s.: krankheitsbedingte A.

Arbeitsvertrag:
- Vorlegungspflicht: 1/584

Arbeitszimmer: 1/10, 1/104

Arglisteinwand:
- bei Berufung auf Aufrechnungsverbot: 6/307

Arrest: 8/262 ff

Sachverzeichnis

Arrestverfahren:
- als Familiensache: 8/3

Aufenthalt, gewöhnlicher:
- anwendbares Recht: 7/9

aufgedrängte Bereicherung: 1/217

aufgedrängte Vermögensbildung: 4/209

Aufhebung:
- Ehegattenunterhalt bei Eheaufhebung: 1/1c

Aufrechnung:
- A. mit Rückständen, Zinsen u. Sonderbedarf: 6/303
- A. nach §§ 394 BGB, 850b II ZPO: 6/302
- der Arglisteinwand gegen Berufung auf Aufrechnungsverbot: 6/307
- die Aufrechnungserklärung: 6/309
- Berücksichtigung des Selbstbehalts als Existenzminimum: 6/300
- das Problem: 6/300
- mit Rückforderungsansprüchen aus Unterhaltsüberzahlung: 6/311
- im Unterhaltsprozeß: 8/27
- verzugsbegründend: 6/113
- Vollstreckungsgegenklage bei A. gegen bestehende Unterhaltstitel: 6/301

Aufrechnungserklärung: 6/309

Aufstockungsunterhalt nach § 1573 II BGB:
- Anspruchsvoraussetzungen: 4/122
- Ausgleich nicht ganz geringfügiger Einkommensunterschiede: 4/128
- Ausübung einer angemessenen Erwerbstätigkeit oder Zurechnung fiktiv erzielbarer Einkünfte: 4/125
- Berechnung: 4/127
- eingeschränkte Subsidiarität: 4/130
- Einsatzzeitpunkt: 4/126
- Mindestbetrag: 4/128
- Verhältnis zu den Unterhaltstatbeständen nach §§ 1570, 1571, 1572 oder 1573 I BGB: 4/124

Aufwandsentschädigung: 8/35
- bei Abgeordneten: 1/55
- bei Freiberuflern: 1/133

Aufzeichnungspflichten:
- allgemein: 1/127

ausbildungsbedingter Mehrbedarf: 2/90 ff, 4/169
- bei Bedarfsbemessung nach festem Einsatzbetrag: 2/94, 2/382
- konkrete Darlegung: 2/95
- Leitlinien: 2/93, 2/382
- neue Bundesländer: 6/633
- Pauschalen: 2/93

Ausbildungsbeihilfe und Ausbildungsgeld: 1/367
s. a.: Ausbildungsvergütung; BAföG-Leistungen

Ausbildungsdauer: 2/65, 2/68
- Auslandsstudium: 2/68
- Bummelstudium: 2/69
- Darlegungs- und Beweislast: 2/68
- Krankheit: 2/68
- Nebenarbeit: 2/68
- Parkstudium: 2/70
- Regelausbildungszeit: 2/68
- Regelstudienzeit: 2/68
- Studienwechsel: 2/71
- Verlängerung der Ausbildung: 2/68

Ausbildungsobliegenheit des Ehegatten: 4/132, 4/144
- Erfüllung der Obliegenheit und Anspruch auf Ausbildungsunterhalt: 4/145
- Wahlrecht für Art der Ausbildung: 4/145

Ausbildungsobliegenheit des Kindes: 2/6
- des Minderjährigen: 2/6, 2/46 f
- des Volljährigen: 2/343 ff, 2/46 f, 2/6

Ausbildungsunterhalt des Ehegatten:
- Anspruch auf Fortbildung oder Umschulung nach § 1575 II BGB: 4/157
- mit § 1573 I BGB: 4/132, 4/144
- Ausbildungsunterhalt nach § 1575 BGB: 4/148 ff
- Begriff der Ausbildung: 4/159
- bei bestehender Lebensgemeinschaft: 3/24
- Verhältnis des Ausbildungsunterhalts nach § 1575 zu dem nach §§ 1574 III/1573 I BGB: 4/147
- Wahlrecht für Art der Ausbildung: 4/145
- für die Zeit des Getrenntlebens: 4/9 f

Ausbildungsunterhalt des Kindes: 2/56 ff
- angemessene Ausbildung: 2/57
- Arbeitsplatzrisiko: 2/63
- Ausbildungsanspruch: 2/56 ff
- Ausbildungsdauer: 2/65 ff, 2/68
- Ausbildungsverpflichtungen: 2/65 ff
- Auslandsstudium: 2/67 f, 2/403
- Beginn und Durchführung der Ausbildung: 2/65
- Berufswahl: 2/59 ff
- Eignung des Kindes: 2/62, 2/84
- Eltern in wirtschaftlich beengten Verhältnissen: 2/61
- Gegenseitigkeitsprinzip: 2/61
- Kontrollrechte der Eltern: 2/72
- Krankheit: 2/68
- Meisterprüfung: 2/68, 2/79
- nur eine Ausbildung: 2/58
- Promotion: 2/68
- Weiterbildung: 2/78 ff
- Zumutbarkeit für die Eltern: 2/61, 2/79, 2/83
- Zusatzstudium: 2/68
- Zweitausbildung: 2/58, 2/73 ff

Ausbildungsvergütung: 2/90 ff
- Abzugsposten: 1/504
- Anrechnung auf Bar- und Betreuungsunterhalt: 2/96 ff
- ausbildungsbedingter Mehrbedarf: 2/90 ff, 2/382
- Auskunft als Voraussetzung für rückständigen Unterhalt: 6/101, 6/104a

Ausbildungsverpflichtungen des Kindes: 2/65 ff, 2/344
- Ausbildungsdauer: 2/68 f
- Auslandsstudium: 2/67 f
- Bummelstudium: 2/69

Sachverzeichnis

- Kontrollrechte der Eltern: 2/72
- leichteres Versagen des Kindes: 2/68, 2/74
- Nichtbestehen einer Prüfung: 2/68
- Parkstudium: 2/70
- Regelstudienzeit: 2/68
- Studienort: 2/67 f
- Studienplan: 2/66
- Zielstrebigkeit: 2/65, 2/344

Ausgleichsanspruch, familienrechtlicher:
s.: *familienrechtlicher Ausgleichsanspruch*

Ausgleichsrente nach § 32 BVG: 1/339

Auskunftsanspruch:
- allgemein: 1/561
- Auskunft auf Verlangen: 6/233
- beim Ehegattenunterhalt: 1/564
- eidesstattliche Versicherung: 1/592
- als Familiensache: 8/3
- Gehaltsabrechnungen: 1/579, 2/519
- Häufigkeit: 1/574
- beim Kindesunterhalt: 1/565, 2/517 ff
- Kosten: 1/573
- Lohnsteuerkarte: 1/579, 2/519
- Österreich: 7/80
- Schadensersatz bei Verstoß gegen Auskunftspflichten: 1/576, 6/118, 6/233
- des Sozialhilfeträgers: 6/510
- systematische Aufstellung: 1/567
- ungefragte Informationen: 1/596, 6/233
- bei Unterhaltsbemessung nach festen Bedarfssätzen: 2/518
- Vollstreckung: 1/586 f, 1/589
- Zeitraum: 1/572
s. a.: *Belege*

Auskunftsklage: 8/53 f
- Beschwer des Bekl.: 8/53
- isolierte: 8/203
- keine einstw. Verf. auf Auskunft: 8/53
- keine im Verbund: 8/53
- Klageantrag: 8/53
- Vollstreckung: 8/53, 8/54

Auskunftspflicht, wechselseitige: 8/207

Ausländische Urteile:
- und Abänderungsklage: 8/141

Auslandsberührung: 7/1 ff
- „kein Unterhalt zu erlangen": 7/9 f
- Bedarfskorrektur: 7/15 ff
- Bemessung des Unterhalts: 7/14
- ersatzweise deutsches Recht: 7/11
- gemeinsame Staatsangehörigkeit: 7/7 f
- gewöhnl. Aufenthalt: 7/5 f
- Rechtsquellen (materiell): 7/1 f
- Rechtsverfolgung im Ausland: 2/534
- Scheidungsstatut: 7/12 f
- Unterhaltspflicht (Qualifikation): 7/3 f
- Währung: 7/29

Auslandsdienstbezüge:
- Anrechnung als Einkommen: 1/55
- berufsbedingte Aufwendungen bei A.: 1/109

Auslandsstudium: 2/67 f, 2/403, 6/17

Auslandsverfahrensrecht: 7/57 ff
- Abänderungsklage: 7/62 f

- Beitrittsgebiet (ehem. DDR): 7/67
- einstweiliger Rechtsschutz: 7/220
- Leistungsklage: 7/58 f
- Rechtshilfe: 7/66
- Rechtsquellen: 7/57
- Vollstreckung: 7/65
- Vollstreckungsklage: 7/61

Auslösen, Auslösungen: 1/58

Ausschließung von Familienrichtern: 8/16 a

Ausschluß des Anspruchsübergangs nach § 91 BSHG: 6/515 ff, 6/551 ff
- Bedarfsdeckung durch Sozialhilfe: 2/602, 6/552
- Bedarfsgemeinschaft: 6/516 f
- gegen Eltern einer Mutter, die Kleinkind betreut: 6/519
- gegen Eltern einer Schwangeren: 6/519
- bei fiktiven Einkünften des Schuldners: 6/557
- gegen Großeltern: 2/602, 6/518, 6/554
- laufende Zahlung: 6/515
- öffentlich-rechtliche Vergleichsberechnung: 6/523 ff, 6/566, 6/570 ff
- Rechtsfolgen: 6/551 ff
- Schuldnerschutz aus Billigkeitsgründen: 6/539
- unzulässige Rechtsausübung: 6/553
s. a.: *Bedarfsgemeinschaft; fiktives Einkommen im Sozialhilferecht; öffentlich-rechtliche Vergleichsberechnung; Sozialhilfe; Übergang des Unterhaltsanspruchs nach § 91 BSHG*

Außergerichtlicher Vergleich:
- Anwendbarkeit der Abänderungsklage: 8/168

Austrittsvergütungen: 1/71

Auswanderung mit Kind als Verwirkungsgrund: 4/730

Auszubildende:
- Abzugsfähigkeit ausbildungsbedingter Aufwendungen: 1/504

BAföG:
- Anspruchsübergang: 6/588
- als Baudarlehen: 6/586
- Bedarf des Auszubildenden: 6/586
- als Darlehen: 6/586
- Dauer der Förderung: 6/585 f
- als Einkommen: 1/356, 2/349
- Höhe des Volljährigenunterhalts: 2/130, 2/349
- Rückabtretung: 6/592
- Rückstand bei übergegangenem Unterhaltsanspruch: 6/102, 6/106 ff
- Unterhalt für Vergangenheit: 6/590
- Unterhaltsbestimmung durch Eltern: 2/35
- Vorausleistungen: 6/587
- Voraussetzungen der Förderung: 6/585
- als Zuschuß: 6/586

BAföG-Leistungen: 8/35
- und Bedürftigkeit beim Verwandtenunterhalt: 2/603

Barbezüge: 1/55

1693

Sachverzeichnis

Barunterhalt des Kindes: 2/8, 2/16, 2/98 f, 2/289 ff
- Anrechnung von Kindeseinkommen auch auf Betreuungsunterhalt: 2/96 ff
- Erbringung in anderer Art: 2/8
- Gleichwertigkeit mit dem Betreuungsunterhalt: 2/11 ff
- Krankenversicherung des Kindes: 2/8
- Mietzahlung durch Pflichtigen: 2/8
- und Naturalunterhalt: 2/9, 2/12
- und Sachleistungen: 2/8, 2/12
- Wohnungsgewährung durch Zahlung der Miete: 2/8

Barunterhaltspflicht beider Eltern bei Minderjährigen:
- Abzug eines Sockelbetrages: 2/299
- angemessener Selbstbehalt: 2/299
- Bedarfsbemessung: 2/119 ff, 2/291 ff
- bei beiderseitiger Berufstätigkeit: 2/289
- Berechnung des Unterhalts: 2/290 ff
- bei Drittbetreuung des Kindes: 2/289
- bei eigenem Hausstand des Kindes: 2/289
- Eingruppierung in Düsseldorfer Tabelle: 2/222, 2/292
- bei finanziellem Ungleichgewicht: 2/289
- Haftung für Restbedarf: 2/298
- Haftungsanteile der Eltern: 2/277, 2/298 ff
- im Mangelfall: 5/265 f
- Mehrbedarf: 2/136, 2/289, 2/321, 2/325
- notwendiger Selbstbehalt: 2/299
- Teilschulden: 1/549 ff, 2/442
- überobligationsmäßige Leistung eines Elternteils: 2/101
- wertende Veränderung der Haftungsanteile wegen Kindesbetreuung: 2/277, 2/306

s. a.: Minderjährigenunterhalt

Barunterhaltspflicht beider Eltern bei Volljährigen: 2/353, 2/433 ff, 2/467
- Abzug eines Sockelbetrages: 2/447
- Abzugsposten bei Einkommensermittlung: 2/441 ff
- angemessener Selbstbehalt: 2/447
- Auskunftspflicht: 2/517 f
- Bedarfsbemessung: 2/435 f
- Berechnung des Unterhalts: 2/440 ff, 2/448 ff
- bei Betreuung minderjähriger Kinder: 2/444
- Darlegungs- und Beweislast: 2/451
- Ehegattenunterhalt als Einkommen: 2/439
- fiktive Einkünfte eines Elternteils: 2/440
- Haftungsanteile der Eltern: 2/433 ff
- Leistungsfähigkeit: 2/440
- im Mangelfall: 5/263 f
- privilegiert volljährige Kinder: 2/453
- Rechenbeispiele: 2/473 ff, 2/475
- Restbedarf: 2/436
- Schulden: 1/549 ff, 2/442
- Übergangszeit nach Volljährigkeit: 2/451
- vergleichbares Einkommen der Eltern: 2/438 ff
- Vermögensstamm: 2/440
- vorrangige Unterhaltspflichten: 2/446

- wertende Veränderung der Haftungsanteile: 2/450

s. a.: Volljährigenunterhalt

Barunterhaltspflicht des betreuenden Elternteils: 2/287
- Betreuungsbonus: 2/275
- Betreuungskosten: 2/275
- Darlegungs- und Beweislast: 2/288
- bei Gefährdung des angemessenen Bedarfs des anderen Elternteils: 2/271 ff, 2/274 ff, 2/287
- bei Leistungsunfähigkeit des anderen Elternteils: 2/287
- bei Mehrbedarf: 2/136, 2/321, 2/323 ff
- bei Verschuldung: 2/287
- Verteilungsquote: 2/277
- wertende Veränderung des Haftungsanteils: 2/277
- bei wesentlich geringeren Einkünften des barunterhaltspflichtigen Elternteils: 2/274

Barunterhaltspflicht des nichtbetreuenden Elternteils: 2/12
- alleinige Haftung des barunterhaltspflichtigen Elternteils: 2/282
- anrechenbares Nettoeinkommen: 2/284
- Anrechnung von Kindeseinkommen auf Betreuungsunterhalt bei Minderjährigen: 2/96 f
- Bedarfsbemessung: 2/117 f
- Eingruppierung in Düsseldorfer Tabelle: 2/221
- freiwillige Leistungen des anderen Elternteils: 2/101 f
- freiwillige Leistungen Dritter: 2/100 ff
- Gleichwertigkeit mit Kindesbetreuung: 2/10, 2/282 f
- Mehrbedarf: 2/137, 2/324 f
- während Ausübung des Umgangsrechts: 2/104

Barzahlung: 1/2 a
Bauherrnmodell: 1/202
Bausparguthaben: 8/36
Beamte: 4/319
Beamte, Ehegatte des B.:
- Gehalt: 1/55
- Krankenvorsorgeunterhalt: 4/514
- Wegfall der Beihilfeberechtigung, Krankenversicherung: 4/501

Bedarf bei Ehegatten:
- bei Additionsmethode: 4/387
- altersbedingter Mehrbedarf: 4/169
- Altersvorsorge: 4/169
- ausbildungsbedingter Mehrbedarf: 4/169
- Doppelverdienerehe mit zweitweiliger Aussetzung wegen Kinderbetreuung: 4/184 a
- Elementarbedarf: 4/167 f
- bei Haushaltsführung: 4/184 b
- bei Kinderbetreuung: 4/184 a
- Krankenversicherungsschutz: 4/169
- krankheitsbedingter Mehrbedarf: 4/169
- Kritik an der bisherigen Rechtsprechung: 4/224 ff
- Mehrbedarf: 4/169
- Sonderbedarf: 4/170, 6/1 f

Sachverzeichnis

- trennungsbedingter Mehrbedarf: 4/169, 4/207

  s. a.: *Bedarfsbemessung, eheliche Lebensverhältnisse*

Bedarf des Kindes: 2/3, 2/108 ff
- bei alleiniger Barunterhaltspflicht eines Elternteils: 2/117 f
- Anrechnung von Kindeseinkommen auf den B.: 2/158
- Bar- und Betreuungsbedarf: 2/10, 2/211, 2/8
- bei Barunterhaltspflicht beider Eltern: 2/119 ff, 2/290 f
- Bedarfsbemessung des Minderjährigenunterhalts nach Düsseldorfer Tabelle: 2/203 ff
- bei besonders günstigem Einkommen der Eltern: 2/128 ff, 2/229, 2/293
- Darlegungs- und Beweislast: 2/230, 2/404
- Düsseldorfer Tabelle: 2/203 ff, 2/209
- Einkommen der Eltern: 2/113 ff
- Einkommen des barunterhaltspflichtigen Elternteils: 2/117 f
- fiktives Einkommen des pflichtigen Elternteils: 2/114
- gesamter Lebensbedarf: 2/102 f
- Lebensstellung der Eltern: 2/3, 2/108 ff
- und Leistungsfähigkeit: 2/112
- Mehrbedarf: 2/133, 2/317 ff, 2/401 ff
- Pauschalierung: 2/125
- des privilegiert volljährigen Kindes: 2/463
- Schulden: 1/549 f, 2/115
- Sonderbedarf: 2/138 f
- des Studenten: 2/368 ff
- nach Tabellen und Leitlinien: 1/3, 2/122 ff, 2/211 ff, 2/362 ff
- des Volljährigen, der sich nicht in einer Ausbildung befindet: 2/405 f
- von Volljährigen im Haushalt der Eltern: 2/383 ff
- des volljährigen Kindes: 2/332, 2/360 ff
- des Volljährigen mit eigenem Haushalt: 2/368 ff, 2/377 ff
- des Volljährigen nach Erlangung einer eigenen Lebensstellung: 2/406
- Wohnkosten: 2/102 f
- Wohnwert: 1/296 f
- zusammengerechnetes Einkommen der Eltern bei beiderseitiger Barunterhaltspflicht: 2/120 f

Bedarf im Verwandtenunterhalt: 2/612
- Altersvorsorgeunterhalt: 2/612
- Krankenvorsorge- und Pflegevorsorgeunterhalt: 2/612
- speziell beim Elternunterhalt: 2/634 ff

Bedarf, sozialhilferechtlicher: 6/539 ff

s. a.: *sozialhilferechtlicher Bedarf*

Bedarfsbemessung bei geschiedenen und neuen Ehegatten: 3/64 ff, 4/412 ff
- bei Gleichrang: 4/414 f, 5/124 f
- bei Nachrang: 4/412 f, 5/133

Bedarfsbemessung bei konkurrierenden Unterhaltspflichten: 5/123 f
- Berücksichtigung prägenden Kindesunterhalts: 5/123
- keine Berücksichtigung nichtprägenden Kindesunterhalts: 5/131
- Konkurrenz gleichrangiger Ehegatten: 4/414 f, 5/124 f
- nachrangige Unterhaltspflicht gegen neuen Gatten: 4/412 f, 5/133
- prägende nachrangige Unterhaltspflicht gegenüber Volljährigen: 5/132

Bedarfsbemessung beim Ehegattenunterhalt:
- bei Additionsmethode: 4/387
- Alleinverdienerehe: 4/180
- allgemein: 4/166 ff
- beim Aufstockungsunterhalt: 4/127 ff
- Bedarfsbemessung nach Ehegattenquoten: 4/372 ff
- Berücksichtigung des Erwerbstätigenbonus: 4/376
- Darlegungs- und Beweislast: 4/250, 4/251, 4/281, 6/803
- Doppelverdienerehe: 4/180
- eheliche Lebensverhältnisse: 4/172 ff
- bei fiktiven Einkünften: 1/408, 4/180, 4/272 ff
- Halbteilungsgrundsatz: 4/359 ff, 4/373
- Haushaltsführungsehe: 4/180
- konkrete Bedarfsbemessung: 4/366 ff
- bei konkurrierendem Ehegattenunterhalt: 4/412 ff
- Konsumverhalten: 4/210 ff
- Lebensplan: 4/218, 4/254 ff, 4/259
- Lebensstandardgarantie: 4/177
- Mieteinkünfte: 4/261 ff
- Mindestbedarf: 4/361, 4/434 ff, 4/539, 5/226 ff, 5/229
- beim nachehelichen Unterhalt: 4/214 ff
- nichtprägendes Einkommen: 4/183, 4/220, 4/227, 4/231, 4/246 ff, 4/251, 4/255, 4/258 ff, 4/263 ff, 4/274 ff, 4/285, 4/298
- Normalentwicklung: 4/175, 4/186, 4/214, 4/218, 4/234, 4/281
- vom Normalverlauf abweichende, unerwartete Entwicklung: 4/220, 4/227, 4/231, 4/246 ff, 4/258 ff, 4/261 ff
- objektiver Maßstab: 4/210 ff
- prägendes Einkommen: 4/179 ff, 4/185 ff, 4/214 ff, 4/225 ff, 4/228 ff, 4/234 ff, 4/251 ff, 4/261 ff, 4/272 ff, 4/285 ff, 4/292 ff
- Sättigungsgrenze: 4/363 ff
- Trennungsunterhalt: 4/30 ff
- beim Trennungsunterhalt: 4/225 ff
- Umfang des Bedarfs: 4/166 ff
- nach verfügbaren Einkommen: 4/185 ff, 4/188 ff, 4/200 ff
- Wohnwert: 1/263 ff, 1/286, 4/261 ff
- Zeitpunkt: 4/174, 4/214 ff, 4/225
- Zinseinkünfte: 4/261 ff

s. a.: *eheliche Lebensverhältnisse, prägendes und nichtprägendes Einkommen*

Bedarfsgemeinschaft:
- Aufwendungsersatz: 6/502, 6/516
- eheähnliche Gemeinschaft: 6/519
- Haushaltsgemeinschaft: 6/519

1695

Sachverzeichnis

- Hilfe in besonderen Lebenslagen: 6/502, 6/517
- Hilfe zum Lebensunterhalt: 6/502, 6/516
- Kostenbeitrag: 6/502, 6/517
- sozialhilferechtlicher Vorrang: 6/523
- Unterhaltsansprüche in der B.: 2/161, 2/262, 6/517 ff
- Verwaltungsakt: 6/502, 6/516

Bedarfskontrollbetrag: 2/238, 2/239 ff, 5/9
- Berücksichtigung des Ehegattenunterhalts: 2/238, 2/241 ff
- Leitlinien: 2/243 ff
- Neue Bundesländer: 6/635
- und Selbstbehalt: 2/239

Bedarfskorrektur:
- bei Auslandsbeteiligung: 7/23 ff

Bedarfspositionen: 5/14 f
- Bedarfsbereich: 5/75

Bedarfsquote: 4/372 f, 4/574
s. a.: Vorabzug

Bedarfsveränderung:
- Grund für Abänderungsklage: 8/159

Bedingte Klage: 8/56
- Erkennungsmerkmale: 8/56
- und Prozeßkostenhilfe: 8/56 ff

Bedürftigkeit: 4/526 ff, 8/25, 8/35, 8/45
- Abänderung des Unterhalts: 4/541
- Anrechnung der Einkünfte: 4/531
- beim Aufstockungsunterhalt (§ 1573 II BGB): 4/122
- beim Bezug von Sozialhilfe: 2/503, 2/602, 6/503
- beim Billigkeitsunterhalt (§ 1576 BGB): 4/160
- Darlegungs- und Beweislast: 4/530
- Einkommen aus unzumutbarer Erwerbstätigkeit: 4/542 f
- Einsatzzeitpunkt: 4/529
- Einsatzzeitpunkte und nachträglicher Eintritt der Bedürftigkeit: 4/48
- beim Elternunterhalt: 2/630 ff
- beim Erwerbslosigkeitsunterhalt (§ 1573 I BGB): 4/105
- beim Familienunterhalt: 3/6
- keine Ehebedingtheit der Bedürftigkeit
- – beim Altersunterhalt (§ 1571 BGB): 4/89
- – beim Krankheitsunterhalt (§ 1572 BGB): 4/96
- bei nachehelichem Unterhalt: 4/42, 4/527
- beim Trennungsunterhalt: 4/2, 4/528
- beim Verwandtenunterhalt: 2/614
- Verwertung des Vermögensstammes: 2/614, 4/557

Bedürftigkeit des Kindes: 2/2, 2/42 ff
- ausbildungsbedürftige Kinder: 2/45
- behinderte Kinder: 2/44
- bei Bezug von Sozialhilfe: 6/503
- Einkommen aus überobligationsmäßiger Tätigkeit: 1/452 ff, 2/88
- Einkommen des Kindes: 2/86
- erneute Bedürftigkeit des Volljährigen: 2/2, 2/7, 2/406

- Erwerbsobliegenheit des Volljährigen: 2/2, 2/44, 2/48, 2/406
- erwerbspflichtige Kinder: 2/48
- kranke Kinder: 2/44
- nicht erwerbspflichtige Kinder: 2/42
- Restbedarf: 2/140
- Schülerarbeit: 1/78 ff, 1/452, 2/43
- Studentenarbeit: 1/78 ff, 1/453, 2/88
- Unterhaltsneurose: 2/44
- Ursache der Bedürftigkeit: 2/2
- des volljährigen Kindes: 2/331, 2/342 ff, 2/462

Befristung des Unterhalts:
s. zeitliche Begrenzung des Unterhalts

Beginn und Ende des Unterhalts:
- beim nachehelichen Unterhalt: 4/53 ff
- beim Trennungsunterhalt: 4/13

Behinderte Kinder: 2/44
- Mehrbedarf: 2/133 ff, 2/275, 2/294, 2/326 ff, 2/402, 2/405
- Nachrang des Volljährigen: 2/431
- nichtsubsidiäre Sozialleistungen: 2/328
- Pflegegeld: 2/327 ff
- subsidiäre Sozialleistungen: 2/327

Beiträge zu berufswichtigen Verbänden: 1/104

Beitragsbemessungsgrenze: 1/497 a

Beitrittsgebiet:
s.: Neue Bundesländer

Belege:
- Umfang der Vorlegungspflicht: 1/578
- Vollstreckung von Titeln zu Belegvorlage: 1/586 f, 1/590 f
s. a.: Auskunftsanspruch

Beleidigung als Verwirkungsgrund: 4/664

Belgien: 7/36 ff

Bemühung um das Sorgerecht:
- Einkommensminderung: 4/291

Beratungshilfe:
- Zahlungsklage keine Familiensache: 8/4

Berechnungsmethoden:
- Additionsmethode: 4/386 ff, 4/401 f
- Anrechnungsmethode: 4/395
- Differenzmethode: 4/394, 4/401 f
- Mischmethode: 4/397, 4/401 f
- Quotenbedarfsmethode: 4/400, 4/401 f

Bereicherungsklage: 8/199, 8/200

bereinigtes Nettoeinkommen:
- Abzug Erwerbstätigenbonus: 4/377
- allgemein: 1/486 ff
- berechtigter Mehrbedarf wegen Krankheit, Behinderung und Alter: 1/505 ff
- berücksichtigungswürdige Schulden: 1/514 ff
- berufsbedingte Aufwendungen: 1/501 ff
- Direktversicherung: 1/497 a
- beim Ehegattenunterhalt: 1/489
- erhöhte Anforderung an Abzugsposten im Mangelfall: 5/103 f
- beim Kindesunterhalt: 1/489
- Kindesunterhalt als Abzugsposten: 1/555 ff
- Kindesunterhalt im Mangelfall: 4/189 a
- Konsumkredit: 1/516

Sachverzeichnis

- Lehrling: 1/504
- Lebensversicherung: 1/497 ff
- Steuern: 1/491 ff
- Unfallversicherung: 1/496
- vermögensbildende Aufwendungen: 1/560
- verteilungsfähiges Einkommen: 4/362, 4/377
- vorrangige Unterhaltspflichten: 1/558
- Vorsorgeaufwendungen: 1/496
- vor Scheidung geborenes nichteheliches Kind: 4/189

Bereitstellungszinsen bei geplantem Hausbau: 1/527

berücksichtigungswürdige Schulden:
- Änderung prägend: 4/185
- beim Bedarf: 1/516 ff, 1/522 ff, 2/115
- als Bedarfspositionen: 5/18
- bei Bedürftigkeit: 1/519
- ehebedingte Verbindlichkeiten: 1/516, 1/524 ff
- beim Ehegattenunterhalt: 1/516 ff
- Erhöhung des Selbstbehalts: 6/556
- beim Familienunterhalt: 3/26, 3/32
- Gesamtschuld: 1/248, 1/523
- beim Kindesunterhalt: 1/520, 1/549 ff, 2/115, 2/158, 2/443
- beim Kindesunterhalt im Mangelfall: 1/554
- bei Konsumkredit: 1/516
- bei leichtfertigen und für luxuriöse Zwecke eingegangenen Schulden: 1/525
- bei Leistungsfähigkeit: 1/519, 1/538 ff, 2/158
- Leitlinien zu Verbindlichkeiten: 1/521 ff
- im Mangelfall: 1/531
- nach Trennung entstandene Verbindlichkeiten: 1/518
- nichtprägende Schulden: 1/518
- Prozeßkosten: 1/536
- Sicherung des Regelunterhalts: 1/552 a
- sonstige Verbindlichkeiten nach § 1581 BGB: 4/570, 4/571
- im Sozialhilferecht: 6/514, 6/571
- titulierter Unterhalt: 2/228
- trennungsbedingte Verbindlichkeiten: 1/518, 1/529, 1/532 ff
- Überschuldung: 1/543 ff
- Überziehungskredit: 1/524
- Umschuldung: 1/524
- bei vermögensbildenden Ausgaben: 1/516
- vernünftiger Tilgungsplan: 1/543
- verschärfte Anforderungen im Mangelfall: 5/112 f
- beim Verwandtenunterhalt: 2/621
- voreheliche Verbindlichkeiten: 1/524
- Wegfall eheprägender Schulden: 1/527
- Wegfall prägend: 4/295
- beim Wohnwert: 1/242 ff, 1/253 ff, 1/516

berufliche Verselbständigung: 4/280 ff
beruflicher Aufstieg: 4/220, 4/236 ff, 4/247
Berufsausbildungsbeihilfe: 1/367
s. a.: Ausbildungsvergütung, BAföG-Leistungen

berufsbedingte Aufwendungen:
- Abschreibungen: 1/102
- als Abzugsposten: 1/501 ff
- allgemein: 1/46 f
- Änderung prägend: 4/185
- beim Arbeitslosen: 1/504
- Arbeitszimmer: 1/104
- Beiträge zu berufswichtigen Verbänden: 1/104
- doppelte Haushaltführung: 1/105
- im einzelnen: 1/87 f
- erhöhte Anforderungen im Mangelfall: 5/104 f
- kein Abzug bei Rentnern: 1/503
- kein Abzug bei Selbständigen/Gewerbetreibenden: 1/501
- Kinderbetreuungskosten als b. A.: 1/107
- beim Kindesunterhalt: 2/92 ff, 2/351
- konkrete Bemessung: 1/95 f
- beim Lehrling: 1/504
- neue Bundesländer: 6/634
- nichtb. A.: 1/49
- Pauschalierung: 1/89 f
- Reisekosten: 1/56, 1/107
- Steuerberatungskosten: 1/108
- Umzugskosten: 1/108
- Verpflegungsmehraufwendungen: 1/108
- Werbungskosten: 1/504

Berufskleidung: 1/103
Berufsoffizier: 4/316, 4/321
Berufsschadenausgleichsrente nach § 30 BVG: 1/340
berufsständische Versorgung: 1/496, 1/498
Berufstätigkeit trotz Kinderbetreuung: 1/443 ff, 1/454 ff

Berufsverbände:
- Beiträge für B.: 1/104, 1/138

Berufswahl: 2/59 ff
- Angemessenheit des Berufswunsches: 2/64
- Arbeitsplatzrisiko: 2/63
- Eignung des Kindes: 2/62
- beim Minderjährigen: 2/59
- beim Volljährigen: 2/60, 2/342

Berufswechsel:
- fiktive Einkünfte bei B.: 1/394 f
- bei gesteigerter Unterhaltspflicht: 2/250
- prägendes Einkommen: 4/244, 4/281

Berufung: 8/269 ff
- Anschlußberufung: 8/305
- Anwaltszwang: 8/272
- äußere Form: 8/274, 8/281
- Berufsantrag: 8/286
- Berufsbegründung: 8/277
- Berufsrücknahme: 8/295
- Berufungserweiterung: 8/287, 8/308
- Berufungssumme/Beschwer: 8/276
- Berufungsurteil: 8/292
- Berufungsverzicht: 8/295, 8/298
- Bezeichnung des Ersturteils: 8/275
- Frist: 8/273
- Klageänderung/Parteiänderung: 8/289
- Prozeßkostenhilfe: 8/85, 8/300 ff
- Prüfungsumfang: 8/291
- Rücknahme: 8/295
- Verbund: 8/290
- Verzicht: 8/298

1697

Sachverzeichnis

- Wiedereinsetzung: 8/301 ff
- Zuständigkeit: 8/270

Berufungsantrag: 8/286

Berufungsbegründung: 8/277 ff
- Ablauf der Begründungsfrist: 8/278
- Anfechtungsumfang: 8/283
- äußere Form: 8/281
- Berufungsantrag: 8/286
- Form der Begründungsschrift: 8/281
- Frist: 8/277 ff
- Inhalt: 8/282
- Verlängerung der Frist: 8/278
- Wiedereinsetzung: 8/301

Berufungsrücknahme: 8/295

Berufungssumme/Beschwer: 8/276

Berufungsurteil: 8/292 ff
- Beweiswürdigung: 8/293
- Tatbestand: 8/292
- vorläufige Vollstreckbarkeit: 8/294
- Zulassung der Revision: 8/294 f

Berufungsverzicht: 8/298

Beschränkung oder Wegfall der Unterhaltsverpflichtungen:
- beim Verwandtenunterhalt: 2/626 ff

Besoldungsstufe: 4/319

Bestandskonten: 1/156

Bestimmungsrecht der Eltern: 2/9
- Abänderung der Bestimmung durch Vormundschaftsgericht: 2/39 f
- Aufnahme in den Haushalt eines Elternteils: 2/28
- Belange des anderen Elternteils: 2/31
- Bindung des Prozeßgerichts an Bestimmung der Eltern: 2/36 f, 2/41
- familienrechtlicher Ausgleichsanspruch gegen den anderen Elternteil: 2/32
- gegensätzliche Bestimmungen durch die Eltern: 2/32
- gesamter Lebensbedarf: 2/24
- Gestaltungsrecht: 2/26
- bei Inanspruchnahme von BAföG-Leistungen: 2/35
- Interessenabwägung: 2/31, 2/37
- konkludente Bestimmung: 2/26
- gegenüber minderjährigem Kind: 2/22, 2/28
- mißbräuchliche Bestimmung: 2/37
- Nichtbefolgung der Bestimmung: 2/33
- durch nichtsorgeberechtigten Elternteil: 2/10
- durch sorgeberechtigten Elternteil: 2/10
- gegenüber Sozialhilfeträger: 2/35
- und Umgangsrecht: 2/28
- Unerreichbarkeit des angebotenen Unterhalts: 2/37
- unterhaltsrechtliche Belange des Kindes: 2/30
- gegenüber unverheiratetem Kind: 2/21, 2/27
- Vereinbarung der Eltern: 2/34
- gegenüber volljährigem Kind: 2/22, 2/25, 2/29, 2/335, 2/361
- Wirksamkeit der Bestimmung: 2/35 ff

bestimmungswidrige Verwendung Vorsorgeunterhalt: 4/689 ff

Bestreiten:
- *s.: substantiiertes Bestreiten*

Betreuung des berechtigten Kindes: 2/11
- durch anderen unterhaltspflichtigen Elternteil: 2/275
- Erfüllung des Unterhaltsanspruchs: 2/11
- Geldwert der B.: 2/13
- keine B. des volljährigen Kindes: 2/15, 2/99, 2/334, 2/361
- minderjähriges Kind mit eigenem Haushalt: 2/226
- Übergangszeit nach Volljährigkeit: 2/452

Betreuung eines anderen Kindes: 2/166
- Betreuung durch Dritte: 2/166

Betreuung eines nichtehelichen Kindes:
- Anspruchsübergang auf Sozialhilfeträger: 6/519
- Betreuung durch Dritte: 2/53 f
- Betreuung durch Lebensgefährten: 2/52
- Haftung des nichtehelichen Vaters: 2/51
- Unterhaltsanspruch der Mutter gegen ihre Eltern: 2/50 ff, 6/519
- *s. a.: Ansprüche der nichtehelichen Mutter*

Betreuungsbonus: 1/454 ff, 4/193
- bei Geschwistertrennung: 2/313
- beim Kindesunterhalt: 2/13, 2/275, 2/313

Betreuungskosten beim Kindesunterhalt: 2/13
- wegen Behinderung des Kindes: 2/275, 2/361
- Betreuung durch Dritte: 2/13, 2/52, 2/166, 2/192
- Erhöhung des Tabellenunterhalts um B.: 2/226
- wegen Erwerbstätigkeit des betreuenden Elternteils: 1/107, 2/275, 2/295, 4/193

Betreuungsunterhalt des Kindes: 2/10
- Anrechnung von Kindeseinkommen: 2/96 ff
- Gleichwertigkeit mit dem Barunterhalt: 2/11 ff, 2/282 f
- keine Betreuung des Volljährigen: 2/15, 2/99
- und Naturalunterhalt: 2/10
- Teil des Unterhaltsanspruchs: 2/10
- Übergangszeit nach Volljährigkeit: 2/452

Betreuungsunterhalt nach § 1570 BGB:
- Anspruchsvoraussetzungen: 4/64 ff
- gemeinschaftliches nichteheliches Kind: 4/65
- kein Einsatzzeitpunkt als Anspruchsbeschränkung: 4/85
- Verhältnis der Ansprüche aus § 1570 und § 1573 II BGB: 4/85
- Verhältnis zu Ansprüchen nach § 1573 und § 1576 BGB: 4/85
- Zumutbarkeit der Fortsetzung einer bereits ausgeübten Erwerbstätigkeit trotz Kindesbetreuung: 1/453 ff, 4/84

Betriebsausgaben:
- Abzugsfähigkeit: 1/135
- beim bilanzierenden Unternehmer: 1/166
- bei Landwirtschaft: 1/189
- typische B.: 1/135 f

Sachverzeichnis

Betriebseinnahmen:
- aus Landwirtschaft: 1/188
- typische B.: 1/133

Betriebskosten: 1/236 a
Betriebs-Pkw: 1/69
Betriebsratstätigkeit:
- Aufwendungen für B.: 1/104

Betriebsvermögen:
- Einkommensberechnung durch Vergleich des B.: 1/142 f
- bei Überschußrechnung: 1/118

Bewachungskosten: 1/138
Beweisaufnahme: 8/113 ff
- Einkünfte: 8/113
- bei Erledigung der Hauptsache: 8/83
- Erwerbsobliegenheit: 8/115
- Gesundheitszustand: 8/114
- negative Tatsachen: 8/116
- Schätzung: 8/117

Beweislast:
s.: *Darlegungs- und Beweislast*

Beweiswürdigung: 8/293
- vorweggenommene: 8/40

Bewerbungskosten: 1/102
Bewirtungskosten: 1/107
- bei abhängig Beschäftigten: 1/107
- bei Freiberuflern: 1/138

Bilanzen:
- allgemein: 1/144, 1/167
- Aufbau und Muster: 1/170
- unterhaltsrechtliche Problembereiche: 1/174

Billigkeitsabwägung:
- einheitliche: 4/551
- individuell nach § 1581 BGB: 5/184 ff

Billigkeitsanrechnung bei unzumutbarem Erwerbseinkommen: 4/550
Billigkeitsquote: 4/573
Billigkeitsunterhalt nach § 1576 BGB: 4/160 ff
- Anspruchsvoraussetzungen: 4/160
- zur Billigkeitsabwägung: 4/162
- kein Einsatzzeitpunkt als Anspruchsbeschränkung: 4/164
- sonstige schwerwiegende Gründe: 4/161
- zur Subsidiarität als Anspruch: 4/165

Billigkeitsunterhalt nach § 1581 BGB: 4/569, 4/572, 5/73
- abschließende Bemessung: 5/80
- anteilige Kürzung des Mehrbedarfs: 5/150 f, 5/169 a
- bei Betreuung von Kindern: 4/161
- Billigkeitsquote: 4/574, 5/165 a
- Billigkeitsquote, Beispiel: 5/167 f
- proportionale Kürzung: 5/159 f
- proportionale Kürzung, Beispiel: 5/167 f
- bei zweistufiger Berechnung des Vorsorgeunterhalts: 4/484, 4/519

Bindungswirkung: 8/13
- bei Abänderungsklage: 8/162

Blindengeld: 1/340
Blindenhilfe: 8/35

Bonus:
s.: *Erwerbstätigenbonus*

Bonusbegrenzung: 4/406, 4/408
Bremer Tabelle zur Berechnung des Altersvorsorgeunterhalts: 4/467 ff, 4/493
- tabellarische Übersicht auf der Grundlage der Bremer Tabelle: 4/494

Buchführung: 1/151 f
- Bestandskonten: 1/156
- Erfolgskonten: 1/157
- gemischte Konten: 1/158
- Gewinn- und Verlustkonto: 1/159
- Kapitalkonto: 1/161
- Privatkonto: 1/160

Buchführungspflichten: 1/127
Bummelstudium: 2/69
Büroausgaben: 1/138

Dänemark: 7/41 ff
Darlegungs- und Beweislast:
- bei Abänderungsklagen: 2/458, 6/826, 8/15, 8/166
- bei absichtlichem Leistungsentzug beim nachehelichen Unterhalt: 6/414
- allgemein: 6/800
- anderer unterhaltspflichtiger Verwandter: 2/281 a
- anrechnungsfreier Betrag nach § 1577 II BGB: 4/548
- bei Anspruchsübergang nach § 91 BSHG: 6/550
- für Ausbildungsdauer beim Kindesunterhalt: 2/68
- zur Bedürftigkeit: 4/530
- beim Berechtigten zur Bedarfsbemessung: 6/803
- beim Berechtigten zur Bedürftigkeit: 6/807
- zur Berücksichtigungsfähigkeit von Schulden: 5/117
- für Beteiligung des betreuenden Elternteils am Kindesunterhalt: 2/288
- bei bilanzierenden Unternehmern: 1/146
- für eheliche Lebensverhältnisse: 4/251, 6/805
- bei Einkünften von Freiberuflern: 1/132
- für Erwerbsobliegenheit beim Betreuungsunterhalt: 4/71 a
- bei Feststellungsklage: 8/195
- bei fiktiven Einkünften: 1/431
- für gemeinsamen Lebensplan: 4/251, 4/281
- für Haftungsanteile der Eltern: 2/451 ff
- für Höhe des Barbedarfs des minderjährigen Kindes: 2/230
- für Höhe des Bedarfs beim volljährigen Kind: 2/367
- Leistungsunfähigkeit: 4/565
- zur Leistungsunfähigkeit bei Verwandtenvorrang: 5/67
- zur Leistungsunfähigkeit von hilfsweise haftenden Verwandten: 5/68
- für Maßstab Ehegattenunterhalt: 4/250
- für Mehrbedarf: 2/404
- beim nachehelichen Unterhalt: 4/45 a

1699

Sachverzeichnis

- bei Negativtatsachen: 6/821
- für Normalentwicklung des Einkommens: 4/251, 4/281
- für prägendes Einkommen: 4/251, 4/312
- bei Rangfragen im Verwandtenunterhalt: 2/610
- zur Regel-Ausnahme-Situation: 6/813
- bei Spesen: 1/62
- Umkehr der Beweislast: 6/827
- bei Unterhaltsbegrenzung nach § 1578 I 2 BGB: 4/590
- beim Verpflichteten: 6/810
- bei Versorgungsleistungen: 6/808
- für Verwirkung des Kindesunterhalts: 2/485
- Verwirkung Ehegattenunterhalt: 4/609 ff, 4/670
- Zumutbarkeit der Vermögensverwertung: 4/561

Darlehen (statt Unterhalt): 1/349, 6/222, 6/237

Dauer der Ehe:
- und Angemessenheit einer Erwerbstätigkeit im Sinne des § 1574 II BGB: 4/142
- Berechnung: 4/592
- als Kriterium für die Abwägung, ob eine zeitliche Herabsetzung oder Begrenzung des Unterhalts nach §§ 1573 V, 1578 I 2 BGB in Betracht kommt: 4/592
- als Kriterium für die Verweisung des getrenntlebenden Ehegatten auf Erwerbstätigkeit: 4/21

Dauer der Trennung:
- als Kriterium, wann die Erwerbsobliegenheit des getrenntlebenden Ehegatten einsetzt: 4/22

dauerhafte Verbindung zu neuem Partner: 4/755

DDR-Scheidungen und Unterhaltsrecht:
s.: Neue Bundesländer

DDR-Unterhaltstitel:
- Abänderungsklage: 6/641, 6/657
- Fortgeltung: 6/639
- Währungsumstellung: 6/640, 6/654

Deckungsmasse: 5/19 f

Deputate in der Land- und Forstwirtschaft: 1/69

Devisenkurse: 7/231

Diebstahl am Arbeitsplatz: 4/284

Dienstwagen: 1/69

Differenzmethode: 4/394
- Einkommensanrechnung nach D.: 4/532

Direktabzug:
s.: Anrechnungsmethode

Direktversicherung:
- als Abzugsposten: 1/497 a

Dividenden:
- Einkünfte aus Kapitalvermögen: 1/308

Doppelte Haushaltführung: 1/105, 4/424

Doppelverdienerehe: 3/13, 4/180, 4/392
- anteilige finanzielle Beiträge: 3/38 f
- Aufgabenteilung: 3/37
- Drittelobergrenze: 1/218

- Verzicht auf Erstattung: 3/42, 3/79 ff
- wertende Veränderung der finanziellen Beiträge: 3/40
- Wirtschaftsgeld: 3/52
- mit zeitweiligem Aussetzen wegen Kinderbetreuung: 4/184 a
- Zuvielleistung: 3/42, 3/52, 3/79 ff

Drittschuldnerklage: 8/55

Drogenabhängigkeit: 4/673 ff

Durchschnittseinkommen:
- bei Selbständigen: 1/117
- bei Unselbständigen: 1/53

Düsseldorfer Tabelle:
- beim Elternunterhalt: 2/640, 2/646
- beim Verwandtenunterhalt: 2/620 a
- Vomhundertsatz: 2/246 e

Düsseldorfer Tabelle (Kindesunterhalt): 2/207 ff
- Abänderung des Unterhalts bei Neufassung der Tabelle: 2/227
- Abschläge bei den Bedarfssätzen: 2/231 ff
- Altersstufen: 2/206, 2/218
- anrechenbares Nettoeinkommen: 2/284
- Aufenthalt und Betreuung des Kindes: 2/226 f
- Barunterhalt: 2/211
- Bedarfsbemessung: 2/203 ff
- Bedarfskontrollbetrag: 2/239 ff
- Beitrittsgebiet: 2/206 a, 2/207, 6/620 ff
- berufsbedingte Aufwendungen: 2/284
- Darlegungs- und Beweislast: 2/230
- dynamischer Unterhalt: 2/246 e
- eigener Haushalt des minderjährigen Kindes: 2/226
- eigener Haushalt des volljährigen Kindes: 2/377 ff
- Eingruppierung bei Unterhaltstitel eines anderen Berechtigten: 2/228
- Einkommensermittlung: 2/220, 2/284
- Einkommensgruppen: 2/219 ff
- Erhöhung der Tabellensätze um Betreuungskosten: 2/226
- Euro: 2/208 a
- Geltungsbereich: 2/203 ff
- Geltungsdauer: 2/227
- Herabgruppierung: 2/231 ff
- Höhergruppierung: 2/231 ff
- hohes Einkommen des Pflichtigen: 2/229 f
- Kindergeld: 2/223 ff, 2/285
- Krankenversicherung des Kindes: 2/215
- neue Bundesländer: 2/208, 6/620 ff
- notwendiger Selbstbehalt: 2/264 f
- Pauschalierung aller Lebenshaltungskosten: 2/212, 2/214, 2/217
- Pflegeversicherung des Kindes: 2/216
- privilegierte volljährige Kinder: 2/384, 2/463
- Regelbetrag: 2/206 ff, 2/246 ff
- als Richtlinie: 2/208
- und Sozialhilfe: 2/213
- Studentenunterhalt: 2/369 ff
- Tabelle Kindesunterhalt, Stand 1. 7. 1998: 2/209, 2/210

Sachverzeichnis

- Überschreitung der Tabellensätze bei besonders günstigem Einkommen: 2/129, 2/229
- Volljährigenunterhalt: 2/364 ff
- Volljähriger im Haushalt der Eltern: 2/383 ff
- Wohnkosten: 2/214
- Zusammenleben des Kindes mit betreuendem Elternteil: 2/225
- Zuschläge bei den Bedarfssätzen: 2/231 ff

Dynamischer Unterhalt nach Regelbeträgen: 2/205, 2/206 b, 2/246 a ff
- Abänderungsklage: 2/246 a
- Düsseldorfer Tabelle: 2/246 d ff
- und Ehegattenunterhalt: 2/246 i
- Existenzminimum: 2/246 d
- jeweiliger Regelbetrag: 2/246 b
- Kindergeld: 2/246 g
- Klageantrag: 2/246 h
- Mangelfälle: 2/246 i
- Regelbeträge: 2/205, 2/206 b, 2/246 a ff
- Regelbetrag Ost: 2/246 h
- Regelbetrag West: 2/246 h
- Staffelunterhalt: 2/246 b
- Urteil: 2/246 h
- vereinfachtes Verfahren: 2/246 a
- beim volljährigen Kind: 2/246 c

eheangemessener Selbstbehalt: 2/272, 2/416, 4/400, 4/569 f
- und angemessener Selbstbehalt beim Kindesunterhalt: 2/148
- Berücksichtigung sonstiger Verbindlichkeiten: 4/571
- aus Quote und Mehrbedarf: 4/570

vgl.: Eigenbedarf

Eheaufhebung:
- Ehegattenunterhalt bei E.: 1/1 c

ehebedingte Nachteile:
- Ausgleich durch Anspruch auf Ausbildung nach § 1575 BGB: 4/10
- als Kriterium bei der Billigkeitsabwägung nach §§ 1573 V, 1578 I 2 BGB: 4/591, 4/593
- und Billigkeitsunterhalt nach § 1576 BGB: 4/160 ff

ehebedingte Verbindlichkeiten: 1/516 ff, 1/524
s. näher: berücksichtigungswürdige Schulden

Ehedauer:
s.: Dauer der Ehe

Ehegattenunterhalt:
- allgemeine Struktur des Anspruchs: 4/1
- E. bei Gütergemeinschaft: 6/402, 6/413
- E. bei Scheidung vor dem 1. 7. 1977 in den alten Bundesländern und vor dem 3. 10. 1990 im Beitrittsgebiet: 1/1 c
- E. bei Eheaufhebung: 1/1 c
- Haushaltsführung: 4/184 a
- Kinderbetreuung in der Ehe: 4/184 a
- unterschiedliche Berücksichtigung des Einkommens beim Kindesunterhalt u. beim Ehegattenunterhalt: 1/18 f

s. a.: mehrere Ehegatten, nachehelicher Unterhalt, Trennungsunterhalt

Ehegattenzuschlag nach § 33 a BVG: 1/340

Ehegesetz: 7/128 ff

eheliche Lebensgemeinschaft:
- bei überobligatorischer Tätigkeit des Pflichtigen: 4/260 a

eheliche Lebensverhältnisse:
Einkommensänderung nach Scheidung: 4/299 ff
- als Endpunkt: 4/299 ff
- Arbeitsplatzverlust: 4/331 ff
- Arbeitsplatzwechsel: 4/333 ff
- Ausweitung der Erwerbstätigkeit: 4/329 ff
- beruflicher Aufstieg: 4/317, 4/321
- berufsbedingte Aufwendungen: 4/352
- Einkommensminderungen: 4/323
- erstmalige Erwerbstätigkeit: 4/307, 4/325 ff
- erstmaliger Rentenbezug: 4/338 ff
- erwartete Veränderung: 4/300, 4/304
- Fortsetzung der Erwerbstätigkeit: 4/314
- Lohnsteuer: 4/356
- Regelbeförderung i. ö. D.: 4/316
- Verselbständigung: 4/333
- Vorsorgeaufwendungen: 4/357
- Wegfall von Unterhaltslasten: 4/352 ff
- Wegfall von Verbindlichkeiten: 4/354
- Alleinverdienerehe: 4/179
- bei Änderung Ausgaben: 4/230, 4/292 ff
- bei Änderung berufsbedingter Aufwendungen: 4/185
- Änderung des Einkommens nach Scheidung: 4/174, 4/179, 4/214 ff, 4/234 ff, 4/257
- Änderung des Einkommens vor Trennung: 4/217, 4/229 ff
- Änderung des Einkommens zwischen Trennung und Scheidung: 4/175, 4/206, 4/214 ff, 4/229 ff, 4/234 ff, 4/251 ff, 4/258 ff, 4/261 ff, 4/272 ff, 4/280 ff, 4/284 ff, 4/292 ff
- bei Änderung Einkommen: 4/230, 4/234 ff, 4/280 ff, 4/284 ff
- bei Änderung Kindesunterhalt: 4/185, 4/188 ff
- bei Änderung Steuern: 4/185 ff
- bei Änderung Vorsorgeaufwendungen: 4/185
- Arbeitsaufnahme nach Studienabschluß: 4/253
- bei Arbeitsplatzwechsel: 4/244, 4/280 ff
- bei aufgedrängter Vermögensbildung: 4/209
- bei Aufnahme einer unzumutbaren Tätigkeit: 4/231, 4/258 ff
- bei Aufnahme oder Erweiterung einer Erwerbstätigkeit: 4/218, 4/220, 4/231, 4/251 ff
- Ausgaben: 4/181
- Bedarf: 4/166 ff, 4/359 ff, 4/366, 4/387
- Bedarfsbemessung: 4/172 ff, 4/185 ff, 4/188 ff, 4/200 ff, 4/359 ff, 4/363 ff, 4/366 ff, 4/372 ff, 4/387
- Begriff: 4/166 ff, 4/172 ff
- bei beruflichem Aufstieg: 4/220, 4/236 ff, 4/247
- Darlegungs- und Beweislast: 4/250, 4/251, 4/281, 6/803, 6/805

1701

Sachverzeichnis

- Doppelverdienerehe: 4/179
- Einkommensänderung durch Wiedervereinigung: 4/249 a
- bei Einkommenserhöhung: 4/235, 4/237
- bei Einkommensminderung: 4/238, 4/282, 4/284 ff
- bei Entlassung aus der Strafhaft: 4/253
- Erwerbstätigenbonus: 4/373 f, 4/380 ff
- bei Festsetzung einer trotz Kinderbetreuung in der Ehe ausgeübten Tätigkeit: 4/260
- bei fiktivem Einkommen des Bedürftigen: 4/231, 4/272 ff, 4/285
- bei fiktivem Einkommen des Pflichtigen: 4/230, 4/272 ff, 4/282, 4/285
- bei Geburt eines nichtehelichen Kindes vor Scheidung: 4/189
- Halbteilungsgrundsatz: 4/359 ff, 4/373
- bei Haushaltsführung: 4/184 b
- Haushaltsführung für einen neuen Partner: 4/231
- Haushaltsführung und Kinderbetreuung in Ehe: 4/179, 4/231
- Haushaltsführungsehe: 4/179
- bei Kinderbetreuung: 4/184 a
- Kinderbetreuung in der Ehe: 4/179, 4/231
- Kindesunterhalt für Kinder aus neuer Ehe: 4/191
- Kindesunterhalt für vor Scheidung geborenes nichteheliches Kind: 4/189
- Kindesunterhalt minderjähriges Kind: 4/188 ff
- Kindesunterhalt volljähriges Kind: 4/190
- Kindesunterhalt voreheliches Kind: 4/189
- konkrete Bedarfsermittlung: 4/366 ff
- Konsumverhalten: 4/210 ff
- Kritik an der bisherigen Rechtsprechung: 4/224 a
- kurzfristige Einkommensänderungen: 4/182, 4/231
- Lebensplan: 4/218, 4/254 ff, 4/259
- Lebensstandardgarantie: 4/177
- bei Leistungsbeförderung: 4/220, 4/247
- Maßstab: 4/172 ff, 4/359 ff
- Mehrbedarf: 4/169 ff
- Mieteinkünfte: 4/261 ff
- Mindestbedarf: 4/361
- nach altem Recht: 4/173
- nachehelicher Unterhalt: 4/172 ff, 4/214 ff
- nichtprägendes Einkommen: 4/183, 4/220, 4/227, 4/231, 4/246 ff, 4/251, 4/255, 4/258 ff, 4/263 ff, 4/274 ff, 4/285, 4/298, 4/322, 4/330, 4/486 ff
- Normalentwicklung: 4/175, 4/186, 4/214, 4/234, 4/281
- Obergrenze: 4/363 ff
- objektiver Maßstab: 4/202, 4/210 ff
- prägendes Einkommen: 4/179 ff, 4/185 ff, 4/214 ff, 4/225 ff, 4/228 ff, 4/234 ff, 4/251 ff, 4/261 ff, 4/272 ff, 4/285 ff, 4/292 ff
- Quotenunterhalt: 4/372 ff
- bei Regelbeförderung: 4/236 ff
- Sättigungsgrenze: 4/363 ff
- trennungsbedingter Mehrbedarf: 4/169, 4/207
- Trennungsunterhalt: 4/30 ff, 4/172 ff, 4/225 ff
- bei Veräußerung des Eigenheimes: 1/286 ff, 4/262 ff
- bei vermögensbildenden Ausgaben: 4/200 ff
- bei Vermögenseinkünften: 4/261 ff
- bei Verselbständigung: 4/280 ff
- verteilungsfähiges Einkommen: 4/362, 4/377
- bei vorübergehender Arbeitslosigkeit: 4/253
- bei Wegfall von Kindesunterhalt: 4/199, 4/297, 4/308, 4/352
- bei Wegfall von Schulden: 4/295
- Wohnwert: 1/263 ff, 4/230, 4/261 ff
- Zeitpunkt: 4/174, 4/214 ff, 4/225 ff
- Zinseinkünfte: 4/261 ff
- bei Zinseinkünften aus Vermögensauseinandersetzung, Zugewinn, Erbschaft, Lottogewinn: 4/220, 4/231, 4/264 ff

s. a.: Bedarfsbemessung beim Ehegattenunterhalt; Berechnungsmethoden; prägendes und nichtprägendes Einkommen;

ehrenamtliche Tätigkeiten:
- Anrechnung von Entschädigungen als Einkommen: 1/55
- berufsbedingte Aufwendungen bei e. T.: 1/109

eidesstattliche Versicherung: 8/256
- bei unsorgfältiger Auskunft: 1/592

Eigenbedarf des Verpflichteten: 2/616 ff, 4/568
- billiger Selbstbehalt: 5/3
- eheangemessener Eigenbedarf: 4/568, 5/2 *(s. a.: eheangemessener Selbstbehalt)*
- beim Elternunterhalt: 2/638 ff
- Relativität: 5/1
- im Verwandtenunterhalt: 2/616 ff

s. a.: angemessener bzw. notwendiger Selbstbehalt, Selbstbehalt

eigener Haushalt:
- des minderjährigen Kindes: 2/226, 2/289
- des volljährigen Kindes: 2/364, 2/368 ff, 2/377 ff

s. a.: Studentenunterhalt

Eigenheimzulage: 1/231 ff, 1/355

Eilmaßnahmen
s.: einstweilige Anordnung und einstweilige Verfügung

Einkaufsrabatte: 1/69

Einkommen: 8/35
- Abzüge vom: 8/36

s. a.: Einkünfte; prägendes und nichtprägendes Einkommen

Einkommen der Eltern beim Kindesunterhalt:
- anrechenbares Nettoeinkommen: 2/284, 2/441 ff
- und Bedarfsbemessung: 2/108, 2/113 ff
- besonders günstiges E.: 2/128 ff, 2/229, 2/293, 2/376, 2/400
- nach der Düsseldorfer Tabelle: 2/219 ff
- Ehegattenunterhalt nach E.: 2/148, 2/258, 2/439
- Einkommensänderungen: 2/116

Sachverzeichnis

- fiktives Einkommen: 2/114, 2/440
- Kindergeld als: 1/360, 2/159, 2/223, 2/497 ff
- und Lebensstellung des Kindes: 2/113 ff
- Sozialhilfe als E.: 6/500
- im Unterhaltszeitraum: 2/116
- vergleichbare Einkommen bei Haftung beider Eltern: 2/298 ff, 2/441 ff
- Wirtschaftsgeld: 2/156, 3/46 ff

Einkommen des Kindes: 2/86 ff
- Anrechnung auf Bar- und Betreuungsunterhalt: 2/96 ff, 2/286, 2/352
- Anrechnung auf den Bedarf: 2/158, 2/352
- Ausbildungsvergütung: 2/90 ff
- freiwillige Zuwendungen Dritter: 2/100 ff
- nichteheliche Lebensgemeinschaft: 2/89
- Vermögenserträge: 2/106 f
- des Volljährigen: 2/336
- Werkstudentenarbeit: 1/78 f, 1/453, 2/88
- Wohngemeinschaft: 2/89

Einkommensänderung:
- Grund für Abänderungsklage: 8/159
s.: eheliche Lebensverhältnisse

Einkommensermittlung:
- bei abhängig Beschäftigten: 1/46 f
- durch Auskunft und Vorlage von Belegen: 1/561 f
- wegen Bemühungen um Erlangung des Sorgerechts: 4/291
- nach Entnahmen: 1/182
- bei Freiberuflern: 1/130
- durch richterliche Ermittlung: 1/31
- aus Vermögen: 1/303
- bei Vollkaufleuten durch Vermögensvergleich: 1/142 f

Einkommensminderung:
- nichtprägend: 4/282, 4/285
- prägend: 4/238, 4/282, 4/286

Einkommensschätzung:
- bei bilanzierenden Unternehmern: 1/181
- bei Freiberuflern: 1/130
- im Rahmen von § 287 ZPO: 6/828
- Schätzungsvoraussetzungen: 6/836

Einkommenssteigerung:
- nichtprägend: 4/246 ff, 4/251 ff, 4/283
- prägend: 4/237, 4/240 ff, 4/251 ff

Einkommensteuer:
- als Abzugsposten: 1/491 ff
- allgemein: 1/458 ff
s. näher: Steuern

Einkommensteuererklärungen und -bescheide:
- Vorlegungspflicht: 1/580

Einkünfte aus abhängiger Arbeit:
- berufsbedingte Aufwendungen: 1/87
- Bruttoeinnahmen: 1/46
- Fahrtkosten: 1/102
- Nebentätigkeiten: 1/74
- Prüfungszeitraum: 1/50
- Sachbezüge: 1/69
- Sozialleistungen mit Lohnersatzfunktion: 1/80 f
- typische Bruttoeinnahmen: 1/55

- weitere berufsbedingte Aufwendungen: 1/102

Einkünfte aus freiwilligen Zuwendungen Dritter:
- allgemein: 1/368
- Anrechnung im Mangelfall: 2/100, 5/100
- Anrechnung von Leistungen des neuen Partners: 1/371
- fiktive Vergütung für Versorgungsleistungen: 1/374
- beim Kindesunterhalt: 2/100 ff, 2/114, 2/354, 2/427 f
- Wohnungsgewährung für Kinder: 1/378
- Wohnungsgewährung nach Trennung: 1/272
- Zuwendungen des neuen Partners: 1/371

Einkünfte aus Landwirtschaft:
- Einkünfte: 1/186, 1/188
- Gewinnermittlungsarten: 1/187

Einkünfte aus Nebentätigkeiten:
- bei abhängig Tätigen: 1/74
- bei Rentnern: 1/347
- bei Schülern u. Studenten: 1/78 f, 1/452 f, 2/88
- überobligatorische Tätigkeit: 1/454 ff, 2/88

Einkünfte aus Renten:
- Anrechnung von Versorgungsbezügen: 1/339
- Nebeneinkünfte: 1/347
- Rentennachzahlungen: 1/348

Einkünfte aus sozialstaatlichen Zuwendungen:
- Ausbildungsbeihilfe und Ausbildungsgeld: 1/367
- BAföG-Leistungen: 1/356
- Kindergeld: 1/360
- Leistungen nach dem Stiftungs- und Kindererziehungsleistungsgesetz: 1/363
- Pflege- und Erziehungsgeld: 1/363
- Sozialhilfe: 6/500 ff
- nach Volljährigkeit des Kindes: 2/537 a
- Wechsel zum anderen Elternteil: 2/537 a
- Wohngeld: 1/352

Einkünfte aus Unterhalt: 1/379

Einkünfte aus unzumutbarer Tätigkeit: 2/88
- Abgrenzung zur zumutbaren Tätigkeit: 1/440 ff
- Anrechnung beim Ehegattenunterhalt: 1/446, 4/452 ff
- Anrechnung beim Kindesunterhalt: 1/452 ff, 2/88, 2/312
- Anrechnung beim Pflichtigen: 1/454 ff
- Anrechnung nach altem Recht: 1/451
- durch Aufnahme einer untergeordneten Stellung: 1/149
- des Berechtigten: 1/443 ff, 1/446 ff
- Betreuungsbonus: 1/454
- eines Elternteils bei Geschwisterbetreuung: 2/312
- Erwerbstätigkeit trotz Betreuung kleiner Kinder: 1/443 ff
- bei Haushaltsführung für neuen Partner: 1/450

1703

Sachverzeichnis

- bei Nebentätigkeiten: 1/74 ff, 1/454, 1/456
- nichtprägendes Einkommen: 1/457 ff
- des Pflichtigen: 1/434 ff
- bei Rentnern: 1/454, 1/456
- bei Schülern: 1/452, 2/43, 2/86
- bei Sonntagsarbeit: 1/455
- bei Überstunden: 1/454 ff
- Werkstudent: 1/74 ff, 1/453, 2/88
- bei Zweitarbeit: 1/455 ff

Einkünfte aus Vermietung oder Verpachtung:
- Abschreibungen: 1/200
- Abschreibungsmodell: 1/202
- allgemein: 1/193 ff
- Art der Einnahmen: 1/196
- Ausgaben: 1/198 ff
- fiktive Mieteinnahmen: 1/204 ff
- Finanzierungskosten: 1/201
- bei Gütergemeinschaft: 1/210
- Mieteinnahmen bei gemeinsamem Objekt: 1/203
- Negativeinkünfte: 1/202
- Obliegenheit zur Teilvermietung: 1/205
- Obliegenheit zur Vermietung an ein volljähriges Kind mit eigenem Einkommen: 1/207
- Obliegenheit zur Vermietung und Nutzung: 1/204
- schwankende Mieteinnahmen: 1/194
- Tilgung bei Abzahlungen: 1/201
- Überschußrechnung: 1/194
- Werbungskosten: 1/198
- Wohnwert
  s.: Wohnvorteil im Eigenheim
- Zinsen bei Abzahlung: 1/201
- Zurechnung fiktiver Einkünfte bei unterlassener Vermietung: 1/204 ff

Einkünfte aus Vermögen:
- allgemein: 1/303, 1/42
- Anrechnung von E. a. V.: 1/304
- Einkünfte aus Kapitalvermögen: 1/309
- Ermittlung der E. a. V.: 1/307
- Verwertung des Vermögensstammes *s. dort*
- Werbungskosten: 1/309

Einkünfte aus Wohnwert:
s.: Wohnvorteil im Eigenheim

Einkünfte von Freiberuflern:
- Betriebsvermögen und Abschreibung: 1/118
- Darlegungs- und Beweislast: 1/132
- Einkommensermittlung: 1/130
- zur Einnahmen-Überschußrechnung: 1/113
- Fehlerquellen: 1/125
- zum Personenkreis: 1/110
- Prüfungszeitraum: 1/115
- typische Betriebsausgaben: 1/135
- typische Betriebseinnahmen: 1/133
- verkappte Freiberufler: 1/111

Einkünfte von Vollkaufleuten durch Betriebsvermögensvergleich: 1/174
- Buchführung: 1/151
- Darlegungspflichten: 1/146

- Einkommensbemessung nach Entnahmen: 1/182
- Gewinn- und Verlustrechnung: 1/164
- Jahresbilanz: 1/167
- Personenkreis: 1/142
- Sachverständige: 1/149
- unterhaltsrechtliche Besonderheiten: 1/145

Einkunftsarten:
- Einkommen aus abhängiger Arbeit: 1/46 f
- Einkommen aus Landwirtschaft: 1/186 f
- Einkommen aus Pensionen, Renten: 1/338
- Einkommen aus Schmerzensgeld: 1/382
- Einkommen aus selbständiger Tätigkeit: 1/142 f
- Einkommen aus sozialstaatlichen Zuwendungen: 1/351 f
- Einkommen aus Unterhaltsleistungen: 1/379
- Einkommen aus unzumutbarer Tätigkeit: 1/440 ff
- Einkommen aus Vermietung oder Verpachtung: 1/193 ff
- Einkommen aus Vermögen: 1/303 f
- freiwillige Leistungen Dritter: 1/368 f
- Wohnvorteil im Eigenheim: 1/211 f

Einlassungsfrist: 8/68

Einnahmen-Überschußrechnung:
- allgemein: 1/113
- Fehlerquellen: 1/125

Einsatzbeträge für proportionale Kürzung im verschärften Mangelfall: 5/224 f
- feste E. für Gatten: 2/163, 2/241, 5/229
- feste E. für Gatten, Beispiel: 5/254
- individuelle E. für Gatten nach Gattenquote: 5/226, 5/227
- individuelle E. für Gatten nach Gattenquote, Beispiele: 5/251
- Mangelgrenze als E. für Gatten: 5/230

Einsatzzeitpunkt
s.: Anschlußunterhalt

einstufige Berechnung des Vorsorgeunterhalts: 4/483 f, 4/517

Einstweilige Anordnung: 8/224 ff
- des § 644 ZPO: 8/248
- und Abänderungsklage: 8/144
- Anfechtbarkeit: 8/231
- Anfechtung: 8/231 ff
- Auslandsbeteiligung: 7/258
- Außerkrafttreten: 8/238
- Erledigungserklärung: 8/238
- Gegenstand: 8/225
- gemäß § 641 d ZPO: 8/247 ff
- bei Gütergemeinschaft: 4/12, 6/423
- Kosten der: 8/246
- als Mahnung: 6/119
- Prozeßvergleich: 8/230
- Regelung des Notunterhalts: 8/244
- Regelungsbedürfnis: 8/229
- Streitwert: 8/104
- Tod eines Ehegatten: 8/238
- auf Trennungsunterhalt: 4/15, 4/41
- Unterhaltsrückforderung: 6/204, 6/229
- Unterhaltsvergleich: 8/238

Sachverzeichnis

- Verhältnis zur einstw. Verfügung: 8/242, 8/250
- Vollstreckung: 8/237
- Voranhängigkeit der Ehesache: 8/243
- Voraussetzungen: 8/226
- Wirkung: 8/230
- Zurückweisung eines PKH-Gesuches: 8/239
- Zuständigkeit: 8/227

Einstweilige Einstellung der ZV:
- Feststellungsklage: 8/197

Einstweilige Verfügung: 8/250 ff
- Abänderung: 8/260
- Abgrenzung zur einstweiligen Anordnung: 8/250
- Anfechtung: 8/260
- Aufhebung: 8/260
- Auslandsbeteiligung: 7/258
- Befristung: 8/257
- eidesstattliche Versicherung: 8/256
- Glaubhaftmachung: 8/255
- bei Gütergemeinschaft: 4/12, 6/423
- Hauptsacheklage: 8/250
- als Mahnung: 6/120
- Notunterhalt: 8/253
- Rechtsschutzbedürfnis: 8/250
- Streitwert: 8/104
- auf Trennungsunterhalt: 4/41
- Unterhaltsanspruch der nichtehelichen Mutter: 6/774
- Unterhaltsrückforderung: 6/228
- Verfahren als Familiensache: 8/3
- Verfügungsanspruch: 8/254
- Verfügungsgrund: 8/253
- Vollstreckung: 8/258
- Vollziehung: 8/258
- vorläufige Vollstreckbarkeit: 8/261
- Zuständigkeit: 8/251

Einstweilige Verfügungen:
- und Abänderungsklage: 8/144

Eintragung von Freibeträgen auf der Lohnsteuerkarte: 1/482

Einwendungen:
- rechtshemmende: 8/181
- rechtsvernichtende: 8/181

Einziehungsermächtigung bei § 91 BSHG: 6/543, 6/547

Elementarbedarf: 4/668

Elementarunterhalt:
- Berechnung des Vorsorgeunterhalts aus dem E.: 4/455 f
- Krankheitsvorsorgeunterhalt neben E.: 4/502
- Vorrang vor Vorsorgeunterhalt: 4/478, 5/80
- Vorsorgeunterhalt neben E.: 4/456

Elterngesetz: 7/122 ff

Eltern-Kind-Verhältnis: 2/1 ff
- Adoption: 2/1 c
- eheliche und nichteheliche Kinder: 2/1 b
- Mutter: 2/1 a
- Vater: 2/1 a

Elternunterhalt: 2/611 ff, 2/629 ff
- Bedarf: 2/612, 2/634 ff
- Heim- und Pflegekosten: 2/612, 2/636
- Bedürftigkeit: 2/630
- Leistungsfähigkeit des pflichtigen Kindes: 2/616 ff, 2/638 ff
- – Abzug von Verbindlichkeiten: 2/621
- – bei gleichzeitiger Verpflichtung zum Familienunterhalt gegenüber dem Ehegatten: 2/625, 2/645
- – fiktive Einkünfte: 2/622
- – konkrete Bemessung: 2/618 f
- – zumutbarer Vermögenseinsatz: 2/623, 2/641 f
- Prozeßkostenvorschuß: 2/613
- Selbstbehalt des pflichtigen Kindes: 2/616 ff, 2/638 ff
- – konkrete Bemessung des Eigenbedarfs: 2/618 f, 2/639 f
- – pauschalierte Selbstbehaltssätze: 2/640
- – pauschalierte Selbstbehaltungssätze: 2/618 f
- Unterhaltsanspruch gegen verheiratetes Kind: 2/645

Emanzipation (Portugal): 7/94

Ende des Unterhalts:
s.: Beginn und Ende des Unterhalts

endgültige Leistungsverweigerung: 6/130

Energiekosten: 1/138

Enkelunterhalt: 2/611 ff
- Bedarf der Enkel: 2/612
- Leistungsfähigkeit der Großeltern: 2/616 ff
- – Abzug von Verbindlichkeiten: 2/621
- – fiktive Einkünfte: 2/622
- – konkrete Bemessung: 2/618 f
- – zumutbarer Vermögenseinsatz: 2/623 ff
- Prozeßkostenvorschuß: 2/613
- Selbstbehalt der Großeltern: 2/616 ff
- – erhöhte Selbstbehaltssätze: 2/620
- – konkrete Bemessung des Eigenbedarfs: 2/618
- – pauschalierte Selbstbehaltungssätze: 2/617, 2/620

Entnahmen als Grundlage der Einkommensbemessung: 1/182

Entreicherung: 6/207 ff

Entreicherungseinwand:
- bei Rückforderungsklage: 8/199

Erbenhaftung beim Unterhalt:
- beim nachehelichen Unterhalt: 4/60
- beim Trennungsunterhalt: 4/39

Erbrechte:
- Obliegenheit zur Verwertung 1/334

Erfindervergütungen: 1/55

Erfolgsaussicht:
- begrenzte: 8/45
- hinreichende: 8/40

Erfolgskonten: 1/157

Erlaßvertrag: 6/131

Erledigung der Hauptsache: 8/23, 8/81

Erledigungserklärung:
- Streitwert: 8/104

Ersatzdienst:
- Unterhalt des Kindes: 2/348

1705

Sachverzeichnis

Ersatzhaftung:
- bei erschwerter Durchsetzbarkeit des Unterhaltsanspruchs: 2/608
- bei Leistungsfähigkeit des vorrangig haftenden Verwandten: 2/607
- bei Leistungsunfähigkeit des vorrangig haftenden Ehegatten: 2/604

Erschwerniszulagen: 8/35

Erwerbsbonus:
s.: Erwerbstätigenbonus

Erwerbseinkünfte:
- allgemein: 1/41
s. a.: Einkünfte aus abhängiger Arbeit

Erwerbsersatzeinkünfte:
- allgemein: 1/43

Erwerbslosigkeitsunterhalt nach § 1573 I BGB: 4/104 ff
- Anspruchsvoraussetzungen: 4/104
- Einsatzzeitpunkte: 4/114
- Möglichkeit einer realen Beschäftigungschance: 4/111
- Pflicht zur intensiven Arbeitssuche: 4/111
- Subsidiarität: 4/106
- bei Teilzeitbeschäftigung: 4/109
- Wegfall der Erwerbseinkünfte ohne vorherige nachhaltige Sicherung: 4/116 ff

Erwerbsobliegenheit: 8/73
- Anrechnung fiktiver Einkünfte bei Verletzung: 4/29
- bei Aufnahme einer trotz Kindesbetreuung bereits in der Ehe geplanten Erwerbstätigkeit: 1/443 ff
- des bedürftigen Ehegatten nach Trennung: 4/16 ff
- bei Betreuung eines Kindes unter 8 Jahren: 4/72 ff
- bei Betreuung eines Kindes von 15 Jahren und älter: 4/78 ff
- bei Betreuung eines Kindes zwischen 11 und 15 Jahren: 4/77
- bei Betreuung mehrerer Kinder: 4/81 ff
- der Eltern bei Geschwisterbetreuung: 2/315
- der Eltern beim Kindesunterhalt: 2/144 ff, 2/315, 2/408 ff
- der Eltern gegenüber dem volljährigen Kind: 2/408 ff
- erfordert intensive und nachhaltige Bemühungen zur Erlangung einer Erwerbstätigkeit: 4/111
- bei Fortsetzung einer trotz Kindesbetreuung bereits früher aufgenommenen Erwerbstätigkeit: 1/443 ff, 4/84
- trotz Kindesbetreuung: 4/68 ff
- im Sozialhilferecht: 6/503, 6/505
- verstärkte Erwerbsobliegenheit in Mangelfällen: 4/136
- Wegfall nach Trennung bei Doppelverdienerehe: 4/28
- des wiederverheirateten, haushaltführenden Elternteils gegenüber Kindern aus 1. Ehe: 2/172 ff

Erwerbsobliegenheit des Kindes:
- berufsfremde Arbeit: 2/48
- bei Betreuung eines eigenen Kindes: 2/50 ff
- Bummelstudium: 2/69
- jede Arbeitsmöglichkeit: 2/48
- des Minderjährigen: 2/46
- neben Schule oder Studium: 2/350
- der schwangeren Tochter: 2/50 ff
- bei Verweigerung einer Ausbildung: 2/6
- des Volljährigen: 2/2, 2/46, 2/48, 2/345

Erwerbstätigenbonus:
Mischeinkünfte: 4/404 ff
- Abänderungsklage: 8/162
- Abzug bei Mischeinkünften: 4/377
- Abzug vom bereinigten Nettoeinkommen: 4/377
- bei Additionsmethode: 4/388
- allgemein: 4/373, 4/378
- Arbeitsanreiz: 4/378
- Berücksichtigung beim Bedarf: 4/376
- Bonushöhe: 4/380 ff
- erhöhter Aufwand für Erwerbstätigkeit: 4/378
- bei fiktiven Einkünften: 4/396
- Kumulation von Erwerbstätigenbonus und berufsbedingten Aufwendungen: 4/381, 4/410
- im Mangelfall: 4/382, 5/201
- bei nichtprägenden Einkünften des Berechtigten: 4/396
- bei Sozialhilfe: 5/201
- Vorabzug von Schulden und Kindesunterhalt bei Berechnung: 4/404 ff

Erwerbstätigenzuschlag:
- Abzug für Erwerbstätige nach § 76 II a BSHG: 2/267
- im notwendigen Selbstbehalt: 2/267

Erwerbsunfähigkeit:
- krankheitsbedingte Erwerbsunfähigkeit: 4/97, 4/99
s. a.: krankheitsbedingte Arbeitsunfähigkeit

Erwerbsunfähigkeitsrente: 4/340

Erziehungsgeld: 1/85, 1/363, 2/177
- als Einkommen: 2/177

Essenssspesen: 1/59

Euro:
- Unterhaltszahlung in E.: 2/208
- Währungsumstellung: 1/2 c

Europ. Übereinkommen über die gerichtl. Zuständigkeit und Vollstreckung (EuGVÜ): 7/226, 7/234 f, 7/259

Existenzminimum: 2/259 a, 2/261
- Berücksichtigung bei Aufrechnungen: 6/300
- und feste Einsatzbeträge in Mangelfallberechnung: 5/229
- Glaubhaftmachung: 8/69
- bei Gütergemeinschaft: 4/12, 6/423
- und individueller Bedarf des Gatten nach den ehel. Lebensverhältnissen: 5/227
- beim Kindesunterhalt: 2/127 ff
- und Mindestbedarf: 4/434 f
- auf Trennungsunterhalt: 4/41
- Verfügungsanspruch: 8/68

Sachverzeichnis

- Verfügungsgrund: 8/68
- Vollziehung: 8/72
- vorläufige Vollstreckbarkeit: 8/74
s. a.: *Mindestbedarf des Kindes; Selbstbehalt; Sozialgrenze; Sozialhilfebedürftigkeit*

Fachliteratur: 1/103, 1/105
Fahnenflucht:
- fiktives Einkommen bei F.: 1/416

Fahrtkosten: 1/96 f
falsche Anschuldigung als Verwirkungsgrund: 4/664
Familienrechtlicher Ausgleichsanspruch: 2/529 ff
- Absicht, Ersatz zu verlangen: 2/537
- Ausbildungsfreibetrag: 2/540
- Bereicherungsanspruch: 2/532 f
- Definition: 2/529 f, 2/531
- Erfüllung des Unterhaltsanspruchs: 2/535 ff
- Gesamtschuldnerausgleich: 2/532 f
- Geschäftsführung ohne Auftrag: 2/532 f
- Kinderfreibetrag: 2/540
- Kindergeld: 2/497 ff, 2/501, 2/538 ff
- Naturalunterhalt: 2/536
- Rechtsnatur: 2/529
- bei Unterhaltsbestimmung durch anderen Elternteil: 2/32 f
- Urteil über Kindergeld: 2/502
- Urteil über Kindesunterhalt: 2/543
- Verjährung: 2/542
- Verzinsung: 2/544
- Verzug: 2/541
- Volljährigkeit des Kindes: 2/538
- Wechsel zum anderen Elternteil: 2/538
- Zuschlag zum Kindergeld: 2/540

Familienrichter: 8/16
Familiensache: 8/2 ff
- Abgabe: 8/12
- Bindungswirkung: 8/13
- örtliche Zuständigkeit: 8/11
- Vollstreckungsabwehrklage: 8/11
- Wert der Beschwer: 8/10
- Zurückverweisung: 8/12
- Zuständigkeit in zweiter Instanz: 8/10

Familienunterhalt: 3/1 ff
- anteilige Beiträge zum F.: 3/35 ff
- Aufgabenverteilung in der Ehe: 3/11, 3/28
- Ausbildung eines Ehegatten: 3/24
- Bedarf der Ehegatten bei Konkurrenz mit anderen Unterhaltsansprüchen: 2/159 ff, 2/163, 2/241, 3/64 ff, 3/69
- Bedarf der Familie: 3/22 ff
- Bedürftigkeit: 3/6
- Berechnung bei Konkurrenz mit Unterhaltsansprüchen Dritter: 3/2, 3/64 ff
- Doppelverdienerehe: 3/13, 3/37 ff
- Einkommens- und Vermögensverhältnisse: 3/30
- Erwerbsobliegenheit der Ehegatten: 3/16 ff
- Erwerbsobliegenheit des haushaltführenden Ehegatten: 3/7
- fehlender Beitrag als Verwirkungsgrund: 4/702 ff
- fiktives Einkommen: 3/21
- finanzieller Bedarf: 3/23, 3/28 ff
- gegenseitige Unterhaltspflicht: 3/10
- Gleichwertigkeit von Haushaltsführung und Erwerbstätigkeit: 3/12, 3/35, 3/41
- bei Gütergemeinschaft: 6/412
- Haushaltsführungsehe: 3/12, 3/36
- keine Geldrente: 3/1
- Klage auf F.: 3/4
- konkrete Berechnung: 3/1, 3/29
- Konkurrenz mit anderen Unterhaltsansprüchen: 2/159 ff, 2/163, 2/241, 3/2, 3/64 ff
- Konsumverhalten: 3/33
- Lebensgemeinschaft der Ehegatten: 3/1, 3/5
- Leistungsfähigkeit: 3/7
- Leitlinien: 3/1 f
- mehrere Ehegatten: 3/72 f
- Naturalleistungen: 3/64
- nicht verbrauchte Geldmittel: 3/34
- Nichterwerbstätigenehe: 3/15, 3/44
- Pflege eines behinderten Familienmitglieds: 3/23
- Pflegegeld: 3/31
- Rangverhältnisse: 2/241 f, 3/64 ff
- Schadensersatz wegen der Verletzung eines Ehegatten: 3/3
- Schulden: 3/26, 3/32
- Sozialleistungen für Körper- und Gesundheitsschäden: 3/31
- Studium eines Ehegatten: 3/25
- Tabellen: 3/1 f
- Taschengeld: 3/56 ff
- Tod eines Ehegatten: 3/86
- Trennung der Eheleute: 3/5, 3/9
- und Trennungsunterhalt: 3/8, 3/78
- Unpfändbarkeit: 3/82
- Unterhaltsansprüche sonstiger Verwandter: 3/27
- Vereinbarungen zum Familienunterhalt: 6/603
- Vermögensverwertung: 3/20
- Verzicht auf Erstattungsansprüche: 3/79 ff
- Verzicht für die Zukunft: 3/85
- Verzug: 3/84
- Vorauszahlungen: 3/87
- Wirtschaftsgeld: 3/36, 3/46 ff, 3/64
- Zuverdienstehe: 3/14, 3/43 f
- Zuvielleistungen: 3/79 ff

Familienzuschlag bei Beamten:
- und Kindergeld: 2/494, 2/540

fehlender Beitrag zum Familienunterhalt als Verwirkungsgrund: 4/702 ff
fehlendes Zusammenleben:
- als Verwirkungsgrund: 4/745

Fehlgelder als berufsbedingte Aufwendungen: 1/105
fehlgeschlagene Selbsttötung: 4/692, 4/793
Feiertagsarbeit: 1/66
Feriensachen: 8/118
Fernsprechgebühren:
- bei abhängig Beschäftigten: 1/105

1707

Sachverzeichnis

- bei Freiberuflern: 1/139
- Telefonanschluß: 1/69

Feste Bedarfssätze beim Volljährigenunterhalt: 2/120, 2/364 ff, 2/391 ff
- Auskunftspflicht: 2/518

Feststellungsinteresse: 8/191

Feststellungsklage: 8/190 ff
- Abgrenzung zu anderen Verfahren: 8/193
- Abgrenzung zur Abänderungsklage: 8/150
- Darlegungs- und Beweislast: 8/195
- einstweilige Einstellung der Zwangsvollstreckung: 8/197
- Feststellungsinteresse: 8/191
- Prüfungs- und Entscheidungsumfang: 8/194
- Rechtskraft: 8/196
- Streitwert der: 8/103
- Verhältnis zu anderen Verfahren: 8/193
- Verhältnis zur Abwehrklage: 8/186

fiktive Steuerberechnung: 1/202, 1/465, 1/492

fiktives Einkommen bei Barunterhaltspflicht beider Eltern: 2/440

fiktives Einkommen bei unterlassener Vermögensnutzung:
- allgemein: 1/325
- fiktive Zinseinkünfte bei Verbrauch des Vermögens ohne Surrogat: 1/293
- fiktive Zinseinkünfte bei Vermögensumschichtung: 1/294
- Höhe der zurechenbaren Erträge: 1/336
- kein f. E. bei Gütergemeinschaft: 6/422
- nichtprägendes Einkommen: 1/209, 4/277
- Obliegenheit zur Einziehung von Forderungen und zur Belastung: 1/332
- Obliegenheit zur Teilvermietung: 1/205
- Obliegenheit zur Vermietung: 1/204
- Obliegenheit zur Vermietung an ein volljähriges Kind mit eigenem Einkommen: 1/207
- Obliegenheit zur Vermietung einer Ferienwohnung: 1/206
- Obliegenheit zur Vermögensumschichtung: 1/329
- Obliegenheit zur Verwertung von Erbanteilen und Pflichtteilsrechten: 1/334
- Obliegenheiten bei Immobilien: 1/328
- Schätzung nach § 287 ZPO: 6/828
- wegen unvernünftigen Vermögensverbrauchs: 2/614

fiktives Einkommen bei Verstoß gegen Erwerbsobliegenheiten: 2/622
- allgemein: 1/387
- f. E. bei Bedarfsbemessung: 1/408, 4/230 ff, 4/272 ff, 4/282 ff, 4/285
- f. E. des Bedürftigen bei Ehegattenunterhalt: 4/29, 4/109, 4/231, 4/233, 4/272 ff, 4/285
- bei Bezug von Sozialhilfe: 6/503, 6/505, 6/534, 6/572
- Darlegungs- und Beweislast: 1/431
- Einkommensminderung durch Arbeitsaufgabe usw.: 1/394 f, 1/413
- bei Ermittlung des Haftungsanteils der Eltern: 2/440

- ernsthafte Bemühungen um Erwerbstätigkeit: 1/427
- beim Familienunterhalt: 3/21
- f. E. bei gesteigerter Erwerbsobliegenheit im Mangelfall: 5/94 f
- keine f. E. bei Gütergemeinschaft: 6/422
- beim Kindesunterhalt: 2/114, 2/145 ff, 2/256
- krankheitsbedingte Arbeitsunfähigkeit: 1/432
- f. E. des Pflichtigen bei Ehegattenunterhalt: 4/230, 4/233, 4/272 ff, 4/282, 4/285
- reale Beschäftigungschance: 1/429
- Schätzungen: 6/828, 6/830
- bei Selbständigen: 1/415
- bei Straftaten und Alkoholmißbrauch: 1/416
- beim Trennungsunterhalt: 4/29
- im Verwandtenunterhalt: 2/615, 2/622
- Zurechnung beim Berechtigten: 1/419 f

fiktives Einkommen im Sozialhilferecht: 6/504, 6/530, 6/557

Finanzierungskosten:
- bei Vermietung oder Verpachtung: 1/201

Fliegerzulagen: 1/55

Flucht aus früheren DDR:
- nichtprägendes Einkommen: 4/249 a

Fondsanteile:
- Einkünfte aus Kapitalvermögen: 1/308

Formelle Anknüpfung: 8/10

Fortbildung:
- Begriff: 4/159

Fortbildungskosten: 1/106

Frankreich: 7/49 ff

Freibetrag für Erwerbstätige: 8/36

Freibeträge auf der Lohnsteuerkarte: 1/482

freie Wohnung: 1/69

Freifahrten u. -flüge: 1/69

Freistellungsvereinbarungen beim Kindesunterhalt: 2/525 ff
- Erfüllungsübernahme: 2/526
- Koppelung mit Umgangsrecht: 2/528
- Sittenwidrigkeit: 2/527
- und Verzicht auf Kindesunterhalt: 2/524

freiwillige Aufgabe eines Arbeitsplatzes:
- fiktive Einkünfte bei f. A. e. A.: 1/394 f

freiwillige Zuwendungen Dritter:
- durch Wohnvorteil: 1/212
- *s.: Einkünfte aus freiwilligen Zuwendungen Dritter*

Für-Prinzip bei Steuern: 1/459

Ganztagstätigkeit:
- Kinderbetreuung: 4/630

Garagennutzung: 1/213

Gegenforderungen:
s.: Aufrechnung

Gegenseitigkeitsprinzip: 2/61, 2/65
- Ausbildungsverpflichtungen der Eltern: 2/61
- Eltern in wirtschaftlich beengten Verhältnissen: 2/61
- beim Volljährigen: 2/343

Gegenvorstellung: 8/45

Gehälter:
- als Betriebsausgaben bei Freiberuflern: 1/140

Sachverzeichnis

- als Einnahmen bei abhängig Beschäftigten: 1/55
gehobenes Einkommen: 1/560, 4/202, 4/364
Geldverkehrskosten: 1/139
Gemeinsame elterliche Sorge: 8/125
- Kindesunterhalt: 2/316
- Prozeßstandschaft: 2/316
Gemischte Konten: 1/158
Gerichtsstandsvereinbarung:
- internationale: 7/231
geringwertige Wirtschaftsgüter: 1/120, 1/122 a, 1/137
- Abschreibung in der Überschußrechnung: 1/120
Gesamtschuld: 1/248, 1/523
s. a.: berücksichtigungswürdige Schulden
Gesamtversorgung für das Alter: 1/497
geschäftliche Schädigung: 4/701
Geschäftsfreundebuch: 1/152
Geschäftsunterlagen:
- Vorlegungspflichten: 1/582
Geschäftsverteilung bei Kompetenzkonflikt: 8/8
Geschäftswagen: 1/69
Geschenke: 1/139
Geschiedenenunterhalt:
s.: nachehelicher Unterhalt
Geschwistertrennung: 4/194
- Kindesunterhalt bei G.: 2/309 ff
gesetzlicher Forderungsübergang nach § 91 BSHG:
s.: Übergang des Unterhaltsanspruchs nach § 91 BSHG
Gesteigerte Unterhaltspflicht gegenüber dem minderjährigen Kind: 2/247 ff
- anderer unterhaltspflichtiger Verwandter: 2/271 ff
- Aufgabe einer Erwerbstätigkeit: 2/253
- Aus- und Fortbildung des Pflichtigen: 2/252
- Berufswechsel: 2/250
- Ehegattenunterhalt als Einkommen: 2/258
- Erwerbsobliegenheit: 2/248
- fiktive Einkünfte: 2/256
- Gelegenheitsarbeit: 2/249
- Nebenbeschäftigung: 2/251
- notwendiger Selbstbehalt: 2/260 ff
- Ortswechsel: 2/250
- Sicherstellung des Mindestunterhalts: 2/255
- Überstunden: 2/251
- Verwertung des Vermögensstammes: 2/262
s. a.: notwendiger Selbstbehalt
Getrenntleben:
- Begriff: 3/5, 4/4–5
- längeres Getrenntleben als Angemessenheitskriterium nach § 1574 II BGB: 4/143
Getrenntlebensunterhalt:
s.: Trennungsunterhalt
Gewerbelehrer: 4/317
Gewerbetreibende:
s.: Einkünfte von Freiberuflern; Einkünfte von Vollkaufleuten
Gewinn- und Verlustkonto: 1/159

Gewinn- und Verlustrechnung:
- allgemein: 1/164
- Vorlegungspflichten: 1/582
Gewinnbeteiligungen: 1/55
Gewinnermittlung:
- allgemein: 1/38
- durch Betriebsvermögensvergleich: 1/143 f
- durch Einnahmen-Überschußrechnung: 1/113, 1/125
- bei Landwirtschaft nach Durchschnittssätzen: 1/190
Glaubhaftmachung: 8/255
gleichrangiger Gattenunterhalt: 4/414, 5/124 f, 5/138 f
- beim Anwendung des FGB als Unterhaltsstatut: 6/655
- im Mangelfall, Beispiel: 5/257 f
Gleichwertigkeit von Bar- und Betreuungsunterhalt: 2/11 ff
- beim Minderjährigen: 2/11 ff, 2/283 f
- beim Volljährigen: 2/15
s. a.: privilegiert volljährige Kinder
Gleichwertigkeit von Haushaltsführung und Erwerbstätigkeit: 3/12, 3/35, 3/41
Gleichwürdigkeit von Haushaltsführung und Erwerbstätigkeit: 4/184 a
Gleitklausel (Italien): 7/51
Gratifikation: 8/35
Gratifikationen: 1/71
grobe Unbilligkeit: 4/614 ff
s. a.: Verwirkung Ehegattenunterhalt
Großeltern:
- als andere unterhaltspflichtige Verwandte: 2/273
- angemessener Bedarf: 2/273
- Bedarf des Enkels: 2/612
- Bedürftigkeit des Enkels bei Bezug von Sozialhilfe: 6/554
- Berücksichtigung von Verbindlichkeiten gegenüber dem Enkel: 2/260
- Rückgriff des Sozialhilfeträgers gegen G.: 6/518, 6/554
- Selbstbehalt gegenüber dem Enkel: 2/620
Grundrente: 8/35
- allgemein: 1/339
Grundstücke:
- bebaute: 8/39
- unbebaute: 8/39
Gütergemeinschaft:
- Einlmaßnahmen: 6/423
- bei Einkünften aus Vermietung oder Verpachtung: 1/210
- Familienunterhalt: 6/412
- keine fiktiven Einkünfte: 6/422
- Kindesunterhalt: 6/419
- nachehelicher Unterhalt: 6/413
- Trennungsunterhalt: 6/12, 6/400
- Unterhalt bei G.: 6/400 f

Haager Kindesunterhaltsabkommen (1956): 7/2

Sachverzeichnis

Haager Unterhaltsstatutabkommen (HUÜ) v. 2.10.1973: 7/1, 7/225
- Anknüpfung: 7/5
- Regelungsumfang: 7/9

Haftungsanteile der Eltern:
s.: *Barunterhaltspflicht beider Eltern bei Minderjährigen; Barunterhaltspflicht beider Eltern bei Volljährigen*

Halbteilungsgrundsatz: 4/359 ff, 4/373
- einstufiges Verfahren bei Berechnung des Vorsorgeunterhalts: 4/483
- zweistufiges Verfahren bei Berechnung des Vorsorgeunterhalts: 4/477

Handelsbilanz: 1/167

Härte:
s.: *unbillige Härte nach § 91 BSHG*

Härteklausel:
s.: *Verwirkung*

Haushaltsführung:
- und Kinderbetreuung in der Ehe: 4/184 a

Haushaltsführung für neuen Partner: 1/272, 4/231
- als Einkommen: 1/371 ff
- kein unzumutbares Einkommen: 1/450
- als Verwirkungsgrund: 4/751 ff

Haushaltsführung in der Ehe: 4/184 a ff

Haushaltsführung in Ehe: 3/12, 3/35, 4/179, 4/231

Haushaltsführungsehe: 3/12, 4/180, 4/391
- § 1361 II BGB als Schutzklausel bei Trennung: 4/18
- Billigkeit einer zeitlichen Herabsetzung oder Begrenzung des Unterhalts: 4/593
- eheliche Lebensverhältnisse: 4/179, 4/184 a ff
- Gleichwertigkeit von Haushaltsführung und Erwerbstätigkeit: 3/12, 3/35
- Taschengeld: 3/36, 3/56 ff
- Wirtschaftsgeld: 3/36, 3/46 ff, 3/51

Haushaltsgeld:
s.: *Wirtschaftsgeld*

Hauslasten: 1/234 ff

häusliche Ersparnis: 1/59

Hausmannsrechtsprechung: 2/172 ff
- Erwerbsobliegenheit gegenüber früherem Ehegatten: 2/173
- Erwerbsobliegenheit gegenüber Kindern aus 1. Ehe: 2/173, 2/179 ff, 2/181
- Erziehungsgeld als anrechenbares Einkommen: 2/177
- fiktive Einkünfte: 2/176, 2/185
- früherer Ehegatte als anderer unterhaltspflichtiger Verwandter (§ 1603 II BGB): 2/175, 2/186
- Gleichrang der Unterhaltsansprüche des jetzigen Ehegatten und der Kinder aus 1. Ehe: 2/172, 2/281
- Nebeneinkünfte: 2/184
- Nebenerwerbstätigkeit: 2/174
- nichtehelichen Kindern: 2/173 a
- bei nichtehelicher Lebensgemeinschaft: 2/190 ff
- Pflichten des 2. Ehegatten: 2/183
- bei privilegierten volljährigen Kindern: 2/173, 2/187
- Rollenwahl: 2/176, 2/184
- Selbstbehalt: 2/175
- Teilzeitbeschäftigung: 2/182
- Umfang der Erwerbsobliegenheit: 2/179 ff, 2/186
- Verfassungsmäßigkeit: 2/178
- bei volljährigem Kind: 2/187 ff

Hausnebenkosten: 1/235

Hausrat: 8/39

Heimarbeiterzuschlag: 1/55

Heimtrennung, Österreich: 7/75

Hemmung der Verjährung: 6/136

Herabgruppierung:
- und Bedarfskontrolle: 2/238
- nach den Leitlinien: 2/231 ff, 2/234 f
- bei überdurchschnittlicher Unterhaltslast: 2/231 ff
- beim Volljährigen: 2/387

Herabsetzung des Unterhalts: 4/602
- Herabsetzung auf den angemessenen Lebensbedarf nach § 1578 I 2 BGB: 4/583 ff
- Kombination der Herabsetzung nach § 1578 I 2 BGB mit der zeitlichen Begrenzung nach § 1573 V BGB: 4/589
s. a.: *Unterhaltsherabsetzung*

Heterologe Insemination: 2/1, 3/27

Hilfswerk für behinderte Kinder: 1/366

Hochrechnung des Elementarunterhalts nach der Bremer Tabelle: 4/469

Höhergruppierung:
- Angemessenheitskontrolle: 2/124, 2/207, 2/242
- bei Bedarfsbemessung nach zusammengerechnetem Einkommen der Eltern: 2/388
- und Bedarfskontrolle: 2/238
- nach den Leitlinien: 2/231 ff, 2/234 f
- bei unterdurchschnittlicher Unterhaltslast: 2/231 ff
- Unterhaltspflicht nur gegenüber einem Kind: 2/232
- beim Volljährigen: 2/387

Identität von Unterhaltsansprüchen:
- fehlende Identität von Familienunterhalt, Trennungsunterhalt und nachehelichem Unterhalt: 3/9, 3/77, 4/14
- fehlende Identität von nachehelichem Unterhalt und neu entstandenem Anspruch nach § 1586 a I BGB: 6/60
- Identität von Minderjährigen- und Volljährigenunterhalt: 2/17, 2/193, 2/339

Index:
s.: *Lebenshaltungskostenindex*

In-Prinzip bei Steuern: 1/459

Insolvenz des Unterhaltsschuldners: 4/61 a

Instandhaltungskosten:
- bei abhängig Beschäftigten: 1/106
- bei Freiberuflern: 1/139
- bei Vermietung/Verpachtung: 1/199
- beim Wohnwert: 1/244

Sachverzeichnis

Instandhaltungskosten bei Gebäuden: 1/122
Interessenabwägung bei Verwirkung: 4/615 ff
Internationale Zuständigkeit:
– Verfahren mit Auslandsberührung: 7/228
Internatskosten beim Kindesunterhalt: 2/317
intimes Verhältnis mit Dritten: 4/721 ff, 4/755
Invaliditätsversicherungsvorsorge: 4/169
Inventarverzeichnis: 1/162
Investitionen:
– Abschreibung von I.: 1/119
– Kosten von I. bei bilanzierenden Unternehmen: 1/179
Investmentfonds:
– Einkünfte aus Kapitalvermögen: 1/308
Iranisches Niederlassungsabkommen: 7/4
Italien: 7/57 ff

Jubiläumszuwendungen: 1/71
Jugendhilfeleistungen: 6/102, 6/106 ff

Kalenderfälligkeit: 6/127
Kaltmiete: 5/203
Kapitalabfindung: 4/53
– und Abänderungsklage: 8/142
– Bemessung der Abfindung: 6/616 ff
– und Höhe des Ortszuschlags beim Beamten: 6/615
– und Rentenhöhe nach § 5 VAHRG: 6/615
– Vereinbarung einer K.: 6/614 ff
Kapitaleinkünfte: 4/475
– kein Vorsorgeunterhalt für K.: 4/457
Kapitalkonto: 1/161
Kapitalvermögen:
– Einkünfte aus K. bei Ermittlung des relevanten Einkommens: 1/308
Karrieresprung: 4/320
Kaufkraftverlust: 7/23
kein Abzugsposten:
– beim bereinigten Nettoeinkommen: 1/490
Kinderbetreuung:
– bei Bedarfsermittlung: 4/184 a ff
– Obliegenheit zur Ganztagstätigkeit: 4/630
– Obliegenheit zur Teilzeittätigkeit: 4/630
s. a.: Betreuungsunterhalt
Kinderbetreuung in der Ehe:
– und Haushaltsführung: 4/184 a
Kinderbetreuung in Ehe: 4/179, 4/231
– Erwerbsobliegenheit und Kinderbetreuung nach Trennung: 4/24 a
Kinderbetreuungsbonus: 1/454, 2/275, 4/193
Kinderbetreuungskosten:
– berufsbedingte Aufwendungen: 1/107
– als Familiensache: 8/3
Kindererziehungsleistungsgesetz: 1/366
Kindergartenkosten: 2/275, 8/35
Kindergeld:
– Abzug des Tabellenunterhalts: 4/192
– Anrechnung: 2/501, 2/503 ff
– Anspruchsvoraussetzungen: 2/487 ff

– Auskehrung nach § 75 EStG: 2/494
– Ausland: 2/493
– beiderseitige Unterhaltspflicht der Eltern: 2/504
– Berücksichtigung bei der PKH: 8/35
– Bundeskindergeldgesetz: 2/486
– Düsseldorfer Tabelle, Eingruppierung in: 2/223 ff
– dynamischer Unterhalt: 2/503
– und Ehegattenunterhalt: 2/512
– eigene Einkünfte des Kindes: 2/489
– Einkommen: 1/360, 2/159, 2/163, 2/223, 2/497 ff
– und Einkommensteuerrecht: 2/486 ff
– Familienkasse: 2/486, 2/494
– Familienleistungsausgleich: 2/490 a
– familienrechtlicher Ausgleichsanspruch: 2/497 ff, 2/501, 2/530 f, 2/539 ff
– Familienzuschlag bei Beamten: 2/496
– Halbteilung: 2/500 ff
– Höhe: 2/492
– und Kinderfreibetrag: 2/487 ff, 2/540
– Kindergeldrest bei mehreren Kindern: 2/511
– Kinderzuschüsse aus der Sozialversicherung: 2/493
– im Mangelfall: 2/159, 2/509 ff, 5/83 f
– mehrere Kinder: 2/506
– beim minderjährigen Kind: 2/285, 2/501
– Obhutsprinzip: 2/490, 2/503
– Prozessuales: 2/516
– Rechtsgrundlagen: 2/486
– Rechtsweg gegen Bescheide der Familienkasse: 2/486
– als Steuervergütung: 2/487, 2/501
– Verrechnung des Kindergeldes mit Unterhalt: 2/499 ff
– Verrechnung mit Barunterhalt: 2/285, 2/499 ff, 2/512
– beim volljährigen Kind: 2/337, 2/356, 2/510 ff, 2/513 ff, 5/90
– Zählkindvorteil: 2/507, 5/91
– Zulagen: 2/496
– Zuschlag zum Kindergeld: 2/496
Kindergeldänderung:
– vereinfachtes Verfahren zur Anpassung von Unterhaltstiteln: 8/354
Kindergeldurteil des BGH: 2/499, 5/89 ff
s.: R 512
Kindergesetz (Norwegen): 7/63
Kinderzuschüsse: 1/55
– Kinderzuschuß zur Rente: 1/339, 2/493
Kindesunterhalt:
– als Abzugsposten:
s.: Kindesunterhalt als Abzugsposten
– Anspruchsvoraussetzungen: 2/1 ff
– Bedarf des Kindes: 2/108 ff
– Bedürftigkeit des Kindes: 2/42 ff
– Begrenzung bei besonders günstigem Einkommen der Eltern: 2/128 ff
– im Beitrittsgebiet: 6/620 ff
– bereinigtes Nettoeinkommen: 1/489
– Dauer: 2/5

1711

Sachverzeichnis

- Düsseldorfer Tabelle: 2/205, 2/207 ff
- dynamischer Unterhalt: 2/205, 2/246 a ff
- und Ehegattenunterhalt: 2/159 ff, 2/163, 2/241, 3/2, 3/64 ff, 5/50
- Ende des Anspruchs: 2/6
- und Familienunterhalt: 3/1 f, 3/10, 3/64 ff
- Freistellungsvereinbarungen der Eltern: 2/525 ff
- freiwillige Leistungen Dritter: 2/100 ff
- bei gemeinsamer elterlicher Sorge: 2/316
- bei Geschwistertrennung: 2/309 ff
- bei Gütergemeinschaft: 6/418
- bei heterologer Insemination: 2/1 a
- Identität von Minderjährigen- und Volljährigenunterhalt: 2/17
- des Kindes, das ein eigenes Kind betreut: 2/50 ff, 6/521
- Konkurrenz von Ehegatten- und Kindesunterhalt: 2/159 ff, 2/163, 2/241, 5/35 ff, 5/50
- Leistungsfähigkeit: 2/140 ff
- Mangelfall: 2/163, 2/241
- bei mietfreiem Wohnen: 1/296 ff
- nichteheliche Kinder ab 1. 7. 1998: 2/204
- nichteheliche Kinder bis 30. 6. 1998: 2/203
- Rangverhältnisse: 2/159 ff, 2/241 ff, 3/64 ff, 5/35 ff
- Rückforderung: 6/200 ff
- Rückstand: 6/100 ff
- Sättigungsgrenze: 2/128
- statistischer Unterhalt: 2/205
- der Tochter, die schwanger ist oder ein eigenes Kind betreut: 2/50 ff, 6/519
- Tod des Verpflichteten: 2/7 a
- unterschiedliche Berücksichtigung des Einkommens bei K. und Ehegattenunterhalt: 1/18 f
- Verzicht: 2/521 ff
- Wiederaufleben des Anspruchs: 2/7

Kindesunterhalt als Abzugsposten:
- Abzug des Tabellenbetrages: 4/192
- bei der Bedarfsermittlung: 1/555 ff, 4/185, 4/188 ff
- Berücksichtigung bei Leistungsfähigkeit: 4/191
- Betreuungsbonus: 1/457, 4/193
- Geschwistertrennung: 2/309
- Kind aus neuer Ehe: 4/191
- Kind aus neuer Ehe nur bei der Leistungsfähigkeit: 1/557
- Mangelfall: 4/190, 4/198, 5/226 ff
- minderjährige Kinder: 4/188 ff
- nur beim Ehegattenunterhalt: 1/489, 1/555 ff
- vor Scheidung geborenes nicheheliches Kind: 4/189
- titulierter Kindesunterhalt: 4/195
- volljährige Kinder: 4/190
- voreheliche Kinder: 4/189
- Wegfall des Kindesunterhalts: 4/297, 4/352
- s. a.: 2/151, 2/241

Kindesunterschiebung: 4/724

Kindesvermögen:
- Vermögenserträge: 2/106
- Verwertung des Vermögensstammes: 2/106 f

Kirchensteuer:
- als Abzugsposten: 1/491 ff
- allgemein: 1/458 ff
- s. näher: Steuern

Klageänderung: 8/76, 8/289
- Streitwert: 8/104

Klageantrag: 8/21

Klagebegründung: 8/24 ff
- Arbeitslosigkeit: 8/25
- Bedürftigkeit: 8/25
- berufsbedingte Aufwendungen: 8/25
- eheliche Lebensverhältnisse: 8/25
- Einkünfte der Parteien: 8/25
- Kinderbetreuungsnotwendigkeit: 8/25
- Leistungsunfähigkeit: 8/25
- Schulden: 8/25
- Sozialabgaben: 8/25
- Steuerbelastung: 8/25

Klageerweiterung: 8/104, 8/287

Klagehäufung mit Rückforderung: 6/221

Klagenhäufung:
- objektive: 8/27, 8/91
- subjektive: 8/26, 8/91

Klagerücknahme: 8/76, 8/124

Klassenfahrt:
- als Sonderbedarf: 6/17

Kleiderzulage nach § 15 BVG: 1/340

Kommunion:
- als Sonderbedarf: 6/16

Kompetenzkonflikt: 8/6, 8/8

Konfirmation:
- als Sonderbedarf: 6/16

konkrete Bedarfsermittlung: 4/366 ff
- beim Familienunterhalt: 3/1, 3/22 ff
- im Mangelfall: 4/575
- beim Volljährigenunterhalt: 2/363

Konkurrenz von Unterhaltsansprüchen:
- Bedarfsbemessung beim Gattenunterhalt im Konkurrenzfall: 4/412 ff, 5/124 f, 5/133
- Konkurrenz von Familienunterhalt mit anderen Unterhaltsansprüchen: 3/1 f, 3/64 ff
- Konkurrenz von Kindesunterhalt mit anderen Unterhaltsansprüchen: 2/159 ff
- Vorabzug von Volljährigenunterhalt bei eingeschränkter Leistungsfähigkeit: 5/132
- s. a.: *Mangelfall; Rangverhältnisse; Selbstbehalt*

Konkurs des Unterhaltsschuldners:
- s.: *Insolvenz des Unterhaltsschuldners*

Konkursausfallgeld: 1/86

Konsumkredit: 1/516

Konsumverhalten:
- Ehegattenunterhalt: 4/210 ff
- beim Familienunterhalt: 3/33

Kontenüberweisungen: 1/2 b

Kontrollrechte der Eltern: 2/72, 2/344

Kosten: 8/120, 8/217

Kosten des allgemeinen Lebensbedarfs:
- beim bereinigten Nettoeinkommen: 1/490

Kosten für Ausbauten: 1/237

Kostenentscheidung: 8/99

Sachverzeichnis

Kostenpauschale: 1/133
Kraftfahrzeugkosten:
– bei abhängig Beschäftigten: 1/97 f
– bei Freiberuflern: 1/139
Kraftfahrzeugmeister: 4/318
Krankengeld, Krankentagegeld: 1/84
Krankenhaustagegelder:
– bei abhängig Tätigen: 1/55, 1/84
– und Familienversicherung: 8/3
– bei Selbständigen: 1/134
Krankenkassenleistungen:
– Rechtsstreit als Familiensache: 8/3
Krankenversicherung:
– als Abzugsposten: 1/496 ff
– keine K. in der Bremer Tabelle: 4/469
– des Kindes
  s.: K. des Kindes
– als Mehrbedarf: 4/169
– Mitversicherung: 1/500, 4/498
– nach der Scheidung: 4/499 f
– als selbständiger Bestandteil des Unterhaltsanspruchs
  s.: Krankheitsvorsorgeunterhalt
– während des Getrenntlebens: 4/498
Krankenversicherung des Kindes: 2/8, 2/215, 2/371
– Mitversicherung beim Pflichtigen: 2/8
– beim Studenten: 2/371
– beim Tabellenunterhalt des Minderjährigen: 2/215
– beim volljährigen Kind im Haushalt der Eltern: 2/390
krankheitsbedingte Arbeitsunfähigkeit:
– allgemein: 1/432
– Darlegungs- und Beweislast: 6/806, 6/812
– Rentenneurose: 1/434
– Suchtdelikte: 1/433
krankheitsbedingter Mehrbedarf: 1/507, 4/169
Krankheitskosten:
– Befreiungsanspruch: 8/3
– als Sonderbedarf: 6/14
Krankheitsunterhalt nach § 1572 BGB: 4/26 ff
– als Anschlußunterhalt: 4/52, 4/100–101
– Anspruchsvoraussetzungen: 4/96 ff
– Einsatzzeitpunkte: 4/100
– krankheitsbedingte Hinderung an Erwerbstätigkeit: 4/99
– Nebeneinander von Krankheitsunterhalt und Aufstockungsunterhalt nach § 1573 II BGB: 4/102
Krankheitsvorsorgeunterhalt: 4/498 ff
– neben Altersvorsorgeunterhalt: 4/515
– angemessene Versicherung: 4/504
– bei Beamten: 4/514
– Bemessung: 4/504 ff
– dreistufige Berechnung: 4/515 f
– einstufige Berechnung: 4/517
– Elementarunterhalt als Billigkeitsunterhalt: 4/519
– Geltendmachung: 4/522

– ges. Krankenversicherung: 4/513
– und nichtprägendes Einkommen: 4/521
– als Teil des Unterhaltsbedarfs: 2/612, 6/764
– Zweckbindung: 4/523 f
– zweistufige Berechnung: 4/513
Kumulation von berufsbedingten Aufwendungen und Erwerbstätigenbonus: 4/381, 4/410
Kündigungsschutzklage:
– fiktive Einkünfte bei unterlassener K.: 1/399
Kurzarbeitergeld: 1/86
kurze Ehe:
– Verwirkung: 4/637 ff
kurzes Zusammenleben:
– als Verwirkungsgrund: 4/745
kurzfristige Einkommensänderung: 4/182, 4/231

Ladungsfrist: 8/68
Landwirtschaft:
s.: Einkünfte aus Landwirtschaft
lange Ehedauer: 5/45
– als Abwägungskriterium für den Billigkeitsunterhalt nach § 1576 BGB: 4/162
– als Kriterium für die Angemessenheit einer Erwerbstätigkeit: 4/142
– als Kriterium für die Billigkeitsabwägung nach §§ 1573 V, 1578 I 2 BGB: 4/592
– Vorrang des Geschiedenen: 5/45
– zeitliche Abgrenzung: 4/592
langjähriges Zusammenleben mit neuem Partner: 4/751 ff
Lebensbedarf des Kindes: 2/8, 2/102, 2/125
– des Minderjährigen: 2/212 ff
– Pauschalierung durch Tabellen und Leitlinien: 2/125, 2/212 ff
– des Volljährigen: 2/360
s. a.: Bedarf des Kindes
Lebenshaltungskostenindex: 4/310 ff
– nichtprägendes Einkommen: 4/322
– als Wertsicherungsklausel: 6/612
Lebensplan: 4/218, 4/254 ff, 4/259
– und Anspruch auf Ausbildungsunterhalt während der Trennungszeit: 4/9
– bei Haushaltsführung: 4/184 b
– bei Kinderbetreuung: 4/184 a
– Wegfall einer Erwerbsobliegenheit neben Kinderbetreuung trotz entsprechendem Lebensplan bei Trennung: 4/24
Lebensstandardgarantie: 4/177
Lebensstellung des Kindes: 2/108 ff
– Abhängigkeit von Lebensstellung der Eltern: 2/108
– bei besonders günstigem Einkommen der Eltern: 2/128, 2/229
– Einkommen und Vermögen der Eltern: 2/108, 2/113 ff
– Kindsein: 2/110
– Leistungsfähigkeit des verpflichteten Elternteils: 2/112
– Unterhaltsansprüche Dritter: 2/112
– und Unterhaltsbedarf: 2/108 ff

1713

Sachverzeichnis

- Volljähriger: 2/111, 2/343, 2/406

Lebensversicherung:
- als Abzugsposten: 1/497, 1/498
- als Altersvorsorge: 1/497, 1/498
- als betriebliche Altersversorgung: 1/497
- Kapitalverwertung: 1/322, 4/350 c
- als Vermögensbildung: 1/560
- Verrentung von L.: 4/350 a
- als verwertbares Vermögen: 2/624

Lehrling:
- berufsbedingte Aufwendungen: 1/504

Leibrente:
- als Einkommen: 1/338
- prägendes Einkommen: 4/239, 4/350 c

Leistungen Jugendhilfe: 6/102, 6/106 ff
Leistungsbeförderung: 4/220, 4/247
Leistungsentgelte: 1/133
Leistungsfähigkeit:
- bei Bezug von Sozialhilfe: 6/505, 6/570 ff

Leistungsfähigkeit beim Ehegattenunterhalt:
- Billigkeitsquote: 4/573 f
- eigener angemessener Bedarf: 4/567 f
- Einwendung der Leistungsunfähigkeit: 4/565
- beim Familienunterhalt: 3/7
- nach Sozialhilferecht: 5/197
- leistungsfähige Verwandte: 5/61 ff
- nachehelicher Unterhalt: 4/564 f
- schuldhaft herbeiführte Leistungsunfähigkeit: 4/576
- bei Trennungsunterhalt: 4/3, 4/35, 4/566

Leistungsfähigkeit beim Kindesunterhalt: 2/4, 2/140 ff, 2/408, 2/453, 2/465
- angemessener Bedarf (Selbstbehalt) des Pflichtigen: 2/141, 2/407, 2/416 ff
- Anrechnung von Kindeseinkommen auf den Bedarf: 2/158
- und anteilige Haftung der Eltern: 2/440
- und Bedarf des Kindes: 2/112
- Bedarfskontrollbetrag: 2/239 ff
- Betreuung eines anderen bedürftigen Kleinkindes: 2/166 f
- Ehegattenunterhalt: 2/163, 2/241
- Ehegattenunterhalt als Einkommen: 2/148, 2/258
- und Eigenbedarf des Pflichtigen: 2/140
- und Erwerbsfähigkeit des Schuldners: 2/145
- fiktive Einkünfte: 2/145 ff
- gesteigerte Unterhaltspflicht: 2/247 ff
- gleichrangige Unterhaltsansprüche Dritter: 2/161, 2/164
- Hausmannsrechtsprechung: 2/172 ff
- Mangelfälle: 2/159 ff
- nachrangige Unterhaltsansprüche: 2/165
- notwendiger Selbstbehalt des Pflichtigen: 2/141
- Opfergrenze: 2/141
- privilegiert volljährige Kinder: 2/464
- Schulden: 2/158
- schuldhafte Herbeiführung der Leistungsunfähigkeit: 2/144 f
- Umgangskosten: 2/168

- Unterhaltsansprüche anderer Berechtigter: 2/159 f
- volljährige Kinder: 2/407 ff
- vorrangige Unterhaltsansprüche: 2/160, 2/429 f

Leistungsfähigkeit beim Verwandtenunterhalt: 2/616 ff
- Abzug von Verbindlichkeiten: 2/621
- fiktive Einkünfte: 2/622
- Vermögenseinsatz: 2/623

Leistungsklage: 8/133 ff
- Verhältnis zur Abwehrklage: 8/186

Leistungsklage, gewöhnliche: 8/133 ff
- Grundlagen: 8/6
- Rechtsschutzbedürfnis: 8/135
- Verhältnis zu anderen Titeln: 8/134

Leistungsprämien: 1/55
Leistungsunfähigkeit:
- Beachtlichkeit auch selbstverschuldeter L.: 5/25 f
- als Einwendung: 4/565
- nach Sozialhilferecht: 5/196 f, 6/523 ff, 6/565, 6/570
- unbeachtlich, wenn verantwortungslos oder leichtfertig herbeigeführt: 4/576, 5/26

Leitlinien der Oberlandesgerichte:
- allgemein: 1/3 f
- Angemessenheitskontrolle beim Tabellenunterhalt: 2/242
- Aufzählung aller L.: 1/7
- im Beitrittsgebiet: 6/620 ff
- zum bereinigten Nettoeinkommen: 1/488
- keine Bindung an L. im Änderungsverfahren: 1/3
- zum Erwerbstätigenbonus: 4/380 ff
- als Hilfsmittel der Unterhaltsbemessung: 2/124, 2/242
- als Regelvorschriften im Rahmen der Darlegungs- und Beweislast: 2/127, 6/801
- zu Selbstbehaltssätzen: 5/206 ff
- zu Spesen usw.: 1/63 f
- zu Verbindlichkeiten: 1/521 ff
- zum Wohnwert: 1/222 ff

Liquidationspool: 1/55
Löhne:
- als Betriebsausgaben bei Freiberuflern: 1/140
- als Einkommen bei abhängig Beschäftigten: 1/55

Lohnsteuer:
- als Abzugsposten: 1/491 ff
- allgemein: 1/458 ff
- s. näher: Steuern

Lohnsteuerjahresausgleich: 8/35
Lohnsteuerkarte: 1/12, 1/579
Luxusgegenstände: 8/39

Mahnung als Verzugsvoraussetzung: 6/115 ff
Mahnverfahren: 8/22, 8/222
Mangelfall: 5/1
- nach § 1581 BGB: 4/569, 4/572 f, 5/11 ff, 5/28 f, 5/73 f

Sachverzeichnis

- Abgruppierung des Kindesunterhalts in M.: 5/231 b
- absoluter: 5/30
- Abzug Kinderunterhalt: 4/189 a, 5/231 a
- Aktualisierung von Rangverhältnissen: 2/159 ff, 3/64 ff, 5/35 f
- Arbeitsplatzaufgabe: 5/27
- Auslandsfälle: 5/191
- Barunterhaltspflicht beider Eltern: 5/263
- Bedarfspositionen: 5/14
- berücksichtigungswürdige Schulden: 5/18
- Billigkeitsquote: 5/165 f
- Billigkeitsquote, Beispiel: 5/167 f
- Deckungsmasse: 5/19 ff
- Ehegattenunterhalt als Einkommen im M.: 2/152
- eingeschränkter – verschärfter – absoluter M.: 5/1
- eingeschränkter M. nach § 1581 BGB: 5/73 f
- erhöhte Anforderung an Abzugsposten zum Einkommen: 5/103 f
- erhöhte Zumutbarkeit der Vermögensverwertung: 5/108 f
- erhöhte Zurechnung von Einkommen aus unzumutbarer Erwerbstätigkeit: 5/97 f
- Erwerbstätigenbonus: 4/382
- fiktive Einkünfte wegen gesteigerter Erwerbsobliegenheit: 5/94 f
- individuelle Billigkeitsabwägung nach § 1581 BGB: 5/184 ff
- Kindergeld und Zählkindvorteil im M.: 2/159, 2/509 ff, 5/83 f
- Konkurrenz von Ehegatten- und Kindesunterhalt: 2/159 ff, 2/163, 2/241, 3/64 ff, 3/69
- Kürzung eines verbleibenden Fehlbedarfs: 5/156 f
- Mindestbedarf: 5/226, 5/229
- wegen nichtprägender Verbindlichkeiten: 5/28
- nichtprägende Unterhaltsverpflichtungen: 5/18
- proportionale Kürzung: 5/159 f, 5/225 ff
- proportionale Kürzung, Beispiel: 5/168 f
- selbstverschuldete Leistungsunfähigkeit: 5/25 ff
- Sozialfall, Sozialgrenze: 5/196
- trennungsbedingter Mehrbedarf im M.: 5/142 f
- wegen trennungsbedingter Mehrbedarfs: 5/28, 5/152
- Trennungsunterhalt im M.: 5/189
- verschärfte Anforderungen bei Berücksichtigung von Verbindlichkeiten: 5/112 f
- verschärfter M.: 5/180, 5/192 ff
- mit Wohnwertberechnung, Beispiel: 5/170
- wegen Zahlungspflichten, Beispiel: 5/122
- Zurechnung freiwilliger Zuwendungen Dritter: 5/100 f

s. a.: Einsatzbeträge; Konkurrenz von Unterhaltsansprüchen; Rangverhältnisse

Mangelgrenze als Einsatzbetrag: 5/230
Marktmiete: 1/215

Maßstab Ehegattenunterhalt: 4/172 ff, 4/359 ff

s. a.: eheliche Lebensverhältnisse

Medikamentenmißbrauch:
- als Verwirkungsgrund: 4/676

Medikamentenmißbrauch als Verwirkungsgrund: 4/759
Mehrarbeit: 1/64
Mehrbedarf des Kindes: 1/513, 2/133 ff, 2/317 ff, 2/401 ff
- Barunterhaltspflicht beider Eltern: 2/289, 2/321
- Berechtigung des Mehrbedarfs: 2/318 ff
- Beteiligung des sorgeberechtigten Ehegatten: 2/136
- Darlegungs- und Beweislast: 2/404
- Entscheidung des Sorgeberechtigten: 2/320
- Internat: 2/134, 2/317, 2/321, 2/403
- Kinderhort: 2/317
- krankheitsbedingter Mehrbedarf: 1/513, 2/134, 2/275, 2/294, 2/317, 2/319, 2/326 ff, 2/402
- nicht subsidiäre Sozialleistungen: 2/328
- Pflegegeld: 2/327 ff
- Privatschulen: 2/134, 2/317, 2/403
- Selbstbehalt: 2/137
- und Sonderbedarf: 2/133
- subsidiäre Sozialleistungen: 2/327
- Vergütung des Vormund oder Betreuers: 2/317, 2/405, 3/23, 6/14
- des Volljährigen: 2/401 ff
- Zumutbarkeit: 2/320, 2/403

Mehrbedarf und Mehraufwand:
Wohnwert: 4/442
- Abhängigkeit des Quotenunterhalts von M.: 4/441
- Abzug vom prägenden Einkommen (zu Lasten des Elementarunterhalts): 4/440
- als Abzugsposten: 1/511 ff
- altersbedingter M.: 4/169, 4/443
- Anrechnung auf Sozialleistungen: 1/341
- ausbildungsbedingter M.: 4/169, 4/440, 4/444
- Darlegungs- und Beweislast im Rahmen von § 1610 a BGB: 1/343
- beim Ehegattenunterhalt: 4/167 ff, 4/437 f
- konkrete Darlegung: 1/508, 4/442
- krankheitsbedingter M.: 4/169, 4/443
- Krankheitsvorsorgeunterhalt: 4/445
- Pflegeleistungen der Ehefrau für Schwerstbehinderten: 1/507
- regelmäßiger M.: 4/437
- als Teil des Unterhaltsbedarfs: 1/512
- trennungsbedingter M.: 4/169, 4/418 f
- des Verpflichteten: 2/426 f, 4/452
- Verrechnung auf nichtprägendes Einkommen: 4/448

s. a.: trennungsbedingter Mehrbedarf

mehrere Ehegatten: 4/571, 5/44 f, 5/124 f
- Bedarfsbemessung bei Vor- und Nachrang: 5/133
- Rangverhältnis: 5/44

s. a.: Rangverhältnisse

1715

Sachverzeichnis

Mehrjahresdurchschnitt bei Selbständigen: 1/117
Mehrleistung mit Erstattungsabsicht: 6/224
Mehrstaater: 7/12
Mehrwertsteuer: 1/134
Meistbegünstigungsgrundsatz: 8/10
Methodenwahl: 4/399 f
Miete:
– als Betriebsausgabe bei Freiberuflern: 1/140
– als Einkommen: 1/193 ff
– als Teil des Selbstbehalts: 5/183
– als trennungsbedingter Mehrbedarf: 4/424

Minderjährigenunterhalt: 2/193 ff, 2/339
– Anrechnung von Kindeseinkommen auf Bar- und Betreuungsunterhalt: 2/199
– Bedarf des Kindes: 2/195, 2/203 ff
– Bedürftigkeit des Kindes: 2/194
– Besonderheiten des M.: 2/193 ff
– bei besonders günstigem Einkommen der Eltern: 2/128 f, 2/229
– Bestimmungsrecht des Sorgeberechtigten: 2/198
– Düsseldorfer Tabelle: 2/203 ff
– Ende bei Volljährigkeit: 2/20, 2/202
– gesteigerte Unterhaltspflicht: 2/196, 2/247 ff
– Identität mit Volljährigenunterhalt: 2/17, 2/193
– keine Verwirkung: 2/201
– Kindergeldverrechnung auf Bar- und Betreuungsunterhalt: 2/200
– Kindesbetreuung: 2/11, 2/197
– Leistungsfähigkeit des Pflichtigen: 2/196
– Verhältnis zum Volljährigenunterhalt: 2/17 ff, 2/193 ff

s. a.: Baruntherhalt des Kindes; Baruntherhaltspflicht beider Eltern beim Minderjährigen; Naturalunterhalt

Mindestbedarf bei Ehegattenunterhalt: 4/361, 4/434 ff, 4/539, 5/226 ff, 5/229
Mindestbedarf des Kindes:
– Beweislast: 2/127 c
– Erwerbsobliegenheit: 2/127 c
– Existenzminimum: 2/127 ff, 2/261
– Geschwistertrennung: 2/315
– gesteigerte Unterhaltspflicht: 2/255, 2/259 a, 2/261
– Regelbetrag: 2/127 a
– Schulden des Pflichtigen: 2/127 c
– steuerrechtliches Existenzminimum: 2/127 b

Ministerialzulage: 1/55
Mischeinkünfte:
– Additionsmethode: 4/387 ff
– Erwerbstätigenbonus: 4/377
s. a.: Erwerbstätigenbonus

Mischmethode (gemischte Differenz- und Anrechnungsmethode): 4/397
Mischverfahren: 8/5
Mitversicherung in der ges. Krankenversicherung: 1/500, 2/8, 2/215, 2/371, 4/498
Modernisierungskosten: 1/237
monatliches Nettoeinkommen:

– allgemein: 1/8, 1/11 f
– Korrekturen des m. N.: 1/13

Monatszulagen: 1/55
Morgengabe: 7/8
Mündliche Verhandlung: 8/67 ff
Mündliche Verhandlung in Unterhaltssachen: 8/67 ff
– Beweisaufnahme: 8/70
– Erläuterung der Einkünfte: 8/71
– Erwerbsobliegenheiten: 8/73
– Gesundheitszustand der Partei: 8/73

Mutter des nichtehelichen Kindes:
s.: Ansprüche der nichtehelichen Mutter

mutwillige Aufgabe des Arbeitsplatzes:
– fiktives Einkommen: 1/394 ff, 1/413
– als Verwirkungsgrund: 4/678 ff

mutwillige Herbeiführung der Bedürftigkeit:
– fiktives Zinseinkommen: 1/293, 4/279
– als Verwirkungsgrund: 4/666 ff

mutwillige Verletzung der Vermögensinteressen:
– fiktives Einkommen: 1/293, 4/279
– als Verwirkungsgrund: 4/693 ff

Mutwilligkeit: 8/44

nachehelicher Unterhalt: 4/42 ff
– Additionsmethode: 4/386 ff
– allgemeine Grundsätze: 4/42 ff
– allgemeine Struktur des Anspruchs: 4/1
– Altersunterhalt nach § 1581 BGB: 4/88 ff
– Altfälle und bei Eheaufhebung: 1/1 c
– Aufstockungsunterhalt nach § 1573 II BGB: 4/122 ff
– Ausbildungsunterhalt nach §§ 1573 I, 1574 II BGB: 4/132, 4/144
– Ausbildungsunterhalt nach § 1575 BGB: 4/148 ff
– Bedarfsbemessung: 4/359 ff
– Beginn, Ende und Wiederaufleben: 4/53
– bereinigtes Nettoeinkommen: 1/489
– Betreuungsunterhalt nach § 1570 BGB: 4/64 ff
– Billigkeitsunterhalt nach § 1576 BGB: 4/160 ff
– eheliche Lebensverhältnisse: 4/166 ff
– Einsatzzeitpunkte und Anschlußunterhalt: 4/48
– Elementarbedarf: 4/168
– Erwerbslosigkeitsunterhalt nach § 1573 I BGB: 4/104 ff
– Erwerbstätigenbonus: 4/373 ff, 4/380
– Halbteilungsgrundsatz: 4/359
– bei Kinderbetreuung und Haushaltsführung: 4/184 ff
– konkreter Bedarf: 4/366 ff
– Krankheitsunterhalt nach § 1572 BGB: 4/96 ff
– Mehrbedarf: 4/169
– Mindestbedarf: 4/361
– Quotenunterhalt: 4/372 ff
– Rückforderung: 6/200 ff

Sachverzeichnis

- Rückstand: 6/100 ff
- Sättigungsgrenze: 4/363 ff
- Sonderbedarf: 4/170
- verfahrensrechtliche Besonderheiten: 4/63
- Verwirkung: 4/605 ff
- Vorsorgeunterhalt: 4/454
- Wohnwert: 1/220

s. a. näher: Bedarfsbemessung; eheliche Lebensverhältnisse; prägendes und nichtprägendes Einkommen

Nachforderungsklage: 8/136
- Abgrenzung zur Abänderungsklage: 8/151

nachhaltig erzieltes, stetiges Einkommen: 4/182, 4/217, 4/231, 4/258 ff

nachhaltige Unterhaltssicherung durch Erwerbstätigkeit: 4/116 ff

nachhaltige Unterhaltssicherung durch Vermögen: 4/562 f

Nachhilfeunterricht:
- als Sonderbedarf: 2/17

Nachrang der Sozialhilfe: 2/602, 6/501
- Bedarfsgemeinschaft: 6/502
- und Selbsthilfe: 6/501
- Übergang des Unterhaltsanspruchs nach § 91 BSHG: 6/507
- Überleitung des Unterhaltsanspruchs nach § 90 BSHG a.: 6/507 f
- bei Unterhaltsansprüchen gegen Dritte: 6/501

Nachrang des Volljährigen:
- gegen Gatten, Beispiele: 5/58 f

nachrangiger Unterhalt:
- Berechnung: 5/58 f
- und Gattenunterhalt: 4/412
- des volljährigen Kindes: 2/429 ff
- Wirkung des Nachrangs: 5/54, 5/56

Nachscheidungsunterhalt:
s.: nachehelicher Unterhalt

Nachtarbeit: 1/66

Naturalunterhalt: 8/35

Naturalunterhalt beim Ehegattenunterhalt: 4/667

Naturalunterhalt des Kindes: 2/9
- Bestimmungsrecht der Eltern: 2/9, 2/29
- und Betreuungsunterhalt: 2/10
- familienrechtlicher Ausgleichsanspruch: 2/536
- und Familienunterhalt: 2/9, 2/433, 3/10
- beim Volljährigen: 2/361, 2/433

Naturalunterhalt durch mietfreies Wohnen: 1/240

Nebenintervention: 8/30

Nebentätigkeiten: 1/74
- bei abhängig Tätigen: 1/74
- bei Rentnern: 1/347
- bei Schülern und Studenten: 1/78 f, 1/452, 2/88
- unzumutbares Einkommen: 1/454, 1/456

Negativeinkünfte: 1/202

Negativtatsachen:
- Darlegungs- und Beweislast bei N.: 6/821

Neue Bundesländer:
- Abänderung von Entscheidungen der DDR-Gerichte oder von nach DDR-Recht getroffenen Vereinbarungen über den nachehelichen Unterhalt: 6/657
- angemessener Selbstbehalt gegenüber Volljährigen: 6/632
- anwendbares Recht beim Kindesunterhalt: 6/620
- anwendbares Unterhaltsrecht beim Ehegattenunterhalt: 6/650 ff
- ausbildungsbedingter Mehrbedarf: 6/633
- Bedarfskontrollbetrag: 6/635
- berufsbedingte Aufwendungen: 6/634
- DDR-Unterhaltstitel: 6/639
- notwendiger Selbstbehalt: 6/626
- Ost-West-Fälle: 6/637 f
- Regelunterhaltsverordnungen: 6/621
- Staatsverträge: 7/268
- Studentenunterhalt: 6/628
- Tabelle Kindesunterhalt: 6/625
- Tabellen und Leitlinien: 6/622
- volljähriges Kind im Haushalt eines Elternteils: 6/629
- volljähriges Kind mit eigenem Haushalt: 6/628
- Währungsumstellung: 6/640, 6/654
- Wohnkosten: 6/627

nicht gemeinschaftliche Kinder:
- Begriff: 4/65
- Betreuung und Anspruch auf Billigkeitsunterhalt nach § 1576 BGB: 4/163
- Betreuung und Anspruch auf Trennungsunterhalt: 4/19

nichteheliche Kinder: 2/1 b, 2/203 ff

nichteheliche Lebensgemeinschaft beim Kindesunterhalt: 2/89
- „Hausmannsrechtsprechung" bei n. L.: 2/190 ff
- Ermäßigung des angemessenen Selbstbehalts: 2/428
- Ermäßigung des notwendigen Selbstbehalts: 2/270
- freiwillige Leistungen: 2/100 ff, 2/428
- Kindesbetreuung durch Lebensgefährten: 2/52, 2/192
- Versorgung eines Partners durch das Kind: 2/89
- Wohngemeinschaft unter Studenten: 2/89

nichteheliche Mutter:
s.: Ansprüche der nichtehelichen Mutter

nichtehelicher Vater:
s.: Ansprüche der nichtehelichen Mutter

Nichterwerbstätigenehe: 3/15, 3/45, 3/54
- Wirtschaftsgeld: 3/54

Nichtfamiliensachen: 8/4

Nichtigkeitsklage: 8/223

nichtprägendes Einkommen:
- allgemein: 4/183
- Altersvorsorgeunterhalt: 4/486 ff
- Arbeitslosigkeit: 4/284 ff
- Arbeitsplatzaufgabe: 4/284 ff
- Arbeitsplatzwechsel: 4/282
- Berücksichtigung bei der Leistungsfähigkeit: 4/183

1717

Sachverzeichnis

- aus beruflichem Aufstieg: 4/322
- Einkommensminderung bei leichtfertigem Verhalten: 4/282, 4/284 ff
- fiktive Einkünfte: 4/230
- fiktives Einkommen bei unterlassener Vermögensnutzung: 4/277
- fiktives Einkommen des Berechtigten: 4/231, 4/272 ff, 4/285
- Flucht aus früherer DDR: 4/249 a
- bei Haushaltsführung: 4/184 b
- Haushaltsführung für einen neuen Partner: 4/231
- Haushaltsführung in Ehe: 4/179, 4/231
- Karrieresprung: 4/220
- bei Kinderbetreuung: 4/184 a
- Kinderbetreuung in Ehe: 4/179, 4/231
- Kritik an der bisherigen Rechtsprechung: 4/224 a
- kurzfristige Einkommensänderung: 4/182, 4/217, 4/231
- Leistungsbeförderung: 4/220
- beim nachehelichen Unterhalt: 4/220 ff
- neue Schulden: 1/521
- neuer Wohnwert nach Trennung: 1/267, 1/270, 1/274, 1/287, 4/269
- vom Normalverlauf abweichende Entwicklung: 4/220, 4/227, 4/231 ff, 4/246 ff, 4/251 ff, 4/255 ff, 4/261 ff, 4/281 ff, 4/298
- Nutzungsentschädigung: 1/238
- Prüfungszeitpunkt: 4/175, 4/214 ff
- trennungsbedingte Schulden: 1/529
- beim Trennungsunterhalt: 4/227
- unternehmerische Leistung: 4/220
- unzumutbare Tätigkeit: 4/182, 4/217, 4/231, 4/258 ff
- unzumutbares Einkommen: 1/457
- vermögensbildende Aufwendungen: 4/206
- Verselbständigung: 4/280 ff
- Zinseinkünfte aus Erbschaft oder Lottogewinn: 4/220, 4/231
- Zinseinkünfte aus Erbschaft oder Lottogewinn nach Trennung: 4/270
- Zinseinkünfte aus Verkauf des Eigenheims: 4/220
- Zinseinkünfte aus Vermögensauseinandersetzung und Zugewinn: 4/220, 4/231, 4/264 ff
- Zinseinkünfte bei Veräußerung des Eigenheimes: 1/286 ff, 4/262 ff

Niederlande: 7/65 ff
Normalentwicklung des Einkommens beim Ehegattenunterhalt: 4/175, 4/186, 4/214 ff, 4/234, 4/281
Norwegen: 7/73 ff
Notunterhalt:
- Unterhaltsrückforderung: 6/228

notwendiger Selbstbehalt: 5/4
- gegenüber geschiedenen Ehegatten: 5/184
- im Verwandtenunterhalt: 2/616 ff

notwendiger Selbstbehalt beim Kindesunterhalt: 2/141, 2/260 ff
- anderer unterhaltspflichtiger Verwandter: 2/271 ff
- beim Arbeitslosen: 2/266
- der Ehegatten: 2/184, 3/74
- Erhöhung des Selbstbehalts: 2/269, 6/506
- Erwerbstätigenzuschlag: 2/267
- Heimunterbringung des Pflichtigen: 2/270
- Herabsetzung des Selbstbehalts: 2/270
- neue Bundesländer: 6/626
- des Pflichtigen: 2/260 ff
- Selbstbehalt und Sozialhilfe: 2/261, 6/506
- Sozialhilfebedürftigkeit des Pflichtigen: 2/261, 6/506
- nach den Tabellen und Leitlinien: 2/264 ff
- beim Umschüler: 2/266
- Warmmiete: 2/268
- Wohnkosten: 2/268

Nutzungsentschädigung: 1/237 ff

Oberarzt: 4/317
Obergrenze Ehegattenunterhalt: 4/363 ff
Obhut: 8/18
objektive Marktmiete: 1/215
objektiver Maßstab Ehegattenunterhalt: 4/202, 4/210 ff, 4/368
- bei Überschuldung: 4/212

Obliegenheit:
- allgemein: 1/55
- zur Behandlung einer die Erwerbsfähigkeit beeinträchtigenden Krankheit: 4/97
- s. a.: *Ausbildungsobliegenheit; Erwerbsobliegenheit*

öffentlich-rechtliche Vergleichsberechnung: 6/523 ff
- Beratung des Schuldners durch Sozialamt: 6/523
- Einkommensermittlung: 6/527
- Einkommensgrenzen: 6/538
- Einsatz des Einkommens und des Vermögens: 6/527 ff
- Erwerbstätigenabzug: 6/532
- Erziehungsgeld: 6/537
- fiktives Einkommen: 6/534, 6/572
- Grundrente: 6/537
- Kindergeld: 6/535 a
- Meistbegünstigung: 6/523
- Rechenbeispiele: 6/579 ff
- Schmerzensgeld: 6/537
- Schulden: 6/533
- Schuldnerschutz: 6/523
- sozialhilferechtlicher Bedarf: 6/539 ff
- teilweiser Anspruchsübergang nach § 91 BSHG: 6/566
- Vermögen: 6/536
- Vorrang der Bedarfsgemeinschaft: 6/526
- Wohnwert: 6/535
- zweckgebundene Leistungen: 6/537

Opfergrenze beim Kindesunterhalt: 2/141, 2/247 ff, 2/260
Österreich: 7/80 ff

Pacht als Einkommen: 1/193 ff
Parkstudium: 2/70
Partei: 8/17
- Änderung der: 8/289

Sachverzeichnis

- Gesundheitszustand: 8/72
- Tod einer: 8/85, 8/126

Pauschalierung des Regelbedarfs des Kindes: 2/122 ff
- gesamter Lebensbedarf: 2/125, 2/212, 2/214, 2/217
- und Sonderbedarf: 6/6

perpetuatio fori: 8/14

Pfändbarkeit des Unterhaltsanspruchs: 4/61

Pflegegeld:
- Anrechnung als Einkommen: 1/363
- beim Kinderunterhalt: 2/327 ff

Pflegeleistungen der Ehefrau für Schwerstbehinderten: 1/507

Pflegeversicherung:
- als Abzugsposten: 1/496, 1/500
- in der Bremer Tabelle nicht berücksichtigt: 4/470
- des Kindes: 2/216

Pflegevorsorgeunterhalt: 2/612, 4/8, 4/525 a, 6/764

Pflegezulage:
- allgemein: 1/339

Pflicht zur ungefragten Information: 1/596 ff, 6/233
- bei Unterhaltsvereinbarung: 6/602

Pflichtteilsrechte:
- Obliegenheit zur Verwertung: 1/334

Pkw-Kosten als berufsbedingte Aufwendungen: 1/97

Polen: 7/92 ff

Portugal: 7/104 ff

prägendes Einkommen:
- Abzug ausbildungsbedingter Aufwendungen: 4/185
- Abzug berufsbedingter Aufwendungen: 4/185, 4/294
- Abzug Kindesunterhalt: 4/188 ff, 4/297
- Abzug Schulden: 1/523 ff, 4/185, 4/295
- Abzug Steuern: 4/185, 4/294
- Abzug vermögensbildender Ausgaben: 4/185, 4/200 ff, 4/206
- Abzug Vorsorgeleistungen: 4/185, 4/294
- allgemein: 4/179 ff
- allgemeine Einkommenssteigerung: 4/237
- Anrechnung auf den Bedarf: 4/183
- Arbeitslosigkeit: 4/238, 4/284 ff
- Arbeitsplatzverlust: 4/233, 4/279
- bei Arbeitsplatzwechsel: 4/280 ff
- Berücksichtigung bei der Bedarfsermittlung: 4/179 ff, 4/185 ff
- Einkommensänderung vor Trennung: 4/217, 4/229 ff, 4/236
- Einkommensbereinigung: 4/185 ff
- Einkommensminderung: 4/238, 4/282
- bei Erkrankung: 4/238
- fiktives Einkommen des Pflichtigen: 4/230, 4/272 ff, 4/282, 4/285
- bei Haushaltsführung: 4/184 b
- bei Kinderbetreuung: 4/184 a
- Kritik an der bisherigen Rechtsprechung: 4/224 a
- Lebensplan: 4/218, 4/254 ff, 4/259
- Lebensplanverwirklichung nach Scheidung: 4/184 a
- beim nachehelichen Unterhalt: 4/214 ff
- nachhaltig erzieltes, dauerhaftes Einkommen: 4/182, 4/217, 4/231, 4/258 ff
- Normalentwicklung: 4/175, 4/186, 4/218, 4/227, 4/229 ff, 4/234 ff, 4/251 ff, 4/258 ff, 4/261 ff, 4/280 ff, 4/292 ff
- bei Pensionierung: 4/238
- Prüfungszeitpunkt: 4/175, 4/214 ff
- Regelbeförderung: 4/240
- regelmäßige berufliche Entwicklung: 4/220
- bei Rentenbezug: 4/238
- beim Trennungsunterhalt: 4/227
- beim Verkauf des Eigenheimes: 4/220
- bei Verselbständigung: 4/221 a
- Wegfall von Verbindlichkeit: 4/221 a
- Wiedervereinigung: 4/249 a
- Wohnwert in Ehe: 1/265, 1/269, 1/274, 1/286, 4/220, 4/230, 4/261 ff

Präklusion:
- und Abänderungsklage: 8/160 b

Prämien: 1/55

prestations compensatoires: 7/43

Privatentnehmen als Grundlage der Einkommensbemessung: 1/182

Privatkonto: 1/160

Privatscheidung: 7/20

Privatschriftliche Vereinbarungen:
- Abänderungsfähigkeit: 6/601, 8/144 a

Privatschriftlicher Vergleich:
- Anwendbarkeit der Abänderungsklage: 8/168

Privatschulkosten beim Kindesunterhalt: 2/317

Privilegiert volljährige Kinder: 2/452 ff
- allgemeine Schulausbildung: 2/457 ff
- anteilige Haftung der Eltern: 2/453, 2/467
- Bedarf nach Altersstufe 4 der DT: 2/384, 2/463
- Bedürftigkeit: 2/462
- Haushaltsgemeinschaft mit einem Elternteil: 2/456
- Kindergeld: 2/466
- Leistungsfähigkeit: 2/43, 2/464
- Privatschule: 2/460
- Rang: 2/453, 2/465
- Unterbrechung des Schulbesuchs: 2/462
- Unterhaltsbemessung: 2/462
- unverheiratete Kinder: 2/455
- Verwirkung: 2/471
- Zusammentreffen minderjähriger und privilegierter volljähriger Kinder: 2/470

proportionale Kürzung im Mangelfall: 5/159 f
- nach § 1581 BGB: 5/167 f
- im verschärften (absoluten) Mangelfall: 5/225 ff

s. a.: *Mangelfall*

Provisionen: 1/55

1719

Sachverzeichnis

Prozeß:
s.: Unterhaltsprozeß
Prozeß- und Anwaltskosten:
– als Abzugsposten: 1/536
– im Arbeitsgerichtsverfahren: 1/107
Prozeßbetrug:
– Unterhaltsrückforderung: 6/203, 6/230
– als Verwirkungsgrund: 4/665, 4/698
Prozeßbetrug durch Verschweigen eigener neuer Einkünfte:
– Unterhaltsrückforderung: 6/230
Prozeßfähigkeit: 8/122
Prozeßführungsbefugnis bei § 91 BSHG: 6/543, 6/545, 6/547
Prozeßkosten:
– als Sonderbedarf: 6/19
Prozeßkostenhilfe: 8/30 ff
– in 2. Instanz: 8/300
– Abzüge vom Einkommen: 8/36
– amtliche Vordrucke: 8/47
– Änderung der PKH-Entscheidung: 8/55
– Änderung der Ratenzahlungspflicht: 8/55
– Anschlußberufung: 8/310
– Antrag auf Notunterhalt: 8/44
– Aufhebung der Bewilligung: 8/56
– Auskunftsklage: 8/44
– Bedürftigkeit: 8/35
– beigeordneter Anwalt: 8/53
– Beschwerdeeinlegung: 8/59
– Bewilligung von: 8/50 ff
– Einsatz eigenen Vermögens: 8/39
– Erledigung der Hauptsache: 8/51
– gesetzliche Vertretung Minderjähriger: 8/32
– hinreichende Erfolgsaussicht: 8/40
– isoliertes Klageverfahren wg. Nachscheidungsunterhalt: 8/44
– Korrespondenzanwalt: 8/53 a
– Mutwilligkeit der Klageerhebung: 8/44
– Raten als Abzugsposten: 1/536 b
– Ratenzahlung: 8/55
– Rechtsmittel: 8/57
– im Rechtsmittelverfahren: 8/45, 8/300
– sachlicher Geltungsbereich: 8/33
– für Schutzschrift: 8/34
– Streitgenossen: 8/31
– bei Stufenklage: 8/218
– Stufenklage: 8/44
– für Stufenklage: 8/218
– Subsidiarität öffentlicher Leistungen: 8/63
– im vereinfachten Unterhaltsverfahren: 8/329
– Verfahrensparteien: 8/30
– Verkehrsanwalt: 8/53 a
– Zahlungsklage, mutwillige: 8/44
Prozeßkostenhilfeantrag: 8/47 ff
Prozeßkostenhilfegesuch als Mahnung: 6/119
Prozeßkostenhilferaten: 5/118
Prozeßkostenvorschuß: 6/20 ff, 8/30, 8/39
– angemessener Selbstbehalt: 6/27
– Anspruchsberechtigte: 6/20 ff
– Anspruchsinhalt: 6/31 f
– Anspruchsvoraussetzungen: 6/25 ff

– Bedürftigkeit: 6/26
– Billigkeitsabwägung: 6/30
– Ehelichkeitsanfechtung: 6/30
– einstweilige Anordnung: 6/33
– einstweilige Verfügung: 6/33
– beim Elternunterhalt: 2/613, 6/24
– Erfolgsaussicht: 6/29
– beim Familienunterhalt: 6/20
– Höhe: 6/32
– beim Kindesunterhalt: 6/23 f
– im Kostenfestsetzungsverfahren: 6/34
– Leistungsfähigkeit: 6/27
– beim nachehelichen Unterhalt: 6/22
– P. in Raten: 6/27
– persönliche Angelegenheit: 6/28
– Prozeßkostenhilfe: 6/27
– Prozessuales: 6/33
– beim Quotenunterhalt: 6/27
– Rückforderung: 6/34, 6/238 ff
– Rückzahlung: 6/66
– Schadenersatz wegen Verzuges: 6/22, 6/30
– nach Scheidung: 6/22
– Schulden: 6/27
– beim Trennungsunterhalt: 6/21
– in Unterhaltssachen: 8/63
– vermögensrechtliche Ansprüche: 6/28
– Vermögensverwertung: 6/26
– beim Verwandtenunterhalt: 2/613
Prozeßpfleger: 8/122
Prozeßstandschaft: 8/125 ff
– bei gemeinsamem Sorgerecht: 2/316
– nach Volljährigkeit: 2/339
Prozeßstandschaft, gesetzliche: 8/17 ff, 8/121
– und Unterhaltsvergleich: 8/89
Prozeßverbindung: 8/91
Prozeßvergleich: 8/86, 8/127 f
– Anwendbarkeit der Abänderungsklage: 8/168
– Streitwert: 8/105
– im Verfahren der einstweiligen Anordnung: 8/230
Prozeßvoraussetzungen:
– Grund für Abänderungsklage: 8/154 ff
Prüfungsschema v. Unterhaltsansprüchen: 1/2
Prüfungszeitraum:
– bei Einkommen aus abhängiger Arbeit: 1/50
– bei Einkommen von Selbständigen: 1/115

Quote bei Erwerbseinkünften: 4/380 ff
Quote bei Nichterwerbseinkünften: 4/384
Quotenbedarfsmethode: 4/400
– Einkommensanrechnung bei Q.: 4/532
Quotenunterhalt: 4/416
– bei Alters- und Krankenvorsorgeunterhalt: 4/379
– Bedarfsbemessung: 4/360, 4/372, 4/390
– bei Erwerbseinkünften: 4/373, 4/380 ff
– kein Mindestbedarf: 4/361, 4/434 f
– Leitlinien: 4/380 ff
– Mangelfall: 4/382

Sachverzeichnis

- bei Mischeinkünften: 4/377
- bei sonstigen Einkünften: 4/373, 4/384 ff
- und trennungsbedingter Mehrbedarf: 4/418 f
- und voller Unterhaltsbedarf: 4/535

s. a.: *Berechnungsmethoden; Erwerbstätigenbonus*

Rangfolge unter Bedürftigen: 2/609
Rangfolge unter Verpflichteten:
- Anspruchsübergang nach § 1607 BGB: 2/547
- Darlegungs- und Beweislast: 5/67
- Ehegatte und Verwandte des Berechtigten: 5/61
- Folge des Nachrangs: 5/65
- primäre Haftung: 2/545
- subsidiäre Haftung: 2/546
- Umkehrung des Rangverhältnisses im Mangelfall: 5/62
- Unterhaltsleistung durch Dritte: 2/549
- im Verwandtenunterhalt: 2/604 ff, 2/607

Rangverhältnisse: 5/35 f
- Aktualisierung im Mangelfall: 2/159 ff, 5/35 f, 5/37 f
- Darlegungs- und Beweislast bei Rangfragen: 2/610
- beim Familienunterhalt: 3/2, 3/64 ff
- Gatte und leistungsfähige Verwandte: 5/61 f
- beim Kindesunterhalt: 2/159 ff
- Rangstufen: 5/39
- bei Scheidung nach altem Recht: 3/73, 5/49
- sozialhilferechtlicher Vorrang der Bedarfsgemeinschaft: 6/523
- titulierter Unterhalt: 5/55
- unter Ehegatten: 3/72 f, 5/44 f, 6/655
- unter Kindern: 2/162, 2/164, 5/40 f
- beim Verwandtenunterhalt: 2/604 ff, 2/607
- beim Volljährigenunterhalt: 2/429 ff
- vorrangige Haftung des Ehegatten vor Verwandten: 2/604 ff
- Wirkung des Nachrangs: 2/165, 5/54, 5/56
- zwischen Gatten und Kindern: 2/161, 2/163, 3/2, 3/64 ff, 5/50

reale Beschäftigungschance:
- als Voraussetzung für die Zurechnung fiktiver Einkünfte: 4/29, 4/111

Realsplitting: 1/473, 8/3
Rechtsberatungskosten: 1/141
Rechtshängigkeit: 6/104
- internationale: 7/234 ff
- bei Unterhalt für Vergangenheit: 6/100

Rechtskraft: 8/196
- Klageabweisung keine R. für die Zukunft: 1/1

Rechtsmittel:
- Abgrenzung zur Abänderungsklage: 8/153
- im vereinfachten Unterhaltsverfahren: 8/341

Rechtsmittel in Unterhaltssachen:
- Anschlußberufung: 8/283, 8/305 ff
- Anwaltszwang: 8/22
- äußere Form: 8/274
- Auskunftsklage: 8/286
- Berufungserweiterung: 8/308
- Berufungssumme/Beschwer: 8/276

- Beschwer: 8/276
- Eingang: 8/270
- Frist: 8/273
- Glaubhaftmachung: 8/301
- Hemmung der Rechtskraft: 8/285
- Kostenfestsetzung: 8/296
- Meistbegünstigungsklausel: 8/271
- Notfrist: 8/273
- Prozeßkostenhilfe in 2. Instanz: 8/300
- Revision: 8/312 ff
- Rücknahme: 8/295
- Unwirksamkeit der Zustellung: 8/273
- Verbund in 2. Instanz: 8/290
- Verwirkung: 8/288
- Verzicht: 8/298
- Wiedereinsetzung in den vorigen Stand: 8/301
- Wiedereinsetzungsverfahren: 8/277
- Zahlungsrückstände: 8/286
- Zulässigkeit der Berufung: 8/284
- Zuständigkeit: 8/270
- Zuständigkeitsstreit: 8/271

Rechtsquellen bei Auslandsberührung:
- materielles Recht: 7/1
- Verfahrensrecht: 7/225 ff

Rechtsschutzbedürfnis: 8/183
- bei ausländischen Titeln: 7/236

Rechtsverfolgung:
- Erschwerung der R. im Inland: 2/534

Rechtswahrungsanzeige: 6/106 ff, 6/514
Regelbedarf des Kindes: 2/122 ff
- Pauschalierung nach Tabellen: 2/122

Regelbeförderung: 4/236 ff
Regelbetrag: 2/205 ff, 2/218, 2/246 b
- Altersstufen: 2/206

s. a.: *dynamischer Unterhalt nach Regelbeträgen*

Regelbetragsunterhalt bei Vaterschaftsfeststellung: 8/347
regelmäßiger Mehrbedarf:
s.: *Mehrbedarf*

Regelsätze der Sozialhilfe: 6/533 ff
Regelungsbedürfnis:
- bei einstweiligen Anordnungen: 8/229

Regelunterhalt (bis 30. 6. 1998): 2/203
Reinigungskosten: 1/107
Reisekosten:
- als berufsbedingte Aufwendungen: 1/107
- als Einkommen: 1/56

Reklamekosten: 1/141
Relativität des Eigenbedarfs: 4/571, 5/1
Relativität des Mangelfalls: 5/10
Renten:
s.: *Einkünfte aus Renten*

Renten nach dem BEG: 1/340
Rentenbezug nach der Scheidung: 4/338 ff
Rentennachzahlungen: 1/348, 6/235 ff
Rentenversicherung: 1/496 ff
Reparaturkosten:
- bei abhängig Beschäftigten: 1/106
- bei Freiberuflern: 1/139

Repräsentations- und Bewirtungskosten: 1/107

1721

Sachverzeichnis

Restbedarf:
s. Bedürftigkeit
Restbedarf beim Kindesunterhalt: 2/298, 2/353, 2/436
Restitutionsklage: 8/223
Reviersteiger: 4/317
Revision: 8/312 ff
Revisionsbegründung: 8/320
Revisionsfrist: 8/320
Richter auf Probe: 8/16
Richter kraft Auftrags: 8/16
richterliche Ermittlungen: 1/31, 6/828
Rückforderung von Schenkungen (§ 528 BGB):
- Rückforderungsanspruch als einzusetzendes Vermögen: 2/631
- Überleitung des Anspruchs auf den Sozialhilfebeträge: 2/633
- Voraussetzungen und Inhalt des Anspruchs: 2/632

Rückforderungsansprüche:
- Aufrechnung mit R.: 6/311
- bei einstweiliger Anordnung: 6/204, 6/223, 6/229
- bei einstweiliger Verfügung: 6/228
- Mehrleistung mit Erstattungsabsicht: 6/224
- bei Prozeßkostenvorschuß: 6/34, 6/238 ff
- bei Rentennachzahlung: 6/235 ff
- Schadenersatz wegen Prozeßbetrugs: 6/203, 6/230
- ungerechtfertigte Bereicherung: 6/203, 6/204 ff
- bei Urteil: 6/205, 6/226 ff, 6/230 ff
- bei Vergleich: 6/205, 6/230
- bei vollstreckbarer Urkunde: 6/205
- aus Vollstreckungsrecht: 6/203, 6/226 ff
- vorsätzliche sittenwidrige Ausnützung eines unrichtig gewordenen Vollstreckungstitels: 6/231 ff
s. a.: ungerechtfertigte Bereicherung

Rückforderungsklage: 8/199
Rückkaufswert einer Lebensversicherung:
- Bestreitung der Prozeßkosten: 8/39

Rücknahme:
- der Berufung: 8/295

Rücknahme Mahnung: 6/132
Rücksicht auf die Eltern: 2/60, 2/344
Rückstellung als Gewinnminderung bei Vollkaufleuten: 1/180
Rückübertragung des Anspruchs bei § 91 IV BSHG:
- Abänderungsklage: 6/564
- Anspruchskonkurrenz: 6/561
- Darlegungs- und Beweislast: 6/563
- Einvernehmen des Hilfeempfängers: 6/556
- Einziehungsermächtigung: 6/560
- erneute Abtretung an Sozialhilfeträger: 6/555
- zur gerichtlichen Geltendmachung: 6/557
- Inkrafttreten: 6/508, 6/554
- Kosten: 6/558
- Prozeßkostenhilfe: 6/558

- Prozeßstandschaft: 6/560
- sozialhilferechtliche Schutzvorschriften: 6/559

Ruhen des Verfahrens: 8/76
Rumänien: 7/122 ff

Sachbezüge: 1/69
Sachentnahmen bei Freiberuflern: 1/134
Sachverständiger:
- bei der Beurteilung der krankheitsbedingten Erwerbsunfähigkeit: 4/98
- bei Gewinnermittlung durch Betriebsvermögensvergleich: 1/149

Sättigungsgrenze beim Ehegattenunterhalt: 4/363 ff
- beim Kindesunterhalt: 2/128

Säuglingsausstattung:
- und Anspruch nach § 1615 l 2 BGB: 6/756
- als Sonderbedarf: 6/15

Schadenersatzpflicht:
- nicht bei einstweiliger Anordnung: 6/229
- bei fehlender Auskunft: 6/118
- bei Notunterhalt: 6/228
- bei Prozeßbetrug: 6/230, 6/602
- bei unerlaubter Handlung: 6/203, 6/230
- aus Vollstreckungsrecht: 6/203, 6/226 ff
- bei vorsätzlicher sittenwidriger Ausnützung unrichtig gewordenen Vollstreckungstitels: 6/231 ff

Schadensersatzklage: 8/199
Schätzung: 8/75
Schätzungen:
s.: Einkommensschätzung

Scheidungsantrag:
- Abweisung des: 8/125

Scheidungsunterhalt:
s.: nachehelicher Unterhalt

Scheidungsurteil, ausländisches:
- Anerkennung: 7/19

Scheidungsverbund:
- Abweisung des Scheidungsantrags: 8/125
- Anwaltszwang: 8/123
- Auflösung: 8/129
- Folgesachen: 8/116
- Rücknahme des Scheidungsantrags: 8/124
- Tod einer Partei: 8/126
- und Unterhaltsprozeß: 8/116 ff
- Zuständigkeit und Parteien: 8/118

Scheidungsvereinbarung: 8/3
- zum Ehegattenunterhalt: 6/606

Scheinvaterklage: 8/4
Schenkungen:
s.: Rückforderung von Schenkungen (§ 528 BGB)

Schichtarbeit: 1/66
Schiedssprüche:
- und Abänderungsklage: 8/141

Schlechtwettergeld: 1/86
Schlußurteil:
- der Stufenklage: 8/214

Schmerzensgeld: 1/382, 2/259, 2/624, 8/35, 8/39
Schöffentätigkeit:
- Entschädigung für Sch.: 1/55

Sachverzeichnis

Schönheitsreparaturen: 1/199
schriftliches Verfahren: 8/94
Schulausbildung, allgemeine:
– bei privilegiert volljährigen Kindern: 2/457 ff
Schulden:
s.: berücksichtigungswürdige Schulden
Schuldnerschutz im Sozialhilferecht: 6/521
– Anspruchsübergang nach § 91 BSHG: 6/521 ff
– aus Billigkeitsgründen: 6/539 ff
Schülerarbeit: 1/78, 1/452, 2/43, 2/88, 2/286
Schülerarbeit, anzurechnendes Einkommen: 1/78, 1/452
Schußwaffengebrauch als Verwirkungsgrund: 4/658
Schwarzarbeit: 1/47
Schwarzeinnahmen: 1/126
Schweden: 7/134 ff
Schweiz: 7/145 ff
– Bedürftigkeitsrente: 7/147
– Befristung: 7/149
– Genugtuungsanspruch: 7/145
– Unterhaltsersatzrente: 7/142 ff
– Verschulden: 7/148
Schwerstbeschädigtenzulage:
– allgemein: 1/339
schwerwiegendes einseitiges Fehlverhalten: 4/710 ff, 4/735 ff
Selbständige:
s.: Einkünfte von Freiberuflern
Selbstbehalt: 2/617 ff, 4/573, 5/180 ff
– abweichende Bemessung: 5/183
– allgemeiner S.: 5/6
– angemessener S.: 5/5
– Berücksichtigung bei Aufrechnungen: 6/300
– billiger S.: 5/3
– eheangemessener S.: 5/2
– Leitlinien: 5/206 ff
– mehrere S. gegenüber einem Berechtigten: 5/7
– Mietanteil im S.: 5/183
– notwendiger S.: 5/4, 5/181
– und Prozeßkostenhilfe: 5/198
– Relativität des S.: 5/1
– Unterscheidung zwischen notwendigem und angemessenem S.: 5/182
– und Wohnkosten: 5/202 f
– Wohnkosten im S.: 5/183, 5/202 ff
s. a.: angemessener Selbstbehalt; Eigenbedarf; notwendiger Selbstbehalt
Selbstbehalt beim Kindesunterhalt:
– angemessener S.: 2/141, 2/227 ff, 2/407 ff
– im Verwandtenunterhalt: 2/617 ff
– notwendiger S.: 2/141, 2/260 ff, 2/464
Selbstmordversuch: 4/692, 4/793
Selbstoffenbarung:
– Pflicht zu ungefragten Informationen: 1/596
– Pflicht zur Offenbarung von Veränderungen der Bedürftigkeit oder der Leistungsfähigkeit: 6/602

Sitzungsgelder:
– berufsbedingte Aufwendungen bei S.: 1/109
– Zurechnung zum Einkommen: 1/55
Sockelbetrag:
– und Abänderungsklage: 8/152
Solidaritätszuschlag:
– als Abzugsposten: 1/491
Sonderbedarf:
– Anspruchsvoraussetzungen: 6/1 ff
– Auslandsstudium: 6/17
– Ausnahmecharakter: 6/6
– außergewöhnliche Höhe des Bedarfs: 6/5 f
– Beteiligung des Berechtigten: 6/11 f, 6/13
– Beteiligung des betreuenden Elternteils: 6/13
– Definition: 2/138, 6/2
– beim Ehegattenunterhalt: 4/170
– Ehelichkeitsanfechtung: 6/19
– Fälligkeit: 6/8
– als Familiensache: 8/3
– Hinweispflicht: 6/7
– beim Kindesunterhalt: 2/138 f
– Klassenfahrt: 6/17
– Kommunion: 6/16
– Konfirmation: 6/16
– Krankheit: 6/14
– Leistungsfähigkeit: 6/7
– Musikinstrument: 6/17
– Nachhilfeunterricht: 6/17
– und Pauschalierung des Regelbedarfs: 6/6
– Prozeßkosten: 6/19
– Säuglingsausstattung: 6/15
– Umzugskosten: 6/18
– Unregelmäßigkeit: 6/3
– Unterhaltsrückstand: 6/9, 6/105
– für Vergangenheit: 6/9
– Vergütung des Vormund oder des Betreuers: 2/317, 2/405, 3/23, 6/14
– Vorhersehbarkeit: 6/3 f
Sonderzuwendungen: 1/55, 1/71
Sonntagsarbeit: 1/66
sonstige Einkünfte: 1/44
Sozialabgaben: 8/36
Sozialgrenze: 5/8, 5/196 ff
s. näher: Sozialhilfebedürftigkeit
Sozialhilfe:
– Abzug für Erwerbstätige: 2/267, 6/532
– Anspruch des Schuldners auf Beratung: 6/523
– als bedarfsdeckendes Einkommen in Ausnahmefällen: 6/500, 6/567 ff
– Bedarfsgemeinschaft: 6/502, 6/517 f
– einmalige Leistungen: 6/1
– Erwerbsobliegenheit: 6/503, 6/505
– kein anrechnungsfähiges Einkommen: 1/80, 1/383, 6/500
– Leistungsfähigkeit nach Sozialhilferecht: 5/197, 6/505
– Nachrang: 2/602, 6/501
– und Selbstbehalt: 2/261, 5/196 f
– Subsidiarität: 6/501
– und Unterhaltsbedürftigkeit: 6/503

1723

Sachverzeichnis

- Unterhaltsrückstand: 6/102, 6/106 ff
- Unterhaltsvorschuß: 6/574 ff
- und Verwandtenunterhalt: 2/602
- Wohnkosten: 5/199, 5/202, 6/535, 6/543

s. a.: *Ausschluß des Anspruchsübergangs nach § 91 BSHG; fiktives Einkommen im Sozialhilferecht; öffentlich-rechtliche Vergleichsberechnung; sozialhilferechtlicher Bedarf; Übergang des Unterhaltsanspruchs nach § 91 BSHG*

Sozialhilfebedürftigkeit des Pflichtigen:
- und Bedürfnisse der Bedarfsgemeinschaft: 2/161, 3/73, 6/506, 6/526
- und Leistungsfähigkeit: 6/504
- und Selbstbehalt: 2/261, 2/269, 5/196 f, 6/506

sozialhilferechtliche Vergleichsberechnung:
s.: *öffentlich-rechtliche Vergleichsberechnung*

sozialhilferechtlicher Bedarf: 5/196 f, 6/539 ff
- Berechnungsschema: 6/542
- einmalige Leistungen: 6/542
- Empfehlungen des Deutschen Vereins: 6/542
- Heizung: 6/541
- Hilfe in bes. Lebenslagen: 6/545
- Hilfe zum Lebensunterhalt: 6/539 ff
- Mehrbedarfszuschläge: 6/542
- Rechenbeispiele: 6/579 ff
- Regelsätze: 6/539 f
- Schuldraten: 6/514, 6/542
- Unterkunft: 6/541
- Wohnkostenaufteilung: 5/202, 6/543 f

Sozialhilfsbedürftigkeit neue Familie:
- als Verwirkungsgrund: 4/763 a

Sozialleistungen mit Lohnersatzfunktion: 1/80 f

Spanien: 7/166 ff

Sparkassendirektor: 4/321

Sparzinsen:
- Einkünfte aus Kapitalvermögen: 1/308

Spesen: 1/56 f

Splittingvorteil:
- bei neuer Ehe: 1/471
- als Verwirkungsgrund: 4/760

Statutenwechsel: 7/21

Steuerberatungskosten:
- bei abhängig Beschäftigten: 1/108
- bei Freiberuflern: 1/141

Steuerbilanz: 1/167

Steuererstattungen: 1/485, 8/3, 8/4

Steuern:
- als Abzugsposten: 1/491 ff
- allgemein zur Berücksichtigung von St.: 1/458
- Änderung prägend: 4/185 ff, 4/294
- begrenztes Realsplitting: 1/473, 1/493
- betriebliche St.: 1/138
- Eintragung Freibeträge: 1/493
- Eintragung von Freibeträgen: 1/482, 1/494
- fiktive Steuerberechnung: 1/202, 1/465, 1/492
- Freibetrag bei Realsplitting: 1/493
- Mitwirkung bei Zusammenveranlagung: 1/480

- Nachweis: 1/495
- die Rechtsprechung: 1/460
- Splittingvorteil bei neuer Ehe: 1/471

Steuervorteile:
- Berücksichtigung besonderer St.: 1/471 ff

Steuerrecht:
- Relevanz steuerrechtlich erfaßter Einkünfte: 1/33

Stiefkinder:
s.: *nicht gemeinschaftliche Kinder*

stille Reserven: 1/177

Stipendien: 1/86

Strafanzeige als Verwirkungsgrund: 4/700

Straftaten:
- fiktives Einkommen bei St.: 1/416
- Verwirkungsgrund: 4/657 ff

Streikgeld: 1/86

Streitgegenstand:
- der Abänderungsklage: 8/140

Streitgenossenschaft:
- im Unterhaltsprozeß: 8/26

Streitwert: 8/101 ff, 8/129 ff
- Abänderungsklage: 8/102, 8/167 b
- Arrest: 8/104
- Berufungssumme: 8/106
- Beschwer: 8/106
- eidesstattliche Versicherung: 8/103
- Feststellungsklage: 8/103
- Freistellungsklage: 8/104
- Geltendmachung des Realsplittings: 8/105
- Gerichtskostenvorschuß: 8/101
- Klageänderung: 8/104
- Klageerweiterung: 8/104
- negative Feststellungsklage: 8/198
- negative/positive Feststellungsklage: 8/105
- Prozeßvergleich: 8/105
- Regelbetragsunterhalt bei Vaterschaftsfeststellung: 8/349
- Regelunterhalt: 8/105
- Stufenklage: 8/103, 8/215
- subjektive Klage: 8/105
- Unterhaltsverzicht: 8/105
- Vaterschaftsfeststellung: 8/105
- im vereinfachten Verfahren: 8/328
- Vollstreckungsabwehrklage: 8/102
- Vollstreckungsklage: 8/105
- Widerklage: 8/105
- Zuständigkeitsstreitwert: 8/106

Studentenarbeit:
- Anrechnung des Einkommens: 1/453
- unzumutbares Einkommen: 1/453

Studentenarbeit, anzurechnendes Einkommen: 1/78, 1/453, 2/88

Studentenunterhalt: 2/368 ff
- besonders günstiges Einkommen der Eltern: 2/376, 2/400
- Erhöhung des Regelsatzes: 2/376
- feste Bedarfssätze: 2/368 f
- gesamter Bedarf: 2/370
- im Haushalt der Eltern: 2/383 ff, 2/391 ff, 2/398
- Krankenversicherung: 2/371

Sachverzeichnis

- Leitlinien: 2/368 ff
- Student mit eigenem Haushalt: 2/368 ff
- Wohnkosten: 2/372

s.: *Barunterhalt beider Eltern bei Volljährigen; Naturalunterhalt, Volljährigenunterhalt*

Stufenklage: 8/51 ff
- Abänderung ab Zustellung: 8/165 c
- Grundlagen: 8/51
- Kostenentscheidung: 8/52
- Prozeßkostenhilfe: 8/52
- Streitwert der: 8/103
- im Verbund: 8/51

Stufenmahnung: 6/118

subjektive Klagenhäufung: 8/135

Subsidiarität:
- des Aufstockungsunterhalts nach § 1573 II BGB: 4/130
- des Billigkeitsunterhalts nach § 1576 BGB: 4/165
- des Erwerbslosigkeitsunterhalts nach § 1573 I BGB: 4/106

Subsidiarität der Sozialhilfe:
s.: *Nachrang*

substantiiertes Bestreiten:
- bei konkretem Sachvortrag zu Spesen: 1/62
- bei plausiblem Sachvortrag zum Einkommen: 1/132
- bei Tatsachen aus dem eigenen Wahrnehmungsbereich: 6/821

tabellarische Übersicht auf der Grundlage der Bremer Tabelle: 4/494

Tabellen:
- Angemessenheitskontrolle beim Tabellenunterhalt: 2/124, 2/207, 2/242
- im Beitrittsgebiet: 6/620 ff
- als Regelvorschriften im Rahmen der Darlegungs- und Beweislast: 6/801

s. a.: *Düsseldorfer Tabelle; Leitlinien*

Tabellenbetrag als Abzugsposten: 4/192

Tagesheimschulkosten für Kindesunterhalt: 2/317

Tantiemen: 1/55

Taschengeld:
- Höhe: 3/60
- Pfändbarkeit: 3/56, 3/82
- als Teil des Familienunterhalts: 3/56 ff
- nach Trennung der Ehegatten: 3/63
- Unterhalt für Kinder aus erster Ehe: 3/61

Tätlichkeiten als Verwirkungsgrund: 4/658, 4/726

tatrichterliche Würdigung:
eheliche Lebensverhältnisse: 4/309
- notwendiger Selbstbehalt: 5/182
- Verweis auf Leitlinien bei Billigkeitsabwägung: 5/186

Tatsachen, negative: 8/74

Teilklage: 8/138

Teilurteil:
- und Stufenklage: 8/214

Teilzeittätigkeit:
- Kinderbetreuung: 4/630

telefonische Mahnung: 6/122

Telefonkosten:
s.: *Fernsprechgebühren*

Tenorierung:
- Altersvorsorgeunterhalt: 4/462

Tilgung:
- bei Einkünften aus Vermietung und Verpachtung: 1/201
- von Hausschulden: 1/247 ff
- bei neuem (nichtprägendem) Wohnwert: 1/250, 1/294
- bei Veräußerung des Familienheimes: 1/286

Tilgungsplan: 1/543, 5/117 a

Titelumschreibung nach Volljährigkeit des Kindes: 2/18

titulierter Kindesunterhalt: 4/195

titulierter Unterhalt:
- Einfluß auf Eingruppierung eines anderen Berechtigten in Düsseldorfer Tabelle: 2/228
- als Einkommen bei der Bemessung des Kindesunterhalts: 2/153
- keine Berücksichtigung im Mangelfall bei Nachrang: 5/55

Tod des Unterhaltsberechtigten:
- beim Kindesunterhalt: 2/7 a
- beim nachehelichen Unterhalt: 4/53
- beim Trennungsunterhalt: 4/39

Tod des Unterhaltspflichtigen:
beim nachehelichen Unterhalt: 4/56 a, 4/60
beim Trennungsunterhalt: 4/39
- Erbenhaftung nach § 1586 b BGB: 4/60
- beim Kindesunterhalt: 2/7 a
- beim nachehelichen Unterhalt: 4/60 a
- quasi-nachehelicher Unterhaltsanspruch bei Ausschluß des Erbrechts (§ 1933 BGB): 4/39, 4/60 a

Tod einer Partei:
- Außerkrafttreten einer einstweiligen Anordnung: 8/238
- im Unterhaltsprozeß: 8/85

totes Kapital: 1/217

Trennung:
s.: *Getrenntleben*

trennungsbedingter Mehrbedarf: 4/418 f
- Abzug vom nichtprägenden Einkommen: 4/536
- allgemein beim Ehegattenunterhalt: 4/169, 4/207
- bei Berechtigtem und Verpflichtetem: 4/420
- Berücksichtigung im Mangelfall: 5/142 f
- Billigkeitsunterhalt nach § 1581 BGB: 4/431
- doppelte Haushaltsführung: 4/424
- Heranziehung von vermögensbildenden Aufwendungen: 4/207
- kein Abzug vom prägenden Einkommen: 4/430
- kein Abzugsposten: 1/504
- konkret geltend zu machen: 4/422 ff, 4/538
- im Mangelfall: 5/28, 5/142 f
- und Mehrkosten: 4/418, 4/419
- Milderung der Anrechnungsmethode: 4/429

1725

Sachverzeichnis

- nicht bei konkreter Bedarfsbemessung: 4/420
- nur wenn Zusatzeinkommen (zusätzliche Mittel): 4/427 ff
- Unterhaltsabänderung: 4/432
- und voller Unterhalt: 4/535
- Vorsorgeunterhalt als t. M.: 4/484
- Vorsorgeunterhalt bei t. M.: 4/472
- und Wohnkosten: 4/418
- beim Wohnwert: 1/276 ff

Trennungsentschädigungen: 1/59

Trennungsunterhalt: 4/1 ff, 4/1 a ff
- Additionsmethode: 4/386 ff
- allgemeine Struktur des Anspruchs: 4/1
- Anspruchsvoraussetzungen: 4/1 ff
- Art und Umfang des T.: 4/7–8
- Ausbildungsunterhalt bei Trennung: 4/9–10
- Bedarfsbemessung: 4/359 ff
- Bedarfsbemessung und Unterhaltsberechnung: 4/30 ff
- Beginn und Ende: 4/13
- Bemessungszeitpunkt beim T.: 4/36
- bereinigtes Nettoeinkommen: 1/489
- eheliche Lebensverhältnisse: 4/166 ff
- Elementarbedarf: 4/168
- zur Erwerbsobliegenheit des bedürftigen Ehegatten: 4/16 ff
- Erwerbstätigenbonus: 4/373 ff, 4/380
- Geltendmachung des T.: 4/41
- Getrenntleben: 4/4
- bei Gütergemeinschaft: 4/12, 6/402
- Halbteilungsgrundsatz: 4/359
- zur Härteklausel des § 1579 BGB: 4/37–38
- bei Haushaltsführung: 4/184 b
- bei Kinderbetreuung: 4/184 a
- konkreter Bedarf: 4/366 ff
- Kranken- und Pflegeversicherung: 4/8
- Mehrbedarf: 4/169
- Mindestbedarf: 4/361
- Quotenunterhalt: 4/372 ff
- Rückforderung: 6/200 ff
- Rückstand: 6/100 ff
- Sättigungsgrenze: 4/363 ff
- Sonderbedarf: 4/170
- Unterhaltsverzicht: 4/39, 6/604
- Vereinbarungen zum T.: 6/604
- Verhältnis zum Familienunterhalt und nachehelichen Unterhalt: 4/14
- Verwirkung: 4/605 ff
- Vorsorgeunterhalt bei T.: 4/453
- Wohnwert: 1/221 ff

Treuepflicht: 4/713, 4/719 ff, 4/735 ff

Treueprämien: 1/55

Trinkgelder als Einkommen: 1/55, 1/416, 4/284

Trunkenheit am Arbeitsplatz: 1/433

Tschechien: 7/179 ff

Türkei: 7/190 ff
- Ausbildungsunterhalt: 7/167
- Auskunft: 7/176
- Bedürftigkeitsunterhalt: 7/171
- Entschädigungsanspruch: 7/171, 7/179

- Genugtuungsanspruch: 7/179, 7/181
- Notunterhalt: 7/166
- Verschulden: 7/171

Überbrückungsgeld eines Strafgefangenen: 1/86

Übergang des Unterhaltsanspruchs nach § 1607 BGB: 2/545, 2/608
- Rechtsfolgen: 2/550
- subsidiäre Haftung Verpflichteter: 2/546

Übergang des Unterhaltsanspruchs nach § 7 UVG: 6/576

Übergang des Unterhaltsanspruchs nach § 91 BSHG: 6/509 ff
- Auskunftsanspruch: 6/510
- Ausschluß des Anspruchsübergangs: 6/516 ff
- Bedarfsgemeinschaft: 6/517 f, 6/526
- Billigkeitsprüfung: 6/546 f
- Darlegungs- und Beweislast: 6/563
- einheitlicher Rechtsweg: 6/509
- einmalige Leistungen der Sozialhilfe: 6/512
- Einziehungsermächtigung: 6/551, 6/560
- für die Vergangenheit: 6/569, 6/572
- für die Zukunft: 6/569, 6/572
- gegen Großeltern: 6/520
- gesetzliche Unterhaltsansprüche: 6/510
- gesetzlicher Forderungsübergang: 6/509
- Inkrafttreten: 6/507
- laufende Zahlung des Unterhalts: 6/516
- materiellrechtliche Konsequenzen: 6/549
- Meistbegünstigung: 6/524
- öffentlich-rechtliche Vergleichsberechnung: 6/523 f
- Prozeßführungsbefugnis: 6/551, 6/560
- Prozeßkostenhilfe: 6/558
- prozessuale Konsequenzen: 6/551 ff
- Rechenbeispiele: 6/579 ff
- Rechtshängigkeit des Anspruchs: 6/553, 6/572
- Rechtswahrungsanzeige: 6/106, 6/515
- Rückübertragung des Anspruchs: 6/554 ff
- Rückwirkung: 6/508
- Schuldnerschutz: 6/523, 6/546 f
- einer schwangeren Tochter: 6/521
- Sozialhilfe nach Rechtshängigkeit: 6/545
- bei Sozialhilfegewährung als Darlehen: 6/550
- teilweiser Ausschluß des Ü.: 6/566
- einer Tochter, die Kleinkind betreut: 6/521
- Umfang des Übergangs: 6/511, 6/549
- Unterbrechung der Sozialhilfe: 6/511
- vertragliche Unterhaltsansprüche: 6/509
- Zuständigkeit der Familiengerichte: 6/509

Übergang, gesetzlicher: 8/136

Übergangsgelder, -beihilfen: 1/55, 1/71, 2/257

übergegangener Anspruch:
- Rechtswahrungsanzeige: 6/107 ff
- Unterhaltsrückstand: 6/102, 6/106 ff

übergeleiteter Anspruch:
- Rechtswahrungsanzeige: 6/107 ff
- Unterhaltsrückstand: 6/102, 6/106 ff

Sachverzeichnis

Überleitung des Unterhaltsanspruchs nach § 90 BSHG a.: 6/507 f
- Abtretung an Sozialhilfeträger: 6/551

überobligatorische Tätigkeit: 1/440 ff
s. a. näher: Einkünfte aus unzumutbarer Tätigkeit

Überschuldung: 1/543 ff

Überstunden: 1/64, 1/454 ff

Überweisung von Unterhaltszahlungen: 1/2 b

Umfang des Bedarfs (Ehegattenunterhalt): 4/166 ff

Umgangsrecht:
- keine Kürzung des Barunterhalts wegen Wohnungsgewährung während Ausübung des Umgangsrechts: 2/104, 2/126, 2/171
- Kosten: 1/533, 1/541 a, 2/168 ff
- Verzicht auf U. und Freistellungsvereinbarung: 2/528

Umkehr der Beweislast: 6/827

Umsatzbeteiligungen: 1/55

Umsatzerlöse: 1/134

Umsatzsteuerbescheide:
- Vorlegungspflicht: 1/583

Umzugskosten: 1/108, 8/3
- als Sonderbedarf: 6/18

unbillige Härte nach § 91 BSHG: 6/539

Unerwartete, vom Normalverlauf abweichende Entwicklung: 4/184 a ff, 4/224 a

Unerwartete, vom Normalverlauf abweichende Entwicklung (Ehegattenunterhalt): 4/36, 4/220, 4/227, 4/231, 4/246 ff, 4/258 ff, 4/261 ff

Unfallkosten: 1/108

Unfallversicherung: 1/496, 1/498

Ungarn: 7/210 ff

ungedeckter Bedarf:
s.: Bedürftigkeit

ungefragte Informationen: 1/596
- Pflicht zur Offenbarung von Veränderungen der Bedürftigkeit oder der Leistungsfähigkeit: 6/603

ungerechtfertigte Bereicherung:
- Anspruchsgrundlage: 6/204 ff
- Darlegungs- und Beweislast Entreicherung: 6/211
- bei einstweiliger Anordnung: 6/204
- Entreicherung: 6/207 ff
- bei Hauptsachetitel: 6/205
- Möglichkeiten gegen Entreicherungseinwand: 6/219 ff
- positive Kenntnis: 6/214
- Rechtshängigkeit: 6/213
- ungewisses Rechtsgeschäft: 6/215 ff
- verschärfte Haftung: 6/212 ff
- Zahlung unter Vorbehalt: 6/217

Unmutsäußerungen als Verwirkungsgrund: 4/733

Unterhalt als Darlehen: 1/349, 6/222, 6/237

Unterhalt als Einkommen: 1/379
- beim Kindesunterhalt: 2/148 ff

Unterhalt für Vergangenheit: 6/100 ff
- ab Auskunftsbegehren: 6/101, 6/104 a

- ohne Auskunftsbegehren, Rechtshängigkeit, Verzug: 6/101 a
- Auskunftsbegehren, Rechtshängigkeit, Verzug: 6/105 a
- Leistungsentzug aus rechtlichen oder tatsächlichen Gründen: 6/105 a
- ab Monatsbeginn: 6/100
- Sonderbedarf: 6/105 a
- Verzug: 6/115 ff
s. a.: Verzug

Unterhalt, gesetzlicher: 8/1, 8/2
- im Scheidungsverbund: 8/116 ff

Unterhaltsanspruch:
- allgemeine Grundsätze des nachehelichen Unterhalts: 4/42 ff
- bei Gütergemeinschaft
s.: Gütergemeinschaft
- Prüfungsschema: 1/2
- Struktur des Anspruchs auf Ehegattenunterhalt: 4/1
- Tabellen und Leitlinien: 1/3 f
- tatbestandsmäßige Voraussetzungen: 1/1
- Währung: 7/35

Unterhaltsbedürftigkeit:
s.: Bedürftigkeit

Unterhaltsberechnung:
s.: Berechnungsmethoden

Unterhaltsberechtigte: 1/1

unterhaltsbezogene Leichtfertigkeit:
- fiktive Einkünfte bei u. L.: 1/394
- bei gesteigerter Unterhaltspflicht: 2/253
- beim Kindesunterhalt: 2/144, 2/253

Unterhaltsgemeinschaft: 4/754

Unterhaltsherabsetzung nach § 1578 I 2 BGB: 4/583 ff
- Berechnungsbeispiel: 4/595 c
- Darlegungs- und Beweislast: 4/590
- und ehebedingte Nachteile: 4/593 ff
- zu Ehedauer und Kindesbetreuung: 4/592
- Geltendmachung im Abänderungsverfahren: 4/595 b
- Geltendmachung im Erstverfahren: 4/595 a
- Herabsetzung auf den angemessenen Lebensbedarf nach § 1578 I 2 BGB: 4/589 ff
- Kombination von Herabsetzung nach § 1578 I 2 BGB mit zeitlicher Begrenzung nach § 1573 V BGB: 4/589
- Kriterien zur Billigkeitsabwägung: 4/591 ff
- verfahrensrechtliche Probleme: 4/590

Unterhaltsneurose: 1/434 f, 2/44

Unterhaltspflicht:
- Definition bei Auslandsbeteiligung: 7/5 ff

Unterhaltsprozeß: 8/17 ff
- „bedingte Klage": 8/28
- „bedingte Rechtsmitteleinlegung": 8/29
- Änderung der PKH-Entscheidung: 8/55
- Anerkenntnis: 8/78
- Anfall der Gerichtsgebühren: 8/23 b
- Antrag auf PKH: 8/20
- anwaltliche Vertretung: 8/20
- Aufrechnung: 8/27
- Beweisaufnahme: 8/70 ff

1727

Sachverzeichnis

- Einlassungsfrist: 8/68
- einstweilige Anordnungen im Unterhaltsverfahren: 8/225 ff
- Erledigung der Hauptsache: 8/81
- Folgesachen: 8/116 ff
- früher erster Termin: 8/69
- Klageantrag: 8/21
- Klagebegründung: 8/24
- Klagenhäufung: 8/26
- Klagenverbindung: 8/27
- Klagerücknahme: 8/76
- Klageschrift: 8/17 ff
- Klageverzicht: 8/77
- Kostenentscheidung: 8/99
- Ladungsfrist: 8/68
- Mängel der Klageschrift: 8/23 a
- mündliche Verhandlung: 8/68
- Parteien: 8/17
- Prozeßkostenhilfe: 8/30 ff
- Prozeßkostenvorschuß: 8/63 ff
- Prozeßstandschaft: 8/17
- Prozeßverbindung: 8/91
- Prozeßvergleich: 8/86
- Scheidungsverbund: 8/116 ff
- Streitgenossenschaft: 8/26
- Streitwert: 8/101
- Teilanerkenntnis: 8/80
- Tod einer Partei: 8/85
- Urteilsberichtigung: 8/114
- Urteilsergänzung: 8/113
- Urteilsinhalt: 8/96
- Urteilstenor: 8/98
- Verfahrensbeendigung durch Urteil: 8/94
- vorläufige Vollstreckbarkeit: 8/106 a
- vorzeitige Verfahrensbeendigung: 8/76 ff

Unterhaltsquoten:
s.: *Bedarfsbemessung, Quotenunterhalt*

Unterhaltsrückforderung:
s.: *Rückforderung*

Unterhaltstitel:
- Abänderungsklage: 8/138 ff
- Abänderungsklage des berechtigten Kindes: 2/19
- Fortgeltung nach Volljährigkeit: 2/339
- Leistungsklage: 8/133 ff
- Nachforderungsklage: 8/136
- Rechtsschutzbedürfnis: 8/135
- Stufenklage: 8/137
- Titulierungsinteresse: 8/135
- Umschreibung des Titels nach Volljährigkeit des berechtigten Kindes: 2/18
- Zusatzklage: 8/137

s. a.: *titulierter Unterhalt*

Unterhaltsstatut:
- ausländische Titel: 7/254

Unterhaltsvereinbarungen:
- Abänderung von U.: 6/601 f
- zum Ehegattenunterhalt: 6/600 ff
- zum Familienunterhalt: 6/603
- Geltendmachung der Unterhaltskürzung nach §§ 1573 V, 1578 I, 2 BGB im Abänderungsverfahren: 4/595 b
- Kapitalabfindung: 4/614 ff
- zum Kindesunterhalt: 2/34
- zum nachehelichen Unterhalt: 6/605 ff
- zum Trennungsunterhalt: 6/604
- Wertsicherungsklausel: 4/610 ff

s. a.: *Unterhaltsverzicht*

Unterhaltsverzicht:
- beim Ehegattenunterhalt: 6/607 ff
- beim Familienunterhalt: 3/85, 6/603
- beim Getrenntlebensunterhalt: 6/604
- beim Kindesunterhalt: 2/521 ff
- beim nachehelichen Unterhalt: 6/607 ff

Unterhaltsvorschuß/Kindesunterhalt:
- Anspruchsübergang nach § 7 UVG: 6/576
- Anspruchsvoraussetzungen: 6/575
- und Bedürftigkeit beim Verwandtenunterhalt: 2/603
- Rückabtretung: 6/576
- und Sozialhilfe: 6/574 ff
- Unterhaltsrückstand: 6/101 a

Unterhaltszuschüsse: 1/86
unternehmerische Leistung: 4/220
Unterschieben eines Kindes: 4/724
Unterwerfungserklärung:
- Abänderungsfähigkeit: 8/144 a

Unwirtschaftlichkeit der Vermögensverwertung: 4/559
- beim Berechtigten: 2/614
- beim Pflichtigen: 2/623

unzumutbare Tätigkeit:
- allgemein: 1/440 ff
- Anrechnung des Einkommens aus u. T.: 4/542 f
- Anrechnung nach altem Recht: 1/451
- Aufnahme oder Fortführung einer Erwerbstätigkeit nach Trennung: 4/19 ff
- des Berechtigten: 1/446 ff
- erhöhte Zurechnung im Mangelfall: 5/97 f
- Haushaltsführung für neuen Partner: 1/450
- keine bei Berufstätigkeit trotz gesundheitlicher Beeinträchtigung: 1/450
- keine bei Tätigkeit aus freien Stücken: 1/444 ff
- bei Kindesbetreuung: 4/72 ff
- nicht angemessene Tätigkeit im Sinne des § 1574 II BGB: 4/131 ff
- des Pflichtigen: 1/454 ff
- prägt nicht die ehel. Lebensverhältnisse: 4/545
- Tätigkeit aus Not: 1/445
- bei Überstunden, Schichtarbeit u. dergl.: 1/64 f, 1/68

s. a. näher: *Einkünfte aus unzumutbarer Tätigkeit*

Unzuständigkeit des Familiengerichts: 8/7
Urlaubsabgeltung: 1/67
Urlaubsgeld: 1/55
Urteil: 8/94 ff
- Auskunftsurteil: 8/98
- Berichtigung der Streitwertfestsetzung: 8/114
- Berichtigung des: 8/113
- Bezeichnung: 8/96

Sachverzeichnis

- Endurteil: 8/96
- Entscheidung nach Lage der Akten: 8/95
- Entscheidungsgründe: 8/97
- Ergänzung: 8/113
- Gebührenstreitwert: 8/101
- Gerichtskostenvorschuß: 8/101
- Inhalt des: 8/96
- Kostenentscheidung: 8/99
- Nebenentscheidungen: 8/97
- Protokollberichtigung: 8/114
- im schriftlichen Verfahren: 8/94
- Sicherheitsleistung: 8/109
- Tatbestand: 8/97
- Tatbestandsberichtigung: 8/114
- Tenor: 8/98 f

USA: 7/219 ff

Vater des nichtehelichen Kindes:
 s.: *Ansprüche der nichtehelichen Mutter*
Veräußerung des Familienheimes:
- durch den Berechtigten beim Elternunterhalt: 2/630
- Bildung neuen Wohneigentums: 1/294
- nichtprägender Erlös: 1/287
- durch den Pflichtigen beim Verwandtenunterhalt: 2/624
- prägender Wohnwert: 1/286
- Verbrauch des Erlöses ohne Surrogat: 1/293
- Vermögensumschichtung: 1/294

Veräußerungen: 1/141
verbilligte Aktien: 1/69
verbilligter Warenbezug: 1/69
Verbindlichkeiten:
 s.: *berücksichtigungswürdige Schulden*
Verbindung: 8/27
- Vollstreckungsabwehrklage und Abänderungsklage: 8/185

Verbrauchergeldparität: 7/22 ff
verbrauchsabhängige Nebenkosten: 1/235 ff
verbrauchsunabhängige Nebenkosten: 1/235 ff
Verbrechen als Verwirkungsgrund: 4/657 ff
Verbund: 8/116 ff
- Anwaltszwang im: 8/123
- Auflösung des: 8/129
- Unterhalt im: 8/116
- Zuständigkeit/Parteien im: 8/118
- in zweiter Instanz: 8/290

Vereinbarungen zum Unterhalt:
 s.: *Unterhaltsvereinbarungen*
Vereinfachtes Verfahren:
- Abänderungsklage des § 654 ZPO: 8/350
- Änderungskorrekturklage gemäß 656 ZPO: 8/356
- Anfechtungsgründe: 8/341
- Anpassung von Unterhaltsrenten: 8/324
- Anwaltsbeiordnung: 8/330
- Einwendungen des Antragsgegners: 8/334
- Entscheidung des Rechtspflegers: 8/338
- erstmalige Unterhaltsfestsetzung: 8/326
- Festsetzungsbeschluß: 8/339
- Kindergeldänderung gemäß § 655 ZPO: 8/354

- Kosten: 8/327
- Kostenentscheidung: 8/340
- Mitteilung an Antragsgegner: 8/333
- nicht begründete Einwendungen: 8/335
- Prozeßkostenhilfe: 8/329
- Rechtsmittel: 8/341
- Regelbetragsunterhalt bei Vaterschaftsfeststellung: 8/347
- streitiges Verfahren nach § 651 ZPO: 8/344
- Streitwert: 8/328
- Teilbeschluß gemäß § 650 ZPO: 8/344
- unvollständige Einwendungen des Antragsgegners: 8/337
- Verbindung mehrerer Verfahren: 8/332
- Zulässigkeit: 8/322
- Zurückweisung des Antrags: 8/331

Vereitelung des Umgangsrechts als Verwirkungsgrund: 4/726, 4/770 a
Verfahrensarten: 8/6 ff
- „bedingte" Klage: 8/56
- Abänderungsklage: 8/14
- Anpassungsklage (außerger. Vereinb.): 8/37
- Auskunftsklage: 8/53
- Bereicherungsklage: 8/13
- Drittschuldnerklage: 8/55
- Feststellungsklage: 8/45
- Leistungsklage, gewöhnl.: 8/6
- Nachforderungsklage: 8/12
- Stufenklage: 8/51
- Teilklage: 8/12
- Vollstreckungsabwehrklage: 8/38
- Zusatzklage: 8/12

Verfahrensbeendigung:
- durch Entscheidung nach Lage der Akten: 8/95
- durch Urteil: 8/94 ff
- vorzeitige: 8/76 ff

Verfahrensgegenstand: 8/1, 8/2 ff
- gesetzl. Unterhaltpflicht „betrifft": 8/3
- gesetzl. Unterhaltpflicht „betrifft nicht": 8/4
- gesetzliche Unterhaltspflicht „betreffen": 8/4
- gesetzliche Unterhaltspflicht „betreffen nicht": 8/3
- Mischverfahren: 8/5

Vergehen als Verwirkungsgrund: 4/657 ff
Vergleich:
- Verhältnis zur Abänderungsklage: 8/168

Vergleichsberechnung:
 s.: *öffentlich-rechtliche V.*
Verhältnis zur Abwehrklage:
- Verhältnis zur Abwehrklage: 8/187

Verjährung:
- Hemmung: 6/136
- Unterhaltsanspruch: 6/136
- Vollstreckungsverjährung: 6/136

Verkehrsanwalt: 8/53 a
Verletztenrente aus der Unfallversicherung: 1/86, 1/340
Verleumdung als Verwirkungsgrund: 4/664
Verlustzuweisung, berichtigter bei Steuererstattungen wegen V.: 1/485 a

1729

Sachverzeichnis

vermögensbildende Aufwendungen:
- Änderung prägend: 4/296

Vermögensbildung, Aufwendungen zur: 4/428
- nicht bei Mehrbedarf: 4/449
- bei Vorsorgeunterhalt: 4/485

Vermögensreserve:
- für den Berechtigten im Verwandtenunterhalt: 2/614
- für den Pflichtigen im Verwandtenunterhalt: 2/623

Vermögensstamm:
s.: Vermögensverwertung; Kindesvermögen

Vermögensumschichtung: 1/294

Vermögensverschwendung:
- fiktive Anrechnung von Vermögenswerten: 2/614
- als Verwirkungsgrund: 4/666 ff

Vermögensverwertung:
- Arten der V.: 1/323
- des Berechtigten beim Elternunterhalt: 2/630 ff
- des Berechtigten beim nachehelichen Unterhalt: 1/311 f
- des Berechtigten beim Trennungsunterhalt: 1/314
- des Berechtigten beim Verwandtenunterhalt: 2/614
- beim Elternunterhalt: 1/321
- beim Familienunterhalt: 3/20
- im Mangelfall: 5/108 f
- beim Kindesunterhalt: 1/319, 2/106, 2/262
- des Pflichtigen beim Elternunterhalt: 2/641 f
- des Pflichtigen beim Verwandtenunterhalt: 2/623 f
- Unbilligkeit: 2/107, 4/560
- Unwirtschaftlichkeit: 2/107, 4/559
- des Verpflichteten beim Ehegattenunterhalt: 1/317
- beim Volljährigenunterhalt: 2/440
- Zweck der V.: 1/322

vermögenswirksame Leistungen:
- Abzug beim Bedürftigen: 4/208
- Abzugsposten bei gehobenem Einkommen des Pflichtigen: 4/202
- Abzugsposten nach einem objektiven Maßstab: 1/560
- allgemein: 1/55
- aufgedrängte Vermögensbildung: 4/209
- beim Bedürftigen: 1/560 a
- Heranziehung für trennungsbedingten Mehrbedarf: 4/207, 4/211
- objektiver Maßstab: 4/202, 4/210 ff
- beim Pflichtigen: 1/560 b
- Sparzulage: 1/560
s. a.: eheliche Lebensverhältnisse; Veräußerung des Familienheimes; Wohnwert

Verpflegungsmehraufwendungen:
- als berufsbedingte Aufwendungen: 1/108
- Sachbezüge für V.: 1/69
- Zuschüsse für V.: 1/109

Versagung Unterhalt: 4/602

Versäumnisurteil:
- und Abänderungsklage: 8/141
- Abwehrklage und: 8/188

verschärfter Mangelfall: 5/1, 5/180 ff

Versicherungen:
- betriebliche V.: 1/138
- für den Fall des Alters sowie Berufs- und Erwerbsunfähigkeit: 4/455

Versorgungsausgleich: 4/341

Versorgungsbezüge:
s.: Einkünfte aus Renten

Versorgungsleistungen:
- Darlegungs- und Beweislast: 6/708
- fiktive Vergütung für V.: 1/374, 1/507
- Pflegeleistung durch Ehefrau: 1/507
- bei Zusammenleben des bedürftigen Kindes mit einem Partner: 2/89

Verstoß gegen eheliche Solidarität: 4/713

Verstoß gegen Treuepflicht: 4/713, 4/719 ff, 4/735 ff

verteilungsfähiges Einkommen:
- bereinigtes Nettoeinkommen: 4/362, 4/377

Vertretung, anwaltliche: 8/20

Veruntreuung:
- Steuerhinterziehung: 4/700

Verwandtenunterhalt: 2/600 ff
- bei BAföG-Leistungen: 2/603
- Bedürftigkeit des Berechtigten: 2/614 f
-- Einsatz des Vermögens: 2/614
-- Erwerbsobliegenheit: 2/615
-- Eigenbedarf des Pflichtigen: 2/616
-- konkrete Bemessung: 2/618 f
-- pauschalierte Selbstbehaltssätze: 2/617, 2/620, 2/620 a
- Elternunterhalt: 2/629 ff
- Ersatzhaftung der Nachrangigen: 2/608
- gerichtliche Zuständigkeit: 2/608
- Grundfragen: 2/601
- Leistungsfähigkeit des Pflichtigen: 2/600
-- Abzug von Verbindlichkeiten: 2/616 ff
-- bei gleichrangiger Verpflichtung zum Familienunterhalt gegenüber dem Ehegatten: 2/625
-- Einsatz des Vermögens: 2/623
-- fiktive Einkünfte: 2/622
-- Schmerzensgeld u. Invaliditätsentschädigung: 2/624
-- Veräußerung des Familienheims: 2/624
-- Verwertung von Lebensversicherungen: 2/624
- Maß des Unterhalts: 2/612
- Heim- und Pflegekosten: 2/636
- Prozeßkostenvorschuß: 2/613
- Rangfolge der Unterhaltspflichtigen: 2/607
- Rangfolge des Bedürftigen: 2/609
- Rangfragen: 2/604 ff
-- Darlegungs- und Beweispflicht: 2/610
- Selbstbehalt des Pflichtigen: 2/617, 2/620, 2/620 a
-- erhöhte Selbstbehaltungssätze im Verwandtenunterhalt: 2/620, 2/620 a

Sachverzeichnis

- bei Sozialhilfe: 2/602, 2/643, 2/644
- bei Unterhaltsvorschuß: 2/603
- Verwirkung (§ 1611 BGB): 2/626 ff
-- bei Verzeihung: 2/626
-- Kürzung oder Wegfall des Anspruchs: 2/626
-- nur bei Verschulden: 2/626
-- Sperrwirkung zugunsten anderer Verwandter: 2/627
- Vorrang des Ehegatten: 2/604 ff
-- bei Verwirkung des Gattenunterhalts nach § 1579 Nr. 2 BGB: 2/606
-- bei Verzicht auf Gattenunterhalt: 2/606
-- nur bei Leistungsfähigkeit: 2/605

Verweisung: 8/8, 8/12, 8/12 a
Verweisung nach § 281 ZPO: 8/153 f
- Anwendung auf Beschlußverfahren der ZPO: 8/13 a
- Verweisungsbeschluß: 8/13 b

Verwirkung:
- zweckwidrige Verwendung des Altersvorsorgeunterhalts: 4/466

§ 1579 BGG
Verwirkung des Kindesunterhalts: 2/478 ff
- Alkoholkonsum: 2/480
- Billigkeitsabwägung: 2/484
- Darlegungs- und Beweislast: 2/485
- Kontaktverweigerung: 2/482
- bei Minderjährigen: 2/479
- bei privilegiert volljährigen Kindern: 2/471, 2/479
- Rauschgiftkonsum: 2/480
- sittliches Verschulden: 2/480
- der Tochter, die ein eigenes Kind betreut: 2/55
- Unbilligkeit: 2/484
- Ursächlichkeit: 2/483
- Verfehlung gegen einen Elternteil: 2/482
- Verletzung der Unterhaltspflicht: 2/481

Verwirkung Ehegattenunterhalt:
- Absehen von Eheschließung: 4/753
- Alkoholabhängigkeit: 4/673 ff
- Altehen: 4/607
- Anschwärzen beim Arbeitgeber: 4/699
- Anwendungsbereich: 4/605 ff
- Auswandern mit Kind: 4/730
- Beleidigungen: 4/664
- bestimmungswidrige Verwendung des Vorsorgeunterhalts: 4/689 ff
- Darlegungs- und Beweislast: 4/609 ff, 4/670, 4/741
- dauerhafte Verbindung zu neuem Partner: 4/755
- Drogenabhängigkeit: 4/673 ff
- falsche Anschuldigung: 4/664
- fehlende einseitige Abkehr von ehelichen Bindungen: 4/736 ff
- fehlendes Zusammenleben: 4/758
- fehlgeschlagene Selbsttötung: 4/692, 4/793
- geschäftliche Schädigung: 4/701
- grobe Unbilligkeit: 4/614 ff
- gröbliche Verletzung der Beitragspflicht zum Familienunterhalt: 4/702 ff
- Herabsetzung des Unterhalts: 4/602
- Interessenabwägung: 4/615 ff
- intimes Verhältnis mit Dritten: 4/721 ff, 4/755
- kurze Ehe: 4/637 ff
- kurzes Zusammenleben: 4/745
- Medikamentenmißbrauch: 4/676, 4/759
- mutwillige Aufgabe des Arbeitsplatzes: 4/678 ff
- mutwillige Herbeiführung der Bedürftigkeit: 4/666 ff
- mutwillige Verletzung der Vermögensinteressen des Pflichtigen: 4/693 ff
- nachehelicher Unterhalt: 4/605
- Normzweck: 4/296 ff, 4/596 ff
- Prozeßbetrug: 4/665, 4/698
- Rechtsfolgen: 4/602
- Schußwaffengebrauch: 4/658
- schwerwiegendes einseitiges Fehlverhalten: 4/710 ff, 4/735 ff
- Sozialhilfebedürftigkeit neue Familie: 4/763 a
- Splittingvorteil: 4/760
- Strafanzeige: 4/700
- Tätlichkeiten: 4/658, 4/726
- Trennungsunterhalt: 4/605
- Treuepflicht in Trennungszeit: 4/719
- Unmutsäußerungen: 4/733
- Unterhaltsgemeinschaft: 4/754
- Unterschieben eines Kindes: 4/724
- Verbrechen oder vorsätzliches Vergehen: 4/657 ff
- Vereitelung des Umgangsrechts: 4/726
- Verleumdung: 4/664
- Vermögensverschwendung: 4/684
- Versagung des Unterhalts: 4/602
- Verstoß gegen eheliche Solidarität: 4/713
- Verstoß gegen eheliche Treuepflicht: 4/713, 4/719 ff, 4/735 ff
- voreheliche Erkrankung: 4/763
- voreheliche Täuschungshandlung: 4/715, 4/727
- Wahrung der Kindesbelange: 4/625 ff
- Weigerung, gemeinsamen Wohnsitz zu gründen: 4/728
- Wiederaufleben des Anspruchs: 4/764 ff
- zeitliche Begrenzung Unterhalt: 4/602
- Zusammenleben mit gleichgeschlechtlichem Partner: 4/757
- Zusammenleben mit neuem Partner: 4/751 ff

Verwirkung Verwandtenunterhalt: 2/626 ff
Verwirkung Verzug:
- Beseitigung der Verzugsfolgen: 6/133
- Umstandsmoment: 6/135
- Zeitmoment: 6/134

Verzicht: 8/77 ff
- außergerichtlicher Rechtsmittelverzicht: 8/298
- auf Berufung: 8/298
- Erklärung: 8/77

1731

Sachverzeichnis

- auf Klage: 8/184
- Urteil: 8/77

Verzicht auf Erstattungsansprüche:
- bei Zuvielleistung von Familienunterhalt: 3/79 ff

Verzicht auf Unterhalt:
s.: Unterhaltsverzicht

Verzug:
- Anspruchsvoraussetzung: 6/100, 6/114 ff
- durch Aufrechnung: 6/113
- Beginn: 6/124
- Beseitigung der Verzugsfolgen: 6/131 ff
- bestimmte Leistungsaufforderung: 6/116 ff
- endgültige Leistungsverweigerung: 6/128
- Erlaßvertrag: 6/131
- Fälligkeit des Anspruchs: 6/115, 6/126
- familienrechtlicher Ausgleichsanspruch: 2/541
- Familienunterhalt: 3/84
- fehlender Verzug für nachehelichen Unterhalt bei Mahnung vor Scheidung: 6/126
- Form der Mahnung: 6/122
- Geltendmachung Kindesunterhalt durch Nichtsorgeberechtigten: 6/121
- Geschiedenenunterhalt: 4/58
- Getrenntlebensunterhalt: 4/39
- Kalenderfälligkeit: 6/127
- keine einseitige Rücknahme der Mahnung: 6/132
- keine Verzugswirkung Trennungsunterhalt für nachehelichen Unterhalt: 6/125
- keine Wiederholung der Mahnung: 6/123
- Mahnung nach Fälligkeit: 6/115
- Rechtswahrungsanzeige: 6/106, 6/514
- Schadensersatzpflicht: 6/118
- bei Sonderbedarf: 6/105
- telefonische Mahnung: 6/122
- bei übergangenen und übergeleiteten Ansprüchen: 6/102, 6/106, 6/514
- Verschulden: 6/129
- Verwirkung der Verzugsfolgen: 6/133 ff
- Voraussetzung der Mahnung: 6/114 ff
- zeitliche Begrenzung b. nachehelichem Unterhalt: 6/110 ff
- Zinsen: 6/130
- zu niedrige Forderung: 6/121
- Zuvielforderung: 6/120

voller Unterhalt: 4/535

Volljährigenunterhalt:
- Anrechnung von Kindeseinkommen: 2/336, 2/349 ff
- Auszubildende im Haushalt eines Elternteils: 2/383 ff
- Bedarf: 2/332, 2/360 ff
- Bedürftigkeit: 2/331, 2/342 ff
- Beginn: 2/20, 2/340
- Berechnung: 2/436 ff
- Besonderheiten des V.: 2/330 ff
- bei besonders günstigem Einkommen der Eltern: 2/130 ff
- Bestimmungsrecht der Eltern: 2/335
- Betreuungsunterhalt: 2/334

- Düsseldorfer Tabelle: 2/364, 2/369, 2/383 ff
- Ersatzdienst: 2/348
- und Familienunterhalt: 2/433
- feste Bedarfssätze: 2/120, 2/364, 2/368 ff, 2/391 ff
- und Gattenunterhalt im Mangelfall: 5/132
- und Gattenunterhalt, Beispiele: 5/134 f
- Haftungsanteile der Eltern: 2/433 ff
- Identität mit Minderjährigenunterhalt: 2/1 d, 2/339
- Kinder im Haushalt eines Elternteils: 2/366, 2/383 ff
- Kindergeldverrechnung: 2/337, 2/513 ff
- Krankenversicherung: 2/371, 2/390
- Leistungsfähigkeit des Pflichtigen: 2/333, 2/407 ff
- Leitlinien: 2/364 f, 2/368 ff, 2/383 f, 2/391 ff
- Nachrang gegenüber Gatten, Beispiele: 5/58 f
- Nachrangigkeit: 2/341
- neue Bundesländer: 6/628 f
- nicht in Ausbildung befindliches Kind: 2/405
- privilegiert volljährige Kinder: 2/452 ff
- Rechenbeispiele: 2/459 ff
- Schüler im Haushalt eines Elternteils: 2/383 ff
- Student mit eigenem Haushalt: 2/368 ff
- Studenten im Haushalt eines Elternteils: 2/383 ff
- Übergangszeit nach Volljährigkeit: 2/452 ff
- Unterhaltstitel aus der Zeit der Minderjährigkeit: 2/18 f, 2/339
- Verhältnis zum Minderjährigenunterhalt: 2/17 ff, 2/330 ff
- Verwirkung: 2/338, 2/478 ff
- vorrangige Unterhaltsansprüche Dritter: 2/429 f
- Wehrdienst: 2/346
- Wohnkosten: 2/372 ff, 2/389, 2/392 ff
- zusammengerechnetes Einkommen der Eltern: 2/120, 2/366, 2/388

s. a.: Barunterhaltspflicht beider Eltern bei Volljährigen; Naturalunterhalt; privilegiert volljährige Kinder

Volljährigenzuschlag:
- nach Tabellen und Leitlinien: 2/383 f

Vollkaufleute:
- Einkommensberechnung von V.: 1/142 f

Vollstreckbare Urkunden:
- Anwendbarkeit der Abänderungsklage: 8/168

Vollstreckbarerklärung ausländischer Titel: 7/259, 8/3

Vollstreckung von Titeln auf Auskunft und zur Vorlage von Belegen: 1/586 f

Vollstreckungsabwehrklage: 8/177 ff
- Abgrenzung zur Abänderungsklage: 8/145
- Anwendungsbereich: 8/38, 8/39
- Einwendungen: 8/40, 8/41
- Rechtskraft des stattgebenden oder abweisenden Urteils: 8/42
- Rechtsschutzbedürfnis: 8/183
- Streitwert der: 8/102

Sachverzeichnis

Vollstreckungsbescheid:
– und Abänderungsklage: 8/141
Vollstreckungserinnerung:
– Abgrenzung zur Abänderungsklage: 8/145
Vollstreckungsgegenklage bei Aufrechnung gegen bestehenden Unterhaltstitel: 6/301
Vollstreckungsklage:
– ausländische Unterhaltstitel: 7/237 ff
Vollstreckungsschutzantrag:
– Möglichkeit gegen Entreicherung: 6/220
Vollstreckungsverjährung: 6/136
Vorabzug von Kindesunterhalt vom Nettoeinkommen: 4/188 ff
– erhöht um Betreuungsbonus: 4/193
– im Mangelfall beschränkt: 5/231 b
– Volljährigenunterhalt: 5/132, 5/134
– wenn Kind beim Pflichtigen lebt: 4/193
Vorabzug von Krankenversicherungskosten: 4/185, 4/509 f
Vorabzug von Mehrbedarf: 4/447 ff
– trennungsbedingter Mehrbedarf: 5/145
Vorabzug von Schulden und Kindesunterhalt bei der Bonusberechnung: 4/404 f
Vorabzug von Volljährigenunterhalt im Mangelfall: 2/165, 5/132, 5/134 f
Vorabzug von Vorsorgeunterhalt: 4/477 ff, 4/509 f
s. a.: einstufige Berechnung; zweistufige Berechnung
Vorauszahlung von Familienunterhalt: 3/87
Vordruck, amtlicher: 8/47
voreheliche Erkrankung als Verwirkungsgrund: 4/763
voreheliche Täuschungshandlung: 4/715, 4/727
voreheliche Verbindlichkeiten: 1/524
vorläufige Vollstreckbarkeit: 8/106 a ff
– bei Abwehrklage: 8/189
– in zweiter Instanz: 8/294
Vorrang leistungsfähiger Verwandter:
– gegenüber anderen Verwandten: 2/607, 5/64 ff
– gegenüber Gatten im Mangelfall: 5/61 ff
– Rechenbeispiele: 5/71 ff
vorrangiger Gattenunterhalt: 4/413, 5/44
– kein Ausschluß des vorrangigen Unterhalts zugunsten der neuen Ehefrau: 5/48
– gegenüber nachrangigem Gatten, Beispiel: 5/60, 5/133
– kein Ausschluß des vorrangigen Unterhalts zugunsten der neuen Ehefrau: 5/48
– Vorrang setzt sich uneingeschränkt durch: 5/46 ff
– vor den Verwandten: 2/604
vorsätzliche sittenwidrige Ausnützung unrichtig gewordenen Vollstreckungstitels:
– allgemein: 6/231 ff
– Anspruchsvoraussetzung: 6/232
– Pflicht zur ungefragten Information: 6/233
Vorsorgeaufwendungen:
– als Abzugsposten: 1/496 ff
– Änderung prägend: 4/185, 4/294

– Arbeitslosenversicherung: 1/496
– berufsständische Versorgung: 1/496, 1/498
– Gesamtversorgung für das Alter: 1/497
– Krankenversicherung: 1/496 ff, 1/499 ff
– Lebensversicherung: 1/497
– bei Nichtselbständigen: 1/497
– Pflegeversicherung: 1/496, 1/500
– Rentenversicherung: 1/496 ff
– bei Selbständigen: 1/498
– Unfallversicherung: 1/496, 1/498
– vermögensbildende Aufwendungen: 1/497 a, 1/498
– Zusatzversicherung: 1/497, 1/498
s. a.: Vorsorgeunterhalt
Vorsorgeunterhalt:
– Angemessenheitskontrolle: 4/520
Vorsorgeunterhalt wegen Alters, Berufs- oder Erwerbsunfähigkeit: 4/453 ff
– im Abänderungsverfahren: 4/459, 4/465, 4/474, 4/489 ff
– bei Anrechnungsmethode: 4/475
– bei Aufstockungsunterhalt: 4/474
– beabsichtigte Vorsorge: 4/460
– bei Bedarfsdeckung durch nichtehel. Partnerschaft: 4/473
– Berechnung aus dem Elementarunterhalt: 4/455 f, 4/467 ff
– bei Bezug von Altersruhegeld: 4/476
– Bremer Tabelle: 4/467 ff
– eingeschränkte Dispositionsbefugnis: 4/462, 4/480
– einstufige Berechnung: 4/483 f
– erstmal bie Abänderung: 4/490
– Geltendmachung: 4/458
– nach Gröning: 4/495
– i. d. R. keine Zahlung an Versicherungsträger: 4/461, 4/491
– integrierte Berechnung nach Jacob: 4/496
– und Kindesunterhalt: 4/0
– nicht bei krankheitsbedingter Arbeitslosigkeit: 4/457
– neben Krankheitsvorsorgeunterhalt: 4/515
– Leistungsfähigkeit: 4/479
– bei nachehelichem Unterhalt: 4/454
– nichtprägende Einkünfte: 4/486 ff
– aus Teilunterhalt: 4/471
– Tenorierung: 4/462
– bei trennungsbedingtem Mehrbedarf: 4/472
– bei Trennungsunterhalt: 4/453
– bei Unterhalt der nichtehelichen Mutter nicht: 6/674
– V. verfassungsgemäß: 4/457
– Verstoß gegen Zweckbestimmung: 4/491
– Vorrang des Elementarunterhalts: 4/478
– Zweckbindung: 4/458, 4/462, 4/463 ff
– zweistufige Berechnung: 4/477 ff, 4/481 f
– im Verwandtenunterhalt nicht: 2/612
Vorsorgeunterhalt wegen Krankheit:
s. a.: Krankheitsvorsorgeunterhalt

Wahrung Kindesbelange (Verwirkung): 4/625 ff

1733

Sachverzeichnis

Währungsumstellung:
- auf Euro: 1/2 c

Währungsverfall: 4/323

Waisenrente und Halbwaisenrente als Einkommen des Kindes: 1/340

Warmmiete: 2/268, 2/373 ff, 2/422, 5/203
s. a.: *Wohnkosten*

Wegfall des Kindesunterhalts prägend: 4/297, 4/352

Wegfall des Vermögens: 4/561 f

Wehrdienst:
- Unterhalt des Kindes: 2/346 f

Wehrsold: 1/55

Weigerung, gemeinsamen Wohnsitz zu gründen: 4/728

Weihnachtsgeld: 1/55

Weiterbildung des Kindes: 2/78 ff
- Abitur – Lehre – Studium: 2/80 ff
- Schule – Lehre – Fachoberschule – Studium: 2/84
- Zumutbarkeit für die Eltern: 2/79, 2/83

Werkstudentenarbeit: 1/78, 1/453, 2/43, 2/88, 2/286

wertende Änderung (Neubewertung unterhaltsrelevanter Umstände im Mangelfall):
- im Bedarfsbereich: 5/78
- im Bereich der Deckungsmasse: 5/77
- gesteigerte Erwerbsobliegenheit: 5/78

Wertpapiere: 1/307, 8/39

Wertsicherungsklausel:
- Gleitklausel: 6/612
- Indexklausel: 6/612 f
- Leistungsvorbehalt: 6/612
- Spannungsklausel: 6/612
- Vereinbarung einer Wertsicherungsklausel: 6/610 ff

wertsteigernde Verbesserungen: 1/199

Wertzuwachs:
- von Wertpapieren ohne Dividendenausschüttung: 1/307 f

Widerklage: 8/224 ff
- Erhebung: 8/224 b
- Feststellungswiderklage: 8/224 h
- Gerichtsstandsvereinbarungen: 8/224 j
- Parteien: 8/224 e
- Prozeßvoraussetzungen: 8/224 c
- Sonderformen: 8/224 g
- Zusammenhang mit der Klage: 8/224 d

wiederaufgelebte Witwenrente: 1/385

Wiederaufleben des Anspruchs:
- nach Verwirkung: 4/764 ff

Wiederaufnahmeverfahren: 8/223

Wiedereinsetzung in den vorigen Stand: 8/29, 8/301 ff, 8/46
- Antrag auf Verlängerung der Berufungsbegründungsfrist: 8/304 b
- Beginn der Wiedereinsetzungsfrist: 8/304 f
- Kosten der Wiedereinsetzung: 8/303
- neuere Rechtsprechung zur: 8/301 ff
- Prüfung des Verkehrsanwalts: 8/304 a
- Rechtsmittel: 8/301

- Überwachung des Büropersonals: 8/304 e
- Versäumung der Berufungsbegründungsfrist: 8/304 b
- Versäumung der Wiedereinsetzungsfrist: 8/304 g
- Wiedereinsetzungsfrist: 8/301

Wiederverheiratung:
- Grund für Abänderungsklage: 8/159

Wirtschaftsgeld:
- Abrechnung: 3/47
- bei bestehender Ehe: 3/36, 3/46 ff, 3/64
- Doppelverdienerehe: 3/52
- als Gegenstand einer Unterhaltsvereinbarung: 4/603
- größere Anschaffungen: 3/50
- Haushaltsführungsehe: 3/51
- Höhe: 3/48
- kein Einkommen des haushaltführenden Ehegatten: 2/156
- Nichterwerbstätigenehe: 3/54
- im Prozeß: 3/49
- treuhänderische Verwaltung: 3/37
- Unpfändbarkeit: 3/47, 3/82
- Zuverdienstehe: 3/53

Witwenrente: 1/385

Wohnbedarf des Kindes: 2/8
- Deckung durch Mietzahlung: 2/8
- Deckung durch Wohnungsgewährung: 2/104
- Leitlinien: 2/214, 2/372 ff, 2/393 f
- beim Studenten: 2/372 ff
- im Tabellenunterhalt: 2/102 f, 2/104, 2/214, 2/372 ff
- beim volljährigen Kind im Haushalt der Eltern: 2/389, 2/392 ff

Wohngeld: 1/352, 5/204

Wohnkosten:
- Abgrenzung: 5/203
- als Bedarfsposten beim Kindesunterhalt: 2/214, 2/372 ff
- bei Bezug von Sozialhilfe: 6/535, 6/538, 6/543
- in Leitlinien: 5/202
- neue Bundesländer: 6/627
- im Prozeßkostenhilferecht: 5/199
- im Selbstbehalt: 2/268, 2/422, 5/183, 5/202 ff, 6/571
- im Sozialhilferecht: 5/202
s. a.: *Warmmiete*

Wohnsitzgericht: 8/11

Wohnvorteil:
- Abänderungsklage: 8/162 c

Wohnvorteil durch freiwillige Zuwendungen Dritter: 1/212

Wohnvorteil im Eigenheim:
- Abzahlungen bei prägendem Wohnwert: 1/286
- Abzugsposten: 1/234 ff
- angemessener Wohnwert: 1/201, 1/217 ff
- Berechnung der Drittelobergrenze: 1/230
- Betriebslasten nach Anlage zu § 27 I der II. BV: 1/236 a
- Drittelobergrenze: 1/222, 1/229 ff

Sachverzeichnis

- Eigenheimzulage: 1/231
- Hauslasten: 1/234 ff
- Instandhaltungsaufwendungen: 1/244
- kein Erwerbstätigenbonus: 4/384
- beim Kindesunterhalt: 1/296 ff
- kostenlose Wohnungsgewährung durch Dritte: 1/272
- beim nachehelichen Unterhalt: 1/220
- neuer Wohnwert nach Trennung: 1/267, 1/270, 1/274, 1/287 ff
- nichtprägend: 1/267, 1/270, 1/274, 1/287
- Nutzungsentschädigung: 1/237 ff
- objektive Marktmiete: 1/215
- prägend: 1/265, 1/269, 1/274, 1/286
- sonstiger Verandtenunterhalt: 1/302 a
- Tilgung bei Alleineigentum (prägend): 1/247, 1/249
- Tilgung bei Bedarf: 1/246
- Tilgung bei Bedürftigkeit: 1/247 ff
- Tilgung bei Leistungsfähigkeit: 1/247 ff
- Tilgung bei Miteigentum (prägend): 1/247 ff
- Tilgung bei nichtprägendem Wohnwert: 1/250, 1/294
- Tilgung bei Veräußerung des Eigenheims: 1/286
- trennungsbedingter Mehrbedarf: 1/276 ff
- beim Trennungsunterhalt: 1/221 ff
- unterlassene Garagennutzung: 1/213
- Veräußerung des Eigenheims: 1/286 ff
- verbrauchsabhängige Nebenkosten: 1/235 ff
- verbrauchsunabhängige Nebenkosten: 1/235 ff, 1/286
- Vermögensumschichtung: 1/294
- Wohnwert bei nicht fertiggestelltem Haus: 1/266
- Wohnwert in Leitlinien: 1/222 ff
- Wohnwerterhöhung beim Kindesunterhalt: 1/227, 1/300
- wohnwertübersteigende Schulden: 1/254 ff
- Zahlungseinstellung: 1/248 a
- Zinsen bei nichtprägendem Wohnwert: 1/243, 1/250, 1/294
- Zinsen bei prägendem Wohnwert: 1/242, 1/265
- Zinsen bei Veräußerung des Eigenheims: 1/286

Wohnwert:
s.: *Wohnvorteil im Eigenheim*

Zählkindervorteil:
- im Mangelfall: 5/90

Zahlung unter Vorbehalt: 6/217

Zahlungsweise: 1/2 a

Zeitarbeit: 1/454 ff

zeitliche Begrenzung des Unterhalts:
- Berechnungsbeispiel: 4/595 c
- Billigkeitsabwägung bei zeitlicher Begrenzung nach § 1573 V BGB: 4/591 ff
- Geltendmachung im Abänderungsverfahren: 4/595 b
- Geltendmachung im Erstverfahren: 4/595 a

- Kombination von zeitlicher Begrenzung nach § 1573 V BGB mit Herabsetzung nach § 1578 I 2 BGB: 4/589
- nach § 1573 V BGB: 4/578 ff
- nach § 1573 V BGB als Einsatzzeitpunkt für Anschlußunterhalt: 4/580
- wegen Verwirkung: 4/602
- des Verzuges bei nachehelichem Unterhalt: 6/103, 6/110 ff

Zeitpunkt eheliche Lebensverhältnisse: 4/174, 4/214 ff, 4/225
- beim Trennungsunterhalt: 4/36

Zins und Tilgung:
- Abzahlung bei Einkünften aus Vermietung und Verpachtung: 1/201
- als Betriebseinnahmen: 1/134
- beim nichtprägenden Wohnwert: 1/243, 1/251, 1/294
- beim prägenden Wohnwert: 1/243 ff, 1/265, 1/286
- bei Veräußerung des Eigenheims: 1/286
- Verzugszinsen: 6/132

Zinsen:
- Einkünfte aus Kapitalvermögen: 1/307 f
- Vermögensumschichtung beim nichtprägenden Wohnwert: 1/251, 1/253

Zumutbarkeit der Unterhaltslast:
- bei Abitur – Lehre – Studium: 2/83
- bei Auslandsstudium: 2/67, 2/403
- bei Mehrbedarf: 2/320, 2/403
- bei Weiterbildung: 2/84

zusammengerechnetes Einkommen der Eltern:
- und Bedarf des Kindes bei beiderseitiger Barunterhaltspflicht: 2/120 f
- und Bedarfsbemessung nach festen Regelsätzen: 2/120, 2/366
- Höhergruppierung: 2/388
- bei Kindesbetreuung durch Dritten: 2/121
- beim Volljährigenunterhalt: 2/366, 2/388

Zusammenleben mit gleichgeschlechtlichem Partner: 4/757

Zusammenleben mit neuem Partner: 4/751 ff

Zusammenveranlagung:
- Mitwirkung...: 7/4

Zusammenveranlagung bei Steuern:
- Mitwirkung bei Z. b. St.: 1/480

Zusatzeinkommen:
- Trennungsbedingter Mehrbedarf und Z.: 4/427 ff, 5/147 f

Zusatzklage:
- Abgrenzung zur Abänderungsklage: 8/151

Zuschüsse:
- zu berufsbedingten Aufwendungen: 1/109
- zu Energiekosten: 1/69
- bei Freiberuflern: 1/133
- zu freiwilliger Weiterversicherung: 1/69
- zu privaten Anschaffungen: 1/69

Zuständigkeit:
- Bestimmung im PKH-Verfahren: 8/6
- für einstweilige Verfügung: 8/251

1735

Sachverzeichnis

- internationale: 7/228
- in zweiter Instanz: 8/10
- Konzentration: 8/9
- örtlich: 8/11
- örtliche: 8/154
- sachlich: 8/9
- sachliche: 8/154
- Unzuständigkeitserklärung: 8/7
- Verweisung nach § 281 ZPO: 8/12 ff

Zuständigkeiten: 8/6 ff
- für Abänderungsklage: 8/154 ff
- einstweilige Anordnungen: 8/227
- erste Instanz: 8/6, 8/7, 8/8
- perpetuatio fori (Fortdauer): 8/14
- Rechtsmittelinstanz: 8/10
- Verweisung nach § 281 ZPO: 8/12 a f

Zuständigkeitsstreit: 8/6
Zuständigkeitsstreitwert: 8/216
Zuverdienstehe: 3/14, 3/43, 4/392
- anteilige finanzielle Beiträge: 3/43
- Erwerbsobliegenheit nach Trennung bei Z.: 4/27–28
- wertende Veränderung der Beiträge: 3/44
- Wirtschaftsgeld: 3/53

Zuvielforderung (Verzug): 6/120
Zuwendungen Dritter: 8/35
s.: *Einkünfte aus freiwilligen Zuwendungen Dritter*
Zwangsvollstreckung:
- einstweilige Einstellung: 8/197

Zweckbestimmung des Vorsorgeunterhalts: 4/463 ff
- Abänderung bei Verstoß: 4/491
- bei Krankheitsvorsorgeunterhalt: 4/523 f

zweistufige Berechnung des Vorsorgeunterhalts: 4/477 f, 4/481 f
- des Krankheitsvorsorgeunterhalts: 4/509

zweistufige Mangelfallberechnung: 5/231, 5/255
- Beispiel: 5/260

Zweitausbildung des Kindes: 2/73 ff
- Erfüllung der Unterhaltspflicht durch eine Ausbildung: 2/58, 2/73 ff
- Spätentwicklung des Kindes: 2/75
- Voraussetzungen: 2/74
- Zahlungsaufforderung für mehrere Personen mit einheitlichem Betrag: 6/118
- Zeitsoldat: 2/76

s. a.: *Weiterbildung*